M000216193

Melhoramentos

Dicionário Prático da Língua Portuguesa

Melhoramentos

Dicionário Prático da Língua Portuguesa

Apresentação de Antônio Houaiss

A presente obra que ora apresentamos ao público baseou-se no **Grande Dicionário Brasileiro Melhoramentos,** em 5 volumes, 8ª edição, publicado em 1975. Participaram da elaboração e seleção de verbetes as seguintes pessoas:

Lexicografia Aleixo Rosut
Brasilino Feliciano da Silva Jr.
Caio Albuquerque

Colaboração Márcio José Lauria

O **Grande Dicionário Brasileiro Melhoramentos,** na sua apresentação original, contou com a participação e colaboração da seguinte equipe:

Plano estrutural ADALBERTO PRADO E SILVA

Coordenação geral FRANCISCO MARINS

Lexicografia Aleixo Rosut
Ary Tupinambá Pereira
José Curado
Theodoro Henrique Maurer Jr.

Colaboradores Alceu Maynard Araújo
Arnaldo Magalhães de Giacomo
Brasilino Feliciano da Silva Jr.
Caio Albuquerque
Carlos Alberto Nunes
Décio Diêgoli
Ermínio Rodrigues
Fernando Azevedo
Franz Schmidt
Gladstone Chaves de Melo
João Benedito Martins Ramos
M. B. Lourenço Filho
Messias Carrera

Comp. Melhoramentos de São Paulo, Indústrias de Papel
Caixa Postal 8120, são Paulo

Atendimento ao consumidor:
Tels.: 0800 - 113306 - DDG (Brasil)
(011) 872-6670 - São Paulo

Edição: 10 9 8 7 6 5 4 3
Ano: 1995

Nx-VIII

ISBN: 85-06-01707-6

Depósito Legal N.º 93433/95

Impresso em Portugal

DO PINHEIRO AO LIVRO, UMA REALIZAÇÃO MELHORAMENTOS

APRESENTAÇÃO

As grandes línguas de cultura do mundo contemporâneo — como o inglês, o francês, o espanhol, o alemão, o russo, o italiano (e fiquemos nestas, embora a relação pudesse ser bem enriquecida) — apresentam um desenvolvimento lexicográfico superior ao do português. Esse nosso atraso relativo deriva antes da ausência de circulação de dicionários credenciáveis que da falta de interesse de nosso público ledor, que, dentro dos limites de nossa fraca literatação de base, tem sempre sido generoso na acolhida de obras lexicográficas criteriosas.

Neste século, dicionários como os de Laudelino Freire e Antenor Nascentes — para citar dois exemplos conspícuos — não tiveram projeção cultural maior, porque seus editores ou os detentores de seus direitos autorais não puderam ou souberam sustentar sua presença no nosso mercado editorial.

Nunca um dicionário é igual, tem o mesmo valor que outro; nunca um dicionário, elaborado embora com o máximo cuidado, pode impor-se aos seus congêneres pela totalidade das suas características, porque jamais pode atingir a melhor qualidade sob os diversos aspectos porque esta pode ser julgada ou aferida. A conseqüência desses fatos é que qualquer língua de cultura oferece dois, três, cinco dicionários concorrentes, o que permite que os estudiosos e usuários mais escrupulosos possam ter seu jogo pessoal de dicionários, correntes ou do passado.

O campo da lexicografia é rico de aparentes paradoxos e contradições: busca-se, por exemplo, registrar o número máximo possível de palavras mais vivas, tanto da linguagem escrita quanto da oral, sacrificando, não raro, as menos vivas, mas viventes ora, quase sempre, o consulente não recorre ao dicionário por essas palavras vivas, mas pelas outras, as de menor curso ou de emprego mais episódico, sobre as quais, precisamente, quer ele situar-se; foge-se, com muita freqüência, do acervo verbal tecnológico e especializado, esquecendo que a literatura e os meios de comunicação contemporâneos não vacilam em empregar palavras provindas de quaisquer áreas profissionais ou de quaisquer segmentos dialetais — quer os ditos geográficos ou horizontais, quer os ditos sociais ou verticais — desde que ensejados pelas necessidades de comunicação. Disso deriva o fato de que os bons dicionários devem atualizar-se sempre, pois que as neologias tendem a ser geradas continuamente pela inelutável expansão do conhecimento e das técnicas: atente-se que entre a época de Augusto Comte, quando os saberes e fazeres humanos podiam ser designados por algo como 250 vocábulos, aos tempos modernos, quando há capitulados para mais de 25 mil fazeres e saberes — cada um com seus neologismos, mais ou menos numerosos —, entre as duas datações como referidas, as palavras se multiplicaram e continuam multiplicando-se. Trata-se de um processo dinâmico, que nem remotamente apresenta possibilidades de estancar-se. Os utentes da língua, quanto mais literatados forem, mais necessitarão, sem nenhum exibicionismo, de dicionários gerais e de dicionários especializados, quaisquer que sejam ou venham a ser seus vetores físicos.

É essa a razão por que se deve saudar com júbilo a sustentação pública da editoração de um bom dicionário. É o caso concreto deste admirável dicionário da Melhoramentos. Planejado com extrema economia gráfica, com discernimento crítico e com rigor lingüístico, propondo-se oferecer um universo verbal tão abrangente quanto possível dentro dos limites físicos que se impôs, contando com a colaboração idônea de um número realmente credenciado de pesquisadores, cientistas, técnicos e sabedores, este dicionário foi desde o início considerado, com justa razão, obra de grande valor para os desejosos de usarem nossa língua de cultura com clareza, precisão e beleza.

Por sua vez, a Melhoramentos — uma das mais ilustres gráficas e editoras do Brasil no que vai de século — zelou sempre porque em suas edições anteriores e em suas várias reimpressões se preservassem as características de base, o que timbra em fazer nesta, enriquecida de um novo acervo de entradas, recolhidas com critério e oportunidade dentro das inovações verbais a que vimos assistindo e de que participamos, conscientemente ou não.

O sol nasce para todos. Assim o espero, também, para com os nossos bons dicionários, que, não sendo numerosos, bem podem receber o tratamento exemplar que a Melhoramentos está dando ao seu, que não vacilo em recomendar empenhadamente a quantos queiram aprofundar seus conhecimentos e melhorar seus usos desta nossa língua, bem comum que nos cabe, a todos, ilustrar, defender e expandir.

Rio de Janeiro, 25 de março de 1987

(Antônio Houaiss)
Da Academia Brasileira de Letras

ÍNDICE

ABREVIATURAS USADAS NESTA OBRA

a. C.	Antes de Cristo
Abrev.	Abreviatura
acep.	acepção
adj.	Adjetivo
adj. f.	Adjetivo feminino
adv.	Advérbio
Aeron.	Aeronáutica
Agr.	Agricultura
al.	alemão
Álg.	Álgebra
Alq.	Alquimia
alt. al.	alto alemão
Anat.	Anatomia
Angl.	Anglicismo
Ant.	Antigo, antiquado
Ant. alt. al.	Antigo alto alemão
Antig.	Antiguidade
Antôn.	Antônimo
Antrop.	Antropologia
ap.	Apud
Apic.	Apicultura
Aportug.	Aportuguesamento
ár.	árabe
Arc.	Arcaísmo
Arit.	Aritmética
Arqueol.	Arqueologia
Arquit.	Arquitetura
Art. gráf.	Arte gráfica
art.	Artigo
art. def.	Artigo definido
art. ind.	Artigo indefinido
Astr.	Astronomia
Astrol.	Astrologia
Astronáut.	Astronáutica
Aum.	Aumentativo
Autom.	Automobilismo
Av.	Aviação
Bacter.	Bacteriologia
Bel.-art.	Belas-artes
Biol.	Biologia
b. l.	Baixo latim
Bot.	Botânica
Bras.	Brasileirismo
Cap.	Capítulo
Carp.	Carpintaria
cast.	castelhano
cat.	catalão
Catól.	Católico
celt.	céltico
Cer.	Cerâmica
Cfr.	Confira ou confronte
chin.	chinês
Ch.	Chulo
Cibern.	Cibernética
Cin.	Cinema
cing.	cingalês
Cir.	Cirurgia
Cód.	Código
Códi. Civ.	Código Civil
Cód. Civ. Bras.	Código Civil Brasileiro
Cód. Com.	Código Comercial
Cód. Pen.	Código Penal
Col.	Coletivo
Com.	Comércio, comercial
Conj.	Conjunção
Conj. coord.	Conjunção coordenativa
Conj. sub.	Conjunção subordinativa
Conjug.	Conjugação
Constr.	Construção
Cont.	Contabilidade
contr.	Contração
Cor.	Corografia
corr.	corruptela corrupção
Cosm.	Cosmografia
Crist.	Cristalografia
Cron.	Cronologia
Cul.	Culinária
Dat.	Dativo
Decr.	Decreto
Def.	Definido
Defec.	Defectivo
dem.	demonstrativo
der.	derivado, derivação
Des.	Desusado
Desin.	Desinência
DF	Distrito Federal
Dial.	Dialetal
Didát.	Didático
Dim.	Diminutivo
din.	dinamarquês
Diplom.	Diplomática
Dir.	Direito
Dir. trab.	Direito trabalhista
Distr.	Distrito
Ecles.	Eclesiástico
Econ. Polít.	Economia Política
elem. de comp.	elemento de composição
Eletr.	Eletricidade
Eletrôn.	Eletrônica
Embr.	Embriologia
Encicl.	Enciclopédia
Eng.	Engenharia
Entom.	Entomologia
Equit.	Equitação
Erud.	Erudito
escand.	escandinavo
escoc.	escocês
Escul.	Escultura
Esgr.	Esgrima
esl.	eslavo
Espir.	Espiritismo
Esp.	Esporte
Estat.	Estatística
Etim.	Etimologia
Etnol.	Etnologia
Ex.	Exemplo
Fam.	Familiar
Farm.	Farmácia
Fem.	Feminino
Fig.	Figurado
Filol.	Filologia
Filos.	Filosofia
Fin.	Finanças
Fís.	Física
Fís. nucl.	Física nuclear
Fisiol.	Fisiologia
flam.	flamengo
Flex.	Flexão
Folc.	Folclore
Fon.	Fonética
Fot.	Fotografia
Fotom.	Fotometria
fr.	francês
Freq.	Freqüentativo (verbo)
Fut.	Futuro
Fut. pret.	Futuro do pretérito
Fut. sub.	Futuro do subjuntivo
gael.	gaélico
Gal.	Galicismo
Galv.	Galvanismo
gaul.	gaulês
Gên.	Gênero
Geneal.	Genealogia
Genét.	Genética
Geod.	Geodésia
Geogr.	Geografia
Geol.	Geologia
Geom.	Geometria
Ger.	Gerúndio
germ.	germânico
	germanismo

X

Ginec.	Ginecologia
Gír.	Gíria
gót.	Gótico
gr.	grego
Gram.	Gramática
gr. biz.	grego bizantino
gr. mod.	grego moderno
guar.	guarani
hebr.	hebraico, hebreu
Heráld.	Heráldica
Herp.	Herpetologia
Hidrául.	Hidráulica
Hidrogr.	Hidrografia
Hig.	Higiene
hind.	hidustani
Hist.	História
Hist. Nat.	História Natural
hol.	holandês
Hum.	Humorístico
hung.	húngaro
Ib.	Ibidem
ibér.	ibérico
Ictiol.	Ictiologia
Imp.	Imperfeito
Imper.	Imperativo
Impess.	Impessoal
Inc.	Incoativo (verbo)
ind.	indiano
indef.	Indefinido
indic.	Indicativo
inf.	Infantil
Inform.	Informática
Ingl.	Inglês
interj.	Interjeição
intr.	Intransitivo (verbo)
Iron.	Ironia
ital.	italiano, italianismo
jap.	japonês
jav.	javanês
Jorn.	Jornalismo
l.	Latim
l. bárb.	Latim bárbaro
l. cient.	Latim científico
l. med.	Latim medieval
l. v.	Latim vulgar
Lingüíst.	Lingüística
Lit.	Literatura
Litogr.	Litografia
Liturg.	Liturgia
loc.	Locução
loc. adv.	Locução adverbial
loc. conj.	Locução conjuntiva
loc. interj.	Locução interjeitiva
loc. prep.	Locução prepositiva
loc. pron.	Locução pronominal
loc. verb.	Locução verbal
Lóg.	Lógica.
Maçon.	Maçonaria
m. alt. al.	médio alto alemão
Marc.	Mercenaria
Mat.	Matemática
Mec.	Mecânica
Med.	Medicina
Med. leg.	Medicina legal
Metaf.	Metafórico
Metal.	Metalurgia
Metát.	Metátese
Meteor.	Meteorologia
Metr.	Metrologia
Metrif.	Metrificação
mexic.	mexicano
Mil.	Militar
Miner.	Mineralogia
Mit.	Mitologia
Mod.	Moderno
Mús.	Música
Náut.	Naútica
neer.	neerlandês
neo-ár.	neo-árico
Neol.	Neologismo
norm.	normando
n.p.	Nome próprio
num.	Numeral
Numism.	Numismática
Obsol.	Obsoleto
Odont.	Odontologia
Oftalm.	Oftalmologia
Onom.	Onomatopéia, onomatopéico
Onomást.	Onomástica
Ópt.	Óptica
Ornit.	Ornitologia
Ort.	Ortografia, ortográfico
p.	Particípio
Paleont.	Paleontologia
Parôn.	Parônimo
Pec.	Pecuária
Pedag.	Pedagogia
Pej.	Pejorativo
Perif.	Perífrase
Pint.	Pintura
p. irr.	Particípio irregular
Pl.	Plural
Poét.	Poético
Polít.	Política
Pop.	Popular
Por anal.	Por analogia
Por ext.	Por extensão
Pref.	Prefixo
Prep.	Preposição
Pres. ind.	Presente do indicativo
Pres. sub.	Presento do subjuntivo
Pron.	Pronominal (verbo)
Pron. adj.	Pronome adjetivo
Pron. subst.	Pronome substantivo
Próp.	Próprio
Prop.	Propaganda
Psicol.	Psicologia
Psiq.	Psiquiatria
P. us.	Pouco usado
Qual.	Qualificativo
Quím.	Química
Radiotécn.	Radiotécnica
Reg.	Regionalismo
Rel.	Religião
Ret.	Retórica
rom.	romano
rus.	russo
S.	Sul, santo
sânsc.	Sânscrito
Séc.	Século
Seg.	Seguinte, seguido
s. f.	Substantivo feminino
Sign.	Significado
Símb.	Símbolo
Sing.	Singular
Sin.	Sinônimo
Sociol.	Sociologia
subj.	Subjuntivo
s. m.	Substantivo masculino
Suf.	Sufixo
Sup.abs. sint.	Superlativo absoluto sintético
t.	Termo
Taur.	Turomaquia
Tecn.	Tecnologia
Telev.	Televisão
Teol.	Teologia
Terat.	Teratologia
Tip.	Tipografia
Topogr.	Topografia
Tr. dir.	Transivo direto (verbo)
Trigon.	Trigonometria
Tr. ind.	Transitivo indireto (verbo)
Tupi-guar.	Tupi-guarani
Tur.	Turismo
V.	Veja-se
v.	Verbo
v. de lig.	Verbo de ligação
Var.	Variante
Vet.	Veterinária
Voc.	Vocábulo
Zool.	Zoologia
Zootécn.	Zootécnica
*	Hipotético

FORMULÁRIO ORTOGRÁFICO *

INSTRUÇÕES PARA A ORGANIZAÇÃO DO VOCABULÁRIO ORTOGRÁFICO DA LÍNGUA PORTUGUÊSA

O VOCABULÁRIO ORTOGRÁFICO DA LÍNGUA PORTUGUÊSA terá por base o VOCABULÁRIO ORTOGRÁFICO DA LÍNGUA PORTUGUÊSA da Academia das Ciências de Lisboa, edição de 1940, consoante a sugestão do Sr. Ministro da Educação e Saúde, aprovada unânimemente pela Academia Brasileira de Letras, em 29 de janeiro de 1942. Para a sua organização se obedecerá rigorosamente aos itens seguintes:

1.º — Inclusão dos brasileirismos consagrados pelo uso.

2.º — Inclusão de estrangeirismos e neologismos de uso corrente no Brasil e necessários à língua literária.

3.º — Substituição de certas formas usadas em Portugal pelas correspondentes formas usadas no Brasil, consoante a pronúncia e a morfologia consagradas.

4.º — Fixação da grafia de vocábulos cuja etimologia ainda não está perfeitamente demonstrada, consignando-se em primeiro lugar a de uso mais generalizado.

5.º — Fixação das grafias de vocábulos sincréticos e dos que têm uma ou mais variantes, tendo-se em vista o étimo e a história da língua, e registro de tais vocábulos um a par do outro, de maneira que figure em primeira plana, como preferível, o de uso mais generalizado.

6.º — Evitar duplicidade gráfica ou prosódica de qualquer natureza, dando-se a cada vocábulo uma única forma, salvo se nêle há consoante que facultativamente se profira, ou se há mais de uma pronúncia legitimada pelo uso ou pela etimologia, casos em que se registrarão as duas formas, uma em seguida à outra, colocando-se em primeiro lugar a de uso mais generalizado.

7.º — Registro de um significado ou da definição de todos os vocábulos homófonos não homógrafos, bem como dos homógrafos heterofônicos, — mas não dos homógrafos perfeitos, — fazendo-se remissão de um para outro.

8.º — Registro, entre parênteses, da vogal ou sílaba tônica de todo e qualquer vocábulo cuja pronúncia é duvidosa, ou cuja grafia não mostra claramente a sua ortoé-

---

* Em se tratando de texto oficial do Ministério da Educação, foi mantida, nesta parte, a grafia originária, a qual sofreu modificação pela Lei 5.765 de 18 de dezembro de 1971, inserida depois deste formulário.

pia; não sendo, porém, indicada a sílaba tônica dos infinitos dos verbos salvo se forem homógrafos heterofônicos.

9.º — Registro, entre parênteses, do timbre da vogal tônica de palavras sem acento diacrítico, bem como da vogal da sílaba pretônica ou postônica, sempre que se faça mister, em especial quando há metafonia, tanto no plural dos nomes e adjetivos quanto em formas verbais. Não será indicado, porém, o timbre aberto das vogais *e* e *o* nem o timbre fechado das dos vocábulos compostos ligados por hífen.

10.º — Fixação dos femininos e plurais irregulares, que serão inscritos em seguida ao masculino singular.

11.º — Registro de formas irregulares dos verbos mais usados em *ear* e *iar*, especialmente das do presente do indicativo, no todo ou em parte.

12.º — Todos os vocábulos devem ser escritos e acentuados gràficamente de acôrdo com a ortoépia usual brasileira e sempre seguidos da indicação da categoria gramatical a que pertencem.

Para acentuar gràficamente as palavras de origem grega, ou indicar-lhes a prosódia entre parênteses, cumpre atender ao uso brasileiro: registra-se a pronúncia consagrada, embora esteja em desacôrdo com a primordial; mas, se ela é de uso apenas em certa arte ou ciência, e ainda esteja em tempo de se corrigir, convém seja corrigida, inscrevendo-se a forma etimológica em seguida à usual.

O *Vocabulário* conterá:

a) o formulário ortográfico, que são estas instruções;

b) o vocabulário comum;

c) registro de abreviaturas.

O *Vocabulário Onomástico* será publicado separadamente, depois de aprovado por decreto especial.

I
ALFABETO

1. O alfabeto português consta fundamentalmente de vinte e três letras: *a, b, c, d, e, f, g, h, i, j, l, m, n, o, p, q, r, s, t, u, v, x, z.*

2. Além dessas letras, há três que só se podem usar em casos especiais: *k, w, y.*

II
K, W, Y

3. O *k* é substituído por *qu* antes de *e, i,* e por *c* antes de outra qualquer letra: *breque, caqui, caulim, faquir, niquel,* etc.

4. Emprega-se em abreviaturas e símbolos, bem como em palavras estrangeiras de uso internacional: *K.* = potássio; *Kr.* = criptônio; *kg* = quilograma; *km* = *quilômetro; kw* = quilowatt; *kwh* = quilowatt-hora, etc.

5. Os derivados portuguêses de nomes próprios estrangeiros devem escrever-se de acôrdo com as formas primitivas: *frankliniano, kantismo, kepleriano, perkinismo,* etc.

6. O *w* substitui-se, em palavras portuguêsas ou aportuguesadas, por *u* ou *v,* conforme o seu valor fonético: *sanduíche, talvegue, visigodo,* etc.

7. Como símbolo e abreviatura, usa-se em *kw* = quilowatt; *W.* = oeste ou tungstênio; *w* = watt; *ws* = watt-segundo, etc.

8. Nos derivados vernáculos de nomes próprios estrangeiros, cumpre adotar as formas que estão em harmonia com a primitiva: *darwinismo, wagneriano, zwinglianista,* etc.

9. O *y,* que é substituído pelo *i,* ainda se emprega em abreviaturas e como símbolo de alguns têrmos técnicos e científicos: *Y* = ítrio; *yd* = jarda, etc.

10. Nos derivados de nomes próprios estrangeiros, devem usar-se as formas que se acham de conformidade com a primitiva: *byroniano, maynardina, taylorista,* etc.

III

H

11. Esta letra não é pròpriamente consoante, mas um símbolo que, em razão da etimologia e da tradição escrita do nosso idioma, se conserva no princípio de várias palavras e no fim de algumas interjeições: *haver, hélice, hidrogênio, hóstia, humildade; hã!, hem?, puh!;* etc.

12. No interior do vocábulo, só se emprega em dois casos: quando faz parte do *ch,* do *lh,* e do *nh,* que representam fonemas palatais, e nos compostos em que o segundo elemento, com *h* inicial etimológico, se une ao primeiro por meio do hífen: *chave, malho, rebanho; anti-higiênico, contra-haste, pré-história, sôbre-humano;* etc.

OBSERVAÇÃO. — Nos compostos sem hífen, elimina-se o *h* do segundo elemento: *anarmônico, biebdomadário, coonestar, desarmonia, exausto, inabilitar, lobisomem, reaver,* etc.

13. No futuro do indicativo e no condicional, não se usa o *h* no último elemento, quando há pronome intercalado: *amá-lo-ei, dir-se-ia,* etc.

14. Quando a etimologia o não justifica, não se emprega: *arpejo* (substantivo), *ombro, ontem,* etc. E mesmo que o justifique, não se escreve no fim de substantivos nem no começo de alguns vocábulos que o uso consagrou sem êste símbolo: *andorinha, erva, felá, inverno,* etc.

15. Não se escreve *h* depois de *c* (salvo o disposto em o n.º 12) nem depois de *p, r* e *t:* o *ph* é substituído por *f,* o *ch* (gutural) por *qu* antes de *e* ou *i* e por *c* antes de outra qualquer letra: *corografia, cristão, querubim, química; farmácia, fósforo; retórica, ruibarbo; teatro, turíbulo;* etc.

IV
CONSOANTES MUDAS

16. Não se escrevem as consoantes que se não proferem: *asma, assinatura, ciência, diretor, ginásio, inibir, inovação, ofício, ótimo, salmo,* e não *asthma, assignatura, sciencia, director, gymnasio, inhibir, innovação, officio, optimo, psalmo.*

OBSERVAÇÃO. — Escreve-se, porém, o *s* em palavras como *descer, florescer, nascer,* etc., e o *x* em vocábulos como *exceto, excerto,* etc., apesar de nem sempre se pronunciarem essas consoantes.

17. Em sendo mudo o *p* no grupo *mpc* ou *mpt,* escreve-se *nc* ou *nt: assuncionista, assunto, presunção, prontificar,* etc.

18. Devem-se registrar os vocábulos cujas consoantes facultativamente se pronunciam, pondo-se em primeiro lugar o de uso mais generalizado, e em seguida o outro. Assim, serão consignados, além de outros, êstes: *aspecto* e *aspeto, característico* e *caraterístico, circunspecto* e *circunspeto, conectivo* e *conetivo, contacto* e *contato, corrupção* e *corrução, corruptela* e *corrutela, dactilografia* e *datilografia, espectro* e *espetro, excepcional* e *excecional, expectativa* e *expetativa, infecção* e *infeção, optimismo* e *otimismo, respectivo* e *respetivo, secção* e *seção, sinóptico* e *sinótico, sucção* e *sução, sumptuoso* e *suntuoso, tacto* e *tato, tecto* e *teto.*

V
SC

19. Elimina-se o *s* do grupo inicial *sc: celerado, cena, cenografia, ciência, cientista, cindir, cintilar, ciografia, cisão,* etc.

20. Os compostos dessa classe de vocábulos, quando formados em nossa língua, são escritos sem o *s* antes do *c: anticientífico, contracenar, encenação,* etc.; mas, quando vieram já formados para o vernáculo, conservam o *s: consciência, cônscio, imprescindível, insciente, inscio, multisciente, néscio, presciência, prescindir, proscênio, rescindir, rescisão,* etc.

VI
LETRAS DOBRADAS

21. Escrevem-se *rr* e *ss* quando, entre vogais, representam os sons simples do *r* e *s* iniciais; e *cc* ou *cç* quando o primeiro soa distintamente do segundo: *carro, farra, massa, passo; convicção, occipital;* etc.

22. Duplicam-se o *r* e o *s* tôdas as vêzes que a um elemento de composição terminado em vogal se segue, sem interposição do hífen, palavra começada por uma daquelas letras: *albirrosado, arritmia, altíssono, derrogar, prerrogativa, pressentir, ressentimento, sacrossanto,* etc.

VII
VOGAIS NASAIS

23. As vogais nasais são representadas no fim dos vocábulos por *ã (ãs), im (ins), om (ons), um (uns): afã, cãs, flautim, folhetins, semitom, tons, tutum, zunzuns,* etc.

24. O *ã* pode figurar na sílaba tônica, pretônica ou átona: *ãatá, cristãmente, maçã, órfã, romãzeira,* etc.

25. Quando aquelas vogais são iniciais ou mediais, a nasalidade é expressa por *m* antes de *b* e *p*, e por *n* antes de outra qualquer consoante: *ambos, campo, contudo, enfim, enquanto, homenzinho, nuvenzinha, vintènzinho;* etc.

VIII
DITONGOS

26. Os ditongos orais escrevem-se com a subjuntiva *i* ou *u: aipo, cai, cauto, degrau, dei, fazeis, idéia, mausoléu, neurose, retorquiu, rói, sois, sou, souto, uivo, usufrui,* etc.

OBSERVAÇÃO. — Escrevem-se com *i*, e não com *e*, a forma verbal *fui*, a 2.ª e 3.ª pessoa do singular do presente do indicativo e a 2.ª do singular do imperativo dos verbos terminados em *uir: aflui, fruis, retribuis,* etc.

27. O ditongo *ou* alterna, em numerosos vocábulos, com *oi: balouçar* e *baloiçar, calouro* e *caloiro, dourar* e *doirar,* etc. Cumpre registrar em primeiro lugar a forma que mais se usa, e em seguida a variante.

28. Escrevem-se assim os ditongos nasais: *ãe, ãi, ão, am, em, en(s), õe, ui* (proferido *ũi*): *mãe, pães, cãibra, acórdão, irmão, leãozinho, amam, bem, bens, devem, põe, repões, muito,* etc.

OBSERVAÇÃO 1.ª — Dispensa o til do ditongo nasal *ui* em *mui* e *muito*.

OBSERVAÇÃO 2.ª — Com o ditongo nasal *ão* se escrevem os monossílabos, tônicos ou não, e os polissílabos oxítonos: *cão, dão, grão, não, quão, são, tão; alcorão, capitão, cristão, então, irmão, senão, sentirão, servirão, viverão,* etc.

OBSERVAÇÃO 3.ª — Também se escrevem com o ditongo *ão* os substantivos e adjetivos paroxítonos, acentuando-se, porém, a sílaba tônica: *órfão, órgão, sótão,* etc.

OBSERVAÇÃO 4.ª — Nas formas verbais anoxítonas se escreve *am: amaram, deveram, partiram, puseram,* etc.

OBSERVAÇÃO 5.ª — Com o ditongo nasal *ãe* se escrevem os vocábulos oxítonos e os seus derivados; e os anoxítonos primitivos grafam-se com o ditongo *ãi: capitães, mães pãezinhos; cãibo, zãibo;* etc.

OBSERVAÇÃO 6.ª — O ditongo nasal *ẽi(s)* escreve-se *em* ou *en(s)* assim nos monossílabos como nos polissílabos de qualquer categoria gramatical: *bem, cem, convém, convéns, mantém, manténs, nem, sem, virgem, virgens, voragem, voragens,* etc.

29. Os encontros vocálicos átonos e finais que podem ser pronunciados como ditongos crescentes escrevem-se da seguinte forma: *ea (áurea), eo (cetáceo), ia (colônia), ie (espécie), io (exímio), oa (nódoa), ua (contínua), ue (tênue), uo (tríduo),* etc.

IX
HIATOS

30. A 1.ª, 2.ª e 3.ª pessoa do singular do presente do conjuntivo e a 3.ª do singular do imperativo dos verbos em *oar* escrevem-se com *oe,* e não *oi: abençoe, amaldiçoes, perdoe,* etc.

31. As três pessoas do singular do presente do conjuntivo e a 3.ª do singular do imperativo dos verbos em *uar* escrevem-se com *ue,* e não *ui: cultue, habitues, preceitue,* etc.

X
PARÔNIMOS E VOCÁBULOS DE GRAFIA DUPLA

32. Deve-se fazer a mais rigorosa distinção entre os vocábulos parônimos e os de grafia dupla que se escrevem com *e* ou com *i,* com *o* ou com *u,* com *c* ou *q,* com *ch* ou *x,* com *g* ou *j,* com *s, ss* ou *c, ç,* com *s* ou *x,* com *s* ou *z,* e com os diversos valôres do x.

33. Deve-se registrar a grafia que seja mais conforme à etimologia do vocábulo e à sua história, mas que esteja em harmonia com a prosódia geral dos brasileiros, nem sempre idêntica à lusitana. É quando há dois vocábulos diferentes, v. g., um escrito com *e* e outro escrito com *i,* é necessário que ambos sejam acompanhados da sua definição ou do seu significado mais vulgar, salvo se forem de categorias gramaticais diferentes, porque, neste caso, serão acompanhados da indicação dessas categorias. Ex.: *censório,* adj. Cf. *sensório,* adj. e s. m.

Assim, pois, devem ser inscritos vocábulos como: *antecipar, criador, criança, criar, diminuir, discricionário, dividir, filintiano, filipino, idade, igreja, igual, imiscuir-se, invés, militar, ministro, pior, quase, quepe, tigela, tijolo, vizinho,* etc.

34. Palavras como *cardeal* e *cardial, desfear* e *desfiar, descrição* e *discrição, destinto* e *distinto, meado* e *miado, recrear* e *recriar, se* e *si* serão consignadas com o necessário esclarecimento e a devida remissão. Por exemplo: *descrição,* s. f.: ação de descrever. Cf. *discrição.* / *Discrição,* s. f.: qualidade do que é discreto. Cf. *descrição.*

35. Os verbos mais usados em *ear* e *iar* serão seguidos das formas do presente do indicativo, no todo ou em parte.

36. De acôrdo com o critério exposto, far-se-á rigorosa distinção entre os vocábulos que se escrevem:

a) com *o* ou com *u: frágua, lugar, mágoa, manuelino, polir, tribo, urdir, veio* (v. ou subst.), etc.

b) com *c* ou *q:* quatorze (seguido de *catorze), cinqüenta, quociente* (seguido de *cociente*), etc.

c) com *ch* ou *x: anexim, bucha, cambaxirra, charque, chimarrão, coxia, estrebuchar, faxina, flecha, tachar* (notar; censurar), *taxar* (determinar a taxa; regular), *xícara,* etc.

d) com g ou *j: estrangeiro, jenipapo, genitivo, gíria, jeira, jeito, jibóia, jirau, laranjeira, lojista, majestade, viagem* (subst.), *viajem* (do v. *viajar),* etc.

e) com *s, ss* ou *c, ç: ânsia, anticéptico, boça* (cabo de navio), *bossa* (protuberância; aptidão), *bolçar* (vomitar), *bolsar* (fazer bolsos), *caçula, censual* (relativo a censo), *sensual* (lascivo), etc.

OBSERVAÇÃO: Não se emprega *ç* em início de palavra.

f) com *s* ou *x: espectador* (testemunha), *expectador* (pessoa que tem esperança), *experto* (perito; experimentado), *esperto* (ativo; acordado), *esplêndido, esplendor, extremoso, flux* (na locução *a flux), justafluvial, justapor, misto,* etc.

g) com *s* ou com *z: alazão, alcaçuz* (planta), *alisar* (tornar liso), *alizar* (s. m.), *anestesiar, autorizar, bazar, blusa, brasileiro, buzina, coliseu, comezinho, cortês, dissensão, emprêsa, esfuziar, esvaziamento, frenesi* (seguido de *frenesim), garcês, guizo* (s. m.), *improvisar, irisar* (dar as côres do íris a), *irizar* (atacar [o iriz] o cafèzeiro), *lambuzar, luzidio, mazorca, narcisar-se, obséquio, pezunho, prioresa, rizotônico, sacerdotisa, sazão, tapiz, trânsito, xadrez,* etc.

OBSERVAÇÃO 1.ª — É sonoro o *s* de *obséquio* e seus derivados, bem como o do prefixo *trans,* em se lhe seguindo vogal, pelo que se deverá indicar a sua pronúncia entre parênteses; quando, porém, a êsse prefixo se segue palavra iniciada por *s,* só se escreve um, que se profere como se fôra dobrado: *obsequiar (ze), transoceânico (zo); transecular (se), transubstanciação (su);* etc.

OBSERVAÇÃO 2.ª — No final de sílaba átona, seja no interior, seja no fim do vocábulo, emprega-se o *s* em lugar do *z: asteca, endes, mesquita,* etc.

37. O *x* continua a escrever-se com os seus cinco valôres, bem como nos casos em que pode ser mudo, qual em *exceto, excerto,* etc. Tem, pois, o som de:

1.º — *ch,* no princípio e no interior de muitas palavras: *xairel, xerife, xícara, ameixa, enxoval, peixe,* etc.

OBSERVAÇÃO. — Quando tem êsse valor, não será indicada a sua pronúncia entre parênteses.

2.º — *cs,* no meio e no fim de várias palavras: *anexo, complexidade, convexo, bórax, látex, sílex,* etc.

3.º — *z,* quando ocorre no prefixo *exo,* ou *ex* seguido de vogal: *exame, êxito, êxodo, exosmose, exotérmico,* etc.

4.º — *ss: aproximar, auxiliar, máximo, proximidade, sintaxe,* etc.

5.º — *s* final de sílaba: *contexto, fênix, pretextar, sexto, textual,* etc.

38. No final de sílabas iniciais e interiores se deve empregar o *s* em vez do *x,* quando não o precede a vogal *e: justafluvial, justaposição, misto, sistino,* etc.

XI

NOMES PRÓPRIOS

39. Os nomes próprios personativos, locativos e de qualquer natureza, sendo portuguêses ou aportuguesados, estão sujeitos às mesmas regras estabelecidas para os nomes comuns.

40. Para salvaguardar direitos individuais, quem o quiser manterá em sua assinatura a forma consuetudinária. Poderá também ser mantida a grafia original de quaisquer firmas, sociedades, títulos e marcas que se achem inscritos em registro público.

41. Os topônimos de origem estrangeira devem ser usados com as formas vernáculas de uso vulgar; e quando não têm formas vernáculas, transcrevem-se consoante as normas estatuídas pela Conferência de Geografia de 1926 que não contrariarem os princípios estabelecidos nestas *Instruções.*

42. Os topônimos de tradição histórica secular não sofrem alteração alguma na sua grafia, quando já esteja consagrada pelo consenso diuturno dos brasileiros. Sirva de exemplo o topônimo "Bahia", que conservará esta forma quando se aplicar em referência ao Estado e à cidade que têm êsse nome.

OBSERVAÇÃO. — Os compostos e derivados dêsses topônimos obedecerão às normas gerais do vocabulário comum.

XII
ACENTUAÇÃO GRÁFICA

43. A fim de que a acentuação gráfica satisfaça às necessidades do ensino, — precípuo escopo da simplificação e regularização da ortografia nacional —, e permita que tôdas as palavras sejam lidas corretamente, estejam ou não marcadas por sinal diacrítico, no *Vocabulário* será indicada, entre parênteses, a sílaba ou a vogal tônica e o timbre desta em todos os vocábulos cuja pronúncia possa dar azo a dúvidas.

A acentuação gráfica obedecerá às seguintes regras:

1.ª — Assinalam-se com o acento agudo os vocábulos oxítonos que terminam em *a, e, o* abertos, e com o acento circunflexo os que acabam em *e, o* fechados, seguidos, ou não, de *s: cajás, hás, jacaré, pés, seridó, sós; dendê, lês, pôs, trisavô;* etc.

OBSERVAÇÃO. — Nesta regra se incluem as formas verbais em que, depois de *a, e, o,* se assimilaram o *r,* o *s* e o *z* ao *l* do pronome *lo, la, los, las,* caindo depois o primeiro *l: dá-lo contá-la, fá-lo-á, fê-los, movê-las-ia, pô-los, qué-los, sabê-lo-emos, trá-lo-ás* etc.

2.ª — Tôdas as palavras proparoxítonas devem ser acentuadas gràficamente: recebem o acento agudo as que têm na antepenúltima sílaba as vogais *a, e, o* abertas ou *i, u;* e levam acento circunflexo as em que figuram na sílaba predominante as vogais *e, o* fechadas ou *a, e, o* seguidas de *m* ou *n: árabe, exército, gótico, límpido, louvaríamos, público, úmbrico; devêssemos, fôlego, lâmina, lâmpada, lêmures, pêndula, quilômetro, recôndito;* etc.

OBSERVAÇÃO: Incluem-se neste preceito os vocábulos terminados em encontros vocálicos que podem ser pronunciados como ditongos crescentes: *área, espontâneo, ignorância, imundície, lírio, mágoa, régua, tênue, vácuo,* etc.

3.ª — Os vocábulos paroxítonos finalizados em *i* ou *u,* seguidos, ou não, de *s,* marcam-se com acento agudo quando na sílaba tônica figuram *a, e, o* abertos, *i* ou *u;* e com acento circunflexo quando nela figuram *e, o* fechados ou *a, e, o* seguidos de *m* ou *n: beribéri, bônus, dândi, íris, júri, lápis, miosótis, tênis,* etc.

OBSERVAÇÃO 1.ª — Os paroxítonos terminados em *um, uns* têm acento agudo na sílaba tônica: *álbum, álbuns,* etc.

OBSERVAÇÃO 2.ª — Não se acentuam os prefixos paroxítonos acabados em *i: semi-histórico,* etc

4.ª — Põe-se o acento agudo no *i* e no *u* tônicos que não formam ditongo com a vogal anterior: *aí, balaústre, cafeína, caís, contraí-la, distribuí-lo, egoísta, faísca, heroína, juízo, país, peúga, saía, saúde, timboúva, viúvo,* etc.

OBSERVAÇÃO 1.ª — Não se coloca o acento agudo no *i* e no *u* quando, precedidos de vogal que com êles não forma ditongo, são seguidos de *l, m, n, r* ou *z* que não iniciam sílabas e, ainda, *nh: adail, contribuinte, demiurgo, juiz, paul, retribuirdes, ruim, tainha, ventoinha,* etc.

OBSERVAÇÃO 2.ª — Também não se assinala com acento agudo a base dos ditongos tônicos *iu* e *ui*, quando precedidos de vogal: *atraiu, contribuiu, pauis,* etc.

5.ª — Assinala-se com o acento agudo o *u* tônico precedido de *g* ou *q* e seguido de *e* ou *i: argúi, argúis, averigúe, averigúes, oblique, obliqúes,* etc.

6.ª — Põe-se o acento agudo na base dos ditongos abertos *éi, éu, ói,* quando tônicos: *assembléia, bacharéis, chapéu, jibóia, lóio, paranóico, rouxinóis,* etc.

7.ª — Marca-se com o acento agudo o *e* da terminação *em* ou *ens* das palavras oxítonas de mais de uma sílaba: *alguém, armazém, convém, convéns, detém-lo, mantém-na, parabéns, retém-no, também,* etc.

OBSERVAÇÃO 1.ª — Não se acentuam gràficamente os vocábulos paroxítonos finalizados por *ens: imagens, jovens, nuvens,* etc.

OBSERVAÇÃO 2.ª — A 3.ª pessoa do plural do presente do indicativo dos verbos *ter, vir* e seus compostos recebe acento circunflexo no *e* da sílaba tônica *(êles) contêm, (elas) convêm, (êles) têm, (elas) vêm,* etc.

OBSERVAÇÃO 3.ª — Conserva-se, por clareza gráfica, o acento circunflexo do singular *crê, dê, lê, vê* no plural *crêem, dêem, lêem, vêem* e nos compostos dêsses verbos, como *descrêem, desdêem, relêem, revêem,* etc.

8.ª — Sobrepõe-se o acento agudo ao *a, e, o* abertos e ao *i* ou *u* da penúltima sílaba dos vocábulos paroxítonos que acabam em *l, n, r* e *x;* e o acento circunflexo ao *e, o* fechados e ao *a, e, o* seguidos de *m* ou *n* em situação idêntica: *açúcar, afável, alúmen, córtex, éter, hífen; aljôfar, âmbar, cânon, êxul, fênix, vômer,* etc.

OBSERVAÇÃO. — Não se acentuam gràficamente os prefixos paroxítonos terminados em *r: inter-helênico, super-homem,* etc.

9.ª — Marca-se com o competente acento, agudo ou circunflexo, a vogal da sílaba tônica dos vocábulos paroxítonos acabados em ditongo oral: *ágeis, devêreis, escrevêsseis, faríeis, férteis, fósseis, fôsseis, imóveis, jóquei, pênseis, pusésseis, quisésseis, tínheis, túneis, úteis, variáveis,* etc.

10.ª — Recebe acento circunflexo o penúltimo *o* fechado do hiato *oo,* seguido, ou não, de *s,* nas palavras paroxítonas: *abençôo, enjôos, perdôo, vôos,* etc.

11.ª — Usa-se o til para indicar a nasalização, e vale como acento tônico se outro acento não figura no vocábulo: *afã, capitães, coração, devoções, põem,* etc.

OBSERVAÇÃO. — Se é átona a sílaba onde figura o til, acentua-se gràficamente a predominante: *acórdão, bênção, órfã,* etc.

12.ª — Emprega-se o trema no *u* que se pronuncia depois de *g* ou *q* e seguido de *e* ou *i: agüentar, argüição, eloqüente, tranqüilo,* etc.

OBSERVAÇÃO 1.ª — Não se põe acento agudo na sílaba tônica das formas verbais terminadas em *qüe, qüem: apropinqüe, delinqüem,* etc.

OBSERVAÇÃO 2.ª — É lícito o emprêgo do trema quando se quer indicar que um encontro de vogais não forma ditongo, mas hiato: *saüdade, vaïdade* (com quatro sílabas), etc.

13.ª — Mantêm-se o acento circunflexo e o til do primeiro elemento nos advérbios em *mente* e nos derivados em que figuram sufixos precedidos do infixo *z (zada, zal, zeiro, zinho, zista, zito, zona, zorro, zudo,* etc.): *cômodamente, cortêsmente, dendêzeiro, ôvozito, pêssegozinho; chãmente, cristãzinha, leõezinhos, mãozada, romãzeira,* etc.; e o acento agudo do primeiro elemento passará a ser acento grave nos derivados dessa natureza: *avòzinha, cafèzeiro, faìscazinha, indelèvelmente, opùsculozinho, sòmente, sòzinho, terrìvelmente, voluntàriozinho, volùvelmente,* etc.

14.ª — Emprega-se o acento circunflexo como diferencial ou distintivo no *e* e no *o* fechados da sílaba tônica das palavras que estão em homografia com outras em que são abertos êsse *e* e êsse *o: acêrto* (s. m.) e *acerto* (v.); *aquêle, aquêles* (adj. ou pron. dem.) e *aquele, aqueles* (v.); *côr* (s. f.) e *cor* (s. m.); *côrte, côrtes,* (s. f.) e *corte, cortes* (v.); *dêle, dêles* (contr. da prep. *de* com o pron. pess. *êle, êles*) e *dele, deles* (v.); *devêras* (v.) e *deveras* (adv.); *êsse, êsses, êste, êstes* (adj. ou pron. dem.) e *esse, esses, este, estes* (s. m.); *fêz* (s. m. e v.) e *fez* (s. f.); *fôr* (v.) e *for* (s. m.); *fôra* (v.) e *fora* (adv., interj. ou s. m.); *fôsse* (dos v. *ir* e *ser)* e *fosse* (do v. *fossar); nêle, nêles* (contr. da prep. *em* com o pron. pess. *êle, êles)* e *nele, neles* (s. m.); *pôde* (perf. ind.) e *pode* (pres. ind.); *sôbre* (prep.) e *sobre* (v.); etc.

OBSERVAÇÃO 1.ª — Emprega-se também o acento circunflexo para distinguir de certos homógrafos inacentuados as palavras que têm *e* ou *o* fechados: *pêlo* (s. m.) e *pelo (per* e *lo); pêra* (s. f. e *pera* (prep. ant.); *pôlo, pôlos,* (s. m.) e *polo, polos (por* e *lo* ou *los); pôr* (v.) e *por* (prep.); *porquê* (quando é subst. ou quando vem no fim da frase) e *porque* (conj.); *quê* (s. m., interj., ou pron. no fim da frase) e *que* (adv., conj., pron. ou part. expletiva).

OBSERVAÇÃO 2.ª — Quando a flexão do vocábulo faz desaparecer a homografia, cessa o motivo do emprêgo do sinal diacrítico. Acentuam-se, por exemplo, o masculino singular *enfêrmo* e as formas femininas *enfêrma* e *enfêrmas,* em razão de existirem *enfermo, enferma* e *enfermas,* com *e* abertó, do verbo *enfermar,* porém não se acentua gràficamente o substantivo plural *enfermos,* visto não haver igual forma com *e* aberto; *colhêr* e *colhêres,* formas do infinito e do futuro do conjuntivo do verbo *colhêr,* recebem acento circunflexo para se diferençarem dos homógrafos heterofônicos *colher* e *colheres,* substantivos femininos que se proferem com *e* aberto, mas não levam acento gráfico as outras pessoas daquele modo e tempo, em virtude da inexistência de formas cujo timbre da vogal tônica seja aberto.

15.ª — Recebem acento agudo os seguintes vocábulos, que estão em homografia com outros: *ás* (s. m.), cf. *às* (contr. da prep. *a* com o art. ou pron. *as); pára* (v.), cf. *para* (prep.); *péla, pélas* (s. f. e v.), *cf. pela, pelas* (agl. da prep. *per* com o art. ou pron. *la, las); pélo* (v.), cf. *pelo* (agl. da prep. *per* com o art. ou pron. *lo); péra* (el. do s. f. comp. *péra-fita),* cf. *pera* (prep. ant.); *pólo, pólos* (s. m.), cf. *polo, polos* (agl. da prep. *por* com o art. ou pron. *lo, los);* etc.

OBSERVAÇÃO. — Não se acentua gràficamente a terminação *amos* do pretérito perfeito do indicativo dos verbos da 1.ª conjugação.

16.ª — O acento grave, além de marcar a sílaba pretônica de que trata a regra 13.ª, assinala as contrações da preposição *a* com o artigo *a* e com os adjetivos ou pronomes demonstrativos *a, aquêle aqueloutro, aquilo,* os quais se escreverão assim: *à, às, àquele, àquela, àqueles, àquelas, àquilo, àqueloutro, àqueloutra, àqueloutros, àqueloutras.*

OBSERVAÇÃO. — *Àquele* e *àqueles* dispensam o acento circunflexo, em razão de o acento grave os diferençar dos homógrafos heterofônicos *aquele* e *aqueles*.

XIII
APÓSTROFO

44. Limita-se o emprêgo do apóstrofo aos seguintes casos:

1.º — Indicar a supressão de uma letra ou letras no verso, por exigência da metrificação: *c'roa, esp'rança, of'recer, 'star,* etc.

2.º — Reproduzir certas pronúncias populares: 'tá, 'teve, etc.

3.º — Indicar a supressão da vogal, já consagrada pelo uso, em certas palavras compostas ligadas pela preposição *de: copo-d'água* (planta; lanche), *galinha-d'água, mãe-d'água, ôlho-d'água, pau-d'água* (árvore; ébrio), *pau-d'alho, pau-d'arco,* etc.

OBSERVAÇÃO. — Restringindo-se o emprêgo do apóstrofo a êsses casos, cumpre não se use dêle em nenhuma outra hipótese. Assim, não será empregado:

a) nas contrações das preposições *de* e *em* com artigos, adjetivos ou pronomes demonstrativos, indefinidos, pessoais e com alguns advérbios: *del* (em *aqui-del-rei); dum, duma* (a par de *de um, de uma); num, numa* (a par de *em um, em uma); dalgum, dalguma* (a par de *de algum, de alguma); nalgum, nalguma* (a par de *em algum, em alguma); dalguém, nalguém* (a par de *de alguém, em alguém); doutrem, noutrem* (a par de *de outrem, em outrem); dalgo, dalgures* (a par de *de algo, de algures); daquém, dalém, dacolá* (a par de *de aquém, de além, de acolá); doutro, noutro* (a par de *de outro, em outro); dêle, dela, nêle, nela; dêste, desta, neste, nesta, daquele, daquela, naquele, naquela; disto, nisto, daquilo, naquilo; daqui, daí, dacolá, donde, dantes, dentre; doutrora* (a par de *de outrora), noutrora; doravante* (a par de *de ora avante);* etc.

b) nas combinações dos pronomes pessoais: *mo, ma, mos, mas, to, ta, tos, tas, lho, lha, lhos, lhas, no-lo, no-la, no-los, no-las, vo-lo, vo-la, vo-los, vo-las.*

c) nas expressões vocabulares que se tornaram unidades fonéticas e semânticas: *dessarte, destarte, homessa, tarrenego, tesconjuro, vivalma,* etc.

d) nas expressões de uso constante e geral na linguagem vulgar: *co, coa, ca, cos, cas, coas* (= *com o, com a, com os, com as), plo, pla, plos, plas* (= *pelo, pela, pelos, pelas), pra* (= *para), pro, pra, pros, pras* (= *para o, para a, para os, para as),* etc.

XIV
HÍFEN

45. Só se ligam por hífen os elementos das palavras compostas em que se mantém a noção da composição, isto é, os elementos das palavras compostas que mantêm a sua independência fonética, conservando cada um a sua própria acentuação, porém formando o conjunto perfeita unidade de sentido.

46. Dentro dêsse princípio, deve-se empregar o hífen nos seguintes casos:

1.º — Nas palavras compostas em que os elementos, com a sua acentuação própria, não conservam, considerados isoladamente, a sua significação, mas o conjunto constitui uma unidade semântica: *água-marinha, arco-íris, galinha-d'água, couve-flor, guarda-pó, pé-de-meia* (mealheiro; pecúlio), *pára-choque, porta-chapéus,* etc.

OBSERVAÇÃO 1.ª — Incluem-se nesta norma os compostos em que figuram elementos fonèticamente reduzidos: *bel-prazer, és-sueste, mal-pecado, su-sueste,* etc.

OBSERVAÇÃO 2.ª — O antigo artigo *el,* sem embargo de haver perdido o seu primitivo sentido e não ter vida à parte na língua, une-se por hífen ao substantivo *rei,* por ter êste elemento evidência semântica.

OBSERVAÇÃO 3.ª — Quando se perde a noção do composto, quase sempre em razão de um dos elementos não ter vida própria na língua, não se escreve com hífen, mas aglutinadamente: *abrolhos, bancarrota, fidalgo, vinagre,* etc.

OBSERVAÇÃO 4.ª — Como as locuções não têm unidade de sentido, os seus elementos não devem ser unidos por hífen, seja qual fôr a categoria gramatical a que elas pertençam. Assim, escreve-se, v. g., *vós outros* (locução pronominal), *a desoras* (locução adverbial), a fim de (locução prepositiva), contanto que (locução conjuntiva), porque essas combinações vocabulares não são verdadeiros compostos, não formam perfeitas unidades semânticas. Quando, porém, as locuções se tornam unidades fonéticas, devem ser escritas numa só palavra: *acêrca* (adv.), *afinal, apesar, debaixo, decerto, defronte, depressa, devagar, deveras, resvés,* etc.

OBSERVAÇÃO 5.ª — As formas verbais com pronomes enclíticos ou mesoclíticos e os vocábulos compostos cujos elementos são ligados por hífen conservam seus acentos gráficos: *amá-lo-á, amáreis-me, amásseis-vos, devê-lo-ia, fá-la-emos, pô-las-íamos, possuí-las, provêm-lhes, retêm-nas; água-de-colônia, pão-de-ló, pára-sois, pesa-papéis;* etc.

2.º — Nas formas verbais com pronomes enclíticos ou mesoclíticos: *ama-lo (amas* e *lo), amá-lo (amar* e *lo), dê-se-lhe, fá-lo-á, oferecê-la-ia, repô-lo-eis, serenou-se-te, traz-me, vedou-te,* etc.

OBSERVAÇÃO. — Também se unem por hífen as enclíticas *lo, la, los, las* aos pronomes *nos, vos* e à forma *eis: no-lo, no-las, vo-la, vo-los, ei-lo,* etc.

3.º — Nos vocábulos formados pelos prefixos que representam formas adjetivas, como *anglo, greco, histórico, ínfero, latino, lusitano, luso, póstero, súpero,* etc.: *anglo-brasileiro, greco-romano, histórico-geográfico, ínfero-anterior, latino-americano, lusitano-castelhano, luso-brasileiro, póstero-palatal, súpero-posterior,* etc.

OBSERVAÇÃO. — Ainda que êsses elementos prefixais sejam reduções de adjetivos, não perdem a sua individualidade morfológica, e por isso devem unir-se por hífen, como sucede com *austro (= austríaco), dólico (= dolicocéfalo), euro (= europeu), telégrafo (= telegráfico),* etc.: *austro-húngaro, dólico-louro, euro-africano, telégrafo-postal,* etc.

4.º — Nos vocábulos formados por sufixos que representam formas adjetivas, como *açu, guaçu* e *mirim,* quando o exige a pronúncia e quando o primeiro elemento acaba em vogal acentuada gràficamente: *andá-açu, amoré-guaçu, anajá-mirim, capim-açu,* etc.

5.º — Nos vocábulos formados pelos prefixos:

a) auto, contra, extra, infra, intra, neo, proto, pseudo, semi e *ultra,* quando se lhes seguem palavras começadas por vogal, *h, r* ou *s: auto-educação, contra-almirante, extra-oficial, infra-hepático, intra-ocular, neo-republicano, proto-revolucionário, pseudo-revelação, semi-selvagem, ultra-sensível,* etc.

OBSERVAÇÃO. — A única exceção a esta regra é a palavra *extraordinário*, que já está consagrada pelo uso.

b) ante, anti, arqui e *sôbre,* quando seguidas de palavras iniciadas por *h, r* ou *s: ante-histórico, anti-higiênico, arqui-rabino, sôbre-saia,* etc.

c) supra, quando se lhe segue palavra encetada por vogal, *r* ou *s: supra-axilar, supra-renal, supra-sensível,* etc.

d) super, quando seguido de palavra principiada por *h* ou *r: super-homem, super-requintado,* etc.

e) ab, ad, ob, sob e *sub,* quando seguidos de elementos iniciados por *r: ab-rogar, ad-renal, ob-reptício, sub-roda, sub-reino,* etc.

f) pan e *mal,* quando se lhes segue palavra começada por vogal ou *h: pan-asiático, pan-helenismo, mal-educado, mal-humorado,* etc.

g) bem, quando a palavra que lhe segue tem vida autônoma na língua ou quando a pronúncia o requer: *bem-ditoso, bem-aventurança,* etc.

h) sem, sota, soto, vice, vizo, ex (com o sentido de cessamento ou estado anterior), etc.: *sem-cerimônia, sota-pilôto, soto-ministro, vice-reitor, vizo-rei, ex-diretor,* etc.

i) pós, pré e *pró,* que têm acento próprio, por causa da evidência dos seus significados e da sua pronunciação, ao contrário dos seus homógrafos inacentuados, que, por diversificados fonèticamente, se aglutinam com o segundo elemento: *pós-meridiano, pré-escolar, pró-britânico;* mas *pospor, preanunciar, procônsul;* etc.

XV
DIVISÃO SILÁBICA

47. A divisão de qualquer vocábulo, assinalada pelo hífen, em regra se faz pela soletração, e não pelos seus elementos constitutivos segundo a etimologia.

48. Fundadas neste princípio geral, cumpre respeitar as seguintes normas:

1.ª — A consoante inicial não seguida de vogal permanece na sílaba que a segue: *cni-do-se, dze-ta, gno-ma, mne-mô-ni-ca, pneu-má-ti-co,* etc.

2.ª — No interior do vocábulo, sempre se conserva na sílaba que a precede a consoante não seguida de vogal: *ab-di-car, ac-ne, bet-sa-mi-ta, daf-ne, drac-ma, ét-ni-co, nup-ci-al, ob-fir-mar, op-ção, sig-ma-tis-mo, sub-ju-gar,* etc.

3.ª — Não se separam os elementos dos grupos consonânticos iniciais de sílaba nem os dos digramas *ch, lh* e *nh: a-blu-ção, a-bra-sar, a-che-gar, fi-lho, ma-nhã,* etc.

OBSERVAÇÃO. — Nem sempre formam grupos articulados as consonâncias *bl* e *br:* nalguns casos o *l* e o *r* se pronunciam separadamente, e a isso se atenderá na partição do vocábulo; e as consoantes *dl,* a não ser no têrmo onomatopéico *dlim,* que exprime toque de campainha, proferem-se desligadamente, e na divisão silábica ficará o hífen entre essas duas letras. Ex.: *sub-lingual, sub-rogar, ad-le-ga-ção,* etc.

4.ª — O *sc* no interior do vocábulo biparte-se, ficando o *s* numa sílaba, e o *c* na sílaba imediata: *a-do-les-cen-te, con-va-les-cer, des-cer, ins-ci-en-te, pres-cin-dir, res-ci-são,* etc.

OBSERVAÇÃO. — Forma sílaba com o prefixo antecedente o *s* que precede consoante: *abs-tra-ir, ads-cre-ver, ins-cri-ção, ins-pe-tor, ins-tru-ir, in-ters-tí-cio, pers-pi-caz, subs-cre-ver, subs-ta-be-le-cer,* etc.

5.ª — O *s* dos prefixos *bis, cis, des, dis, trans* e o *x* do prefixo *ex* não se separam quando a sílaba seguinte começa por consoante; mas, se principia por vogal, formam sílaba com esta e separam-se do elemento prefixal: *bis-ne-to, cis-pla-ti-no, des-li-gar, dis-tra-ção, trans-por-tar, ex-trair; bi-sa-vô, ci-san-di-no, de-ses-pe-rar, di-sen-té-ri-co, tran-sa-tlân-ti-co, e-xér-ci-to;* etc.

6.ª — As vogais idênticas e as letras *cc, cç, rr* e *ss* separam-se, ficando uma na sílaba seguinte: *ca-a-tin-ga, co-or-de-nar, du-ún-viro, fri-ís-simo, ge-e-na, in-te-lec-ção, oc-ci-pi-tal, pror-ro-gar, res-sur-gir,* etc.

OBSERVAÇÃO. — As vogais de hiatos, ainda que diferentes uma da outra, também se separam: *a-ta-ú-de, cai-ais, ca-í-eis, ca-ir, do-er, du-e-lo, fi-el, flu-iu, fru-ir, gra-ú-na, je-su-í-ta, le-al, mi-ú-do, po-ei-ra, ra-i-nha, sa-ú-de, vi-ví-eis, vo-ar,* etc.

7.ª — Não se separam as vogais dos ditongos — crescentes e decrescentes — nem as dos tritongos: *ai-ro-so, a-ni-mais, au-ro-ra- a-ve-ri-güeis, ca-iu, cru-éis, en-jei-tar, fo-ga-réu, fu-giu, gló-ria, guai-ar, i-guais, ja-mais, jói-as, ó-dio, quais, sá-bio, sa-guão, sa-guões, su-bor-nou, vá-rio,* etc.

OBSERVAÇÃO. — Não se separa do *u* precedido de *g* ou *q* a vogal que o segue, acompanhada, ou não, de consoante: *am-bi-guo, e-qui-va-ler, guer-ra, u-bi-quo,* etc.

XVI
EMPRÊGO DAS INICIAIS MAIÚSCULAS

49. Emprega-se letra inicial maiúscula:

1.º — No comêço do período, verso ou citação direta: Disse o PADRE ANTÔNIO VIEIRA: "Estar com CRISTO em qualquer lugar, ainda que seja no Inferno, é estar no Paraíso".

"Auriverde pendão de minha terra,
Que a brisa do Brasil beija e balança,
Estandarte que à luz do sol encerra
As promessas divinas da Esperança..."

CASTRO ALVES

OBSERVAÇÃO. — Alguns poetas usam, à espanhola, a minúscula no princípio de cada verso, quando a pontuação o permite, como se vê em CASTILHO:

"Aqui, sim, no meu cantinho,
vendo rir-me o candeeiro,
gozo o bem de estar sòzinho
e esquecer o mundo inteiro."

2.º — Nos substantivos próprios de qualquer espécie — antropônimos, topônimos, patronímicos, cognomes, alcunhas, tribos e castas, designações de comunidades religiosas e políticas, nomes sagrados e relativos a religiões, entidades mitológicas e astronômicas, etc.: *José, Maria, Macedo, Freitas, Brasil, América, Guanabara, Tietê, Atlântico, Antoninos, Afonsinhos, Conquistador, Magnânimo, Coração de Leão, Sem Pavor, Deus, Jeová, Alá, Assunção, Ressurreição, Júpiter, Baco, Cérbero, Via Láctea, Canopo, Vênus,* etc.

OBSERVAÇÃO 1.ª — As formas onomásticas que entram na composição de palavras do vocabulário comum escrevem-se com inicial minúscula quando constituem, com os elementos a que se ligam por hífen, uma unidade semântica; quando não constituem unidade semântica, devem ser escritas sem hífen e com inicial maiúscula: *água-de-colônia, joão-de-barro, maria-rosa* (palmeira), etc.; *além Andes, aquém Atlântico,* etc.

OBSERVAÇÃO 2.ª — Os nomes de povos escrevem-se com inicial minúscula, não só quando designam habitantes ou naturais de um estado, província, cidade, vila ou distrito, mas ainda quando representam coletivamente uma nação: *amazonenses, baianos, estremenhos, fluminenses, guarapuavanos, jequieenses, paulistas, pontalenses, romenos, russos, suíços, uruguaios, venezuelanos,* etc.

3.º — Nos nomes próprios de eras históricas e épocas notáveis: *Hégira, Idade Média, Quinhentos* (o século XVI), *Seiscentos* (o século XVII), etc.

OBSERVAÇÃO. — Os nomes dos meses devem escrever-se com inicial minúscula: *janeiro, fevereiro, março, abril, maio, junho, julho, agôsto, setembro, outubro, novembro* e *dezembro.*

4.º — Nos nomes de vias e lugares públicos: *Avenida de Rio Branco, Beco do Carmo, Largo da Carioca, Praia do Flamengo, Praça da Bandeira, Rua Larga, Rua do Ouvidor, Terreiro de São Francisco, Travessa do Comércio,* etc.

5.º — Nos nomes que designam altos conceitos religiosos, políticos ou nacionalistas: *Igreja* (Católica, Apostólica, Romana), *Nação, Estado, Pátria, Raça,* etc.

OBSERVAÇÃO. — Êsses nomes se escrevem com inicial minúscula quando são empregados em sentido geral ou indeterminado.

6.º — Nos nomes que designam artes, ciências ou disciplinas, bem como nos que sintetizam, em sentido elevado, as manifestações do engenho e do saber: *Agricultura, Arquitetura, Educação Física, Filologia Portuguêsa, Direito, Medicina, Engenharia, História do Brasil, Geografia, Matemática, Pintura, Arte, Ciência, Cultura,* etc.

OBSERVAÇÃO. — Os nomes *idioma, idioma pátrio, língua, língua portuguêsa, vernáculo* e outros análogos escrevem-se com inicial maiúscula quando empregados com especial relêvo.

7.º — Nos nomes que designam altos cargos, dignidades ou postos: *Papa, Cardeal, Arcebispo, Bispo, Patriarca, Vigário, Vigário-Geral, Presidente da República, Ministro da Educação, Governador do Estado, Embaixador, Almirantado, Secretário de Estado,* etc.

8.º — Nos nomes de repartições, corporações ou agremiações, edifícios e estabelecimentos públicos ou particulares: *Diretoria Geral do Ensino, Inspetoria do Ensino Superior, Ministério das Relações Exteriores, Academia Paranaense de Letras, Círculo de Estudos "Bandeirantes", Presidência da República, Instituto Brasileiro de Geografia e Estatística, Tesouro do Estado, Departamento Administrativo do Serviço Público, Banco do Brasil, Imprensa Nacional, Teatro de São José, Tipografia Rolandiana,* etc.

9.º — Nos títulos de livros, jornais, revistas, produções artísticas, literárias e científicas: *Imitação de Cristo, Horas Marianas, Correio da Manhã, Revista Filológica, Transfiguração* (de Rafael), *Norma* (de Bellini), *O Guarani* (de Carlos Gomes), *O Espírito das Leis* (de Montesquieu), etc.

OBSERVAÇÃO. — Não se escrevem com maiúscula inicial as partículas monossilábicas que se acham no interior de vocábulos compostos ou de locuções ou expressões que têm iniciais maiúsculas: *Queda do Império, O Crepúsculo dos Deuses, Histórias sem Data, A Mão e a Luva, Festas e Tradições Populares no Brasil,* etc.

10.º — Nos nomes de fatos históricos e importantes, de atos solenes e de grandes empreendimentos públicos: *Centenário da Independência do Brasil, Descobrimento da América, Questão Religiosa, Reforma Ortográfica, Acôrdo Luso-Brasileiro, Exposição Nacional, Festa das Mães, Dia do Município, Glorificação da Língua Portuguêsa,* etc.

OBSERVAÇÃO. — Os nomes das festas pagãs ou populares escrevem-se com inicial minúscula: *carnaval, entrudo, saturnais,* etc.

11.º — Nos nomes de escolas de qualquer espécie ou grau de ensino: *Faculdade de Filosofia, Escola Superior de Comércio, Ginásio do Estado, Colégio de Pedro II, Instituto de Educação, Grupo Escolar de Machado de Assis,* etc.

12.º — Nos nomes comuns, quando personificados ou individuados, e de sêres morais ou fictícios: A *Capital da República*, a *Transbrasiliana*, moro na *Capital*, o *Natal* de Jesus, o *Poeta* (Camões), a ciência da *Antiguidade*, os habitantes da *Península*, a *Bondade*, a *Virtude*, o *Amor*, a *Ira*, o *Mêdo*, o *Lôbo*, o *Cordeiro*, a *Cigarra*, a *Formiga*, etc.

OBSERVAÇÃO. — Incluem-se nesta norma os nomes que designam atos das autoridades da República, quando empregados em correspondência ou documentos oficiais: A *Lei* de 13 de maio, o *Decreto-lei* n.º 292, o *Decreto* n.º 20.108, a *Portaria* de 15 de junho, o *Regulamento* n.º 737, o *Acórdão* de 3 de agôsto, etc.

13.º — Nos nomes dos pontos cardeais, quando designam regiões: Os povos do *Oriente;* o falar do *Norte* é diferente do falar do *Sul;* a guerra do *Ocidente;* etc.

OBSERVAÇÃO. — Os nomes dos pontos cardeais escrevem-se com inicial minúscula quando designam direções ou limites geográficos: Percorri o país de *norte* a *sul* e de *leste* a *oeste*.

14.º — Nos nomes, adjetivos, pronomes e expressões de tratamento ou reverência: *D. (Dom* ou *Dona), Sr. (Senhor), Sr.ª (Senhora), DD.* ou *Dig.mo (Digníssimo), MM.* ou *M.mo (Meritíssimo), Rev.mo (Reverendíssimo), V. Rev.ª (Vossa Reverência), S. E. (Sua Eminência), V. M. (Vossa Majestade), V. A. (Vossa Alteza), V. S.ª (Vossa Senhoria), V. Ex.ª (Vossa Excelência), V. Ex.ª Rev.ma (Vossa Excelência Reverendíssima), V. Ex.as (Vossas Excelências),* etc.

OBSERVAÇÃO. — As formas que se acham ligadas a essas expressões de tratamento devem ser também escritas com iniciais maiúsculas: *D. Abade, Ex.ma Sr.ª Diretora, Sr. Almirante, Sr. Capitão-de-Mar-e-Guerra, MM. Juiz de Direito, Ex.mo e Rev.mo Sr. Arcebispo Primaz, Magnífico Reitor, Excelentíssimo Senhor Presidente da República, Eminentíssimo Senhor Cardeal, Sua Majestade Imperial, Sua Alteza Real,* etc.

15.º — Nas palavras que, no estilo epistolar, se dirigem a um amigo, a um colega, a uma pessoa respeitável, as quais, por deferência, consideração ou respeito, se queira realçar por esta maneira: *meu bom Amigo, caro Colega, meu prezado Mestre, estimado Professor, meu querido Pai, minha amorável Mãe, meu bom Padre, minha distinta Diretora, caro Dr., prezado Capitão,* etc.

XVII
SINAIS DE PONTUAÇÃO

50. *Aspas.* – Quando a pausa coincide com o final da expressão ou sentença que se acha entre aspas, coloca-se o competente sinal de pontuação depois delas, se encerram apenas uma parte da proposição; quando, porém, as aspas abrangem todo o período, sentença, frase ou expressão, a respectiva notação fica abrangida por elas: "Aí temos a lei", dizia o Florentino. "Mas quem as há de segurar? Ninguém."

(RUI BARBOSA.)

"Mísera! tivesse eu aquela enorme, aquela
Claridade imortal, que tôda a luz resume!"
"Por que não nasci eu um simples vaga-lume?"

(MACHADO DE ASSIS.)

51. *Parênteses.* – Quando uma pausa coincide com o início da construção parentética, o respectivo sinal de pontuação deve ficar depois dos parênteses; mas, estando a proposição ou a frase inteira encerrada pelos parênteses, dentro dêles se põe a competente notação:
"Não, filhos meus (deixai-me experimentar, uma vez que seja, convosco, êste suavíssimo nome); não: o coração não é tão frívolo, tão exterior, tão carnal, quanto se cuida." (Rui Barbosa.)
"A imprensa (quem o contesta?) é o mais poderoso meio que se tem inventado para a divulgação do pensamento." – ("Carta inserta nos *Anais da Biblioteca Nacional,* vol. I.)" (Carlos de Laet.)

52. *Travessão.* – Emprega-se o travessão, e não o hífen, para ligar palavras ou grupos de palavras que formam, pelo assim dizer, uma cadeia na frase: O trajeto *Mauá – Cascadura;* a estrada de ferro *Rio – Petrópolis;* a linha aérea *Brasil – Argentina;* o percurso *Barcas – Tijuca;* etc.

53. *Ponto final.* – Quando o período, oração ou frase termina por abreviatura, não se coloca o ponto final adiante do ponto abreviativo, pois êste, quando coincide com aquêle, tem dupla serventia. Ex.: "O ponto abreviativo põe-se depois das palavras indicadas abreviadamente por suas iniciais ou por algumas das letras com que se representam: v. g.: V. S.ª; Il.^{mo}; Ex.ª; etc." (Dr. ERNESTO CARNEIRO RIBEIRO.)

LEI N.º 5.765, DE 18 DE DEZEMBRO DE 1971

Aprova alterações na ortografia da língua portuguesa e dá outras providências.

O Presidente da República

Faço saber que o Congresso Nacional decreta e eu sanciono a seguinte Lei:

Art. 1.º De conformidade com o parecer conjunto da Academia Brasileira de Letras e da Academia das Ciências de Lisboa, exarado a 22 de abril de 1971, segundo o disposto no art. III da Convenção Ortográfica celebrada a 29 de dezembro de 1943 entre o Brasil e Portugal, fica abolido o trema nos hiatos átonos; o acento circunflexo diferencial na letra *e* e na letra *o* da sílaba tônica das palavras homógrafas de outras em que são abertas a letra *e* e a letra *o*, exceção feita da forma *pôde*, que se acentuará por oposição a *pode*; o acento circunflexo e o grave com que se assinala a sílaba subtônica dos vocábulos derivados em que figura o sufixo *mente* ou sufixos iniciados por *z*.

Art. 2.º A Academia Brasileira de Letras promoverá, dentro do prazo de 2 (dois) anos, a atualização do Vocabulário Comum, a Organização do Vocabulário Onomástico e a republicação do *Pequeno Vocabulário Ortográfico da Língua Portuguesa* nos termos da presente Lei.

Art. 3.º Conceder-se-á às empresas editoras de livros e publicações o prazo de 4 (quatro) anos para o cumprimento do que dispõe esta Lei.

Art. 4.º Esta Lei entrará em vigor 30 dias após a sua publicação, revogadas as disposições em contrário.

Brasília, 18 de dezembro de 1971; 150.º da Independência e 83.º da República.

Emílio G. Médici
Jarbas G. Passarinho

A, s. m. (l. *a*). Primeira letra do alfabeto e primeira vogal, em português e na maioria dos abecedários conhecidos.

A, art. (l. *illa*). Forma feminina do art. *o*.

A, num. Primeiro, quando posposto a substantivo ou a algarismo, indica o primeiro objeto de uma série ou a primeira repetição: casa *A*; casa 21-*A*.

A, pron. pess. (l. *illa*). Fem. do pron. *o*. Caso oblíquo, *ela*: vi-*a*.

A, pron. dem. (l. *illa*). Fem. do pron. dem. *o*, por *aquela*: É bem *a* que quero.

A, prep. (l. *ad*). A mais freqüente e vaga das preposições. Exprime quase todas as relações que possa haver entre palavras.

A, conj. coord. (l. *ac*). Equivale a *e* nas locuções "gota *a* gota", "um *a* um" e semelhantes.

A, conj. sub. Se, caso (precedendo o verbo no infinitivo): *a* ficares aqui.

a-, pref. Indica: 1. Tendência: *avermelhar*. 2. Aproximação: *achegar*. 3. Semelhança: *acaboclar*. 4. Iniciativa: *alevantar*.

a-, pref. (l. *ad* = a, para). Existe em vários termos que perderam o *d* na transição do latim para o português: *ajudar, avir*.

a-, pref. (l. *ab*). Exprime separação, afastamento: *amovível, aversão*.

a-, pref. (gr. *a*). Exprime a idéia de negação, privação e corresponde ao português *des* ou ao latim *in*, com significado de *sem, não: acardíaco, áptero*. Diante de vogal, o prefixo é *an*.

a-, elem. de comp. (tupi-guar.). Na acepção de *semente, grão; gente, pessoa, vulto; bola, cabeça: aipim, anum, açaí, jundiá*.

-a, suf. (tupi-guar.) Exprime a idéia de *procedência, origem, extração: pacobá, xará, taperoá*.

À, contr. Junção ou crase da preposição *a* com o artigo feminino *a*.

-ã, suf. (l. *ana*). Fem. do suf. *ão: anciã, temporã*.

Aa *(ás)*, s. m. pl. Maneira de escrever o plural da letra *a*, equivalente à forma *ás*.

A! a! a!, interj. O mesmo que *ah! ah! ah!*

Aaah!, interj. Revela enfado, decepção.

Aalênio, adj. e s. m. *Geol.* Diz-se de, ou um terreno intermediário entre o lias e o bajociano perto de Aalen (Alemanha). Var.: *aaleniano*.

Aaquênio, adj. e s. m. (l. *Aachen*, n. p. + *io*). *Geol.* Diz-se da, ou a camada abaixo do Cretáceo e acima do Carbonífero, perto de Aachen (Alemanha). Var.: *aaquenense, aaqueniano*.

Aarônidas, s. m. pl. Descendentes de Aarão.

Aaronita, s. m. Sacerdote descendente de Aarão.

Aaru, s. m. *Cul.* Paçoca de tatu, dos índios nhambiquaras (MT). É moqueado e socado com osso.

Ãatá, s. f. Canoa indígena, feita de uma casca de árvore.

Ab[1], prep. (l. *ab* = de, desde). Figura em locuções latinas correntes em português: *ab absurdo, ab aeterno* = partindo do absurdo, desde a eternidade.

ab-[2], pref. (l. *ab*). Preposição latina que exprime: 1. Afastamento: *abdução, abjeção*. 2. Separação, ausência: *abjurar, aberrar*. 3. Excesso: *abundar, abuso*. 4. Oposição: *ab-rogar*.

Aba[1], s. f. 1. Parte pendente da casaca e outras vestes. 2. Beira, borda, orla, margem, rebordo, flange: *Aba* do chapéu, do telhado, do arreio, da encosta. 3. Extensão de móvel, ao qual se liga por dobradiças. 4. Fralda carnosa da costela inferior da rês. 5. Rebordo em aresta, da côdea do pão. 6. Asa do nariz. S. f. pl. 1. Cercanias, proximidades, vizinhanças. 2. Abrigo, amparo, proteção: *Abas* do rei. — *A. corrida (Arquit.)*: sacada ou varanda ao longo da cimalha de um prédio.

Aba[2], s. m. (siríaco *abba*). 1. Pai; equivale a Deus no Novo Testamento. 2. Bispo ou patriarca de igrejas orientais.

aba-[3], elem. de comp. (tupi-guar. *abá*). Exprime a idéia de *o homem, a gente, a raça: abaité, abaré, abuna*.

aba-[4], elem. de comp. (tupi-guar. *aba*). Exprime a idéia de *cabelo, pêlo, lã, penas: abati, abatirá*.

aba-[5], pref. (tupi-guar., corr. de *ibá*). Exprime a idéia de *fruta: abacaxi*.

-aba[6], suf. (tupi-guar. *aba*). Exprime a idéia de *lugar: Pindamonhangaba*.

Abá, s. m. (ár. *abá*). 1. Pano grosso do Oriente Próximo, de lã ou de pêlo de camelos ou cabras, usado principalmente por árabes.

Ababadados, s. m. pl. Folhos de vestidos, saias etc.

Ababadar, v. Tr. dir. Fazer semelhante a babado ou pregar babados em.

Ababalhar, v. Tr. dir. Babar sobre; emporcalhar.

Ababalho, s. m. Sobras de comida.

Ababe, s. m. (ár. *abab*). Marinheiro das galeras turcas, alistado à falta de escravos ou forçados.

Ababelado, adj. Confuso, desordenado, babélico.

Ababelar, v. 1. Tr. dir. e pron. Pôr(-se) desordenadamente, misturar(-se). 2. Tr. dir. Fazer algo enorme, ou confuso, como a torre de Babel.

Ababil, s. m. (ár. *hababil*). Segundo o Alcorão, ave monstruosa mandada por Alá contra os abissínios, quando Maomé nasceu, para que não sitiassem Meca. Var.: *ababila, ababílio, ababilo*.

Abobocado, adj. Abobado, apalermado.

Ababosar, v. Pron. Fazer-se ou tornar-se baboso.

Ababuí, s. m. (fr. *ababouy*). *Bot.* V. *ambuí*.

Abacá, s. m. (tagalo e bisaio *abaká*). *Bot.* 1. Espécie de bananeira *(Musa textilis)*, das Filipinas. Sinôn.: *avacá, bandala, boforo, cânhamo-de-manilha, cofo, plátano-da-índia*. 2. Sua fibra aplicada em cordas, cabos, capachos e tecidos.

Abaçaí, s. m. (tupi-guar. *abá* + *çay*). Gênio maléfico, na mitologia tupi, o qual, sob a forma de um índio, perseguia os indígenas e os enlouquecia.

Abacalhoar, v. 1. Tr. dir. Transformar em, ou apresentar como bacalhau. 2. Tr. dir. Dar cheiro ou sabor de bacalhau. 3. Tr. dir. Preparar com bacalhau. 4. Tr. dir. e pron. Encher(-se) de bacalhau, comer muito bacalhau.

Abaçanar, v. *(a* + fr. *basaner)*. Tr. dir. Tornar baço; escurecer: *A.* a *pele*. Var.: *abacinar*.

Abacate[1], s. m. (nauatle *auacatl*). *Bot.* Fruto do abacateiro, ovóide ou piriforme, cor em geral verde, de polpa tenra. *-A.-do-mato:* trepadeira que dá fruto comestível rústico *(Salacia brachypoda)*.

Abacate[2], adj. e s. m. e f. *Etnol.* Da, ou a tribo dos Abacates (MT).

Abacateiro, s. m. *Bot.* Árvore laurácea, da América tropical, que produz o abacate *(Persea gratissima)*.
Abacaterana, s. f. *Bot.* Árvore laurácea *(Persea laevigata)*; louro-rosa, nectandra.
Abacatuaia, s. f. *Ictiol.* V. *peixe-galo* (acepção c).
Abacatúxia, s. f. *Ictiol.* V. *abacatuaia*.
Abacaxi, s. m. (tupi-guar.). 1. *Bot.* V. *abacaxizeiro*. 2. Fruto do abacaxizeiro; ananás. 3. *Ant.* Alcunha dos portugueses no Rio de Janeiro. 4. Mau dançador, desajeitado, pesadão. 5. *Gír. mil.* Granada de mão. 6. *Gír.* Tudo quanto é indesejável, inútil, perigoso, prejudicial etc. — *A.-bravo:* v. *abacaxi-de-tingir. A.-de-tingir, Bot.*: bromeliácea *(Aechmea tinctoria)*, cujo corante amarelo é usado em tinturaria; gravatá-branco.
Descascar o a., Pop.: resolver problema difícil ou desagradável.
Abacaxizeiro, s. m. *Bot.* Bromeliácea cultivada, que tem forma silvestre no Brasil. Dá uma grande infrutescência carnosa, de aroma e sabor intensos; também chamada *abacaxi*.
Abacelar, v. Tr. dir. 1. Colocar bacelo na vinha. 2. Enterrar mudas para futuro transplante. 3. Converter em bacelos.
Abacharelar, v. Pron. Tornar-se ou imitar bacharel.
Abacial, adj. m. e f. 1. De, ou relativo a abade, abadessa e abadia. 2. Gordo, bem tratado, farto.
Abaciar, v. Tr. dir. Dar forma de bacia a.
Abácidas, s. m. pl. V. *abássidas*.
Abacinar, v. V. *abaçanar*.
Abacisco, s. m. 1. Dim. de *ábaco*; abáculo. 2. Pavimento de mosaico, painel etc.
Abacista, s. m. e f. Pessoa que faz cálculos no ábaco.
Ábaco, s. m. (l. *abacu*). 1. *Arquit.* Parte superior do capitel a que se apóia a arquitrave. 2. *Mat.* Calculador manual para efetuar operações elementares. 3. *Mat.* Diagrama nomográfico; nomograma. 4. Aparador, balcão, bufete. Dim.: *abacisco*.
Abacomitato, s. m. 1. Dignidade, estado, qualidade ou jurisdição do abacômite. 2. Tempo de administração do abacômite.
Abacômite, s. m. 1. Abade que tinha a qualidade e a jurisdição de conde. 2. Senhor leigo que tinha como comenda uma abadia. Var.: *abacômita*.
Abácote, s. m. 1. Barrete antigo, dos nobres ingleses. 2. Coroa com bico recurvo, usada pelos reis da Inglaterra, antes do séc. XVI.
Abáculo, s. m. Dim. de *ábaco;* abacisco.
Abacutaia, s. f. *Ictiol.* V. *abacatuaia*. Var.: *abacutuaia*.
Abada[1], s. f. 1. Porção contida numa aba de. 2. Grande quantidade de: *Abadas* de espigas. 3. Alpendre, beiral.
Abada[2], s. f. (*a* + mal. *badaq*). 1. *Zool.* Nome do rinoceronte, macho ou fêmea, na Índia. 2. O corno desse animal.
Abadá, s. f. *Folc.* Camisolão branco usado pelos nagôs.
Abadado, adj. Provido de abade. S. m. Abadia.
Abadágio, s. m. *Ant.* 1. Renda da abadia. 2. Refeição dada obrigatoriamente ao abade.
Abadalhocado, adj. Cheio de badalhocas.
Abadanar, v. Tr. dir. Dar cor de badana a; abaçanar, amorenar, atrigueirar.
Abadar, v. Tr. dir. Prover de abade.
Abadavina, s. f. *Ornit.* Pássaro conirrostro europeu, da família dos Fringilídeos *(Carduelis spinus)*, também chamado em Portugal *lugre, pintassilgo-verde* e *tentilhão*.
Abade, s. m. (l. *abbate*). 1. Superior de uma ordem monástica. 2. O que governa uma abadia. 3. Homem gordo, corado, pachorrento. 4. Bloco de mortalha, para cigarro feito a mão. 5. *Ornit.* Nome popular de um pássaro dentirrostro brasileiro *(Uroleuca cristatella)*, corvídeo, que se assemelha à pega européia. Fem.: *abadessa*. Aum.: *abadão*. Dim.: *abadinho*.
Abadecídio, s. m. Assassínio de abade ou abadessa.
Abadejo, s. m. 1. *Ictiol.* V. *badejo*, acepção 1. 2. *Entom.* Besouro da família dos Tenebrionídeos *(Tenebrio molitor)*.
Abadengo, adj. Pertencente ou relativo à abadia ou ao abade: Terras *abadengas*.
Abadernar, v. Tr. dir. *Náut.* Apertar ou segurar com badernas.
Abadesco, adj. 1. Próprio de abade ou de abadessa. 2. Parecido com abade.
Abadessa*(ê)*, s. f. (l. *abbatissa*). 1. Prelada maior, superiora ou prioresa de certas comunidades de religiosas. 2. Mulher excessivamente alta e gorda. 3. *Gír.* Dona de prostíbulo. 4. *Bot.* Variedade de manga. — Aum. pej.: *abadessão, abadessona*.
Abadessado, s. m. 1. Ato ou festas de eleição de abadessa. 2. Qualidade, dignidade, cargo de abadessa. 3. Período de administração da abadessa.
Abadessar, v. (l. *abbatissare*). Tr. dir. e intr. Exercer cargo de abadessa; ser abadessa de um convento.
Abadia, s. f. (l. *abbatia*). 1. Mosteiro governado por abade ou abadessa. 2. Dignidade, ofício, domínio e regime abacial. 3. Propriedade destinada a residência de monges.
Abadiado, adj. 1. Relativo a abadia. 2. Provido de abades. 3. Que está em abadia.
Abadiar, v. Tr. dir. V. *abadar*.
Abadiota, adj. De, ou relativo aos abadiotas, piratas sarracenos que se estabeleceram na Ilha de Creta.
Abadiva, s. f. *Ictiol.* V. *badejo*, acepção 1.
Abado, adj. Provido de aba; ou de aba levantada.
Abaetar, v. Tr. dir. 1. Revestir, forrar de baeta. 2. Abafar ou agasalhar com baeta; enroupar muito. 3. Dar semelhança de baeta.
Abaetê, adj. e s. m. e f. (do tupi). Diz-se da, ou a pessoa provecta, sábia, leal, ponderada.
Abafa!, interj. *Náut.* Voz de comando marítimo para os marinheiros ferrarem velas.
Abafação, s. f. 1. Ato ou efeito de abafar. 2. Canseira, sufocação. 3. Asma, dispnéia. 4. Ocultação, furto.
Abafadela, s. f. 1. Abafação. 2. V. *abafarete*.
Abafadiço, adj. 1. Em que falta o ar ou condição de respirar, ou é muito quente para estar-se. 2. Irritadiço, irascível.
Abafado, adj. 1. Coberto, tapado. 2. De calor sufocante. 3. Mal ventilado. 4. Contido, reprimido. 5. Amortecido. 6. *Pop.* Contrariado, aflito, agoniado. 7. Extremamente ocupado.
Abafador, adj. Que abafa. S. m. 1. O que abafa; agasalho, cobertura. 2. Peça usada em certos instrumentos musicais para amortecer a vibração dos sons. 3. Capa de feltro para conservar quente o conteúdo de uma vasilha. 4. *Gír.* Escamoteador, larápio, sonegador.
Abafadouro, s. m. 1. Lugar exíguo, de ambiente irrespirável. 2. Qualquer objeto que amortece os sons ou conserva o calor.
Abafadura, s. f. 1. Abafamento. 2. *Agr.* Gradagem da terra lavrada para a preservar do calor.
Abafamento, s. m. 1. Ação ou efeito de abafar; abafação, abafadela, abafadura. 2. *Gír.* Apropriação indébita; furto.
Abafar[1], v. *(a + bafo + ar)*. 1. Tr. dir. Cobrir para conservar o calor. 2. Tr. dir. Asfixiar, sufocar. 3. Tr. dir. Obstar à combustão. 4. Tr. dir. Abrandar o som, amortecer, diminuir. 5. Tr. dir. Matar por asfixia; sufocar. 6. Tr. dir. Conter, esconder, reprimir. 7. Tr. dir. Escurecer, obumbrar, toldar. 8. Tr. dir. Fazer malograr, subjugar. 9. Tr. dir. *Gír.* Apropriar-se indebitamente; furtar. 10. Intr. *Gír.* Aparecer com destaque; dominar, suplantar. 11. Pron. Agasalhar-se, enroupar-se. 12. Tr. dir. *Náut.* Apertar de encontro à verga (o pano) para diminuir a superfície exposta ao vento.
A. a banca: ganhar todo o dinheiro que o banqueiro tinha.
Abafar[2], s. m. *Ictiol.* V. *albafar*.
Abafarete *(ê)*, s. m. *Fam.* Qualquer bebida para aquecer.
Abafo, s. m. 1. Ação ou efeito de abafar. 2. Agasalho. 3. Afeto, carinho, cuidado: *Abafo* materno. 4. Ocultação, sonegação. 5. *Pop.* Furto.
Abagoar, v. Intr. Criar bago ou pequenos frutos.
Abagualar, v. Pron. Tornar-se (a criação) bagual.
Abaianado, adj. Com aspecto, costumes ou modos de baiano.
Abainhado *(a-i)*, adj. 1. Que tem forma de bainha. 2. Guarnecido de bainha.
Abainhar *(a-i)*, v. O mesmo que *embainhar*.

Abaionetar, v. Tr. dir. 1. Dar forma de baioneta a. 2. Armar de baioneta. 3. Ferir ou matar com baioneta.

Abairramento, s. m. Ação ou efeito de abairrar.

Abairrar, v. Tr. dir. Dividir em bairros.

Abaitê, s. m. (do tupi). Homem feio, medonho. Cf. *abaetê*.

Abaiucar, v. Tr. dir. Dar aspecto de baiúca a (botequim etc.).

Abaixadela, s. f. *Fam.* Abaixadura.

Abaixador, adj. Que abaixa. S. m. 1. Aquele ou aquilo que abaixa. 2. *Anat.* O mesmo que *depressor* (músculo); abassor.

Abaixados, s. m. pl. Dengues, salamaleques.

Abaixadura, s. f. Ação ou efeito de abaixar.

Abaixa-língua, s. m. *Med.* Instrumento para manter a língua abaixada em exames ou operações. Pl.: *abaixa-línguas*.

Abaixa-luz, s. m. Abajur. Pl.: *abaixa-luzes*.

Abaixamento, s. m. Ato ou efeito de abaixar.

Abaixa-pálpebra, s. m. *Med.* Instrumento que mantém as pálpebras abaixadas. Pl.: *abaixa-pálpebras*.

Abaixar, v. 1. Tr. dir. Tornar baixo ou mais baixo; baixar. 2. Tr. dir. Pôr em lugar mais baixo; descer. 3. Tr. dir. Abrandar, minorar, suavizar. 4. Tr. dir. Tornar raso; aplanar, nivelar. 5. Pron. Humilhar-se. 6. Intr. e pron. Afundar, ceder, descer, assentar. 7. Tr. dir. *Pop.* Conter (alguém) impulso agressivo: *A. a crista*.

Abaixa-voz, s. m. Dossel que cobre o púlpito.

Abaixo[1], adv. 1. Em lugar inferior a outro. 2. Em categoria inferior. 3. Descensionalmente, pelo (correlato com um verbo de movimento): A correnteza levou o barco rio *abaixo*. — *Abaixo de:* debaixo de.

Abaixo[2]**!**, interj. Grito de indignação ou reprovação.

Abaixo-assinado, s. m. Documento subscrito por várias pessoas e que contém reivindicações ou protestos de solidariedade. Pl.: *abaixo-assinados*.

Abajá-muri, s. m. *Bot.* V. *angelim-rosa*. Pl.: *abajás-muris*.

Abajeru, s. m. *Bot.* Arbusto rosáceo, de litoral, com frutos arroxeados e doces *(Chrysobalanus icaco)*.

Abajoujamento, s. m. Ato ou efeito de abajoujar-se.

Abajoujar, v. Pron. Fazer-se, fingir-se ou tornar-se bajoujo.

Abaju, s. m. *Etnol.* Mestiço do Brasil, pela fusão das raças abaúna e branca; caboclo, mameluco.

Abajur, s. m. (fr. *abat-jour*). Peça que se põe diante da luz, para proteger a vista, ou para dirigir a claridade a determinado ponto; quebra-luz.

Abalá, s. m. (do ioruba). *Cul.* V. *abará*.

Abalada, s. f. Ato ou efeito de abalar; corrida, retirada; partida súbita e inesperada.

Abaladiço, adj. Que se abala facilmente; inseguro, instável.

Abalado, adj. 1. Que sofreu um abalo. 2. Comovido, impressionado, enternecido. 3. Abatido, enfraquecido, perturbado: Saúde *abalada*. 4. Ameaçado; em perigo: Regime *abalado*.

Abaladura, s. f. Ato ou efeito de abalar.

Abalamento, s. m. O mesmo que *abalo*.

Abalançamento, s. m. Ação ou efeito de abalançar.

Abalançar, v. 1. Tr. dir. Pesar em balança. 2. Tr. dir. Balancear, confrontar a receita com a despesa, dar balanço em. 3. Tr. dir. Balouçar, fazer oscilar. 4. Intr. Balançar. 5. Pron. Arrojar-se, atrever-se, investir.

Abalar, v. 1. Tr. dir. Causar abalo no que está firme. 2. Tr. dir. Fazer tremer; sacudir. 3. Tr. dir. e pron. Comover(-se), enternecer(-se), mover(-se) ao amor, à piedade, à simpatia. 4. Tr. dir. Desassossegar, inquietar. 5. Tr. dir. Demover, despersuadir. 6. Tr. dir. Amotinar, causar agitação, convulsionar. 7. Tr. dir. Estimular, impulsionar. 8. Tr. ind. Arremeter, atacar, avançar. 9. Intr. e pron. Andar, caminhar, ir, partir, sair.

A. a cria (vaca etc.): abortar.

Abalaú-aiê ou **abaloú-aiê,** s. m. *Folc.* Divindade do culto jejenagô.

Abalaustramento *(a-u)*, s. m. Ação ou efeito de abalaustrar.

Abalaustrar *(a-u)*, v. Tr. dir. Dar forma de balaústre a.

Abaldeiro, adj. e s. m. V. *albardeiro*.

Abalienação, s. f. (l. *abalienatione*). Alienação mental; demência.

Abalizado, adj. 1. Marcado com balizas; balizado. 2. Idôneo, competente.

Abalizador, adj. Que abaliza. S. m. Vara de agrimensor; baliza.

Abalizamento, s. m. Ato ou efeito de abalizar.

Abalizar, v. 1. Tr. dir. Marcar com balizas. 2. Tr. dir. Assinalar, distinguir. 3. Pron. Distinguir-se, tornar-se notável.

Abalo, s. m. (de *abalar*). 1. Ação ou efeito de abalar. 2. Estremecimento, trepidação. 3. Comoção, perturbação. 4. Partida, retirada, fuga. 5. Certa rede de pesca na Bahia. — *A. sísmico:* terremoto.

Abaloamento, s. m. Ato ou efeito de abaloar. Var.: *abalonamento*.

Abaloar, v. Tr. dir. Dar forma de balão a.

Abalofar, v. 1. Tr. dir. e pron. Fazer ou tornar(-se) balofo; afofar(-se). 2. Intr. Afofar, tornar-se balofo.

Abalonar, v. *(a + balão + ar)*. V. *abaloar*.

Abaloso, adj. Que abala muito; desagradável, incômodo.

Abalroa, s. f. V. *balroa*.

Abalroação, s. f. Abalroamento.

Abalroada, s. f. Choque ou pancada da abalroação.

Abalroadela, s. f. Ligeira abalroação.

Abalroamento, s. m. 1. Ato ou efeito de abalroar. 2. Entrechoque de veículos em terra, águas ou no ar.

Abalroar, v. 1. Tr. dir. Atracar com balroas. 2. Tr. dir. e tr. ind. Ir de encontro a. 3. Tr. dir. e tr. ind. Abordar, achegar, emproar. 4. Tr. dir. e tr. ind. Brigar, contender, disputar com. 5. Tr. dir. Atacar, enfrentar. 6. Intr. e pron. Chocar-se.

Abalsar, v. Tr. dir. Meter na balsa, acepção 7.

Abalseirar, v. *(a + balseiro + ar)*. V. *abalsar*.

Abaluartamento, s. m. Ação de abaluartar.

Abaluartar, v. 1. Tr. dir. Guarnecer com baluartes. 2. Pron. Entrincheirar-se.

Abama, s. f. *Bot.* V. *nartécio*.

Abambalhar, v. Tr. dir., intr. e pron. Tornar(-se) bambo, mole, trêmulo.

Abambolinar[1], v. *(a + bambolim + ar)*. Tr. dir. 1. Dar a forma de bambolim a. 2. Ornar com bambolins.

Abambolinar[2], v. *(a + bambolina + ar)*. Tr. dir. Dispor ou estender a bambolina nos cenários.

Abâmita, s. f. (l. *ab + amita*). *Geneal.* Irmã do trisavô paterno.

Abampère, s. m. *Eletrôn.* Unidade eletromagnética da corrente elétrica no sistema CGS, equivalente a 10 ampères.

Abanação, s. f. 1. Ato ou efeito de abanar. 2. *Agr.* Operação, manual ou mecânica, pela qual se separam folhas, cascas etc., de grãos de cereais ou de café; aventação.

Abanadela, s. f. Ato de abanar de leve.

Abanado, agj. 1. Que se abanou. 2. *Pop.* Doente, valetudinário.

Correr a.: na corrida, não precisar surrar o animal, apenas abanar o relho.

Abanador, adj. e s. m. Que, ou aquele que abana. S. m. Abano, ventarola, ventilador.

Abanadura, s. f. V. *abanação*, acepção 1.

Abanamento, s. m. V. *abanação*, acepção 1.

Abana-moscas, s. m., sing. e pl. 1. Abanador, enxota-moscas. 2. Indivíduo indolente, negligente, preguiçoso. 3. Insignificância, bagatela.

De abana-moscas: fácil de agüentar, leve: Castigo *de abana-moscas*.

Abananado, adj. 1. Semelhante a banana, na consistência; mole, brando. 2. Apalermado. 3. Diz-se do chifre pendente, da rês.

Abananar, v. 1. Tr. dir. Dar feição de banana a. 2. Tr. dir. e pron. Tornar(-se) banana ou tolo; abobar(-se), apalermar (-se). 3. Intr. e pron. Tomar (o chifre da rês) posição horizontal ou descendente.

Abanão, s. m. 1. Aumentativo de *abano*. 2. Ato de abanar com força. Pl.: *abanões*.

Abanar, v. (l. *evannare*, de *evannere*). 1. Tr. dir. Mover (o abano) para refrescar. 2. Tr. dir. Agitar, balançar, sacudir. 3.

Tr. dir. Demover, dissuadir. 4. Intr. Oscilar, tremer. 5. Pron. Refrescar-se com abano ou leque.
A. os queixos, Pop.: provocar alguém, falando. *Vir com as mãos abanando:* vir com as mãos vazias.

Abancado, s. m. Setor inferior de uma pedreira.

Abancar[1], v. *(a + banco + ar).* 1. Tr. dir. Guarnecer com bancos. 2. Pron. Sentar-se.

Abancar[2], v. *(a + banca + ar).* 1. Tr. dir. Distribuir por lugares em torno da banca ou da mesa. 2. Intr. e pron. Tomar assento à banca ou à mesa. 3. Intr. Permanecer demoradamente em algum lugar. 4. Intr. Estabelecer banca ou escritório de advocacia. 5. Pron. Sentar-se.

Abandado[1], adj. (p. de *abandar*[1]). Diz-se dos animais que andam em bandos.

Abandado[2], adj. (p. de *abandar*[2]). 1. Que tem bandas. 2. *Heráld.* Diz-se do escudo dividido por uma lista diagonal.

Abandalhação, s. f. 1. Ato de abandalhar. 2. Ação de bandalho.

Abandalhamento, s. m. V. *abandalhação.*

Abandalhar, v. Tr. dir. e pron. Tornar(-se) bandalho; aviltar(-se), depravar-se.

Abandar[1], v. *(a + bando + ar).* 1. Tr. dir. e pron. Reunir(-se) em bando. 2. Pron. Unir-se a (bando ou partido). Var.: *abandoar.*

Abandar[2], v. *(a + banda + ar).* Tr. dir. 1. Pôr de banda, separar. 2. Pôr bandas em. 3. Dar como quinhão.

Abandear, v. V. *bandear*[1].

Abandeirar, v. V. *embandeirar.*

Abandejar, v. Tr. dir. 1. Dar a forma de bandeja a. 2. *Agr.* Limpar cereais, separando com bandeja o grão da palha, ou de outras impurezas.

Abandidar, v. Tr. dir. e pron. Tornar(-se) bandido.

Abandoar, v. 1. Tr. dir. e pron. Ajuntar(-se) em bando. 2. Pron. Aderir, transferir-se: O pintor *abandoou-se ao* expressionismo.

Abandolinar[1], v. *(a + bandolim + ar).* Tr. dir. Tornar semelhante ao bandolim, no aspecto ou no som.

Abandolinar[2], v. *(a + bandolina + ar).* Tr. dir. Aplicar bandolina ao cabelo.

Abandonado, adj. 1. Que se abandonou. 2. De que ninguém trata; descuidado. 3. Desamparado, enjeitado, exposto.

Abandonador, adj. Que abandona. S. m. Pessoa que renuncia a direitos ou bens.

Abandonamento, s. m. V. *abandono.*

Abandonar, v. (germ. *bandon,* pelo fr. *abandonner*). 1. Tr. dir. Deixar ao abandono; desamparar. 2. Tr. dir. Abjurar, renunciar. 3. Tr. dir. Desertar de, fugir de. 4. Tr. dir. Desistir de, renunciar a. 5. Tr. dir. Afrouxar, deixar meio solto. 6. Pron. Deixar-se vencer pela fadiga, pelo vício. 7. Pron. Entregar-se, render-se.

Abandonatário, s. m. *Dir.* Pessoa que se apossa de coisa abandonada.

Abandono, s. m. 1. Ação ou efeito de abandonar. 2. Desamparo, desprezo. 3. Desistência, renúncia. 4. Imobilidade, indolência, moleza.
Ao a.: sem amparo, sem cuidados.

Abaneiro, s. m. *(abano + eiro). Bot.* Planta gutiferácea muito ornamental *(Clusia fluminensis);* abano, manga-da-praia e mangue-da-praia.

Abanheém, s. m. (tupi-guar.). *Lingüíst.* Língua geral dos tupis-guaranis. Var.: *abanheenga, avanheenga.*

Abanheenga, s. m. V. *abanheém.*

Abanicar, v. Tr. dir. e pron. Abanar(-se), com leque ou abanico.

Abanico, s. m. 1. Dim. de *abano.* 2. Leque.

Abano, s. m. *(a + l. vannu).* 1. Ação ou efeito de abanar; abanação. 2. Abanador, leque, ventarola, ventilador. 3. *Bot.* V. *abaneiro.* S. m. pl. *Pop.* As orelhas.

Abantesma *(ês),* s. m. e f. *(a + gr. phantasma).* 1. Avejão, fantasma, duende, espectro. 2. Objeto muito grande, espantoso. Var.: *avantesma.*

Abanto[1], s. m. *Ornit.* V. *abutre-do-egito.*

Abanto[2], adj. *Taur.* Qualificativo do touro acovardado, tímido na arena.

Abaporu, s. m. (tupi-guar.). Antropófago.

Abaquetar, v. Tr. dir. 1. Dar forma de baqueta a. 2. Adelgaçar, afinar.

Abar, v. Tr. dir. 1. Colocar abas em. 2. Abaixar a aba (de chapéu).

Abará, s. m. (do ioruba). *Cul.* Massa de acarajé, amolecida em azeite-de-dendê e depois cozida em banho-maria, envolvida em folha de bananeira.

Abaraíba, s. f. (tupi). V. *aroeira.*

Abaratar, v. Tr. dir. 1. Baixar o preço de; baratear. 2. Menosprezar.

Abarbado, adj. Diz-se de quem tem muito trabalho a executar; sobrecarregado.

Abarbar, v. 1. Tr. dir. e tr. ind. Ficar barba a barba, igualar uma coisa com outra, nivelar. 2. Tr. dir. e pron. Afrontar(-se), arrostar(-se), enfrentar(-se). 3. Tr. dir. e pron. Sobrecarregar(-se) de trabalhos; atrapalhar-se, embaraçar-se. Obs. O termo veio a adquirir conotação com *bárbaro,* donde se ouvir, nesse sentido: *abarbarar,* e seus cognatos.

Abarbarar, v. Pron. 1. Fazer-se ou tornar-se bárbaro. 2. Tornar-se arrojado, temerário.

Abarbarizar, v. V. *barbarizar.*

Abarbelar, v. Tr. dir. 1. Prender com barbela. 2. Ornar com barbela.

Abarbilhar, v. Tr. dir. Pôr barbilho em.

Abarca, s. f. (vasconço *abarka*). 1. Sandália rústica. 2. Calçado amplo, largo, mal feito.

Abarcadeira, s. f. 1. Fem. de *abarcador.* 2. *Arquit.* Peça horizontal de madeira, que mantém as estacas no alinhamento.

Abarcador, adj. Que abarca; abarcante. S. m. Monopolista.

Abarcadura, s. f. Abarcamento.

Abarcamento, s. m. Ato ou efeito de abarcar.

Abarcante, adj. m. e f. 1. Abarcador. 2. *Bot.* Amplexicaule.

Abarcar, v. (l. **abbrachicare*). Tr. dir. 1. Cingir com os braços; abraçar. 2. Abranger, compreender, conter em si. 3. Dominar, subordinar. 4. Compreender com o pensamento; entender. 5. Alcançar, atingir. 6. Açambarcar, atravessar, monopolizar.
A. o mundo com as pernas: querer tudo ao mesmo tempo.

Abarcia, s. f. *Med.* Fome insaciável, doentia; bulimia.

Abaré, s. m. (tupi-guar.). Entre os indígenas do Brasil, sacerdote cristão, padre.

Abarém, s. m. V. *aberém.*

Abaremotemo, s. m. *Bot.* Leguminosa do Brasil *(Pithecolobium avaremotemo),* cuja madeira é usada em construções. Var.: *avaremotemo.*

Abárico, adj. Relativo a Ábaris (personagem mitológico dos gregos e citas).

Ábaris, s. m. *Entom.* Gênero *(Abaris)* de insetos carabídeos da Colômbia.

Abaritano, adj. Relativo a Ábaris, cidade antiga da África romana; abarino.

Abaritonar, v. Tr. dir. e pron. Tornar(-se) (a voz) semelhante à do barítono.

Abaronar, v. 1. Tr. dir. Dar o título de barão a alguém. 2. Pron. Ter ares de barão. Var.: *abaronizar.*

Abarqueirar, v. Pron. Assumir modos de barqueiro, fazer-se grosseiro.

Abarracado, adj. Com feitio de barraca.

Abarracamento, s. m. 1. Ato ou efeito de abarracar. 2. Conjunto com barracas armadas. 3. Acampamento com barracas.

Abarracar, v. 1. Tr. dir. Armar barracas em. 2. Tr. dir. e pron. Instalar(-se) em barracas. 3. Intr. e pron. Acampar, aquartelar em barracas. 4. Intr. e pron. *Gír.* Postar-se com uma mulher em conversa num canto.

Abarrada, s. f. V. *albarrada*[2].

Abarrancadeiro, s. m. Lugar obstruído por barrancos; atoleiro.

Abarrancar, v. 1. Tr. dir. Obstruir com barrancos. 2. Tr. dir. e pron. Meter(-se) em barrancos.

Abarregamento, s. m. Ato ou efeito de abarregar-se.

Abarregar, v. Pron. Unir-se a uma barregã; amancebar-se, amasiar-se.

Abarreirar, v. Tr. dir. 1. Cercar de barreiras. 2. Fortificar com barreiras; entrincheirar. 3. Instalar postos fiscais em.

Abarrocar, v. Tr. dir. Obstruir com barrocas; abarrancar, abarreirar.

Abarrosado, adj. *Pop.* 1. Da cor tirante a *barroso*, comum entre bovinos. 2. Diz-se do tipo humano claro e louro. Equivale a *alemoado*.

Abarrotamento, s. m. Ação ou efeito de abarrotar.

Abarrotar, v. 1. Tr. dir. Encher de barrotes. 2. Tr. dir. Cobrir com barrotes. 3. Tr. dir. Encher totalmente. 4. Pron. Encher-se de comida; empanturrar-se.

Abartâmen, s. m. *Alq.* Chumbo.

Abarticulação, s. f. (*ab + articulação*). *Med.* Luxação da articulação.

Abarticular, adj. 1. Afastado da articulação. 2. *Med.* Que não afeta as articulações.

Abartrose, s. f. V. *diartrose*.

Abaruna, s. m. (tupi). V. *abaré*. Var.: *abuna*.

Abás, s. m. (de *Abas*, n. p.). Peso oriental para pérolas e pedras preciosas, 0,1458 g.

Abasbacar, v. V. *embasbacar*.

Abascanto, adj. (b. gr. *abaskanton*). Que preserva de malefícios. S. m. 1. O que está ao abrigo da maledicência ou do malefício. 2. Um dos eões da teogonia gnóstica de Valentiniano. S. m. pl. Certos caracteres mágicos, usados antigamente contra os efeitos da inveja, da maledicência e dos malefícios. Var.: *abascante*.

Abasia, s. f. *Med.* Impossibilidade de andar por incoordenação muscular.

Abasicarpo, adj. *Bot.* Diz-se do fruto destituído de base.

Abásico, adj. *Med.* Referente à abasia. S. m. Doente de abasia.

Abássidas, s. m. pl. Califas muçulmanos descendentes de Abas.

Abassor, adj. e s. m. *Anat.* V. *depressor*.

Abastado, adj. 1. Provido com abastança. 2. Endinheirado, rico.

Abastamento, s. m. 1. Ação ou efeito de abastar. 2. Abastança.

Abastança, s. f. 1. Abundância, fartura, 2. Riqueza.

Abastar, v. *(a + basto + ar)*. 1. Tr. dir. Prover do que é bastante ou necessário. 2. Intr. Ser bastante; bastar. 3. Pron. Abastecer-se.

Abastardado, adj. 1. Degenerado por bastardia. 2. Não puro; alterado, corrompido. 3. *Bot.* Degenerado por hibridação.

Abastardamento, s. m. 1. Ação ou efeito de abastardar. 2. Degenerescência.

Abastardar, v. 1. Tr. dir. Fazer degenerar; alterar, corromper. 2. Tr. dir. Fazer perder a genuinidade; corromper. 3. Pron. Corromper-se. Var.: *abastardear*.

Abastecedouro, s. m. 1. Estabelecimento que abastece ou provê. 2. Fonte de provisões. Var.: *abastecedoiro*.

Abastecer, v. Tr. dir. e pron. Prover(-se) do necessário.

Abastecimento, s. m. Ato de abastecer; provimento.

Abáster, s. m. *Alq.* Volatilização da matéria em uma dissolução. Pl.: *abásteres*. Var.: *abástor*.

Abastoso, adj. 1. Abundante, copioso. 2. Abastado, rico.

Abatatado, adj. Com forma de batata, mal acabado; grosso, largo: Nariz *abatatado*.

Abatatar, v. Tr. dir. e pron. Dar forma de batata a, tornar(-se) grosso e disforme.

Abate, s. m. 1. Abatimento, desconto. 2. Matança de animais para consumo. 3. Derrubada de árvores.

Abatedor, adj. e s. m. Que, ou o que abate.

Abatedouro, s. m. Lugar onde se faz o abate de reses; matadouro. Var.: *abatedoiro*.

Abater, v. (b. l. *abbattuere*). 1. Tr. dir. e pron. Abaixar(-se), descer(-se): *A.* o *conceito* de. O galho *abate-se* com o vento 2. Tr. dir. e pron. Derribar(-se), prostrar(-se). 3. Tr. dir. Matar (reses). 4. Tr. dir. Cortar, derrubar (árvores). 5. Tr. dir. e pron. Humilhar(-se), rebaixar(-se). 6. Tr. dir. e pron. Debilitar(-se), enfraquecer(-se). 7. Tr. dir. e intr. Descontar, diminuir (na altura, na intensidade, no preço). 8. Intr. e pron. Desmoronar, ir abaixo, cair.

Abati, s. m. V. *auti*.

Abatido, adj. 1. Que se abateu. 2. Cansado, fatigado. 3. Desanimado, deprimido. 4. Diz-se do cão de uma arma sobre o percussor. 5. *Arquit.* Diz-se do arco que tem o raio vertical, do centro, menor que os laterais.

Abatigüera, s. f. (tupi). Roça de milho após a colheita; palhada, tigüera.

Abatimento, s. m. 1. Ação ou efeito de abater. 2. Abaixamento, afundamento. 3. Depressão, enfraquecimento. 4. Redução de preço. 5. Humilhação, rebaixamento. 6. Desânimo, acabrunhamento. 7. *Náut.* Ângulo que faz a quilha do navio com a esteira, indicando desvio para o través. 8. *Náut.* Desvio do rumo; deriva.

Abatimiri, s. m. Arroz silvestre *(Oryza sativa)*, de grão avermelhado. Var.: *abatimirim*.

Abatinar, v. 1. Tr. dir. Tornar em, ou fazer semelhante a batina. 2. Tr. dir. e pron. Vestir batina.

Abatino, adj. (l. *abbate + ino*). Relativo a abade.

Abatis, s. m. (fr. *abattis*). 1. *Mil.* Obstáculo defensivo, formado por árvores abatidas, cujos galhos aguçados dificultam os passos ao inimigo. 2. Iguaria feita com miúdos de aves. Pl.: *abatises*.

Abati-uaupé, s. m. (do tupi). Arroz silvestre que vegeta nas margens de lagos; milho-d'água. Var.: *abatiapé*.

Ábato, s. m. (gr. *abaton*). *Antig.* Parte do templo só acessível aos sacerdotes.

Abatocaduras, s. f. pl. *Náut.* Peças com que se prendem as enxárcias ao costado do navio. Var.: *batocaduras*.

Abatocar, v. 1. Tr. dir. Fechar com batoque. 2. Tr. dir. e intr. Atrapalhar, embaraçar. Var.: *abotocar, embatocar*.

Abatumar, v. Intr. *Cul.* Tornar-se (o bolo ou o pão) pesado e sem crescimento.

Abaúbo, s. m. *Ornit.* O mesmo que *abonaxi*.

Abaulado *(a-u)*, adj. Curvo, convexo.

Abaulamento *(a-u)*, s. m. 1. Ação ou efeito de abaular; arqueamento. 2. Convexidade dada ao calçamento das ruas para facilitar o escoamento das águas pluviais. 3. *Arquit.* Arco abatido de abóbada.

Abaular *(a-u)*, v. Tr. dir. e pron. Dar, ou apresentar forma convexa, bojuda, boleada como tampa de baú. — Conjuga-se e grafa-se como *saudar*.

Abaxial *(cs)*, adj. m. e f. (l. *ab + axis + al*). 1. *Med.* Que está fora da linha do eixo do corpo ou de um órgão. 2. *Ópt.* Que não se encontra no eixo óptico.

Abc, s. m. 1. Alfabeto, abecedário. 2. Primeiras noções de qualquer ciência ou arte. Var.: *a-bê-cê*.

Abcoulomb, s. m. Unidade quantitativa eletromagnética de eletricidade, no sistema CGS, igual a 10 coulombs e que é a carga que passa em 1 segundo através de uma seção de um circuito, quando a carga é de 1 abampère.

abd-, elem. de comp. (do árabe). Significa servo, servidor, e se antepõe a grande número de nomes orientais: *abdal, abdalita*.

Abdal, s. m. Religioso solitário persa; designação genérica, idêntica à de monge entre os cristãos. Var.: *abdá* e *abdalá*.

Abdalita, s. m. e f. (ár. *abd + Allah + ita*). Membro de uma seita de dervixes viajantes, indianos e persas.

Abderiano, adj. *(Abdera*, n. p. + *ano)*. 1. Natural, próprio de Abdera. 2. Bronco, inepto, parvo, tolo. Var.: *abderita, abderitano*.

Abderita, adj. V. *abderiano*.

Abderitismo, s. m. Qualidade, modos, costumes, linguagem próprios dos abderitas.

Abdicação, s. f. (l. *abdicatione*). 1. Ato ou efeito de abdicar. 2. Documento em que consta a abdicação. 3. Desistência, renúncia, resignação.

Abdicador, adj. e s. m. Que, ou aquele que abdica; abdicante. Fem.: *abdicatriz*.

Abdicante, adj. e s. m. e f. V. *abdicador*. Fem. p. us.: *abdicanta*.

Abdicar, v. (l. *abdicare*). 1. Tr. dir. e intr. Renunciar voluntariamente a cargo, dignidade ou poder de que estava revestido. 2. Tr. dir., tr. ind. e pron. Abrir mão, desistir, resignar.
A. a pátria: emigrar, exilar-se.

Abdicativo, adj. 1. Concernente à abdicação. 2. Que motiva ou envolve abdicação.

Abdicatório, adj. V. *abdicativo*.

Abdicatriz, s. f. Feminino de *abdicador*.

Abditivo, adj. Que afasta, que afugenta.

ábdito-, elem. de comp. (l. *abditu*). Exprime a idéia de *escondido, oculto: abditolarva*.

Abditolarva, s. f. *Entom.* Nome da larva de alguns insetos himenópteros, que se desenvolve nos tecidos de certas plantas, provocando formação de galhas ou cecídias.

Abditório, s. m. 1. Cofre, relicário. 2. Lugar próprio para esconder ou guardar alguma coisa.

Abdome, s. m. (l. *abdomen*). *Anat.* 1. Cavidade que constitui a parte inferior do tronco e que aloja a maior parte dos órgãos digestivos e geniturinários. 2. Nos invertebrados e insetos, parte situada entre o tórax e a cauda. — *A. agudo, Med.:* qualquer condição aguda dentro do abdome, que requeira intervenção cirúrgica imediata. Pl.: *abdomes*.

Abdômen, s. m. *Anat.* Forma alatinada de *abdome*. Pl.: *abdômenes* (erud.); *abdomens* (pop.).

Abdominal, adj. m. e f. 1. *Anat.* Pertencente ao abdome. 2. *Biol.* Diz-se do tipo morfológico em que a vida vegetativa predomina; esplâncnico, visceral.

Abdominalgia, s. f. *Med.* Dor no abdome.

abdomino-, elem. de comp. (l. *abdomen*). Dá a idéia de *abdome: abdominoscopia*.

Abdômino-anterior, adj. m. e f. *Med.* Com o abdome para a frente (referente à posição do feto no útero).

Abdominopata, s. m. Médico especialista em moléstias geniturinárias.

Abdominopatia, s. f. *Med.* Doença do abdome, especialmente do útero e anexos.

Abdominoposterior, adj. m. e f. *Med.* Com o abdome para trás (com referência à posição do feto no útero).

Abdominoscopia, s. f. *Med.* Exame do abdome com auxílio do endoscópio.

Abdominoscópio, s. m. Instrumento para exame endoscópico do abdome.

Abdominoso, adj. Que tem ventre volumoso; barrigudo.

Abdução, s. f. (l. *abductione*). 1. Ato ou efeito de abduzir. 2. *Anat.* Movimento que afasta um membro, ou uma parte qualquer, do plano médio do corpo.

Abducente, s. m. V. *abdutor*.

Abdutor, adj. (l. *abductore*). 1. Que produz abdução; que serve para abduzir. 2. *Quím.* Diz-se do tubo que recolhe os gases de uma reação química. S. m. *Anat.* Qualquer músculo que produz abdução.

Abduzir, v. (l. *abducere*). Tr. dir. 1. Afastar, desviar. 2. Afastar (membro ou parte de membro) da linha média do corpo.

Abeatar, v. 1. Tr. dir. e pron. Tornar(-se) beato. 2. Tr. dir. Dar ar de beato a: *A. o semblante*.

Abebé *(abé)*, s. m. *Folc.* (Bahia). Leque metálico circular, com uma figura de sereia ao centro, insígnia da deusa Oxum, quando de latão, e de Iemanjá, quando pintado de branco.

Abeberação, s. f. 1. Ato ou efeito de abeberar. 2. *Tecn.* Escorva, ensopamento.

Abeberado, adj. 1. Diz-se da pessoa a quem se deu de beber; dessedentado. 2. *Tecn.* Escorvado, abrevado.

Abeberar, v. (l. *abbiberare*). 1. Tr. dir., intr. e pron. Dar de beber, dessedentar, saciar a sede. 2. Tr. dir. e pron. Banhar (-se), embeber(-se), encharcar(-se), ensopar(-se), molhar, regar. 3. Pron. Aprender, instruir-se, retirar ensinamento de. 4. Tr. dir. *Tecn.* Escorvar, abrevar, ensopar (bomba, injetor etc.).

Abecar, v. *(a + beca + ar)*. Tr. dir. Agredir, segurando o adversário pela gola da camisa ou do paletó; abotar (acepção 4). Cfr. *abcedar*.

A-bê-cê, s. m. V. *abc*.

Abecedar, v. Tr. dir. Dispor conforme as letras do a-bê-cê; dispor em ordem alfabética.

Abecedária, s. f. *Bot.* 1. Planta da família das Compostas *(Spilanthes acmella)*, de sabor acre e apimentado, sialagoga, à qual se atribui a propriedade de desenvolver a língua das crianças e facilitar-lhes a pronúncia; abedária, acmela, agrião-do-brasil, erva-das-crianças, jambuaçu. 2. V. *agave*.

Abecedariano, adj. 1. Relativo aos abecedários. 2. Ignorante como os abecedários. S. m. pl. Abecedários.

Abecedário, adj. (l. *abecedariu*). 1. Relativo ao a-bê-cê ou alfabeto. 2. Que está aprendendo o a-bê-cê. 3. Elementar, ignorante, medíocre. 4. Disposto em ordem alfabética. S. m. 1. A-bê-cê, alfabeto. 2. Cartilha para o ensino do alfabeto e rudimentos da leitura.

Abecedários, s. m. pl. *Hist.* Anabatistas alemães do séc. XVI, sectários de Nicolau Storch; não aprendiam a ler, sob a alegação de que o estudo embaraçava ouvir, com a devida atenção, a voz do Senhor; abecedaristas.

Abedé, s. m. V. *abebé*.

Abedo, s. m. *Entom.* Gênero *(Abedus)* de insetos aquáticos, da família dos Belostomatídeos, que inclui espécies com o estranho hábito de os machos transportarem nas costas a desova da fêmea.

Abegão, s. m. 1. Homem que tem a cargo uma abegoaria. 2. Feitor de uma propriedade. Adj. Relativo à abegoaria: Arcas *abegoas*. Fem.: *abegoa*.

Abegoa, s. f. Feminino de *abegão*.

Abegoaria, s. f. 1. Lugar onde se guardam carros, utensílios de lavoura etc., ou em que se recolhe gado. 2. Granja.

Abeiçar, v. Tr. dir. 1. Tomar com os beiços. 2. Acercar entre si os bordos de.

Abeiramento, s. m. Ação ou efeito de abeirar; aproximação.

Abeirante, adj. m. e f. 1. Que está próximo da beira. 2. Que está beirando certa idade.

Abeirar, v. 1. Tr. dir. e tr. ind. Aproximar, colocar na beira. 2. Pron. Avizinhar-se.

Abejaruco, s. m. V. *abelharuco*.

Abelha *(ê)*, s. f. (l. *apicula*). 1. *Entom.* Inseto himenóptero que fabrica a cera e o mel. Col.: *colméia, cortiço, enxame*. Voz: *azoina, sussurra, zine, zizia, zoa, zonzoneia, zui, zumba, zumbe, zumbra, zune, zunza, zunzila, zunzuna*. 2. Mulher astuta, hábil, ladina, metediça. 3. *Astr.* Constelação austral. S. f. pl. *Antig.* Sacerdotisas de Ceres, que, como as abelhas, deviam conservar-se puras, ativas e vigilantes. – *A.-criança:* abelha na fase de pupa ou crisálida. *A.-macha:* zangão. *A.-mãe:* o mesmo que *abelha-mestra*. *A.-mestra:* a) o mesmo que *rainha*, acepção 7; b) mulher astuciosa, dominadora, intrometida; alcoviteira, caftina, proxeneta. *A.operárias:* abelhas fêmeas de aparelho reprodutor atrofiado e por isso estéreis, que fabricam mel e constroem os favos; obreiras. *A.sociais:* as que vivem em colméias. *A.solitárias:* as que vivem isoladas.

Abelhal, s. m. Colméia, cortiço, enxame de abelhas.

Abelhão, s. m. 1. Aum. de *abelha*. 2. Abelha-macha; zangão. 3. V. *mamangava*.

Abelharuco, s. m. *Ornit.* Abelheiro, acepção 3.

Abelheira, s. f. 1. Ninho ou viveiro de abelhas. 2. *Ornit.* Abelheiro.

Abelheiro, s. m. 1. Abelheira. 2. Apicultor. 3. *Ornit.* Ave coraciiforme européia de luzidia plumagem *(Merops apiaster)*, migrador, do tamanho de um sabiá; nutre-se de abelhas e outros insetos, capturando-os em vôo; abelharuco, abelhuco, airute, alrute, alderela, fulo, gralha, lengue, melharuco, melheiroz, milharoz, milharão.

Abelhuco, s. m. *Ornit.* Abelheiro.

Abelhudice, s. f. Ato ou modo de proceder de abelhudo; curiosidade, indiscrição.

Abelhudo, adj. 1. Intrometido, indiscreto, curioso. 2. Apressado, ativo, diligente, operoso. 3. Astuto. 4. Habilidoso.

Abélia, s. f. *Bot.* Gênero *(Abelia)* de plantas caprifoliáceas, lonicéreas, apreciadas pela beleza e aroma de suas flores rosadas ou brancas.

Abeliano, adj. Relativo ou semelhante a Abel, da Bíblia; cândido, inocente, puro, simples.

Abélico, adj. Abeliano.

Abelidar, v. Pron. Criar belidas (o olho).

Abelmosco, s. m. (ár. *habb-el-mosk*). *Bot.* Planta *(Hibiscus abelmoschus)*, cujas sementes odoríferas são empregadas em perfumaria sob o nome de *pós de Chipre, ambarilha* e *ambreta*.

Abemolado, adj. 1. *Mús.* Marcado com bemóis. 2. Melodioso, suave. 3. Afetado, efeminado.

Abemolante, adj. m. e f. Que abemola.

Abemolar, v. 1. Tr. dir. *Mús.* Marcar ou acompanhar com bemol uma nota ou trecho de música, abaixar a nota meio tom. 2. Tr. dir. e pron. Abrandar(-se), adoçar(-se), suavizar(-se). 3. Pron. Adengar-se, efeminar-se.

aben-, pref. Transcrição portuguesa dos vocábulos semíticos *ben, ebn, ibn,* que significam *filho: abencerrage.*

Abenaqui, adj. m. e f. *Etnol.* Relativo aos abenaquis, povo da raça ameríndia dos algonquianos, que habitam no Canadá e no Norte dos E.U.A. Var.: *abenagui.*

Abencerrage, adj. m. e f. (ár. *Ebn-Serragh,* n. p.). *Etnol.* Relativo aos abencerrages, tribo árabe que dominou em Granada, no fim do século XV. — *O último a.:* o derradeiro paladino ou defensor de uma idéia. Var.: *abencerragem.*

Abençoadeiro, adj. e s. m. Que, ou o que abençoa ou protege; benzedeiro, feiticeiro.

Abençoado, adj. 1. Que recebeu bênção; feliz, próspero, venturoso. 2. *Pop.* Forma expletiva de referir-se a pessoa ou algo, e que pode significar até sentimentos opostos: *Abençoado* trem que não chega! *Abençoado* trem que hoje vem no horário.

Abençoador, adj. 1. Que abençoa; abençoante. 2. Favorecedor, propiciador.

Abençoante, adj. m. e f. Abençoador.

Abençoar, v. 1. Tr. dir. Lançar a bênção; benzer, abendiçoar. 2. Tr. dir. Bendizer, glorificar, louvar. 3. Tr. dir. Amparar, favorecer, proteger: Que Deus *abençoe* essa *união* conjugal. 4. Pron. Benzer-se, receber a bênção, fazendo o sinal da cruz: Os devotos já *se abençoavam.*

A. bicheira, Reg.: benzer, rezar para a cura.

Abendiçoar, v. Tr. dir. Abençoar.

Abentérico, adj. Que está fora do intestino.

Abepitimia, s. f. V. *anepitimia.*

Aberdeen, s. m. *Zootécn.* Raça bovina, preta, mocha, oriunda dos arredores de Aberdeen, na Escócia.

Aberém, s. m. (do ioruba). *Cul.* Bolo de milho ou de arroz ralado em pedra, envolto em folha de bananeira e cozido em banho-maria.

Abéria, s. f. *Bot.* Gênero *(Aberia)* de plantas bixáceas, procedentes da África e Nova Zelândia.

Aberlindar, v. Tr. dir. 1. Dar forma ou semelhança de berlinda a. 2. Colocar na berlinda.

Aberração, s. f. 1. Ato ou efeito de aberrar. 2. Desvio, extravio de espírito, de idéias, de juízo; extravagância de conceito. 3. Desarranjo, desordem: *A.* mental. 4. *Biol.* Afastamento, por alguns característicos, do tipo, da espécie do mesmo gênero, tornando-se anomalia. 5. *Anat.* Anomalia de situação ou de conformação de um órgão. 6. *Fís.* Defeito de uma superfície refrangente que consiste em não produzir uma imagem que, estigmaticamente, corresponda ao objeto. 7. *Astr.* Movimento aparente das estrelas fixas.

Aberrância, s. f. Aberração.

Aberrante, adj. m. e f. Que aberra ou se desvia das normas; anômalo.

Aberrar, v. (l. *aberrare*). 1. Tr. ind. e pron. Afastar-se do caminho reto; transviar-se. 2. Intr. Desviar-se das regras naturais; constituir-se numa aberração. 3. Tr. ind. Tornar-se anomalia de um sistema, afastando-se por quaisquer características do tipo ou das espécies do mesmo gênero. 4. Intr. Tornar-se esquisito.

Aberrativo, adj. Em que há aberração.

Aberratório, adj. Aberrativo.

Aberta, s. f. (fem. de *aberto*). 1. Abertura, fenda, fresta, vão. 2. Lugar livre entre outros ocupados. 3. Intervalo, folga num serviço continuado. 4. Clareira. 5. Saída, solução. 6. Ensejo. 7. Abertura no litoral, pequena baía, enseada. 8. Clareação temporária do céu nublado. Adj. 1. *Gram.* Qualificativo da vogal que exige para a sua emissão grande abertura dos maxilares. 2. Qualificativo da sílaba terminada por vogal.

Abertal, adj. m. e f. Fácil de abrir-se; abertiço.

Abertão, s. m. Grande aberta na mata.

Abertiço, adj. V. *abertal.*

Aberto, adj. 1. Que se abriu; descerrado. 2. Sem vegetação de porte; limpo, vasto. 3. Inciso, lacerado, rasgado, não cicatrizado. 4. Desabrochado, desabotoado. 5. Franco, leal, lhano, singelo, simples. 6. Claro, luminoso, sereno. 7. Acessível, livre, transponível. 8. A peito aberto; desguarnecido, desprotegido. 9. Sem fecho ou invólucro, não selado. 10. Descoberto, sem cobertura. 11. Acentuado, agudo, distinto, forte: Rimas de som mais *aberto.* 12. Em conta-corrente, não saldado. S. m. 1. Abertura. 2. Espaço na trama dos tecidos.

Em a.: não definido, não delimitado: Assunto ou tema *em aberto.*

Abertona, s. f. *Náut.* Largura máxima no porão dos navios.

Abertura, s. f. (l. *apertura*). 1. Ação de abrir. 2. Aberta, fenda, buraco, orifício, furo. 3. Início, princípio de exercício, de função pública. 4. Instauração. 5. Franqueza, sinceridade. 6. Parte superior das vestes, por onde se abrem e abotoam. 7. Boca, entrada. 8. *Geom.* Afastamento dos lados de um ângulo. 9. *Gram.* Maior ou menor afastamento dos maxilares na pronúncia de um fonema. 10. *Mús.* Peça sinfônica que serve de introdução a uma obra de grande desenvolvimento, como ópera, oratório, cantata. 11. Perfuração, furagem. 12. *Neol. Polít.* Disposição para entendimentos, permissividade; nesta acepção, antônimo de *radicalidade, intolerância.*

Aberturar, v. Tr. dir. Agarrar pela abertura das vestes; abecar.

Abesana, s. f. (cast. *abesana*). 1. Junta de bois. 2. O primeiro sulco aberto pelo arado, pelo qual o arador se guia para abrir os seguintes.

Abesantar, v. Tr. dir. Adornar com besantes; besentar.

Abesourar, v. Tr. dir. Aturdir com palavras monótonas, ruídos ou zunidos, como fazem os besouros. Var.: *abesoirar.*

Abespinhadiço, adj. Que se abespinha facilmente; irritável.

Abespinhamento, s. m. Ato ou efeito de abespinhar(-se).

Abespinhar, v. 1. Tr. dir. e pron. Enfurecer(-se), exasperar (-se), irritar(-se). 2. Pron. Agastar-se, amuar-se, melindrar-se.

Abessim, s. m. V. *abissínio.*

Abessino, s. m. V. *abissínio.*

Abestalhar, v. Pron. 1. Tornar-se besta; bestificar-se. 2. Tornar-se tolo, imbecil, momentânea ou permanentemente.

Abeta *(ê)*, s. f. Pequena aba.

Abetal, s. m. Lugar plantado de abetos.

Abetarda, s. f. *Ornit.* Ave pernalta *(Otis tarda)* da família dos Otídeos, do Velho Mundo. Também chamada em Portugal de *betarda, batarda, batardão* ou *peru-selvagem.*

Abético, adj. Relativo ao abeto.

Abetina, s. f. V. *abietina.*

Abetíneas, s. f. pl. *Bot.* V. *Abietíneas.*

Abetíneo, adj. Semelhante ao abeto.

Abetino, adj. V. *abetíneo.*

Abetinote, s. m. Resina que flui do abeto.

Abeto *(ê)*, s. m. (b. l. *abete*). 1. Nome comum às árvores do gênero Ábies, de folhagem persistente, porte alto e aparência típica e atraente; apreciadas por sua madeira e resina. 2. A madeira dos abetos do gênero Ábies. 3. *Bot.* Nome de diversas espécies de plantas pináceas. Var.: *abete.*

Abetoinha *(o-i)*, s. f. *Ornit.* V. *abetoninha.*

Abetoninha, s. f. *Ornit.* Abibe. Var.: *abetoinha.*

Abetouro, s. m. *Ornit.* Ave européia *(Botaurus stellaris)* de porte semelhante ao da garça; galinhola-real. Var.: *abetoiro.*

Abetumado, adj. 1. Barrado de betume; calafetado. 2. Mal cozido, pesado (diz-se de biscoito, bolo, pão). 3. Macambúzio, triste.

Abetumar, v. Tr. dir. Cobrir com betume; calafetar.

Abevacuação, s. f. *Med.* Evacuação abundante e imoderada.

Abexigar, v. Tr. dir. Dar forma de bexiga a.

Abexim, adj. m. e f. (de *Abexia,* n. p.). Relativo à Abissínia. S. m. e f. Habitante ou natural da Abissínia. S. m. Idioma falado na Abissínia. Var.: *abassino, abessim, abessino, abissínio.*

Abezerrado, adj. 1. Semelhante a bezerro. 2. Turrão, teimoso.

Abfarad *(abfárad),* s. m. *(ab + farad). Eletr.* Unidade eletromagnética de capacitância, igual a um bilhão de farads.

Abgáridas, s. m. pl. (*Abgar,* n. p. + *ida* + *s*). Família ou dinastia dos Abgares, na Mesopotâmia (132 a.C. — 216 d.C.).

Abhenry *(abênri),* s. m. *(ab + henry). Eletr.* Unidade eletromagnética de indutância, no sistema CGS, igual a um bilionésimo de um henry, ou 10^{-9}H.

Ábia, s. f. *Entom.* Inseto himenóptero, da família dos Tentredinídeos, caracterizado por antenas curtas e clariformes *(Abia nitens).*

Abibe, s. f. *Ornit.* Ave européia *(Vanellus cristatus)* aparentada ao quero-quero sul-americano; em Portugal chamam-na também *abitoninha.*

Abibliotecar, v. Tr. dir. Conservar, dispor, reunir em biblioteca.

Abibura, s. f. *Bot.* Cogumelo venenoso *(Agaricus pisonianus).*

Abicado, adj. *Náut.* Com a proa voltada para a terra; chegado à terra.

Abicadouro, s. m. Lugar da praia ou da margem onde o barco pode abicar. Var.: *abicadoiro.*

Abicamento, s. m. Ato ou efeito de abicar.

Abicar, v. 1. Tr. dir. Fazer bico em. 2. Tr. dir., tr. ind. e pron. Tocar com o bico ou beque da proa. 3. Intr. Estar prestes (a fêmea) a parir.

Abichado, adj. 1. Que se tornou semelhante a bicho. 2. Pouco sociável, reservado.

Abichar, v. 1. Intr. Tornar-se semelhante a bicho; fazer-se reservado, pouco sociável. 2. Intr. Criar bicheira (o animal ou a fruta); bichar. 3. Tr. dir. *Pop.* Abiscoitar, conseguir algo vantajoso.

Abichito, s. m. *Miner.* V. *clinoclasita.*

Abichornado, adj. V. *abochornado.*

Abichornar, v. V. *abochornar.*

Abidense, adj. m. e f. Relativo a Abidos, cidade do Egito.

Abiegna, s. f. Licor oleoso da resina do abeto.

Abiegno, adj. (l. *abiegnu*). Feito de abeto.

Abieiro, s. m. *Bot.* Árvore sapotácea *(Lucuma caimito),* cujo fruto é o abiu; abio, abiu, abiiba, caimiteiro.

Ábies, s. m. Gênero *(Abies)* de árvores de folhagem persistente, que são os abetos verdadeiros, da família das Pináceas.

Abietáceas, s. f. pl. *Bot.* V. *Pináceas.*

Abietato, s. m. *Quím.* Sal ou éster do ácido abiético.

Abieteno, s. m. *Quím.* Hidrocarboneto líquido, incolor, destilado de resina de *Pinus sabiana.*

Abiético, adj. *Quím.* Diz-se de um ácido tricíclico, cristalino, incolor, extraído, pelo álcool, da colofônia.

Abietina, s. f. *Quím.* Resina insípida e inodora, cristalizável, que se extrai da terebintina de abetos.

Abietíneo, adj. Relativo ou semelhante ao abeto; abetíneo, abietino.

Abietínico, adj. V. *abiético.*

Abietino, adj. V. *abietíneo.*

Ábiga, s. f. *Bot.* Planta labiada, que exala fraco odor de almíscar *(Ajuga iva).*

Abigarrar, v. Tr. dir. Betar, matizar, pintar sem simetria ou uniformidade.

Abigeatário, s. m. Ladrão de gado.

Abigeato, s. m. (l. *abigeatu*). Roubo de gado, especialmente de cavalos e bois.

Abigodar, v. Tr. dir. 1. Dar feitio de bigode a. 2. Colocar bigode em.

Abiiba, s. m. *Bot.* Abieiro.

Abileno, adj. Relativo a Ábila, cidade da Judéia, ou a Ceuta, outrora Ábila, ou, finalmente, ao Cabo Ábila, no N.O. da África, que, com o Monte Calpe, formava as Colunas de Hércules (Estreito de Gibraltar).

Abio, s. m. *Bot.* V. *abiu,* acepção 1.

Abiofisiologia, s. f. *Med.* O estudo de processos inorgânicos em organismos vivos.

Abiogênese, s. f. V. *geração espontânea.* Var.: *abiogenesia* e *abiogenia.*

Abiogenista, s. m. e f. Pessoa adepta da abiogênese.

Abiologia, s. f. Estudo das coisas inanimadas.

Abiombar, v. Tr. dir. 1. Dar forma de biombo a. 2. Ocultar com biombo.

Abiorana, s. f. *Bot.* V. *abiurana.*

Abiose, s. f. *Med.* 1. Suspensão das manifestações vitais; vida latente. 2. Estado do que é incapaz de viver.

Abiótica, s. f. Ciência geral do mundo inorgânico.

Abiótico, adj. *Biol.* 1. Relativo à abiose. 2. Em que a vida é impossibilitada, por falta de algum elemento indispensável. 3. Sem vitalidade, inapto para viver.

Abioto, s. m. 1. Elemento que tira a vida. 2. Nome dado à cicuta, por ser mortífera.

Abiotrofia, s. f. *Med.* Processo degenerativo que atinge as células vivas, principalmente as do sistema nervoso; hipotrofia, abionergia.

Abiquara, s. m. V. *corcoroca,* acepção 1.

Abirritação, s. f. *Fisiol.* 1. Falta de irritação; astenia, atonia. 2. Diminuição dos fenômenos vitais em qualquer região do corpo.

Abirritar, v. (l. *abirritare*). Tr. dir. *Med.* Diminuir a irritação, ou a sensibilidade de.

Abirritativo, adj. *Med.* Diz-se das doenças que causam astenia ou prostração.

Abiscoitar, v. Tr. dir. 1. Dar forma ou consistência de biscoito a. 2. *Fam.* Alcançar, arranjar, conseguir inesperadamente. 3. *Pop.* Roubar, surripiar. Var.: *abiscoutar.*

Abiselar, v. Tr. dir. Biselar.

Abisga, s. m. *Bot.* Arbusto caparidáceo da África *(Capparis sodada),* cujas bagas são comestíveis.

Abismal, adj. m. e f. 1. Relativo a abismo; abissal, abismático. 2. Aterrador, insondável, tétrico.

Abismamento, s. m. Ato de abismar ou de abismar-se.

Abismático, adj. V. *abismal.*

Abismar, v. 1. Tr. dir. Precipitar, lançar no abismo. 2. Pron. Lançar-se, precipitar-se no abismo. 3. Tr. dir. Causar admiração, assombro, confusão, espanto a. 4. Pron. Encher-se de admiração, assombro, confusão, espanto. 5. Pron. Degradar-se, despenhar-se no vício. 6. Pron. Cair em funda contemplação.

Abismo, s. m. (l. *abysmu*). 1. Cavidade geralmente vertical, cuja abertura está na superfície da terra e cujo fundo é desconhecido; lugar profundo, precipício, voragem. 2. *Bíblia.* O caos. A confusão primitiva, antes que fosse feita a luz. 3. Tudo o que é imenso. 4. O mar. 5. Os infernos.

Abismoso, adj. Em que há abismos, cercado de abismos.

Abissal, adj. m. e f. 1. Abismal. 2. Relativo ao bisso. 3. Assombroso, espantoso, pelágico, tétrico. 4. *Geol.* Designativo dos sedimentos marinhos formados em profundidades abaixo de mil metros. 5. *Geol.* V. *plutônico.*

Abissalbêntico, adj. Relativo ao fundo dos oceanos, na zona abissal. Var.: *abissobêntico.*

Abissalpelágico, adj. Relativo às águas da zona abissal. Var.: *abissopelágico.*

Abissínio, adj. Relativo à Abissínia; abissínico. S. m. O natural da Abissínia; abexim.

Abissinismo, s. m. *Polít.* Conduta do que ataca os decaídos do poder e elogia os novos governantes.

Abisso, s. m. (l. *abissu*). 1. Abismo. 2. Grande profundidade do oceano.

Abita, s. f. (fr. *bitte*). *Náut.* Peça de madeira ou de ferro que serve para fixar a amarra da âncora do navio.

Abitadura, s. f. *Náut.* Ato ou efeito de abitar.

Abitar, v. *(abita + ar).* Tr. dir. *Náut.* Enrolar, prender, segurar nas abitas.

Abitílio, s. m. (corr. de *abutilo*). *Bot.* Abutilão.

Abito, s. m. *Alq.* Carbonato de chumbo.

Abitolar, v. Tr. dir. Medir ou conferir com bitola.

Abitoninha, s. f. *Ornit.* Abibe.

Abiu, s. m. (tupi *apiu*). 1. Fruto do abieiro; abio. 2. Abieiro.

Abiurana, s. f. Árvore sapotácea *(Lucuma lasiocarpa)*, típica da região do Rio Madeira (AM). Var.: *abiorana* e *biorana*.

Abjeção, s. f. (l. *abjectione*). Aviltamento, labéu, opróbrio, torpeza, vileza.

Abjeto, adj. Indigno, desprezível; ignóbil, vil.

Abjudicação, s. f. *Dir.* Ato de abjudicar.

Abjudicador, adj. e s. m. Que, ou aquele que abjudica; abjudicante.

Abjudicante, adj. m. e f. V. *abjudicador*.

Abjudicar, v. (l. *abjudicare*). Tr. dir. *Dir.* Desapossar, judicialmente, o detentor daquilo que pertence a outrem; abjurgar.

Abjugar, v. (l. *abjugare*). Tr. dir. 1. Tirar do jugo, separar. 2. Libertar, soltar. Var.: *abjungir*.

Abjugativo, adj. Que abjuga; abjuntivo.

Abjunção, s. f. (l. *abjunctione*). Ato de abjungir.

Abjungir, v. (l. *abjungere*). V. *abjugar*.

Abjuração, s. f. Ato ou efeito de abjurar; abjuramento.

Abjurando, adj. Que deve ser abjurado.

Abjurante, adj. m. e f. Que abjura.

Abjurar, v. (l. *abjurare*). 1. Intr. Renunciar publicamente a religião, crença, opinião, doutrina. 2. Tr. dir. Abandonar, recusar, rejeitar.

Abjuratório, adj. 1. Relativo à abjuração. 2. Que envolve abjuração.

Abjurgar, v. V. *adjudicar*.

Ablaca, s. m. *Zool.* Filamentos com que certos moluscos se fixam aos rochedos; bisso.

Ablação, s. f. (l. *ablatione*). 1. Ato de tirar por força; arrancar, arrebatar. 2. *Cir.* Corte, extirpação, separação de uma parte do corpo, em geral tumor.

Ablactação, s. f. (l. *ablactatione*). 1. Desmama. 2. *Biol.* Cessação da secreção láctea.

Ablactante, adj. m. e f. Que facilita o desmame.

Ablactar, v. (l. *ablactare*). Tr. dir. Desmamar.

Ablamelar, adj. m. e f. *Bot.* Diz-se da planta que tem as lamelas afastadas.

Ablaqueação, s. f. Ato ou efeito de ablaquear.

Ablaquear, v. (l. *ablaqueare*). Tr. dir. *Agr.* Escavar em volta da planta, a fim de que a raiz receba a água da chuva ou da rega.

Ablastêmico, adj. Incapaz de formar blastema; incapaz de germinar.

Ablativismo, s. m. *Filol.* Corrente dos que sustêm ser o ablativo o caso lexicogênico da língua portuguesa.

Ablativo, adj. (l. *ablativu*). Que pode extrair, privar, tirar. S. m. 1. Caso que, na flexão nominal do latim, do sânscrito etc., indica circunstâncias de *afastamento* ou *procedência*. Em latim exprime também *causa, instrumento, modo, tempo, lugar* etc.

Ablator, s. m. (l. *ablatore*). 1. O que corta ou extrai. 2. *Vet.* Instrumento para cortar a cauda das ovelhas. 3. *Vet.* Instrumento de castração de animais.

Ablefaria, s. f. *Med.* Falta total ou parcial das pálpebras.

Abléfaro, adj. *Med.* Sem pálpebras.

Ablegação *(ab-le)*, s. f. Ato ou efeito de ablegar.

Ablegar *(ab-le)*, v. (l. *ablegare*). Tr. dir. Afastar, deportar, desterrar, enviar para longe.

Ableitar, v. V. *ablactar*.

Ablepsia, s. f. 1. *Med.* Perda ou falta da vista. 2. Perda das faculdades intelectuais.

Abléptico, adj. *Med.* Que sofre de ablepsia.

Ablução, s. f. (l. *ablutione*). 1. Ato de abluir; lavagem. 2. Banho de todo o corpo ou parte dele. 3. Ritual de purificação, praticado em várias religiões, consistindo no precedente.

Abluente, adj. m. e f. 1. Que ablui. 2. Próprio para abluir; abstergente, detergente.

Abluir, v. (l. *abluire*, por *abluere*). 1. Tr. dir. Lavar, purificar; absterger, deterger. 2. Tr. dir. Fazer reaparecer, mediante agente químico, caracteres ou figuras apagadas. 3. Pron. Limpar-se, isentar-se de manchas.

Ablutor, s. m. O que purifica, lavando.

Abnegação, s. f. 1. Ato de abnegar. 2. Abandono; altruísmo; desprendimento. 3. Desprezo ou sacrifício dos próprios interesses, em proveito de uma pessoa, causa ou idéia.

Abnegante, adj. m. e f. Que abnega.

Abnegantismo, s. m. Espírito de abnegação.

Abnegar, v. (l. *abnegare*). 1. Tr. dir. e tr. ind. Abjurar, abster-se, renunciar. 2. Tr. ind. Sacrificar-se a serviço de Deus ou em benefício do próximo. 3. Pron. Abster-se, renunciar à própria vontade, sacrificar-se.

Abnegativo, adj. Capaz de abnegação; desprendido.

Abneto, s. m. Trineto.

Abnodação, s. f. Ato de abnodar.

Abnodar, v. Tr. dir. Cortar os nós das árvores.

Abnodoso, adj. Que não tem nós; liso.

Abnormal, adj. m. e f. Anormal. Var.: *abnorme*.

Abnormalidade, s. f. Anormalidade.

Abnórmea, s. f. *Bot.* Degeneração da planta.

Abnormidade, s. f. Anomalia.

Abnóxio *(cs)*, adj. Inócuo, inofensivo.

Abnuência, s. f. 1. Discussão. 2. Falta de condescendência, falta de conformidade.

Abnuente, adj. m. e f. O que abnui.

Abnuir, v. (l. *abnuere*). Tr. dir. e intr. Não anuir, não condescender, recusar.

Aboamento, s. m. *Carp.* Ato ou efeito de aboar.

Aboar, v. Tr. dir. Dar inclinação conveniente a (porta ou janela) para que fique bem aberta.

Abóbada, s. f. (b. l. *abobuta*). 1. *Arquit.* Construção em arco, feita de pedras ou tijolos, colocados em cunha; cúpula. 2. Tudo o que tenha forma de teto arqueado: *A.* celeste, *a.* da gruta. 3. *Anat.* Estrutura côncava e arqueada interiormente e convexa e arredondada exteriormente: *A.* craniana.

Abobadar, v. 1. Tr. dir. Dar forma de abóbada a; arquear, recurvar. 2. Tr. dir. Cobrir com abóbada.

Abobadilha, s. f. 1. Diminutivo de *abóbada*. 2. Abóbada de pequena espessura, feita de gesso, de tijolos ou de chapas de ferro.

Abobalhado, adj. Aparvalhado, atoleimado, pateta.

Abobamento, s. m. Ação ou efeito de abobar-se.

Abobar, v. 1. Tr. dir. e pron. Tornar(-se) bobo. 2. Pron. Fingir-se de bobo.

Abóbora, s. f. (l. *apopores*). 1. *Bot.* Fruto da aboboreira cuja polpa, de cor característica, é usada em numerosos pratos, doces e salgados; as sementes, depois de secas, utilizam-se no receituário médico popular como tenífugo. Sinôn. no Nordeste: *jerimum*. 2. *Bot.* Aboboreira. 3. Mulher gorda. 4. Pessoa irresoluta, preguiçosa. 5. A cor de abóbora.
Cara de a.: a de feições mal acabadas, rosto edemaciado. *Cor de a.:* cor amarelo-alaranjada.

Aboboral, s. m. Plantação de aboboreiras. Var. *Pop.: abobral*.

Aboborar, v. *(abóbora + ar)*. 1. Tr. dir. Dar forma ou semelhança de abóbora a. 2. Pron. Tornar-se mole como abóbora madura. 3. Pron. Ficar na cama, abafado. 4. Tr. dir. Pôr de remissa, a amadurecer, uma idéia, um plano.

Aboboreira, s. f. *Bot.* Nome de muitas plantas cucurbitáceas, umas rasteiras, outras trepadeiras, porém mais especialmente da *Cucurbita pepo*, cujo fruto é a abóbora usada em nossa culinária.

Abobra, s. f. *Pop.* Forma sincopada de *abóbora*.

Abobreira, s. f. V. *aboboreira*.

Abobrinha, s. f. 1. Abóbora pequena, usada para fins culinários antes de ser amadurecida. 2. *Bot.* Nome popular da *ana-pinta*.

Abocadura, s. f. 1. Abertura para assestar a peça ou canhão. 2. Seteira.

Aboçadura, s. f. Ação de aboçar.

Abocamento, s. m. 1. Ação de abocar. 2. Encontro de duas bocas entre si. 3. Colóquio. 4. *Anat.* O mesmo que *anastomose*.

Abocanhamento, s. m. Ação ou efeito de abocanhar.

Abocanhar, v. *(a + boca + anho + ar)*. 1. Tr. dir. Apanhar com a boca ou com os dentes; abocar, aboquejar, bocar. 2. Tr. dir. Comer, devorar. 3. Tr. dir. e intr. Atassalhar, morder, tirar pedaços com os dentes. 4. Tr. dir. e tr. ind. Caluniar, difamar. 5. Tr. dir. Alcançar, conseguir, obter: *A. privilégios*.

Abocar, v. 1. Tr. dir. Apanhar com a boca. 2. Tr. dir. Levar à boca. 3. Tr. dir. Apontar armas de fogo. 4. Tr. dir. e tr. ind. Aparecer à entrada, chegar a, começar a entrar. 5. Tr. dir. *Cir.* Fazer comunicar um conduto ou vaso com outro. 6. Tr. ind. Dar saída para algum lugar, desembocar em. 7. Tr. dir. *Constr.* Unir (tubos) roscando as bocas.

Aboçar, v. Tr. dir. *Náut.* Prender com boças.

Abochornar, v. Intr. Causar bochorno, tornar-se quente (o tempo).

Aboclusão, s. f. *Med.* Articulação imperfeita entre as arcadas dentárias inferior e superior.

Aboço *(ô)*, s. m. *Náut.* Extremidade do cabo virador, onde se prendem as boças.

Abodegação, s. f. Ato ou efeito de abodegar.

Abodegado, adj. 1. Com aspecto de bodega; sujo e mal arrumado (um local). 2. Aborrecido, de mau humor, importunado, zangado.

Abodegar, v. Tr. dir. 1. Dar aspecto de bodega a. 2. Embodegar, emporcalhar. 3. Aborrecer.

Abodego, s. m. *Gír.* Importunação, abodegação.

Abohm, s. m. *(ab + ohm)*. *Tecn.* Unidade eletromagnética de resistência, no sistema CGS, igual a um bilionésimo de ohm, ou 10^{-9} Ω.

Aboiado[1], s. m. O mesmo que *aboio*.

Aboiado[2], adj. (p. de *aboiar[2]*). Preso, amarrado a uma bóia.

Aboiar[1], v. *(a + boi + ar)*. Tr. dir. e intr. Chamar o gado com sons a que esteja afeito, para facilitar-lhe a marcha ou vir ao mangueiro.

Aboiar[2], v. *(a + bóia + ar)*. Tr. dir. Prender à bóia: *A. uma embarcação.*

Aboiar[3], v. *(a + boiar)*. 1. Tr. dir. Fazer flutuar por meio de bóia. 2. Tr. ind., intr. e pron. Flutuar, sobrenadar, vir à tona.

Aboio, s. m. *Folc.* Chamado melódico entoado para atrair o gado; aboiado.

Aboiz, s. m. 1. Armadilha para pássaros e coelhos; boiz. 2. Ardil, cilada, engano.

Abojamento, s. m. *(abojar + mento)*. Ação ou efeito de abojar.

Abojar, v. Tr. dir. 1. Dar forma de bojo a. 2. Colocar no bojo. 3. *Gír.* Agarrar.

Abolar[1], v. *(a + bolo + ar)*. Tr. dir. 1. Dar forma de bolo a. 2. Tirar o gume a: *A. o machado.*

Abolar[2], v. *(a + bola + ar)*. Tr. dir. Dar forma de bola a.

Abólboda, s. f. *Bot.* 1. Gênero *(Abolboda)* de ervas xiridáceas do Nordeste sul-americano.

Aboleimar, v. 1. Tr. dir. Dar forma de boleima a; achatar. 2. Tr. dir. Atoleimar. 3. Pron. Tornar-se grosseiro, aparvalhado.

Aboletamento, s. m. Ação ou efeito de aboletar.

Aboletar, v. 1. Tr. dir. Dar boleto a; aquartelar (soldados) em casas particulares. 2. Tr. dir. e pron. Acomodar(-se), instalar(-se).

Aboletado nos cobres, Pop.: dono do dinheiro.

Aboleto *(ê)*, s. m. V. *aboletamento*.

Abolição, s. f. (l. *abolitione*). 1. Ato de abolir. Extinção de qualquer instituição, lei, prática ou costume. 2. Extinção da escravatura.

Abolicionismo, s. m. (ingl. *abolitionism*). Conjunto de idéias e ações pela extinção da escravatura.

Abolicionista, adj. m. e f. Relativo à abolição ou ao abolicionismo. Adj. e s. m. e f. Partidário(a) do abolicionismo.

Abolimento, s. m. V. *abolição*.

Abolinar, v. Intr. Ir ou marear à bolina; bolinar.

Abolir, v. (l. *abolere*). Tr. dir. 1. Anular, suprimir, revogar; ab-rogar. 2. Afastar, pôr fora de uso, suprimir. — Conjugação: É defectivo. Não se emprega nas formas em que ao *l* do radical se seguiria *a* ou *o*. Portanto não tem a 1ª pess. do sing. do pres. do ind. e todo o pres. do subj., nem o imper. negativo.

Abolitivo, adj. Capaz de abolir; abolitório.

Abolitório, adj. Abolitivo.

Abolorecer, v. Intr. e pron. Criar bolor, encher de bolor; embolorecer.

Abolorecimento, s. m. 1. Criação de bolor. 2. Bolor.

Abolorentar, v. V. *abolorecer*.

Abolsar, v. 1. Tr. dir. Dar forma de bolsa ou bolso a. 2. Tr. dir. e intr. Formar bolsos ou tufos. 3. Tr. dir. e intr. Enfunar.

Abomasite, s. f. *Vet.* Inflamação do abomaso.

Abomaso, s. m. (l. *abomasu*). *Zool.* Quarta câmara do estômago dos ruminantes; coagulador, coalheira.

Abombado, adj. 1. Diz-se de animal cansado e ofegante por estafa ou por excessivo calor. 2. Atordoado, cansado, esfalfado, exausto, fatigado.

Abombamento, s. m. Estado do animal ou da pessoa abombados.

Abombar, v. Tr. dir. Estafar animal, ou pessoa, por excesso de calor ou esforço.

Abominação, s. f. (l. *abominatione*). 1. Ato de abominar; repulsa. 2. Coisa abominável.

Abominando, adj. Abominável.

Abominar, v. (l. **abominare*). 1. Tr. dir. Aborrecer, detestar, execrar, odiar, repelir com horror. 2. Pron. Detestar-se, ter horror a si próprio.

Abominável, adj. m. e f. 1. Que merece ser abominado. 2. Detestável, execrável, odioso.

Abomínio, s. m. Abominação.

Abonação, s. f. 1. Ato de abonar; caução, fiança, garantia. 2. Informação, recomendação favorável. 3. *Dir.* Reforço de fiança. 4. *Lexicografia.* Texto comprobatório da acepção dada a um vocábulo.

Abonado, adj. 1. Quem se abonou. 2. Afiançado, havido por verdadeiro. 3. Que tem haveres; abastado.

Abonador, adj. e s. m. 1. Que, ou o que abona; fiador. 2. *Dir.* Pessoa que se obriga a pagar a fiança fixada, no caso do não comparecimento do réu ao julgamento do processo; fiador do fiador.

Abonamento, s. m. V. *abonação*.

Abonançar, v. 1. Tr. dir. Aplacar, sossegar, tranqüilizar. 2. Intr. Serenar, sossegar, tranqüilizar. 3. Pron. Acalmar-se, tornar-se bonançoso.

Abonar, v. *(a + bom + ar)*. 1. Tr. dir. Apresentar como bom. 2. Tr. dir. Afiançar, garantir. 3. Tr. dir. *Dir.* Afiançar o fiador. 4. Tr. dir. Confirmar, justificar, provar. 5. Tr. dir. Adiantar dinheiro. 6. Tr. dir. Justificar ou relevar as faltas no comparecimento ao trabalho. 7. Pron. Apadrinhar-se, autorizar-se.

Abonatário, adj. e s. m. V. *abonador*.

Abonativo, adj. Abonatório.

Abonatório, adj. Próprio para abonar.

Abonecar, v. 1. Tr. dir. Dar semelhança de boneca a. 2. Tr. dir. e pron. Enfeitar(-se) como boneca; embonecar(-se). 3. Intr. Botar pendão (o milho).

Abono, s. m. 1. Quantia que se paga para início ou garantia de negócio; abonação. 2. Acréscimo num peso ou medida. 3. Defesa ou reforço (de opinião etc.). 4. Adubo ou estrume em terras de plantação.

Aboquejar, v. V. *abocanhar*.

Aboral, adj. m. e f. 1. Longe da boca. 2. Oposto à boca.

Aborbulhamento, s. m. Ato ou efeito de aborbulhar.

Aborbulhar, v. Intr. e pron. Criar borbulhas.

Abordada, s. f. Abordagem.

Abordagem, s. f. Ato ou efeito de abordar.

Abordar[1], v. *(a + bordo + ar)*. 1. Tr. dir. Achegar o bordo a, tocar com o bordo. 2. Tr. dir. Assaltar, saltando a bordo do navio inimigo. 3. Tr. dir. Chegar à borda ou beira de alguma coisa.

Abordar[2], v. (fr. *aborder*). Tr. dir. 1. Achegar-se a uma pessoa, com propósito determinado. 2. Tratar de determinado assunto.

Abordo *(ô)*, s. m. Abordagem.

Abordoar, v. 1. Tr. dir. Bater com bordão, cajado ou pau em. 2. Pron. Apoiar-se, estribar-se, firmar-se em.

Aborígine, adj. m. e f. (1. *aborigine*). Originário da própria região em que vive; nativo, primitivo. S. m. Habitante primitivo de uma região. Antôn.: *alienígena*.

Aborletar, v. Tr. dir. Munir de borlas ou borletas.

Abornalar, v. Embornalar.

Aborrascar, v. Tr. dir. e pron. Tornar(-se) borrascoso.

Aborrecedor, adj. e s. m. Que, ou o que aborrece.

Aborrecer, v. (1. *abhorrescere*). 1. Tr. dir. Abominar, detestar, execrar, sentir horror a, ter aversão a. 2. Tr. dir. Causar aborrecimento a, desgostar. 3. Intr. Desgostar. 4. Pron. Enfadar-se, enfastiar-se, entediar-se.

Aborrecido, adj. 1. Que sente aborrecimento; enfastiado, tristonho, melancólico. 2. Que causa aborrecimento; detestado. 3. Que denota aborrecimento; amolado.

Aborrecimento, s. m. 1. Ação ou efeito de aborrecer. 2. Desalento, desgosto. 3. Fastio, indisposição. 4. Repugnância, tédio.

Aborrecível, adj. m. e f. 1. Que merece ser aborrecido. 2. Abominável, detestável, odioso.

Aborregado, adj. 1. Que se assemelha a borrego. 2. *Geol.* Diz-se dos glaciares, cuja frente se eleva, apresentando saliências lisas e arredondadas. 3. Diz-se do céu com pequenas nuvens aglomeradas; acarneirado.

Aborrir, v. (1. *abhorrere*). Tr. dir. e pron. Aborrecer(-se). Conjuga-se como *abolir*.

Abortadeira, s. f. Mulher que provoca abortos.

Abortado, adj. 1. Que abortou. 2. *Pop.* Diz-se do indivíduo de sorte, feliz.

Abortamento, s. m. Ato ou efeito de abortar; aborto.

Abortar, v. (1. *abortare*). 1. Intr. Sofrer ou efetuar aborto. 2. Intr. Não se desenvolver perfeitamente. 3. Intr. Não ter bom êxito; malograr. 4. Tr. dir. Impedir o bom êxito de; malograr. 5. Intr. *Med.* Desaparecer alguma enfermidade: O resfriado *abortou*.

Aborticídio, s. m. Aborto criminoso.

Abortício, adj. (1. *abortitiu*). Nascido por aborto.

Abortífero, adj. V. *abortivo*, acepção 3.

Abortivo, adj. 1. Que procede de abortamento. 2. Que não atingiu o seu natural desenvolvimento. 3. Que produz abortamento; ecbólico. 4. Baldado, malogrado, prematuro. S. m. *Med.* Substância capaz de provocar o abortamento.

Aborto *(ô)*, s. m. (1. *abortu*). 1. Abortamento. 2. *Med.* e *Vet.* Produto do abortamento; feto expulso em parto extemporâneo. 3. *Med.* Interrupção da gravidez antes da 28ª semana. 4. *Dir.* Essa interrupção, quando dolosa. 5. Definhamento de um órgão antes de seu desenvolvimento integral. 6. *Pop.* Trabalho de péssima aparência. 7. Coisa monstruosa. 8. Empresa malograda, negócio mal sucedido. — *A. da natureza, Fig.*: a) coisa rara e desconforme; b) pessoa de prodigioso talento ou de espantosa maldade.

Aboscar, v. Tr. dir. Adquirir, ganhar, receber.

Abossadura, s. f. Bossagem.

Abostelar, v. Intr. Criar bostelas.

Aboticado, adj. Arregalado, saliente (o olho).

Abotoação, s. f. 1. Ato ou efeito de abotoar. 2. *Bot.* Formação ou lançamento de botões.

Abotoadeira, s. f. 1. Fem. de *abotoador*. 2. Instrumento para abotoar. 3. Mulher que prega botões.

Abotoado, adj. 1. Fechado com botões. 2. *Bot.* Que está cheio de botões. 3. *Bot.* Que está em botão. 4. Com botão na ponta: Florete *abotoado*. 5. Unido, ligado. 6. Calado. S. m. *Ictiol.* Peixe silurídeo *(Pterodoras granulosus)* com escudos laterais papilionáceos e de ponta retrovertida, donde seu nome popular. Conhecido também por *armau, botoado* e *bacu-pedra*.

Abotoador, s. m. Instrumento para abotoar; abotoadeira. 2. Homem que prega botões.

Abotoadura, s. f. 1. Abotoamento. 2. Botões removíveis próprios para os punhos, o peito ou o colarinho da camisa. S. f. pl. *Náut.* V. *abatocaduras*.

Abotoamento, s. m. Ato ou efeito de abotoar.

Abotoar, v. *(a + botão + ar)*. 1. Tr. dir. Colocar os botões nas respectivas casas para fechar o vestuário. 2. Intr. *Bot.* Lançar botões. 3. Tr. dir. *Náut.* Ligar (um cabo a outro) por meio de botões. 4. Tr. dir. Pregar botões em. 5. Tr. dir. e intr. *Pop.* Segurar alguém, deitando-lhe a mão ao peito. *A. o paletó, Gír.*: morrer.

Abotocar, v. V. *abatocar*.

Abotoeira, s. f. Casa onde entra o botão; botoeira.

Aboubar, v. Pron. Encher-se ou ser atacado por boubas.

Abra, s. f. (fr. *havre*, do hol. médio *havene*). 1. Pequena baía; angra, cala. 2. Ancoradouro.

Abraâmico, adj. Relativo ao patriarca Abraão.

Abraâmida, s. m. e f. Descendente do patriarca Abraão.

Abracadabra, s. m. (gr. *abracadabra*, de formação obscura). 1. Palavra cabalística de supostas virtudes mágicas. 2. Amuleto em que esta palavra estava escrita. 3. Palavra ou frase sem sentido; linguagem ininteligível; anfiguri.

Abracadabrante, adj. m. e f. 1. Concernente a abracadabra. 2. Cabalístico, mágico, maravilhoso, misterioso. 3. Que confunde a mente; extraordinário.

Abracadabrático, adj. Abracadabrante.

Abracadábrico, adj. Abracadabrante.

Abracadabrista, s. m. e f. Pessoa que pratica a magia mediante o abracadabra.

Abraçadeira, s. f. 1. Chapa de ferro para segurar paredes ou vigas de madeiramento. 2. *Tecn.* V. *braçadeira*.

Abracalã, s. m. Palavra cabalística judaica, com virtudes iguais às de abracadabra.

Abraçamento, s. m. Ato ou efeito de abraçar(-se).

Abracar, v. Tr. dir. *Pop.* Abraçar, abarcar.

Abraçar, v. 1. Tr. dir. e pron. Apertar(-se), cingir(-se) com os braços. 2. Tr. dir. Cercar, rodear. 3. Tr. dir. Admitir, adotar, seguir. 4. Tr. dir. e pron. Juntar(-se), unir(-se). 5. Pron. Entrelaçar-se: A trepadeira *se abraça com* o limoeiro.

Abraço, s. m. 1. Ato de abraçar; amplexo. 2. *Bot.* Cirro, gavinha. 3. *Arquit.* Entrelaçamento de folhagem lavrada em volta de uma coluna. 4. Ligação, fusão. — *A. de tamanduá:* deslealdade, traição.

Abrâmico, adj. V. *abraâmico*.

Abrâmis, s. m. *Ictiol.* Gênero *(Abramis)* de peixes ciprinídeos, que inclui as bremas.

Abrandamento, s. m. 1. Ato ou efeito de abrandar. 2. *Gram.* Passagem de um fonema forte para outro fraco, como de *b* para *v*.

Abrandar, v. 1. Tr. dir. Tornar brando, mole. 2. Tr. dir. Mitigar, moderar, suavizar. 3. Tr. dir. Enternecer, tornar dócil ou humano. 4. Tr. dir. Diminuir a grandeza, a intensidade, a velocidade. 5. Tr. dir. Substituir por sons brandos os fortes. 6. Tr. dir. *Pint.* Adoçar as cores. 7. Tr. dir. Diminuir a dureza da água, especialmente por remoção ou diminuição da reatividade de íons de cálcio e magnésio (mediante precipitação, por ex.). 8. Pron. Suavizar-se. 9. Pron. Enternecer-se, tornar-se dócil ou humano. 10. Pron. Diminuir a intensidade.

Abrandecer, v. Tr. dir. e intr. Embrandecer.

Abrandecimento, s. m. Ato ou efeito de abrandecer; abrandamento.

Abrangência, s. f. Qualidade de abrangente.

Abrangente, adj. m. e f. Que abrange.

Abranger, v. 1. Tr. dir. Abraçar, cingir, abarcar. 2. Tr. dir. Conter em si. 3. Tr. dir. Apreender, perceber. 4. Tr. dir. e pron. Compreender(-se), incluir(-se). 5. Tr. dir. Compreender, abarcar (no tempo).

Abrangimento, s. m. Ato ou efeito de abranger.

Abranquiados, s. m. pl. *Zool.* Animais que não respiram por brânquias.

Abranquial, adj. m. e f. *Zool.* V. *abrânquio*.

Abrânquio, adj. *Zool.* Desprovido de brânquias. S. m. pl. Grupo de anelídeos destituídos de órgãos respiratórios especiais, como as sanguessugas.

Abraquia, s. f. *Terat.* Ausência congênita dos braços; abraquionia.

Abráquio, adj. Sem braços. S. m. *Terat.* Feto privado de braços.

Abraquiocefalia, s. f. Falta congênita de braços e cabeça.

Abraquiocéfalo, adj. e s. m. Diz-se do, ou o feto que apresenta abraquiocefalia.

Abraquionia, s. f. *Terat.* V. *abraquia.*

Abrasamento, s. m. 1. Ato ou efeito de abrasar. 2. Afogueamento, ardência, vermelhidão. 3. Ardor, entusiasmo, paixão.

Abrasão, s. f. (l. *abrasione*). 1. Desgaste por fricção; raspagem. 2. *Cir.* Eliminação de fragmentos de epitélios das mucosas, da córnea etc., raspando-as. 3. Desgaste do litoral pela ação do mar. 4. *Dir.* Rasura.

Abrasar, v. 1. Tr. dir. Tornar em brasa; queimar. 2. Tr. dir. e intr. Aquecer, esquentar. 3. Tr. dir. Agitar, entusiasmar, exaltar, excitar. 4. Pron. Arder, queimar-se. 5. Pron. Entusiasmar-se.

Abrasear, v. V. *abrasar.*

Abrasileiramento, s. m. Ato ou efeito de abrasileirar.

Abrasileirar, v. 1. Tr. dir. Dar caráter, feição ou modo brasileiro a. 2. Pron. Tomar caráter, feição ou modo brasileiro.

Abrasilianar, v. V. *abrasileirar.*

Abrasividade, s. f. Qualidade do que é abrasivo.

Abrasivo, adj. Que produz abrasão. S. m. Qualquer substância natural ou fabricada, para desbastar, afiar, polir, alisar ou limpar, em pó, pasta, ou sólida.

Abrasonar, v. Tr. dir. 1. Conferir brasão a. 2. Apor brasão em.

Abrassino, s. m. (do jap.). V. *tungue.*

Abraxas *(cs)*, s. m. 1. Palavra mágica entre os gnósticos que exprimia o curso do Sol nos 365 dias do ano. 2. Talismã gnóstico em que está gravada essa palavra.

Abrazô, s. m. O mesmo que *ambrozô.*

Abre, s. m. *Gír.* Cachaça.

Ab-reação, s. f. V. *catarse,* acepção 3.

Abre-boca, s. m. *Med.* e *Vet.* Instrumento para abrir e conservar aberta a boca. Pl.: *abre-bocas.*

Abre-cartas, s. m., sing. e pl. Espátula ou lâmina pontiaguda para rasgar sobrecartas.

Abre-e-fecha, s. m., sing. e pl. *Ornit.* (Ceará). Tico-tico-rei.

Abre-ilhós, s. m., sing. e pl. Instrumento para abrir buracos para ilhós.

Abrejamento *(ê)*, s. m. *(abrejar + mento).* Ação ou efeito de abrejar.

Abrejar, v. 1. Tr. dir. Transformar em brejo. 2. Intr. Haver com fartura; abundar.

Abrejeirar, v. 1. Tr. dir. Fazer ou tornar brejeiro. 2. Pron. Tornar-se brejeiro.

Abrenhar, v. Tr. dir. e pron. Meter(-se) em brenha; embrenhar(-se).

Abrenunciação, s. f. Ato de abrenunciar; abrenúncio.

Abrenunciar, v. *(l. abrenuntiare).* Tr. dir. 1. Rejeitar, reprovando. 2. Renunciar a (opinião, doutrina); abjurar.

Abrenúncio, s. m. V. *abrenunciação.*

Abrenúncio! interj. Credo! Deus me livre! (Palavra com que se pretende afastar o diabo.)

Ab-reptício, adj. *(l. abreptitiu).* 1. Arrebatado. 2. Endemoninhado; possesso; ab-repto.

Abretanhado, adj. Diz-se do tecido fabricado à semelhança do chamado *bretanha.*

Abreu, s. m. *Entom.* Moça-branca (Ceará).

Abreugrafia, s. f. *Med.* Registro radiográfico em filme de 35 ou 70mm.

Abreviação, s. f. Ato de abreviar; abreviamento, abreviatura.

Abreviar, v. (l. *abbreviare*). 1. Tr. dir. Tornar breve; encurtar, reduzir. 2. Tr. dir. Compendiar, resumir. 3. Tr. dir. Acabar, concluir em breve tempo. 4. Tr. dir. Diminuir, representar em ponto menor. 5. Tr. dir. Tornar breve uma vogal. 6. Tr. ind. Acabar, concluir em breve tempo. 7. Intr. Atalhar, encurtar conversa.

Abreviativo, adj. 1. Que indica abreviatura. 2. Que serve para abreviar.

Abreviatura, s. f. 1. Fração de palavra que designa o vocábulo todo. 2. Sinal ou cifra com que se representa uma palavra. 3. Qualquer coisa em ponto pequeno; miniatura.

Abrição, s. f. Ato ou efeito de abrir; abrimento: Pare com essa *abrição* de boca, aí!

Abricó, s. m. (fr. *abricot*). *Bot.* 1. Fruto do abricoteiro. 2. Abricoteiro.

Abricoque, s. m. *Bot.* V. *abricó.*

Abricoqueiro, s. m. *Bot.* V. *abricoteiro.*

Abricote, s. m. (fr. *abricot*). *Bot.* V. *abricó.*

Abricoteiro, s. m. *Bot.* Árvore gutiferácea, cujo fruto é o abricó *(Mammea americana)*; abricozeiro.

Abricozeiro, s. m. *Bot.* V. *abricoteiro.*

Abrideira, s. f. 1. *Gír.* Aguardente ou outra bebida alcoólica que se toma antes de qualquer refeição para despertar o apetite; aperitivo. 2. Máquina para abrir a lã e o algodão, nos lanifícios e cotonifícios; lobo. 3. *Pop.* Cachaça.

Abrideiro, adj. V. *abertiço.*

Abridela, s. f. Ato de abrir (a boca, os olhos etc.).

Abrido, adj. (p. de *abrir*). *Des.* O mesmo que *aberto,* aceitável com os verbos *ter* e *haver*: Tendo *abrido* a *porta,* olhei.

Abridor, adj. Que abre. S. m. 1. O que abre. 2. Instrumento para abrir (latas, garrafas etc.).

Abrigada, s. f. V. *abrigadouro.*

Abrigadouro, s. m. 1. Abrigo contra as inclemências do tempo; refúgio. 2. Enseada. Var.: *abrigadoiro.*

Abrigar, v. (l. *apricare*). 1. Tr. dir. Dar abrigo a; acolher. 2. Tr. dir. Resguardar das inclemências do tempo. 3. Tr. dir. Amparar, defender, proteger. 4. Pron. Resguardar-se de, acolher-se à proteção de. 5. Tr. dir. Manter no íntimo, nutrir.

Abrigo, s. m. (l. *apricu*). 1. Tudo que serve para abrigar das intempéries. 2. Cobertura, galpão, telheiro. 3. Algo que oferece proteção ou refúgio contra exposição, dano físico, ataque, observação, perigo etc. 4. Enseada. 5. Guarida. 6. Proteção. 7. *Mil.* Construção à prova de ataques aéreos. *Ao a. de:* protegido de.

Abrigoso, adj. Que fornece bom abrigo.

Abril, s. m. (l. *aprile*). 1. Quarto mês do ano gregoriano. 2. Idade da alegria e da inocência. 3. Juventude, mocidade, primavera.

Abrilada, s. f. 1. Acontecimento ocorrido em abril. 2. Revolta portuguesa de abril de 1824. 3. Revolução restauradora de abril de 1832, em Pernambuco.

Abrilhantamento, s. m. Ato ou efeito de abrilhantar.

Abrilhantar, v. 1. Tr. dir. e pron. Tornar(-se) brilhante. 2. Tr. dir. Dar maior realce a; ornamentar.

Abrilino, adj. Aprilino.

Abrimento, s. m. Ato ou efeito de abrir; abertura.

Abrina, s. f. Albumina tóxica extraída do jequiriti; jequiritina.

Abrir, v. (l. *aperire*). 1. Tr. dir. Mover (porta, janela etc., fechada); descerrar. 2. Tr. dir. e pron. Afastar(-se), destapar (-se), separar(-se). 3. Tr. dir. Desembaraçar, desimpedir, desobstruir: *A. passagem.* 4. Tr. dir. Despregar, rasgar a chancela, o selo: *A. carta.* 5. Tr. dir. Desatar, desdobrar: *A.* um *mapa.* 6. Tr. dir. Alongar, estender, estirar: *A.* os *braços.* 7. Tr. dir. e pron. Cavar(-se), escavar(-se): *A. covas.* 8. Tr. dir. e pron. Desvendar(-se), manifestar(-se), mostrar (-se), patentear(-se): *A.* os *horizontes.* 9. Tr. dir. Fender, navegar pela primeira vez; sulcar: *A.* os *mares.* 10. Tr. dir. e pron. Começar, encetar(-se), inaugurar(-se): *A.* uma *sessão.* 11. Tr. dir. Despertar, excitar: *A.* o *apetite.* 12. Tr. dir., tr. ind., intr. e pron. Desabotoar, desabrochar: *A.* as *flores.* 13. Tr. dir. Estabelecer, fundar, instaurar: *A. banca* de jornaleiro. 14. Tr. dir. Folhear, manusear: *A.* um *livro.* 15. Tr. dir., intr. e pron. Fender(-se), rachar(-se), rasgar(-se): *A. troncos.* 16. Intr. Alvorecer, amanhecer: *A.* o dia. 17. Intr. Franquear a entrada: O hotel não *abriu.* 18. Intr. Abandonar a luta, correr, fugir. 19. Intr. Começar a funcionar: A loja *abre* às 8h. 20. Pron. Expandir-se: *Abrir-se* em sorrisos. 21. Pron. Desabafar-se, fazer confidência: *Abriu-se* com ela. 22. Tr. dir. *Tecn.* Afofar (lã ou algodão em rama). 23. Tr. dir. *Tecn.* Fazer (caneluras, ranhuras, sulcos, encaixes, entalhes). 24. Tr. dir. *Tecn.* Cortar; rosquear. 25. Tr. dir. *Tecn.*

Furar, perfurar (poços, túneis). 26. Tr. dir. *Com.* Criar: *A.* novos *mercados*. 27. Tr. dir. Construir: *A.* novas *estradas*.

Abro, s. m. *Bot.* Gênero *(Abrus)* de trepadeiras leguminosas tropicais, a que pertence o jequiriti.

Abrocadar, v. Tr. dir. Tecer à maneira de brocado.

Abrochadura, s. f. Ato ou efeito de abrochar.

Abrochar[1], v. *(a+broche+ar).* 1. Tr. dir. e tr. ind. Ligar, unir com broche (peças do vestuário). 2. Tr. dir. Enfeitar com pedras preciosas (os braços etc.). 3. Pron. Abotoar-se com broche.

Abrochar[2], v. *(a+brocha+ar).* Tr. dir. Unir com brocha (bois de carro).

Ab-rogação, s. f. (l. *abrogatione).* 1. Ato ou efeito de ab-rogar. 2. *Dir.* Revogação ou anulação de uma lei em todas as suas partes por ato do poder legislativo.

Ab-rogamento, s. m. V. *ab-rogação.*

Ab-rogar, v. 1. Tr. dir. Anular, cassar, revogar (lei ou privilégio). 2. Tr. dir. Pôr fora de uso, suprimir (costumes, hábitos).

Ab-rogativo, adj. Que produz ab-rogação; ab-rogatório.

Ab-rogatório, adj. Que tem a faculdade de ab-rogar; extintório, revogatório.

Abrolhada, s. f. Desabrochamento.

Abrolhado, adj. 1. Que abrolhou; que lançou abrolhos. 2. Cheio de abrolhos, de espinhos. 3. Cheio de dificuldades; abrolhoso.

Abrolhal, s. m. Local em que há muitos abrolhos.

Abrolhamento, s. m. Ato ou efeito de abrolhar.

Abrolhar, v. 1. Tr. dir. Produzir abrolhos. 2. Tr. dir. Cobrir de abrolhos, eriçar de estrepes. 3. Tr. dir. e intr. Brotar, jorrar, rebentar. 4. Intr. Lançar gomos ou rebentos. 5. Intr. Germinar, desabrochar.

Abrolho *(ô),* s. m. *(abre+olho).* 1. *Bot.* Planta herbácea, de fruto espinhoso, da família das Zigofiláceas *(Tribulus terrestris).* 2. Espinho ou pua dessa planta. 3. Contrariedade, dificuldade, obstáculo. 4. Mortificação. S. m. pl. 1. Penhascos ou penedos pontiagudos; escolhos. 2. Dificuldades, obstáculos.

Abrolhoso, adj. 1. Cheio de abrolhos; espinhoso. 2. Árduo, difícil; penoso.

Abrônia, s. f. *Bot.* 1. Gênero *(Abronia)* de ervas nictagináceas, norte-americanas, com flores vistosas e fragrantes. 2. Planta desse gênero, particularmente a espécie *umbellata.*

Abronzar, v. Tr. dir. 1. Produzir o bronze, fundindo o cobre geralmente com estanho. 2. Bronzear.

Abronzeamento, s. m. V. *bronzeamento.*

Abronzear, v. V. *bronzear.*

Abroquelar, v. 1. Tr. dir. Dar forma de broquel a. 2. Tr. dir. Cobrir ou resguardar com broquel. 3. Tr. dir. Amparar, defender, proteger.

Abróstolo, s. m. *Entom.* Gênero *(Abrostolus)* de insetos lepidópteros noctuídeos, cujas larvas vivem sobre as urtigas.

Abrota, s. f. *Ictiol.* V. *abrótea.*

Abrótano, s. m. *Bot.* Planta arbustiva européia, da família das Compostas *(Artemisia abrotanum),* de flores muito ornamentais.

Abrótea, s. f. *Ictiol.* Nome comum dos peixes da família dos Gadídeos, a mesma na qual se inclui o bacalhau. Ocorrem nas águas brasileiras as seguintes espécies de abróteas: *Urophycis latus, U. chus* e *U. mystaceus.*

Abrótono, s. m. V. *abrótano.*

Abrumar, v. 1. Tr. dir. Cobrir de bruma. 2. Tr. dir. Tornar escuro. 3. Tr. dir. Tornar apreensivo, triste. 4. Pron. Encher-se de bruma. 5. Pron. Tornar-se escuro.

Abrunhal, s. m. Pomar de abrunheiros.

Abrunheiro, s. m. *Bot.* Arbusto rosáceo europeu *(Prunus institia* ou *P. domestica institia)*; ameixeira-brava.

Abrunho, s. m. (l. *pruneu*). *Bot.* Fruto do abrunheiro, parecido com uma pequena ameixa.

Abrupção *(ab-ru),* s. f. (l. *abruptione).* 1. *Cir.* Fratura transversal de um osso, em volta da articulação. 2. *Ret.* Figura pela qual se suprimem as transições, para tornar o estilo mais vivo e expressivo.

Abruptado *(ab-ru),* adj. Íngreme.

Abruptinérveo *(ab-ru),* adj. *Bot.* Diz-se das folhas cujas nervuras se interrompem subitamente.

Abruptipenado *(ab-ru),* adj. *Bot.* Diz-se da folha pinulada sem gavinha nem folíolo mediano ímpar.

Abrupto *(ab-ru),* adj. (l. *abruptu).* 1. Íngreme. 2. Inesperado, inopinado, súbito. 3. Áspero, rude, severo. 4. *Ret.* Diz-se do discurso sem exórdio.

Abrutalhar, v. Tr. dir. e pron. Abrutar(-se).

Abrutamento, s. m. 1. Ato ou efeito de abrutar(-se). 2. Grosseria.

Abrutar, v. Tr. dir. e pron. 1. Tornar(-se) brutal, grosseiro, rude; abrutalhar-se. 2. Tornar(-se) bronco, estúpido.

Abrutecer, v. Tr. dir. Embrutecer.

abs-, pref. 1. Variante de *ab* e *a*, denotando *privação, separação: abstinência, absterger.*

Abscedência, s. f. *Pint.* O fundo da pintura, os longes.

Absceder, v. (l. *abscedere*). Intr. *Med.* 1. Degenerar em abscesso. 2. Supurar.

Abscessão, s. f. Abscesso, apostema, tumor.

Abscesso, s. m. *(l. abscessu). Med.* Acumulação de pus em uma cavidade existente ou formada acidentalmente nos tecidos, em conseqüência de inflamação; apostema.

Abscidar, v. (l. *abscidare*). Tr. dir. Separar cortando, cortar; amputar, eliminar, abscindir.

Abscindir, v. V. *abscidar.*

Abscisão, s. f. (l. *abscisione*). *Cir.* Corte ou incisão na parte carnosa do corpo; excisão.

Abscissa, s. f. (l. *abscissa*). *Mat.* A coordenada horizontal de um ponto em um sistema plano de coordenadas cartesianas, a qual se obtém medindo a distância desse ponto ao eixo das ordenadas, paralelamente ao eixo das abscissas.

Abscissão, s. f. V. *abscisão.*

Abscôndito, adj. (l. *absconditu*). 1. Particípio irregular de *absconder*. 2. Escondido.

Absconsa, s. f. (l. *absconsa*). 1. Pequena lanterna velada, usada antigamente para a leitura dos ofícios noturnos nas igrejas católicas. 2. Estrela que se oculta ao pôr do Sol.

Absconso, adj. (l. *absconsu*). Escondido, esconso. S. m. *Anat.* Cavidade de um osso que abriga a cabeça de outro; cavidade cotilóide.

Absenteísmo, s. m. 1. Permanência habitual do proprietário rural fora da fazenda, confiando esta a um administrador. 2. Falta de assiduidade. 3. Abstenção de exercício do voto. Var.: *absentismo.*

Absentismo, s. m. Absenteísmo.

Absidal, adj. m. e f. Relativo a abside.

Abside, s. f. (l. *apside* ou *abside*). 1. Recinto abobadado, em geral semicircular ou poligonal, situado nos fundos de um edifício. 2. *Astr.* Apside.

Absídia, s. f. *Bot.* Gênero *(Absidia)* de cogumelos patogênicos da classe dos Ficomicetes.

Absidíola, s. f. Pequena abside.

Absintar, v. Tr. dir. 1. Misturar absinto a (falando de líquidos). 2. Tornar amargo ou amargoso. 3. Angustiar. Var.: *absintiar.*

Absintemia, s. f. Estado do sangue que contém absintina.

Absintina, s. f. Princípio amargo e venenoso do absinto.

Absíntio, s. m. V. *absinto[1].*

Absintiol, s. m. V. *absintol.*

Absintismo, s. m. Estado mórbido do que abusa do absinto.

Absintite, s. m. Vinho absintado.

Absinto[1], s. m. (l. *absinthiu*). 1. *Bot.* Planta composta *(Artemisia absinthium),* de cujas inflorescências secas se extrai um licor extremamente tóxico; losna. 2. Bebida alcoólica esverdeada preparada de losna, anis e outras plantas aromáticas.

absinto-[2], elem. de comp. (l. *absinthiu*). Exprime a idéia de *absinto: absintemia, absintol.*

Absintol, s. m. Cânfora líquida extraída da essência do absinto; tuiol.

Absintoso, adj. Amargo. S. m. O que se entrega ao vício do absinto.

Absogro, s. m. Bisavô de um dos cônjuges em relação ao outro.
Absolto, adj. (p. de *absolver*). Forma contrata e irregular do particípio *absolvido*.
Absoluta, adj. f. *Gram.* Diz-se da oração única do período.
Absolutamente, adv. De modo absoluto; completamente, inteiramente. Pode confirmar tanto uma expressão positiva, quanto uma negativa. Comumente, porém, atribui-se a esse advérbio valor exclusivamente negativo: — Esteve lá? — *Absolutamente*.
Absolutez, s. f. Qualidade de absoluto.
Absolutismo, s. m. 1. Sistema de governo em que o governante se investe de autoridade absoluta, com restrição dos direitos dos súditos. 2. Despotismo, tirania.
Absoluto, adj. 1. Que subsiste por si próprio. 2. Que não tem limites, que não sofre restrição. 3. Que enuncia um sentido completo. 4. Autoritário, despótico, imperioso, soberano, tirano. 5. Incondicional. 6. Incontestável. 7. *Quím.* Diz-se de algumas substâncias completamente puras: Álcool *absoluto*. 8. *Gram.* Diz-se do superlativo que exprime o mais alto grau, sem comparação definida. S. m. *Filos.* O que é em si, e por si, independentemente de qualquer condição; Deus.
Absolutório, adj. Relativo à absolvição, ou que a envolve: Sentença *absolutória*.
Absolvente, adj. m. e f. Que absolve.
Absolver, v. (l. *absolvere*). 1. Tr. dir. *Dir.* Relevar da culpa imputada ou da pena que lhe corresponde, pondo, assim, termo ao juízo. 2. Tr. dir. Perdoar pecados. 3. Tr. dir. Desculpar, perdoar. 4. Tr. dir. Concluir, cumprir, efetuar, executar. 5. Tr. dir. *Pint.* Unir algumas cores já postas com outro pincel. 6. Intr. Relevar da culpa imputada ou da pena que lhe corresponde: Os tribunais condenam ou *absolvem*.
Absolvição, s. f. 1. Ato ou efeito de absolver. 2. Perdão, remissão. 3. *Dir.* Decisão judicial que declara improcedente a acusação. 4. *Liturg.* Ato de absolver o pecador no tribunal da penitência.
Absonância, s. f. 1. Dissonância. 2. Aspereza.
Absorção, s. f. (l. *absorptione*). 1. Ato ou efeito de absorver; absorvimento. 2. *Biol.* Função pela qual as células vivas fazem penetrar em seu meio interno as substâncias que lhes são úteis. 3. *Fís.* e *Quím.* Penetração sob forma molecular de uma substância em outra. 4. *Radiotécn.* Perda de energia no meio em que ela se propaga. 5. *Fís.* Subtração das radiações: *A.* do calor. *A.* dos raios X. 6. *Geol.* Penetração das águas pluviais nas camadas superficiais do solo. 7. Ato de se apoderar de alguma coisa.
Absorciometria, s. f. Medida dos coeficientes de absorção.
Absorciômetro, s. m. *Quím.* Aparelho para medir os coeficientes de absorção dos gases pelos líquidos.
Absortividade, s. f. Capacidade de absorção; poder absorvente.
Absorto, adj. 1. Absorvido. 2. Concentrado em seus pensamentos. 3. Arrebatado, embevecido, extasiado.
Absorvedor, adj. Absorvente.
Absorvedouro, s. m. Sorvedouro. Var.: *absorvedoiro*.
Absorvência, s. f. Propriedade de absorver.
Absorvente, adj. m. e f. 1. Que absorve. 2. Atraente. 3. Cativante. 4. Dominador. 5. *Med.* Diz-se de substâncias próprias para absorver gases e secreções. 6. Diz-se da faculdade de absorver os raios caloríficos, luminosos etc. S. m. e f. Toda substância que tem a propriedade de absorver.
Absorver, v. (l. *absorbere*). 1. Tr. dir. Embeber-se de. 2. Tr. dir. Sorver, como na ação osmótica, capilar, química, solvente etc. 3. Tr. dir. Arrebatar, enlevar, entusiasmar. 4. Tr. dir. Açambarcar, monopolizar. 5. Tr. dir. Dominar, ocupar. 6. Pron. Aplicar-se, concentrar-se. 7. Tr. dir. Amortecer: *A.* o *choque*.
Absorvibilidade, s. f. Qualidade de absorvível.
Absorvido, adj. 1. Engolido, sorvido, tragado. 2. Absorto, acep. 2 e 3.
Absorvimento, s. m. Absorção.
Absorvível, adj. m. e f. Que se pode absorver.
Abstemia, s. f. 1. Qualidade de abstêmio. 2. Moderação, sobriedade.
Abstêmio, adj. Que se abstém de bebidas alcoólicas. S. m. Pessoa abstêmia.
Abstenção, s. f. (l. *abstentione*). 1. Ato ou efeito de se abster. 2. Recusa voluntária de participar de qualquer ato.
Abstencionismo, s. m. *Polít.* Recusa, voluntária ou não, de um corpo eleitoral, de participar do exercício do voto.
Abstencionista, adj. e s., m. e f. Que, ou pessoa que pratica o abstencionismo.
Abstento, adj. Que se abstém de receber uma herança.
Abster, v. (l. *abstinere*). 1. Tr. dir. Conter, deter. 2. Tr. dir. Privar. 3. Pron. Privar-se do exercício de um direito ou de uma função. 4. Pron. Praticar a abstinência. 5. Pron. Não intervir, não pronunciar. Conjuga-se como *ter*.
Abstergência, s. f. Qualidade de abstergente.
Abstergente, adj. m. e f. Que absterge. S. m. Medicamento para absterger.
Absterger, v. (l. *abstergere*). 1. Tr. dir. Limpar chaga, ferida, úlcera. 2. Tr. dir. e pron. Limpar(-se), purificar(-se). P. irr.: *absterso*.
Absterrâneo, adj. Diz-se do vento que sopra da terra.
Abstersão, s. f. Ato ou efeito de absterger.
Abstersivo, adj. Abstergente.
Absterso, adj. (l. *abstersu*). 1. Particípio irregular de *absterger*. 2. Abstergido, limpo.
Abstido, adj. 1. Que se absteve. 2. Abstinente.
Abstinência, s. f. 1. Ato de se abster. 2. Privação de carne, por penitência. 3. Jejum. 4. Privação voluntária.
Abstinente, adj. e s., m. e f. 1. Que, ou pessoa que pratica abstinência. 2. Abstêmio. 3. Casto, continente. 4. Asceta, penitente.
Abstração, s. f. (l. *abstractione*). 1. Ato ou efeito de abstrair ou abstrair-se. 2. *Filos.* Operação pela qual o espírito considera separadamente coisas inseparáveis na natureza. 3. O resultado dessa operação (conceito, idéia). 4. Estado de alheamento do espírito; devaneio, meditação. 5. *Bel.-art.* Trabalho de arte abstrata.
Abstracionismo, s. m. *Bel.-art.* Corrente estética que procura dar a qualidade ou propriedade de uma coisa sem a representar sob forma definida.
Abstracionista, adj. m. e f. Relativo ao abstracionismo.
Abstraído, adj. 1. Absorto. 2. Distraído.
Abstraimento *(a-i)*, s. m. Ato ou efeito de abstrair; abstração.
Abstrair, v. (l. *abstrahere*). 1. Tr. ind. Considerar um dos caracteres de um objeto separadamente. 2. Tr. ind. Fazer abstração de; excluir. 3. Tr. ind. Não levar em conta; prescindir. 4. Tr. ind. e pron. Afastar-se, alhear-se. O p. irr. *abstrato* só é usado como mero adjetivo.
Abstrativo, adj. Que abstrai.
Abstrato, adj. (l. *abstractu*). 1. Que resulta de abstração. 2. Que significa uma qualidade com exclusão do objeto. 3. Que é de difícil compreensão; obscuro. 4. Diz-se da arte abstracionista. 5. Diz-se das ciências que empregam as mais elevadas abstrações. 6. *Mat.* Diz-se do número independente da grandeza da qual é a medida. S. m. Aquilo que se considera existente apenas no domínio das idéias, sem base material. Antôn.: *concreto*.
Abstrusidade, s. f. Qualidade de abstruso.
Abstruso, adj. 1. Oculto, recôndito. 2. De difícil compreensão.
Absurdez, s. f. Absurdo.
Absurdeza, s. f. 1. Absurdo. 2. Caráter ou qualidade de absurdo.
Absurdidade, s. f. Absurdo.
Absurdo, adj. Contrário e oposto à razão, ao bom senso. Antôn.: *lógico*. S. m. 1. Coisa absurda. 2. Quimera, utopia.
abu-, pref. (de origem árabe). Exprime a idéia de *pai: abuanes, abuna* etc.
Abu, adj. m. e f. Sem ruído; silencioso.
Abugalhar, v. Tr. dir. Abrir muito (os olhos).
Abugrado, adj. 1. Descendente de bugre. 2. Parecido com bugre.

Abulia, s. f. (gr. *aboulia*). *Med.* Perturbação mental caracterizada pela ausência ou diminuição da vontade; abulomania.

Abúlico, adj. e s. m. Que, ou o que sofre de abulia.

Abulomania, s. f. *Med.* Abulia.

Abuna[1], s. m. (*aba*[3] + tupi, *una*, preto). 1. Gente negra. 2. Pessoa vestida de preto.

Abuna[2], s. m. (*ábu* + ár. *na*, nosso). Título que os cristãos da Abissínia dão ao seu metropolitano.

Abunã, s. m. *Cul.* Iguaria amazonense, feita como pirão, com ovos de tartaruga, farinha de mandioca e, às vezes, açúcar; arabu.

Abundância, s. f. 1. Fartura, grande quantidade. 2. Excesso, exagero.

Abundanciar, v. Tr. dir. Tornar abundante.

Abundante, adj. m. e f. 1. Que abunda. 2. Copioso, farto. 3. Opulento, rico. 4. *Gram.* Diz-se do verbo que apresenta dupla ou tripla forma em qualquer de seus tempos ou pessoas.

Abundar, v. 1. Tr. ind. Ter grande quantidade de. 2. Intr. Haver em abundância. 3. Tr. ind. Ser da mesma opinião.

Abunhar, v. Intr. Viver com parcimônia.

Aburacar, v. Tr. dir. Fazer buracos em; esburacar.

Aburbonado, adj. Diz-se do café oriundo da variedade *Bourbon.*

Aburelar, v. Tr. dir. Fabricar (pano) à imitação de burel.

Aburguesar, v. *(a + burguês + ar).* 1. Tr. dir. Dar hábitos ou modos de burguês a. 2. Pron. Adquirir hábitos ou modos de burguês, fazer-se burguês.

Aburilar, v. Tr. dir. Dar forma de buril a.

Aburria, s. f. *Ornit.* Gênero *(Aburria)* de jacu ou guã, galiforme, da família dos Cracídeos, do qual se conhece apenas uma espécie, *Aburria aburri;* esta apresenta uma carnosidade amarela pendente do pescoço e ocorre desde a Venezuela até o Norte do Peru.

Abusado, adj. 1. Que abusa. 2. Enganado, iludido. 3. Aborrecido, entediado. 4. Confiado, intrometido. 5. *Gír.* Provocador.

Abusão, s. f. 1. Abuso. 2. Engano, ilusão. 3. Crendice, superstição.

Abusar, v. 1. Tr. dir. Cometer abusos, desregrar, exorbitar, exceder-se. 2. Tr. ind. Desregrar, exorbitar, prevalecer-se de alguém ou de alguma coisa, usar mal. 3. Tr. ind. Enganar, faltar à confiança, prevaricar. 4. Tr. ind. Desonrar, estuprar. 5. Tr. ind. Acanalhar, ridicularizar. 6. Intr. Ir além dos limites; exorbitar. 7. Intr. Tirar proveito doloso; aproveitar.

Abusivo, adj. Em que há abuso.

Abuso, s. m. 1. Uso errado, excessivo ou injusto. 2. Prática contrária às leis e aos bons usos e costumes. 3. Descomedimento, excesso. 4. Abusão, crendice. 5. Contravenção, irregularidade. 6. Defloramento, estupro. 7. Aborrecimento. 8. Canalhice. 9. Maçada. 10. Nojo.

Abuta, s. f. *Bot.* 1. Gênero *(abuta)* de trepadeiras menispermáceas tropicais da América. 2. V. *abutua,* acepção 1.

Abutilão, s. m. *Bot.* Gênero *(Abutilon)* de plantas malváceas, na maioria tropicais, geralmente com folhas lobadas e flores solitárias vistosas, campanuladas.

Abutinha, s. f. *Bot.* V. *cipó-de-cobra,* acep. c.

Abutre, s. m. (l. *vulture*). 1. *Ornit.* Nome comum das aves de rapina, da família dos Catartídeos, melhor conhecidas no Brasil por *urubus;* estas aves, de cabeça quase nua, nutrem-se preferencialmente de animais mortos. Col.: *bando.* Voz: *crocita, grasna.* 2. Indivíduo cruel, sanguinário, sem escrúpulos. 3. Usurário.

Abutreiro, s. m. Caçador de abutres.

Abutua, s. f. *Bot.* Nome comum a plantas menispermáceas, entre as quais uma trepadeira herbácea *(Chondrodendron tomentosum),* também chamada *parreira-brava* e *butua,* e a trepadeira *Abuta selloana,* também chamada *butua* e *uva-de-gentio.*

Abuzinar, v. 1. Tr. dir. Dar forma de buzina a; afunilar. 2. Tr. dir. Atordoar com barulho excessivo; aturdir. 3. Tr. dir. e intr. Buzinar. 4. Falar alto.

Abvolt, s. m. *Fís.* Unidade eletromagnética de potencial elétrico e de força eletromotriz, no sistema CGS, igual a um centésimo milionésimo de um volt, ou 10^{-8} V.

Aca[1], s. m. 1. Cachaça de mau gosto; uca. 2. Mau cheiro.

aca-[2], pref. (origem incerta). Usado como expletivo *(acafobar)* ou inexpletivo com a significação de *mal (acajeitar).*

aca-[3], ou **-aca,** pref. e suf. (tupi-guar. *acã*). Exprime a idéia de *cabeça, crânio, caroço, botão, pomo: acamutanga, acanhinana, acaju, maracá, guaracapema* etc.

-aça[1], suf. (l. *acea* ou *acia*). Dá idéia de coleção, grandeza, sendo em regra pejorativo: *barbaça, fumaça, mordaça.*

Aça[2], adj. e s., m. e f. 1. Diz-se de, ou a pessoa ou animal albino. 2. Mestiço arruivado; sarará.

-açaba, suf. (tupi-guar.). Significa *traspasse, transporte, travessia: igaçaba.*

Acabaçar, v. Tr. dir. Dar forma de cabaça a.

Acabadeira, s. f. Máquina para acabar tecidos.

Acabadiço, adj. Doentio, enfermiço.

Acabadinho, adj. *Fam.* Doente ou envelhecido, muito abatido; acabadote.

Acabado, adj. 1. Levado a cabo; terminado, ultimado. 2. Completo, pronto. 3. Excelente, perfeito, primoroso. 4. Arruinado, consumido, gasto. 5. Abatido, enfraquecido, exausto. 6. *Fam.* Avelhentado, envelhecido, muito magro.

Acabadote, adj. Um tanto acabado; avelhentado.

Acabamento, s. m. 1. Ação ou efeito de acabar. 2. Aperfeiçoamento, última demão; remate. 3. Aniquilamento, prostração física de um enfermo. 4. Finamento, morte.

Acabanado[1], adj. (p. de *acabanar*). Em forma de cabana.

Acabanado[2], adj. *(a + cabano + ado).* 1. Diz-se dos animais de chifres e orelhas inclinados para baixo. 2. Diz-se dos chifres ou orelhas desses animais e da orelha humana, quando caída, e ainda do chapéu, quando desabado.

Acabanar, v. Tr. dir. Dar forma de cabana a.

Acaba-novenas, s. m. sing. e pl. (Ceará). Indivíduo desordeiro, turbulento.

Acabar, v. 1. Tr. dir. Levar a cabo; terminar. 2. Tr. dir. Aperfeiçoar, concluir uma obra, dar a última demão, rematar. 3. Tr. dir. Dar cabo de; destruir, matar. 4. Tr. ind. Findar, terminar em. 5. Intr. Findar, terminar. 6. Intr. Esgotar, exaurir. 7. Intr. Morrer, perecer. 8. Pron. Chegar ao seu termo, ter fim.

Acabelar, v. Intr. e pron. Criar cabelos.

Acaboclar, v. 1. Tr. dir. Dar cor, feições ou modos de caboclo a. 2. Pron. Tomar aspecto de caboclo. 3. Pron. Tornar-se rústico.

Acabralhado, adj. Que sai ao tipo do cabra, na acep. 1 ou 2 do s. m.

Acabramar, v. Tr. dir. Ligar com cabramo o pé ao chifre do boi para evitar que fuja ou marre a alguém ou outro animal.

Acabramo, s. m. Corda ou peia de acabramar.

Acabrunhamento, s. m. Ato ou efeito de acabrunhar.

Acabrunhar, v. 1. Tr. dir. Abater, humilhar, oprimir, quebrantar. 2. Tr. dir. e pron. Afligir(-se), apoquentar(-se), atormentar(-se), entristecer(-se). 3. Tr. dir. e pron. Desalentar(-se), desanimar(-se). 4. Intr. Causar acabrunhamento.

Acaburro, adj. e s. m. O mesmo que *zaburro.*

Acaçá, s. m. (do ioruba). *Cul.* Prato afro-brasileiro, bolinho de arroz ou de milho, ralados em pedra; fermentado ou não, cozido com água e sal até tomar consistência, depois envolto em folhas de bananeira.

Açacaladura, s. f. Ato ou efeito de açacalar.

Açacalamento, s. m. V. *açacaladura.*

Açacalar, v. *(a + ár. shikal + ar).* Tr. dir. 1. Polir, brunir (armas brancas). 2. Aperfeiçoar.

Acaçapamento, s. m. Ato ou efeito de acaçapar.

Acaçapar, v. Tr. dir. e pron. 1. Tornar(-se) semelhante ao caçapo[1]; abaixar(-se), encolher(-se), não dar(-se) a devida altura a. 2. Abater(-se), achatar(-se). 3. Esconder(-se), ocultar(-se). 4. Deprimir(-se), humilhar(-se). Cfr. *acachapar.*

Acachapamento, s. m. *Pop.* Acaçapamento.

Acachapar, v. V. *acaçapar.*

Acachoar, v. Tr. ind., intr. e pron. Formar cachão, marulhar, rebentar à superfície.

Acácia, s. f. 1. *Bot.* Gênero *(Acacia)* de plantas lenhosas, da família das Leguminosas. O produto principal de muitas espécies é a goma-arábica, enquanto outras fornecem cauchu, tanino e madeiras valiosas. 2. Qualquer planta desse gênero.

Acacianismo, s. m. Dito ridiculamente sentencioso à maneira do Conselheiro Acácio, personagem do romance *Primo Basílio,* de Eça de Queirós.

Acacicultor, adj. e s. m. Diz-se do, ou o que se dedica à cultura da acácia.

Acacicultura, s. f. *Bot.* Cultura da acácia.

Acacifar, v. Tr. dir. Guardar ou meter em cacifo.

Acácio, s. m. Indivíduo ridículo, enfatuado.

Acacionismo, s. m. V. *acacianismo.*

Açacu, s. m. *Bot.* Árvore brasileira euforbiácea cuja seiva é venenosa *(Hura crepitans).*

Acacular, v. (corr. de *cogular*). Tr. dir. Encher muito. Var.: *acucular.*

Açacurana, s. f. *Bot.* Árvore brasileira leguminosa-papilionácea *(Erythrina glauca).*

Acadeirar, v. Tr. dir. e pron. Sentar(-se) em cadeira.

Academia, s. f. 1. Lugar aprazível e solitário em que Platão ensinava filosofia. 2. Escola de qualquer filósofo. 3. Escola de instrução superior (faculdade). 4. Instituto ou agremiação científica, literária ou artística, particular ou oficial. 5. Corporação de estudantes (exceto primários) ou membros de uma academia. 6. Casa em que se reúnem os acadêmicos.

Acadêmia, s. f. *Bel.-art.* Figura humana de corpo inteiro, nua ou com leves roupagens, copiada de modelo vivo e destinada ao estudo das formas humanas.

Academial, adj. m. e f. Acadêmico.

Academiar, v. Intr. Falar ou proceder academicamente.

Academicidade, s. f. Qualidade de acadêmico.

Academicismo, s. m. 1. Obediência aos preceitos acadêmicos. 2. Falta de originalidade. 3. Pedantismo, formalismo. 4. *Bel.-art.* Tendência artística que se preocupa em imitar, e apreciar, obras de mestres de diversas escolas consagrados como modelares nas letras ou nas artes; academismo.

Academicizar, v. Intr. Academiar.

Acadêmico, adj. 1. Relativo a uma academia ou a seus membros. 2. *Bel.-art.* Que segue os modelos clássicos. 3. Artificioso, forçado, pretensioso. 4. De que não se espera que produza efeito prático imediato; especulativo, abstrato, teórico. S. m. Lente, aluno ou associado de alguma universidade.

Academismo, s. m. V. *academicismo.*

Acadiano, adj. 1. Da Acádia (Nova Escócia). 2. *Geol.* Relativo ao andar médio do Período Cambriano; acadiense, acádio.

Acaé, s. m. *Ornit.* Nome indígena das gralhas.

Acaém, s. m. *Ornit.* Gralha do Sul do Brasil *(Cyanocorax coeruleus),* também chamada *gralha-azul.*

Acafajestamento, s. m. Ato ou efeito de acafajestar(-se).

Acafajestar, v. Tr. dir. e pron. Tornar(-se) cafajeste.

Açafate, s. m. (ár. *assafat*). Cestinho de vime, sem aro nem tampa.

Acafeladura, s. f. Acafelamento.

Acafelamento, s. m. Ato ou efeito de acafelar.

Acafelar, v. (do ár. *kafara*). 1. Tr. dir. Tapar com asfalto, cimento ou argamassa; rebocar com cal e gesso (muro ou parede). 2. Tr. dir. Murar, tapar com pedra e cal uma porta ou janela. 3. Tr. dir. Assegurar bem, a fim de que não se possa abrir (uma porta). 4. Tr. dir. Encobrir, ocultar (mentiras etc.). 5. Intr. Rebocar, tapar com areia e cal ou com asfalto. 6. Intr. e pron. Tomar a cor do café.

Acafetar, v. Tr. dir. Dar a cor de café a; acafelar.

Açaflor, s. f. *Bot.* Açafroeira.

Acafobar, v. *Pop.* Afobar.

Açafrão, s. m. (do ár. *azzafaran*). 1. *Bot.* Planta bulbosa iridácea ornamental *(Crocus sativus).* Dos estigmas da flor extrai-se o *açafrão comercial,* corante empregado para tingir doces etc. 2. Esse corante. 3. Cor amarelo-alaranjada como a da infusão dos estigmas da açafroeira.

Açafrar, v. Tr. dir. Açafroar.

Açafroa, s. f. *Bot.* Planta bulbosa, semelhante ao açafrão e que se usa como sucedâneo dele *(Carthamus tinctorius).*

Açafroal, s. m. Plantação de açafrão.

Açafroar, v. 1. Tr. dir. Tingir com açafrão. 2. Tr. dir. Dar cor do açafrão a. 3. Tr. dir. Temperar com açafrão.

Açafroeira, s. f. *Bot.* V. *açafrão,* acep. 1.

Açafroeiro, s. m. *Bot.* Planta que dá o açafrão.

Acagüete *(ê),* s. m. *Gír.* Preso que, para obter as boas graças dos guardas ou do diretor do presídio, delata faltas dos companheiros; alcagüete.

Açaí, s. m. *Bot.* 1. Açaizeiro. 2. Fruto do açaizeiro. 3. Refresco feito desse fruto.

Acaiaca, s. m. *Bot.* Variedade de cedro *(Cedrela brasiliensis)* que dá bom polimento e resiste ao cupim.

Acaiçarar, v. Pron. 1. Adquirir feição ou hábitos de caiçara. 2. Amatutar-se.

Acaico, adj. Aqueu.

Açaimar, v. Tr. dir. 1. Pôr açaimo em. 2. Amordaçar. 3. Fazer emudecer; reprimir.

Açaimo, s. m. (do ár. *azimma*). 1. Focinheira. 2. Mordaça. Var.: *açamo.*

Acaio, adj. e s. m. V. *aqueu.*

Acaipiramento, s. m. Ato ou efeito de acaipirar-se.

Acaipirar, v. Pron. 1. Adquirir aparência, modos ou costumes de caipira. 2. Amatutar-se. 3. Mostrar-se acanhado, tímido.

Açairana *(a-i),* s. f. *Bot.* Palmeira do Amazonas *(Geonoma camana).*

Acaireladura, s. f. Acairelamento.

Acairelamento, s. m. Ato ou efeito de acairelar(-se).

Acairelar, v. Tr. dir. e pron. Cercar(-se) ou guarnecer(-se) com cairel; agaloar(-se), debruar(-se), orlar(-se).

Açaizal *(a-i),* s. m. Terreno onde vicejam açaís.

Açaizeiro *(a-i),* s. m. *Bot.* Palmeira do Norte do Brasil, cujo fruto é o açaí *(Euterpe oleracea);* açaí, juçara.

Acajadar, v. Tr. dir. 1. Dar forma de cajado a. 2. Bater, espancar com cajado.

Acajaíba, s. f. *Bot.* V. *cajueiro.*

Acaju, s. m. *Bot.* 1. Nome indígena do caju. 2. Mogno. 3. A cor castanho-avermelhada do mogno.

Acajucica, s. f. Resina do cajueiro.

Acalantar, v. Corr. de *acalentar.*

Acalanto, s. m. V. *acalento.*

Acalásia, s. f. *Med.* Falta de relaxamento de um músculo anular, como o esfíncter.

Acalcamento, s. m. Ato ou efeito de acalcar.

Acalcanhamento, s. m. Ato ou efeito de acalcanhar.

Acalcanhar, v. 1. Tr. dir. Dar forma de calcanhar a. 2. Tr. dir. Entortar ou gastar com o andar o salto ou tacão de (botina ou sapato). 3. Tr. dir. Bater com os pés em, calcar aos pés. 4. Tr. dir. Amesquinhar, aniquilar, esmagar, oprimir, vexar. 5. Intr. Ter forma de calcanhar. 6. Intr. Pisar com o calcanhar. 7. Intr. Ficar (o calçado) com o salto entortado.

Acalcar, v. Tr. dir. Calcar; comprimir.

Acalculia, s. f. *Med.* Perda da capacidade de efetuar cálculos aritméticos.

Acalefo, adj. V. *cifozoário.*

Acalenta-menino, s. m. Certo feijão que cozinha depressa, muito usado na alimentação das crianças. Pl.: *acalenta-meninos.*

Acalentar, v. *(a* + l. *calente* + *ar).* 1. Tr. dir. e pron. Aquecer(-se) nos braços ou no peito; afagar(-se), agasalhar(-se), embalar(-se). 2. Tr. dir. Sossegar, tranqüilizar. 3. Tr. dir. Aplacar, consolar, mitigar a dor. 4. Tr. dir. Animar, favorecer, lisonjear. 5. Tr. dir. Manter no íntimo; nutrir. 6. Tr. dir. Cantar para adormecer.

Acalento, s. m. 1. Ação de acalentar. 2. Cantiga para adormecer as crianças.

Acalical, adj. *Bot.* Diz-se do estame que não adere ao cálice da flor.

Acálice, adj. m. e f. Acalicino.
Acalicino, adj. *Bot.* Sem cálice; acálice.
Acálifa, s. f. *Bot.* Gênero *(Acalypha)* de ervas e arbustos euforbiáceos das regiões quentes.
Acalípteros, s. m. pl. *Entom.* Grupo *(Acalypterae)* de insetos dípteros, da família dos Muscídeos. Inclui várias espécies que são pragas dos vegetais; acaliptrados.
Acaliptrado, adj. Que não tem calípteros.
Acalmação, s. f. Ato ou efeito de acalmar.
Acalmamento, s. m. Acalmação.
Acalmar, v. 1. Tr. dir. e pron. Tornar(-se) calmo; tranqüilizar(-se). 2. Tr. dir., intr. e pron. Abrandar, moderar, serenar. 3. Tr. dir. Apaziguar, aplacar, pacificar. 4. Intr. e pron. *Meteor.* Amainar; serenar, abonançar.
Acalmia, s. f. 1. Período de repouso momentâneo que se segue a outro de agitação. 2. *Med.* Período de moderação no curso de um processo mórbido.
Acaloramento, s. m. Ato ou efeito de acalorar. 2. *Med.* Aumento de calor corporal.
Acalorar, v. 1. Tr. dir. Aquecer, comunicar calor a. 2. Tr. dir. Entusiasmar, exasperar, excitar, incitar. 3. Pron. Excitar-se.
Acalote, s. m. (mex. *acalot*). *Ornit.* Grande cegonha *(Mycteria americana),* conhecida no Brasil por *cabeça-seca;* ocorre nas zonas temperadas e tropicais do continente americano desde o Sul dos Estados Unidos até a Argentina.
Acamação, s. f. Ato ou efeito de acamar.
Acamamento, s. m. Acamação.
Acamar, v. 1. Tr. dir. Deitar ou pôr na cama. 2. Tr. dir. Deitar o que está ereto; derribar, estender horizontalmente, lançar no chão, prostrar. 3. Tr. dir. Abater, humilhar. 4. Tr. dir. Dispor em camadas. 5. Intr. Cair de cama, ficar doente de cama; adoecer. 6. Pron. Abater-se (o pasto seco, as searas).
Acamaradar, v. Tr. ind. e pron. Ficar amigo ou familiar, tornar-se camarada ou companheiro.
Açambarcação, s. f. Ato ou efeito de açambarcar.
Açambarcamento, s. m. Açambarcação.
Açambarcar, v. Tr. dir. 1. Chamar exclusivamente a si (qualquer coisa), em prejuízo de outros; abarcar, atravessar, monopolizar. 2. Apropriar-se ou assenhorear-se de.
Açambarque, s. m. Açambarcamento, monopólio.
Acambetar, v. Tr. dir. e pron. Tornar(-se) cambeta.
Acamboar, v. Tr. dir. 1. Tornar cambo. 2. Colocar (os bois) no cambão ou jugo.
Acambulhar, v. Tr. dir. e pron. Colocar(-se) de cambulhada.
Açamo, s. m. V. *açaimo.*
Açamoucado, adj. Mal construído. S. m. 1. Construção deselegante e pouco sólida. 2. Serviço feito apressadamente e sem cuidado; atamancado.
Acampainhado *(a-i),* adj. Em forma de campainha.
Acampamento, s. m. 1. Ato ou efeito de acampar; alojamento. 2. Lugar onde se acampa.
Acampar, v. 1. Tr. dir. Estabelecer em campo. 2. Tr. ind., intr. e pron. Estabelecer-se em campo; estacionar, tomar assento ou lugar, com intenção de demorar. 3. Tr. ind. *Pop.* Habitar, morar, residir. 4. Intr. *Gír.* Empenhar-se em ação de, ou iniciar a ação de; campar: *Acampou* a correr.
Acampsia, s. f. *Med.* Ancilose.
acampto-, elem. de comp. (do grego). Exprime a idéia de *inflexível, que não pode ser dobrado: acamptossomo.*
Acamptossomo, adj. 1. Que não se pode dobrar; hirto, inflexível, rígido. 2. *Fís.* Diz-se dos corpos que, embora possuam as propriedades necessárias à reflexão, não refletem os raios luminosos.
Acamurçado, adj. Com aspecto de camurça.
Acamurçar, v. Tr. dir. 1. Dar aspecto ou cor de camurça a. 2. Preparar (peles) como camurça.
Acamutanga, s. f. *Ornit.* Nome indígena do mais comum dos papagaios brasileiros *(Amazona aestiva).*
Acanã, s. f. Corr. de *acauã.*
Açanã, s. f. *Ornit.* Ave da família dos Ralídeos *(Laterallus melanophaius);* pinto-d'água, frango-d'água.
Acanalado, adj. 1. Em forma de canal. 2. Que apresenta acanaladuras; estriado, ranhurado; acanelado, canelado. 3. *Vet.* Diz-se do eqüino que tem ao longo da anca uma espécie de canal.
Acanaladura, s. f. Cavidade em forma de ranhura ou estria.
Acanalar, v. Tr. dir. Abrir acanaladuras em.
Acanalhamento, s. m. Ato ou efeito de acanalhar(-se).
Acanalhar, v. 1. Tr. dir. Dar aparência de canalha a, ou tornar canalha, abjeto ou desprezível. 2. Tr. dir. *Gír. de ladrões.* Prejudicar um trabalho. 3. Pron. Aviltar-se, tornar-se canalha.
Acanati, s. m. *Ornit.* V. *mãe-de-porco.*
Acanaveado, adj. Supliciado com puas de cana cravadas entre as unhas e a carne.
Acanaveadura, s. f. Ato ou efeito de acanavear.
Acanavear, v. (de *cânave*). Tr. dir. 1. Supliciar, enterrando puas de cana entre as unhas e a carne. 2. Exacerbar, martirizar, mortificar, torturar. 3. Tornar magro, abatido.
Acancelado, adj. 1. Em forma de cancela; reticulado. 2. *Bot.* Diz-se da folha com nervuras que se entrelaçam formando uma espécie de rede.
Acanelamento, s. m. Ato ou efeito de acanelar.
Acanelar, v. Tr. dir. 1. Dar cor de canela a. 2. Cobrir com pó de canela. 3. Dar forma de canela a. 4. Bater, dar pontapés na canela de.
acanga-, elem. de comp. (tupi-guar.). Exprime a idéia de *cabeça, chefe, começo, juízo, origem: acangatara, caiacanga.*
Acangatara, s. m. Espécie de penacho usado pelos índios nas solenidades; canitar, acanguape. Var.: *acangatar.*
Acanguçu, s. m. *Zool.* V. *onça-pintada.*
Acangulado, adj. Que tem os dentes muito salientes como o peixe cangulo.
Acanhação, s. f. V. *acanhamento.*
Acanhadão, adj. Muito acanhado.
Acanhado, adj. 1. Sem desembaraço; tímido. 2. De tamanho menor que o normal. 3. Estreito, apertado. 4. Mesquinho, sovina.
Acanhamento, s. m. 1. Ato ou efeito de acanhar. 2. Estado ou qualidade de acanhado.
Acanhar, v. *(a + canho + ar).* 1. Tr. dir. Atrofiar, enfezar; fazer ou tornar de tamanho inferior ao habitual; impedir o desenvolvimento de. 2. Tr. dir. Apoucar, menosprezar. 3. Tr. dir. Embaraçar, tornar tímido ou irresoluto. 4. Tr. dir. Deprimir, envergonhar, humilhar, vexar. 5. Tr. dir. e pron. Apertar(-se), fazer(-se) estreito. 6. Pron. Constranger-se, contrafazer-se; acovardar-se, intimidar-se.
Acanho, s. m. V. *acanhamento.*
Acanhoar, v. V. *acanhonear.*
Acanhonear, v. Tr. dir. Bater com tiros de canhão; acanhoar.
Acanjarana, s. f. *Zool.* V. *jaguatirica.*
Acanoado, adj. Diz-se das tábuas quando empenam no sentido da largura.
Acanoar, v. Tr. dir. Dar forma de canoa a.
Acanônico, adj. Contrário aos cânones.
Acantáceas, s. f. pl. *Bot.* Família *(Acanthaceae)* da ordem Tubifloras, que compreende ervas e arbustos, raras vezes árvores, de ampla distribuição nas regiões tropicais. S. f. Espécime dessa família.
Acantáceo, adj. *Bot.* Relativo às Acantáceas.
Acântico, adj. Relativo ou semelhante ao acanto; espinhoso.
Acantina, s. f. *Zool.* Substância orgânica que forma o esqueleto de alguns radiolários.
Acantita, s. f. *Miner.* Sulfureto natural de prata, cristalizado em prismas delgados.
Acanto[1], s. m. 1. *Bot.* Gênero *(Acanthus)* de ervas espinhentas, acantáceas, da região mediterrânea, cujas flores têm brácteas em forma de espinhos. 2. *Bot.* Planta espinhosa *(Acanthus mollis),* muito decorativa. 3. *Arquit.* Ornato que representa folhas dessa planta.
acanto-[2], elem. de comp. (gr. *akantha*). Exprime a idéia de *espinho, espinhoso, pele: acantocarpo, acantocéfalo, acantoma.*
Acantoamento, s. m. Ato ou efeito de acantoar.
Acantoar, v. 1. Tr. dir. e pron. Apartar(-se), isolar(-se), pôr

(-se) a um canto, retirar(-se) do trato social, separar(-se). 2. Pron. Não aparecer, ocultar-se.

Acantóbolo, s. m. Instrumento cirúrgico antigo para a extração de partículas estranhas.

Acantobótrio, s. m. *Zool.* Gênero *(Acanthobothrium)* de vermes cestóides que vivem no tubo digestivo de esqualos.

Acantocarpo, adj. *Bot.* Com frutos cobertos de espinhos.

Acantocefalíase, s. f. *Med.* Infestação com acantocéfalos.

Acantocéfalo, adj. *Zool.* 1. Que tem tromba espinhosa. 2. Relativo aos Acantocéfalos. S. m. pl. Classe *(Acanthocephala)* de vermes nematelmintos que, na forma adulta, são parasitos do intestino de vertebrados.

Acantóclado, adj. *Bot.* Que tem ramos espinhosos.

Acantóforo, adj. *Zool.* Provido de espinhos.

Acantoglosso, s. m. Mamífero monotremo da Nova Guiné, mais primitivo que o équidna.

Acantóide, adj. m. e f. *Bot.* Espinhoso.

Acantoma, s. m. *Med.* Carcinoma da pele.

Acantonado, adj. 1. Distribuído por cantões; aquartelado. 2. *Heráld.* Diz-se do escudo cujo campo é dividido por uma cruz. 3. *Heráld.* Diz-se das peças que ornam os quatro cantos do escudo.

Acantonamento, s. m. 1. Ato ou efeito de acantonar. 2. Lugar onde se acantonam tropas, escoteiros etc.

Acantonar, v. 1. Tr. dir. Dispor ou distribuir (tropas) por cantões ou aldeias. 2. Intr. e pron. Distribuir-se (a tropa) por cantões.

Acantópode, adj. m. e f. 1. *Zool.* Que tem pés espinhosos. 2. *Bot.* Que tem pecíolos ou pedúnculos espinhosos.

Acantopterígio, adj. *Ictiol.* 1. Que tem barbatanas espinhosas. 2. Relativo aos Acantopterígios. S. m. pl. Ordem *(Acanthop terygii)* que abrange os peixes teleósteos, com bexiga natatória fechada e espinhos pontiagudos nas nadadeiras dorsal e anal.

Acantoscuria, s. f. *Zool.* Gênero *(Acanthoscuria)* de aranhas caranguejeiras, onde se encontra a enorme *Acanthoscuria atrox* com 5 a 7 cm de comprimento, sem contar as pernas.

Acantose, s. f. *Med.* Espessamento da camada da pele chamada *corpo mucoso de Malpighi.*

Acantósporo, adj. *Bot.* Diz-se do esporo revestido por apículos.

Acantozóide, s. m. *Zool.* Pólipo de uma colônia de hidróides, reduzido a espinhos, com função defensiva.

Acanturo, s. m. *Ictiol.* Gênero *(Acanthurus)* de peixes, da ordem dos Acantopterígios; têm uma peça óssea móvel, em forma de espinho ou de lâmina cortante, em cada lado da base da cauda; são chamados no Brasil de *barbeiros* e na Inglaterra, de *cirurgiões.* Conhecem-se três espécies brasileiras: *Acanthurus hepatus, A. bahianus* e *A. coeruleus.*

Acanular, v. Tr. dir. Dar forma de cânula ou de cano a.

Ação[1], s. f. (l. *actione*). 1. Ato ou efeito de atuar; ato, feito, obra. 2. Resultado de uma força física ou moral. 3. Faculdade ou possibilidade de executar alguma coisa. 4. Modo de proceder. 5. Atividade, energia, movimento. 6. *Gram.* O que alguns verbos exprimem na oração. 7. *Lit.* Assunto ou entrecho dum drama, poema, romance etc. 8. Enredo de peça teatral, mais ou menos complicado. 9. *Ret.* Gesto ou movimento dos braços e corpo com que o orador, o ator ou qualquer pessoa, falando, acompanha a voz e anima a expressão para lhes dar a força e viveza correspondentes. 10. *Bel.-art.* Assunto geral dum quadro, dum grupo ou duma só figura; atitude, expressão, postura. 11. *Mil.* Batalha, combate. 12. *Dir.* Direito legítimo ou faculdade de alguém invocar a intervenção do órgão competente do Poder Público, a fim de cessar a violação ou o desconhecimento do seu direito por parte de outrem: A todo direito corresponde uma *ação* que o assegura (Cód. Civ., art. 75). 13. *Dir.* Demanda, pleito; processo forense. 14. *Com.* Documento que representa uma parte do capital duma sociedade anônima ou duma sociedade em comandita por ações. 15. *Filos.* Acidente que indica a modificação produzida pela própria substância. — *A. ao portador, Dir.:* a que não traz o nome do proprietário, pertencendo àquele que a tiver. *A. de graças:* ato piedoso com que se agradece a Deus algum benefício recebido. *A. entre amigos:* o mesmo que *rifa.*

-ação[2], suf. O mesmo que *-ção.*

Acapachar, v. 1. Tr. dir. Usar como capacho, tornar capacho. 2. Tr. dir. Rebaixar, reduzir a capacho, tornar servil. 3. Pron. Rebaixar-se, tornar-se subserviente. Cfr. *acachapar.*

Acapangar, v. Pron. Agir como capanga.

Acaparar, v. (fr. *accaparer*). Tr. dir. Monopolizar.

Acapelar, v. 1. Tr. dir. Dar forma de capelo a. 2. Tr. dir. Cobrir com capelo. 3. Tr. dir. Soçobrar, submergir. 4. Pron. *Bot.* Tomar (a folha) forma de capuz de frade.

Acapitã, s. f. (tupi-guar.). *Ornit.* Cardeal.

Acapitular, v. Tr. dir. 1. Dividir em capítulos (livros). 2. *Ecles.* Admoestar em capítulo.

Acapna, s. f. Lenha seca, que não produz fumaça.

Acapnia, s. f. *Med.* Estado orgânico resultante da diminuição da taxa de gás carbônico no sangue.

Acapno, adj. Que não produz fumaça. S. m. O melhor mel, quando extraído sem o uso da fumigação.

Acapoeirar, v. Pron. 1. Tornar-se capoeira. 2. *Gír.* Acanalhar-se.

Acapora, s. m. *Bot.* Planta caprifoliácea *(Sambucus australis).*

Acapu, s. m. *Bot.* Nome comum a diversas árvores da América tropical, mormente da espécie *Vouacapoua americana,* também chamada *teca-do-brasil.*

Acapurana, s. f. *Bot.* Árvore leguminosa-cesalpiniácea, que fornece madeira para construção *(Campsiandra laurifolia).*

-açar, suf. verb. Dá idéia de aumento, continuação, freqüência, repetição: *adelgaçar, enfumaçar, esmurraçar, espicaçar, esvoaçar.*

Acará[1], s. m. *Cul.* V. *acarajé.*

Acará[2], s. m. *Ictiol.* Designação vulgar de vários peixes ciclídeos de água doce, sendo o mais comum *Geophagus brasiliensis.*

Acaracuaíma, s. m. *Ictiol.* V. *acaradola.*

Acaradola, s. m. *Ictiol.* Peixe ciclídeo encontrado nos rios do Pará e do Maranhão *(Aequidens tetramerus),* também denominado *acaracuaíma.*

Acarajá, s. m. *Ictiol.* O mesmo que *caranha.*

Acarajé, s. m. *Cul.* Abará, ao qual se acrescentam camarões e muita pimenta, ficando assim mais suculento.

Acarangado, adj. Encarangado.

Acaranguejado, adj. Parecido com caranguejo.

Acaraparaguá, s. m. *Ictiol.* Peixe ciclídeo *(Cichlostoma psittacus);* acaraparaná, acaraparauá.

Acarapeba, s. f. *Ictiol.* 1. Peixe marinho, da família dos Gerrídeos *(Diapterus rhombeus),* do Oceano Atlântico, que alcança 30 cm de comprimento e é apreciado como alimento; carapeba. 2. Peixe ciclídeo de água doce *(Cichlasoma severum);* carapeba.

Acarapicu, s. m. *Ictiol.* V. *carapicu.*

Acarapinaxame, s. m. *Ictiol.* Peixe ciclídeo *(Cichlasoma festivum)* do Amazonas.

Acarapinhar, v. V. *encarapinhar.*

Acarapirambocaia, s. m. *Ictiol.* Peixe ciclídeo *(Aequidens vittatus).*

Acarápis, s. m. *Zool.* Gênero *(Acarapis)* de acarinos, no qual se incluem as espécies parasitas de insetos; a espécie *Acarapis woodi* é parasita de abelhas, causando-lhes a moléstia conhecida como *mal da Ilha de Wight.*

Acarapitanga, s. m. *Ictiol.* V. *vermelho.*

Acarapixuna, s. m. *Ictiol.* V. *acaraúna.*

Acarapucu, s. m. *Ictiol.* V. *carapicu.*

Acarar, v. V. *encarar.*

Acaratimbó, s. m. *Ornit.* V. *garça-real.*

Acaratinga[1], s. m. *Ictiol.* V. *caratinga.*

Acaratinga[2], s. f. *Ornit.* Nome da garça-grande *(Casmerodius albus egretta)* na Amazônia.

Acaraú-açu, s. m. 1. *Bot.* Árvore amazônica poligonácea *(Symmeria paniculata).* 2. V. *apaiari.* Pl.: *acaraús-açus.*

Acaraúna, s. m. *Ictiol.* Acará de cor preta *(Heros niger),* que se encontra nos lagos e rios do Pará e do Amazonas.

Acardia, s. f. *Terat.* Falta de coração no feto.

Acardíaco, adj. Que não tem coração. S. m. *Terat.* Feto anormal, desprovido de coração.

Acardiotrofia, s. f. *Med.* Atrofia do músculo cardíaco.

Acardo, adj. *Zool.* Sem vestígios de charneira (conchas).

Acardumar, v. Intr. e pron. Reunir-se em cardume.

Acareação, s. f. Ato ou efeito de acarear.

Acareamento, s. m. V. *acareação.*

Acarear, v. Tr. dir. *Dir.* Pôr em presença umas das outras, testemunhas cujos depoimentos não são concordes.

Acari[1], s. m. *Ictiol.* Nome de vários peixes de pele, loricariídeos, mais comumente chamados *cascudos.*

acari-[2], elem. de comp. (gr. *akari*). O mesmo que *acaro-: acaricida, acarígeno.*

Acaríase, s. f. *Med.* e *Vet.* 1. Infestação com ácaros. 2. Doença cutânea, pruriginosa, produzida por ácaros; sarna.

Acariciador, adj. e s. m. 1. Que, ou o que acaricia. 2. Lisonjeador.

Acariciamento, s. m. Ato ou efeito de acariciar.

Acariciante, adj. m. e f. Acariciador.

Acariciar, v. Tr. dir. 1. Fazer carícias a; acarinhar, afagar, amimar. 2. Lisonjear. 3. Seduzir. 4. Comprazer-se em, pensar em (alguma coisa). 5. Perpassar, roçar de leve.

Acaricida, adj. m. e f. *Farm.* Que destrói os ácaros; acarotóxico. S. m. Substância que destrói os ácaros.

Acariçoba, s. f. *Bot.* Planta umbelífera, medicinal *(Hydrocotyle umbellata)*; erva-do-capitão.

Acaridar, v. (contr. de *a + caridade + ar*). 1. Tr. dir. Tratar com caridade. 2. Tr. dir. Tratar com carinho. 3. Pron. Apiedar-se, condoer-se (de alguém).

Acarídeo, adj. *Zool.* Relativo à família dos Acarídeos. S. m. pl. Família *(Acaridae)* de aracnídeos que têm por tipo o ácaro.

Acarígeno, adj. Que é produzido pelos ácaros.

Acarigenose, s. f. *Med.* Moléstia causada pelos ácaros.

Acariguara, s. f. *Bot.* V. *acariquara.*

Acarima, s. m. Nome indígena do *mico-leão.*

Acarinhar, v. Tr. dir. Dar carinho a, tratar com carinho.

Acarino, s. m. Espécime dos Acarinos. S. m. pl. Ordem *(Acarina)* de aracnídeos, de corpo não segmentado, abdome e cefalotórax num todo indiviso, geralmente muito pequenos, às vezes microscópicos, muitos dos quais são parasitos de plantas, animais e do homem, e outros, vetores de graves doenças.

Acário, s. m. *Bot.* Célula sem núcleo.

Acariose, s. f. V. *acaríase.* Var.: *acarinose.*

Acariquara, s. f. *Bot.* Árvore brasileira, de boa madeira *(Minquartia guyanensis).* Var.: *acariguara.*

Acarneirado, adj. 1. Semelhante a carneiro. 2. Diz-se do céu coberto de nuvenzinhas e do mar coberto de pequenas ondas espumosas.

Acarneirar, v. Tr. dir. 1. Fazer semelhante a carneiro ou ovelha. 2. Tr. dir. Tornar dócil e obediente como carneiro ou ovelha.

Ácaro, s. m. *Zool.* Denominação que se dá aos aracnídeos da ordem Acarinos; são artrópodes pequenos que se desenvolvem nos mais diversos meios, havendo espécies que vivem na farinha, no queijo ou em outras substâncias alimentícias; algumas são ectoparasitas de animais (carrapatos) ou de plantas.

acaro-, elem. de comp. (gr. *akari*). Indica a idéia de *ácaro* ou a de *sarna: acarofilia, acarofobia.*

Acaroar, v. Tr. dir., tr. ind. e pron. Pôr(-se) cara a cara; defrontar(-se), acarear(-se).

Acarocecídia, s. f. *Bot.* Galha que os ácaros produzem nas plantas.

Acarofilia, s. f. *Bot.* Simbiose de uma planta com os ácaros, com vantagens mútuas.

Acarofitismo, s. m. *Bot.* Presença de ácaros nos vegetais.

Acarófito, adj. *Bot.* Diz-se de planta que serve de hospedeira aos ácaros.

Acarofobia, s. f. *Med.* Medo mórbido de contrair a sarna.

Acaróide, adj. m. e f. 1. Semelhante a ácaro. 2. Diz-se de uma resina extraída da árvore australiana *Xanthorroea hastilis*, usada em vernizes; também chamada *xantorréia.*

Acarpantese, s. f. *Bot.* Floração abundante e estéril.

Acarpelado, adj. *Bot.* Diz-se das flores sem carpelo.

Acarpia, s. f. *Bot.* Ausência de fruto na planta.

Acárpico, adj. V. *acarpo.*

Acarpo, adj. *Bot.* Sem frutos.

Acarraçar, v. Pron. Aferrar-se, apegar-se como carraça.

Acarradouro, s. m. Lugar onde se acarra o gado lanígero. Var.: *acarradoiro.*

Acarrapatado, adj. 1. Semelhante ao carrapato. 2. Renitente, obstinado.

Acarrar, v. 1. Intr. e pron. Resguardar-se do sol o gado lanígero, ajuntando-se para se pôr à sombra. 2. Intr. Descansar, dormir a sesta.

Acarretado, adj. 1. Conduzido em carreta. 2. Causado, ocasionado.

Acarretadura, s. f. V. *acarretamento.*

Acarretamento, s. m. Ato ou efeito de acarretar; transporte, acarretadura.

Acarretar, v. Tr. dir. 1. Transportar em carreta, carro ou carroça. 2. Levar à cabeça, às costas ou de qualquer outro modo. 3. Montar em carreta, pôr em reparo (peça de artilharia). 4. Arrastar. 5. *Fig.* Causar, ocasionar, trazer consigo.

Acartonar, v. Tr. dir. 1. Fazer semelhante a cartão. 2. Dar consistência de cartão a.

Acartuchar, v. Tr. dir. 1. Dar forma de cartucho a. 2. Prover de cartuchos.

Acasacado, adj. 1. Encasacado. 2. Semelhante a casaca ou casaco.

Acasalação, s. f. Ato ou efeito de acasalar.

Acasalamento, s. m. V. *acasalação.*

Acasalar, v. 1. Tr. dir. e pron. Reunir(-se) em casal. 2. Tr. dir. Emparelhar, irmanar: *A. pares* de meias. 3. Tr. dir. e pron. Juntar -se) (macho e fêmea) para a procriação. 4. Pron. Amancebar-se.

Acascarrilhar, v. Intr. Tomar (no jogo de baralho) a cascarrilha ou algumas cartas dela.

Acascófito, adj. *Bot.* Que tem frutos indeiscentes.

Acaseadeira, s. f. V. *caseadeira.*

Acasear, v. V. *casear.*

Acasernar, v. Tr. dir. 1. Alojar em caserna. 2. Submeter a uma disciplina semelhante à de caserna.

Acaso, s. m. 1. Acontecimento incerto ou imprevisível; casualidade, eventualidade. 2. Caso fortuito. 3. Destino, fortuna, sorte. 4. *Filos.* Acontecimento que não tem o grau de determinação normal que o homem poderia prever. Adv. Porventura, quiçá, talvez.

Ao a.: sem reflexão; a esmo, inadvertidamente. *Por a.:* casualmente, fortuitamente.

Acastanhado, adj. De cor tirante ao castanho.

Acastanhar, v. Tr. dir. Dar cor de castanha a.

Acastelamento, s. m. 1. Ação ou efeito de acastelar. 2. *Náut.* V. *superestrutura*, acep. 2.

Acastelar, v. 1. Tr. dir. Construir em forma de castelo. 2. Tr. dir. Defender com castelo; fortificar. 3. Tr. dir. e pron. Acumular(-se), amontoar(-se). 4. Pron. Precaver-se, prevenir-se. 5. Pron. Acantoar-se, refugiar-se em sítio seguro.

Acastelhanar, v. 1. Tr. dir. Dar feição castelhana a. 2. Tr. dir. e pron. Tornar(-se) partidário dos castelhanos. 3. Pron. Adquirir hábitos ou modos castelhanos.

Acasulado, adj. 1. Com forma de casulo. 2. *Bot.* Que tem casulos.

Acasular, v. 1. Tr. dir. Dar forma de casulo a. 2. Pron. Fechar-se em casulo.

Acatadura, s. f. V. *catadura.*

Acatafasia, s. f. *Med.* Impossibilidade de enunciar uma frase de sentido coerente, em virtude de lesão do cérebro.

Acataléctico, adj. 1. *Poét.* Diz-se do verso em que não sobra nem falta sílaba alguma. 2. Relativo à acatalepsia.

Acatalepsia, s. f. 1. *Filos.* Antiga doutrina dos filósofos cépticos, segundo a qual o conhecimento humano não passa de probabilidade e nunca chega à certeza. 2. *Med.* Impossibilidade de compreender; vacilação mental. 3. *Med.* Incerteza de diagnóstico.

Acatalépsico, adj. Relativo à acatalepsia.
Acataléptico, adj. V. *acataléctico.*
Acatalético, adj. *Poes.* V. *acataléctico.*
Acatamatesia, s. f. *Med.* Desordem na capacidade de entender a linguagem.
Acatamento, s. m. 1. Ato ou efeito de acatar. 2. Reverência, veneração. 3. Consideração, respeito.
Acataplexia *(cs),* s. f. *Med.* Insuscetibilidade de comoção.
Acatápose, s. f. *Med.* Impossibilidade de engolir; disfagia.
Acatar, v. Tr. dir. 1. Respeitar, venerar. 2. Cumprir, obedecer, observar.
Acatarrado, adj. V. *acatarroado.*
Acatarroado, adj. Atacado de catarro.
Acatarroar, v. Pron. Ser atacado de catarro.
Acatarsia, s. f. *Med.* Impossibilidade de remover pela catarse as impurezas do estômago.
Acatassolar, v. Tr. dir. 1. Dar a cor do catassol a. 2. Tecer à maneira do catassol.
Acatechíli, s. m. *Ornit.* Ave do México parecida com o tentilhão *(Fringilla mexicana).* Var.: *acatechítli.*
Acatéctico, adj. *Med.* Relativo à acatexia.
Acateno, adj. Diz-se de bicicletas e de outros veículos cuja corrente é substituída por outro sistema de transmissão dos movimentos do pedal.
Acatesia, s. f. *Med.* V. *acatisia.*
Acatexia *(cs),* s. f. *Med.* Impossibilidade de reter as secreções do corpo; incontinência.
Acatingado, adj. Que tem catinga[2] ou mau cheiro.
Acatisia, s. f. *Med.* Distúrbio psiquiátrico caracterizado pela impossibilidade de o paciente ficar sentado.
Acatitado, adj. Que tem modos catitas; ajanotado.
Acato, s. m. V. *acatamento.*
Acatolicismo, s. m. Doutrina que nega a autoridade da Igreja Católica, sua supremacia ou a autoridade do papa.
Acatólico, adj. e s. m. Que, ou aquele que não é católico.
Acatruzar, v. Tr. dir. *Pop.* Amolar, apoquentar.
Acaturrar, v. 1. Intr. Fazer caturrice. 2. Tr. dir. Aborrecer (alguém). 3. Pron. Tornar-se irredutível.
Acauã, s. f. *Ornit.* Espécie de gavião *(Herpetotheres cachinnans gueribundus);* jaçanã-de-samambaia. Var.: *acanã, cauã, macauã, macaguã, oacauã* e *uacauã.*
Acaudilhar, v. 1. Tr. dir. Comandar como caudilho. 2. Pron. Sujeitar-se ao comando de caudilho. 3. Pron. Alistar-se (em partido).
Acaulado, adj. V. *acaule.*
Acaule, adj. m. e f. *Bot.* Sem caule visível.
Acaulescência, s. f. *Bot.* Qualidade ou estado do que é acaulescente.
Acaulescente, adj. m. e f. *Bot.* 1. Acaule. 2. Que tem caule muito reduzido.
Acáulico, adj. V. *acaule.*
Acaulose, s. f. V. *acaulosia.*
Acaulosia, s. f. *Bot.* Aborto do caule.
Acautelado, adj. 1. Que se acautela. 2. Astuto, manhoso, sagaz.
Acautelamento, s. m. 1. Ato ou efeito de acautelar. 2. Cautela.
Acautelar, v. 1. Tr. dir. e pron. Pôr(-se) de sobreaviso; precaver(-se), prevenir(-se). 2. Tr. dir. Tornar cauto ou prudente. 3. Tr. dir. e pron. Garantir(-se), resguardar(-se). 4. Tr. dir. Guardar com cautela. 5. Tr. dir. Defender, proteger. 6. Intr. Usar de cautela: Nesse transe, devemos *acautelar.*
Acautelatório, adj. Próprio para acautelar.
Acavalação, s. f. V. *acavalamento.*
Acavalado, adj. 1. Semelhante a cavalo. 2. Sobreposto. 3. Muito grande. 4. Grosseiro nas maneiras. 5. *Vet.* Coberto, fecundado.
Acavalamento, s. m. 1. Ato ou efeito de acavalar. 2. *Med.* Sobreposição dos fragmentos de osso fraturado.
Acavalar, v. 1. Tr. dir. Cobrir a égua (o garanhão). 2. Tr. dir. Pôr umas coisas sobre outras; sobrepor, amontoar. 3. Pron. Pôr-se (objetos) uns sobre os outros; amontoar-se.
Acavaleirar, v. 1. Tr. dir. e pron. Pôr(-se) a cavaleiro. 2. Tr. dir. Pôr em posição elevada. 3. Tr. dir. Amontoar.
Acavaletado, adj. 1. Semelhante a cavalete. 2. Diz-se de nariz arqueado, curvo.
Acciano, adj. Diz-se dos jogos públicos instituídos por Augusto para comemorar a vitória de Áccio.
ace-, elem. de comp. *Quím.* Abreviatura: 1. de *acético: acediamina;* 2. de *acetilênio: acenafteno;* 3. de *acetona: acetina.*
-acé, suf. (do tupi-guar.). Exprime a idéia de *ajuntamento, reunião: poracé.*
-áceas, suf. *Bot.* Designa família (de plantas): *rosáceas.*
Acebolado, adj. 1. Em forma de cebola. 2. Com sabor de cebola. 3. *Cul.* Temperado com muita cebola.
Aceca, s. f. V. *acéquia.*
Acedares, s. m. pl. Redes para pescar sardinha.
Acedência, s. f. 1. Ato ou efeito de aceder. 2. Condescendência. Cfr. *acidência.*
Acedente, adj. e s., m. e f. Que, ou pessoa que acede ou faz acedência. Cfr. *acidente.*
Aceder, v. (l. *accedere*). 1. Tr. ind. e intr. Aderir, anuir, aquiescer, assentir (à opinião, ao convite, à proposta de alguém). 2. Tr. ind. Conformar-se. 3. Tr. ind. *Dir.* Conformar-se, nas concordatas, com o estipulado pela maioria dos credores. 4. Tr. dir. Acrescer, ajuntar: *A clareza... acede elegância* mais formal e positiva (A. F. de Castilho).
Acedia, s. f. (l. *acedia*). Apatia, frouxidão da vontade. Cfr. *assedia.*
Acediamina, s. f. V. *acetamidina.*
Acefalia, s. f. *Terat.* Ausência congênita de cabeça.
Acefálico, adj. V. *acéfalo.*
Acéfalo[1], adj. 1. Sem cabeça. 2. Sem inteligência. 3. Sem chefe. 4. Sem exórdio (discurso). 5. *Bot.* Diz-se do ovário desprovido de estigma. 6. *Terat.* Que apresenta acefalia. 7. Aplica-se ao concílio não presidido pelo papa. S. m. *Terat.* Ser acéfalo.
acefalo-[2], elem. de comp. (gr. *akephalos*). Exprime a idéia de *ausência* ou *falta de cabeça: acefalobraquia, acefalocardia.*
Acefalociste, s. f. Larva da tênia *Echinococcus granulosus* na qual não se formou a cabeça ou escólex.
Acefalóforo, adj. *Zool.* Diz-se do animal cuja cabeça não é distinta do corpo.
Acéfalos, s. m. pl. *Zool.* V. *Lamelibrânquios.*
Aceiração, s. f. Ato ou efeito de aceirar.
Aceiramento, s. m. V. *aceiração.*
Aceirar[1], v. *(aceiro*[1] *+ ar).* Tr. dir. V. *acerar,* acep. 1.
Aceirar[2], v. *(aceiro*[2] *+ ar).* Tr. dir. 1. Abrir aceiro em. 2. Andar à roda vigiando, observar de lado. 3. Olhar com cobiça.
Aceiraria, s. f. V. *aciaria.*
Aceiro[1], adj. (l. **aciariu*). 1. Que tem as propriedades do aço. 2. Agudo, forte. S. m. Trabalhador em aço.
Aceiro[2], s. m. (do gr. *chérros*). 1. Limpeza destinada a impedir acesso do fogo a cercas, árvores, casas etc., mediante roçada, carpa, desobstrução.
Aceitabilidade, s. f. Qualidade de aceitável.
Aceitação, s. f. 1. Ato ou efeito de aceitar. 2. Acolhimento por parte do público comprador. 3. Aplauso, aprovação, aquiescência. 4. *Com.* Aceite. 5. Boa fama, consideração, crédito.
Aceitador, adj. V. *aceitante.*
Aceitamento, s. m. V. *aceitação.*
Aceitante, adj. m. e f. Que aceita; aceitador. S. m. e f. 1. *Dir.* Pessoa que apõe sua assinatura num título de crédito, reconhecendo a obrigação que ele representa.
Aceitar, v. (l. *acceptare*). Tr. dir. 1. Receber (o que é dado ou oferecido). 2. Anuir a, consentir em. 3. Aprovar, concordar com. 4. Admitir. 5. Obedecer, seguir. 6. Assumir a obrigação de um título de crédito, apondo nele sua assinatura. Part.: *aceitado, aceito* e *aceite.*
Aceitável, adj. m. e f. Digno de ser aceito.
Aceite, s. m. (p. irr. de *aceitar*). 1. Ato de aceitar. 2. Assinatura do aceitante num título de crédito. Adj. V. *aceito.*
Aceito, adj. (p. irr. de *aceitar*). 1. Admitido, recebido. 2. Benquisto, bem recebido.

Aceitoso, adj. Acolhedor.

Aceleirar, v. Tr. dir. Meter em celeiro.

Aceleração, s. f. (l. *acceleratione*). 1. Ato ou efeito de acelerar; aumento de velocidade. 2. *Fís.* Variação de velocidade que, em cada unidade de tempo, sofre um corpo em movimento; é uma quantidade vetora que exige especificação de grandeza e direção, assim como de sentido. 3. *Autom.* Variação crescente da velocidade do veículo, na unidade de tempo. 4. Pressa, precipitação. 5. *Med.* Maior velocidade com que se realizam certos atos fisiológicos. 6. *Econ. Polít.* Princípio segundo o qual o aumento do consumo de uma mercadoria causa um aumento proporcionalmente maior na procura de meios de produção; também chamado *coeficiente de aceleração.* Antôn. (acep. 1, 2 e 3): *desaceleração.*

Acelerado, adj. 1. Apressado, ligeiro, rápido. 2. Precipitado. 3. Impetuoso, irascível. S. m. *Mil.* Passo de cadência mais apressada que a ordinária.

Acelerador, adj. Que acelera. S. m. 1. Aquele ou aquilo que acelera. 2. *Autom.* Dispositivo que comanda o suprimento de combustível e, com isso, a rotação do motor. 3. *Fot.* Substância química que abrevia o tempo de exposição ou de revelação; ativador. 4. *Quím.* Substância que acelera uma reação química. 5. *Fís.* Aparelho que acelera partículas elementares até que possam atingir grandes energias.

Aceleramento, s. m. V. *aceleração.*

Acelerando, adj. (ger. de *acelerar*). *Mús.* Indica que se deve ir apressando gradualmente o movimento.

Acelerar, v. (l. *accelerare*). 1. Tr. dir. Apressar o movimento de, aumentar a velocidade de. 2. Tr. dir. Abreviar: *A.* uma *história.* 3. Tr. dir. Adiantar, antecipar: *A.* a *morte.* 4. Pron. Adquirir velocidade, precipitar-se. 5. Pron. Ganhar em celeridade.

Aceleratriz, adj. f. *Fís.* Diz-se da força que, continuando a atuar em um corpo móvel, depois da sua partida, lhe comunica a cada instante nova velocidade.

Acelerômetro, s. m. *Tecn.* Instrumento para medir a aceleração de um veículo em movimento.

Acelga, s. f. (ár. *assilka*). *Bot.* Erva da família das Quenopodiáceas *(Beta vulgaris cicla)*, que é uma hortaliça muito apreciada.

Acelo, s. m. *Zool.* Platielminto marinho da ordem dos Acelos. S. m. pl. Ordem *(Acoela)* de turbelários que compreende animais marinhos destituídos de cavidade digestiva com parede definida, recebendo o alimento em uma massa porosa de tecido endodérmico.

Acelomado, adj. *Zool.* Que não tem celoma. S. m. pl. Em algumas classificações, os metazoários sem cavidade corporal verdadeira, considerados como um grupo natural *(Acoelomata)*, que inclui as esponjas e celenterados e muitas vezes os vermes inferiores.

Acelular, adj. m. e f. *Biol.* Que não é formado por células.

Acém, s. m. Carne de bovino, entre a pá e o cachaço.

-acema, suf. (do tupi-guar.). Exprime a idéia de *saída: piracema.*

Acenamento, s. m. *Ant.* V. *aceno.*

Acenar, v. Tr. ind. e intr. Fazer acenos para aprovar, avisar, chamar, mostrar etc.

Acendalha, s. f. Tudo que serve para acender fogo (aparas de madeira, cavacos, gravetos).

Acende-candeia, s. f. *Bot.* V. *candeeiro,* acep. 7. Pl.: *acende-candeias.*

Acendedor, adj. Que acende. S. m. 1. Isqueiro. 2. Aparelho elétrico destinado a acender bicos de gás.

Acender, v. (l. *accendere*). 1. Tr. dir. Pôr fogo a; fazer arder; queimar, incendiar. 2. Tr. dir. Acionar a chave que regula o circuito da instalação de luz elétrica. 3. Tr. dir. Acalorar, entusiasmar, estimular. 4. Tr. dir. Atiçar, exacerbar, instigar, irritar. 5. Tr. dir. Enlevar, transportar. 6. Tr. dir. Exaltar. 7. Tr. dir. Produzir, provocar. 8. Pron. Inflamar-se, pegar fogo. 9. Pron. Elevar-se, transportar-se. Part.: *acendido e aceso.*

Acendimento, s. m. Ato ou efeito de acender.

Acendrar, v. (cast. *acendrar*). 1. Tr. dir. Limpar com cinza (p. ex., panelas). 2. Tr. dir. Acrisolar, afinar, apurar, copelar (o ouro e outros metais preciosos).

Aceno, s. m. (l. *ad + signu*). 1. Sinal feito com a cabeça, as mãos, os braços, os olhos, para exprimir idéias. 2. Chamamento. 3. Convite.

Acenoso, adj. *Bot.* De ponta curvada para baixo.

Acensão, s. f. V. *acendimento.* Cfr. *ascensão.*

Acento, s. m. (l. *accentu*). 1. Inflexão da voz numa sílaba, em altura ou intensidade. 2. *Gram.* Sinal diacrítico com que se representa a acentuação de uma palavra: *acento* agudo, circunflexo, grave. 3. Tom de voz. 4. Timbre. 5. *Mús.* Consonância, harmonia. 6. Parte do serviço religioso cantada ou recitada pelo padre e seus assistentes no altar. — *A. agudo, Gram.:* sinal diacrítico (´) que, sobreposto às vogais, indica que elas são tônicas; também abertas, quando se trata de *a, e* e *o. A. circunflexo, Gram.:* sinal ortográfico (ˆ) que se põe sobre as vogais *e* e *o* fechadas de certos monossílabos tônicos, ou quando pertencem a uma sílaba tônica; e sobre a vogal *a*, nasal, de certas palavras paroxítonas e proparoxítonas, para indicar que ela é tônica. *A. grave, Gram.:* sinal diacrítico (`) que assinala as contrações da preposição *a* com o artigo *a* e com os adjetivos ou pronomes demonstrativos: *a, aquele, aquela, aqueles, aquelas, aqueloutro* e *aquilo.*

Acêntrico, adj. Fora do centro; excêntrico.

Acentuação, s. f. 1. Ato ou efeito de acentuar. 2. *Gram.* Emprego dos acentos ortográficos. 3. Modo de acentuar uma palavra ou vogal. 4. Acento.

Acentuado, adj. 1. Que tem acento ortográfico. 2. Saliente, ressaltante. 3. Destacado, marcante, notável.

Acentual, adj. m. e f. Relativo a acento ou à acentuação.

Acentuar, v. 1. Tr. dir. Empregar os acentos gráficos em. 2. Tr. dir Pronunciar com clareza e intensidade. 3. Tr. dir. Dar ênfase a certas palavras de uma frase. 4. Tr. dir. e pron. Dar relevo a, exprimir com vigor.

-áceo, suf. adj. (l. *aceu*). Que tem as qualidades ou a natureza da coisa designada pelo radical: *mirtáceo, rosáceo.*

Acepção, s. f. (l. *acceptione*). Sentido em que se toma uma palavra; interpretação, significado. — *A. de pessoas:* preferência de pessoa ou pessoas, por sua classe, privilégios, qualidade ou títulos.

Acepilhadora, s. f. Máquina de acepilhar.

Acepilhadura, s. f. 1. Ato ou efeito de acepilhar. 2. Aparas de madeira tiradas pelo cepilho.

Acepilhar, v. 1. Tr. dir. Alisar com cepilho, aplainar (a madeira). 2. Tr. dir. e pron. Brunir(-se), polir(-se). 3. Tr. dir. e pron. Apurar(-se), aperfeiçoar(-se).

Acepipe, s. m. Iguaria apetitosa; pitéu, petisco.

Acepipeiro, adj. 1. Que prepara acepipes. 2. Que gosta de acepipes.

Aceptilação, s. f. *Dir. Civ.* Remissão de dívida não paga.

Acéquia, s. f. (ár. *assaquiat*). 1. Canal, rego, vala. 2. Açude, represa.

Ácer, s. m. *Bot.* Gênero *(Acer)* de árvores e arbustos da família das Aceráceas, a que pertence o bordo.

Aceração, s. f. Ato ou operação de acerar.

Aceráceas, s. f. pl. *Bot.* Família *(Aceraceae)* de árvores ou arbustos, cujo fruto consiste em duas sâmaras unidas.

Aceragem, s. f. V. *aceração.*

Aceramento, s. m. V. *aceração.*

Acerântico, adj. *Bot.* Que apresenta as pétalas desprovidas de esporão.

Acerar[1], v. (cast. *acerar,* de *acero*). Tr. dir. 1. Converter (o ferro) em aço, dar têmpera de aço a. 2. Guarnecer, revestir de aço (p. ex., uma fechadura). 3. Afiar, aguçar, amolar. 4. Tornar agudo, mordaz, satírico. 5. Avigorar, fortalecer, robustecer (p. ex., os músculos). 6. Dar cor de aço a (os livros) pelo corte ou fio das folhas.

Acerar[2], v. *(a + cera + ar).* Tr. dir. 1. Encerar. 2. Modelar em cera.

Aceraria, s. f. V. *aciaria.*

Aceratose, s. f. *Med.* Falta ou deficiência de tecido córneo.

Acerbar, v. Tr. dir. 1. Tornar acerbo; exacerbar. 2. Angustiar.

Acerbidade, s. f. Qualidade do que é acerbo.

Acerbo, adj. 1. Acre, áspero ao gosto. 2. Áspero, duro, rigoroso, severo. 3. Cruel, pungente, terrível.

Acerca *(ê),* adv. *(a + cerca,* do l. *circa).* 1. Junto, perto, próximo. 2. Em roda. — *Acerca de:* a respeito de, quanto a, relativamente a, sobre.

Acercamento, s. m. Ato ou efeito de acercar-se.

Acercar, v. *(a +* l. *circa + ar).* Tr. dir. e pron. Abeirar(-se), achegar(-se), aproximar(-se).

Acerdésio, s. m. *Miner.* V. *manganita.*

Acerejamento, s. m. Ato ou efeito de acerejar.

Acerejar, v. 1. Tr. dir. Dar cor de cereja a, tornar da cor de cereja. 2. Pron. Tornar-se cor de cereja; corar-se, ruborizar-se.

Acérido, adj. Que não contém cera.

Acerífero, adj. Que contém aço.

Acerífico, adj. Da natureza do aço.

Ácero, adj. Sem antenas ou tentáculos (insetos ou moluscos).

Aceroso, adj. *Bot.* Estreito, delgado e pungente como as agulhas dos pinheiros.

Acerra, s. f. V. *naveta,* acep. 2.

Acérrimo, adj. (l. *acerrimu).* 1. Superlativo de *acre:* muito acre. 2. Insistente, persistente, pertinaz.

Acertado, adj. 1. Tornado certo. 2. Judicioso.

Acertador, adj. Que acerta. S. m. O que acerta o andar nos animais de sela.

Acertamento, s. m. Ato ou efeito de acertar; acerto.

Acertar, v. 1. Tr. dir. Fazer andar certo. 2. Tr. dir. Corrigir, eliminar o erro de. 3. Tr. dir. Atingir. 4. Tr. dir. Ajustar, preparar antes de unir (as peças). 5. Tr. dir. Combinar, condizer, harmonizar, igualar. 6. Tr. dir. Ensinar (ao animal de sela) o andar. 7. Tr. ind. Achar ao certo. 8. Intr. Dar no alvo.

Acerto *(ê),* s. m. 1. Ato ou efeito de acertar. 2. Juízo, tino. 3. Ato ou dito acertado. 4. Ajuste.

Acervar, v. Tr. dir. 1. Amontoar. 2. Levantar o acervo de.

Acervejado, adj. 1. Que tem cor ou sabor de cerveja. 2. Amante da cerveja.

Acervo, s. m. (l. *acervu).* 1. Conjunto, massa. 2. Conjunto dos bens que constituem um patrimônio. 3. Conjunto das obras de uma biblioteca, um museu etc.

Acérvulo, s. m. (l. *acervulu).* 1. Pequeno acervo. 2. *Bot.* Frutescência de um fungo, formada por massa discóide de fios, base estromática rudimentar e conidióforos sem tufos. 3. *Anat.* Concreção calcária ou magnesiana existente no plexo coróide e na epífise.

Acescência, s. f. Disposição para azedar.

Acescente, adj. m. e f. Que principia a azedar-se.

Aceso, adj. 1. Incendido, inflamado. 2. Arrebatado. 3. Excitado, furioso. 4. Brilhante, vivo. S. m. Auge: No *a.* da discussão.

Acessão, s. f. (l. *accessione).* 1. Ato ou efeito de aceder; consentimento. 2. Acréscimo, aumento. 3. Adesão. 4. Aquisição. 5. Acesso, promoção. 6. Aproximação, chegada. 7. Subida ao trono. 8. *Dir.* Modo de aquisição da propriedade, pela união de um bem acessório ao principal, objeto do domínio.

Acessibilidade, s. f. 1. Facilidade de acesso, de obtenção. 2. Facilidade no trato.

Acessional, adj. m. e f. 1. Que se acrescenta ou une a outra coisa. 2. *Med.* Que tem acessos; intermitente.

Acessível, adj. m. e f. 1. De fácil acesso. 2. Que se pode alcançar, obter ou possuir. 3. Compreensível, inteligível. 4. Tratável, lhano.

Acessivo, adj. Que se acrescenta; acessório.

Acesso, s. m. 1. Aproximação, chegada. 2. Elevação, promoção de um cargo a outro. 3. Comunicação, trato social. 4. Passagem, trânsito. 5. *Med.* Ataque repentino. 6. Arrebatamento, transporte. 7. *Med.* Fenômeno patológico que aparece e desaparece periodicamente.

Acessório, adj. 1. Que não é principal. 2. Que se junta a alguma coisa, sem dela fazer parte integrante. 3. Complementar, suplementar. 4. Que não é essencial; acidental. S. m. 1. O que se junta ao objeto principal. 2. Coisa de importância secundária. 3. Complemento. S. m. pl. 1. Pertences de qualquer instrumento ou máquina. 2. Petrechos. 3. Utensílios, peças etc., para a execução de qualquer trabalho. 4. Peças complementares de um vestuário.

Acessual, adj. m. e f. *Med.* Que surge por acessos.

Acetabulária, s. f. *Bot.* Gênero *(Acetabularia)* de algas verdes da família das Dasicladáceas, que se assemelham a pequenos cogumelos.

Acetabulífero, adj. *Zool.* Com ventosas nos tentáculos.

Acetabuliforme, adj. m. e f. Em forma de taça.

Acetábulo, s. m. 1. *Antig. rom.* Pequeno vaso para vinagre ou molho. 2. *Bot.* Cálice de flor com a forma desse vaso. 3. *Zool.* Ventosa de fixação de certos moluscos. 4. *Anat.* Cavidade articular profunda do osso ilíaco, em que se articula a cabeça do fêmur; cavidade cotilóide.

Acetal, s. m. *Quím.* Líquido incolor obtido pela reação de um álcool etílico com acetaldeído e usado como solvente.

Acetaldeído, s. m. *Quím.* Aldeído líquido incolor, que se obtém pela oxidação parcial do álcool etílico.

Acetamidina, s. f. *Quím.* Amidina instável, branca, deliqüescente, do ácido acético.

Acetar, v. V. *acetificar.*

Acetato, s. m. *Quím.* Sal ou éster de ácido acético.

Acéter, s. m. (ár. *assatel). Ant.* Púcaro de beber água. Var.: *acétere.* Pl.: *acéteres.*

Acetia, s. f. O mesmo que *acescência.*

Acético, adj. 1. Relativo ao vinagre; ácido, acre. 2. *Quím.* Diz-se de um líquido corrosivo, incolor, obtido pela oxidação do álcool etílico com eliminação de água.

Acetificação, s. f. 1. Ato ou efeito de acetificar. 2. *Quím.* Conversão de certas substâncias em ácido acético.

Acetificar, v. Tr. dir. e pron. 1. *Quím.* Transformar(-se) em ácido acético. 2. Azedar(-se).

acetil-, elem. de comp. *Quím.* Exprime que a substância denominada é de derivação acética ou contém o radical *acetilo: acetilação.*

Acetilação, s. f. *Quím.* Ato ou processo de acetilar.

Acetilar, v. Tr. dir. Introduzir o radical acetilo em um composto.

Acetilenação, s. f. *Quím.* Processo de combinar com acetileno.

Acetileno[1], s. m. *Quím.* Gás formado pela ação da água sobre a hulha; etino.

acetileno-[2], elem. de comp. 1. Exprime a idéia de *acetileno: acetilenômetro.* 2. Derivado de acetileno.

Acetilenômetro, s. m. *Quím.* Aparelho com que se determina o grau de concentração do gás acetileno.

Acetílico, adj. *Quím.* V. *acético.*

acetilo-, elem. de comp. V. *acetileno-[2].*

Acetímetro, s. m. V. *acetômetro.*

Acetina, s. f. Qualquer acetato de glicerina.

Acetinação, s. f. Ação ou efeito de acetinar.

Acetinado, adj. Macio e lustroso como o cetim.

Acetinar, v. Tr. dir. Tornar macio e lustroso como o cetim; calandrar.

aceto-, elem. de comp. (l. *acetu).* Indica que a substância designada deriva do *ácido acético* ou possui *vinagre;* acetil: *acetomel.*

Acetol, s. m. Vinagre em estado de maior pureza.

Acetomel, s. m. *Farm.* Xarope preparado com vinagre e mel; oximel, oximelito.

Acetômetro, s. m. *Quím.* Instrumento para avaliar a percentagem de ácido acético no vinagre comercial.

Acetona, s. f. *Quím.* A mais simples das cetonas, que é um líquido inflamável, volátil e fragrante, obtido por destilação seca do acetato de cálcio.

Acetonemia, s. f. *Med.* Presença de acetona no sangue.

Acetonêmico, adj. *Med.* Que sofre de acetonemia.

acetono-, elem. de comp. Exprime a idéia de *acetona: acetonemia, acetonúria.*

Acetonúria, s. f. *Med.* Presença de acetona na urina. Var.: *acetonuria.*

Acetoso, adj. 1. Que tem a qualidade de ácido. 2. Que tem sabor de vinagre.

Acevadar, v. Tr. dir. Alimentar com cevada.
Acevar, v. V. *cevar.*
Acha[1], s. f. (l. **ascla,* por **astla,* de *astula*). Pedaço de madeira rachada para o fogo.
Acha[2], s. f. (fr. *hache,* e este do germ. *hâppja*). Arma antiga com feitio de machado.
Achacadiço, adj. Dado a achaques; enfermiço.
Achacador, adj. Que achaca. S. m. *Gír.* 1. Indivíduo que achaca alguém, extorquindo-lhe dinheiro. 2. Ladrão vigarista.
Achacar, v. 1. Tr. dir. Acusar, fazer queixa ou denúncia contra. 2. Tr. dir. Alegar por pretexto ou razão suposta, dar por motivo. 3. Tr. dir. Maltratar, molestar. 4. Tr. dir. Abordar alguém para extorquir dinheiro. 5. Tr. dir. *Gír.* Extorquir, pedir. 6. Intr. e pron. Adoecer, cair doente, enfermar.
Achacoso, adj. V. *achacadiço.*
Achada[1], s. f. (de *achar*). Ação ou efeito de achar.
Achada[2], s. f. (por *achãada,* do l. *ad planata*). Planície no cimo de um monte.
Achada[3], s. f. Pancada com uma acha.
Achadão, s. m. *Pop.* 1. Grande achado. 2. Ótimo negócio, pechincha.
Achadiço, adj. e s. m. Que, ou o que se acha facilmente.
Achado, adj. Que se achou. S. m. 1. Coisa achada. 2. Invento. 3. Coisa providencial; sorte. 4. Pechincha.
Não se dar por a.: fingir que não percebe.
Achador, adj. e s. m. Que, ou o que acha.
Achadouro, s. m. Lugar onde se achou alguma coisa.
Achamalotar, v. Tr. dir. e pron. Tornar(-se) semelhante a chamalote.
Achamboado, adj. 1. Grosseiro. 2. Deselegante.
Achamboar, v. Tr. dir. e pron. Tornar(-se) chambão, grosseiro (p. ex., o espírito).
Achamento, s. m. 1. Ato ou efeito de achar. 2. Descobrimento.
Achamorrado, adj. Mal aparado (o cabelo).
Achanar, v. (de *chão*). Tr. dir. 1. Aplanar, nivelar. 2. Aniquilar moralmente; humilhar.
Achanti, adj. m. e f. *Etnol.* Relativo aos achantis, povo negro de Gana.
Achaparrado, adj. Semelhante ao chaparro.
Achaparrar, v. Tr. dir. e intr. Fazer ou ficar semelhante ao chaparro, engrossando e crescendo pouco (árvore).
Achaque, s. m. (ár. *ashshaka*). 1. Disposição mórbida habitual. 2. Defeito moral, vício. 3. Imputação infundada.
Achaquilho, s. m. Pequeno achaque.
Achar, v. (l. *afflare*). 1. Tr. dir. Encontrar por acaso ou procurando; deparar. 2. Tr. dir. Atinar com, descobrir, inventar. 3. Tr. dir. Conseguir, obter: *A. emprego.* 4. Tr. dir. e pron. Acreditar(-se), considerar(-se), julgar(-se). 5. Tr. dir. Advertir, notar: *A. erros.* 6. Pron. Estar presente: *Achar-se na* cidade. 7. Pron. Estar: *Achar-se em* situação crítica.
A. ruim: desagradar-se.
Acharoamento, s. m. Ato ou efeito de acharoar.
Acharoar, v. Tr. dir. 1. Dar aparência de verniz de charão a. 2. Envernizar com charão.
Achatadela, s. f. Ato ou efeito de achatar; amolgadela.
Achatadura, s. f. V. *achatamento.*
Achatamento, s. m. 1. Ato ou efeito de achatar. 2. Rebaixamento.
Achatar, v. 1. Tr. dir. Tornar chato ou plano; aplanar. 2. Tr. dir. Aniquilar moralmente. 3. Tr. dir. Confundir (alguém) numa discussão. 4. Pron. Abater-se.
Achavascado, adj. Rústico, grosseiro, tosco.
Achavascar, v. 1. Tr. dir. Fazer (alguma coisa) toscamente. 2. Tr. dir. Deturpar, viciar. 3. Tr. dir. e pron. Tornar(-se) bronco, rude.
Achega *(ê),* s. f. 1. Acréscimo. 2. Ajuda, subsídio. 3. Pequeno lucro com que não se contava.
Achegadeira, s. f. Alcoviteira.
Achegamento, s. m. Ato ou efeito de achegar; aproximação.
Achegar, v. 1. Tr. dir. e pron. Aproximar(-se), avizinhar(-se). 2. Tr. dir. Ligar. 3. Pron. Acolher-se, buscar amparo. 4. Pron. Acrescentar-se, acrescer.
Achego, s. m. V. *achega.*
Achibantar, v. Tr. dir. e pron. Tornar(-se) chibante.
Achicar, v. (l. *exsiccare*). Tr. dir. Esgotar a água de (embarcação).
Achichelado, adj. Feito chinelo; achinelado.
Achichelar, v. Tr. dir. Arrastar (os passos), como quando se anda com chinelos.
Achinado, adj. V. *achinesado.*
Achinar, v. V. *achinesar.*
Achincalhação, s. f. Ato ou efeito de achincalhar; achincalhamento.
Achincalhamento, s. m. V. *achincalhação.*
Achincalhar, v. Tr. dir. Chacotear, escarnecer, ridicularizar, ofender.
Achincalhe, s. m. Chacota, ofensa.
Achinelar, v. Tr. dir. 1. Dar forma de chinelo a. 2. Acalcanhar (o calçado).
Achinesado, adj. Que tem modos de chinês.
Achinesar, v. Tr. dir. Dar modos de chinês a.
-acho, suf. Depreciativo: *fogacho, vulgacho.*
Achocalhar, v. Tr. dir. 1. Dar forma de chocalho a. 2. Ornar de chocalhos; munir de chocalho. 3. Divulgar, contar a toda a gente (dito ou segredo).
Achumbado, adj. 1. Da cor ou peso de chumbo. 2. Diz-se de rosto macilento.
Achumbar, v. Tr. dir. 1. Dar cor de chumbo a, tornar semelhante ao chumbo. 2. Revestir, chapear de chumbo.
aci-, elem. de comp. (l. *acu*). Exprime a idéia de *agulha: aciforme.*
-ácia, suf. (l. *acia*). Concorre à formação de substantivos derivados de adjetivos em *az:* de *audaz* – *audácia,* de *contumaz* – *contumácia,* de *pertinaz* – *pertinácia.*
Aciano, s. m. *Bot.* Planta européia *(Centaurea cyanus);* escovinha.
Acianoblepsia, s. f. *Med.* Defeito visual que impede distinguir a cor azul.
Aciaria, s. f. *Metal.* Usina ou parte de uma usina siderúrgica destinada à produção do aço.
Acicalar, v. V. *açacalar.*
Acicatar, v. Tr. dir. 1. Esporear (o animal) com acicate. 2. Estimular, incitar.
Acicate, s. m. (ár. *ash-shukat*). 1. Antiga espora de um só aguilhão. 2. Estímulo, incentivo.
Acíclico, adj. 1. Em que não há ciclo. 2. *Quím.* Diz-se dos compostos orgânicos de cadeia aberta; alifático.
Acícula, s. f. 1. Ganchinho de metal ou de osso, com que as damas romanas prendiam os cabelos. 2. *Bot.* Cerda espiniforme da inflorescência das gramíneas.
Aciculado, adj. Aguçado como a agulha.
Acicular, adj. m. e f. Em forma de agulha.
aciculi-, elem. de comp. (l. *acicula*). Exprime a idéia de *pequena agulha* ou *ponta afiada: aciculiforme.*
Aciculiforme, adj. m. e f. V. *acicular.*
Acidação, s. f. *Quím.* V. *acidificação.*
Acidade, s. f. V. *acidez.*
Acidar, v. V. *acidificar.*
Acidência, s. f. (l. *accidentia*). *Filos.* Estado ou qualidade do que é acidental.
Acidentação, s. f. 1. Estado do que é acidentado. 2. *Mús.* Ato de alterar uma nota simples por sustenido ou bemol.
Acidentado, adj. Que se acidentou. S. m. Vítima de um acidente.
Acidental, adj. m. e f. 1. Casual, fortuito, imprevisto. 2. Que não é essencial; acessório. 3. *Filos.* Relativo a acidente.
Acidentalidade, s. f. Qualidade de acidental.
Acidentar, v. 1. Tr. dir. Tornar acidentado, desigual ou irregular (o terreno). 2. Tr. dir. Marcar acidentes em (notas musicais). 3. Tr. dir. Alterar, variar (p. ex., a realização de um plano). 4. Tr. dir. Ferir em acidente (p. ex., pessoas). 5. Pron. Sofrer alteração ou modificação, tornar-se irregular.

Acidente, s. m. (l. *accidente*). 1. O que é casual, fortuito, imprevisto. 2. Desastre, desgraça. 3. Disposição variada de um terreno. 4. *Filos.* O que não faz parte da substância ou a ela se opõe. 5. *Med.* O que sobrevém no curso de uma doença. 6. *Mús.* Nome genérico dos sinais que alteram uma nota, como o bemol, o sustenido e o bequadro.
Acidez, s. f. 1. Qualidade do que é acre e picante ao gosto ou ao olfato; acidade, azedume, travo. 2. *Quím.* Caráter ácido de uma substância, opondo-se à *alcalinidade*.
acidi-, elem. de comp. V. *acido-*[2]: *acidimetria.*
Acidífero, adj. Que contém ou produz ácido; em que há um ácido unido a uma base salinável.
Acidificação, s. f. Conversão em ácido; acidação.
Acidificante, adj. m. e f. Que acidifica.
Acidificar, v. Tr. dir. e pron. Converter(-se) em ácido; acidar.
Acidimetria, s. f. *Quím.* Processo para avaliar o teor de ácido contido em um soluto, mediante uma solução alcalina necessária para neutralizar determinada quantidade do soluto dado.
Acidímetro, s. m. *Quím.* Aparelho para medir a concentração de um ácido.
Ácido[1], adj. (l. *acidu*). 1. Acre, agro, azedo, picante. 2. Que possui a propriedade química dos ácidos. Antôn.: *alcalino.* 3. *Quím.* e *Agric.* Que tem um pH menor que 7: Solo *ácido.* S. m. 1. Substância azeda. 2. *Quím.* Nome genérico dos compostos químicos orgânicos e inorgânicos que contêm um ou mais átomos de hidrogênio, os quais podem ser substituídos por um metal, para formar um sal.
ácido-[2], elem. de comp. (l. *acidu*). Exprime a idéia de *ácido: acidômetro.*
Acidófilo, adj. 1. Que tem afinidade com os ácidos. 2. Que facilmente se tinge com corantes ácidos.
Acidorresistente, adj. m. e f. Que resiste à ação descorante de certos ácidos.
Acidose, s. f. *Med.* Estado de alcalinidade diminuída do sangue e dos tecidos, causado por excesso de produção de ácidos.
Acidósico, adj. V. *acidótico.*
Acidótico, adj. Relativo à acidose.
Acidrar, v. Tr. dir. Tornar semelhante à cidra, na cor ou no gosto.
Acidulação, s. f. Ato ou efeito de acidular.
Acidulado, adj. 1. Tornado ácido. 2. Com sabor acídulo. 3. Zangado.
Acidular, v. Tr. dir. 1. Tornar ácido ou acídulo. 2. Juntar pequena quantidade de ácido a (um líquido).
Acídulo, adj. Levemente ácido; acidulado.
Aciforme, adj. m. e f. V. *acicular.*
Aciganar, v. Pron. 1. Adquirir modos de cigano. 2. Tornar-se manhoso ou trapaceiro.
Acima[1], adv. *(a + cima).* 1. Em cima. 2. Da parte inferior para a superior. 3. Anteriormente, atrás. 4. Em grau ou categoria superior.
Acima![2], interj. Eia!: *Acima,* corações!
acinaci-, elem. de comp. (l. *acinace*). Exprime a idéia de *lâmina de sabre* ou *alfanje: acinaciforme.*
Acinaciforme, adj. m. e f. *Bot.* Com forma de sabre.
Acinese, s. f. *Biol.* V. *amitose.*
Acinesia, s. f. 1. Imobilidade. 2. *Med.* Paralisia. 3. *Med.* Intervalo entre a sístole e a diástole.
Acinésico, adj. V. *acinético.*
Acinético, adj. 1. Contrário ao movimento; imóvel. 2. *Med.* Que produz acinesia.
acini-, elem. de comp. O mesmo que *acino-*[2]: *aciniforme.*
Aciniforme, adj. m. e f. Em forma de bago.
Ácino[1], s. m. (l. *acinu*). 1. Baga ou grão de uva. 2. *Anat.* Dilatação saciforme de qualquer conduto estreito.
acino-[2], elem. de comp. Exprime a idéia de *baga de uva (acinodendro)* ou a de *ácino,* em anatomia *(acinotarsal).*
Acinodendro, adj. *Bot.* Com frutos dispostos em cacho.
Acinotarsal, adj. m. e f. *Anat.* Diz-se das glândulas situadas no tecido celular junto ao tarso.

Acinte, adv. (l. *accinte*). De propósito. S. m. 1. Ação premeditada, com o propósito de contrariar. 2. Teima.
Acintoso, adj. 1. Em que há acinte. 2. Apoquentador.
Acinzamento, s. m. Ato ou efeito de acinzar.
Acinzar, v. V. *acinzentar.*
Acinzentar, v. Tr. dir. Dar cor levemente cinzenta a.
Acionabilidade, s. f. Qualidade do que pode ser acionado.
Acional, adj. m. e f. Que se refere à ação.
Acionamento, s. m. Ato ou efeito de acionar.
Acionar, v. (l. *actione + ar*). Tr. dir. 1. Demandar, processar, propor ação em juízo. 2. Pôr em ação. 3. Incorporar (uma companhia ou sociedade por ações).
Acionário, adj. e s. m. V. *acionista.*
Acionável, adj. m. e f. Que se pode acionar.
Acionista, adj. e s., m. e f. Que, ou pessoa que possui ações de uma sociedade.
Acipitrídeo, adj. *Ornit.* Relativo aos Acipitrídeos. S. m. pl. Família *(Accipitridae)* de aves de rapina, onde se incluem numerosas espécies de gaviões.
Acipitrino, adj. Relativo a aves de rapina.
Acirandar, v. Tr. dir. Limpar (cereais) com a ciranda; joeirar, peneirar.
Acirologia, s. f. *Ret.* Impropriedade nos termos.
Acirramento, s. m. Ato ou efeito de acirrar.
Acirrar, v. 1. Tr. dir. Açular, incitar (cães). 2. Tr. dir. Exasperar, irritar acintosamente (hostilidades). 3. Tr. dir. Tornar caturra ou teimoso.
Acistia, s. f. *Terat.* Ausência congênita da bexiga.
Acitara, s. f. (ár. *assitara*). Reposteiro.
Acitrinado, adj. Com gosto de cidra ou limão.
Aclamação, s. f. Ato ou efeito de aclamar.
Aclamar, v. (l. *acclamare*). 1. Tr. dir. Aplaudir ou aprovar com brados, saudar (alguém). 2. Tr. dir. Proclamar, reconhecer solenemente (um chefe de Estado). 3. Tr. dir. Exclamar em aprovação. 4. Tr. dir. Eleger, proclamar. 5. Intr. Levantar clamor em sinal de aprovação.
Aclamativo, adj. 1. Relativo a aclamação. 2. Que encerra aclamação.
Aclamatório, adj. V. *aclamativo.*
Aclamídeo, adj. *Bot.* 1. Sem perianto. 2. Sem cálice nem corola.
Aclaração, s. f. 1. Ato ou efeito de aclarar. 2. *Dir.* Aditamento elucidativo feito a um contrato.
Aclaramento, s. m. V. *aclaração.*
Aclarar, v. 1. Tr. dir. e pron. Tornar(-se) claro. 2. Tr. dir. Dar alvura a, fazer branco. 3. Tr. dir. Clarificar, purificar. 4. Tr. dir. e pron. Elucidar(-se), esclarecer(-se). 5. Tr. dir. Averiguar. 6. Tr. dir. Engrandecer. 7. Intr. e pron. *Meteor.* Desanuviar-se (o céu).
Aclasto, adj. *Fís.* Que deixa passar a luz sem refração. Antôn.: *refrativo.*
Aclavado, adj. *Bot.* Com forma de clava.
Aclerizar, v. Pron. Fazer-se clérigo.
Aclimação, s. f. Ato ou efeito de aclimar.
Aclimamento, s. m. V. *aclimação.*
Aclimar, v. Pron. 1. Identificar-se com as condições vitais de um clima. 2. Habituar-se.
Aclimatação, s. f. V. *aclimação.*
Aclimatar, v. V. *aclimar.*
Aclimatização, s. f. V. *aclimação.*
Aclimatizar, v. V. *aclimar.*
Aclimável, adj. m. e f. 1. Que se pode aclimar. 2. Fácil de se adaptar.
Aclive, adj. m. e f. (l. *acclive*). Íngreme. S. m. Inclinação do terreno (considerada de baixo para cima); ladeira. Antôn.: *declive.*
Aclorofilado, adj. *Bot.* Diz-se da planta que não tem clorofila.
Acme, s. f. 1. O ponto culminante de crescimento; clímax, fastígio, auge, apogeu. 2. *Med.* Período mais grave de uma doença.
Acne, s. f. *Med.* Qualquer uma de várias doenças inflamatórias das glândulas sebáceas e dos folículos pilosos da pele.

Acnemo, adj. e s. m. *Med.* Que, ou o que não tem pernas.
aco-[1], elem. de comp. (gr. *akos*). Exprime a idéia de remédio, medicamento: *acografia, acologia.*
-aco[2], suf. Forma adjetivos, ordinariamente derivados de substantivos: *ambrosíaco, coríntíaco, demoníaco, hipocondríaco.*
Aço[1], s. m. (de *aceiro*). *Metal.* 1. Liga de ferro com carbono que se torna extremamente dura quando, depois de aquecida, é esfriada repentinamente. 2. Arma branca. 3. Amálgama de estanho, que, na fabricação de espelhos, lhes dá a propriedade de refletir imagens e raios luminosos. 4. Cor albina.
-aço[2], suf. Forma substantivos e exprime: efeito *(cansaço);* aumento *(mulheraço, ricaço);* semelhança *(melaço);* coleção *(femeaço).* Freqüentemente dá sentido pejorativo ao derivado: *mestraço.*
Acoar, v. Intr. Latir, ladrar.
Acobardamento, s. m. V. *acovardamento.*
Acobardar, v. V. *acovardar.*
Acobertamento, s. m. Ato ou efeito de acobertar.
Acobertar, v. 1. Tr. dir. Cobrir (com coberta, manto ou pano). 2. Tr. dir. Resguardar, proteger. 3. Tr. dir. e pron. Pôr(-se) a coberto ou a salvo; proteger(-se). 4. Tr. dir. e pron. Agasalhar(-se), resguardar(-se) contra o frio. 5. Tr. dir. Disfarçar, dissimular.
Acobilhar, v. (de *covil*). V. *acovilhar.*
Acobreação, s. f. Ato ou efeito de acobrear.
Acobrear, v. Tr. dir. Dar aspecto ou cor de cobre a.
Acocação, s. f. Ato de acocar; carinho.
Acocar[1], v. *(a + coca + ar).* Tr. dir. Acariciar.
Acocar[2], v. V. *acocorar.*
Acochar, v. (de *cocha*). 1. Tr. dir. e pron. Apertar, calcar, comprimir. 2. Tr. dir. Acamar, apertar (coisas que se enfardam). 3. Tr. dir. *Náut.* Torcer (as cochas) para unir melhor. 4. Pron. Acocorar-se, agachar-se. 5. Pron. Fazer-se ligeiro.
Acochichar, v. Intr. Cantar (o cochicho, pássaro), dizendo o seu nome.
Acocho *(ô),* s. m. Ato de acochar.
Acocoração, s. f. Ato ou efeito de acocorar.
Acocoramento, s. m. V. *acocoração.*
Acocorar, v. *(a + cócoras + ar).* 1. Tr. dir. Pôr de cócoras. 2. Tr. dir. Diminuir o moral de. 3. Pron. Pôr-se de cócoras; agachar-se.
Açodamento, s. m. 1. Ato ou efeito de açodar. 2. Precipitação, pressa.
Açodar, v. 1. Tr. dir. e pron. Acelerar(-se), apressar(-se). 2. Tr. dir. Instigar (p.ex., cães). 3. Pron. Afrontar-se.
Acofiar, v. Tr. dir. Afagar (barba, bigode).
Acognosia, s. f. *Med.* Conhecimento dos meios terapêuticos.
Acogular, v. Tr. dir. 1. Encher demasiadamente (vasilha), até formar cogulo. 2. Abarrotar.
Açoiaba, s. m. Manto de penas usado, em certas solenidades, pelos índios.
Acoimamento, s. m. Ato ou efeito de acoimar.
Acoimar, v. 1. Tr. dir. Impor o pagamento da coima. 2. Tr. dir. Castigar, punir. 3. Tr. dir. Censurar, repreender. 4. Tr. dir. Tachar: *A.* a *versificação* de frouxa. 5. Tr. dir. e pron. Acusar(-se).
Acoirelamento, s. m. Ato ou efeito de acoirelar.
Acoirelar, v. Tr. dir. Dividir (terreno) em coirelas.
Açoita-cavalos, s. m., sing. e pl. *Bot.* Nome de várias árvores tiliáceas do gênero *Luehea.*
Acoitamento, s. m. Ato ou efeito de acoitar.
Açoitamento, s. m. Ato ou efeito de açoitar.
Acoitar, v. 1. Tr. dir. Dar coito ou guarida a. 2. Tr. dir. e pron. Abrigar(-se), acolher(-se). 3. Tr. dir. Defender.
Açoitar, v. 1. Tr. dir. Dar com açoite em. 2. Tr. dir. Castigar, punir. 3. Tr. dir. Bater em, dar golpes em. 4. Tr. dir. Ferir, magoar. 5. Pron. Disciplinar-se.
Açoite, s. m. (ár. *assaut*). 1. Instrumento de tiras de couro; chicote, látego. 2. Pancada com esse instrumento. 3. Aflição, calamidade, flagelo.
Açoiteira, s. f. Ponta da rédea, usada, por vezes, para açoitar.
Acolá, adv. Além, ao longe, naquele lugar.
Acolchetamento, s. m. Ato ou efeito de acolchetar.
Acolchetar, v. Tr. dir. 1. Apertar ou unir com colchete. 2. Guarnecer de colchetes.
Acolchoadinho, s. m. 1. Dim. de *acolchoado.* 2. Tecido que imita estofo acolchoado.
Acolchoado, adj. Recheado com colchão. S. m. 1. Coberta chumaçada de algodão, lã, penas, pespontada em xadrez. 2. Objeto guarnecido de estofo.
Acolchoamento, s. m. Ato ou efeito de acolchoar.
Acolchoar, v. Tr. dir. Encher (alguma coisa) de algodão, lã, como o colchão.
Acoletado, adj. 1. Que tem colete. 2. Vestido com apuro.
Acolhedor, adj. e s. m. Que, ou o que acolhe bem; agasalhador.
Acolher, v. 1. Tr. dir. Dar acolhida a (alguém); hospedar. 2. Tr. dir. Atender, deferir, receber (pedido, requerimento, opinião). 3. Tr. dir. Dar crédito a, dar ouvido a. 4. Pron. Abrigar-se, refugiar-se.
Acolherar[1], v. *(a + colhera + ar).* 1. Tr. dir. Ajoujar ou atrelar (animais) por meio de colhera. 2. Pron. Juntar-se, unir-se a alguém.
Acolherar[2], v. *(a + colher + ar).* Tr. dir. Dar forma de colher a.
Acolhida, s. f. 1. Ato ou efeito de acolher; recepção. 2. Atenção, consideração. 3. Refúgio, abrigo.
Acolhimento, s. m. V. *acolhida.*
Acolia, s. f. *Med.* Diminuição da secreção biliar.
Acólico, adj. *Med.* Relativo à acolia.
Acolitado, s. m. *Ecles. ant.* Ordem de acólito, a principal das quatro ordens menores. Var.: *acolitato.*
Acolitar, v. 1. Tr. dir. e intr. Servir de acólito a. 2. Tr. dir. Seguir, acompanhar. 3. Tr. dir. Ajudar.
Acólito, s. m. 1. *Ecles. ant.* O que, na carreira eclesiástica, tinha a ordem do acolitado. 2. O que acompanha. 3. O que ajuda.
Acolúria, s. f. *Med.* Ausência de pigmentos biliares na urina. Var.: *acoluria.*
Acomadrar, v. *(a + comadre + ar).* 1. Tr. dir. e pron. Tornar(-se) (uma mulher) comadre da outra. 2. Pron. Aliar-se, familiarizar-se.
Acometer, v. 1. Tr. dir. Investir contra ou sobre; atacar. 2. Tr. dir. Empreender. 3. Tr. dir. Ir de encontro a; chocar-se com; abalroar. 4. Tr. dir. Manifestar-se de repente, atacar (doença). 5. Intr. Encetar briga.
Acometida, s. f. Ato ou efeito de acometer.
Acometimento, s. m. V. *acometida.*
Acometividade, s. f. 1. Disposição para acometer. 2. Agressividade.
Acomia, s. f. *Med.* Alopecia.
Acomodação, s. f. 1. Ato ou efeito de acomodar. 2. Alojamento, aposentos. 3. Adaptação. 4. Arranjo, combinação. 5. *Ópt.* Focalização espontânea que se opera no olho e permite uma visão distinta em distâncias diversas.
Acomodadiço, adj. V. *acomodatício.*
Acomodamento, s. m. Ato ou efeito de acomodar.
Acomodar, v. (l. *accommodare).* 1. Tr. dir. Pôr em ordem; arrumar. 2. Tr. dir. Dar acomodação a. 3. Tr. dir. Agasalhar, deitar: *A. filhos.* 4. Tr. dir. Apaziguar, compor, conciliar (desavindos). 5. Tr. dir. Alojar, hospedar (alguém). 6. Tr. dir. Adaptar, adequar. 7. Pron. Recolher-se em seus aposentos.
Acomodatício, adj. Que facilmente se acomoda.
Acompadrar, v. 1. Tr. dir. e pron. Ligar por compadrio, tornar compadre. 2. Tr. dir. Familiarizar muito, tornar amigo. 3. Pron. Aliar-se, familiarizar-se.
Acompanhadeira, s. f. Mulher que acompanha.
Acompanhamento, s. m. 1. Ato ou efeito de acompanhar. 2. Cortejo composto de várias pessoas; comitiva; séqüito. 3. *Mús.* Parte da música destinada a acompanhar vozes ou instrumentos.
Acompanhante, adj. e s., m. e f. Que, ou quem acompanha. Col.: *comitiva, cortejo, séqüito* (este último, para acompanhantes de pessoas de certa importância).

Acompanhar, v. 1. Tr. dir. Fazer companhia a, ir em companhia de. 2. Tr. dir. Tomar parte em (acompanhamento ou cortejo). 3. Tr. dir. Seguir a mesma direção de. 4. Tr. dir. Imitar, seguir. 5. Tr. dir. *Mús.* Seguir com instrumento (a parte cantante da música, ou o instrumento principal). 6. Tr. dir. Seguir com atenção, com o pensamento ou com o sentimento. 7. Tr. dir. Ser da mesma opinião, da mesma política. 8. Pron. Fazer acompanhamento musical ao próprio canto. 9. Pron. Cercar-se, rodear-se.

Acompleicionado, adj. De boa ou má compleição.

Acompleiçoado, adj. V. *acompleicionado.*

Acomplexionado *(cs),* adj. V. *acompleicionado.*

Acompridar, v. Tr. dir. e pron. Tornar(-se) comprido; alongar(-se).

Acomunar, v. Pron. Conluiar-se, mancomunar-se.

Aconchado, adj. *Arquit.* Diz-se de teto construído de maneira que se aproveita o vão do telhado, em forma de concha.

Aconchegar, v. Tr. dir. Aproximar; conchegar.

Aconchego *(ê),* s. m. Ato ou efeito de aconchegar; conchego.

Acondicionação, s. f. Acondicionamento.

Acondicionamento, s. m. 1. Ato ou efeito de acondicionar. 2. Embalagem, empacotamento.

Acondicionar, v. 1. Tr. dir. Dotar de certa condição (física ou moral). 2. Tr. dir. Arranjar, arrumar. 3. Tr. dir. Restaurar, consertar. 4. Tr. dir. Preservar contra deterioração. 5. Tr. dir. Acomodar, adaptar, subordinar. 6. Tr. dir. Embalar ou acomodar (objetos) para transporte.

Acôndilo, adj. *Anat.* Que não tem côndilo.

Acondroplasia, s. f. *Med.* Distúrbio no crescimento dos ossos do feto com parada de desenvolvimento no sentido do comprimento.

Acondroplásico, adj. *Med.* Relativo à acondroplasia.

Aconfeitar, v. Tr. dir. Dar forma de confeito a.

Aconitato, s. m. *Quím.* Sal ou éster de ácido aconítico.

aconiti-, elem. de comp. (l. *aconitu*). Exprime a idéia de *acônito: aconitífero.*

Aconítico, adj. *Quím.* Diz-se de ácido extraído do acônito.

Aconitífero, adj. Que contém acônito.

Aconitina, s. f. *Quím.* Alcalóide cristalino branco, venenoso, que é o princípio ativo do acônito.

Acônito, s. m. 1. *Bot.* Gênero *(Aconitum)* da família das Ranunculáceas, a que pertence o acônito *(Aconitum napellus),* planta tóxica em extremo, de uso medicinal. 2. Medicamento preparado dessa planta.

Aconselhamento, s. m. Ato de aconselhar.

Aconselhar, v. 1. Tr. dir. Dar conselho a. 2. Tr. dir. Recomendar. 3. Pron. Consultar, pedir parecer, tomar conselho.

Aconsoantar, v. Tr. dir. *Poét.* Tornar consoante; rimar.

Acontecer, v. (l. *contigescere* por *contingescere*). Tr. ind. e intr. Realizar-se, sobrevir, suceder, verificar-se. Verbo defectivo. Só se usa nas 3as. pessoas do sing. e do pl. Não tem imperativo.

Acontecido, adj. Que aconteceu. S. m. Aquilo que aconteceu; acontecimento, sucesso.

Acontecimento, s. m. 1. Aquilo que acontece; sucesso, evento. 2. Fato memorável. 3. Coisa ou pessoa que causa viva sensação.

Acôo, s. m. O latir do cão.

Acoplador, s. m. *Radiotécn.* Dispositivo que acopla dois circuitos elétricos.

Acoplagem, s. f. V. *acoplamento.*

Acoplamento, s. m. 1. *Mec.* Junção, união, junta. 2. *Eletr.* União de dois circuitos, para transferir energia de um para outro. 3. *Astronáut.* Junção, no espaço, de duas naves espaciais.

Acoplar, v. *Mec.* e *Eletr.* Tr. dir. Estabelecer acoplamento em.

Açor *(ô),* s. m. *Ornit.* Ave de rapina do hemisfério norte *(Accipiter gentilis).*

Açoramento, s. m. Ato ou efeito de açorar.

Açorar, v. *(açor + ar).* Tr. dir. Inspirar desejos veementes a, provocar tentações em.

Acorcundar, v. Intr. Ficar corcunda.

Açorda *(ô),* s. f. 1. Sopa de pão, temperada com azeite. 2. Pessoa fraca, mole.

Acordado, adj. 1. Desperto do sono. 2. Resolvido por acordo; ajustado, combinado.

Acordamento, s. m. Ato ou efeito de acordar.

Acórdão, s. m. *Dir.* Sentença, resolução de recursos, em tribunais. Pl.: *acórdãos.*

Acordar, v. 1. Intr. Sair do sono; despertar. 2. Tr. dir. Tirar do sono; despertar. 3. Tr. dir. e tr. ind. Animar, avivar, excitar. 4. Tr. dir. e pron. Lembrar(-se), trazer à memória. 5. Tr. dir. e tr. ind. Ajustar, combinar, concertar. 6. Tr. dir. Afinar, pôr em harmonia ou consonância (instrumentos). 7. Tr. ind. Recobrar os sentidos, voltar a si. 8. Tr. dir. Acomodar, conciliar. 9. Pron. Harmonizar-se, reconciliar-se, pôr-se de acordo.

Acorde, adj. m. e f. 1. Concorde, harmonioso. 2. *Mús.* Ajustado ao som; harmônico. S. m. *Mús.* Som complexo, resultante da emissão simultânea de vários sons que produzem certa harmonia.

Acordeão, s. m. *Mús.* Instrumento de sopro, formado de um teclado de lâminas metálicas postas em vibração por um fole; acordeona, cordeona, harmônica, gaita, sanfona.

Acordina, s. f. Relógio que marca as horas por meio de sons musicais.

Acordo *(ô),* s. m. 1. Harmonia de vistas; concordância. 2. Convenção, pacto. 3. *Dir. trab.* Ajuste, concordância de vontades para determinado fim jurídico.

De comum a.: com aprovação mútua.

Acoria[1], s. f. *(a + core + ia). Med.* Ausência congênita da pupila.

Acoria[2], s. f. (gr. *akoria*). *Med.* V. *bulimia.*

Açoriano, adj. Relativo às ilhas dos Açores.

Acornar, v. Tr. dir. Dar forma de corno ou chifre a.

Acoroçoamento, s. m. Ato ou efeito de acoroçoar.

Acoroçoar, v. *(a + coração + ar).* Tr. dir. Alentar, animar, encorajar.

Acorrentamento, s. m. Ato ou efeito de acorrentar.

Acorrentar, v. 1. Tr. dir. Prender com corrente; encadear. 2. Tr. dir. Escravizar, sujeitar. 3. Pron. Pôr-se ou ficar na dependência de.

Acorrer, v. (l. *accurrere*). 1. Tr. ind. Correr a algum lugar; acudir depressa. 2. Tr. ind. Valer, auxiliar. 3. Tr. ind. Vir à mente; ocorrer. 4. Pron. Servir-se; recorrer a.

Acorrilhar, v. Tr. dir. e pron. 1. Reunir(-se) em corrilho. 2. Meter(-se) em curro ou em lugar sem saída.

Acortinar, v. Tr. dir. Guarnecer com cortina.

Acoruchar, v. Tr. dir. Dar forma de coruchéu a.

Acosmismo, s. m. *Filos.* Doutrina que nega a existência do mundo exterior.

Acossa, s. f. V. *acossamento.*

Acossamento, s. m. Ato ou efeito de acossar.

Acossar, v. Tr. dir. 1. Ir no encalço de; perseguir de perto. 2. Afligir, atormentar.

Acostado, adj. Encostado, aderente.

Acostagem, s. f. *Náut.* Ato de acostar um navio.

Acostamento, s. m. 1. Ato ou efeito de acostar. 2. Faixa que margeia uma rodovia e se destina principalmente a paradas de emergência dos veículos.

Acostar, v. 1. Tr. ind. Aproximar (uma embarcação) do cais ou de outra embarcação. 2. Tr. dir. Encostar, juntar. 3. Pron. Navegar junto à costa.

Acostável, adj. m. e f. Diz-se do local a que se pode atracar uma embarcação.

Acosto *(ô),* s. m. Ação de acostar.

Acostumar, v. 1. Tr. dir. Fazer adquirir um costume; habituar. 2. Pron. Costumar, fazer por costume, por hábito.

Acotiar, v. *(a + cotio*[1] *+ ar).* Tr. dir. 1. Trazer (roupa) a cotio. 2. Freqüentar amiúde.

Acotiledôneo, adj. *Bot.* Sem cotilédones.

Acotoamento, s. m. Ato ou efeito de acotoar.

Acotoar, v. Tr. dir. e pron. Cobrir(-se) (os frutos, as folhas etc.) de cotão.

Acotonar, v. V. *acotoar.*

Acotoveladura, s. f. Pancada com o cotovelo; cotovelada.

Acotovelamento, s. m. Ato ou efeito de acotovelar.
Acotovelar, v. 1. Tr. dir. Dar ou tocar com o cotovelo em. 2. Tr. dir. Dar encontrões em; empurrar. 3. Pron. Achar-se em grande aperto, tocar-se.
Acoturnar, v. Tr. dir. Dar forma de coturno a.
Açougue, s. m. (ár. *assok*). 1. *Ant.* Matadouro. 2. Lugar onde se vende carne. 3. Lugar onde há desordem. 4. *Gír.* Prostíbulo.
Açougueiro, s. m. 1. Dono de açougue. 2. Carniceiro.
Acovar, v. V. *encovar.*
Acovardamento, s. m. 1. Ato ou efeito de acovardar; covardia. 2. Acanhamento, timidez.
Acovardar, v. Tr. dir. e pron. 1. Tornar(-se) covarde; intimidar(-se). 2. Acanhar(-se). Var.: *acobardar.*
Acracia, s. f. 1. *Med.* Falta absoluta de forças. 2. *Polít.* Falta de governo.
Acrania, s. f. *Terat.* Falta congênita do crânio.
Acrânio, adj. Sem crânio.
Acraniota, adj. *Zool.* Diz-se de animais sem crânio, como as espécies dos cordados primitivos.
Acrata, adj. e s., m. e f. *Polít.* Partidário(a) da acracia.
acrato-, elem. de comp. (gr. *akratos*). Exprime a idéia de *puro, genuíno* (quase sempre referente ao vinho): *acratóforo.*
Acratóforo, s. m. Taça para vinho puro, usada pelos gregos e romanos.
Acravar, v. Tr. dir. 1. Atravessar com cravo; espetar. 2. Cravar com força. 3. Atolar, soterrar.
Acre[1], s. m. (ingl. *acre*). Medida agrária de alguns países.
Acre[2], adj. m. e f. (l. *acre*). 1. De ação picante e corrosiva. 2. Áspero, irritante. 3. Azedo. 4. Acerbo, desabrido, irascível. Sup. abs. sint.: *acérrimo.*
Acreano, adj. e s. m. V. *acriano.*
Acreditado, adj. 1. Que tem crédito. 2. Autorizado oficialmente como representante de um país junto a outro.
Acreditar, v. 1. Tr. dir., tr. ind. e intr. Dar crédito a; crer. 2. Tr. dir. Tornar digno de crédito. 3. Pron. Abonar-se. 4. Tr. dir. e pron. Julgar(-se), crer(-se). 5. Tr. dir. Conferir poderes (a alguém) para representar a nação perante um país estrangeiro.
Acreditável, adj. m. e f. Que se pode acreditar; crível.
Acre-doce, adj. m. e f. e s. m. V. *agridoce.*
Acrescência, s. f. Acrescentamento, aumento.
Acrescentamento, s. m. Ato ou efeito de acrescentar.
Acrescentar, v. (de *acrescer*). Tr. dir. 1. Ajuntar alguma coisa a outra para torná-la maior. 2. Dizer ou escrever em aditamento a (o que se disse ou escreveu). 3. Adicionar, ajuntar.
Acrescente, adj. m. e f. *Bot.* Que se desenvolve depois da fecundação.
Acrescer, v. (l. *accrescere*). 1. Tr. dir. Fazer maior; aumentar. 2. Tr. ind. e intr. Acrescentar-se, ajuntar-se. 3. Tr. dir. Incluir, incorporar.
Acrescimento, s. m. Ato ou efeito de acrescer.
Acréscimo, s. m. Aquilo que se acrescenta; acrescimento.
acri-, elem. de comp. Exprime a idéia de *acre, agudo, espinhoso: acrífico.*
Acriançado, adj. Com modos de criança.
Acriançar, v. Pron. Tornar-se infantil ou pueril.
Acriano, adj. Relativo ao Estado do Acre.
Acridez, s. f. Qualidade do que é acre; acrimônia.
acridi-, elem. de comp. O mesmo que *acrido-.*
Acridiano, adj. Semelhante a gafanhoto.
Acridiforme, adj. m. e f. Com forma de gafanhoto.
Acridiídeo, adj. Relativo aos Acridiídeos. S. m. pl. *Entom.* Família *(Acridiidae)* de insetos ortópteros, que inclui os gafanhotos de antenas curtas.
acrido-, elem. de comp. (gr. *akris, idos*). Exprime a idéia de gafanhoto: *acridófago, acridogenose.*
Acridofagia, s. f. Hábito de comer gafanhotos.
Acridófago, adj. e s. m. Que, ou o que se alimenta de gafanhotos.
Acridogenose, s. f. *Bot.* Doença dos vegetais ocasionada pelos gafanhotos.
Acrilato, s. m. *Quím.* Sal ou éster de ácido acrílico.
Acrílico, adj. *Quím.* Diz-se de um ácido líquido, de odor acre, que é o membro mais simples da classe dos ácidos etilênicos.
Acrimônia, s. f. 1. Acidez, azedume. 2. Aspereza.
Acrimonioso, adj. 1. Áspero, duro. 2. Intempestivo.
Acrinia, s. f. Falta de secreção endócrina.
Acrisolado, adj. 1. Purificado no crisol. 2. Acendrado.
Acrisolamento, s. m. Ato ou efeito de acrisolar.
Acrisolar, v. 1. Tr. dir. Purificar no crisol (o ouro); apurar, depurar, sublimar. 2. Tr. dir. e pron. Aperfeiçoar(-se).
Acrítico, adj. 1. Não crítico. 2. *Med.* Que sucede sem crise.
Acritude, s. f. V. *acridez.*
acro-[1], elem. de comp. (l. *acru*). Exprime a idéia de *ácido: acrografia.*
acro-[2], elem. de comp. (gr. *akron*). Exprime a idéia de *ponta* (acrocarpo), *extremidade* (acróbio), *lugar elevado* (acrofobia).
Acroama, s. m. Canto ou discurso harmonioso.
Acroamático, adj. Agradável ao ouvido.
Acroartrite, s. f. *Med.* Artrite nas extremidades.
Acrobacia, s. f. 1. A arte do acrobata. 2. *Av.* Evolução não incluída nas manobras comuns do vôo.
Acrobata, s. m. e f. 1. Dançarino de corda; equilibrista. 2. Aviador que pratica acrobacias. Var.: *acróbata.*
Acrobatismo, s. m. Arte, exercícios ou profissão de acrobata.
Acrocarpo, adj. *Bot.* 1. Com frutos só na extremidade dos ramos. 2. Diz-se de musgos que têm arquegônio apenas na extremidade do eixo principal.
Acrocefalia, s. f. Qualidade de acrocéfalo.
Acrocéfalo, adj. e s. m. Que, ou o que tem o crânio alto com achatamento sagital e frontal.
Acroceráunio, adj. *Poét.* Muito alto e agudo, exposto aos raios (diz-se dos montes).
Acrocianose, s. f. *Med.* Distúrbio circulatório caracterizado pela cianose permanente das extremidades (mãos, pés, nariz, orelhas).
Acrodinia, s. f. *Med.* Doença infantil, caracterizada por distúrbios vasomotores e incômodos dolorosos das extremidades.
Acrofobia, s. f. *Med.* Receio mórbido de lugares muito altos.
Acrófobo, adj. e s. m. Que, ou o que sofre de acrofobia.
Acrógeno, adj. *Bot.* Que cresce pelo ápice.
Acrografia, s. f. 1. Arte de gravar em relevo sobre pedra ou metal, mediante o emprego de ácidos. 2. Sigla.
Acrograma, s. m. V. *acrônimo.*
Acroíta, s. f. *Miner.* Variedade de turmalina incolor.
Acrólito, adj. Que tem extremidade. S. m. Estátua antiga com cabeça e extremidades de pedra e o resto de outra matéria.
Acromania, s. f. Loucura incurável.
Acromática, s. f. Estudo do acromatismo.
Acromaticidade, s. f. V. *acromatismo.*
Acromático, adj. 1. Que não tem cor. 2. Que refrange a luz sem dispersá-la em suas cores componentes: Prisma *acromático.* 3. Que dá imagens livres de cores estranhas: Lente *acromática.* 4. *Biol.* Dificilmente colorido pelos corantes usuais. 5. Que contém acromatina.
Acromatina, s. f. *Biol.* Parte do núcleo de uma célula, indiferente à ação de alguns corantes.
Acromatismo, s. m. Qualidade de acromático, acep. 3.
Acromatização, s. f. Ato ou efeito de acromatizar.
Acromatizar, v. Tr. dir. Tornar acromático.
Acromatope, adj. m. e f. *Med.* Que tem acromatopsia.
Acromatopsia, s. f. *Med.* Impossibilidade de distinguir as cores.
Acromegalia, s. f. *Med.* Doença caracterizada por desenvolvimento anormal da face, das mãos, dos pés e do tórax.
Acromia, s. f. *Med.* Perda da pigmentação normal.
Acromial, adj. m. e f. Relativo ao acrômio[1].
Acrômio[1], s. m. (l. *acromiu*). *Anat.* Grande apófise terminal da omoplata.
acromio-[2], elem. de comp. Exprime em anatomia a idéia de *acrômio*[1]*: acromioclavicular.*
Acromioclavicular, adj. m. e f. Relativo à articulação do acrômio com a clavícula.
Acromo, adj. Sem cor.

Acromófilo, adj. *Biol.* Que não tem afinidade para as matérias corantes.

Acrônico, adj. *Astr.* Que ocorre ao nascer ou ao pôr do Sol.

Acrônimo, s. m. Palavra formada das primeiras letras ou sílabas de outras palavras: EMBRATUR (Empresa Brasileira de Turismo); acrograma.

acroo-, elem. de comp. (gr. *akhroos*). Exprime a idéia de *falta de cor*: *acroocitemia*.

Acroocitemia, s. f. *Med.* Deficiência de hemoglobina nos corpúsculos vermelhos do sangue.

Acropatia, s. f. *Med.* Nome genérico das afecções que atingem as extremidades dos membros.

Acrópole, s. f. *Antig.* Fortificação na parte mais elevada das cidades da Grécia.

Acrospório, adj. *Bot.* Que tem espórios apicais. S. m. Espório, de certos cogumelos, da extremidade apical de um pedúnculo.

Acrossomo, s. m. *Biol.* Corpúsculo situado na extremidade anterior do espermatozóide.

Acróstico, s. m. Composição poética, em que as letras iniciais, mediais ou finais de cada verso, reunidas, formam uma palavra ou frase.

Acrotarso, s. m. *Ornit.* Face anterior do pé de uma ave.

Acrotério, s. m. *Arquit.* 1. Pedestal situado no alto da frontaria de um edifício para assento de figuras, vasos e ornatos. 2. *Anat.* Qualquer extremidade do corpo.

Acroteriose, s. f. *Med.* Gangrena senil das extremidades dos membros.

Acrotismo, s. m. *Med.* Ausência ou fraco batimento do pulso.

Acrotomia, s. f. *Cir.* Amputação das extremidades do corpo.

Actinauxismo *(cs)*, s. m. *Bot.* Influência das irradiações da luz solar sobre o crescimento dos vegetais.

actini-, elem. de comp. O mesmo que *actino-*: *actinismo*.

Actínia, s. f. *Zool.* 1. Gênero *(Actinia)* de antozoários, que inclui as espécies vulgarmente chamadas no Brasil de *flor-das-pedras* ou *anêmonas-do-mar*. 2. Anêmona-do-mar.

Actínico, adj. Diz-se de radiações que exercem ação química sobre certas substâncias.

Actinídeo, s. m. *Quím.* Elemento da série dos actinídeos. S. m. pl. Série de elementos metálicos pesados, radioativos, de número atômico crescente, superior a 88, que começa com o actínio (89) e termina com o elemento de número atômico 103, laurêncio.

Actínio, s. m. *Quím.* Elemento metálico trivalente, radioativo, de símbolo Ac, número atômico 89 e peso atômico 227.

Actinismo, s. m. Propriedade da energia radiante para provocar transformações químicas.

actino-, elem. de comp. (gr. *aktis* + *inos*). Exprime a idéia de *raio* (actinóstomo), *radiação* (actinômetro), *estrela* (actinomancia), *animal radiado* (actinologia).

Actinocongestina, s. f. *Fisiol.* Líquido cáustico contido em células especiais dos Celenterados, com o qual se descobriu o fenômeno da anafilaxia.

Actinóforo, adj. *Biol.* Que tem espinhos semelhantes a raios.

Actinogênico, adj. Que produz irradiação elétrica.

Actinólito, s. m. *Miner.* Variedade verde-clara ou verde-cinzenta de anfibólio.

Actinomancia, s. f. Arte de adivinhar por meio das irradiações das estrelas.

Actinômetro, s. m. Instrumento para medir os efeitos químicos e a ação actínica da luz.

Actinomices, s. m. *Bacter.* Gênero *(Actinomyces)* de bactérias em colônias filamentosas.

Actinomicete ou **actinomiceto,** s. m. *Bacter.* Bactéria do gênero Actinomices.

Actinomicoma, s. f. *Med.* Lesão característica de actinomicose.

Actinomicose, s. f. *Med.* Designação das infecções com actinomicetes.

Actinomorfia, s. f. *Zool.* Qualidade de actinomorfo.

Actinomorfo, adj. De simetria radiada.

Actinóstomo, adj. *Zool.* Com a boca circundada de raios.

Actinotatismo, s. m. Efeito atrativo ou repulsivo das fontes luminosas ou irradiantes sobre os seres unicelulares.

Actinotropismo, s. m. Desvio de crescimento dos vegetais irradiados obliquamente.

Actinourânio, s. m. *Quím.* Isótopo de urânio de massa 235.

acu-, elem. de comp. (l. *acu*). Para indicar a idéia de agulha: *acupressão, acupuntura, acutorção*.

-açu, elem. de comp. (tupi-guar. *açu*). Entra na composição de muitos nomes indígenas, com a idéia de grande, considerável: *acutipuruaçu, suaçu*.

Acuação, s. f. Ato ou efeito de acuar.

Acuado, adj. 1. Acossado por cães (falando de animais). 2. Em dificuldades.

Acuamento, s. m. Ato de acuar.

Acuar, v. 1. Tr. dir. Cortar a retirada (da caça ou do inimigo), obrigando a enfrentar o perseguidor. 2. Intr. Parar diante do inimigo ou do perseguidor com medo ou cólera.

Acúbito, s. m. Espécie de banco-leito em que os romanos se reclinavam à mesa.

Açúcar, s. m. (sânsc. *çarkara*, pelo ár. *as-sukar*). 1. Substância doce extraída da cana-de-açúcar ou da beterraba. 2. *Quím.* Composto que, sob a influência da água e de um fermento, se converte em álcool e ácido carbônico. 3. Brandura, delícia. 4. Lisonja.

Açucarar, v. Tr. dir. 1. Adoçar com açúcar (p. ex. o café). 2. Tornar afável, melífluo (p.ex., a pessoa, a voz).

Açucareiro, adj. 1. Que fornece açúcar. 2. Relativo ao fabrico de açúcar. S. m. 1. Recipiente para açúcar. 2. Fabricante de açúcar. 3. Comerciante de açúcar por atacado.

Açucena, s. f. (ár. *as* + *sucena*). 1. *Bot.* Planta bulbosa liliácea, cultivada nos jardins *(Lilium candidum)* 2. Alvura, brancura. 3. Pureza virginal. 4. Pessoa cândida.

Açucenal, s. m. Plantação de açucenas.

Açudagem. s. f. Ato ou efeito de açudar.

Açudar, v. 1. Tr. dir. Represar (água) no açude. 2. Intr. Construir açude.

Açude, s. m. (ár. *as-sudd*). Construção destinada a represar águas pluviais com finalidade econômica.

Acudir, v. (1. *accutere*). 1. Tr. ind. Ir em auxílio ou em socorro. 2. Tr. ind. Obedecer a um chamamento ou mandado. 3. Tr. ind. Afluir, concorrer. 4. Tr. ind. Ocorrer. 5. Tr. ind. Recorrer a alguém, valer-se de alguém. 6. Tr. ind. Obedecer. 7. Tr. ind. Atender, dar providência. 8. Intr. Ir ao chamamento de alguém. 9. Intr. Responder logo, retorquir. — Conjug., pres. ind.: *acudo, acodes, acode, acudimos, acudis, acodem.* Imper.: *acode, acuda, acudamos, acudi, acudam.* Pres. subj.: *acuda, acudas, acuda, acudamos, acudais, acudam.*

Acuera, adj. m. e f. Diz-se de coisa antiga, abandonada ou extinta.

Acuidade *(u-i)*, s. f. 1. Qualidade de agudo. 2. Por analogia, qualidade dos sons agudos, da finura do olhar e da finura do espírito em observar e concluir; perspicácia.

Acuiuru *(ui-u)*, s. f. *Bot.* Espécie de palmeira da Amazônia *(Astrocarium aculeatum)*.

Açulamento, s. m. Ato ou efeito de açular.

Açular, v. Tr. dir. 1. Incitar (cães) para que mordam. 2. Enfurecer, exacerbar, excitar, irritar.

Aculeado, adj. 1. Que tem acúleos. 2. Que tem ponta. 3. *Entom.* Que tem aguilhão ou ferrão. 4. *Entom.* Relativo aos Aculeados. S. m. pl. Divisão de himenópteros que inclui as abelhas, vespas e formigas, cujo ovipositor se transformou em aguilhão ou ferrão.

Aculear, v. Tr. dir. 1. Prover de aguilhão. 2. Ferir, magoar.

Aculeiforme, adj. m. e f. Em forma de acúleo ou de aguilhão.

Acúleo, s. m. (1. *aculeu*). 1. Aguilhão, ferrão, pua. 2. *Bot.* Formação epidérmica que se desenvolve na casca de certos vegetais, como nas roseiras. 3. Estímulo, incentivo.

Açulo, s. m. (de *açular*). Instigação.

Aculturação, s. f. *Sociol.* Mudanças na cultura de um grupo social sob a influência de outro com que entra em contato.

Acumã, s. m. *Bot.* Espécie de palmeira que fornece fibras têxteis (*Cocos campestris*). Sinôn.: *ariri, coco-da-serra, coqueirinho-do-campo, coqueiro-de-vassoura, coqueiro-do-campo.*

Acumbente, adj. m. e f. 1. Inclinado; reclinado. 2. *Bot.* Inclinado (sobre alguma coisa).
Acume, s. m. 1. Cimo, cume. 2. Agudeza, sagacidade.
Acumetria, s. f. V. *audiometria.*
Acuminado, adj. 1. Agudo. 2. *Bot.* Diz-se das folhas com extremidade alongada e aguda.
Acuminar, v. (1. *acuminare*). Tr. dir. e pron. Afiar(-se), aguçar(-se), estreitar(-se) em ponta (p. ex. uma torre, uma vara).
Acumpliciamento, s. m. Ato ou efeito de acumpliciar.
Acumpliciar, v. Tr. dir. e pron. Tornar(-se) cúmplice.
Acumulação, s. f. 1. Ato ou efeito de acumular. 2. Acréscimo, aumento. 3. Armazenamento (de energia elétrica). 4. *Geol.* Depósito. 5. Ato pelo qual uma mesma pessoa exerce, simultaneamente, várias funções ou empregos.
Acumulada, s. f. Sistema de aposta em turfe, em que o capital empatado vai-se multiplicando à medida que vão ganhando, em cada páreo, os animais escolhidos.
Acumulador, adj. Que acumula ou amontoa várias coisas. S. m. *Fís.* Aparelho elétrico, que armazena energia para a restituir sob a forma de corrente.
Acumular, v. (1. *accumulare*). 1. Tr. dir. Amontoar, pôr em cúmulo ou montão. 2. Tr. dir. Exercer simultaneamente (vários empregos). 3. Tr. dir. Armazenar (energia elétrica). 4. Intr. Amontoar riquezas.
Acumulativo, adj. 1. Que se pode acumular. 2. Que tem a faculdade de acumular.
Acumulável, adj. m. e f. Que pode ser acumulado.
Acúmulo, s. m. (de *acumular*). V. *acumulação.*
Acunhar, v. Tr. dir. 1. Apertar com cunha. 2. Dar forma de cunha a. 3. Pôr à cunha, tornar cheio ou repleto.
Acunhear, v. Tr. dir. Dar forma de cunha a.
Acuômetro, s. m. V. *audiômetro.*
Acupremir, v. Tr. dir. Praticar acupressão em.
Acupressão, s. f. V. *acupressura.*
Acupressura, s. f. *Cir.* Operação cirúrgica que consiste na compressão de artéria ou veia, que sangra, por meio de uma agulha.
Acupuntura, s. f. *Cir.* 1. Picada feita com agulha. 2. Operação de origem chinesa que consiste em introduzir uma ou várias agulhas metálicas finas em pontos cutâneos precisos, para anestesiar um paciente. Var.: *acupunctura.*
Acupunturar, v. Tr. dir. *Med.* Fazer acupuntura em.
Acurado, adj. Esmerado, cuidadoso.
Acurar, v. (1. *acurare*). 1. Tr. dir. Tratar com cuidado. 2. Pron. Esmerar-se em.
Acurau, s. m. V. *bacurau.*
Acurê, s. f. *Zool.* Denominação popular da anta.
Acurralar, v. V. *encurralar.*
Acurvado, adj. Encurvado, curvo.
Acurvamento, s. m. Ato ou efeito de acurvar.
Acurvar, v. 1. Tr. dir. e pron. Curvar(-se), tornar(-se) curvo, vergar(-se). 2. Pron. Abater, ceder, sucumbir. 3. Tr. dir. e pron. Humilhar(-se).
Acurvilhar, v. Intr. Acentuar-se a forma do curvilhão, de modo a tomar o animal a característica a que o vulgo chama *sentado pra trás.*
Acusabilidade, s. f. Qualidade do que merece ser acusado.
Acusação, s. f. 1. Ato ou efeito de acusar. 2. Imputação de erro ou crime. 3. Confissão espontânea. 4. Exposição oral ou escrita das culpas do réu. 5. A parte que acusa ou crimina a outra.
Acusado, adj. Que sofreu acusação; incriminado. S. m. Pessoa sobre quem recai a acusação (réu).
Acusador, adj. e s. m. Que, ou o que acusa.
Acusamento, s. m. V. *acusação.*
Acusante, adj. e s., m. e f. V. *acusador.*
Acusar, v. (l. *accusare*). 1. Tr. dir. Imputar erro, culpa ou crime (a alguém), criminar, increpar. 2. Tr. dir. Mostrar, denunciar. 3. Tr. dir. Revelar, confessar. 4. Intr. Fazer acusações. 5. Pron. Declarar-se culpado.
Acusativo, adj. Relativo à acusação. S. m. *Gram.* Caso que indica principalmente o objeto dos verbos transitivos diretos, nas línguas em que os nomes possuem declinação.
Acusatório, adj. 1. Relativo a acusação ou a acusador. 2. Que contém ou exprime acusação.
Acusável, adj. m. e f. Que pode ser acusado.
Acusma, s. m. Alucinação auditiva pela qual se julga ouvir vozes humanas, instrumentos musicais, rumores etc.
Acústica, s. f. 1. *Fís.* Estudo dos sons e dos fenômenos que lhes são relativos. 2. Conjunto de qualidades de uma sala ou de um edifício que influem na percepção de sons: Boa *acústica.*
Acústico, adj. Que se refere aos sons ou à audição.
Acuta, s. f. Aparelho para medir ângulos; esquadria, esquadro falso, salta-regra, suta.
Acutangulado, adj. De ângulos agudos.
Acutângulo, adj. Com todos os ângulos agudos.
Acutelado, adj. Que tem forma de cutelo.
Acutenáculo, s. m. *Cir.* Instrumento para segurar as agulhas, ao fazer suturas onde as mãos não podem operar; porta-agulhas.
acuti-[1], elem. de comp. (1. *acutu*). Exprime a idéia de *agudo, pontiagudo, em ponta* ou *em bico: acutifloro.*
Acuti[2], s. m. (do tupi-guar.). V. *cutia.* Var.: *aguti.*
Acutibóia, s. f. V. *cobra-cipó,* acepção 2.
Acuticórneo, adj. *Zool.* Com cornos ou antenas em ponta aguda.
Acutifloro, adj. *Bot.* De sépalas ou pétalas pontiagudas.
Acutifoliado, adj. *Bot.* De folhas acuminadas.
Acutifólio, adj. V. *acutifoliado.*
Acutilado, adj. 1. Que recebeu cutiladas. 2. Experimentado.
Acutiladura, s. f. Ato ou efeito de acutilar.
Acutilamento, s. m. V. *acutiladura.*
Acutilar, v. (corr. de *acutelar*). Tr. dir. e pron. Dar cutilada em, ferir(-se) com o gume da espada.
Acutipuru, s. m. *Zool.* Um dos vários nomes indígenas do caxinguelê.
Acutipuruaçu, s. m. *Zool.* Espécie de serelepe da Amazônia (*Sciurus igniventris*).
Acutirrostro (*ó*), adj. *Zool.* De cabeça prolongada em bico.
Acutíssimo, adj. Sup. abs. sint. de *agudo*; muito agudo.
-ada[1], suf. vern. Forma substantivos, com a idéia de *feito de* (goiabada), *coleção* (galinhada), *golpe, pancada* (bordoada), *próprio de* (fanfarronada), *tempo* (noitada).
-ada[2], suf. de origem grega. Indica *descendência, filiação: Henríada, Ilíada, Lusíadas, Labiadas.*
Adaga, s. f. (b. l. *daga,* por *daca*). 1. Arma branca, curta, de dois gumes, ou, pelo menos, de ponta afiada; difere do punhal por ser, em geral, mais larga. 2. *Tip.* V. *cruz.*
Adagada, s. f. Golpe de adaga.
Adagial, adj. m. e f. Que se refere a adágio.
Adagiar, v. 1. Intr. Citar ou fazer adágios. 2. Tr. dir. Sentenciar.
Adagiário, adj. Que diz respeito aos adágios. S. m. Coleção, registro de adágios.
Adágio[1], s. m. (1. *adagiu*). Sentença breve; rifão, provérbio.
Adágio[2], s. m. (ital. *adàgio*). Trecho musical de andamento vagaroso.
Adagueiro, s. m. Veado ainda novo, cujos esgalhos se assemelham a adagas.
Adail, s. m. (ár. *ad + dalil*). *Ant.* Cabo de guerra, caudilho. Pl.: *adaís.*
Adamado, adj. Semelhante a dama, no falar, no gesto ou no vestir; efeminado.
Adamantino, adj. 1. Como o diamante; diamantino. 2. Íntegro, puro.
Adamar, v. Pron. Efeminar-se.
Adamascado, adj. 1. Parecido com o damasco (tecido) na cor ou no lavor. 2. Com gosto de damasco (fruto).
Adamascar, v. Tr. dir. 1. Dar a cor avermelhada ou o lavor do damasco a (um tecido). 2. Forrar de damasco.
Adamasquinado, adj. Com lavores damasquinos.
Adâmico, adj. 1. Relativo a Adão, o primeiro homem, segundo a Bíblia. 2. Primitivo: Gerações *adâmicas.*
Adamitas, s. m. pl. Membros de uma seita nudista que, no século XV, se propagou na Boêmia, tendo à frente um fanático flamengo chamado Picard.

Adamítico, adj. Relativo aos tempos adâmicos, ou à seita dos adamitas.
Adansônia, s. f. *Bot.* Gênero (*Adansonia*) de árvores bombacáceas, ao qual pertence, entre outras, o baobá.
Adão[1], s. m. *Pop.* Pomo-de-adão.
Adão[2], s. m. V. *mangarito.*
Adaptabilidade, s. f. Qualidade de adaptável.
Adaptação, s. f. (b. l. *adaptatione*). 1. Ação ou efeito de adaptar. 2. Acomodação. 3. *Biol.* Poder normal do olho de ajustar-se às variações da intensidade da luz. 4. *Biol.* Processo pelo qual os indivíduos (ou as espécies) passam a possuir caracteres adequados para viverem em determinado ambiente.
Adaptar, v. (l. *adaptare*). 1. Tr. dir. Ajustar uma coisa a outra; combinar, encaixar, justapor. 2. Tr. dir. Fazer acomodar a visão. 3. Tr. dir. Pôr em harmonia. 4. Pron. Aclimar-se.
Adaptável, adj. m. e f. Que pode ser adaptado.
Adarga, s. f. (ár. *ad + daraka*). Escudo de couro oval, com duas embraçadeiras, uma larga para o braço, outra estreita para a mão.
Adargueiro, s. m. *Ant.* 1. Soldado que usava adarga. 2. Armeiro que trabalhava em adargas.
Adarme, s. m. 1. Peso antigo, metade da dracma, aproximadamente 2g. 2. Calibre da bala de espingarda. 3. Coisa mínima; ninharia.
Adarvar, v. Tr. dir. Cercar com adarve (uma fortaleza).
Adarve, s. m. (ár. *ad-darb*). 1. Muro ameado de fortaleza. 2. Caminho estreito sobre os muros das fortalezas.
Adastra, s. f. (l. *ad + dextra*). 1. Instrumento de ourives para endireitar os aros dos anéis. 2. Bigorna para estender lâminas.
Adastragem, s. f. Ação de adastrar.
Adastrar, v. Tr. dir. Consertar ou endireitar na adastra.
Adatilia, s. f. *Med.* e *Zool.* Falta congênita dos dedos das mãos ou dos pés ou de ambos. Var.: *adactilia.*
Adátilo, adj. *Anat.* Que tem adatilia.
Ádax, s. m. (l. *addax*). *Zool.* Grande antílope de cor pardo-acinzentada clara (*Addax nasomaculata*), do Norte da África, Arábia e Síria.
Adaxial (*cs*), adj. m. e f. Situado do lado do eixo ou a ele dirigido.
ade-, elem. de comp. (gr. *aden*). Exprime a idéia de *muito, bastante: adefagia.*
Adefagia, s. f. Apetite insaciável; voracidade.
Adega, s. f. (l. *apotheca*). Lugar térreo ou subterrâneo onde se guardam bebidas, especialmente vinhos.
Adegar, v. Tr. dir. Guardar ou recolher em adega.
Adegueiro, s. m. Indivíduo que cuida da adega.
Adejar, v. (l. *ala + ejar*). 1. Tr. dir. Pairar, voando sobre. 2. Tr. ind. e intr. Mover ou agitar as asas para se manter (a ave) em equilíbrio no ar. 3. Tr. ind. e intr. Voar, voejar; esvoaçar.
Adejo[1] (*ê*), s. m. (de *adejar*). Ato de adejar.
Adejo[2] (*ê*), adj. (de *andejo*). Diz-se do cavalo que vagueia sem cavaleiro nem carga. S. m. Esse cavalo.
Adeleiro, s. m. 1. Homem que compra roupas e objetos usados ou empenhados, para os vender. 2. Quem negocia em ferro-velho; belchior, bricabraque, adelo.
Adelfa, s. f. *Bot.* V. *loendro.*
Adelfal, s. m. Terreno plantado de adelfas.
Adelfia, s. f. *Bot.* União dos estames por meio de seus filetes.
Adelfo[1], adj. (gr. *adelphos*). *Bot.* Que se caracteriza por adelfia. S. m. Irmão.
adelfo-[2], elem. de comp. (gr. *adelphos*). Indica a idéia de *irmão: adelfogamia.*
Adelfogamia, s. f. *Zootécn.* União de animais oriundos dos mesmos reprodutores.
Adelgaçado, adj. Delgado; fino; afilado.
Adelgaçamento, s. m. Ato ou efeito de adelgaçar.
Adelgaçar, v. (l. *adelicatiare*). 1. Tr. dir. Tornar fino ou sutil. 2. Tr. dir., tr. ind. e pron. Emagrecer. 3. Tr. dir. Apoucar, diminuir (p. ex., as despesas). 4. Tr. dir. Depreciar, menoscabar (p. ex., a fama). 5. Tr. dir. e pron. Tornar(-se) delgado, em lâmina ou fio. 6. Tr. dir. Tornar menos denso, tornar tênue ou quase transparente. 7. Tr. dir. Apurar, tornar agudo ou perspicaz. 8. Intr. e pron. Estreitar-se, reduzir-se em extensão, intensidade, tamanho.
Adelgadar, v. Tr. dir. V. *adelgaçar.*
Adelo[1], s. m. (ár. *ad + dalal*). 1. V. *adeleiro.* 2. Loja de adeleiro. Fem.: *adela.*
adelo-[2], elem. de comp. (gr. *adelos*). Entra na formação de palavras, ajuntando-lhes o sentido de *invisibilidade* ou *ocultação: adelocefalia, adelomórfico.*
Adelocefalia, s. f. *Terat.* Estado em que a cabeça está oculta ou pouco visível.
Adelomórfico, adj. *Biol.* Sem forma nitidamente definida.
Adelomorfo, adj. V. *adelomórfico.*
Adem, s. f. (l. *anate*). *Ornit.* Ave palmípede, espécie de pato (*Anas boschas*).
Ademã, s. m. V. *ademanes.* Pl.: *ademãs, ademães.*
Ademais, adv. Demais, além disso.
Ademanes, s. m. pl. Movimentos (principalmente das mãos) para exprimir idéias; acenos, gestos.
Adenção, s. f. (l. *ademptione*). *Dir.* Revogação do legado ou da doação.
Adenda, s. f. (l. *addenda*). 1. O que se adita ou é necessário ajuntar a uma obra ou a um livro. 2. Acréscimo, aditamento, complemento.
Adendo, s. m. (l. *addendu*). 1. *Arit.* Número a ser somado a outro precedente. 2. V. *adenda.*
Adenectomia, s. f. *Cir.* Extirpação de glândula.
Adenenfraxia (*cs*), s. f. *Med.* Obstrução de uma glândula.
Adenia, s. f. *Med.* Proliferação do tecido linfóide em um ou em muitos grupos glandulares.
Adenite, s. f. *Med.* Inflamação aguda ou crônica de uma glândula, e particularmente dos gânglios linfáticos.
adeno-, elem. de comp. (gr. *aden, enos*). Ocorre em muitas palavras científicas, com a idéia de *glândula, corpo glanduloso: adenite, adenografia.*
Adenóforo, adj. *Bot.* Que tem glândulas.
Adenografia, s. f. Descrição das glândulas.
Adenóide, adj. m. e f. *Anat.* 1. Em forma de gânglio ou de glândula. 2. Semelhante ao tecido de gânglio linfático.
Adenologia, s. f. *Anat.* Soma dos conhecimentos a respeito das glândulas e dos gânglios.
Adenólogo, s. m. Fisiologista especializado no estudo das glândulas.
Adenoma, s. m. *Med.* Tumor benigno de uma glândula.
Adenopata, s. m. e f. Pessoa que padece de adenopatia. Var.: *adenópata.*
Adenopatia, s. f. *Med.* Moléstia das glândulas, em geral, e dos gânglios linfáticos, em particular; adenose.
Adenose, s. f. *Med.* Nome genérico das moléstias das glândulas; adenopatia.
Adenotomia, s. f. *Med.* Dissecação das glândulas.
Adensamento, s. m. 1. Ato ou efeito de adensar. 2. *Constr.* Ação de socar o concreto com hastes de ferro, para que se encha toda a forma, sem deixar lacunas.
Adensar, v. 1. Tr. dir. e pron. Tornar ou tornar-se denso, compacto, espesso. 2. Tr. dir. Aumentar em número. 3. Pron. Acumular-se, avolumar-se.
Adentado, adj. 1. Que tem pontas em forma de dentes. 2. Que já tem dentes.
Adentar, v. 1. Tr. dir. Prover de dentes (p. ex., uma serra). 2. Intr. Ter o nascimento dos dentes: A criança *adentou.*
Adentrar, v. 1. Intr. Entrar, penetrar. 2. Tr. dir. Fazer entrar.
Adentro, adv. 1. Para a parte interior. 2. Interiormente.
Adepto, s. m. 1. Partidário, sectário. 2. Admirador. 3. Conhecedor dos princípios de uma seita, religião, partido político etc.
Adequação, s. f. 1. Ato de adequar. 2. Ajustamento, adaptação.
Adequar, v. (l. *adæquare*). Tr. dir. Tornar próprio, conveniente, oportuno; acomodar, apropriar, proporcionar. Conjug., pres. ind.: *adequamos, adequais.* Pres. subj.: *adeqüeis.* Imper.: *adeqüemos, adequai.* Imper. neg.: *não adeqüemos, não adeqüeis.*

Adereçamento, s. m. Ato ou efeito de adereçar.

Adereçar[1], v. (*adereço*[1] + *ar*). Tr. dir. e pron. Adornar(-se), enfeitar(-se), ornar(-se) com adereços.

Adereçar[2], v. (*adereço*[2] + *ar*). Tr. dir. Endereçar (a correspondência).

Aderecista, s. m. e f. Pessoa encarregada dos adereços de um teatro.

Adereço[1] (*ê*), s. m. (ár. *at* + *tarço*). 1. Objeto de adorno; adorno, enfeite. 2. Conjunto de brinco, broche e pulseira.

Adereço[2] (*ê*), s. m. (*a* + l. *directiu*). Endereço.

Adereços, s. m. pl. 1. Arreios de cavalo. 2. Trastes de casa. 3. *Teatro.* Utensílios de cena.

Aderência, s. f. (*aderir* + *ência*). 1. Ato de aderir; adesão. 2. Qualidade do que é aderente. 3. Junção de uma coisa a outra. 4. União acidental de superfícies contíguas. 5. Assentimento, adesão.

Aderente, adj. m. e f. Que adere. S. m. e f. Pessoa que adere; partidário, proselito, sectário.

Aderir, v. (l. *adhœrere*). 1. Tr. ind. e intr. Tornar-se aderente, prender-se. 2. Tr. ind. Tornar-se adepto. 3. Tr. ind. e intr. Conformar-se com alguma coisa, aprovando. 4. Tr. ind. Fixar-se permanentemente. 5. Tr. dir. Adaptar, juntar, unir: *Aderir a lâmina ao* cabo. Conjug., pres. ind.: *adiro, aderes, adere, aderimos, aderis, aderem.* Pres. subj.: *adira, adiras, adira, adiramos, adirais, adiram.* Imper.: *adere, adira, adiramos, aderi, adiram.* Imper. neg.: *não adira, não adiras* etc. P. irr.: *adeso.*

Adernado, adj. *Náut.* Inclinado, com submersão parcial.

Adernar, v. Intr. *Náut.* Inclinar-se (a embarcação) sobre um dos bordos por ação do vento, vaga ou alagamento parcial de seus compartimentos.

Adesão, s. f. (l. *adhæsione*). 1. Ato ou efeito de aderir. 2. Acordo, ligação. 3. Anuência, consentimento. 4. *Fís.* Atração molecular que se manifesta entre os corpos em contato.

Adesismo, s. m. 1. Adesão sistemática. 2. Oportunismo político dos aderentes inescrupulosos.

Adesista, adj. e s., m. e f. Que, ou pessoa que pratica o adesismo.

Adesividade, s. f. Qualidade de adesivo.

Adesivo, adj. 1. Que adere. 2. Que tem a capacidade de colar ou grudar coisas umas às outras. S. m. Fita de várias larguras, revestida em um lado de uma substância adesiva.

Adestração, s. f. Adestramento.

Adestrado, adj. Que se adestrou; destro, ensinado.

Adestramento, s. m. Ato ou efeito de adestrar.

Adestrar, v. Tr. dir. e pron. Tornar(-se) destro, hábil, capaz; habilitar(-se), amestrar(-se).

Adestro, adj. 1. Que vai do lado direito para preencher falta; sobressalente. 2. Diz-se da montaria que se leva para a muda no caminho.

Adeus[1], interj. (*a* + *Deus*). 1. Fórmula de despedida que significa: Deus o acompanhe! 2. Exclamação de pena ou saudade: *Adeus,* tempos de estudante!

Adeus[2], s. m. 1. Gesto, palavra, sinal de despedida. 2. Despedida, separação. Pl.: *adeuses.*

Adiáfano, adj. Que não se deixa atravessar pelos raios luminosos; opaco.

Adiaforese, s. f. *Med.* Supressão da transpiração ou secreção sudoral; adiapneustia, anidrose.

Adiáforo, adj. Destituído de importância; acessório, não essencial.

Adiamantado, adj. Semelhante ao diamante.

Adiamantar, v. Tr. dir. 1. Tornar brilhante ou duro como o diamante. 2. Ornar com diamante(s).

Adiamento, s. m. Ato ou efeito de adiar.

Adiantado, adj. 1. Que se adiantou. 2. Pago com antecipação. 3. Intrometido. 4. Desenvolvido em cultura; civilizado, progressista.

Adiantamento, s. m. 1. Ato ou efeito de adiantar(-se). 2. Pagamento antecipado.

Adiantar, v. 1. Tr. dir. Mover para diante. 2. Tr. dir. Apressar: *A. o serviço.* 3. Tr. ind. Avantajar-se, melhorar: *A. em* conhecimentos. 4. Tr. dir. Dizer com antecipação. 5. Tr. dir. Pagar com antecipação. 6. Pron. Andar depressa. 7. Pron. Avançar, ganhar a dianteira.

Adiante[1], adv. 1. Na dianteira, na frente, na vanguarda, em primeiro lugar. 2. No lugar imediato. 3. No futuro. 4. Posteriormente, sucessivamente. Antôn.: *atrás.*

Adiante![2], interj. À frente!, para a frente!, avante!, eia!, sus!

Adiapneustia, s. f. *Med.* V. *adiaforese.*

Adiar, v. Tr. dir. Deixar para outro dia; procrastinar, protelar.

Adiatermia, s. f. *Fís.* Propriedade de um corpo para se opor à transmissão do calor.

Adiável, adj. m. e f. Que pode ser adiado.

Adição, s. f. (l. *additione*). 1. Ato ou efeito de adir. 2. *Arit.* Reunião de todas as unidades ou frações de unidade de vários números; soma, total. 3. Acréscimo, aumento. 4. *Quím.* Combinação direta de duas ou mais substâncias para formar um só produto.

Adicionação, s. f. Ato de adicionar.

Adicional, adj. m. e f. 1. Que se adiciona. 2. Complementar. S. m. Aquilo que se adiciona.

Adicionamento, s. m. Ato ou efeito de adicionar.

Adicionar, v. (l. *additionare*). 1. Tr. dir. e intr. Acrescentar, aditar, juntar. 2. Tr. dir. Fazer a adição de; somar.

Adicto, adj. Afeito, habituado, acostumado.

Adido, adj. Acrescentado. S. m. 1. Funcionário não efetivo, extranumerário, não pertencente ao quadro respectivo. 2. Funcionário agregado a embaixada ou legação de seu país no estrangeiro, cuja missão é tratar de assuntos específicos.

Adietar, v. Tr. dir. e pron. Pôr(-se) em dieta.

Adimplemento, s. m. Ato ou efeito de adimplir.

Adimplir, v. (l. *adimplere*). Tr. dir. *Dir.* Completar, preencher, executar (contrato, obrigação).

Adinamia, s. f. Prostração física e/ou moral; debilidade geral.

Adinamo, adj. Débil, enfraquecido, sem forças.

Ádipe, s. f. 1. Gordura. 2. Adiposidade.

adipo-, elem. de comp. (l. *adipe*). Exprime a idéia de *gordura: adipose.*

Adipocera, s. f. Substância cerosa ou untuosa, acastanhada, que se forma nos cadáveres inumados em determinados tipos de terrenos; graxa de cadáveres.

Adipoma, s. m. *Med.* V. *lipoma.*

Adipose, s. f. 1. *Med.* Acumulação de gordura no tecido celular subcutâneo. 2. Obesidade, adiposidade.

Adiposidade, s. f. Qualidade de ser gordo; obesidade.

Adiposo, adj. 1. Que tem ádipe ou gordura; gordo, gorduroso. 2. Diz-se de órgão ou de pessoa gorda.

Adiposúria, s. f. *Med.* V. *lipúria.* Var.: *adiposuria.*

Adipsia, s. f. *Med.* Falta de sede.

Adir[1], v. (l. *adire*). Tr. dir. *Dir.* Entrar na posse de (bens ou herança).

Adir[2], v. (l. *addere*). Tr. dir. Acrescentar, adicionar, juntar, somar, unir. — Defectivo (só se emprega nas formas em que houver um *i* tônico); não tem o pres. subj.

Aditamento, s. m. Ato de aditar ou adicionar.

Aditar[1], v. (l. *additum,* de *addere* + *ar*). Tr. dir. Acrescentar, adicionar, juntar (p. ex., declarações, pormenores).

Aditar[2], v. (*a* + *dita* + *ar*). Tr. dir. Fazer ditoso, tornar feliz.

Aditar[3], v. (l. *aditum* + *ar*). Tr. dir. Entrar ou penetrar em (o ádito, o limiar, o vestíbulo).

Aditício, adj. (l. *additiciu*). Que se juntou ao texto; acrescentado.

Aditivo, adj. Que se adita; adicional. S. m. Substância adicionada a outra para aumentar, diminuir ou eliminar determinada propriedade desta.

Ádito, s. m. (gr. *aduton*). 1. Câmara secreta nos templos antigos. 2. Entrada. 3. Acesso, aproximação. 4. Porta, portal.

Adivinha, s. f. 1. Adivinhação, enigma. 2. Mulher que se diz, ou se crê, adivinhar o futuro.

Adivinhação, s. f. 1. Ato ou efeito de adivinhar. 2. Arte de predizer o futuro. 3. Jogo em que se propõem enigmas fáceis para serem decifrados; adivinha. 4. Coisa para ser adivinhada; enigma.

Adivinhadeiro, s. m. *Pej.* V. *adivinho.*

Adivinhador, adj. e s. m. Que, ou o que adivinha. Fem.: *adivinhadora, adivinhadeira.*

Adivinhante, adj. m. e f. Que adivinha.

Adivinhão, s. m. *Pop.* Adivinhador, adivinho.

Adivinhar, v. (l. *addivinare*). Tr. dir. 1. Descobrir, revelar por artifícios hábeis ou por meios sobrenaturais (o passado, o presente, o futuro). 2. Decifrar, desvendar (o que está oculto ou secreto). 3. Predizer, pressagiar, pressentir, prognosticar. 4. Decifrar, interpretar. 5. Calcular, conjeturar, presumir. 6. Interpretar, tirar conclusões de.

Adivinho, s. m. *(a + l. divinu).* Homem de quem se diz que possui faculdades divinatórias, ou que atribui a si tais faculdades; adivinhador, adivinhadeiro.

Adjacência, s. f. Situação aproximada de um lugar com outro; contigüidade.

Adjacente, adj. m. e f. Confinante, contíguo, próximo, vizinho.

Adjazer, v. (l. *adjacere*). Intr. Achar-se junto, estar próximo. (Perde o *e* final da 3ª pess. do sing. do pres. do ind.: *adjaz.*)

Adjeção, s. f. (l. *adjectione*). 1. Junção. 2. Aproximação. 3. Acrescentamento, adição.

Adjetivação, s. f. 1. Ato ou efeito de adjetivar. 2. Emprego de adjetivos.

Adjetivado, adj. 1. Tomado como adjetivo. 2. Acompanhado de adjetivo.

Adjetival, adj. m. e f. Referente ao adjetivo.

Adjetivamento, s. m. V. *adjetivação.*

Adjetivar, v. 1. Tr. dir. Ornar com adjetivos (a linguagem, o estilo). 2. Tr. dir. Tomar como adjetivo (uma palavra). 3. Tr. dir. e pron. Ajustar(-se), concordar, harmonizar(-se). 4. Tr. dir. Atribuir qualidade a. 5. Pron. e intr. Amoldar(-se), conformar(-se), fazer(-se) coerente, compatível.

Adjetivo, adj. (l. *adjectivu*). 1. Que se junta; adjeto. 2. Que tem valor de adjetivo. S. m. *Gram.* Palavra que se ajunta a um substantivo para descrever-lhe uma ou mais qualidades.

Adjeto, adj. (l. *adjectu*). Que se junta a outro; acrescentado.

Adjudicação, s. f. 1. Ato ou efeito de adjudicar. 2. *Dir.* Ato judicial ou administrativo, pelo qual se dá a alguém a posse de certos bens (Cód. Civ., art. 822).

Adjudicador, s. m. *Dir.* O que adjudica ou faz adjudicação.

Adjudicar, v. (l. *adjudicare*). 1. Tr. dir. *Dir.* Conceder, por sentença, a adjudicação. 2. Tr. dir. *Dir.* Dar posse, por decisão judicial, de (coisa executada), antes da arrematação ou depois dela. 3. Tr. dir. Atribuir. 4. Tr. dir. Entregar, submeter. 5. Tr. dir. e pron. Conferir.

Adjudicatário, adj. e s. m. Pessoa a quem se concede a adjudicação.

Adjudicativo, adj. Adjudicatório.

Adjudicatório, adj. Diz-se do ato ou sentença de que deriva a adjudicação.

Adjunção, s. f. Ato ou efeito de adjungir; junção, associação.

Adjungir, v. (l. *adjungere*). Tr. dir. Ajuntar, associar, congregar, reunir. — Conjuga-se como *jungir.*

Adjunto, adj. Contíguo, junto, pegado, perto, próximo, unido. S. m. 1. Ajudante, auxiliar, coadjuvante. 2. Substituto. 3. *Gram.* Elemento lógico acessório que se prende a outro para modificá-lo. 4. Funcionário auxiliar ou substituto.

Adjuração, s. f. 1. Ato ou efeito de adjurar. 2. Rogo, suplica.

Adjurar, v. (l. *adjurare*). Tr. dir. 1. Esconjurar, exorcismar. 2. Rogar com insistência a. 3. Confirmar por juramento.

Adjutor, s. m. O que ajuda; ajudante. Fem.: *adjutriz.*

Adjutorar, v. Tr. dir. Dar adjutório a; auxiliar.

Adjutório, s. m. (l. *adjutoriu*). Ajuda, auxílio.

Adjuvante, adj. m. e f. Que ajuda, que presta auxílio.

Adligante *(ad-li),* adj. m. e f. *Bot.* Diz-se das raizes pelas quais se prende uma planta parasita a um vegetal.

Adligar *(ad-li),* v. (l. *ad + ligare*). Pron. 1. Ligar-se ou prender-se a. 2. *Bot.* Prender-se (a planta) pela raiz a outro vegetal.

Adminicular[1], adj. m. e f. Relativo a adminículo.

Adminicular[2], v. (l. *adminiculare*). Tr. dir. Ministrar adminículo; ajudar, apoiar.

Adminículo, s. m. Ajuda, amparo, apoio, arrimo, socorro.

Administração, s. f. 1. Ato de administrar. 2. Governo. 3. Direção de estabelecimento. 4. Casa onde se trata de assuntos de administração pública ou particular. 5. O corpo de funcionários administrativos de uma repartição pública, ou de empresa particular. 6. Ato de ministrar (sacramentos). 7. Ação de dar a tomar (medicamentos).

Administrador, adj. e s. m. Que, ou pessoa que administra, dirige, superintende bens ou estabelecimentos públicos ou particulares.

Administrante, adj. e s., m. e .f. Administrador.

Administrar, v. (l. *administrare*). 1. Tr. dir. Exercer (cargo, emprego, ofício). 2. Tr. dir. Dar, subministrar; ministrar. 3. Tr. dir. e intr. Gerir, governar, reger (negócios particulares ou públicos).

Admiração, s. f. 1. Ato de admirar. 2. Assombro, espanto, estranheza, pasmo, surpresa. 3. Afeição. 4. Respeito.

Admirador, adj. Que admira, que sente admiração por.

Admirando, adj. Digno de ser admirado; admirável.

Admirar, v. (l. *admirari*). 1. Tr. dir. Olhar ou considerar com espanto, surpresa ou deslumbramento. 2. Tr. dir. Ter em grande apreço, considerar com respeito e simpatia. 3. Tr. dir. e intr. Causar admiração, assombro ou espanto em. 4. Pron. Sentir admiração.

Admirativo, adj. Que envolve admiração ou estupefação.

Admirável, adj. m. e f. 1. Que merece admiração. 2. Que causa admiração. Sup. abs. sint.: *admirabilíssimo.*

Admissão, s. f. 1. Ato ou efeito de admitir. 2. Ingresso, acesso, entrada. 3. *Mec.* Instante, no ciclo de operações de um motor, em que o combustível entra no cilindro do motor.

Admissibilidade, s. f. Estado ou qualidade do que é admissível.

Admissível, adj. m. e f. Que se pode admitir, aceitar.

Admistão, s. f. *Farm.* Ato de ajuntar, misturando.

Admitido, adj. 1. Que se admitiu. 2. Que recebeu aprovação.

Admitir, v. (l. *admittere*). Tr. dir. 1. Receber, acolher, deixar entrar. 2. Aceitar como bom ou válido; adotar. 3. Permitir, comportar. 4. Nomear contratar para uma atividade certa.

Admoestação, s. f. 1. Ato ou efeito de admoestar. 2. Advertência, aviso, conselho, reparo. 3. Leve repreensão.

Admoestar, v. (l. *admoestare*). Tr. dir. 1. Advertir amigável ou benevolamente; fazer ver. 2. Lembrar, avisar.

Admoestatório, adj. 1. Que envolve admoestação. 2. Próprio para admoestar.

Admonição, s. f. Admoestação amigável ou carinhosa.

Admonitor, adj. Que admoesta.

Admonitório, adj. Que serve para admoestar. S. m. Admoestação.

Adnata, s. f. *Anat.* Túnica externa do globo ocular.

Adnato, adj. *Biol.* Que nasce e cresce colado a outra parte.

Adnexo *(cs),* adj. *Bot.* Diz-se de um órgão que está ligado a outro, sem lhe ser adnato.

Adnominação, s. f. *Ret.* V. *paronomásia.*

Adnominal, adj. m. e f. *Gram.* Diz-se de toda palavra ou expressão que, junto de um substantivo, modifica-lhe a significação. Falei *a* verdade. Casa *de pedra.*

Adnotação, s. f. Resposta dada pelo papa a uma súplica pela simples aposição de sua assinatura.

Adnumeração, s. f. Enumeração.

Adnumerar, v. Tr. dir. Enumerar.

Ado[1], s. m. Milho torrado que se reduz a pó, temperado com azeite-de-dendê, a que, às vezes, se junta mel de abelhas.

-ado[2], suf. 1. Desinência do particípio nos verbos da 1ª conjugação: *amado* (excepcionalmente no verbo *nascer,* da 2ª conjugação: *nado*). 2. Elem. vern. formador de adjetivos verbais ou participiais *(afunilado),* adjetivos com a acepção de *um tanto (amarelado),* e de substantivos que encerram a idéia de *coisa realizada (assado).*

-ado[3], suf. Elem. vern. correspondente ao suf. *ato,* formador de substantivos que encerram idéia de *duração temporária (noviciado), cargo* ou *função (almoxarifado), coletividade (operariado), conteúdo, extensão, localização (bocado, costado, mercado), dignidade (bispado).*

Adoba *(ô),* s. f. V. *adobe.*

Adobar, v. Tr. dir. Fazer adobes.

Adobe *(ô),* s. m. (ár. *at-tob*). 1. Terra argilosa usada para fazer tijolos crus e rebocos. 2. Tijolo grande desse barro, seco ao sol; tijolo cru, adufo².

Adoçamento, s. m. 1. Ato de adoçar. 2. Canelura que liga uma parede à saliência de uma moldura.

Adoçante, adj. m. e f. Que adoça. S. m. Substância adoçante.

Adoção, s. f. 1. Ato ou efeito de adotar. 2. Aceitação legal.

Adoçar, v. Tr. dir. 1. Tornar doce. 2. Mitigar o sofrimento de. 3. Atenuar o efeito de. 4. Abrandar, suavizar. 5. Tornar dúctil (um metal) por meio do fogo. 6. Temperar, aguar tintas, de maneira que percam a vivacidade da cor.

Adocicado, adj. Levemente adoçado.

Adocicar, v. Tr. dir. 1. Tornar um tanto doce. 2. Atenuar, abrandar. 3. Tornar harmonioso, suave.

Adoecer, v. *(a* + 1. *dolescere).* 1. Tr. dir. Tornar doente. 2. Tr. ind. e intr. Enfermar, ficar doente.

Adoecimento, s. m. O fato de adoecer.

Adoentado, adj. Um tanto doente.

Adoentar, v. Tr. dir. Tornar algum tanto doente.

Adoidado, adj. 1. Um tanto desatinado. 2. Imprudente.

Adoidar, v. 1. Tr. dir. e pron. Tornar(-se) doido ou um pouco doido. 2. Tr. dir. e pron. Tornar(-se) estouvado ou leviano. 3. Intr. Ficar amalucado ou doido.

Adoidarrado, adj. Adoidado, estouvado.

Adolescência, s. f. 1. Idade entre os 14 e 20 anos nos rapazes e entre os 12 e 18, nas moças. 2. Juventude.

Adolescente, adj. e s. m. e f. Que, ou quem está na adolescência.

Adolescer, v. (1. *adolescere*). Intr. 1. Entrar na adolescência. 2. Crescer, desenvolver-se.

Adomar, v. Tr. dir. Domar.

Adomingado, adj. Endomingado.

Adomingar, v. Pron. Trajar roupas domingueiras; endomingar-se.

Adonai, s. m. Entre os hebreus, nome de Deus no Velho Testamento.

Adonde, adv. 1. *Ant.* Aonde. 2. *Ant.* e *pop.* Onde. 3. *Pop.* Expressão de dúvida: Diz-se que é capaz! *Adonde!*

Adônico, adj. *Poét.* Diz-se do verso grego ou latino que tem um pé dátilo e um espondeu.

Adônis, s. m. 1. Rapaz elegante, moço bonito como o Adônis da fábula. 2. *Bot.* Gênero *(Adonis)* de ervas ranunculáceas que compreende espécimes exóticos de flores lindamente coloridas.

Adonisar, v. (usado com referência a homens somente). Tr. dir. e pron. Tornar(-se) elegante.

Adoração, s. f. 1. Ato de adorar. 2. Culto devido a Deus. 3. Amor excessivo.

Adorado, adj. 1. Que se adora; cultuado. 2. Venerado, reverenciado. 3. Extremosamente amado, idolatrado: Terra *adorada.*

Adoral, adj. m. e f. Próximo da boca. Antôn.: *aboral.*

Adorar, v. (1. *adorare*). Tr. dir. 1. Render culto a Deus. 2. Venerar. 3. Amar extremamente, idolatrar.

Adorativo, adj. Que exprime adoração.

Adorável, adj. m. e f. 1. Digno de adoração. 2. Fascinante.

Adorbital, adj. m. e f. e s. m. *Anat.* Diz-se do, ou o conjunto dos ossos que formam a órbita ocular.

Adormecedor, adj. e s. m. Que, ou o que faz adormecer.

Adormecer, v. (1. *adormescere*). 1. Tr. dir. Fazer dormir. 2. Tr. dir. Entorpecer a sensibilidade de. 3. Tr. dir. Abrandar, enfraquecer. 4. Tr. dir. Embotar. 5. Tr. dir. *Gír.* Iludir a vigilância de, intrujar com grande lábia. 6. Intr. Dormir. 7. Intr. Cessar a atividade. 8. Intr. Esfriar-se. 9. Intr. Ficar mudo. 10. Intr. Cessar os movimentos.

Adormecimento, s. m. 1. Ato ou efeito de adormecer. 2. Entorpecimento, insensibilidade, letargo.

Adormentado, adj. Meio adormecido.

Adormentar, v. 1. Tr. dir. Adormecer, causar sono a, produzir sonolência em. 2. Tr. dir. Abrandar, amortecer, entorpecer, mitigar. 3. Intr. Enfraquecer-se em ação, movimento, sensibilidade.

Adornamento, s. m. Ato ou efeito de adornar.

Adornar, v. (1. *adornare*). 1. Tr. dir. Ataviar, enfeitar, ornar. 2. Tr. dir. Embelezar, enriquecer, opulentar com conhecimentos ou qualidades. 3. Tr. dir. e pron. Tornar(-se) atraente, brilhante, interessante.

Adorno *(ô),* s. m. Adereço, atavio, enfeite, gala, ornato. Pl.: *adornos (ô).*

Adotando, s. m. Pessoa que vai ser adotada por outrem.

Adotante, adj. e s., m e f. 1. Que, ou quem adota. 2. Aceitante. S. m. e f. Pessoa que adota outra.

Adotar, v. (1. *adoptare*). 1. Tr. dir. Decidir-se por; optar, escolher, preferir. 2. Tr. dir. Tomar como próprio: *A.* um *nome.* 3. Tr. dir. Assumir, tomar: *A.* um *disfarce.* 4. Tr. dir. Aprovar. 5. Tr. dir. Aceitar, admitir, receber, reconhecer. 6. Tr. dir. e intr. *Dir.* Tomar por filho (a um filho de outrem); legitimar.

Adotável, adj. m. e f. Que pode ser adotado.

Adotivo, adj. 1. Que foi adotado: Filho *adotivo.* 2. Que adotou: Pai *adotivo.*

Adoutrinar, v. V. *doutrinar.*

Adoxografia *(cs),* s. f. *Ret.* Elogio imerecido.

Adquirente, adj. e s. m. e f. Que, ou quem adquire alguma coisa.

Adquirição, s. f. V. *aquisição.*

Adquirido, adj. 1. Que se adquiriu. 2. Comprado. 3. Obtido, conseguido.

Adquiridor, adj. e s. m. V. *adquirente.*

Adquirir, v. (1. *acquirere*). 1. Tr. dir. Alcançar, conseguir, obter. 2. Tr. dir. Ganhar (p. ex., dinheiro). 3. Tr. dir. Comprar. 4. Tr. dir. Assumir, tomar (p. ex., forma). 5. Tr. dir. Granjear. 6. Apanhar, contrair: *A.* uma *doença.*

Adrede *(ê),* adv. (1. *directe*). 1. Acintemente, intencionalmente, de caso pensado, de propósito. 2. Antecipadamente, previamente: Comissão *adrede* escolhida.

Ad-renal, adj. m. e f. *Anat.* Que se situa ao lado do rim, ou sobre ele.

Adrenalina, s. f. *Farm.* Hormônio segregado pela regiao medular das supra-renais.

Ad-retal *(ad-rè),* adj. m. e f. Situado no reto, ou junto dele.

Adriático, adj. 1. Natural de Ádria, cidade italiana. 2. Pertencente ao Mar Adriático.

Adriça, s. f. *(a* + ital. *drizza). Náut.* Cabo para içar velas ou bandeiras. Var.: *driça.*

Adriçar, v. Tr. dir. 1. Içar por meio de adriças. 2. Endireitar (o navio quando esteja adernado).

Adro, s. m. (1. *atriu*). 1. Terreno em frente ou em redor de uma igreja. 2. Cemitério em terreno dessa natureza.

Ad-rogação, s. f. *Dir.* Adoção de uma pessoa que não está sob o pátrio poder de outra.

Ad-rogar, v. *Dir.* Tr. dir. Adotar por ad-rogação.

Adscrever, v. (1. *adscribere*). Tr. dir. 1. Acrescentar ao que foi escrito. 2. Inscrever, registrar.

Adscrição, s. f. 1. Aditamento ao que já foi escrito. 2. Registro, inscrição, transcrição.

Adscritício, adj. Relativo ao colono ou servo obrigado a trabalhar em determinada terra.

Adscrito, adj. Acrescentado, aditado. S. m. Colono sujeito ao regime de adscrição.

Adsorção, s. f. Concentração de substâncias dissolvidas na superfície de um corpo, por adesão molecular.

Adsorvente, s. m. Substância que adsorve.

Adsorver, v. Tr. dir. Fazer adsorção de.

Adstrição, s. f. Ato ou efeito de adstringir.

Adstringência, s. f. Qualidade de adstringente.

Adstringente, adj. m. e f. 1. Que adstringe. 2. *Farm.* Diz-se dos medicamentos que inibem as secreções dos tecidos. S. m. Medicamento dessa natureza.

Adstringir, v. (1. *adstringere*). 1. Tr. dir. Apertar, estreitar, ligar, prender. 2. Tr. dir. Diminuir, restringir. 3. Pron. Limitar-se. — Este verbo só se usa nas terceiras pessoas.

Adstrito, adj. Dependente, estreitado, ligado, preso, submetido.

Adua, s. f. (l. *a duo*). Matilha de cães, dois a dois, atrelados ou soltos.

Aduana, s. f. (ár. *ad-diuana*). 1. Bairro de cristãos em terra de mouros. 2. Alfândega. 3. Organização alfandegária.

Aduanar, v. Tr. dir. Despachar ou registrar na aduana ou alfândega; alfandegar.

Aduaneiro, adj. 1. Referente à aduana. 2. Alfandegário. S. m. Empregado alfandegário.

Adubação, s. f. 1. Ato ou efeito de adubar. 2. Condimento, tempero.

Adubagem, s. f. V. *adubação.*

Adubar, v. (l. *°addubare*). Tr. dir. 1. Preparar com adubos. 2. *Agr.* Aplicar adubo ao solo; fertilizar. 3. Condimentar, temperar (os alimentos).

Adubo, s. m. 1. Resíduos animais ou vegetais que se misturam à terra, para torná-la mais fértil. 2. Condimento, tempero.

Adução, s. f. Ação ou efeito de aduzir.

Aducir, v. (fr. *adoucir*). Tr. dir. Amaciar (o metal) para torná-lo flexível e pouco quebradiço.

Aduela, s. f. 1. Tábua encurvada, que se emprega na fabricação de pipas e tonéis. 2. Pedra empregada nos arcos de uma abóbada. 3. Cada uma das três ripas que guarnecem o vão de janelas e portas.

Aduelagem, s. f. Colocação de aduelas.

Adufa, s. f. 1. Anteparo de portas e janelas, fabricado com lâminas estreitas de madeira, para proteger o interior da casa contra vento, chuva e a indiscrição de transeuntes. 2. Grande comporta corrediça usada em reservatórios para controlar a passagem da água.

Adufar[1], v. *(adufa + ar).* Tr. dir. Resguardar com adufas.

Adufar[2], v. *(adufe + ar).* Intr. Tocar adufe ou produzir som semelhante ao dele.

Adufe, s. m. (ár. *ad-duff*). Membranofônio de percussão direta, feito de uma caixa pequena, de madeira, e uma membrana esticada.

Adufeiro, s. m. O que faz ou toca adufe.

Adulação, s. f. 1. Ato ou efeito de adular. 2. Bajulação, lisonja, subserviência.

Adulão, adj. e s. m. Lisonjeiro, louvaminheiro. Fem.: *adulona.*

Adular, v. (l. *adulare*). Tr. dir. Cortejar servilmente; bajular, lisonjear, louvaminhar.

Adulária, s. f. *Miner.* Variedade de ortoclasita, límpida e pura, usada em joalheria; pedra-da-lua.

Adulativo, adj. V. *adulatório.*

Adulatório, adj. Que envolve adulação.

Aduloso, adj. Que adula; bajulatório, lisonjeiro.

Adulteração, s. f. Ato ou efeito de adulterar.

Adulterante, adj. m. e f. Que adultera. S. m. Substância adicionada a outra para a falsificar ou sofisticar.

Adulterar, v. (l. *adulterare*). 1. Tr. dir. Falsificar, contrafazer. 2. Intr. Cometer adultério. 3. Pron. Corromper-se, viciar-se.

Adulterinidade, s. f. Qualidade de adulterino.

Adulterino, adj. 1. Nascido de adultério. 2. Adulterado, falsificado. 3. Artificial.

Adultério, s. m. 1. Quebra da fidelidade conjugal. 2. Adulteração, falsificação.

Adúltero, adj. 1. Que violou ou viola a fidelidade conjugal. 2. Falso. 3. Corrupto, espúrio, vicioso. S. m. Marido adúltero.

Adulteroso, adj. 1. Em que há adultério. 2. Propenso ao adultério.

Adulto, adj. e s. m. 1. Que, ou o que atingiu o máximo de seu crescimento e a plenitude de suas funções biológicas. 2. Que, ou o que chegou à maioridade.

Adumbração, s. f. 1. Ato ou efeito de adumbrar. 2. Esboço ligeiro.

Adumbrar, v. (l. *adumbrare*). Tr. dir. 1. Sombrear. 2. Acompanhar como sombra. 3. Esboçar.

Adunação, s. f. Ato de adunar.

Adunar, v. (l. *adunare*). Tr. dir. Congregar, reunir em um.

Aduncar, v. Tr. dir. e pron. Tornar(-se) adunco.

Aduncidade, s. f. Qualidade do que é adunco.

Aduncirrostro *(ó),* adj. *Ornit.* De bico adunco, recurvo ou aquilino, como as aves de rapina.

Adunco, adj. Curvo ou recurvado em forma de gancho.

Adurência, s. f. 1. Qualidade do que é adurente. 2. Ação ou sensação que produz o que é adurente.

Adurente, adj. m. e f. Que causa sensação análoga à da queimadura; cáustico. S. m. Produto farmacêutico ou químico cáustico.

Adurir, v. (l. *adurere*). Tr. dir. Abrasar, causticar.

Adustão, s. f. 1. Calor excessivo, esbraseamento. 2. *Quím.* Calcinação. 3. *Med.* Cauterização.

Adustível, adj. m. e f. V. *combustível.*

Adustivo, adj. Adurente.

Adusto, adj. 1. Queimado. 2. Da cor do café.

Adutor, adj. 1. Que produz adução. 2. *Anat.* Diz-se de qualquer músculo que aduz. 3. Diz-se de canal que leva as águas de um manancial para o reservatório. S. m. Esse canal.

Adutora, s. f. V. *adutor.*

Aduzir, v. (l. *adducere*). Tr. dir. 1. Expor, apresentar (razões, testemunhas). 2. Conduzir, introduzir. (Perde o *e* final da 3ª pess. do sing. do pres. do indic.: *aduz*)

Advecção, s. f. *Meteor.* Movimento horizontal de uma massa de ar, que causa alterações em temperatura.

Ádvena, s. m. e f. Pessoa radicada em país estrangeiro; adventício, estrangeiro.

Adveniente, adj. m. e f. Que advém.

Adventício, adj. 1. Chegado de fora; estranho, estrangeiro. 2. Acidental, casual. 3. Deslocado do sítio que lhe é próprio. S. m. O que chega de fora; estrangeiro, ádvena.

Advento, s. m. 1. Vinda, chegada. 2. Período das quatro semanas que precedem o Natal.

Adverbal, adj. m. e f. *Gram.* Diz-se da forma gramatical que se constrói com um verbo: Gosto *de frutas.*

Adverbial, adj. m. e f. 1. Referente a advérbio. 2. Que tem valor de advérbio: Adjunto *adverbial.*

Adverbialidade, s. f. Qualidade ou caráter de adverbial.

Adverbializar, v. Tr. dir. Transformar em advérbio.

Adverbiar, v. Tr. dir. Empregar com função de advérbio.

Advérbio, s. m. *Gram.* Palavra invariável que expressa uma circunstância do verbo ou a intensidade da qualidade dos adjetivos ou reforça outro advérbio e, em alguns casos, modifica substantivos.

Adversante, adj. m. e f. Que é adverso.

Adversão, s. f. 1. Ato ou efeito de adversar; oposição. 2. Advertência.

Adversar, v. (l. *adversari*). Tr. dir. Contrariar, opor.

Adversário, adj. Que se opõe a; que luta contra. S. m. 1. Antagonista, rival. 2. Pessoa que pertence a outro partido. 3. Parte contra quem se litiga.

Adversativo, adj. 1. Adverso, contrário, oposto. 2. Que denota diferença ou oposição entre o que precede e o que se segue.

Adversidade, s. f. 1. Desgraça, infortúnio. 2. Contrariedade. 3. Qualidade ou caráter de adverso.

Adverso, adj. 1. Contrário, desfavorável, inimigo, oposto. 2. Que traz desgraça, infelicidade.

Advertência, s. f. 1. Ação ou efeito de advertir. 2. Admoestação, aviso, conselho, observação, reparo.

Advertido, adj. 1. Que recebeu advertência; avisado. 2. Prudente, acautelado. 3. Admoestado.

Advertimento, s. m. V. *advertência.*

Advertir, v. (l. *advertere*). 1. Tr. dir. Fazer advertência; admoestar. 2. Tr. dir. Explicar, dar informações a. 3. Tr. dir. e tr. ind. Observar, reparar em. 4. Tr. dir. Avisar. — Conjuga-se como *aderir.*

Advincular, adj. m. e f. Anexo, ligado.

Advindo, adj. (de *advir*). Que adveio ou sobreveio.

Advir, v. (l. *advenire*). 1. Tr. ind. Ocorrer como conseqüência; resultar, proceder, provir. 2. Intr. Acontecer, suceder, sobrevir. — Conjuga-se como *vir.*

Advocacia, s. f. 1. Ação de advogar; advocatura. 2. Profissão de advogado.

Advocatório, adj. 1. Referente à advocacia. 2. Que serve para advogar ou defender.

Advocatura, s. f. V. *advocacia.*

Advogado, s. m. 1. Profissional graduado em Direito, habilitado a advogar. 2. Defensor, patrono, protetor. 3. Medianeiro.

Advogar, v. (1. *advocare*). 1. Tr. dir. Defender em juízo. 2. Tr. dir. Interceder a favor de. 3. Tr. dir. Defender com argumentos ou razões. 4. Intr. Exercer a profissão de advogado.

Aeração, s. f. Ato de arejar; arejamento, ventilação.

Aeremoto, s. m. V. *aeromoto.*

Aerênquima, s. m. *Bot.* Tecido respiratório, próprio das plantas imersas.

Aéreo, adj. 1. Relativo ao ar, próprio dele, que tem sua natureza ou semelhança. 2. Que está no ar, nele se mantém ou nele se passa: Rotas *aéreas,* vista *aérea,* combate *aéreo.* 3. Que tem por veículo o ar. 4. Delicado, impalpável, leve, puro como o ar. 5. Fantástico, fútil. 6. Distraído, desatento.

aeri-, elem. de comp. (1. *aere*). O mesmo que *aero-: aerícola, aerífero.*

Aerícola, adj. m. e f. Que vive no ar.

Aerífero, adj. Que contém ou conduz ar.

Aerificação, s. f. Ato ou efeito de aerificar; aerização.

Aerificar, v. Tr. dir. e pron. Reduzir(-se) ao estado gasoso.

Aeriforme, adj. m. e f. Semelhante ao ar.

Aerívoro, adj. *Zool.* Animal que vive ou se alimenta do ar.

Aerização, s. f. Ato ou efeito de aerizar.

Aerizar, v. V. *aerificar.*

aero- (*ae*), elem. de comp. (gr. *aer, eros*). Exprime a idéia de *ar: aerodinâmica, aerofagia.*

Aerobarco, s. m. V. *hovercraft.*

Aerobata, adj. e s., m. e f. Que, ou pessoa que anda no ar; nefelibata. Var.: *aeróbata.*

Aeróbio, adj. *Biol.* Que tem necessidade de ar ou oxigênio livre para viver. Antôn.: *anaeróbio.*

Aeroclube, s. m. Centro de formação para pilotos civis.

Aerocolia, s. f. 1. Distensão do intestino por gases. 2. Meteorismo intestinal.

Aerodinâmica, s. f. *Fís.* Ramo da dinâmica que trata dos fenômenos que acompanham todo movimento relativo entre um corpo e o ar que o envolve.

Aerodinâmico, adj. 1. Relativo à aerodinâmica. 2. Diz-se da carroceria de um veículo quando perfilada.

Aeródromo, s. m. Área circunscrita ao serviço de aeronaves com a infra-estrutura necessária para assistir os aparelhos, suas tripulações e passageiros.

Aeroduto, s. m. Conduto de ar nas instalações de ventilação.

Aerofagia, s. f. *Med.* Deglutição exagerada, consciente ou inconsciente, de ar.

Aerófago, adj. e s. m. *Med.* Que, ou o que deglute ar.

Aerófano, adj. Diáfano ou transparente ao ar.

Aerófito, adj. *Bot.* Diz-se de planta que cresce presa à parte aérea de outra planta.

Aerofobia, s. f. Terror doentio ao ar.

Aerófobo, adj. e s. m. Que, ou o que é atacado de aerofobia.

Aerofólio, s. m. Corpo, tal como a asa de um avião, ou a lâmina de uma hélice, destinado a criar uma força de reação desejada, quando em movimento relativo ao ar circundante.

Aerofone, s. m. *Mús.* 1. Instrumento que ressoa por meio do ar. 2. Aparelho destinado a aumentar a intensidade do som.

Aerofotografia, s. f. Fotografia tirada de uma aeronave.

Aerofotogrametria, s. f. *Topogr.* Fotogrametria aérea.

Aerogênico, adj. V. *aerógeno.*

Aerógeno, adj. Diz-se das bactérias que produzem gases.

Aerognosia, s. f. *Fís.* Tratado das propriedades do ar e de suas funções na natureza.

Aerografia, s. f. *Fís.* 1. Descrição e teoria do ar. 2. Estudo do ar atmosférico.

Aerógrafo, s. m. 1. *Fís.* O que descreve o ar e suas propriedades. 2. Pulverizador que esparge tinta ou líquidos coloridos por meio de um jato de ar.

Aerograma, s. m. Comunicação feita pela telegrafia sem fio.

Aeróide, adj. m. e f. Semelhante ao ar.

Aerólito, s. m. (*aero + lito*). Pedra que cai dos espaços interplanetários sobre a superfície dos planetas, e cuja queda é ordinariamente acompanhada de fenômenos luminosos e estampido; meteorito pétreo.

Aerologia, s. f. *Fís.* Parte da Meteorologia que trata dos fenômenos da atmosfera livre.

Aeromancia, s. f. Adivinhação por meio da observação do ar.

Aeromante, s. m. e f. Pessoa que pratica a aeromancia.

Aerometria, s. f. *Fís.* Estudo das propriedades do ar, e especialmente a medida de sua densidade.

Aerômetro, s. m. *Fís.* Instrumento para medir o peso específico de gases. Cfr. *areômetro.*

Aeromoça, s. f. Moça incumbida, nos aviões comerciais de passageiros, de vários serviços indispensáveis à segurança e ao conforto dos passageiros; comissária.

Aeromoço, s. m. Comissário.

Aeromodelismo, s. m. Ciência que trata da projeção e construção de aeromodelos.

Aeromodelo (*ê*), s. m. Modelo de aeronave em miniatura, para experimentação ou para recreação juvenil.

Aeromoto, s. m. *Fís.* Tremor do ar; tempestade.

Aeromotor, s. m. Motor acionado pelo vento.

Aeronauta, s. m. e f. Pessoa que tripula aeronaves.

Aeronáutica, s. f. 1. Ciência, arte e prática da navegação aérea. 2. Aviação militar de um país.

Aeronáutico, adj. Que diz respeito à aeronáutica.

Aeronaval, adj. m. e f. Relativo a forças aéreas e navais combinadas ou que as envolve.

Aeronave, s. f. Nome genérico que abrange todo aparelho de navegação aérea.

Aeronavegação, s. f. Navegação aérea.

Aeronomia, s. f. Ramo da geofísica que estuda as regiões superiores da atmosfera.

Aeroplano, s. m. Designação genérica dos veículos aéreos mais pesados que o ar; avião.

Aeroporto, s. m. Conjunto de instalações técnicas e comerciais necessárias à exploração dos transportes aéreos.

Aeroposta, s. f. Instalação para o envio de cartas por meio de ar comprimido.

Aeroscópio, s. m. Instrumento para o exame microscópico do ar quanto a sua pureza.

Aerospacial, adj. m. e f. Relativo ao aerospaço.

Aerospaço, s. m. *Astronáut.* Invólucro atmosférico da Terra e espaço acima dele, ambos considerados como o único ambiente para atividade na liberação, guiagem e controle de mísseis balísticos, satélites da Terra, veículos espaciais dirigíveis etc.

Aerossol, s. m. Suspensão de partículas ultramicroscópicas sólidas ou fluidas, em ar ou gás.

Aerostação, s. f. Estudo, fabricação e manobra de aeróstatos. Navegação aérea em aeróstatos.

Aeróstata, s. m. e f. Pessoa que tripula aeróstato.

Aerostática, s. f. *Fís.* Estudo das leis do equilíbrio do ar.

Aeróstato, s. m. Aparelho que se eleva no ar graças à leveza específica do gás de que é cheio.

Aerotecnia, s. f. Estudo das aplicações industriais do ar.

Aerotelúrico, adj. Relativo aos fenômenos atmosféricos com repercussão na Terra.

Aeroterapia, s. f. *Med.* Aplicação terapêutica do ar.

Aerovia, s. f. Espaço aéreo navegável, de largura determinada, estabelecido pelo Ministério da Aeronáutica.

Aeroviário, adj. Relativo a viagens aéreas. S. m. Funcionário dessas empresas.

Aerozoário, adj. e s. m. *Zool.* V. *aeróbio.*

Afã, s. m. (de *afanar*). 1. Cansaço, fadiga. 2. Trabalho. 3. Ânsia, sofreguidão. 4. Cuidado, diligência. 5. Empenho, esforço.

Afabilidade, s. f. Qualidade de quem é afável.

Afacia, s. f. *Med.* Falta congênita ou adquirida de cristalino.

Afadigar, v. 1. Tr. dir. e intr. Causar fadiga. 2. Tr. dir. Importunar, incomodar, molestar, vexar. 3. Tr. dir. Acossar, maltratar, perseguir. 4. Pron. Afligir-se, apressar-se, cansar-se.

Afagamento, s. m. Ato ou efeito de afagar.

Afagar, v. Tr. dir. 1. Fazer afagos a, tratar com afago; acariciar, acarinhar. 2. Conservar com prazer na mente; nutrir, entreter. 3. Roçar levemente. 4. Alisar, aplainar: *A. a madeira.*

Afagia, s. f. Impossibilidade de deglutir.

Afago, s. m. Ato de afagar; carícia, mimo.

Afaimar, v. Tr. dir. Causar fome a.

Afainado, adj. Azafamado.

Afamado, adj. Que tem fama; famoso, célebre.

Afamar, v. 1. Tr. dir. Dar fama a, tornar célebre, famoso. 2. Pron. Adquirir fama, tornar-se célebre.

Afamilhar, v. Pron. 1. Adquirir encargos de família. 2. Ter muitos filhos. 3. Casar-se.

Afamiliar, v. V. *afamilhar.*

Afanação, s. f. *Gír.* Ato ou efeito de afanar, de furtar.

Afanar, v. (1. **affannare*). 1. Intr. e pron. Trabalhar com afã; afadigar-se. 2. Tr. dir. *Gír.* Furtar.

Afandangar, v. Tr. dir. Tocar ou cantar em estilo de fandango.

Afano, s. m. 1. Afã. 2. *Gír.* Furto, roubo.

Afanosidade, s. f. Qualidade do que muito se afana, do que trabalha muito.

Afasia, s. f. *Med.* e *Psiq.* Perda da palavra falada, escrita, mímica ou tátil, conseqüente a lesão no cérebro.

Afásico, adj. *Med.* Que sofre de afasia.

Afasta!, interj. (para mandar abrir caminho). Arreda! desvia!

Afastamento, s. m. 1. Ato ou efeito de afastar. 2. Distância entre coisas consideradas.

Afastar, v. (*a* + cast. ant. *fasta* + *ar*). 1. Tr. dir. Tirar de perto. 2. Tr. dir. Pôr longe. 3. Tr. dir. Arredar, tirar do caminho. 4. Tr. dir. Impedir. 5. Pron. Retirar-se.

Afasto, s. m. Ato de afastar.

Afatiar, v. Tr. dir. Cortar em fatias; retalhar.

Afável, adj. m. e f. 1. Delicado ao trato; cortês. 2. Agradável nas maneiras e na conversação.

Afazendar, v. Pron. 1. Adquirir ou ter fazendas. 2. Enriquecer-se.

Afazer, v. 1. Tr. dir. e pron. Acostumar(-se), habituar(-se). 2. Pron. Aclimar-se, dar-se bem em terra estranha. (Conjuga-se como *fazer.*)

Afazeres, s. m. pl. 1. Falhas, trabalhos. 2. Ocupações. 3. Negócios.

Afeamento, s. m. Ação ou efeito de afear(-se).

Afear, v. (*a* + port. ant. *feo* + *ar*). 1. Tr. dir. e pron. Tornar(-se) feio. 2. Tr. dir. Exagerar a gravidade de uma coisa.

Afecção, s. f. (1. *affectione*). *Med.* Processo mórbido considerado em suas manifestações atuais, abstraindo-se de sua causa.

Afeccional, adj. m. e f. Relativo a afecção.

Afegane, adj. m. e f. Relativo ao Afeganistão.

Afeição, s. f. (1. *affectione*). 1. Afeto. 2. Simpatia. 3. Sentimento de amor. 4. Amizade. 5. Pendor para alguém ou alguma coisa.

Afeiçoado[1], adj. (p. de *afeiçoar[1]*). Que tem feição.

Afeiçoado[2], adj. (p. de *afeiçoar[2]*). Que tem afeição de.

Afeiçoamento, s. m. Ato ou efeito de afeiçoar.

Afeiçoar[1], v. (*afeição* + *ar*). 1. Tr. dir. Inspirar afeição a. 2. Pron. Ter ou tomar afeição por.

Afeiçoar[2], v. (*a* + *feição* + *ar*). Tr. dir. Dar feição, forma a; modelar, perfilar.

Afeito, adj. (p. de *afazer*). Que se afez; acostumado.

Afélio, s. m. *Astr.* O ponto mais afastado do Sol na órbita de um planeta ou cometa. Antôn.: *periélio.*

Afemia, s. f. Perda da linguagem falada.

Afeminação, s. f. Ato de afeminar; efeminação.

Afeminar, v. V. *efeminar.*

Aferente, adj. m. e f. Que conduz, que leva a. Antôn.: *eferente.*

Afèrese, s. f. *Gram.* Supressão de letra ou sílaba no princípio do vocábulo.

Aferição, s. f. Ato ou efeito de aferir.

Aferimento, s. m. V. *aferição.*

Aferir, v. (1. *afferere*, por *afferre*). Tr. dir. 1. Ajustar ao padrão, apurar a exatidão de; conferir, calibrar. 2. Verificar, marcar a exatidão de (pesos, medidas, balanças e instrumentos de medição). 3. Avaliar (glórias, responsabilidades). 4. Comparar, cotejar. Conjuga-se como *aderir.*

Aferível, adj. m. e f. Que se pode aferir.

Aferrado, adj. 1. Preso a ferros; seguro. 2. Teimoso, pertinaz, insistente.

Aferrar, v. 1. Tr. dir. Prender com ferro, segurar. 2. Tr. dir. e tr. ind. Ancorar. 3. Tr. dir. Arpoar. 4. Tr. dir. e pron. Agarrar(-se), prender(-se), segurar(-se) firmemente. 5. Pron. Entregar-se com afinco, obstinar-se, teimar.

Aferretar, v. Tr. dir. Marcar com ferrete.

Aferretoar, v. V. *aferroar.*

Aferro (*ê*), s. m. 1. Ato ou efeito de aferrar. 2. Obstinação, teimosia. 3. Apego, inclinação: *Aferro* ao dinheiro.

Aferroar, v. 1. Tr. dir. Picar com ferrão (bois). 2. Tr. dir. Espicaçar, ferir (animais, o inimigo, pessoas). 3. Tr. dir. Afligir, magoar, torturar (p. ex., o espírito das crianças).

Aferrolhamento, s. m. Ato ou efeito de aferrolhar.

Aferrolhar, v. 1. Tr. dir. e intr. Fechar com ferrolho. 2. Tr. dir. Guardar cuidadosamente.

Aferventação, s. f. V. *aferventamento.*

Aferventamento, s. m. Ato ou efeito de aferventar.

Aferventar, v. 1. Tr. dir. Fazer ferver ligeiramente, mal ou pouco (p. ex., a carne, o peixe). 2. Tr. dir. Cozinhar com uma só fervura (p. ex., o legume). 3. Tr. dir. Estimular, excitar (p. ex., o cérebro, o ódio).

Afervorar, v. 1. Tr. dir. Pôr em fervura. 2. Tr. dir. Despertar, estimular, excitar fervor em. 3. Pron. Encher-se de zelo e atividade; estimular-se.

Afestoar, v. Tr. dir. e pron. Enfeitar(-se) de festões; engrinaldar(-se).

Afetação, s. f. 1. Ato ou efeito de afetar. 2. Fingimento, simulação. 3. Presunção, vaidade. 4. Modo artificioso de estar, falar, proceder.

Afetal, adj. m. e f. *Biol.* Que não tem feto.

Afetante, adj. m. e f. Que afeta.

Afetar, v. (1. *affectare*). 1. Tr. dir. Aparentar, fazer crer, fingir. 2. Tr. dir. Abalar, afligir, agitar, impressionar. 3. Tr. dir. Incomodar, molestar, provocar mal-estar em. 4. Tr. dir. Acometer, contagiar, contaminar. 5. Tr. dir. Dizer respeito a, interessar. 6. Tr. dir. Causar lesão ou moléstia a. 7. Pron. Apurar-se ou esmerar-se muito.

Afetividade, s. f. Qualidade de quem é afetivo.

Afetivo, adj. 1. Relativo a afeto ou a afetividade. 2. Que tem ou em que há afetividade.

Afeto, s. m. 1. Sentimento de afeição ou inclinação para alguém. 2. Amizade, simpatia. Adj. 1. Afeiçoado. 2. Entregue ao estudo, ao exame ou à decisão de alguém.

Afetuosidade, s. f. Qualidade de pessoa afetuosa.

Afetuoso, adj. Que tem ou indica afeto.

Afiação, s. f. Ato ou efeito de afiar.

Afiado, adj. 1. Que tem fio; amolado, aguçado, cortante. 2. Diz-se de quem está completamente a par de uma matéria.

Afiadura, s. f. V. *afiação.*

Afiambrar, v. Tr. dir. Misturar com fiambre.

Afiamento, s. m. V. *afiação.*

Afiançar, v. 1. Tr. dir. Prestar fiança por; abonar. 2. Tr. dir. Afirmar, assegurar, asseverar. 3. Tr. dir. Garantir. 4. Pron. Abonar-se, pagar ou prestar fiança.

Afiar, v. 1. Tr. dir. Dar o fio a, tornar mais cortante; amolar. 2. Tr. dir. e pron. Apurar(-se): *A. a vista, o ouvido. Afiou-se* na oratória.

Afidalgamento, s. m. Ato ou efeito de afidalgar.

Afidalgar, v. 1. Tr. dir. e pron. Tornar(-se) fidalgo. 2. Pron. Afetar fidalguia, dar-se ou tomar ares de fidalgo.

Afidídeos, s. m. pl. *Entom.* Família (*Aphididae*) de insetos homópteros, pequenos (1 a 5mm), a que vulgarmente chamam de *pulgão-dos-vegetais.*

Afídio, s. m. *Entom.* Inseto da família dos Afidídeos.

Afiguração, s. f. 1. Ato ou efeito de afigurar. 2. Imaginação.

Afigurar, v. 1. Tr. dir. Apresentar figura ou forma de. 2. Tr. dir. Representar pela escultura ou pintura, representar em figura na imaginação. 3. Pron. Representar-se ao entendimento, parecer.

Afigurativo, adj. 1. Que se afigura. 2. Que encerra figura ou parábola.

Afilar, v. (*a* + 1. *filu* + *ar*). 1. Tr. dir. Reduzir a fio (p. ex., a meada de algodão). 2. Tr. dir. e pron. Adelgaçar(-se), tornar(-se) fino. 3. Pron. Terminar em ponta.

Afilhadagem, s. f. V. *afilhadismo.*

Afilhadismo, s. m. Proteção aos afilhados; favoritismo.

Afilhado, s. m. 1. O que recebe o batismo ou confirmação em relação ao padrinho ou madrinha. 2. Toda pessoa que tem padrinho. 3. Protegido.

Afilhastro, s. m. 1. Filho natural. 2. Enteado.

Afiliação, s. f. 1. Ato de afiliar. 2. Adjunção a uma sociedade ou companhia.

Afiliar, v. (1. *a* + *filiu* + *ar*). Tr. dir. e pron. Agregar(-se); filiar(-se).

Afilo, adj. *Bot.* Sem folhas.

Afim, adj. m. e f. (1. *affine*). 1. Que tem afinidade, analogia, semelhança ou relação com. 2. Que possui parentesco por afinidade. 3. Próximo, contíguo, vizinho. S. m. Parente por afinidade.

Afinação, s. f. 1. Ato ou efeito de afinar. 2. Aprimoramento. 3. Têmpera de instrumentos. 4. *Mús.* Ajuste do tom de uma nota em relação a outra, de modo que o número de vibrações corresponda às exigências da acústica.

Afinado, adj. 1. Que recebeu afinação (instrumento), estando assim concorde com outros instrumentos. 2. *Mús.* Que se afinou. 3. Perito num serviço. 4. Entendido ou combinado com outros. 5. *Fam.* Irritado.

Afinagem, s. f. Refinação de metais.

Afinal, adv. Finalmente, no final, por fim. — *A. de contas:* o mesmo que *afinal.*

Afinamento, s. m. V. *afinação.*

Afinar, v. 1. Tr. dir. Tornar fino ou mais fino. 2. Tr. dir. *Mús.* Ajustar o som de, dar tom musical a. 3. Tr. dir. Aperfeiçoar, engrandecendo. 4. Tr. dir. e pron. Educar(-se), polir(-se). 5. Tr. dir. Refinar, purificar (p. ex., o ouro). 6. Tr. ind. Ajustar, harmonizar. 7. Intr. Cantar ou tocar, ajustando o tom da voz ao da música.

Afincado, adj. 1. Que se afincou. 2. Pertinaz.

Afincamento, s. m. V. *afinco.*

Afincar, v. 1. Tr. dir. Plantar de estaca; fincar. 2. Tr. dir. e pron. Insistir. 3. Tr. dir. Fitar. 4. Pron. Aferrar-se, pegar-se.

Afinco, s. m. 1. Ato de afincar. 2. Insistência.

Afinidade, s. f. 1. Qualidade de afim. 2. Parentesco que um cônjuge contrai com a família do outro cônjuge. 3. Conformidade, conexão, relação, semelhança. 4. *Biol.* Semelhança na estrutura ou no desenvolvimento entre espécies ou grupos superiores, que indica origem comum.

Afirmação, s. f. 1. Ato ou efeito de afirmar. 2. O que se afirma. 3. Afirmativa. 4. Confirmação.

Afirmar, v. (1. *affirmare*). 1. Tr. dir. e pron. Fazer firme, tornar firme. 2. Tr. dir. Declarar com firmeza; assegurar. 3. Tr. dir. Estabelecer a existência de (fato, relação etc.). 4. Tr. dir. Confessar, proclamar. 5. Tr. dir. e intr. Certificar. 6. Tr. dir. Consolidar. 7. Tr. dir. Confirmar. 8. Pron. Manifestar-se ou produzir-se exteriormente.

Afirmativa, s. f. 1. Afirmação. 2. Proposição pela qual se afirma que uma coisa é verdadeira. Antôn.: *negativa.*

Afistulado, adj. Que se converteu em fístula.

Afistular, v. Tr. dir. e pron. Abrir fístula em, converter(-se) em fístula.

Afitar, v. Tr. dir. Encarar, olhar fixamente; fitar.

Afivelar, v. Tr. dir. 1. Apertar, prender ou segurar com fivela. 2. Colocar fivela em. 3. Ajustar, firmar: *A.* um *negócio.*

Afixação (*cs*), s. f. Ato ou efeito de afixar.

Afixamento (*cs*), s. m. V. *afixação.*

Afixar (*cs*), v. Tr. dir. e pron. 1. Tornar(-se) fixo. 2. *Dir.* Pregar, em lugar visível ao público, qualquer edital, aviso ou citação.

Afixo (*cs*), adj. Fixado, unido: Partes *afixas.* S. m. *Gram.* Elemento que se agrega ao princípio ou ao fim do tema das palavras. V. *prefixo e sufixo.*

Aflar, v. (1. *afflare*). 1. Tr. dir. Bafejar, soprar. 2. Tr. dir. Inspirar. 3. Tr. dir. Insuflar. 4. Tr. ind. e intr. Arfar, estar ofegante, palpitar.

Aflato, s. m. Alento, hálito, sopro.

Aflautar, v. Tr. dir. 1. Tornar semelhante a flauta no aspecto ou no som. 2. Adocicar (a voz).

Aflechar, v. Tr. dir. 1. Dar forma de flecha a. 2. Flechar.

Afleimar, v. Pron. *Pop.* Afligir-se, impacientar-se.

Afleumar, v. 1. Tr. dir. e pron. Tornar(-se) fleumático, revestir(-se) de pachorra. 2. Intr. Inchar, inflamar.

Aflição, s. f. 1. Padecimento físico; tormento, tortura. 2. Desassossego, inquietação.

Afligente, adj. m. e f. V. *aflitivo.*

Afligimento, s. m. Ato ou efeito de afligir(-se).

Afligir, v. (1. *affligere*). 1. Tr. dir. Causar aflição a; angustiar, mortificar. 2. Tr. dir. Assolar, devastar. 3. Pron. Sentir aflição; apoquentar-se.

Aflitivo, adj. Que aflige, que produz aflição.

Aflito, adj. Que está com aflição; angustiado.

Aflogístico, adj. Que arde sem chama.

Afloração, s. f. Ato ou efeito de aflorar; afloramento.

Afloramento, s. m. 1. V. *afloração.* 2. *Geol.* Exposição diretamente observável da parte superior de uma rocha ou minério.

Aflorar, v. Tr. dir. 1. Nivelar uma superfície com outra. 2. Emergir à superfície. 3. Esboçar: *A.* um *sorriso.*

Afluência, s. f. 1. Ato ou efeito de afluir; afluxo. 2. Corrente abundante de água, de líquidos. 3. Grande quantidade de pessoas ou de coisas.

Afluente, adj. m. e f. Que aflui, que corre. S. m. Rio que despeja suas águas em outro.

Afluir, v. (1. *affluere*). Tr. ind. 1. Correr ou escorrer para. 2. Concorrer, vir em grande quantidade.

Afluxo (*cs*), s. m. Ato de afluir, afluência.

Afobação, s. f. 1. *Pop.* Atrapalhação, azáfama, pressa. 2. Cansaço.

Afocinhamento, s. m. Ato ou efeito de afocinhar.

Afocinhar, v. 1. Tr. dir. Escavar com o focinho; fossar. 2. Tr. dir. Atacar ou investir com o focinho. 3. Intr. Cair para a frente: O arreio *afocinha,* a cangalha *afocinha.* 4. Intr. Ir ao chão. 5. Intr. Enterrar-se no chão.

Afofamento, s. m. Ato ou efeito de afofar.

Afofar, v. 1. Tr. dir. Tornar fofo ou mole. 2. Tr. dir. Tornar vaidoso; envaidecer. 3. Intr. e pron. Ficar fofo.

Afogadela, s. f. 1. Ato de afogar. 2. Pressa.

Afogadiço, adj. 1. Que facilmente se afoga. 2. Abafadiço.

Afogadilho, s. m. 1. Precipitação, pressa. 2. Ansiedade.

Afogado, adj. 1. Que se afogou. 2. Diz-se do vestido que sobe até o pescoço (em oposição a *decotado*). 3. Diz-se da voz baixa ou cava. 4. *Tecn.* Diz-se do motor que não arranca por estar com excesso de combustível nos cilindros.

Afogador, adj. Que afoga, que sufoca. S. m. 1. Indivíduo que faz o afogamento. 2. V. *gargantilha.*

Afogadura, s. f. V. *afogamento.*

Afogamento, s. m. Ato ou efeito de afogar ou de afogar-se.

Afogar[1], v. (1. *affocare* por *offocare*). 1. Tr. dir. Privar da respiração por asfixia; asfixiar. 2. Tr. dir. Impedir o crescimento de. 3. Tr. dir. e pron. Matar(-se) por submersão. 4. Tr. dir. Exterminar, extinguir (p. ex., as virtudes). 5. Tr. dir. Reprimir (p. ex., gemidos, queixas). 6. Tr. dir. Impedir (p. ex., uma vocação). 7. Tr. dir. Embargar, interromper. 8. Tr. dir. Ajustar ou apertar ao pescoço (p. ex., o vestido). 9. Tr. dir. Ensopar, mergulhar completamente (p. ex., o pão em vinho). 10. Pron. Matar-se ou morrer por asfixia. 11. Intr. e pron. Parar (o motor do veículo), por excesso de combustível.

Afogar[2], v. *Pop.* O mesmo que *refogar.*

Afogueado, adj. 1. Posto em brasa; esbraseado. 2. Cor de fogo; vermelho. 3. Entusiasmado, caloroso.

Afogueamento, s. m. Ato ou efeito de afoguear.

Afoguear, v. 1. Tr. dir. Pôr fogo a; queimar. 2. Tr. dir. Tornar

corado; enrubescer. 3. Tr. dir. Entusiasmar, incitar. 4. Pron. Incendiar-se, inflamar-se.
Afoiçar, v. Tr. dir. Dar forma de foice a.
Afoitar, v. Tr. dir. e pron. Tornar(-se) afoito; animar(-se), encorajar(-se).
Afoiteza, s. f. 1. Qualidade do que é afoito. 2. Atrevimento, audácia.
Afoito, adj. Audaz, corajoso, destemido.
Afolar, v. Tr. dir. Soprar (o lume) com fole.
Afolhamento, s. m. *Bot.* Ato ou efeito de afolhar.
Afolhar, v. Tr. dir. 1. Dividir em folhas. 2. Dividir (o campo) como em folhas ou porções grandes, para empregá-las com alternação de culturas.
Afonia, s. f. *Med.* Perda completa da voz.
Afônico, adj. Que tem afonia.
Afora, adv. Fora. Prep. À exceção de, além de, exceto.
Aforação, s. f. Ato ou efeito de aforar.
Aforado, s. m. *Dir.* O que é dado em aforamento.
Aforador, s. m. *Dir.* O que afora.
Aforamento, s. m. *Dir.* O mesmo que *enfiteuse.*
Aforar, v. 1. Tr. dir. Dar em aforamento. 2. Tr. dir. Arrendar com foro. 3. Tr. dir. Tomar em aforamento. 4. Tr. dir. Conceder certos direitos, honrarias ou privilégios a. 5. Pron. Arrogar-se, atribuir-se uma qualidade: *Aforar-se em* fidalgo.
Aforçuramento, s. m. Ato ou efeito de aforçurar(-se).
Aforçurar, v. *(a + forçura* (força) *+ ar).* Pron. Apressar-se, apressurar-se.
Aforese, s. f. *Med.* Falta de secreção sudoral.
Aforismal, adj. m. e f. V. *aforístico.*
Aforismático, adj. Pertencente a aforismo.
Aforismo, s. m. Máxima ou sentença breve e conceituosa.
Aforístico, adj. Que contém aforismo; sentencioso.
Aformosar, v. V. *aformosear.*
Aformoseamento, s. m. Ato ou efeito de aformosear.
Aformosear, v. Tr. dir. e pron. Tornar(-se) formoso; adornar (-se).
Aforquilhar, v. Tr. dir. 1. Dar forma de forquilha a. 2. Apanhar, segurar com forquilha.
Aforramento, s. m. Ato ou efeito de aforrar.
Aforrar[1], v. *(a + forro[1] + ar).* Tr. dir. Colocar forro em; forrar.
Aforrar[2], v. *(a + forro[2] + ar).* 1. Tr. dir. Dar alforria ou liberdade a, tornar forro (um escravo). 2. Tr. dir. Economizar, poupar. 3. Pron. Ficar livre, libertar-se.
Afortalezamento, s. m. Ato ou efeito de afortalezar.
Afortalezar, v. Tr. dir. 1. Transformar em fortaleza, fortificando com muros. 2. Dar aspecto de fortaleza a.
Afortunado, adj. Feliz, ditoso, bem-aventurado.
Afortunar, v. Tr. dir. Dar fortuna a; tornar ditoso.
Afortunoso, adj. V. *afortunado.*
Afracar, v. Tr. dir. Tornar fraco; enfraquecer.
Afrancesamento, s. m. Ato ou efeito de afrancesar ou afrancesar-se.
Afrancesar, v. Tr. dir. e pron. Dar modos de francês a, tornar (-se) semelhante a francês.
Afreguesamento, s. m. Ato ou efeito de afreguesar(-se).
Afreguesar, v. 1. Tr. dir. Tornar freguês. 2. Tr. dir. Adquirir ou granjear fregueses para. 3. Pron. Fazer-se ou tornar-se freguês de.
Afrentar, v. 1. Tr. dir. e pron. Colocar(-se) frente a frente. 2. Tr. ind. Confinar, ser contíguo.
Afresco *(ê)*, s. m. 1. Gênero de pintura que consiste em revestir de argamassa uma parede e, sobre a massa ainda fresca, pintar a cores, embebendo as tintas na parede. 2. Pintura feita deste modo. Pl.: *afrescos (ê).*
Afretamento, s. m. Ato ou efeito de afretar; fretamento.
Afretar, v. O mesmo que *fretar.*
África, s. f. Façanha, proeza, na expressão: Realizar uma *áfrica.*
Africânder, adj. m. e f. (hol. *afrikander*). Relativo aos brancos, de origem holandesa, da África do Sul. Pl.: *africânderes.*
Africanismo, s. m. *(africano + ismo).* 1. Estudo das coisas africanas. 2. Amor à África. 3. Vocábulo ou expressão, tomados a qualquer das línguas africanas.
Africanista, adj. m. e f. Relativo a coisas ou assuntos da África. S. m. e f. Especialista no estudo de línguas e culturas africanas.
Africanização, s. f. Ação ou efeito de africanizar.
Africanizar, v. Tr. dir. Dar aspecto ou feição de coisa africana a.
Africano, adj. 1. Relativo à África. 2. Natural da África.
Africanologia, s. f. Estudo dos costumes, história, cultura e folclore das raças e povos africanos.
Africanólogo, s. m. Especialista em africanologia.
Áfrico[1], adj. e s. m. V. *africano.*
Áfrico[2], s. m. Vento do sudoeste.
Afrikaans, s. m. (t. afro-holandês). *Lingüíst.* Língua que se desenvolveu na África meridional holandesa do século XVII.
Afro[1], adj. e s. m. V. *africano.*
afro-[2], elem. de comp. Exprime a idéia de *africano: afro-lusitanismo.*
afro-[3], elem. de comp. (gr. *aphros*). Exprime a idéia de *espuma: afrossiderita.*
Afro-americano, adj. 1. Relativo a americanos de descendência africana, especialmente negróide. 2. Relativo à cultura, como música, dança etc., de tais descendentes.
Afro-asiático, adj. Relativo à África e à Ásia ou aos africanos e aos asiáticos.
Afro-brasileiro, adj. *Etnol.* Relativo aos africanos e brasileiros, simultaneamente.
Afrodisia, s. f. Desejo sexual, especialmente quando mórbido ou excessivo.
Afrodisíaco, adj. 1. *Med.* Que restaura as forças geradoras. 2. Libidinoso, lúbrico, voluptuoso.
Afro-lusitanismo, s. m. Expressão própria do português falado na África.
Afro-lusitano, adj. Que ao mesmo tempo diz respeito aos africanos e portugueses.
Afro-negrismo, s. m. Expressão oriunda do falar dos negros de origem africana.
Afro-negro, adj. Relativo aos negros oriundos da África.
Afronta, s. f. 1. Ultraje ou injúria lançados em rosto. 2. Descrédito, infâmia. 3. Angústia, fadiga. 4. Arrojo, cometimento. 5. Assalto, combate. 6. *Dir.* Declaração do maior lanço em arrematação judicial.
Afrontação, s. f. 1. Ato ou efeito de afrontar. 2. Falta de ar; dispnéia.
Afrontado, adj. 1. Que sofreu afronta; ultrajado. 2. Colocado frente a frente; confrontado, acareado. 3. Encarado de frente; suportado.
Afrontamento, s. m. Ato ou efeito de afrontar.
Afrontar, v. 1. Tr. dir. Colocar fronte a fronte; confrontar. 2. Tr. dir. Estar situado defronte de. 3. Tr. dir. Encarar de frente; arrostar. 4. Tr. dir. Fazer afronta a; insultar. 5. Tr. dir. Resistir a; agüentar. 6. Pron. Esfalfar-se; fatigar-se. 7. Pron. Comparar-se; medir-se.
Afrontoso, adj. Que causa afronta; ignominioso.
Afrosinia, s. f. (gr. *aphrousune + ia*). V. *afronesia.*
Afrossiderita, s. f. *Miner.* Variedade de clorita.
Afrouxamento, s. m. Ato ou efeito de afrouxar.
Afrouxar, v. 1. Tr. dir. Tornar frouxo. 2. Tr. dir. Desapertar, soltar. 3. Tr. dir. e intr. Diminuir a rapidez de. 4. Tr. dir. Abrandar, acalmar. 5. Intr. Enfraquecer. 6. Pron. Fazer-se frouxo, rebaixar-se, relaxar-se.
Afrouxelar, v. Tr. dir. 1. Tornar macio, brando ou mole como frouxel. 2. Cobrir de frouxel.
Afrutar, v. Intr. Carregar-se de frutos; frutificar.
Afta, s. f. *Med.* Ulceração superficial das mucosas, na maioria bucais.
Aftosa, s. f. *Med.* Designação vulgar da aftose.
Aftose, s. f. *Med.* Estado mórbido, caracterizado pela formação de aftas.
Aftoso, adj. *Med.* Relativo a aftas ou por elas caracterizado: Febre *aftosa.*
Afugenta-demônios, s. m., sing. e pl. *Bot.* Planta hipericácea *(Hypericum perforatum),* também chamada *hipericão, melfurado* e *milfurada.*

Afugentamento, s. m. Ato ou efeito de afugentar.

Afugentar, v. Tr. dir. Fazer fugir; afastar.

Afumar, v. 1. Tr. dir. Cobrir de fumo; esfumar. 2. Tr. dir. Denegrir com fumo; tisnar. 3. Tr. dir. Escurecer. 4. Intr. Fumegar, lançar fumo.

Afundamento, s. m. Ato ou efeito de afundar.

Afundar, v. *(a + fundo + ar)*. 1. Tr. dir. Pôr no fundo. 2. Tr. dir. Meter a pique. 3. Tr. dir. Aprofundar, escavar fundamente. 4. Tr. dir. Examinar detidamente. 5. Pron. Ir a pique, submergir-se. 6. Tr. ind. e intr. Tomar uma direção; partir.

Afunilado, adj. Com forma de funil.

Afunilamento, s. m. Ato ou efeito de afunilar.

Afunilar, v. 1. Tr. dir. Dar forma de funil a. 2. Pron. Tomar forma de funil.

Afurá, s. m. (do ioruba). *Cul.* Bolo, do tamanho de uma laranja, feito de arroz fermentado.

Afuroar, v. Tr. dir. Lançar o furão a.

Afusal, s. m. Porção de fiadura que uma roca comporta.

Afusão, s. f. *Med.* Processo curativo que consiste em deixar cair água sobre uma região qualquer do corpo.

Afusar, v. Tr. dir. 1. Dar feitio de fuso a. 2. Aguçar, estimular.

Agá, s. m. Nome da letra H. Pl.: *agás* ou *hh*.

Agachada, s. f. (cast. *agachada*). 1. Arremetida feita pelo cavaleiro no início da corrida. 2. Dito chistoso. 3. Tentativa ousada; proeza. 4. *Ornit.* V. *narceja*.

Agachado, adj. 1. Abaixado. 2. Servil, subserviente.

Agachamento, s. m. Ato ou efeito de agachar.

Agachar, v. Pron. 1. Abaixar-se, acocorar-se. 2. Entregar-se, humilhar-se, sujeitar-se.

Agadanhado, adj. 1. Ferido com gadanho. 2. Em forma de gadanho.

Agadanhar, v. Tr. dir. 1. Agarrar com o gadanho. 2. Ferir com as unhas. 3. Pegar, prender.

Agafanhar, v. Tr. dir. Agarrar com a gafa.

Agafita, s. f. *Miner.* Pedra semipreciosa, vulgarmente chamada turquesa oriental.

Agaí, s. m. *Bot.* Planta apocinácea *(Thevetia ahovai)*.

Agaiatado, adj. Com ares ou modos de gaiato.

Agaiatar, v. Pron. Adquirir modos de gaiato, tornar-se gaiato.

Agaitar, v. Tr. dir. 1. Dar forma de gaita a. 2. Imitar o som da gaita em.

Agalactação, s. f. *Med.* V. *agalactia*.

Agalactia, s. f. *Med.* Diminuição ou falta da secreção láctea; agalaxia.

Agalanar, v. Tr. dir. V. *engalanar*.

Agalegado, adj. Com modos de galego; grosseiro.

Agalegar, v. Tr. dir. 1. Tornar semelhante a galego nos modos e na linguagem. 2. Abrutalhar.

Agalgar[1], v. *(a + galgo + ar)*. 1. Intr. e pron. Tomar (o cão) proporções e configuração de galgo. 2. Tr. dir. *Arquit.* Dar altura maior que a base a.

Agalgar[2], v. *(a + galga + ar)*. Tr. dir. Moer com galga.

Agalhar, v. Intr. *Bot.* Deitar galhos.

Agalhudo, adj. Audaz, esforçado, forte.

Agalinhar, v. Pron. *Pop.* Acovardar-se, baixar a crista, humilhar-se.

Agaloado, adj. Guarnecido ou bordado com galões.

Agaloadura, s. f. 1. Ato ou efeito de agaloar. 2. Guarnição de galões.

Agaloamento, s. m. Agaloadura.

Agaloar, v. Tr. dir. 1. Guarnecer de galões. 2. Enaltecer.

Agalostêmone, adj. e s. f. *Bot.* V. *alagostêmone*.

Agamia, s. f. 1. Ausência de matrimônio. 2. O mesmo que *agamogênese*.

Agâmico, adj. 1. *Biol.* Que se reproduz sem união sexual. 2. Criptogâmico.

Ágamo, adj. 1. Relativo à agamia. 2. *Bot.* O mesmo que *agâmico*.

Agamogênese, s. f. *Biol.* Reprodução sem o concurso de células sexuadas.

Agamospório, s. m. *Biol.* Espório assexual.

Agapanto, s. m. *Bot.* 1. Gênero *(Agapanthus)* de ervas liliáceas ornamentais, do Sul da África. 2. Planta desse gênero.

Ágape, s. m. 1. Refeição em comum celebrada entre os primeiros cristãos. 2. Qualquer refeição em comum, principalmente as em que os comensais sejam amigos.

Agapetas, s. f. pl. Virgens ou viúvas que, nos primeiros tempos do cristianismo, viviam em comunidade, sem fazer votos.

Ágar, s. m. *Bacter.* V. *ágar-ágar*.

Ágar-ágar, s. m. Substância gelatinosa, obtida de certas algas asiáticas, utilizada em bacteriologia, para a solidificação de meios de cultura; gelose.

Agareno, adj. e s. m. 1. Descendente de Agar. 2. Árabe.

Agaricáceas, s. f. pl. *Bot.* Família *(Agaricaceae)* de cogumelos, com muitas espécies comestíveis.

agarici-, elem. de comp. (1. *agaricu*). O mesmo que *agárico*: *agariciforme*.

Agariciforme, adj. m. e f. Com forma de agárico.

Agárico, s. m. *Bot.* 1. Gênero *(Agaricus)* típico da família das Agaricáceas, constituído de cogumelos que nascem em troncos de árvores velhas ou cortadas. 2. Cogumelo desse gênero.

Agarnachar, v. Tr. dir. 1. Dar forma de garnacha a. 2. Vestir de garnacha.

Agarotar, v. Tr. dir. e pron. Tornar(-se) garoto ou travesso.

Agarra, s. f. V. *agarração*.

Agarração, s. f. 1. Ato ou efeito de agarrar. 2. Grande amizade, amizade inseparável.

Agarradeira, s. f. Saliência que se faz na planta do casco do cavalo para lhe permitir melhor firmeza em terrenos úmidos ou escorregadios.

Agarradiço, adj. 1. Que se agarra ou pega facilmente. 2. Importuno, maçador.

Agarrado, adj. 1. Que se agarrou; seguro, preso. 2. *Fam.* Diz-se de pessoa, criança ou animal atreitos em demasia a outro. 3. Avaro.

Agarramento, s. m. 1. Ato ou efeito de agarrar. 2. Afeição exagerada.

Agarranado, adj. Semelhante a garrano (cavalo).

Agarra-pinto, s. m. *Bot.* Planta nictaginácea *(Boerhavia hirsuta)*. Pl.: *agarra-pintos*.

Agarrar, v. 1. Tr. dir. Prender com garra. 2. Tr. dir. e pron. Segurar(-se). 3. Tr. dir. Prender ou segurar com força e por violência. 4. Tr. dir. Lançar mão de, valer-se de. 5. Tr. ind. Prender ou segurar.

Agarrochar, v. Tr. dir. 1. Farpear, ferir com garrocha. 2. Estimular, excitar, incitar, instigar.

Agarrotar, v. Tr. dir. Matar com garrote; garrotar.

Agarruchar, v. Tr. dir. Apertar ou atar com garrucha[1].

Agarrunchar, v. Tr. dir. *Náut.* Ligar com garruncho.

Agasalhadeiro, adj. Que dá agasalho; hospitaleiro.

Agasalhado, adj. Que se agasalhou; coberto, abrigado.

Agasalhante, adj. m. e f. Que agasalha.

Agasalhar, v. 1. Tr. dir. Dar agasalho a; hospedar. 2. Tr. dir. Cobrir com agasalho. 3. Recolher em si; conter. 4. Tr. dir. Acolher com agrado ou carinho. 5. Pron. Aquecer-se; enroupar-se.

Agasalho, s. m. (germ. gót. *gasalja*). 1. Ato ou efeito de agasalhar. 2. Roupa de aquecer. 3. Calor, conforto.

Agastadiço, adj. Propenso a agastar-se.

Agastado, adj. Irado, aborrecido, sentido.

Agastamento, s. m. Ato ou efeito de agastar-se; irritação.

Agastar, v. Tr. dir. e pron. Excitar(-se) por leves provocações; irritar(-se), deprimir(-se).

Agastria, s. f. *Med.* Estado de quem sofreu ressecção de grande parte do estômago.

Agástrico, adj. *Zool.* Desprovido de canal intestinal.

Ágata, s. f. *Miner.* Variedade de calcedônia com zonas concêntricas diversamente coloridas.

Agatanhado, adj. Ferido com as unhas; arranhado.

Agatanhadura, s. f. Arranhadura.

Agatanhar, v. Tr. dir. e intr. Ferir com as unhas; arranhar, unhar.

Agateado, adj. Com olhos de cor semelhante à dos olhos do gato.
Ágateo, adj. Com veios semelhantes aos da ágata.
agati-, elem. de comp. Exprime a idéia de *ágata: agatífero.*
Agatífero, adj. *Geol.* Que contém ágata.
Agatinhar, v. 1. Tr. ind. e intr. Andar de gatinhas; engatinhar. 2. Tr. dir. Galgar de gatinhas; subir com dificuldade em.
Agatóide, adj. m. e f. Parecido com a ágata.
Agatunar, v. Pron. Tornar-se um tanto gatuno.
Agaturrar, v. Tr. dir. Agarrar, prender com as mãos.
Agauchar *(a-u),* v. Pron. Tomar hábitos ou modos de gaúcho.
Agave, s. f. *Bot.* 1. Gênero *(Agave)* de plantas amarilidáceas, originárias da América tropical. Inclui algumas espécies cultivadas por suas fibras, como o sisal. 2. Planta desse gênero, especialmente a *Agave americana,* também chamada *pita* ou *piteira.*
Agavelar, v. Tr. dir. Engavelar.
Agazuar, v. Tr. dir. Dar forma de gazua a.
-agem, suf. vernáculo (1. *-aticum* através do fr. *-age*). Exprime a idéia de coleção *(folhagem),* ato *(sondagem),* estado *(aprendizagem).*
Agência, s. f. (1. *agentia*). 1. Estabelecimento cujo fim é prestar determinados serviços, públicos ou particulares. 2. Sucursal de casas bancárias ou comerciais ou empresas fora das sedes. 3. Local onde está estabelecido o agente. 4. Encargo de agente. 5. Tempo que duram as funções de agente. 6. Atividade, diligência.
Agenciação, s. f. Ação de agenciar.
Agenciadeira, s. f. Mulher que agencia.
Agenciador, adj. e s. m. 1. Que agencia. 2. Agente.
Agenciamento, s. m. Ato ou efeito de agenciar.
Agenciar, v. Tr. dir. 1. Tratar (de negócios) como agente. 2. Tratar ou cuidar de. 3. Esforçar-se por obter; diligenciar. 4. Solicitar, requerer.
Agenda, s. f. Livro em que se anota dia a dia o que se tem a fazer.
Agenesia, s. f. Alteração orgânica que acarreta a esterilidade.
Agente, adj. m. e f. Que age, que exerce alguma ação; que produz algum efeito. S. m. e f. 1. Tudo aquilo que age, que atua, produzindo um efeito. 2. Pessoa encarregada da direção de uma agência. 3. *Gram.* Ser que realiza a ação expressa pelo verbo. 4. *Filos.* O princípio ou o sujeito de uma ação. 5. *Dir.* Pessoa que executa qualquer ato jurídico ou por ele é responsável. 6. *Med.* Qualquer força, princípio ou substância, capaz de agir sobre o organismo, quer de modo curativo, quer de modo mórbido.
Agerasia, s. f. Louçania e vigor da juventude em idade avançada.
Agêrato, adj. Que não envelhece. S. m. *Bot.* 1. Gênero *(Ageratum)* de ervas da família das Compostas, da América tropical. 2. Planta desse gênero, particularmente a espécie *Ageratum mexicanum,* ornamental.
Agermanar[1], v. *(a* + germano[1] + *ar).* Tr. dir. e pron. 1. Tornar (-se) irmão; igualar(-se). 2. Associar(-se).
Agermanar[2], v. *(a + germano*[2] *+ ar).* Tr. dir. e pron. Dar aspecto de alemão a.
Ageusia, s. f. *Med.* V. *ageustia.*
Ageustia, s. f. *Med.* Diminuição ou abolição do sentido do paladar.
Agigantamento, s. m. Ato ou efeito de agigantar.
Agigantar, v. 1. Tr. dir. Tornar gigantesco. 2. Pron. Tornar-se gigantesco.
Ágil, adj. m. e f. 1. Que se move com destreza; ligeiro. 2. Rápido, desembaraçado. Sup. abs. sint.: *agílimo.*
Agilidade, s. f. 1. Qualidade do que é ágil. 2. Desembaraço, presteza de movimentos. 3. Mobilidade, perspicácia, vivacidade.
Agilitar, v. Tr. dir. *P. us.* V. *agilizar.*
Agilização, s. f. Ato ou efeito de agilizar.
Agilizar, v. Tr. dir. Dar maior agilidade, rapidez, eficiência a; agilitar.
Ágio, s. m. (ital. *aggio*). 1. Lucro sobre a diferença de valor da moeda. 2. Juro de dinheiro emprestado; usura. 3. Especulação sobre a alta ou a baixa dos fundos públicos.
Agiota, adj. e s., m. e f. Que, ou quem se dedica à agiotagem.
Agiotagem, s. f. 1. Especulação de bolsa. 2. Operações ilícitas com o fim de obter grandes lucros. 3. Empréstimo de dinheiro a juros excessivos.
Agiotar, v. (fr. *agioter*). Intr. Praticar a agiotagem.
Agir, v. (1. *agere*). Intr. Atuar na qualidade de agente; obrar, praticar.
Agirafado, adj. Esguio como a girafa.
Agitabilidade, s. f. Qualidade do que é agitável.
Agitação, s. f. 1. Ato ou efeito de agitar. 2. Movimento, abalo. 3. Perturbação. 4. Comoção política; desordem. 5. *Med.* Estado das faculdades psíquicas, traduzido por inquietação, nervosismo, angústia e insônia.
Agitadiço, adj. Que se agita facilmente.
Agitador, adj. Que agita. S. m. 1. O que agita. 2. *Quím.* Bastão de vidro, para mexer os reativos. 3. Promotor de perturbações. Fem.: *agitatriz* e *agitadora.*
Agitar, v. (1. *agitare*). 1. Tr. dir. Mover com freqüência. 2. Tr. dir. Mover brusca e irregularmente; sacudir. 3. Tr. dir. Mover com violência; abalar. 4. Tr. dir. Sublevar. 5. Tr. dir. Propor, suscitar, ventilar. 6. Tr. dir. Alvoroçar, inquietar. 7. Pron. Alvoroçar-se, mover-se.
Agitável, adj. m. e f. Que se agita com facilidade.
Aglaia, s. f. *Bot.* 1. Gênero *(Aglaia)* de árvores e arbustos meliáceos, da Ásia e Oceânia. 2. Pequena árvore desse gênero *(Aglaia odorata),* muito vulgarizada no Brasil.
Áglifo, adj. *Herp.* 1. Diz-se dos dentes dos ofídios que não são canaliculados. 2. *P. ext.* Diz-se das serpentes desprovidas de presas inoculadoras.
Aglomeração, s. f. Ato ou efeito de aglomerar.
Aglomerado, adj. Ajuntado, amontoado. S. m. 1. Conjunto de coisas amontoadas. 2. *Constr.* Mistura de cimento e pedras variadas para imitação de mármores naturais. 3. Qualquer material constituído de fragmentos de uma substância, coesos geralmente por prensagem.
Aglomerar, v. (1. *agglomerare*). Tr. dir. e pron. Acumular(-se), ajuntar(-se), reunir(-se) em massa.
Aglossia, s. f. Falta da língua.
Aglosso, adj. 1. *Zool.* Que não tem língua. 2. Que fala barbaramente. 3. *Zool.* Diz-se de anuros desprovidos de língua.
Aglutição, s. f. *Med.* Dificuldade ou impossibilidade de deglutir.
Aglutinação, s. f. 1. Ato ou efeito de aglutinar. 2. *Gram.* Processo de formação de palavras compostas, em que os elementos ficam de tal modo ligados, que somente se tornam perceptíveis por meio da análise etimológica.
Aglutinante, adj. m. e f. Que aglutina.
Aglutinar, v. (1. *agglutinare*). 1. Tr. dir. Unir com cola ou grude. 2. Tr. dir. e pron. Causar aderência; tornar(-se) coesivo; unir(-se). 3. Tr. dir. *Cir.* Juntar (os lábios das feridas). 4. Tr. dir. *Lingüíst.* Juntar por aglutinação.
Aglutinativo, adj. e s. m. V. *aglutinante.*
Aglutinável, adj. m. e f. Que se pode aglutinar.
Agnação, s. f. Consangüinidade por linha masculina.
Agnado, adj. e s. m. Diz-se do, ou o parente por agnação.
Agnatia, s. f. *Terat.* Falta congênita do maxilar inferior.
Agnatício, adj. Relativo aos agnados.
Ágnato, adj. 1. Sem maxilar ou mandíbula. 2. Relativo aos Ágnatos. S. m. pl. *Zool.* Sub-ramo *(Agnatha)* de vertebrados que abrange animais destituídos de mandíbulas.
Agnelina, s. f. Pele de carneiro, com lã.
Agnome, s. m. Alcunha, apelido, que os romanos acrescentavam ao sobrenome.
Agnominação, s. f. V. *paronomásia.*
Agnosia, s. f. *Med.* Perda da capacidade sensorial de reconhecer os objetos.
Agnosticismo, s. m. *Filos.* Qualquer doutrina que afirma a impossibilidade de conhecer a natureza última das coisas.
Agnóstico, adj. Relativo ao agnosticismo. S. m. Partidário do agnosticismo.
-agogo, elem. de comp., de origem grega. Exprime a idéia de *o que conduz, o que guia: demagogo, pedagogo.*

Agogô, s. m. *Folc.* Idiofônio usado no candomblé.
Agomar, v. Intr. e pron. Lançar gomos; abrolhar, brotar.
Agonfiase, s. f. *Med.* V. *agonfose.*
Agonfose, s. f. *Med.* Estado dos dentes abalados e que se movem nos alvéolos; agonfiase.
Agongorado, adj. Obscuro e rebuscado (estilo).
Agongorar, v. Tr. dir. Imitar o estilo de Gôngora.
Agonia, s. f. 1. Estado de transição que precede a morte. 2. Espaço de tempo que dura esse estado. 3. Fase de decadência que prenuncia o fim de (instituições, coisas). 4. Dor intensa; aflição. 5. Desejo veemente de conseguir alguma coisa; ânsia.
Agoniação, s. f. Ato ou efeito de agoniar(-se).
Agoniado, adj. 1. Que sente agonia. 2. Muito penalizado; amargurado. 3. Aflito moralmente; angustiado. 4. Muito indisposto; nauseado.
Agoniador, adj. Que causa agonia; torturante.
Agoniar, v. 1. Tr. dir. Causar agonia a. 2. Tr. dir. Afligir; ansiar. 3. Tr. dir. e pron. Amargurar(-se). 4. Tr. dir. e pron. Agastar(-se). 5. Tr. dir. Afligir moralmente. 6. Pron. Sentir agonia.
Agônico, adj. Relativo à agonia.
Agonística, s. f. *Antig. gr.* Ciência dos combates ou lutas, que constituía aplicação especial da ginástica.
Agonizante, adj. m. e f. 1. Que agoniza; moribundo. 2. Que causa agonia. 3. Que declina rapidamente, que está em decadência. S. m. e f. Pessoa que está agonizando.
Agonizar, v. 1. Intr. Estar moribundo. 2. Intr. Achar-se em declínio ou decadência. 3. Tr. dir. Afligir, penalizar.
Ágono, adj. *Geom.* Sem ângulos.
Agora[1], adv. (l. *hac hora*). 1. Nesta hora, neste instante, neste momento. 2. Atualmente, presentemente.
Agora[2], conj. 1. O mesmo que *ora.* 2. O mesmo que *mas.*
Agora![3], interj. Voz designativa de desaprovação.
Ágora, s. f. Praça pública onde os gregos celebravam suas assembléias.
Agorafobia, s. f. Medo mórbido de espaços livres e descobertos ou de lugares públicos.
Agoráfobo, s. m. O que sofre de agorafobia.
Agorinha, adv. *Pop.* Agora mesmo, ainda agora, há poucos instantes. Var.: *agorica.*
Agostar, v. Pron. Murchar ou estiolar-se por falta de frescura.
Agostinha, adj. f. (de *agosto*). Diz-se de certa variedade de batata, cereja, maçã ou pêra de agosto.
Agostiniano, adj. 1. Relativo a Santo Agostinho. 2. Relativo à ordem de Santo Agostinho.
Agosto *(ô)*, s. m. Oitavo mês do ano civil.
Agoural, adj. m. e f. Relativo a agouros; agoureiro.
Agourar, v. 1. Tr. dir. Fazer agouro; predizer, vaticinar. 2. Intr. Ter mau agouro. 3. Pron. Prever o que está para acontecer a si mesmo.
Agoureiro, adj. Que agoura ou serve para agourar. S. m. 1. Adivinho. 2. Indivíduo que vaticina males. 3. Portador de más notícias.
Agourentar, v. Tr. dir. Fazer mau agouro a.
Agourento, adj. 1. Agoureiro. 2. Que envolve mau agouro.
Agouro, s. m. (l. *auguriu*). 1. Augúrio, presságio. 2. Qualquer sinal tido por prenúncio de sucessos futuros. 3. Presságio de coisa má.
Agraciação, s. f. V. *agraciamento.*
Agraciamento, s. m. Ato ou efeito de agraciar.
Agraciar, v. Tr. dir. 1. Dar ou comunicar graça a. 2. Conceder honrarias; galardoar. 3. Indultar.
Agraço, adj. Muito amargo. S. m. 1. Uva verde. 2. Suco de fruta verde. 3. Verdor, vigor. 4. Amargura.
Agradar, v. 1. Tr. ind. Ser agradável. 2. Tr. dir. Cair no gosto de; satisfazer. 3. Pron. Ter prazer; comprazer-se.
Agradável, adj. m. e f. Que agrada; aprazível. Sup. abs. sint.: *agradabilíssimo.*
Agradecer, v. 1. Tr. dir., tr. ind. e intr. Mostrar-se grato por (benefício recebido). 2. Tr. ind. Mostrar viço exuberante após a adubação.
Agradecido, adj. Que demonstra gratidão; grato. Antôn.: *ingrato.*
Agradecimento, s. m. 1. Ato ou efeito de agradecer. 2. Gratidão, reconhecimento.
Agrado, s. m. 1. Ato ou efeito de agradar(-se). 2. Beneplácito, consentimento. 3. Encanto, enlevo. 4. *Pop. Gratificação.*
Agrafia, s. f. *Med.* Desordem cerebral, caracterizada pela incapacidade de escrever.
Agrafo, s. m. (fr. *agrafe*). Gancho ou colchete metálico com que, nas operações cirúrgicas, se unem os lábios das incisões.
Ágrafo, adj. Que não está escrito.
Agramatismo, s. m. 1. Vício de pronúncia que consiste na omissão de fonemas. 2. Impossibilidade mórbida de expressar as idéias com sentido.
Agranelar, v. Tr. dir. Recolher em granel.
Agranizar, v. Tr. dir. Cobrir de granizo.
Agranulócito, s. m. *Biol.* Granulócito não granuloso.
Agranulocitose, s. f. *Med.* Diminuição ou ausência de leucócitos granulosos no sangue.
Agrar, v. Tr. dir. 1. Converter em agro. 2. Aplainar (terras) para cultivo.
Agrário, adj. Relativo aos campos; rural.
Agraudar *(a-u)*, v. 1. Tr. dir. Tornar graúdo. 2. Intr. e pron. Tornar-se graúdo.
Agravação, s. f. Ato ou efeito de agravar.
Agravado, adj. 1. Que se agravou. 2. *Dir.* Que sofreu agravo ou injustiça por despacho do juiz. S. m. *Dir.* 1. Pessoa que sofreu agravo. 2. Em juízo, parte contrária ao agravante.
Agravamento, s. m. 1. Ato ou efeito de agravar. 2. Exacerbação de uma enfermidade.
Agravante, adj. m. e f. 1. Que agrava. 2. *Fís.* Que aumenta a gravidade. S. f. Circunstância que torna o crime ou o pecado mais grave.
Agravar, v. (l. *aggravare*). 1. Tr. dir. Oprimir com peso ou carga; sobrecarregar. 2. Tr. dir. Aumentar, majorar. 3. Tr. dir. Exagerar a enormidade ou importância de. 4. Tr. dir. Piorar. 5. Tr. dir. Exacerbar. 6. Tr. dir. e pron. Magoar(-se), ofender(-se). 7. Tr. ind. e intr. *Dir.* Interpor recurso de agravo. 8. Pron. Ir a mal, tornar-se mais grave.
Agravativo, adj. Que agrava ou molesta.
Agravo, s. m. 1. Afronta, ofensa. 2. *Dir.* Recurso cabível contra certas decisões judiciais, em geral não definitivas.
Agraz, adj. e s. m. V. *agraço.*
Agre, adj. m. e f. V. *acre.*
Agredido, adj. e s. m. Que, ou aquele que sofreu agressão.
Agredir, v. (l. *aggredere*). Tr. dir. 1. Acometer, assaltar, atacar. 2. Injuriar, insultar. Conjug., pres. ind.: *agrido, agrides, agride, agredimos* etc.
Agregação, s. f. 1. Ato ou efeito de agregar. 2. Reunião em grupo; associação.
Agregado, adj. Anexado, associado, reunido. S. m. 1. Agregação, conjunto. 2. Reunião de partes que aderem entre si e formam um todo. 3. O que vive em uma família como se fosse parente. 4. Lavrador pobre estabelecido em terra de outrem, e que a cultiva sob certas condições.
Agregar, v. (l. *aggregare*). 1. Tr. dir. Congregar, reunir. 2. Tr. dir. Acumular, amontoar. 3. Pron. Associar-se, reunir-se.
Agregativo, adj. Que agrega.
Agremiação, s. f. 1. Ação de agremiar(-se). 2. Reunião em assembléia.
Agremiar, v. Tr. dir. e pron. Reunir(-se) em grêmio.
Agressão, s. f. 1. Ato ou efeito de agredir. 2. Incitamento, investida. 3. Ataque armado de um Estado a outro, sem fundar-se na legítima defesa.
Agressividade, s. f. 1. Disposição para agredir. 2. *Com.* Ação dinâmica na oferta de mercadorias.
Agressivo, adj. Que denota ou envolve agressão.
Agressor, adj. Que agride. S. m. O que agride.
Agreste, adj. m. e f. Relativo ao campo, sobretudo quando não cultivado. S. m. Zona geográfica brasileira, de solo pedregoso e vegetação escassa.
Agrestia, s. f. 1. Qualidade de agreste. 2. Grosseria, rudeza, rusticidade, agrestice.
Agrestice, s. f. O mesmo que *agrestia.*

agri-[1], elem. de comp. (l. *ager, agri*). Exprime a idéia de *campo: agricultura, agrimensura.*

agri-[2], elem. de comp. (l. *acer, acri*). Exprime a idéia de *acre: agridoce, agripene.*

Agrião[1], s. m. (cast. *agrión*). 1. *Bot.* Planta herbácea, crucífera, aquática, de caules ocos e raízes gemares *(Nasturtium officinale).* 2. *Gír.* Dinheiro.

Agrião[2], s. m. *Vet.* Tumor duro no curvilhão dos eqüídeos.

Agrícola, adj. m. e f. Relativo à agricultura ou ao agricultor.

Agricultar, v. 1. Tr. dir. Cultivar, lavrar (fazenda, terras). 2. Intr. Dedicar-se à agricultura.

Agricultável, adj. m. e f. Que pode ser agricultado; arável.

Agricultor, adj. Que agricultа; agrícola. S. m. Lavrador.

Agricultura, s. f. Arte de cultivar a terra.

Agridoce, adj. m. e f. Simultaneamente agro e doce. S. m. Sabor agridoce.

Agrilhoamento, s. m. Ato ou efeito de agrilhoar.

Agrilhoar, v. Tr. dir. 1. Pôr grilhões em; acorrentar. 2. Comprimir, reprimir. 3. Prender: *A. a liberdade.*

Agrimensar, v. Tr. dir. Medir (terrenos rurais).

Agrimensor, s. m. Medidor de terras.

Agrimensura, s. f. 1. Mensuração de superfícies de terra. 2. A arte dessa mensuração.

Agrimônia, s. f. *Bot.* 1. Gênero *(Agrimonia)* de ervas rosáceas, cultivadas em jardins. 2. Planta desse gênero, particularmente a *Agrimonia eupatoria,* aromática, amarga e adstringente.

Agrinaldar, v. V. *engrinaldar.*

Agripa, s. m. *Med.* Criança que, ao nascer, apresenta primeiro os pés.

Agripene, adj. m. e f. *Ornit.* Que tem as penas da cauda aguçadas em leque.

Agrisalhar, v. Tr. dir. e pron. Fazer(-se) ou tornar(-se) grisalho (o cabelo).

Agro[1], adj. (l. **acru* por *acre*). 1. Acre, azedo. 2. Áspero, desagradável. Sup. abs. sint.: *agérrimo* e *agríssimo.*

Agro[2], s. m. (l. *agru*). Campo ou terra lavradia.

agro-[3], elem. de comp. (gr. *agros*). Exprime a idéia de *campo: agrologia.*

Agro-doce, adj. m. e f. V. *agridoce.* Pl.: *agro-doces.*

Agrogeologia, s. f. Ciência que trata da constituição física e química do solo em suas relações com a agricultura.

Agrografia, s. f. Descrição de assuntos que se relacionam com a agricultura.

Agroindústria, s. f. Atividade econômica da industrialização do produto agrícola.

Agrologia, s. f. Ciência que trata do conhecimento dos terrenos nas suas relações com a agricultura.

Agrólogo, s. m. Aquele que trata de agrologia.

Agromancia, s. f. Adivinhação pelo aspecto dos campos.

Agromania, s. f. Mania de agricultura.

Agromante, s. m. e f. Pessoa que se dá à agromancia.

Agronomando, s. m. O que está prestes a formar-se em agronomia.

Agronometria, s. f. Cálculo da produção provável de um terreno cultivado.

Agronomia, s. f. Ciência que tem por objetivo a cultura dos campos; teoria da agricultura.

Agronômico, adj. Relativo à agronomia.

Agrônomo, s. m. Especialista em agronomia.

Agropecuária, s. f. Teoria e prática da agricultura associada à pecuária.

Agrovila, s. f. Núcleo urbanizado que o governo federal cria nas áreas em desenvolvimento, para residência e assistência de trabalhadores rurais.

Agrumar, v. Pron. Formar grumos, tomar forma de grumo.

Agrumetar, v. Tr. dir. Prover (a embarcação) de grumetes.

Agrumular, v. Tr. dir. e pron. Coagular(-se), juntar(-se) em grúmulos.

Agrupação, s. f. V. *agrupamento.*

Agrupamento, s. m. 1. Ato ou efeito de agrupar. 2. Grupo.

Agrupar, v. Tr. dir. e pron. Associar(-se), reunir(-se) em grupos.

Agrura, s. f. 1. Qualidade de agro; azedume. 2. Aspereza, escabrosidade, fragosidade. 3. Amargura, dissabor.

Água, s. f. (l. *aqua*). 1. Líquido formado de dois átomos de hidrogênio e um de oxigênio, sem cor, cheiro ou sabor, transparente em seu estado de pureza. 2. Chuva. 3. Líquido aquoso. 4. Sucos que têm aparência de água. 5. Líquido destilado das plantas e de qualquer dissolução em água de um mineral ou de outra substância química. 6. Cozimento, decocção. 7. Humor aquoso. 8. Lágrimas. 9. Suor. 10. Aparência cristalina, brilho, limpidez, lustro. 11. *Gír.* Embriaguez: *Estar na á.* Cfr. *Pau-d'água.* 12. *Arquit.* Cada uma das vertentes do telhado de uma casa. S. f. pl. Designação coletiva de extensões de água, como mares, lagos, rios etc. Ruído: *borbulhar, cachoar, chapinhar, chiar, escachoar, murmurar, rufar, rumorejar, sussurrar, trapejar.* – *Á. benta:* água usada pelos católicos em cerimônias religiosas, bênçãos e purificações. *Á.-brava:* suco leitoso da mandioca ralada, obtido por expressão. *Água-de-colônia:* álcool perfumado com diversas essências, usado em várias aplicações de toucador e em medicina. *Á. destilada:* água que é livrada, por destilação, de sólidos e de organismos, dissolvidos ou suspensos. *Á. dura:* água que contém sais de cálcio ou magnésio que resistem à ação de sabão, de modo que não produz espuma facilmente. *Á. férrea:* água nativa, que passa por veios ou minas de ferro, e que por isso contém partículas de ferro. *Água-furtada:* o último andar de uma casa, quando as janelas dão para o telhado, interrompendo-lhe ou modificando-lhe a vertente; trapeira. *Á. gasosa:* água mineral que desprende gases. *Água-marinha, Miner.:* variedade de berilo, de cor verde-mar, mais ou menos clara, que passa ao azul-celeste e ao amarelo-claro. *Á. mineral:* a que encerra percentagem de sais acima da habitual nas águas potáveis. *Á. oxigenada, Quím.:* água constituída por dois átomos de hidrogênio e dois de oxigênio, usada em solução em água comum como anti-séptico. *Á. pesada, Quím.:* água que contém mais do que a proporção comum de hidrogênio pesado, oxigênio pesado ou ambos, usada como moderador em reatores nucleares. *Á. potável:* a que se pode beber. *Á. radioativa:* água mineral que contém substâncias radioativas. *Á. salgada:* água dos mares, que contém grande proporção de cloreto de sódio. *Á. salobra:* a que contém grande quantidade de sais de cálcio e magnesianos. *Á. termal:* água mineral que sai quente da fonte. *Águas passadas:* fatos consumados.

Aguá, s. m. (cast. *agua*). *Zool.* O maior sapo conhecido (*Bufo marinus*). Alcança 20cm de comprimento e possui enormes glândulas parotídeas.

Aguaça, s. f. Enxurrada.

Aguaçal, s. m. 1. Charco. 2. Alagadiço temporário em terrenos baixos, após grandes chuvas.

Aguaceirada, s. f. Grande aguaceiro.

Aguaceiro, s. m. 1. Chuva forte, repentina e passageira. 2. Contratempo, infortúnio. 3. Ralhos, zanga.

Aguacento, adj. 1. Semelhante à água. 2. Impregnado de água.

Aguada, s. f. 1. Provisão de água que o navio faz para a viagem. 2. Lugar onde se faz provisão de água para as embarcações. 3. Modo de colorir um desenho cuja tinta é temperada com água (aguarela). 4. Mistura de água e clara de ovo, empregada pelos encadernadores. 5. Chuvada. 6. Lugar com água corrente onde os animais costumam beber.

Aguadeiro, s. m. Vendedor, carregador ou distribuidor de água.

Aguadilha, s. f. Secreção orgânica aquosa; muco, serosidade.

Aguado, adj. 1. Diluído em água. 2. Diz-se do fruto que contém muita água. 3. *Vet.* Diz-se do animal que sofre aguamento. 4. Com pouco açúcar: Café *aguado.* 5. Estragado, imperfeito: De gosto *aguado.*

Aguador, s. m. 1. Aquele que rega. 2. Vaso para regar; regador. Fem.: *aguadeira.*

Água-forte, s. f. 1. Nome vulgar do ácido nítrico. 2. Gravura a água-forte. Pl.: *águas-fortes.*

Água-fortista, s. m. e f. Gravador que se serve da água-forte para fixar o desenho, sobre um metal. Pl.: *água-fortistas.*

Aguagem, s. f. 1. Ato ou efeito de aguar. 2. Corrente impetuosa no mar alto ou junto às costas.

Aguamento, s. m. 1. Aguagem. 2. Lassidão extrema que se manifesta, após um grande esforço, por inflamação das patas de cavalos mal tratados.

Aguapé[1], s. f. 1. Bebida preparada com água e resíduo das uvas, depois de feito o vinho. 2. Vinho fraco.

Aguapé[2], s. m. *Bot.* Nome comum a várias plantas que se criam à superfície das águas.

Aguapezal, s. m. Grande extensão de água, coberta de aguapés.

Aguar, v. 1. Tr. dir. Borrifar com água ou outro líquido; regar. 2. Tr. dir. Misturar água com qualquer outro líquido. 3. Tr. dir. e pron. Encher(-se) de água. 4. Tr. dir. *Pint.* Adoçar (as cores) misturando água. 5. Intr. *Vet.* Ter aguamento. Conjug., pres. ind.: *águo, águas, água, aguamos, aguais, águam.* Perf. ind.: *agüei, aguaste, aguou, aguamos, aguastes, aguaram.* Subj. pres.: *ágüe, ágües, ágüe, agüemos, agüeis, ágüem.*

Aguardar, v. 1. Tr. dir., tr. ind. e intr. Esperar por, permanecer na expectativa de. 2. Tr. dir. Acatar, respeitar. 3. Tr. dir. Guardar, vigiar.

Aguardentar, v. Tr. dir. 1. Misturar com aguardente. 2. Caldear (o vinho) para que fique mais espirituoso.

Aguardente, s. f. Bebida alcoólica (40 a 60%) extraída por destilação de inúmeras plantas, raízes, frutos, sementes etc., suscetíveis de fermentação.

Aguardenteiro, s. m. 1. O que faz ou vende aguardente. 2. Ébrio habitual.

Água-régia, s. f. *Quím.* Líquido produzido pela mistura dos ácidos nítrico e clorídrico, que dissolve o ouro e a platina.

Aguarela, s. f. (ital. *acquarella*). V. *aquarela.*

Aguarrás, s. f. *Quím.* Essência de terebintina ou produto artificial com idênticas propriedades.

Aguateiro, adj. 1. V. *aguadeiro.* 2. Diz-se do animal que serve para carregar água ou puxar a carroça de água.

Água-viva, s. f. *Zool.* Denominação popular dada aos Celenterados quando sob a forma de medusa.

Aguçadeira, s. f. Pedra de aguçar ou de amolar.

Aguçadura, s. f. Ato ou efeito de aguçar.

Aguçar, v. (1. *acutiare*). 1. Tr. dir. Afiar, amolar. 2. Tr. dir. Adelgaçar, agudar. 3. Tr. dir. Avivar, sutilizar, tornar perspicaz. 4. Tr. dir. Aumentar a acuidade de. 5. Intr. Adelgaçar-se, afunilar-se. 6. Intr. Escapulir, fugir.

Agudez, s. f. V. *agudeza.*

Agudeza, s. f. 1. Qualidade do que é agudo. 2. Argúcia, perspicácia. 3. Acuidade. 4. Acrimônia, aspereza. 5. Estado agudo da doença.

Agudo, adj. 1. Terminado em gume ou em ponta. 2. Diz-se de sílaba oxítona. 3. Diz-se dos sentidos da vista, ouvido e olfato, quando perspicazes e rápidos em suas sensações. 4. *Med.* Diz-se das dores vivas e das doenças de curso rápido. 5. *Mús.* Diz-se do som alto, em contraposição ao baixo. Sup. abs. sint.: *acutíssimo* e *agudíssimo.*

Agüeira, s. f. Sulco que conduz as águas de rega.

Agüeirar, v. Tr. dir. Fazer agüeiros em.

Agüeiro, s. m. Rego por onde correm as águas das estradas.

Agüentar, v. (ital. *agguantare*). 1. Tr. dir. Suportar, sustentar (carga, peso ou trabalho). 2. Tr. dir. Aturar, tolerar. 3. Tr. dir. e intr. Resistir a. 4. Pron. Arranjar-se, haver-se. 5. Pron. Manter-se ou permanecer em.

Aguerrear, v. V. *aguerrir.*

Aguerrilhar, v. Tr. dir. e pron. Converter(-se) ou reunir(-se) em guerrilha.

Aguerrimento, s. m. Ato ou efeito de aguerrir.

Aguerrir, v. (fr. *aguerrir*). 1. Tr. dir. Acostumar às fadigas, aos perigos e trabalhos da guerra. 2. Tr. dir. Habituar (o corpo ou o espírito) a estudos ou trabalhos exaustivos. 3. Pron. Acostumar-se à guerra, exercitar-se nas armas. Verbo defectivo, só se emprega nas formas em que ao *r* do radical se siga a vogal *i: aguerrimos; aguerris; aguerria; aguerrirei; aguerriria* etc.

Águia, s. f. 1. *Ornit.* Designação comum a várias aves de rapina de grande porte, diurnas, da família dos Acipitrídeos, notáveis pelo seu tamanho, força, figura imponente, agudeza de vista e vôo poderoso. — Voz: *crocita, grasna, grita, pia.* 2. Homem de alto engenho ou de grande perspicácia. S. m. Pessoa atilada, astuta; espertalhão.

Aguieiro, s. m. *Carp.* Cada uma das traves que vão do frechal à cumeeira e sobre que se cruzam as vigas, em que assenta o telhado.

Aguilhada, s. f. Vara com ferrão numa ponta, destinada a picar os bois, na carretagem; aguilhão.

Aguilhão, s. m. 1. V. *aguilhada.* 2. V. *ferrão,* acep. 3. Bico ou ponta aguçada. 4. V. *acúleo.* 5. Estímulo, incentivo.

Aguilhar, v. V. *aguilhoar.*

Aguilhoada, s. f. 1. Picada com aguilhão. 2. Incitamento, instigação. 3. Dor forte e súbita, como se fosse produzida por aguilhão.

Aguilhoadela, s. f. Ato de aguilhoar uma vez.

Aguilhoamento, s. m. Ato ou efeito de aguilhoar.

Aguilhoar, v. Tr. dir. 1. Ferir ou picar com aguilhão. 2. Animar, incitar. 3. Fazer sofrer (física ou moralmente); pungir.

Aguilhoeiro, s. m. Fabricante ou vendedor de aguilhões.

Aguitarrar, v. Tr. dir. 1. Dar forma de guitarra a. 2. Tornar semelhante ao som da guitarra.

Aguizalhado, adj. *Heráld.* Que tem guizo de esmalte diferente.

Agulha, s. f. (1. *acuc'la*). 1. Hastezinha delgada de aço, pontiaguda numa das extremidades (bico, ponta) e com um orifício (fundo, furo) na outra, por onde se enfia a linha, retrós, lã, fita, fio, para coser, bordar ou tecer. 2. Varinha de metal, chifre, osso, marfim etc., com gancho próprio, usada para fazer crochê, tricô etc. 3. *Cir.* Instrumento delgado, oco, com uma canelura numa das extremidades e, na outra, com um dispositivo de adaptação à seringa, para fazer injeções ou punções. 4. Qualquer objeto delgado que sugere uma agulha. 5. Pino de aço que percute a espoleta de arma de fogo. 6. Nome comum a diversos peixes muito alongados.

Agulhada, s. f. 1. Ferimento ou pontada com agulha. 2. Dor fina; aguilhoada. 3. Porção de fio que de cada vez se enfia na agulha.

Agulhão, s. m. 1. *Ictiol.* Peixe marinho da família dos Belonídeos *(Strongilura raphidoma).* 2. *Náut.* Grande agulha de marear. 3. Pedra aguda, submersa no leito de um rio.

Agulhar, v. 1. Tr. dir. Ferir com agulha. 2. Tr. dir. Ferir, incomodar.

Agulheiro, s. m. 1. Estojo onde se guardam agulhas; porta-agulhas. 2. Agulheteiro.

Agulheta (*ê*), s. f. 1. Agulha para enfiar cordões ou fitas. 2. Remate metálico de um cordão, que facilita o enfiamento em um orifício. 3. Extremidade metálica das mangueiras. 4. Enfeite em que terminam os cordões de alguns uniformes.

Agulheteiro, s. m. O que faz ou vende agulhas ou agulhetas.

Ah!, interj. Para traduzir os mais variados sentimentos como: *alegria, prazer; admiração, surpresa; saudade; dor, sofrimento; indignação; terror; súplica; impaciência.*

Ah! ah! ah!, interj. Exprime o riso franco ou a gargalhada.

Ahn!, interj. Denota admiração, compreensão, reflexão.

Ai[1]!, interj. 1. Exprime aflição ou dor. 2. Voz de quem repreende.

Ai[2], s. m. 1. Gemido triste e doloroso. 2. Momento: Num *ai,* isto é, num abrir e fechar de olhos.

Aí[1], adv. (1. *ad + hic*). 1. Em posição próxima à pessoa a quem se fala, nesse lugar. 2. No mundo. 3. Nessa matéria, nisso. 4. Nessa altura. 5. Em tal caso.

Aí[2], s. m. *Zool.* Nome que os indígenas davam às preguiças, mamíferos desdentados, da família Bradipodídeos.

Aí[3]!, interj. Exprime aplauso ou incitação.

Aia, s. f. 1. Preceptora de crianças, em casa de famílias nobres. 2. Dama de companhia. 3. Camareira, criada de quarto.

Aiaçá, s. f. *Zool.* Nome das tartarugas jovens, especialmente do gênero Podocnemis.

Aiai, s. m. *Zool.* Lêmure noturno de Madagáscar (*Daubentonia madagascariensis*).

Ai-ai!, interj. 1. Exprime dor. 2. Indica censura ou ralho.

Aiaia, s. f. 1. Brinquedo. 2. Vestido de criança.

Aiapana, s. f. *Bot.* Erva medicinal, da família das Compostas (*Eupatorium triplinerve*).

Aiar, v. Intr. Dar ais, emitir gritos de dor, gemer.

Aidético, adj. e s. m. Que, ou aquele que padece de aids.

Aids, s. f. (t. ingl.). Acrônimo de *Acquired Immunological Deficiency Syndrome*: Síndrome da deficiência imunológica adquirida. *Med.* Doença de origem viral, de elevada incidência e índice letal absoluto.

Ai Jesus![1], interj. Designativa de dor ou surpresa.

Ai-jesus[2], s. m. e f. O predileto, o queridinho; a predileta, a queridinha.

Ailanto, s. m. *Bot.* 1. Gênero *(Ailanthus)* de árvores simarubáceas da Índia e da China, em cujas folhas se cria um bicho-da-seda. 2. Árvore desse gênero *(Ailanthus altissima)*; árvore-do-céu.

Ailerom, s. m. (fr. *aileron*). *Aeron.* Plano auxiliar móvel de um avião, geralmente parte articulada da borda de fuga, perto das pontas da asa, que tem por função comandar a inclinação transversal do avião.

Aimará, s. m. Túnica de algodão entretecida de penas, usada por indígenas.

Aimoré, adj. m. e f. *Etnol.* Relativo aos Aimorés, indígenas que viviam nas serranias entre a Bahia, Espírito Santo e Rio de Janeiro. S. m. e f. Indígena dessa tribo.

Ainda, adv. 1. Até agora, até este momento. 2. Até então. 3. Além disso. 4. Não obstante. 5. Também. 6. Até mesmo. 7. Para o futuro. 8. Junto a advérbios ou locuções de tempo, serve para restringir-lhes a significação.

Aio, s. m. 1. Encarregado da educação dos filhos de famílias nobres ou ricas. 2. Criado grave.

Aipé, s. m. *Bot.* Leguminosa-cesalpiniácea (*Macrolobium chrysostichyum*); ipê-da-folha-miúda.

Aipim, s. m. *Bot.* Mandioca.

Aipo, s. m. *Bot.* Planta da família das Umbelíferas (*Apium graveolens*), de sementes condimentícias.

Airado, adj. 1. Aéreo. 2. Extravagante, leviano. 3. Alucinado, desvairado.

Airar, v. (cast. *aire + ar*). Intr. Refrescar-se, tomar ar.

Airi, s. m. *Bot.* Palmácea, cujo fruto é comível (*Astrocaryum ayri*).

Airosidade, s. f. Qualidade de airoso.

Airoso, adj. 1. Elegante, esbelto. 2. Amável, gentil, polido. 3. Decente, digno.

Aíva, adj. m. e f. 1. Que está meio doente. 2. Mau, podre, ruim. 3. Mofino.

Aiveca, s. f. Cada uma das peças que sustentam a relha do arado e servem para levantar a terra e alargar o sulco.

Aizoáceas, s. f. pl. *Bot.* Família (*Aizoaceae*) de ervas da ordem das Centrospermas, de flores não raro vistosas.

Ajaezar, v. 1. Tr. dir. Adornar com jaezes. 2. Tr. dir. e pron. Adereçar(-se), enfeitar(-se).

Ajajá, s. f. O mesmo que *colhereiro*.

Ajanotado, adj. Com ares de janota.

Ajanotar, v. Tr. dir. e pron. Dar(-se) ares de janota a, vestir(-se) como um janota.

Ajantarado, adj. Semelhante a um jantar. S. m. Almoço abundante, servido tarde, para servir também de jantar.

Ajará, s. m. *Bot.* Planta violácea (*Rinorea guianensis*).

Ajardinado, adj. 1. Disposto em jardim. 2. Que tem jardim.

Ajardinamento, s. m. Ato ou efeito de ajardinar.

Ajardinar, v. Tr. dir. Dar forma de jardim a; dispor em jardim.

Ajaré, s. m. *Bot.* Planta papilionácea (*Tephrosia nitens*), usada pelos índios para envenenar flechas.

Ajeirar, v. Tr. dir. Dividir em jeiras.

Ajeitação, s. f. Ato ou efeito de ajeitar; ajeitamento.

Ajeitamento, s. m. V. *ajeitação*.

Ajeitar, v. (*a + jeito + ar*). 1. Tr. dir. Pôr a jeito ou de jeito. 2. Tr. dir. Facilitar, concorrendo para o bom êxito. 3. Tr. dir. Acomodar, adaptar, pôr a jeito. 4. Pron. Acomodar-se, pôr-se a jeito.

Ajesuitar, v. Tr. dir. e pron. Tornar(-se) jesuíta, ou semelhante a jesuíta.

Ajoelhação, s. f. Ação de ajoelhar(-se); genuflexão.

Ajoelhar, v. 1. Tr. dir. Fazer dobrar os joelhos, pôr de joelhos. 2. Intr. e pron. Genuflectir, pôr-se de joelhos. 3. Intr. e pron. Fraquear, submeter-se.

Ajornalar, v. 1. Tr. dir. Contratar por jornal ou diária. 2. Pron. Trabalhar por jornal ou diária.

Ajoujamento, s. m. Ato ou efeito de ajoujar.

Ajoujar, v. (1. *jugiare*). 1. Tr. dir. Ligar ou prender com ajoujo (cães de caça, bois e outros animais). 2. Tr. dir. Avexar, sobrecarregar. 3. Tr. dir. Fazer vergar ao peso de uma grande carga. 4. Tr. dir. e pron. Juntar(-se), unir(-se). 5. Pron. Deixar-se dominar por outrem.

Ajoujo, s. m. Coleira, corda, correia ou corrente, com que se jungem animais pelo pescoço.

Ajuda, s. f. 1. Ato ou efeito de ajudar. 2. Auxílio, assistência, socorro.

Ajudância, s. f. Cargo de ajudante.

Ajudante, adj. m. e f. Que ajuda. S. m. e f. 1. Pessoa que ajuda. 2. Funcionário às ordens de outro.

Ajudar, v. (1. *adjutare*). 1. Tr. dir. e tr. ind. Dar ajuda ou auxílio a, favorecer, socorrer. 2. Tr. dir. Facilitar, promover. 3. Pron. Aproveitar-se, valer-se. 4. Pron. Auxiliar-se.

Ajudengar, v. 1. Tr. dir. Comunicar os modos judaicos a. 2. Pron. Tomar modos de judeu.

Ajudeuzado, adj. Meio judeu.

Ajuizado (*u-i*), adj. 1. Que se ajuizou; apreciado, julgado, avaliado. 2. Que tem juízo; sensato.

Ajuizar (*u-i*), v. 1. Tr. dir. e tr. ind. Formar juízo a respeito de; julgar, ponderar. 2. Tr. dir. Dar juízo a; tornar ponderado e sensato. 3. Tr. dir. Calcular, conjeturar, supor. 4. Tr. dir. Levar a juízo, pôr em juízo. 5. Pron. Considerar-se, julgar-se.

Ajuizável (*u-i*), adj. m. e f. Que se pode ajuizar ou demandar.

Ajulata, s. f. Peça de pano em que se envolvem os indígenas, na falta de outra roupa. Var.: *aijulata*.

Ajumentado, adj. Que tem aparência de jumento.

Ajuntação, s. f. V. *ajuntamento*.

Ajuntadeira, s. f. Mulher que junta certas peças de calçados, costurando-as uma às outras.

Ajuntadouro, s. m. Lugar onde se juntam águas da chuva ou outras coisas.

Ajuntamento, s. m. 1. Ato ou efeito de ajuntar. 2. Reunião de pessoas; agrupamento. 3. *Pop.* Mancebia.

Ajuntar, v. 1. Tr. dir. Pôr junto; aproximar, unir. 2. Tr. dir. Colecionar, reunir. 3. Tr. dir. e pron. Aglomerar(-se), congregar(-se). 4. Tr. dir. e pron. Acrescentar(-se), aumentar(-se). 5. Tr. dir. Acumular, amontoar. 6. Tr. dir. Amealhar, economizar. 7. Pron. Incluir-se, incorporar-se. 8. Pron. Amasiar-se.

Ajuramentado, adj. Que prestou juramento.

Ajuramentar, v. 1. Tr. dir. Fazer jurar. 2. Tr. dir. Deferir juramento a; tomar juramento de. 3. Pron. Obrigar-se com juramento.

Ajuru, s. m. Denominação genérica amazonense de papagaios.

Ajustado, adj. 1. Que se ajustou; conforme, concorde. 2. Acertado, afinado. 3. Combinado, contratado. 4. Acomodado, conformado. S. m. Aquilo que se ajustou.

Ajustagem, s. f. 1. Ato ou efeito de ajustar. 2. *Tecn.* Regulagem, afinação.

Ajustamento, s. m. 1. Ato ou efeito de ajustar. 2. Combinação, pacto. 3. *Mec.* Grau de folga ou justeza existente entre duas peças justapostas.

Ajustar, v. 1. Tr. dir. Tornar justo ou exato; unir bem; igualar. 2. Tr. dir. Apertar peças (de vestes, equipamentos). 3. Tr. dir. Combinar: *A. o preço* de. 4. Tr. dir. e pron. Acomodar(-se), conformar(-se). 5. Tr. ind. Adaptar-se, quadrar. 6. Pron. Adornar-se, enfeitar-se.

Ajustável, adj. m. e f. Que se pode ajustar.

Ajuste, s. m. 1. V. *ajustamento*. 2. Concerto, contrato, convenção.

Ajustura, s. f. (fr. *ajusture*). Pequena cavidade numa ferradura, para que esta se adapte ao casco.

Ajutório, s. m. Adjutório.

Al¹, pron. (l. *ale*, por *aliud*). *Ant.* Outra coisa.

al-², pref. Artigo árabe, correspondente ao vernáculo *o*, *a* e existente em grande número de palavras portuguesas, como *albergue, alcorão, algodão*.

-al³, suf. (l. *alis*). 1. Forma adjetivos que exprimem idéia de pertença ou relação (virginal), natureza (mortal), tirante a (negral). 2. Forma substantivos, com a idéia de coleção ou reunião (laranjal), abundância (lamaçal).

Ala, s. f. 1. Cada uma das filas separadas por um espaço. 2. Cada um dos agrupamentos que, em quaisquer formas de associação, têm particulares afinidades. 3. Cada um dos flancos de um exército, em formação de batalha. 4. Cada um dos grupos de um partido político. 5. Parte lateral de um edifício.

Alabama, s. m. 1. Caixeiro-viajante. 2. Brilhante de muita vista mas de qualidade inferior. 3. Pessoa que arrebanha fregueses para tavolagens.

Alabanda, s. m. Mármore negro, mencionado por Plínio.

Alabarda, s. f. Arma constante de uma haste comprida de madeira, terminando por um espigão de ferro atravessado por outro em forma de meia-lua.

Alabardada, s. f. Golpe de alabarda.

Alabardeiro, s. m. O que traz alabarda.

Alabardino, adj. Em forma de alabarda.

Alabastrino, adj. Semelhante a, ou que tenha alguma das qualidades do alabastro; branco.

Alabastrita, s. f. Variedade de gesso, semelhante ao alabastro.

Alabastro, s. m. *Miner.* Pedra, branca ou clara, translúcida, macia, constituída de gipsita.

Alabirintado, adj. 1. Como labirinto. 2. Confuso. 3. Sinuoso.

Alabregado, adj. Com modos de labrego; grosseiro, lapuz.

Alacaiado, adj. Com maneiras de lacaio.

Alacoado, adj. Que tem cor de lacão (presunto); rubicundo.

Alacrado, adj. Da cor do lacre.

Alacranar, v. Tr. dir. Dar superfície áspera e espinhosa a.

Álacre, adj. m. e f. 1. Alegre. 2. Esperto, vivo.

Alacreado, adj. Alacrado.

Alacridade, s. f. Qualidade de álacre.

Alado, adj. 1. Que tem asas. 2. Em forma de asa.

Aladroado, adj. 1. Com tendência para ladrão. 2. Cerceado ou diminuído com fraude (peso).

Aladroar, v. Tr. dir. Desfalcar com fraude.

Alagação, s. f. 1. Ato ou efeito de alagar. 2. Inundação periódica das terras, na Amazônia.

Alagadeiro, s. m. Lugar alagado ou paludoso.

Alagadiço, adj. 1. Sujeito a ser alagado. 2. Encharcado, pantanoso. S. m. Terreno alagadiço.

Alagado, adj. Coberto de água; inundado. S. m. Pequena lagoa, temporária.

Alagamar, s. m. Pequena angra, rodeada de penedos, onde entra a maré já com pouca violência.

Alagamento, s. m. 1. Ato ou efeito de alagar. 2. Destruição, ruína.

Alagar, v. 1. Tr. dir. e pron. Converter(-se) em lago, inundar(-se). 2. Tr. dir. e pron. Encher(-se) de qualquer líquido (em sentido fig.): *A.* as faces *de* lágrimas. 3. Tr. dir. Arruinar, destruir.

Alagartado, adj. 1. Da cor do lagarto; sarapintado. 2. Que está com lagartas.

Alagoano, adj. Do Estado de Alagoas. S. m. Homem nascido no Estado de Alagoas.

Alagostado, adj. Da cor avermelhada da lagosta.

Alalia, s. f. *Med.* Mutismo ocasionado por paralisia ou defeito dos órgãos da fonação.

Alamanda, s. f. *Bot.* 1. Gênero *(Allamanda)* de trepadeiras lenhosas, apocináceas, ornamentais. 2. Planta desse gênero.

Alamar, s. m. (ár. *al-mara*). Cordão de seda, lã ou metal, que guarnece e abotoa a frente de uma peça de vestuário.

Alamarado, adj. Guarnecido de alamares.

Alambari, s. m. *Ictiol.* O mesmo que *lambari*.

Alambazado, adj. 1. Semelhante a lambaz; glutão, guloso. 2. Desajeitado, grosseiro. 3. Corpulento, pesado.

Alambazar, v. Pron. 1. Tornar-se glutão. 2. Tornar-se grosseiro.

Alambicado, adj. 1. Em forma de alambique. 2. Afetado, presumido.

Alambicar, v. 1. Tr. dir. Destilar no alambique. 2. Tr. dir. Aprimorar com afetação; requintar. 3. Pron. Tornar-se alambicado; requintar-se com afetação.

Alambique, s. m. Aparelho de destilação, cujas peças principais são: cucúrbita ou caldeira, capitel ou capacete e serpentina.

Alambiqueiro, s. m. 1. Aquele que trabalha com alambique. 2. Proprietário de alambique.

Alambra, s. f. Resina extraída do choupo.

Alambrado, adj. Cercado com arame. S. m. Cerca de arame.

Alambre¹, s. m. 1. Âmbar. 2. *Fam.* Pessoa esperta, finória.

Alambre², s. m. Fio metálico, arame.

Alameda *(ê)*, s. f. 1. Rua ou avenida plantada de quaisquer árvores. 2. Renque de árvores.

Alamedado, adj. Com disposição de alameda.

Alamedar, v. Tr. dir. Dar disposição de alameda.

Alamiré, s. m. Lamiré.

Álamo, s. m. *Bot.* Árvore do gênero Pópulo; choupo, especialmente o choupo-tremedor *(Populus tremula)*.

Alâmpada, s. f. Lâmpada.

Alanceado, adj. 1. Ferido com lança. 2. Torturado moralmente.

Alanceamento, s. m. Ato ou efeito de alancear.

Alancear, v. Tr. dir. 1. Ferir com lança. 2. Amargurar, pungir.

Alandeado, adj. Semelhante à lande; glandiforme.

Alanguidar, v. Intr. Languescer.

Alanhamento, s. m. Ato ou efeito de alanhar.

Alanhante, adj. m. e f. Que alanha.

Alanhar, v. Tr. dir. 1. Dar lanhos em. 2. Fazer incisões (em peixe), para salgá-lo. 3. Oprimir.

Alanita, s. f. *Miner.* Ortita.

Alano, s. m. Alão.

Alanos, s. m. pl. *Etnol.* Povo da Sarmácia européia, que, no século V, invadiu a Ibéria.

Alantóide, s. f. *Embr.* Invólucro embrionário dos vertebrados superiores, que tem uma função respiratória.

Alantoidiano, adj. Relativo à alantóide. S. m. Qualquer animal que no estado embrionário possui uma alantóide.

Alão, s. m. Cão valente de caça. Pl.: *alãos, alães* e *alões*. Var.: *alano*.

Alapado, adj. 1. Escondido em lapa. 2. Com aspecto de lapa.

Alapar, v. 1. Tr. dir. Esconder em lapa. 2. Pron. Ocultar-se debaixo ou detrás de alguma coisa.

Alapardado, adj. Alapado.

Alapardar, v. Pron. Esconder-se, ocultar-se; alapar-se.

Alapoado, adj. Semelhante a lapão; grosseiro.

Alaque, s. m. Plinto.

Alar¹, v. (ant. nórdico *hala* + *ar*). 1. Tr. dir. Içar, puxar para cima. 2. Tr. dir. Elevar, erguer. 3. Pron. Elevar-se, erguer-se.

Alar², v. (l. *ala* + *ar*). 1. Tr. dir. Dar asa(s) a. 2. Tr. dir. Dispor em alas. 3. Pron. Criar asas. 4. Pron. Desferir vôo.

Alar³, v. (fr. *aller*). Intr. *Gír.* Ir.

Alar⁴, v. Intr. *Gír.* Viver.

Alar⁵, adj. m. e f. (l. *ala* + *ar*). Relativo a asa, semelhante a asa.

Alaranjado, adj. 1. Que tem cor, gosto, odor ou forma de laranja. 2. Diz-se de um pigmento cuja cor se situa entre o amarelo e o vermelho. S. m. A cor de laranja.

Alarar, v. Tr. dir. Estender no lar ou lareira.

Alarde, s. m. Jatância, ostentação, vanglória.

Alardeadeira, s. f. Mulher que alardeia.

Alardeador, adj. e s. m. Que, ou o que alardeia.

Alardear, v. 1. Tr. dir. Fazer alarde de, ostentar. 2. Intr. Contar bazófias. 3. Pron. Gabar-se.

Alargador, adj. e s. m. Que, ou o que alarga. S. m. *Mec.* Ferramenta para alargar furos; escareador, mandril.

Alargamento, s. m. 1. Ato de alargar; dilatação, extensão. 2. Estado do que se alargou; dilatação.

Alargar, v. 1. Tr. dir. e pron. Tornar(-se) mais largo. 2. Tr. dir. e pron. Ampliar(-se), aumentar(-se). 3. Tr. dir. Dar maior duração a, prolongar. 4. Tr. dir. Afrouxar, desapertar. 5. Intr. e pron. Dilatar(-se). 6. Tr. dir. Estender.

Alarido, s. m. 1. Clamor de vozes; gritaria. 2. Choro, lamentação.

Alarifagem, s. f. Qualidade de quem é alarife; velhacagem.

Alarife, s. m. (ár. *alarif*). 1. Arquiteto, construtor. 2. *Gír.* Indivíduo velhaco.

Alarma, s. m. 1. Grito para pegar em armas. 2. Aviso de algum perigo. 3. Inquietação causada pela ameaça de perigo real ou suposto. 4. Dispositivo para dar alarma: *Alarma* de incêndio.

Alarmante, adj. m. e f. Que causa alarma.

Alarmar, v. Tr. dir. e pron. Pôr(-se) de alarma.

Alarme, s. m. V. *alarma.*

Alarmista, s. m. e f. Pessoa que se compraz em espalhar boatos alarmantes.

Alarvado, adj. Com modos de alarve; brutal, grosseiro.

Alarvaria, s. f. 1. Ato de alarve. 2. Brutalidade.

Alarve, adj. m. e f. (ár. *alárab*). 1. Relativo aos árabes; arábico. 2. Brutal, rústico. S. m. Beduíno salteador.

Alarvia, s. f. Multidão de alarves.

Alasquense, adj. m. e f. Alasquiano.

Alasquiano, adj. e s. m. Que, ou o que é característico ou natural do Alasca.

Alastrado, adj. 1. Que possui lastro. 2. Disposto no fundo da embarcação, como o lastro.

Alastramento, s. m. Ato ou efeito de alastrar.

Alastrante, adj. m. e f. Que alastra ou se alastra.

Alastrar, v. 1. Tr. dir. Cobrir com lastro; lastrar. 2. Tr. ind., intr. e pron. Alargar-se, estender-se gradualmente. 3. Tr. dir. e pron. Cobrir(-se). 4. Tr. dir. e pron. Espalhar(-se).

Alastrim, s. m. *Med.* Forma atenuada de varíola.

Alatinado, adj. Semelhante ao latim na forma ou na construção.

Alatinar, v. Tr. dir. Dar feição latina a.

Alatoamento, s. m. Ato ou efeito de alatoar.

Alatoar, v. Tr. dir. Guarnecer com cintas ou embutidos de latão.

Alaúde, s. m. *Mús.* Instrumento de cordas, usado desde a Antiguidade.

Alavanca, s. f. 1. *Mec.* Barra inflexível, reta ou curva, apoiada ou fixa num ponto de apoio fora da sua extensão, chamado fulcro, e destinada a mover, levantar ou sustentar qualquer corpo. 2. Qualquer barra usada para levantar ou mover volumes pesados. 3. Meio de ação.

Alazão, adj. (ár. *al-'az'ar*, pelo esp.?). Que tem cor de canela (falando-se de eqüino). S. m. Eqüino de cor castanho-avermelhada. Var.: *lazão.* Fem.: *alazã.* Pl.: *alazães* e *alazões.*

Alazeirado, adj. Que tem lazeira.

Alba, s. f. Aurora, dilúculo; alva.

Albacora *(ô),* s. f. *Ictiol.* Peixe marinho, da família dos Tunídeos *(Thunnus alalunga);* atum-branco, germo.

Albanês, adj. Relativo à Albânia. S. m. 1. Homem natural da Albânia. 2. Idioma falado na Albânia.

Albano[1], adj. e s. m. (l. *albanu*). V. *albanês.*

Albano[2], s. m. *Quím.* Pó branco e cristalino, que se extrai da guta-percha.

Albará, s. m. *Bot.* Erva canácea *(Canna angustifolia).*

Albarda, s. f. 1. Sela grosseira, cheia de palha, para bestas de carga. 2. *Pop.* Jaqueta mal feita.

Albardado, adj. Aparelhado com albarda.

Albardão, s. m. 1. Albarda grande. 2. Cadeia de cerros e baixadas. 3. Depressão na lombada de um monte.

Albardar, v. Tr. dir. 1. Pôr albarda em. 2. Dominar. 3. Fazer mal e às pressas.

Albardeiro, s. m. 1. Aquele que faz ou vende albardas. 2. *Pop.* Mau alfaiate.

Albatroz, s. m. *Ornit.* Grande ave marinha, procelariforme *(Diomedea epomophora longirostris),* com 1,20m em cada asa.

Albente, adj. m. e f. Que alveja, que branqueia.

Albergado, adj. 1. Recolhido em albergue. 2. Hospedado.

Albergamento, s. m. Ato ou efeito de albergar.

Albergar, v. 1. Tr. dir. Dar albergue a. 2. Tr. dir. Conter, guardar. 3. Tr. dir. e pron. Recolher(-se) em albergue.

Albergaria, s. f. 1. Casa onde se dá albergue. 2. Estalagem, hospedaria.

Albergue, s. m. 1. Casa de pouso. 2. Asilo onde se recolhem pobres. 3. Refúgio.

Albergueiro, s. m. O que alberga.

Albescente, adj. m. e f. Que desmaia para branco.

albi-, elem. de comp. (l. *albu*). Entra na formação de palavras com o significado de *branco: albicaude.*

Albicante, adj. Albescente.

Albicaude, adj. m. e f. *Zool.* Que tem a cauda branca.

Albicaule, adj. m. e f. *Bot.* De tronco branco.

Albicole, adj. m. e f. *Zool.* De pescoço branco.

Álbido, adj. Tirante a branco.

Albificar, v. Tr. dir. Tornar branco ou alvo.

Albigense, adj. m. e f. Relativo a Albi, cidade no Sul da França. S. m. e f. Pessoa natural dessa cidade. S. m. pl. Seita dissidente do catolicismo, que existiu na França durante os séculos XII e XIII.

Albina, s. f. *Bot.* Planta turnerácea *(Turnera ulmifolia),* que ocorre em todo o Brasil.

Albinia, s. f. V. *albinismo.*

Albinismo, s. m. *Med.* Anomalia orgânica, caracterizada pela ausência total ou parcial de pigmentação da pele, dos pêlos, da íris e da coróide.

Albino, adj. e s. m. Que, ou aquele que tem albinismo; asso.

Albirrosado, adj. Que tem cor entre o branco e o róseo.

Albirrostro *(ó),* adj. *Zool.* Que tem o bico ou o focinho branco.

Albistelado, adj. Diz-se do boi cujo pêlo tem estrelas ou manchas brancas.

Albita, s. f. *Miner.* Feldspato triclínico, geralmente branco, que consiste em silicato de sódio e alumínio.

Albiventre, adj. m. e f. *Ornit.* Que tem o ventre branco.

Albizo, s. m. 1. Greda. 2. Barro branco.

Albor, s. m. V. *alvor.*

Albornoz, s. m. Grande manto de lã com capuz, usado primeiro pelos árabes.

Albricoque, s. m. V. *abricó.*

Albricoqueiro, s. m. V. *abricoteiro.*

Albugem, s. f. (l. *albugine*). *Med.* 1. Manchas brancas nas unhas. 2. Mancha esbranquiçada na córnea transparente. 3. *Bot.* Doença de plantas, caracterizada por pústulas esbranquiçadas.

Albugínea, adj. f. *Anat.* Diz-se de certas membranas que se destacam por sua alvura, como a esclerótica.

Albugíneo, adj. Esbranquiçado.

Álbum, s. m. Livro ou caderno destinado a colecionar fotografias, desenhos, selos de correio, versos, discos ou quaisquer objetos que se julgue merecerem recordação.

Albume, s. m. 1. *Biol.* Tecido nutritivo que envolve o embrião e por ele é consumido no curso do seu desenvolvimento. 2. Clara de ovo. Var.: *albúmen.*

Albúmen, s. m. V. *albume.* Pl.: *albúmenes* e *albumens.*

Albumina, s. f. *Biol.* Matéria viscosa e esbranquiçada, do grupo das proteínas, que constitui a clara do ovo.

Albuminado, adj. Que contém albumina.

Albuminemia, s. f. *Med.* Presença em excesso de albumina no sangue.

albumini-, elem. de comp. (l. *albumen, inis*). Expressa a idéia de *albumina: albuminífero.*

Albuminífero, adj. Que produz a albumina.

Albuminiforme, adj. m. e f. Semelhante à albumina.

albumino-, elem. de comp. V. *albumini-: albuminóide.*

Albuminóide, adj. m. e f. Da natureza da albumina. S. m. Substância protéica, semelhante à albumina, que ocorre nos tecidos ósseos e cartilaginosos.

Albuminoso, adj. 1. Que contém albumina. 2. Que apresenta os caracteres da albumina.

Albuminúria, s. f. *Med.* Presença de albumina na urina. Var.: *albuminuria.*

Albuminúrico, adj. *Med.* Que se refere à albuminúria.

Alburno, s. m. *Bot.* Parte do caule, entre a casca e o lenho.

Alca, s. f. *Ornit.* Gênero *(Alca)* típico da família dos Alcídeos, que geralmente inclui apenas a torda-mergulheira.

Alça[1], s. f. 1. Presilha ou puxadeira para levantar alguma coisa. 2. Suspensório. 3. Pedaço de sola que os sapateiros põem sobre a forma de sapatos para a tornar mais alta. 4. *Mil.* Pequena régua adaptada às armas para graduar a pontaria e a distância. 5. *Apic.* Quadro adicional que se sobrepõe a uma colméia.

Alça!², interj. Para mandar levantar ou içar.

Alcácer, s. m. 1. Antiga fortaleza ou castelo fortificado. 2. Habitação suntuosa, palácio. Var.: *alcáçar*.

Alcachofra *(ô)*, s. f. *Bot.* Planta herbácea *(Cynara scolymus)*, da família das Compostas, de uso medicinal. Seu receptáculo floral constitui verdura muito apreciada.

Alcachofrado, adj. Semelhante a alcachofra. S. m. Bordado em forma de alcachofra.

Alcachofral, s. m. Plantação de alcachofras.

Alcachofrar, v. Tr. dir. 1. Tornar parecido com alcachofra. 2. Fazer bordados crespos em.

Alcaçuz, s. m. (ár. *arquessus*). *Bot.* Planta medicinal, da família das Leguminosas, subfamília das Papilionóideas *(Glycyrrhiza glabra)*, originária do Mediterrâneo, de raiz adocicada; regoliz.

Alçada, s. f. 1. Âmbito da ação ou influência de alguém. 2. Competência: Não é da minha *alçada*. 3. *Dir.* Órbita da competência de um órgão judicial.

Alçado, adj. 1. Alteado, erguido, levantado. 2. Diz-se de gado que fugiu para lugares ermos, tornando-se bravio.

Alcagüete, s. m. Alcoviteiro.

Alcaico, adj. *Poét.* Diz-se de diferentes versos e de uma estrofe gregos, cuja invenção se atribui ao poeta Alceu.

Alcaidaria, s. f. Dignidade ou funções de alcaide.

Alcaide, s. m. 1. *Ant.* Governador de castelo, província ou comarca, com jurisdição civil e militar. 2. Prefeito. Fem.: *alcaidessa*.

Alcaidessa, s. f. 1. Mulher de alcaide. 2. Mulher que exerce funções de alcaide.

Alcaiota, s. f. Alcoviteira.

Alcaiote, s. m. Alcoviteiro.

Alcaixa, s. f. *Náut.* Intervalo entre o verdugo e a cinta no costado externo do navio.

Alcalescência, s. f. *Quím.* Passagem para o estado alcalino.

Alcalescente, adj. m. e f. *Quím.* Diz-se de substância levemente alcalina ou que tende para a alcalinidade.

Álcali, s. m. *Quím.* Grupo de substâncias que dão sais em presença dos ácidos e transformam as gorduras em sabões (soda, potassa etc.).

Alcalicidade, s. f. *Quím.* Alcalinidade.

Alcalificar, v. Tr. dir. Dar propriedades alcalinas a.

Alcalimetria, s. f. Dosagem da alcalinidade de um líquido orgânico (por ex., o sangue).

Alcalímetro, s. m. *Quím.* Instrumento com que se realiza a alcalimetria.

Alcalinar, v. Tr. dir. Tornar alcalino; alcalinizar.

Alcalinidade, s. f. Qualidade de alcalino.

Alcalinização, s. f. Ato ou efeito de alcalinizar. Var.: *alcalização*.

Alcalinizar, v. Tr. dir. Tornar alcalino.

Alcalino, adj. *Quím.* 1. Relativo a álcali. 2. Que contém álcali. 3. Que contém carbonato ou bicarbonato de sódio.

Alcalino-terroso, adj. *Quím.* Diz-se dos metais bivalentes, como o bário, o cálcio, o estrôncio.

Alcalização, s. f. V. *alcalinização*.

Alcalóide, s. m. *Quím.* Substância orgânica natural nitrogenada, cuja molécula encerra pelo menos um átomo de nitrogênio salificável.

Alcalóidico, adj. Relativo aos alcalóides.

Alcalose, s. f. *Med.* Estado de alcalinidade excessiva do sangue.

Alcalótico, adj. Relativo à alcalose ou por ela caracterizado.

Alçamento, s. m. Ato ou efeito de alçar.

Alcançadiço, adj. Que facilmente se pode alcançar.

Alcançado, adj. 1. Atingido, conseguido, encontrado, obtido. 2. Empenhado, endividado.

Alcançadura, s. f. Contusão que o animal faz em si mesmo, na parte inferior dos membros, roçando com um pé no outro.

Alcançamento, s. m. Ato ou efeito de alcançar.

Alcançar, v. (l. **incalceare*, de *calce*=calcanhar). 1. Tr. dir. Chegar a, ir até. 2. Tr. dir. Apanhar, encontrar ou tocar. 3. Tr. dir. Atingir. 4. Tr. dir. Conseguir, obter. 5. Tr. dir. Compreender, perceber. 6. Tr. dir. Abranger com a vista, avistar, ver. 7. Intr. Conseguir o que se pretende.

Alcance, s. m. 1. Ato ou efeito de alcançar. 2. Poder: *Alcance* de entendimento. 3. Importância: O *alcance* da medida. 4. Possibilidade de alcançar: Nem tudo está ao *alcance* dos sentidos. 5. Extensão: O *alcance* das palavras. 6. Encalço: Saiu no *alcance* do assassino. 7. Distância que uma arma atinge com o seu projétil.

Alcândor, s. m. 1. V. *alcândora*. 2. Lugar alcantilado.

Alcândora, s. f. Poleiro de falcão ou de papagaio.

Alcandorar, v. Pron. 1. Pousar em alcândora. 2. Colocar-se alto, guindar-se, subir.

Alcânfora, s. f. O mesmo que *cânfora*.

Alcanforado, adj. V. *canforado*.

Alcanforeira, s. f. *Bot.* V. *canforeira*.

Alcantil, s. m. 1. Rocha talhada a pique. 2. Culminância. 3. Lugar alto e íngreme.

Alcantilada, s. f. 1. Série de alcantis. 2. Longo despenhadeiro.

Alcantilado, adj. 1. Lavrado a pique. 2. Íngreme.

Alcantilar, v. Tr. dir. e pron. 1. Transformar(-se) em alcantil. 2. Tornar(-se) íngreme. 3. Erguer(-se) como alcantil.

Alçapão, s. m. 1. *Constr.* Porta ou tampa horizontal, que comunica um pavimento com outro que lhe fica inferior. 2. Porta ou postigo que fecha de cima para baixo. 3. Armadilha para apanhar passarinho. 4. Cilada, embuste.

Alcaparra, s. f. *Bot.* 1. Planta hortense da família das Caparidáceas *(Capparis spinosa)*. 2. Botão dessa planta, usado como condimento.

Alcaparrado, adj. Temperado com alcaparras.

Alcaparral, s. m. Lugar onde crescem alcaparras.

Alcaparreira, s. f. V. *alcaparra*.

Alcaparreiro, s. m. O que vende alcaparras.

Alça-pé, s. m. 1. Armadilha para apanhar aves pelos pés. 2. Ato traiçoeiro do lutador, que mete o pé entre as pernas do adversário para o derrubar. 3. Ardil, artifício doloso. Pl.: *alça-pés*.

Alçaprema, s. f. Alavanca para levantar grandes pesos.

Alçapremar, v. Tr. dir. Erguer com alçaprema.

Alcaptona, s. f. *Quím.* Substância albuminóide, sem forma nem cheiro, que pode apresentar-se na urina.

Alcaptonúria, s. f. *Med.* Presença de alcaptona na urina.

Alçar, v. (l. *altiare*). 1. Tr. dir. Tornar alto; erguer, elevar. 2. Tr. dir. e pron. Erguer(-se), levantar(-se). 3. Tr. dir. Edificar, erigir. 4. Tr. dir. Celebrar, exalçar. 5. Tr. dir. *Tip.* Levantar, pondo em ordem (as folhas que saíram do preto). 6. Intr. Fugir (a criação mansa) para lugares ermos.

Alcaravão, s. m. *Ornit.* Denominação popular de uma ave ciconiforme européia *(Botaurus stellaris)*, aparentada ao socozinho da fauna brasileira; abetouro.

Alcaravia, s. f. (ár. *al-caravia*). *Bot.* Erva umbelífera bisanual *(Carum carvi)*, cujas sementes são usadas em culinária e em medicina.

Alcarrada, s. f. Vôo circular da ave de rapina para apanhar a presa.

Alcatear, v. Intr. e pron. Juntar-se em alcatéia.

Alcatéia, s. f. 1. Bando de lobos. 2. Manada de animais ferozes. 3. Quadrilha de malfeitores.

Alcatifa, s. f. 1. Tapete grande; alfombra. 2. Tudo o que se estende como tapete. 3. *Bot.* Planta da família das Compostas *(Trichospira menthoides)*.

Alcatifado, adj. Coberto com alcatifa; atapetado.

Alcatifar, v. Tr. dir. 1. Cobrir com alcatifa. 2. Cobrir à semelhança de alcatifa.

Alcatifeiro, s. m. Fabricante de alcatifa(s).

Alcatira, s. f. *Bot.* Arbusto da família Leguminosas *(Astragalus gummifer)*, de cujo caule se extrai a goma de igual nome.

Alcatra, s. f. Lugar onde termina o fio do lombo da rês.

Alcatrão, s. m. Substância produzida pela destilação de madeira, turfa ou carvão mineral.

Alcatrate, s. m. *Náut.* Pranchão que resguarda os topos das aposturas do cavername.

Alcatraz, s. m. 1. *Ornit.* Ave fregatídea da ordem Pelicaniformes *(Fregata magnificens rothschildi),* que se alimenta de peixes mortos, exercendo, portanto, no mar, as funções do urubu na terra. 2. O que conserta ossos deslocados.

Alcatreiro, adj. Que tem grandes alcatras.

Alcatroado, adj. Coberto ou untado com alcatrão.

Alcatroamento, s. m. Ato ou efeito de alcatroar.

Alcatroar, v. Tr. dir. Cobrir, misturar ou untar com alcatrão.

Alcatroeiro, s. m. Fabricante ou vendedor de alcatrão.

Alcatruz, s. m. Vaso fixo à roda da nora, que levanta a água nas cisternas ou poços.

Alcatruzado, adj. 1. Em forma de alcatruz. 2. Deselegante, mal-ajeitado. 3. Abichornado, tristonho.

Alcatruzar, v. 1. Tr. dir. Dar forma de alcatruz a. 2. Tr. dir. Futricar, importunar. 3. Tr. dir. e pron. Curvar(-se), vergar (-se). 4. Intr. e pron. Andar com o corpo inclinado para o chão. 5. Tr. dir. Dar feitio desajeitado.

Alce¹, s. m. (1. *alces). Zool.* O maior cervídeo que se conhece, pois chega a mais de 2m de comprimento; vive nas regiões polares da América do Norte, Europa e Ásia.

Alce², s. m. (de *alçar*). Ato de alçar qualquer coisa.

Alce³, s. m. (cast. *alce*). Descanso, folga, trégua.

Alceamento, s. m. Ato ou efeito de alcear.

Alcear, v. Tr. dir. 1. Colocar alças em. 2. Dispor para a encadernação (diz-se das folhas de um livro). 3. *Tip.* Colocar alças sob um clichê a fim de nivelá-lo e igualar a impressão. 4. Alçar, levantar.

Alcedinídeos, s. m. pl. *Ornit.* Vasta família de aves, da ordem *(Alcedinidae)* dos Coraciformes, na qual se incluem as espécies chamadas de *martim-pescador.*

Alcião, s. m. V. *alcíone.*

Alcicorne, adj. m. e f. De cornos semelhantes aos do alce.

Álcion, s. m. *Zool.* V. *alcíone.*

Alciona, s. f. V. *alcíone.*

Alcionário, adj. *Zool.* Relativo aos Alcionários. S. m. pl. Subclasse ou ordem de antozoários que inclui principalmente celenterados compostos, de pólipos com oito tentáculos e oito septos.

Alcíone, s. f. *Zool.* Ave fabulosa dos antigos, identificada pelos modernos com o *martim-pescador* europeu, e conhecida entre a gente do mar pelo nome de *alma-do-mestre (Alcedo athis ispida).*

Alcobaça, s. m. Espécie de lenço de algodão, grande e vermelho, antigamente usado pelas pessoas que tomavam rapé.

Alcobacense, adj. m. e f. Relativo a Alcobaça, cidades de Portugal e do Brasil (Bahia).

Alcofa¹ (*ô*), s. f. (ár. *al-kofa*). Cesto de vime, esparto ou folhas de palma, achatado e com asas.

Alcofa² (*ô*), s. m. 1. Alcoviteiro. 2. Leva-e-traz.

Alcofar, v. Tr. dir. Alcovitar.

Alcoílo, s. m. *Quím.* Radical alifático univalente, tal como metilo e etilo, derivado de um alcano pela remoção de um átomo de hidrogênio. Var.: *alquilo.*

Álcool, s. m. 1. *Quím.* Denominação genérica dos compostos orgânicos resultantes da substituição de um ou mais átomos de hidrogênio dos hidrocarbonetos por um ou mais oxidrilos. 2. Líquido obtido pela destilação de substancias açucaradas, fermentadas. 3. Bebida alcoólica. Pl.: *álcoois (òis).*

Alcoolato, s. m. *Farm.* Preparado, resultante da dissolução de um óleo volátil em álcool ou da destilação com álcool de uma substância medicinal volátil.

Alcoólatra, s. m. e f. Pessoa viciada em bebidas alcoólicas.

Alcoolatura, s. f. *Farm.* Tintura obtida pela maceração de matérias vegetais no álcool.

Alcoólico, adj. 1. Relativo ao álcool. 2. Que contém álcool. S. m. V. *alcoólatra.*

Alcoolismo, s. m. 1. Vício de ingerir bebidas alcoólicas. 2. *Med.* Estado patológico, resultante do abuso do álcool.

Alcoolista, s. m. e f. Pessoa que sofre de alcoolismo.

Alcoolização, s. f. Ato ou efeito de alcoolizar.

Alcoolizado, adj. 1. Que contém álcool. 2. Ébrio, embriagado.

Alcoolizar, v. 1. Tr. dir. Adicionar álcool a (um líquido). 2. Tr. dir. Converter em álcool. 3. Tr. dir. e pron. Embriagar(-se).

Alcoômetro, s. m. Aparelho para medir o teor de álcool nos líquidos.

Alcoranista, adj. e s., m. e f. 1. Que, ou pessoa que é versada no Alcorão. 2. Pessoa sectária do Alcorão.

Alcorão, s. m. Livro sagrado do islamismo que contém as doutrinas de Maomé.

Alcova (*ô*), s. f. 1. Em casas antigas, pequeno quarto de dormir, ordinariamente sem janelas. 2. *Por ext.* Quarto de dormir. 3. Esconderijo.

Alcovetar, v. V. *alcovitar.*

Alcoveto (*ê*), s. m. Alcoviteiro. Fem.: *alcoveta.*

Alcovitagem, s. f. Ato ou efeito de alcovitar.

Alcovitar, v. 1. Tr. dir. Servir a (alguém) de medianeiro em relações amorosas. 2. Intr. Intrigar ou tramar como alcoviteiro.

Alcoviteira, s. f. Mulher que alcovita.

Alcoviteirice, s. f. 1. Ofício de alcoviteiro. 2. Mexerico.

Alcoviteiro, adj. 1. Intermediário de amores. 2. Contador de novidades, mexeriqueiro. S. m. 1. Aquele que alcovita. 2. Periquito.

Alcunha, s. f. Apelido dado a alguém, quase sempre denotativo de uma particularidade física ou moral.

Alcunhar, v. Tr. dir. Dar alcunha a; apelidar.

Aldeado, adj. 1. Dividido em aldeias. 2. Povoado em aldeias.

Aldeamento, s. m. 1. Ato ou efeito de aldear. 2. Povoação de índios chefiada por missionários ou autoridade leiga.

Aldeão, adj. 1. Relativo a aldeia. 2. Próprio de aldeia; rústico. S. m. O natural ou habitante de aldeia. Fem.: *aldeã.* Pl.: *aldeões, aldeães, aldeãos.*

Aldear, v. Tr. dir. Reunir, instalar em aldeias.

Aldeia, s. f. 1. Pequena povoação, de categoria inferior a vila. 2. Povoação rústica. 3. Povoação formada de índios, exclusivamente. Dim.: *aldeola, aldeota.*

Aldeído, s. m. *Quím.* Cada um dos compostos orgânicos tipificados pelo acetaldeído, derivados dos álcoois primários por oxidação e que contém o grupo CHO.

Aldose, s. f. *Quím.* Açúcar (xilose, glicose, manose) que contém um grupo aldeídico por molécula.

Aldraba, s. f. pl. Perneiras de couro, usadas pelos sertanejos.

Aldrava, s. f. *Constr.* 1. Tranqueta para fechar a porta. 2. Argola de ferro articulada, com que se bate às portas, chamando a atenção dos que estão dentro.

Aldravada, s. f. Pancada com a aldrava na porta.

Aldravado, adj. 1. Fechado com aldrava. 2. Feito ou dito precipitadamente.

Aldravão, s. m. 1. Aldrava grande. 2. Homem mentiroso, trapaceiro. Fem.: *aldravona.*

Aldravar, v. 1. Tr. dir. Pôr aldrava em. 2. Tr. dir. Fechar com aldrava. 3. Intr. Mentir muito.

Aldravice, s. f. Mentira, patranha, trapaça.

Aleatório, adj. 1. Que depende de fatores incertos, favoráveis ou não a um determinado evento. 2. Eventual, fortuito, incerto.

Alecrim, s. m. *Bot.* Arbusto da família Labiadas (*Rosmarinus officinalis*). Exala odor agradável, e por destilação dá grande quantidade de óleo essencial volátil.

Aléctico, adj. *Med.* 1. Relativo à alexia. 2. Que sofre de alexia.

Alectório, adj. Que se refere ao galo.

alectoro-, elem. de comp. (gr. *alektor, oros*). Exprime a idéia de *galo: alectoromancia.*

Alectoromancia, s. f. *Ant.* Adivinhação por meio de um galo comendo os grãos de milho colocados sobre letras, formando palavras.

Alectoromaquia, s. f. Briga de galos.

Álefe, s. m. Primeira letra do alfabeto hebraico.

Alefriz, s. m. *Náut.* Fenda triangular na quilha, roda da proa ou contracadaste do barco, para encaixe da primeira tábua do forro da embarcação.

Alegação, s. f. 1. Ato ou efeito de alegar. 2. Explicação justificativa.

Alegar, v. (l. *allegare*). 1. Tr. dir. Citar como prova. 2. Tr. dir. e tr. ind. Apresentar como desculpa ou pretexto. 3. Tr. dir. Citar, referir. 4. Tr. dir. *Dir.* Expor fatos, razões ou argumentos.

Alegável, adj. m. e f. Que pode ser alegado.

Alegoria, s. f. 1. Expressão de uma idéia sob forma figurada. 2. Ficção que representa um objeto para dar idéia de outro. 3. Obra literária ou artística que utiliza como base estrutural essa forma de expressão.

Alegórico, adj. 1. Relativo à alegoria. 2. Que encerra alegoria.

Alegorista, adj. m. e f. Que faz alegorias. S. m. e f. Pessoa que faz alegorias.

Alegorizar, v. Tr. dir. Apresentar ou explicar por meio de alegoria.

Alegrado, adj. Que se alegrou; alegre, contente.

Alegramento, s. m. *P. us.* Alegria.

Alegrão, s. m. *Fam.* Grande alegria.

Alegrar[1], v. (*alegre + ar*). 1. Tr. dir., intr. e pron. Tornar(-se) alegre. 2. Tr. dir. Dar aspecto alegre a. 3. Tr. dir. Pôr ligeiramente embriagado. 4. Pron. Sentir alegria.

Alegrar[2], v. (*a + legra + ar*). Tr. dir. Cortar com legra.

Alegrativo, adj. Próprio para tornar alegre.

Alegre[1], adj. m. e f. (l. *alacre*). 1. Que sente alegria; contente. 2. Que causa alegria. 3. Em que há alegria. 4. Ligeiramente bêbedo. 5. Diz-se das cores vivas e brilhantes. 6. Relativo a prostitutas.

Alegre[2], s. m. (*a + legra*). Ferramenta com que se fazem colheres de pau e com que se rasgam as árvores para obter o látex.

Alegrete (*ê*), adj. m. e f. 1. Dim. de *alegre*. 2. Um pouco embriagado. S. m. Canteirinho para plantas ou flores.

Alegreto, s. m. (ital. *allegreto*). *Mús.* Andamento menos vivo que o alegro.

Alegria, s. f. 1. Qualidade de alegre. 2. Contentamento. 3. Tudo o que alegra. 4. Divertimento, festa.

Alegro, s. m. (ital. *allegro*). *Mús.* Composição, ou parte de uma composição, com andamento vivo ou ligeiro.

Aléia, s. f. 1. Arruamento ou rua (de jardim). 2. Alameda. 3. Caminho ladeado de árvores, relvados, muros.

Aleijada, s. f. *Bot.* Variedade de cana-de-açúcar.

Aleijado, adj. e s. m. Que, ou o que apresenta algum aleijão.

Aleijamento, s. m. Ato ou efeito de aleijar.

Aleijão, s. m. 1. Defeito grave, físico ou moral. 2. Pessoa com tal defeito. 3. Objeto mal feito.

Aleijar, v. (*aleijão + ar*). 1. Tr. dir. Causar aleijão em. 2. Intr. e pron. Ficar aleijado. 3. Tr. dir. e pron. *Fig.* Magoar(-se) muito.

Aleiloar, v. Tr. dir. Leiloar.

Aleirado, adj. Dividido em leiras.

Aleirar, v. Tr. dir. Dividir em leiras.

Aleitação, s. f. V. *aleitamento*.

Aleitamento, s. m. Ato ou efeito de aleitar; amamentação; lactação.

Aleitar[1], v. (*a + leite + ar*). Tr. dir. 1. Criar com leite; amamentar. 2. Tornar claro como leite.

Aleitar[2], v. (*a + leito + ar*). Tr. dir. Preparar a superfície de uma pedra, para receber outra em cima.

Aleitativo, adj. Relativo à aleitação.

Aleive, s. m. 1. Aleivosia. 2. Calúnia.

Aleivosia, s. f. 1. Fingimento de amizade. 2. Dolo, fraude, traição.

Aleivoso, adj. 1. Em que há aleive; fraudulento. 2. Que procede com aleive; desleal.

Alelo[1], s. m. V. *alelomorfo*.

alelo-[2], elem. de comp. (gr. *allelon*). Exprime a idéia de *alternativa: alelomorfo*.

Alelomórfico, adj. *Genét.* Relativo a alelomorfo.

Alelomorfismo, s. m. *Biol.* A existência de alelomorfos no mesmo lugar do cromossomo.

Alelomorfo, s. m. *Biol.* Cada um de dois ou mais genes contrastantes que determinam os caracteres alternantes na hereditariedade, tais como pequeno ou grande, liso ou áspero etc., e que se localizam no mesmo lugar em cromossomos homólogos; alelo.

Aleluia, s. m. 1. Cântico de alegria. 2. Alegria. 3. O sábado da Ressurreição. 4. *Bot.* Planta oxalidácea (*Oxalis acetorella*), que floresce pela Páscoa; azeda.

Aleluiar, v. Intr. Cantar o aleluia.

Além[1], adv. (l. *ad + illic + inde*). 1. Da parte de lá, para o lado de lá, acolá. 2. Mais adiante. 3. Afora. Antôn.: *aquém*.

Além[2], s. m. 1. Lugar distante, horizonte, confins. 2. Outras terras. 3. O outro mundo.

Alemânico, adj. Relativo aos alemães ou à Alemanha.

Alemanizar, v. V. *germanizar*.

Alemão, adj. Relativo à Alemanha. Pl.: *alemães*. Fem.: *alemã, alemoa*. S. m. 1. O natural da Alemanha. 2. Língua dos alemães.

Além-mar, adv. Além do mar, ultramar. S. m. As terras que ficam do outro lado do mar. Antôn.: *aquém-mar*.

Além-mundo, s. m. A outra vida, a eternidade.

Alemoado, adj. Que tem aspecto germânico ou contraiu hábitos alemães.

Além-túmulo, s. m. O mesmo que *além-mundo*.

Alentado, adj. 1. Que tem alento. 2. Corajoso, valente. 3. Farto, suculento. 4. Grande, volumoso.

Alentador, adj. e s. m. Que, ou o que alenta.

Alentar, v. 1. Tr. dir. Dar alento a; animar. 2. Tr. dir. Alimentar. 3. Intr. e pron. Tomar alento; animar-se. 4. Intr. Tomar fôlego; resfolegar.

Alentejano, adj. Relativo ao Alentejo (Portugal). S. m. O natural do Alentejo (Portugal).

Alento, s. m. 1. Bafo, respiração. 2. Aragem, sopro. 3. Coragem, valentia. 4. Alimento, sustento. 5. *Poét.* Entusiasmo, estro, inspiração.

Alentos, s. m. pl. Orifícios nas ventas dos eqüídeos.

Alepidoto, adj. *Ictiol.* Diz-se do peixe que não tem escamas. S. m. Esse peixe.

Alepocéfalo, adj. *Ictiol.* Sem escamas na cabeça.

Alequeado, adj. Com forma de leque.

Alergênico, adj. *Med.* 1. Que induz alergia. 2. Que age como um alérgeno.

Alérgeno, s. m. *Med.* Substância que causa alergia.

Alergia, s. f. *Med.* Intolerância do organismo para certos agentes físicos, químicos ou biológicos, aos quais ele reage de forma exagerada.

Alérgico, adj. *Med.* 1. Relativo à alergia. 2. Causado por alergia. 3. Afetado de alergia. 4. Da natureza da alergia. Antôn.: *analérgico*.

Alerta, adv. Atentamente, vigilantemente. Adj. Atento, vigilante. S. m. 1. Sinal ou aviso para estar vigilante. 2. Precaução, vigilância. Interj. Atenção!, cautela!, cuidado!, olhe!, sentido!

Alertar, v. 1. Intr. Pôr-se alerta. 2. Tr. dir. Deixar alerta.

Alestar, v. Tr. dir. e pron. Tornar(-se) lesto; apressar(-se).

Aleta (*ê*), s. f. 1. Pequena ala. 2. Cada uma das asas do nariz. 3. *Aeron.* Asinha articulada com a asa maior.

Aletargado, adj. Posto em letargo.

aleto-, elem. de comp. (gr. *alethes*). Exprime a idéia de *verdadeiro, real: aletologia*.

Aletologia, s. f. *Filos.* Discurso ou tratado sobre a verdade.

Aletria, s. f. 1. *Cul.* Massa de farinha crua e seca em fios muito delgados e enroscados. 2. *Ictiol.* O mesmo que *manjuba*.

aleuro-, elem. de comp. (gr. *aleuron*). Exprime a idéia de *farinha: aleuromancia*.

Aleuromancia, s. f. *Ant.* Arte de adivinhar por meio da farinha de trigo.

Aleuromante, s. m. e f. Pessoa que pratica a aleuromancia.

Aleurômetro, s. m. Instrumento com que se mede a quantidade de glute contida na farinha de trigo.

Aleurona, s. f. *Bot.* Matéria proteínica ergástica em forma de grânulos, encontrada no endosperma de sementes e que parece ser substância de reserva.

Alevantadiço, adj. Propenso a sublevar-se, rebelar-se.

Alevantar, v. Levantar.

Alevino, s. m. *Ictiol.* Filhote de peixe; piscículo.

Alexandrinismo, s. m. 1. *Filos.* Sistema filosófico da escola de Alexandria. 2. *Poét.* Estilo floreado, próprio dos poetas gregos do período alexandrino.

Alexandrino[1], adj. (*Alexandria,* n. p. + *ino*). Relativo a Alexandria (Egito).

Alexandrino[2], adj. (*Alexandre,* n. p. + *ino*). 1. Relativo a Alexandre Magno. 2. *Poét.* Diz-se do verso de doze sílabas, com acento na sexta.

Alexandrita, s. f. *Miner.* Variedade de crisoberilo, verde-esmeralda, considerada pedra semipreciosa.

Alexia (*cs*), s. f. Perda da faculdade de ler; cegueira verbal.

Aleziriado, adj. Cheio de lezírias.

Alfa[1], s. m. (gr. *alpha*). 1. Primeira letra do alfabeto grego, correspondente ao *A* do latim e das línguas neolatinas. 2. Princípio. Antôn.: *ômega.* 3. *Mús.* Figura que, na antiga notação, abrangia dois lugares de um pentagrama e representava duas notas ligadas. Adj. *Astr.* Diz-se da principal estrela de uma constelação.

Alfa[2], s. m. (ár. *halfa*). *Bot.* O mesmo que *esparto.*

Alfá, s. m. Sacerdote, entre os negros maometanos do Senegal.

Alfabetação, s. f. Ato ou efeito de alfabetar; alfabetamento.

Alfabetado, adj. Posto em ordem alfabética.

Alfabetador, adj. e s. m. Que, ou o que ensina a ler.

Alfabetamento, s. m. V. *alfabetação.*

Alfabetar, v. Tr. dir. Dispor por ordem alfabética.

Alfabético, adj. 1. Relativo ao alfabeto. 2. Que está segundo a ordem das letras do alfabeto.

Alfabetização, s. f. 1. Ato ou efeito de alfabetizar. 2. Propagação da instrução primária.

Alfabetizado, adj. e s. m. Que, ou o que sabe ler.

Alfabetizar, v. Tr. dir. Ensinar a ler.

Alfabeto, s. m. Conjunto das letras usadas na grafia de uma língua; abecedário.

Alfaçal, s. m. Plantação de alfaces.

Alface, s. f. *Bot.* Erva da família das Compostas (*Lactuca sativa*), muito usada para saladas.

Alfacinha, s. f. Pé de alface para ser plantado. Adj. Relativo a Lisboa ou a seus habitantes; lisboeta.

Alfafa, s. f. *Bot.* Planta forrageira, de alto valor, da família das Leguminosas (*Medicago sativa*).

Alfafal, s. m. Plantação de alfafa.

Alfageme, s. m. Fabricante, afiador e consertador de armas brancas (alfanjes, espadas etc.).

Alfaia, s. f. 1. Utensílio de uso ou adorno doméstico. 2. Tapeçarias em geral. 3. Adornos, enfeites; jóias, baixela. 4. *Ecles.* Paramento de igreja.

Alfaiar, v. 1. Tr. dir. Adornar ou guarnecer com alfaias. 2. Tr. dir. e pron. Adornar(-se), ornamentar(-se).

Alfaiata, s. f. 1. Feminino de *alfaiate.* 2. Costureira.

Alfaiatar, v. Intr. Exercer o ofício de alfaiate; costurar.

Alfaiataria, s. f. Estabelecimento ou oficina de alfaiate.

Alfaiate, s. m. Artesão que faz sob medida vestuários para homem.

Alfândega, s. f. 1. Administração ou repartição pública onde se registram as mercadorias importadas e exportadas, cobrando-se-lhes os respectivos direitos; aduana. 2. O edifício onde funciona essa repartição. 3. Casa ou lugar onde se faz muito barulho.

Alfandegagem, s. f. 1. Ato ou efeito de alfandegar. 2. Cobrança dos direitos aduaneiros.

Alfandegar, v. Tr. dir. Despachar ou depositar na alfândega.

Alfandegário, adj. Relativo à alfândega; aduaneiro.

Alfanjada, s. f. Golpe de alfanje.

Alfanjado, adj. Semelhante ao alfanje.

Alfanje, s. m. Sabre de folha curva, curta e larga, com o fio no lado convexo.

Alfaque, s. m. Banco de areia movediça, que torna difícil a navegação; recife.

Alfaqui, s. m. Legista e sacerdote, entre os muçulmanos.

Alfaraz, s. m. 1. Cavalo árabe, de grande ligeireza, adestrado na guerra. 2. Cavaleiro destro.

Alfario, adj. Diz-se do cavalo brincalhão, saltador.

Alfarrábio, s. m. Livro antigo, de leitura enfadonha.

Alfarrabista, s. m. Vendedor ou colecionador de alfarrábios.

Alfarroba (*ô*), s. f. Fruto da alfarrobeira; algaroba.

Alfarrobal, s. m. Lugar onde crescem ou se cultivam alfarrobeiras.

Alfarrobar, v. Tr. dir. 1. Dar o gosto da alfarroba a. 2. Preparar com alfarroba. 3. Esfregar (linhas de pesca) com alfarroba verde para as enrijar e escurecer.

Alfarrobeira, s. f. *Bot.* Leguminosa que produz a alfarroba (*Ceratonia siliqua*); algarobeira.

Alfavaca, s. f. *Bot.* Nome comum a várias plantas do gênero Ócimo, muitas das quais são cultivadas nos jardins por causa do aroma e da beleza das folhas.

Alfazema, s. f. Planta européia arbustiva, aromática, da família das Labiadas (*Lavandula spica*), de que se extrai um precioso óleo essencial; lavanda.

Alfazemar, v. Tr. dir. Perfumar com alfazema.

Alfeça, s. f. Matriz anular que serve para abrir os olhos ou alvados das enxadas, machados e quaisquer outras ferramentas.

Alfeire, s. m. Rebanho de ovelhas que ainda não deram cria, nem estão prenhes.

Alfeizar, s. m. *Carp.* Pau de encaixe das testeiras da serra de mãos.

Alfeloa, s. f. Massa de açúcar ou melaço em ponto grosso.

Alfena, s. f. *Bot.* Planta oleácea de flores brancas e bagas negras (*Ligustrum vulgare*); alfeneiro, ligustro.

Alfenado, adj. Que tem a cor (negra) da baga da alfena.

Alfenar, v. Tr. dir. 1. Colorir com bagas de alfena. 2. Enfeitar. 3. Efeminar.

Alfeneira, s. f. V. *alfena.*

Alfeneiro, s. m. *Bot.* V. *alfena.*

Alfenico, s. m. Açúcar-cande.

Alfenim, s. m. 1. Doce português, de massa de açúcar, a que se dá ponto especial. 2. Pessoa franzina ou efeminada.

Alfeninado, adj. 1. Delicado, frágil. 2. Efeminado.

Alfeninar, v. Tr. dir. e pron. 1. Tornar(-se) delicado, frágil. 2. Efeminar(-se). 3. Enfeitar(-se).

Alferes, s. m. sing. e pl. 1. *Ant.* Porta-bandeira. 2. Antigo posto militar. No Brasil, ao ser extinto em 1905, foi substituído pelo de aspirante-a-oficial.

Alfim, adv. *P. us.* Afinal, enfim.

Alfinetada, s. f. 1. Picada com alfinete. 2. Dor muito aguda e rápida. 3. Crítica, ironia.

Alfinetadela, s. f. V. *alfinetada.*

Alfinetar, v. Tr. dir. 1. Picar com alfinete. 2. Prender, segurar com alfinete. 3. Criticar satiricamente. 4. Ferir com palavras; satirizar.

Alfinete (*ê*), s. m. 1. Hastezinha de metal, aguda numa ponta e terminando por uma cabeça na outra; serve para pregar, ou segurar, unidas, peças de vestuário, folhas de papel etc. 2. Jóia com esse formato, que os homens usam na gravata e as mulheres no chapéu ou no peitilho.

Alfineteira, s. f. Caixa ou almofadinha em que se espetam alfinetes.

Alfineteiro, s. m. 1. Fabricante ou vendedor de alfinetes. 2. V. *alfineteira.*

Alfobre (*ô*), s. m. Viveiro de plantas.

Alfombra, s. f. 1. Tapete, alcatifa. 2. Chão arrelvado.

Alfombrado, adj. Coberto de alfombra.

Alfombrar, v. Tr. dir. 1. Cobrir com alfombra. 2. Cobrir de relva.

Alfonsia, s. f. Ferrugem das plantas; alforra.

Alforjada, s. f. O que se leva no alforje.

Alforjar, v. Tr. dir. e intr. Meter no alforje ou nas algibeiras.

Alforje, s. m. Saco duplo de couro, com abertura entre os dois compartimentos, pela qual se coloca no arreio, na sela ou nos ombros.

Alforra *(ô)*, s. f. *Bot.* Moléstia causada nas searas por um cogumelo do gênero *Puccinia*; ferrugem.

Alforrar, v. Intr. Ser atacado de alforra; criar alforra.

Alforria, s. f. 1. Liberdade concedida ao escravo. 2. Libertação.

Alforriado, adj. Que recebeu carta de alforria.

Alforriar, v. 1. Tr. dir. Dar alforria a. 2. Pron. Libertar-se.

Alfredo, s. m. Candeeiro ordinário, sem manga.

Alfridária, s. f. Influência atribuída pelos antigos astrólogos árabes a certos astros durante cada septênio de vida de uma pessoa.

Alfurja, s. f. Rua estreita, ou qualquer área, onde se deitava o despejo das casas; esterqueira.

Alga, s. f. (1. *alga*). 1. *Bot.* Espécime da classe das algas. 2. Limo, lodo. S. f. pl. Classe (*Algae*) de talófitas clorofiladas, que abrange grande variedade de formas, encontradas principalmente em grandes acumulações de água doce ou salgada.

Algáceo, adj. 1. Semelhante às algas. 2. Próprio das algas.

Algaço, s. m. Vegetações que o mar arroja às praias.

Algália[1], s. f. (1. *algalia*). *Med.* Sonda usada para extração de urinas ou para observação dos cálculos na bexiga.

Algália[2], s. f. (ár. *algaliya*). Substância odorífera e pastosa que se extrai de várias glândulas do almiscareiro.

Algaliar, v. Tr. dir. *Med.* Sondar com a algália.

Algar, s. m. Barranco feito pelas torrentes e enxurradas; cova profunda, despenhadeiro.

Algaravia, s. f. 1. Linguagem árabe. 2. Linguagem confusa e ininteligível. 3. Confusão de vozes.

Algaraviada, s. f. V. *algaravia.*

Algaraviar, v. Tr. dir., tr. ind. e intr. Pronunciar ou escrever confusamente.

Algarismo, s. m. Sinal com que se representam os números.

Algaroba, s. f. *Bot.* V. *alfarroba.*

Algarobeira, s. f. *Bot.* V. *alfarrobeira.*

Algarvio, adj. 1. Relativo ao Algarve (Portugal). 2. Palrador, tagarela. S. m. O natural do Algarve.

Algazarra, s. f. Clamor, gritaria, vozearia.

Álgebra, s. f. Parte da Matemática que ensina a calcular, generalizando e simplificando as questões aritméticas, por meio de letras do alfabeto.

Algébrico, adj. 1. Relativo à álgebra. 2. Preciso, rigoroso.

Algebrista, s. m. e f. Especialista em álgebra.

Algebrizar, v. Tr. dir. Encher de fórmulas algébricas.

Algema, s. f. 1. Ferro com que se prende alguém pelos pulsos ou pelos tornozelos. 2. Opressão.

Algemar, v. Tr. dir. 1. Prender com algemas. 2. Prender moralmente; oprimir.

Algência, s. f. Qualidade de algente; insensibilidade.

Algente, adj. m. e f. Gélido, glacial, insensível.

Algeroz, s. m. Cano que dá vazão às águas do telhado; caleira.

Algia[1], s. f. *(algo*[4] *+ ia). Med.* Dor num órgão ou numa região do corpo, abstraindo de sua causa.

-algia[2], suf. Significa *dor* e é muito freqüente na nomenclatura médica: *gastralgia, rinalgia.*

Algibe, s. m. Cisterna.

Algibeira, s. f. Bolso que faz parte integrante do vestuário.

Algidez, s. f. 1. Estado de álgido; grande frialdade. 2. *Med.* Estado patológico, caracterizado pelo esfriamento das extremidades.

Álgido, adj. 1. Muito frio. 2. *Med.* Diz-se das afecções em que se observa algidez.

Algirão, s. m. Abertura por onde os peixes entram na rede ou armação.

Algo[1], pron. indef. (1. *aliquod*). Alguma coisa, qualquer coisa: *Algo* o preocupa.

Algo[2], s. m. 1. Gente nobre, pessoa rica: Filho de *algo.* 2. Bens, cabedal, fazenda.

Algo[3], adv. Um tanto, um pouco, algum tanto: *Algo* romântico.

algo-[4], elem. de comp. (gr. *algos*). Exprime a idéia de *dor: algofilia, algofobia.*

algo-[5], elem. de comp. (1. *alga*). Exprime a idéia de *algas: algologia.*

Algodão, s. m. 1. Fibra vegetal muito alva e fina que envolve as sementes do algodoeiro. 2. Fio feito com essa fibra. 3. Tecido fabricado com esse fio. 4. Penugem que cobre a superfície de alguns órgãos vegetais. 5. V. *algodoeiro.* 6. V. *algodão-pólvora. – A.-pólvora:* substância explosiva obtida pela ação do ácido nítrico sobre o algodão. Pl.: *algodões-pólvora.*

Algodoal, s. m. Plantação considerável de algodoeiros.

Algodoar, v. Tr. dir. 1. Encher ou entulhar de algodão. 2. Dar aparência de algodão.

Algodoaria, s. f. Fábrica de fios ou de tecidos de algodão; cotonaria, cotonifício.

Algodoeiro, s. m. 1. *Bot.* Nome comum às plantas malváceas do gênero *Gossypium*, em especial a *Gossypium herbaceum*, que produzem o algodão. 2. Cultivador de algodão. 3. Fabricante de algodão. Adj. Relativo ao algodão: Mercado *algodoeiro.*

Algofilia, s. f. *Med.* Perturbação que leva o doente a gozar de sensações dolorosas e a procurá-las.

Algófilo, adj. e s. m. Que, ou o que tem algofilia.

Algofobia, s. f. *Med.* Terror mórbido da sensação dolorosa.

Algófobo, adj. e s. m. Que, ou o que sofre de algofobia.

Algóide, adj. m. e f. Semelhante à alga.

Algolagnia, s. f. Perversão sexual daquele que só tem prazer ligado à dor física. A algolagnia ativa constitui o sadismo, a passiva, o masoquismo.

Algologia, s. f. Estudo ou ciência das algas.

Algológico, adj. Relativo à algologia.

Algologista, s. m. e f. V. *algólogo.*

Algólogo, s. m. Especialista em algologia.

Algonquiano, adj. *Geol.* Relativo a uma era geológica entre o Arqueano e o Paleozóico; proteozóico.

Algor, s. m. 1. Frio intenso. 2. *Med.* Viva sensação de frio; calafrio.

Algoritmo, s. m. Sistema particular de disposição que se dá a uma sucessão de cálculos numéricos: *Algoritmo* de cálculo diferencial.

Algoso, adj. Cheio de algas.

Algóstase, s. f. *Med.* Diminuição ou cessação da sensibilidade à dor, em casos de grande traumatismo.

Algoz *(ô)*, s. m. 1. Executor da pena de morte ou de outras penas corporais. 2. Pessoa cruel, desumana. Pl.: *algozes (ô).*

Algrafia, s. f. *Tip.* Processo de impressão por meio de chapas de alumínio; aluminografia.

Alguém, pron. indef. (1. *aliquem*). 1. Alguma pessoa. 2. Pessoa digna de consideração: Fala pouco e bem, ter-te-ão por *alguém* (prov.). Antôn.: *ninguém.*

Alguergar, v. Tr. dir. Adornar com alguergues.

Alguergue, s. m. Nome dado a pedrinhas regularmente talhadas com as quais se fazem mosaicos e embutidos.

Alguidar, s. m. Vaso em forma de cone truncado e invertido.

Algum, pron. (1. *aliqu'unu*). 1. Um entre dois ou mais. 2. Qualquer. 3. Um pouco de, um tanto de: Lombroso diria que ele tem *alguma* propensão para o crime. 4. Nenhum: De modo *algum.* 5. Um: Já *alguma* vez o ofendi? 6. Pouco: *Algum* tempo depois. S. m. *Gír.* Dinheiro. S. m. pl. Um número reduzido de gente; certa gente: *Alguns* dizem, muitos acreditam. Antôn.: *nenhum.*

Algures, adv. (arc. *algur*, do 1. *alicubi*). Em algum lugar, em alguma parte, em algum sítio. Antôn.: *nenhures.*

-alha, suf. Forma substantivos femininos, com a idéia de coleção, alargamento, extensão, às vezes de sentido depreciativo: *gentalha, muralha, mortalha.*

Alhada, s. f. 1. Porção de alhos. 2. Guisado feito com alhos. 3. Embrulhada, enredo, intriga.

Alhal, s. m. Plantação de alhos.

Alhambra *(alambra)*, s. f. Antigo palácio e fortaleza dos reis mouros de Granada.

Alhanar, v. 1. Tr. dir. e pron. Tornar(-se) lhano. 2. Tr. dir.

Facilitar, resolver dificuldades de. 3. Tr. dir. Aplainar, resolver. 4. Tr. dir. e pron. Abater(-se), humilhar(-se).

-alhão, suf. Forma aumentativa do suf. *alho: brincalhão.* Fem.: *ona.* Pl.: *ões.*

-alhar, suf. Elemento composto do suf. nominal *alha* ou *alho* e do verbal *ar.*

Alhas, adj. f. pl. Usa-se posposto a *palhas* para designar as folhas secas dos alhos: Palhas *alhas.*

Alheabilidade, s. f. Qualidade de alheável.

Alheação, s. f. V. *alienação.*

Alheado, adj. 1. Absorto, enlevado. 2. Distraído. 3. Alienado.

Alheamento, s. m. Ato ou efeito de alhear.

Alhear, v. 1. Tr. dir. e pron. Tornar(-se) alheio, afastar(-se), apartar(-se), desviar(-se). 2. Tr. dir. e pron. Passar(-se) para outro o domínio de; alienar. 3. Tr. dir. Indispor. 4. Pron. Arrebatar-se, enlevar-se.

Alheatório, adj. Que alheia.

Alheável, adj. m. e f. Que se pode alhear.

Alheio, adj. (1. *alienu*). 1. Que é de outrem. 2. Estrangeiro, estranho. 3. Impróprio, incompetente. 4. Distante, afastado: *Alheio* a partidos. 5. Indiferente: *Alheio* às suas dores. 6. Isento, livre: *Alheio* de todos os interesses. 7. Ignorante, não sabedor: Era eu *alheio* a esses fatos. 8. Absorto, extasiado: O que o deixava *alheio* e vário. 9. Alienado, doido, maníaco.

Alheira, s. f. Vendedora de alhos.

Alheiro, s. m. 1. Cultivador ou vendedor de alhos. 2. Viveiro de alhos.

Alheta *(ê)*, s. f. *Náut.* Peças de madeira que formam o bordo da popa pelo lado de fora.

Alho, s. m. *Bot.* 1. Gênero *(Allium)* de ervas bulbosas da família das Liliáceas, que se distinguem por seu cheiro característico. 2. Cada uma das plantas desse gênero, particularmente a espécie européia *Allium sativum*, agora largamente espalhada pelo mundo. 3. Bulbo de alho cultivado, usado como condimento. Coletivo, quando presos pelas hastes entrelaçadas: *réstia, enfiada, cambada.*

-alho, suf. Junta ao substantivo a idéia de desprezo, inferioridade *(frangalho)*, excesso *(espantalho)*, tirante a *(grisalho)*.

-alhote, suf. Elemento superlativo, designativo de comparação: *grandalhote.*

Alhures, adv. Algures, noutro lugar, nalguma parte.

ali-[1], elem. de comp. (1. *ala*). Expressa a idéia de *asa: aliforme.*

Ali[2], adv. (1. *ad + illic*). 1. Naquele lugar, em lugar diferente ou distante do em que está a pessoa que fala. 2. Então, naquele tempo. Antôn.: *aqui.*

Aliá, s. f. (singalês *alyã*). Fêmea do elefante.

Aliáceo, adj. *Bot.* De alho, próprio de alho, semelhante ao alho.

Aliado, adj. Unido por aliança; solidário com alguém. S. m. O que contraiu aliança.

Aliança, s. f. 1. Ato ou efeito de aliar(-se). 2. Acordo, pacto. 3. União pelo casamento. 4. Anel usado como símbolo de noivado ou casamento.

Aliar, v. *(a + liar)*. 1. Tr. dir. e pron. Associar(-se), combinar (-se). 2. Pron. Conciliar-se, harmonizar-se. 3. Pron. Unir-se por pacto, tratado ou convenção militar.

Aliás, adv. (1. *alias*). 1. De outra maneira, de outro modo. 2. Ou por outra: Dia 22 de março, *aliás,* de fevereiro. 3. Em outros respeitos, seja dito de passagem: Não desejo esse lugar, que é *aliás* o ideal de muitos. 4. Além disso: *Aliás* não é este o seu primeiro deslize.

Álibi, s. m. *Dir.* Alegação feita pelo réu, provando que, no momento do crime, não se encontrava no local do crime.

Alíbil, adj. m. e f. Próprio para a nutrição.

Alicate, s. m. Pequena torquês, geralmente terminada em ponta mais ou menos estreita, com variadas utilidades como segurar, prender ou cortar objetos.

Alicerçar, v. Tr. dir. 1. Fazer o alicerce de. 2. Firmar, estabelecer em bases sólidas.

Alicerce, s. m. 1. Maciço de alvenaria que serve de base às paredes de um edifício. 2. Base, fundamento.

Aliciação, s. f. 1. Ato ou efeito de aliciar. 2. Peita, suborno.

Aliciamento, s. m. V. *aliciação.*

Aliciar, v. (1. **alliciare*, por *allicere*). Tr. dir. 1. Atrair, chamar a si, convidar, seduzir. 2. Peitar, subornar.

Aliciente, adj. m. e f. Que alicia, que atrai com afagos.

Alidada, s. f. V. *alidade.*

Alidade, s. f. Régua graduada, em instrumentos para medir ângulos; é usada em alinhamentos topográficos.

Alienabilidade, s. f. Qualidade do que é alienável.

Alienação, s. f. 1. Ato ou efeito de alienar. 2. Cessão de bens. 3. Desarranjo das faculdades mentais. 4. Arrebatamento, enlevo. 5. Indiferentismo moral, político, social ou mesmo apenas intelectual.

Alienado, adj. 1. Transferido ou cedido a outrem. 2. Afastado, separado. 3. Arrebatado, enlevado. 4. Endoidecido, enlouquecido.

Alienante, adj. e s., m. e f. Que, ou quem aliena a propriedade, ou transfere o domínio.

Alienar, v. (1. *alienare*). 1. Tr. dir. e intr. Tornar alheios determinados bens ou direitos, a título legítimo; transferir a outrem. 2. Tr. dir. e pron. Alucinar(-se), perturbar(-se). 3. Tr. dir. Indispor, malquistar. 4. Tr. dir. Afastar, desviar. 5. Pron. Endoidecer, enlouquecer. 6. Pron. Desvirtuar-se.

Alienatário, s. m. Aquele a quem se transmitiu posse ou propriedade de alguma coisa ou direito.

Alienatório, adj. Que é transmissível por alienação.

Alienável, adj. m. e f. Que se pode alienar.

Alienígena, adj. e s., m. e f. De origem no estrangeiro; estranho, forasteiro. Antôn.: *indígena.*

Alienista, adj. m. e f. Relativo ao tratamento dos alienados. S. m. e f. *Med.* Especialista no tratamento dos alienados; psiquiatra.

Alifafe, s. m. *Vet.* Espécie de tumor ou abscesso entre o nervo do jarrete e o osso da perna dos cavalos.

Alifático, adj. *Quím.* Diz-se de uma grande classe de compostos orgânicos de cadeia aberta.

Alífero, adj. Que tem asas.

Aliforme, adj. m. e f. Com forma de asa; ansiforme.

Aligátor, s. m. *Zool.* Gênero *(Alligator)* de crocodilianos que só ocorrem na América do Norte, com cabeça mais larga e curta que a dos crocodilos africanos. Pl.: *aligatores* (ô).

Aligeirar, v. 1. Tr. dir. e pron. Tornar(-se) ligeiro. 2. Tr. dir. Tornar menos pesado. 3. Tr. dir. e pron. Aliviar(-se), mitigar(-se).

Alígero, adj. 1. Que tem asas. 2. Muito rápido.

Alijamento, s. m. Ato ou efeito de alijar.

Alijar, v. (fr. *alléger*). 1. Tr. dir. Lançar fora da embarcação. 2. Tr. dir. Aliviar-se de. 3. Pron. Desembaraçar-se, desobrigar-se: *Alijou-se de* toda responsabilidade. 4. Tr. dir. Afastar: *Alijar* os *curiosos.*

Alimária, s. f. 1. Animal irracional. 2. Animal de carga. 3. Pessoa estúpida.

Alimentação, s. f. 1. Ato ou efeito de alimentar. 2. Tudo que serve para alimentar. 3. *Tecn.* Abastecimento, fornecimento, carregamento, adução (de qualquer material a ser consumido ou trabalhado por uma máquina).

Alimentar[1], v. 1. Tr. dir. e pron. Dar alimento a; nutrir(-se), sustentar(-se). 2. Tr. dir. Incitar, incrementar. 3. Tr. dir. e pron. Conservar(-se), manter(-se). 4. Tr. dir. Fornecer assunto a. 5. Tr. dir. *Tecn.* Munir, abastecer.

Alimentar[2], adj. m. e f. 1. Relativo a alimentos: Regime *alimentar.* 2. Próprio para nutrir: Substância *alimentar.*

Alimentício, adj. Próprio para alimentar; nutritivo.

Alimento, s. m. 1. Toda substância que, introduzida no organismo, serve para nutrição dos tecidos e para produção de calor. 2. O que serve para nutrir ou prover alguma coisa.

Alimentoso, adj. Alimentício, nutritivo.

Alimpa, s. f. Arrancamento de plantas nocivas; desbaste de ramos supérfluos.

Alimpadeira, s. f. Mulher ou coisa que limpa.

Alimpador, s. m. 1. Pessoa que limpa. 2. Instrumento para limpar.

Alimpadura, s. f. 1. Ato ou efeito de alimpar. 2. O que se rejoeita ao dar limpeza nalguma coisa. 3. O que fica dos cereais joeirados.

Alimpamento, s. m. V. *alimpadura.*

Alimpar, v. *(a + limpar).* V. *limpar.*

Alindamento, s. m. Ato ou efeito de alindar.

Alindar, v. 1. Tr. dir. Tornar lindo; embelezar, enfeitar. 2. Pron. Aformosear-se, embelezar-se.

Alínea, s. f. 1. Nova linha escrita cuja primeira letra abre parágrafo. 2. Subdivisão de artigo de lei ou regulamento.

Alinegro, adj. Que tem asas negras.

Alingüetado, adj. Em forma de lingüeta.

Alinhamento, s. m. 1. Ato ou efeito de alinhar. 2. Apuro, esmero. 3. Direção do eixo de uma auto-estrada, de uma estrada de ferro, de um canal etc. 4. *Tip.* Colocação correta dos tipos em linhas horizontais e colunas verticais.

Alinhar, v. 1. Tr. dir. e pron. Dispor(-se) em linha. 2. Tr. dir. Pôr em linha reta com. 3. Pron. Medir-se, ombrear. 4. Tr. dir. Polir, aperfeiçoar, apurar.

Alinhavar, v. Tr. dir. 1. Coser com pontos largos. 2. Aprontar, preparar. 3. Executar sem muito acabamento.

Alinhavo, s. m. 1. Ato ou efeito de alinhavar. 2. Pontos largos que se dão em uma peça de vestuário a ser provada ou costurada no futuro. 3. Esboço de um negócio ou de um escrito qualquer.

Alinho, s. m. 1. Ato ou efeito de alinhar. 2. Cordel de alinhar. 3. Asseio, esmero, arranjo com bom gosto; atavio.

Alípede, adj. m. e f. Que tem asas nos pés.

Alipina, s. f. *Med.* Substância usada como anestésico local de mucosas.

Alipotente, adj. m. e f. Que tem asas potentes.

Aliquanta, adj. Diz-se da parte que não divide um todo sem deixar resto.

Alíquota *(co),* adj. 1. Diz-se da quantidade contida noutra um número exato de vezes. 2. O percentual tributado.

Alisado, adj. 1. Tornado liso. 2. Brunido, polido. 3. V. *alísio.* 4. Amaciado (cabelo).

Alisador, adj. Que alisa. S. m. Instrumento para alisar: *A.* de cabelos.

Alisadura, s. f. V. *alisamento.*

Alisamento, s. m. Ato ou efeito de alisar.

Alisar, v. 1. Tr. dir. Tornar liso. 2. Tr. dir. Aplanar, igualar. 3. Tr. dir. e pron. Abrandar(-se), serenar(-se). 4. Tr. dir. Passar a mão por, geralmente numa carícia.

Aliseu, adj. (fr. *alisée*). V. *alísio.*

Alísio, adj. Diz-se de certos ventos regulares que sopram durante todo o ano nas regiões tropicais, vindos do Nordeste no hemisfério boreal e do Sudeste no hemisfério austral.

Alisma, s. m. *Bot.* Gênero *(Alisma)* de ervas aquáticas, ao qual pertence a tanchagem-aquática.

Alistabilidade, s. f. 1. Qualidade de alistável. 2. Possibilidade de ser alistado.

Alistamento, s. m. 1. Ato ou efeito de alistar. 2. Recrutamento para o serviço militar.

Alistão, s. m. Pedra picada e esquadriada para cantaria.

Alistar, v. 1. Tr. dir. Pôr em lista; relacionar. 2. Tr. dir. e pron. Inscrever(-se). 3. Tr. dir. e pron. Arrolar(-se), recrutar(-se), engajar(-se).

Alistável, adj. m. e f. Que pode ser alistado.

Alistridente, adj. m. e f. Que faz estridor com as asas.

Aliteração, s. f. *Poét.* Repetição das mesmas sílabas, no mesmo verso ou em versos seguidos.

Aliterar, v. 1. Intr. Formar uma aliteração. 2. Tr. dir. Dispor em aliteração.

Aliteratado, adj. Um tanto literato.

Aliteratar, v. *Pej.* Pron. Assumir modos de literato.

Alitúrgico, adj. Excluído da liturgia. (Diz-se do dia que não tem ofício próprio.)

Aliviação, s. f. V. *alívio.*

Aliviado, adj. 1. Livre de todo ou de parte de algum encargo, incômodo ou peso. 2. Descansado, repousado. 3. *Gír.* Furtado em.

Aliviamento, s. m. Ato ou efeito de aliviar; alívio.

Aliviar, v. (1. *alleviare*). 1. Tr. dir. Tornar leve ou mais leve; diminuir em peso. 2. Tr. dir. Descarregar, desembaraçar. 3. Tr. dir. Desoprimir. 4. Tr. dir. e intr. Atenuar, diminuir, mitigar. 5. Tr. dir. e pron. Desobrigar(-se). 6. Intr. Parir. 7. Tr. dir. *Gír.* Furtar.

Alívio, s. m. 1. Ato ou efeito de aliviar(-se). 2. Diminuição de peso, dor, trabalho etc. 3. Descanso. 4. Consolo.

Alizar, s. m. *Arquit.* 1. Revestimento de madeira, azulejo, mármore etc. da parte inferior das paredes; rodapé. 2. Guarnição de madeira ou de outros materiais das ombreiras de portas e janelas.

Alizari, s. m. *Bot.* Raiz seca da ruiva-dos-tintureiros.

Alizarina, s. f. Matéria corante laranja ou vermelha, originariamente obtida do alizari, mas hoje preparada sinteticamente.

Aljafra, s. f. Bolso ou seio das redes de arrastar.

Aljava, s. f. *Ant.* Estojo sem tampa em que se colocavam as setas e que era trazido pendente do ombro.

Aljazar, s. m. Terreno seco, rodeado de água do mar.

Aljôfar, s. m. 1. Pérolas miúdas, desiguais. 2. Orvalho da manhã. 3. *Poét.* Lágrimas de mulher. Pl.: *aljôfares.*

Aljofarar, v. V. *aljofrar.*

Aljofrar, v. 1. Tr. dir. O nar com aljofre. 2. Tr. dir. e pron. Orvalhar(-se), salpicar(-se) com gotas semelhantes ao aljofre.

Aljofre *(ô),* s. m. V. *aljôfar.*

Aljuba, s. f. 1. Espécie de túnica talar mourisca, de clérigo. 2. Veste curta semelhante a colete ou jaqueta sem mangas ou com meias mangas.

Aljube, s. m. 1. Prisão escura. 2. Cárcere de foro eclesiástico; prisão de padres. 3. Caverna.

Aljubeiro, s. m. Carcereiro de aljube.

Aljubeta *(ê),* s. f. 1. Dim. de *aljuba.* 2. Sotaina comprida de meia perna para cima.

Aljubeteiro, s. m. O que fazia aljubetas.

Alma, s. f. (1. *anima*). 1. Princípio de vida. 2. *Teol.* Substância incorpórea, imaterial, invisível, criada por Deus à sua semelhança; fonte e motor de todos os atos humanos. 3. Pessoa considerada como dotada de afetos e paixões: É boa *alma* (=pessoa boa). 4. *Artilh.* Interior do cano de uma arma de fogo. 5. *Pop.* Assombração, fantasma, visagem. S. f. pl. Habitantes: Esta cidade tem mais de um milhão de *almas.*

Almácega, s. f. Pequeno tanque, para armazenar água de uma fonte ou da chuva.

Almácego, s. m. V. *alfobre.*

Almaço, adj. (do ant. *a la maço*). V. *papel almaço.*

Almagra, s. f. Ocre vermelho que se emprega em pinturas grosseiras.

Almagrar, v. Tr. dir. Tingir com almagre.

Almanaque, s. m. Publicação que, além do calendário do ano, contém indicações úteis, trechos literários, poesias, anedotas.

Almandina, s. f. *Miner.* Variedade vermelha de granada.

Almanjarra, s. f. 1. Pau da nora, movimentado por animal. 2. Rodo usado nas salinas. 3. Coisa mal-acabada. 4. Coisa enorme.

Almarado, adj. Aplica-se ao animal que tem em redor dos olhos e da boca um círculo de cor diferente da do resto da cabeça; quatrolho.

Almargeado, adj. Semeado de erva para pasto (diz-se de um terreno).

Almargem, s. m. 1. Campo, pastagem, prado. 2. Erva para pasto.

Almargio, adj. 1. Relativo ao almargem. 2. Lançado ao almargem (animal).

Almécega, s. f. 1. Resina da aroeira ou lentisco; mástique. 2. O mesmo que *almecegueira.*

Almecegado, adj. Da cor da almécega (amarelada).

Almecegar, v. Tr. dir. Tornar amarelo, como a almécega.

Almecegueira, s. f. *Bot.* 1. Pequena árvore *(Pistacia lentiscus)* da Europa meridional, da qual se obtém a almécega. 2. Nome comum de várias plantas brasileiras pertencentes à família das Burseráceas.

Almeia¹, s. f. (ár. *almaia*). Bálsamo natural produzido no Oriente.

Almeia², s. f. (ár. *almet*). Dançarina egípcia.

Almeida, s. f. *Náut.* Abertura por onde entra a cana do leme.

Almeirão, s. m. (ár. *amirun*). *Bot.* Planta hortense da família das Compostas *(Cichorium endivia)*; endívia.

Almejar, v. *(alma + ejar)*. Tr. dir. e tr. ind. Desejar ardentemente.

Almejo *(ê)*, s. m. Ato de almejar; anseio.

Almenara, s. f. Fachos ou faróis que, nas atalaias ou torres, se acendiam para dar sinal ao longe.

Almiranta, s. f. Mulher de almirante.

Almirantado, s. m. 1. Dignidade ou posto de almirante. 2. Corpo de almirantes que constituem o alto-comando da Marinha.

Almirante, s. m. 1. Oficial de posto mais elevado na Marinha. 2. Navio em que vai o almirante.

Almirantear, v. Intr. Desempenhar as funções de almirante.

Almíscar, s. m. Substância odorífera secretada pelo almiscareiro.

Almiscarado, adj. Perfumado com almíscar.

Almiscarar, v. Tr. dir. e pron. Perfumar(-se) com almíscar.

Almiscareira, s. f. *Bot.* Planta burserácea *(Protium guyanense)*, que fornece a resina elemi.

Almiscareiro, s. m. *Zool.* Mamífero asiático da subordem dos Ruminantes artiodátilos *(Moschus moschiferus)*, do tamanho de um cabrito, que segrega o almíscar.

Almo, adj. 1. *Poét.* Que cria, alimenta ou nutre. 2. Benéfico, benigno, bom. 3. Santo, venerável.

Almocafre, s. m. Sacho de ponta, usado nas minas.

Almoçar, v. 1. Tr. dir. Comer ao almoço. 2. Intr. Tomar o almoço.

Almoço *(ô)*, s. m. (1. *admorsu*). 1. Primeira refeição substancial do dia. 2. Primeiro acontecimento ou ocorrência do dia. 3. Coisa fácil e breve.

Almocrevar, v. 1. Tr. dir. Transportar em bestas de almocreve. 2. Intr. Trabalhar como almocreve.

Almocrevaria, s. f. Exercício da profissão de almocreve.

Almocreve, s. m. Indivíduo que tem por ofício alugar ou conduzir bestas de carga.

Almoeda, s. f. Leilão, venda em hasta pública.

Almoedar, v. Tr. dir. Pôr em almoeda; aleiloar.

Almofaça, s. f. Escova de ferro para limpar cavalgaduras; rascadeira, raspadeira. Var.: *almoface*.

Almofaçar, v. Tr. dir. Limpar com almofaça.

Almofacilha, s. f. Estopa que se enrola na barbela, para que o cavalo não se fira.

Almofada, s. f. 1. Espécie de saco, cheio de qualquer substância mole ou elástica e que serve de travesseiro, encosto, assento, ornato etc. 2. *Constr.* Cada um dos painéis da folha não inteiriça de uma porta, emoldurados por peças de madeira mais grossas.

Almofadado, adj. 1. Guarnecido ou ornado de almofadas. 2. *Constr.* Que sobressai em relevo, em obras de cantaria ou de madeira. S. m. Aquilo que é feito à maneira de almofada.

Almofadar, v. Tr. dir. 1. Guarnecer de almofadas. 2. Dar maior volume a; enchumaçar. 3. Pôr sob um objeto peça ou substância que o torne mais alto.

Almofadinha, s. f. 1. Dim. de *almofada*. 2. Pregadeira de alfinetes. S. m. *Pop. ant.* Homem casquilho, afeminado.

Almofariz, s. m. Vaso em que se esmaga ou tritura alguma coisa; pilão, gral.

Almofate, s. m. Furador ou sovela, de que usam os correeiros, sapateiros e seleiros.

Almofeira, s. f. Líquido escuro que escorre das talhas das azeitonas.

Almolina, s. f. Jogo antigo, espécie de cabra-cega.

Almôndega, s. f. *Cul.* Bolo de carne picada e temperada, cozido em molho espesso.

Almorávidas, s. m. pl. (ár. *Almorabit*). *Hist.* 1. Seita religiosa e política, entre os árabes. 2. Últimos mouros que dominaram na Espanha até a conquista de Granada (1492) pelos reis católicos. Var.: *almorávides*.

Almorreimas, s. f. pl. *Pop. ant.* Hemorróidas.

Almotacé, s. m. *Ant.* Inspetor de pesos e medidas que fixava o preço dos gêneros alimentícios.

Almotolia, s. f. 1. Azeiteira. 2. Recipiente especial para lubrificar mecanismos.

Almoxarifado, s. m. 1. Cargo ou ofício de almoxarife. 2. Serviço que, numa empresa ou instituição, é incumbido de fornecer os materiais necessários aos demais setores.

Almoxarife, s. m. Aquele que, numa empresa ou em estabelecimento público, é responsável pelo almoxarifado.

Almuadem, s. m. Mouro que, do alto da torre das mesquitas, chama os fiéis à oração. Var.: *almuédão*.

Almudada, s. f. 1. Almude de cereais. 2. Terra que leva de semeadura um almude de sementes. 3. Almude cheio.

Almude, s. m. Antiga medida de cereais, variável de 16 a 25 litros.

Almuédão, s. m. O mesmo que *almuadem*.

alo-, pref. (gr. *allos*). Designa a idéia de outro, diverso: *alocromatia, alopatia*.

Aló, adv. *Náut.* Para barlavento.

Alô¹, s. m. (da interj. *alô!*). *Pop.* Aviso, pedido de atenção especificamente para determinado assunto: Dê um *alô* à turma sobre a mudança de horário.

Alô!², interj. (ingl. *hallo!*). Voz com que se chama a atenção de outrem ou se saúda.

Alobrógico, adj. 1. Relativo aos alóbrogos. 2. Rústico.

Alóbrogos, s. m. pl. *Hist.* Antigos povos da Gália transalpina, da região que hoje se chama *Sabóia*.

Alocar, v. Tr. dir. 1. Colocar (um ser) num lugar de uma seqüência de lugares. 2. Destinar (verba, fundo orçamentário etc.) a um fim específico.

Alocásia, s. f. *Bot.* Gênero *(Alocasia)* de ervas tropicais asiáticas, ornamentais, da família das Aráceas.

Alocroísmo, s. m. *Bot.* Caráter ou qualidade dos vegetais que mudam de cor.

Alocromatia, s. f. *Med.* Doença que consiste em ver cores diferentes das reais; alocromia.

Alocromático, adj. 1. *Med.* Relativo ou pertencente à alocromatia. 2. *Miner.* Variável na cor (diz-se de certos minerais que não têm pigmentação, quando puros); alocrômico.

Alóctone, adj. m. e f. Que não é originário do país que habita. Antôn.: *autóctone*.

Alocução, s. f. Discurso breve pronunciado em ocasião solene.

Alodial, adj. m. e f. *Dir.* Diz-se do imóvel livre de encargos, foros, pensões, vínculos ou gravames.

Alodialidade, s. f. *Dir.* Qualidade do que é alodial.

Aloés, s. m. *Bot.* 1. Gênero *(Aloe)* de plantas liliáceas, cujas folhas contêm um suco amargo. 2. Planta suculenta, medicinal, da família das Liliáceas *(Aloe succotrina)*. 3. Resina que se extrai dessa planta.

Aloético, adj. 1. Relativo a aloés. 2. Que contém aloés.

Aloetina, s. f. *Farm.* Substância em forma de agulhas prismáticas amarelas que se extrai do suco do aloés.

Aloftalmia, s. f. *Med.* Anomalia que resulta na diferença dos dois olhos, em geral na coloração da íris.

Alógamo, adj. *Bot.* Diz-se do vegetal para cuja fecundação se requer o concurso de dois indivíduos.

Alógeno, adj. 1. Que é de outra raça. 2. *Geol.* Que tem origem diferente.

Alogia, s. f. Absurdo, disparate, contra-senso.

Alógico, adj. 1. Que não necessita de demonstração para se ver que é certo; que é evidente. 2. Que não é lógico nem ilógico, pois não se submete aos princípios nem às regras da lógica.

Aloína, s. f. Substância em forma de agulhas prismáticas amarelas, obtida das folhas do aloés.

Aloinado *(o-i)*, adj. Semelhante ao aloés.

Alojamento, s. m. 1. Ato ou efeito de alojar. 2. Aposento. 3. Lugar onde alguém ou alguma coisa se aloja. 4. *Ant.* Estalagem, hospedaria. 5. *Tecn.* Caixa, sede, leito, assento, base, apoio, suporte.

Alojar, v. 1. Tr. dir. Pôr em loja. 2. Tr. dir. Pôr, acomodar dentro de alguma coisa que serve para conter ou guardar objetos. 3. Tr. dir., intr. e pron. Agasalhar(-se), hospedar(-se). 4. Tr. dir. Comportar, conter, recolher. 5. *Tecn.* Acamar, apoiar, assentar em cavidade, ranhura, encaixe etc.

Alombado, adj. 1. Abaulado, convexo. 2. Indolente, preguiçoso.

Alombamento, s. m. Ato ou efeito de alombar.

Alombar, v. Tr. dir. 1. Fazer curvo como o lombo. 2. Derrear (o lombo) com pancadas.

Alomorfia, s. f. Passagem de uma forma para outra essencialmente diversa; metamorfose.

Alonga, s. f. 1. Peça de prolongamento; alongador: *Alonga* de compasso. 2. *Quím.* Tubo de vidro fusiforme, que se adapta aos balões ou retortas, nos laboratórios.

Alongamento, s. m. 1. Ato ou efeito de alongar. 2. Demora. 3. Afastamento, extensão. 4. Apartamento, separação.

Alongar, v. 1. Tr. dir. e pron. Tornar(-se) longo. 2. Tr. dir. e pron. Estender(-se). 3. Tr. dir. Desviar, pôr distante. 4. Pron. Afastar-se. 5. Tr. dir. Aumentar a duração de.

Alônimo, adj. Publicado sob nome de outrem. S. m. 1. Autor que se serve de nome diverso do seu. 2. Obra publicada sob o nome de outrem.

Alopata, s. m *Med.* Pessoa que pratica a alopatia. Antôn.: *homeopata.*

Alopatia, s. f. *Med.* Método de tratamento, que consiste no emprego de remédios que produzem no organismo efeitos contrários aos da doença. Antôn.: *homeopatia.*

Alopático, adj. *Med.* Relativo à alopatia. Antôn.: *homeopático.*

Alopecia, s. f. *Med.* Queda geral ou parcial dos cabelos (da cabeça, da barba, das sobrancelhas).

Alopecuro, s. m. *Bot.* Gênero (*Alopecurus*) de capins das regiões temperadas, a que pertence o capim-cauda-de-raposa.

Alópia, s. f. Concha fina, mais ou menos rugosa.

Alopoliplóide, adj. m. e f. *Biol.* Que apresenta alopoliploidia.

Alopoliploidia, s. f. *Biol.* Estado caracterizado pela posse de dois grupos de cromossomos, provindos de duas espécies distintas, por hibridação.

Alóptero, adj. *Ictiol.* Diz-se dos peixes cujas barbatanas não têm posição fixa.

Alor, s. m. Estímulo, impulso.

Alossomo, s. m. *Biol.* Cromossomo sexual; heterocromossomo.

Alotador, s. m. Cavalo garanhão, a cujo cargo fica um lote de éguas; pastor, bagual.

Alotar, v. Tr. dir. 1. Dispor em lotes. 2. Juntar e acostumar (reses) em manada.

Alote, s. m. *Náut.* Pequeno cabo, para alar.

alotrio-, elem. de comp. (gr. *allotrios*). Exprime a idéia de *estranho, anormal: alotriomórfico.*

Alotriomórfico, adj. *Miner.* Diz-se dos minerais que não se apresentam na sua forma própria, por terem sido os últimos a se cristalizarem no conjunto.

Alotropia, s. f. Fenômeno pelo qual certos elementos podem apresentar-se sob formas diversas e com propriedades diferentes. O diamante e a grafita são estados de alotropia do carbono.

Alotrópico, adj. Relativo à alotropia; alótropo.

Alótropo, adj. 1. *Quím.* Diz-se do corpo em que há alotropia. 2. *Gram.* Diz-se dos vocábulos derivados de um só étimo, como *mancha, mágoa, mácula* e *malha,* oriundos do l. *macula;* divergente.

Aloucamento, s. m. Ato ou efeito de aloucar.

Aloucar, v. Tr. dir. e pron. Enlouquecer(-se).

Alourar, v. Tr. dir. e pron. Tornar(-se) louro ou quase louro.

Alousar, v. Tr. dir. Cobrir com lousa. Var.: *aloisar.*

Alpaca[1], s. f. 1. *Zool.* Ruminante camelídeo da América do Sul *(Lama pacos).* 2. A lã desse animal. 3. Tecido feito com essa lã.

Alpaca[2], s. f. *Metal.* Liga de cobre, zinco, níquel e prata.

Alparcata, s. f. V. *alpargata.*

Alpargata, s. f. Sandália que se prende ao pé por meio de correias ou cadarço.

Alpargataria, s. f. Oficina ou loja de alpargatas.

Alpargateiro, s. m. O que fabrica ou vende alpargatas.

Alpendrada, s. f. 1. Grande alpendre. 2. Varanda coberta.

Alpendrado, adj. 1. Que tem alpendre. 2. Em forma de alpendre.

Alpendrar, v. Tr. dir. Cobrir com alpendre.

Alpendre, s. m. 1. Teto saliente, de uma só água, à entrada de um edifício. 2. Pátio coberto.

Alpercata, s. f. (ár. *albargat*). V. *alpargata.*

Alperce, s. m. *Bot.* Damasco grande, de cheiro e gosto semelhantes aos do pêssego. Var.: *alperche.*

Alperche, s. m. V. *alperce.*

Alpergata, s. f. V. *alpargata.*

Alpestre, adj. m. e f. Relativo ou semelhante aos Alpes. 2. Áspero, rochoso.

alpi-, elem. de comp. Exprime a idéia de *Alpes, grande altura, região alta: alpícola.*

Alpícola, adj. m. e f. Que vive ou cresce nos Alpes. S. m. e f. Pessoa que vive nos Alpes.

Alpinismo, s. m. Esporte que consiste em escalar montanhas.

Alpinista, s. m. e f. Pessoa que pratica o alpinismo.

Alpino, adj. 1. Relativo aos Alpes ou às altas montanhas. 2. *Zool.* e *Bot.* Aplica-se aos animais e plantas que crescem e habitam nos Alpes, ou nas altas montanhas.

Alpiste, s. m. *Bot.* 1. Planta gramínea (*Phalaris canariensis*). 2. Grãos dessa planta, que se dão aos passarinhos domésticos.

Alpondras, s. f. pl. Pedras colocadas no leito do rio e que dão passagem de uma a outra margem.

Alporama, s. m. Vista ou panorama dos Alpes em quadro.

Alporca, s. f. *Med.* V. *escrófula.*

Alporcar, v. Tr. dir. *Agr.* Fazer alporque em.

Alporque, s. m. *Agr.* Ramo que se mergulha na terra, para que crie raízes e lance novos ramos; mergulhia.

Alquebrado, adj. 1. Que se alquebrou. 2. Enfraquecido.

Alquebramento, s. m. 1. Ato ou efeito de alquebrar. 2. Enfraquecimento.

Alquebrar, v. 1. Tr. dir. Curvar. 2. Tr. dir. Enfraquecer. 3. Intr. e pron. Tornar-se fraco ou abatido de corpo ou de espírito.

Alqueiramento, s. m. Ato ou efeito de alqueirar.

Alqueirar, v. Tr. dir. Medir aos alqueires.

Alqueire, s. m. *Metr.* 1. Antiga medida de capacidade, equivalente a 13,8 litros. 2. Medida de capacidade para grãos equivalente a 40 l em São Paulo, a 80 l em Minas Gerais e Goiás e de capacidade diversa em outros Estados brasileiros. 3. Medida agrária equivalente a $48.400m^2$ em Minas Gerais, Goiás e Rio de Janeiro, a $24.200m^2$ em São Paulo e a $27.225m^2$ nos Estados nordestinos do Brasil.

Alqueivar, v. Tr. dir. Lavrar (a terra) para ficar em pouso e adquirir força produtiva.

Alqueive, s. m. 1. Ato de alqueivar. 2. Terreno alqueivado.

Alquequenje, s. m. *Bot.* Planta herbácea do Velho Mundo (*Physalis alkekengi*), muito ornamental. Var.: *alquequenque.*

Alquequenque, s. m. V. *alquequenje.*

Alquifa, s. f. V. *alquifol.*

Alquifol, s. m. Sulfeto de chumbo ou galena, usado em vernizes ou vidrados.

Alquime, s. m. *Arc.* V. *ouropel.*

Alquimia, s. f. Denominação da química medieval, que se empenhava sobretudo em descobrir a pedra filosofal.

Alquimista, s. m. e f. Pessoa que se dedicava à alquimia.

Alquitara, s. f. *Ant.* Espécie de alambique, mas sem serpentina.

Alsaciano, adj. Relativo à Alsácia.

Alstreméria, s. f. *Bot.* Gênero *(Alstroemeria)* de amarilidáceas ornamentais, de origem americana.

Alta[1], s. f. (de *alto*). *Com.* Elevação de preços ou de cotação.

Alta[2], s. f. (al. *halte*). Ordem dada a alguém para sair do hospital onde estava em tratamento.

Altaico, adj. 1. Relativo à cordilheira do Altai. 2. Pertencente aos povos do Altai. 3. *Lingüíst.* Aplica-se ao grupo formado pela língua túrcica, a mongol e a tongúsia.

Altamado, adj. De todas as qualidades (diz-se de panos).

Altamisa, s. f. *Bot.* Arbusto da família das Compostas (*Baccharis artemisioides*).

Altanadice, s. f. Qualidade de altanado; soberba.

Altanado, adj. 1. Elevado, erguido. 2. Altaneiro, soberbo.

Altanar, v. Pron. 1. Elevar-se muito, erguer-se, levantar-se. 2. Tornar-se altivo, soberbo.

Altanaria, s. f. 1. Qualidade de altaneiro; soberba, altivez. 2. Caça das aves que voam alto.

Altaneiro, adj. 1. Que se eleva muito, que voa muito alto. 2. Orgulhoso, soberbo.

Altar, s. m. (l. *altare*). 1. Espécie de mesa destinada aos sacrifícios e outras cerimônias religiosas, em qualquer religião. 2. Mesa consagrada, com uma pedra de ara, sobre a qual se celebra o sacrifício da missa. — *A.-mor:* altar principal de uma igreja.. Pl.: *altares-mores.*

Alta-roda, s. f. A alta sociedade. Pl.: *altas-rodas.*

Altarrão, adj. Muito alto.

Altazimute, s. m. *Astr.* Instrumento para determinar simultaneamente a altura e o azimute de um astro.

Alteação, s. f. V. *alteamento.*

Alteado, adj. 1. A que se deu maior altura. 2. *Pop.* Meio ébrio; meio irado.

Alteamento, s. m. Ato ou efeito de altear.

Altear, v. 1. Tr. dir. e pron. Tornar(-se) mais alto. 2. Tr. dir. Tornar mais excelente ou mais sublime: *A. o estilo.* 3. Pron. *Pop.* Mostrar-se zangado com alguém, ou por algo.

Altéia, s. f. *Bot.* 1. Gênero *(Althaea)* de ervas ornamentais, da família das Malváceas. 2. Planta desse gênero, especialmente a *Althaea officinalis.*

Alteração, s. f. 1. Ato ou efeito de alterar. 2. Modificação, mudança. 3. Falsificação: *Alteração* do leite. 4. Alvoroto, tumulto.

Alterar, v. (l. *alterare*). 1. Tr. dir. Causar influência perniciosa a. 2. Tr. dir. Desorganizar, perturbar. 3. Tr. dir. Adulterar. 4. Tr. dir. e pron. Modificar(-se), mudar(-se), variar(-se). 5. Pron. Agastar-se, encolerizar-se. 6. Pron. Amotinar-se, alvorotar-se.

Alterativo, adj. Que tem o poder de alterar.

Alterável, adj. m. e f. Que pode ser alterado.

Altercação, s. f. Ato ou efeito de altercar; bate-boca, contestação, disputa, contenda.

Altercar, v. (l. *altercare*). 1. Tr. ind. e intr. Discutir com ardor; provocar polêmica. 2. Tr. dir. Defender em polêmica: *Altercar* uma *doutrina,* uma *idéia,* um *ponto de vista.*

Alter-ego, s. m. (latim). Outro eu, pessoa em que alguém deposita inteira confiança.

Alternação, s. f. Ato ou efeito de alternar; variação.

Alternado, adj. Diz-se das coisas que se revezam na sucessão, ora uma, ora outra.

Alternador, adj. Que alterna. S. m. *Eletr.* Dispositivo destinado a produzir corrente alternada.

Alternância, s. f. 1. Ato ou efeito de alternar; alternação. 2. *Bot.* Disposição de folhas e flores em que há uma em cada nó caulinar. 3. *Agric.* Cultura alternada. 4. *Eletr.* Metade de um ciclo de corrente alternada. 5. *Geol.* Sucessão regular de estratos de duas rochas ou de dois minerais diferentes.

Alternante, adj. m. e f. Que alterna ou se reveza com outro semelhante.

Alternar, v. (l. *alternare*). Tr. dir., intr. e pron. Suceder cada qual por sua vez, revezar(-se), variar(-se) sucessivamente.

Alternativa, s. f. 1. Sucessão de duas ou mais coisas ou pessoas que são mutuamente exclusivas. 2. Opção entre duas ou mais coisas ou pessoas. 3. Mudança, alternação. S. f. pl. Vaivéns da sorte: As *alternativas* da existência.

Alternativo, adj. 1. Que alterna. 2. Que se diz ou faz com alternação. 3. Que permite escolha. 4. Diz-se de um movimento de vaivém.

alterni-, elem. de comp. (l. *alternu*). Expressa a idéia de *alterno: alternípede, alternipétalo.*

Alterniflóreo, adj. *Bot.* Que tem flores alternadas.

Alternifólio, adj. *Bot.* Que tem folhas alternadas.

Alternípede, adj. m. e f. *Zool.* Que tem pés ou patas alternativamente de duas cores diferentes.

Alternipétalo, adj. *Bot.* Com os estames alternando com as pétalas.

Alterno, adj. 1. Alternado, revezado. 2. *Bot.* Diz-se das folhas que nascem isoladas nos nós, nos dois lados da haste, mas não umas defronte das outras.

Alteroso, adj. 1. De grande altura; elevado. 2. Altaneiro, soberbo. 3. Imponente, majestoso.

Alteza *(ê)*, s. f. 1. Qualidade do que é alto. 2. Elevação moral. 3. Tratamento dado antigamente aos reis e, posteriormente, apenas aos príncipes.

alti-, pref. (l. *altu*). Designa *altura, em lugar alto, em voz alta* etc.

Altibaixo, adj. Que apresenta elevações e depressões. S. m. pl. 1. Desigualdades de terrenos acidentados. 2. Vicissitudes, reveses.

Alticolúnio, adj. *Arquit.* Que tem colunas altas.

Altícomo, adj. *Bot.* Que tem coma elevada.

Alticornígero, adj. Que tem cornos muito altos.

Altifalante, s. m. V. *alto-falante.*

Altiloqüência, s. f. Grande elevação de estilo.

Altiloqüente, adj. m. e f. Dotado de altiloqüência.

Altíloquo *(co)*, adj. V. *altiloqüente.*

Altimetria, s. f. Ciência de medir as alturas.

Altímetro, s. m. 1. Instrumento para medir as alturas. 2. *Aeron.* Instrumento destinado a indicar a altura do vôo de um avião, tomando como referência o nível do mar ou um ponto qualquer no solo.

Altimurado, adj. Com muros altos.

Altiplano, s. m. Planície sobre montes ou serra.

Altipotente, adj. m. e f. Muito poderoso; poderosíssimo.

Altirrostro *(ó)*, adj. *Zool.* Que tem bico mais alto que comprido.

Altíssimo, adj. Sup. abs. sint. de *alto*: muito alto. S. m. A divindade, Deus.

Altissonante, adj. m. e f. 1. Que soa muito alto; estridente. 2. Pomposo.

Altíssono, adj. Altissonante.

Altista[1], adj. (*alta* + *ista*). Relativo à alta[1]. S. m. e f. 1. Pessoa que joga na alta do câmbio ou títulos. 2. Pessoa que força a alta de mercadorias.

Altista[2], s. m. e f. (ital. *alto* + *ista*). *Mús.* 1. Pessoa cuja voz tem as características de contralto ou alto. 2. Pessoa que toca o alto (viola).

Altitonante, adj. m. e f. Que troveja nas alturas; estrondoso, ruidoso.

Altitude, s. f. 1. Altura, na vertical, de um lugar acima do nível do mar. 2. *Astr.* Elevação angular de um corpo celeste acima do horizonte.

Altívago, adj. *Poét.* Que anda nas alturas.

Altivez, s. f. Qualidade do que é altivo; altiveza.

Altivo, adj. 1. Alto, elevado. 2. Nobre, magnânimo. 3. Orgulhoso, arrogante.

Altivolante, adj. m. e f. Altívolo.

Altívolo, adj. Que se eleva ou voa muito alto.

Alto[1], adj. (l. *altu*). 1. Com grande extensão vertical (considerada de baixo para cima). 2. Erguido sobre o chão; elevado. 3. Excelente. 4. Ilustre. 5. Vantajoso. 6. Grande, importante. 7. De grande alcance; penetrante. 8. Agudo: Som *alto.* 9. De elevado preço; caro. 10. Afastado no tempo; remoto. 11. Que fica longe da costa. 12. Avançado em horas. Sup. abs. sint.: *sumo, supérrimo, supremo, altíssimo.* Adv. A grande altura. S. m. 1. Altura. 2. O ponto mais elevado de uma coisa. 3. *Mús.* A parte cantada pelas vozes masculinas mais altas. 4. *Mús.* Cantor de altos. S. m. pl. 1. Lugares altos. 2. Relevos de bordados.

Alto![2], interj. (al. *halt,* imper. de *halten*). Usa-se para mandar parar alguém, ou algum movimento.

Alto-cúmulo, s. m. *Meteor.* Formação de nuvens dispostas em grandes flocos, a cerca de 4.000m de altitude.

Alto-falante, s. m. Ampliador do som nos aparelhos radiofônicos; altifalante. Pl.: *alto-falantes.*

Alto-forno, s. m. Forno destinado à fundição de minérios de ferro, sob alta temperatura. Pl.: *altos-fornos.*

Alto-relevo, s. m. 1. Impressão ou gravura em que certas partes ficam salientes do fundo. 2. *Escult.* Trabalho em que as figuras se destacam quase inteiramente sobre o plano de fundos. Pl.: *altos-relevos.* Antôn.: *baixo-relevo.*

Altruísmo, s. m. Amor ao próximo; abnegação, filantropia.

Altruísta, adj. m. e f. Relativo ao altruísmo. S. m. e f. Quem pratica o altruísmo.

Altruístico, adj. Relativo a altruísmo.

Altura, s. f. 1. Distância perpendicular de baixo para cima. 2. Distância entre o ponto mais baixo e o ponto mais alto de alguma coisa ereta. 3. Tamanho, estatura. 4. Elevação, colina. 5. O céu, o firmamento. 6. Agudeza de um som musical. 7. Importância, valia.

Aluá, s. m. Bebida refrigerante, feita de cascas de abacaxi, milho, pão ou farinha de arroz, açúcar e sumo de limão.

Aluado, adj. 1. Influenciado pela Lua; lunático. 2. Que está em período de cio (diz-se das fêmeas de alguns animais).

Aluamento, s. m. 1. Estado de aluado. 2. Cio de animais. 3. Insensatez. 4. *Náut.* Corte curvo na parte inferior da vela da gávea.

Aluar, v. Pron. 1. Adoidar-se, ficar lunático. 2. Ficar (o animal) aluado.

Alucinação, s. f. 1. Ato ou efeito de alucinar(-se). 2. *Med.* Percepção de sensações sem objeto que lhes dê causa direta. 3. Devaneio, delírio, ilusão.

Alucinado, adj. Iludido, por efeito de alucinação.

Alucinador, adj. e s. m. Que, ou o que alucina.

Alucinamento, s. m. V. *alucinação.*

Alucinante, adj. m. e f. Que alucina; alucinatório.

Alucinar, v. (1. *allucinare*). 1. Tr. dir. Privar do entendimento ou da razão; desvairar. 2. Pron. Perder a razão. 3. Intr. Causar delírio ou desvario. 4. Tr. dir. Fascinar, encantar.

Alucinatório, adj. Que alucina.

Alucinógeno, s. m. *Quím.* e *Farm.* Substância que produz alucinações.

Alude, s. m. Avalancha.

Aludel, s. m. *Quím. ant.* Cada um dos vasos de barro, embutidos uns aos outros, e que compunham uma espécie de tubo.

Aludir, v. (1. *alludere*). Tr. ind. Fazer alusão, referir-se.

Alugação, s. f. Ato de alugar; alugamento.

Alugador, adj. Que aluga; locador.

Alugamento, s. m. Alugação.

Alugar, v. (1. *allocare*). 1. Tr. dir. Dar ou tomar de aluguel. 2. Tr. dir. e pron. Assalariar(-se).

Aluguel, s. m. 1. Cessão ou aquisição de objeto ou serviço por tempo e preço combinados. 2. O preço dessa cessão ou aquisição.

Aluguer, s. m. V. *aluguel.*

Aluição *(u-i)*, s. f. V. *aluimento.*

Aluimento *(u-i)*, s. m. Ato ou efeito de aluir.

Aluir, v. (1. *adluere*). 1. Tr. dir. Derrubar por baixo. 2. Tr. dir. Abalar, sacudir. 3. Intr. e pron. Cair, desabar, desmoronar-se.

Álula, s. f. Pequena asa ou ala.

Alumbrado, adj. 1. Iluminado espiritualmente; inspirado. 2. Deslumbrado.

Alumbramento, s. m. Ato ou efeito de alumbrar.

Alumbrar, v. Tr. dir. e pron. Alumiar(-se), deslumbrar(-se).

Alume, s. m. *Quím.* 1. Cada um dos dois sulfatos duplos de alumínio (alume de potássio e alume de amônio). 2. Pedra-ume.

Alúmen, s. m. V. *alume.* Pl.: *alumens.*

Alumiação, s. f. Ato ou efeito de alumiar.

Alumiamento, s. m. V. *alumiação.*

Alumiar, v. (1. **alluminare*). 1. Tr. dir., intr. e pron. Projetar luz sobre; iluminar. 2. Tr. dir. e pron. Ilustrar(-se), instruir(-se). 3. Intr. e pron. Resplandecer.

Alumina, s. f. *Miner* e *Quím.* Óxido de alumínio (Al_2O_3).

Aluminação, s. f. Ato ou efeito de aluminar.

Aluminagem, s. f. 1. *Fot.* Banho de alumina. 2. Camada de alumina sobre um material ou tecido, para torná-lo apto a receber a tintura.

Aluminar, v. Tr. dir. Tratar ou combinar com alumina.

Aluminato, s. m. *Quím.* Sal em que a alumina funciona como anidrido de ácido.

alumini-, elem. de comp. O mesmo que *alumino-*: *aluminífero.*

Alumínico, adj. Relativo ao alumínio.

Aluminífero, adj. Que contém alumínio.

Alumínio, s. m. *Quím.* Elemento metálico de número atômico 13; símbolo Al; massa atômica 26,98.

Aluminita, s. f. *Miner.* Sulfato natural hidratado de alumina.

alumino-, elem. de comp. (1. *alumen, inis*). Exprime a idéia de *alumínio*: *aluminografia.*

Aluminografia, s. f. *Tip.* Processo de impressão com chapas de alumínio.

Aluminoso, adj. Aluminífero.

Alunagem, s. f. *Astronáut.* Ato ou efeito de alunar; alunissagem.

Alunar, v. (*a* + 1. *luna* + *ar*). *Astronáut.* 1. Intr. Descer de astronave na Lua. 2. Tr. dir. Fazer descer astronave na Lua.

Alunissagem, s. f. V. *alunagem.*

Alunissar, v. V. *alunar.*

Aluno, s. m. (1. *alumnu*). 1. O que recebe instrução em colégio, liceu ou escola superior. Col.: *classe.* 2. Aprendiz, discípulo, educando.

Alusão, s. f. (1. *allusione*). 1. Ato ou efeito de aludir. 2. Referência vaga e indireta a pessoas, coisas ou fatos.

Alusivo, adj. Que encerra alusão; referente.

Aluvial, adj. m. e f. 1. Relativo a aluvião. 2. Produzido por aluvião (falando-se de um terreno). 3. Encontrado em aluvião: Ouro *aluvial.*

Aluviano, adj. Aluvial.

Aluvião, s. f. (1. *alluvione*). 1. Acumulação sucessiva de materiais (areias, cascalho, lodo etc.) pelas águas correntes, resultante do trabalho de erosão dessas águas. 2. Inundação, cheia. 3. Grande quantidade, grande número: Uma *aluvião* de torcedores dirigia-se ao estádio.

Alúvio, s. m. V. *aluvião.*

Alva, s. f. (1. *alba*). 1. A primeira luz do dia; alvor, alvorada. 2. *Ecles.* Veste talar de pano branco. 3. Parte branca do globo ocular; esclerótica.

Alvação, adj. 1. Alvacento. 2. Diz-se do gado branco, sem manchas. Fem.: *alvaçã* e *alvaçoa.*

Alvaçar, s. f. Peça que, na proa das embarcações, serve de apoio ao mastro.

Alvacento, adj. Quase branco, um tanto alvo; alvadio.

Alvadio, adj. V. *alvacento.*

Alvado, s. m. 1. Abertura da colméia, por onde entram e saem as abelhas. 2. Olho de alguns instrumentos por onde entra o cabo deles.

Alvaiade, s. m. Carbonato básico de chumbo; cerusa; cerusita; branco de chumbo.

Alvanel, s. m. *Ant.* Pedreiro.

Alvar, adj. m. e f. 1. Alvacento. 2. Aparvalhado, atoleimado. 3. Próprio de tolo.

Alvará, s. m. Documento passado por uma autoridade judiciária ou administrativa, que contém ordem ou autorização para a prática de determinados atos.

Alvaraz, s. m. *Ant.* Lepra branca.

Alvarenga, s. f. Lanchão para carga e descarga de navios.

Alvarengueiro, s. m. Dono ou tripulante de alvarenga.

Alvarinho, s. m. *Vet.* Bexigas benignas que atacam cabras e ovelhas.

Alveário, s. m. Cortiço de abelhas; colméia.

Alvedrio, s. m. Vontade própria; arbítrio.

Alveiro, adj. De cor branca; alvadio.

Alveitar, s. m. Veterinário não diplomado.

Alveitaria, s. f. Arte do alveitar.

Alvejante, adj. m. e f. Que alveja ou branqueia; branquejante.

Alvejar, v. (*alvo* + *ejar*). 1. Tr. dir. Tornar alvo ou branco. 2. Tr. dir. Tomar como alvo ou ponto de mira. 3. Intr. Branquejar, mostrar-se alvo. 4. Intr. Alvorecer, despontar.

Alvenaria, s. f. (de *alvener*). *Constr.* 1. Mister, arte ou profissão de pedreiro (alvenel). 2. Pedra tosca, sem acabamento. 3. Conjunto de pedras, naturais ou artificiais, ligadas ou não por argamassa. 4. Obra feita de pedras ou tijolos ligados com argamassa, cimento etc.

Alveneiro, alvenel, alvener ou **alvenéu,** s. m. V. *alvanel.*

Álveo, s. m. 1. Leito de curso de água. 2. Sulco, canal.

Alveolado, adj. Que tem alvéolos; alveolar.

Alveolar, adj. m. e f. 1. Relativo ao alvéolo. 2. Com forma de alvéolo.

alveolari-, elem. de comp. O mesmo que *alveoli-: alveolariforme.*

Alveolariforme, adj. m. e f. Que tem forma de alvéolo.

alveoli-, elem. de comp. (1. *alveolu*). Exprime a idéia de alvéolo: *alveolite.*

Alveolite, s. f. *Med.* Inflamação dos alvéolos.

Alvéolo, s. m. 1. Cavidade pequena. 2. Célula do favo de mel. 3. Casulo. 4. *Anat.* Fundo de saco terminal das subdivisões brônquicas.

Alverca, s. f. 1. Tanque de nora. 2. Viveiro de peixes.

Alvergue, s. m. Tanque em que, nos lagares de azeite, repousa o líquido que escorre do bagaço das azeitonas.

alvi-, elem. de comp. (1. *albu*). O mesmo que *albi-: alvinitente.*

Alvião, s. m. Utensílio que é uma combinação de enxadão e picareta.

Alvidrar, v. *P. us.* V. *arbitrar.*

Alvinegro, adj. Branco e negro.

Alvinitente, adj. m. e f. De alvura imaculada.

Alvino, adj. Relativo ao baixo-ventre.

Alvirrubro, adj. Branco e vermelho.

Alvissarar, v. Tr. dir. Noticiar para receber alvíssaras.

Alvíssaras¹, s. f. (ár. *al-bixâra*). Prêmio ou recompensa que se dá ao anunciador de boas-novas, ou a quem restitui coisa que se perdera.

Alvíssaras!², interj. Serve para anunciar boas-novas.

Alvissareiro, adj. 1. Que pede ou dá alvíssaras. 2. Auspicioso.

Alvitrador, s. m. Aquele que alvitra.

Alvitramento, s. m. Ato ou efeito de alvitrar; arbitramento.

Alvitrar, v. Tr. dir. 1. Aconselhar, sugerir. 2. Julgar como árbitro; arbitrar.

Alvitre, s. m. (corr. de *arbítrio*). 1. Arbítrio. 2. Opinião, proposta, lembrança que alguém apresenta ou sugere.

Alvo, adj. 1. Branco, claro. 2. Cândido, puro. Sup. abs. sint.: *alvíssimo.* S. m. 1. A cor branca. 2. Alva esclerótica. 3. Ponto a que se dirige o tiro; mira. 4. Objeto a que se dirige algum intento; objetivo, escopo, fito, fim.

Alvor, s. m. (1. *albore*). 1. Alva, alvorada. 2. Alvura, brancura. Pl.: *alvores (ô).*

Alvorada, s. f. 1. Alva no seu auge, antes do nascer do Sol. 2. Canto das aves ao amanhecer. 3. O desabrochar da vida, a juventude. 4. *Mil.* Toque militar nos quartéis, de madrugada. 5. Toque de qualquer música, pela madrugada.

Alvorar, v. V. *alvorecer.*

Alvorecer, v. Intr. 1. Aparecer o alvor do dia. 2. Começar a revelar-se (idéias, qualidades).

Alvorejar, v. 1. Intr. Alvorecer. 2. Tr. dir. Branquear; alvejar; clarear.

Alvoroçado, adj. 1. Inquieto de ânimo; agitado. 2. Açodado, apressado.

Alvoroçamento, s. m. Ato ou efeito de alvoroçar(-se).

Alvoroçar, v. Tr. dir. e pron. 1. Pôr(-se) em alvoroço; agitar(-se). 2. Alegrar(-se), entusiasmar(-se).

Alvoroço *(ô)*, s. m. 1. Comoção, sobressalto. 2. Alarido, alvoroto, tumulto. 3. Pressa, azáfama.

Alvorotar, v. V. *alvoroçar.*

Alvoroto *(ô)*, s. m. O mesmo que *alvoroço.*

Alvura, s. f. 1. Qualidade do que é alvo. 2. Candura.

Ama¹, s. f. 1. Mulher que amamenta filho alheio; nutriz. 2. Aia, criada. 3. Senhora da casa, patroa (em relação aos criados). 4. Governanta.

-ama², suf. vern. Exprime coleção, quantidade: *dinheirama.*

Amabile *(má)*, s. m. (ital. *amabile*). *Mús.* Indica que o trecho musical deve ser executado com suavidade, em movimento médio, entre *andante* e *adágio.*

Amabilidade, s. f. 1. Qualidade de amável. 2. Delicadeza. 3. Favor, fineza. 4. Dito ou ação gentil.

Amacacado, adj. 1. Semelhante a macaco. 2. Próprio de macaco.

Amaçarocado, adj. Em forma de maçaroca; encanudado.

Amaçarocar, v. Tr. dir. Dar forma de maçaroca a.

Amachucado, adj. 1. Amarrotado. 2. Acabrunhado.

Amachucar, v. 1. Tr. dir. Abolar, amarrotar, amassar. 2. Tr. dir. e pron. Acabrunhar(-se), apoquentar(-se).

Amaciamento, s. m. 1. Ato ou efeito de amaciar. 2. *Tecn.* Ato de amaciar um motor ou máquina novos.

Amaciar, v. 1. Tr. dir. e pron. Tornar(-se) macio. 2. Tr. dir. Alisar, anediar: *A.* o *cabelo.* 3. Tr. dir. e intr. Fazer funcionar (motor novo ou retificado) a baixa velocidade.

Amada, s. f. 1. A mulher a quem se ama. 2. Namorada.

Amadeirado, adj. Semelhante a madeira.

Amadeirar, v. Tr. dir. 1. Dar aspecto ou consistência de madeira a. 2. Cercar de madeira.

Amado, adj. Que é objeto de amor; querido, dileto. S. m. Homem a quem se ama.

Amador, adj. 1. Que ama. 2. Que se dedica a uma arte ou esporte por prazer, sem fazer deles um meio de vida. S. m. Tal homem.

Amadorismo, s. m. 1. Condição de amador. 2. Doutrina contrária ao profissionalismo.

Amadorista, adj. e s., m. e f. Pessoa partidária do amadorismo.

Amadrinhado, adj. 1. Protegido, apadrinhado. 2. Aplica-se ao animal que anda sempre junto.

Amadrinhador, s. m. 1. Aquele que amadrinha; protetor. 2. Indivíduo que acompanha, a cavalo ou burro, o domador nos exercícios da doma.

Amadrinhar, v. Tr. dir. 1. Servir de madrinha a. 2. Exercer funções de amadrinhador para com (animal que está sendo domado).

Amadurado, adj. Amadurecido, maduro, sazonado.

Amaduramento, s. m. Ato ou efeito de amadurar.

Amadurar, v. (1. *ematurare*). 1. Tr. dir. Tornar maduro. 2. Intr. V. *amadurecer.*

Amadurecer, v. 1. Intr. Ficar maduro. 2. Tr. dir. Tornar maduro. 3. Tr. dir. Fazer chegar a estado comparável à madureza dos frutos. 4. Intr. Chegar a completo desenvolvimento. 5. Tr. dir. Estudar: *A.* um *projeto.*

Amadurecido, adj. (p. de *amadurecer*). Que amadureceu.

Amadurecimento, s. m. Ato ou efeito de amadurecer; maturação, sazonamento.

Âmago, s. m. 1. Medula ou cerne das plantas. 2. A parte interna de alguma coisa. 3. O centro, a alma, a essência, o fundamento de qualquer coisa.

Amainar, v. 1. Tr. dir. e intr. *Náut.* Abaixar ou colher (vela de embarcação). 2. Tr. dir., intr. e pron. Abrandar, diminuir, serenar, tranqüilizar.

Amaldiçoado, adj. Abominado, execrado, maldito.

Amaldiçoador, adj. e s. m. Que, ou o que amaldiçoa.

Amaldiçoar, v. Tr. dir. 1. Lançar maldição sobre. 2. Abominar, execrar. 3. Votar à perdição. 4. Blasfemar.

Amalecitas, s. m. pl. *Bíblia.* Povo árabe procedente de Amaleque, neto de Esaú.

Amaleitado, adj. Doente de maleitas; maleitoso.

Amálgama, s. m. 1. *Quím.* Liga de mercúrio com outro metal. 2. Mistura ou ajuntamento de pessoas ou coisas diferentes. 3. Confusão.

Amalgamação, s. f. 1. Ato ou efeito de amalgamar. 2. Processo de extrair ouro ou prata de minérios por meio de mercúrio. 3. Formação de amálgama.

Amalgamador, adj. e s. m. Que, ou o que amalgama.

Amalgamar, v. 1. Tr. dir. Combinar o mercúrio com outro metal. 2. Tr. dir. e pron. Aproximar(-se), juntar(-se) (coisas ou pessoas de diferentes classes e qualidades). 3. Pron. Combinar-se.

Amalgâmico, adj. Que se pode amalgamar.

Amalhar¹, v. (*a* + *malha* por *malhada* + *ar*). 1. Tr. dir. Recolher à malhada. 2. Intr. e pron. Abrigar-se, recolher-se, entrar (gado) na malhada. 3. Tr. dir. Conduzir ao bom caminho.

Amalhar², v. (*a + malha + ar*). Tr. dir. 1. Prender na malha. 2. Ilaquear, encurralar.

Amalocar, v. Tr. dir. Juntar em maloca; aldear.

Amaltado, adj. Reunido em malta.

Amaltar, v. Tr. dir. e pron. Reunir(-se) em malta.

Amalucado, adj. Um tanto maluco; adoidado.

Amalucar, v. Tr. dir. e pron. Tornar(-se) um tanto maluco.

Amamentação, s. f. Ato ou efeito de amamentar; alactamento, aleitamento.

Amamentadora, adj. e s. f. Que, ou aquela que amamenta.

Amamentar, v. Tr. dir. 1. Criar ao peito, dar de mamar; aleitar, lactar. 2. Dar vida ou alento a.

Amancebado, adj. Que vive em mancebia; amigado, amasiado. S. m. Amante, amásio.

Amancebamento, s. m. 1. Ato ou efeito de amancebar-se. 2. Estado de pessoa amancebada; concubinato.

Amancebar, v. Pron. Juntar-se em mancebia com alguém; amasiar-se.

Amaneirado, adj. Desprovido de naturalidade; afetado.

Amaneirar, v. Tr. dir. e pron. 1. Tornar(-se) amaneirado. 2. Acomodar(-se), adaptar(-se).

Amanhã, adv. No dia seguinte ao atual. S. m. 1. O dia seguinte. 2. A época vindoura.

Amanhação, s. f. V. *amanho*.

Amanhado, adj. 1. Lavrado, adubado, cultivado. 2. Arranjado, preparado.

Amanhar, v. (*a + mão + ar*). 1. Tr. dir. Dar amanho a; cultivar. 2. Tr. dir. Arranjar, dispor. 3. Tr. dir. Preparar de acordo com as regras. 4. Tr. dir. e pron. Ataviar(-se), enfeitar(-se). 5. Pron. Acomodar-se, avir-se.

Amanhecer, v. Intr. 1. Começar a manhã, nascer o dia. 2. Estar ou achar-se pela manhã em algum lugar. 3. Começar a manifestar-se. Na acep. 1 é unipessoal. S. m. 1. O princípio do dia. 2. O começo de alguma coisa; origem.

Amanho, s. m. 1. Ato ou efeito de amanhar; lavoura, cultura. 2. Arranjo.

Amaninhador, adj. Esterilizador; esterilizante.

Amaninhar, v. Tr. dir. Tornar maninho ou inculto.

Amansadela, s. f. Ato de amansar ligeiramente.

Amansador, adj. e s. m. 1. Que, ou o que amansa. 2. Domador; amestrador.

Amansamento, s. m. 1. Ato ou efeito de amansar. 2. Preparação que se faz nos seringais, para início da colheita, antes de aplicação de canequinhos às árvores.

Amansar, v. Tr. dir. e pron. 1. Tornar(-se) manso; domesticar(-se). 2. Aplacar(-se), sossegar(-se). 3. Moderar(-se), refrear(-se).

Amantar, v. Tr. dir. Cobrir com manto ou manta.

Amante, adj. m. e f. 1. Que ama. 2. Que gosta de alguma coisa; apreciador. S. m. e f. 1. Pessoa que ama. 2. Amásio ou amásia.

Amanteigar, v. Tr. dir. 1. Dar cor ou sabor de manteiga a. 2. Tornar brando como a manteiga.

Amantelar, v. Tr. dir. Cercar de muralhas; fortificar.

Amantilho, s. m. *Náut.* Cabo que sustenta as vergas da embarcação em posição horizontal.

Amanuense, s. m. e f. Escrevente de repartição pública.

Amapá, s. f. *Bot.* Árvore apocinácea de porte grande (*Parahancornia amapa*), do vale do Amazonas.

Amapaense, adj. m. e f. Relativo a Amapá, cidade, município e território do Brasil. S. m. e f. Pessoa natural desses lugares.

Amar, v. (1. *amare*). 1. Tr. dir., intr. e pron. Ter amor, afeição, ternura por, querer bem a. 2. Tr. dir. Apreciar muito, estimar, gostar de.

Amáraco, s. m. *Bot.* V. *manjerona*.

Amarado, adj. Cheio de água, inundado, marejado.

Amaragem, s. f. Ato de o hidroavião pousar na água; amerissagem.

Amarantáceas, s. f. pl. *Bot.* Família (*Amarantaceae*) da ordem das Centrospermas, que se compõe de ervas ou arbustos cosmopolitas.

Amaranto, s. m. 1. *Bot.* Gênero *(Amaranthus)* típico da família das Amarantáceas. 2. *Bot.* Planta desse gênero, particularmente a espécie *Amaranthus caudatus,* cultivada por sua espiga densa, vermelho-carmesim, que se assemelha a uma cauda de raposa.

Amarar, v. Intr. Baixar, descer o hidroavião ao mar, pousar na água; amerissar.

Amarelado, adj. 1. Um tanto amarelo; amarelento. 2. Descorado, lívido, pálido.

Amarelão, s. m. 1. Opilação. 2. Variedade de milho e de arroz.

Amarelar, v. V. *amarelecer*.

Amarelecer, v. 1. Tr. dir. Tornar amarelo. 2. Intr. e pron. Ficar amarelo, perder o viço. 3. Intr. Amadurecer.

Amarelecido, adj. Que amareleceu.

Amarelecimento, s. m. Ato ou efeito de amarelecer.

Amarelejar, v. 1. Tr. ind. e intr. Mostrar-se amarelo. 2. Intr. Luzir ou brilhar, apresentando cor amarela.

Amarelento, adj. 1. Amarelado. 2. Doente de febre amarela.

Amarelidão, s. f. 1. Cor amarela. 2. Palidez.

Amarelido, adj. e s. m. V. *amarelecido*.

Amarelo, adj. (1. hispânico *amarellus,* de *amarus*). 1. Da cor da luz do Sol, da cor da gema do ovo, da cor do ouro. 2. Diz-se dessa cor. S. m. A cor amarela.

Amarelo-gualdo, adj. Amarelo muito claro. Pl.: *amarelo-gualdos*.

Amarfanhar, v. Tr. dir. 1. Amachucar, amarrotar. 2. Maltratar. 3. Humilhar, vexar.

Amargado, adj. 1. Amargo. 2. Amargurado.

Amargar, v. 1. Intr. Ter sabor amargo. 2. Tr. dir. Tornar amargo ou penoso. 3. Tr. dir. Padecer, sofrer. 4. Tr. dir. Causar penas a. 5. Pron. Causar amargura a si próprio.

Amargo, adj. (1. **amaricu,* de *amaru*). 1. De sabor acre, desagradável, como o absinto, o fel, a quássia, o quinino. 2. Doloroso, penoso, triste. 3. Áspero, cruel. 4. *Pop.* Azedo. Sup. abs. sint.: *amaríssimo, amarguíssimo.* S. m. Sabor amargo.

Amargor, s. m. 1. Sabor amargo. 2. Qualidade do que é amargo.

Amargoseira, s. f. (*amargoso + eira*). *Bot.* Pequena árvore asiática da família das Meliáceas (*Melia azedarach*), com flores fragrantes, arroxeadas.

Amargoso, adj. 1. Amargo. 2. Penoso, triste.

Amargura, s. f. 1. Sabor amargo; amargor. 2. Aflição, angústia, desgosto, dor moral. 3. Acrimônia, azedume.

Amargurado, adj. Cheio de amargura; angustiado, penalizado, triste.

Amargurar, v. 1. Tr. dir. e pron. Causar amargura a; angustiar(-se), afligir(-se). 2. Tr. dir. Tornar acrimonioso.

Amaricado, adj. Efeminado, mulherengo.

Amaricar, v. Pron. Tornar-se maricas; efeminar-se.

Amarilha, s. f. *Vet.* Caquexia aquosa das bestas.

Amarilho, adj. e s. m. Diz-se do, ou o cavalo baio que tem crina e cauda brancas.

Amarília, s. f. V. *amarilha*.

Amarílico, adj. *Med.* Relativo à febre amarela.

Amarilidáceas, s. f. pl. *Bot.* Família (*Amaryllidaceae*) que compreende muitas espécies freqüentemente cultivadas em nossos parques, como a piteira.

Amarílis, s. f., sing. e pl. *Bot.* Gênero (*Amaryllis*) de plantas bulbosas da África do Sul, tipo da família das Amarilidáceas.

Amariolar, v. Pron. 1. Tornar-se mariola. 2. Acanalhar-se.

Amaro, adj. V. *amargo*.

Amarotar, v. Pron. 1. Fazer-se maroto. 2. Tomar modos de maroto; abrejeirar-se.

Amarra, s. f. 1. Calabre, corda ou corrente grossa para prender o navio à âncora ou a um ponto fixo. 2. Apoio, proteção.

Amarração, s. f. 1. Ação ou efeito de amarrar, de prender com amarras, cordas etc. 2. *Pop.* Ligação ou prisão amorosa.

Amarrado, adj. 1. Ligado ou preso com amarra. 2. Atado, cingido com cordel. S. m. 1. Punhado de coisas amarradas. 2. Embrulho, volume.

Amarradouro, s. m. Lugar onde se amarra.

Amarradura, s. f. 1. Amarração. 2. Cabo com que se amarra a embarcação.

Amarrar, v. (fr. *amarrer*, e este do neerl. *anmarren*). 1. Tr. dir. Segurar com amarra. 2. Tr. dir. Acorrentar, ligar, prender. 3. Tr. dir. Atar, cingir com corda ou cordel. 4. Intr. *Náut.* Atracar, fundear. 5. Pron. Obstinar-se, teimar. 6. Pron. *Pop.* Casar-se.

Amarreta *(ê)*, s. f. 1. Pequena amarra para arcoreta. 2. Cabo de reboque.

Amarrilho, s. m. Cordão ou fio com que se ata alguma coisa.

Amarroado, adj. 1. Batido com marrão. 2. Abatido, alquebrado.

Amarroamento, s. m. 1. Ato ou efeito de amarroar. 2. Acabrunhamento.

Amarroar, v. 1. Tr. dir. Bater com marrão em. 2. Tr. dir. Alquebrar. 3. Intr. Ficar acabrunhado.

Amarroquinado, adj. Semelhante ao marroquim.

Amarroquinar, v. Tr. dir. Tornar semelhante ao marroquim.

Amarrotado, adj. 1. Diz-se de coisa lisa que ficou enrugada. 2. Diz-se de traços fisionômicos deformados.

Amarrotar, v. Tr. dir. 1. Comprimir, deixando sinais de vincos ou dobras. 2. Levar de vencida; abater. 3. Contundir com pancadas.

Amartelado, adj. 1. Batido com martelo. 2. Amoldado.

Amartelar, v. V. *martelar.*

Amarugem, s. f. 1. Gosto levemente amargo. 2. Coisa amarga.

Amarujar, v. 1. Intr. Ter sabor ligeiramente amargo; amargar. 2. Tr. dir. Tornar amargo.

Amarujento, adj. Que amaruja.

Amarulento, adj. Muito amargo.

Amarulhar, v. Tr. dir. Tornar marulhoso.

Ama-seca, s. f. Criada que cuida da criança sem amamentá-la.

Amásia, s. f. Amante, concubina.

Amasiar, v. V. *amancebar.*

Amasio, s. m. O mesmo que *mancebia.*

Amásio, s. m. Indivíduo amancebado; amante, amigo.

Amassadeira, s. f. 1. Mulher que amassa farinha. 2. Máquina de amassar ou misturar; amassador.

Amassadela, s. f. Ato de amassar uma vez, rapidamente, ou de amassar levemente.

Amassado, adj. Amarrotado, achatado. S. m. Efeito de amassar; amassadura.

Amassador, adj. Que amassa. S. m. 1. Aquele que amassa. 2. Máquina de amassar e (ou) misturar; amassadeira. 3. *Constr.* Operário que prepara a argamassa. 4. Lugar onde se realiza essa operação; amassadouro.

Amassadouro, s. m. Lugar, mesa, tabuleiro ou masseira onde se amassa alguma coisa.

Amassadura, s. f. 1. Ato ou efeito de amassar; amassamento. 2. Sinal de pancada; amolgadura, mossa.

Amassamento, s. m. Ato ou efeito de amassar.

Amassar, v. 1. Tr. dir. Converter em massa ou pasta. 2. Tr. dir. Misturar, preparar (argamassa, betão etc.). 3. Tr. dir. e pron. Confundir(-se), misturar(-se). 4. Tr. dir. Esmagar, pisar. 5. Tr. dir. Confundir, vencer.

Amassilho, s. m. Porção de farinha que se amassa de uma vez.

Amatalotar, v. 1. Tr. dir. Revezar no serviço de bordo. 2. Tr. dir. Alojar (marinheiros) na mesma casamata.

Amatilhar, v. 1. Tr. dir. e pron. Reunir(-se) em matilha. 2. Tr. dir. e pron. Congregar(-se), emparceirar(-se).

Amatividade, s. f. 1. Qualidade de amativo. 2. Tendência ou disposição para amar.

Amativo, adj. Propenso ou inclinado ao amor.

Amatório, adj. Relativo ao amor e ao desejo sexual; erótico.

Amatronar, v. Pron. Ficar com aparência de matrona; engordar, avelhentar-se.

Amatular, v. Pron. Bandear-se ou ajuntar-se com gente de má condição (com a matula).

Amatungado, adj. Diz-se do cavalo com aspecto ou desempenho de matungo.

Amatutar, v. Pron. Fazer-se matuto.

Amaurose, s. f. *Med.* Perda da visão, sem lesão dos meios oculares, mas por alteração dos nervos ópticos.

Amaurótico, adj. *Med.* 1. Relativo à amaurose. 2. Que sofre de amaurose.

Amaurotizar, v. Tr. dir. Tornar amaurótico.

Amável, adj. m. e f. (l. *amabile*). 1. Digno de ser amado. 2. Cortês, lisonjeiro. 3. Agradável. Sup. abs. sint.: *amabilíssimo.*

Amavios, s. m. pl. 1. Filtros amatórios. 2. Atrativos sedutores; encantos, feitiços.

Amavioso, adj. 1. Em que há amavios. 2. Amoroso, lírico.

Amaxofobia *(cs)*, s. f. Sensação de medo à vista de veículos.

Amaxófobo *(cs)*, adj. e s. m. Que, ou o que sofre de amaxofobia.

Amazelado, adj. Cheio de mazelas.

Amazelar, v. Tr. dir. e pron. Cobrir(-se) de mazelas; tornar(-se) mazelento.

Amazia, s. f. *Med.* Carência congênita de glândulas mamárias; amastia.

Amazona, s. f. 1. Mulher aguerrida, de ânimo varonil; virago, miramacho. 2. Mulher que monta a cavalo. 3. Vestido de montar, para senhoras.

Amazonense, adj. m. e f. 1. Relativo ao Estado do Amazonas. 2. Natural desse Estado. S. m. e f. Pessoa natural desse Estado.

Amazônico, adj. Relativo à Amazônia.

Amazoniense, adj. m. e f. Amazônico.

Amazonita, s. f. *Miner.* Variedade verde de microclínio.

Ambages, s. f. pl. *P. us.* Rodeios, voltas, evasivas.

Âmbar, s. m. (ár. *anbar*). 1. Resina fóssil, translúcida, muito dura, amarelo-pálida, originária de um pinheiro da época terciária (*Pinus succinifer*). 2. Substância comumente cinzenta, da consistência da cera e de cheiro almiscarado, que se forma no intestino do cachalote. 3. Cor de âmbar, acep. 1.

Ambárico, adj. Relativo a âmbar.

Ambarina, s. f. Substância cristalina branca, gordurosa, extraída do âmbar, acep. 2.

Ambarino, adj. Ambárico.

Ambarizar, v. Tr. dir. 1. Dar o aspecto ou a cor amarelo-pálida de âmbar, acep. 1. 2. Aromatizar com âmbar, acep. 2.

ambi-, pref. (l. *ambi*). Exprime idéia de *à roda de, de ambos os lados: ambidestro, ambíguo.*

Ambição, s. f. (l. *ambitione*). 1. Desejo de riquezas, de poder, de glória ou de honras. 2. Aspiração, pretensão. 3. Cobiça.

Ambicionar, v. Tr. dir. 1. Desejar ardentemente, ter ambição de. 2. Pretender.

Ambicioso, adj. Que tem ambição; cobiçoso.

Ambidestro *(ê)*, adj. Que habilmente se serve tanto da mão direita quanto da esquerda.

Ambiência, s. f. Meio em que se vive; meio ambiente.

Ambiental, adj. m. e f. Relativo a ambiente.

Ambientar, v. 1. Tr. dir. Criar ambiente adequado a. 2. Pron. Adaptar-se a um ambiente.

Ambiente, adj. m. e f. Que envolve os corpos por todos os lados. S. m. 1. Aquilo que cerca os seres vivos ou as coisas. 2. Lugar, sítio, espaço.

Ambiesquerdo, adj. Desajeitado de ambas as mãos.

Ambígeno, adj. Proveniente de duas espécies diferentes.

Ambigüidade, s. f. 1. *Gram.* Anfibologia. 2. Dúvida, incerteza, irresolução.

Ambíguo, adj. (l. *ambiguu*). 1. Que pode ter diferentes significados; anfibológico, equívoco. 2. Cujo procedimento denota incerteza, insegurança; duvidoso, indeciso. 3. *Bot.* Diz-se dos órgãos que não têm forma ou disposição bem definida

Ambíparo, adj. *Bot.* Diz-se dos botões de que saem folhas e flores.

Ambisséxuo *(cs)*, adj. V. *bissexual* e *hermafrodito.*

Âmbito, s. m. (l. *ambitu*). 1. Circuito, circunferência. 2. Espaço delimitado; recinto. 3. Campo de ação; esfera.

Ambivalência, s. f. Qualidade do que tem dois valores, duas significações.
Ambivalente, adj. m. e f. Em que há ambivalência.
Ambívio, s. m. (l. *ambiviu*). Encruzilhada.
ambli-, pref. (gr. *amblus*). Significa *obscuro, obtuso: amblígono, ambliopia.*
Amblígono, adj. Que tem ângulos obtusos; obtusângulo.
Amblíope, adj. m. e f. Que tem ambliopia.
Ambliopia, s. f. *Med.* Enfraquecimento da acuidade visual, sem lesão dos meios transparentes.
Ambliópico, adj. Relativo à ambliopia.
Amblótico, adj. *Ant.* Abortivo.
Ambos, num. Um e outro, os dois: *Ambos* os alunos. Pron. Os dois de quem se fala; eles dois: *Ambos* tiraram o 1º lugar.
Ambreada, s. f. Âmbar amarelo artificial.
Ambreado, adj. 1. Que tem cor semelhante à do âmbar amarelo. 2. Perfumado com âmbar.
Ambrear, v. V. *ambarizar.*
Ambreína, s. f. V. *ambarina.*
Ambrosia, s. f. 1. Alimento dos deuses do Olimpo, que dava e conservava a imortalidade. 2. Manjar delicioso.
Ambrósia, s. f. *Bot.* 1. Gênero (*Ambrosia*) de ervas monóicas da família das Compostas. 2. Planta desse gênero.
Ambrosíaco, adj. 1. Relativo à ambrosia. 2. Delicioso, doce, saboroso.
Ambrosiano, adj. Do rito de Santo Ambrósio.
Âmbula, s. f. (l. *ampulla*). 1. Vaso de gargalo estreito e bojo largo. 2. *Liturg.* Cálice de metal com tampa, para as hóstias consagradas.
Ambulacrário, adj. Relativo a ambulacro.
Ambulacriforme, adj. m. e f. Com forma de ambulacro.
Ambulacro, s. m. (l. *ambulacru*). 1. Alameda. 2. Projeção tubulosa do aparelho irrigador dos equinodermos, que lhes serve para a locomoção.
Ambulância, s. f. (fr. *ambulance*). 1. Hospital militar móvel. 2. Veículo para transporte de doentes e feridos.
Ambulante, adj. m. e f. 1. Que anda de um lugar a outro, sem ponto fixo. 2. Diz-se do vendedor que não tem ponto fixo.
Ambulativo, adj. 1. Errante. 2. Sem lugar fixo. 3. Que não obriga o doente a acamar-se ou a hospitalizar-se.
Ambulatório, adj. 1. V. *ambulativo.* 2. Adaptado à marcha. S. m. Espécie de enfermaria fixa, onde se atendem doentes que podem andar.
Ambulípede, adj. m. e f. *Zool.* Que tem os pés bem conformados para andar.
Ambundo, s. m. *Lingüíst.* Bundo, quimbundo.
Ambustão, s. f. *Med.* Cauterização cirúrgica.
-ame, suf. (l. *amen*). Forma substantivos masculinos que exprimem a idéia de *agregação, coleção, montão, reunião: cavername, enxame;* ou de *efeito, resultado: gravame, vexame.*
Ameaça, s. f. (l. **minacia*). 1. Aceno, gesto, sinal ou palavra, cujo fim é intimidar. 2. Promessa de castigo ou de malefícios. 3. Prenúncio de coisa desagradável ou temível.
Ameaçador, adj. 1. Que ameaça. 2. Diz-se do tempo, quando se aproxima um temporal.
Ameaçante, adj. m. e f. Que ameaça.
Ameaçar, v. 1. Tr. dir. e intr. Dirigir ameaças a. 2. Tr. dir. Pôr em perigo. 3. Tr. dir. e intr. Prometer (mal): *A. demiti-lo.* 4. Tr. dir. Estar na iminência de.
Ameaço, s. m. Ameaça.
Ameado, adj. Guarnecido com ameias.
Amealhado, adj. 1. Economizado pouco a pouco (aplica-se ao dinheiro). 2. Dado, distribuído ou repartido em pequenas parcelas.
Amealhador, adj. e s. m. Que, ou o que amealha.
Amealhar, v. 1. Tr. dir. Ajuntar, poupando aos pouquinhos. 2. Intr. Regatear na compra. 3. Tr. dir. Distribuir às parcelas. 4. Intr. Economizar.
Amear[1], v. (*ameia + ar*). Tr. dir. Prover de ameias.
Amear[2], v. (*a + meio + ar*). Tr. dir. Dividir ao meio.
Ameba, s. f. *Zool.* 1. Gênero (*Amoeba*) de protozoários unicelulares. 2. Protozoário desse gênero, causador da disenteria amebiana.
amebi-, elem. de comp. O mesmo que *amebo-: amebicida.*
Amebiano, adj. *Med.* 1. Relativo a ameba. 2. Em que há amebas.
Amebíase, s. f. *Med.* Doença causada por amebas.
Amebicida, adj. m. e f. *Med.* Que mata as amebas.
Amébico, adj. Amebiano.
amebo-, elem. de comp. (gr. *amoibe*). Exprime a idéia de *ameba: ameboide.*
Amebóide, adj. m. e f. Semelhante a uma ameba.
Amedrontado, adj. Tomado de medo; atemorizado.
Amedrontador, adj. Que faz medo; assustador.
Amedrontamento, s. m. Ato ou efeito de amedrontar.
Amedrontar, v. 1. Tr. dir. Infundir medo. 2. Tr. dir. e tr. ind. Induzir por medo. 3. Pron. Atemorizar-se.
Ameia, s. f. (*a* + l. *moenia*). 1. Cada um dos pequenos parapeitos, intervalados, da parte superior das muralhas de castelos ou fortalezas. 2. Motivo decorativo com essa disposição.
Ameigado, adj. 1. Tratado com meiguice; amimado. 2. Meigo.
Ameigar, v. 1. Tr. dir. Fazer meiguices a, tratar com carinho. 2. Pron. Fazer-se meigo.
Amêijoa, s. f. *Zool.* Molusco da classe dos Lamelibrânquios (*Phacoides pectinatus*), comestível.
Ameijoada[1], s. f. Guisado de amêijoas.
Ameijoada[2], s. f. 1. Redil. 2. Pastagem onde o gado passa a noite. 3. Noite passada em trabalho, jogo ou diversão.
Ameiva, s. f. *Zool.* Gênero (*Ameiva*) de lagartos do Novo Mundo, da família dos Teiídeos. A espécie *Ameiva ameiva*, de cor verde, ocorre em todo o Brasil.
Ameixa, s. f. (*a* + l. *myxa*, de origem grega). 1. Fruto de várias plantas popularmente chamadas *ameixeiras.* 2. *Bot.* O mesmo que *ameixeira.*
Ameixal, s. m. Plantação mais ou menos considerável de ameixeiras.
Ameixeira, s. f. *Bot.* 1. Nome comum a várias árvores e arbustos do gênero Pruno. 2. Árvore rosácea, de fruto comestível, cultivada em zonas temperadas (*Prunus domestica*).
Ameixieira, s. f. V. *ameixeira.*
Amelaçar, v. Tr. dir. 1. Dar cor, consistência ou gosto de melaço a. 2. Converter em melaço. 3. Afetar.
Amelado, adj. Da cor ou do sabor de mel.
Ameloado, adj. Com sabor, cheiro, cor ou feitio do melão.
Amelopia, s. f. *Med.* Diminuição ou perda parcial da vista.
Amelópico, adj. *Med.* Relativo à amelopia.
Amém, interj. Palavra hebraica, usada no fim de orações para expressar a idéia de *assim seja.* S. m. Concordância, aprovação, anuência. Var.: *âmen.*
Amência, s. f. *P. us.* Demência.
Amêndoa, s. f. (l. v. *amendula*). 1. Fruto de várias árvores frutíferas chamadas *amendoeiras.* 2. O caroço que contém a semente. 3. Qualquer semente contida em caroço.
Amendoada, s. f. Emulsão de amêndoas.
Amendoado, adj. 1. Feito de amêndoa. 2. Que tem a cor ou a forma da amêndoa.
Amendoal, s. m. Plantação de amendoeiras.
Amendoeira, s. f. *Bot.* Árvore da família das Rosáceas (*Prunus amygdalus*), cuja semente é apreciada como fruto de inverno.
Amendoim, s. m. *Bot.* Erva anual da família das Leguminosas (*Arachis hipogaea*), cujo fruto, que é uma vagem cilíndrica com no máximo quatro sementes, se desenvolve e amadurece enterrado, fenômeno raríssimo na natureza.
Amenidade, s. f. 1. Qualidade do que é ameno. 2. Doçura, serenidade, suavidade.
Ameninado, adj. 1. Com modos de menino; infantil, pueril. 2. Débil, fraco.
Ameninar, v. Pron. Tomar aparência de menino.
Amenização, s. f. Ato ou efeito de amenizar.
Amenizar, v. Tr. dir. e pron. 1. Tornar(-se) ameno; suavizar (-se). 2. Tornar(-se) menos árduo, ou menos difícil.
Ameno, adj. (l. *amoenu*). 1. De trato suave; afável. 2. Que se processa de maneira agradável; aprazível. 3. Que não tem os rigores das intempéries; temperado.
Amenorréia, s. f. *Med.* Ausência de menorréia.

Amentáceo, adj. *Bot.* Que se assemelha a um amento.
Amente, adj. m. e f. Que tem amência.
amenti-, elem. de comp. (l. *amentu*). Exprime a idéia de *amentilho: amentífero, amentiforme.*
Amentífero, adj. *Bot.* Que tem amentilhos.
Amentiforme, adj. m. e f. *Bot.* Em forma de amentilho.
Amentilho, s. m. *Bot.* Inflorescência espiciforme, pendente, alongada como a cauda peluda de um gato; amento.
Amento, s. m. *Bot.* V. *amentilho.*
Ameraba, s. m. *Neol.* Ameríndio (designação proposta por Henrique George Hurley).
Amercear, v. 1. Tr. dir. Fazer mercê a. 2. Tr. dir. Comutar a pena de. 3. Pron. Apiedar-se, comiserar-se, compadecer-se.
Americanada, s. f. 1. Grupo de americanos. 2. *Pej.* Maneira(s) de norte-americano.
Americanice, s. f. *Pej.* Americanada.
Americanismo, s. m. Admiração exagerada pelas instituições ou coisas da América, especialmente dos Estados Unidos da América.
Americanista, s. m. e f. Especialista nas línguas e civilizações dos aborígines da América.
Americanizar, v. Tr. dir. e pron. Tornar(-se) americano, ou norte-americano, quanto ao temperamento, maneiras ou estilo.
Americano, adj. 1. Relativo à América. 2. Próprio ou natural da América. S. m. Natural ou habitante da América.
Amerício, s. m. *Quím.* Elemento metálico, de símbolo Am e número atômico 95, cujo isótopo de maior duração tem o número de massa 243.
americo-, elem. de comp. Exprime a idéia de *americano,* da *América: americófilo.*
Americófilo, adj. e s. m. Que, ou o que se interessa muito pelo que é da América.
Americófobo, adj. e s. m. Que, ou o que sente aversão ao que é da América.
Amerígena, s. m. Designação proposta por Saladino de Gusmão, em 1936, para o indígena americano (ameríndio).
Ameríncola, s. m. Habitante da América.
Ameríndio, adj. *Etnol.* Relativo aos indígenas da América. S. m. Índio.
Amerissagem, s. f. V. *amaragem.*
Amerissar, v. V. *amarar.*
Amesendar, v. Pron. 1. Sentar-se à mesa. 2. Refestelar-se.
Amesquinhado, adj. Tornado mesquinho; humilhado.
Amesquinhamento, s. m. Ato ou efeito de amesquinhar(-se).
Amesquinhar, v. 1. Tr. dir. e pron. Tornar(-se) mesquinho, deprimir(-se). 2. Pron. Humilhar-se.
Amestrado, adj. 1. Tornado mestre. 2. Adestrado, ensinado.
Amestrador, adj. e s. m. Que, ou o que amestra.
Amestramento, s. m. Ato ou efeito de amestrar.
Amestrar, v. Tr. dir. e pron. 1. Tornar(-se) mestre, perito. 2. Adestrar(-se), instruir(-se).
Ametabólico, adj. *Biol.* Diz-se do inseto que se desenvolve sem sofrer metamorfose.
Ametalar, v. Tr. dir. 1. Dar aparência de metal a. 2. Ornar com metal. 3. Misturar bom metal em.
Ametista, s. f. *Miner.* Variedade violeta de quartzo, considerada pedra semipreciosa.
Ametístico, adj. 1. Da cor da ametista. 2. Relativo à ametista.
Ametria[1], s. f. *(a + metro*[3] *+ ia). Med.* Ausência congênita do útero.
Ametria[2], s. f. *(a + metro*[2] *+ ia).* Ausência de medida.
Ametropia, s. f. *Med.* Designação geral dos defeitos da refração ocular (como a miopia e a presbitia).
Amétropo, adj. *Med.* Diz-se do olho afetado de ametropia.
Amezinhador, s. m. O que amezinha; curandeiro.
Amezinhar, v. Tr. dir. e pron. Tratar(-se) por meio de mezinhas.
Amial, s. m. V. *amieiral.*
Amianto, s. m. *Miner.* Asbesto.
Amical, adj. m. e f. Amigável, amistoso.
Amicíssimo, adj. Sup. abs. sint. de *amigo:* muito amigo.
Amícron, s. m. *Fís.* Elemento tão pequeno que não pode ser visto ao microscópio comum.
Amicto, s. m. *Liturg.* Pano branco que cobre o pescoço e os ombros do padre na missa.
Amida, s. f. *Quím.* Cada um dos compostos derivados de amônia pela substituição de dois átomos de hidrogênio por um radical ácido bivalente ou por dois radicais ácidos univalentes.
Amidina, s. f. *Quím.* Composto monobásico em que o mesmo átomo de carbono está ligado a uma amida e a uma imida; amidona, amidanita.
Amido, s. m. *Quím.* Substância branca e insípida, existente na natureza nos órgãos vegetais subterrâneos (tubérculos de batatas) e nos grãos (albume do trigo), constituindo o principal elemento da alimentação humana.
Amidoado, adj. Que tem amido.
Amieiral, s. m. Plantação de amieiros; amial.
Amieiro, s. m. *Bot.* Planta betulácea, que cresce ordinariamente em lugares úmidos *(Alnus glutinosa).*
Amiga, s. f. 1. Mulher que tem amizade com alguém. 2. Amante, concubina.
Amigação, s. f. Ato de amigar(-se).
Amigado, adj. Amancebado, amasiado.
Amigar, v. 1. Tr. dir. Tornar amigo. 2. Tr. dir. e pron. Unir(-se) por amizade. 3. Pron. Amancebar-se.
Amigável, adj. m. e f. (l. *amicabile*). 1. Próprio de amigos; amical. 2. Feito ou dito com amizade própria de amigos.
Amígdala, s. f. *Anat.* Cada uma das glândulas ovóides, em forma de amêndoa, existentes de cada lado da garganta. Var.: *amídala.*
Amigdaliano, adj. *Med.* Relativo a amígdala(s); amigdalar.
Amigdalina, s. f. Glicosido que se extrai das amêndoas amargas. Var.: *amidalina.*
Amigdalino, adj. 1. Relativo a amêndoas. 2. Feito de amêndoas.
Amigdalite, s. f. *Med.* Inflamação das amígdalas; tonsilite.
Amigdalóide, adj. m. e f. *Anat.* Semelhante à amígdala.
Amigo, adj. (l. *amicu*). 1. Que tem gosto por alguma coisa; apreciador. 2. Aliado, concorde. 3. Caro, complacente, dileto, favorável. 4. Dedicado, afeiçoado. S. m. 1. Indivíduo unido a outro por amizade. 2. Colega, companheiro. 3. Amador. 4. Amante, amásio. 5. Defensor, protetor. 6. Partidário, simpatizante. 7. Aliado. Col. (quando em assembléia): *tertúlia.* Aum.: *amigaço, amigalhaço, amigão.* Sup. abs. sint.: *amicíssimo.*
Amiláceo, adj. 1. Referente ao amido. 2. Da natureza do amido. 3. Que contém amido.
Amílase, s. f. *Biol.* Cada uma das enzimas que transformam o amido e a dextrina em açúcar (maltose).
Amileno, s. m. *Quím.* Hidrocarboneto homólogo do etileno, líquido, incolor, de cheiro especial, usado como anestésico.
Amilhado, adj. Alimentado com milho.
Amilhar, v. Tr. dir. Dar rações de milho a.
amilo-, elem. de comp. (gr. *amulon*). Exprime a idéia de *amido: amiláceo.*
Amilóide, adj. m. e f. Semelhante a amido; amiláceo.
Amimado, adj. Tratado com mimo.
Amimador, adj. e s. m. Que, ou o que amima.
Amimalhar, v. Tr. dir. Tratar com muito mimo.
Amimar, v. Tr. dir. 1. Fazer mimos a, tratar com mimo. 2. Atrair com agrados ou promessas, cativar com amabilidades.
Amimia, s. f. *Med.* Perda da faculdade de usar gestos como símbolos de idéias ou sentimentos.
Amina, s. f. *Quím.* Cada um dos compostos básicos derivados do amoníaco, pela substituição de um ou mais dos átomos de hidrogênio por radicais monovalentes hidrocarbonados.
Amineirar, v. Tr. dir. Dar caráter ou hábitos dos mineiros (naturais de MG).
Amínico, adj. *Quím.* Relativo a uma amina.
amino-, elem. de comp. *Quím.* Indica a presença do grupo $-NH_2$ em um composto: *aminoácido.*
Aminoácido, s. m. *Quím.* Ácido orgânico em que parte do hi-

drogênio não ácido foi substituída por um ou mais radicais aminados (NH_2).
Amiostenia, s. f. *Med.* Diminuição da força muscular; amiastenia.
Amiotrofia, s. f. *Med.* Atrofia dos músculos.
Amiseração, s. f. Ato de amiserar-se; comiseração.
Amiserar, v. Pron. Apiedar-se, comiserar-se, compadecer-se.
Amissão, s. f. (1. *amissione*). Privação, perda.
Amissibilidade, s. f. Qualidade do que é amissível.
Amissível, adj. m. e f. Suscetível de perder-se.
Amistar, v. (cast. *amistar*). Tr. dir. e pron. Tornar(-se) amigo; conciliár(-se), congraçar(-se).
Amistoso, adj. 1. Próprio de amigo; amical. amigo. 2. Propenso à amizade. S. m. *Futebol.* Partida fora lo campeonato, com fins beneficentes, festivos ou de interesse financeiro.
Amita, s. f. *Miner.* Rocha formada por grãos arredondados.
Amitose, s. f. *Biol.* Divisão direta das células, sem modificação da estrutura do núcleo.
Amitótico, adj. *Biol.* Relativo à amitose.
Amiudado *(i-u),* adj. Freqüente, repetido.
Amiudar *(i-u),* v. 1. Tr. dir. Repetir, tornar freqüente. 2 Intr. e pron. Suceder amiúde, verificar-se freqüentemente. 3. Intr. Cantar com intervalos menores (as aves).
Amiúde, adv. Repetidas vezes, freqüentemente. Var.: *a miúdo.*
Amixia *(cs),* s. f. 1. *Med.* Falta ou diminuição da secreção normal de muco por uma glândula. 2. *Biol.* Impossibilidade de cruzamento entre duas espécies próximas, por várias causas.
Amizade, s. f. (1. *amicitate*). 1. Sentimento de afeição. 2. Estima. 3. Benevolência, bondade.
Amnésia, s. f. *Med.* Diminuição considerável ou perda total da memória.
Amnésico, adj. Falto de memória.
Amnéstico, adj. Que ocasiona a perda da memória.
Âmnio, s. m. *Anat.* Membrana que envolve o embrião dos vertebrados superiores, cheia de líquido, o líquido amniótico, que protege e banha o feto.
Amniota, s. m. *Zool.* Vertebrado (mamífero, ave, réptil), cujo embrião está protegido por um âmnio.
Amniótico, adj. *Med.* Relativo ao âmnio.
Amo, s. m. (de *ama*). 1. Dono da casa (em relação aos criados). 2. Patrão, senhor.
Amocambado, adj. 1. Aquilombado. 2. Escondido.
Amocambar, v. Tr. dir. e pron. 1. Reunir(-se) em mocambo. 2. Esconder(-se).
Amodernar, v. Tr. dir. 1. Tornar moderno. 2. Dar feição moderna a; modernizar.
Amódita, adj. *Biol.* Que vive ou se enterra na areia.
Amodorrar, v. 1. Tr. dir. Causar modorra a, produzir sonolência em. 2. Pron. Cair em modorra. 3. Pron. Entranhar-se, mergulhar-se.
Amoedação, s. f. Ato ou efeito de amoedar; cunhagem.
Amoedar, v. Tr. dir. 1. Reduzir (metal) a moedas. 2. Criar, cunhar: *A. palavras.*
Amoedável, adj. m. e f. Que se pode amoedar; cunhável.
Amofinação, s. f. Ato ou efeito de amofinar(-se).
Amofinado, adj. 1. Aflito, agastado, apoquentado, enfadado. 2. Desgraçado, infeliz.
Amofinar, v. Tr. dir. e pron. Tornar(-se) mofino; apoquentar(-se), afligir(-se).
Amoitada, s. f. Ação temporária de amoitar(-se).
Amoitar, v. 1. Intr. Entrar em moita, ficar na moita. 2. Pron. Esconder-se atrás de um obstáculo qualquer. 3. Pron. Agasalhar-se, defender-se.
Amojada, adj. f. Em estado adiantado de prenhez (fêmea de animais).
Amojar, v. 1. Tr. dir. Ordenhar. 2. Intr. e pron. Encher-se de leite ou de suco.
Amojo *(ô),* s. m. 1. Ato de amojar. 2. Apojadura. 3. Estado lactescente dos grãos de cereais. 4. Intumescimento de leite nas tetas de animais.
Amolação, s. f. 1. Aborrecimento, importunação, incômodo, maçada. 2. Amoladura; afiação.
Amoladeira, s. f. Pedra de amolar; esmeril.
Amoladela, s. f. Amoladura.
Amolado, adj. 1. Afiado, aguçado. 2. Aborrecido, enjoado.
Amolador, adj. 1. Que amola ou afia. 2. Maçante.
Amoladura, s. f. 1. Ato de afiar no rebolo. 2. Resíduo do rebolo, que fica na água empregada para abrandar o rebolo.
Amolante, adj. m. e f. Maçante, importuno.
Amolar, v. 1. Tr. dir. Tornar cortante por fricção; afiar, aguçar. 2. Tr. dir. Tornar perspicaz. 3. Tr. dir. e pron. Aborrecer(-se), enfadar(-se), maçar(-se).
Amoldado, adj. 1. Ajustado ao molde; moldado. 2. Afeito, habituado.
Amoldar, v. Tr. dir. e pron. 1. Ajustar(-se) ao molde. 2. Modelar(-se). 3. Acostumar(-se), adaptar(-se).
Amoldável, adj. m. e f. Suscetível de amoldar-se.
Amolecado, adj. Em que há modos de moleque.
Amolecar, v. 1. Tr. dir. e pron. Tornar(-se) moleque. 2. Tr. dir. Tratar depreciativamente; ridicularizar. 3. Pron. Rebaixar-se, ridicularizar-se.
Amolecer, v. (1. *ad + mollescere*). 1. Tr. dir. Tornar mole. 2. Tr. ind. e intr. Ficar mole. 3. Tr. dir. e intr. Comover, enternecer. 4. Tr. dir. e intr. Enfraquecer o ânimo de, tirar a energia a.
Amolecido, adj. 1. Brando, frouxo, mole. 2. Comovido, enternecido.
Amolecimento, s. m. 1. Ato ou efeito de amolecer. 2. Brandura.
Amolentador, adj. Que amolenta.
Amolentamento, s. m. Ato ou efeito de amolentar(-se).
Amolentar, v. 1. Tr. dir. e pron. Tornar(-se) um tanto mole. 2. Tr. dir. Abrandar. 3. Pron. Perder a energia, o valor.
Amolgação, s. f. Ato ou efeito de amolgar; amolgadura.
Amolgadela, s. f. V. *amolgadura.*
Amolgadura, s. f. 1. Amolgação. 2. Vestígio da amolgação; mossa, amolgadela, amassadura.
Amolgar, v. (1. *admollicare*). 1. Tr. dir. Deformar, deprimindo; achatar. 2. Tr. dir. Fazer mossa em. 3. Tr. dir. Acomodar, conformar, ajustar. 4. Tr. dir. Obrigar, forçar. 5. Intr. e pron. Ceder, render-se. 6. Tr. dir. Derrotar, vencer.
Amolgável, adj. m. e f. Que se pode amolgar.
Amônia, s. f. *Quím.* Solução aquosa do gás amoníaco.
Amoniacal, adj. m. e f. 1. Relativo ao amoníaco. 2. Que tem as propriedades do amoníaco.
Amoníaco, s. m. *Quím.* Gás incolor, de odor intenso e picante, muito solúvel em água, resultante de uma combinação de nitrogênio e hidrogênio, de fórmula NH_3.
Amoniemia, s. f. *Med.* Presença de sais de amônio no sangue.
Amônio, s. m. *Quím.* Radical NH_4 que tem a função alcalina nos compostos dos metais alcalinos.
Amonite, s. m. e f. *Paleont.* Cada uma das numerosas conchas fósseis dos moluscos cefalópodes da Era Mesozóica.
Amoniúria, s. f. *Med.* Presença de amônia na urina.
Amonômetro, s. m. Aparelho para a dosagem do amoníaco.
Amontoação, s. f. V. *amontoamento.*
Amontoado, adj. Posto em montão. S. m. Quantidade de coisas em montão.
Amontoador, adj. Que amontoa. S. m. Espécie de charrua simples de duas aivecas, para amontoar a terra.
Amontoamento, s. m. *(amontoar + mento).* Acumulação, montão, cúmulo.
Amontoar, v. 1. Tr. dir. Pôr em montão. 2. Tr. dir. Chegar terra ao pé das plantas. 3. Pron. Estar junto em grande quantidade, desordenadamente. 4. Tr. dir. e intr. Amealhar, arrecadar, guardar. 5. Pron. Crescer em número; multiplicar-se.
Amor, s. m. (1. *amore*). 1. Sentimento que impele as pessoas para o que se lhes afigura belo, digno ou grandioso. 2. Forte inclinação, de caráter sexual, por pessoa de outro sexo. 3. Afeição, grande amizade. 4. Objeto dessa afeição. 5. Benevolência. 6. Caridade. 7. Coisa ou pessoa bonita, preciosa. 8. *Filos.* Tendência da alma para se apegar aos objetos. 9. Cupido. S. m. pl. 1. Namoro. 2. O objeto amado.
Amora, s. f. *Bot.* Fruto comestível da amoreira.
Amorado, adj. Da cor da amora.

Amoral, adj. m. e f. Que não é contràrio nem conforme à moral.

Amoralismo, s. m. Qualidade ou caráter de amoral.

Amoralizar, v. Tr. dir. 1. Privar de moral. 2. Tornar amoral.

Amorável, adj. m. e f. 1. Propenso ao amor; afável. 2. Em que há ternura; terno. 3. Digno de ser amado; amável.

Amordaçamento, s. m. Ato ou efeito de amordaçar.

Amordaçar, v. Tr. dir. 1. Pôr mordaça em. 2. Impedir de falar ou de emitir opinião.

Amorê, s. m. *Ictiol.* Pequeno peixe marinho *(Gobioides broussonetti).*

Amorêia, s. f. *Ictiol.* 1. Pequeno peixe (10cm) marinho *(Gobius soporator).*

Amoreira, s. f. *Bot.* Árvore da família das Moráceas *(Morus alba),* cultivada por suas folhas, destinadas à alimentação do bicho-da-seda.

Amoreiral, s. m. Lugar plantado de amoreiras.

Amorenado, adj. 1. Tornado moreno. 2. Um tanto moreno.

Amorenar, v. Tr. dir. e pron. Tornar(-se) moreno.

Amorepinima, s. m. *Ictiol.* Peixe da família dos Gobiídeos *(Muroena ocellata).*

Amorepixuna, s. m. *Ictiol.* Pequeno peixe de água doce da família dos Eleotrídeos *(Eleotris pisonis).*

Amorfia, s. f. Qualidade ou estado de amorfo.

Amórfico, adj. V. *amorfo.*

Amorfo, adj. 1. Sem forma definida; informe. 2. *Quím.* Aplica-se às substâncias não cristalizadas. 3. *Miner.* Sem estrutura cristalina.

Amorfófito, adj. *Bot.* De flores irregulares.

Amorico, s. m. Amor ligeiro; namorico.

Amorífero, adj. Que encerra ou provoca amor.

Amoriscado, adj. Peculiar a namorados.

Amoriscar, v. Pron. Enamorar-se.

Amormado, adj. 1. Enfermo de mormo. 2. Adoentado.

Amornado, adj. Tornado morno.

Amornar, v. 1. Tr. dir. Aquecer levemente; mornar. 2. Pron. Tornar-se morno.

Amornecer, v. V. *amornar.*

Amorosidade, s. f. Caráter ou qualidade de amoroso.

Amoroso, adj. 1. Que sente amor. 2. Propenso ao amor. 3. Carinhoso, terno.

Amor-perfeito, s. m. *Bot.* Planta de jardim da família das Violáceas *(Viola tricolor hortensis),* com diversas variedades.

Amor-próprio, s. m. 1. Sentimento de sua própria dignidade. 2. Orgulho, vaidade.

Amorrinhar, v. Pron. 1. *Vet.* Adoecer de morrinha. 2. Alquebrar-se, enfraquecer-se.

Amortalhadeira, s. f. Mulher que, por ofício, amortalha defuntos.

Amortalhado, adj. Envolto em mortalha.

Amortalhamento, s. m. Ato ou efeito de amortalhar(-se).

Amortalhar, v. 1. Tr. dir. Envolver em mortalha. 2. Tr. dir. e pron. Vestir(-se) com roupa grosseira, por penitência ou desprendimento. 3. Tr. dir. Destruir, aniquilar, matar.

Amortecedor, adj. e s. m. 1. Que, ou o que amortece. 2. Que, ou o que abafa (som). S. m. Dispositivo mecânico para diminuir ou anular os choques ou vibrações em máquinas e veículos.

Amortecer, v. 1. Tr. dir. e pron. Tornar(-se) como morto. 2. Tr. dir. Tornar menos ativo ou menos violento. 3. Tr. dir. e pron. Abrandar(-se), diminuir de intensidade. 4. Tr. dir. Enfraquecer o som de. 5. Tr. dir. Desbotar, diminuir a cor de. 6. Intr. Perder grande parte da força ou do impulso.

Amortecido, adj. 1. Quase morto. 2. Que tem aparência de morte. 3. Mortiço, quase extinto. 4. Que não tem vigor ou intensidade; enfraquecido.

Amortecimento, s. m. 1. Ato ou efeito de amortecer. 2. Enfraquecimento. 3. Diminuição de intensidade de um movimento vibratório.

Amortiçar, v. Tr. dir. e pron. 1. Tornar(-se) mortiço. 2. Extinguir(-se).

Amortização, s. f. 1. Ato ou efeito de amortizar. 2. Cada uma das parcelas amortizáveis. 3. Extinção.

Amortizar, v. Tr. dir. Extinguir (dívidas) aos poucos ou em prestações.

Amortizável, adj. m. e f. Que se pode amortizar.

Amorudo, adj. *Pop.* Muito dado ao amor.

Amossar, v. Tr. dir. Fazer mossas em.

Amostado, adj. Que sabe a mosto.

Amostardado, adj. 1. Temperado com mostarda. 2. Picante, mordaz.

Amostra, s. f. 1. Ato de amostrar. 2. Unidade de produto natural ou fabricado, sem valor comercial, exibida para mostrar sua natureza, qualidade e tipo. 3. Mostra, exteriorização.

Amostração, s. f. Ato ou efeito de amostrar.

Amostragem, s. f. *Estat.* Técnica de pesquisa na qual um sistema preestabelecido de amostras é considerado idôneo para representar o universo pesquisado, com margem de erro aceitável.

Amostrar, v. V. *mostrar.*

Amotinação, s. f. 1. Ato ou efeito de amotinar(-se). 2. Motim.

Amotinamento, s. m. V. *amotinação.*

Amotinar, v. Tr. dir. e pron. Pôr(-se) em motim; revoltar(-se), sublevar(-se).

Amoucado[1], adj. *(a + mouco + ado).* Um tanto mouco.

Amoucado[2], adj. *(amouco + ado).* Feito amouco (de alguém).

Amouco, s. m. O que defende, cega e obstinadamente, um partido ou um chefe.

Amouriscado, adj. Feito ao modo dos mouros.

Amouriscar, v. Tr. dir. Dar aspecto mourisco a.

Amover, v. (1. *amovere*). Tr. dir. 1. Afastar. 2. Desapossar.

Amovibilidade, s. f. Qualidade do que é amovível.

Amovível, adj. m. e f. 1. Que pode ser movido; removível. 2. Transitório. 3. Não vitalício (cargo, funcionário).

Amoxamar, v. Tr. dir. 1. Secar como moxama. 2. Tornar magro.

Amparado, adj. 1. Apoiado. 2. Que desfruta de amparo.

Amparar, v. (1. *anteparare*). 1. Tr. dir. e pron. Suster(-se) para impedir de cair. 2. Tr. dir. e pron. Abrigar(-se), resguardar (-se). 3. Tr. dir. Dar meios de vida a; sustentar. 4. Tr. dir. Favorecer, patrocinar, proteger.

Amparo, s. m. 1. Patrocínio, proteção. 2. Coisa ou pessoa que ampara; esteio. 3. Auxílio, ajuda.

Ampelina, s. f. Óleo um tanto amarelo, semelhante ao creosoto, obtido de alguns xistos betuminosos.

Ampelito, s. m. *Miner.* Xisto carbonífero, usado outrora como adubo de vinhas.

ampelo-, elem. de comp. (gr. *ampelos*). Exprime a idéia de *uva, vinha: ampelologia.*

Ampelografia, s. f. Tratado das vinhas.

Ampelologia, s. f. Ciência da viticultura.

Amperagem, s. f. *Fís.* Intensidade de uma corrente elétrica em ampères.

Ampère, s. m. *Fís.* Unidade prática de medida elétrica, correspondente à intensidade de uma corrente elétrica que, com a força eletromotriz de 1 volt, percorre um circuito com a resistência de 1 ohm. Símbolo: A.

Amperímetro, s. m. V. *amperômetro.*

Amperômetro, s. m. *Fís.* Instrumento para medida da amperagem de uma corrente elétrica.

Ampersand, s. m. (t. ingl., corruptela de *and per se and*). Sinal gráfico (&) equivalente ao *e* (conjunção) usado nos nomes de firmas como Salvador & Irmãos. Também se diz simplesmente *e comercial.*

Ampletivo, adj. *Bot.* Aplica-se ao órgão que abrange outro completamente.

amplexi-, elem. de comp. (1. *amplexu*). Indica a idéia de *abraço, envolvimento: amplexicaule.*

Amplexicaule *(cs),* adj. m. e f. *Bot.* Diz-se da parte da planta que envolve o caule completamente.

Amplexifólio *(cs),* adj. *Bot.* Aplica-se às plantas cujas folhas são amplexicaules.

Amplexo *(cs),* s. m. (1. *amplexu*). Abraço.

Ampliação, s. f. Ato ou efeito de ampliar(-se).

Ampliado, adj. 1. Que se tornou amplo; aumentado. 2. *Fot.* Reproduzido em formato maior.

Ampliador, adj. Que amplia. S. m. *Fot.* Aparelho que amplia a imagem do objeto focalizado.

Ampliar, v. (l. *ampliare*). 1. Tr. dir. e pron. Tornar(-se) amplo ou maior. 2. Tr. dir. Alargar, aumentar (em área), dilatar. 3. Tr. dir. Tornar extensivo a maior número de pessoas ou de coisas. 4. Tr. dir. *Fot.* Reproduzir em formato maior. 5. Intr. Ter o poder de fazer os objetos parecerem maiores do que são. 6. Tr. dir. Exagerar.

Ampliativo, adj. Que amplia ou serve para ampliar.

Ampliável, adj. m. e f. Que pode ser ampliado.

Amplidão, s. f. (l. *amplitudine*). 1. Qualidade do que é amplo. 2. Grande extensão; vastidão. 3. Espaço indefinido. 4. O céu.

Amplificação, s. f. 1. Ato ou efeito de amplificar. 2. *Fís.* Aumento das correntes elétricas variáveis, por meio de aparelhos especiais.

Amplificador, adj. Que amplifica. S. m. 1. Aquele ou aquilo que amplifica. 2. Qualquer dispositivo para aumentar, estender, intensificar ou multiplicar alguma coisa.

Amplificar, v. (l. *amplificare*). Tr. dir. Tornar mais amplo ou maior.

Amplificativo, adj. V. *ampliativo.*

Amplificável, adj. m. e f. V. *ampliável.*

Amplitude, s. f. 1. Estado ou qualidade daquilo que tem grande amplidão; vastidão. 2. Grandeza, âmbito.

Amplo, adj. 1. Que ocupa vasto espaço; espaçoso. 2. Muito grande. 3. Abundante, rico. 4. Sem restrições; ilimitado.

Ampola (*ô*), s. f. *Farm.* Pequeno tubo de vidro destinado a conter uma dose de medicamento líquido a ser injetado.

Ampula, s. f. *Ant.* 1. Redoma. 2. Galheta, 3. Frasco.

Ampulheta (*ê*), s. f. 1. Instrumento composto de dois vasos cônicos, de vidro, que se comunicam nos vértices por pequeno orifício; relógio de areia. 2. Símbolo do tempo.

Amputação, s. f. Ato ou efeito de amputar.

Amputado, adj. Que se amputou; cortado, mutilado.

Amputar, v. (l. *amputare*). Tr. dir. 1. Cortar (um membro do corpo). 2. Mutilar. 3. Eliminar. 4. Restringir.

Amsterdamês, adj. Relativo a Amsterdã (Holanda).

Amuado, adj. Que tem amuo; aborrecido.

Amuamento, s. m. Ato ou efeito de amuar(-se).

Amuar, v. 1. Tr. dir. Causar amuo a. 2. Intr. Ter amuo. 3. Intr. Desistir de reagir (o animal). 4. Tr. dir. Amontoar (dinheiro).

Amulatado, adj. Que tem cor ou feições de mulato.

Amulatar, v. Pron. Tomar a cor de mulato.

Amuleto (*ê*), s. m. Qualquer objeto que se traz na persuasão de ser válido contra malefícios ou desgraças.

Amulherado, adj. Com modos de mulher; efeminado.

Amulherar, v. Pron. Tomar modos de mulher; efeminar-se.

Amulherengar, v. V. *amulherar.*

Amuniciamento, s. m. Municiamento.

Amuniciar, v. Municiar.

Amuo, s. m. 1. Enfado, mau-humor. 2. Apatia (do animal), por fadiga, fome ou sede.

Amura, s. f. *Náut.* Cabo com que se prende o punho inferior da vela para estendê-la ao vento.

Amurada, s. f. *Náut.* Prolongamento do costado do navio, acima do convés descoberto.

Amuralhar, v. Tr. dir. Cercar de muralhas.

Amurar, v. Tr. dir. Cercar de muros.

Amurchecer, v. Pron. Murchar-se.

Amusia, s. f. Perda completa ou parcial das faculdades musicais.

an-, pref. (gr. *an*). Exprime a idéia de *negação* ou *privação.* É variante do pref. *a-* e se emprega antes de temas iniciados por vogal: *an-arquia, an-ônimo.*

ana-, pref. (gr. *ana*). Significa, fundamentalmente, movimento de baixo para cima: *anáfase;* e depois, repetição: *anabatista;* aumento, excesso: *anafilaxia;* separação: *anatomia;* movimento para trás: *anacruse;* semelhança: *analogia;* afastamento: *anageotrópico.*

Anã, s. f. Feminino de *anão.*

Anabatismo, s. m. Doutrina dos anabatistas.

Anabatista, s. m. e f. Membro de uma seita protestante dissidente do séc. XVI, que impunha a repetição do batismo a quem o recebera antes do uso da razão.

Anabiose, s. f. *Biol.* Retorno à vida normal após período de hibernação.

Anabólico, adj. *Biol.* Relativo ao anabolismo.

Anabolismo, s. m. *Biol.* O processo de assimilação. Antôn.: *catabolismo.*

Anabrose, s. f. *Med.* Ulceração superficial.

Anabrótico, adj. *Med.* 1. Relativo à anabrose. 2. Cáustico, corrosivo.

Anacã, s. m. *Ornit.* Papagaio da Amazônia (*Deroptius accipitrinus*)

Anacâmptico, adj. Que reflete a luz ou o som.

Anaçar, v. Tr. dir. Misturar, revolver (líquidos).

Anacarado, adj. Que tem cor de nácar.

Anacarar, v. (*a* + *nácar* + *ar*). 1. Tr. dir. Dar a cor de nácar a. 2. Pron. Tomar a cor de nácar. 3. Pron. Ruborizar-se.

Anacardiáceas, s. f. pl. *Bot.* Família (*Anacardiaceae*) de árvores e arbustos da ordem das Sapindales, a que pertencem o cajueiro e a mangueira.

Anacatártico, adj. *Med.* Que provoca a expectoração.

Anacefaleose, s. f. *Ret.* Peroração que consiste na recapitulação dos pontos capitais do discurso.

Anacenose, s. f. *Ret.* Apóstrofe direta aos ouvintes, pedindo-lhes a opinião.

Anacíclico, adj. *Poét.* Diz-se do verso que se pode ler da direita para a esquerda ou da esquerda para a direita, sem alteração de sentido.

Anáclase, s. f. 1. *Fís.* Refração, desvio. 2. *Metrif.* Artifício usado no verso jônico; consistia em substituir, num pé, uma sílaba longa a uma breve, porque no pé anterior uma breve tomara o lugar de uma longa.

Anaclástico, adj. *Fís.* Relativo à anáclase.

Anaclisia, s. f. *Med.* Posição horizontal ou quase horizontal de um doente na cama, ou numa cadeira inclinada.

Anacoluto, s. m. *Gram.* Figura em que um termo se encontra como que solto na frase, e não se liga a outro de modo sintático.

Anacoreta (*ê*), s. m. 1. Religioso ou penitente que vive na solidão. 2. Pessoa afastada da vida mundana.

Anacorético, adj. Relativo a anacoreta.

Anacreôntica, s. f. Poesia ao gosto de Anacreonte.

Anacreôntico, adj. Relativo a Anacreonte.

Anacrônico, adj. 1. Que está fora da moda, do uso ou do tempo. 2. Que contém anacronismo.

Anacronismo, s. m. 1. Erro de cronologia. 2. Fato anacrônico.

Anacronizar, v. Tr. dir. Narrar, cometendo anacronismos.

Anacrusa, s. f. *Mús.* Nota ou notas iniciais, em tempo fraco, que precedem a primeira barra de compasso.

Anacrústico, adj. *Mús.* Diz-se do ritmo que começa por anacrusa.

Anadiplose, s. f. *Ret.* Figura que consiste em repetir ao começo de um verso ou frase a última palavra da frase ou verso anterior.

Anaeróbio, adj. *Biol.* Diz-se dos microrganismos que só podem viver em ambientes destituídos de oxigênio do ar, utilizando para tanto o oxigênio existente em combinação na matéria orgânica.

Anafaia, s. f. A primeira seda que o sirgo fia antes de formar o casulo.

Anáfase, s. f. *Biol.* Fase da mitose em que os centrômeros dos cromossomos se separam, indo para os pólos do fuso.

Anafiláctico, adj. *Med.* 1. Relativo à anafilaxia. 2. Afetado de anafilaxia.

Anafilaxia (*cs*), s. f. Exaltação da sensibilidade do organismo, resultante da reação entre o antígeno introduzido por ocasião da injeção desencadeante e o anticorpo formado em conseqüência da injeção sensibilizante.

Anáfora, s. f. *Ret.* Repetição de uma ou mais palavras no começo de dois ou mais versos, de duas ou mais orações, ou de membros da mesma oração.

Anafórico, adj. *Ret.* Que contém anáfora.

Anaforismo, s. m. *Ret.* Uso ou abuso da anáfora.

Anafrodisia, s. f. Ausência ou diminuição do apetite sexual.

Anafrodisíaco, adj. 1. Relativo à anafrodisia. 2. Que causa anafrodisia.

Anafrodita, adj. e s., m. e f. *Med.* Que, ou quem é indiferente ao amor.

Anafrodítico, adj. Diz-se de um corpo organizado que se desenvolve sem o concurso dos sexos.

Anagênese, s. f. *Med.* Regeneração de um tecido destruído.

Anáglifo, s. m. Imagem estereoscópica estática, obtida pela justaposição de dois desenhos de cores diferentes que, observados com óculos bicolores, dão a sensação de relevo.

Anagliptografia, s. f. Processo de escrita em relevo para uso de cegos.

Anagliptográfico, adj. Relativo à anagliptografia.

Anagnosta, s. m. Escravo romano encarregado de ler durante os banquetes.

Anagogia, s. f. *Teol.* 1. Êxtase místico, arrebatamento da alma. 2. Interpretação simbólica e alegórica dos livros sagrados.

Anagógico, adj. Relativo à anagogia.

Anagrama, s. m. Palavra formada pela transposição das letras de uma outra palavra: Alice — Célia, Pedro — poder, Roma — amor.

Anagramático, adj. 1. Relativo a anagrama. 2. Que contém anagrama.

Anágua, s. f. Saia de baixo, geralmente branca.

Anais, s. m. pl. (l. *annales*). 1. História de um povo contada ano por ano. 2. Publicação referente aos atos e estudos de congressos científicos, literários ou de arte.

Anajá, s. f. *Bot.* Palmeira do Maranhão, também chamada *anaiá, coco-de-indaiá, inajá, indaiá, perinã (Pindarea concinna).*

Anal[1], adj. m. e f. (*ânus + al*). *Anat.* Relativo ao ânus.

Anal[2], adj. m. e f. (l. *annale*). 1. Que dura um ano. 2. Que se faz uma vez em cada ano; anual.

Analcita, s. f. *Miner.* Silicato hidratado de sódio e alumínio; analcima.

Analector, s. m. Organizador de analectos.

Analectos, s. m. pl. Coleções de máximas ou de textos escolhidos, tirados de obras de um ou vários autores; antologia.

Analema, s. m. *Astr.* Projeção ortogonal dos círculos da esfera celeste no plano do meridiano, que permite determinar a hora da passagem de um astro pelo meridiano.

Analemático, adj. Relativo ao analema.

Analepse, s. f. (gr. *analepsis*). V. *analepsia.*

Analepsia, s. f. *Med.* Restauração de forças após a doença; convalescença.

Analéptica, s. f. *Med.* Parte da higiene que trata da forma de se restabelecerem as forças após uma doença.

Analéptico, adj. *Med.* Que restaura as forças.

Analfabético, adj. Que não tem alfabeto.

Analfabetismo, s. m. Estado de analfabeto.

Analfabeto, adj. Que não sabe ler nem escrever.

Analgesia, s. f. *Med.* Insensibilidade à dor; analgia.

Analgésico, adj. 1. Relativo à analgesia. 2. Que atenua ou suprime a dor.

Analgia, s. f. V. *analgesia.*

Análgico, adj. V. *analgésico.*

Analisador, adj. Que analisa. S. m. 1. Aquele que analisa. 2. Instrumento usado para analisar qualquer coisa.

Analisar, v. Tr. dir. 1. Decompor (um todo) em suas partes componentes. 2. Examinar minuciosamente; esquadrinhar. 3. *Gram.* Examinar por análise. 4. *Quím.* Examinar por análise química.

Análise, s. f. 1. Decomposição em seus elementos constituintes. 2. *Gram.* Exame dos vários elementos de uma oração: *A.* sintática. *A.* léxica. *A.* morfológica. 3. *Filos.* Processo pelo qual o espírito vai do composto ao simples. 4. Exame, ensaio, experiência. 5. Crítica. Antôn.: *síntese.*

Analista[1], adj. e s., m. e f. Que, ou pessoa que faz análises.

Analista[2], adj. e s., m. e f. (l. *annale + ista*). Que, ou pessoa que escreve anais.

Analítico, adj. 1. Relativo à análise. 2. Que procede por análise.

Analogia, s. f. Relação de semelhança entre coisas que têm alguns traços em comum.

Analógico, adj. 1. Relativo à analogia. 2. Baseado em analogia. 3. *Cibern.* Diz-se do dado representado por outras grandezas que podem variar segundo o sistema mecânico, elétrico ou eletrônico empregado.

Analogismo, s. m. Raciocínio por analogia.

Analogista, s. m. e f. Pessoa que argumenta por analogia.

Analogístico, adj. Em que se procede por analogia.

Análogo, adj. 1. Em que há analogia. 2. Similar por certo aspecto. 3. *Biol.* Que exerce a mesma função, sendo de origem e estrutura diferentes (como as brânquias de um peixe e os pulmões de um mamífero).

Anambé, s. m. *Ornit.* Nome comum a muitas aves brasileiras da família dos Cotingídeos, que vivem principalmente na Amazônia.

Anamita, adj. m. e f. Natural do Anam, Estado do Vietnã.

Anamnese, s. f. 1. Reminiscência, recordação. 2. *Ret.* Figura pela qual o orador simula lembrar-se de coisa esquecida. 3. *Med.* Histórico dos antecedentes de uma doença.

Anamnésia, s. f. V. *anamnese.*

Anamnésico, adj. *Med.* V. *anamnéstico.*

Anamnéstico, adj. 1. Relativo à anamnese. 2. Que ativa a memória.

Anamniota, adj. e s. m. *Zool.* Diz-se do, ou o animal desprovido de âmnio.

Anamórfico, adj. Relativo à anamorfose.

Anamorfismo, s. m. V. *anamorfose.*

Anamorfose, s. f. *Ópt.* Fenômeno em que o tamanho aparente da imagem não é o mesmo horizontal e verticalmente.

Anamorfótico, adj. V. *anamórfico.*

Ananás, s. m. *Bot.* 1. Gênero *(Ananas)* de plantas da família das Bromeliáceas, que inclui os abacaxizeiros. 2. Abacaxi.

Anandrino, adj. e s. m. V. *anândrio.*

Anândrio, adj. *Bot.* Sem órgãos masculinos.

Anandro, adj. V. *anândrio.*

Ananicado, adj. 1. Quase anão. 2. Aviltado, mesquinho.

Ananicar, v. Tr. dir. 1. Tornar anão. 2. Fazer pequeno ou fraco.

Ananismo, s. m. *Bot.* Desenvolvimento pequeno e anormal de uma planta.

Anão, adj. 1. De tamanho menor que o normal. 2. Muito pequeno. 3. Acanhado, reduzido. Fem.: *anã.* Pl.: *anões, anãos, anães.*

Anapéstico, adj. *Metrif.* Composto de anapestos.

Anapesto, s. m. *Metrif.* Pé composto de duas sílabas breves e uma longa, na métrica grega e latina.

Anaplasia, s. f. *Med.* Regressão das células a uma forma primitiva e não diferenciada.

Anaplásico, adj. Relativo à anaplasia.

Anaplastia, s. f. *Cir.* Restauração de uma parte mutilada.

Anaplástico, adj. Relativo à anaplastia.

Anaptixe *(cs),* s. f. *Lingüíst.* Intercalação de vogal entre consoantes que formam grupo, como em *barata,* do l. *blatta.*

Anarcotina, s. f. V. *narcotina.*

Anarmônico, adj. V. *enarmônico.*

Anarquia, s. f. 1. Estado de um povo em que o poder público, ou de governo, tenha desaparecido. 2. Negação do princípio de autoridade. 3. Confusão, desordem. 4. Desmoralização.

Anárquico, adj. 1. Relativo à anarquia ou ao anarquismo. 2. Desordenado, caótico.

Anarquismo, s. m. 1. Doutrina que prega a eliminação de toda autoridade e a substituição da soberania do Estado pelo contato livre. 2. Ação ou movimento anarquista.

Anarquista, adj. m. e f. V. *anárquico.* S. m. e f. Partidário do anarquismo.

Anarquização, s. f. Ato ou efeito de anarquizar.

Anarquizar, v. Tr. dir. 1. Tornar anárquico. 2. Pôr em desordem; desorganizar. 3. Pôr em ridículo; desmoralizar.

Anartria, s. f. *Med.* Distúrbio que se reflete na impossibilidade de articular sons, embora haja integridade motora dos órgãos de fonação.

Anasarca, s. f. *Med.* Edema generalizado, por infiltração de serosidade no tecido subcutâneo.

Anasarcado, adj. *Med.* Afetado de anasarca.

Anasárcico, adj. *Med.* Relativo à anasarca.

Anastático, adj. *Tip.* Relativo a um processo de impressão com chapa de zinco, na qual um desenho transferido para esta é deixado em relevo, gravando-se com água-forte a superfície ao redor.

Anastomosante, adj. m. e f. Que pode anastomosar(-se).

Anastomosar, v. *Med.* 1. Intr. Comunicar-se por meio de ramificações. 2. Tr. dir. Ligar por anastomose.

Anastomose, s. f. *Anat.* 1. Comunicação entre dois vasos orgânicos. 2. Formação cirúrgica ou patológica de uma passagem entre dois condutos orgânicos.

Anastomótico, adj. Relativo à anastomose.

Anástrofe, s. f. *Gram.* Inversão da ordem normal dos termos sintaticamente relacionados, como: ...o *das águas* gigante caudaloso (Gonçalves Magalhães).

Anastrofia, s. f. *Cir.* Inversão de órgãos.

Anatar, v. Tr. dir. 1. Cobrir de nata. 2. Tornar semelhante à nata.

Anateirar, v. Tr. dir. Cobrir de nateiros.

Anátema, adj. m. e f. Anatematizado, amaldiçoado. S. m. 1. *Rel. catól.* Sentença de expulsão da Igreja; excomunhão. 2. Execração, maldição, opróbrio.

Anatematização, s. f. Ato de anatematizar.

Anatematizar, v. Tr. dir. 1. *Rel. catól.* Fulminar com anátema. 2. Votar à execração; condenar.

Anatídeo, adj. *Ornit.* Relativo aos Anatídeos. S. m. pl. Família (*Anatidae*) de aves anseriformes, com pés palmados, que inclui os patos, gansos, cisnes e marrecos.

Anato, s. m. V. *urucu.*

Anatomia, s. f. 1. Ciência que estuda a estrutura e a forma dos seres organizados. 2. A própria estrutura anatômica. 3. Análise minuciosa ou exaustiva.

Anatômico, adj. 1. Relativo à anatomia. 2. Relativo à estrutura orgânica. 3. Adaptado à anatomia humana: Colete *anatômico.*

Anatomista, adj. m. e f. Que estuda a anatomia. S. m. e f. Pessoa especializada no conhecimento da anatomia.

Anatomização, s. f. Ato de anatomizar.

Anatomizar, v. 1. Tr. dir. e intr. Praticar anatomia em; dissecar. 2. Tr. dir. Analisar cientificamente.

anátomo-, elem. de comp. Exprime a idéia de *anatômico: anátomo-fisiológico.*

Anátomo-fisiológico, adj. *Med.* Que estuda simultaneamente a anatomia e a fisiologia de determinado órgão. Pl.: *anátomo-fisiológicos.*

Anatoxina *(cs),* s. f. *Med.* Toxina que perdeu as propriedades tóxicas e conservou as imunizantes; toxóide.

Anatropia, s. f. Estado ou qualidade de anátropo.

Anátropo, adj. *Bot.* Cujo óvulo é invertido no início do seu desenvolvimento de modo que o micrópilo se encontra lado a lado com o funículo.

Anavalhado, adj. 1. Com forma de navalha. 2. Muito afiado.

Anavalhar, v. Tr. dir. 1. Dar aparência de navalha a. 2. Ferir com navalha.

Ana-velha, s. f. *Ornit.* V. *socozinho.* Pl.: *anas-velhas.*

Anca, s. f. (germ. *hanka*). 1. *Anat.* Região lateral do corpo humano, da cintura à articulação da coxa; quadril. 2. *Zool.* Quarto traseiro dos quadrúpedes.

-ança, suf. (l. *antia*). Junta-se a radicais verbais para formar substantivos que designam ato ou o seu efeito, estado, objeto sobre que recai a ação, aumento, coletividade: *mudança, cobrança, lembrança, confiança, criança, festança, vizinhança.*

Ancestral, adj. m. e f. (fr. ant. *ancestral*). 1. Relativo aos antepassados. 2. Muito remoto; antiqüíssimo.

Ancestralidade, s. f. Qualidade de ancestral.

Ancestre, s. m. Antepassado.

Anchietano, adj. Relativo ao Padre José de Anchieta.

Ancho, adj. (l. *amplu*). 1. Amplo, largo. 2. Cheio de si, vaidoso.

Anchova *(ô),* s. f. *Ictiol.* Pequeno peixe marinho (*Engraulis encrasicholus*) que a indústria pesqueira européia enlata e exporta.

-ância, suf. (l. *antia*). Forma erudita ou literária do suf. *ança: elegância, vigilância* etc.

Anciania, s. f. (*ancião + ia*). V. *ancianidade.*

Ancianidade, s. f. Qualidade de ancião.

Ancião, adj. (l. v. *antianu*). 1. De idade avançada. 2. Respeitável, venerável. 3. Antiquado, velho. Pl.: *anciãos, anciões* e *anciães.* Fem.: *anciã.* S. m. Homem velho e, em geral, respeitável.

Ancila, s. f. (l. *ancilla*). 1. Escrava. 2. Coisa que serve de auxílio ou subsídio a outra.

Ancilar, adj. m. e f. 1. Relativo a ancila. 2. Com função auxiliar; subsidiário.

ancilo-, elem. de comp. (gr. *agkule*). Exprime a idéia de *imóvel, aderente, recurvado: anciloglossia.*

Anciloglossia, s. f. *Med.* Encurtamento anormal do freio da língua, tolhendo a mobilidade desta.

Ancilosar, v. 1. Tr. dir. Causar ancilose a. 2. Pron. Sofrer ataque de ancilose.

Ancilose, s. f. *Med.* Diminuição mais ou menos completa, ou impossibilidade absoluta de movimento em uma articulação.

Ancilostomíase, s. f. *Med.* Doença produzida pela presença de ancilóstomos no intestino.

Ancilóstomo, s. m. *Zool.* 1. Gênero (*Ancylostoma*) de nematóides com fortes dentes, semelhantes a ganchos, com os quais se fixam na mucosa do intestino delgado. 2. Nematóide desse gênero.

Ancilostomose, s. f. V. *ancilostomíase.*

Ancinhar, v. Tr. dir. Limpar com o ancinho.

Ancinho, s. m. Instrumento agrícola dentado, para ajuntar palha, feno etc.; rastelo.

Ancípite, adj. m. e f. Que tem duas cabeças, duas faces, dois gumes etc.

Ancôneo, s. m. *Anat.* Pequeno músculo triangular da parte posterior da articulação do cotovelo.

Âncora, s. f. 1. *Náut.* Dispositivo de ferro ou aço, preso a uma embarcação por um cabo ou corrente e lançado nas águas para manter o barco parado em determinado lugar, por meio de unhas que se cravam no fundo. 2. Apoio seguro; arrimo de confiança. 3. Símbolo religioso da esperança.

Ancoração, s. f. Ancoragem.

Ancoradouro, s. m. *Náut.* Lugar onde ancoram navios; fundeadouro; amarração.

Ancoragem, s. f. *Náut.* 1. Ato ou efeito de ancorar; ancoração. 2. Tributo pago pelos navios que fundeiam num porto.

Ancorar, v. 1. Tr. dir., tr. ind. e intr. *Náut.* Lançar âncora; lançar ferro; fundear. 2. Tr. ind. Estribar-se, fundar-se.

Ancoreta *(ê),* s. f. 1. *Náut.* Âncora pequena. 2. Pequeno barril achatado lateralmente, próprio para conservar e transportar bebidas alcoólicas.

Ancorete *(ê),* s. m. V. *ancoreta.*

Ancorote, s. m. V. *ancoreta,* acep. 2.

Ancudo, adj. *Pop.* Que tem grandes ancas.

Ancusa, s. f. *Bot.* Gênero (*Anchusa*) de ervas peludas, da família das Borragináceas, com flores azuis, a que pertence a buglossa.

Anda!, interj. (imper. de *andar*). Com tonalidade de mando, súplica, impaciência ou ameaça.

Andaço, s. m. 1. Pequena epidemia. 2. Incômodo ligeiro. 3. Diarréia, disenteria.

Andadeira, s. f. Cavalgadura ligeira ou que tem o andar chamado *andadura.* S. f. pl. Faixas de pano com que se cingem sob as axilas as crianças para as ensinar a andar.

Andadeiro, adj. Que anda muito; andador.

Andador, adj. 1. Que anda muito; andejo. 2. Ligeiro no andar.

Andadura, s. f. 1. Modo de andar. 2. Certo tipo de marcha do cavalo, incômodo por sacudir o cavaleiro.
Andaimada, s. f. V. *andaimaria.*
Andaimar, v. Tr. dir. Pôr andaimes em.
Andaimaria, s. f. Conjunto de andaimes.
Andaime, s. m. *Constr.* Estrado de madeira ou metal, provisório, de que se utilizam os pedreiros para erguerem um edifício.
Andaina, s. f. Fileira, renque.
Andaluz, adj. Relativo à Andaluzia (Espanha). Fem.: *andaluza.*
Andamento, s. m. 1. Ato de andar. 2. Modo de andar. 3. Rumo. 4. Grau de rapidez ou lentidão com que deve ser executado um trecho musical.
Andança, s. f. 1. *P. us.* Ato de andar. 2. Ato de andar apressadamente; pressa, lida.
Andante[1], adj. m. e f. (de *andar*). 1. Que anda; errante. 2. *Heráld.* Diz-se de animal que, representado em brasão, está em atitude de andar.
Andante[2], adv. (do ital.). *Mús.* De andamento moderado, entre *adágio* e *alegro.*
Andantino, adv. *Mús.* De andamento menos moderado que o andante.
Andar[1], v. (1. *ambitare*, freq. de *ambire*). 1. Intr. Mover-se, dando passos. 2. Intr. Ir passando (o tempo); decorrer. 3. Intr. Funcionar. 4. Tr. ind. Ser acompanhado de alguém.
Andar[2], s. m. 1. Andadura, andamento. 2. Pavimento de edifício: 2º *andar.*
Andarengo, adj. Que anda muito; andejo.
Andarilho, s. m. Indivíduo que anda muito.
Andas, s. f. pl. *Pop.* Pernas-de-pau.
Andeiro, adj. Andejo.
Andejar, v. Intr. 1. Andar muito, ser andejo. 2. Andar ao acaso.
Andejo *(ê)*, adj. 1. Que anda muito; que anda por muitas terras; errante. 2. Que não pára em casa.
Andícola, adj. m. e f. Que habita ou cresce nos Andes.
Andilhas, s. f. pl. Sela de madeira semelhante a uma cadeirinha, que, posta sobre a cavalgadura, ampara a pessoa sentada.
Andino, adj. Relativo aos Andes.
Andira, s. f. *Bot.* Gênero (*Andira*) de árvores leguminosas da América tropical, que inclui o angelim.
Andirá, s. m. *Zool.* Designação amazônica do morcego.
Andiroba, s. f. *Bot.* 1. V. *andirobeira.* 2. Fruto da andirobeira.
Andirobal, s. m. Lugar onde crescem andirobas.
Andirobeira, s. f. *Bot.* Árvore meliácea, de 30 metros de altura (*Carapa guyanensis*); nandiroba.
Ândito, s. m. (ital. *andito*). 1. Espaço para andar, em redor de alguma coisa. 2. Passagem estreita acima do nível e ao lado de ruas ou pontes. 3. Caminho estreito.
Andó, s. m. Diz-se da barba aparada em ponta.
Andóbia, s. f. Pedra sobre a qual, em certos engenhos, gira a mó.
Andor, s. m. *Liturg.* Padiola portátil, ornamentada, sobre que se levam as imagens nas procissões.
Andorinha, s. f. (1. v. **harundina*, 1. *hirundo*). *Ornit.* Nome comum dos passeriformes da família dos Hirundinídeos, utilíssimos pela caça que dão aos insetos em pleno vôo. Voz: *chilra, chilreia, gazeia, gorjeia, grinfa, trinfa, trissa, zinzilula.*
Andorinhão, s. m. *Ornit.* V. *gaivão[1].*
Andorrano, adj. Relativo à Andorra, nos Pireneus (Europa).
Andradita, s. f. *Miner.* Silicato de ferro e cálcio, do grupo das granadas.
Andrajo, s. m. Roupa esfarrapada, trapo.
Andrajoso, adj. Coberto de trapos; esfarrapado.
Andrequicé *(drè)*, s. m. *Bot.* Gramínea forrageira brasileira, de folhas cortantes (*Leersia hexandra*).
andro-, elem. de comp. (gr. *aner, andros*). Exprime a idéia de *homem, macho: androceu, androfobia.*
Androceu, s. m. *Bot.* Conjunto floral constituído pelos estames, ou órgãos masculinos.
Androfagia, s. f. V. *antropofagia.*
Andrófago, adj. e s. m. V. *antropófago.*
Androfobia, s. f. Aversão ao sexo masculino.
Andrófobo, adj. Que tem aversão ao sexo masculino; andrófugo.
Andróforo, adj. *Bot.* Prolongamento do eixo da flor, entre o cálice e o androceu, formando para este um como pedúnculo.
Andrófugo, adj. V. *andrófobo.*
Androgenesia, s. f. Ciência que trata do desenvolvimento físico e moral da espécie humana.
Androgenia, s. f. *Biol.* Produção de machos, em uma partenogênese.
Androgênio, s. m. *Biol.* Hormônio sexual, como a androsterona e a testosterona, produzido especialmente nos testículos. Var.: *andrógeno.*
Androginia, s. f. *Bot.* Caráter das plantas que têm flores masculinas e femininas na mesma inflorescência; hermafroditismo.
AndrOgínico, adj. Pertencente à androginia.
Androginismo, s. m. V. *androginia.*
Andrógino, adj. *Biol.* Que reúne em si as características dos dois sexos; hermafrodito.
Andróide, adj. m. e f. Semelhante ao homem; antropóide. S. m. Autômato com figura de homem.
Andrólatra, s. m. e f. Pessoa que presta culto divino a um homem.
Androlatria, s. f. Culto divino tributado a um homem.
Andrologia, s. f. 1. Ciência do homem. 2. Estudo das doenças peculiares ao homem.
Andrológico, adj. Que se refere à andrologia.
Andrômana, s. f. V. *andromaníaca.*
Andromania, s. f. *Med.* V. *ninfomania.*
Andromaníaca, s. f. Mulher que sofre de andromania.
Andrômeda, s. f. *Astr.* Constelação boreal formada de cinqüenta e nove estrelas.
Andrômina, s. f. V. *endrômina.*
Andropausa, s. f. Diminuição da atividade sexual no homem.
Androspório, s. m. *Bot.* Espório que dá origem a um prótalo masculino.
Andu, s. m. V. *guandu.*
Andurrial, s. m. Lugar deserto, sem caminho.
Anduzeiro, s. m. *Bot.* Arbusto que produz o andu (*Cajanus indicus*).
Anecúmeno, s. m. Diz-se das áreas inabitáveis pelo homem.
Anediar, v. Tr. dir. 1. Tornar nédio. 2. Afagar, alisar.
Anedota, s. f. 1. Relato abreviado de uma particularidade histórica. 2. No uso mais comum, estorieta de efeito cômico; pilhéria, piada.
Anedotário, s. m. Livro ou coleção de anedotas.
Anedótico, adj. 1. Relativo a anedota. 2. Que contém anedotas. 3. Fútil. 4. Grotesco.
Anedotista, s. m. e f. Pessoa que conta ou coleciona anedotas.
Anedotizar, v. 1. Tr. dir. Narrar em forma de anedota. 2. Intr. Contar anedotas.
Anegrar, v. 1. Tr. dir. Dar coloração escura ou tirante a negro a. 2. Pron. Tornar-se negro.
Anegrejar, v. Intr. Tornar negro; enegrecer.
Anegriscado, adj. V. *anegrado.*
Anejo, adj. Que tem um ano de idade.
Anel, s. m. (1. *anellu*, por *anullu*). 1. Fita circular ou aro de metal, madeira, tecido, plástico, borracha, papel ou outro material, usado para cingir ou segurar qualquer coisa. 2. Elo circular de corrente. 3. Qualquer linha, figura ou objeto circulares. 4. Aro de metal, geralmente precioso, que se traz no dedo, como ornato ou símbolo de algum fato significativo, como noivado, casamento, formatura etc. 5. Caracol de cabelos, recurvado em forma de aro.
Anelação, s. f. Respiração curta, freqüente e difícil.
Anelado[1], adj. (p. de *anelar[1]*). 1. Em forma de anéis, encaracolado. 2. Envolvido por anéis. 3. *Zool.* Que tem o corpo em anéis. S. m. pl. *Zool.* V. *anelídeos.*
Anelado[2], adj. (p. de *anelar[2]*). Desejado com ânsia.
Anelante, adj. m. e f. Que anela; ofegante.

Anelar[1], v. (*anel* + *ar*). Tr. dir. 1. Dar forma de anel a. 2. Cercar como anel.

Anelar[2], v. (1. *anhelare*). 1. Intr. Respirar com dificuldade; ofegar. 2. Tr. dir. e tr. ind. Aspirar a, desejar ardentemente.

Anelar[3], adj. m. e f. (*anel* + *ar*). V. *anular*.

Aneleira, s. f. Caixinha para guardar anéis.

Anelídeo, adj. *Zool.* Relativo à classe dos Anelídeos. S. m. pl. Ramo (*Annelida*) de invertebrados que compreende animais de forma alongada e corpo segmentado, sendo seus principais representantes as minhocas e as sanguessugas.

Aneliforme, adj. m. e f. Que tem forma de anel.

Anelípede, adj. m. e f. Que tem patas em forma de anel.

Anélito, s. m. 1. Hálito, respiração. 2. Aspiração, desejo ardente.

Anelo, s. m. Aspiração, desejo intenso.

Anemia, s. f. 1. *Med.* Estado patológico caracterizado pela insuficiência de hemoglobina nos glóbulos sangüíneos (hipocromia), ou de glóbulos no sangue (oligocitemia). 2. Fraqueza.

Anemiante, adj. m. e f. Que produz anemia.

Anemiar, v. 1. Tr. dir. Causar anemia em. 2. Pron. Debilitar-se, enfraquecer-se.

Anêmico, adj. 1. *Med.* Que sofre de anemia. 2. Sem viço, amarelado. 3. Enfraquecido.

anemo-, elem. de comp. (gr. *anemos*). Expressa a idéia de *vento: anemófilo.*

Anemófilo, adj. *Bot.* Que é polinizado pela ação do vento.

Anemografia, s. f. *Meteor.* Descrição dos ventos.

Anemógrafo, s. m. *Meteor.* Anemômetro registrador.

Anemologia, s. f. *Meteor.* Estudo dos ventos.

Anemológico, adj. *Meteor.* Relativo à anemologia.

Anemólogo, s. m. Especialista em anemologia.

Anemometria, s. f. *Meteor.* Medição da força e da velocidade dos ventos.

Anemométrico, adj. *Meteor.* Relativo à anemometria.

Anemômetro, s. m. *Meteor.* Aparelho para medir a velocidade e a força dos ventos.

Anêmona, s. f. *Bot.* Gênero (*Anemone*) de plantas ranunculáceas, exóticas, largamente distribuídas. — *A.-do-mar:* v. *actínia.* Pl.: *anêmonas-do-mar.*

Anemoscopia, s. f. *Meteor.* Estudo da direção dos ventos.

Anemoscópio, s. m. *Meteor.* Aparelho destinado a indicar a direção dos ventos.

Anencefalia, s. f. *Terat.* Ausência total ou parcial do encéfalo.

Anencéfalo, adj. *Terat.* Que não tem encéfalo.

-âneo, suf. Indica *qualidade, pertença* etc.: *subterrâneo, extemporâneo.*

Anepigrafia, s. f. Ausência ou desaparecimento de uma inscrição.

Anepigráfico, adj. Sem título ou inscrição.

Anequim, s. m. *Ictiol.* Grande peixe marinho (*Carcharodon charcharias*), que chega a alcançar até 12 metros de comprimento, considerado o maior e o mais feroz tubarão.

Aneróbio, adj. V. *anaeróbio,* forma preferível.

Aneróide, adj. m. e f. *Fís.* Que não contém líquido. S. m. Barômetro que funciona à base da elasticidade de lâminas metálicas.

Anérveo, adj. *Entom.* Cujas asas não têm filetes nervosos.

Anestesia, s. f. *Med.* 1. Privação parcial ou total da sensibilidade do corpo, ou parte dele, por doença ou por aplicação de um anestésico. 2. Anestésico.

Anestesiação, s. f. Ato ou efeito de anestesiar.

Anestesiante, adj. m. e f. V. *anestésico.*

Anestesiar, v. Tr. dir. 1. Provocar a anestesia de. 2. Submeter à influência de anestésicos.

Anestésico, adj. Que produz anestesia. S. m. *Med.* Substância que suprime a sensibilidade.

Anestesista, s. m. e f. *Med.* Médico(a) que aplica a anestesia.

Anete *(ê)*, s. m. *Náut.* Argola de âncora, arganéu.

Aneto, s. m. *Bot.* 1. Gênero (*Anetum*) de ervas da família das Umbelíferas. 2. Erva européia (*Anetum graveolens*), também chamada *endro.*

Aneurisma, s. m. *Med.* Dilatação que se forma no trajeto de uma artéria, pela distensão parcial de suas paredes.

Aneurismal, adj. m. e f. *Med.* Da forma, semelhança ou natureza do aneurisma.

Aneurismático, adj. *Med.* 1. V. *aneurismal.* 2. Que sofre de aneurisma.

Anexação *(cs)*, s. f. Ato ou efeito de anexar.

Anexado *(cs)*, adj. Juntado, unido.

Anexador *(cs)*, adj. e s. m. Que, ou o que anexa.

Anexar *(cs)*, v. 1. Tr. dir. Juntar, como anexo, a uma coisa considerada como principal. 2. Tr. dir. e pron. Reunir(-se) (um país) a outro.

Anexim, s. m. 1. Dito sentencioso; adágio, rifão, ditado. 2. Estribilho. 3. Dichote.

Anexionismo *(cs)*, s. m. *Polít.* Doutrina que preconiza a incorporação dos pequenos estados aos grandes, seus vizinhos, sob pretexto de afinidades étnicas.

Anexionista *(cs)*, adj. m. e f. Referente ou tendente a anexionismo. S. m. e f. Pessoa partidária do anexionismo.

Anexite *(cs)*, s. f. *Med.* Inflamação dos anexos do útero (ovário, trompas, ligamentos).

Anexo *(cs)*, adj. (1. *annexu*). 1. Que se junta como acessório; apenso. 2. Incluso, incluído. S. m. Coisa ligada a outra, considerada como principal.

anfi-, pref. (gr. *amphi*). Exprime a idéia de *ao redor de, à roda de (anfiteatro),* ou a de *de ambos os lados, em uma e outra parte,* de *dualidade (anfíbio).*

Anfiartrose, s. f. *Anat.* Articulação semimóvel, ou articulação apenas parcial (como a das vértebras).

Anfíbio, adj. 1. *Biol.* Diz-se de animais ou plantas que vivem ou crescem tanto em terra como na água. 2. *Mil.* Diz-se de veículo (carro, avião, tanque) que pode operar tanto em terra como na água. 3. *Mil.* Que se desenrola em terra e na água: Operações *anfíbias.* 4. *Zool.* Relativo aos Anfíbios. S. m. pl. *Zool.* Classe *(Amphibia)* de vertebrados, em geral com pele nua, que durante as primeiras fases da vida respiram por meio de brânquias e, no estado adulto, através de pulmões. Inclui os sapos, as rãs, as pererecas e as salamandras.

Anfibiografia, s. f. *Zool.* Descrição dos anfíbios.

Anfibiologia, s. f. Ramo da Zoologia que trata dos anfíbios.

Anfibólio, s. m. *Miner.* 1. Designação genérica dos minerais compostos de sílica, cálcio, magnésio e, às vezes, ferro e óxido de manganês, e cuja forma é a de prisma monoclínico. 2. Hornblenda.

Anfibologia, s. f. *Gram.* Duplo sentido apresentado por uma construção defeituosa; ambigüidade.

Anfibológico, adj. Que encerra anfibologia; ambíguo.

Anfibolóide, adj. m. e f. Semelhante ao anfibólio.

Anfíbraco, s. m. *Metrif.* Pé de verso grego ou latino composto de uma sílaba longa entre duas breves.

Anfictião, s. m. V. *anfictíone.*

Anfictíone. s. m. *Hist.* 1. Membro da anfictionia. 2. Cada um dos representantes dos estados gregos confederados, os quais se reuniam regularmente.

Anfictionia, s. f. *Hist.* Assembléia de anfictíones.

Anfigênese, s. f. *Biol.* Reprodução sexuada.

Anfigênio, s. m. 1. *Quím.* Corpo simples que serve de ácido ou base. 2. *Miner.* Leucita.

Anfígeno, adj. *Bot.* Que se encontra em um e outro lado da folha.

Anfigonia, s. f. *Biol.* V. *anfigênese.*

Anfiguri, s. m. Composição em prosa ou verso, de sentido obscuro, ou mesmo ininteligível.

Anfigúrico, adj. Que tem caráter de anfiguri.

Anfigurismo, s. m. Vício do que é anfigúrico.

Anfimixia *(cs)*, s. f. *Biol.* União de células germinais na reprodução sexuada.

Anfioxo *(cs)*, s. m. *Zool.* Nome comum a pequenos animais marinhos, primitivos, sem cabeça e coluna vertebral propriamente dita, que vivem nas areias das águas rasas.

Anfípode, adj. m. e f. *Zool.* Que tem duas espécies de pés, que lhe permitem nadar e saltar (diz-se de certos crustáceos).

Anfisbena, s. f. *Zool.* Gênero *(Amphisbaena)* de répteis sáurios, com as duas extremidades muito parecidas, o que lhes valeu o nome de *cobra-de-duas-cabeças.*

Anfíscio, s. m. Habitante da zona tórrida.

Anfísdromo, adj. *Náut. ant.* Dizia-se de uma embarcação em que a popa podia servir de proa e vice-versa.

Anfiteatral, adj. m. e f. Relativo a anfiteatro.

Anfiteatro, s. m. 1. Grande recinto, circular ou oval, com arquibancadas em escadaria, para espetáculos. 2. Sala circular ou semicircular, com degraus, para aulas práticas de ciências, em universidades.

Anfitrião, s. m. 1. Pessoa que dá ou dirige festa ou banquete. 2. O que paga as despesas de uma refeição. Fem.: *anfitriã* e *anfitrioa.*

Anfitrite, s. f. *Mit. gr.* Deusa do mar.

Ânfora, s. f. *Antig.* Grande vaso de barro cozido, com gargalo estreito e duas asas, adelgaçando-se para baixo.

Anforicidade, s. f. *Med.* Existência de sopro anfórico.

Anfórico, adj. *Med.* Diz-se, ao auscultar o peito de um doente, de som similar ao produzido por uma ânfora vazia em que se assopra.

Anfótero, adj. 1. Que reúne em si duas qualidades opostas. 2. *Quím.* Que reage, ora como ácido, ora como base.

Anfractuosidade, s. f. Qualidade de anfractuoso.

Anfractuoso, adj. Cheio de saliências, depressões ou sinuosidades irregulares.

anga-, elem. de comp. (tupi-guar. *anga*). Exprime a idéia de *alma, sombra, espírito: angaturama.*

Angareira, s. f. Rede de malhas miúdas, utilizada para pescar tainhas.

Angariação, s. f. Ato ou efeito de angariar.

Angariamento, s. m. V. *angariação.*

Angariar, v. (l. *angariare*). Tr. dir. 1. Obter, pedindo a um e a outro. 2. Atrair com boas palavras; aliciar.

Angarilha, s. f. Capa de palha, vime ou capim com que se protegem vasos, garrafas etc.

Angaturama, s. m. Entre os índios muras, espírito benfazejo.

Angélica, s. f. *Bot.* Planta umbelífera *(Archangelica officinalis)*, aromática, muito usada macerada em aguardente.

Angelical, adj. m. e f. V. *angélico.*

Angélico, adj. 1. Relativo a, ou próprio de anjos. 2. Puríssimo, imaculado. 3. Perfeitíssimo, belo. Antôn.: *diabólico.*

Angelicó, s. m. *Bot.* Trepadeira aristoloquiácea *(Aristolochia trilobata)*, ornamental.

Angelim, s. m. *Bot.* Nome comum a várias árvores leguminosas, brasileiras, do gênero Andira.

Angelino, adj. V. *angélico.*

Angelita, s. m. e f. Sectário dos angelitas. S. m. pl. Seita de cristãos que adoravam os anjos.

Angelitude, s. f. Estado ou condição de anjo.

Angelizar, v. Tr. dir. 1. Tornar angélico. 2. Comparar a anjo.

angelo, elem. de comp. (gr. *aggelos* pelo l. *angelu*). Traduz a idéia de *anjo, mensageiro: angelolatria.*

Angelólatra, s. m. e f. Pessoa que pratica a angelolatria.

Angelolatria, s. f. Adoração dos anjos.

Angelologia, s. f. Tratado sobre anjos.

Angelônia, s. f. *Bot.* Gênero *(Angelonia)* de ervas da América tropical, da família das Escrofulariáceas, de flores decorativas.

Angelus *(ân)*, s. m. (latim). 1. Prece em honra do mistério da Encarnação; ave-marias. 2. Toque de sino que lembra a hora dessa prece.

Angialgia, s. f. *Med.* Dor em um vaso sangüíneo, ao longo do seu trajeto.

Angico, s. m. *Bot.* Nome comum a várias árvores leguminosas-mimosáceas, do gênero *Piptadenia*, utilíssimas por sua madeira dura.

Angiectasia, s. f. *Med.* Dilatação patológica dos vasos circulatórios.

Angiectásico, adj. *Med.* Relativo à angiectasia.

Angiectomia, s. f. Excisão ou ressecção de um vaso.

Angiectopia, s. f. *Med.* Deslocação de um vaso sangüíneo.

Angiite, s. f. *Med.* Inflamação de um vaso.

Angina, s. f. *Med.* Inflamação da garganta, de caráter agudo.
— *A. do peito:* síndrome caracterizada por dor constritiva atrás do esterno, por vezes com irradiação à espádua e braço; esternalgia.

angio-, elem. de comp. (gr. *aggeion*). Expressa a idéia de *vaso sangüíneo* ou *linfático: angiografia.*

Angiocolite, s. f. *Med.* Inflamação dos condutos biliares (canal colédoco e canais hepáticos).

Angiografia, s. f. *Anat.* 1. Tratado sobre os vasos sangüíneos e linfáticos. 2. Radiografia de vasos sangüíneos, após injeção de uma substância radioopaca.

Angiologia, s. f. *Anat.* Parte da Anatomia que se ocupa dos vasos.

Angiólogo, s. m. Especialista em angiologia.

Angioma, s. m. *Med.* Tumor, geralmente benigno, constituído por um acúmulo de vasos de nova formação ou de malformação.

Angiopatia, s. f. *Med.* Denominação genérica das doenças dos vasos.

Angiosclerose, s. f. *Med.* Esclerose dos vasos sangüíneos.

Angiose, s. f. *Med.* Designação genérica das doenças que têm sede nos vasos sangüíneos.

Angiosperma, s. f. *Bot.* Planta das Angiospermas. S. m. pl. Grupo do reino vegetal que compreende todas as plantas floríferas com sementes revestidas de pericarpo.

Anglicanismo, s. m. A Igreja e religião oficial da Inglaterra.

Anglicano, adj. Relativo ao anglicanismo. S. m. Crente do anglicanismo.

Anglicismo, s. m. Palavra ou expressão própria da língua inglesa, introduzida em outra língua.

Anglicizar, v. Tr. dir. 1. Tornar semelhante a inglês. 2. Submeter à influência inglesa. 3. Encher de anglicismos (a linguagem).

Ânglico, adj. Anglo, inglês.

Anglizar, v. V. *anglicizar.*

Anglo[1], adj. e s. m. (b. l. *anglu*). Inglês.

anglo-[2], elem. de comp. Exprime a idéia de *inglês: anglofobia, anglofilia.*

Anglofilia, s. f. Amor ou preferência a tudo que seja inglês.

Anglófilo, adj. e s. m. Que, ou o que tem anglofilia.

Anglofobia, s. f. Aversão aos ingleses, à Inglaterra.

Anglófobo, adj. e s. m. Que, ou o que tem anglofobia.

Anglomania, s. f. Admiração ou imitação exagerada de tudo que é inglês.

Anglo-normando, adj. Diz-se dos normandos estabelecidos na Inglaterra após a invasão de Guilherme, o Conquistador.

Anglo-saxão, adj. Relativo aos anglo-saxônios. S. m. Indivíduo dos anglo-saxões. Fem.: *anglo-saxã.* S. m. pl. Os anglos, saxões e jutos, que se estabeleceram na Inglaterra no quinto século.

Anglo-saxônio, adj. Anglo-saxão.

Angola, adj. m. e f. Relativo aos angolas. S. f. *Ornit.* Galinha-de-angola, angolinha. S. m. pl. Selvagens africanos, que deram seu nome à província de Angola.

Angolano, adj. e s. m. V. *angolense.*

Angolense, adj. m. e f. Relativo ou natural de Angola. S. m. e f. Pessoa que nasceu em Angola.

Angolinha, s. f. Galinha-de-angola.

Angorá, adj. m. e f. 1. Pertencente a Angorá, cidade da Turquia asiática. 2. Diz-se dos gatos, coelhos, cabras, procedentes de Angorá, notáveis pelo seu pêlo comprido e fino.

Angra, s. f. Pequena baía, enseada.

Angström, s. m. *Fís.* Unidade de medida equivalente a 10^{-10} m usada na medida de comprimento de onda de radiação eletromagnética. Símbolo: Å .

Angu, s. m. 1. Papa espessa de fubá cozido. 2. Salsada, mistura, moxinifada. 3. Coisa embaraçada, confusa.

angüi-, elem. de comp. (l. *anguis*). Tem a significação de *cobra, serpente: angüicida, angüiforme.*

Angüicida, adj. m. e f. Que mata cobra(s).

Angüicomado, adj. *Poét.* Coroado de serpentes.

Angüífero, adj. Que tem ou cria cobras.

Angüiforme, adj. m. e f. Que tem forma de serpente.

Angüípede, adj. m. e f. Que tem pés de serpente ou dragão.
Angüite, s. f. *Cul.* Espécie de angu, semelhante ao caruru.
Angulado, adj. Que tem ângulos; anguloso.
Angular[1], adj. m. e f. *(ângulo + ar).* 1. Que tem ou que forma um ou mais ângulos. 2. Em forma de ângulo. 3. Relativo a ângulo(s).
Angular[2], v. (1. *angulare*). Tr. ind. Andar, formando ângulo com uma linha, uma rua, um objeto.
Angularidade, s. f. Qualidade daquilo que tem ângulos, ou do que é angular.
Angulário, s. m. *Geom.* Instrumento próprio para medir ângulos.
Angulete *(ê)*, s. m. 1. *Arquit.* Cavidade talhada em ângulo reto. 2. Pequeno ângulo.
Angulícolo, adj. Que tem pescoço anguloso.
Angulirrostro, adj. *Ornit.* Que tem bico anguloso.
Ângulo, s. m. (1. *angulu*). 1. *Mat.* Figura formada por duas semi-retas que partem do mesmo ponto. 2. Aresta, canto, esquina, parte saliente ou reentrante. 3. Ponto de vista. — *Â. agudo:* todo ângulo menor que o reto. *Â. circunscrito:* o que tem o vértice no exterior do círculo e cujos lados são tangentes à circunferência. *Â. de meia volta:* o formado por semi-retas opostas; também chamado *ângulo raso. Â. de uma volta:* designação do ângulo de 360°. *Â. diedro:* o formado por dois semiplanos denominados *faces,* que têm como origem uma reta comum chamada *aresta. Â. excêntrico exterior:* que tem o vértice no exterior do círculo e cujos lados são secantes à circunferência. *Â. excêntrico interior:* cada um dos formados por duas cordas que se encontram fora do centro da circunferência. *Â. externo de um polígono qualquer:* o formado por um dos lados do polígono e o prolongamento de um dos dois lados consecutivos. *Â. inscrito:* o que tem o vértice na circunferência e cujos lados são cordas. *Â. interno:* o que fica do lado de dentro de duas paralelas cortadas por uma secante. *Â. obtuso, Mat.:* é todo ângulo maior que o reto e menor que o de meia volta. *Â. plano de um diedro, Mat.:* ângulo retilíneo formado por duas perpendiculares à aresta do diedro, em qualquer ponto dela e situadas uma em cada face do diedro. *Â. reto:* ângulo cujos lados pertencem à retas perpendiculares. *Ângulos adjacentes:* dois ângulos que têm o mesmo vértice e um lado comum situado entre os lados não comuns. *Ângulos alternos externos:* os que se formam de um lado e outro da reta que corta duas outras, coplanares, no exterior destas. *Ângulos alternos internos:* os que se formam de um lado e outro da reta que corta duas outras, coplanares, no interior destas. *Ângulos colaterais externos:* os que se formam do mesmo lado de uma reta que corta duas outras, coplanares, no exterior destas. *Ângulos colaterais internos:* os que se formam do mesmo lado de uma reta que corta duas outras, coplanares, no interior destas. *Ângulos complementares:* dois ângulos cuja soma é igual a um ângulo reto. *Ângulos suplementares:* dois ângulos cuja soma é igual a dois ângulos retos.
Anguloso, adj. 1. Que tem ângulos. 2. Que tem esquinas ou saliências pontiagudas.
angusti-, elem. de comp. (1. *angustu*). Exprime a idéia de *estreiteza: angustifoliado.*
Angústia, s. f. 1. Espaço reduzido; estreiteza. 2. Carência, falta. 3. Estado de grande inquietude que parece apertar o coração. 4. *Med.* Estenose. 5. Aflição, sofrimento.
Angustiado, adj. Cheio de angústia.
Angustiante, adj. m. e f. Que causa angústia.
Angustiar, v. 1. Tr. dir. Causar angústia a; afligir, atormentar. 2. Pron. Sentir angústia; afligir-se.
Angustidentado, adj. Que tem dentes apertados.
Angustifoliado, adj. *Bot.* Que tem folhas estreitas.
Angustímano, adj. Que tem mãos estreitas.
Angustioso, adj. 1. Cheio de angústia. 2. Que causa angústia ou aflição.
Angustipene, adj. m. e f. *Ornit.* De asas estreitas.
Angustirrostro, adj. *Ornit.* De bico estreito.
Angusto, adj. Apertado, estreito.
Angustura, s. f. 1. Passagem estreita entre encostas íngremes. 2. *Farm.* Casca aromática, amarga, de propriedades tônicas e febrífugas, obtida de uma planta rutácea *(Cusparia angustura).*
Anguzada, s. f. *Pop.* 1. Mistura de coisas. 2. Reunião desordenada de pessoas.
-anha, suf. Forma substantivos femininos com a idéia de *ação (façanha),* ou *aumento, extensão, grandeza (campanha, montanha).*
Anhangá, s. m. Entre os índios, espírito do mal; diabo.
Anhangüera, adj. m. e f. Destemido, resoluto. S. m. Diabo, gênio manhoso; inhenho.
-anhar, suf. Forma verbos de ação freqüentativa: *abocanhar, agatanhar.*
Anho, s. m. (1. *agnu*). Cordeiro. Voz: *balar, mugir.*
Anhuma, s. f. *Ornit.* Ave pernalta brasileira *(Anhima cornuta),* do porte de um peru, que habita charcos, brejos e margens. Voz: *canta, grita.*
Anhumapoca, s. f. *Ornit.* V. *tachã.*
Aniagem, s. f. Tecido grosseiro de algodão ou linho cru para sacos e fardos.
Aniba, s. f. *Bot.* Gênero *(Aniba)* de árvores lauráceas da América tropical, de madeira útil.
Anicauera *(ê)*, s. m. *Ictiol.* Peixe de água doce *(Acestrorhynchus falcirostris),* encontrado nos tributários do alto Amazonas.
Anichar, v. 1. Tr. dir. Colocar em nicho ou em lugar estreito. 2. Tr. dir. Pôr no ninho. 3. Tr. dir. Colocar em emprego rendoso. 4. Pron. Agachar-se, esconder-se.
Anídrico, adj. *Quím.* 1. Que não contém água. 2. Relativo a um anidrido.
Anidrido, ou **anídrido,** s. m. *Quím.* Composto derivado de outro composto, especialmente um ácido, pela abstração de uma molécula de água. Os anidridos de bases são óxidos; os de álcoois, são éteres.
Anidrita, s. f. *Miner.* Sulfato natural de cálcio anidro, ortorrômbico.
Anidro, adj. V. *anídrico.*
Anidrose, s. f. *Med.* Interrupção ou diminuição anormal da secreção de suor.
Anielado, adj. Esmaltado com nielo.
Anielagem, s. f. Ato ou efeito de anielar.
Anielar, v. Tr. dir. Esmaltar com nielo; nigelar.
Anil, s. m. (ár. *annil*). 1. Substância que tinge de azul, extraída da anileira e de algumas plantas leguminosas; índigo. 2. Certo tom da cor azul. Adj. m. e f. Azul.
Anilar, v. 1. Tr. dir. Dar cor de anil a. 2. Tr. dir. Tingir de azul escuro. 3. Pron. Tomar a cor de anil.
Anileira, s. f. *Bot.* Cada uma de várias plantas do gênero *Indigofera* que fornecem anil.
Anilho, s. m. Pequena argola para enfiar cordões ou para guarnecer ilhós.
Anilina, s. f. Nome genérico dado, no comércio, a numerosas substâncias corantes, que são aminas derivadas do benzeno.
Animação, s. f. 1. Ato ou efeito de animar(-se). 2. Alegria, entusiasmo. 3. Movimento. 4. Calor, vivacidade.
Animador, adj. Que anima, ou estimula. S. m. 1. Aquele que anima ou estimula. 2. Indivíduo que, em rádio ou televisão, organiza e dirige programas.
Animadversão, s. f. 1. Repreensão. 2. Aversão, ódio.
Animal, adj. m. e f. Relativo a, próprio de, ou derivado de animais. S. m. Ser vivo, não integrante do reino vegetal. Col., em geral: *piara;* todos, de uma região: *fauna;* de carga, de montaria: *récua;* de raça, para reprodução: *plantel;* ferozes: *alcatéia* (lobos, panteras, hienas); criados para uso doméstico e/ou industrial: *gado.* Aum.: *animalaço, animalão.*
Animalaço, s. m. 1. Animal grande. 2. Indivíduo muito estúpido.
Animalada, s. f. Grande quantidade de animais cavalares.
Animalão, s. m. Animalaço.
Animálculo, s. m. Animal microscópico.
Animalejo *(ê)*, s. m. 1. Animal pequeno. 2. Pessoa estúpida.
Animalesco *(ê)*, adj. 1. Relativo aos animais. 2. Que participa da qualidade dos animais.
Animália, s. f. 1. Alimária; animal irracional. 2. Fera.

Animalidade, s. f. 1. Caráter do que é animal. 2. Conjunto dos atributos puramente animais.
Animalismo, s. m. Natureza do animal.
Animalista, adj. e s., m. e f. *Bel.-art.* Diz-se do, ou artista que, em suas obras, se destaca pela representação de animais.
Animalização, s. f. Ato ou efeito de animalizar(-se).
Animalizar, v. Tr. dir. e pron. Rebaixar(-se) ao estado de animal; embrutecer(-se).
Animante, adj. m. e f. Que anima, animador.
Animar, v. (l. *animare*). 1. Tr. dir. Dar alma ou vida a. 2. Tr. dir. e tr. ind. Dar ânimo, coragem ou valor a. 3. Tr. dir. Dar animação, vivacidade; incentivar. 4. Pron. Atrever-se, decidir-se.
Animável, adj. m. e f. Que se pode animar.
Anímico, adj. Relativo à alma; psíquico.
Animismo, s. m. Sistema que atribui alma a todas as coisas e fenômenos naturais, capazes de agir conforme uma finalidade.
Animista, adj. m. e f. Relativo ao animismo. S. m. e f. Pessoa partidária do animismo.
Ânimo, s. m. 1. Alma, espírito, mente. 2. Gênio, índole. 3. Coragem, valor. 4. Desejo, intenção.
Animosidade, s. f. Aversão persistente; malquerença.
Animoso, adj. Cheio de ânimo; corajoso.
Aninar, v. Tr. dir. *Fam.* Acalentar, embalar.
Aninga, s. f. *Bot.* Planta arácea, também chamada *aningaíba (Philodendron speciosum).*
Aningaçu, s. f. *Bot.* V. *aningaíba.*
Aningaíba, s. f. *Bot.* Planta arácea do Brasil *(Montrichardia arborescens),* também chamada *aningaçu.*
Aningal, s. m. Lugar coberto de aningas.
Aninhar, v. 1. Tr. dir. e pron. Abrigar(-se), colocar(-se) ou recolher(-se) em ninho. 2. Tr. dir. e pron. Esconder(-se), recolher(-se). 3. Intr. Estar em ninho.
Aníon, s. m. *Fís.* Átomo de carga elétrica negativa que, na passagem da corrente elétrica, no soluto, vai para o pólo positivo. Var.: *anionte.*
Anionte, s. m. V. *aníon.*
Aniquilação, s. f. Aniquilamento.
Aniquilamento, s. m. Ato ou efeito de aniquilar(-se).
Aniquilar, v. (l. med. *annichilare,* l. *annihilare*). Tr. dir. e pron. Reduzir(-se) a nada; destruir(-se), nulificar(-se).
Aniria, s. f. V. *aniridia.*
Aniridia, s. f. *Med.* Ausência congênita da íris.
Anis, s. m. (fr. *anis,* de origem grega). 1. *Bot.* Erva umbelífera *(Pimpinela anisum),* cultivada por suas sementes aromáticas; erva-doce. 2. Semente dessa planta. Pl.: *anises.*
Anisanto, adj. *Bot.* Que tem flores desiguais.
Anisar, v. Tr. dir. 1. Preparar com anis. 2. Dar sabor de anis a.
Anisete *(ê)*, s. m. Licor de anis.
aniso-, elem. de comp. (gr. *anisos*). Exprime a idéia de *desigual: anisocéfalo.*
Anisocéfalo, adj. *Bot.* Cujas flores formam capítulos desiguais.
Anisocoria, s. f. *Med.* Desigualdade de diâmetro das pupilas.
Anisofilia, s. f. *Bot.* Presença de duas espécies de folhas na mesma planta.
Anisogamia, s. f. *Biol.* Diferença no aspecto entre o gameta masculino e o gameta feminino, na mesma espécie.
Anisomelia, s. f. Desigualdade entre membros normalmente iguais.
Anisopia, s. f. *Med.* Desigualdade da acuidade visual nos dois olhos.
Anistia, s. f. 1. *Dir.* Ato pelo qual se extinguem as conseqüências de um fato punível e, em resultado, qualquer processo sobre ele. 2. Perdão geral.
Anistiado, adj. (p. de *anistiar*). Beneficiado por anistia.
Anistiar, v. Tr. dir. 1. Conceder anistia a. 2. Desculpar, perdoar.
Anistórico, adj. *(an + histórico).* Contrário à História.
Anisúria, s. f. *Med.* Alteração em que há desigualdade nos intervalos da emissão da urina.
Aniversariante, adj. e s., m. e f. Que, ou pessoa que faz anos.
Aniversariar, v. Intr. Fazer anos.
Aniversário, adj. Diz-se do dia que evoca a lembrança de um fato ocorrido em igual dia, um ou vários anos antes. S. m. O dia aniversário de um acontecimento.
Anixo, s. m. *Náut.* Gancho de ferro, em forma de S, preso a um cabo.
Anjinho, s. m. 1. Criancinha viva ou morta. 2. *Pej.* Inocente.
Anjo, s. m. (l. *angelu*). 1. *Teol.* Ente puramente espiritual, dotado de personalidade própria, que exerce o ofício de mensageiro entre Deus e os homens. Col.: *chusma, coro, falange, legião, teoria.* 2. Criança que se veste de anjo para uma procissão. 3. Pessoa muito virtuosa. 4. Pessoa muito formosa. 5. Criança sossegada.
Ano[1], s. m. (l. *annu*). 1. Espaço de tempo correspondente à revolução da Terra em torno do Sol. 2. Espaço de 12 meses. 3. Período cíclico anual, durante o qual se realiza certa atividade: *Ano* escolar.
-ano[2], suf. vern. (variante erudita de *-ão*). Forma adjetivos que denotam a idéia de *nacionalidade, naturalidade (italiano), seita, partido (luterano, republicano), relativo a, pertencente a (serrano, paroquiano).*
Anodinia, s. f. Ausência de dores.
Anódino, adj. 1. *Farm.* Que mitiga as dores. 2. Inofensivo. 3. Insignificante.
Anódio, s. m. V. *ânodo.*
Ânodo, s. m. *Fís.* Pólo positivo de uma bateria elétrica; aneletródio, eletródio positivo.
Anodonte, adj. m. e f. Que não tem dentes. S. m. *Zool.* Gênero *(Anodonta)* de moluscos bivalves, desprovidos de dentículos na charneira.
Anodontia, s. f. Ausência de todos os dentes. Var.: *anodoncia.*
Anófele, s. m. *Entom.* 1. Gênero *(Anopheles)* de mosquitos caracterizados por palpos delgados; algumas espécies são transmissoras do parasito da malária.
Anoftalmia, s. f. *Med.* Falta congênita de um ou de ambos os olhos.
Anogueirado, adj. Que tem cor de nogueira.
Anogueirar, v. Tr. dir. Dar cor de nogueira a.
Anoitecer, v. 1. Intr. Começar a noite, fazer-se noite. 2. Intr. Achar-se alguém em certo sítio ou situação ao pôr do Sol. 3. Tr. dir. Cobrir de trevas; escurecer, obscurecer. Conjug.: como *amanhecer.* S. m. O cair da noite.
Anojadiço, adj. Que com facilidade se anoja.
Anojado, adj. 1. Que se anojou; enjoado. 2. Triste. 3. Que está de luto; enlutado.
Anojamento, s. m. Ato ou efeito de anojar(-se).
Anojar, v. 1. Tr. dir. Causar nojo a. 2. Tr. dir. Causar tédio a; enfadar. 3. Tr. dir. Causar náusea; nausear. 4. Pron. Aborrecer-se, desgostar-se. 5. Pron. Pôr-se de luto.
Anojo *(ô)*, s. m. Anojamento, enojo, náusea.
Anojoso, adj. Que anoja; nojento.
Anóleno, adj. Sem braços.
Ano-luz, s. m. *Astr.* Unidade astronômica de comprimento: distância percorrida pela luz em um ano. Corresponde aproximadamente a $9{,}463 \times 10^{12}$km.
Anomalia, s. f. Desvio acentuado de um padrão normal; anormalidade, desigualdade, irregularidade, monstruosidade.
Anomalifloro, adj. *Bot.* Que tem flores anômalas.
Anomalípede, adj. m. e f. *Zool.* Que tem patas desiguais.
Anomalístico, adj. *Astr.* Diz-se do tempo que gasta um planeta entre duas passagens consecutivas por um mesmo ponto de sua órbita.
Anômalo, adj. Que apresenta anomalia.
Anomia, s. f. Ausência de lei ou organização.
Anominação, s. f. Alteração de uma palavra para lhe modificar o sentido: *relatório, ralatório.*
anomo-, elem. de comp. (gr. *anomos*). Expressa a idéia de *anômalo, desigual, irregular: anomocéfalo.*
Anomocarpo, adj. *Bot.* Que tem frutos irregulares.
Anomocéfalo, adj. Que tem cabeça irregular.
Anonáceas, s. f. pl. *Bot.* Família *(Anonaceae)* da ordem das Ranales, que compreende plantas tipificadas, entre nós, pela fruta-do-conde.

Anonadar, v. Tr. dir. Reduzir a nada.
Anonário, adj. Que se refere a mantimentos.
Anônfalo, adj. Sem umbigo.
Anonimato, s. m. 1. Qualidade de anônimo. 2. Sistema de escrever sem assinar.
Anonímia, s. f. Qualidade do que é anônimo.
Anônimo, adj. Sem nome ou assinatura do autor. S. m. Pessoa que oculta seu nome.
Anoniquia, s. f. Falta congênita de unhas.
Anoque, s. m. 1. Lugar para curtimento de couros. 2. Aparelho, constituído de um couro em forma de saco, para o fabrico de decoada.
Anorexia *(cs)*, s. f. *Med.* Falta de apetite; inapetência.
Anorgânico, adj. V. *inorgânico.*
Anormal, adj. m. e f. 1. Que faz exceção à regra comum; anômalo, irregular. 2. Diz-se da pessoa cujo desenvolvimento físico, ou intelectual, ou social é defeituoso. S. m. e f. 1. Aquilo que não é normal. 2. Pessoa que não é normal.
Anormalidade, s. f. 1. Qualidade do que é anormal. 2. Fato ou situação anormal.
Anorquia, s. f. *Terat.* Ausência congênita dos testículos.
Anorrinco, adj. *Zool.* Desprovido de focinho ou bico.
Anortita, s. f. *Miner.* Silicato de alumínio e cálcio, espécie de feldspato de cristalização oblíqua; feldspato cálcico.
Anoruegado, adj. Diz-se das encostas frias ou sombrias.
Anosidade, s. f. Qualidade ou condição de anoso.
Anosmia, s. f. *Med.* Perda ou diminuição do olfato.
Anoso *(ô)*, adj. (1. *annosu*). Cheio de anos; idoso.
Anosteozoário, adj. *Zool.* Diz-se do animal que não tem osso. S. m. Esse animal.
Anotação, s. f. 1. Ato ou efeito de anotar. 2. Apontamento escrito.
Anotar, v. (1. *annotare*). Tr. dir. 1. Fazer anotações a, pôr notas a. 2. Tomar nota de.
Anovelado, adj. Enovelado.
Anovelar, v. Tr. dir. Enovelar.
Anquilosar, v. V. *ancilosar.*
Anquilose, s. f. V. *ancilose.*
Anquinhas, s. f. pl. Armação de arame que as mulheres usavam para altear os quadris e estufar as saias.
Ansa, s. f. (1. *ansa*). 1. Asa. 2. Pretexto, motivo.
Anseio, s. m. 1. Ato de padecer ânsias. 2. Desejo veemente. 3. Ambição.
Anseriforme, adj. m. e f. Que tem a forma de um ganso. S. m. pl. *Ornit.* Ordem *(Anseriformes)* de aves aquáticas, com pernas curtas e dedos reunidos por uma membrana, como os marrecos, patos, gansos e cisnes.
Anserino, adj. Relativo ao pato ou ao ganso.
Ânsia, s. f. (1. *anxia*). 1. Agonia, estertor: *Ânsias* da morte. 2. Aflição, angústia. 3. Ansiedade. S. f. pl. Náuseas.
Ansiar, v. (1. *anxiare*). 1. Tr. dir. Causar ânsia ou ansiedade; angustiar. 2. Tr. dir. e tr. ind. Desejar com ânsia; anelar. 3. Intr. e pron. Ter ânsias. Conjuga-se por *odiar.*
Ansiedade, s. f. (1. *anxietate*). 1. Ânsia. 2. *Psicol.* Estado emotivo caracterizado por um sentimento de insegurança.
Ansiforme, adj. m. e f. Aliforme.
Ansioso, adj. 1. Que tem ânsias. 2. Cheio de ansiedade; aflito.
Anspeçada, s. m. Antiga graduação militar, acima do soldado e abaixo do cabo de esquadra.
Anta, s. f. (ár. *lamta*). 1. *Zool.* Ungulado da ordem dos Perissodátilos, da família dos Tapirídeos *(Tapirus terrestris)*, um dos maiores animais da fauna brasileira; tapir. Voz: *assobia.* 2. Dólmen.
Antagônico, adj. Contrário, oposto.
Antagonismo, s. m. 1. Estado de oposição, velada ou declarada, entre duas pessoas, duas nações ou duas idéias. 2. Rivalidade, hostilidade.
Antagonista, adj. e s., m. e f. Que, ou o que é oposto ou contrário a alguém ou alguma coisa.
Antalgia, s. f. *Med.* Ausência de dor.
Antálgico, adj. *Med.* Próprio para acalmar a dor.
Antanáclase, s. f. *Ret.* Emprego de palavras fonicamente semelhantes, mas diferentes ou opostas no sentido. Ex.: *Omar amara o mar e Mara amara Omar.*
Antanagoge, s. f. *Ret.* Réplica que consiste em voltar contra o acusador os argumentos que lhe serviram à acusação.
Antanho, adv. 1. No ano passado. 2. Antigamente.
Antarquismo, s. m. Oposição sistemática a todos os governos.
Antarquista, adj. e s., m. e f. Sequaz do antarquismo.
Antártico, adj. Do pólo sul. Antôn.: *ártico.*
Ante[1], prep. (1. *ante*). Diante de, na presença de.
ante-[2], pref. (1. *ante*). Exprime anterioridade, no espaço e no tempo: *antebraço, antevéspera.*
Anteâmbulo, s. m. Preâmbulo.
Anteato, s. m. Curta representação teatral, encenada antes da peça principal.
Anteaurora, s. f. O despontar da alva.
Antebraço, s. m. *Anat.* Parte do braço entre o cotovelo e o pulso.
Antebraquial, adj. m. e f. Relativo ao antebraço.
Antecâmara, s. f. 1. Vestíbulo anterior à câmara. 2. Ante-sala.
Antecanto, s. m. Estribilho que se repete no princípio de cada estrofe.
Antecedência, s. f. 1. Ato ou efeito de anteceder. 2. Precedência.
Antecedente, adj. m. e f. Que antecede. S. m. 1. Coisa que precede outra, no tempo. 2. Fato anterior que determina outro posterior. 3. *Gram.* Primeiro de dois termos que estão em correlação. 4. *Lóg.* Primeira proposição de um silogismo reduzido a duas proposições. Antôn.: *conseqüente.* S. m. pl. Atos e fatos anteriores de uma pessoa que permitem julgar sua conduta presente.
Anteceder, v. (1. *antecedere*). 1. Tr. dir. e tr. ind. Vir antes ou na frente de. 2. Tr. dir. Avantajar, exceder, ser superior a.
Antecessor, s. m. O que antecede; predecessor.
Antecipação, s. f. Ato ou efeito de antecipar(-se).
Antecipar, v. (1. *anticipare*). 1. Tr. dir. Realizar antes do tempo previsto ou oportuno. 2. Pron. Agir ou proceder com antecipação; adiantar-se. 3. Tr. dir. e pron. Chegar antes; anteceder(-se). 4. Tr. dir. Prever, prognosticar.
Antecoro *(ô)*, s. m. Espaço, numa igreja, entre a grade do coro e o altar-mor.
Antedata, s. f. Data anterior que se apõe num documento para fazer supor que foi feito nessa data.
Antedatar, v. Tr. dir. Pôr antedata em.
Antediluviano, adj. 1. Anterior ao dilúvio. 2. Muito antigo.
Antedizer, v. Tr. dir. Predizer, prognosticar, vaticinar.
Anteface, s. f. 1. Véu para o rosto. 2. Máscara.
Antefirma, s. f. Palavras de cortesia que se escrevem antes da assinatura de uma carta ou ofício.
Antefixo, s. m. *Arquit.* Baixo-relevo (grifos, folhagens etc.) colocado nos frisos do edifício ou nos telhados.
Antegostar, v. Tr. dir. Antegozar.
Antegosto *(ô)*, s. m. Antegozo.
Antegozar, v. Tr. dir. Gozar antecipadamente; prelibar.
Antegozo *(ô)*, s. m. Gozo antecipado.
Anteguarda, s. f. Vanguarda.
Ante-histórico, adj. Pré-histórico.
Anteiro, s. m. Cão amestrado para caça de antas.
Antélice, s. f. *Anat.* Circunvolução do pavilhão da orelha, situada adiante e para dentro da hélice.
Antélio, s. m. *Astr.* Imagem difusa do Sol, por efeito de reflexão, no ponto do horizonte oposto ao daquele astro.
Antelmíntico, adj. V. *anti-helmíntico.*
Antelóquio, s. m. Prefácio, prólogo, prolóquio.
Antelucano, adj. Feito antes da luz do dia.
Antemanhã, adv. Pouco antes do romper do dia. S. f. O alvorecer; alvorada.
Antemão, adv. Antecipadamente, preliminarmente. Hodiernamente só se usa na loc. adv. *de antemão.*
Antemeridiano, adj. Que acontece ou se faz antes do meio-dia. Antôn.: *pós-meridiano.*
Antemurado, adj. Fortalecido com antemuros.
Antemural, adj. m. e f. Relativo a antemuro. S. m. Antemuro.
Antemurar, v. Tr. dir. Prover de antemuro.

Antemuro, s. m. Conjunto de obras exteriores de reforço das muralhas.

Antena, s. f. 1. *Entom.* Cada um dos apêndices cefálicos dos artrópodes, os quais servem de órgãos olfativos, táteis e, talvez, auditivos. 2. *Radiotécn.* Dispositivo de condutores metálicos ligados a um aparelho emissor ou receptor.

Antenado, adj. Provido de antenas.

Antenome, s. m. 1. Prenome. 2. Título indicativo de profissão ou qualidade: *barão, coronel, doutor* etc.

Antênula, s. f. 1. Antena muito curta. 2. *Zool.* O primeiro par de apêndices dos crustáceos.

Antenupcial, adj. m. e f. Que antecede as núpcias.

Anteocupação, s. f. 1. Ato ou efeito de anteocupar. 2. Figura que consiste em prever uma objeção do adversário e refutá-la de antemão.

Anteocupar, v. Tr. dir. Ocupar antecipadamente.

Anteolhos, s. m. V. *antolhos.*

Anteontem, adv. No dia anterior ao de ontem.

Antepagar, v. Tr. dir. Pagar antecipadamente.

Antepara, s. f. *Náut.* Tabique de separação dos compartimentos.

Anteparar, v. 1. Tr. dir. Pôr anteparo em. 2. Tr. dir. e pron. Defender(-se), resguardar(-se). 3. Intr. e pron. Deter-se um pouco; entreparar.

Anteparo, s. m. 1. Ato de anteparar. 2. Peça que se põe diante de alguma coisa ou de alguém, para resguardar.

Antepassado, adj. 1. Que passou ou aconteceu antes. 2. Que viveu antes. S. m. Pessoa que viveu antes de outra. S. m. pl. Ancestrais, ascendentes, avós.

Antepeitoral, adj. m. e f. *Anat.* Situado na parte anterior do peito.

Antepenúltimo, adj. Que antecede o penúltimo.

Antepor, v. Tr. dir. e pron. 1. Colocar(-se) antes de. 2. Contrapor(-se), opor(-se).

Anteporto, s. m. Lugar de abrigo à entrada de alguns portos.

Anteposição, s. f. 1. Ato ou efeito de antepor(-se). 2. Precedência.

Antepositivo, adj. *Gram.* Que se antepõe.

Anteprojeto, s. m. Estudo preparatório de um projeto.

Antera, s. f. *Bot.* Parte dos estames onde estão os sacos polínicos.

Anteral, adj. m. e f. *Bot.* Relativo à antera.

Antérico, adj. V. *anteral.*

Anterídio, s. m. *Bot.* Nas plantas criptogâmicas (algas, musgos, fetos), órgão que contém os gametas masculinos.

Anterior, adj. m. e f. 1. Situado na frente. 2. Que sucedeu antes. Antôn.: *posterior.*

Anterioridade, s. f. Qualidade do que é anterior.

antero-, elem. de comp. (gr. *antheros*). Indica a idéia de *flor, antera: anterofilia.*

ântero-, elem. de comp. Forma abreviada do adjetivo *anterior,* quando primeiro elemento de um composto, como em *ântero-superior,* em vez de *anterior-superior.* Com hífen antes de vogal ou *s.*

Anterofilia, s. f. *Bot.* Transformação das anteras em folhas.

Ântero-inferior, adj. m. e f. Referente à parte anterior e inferior. Pl.: *ântero-inferiores.*

Anterolateral, adj. m. e f. Situado na parte lateral anterior.

Ante-rosto, s. m. Folha que antecede ao rosto de um livro e que, geralmente, contém apenas o título da obra. Pl.: *ante-rostos.*

Ântero-superior, adj. m. e f. Referente à parte anterior e superior. Pl.: *ântero-superiores.*

Anterozóide, s. m. *Bot.* Espermatozóide dos vegetais.

Antes, adv. (1. *ante*). 1. Em tempo anterior. 2. Em lugar anterior. 3. De preferência. 4. Em realidade, realmente. Adj. Contado de então para trás (diz-se de tempo): Dois anos *antes.*

Ante-sala, s. f. Aposento que antecede uma sala, da qual é dependência. Pl.: *ante-salas.*

Antese, s. f. *Bot.* O desabrochar da flor.

Antetempo, adv. Antes do tempo próprio; prematuramente.

Antever, v. Tr. dir. Ver antes; prever.

Antevéspera, s. f. Dia precedente à véspera.

Antevisão, s. f. Ato ou efeito de antever.

anti-, pref. (gr. *anti*). Exprime a idéia de *oposição, direção oposta, contrariedade* e corresponde a *contra: antiaristocrata.*

Antiabortivo, adj. *Med.* Que evita o aborto.

Antiácido, adj. *Quím.* Que atua sobre os ácidos, neutralizando-lhes a ação.

Antiaéreo, adj. *Mil.* Que se opõe à ação dos aviões e engenhos aéreos.

Antiafrodisíaco, adj. Anafrodisíaco.

Antialcoólico, adj. e s. m. Que, ou substância que anula ou modifica a ação do álcool.

Antialérgico, adj. e s. m. *Med.* Que, ou droga que combate a alergia.

Antiaristocrata, s. m. e f. Pessoa contrária à aristocracia.

Antiartrítico, adj. *Med.* Que combate o artritismo.

Antiasmático, adj. e s. m. *Med.* Que, ou remédio que alivia os espasmos da asma.

Antibáquio, adj. (1. *antibacchiu*). *Metrif.* Diz-se do pé de verso latino, formado de uma sílaba breve e duas longas.

Antibiótico, adj. *Med.* e *Farm.* Diz-se de substância capaz de inibir o crescimento das bactérias.

Antibotrópico, adj. *Med.* Diz-se do soro que neutraliza os efeitos do veneno das cobras do gênero *Botrops.*

Antibrasileiro, adj. Contrário ao que é brasileiro.

Anticéptico, adj. Que se opõe ao cepticismo.

Anticiclone, s. m. *Meteor.* Massa de ar sob alta pressão atmosférica e ventos divergentes.

Anticívico, adj. Contrário ao civismo ou aos deveres de cidadão.

Anticlinal, s. f. *Geol.* Dobra cuja convexidade se dirige para cima e os flancos para baixo.

Anticomercial, adj. m. e f. Contrário aos interesses ou aos usos do comércio.

Anticoncepcional, adj. m. e f. Diz-se de métodos e processos que impedem a concepção dos filhos.

Anticonstitucional, adj. m. e f. *Dir.* Contrário à constituição política de um país.

Anticorpo *(ô),* s. m. *Biol.* Substância específica, com os caracteres da gamaglobulina, produzida pelo organismo, para defesa contra substâncias estranhas capazes de produzir moléstias.

Anticrepúsculo, s. m. Claridade no lado oposto ao do crepúsculo real.

Anticrese, s. f. *Dir.* Consignação ao credor das rendas de um imóvel, como compensação de dívida, ou à conta de juros.

Anticristão, adj. Que é contra os cristãos ou as idéias cristãs.

Anticristo, s. m. Personagem que, segundo certos passos do Novo Testamento (I João 2, 18 etc.), virá, antes do fim do mundo, tentando alcançar a vitória contra o Reino de Deus.

Antidemocrata, adj. m. e f. Contrário à democracia.

Antidiftérico, adj. *Med.* Eficaz contra a difteria.

Antidivorcista, adj. e s., m. e f. Que, ou pessoa que é contrária ao divórcio.

Antidogmático, adj. Contrário aos dogmas.

Antídoto, s. m. *Med.* Medicamento empregado com o fim de inativar a ação de um veneno.

Antidramático, adj. Que contraria as regras a que obedece o gênero dramático.

Antiestético, adj. Em que não há bom gosto; oposto ao estético.

Antietimológico, adj. Contrário à etimologia.

Antifebril, adj. m. e f. Febrífugo.

Antiflatulento, adj. *Med.* Próprio para combater a flatulência; carminativo.

Antiflogístico, adj. e s. m. *Med.* Que, ou o que combate as flogoses ou inflamações.

Antífona, s. f. Versículo que se diz ou entoa no princípio de um salmo ou canto religioso.

Antifonário, s. m. Livro de antífonas.

Antifonia, s. f. *Lóg.* Contradição.

Antífrase, s. f. *Ret.* Emprego de uma frase ou locução em sentido oposto ao usual.

Antígeno, s. m. *Med.* Substância orgânica nociva, de natureza protéica, que, inoculada no organismo, é capaz de desenvolver a formação de um antagonista específico de defesa, o anticorpo.

Antigo, adj. (l. *antiquu*). 1. Que existiu outrora. 2. Que existe há longo tempo; velho.

Antiguidade, s. f. 1. Qualidade de antigo. 2. Tempos muito antigos.

Anti-helmíntico, adj. *Farm.* Vermífugo.

Anti-higiênico, adj. Contrário à higiene.

Anti-hipnótico, adj. Que atua contra a hipnose.

Anti-humano, adj. V. *desumano.*

Antilhano, adj. Relativo às Antilhas.

Antilogia, s. m. Contradição entre duas idéias de um mesmo autor.

Antílope, s. m. *Zool.* Gênero (*Antilope*) de ruminantes do Velho Mundo, de chifres não caducos, ocos.

Antimatéria, s. f. *Fís.* Matéria hipotética que constaria de antipartículas da matéria ordinária, antiprótons em vez de prótons, positrons em vez de elétrons e antinêutrons em vez de nêutrons.

Antimetábole, s. f. *Ret.* Oposição de pensamentos, expressa com inversão dos termos da frase anterior, como *deve-se comer para viver, e não, viver para comer.*

Antimicrobiano, adj. Que extermina micróbios.

Antimilitarismo, s. m. 1. Sistema político ou corrente de opinião que se opõe ao militarismo. 2. Sentimento hostil à guerra.

Antimíssil, adj. m. e f. Destinado ou usado para interceptar ou destruir mísseis em vôo.

Antimonarquismo, s. m. Sistema, opinião ou sentimento contrário ao governo monárquico.

Antimoniato, s. m. *Quím.* Qualquer sal que contém antimônio pentavalente e oxigênio no anion.

Antimônio, s. m. *Quím.* Elemento simples, sólido, de símbolo Sb, número atômico 51 e massa atômica 121,76.

Antimonioso, adj. *Quím.* Diz-se especialmente dos compostos nos quais o antimônio é trivalente.

Antimoral, adj. m. e f. Contrário à moral.

Antinatural, adj. m. e f. Contrário às leis da natureza.

Antinefrítico, adj. e s. m. *Med.* Diz-se do, ou o medicamento aplicável contra a nefrite.

Antinêutron, s. m. *Fís.* Antipartícula do nêutron.

Antinomia, s. f. 1. Contradição entre duas leis ou princípios. 2. Oposição recíproca.

Antinomismo, s. m. Teoria luterana que ensina, em nome da supremacia da graça, a indiferença para com a lei.

Antinupcial, adj. m. e f. Infenso ao casamento.

Antiofídico, adj. *Farm.* Eficaz contra o veneno de cobras.

Antipapa, s. m. Aquele que disputa o sólio pontifício a papa eleito canonicamente.

Antipapado, s. m. Duração do governo do antipapa.

Antipapismo, s. m. Opinião dos que não reconhecem a autoridade do verdadeiro papa.

Antiparalelas, adj. f. pl. *Mat.* Diz-se de duas transversais não paralelas que formam com a reta ângulos internos do mesmo lado iguais.

Antipartícula, s. f. *Fís.* Partícula elementar que pode ocorrer durante conversões de energia muito grandes, junto com uma partícula ordinária, de massa idêntica à desta, porém de carga oposta.

Antipatia, s. f. Sentimento instintivo de aversão a alguém ou a alguma coisa. Antôn.: *simpatia.*

Antipático, adj. Que inspira antipatia. Antôn.: *simpático.*

Antipatizar, v. Tr. ind. Ter ou sentir antipatia. Antôn.: *simpatizar.*

Antipatriota, adj. e s., m. e f. Que, ou quem é contra a pátria.

Antipatriótico, adj. Contrário aos interesses da pátria.

Antipedagógico, adj. Contrário às normas da pedagogia.

Antiperistáltico, adj. *Med.* Diz-se das contrações esofagianas que se processam em sentido contrário ao normal e provocam vômitos.

Antipestoso, adj. *Med.* Que combate a peste.

Antipirético, adj. *Farm.* Que combate a febre; febrífugo.

Antipirina, s. f. *Farm.* Medicamento usado como antipirético e analgésico.

Antipleurítico, adj. *Med.* Aplicável contra a pleurite.

Antípoda, adj. m. e f. Oposto, contrário. S. m. 1. Indivíduo que habita, no globo terrestre, lugar diametralmente oposto a outro. 2. O contrário, o oposto.

Antipodal, adj. m. e f. V. *antipódico.*

Antipódico, adj. Relativo aos antípodas.

Antipodismo, s. m. Qualidade de antípoda.

Antipróton, s. m. *Fís.* Partícula de massa igual à de um próton, mas de carga elétrica oposta.

Antipsórico, adj. *Med.* Aplicável contra a sarna.

Antiptose, s. f. *Gram.* Figura que consiste no emprego de um caso por outro.

Antipútrido, adj. Que impede a putrefação.

Antiquado, adj. Tornado antigo; desusado, obsoleto.

Antiqualha, s. f. Coisa velha.

Antiquário, s. m. Conhecedor, colecionador ou negociante de coisas antigas.

Antiqüíssimo, adj. Sup. abs. sint. de *antigo.* Muito antigo.

Anti-rábico, adj. *Med.* Eficaz contra a hidrofobia ou raiva.

Anti-revisionismo, s. m. Corrente de opinião contrária ao revisionismo.

Anti-sátira, s. f. Sátira em resposta a outra sátira.

Antíscios, s. m. pl. *Geogr.* Pessoas que habitam no mesmo meridiano, em hemisférios diferentes e a igual distância do equador; antecos.

Anti-semita, adj. e s., m. e f. Inimigo dos semitas, e particularmente dos judeus.

Anti-sepsia, s. f. *Med.* Conjunto das medidas destinadas a eliminar germes e vírus, porventura existentes em organismos vivos ou objetos de cirurgia, a fim de prevenir infecções.

Anti-séptico, adj. e s. m. Diz-se dos, ou os agentes apropriados para a destruição de germes patogênicos.

Anti-social, adj. m. e f. Contrário à sociedade.

Antíspase, s. f. *Med.* Revulsão.

Antístite, s. m. 1. Grande sacerdote. 2. Pontífice, bispo, prelado.

Antístrofe, s. f. 1. Segunda parte da ode antiga. 2. *Ret.* Inversão da ordem natural das palavras correlatas.

Anti-submarino, adj. *Mil.* Destinado para combater e destruir submarinos.

Antitanque, adj. m. e f. *Mil.* Destinado para combater e destruir tanques.

Antitênar, s. m. *Anat.* Eminência desde o pulso ao dedo mínimo. Pl.: *antitênares.*

Antítese, s. f. 1. *Ret.* Figura pela qual se opõem duas palavras ou idéias. 2. Contraste, oposição.

Antitetânico, adj. *Med.* Que combate o tétano.

Antitético, adj. Que apresenta antítese.

Antítipo, s. m. Figura que representa outra.

Antitóxico *(cs)*, adj. *Med.* Que neutraliza um tóxico.

Antitoxina *(cs)*, s. f. *Med.* Anticorpo que se forma no organismo, capaz de neutralizar a ação de uma toxina.

Antítrago, s. m. *Anat.* Eminência ântero-inferior ao trago no pavilhão da orelha.

Antitrinitário, adj. e s. m. Contrário ao dogma da Trindade.

Antivariólico, adj. *Farm.* Aplicável contra a varíola.

Antivenéreo, adj. *Farm.* Que previne ou combate moléstia venérea.

Antizímico, adj. Que se opõe à ação dos fermentos.

-anto-, elem. de comp. (gr. *anthos*). Exprime a idéia de *flor: antófilo, perianto.*

Antocianina, s. f. Pigmento que dá a coloração azul, vermelha ou violácea às flores, folhas e frutos vegetais.

Antófago, adj. Que se nutre de flores.

Antófilo, adj. *Entom.* Diz-se dos insetos polinizadores que visitam as flores em busca de alimento.

Antóforo, s. m. *Bot.* Receptáculo sustentador das anteras e do estigma, nas orquidáceas.

Antografia, s. f. 1. *Bot.* Descrição das flores. 2. Linguagem das flores.
Antojadiço, adj. Cheio de caprichos; caprichoso.
Antojar[1], v. (*antojo[1]* + *ar*). Tr. ind. 1. Figurar, representar. 2. Apetecer.
Antojar[2], v. (*antojo[2]* + *ar*). Tr. dir. Causar tédio a; aborrecer.
Antojo[1] *(ô)*, s. m. (cast. *antojo*). 1. Ato de pôr diante dos olhos. 2. Aparência enganosa. 3. Apetite desarrazoado. Pl.: *antojos (ó).*
Antojo[2] *(ô)*, s. m. (corr. de *entejo*). 1. Repugnância. 2. Tédio. Pl.: *antojos (ô).*
Antolhar, v. Tr. dir. e pron. Deparar(-se).
Antolhos *(ó)*, s. m. pl. 1. Peças, comumente de couro, aplicadas à cabeçada de um animal, que o obrigam a olhar só para a frente. 2. Estreiteza de visão e de espírito.
Antologia, s. f. 1. *Bot.* Tratado das flores. 2. *Lit.* Coleção de trechos, em prosa e/ou em verso; seleta.
Antologista, s. m. e f. Organizador de antologia.
Antomania, s. f. Paixão por flores.
Antomiídeo, adj. *Entom.* Relativo aos Antomiídeos. S. m. pl. Família (*Anthomiidae*) de moscas com o aspecto geral muito parecido ao da mosca doméstica.
Antonímia, s. f. Caráter das palavras antônimas.
Antônimo, adj. Diz-se das palavras de significação oposta. S. m. Palavra antônima. Antôn.: *sinônimo.*
Antonino, adj. Relativo a Santo Antônio.
Antonomásia, s. f. *Ret.* Figura que consiste em substituir o nome próprio por um nome comum ou vice-versa.
Antorismo, s. m. *Ret.* Substituição de uma palavra por outra que se tem por mais enérgica ou mais precisa.
Antotaxia *(cs)*, s. f. *Bot.* Disposição das flores na haste.
Antozoário, adj. *Zool.* Relativo aos Antozoários. S. m. pl. Classe (*Anthozoa*) de celenterados marinhos, com septos radiais que se projetam da parede do corpo para dentro da cavidade gastrovascular.
Antracífero, adj. *Geol.* Que contém antracite.
Antracite, s. f. *Geol.* Carvão mineral, com mais de 90% de carbono; tem grande poder calorífico. Var.: *antracito.*
Antracitoso, adj. (*antracite* + *oso*). Que contém antracite.
Antracnose, s. f. *Bot.* Doença destrutiva das videiras e de outras plantas, causada por diversas espécies de fungos.
Antraco-, elem. de comp. (gr. *anthrax, akos*). Exprime a idéia de *carvão, carbúnculo: antracóide.*
Antracóide, adj. m. e f. 1. Que se assemelha ao carvão. 2. *Med.* Semelhante ao antraz.
Antracomancia, s. f. Antiga adivinhação pelo exame do carvão incandescente.
Antracose, s. f. *Med.* Pneumoconiose causada pela inalação de pó de carvão.
Antraz, s. m. (gr. *anthrax*). *Vet.* e *Med.* Doença infecciosa, fatal ao gado bovino e a carneiros, causada por um estafilococo (*Bacillus anthracis*), e transmissível ao homem.
Antro[1], s. m. (1. *antru*). 1. Caverna, cova ou gruta natural, escura e profunda, que em geral serve de covil às feras. 2. Casa ou lugar de perdição. 3. *Anat.* Cavidade dentro de um osso; seio.
antro-[2], elem. de comp. (gr. *antron*). Exprime a idéia de *cavidade, gruta: antrocele.*
Antrocele, s. f. *Med.* Acúmulo de líquido no antro maxilar.
Antropagogia, s. f. Ação educativa além da escola e da família; pedagogia social.
-antropo-, elem. de comp. (gr. *anthropos*). Exprime a idéia de *homem: antropófago, misantropo.*
Antropocêntrico, adj. Que considera o homem como o centro do universo e a ele refere todas as coisas.
Antropocentrismo, s. m. *Filos.* Doutrina antropocêntrica.
Antropofagia, s. f. Condição, estado ou ato de antropófago.
Antropófago, adj. e s. m. Que, ou aquele que come carne humana.
Antropofobia, s. f. Horror aos homens; misantropia. Antôn.: *filantropia.*
Antropófobo, adj. e s. m. Que, ou o que detesta os homens; misantropo. Antôn.: *filantropo.*
Antropogênese, s. f. Ciência que estuda a origem e a evolução da raça humana; antropogenia.
Antropogenia, s. f. V. *antropogênese.*
Antropogeografia, s. f. Parte da Geografia que estuda a distribuição do homem e das sociedades humanas, à superfície da Terra.
Antropografia, s. f. Descrição anatômica do corpo humano.
Antropóide, adj. m. e f. Cujo aspecto lembra a figura humana; antropomorfo. S. m. Tipo da série animal que se parece com o homem: o gorila, o chimpanzé, o gibão e o orangotango.
Antropólatra, adj. e s., m. e f. Que, ou quem pratica a antropolatria.
Antropolatria, s. f. Culto do ser humano divinizado.
Antropologia, s. f. Estudo do homem, como unidade bem definida, no quadro do reino animal.
Antropológico, adj. Relativo à antropologia.
Antropologista, s. m. e f. V. *antropólogo.*
Antropólogo, s. m. Especialista em antropologia.
Antropomancia, s. f. Arte de adivinhar pelo exame das vísceras humanas.
Antropomante, s. m. e f. Pessoa que praticava a antropomancia.
Antropometria, s. f. Técnica de mensuração das várias partes do corpo humano e estudo de suas relações.
Antropomorfia, s. f. Qualidade de antropomorfo.
Antropomórfico, adj. Antropomorfo.
Antropomorfismo, s. m. Tendência a atribuir à divindade feições, sentimentos, atos e paixões do homem.
Antropomorfista, adj. e s., m. e f. Que, ou quem adota o antropomorfismo.
Antropomorfo, adj. Que, pela forma, se assemelha ao homem.
Antroponímia, s. f. Estudo dos antropônimos.
Antropônimo, s. m. Nome próprio de pessoa.
Antropopatia, s. f. Atribuição de sentimentos humanos à Divindade, ou a outros seres da natureza.
Antropopiteco, s. m. *Zool.* 1. Gênero (*Anthropopithecus*) de macacos antropóides que inclui os chimpanzés. 2. Animal fóssil intermediário entre os macacos e o homem.
Antropoquímica, s. f. Estudo dos fenômenos químicos da vida, através da análise dos tecidos humanos.
Antropossociologia, s. f. Estudo dos fenômenos sociológicos com base predominantemente antropológica.
Antropossofia, s. f. Estudo da natureza humana sob o ponto de vista moral.
Antropossomatologia, s. f. Estudo da estrutura do corpo humano.
Antropoteísmo, s. m. Deificação da humanidade.
Antropotomia, s. f. Dissecação do cadáver humano; anatomia humana.
Antúrio, s. m. *Bot.* 1. Gênero *(Anthurium)* de ervas ou trepadeiras da família das Aráceas, todas ornamentais. 2. Planta desse gênero.
Anu, s. m. *Ornit.* 1. Nome comum a várias aves da família dos Cuculídeos. 2. Chupim.
Anual, adj. m. e f. (1. *annuale*). 1. Que dura um ano. 2. Que se faz ou que ocorre todos os anos.
Anualidade, s. f. V. *anuidade.*
Anuário, s. m. Publicação anual.
Anuência, s. f. Ato ou efeito de anuir; consentimento.
Anuente, adj. m. e f. Que anui; concorde.
Anuidade *(u-i)*, s. f. 1. Transação que se paga anualmente. 2. Pagamento periódico, geralmente anual, destinado a constituir um capital ou amortizar um débito.
Anuir, v. (1. *annuere*). Tr. ind. Dar anuência a, estar de acordo. Conjug.: como *argüir.* Não admite a forma pronominal *lhe:* Anuíram *a ele* (não *anuíram-lhe*).
Anulabilidade, s. f. Qualidade do que é anulável.
Anulação, s. f. Ato ou efeito de anular(-se); invalidação.
enuiante, adj. m. e f. Que anula; anulativo.
Anular[1], v. *(a + nulo + ar)*. 1. Tr. dir. Tornar nulo; invalidar. 2. Tr. dir. Reduzir a nada; aniquilar. 3. Tr. dir. Destruir o

efeito; resistir a. 4. Pron. Fazer-se nulo, imprestável. 5. Pron. Desfazer-se, destruir-se.

Anular², adj. m. e f. (1. *annulare* por *annularius*). 1. Relativo a anel. 2. Em que se põe anel: Dedo *anular*. 3. Que tem forma de anel. S. m. Quarto dedo da mão.

Anulativo, adj. V. *anulante.*

Anulatório, adj. *Dir.* Que tem força para anular.

Anulável, adj. m. e f. Que se pode anular.

Ânulo, s. m. *Arquit.* Filete colocado debaixo do bocel da cornija do capitel dórico.

Anuloso, adj. Que tem anéis.

Anum, s. m. V. *anu.*

Anunciação, s. f. 1. Ato ou efeito de anunciar. 2. *Teol.* Mensagem do anjo Gabriel à Virgem Maria para lhe anunciar o mistério da Encarnação.

Anunciante, adj. e s., m. e f. Que, ou pessoa que anuncia.

Anunciar, v. (1. *annuntiare*). 1. Tr. dir. Pôr anúncio de; fazer conhecer. 2. Tr. dir. Promover anúncios de (produtos). 3. Tr. dir. Predizer. 4. Tr. dir. Servir de sinal; manifestar. 5. Pron. Prevenir da sua presença.

Anunciativo, adj. 1. Anunciante. 2. Que contém anúncio.

Anúncio, s. m. 1. Aviso pelo qual se dá conhecimento de algo ao público. 2. Previsão. 3. Indício. 4. Mensagem que, por quaisquer meios de comunicação, pretende levar ao conhecimento do público as qualidades de um produto ou serviço.

Anurese, s. f. *Med.* Redução de secreção urinária, que pode chegar à supressão.

Anúria, s. f. *Med.* Parada da secreção renal. Var.: *anuria.*

Anuro, adj. *Zool.* 1. Sem cauda. 2. Relativo aos Anuros. S. m. pl. Ordem *(Anura)* dos anfíbios, constituída por animais que, na idade adulta, não têm cauda (sapos, rãs, pererecas).

Ânus, s. m. *Anat.* Abertura exterior do reto, que dá saída às fezes.

Anuviar, v. (1. *annubilare*). Tr. dir. e pron. Cobrir(-se) de nuvens, nublar(-se); escurecer(-se).

Anverso, s. m. 1. *Numism.* Face de medalha ou moeda em que está a efígie ou emblema. 2. Parte anterior de qualquer objeto que tenha dois lados opostos. Antôn.: *verso, reverso.*

Anzol, s. m. (1. **hamiciolu*). 1. Pequeno gancho, terminado em farpa, a que se prende a isca para pescar. 2. Isca, engodo.

Anzolado, adj. 1. Semelhante ao anzol. 2. Muito magro.

Anzolar, v. Tr. dir. Dar forma ou semelhança de anzol a.

Anzoleiro, s. m. Pessoa que fabrica ou vende anzóis.

Ao, *Gram.* 1. Composição da preposição *a* e do artigo *o*: Dei *ao* pobre. 2. Composição da preposição *a* e do pronome demonstrativo *o*: *Ao* que pedir, darei.

-ão¹, suf. (1. *anu*). *Gram.* Forma popular do sufixo indicativo de origem, procedência, naturalidade ou relação: *alemão, cristão, pagão.*

-ão², suf. (1. *one*). *Gram.* 1. Indica o agente ou um característico do agente em grau elevado: *chorão, brigão.* 2. Terminação característica do grau aumentativo de substantivos e adjetivos vernáculos: *bonitão* (de bonito), *figurão* (de figura).

Aonde, adv. Para onde, para o qual lugar, ao qual lugar.

Aoristo, s. m. *Gram.* Tempo da conjugação grega de valor indeterminado em oposição ao *presente* (durativo) e ao *perfeito* (ação acabada). No indicativo tinha valor de pretérito.

Aorta, s. f. *Anat.* Grande artéria que nasce na base do ventrículo esquerdo do coração. É o tronco comum de todas as artérias que levam o sangue oxigenado a todo o corpo.

Aortectasia, s. f. *Med.* Dilatação da aorta.

Aórtico, adj. *Anat.* Relativo à aorta.

Aortite, s. f. *Med.* Inflamação da aorta.

Aortoclasia, s. f. *Med.* Ruptura da aorta; aortoclastia.

Apá, s. m. *Pop.* Pá, espádua, omoplata da rês.

Apache, adj. m. e f. 1. *Etnol.* Relativo aos Apaches, tribo indígena norte-americana dos peles-vermelhas. 2. Malfeitor, sangüinário.

Apachorrar, v. Pron. Encher-se de pachorra.

Apadrinhador, adj. e s. m. Que, ou o que apadrinha.

Apadrinhamento, s. m. Ato ou efeito de apadrinhar(-se).

Apadrinhar, v. 1. Tr. dir. Servir de padrinho a. 2. Tr. dir. Defender, favorecer, proteger, sustentar. 3. Pron. Pôr-se sob a proteção de. 4. Pron. Abonar-se, autorizar-se.

Apadroar, v. Tr. dir. Ser padroeiro de (conventos, capelas, igrejas ou casas); apadrinhar.

Apagado, adj. 1. Que já não arde, que não tem fogo ou luz; extinto. 2. Embaciado, escurecido, sem brilho. 3. Raspado, riscado, sumido.

Apagador, adj. Que apaga. S. m. Extintor.

Apagamento, s. m. Ato ou efeito de apagar(-se).

Apagar, v. (*a* + 1. *pacare*). 1. Tr. dir. Extinguir (fogo, luz). 2. Pron. Deixar de apresentar fogo ou luz. 3. Tr. dir. Fazer perder o brilho; embaciar. 4. Tr. dir. Desbotar, desvanecer. 5. Tr. dir. Fazer desaparecer o que estava escrito; raspar, rasurar. 6. Pron. Perder o brilho; embaciar-se.

Apagogia, s. f. *Lóg.* Demonstração de uma proposição pelo absurdo da contrária.

Apaí, s. m. O mesmo que *irerê.*

Apainelado, adj. 1. Dividido em painéis. 2. Decorado com painéis.

Apainelamento, s. m. Ato ou efeito de apainelar.

Apainelar, v. Tr. dir. 1. Artesoar ou ornar de painéis. 2. Lavrar em forma de painel. 3. Dividir em painéis.

Apaiolar, v. Tr. dir. 1. Meter em paiol. 2. Guardar como em paiol.

Apaisanado, adj. Que tem aspecto ou modos de paisano.

Apaisanar, v. Tr. dir. Dar modos ou trajes de paisano a.

Apaixonado, adj. 1. Dominado por paixão; enamorado. 2. Que denota paixão. 3. Incapaz de julgamento imparcial por efeito de paixão; parcial.

Apaixonar, v. 1. Tr. dir. Causar, excitar ou inspirar paixão a; despertar amor em. 2. Tr. dir. Arrebatar, entusiasmar, exaltar. 3. Pron. Dedicar-se com ardor ou gosto a alguma coisa. 4. Pron. Encher-se de paixão, afeto, malquerença ou zelo a favor ou contra.

Apaixonável, adj. m. e f. Capaz de apaixonar-se.

Apajear, v. Tr. dir. 1. Servir de pajem a. 2. Adular, lisonjear.

Apalaçado, adj. Que tem aspecto de palácio.

Apalaçar, v. Tr. dir. Dar forma ou grandeza de palácio a.

Apalache, adj. m. e f. *Etnol.* Relativo aos Apalaches, indígenas peles-vermelhas da América do Norte.

Apalacianado, adj. Que tem modos palacianos.

Apalacianar, v. Tr. dir. e pron. Habituar(-se) à vida do paço, tornar(-se) palaciano.

Apaladar, v. Tr. dir. Dar bom sabor ou paladar a.

Apalancar, v. Tr. dir. 1. Fortificar com palancas. 2. Trancar (as portas) com palancas.

Apalavrado, adj. Combinado de viva voz; pactuado.

Apalavrar, v. 1. Tr. dir. Ajustar sob palavra, combinar de viva voz, pactuar. 2. Pron. Empenhar-se, penhorar-se pela palavra.

Apalear, v. (cast. *apalear*). Tr. dir. Bater com pau em.

Apalermado, adj. Com modos ou ar de palerma.

Apalermar, v. Tr. dir. e pron. Tornar(-se) palerma.

Apalmado, adj. *Heráld.* Diz-se do escudo que apresenta uma palma de mão.

Apalpação, s. f. Ato ou efeito de apalpar(-se).

Apalpadeira, s. f. Funcionária que, nos postos fiscais e nas estações de embarque e desembarque de passageiros, verifica se pessoas de seu sexo conduzem contrabando ou armas.

Apalpadela, s. f. Ato de apalpar uma vez.

Apalpamento, s. m. Apalpação.

Apalpar, v. 1. Tr. dir. Tocar com a mão para conhecer pelo tato; tatear. 2. Tr. dir. Examinar, experimentar. 3. Tr. dir. Sondar a capacidade, a opinião, o ânimo de. 4. Pron. Tocar-se com a mão para procurar, ou examinar alguma coisa em si mesmo.

Apanágio, s. m. (fr. *apanage*). Propriedade característica; atributo.

Apanha, s. f. 1. Ato ou efeito de apanhar. 2. Colheita.

Apanhação, s. f. V. *apanha.*

Apanhadeira, s. f. 1. Trabalhadora em colheita de frutas. 2. Pá de apanhar o lixo, juntado com a vassoura.

Apanhadiço, adj. Fácil de ser apanhado.

Apanhado, adj. Colhido, recolhido com a mão. S. m. 1. O que se apanhou. 2. Resumo, síntese.

Apanhadura, s. f. V. *apanha.*

Apanhamento, s. m. V. *apanha.*

Apanha-moscas, s. m., sing. e pl. Qualquer engenho (vasilha de vidro, campânula de tela de arame, ou papel recoberto com substância viscosa) que serve para apanhar moscas. S. f., sing. e pl. *Bot.* Planta droserácea (*Dionea muscipula*), que fecha as folhas quando algum inseto pousa sobre ela, digerindo-o.

Apanhar, v. (cast. *apañar*). 1. Tr. dir. Colher, recolher. 2. Tr. dir. Pegar com a mão, tomar. 3. Tr. dir. Caçar; pescar. 4. Tr. dir. Levantar do chão. 5. Tr. dir. Contrair (doença). 6. Tr. dir. Surpreender. 7. Intr. Levar pancadas.

Apaniguar, v. *(a* + 1. *panicare).* Tr. dir. Apadrinhar, proteger, sustentar. Conjug.: como *averiguar.*

Apantufar, v. 1. Tr. dir. Dar feição de pantufa a. 2. Pron. Calçar pantufas.

Apara, s. f. Sobra no corte de madeira, papel ou outro material.

Aparadela, s. f. Ato de aparar ligeiramente.

Aparador, s. m. 1. Aquele que apara. 2. Peça de mobília da sala de jantar, onde se coloca o material necessário para o serviço da mesa de refeição.

Aparafusar, v. Tr. dir. Fixar, segurar com parafuso.

Aparagem, s. f. Ato ou efeito de aparar.

Aparamentar, v. V. *paramentar.*

Aparar, v. *(a* + *parar).* Tr. dir. 1. Receber, segurar, tomar (coisa que cai ou que foi atirada). 2. Receber (golpe, coisa arremessada etc.). 3. Cortar alguma porção inútil de. 4. Cortar as bordas de. 5. Adelgaçar, aguçar, apontar. 6. Tirar as desigualdades a; alisar, aplainar.

Aparatar, v. Tr. dir. Tornar aparatoso; ornar.

Aparato, s. m. 1. Fausto na indumentária de uma pessoa, ou na ornamentação de uma cerimônia; esplendor, magnificência, pompa. 2. Conjunto de elementos materiais específicos para demonstração de poder, força, erudição etc.

Aparatoso, adj. De grande aparato e ostentação; faustoso.

Aparceirar, v. 1. Tr. dir. Admitir, tomar como sócio. 2. Pron. Entrar em parceria com.

Aparcelado[1], adj. (p. de *aparcelar*). Dividido em parcelas.

Aparcelado[2], adj. *(a* + *parcel* + *ado).* Cheio de parcéis (o mâr).

Aparcelar, v. Tr. dir. Dividir ou dispor em parcelas.

Aparecente, adj. m. e f. Que começa a aparecer.

Aparecer, v. (1. *apparescere*). 1. Tr. ind. e intr. Apresentar-se, mostrar-se, tornar-se visível. 2. Tr. ind. Comparecer em algum lugar. 3. Tr. ind. e intr. Manifestar-se.

Aparecimento, s. m. Ato ou efeito de aparecer.

Aparelhagem, s. f. 1. Ato de aparelhar madeira. 2. Conjunto de aparelhos.

Aparelhamento, s. m. Ato ou efeito de aparelhar(-se).

Aparelhar, v. 1. Tr. dir. e pron. Dispor(-se), preparar(-se) convenientemente. 2. Tr. dir. Prover do que é necessário. 3. Tr. dir. Desbastar, lavrar (a madeira, a pedra) para obra.

Aparelho, s. m. 1. Conjunto de peças, ferramentas, utensílios ou instrumentos, destinado a executar um trabalho ou prestar um serviço. 2. Apresto, preparativo. 3. Utensílio. 4. *Aeron.* Avião. 5. *Biol.* Sistema ou grupo de órgãos que em conjunto exercem uma função especial: *Aparelho* auditivo. 6. Conjunto de peças de serviço culinário; baixela. 7. *Neol.* Refúgio clandestino de subversivos, com o respectivo aparelhamento.

Aparência, s. f. (1. *apparentia*). 1. Aspecto exterior de alguma coisa; exterioridade. 2. Ficção, mostra enganosa.

Aparentado, adj. Que tem parentesco.

Aparentar[1], v. *(aparente* + *ar).* 1. Tr. dir. Mostrar na aparência ou exteriormente. 2. Tr. dir. e tr. ind. Inculcar (aparência de); afetar, fingir.

Aparentar[2], v. *(a* + *parente* + *ar).* Tr. dir. e pron. Tornar(-se) parente, estabelecer(-se) parentesco entre.

Aparente, adj. m. e f. 1. Que aparece; visível. 2. Cujo aspecto não corresponde à realidade; falso, fingido.

Aparição, s. f. (1. *apparitione*). 1. Ato ou efeito de aparecer. 2. Manifestação visível de um ser sobrenatural.

Aparo, s. m. 1. Ato ou efeito de aparar. 2. Corte que se dá à pena para escrever.

Aparrado, adj. 1. Semelhante à parra. 2. Baixo e largo de corpo (homem); atarracado.

Aparreirar, v. Tr. dir. Cercar, cobrir ou rodear de parreiras.

Apartação, s. f. Ato ou efeito de apartar(-se).

Apartado, adj. Posto à parte; separado.

Apartamento[1], s. m. *(apartar* + *mento).* 1. Apartação. 2. *Náut.* Distância dos portos ou das costas.

Apartamento[2], s. m. (fr. *appartement*). Parte independente de um prédio de habitação coletiva, destinada a residência particular.

Apartar, v. 1. Tr. dir. e pron. Afastar(-se), desunir(-se), separar(-se). 2. Tr. dir. Escolher e separar conforme as qualidades. 3. Tr. dir. Apaziguar, separar (os que estão brigando).

Aparte[1], s. m. (de *apartar*). Apartação, separação do gado vacum.

Aparte[2], s. m. *(a* + *parte).* 1. Interrupção que se faz a quem discursa. 2. O que uma personagem diz em cena como que falando consigo ou com o público.

Apartear, v. Tr. dir. e intr. Interromper com apartes.

Aparvalhar, v. Tr. dir. e pron. 1. Tornar(-se) parvo. 2. Tornar(-se) pasmado. 3. Atrapalhar(-se), desnortear(-se).

Apascentamento, s. m. Ato ou efeito de apascentar.

Apascentar, v. Tr. dir. 1. Levar ao pasto ou pastagem. 2. Guardar durante o pasto; pastorear. 3. Doutrinar.

Apassivação, s. f. Ato ou efeito de apassivar.

Apassivado, adj. Empregado na voz passiva.

Apassivar, v. 1. Tr. dir. e pron. Tornar(-se) passivo, indiferente, inerte. 2. Tr. dir. *Gram.* Empregar na voz passiva: *A.* um *verbo.*

Apatacado, adj. Que tem muitas patacas; endinheirado.

Apatetado, adj. Um tanto pateta; aparvalhado.

Apatetar, v. Tr. dir. e pron. Tornar(-se) pateta.

Apatia, s. f. (1. *apathia*). 1. Estado de indiferença por falta de sensibilidade, de sentimentos; indiferença. 2. Falta de energia; indolência.

Apático, adj. Que tem apatia.

Apatita, s. f. *Miner.* Fosfato de cálcio natural.

Apatizar, v. Tr. dir. e pron. Tornar(-se) apático.

Apátrida, adj. e s., m. e f. *Dir.* Diz-se da, ou a pessoa que nenhum Estado considera legalmente como seu cidadão.

Apaulado *(a-u)*, adj. Em que há paul; alagadiço, pantanoso.

Apaulistado, adj. Que tem ares, hábitos, modos próprios dos habitantes do Estado de São Paulo.

Apavonar, v. V. *empavonar.*

Apavorador, adj. Que apavora.

Apavoramento, s. m. Ato ou efeito de apavorar(-se).

Apavorante, adj. m. e f. V. *apavorador.*

Apavorar, v. 1. Tr. dir. Causar pavor a. 2. Intr. Infundir pavor; ser pavoroso. 3. Pron. Encher-se de pavor, sentir medo.

Apaziguador, adj. e s. m. Que, ou o que apazigua.

Apaziguamento, s. m. Ato ou efeito de apaziguar(-se).

Apaziguante, adj. m. e f. V. *apaziguador.*

Apaziguar, v. (corr. de *a* + 1. *pacificare*). Tr. dir. e pron. Pacificar(-se), pôr(-se) em paz; acalmar(-se), aquietar(-se). Conjug.: como *averiguar.*

Apeadeiro, s. m. Local onde o trem pára a fim de deixar ou receber passageiros, embora aí não haja agência ferroviária.

Apeanhado, adj. 1. Semelhante a peanha. 2. Posto em peanha.

Apear, v. 1. Tr. dir. Fazer pôr o pé em terra; desmontar. 2. Tr. dir. Pôr abaixo; demolir, abater. 3. Intr. e pron. Descer de montaria ou veículo. 4. Tr. dir. Demitir.

Apedantado, adj. Um tanto pedante.

Apedantar, v. Tr. dir. e pron. Tornar(-se) pedante.

Apedeuta, s. m. e f. Pessoa ignorante, sem instrução.

Apedicelado, adj. *Bot.* Destituído de pedicelo.

Apedido, s. m. Seção de jornal em que se publicam artigos pagos pelos interessados.

Apedrar, v. Tr. dir. 1. Guarnecer de pedraria. 2. Ornar, enfeitar. 3. Apedrejar.

Apedregulhar, v. Tr. dir. Recobrir ou encher de pedras miúdas ou cascalho.

Apedrejado, adj. Ferido, morto ou corrido a pedradas.

Apedrejamento, s. m. Ato ou efeito de apedrejar.

Apedrejar, v. 1. Tr. dir. Ferir ou matar a pedradas; lapidar. 2. Tr. dir. Atirar pedras contra algo ou alguém. 3. Tr. dir. Correr à pedrada. 4. Intr. Ofender, perseguir com desprezo.

Apegação, s. f. Apegamento.

Apegadiço, adj. 1. Que se afeiçoa facilmente; agarradiço. 2. Que pega fácil; contagioso.

Apegamento, s. m. Ato ou efeito de apegar(-se).

Apegar[1], v. (*a*+*pegar*). 1. Tr. dir. Fazer pegar; colar, juntar. 2. Tr. dir. Transmitir por contágio; contagiar. 3. Pron. Afeiçoar-se, amoldar-se. 4. Pron. Valer-se de; recorrer.

Apegar[2] *(è)*, v. (*a*+*pego*+*ar*). 1. Tr. dir. Meter em pego. 2. Intr. e pron. Meter-se no pego; afundar-se.

Apego *(ê)*, s. m. Sentimento de afeição, simpatia, devotamento por pessoa, coisa ou animal.

Apeiragem, s. f. *Agr.* Arreamento de carroça ou arado; apeiro.

Apeiro, s. m. *Agr.* V. *apeiragem.*

Apelação, s. f. (1. *appellatione*). 1. Ato ou efeito de apelar. 2. Recurso, remédio. 3. *Dir.* Recurso interposto da sentença de um juiz ou tribunal inferior para o de superior instância, para reexame e novo julgamento da questão decidida na instância inferior.

Apelado, adj. Diz-se da parte contra quem se apelou.

Apelante, adj. e s., m. e f. Diz-se de, ou quem apela de uma sentença.

Apelar, v. (1. *appellare*). 1. Tr. ind. Invocar socorro; pedir auxílio. 2. Tr. ind. e intr. Recorrer por apelação a juiz ou tribunal de superior instância; interpor apelação. 3. Tr. ind. Valer-se de alguém ou de alguma coisa. 4. Intr. *Esp.* Usar (o jogador) de recurso indevido, para resolver situação difícil.

Apelativo, adj. e s. m. *Gram.* Comum (diz-se do, ou o nome que convém a todos os seres da mesma espécie ou classe).

Apelatório, adj. *Dir.* Relativo à apelação.

Apelável, adj. m. e f. *Dir.* De que se pode apelar.

Apelidação, s. f. Ato ou efeito de apelidar.

Apelidar, v. (1. *appellitare*). 1. Tr. dir. Designar por apelido; cognominar. 2. Pron. Ter ou dar a si próprio apelido ou alcunha.

Apelido, s. m. 1. Cognome ou sobrenome de família. 2. Nome particular dado a certas pessoas ou coisas, com conotação de qualidade ou defeito.

Apelintrado, adj. Que tem ares ou modos de pelintra.

Apelo *(ê)*, s. m. 1. Chamamento, convocação. 2. Concitação. 3. Atração que uma pessoa exerce sobre outra. 4. Qualidade notável, ou valor para o consumidor, que se promete ser proporcionada por um dado produto.

Apenas[1], adv. 1. Só, somente, unicamente. 2. Escassamente, levemente.

Apenas[2], conj. Logo que.

Apêndice, s. m. (1. *appendice*). 1. Coisa apensa a outra, da qual é acessória. 2. Acréscimo, aditamento . 3. *Anat.* Parte de um órgão principal (apêndices ileocecal, nasal, caudal etc.). 4. Matéria suplementar que se junta ao texto de um livro como esclarecimento ou documentação. — *A. ileocecal*: pequeno tubo cilíndrico, flexuoso, que corresponde à parte terminal atrofiada do ceco.

Apendiceado, adj. Que tem apêndices.

Apendicectomia, s. f. *Cir.* Extirpação cirúrgica do apêndice ileocecal.

Apendiciforme, adj. m. e f. Com forma de apêndice.

Apendicite, s. f. *Med.* Inflamação do apêndice ileocecal.

Apendiculado, adj. Que tem apêndice ou apendículo.

Apendicular, adj. m. e f. 1. Relativo a apêndice. 2. Não essencial.

Apendículo, s. m. Pequeno apêndice.

Apendoamento, s. m. Ato ou efeito de apendoar.

Apendoar, v. 1. Tr. dir. Ornar de pendões. 2. Intr. Soltar pendões (a planta).

Apenedado, adj. 1. Semelhante a penedo. 2. Cheio de penedos.

Apenhado, adj. 1. Semelhante a penha. 2. Cheio de penhas.

Apenhascado, adj. Semelhante a penhasco.

Apeninsulado, adj. Com forma de península.

Apenso, adj. (1. *appensu*). Que está anexo ou junto. S. m. Aquilo que está apenso.

Apepsia, s. f. *Med.* Má digestão gástrica, por falta de secreção de suco gástrico.

Apêptico, adj. Que sofre de apepsia.

Apequenado, adj. Um tanto pequeno ou baixo.

Apequenar, v. Tr. dir. e pron. 1. Tornar(-se) pequeno. 2. Amesquinhar(-se), apoucar(-se).

Aperado, adj. 1. Diz-se de cavalo ajaezado. 2. Bem vestido.

Aperaltado, adj. Com modos de peralta.

Aperaltar, v. 1. Tr. dir. Dar modos de peralta a. 2. Pron. Tornar-se peralta.

Aperalvilhado, adj. (p. de *aperalvilhar*). V. *aperaltado.*

Aperalvilhar, v. Tr. dir. e pron. Tornar(-se) peralvilho; aperaltar(-se).

Aperceber, v. 1. Tr. dir. Perceber, ver, conhecer. 2. Pron. Dar-se conta de. 3. Tr. dir. Aparelhar, aprestar, preparar. 4. Tr. dir. Abastecer, prover. 5. Pron. Aparelhar-se, preparar-se. 6. Pron. Abastecer-se, prover-se.

Apercebimento, s. m. Ato ou efeito de aperceber(-se).

Apercepção, s. f. (1. *ad*+*perceptione*). 1. Percepção nítida. 2. *Filos.* Ato de discernir, pela consciência, uma idéia; intuição.

Aperceptibilidade, s. f. Qualidade do que é aperceptível.

Aperceptível, adj. m. e f. Que pode ser objeto de apercepção.

Aperceptividade, s. f. Faculdade de aperceptivo.

Aperceptivo, adj. Relativo à apercepção, acep. 2.

Aperfeiçoado, adj. Que adquiriu, ou a que se deu maior perfeição; melhorado.

Aperfeiçoamento, s. m. Ato ou efeito de aperfeiçoar(-se).

Aperfeiçoar, v. 1. Tr. dir. e pron. Fazer(-se) perfeito ou mais perfeito. 2. Tr. dir. Dar a última demão; acabar com perfeição. 3. Pron. Adquirir maior grau de instrução ou aptidão.

Aperfeiçoável, adj. m. e f. Que se pode aperfeiçoar.

Apergaminhado, adj. Que imita o pergaminho; pergaminhoso.

Aperiantáceas, s. f. pl. *Bot.* V. *Cicadáceas.*

Aperiente, adj. m. e f. V. *aperitivo.*

Aperiódico, adj. 1. Não periódico. 2. Não sujeito a períodos.

Aperispérmico, adj. *Bot.* Que não possui perisperma.

Aperitivo, adj. 1. Que é próprio para abrir o apetite. 2. Excitante. S. m. Qualquer bebida que desperta o apetite.

Aperitório, s. m. Lâmina com que os fabricantes de alfinetes igualam os arames.

Apero *(ê)*, s. m. (cast. *apero*). V. *aperagem.*

Aperolar, v. Tr. dir. Dar semelhança de pérola natural a.

Aperrar, v. Tr. dir. Levantar, trazendo ao descanso, o cão de (arma de fogo); engatilhar.

Aperreação, s. f. 1. Ato ou efeito de aperrear(-se). 2. Apoquentação, nervosismo. 3. Apertura, dificuldade.

Aperreado, adj. 1. Tratado como cão. 2. Apoquentado, molestado. 3. Falto de recursos.

Aperreamento, s. m. Aperreação.

Aperrear, v. 1. Tr. dir. Fazer perseguir por cães ou perros. 2. Tr. dir. e pron. Apoquentar(-se).

Apertadela, s. f. Ato ou efeito de apertar de leve.

Apertado, adj. 1. Que se apertou, sem deixar folga ou espaço. 2. Estreito ou estreitado. 3. Ajustado. 4. Difícil, dificultoso. 5. Severo, rigoroso. 6. Falto de recursos de ordem financeira.

Apertão, s. m. Grande aperto.

Apertar, v. 1. Tr. dir. e intr. Aproximar, juntar ou unir-se muito. 2. Tr. dir. Comprimir. 3. Tr. dir. Segurar com força. 4. Tr. dir. Ajustar, abotoando, atacando, atando. 5. Tr. dir. Estreitar. 6. Intr. Tornar-se mais estreito. 7. Tr. dir. Pôr em grave embaraço. 8. Tr. dir. Apressar, tornar mais veloz. 9. Tr. dir. e tr. ind. Instar com. 10. Tr. dir. *Mec.* Forçar, compelir.

Aperto *(ê)*, s. m. 1. Ato ou efeito de apertar. 2. Ajustamento; pressão. 3. *Mec.* Folga negativa no ajuste de duas peças. 4. Cumprimento em que as partes se dão e comprimem as mãos: *A.* de mão. 5. Situação difícil. 6. Pressa, urgência. 7. Austeridade, rigor.

Apesar de, loc. prep. A despeito de, não obstante.

Apesar de que, loc. conj. Ainda que.

Apessoado, adj. 1. De boa aparência. 2. Galhardo, gentil.

Apestanado, adj. 1. Que tem pestanas. 2. Dotado de pestanas fartas.

Apestar, v. V. *empestar.*

Apetalifloro, adj. *Bot.* Que tem flores sem corola.

Apétalo, adj. *Bot.* 1. Diz-se das plantas cujas flores não têm pétalas. 2. Diz-se da flor sem perianto.

Apetecedor, adj. 1. Que apetece ou deseja. 2. Apetecível.

Apetecer, v. (1. *appetere + ecer*). 1. Tr. dir. Ter apetite de. 2. Tr. ind. e intr. Causar, provocar apetite. 3. Tr. dir. Ambicionar, aspirar a, desejar muito.

Apetecível, adj. m. e f. Digno de ser apetecido.

Apetência, s. f. (1. *appetentia*). Desejo que leva a satisfazer uma inclinação natural e, em particular, a querer um alimento.

Apetite, s. m. (1. *appetitu*). 1. Vontade ou desejo de comer. 2. Inclinação pela qual se é levado a desejar alguma coisa para a satisfação de uma necessidade.

Apetitivo, adj. 1. Que tem apetite. 2. Apetitoso. 3. Concupiscente, sensual.

Apetitoso, adj. 1. Que desperta o apetite. 2. Gostoso, saboroso. 3. Cobiçoso, ambicioso.

Apetrechar, v. Tr. dir. e pron. Prover(-se) de petrechos necessários; petrechar(-se).

Apetrecho, s. m. V. *petrecho.*

Apezinhar, v. V. *espezinhar.*

Apiadar, v. *Ant.* V. *apiedar.*

Apiário, adj. Relativo a abelhas. S. m. Estabelecimento onde se criam abelhas.

Apicaçar, v. V. *espicaçar.*

Apicado, adj. Terminado em ápice.

Apical, adj. m. e f. Relativo ao ápice ou nele situado.

Ápice, s. m. 1. O ponto mais alto ou extremo de uma coisa; auge. 2. *Biol.* Ponta de um órgão animal ou vegetal. 3. Brevíssimo lapso de tempo.

Apichelar, v. Tr. dir. Dar forma de pichel a.

Apiciadura, s. f. União oculta de dois volantes, nos trabalhos de armador.

Apicida, adj. m. e f. Que causa a morte das abelhas.

Apicifloro, adj. *Bot.* Que tem flores terminais.

Apiciforme, adj. m. e f. *Miner.* Que tem forma de agulhas reunidas em tufo.

Apícola, adj. m. e f. Relativo à apicultura. S. m. e f. Apicultor.

Apícula, s. f. V. *apículo.*

Apiculado, adj. Provido de apículo.

Apículo, s. m. Ponta terminal, aguda, rija e curta.

Apicultor, s. m. Criador de abelhas.

Apicultura, s. f. Arte de criar abelhas ou de aproveitar seus produtos.

Apídeos, s. m. pl. *Entom.* Família *(Apidae)* de abelhas sociais, que inclui as abelhas domésticas, européias.

Apiedar, v. 1. Tr. dir. Mover à compaixão. 2. Pron. Ter compaixão; compadecer-se, condoer-se. Conjug.: Nas formas rizotônicas muda em *a* o *e* do radical: *Apiado-me, apiadas-te, apiada-se, apiedamo-nos, apiedai-vos, apiadam-se.* Já se admite, entretanto, a conjugação regular: *apiedo-me, apiedas-te* etc.

Apiforme, adj. m. e f. Que tem forma de abelha.

Apiloar, v. Tr. dir. Bater ou socar com pilão.

Apimentado, adj. 1. Temperado com pimenta. 2. Excitante. 3. Mordaz, malicioso.

Apimentar, v. Tr. dir. 1. Temperar com pimenta. 2. Apetitar, excitar. 3. Tornar picante, malicioso ou mordaz.

Apincelar, v. Tr. dir. 1. Dar forma de pincel a. 2. Dar, com pincel, mão de tinta ou cal.

Apinchar, v. Tr. dir. Pinchar.

Apinhado, adj. Inteiramente cheio; superlotado.

Apinhar, v. 1. Tr. dir. Dar forma de pinha a. 2. Tr. dir. Aglomerar, juntar, como os pinhões numa pinha. 3. Tr. dir. e pron. Acogular(-se), encher(-se).

Apióide, adj. m. e f. *Med.* Não purulento.

Apipado, adj. Com feitio de pipa.

Apipar, v. Tr. dir. Dar forma de pipa a.

Apirético, adj. *Med.* Que não apresenta febre.

Apirexia *(cs)*, s. f. *Med.* Ausência de febre.

Ápiro, adj. À prova de fogo ou incêndio.

Apisoamento, s. m. Ato ou efeito de apisoar.

Apisoar, v. Tr. dir. 1. Apertar, lustrar ou bater (o pano) com o pisão; pisoar. 2. Bater a terra em camadas sucessivas, para compactar o solo.

Apisteiro, s. m. Vaso pequeno, que termina em bico, pelo qual se dá caldo a pessoa deitada.

Apisto, s. m. (cf. cast. *pisto*). Caldo substancioso para doentes.

Apitar, v. Intr. 1. Assobiar com apito, tocar apito. 2. Dar sinal a outros por meio de apito. 3. *Esp.* Marcar, assinalar, tocando apito. 4. *Pop.* Fugir.

Apito, s. m. Instrumento para assobiar, com que se dirigem manobras, pede-se socorro, orienta-se trânsito etc. Ruído: *assobio, silvo, trilo.*

Apívoro, adj. Que come abelhas.

Aplacação, s. f. Ato ou efeito de aplacar(-se).

Aplacar, v. *(a +* 1. *placare*). 1. Tr. dir. Tornar plácido; apaziguar, serenar. 2. Tr. dir. Abrandar, mitigar, moderar. 3. Intr. e pron. Ceder em força ou intensidade; abrandar-se.

Aplacável, adj. m. e f. Que pode aplacar-se.

Aplainado, adj. Alisado com plaina.

Aplainamento, s. m. 1. Ato ou efeito de aplainar. 2. Desembaraço, facilitação.

Aplainar, v. 1. Tr. dir. *Carp.* Alisar com plaina. 2. Tr. dir. e pron. Aplanar(-se).

Aplanadora, s. f. Máquina para conservação de estradas, munida de lâminas para aplanar as irregularidades; niveladora.

Aplanamento, s. m. Ato ou efeito de tornar plano.

Aplanar, v. Tr. dir. 1. Tornar plano; nivelar. 2. Desembaraçar, livrar de estorvos, de obstáculos.

Aplasia, s. f. *Med.* Parada de desenvolvimento de um tecido ou órgão.

Aplástico, adj. 1. Que não é plástico. 2. Relativo à aplasia.

Aplaudente, adj. m. e f. Que aplaude.

Aplaudir, v. (1. *applaudere*). 1. Tr. dir. e intr. Festejar com demonstrações de aplausos; aclamar. 2. Pron. Ficar satisfeito consigo mesmo; gloriar-se.

Aplaudível, adj. m. e f. Merecedor de aplauso.

Aplausível, adj. m. e f. V. *aplaudível.*

Aplauso, s. m. (1. *applausu*). 1. Ato de aplaudir por gestos ou por palavras. 2. Júbilo com que se recebe alguém ou alguma coisa.

Aplestia, s. f. *Med.* Bulimia.

Aplicabilidade, s. f. Qualidade de aplicável.

Aplicação, s. f. (1. *applicatione*). 1. Ato ou efeito de aplicar(-se). 2. Concentração da atenção ou da inteligência. 3. Esforço penoso. 4. Enfeite sobreposto a um vestido. 5. Emprego de capital em condições de produzir rendimentos.

Aplicado, adj. 1. Que se aplicou; aposto. 2. Zeloso, diligente, esforçado.

Aplicar, v. (1. *applicare*). 1. Tr. dir. Adaptar, ajuntar, justapor. 2. Tr. dir. Empregar. 3. Tr. dir. Adequar, apropriar. 4. Tr. dir. Atribuir. 5. Tr. dir. Administrar, receitar. 6. Pron. Dedicar-se, entregar-se com vontade a algum estudo ou trabalho.

Aplicável, adj. m. e f. Que pode ser aplicado.

Apnéia, s. f. *Med.* Parada mais ou menos prolongada da respiração.

Apnéico, adj. *Med.* Relativo à apnéia.

apo-, pref. (gr. *apo*). Exprime a idéia de *distância, afastamento, separação, privação, oposição* ou *derivação: apostasia, apogamia, apogeu, apomorfina.*

Apocalipse, s. m. 1. *Bíblia.* Livro ou trecho de livro que encerra estilo apocalíptico. 2. Linguagem obscura.

Apocalíptico, adj. 1. Relativo a, ou ao apocalipse. 2. Diz-se de gênero literário bíblico, de sentido profético, observado nalgumas passagens do Antigo Testamento e dos Evangelhos e condensado no último livro, o Apocalipse, do Novo Testamento. 3. Incompreensível.

Apocatástase, s. f. 1. *Astr.* Revolução periódica que reconduz os astros ao primitivo ponto de partida. 2. *Med.* Restabelecimento da saúde.

Apocináceas, s. f. pl. *Bot.* Família (*Apocynaceae*) da ordem das Contortas, que compreende arbustos, árvores, cipós e ervas sublenhosas, na maioria latescentes.

Apocopado, adj. Que sofreu apócope.

Apocopar, v. Tr. dir. *Gram.* Fazer apócope em.

Apócope, s. f. *Gram.* Supressão de fonema ou de sílaba no fim de palavra.

Apócrifo, adj. 1. Sem autenticidade. 2. *Rel. catól.* Diz-se de um texto, ou de um livro, cuja autenticidade é duvidosa ou suspeita, ou não reconhecida pelo magistério eclesiástico.

Apodador, adj. e s. m. Que, ou o que apoda.

Apodar, v. Tr. dir. 1. Dirigir apodos a; escarnecer, zombar de. 2. Qualificar pejorativamente. 3. Assemelhar, comparar.

Ápode, adj. m. e f. Que não tem pés ou patas. S. m. pl. Nome comum a diversos grupos de animais mal providos de apêndices: crustáceos cirrípedes; anfíbios serpentiformes; peixes, como as enguias, sem nadadeiras pélvicas.

Apodia, s. f. Qualidade do que é ápode.

Apodíctico, adj. 1. Diz-se de uma proposição demonstrada e incontestável. 2. Convincente, evidente.

Apodioxe *(cs)*, s. f. *Ret.* Rejeição de um argumento por absurdo, sem descer à discussão.

Apodo *(ô)*, s. m. 1. Comparação ridícula, gracejo, mofa, zombaria. 2. Alcunha, apelido. Pl.: *apodos (ô).*

Apódose, s. f. Oração principal concludente, posta depois de uma subordinada condicional (*prótase*): Se não chover, *viajarei.*

Apodrecer, v. 1. Tr. dir. Tornar podre. 2. Tr. ind., intr. e pron. Ficar podre. 3. Tr. dir. Corromper, estragar moralmente.

Apodrecimento, s. m. Ato ou efeito de apodrecer(-se).

Apodrentar, v. V. *apodrecer.*

Apófige, s. f. *Arquit.* Perfil cônico que contorna o fuste da coluna logo após a base, ou perto do capitel.

Apofisário, adj. *Anat.* Relativo às apófises.

Apófise, s. f. 1. *Anat.* Parte saliente de um osso. 2. *Bot.* Excrescência na base da urna de certos musgos.

Apofisiário, adj. V. *apofisário.*

Apofonia, s. f. *Filol.* Substituição de uma vogal de um radical, sufixo, desinência ou prefixo por outra, nas línguas indo-européias, acompanhada de uma modificação de uso ou sentido, como em *apor* e *opor* ou na conjugação de certos verbos: *ando, anda, ande.*

Apogeu, s. m. 1. *Astr.* Ponto na órbita de corpo celeste, agora comumente da Lua ou de um satélite artificial, em que é máxima a sua distância do centro da Terra. Antôn.: *perigeu.* 2. O mais alto grau, o ponto culminante; acme, auge.

Apográfico, adj. Que tem o caráter de apógrafo.

Apógrafo, s. m. 1. Cópia de um escrito original. 2. Instrumento para copiar desenhos.

Apoiado, adj. Que recebeu apoio. S. m. Apoio. Interj. Muito bem!

Apoiar, v. 1. Tr. dir. Dar apoio a. 2. Tr. dir. e pron. Assentar(-se), firmar(-se), segurar(-se), sustentar(-se). 3. Tr. dir. e pron. Fundamentar(-se), fundar(-se). 4. Tr. dir. Patrocinar, proteger. 5. Tr. dir. Aplaudir, aprovar. — Conjug., pres. ind.: *apóio, apóias, apóia, apoiamos, apoiais, apóiam.* Pres. subj.: *apóie, apóies, apóie, apoiemos, apoieis, apóiem.* Imper.: *apóia, apóie, apoiemos, apoiai, apóiem.*

Apoio, s. m. (l. *ad + podiu*). 1. Tudo que serve para amparar, firmar, segurar, sustentar. 2. *Mec.* e *Constr.* Base, assento, sapata. 3. Amparo, socorro. 4. Argumento, autoridade, prova, ou qualquer coisa que se autorize, ou se prove. 5. Aprovação, assentimento.

Apojado, adj. Intumescido com algum líquido.

Apojadura, s. f. Grande afluência da secreção do leite aos seios da mulher que amamenta, ou às tetas das fêmeas animais que criam.

Apojamento, s. m. Ato ou efeito de apojar.

Apojar, v. 1. Tr. dir. e pron. Intumescer(-se) ou encher(-se) de leite (o seio da mulher ou teta da fêmea). 2. Tr. ind. Afluir, vir à tona. 3. Intr. Fazer o bezerro mamar segunda vez, a fim de obter-se o apoio.

Apojatura, s. f. *Mús.* Nota rápida, que se fere antes de atacar a nota principal.

Apojo *(ô)*, s. m. Leite do fim da ordenha, mais gordo.

Apolainado, adj. Que tem forma de polainas.

Apolegar, v. Tr. dir. Machucar com os dedos, sobretudo com o polegar.

Apolentar, v. Tr. dir. Cevar ou engordar com polenta.

Apólice, s. f. 1. Certificado escrito de uma obrigação mercantil. 2. Documento de seguro de vida, ou contra incêndios, riscos marítimos etc. 3. Título de dívida pública.

Apolíneo, adj. Relativo a Apolo.

Apolítico, adj. e s. m. 1. Que, ou o que não é político. 2. Diz-se do, ou o servidor público que não serve a interesses partidários.

Apologal, adj. m. e f. 1. Relativo a apólogo. 2. Que contém apólogos.

Apologética, s. f. Parte da Teologia destinada a defender a religião contra os ataques dos adversários.

Apologético, adj. Que contém apologia.

Apologia, s. f. 1. Discurso ou escrito laudatório para justificar ou defender alguém ou alguma coisa. 2. Elogio, louvor.

Apologismo, s. m. Discurso apologético; apologia.

Apologista, adj. e s., m. e f. Que, ou quem faz apologia.

Apologizar, v. Tr. dir. Fazer a apologia de.

Apólogo, s. m. Alegoria moral, em que, geralmente, falam animais ou coisas inanimadas.

Apoltronar[1], v. (*a + poltrona + ar*). Tr. dir. e pron. Sentar(-se) em poltrona.

Apoltronar[2], v. (*a + poltrão + ar*). Pron. Fazer-se ou tornar-se poltrão; acovardar-se.

Apolvilhar, v. Tr. dir. Polvilhar.

Apomixia *(cs)*, s. f. *Biol.* Reprodução anômala sem fecundação a partir de uma célula.

Apomorfina, s. f. *Farm.* Alcalóide derivado da morfina, empregado como vomitivo.

Aponeurologia, s. f. Parte da Anatomia que se ocupa das aponeuroses.

Aponeurose, s. f. *Anat.* Membrana branca, luzidia e consistente, que envolve e isola os músculos e, às vezes, os termina em forma de tendão.

Aponeurótico, adj. Relativo à aponeurose.

Aponevrologia, s. f. V. *aponeurologia.*

Aponevrose, s. f. V. *aponeurose.*

Aponevrótico, adj. V. *aponeurótico.*

Apontado[1], adj. (p. de *apontar[1]*). 1. Provido de ponta; que termina em ponta. 2. Designado, indicado.

Apontado[2], adj. (p. de *apontar[2]*). 1. Marcado com ponto; anotado, assinalado. 2. De que se tomou nota; anotado. 3. Assentado, determinado. 4. Posto em pontaria.

Apontador[1], s. m. (*apontar[1] + dor*). 1. Indivíduo que faz pontas de instrumentos. 2. Agulha, ponteiro ou mão do relógio. 3. Objeto para aguçar lápis.

Apontador[2], s. m. (*apontar[2] + dor*). 1. Encarregado de formar o rol dos operários, apontar as faltas e serviços deles. 2. Livro em que se apontam serviços ou faltas de operários. 3. Aquele que serve de ponto nos teatros.

Apontamento, s. m. 1. Ato ou efeito de apontar[2]. 2. Nota, registro ou resumo do que se leu ou se observou; anotação, nota. 3. Preparo para a moagem dos engenhos de açúcar.

Apontar[1], v. (*a + ponta + ar*). 1. Tr. dir. Fazer ponta ou bico em; aguçar. 2. Tr. dir. e ind. Mostrar com o dedo ou com um ponteiro. 3. Tr. dir. Indicar, indigitar. 4. Tr. dir. Citar, mencionar. 5. Tr. dir. Alegar. 6. Tr. dir. *Náut.* Dirigir (a ponta ou a proa da embarcação) para alguma parte. 7. Tr. dir. Dirigir contra alguém ou alguma coisa a ponta de (espada etc.). 8. Intr. Abrolhar, germinar.

Apontar², v. (*a + ponto + ar*). Tr. dir. 1. Assinalar, marcar, notar com ponto. 2. Anotar, tomar nota, tomar apontamento de. 3. Registrar a presença ou ausência de (alunos, empregados, operários). 4. Assentar, determinar. 5. Coser a pontos.

Apontável, adj. m. e f. Que pode ser apontado.

Apontoar¹, v. (*a + ponto + ar*). Tr. dir. Segurar ou prender com pontos largos.

Apontoar², v. (*a + pontão + ar*). Tr. dir. 1. Especar e sustentar com pontões. 2. Guarnecer ou encher de pontões e pontaletes. 3. Estear, suster.

Apopléctico, adj. 1. *Med.* Relativo à apoplexia. 2. Sujeito a ataques de apoplexia. 3. Irritado, acalorado.

Apoplexia *(ss)*, s. f. *Med.* 1. Paralisia súbita e coma causados pela efusão ou extravasação de sangue ou soro sangüíneo no cérebro ou medula espinal. 2. Copiosa extravasação de sangue em um órgão.

Apoquentação, s. f. 1. Ato ou efeito de apoquentar(-se). 2. Aquilo que apoquenta.

Apoquentado, adj. 1. Aflito, oprimido. 2. Aborrecido, ralado por sofrimento ou privação.

Apoquentador, adj. e s. m. Que, ou o que apoquenta.

Apoquentar, v. (*a + pouco + entar*). 1. Tr. dir. e pron. Diminuir, tornar(-se) menor. 2. Tr. dir. e pron. Afligir(-se), importunar(-se) com pequenas coisas.

Apor, v. (l. *apponere*). 1. Tr. dir. Pôr junto. 2. Tr. dir. Acrescentar, juntar. 3. Tr. dir. Aplicar ou dar (assinatura) a lei, tratado etc. Conjuga-se como ***pôr***.

Aporema, s. m. *Lóg.* Silogismo dubitativo que demonstra o valor igual de dois raciocínios contrários.

Aporia, s. f. 1. *Ret.* Simulação de dúvida sobre o que se há de dizer. 2. *Filos.* Dificuldade de escolher entre duas opiniões igualmente contrárias.

Aporismar, v. Intr. e pron. Apostemar(-se).

Aporismo, s. m. *Mat.* Problema insolúvel.

Aporobrânquio, adj. *Ictiol.* De guelras pouco desenvolvidas.

Aportamento, s. m. Ato ou efeito de aportar.

Aportar, v. 1. Tr. dir. Conduzir ao porto (o navio). 2. Tr. ind. Chegar ao porto; fundear. 3. Tr. ind. Desembarcar. 4. Tr. dir. Encaminhar a algum lugar.

Aportelado, adj. Que tem portela.

Aportilhar, v. Tr. dir. 1. Abrir portilhas ou portilhões em (fortaleza, muro, navio etc.). 2. Abrir brechas em.

Aportuguesado, adj. 1. Que assumiu forma portuguesa. 2. Que adquiriu modos ou costumes de português.

Aportuguesamento, s. m. Ato ou efeito de aportuguesar(-se).

Aportuguesar, v. Tr. dir. e pron. Adaptar(-se) à forma, caráter, temperamento de português.

Aportuguesável, adj. m. e f. Que se pode aportuguesar.

Após, prep. (l. *ad + post*). Atrás de, depois de. Adv. Depois, em seguimento.

Aposentação, s. f. V. *aposentadoria*.

Aposentadoria, s. f. 1. Ato ou efeito de aposentar. 2. Estado daquele que se aposentou. 3. Direito que tem o empregado, depois de certo tempo de serviço ou por invalidez, de retirar-se do serviço, recebendo uma mensalidade. 4. Mensalidade que o aposentado recebe. 5. Hospedagem, gasalhado.

Aposentar, v. 1. Tr. dir. Dar pouso ou hospedagem a; alojar, hospedar. 2. Tr. dir. e pron. Abrigar(-se), agasalhar(-se). 3. Pron. Fixar residência. 4. Tr. dir. Conceder aposentadoria a. 5. Pron. Tomar aposento; hospedar-se. 6. Pron. Deixar o serviço ativo; ficar aposentado.

Aposento, s. m. 1. Casa de residência, moradia, hospedagem. 2. Compartimento de casa, especialmente quarto de dormir.

Aposição, s. f. (l. *appositione*). 1. Ato ou efeito de apor. 2. *Gram.* Emprego de um substantivo, ou locução substantiva, como aposto.

Aposiopese, s. f. *Ret.* Interrupção intencional no meio de uma frase; reticência.

Apositico, adj. *Med.* Que faz cessar o apetite.

Apósito, s. m. *Med.* 1. Ligadura, penso. 2. Qualquer medicamento externo.

Apossamento, s. m. Ato ou efeito de apossar(-se).

Apossar, v. 1. Tr. dir. Dar posse a, pôr de posse. 2. Tr. dir. e pron. Tomar posse de; apoderar-se.

Apossear, v. V. *apossar*.

Aposta, s. f. 1. Ajuste que fazem duas ou mais pessoas em defesa de opiniões diferentes e pelo qual quem estiver errado deverá pagar o que ficou acertado. 2. A coisa ou quantia que se aposta. 3. Desafio, porfia.

Apostado, adj. 1. Que foi objeto de aposta. 2. Disputado.

Apostador, adj. e s. m. Que, ou o que aposta.

Apostar, v. 1. Tr. dir. Fazer aposta de. 2. Tr. dir. Afirmar, asseverar, sustentar. 3. Tr. dir. Disputar, pleitear. 4. Tr. ind. Ser partidário de.

Apóstase, s. f. Formação de um abscesso.

Apostasia, s. f. 1. Abandono público de uma religião (especialmente da católica), de uma doutrina ou opinião. 2. Abandono do grupo ao qual se pertencia.

Apóstata, s. m. e f. Quem cometeu apostasia.

Apostatar, v. 1. Tr. ind. e intr. Abandonar a religião ou partido que antes professava. 2. Tr. ind. Abjurar, renunciar: *A. da* lei.

Apostema, s. m. *Med.* Abscesso.

Apostemar, v. 1. Tr. dir. *Med.* Produzir apostema em. 2. Intr. e pron. *Med.* Formar apostema. 3. Pron. Agastar-se, irritar-se. 4. Pron. Corromper-se.

Apostemático, adj. *Med.* Pertinente a apostema.

Apostemeira, s. f. *Med.* Quantidade de apostemas.

Apostemoso, adj. V. *apostemático*.

Apostila, s. f. (*a +* l. *post illa*). 1. Aditamento a diploma ou título oficial. 2. Comentário que se põe na margem de um livro ou manuscrito. 3. Recomendação à margem de um requerimento. 4. Breve nota à margem de uma escritura. 5. Resumo de lições professadas nos estabelecimentos de ensino.

Apostilar, v. Tr. dir. 1. Fazer apostilas a. 2. Pôr em nota. 3. Anotar, corrigir, emendar.

Apostilha, s. f. V. *apostila*.

Aposto *(ô)*, adj. (p. de *apor*). 1. Acrescentado, junto. 2. Bem feito de corpo. 3. Ligado por aposição. S. m. *Gram.* Palavra ou frase que explica um ou vários termos expressos na oração. Pl.: *apostos (ó)*.

Apostolado, s. m. 1. Ação missionária de apóstolo. 2. Propaganda de uma doutrina, idéia ou virtude.

Apostolar¹, adj. m. e f. 1. Que é próprio de apóstolo. 2. Edificante.

Apostolar², v. 1. Tr. dir. Pregar como apóstolo (o Evangelho ou outra doutrina). 2. Intr. Exercer o ministério de apóstolo.

Apostolical, adj. m. e f. V. *apostólico*.

Apostolicidade, s. f. 1. Qualidade do que é apostólico. 2. Conformidade de doutrina com a dos apóstolos.

Apostólico, adj. 1. Relativo aos apóstolos. 2. Que provém dos apóstolos. 3. Relativo à Santa Sé, ou que dela emana. 4. Relativo ao papa; papal.

Apostolizar, v. V. *apostolar²*.

Apóstolo, s. m. 1. Cada um dos doze discípulos de Jesus Cristo. 2. O que evangeliza. 3. Propagador abnegado e convicto de uma idéia.

Apostrofar¹, v. (*apóstrofe + ar*). Tr. dir. 1. *Ret.* Dirigir apóstrofe a. 2. Interromper com apóstrofes.

Apostrofar², v. (*apóstrofo + ar*). Tr. dir. *Gram.* Pôr apóstrofo em.

Apóstrofe, s. f. *Ret.* 1. Procedimento em que o orador ou escritor se interrompe (nem sempre), para se dirigir a seres reais ou fictícios. 2. Interpelação brusca e interjetiva.

Apóstrofo, s. m. *Gram.* Sinal gráfico (') em forma de vírgula que indica elisão de letra ou letras.

Apostura, s. f. *Ant.* e *pop.* Postura.

Apotécio, s. m. *Bot.* Estrutura esporífera, em forma de taça, nos cogumelos que entram na composição de liquens.

Apotegma, s. m. Dito breve e sentencioso.

Apótema, s. m. 1. *Geom.* Perpendicular do centro de um polígono regular a um de seus lados. 2. *Farm.* Depósito escuro que se forma aos poucos em certas soluções de extratos vegetais.

Apoteosar, v. Tr. dir. Fazer a apoteose de; glorificar.

Apoteose, s. f. 1. Cerimônia de deificação entre os gregos e os romanos. 2. Honras ou louvores extraordinários prestados a indivíduos que se tenham distinguido. 3. Quadro final em representação teatral, no qual costuma tomar parte todo o elenco. 4. Glorificação, esplendor.

Apoteótico, adj. 1. Concernente a apoteose. 2. Que contém apoteose. 3. Sumamente elogioso.

Apótese, s. f. *Cir.* Ajustamento de um membro fraturado, uma vez ligada a fratura.

Ápoto, adj. *Med.* Que não pode ser bebido.

Apótomo, s. m. *Mús.* Intervalo entre dois tons.

Apoucado, adj. 1. Reduzido a pouco; restrito. 2. De pouco espírito; acanhado. 3. Pouco desenvolvido; enfezado.

Apoucamento, s. m. Ato ou efeito de apoucar(-se).

Apoucar, v. (*a* + *pouco* + *ar*). 1. Tr. dir. e pron. Reduzir(-se) a pouco, ou a poucos; restringir(-se). 2. Tr. dir. Tornar menor; diminuir. 3. Tr. dir. Representar como de pouca importância; menosprezar. 4. Pron. Dar-se pouco valor; humilhar-se. 5. Tr. dir. Tirar a coragem, a energia ou o ânimo de; intimidar.

Apózema, s. f. *Farm.* Decocção de ervas, a que se juntam substâncias que a adoçam e clarificam.

Apragata, s. f. Corruptela de *alpargata.*

Apraxia *(cs)*, s. f. *Med.* Perturbação caracterizada pela impossibilidade de executar movimentos adequados a um desejado fim, sem que haja paralisia muscular.

Aprazador, s. m. Aquele que apraza.

Aprazamento, s. m. Ato ou efeito de aprazar.

Aprazar, v. Tr. dir. 1. Determinar, marcar (prazo ou tempo) para fazer alguma coisa. 2. Designar (lugar certo). 3. Delimitar o prazo de. 4. Convocar para ocasião determinada. 5. Ajustar, combinar.

Aprazer, v. 1. Tr. ind. Causar prazer; ser aprazível; agradar. 2. Pron. Apreciar, contentar-se com, gostar de. De conjug. completa, embora mais empregado nas terceiras pessoas. Pronominalmente, é usado em todas as formas. Pret. perf.: *aprouve, aprouveste, aprouve, aprouvemos, aprouvestes, aprouveram.* M. q. perf.: *aprouvera, aprouveras* etc. Imperf. do subj.: *aprouvesse, aprouvesses* etc. Nos demais tempos é regular.

Aprazibilidade, s. f. Qualidade do que é aprazível.

Aprazimento, s. m. 1. Agrado, contentamento, prazer. 2. Aprovação, beneplácito, consentimento.

Aprazível, adj. m. e f. 1. Que apraz, que dá prazer. 2. Diz-se de lugar onde se goza de um panorama bonito e/ou de um clima ameno.

Apre!, interj. Indica desaprovação ou descontentamento e equivale a *irra!, poxa!*

Apreçador, s. m. Aquele que apreça; avaliador.

Apreçamento, s. m. Ato ou efeito de apreçar.

Apreçar, v. Tr. dir. 1. Ajustar ou perguntar o preço de. 2. Atribuir grande preço a.

Apreciação, s. f. 1. Ato ou efeito de apreciar. 2. Estimação do valor de alguma coisa; avaliação. 3. Ligeira crítica literária, artística ou científica. 4. Análise, exame.

Apreciador, adj. e s. m. Que, ou o que aprecia.

Apreciar, v. (1. *appretiare*). Tr. dir. 1. Dar apreço a; estimar, prezar. 2. Avaliar, julgar. 3. Considerar.

Apreciativo, adj. Que denota apreciação.

Apreciável, adj. m. e f. 1. Digno de apreço ou estima. 2. Considerável.

Apreço *(ê)*, s. m. Estima, valor ou consideração em que é tida alguma pessoa ou coisa.

Apreendedor, adj. e s. m. Que, ou o que apreende.

Apreender, v. (1. *apprehendere*). Tr. dir. 1. Tomar posse de; apropriar-se judicialmente de. 2. Assimilar mentalmente; entender, compreender.

Apreensão, s. f. 1. Ato ou efeito de apreender. 2. Ação de retirar pessoa ou coisa do poder de alguém. 3. Preocupação, receio, temor. 4. Desassossego do espírito por temor do futuro. 5. *Filos.* Ação de captar intelectualmente a idéia de um objeto.

Apreensibilidade, s. f. Qualidade do que é apreensível.

Apreensível, adj. m. e f. Que se pode apreender.

Apreensivo, adj. 1. Que apreende. 2. Preocupado, receoso.

Apreensório, adj. Que serve para apreender.

Aprefixar *(cs)*, v. Tr. dir. *Gram.* Juntar prefixo a palavra.

Apregoado, adj. 1. Anunciado com pregão; denunciado, dito em voz alta. 2. Proclamado, publicado.

Apregoador, adj. e s. m. Que, ou o que apregoa.

Apregoar, v. (*a* + *pregoar*). 1. Tr. dir. Anunciar com pregão. 2. Tr. dir. Convocar por pregoeiros. 3. Tr. dir. Declarar em público; divulgar, publicar. 4. Pron. Gabar-se, inculcar-se.

Aprender, v. (1. *apprehendere*). Tr. dir., tr. ind. e intr. Ficar sabendo, reter na memória, tomar conhecimento de.

Aprendiz, s. m. 1. O que aprende arte ou ofício. 2. Novato, principiante. Fem.: *aprendiza.*

Aprendizado, s. m. V. *aprendizagem.*

Aprendizagem, s. f. 1. Ato ou efeito de aprender qualquer ofício, arte ou ciência; aprendizado. 2. O tempo que dura tal aprendizado. 3. Prática inicial de ofício aprendido.

Apresamento, s. m. Ato de apresar.

Apresar, v. Tr. dir. 1. Tomar como presa; agarrar, aprisionar, capturar. 2. Agarrar como as aves de rapina.

Apresbiterar, v. Pron. Tomar ordens de presbítero.

Apresentação, s. f. 1. Ato ou efeito de apresentar(-se). 2. *Com.* Ato de pôr alguém ou alguma coisa, com a respectiva identificação e qualificação, em presença do público. 3. Modo por que uma coisa é apresentada. 4. Aparência externa; porte pessoal. 5. *Rel. catól.* Festividades em que se comemoram a apresentação da Virgem Maria e a do Menino Jesus no templo de Jerusalém. 6. *Med.* Extremidade pela qual o feto se apresenta no canal do parto: *A. cefálica.*

Apresentador, adj. e s. m. Que, ou aquele que apresenta.

Apresentante, adj. e s., m. e f. V. *apresentador.*

Apresentar, v. (1. *appraesentare*). 1. Tr. dir. Pôr diante, à vista ou na presença de. 2. Tr. dir. Oferecer para ser visto ou recebido. 3. Tr. dir. Passar às mãos de; entregar. 4. Tr. dir. Submeter ao exame, à aprovação ou à resolução. 5. Tr. dir. Mostrar, exibir. 6. Tr. dir. Dar, manifestar, exprimir, expressar. 7. Pron. Ir à presença de alguém. 8. Pron. Parecer, afigurar-se. 9. Pron. Mostrar-se em público, dando boa ou má impressão.

Apresentável, adj. m. e f. 1. Digno de ser apresentado. 2. Que tem boa apresentação.

Apresilhar, v. 1. Tr. dir. Guarnecer de presilhas. 2. Tr. dir. Prender com presilhas.

Apressado, adj. 1. Que tem pressa. 2. Que requer pressa; urgente. 3. Que peca pela pressa; precipitado. 4. Rápido, acelerado.

Apressar, v. 1. Tr. dir. Dar pressa a; acelerar, ativar. 2. Tr. dir. Abreviar, antecipar. 3. Tr. dir. Estimular, incitar, instigar. 4. Pron. Tornar-se diligente, breve ou rápido. Cfr. *apreçar.*

Apressurado, adj. Apressado, ativo, diligente.

Apressuramento, s. m. Ato ou efeito de apressurar-se; pressa, precipitação, celeridade.

Apressurar, v. Tr. dir. e pron. Tornar(-se) pressuroso; apressar(-se), abreviar(-se), acelerar(-se).

Aprestador, adj. e s. m. Que, ou o que apresta.

Aprestamento, s. m. Ato ou efeito de aprestar(-se); apronto, apresto.

Aprestar, v. 1. Tr. dir. Preparar com prontidão; aprontar. 2. Tr. dir. Prover do necessário. 3. Pron. Dispor-se, preparar-se.

Apresto, s. m. V. *aprestamento.*

Aprilino, adj. (1. *aprile* + *ino*). 1. Próprio de abril. 2. Relativo a abril.

Aprimorado, adj. 1. Feito com esmero e perfeição. 2. Completo, perfeito, requintado.

Aprimoramento, s. m. Ato ou efeito de aprimorar(-se).

Aprimorar, v. 1. Tr. dir. e pron. Tornar(-se) primoroso; aperfeiçoar(-se), esmerar(-se). 2. Pron. Esforçar-se para atingir a perfeição. 3. Tr. dir. Acompanhar (dádivas ou ações caritativas) de primor e nobreza.

Apriorismo, s. m. (1. *a priori* + *ismo*). Aceitação *a priori*, por hipótese, de fatores independentes da experiência.

Apriorista, s. m. e f. Pessoa que raciocina com apriorismo.

Apriorístico, adj. Relativo ao apriorismo.

Aprisco, s. m. 1. Curral onde se recolhe o gado lanígero; redil. 2. Caverna, covil, toca. 3. A casa; o lar.

Aprisionado, adj. Feito prisioneiro; preso, encarcerado.

Aprisionador, adj. e s. m. Que, ou o que aprisiona.

Aprisionamento, s. m. Ato ou efeito de aprisionar.

Aprisionar, v. Tr. dir. 1. Fazer prisioneiro; apresar. 2. Meter em prisão; encarcerar.

Aproamento, s. m. Ato ou efeito de aproar.

Aproar, v. (*a* + *proa* + *ar*). 1. Tr. ind. Virar a proa da embarcação para determinado rumo; proejar. 2. Tr. ind. e intr. Dirigir-se a; arribar, chegar. 3. Tr. ind. Encaminhar-se.

Aprobativo, adj. Que aprova, que contém aprovação.

Aprobatório, adj. V. *aprobativo*.

Aproejar, v. V. *aproar*.

Aprofundamento, s. m. Ato ou efeito de aprofundar(-se).

Aprofundar, v. 1. Tr. dir. e pron. Fazer(-se) profundo ou tornar(-se) mais profundo. 2. Tr. ind. e pron. Penetrar muito dentro. 3. Tr. dir. e pron. Estudar(-se), examinar(-se), investigar a fundo, pensar minuciosamente.

Aprontamento, s. m. Ato ou efeito de aprontar(-se).

Aprontar, v. Tr. dir. e pron. Aparelhar(-se), aperceber(-se), dispor(-se), preparar(-se), pôr(-se) pronto.

Apronto, s. m. 1. Aprestamento. 2. *Turfe*. Prova com que termina a fase de exercícios de um parelheiro. 3. Exercício final para verificação das condições técnicas desportivas de um indivíduo ou de um grupo.

Apropinquação, s. f. Ato ou efeito de apropinquar; aproximação.

Apropinquar, v. (1. *appropinquare*). Tr. dir. e pron. Chegar(-se) para perto; aproximar(-se). Conjug., pres. ind.: *apropínquo* etc. Pret. perf.: *apropinqüei, apropinquaste* etc. Pres. subj.: *apropinqüe, apropinqües* etc. É mais usado como pronominal.

Apropositado, adj. Vindo a propósito; conveniente, adequado.

Apropositar, v. 1. Tr. dir. Fazer ou dizer a propósito. 2. Tr. dir. Acomodar, apropriar. 3. Pron. Apresentar-se oportunamente, ser oportuno.

Apropriação, s. f. 1. Ato ou efeito de apropriar(-se). 2. Acomodação, adaptação.

Apropriado, adj. 1. Próprio, apto, adequado, conveniente. 2. Oportuno.

Apropriador, adj. e s. m. Que, ou o que (se) apropria.

Apropriar, v. (1. *appropriare*). 1. Tr. dir. Tornar próprio ou conveniente. 2. Tr. dir. Adaptar, adequar, atribuir. 3. Pron. Apoderar-se de alguma coisa como própria.

Aprosexia (*cs*), s. f. *Med*. Perturbação da atenção que se caracteriza pela impossibilidade de concentração prolongada.

Aprovação, s. f. 1. Ato ou efeito de aprovar. 2. Aplauso, louvor. 3. Assenso, beneplácito. 4. Homologação, confirmação. 5. Acordo por votação. 6. Ato pelo qual o aluno ou o candidato é considerado habilitado numa prova, exame ou concurso.

Aprovado, adj. 1. Autorizado, sancionado. 2. Julgado habilitado em prova. 3. Achado bom, julgado aceitável.

Aprovador, adj. e s. m. Que, ou aquele que aprova.

Aprovar, v. (1. *approbare*). Tr. dir. 1. Dar aprovação a, considerar bom. 2. Julgar habilitado em prova. 3. Autorizar, ratificar, sancionar. 4. Pôr à prova.

Aprovativo, adj. V. *aprobativo*.

Aprovável, adj. m. e f. Que merece aprovação.

Aproveitado, adj. Diz-se daquilo que dá ou de que se tira proveito; vantajoso.

Aproveitador, adj. Que (se) aproveita. S. m. Aquele que (se) aproveita.

Aproveitamento, s. m. Ato ou efeito de aproveitar.

Aproveitante, adj. m. e f. V. *aproveitador*.

Aproveitar, v. 1. Tr. dir., tr. ind., intr. e pron. Tirar proveito; utilizar(-se), valer(-se). 2. Tr. dir. e tr. ind. Tornar proveitoso, útil ou rendoso. 3. Tr. dir. Empregar, utilizar. 4. Tr. dir. e intr. Tirar proveito indevido ou exagerado; explorar. 5. Tr. ind. e intr. Dar proveito, ser útil.

Aproveitável, adj. m. e f. 1. Digno de ser aproveitado. 2. Que pode ser aproveitado; utilizável.

Aprovisionador, adj. e s. m. Que, ou o que aprovisiona.

Aprovisionamento, s. m. Ato de aprovisionar; abastecimento de provisões.

Aprovisionar, v. V. *abastecer*.

Aproximação, s. f. 1. Ato ou efeito de aproximar(-se). 2. Movimento pelo qual se avança em direção de alguém ou de alguma coisa. 3. *Mat*. Cálculo, valor não absolutamente exato, porém o mais chegado possível. 4. Tudo aquilo que não oferece rigorosa exatidão. 5. Em loteria, o número que imediatamente antecede ou sucede ao premiado.

Aproximar, v. (1. *approximare*). 1. Tr. dir. e pron. Fazer que (uma coisa) fique ou pareça estar perto de (outra). 2. Tr. dir. e pron. Relacionar(-se). 3. Tr. dir. Fazer chegar (um cálculo) o mais próximo à exatidão. 4. Tr. dir. Fazer chegar; apressar. 5. Tr. dir. Tornar acessível ou compatível. 6. Pron. Parecer-se, ter semelhança.

Aproximativo, adj. 1. Que aproxima. 2. Feito por aproximação.

Aprumado, adj. 1. Posto a prumo; vertical. 2. Que tem prumo. 3. Melhorado de negócios ou de saúde. 4. Bem vestido.

Aprumar, v. 1. Tr. dir. e pron. Levantar(-se) a prumo ou em linha vertical. 2. Tr. dir. e pron. Empertigar(-se), endireitar(-se). 3. Pron. Melhorar de sorte, saúde ou negócios. 4. Pron. Vestir-se com esmero.

Aprumo, s. m. 1. Efeito de aprumar. 2. Posição vertical ou erguida. 3. Altivez, sobrançaria.

Apside, s. f. *Astr*. Cada uma das extremidades da órbita de um planeta. A *a. superior* se chama *afélio* e a *inferior, periélio*.

Apterigógenos, s. m. pl. *Entom*. Subclasse *(Apterygogenea)* de insetos ametabólicos, com apêndices locomotores rudimentares no abdome e sempre ápteros; Apterigotos.

Áptero, adj. *Entom*. Desprovido de asas.

Aptidão, s. f. 1. Disposição natural para uma coisa. 2. Estado de uma pessoa que a lei considera capacitada a desempenhar certa função ou praticar um ato.

Apto, adj. Que tem aptidão inata ou adquirida; capaz, hábil, habilitado, idôneo. Antôn.: *inapto*.

Apuado, adj. Em forma de pua; aguçado, pontiagudo.

Apuamento, s. m. Ato ou efeito de apuar.

Apuar, v. Tr. dir. 1. Armar com puas. 2. Supliciar com puas. 3. Atacar com puas. 4. Angustiar, supliciar.

Apuava, adj. Diz-se de cavalo espantadiço.

Apuí, s. m. (tupi-guar.). *Bot*. Nome de uma árvore morácea *(Ficus fagifolia)* e de uma gutiferácea *(Clusia insignis)*, ambas de casca que exsuda látex usado para preparar uma bebida calmante.

Apuizeiro (*u-i*), s. m. V. *apuí*.

Apunhalado, adj. Ferido ou morto a punhal.

Apunhalar, v. 1. Tr. dir. e pron. Ferir(-se) ou matar(-se) com punhal. 2. Tr. dir. e intr. Ferir como punhal. 3. Tr. dir. Magoar muito, pungir.

Apunhar, v. 1. Tr. dir. e tr. ind. Empunhar. 2. Tr. dir. Dar punhadas em.

Apupada, s. f. 1. Ato ou efeito de apupar. 2. Arruaça, vaia. 3. Vaia prolongada.

Apupar, v. Tr. dir. Perseguir com apupos ou vaias; escarnecer.

Apupo, s. m. 1. Buzina que produz sons desafinados. 2. Desaprovação manifestada por meio de zoada e assobios. 3. Arruaça, troça, vaia.

Apuração, s. f. 1. Ato ou efeito de apurar; purificação, refinação. 2. Escolha, seleção. 3. Averiguação, exame. 4. Contagem de votos em uma eleição.

Apurado, adj. 1. Escolhido por apuração. 2. Crítico, dificultoso. 3. Exausto de recursos; pobre.

Apurador, adj. e s. m. Que, ou o que apura.

Apuramento, s. m. V. *apuração*.

Apurar, v. 1. Tr. dir. e pron. Livrar(-se) de impureza(s); tornar(-se) puro. 2. Tr. dir. e pron. Aperfeiçoar(-se). 3. Tr. dir. Escolher, selecionar. 4. Tr. dir. Afinar (metais). 5. Tr. dir. Redigir de acordo com os preceitos gramaticais e estilísticos. 6. Tr. dir. Averiguar, indagar. 7. Tr. dir. Irritar a paciência de. 8. Tr. dir. Ferver para concentrar. 9. Tr. dir. Conseguir, obter. 10. Tr. dir. Aguçar, firmar. 11. Pron. Vestir-se com primor e elegância estudada. 12. Tr. dir. Contar (votos). 13. Tr. dir. Calcular, contar quantias (de receita, ganho, lucro).

Apurativo, adj. 1. Que purifica. 2. Depurativo, detersivo.

Apuro, s. m. 1. Apuração. 2. Esmero no falar, no vestir ou no escrever; requinte. 3. Aperto, dificuldade, situação penosa. 4. A coisa apurada.

Apurpurado, adj. Purpúreo.

Aquadrilhamento, s. m. Ato de aquadrilhar(-se).

Aquadrilhar, v. Tr. dir. e pron. Alistar(-se), arrolar(-se) ou formar em quadrilhas.

Aquarela, s. f. 1. Massa com pigmento de várias cores, contendo ou não um aglutinante, que se deve diluir em água para reduzi-la a tinta. 2. Pintura obtida com essa técnica.

Aquarelar, v. Tr. dir. Pintar a aquarela.

Aquarelista, s. m. e f. Artista que pinta aquarelas. Var.: *aguarelista*.

Aquário, s. m. Depósito de água destinado à criação e observação de animais e vegetais aquáticos, em especial peixes ornamentais.

Aquartalado, adj. Diz-se do cavalo que tem os quartos fortes e baixos.

Aquartelado, adj. 1. Alojado em quartel. 2. *Heráld.* Dividido em quartéis: Escudo *aquartelado*.

Aquartelamento, s. m. 1. Ato ou efeito de aquartelar(-se). 2. Quartel.

Aquartelar, v. 1. Tr. dir. Alojar em quartéis; aboletar. 2. Tr. ind. e pron. Alojar-se em quartéis. 3. Tr. dir. Dividir em quartéis: *A.* um *escudo*. 4. Pron. Alojar-se, hospedar-se.

Aquartilhar, v. Tr. dir. Medir ou vender aos quartilhos.

Aquático, adj. 1. Da água. 2. Que vive na água ou sobre ela.

Aquátil, adj. m. e f. Aquático. Pl.: *aquáteis*.

Aquatinta, s. f. Processo de gravura em água-forte que imita os desenhos de aguada.

Aquatintista, s. m. e f. Pessoa que grava pelo processo de aquatinta.

Aquebrantar, v. V. *quebrantar*.

Aquecedor, adj. Que aquece. S. m. Aparelho para aquecer.

Aquecer, v. *(a + 1. calescere)*. 1. Tr. dir., intr. e pron. Tornar (-se) quente; aquentar(-se), esquentar(-se). 2. Intr. Dar calor. 3. Tr. dir. e pron. Animar(-se), entusiasmar(-se). 4. Tr. dir. e pron. Encolerizar(-se), irar(-se). 5. Tr. dir. e pron. *Esp.* Exercitar(-se) antes da prova ou do treino.

Aquecimento, s. m. Ato ou efeito de aquecer(-se).

Aquecível, adj. m. e f. Que se pode aquecer.

Aquedar, v. Tr. dir. Tornar quedo ou sossegado; aquietar.

Aqueduto, s. m. (1. *aquoeductu*). Canal, galeria ou encanamento destinado a conduzir a água de um lugar para outro.

Aquela, pron. dem. Fem. de *aquele*.

Aquele *(ê)*, pron. dem. (1. *eccu'ille*). Indica pessoa ou coisa que está um pouco distante da pessoa que fala e da a quem se fala, tanto na ordem de lugar como na de tempo: *aquele* homem; *aquele* objeto; ou refere-se no discurso ao termo mais afastado. Forma enfática, popularizada: Os amigos se encontraram e foi *aquele* abraço (Eça de Queirós).

Àquele, contração da preposição *a* com o pron. dem. *aquele*.

Aqueloutro, pron. dem. (contr. de *aquele + outro*). Emprega-se quando há mais de um ser distante; um outro que está ali ou além daquele: — É aquele? — Não, é *aqueloutro*.

Àqueloutro, contração da preposição *a* com o pron. dem. *aqueloutro:* Deu *àqueloutro* uma flor.

Aquém, adv. (1. *eccu' + inde*). Da parte ou lado de cá. Quando prefixo, exige hífen antes de qualquer letra.

Aquém de, loc. prep. 1. Do lado de cá de. 2. Abaixo de, em grau inferior a.

Aquém-mar, adv. Aquém do mar; para cá do mar. Antôn.: *além-mar*.

Aquênio, s. m. (1. *achaeniu*). *Bot.* Fruto seco, indeiscente, monospérmico, que não está soldado ao pericarpo.

Aquentamento, s. m. Ato ou efeito de aquentar(-se).

Aquentar, v. 1. Tr. dir. e pron. Tornar(-se) quente; aquecer (-se), esquentar(-se). 2. Tr. dir. Dar coragem a, imprimir atividade a; reanimar.

Áqüeo, adj. Que contém água; aquoso.

Aquerenciadeira, adj. e s. f. Diz-se de criação ou tropa que facilmente se acostuma com a madrinha, com outros animais ou com um lugar.

Aquerenciado, adj. Que se aquerenciou (animal bovino ou cavalar).

Aquerenciar, v. Tr. dir. e pron. 1. Acostumar(-se) a lugar certo. 2. Acostumar(-se) a lugar diverso daquele da parada habitual ou do nascimento. 3. Habitar com outros. — Usa-se com relação ao gado cavalar, lanígero ou vacum e, às vezes, às pessoas.

Aqueronteu, adj. V. *aquerôntico*.

Aquerôntico, adj. *Mit.* Relativo a Aqueronte, rio do inferno greco-romano.

Aqueu, adj. Relativo à Acaia, território da antiga Grécia. Fem.: *aquéia*.

Aqui, adv. 1. Neste lugar. 2. A este lugar. 3. Nesta ocasião. 4. Nisto.

aqüi-, elem. de comp. (1. *aqua*). Exprime a idéia de *água: aqüícola*.

Aqüícola, adj. m. e f. 1. Relativo à aqüicultura. 2. Que vive na água.

Aqüicultura, s. f. Arte de criar e multiplicar animais e plantas aquáticos.

Aquiescência, s. f. Ato ou efeito de aquiescer; anuência, assentimento.

Aquiescente, adj. m. e f. Que aquiesce.

Aquiescer, v. (1. *acquiescere*). Tr. ind. e intr. Anuir, condescender, consentir.

Aquietação, s. f. Ato ou efeito de aquietar(-se).

Aquietador, adj. e s. m. Que, ou o que aquieta.

Aquietar, v. 1. Tr. dir. Tornar quieto; pacificar, tranqüilizar. 2. Tr. ind., intr. e pron. Ficar quieto; acalmar-se, serenar-se.

Aqüífero, adj. Que contém ou conduz água.

Aqüifoliáceas, s. f. pl. *Bot.* Família *(Aquifoliaceae)* de árvores e arbustos da ordem das Sapindales, a que pertence a erva-mate.

Aquilão, s. m. (1. *aquilone*). 1. *Poét.* O vento do norte. 2. A região boreal.

Aquilária, s. f. *Bot.* Gênero *(Aquilaria)* de árvores asiáticas da família das Timeleáceas, de madeira resinosa e aromática.

Aquilatador, adj. Que aquilata.

Aquilatar, v. 1. Tr. dir. Determinar o quilate de (ouro ou prata). 2. Tr. dir. e tr. ind. Pesar no ânimo; apreciar, avaliar, julgar. 3. Tr. dir. e pron. Aperfeiçoar(-se), melhorar(-se).

Aqüilégia, s. f. *Bot.* 1. Gênero *(Aquilegia)* de ervas da família das Ranunculáceas, com flores vistosas. 2. Planta ornamental desse gênero *(Aquilegia vulgaris)*.

Aquileu, adj. Relativo ao tendão de Aquiles. Fem.: *aquiléia*.

Aquilhado, adj. *Náut.* Diz-se das embarcações que têm quilhas.

Aquilia[1], s. f. *(a + quilo*[5] *+ ia)*. *Med.* Falta de formação do quilo.

Aquilia[2], s. f. *(a + quilo*[4] *+ ia)*. *Terat.* Falta congênita de um, ou de ambos os lábios.

Aquilino, adj. (1. *aquilinu*). 1. Relativo à águia, ou próprio dela. 2. Recurvo como o bico da águia: Nariz *aquilino*. 3. Penetrante como os olhos da águia: Vistas *aquilinas*.

Aquilo, pron. dem. 1. Aquela coisa ou aquelas coisas. 2. *Pej.* Aquela pessoa.

Àquilo, contração da preposição *a* com o demonstrativo *aquilo.*

Aquilombado, adj. Refugiado em quilombo.

Aquilombar, v. 1. Tr. dir. Reunir (escravos) em quilombo. 2. Pron. Refugiar-se em quilombo, ou como em quilombo.

Aquilonal, adj. m. e f. 1. Concernente ao aquilão. 2. Do norte; setentrional.

Aquinhoador, adj. e s. m. Que, ou o que aquinhoa.

Aquinhoamento, s. m. Ato ou efeito de aquinhoar.

Aquinhoar, v. 1. Tr. dir. Dar em quinhão, dividir em quinhões, repartir em quinhões. 2. Tr. dir. Dar quinhão a. 3. Pron. Tomar para si algum quinhão do que se reparte. 4. Tr. dir. Dar de quinhão; dotar.

Aquiritivo, adj. Diz-se da aptidão para adquirir; aquisitivo.

Aquisição, s. f. (1. *aquisitione*). 1. Ato ou efeito de adquirir; adquirição. 2. A coisa adquirida.

Aquisitivo, adj. 1. Relativo a aquisição. 2. Aquiritivo.

Aqüista, adj. e s., m. e f. Diz-se da, ou pessoa que freqüenta estâncias de águas minerais.

Aquosidade, s. f. Qualidade ou estado do que é aquoso.

Aquoso, adj. 1. Da natureza da água, ou que parece água. 2. Que tem água.

Ar[1], s. m. (1. *aere*). 1. Fluido gasoso que forma a atmosfera. 2. Atmosfera. 3. Vento, viração. 4. Clima. 5. Espaço vazio. 6. Graça ou elegância de porte. 7. Expressão do rosto. 8. Modo de proceder ou de apresentar-se. 9. Aparência. 10. Mostra, indício. 11. Semelhança. Na maioria das acepções do singular, é também usado no plural com idêntico sentido. — *Ar-condicionado*: aparelho elétrico que permite a manutenção de desejada temperatura num ambiente; condicionador de ar.

-ar[2], Desinência do infinito impessoal, nos verbos da primeira conjugação: am-*ar*, gost-*ar*, pen-*ar*.

-ar[3], suf. Equivalente de *-al,* que ocorre normalmente em palavras que têm *l* no radical: *vilar, particular.*

Ara[1], s. f. (1. *ara*). 1. Altar. 2. Pedra, contendo relíquias de mártires, de uso obrigatório no altar em que se celebrem missas.

Ara[2], s. f. (tupi *ara*). 1. *Ornit.* Arara. 2. Dia.

Ara![3], interj. O mesmo que *ora!*

Arabaiana, s. f. *Ictiol.* O mesmo que *olhete.*

Árabe, s. m. 1. Indivíduo nascido na Arábia. 2. Língua da Arábia e de outros povos muçulmanos. Adj. m. e f. Relativo à Arábia ou aos seus habitantes.

Arabescar, v. Tr. dir. 1. Ornar com arabescos. 2. Traçar como arabesco. 3. Escrevinhar, garatujar.

Arabesco *(ê),* adj. Relativo aos árabes ou ao seu estilo de ornamentação. S. m. Ornamento de folhagens, flores e figuras entrelaçadas, empregado em pintura, baixos-relevos, entalhaduras, mosaicos e na estamparia de tecidos.

Arábico, adj. e s. m. 1. O mesmo que *árabe.* 2. V. *algarismos arábicos.* 3. V. *goma-arábica.*

Arábigo, adj. e s. m. V. *arábico.*

Arabismo, s. m. Forma ou expressão próprias da língua ou da cultura árabes.

Arabista, s. m. e f. Especialista na língua e cultura árabes.

Arabizar, v. 1. Tr. dir. e pron. Dar aparência árabe a. 2. Intr. Consagrar-se a estudos arábicos.

Arabóia, s. f. *Herp.* Nome que dão à caninana, no Acre.

Arabu, s. m. *Cul.* V. *abunã.*

Araca, s. f. Aguardente de alto teor alcoólico, extraída da pasta fermentada de arroz e melaço.

Araçá, s. m. 1. *Bot.* O mesmo que *araçazeiro.* 2. Fruto do araçazeiro. Adj. m. e f. Diz-se do bovino de pêlo claro, manchado de escuro.

Araçaí, s. m. *Bot.* Arbusto mirtáceo *(Psidium araçahu)*; auí.

Araçaíba, s. m. Madeira do araçá.

Aracajuano, adj. Relativo a Aracaju, cidade e capital do Estado de Sergipe. S. m. O natural ou habitante de Aracaju.

Aracambé, s. m. *Zool.* Canídeo brasileiro também chamado *jaguaracambé* e *jaguarambé.*

Aracambuz, s. m. Cruzeta das jangadas, na qual se firma a verga da mezena.

Aracanga, s. f. *Ornit.* Arara-vermelha *(Ara macao).*

Araçanga, s. f. Cacete com que os jangadeiros matam o peixe depois de fisgado.

Aracanguira, s. f. *Ictiol.* Peixe do mar, carangídeo *(Blepharis crinitus).*

Aração, s. f. 1. Ato de arar. 2. *Reg.* Ação de alimentar-se apressadamente. 3. Fome demasiada.

Araçarana, s. f. *Bot.* Árvore da família das Melastomáceas *(Bellucia sp. var.).*

Araçari, s. m. *Ornit.* Nome comum a várias aves da família dos Ranfastídeos, semelhantes aos tucanos, porém menores.

Aracati, s. m. (Ceará). Vento forte e fresco, que, à noitinha, no verão, sopra regularmente, com a direção de nordeste para sudoeste.

Araçazada, s. f. Doce de araçá.

Araçazal, s. m. Terreno coberto de araçazeiros.

Araçazeiro, s. m. *Bot.* Nome comum a vários arbustos da família das Mirtáceas, especialmente o *Psidium grandifolium* e *P. variabile,* de folhas simples, aromáticas, e que fornecem o araçá, fruto comestível; araçá.

Aráceas, s. f. pl. *Bot.* Família *(Araceae)* da ordem das Espadicifloras, que compreende plantas de caule herbáceo, rizoma tuberoso e inflorescência em espadice.

Araciuirá *(i-ui),* s. m. *Ornit.* Ave cotingídea *(Phoenicocercus carnifex),* também denominada *saurá.*

Aracnídeo, s. m. *Zool.* Espécime dos Aracnídeos. S. m. pl. Classe de artrópodes octópodes, na grande maioria terrestres, que compreende os escorpiões, aranhas, carrapatos, ácaros e formas relacionadas.

aracno-, elem. de comp. (gr. *arakhne*). Indica a idéia de *aranha: aracnologia.*

Aracnóide, adj. m. e f. Semelhante à aranha ou à teia de aranha. S. f. *Anat.* Membrana delgada e transparente que reveste o cérebro, situada entre a dura-máter e a pia-máter.

Aracnóideo, adj. Aracnóide.

Aracnoidite, s. f. *Med.* Inflamação da aracnóide.

Aracnologia, s. f. Parte da entomologia, que estuda as aranhas.

Aracnologista, s. m. e f. Especialista em aracnologia.

Aracnólogo, s. m. Aracnologista.

Aracu, s. m. *Ictiol.* Nome que os amazonenses, imitando os índios, dão a alguns peixes caracinídeos.

Arada, s. f. Aradura.

Arado[1], s. m. Instrumento para arar a terra.

Arado[2], adj. *Pop.* Esfaimado, faminto; varado.

Arador, s. m. Aquele que ara; lavrador.

Aradura, s. f. 1. Ato ou efeito de arar. 2. Porção de terra arada.

Aragem, s. f. 1. Bafejo, vento brando e fresco, viração. 2. Oportunidade.

Aragonês, adj. Relativo a Aragão. S. m. Natural ou habitante de Aragão.

Aragonita, s. f. *Miner.* Carbonato natural de cálcio, de cristalização ortorrômbica.

Araguaí, s. m. *Ornit.* V. *maracanã.*

Araiú, s. m. *Ictiol.* Peixe semelhante ao bagre *(Arius oncina),* que anda fora dágua.

Aralha, s. f. 1. Novilha de dois anos. 2. Palha do alho, com que se trançam as réstias.

Araliáceas, s. f. pl. *Bot.* Família *(Araliaceae)* da ordem das Umbelifloras, que compreende algumas espécies ornamentais, como a hera européia *(Hedera helix).*

Aramado, adj. Fechado por cercas de arame; alambrado. S. m. Cerca de arame.

Aramador, s. m. Fabricante de redes de arame.

Aramagem, s. f. Gradeamento de arame.

Aramaico, adj. Relativo aos arameus ou à sua língua. S. m. Língua dos arameus.

Aramar, v. Tr. dir. Pôr cercas de arame em; alambrar.

Arame, s. m. (1. *aeramen*). 1. Liga de cobre com zinco ou outros metais. 2. Qualquer fio de metal, longo e delgado, dobradiço e flexível, de comprimento indeterminado. 3. *Pop.* Dinheiro. 4. Cabo sobre que trabalham certos equilibristas.

Arameiro, s. m. Indivíduo que faz trabalhos de arame.

Arameu, adj. Relativo ao antigo Aram ou aos arameus. S. m. pl. Povo semítico que desde o século XV a. C. invadiu a Síria e depois a Mesopotâmia.

Aramina, s. f. Fibra têxtil do carrapicho.

Aramista, s. m. e f. Acrobata que trabalha sobre um arame.

Aramudo, adj. *Gír.* Cheio de dinheiro; endinheirado.

Arandela, s. f. 1. Peça que se põe na boca do castiçal para aparar os pingos da vela. 2. Peça em que, nos pendentes da luz, se parafusa o quebra-luz. 3. Braço para bico de gás, vela ou lâmpada elétrica, preso à parede. 4. Guarda-mão, das lanças, espadas, maças etc. 5. Prato de barro, com água, no qual se põe vaso de flores que se quer preservar das formigas.

aranei-, elem. de comp. (l. *aranea*). O mesmo que *aracno-*: *araneífero.*

Araneídeo, adj. Relativo aos Araneídeos. S. m. pl. *Zool.* Ordem *(Araneida)* de aracnídeos que compreende as aranhas com cefalotórax e abdome não segmentados e ligados por fino pedúnculo.

Araneífero, adj. Que tem teias de aranha.

Araneiforme, adj. m. e f. Que tem forma de aranha.

Aranha, s. f. (l. *aranea*). 1. *Zool.* Qualquer animal articulado da ordem dos Araneídeos. 2. Designação comum a diversos objetos, máxime de arame, cuja forma lembre a da aranha. Aumentativo: *aranhão, aranhuço.*

Aranhar, v. Intr. 1. Andar vagarosamente, como a aranha. 2. Tardar.

Aranheiro, s. m. V. *aranhol.*

Aranhento, adj. 1. Próprio da aranha. 2. Cheio de aranhas.

Aranhiço, s. m. 1. Aranha pequena. 2. Pessoa magra, de braços e pernas compridos. S. m. pl. Conjunto de arcos salientes das abóbadas ogivais.

Aranhol, s. m. 1. Lugar da teia em que se esconde a aranha. 2. Toca de aranhas. 3. Armadilha para caçar pássaros, parecida com teia de aranha.

Aranhoso, adj. Semelhante à aranha ou à sua teia.

Aranzel, s. m. Discurso prolixo ou tedioso; lengalenga.

Arão, s. m. *Bot.* Nome comum a várias plantas da família das Aráceas.

Arapabaca, s. f. *Bot.* Nome comum a várias plantas loganiáceas; entre elas se destaca a espécie *Spigelia anthelmia;* espigélia.

Arapaçu, s. m. *Ornit.* Nome de vários pássaros da família dos Dendrocolaptídeos, que se caracterizam pelo bico longo e curvo.

Arapapá, s. m. *Ornit.* Ave da família dos Coclearídeos, também chamada impropriamente *colhereiro (Cochlearius cochlearia).*

Arapoca, s. f. *Bot.* Nome comum a várias árvores da família das Rutáceas, especialmente da *Raputia magnifica.*

Araponga, s. f. *Ornit.* Pássaro da família dos Cotingídeos *(Procnias nudicollis),* cujo canto imita as pancadas do ferreiro na bigorna; ferrador, ferreiro, guiraponga. Voz: *bigorneia, grita, martela, retine, serra, tine.*

Arapuá, s. f. *Entom.* Abelha grande e preta *(Trigona ruficrus),* também conhecida por *abelha-de-cachorro.*

Arapuca, s. f. 1. Armadilha para caçar pássaros, feita de pauzinhos ou talas de bambu dispostos em forma de pirâmide. 2. Casebre esburacado; pardieiro. 3. Casa bancária mal formada. 4. Embuste.

Arapuçá, s. f. *Zool.* Tartaruga da Amazônia, menor que o tracajá *(Podocnemis lewyana).*

Araquã, s. f. e m. *Ornit.* Nome de várias aves galináceas, da família dos Cracídeos, muito semelhantes aos jacus.

Araque, s. m. *Gír.* Elemento da expressão *de araque:* de qualidade inferior, de comportamento falso.

Arar[1], v. (l. *arare*). 1. Tr. dir. e intr. Sulcar a terra com o arado; lavrar. 2. Tr. dir. Sulcar as águas de; navegar.

Arar[2], v. Intr. Estar com muita fome.

Arara, s. f. *Ornit.* Nome de várias aves da família dos Psitacídeos, que se distinguem pelo colorido, em que prevalecem as cores mais vivas: amarelo, vermelho e azul. Voz: *chalra, grasna, grita, palra, taramela.* S. m. e f. *Pop.* 1. Bobo, pacóvio, pateta. 2. Calouro, principiante. 3. Indivíduo que se deixa explorar.

Ararambóia, s. f. *Herp.* Serpente da família dos Boídeos *(Boa canina),* de cor verde-brilhante, que atinge até 2 m.

Ararandéua, s. f. *Bot.* Árvore leguminosa-mimosácea *(Pithecolobium cauliflorum).*

Ararapá, s. m. *Ornit.* V. *arapapá.*

Arariba, s. f. *Bot.* 1. V. *araraúba.* 2. Nome comum a várias plantas leguminosas-papilionáceas, do Brasil setentrional, que dão excelente madeira; araruva, araraúva.

Araribá, s. f. *Bot.* O mesmo que *arariba,* acepção 2.

Araroba, s. f. *Bot.* Árvore sul-americana leguminosa-papilionácea *(Andira araroba),* cuja casca é medicinal.

Araruta, s. f. 1. *Bot.* Planta herbácea marantácea *(Maranta arundinacea),* de raiz tuberosa. 2. Fécula alimentar, extraída da raiz dessa planta.

Arataca, s. f. Armadilha para caçar animais.

Araticu, s. m. V. *araticum.*

Araticum, s. m. *Bot.* 1. Denominação comum a várias espécies de plantas anonáceas. 2. Fruto de várias dessas plantas.

Aratório, adj. Concernente ao arado ou à lavoura.

Aratriforme, adj. m. e f. Semelhante ao arado.

Aratu, s. m. *Zool.* Denominação popular de várias espécies de caranguejos que habitam manguezais, todos eles apresentando carapaça trapezoidal.

Araucano, adj. Relativo à Araucânia, região da América do Sul que abrange a província de Arauco, hoje pertencente ao Chile.

Araucária, s. f. *Bot.* Gênero *(Araucaria)* de árvores altas da família das Araucariáceas, da América do Sul e Austrália, a que pertence o pinheiro-do-paraná.

Arauiri *(au-i),* s. m. *Ictiol.* Peixe da Amazônia *(Triportheus auritus).*

Araúna, s. f. *Ornit.* V. *graúna.*

Arauto, s. m. (fr. ant. *heraut*). 1. *Ant.* Oficial que fazia as publicações solenes, anunciava a guerra e proclamava a paz. 2. Mensageiro.

Arável, adj. m. e f. Que pode ser arado.

Aravela, s. f. Peça de charrua em que se apóia a mão de quem a dirige.

Aravia, s. f. Linguagem ininteligível; algaravia.

Araxá, s. m. Terreno elevado e plano.

Arbitração, s. f. Arbitragem.

Arbitrador, s. m. Pessoa que arbitra.

Arbitragem, s. f. 1. Ato ou efeito de arbitrar; arbitração, arbitramento. 2. Julgamento. 3. Decisão proferida por um terceiro, aceito como árbitro, para compor um litígio entre as partes interessadas.

Arbitral, adj. m. e f. 1. Que concerne a árbitros. 2. Que decorre de decisão de árbitro. 3. Sem regras certas; arbitrário.

Arbitramento, s. m. V. *arbitragem.*

Arbitrar, v. Tr. dir. 1. Decidir por arbitramento. 2. Resolver como árbitro. 3. Decidir, seguindo a própria consciência. 4. Adjudicar, atribuir. 5. Determinar.

Arbitrariedade, s. f. 1. Qualidade de arbitrário. 2. Procedimento arbitrário.

Arbitrário, adj. 1. Resultante de arbítrio pessoal, ou sem fundamento em lei ou em regras. 2. Diz-se de ato em que intervém o capricho, às custas da verdade, da razão ou da justiça; caprichoso.

Arbitrativo, adj. Dependente de arbítrio.

Arbítrio, s. m. 1. Resolução que depende só da vontade. 2. Julgamento de árbitros. 3. Opinião, voto. 4. Expediente, alvitre.

Arbitrista, s. m. e f. Pessoa que arquiteta planos extraordinários, para alcançar um fim.

Árbitro, s. m. 1. Aquele que, por acordo das partes litigantes, resolve uma questão. 2. Autoridade suprema; soberano. 3. O que serve de modelo ou exemplo: *Á.* da elegância.

4. Juiz. 5. Indivíduo que dirige um prélio esportivo. Fem.: *árbitra*.

Arbóreo, adj. 1. Relativo à árvore. 2. Semelhante a uma árvore. 3. Do porte de uma árvore.

Arborescência, s. f. Qualidade ou estado de arborescente.

Arborescente, adj. m. e f. Diz-se das plantas que chegam a apresentar o porte e o aspecto de uma árvore, como os fetos.

Arborescer, v. Intr. 1. Tornar-se árvore. 2. Desenvolver-se como a árvore.

Arboreto *(ê)*, s. m. Conjunto de árvores cultivadas.

Arborícola, adj. m. e f. Que vive nas árvores.

Arboricultor, adj. e s. m. Que, ou o que se dedica à cultura das árvores; arborista.

Arboricultura, s. f. Cultura de árvores, consideradas individualmente.

Arboriforme, adj. m. e f. Com forma de árvore.

Arborista, s. m. e f. V. *arboricultor*.

Arborização, s. f. 1. Ato ou efeito de arborizar. 2. Plantação de árvores. 3. *Miner.* Disposição dos veios, em alguns minerais, que imita ramificações de árvores.

Arborizado, adj. Plantado ou cheio de árvores.

Arborizar, v. Tr. dir. Plantar árvores em; guarnecer com árvores.

Arbúscula, s. f. Árvore pequenina; arvoreta.

Arbúsculo, s. m. Pequeno arbusto.

Arbústeo, adj. V. *arbustivo*.

Arbustiforme, adj. m. e f. Que tem forma de arbusto.

Arbustivo, adj. Da natureza do arbusto; arbústeo.

Arbusto, s. m. *Bot.* Vegetal lenhoso, ramificado desde a base, de modo que não se consegue distinguir seu tronco principal.

Arca, s. f. 1. Caixa de grandes dimensões. 2. Cofre onde se guardam valores; burra. 3. Tesouro de uma sociedade ou instituição. 4. Cavidade: *A.* torácica.

Arcabouço, s. m. 1. Conjunto dos ossos do corpo; esqueleto. 2. Tórax. 3. Armação de uma construção. Var.: *arcaboiço*.

Arcabuz, s. m. Forma antiga de arma de fogo portátil, de fecho de mecha, inventada nos meados do século XV.

Arcabuzada, s. f. 1. Tiro de arcabuz. 2. Tiroteio.

Arcabuzamento, s. m. Ato ou efeito de arcabuzar.

Arcabuzar, v. Tr. dir. 1. Matar a tiros de arcabuz. 2. Ferir ou matar com espingarda.

Arcabuzaria, s. f. 1. Descarga de muitos arcabuzes. 2. Tropa munida de arcabuzes.

Arcabuzeiro, s. m. 1. Fabricante de arcabuzes. 2. Soldado armado com arcabuz.

Arcada, s. f. 1. Seqüência de arcos suportados por colunas ou pilastras; arcaria. 2. Passagem com coberta arqueada em curva. 3. Construção em forma de arco. 4. *Anat.* Curva formada por certas partes ósseas, aponeuróticas ou arteriais: *A.* dentária. 5. *Mús.* Corrida do arco sobre as cordas de um instrumento.

Árcade, s. m. 1. Pessoa natural da Arcádia (região da Grécia). 2. Membro de certas academias chamadas *arcádias*.

Arcádia, s. f. Academia literária dos séculos XVII e XVIII.

Arcádico, adj. Relativo à Arcádia ou às arcádias.

Arcado, adj. Arqueado.

Arcador, s. m. Operário que, nas fábricas de chapéus, faz a seleção do pêlo, preparando-o para a fula.

Arcadura, s. f. 1. Parte curva que encima uma galeria, porta ou janela. 2. Curvatura de um objeto em forma de abóbada.

Arcaico, adj. Antiquado, obsoleto.

Arcaísmo, s. m. 1. *Gram.* Caráter da palavra, da forma, da construção etc., de época anterior àquela em que é usada. 2. Caráter de coisa já em desuso.

Arcaísta, adj. m. e f. V. *arcaizante*.

Arcaizante *(a-i)*, adj. m. e f. 1. Referente a quem emprega arcaísmos. 2. Diz-se do que implica ou produz atraso cultural.

Arcaizar *(a-i)*, v. 1. Tr. dir. e pron. Tornar(-se) arcaico. 2. Tr. dir. Empregar arcaísmos em.

Arcangélico, adj. Que se refere a arcanjo.

Arcanjo, s. m. *Teol.* Anjo de ordem superior.

Arcano, adj. 1. Misterioso, secreto. 2. Oculto. S. m. 1. Segredo profundo. 2. O que está oculto sob um símbolo.

Arcão, s. m. Máquina usada na indústria de chapéus.

Arção, s. m. Peça arqueada da sela, limitando-a adiante (arção dianteiro) e atrás (arção traseiro).

Arcar[1], v. *(arco + ar)*. Tr. dir. 1. V. *arquear*. 2. Apertar com arcos; colocar arcos em vasilhas de duelas.

Arcaria, s. f. Arcada.

Arcatura, s. f. Simulação de arcada, meramente decorativa na arquitetura romana; falsa arcada.

Arcaz, s. m. Grande arca com gavetões.

arce-, elem. de comp. Forma alterada de *arque-* ou *arqui-*: *arcebispo*.

Arcebispado, s. m. 1. Dignidade de arcebispo. 2. Território em que o arcebispo exerce a sua jurisdição. 3. Lugar onde mora o arcebispo.

Arcebispal, adj. m. e f. V. *arquiepiscopal*.

Arcebispo, s. m. (l. *archiepiscopu*). Prelado que está à frente de uma arquidiocese.

Arcediagado, s. m. Dignidade do arcediago.

Arcediago *(á)*, s. m. *Ant.* Autoridade eclesiástica que exercia poderes sobre vigários; arquidiácono.

Arcete *(ê)*, s. m. 1. Serra pequena com que se cortam pedras. 2. Instrumento para arrombar portas.

Archa, s. f. (l. *ascia*). Arma antiga usada pelos guardas do paço, ou archeiros.

Archeiro, s. m. (fr. *archer*). Antigo guarda do paço, armado de archa.

Archete[1] *(ê)*, s. m. (fr. *archet*). *Constr.* Arco de tijolos (encimando porta ou janela).

Archete[2] *(ê)*, s. m. (fr. *archette*). Arca pequena.

Archotada, s. f. Cortejo noturno iluminado com archotes.

Archote, s. m. (cast. *hachote*). Corda coberta de breu, que arde com luz vermelha e fuliginosa.

arci-, elem. de comp. Forma alterada de *arqui-*: *arcífero*.

Arcífero, adj. Que está armado de arco.

Arcifínio, s. m. Terreno que tem por limites geográficos acidentes naturais, como montanhas, rios etc.

Arciforme, adj. m. e f. Com forma de arco.

Arciprestado, s. m. Dignidade ou jurisdição de arcipreste.

Arciprestal, adj. m. e f. Referente a arcipreste.

Arcipreste, s. m. (fr. ant. *arciprestre*). Pároco de preeminência honorífica sobre os outros curas.

Arco, s. m. 1. *Mat.* Qualquer porção da circunferência; segmento da circunferência. 2. Aro, anel, colar, cinta. 3. Designação de qualquer objeto que sugira, aproximadamente, a forma de um arco ou que, mesmo sendo retangular, sirva para nele se fixar alguma coisa, à maneira de uma corda de arco: *Arco* de serra. 4. Arma feita de vara flexível, curvada e presa nas pontas por uma corda, para arremessar flechas. 5. Vara provida de crina, com que se tangem violino e instrumentos semelhantes. 6. *Arquit.* Curva de abóbada. 7. Em pontuação, cada uma das partes do parêntese. 8. Semicírculo ornamental, levantado em dia de festa, sob que passam os préstitos. 9. A meta, no jogo de futebol e no de pólo. 10. *Eletr.* Descarga luminosa de eletricidade através de um gás ionizado.

Arcobotante, s. m. (fr. *arc-boutant*). *Arquit.* Pilar terminado em meio arco e que ampara exteriormente parede ou abóbada.

Arco-íris, s. m. *Meteor.* Fenômeno luminoso em forma de arco de círculo, resultante da refração e da reflexão dos raios solares nas gotas dágua de chuva.

Arcontado, s. m. Cargo ou dignidade de arconte.

Arconte, s. m. Antigo magistrado grego, a princípio com poder de legislar, e, depois de Sólon, simples executor de leis.

Arctação, s. f. (l. *arctatione*). *Med.* Estreitamento de um canal, no organismo humano.

Arcual, adj. m. e f. V. *arqueado*.

Árdego, adj. *(arder + ego)*. 1. Ardente, fogoso, impetuoso, irrequieto. 2. Irascível, irritável.

Ardeídeo, adj. *Ornit.* Relativo aos Ardeídeos. S. m. pl. Família

(Ardeidae) de aves migradoras ciconiformes, que compreende as garças e os socós.

Ardência, s. f. 1. Estado ou qualidade de ardente. 2. Sensação semelhante à causada por uma queimadura. 3. Sabor acre de certas substâncias picantes. 4. Vivacidade.

Ardente, adj. m. e f. 1. Que está em fogo, em brasa; candente. 2. Que produz muito calor. 3. Que arde à degustação; acre, picante. 4. Tomado de paixão; violento, impetuoso. 5. Diz-se da mó que, por estar áspera, quebra em vez de triturar o grão.

Ardentia, s. f. Fosforescência do mar, à noite.

Ardentoso, adj. 1. Híspido. 2. Que queima, produzindo inflamação.

Arder, v. (1. *ardere*). 1. Tr. ind. e intr. Estar em chamas; queimar-se. 2. Intr. Estar aceso. 3. Tr. ind. e intr. Abrasar-se, inflamar-se. 4. Tr. ind. e intr. Brilhar, cintilar. 5. Intr. Sentir grande calor. 6. Intr. Criar ardência, ranço ou sabor acre (a farinha, o toicinho). 7. Tr. ind. e intr. Sentir-se apaixonado, colérico ou entusiasmado. 8. Tr. ind. Desejar ardentemente.

Ardidez, s. f. Coragem, intrepidez, entusiasmo.

Ardideza, s. f. V. *ardidez*.

Ardido, adj. 1. Que ardeu; queimado. 2. Fermentado. 3. Picante.

Ardil, s. m. Ação em que há astúcia; manha, artimanha, estratagema, estratégia, finura, sutileza.

Ardileza, s. f. V. *ardil*.

Ardiloso, adj. Que emprega ardis; astucioso, destro, enganador, sagaz, velhaco.

Ardimento, s. m. V. *ardidez*.

-ardo, suf. (al. *hart*). Exprime a idéia de abundância etc.: *felizardo, moscardo*.

Ardor, s. m. (1. *ardore*). 1. Calor intenso; ardume. 2. Amor excessivo; paixão. 3. Energia, vivacidade. 4. Sabor picante de certas substâncias.

Ardoroso, adj. Cheio de ardor; entusiasta.

Ardósia, s. f. 1. Pedra cinzento-escura ou azulada, separável em lâminas, com que se cobrem casas ou de que se fazem quadros onde se escreve a giz. 2. Quadro-negro de ardósia; lousa.

Ardosieira, s. f. Jazida de ardósia que está sendo explorada.

Ardoso, adj. Ácido, picante.

Arduidade *(u-i)*, s. f. Qualidade ou caráter de árduo.

Ardume, s. m. Qualidade de ardoroso.

Árduo, adj. 1. Alcantilado, íngreme. 2. Custoso, trabalhoso. 3. Espinhoso, áspero.

Are, s. m. (fr. *are*). Medida de superfície, equivalente a cem metros quadrados.

Área, s. f. 1. Superfície plana; espaço. 2. *Geom.* Porção de superfície. 3. Medida de superfície. 4. Região, território entre os limites de habitação de uma espécie, animal ou vegetal. 5. *Esp.* Campo onde se pratica certa atividade. 6. *Constr.* Espaço descoberto na parte interna de um edifício.

Areação, s. f. Ato ou efeito de arear.

Areado[1], adj. (p. de *arear*[1]). 1. Esfregado e limpo com areia ou outro pó: Caçarola *areada*. 2. Diz-se do açúcar refinado.

Areado[2], adj. (p. de *arear*[2]). Absorto, alheado.

Areal, s. m. 1. Extensão de terreno em que há muita areia; areão. 2. Praia.

Areão, s. m. V. *areal*.

Arear[1], v. *(areia + ar)*. 1. Tr. dir. e pron. Cobrir(-se) ou encher (-se) de areia. 2. Tr. dir. Polir, esfregando com areia. 3. Tr. dir. Tornar mais fino (o açúcar).

Arear[2], v. *(ar + ear)*. Intr. 1. Perder o rumo; desnortear-se. 2. Ficar pateta; estontear-se.

Areca, s. f. *Bot.* Gênero *(Areca)* de palmeiras de folhas pinuladas, da Ásia tropical.

Arecal, s. m. Plantação de arecas.

Areeiro, s. m. 1. Pequeno vaso com tampa furada com o qual se derramava areia fina sobre a escrita, para secar. 2. Areal. 3. Lugar de onde se tira areia. 4. Aquele que tira areia.

Areento, adj. Arenoso.

Arefação, s. f. Ato de dessecar substâncias que depois se reduzirão a pó.

Areia, s. f. (1. *arena*). 1. Substância mineral, em grânulos ou em pó, proveniente de erosões rochosas. 2. Qualquer pó. 3. Praia. 4. *Med.* Cálculo na bexiga ou nos rins. 5. *Fam.* Ato ou palavra de pessoa tola. — *A. monazítica:* areia que contém fosfato natural de cério, lantânio ou didímio.

Arejamento, s. m. 1. Ação ou resultado de arejar; ventilação. 2. *Vet.* O mesmo que *arejo*.

Arejar, v. 1. Tr. dir. Expor ao ar; ventilar; aventar. 2. Tr. dir. Renovar o ar em; ventilar. 3. Intr. Tomar ar novo. 4. Pron. Tomar ar; espairecer-se, refrescar-se. 5. Intr. Sofrer arejo.

Arejo *(ê)*, s. m. 1. V. *arejamento*. 2. *Vet.* Certa peste dos gados cavalar e muar.

Arena, s. f. 1. Campo de liça. 2. Circo. 3. Lugar de contenda ou discussão. 4. Terreno circular fechado, onde se realizam touradas ou outros espetáculos.

Arenáceo, adj. Que tem a consistência da areia.

Arenado, adj. Coberto de areia; areado.

Arenária, s. f. *Bot.* Gênero *(Arenaria)* de ervas cariofiláceas, que crescem sobre rochas e na areia, com flores cor-de-rosa e azuis.

Arenato, adj. Em que entra areia. S. m. Pedra com grãos cristalinos.

Arenga, s. f. 1. Discurso dito em público. 2. Discurso prolixo e enfadonho; aranzel. 3. Argumentação impertinente. 4. *Fam.* Intriga.

Arengada, s. f. Conversa longa, fastidiosa.

Arengar, v. 1. Tr. ind. e intr. Discursar prolixa e enfadonhamente. 2. Tr. dir. Dirigir arenga, oração ou discurso a. 3. Intr. Altercar, disputar. 4. Intr. Fazer papel de intrigante.

Arengueiro, adj. 1. Que faz arengas. 2. Discutidor, teimoso. 3. Intrigante, mexeriqueiro.

areni-, pref. (1. *arena*). Exprime a idéia de *areia: arenícola, arenífero, areniforme*.

Arenícola, adj. e s., m. e f. Que, ou o que (animal ou planta) vive em terreno arenoso.

Arenífero, adj. Que contém areia.

Areniforme, adj. m. e f. Semelhante à areia.

Arenito, s. m. *Geol.* Rocha resultante da sedimentação natural da areia.

Arenoso, adj. *(arena + oso)*. 1. V. *areado*[1]. 2. V. *areento*. 3. Misturado com areia. 4. Da natureza da areia.

Arenque, s. m. *Ictiol.* Valioso peixe clupeídeo *(Clupea harengus)*, de aproximadamente 30cm de comprimento.

Arensar, v. Intr. Cantar (o cisne).

Aréola, s. f. 1. Pequena área. 2. *Bot.* Interstício, por exemplo, entre as nervuras de folhas de certos liquens. 3. Canteiro de jardins. 4. *Anat.* Círculo, de coloração carregada, ao redor do mamilo. 5. *Med.* Círculo avermelhado em torno de espinhas, vacinas etc. 6. *Astr.* Circunferência irisada, em redor da Lua. 7. V. *auréola*.

Areolado, adj. Que tem aréolas.

Areolar, adj. m. e f. 1. Relativo a uma aréola. 2. Que tem aréola.

Areometria, s. f. Avaliação da densidade dos líquidos.

Areômetro, s. m. *Fís.* Instrumento para medir a densidade dos líquidos.

Areopagita, s. m. Membro do Areópago.

Areópago, s. m. 1. Antigo tribunal ateniense, que se reunia em uma colina do mesmo nome, consagrada a Marte. 2. *Por ext.* Reunião de sábios, magisrados, literatos, homens ilustres.

Areoso, adj. V. *arenoso*.

Areotectônica, s. f. *Mil.* Arte que se ocupa da construção de fortificações.

Arequeira, s. f. *Bot.* Palmeira do gênero *Areca*.

Aresta, s. f. (1. *arista*). 1. Qualquer linha originada pelo encontro de duas superfícies. 2. *Geom.* Interseção de dois planos que formam ângulo diedro. 3. *Geogr.* Linha que separa as vertentes principais de uma cordilheira. 4. Canto, quina. 5. *Constr.* Canto saliente formado por dois lados, retos ou

curvos, de uma pedra, de uma peça de madeira. 6. *Bot.* Pragana. 7. *Anat.* Saliência linear de um osso.
Aresteiro, s. m. Advogado que se apóia em arestos, em casos julgados.
Arestim, s. m. *Vet.* Eczema dos eqüídeos.
Aresto, s. m. *Dir.* Sentença de um tribunal, que serve de norma para casos idênticos; acórdão.
Arestoso, adj. Que tem arestas.
Arestudo, adj. Arestoso.
Aretologia, s. f. *Filos.* Parte da Ética que trata das virtudes.
Aréu[1], adj. (de *ar*). Que não sabe o que faz; confuso.
-aréu[2], suf. Denota idéia de aumentativo: *fogaréu* (de *fogo*), *fumaréu* (de *fumo*), *povaréu* (de *povo*).
Arfada, s. f. V. *arfagem.*
Arfadura, s. f. V. *arfagem.*
Arfagem, s. f. 1. Ato ou efeito de arfar. 2. Respiração precipitada; ofego. 3. Oscilação das coisas sob efeito de um peso. 4. Balanço de um veículo no sentido longitudinal.
Arfante, adj. m. e f. Que arfa.
Arfar, v. 1. Intr. Respirar com dificuldade; ofegar. 2. Tr. ind. e intr. Balouçar. 3. Intr. *Náut.* Dar balouço da proa à popa. 4. Tr. dir. Erguer, levantar: *A. o orgulho.*
Argali, s. m. *Zool.* Grande carneiro montês *(Ovis ammon)*, da Ásia central.
Argamassa, s. f. *Constr.* Material aglutinante de assentamento ou de revestimento das alvenarias, preparado com areia, água e cal ou cimento.
Argamassar, v. Tr. dir. *Constr.* Cobrir, rebocar, ligar ou fechar com argamassa.
Arganaz, s. m. 1. *Zool.* Nome comum a numerosos pequenos roedores do Velho Mundo, da família dos Glirídeos, de pêlo sedoso e hábitos noturnos. 2. Indivíduo de descomedida altura. 3. Comilão. 4. Homem preguiçoso.
Arganel, s. m. 1. V. *argola.* 2. Argola em que se pendurava o astrolábio. Var.: *arganéu.*
Arganéu, s. m. 1. Argola em que se amarram as cordas da artilharia. 2. *Náut.* Argola da âncora.
Argau, s. m. (b. 1. *arganu*). Tubo de folha ou de cana com que se tiram líquidos das vasilhas.
Argel, adj. m. e f. Diz-se do cavalo que tem mancha branca no pé direito.
Argelino, adj. Referente a Argel. S. m. Natural de Argel. Var.: *argeliano.*
Argemona, s. f. *Bot.* Gênero *(Argemona)* de ervas americanas. A *Argemone mexicana* fornece um látex de que se extrai um colírio.
Argempel, s. m. Couro lavrado e prateado, de que se faziam bolsas etc.
Argentado, adj. Prateado.
Argentador, adj. e s. m. Que, ou o que argenta; prateador.
Argentão, s. m. *Metal.* V. *alpaca.*
Argentar, v. Tr. dir. 1. Revestir, folhar de prata; pratear. 2. Tornar claro como prata.
Argentaria, s. f. Baixela ou guarnições de prata.
Argentário, s. m. 1. Homem rico; capitalista. 2. Lugar onde se guardam objetos de prata.
Argentear, v. V. *argentar.*
Argênteo, adj. 1. Feito de prata. 2. Brilhante como prata. 3. Branco como a cor da prata. 4. Que soa como prata.
argenti-, elem. de comp (1. *argentu*). Exprime a idéia de *prata: argentífero.*
Argentífero, adj. *Miner.* Que contém prata.
Argentifólio, adj. *Bot.* De folhas prateadas; argentifoliado.
Argentino[1], adj. (l. *argentinu*). V. *argênteo.*
Argentino[2], adj. (de *Argentina*, n. p.). Relativo à Argentina. S. m. O natural da Argentina.
Argentita, s. f. *Miner.* Sulfureto natural de prata; argirosa.
Argento, s. m. 1. V. *prata.* 2. *Poét.* O mar.
Argila, s. f. (1. *argilla*). 1. Agregado de vários minerais, de consistência terrosa, que, amassado com água, é suscetível de modelagem e adquire grande dureza sob a ação do calor. 2. Barro. 3. Fragilidade.
Argiláceo, adj. 1. Que contém argila. 2. Da natureza da argila.
Argileira, s. f. Lugar de onde se tira argila; barreiro.
argili-, elem. de comp. (1. *argilla*). O mesmo que *argilo-: argilífero, argiliforme.*
Argilífero, adj. *Miner.* Em que há argila.
Argiliforme, adj. m. e f. Argilóide.
argilo-, elem. de comp. (gr. *argillos*). Exprime a idéia de *argila, terra: argilóide.*
Argilóide, adj. m. e f. Semelhante à argila; argiliforme.
Argiloso, adj. V. *argiláceo.*
Argirântemo, adj. *Bot.* Que tem flores da cor da prata.
Argírico, adj. Relativo à prata.
Argirismo, s. m. *Med.* Intoxicação pelos sais de prata.
argiro-, elem. de comp. (gr. *arguros*). Exprime a idéia de *prata* ou *prateado: argirócomo.*
Argirócomo, adj. *Astr.* Diz-se dos cometas que possuem cabeleira prateada.
Argirofilo, adj. *Bot.* De folhas argênteas.
Argirosa, s. f. *Miner.* V. *argentita.*
Argivo, adj. Relativo aos gregos; grego.
Argol, s. m. *Quím.* Tártaro de potássio, impuro.
Argola, s. f. 1. Anel metálico em que se enfia ou se amarra qualquer coisa. 2. Qualquer coisa de forma circular e vazia no meio. 3. Peça de forma circular, com que se prendiam criminosos ou escravos. 4. V. *aldrava.* 5. Brinco circular usado por mulheres.
Argolada, s. f. 1. Pancada com argola. 2. Pancada.
Argolado, adj. Provido de argola.
Argolão, s. m. 1. Aumentativo de *argola.* 2. Anel grosso, de metal maciço, geralmente sem pedras preciosas e com monograma ou brasão de armas.
Argolar, v. Tr. dir. Pôr argolas em; prender com argolas.
Argoleiro, s. m. Pessoa que faz ou vende argolas.
Argolinha, s. f. 1. Argola pequena. 2. Nome de um jogo de roda; pampolinha. 3. Massa com que se faz sopa. 4. Biscoito miúdo em forma de argola. 5. Brinco em forma de anel.
Argonaço, adj. 1. Que se irrita facilmente. 2. Que tem ares de valentão ou de atrevido.
Argonauta, s. m. *Mit.* 1. Cada um dos heróis que, em a nau Argos e comandados por Jasão, foram a Colcos em busca do velocino. 2. Navegante que encontrou novos caminhos marítimos. 3. *Zool.* Gênero *(Argonauta)* de moluscos marinhos, mediterrâneos.
Argonáutico, adj. Concernente aos argonautas.
Argônio, s. m. *Quím.* Elemento gasoso, incolor e inodoro, de símbolo Ar, número atômico 18 e massa atômica 39,944.
Argos, s. m. 1. *Mit.* Personagem de cem olhos. 2. Pessoa de vista penetrante. 3. Pessoa perspicaz.
Argúcia, s. f. (1. *argutia*). 1. Finura de observação. 2. Raciocínio sutil. 3. Dito espirituoso.
Arguciar, v. Intr. Usar de argúcias; sofismar.
Argucioso, adj. 1. Que emprega argúcias. 2. Em que há argúcia.
Argueireiro, adj. 1. Que procura argueiros. 2. Que se preocupa com argueiros; esmiuçador.
Argueiro, s. m. 1. Lasquinha, palhinha. 2. Cisco que cai nos olhos. 3. Corpúsculo em suspensão no ar; grão de poeira. 4. Coisa insignificante.
Argüente, adj. e s., m. e f. Que, ou pessoa que argúi, que argumenta.
Argüição, s. f. 1. Ato ou efeito de argüir. 2. Argumentação. 3. Exame oral; lição oral. 4. Censura, exprobração.
Argüidor, adj. e s. m. Que, ou aquele que argúi.
Argüir, v. (1. *arguere*). 1. Tr. dir. Acusar, censurar, criminar, repreender. 2. Tr. dir. Exprobrar, reprovar. 3. Pron. Acusar-se de falta, dar-se por convencido de algum erro. 4. Tr. ind. e intr. Argumentar, disputar. 5. Tr. dir. Demonstrar, provar. 6. Tr. dir. Alegar. 7. Tr. dir. Examinar, questionando ou interrogando. Conjug., pres. ind.: *arguo, argúis, argúi, argüimos, argüis, argúem.* Pret. perf.: *argüi, argüiste* etc.
Argüitivo, adj. 1. Em que há argüição. 2. Acusatório, condenatório.
Argüível, adj. m. e f. Que pode ser argüido.
Argumentação, s. f. (1. *argumentatione*). 1. Ato ou efeito de ar-

gumentar. 2. Reunião de argumentos. 3. Discussão, controvérsia.

Argumentador, adj. e s. m. Que, ou o que argumenta.

Argumentante, adj. e s., m. e f. V. *argüente.*

Argumentar, v. (l. *argumentari*). 1. Tr. ind. e intr. Apresentar argumentos. 2. Tr. ind. Tirar ilações; deduzir. 3. Tr. dir. Apresentar como argumento: *Argumentou que* está mal de saúde. 4. Intr. Discutir, altercar.

Argumentativo, adj. 1. Em que há argumento. 2. Acusatório, condenatório.

Argumento, s. m. 1. Prova que serve para afirmar ou negar um fato. Col.: *carrada.* 2. Meio ao qual se recorre para convencer alguém. 3. Tema, enredo de uma peça teatral ou de um filme. 4. *Lit.* Sumário de uma obra literária. 5. *Fam.* Altercação, contenda, discussão.

Arguto, adj. 1. Argucioso, perspicaz. 2. De espírito vivo; sutil. 3. *Mús.* De som afinado e agudo.

-aria, suf. (l. *-ariu + ia*). Designa oficina *(serraria, alfaiataria)*, loja *(livraria)*, lugar *(tesouraria)*, ação ou o seu resultado *(patifaria)*, condição ou estado *(calmaria)*, coleção *(pedraria, escadaria)*.

Ária[1], adj. m. e f. (sânsc. *erva*). V. *ariano[2]*.

Ária[2], s. f. (ital. *aria*). *Mús.* 1. Peça musical para uma só voz. 2. Cantiga, modinha.

Arianismo, s. m. Doutrina de Ario contra a divindade de Jesus Cristo.

Ariano[1], s. m. (*Ario,* n. p. + *ano*). Sectário do arianismo.

Ariano[2], adj. *(ária[1] + ano)*. Relativo a um tipo étnico hipotético, descendente dos povos primitivos de línguas indo-européias, os árias.

Aricuri, s. m. *Bot.* Espécie de palmeira *(Cocos coronata)*, também denominada *alicuri, ouricuri* ou *uricuri.*

Aridez, s. f. 1. Qualidade ou estado do que é árido, seco, dessecado. 2. Aspereza. 3. Secura. 4. Falta de amenidade, de sensibilidade, de brandura ou de graça.

Árido, adj. 1. Estéril, improdutivo, seco. 2. Em que não há umidade. 3. Cansativo. 4. Que não possui amenidade. 5. Escasso, avaro.

Arieta *(ê)*, s. f. *Mús.* Ária curta; modinha.

Aríete, s. m. 1. Antiga máquina de guerra para arrombar muralhas de cidades sitiadas. 2. Máquina para elevar água; carneiro hidráulico. 3. *Poét.* Carneiro.

Arietino, adj. 1. Relativo ao aríete. 2. Relativo a carneiro.

Arigó, s. m. *Pop.* Homem da roça, sem instrução.

Arilado, adj. *Bot.* Que tem arilo.

Arilo, s. m. *Bot.* 1. Apêndice que se forma, após a fecundação, em certas sementes, resultante da expansão do funículo. 2. Semente da uva.

Arimaru, s. m. *Bot.* Arbusto loganiáceo *(Strychnos cogens)*.

Arimbá, s. m. Vaso cilíndrico de barro vidrado, para guardar doces em calda.

Arinque, s. m. *Náut.* Cabo com um chicote preso à âncora e outro à bóia, para assinalar a posição da âncora submersa.

-ário[1], suf. (l. *ariu*). Forma substantivos que indicam profissão ou ocupação *(bibliotecário)* ou que encerram a idéia de agente *(incendiário)*, estado ou resultado de uma ação e adjetivos designativos de relação *(rodoviário, solitário)*.

-ário[2], suf. (l. *ariu*). Deriva substantivos que indicam lugar onde se guardam as coisas *(armário)*, ou coleção *(vocabulário)*.

Aríolo, s. m. Adivinho.

Arioso, s. m. (do ital.). *Mús.* Ária de grande estilo. Adj. Que tem o caráter expressivo da ária.

Ariramba, s. f. *Ornit.* Esta denominação, na Amazônia, se aplica a aves pertencentes a dois grupos distintos: o dos *martins-pescadores,* coraciformes, da família dos Alcedinídeos, e o dos *beija-flores-da-mata-virgem,* piciformes, da família dos Galbulídeos.

Ariranha, s. f. *Zool.* Carnívoro mustelídeo *(Pteronura brasiliensis)*, semelhante à lontra. Voz: *regouga.*

Ariri, s. m. *Bot.* V. *aricuri.*

Ariscar, v. Tr. dir. e pron. Tornar(-se) arisco; espantar(-se).

Arisco, adj. (por *areísco,* de *areia*). 1. V. *arenoso.* 2. Que rejeita carinhos; arredio, tímido. 3. Que não se deixa domesticar; bravio. 4. Insociável. 5. Bravio, desconfiado. S. m. Terreno areno-humoso, muito fértil.

Arista, s. f. 1. *Entom.* Estrutura semelhante a uma cerda, perto da ponta da antena ou sobre a própria ponta, de muitas moscas dípteras. 2. *Bot.* Ponta filiforme de alguns órgãos vegetais.

Aristado, adj. *Biol.* Em que há arista.

Aristarco, s. m. Censor, crítico severo, mas judicioso.

aristi-, elem. de comp. (l. *arista*). Exprime a idéia de *aresta: aristiforme.*

Aristiforme, adj. m. e f. Com forma de aresta.

aristo-, elem. de comp. (gr. *aristos*). Exprime a idéia de *nobre: aristocracia.*

Aristocracia, s. f. 1. *Sociol.* Sociedade politicamente organizada, cujo controle estatal é privativo de uma camada social privilegiada. 2. A classe nobre, os fidalgos.

Aristocrata, s. m. e f. Pessoa que pertence à aristocracia; fidalgo, nobre.

Aristocrático, adj. 1. Relativo à aristocracia. 2. Próprio de aristocrata; nobre, distinto.

Aristocratismo, s. m. Maneiras, tendências, princípios de aristocrata.

Aristocratização, s. f. Ato ou efeito de aristocratizar(-se).

Aristocratizar, v. Tr. dir. e pron. Tornar(-se) aristocrata ou aristocrático.

Aristodemocracia, s. f. Governo de nobres do qual o povo participa.

Aristofanesco, adj. No gênero do poeta grego Aristófanes.

Aristofânico, adj. Aristofanesco.

Aristolóquia, s. f. *Bot.* Gênero *(Aristolochia)* de ervas ou trepadeiras lenhosas, ao qual pertence a jarrinha.

Aristoloquiáceas, s. f. pl. *Bot.* Família *(Aristolochiaceae)* de trepadeiras, em sua maioria de flores com cheiro desagradável.

Aristoso, adj. V. *aristado.*

Aristotélico, adj. Relativo a Aristóteles, ou a sua doutrina. S. m. Partidário do aristotelismo.

Aristotelismo, s. m. Doutrina de Aristóteles, filósofo grego, e de seus seguidores.

Aritmética, s. f. 1. *Mat.* Ciência que estuda as propriedades dos números e as operações que com eles se podem realizar. 2. Livro que contém os princípios da aritmética.

Aritmético, adj. Relativo à aritmética. S. m. Especialista em aritmética.

aritmo-, elem. de comp. (gr. *arithmos*). Exprime a idéia de *número: aritmografia.*

Aritmografia, s. f. Arte de exprimir os valores de grandezas por sinais convencionais, na expressão mais simples.

Aritmógrafo, s. m. Espécie de régua de cálculo, de forma circular.

Aritmologia, s. f. Ciência geral dos números e da medida das grandezas.

Aritmomancia, s. f. Adivinhação por meio dos números.

Aritmômetro, s. m. Tipo primitivo da máquina de calcular moderna.

Arlequim, s. m. (ital. *arlecchino*). 1. Personagem que, na comédia italiana, usava roupa feita de retalhos triangulares de várias cores. 2. Fantasia de várias cores como a do Arlequim. 3. Farsante, palhaço. 4. Fanfarrão, brigão. 5. *Ornit.* Pintagol. 6. *Entom.* Grande besouro dos Cerambicídeos *(Acrocinus longimanus)*.

Arlequinada, s. f. 1. Peça em que o arlequim é a figura principal. 2. Farsa, palhaçada. 3. Maneiras típicas de arlequim. 4. Fanfarronice.

Arlequinal, adj. m. e f. Relativo a, ou próprio de arlequim.

Arlequíneo, adj. Diz-se do animal de cores variegadas.

Arma, s. f. 1. Instrumento de ataque ou de defesa. Col., quando tomada do inimigo: *troféu.* 2. Qualquer objeto que serve para esses fins. 3. Corpo do exército: *Arma* de artilharia. 4. Recurso, meio, expediente. S. f. pl. Representação em escudo das insígnias e das divisas.

Armação, s. f. 1. Ato ou efeito de armar. 2. Conjunto que mantém unidas, que reforça ou sustenta as várias partes de um todo: *A.* dos óculos. *A.* do espelho. 3. Estabelecimento com infra-estrutura organizada para a pesca da baleia, nas costas brasileiras. 4. Preparação. 5. Aparelhamento.

Armada, s. f. 1. A força naval de um país; marinha de guerra, esquadra. 2. A totalidade de navios, esquadras e frotas sob comando único.

Armadilha, s. f. 1. Qualquer artifício com que se apanha a caça. 2. Meio ardiloso de enganar alguém; cilada, estratagema.

Armado, adj. 1. Munido de armas. 2. Apoiado nas armas: Golpe *armado.* 3. Acautelado, prevenido. 4. Preparado, pronto.

Armador, adj. (*armar* + *dor*). Que arma. S. m. 1. Indivíduo que arma. 2. Aquele que enfeita casas, igrejas etc. 3. Contratador que se encarrega da exploração comercial de um navio. 4. Gancho para as redes de dormir.

Armadura, s. f. 1. Conjunto das armas metálicas defensivas (couraça, capacete) que protegiam o corpo dos guerreiros antigos. 2. *Anat.* Conjunto de apófises, espinhos, garras ou ossos do corpo, animal ou humano. 3. *Mec.* Guarnição metálica que protege as peças. 4. *Mús.* A reunião de sustenidos ou de bemóis que, colocados junto à clave, indicam o tom de execução da peça escrita. 5. *Constr.* Conjunto de peças e partes que sustentam uma obra de alvenaria ou carpintaria.

Armamentismo, s. m. Preconização do aumento de material bélico de um país, ou dos países.

Armamentista, adj. m. e f. Relativo ao armamentismo. S. m. e f. Pessoa partidária do armamentismo.

Armamento, s. m. 1. Ato ou efeito de armar. 2. Preparação para guerra. 3. Conjunto de armas necessárias ao soldado ou à tropa. 4. Arma.

Armando, s. m. *Vet.* Preparação que se dá aos cavalos debilitados.

Armão, s. m. (fr. *armon*). 1. *Mil.* Carreta que reboca peça de artilharia. 2. Jogo dianteiro de uma carroça.

Armar, v. (l. *armare*). 1. Tr. dir. e pron. Munir(-se) ou prover(-se) de armas. 2. Tr. dir. Alistar no exército, chamar às armas. 3. Tr. dir. Abastecer de munições e petrechos de guerra. 4. Tr. dir. Preparar uma arma, aparelho ou maquinismo para entrar em funcionamento. 5. Tr. dir. Unir as peças de um móvel ou outro qualquer objeto composto de várias partes desmontáveis; montar. 6. Tr. dir. Construir, fabricar (obra provisória ou de curta duração): *A. barraca.* 7. Pron. Precaver-se, resguardar-se.

Armaria, s. f. 1. Depósito de armas; arsenal. 2. Grande quantidade de armas. 3. Arte heráldica.

Armarinheiro, s. m. Proprietário de armarinho.

Armarinho, s. m. 1. Pequeno armário. 2. Loja em que se vendem miudezas para vestuário ou toucador.

Armário, s. m. Móvel de madeira, aço ou outro material, com divisões internas, para guardar quaisquer objetos ou utensílios.

Armas, s. f. pl. 1. Profissão militar. 2. Tropas. 3. *Heráld.* Sinais simbólicos representados nos escudos. 4. Brasão, escudo.

Armazelo, s. m. Rede ou armadilha de pesca.

Armazém, s. m. 1. Grande depósito de mercadorias, armas, provisões. 2. Casa onde se vendem bebidas e gêneros alimentícios.

Armazenado, adj. Guardado em armazém.

Armazenagem, s. f. 1. Ato ou efeito de armazenar. 2. Quantia que se paga pela guarda de mercadorias em armazéns gerais.

Armazenar, v. 1. Tr. dir. Guardar ou recolher em armazém. 2. Tr. dir. Conter em depósito. 3. Tr. dir. e pron. Acumular(-se). 4. Intr. Fazer provisões.

Armazenista, s. m. e f. Pessoa encarregada de armazém, fiel de armazém.

Armeiro, s. m. 1. Indivíduo que forja, fabrica, vende ou conserta armas. 2. Depósito de armas.

Armela, s. f. (l. *armilla*). 1. Peça em que, na porta, entra o ferrolho. 2. Argola de metal.

Armelino, s. m. V. *arminho.*

Armênico, adj. e s. m. V. *armênio.*

Armênio, adj. Relativo à Armênia, ou à língua dos armênios; armênico. S. m. 1. Língua da Armênia. 2. Indivíduo natural da Armênia.

Armental, adj. m. e f. Que diz respeito a armento.

Armento, s. m. *Poét.* Rebanho, especialmente de gado bovino.

Arméu, s. m. Porção de lã, linho ou estopa, que se põe de cada vez na roca; armo.

armi-, elem. de comp. (l. *arma*). Exprime a idéia de *arma: armígero, armipotente.*

Armífero, adj. V. *armígero.*

Armígero, adj. Que traz arma. S. m. 1. Pajem de armas; escudeiro. 2. Qualquer militar.

Armila, s. f. 1. Argola que se usava nos braços ou no tornozelo como adorno. 2. *Mat.* Círculo da esfera. 3. *Arquit.* Moldura em forma circular, na base da coluna dórica; bracelete. 4. *Med.* Engrossamento da munheca.

Armilar, adj. m. e f. Que tem armilas ou círculos.

Armilheiro, s. m. Formão menor que o badame.

Armim, s. m. V. *armino.*

Arminado, adj. Que tem armino.

Arminhado, adj. *Zool.* 1. Que tem pele branca com pintas negras. 2. Guarnecido de arminho.

Arminho, s. m. (l. *arminiu*). 1. *Zool.* Carnívoro mustelídeo (*Mustela herminea*) das regiões polares, de pele macia e alvíssima no inverno. 2. Pele desse animal. 3. Alvura, brancura.

Armino, s. m. Malha, de cor diversa do resto do corpo, perto do casco do cavalo. Var.: *armim.*

Armipotente, adj. m. e f. *Poét.* Potente, poderoso, nas armas, na batalha.

Armíssono, adj. *Poét.* Que tem o som semelhante ao de armas, quando se embatem.

Armista, s. m. e f. Pessoa que é perita em armaria.

Armistício, s. m. Suspensão, por acordo, das hostilidades entre beligerantes, continuando o estado de guerra.

Armolão, s. m. *Bot.* Planta quenopodiácea (*Atriplex hortense*), semelhante ao espinafre.

Armoriado, adj. *Heráld.* Que tem armas ou brasões, pintados, esculpidos ou aplicados.

Armorial, s. m. Livro de registro dos brasões.

Armoriar, v. Tr. dir. *Heráld.* Colocar armas ou brasões em.

Armoricano, adj. V. *armórico.*

Armórico, adj. Relativo à Bretanha, antiga Armória (França). S. m. Bretão.

Arnado, s. m. Terreno estéril e arenoso; arneiro.

Arneiro, s. m. V. *arnado.*

Arnela, s. f. Resto de dente sepulto na gengiva.

Arnês, s. m. 1. Antiga armadura completa. 2. Arreios de cavalo. 3. Proteção moral. 4. Amparo, égide. Pl.: *arneses (ê).*

Arnesar, v. Tr. dir. e pron. Cobrir(-se), vestir(-se) de arnês.

Arnica, s. f. 1. *Bot.* Gênero (*Arnica*) extenso de ervas da família das Compostas. 2. *Bot.* Planta desse gênero, especialmente a *Arnica montana*, pelo valor ornamental e medicinal. 3. *Farm.* Tintura extraída de todas as partes dessa planta.

Arnicina, s. f. *Quím.* Glicosido amargo de arnica.

Aro, s. m. 1. Arco pequeno. 2. Anel, argola. 3. Guarnição circular, metálica, externa ou interna, das rodas de certos veículos. 4. Círculo. 5. Marco das portas.

Aroeira, s. f. *Bot.* Nome comum a várias árvores ou arbustos da família das Anacardiáceas. As verdadeiras pertencem ao gênero *Schinus.*

Arólio, s. m. *Biol.* Lobo, com forma de almofada, que se projeta entre as garras tarsais dos insetos.

Aroma, s. m. 1. Odor agradável de certas substâncias de origem animal ou vegetal. 2. Eflúvio odorífico que emana de um corpo ou composto químico. 3. Perfume, fragrância.

Aromal, adj. m. e f. 1. Relativo a aromas. 2. Aromático.

Aromar, v. V. *aromatizar.*

Arômata, s. m. Qualquer aroma utilizado em medicina, farmácia ou cozinha.

Aromaticidade, s. f. Qualidade do que é aromático.

Aromático, adj. 1. Que tem aroma; odorífero, perfumoso. 2. *Quím.* Diz-se dos compostos orgânicos cíclicos, caracterizados pela presença de, no mínimo, um anel benzênico.
Aromatização, s. f. Ato ou efeito de aromatizar(-se).
Aromatizar, v. Tr. dir. e pron. Tornar(-se) aromático; perfumar(-se).
Arpado, adj. Provido de dentes como os de serra.
Arpão, s. m. (fr. *harpon*). Peça de ferro com feitio de seta, usada na pesca de peixes grandes e cetáceos.
Arpejar, v. Intr. *Mús.* Produzir arpejos.
Arpejo *(ê)*, s. m. (ital. *arpeggio*). *Mús.* Acorde de sons sucessivos, em instrumentos de cordas.
Arpéu, s. m. (fr. ant. *harpeau*). 1. Pequeno arpão; fisga, fateixa. 2. Conjunto de vários anzóis presos a uma linha. 3. *Náut.* Gancho de ferro usado nas atracações e abordagens.
Arpoação, s. f. Ato ou efeito de arpoar.
Arpoar, v. Tr. dir. 1. Atirar o arpão em, ferir ou travar com o arpão (cetáceos ou peixes grandes); arpar, arpear. 2. Seduzir.
Arpoeira, s. f. Corda do arpão, ou do arpéu.
arque-, elem. de comp. (gr. *arkhe*). Indica a idéia de *primeiro, chefe, começo: arquegônio, arquétipo* (ver *arqui-*).
Arqueação, s. f. 1. Ato ou efeito de arquear. 2. Curvatura em arco. 3. A curvatura de um arco. 4. Medição de vasilhas curvas. 5. Operação que tem por fim determinar a capacidade do navio. 6. *Fam.* Capacidade do estômago.
Arqueado, adj. Em forma de arco; curvado.
Arqueadura, s. f. Curvatura em arco; arqueamento.
Arquear, v. 1. Tr. dir. e pron. Curvar(-se) em forma de arco. 2. Tr. dir. Avaliar a capacidade dos espaços internos de (uma embarcação).
Arquegônio, s. m. *Bot.* Órgão sexual feminino, com forma de frasco, em cujo fundo se encontra a oosfera.
Arqueio, s. m. V. *arqueação.*
Arqueiro[1], s. m. (*arca + eiro*). Fabricante ou vendedor de arcas.
Arqueiro[2], s. m. (*arco + eiro*). 1. Fabricante ou vendedor de arcos para pipas; tanoeiro. 2. *Mil.* Combatente armado com arco. 3. *Futebol.* Goleiro.
Arquejamento, s. m. V. *arquejo.*
Arquejante, adj. m. e f. Que arqueja; ofegante.
Arquejar[1], v. (*arca + ejar*). 1. Tr. ind. e intr. Respirar com dificuldade, sofrendo; ansiar, arfar, ofegar. 2. Intr. Estar ofegante.
Arquejar[2], v. (*arco + ejar*). V. *arquear.*
Arquejo, s. m. 1. Ato de arquejar. 2. Respiração difícil; ânsia.
Arquelha *(ê)*, s. f. *Ant.* Pavilhão de cama; mosquiteiro.
arqueo-, elem. de comp. (gr. *arkhaios*). Exprime a idéia de *antiguidade, velhice: arqueografia, arqueologia.*
Arqueografia, s. f. Descrição dos monumentos antigos.
Arqueologia, s. f. Estudo das velhas civilizações, a partir dos monumentos e demais testemunhos não escritos (escavações).
Arqueológico, adj. Referente à Arqueologia.
Arqueólogo, s. m. Indivíduo versado em Arqueologia.
Arqueta *(ê)*, s. f. Arca pequena para esmolas, à porta das igrejas e nos nichos dos santos.
Arquete[1] *(ê)*, s. m. (*arca + ete*). Urna cinerária.
Arquete[2] *(ê)*, s. m. (*arco + ete*). *Mús.* Arco pequeno para tocar instrumentos de corda.
Arquétipo, s. m. 1. *Filos.* Na filosofia platônica, modelo dos seres criados. 2. Modelo, padrão.
arqui-, elem. de comp. (gr. *arkhi*). Exprime, nos substantivos, a idéia de o *primeiro,* o *chefe,* o *principal,* o *superior (arquiduque)* e, nos adjetivos, a noção de superlativo absoluto *(arquiavaro).* Exige hífen antes de *h, r* e *s.*
Arquiavaro, adj. Superlativamente avaro.
Arquiavô, s. m. Avô muito remoto.
Arquibancada, s. f. 1. Bancada principal. 2. Série de assentos dispostos em fileiras, em diversos planos, para alojar espectadores, em estádios, circos, teatros etc.
Arquiclavo, s. m. Regente de coro; mestre de capela.
Arquiconfraria, s. f. Associação que serve de centro para confrarias filiadas.
Arquidiocesano, adj. Relativo à arquidiocese.
Arquidiocese, s. f. Diocese que tem outras sufragâneas; arcebispado.
Arquiducado, s. m. 1. Dignidade de arquiduque. 2. Território pertencente a arquiduque.
Arquiducal, adj. m. e f. Relativo a arquiduque, ou ao arquiducado.
Arquiduque, s. m. Titular nobiliárquico superior a duque. Fem.: *arquiduquesa.*
Arquiepiscopado, s. m. V. *arcebispado.*
Arquiepiscopal, adj. m. e f. Relativo a arcebispo.
Arquilho, s. m. Arco delgado de metal ou madeira, nos tambores e bombos, sobre o qual se retesa a pele que outro arco comprime por meio de parafusos e cordas.
Arquimandrita, s. m. Superior de mosteiro na Igreja Grega.
Arquimilionário, adj. Que é muitas vezes milionário.
Arquimosteiro, s. m. Mosteiro principal de uma ordem.
Arquipélago, s. m. Grupo de ilhas próximas umas das outras.
Arquitetar, v. 1. Tr. dir. Edificar, construir (casa, palácio, templo etc.). 2. Tr. dir. Idear, projetar. 3. Intr. Trabalhar (em uma obra) como arquiteto.
Arquiteto, s. m. Profissional, graduado em arquitetura, que concebe a construção e a decoração de edifícios de todo tipo, e dirige a sua execução.
Arquitetônica, s. f. Arquitetura.
Arquitetônico, adj. Relativo à arquitetura; arquitetural.
Arquitetura, s. f. (l. *architectura*). 1. Arte de projetar e construir edifícios. 2. Constituição do edifício, quanto ao modo de sua construção e às características distintivas dos seus ornamentos. 3. Plano, projeto.
Arquitetural, adj. m. e f. Relativo à arquitetura.
Arquitrave, s. f. *Arquit.* Parte do entablamento entre o friso e o capitel; epistílio.
Arquivamento, s. m. Ato ou efeito de arquivar.
Arquivar, v. Tr. dir. 1. Depositar, guardar em arquivo. 2. Recolher ou reter na memória. 3. Encerrar o andamento de (um processo, inquérito etc.).
Arquivista, s. m. e f. Funcionário que cuida de um arquivo.
Arquivística, s. f. Arte ou processos de arquivista.
Arquivo, s. m. 1. Coleção de qualquer espécie de documentos relativos à história de um país, região, cidade, instituição, família ou pessoa. 2. Lugar onde se guardam esses documentos. 3. Móvel que facilita o manuseio desses documentos. 4. Registro.
Arquivologia, s. f. V. *arquivística.*
Arquivolta, s. f. *Arquit.* Moldura ou faixa, comumente ornamental, que acompanha as aduelas de uma arcada.
Arrabalde, s. m. Povoação que fica perto de uma cidade, da qual depende.
Arrabujar, v. Pron. 1. Tornar-se rabugento. 2. Encher-se de rabugem (o cão).
Arraçar, v. Tr. dir. Obter (boas crias) cruzando animais de boa raça com os que não o são.
Arracimado, adj. Com forma de racimo.
Arraçoamento, s. m. Ato ou efeito de arraçoar.
Arraçoar, v. Tr. dir. 1. Dar ração a. 2. Repartir em rações.
Arraia[1], s. f. (*a + raia*). 1. *Ictiol.* Denominação vulgar de peixes elasmobrânquios, da ordem dos Batóideos, que apresentam corpo achatado, nadadeiras peitorais bastante expandidas, cauda alongada e fendas branquiais situadas ventralmente; raia. 2. Papagaio de papel de seda, pequeno.
Arraia[2], s. f. (de *raia*). Linha divisória entre dois países.
Arraial, s. m. 1. Acampamento de militares. 2. Ajuntamento festivo de povo. 3. Aldeola.
Arraialesco, adj. 1. Referente a arraial. 2. Próprio de arraial.
Arraieiro, s. m. Pescador de arraias.
Arraigada, s. f. *Anat.* Parte por onde a língua se liga ao osso hióide.
Arraigar, v. *(a +* l. *radicare).* 1. Tr. dir. Firmar pela raiz; enraizar. 2. Intr. e pron. Lançar ou criar raízes; radicar-se. 3. Pron. Firmar-se seguramente; profundar-se. 4. Tr. dir. e pron. Estabelecer(-se) em algum lugar, com ânimo de permanecer nele. Conjug.: como *saudar.*

Arrais, s. m., sing. e pl. 1. Indivíduo que dirige uma embarcação pequena. 2. Patrão de lancha.

Arralentar, v. Tr. dir. Tornar pouco espesso ou menos denso; arralar, desbastar.

Arramalhar, v. 1. Intr. Ramalhar. 2. Intr. Ocultar-se sob os ramos (o réptil). 3. Intr. Mexer-se na rede (o peixe). 4. Tr. ind. Orçar: *A.* pelos 50 anos.

Arramar, v. Intr. e pron. Cobrir-se de rama; enramar.

Arrampado, s. m. Declive, encosta, rampa.

Arrancada, s. f. 1. Ato ou efeito de arrancar; arrancamento. 2. Investida. 3. Movimento repentino. 4. *Agr.* Terra destocada para cultura.

Arrancadela, s. f. V. *arrancada.*

Arrancador, s. m. 1. O que arranca. 2. Instrumento para arrancar batatas.

Arrancadura, s. f. 1. Arrancada. 2. Porção arrancada de cada vez.

Arrancar, v. 1. Tr. dir. Fazer sair puxando; tirar com mais ou menos força; despegar. 2. Tr. ind., intr. e pron. Partir ou sair de algum lugar com ímpeto e de repente. 3. Tr. dir. Obter à força ou por coação; extorquir. 4. Tr. dir. Obrigar a romper ou manifestar-se aos ouvidos ou à vista: *A. gemidos. A. lágrimas.* 5. Tr. dir. Conseguir com muita insistência e importunação. 6. Intr. Puxar para soltar-se.

Arranca-rabo, s. m. *Pop.* 1. Discussão, bate-boca. 2. Rolo, briga.

Arranchação, s. f. Morada, residência provisória.

Arranchamento, s. m. 1. Ato ou efeito de arranchar. 2. Moradias no campo. 3. Agrupamento de ranchos.

Arranchar, v. 1. Tr. dir. Dar rancho ou pousada a; albergar. 2. Tr. ind. Reunir-se em rancho ou mesa comum. 3. Tr. dir. Distribuir (a tropa ou marinhagem) em ranchos para comer à mesa comum ou pernoitar. 4. Tr. ind., intr. e pron. Estabelecer pouso provisoriamente.

Arranco, s. m. 1. Arrancada. 2. Movimento impetuoso para sair ou para investir. 3. Empuxão.

Arrancorar, v. Pron. Tornar-se rancoroso.

Arranha-céu, s. m. Edifício de grande número de pavimentos. Pl.: *arranha-céus.*

Arranhadura, s. f. 1. Ação ou resultado de arranhar; arranhão. 2. Ferida leve produzida por uma ponta aguda, unha etc., roçando a pele. 3. Talho que prejudica uma superfície polida.

Arranhão, s. m. V. *arranhadura.*

Arranhar, v. 1. Tr. dir. e pron. Ferir(-se) ligeiramente roçando com as unhas ou com qualquer objeto pontudo. 2. Intr. Causar arranhão. 3. Tr. dir. Tocar mal (instrumento de música). 4. Tr. dir. Falar imperfeitamente (uma língua). 5. Intr. Ser áspero, podendo produzir arranhadura.

Arranjadeiro, adj. Cuidadoso, metódico, ordeiro.

Arranjado, adj. 1. Arrumado, disposto em ordem, preparado. 2. Diz-se de quem tem situação financeira regular.

Arranjamento, s. m. Ato ou efeito de arranjar; arranjo.

Arranjar, v. (fr. *arranger*). 1. Tr. dir. Pôr em ordem; arrumar; ordenar, dispor. 2. Tr. dir. Conseguir, obter. 3. Tr. dir. Consertar, reparar. 4. Pron. Obter meios ou recursos, governar bem a vida, economicamente. 5. Tr. dir. Conciliar, resolver. 6. Pron. Avir-se. 7. Pron. Preparar-se, ataviar-se. 8. Tr. dir. *Mús.* Fazer o arranjo de (uma composição).

Arranjo, s. m. 1. Ação ou efeito de arranjar; arrumação, disposição. 2. Convenção, transação entre particulares; acordo. 3. *Mús.* Adaptação de uma composição a vozes ou a instrumentos para os quais originalmente não havia sido escrita.

Arranque, s. m. 1. Arranco. 2. Início de marcha de um veículo a motor ou de uma máquina propulsionada a vapor. 3. Dispositivo pelo qual o motorista dá partida ao motor do automóvel.

-arrão, suf. *(arro + ão).* Exprime idéia de aumentativo: *canzarrão, gatarrão, homenzarrão.*

Arrapazado, adj. Que tem modos de rapaz.

Arraposar, v. Pron. Tornar-se astucioso como a raposa.

Arras, s. f. pl. (1. *arrhas*). 1. *Dir.* Garantia de um contrato. 2. *Dir.* Bens dotais assegurados pelo noivo à noiva mediante contrato. 3. Garantia, penhor.

Arrás, s. m. (fr. *Arras,* n. p.). Tapeçaria antiga e valiosa, com cores brilhantes.

Arrasado, adj. 1. Tornado raso. 2. Arruinado, destruído. 3. Cheio até às bordas. 4. Cansadíssimo.

Arrasador, adj. Que arrasa. S. m. 1. Aquele que arrasa. 2. Pau roliço com que se arrasam as medidas dos grãos; rasoura.

Arrasadura, s. f. 1. Ação de arrasar. 2. O que resta da medida, depois de rasa.

Arrasamento, s. m. Ato ou resultado de arrasar(-se).

Arrasar, v. 1. Tr. dir. e pron. Tornar(-se) raso. 2. Tr. dir. Demolir, derrubar (uma construção). 3. Tr. dir. Arruinar, estragar. 4. Tr. dir. Abater. 5. Tr. dir. e pron. Encher(-se) até às bordas. 6. Tr. dir. Descompor, humilhar com injúrias e palavras violentas. 7. Tr. dir. Fazer perder os bens, a paz de espírito, a coragem. 8. Pron. Acabar.

Arrastadiço, adj. Que se deixa arrastar ou influenciar facilmente por outrem.

Arrastado, adj. 1. Levado ou trazido de rastos. 2. Que desliza pelo chão: Andar *arrastado.* 3. Moroso: Voz *arrastada.* 4. Delongado: Negócio *arrastado.*

Arrastador, adj. e s. m. Que, ou o que arrasta.

Arrastadura, s. f. V. *arrastamento.*

Arrastamento, s. m. Ato ou efeito de arrastar(-se).

Arrastão, s. m. 1. Esforço que faz quem arrasta. 2. Rede em forma de saco, que, atrás das embarcações de pesca, se arrasta pelo fundo da água. 3. *Agr.* Vara que nasce junto ao pé da videira.

Arrasta-pé, s. m. *Pop.* 1. Baile popular; dança familiar. 2. Baile em que se dança sem compostura. Pl.: *arrasta-pés.*

Arrastar, v. 1. Tr. dir. Levar ou trazer de rastros ou à força. 2. Tr. ind., intr. e pron. Ir de rojo ou rojando o corpo ou a maior parte dele pelo chão. 3. Tr. dir. Levar, puxar ou mover a custo. 4. Pron. Ir ou andar a custo. 5. Tr. dir. Atrair, levar após si. 6. Tr. dir. Falar morosamente. 7. Tr. dir. Acarretar como conseqüência. 8. Pron. Passar muito lentamente.

Arrasto, s. m. 1. Ação de arrastar. 2. Marca deixada no solo por coisa arrastada.

Arrátel, s. m. Antiga unidade de peso equivalente a 16 onças, ou 429 gramas. Pl.: *arráteis.*

Arratelar, v. Tr. dir. 1. Pesar aos arráteis. 2. Dividir em parcelas de arrátel.

Arrazoado, adj. Conforme à razão; congruente. S. m. Discurso oral ou escrito, que tem por fim defender uma causa.

Arrazoamento, s. m. Ato de arrazoar; arrazoado.

Arrazoar, v. 1. Tr. dir. Expor o direito de (uma causa), alegando razões. 2. Intr. Discorrer, raciocinar. 3. Tr. ind. e intr. Discutir, disputando.

Arre!, interj. (ár. *harre*). 1. Exprime irritação ou aborrecimento. 2. Usa-se para incitar animais à marcha: *Arre,* burro!

Arreação, s. f. 1. V. *arreamento.* 2. Sangria da seringueira, por meio de entalhes verticais.

Arreador, s. m. V. *arreeiro.*

Arreamento, s. m. 1. Ato ou efeito de arrear. 2. V. *arreios.* 3. Mobília.

Arrear[1], v. (*arreio + ar*). 1. Tr. dir. Pôr arreios em. 2. Tr. dir. e pron. Colocar enfeites em; adornar(-se). 3. Tr. dir. Guarnecer de móveis.

Arrear[2], v. V. *arriar.*

Arreata, s. f. Corda ou correia para condução de bestas; cabresto.

Arreatada, s. f. Pancada com arreata.

Arreatadura, s. f. Ação de arreatar.

Arreatar, v. Tr. dir. Atar com arreata.

Arreaz, s. f. Fivela em que se passam loros do estribo.

Arrebanhador, adj. e s. m. Que, ou o que arrebanha.

Arrebanhar, v. 1. Tr. dir. Juntar em rebanho. 2. Tr. dir. Reunir. 3. Pron. Juntar-se, reunir-se.

Arrebatado, adj. 1. Dominado pela paixão; impetuoso. 2. Inconsiderado. 3. Arrancado com violência; raptado, roubado.

Arrebatador, adj. e s. m. Que, ou o que arrebata.

Arrebatamento, s. m. Ato ou efeito de arrebatar(-se).

Arrebatar, v. 1. Tr. dir. Tirar com violência. 2. Tr. dir. Levar para longe e de súbito. 3. Tr. dir. Levar para o outro mundo. 4. Tr. dir. Raptar. 5. Tr. dir. Arrancar, arrastar ou transportar com ímpeto. 6. Tr. dir. Atrair com força irresistível; encantar. 7. Tr. dir. Conseguir em virtude do entusiasmo provocado. 8. Tr. dir. e pron. Levar ou deixar-se levar da ira ou outra paixão violenta; enfurecer(-se). 9. Pron. Entusiasmar-se, extasiar-se.

Arrebém, s. m. *Náut.* Cabo fino, de vários usos a bordo.

Arrebentação, s. f. 1. Ato ou efeito de arrebentar(-se), quebrar(-se). 2. Ponto onde as ondas se quebram com estrondo. 3. *Bot.* Lançamento de gomos.

Arrebentadiço, adj. Fácil ou suscetível de arrebentar.

Arrebentado, adj. 1. Que se arrebentou. 2. Inutilizado, por grandes esforços. 3. Que está em más condições financeiras; quebrado, falido.

Arrebentamento, s. m. Ato ou efeito de arrebentar.

Arrebentão, s. m. *Agr.* Rebentão.

Arrebenta-pedra, s. m. *Bot.* V. *quebra-pedra.*

Arrebentar, v. V. *rebentar.*

Arrebento, s. m. *Bot.* Botão, rebento.

Arrebicar, v. Tr. dir. e pron. 1. Enfeitar(-se) com arrebiques. 2. Enfeitar(-se) com exagero.

Arrebique, s. m. 1. Cosmético para conservar ou restabelecer a beleza do rosto. 2. Enfeite exagerado, de mau gosto. 3. Afetação do estilo.

Arrebitado, adj. 1. Virado para cima, na ponta: Nariz *arrebitado.* 2. Esperto, petulante.

Arrebitamento, s. m. Ato ou efeito de arrebitar(-se).

Arrebitar, v. 1. Tr. dir. e pron. Revirar(-se) para cima, a ponta, extremidade ou aba de. 2. Pron. Altear-se, levantar-se. 3. Pron. Abespinhar-se, irritar-se.

Arrebito, s. m. 1. Configuração de coisa arrebitada. 2. Petulância.

Arrebol, s. m. 1. Vermelhidão do dia, ao nascer ou ao pôr do Sol. 2. Princípio, início. Pl.: *arrebóis.*

Arrebolar¹, v. *(a + rebolar).* Tr. dir. Dar forma de bola a, tornar redondo.

Arrebolar², v. (*arrebol + ar,* com dissimilação). Tr. dir. Dar cor de arrebol a.

Arrecabe, s. m. Corda para puxar a rede de arrasto.

Arrecada, s. f. Brinco, em geral com forma de argola.

Arrecadação, s. f. 1. Ato ou efeito de arrecadar. 2. Valor das contribuições arrecadadas.

Arrecadado, adj. 1. Colocado, depositado em lugar seguro. 2. Recolhido em arrecadação.

Arrecadador, adj. e s. m. Que, ou o que arrecada.

Arrecadamento, s. m. V. *arrecadação.*

Arrecadar, v. Tr. dir. 1. Pôr em lugar seguro. 2. Cobrar, receber (impostos). 3. Recolher.

Arrecear, v. V. *recear.*

Arreda!, interj. Exprime aversão ou repulsa e equivale a *fora!, para trás!*

Arredado, adj. Afastado, desviado.

Arredamento, s. m. Ato ou efeito de arredar(-se).

Arredar, v. (1. **ad retare*). 1. Tr. dir. Afastar, desviar. 2. Tr. dir. e pron. Remover(-se) para trás. 3. Intr. e pron. Afastar-se, apartar-se, pôr-se longe.

Arredável, adj. m. e f. Que se pode arredar.

Arredio, adj. (1. *errativu*). 1. Que anda por longe do lugar aonde costumava ir ou da companhia que tinha. 2. Que se afasta do trato social. 3. Tresmalhado (gado).

Arredondado, adj. De forma algo redonda ou circular.

Arredondamento, s. m. Ato ou efeito de arredondar(-se).

Arredondar, v. (*a + redondo + ar*). 1. Tr. dir. e pron. Tornar(-se) redondo, dar forma circular a. 2. Tr. dir. Tornar curvo, obtuso, rombo, o que estava agudo. 3. Tr. dir. Exprimir por número redondo, cortando os quebrados. 4. Tr. dir. Dar aspecto convexo a. 5. Pron. Tornar-se saliente. 6. Tr. dir. e pron. Tornar(-se) harmônico.

Arredor¹, adv. (*a + redor*). Ao redor, em redor, em volta de

Arredor², adj. Circunvizinho. S. m. Terreno circunvizinho. S. m. pl. Arrabaldes.

Arrefeçar, v. (*a + refece + ar*). Tr. dir. 1. Tornar vil. 2. Vender muito barato.

Arrefecedor, adj. e s. m. Que, ou o que faz arrefecer.

Arrefecer, v. (*a* + 1. *refrigescere*). 1. Intr. e pron. Esfriar, tornar-se frio. 2. Tr. dir. Fazer esfriar. 3. Tr. dir. Fazer perder o ânimo; desanimar. 4. Pron. Perder a energia, o entusiasmo; desalentar-se.

Arrefecimento, s. m. 1. Ato ou efeito de arrefecer. 2. Perda do calor; esfriamento.

Arregaçada, s. f. 1. Quantidade que o regaço pode comportar. 2. Grande quantidade.

Arregaçar, v. 1. Tr. dir. Recolher as bordas de (vestido), fazendo regaço. 2. Tr. dir. Puxar para cima ou para trás; enrolar para cima (calça, mangas, saias etc.). 3. Tr. dir. e pron. Levantar(-se), enrolando ou enrugando (as pálpebras, os lábios).

Arregalado, adj. Muito aberto; esbugalhado.

Arregalar, v. Tr. dir. Abrir muito (os olhos) por espanto ou satisfação.

Arreganhado, adj. Com os dentes à mostra e os lábios apartados.

Arreganhar, v. (*a* + 1. **reganniare?*). 1. Tr. dir. Mostrar (os dentes), abrindo os lábios com expressão de cólera ou riso. 2. Intr. Abrir fendas, gretar-se (o fruto). 3. Pron. Irar-se.

Arreganho, s. m. 1. Ato ou efeito de arreganhar. 2. Gesto de desassombro, de intrepidez. 3. Altivez, intrepidez. 4. Ameaça, intimidação.

Arregimentação, s. f. Ato ou efeito de arregimentar.

Arregimentar, v. Tr. dir. e pron. 1. *Mil.* Alistar(-se) ou reunir(-se) em regimento. 2. Reunir(-se) em bando, partido ou sociedade.

Arreglar, v. 1. Tr. dir. e pron. Combinar(-se), concertar(-se). 2. Tr. dir. e pron. Pôr(-se) (as coisas) em ordem. 3. Tr. dir. Ajustar alguma coisa com alguém.

Arreglo, s. m. Ato ou efeito de arreglar.

Arregoar, v. 1. Tr. dir. Abrir regos em; sulcar. 2. Tr. ind. Tomar a forma de rego. 3. Intr. Gretar, rachar de maduro (o fruto).

Arreigar, v. V. *arraigar.*

Arreio, s. m. 1. Arreamento. 2. Aparelho dos cavalos de tiro ou sela. 3. Adorno, enfeite.

Arreitar, v. (1. *arrectare*). Tr. dir. Provocar apetite venéreo em.

Arrejeitar, v. Tr. dir. Atirar para longe.

Arrelhada, s. f. (de *relha*). *Agr.* Instrumento de ferro com que se limpa o arado.

Arrelhador, s. m. *Agr.* Tira de couro para amarrar o bezerro à perna da vaca, quando esta é ordenhada; arreador.

Arrelhar, v. Tr. dir. *Agr.* Amarrar com relho (o bezerro), à vaca, na ordenha.

Arrelia, s. f. 1. Ato ou efeito de arreliar. 2. Mau agouro, mau pressentimento. 3. Divertimento, pagodeira.

Arreliado, adj. Dado a arrelias; briguento, brigão.

Arreliador, adj. e s. m. Que, ou o que arrelia.

Arreliante, adj. m. e f. Que promove arrelia.

Arreliar, v. 1. Tr. dir. Causar arrelia a. 2. Pron. Tornar-se impaciente.

Arreliento, adj. Arreliado.

Arrelvar, v. Tr. dir. e pron. Cobrir(-se) de relva ou plantá-la; enrelvar(-se); relvar(-se).

Arremangar, v. Intr. e pron. 1. Arregaçar as mangas. 2. Fazer que vai atacar. 3. Simular que trabalha.

Arremansar, v. Pron. Ficar em remanso (diz-se dos rios e riachos).

Arrematação, s. f. 1. Ato ou efeito de arrematar. 2. Venda, adjudicação ou compra em leilão.

Arrematador, adj. e s. m. Que, ou o que arremata.

Arrematar¹, v. *(a + rematar).* Tr. dir. Adquirir ou adjudicar em leilão.

Arrematar², v. *(a + remate + ar).* 1. Tr. dir. Dar remate a; acabar, terminar. 2. Tr. dir. Fazer remate de pontos em (costura). 3. Tr. dir. Carpir (o milho) pela segunda vez. 4. Tr. dir.

Dar o retoque final a. 5. Intr. No futebol, terminar uma série de jogadas, atirando a bola com intuito de marcar ponto.

Arremate, s. m. 1. Ato ou efeito de arrematar[2]; remate. 2. *Futebol.* Lançamento para o gol, em conclusão de uma jogada.

Arremedar, v. Tr. dir. 1. Imitar grotescamente. 2. Contrafazer, reproduzir imitando. 3. Assemelhar.

Arremedo *(mê)*, s. m. 1. Ação de arremedar. 2. Cópia, imitação. 3. Mostras, aparência.

Arremessador, adj. e s. m. Que, ou o que arremessa.

Arremessamento, s. m. V. *arremesso.*

Arremessão, s. m. 1. Impulso de arremessar. 2. O que se arremessa. 3. Arma de arremessar.

Arremessar, v. 1. Tr. dir. Arrojar, lançar com ímpeto. 2. Pron. Arrojar-se, atirar-se com força. 3. Tr. dir. Repelir. 4. Pron. Correr ou avançar com precipitação. 5. Pron. Acometer, investir. 6. Pron. Abalançar-se, expor-se. 7. Tr. dir. Fazer (cavalo, veículo) partir com ímpeto.

Arremesso *(mê)*, s. m. 1. Ação ou resultado de arremessar. 2. Arma ou qualquer coisa que se atira. 3. Investida. 4. Ameaça. S. m. pl. Aparências, mostras; assomos, rasgos.

Arremetedor, adj. e s. m. Que, ou o que arremete.

Arremetedura, s. f. V. *arremetida.*

Arremetente, adj. e s., m. e f. V. *arremetedor.*

Arremeter, v. *(a* + 1. *remittere).* 1. Tr. ind. e intr. Acometer, assaltar ou atacar com fúria ou ímpeto; investir. 2. Tr. ind. e intr. Avançar com ímpeto ou com ar ameaçador. 3. Tr. ind. Entrar impetuosamente. 4. Tr. ind. Afrontar. 5. Tr. ind. Arrojar-se com presteza para lançar mão de alguma coisa. 6. Tr. dir. Açular, incitar (um animal) para sair com ímpeto ou fúria.

Arremetida, s. f. 1. Ato ou efeito de arremeter. 2. Cometimento, investida, ataque. 3. Impulso.

Arrendação, s. f. V. *arrendamento.*

Arrendado[1], adj. (p. de *arrendar*[1]). Dado ou tomado de arrendamento.

Arrendado[2], adj. (p. de *arrendar*[2]). Que imita renda; rendado. S. m. Lavor em forma de renda.

Arrendador, adj. e s. m. Que, ou o que dá em arrendamento.

Arrendamento, s. m. 1. Ato ou efeito de arrendar[1]. 2. Contrato pelo qual uma pessoa cede a outra, por prazo certo e renda convencionada, o uso e gozo de coisa infungível: prédio urbano ou rústico, veículo etc. 3. O preço por que se arrenda.

Arrendar[1], v. *(a* + *renda*[1] + *ar).* Tr. dir. 1. Dar em arrendamento. 2. Tomar em arrendamento.

Arrendar[2], v. *(a* + *renda*[2] + *ar).* Tr. dir. 1. Dar a forma de renda a. 2. Guarnecer com rendas; rendilhar.

Arrendatário, s. m. O que toma em arrendamento alguma coisa; rendeiro. Antôn.: *arrendador.*

Arrendável, adj. m. e f. Que pode ser arrendado.

Arrendilhado, adj. V. *rendilhado.*

Arrenegação, s. f. 1. Ato ou efeito de arrenegar(-se). 2. Apostasia. 3. Enfado. 4. Zanga.

Arrenegado, adj. 1. Que arrenegou da religião cristã. 2. Enfadado, zangado.

Arrenegador, s. m. *(arrenegar* + *dor).* Indivíduo que arrenega.

Arrenegar, v. 1. Tr. dir. Renegar, renunciar. 2. Tr. dir., tr. ind. e pron. Ter aversão a. 3. Tr. dir. Lançar maldição em. 4. Pron. Zangar-se.

Arrenego *(nê)*, s. m. Arrenegação, zanga.

Arrepanhado, adj. 1. Que forma dobras; enrugado. 2. Avaro.

Arrepanhar, v. Tr. dir. 1. Fazer dobras ou rugas em. 2. Apanhar, recolher. 3. Economizar com avareza. 4. Tirar com violência; arrebatar.

Arrepelação, s. f. Ato ou efeito de arrepelar(-se).

Arrepelada, s. f. (de *arrepelar*). 1. V. *arrepelação.* 2. Luta entre dois indivíduos braço a braço.

Arrepelador, adj. e s. m. Que, ou o que arrepela.

Arrepelamento, s. m. V. *arrepelação.*

Arrepelão, s. m. 1. V. *arrepelação.* 2. Empurrão.

Arrepelar, v. 1. Tr. dir. Puxar ou arrancar (pêlos, penas, cabelos etc.). 2. Pron. Puxar os próprios pêlos. 3. Pron. Lamentar-se.

Arrepender, v. *(a* + 1. *repoenitere).* Pron. 1. Ter mágoa ou pesar dos erros ou faltas cometidas. 2. Mudar de opinião, parecer ou propósito. (Muito excepcionalmente é este verbo empregado como intransitivo.)

Arrependido, adj. 1. Que se arrependeu. 2. Contrito.

Arrependimento, s. m. 1. Ato de arrepender-se; pesar sincero de algum ato ou omissão. 2. Contrição. 3. Mudança de deliberação.

Arrepiado, adj. 1. Levado ao arrepio; eriçado, ouriçado. 2. Assustado, apavorado. 3. Desconfiado, esquivo.

Arrepiador, adj. Que causa arrepios; arrepiante.

Arrepiadura, s. f. V. *arrepiamento.*

Arrepiamento, s. m. Ato ou efeito de arrepiar(-se).

Arrepiante, adj. m. e f. Arrepiador.

Arrepiar, v. (1. *horripilare*). 1. Tr. dir. Levantar ou encrespar; fazer eriçar (cabelos, pêlos etc.). 2. Pron. Levantar-se, eriçar-se, ouriçar-se. 3. Tr. dir. e pron. Fazer tremer (ou tremer) de frio, horror, medo ou susto. 4. Intr. Causar arrepios; fazer tremer de frio. 5. Tr. dir. Causar horror a; horripilar. 6. Tr. dir. Arregaçar, enrugar, franzir.

Arrepio, s. m. 1. Direção inversa da que tem o cabelo, o pêlo etc. 2. Tremor resultante de frio, medo etc. — *Ao arrepio:* a) ao revés; em sentido inverso ao natural; b) contra a vontade. *Ao a. de:* ao contrário de; ao revés de.

Arrepolhado, adj. 1. Em forma de repolho. 2. *Pop.* Baixo e gordo. 3. *Pop.* Envolvido em muitas roupas.

Arrepolhar, v. 1. Tr. dir. Dar configuração de repolho a. 2. Intr. Tomar a forma de repolho. 3. Tr. dir. Tornar inchado; entufar.

Arrepsia, s. f. Dúvida, hesitação, incerteza.

Arrequife, s. m. Ponta de ferro, na extremidade de uma vara, com que se limpa o algodão.

Arrestado, adj. e s. m. Que, ou o que sofreu arresto.

Arrestante, s. m. e f. Pessoa que requer arresto.

Arrestar, v. Tr. dir. *Dir.* Fazer arresto em; embargar.

Arresto, s. m. *Dir.* Medida preventiva que consiste na apreensão judicial de bens do devedor, para garantir a futura execução.

Arrevesado, adj. 1. Feito ou posto ao revés ou às avessas. 2. Confuso, obscuro. 3. Difícil de pronunciar.

Arrevesar, v. Tr. dir. 1. Colocar ao revés. 2. Tornar confuso ou obscuro. 3. Dar sentido contrário a. 4. Revolver.

Arrevessado, s. m. 1. O que se vomitou. 2. Vida desregrada que se levou.

Arrevessar, v. 1. Tr. dir. Vomitar. 2. Intr. Tornar-se revolto (o mar). 3. Tr. dir. Detestar.

Arrevesso *(vê)*, adj. Revesso. S. m. Arrevessado.

Arriação, s. f. Ato ou operação de arriar(-se).

Arriar, v. (cast. *arriar*). 1. Tr. dir. *Náut.* Soltar aos poucos (cabo, linha, rede). 2. Tr. dir. Baixar, pôr no chão (objeto muito pesado). 3. Tr. dir. Depor. 4. Intr. *Carp.* Ceder, abaixar. 5. Afrouxar, desalentar.

Arriaria, s. f. Profissão de arrieiro.

Arriba[1], s. f. (1. *ad* + *ripa*). Riba.

Arriba[2], adv. 1. Acima, para cima. 2. Adiante, para diante. Interj. Acima!

Arribação, s. f. Ato ou efeito de arribar.

Arribada, s. f. Arribação.

Arribadiço, adj. 1. Diz-se da ave de arribação. 2. Adventício, estrangeiro, vindiço.

Arribanceirado, adj. Que tem ribanceiras.

Arribar, v. (1. *arripare*). 1. Tr. ind. e intr. *Náut.* Chegar ao porto demandado ou entrar em outro que não seja de escala. 2. Tr. ind. *Náut.* Virar ou voltar a embarcação para chegar a alguma parte. 3. Tr. ind. e intr. Subir ou chegar ao cimo de algum lugar. 4. Tr. ind. Chegar a algum lugar, mesmo que seja por terra e sem subir. 5. Tr. dir. Erguer, levantar. 6. Tr. ind. e intr. Sair ou ausentar-se sem licença. 7. Intr. Melhorar de fortuna. 8. Intr. Mudar de pouso; migrar (a ave).

Arribe, s. m. Arribação.

Arriçar, v. V. *eriçar.*

Arridar, v. Tr. dir. *Náut.* 1. Atar as arridas aos botões. 2. Segurar com as arridas.

Arridas, s. f. pl. *Náut.* Cordões que prendem os toldos às bordas dos escaleres.

Arrieirada, s. f. Arrieirice.

Arrieirice, s. f. Dito ou modos próprios de arrieiro.

Arrieiro, s. m. Guia de bestas de carga.

Arriel, s. m. Argola ou brinco de ouro.

Arrijar, v. V. *enrijar.*

Arrimadiço, adj. Muito dado a arrimar-se.

Arrimador, s. m. Rimador.

Arrimar, v. 1. Tr. dir. e pron. Apoiar(-se), encostar(-se), escorar(-se). 2. Tr. dir. Amparar, servir de arrimo a. 3. Tr. dir. Pôr em rima. 4. Tr. dir. Pôr em ordem; arrumar.

Arrimo, s. m. 1. Amparo, auxílio, encosto, proteção. 2. Pessoa que serve de amparo a outra.

Arrincoar, v. 1. Tr. dir. e pron. Colocar(-se) em rincão. 2. Tr. dir. e pron. Pôr(-se) em lugar estreito ou sem saída; encurralar(-se). 3. Pron. Acantoar-se.

Arrinconar, v. V. *arrincoar.*

Arriós, s. m. 1. Pedrinha redonda do jogo de alguergue. 2. Pelouro de arcabuz. 3. Fava amargosa, de casca grossa e cinzenta. Var.: *arrió* e *arriol.*

Arriosca, s. f. Cilada, engano, esparrela, falcatrua, logro.

Arriscado, adj. 1. Que oferece risco. 2. Arrojado, temerário.

Arriscar, v. 1. Tr. dir. e pron. Pôr(-se) em risco ou perigo. 2. Tr. dir. e pron. Expor(-se) a bom ou mau sucesso, oferecer(-se) ao arbítrio da fortuna; aventurar(-se).

Arrispidar, v. Pron. 1. Tornar-se rispido ou intratável. 2. Ficar de mau humor.

Arritmia, s. f. 1. Perturbação ou desvio do ritmo. 2. *Med.* Irregularidade e desigualdade das pulsações cardíacas.

Arrítmico, adj. Sem ritmo.

Arrivismo, s. m. *Gal.* Aventureirismo.

Arrivista, s. m. e f. *Gal.* Aventureiro.

Arrizo, adj. *Bot.* Sem raiz.

Arrizotônico, adj. *Gram.* Diz-se das palavras cuja sílaba tônica está num sufixo e não na raiz.

Arro, s. m. *Ant.* Lama, lodo.

Arroba *(ô),* s. f. 1. Peso antigo igual a 32 arráteis (= 14,688 quilogramas). 2. Hoje, peso equivalente a quinze quilogramas.

Arrobação, s. f. Ação de arrobar; pesagem por arroba.

Arrobamento, s. m. V. *arrobação.*

Arrobar[1], v. *(arroba + ar).* Tr. dir. 1. Pesar por arroba. 2. Avaliar a olho.

Arrobar[2], v. *(arrobe + ar).* Tr. dir. Temperar com arrobe.

Arrobe *(ô),* s. m. 1. Designação genérica dos extratos obtidos pela evaporação ao banho-maria dos sucos previamente clarificados de certos frutos. 2. Mosto da uva apurado ao fogo.

Arrocado, adj. Com forma de roca.

Arrochada, s. f. 1. Batida com arrocho. 2. Paulada.

Arrochado, adj. 1. Apertado com arrocho. 2. Muito apertado.

Arrochadora, s. f. Peça de atafona com que se aperta a almanjarra.

Arrochadura, s. f. Ato ou efeito de arrochar(-se).

Arrochar, v. 1. Tr. dir. Ligar, apertando com arrocho. 2. Tr. dir. Apertar fortemente. 3. Pron. Apertar-se, comprimir-se.

Arrocheiro, s. m. V. *arreeiro.*

Arrocho *(ô),* s. m. 1. Ação de arrochar. 2. Pau curto que serve para apertar as cordas de um volume. 3. Correia de apertar a carga no animal cargueiro. 4. Compressão. 5. Situação difícil.

Arrocinador, s. m. Aquele que arrocina animais.

Arrocinar, v. Tr. dir. Tirar as manhas de (o cavalo), preparando-o para qualquer serviço.

Arrodelar, v. 1. Tr. dir. Armar, cobrir, defender, tapar com rodela. 2. Tr. dir. Dar forma de rodela a. 3. Pron. Escudar-se, proteger-se.

Arrofo *(ô),* s. m. *Náut.* Buraco no remate da tarrafa.

Arrogação, s. f. Ato ou efeito de arrogar(-se).

Arrogador, adj. e s. m. Que, ou o que se arroga alguma coisa.

Arrogância, s. f. (l. *arrogantia*). Altivez, insolência, orgulho, presunção.

Arrogante, adj. m. e f. Que tem ou denota arrogância.

Arrogar, v. 1. Tr. dir. Apropriar-se de, tomar como próprio. 2. Pron. Atribuir-se, tomar como seu.

Arroio, s. m. Pequena corrente de água, não permanente.

Arrojadiço, adj. 1. Próprio para ser arrojado. 2. Arrojado, ousado.

Arrojadita, s. f. *Miner.* Minério do grupo da wagnerita.

Arrojado, adj. 1. Audaz, denodado, destemido, valente, valoroso. 2. Em que há arrojo; temerário. 3. Valentão. 4. Com características inovadoras; ousado.

Arrojador, adj. e s. m. Que, ou o que arroja.

Arrojamento, s. m. Ato ou efeito de arrojar.

Arrojão, s. m. Empurrão para fazer ir de rojo.

Arrojar, v. 1. Tr. dir. e pron. Lançar(-se) com ímpeto e força; arremessar(-se). 2. Tr. dir. Lançar fora ou ao lado. 3. Tr. dir. Levar ou trazer de rojo; arrastar. 4. Pron. Andar de rastos, arrastar-se. 5. Pron. Abaixar-se, aviltar-se. 6. Pron. Despenhar-se. 7. Pron. Abalançar-se, atrever-se.

Arrojo *(ô),* s. m. 1. Impulso para lançar fora alguma coisa. 2. Apresentação pomposa; magnificência, solenidade. 3. Ousadia. S. m. pl. Lixo, algas e plantas que o mar lança às praias.

Arrolador, adj. e s. m. Que, ou o que arrola.

Arrolamento, s. m. Ato ou efeito de arrolar, de tomar a rol ou inventário.

Arrolar[1], v. *(a + rol + ar).* 1. Tr. dir. Inscrever em uma lista ou rol. 2. Tr. dir. Fazer relação de; inventariar. 3. Tr. dir. Pôr no rol de; classificar. 4. Tr. dir. e pron. Alistar(-se), engajar(-se), recrutar(-se).

Arrolar[2], v. *(a + rolo + ar).* 1. Tr. dir. Dar forma de rolo a. 2. Intr. Formar rolos.

Arrolar[3], v. *(a + rola + ar).* Intr. Arrulhar.

Arrolhador, adj. Medroso. S. m. Indivíduo medroso.

Arrolhamento, s. m. Ato ou efeito de arrolhar[1] ou arrolhar[2].

Arrolhar[1], v. *(a + rolha + ar).* Tr. dir. 1. Tapar com rolha. 2. Fazer calar.

Arrolhar[2], v. (cast. *arrollar*). 1. Tr. dir. e pron. Reunir(em-se) animais cavalares. 2. Intr. Desfolhar a erva-mate.

Arrolo *(ô),* s. m. Arrulho.

Arromançar, v. Tr. dir. 1. Contar em forma de romance; romancear. 2. Traduzir em romance ou latim vulgar.

Arromba, s. f. Canção ruidosa para viola. — *De arromba*: Excelente; de espantar.

Arrombada, s. f. 1. Arrombamento. 2. *Náut.* Borda falsa de navio.

Arrombador, adj. e s. m. Que, ou o que arromba.

Arrombamento, s. m. 1. Ação ou resultado de arrombar. 2. Abertura forçada; rombo.

Arrombar, v. Tr. dir. 1. Fazer rombo em. 2. Despedaçar, quebrar. 3. Abrir com violência. 4. Abater, humilhar. 5. Causar ruína a. 6. Derrotar.

Arrostar, v. 1. Tr. dir. Olhar de frente; encarar sem medo; fazer face a; afrontar. 2. Tr. ind. e pron. Apresentar-se, encontrar-se face a face, para resistir.

Arrotador, s. m. 1. Pessoa que arrota. 2. Blasonador, fanfarrão.

Arrotar, v. (l. *eructare*). 1. Intr. Dar arrotos; eructar. 2. Tr. dir e tr. ind. Fazer alarde de. 3. Intr. Alardear valentia, dizer desaforos.

Arroteado, adj. Que se arroteou; desbravado, lavrado.

Arroteador, adj. e s. m. Que, ou o que arroteia.

Arroteamento, s. m. Ato ou efeito de arrotear.

Arrotear, v. Tr. dir. 1. Cultivar terreno inculto. 2. Educar, instruir.

Arrotéia, s. f. *Agr.* Terreno arroteado: *A.* em plena produção.

Arroto *(ô),* s. m. 1. Emissão ruidosa de gases do estômago pela boca; eructação. 2. Respiradouro de gruta ou caverna.

Arroubamento, s. m. Arroubo.

Arroubar, v. V. *arrebatar.*

Arroubo, s. m. Êxtase, enlevo, arrebatamento.

Arroupar, v. V. *enroupar.*
Arroxado, adj. V. *arroxeado.*
Arroxar, v. V. *arroxear.*
Arroxeado, adj. 1. Que se tornou roxo. 2. Um tanto roxo.
Arroxear, v. Tr. dir. e pron. Tornar(-se) roxo; roxear(-se).
Arroz, s. m. 1. *Bot.* Planta graminácea de que há muitas variedades *(Oryza sativa)*. 2. Grão produzido por essa planta. Col.: *batelada, partida.* 3. *Cul.* Prato preparado com esses grãos.
Arrozal, s. m. Plantação de arroz.
Arrozalina, s. f. Certa farinha de arroz.
Arrozalva, s. f. Certo fubá de arroz.
Arrozeira, s. f. V. *arrozal.*
Arrozeiro, adj. 1. Relativo à lavoura do arroz. 2. Diz-se do indivíduo que gosta muito de arroz. S. m. Plantador ou negociante de arroz.
Arruá, adj. m. e f. 1. Arisco, espantadiço, indócil. 2. Mau, perverso.
Arruaça, s. f. Desordem nas ruas; alvoroto.
Arruação, s. f. Arruamento.
Arruaçar, v. Intr. Promover arruaça.
Arruaceiro, adj. e s. m. Que, ou o que faz arruaças; arruador.
Arruador, s. m. 1. Vagabundo. 2. Arruaceiro.
Arruamento, s. m. 1. Traçado, demarcação e abertura de ruas. 2. Conjunto de ruas. 3. Disposição de prédio ao longo de uma rua.
Arruar[1], v. *(a+rua+ar).* 1. Tr. dir. Dividir ou distribuir em ruas. 2. Tr. dir. Alinhar (ruas ou passeios). 3. Pron. Vir para as ruas. 4. Tr. dir. e intr. Passear com ostentação, vadiar pelas ruas.
Arruar[2], v. Intr. 1. Grunhir (o javali). 2. Mugir (o touro).
Arruçado, adj. Que arruçou.
Arruçar, v. Intr. 1. Tornar-se ruço. 2. Encanecer.
Arruda, s. f. *Bot.* Nome comum a várias plantas rutáceas, sendo a mais comum a *Ruta graveolens.* Todas são aromáticas e algumas, medicinais.
Arruela, s. f. (fr. ant. *roele*). *Mec.* Anel de metal, couro, borracha etc., destinado a assegurar a vedação de uma junta ou a repartir a pressão de porca sobre a peça, sobre a qual ela assenta.
Arruelado, adj. Guarnecido de arruelas.
Arrufadiço, adj. Que se arrufa com facilidade; irritadiço.
Arrufar, v. 1. Tr. dir. e pron. Irritar(-se), tornar(-se) agastado. 2. Tr. dir. e pron. Tornar(-se) crespo. 3. Pron. Ficar com má cara e sem dizer o motivo; amuar. 4. Pron. Encolher-se. 5. Pron. Agastar-se, enfadar-se.
Arrufianado, adj. 1. Com modos de rufião. 2. Próprio de rufião.
Arrufo, s. m. 1. Ato ou efeito de arrufar(-se). 2. Amuo. 3. Agastamento passageiro entre pessoas que se querem bem.
Arrugado, adj. Enrugado.
Arrugadura, s. f. V. *arrugamento.*
Arrugamento, s. m. Ato ou efeito de arrugar(-se).
Arrugar, v. 1. Tr. dir. Fazer rugas ou pregas em. 2. Pron. Fazer-se rugoso.
Arrúgia, s. f. Canal por onde escoam as águas, nas minas.
Arruído, s. m. 1. Ruído. 2. Clamor confuso de muitas vozes.
Arruinação *(u-i)*, s. f. V. *arruinamento.*
Arruinado *(u-i)*, adj. 1. Que está em ruínas. 2. Reduzido à pobreza; falido. 3. De saúde combalida.
Arruinador *(u-i)*, adj. e s. m. Que, ou o que arruína.
Arruinamento *(u-i)*, s. m. Ato ou efeito de arruinar(-se).
Arruinar *(u-i)*, v. 1. Tr. dir. Causar ruína; destruir. 2. Intr. e pron. Cair em ruína, destruir-se, perder-se. 3. Tr. dir. Prejudicar. 4. Tr. dir. Reduzir à miséria; empobrecer. 5. Pron. Ficar na miséria, perdendo ou desbaratando os bens. 6. Tr. dir. Fazer perder a saúde. 7. Pron. Perder a saúde.
Arruivado, adj. Tirante a ruivo; ruivacento; arruivascado.
Arruivascado, adj. V. *arruivado.*
Arrular, v. V. *arrulhar.*
Arrulhar, v. (origem onomatopéica). 1. Intr. Produzir arrulhos, como as pombas e rolas. 2. Tr. dir. Dizer em tom de meiguice. 3. Tr. dir. Embalar, cantando.
Arrulho, s. m. 1. Ato de arrulhar. 2. Som produzido pelas pombas e rolas. 3. Toada para acalentar crianças.
Arrulo, s. m. V. *arrulho.*
Arrumação, s. f. 1. Ação ou efeito de arrumar. 2. Conjunto de operações destinadas a manter em ordem os objetos e móveis de uma casa. 3. Boa disposição; arranjo. 4. Escrituração em ordem. 5. Tratantada, traficância.
Arrumadeira, adj. f. Diz-se da mulher zelosa na arrumação da sua casa. S. f. Criada encarregada da arrumação de uma casa.
Arrumadela, s. f. Arrumação ligeira, superficial.
Arrumador, s. m. Aquele que arruma.
Arrumar, v. 1. Tr. dir. Pôr em ordem; arranjar. 2. Tr. dir. Dirigir em determinado rumo. 3. Tr. dir. Empregar num ofício ou indústria. 4. Pron. Avir-se. 5. Intr. Colocar-se, empregar-se, estabelecer-se. 6. Pron. *Fam.* Vestir-se, aprontar-se.
Arrumo, s. m. V. *arrumação.*
Arrunhar, v. Tr. dir. 1. Abrir, rasgar. 2. Aparar (a sola em redor do calçado).
Arsenal, s. m. 1. Estabelecimento oficial onde se fabricam e guardam armas para as forças armadas. 2. Lugar onde há muitas armas. 3. Depósito, arquivo: *A.* de crendices.
Arseniato, s. m. *Quím.* Sal ou éster do ácido arsênico.
Arsenical, adj. m. e f. Em que há arsênio. S. m. Composto ou preparado que contém arsênio.
Arsênico, adj. *Quím.* 1. Que contém arsênio pentavalente. 2. Diz-se de um ácido composto de dois átomos de arsênio e cinco de oxigênio.
Arsênio, s. m. *Quím.* Elemento sólido de aparência metálica, encontrado nos minerais metálicos. Símbolo As, número atômico 33, massa atômica 74,91.
Arsenioso, adj. *Quím.* Que contém arsênio trivalente.
Ársis, s. f. 1. No verso latino, a sílaba marcada pelo acento métrico. 2. Elevação do tom ou da voz.
Arsonvalização, s. f. *Med.* Aplicação terapêutica das correntes elétricas de alta freqüência, chamadas de Arsonval, para produzir calor no interior do corpo.
Arte[1], s. f. 1. Conjunto de regras para dizer ou fazer com acerto alguma coisa. 2. Conjunto de prescrições de um ofício ou profissão: *A.* náutica. 3. Saber ou perícia em fazer uma coisa. 4. Expressão de um ideal de beleza, concretizado em qualquer obra de gênero artístico. 5. Conjunto das obras artísticas de uma época, de um país. 6. Dom, habilidade, jeito. 7. Ofício, profissão. 8. Maneira, modo. 9. Traquinada, travessura.
arte-[2], elem. de comp. Exprime a idéia de *arte: artefato.*
Artefato, s. m. Obra ou produto de arte mecânica.
Arteirice, s. f. Ação de arteiro; ardil, manha.
Arteiro, adj. Que revela arte, acep. 9; astucioso.
Artelho *(ê)*, s. m. *Anat.* 1. Articulação do astrágalo com a perna; tornozelo. 2. Dedo do pé.
Artemão, s. m. *Náut.* Mastro de popa num navio de três mastros.
Artemísia, s. f. *Bot.* 1. Gênero *(Artemisia)* de plantas compostas, que fornecem vários princípios ativos, como a santonina e o absinto. 2. Planta típica desse gênero *(Artemisia vulgaris).*
Artéria, s. f. 1. *Anat.* Designação dos vasos sangüíneos que levam o sangue dos ventrículos do coração às diferentes partes do corpo. 2. Grande via de comunicação.
Arterial, adj. m. e f. Relativo às artérias; arterioso.
Arterialização, s. f. *Fisiol.* Ação de arterializar.
Arterializar, v. Tr. dir. e pron. *Fisiol.* Transformar(-se) (o sangue venoso) em arterial.
arterio-, elem. de comp. (gr. *arteria*). Exprime a idéia de *artéria: arteriografia.* Junta-se sem hífen.
Arteriografia, s. f. 1. *Anat.* Descrição do sistema arterial. 2. *Med.* Chapa radiográfica de uma artéria.
Arteríola, s. f. *Anat.* Pequena artéria.
Arteriologia, s. f. *Anat.* Parte da anatomia que estuda as artérias.
Arteriológico, adj. Relativo à arteriologia.

Arteriosclerose, s. f. *Med.* Endurecimento das túnicas arteriais com tendência a obliteração.
Arterioso, adj. V. *arterial.*
Arteriotomia, s. f. *Cir.* Abertura cirúrgica de uma artéria.
Arteriotômico, adj. *Cir.* Relativo à arteriotomia.
Arterite, s. f. *Med.* Inflamação em artéria.
Artesanal, adj. m. e f. Relativo a artesanato.
Artesanato, s. m. 1. Técnica e tirocínio do artesão; artesania. 2. O conjunto dos artesãos de um lugar. 3. Peça artesanal.
Artesania, s. f. Artesanato.
Artesão[1], s. m. (ital. *artigiano*). V. *artífice.* Pl.: *artesãos.*
Artesão[2], s. m. (de *artesa*). *Arquit.* Lavor entre molduras, nas abóbadas, voltas de arcos e tetos. Pl.: *artesões.*
Artesiano, adj. 1. Relativo ao movimento ascendente de água sob pressão hidrostática: Pressão *artesiana.* 2. Que envolve tal pressão ou é por ela suprido: Poço *artesiano.*
Artesoar, v. Tr. dir. Enfeitar com artesões.
Artesonar, v. V. *artesoar.*
Artético, adj. e s. m. V. *artrítico.*
arti-, elem. de comp. (l. *ars, artis*). Exprime a idéia de *arte: artimanha.*
Ártico, adj. Relativo ao pólo norte e regiões adjacentes; boreal, setentrional. Antôn.: *antártico, austral, meridional.*
Articulação, s. f. (l. *articulatione*). 1. Ato ou efeito de articular. 2. *Anat.* e *Zool.* Região de contato e fixação entre duas partes do corpo, especialmente quando são móveis, uma em relação à outra. 3. Posição ou movimento dos órgãos fonadores durante a prolação de um fonema. 4. Pronunciação distinta das palavras. 5. *Mec.* Ligação entre peças móveis de aparelho ou máquina. 6. *Dir.* Exposição, em artigos, de petição, libelo. 7. Trama.
Articulado, adj. Provido de articulações; reunido por articulações. S. m. Articulação, acep. 6.
Articulante, adj. m. e f. Que articula. S. m. e f. *Dir.* Pessoa que em juízo oferece um articulado.
Articular[1], v. (l. *articulare*). 1. Tr. dir. Unir por meio de uma ou mais articulações. 2. Tr. dir. Ligar, juntar, unir. 3. Pron. Unir-se por articulação. 4. Pron. Ligar-se, unir-se. 5. Tr. dir. Pronunciar (sílabas ou palavras). 6. Intr. Pronunciar clara e distintamente.
Articular[2], adj. m. e f. (l. *articulare*). 1. Concernente às articulações. 2. *Gram.* Relativo ao artigo.
Articulável, adj. m. e f. Que pode ser articulado.
Articulista, s. m. e f. Autor ou autora de artigos para órgãos de comunicação social.
Artículo, s. m. 1. *Zool.* e *Bot.* Segmento interarticulado. 2. Falange dos dedos. 3. *Zool.* Segmento dos apêndices, nos animais articulados. 4. Divisão de um trabalho escrito.
Articuloso, adj. Que tem artículos.
Artífice, s. m. e f. 1. Pessoa que se dedica a qualquer arte mecânica; operário. 2. Fabricante de artefatos. 3. Indivíduo que inventa. 4. Artista.
Artificial, adj. m. e f. 1. Produzido por arte ou indústria do homem e não por causas naturais. 2. Que envolve artifício. 3. Contrafeito, fingido, postiço.
Artificialidade, s. f. Qualidade do que é artificial.
Artificialismo, s. m. V. *artificialidade.*
Artificializar, v. Tr. dir. Tornar artificial, não natural.
Artificiar, v. Tr. dir. Executar com artifício; enganar.
Artifício, s. m. 1. Processo ou meio para se obter um artefato. 2. Engenhosidade procurada. 3. Habilidade, perspicácia. 4. Astúcia, manha. 5. Engenho pirotécnico.
Artificioso, adj. Que encerra artifício.
Artigo, s. m. (l. *articulu*). 1. *Gram.* Palavra curta que individualiza substantivos, quer de modo preciso *(artigo definido),* quer de maneira vaga *(artigo indefinido),* quer sugerindo a idéia de parte de um todo *(artigo partitivo).* 2. Cada um dos assuntos de que se compõe um escrito. 3. *Dir.* Cada parágrafo de uma articulação. 4. Conjuntura: Em *artigo* de morte. 5. Escrito de jornal ou revista. 6. Objeto posto à venda; mercadoria.
Artiguelho *(ê),* s. m. *Pej.* Artigo sem importância, ou de pouco valor.
Artilhamento, s. m. Ato ou efeito de artilhar.
Artilhar, v. Tr. dir. Fortificar, guarnecer com artilharia.
Artilharia, s. f. (fr. *artillerie*). 1. Parte do material bélico constante de canhões, peças e mais bocas-de-fogo para atirar projéteis a grande distância. 2. Tropa de artilheiros. 3. Uma das armas do exército. 4. Fogo despedido pelas peças e obuses. 5. Preparação para um ataque verbal ou discussão. 6. Qualquer recurso poderoso de ataque ou defesa.
Artilheiro, s. m. 1. Soldado de artilharia. 2. *Esp.* Futebolista que faz gol, especialmente o que faz mais gols numa partida ou num campeonato.
Artimanha, s. f. Astúcia, artifício, ardil, manha.
Artinha, s. f. Livro de rudimentos de determinada matéria didática.
Artiodátilo, adj. *Zool.* 1. Que tem os dedos em número par. 2. Relativo aos Artiodátilos. S. m. pl. *Zool.* Subordem *(Artiodactyla)* de animais ungulados, cujo número de dedos é par, sendo funcionais o 3º e o 4º, e rudimentares ou nulos os dedos restantes, como no boi, no carneiro, no porco etc. Var.: *artiodáctilo.*
Artista, adj. m. e f. Aplicador da arte. S. m. e f. 1. Pessoa que se dedica às belas-artes. 2. Aquele que faz da arte meio de vida. 3. O que revela sentimento artístico. 4. Artesão, artífice. Col. (quando em conjunto): *elenco, companhia.*
Artístico, adj. 1. Relativo às artes. 2. Feito com arte. 3. De lavor primoroso e original.
arto-, elem. de comp. (gr. *artos*). Exprime a idéia de *pão: artófago.*
Artocarpácea, s. f. V. *artocárpea.*
Artófago, adj. Que se sustenta de pão, especialmente.
Artola, s. f. Espécie de padiola.
Artólatra, s. m. e f. Adorador de pão.
Artolatria, s. f. Adoração do pão.
Artolátrico, adj. Relativo à artolatria.
Artralgia, s. f. *Med.* Dor nas articulações.
Artrálgico, adj. *Med.* Relativo à artralgia.
Artrite, s. f. *Med.* Inflamação numa articulação.
Artrítico, adj. *Med.* 1. Relativo à artrite. 2. Que sofre de artrite. S. m. Indivíduo que sofre de artritismo.
Artritismo, s. m. *Med.* Diátese peculiar ou suposta predisposição às afecções articulares.
artro-, elem. de comp. (gr. *arthron*). Exprime a idéia de *articulação: artropatia.*
Artrômero, s. m. *Zool.* Cada um dos segmentos do corpo de um animal articulado.
Artropatia, s. f. *Med.* Nome genérico das doenças das articulações.
Artrópodes, s. m. pl. *Zool.* Filo *(Arthropoda)* que compreende animais invertebrados, cujo corpo se constitui de anéis, suavemente articulados entre si, e alguns deles providos de apêndices, também articulados. Sin.: *Articulados.*
Artrose, s. f. *Med.* Processo degenerativo crônico, não inflamatório, de uma articulação.
Aru, s. m. *Zool.* Espécie de sapo das regiões amazônicas.
Aruá, s. m. *Zool.* Designação comum a vários moluscos de água doce.
Aruaque, adj. m. e f. *Etnol.* Pertencente aos Aruaques ou à sua língua. S. m. Família lingüística dos Aruaques. S. m. pl. Grupo de tribos indígenas da Bolívia, Brasil, Colômbia, Guiana, Paraguai, Peru, Venezuela e, outrora, também das Antilhas. Var.: *arauaque.*
Arubé, s. m. Certo tempero, feito de mandioca, sal, alho e pimenta e que se desfaz em molho de peixe.
Árula, s. f. Pequeno altar.
Arumã, s. m. *Bot.* Espécie de junco, da família das Marantáceas *(Ischnosiphon ovatus)*; bananeirinha-do-mato.
Arumaçá, s. m. *Ictiol.* Linguado.
Arumarana, s. f. *Bot.* Planta marantácea forraginosa *(Thalia geniculata).*
Arunco, s. m. *Bot.* Gênero *(Aruncus)* de ervas da família das Rosáceas, ao qual pertence a barba-de-cabra.
Arundíneo, adj. Feito de cana.

Arundinoso, adj. 1. Que produz canas. 2. Que tem muitas canas.
Aruspicação, s. f. Ciência ou arte divinatória dos arúspices.
Arúspice, s. m. Sacerdote romano que fazia presságios mediante o exame das entranhas das vítimas.
Aruspicino, adj. Referente aos arúspices.
Aruspício, s. m. Predição feita pelos arúspices.
Arval, adj. m. e f. (1. *arvale*). Referente a terras cultivadas.
Arvelas, s. f. pl. *Náut.* Argolas que os marinheiros colocam nas cavilhas, para segurar as chavetas.
Arvense, adj. m. e f. Que cresce em terras cultivadas.
arvi-, elem. de comp. (1. *arvu*). Exprime a idéia de *campo* ou *terra de lavoura: arvícola, arvicultura.*
Arvícola, adj. e s., m. e f. Que, ou o que habita o campo ou terra de lavoura.
Arvicultor, adj. e s. m. Que, ou o que se dedica à arvicultura.
Arvicultura, s. f. 1. Cultura dos campos. 2. Cultura de cereais.
Arvoado, adj. Aturdido, estonteado, tonto.
Arvoamento, s. m. Ato ou efeito de arvoar(-se).
Arvoar, v. 1. Intr. Sentir tonturas. 2. Tr. dir. Entontecer a.
Arvorado, adj. 1. Plantado de árvores. 2. Hasteado, içado. S. m. Soldado com atribuições de cabo.
Arvoragem, s. f. Ato ou efeito de arvorar.
Arvorar, v. 1. Tr. dir. Arborizar. 2. Tr. dir. Elevar, pôr a prumo. 3. Tr. dir. Soltar ao vento; desfraldar. 4. Tr. dir. Elevar a um cargo. 5. Pron. Assumir por autoridade própria algum encargo, título ou missão. 6. *Náut.* Tr. dir. Colocar mastros: *A.* uma *nau.*
Árvore, s. f. (1. *arbore*). 1. *Bot.* Vegetal lenhoso, de tronco alto, que se ramifica a maior ou menor altura do solo. Col.: *arvoredo, bosque, capão, floresta, mata, restinga, selva;* específico da Amazônia: *hiléia.* Ruído: *farfalhar, murmurar, ramalhar, sussurrar.* Dim.: *arvorezinha, arvoreta.* 2. *Mec., Autom.* Peça, geralmente alongada, que serve para transmitir ou receber o movimento nas máquinas. 3. *Náut.* Mastro ou peça de mastro.
Arvoredo, s. m. 1. Aglomeração de árvores; bosque. 2. *Náut.* Conjunto de mastros; mastreação.
Arvorejar, v. Pron. Cobrir-se (o terreno) de árvores não cultivadas.
Arvoreta *(ê)*, s. f. Árvore pequena.
Arzola, s. f. *Bot.* Planta anual, da família das Compostas *(Xanthium spinosum).*
Ás, s. m. (1. *as*). 1. Carta de jogar, face de dado ou metade de peça de dominó marcadas com um só ponto. 2. Pessoa que sobressai por seus méritos, sobretudo nos desportos.
Às, contração da preposição *a* com o artigo ou pronome demonstrativo no plural *as.*
Asa, s. f. (1. *ansa*). 1. *Ornit.* Membro das aves guarnecido de penas e que serve para voar (como nos pássaros), auxiliar a correr (como nas galinhas) ou a nadar (como nos pingüins). Ruído: *ruflar.* 2. *Zool.* Apêndice membranoso de alguns insetos, peixes e mamíferos, e que lhes serve para voar. 3. Parte saliente de certos utensílios, que serve para se pegar neles. 4. *Pop.* Braço. 5. Planos de sustentação dos aviões. 6. *Bot.* Expansão foliácea de certos frutos (sâmaras), de sementes ou de algumas cápsulas. 7. *Anat.* Parte ou apêndice aliforme: *Asas* do nariz. 8. Tudo aquilo que pela sua forma se assemelha à asa. — *Asa-delta*: aparelho de vôo livre, basicamente constituído por armação metálica na forma triangular da letra grega delta maiúscula.
Asado, adj. Que é provido de asas; alado. S. m. Vaso com asas.
Asarina, s. f. *Quím.* Princípio acre, encontrado no ásaro.
Ásaro, s. m. *Bot.* 1. Gênero *(Asarum)* de ervas européias, aristoloquiáceas, com folhas nauseabundas. 2. Planta típica desse gênero *(Asarum europaeum).*
Asbestino, adj. Relativo ao asbesto.
Asbesto, s. m. *Miner.* Silicato do gênero do anfibólio, refratário ao fogo e aos ácidos, cuja variedade mais pura é o amianto.
Asca, s. f. (de *asco*). 1. V. *asco*[1]. 2. *Gír.* Quizila, zanga.
Ascaricida, adj. e s., m. e f. *Farm.* Que, ou o que mata os ascárides.
Ascáride, s. f. Nematelmíntio da família dos Ascarídeos. Sin.: *áscaris.*
Ascarídeos, s. m. pl. *Zool.* Família *(Ascaridae)* de nematóides de tamanho grande, comumente parasitas dos intestinos de vertebrados.
Ascaridíase, s. f. *Med.* e *Vet.* Infestação por ascárides; ascaridiose.
Ascaridiose, s. f. V. *ascaridíase.*
Áscaris, s. m. *Zool.* V. *ascáride.*
Ascendência, s. f. 1. Ascensão. 2. Linha dos ascendentes; estirpe, antepassados, genealogia. 3. Influência positiva de ordem moral; prestígio.
Ascendente, adj. m. e f. 1. Que ascende ou se eleva. 2. Que vai aumentando, crescendo ou progredindo. 3. *Mat.* Diz-se da série ou progressão cujos termos vão crescendo. 4. *Mús.* Diz-se da escala que vai do grave ao agudo. S. m. Qualquer dos parentes de que uma pessoa procede; antepassado.
Ascender, v. 1. Tr. ind. e intr. Elevar-se, subir. 2. Tr. ind. Atingir determinada importância; importar em, montar a. Cfr. *acender.*
Ascendimento, s. m. *P. us.* V. *ascensão.*
Ascensão, s. f. (1. *ascensione*). 1. Ação de ascender; elevação, subida. 2. Trajetória de uma ave, um avião ou foguete que se eleva. 3. *Ecles.* Festa com que a Igreja comemora a subida de Jesus ao Céu. 4. Promoção a dignidade, posto, cargo ou poderio.
Ascensional, adj. m. e f. 1. Referente ao movimento de ascensão. 2. Que faz subir.
Ascensionário, adj. Que ascende, que sobe.
Ascensionista, s. m. e f. Pessoa que realiza ascensão a uma montanha, ou sobe aos ares em balão ou aeróstato.
Ascenso, s. m. *P. us.* Ascensão.
Ascensor, s. m. Elevador.
Ascensorista, s. m. e f. Pessoa que maneja um ascensor ou elevador; cabineiro.
Ascese, s. f. 1. Estado de alma do asceta. 2. Prática das virtudes pelo exercício da vontade, pela meditação, pela mortificação.
Asceta, s. m. e f. Pessoa que se consagra à ascese.
Ascetério, s. m. 1. Morada dos ascetas; cenóbio, convento, mosteiro. 2. Lugar próprio para meditação.
Ascética, s. f. Tratado sobre ascese.
Asceticismo, s. m. V. *ascetismo.*
Ascético, adj. 1. Relativo ao ascetismo ou aos ascetas. 2. Cenobita, devoto, místico.
Ascetismo, s. m. 1. Moral filosófica ou religiosa, baseada no desprezo do corpo e das sensações corporais, e que tende a assegurar, pelos sofrimentos físicos, o triunfo do espírito sobre os instintos e as paixões. 2. Profissão de vida ascética; ascese.
ascidi-, elem. de comp. O mesmo que *ascídio: ascidiado.*
Ascídia, s. f. *Zool.* 1. Gênero (*Ascidia*) de ascídios simples que compreende umas poucas espécies típicas. 2. O mesmo que *ascídio.*
Ascidiado, adj. *Bot.* Que tem ascídios.
Ascídio, s. m. 1. *Bot.* Órgão, em forma de vaso ou ampola, resultante da modificação da folha, em certas plantas aquáticas. 2. *Zool.* Tunicado simples, em forma de saco, geralmente fixo e freqüentemente solitário.
Áscios, s. m. pl. Habitantes da zona tórrida, que, em duas épocas do ano, não projetam sombra ao meio-dia, por lhes ficar o Sol no zênite.
Ascite, s. f. *Med.* Acumulação de serosidade na cavidade abdominal.
Ascítico, adj. *Med.* 1. Relativo à ascite. 2. Que sofre de ascite.
Asclepiadáceas, s. f. pl. *Bot.* Família (*Asclepiadaceae*) da ordem das Contortas, de plantas das regiões quentes com caule latífero.
Asclepiadeu, s. m. *Poét.* Verso grego ou latino composto de quatro pés: um espondeu, um coriambo e dois dátilos; ou um espondeu, dois coriambos e um jambo.
Asco[1], s. m. (1. *ascra*). 1. Enjôo, fastio, náusea, nojo, repugnância. 2. Aversão, desprezo, rancor.

Asco[2], s. m. (gr. *askos*). *Bot.* Esporângio de certos cogumelos e liquens, que consiste em uma única célula terminal, em forma de saco membranoso oval ou tubular.
asco-[3], elem. de comp. (gr. *askos*). Exprime a idéia de *odre: ascogônio*.
-asco[4], suf. Exprime a idéia de semelhança ou comparação: *ruivasco, verdasco*.
Ascocarpo, s. m. *Bot.* Corpo frutífero produtor de ascos.
Ascogônio, s. m. *Bot.* Variedade de gameta feminino dos fungos ascomicetes.
Ascoma, s. m. *Náut.* Pele que se põe nos remos para não se desgastarem roçando nas bordas do barco.
Ascomicetes, s. m. pl. *Bot.* Classe (*Ascomycetes*) das Talófitas, que compreende fungos cujos esporos se formam nos ascos.
Ascórbico, adj. *Quím.* Diz-se do ácido que ocorre principalmente em frutas cítricas; vitamina C.
Ascorosidade, s. f. Asquerosidade.
Ascoroso, adj. Asqueroso.
Ascosidade, s. f. Asquerosidade.
Ascoso, adj. Asqueroso.
Ascósporo, s. m. *Bot.* Esporo formado nos ascos.
-ase, elem. de comp. *Biol.* Sufixo que se emprega para designar as *enzimas: amílase, lactase*.
Aselha, s. f. (l. *ansicula*). 1. Pequena asa. 2. Presilha.
Asfaltador, s. m. Operário que aplica o asfalto.
Asfaltagem, s. f. V. *asfaltamento*.
Asfaltamento, s. m. Ato ou efeito de asfaltar.
Asfaltar, v. Tr. dir. Cobrir ou revestir de asfalto.
Asfalto, s. m. Substância preparada com breu de petróleo, que se utiliza no revestimento de ruas e estradas.
Asfixia *(cs)*, s. f. *Med.* Suspensão da função respiratória.
Asfixiador *(cs)*, adj. V. *asfixiante*.
Asfixiante *(cs)*, adj. m. e f. Que asfixia, que abafa ou sufoca; sufocante.
Asfixiar *(cs)*, v. 1. Tr. dir. e intr. Causar asfixia a, privar da respiração; sufocar. 2. Tr. dir. Abafar, sufocar. 3. Intr. e pron. Não poder respirar livremente. 4. Tr. dir. Proibir ou tolher (qualquer manifestação intelectual).
Asfixioso *(cs)*, adj. V. *asfixiante*.
Asiano, adj. Relativo à Ásia. S. m. O natural da Ásia.
Asiaticismo, s. m. *Lingüíst.* Vocábulo ou expressão que o português recebeu das línguas asiáticas.
Asiático, adj. 1. Relativo à Ásia; próprio da Ásia ou dos seus habitantes. 2. Apático, pouco ativo. 3. Exagerado, excessivo: Luxo *asiático*. 4. Difuso, pomposo: Estilo *asiático*. S. m. O natural da Ásia.
Asiatismo, s. m. Estilo literário, oratório ou arquitetural asiático.
Asilado, adj. Internado em, ou a quem se deu asilo.
Asilar, v. 1. Tr. dir. Dar asilo a; abrigar. 2. Tr. dir. e pron. Abrigar(-se) em asilo. 3. Pron. Procurar amparo ou proteção. 4. Tr. dir. e pron. Albergar(-se), hospedar(-se).
Asilo, s. m. 1. *Ant.* Lugar onde se acolhiam criminosos e devedores, para escapar à justiça. 2. Todo lugar onde se está a salvo de perigo. 3. Estabelecimento de assistência social para indigentes, crianças, velhos etc.
Asinal, adj. m. e f. V. *asinino*.
Asinário, adj. V. *asinino*.
Asinha, s. f. Dim. de *asa*. Adv. *Ant.* Depressa.
Asinino, adj. 1. Relativo a asno. 2. Que tem a raça ou as qualidades do asno. 3. Bronco, estúpido, falto de compreensão.
Asir, v. Tr. dir. *P. us.* Agarrar, segurar com a mão.
Asma, s. f. *Med.* Doença do aparelho respiratório, caracterizada por acessos recurrentes de dispnéia paroxística, devidos ao estreitamento dos brônquios menores e bronquíolos.
Asmático, adj. *Med.* 1. Relativo à asma. 2. Que sofre de asma.
Asmento, adj. Muito sujeito à asma; asmático.
Asmo, adj. e s. m. V. *ázimo*.
Asna, s. f. (l. *asina*). 1. Fêmea do asno. 2. *Constr.* V. *tesoura*.
Asnada, s. f. 1. Manada de asnos. 2. Asneira, burrice.
Asnal, adj. m. e f. V. *asinino*.
Asnamento, s. m. *Constr.* Conjunto de asnas de uma construção.
Asnaria[1], s. f. (*asna + aria*). V. *asnamento*.
Asnaria[2], s. f. (*asno + aria*). 1. Tropa de asnos. 2. Tolice.
Asnático, adj. V. *asinino*.
Asnear, v. Intr. Dizer ou fazer asneiras.
Asneira, s. f. 1. Burrice, disparate, parvoíce, sandice, tolice. 2. Ato ou dito que revela ignorância, falta de senso ou de tino. Col.: *chorrilho, enfiada, monte*.
Asneirada, s. f. 1. Grande asneira. 2. Disparate, tolice.
Asneirão, s. m. Asno em excesso; parvalhão. Fem.: *asneirona*.
Asneirento, adj. Que diz asneiras.
Asneiro, adj. 1. Asinino. 2. Qualificativo do muar, filho de cavalo e jumenta, ou de jumento e égua. S. m. Tratador de asno.
Asneirola, s. f. Expressão indecente ou equívoca.
Asnice, s. f. V. *asneira*.
Asnil, adj. m. e f. V. *asinino*.
Asnilho, s. m. (*asno + ilho*). 1. Pequeno asno. 2. A substância material do homem, por oposição à alma.
Asno, s. m. 1. *Zool.* Perissodátilo que não chega a 1,5m de altura e que tem orelhas muito grandes (*Equus asinus*). 2. Indivíduo ignorante, bronco, estúpido.
Aspa, s. f. (germ. *haspa*). 1. Instrumento de suplício, em forma de X, ou cruz de Santo André. 2. Cruzamento de madeira com essa forma, para construções. S. f. pl. *Gram.* Sinais (" " ou « ») que distinguem, em um trecho, uma citação ou palavra especial; comas, vírgulas dobradas.
Aspado, adj. *Gram.* Colocado entre aspas.
Aspar, v. Tr. dir. 1. Atar ou crucificar em aspa, acep. 1. 2. Maltratar, martirizar, mortificar, torturar. 3. *Gram.* Colocar entre aspas.
Asparagina, s. f. *Quím.* Monamida do ácido aspártico, que se encontra em muitas plantas.
Asparagíneo, adj. *Bot.* Semelhante ao aspargo.
Aspargo, s. m. *Bot.* Planta da família das Liliáceas (*Asparagus officinalis*), da qual se comem os rebentos novos.
Aspártico, adj. *Quím.* Qualificativo de um ácido que se produz pela ação de ácido sulfúrico sobre certas matérias albuminóides de origem vegetal.
Aspecto, s. m. 1. Maneira pela qual uma coisa ou pessoa se apresenta à vista; aparência exterior. 2. Semblante, fisionomia. 3. Cada um dos lados por que uma coisa, um fenômeno ou fato se apresenta à nossa observação; lado, face, ângulo, ponto de vista. Var.: *aspeto*.
Aspereza, s. f. 1. Qualidade do que é áspero, não liso ao tato. 2. Desigualdade, rugosidade que faz a rudeza de uma superfície. 3. Severidade, austeridade. 4. Descortesia, grosseria. 5. Inclemência, rigor do tempo.
Asperges, s. m. Aspersão com água benta.
Aspergilo, s. m. *Bot.* Gênero (*Aspergillus*) de cogumelos ascomicetes, com várias espécies causadoras da aspergilose.
Aspergilose, s. f. *Med.* e *Vet.* Micose, observada em animais e no homem, causada por fungos do gênero Aspergilo.
Aspergimento, s. m. V. *aspersão*.
Aspergir, v. (l. *aspergere*). Tr. dir. 1. Borrifar ou salpicar com pequenas gotas de água ou outro líquido. 2. Espalhar em pequenas gotas (água ou líquido). Conjug.: como *aderir*.
asperi-, elem. de comp. (l. *asperu*). Exprime a idéia de *áspero: asperifólio*.
Aspericorne, adj. m. e f. *Zool.* e *Bot.* Diz-se da antena ou do estame com pêlos ásperos.
Asperidade, s. f. V. *aspereza*.
Asperifólio, adj. *Bot.* Que tem folhas ásperas.
Asperíssimo, adj. V. *aspérrimo*.
Aspermatismo, s. m. *Med.* Dificuldade de ejacular o esperma.
Aspermia, s. f. 1. *Med.* e *Zool.* Ausência de formação do esperma. 2. *Bot.* Ausência de sementes nos frutos.
Aspermo, adj. *Bot.* Que não tem sementes.
Áspero, adj. 1. De superfície desigual, incômoda ao tato. 2. Duro, rijo. 3. Acidentado, irregular (diz-se de um terreno). 4. Desagradável ao paladar; acre, azedo. 5. Desagradável

ao ouvido; inarmônico. 6. Acerbo, desabrido, grosseiro. Sup. abs. sint.: *aspérrimo* e *asperíssimo*.
Aspérrimo, adj., sup. abs. sint. de *áspero*. Muito áspero.
Aspersão, s. f. Ato ou efeito de aspergir.
Asperso, adj. P. irr. de *aspergir;* aspergido.
Aspersório, s. m. Instrumento de aspergir; hissope.
Aspérula, s. f. *Bot.* 1. Gênero (*Asperula*) de ervas do Velho Mundo, aromáticas. 2. Planta típica desse gênero (*Asperula odorata*).
Aspeto, s. m. V. *aspecto*.
Áspide, s. f. *Herp.* Nome antigo de uma serpente venenosa do Egito. Acredita-se hoje que ela pertencia ao gênero *Naja*.
aspido-, elem. de comp. (gr. *aspis, idos*). Exprime a idéia de *escama, escudo, placa: aspidocéfalo*.
Aspidocéfalo, adj. *Zool.* Que tem a cabeça guarnecida de placas.
Aspidosperma, s. f. *Bot.* Gênero (*Aspidosperma*) de árvores apocináceas, com algumas espécies brasileiras de boa madeira de lei, como o quebracho-branco.
Aspiração, s. f. (1. *aspiratione*). 1. Ato ou efeito de aspirar; sucção. 2. Inalação, inspiração. 3. Desejo veemente; anelo. 4. Emissão de um fonema acompanhando-o de um sopro claramente perceptível.
Aspirado, adj. 1. Sorvido ou atraído pela rarefação do ar. 2. *Gram.* Diz-se do fonema, vogal ou consoante, pronunciado com aspiração.
Aspirador, adj. Que aspira. S. m. Aparelho para aspirar, sobretudo poeira; aspirador de pó.
Aspirância, s. f. Ato de aspirar alguma coisa.
Aspirante, adj. m. e f. Que aspira; que põe alguma coisa (ar, água, líquido) dentro. S. m. e f. 1. Pessoa que aspira a um título, uma dignidade, um emprego etc. 2. Desportista de nível inferior. Fem. p. us.: *aspiranta*.
Aspirar, v. 1. Tr. dir. Atrair (o ar) aos pulmões; inspirar, sorver. 2. Tr. dir. *Fís.* Atrair por meio de formação do vácuo ou da rarefação do ar. 3. Tr. dir. Cheirar, sorver. 4. Tr. dir. Absorver, chupar, sorver. 5. Tr. dir. *Gram.* Pronunciar um fonema com um sopro expiratório. 6. Tr. ind. Almejar, pretender (título, honrarias, posto). Nesta acep. não admite o pronome *lhe*: Pensava no doutoramento, *aspirava a ele*.
Aspirativo, adj. *Gram.* Que se pronuncia com aspiração. (Antigamente o *h* era apenas um sinal aspirativo.)
Aspirina, s. f. *Farm.* Nome comum do ácido acetilsalicílico, medicamento analgésico e antipirético.
Asplênio, s. m. *Bot.* Gênero (*Asplenium*) de fetos polipodiáceos, que são as samambaias comuns dos muros.
Ásporo, adj. *Bot.* Sem espórios.
Aspudo, adj. Diz-se do animal de chifres (aspas) grandes.
Asquerosidade, s. f. 1. Qualidade do que é asqueroso; ascosidade. 2. Coisa asquerosa.
Asqueroso, adj. Que causa asco; nauseabundo, repugnante.
Assa, s. f. Suco vegetal concreto. Adj. m. e f. Albino: Negro *assa*. O uso está introduzindo a forma masculina *asso*.
Assacadilha, s. f. Imputação caluniosa.
Assacar, v. Tr. dir. Atribuir aleivosamente alguma coisa a, inventar calúnia contra.
Assadeira, s. f. Vasilha de barro, louça refratária, ferro ou alumínio, para assados de forno.
Assado, adj. 1. Que se assou. 2. Irritado, zangado. S. m. Pedaço de carne assada.
Assador, s. m. 1. O que assa. 2. Assadeira.
Assadura, s. f. 1. Ação ou resultado de assar. 2. Pedaço de carne, assada, para assar, ou que se pode assar de uma vez. 3. *Med.* Inflamação cutânea por atrito ou calor; intertrigem.
Assa-fétida, s. f. *Bot.* Planta umbelífera da Pérsia (*Ferula assafoetida*), cuja goma resinosa era usada outrora como espasmódica. Pl.: *assa-fétidas*.
Assalariado, adj. Que trabalha por salário. S. m. Indivíduo assalariado.
Assalariar, v. 1. Tr. dir. Dar salário a. 2. Tr. dir. Corromper, subornar. 3. Pron. Empregar-se por salário. 4. Pron. Deixar-se corromper ou subornar.
Assalmonado, adj. Da cor do salmão.
Assaloiado, adj. Que tem modos de saloio; rude.
Assaltada, s. f. Assalto.
Assaltador, adj. e s. m. Assaltante.
Assaltante, adj. e s., m. e f. Que, ou o que assalta.
Assaltar, v. Tr. dir. 1. Investir de salto, atacar de repente. 2. Acometer à traição. 3. Lembrar de repente; ocorrer. 4. Fazer adoecer repentinamente. 5. Assediar.
Assaltear, v. V. *assaltar*.
Assalto, s. m. 1. Ato ou efeito de assaltar; investida impetuosa. 2. Ataque inesperado, e com emprego de força, para roubar. 3. *Mil.* Lance final de um ataque a posições defendidas pelo inimigo. 4. *Esp.* Cada um dos períodos de três minutos, no boxe, em que há luta efetiva.
Assanhadiço, adj. Que se assanha facilmente; irascível.
Assanhado, adj. 1. Cheio de sanha, ira ou furor; encolerizado, irado. 2. Dado a certas liberdades; indecoroso. 3. Irrequieto, buliçoso. 4. Diz-se do cabelo despenteado.
Assanhamento, s. m. Ato ou efeito de assanhar(-se).
Assanhar, v. 1. Tr. dir. Provocar a sanha, raiva ou fúria de. 2. Tr. dir. Excitar, irritar. 3. Pron. Enraivecer-se, irar-se. 4. Pron. Ter modos impróprios dos bons costumes. 5. Pron. Arrepiar-se (os cabelos) pelo vento, movimentos etc.
Assanho, s. m. V. *assanhamento*.
Assa-peixe, s. m. *Bot.* Planta da família das Urticáceas (*Bohemeria caudata*). Pl.: *assa-peixes*.
Assar, v. (1. *assare*). 1. Tr. dir. *Cul.* Submeter à ação do calor, até ficar cozido e levemente tostado. 2. Intr. Preparar-se (o alimento) ao calor do fogo e em seco. 3. Tr. dir. Queimar. 4. Tr. dir. e intr. Causar grande calor ou ardor a. 5. Tr. dir. Causar assadura.
Assarapantar, v. V. *sarapantar*.
Assarilhado, adj. Com forma de sarilho; cruzado.
Assassinado, adj. Morto (homem) por alguém.
Assassinador, s. m. V. *assassino*.
Assassinar, v. Tr. dir. 1. Praticar, de surpresa ou premeditadamente, homicídio em. 2. Destruir, aniquilar. 3. Tocar mal (um trecho de música); falar mal (uma língua); representar mal (uma peça).
Assassinato, s. m. V. *assassínio*.
Assassínio, s. m. Ato de assassinar; homicídio.
Assassino, s. m. 1. Indivíduo que comete assassínio. 2. Destruidor, tirano. Col.: *choldra, choldraboldra*. Adj. 1. Que assassina: Punhal *assassino*. 2. Relativo a assassínio.
Assaz, adv. (1. *ad satie*). 1. Bastante, suficientemente. 2. Muito: Pátria grande e *assaz* famosa. S. m. O suficiente: *Assaz* de liberdade.
Assazoado, adj. V. *assazonado*.
Assazonado, adj. Amadurecido, maduro.
Asse, s. m. Antiga moeda romana, que pesava doze onças.
Asseado, adj. 1. Que tem asseio. 2. Esmerado, perfeito. 3. Que traja com asseio.
Assear, v. (1. v. **assedare*). Tr. dir. e pron. Tornar(-se) limpo; fazer a higiene de (si mesmo); limpar(-se).
Assecla, s. m. e f. Partidário, sectário, sequaz.
Assecuratório, adj. *Dir.* Que assegura ou garante.
Assedadeira, s. f. Mulher que asseda o linho.
Assedagem, s. f. Ação de assedar o linho.
Assedar, v. Tr. dir. 1. Limpar (o linho), passando-o pelo sedeiro; ripar. 2. Tornar macio como seda.
Assedentado, adj. Que tem sede; sedento, sequioso.
Assediador, adj. e s. m. Que, ou o que assedia, importuna, aborrece.
Assediante, adj. e s., m. e f. V. *assediador*.
Assediar, v. Tr. dir. 1. Pôr assédio, cerco ou sítio a (praça ou lugar fortificado). 2. Cercar, rodear. 3. Perseguir com insistência. 4. Enfadar, maçar.
Assédio, s. m. 1. Sítio posto a um reduto para o tomar. 2. Impertinência, insistência junto de alguém, para conseguir alguma coisa.
Asseguração, s. f. Ação ou efeito de assegurar(-se).
Assegurado, adj. 1. Que se assegurou; garantido. 2. Capacitado, convencido. 3. Sossegado, tranqüilo.
Assegurador, adj. e s. m. Que, ou o que assegura.

Assegurar, v. 1. Tr. dir. Tornar seguro; garantir. 2. Tr. dir. Afirmar com segurança ou certeza; asseverar. 3. Pron. Apoiar-se, afirmar-se. 4. Pron. Fiar-se.

Asseidade, s. f. (1. escolástico *aseitate*). Em filosofia escolástica, natureza de um ser que existe por si mesmo, e não precisa de outro para existir.

Asseio, s. m. 1. Limpeza, higiene. 2. Correção no escrever. 3. Esmero, apuro no vestir.

Asselar, v. Tr. dir. 1. Assegurar, confirmar, legalizar, ratificar, validar. 2. Prender, unir.

Asselvajado, adj. Que tem modos de selvagem; rude.

Asselvajamento, s. m. Ato ou efeito de asselvajar(-se).

Asselvajar, v. 1. Tr. dir. Tornar selvagem, bruto. 2. Pron. Embrutecer-se.

Assembléia, s. f. (fr. *assemblée*). 1. Reunião de muitas pessoas para determinado fim. 2. Corporação, sociedade. 3. Congresso.

Assemelhação, s. f. Ato ou efeito de assemelhar(-se).

Assemelhar, v. (1. *assimulare*). 1. Tr. dir. e pron. Tornar(-se) semelhante. 2. Tr. dir. Julgar semelhante; comparar. 3. Pron. Parecer-se, ter semelhança. 4. Tr. dir. Ser semelhante a; imitar.

Assenhorear, v. 1. Pron. Apoderar-se, apossar-se, senhorear-se. 2. Tr. dir. Dominar como senhor ou dono.

Assenso, s. m. (1. *assensu*). Assentimento.

Assentada, s. f. 1. *Dir.* Sessão de um tribunal para discussão das causas ou inquirição de testemunhas. 2. *Dir.* Termo lavrado dessas discussões ou inquirições. 3. Tempo ininterrupto em que se está assentado.

Assentado, adj. 1. Sentado. 2. Posto sobre uma base; assente, baseado. 3. Estabelecido com solidez; firmado. 4. Combinado, convencionado. 5. Acamado, pousado. S. m. Terreno plano no alto de um morro ou serra.

Assentador, s. m. 1. Aquele que assenta. 2. Aquele que prepara, dispõe e arma, nos respectivos lugares, as várias peças de uma máquina. 3. *Constr.* Operário que assenta tijolos, azulejos ou qualquer revestimento. 4. Pedaço de pau ou de couro em que se assenta o fio das navalhas.

Assentamento, s. m. 1. Ato ou efeito de assentar. 2. Apontamento, averbamento, nota, registro por escrito. 3. Coisa sobre que se coloca ou assenta outra; assento. 4. Ajustamento ou colocação, nos respectivos lugares, das várias peças de uma construção ou de uma máquina. 5. Abaixamento de areia ou terra solta, pela compressão do seu próprio peso.

Assentar, v. 1. Tr. dir. Pôr sobre o assento, fazer sentar. 2. Tr. dir. Estabelecer. 3. Intr. e pron. Sentar-se, tomar assento. 4. Tr. ind. Basear-se, firmar-se, fundar-se. 5. Tr. dir. Colocar algo de modo que fique seguro. 6. Tr. dir. Aplicar. 7. Tr. dir. Armar, colocar (as diferentes peças de um aparelho ou máquina). 8. Tr. dir. Anotar, inscrever, registrar, lançar; pôr. 9. Tr. dir. Determinar, estipular. 10. Tr. dir. e tr. ind. Decidir, resolver. 11. Tr. ind. Ajustar-se, ficar bem. 12. Intr. Cair lentamente ao fundo, dentro de um líquido. 13. Tr. dir. Apertar e alisar pano recém-tecido; apisoar. 14. Intr. Tornar-se plano (o chão), após acidentes topográficos.

Assente, adj. m. e f. 1. Posto sobre alguma coisa; apoiado. 2. Assentado, firme. 3. Resolvido, firmado.

Assentimento, s. m. Ato ou efeito de assentir.

Assentir, v. (1. *assentire*). Tr. ind. e intr. Dar assentimento ou aprovação; consentir, permitir. Conjug.: como *aderir*.

Assento, s. m. 1. Tudo que serve para assentar-se (banco, cadeira, pedra etc.). 2. A parte da cadeira, do banco etc., em que assentam as nádegas. 3. Aquilo em que alguma coisa fixa está assentada; base, leito, sede, apoio, suporte, alojamento. 4. As nádegas. 5. Anotação, registro.

Assenzalar, v. Tr. dir. Dar feição de senzala a.

Assépalo, adj. *Bot.* Que não tem sépala.

Assepsia, s. f. *Med.* Conjunto dos métodos de manter ou tornar asséptico.

Asséptico, adj. *Med.* 1. Relativo à assepsia. 2. Isento de todo germe séptico; preservado de microrganismos.

Asserção, s. f. Proposição afirmativa ou negativa que enuncia um fato; afirmação, asseveração.

Asserenar, v. V. *serenar*.

Assertiva, s. f. Asserto.

Assertivo, adj. Que contém asserto; afirmativo.

Asserto, s. m. Proposição afirmativa; asserção, assertiva.

Assertoar, v. Tr. dir. Talhar ou dispor (coletes, casacos etc.) de modo que uma banda se sobreponha à outra.

Assertório, adj. Assertivo.

Assessor, s. m. Aquele que é adjunto a um magistrado, a um funcionário, a alguém que exerce autoridade, para ajudá-lo em suas funções.

Assessorado, adj. Diz-se de quem tem assessor ou assessores.

Assessoramento, s. m. Ato ou efeito de assessorar.

Assessorar, v. Tr. dir. Servir de assessor a; assistir.

Assessoria, s. f. 1. Cargo ou função de assessor. 2. Órgão, ou conjunto de pessoas, que assessoram um chefe.

Assessorial, adj. m. e f. Relativo ao assessor ou à assessoria.

Assessório, adj. V. *assessorial*.

Assestar, v. Tr. dir. 1. Apontar ou dirigir para atirar (arma de fogo). 2. Pôr (qualquer instrumento de óptica) na direção de alguém ou de alguma coisa.

Assetar, v. V. *assetear*.

Assetear, v. Tr. dir. 1. Ferir ou matar com seta. 2. Martirizar, pungir. 3. Injuriar.

Assevandijamento, s. m. Ato ou efeito de assevandijar-se.

Assevandijar, v. Pron. Tornar-se sevandija; rebaixar-se.

Asseveração, s. f. Ato ou efeito de asseverar; afirmação.

Asseverar, v. Tr. dir. 1. Afirmar com insistência ou segurança. 2. Dar como certo; certificar.

Asseverativo, adj. Que assevera; afirmativo.

Assexo *(cs)*, adj. V. *assexuado*.

Assexuado *(cs)*, adj. *Biol.* Desprovido do sexo ou do processo sexual.

Assexual *(cs)*, adj. m. e f. V. *assexuado*.

Assialia, s. f. *Med.* Ausência de secreção de saliva: aptialia.

Assiduidade *(u-i)*, s. f. 1. Qualidade do que é assíduo; constância, freqüência. 2. Pontualidade no cumprimento de um dever, serviço ou hábito. 3. Aplicação constante a uma coisa.

Assíduo, adj. 1. Que está sempre em determinado lugar; constante, contínuo. 2. Aplicado, pontual.

Assim, adv. (1. *ad sic*). 1. Deste, desse ou daquele modo. 2. De tal sorte, em tal grau. 3. Ao mesmo tempo, juntamente. 4. Do mesmo modo. Conj. 1. Portanto, por conseqüência. 2. Pelo que, de sorte que.

Assimetria, s. f. Falta de simetria; dissimetria.

Assimétrico, adj. Que não tem simetria.

Assimilabilidade, s. f. Qualidade de assimilável.

Assimilação, s. f. 1. Ato de assimilar. 2. *Fisiol.* Transformação do alimento em energia ou tecido corpóreo. 3. Apropriação das idéias e sentimentos alheios. 4. *Lingüíst.* Troca ou adaptação de um som, para torná-lo igual ou mais concorde a um som vizinho na palavra. 5. Comparação, equiparação.

Assimilador, adj. Que assimila; que é próprio para produzir a assimilação.

Assimilar, v. (1. *assimilare*). 1. Tr. dir. e pron. Tornar(-se) semelhante ou igual; assemelhar(-se). 2. Tr. dir. *Fisiol.* Produzir a assimilação de. 3. Tr. dir. *Gram.* Dar lugar à assimilação. 4. Tr. dir. Absorver idéias e sentimentos.

Assimilativo, adj. 1. Relativo à assimilação. 2. Assimilador.

Assimilável, adj. m. e f. Que se pode assimilar.

Assimilhar, v. V. *assemelhar*.

Assinação, s. f. Ato ou efeito de assinar.

Assinado, adj. Firmado com assinatura; subscrito.

Assinalação, s. f. V. *assinalamento*.

Assinalado, adj. 1. Que se marcou com sinal; marcado. 2. Notável, célebre.

Assinalamento, s. m. 1. Ato de assinalar; assinalação. 2. Recorte na orelha da rês, para indicar a fazenda a que ela pertence.

Assinalar, v. 1. Tr. dir. Marcar com sinal, pôr sinal em. 2. Tr. dir. Dar indício ou sinal de. 3. Tr. dir. e pron. Dar(-se) a co-

nhecer, distinguir(-se). 4. Tr. dir. Apontar, marcar, notar. 5. Pron. Determinar ou prescrever. 6. Tr. dir. Marcar (o gado) por meio de cortes nas orelhas.
Assinalativo, adj. Que assinala; característico.
Assinalável, adj. m. e f. Que se pode assinalar.
Assinante, s. m. e f. Pessoa que assina; subscritor.
Assinar, v. (l. *assignare*). 1. Tr. dir. e tr. ind. Pôr (alguém) seu nome ou sinal por baixo de; subscrever, firmar. 2. Tr. dir. Ajustar, determinar, fixar. 3. Tr. dir. e tr. ind. Tomar uma assinatura de. 4. Pron. Escrever a própria assinatura: *Assinou-se* no fim da página.
Assinatura, s. f. 1. Ação ou efeito de assinar; assinação, assinamento. 2. Nome assinado, firma ou rubrica: Autenticar uma *assinatura.* 3. Ajuste pelo qual se adquire o direito de receber um jornal, uma obra, uma revista, ou de assistir a certo número de espetáculos. 4. O preço desse ajuste.
Assinável, adj. m. e f. Que pode ser assinado.
Assindético, adj. *Gram.* Em que há assíndeto.
Assíndeto, s. m. *Gram.* Elipse de conjunção para dar mais rapidez e energia ao discurso: *Sorri, gesticula, canta, declama.*
Assinergia, s. f. *Med.* Falta de sinergia entre vários órgãos, que normalmente atuam harmonicamente.
Assíntota, s. f. *Geom.* Linha reta que se aproxima indefinidamente de uma curva sem nunca tocá-la. Var.: *assimptota.*
Assintótico, adj. *Geom.* Relativo à assíntota.
Assírio, adj. Relativo à Assíria. S. m. 1. O natural da Assíria. 2. Língua falada na Assíria.
Assiriologia, s. f. Estudo das antiguidades, língua, costumes, religião e história da Assíria.
Assiriólogo, s. m. Pessoa versada em assiriologia.
Assisado, adj. Que tem siso ou juízo.
Assistência, s. f. (l. *assistentia*). 1. Ato ou efeito de assistir. 2. Presença em um lugar. 3. Conjunto dos assistentes. 4. Ajuda, socorro, amparo. 5. *Pop.* Ambulância.
Assistente, adj. m. e f. Que assiste, observando ou colaborando. S. m. e f. 1. Pessoa presente a um ato ou cerimônia. Col.: *assistência.* 2. Pessoa que dá assistência.
Assistido, adj. Diz-se da pessoa beneficiada por qualquer forma de assistência.
Assistir, v. (l. *assistere*). 1. Tr. ind. Comparecer, estar presente. Neste sentido e tendo como complemento um pronome pessoal, não admite a forma *lhe,* porém *a ele, a ela, a eles, a elas.* 2. Tr. dir. e tr. ind. Acompanhar, principalmente em ato público, na qualidade de ajudante ou assistente. 3. Tr. ind. Acompanhar (enfermo, moribundo, parturiente) para dar-lhe conforto moral ou material. 4. Tr. dir. e tr. ind. Ajudar, favorecer, proteger, socorrer. 5. Tr. ind. Caber, pertencer: Não *lhe assiste* razão para isso.
Assistolia, s. f. *Med.* Insuficiência cardíaca adiantada.
Assitia, s. f. *Med.* 1. Abstinência forçada. 2. Inapetência.
Asso, adj. V. *albino.*
Assoalhado¹, adj. (p. de *assoalhar¹*). Que tem soalho.
Assoalhado², adj. (p. de *assoalhar²*). 1. Secado ao sol. 2. Divulgado, propalado.
Assoalhadura, s. f. V. *assoalhamento.*
Assoalhamento, s. m. Ato ou efeito de assentar um soalho.
Assoalhar¹, v. *(a + soalho + ar).* Tr. dir. Unir e pregar as tábuas do sobrado ou soalho de (pavimento, estrado etc.).
Assoalhar², v. 1. Tr. dir. Expor ao sol ou ao soalheiro. 2. Tr. dir. Divulgar, propalar, tornar público.
Assoalho, s. m. Soalho.
Assoância, s. f. Consonância imperfeita.
Assoante, adj. m. e f. *Gram.* Que tem assoância.
Assoar, v. 1. Tr. dir. Limpar o nariz de mucosidades. 2. Pron. Limpar-se do muco nasal, fazendo sair com força o ar pelas narinas.
Assoberbado, adj. 1. Que tem modos soberbos; altivo. 2. Sobrecarregado.
Assoberbamento, s. m. Ato ou efeito de assoberbar(-se).
Assoberbar, v. 1. Tr. dir. Tratar com soberba; humilhar. 2. Tr. dir. e pron. Ensoberbecer(-se). 3. Intr. Haver-se com soberba. 4. Tr. dir. Ficar sobranceiro ou superior a. 5. Tr. dir. Cumular, encher.
Assobiada, s. f. Vaia ou apupada, com assobios.
Assobiado, adj. 1. Imitado ou executado com assobios. 2. Corrido ou recebido com assobios.
Assobiador, adj. Que assobia.
Assobiante, adj. m. e f. Assobiador.
Assobiar, v. *(a + l. sibilare).* 1. Intr. Soltar assobios. 2. Tr. dir. Executar assobiando (qualquer trecho de música). 3. Tr. dir. e intr. Apupar, reprovar com assobios. 4. Tr. ind. e intr. Zunir com som agudo e que imita assobio; sibilar. 5. Tr. ind. e intr. Dirigir assobio: *Assobiar aos* animais. Var.: *assoviar.*
Assobio, s. m. 1. Som agudo e prolongado que os homens e alguns animais podem produzir por meio dos lábios, dentes ou paredes do bico. 2. Pequeno instrumento para assobiar; apito. Var.: *assovio.*
Assobradar, v. Tr. dir. 1. Construir com dois pavimentos. 2. Pôr sobrado em.
Associação, s. f. 1. Ato ou efeito de associar(-se). 2. Agrupamento permanente de pessoas com fins que não são exclusivamente patrimoniais. 3. Reunião de coisas para obtenção de um efeito único: *A.* de cores.
Associacionismo, s. m. *Filos.* Sistema filosófico segundo o qual a associação das idéias explica todas as operações mentais, todo o mecanismo do raciocínio.
Associacionista, s. m. e f. Pessoa partidária do associacionismo.
Associado, adj. e s. m. Que, ou o que faz parte de uma sociedade; sócio.
Associal, adj. m. e f. Não social.
Associar, v. 1. Tr. dir. e pron. Agregar(-se), unir(-se) (duas ou mais coisas ou pessoas). 2. Tr. dir. Tomar como sócio. 3. Pron. Fazer sociedade, tornar-se sócio. 4. Tr. dir. Fazer partilhar. 5. Pron. Fazer-se partícipe, tomar parte. 6. Pron. Contribuir, cooperar.
Associativo, adj. 1. Relativo a uma associação. 2. Que associa, liga, une.
Assolação, s. f. Ato ou efeito de assolar; devastação.
Assolador, adj. e s. m. Que, ou o que assola.
Assolamento, s. m. V. *assolação.*
Assolapar, v. V. *solapar.*
Assolar, v. (b. l. *assolare*). 1. Tr. dir. Pôr a raso; arrasar, destruir. 2. Tr. dir. e intr. Devastar. 3. Tr. dir. Pôr em grande consternação.
Assoldadado, adj. Tomado a soldo; assalariado.
Assoldadar, v. 1. Tr. dir. Tomar a soldo ou soldada. 2. Pron. Pôr-se a serviço de alguém, mediante soldo ou soldada.
Assoleamento, s. m. Ato ou efeito de assolear(-se).
Assolear, v. Intr. e pron. Ficar cansado, por ter caminhado ao sol em dia de calor.
Assomada, s. f. 1. Ato de assomar(-se). 2. Cumeada, cume. 3. Auge, apogeu. 4. Irritação.
Assomadiço, adj. Que se irrita facilmente; irritadiço.
Assomado, adj. 1. Que se assoma; irascível. 2. Espantadiço.
Assomar, v. (l. *ad + summum + ar*). 1. Tr. ind. e pron. Aparecer em ponto elevado e extremo. 2. Tr. ind. Subir ao alto ou cume (de casa, monte). 3. Tr. ind. e intr. Deixar-se ver, mostrar-se. 4. Intr. Começar a mostrar-se ao longe ou indistintamente. 5. Tr. ind. Aflorar. 6. Tr. dir. e pron. Encolerizar(-se). 7. Pron. Começar a embriagar-se.
Assombração, s. f. 1. Pavor causado por alguma coisa inexplicável ou desconhecida. 2. Alma do outro mundo; assombro.
Assombradiço, adj. Que facilmente se assombra; assustadiço.
Assombrado, adj. 1. Coberto de sombra; sombreado, sombrio. 2. Cheio de assombros (almas do outro mundo). 3. Tomado de assombro; apavorado.
Assombramento, s. m. V. *assombração.*
Assombrar, v. 1. Tr. dir. Fazer sombra a; ensombrar, toldar. 2. Pron. Cobrir-se de sombra. 3. Tr. dir. e pron. Tornar(-se) sombrio. 4. Tr. dir. Atormentar, vexar com espantos, fantasmas e visões. 5. T. dir. e pron. Assustar(-se). 6. Tr. dir. e pron. Encher(-se) de assombro ou admiração; maravilhar(-se). 7. Tr. ind. e intr. Produzir assombro ou admiração.

Assombreamento, s. m. Ato de assombrear.
Assombrear, v. V. *sombrear.*
Assombro, s. m. 1. Grande espanto ou pasmo. 2. Coisa ou pessoa que causa admiração. 3. Assombração.
Assombroso, adj. Que causa assombro.
Assomo, s. m. 1. Ato de assomar. 2. Indício. 3. Presunção, suspeita. 4. Forte irritação.
Assonância, s. f. Semelhança de sons em vogais tônicas ou postônicas, em versos ou frases.
Assonante, adj. m. e f. Em que há assonância.
Assonorentado, adj. Sonolento.
Assonsar, v. Intr. e pron. Abombar(-se) um pouco.
Assopradela, s. f. Ato de assoprar ligeiramente.
Assoprado, adj. 1. Cheio pelo ar introduzido por meio de sopro. 2. Impelido com o sopro. 3. Comunicado em voz baixa. 4. Cheio de vaidade; enfatuado.
Assopradura, s. f. V. *sopro.*
Assopramento, s. m. V. *sopro.*
Assoprar, v. V. *soprar.*
Assopro *(ô)*, s. m. V. *sopro.*
Assoreamento, s. m. 1. Amontoação de areias ou de terras, causada por enchentes ou por construções. 2. Ato de assorear por processos mecânicos.
Assorear, v. 1. Tr. dir. Produzir assoreamento em; obstruir (barras, rios). 2. Intr. Ter, criar assoreamento.
Assossegar, v. V. *sossegar.*
Assovelado, adj. Com forma de sovela.
Assovelar, v. Tr. dir. 1. Dar forma de sovela a. 2. Furar ou picar com sovela. 3. Espicaçar, estimular, incitar, instigar.
Assoviar, v. V. *assobiar.*
Assovinar, v. 1. Tr. dir. Assovelar. 2. Tr. dir. e pron. Tornar (-se) sovina ou avarento.
Assovio, s. m. V. *assobio.*
Assuada, s. f. 1. Ajuntamento de gente armada, para fazer desordem. 2. Arruaça, desordem, tumulto. 3. Apupada, vozearia.
Assuar, v. (b. 1. *assunare*). Tr. dir. Insultar com vaia; vaiar.
Assumir, v. (1. *assumere*). 1. Tr. dir. Chamar para si; tomar para si; avocar. 2. Tr. dir. Tomar conta de; encarregar-se de. 3. Tr. dir. Entrar no exercício de. 4. Tr. dir. Adotar, ostentar. 5. Tr. dir. Atingir.
Assunção, s. f. (1. *assumptione*). 1. Ação ou resultado de assumir. 2. Elevação a alguma dignidade. 3. *Rel. catól.* Assunção da Santíssima Virgem ao Céu. 4. Festa que celebra esse acontecimento. 5. *Bel.-art.* Quadro em que isso é representado.
Assuntar, v. 1. Tr. dir. Prestar atenção a. 2. Tr. dir. Apurar, verificar. 3. Tr. ind. Considerar, meditar.
Assuntível, adj. m. e f. Suscetível de ser assumido.
Assuntivo, adj. Que se toma de outros; adotivo.
Assunto, s. m. (1. *assumptu*). 1. Argumento, matéria, objeto, tema de que se trata. 2. Atenção.
Assurgente, adj. m. e f. 1. Que surge, que desponta. 2. Que tem posição vertical; aprumado.
Assustadiço, adj. Propenso a assustar-se.
Assustado, adj. 1. Que se assustou; amedrontado. 2. Indeciso, tímido.
Assustador, adj. e s. m. Que, ou o que assusta.
Assustar, v. 1. Tr. dir. Dar susto a, pregar susto em; atemorizar. 2. Pron. Ter susto ou medo; atemorizar-se. 3. Intr. Dar motivos a susto ou medo.
Astasia, s. f. *Med.* Incoordenação motora, com incapacidade de manter-se em pé.
Astático, adj. *Fís.* Que não tem equilíbrio estável.
Astatínio, s. m. *Quím.* Elemento radioativo, de símbolo At, número atômico 85 e massa atômica 211.
Asteca, adj. m. e f. *Etnol.* Relativo aos astecas, povo que dominava o México quando os espanhóis ali aportaram. S. m. e f. Pessoa desse povo.
Asteísmo, s. m. *Ret.* Expressão graciosa, levemente irônica, pela qual se disfarça o louvor sob aparência de censura.
Astenia, s. f. *Med.* Fraqueza orgânica; debilidade.
asteno-, elem. de comp. (gr. *asthenes*). Exprime a idéia de *fraco, débil, diminuído: astenopia.*
Astenopia, s. f. *Oftalm.* Fraqueza rápida da vista, acompanhada de dores nos olhos, dor de cabeça, turbação da visão etc.
Astéria, s. f. *Miner.* Espécie de opala que apresenta asterismo.
Asterisco, s. m. *Tip.* Sinal em forma de estrela (*), que se emprega com parêntese ou sem ele, para indicar uma nota no pé da página, uma supressão, uma convenção, a separação de períodos etc.
Asterismo, s. m. *Fís.* Qualidade de alguns minerais de apresentarem, no interior, um ponto luminoso em forma de estrela, quando sobre eles incide um raio luminoso.
Asternal, adj. m. e f. *Anat.* Qualificativo das costelas, que não se articulam com o esterno.
Asteróide, adj. m. e f. 1. Em forma de estrela; estrelado, raiado. 2. *Astr.* Relativo a asteróide. S. m. *Astr.* Cada um dos pequenos planetas que circulam entre as órbitas de Marte e Júpiter.
Astigmático, adj. Relativo ao astigmatismo.
Astigmatismo, s. m. *Oftalm.* e *Fís.* Perturbação visual, ou de instrumento dióptrico, por defeito de curvatura do cristalino, ou da lente.
Astracã, s. m. Pele de carneiro, morto ao nascer, preparada em Astracã, ou segundo os processos usados nessa cidade.
Astrágalo, s. m. 1. *Anat.* Osso do tarso de forma grosseiramente cúbica, situado entre os dois maléolos e o calcâneo. 2. *Arquit.* Moldura circular em friso, que orna a parte superior do fuste de uma coluna.
Astral, adj. m. e f. Relativo aos astros; sideral.
Astralão, s. m. V. *astralon.*
Astralon, s. m. (de *Astralon*, nome comercial). Base de material plástico, não-inflamável, transparente, usada em montagem de fotolitos (textos ou ilustrações) para cópia de chapas para impressão em offset; astralão.
Ástreo, adj. *Poét.* Cheio de astros; constelado, estrelado.
Astriônica, s. f. Ciência da aplicação da eletrônica no vôo espacial.
Astro[1], s. m. (1. *astru*). 1. *Astr.* Designação genérica de todos os corpos celestes, tenham ou não luz própria, como estrelas, planetas, cometas etc. Col. (quando do mesmo grupo): *constelação.* 2. Pessoa que se distingue em qualquer atividade, mormente no cinema.
astro-[2], elem. de comp. (gr. *astron*). Exprime a idéia de *astro, corpo celeste: astrofísica, astrofobia.*
-astro[3], suf. Designa idéia pejorativa de imitação ou substituição: *criticastro, medicastro, poetastro.*
Astrofísica, s. f. *Astr.* Parte da astronomia que estuda os astros pela aplicação dos diversos métodos da Física.
Astrofobia, s. f. Medo mórbido dos astros e do espaço celeste.
Astrófobo, s. m. Indivíduo que sofre de astrofobia.
Astrolábio, s. m. *Astr. ant.* Instrumento em forma de planisfério, usado pelos antigos para observar a posição dos astros e determinar-lhes a altura acima do horizonte.
Astrólatra, s. m. e f. Pessoa adoradora dos astros.
Astrolatria, s. f. Adoração dos astros.
Astrologia, s. f. Arte divinatória que consiste em determinar a influência dos astros no destino e no comportamento dos homens; uranoscopia.
Astrológico, adj. Relativo à astrologia; uranoscópico.
Astrólogo, s. m. Pessoa que se dedica à astrologia.
Astromancia, s. f. Arte de adivinhar por meio dos astros.
Astromante, s. m. e f. Quem pratica a astromancia.
Astronauta, s. m. e f. Pessoa que viaja em nave espacial.
Astronáutica, s. f. Ciência e respectiva tecnologia que tratam dos vôos espaciais.
Astronáutico, adj. Relativo à astronáutica.
Astronave, s. f. Veículo tripulado destinado a viagens interplanetárias; cosmonave.
Astronímia, s. f. Nomenclatura dos astros.
Astrônimo, s. m. Nome próprio dos astros: O *astrônimo* Mercúrio.
Astronomia, s. f. Ciência que se ocupa da constituição e do

movimento dos astros, suas posições relativas e as leis dos seus movimentos.

Astronômico, adj. 1. Relativo à Astronomia. 2. Diz-se de um número de muitos algarismos.

Astrônomo, s. m. Pessoa que professa, pratica ou sabe Astronomia.

Astroscopia, s. f. *Astr.* Observação dos astros com instrumentos apropriados.

Astroscópio, s. m. Antigo instrumento destinado à observação dos astros.

Astroso, adj. Que nasceu sob a suposta má influência de um astro; funesto, infeliz.

Astrostática, s. f. *Astr.* Tratado das massas dos astros e distâncias relativas.

Astúcia, s. f. (l. *astutia*). 1. Habilidade em enganar; manha, ardil. 2. Finura, sagacidade.

Astuciar, v. 1. Tr. dir. Inventar ou planear com astúcia. 2. Intr. Proceder com astúcia.

Astucioso, adj. 1. Que tem astúcia; ardiloso, astuto. 2. Em que há astúcia.

Asturiano, adj. Relativo às Astúrias (Espanha). S. m. 1. Homem natural das Astúrias. 2. Dialeto das Astúrias.

Astuto, adj. Que tem astúcia; astucioso.

Ata[1], s. f. (l. *acta*). Relato por escrito de sessão de alguma corporação, assembléia etc.

Ata[2], s. f. 1. *Bot.* O mesmo que *ateira.* 2. *Bot.* Fruto da ateira; pinha.

-ata[3], suf. (l. *ata*). Forma termos designativos de *ação* ou *reunião* (sobretudo musicais e festivos): *cantata, serenata.*

Atá, s. m. Acaso (na loc. adv.: *ao atá*=ao acaso, ao abandono, sem rumo certo).

Atabacado, adj. Da cor do tabaco.

Atabafado, adj. 1. Abafado, agasalhado. 2. Encoberto, secreto. 3. *Gír.* Roubado.

Atabafar, v. 1. Tr. dir. e pron. Abafar(-se). 2. Tr. dir. Encobrir, ocultar. 3. Tr. dir. Furtar. 4. Intr. Respirar com dificuldade.

Atabal, s. m. V. *atabale.*

Atabale, s. m. Antigo tambor árabe, de caixa de cobre e em forma de meia laranja.

Atabaleiro, s. m. O que tangia atabale.

Atabalhoado, adj. 1. Feito à pressa. 2. Atrapalhado, precipitado.

Atabalhoamento, s. m. Ato ou efeito de atabalhoar(-se).

Atabalhoar, v. 1. Tr. dir. Fazer ou dizer sem ordem nem propósito. 2. Pron. Atrapalhar-se, confundir-se.

Atabaque, s. m. *Folc.* Membranofônio de percussão direta, usado nas danças e cerimônias, religiosas ou profanas, afro-brasileiras.

Atabaqueiro, s. m. Tocador de atabaque.

Atabefe, s. m. Massa formada pela manteiga e a caseína.

Atabernado, adj. Com aparência de taberna. Var.: *atavernado.*

Atabernar, v. 1. Tr. dir. Vender em taberna. 2. Tr. dir. Vender por miúdo. 3. Tr. dir. Transformar em taberna. 4. Tr. dir. e pron. Tornar(-se) grosseiro.

Atabular, v. 1. Tr. dir. Apressar, estugar. 2. Intr. Altercar. 3. Intr. Falar à toa.

Ataca, s. f. Cordão ou correia com que se ataca ou aperta alguma coisa; atacador.

Atacadista, s. m. e f. Negociante que compra em grosso artigos de sua especialidade e os revende em grandes partidas. Adj. m. e f. Relativo ao comércio por atacado.

Atacado[1], adj. (p. de *atacar*[1]). 1. Apertado com atacador. 2. Cheio até em cima; carregado. S. m. *Com.* Forma de venda em grosso.

Atacado[2], adj. (p. de *atacar*[2]). Que sofreu ataque; assaltado.

Atacador[1], s. m. *(atacar*[1] *+ dor).* V. *ataca.*

Atacador[2], adj. e s. m. *(atacar*[2] *+ dor).* Que, ou o que acomete ou investe.

Atacadura, s. f. Ato ou efeito de atacar[1].

Atacante, adj. m. e f. Que ataca; agressor, assaltante. S. m. *Esp.* Jogador da linha de ataque no futebol; dianteiro.

Atacar[1], v. *(a + taco + ar).* 1. Tr. dir. Prender uma coisa a outra com atacador etc. 2. Pron. Pôr e amarrar os calçados. 3. Tr. dir. Carregar, encher demasiado.

Atacar[2], v. (ital. *attaccare*). 1. Tr. dir. Acometer com ímpeto; agredir, assaltar. 2. Pron. Investir reciprocamente. 3. Tr. dir. Efetuar a ação que o contexto define: *Atacar fogo* (atear). 4. Tr. dir. Iniciar. 5. Tr. dir. Acometer (diz-se de uma doença). 6. Tr. dir. Argüir, impugnar.

Atacoar, v. Tr. dir. 1. Pôr tacão em (calçado). 2. Consertar atabalhoadamente.

Atada, s. f. Feixe, molho que se atou.

Atado, adj. 1. Amarrado, ligado, preso. 2. Conexo, relacionado. 3. Sem desembaraço; desajeitado. S. m. Embrulho, trouxa.

Atador, adj. e s. m. Que, ou o que ata.

Atadura, s. f. 1. Ação de atar. 2. Aquilo com que se ata. 3. Faixa ou tira de gaze própria para curativos; ligadura. 4. Liame, vínculo.

Atafona, s. f. Moinho de fazer farinha de mandioca, movido a braços ou por animal.

Atafoneiro, s. m. Aquele que dirige ou administra uma atafona.

Atafular, v. Tr. dir. e pron. Tornar(-se) taful.

Atafulhado, adj. Muito cheio.

Atafulhamento, s. m. Ato ou efeito de atafulhar(-se).

Atafulhar, v. 1. Tr. dir. Encher em demasia; abarrotar. 2. Pron. Comer a mais não poder; empanzinar-se.

Atalaia, s. f. 1. Sentinela, vigia. 2. Ponto elevado, donde se vigia.
De a.: de sobreaviso.

Atalaiar, v. 1. Tr. dir., tr. ind. e intr. Vigiar, observar. 2. Pron. Pôr-se de sobreaviso; acautelar-se. 3. Tr. dir. Ficar de sentinela a.

Ataléia, s. f. *Bot.* Gênero *(Atallea)* de palmeiras da América tropical, ao qual pertence a piaçaba.

Atalhada, s. f. Aceiro, sesmo.

Atalhador, adj. e s. m. Que, ou o que atalha.

Atalhamento, s. m. Ato ou efeito de atalhar.

Atalhar, v. 1. Tr. dir. Impedir de (andar, continuar, correr, crescer, propagar-se). 2. Tr. dir. Embaraçar (o caminho) a; obstruir, atravancar. 3. Tr. dir. Abreviar, encurtar. 4. Tr. ind. Tomar por um atalho para encurtar o caminho. 5. Tr. dir. Interromper (o fio do discurso). 6. Intr. Responder interrompendo quem está falando.

Atalho, s. m. 1. Caminho mais curto. 2. Estrada estreita, mais direta que a estrada grande. 3. Embaraço, obstáculo. 4. Remate, termo.

Atamancar, v. 1. Tr. dir. Consertar à pressa e grosseiramente. 2. Tr. dir. Fazer (algo) precipitadamente e mal. 3. Intr. Agir precipitadamente.

Atamarado, adj. Da cor da tâmara.

Atamento, s. m. 1. Atadura, ligamento. 2. Falta de desembaraço; acanhamento, timidez.

Atanado, adj. Curtido com casca de angico. S. m. 1. Casca de angico ou de outras plantas, usada para curtir couros. 2. Couro curtido com essa casca.

Atanar, v. Tr. dir. Curtir (couros) com atanado.

Atanazar, v. V. *atenazar.*

Atangará, s. m. *Ornit.* V. *tangará.*

Ataperado, adj. Reduzido a tapera ou ruína.

Ataperar, v. Tr. dir. Reduzir a tapera ou ruína.

Atapetar, v. Tr. dir. 1. Cobrir com tapete. 2. Cobrir a modo de tapete; alcatifar.

Atapulhar, v. Tr. dir. 1. Pôr tapulho em; rolhar, tapar. 2. Tapar à força.

Ataque, s. m. 1. Ação ou efeito de atacar; assalto, investida. 2. *Med.* Acesso súbito de um mal (periódico ou não). 3. Acusação, ofensa: Os *ataques* da imprensa. 4. *Esp.* Linha dianteira no jogo de futebol; vanguarda.

Atar, v. (l. *aptare*). 1. Tr. dir. Cingir ou apertar com atilho, corda ou atadura; amarrar. 2. Tr. dir. Amarrar (corda, cordel etc.). 3. Tr. dir. Estreitar, vincular. 4. Tr. dir. Expor ou redigir com nexo. 5. Tr. dir. Sujeitar, obrigar. 6. Pron. Obrigar-se. 7. Pron. Enlaçar-se, ligar-se.

Atarantação, s. f. Ato ou efeito de atarantar(-se); perturbação.
Atarantado, adj. Atrapalhado, aturdido.
Atarantar, v. *(a + taranta,* por *tarântula + ar).* Tr. dir. e pron. Confundir(-se), perturbar(-se).
Ataraú, s. m. Exaltação de ânimo; cólera, furor.
Ataraxia *(cs),* s. f. 1. *Filos.* Tranqüilidade de espírito. 2. Apatia, indiferença.
Atarefado, adj. Muito ocupado; sobrecarregado.
Atarefamento, s. m. Ato ou efeito de atarefar(-se).
Atarefar, v. 1. Tr. dir. Dar tarefa a. 2. Pron. Aplicar-se muito ao trabalho.
Ataroucado, adj. Que se tornou tarouco; apalermado.
Ataroucar, v. Tr. dir. e pron. Tornar(-se) tarouco ou idiota.
Atarracado, adj. 1. Muito apertado; atarraxado. 2. Baixo e gordo.
Atarracar, v. Tr. dir. 1. Preparar (a ferradura) para acomodar o casco da cavalgadura. 2. Preparar (o cravo) para pregar a ferradura. 3. Apertar com corda ou cunha. 4. Agarrar com violência. 5. Confundir, perturbar.
Atarraxar, v. Tr. dir. 1. Apertar com tarraxa; parafusar. 2. Prender, ligar fortemente.
Atartarugado, adj. Que tem cor ou forma de tartaruga.
Atascadeiro, s. m. Atoleiro, lamaçal, lodaçal.
Atascal, s. m. V. *atascadeiro.*
Atascar, v. Tr. dir. Meter em atascadeiro; atolar.
Atasqueiro, s. m. V. *atascadeiro.*
Atassalhador, s. m. Aquele que atassalha.
Atassalhadura, s. f. Ação ou efeito de atassalhar.
Atassalhar, v. 1. Tr. dir. Fazer em tassalhos ou em pedaços; retalhar. 2. Tr. ind. Dar golpes; ferir, golpear. 3. Tr. dir. Desacreditar, difamar. 4. Tr. dir. Derrotar, destroçar.
Ataúba, s. f. *Bot.* Árvore da família das Meliáceas *(Guarea tuberculata).*
Ataúde, s. m. Caixão funerário; féretro.
Atauxiar, v. V. *tauxiar.*
Atavanado, adj. Qualificativo do cavalo preto ou castanho-escuro com pintas ou moscas nas ancas ou nas espáduas; atavonado.
Atavernar, v. V. *atabernar.*
Ataviador, s. m. O que atavia ou enfeita alguma coisa.
Ataviamento, s. m. Ato ou efeito de ataviar(-se).
Ataviar, v. Tr. dir. e pron. Adereçar(-se), adornar(-se), aformosear(-se), enfeitar(-se), ornar(-se).
Atávico, adj. 1. Relativo ao atavismo. 2. Produzido por atavismo.
Atavio, s. m. Adereço, adorno, ornato. S. m. pl. Preparos, aparelhos.
Atavismo, s. m. Reaparecimento, nos descendentes, de certos caracteres ancestrais desaparecidos nas gerações imediatamente anteriores.
Ataxia *(cs),* s. f. *Med.* Falta de coordenação dos movimentos.
Atáxico *(cs),* adj. *Med.* 1. Relativo à ataxia. 2. Em que há ataxia.
Atazanar, v. V. *atenazar.*
Até, prep. Designa ou limita o fim ou termo de ação, distância, quantidade, tempo etc. Adv. Ainda, também, mesmo.
Ateador, adj. e s. m. Que, ou o que ateia.
Atear, v. 1. Tr. dir. Soprar, avivar (a chama, o fogo, o lume). 2. Pron. Pegar (fogo) em alguma coisa. 3. Intr. e pron. Avivar-se (o fogo). 4. Tr. dir. e pron. Excitar(-se), propagar(-se) (a discórdia, a guerra, as paixões). 5. Pron. Tornar-se mais intenso; crescer.
Atecnia, s. f. Falta de técnica, de arte.
Atecos, s. m. pl. *Zool.* Antiga divisão de quelônios *(Athecae)* que compreende apenas uma espécie de tartaruga, *Dermochelys coriacea,* marinha, com carapaça não soldada ao esqueleto.
Atediar, v. V. *entediar.*
Atéia, s. f. Fem. de *ateu.*
Ateira, s. f. *Bot.* Arbusto brasileiro da família das Anonáceas *(Anona muricata),* muito cultivado pelo seu fruto, a ata.
Ateísmo, s. m. 1. Doutrina dos ateus. 2. Falta de crença em Deus.
Ateísta, s. m. e f. Pessoa que segue o ateísmo; que não acredita em Deus.
Ateístico, adj. Pertencente ao ateísmo.
Atelectasia, s. f. *Med.* 1. Falta de dilatação. 2. Distensão incompleta dos pulmões nos recém-nascidos.
Atelépode, adj. m. e f. *Zool.* A que falta um dos dedos.
Ateliê, s. m. (t. francês). Oficina de pintor, escultor, fotógrafo etc.; estúdio.
atelo-, elem. de comp. (gr. *ateles*). Designa a idéia de *ausência* ou *desenvolvimento incompleto: atelocardia.*
Atelocardia, s. f. *Terat.* Desenvolvimento incompleto do coração.
Atelomielia, s. f. *Terat.* Desenvolvimento incompleto da medula espinhal.
Atemorizador, adj. e s. m. Que, ou o que atemoriza.
Atemorizante, adj. m. e f. Atemorizador.
Atemorizar, v. Tr. dir. e pron. Causar ou sentir temor; intimidar(-se), aterrar(-se).
Atempado, adj. Adoentado, achacado.
Atempar, v. 1. Tr. dir. Marcar tempo ou prazo a. 2. Pron. Aprazar-se com alguém.
Atenazamento, s. m. Ato ou efeito de atenazar.
Atenazar, v. Tr. dir. 1. Apertar com tenaz. 2. Afligir, mortificar. 3. Importunar.
Atença, s. f. 1. Ato ou efeito de ater-se. 2. Confiança.
Atenção[1], s. f. (l. *attentione*). 1. Ação de aplicar o espírito a alguma coisa; concentração, reflexão. 2. Reparo, caso: Não dê *a.* 3. Ato ou palavra com que demonstramos a alguém nossa preocupação com sua felicidade, saúde etc.
Atenção![2], interj. Acautelem-se!, reparem!
Atencioso, adj. 1. Que presta atenção. 2. Polido, cortês. 3. Feito com atenção e cuidado.
Atendente, adj. m. e f. 1. Que atende. 2. Diz-se de pessoa que, em hospitais e consultórios, exerce serviços auxiliares de enfermagem.
Atender, v. (l. *attendere*). 1. Tr. dir. e tr. ind. Dar ou prestar atenção a. 2. Tr. ind. e intr. Estar atento. 3. Tr. dir., tr. ind. e intr. Dar audiência a. 4. Tr. ind. Deferir. 5. Tr. ind. Cuidar de. 6. Tr. ind. Ter em vista, tomar em consideração. 7. Intr. Esperar: *Atendei* e vereis. 8. Tr. dir. Servir: *Atenda o freguês!* 9. Tr. dir. Escutar e responder: *Atendeu o telefone.*
Atendimento, s. m. Ato ou efeito de atender.
Atendível, adj. m. e f. Digno de atenção ou de ser atendido.
Ateneu, s. m. 1. *Antig.* Em Atenas, templo de Atená em que poetas e sábios liam as suas obras em público. 2. Associação científica ou literária. 3. Estabelecimento de ensino.
Ateniense, adj. m. e f. Relativo à cidade de Atenas (Grécia). S. m. e f. Habitante ou natural de Atenas.
Atenorado, adj. Qualificativo da voz que se aproxima da de tenor.
Atenorar, v. *Mús.* Tr. dir. 1. Dar registro de tenor a (voz). 2. Cantar à imitação de tenor.
Atenrar, v. Tr. dir. e pron. Tornar(-se) tenro.
Atentado[1], adj. (p. de *atentar*[1]). 1. Que presta atenção; atento. 2. Feito com tento; avisado.
Atentado[2], s. m. (de *atentar*[2]). Tentativa criminosa ou ilegal contra as pessoas, os direitos e os bens protegidos por lei.
Atentado[3], adj. (p. de *atentar*[3]). *Pop.* Endiabrado, levado.
Atentar[1], v. *(atento + ar).* 1. Tr. dir. Aplicar com atenção (olhar, ouvido, mente). 2. Tr. ind. e intr. Refletir sobre; considerar, ponderar. 3. Tr. ind. Tomar em consideração; ter em conta; atender.
Atentar[2], v. (l. *attentare*). 1. Tr. dir. Cometer, empreender. 2. Tr. ind. e intr. Cometer atentado.
Atentar[3], v. *(a + tentar).* V. *tentar.*
Atentatório, adj. Em que há, ou que constitui atentado.
Atentivo, adj. Em que há atenção.
Atento, adj. 1. Que está com atenção em alguma coisa. 2. Aplicado, estudioso. 3. Considerado, ponderado. 4. Enlevado, pasmado. 5. Atencioso, respeitoso, reverente.
Atenuação, s. f. 1. Ato ou efeito de atenuar(-se). 2. Debilidade,

enfraquecimento. 3. *Med.* Mutação de um vírus que diminui sua capacidade infecciosa. 4. *Fís.* Diminuição, no espaço, de certas grandezas características de um fenômeno de propagação.

Atenuado, adj. 1. Abrandado. 2. Diminuído.

Atenuador, adj. Que atenua; atenuante.

Atenuante, adj. m. e f. Que atenua. S. f. *Dir.* Circunstância que diminui o grau de responsabilidade do réu e, conseqüentemente, o da pena.

Atenuar, v. 1. Tr. dir. Tornar tênue; adelgaçar. 2. Tr. dir. Reduzir a menos; diminuir. 3. Tr. dir. Reduzir a gravidade de (infração ou crime). 4. Pron. Tornar-se mais tênue. 5. Pron. Tornar-se menos grave.

Ater, v. Pron. 1. Aproximar-se, encostar-se. 2. Aderir-se, conformar-se. 3. Propender. 4. Pôr confiança em alguma coisa; fiar-se. Conjug.: como *ter.*

Atermal, adj. m. e f. V. *atérmico.*

Atermar, v. Tr. dir. Pôr termo a; limitar.

Atermia, s. f. Ausência de calor.

Atérmico, adj. *Fís.* Que não liberta nem absorve calor.

Ateroma, s. m. *Med.* Arteriosclerose caracterizada por degenerações gordurosas do revestimento interno dos vasos.

Aterosclerose, s. f. *Med.* Arteriosclerose causada por ateromas.

Aterosclerótico, adj. Pertencente ou relativo à aterosclerose.

Aterrado[1], adj. (p. de *aterrar[1]*). 1. Em que se fez aterro; coberto de terra. 2. Pousado em terra (diz-se dos aviões). S. m. Lugar que se aterrou.

Aterrado[2], adj. (p. de *aterrar[2]*). Tomado de terror.

Aterrador[1], s. m. *(aterrar[1] + dor).* Operário que trabalha em aterro.

Aterrador[2], adj. *(aterrar[2] + dor).* Que causa terror.

Aterragem, s. f. 1. Ação ou efeito de aterrar. 2. *Aeron.* Ato de pousar um avião no solo; pouso.

Aterraplenar, v. V. *terraplenar.* Var.: *aterraplanar.*

Aterrar[1], v. *(a + terra + ar).* 1. Tr. dir. Pôr por terra; arrasar, derribar. 2. Tr. dir. e pron. Encher(-se) de terra. 3. Tr. dir. Altear (um terreno), acumulando terra ou entulho. 4. Intr. *Aeron.* Descer o avião ao solo.

Aterrar[2], v. (1. *terrere*). Tr. dir. e pron. Atemorizar(-se).

Aterrissagem, s. f. *Aeron.* V. *aterragem.*

Aterrissar, v. *Aeron.* V. *aterrar.*

Aterro *(ê)*, s. m. 1. Ação ou efeito de aterrar; terraplenagem. 2. Terra ou entulho com que se nivela ou alteia um terreno, ou se torna seco um lugar alagadiço. 3. Aterrado.

Aterroada, s. f. 1. Pequena elevação nos campos, produzida por cupins ou formigas. 2. Marca deixada pelas patas do gado nos solos lamacentos.

Aterrorizador, adj. Que aterroriza; pavoroso.

Aterrorizar, v. Tr. dir. e pron. Encher(-se) de terror; aterrar(-se).

Atestação, s. f. Ato ou efeito de atestar[1].

Atestado[1], adj. (p. de *atestar[1]*). Certificado, testemunhado. S. m. 1. Documento em que se atesta alguma coisa. 2. Demonstração, prova.

Atestado[2], adj. (p. de *atestar[2]*). Cheio até às bordas; abarrotado.

Atestador, adj. (*atestar[1] + dor*). Que atesta ou certifica.

Atestante, adj. m. e f. V. *atestador.*

Atestar[1], v. (1. *attestare*). 1. Tr. dir. Passar atestado de, certificar por escrito. 2. Tr. dir. e intr. Testemunhar, testificar. 3. Tr. dir. Demonstrar, provar.

Atestar[2], v. *(a + testo + ar).* 1. Tr. dir. Encher até às bordas ou até ao testo; abarrotar. 2. Pron. Comer ou beber com excesso.

Atestatório, adj. Que atesta, que prova.

Ateu, adj. 1. Diz-se daquele que não crê em Deus. 2. Próprio de ateu. S. m. Indivíduo ateu. Fem.: *atéia.*

Atiçador, adj. e s. m. Que, ou o que atiça; provocador.

Atiçamento, s. m. Ato ou efeito de atiçar(-se).

Atiçar, v. (1. **attitiare*). 1. Tr. dir. Avivar, espertar (o lume), soprando ou lançando combustível. 2. Tr. dir. Fomentar, provocar (discórdia, dissensões, intriga, ódio). 3. Tr. dir. Estimular, irritar (a atividade, o ânimo). 4. Tr. dir. Avivar, despertar (a cobiça, a fome, a inveja, a sede). 5. Pron. Irritar-se, irar-se.

Aticismo, s. m. Elegância, pureza e sobriedade de linguagem, estilo.

Ático[1], adj. 1. Relativo à Ática, à cidade de Atenas ou aos atenienses. 2. Relativo ao aticismo. 3. Elegante, puro, sóbrio (diz-se do estilo, da linguagem). S. m. 1. O natural da Ática ou de Atenas. 2. *Lingüíst.* Dialeto grego falado na Ática.

-ático[2], suf. (1. *-aticu*). Forma adjetivos de relação ou pertença: *fanático, selvático, lunático,* e alguns substantivos: *viático.* É a forma erudita do suf. *-agem* que nos veio pelo francês.

Atiçoar, v. Tr. dir. Queimar com tição.

Atigrado, adj. 1. Semelhante ao tigre. 2. Mosqueado como a pele do tigre.

Atijolado, adj. 1. Da cor de tijolo. 2. Pavimentado com tijolos.

Atijolar, v. Tr. dir. Revestir de tijolos.

-átil, suf. (1. *atile*). Exprime, em adjetivos, as idéias de *relação, participação, capacidade: portátil, pulsátil, vibrátil.*

Atilado, adj. 1. Bem acabado. 2. Escrupuloso, pontual. 3. Perspicaz. 4. Ajuizado. 5. Elegante.

Atilamento, s. m. 1. Qualidade do que é atilado. 2. Esmero, primor. 3. Exatidão, pontualidade. 4. Discrição, tino.

Atilar, v. 1. Tr. dir. Executar com cuidado e esmero. 2. Tr. dir. e pron. Tornar(-se) esperto, hábil. 3. Pron. Alinhar-se, ataviar-se, ornar-se.

Atilho, s. m. 1. Tira de pano, couro ou cordão com que se ata ou alça uma peça de roupa. 2. Tudo o que serve para atar; estopim. 3. Feixe de espigas de milho.

Atimia, s. f. *Med.* 1. Ausência do timo. 2. Abatimento, desânimo, melancolia.

Átimo, s. m. Instante. Usado na expressão: *Num á.*

Atinado, adj. 1. Astuto, esperto. 2. Prudente, sábio.

Atinar, v. 1. Tr. dir. e tr. ind. Achar pelo tino, acertar com, dar com, descobrir por conjetura ou indício; encontrar. 2. Intr. Dar com o que se procura; acertar. 3. Tr. ind. Dirigir-se, seguindo alguma conjetura ou indício.

Atinência, s. f. Qualidade do que é atinente.

Atinente, adj. m. e f. Que diz respeito a; relativo, pertinente.

Atingir, v. (1. *attingere*). 1. Tr. dir. Alcançar, tocar. 2. Tr. dir. e tr. ind. Chegar a. 3. Tr. dir. Dizer respeito a; interessar. 4. Tr. dir. e tr. ind. Alcançar, obter. 5. Tr. dir. e tr. ind. Compreender, perceber.

Atingível, adj. m. e f. Que se pode atingir.

Atino, s. m. 1. Ato de atinar. 2. Juízo, raciocínio.

Atípico, adj. 1. Que não tem tipo regular. 2. Que difere do tipo normal.

Atirada, s. f. Ato ou efeito de atirar; disparada.

Atiradiço, adj. *Fam.* Atrevido, ousado, petulante.

Atirador, adj. Que atira. S. m. 1. O que atira. 2. Disparador de arma de fogo.

Atiramento, s. m. Ato ou efeito de atirar.

Atirar, v. 1. Tr. dir. e pron. Arremessar(-se), lançar(-se). 2. Tr. dir. Lançar de súbito. 3. Tr. ind. e intr. Disparar arma de fogo. 4. Pron. Arremeter contra; atacar. 5. Pron. Abalançar-se, arrojar-se.

Atitar, v. Intr. 1. Soltar (ave) grito agudo, quando assustada. 2. Soltar grito agudo.

Atito, s. m. 1. Grito agudo dos passarinhos, quando assustados ou enfurecidos. 2. Assobio agudo e forte; silvo.

Atitude, s. f. (fr. *attitude*). 1. Modo de ter o corpo; postura. 2. Norma de proceder ou ponto de vista, em certas conjunturas. 3. Disposição interior, maneira de enfrentar um problema. 4. Afetação do comportamento: *A.* de indiferença. 5. *Zootécn.* Aspecto do animal inativo ou em repouso.

Ativa, s. f. 1. *Gram.* A voz ativa do verbo. 2. *Mil.* O serviço ativo nas forças armadas.

Ativação, s. f. Ato ou efeito de ativar(-se).

Ativado, adj. Que se ativou.

Ativar, v. 1. Tr. dir. Tornar ativo ou mais ativo; impulsionar. 2. Tr. dir. Tornar mais intenso; intensificar. 3. Pron. Tornar-se ativo, intenso.

Atividade, s. f. (l. *activitate*). 1. Qualidade de ativo. 2. Faculdade de poder atuar: *A.* do espírito. 3. Vivacidade e energia na ação; presteza, prontidão. 4. Ocupação a que se dedica uma pessoa: Homem de muita *a.*
Ativismo, s. m. *Filos.* Doutrina filosófica afim do pragmatismo.
Ativista, adj. e s., m. e f. Que, ou pessoa que é partidária do ativismo.
Ativo, adj. 1. Que atua, que exerce ação. 2. Diligente, laborioso. 3. Que atua com prontidão; eficaz. 4. Contínuo, ininterrupto. S. m. 1. Acervo de uma casa comercial. Antôn.: *passivo.* 2. Capital em circulação.
Atlante, s. m. 1. *Arquit.* Figura ou meia figura de homem, sustentando coluna, pilastra etc. 2. Indivíduo muito forte e robusto.
Atlântico, adj. 1. Relativo ao Monte Atlas. 2. Relativo ao Oceano Atlântico. 3. Agigantado, descomunal.
Atlas, s. m. 1. *Geogr.* Coleção de mapas ou cartas geográficas, em livro. 2. Álbum. 3. *Anat.* Primeira vértebra cervical, que suporta o peso da cabeça.
Atleta, s. m. e f. 1. Pessoa que se exercitava na luta e no pugilato, para combater nos jogos solenes, na Grécia e em Roma. 2. Pessoa que pratica esportes atléticos. 3. Homem de sólida compleição.
Atlético, adj. 1. Relativo a atleta. 2. Próprio de atleta. 3. Forte, robusto, vigoroso.
Atletismo, s. m. Conjunto de exercícios atléticos, destinados a manter ou melhorar o físico do homem.
atmo-, elem. de comp. (gr. *atmos*). Exprime a idéia de *gás, vapor: atmômetro, atmosfera.*
Atmômetro, s. m. *Fís.* Instrumento com que se mede a quantidade de um líquido evaporado, durante um tempo dado.
Atmosfera, s. f. 1. *Meteor.* Camada gasosa que envolve o globo terrestre ou qualquer outro astro. 2. O ar que respiramos. 3. Ambiente moral: *A. de guerra.* 4. *Fís.* Unidade de pressão definida como a pressão exercida por uma força igual a 101 325 newtons, uniformemente distribuída sobre uma superfície plana de área igual a 1 metro quadrado. Símbolo: atm.
Atmosférico, adj. Relativo à atmosfera.
Ato[1], s. m. (l. *actu*). 1. Tudo o que se faz ou se pode fazer. 2. Modo de proceder. 3. Ocasião em que é feita alguma coisa. 4. Solenidade, cerimônia. 5. Regulamento baixado pelo governo. 6. Cada uma das partes em que se divide uma peça teatral.
-ato[2], suf. (l. *-atu*). É a forma erudita de *-ado,* exprimindo *cargo (cardinalato), ação (pugilato), estado habitual (celibato)* ou *instituição (orfanato).*
À-toa, adj. Invariável. 1. Irrefletido. 2. Sem objetivo ou fim. 3. Inútil. 4. Desprezível, insignificante.
Atoado, adj. *Náut.* Levado à toa ou à sirga; rebocado.
Atoalhar, v. Tr. dir. 1. Cobrir com toalha. 2. Cobrir.
Atoar, v. Tr. dir. Conduzir a reboque, puxar à sirga (barco ou navio).
Atoarda, s. f. Notícia vaga; boato, balela.
Atobá, s. m. *Ornit.* Ave da ordem dos Pelicaniformes *(Sula leucogaster);* mergulhão.
Atocaiar, v. V. *tocaiar.*
Atochado, adj. 1. Apertado, entalado em algum lugar, sem se poder mover. 2. Atulhado.
Atochador, adj. Que atocha. S. m. 1. Aquele que atocha. 2. Atocho.
Atochar, v. 1. Tr. dir. Segurar com atocho. 2. Tr. dir. Encher em excesso; atulhar. 3. Tr. dir. e intr. Fazer entrar com força.
Atocho *(ô),* s. m. Pau ou cunha com que se atocha alguma coisa.
Atocia, s. f. *Med.* Esterilidade da mulher.
Atol, s. m. Ilha de coral, que forma um círculo ou anel, mais ou menos contínuo, ao redor de um lago interior.
Atoladiço, adj. Que forma atoleiro.
Atolado[1], adj. *(a + tolo + ado).* Que tem modos de tolo.
Atolado[2], adj. (p. de *atolar[1]*). Metido em atoleiro.
Atolador, adj. Que atola. S. m. *Pop.* Atoleiro.
Atoladouro, s. m. V. *atoleiro.* Var.: *atoladoiro.*
Atolambado, adj. V. *atoleimado.*
Atolambar, v. Tr. dir. Causar toleima a.
Atolar[1], v. 1. Tr. dir. e pron. Enterrar(-se) no lodo; atascar(-se). 2. Pron. Entregar-se com excesso aos prazeres. 3. Pron. Enlear-se em dificuldades.
Atolar[2], v. *(a + tolo + ar).* Tr. dir. e pron. Tornar(-se) tolo.
Atoleimado, adj. Um tanto tolo; aparvalhado.
Atoleimar, v. Tr. dir. e pron. Tornar(-se) atoleimado.
Atoleiro, s. m. 1. Depressão do solo cheia de lama grossa; lamaçal. 2. Situação crítica da qual é difícil sair.
Atomatar, v. Tr. dir. 1. Tornar vermelho como tomate. 2. Confundir, envergonhar. 3. Esborrachar como a um tomate.
Atomicidade, s. f. *Fís.* e *Quím.* Número de átomos que constituem a molécula de uma substância simples ou composta.
Atômico, adj. 1. Relativo ao átomo. 2. Relativo a alterações no núcleo de um átomo, ou que utiliza energia liberada por tais alterações: Bomba *atômica.*
Atomismo, s. m. Sistema filosófico segundo o qual o universo foi formado pela combinação fortuita dos átomos.
Atomista, adj. e s., m. e f. Que, ou pessoa que é partidária do atomismo.
Atomístico, adj. Relativo ao atomismo.
Atomizador, s. m. Aparelho com que se reduz um líquido a borrifo muito fino; pulverizador, vaporizador.
Atomizar, v. Tr. dir. 1. Reduzir a átomos ou a pequeníssimas dimensões. 2. Borrifar com atomizador.
Átomo, s. m. 1. *Fís.* e *Quím.* Parcela de um corpo simples, considerada outrora como indivisível e formando a menor quantidade de um elemento que possa entrar em combinação. 2. Coisa excessivamente pequena; insignificância.
Atonalidade, s. f. *Mús.* Escrita musical que abandona as funções tonais clássicas, para utilizar a totalidade dos recursos da escala cromática, com predominância do ritmo e emancipação da dissonância; dodecafonismo.
Atonelado, adj. Com forma de tonel.
Atonia, s. f. *Med.* Debilidade geral; fraqueza.
Atônico[1], adj. *(atonia + ico).* Relativo à atonia.
Atônico[2], adj. *Gram.* V. *átono.*
Atônito, adj. 1. Admirado, estupefato. 2. Confuso.
Átono, adj. *Gram.* Sem acento tônico; atônico.
Atopetar, v. Tr. dir. 1. *Náut.* Içar até o tope do navio. 2. *Pop.* Abarrotar.
Atopia, s. f. *Med.* Situação do que está fora do lugar; deslocamento.
Atópico, adj. *Med.* Fora do lugar; deslocado.
Ator, s. m. (l. *actore*). 1. Agente do ato. 2. Homem que representa em teatro. 3. Aquele que sabe fingir. Fem.: *atriz* e *atora (ô).* Pl.: *atores (ô).*
Atorácico, adj. Desprovido de tórax.
Atorar[1], v. *(a + tora + ar).* Tr. dir. Reduzir a toros (a madeira).
Atorar[2], v. Intr. *Pop.* Ir-se embora; partir.
Atorçalado, adj. Guarnecido de torçal.
Atorçalar, v. Tr. dir. Guarnecer ou bordar com torçal.
Atorçoar, v. Tr. dir. 1. Moer, pisar em pó grosseiro. 2. Machucar.
Atordoado, adj. 1. Que perdeu os sentidos; tonto. 2. Aturdido, estonteado.
Atordoamento, s. m. Ato ou efeito de atordoar(-se).
Atordoante, adj. m. e f. Que atordoa.
Atordoar, v. 1. Tr. dir. Perturbar os sentidos de; estontear, aturdir. 2. Intr. Ficar tonto; estontear-se.
Atormentação, s. f. Ato ou efeito de atormentar(-se).
Atormentadiço, adj. 1. Suscetível de ser atormentado. 2. Que facilmente se aflige.
Atormentado, adj. 1. Submetido a tormentos; torturado. 2. Aflito, atribulado, mortificado.
Atormentador, adj. e s. m. 1. Que, ou o que atormenta ou tortura; apoquentador. 2. Importuno.
Atormentar, v. 1. Tr. dir. Infligir tormento a; molestar, torturar. 2. Tr. dir. e pron. Afligir(-se), mortificar(-se).

Atormentativo, adj. Que causa tormento; aflitivo.

Atoucado, adj. 1. Parecido a touca. 2. Coberto com touca.

Atoucinhado, adj. V. *atoicinhado.*

Atóxico *(cs)*, adj. 1. Não tóxico. 2. Que não tem veneno.

Atrabiliário, adj. 1. *Med.* Que tem atrabílis. 2. Colérico.

Atrabílis, s. f. 1. *Med. ant.* Nome do humor espesso, negro e acre da bílis, que se supunha a causa da melancolia, da neurastenia. 2. Hipocondria, melancolia. 3. Irascibilidade.

Atracação, s. f. Ato ou efeito de atracar(-se).

Atracador, adj. Que atraca. S. m. *Náut.* Cabo de atracar ou amarrar embarcações.

Atração, s. f. (1. *attractione*). 1. Ação de atrair. 2. Poder de atrair, de encantar. 3. Força que atrai. 4. Divertimento colocado à disposição do público. 5. Pessoa ou coisa destacada num espetáculo de variedades, revista ou programa de cinema.

Atracar, v. 1. Tr. dir. Amarrar à terra ou fazer chegar a ela (um barco ou navio). 2. Intr. Encostar-se a cais. 3. Tr. dir. Prender (peça ou objeto) a outra (peça ou objeto). 4. Pron. Entrar em luta corporal; engalfinhar-se.

Atraente, adj. m. e f. Que atrai; agradável, convidativo.

Atrafegar, v. Pron. Sobrecarregar-se de trabalhos.

Atraiçoado, adj. 1. Que sofreu traição; traído. 2. Enganado.

Atraiçoar, v. 1. Tr. dir. Fazer traição a, usar de perfídia contra; trair. 2. Tr. dir. Ser infiel a. 3. Pron. Cometer traição contra si mesmo; trair-se.

Atraimento, s. m. Atração.

Atrair, v. (1. *attrahere*). Tr. dir. 1. Fazer voltar-se ou dirigir-se para si. 2. Exercer atração sobre; seduzir, fascinar. 3. Fazer aderir a uma idéia. 4. Mover, provocar, suscitar.

Atrancamento, s. m. Ato ou efeito de atrancar(-se).

Atrancar, v. 1. Tr. dir. Trancar, entrincheirar. 2. Pron. Trancar-se. 3. Tr. dir. Atravancar.

Atranqueirado, adj. Que tem tranqueira(s).

Atrapachar, v. V. *atravancar.*

Atrapalhação, s. f. 1. Ato ou efeito de atrapalhar(-se). 2. Confusão. 3. Embaraço.

Atrapalhado, adj. 1. Que se atrapalhou. 2. Embaraçado. 3. Feito à pressa, mal feito. 4. Em situação embaraçosa, sobretudo financeira.

Atrapalhar, v. 1. Tr. dir. e pron. Confundir(-se), embaraçar(-se), perturbar(-se). 2. Intr. Causar confusão ou embaraço. 3. Tr. dir. Fazer ou dizer mal e estouvadamente.

Atrás, adv. (1. *ad + trans*). 1. No lugar precedente. 2. No tempo anterior. 3. Na parte posterior. 4. Detrás. Antôn.: *adiante.*

Atrasado, adj. 1. Que se atrasou. 2. Desatualizado em relação à época; obsoleto. 3. Vencido, passado do prazo. 4. Retardado (diz-se de criança pouco desenvolvida física ou mentalmente).

Atrasador, adj. Que atrasa ou retarda. S. m. Peça própria para atrasar o movimento do relógio.

Atrasamento, s. m. V. *atraso.*

Atrasar, v. (*atrás + ar*). 1. Tr. dir. Pôr para trás; recuar. 2. Tr. dir. Fazer demorar; retardar. 3. Pron. Deixar de fazer alguma coisa no tempo devido: *Atrasar-se* no pagamento. 4. Pron. Ser impontual, chegar tarde. 5. Tr. dir. Embaraçar, lesar, prejudicar.

Atraso, s. m. 1. Ação ou efeito de atrasar; demora, retardamento. 2. Falta ou demora de pagamento. 3. Falta de cultura ou de civilização. 4. Decadência.

Atratividade, s. f. Qualidade do que é atrativo.

Atrativo, adj. Que tem a propriedade de exercer atração; atraente. S. m. 1. Coisa que atrai. 2. Incentivo, estímulo.

Atravancador, adj. e s. m. Que, ou o que atravanca.

Atravancamento, s. m. Ato ou efeito de atravancar.

Atravancar, v. Tr. dir. 1. Impedir com traves, tranqueiras ou outro obstáculo a passagem ou o acesso. 2. Acumular muitas coisas em (um lugar). 3. Embaraçar, estorvar.

Atravanco, s. m. 1. Ato ou efeito de atravancar. 2. Atranco, embaraço, obstáculo, travanca.

Através, adv. Exige sempre a preposição *de.* – *A. de:* de um para outro lado de; por entre; no decurso de.

Atravessadiço, adj. Que se atravessa ou se interpõe; que contraria ou se opõe.

Atravessado, adj. 1. Posto de través. 2. Em cruz; cruzado. 3. Passado de lado a lado; traspassado. 4. Seguro com travessa (porta, janela). 5. Comprado por atravessador. 6. Mestiço.

Atravessador, s. m. 1. O que atravessa. 2. *Com.* Indivíduo que se interpõe entre o produtor e o vendedor; açambarcador.

Atravessadouro, s. m. 1. Caminho que atravessa terras lavradas e defesas. 2. Travessa, atalho.

Atravessar, v. (*a* + 1. *transversare*). 1. Tr. dir. Passar através de; transpor, cruzar. 2. Tr. dir. Resistir à ação do tempo; subsistir. 3. Tr. dir. Traspassar. 4. Tr. dir. Percorrer. 5. Tr. dir. e pron. Pôr(-se) obliquamente ou ao través. 6. Pron. Pôr-se de través e ficar preso em. 7. Tr. dir. e pron. Pôr obstáculo a; contrariar, impedir. 8. Tr. dir. Açambarcar, monopolizar. 9. Tr. dir. Passar, sofrer. 10. Pron. Cruzar-se, encontrar-se.

Atravincado, adj. 1. Seguro com travinca. 2. Bem seguro.

Atravincar, v. Tr. dir. 1. Segurar com travinca. 2. Segurar com força.

Atreguar, v. 1. Tr. dir. Dar trégua a. 2. Intr. e pron. Ajustar ou celebrar trégua com o inimigo.

Atreito, adj. 1. Inclinado a, propenso a. 2. Acostumado.

Atrelar, v. 1. Tr. dir. Prender com trela, levar preso pela trela (cães de caça etc.). 2. Tr. dir. Ajoujar, prender (animais) à viatura. 3. Pron. Acostar-se permanentemente (a alguém). 4. Tr. dir. Atrair com promessas ou seduções.

Atrepsia, s. f. *Med.* Desordem nutritiva de lactentes, progressiva, causada por defeito de assimilação dos alimentos.

Atresia, s. f. *Med.* Oclusão, completa ou parcial, congênita ou adquirida, de orifício ou canal.

Atrever, v. (1. *attribuere*). Pron. 1. Ter ousadia; afoitar-se, ousar. 2. Afrontar. 3. Fiar-se.

Atrevidaço, adj. Grande atrevido; atrevidão.

Atrevido, adj. 1. Que se atreve; afoito, ousado, temerário. 2. Insolente, petulante.

Atrevimento, s. m. 1. Ação de atrever-se; afoiteza, arrojo, temeridade. 2. Insolência, petulância.

atri-, elem. de comp. (1. *ater*). Exprime a idéia de *negro, preto: atricaude.*

Atribuição, s. f. (1. *attributione*). 1. Ato ou efeito de atribuir. 2. O que é atribuído. 3. Função conferida a alguém; competência.

Atribuidor, adj. e s. m. Que, ou o que atribui.

Atribuir, v. (1. *attribuere*). 1. Tr. dir. Conceder, conferir. 2. Tr. dir. Considerar como autor, origem ou causa; imputar. 3. Pron. Reclamar, tomar a si.

Atribuível, adj. m. e f. Que se pode atribuir.

Atribulação, s. f. V. *tribulação.*

Atribulado, adj. 1. Que padece atribulação; aflito, atormentado. 2. Adverso, infausto.

Atribulador, adj. e s. m. Que, ou o que atribula.

Atribular, v. 1. Tr. dir. Causar tribulação a; afligir, angustiar. 2. Intr. Causar tribulação, ser molesto, servir de tormento. 3. Pron. Sentir tribulações; afligir-se.

Atribulativo, adj. Que causa atribulação.

Atributivo, adj. 1. Que atribui. 2. Que indica ou enuncia atributo.

Atributo, s. m. 1. Aquilo que é próprio ou peculiar de alguém ou de alguma coisa. 2. Sinal distintivo; símbolo. 3. *Gram.* A qualidade atribuída ao sujeito.

Atrição, s. f. (1. *attritione*). 1. V. *atrito.* 2. Fricção enérgica sobre o corpo, para elevar o calor animal. 3. Desgaste. 4. *Teol.* Pesar de haver ofendido a Deus, pelo temor do castigo.

Atricaude, adj. m. e f. *Zool.* Que tem cauda negra.

Atrigado, adj. Da cor do trigo; trigueiro.

Atrigueirado, adj. Tirante a, ou quase trigueiro.

Atril, s. m. Estante ou móvel, em plano inclinado, onde se põe um livro aberto, para ler de pé.

Átrio, s. m. 1. Pátio, vestíbulo. 2. *Anat.* Aurícula do coração. 3. *Anat.* Andar inferior da caixa do tímpano. 4. Adro de certos templos romanos. 5. Nas casas modernas, espaço entre a escadaria e a porta principal.

Atrioventricular, adj. m. e f. *Anat.* Relativo à aurícula e ao ventrículo.
Atrípede, adj. m. e f. *Zool.* Que tem pés negros.
Atriquia, s. f. *Med.* Falta de pêlos ou cabelos.
Atritar, v. 1. Tr. dir. Provocar atrito em. 2. Pron. Friccionar-se (um corpo com outro).
Atrito, adj. Que tem atrição, acep. 4. S. m. 1. Resistência que um corpo desenvolve quando sobre ele se move outro corpo. 2. Fricção. 3. Desinteligência.
Atriz, s. f. 1. Fem. de *ator.* 2. Mulher que representa em teatro, cinema ou televisão. 3. Mulher que sabe fingir.
Atro[1], adj. 1. Negro, preto. 2. Tenebroso. 3. Aziago, infausto, lúgubre. 4. Medonho, pavoroso.
atro-[2], elem. de comp. O mesmo que *atri-: atróptero.*
Atroada, s. f. Bulha, estrondo, grande ruído.
Atroado, adj. 1. Aturdido. 2. Que fala depressa e ruidosamente.
Atroador, adj. Que atroa, que estronda; atroante.
Atroamento, s. m. 1. Aturdimento provocado por choque ou estrondo. 2. *Vet.* Enfermidade nos cascos das cavalgaduras.
Atroante, adj. m. e f. V. *atroador.*
Atroar, v. 1. Tr. dir. Fazer estremecer por efeito de estrondo, fazer retumbar. 2. Tr. ind. e intr. Retumbar com estrondo. 3. Tr. dir. Aturdir. 4. Intr. Trovejar.
Atrocidade, s. f. 1. Qualidade do que é atroz. 2. Ação atroz; barbaridade.
Atrocíssimo, adj. Sup. abs. sint. de *atroz.* Muito atroz.
Atrofia, s. f. 1. *Med.* Definhamento, ou diminuição do tamanho, de uma célula, tecido, órgão ou parte, causados por defeito ou falha de nutrição, desuso, velhice, ferimento ou doença. 2. Decadência.
Atrofiado, adj. 1. *Med.* Que padece de atrofia; atrófico. 2. Que não se desenvolve; definhado.
Atrofiador, adj. Que atrofia; atrofiante.
Atrofiamento, s. m. Ato ou efeito de atrofiar(-se).
Atrofiante, adj. m. e f. V. *atrofiador.*
Atrofiar, v. 1. Tr. dir. Causar atrofia a. 2. Pron. Cair em atrofia; definhar-se.
Atrófico, adj. Que padece atrofia.
Atrombetado, adj. Parecido com trombeta.
Atrôo, s. m. Ação ou efeito de atroar; estrondo.
Átropa, s. f. *Bot.* Gênero (*Atropa*) de ervas eurásias e africanas, da família das Solanáceas. Inclui a beladona.
Atropar, v. 1. Tr. dir. e pron. Incorporar(-se), reunir(-se) em tropa. 2. Tr. dir. Guarnecer de tropa.
Atropelação, s. f. V. *atropelamento.*
Atropelador, adj. e s. m. Que, ou o que atropela.
Atropelamento, s. m. Ato ou efeito de atropelar.
Atropelante, adj. m. e f. V. *atropelador.*
Atropelar, v. 1. Tr. dir. Fazer cair, derrubar, passando ou não por cima. 2. Tr. dir. Dar um encontrão. 3. Tr. dir. *Turfe.* Vencer atropeladamente. 4. Pron. Entrechocar-se, abalroar-se. 5. Tr. dir. Desprezar: *A.* a *ordem* dos fatos.
Atropelo *(ê),* s. m. V. *atropelamento.*
Atropilhar, v. Tr. dir. Reunir (cavalos, muares) em tropilha.
Atropina, s. f. *Quím.* e *Farm.* Alcalóide cristalino, branco, muito venenoso, extraído da beladona.
Atróptero, adj. *Ornit.* Diz-se das aves de asas pretas.
Atroz, adj. m. e f. 1. Que não tem piedade; desumano. 2. Intolerável, pungente. 3. Monstruoso. Sup.: *atrocíssimo.*
Atuação, s. f. Ação ou efeito de atuar.
Atuado, adj. (p. de *atuar*[2]). Tratado por *tu.*
Atual, adj. m. e f. 1. Que existe no momento em que falamos; presente. 2. Efetivo, real. 3. *Teol.* Diz-se do pecado que se comete voluntariamente.
Atualidade, s. f. 1. Natureza do que é atual. 2. Ocasião presente; a época atual. 3. Fato do momento atual. 4. Qualidade do que corresponde à época atual: Romance de grande *a.*
Atualização, s. f. Ato ou efeito de atualizar(-se).
Atualizar, v. Tr. dir. e pron. Tornar(-se) atual; modernizar (-se).
Atuante, adj. m. e f. Que, ou pessoa que atua, ou está em ato ou exercício de sua atividade.
Atuar[1], v. (b. 1. *actuare*). 1. Tr. ind. e intr. Estar em atividade, exercer atividade. 2. Tr. ind. Influir, ou fazer pressão.
Atuar[2], v. *(a + tu + ar).* Tr. dir. e pron. Tratar(-se) por tu; tuear.
Atuária, s. f. Fem. de *atuário.*
Atuário, adj. V. *atuarial.* S. m. 1. Pessoa que faz os cálculos relativos a seguros; calculista das companhias de seguros. 2. Notário.
Atuável, adj. m. e f. Sobre quem se pode atuar.
Atucanado, adj. Semelhante a tucano.
Atueira, s. f. Rede para pescar atuns.
Atufar, v. 1. Tr. dir. Encher, entulhar, inchar. 2. Pron. Mergulhar na água. 3. Pron. Atolar-se no lodo. 4. Pron. Meter-se, internar-se, embrenhar-se.
Atulhamento, s. m. Ato ou efeito de atulhar(-se).
Atulhar, v. V. *entulhar.*
Atulho, s. m. Atulhamento.
Atum, s. m. *Ictiol.* Nome popular de um peixe da família dos Tunídeos *(Thunnus thynnus),* de carne muito saborosa.
Atumultuador, adj. e s. m. Que, ou o que atumultua.
Atumultuar, v. Tr. dir. e intr. Tumultuar.
Atuosidade, s. f. Qualidade de atuoso.
Atuoso, adj. Ativo, diligente, laborioso.
Aturado, adj. Constante, perseverante, persistente, ininterrupto.
Aturador, adj. e s. m. Que, ou o que atura.
Aturar, v. 1. Tr. dir. Sofrer ou suportar (coisa molesta ou penosa) com paciência; tolerar. 2. Tr. dir. Agüentar, sustentar. 3. Tr. dir. Continuar, perseverar, persistir. 4. Intr. Durar por longo tempo; perdurar.
Aturável, adj. m. e f. Que se pode aturar.
Aturdido, adj. 1. Atônito, pasmado. 2. Perturbado.
Aturdimento, s. m. Ato ou efeito de aturdir; atordoamento.
Aturdir, v. 1. Tr. dir. e pron. Atordoar(-se), estontear(-se). 2. Tr. dir. Causar espanto; assombrar. 3. Tr. dir. Atroar. — Verbo defectivo, não tem a primeira pess. sing. do pres. ind. nem o pres. subj. todo.
Aturiá, s. m. *Bot.* Arbusto leguminoso *(Machaerium lunatum).*
Aturiazal, s. m. Terreno onde crescem aturiás.
Atxim!, interj. Onomatopéia do espirro.
Audácia, s. f. 1. Impulso da alma para atos arrojados ou difíceis. 2. Arrojo, valor. 3. Insolência, petulância.
Audacioso, adj. V. *audaz.*
Audacíssimo, adj. Sup. abs. sint. de *audaz.* Muito audaz.
Audaz, adj. m. e f. 1. Que tem audácia; ousado. 2. Que requer audácia; arriscado, temerário.
Audibilidade, s. f. Característica do que é audível.
Audição, s. f. (1. *auditione*). 1. O sentido por meio do qual se percebem os sons. 2. Ato ou processo de ouvir, escutar. 3. Concerto musical.
Audiência, s. f. (1. *audientia*). 1. Atenção que se presta a quem fala. 2. Recepção dada por qualquer autoridade a pessoas que lhe desejam falar. 3. Grupo de ouvintes ou espectadores de um programa de rádio ou televisão. 4. *Dir.* Sessão solene do tribunal.
Audimudez, s. f. *Med.* Mudez congênita e sem surdez.
audio-, elem. de comp. (1. *audire*). Exprime a idéia de *audição: audiograma.* Junta-se sem hífen.
Audiofreqüência, s. f. *Fís.* Freqüência das correntes alternadas, compreendida entre 50 e 10.000 ciclos por segundo.
Audiograma, s. m. Gráfico das variações do limiar de audibilidade em função da freqüência.
Audiovisual, adj. m. e f. 1. Relativo simultaneamente à audição e visão. 2. Destinado a auxiliar no ensino pelo emprego tanto do ouvido, quanto da vista (discos, filmes).
Auditivo, adj. Relativo ao ouvido.
Audito, s. m. (1. *auditu*). Ato de ouvir.
Auditor, s. m. 1. O que ouve; ouvinte. 2. Funcionário encarregado de informar um tribunal ou repartição sobre a aplicação das leis a casos ocorrentes; ouvidor. 3. Juiz togado, adjunto a tribunais de justiça militar. 4. Assessor do núncio.

5. *Cont.* Perito-contador encarregado de examinar livros contábeis.
Auditoria, s. f. 1. Cargo de auditor. 2. Casa ou tribunal onde o auditor desempenha as suas funções.
Auditório, s. m. 1. O conjunto dos ouvintes que assistem a algum discurso, conferência, audiência ou sessão; assistência. 2. Lugar onde se agrupam esses ouvintes.
Audível, adj. m. e f. Que se ouve, que se pode ouvir.
Auferir, v. (1. *auferre*). Tr. dir. Colher, obter, receber. Conjug.: como *aderir*.
Auferível, adj. m. e f. Que se pode auferir.
Auge, s. m. 1. O ponto mais elevado; culminância. 2. O grau mais alto; apogeu.
Augita, s. f. *Miner.* Variedade aluminosa de piroxênio, comumente preta ou verde-escura, que ocorre em rochas ígneas tais como o basalto.
Augural, adj. m. e f. Relativo aos áugures.
Augurar, v. (1. *augurari*). 1. Tr. dir. e intr. Anunciar por agouro; vaticinar. 2. Tr. dir. Predizer. 3. Tr. dir. Deixar entrever. 4. Tr. dir. e intr. Fazer votos; desejar.
Áugure, s. m. *Antig. rom.* Sacerdote romano que tirava presságios do canto e do vôo das aves.
Augúrio, s. m. Adivinhação, agouro, presságio, vaticínio.
Augustinismo, s. m. As doutrinas filosóficas (escolásticas e modernas) inspiradas na teologia de Santo Agostinho.
Augusto, adj. 1. Respeitável, venerando. 2. Solene, imponente. 3. Elevado, sublime.
Aula, s. f. 1. Sala em que se dão ou recebem lições; classe. 2. Lição de uma disciplina; preleção.
Aulete, s. m. Tocador de aulo; flautista.
Aulicismo, s. m. Qualidade ou maneiras de áulico.
Áulico, adj. Relativo à corte. S. m. Cortesão, palaciano.
Aulido, s. m. Grito plangente dos animais; uivo.
Aulista, s. m. e f. Pessoa que freqüenta aulas; estudante.
Aulo, s. m. *Antig. gr.* Flauta.
Aumentação, s. f. 1. V. *aumento.* 2. *Ret.* Série de proposições que vão subindo de importância; gradação.
Aumentador, adj. e s. m. Que, ou o que aumenta.
Aumentar, v. (1. *augmentare*). 1. Tr. dir. Tornar maior; acrescentar, ampliar, elevar. 2. Intr. Tornar-se maior; crescer. 3. Tr. ind. Melhorar, progredir. 4. Tr. dir. Agravar, exacerbar. 5. Pron. Dilatar-se, crescer, fazer-se maior.
Aumentativar, v. Intr. Abusar de aumentativos.
Aumentativo, adj. Que aumenta. S. m. *Gram.* 1. Grau em que a significação da palavra aparece aumentada. 2. A palavra assim aumentada.
Aumentável, adj. m. e f. Que pode ser aumentado.
Aumento, s. m. (1. *augmentu*). 1. Ato ou efeito de aumentar; acréscimo. 2. Melhoria de fortuna, de salário. 3. *Opt.* Ampliação.
Aunar *(a-u)*, v. Tr. dir. e pron. Reunir(-se) em um todo (várias coisas); unir(-se).
Aura, s. f. 1. Vento brando; aragem, brisa, sopro. 2. Rumor, fama, popularidade. 3. *Med.* Sensação que precede o ataque de epilepsia. 4. *Espir.* Zona sombria, indecisa, ou inversamente, zona luminosa em torno do corpo humano.
Aurana, s. f. *Med.* Espécie de morféia cujos sintomas são manchas que aparecem em todo o corpo.
Aurantina, s. f. Princípio amargo da casca das laranjas.
Áureo, adj. 1. De ouro. 2. Da cor do ouro. 3. Coberto de ouro. 4. Brilhante. 5. Muito valioso.
Auréola, s. f. 1. Círculo luminoso, ou dispositivo de metal, com que os pintores e escultores ornam a cabeça de Jesus Cristo, da Virgem, dos santos. 2. Brilho ou esplendor moral; glória, prestígio.
Aureolar[1], adj. m. e f. Em forma de auréola.
Aureolar[2], v. 1. Tr. dir. Rodear de auréola; coroar. 2. Tr. dir. Cingir, envolver. 3. Tr. dir. e pron. Elevar(-se), glorificar (-se).
auri-[1], elem. de comp. (1. *auru*). Exprime a idéia de *ouro, áureo: aurífero.*
auri-[2], elem. de comp. (1. *auris*). Exprime a idéia de *orelha, ouvido: auriforme.*
Auricídia, s. f. Sede, cobiça de ouro.
Áurico, adj. Áureo.
Auricolor, adj. m. e f. Da cor de ouro; áureo.
Auricomo, adj. De cabelos dourados.
Auricórneo, adj. *Zool.* Que tem antenas da cor do ouro.
Aurícula, s. f. 1. *Anat.* Cada uma das cavidades superiores do coração. 2. *Anat.* Pavilhão do ouvido. 3. *Bot.* Apêndice arredondado na base de certas folhas de plantas. 4. *Ornit.* Tufo de penas no alto da cabeça de certas aves.
Auriculado, adj. Provido de aurículas; auriculoso.
Auricular, adj. m. e f. 1. Relativo à orelha, ao ouvido. 2. Relativo à aurícula, acep. 1.
auriculi-, elem. de comp. (1. *auricula*). Expressa a idéia de *aurícula, orelha pequena: auriculiforme.*
Auriculiforme, adj. m. e f. Em forma de orelha pequena.
Aurífero, adj. Que contém ou produz ouro.
Aurificação, s. f. Obturação de dentes a ouro.
Aurífice, s. m. V. *ourives.*
Aurífico, adj. 1. Que tem ouro. 2. Da cor do ouro. 3. Que converte em ouro.
Auriflama, s. f. 1. Antigo estandarte vermelho dos reis da França. 2. Bandeira, estandarte, pendão.
Auriforme, adj. m. e f. Que tem aspecto ou forma de orelha.
Aurifulgente, adj. m. e f. Que brilha como ouro.
Auriga, s. m. 1. Cocheiro. 2. *Astr.* Constelação boreal.
Aurigastro, adj. *Zool.* Que tem o ventre amarelado. Var.: *aurogástreo.*
Auriginoso, adj. Auricolor.
Aurilavrado, adj. Que é de ouro com lavores.
Auriluzir, v. Intr. Luzir como ouro.
Aurirrosado, adj. Cor de ouro e rosa.
Aurirróseo, adj. V. *aurirrosado.*
Auriverde, adj. m. e f. Que tem cor de ouro e verde; verde e amarelo.
Aurívoro, adj. 1. Que devora ouro. 2. Dissipador, gastador.
auro-, elem. de comp. (1. *auru*). O mesmo que *auri-*[1]*: auropubescente.*
Aurogástreo, adj. V. *aurigastro.*
Auropubescente, adj. m. e f. Que tem pêlos cor de ouro.
Auroque, s. m. *Zool.* Nome vulgar de uma espécie extinta de boi selvagem *(Bos primigenius).*
Aurora, s. f. 1. Claridade que precede no horizonte o nascer do Sol; alvorada. 2. A juventude. 3. Começo, origem, princípio ou primeiro tempo de uma coisa. 4. A cor branca rosada; rosicler.
Auroral, adj. m. e f. 1. Relativo à aurora. 2. Que tem a cor ou o brilho da aurora.
Auroreal, adj. m. e f. V. *auroral.*
Aurorescer, v. Intr. Começar a romper o dia.
Ausculta, s. f. V. *auscultação.*
Auscultação, s. f. *Med.* Método de diagnóstico baseado na percepção dos ruídos do interior do organismo, normais ou anormais, sobretudo dos pulmões e do coração, por meio da escuta.
Auscultador, adj. Que ausculta. S. m. 1. Aquele que ausculta. 2. Estetoscópio. 3. Parte do aparelho telefônico que se aplica ao ouvido.
Auscultar, v. (1. *auscultare*). Tr. dir. 1. *Med.* Examinar por auscultação. 2. Examinar com atenção, inquirir, procurar conhecer, sondar.
Ausência, s. f. (1. *absentia*). 1. Afastamento de uma pessoa do lugar em que se deveria achar. 2. Não comparecimento; falta. 3. *Med.* Perda súbita e breve de consciência, parcialmente amnésica. 4. *Psicol.* Lapso de memória. 5. Inexistência, falta, carência.
Ausentar, v. Pron. 1. Afastar-se, apartar-se. 2. Ir-se, retirar-se. 3. Desaparecer, acabar-se.
Ausente, adj. m. e f. (1. *absente*). 1. Que não está presente. 2. Afastado do lugar em questão. 3. Distante. Antôn. (acepções 1 e 2): *presente.* S. m. *Dir.* 1. Pessoa que deixou o seu domicílio. 2. Pessoa cuja ausência se declara em juízo.
Auso, s. m. *Ant.* Arrojo, ousadia, ousio.

Áuspice, s. m. (1. *auspice*). 1. Arúspice, áugure. 2. Adivinho.
Auspiciar, v. Tr. dir. Augurar, prenunciar, prognosticar.
Auspício, s. m. 1. Presságio, bom ou mau agouro. 2. Promessa, voto.
Auspicioso, adj. 1. Com bom auspício, de bom augúrio. 2. Prometedor.
Austenita, s. f. *Metal.* Solução sólida em ferro gama de carbono, estável em temperatura elevada.
Austeridade, s. f. (1. *austeritate*). 1. Qualidade do que é austero. 2. Inteireza de caráter; severidade, rigor. 3. Rigor na prática da mortificação.
Austero, adj. 1. Rígido em opiniões, costumes ou caráter. 2. Severo, rigoroso. 3. Duro ou penoso para os sentidos. 4. Grave, sisudo. 5. Falto de luxo, de conforto. 6. Sem ornamentação: Estilo *austero.*
Austral, adj. m. e f. Da banda do sul; meridional.
Australasiano, adj. Relativo à Australásia.
Australiano, adj. 1. Relativo à Austrália. 2. Natural da Austrália. S. m. 1. Pessoa natural da Austrália. 2. Língua falada pelos aborígines da Austrália.
Austríaco, adj. Relativo à Áustria. S. m. Pessoa nascida na Áustria.
Austrífero, adj. Que traz chuva ou vento do Sul.
Austro, s. m. (1. *austru*). 1. Sul. 2. Vento do Sul; suão.
Autarcia, s. f. 1. Auto-suficiência econômica programada para um país. 2. Tranqüilidade de espírito. 3. Frugalidade, sobriedade, temperança.
Autarquia, s. f. 1. Qualidade daquilo que se basta a si mesmo. 2. Entidade com relativa autonomia de um ramo da administração pública.
Autárquico, adj. Relativo à autarquia.
Autêntica, s. f. Certidão ou carta que faz fé.
Autenticação, s. f. 1. Ato ou efeito de autenticar. 2. Legalização. 3. Selo, chancela.
Autenticado, adj. Validado segundo as exigências da lei.
Autenticar, v. Tr. dir. 1. Tornar autêntico. 2. Autorizar ou certificar segundo as fórmulas legais; legalizar.
Autenticidade, s. f. 1. Qualidade ou caráter de autêntico. 2. Verdade de um depoimento.
Autêntico, adj. 1. Do autor a quem se atribui. 2. De veracidade não passível de contestação; digno de fé. 3. Cuja origem não pode ser contestada; incontestado. 4. Verdadeiro: *A.* charlatão. 5. Genuíno, lídimo: *A.* brasileiro.
Autismo, s. m. *Med.* Estado mental, caracterizado pela absorção em devaneios subjetivos e alheamento do mundo exterior.
Autista, adj. m. e f. Relativo ao autismo. S. m. e f. Pessoa que apresenta autismo.
Auto[1], s. m. (1. *actu*). 1. Solenidade ou ação pública. 2. *Dir.* Registro escrito, de ato ou diligência, que se incorpora a um processo. 3. Composição dramática medieval, com argumento em geral bíblico ou alegórico.
Auto[2], s. m. Momento, instante.
Auto[3], s. m. Forma reduzida de *automóvel.*
auto-[4], elem. de comp. (gr. *autos*). Exprime a idéia de *próprio, de si mesmo: autobiografia.* Exige hífen antes de *vogal, h, r, s.*
Autobiografia, s. f. Narração da vida de uma pessoa, escrita por ela própria.
Autobiográfico, adj. Relativo a autobiografia.
Autocéfalo, adj. 1. Diz-se de bispo da Igreja Ortodoxa Grega. 2. Diz-se, genericamente, das Igrejas, ou dos seus chefes, que, embora se liguem pelas tradições à Igreja Católica, recusam-se a reconhecer o papa como seu chefe único.
Autoclave, s. f. 1. Recipiente cuja tampa o mantém fechado pela própria pressão interior. 2. Aparelho de desinfecção por meio de vapor a alta pressão e temperatura.
Autoclínica, s. f. Estudo de uma doença, feito pelo próprio enfermo.
Autoclismo, s. m. Caixa de descarga.
Autocombustão, s. f. Combustão espontânea.
Autoconfiança, s. f. Confiança em si mesmo.
Autocontrole *(trô),* s. m. Controle de si mesmo; domínio dos seus próprios impulsos, emoções e paixões.
Autocópia, s. f. Reprodução de um escrito ou desenho obtido por meio do autocopista.
Autocopista, s. m. Copiógrafo.
Autocracia, s. f. Governo exercido por um só com poderes absolutos e ilimitados.
Autocrata, s. m. Chefe numa autocracia; soberano absoluto. Var.: *autócrata.* Fem.: *autocratiz.*
Autocrático, adj. Relativo a autocrata ou a autocracia.
Autocrítica, s. f. 1. Crítica que faz alguém de si mesmo, ou de suas próprias obras. 2. Capacidade de criticar a si próprio.
Autóctone, adj. m. e f. Natural do país em que habita e proveniente das raças que ali sempre habitaram; aborígine, indígena. Antôn.: *alóctone.*
Autoctonia, s. f. Qualidade ou estado de autóctone.
Autoctonismo, s. m. V. *autoctonia.*
Auto-de-fé, s. m. 1. Cerimônia que acompanhava a pronunciação e a execução da sentença proferida pela Inquisição contra um judeu ou herege, geralmente condenados à fogueira. 2. Destruição pelo fogo de um livro ou objeto considerado condenável.
Autodefesa, s. f. 1. *Dir.* Defesa de um direito feita pelo próprio titular. 2. Processo de proteção própria contra ações ou influências adversas.
Autodeterminação, s. f. 1. Ato ou efeito de determinar por si mesmo. 2. *Polít.* Faculdade de um povo determinar pelo exercício do voto o seu próprio destino político.
Autodidata, adj. e s., m. e f. Que, ou pessoa que se instrui por si mesma, sem professores.
Autodidaxia *(cs),* s. f. Fato ou ato de instruir-se sem professores.
Autódromo, s. m. Lugar onde se fazem corridas de automóveis.
Auto-estrada, s. f. Estrada para circulação, em alta velocidade, de veículos automotores; autopista.
Autofagia, s. f. *Biol.* Nutrição de um organismo à custa de sua própria substância.
Autofecundação, s. f. *Biol.* Fecundação efetuada entre os gametas macho e fêmeo do mesmo indivíduo; autogamia.
Autofertilização, s. f. *Bot.* Autofecundação.
Autofilia, s. f. V. *autofilismo.*
Autofilismo, s. m. Estima exagerada de si próprio; egolatria.
Autogamia, s. f. 1. V. *autofecundação.* 2. *Bot.* Polinização de uma flor com seu próprio pólen.
Autógamo, adj. Que se reproduz por autogamia.
Autogêneo, adj. Que se originou por autogenia.
Autogênese, s. f. V. *abiogênese.*
Autogenia, s. f. Geração independente de forças ou agentes externos.
Autógeno, adj. V. *autogêneo.*
Autogiro, s. m. Avião com asas abreviadas, hélice de tração e rotor de ação vertical.
Autografar, v. Tr. dir. 1. Reproduzir por autografia. 2. Pôr autógrafo em.
Autografia, s. f. 1. Processo de reprodução litográfica de manuscritos ou desenhos. 2. Reprodução assim impressa.
Autográfico, adj. Relativo à autografia.
Autógrafo, s. m. 1. Qualquer escrito do próprio punho do autor. 2. Assinatura de uma pessoa, escrita pelo próprio punho. Col. (quando em lista especial de coleção): *álbum.*
Auto-hemoterapia, s. f. *Med.* Tratamento, ainda usado em casos de alergia, que consiste em injetar no doente, por via muscular, certa quantidade do seu próprio sangue.
Auto-imolação, s. f. Sacrifício de si próprio.
Auto-imunização, s. f. *Biol.* Imunização efetuada por anticorpos produzidos dentro do próprio corpo.
Auto-indução, s. f. *Eletr.* Indução de uma força eletromotriz em um circuito, pela variação da corrente que o percorre.
Autólatra, adj. e s., m. e f. Que, ou pessoa que tem autolatria.
Autolatria, s. f. Culto de si mesmo.
Automação, s. f. Sistema automático pelo qual os mecanismos controlam seu funcionamento dispensando, quase por completo, a interferência do ser humano. A forma *automatização* seria preferível.

Automático, adj. 1. Que se move ou funciona por si mesmo. 2. Que se realiza por meios mecânicos. 3. Que se realiza sem o concurso da vontade; inconsciente. 4. *Tecn.* Diz-se do aparelho que funciona por si, dispensando operadores.
Automatismo, s. m. 1. Qualidade, caráter ou estado de automático. 2. Falta de vontade própria.
Automatização, s. f. 1. Ato ou efeito de automatizar. 2. V. *automação.*
Automatizar, v. Tr. dir. e pron. Tornar(-se) automático.
Autômato, s. m. 1. *Mec.* Máquina, aparelho ou dispositivo, que executa certos trabalhos ou funções, tais como alimentar ou regular uma máquina, vender mercadorias etc., comumente efetuados por uma pessoa. 2. Pessoa inconsciente e incapaz de ação própria e que se deixa dirigir por outrem.
Automobilismo, s. m. Esporte que se pratica com automóveis.
Automobilista, s. m. e f. Pessoa que se dedica ao automobilismo.
Automobilístico, adj. Relativo ao automobilismo.
Automotriz, s. f. Carro de estrada de ferro provido de motor próprio; litorina.
Automóvel, adj. m. e f. 1. Que se movimenta por si próprio. 2. Diz-se de veículo que conduz sua própria fonte de energia. S. m. Veículo terrestre, de rodas com pneumáticos, acionado por um motor de explosão.
Autônimo, adj. 1. Diz-se de obra publicada com o verdadeiro nome do seu autor. 2. Aplica-se ao autor que assinou a sua obra com o seu verdadeiro nome.
Autonomia, s. f. Qualidade ou estado de autônomo.
Autonômico, adj. Que tem autonomia.
Autonomista, adj. e s., m. e f. Diz-se de pessoa partidária da autonomia.
Autônomo, adj. 1. Que não está sujeito a potência estranha, que se governa por leis próprias. 2. Independente, livre. 3. Que professa as próprias opiniões. 4. *Biol.* Que age independentemente da vontade: Reflexos *autônomos.* 5. *Zool.* Que goza de organização individual. Antôn.: *alônomo.*
Autopeça, s. f. *Mec.* Peça destinada a autoveículo.
Autopista, s. f. V. *auto-estrada.*
Autoplastia, s. f. *Cir.* Restauração de uma parte do corpo pela aplicação de material do mesmo corpo.
Autoplástico, adj. Relativo à autoplastia.
Autopolinização, s. f. *Bot.* Polinização por meio do pólen da própria flor.
Autopropulsado, adj. Propulsado por seu próprio motor: Veículo *autopropulsado.*
Autópsia, s. f. 1. Exame de si mesmo; introspecção. 2. Abertura de um cadáver, para estudos médicos ou conclusões judiciais; necropsia, necroscopia. 3. Vista interior. 4. Análise: *Autópsia* de um livro. Var.: *autopsia.*
Autopsiar, v. Tr. dir. 1. Fazer autópsia em. 2. Examinar minuciosamente.
Autor, s. m. (1. *auctore*). 1. Aquele que é causa primária ou principal. 2. Inventor, descobridor. 3. Praticante de uma ação; agente. 4. Fundador, instituidor. 5. Escritor de obra literária, científica ou artística. 6. *Dir.* A parte que intenta uma demanda judicial. 7. *Dir.* Agente de um delito ou contravenção.
Autoral, adj. m. e f. Relativo a autor (acep. 5).
Autorama, s. m. Miniatura de pista automobilística para carros de brinquedo.
Auto-retrato, s. m. Retrato de um indivíduo feito por ele mesmo. Pl.: *auto-retratos.*
Autoria, s. f. 1. Qualidade ou condição de autor. 2. *Dir.* Presença do autor em audiência.
Autorial, adj. m. e f. Relativo ao autor (acep. 6 e 7).
Autoridade. s. f. (1. *auctoritate*). 1. Direito ou poder de mandar. 2. Poder político ou administrativo. 3. Pessoa que representa o poder público. 4. Pessoa cuja opinião é ponto pacífico. 5. Prestígio ou influência que uma pessoa exerce sobre os outros, por seus méritos.
Autoritário, adj. 1. Concernente à autoridade. 2. Que se impõe pela autoridade. 3. Que se baseia na autoridade; despótico. 4. Altivo, dominador. 5. Violento.
Autoritarismo, s. m. Sistema autoritário de governo.
Autorização, s. f. 1. Ação de autorizar. 2. Permissão. 3. Poder que se recebeu para fazer alguma coisa. 4. Registro escrito desse poder.
Autorizado, adj. 1. Que recebeu autorização. 2. Dotado de autoridade, de crédito.
Autorizador, adj. e s. m. Que, ou o que autoriza.
Autorizar, v. 1. Tr. dir. Dar autoridade ou autorização para. 2. Tr. dir. Dar permissão a. 3. Tr. dir. e pron. Abonar(-se), justificar(-se). 4. Tr. dir. Aprovar, validar. 5. Pron. Fundar-se em alguma autoridade. 6. Pron. Adquirir ou arrogar a si autoridade.
Autorizável, adj. m. e f. Que se pode autorizar.
Autossomo, s. m. *Biol.* Cromossomo assexual ou típico.
Auto-suficiência, s. f. Qualidade ou estado de auto-suficiente.
Auto-suficiente, adj. m. e f. Que se basta a si mesmo. Pl.: *auto-suficientes.*
Auto-sugestão, s. f. Sugestão que alguém exerce sobre si próprio.
Auto-sugestionável, adj. m. e f. Suscetível à auto-sugestão.
Autotipia, s. f. *Tip.* Processo de fotogravura pelo qual se produzem pranchas tipográficas de figuras ou imagens mediante a fotografação destas através de uma retícula, que as decompõe em pontos minúsculos, concentrados ou difusos, segundo a gradação de tons do original.
Autotipolitografia, s. f. *Tip.* Método misto de impressão a cores, em que o negro do desenho é obtido tipograficamente pela autotipia, e o colorido, por meio do processo litográfico.
Autotomia, s. f. *Zool.* Mutilação espontânea que certos artrópodes (aranhas, caranguejos) praticam em si próprios, geralmente para escapar ao inimigo que os domina.
Autotrofia, s. f. *Biol.* Capacidade de um ser vivo poder subsistir em meio mineral, sem nada retirar de seres vivos (como os vegetais clorofilados e algumas bactérias).
Autotrófico, adj. Em que se dá autotrofia.
Autuação, s. f. Ato de autuar.
Autuar, v. Tr. dir. *Dir.* 1. Lavrar (um auto). 2. Reunir em forma de processo (a petição e documentos apresentados em juízo); processar.
Autunal, adj. m. e f. (1. *autumnale*). V. *outonal.*
Auxese *(csé)*, s. f. 1. Crescimento. 2. *Ret.* Exageração, hipérbole.
Auxiliador *(ss)*, adj. e s. m. Que, ou o que auxilia.
Auxiliar[1] *(ss)*, adj. m. e f. Que auxilia. S. m. e f. Ajudante.
Auxiliar[2] *(ss)*, v. (1. *auxiliari*). 1. Tr. dir. Ajudar, prestar auxílio a; socorrer. 2. Pron. Prestar auxílio mútuo.
Auxiliário *(ss)*, adj. V. *auxiliar.*
Auxílio *(ss)*, s. m. 1. Ajuda. 2. Amparo. 3. *Fam.* Esmola.
auxo- *(cs)*, elem. de comp. (gr. *auxein*). Traduz a idéia de *aumento: auxômetro.*
Auxômetro *(cs)*, s. m. Instrumento para medir o aumento produzido pelas lentes convergentes.
Avacalhação, s. f. *Pop.* Ato ou efeito de avacalhar(-se).
Avacalhado, adj. *Pop.* 1. Desmoralizado, relaxado. 2. Desleixado (falando de roupa).
Avacalhamento, s. m. V. *avacalhação.*
Avacalhar, v. *Pop.* 1. Tr. dir. e pron. Desmoralizar(-se), pôr (-se) a ridículo. 2. Tr. dir. Executar desleixadamente.
Aval, s. m. (fr. *aval*). 1. *Dir.* Garantia plena e solidária, prestada por terceiro(s), a favor de obrigado por letra de câmbio, nota promissória, ou título semelhante, caso o emitente, sacador ou aceitante não o possa liquidar. 2. *Fig.* Apoio moral ou intelectual. Pl.: *avales.*
Avaladar, v. Tr. dir. Cercar de valados.
Avalancha, s. f. (fr. *avalanche*). 1. Grande massa de neve, terra, cinza, lama etc., que rola das montanhas, derrubando tudo quanto encontra na sua passagem. 2. Queda estrondosa e repentina de coisas pesadas. 3. Invasão súbita de gente ou animais. Sinôn.: *alude.* Var.: *avalanche.*
Avalentoar, v. Pron. 1. Tornar-se valentão. 2. Insurgir-se.

Avaliação, s. f. 1. Ato ou efeito de avaliar. 2. Apreciação. 3. Valor de bens, determinado por quem avalia.

Avaliado, adj. 1. Que tem valor determinado. 2. Apreciado, estimado.

Avaliador, adj. e s. m. Que, ou o que avalia.

Avaliar, v. 1. Tr. dir. e tr. ind. Calcular ou determinar a valia, o valor, o merecimento de. 2. Tr. dir. Reconhecer a grandeza, a intensidade, a força de: *A. a dor.* 3. Tr. dir. Apreciar. 4. Tr. dir. Computar, orçar. 5. Tr. dir. Fazer idéia de.

Avaliável, adj. m. e f. Que pode ser avaliado.

Avalista, s. m. e f. *Dir.* Pessoa que avaliza.

Avalizar, v. Tr. dir. 1. *Dir.* Obrigar-se por aval. 2. Afiançar.

Avançada, s. f. 1. Ação de caminhar para diante; avanço. 2. *Mil.* Assalto, investida. 3. Dianteira.

Avançado, adj. 1. Que vai adiante; adiantado. 2. Evoluído. 3. Exótico, excêntrico.

Avançamento, s. m. 1. Ato de avançar. 2. *Arquit.* Parte saliente de um edifício.

Avançar, v. (1. v. **abantiare* pelo catalão). 1. Tr. ind. e intr. Andar, caminhar para a frente; adiantar-se. 2. Tr. dir. Fazer ir para a frente; fazer adiantar. 3. Tr. dir. Exceder. 4. Tr. ind. e pron. Dirigir-se, investir. 5. Tr. dir. Aventar, expor (idéia, proposta). 6. Tr. dir. Emitir palavras ou idéias ousadas, temerárias ou imprudentes. 7. Tr. ind. Adiantar-se, progredir. 8. Tr. ind. Estender-se, prolongar-se. 9. Tr. dir. e ind. *Arquit.* Fazer ressaltar ou ressaltar do alinhamento geral.

Avanço, s. m. 1. Impulso de marcha para a frente. 2. Adiantamento, em caminho ou em tempo. 3. Acrescentamento, aumento. 4. Melhoria, vantagem. 5. *Mec.* Adiantamento de uma peça, movimento etc., em relação a outra ou outro com eles relacionados.

Avantajado, adj. 1. Que excede ou leva vantagem. 2. Corpulento, volumoso.

Avantajar, v. 1. Tr. dir. e pron. Levar vantagem sobre. 2. Tr. dir. Tornar superior a. 3. Tr. dir. Elevar, melhorar. 4. Pron. Estar em classe ou em nível superior.

Avante[1], adv. (1. *ab + ante*). 1. Adiante. 2. Para diante, para a frente.

Avante[2], s. m. *Esp.* O mesmo que *atacante*.

Avante![3], interj. Para a frente!, prossigamos!

Avantesma *(ê)*, s. f. V. *abantesma*.

Avarandado, adj. Provido de varanda. S. m. Varanda.

Avarento, adj. e s. m. V. *avaro*.

Avareza, s. f. (1. *avaritia*). 1. Apego demasiado e sórdido ao dinheiro. 2. Mesquinhez, sovinice. 3. Ciúme.

Avaria, s. f. (ital. *avaria*, do ár. *awar*). 1. *Dir.* Dano causado a um veículo, sobretudo a um navio ou à sua carga. 2. Estrago de qualquer natureza; deterioração, desgaste.

Avariado, adj. 1. Que sofreu avaria. 2. Danificado, estragado.

Avariar, v. 1. Tr. dir. Causar avaria a. 2. Tr. dir. e pron. Danificar(-se), estragar(-se). 3. Intr. Sofrer avaria.

Avaro, adj. Que tem avareza; que é sordidamente apegado ao dinheiro.

Avascular, adj. m. e f. *Med.* Que não tem vasos; não vascular.

Avassalador, adj. e s. m. Que, ou o que avassala.

Avassalamento, s. m. Ato ou efeito de avassalar(-se).

Avassalar, v. 1. Tr. dir. e pron. Tornar(-se) vassalo. 2. Tr. dir. e pron. Reduzir(-se) à obediência, ao respeito; submeter (-se). 3. Tr. dir. Dominar ou imperar em. 4. Tr. dir. Oprimir, vexar.

Avatar, s. m. 1. No hinduísmo, nome genérico das reencarnações divinas de Vixnu. 2. Transformação, metamorfose.

Ave[1], s. f. 1. *Zool.* Espécime da classe das Aves. 2. Pessoa muito esperta, velhaca. 3. Pessoa astuciosa, ladra. 4. *Poét.* Navio. S. f. pl. *Zool.* Uma das cinco classes em que se dividem os vertebrados, de sangue quente, a qual compreende animais voláteis, bípedes, ovíparos, de corpo coberto de penas, bico córneo e sem dentes. Col.: *bando, nuvem.* — *Ave-do-paraíso:* cada um dos pássaros conirrostros da família dos Paradiseídeos, da Nova Guiné e ilhas vizinhas, notáveis pela beleza da plumagem e, geralmente, pelas grandes penas da cauda, características do macho.

Ave[2], s. m. Saudação.

Ave![3], interj. Salve!

Aveia, s. f. 1. *Bot.* Planta herbácea *(Avena sativa)* cuja semente, de alto valor nutritivo, é empregada na alimentação humana e dos animais. 2. A semente dessa planta.

Avejão, s. m. 1. Visão, fantasma. 2. Homem corpulento e feio.

Avelã, s. f. (1. *abellana*). *Bot.* Fruto da aveleira.

Avelanado, adj. Da cor da avelã.

Avelanal, s. m. Lugar plantado de aveleiras.

Avelaneira, s. f. *Bot.* V. *aveleira.*

Avelãzeira, s. f. V. *aveleira.*

Aveleira, s. f. *Bot.* Planta betulácea que produz a avelã *(Corylus abellana)*.

Aveleiral, s. m. V. *avelanal.*

Avelhacado, adj. Um tanto velhaco.

Avelhado, adj. V. *avelhentado.*

Avelhantado, adj. V. *avelhentado.*

Avelhentado, adj. 1. Tornado velho. 2. De aspecto envelhecido.

Avelhentador, adj. Que faz envelhecer.

Avelhentar, v. 1. Tr. dir. Fazer envelhecer prematuramente. 2. Intr. e pron. Perder o viço ou o vigor, envelhecer prematuramente.

Avelórios, s. m. pl. 1. Contas de vidro para enfeite; miçangas. 2. Bagatelas, ninharias.

Avelós, s. m. *Bot.* Planta euforbiácea, medicinal *(Euphorbia heterodoxica)*.

Aveludado, adj. Macio e lustroso como o veludo.

Aveludar, v. Tr. dir. 1. Dar aspecto de veludo a. 2. Tornar macio, suave como o veludo.

Ave-maria, s. f. Oração, também chamada saudação angélica, consagrada pelos católicos à Virgem Maria.

Avena, s. f. *Poét.* Flauta pastoril.

Avenca, s. f. (*a* + 1. *vinca*). *Bot.* Designação de várias espécies da família das Polipodiáceas, de belo efeito decorativo, de habitações e jardins.

Avença, s. f. (1. *advenentia*). 1. Acordo entre litigantes; ajuste. 2. Concórdia, união. 3. Quantia paga por serviço prestado durante certo tempo.

Avençal, s. m. Pessoa que faz avença.

Avençar, v. Pron. Fazer avença ou ajuste; acordar-se.

Avenida, s. f. (fr. *avenue*). 1. Ampla via urbana, geralmente arborizada. 2. Caminho pavimentado que conduz a certo lugar. 3. O que conduz a: As *avenidas* do poder.

Avental, s. m. Peça de pano, couro, plástico, ou outro material, que se veste para proteger a roupa.

Aventar[1], v. (*a* + *vento* + *ar*). Tr. dir. 1. Agitar ou mover ao vento; ventilar. 2. Enunciar, expor, sugerir. 3. Entrever, perceber, pressentir. 4. Descobrir pelo faro.

Aventar[2], v. (*a* + *venta* + *ar*). Tr. dir. Segurar (animais) oprimindo-lhes o septo nasal com o polegar e o indicador.

Aventura, s. f. (1. *adventura*). 1. Empresa arriscada, incomum, cujo fim é incerto, e que atrai as pessoas amantes do imprevisível. 2. Conquista amorosa, inconseqüente. 3. Acaso, sorte, fortuna.

Aventurado, adj. Que se aventura ou arrisca; ousado.

Aventurar, v. 1. Tr. dir. e pron. Expor(-se) à boa ou má sorte; arriscar(-se). 2. Tr. dir. Ousar dizer ou fazer. 3. Tr. dir. Afirmar sem ter certeza. 4. Pron. Abalançar-se. 5. Intr. Tentar a sorte.

Aventureiro, adj. 1. Que vive de aventuras. 2. Incerto, precário. S. m. 1. Indivíduo que vive de aventuras. 2. Aquele que não tem meios certos de vida e confia tudo à sorte.

Aventurina, s. f. *Miner.* Variedade de quartzo que contém, disseminadas, partículas de mica, que refletem a luz.

Aventuroso, adj. 1. Amante de aventuras. 2. Em que há aventuras. 3. Que oferece riscos; arriscado, perigoso. 4. Aventurado, feliz.

Averbação, s. f. V. *averbamento.*

Averbamento, s. m. 1. Ato ou efeito de averbar. 2. Declaração à margem de um assento ou registro público, para indicar modificação superveniente.

Averbar[1], v. (*a + verba + ar*). 1. Tr. dir. Escrever à margem de. 2. Tr. dir. Anotar, registrar. 3. Tr. dir. Notar ou declarar à margem de um título ou de um registro. 4. Tr. dir. Qualificar, tachar.

Averbar[2], v. (*a + verbo + ar*). Tr. dir. Formar verbo de (outra palavra).

Avergalhar, v. Tr. dir. Bater com vergalho em.

Avergar, v. V. *vergar*.

Avergoar, v. Tr. dir. Fazer vergões com vara ou açoite em.

Averiguação, s. f. Ato de averiguar; investigação, verificação.

Averiguador, adj. e s. m. Que, ou o que averigua.

Averiguar, v. (1. *verificare*). 1. Tr. dir. e tr. ind. Examinar com cuidado; indagar, inquirir. 2. Tr. dir. Apurar, verificar. 3. Tr. dir. Decidir, resolver. 4. Pron. Comparar-se, cotejar-se. Conjug., pres. ind.: *averiguo (ú), averiguas (ú), averigua (ú), averiguamos, averiguais, averiguam (ú)*; pres. subj.: *averigúe, averigúes, averigúe, averigüemos, averigüeis, averigúem*.

Averiguável, adj. m. e f. Que se pode averiguar.

Avermelhado, adj. Tirante a vermelho.

Avermelhamento, s. m. Ato ou efeito de avermelhar(-se).

Avermelhar, v. 1. Tr. dir. Dar cor vermelha a. 2. Intr. e pron. Fazer-se vermelho.

Avernal, adj. m. e f. (1. *avernale*). *Poét.* Relativo ao averno; avernoso, infernal, tartáreo.

Averno, s. m. (1. *avernu*). *Poét.* Inferno.

Avernoso, adj. V. *avernal*.

Aversão, s. f. (1. *aversione*). 1. Repugnância invencível. 2. Animosidade, antipatia.

Averso, adj. V. *adverso*.

Averter, v. (1. *avertere*). Tr. dir. Desviar do seu curso.

Avessado, adj. 1. Feito às avessas. 2. Hostil, contrário.

Avessar, v. (1. *adversari*). Tr. dir. 1. Fazer às avessas. 2. Contrariar. 3. Subornar.

Avessas *(é)*, s. f. pl. Coisas contrárias, opostas. — *Às a.*: do avesso, inversamente, em sentido oposto.

Avessia, s. f. Qualidade de avesso.

Avesso *(ê)*, adj. (1. *adversu*). 1. Contrário, oposto. 2. Mau, adverso. S. m. 1. Lado oposto ao direito. 2. O reverso. 3. O lado escondido de alguém ou de alguma coisa.

Avestruz, s. f. e m. *Ornit.* Grande ave terrestre, incapaz de voar, mas muito veloz na corrida, com dois dedos em cada pé, mais de 100kg de peso e 2m de altura *(Struthio camellus)*. Voz: *grasna, ronca, ruge*.

Avestruzeiro, adj. e s. m. 1. Que, ou aquele que se ocupa em aprisionar avestruzes, para retirar-lhes a plumagem. 2. Diz-se do cavalo amestrado na caça do avestruz.

Avexação, s. f. V. *vexação*.

Avexado, adj. V. *vexado*.

Avezado, adj. Acostumado, habituado.

Avezar[1], v. (*a + vez + ar*). Tr. dir. Ter, possuir.

Avezar[2], v. (*a + vezar*). Tr. dir. e pron. Acostumar(-se), habituar(-se).

avi-, elem. de comp. (1. *avis*). Exprime a idéia de *ave*: *avicultor*.

Aviação, s. f. (fr. *aviation*). 1. Sistema de navegação aérea realizada por meio de aparelhos mais pesados que o ar (aviões) ou de balões (dirigíveis). 2. Ciência que rege tal sistema de navegação. 3. O conjunto dos aviões: *A.* civil.

Aviado, adj. 1. Concluído, executado. 2. Posto em condições de servir. 3. Posto a caminho; despachado.

Aviador[1], adj. (fr. *aviateur*). Que se ocupa de aviação, especializado em aviação: Piloto *aviador*. S. m. 1. Pessoa que pratica a aviação. 2. Piloto de avião.

Aviador[2], adj. (*aviar + dor*). Que avia. S. m. 1. Aquele que avia. 2. Fornecedor e comissário de seringueiros.

Aviamento, s. m. 1. Ato ou efeito de aviar; avio. 2. Conjunto de materiais necessários à execução de qualquer obra. 3. Conjunto do material acessório necessário ao acabamento de uma costura. 4. Mercadoria fornecida ao seringueiro pelo aviador[2].

Avião, s. m. (fr. *avion*). Todo aparelho mais pesado que o ar, empregado em navegação aérea: aeroplanos, helicópteros, ornitópteros etc. Col.: *esquadrilha, flotilha*.

Aviar, v. (*a + via + ar*). 1. Tr. dir. Concluir, executar, expedir. 2. Tr. dir. *Farm.* Preparar o medicamento prescrito em (receita). 3. Tr. dir. Dar despacho a; despachar. 4. Pron. Munir-se. 5. Tr. dir. Vender mercadorias ao seringueiro.

Aviário, adj. (1. *aviariu*). Relativo às aves. S. m. 1. Viveiro de aves. 2. Lugar onde se criam aves. 3. Casa em que se abatem e vendem aves.

Aviatório, adj. Relativo à aviação.

Aviceptologia, s. f. Arte de apanhar aves com armadilhas.

Aviceptológico, adj. Relativo à aviceptologia.

Avícola, adj. m. e f. Que vive sobre aves: Piolho *avícola*. S. m. e f. V. *avicultor*.

Avicular, adj. m. e f. Aviário.

Aviculário, adj. 1. Relativo às aves. 2. Que vive no ninho das aves. S. m. Avicultor.

Avicultor, s. m. Criador de aves domésticas.

Avicultura, s. f. Arte de criar e multiplicar aves.

Avidez, s. f. 1. Voracidade. 2. Cobiça, sofreguidão. 3. Ambição de riquezas; ganância. 4. Avareza.

Ávido, adj. 1. Que deseja ardentemente. 2. Ambicioso, cobiçoso de riquezas. 3. Avarento. 4. Ansioso, sôfrego.

Avieirado, adj. *Heráld.* Que tem vieiras.

Avifauna, s. f. *Zool.* O conjunto das aves de uma região.

Avigoramento, s. m. Ato ou efeito de avigorar-se.

Avigorar, v. Tr. dir. e pron. 1. Dar vigor a; robustecer(-se). 2. Consolidar(-se), firmar(-se), fortalecer(-se).

Avilanado, adj. Com maneiras de vilão; grosseiro, rústico.

Avilanar, v. Tr. dir. e pron. 1. Tornar(-se) vilão. 2. Aviltar(-se), degenerescer(-se).

Aviltação, s. f. V. *aviltamento*.

Aviltado, adj. 1. Que se aviltou; envilecido. 2. Desprezado, humilhado.

Aviltamento, s. m. 1. Ato ou efeito de aviltar-se. 2. Estado da pessoa ou coisa aviltada. 3. *Com.* Baixa de preço de uma mercadoria. 4. Depreciação (de moeda).

Aviltante, adj. m. e f. Que avilta; aviltoso.

Aviltar, v. 1. Tr. dir. e pron. Tornar(-se) vil, abjeto, desprezível; envilecer(-se). 2. Intr. Causar abjeção: Há conversas que *aviltam* (C. Neto). 3. Tr. dir. e pron. Baixar o preço de; depreciar(-se).

Aviltoso, adj. Aviltante, desonroso, ofensivo.

Avinagrar, v. 1. Tr. dir. Pôr vinagre em, temperar com vinagre. 2. Tr. dir. Dar sabor de vinagre a. 3. Tr. dir. e pron. Azedar(-se). 4. Tr. dir. e pron. Irritar(-se).

Avindo, adj. Que se aveio; ajustado, combinado.

Avindor, adj. e s. m. Que, ou o que põe de acordo pessoas desavindas; mediador, medianeiro.

Avinhado[1], adj. (p. de *avinhar*). 1. Que cheira ou sabe a vinho. 2. Ébrio.

Avinhado[2], s. m. V. *curió*.

Avinhar, v. 1. Tr. dir. Dar sabor de vinho a. 2. Tr. dir. Misturar com vinho. 3. Tr. dir. Embriagar. 4. Pron. Embebedar-se.

Avio, s. m. (cast. *avío*). V. *aviamento*.

Avir, v. (1. *advenire*). 1. Tr. dir. e pron. Conciliar(-se), harmonizar(-se); pôr(-se) em concórdia. 2. Pron. Sair-se de dificuldade; arranjar-se, haver-se. Conjug.: como *vir*.

Avisado, adj. 1. Que recebeu aviso. 2. Circunspecto, discreto, sensato.

Avisador, adj. e s. m. Que, ou o que avisa.

Avisamento, s. m. V. *aviso*.

Avisar, v. (1. *advisare*). 1. Tr. dir. Dar aviso a, fazer saber a. 2. Tr. dir. Dar aviso de. 3. Tr. dir. Informar, prevenir. 4. Tr. dir. Admoestar, advertir. 5. Pron. Informar-se, inteirar-se.

Aviso, s. m. (1. *ad + visu*). 1. Ato ou efeito de avisar. 2. Anúncio, participação. 3. Recado. 4. Admoestação, repreensão. 5. Recomendação. 6. Conselho. 7. Discrição, juízo. 8. Conceito, opinião. 9. Instrumento de comunicação oficial, emanado de um ministro de Estado.

Avistar, v. 1. Tr. dir. Começar a distinguir ao longe. 2. Tr. dir. Alcançar com a vista; ver, enxergar. 3. Pron. Encontrar-se casualmente. 4. Pron. Ver-se reciprocamente. 5. Pron. Ter entrevista com.

Avistável, adj. m. e f. Que pode ser avistado.
Avitaminose, s. f. *Med.* e *Vet.* Estado mórbido devido à insuficiência, à utilização inadequada ou à má absorção intestinal de vitaminas.
Avito, adj. Que vem dos avós ou antepassados.
Avitualhamento, s. m. Ato ou efeito de avitualhar.
Avitualhar, v. Tr. dir. Abastecer de vitualhas.
Aviú, s. m. *Zool.* Pequeno camarão amazônico *(Acetes americanus).*
Avivador, adj. Que aviva. S. m. Instrumento com que os douradores avivam o ouro.
Avivamento, s. m. Ato ou efeito de avivar(-se).
Avivar, v. 1. Tr. dir. e pron. Tornar(-se) mais vivo; animar(-se), excitar(-se). 2. Tr. dir. e pron. Tornar(-se) mais ativo ou nítido. 3. Tr. dir. e pron. Tornar(-se) mais intenso (sentimentos ou sensação); exacerbar(-se). 4. Tr. dir. Despertar. 5. Tr. dir. Guarnecer de vivos ou debruns (peças de vestuário).
Aviventação, s. f. Ato ou efeito de aviventar(-se).
Aviventador, adj. e s. m. Que, ou o que aviventa.
Aviventar, v. 1. Tr. dir. Fomentar a vida em; vivificar. 2. Tr. dir. Alentar, encorajar. 3. Pron. Ganhar nova vida, novo vigor.
Avizinhação, s. f. Ato ou efeito de avizinhar(-se).
Avizinhar, v. 1. Tr. dir. e pron. Aproximar(-se), pôr(-se) perto de. 2. Tr. ind. Conviver em vizinhança; confinar. 3. Pron. Ser quase semelhante.
Avo, s. m. (de *(oit)avo*). *Mat.* Designa cada uma das partes iguais em que foi dividida a unidade e se emprega na leitura das frações, cujo denominador é maior do que dez: Três quinze *avos.*
Avó, s. f. (1. *aviola*). Mãe do pai ou da mãe.
Avô, s. m. (1. *aviolu*). Pai do pai ou da mãe.
Avoaçar, v. V. *esvoaçar.*
Avoado, adj. 1. Que anda com a cabeça no ar; tonto. 2. Confuso, embrulhão.
Avoante, adj. m. e f. Que voa.
Avocação, s. f. *Dir.* Chamamento de uma causa a juízo superior.
Avocar, v. Tr. dir. 1. Atrair, chamar. 2. Fazer voltar; fazer tornar: *Avocou-o* à vida. 3. Arrogar-se, atribuir-se.
Avocatório, adj. Que serve para avocar.
Avocatura, s. f. Ação de avocar.
Avocável, adj. m. e f. Que se pode avocar.
Avoejar, v. V. *voejar.*
Avoengo, adj. 1. Que procede dos avós. 2. Relativo aos avós. 3. Muito antigo. S. m. pl. Os antepassados.
Avolumar, v. 1. Tr. dir. e pron. Aumentar em volume. 2. Tr. dir. e pron. Aumentar em número ou quantidade. 3. Tr. dir. e intr. Encher, obstruir, ocupando grande espaço.
À-vontade, s. m. Desembaraço, naturalidade.
Avosar, v. Tr. dir. Dar o tratamento de vós a.
Avozear, v. Tr. dir. e intr. Aclamar em altas vozes.
Avulsão, s. f. (1. *avulsione*). Extração violenta; arranco.
Avulso, adj. 1. Arrancado à força. 2. Desligado da coleção de que faz parte. 3. Que não faz parte de coleção. S. m. *Tip.* Impresso feito em folha solta de papel.
Avultado, adj. 1. Representado em vulto. 2. Intensificado, aumentado. 3. Grande, volumoso, avultoso.
Avultante, adj. m. e f. Que avulta.
Avultar, v. 1. Tr. dir. Representar em vulto ou em relevo. 2. Tr. dir. Aumentar, exagerar. 3. Tr. ind. Realçar, sobressair. 4. Tr. ind. Atingir, chegar, importar. 5. Intr. Aumentar, crescer.
Avultoso, adj. V. *avultado.*
Avuncular, adj. m. e f. Relativo ao tio ou à tia materna.
Axadrezado, adj. 1. Parecido com tabuleiro de xadrez. 2. De quadradinhos de duas cores.
Axadrezar, v. V. *enxadrezar.*
Axi!, interj. Exprime repugnância, tédio, espanto, desdém ou mofa.
Axial *(cs),* adj. m. e f. 1. Referente a eixo. 2. Que forma o eixo ou funciona como o eixo.
Axículo *(cs),* s. m. Eixo pequeno.
Axífero *(cs),* adj. Que tem eixo.
Axiforme *(cs),* adj. m. e f. Com forma de eixo.
Áxil *(cs),* adj. m. e f. *Bot.* Relativo ao eixo de uma planta.
Axila *(cs),* s. f. 1. *Anat.* Cavidade sob a junção de um braço e do ombro; sovaco. 2. *Bot.* Ângulo formado por dois ramos, por uma folha e um ramo ou pelo ramo e o caule.
Axilar *(cs),* adj. m. e f. Relativo à axila.
Axilifloro *(cs),* adj. *Bot.* Que tem flores axilares.
Áxilo *(cs),* adj. *Bot.* Diz-se da planta que não produz madeira.
Axiologia *(cs),* s. f. *Filos.* Teoria dos *valores,* particularmente dos valores morais.
Axiológico *(cs),* adj. 1. Relativo à axiologia. 2. Relativo a algum valor.
Axioma *(cs* ou *ss),* s. m. 1. Premissa imediatamente evidente por si mesma: A parte é menor que o todo. 2. Máxima, provérbio que encerra uma verdade indiscutível.
Axiomático *(cs* ou *ss),* adj. Que tem caráter de axioma; claro, evidente, incontestável, manifesto.
Axiômetro *(cs),* s. m. *Náut.* Aparelho que permite conhecer a posição da roda do leme, indicando, assim, a direção da barra.
Axiônimo *(cs),* s. m. Nome que se dá às formas corteses de tratamento: *Dr., Exmo., Sr., V. Sª* etc.
Axípeto *(cs),* adj. Que tende para o eixo ou centro.
Áxis *(cs),* s. m. *Anat.* Segunda vértebra cervical; axóide.
Axófito *(cs),* s. m. *Bot.* Haste da planta.
Axóide *(cs),* s. m. V. *áxis.*
Axolotle, s. m. *Zool.* Nome asteca de várias salamandras larvais do gênero *Amblystoma,* como o *Amblystoma tigrinum.*
Axônio *(cs),* s. m. *Anat.* Prolongamento da célula nervosa ou neurônio, também chamado *cilindro-eixo.*
Axuá, s. f. *Bot.* Árvore humiriácea *(Saccoglottis guianensis),* que fornece boa madeira, de mesmo nome.
Axuaju, s. m. Diácono, do rito de muçulmanos de origem africana.
Az¹, s. m. (1. *acies*). Ala de exército; esquadrão.
-az², suf. (1. *ace*). Indica *aumento: tenaz, mordaz.*
Azabumbado, adj. 1. Em forma de zabumba. 2. Amassado ou batido como o zabumba.
Azabumbar, v. 1. Tr. dir. Bater com zabumba em. 2. Tr. dir. Aturdir. 3. Intr. Ficar pasmado; embatucar.
Azado, adj. 1. Cômodo, jeitoso. 2. Oportuno.
Azáfama, s. f. 1. Muita pressa. 2. Grande afã. 3. Atrapalhação.
Azafamado, adj. 1. Muito apressado. 2. Atarefado.
Azafamar, v. 1. Tr. dir. e pron. Dar pressa a; apressar(-se). 2. Pron. Trabalhar com atividade.
Azagaia, s. f. Lança curta de arremesso; zagaia.
Azagaiada, s. f. Golpe dado com azagaia.
Azagaiar, v. Tr. dir. Ferir ou matar com azagaia.
Azálea, s. f. (gr. *azalea*). *Bot.* Arbusto da família das Ericáceas, de flores muito ornamentais (*Rhododendron indicum*). Var.: *azaléia.*
Azamboar, v. 1. Tr. dir. Tornar insípido como a zamboa. 2. Tr. dir. e intr. Entontecer. 3. Intr. Ficar fatigado.
Azambujal, s. m. Lugar onde há azambujeiros.
Azambujeiro, s. m. V. *azambujo.*
Azambujo, s. m. *Bot.* Oliveira brava, da família das Ramnáceas (*Ramnus lycioides*).
Azangar, v. V. *zangar.*
Azar, s. m. 1. Infelicidade. 2. Acontecimento inesperado: Os *azares* da vida.
Azarado, adj. e s. m. Que, ou o que tem azar.
Azaranzado, adj. Desorientado, aturdido, atrapalhado.
Azaranzar, v. 1. Tr. dir. Amofinar, atrapalhar. 2. Intr. Ficar zaranza ou aturdido. 3. Pron. Afobar-se, atrapalhar-se.
Azarar, v. Tr. dir. Dar azar a; transmitir má sorte a.
Azarcão, s. m. V. *zarcão.*
Azarento, adj. 1. Azarado. 2. Que dá azar.
Azebrado, adj. V. *azinhavrado.*
Azebrar, v. Tr. dir. Cobrir de azebre; azinhavrar.
Azebre *(ê),* s. m. Azinhavre.
Azebuado, adj. Diz-se do gado mestiço de zebu.

Azeda *(ê)*, s. f. *Bot.* 1. Designação de várias plantas oxalidáceas e poligonáceas. 2. Planta hortense, da família das Oxalidáceas *(Rumex acetosa)*, da qual se extrai o sal de azedas.

Azedado, adj. 1. Tornado azedo. 2. Irritado.

Azedador, adj. e s. m. Que, ou o que azeda, irrita.

Azedamento, s. m. Ato ou efeito de azedar(-se).

Azedar, v. 1. Tr. dir. Tornar azedo. 2. Intr. e pron. Tornar-se azedo. 3. Tr. dir. e pron. Exasperar(-se), irritar(-se).

Azedeira, s. f. V. *azeda.*

Azedete *(ê)*, adj. m. e f. Um tanto azedo.

Azedia, s. f. Acidez, azedume.

Azedinha, s. f. *Bot.* Nome de várias ervas, da família das Oxalidáceas, comuns no Brasil, cujas folhas têm gosto azedo muito característico, devido à grande quantidade de oxalato de cálcio contido nelas; trevo-azedo, três-corações.

Azedo *(ê)*, adj. (1. *acetu*). 1. Que tem sabor ácido; ácido, acre. 2. Que adquiriu, pela fermentação, sabor desagradável; fermentado. 3. Mal-humorado, irritado. 4. Áspero, acerbo. 5. Mordaz, satírico. S. m. Sabor ácido.

Azedume, s. m. 1. V. *acidez.* 2. Acrimônia, desabrimento, irritação, mau humor.

Azeitada, s. f. Grande quantidade de azeite.

Azeitão, adj. Preto e lustroso (falando do gado). S. m. Azeite de mamona.

Azeitar, v. Tr. dir. 1. Lubrificar com azeite. 2. Temperar com azeite. 3. Lubrificar.

Azeite, s. m. 1. Óleo de azeitona. 2. Óleo extraído dos frutos ou sementes de outras plantas ou da gordura de certos animais. 3. *Pop.* Namoro.

Azeiteira, s. f. 1. Almotolia. 2. Galheta para azeite. 3. Moça namoradeira.

Azeiteiro, adj. Relativo ao azeite. S. m. 1. Vendedor ou fabricante de azeite. 2. Namorador.

Azeitona, s. f. *Bot.* Fruto da oliveira; oliva.

Azeitonado, adj. Da cor da azeitona; verde-escuro.

Azeitonar, v. 1. Tr. dir. Dar aspecto, cor ou sabor de azeitona a. 2. Pron. Adquirir a cor da azeitona.

Azeitoneira, s. f. Prato ou vaso em que se servem azeitonas; azeitoneiro.

Azeitoneiro, s. m. V. *azeitoneira.*

Azemeleiro, s. m. Tratador de azêmolas.

Azêmola, s. f. 1. Besta de carga. 2. Besta velha e cansada. 3. Pessoa estúpida ou sem préstimo.

Azenha, s. f. Moinho movido a água.

Azerado, adj. Da cor de aço.

Azerar, v. V. *acerar*[1].

Azerbe, s. m. V. *azerve.*

Azeredo *(ê)*, s. m. Mata ou bosque de azereiros.

Azereiro, s. m. *Bot.* Árvore da família das Rosáceas *(Laurus florifera).*

Azerve *(ê)*, s. m. *Agr.* Pára-vento de ramos para amparar as eiras. Var.: *azerbe.*

Azevém, s. m. *Bot.* Planta gramínea, forrageira *(Lolium arvense).*

Azevichado, adj. Que tem a cor do azeviche.

Azeviche, s. m. 1. Variedade de linhita, de negro brilhante, empregada em bijuteria. 2. Coisa muito negra.

Azevieiro, adj. 1. Esperto, finório, sagaz. 2. Libertino, devasso.

Azevim, s. m. V. *azevinho.*

Azevinho, s. m. *Bot.* Arbusto da família das Aqüifoliáceas *(Ilex aquifolium)*, ornamental.

Azia, s. f. *Med.* 1. Azedume do estômago. 2. Ardência do esôfago; pirose.

Aziago, adj. 1. Diz-se de certos dias ou horas que prenunciam azar, infortúnio, calamidade. 2. Infausto, infeliz.

Aziar, s. m. 1. Aparelho de contenção que se aplica ao focinho de certos animais, para os fazer dóceis. 2. Coisa que aflige ou atormenta.

Ázigo, adj. 1. Que não tem par. 2. *Anat.* Diz-se de três veias do sistema da veia cava.

Ázimo, adj. Sem fermento.

Azimutal, adj. m. e f. Relativo ao azimute.

Azimute, s. m. 1. *Astr.* Plano que passa por uma estrela e a vertical do observador. 2. Ângulo desse plano com o meridiano.

Azinha, s. f. *Bot.* Fruto da azinheira.

Azinhaga, s. f. Caminho estreito entre montes, ou pelo campo, acompanhado de valados.

Azinhal, s. m. Bosque de azinheiras.

Azinhavrar, v. Intr. Cobrir-se de azinhavre.

Azinhavre, s. m. *Quím.* Hidrocarbonato de cobre, venenoso, de cor verde, que se forma na superfície do cobre ou latão, quando expostos ao ar úmido; verdete, zinabre.

Azinheira, s. f. *Bot.* Árvore da família das Cupulíferas, que dá a azinha *(Quercus ilex).*

Azinhoso, adj. Abundante em azinheiros.

-ázio, suf. Ajunta ao radical idéia de *aumento: balázio, copázio, gotázio.*

Aziumado *(i-u)*, adj. 1. Cheio de azedume; acre. 2. Irritado, mal-humorado.

Aziumar *(i-u)*, v. 1. Tr. dir. Causar azedume a. 2. Tr. dir. e pron. Irritar(-se). 3. Intr. Tornar-se azedo.

Aziúme, s. m. V. *azedume.*

Azo, s. m. 1. Ensejo, ocasião, oportunidade, pretexto. 2. Jeito, meio.

Azoada, s. f. V. *azoamento.*

Azoado, adj. Atordoado, aturdido, tonto.

Azoamento, s. m. 1. Barulho, zoada. 2. Zanga ligeira.

Azoar, v. 1. Tr. dir. Atordoar, perturbar com barulho ou gritaria. 2. Tr. dir. e pron. Agastar(-se), enfadar(-se), zangar(-se).

Azogado, adj. *Pop.* Bravo, enraivecido, valente.

Azóico, adj. *Geol.* Qualificativo do período geológico anterior ao aparecimento de animais, embora se encontrem conchas e fósseis rudimentares nos terrenos que lhe são respectivos.

Azoinado, adj. Ensurdecido, perturbado, tonto.

Azoinante, adj. m. e f. Que azoina, que importuna.

Azoinar, v. 1. Tr. dir. Atordoar, incomodar, falando muito. 2. Intr. e pron. Enfadar-se, zangar-se.

Azombado, adj. Cabisbaixo, pensativo, preocupado.

Azoratado, adj. 1. Doidivanas, estróina. 2. Desorientado, aturdido. Var.: *azoretado.*

Azoratar, v. Tr. dir. Desnortear, entontecer, transtornar. Var.: *azoretar* e *azuretar.*

Azoretado, adj. *Pop.* V. *azoratado.*

Azoretar, v. *Pop.* V. *azoratar.*

Azorragada, s. f. Golpe de azorrague.

Azorragamento, s. m. Ato ou efeito de azorragar.

Azorragar, v. Tr. dir. Bater com azorrague; açoitar.

Azorrague, s. m. 1. Açoite de várias correias trançadas, atadas a um pau, ou de uma correia só, com que os cocheiros tangem as bestas. 2. Castigo, flagelo.

Azorrar, v. Tr. dir. Arrastar pesadamente.

Azotado, adj. *Quím.* Que contém azoto; nitrogenado.

Azotar, v. Tr. dir. Misturar com azoto; nitrogenar.

Azotato, s. m. V. *nitrato.*

Azotemia, s. f. *Med.* Teor de nitrogênio não protéico (como a uréia) existente no sangue.

Azotêmico, adj. *Med.* Relativo à azotemia.

Azótico, adj. V. *nítrico.*

Azotito, s. m. *Quím.* Sal que se obtém pela ação do ácido azotoso sobre uma base; nitrito.

Azoto *(ô)*, s. m. *Quím.* V. *nitrogênio.*

Azotúria, s. f. *Med.* Eliminação excessiva de uréia e outras substâncias nitrogenosas pela urina. Var.: *azoturia.*

Azotúrico, adj. *Med.* Relativo à azotúria.

Azougado, adj. 1. Inquieto, trêfego, vivo. 2. Finório. 3. Enfurecido.

Azougar, v. 1. Tr. dir. Misturar com azougue; amalgamar. 2. Tr. dir. Avivar, espertar. 3. Tr. dir. Desassossegar, inquietar. 4. Intr. Definhar.

Azougue, s. m. 1. Nome vulgar do mercúrio; argento-vivo. 2. Pessoa esperta, ladina ou inquieta. 3. *Gír.* Cachaça.

Azucrim, s. m. 1. Entidade diabólica e molesta. 2. Indivíduo importuno, maçador.

Azucrinante, adj. m. e f. Que azucrina; importuno, maçador.

Azucrinar, v. 1. Tr. dir. Importunar, maçar. 2. Intr. Causar importunação.

Azul, adj. m. e f. 1. Da cor do céu sem nuvens. 2. Desnorteado, muito assustado, muito atrapalhado. 3. Abstrato. 4. Embriagado. 5. Diz-se do gado cinzento. S. m. 1. A cor azul em todas as suas gradações. 2. O céu, os ares.

Azulado, adj. 1. Tirante a azul. 2. Colorido de azul.

Azulão, s. m. 1. Tecido azul de algodão grosseiro; zuarte. 2. *Ornit.* Nome comum a vários pássaros fringilídeos, de plumagem azul, especialmente *Cyanocampsa cyanea;* azulão-bicudo, ou guarandi-azul.

Azular, v. 1. Tr. dir. Dar cor azul a; anilar. 2. Intr. e pron. Tornar-se azul. 3. Intr. Apresentar cor azul, mostrar aparência azulada. 4. Tr. ind. e intr. Fugir, desaparecer.

Azulejador, s. m. Operário que fabrica ou assenta azulejos.

Azulejar[1], v. *(azul + ejar).* Tr. dir. e pron. Azular(-se), tingir (-se) de azul.

Azulejar[2], v. *(azulejo + ar).* Tr. dir. Guarnecer de azulejos, pôr ou assentar azulejos em.

Azulejo *(ê)*, s. m. Ladrilho vidrado, com desenhos de uma ou mais cores, para revestir ou guarnecer paredes.

Azulino, adj. Que tem cor azulada.

Azulóio, adj. Diz-se da cor entre azul-claro e azul-ferrete, que caracteriza o hábito dos frades lóios.

Azumbrado, adj. Um tanto corcovado; corcunda.

Azumbrar, v. Intr. Ficar azumbrado.

Azurado, s. m. *Tip.* Filete composto por uma série de traços finos e paralelos, retos ou ondulados, que serve de fundo à escrita de números e quantias em recibos, cheques e outros documentos, para denunciar possíveis rasuras.

Azurita, s. f. *Miner.* Minério de cor azul, constituído por carbonato de cobre.

Azurrador, adj. Que azurra; zurrador.

Azurrar, v. *Pop.* V. *zurrar.*

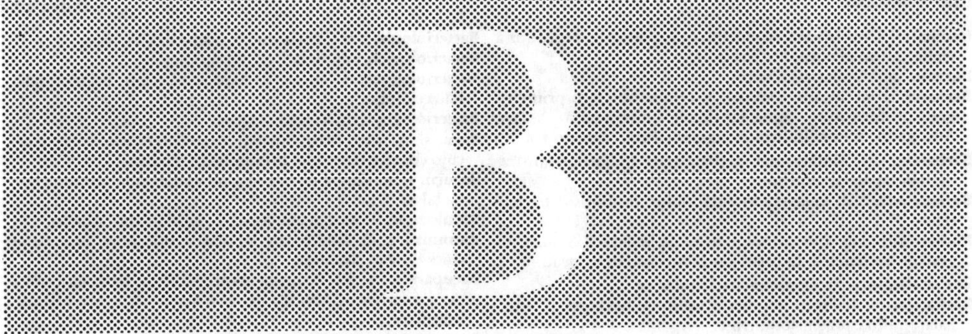

B *(bê)*, símbolo da segunda letra do alfabeto; primeira consoante, em português e na maioria dos abecedários conhecidos. Som ou fonema bilabial, oclusivo (ou explosivo), sonoro.

B, num. Segundo: 1. Em um todo, série, grupo ou coleção de coisas, sempre posposto ao substantivo modificado: a cadeira *b*, o livro *b*; o parágrafo *b*. 2. Posposto a um algarismo, indica o segundo objeto de uma série secundária ou a segunda aplicação do mesmo número: casa 19-*b*; classe sete-*b*, página 32-*b*.

Baal, s. m. Nome do principal deus da região cananéia.

Baba, s. f. 1. Saliva viscosa, pegajosa ou não, que escorre da boca do homem e de certos animais. 2. Líquido pegajoso segregado por alguns moluscos e peixes.

Babá, s. f. 1. Ama-de-leite. 2. Ama-seca; bá.

Babaçu, s. m. *Bot.* Gigantesca palmeira, brasileira *(Orbygnia martiana)*, de grande importância econômica por seu aproveitamento total: os cocos, as folhas e o madeiro.

Babaçual, s. m. Bosque de babaçus. Var.: *babaçuzal.*

Baba-de-boi, s. f. 1. *Bot.* Espécie de palmeira *(Coccos commosa)*. O nome é alusão aos longos fios resinosos que ela desprende; coquinho, jarivá. 2. A seiva resinosa extraída dessa planta.

Babadinho, adj. 1. Que deseja muito certa coisa. 2. Que gosta de uma pessoa com pieguice.

Babado[1], adj. (p. de *babar*). 1. Molhado de baba. 2. Apaixonado, enamorado.

Babado[2], s. m. 1. Folhos de vestido, saias etc. 2. *Gír.* Problema, dificuldade. 3. *Gír.* Ponto a esclarecer: Qual é o *babado?...*

Babador, s. m. V. *babadouro.*

Babadouro, s. m. Pequena peça do vestuário infantil, que se prende ao pescoço, para as crianças não se sujarem ao comer ou beber. Var.: *babadoiro.*

Babalaô, s. m. *Folc.* Sacerdote do culto iorubano, graduado em feitiçaria negra.

Babalorixá, s. m. *Folc.* Pai-de-santo, no xangô pernambucano.

Babão, adj. e s. m. 1. Que, ou aquele que baba. 2. Pateta, parvo, tolo. Fem.: *babona*; pl.: *babões.*

Babaquara, adj. 1. Grande. 2. Influente, poderoso. S. m. Caipira, matuto.

Babar, v. 1. Intr. e pron. Derramar baba. 2. Tr. dir. Espumar, expelir como baba. 3. Tr. dir. Molhar ou umedecer com baba. 4. Pron. Enlevar-se, ficar como parvo de contente. 5. Pron. Estar apaixonado, ter muito amor.

Babaré, s. m. Alarido, gritaria.

Babaréu, s. m. V. *babaré.*

Babau!, interj. *Pop.* Acabou-se!, era uma vez!, foi-se!

Babeiro, s. m. V. *babadouro.*

Babel, s. f. 1. Confusão de línguas. 2. Lugar em que há grande confusão e desordem. 3. Grande algazarra, vozearia confusa. Pl.: *babéis.*

Babélico, adj. 1. Relativo a babel. 2. Confuso, desordenado.

Babésia, s. f. *Zool.* Gênero *(Babesia)* de protozoários, parasitas dos glóbulos vermelhos de vertebrados.

Babesiose, s. f. *Med.* Nome genérico dado às doenças provocadas por protozoários do gênero Babésia.

Babilônia, s. f. 1. Cidade grande com ruas emaranhadas, sem planejamento. 2. Edifício cujo tamanho causa admiração.

Babilônico, adj. V. *babilônio.*

Babilônio, adj. 1. Natural de Babilônia. 2. Muito grande. 3. Formidável. S. m. O natural de Babilônia.

Babirussa, s. f. *Zool.* Mamífero suídeo do arquipélago malaio, aparentado ao javali, diferindo deste pelo exagerado desenvolvimento dos dentes caninos.

Baboca, s. f. V. *biboca.*

Babosa, s. f. *Bot.* 1. Denominação comum a diversas plantas exóticas, liliáceas. 2. Aloés dos ingleses *(Aloe succotrina)*. 3. *Ictiol.* V. *amoréia.*

Baboseira, s. f. Dito de baboso; sandice, tolice.

Baboso, adj. 1. V. *babão.* 2. Muito obsequioso com as mulheres.

Babucha, s. f. Chinela oriental, bordada e sem salto.

Babugeira, s. f. V. *baboseira.*

Babugem, s. f. 1. Baba. 2. Espuma, que se forma à flor dágua. 3. Quaisquer resíduos, mormente de comida. 4. Bagatela.

Babujar, v. 1. Tr. dir. e pron. Sujar (-se) com baba ou babugem. 2. Tr. dir. Lisonjear servilmente. 3. Intr. Chuviscar.

Bacaba, s. f. *Bot.* 1. V. *bacabeira.* 2. Fruto da bacabeira.

Bacabada, s. f. Refresco feito com a polpa do coco da bacabeira.

Bacáceo, adj. *Bot.* Semelhante a baga.

Bacacu, s. m. *Ornit.* Denominação que em certas regiões da Amazônia brasileira se dá a um pássaro da família dos Cotingídeos *(Xipholena punicea)*, também conhecido como *anambé-roxo.*

Bacalaureato, s. m. V. *bacharelado.*

Bacalhau, s. m. 1. *Ictiol.* Peixe marinho da família dos Gadídeos *(Gadus morrhua)*, que ocorre nos mares de regiões frias. 2. Chicote de couro cru com que se castigavam os escravos. 3. Pessoa muito seca e esguia.

Bacalhoada, s. f. 1. Grande quantidade de bacalhau. 2. Comida preparada com bacalhau.

Bacalhoeiro, s. m. 1. Navio empregado na pesca ou transporte de bacalhau. 2. Negociante de bacalhau.

Bacamartada, s. f. Tiro de bacamarte.

Bacamarte, s. m. Arma de fogo de cano curto, alargado na boca.

Bacana, adj. m. e f. *Gír.* 1. V. *bacano.* 2. Bom, excelente. 3. Bonito. 4. Notável. Sup. abs. sint.: *bacanérrimo.*

Bacanal, adj. m. e f. Báquico. S. f. 1. Orgia com muita desordem e tumulto. 2. Devassidão.

Bacano, adj. *Gír.* Endinheirado, rico.

Bacante, s. f. 1. Sacerdotisa de Baco. 2. Mulher dissoluta.

Bacântico, adj. 1. Relativo a bacante. 2. Orgíaco.

Bacará, s. m. Jogo de cartas, em que um banqueiro enfrenta vários jogadores.

Baceiro, adj. Relativo ao baço.

Bacelada, s. f. Plantação de bacelos.

Bacelar, v. Tr. dir. e intr. Plantar de bacelos.

Baceleiro, s. m. Indivíduo que planta bacelos.

Bacelo *(ê)*, s. m. 1. Vara de videira, que, plantada, reproduz a vinha. 2. Vinha nova. Pl.: *bacelos (ê).*

Bacento, adj. Embaciado, baço.

Bacharel, s. m. (fr. ant. *bacheler*). 1. O que obtém o primeiro grau de formatura numa faculdade universitária. 2. *Pop.* Advogado. 3. *Fam.* Indivíduo tagarela. Fem.: *bacharela.*

Bacharela, s. f. Mulher que recebeu grau de bacharelato. 2. Mulher tagarela, sabichona.

Bacharelada, s. f. Palavreado enfadonho, fastidioso; bacharelice.

Bacharelado, adj. Que tomou o grau de bacharel. S. m. 1. O grau de bacharel. 2. O curso para obtenção desse grau.

Bacharelando, s. m. O que vai bacharelar-se.

Bacharelar, v. 1. Pron. Receber o título de bacharel. 2. Intr. Falar muito e pretensiosamente.

Bacharelato, s. m. V. *bacharelado.*

Bacharelesco, adj. Relativo a, ou próprio de bacharel.

Bacharelice, s. f. V. *bacharelada.*

Bacharelismo, s. m. 1. V. *bacharelada.* 2. Predominância de bacharéis.

baci-, elem. de comp. (l. *bacca*). Exprime a idéia de *baga: bacívoro.*

Bacia, s. f. 1. Vaso redondo, pouco profundo, de bordas largas, próprio para lavagens. 2. Prato de balança. 3. *Anat.* Cavidade óssea que termina inferiormente o tronco e lhe serve de base; pelve. 4. Conjunto de vertentes que circunscrevem um rio ou mar interior. 5. *Geol.* Extensão de jazida que constitui uma unidade geológica e geográfica.

Baciada, s. f. Conteúdo de uma bacia.

Bacial, adj. m. e f. Relativo a bacia ou bacio.

Bacífero, adj. *Bot.* Provido de baga.

Baciforme, adj. m. e f. Com forma de baga.

Bacilar, adj. m. e f. 1. Comprido e delgado como uma varinha. 2. Relativo a bacilo.

bacili-, elem. de comp. (l. *bacillu*). Exprime a idéia de *bacilo, varinha: baciliforme.*

Baciliforme, adj. m. e f. Com forma de bacilo ou bastonete.

Bacilo[1], s. m. *Bacter.* Micróbio em forma de bastonete, comumente considerado no plano de sua nocividade.

bacilo-[2], elem. de comp. O mesmo que *bacili: bacilose.*

Bacilose, s. f. *Med.* Infecção causada por bacilos.

bacineta *(ê)*, s. f. Pequena bacia.

bacinete *(ê)*, s. m. 1. *Anat.* Reservatório renal onde principiam os ureteres. 2. *Ant.* Peça da armadura que cobria a cabeça, como o elmo.

Bacio, s. m. Urinol.

Bacívoro, adj. Que se alimenta de bagas.

Background, s. m. (t. ingl.; pronúncia aproximada: *békgráund*). Plano de fundo. Em teatro, vozes, músicas, ruído etc.

Baço, adj. De cor escura, meio cobreada. S. m. *Anat.* Víscera glandular ímpar, esponjosa, situada no hipocôndrio esquerdo.

Baconiano *(bei)*, adj. Relativo ao filósofo inglês Francis Bacon.

Bácora, s. f. Fêmea do bácoro; leitoa.

Bacorejar, v. 1. Tr. dir. Adivinhar, pressentir, prever. 2. Tr. dir. Insinuar, sugerir. 3. Tr. dir. Palpitar, parecer. 4. Intr. Grunhir (o leitão); bacorinhar.

Bacorejo *(ê)*, s. m. Presságio de um evento; palpite.

Bacorinhar, v. V. *bacorejar.*

Bacorinho, s. m. 1. Diminutivo de *bácoro.* 2. Leitão.

Bácoro, s. m. Porco novo e pequeno; leitão.

Bacorote, s. m. Bácoro crescido.

bacteri-, elem. de comp. O mesmo que *bactério: bactericida.*

Bactéria, s. f. Nome dado aos micróbios, na linguagem científica.

Bactericida, adj. e s., m. e f. Que, ou agente que destrói as bactérias.

Bacteriemia, s. f. *Med.* Presença de bactérias no sangue.

bactério-, elem. de comp. (gr. *bakteria*). Expressa a idéia de *bactéria: bacteriologia.*

Bacteriologia, s. f. Ciência que se ocupa das bactérias.

Bacteriológico, adj. Relativo à bacteriologia.

Bacteriologista, s. m. e f. Especialista em bacteriologia; bacteriólogo.

Bacteriólogo, s. m. V. *bacteriologista.*

Bacu, s. m. *Ictiol.* Peixe fluvial, doradídeo *(Doras marmoratus)*, cujo corpo é revestido de espinhos e serrilhas.

Bacuçu, s. m. Canoa de um só pau, aumentada por uma borda falsa.

Báculo, s. m. 1. Bastão episcopal. 2. Bordão alto; cajado.

Bacumixá, s. m. *Bot.* Árvore sapotácea, brasileira *(Sideroxylum vastum).* Var.: *bacubixá.*

Bacupari, s. m. *Bot.* Pequena árvore gutífera, brasileira *(Rheedia gardneriana)*, abundante nas matas da costa atlântica brasileira.

Bacurau, s. m. 1. *Ornit.* Nome de várias aves noturnas, da família dos Caprimulgídeos, entre os quais a espécie *Nyctidromus albicollis* é a mais vulgar; curiango. Voz: *geme, pia.* 2. *Gír.* Tipo feio ou antipático.

Bacuri, s. m. *Bot.* Fruto do bacurizeiro.

Bacurizeiro, s. m. *Bot.* Árvore grande e muito ornamental, gutífera *(Platonia insignis)*, de frutos apreciados.

Badalação, s. f. *Gír.* Ato de badalar (acepção 5); bajulação. Var.: *badalo.*

badalada, s. f. Som produzido pelo toque do badalo no sino, campainha, chocalho.

Badalão, s. m. Homem desassisado e falador.

Badalar, v. 1. Tr. dir. Tocar às badaladas. 2. Tr. dir. Bater, soar. 3. Tr. dir. Agitar, sacudir. 4. Tr. dir. Divulgar ou propalar mexericos. 5. Tr. dir. e intr. *Gír.* Bajular.

Badalejar, v. 1. Tr. dir. Badalar. 2. Intr. Tremer, ou bater os dentes, com frio ou medo.

Badalo, s. m. Haste de metal, terminando em bola, suspensa no interior do sino, sineta ou campainha, para os fazer soar.

Badame, s. m. Espécie de formão, forte e comprido, usado em cantaria e escultura.

Badameco, s. m. 1. Espécie de pasta em que os estudantes levavam os livros. 2. Rapazola, adolescente.

Badana, s. f. 1. Ovelha velha, magra e estéril. 2. Carne de ovelha velha. 3. Pelanca pendente por efeito da magreza.

Badejo *(é)*, s. m. *Ictiol.* Nome que se dá no Brasil a vários peixes da família dos Serranídeos, que se assemelham às garoupas. Adj. 1. Extraordinário. 2. Grande. 3. Vistoso.

Baderna, s. f. 1. Grupo de rapazes folgazões. 2. Pândega. 3. Súcia, malta. 4. Conflito, desordem.

Badernar, v. Intr. Fazer baderna; pandegar.

Badernista, adj. m. e f. Diz-se de quem gosta de badernas; pândego, desordeiro.

Badulaque, s. m. 1. Guisado de fígado e bofes em pedaços pequenos. 2. Bagatela. 3. Coisa miúda e de pouco valor. 4. Cosmético. S. m. pl. Trastes de pouco valor.

Baé, adj. m. e f. Diz-se de pessoa baixa e grossa.

Baeta *(ê)*, s. f. Tecido felpudo e grosseiro dc lã.

Baetão, s. m. 1. Baeta grossa. 2. Cobertor de lã.

Baetilha, s. f. 1. Baeta fina, leve. 2. Flanela de algodão.

Bafafá, s. m. *Pop.* Discussão, barulho, tumulto.

Bafagem, s. f. 1. Aragem, brisa. 2. Alento, inspiração.

Bafejado, adj. 1. Que recebeu bafo. 2. Favorecido, protegido. 3. Inspirado.

Bafejador, adj. e s. m. Que, ou o que bafeja.

Bafejar, v. 1. Tr. dir. Aquecer com o bafo. 2. Tr. dir. e intr. Soprar brandamente. 3. Tr. dir. Acalentar, acariciar. 4. Tr. dir. Estimular, incentivar. 5. Tr. dir. Ajudar, favorecer.

Bafejo *(ê)*, s. m. 1. Ato de bafejar. 2. V. *bafagem.*

Bafio, s. m. Cheiro desagradável, resultante da umidade e da falta de renovação do ar; mofo.

Bafo, s. m. 1. Hálito. 2. Sopro brando e quente. 3. Bafejo, favor, proteção. — *B.-de-onça:* hálito de alcoólatra.

Bafômetro, s. m. *Tecn.* Aparelho empregado para verificar-se a dosagem alcoólica do ar expirado pelo examinando.

Baforada, s. f. 1. Bafo prolongado e forte. 2. Hálito desagradável. 3. Bravata, fanfarronada.

Baforar, v. 1. Intr. Expelir o bafo. 2. Tr. dir. Deitar fora de si. 3. Tr. dir. Pronunciar. 4. Intr. Bravatear, fanfarronear. 5. Intr. Vangloriar-se.

Baga, s. f. 1. *Bot.* Nome genérico dos frutos simples, carnudos e indeiscentes, sem caroço, mas com mais de uma semente, como o tomate, a uva, o medronho etc. 2. Gota. 3. Pingo de suor. 4. Semente do mamoneiro; mamona.

Bagaçada, s. f. 1. Montão de bagaço. 2. Pilha de lenha miúda. 3. Coisa sem valor ou inútil. 4. Palavreado oco.

Bagaceira, s. f. 1. Lugar onde se junta o bagaço. 2. Aguardente extraída do bagaço. 3. Resto, restolho. 4. Conjunto de coisas imprestáveis. 5. Ralé.

Bagaceiro, adj. Que come bem o bagaço. S. m. 1. Removedor do bagaço. 2. Indivíduo indolente, malandro.

Bagaço, s. m. 1. Resíduo de frutos, ervas ou de qualquer outra substância depois de se lhe tirar o suco. 2. Resto de coisa imprestável. 3. Meretriz velha. 4. Pândega, farra. 5. Folguedo, dança.

Bagada, s. f. 1. Grande quantidade de bagas. 2. Lágrima grossa.

Bagageiro, adj. Que carrega bagagens; carregador. S. m. O carro do comboio que conduz as bagagens.

Bagagem, s. f. 1. Conjunto de objetos empacotados ou postos em malas e baús, que os viajantes levam consigo ou fazem despachar. 2. Soma dos conhecimentos de alguém.

Bagalhão, s. m. Grande bago.

Bagana, s. f. 1. *Gír.* Ponta de cigarro ou de charuto já fumados. 2. Bolo de tabuleiros. 3. Alimento ruim. 4. Ninharia.

Baganha, s. f. *Bot.* Película que envolve algumas sementes.

Baganhão, s. m. V. *bagalhão.*

Bagatela, s. f. Quantia insignificante; ninharia.

Bago, s. m. 1. *Bot.* Cada fruto do cacho de uvas. 2. *Bot.* Fruto ou grão que lembre a uva. 3. Grão miúdo de chumbo. 4. Conta de rosário. 5. *Ch.* Testículo.

Bagoado, adj. Com forma de bago.

Bagre, s. m. *Ictiol.* Nome comum a grande número de peixes de couro, siluriformes, do mar ou da água doce, com barbilhões desenvolvidos.

Baguaçu, s. m. *Bot.* V. *babaçu.*

Bagual, s. m. 1. Animal asselvajado. 2. Potro recém-domado. 3. Cavalo novo e arisco. Adj. m. e f. Grosseiro, rústico.

Bagualão, s. m. Cavalo recém-domado, que ainda não inspira confiança.

Bagulhado, adj. Que tem bagulho.

Bagulhento, adj. Cheio de bagulho.

Bagulho, s. m. 1. *Bot.* Semente que se acha no centro de certos frutos, como a uva, a pêra etc. 2. Objeto sem valor. 3. *Gír.* Produto de furto ou roubo.

Bagulhoso, adj. V. *bagulhento.*

Bagunça, s. f. 1. *Gír.* Confusão, desordem, embaraço. 2. Máquina para remover aterro.

Bagunceiro, adj. e s. m. Desordeiro.

Bah! interj. Exprime espanto ou surpresa.

Baia, s. f. Compartimento individual para cavalgaduras numa cavalariça; boxe.

Baía, s. f. 1. *Geogr.* Reentrância numa costa, menor que um golfo. 2. Lagoa comunicante com um rio.

Baiacu, s. m. 1. *Ictiol.* Nome comum a vários peixes marinhos plectógnatos, venenosos, que podem inflar-se até atingir uma forma globular e flutuar na água com a barriga para cima.

Baiacuru, s. m. *Bot.* Erva da América tropical *(Limonium brasiliense)*, cuja raiz é fortemente adstringente.

Baiana, s. f. 1. Mulher da Bahia. 2. Capa de couro usada sobre a sela e que serve para condução de roupa. 3. V. *carona.*

Baianada, s. f. 1. Conjunto ou reunião de baianos. Fanfarronada de baiano.

Baiano, adj. Relativo à Bahia. 1. O natural ou habitante da Bahia. 2. Indivíduo que não sabe montar a cavalo.

Baião, s. m. *Folc.* Dança popular nordestina.

Baila, s. f. *Fam.* V. *baile, bailado.* Hoje somente usado na locução adverbial *à baila*: *Trazer à b.*: introduzir na conversa; mencionar. *Vir à b.*: vir a propósito, ser mencionado (um fato). Var.: *à balha.*

Bailada, s. f. *(baile + ada).* 1. Ato de bailar. 2. *Ant.* Folia e dança antiga do povo e de jograis.

Bailadeira, s. f. 1. Mulher que baila. 2. Bailarina.

Bailado, s. m. Dança figurada, executada sobre um tema musical por vários dançarinos e/ou dançarinas; balé.

Bailador, adj. e s. m. Que, ou o que baila; dançarino.

Bailar, v. Tr. ind. e intr. 1. Dançar. 2. Oscilar, tremer, vacilar.

Bailarico, s. m. 1. Baile popular. 2. Baile improvisado.

Bailarim, s. m. V. *bailarino.*

Bailarina, s. f. Mulher que dança por profissão; dançarina.

Bailarino, s. m. Homem que baila por profissão.

Bailariqueiro, s. m. Amador e freqüentador de bailaricos.

Baile, s. m. 1. Reunião festiva, cujo fim principal é a dança. 2. Pateada, vaia. 3. *Gír.* Briga, conflito.

Baileco, s. m. V. *arrasta-pé.*

Bailéu, s. m. *Constr.* Estrado de madeira suspenso em cordas, sobre o qual trabalham os operários nas obras realizadas em prédios de grande altura.

Bailia, s. f. *Ant.* Comenda de bailio.

Bailio, s. m. Comendador nas antigas ordens militares.

Bailomania, s. f. Paixão por bailes.

Bainha *(a-i)*, s.f. 1. Estojo longitudinal em que se mete a folha de uma espada para evitar que se embote ou oxide. 2. Dobra costurada na borda de algo feito de pano (lençol, saia etc.), que impede este de desfiar-se. 3. *Bot.* Parte da folha que envolve o caule. 4. *Anat.* Membrana que envolve um órgão prolongado (nervo, fibrila muscular etc.).

Bainhar *(a-i)*, v. V. *embainhar.*

Bainheiro *(a-i)*, s. m. Fabricante de bainhas de espadas.

Baio, adj. (l. *badiu*). 1. Da cor do ouro desmaiado. 2. Diz-se do cavalo castanho. S. m. Cavalo baio.

Baioneta *(ê)*, s. f. Pequena espada que se adapta à ponta do fuzil. Ruído: *tinir.*

Baionetada, s. f. Golpe de baioneta.

Bairrismo, s. m. 1. Qualidade de bairrista. 2. Amor, apego ao bairro; regionalismo exclusivista.

Bairrista, s. m. e f. 1. Pessoa que freqüenta ou habita um bairro. 2. Defensor dos interesses de seu bairro ou da sua terra.

Bairro, s. m. Cada uma das partes em que se divide a área urbana de uma cidade.

Baita, adj. m. e f. *Pop.* 1. Muito grande. 2. Bom, bonito. 3. Famoso. 4. Destemido.

Baitaca, s. f. V. *maitaca.*

Baiúca, s. f. Taverna pequena e suja, freqüentada pela ralé; bodega.

Baiuqueiro, adj. Relativo a baiúca. S. m. Dono ou freqüentador de baiúca.

Baixa, s. f. 1. Depressão de terreno. 2. Diminuição de preço. 3. Parte pouco funda, de mar ou de rio. 4. Perda, em combatentes, sofrida pelas forças armadas. 5. *Mil.* Dispensa de serviço militar.

Baixada, s. f. 1. Depressão de terreno junto de uma lomba. 2. Planície entre montanhas.

Baixadão, s. m. Baixada grande; baixão.

Baixa-mar, s. f. Maré baixa, vazante da maré.

Baixar, v. (l. v. **bassiare*). 1. Tr. dir. Fazer descer; abaixar. 2. Tr. dir. Expedir avisos, ordens etc. aos subalternos ou a repartições inferiores. 3. Tr. ind. Decair, diminuir. 4. Intr. Diminuir em altura, em cotação, em valor. 5. Tr. ind. Internar-se (em hospital) para tratamento, o doente.

Baixeiro, adj. Que tem o andar baixo, moroso (falando-se de cavalo). S. m. Manta que se põe por baixo do arreio, da cangalha, da sela, da carona, com o forro diretamente em contato com o suor, protegendo o lombo do animal.

Baixel, s. m. Embarcação, pequeno navio.

Baixela, s. f. Conjunto de utensílios (copos, talheres etc.) para serviço de mesa ou do culto divino.

Baixeza *(ê)*, s. f. 1. O estado de um objeto colocado em lugar baixo; inferioridade. 2. Humilhação. 3. Indignidade, vilania.

Baixio, s. m. Banco de areia ou rochedo oculto sob a água, perigoso à navegação.

Baixista, s. m. e f. Especulador que, na bolsa de valores, joga na baixa.

Baixo[1], adj. 1. De pouca altura. 2. Inferior, pequeno. 3. Barato. 4. Vil e grosseiro. Antôn.: *alto*.

Baixo[2], s. m. 1. A parte inferior. 2. *Mús.* A mais grave das vozes masculinas. 3. Cantor, instrumento ou voz que ocupa a parte mais baixa na execução de uma peça musical. 4. Certa pisada dos cavalos de sela, que a adquirem por ensino, cômoda e própria para viagens; marcha.

Baixo[3], adv. 1. Em lugar pouco elevado. 2. Em tom grave. 3. Em voz baixa.

Baixo-relevo, s. m. Escultura pouco saliente sobre a superfície do material em que é executada. Pl.: *baixos-relevos*. Antôn.: *alto-relevo*.

Baixote, adj. Um tanto baixo (homem).

Baixo-ventre, s. m. *Anat.* Parte inferior do ventre.

Baixura, s. f. Lugar baixo, inferior ao nível do mar.

Bajoujar, v. (l. *baioliare*). Tr. dir. Adular, lisonjear.

Bajoujice, s. f. Ato ou modo de bajoujo.

Bajoujo, adj. e s. m. Que, ou o que lisonjeia ridiculamente.

Bajulação, s. f. Ato ou efeito de bajular; adulação.

Bajulador, adj. e s. m. Que, ou o que bajula.

Bajular, v. Tr. dir. Lisonjear, adular servilmente.

Bajulice, s. f. Bajulação.

Bala, s. f. 1. Projétil de arma de fogo. Aum.: *balázio, balaço*. Ruído: *assobia, esfuzia, sibila, zumbe, zune*. 2. Blocozinho de açúcar refinado em mistura com outras substâncias e solidificado; caramelo, rebuçado.

Balaço, s. m. Balázio.

Balada, s. f. 1. Antigo gênero de poesia popular, originário dos países do Norte europeu, e que narra uma lenda popular. 2. *Mús.* Música complexa de uma balada, com ou sem texto.

Balaiada, s. f. A revolta dos balaios no Maranhão, de 1839 a 1840.

Balaieiro[1], s. m. *(balaio + eiro)*. 1. Fabricante de balaios. 2. Vendedor ambulante de frutas, hortaliças etc.

Balaieiro[2], s. m. Arpoador de baleias.

Balaio, s. m. 1. Cesto de cipó, palha ou taquara. 2. Farnel. 3. Revoltoso do Maranhão, partidário de Manuel Ferreira, o Balaio, em 1839.

Balalaica, s. f. *Mús.* Espécie de bandolim triangular, de três cordas, usado por camponeses russos.

Balalão, s. m. Certo jogo infantil.

Balame, s. m. Grande porção de balas.

Balança, s. f. (l. **bilancia*). 1. Instrumento para determinar o peso dos corpos em relação a certa unidade (quilograma, libra etc.). 2. Emblema da justiça. 3. Equilíbrio, ponderação. 4. Confronto, comparação.

Balançar, v. 1. Tr. dir. e pron. Fazer oscilar, pôr(-se) em balanço. 2. Intr. Oscilar. 3. Tr. dir. Comparar, examinar. 4. Tr. dir. Compensar, equilibrar.

Balanceado, adj. 1. Que se balanceou. 2. Diz-se de tipo de ração que contém, em quantidade e qualidade estudadas, as substâncias necessárias ao metabolismo do animal a que ela se destina.

Balanceamento, s. m. Ato de balancear-se; balanceio.

Balancear, v. V. *balançar*.

Balanceio, s. m. Ato de balancear; embalo.

Balanceiro, s. m. 1. *Mec.* Peça metálica ou de madeira que, com seu movimento oscilatório, se destina a transmitir ou a regularizar outro movimento; balancim. 2. Funcionário encarregado de pesagens.

Balancete, s. m. *Com.* Pequeno balanço; balanço parcial.

Balancim, s. m. 1. Balanceiro. 2. *Autom.* Braço de comando da bomba mecânica de gasolina.

Balancista, s. m. 1. Aferidor de balanças. 2. Encarregado da balança (nos frigoríficos, matadouros etc.).

Balanço, s. m. 1. Movimento alternado em sentidos opostos; oscilação. 2. Aparelho de diversão para balançar. 3. Abalo, sacudidela, solavanco. 4. Agitação, revolta. 5. *Cont.* Exposição pormenorizada do ativo e passivo de uma empresa comercial. 6. Exame escrupuloso. 7. Oscilação do navio, em qualquer sentido, pelo vaivém das águas. 8. Movimento oscilatório de um veículo, sob a influência de uma força perturbadora.

Balandra, s. f. Barco de fundo chato, coberto, usado em canais.

Balandrau, s. m. 1. Vestimenta antiga com capuz. 2. Opa usada por certas irmandades religiosas. 3. Qualquer casaco largo e comprido.

Balangandã, s. m. Adorno que as pretas baianas usam em dias de festa; barangandã.

Balanite, s. f. *Med.* Inflamação da mucosa da glande.

Balanoforáceas, s. f. pl. *Bot.* Família *(Balanophoraceae)* de plantas aclorofilas, parasitas das raízes de outras plantas.

Balanóide, adj. m. e f. Semelhante à bolota.

Balanopostite, s. f. *Med.* Inflamação na glande e na mucosa do prepúcio.

Balante, adj. m. e f. Que bala, que dá balidos.

Balão, s. m. 1. Aeróstato. 2. Artefato de papel fino, de variado feitio, que sobe por força do ar interno aquecido pelo fogo de uma bucha acesa na boca de arame. 3. Globo de vidro para experiências de laboratório. 4. Bola, globo. 5. Mentira, balela. 6. Notícia exagerada.

Balar, v. (l. *balare*). Tr. ind. e intr. Balir, dar balidos (a ovelha, o cordeiro). Verbo defectivo unipessoal.

Balastragem, s. f. Ato de assentar o balastro.

Balastrar, v. Tr. dir. Cobrir de balastro.

Balastro, s. m. Cascalho socado que mantém firmes os dormentes das vias férreas; lastro.

Balata, s. f. *Bot.* Nome de várias árvores sapotáceas que produzem látex, comestível quando fresco.

Balateiro, s. m. Homem que se ocupa em colher o látex da balata.

Balaustrada *(a-u)*, s. f. Fileira, série de balaústres.

Balaustrado *(a-u)*, adj. Guarnecido, cercado de balaústres.

Balaustrar *(a-u)*, v. Tr. dir. Cercar, guarnecer de balaústres.

Balaústre, s. m. 1. Pequena coluna que, com outras, sustenta o corrimão ou peitoril de uma escada. 2. Pequena coluna que orna o espaldar de uma cadeira. 3. Coluneta de madeira ou metal instalada em certos veículos, para apoio dos passageiros.

Balázio, s. m. Grande bala; balaço.

Balbo, adj. Balbuciante, gago.

Balbuciação, s. f. Ato de balbuciar; balbucio.

Balbuciante, adj. m. e f. Que balbucia.

Balbuciar, v. 1. Tr. dir. e intr. Articular imperfeitamente e com hesitação. 2. Tr. dir. Falar sobre algum assunto de modo confuso, ou sem conhecimento suficiente.

Balbúcie, s. f. Dificuldade de pronunciar.

Balbuciência, s. f. V. *balbúcie*.

Balbucio, s. m. 1. Ato de balbuciar. 2. Ensaio, início.

Balbúrdia, s. f. Grande desordem; confusão, vozeria.

Balburdiar, v. Tr. dir. Causar balbúrdia; confundir.

Balcânico, adj. Pertencente ou relativo aos Bálcãs.

Balcão, s. m. (ital. *balcone*). 1. Varanda saliente com balaustrada, em comunicação com o interior do prédio. 2. Móvel de variada altura e extensão, em lojas ou quaisquer repartições, para atendimento da clientela ou do público, e que eventualmente serve para expor mercadorias. 3. Nas salas de espetáculos, galeria situada por cima da orquestra.

Balconista, s. m. e f. Empregado(a) de balcão; caixeiro.

Balda, s. f. Defeito habitual, mania ou predileção.

Baldado, adj. Frustrado, inútil, malogrado.

Baldão, s. m. 1. Afronta, doesto, impropério. 2. Contrariedade, infortúnio.

Baldaquim, s. m. V. *baldaquino*.

Baldaquinado, adj. À semelhança de baldaquino.

Baldaquino, s. m. (ital. *baldacchino*). 1. Espécie de dossel, sustido por colunas, sobre um trono, um leito, um sacrário do altar etc. 2. *Constr.* Cobertura leve por cima da porta de ingresso, para protegê-la da chuva.

Baldar, v. 1. Tr. dir. e pron. Anular(-se), frustrar(-se), tornar (-se) sem efeito. 2. Tr. dir. Empregar inutilmente. 3. Pron. *Jogo.* Livrar-se de cartas inúteis; descartar-se.

Balde, s. m. 1. Vaso, em geral de zinco ou matéria plástica, em forma de tronco de cone, com alça, para tirar, guardar ou carregar líquidos ou sólidos. 2. O conteúdo desse vaso.

Baldeação, s. f. 1. Ato ou efeito de baldear. 2. Faixa de terreno ao redor das salinas, de onde se tira terra para reparos nestas.

Baldear, v. Tr. dir. 1. Tirar com balde. 2. Passar líquidos de um vaso para outro. 3. Passar pessoas ou objetos de um veículo para outro. 4. Agitar, balouçar, sacudir. 5. Arremessar, atirar.

Baldio, adj. 1. Sem proveito; inútil. 2. Agreste, inculto. S. m. Terreno desaproveitado.

Baldo, adj. 1. Carecido, falto. 2. Baldado, inútil.

Baldoar, v. Tr. dir. Insultar com baldões; injuriar.

Baldoso, adj. Que se esforça em vão.

Baldrame, s. m. Peça de madeira sobre os alicerces, na qual se assenta o vigamento do assoalho.

Balé, s. m. (fr. *ballet*). V. *bailado.*

Baleárico, adj. Relativo às Ilhas Baleares (Espanha).

Baleato, s. m. Baleia nova e pequena; baleote.

Baleeira, s. f. Embarcação para a pesca de baleias.

Baleeiro, adj. Relativo a baleias. S. m. V. *baleeira.*

Baleia, s. f. 1. *Zool.* Nome comum aos mamíferos marinhos da ordem dos Cetáceos; a chamada *baleia-azul,* com 30 m de comprimento, é o maior animal que até hoje existiu sobre a Terra. Voz: *bufa.* 2. Coisa e, especialmente, pessoa de dimensões avultadas.

Baleiro, s. m. Vendedor de balas (rebuçados).

Balela, s. f. 1. Boato falso. 2. Dito sem fundamento.

Balema, s. f. *Náut.* Cabo com que se prendem as ostagas às vergas.

Baleote, s. m. V. *baleato.*

Balestilha, s. f. 1. *Náut.* Instrumento náutico para tomar a altura dos astros; radiômetro. 2. *Vet.* Instrumento para sangrar. Var.: *balestrilha.*

Balestreiro, s. m. Pequeno vão, nas sacadas ou no alto das torres medievais, donde os besteiros atiravam.

Balido, s. m. Grito próprio da ovelha; balado.

Balim, s. m. V. *balote.*

Balípodo, s. m. Termo proposto para substituir *futebol.*

Balir, v. (regressivo de *balido*). Intr. Balar.

Balista, s. f. Máquina de guerra romana que servia para arremessar projéteis (pedras, flechas etc.).

Balística, s. f. Ciência do movimento e comportamento no espaço de corpos arremessados e atirados, especialmente dos projéteis propulsionados por explosivos.

Baliza, s. f. 1. Marco, poste ou outro sinal que indica um limite. 2. Haste pintada em faixas alternadas, brancas e vermelhas, usada em agrimensura para demarcar alinhamentos. 3. Qualquer ponto de referência, como bóia, farol, torre, marco etc. 4. Em certos jogos, alvo que se deve alcançar com a bola. 5. Limite. S. m. e f. Pessoa que, em desfiles cívicos ou esportivos, vai à frente abrindo a marcha e em geral fazendo demonstrações de destreza.

Balizador, s. m. 1. Colocador de balizas. 2. O que serve de baliza.

Balizagem, s. f. Ato de pôr balizas.

Balizamento, s. m. Balizagem.

Balizar, v. V. *abalizar.*

Balmázio, s. m. Preguinho de cabeça redonda, usado em várias indústrias.

Balnear[1]**,** adj. m. e f. (1. *balneare*). Balneário.

Balnear[2]**,** v. Tr. dir. Dar banho a.

Balneário, adj. Relativo a banho. S. m. 1. Estabelecimento de banhos. 2. Estância de águas minerais.

Balneatório, adj. Balneário.

bálneo-, elem. de comp. (l. *balneu*). Usado para indicar a idéia de banho: *balneoterapia.*

Balneologia, s. f. *Med.* Parte da Medicina que estuda o uso terapêutico dos banhos.

Balneoterapia, s. f. *Med.* Tratamento por meio de banhos.

Balofice, s. f. 1. Qualidade de balofo. 2. Impostura.

Balofo *(ô),* adj. 1. Volumoso, mas de pouco peso. 2. Sem consistência; fofo. 3. Vão, aparente. 4. Gordo, gorduroso.

Balote, s. m. 1. Pequena bala. 2. Fardo de algodão.

Balouçar, v. V. *balançar.*

Balouço, s. m. Balanço, oscilação.

Balroa, s. f. *Náut.* Arpéu com fateixa, talingado no cabo, para abordar uma embarcação.

Balroar, v. V. *abalroar.*

Balsa, s. f. 1. *Bot.* Árvore *(Ochorama pyramidale),* cuja madeira é mais leve do que cortiça, mas forte e usada especialmente para fazer jangadas. 2. Madeira dessa árvore. 3. Jangada de grandes dimensões, usada na travessia de rios onde não existe ponte. Cfr. *balça.*

Balsamadina, s. f. *Bot.* Glândula vegetal, que segrega um óleo resinoso e odorante.

Balsamar, v. Tr. dir. 1. Destilar bálsamo em. 2. Aromatizar. 3. Aliviar, amenizar.

Balsâmico, adj. 1. Da natureza do bálsamo. 2. Aromático, perfumado. 3. Animador, confortador.

Balsâmina, s. f. *Bot.* Planta ornamental balsaminácea *(Impatiens balsamina).*

Balsamináceas, s. f. pl. *Bot.* Família *(Balsaminaceae)* de plantas herbáceas, com belas flores coloridas e ornamentais.

Balsamita, s. f. *Bot.* Planta sinantérea, conhecida também por *hortelã-romana (Balsamita suaveolens).*

Balsamizar, v. V. *balsamar.*

Bálsamo, s. m. 1. Resina aromática ressumada ou extraída de alguns vegetais. 2. Infusão de plantas narcóticas em azeite doce, a qual se usa em fricções. 3. Designação de numerosas árvores leguminosas-papilionáceas. 4. Aroma, eflúvio, perfume. 5. Alívio, consolo, lenitivo. — *B.-de-tolu:* a) árvore balsâmica leguminosa-papilionácea *(Myroxylum toluifera);* b) suco extraído dessa planta e que tem várias aplicações medicinais. Pl.: *bálsamos-de-tolu.*

Balsão, s. m. 1. Insígnia ou bandeira antiga. 2. Grande estandarte dos templários.

Balseiro, s. m. Aquele que dirige a jangada ou balsa.

Báltico, adj. Relativo ao mar cercado pela Suécia, Dinamarca, Alemanha, Polônia, União Soviética e Finlândia. S. m. Esse mar.

Baluarte, s. m. 1. Espécie de anteparo de muralha fortificada. 2. Obra de fortificação avançada em ponta. 3. Fortaleza inexpugnável. 4. Lugar seguro. 5. Sustentáculo, defesa.

Baluda, s. f. Espingarda de grosso calibre.

Baluma, s. f. *Náut.* Cordel de reforço costurado no bordo da vela, entre a guinda e o punho.

Balurdo, s. m. Grande parafuso que suspende pelo bancal a pedra do lagar.

Balzaquiana, s. f. *Pop.* Mulher de 30 anos aproximados.

Balzaquiano, adj. Relativo a Balzac, escritor francês.

Bamba, adj. *Pop.* 1. Desordeiro valente. 2. Perito, traquejado.

Bambá, s. m. Certa dança de negros.

Bambaleadura, s. f. V. *bamboleamento.*

Bambaleamento, s. m. V. *bamboleamento.*

Bambaleante, adj. m. e f. V. *bamboleante.*

Bambalear, v. V. *bambolear.*

Bambaleio, s. m. V. *bamboleamento.*

Bambalhão, adj. 1. Muito bambo. 2. Indolente, moleirão. Fem.: *bambalhona.*

Bambambã, adj. *Gír.* Valentão.

Bambaquerê, s. m. *Folc.* 1. A dança do bambá. 2. Dança ou função que termina em desordem.

Bambaré, s. m. Confusão de vozes; desordem ruidosa.

Bambear, v. Tr. dir., intr. e pron. Tornar(-se) bambo; afrouxar(-se).

Bambeza *(ê),* s. f. Qualidade de bambo; lassidão, moleza.

Bambinar, v. Intr. Agitar-se com a aragem ou com o andar; esvoaçar.

Bambinela, s. f. Cortina de janela, em duas partes.

Bambo, adj. 1. Frouxo, relaxado. 2. Indeciso, hesitante.

Bambochar, v. Intr. Fazer bambochata ou patuscada.

Bambochata, s. f. 1. Pintura que representa cenas burlescas. 2. Orgia; patuscada, comezaina.
Bamboleadura, s. f. V. *bamboleamento.*
Bamboleamento, s. m. Ato de bambolear(-se); bamboleio.
Bamboleante, adj. m. e f. Que bamboleia.
Bambolear, v. 1. Intr. Agitar-se, oscilar, vacilar. 2. Tr. dir., intr. e pron. Menear(-se) com balanço do corpo; saracotear(-se); gingar.
Bamboleio, s. m. V. *bamboleamento.*
Bambolim, s. m. Sanefa que se sobrepõe a cortinados de portas e janelas.
Bambolina, s. f. Parte do cenário que, na parte de cima, une os bastidores, fingindo folhagem, o céu, o teto etc.
Bamboré, s. m. *Bot.* Arbusto das Solanáceas, também denominado *laranjinha-do-campo (Solanum papillosum).*
Bambu, s. m. *Bot.* Nome comum a numerosas gramíneas, lenhosas ou arborescentes, cujo colmo é escavado, com exceção dos nós.
Bambuada, s. f. Pancada com bambu.
Bambual, s. m. Mata de bambus. Var.: *bambuzal.*
Bamburral, s. m. Vegetação arbustiva abundante nos lugares úmidos ou pantanosos.
Bamburrice, s. f. Efeito análogo ao bambúrrio.
Bambúrrio, s. m. 1. Acaso feliz, acerto casual. 2. Sorte no jogo.
Bamburrista, s. m. e f. 1. Pessoa a quem a sorte em tudo favorece. 2. O que no jogo faz bambúrrios.
Bamburro, s. m. Charravascal muito sujo, mato emaranhado.
Bambuzal, s. m. V. *bambual.*
Banal, adj. m. e f. Vulgar, trivial, comum.
Banalidade, s. f. Frivolidade, trivialidade, vulgaridade.
Banalizar, v. Tr. dir. Tornar banal.
Banana, s. f. 1. *Bot.* Fruto da bananeira. Col.: *cacho, penca.* 2. *Bot.* A própria bananeira. 3. *Ch.* Gesto obsceno que se faz com a mão fechada e braço dobrado. Adj. e s., m. e f. Diz-se da, ou a pessoa mole, sem energia ou vontade própria; palerma.
Bananada, s. f. Doce de banana, em forma de massa.
Bananal, s. m. Lugar plantado de bananeiras.
Bananeira, s. f. *Bot.* Nome comum a várias plantas da família das Musáceas, com pseudocaule cilíndrico, verde-violáceo.
Bananeiral, s. m. V. *bananal.*
Bananeiro, s. m. Plantador ou vendedor de bananas.
Bananicultor, s. m. Agricultor que se dedica à cultura da banana.
Bananicultura, s. f. Cultura da banana.
Bananinha, s. f. Bolinho de farinha de trigo, de forma semelhante à das bananas.
Banca, s. f. 1. Pequeno banco, para sentar. 2. Mesa para escrever; carteira, secretária. 3. Escritório de advocacia. 4. Mesa especial para os trabalhos de uma oficina: *Banca* de carpinteiro. 5. Quantia para arriscar ao jogo, posta sobre a mesa pelo banqueiro.
Bancação, s. f. Ato de bancar.
Bancada, s. f. 1. Conjunto de bancos dispostos em certa ordem. 2. Banco comprido. 3. Conjunto de deputados ou senadores de um Estado ou partido político.
Bancal, s. m. 1. Pano de cobrir bancos e mesas. 2. Peça de ferro chumbada na parte superior do peso de pedra, nos lagares de azeite.
Bancar, v. 1. Intr. Ser o banqueiro em (jogo de azar). 2. Tr. dir. Dar-se ares de, fingir (o que não é).
Bancaria, s. f. Grande número de bancos.
Bancário, adj. Relativo a banco. S. m. Funcionário de banco ou casa bancária.
Bancarrota *(rrô),* s. f. 1. Falência comercial; quebra. 2. Estado de insolvência.
Bancarrotear, v. Intr. Abrir bancarrota; falir.
Bancarroteiro, adj. e s. m. Que, ou o que faz bancarrota; falido.
Banco, s. m. (germ. *bank*). 1. Móvel, com encosto ou sem ele, que serve para assento. 2. Escabelo, mocho. 3. Tábua em que se sentam os remadores. 4. Pranchão com quatro pés, sobre o qual carpinteiros, marceneiros, ferradores e outros artífices assentam e firmam as peças em que trabalham. 5. Ilhota de aluvião no meio dos rios. 6. *Hidrogr.* Baixio, baixo, escolho. 7. Estabelecimento de crédito, para transações de fundos públicos ou particulares. 8. Edifício onde se efetuam operações bancárias. 9. *Med.* Lugar onde se armazena e mantém disponível material ou tecido humanos para uso futuro: *Banco de sangue.*
Bancroftíase, s. f. *Med.* Infestação pela filária de Bancroft; filaríase de Bancroft.
Banda[1], s. f. (fr. ant. *bande,* do frâncico). 1. Fita larga. 2. Lista larga, de diferente cor ou estofo, na borda do vestido. 3. *Arquit.* Bossagem cercada de um filete ou molduras.
Banda[2], s. f. (gót. *bandwô*). 1. Parte lateral; lado. 2. Bando, multidão. 3. Conjunto de músicos em que predominam os tocadores de instrumento de sopro. S. f. pl. Direção, rumo.
Bandada, s. f. 1. Bando de aves. 2. Bando muito numeroso.
Banda-forra, s. m. Filho de branco com negra escrava.
Bandagem, s. f. 1. Ato de bandar. 2. Conjunto de faixas, ataduras, destinadas a proteger ou comprimir uma parte do corpo.
Bandalheira, s. f. 1. Ação própria de bandalho. 2. Pouca-vergonha.
Bandalhice, s. f. V. *bandalheira.*
Bandalho, s. m. 1. Trapo, farrapo. 2. Indivíduo esfarrapado. 3. Sujeito sem pundonor.
Bandaneco, s. m. Saquinho que se usa a tiracolo.
Bandão, s. m. 1. Grande bando; multidão. 2. Grande porção.
Bandar, v. Tr. dir. Guarnecer de bandas (vestido).
Bandarilha, s. f. Farpa enfeitada com fitas, que, nas corridas, se crava no cachaço dos touros.
Bandarilhar, v. Tr. dir. Cravar bandarilhas em.
Bandarilheiro, s. m. Toureiro que bandarilha touros.
Bandarra, s. m. e f. Pessoa ociosa, vadia. S. f. Reunião festiva ou ruidosa.
Bandarrear, v. Intr. Ter vida de bandarra; vadiar.
Bandeamento, s. m. Ato de bandear(-se).
Bandear[1], v. *(bando + ear).* 1. Tr. dir. Juntar em bando. 2. Pron. Unir-se a, ou passar-se para (bando, partido).
Bandear[2], v. *(banda + ear).* V. *abandar[2].*
Bandeira, s. f. 1. Pedaço de pano, em geral retangular, com figuras e inscrições em cores regulamentares, e que é distintivo de uma nação, corporação ou partido, ou para fazer sinais. Ruído: *trapeia.* 2. Facção, partido. 3. Idéia que serve de guia a uma cruzada, teoria, partido etc. 4. Caixilho envidraçado que encima portas ou janelas e serve para dar claridade aos aposentos. 5. Inflorescência da cana-de-açúcar e do milho. 6. Expedição armada (fins do séc. XVI aos começos do séc. XVIII), para explorar os sertões, descobrir minas ou capturar índios. 7. Em autos de praça, parte móvel do taxímetro, onde ocorre a bandeirada.
Bandeirada, s. f. Cota fixa marcada pelo taxímetro dos autos de praça, antes de iniciar a corrida.
Bandeirante, adj. m. e f. Relativo ao bandeirantismo. S. m. Homem que, no Brasil colonial, fazia parte de uma bandeira, acep. 6. S. m. e f. V. *paulista.* S. f. Membro da organização feminina de escotismo, daquela denominação.
Bandeirantismo, s. m. Escoteirismo para meninas.
Bandeireiro, s. m. Fabricante e/ou vendedor de bandeiras.
Bandeirinha, s. f. Pequena bandeira. S. m. 1. Indivíduo muito volúvel. 2. *Esp.* Auxiliar do juiz; juiz de linha.
Bandeirismo, s. m. Conjunto dos fatos referentes à época das bandeiras.
Bandeirista, s. m. e f. 1. V. *bandeirante.* 2. Sinaleiro de estrada de ferro.
Bandeirístico, adj. Relativo aos bandeirantes ou às bandeiras.
Bandeirola, s. f. 1. Pequena bandeira em uma haste, principalmente para fins ornamentais, mas também usada em sinalização, balizamento, publicidade etc. 2. Bandeirinha das trombetas de cavalaria.
Bandeja *(ê),* s. f. 1. Tabuleiro de várias formas e feitios, para serviço de bebidas e comidas, ou transporte de louças e cris-

tais. 2. *Náut.* Escudela grande, em que comem os marinheiros.

Bandidaço, s. m. Aum. de *bandido*; grande bandido.

Bandidismo, s. m. V. *banditismo.*

Bandido, adj. Desterrado por meio de *bando²*; banido. S. m. Indivíduo que vive do roubo e anda fugido da justiça. Aum.: *bandidaço.* Dim.: *bandidinho.* Col. pop.: *bandidada.*

Banditismo, s. m. Vida ou ato de bandido.

Bando ¹, s. m. (de *banda²*). 1. Ajuntamento de pessoas ou animais. 2. Facção, partido. 3. Quadrilha de malfeitores.

Bando², s. m. Pregão público; proclamação.

Bandó, s. m. Penteado feminino que divide o cabelo em duas partes iguais, da testa à nuca.

Bandola¹, s. f. (de *banda*). Cinto de suspender o polvorinho.

Bandola², s. f. (ital. *mandola*). Espécie de bandolim grande.

Bandoleira, s. f. Correia de couro, a tiracolo, para suster uma arma, o tambor, ou o cinturão.

Bandoleirismo, s. m. 1. Vida de bandoleiro. 2. Banditismo.

Bandoleiro, s. m. Bandido. Col.: *caterva, corja, horda, malta, súcia, turba.*

Bandolim, s. m. *Mús.* Instrumento de quatro cordas duplas que se fazem vibrar com uma palheta.

Bandolinista, s. m. e f. *Mús.* Tocador(a) de bandolim.

Bandônion, s. m. *Mús.* Espécie de acordeão quadrado, com teclado e mecanismo semelhantes aos da concertina. Var.: *bandônio.*

Bandulho, s. m. *Pop.* Pança, barriga.

Bandurra, s. f. Espécie de guitarra pequena, de cordas de tripa, braço curto e bordões.

Bandurrar, v. V. *bandurrear.*

Bandurrear, v. Intr. 1. Tocar bandurra. 2. Foliar, vadiar.

Bandurrilha, s. f. Pequena bandurra. S. m. Vadio, meliante. S. m. e f. Bandurrista.

Bandurrista, s. m. e f. Tocador(a) de bandurra ou bandurrilha.

Bangalô, s. m. 1. Casa de campo, na Índia. 2. Pequena casa de arquitetura ligeira e caprichosa.

Bangue, s. m. *Bot.* Espécie de cânhamo de que se extrai o haxixe. Var.: *bango.*

Bangüê, s. m. 1. Padiola grosseira, para condução de materiais de construção. 2. Padiola de conduzir cadáveres de escravos; esquife. 3. Engenho de açúcar, de sistema antigo, movido a tração animal.

Bangue-bangue, s. m. Filme com cenas da conquista do Oeste norte-americano, em geral com muitos tiroteios.

Banguela, adj. m. e f. Que não tem um ou mais dentes na frente.

Bangulê, s. m. *Folc.* Dança de negros, ao som de cantigas obscenas, palmas e sapateados.

Banha, s. f. 1. Gordura animal, principalmente do porco. 2. Pomada perfumada, com que se alisa o cabelo. 3. Elogio servil; bajulação.

Banhadal, s. m. 1. Sucessão de banhados. 2. Terreno coberto de banhados. 3. Banhado de vasta extensão.

Banhado, adj. 1. Metido em banho. 2. Molhado, umedecido. S. m. 1. Charco, encoberto por vegetação. 2. Pântano.

Banhar, v. 1. Tr. dir. e pron. Dar banho a, pôr-(se) no banho. 2. Tr. dir. Embeber, mergulhar. 3. Tr. dir. Molhar, inundar. 4. Tr. dir. Cercar, correr por, passar em ou junto de (falando de rios, mares, lagos).

Banheira, s. f. 1. Recipiente de forma apropriada, comumente de ferro esmaltado, em que se toma banho. 2. Mulher que prepara banhos. 3. *Gír. de motoristas.* Automóvel grande e velho. 4. *Esp.* V. *impedimento.*

Banheiro, s. m. 1. Aposento com aparelhamento de banho. 2. Aposento com vaso sanitário.

Banhista, s. m. e f. Pessoa que freqüenta praias, estações balneárias.

Banho¹, s. m. 1. Imersão total ou parcial do corpo em água ou em outro líquido ou em qualquer gás ou substância pulverulenta. 2. A água em que uma pessoa se banha. 3. Exposição total ou parcial do corpo a um agente externo. 4. Solução de material corante para roupas. 5. Metal fundido em que se mergulha uma peça para recobri-la. 6. *Esp. Gír.* Derrota por grande diferença de pontos; lavagem. S. m. pl. Balneário. — *B.-maria*: vaso com água quente na qual se mergulha outro vaso que contém a substância que se quer aquecer, cozer, derreter ou evaporar. Pl.: *banhos-marias* e *banhos-maria.*

Banho², s. m. (do frâncico, *ban*, pelo francês). Proclama de casamento. Mais usado no pl.

Banido, adj. 1. Expatriado por sentença; desterrado. 2. Posto para fora; expulso.

Banimento, s. m. Ato ou efeito de banir.

Banir, v. Tr. dir. 1. Condenar a desterro; expulsar da pátria; desterrar, exilar. 2. Expulsar de uma sociedade; excluir. (Verbo defectivo, não tem a 1ª pessoa do sing. do pres. do indic., nem o pres. do subj.)

Banível, adj. m. e f. Que deve ou merece ser banido.

Banjo, s. m. *Mús.* Instrumento musical de cordas, cuja caixa de ressonância é recoberta por uma pele esticada.

Banjoísta, s. m. e f. Tocador(a) de banjo; banjista.

Banqueiro, s. m. 1. O que executa operações bancárias. 2. Proprietário ou diretor de estabelecimento bancário. 3. O que tira as cartas e tem dinheiro para pagar aos parceiros no jogo da banca e em outros. 4. Homem rico, capitalista.

Banqueta *(ê)*, s. f. 1. Pequeno banco sem encosto. 2. *Liturg.* Primeiro degrau acima da mesa do altar, onde se colocam os castiçais. 3. *Miner.* Cata pequena, aberta ao lado de uma grande.

Banquete *(ê)*, s. m. 1. Refeição pomposa, dada a grande número de convidados. 2. Festim.

Banqueteador, adj. e s. m. Que, ou o que (se) banqueteia.

Banquetear, v. 1. Tr. dir. Dar banquete a ou em honra de. 2. Pron. Comer regaladamente.

Banquisa, s. f. Camada de gelo, por vezes espessa, formada na superfície pela congelação da água do mar.

Banto, adj. *Etnol.* Relativo aos bantos, raça negra sul-africana. S. m. 1. Pessoa dos bantos. 2. Língua falada pelos bantos.

Banzar, v. 1. Tr. dir. Espantar, pasmar, surpreender. 2. Tr. ind. e intr. Pensar demoradamente; meditar, matutar. 3. Intr. Andar à toa; vaguear.

Banzativo, adj. Pensativo.

Banzé, s. m. 1. Festa ruidosa; folia. 2. Barulho, desordem.

Banzear, v. Intr. Estar banzeiro.

Banzeiro, adj. 1. Meio revolto (diz-se do mar). 2. Diz-se do jogo que se alonga sem definir as diferenças de sorte. 3. Pensativo, triste. S. m. Desordem, tumulto.

Banzo, s. m. Estado de nostalgia profunda dos negros africanos, quando cativos e ausentes do seu país. Adj. Abatido, pensativo, triste.

Banzos, s. m. pl. 1. Cada um dos paus paralelos em que se encaixam os degraus de uma escada. 2. Cada um dos braços do andor ou esquife.

Baobá, s. m. *Bot.* Árvore da família das Bombacáceas *(Adansonia digitata)*, originária das estepes africanas, de tronco relativamente baixo, mas de grossura extraordinária, chegando muitas vezes a atingir nove metros de diâmetro.

Baquara, adj. m. e f. Ativo, diligente, esperto, sabido.

Baque, s. m. 1. Estrondo produzido por um corpo que cai. 2. Choque, queda. 3. Desastre súbito; revés, contratempo.

Baquear, v. Intr. 1. Cair de repente, levar baque. 2. Ficar sem recursos; arruinar-se.

Baquelita, s. f. Nome comum a várias resinas sintéticas e plásticas, especialmente resinas e plásticos fenólicos. Var.: *baquelite.*

Baquerubu, s. m. *Bot.* Árvore cesalpiniácea *(Schizolobium parahybum)*, muito elegante e majestosa. Var.: *bacurubu.*

Baqueta *(ê)*, s.f. 1. Pequena vara de madeira com que se percutem os tambores. 2. Vareta de guarda-sol.

Baquetar, v. Intr. Tocar tambor com baquetas.

Baquetear, v. V. *baquetar.*

Báquico, adj. 1. Relativo a Baco ou ao vinho. 2. Orgíaco.

Baquista, adj. e s., m. e f. Que, ou quem é dado ao vinho ou à embriaguez, ou gosta de orgias.

Baquité, s. m. Samburá que as índias trazem às costas.

Bar[1], s. m. (ingl. *bar*). 1. Balcão onde se servem bebidas. 2. Estabelecimento com esse balcão. 3. Móvel onde se guardam bebidas.

Bar[2], s. m. *Meteor.* Unidade de pressão, equivalente a 1.000.000 de dinas por cm^2.

Baraço, s. m. 1. Corda ou laço para estrangular. 2. Corda, cordel.

Barafunda, s. f. 1. Multidão desordenada de pessoas ou coisas. 2. Confusão. 3. Algazarra, motim, tumulto.

Barafustar, v. 1. Tr. ind. Entrar violenta ou precipitadamente. 2.Intr. Agitar-se desordenadamente; bracejar, debater-se, espernear, estrebuchar.

Baraia, s. f. *Ornit.* Espécie de louro ou papagaio.

Barajuba, s. f. *Bot.* Árvore da região amazônica, própria para construções.

Baralha, s. f. O que resta do baralho depois de dadas as cartas. 2. Barulho, desordem. 3. Intrigas, mexericos.

Baralhada, s. f. Atrapalhação, desordem, confusão.

Baralhador, adj. e s. m. Que, ou o que baralha.

Baralhamento, s. m. Ato ou efeito de baralhar(-se).

Baralhar, v. 1. Tr. dir. e intr. Misturar (as cartas do baralho); embaralhar. 2. Tr. dir. e pron. Confundir(-se), misturar (-se), embaralhar(-se).

Baralho, s. m. Coleção de cartas de jogar.

Barão, s. m. 1. Título nobiliárquico imediatamente inferior a visconde. 2. Homem valoroso; varão. 3. *Pop.* Pessoa emproada. Fem.: *baronesa.*

Barata, s. f. (1. *blatta*). 1. *Entom.* Nome comum a todos os insetos ortópteros da família dos Blatídeos. Em sentido restrito, designa as espécies domésticas, verdadeira praga. 2. Mulher velha. 3. Batedeira de manteiga.

Baratar, v. *P. us.* V. *baratear.*

Barataria, s. f. *Dir.* Ato praticado pelo capitão ou tripulante de um navio, de que resulta dano à embarcação, carga ou passageiros.

Barateamento, s. m. Ato ou efeito de baratear.

Baratear, v. 1. Tr. dir. Reduzir o preço de. 2. Tr. dir. e pron. Dar pouco valor a; menosprezar(-se). 3. Intr. Diminuir de valor. 4. Tr. dir. Conceder sem dificuldade.

Barateio, s. m. V. *barateamento.*

Barateiro, adj. Que vende ou compra barato. S. m. Vendedor ambulante de objetos de armarinho.

Barateza, s. f. Modicidade de preços.

Barato[1], s. m. 1. Percentagem paga ao dono da tavolagem e deduzida dos ganhos do jogo. 2. *Gír.* V. *curtição.* Adj. Que custa um preço baixo; módico.

Barato[2], adv. 1. Por baixo preço. 2. Sem muito custo.

Barátrico, adj. Relativo a báratro.

Báratro, s. m. 1. Abismo, voragem. 2. O inferno.

Baraúna, s. f. *Bot.* 1. Árvore de grande porte da família das Leguminosas *(Melanoxylon brauna)*, de madeira muito dura. 2. Essa madeira. Var.: *braúna.*

Barba, s. f. 1. Pêlos do rosto do homem. 2. Qualquer porção desses pêlos. 3. Queixo. 4. Qualquer coisa que tenha semelhança com a barba ou com um feixe de pêlos. S. f. pl. Lâminas córneas e flexíveis, que crescem em duas fileiras dentro da boca das baleias.

Barbacã, s. f. 1. Obra avançada de fortificação. 2. Orifício em muros de arrimo, para escoamento de águas pluviais infiltradas.

Barbaças, s. m. sing. e pl. Indivíduo de barbas grandes.

Barbaçudo, adj. Que tem muita barba.

Barbada, s. f. 1. Beiço inferior do cavalo. 2. *Gír.* No turfe, páreo cujo ganhador se tem como certo. 3. *Por ext.* Qualquer vitória fácil.

Barbadiano, adj. e s. m. Que, ou o que é natural de Barbados, ilha do Arquipélago das Antilhas.

Barbadinho, s. m. Frade franciscano que usa barba comprida.

Barbado, adj. Que tem barba; barbudo.

Barbalhada, s. f. Barba cerrada.

Barbalho, s. m. *Bot.* Raiz filamentosa ou radícula das plantas.

Barbalhoste, adj. Com pouca barba.

Barbante, s. m. Cordel para atar. Adj. *Gír.* Ordinário.

Barbar, v. Intr. 1. Começar a ter barba. 2. Lançar barbalho ou radículas (a planta).

Barbaresco, adj. Próprio dos bárbaros; barbarisco.

Barbaria, s. f. 1. Ação própria de bárbaros. 2. Multidão de bárbaros. 3. Selvageria. 4. Crueldade.

Barbaridade[1], s. f. 1. Barbaria. 2. Proposição absurda.

Barbaridade![2], interj. Exprime admiração, espanto.

Barbárie, s. f. Estado ou condição de bárbaro; barbarismo.

Barbarisco, adj. V. *barbaresco.*

Barbarismo, s. m. 1. *Gram.* Palavras estranhas ao idioma, quer na forma, quer na significação. 2. *Gram.* Emprego dessas palavras. 3. Ação de gente bárbara; barbaridade, barbárie.

Barbarizar, v. 1. Tr. dir. e pron. *Gram.* Tornar(-se) bárbaro. 2. Tr. dir. Mesclar barbaridades em (costumes, ritos e cerimônias). 3. Intr. Dizer ou escrever barbarismos.

Bárbaro, adj. 1. Relativo aos bárbaros, povos invasores do Império Romano, nos sécs. III e IV. 2. Inculto. 3. Desumano, cruel. Interj. *Gír.* Muito bom.

Barbarolexia *(cs)*, s. f. 1. *Ret.* Junção de palavra estrangeira a outra vernácula. 2. Erro de pronúncia de palavra estrangeira.

Barbasco, s. m. V. *verbasco.*

Barbatana, s. f. 1. *Ictiol.* Cada um dos órgãos externos, membranosos, com que se deslocam na água os peixes e alguns cetáceos. 2. Lâmina córnea flexível do céu da boca das baleias, ou lâmina similar de qualquer material, usada na armação de peças do vestuário.

Barbatão, s. m. Rês que, criada nas matas, se tornou bravia.

Barbatimão, s. m. *Bot.* Árvore leguminosa-mimosácea *(Stryphnodendron barbatiman)*, rica em tanino.

Barbeação, s. f. Ato ou efeito de barbear(-se).

Barbeador, s. m. 1. Barbeiro. 2. Aparelho para barbear.

Barbear, v. 1. Tr. dir. Fazer a barba a. 2. Pron. Fazer a própria barba.

Barbearia, s. f. 1. Ofício de barbeiro. 2. Loja ou salão de barbeiro.

Barbecho *(ê)*, s. m. *Agr.* Primeira lavra dada a um terreno para o deixar em pousio.

Barbeiragem, s. f. *Gír.* 1. Ação de conduzir mal um veículo. 2. Imperícia.

Barbeiro, s. m. 1. Indivíduo que, por ofício, barbeia e corta cabelo. 2. *Gír.* Mau condutor de qualquer veículo, ou quem não é hábil em seu ofício. 3. *Entom.* Nome vulgar brasileiro de vários insetos hemípteros hematófagos, vetores do causador da doença de Chagas.

Barbeirola, s. m. *Pej.* Barbeiro pouco hábil.

Barbela, s. f. 1. Papada ou pele pendente do pescoço do boi e de alguns ruminantes. 2. Saliência adiposa, por baixo do queixo. 3. Cordão do chapéu, que se prende ao queixo. 4. *Ornit.* V. *barbilhão.* 5. A farpa do anzol ou fisga.

Barbelões, s. m. pl. *Vet.* Bolhas que aparecem sob a língua do cavalo ou do boi.

barbi-, elem. de comp. (1. *barba*). Exprime a idéia de *barba, pêlo: barbiforme.*

Barbialçado, adj. De barba levantada. 2. De fronte erguida.

Barbica, s. f. V. *barbicha.*

Barbicacho, s. m. 1. Cordão que, por baixo do queixo, segura o chapéu. 2. Cabeçada ou cabresto de corda para cavalgaduras. 3. Sujeição, submissão.

Barbicha, s. f. 1. Pequena barba. 2. Pessoa que a usa.

Barbífero, adj. Que tem barba.

Barbiforme, adj. m. e f. Com forma de barba.

Barbilhão, s. m. 1. Apêndice sensorial da região bucal dos peixes. 2. Apêndice do freio da língua do boi e do cavalo. 3. Papada sob o bico das aves.

Barbilho, s. m. 1. Rede ou saco de esparto, que se põe no focinho de alguns animais, para os impedir de mamar ou comer. 2. Estorvo, embaraço.

Barbilongo, adj. Com barbas compridas.

Barbilouro, adj. Com barba loura. Var.: *barbiloiro.*

Barbinegro, adj. Com barba negra.

Barbirrostro *(ó)*, adj. *Ornit.* Que tem pêlos no bico.
Barbirruivo, adj. Que tem as barbas ou as penas ruivas.
Barbiteso *(ê)*, adj. 1. Que tem a barba rija. 2. Forte, resistente.
Barbotina, s. f. *Bot.* Semente do absinto ou losna.
Barbudinho, s. m. *Ornit.* V. *rendeira*[3].
Barbudo, adj. Que tem muita barba. S. m. *Ictiol.* 1. Peixe polinemídeo *(Polydactylus virginicus)*, marítimo.
Bárbula, s. f. *Ornit.* Cada uma das ramificações das barbas das penas das aves.
Barca, s. f. 1. *Náut.* Embarcação de fundo chato, para transporte de passageiros e cargas, sobre pequenas extensões de água. 2. Canção de barqueiros. Aum.: *barcaça*; dim.: *barquinha* e *barqueta.*
Barça, s. f. Capa de palha ou vime, com que se protegem vidros.
Barcaça, s. f. Grande barca. Dim.: *barcacinha.*
Barcada, s. f. Carga de um barco ou barca.
Barcagem, s. f. 1. Carregação de uma barca; barcada. 2. O que se paga para atravessar um rio em barco ou barca.
Barcarola, s. f. *Mús.* 1. Canção romântica dos gondoleiros de Veneza. 2. Peça vocal ou instrumental feita no estilo dessa canção.
Barcelonês, adj. Relativo a Barcelona (Espanha).
Barco, s. m. *Náut.* 1. Embarcação pequena e sem coberta, de capacidade inferior a 100t. 2. Qualquer embarcação.
Barda, s. f. 1. Sebe de espinheiros ou silvas entrelaçadas. 2. Pranchão de escora para muros que ameaçam ruir. 3. Tapume de madeira de um curral. 4. Camada. 5. *Ant.* Armadura de metal que defendia o pescoço e o peito do cavalo.
Bardana, s. f. *Bot.* Qualquer planta do gênero *Lappa*, cujos frutos se prendem aos pêlos dos animais; também chamada *pegamassa.*
Bardar, v. Tr. dir. Cercar de, ou cobrir com bardas.
Bárdico, adj. Relativo à poesia dos bardos ou ao tempo deles.
Bardo, s. m. 1. Poeta heróico ou lírico entre os celtas e gálios. 2. Trovador.
Barestesia, s. f. *Med.* Sensibilidade à pressão.
Bareta *(ê)*, s. f. *Arqueol.* Moldura estreita, também chamada *meio-redondo.*
Barganha, s. f. 1. Troca. 2. Transação fraudulenta; trapaça.
Barganhar, v. Tr. dir. Trocar, negociar. Var.: *berganhar.*
Barganheiro, s. m. V. *barganhista.*
Barganhista, s. m. e f. Pessoa que faz barganha; negociante.
Bargantaria, s. f. Vida ou ação de bargante.
Bargante, s. m. Indivíduo de maus costumes; velhaco, patife.
Bargantear, v. Intr. Levar vida de bargante; vadiar.
bari-, elem. de comp. (gr. *barus*). Exprime a idéia de *pesado, grave, difícil, peso, gravidade: barifonia.*
Bária, s. m. Unidade de pressão no sistema CGS, que equivale a 1 dina por centímetro quadrado.
Baricentro, s. m. *Fís.* Centro de gravidade.
Bárico, adj. *Quím.* Referente ao bário.
Barifonia, s. f. *Med.* Dificuldade na emissão da voz; rouquidão.
Barimetria, s. f. *Fís.* Medição da gravidade ou do peso.
Barimétrico, adj. *Fís.* Relativo à barimetria.
Bário, s. m. *Quím.* Elemento metálico alcalino-terroso, de símbolo Ba, número atômico 56 e massa atômica 137,36.
Bariolagem, s. f. *Mús.* Maneira especial de executar certas peças no violino, com emprego de cordas soltas.
Bárion, s. m. *Fís.* Partícula instável, mais pesada que os prótons e nêutrons.
Bariri, s. m. Corrente veloz das águas dos rios em trechos onde há sensível diferença de nível.
Barita, s. f. *Miner.* Sulfato natural de bário.
Baritina, s. f. V. *barita.*
Baritita, s. f. V. *barita.*
Barítono, s. m. *Mús.* 1. Voz de homem entre o tenor e o baixo. 2. Cantor que possui essa voz.
Barjuleta *(ê)*, s. f. Bolsa grande ou mochila de couro que se leva às costas com objetos de uso.
Barlaventear, v. *Náut.* 1. Intr. Dirigir o navio contra a parte donde sopra o vento. 2. Pron. Pôr-se a barlavento. Antôn.: *sotaventar, sulaventear.*
Barlavento, s. m. *Náut.* Bordo do navio donde sopra o vento. Antôn.: *sotavento, sulavento* e *julavento.*
A b.: do lado do vento; em situação favorável.
Barnabé, s. m. *Gír.* Funcionário público estadual ou municipal.
Barnabita, s. m. Clérigo regular da congregação de S. Paulo e S. Barnabé, fundada em Milão em 1530.
baro-, elem. de comp. (gr. *baros*). O mesmo que *bari*[1]: *barologia.*
Baroco, s. m. *Lóg.* Tipo de silogismo da segunda figura aristotélica.
Barógrafo, s. m. *Meteor.* Barômetro que registra automaticamente num papel a pressão atmosférica.
Barologia, s. f. *Fís.* Estudo das leis da gravidade.
Barológico, adj. *Fís.* Relativo à barologia.
Barométrico, adj. 1. Relativo ao barômetro. 2. Medido pelo barômetro.
Barômetro, s. m. *Meteor.* Instrumento para determinar a pressão atmosférica.
Barometrografia, s. f. 1. *Meteor.* Observação pelo barômetro. 2. Descrição dos barômetros.
Barometrógrafo, s. m. V. *barógrafo.*
Baronato, s. m. Título ou dignidade de barão; baronia.
Baronesa *(ê)*, s. f. 1. Mulher que tem baronato. 2. Esposa do barão.
Baronia, s. f. Dignidade de barão; baronato.
Baronial, adj. m. e f. Relativo a baronias ou a barões.
Barosânemo, s. m. *Fís.* Aparelho para conhecer a força do vento.
Baroscópio, s. m. *Fís.* Instrumento próprio para demonstrar a gravidade do ar e o princípio de Arquimedes aplicado aos fluidos elásticos.
Barqueiro, s. m. Aquele que dirige ou possui barca ou barco.
Barqueta *(ê)*, s. f. Barca pequena; barquinha.
Barquilha, s. f. *Náut.* Instrumento para medir a velocidade de navios.
Barquinha, s. f. 1. Pequena barca. 2. V. *barquilha.* 3. Barca pequena ou cesto, pendente de um aeróstato, onde vão os tripulantes.
Barra, s. f. 1. Peça estreita e alongada, de material sólido. 2. Jogo que consiste em arremessar uma peça curta de ferro, ganhando quem a atirar mais longe. 3. Pedaço de ferro usado nesse jogo. 4. Borda inferior das saias, e das calças masculinas. 5. *Náut.* Alavanca do cabrestante. 6. *Tip.* Instrumento com que se apertam no prelo as folhas antes de se imprimirem. 7. Pintura de cor diferente do fundo, na parte inferior de uma parede. 8. *Herald.* Listão do escudo, que o atravessa de alto a baixo. 9. Fimbria, lista, orla, tira. 10. *Vet.* Espaço nos maxilares entre os dentes caninos e molares. 11. *Gram.* Travessão. 12. *Autom.* Peça rígida, alongada, intermediária e destinada normalmente à ligação. 13. *Geogr.* Foz, desembocadura. 14. *Geogr.* Entrada estreita de um porto. 15. Gradil que, nos tribunais, separa os juízes do público. 16. Peça ou bloco sólido de algum metal a ser trabalhado.
Barraca, s. f. 1. Tenda de acampamento. 2. Construção temporária, geralmente de madeira e lona, facilmente removível, com finalidades comerciais, como as das feiras, ou residenciais. 3 Grande guarda-sol, usado por banhistas nas praias.
Barracamento, s. m. V. *abarracamento.*
Barracão, s. m. 1. Grande barraca. 2. Telheiro, teto ou abrigo provisório, especialmente para materiais de construção. 3. Casa de poucos cômodos, modesta.
Barracento, adj. V. *barrento.*
Barraco, s. m. Pequena casa de tijolo ou madeira, nos bairros pobres, coberta com palha, ramos, telha ou zinco.
Barradela, s. f. V. *barradura.*
Barrado[1], adj. (p. de *barrar*[1]). 1. Feito em barras. 2. Guarnecido com barra (saia etc.). 3. Proibido de entrar, passar ou

fazer alguma coisa. S. m. *Hérald.* Campo coberto de barras de metal e de cor.

Barrado[2], adj. Coberto ou tapado com barro.

Barradura, s. f. Ato ou efeito de barrar.

Barragem, s. f. 1. Construção de pedra, ferro e cimento, para represar água. 2. Impedimento, obstrução.

Barra-limpa, adj. e s., m. e f. *Gír.* Diz-se de, ou pessoa correta, leal e amiga.

Barranca, s. f. 1. Margem de um curso de água. 2. V. *barranco.*

Barranceira, s. f. 1. Barranca extensa. 2. Ribanceira.

Barranco, s. m. 1. Escavação aberta por enxurradas ou pelo homem. 2. Beira de rio. 3. Despenhadeiro. 4. Estorvo, embaraço.

Barrancoso, adj. Cheio de barrancos.

Barranqueira, s. f. 1. Grande barranco. 2. Série de barrancos.

Barranqueiro, adj. e s. m. Diz-se do, ou o habitante das margens do Rio São Francisco, em Minas Gerais e na Bahia.

Barrão, s. m. V. *varrão.*

Barraqueiro, s. m. Dono de barraca.

Barraquim, s. m. Barraca pequena.

Barrar[1], v. *(barra + ar).* Tr. dir. 1. Guarnecer com barra. 2. Atravessar com barra. 3. Impedir, frustrar.

Barrar[2], v. *(barro + ar).* Tr. dir. 1. Revestir de barro; rebocar. 2. Tapar, encher ou cobrir de barro. 3. Cobrir ou revestir de matéria mole.

Barrear, v. V. *barrar*[2].

Barregã, s. f. Mulher amancebada; concubina.

Barregão, s. m. Homem que tem barregã; amancebado.

Barregar, v. 1. Tr. dir. Dizer aos berros. 2. Intr. Berrar, berregar.

Barregueiro, s. m. V. *barregão.*

Barreguice, s. f. Estado do que vive com barregã; concubinato, mancebia.

Barreira[1], s. f. *(barra + eira).* 1. Estacada feita além do muro da fortificação. 2. Posto fiscal para a cobrança de taxas ou impostos. 3. Alvo, ponto. 4. Obstáculo, embaraço.

Barreira[2], s. f. *(barro + eira).* Lugar de onde se extrai barro.

Barreiro, s. m. *(barro + eiro).* 1. V. *barreira*[2]. 2. Terra alagada; tijucal.

Barrela, s. f. Água contendo cinza, que, fervida e decoada, serve para branquear a roupa; lixívia.

Barreleiro, adj. 1. Cesto grande em que se faz a barrela. 2. Cinza com que se fez a barrela. 3. Pano que se estende por cima da roupa e pelo qual se coa a lixívia sobre ela.

Barrento, adj. 1. Em que há barro. 2. Da cor do barro.

Barretada, s. f. 1. Saudação que se faz tirando o barrete ou o chapéu da cabeça. 2. Mesura exagerada.

Barrete *(ê),* s. m. 1. Espécie de boné sem pala para se usar em casa. 2. Carapuça. 3. Cobertura quadrangular, com que os clérigos protegem a cabeça.

Barreteiro, s. m. Pessoa que faz ou vende barretes.

Barretina, s. f. Cobertura de cabeça, usada por militares.

Barrica, s. f. 1. Vasilha feita de aduelas, em forma de pipa. 2. *Gír.* Mulher baixa e gorda.

Barricada, s. f. Barreira improvisada com barricas cheias de terra, estacas, pedras das calçadas, sacos de areia etc.

Barricar, v. Tr. dir. Defender com barricadas.

Barrido, s. m. V. *barrito.*

Barriga, s. f. 1. Cavidade abdominal do homem e dos animais, que contém a maior parte das vísceras; abdome, ventre, pança. 2. Qualquer saliência; bojo. 3. Gravidez. — *B.-d'água:* hidropisia.

Barrigada, s. f. 1. Pancada com a barriga; pançada. 2. Barriga cheia; fartadela. 3. Vísceras de animais abatidos. 4. Conjunto dos filhotes nascidos de um parto só. 5. *Pop.* Gravidez.

Barrigal, adj. m. e f. Concernente a barriga.

Barriguda[1], s. f. *Bot.* Árvore da família das Bombacáceas *(Ceiba erianthos),* muito ornamental; paineira.

Barriguda[2], adj. e s. f. Prenhe, grávida.

Barrigudinho, s. m. *Ictiol.* Nome comum de numerosos peixinhos da família dos Pecilídeos.

Barrigudo, adj. Que tem grande barriga.

Barrigueira, s. f. 1. Tira do arreio que passa em torno da barriga do cavalo ou do muar. 2. Couro ou carne da região da barriga do animal.

Barril, s. m. 1. Tonel pequeno. 2. O conteúdo desse tonel.

Barrilada, s. f. 1. O conteúdo do barril. 2. *Gír.* Desordem, motim.

Barrileira, s. f. Vasilha na qual se faz a barrela.

Barrilete *(ê),* s. m. 1. Pequeno barril. 2. Peça de ferro com que os marceneiros sujeitam ao banco a madeira que lavram.

Barrilha, s. f. 1. Cinza de barrilheira. 2. *Bot.* Barrilheira.

Barrilheira, s. f. *Bot.* Planta anual, européia *(Salsola kali),* da qual se faz a lixívia.

Barriqueiro, s. m. Fabricante e/ou vendedor de barricas.

Barrir, v. Intr. Soltar barritos (o elefante). Verbo defec. unipessoal.

Barrista[1], s. m. e f. *(barra + ista).* Ginasta que faz acrobacias em barras fixas.

Barrista[2], s. m. e f. *(barro + ista).* Pessoa que trabalha ou modela em barro.

Barrito, s. m. Voz do elefante e de alguns outros animais. Var.: *barrido.*

Barro, s. m. 1. Argila. 2. Essa matéria amassada com água, utilizada em alvenaria. 3. *Pop.* Coisa sem valor.

Barroca, s. f. 1. Escavação natural proveniente das erosões. 2. Monte ou rocha de barro; piçarra. 3. Despenhadeiro.

Barrocada, s. f. V. *barrocal.*

Barrocal, s. m. Lugar cheio de barrocas; barroqueira.

Barrocão, s. m. Grande barroca.

Barroco *(ô),* adj. Muito ornamentado. S. m. *Bel.-art.* Estilo arquitetural e decorativo que prevaleceu do fim do século XVI ao fim do século XVIII, caracterizado pelo exagero dos adornos.

Barroqueira, s. f. Garganta profunda, geralmente entre vales.

Barroso *(ô),* adj. 1. Cheio de barro. 2. Da natureza do barro. 3. Diz-se do gado de cor semelhante à palha de milho, ou de capim seco.

Barrotar, v. Tr. dir. 1. Segurar com barrotes. 2. Assentar barrotes em.

Barrote, s. m. Trave grossa e curta para suster forros, ripados, soalhos etc. Dim.: *barrotinho* e *barrotim.*

Barrotear, v. V. *barrotar.*

Barrotim, s. m. Corr. de *barrotinho.*

Barrotinho, s. m. Barrote pequeno, curto.

Barulhada, s. f. Grande barulho; barulheira.

Barulheira, s. f. V. *barulhada.*

Barulheiro, adj. *(barulho + eiro).* V. *barulhento.*

Barulhento, adj. 1. Que faz barulho. 2. Que faz muito barulho. 3. Agitado, rumoroso.

Barulho, s. m. 1. Ruído, rumor. 2. Desordem, motim, tumulto. 3. Alarde, ostentação.

Barulhoso, adj. V. *barulhento.*

Basáltico, adj. Formado de basalto.

Basaltiforme, adj. m. e f. Semelhante ao basalto

Basalto, s. m. *Miner.* Rocha ígnea densa ou finamente granulada, cujos componentes essenciais são plagioclásio, augita, olivina e magnetita.

Basbaque, s. m. 1. Indivíduo que se espanta de tudo. 2. Aquele que espreita o cardume junto das armações para lançar a rede.

Basbaquice, s. f. Ação ou comportamento de basbaque.

Báscula, s. f. Balança decimal.

Basculante, adj. m. e f. Que funciona com movimento de básculo.

Basculhar, v. V. *vasculhar.*

Básculo, s. m. 1. Peça chata que gira sobre uma cavilha para abrir ou fechar alternadamente dois ferrolhos de uma porta. 2. Ponte levadiça, com contrapeso.

Base, s. f. 1. Porção da superfície de um objeto, com a qual ele se assenta fixamente. 2. Região de um órgão por onde se dá sua inserção no corpo ao qual ele pertence. 3. A parte mais ampla de um órgão. 4. *Escult.* Pedestal de uma coluna ou de outro ornato. 5. *Geom.* Lado sobre o qual pode assentar-se uma figura. 6. *Quím.* Corpo que, combinando-se com um ácido, produz um sal. 7. Fundamento principal. 8. Origem. 9. Preparo intelectual. 10. *Mil.* Conjunto de facilidades para operações militares. 11. *Polít.* Conjunto de militantes de um partido, por oposição aos dirigentes.

Baseado, adj. Fundado, fundamentado.

Baseamento, s. m. *Constr.* Alicerce; sapata.

Basear, v. 1. Tr. dir. Estabelecer as bases de; firmar. 2. Pron. Fundar-se. 3. Pron. Referir-se a; apoiar-se em; originar-se de.

Baseláceas, s. f. pl. *Bot.* Família *(Basellaceae)* de ervas, geralmente trepadeiras. Inclui a bertalha.

Basicidade, s. f. *Quím.* Propriedade que um corpo possui de entrar como base numa combinação.

Basic (*bêisic*), s. m. (t. ingl.). Acrônimo de *Beginner's All-purpose Symbolic Instruction Code:* Código de instruções simbólicas de uso geral para principiantes. *Inform.* Linguagem algébrica usada por engenheiros, cientistas e outros programadores não-profissionais.

Básico, adj. *(base + ico).* 1. Que serve de base. 2. Essencial, principal, fundamental. 3. *Quím.* Que tem reação alcalina.

Basídio, s. m. *Bot.* Esporângio dos cogumelos basidiomicetes.

Basidiomicetes, s. m. pl. *Bot.* Classe *(Basidiomycetes)* de plantas, na subdivisão dos Fungos, caracterizadas pela presença de basidiosporios.

Basidiospório, s. m. *Bot.* Espório que provém do amadurecimento de um basídio.

Basificação, s. f. *Quím.* Passagem de um composto químico para o estado de base.

Basilar, adj. m. e f. 1. Que serve de base. 2. Que pertence à base. 3. Situado na base de um órgão. 4. Básico, essencial.

Basílica, s. f. Igreja católica com certos privilégios.

Basilicão, s. m. *Farm.* Ungüento supurativo composto de pez negro, resina de pinheiro, cera amarela e azeite.

Basilisco, s. m. *Mit.* Réptil fabuloso, a que se atribuía o poder de matar com a vista ou o bafo.

Basinérveo, adj. *Bot.* Designativo das folhas cujas nervuras partem da base.

Básio[1], s. m. (gr. *basis*). *Anat.* Ponto médio da borda dianteira do forame occipital.

básio-[2], elem. de comp. O mesmo que *bási: basioglosso.*

Basiofaríngeo, s. m. *Anat.* Diz-se do músculo da faringe inserto na base do osso hióide.

basioglosso, adj. *Anat.* Diz-se do músculo que vai do osso hióide à base da língua.

Basiótribo, s. m. *Cir.* Instrumento com que se esmaga a base do crânio dos fetos mortos.

baso-, elem. de comp. (gr. *basis*). O mesmo que *bási-: basófilo.*

Basófilo, adj. Que fixa os corantes básicos.

Basquete, s. m. (ingl. *basket-ball*). *Esp.* V. *bola-ao-cesto.*

Basta[1], s. f. 1. Cada um dos cordéis que atravessam, de um lado a outro, o colchão, o coxim, a almofada. 2. O remate desses cordéis. 3. Barra do vestido.

Basta![2], interj. Cessar!, chega!, não mais!

Bastante, adj. m. e f. Que basta; suficiente. Adv. Em quantidade, muito.

Bastão[1], s. m. 1. Bordão. 2. Vara de pau que se traz para servir de apoio ou de arma. 3. Grande bengala. 4. Insígnia de comando militar, usada pelos marechais do exército.

Bastão[2], adj. 1. Muito basto. 2. Denso.

Bastar, v. 1. Tr. ind. e intr. Ser suficiente, ser tanto quanto é necessário. 2. Pron. Ter suficiência própria.

Bastardear, v. V. *abastardar.*

Bastardia, s. f. 1. Condição de bastardo. 2. Ramo bastardo de uma família. 3. Degeneração.

Bastardinho, s. m. Talhe de letra menor que o bastardo.

Bastardo, adj. 1. Diz-se do filho que nasceu de pais não casados. 2. Degenerado da espécie a que pertence. S. m. 1. Filho ilegítimo. 2. Talhe de letra inclinada e cheia, com ligações arredondadas e hastes simples. 3. *Náut.* Cabo de atracar vergas nos mastros.

Basteirado, adj. Diz-se do animal que tem basteiras no lombo.

Basteirar, v. Intr. Produzir (o lombilho) sinais de basteiras em (o lombo do cavalo).

Basteiras, s. f. pl. 1. Cada um dos lados da espinha do cavalo em que assentam os bastos do lombilho. 2. Manchas de pêlo branco, deixadas pelas escoriações do lombilho.

Bastião, s. m. (cast. *bastión*). Obra saliente de uma fortificação, com dois flancos e duas faces; baluarte. Pl.: *bastiães* e *bastiões.*

Bastida, s. f. 1. Trincheira de paus muito unidos. 2. Barreira, estacada, paliçada, ripado.

Bastidão, s. f. 1. Qualidade do que é basto; espessura. 2. Multidão.

Bastidor, s. m. 1. Caixilho de madeira em que se prega e retesa o estofo que se quer bordar. S. m. pl. 1. Cada um dos quadros móveis que formam, no teatro, a decoração lateral e superior do palco. 2. Enredos ou mexericos entre os artistas de teatro. 3. Coisas íntimas e particulares (da política, das finanças etc.).

Atrás dos bastidores: ocultamente, sem aparecer.

Bastilha, s. f. *Ant.* Fortaleza.

Basto[1], adj. 1. Cerrado, espesso. 2. Abundante, copioso.

Basto[2], s. m. (cast. *basto*). Ás de paus, no jogo do voltarete.

Bastonada, s. f. Pancada com bastão.

Bastonete *(ê)*, s. m. 1. Pequeno bastão; varinha. 2. *Bacter.* Bacilo alongado, articulado, miceliforme.

Bastos, s. m. pl. As partes acolchoadas do lombilho que assentam no lombo da cavalgadura.

Bata[1], s. f. 1. *Ant.* Roupão de homem. 2. Espécie de roupão com a frente abotoada até a cintura. 3. Operação de bater o feijão, para que os grãos se desprendam.

Bata[2], s. f. *Gír.* Mão.

Batalha, s. f. (l. *battualia*). 1. Combate geral entre exércitos ou armadas. 2. Combate, luta. 3. Contenda, discussão.

Batalhação, s. f. Persistência de esforços; porfia, teimosia.

Batalhador, adj. e s. m. 1. Que, ou o que batalha. 2. Que, ou o que é defensor convicto de uma idéia, partido ou princípio.

Batalhante, adj. m. e f. Que batalha.

Batalhão, s. m. (ital. *bataglione*). 1. *Mil.* Fração de regimento a qual se subdivide em companhias. 2. *Fam.* Grande número de pessoas.

Batalhar, v. 1. Tr. ind. e intr. Dar batalha; combater, pelejar. 2. Tr. ind. Argumentar, discutir porfiadamente. 3. Tr. dir. Travar (batalha).

Bataria, s. f. 1. Barulho, bravata. 2. Parolagem.

Batata, s. f. 1. *Bot.* Nome comum a plantas que produzem tubérculos comestíveis, particularmente a espécie *Solanum tuberosum*, chamada *batata-inglesa.* 2. Tubérculo comestível dessa espécie; batatinha. 3. Erro de pronúncia. 4. *Fam.* Nariz muito grosso. 5. *Pop.* Bíceps desenvolvido. — *B.-doce:* planta sarmentosa da família das Convolvuláceas *(Ipomoea batatas)*, cujas raízes tuberosas, comestíveis, de gosto adocicado, têm alto valor nutritivo. *B.-inglesa: batata*, acep. 1.

Batatada, s. f. 1. Grande quantidade de batatas. 2. Doce de batatas. 3. Seqüência de tolices.

Batatal, s. m. Plantação de batatas. Adj. *Gír.* Certo, exato, seguro.

Batatarana, s. f. *Bot.* Trepadeira leguminosa-papilionácea *(Vigna repens).*

Batateira, s. f. Pé de batata; batateiro.

Batateiral, s. m. V. *batatal.*

Batateiro, adj. 1. *Pop.* Grande apreciador de batatas. 2. Que fala incorretamente ou pronuncia mal. S. m. 1. V. *batateira.* 2. Plantador de batatas. 3. Vendedor de batatas.

Batatinha, s. f. 1. Pequena batata. 2. Tubérculo da batata-inglesa.

Batávico, adj. Que diz respeito à Batávia, nome antigo da Holanda.

Batávio, adj. 1. V. *batavo.* 2. V. *batávico.*

Batavo *(tá)*, adj. 1. Relativo aos batavos, antigo povo germânico que habitava o delta do Reno. 2. Holandês.

Bateada, s. f. O conteúdo de uma bateia.

Bateador, s. m. Indivíduo que trabalha com bateia.

Batear, v. Tr. dir. Lavar na bateia.

Bate-boca, s. m. 1. Discussão violenta; altercação. 2. Vozerio de briga de mulheres. Pl.: *bate-bocas.*

Batedeira, s. f. 1. Aparelho, manual ou elétrico, para bater massas, misturas etc. 2. Aparelho que bate o leite para fazer manteiga. 3. Aparelho para bater o melado, nos engenhos de açúcar. 4. *Pop.* Palpitação do coração. 5. *Vet.* Moléstia epidêmica, própria dos suínos. 6. Máquina para bater e ventilar arroz e feijão. 7. Mourão em que bate a porteira. 8. Maleita.

Batedela, s. f. Ação de bater de leve.

Batedor, adj. Que bate. S. m. 1. Aquele ou aquilo que bate. 2. Utensílio de cozinha para bater, agitar ou mexer qualquer substância mole ou líquida, tais como nata ou clara de ovo. 3. Parte da batedeira elétrica que faz a batedura. 4. Indivíduo que, na mineração do diamante, lava o cascalho. 5. Pessoa que, fazendo parte de uma escolta, precede, geralmente de motocicleta, altas personalidades, em ocasiões solenes. 6. Explorador do campo. 7. *Gír.* Larápio.

Batedouro, s. m. 1. Pedra usada pelas lavadeiras para bater a roupa. 2. Lugar onde se bate alguma coisa. Var.: *batedoiro.*

Batedura, s. f. Ato ou efeito de bater.

Bateeiro, s. m. O que trabalha com bateia.

Bate-enxuga, s. m. sing. e pl. 1. Roupa única, ou pela qual se tem predileção. 2. Objeto de uso constante.

Bate-estacas, s. m. sing. e pl. 1. Aparelho para cravar estacas de fundação. 2. *Gír.* Indivíduo que anda muito empertigado.

Bate-folha, s. m. Artífice que reduz metais a folhas muito delgadas. Pl.: *bate-folhas.*

Bátega, s. f. 1. Pancada de chuva. 2. Aguaceiro forte.

Bateia, s. f. Gamela afunilada de madeira em que se lavam areias auríferas ou cascalho diamantífero.

Bateira[1], adj. f. Diz-se da água que apenas cobre os canteiros do arrozal.

Bateira[2], s. f. Pequena embarcação sem quilha.

Batel, s. m. Barco pequeno; bote, canoa. Aum.: *batelão.*

Batelada, s. f. 1. Carga de um batel. 2. Quantidade.

Batelão, s. m. Grande barca, para transporte de carga pesada.

Bateleiro, s. m. 1. Indivíduo que governa o batel. 2. O dono do batel.

Batente, adj. m. e f. Que bate. S. m. 1. Ombreira em que bate a porta quando se fecha. 2. Lugar onde a maré bate e se quebra. 3. *Gír.* Trabalho efetivo, donde se tiram os meios de subsistência.

Bate-papo, s. m. 1. Cavaco, cavaqueira. 2. Conversa animada.

Bate-pé, s. m. 1. Sapateado. 2. Arrasta-pé. Pl.: *bate-pés.*

Bater, v. (l. *battuere*). 1. Tr. dir., tr. ind. e intr. Dar pancada em. 2. Tr. dir. Martelar, malhar. 3. Tr. dir. Agitar, remexer com força. 4. Tr. dir. Derrotar, 5. Tr. dir. Furtar. 6. Intr. e tr. ind. Incidir em; cair sobre. 7. Tr. ind. Esbarrar em. 8. Tr. dir. Cravar. 9. Intr. Soar. 10. Intr. Latejar, pulsar. 11. Pron. Combater, lutar. 12. Tr. dir. Tirar (uma fotografia ou chapa). 13. Tr. dir. *Gír.* Comer. 14. Pron. Agitar-se. 15. Intr. Coincidir.

Bateria, s. f. 1. Estrondo produzido por objetos que batem uns nos outros. 2. *Mil.* Conjunto das bocas de fogo de características idênticas: *B.* antiaérea. 3. *Mil.* O disparar da artilharia. 4. *Mil.* Fração de um regimento de artilharia de campanha sob o comando de um capitão. 5. Conjunto dos utensílios metálicos que servem na cozinha. 6. *Eletr.* Grupo de geradores (pilhas ou acumuladores) ligados em série. 7. Rosário de bombas que se queimam em festas de igreja. 8. Conjunto de instrumentos de percussão numa banda ou orquestra. 9. Conjunto articulado de bombo, pratos, caixa, caixeta e vassourinha, tocado por um só músico.

bati-, elem. de comp. (gr. *bathus*). Expressa a idéia de *profundo, profundeza: batimetria.*

Baticum, s. m. 1. Barulho de sapateados e palmas, como no batuque. 2. Pulsação forte do coração ou das artérias. 3. Altercação, falatório.

Batida, s. f. 1. Ato ou efeito de bater. 2. Exploração do campo ou do mato. 3. Censura severa, repreensão. 4. Rastro, pista. 5. Diligência policial feita em lugares considerados suspeitos. 6. Aperitivo com aguardente, açúcar, gelo picado e suco ou essência de fruta.

Batido, adj. 1. Que levou pancada; espancado. 2. Calcado, pisado. 3. Vencido, derrotado. 4. Vulgar, trivial. 5. Desgastado.

Batimento, s. m. 1. Batida. 2. Embate. 3. *Med.* Pulsação.

Batimetria, s. f. V. *batometria.*

Batina, s. f. Veste talar dos eclesiásticos.

Batinga, s. f. *Bot.* Arbusto mirtáceo *(Eugenia rostrifolia),* cuja madeira é usada para fazer cabos de ferramentas.

Batiscafo, s. m. Aparelho destinado à exploração das grandes profundidades marinhas.

Batisfera, s. f. Aparelho constituído por uma esfera, presa a um cabo, destinado a observações submarinas.

Batismal, adj. m. e f. Que se refere ao batismo.

Batismo, s. m. 1. *Teol.* Um dos sacramentos da Igreja, o que lava do pecado original e torna cristão. 2. A administração desse sacramento. 3. Bênção de uma coisa que se põe em serviço: *B.* do sino. *B.* do navio. 4. *Pop.* Ato de acrescentar água a leite ou vinho, adulterando-os.

Batista, s. m. Aquele que batiza. Adj. m. e f. Relativo aos batistas ou à sua seita. S. m. e f. Pessoa da seita dos batistas, na qual só se ministra o batismo aos adultos.

Batistério, s. m. 1. Lugar onde está a pia do batismo. 2. Certidão de batismo.

Batizado, adj. Que acaba de receber o batismo. S. m. 1. O ato de batizar. 2. Festa com que se celebra o batismo.

Batizando, s. m. Pessoa que vai ser batizada.

Batizar, v. Tr. dir. 1. Administrar o batismo a. 2. Fazer com que (alguém) receba o batismo. 3. Pôr nome, alcunha ou apelido a. 4. Pôr nome a, inaugurando o funcionamento. 5. *Pop.* Acrescentar água a (leite, vinho etc.).

bato-[1], elem. de comp. (gr. *bathos*). O mesmo que *bati[1]*: *batometria.*

bato-[2], elem. de comp. (gr. *Battos,* n. p.). Exprime a idéia de *gago, repetição de palavras ou pensamentos: batologia.*

Batocar, v. Tr. dir. Fechar com batoque.

Batografia. s. f. *Geol.* Estudo descritivo do relevo submarino.

Batográfico, adj. *Geol.* Relativo à batografia.

Batologia, s. f. *Ret.* Repetição inútil de uma palavra, frase ou idéia.

Batológico, adj. *Ret.* Relativo à batologia.

Batom, s. m. (fr. *bâton).* Cosmético, em forma de bastão, com que as mulheres costumam pintar os lábios.

Batometria, s. f. Medição de profundidades marítimas.

Batométrico, adj. Relativo à batometria.

Batômetro, s. m. Instrumento para medir a profundidade da água em mares e rios.

Batoque, s. m. 1. Orifício no meio do bojo da pipa ou tonel. 2. Rolha grossa com que se tapa esse orifício. 3. Homem atarracado. 4. Esporão curto e embotado de um galo de briga. 5. Botoque. 6. Furo circular no meio da orelha da rês para assinalá-la.

Batota, s. f. 1. Casa de jogo. 2. Trapaça no jogo. 3. Jogo de azar. 4. Logro, burla. Var.: *patota.*

Batotar, v. Intr. V. *batotear.*

Batotear, v. Intr. 1. Fazer batota. 2. Jogar batota.

Batoteiro, adj. Que faz batota, que furta, que trapaceia.

batraco-, elem. de comp. (gr. *batrakhos*). Exprime a idéia de *rã, batráquio: batracóide.*

Batracóide, adj. m. e f. Relativo ou semelhante à rã.

Batráquio, adj. *Zool.* Relativo aos Batráquios. S. m. pl. 1. Antiga denominação da classe dos Anfíbios. 2. V. *Anuros.*

Batucada, s. f. 1. Canção ou ritmo do batuque. 2. *Folc.* Dança acompanhada de batuque.

Batucador, s. m. 1. O que batuca. 2. Mau tocador de piano.

Batucar, v. Intr. 1. Dançar o batuque. 2. Bater repetidas vezes e com força; martelar. 3. *Pop.* Trabalhar muito.

Batuera *(ê),* s. f. Sabugo de milho.

Batuíra, s. f. *Ornit.* Denominação vulgar de várias espécies de aves caradriiformes, que vivem no litoral; maçarico.

Batume, s. m. Parede de cera feita pelas abelhas.
Batuque, s. m. 1. Ato de batucar, de martelar freqüentemente. 2. *Pop.* Dança popular.
Batuqueiro, adj. 1. Amante de batuques. 2. Freqüentador de batuques.
Batuta[1], s. f. (ital. *battuta*). *Mús.* Pequeno bastão com que os maestros regem as orquestras ou bandas, marcando o compasso e andamento da música, bem como a entrada dos diversos instrumentos.
Batuta[2], adj. *Pop.* 1. Entendido, eximio. 2. Corajoso, valente.
Batuvira, s. f. *Pop.* V. *anta*[1].
Baú, s. m. 1. Caixa de folha ou madeira, com tampa convexa. 2. *Gír.* V. *barriga.*
Bauá, s. m. *Ornit.* Guaxe.
Baudelairiano *(bô-de-lè),* adj. Concernente a Baudelaire, poeta francês (1821-1867).
Bauleiro *(a-u),* s. m. Fabricante e/ou vendedor de baús.
Baunilha, s. f. *Bot.* 1. Nome comum a várias trepadeiras epífitas do gênero *Vanilla,* produtoras da baunilha do comércio, essência extraída de suas vagens. 2. Essa essência extraída das favas da baunilha, ou produzida sinteticamente.
Bauxita, s. f. *Miner.* Principal minério de alumínio.
Bávaro, adj. Da Baviera ou a ela relativo.
Baxá, s. m. V. *paxá.*
Baxalato, s. m. V. *paxalato.*
Bazar, s. m. 1. Mercado público, coberto, dos países árabes. 2. Loja de comércio de objetos variados.
Bazareiro, s. m. Mercador de bazar.
Bazé, s. m. Fumo ou tabaco de má qualidade.
Bazófia, s. f. Fanfarronice, prosápia, vaidade.
Bazofiar, v. 1. Intr. Possuir ou mostrar bazófia. 2. Tr. ind. Blasonar. 3. Tr. dir. Alardear.
Bazófio, adj. e s. m. Que, ou o que tem bazófia.
Bazuca, s. f. *Mil.* Arma portátil, antitanque, em forma de tubo.
Bazulaque, s. m. V. *badulaque.*
Bdélio, s. m. Goma-resina de várias árvores do gênero *Comyphora.*
Bdelômetro, s. m. *Med.* Instrumento destinado a sugar o sangue, indicando a quantidade exata extraída.
Bê, s. m. Nome da letra B, b. Pl.: *bês* ou *bb.*
Bê-a-bá, s. m. (da soletração da sílaba *bá*). 1. Abecedário. 2. Primeiras noções de uma ciência ou arte.
Bearnês, adj. e s. m. Que, ou o que é natural de Béarn, no Sudoeste da França.
Beata, s. f. 1. Mulher a quem a Igreja concedeu a beatificação. 2. Mulher que se entrega em excesso às práticas religiosas. 3. Mulher que finge devoção.
Beatão, s. m. *Pej.* Grande beato. 2. Hipócrita; santarrão.
Beataria, s. f. 1. Multidão de beatas ou beatos. 2. Beatice.
Beatério, s. m. Grupo de beatos ou beatas.
Beatice, s. f. Ato de fingida devoção.
Beatificação, s. f. Ato ou efeito de beatificar.
Beatificado, adj. Que recebeu a beatificação; bem-aventurado.
Beatificador, adj. e s. m. Que, ou o que beatifica.
Beatificar, v. 1. Tr. dir. Declarar beato pela cerimônia da beatificação. 2. Tr. dir. e pron. Tornar(-se) feliz, bem-aventurado. 3. Tr. dir. Louvar exageradamente.
Beatífico, adj. Que produz felicidade.
Beatismo, s. m. V. *beatice.*
Beatíssimo, sup. abs. sint. de *beato.* Muito beato (tratamento honorífico do papa).
Beatitude, s. f. (l. *beatitudine*). 1. Felicidade celeste dos bem-aventurados. 2. Felicidade de quem se absorve em contemplações místicas. 3. Bem-estar. 4. Tratamento papal.
Beato, adj. e s. m. 1. Diz-se do, ou o que foi beatificado. 2. Diz-se do, ou o que é muito devoto.
Beatorro *(ô),* s. m. *Pop.* Beatão, santarrão.
Bêbado, adj. e s. m. *Pop.* V. *bêbedo.*
Bebê, s. m. (ingl. *baby*). 1. Nenê. 2. Boneco ou boneca.
Bebedeira, s. f. 1. Ato de embriagar-se. 2. Estado de bêbedo.
Bebedice, s. f. Bebedeira.
Bêbedo, adj. (l. *bibitu*). 1. Embriagado. 2. Diz-se do peixe envenenado por entorpecente. S. m. Indivíduo bêbedo. Col.: *corja, súcia, farândula.* Aum.: *beberrão, beberraz.*
Bebedor, adj. e s. m. Que, ou o que bebe muito.
Bebedouro, s. m. 1. Lugar, vasilha etc. em que os animais bebem água. 2. Aparelho munido de torneira, com que se regula o jato de água para beber. Var.: *bebedoiro.*
Beber, v. (l. *bibere*). 1. Tr. dir. Engolir (líquido); ingerir. 2. Tr. dir. Engolir o conteúdo de. 3. Tr. dir. Gastar em bebidas. 4. Tr. ind. Receber conhecimentos. 5. Tr. dir. Sofrer, tragar. 6. Intr. Ter o hábito de ingerir bebidas alcoólicas.
Bêbera, s. f. Figo temporão, grande, preto e alongado.
Beberagem, s. f. 1. Cozimento medicinal de ervas. 2. Bebida desagradável. 3. Remédio.
Beberar, v. V. *abeberar.*
Bebereira, s. f. Figueira que dá bêberas.
Beberes *(ê),* s. m. pl. O que se bebe; bebes, bebidas.
Beberete *(ê),* s. m. Ligeira refeição constante principalmente de licores e vinhos.
Beberragem, s. f. V. *beberagem.*
Beberrão, adj. e s. m. Que, ou o que bebe muito, por vício. Fem.: *beberrona.*
Beberraz, adj. e s. m. V. *beberrão.*
Beberricação, s. f. Ato de beberricar.
Beberricar, v. Tr. dir. Beber a goles, aos poucos.
Beberronia, s. f. 1. Qualidade de beberrão. 2. Súcia de beberrões.
Beberrote, adj. e s. m. V. *beberrão.*
Bebes, s. m. pl. V. *beberes.*
Bebida, s. f. 1. Líquido que se bebe. 2. Qualquer líquido alcoólico, próprio para se beber.
Bebível, adj. m. e f. Que se pode beber; potável.
Beca, s. f. 1. Veste talar preta, usada por professores de universidades, oficiais judiciais e formandos de grau superior. 2. A magistratura.
Bechamel, s. m. *Cul.* Molho feito de leite, farinha e gorduras, temperado com legumes e especiarias.
Beco *(ê),* s. m. 1. Rua estreita e curta, por vezes sem saída. 2. Dificuldade, embaraço, entalação.
Bedel, s. m. Empregado que, nas universidades, faz a chamada e aponta as faltas dos alunos e lentes.
Bedelhar, v. 1. Intr. Intrometer-se numa conversa; meter o bedelho. 2. Intr. Cavaquear.
Bedelho, s. m. 1. Tranqueta ou ferrolho de porta. 2. Pequeno trunfo, no jogo. 3. Criançola, fedelho, rapazelho.
Bedém, s. m. Capa de couro ou de esparto contra a chuva. Var.: *badém.*
Beduíno, s. m. Árabe nômade do deserto.
Bege, adj. m. e f., e pl. (fr. *beige*). De cor amarelada, como a lã em seu estado natural.
Begônia, s. f. *Bot.* 1. Gênero *(Begonia)* de ervas, da família das Begoniáceas. 2. Planta desse gênero.
Begoniáceas, s. f. pl. *Bot.* Família *(Begoniaceae)* de plantas ornamentais por suas flores e por suas folhas pintalgadas.
Beguaba, s. m. *Zool.* Molusco marinho lamelibrânquio *(Donax hanleyanus)*; peguaba, peguira, beguira. Var.: *beguava.*
Beguino, s. m. 1. Membro de uma seita religiosa do século XIII. 2. Homem penitente e pobre. 3. Frade mendicante.
Beguira, s. m. V. *beguaba.*
Behaviorismo *(bi-hei),* s. m. (ingl. *behavior*). *Psicol.* Estudo fundado tão-somente na observação do físico, com rejeição da observação interior ou introspeção.
Bei, s. m. Governador de província muçulmana.
Beiça, s. f. Beiço caído, como expressão de agastamento.
Beiçada, s. f. 1. Beiços grossos e caídos. 2. Beiços dos animais.
Beiço, s. m. 1. Cada uma das duas partes exteriores e carnudas que formam o contorno da boca; lábio. 2. Rebordo, ressalto. Aum.: *beiçarrão; beiçoca; beiçola; beiçorra.*
Beiçoca, s. f. *Pop.* Beiço grosso.
Beiçola, s. m. 1. Beiço grande. 2. Pessoa beiçuda.
Beiçorra, s. f. Beiço grande.

Beiçudo, adj. Que tem beiços grossos e grandes.

Beija, s. m. *Pop.* Cerimônia de se beijarem as estátuas ou imagens sagradas: *Beija* das imagens.

Beija-flor, s. m. *Ornit.* Nome comum que se dá às aves da família dos Troquilídeos, de bico alongado, alimentando-se de néctar das flores e de insetos.

Beija-mão, s. m. Ação ou cerimônia de beijar a mão. Pl.: *beija-mãos.*

Beija-pé, s. m. Ato ou cerimônia de beijar o pé. Pl.: *beija-pés.*

Beijar, v. (l. *basiare*). 1. Tr. dir. Dar beijo em; oscular. 2. Pron. Trocar beijos.

Beijinho, s. m. 1. Beijo leve, terno. 2. A flor, a nata, a quinta-essência de qualquer coisa.

Beijo, s. m. (l. *basiu*). Ato de tocar com os lábios em alguém ou em alguma coisa; ósculo.

Beijoca, s. f. 1. Aum. de *beijo.* 2. Beijo em que os lábios se abrem fazendo estalido.

Beijocar, v. *Hum.* Tr. dir. Dar beijocas em.

Beijoim, s. m. V. *benjoim.*

Beijoqueiro, adj. Que gosta de beijocar.

Beiju, s. m. *Cul.* Espécie de bolo de tapioca ou de massa de mandioca. Var.: *biju.*

Beijuacaba, s. f. *Entom.* Espécie de vespa grande *(Apoica pallida),* que vulgarmente chamam de *marimbondo-de-chapéu.*

Beijueiro, s. m. Fabricante ou vendedor de beijus.

Beijupirá, s. m. *Ictiol.* Peixe marinho *(Rachycentron canadus),* de carne saborosa. Var.: *bejupira* e *bijupirá.*

Beilhó, s. m. Bolo frito, de farinha e abóbora.

Beira, s. f. 1. Borda, margem, orla, riba. 2. Proximidade, vizinhança. 3. Aba de telhado.

Beirada, s. f. 1. V. *beiral.* 2. Beira, margem. 3. Arredores, cercanias. 4. *Pop.* Um bocado.

Beirado, s. m. V. *beiral.*

Beiral, s. m. Fileira de telhas, que formam a parte mais baixa do telhado.

Beira-mar, s. f. 1. Borda do mar; litoral. 2. Costa. 3. Praia. Pl.: *beira-mares.*

Beirão, adj. e s. m. V. *beirense.* Fem.: *beiroa* e *beirã.*

Beirar, v. Tr. dir. 1. Caminhar à beira ou margem de. 2. Abeirar-se de. 3. Tr. ind. Ter aproximadamente; orçar: *B. pelos* 60 anos.

Beirense, adj. m. e f. Relativo à província da Beira Alta ou da Beira Baixa. S. m. e f. Natural da Beira.

Beisebol, s. m. (ingl. *baseball*). *Esp.* Jogo de bola muito popular nos E.U.A., disputado entre duas equipes de nove jogadores cada uma.

Bejense *(bè),* adj. m. e f. Relativo à cidade de Beja.

Bel[1]**,** adj. Forma apocopada de *belo.*

Bel[2]**,** s. m. *Fís.* Unidade de medida da intensidade sonora. Pl.: *béis.*

Bela, s. f. 1. Mulher formosa. 2. Jogo de cartas.

Belacíssimo, sup. abs. sint. de *belaz* ((l. *bellacissimu*). Muito aguerrido; belicosíssimo.

Beladona, s. f. *Bot.* Solanácea venenosa, muito empregada em medicina como sedativo *(Atropa belladonna).* O princípio ativo da raiz e das folhas é a atropina.

Belas-artes, s. f. pl. As que têm por objeto representar o belo: o desenho, a pintura, a escultura, a arquitetura etc.

Belas-letras, s. f. pl. Humanidades.

Belatriz, adj. e s. f. Diz-se de, ou mulher guerreira.

Belchior *(ó),* s. m. Mercador de objetos velhos e usados.

Beldade, s. f. (l. *bellitate*). 1. Beleza. 2. Mulher bela.

Beldroega, s. f. *Bot.* Planta da família das Portulacáceas *(Portulaca oleracea),* de folhas comestíveis, muito comum nos roçados, plantações e lugares abandonados.

Beldroegas, s. m. sing. e pl. Sujeito boçal; sem valor.

Beleguim, s. m. *Pej.* Agente policial; esbirro.

Belemnite, s. f. *Paleont.* Molusco cefalópode fóssil.

Beletrista, s. m. e f. Pessoa que cultiva a beletrística.

Beletrística, s. f. Literatura recreativa, amena.

Beleza, s. f. 1. Qualidade do que é belo. 2. Pessoa bela. 3. Coisa bela, excelente, muito gostosa.

Belfo, adj. 1. Que tem o beiço inferior mais grosso que o superior. 2. Diz-se desse beiço.

Belfudo, adj. Que tem beiços volumosos.

Belga, adj. m. e f. Relativo à Bélgica. S. m. e f. Pessoa habitante ou natural da Bélgica.

Beliche, s. m. Camarote de navio.

Bélico, adj. Concernente à guerra.

Belicosidade, s. f. Qualidade de belicoso.

Belicoso, adj. 1. Guerreiro. 2. De ânimo aguerrido.

Belida, s. f. *Oftalm.* Névoa ou mancha esbranquiçada na córnea; áclis.

Beligerância, s. f. Qualidade, estado ou caráter do que é beligerante.

Beligerante, adj. m. e f. Que está em guerra, que faz guerra.

Belígero, adj. 1. Belicoso. 2. Que serve na guerra.

Belipotente, adj. m. e f. 1. Poderoso na guerra. 2. Forte nas armas.

Beliscado, adj. 1. Que recebeu beliscadura. 2. Estimulado, excitado. 3. Um tanto irritado.

Beliscadura, s. f. Beliscão.

Beliscão, s. m. Ato ou efeito de beliscar.

Beliscar, v. 1. Tr. dir. e pron. Apertar entre as pontas dos dedos ou com as unhas a pele de. 2. Tr. dir. e tr. ind. Arrancar com as pontas dos dedos uma porção mínima de. 3. Tr. dir. Ferir de leve. 4. Tr. dir. Comer uma porção mínima de.

Belisco, s. m. V. beliscão.

Belo[1]**,** adj. (l. *bellu*). Que tem beleza; formoso, lindo. S. m. Caráter ou natureza do que é belo.

Belo![2]**,** interj. Apoiado!, excelentemente!, muito bem!.

Belo-horizontino, adj. Relativo a Belo Horizonte, capital de Minas Gerais. S. m. Homem natural dessa cidade.

Belonave, s. f. Navio de guerra.

Bel-prazer, s. m. Arbítrio, talante, vontade própria.

Beltrano, s. m. Segunda de duas supostas pessoas, a primeira designada por *fulano.* Var.: *beltrão.*

Beluário, s. m. *Ant.* Domador de feras.

Beluchi, adj. m. e f. Relativo ao Beluchistão.

Beluíno, adj. 1. Relativo a feras. 2. Selvagem.

Belvedere *(dê),* s. m. Pequeno mirante, terraço em parte elevada, donde se descortina vasto panorama.

Belzebu, s. m. Príncipe dos demônios; satanás.

Bem[1]**,** s. m. (l. *bene*). 1. Tudo o que é bom ou conforme à moral. 2. Benefício. 3. Virtude. 4. Pessoa amada. 5. Proveito, utilidade. 6. Propriedade, domínio.

Bem[2]**,** adv. 1. De modo bom e conveniente. 2. Assaz, muito. 3. Com afeição. 4. Com saúde. 5. Com certeza; quase com certeza.

Bem-afortunado, adj. Feliz, próspero. Pl.: *bem-afortunados.*

Bem-amado, adj. Muito amado, muito querido. Pl.: *bem-amados.*

Bem-aventurado, adj. Muito feliz. S. m. 1. O que tem a felicidade do Céu. 2. Santo. Pl.: *bem-aventurados.*

Bem-aventurança, s. f. 1. Felicidade perfeita. 2. *Teol.* A felicidade eterna, de que os santos gozam no Céu. Pl.: *bem-aventuranças.*

Bem-aventurar, v. Tr. dir. 1. Dar a felicidade celeste a. 2. Felicitar.

Bem-avindo, adj. Conciliado, amigável. Pl.: *bem-avindos.*

Bembé, s. m. *Entom.* Maruim, mosquito-pólvora.

Bem-criado, adj. 1. Bem-educado; cortês, polido. 2. Gordo (falando de animal). Pl.: *bem-criados.*

Bem-estar, s. m. Situação agradável do corpo ou do espírito; conforto. Pl.: *bem-estares.* Antôn.: *mal-estar.*

Bem-fadar, v. Tr. dir. 1. Fadar bem. 2. Predizer a boa fortuna a.

Bem-falante, adj. m. e f. 1. Que fala bem. 2. Fluente, eloqüente. Pl.: *bem-falantes.*

Bem-fazer, v. Tr. ind. Fazer bem a.

Bem-humorado, adj. Com boa disposição, de bom humor; atencioso. Pl.: *bem-humorados.* Antôn.: *mal-humorado.*

Bem-me-quer, s. m. *Bot.* Erva da família das Compostas, de flores amareladas, dispostas em capítulos *(Aspilia foliacea).* Pl.: *bem-me-queres.*

Bem-nascido, adj. 1. Nascido para o bem. 2. De boa família; nobre. Pl.: *bem-nascidos.*

Bemol, s. m. *Mús.* Sinal indicativo de que a nota à sua direita deve baixar um semitom. Pl.: *bemóis.* Antôn.: *sustenido.*

Bem-posto, adj. 1. Airoso nos movimentos. 2. Elegante no trajo, bem vestido. Pl.: *bem-postos.*

Bem-te-vi, s. m. *Ornit.* Pássaro insetívoro dos campos, da família dos Tiranídeos *(Pitangus sulphuratus).* Voz: *canta, estridula, assobia.*

Bem-vindo, adj. 1. Que chegou bem. 2. Bem recebido. Pl.: *bem-vindos.*

Bênção, s. f. (1. *benedictione*). 1. Ação de benzer ou de abençoar. 2. Favor divino; graça.

Bendito, adj. (1. *benedictu*). Abençoado, feliz. S. m. Cântico religioso que começa por esta palavra.

Bendizente, adj. m. e f. 1. Que diz bem de. 2. Que louva.

Bendizer, v. Tr. dir. Dizer bem de; louvar.

bene-, pref. (latim). Exprime a idéia de *bem: beneplácito, benevolência.*

Beneditino, s. m. 1. Frade da ordem de São Bento. 2. Homem erudito.

Beneficência, s. f. (1. *beneficentia*). 1. Ato ou hábito de fazer o bem. 2. Caridade.

Beneficiação, s. f. 1. Ato de beneficiar; beneficiamento.

Beneficiado, adj. 1. Que recebe benefício. 2. Que recebeu beneficiação.

Beneficiamento, s. m. V. *beneficiação.*

Beneficiar, v. Tr. dir. 1. Fazer benefício a; favorecer. 2. Consertar, reparar. 3. Apurar: *B.* o *arroz.* 4. Prover em benefício eclesiástico.

Beneficiário, adj. e s. m. Diz-se do, ou aquele que recebeu ou usufrui benefício ou vantagem.

Beneficiável, adj. m. e f. Suscetível de ser beneficiado.

Benefício, s. m. 1. Ato de bondade em proveito de alguém; favor, mercê, graça. 2. Vantagem concedida por lei. 3. *Rel.* Cargo eclesiástico ao qual está anexa a fruição de um bem.

Benéfico, adj. 1. Que faz bem. 2. Útil, salutar.

Benemerência, s. f. Qualidade ou ato de benemérito.

Benemerente, adj. m. e f. Benemérito.

Benemérito, adj. 1. Que é digno de honras, louvores ou recompensas. 2. Distinto, ilustre, ínclito. S. m. Indivíduo benemérito.

Beneplácito, s. m. Consentimento, licença, aprovação.

Benesse *(nê),* s. m. 1. Emolumento paroquial. 2. Sinecura.

Benevolência, s. f. 1. Boa vontade para com alguém. 2. Estima, afeto.

Benevolente, adj. m. e f. V. *benévolo.*

Benévolo, adj. Que revela tendência para fazer o bem; bondoso, benevolente.

Benfazejo, adj. Que faz o bem; caritativo.

Benfeitor, s. m. 1. Aquele que pratica o bem. 2. Aquele que faz benfeitorias. Adj. Benévolo.

Benfeitoria, s. f. Melhoramento feito em propriedade, e que a valoriza.

Benfeitorizar, v. Tr. dir. Fazer benfeitorias em.

Bengala, s. f. Pequeno bastão, feito de cana-da-índia, madeira etc., outrora muito usado pelos homens.

Bengalada, s. f. Pancada com bengala.

Bengaleiro, s. m. 1. Indivíduo que faz ou vende bengalas. 2. Móvel para guardar bengalas.

Bengalês, adj. *Etnol.* Relativo ao país de Bengala; bengali

Bengali, adj. e s., m. e f. V. *bengalês.*

Benguela, adj. m. e f. V. *banguela.*

Benignidade, s. f. (1. *benignitate*). Qualidade de benigno.

Benigno, adj. 1. Que se compraz em fazer o bem; benévolo. 2. Bondoso, complacente (falando de pessoa). 3. Suave, brando (falando das coisas).

Benjamim, s. m. 1. O filho preferido (em geral o mais moço). 2. Suporte duplo ou triplo para lâmpadas elétricas.

Benjoeiro, s. m. *Bot.* Árvore estiracácea *(Styrax reticulatum).*

Benjoim *(o-im),* s. m. Resina aromática extraída do benjoeiro.

Benodátilo, adj. *Zool.* Designativo dos animais que caminham sobre os dedos.

Benquerença, s. f. Estima, benevolência. Antôn.: *malquerença.*

Benquerente, adj. m. e f. Que quer bem; benévolo.

Benquerer, v. Tr. dir. 1. Querer bem. 2. Estimar muito. 3. Amar.

Benquisto, adj. 1. Estimado por todos; querido. 2. Bem-aceito, bem-visto.

Bens, s. m. pl. 1. O que é propriedade de alguém. 2. Possessão, propriedade, domínio.

Bentinho, s. m. V. *bentinhos.*

Bentinhos, s. m. sing. e pl. Escapulário formado de dois pequenos quadrados de pano bento, com imagens ou insígnias religiosas, unidos por duas fitas, e que se trazem pendentes para diante e para trás do pescoço; breve, escapulário, patuá.

Bento, adj. Consagrado pela bênção eclesiástica.

Bentos, s. m. pl. *Biol.* Fauna e flora do fundo do mar, lagos e rios.

Benzedeira, s. f. 1. Mulher que pretende curar doenças com benzeduras. 2. Bruxa, feiticeira.

Benzedeiro, s. m. 1. Homem que exerce a mesma profissão que a benzedeira. 2. Bruxo, feiticeiro.

Benzedor, s. m. Indivíduo que benze; benzedeiro.

Benzedura, s. f. Ação de benzer, acompanhada de rezas supersticiosas.

Benzeno, s. m. *Quím.* Hidrocarboneto líquido, volátil, incolor, inflamável, tóxico, primitivamente chamado pelos nomes de *benzina* e *benzol.*

Benzer, v. (1. *benedicere*). 1. Tr. dir. Deitar a bênção a. 2. Tr. dir. Abençoar. 3. Pron. Fazer uma cruz com a mão direita aberta da testa ao peito e do ombro esquerdo ao direito. 4. Tr. dir. Fazer benzeduras em.

Benzilhão, s. m. V. *benzedeiro.*

Benzina, s. f. 1. Primitivo nome do *benzeno.* 2. Atualmente, mistura de hidrocarbonetos, resultante de uma retificação do benzol.

Benzoato, s. m. *Quím.* Sal ou éster do ácido benzóico.

Benzóico, adj. *Quím.* Diz-se de um ácido extraído do benjoim.

Benzol, s. m. V. *benzeno.*

Beócio, adj. (1. *bæotiu*). 1. Relativo à Beócia (região central da Grécia antiga). 2. Natural da Beócia. 3. Bronco, estúpido, ignorante. S. m. 1. O habitante ou natural da Beócia. 2. Dialeto da Beócia. 3. Indivíduo ignorante.

Bequadro, s. m. *Mús.* 1. Acidente musical, que desfaz a alteração produzida por sustenido ou bemol, repondo a nota no tom natural. 2. Sinal indicativo desse acidente.

Beque[1], s. f. (fr. *bec*). 1. Extremidade superior da proa, em forma de bico. 2. *Pop.* Nariz grande.

Beque[2], s. m. (ingl. *back*). O mesmo que *zagueiro.*

Bequilha, s. f. *Av.* Roda ou haste sobre que repousa a cauda de um avião quando está no solo.

Berbere *(bé),* adj. m. e f. *Etnol.* Relativo aos berberes. S. m. e f. Pessoa dos berberes. S. m. Língua dos berberes. S. m. pl. Povo caucasóide do Norte da África, ao oeste de Trípoli.

Berberidáceas, s. f. pl. *Bot.* Família *(Berberidaceae)* de plantas herbáceas, espinhosas, que ocorrem nas montanhas altas.

Berbigão, s. m. *Zool.* Molusco marinho lamelibrânquio, comestível *(Anomalocardia brasiliana).*

Berçário, s. m. Nas maternidades e hospitais, sala com berços destinados aos recém-nascidos.

Berço *(ê),* s. m. 1. Leito para crianças de colo. 2. A mais tenra infância. 3. Lugar de nascimento ou origem. 4. Nascente do rio. 5. *Náut.* Aparelho sobre o qual corre o navio do estaleiro para a água. 6. Suporte balançante para o mata-borrão. 7. Suporte para motor, canhão etc.

Bereba, s. f. V. *pereba.* Var.: *bereva.*

Bergamota, s. f. *Bot.* Nome da *tangerina,* nalguns lugares.

Bergantim, s. m. (ital. *birgantino*). *Náut.* Embarcação ligeira de dois mastros.

Beribá, s. m. Comprador de muares.

Beribéri, s. m. Doença devida à carência de vitamina B_1.

Beribérico, adj. Relativo ao beribéri.

Berílio, s. m. *Quím.* Elemento metálico de símbolo Be, número atômico 4, massa atômica 9,013, densidade 1,85; glucínio.

Berilo, s. m. *Miner.* Silicato natural de berílio e alumínio, pedra semipreciosa.

Berimbau, s. m. *Mús.* e *Folc.* Instrumento musical de metal, com uma lingüeta de aço entre dois ramos, e que se aplica sobre os dentes, fazendo-se vibrar a lingüeta com o dedo indicador.

Berinjela, s. f. *Bot.* Planta solanácea, hortícola *(Solanum melongena)*, de frutos comestíveis, quando cozidos ou fritos.

Berlinda, s. f. Pequeno coche de dois assentos e quatro rodas, suspenso entre dois varais. *Estar na b.:* estar na ordem do dia; ser objeto de comentários.

Berlinense, adj. m. e f. Relativo a Berlim. S. m. e f. Pessoa habitante ou natural de Berlim.

Berlinês, adj. e s. m. V. *berlinense.*

Berliques e berloques, s. m. pl. 1. Escamoteação. 2. Arte ou habilidade misteriosa. 3. Embuste, intrujice.

Berloque, s. m. (fr. *berloque*). Enfeite que se traz pendente da cadeia do relógio. S. m. pl. *Pop.* Peloticas.

Berma, s. f. Faixa plana entre a margem de um valado e a terra escavada amontoada.

Bernarda, s. f. Revolta popular; desordem.

Bernardice, s. f. 1. Ação ou dito de frade bernardo. 2. Asneira, dislate, sandice, tolice.

Bernardo, s. m. 1. Religioso da ordem de São Bernardo. 2. Indivíduo estúpido e glutão.

Bernardo-eremita, s. m. *Zool.* V. *eremita-bernardo.*

Berne, s. m. *Entom.* Larva da mosca *Dermatobia hominis*, que se desenvolve no interior dos tecidos subcutâneos de vários animais e do homem.

Bernento, adj. Atacado de muitos bernes.

Bernês, adj. Relativo a Berna (Suíça).

Bernicida, s. m. Preparado que mata bernes.

Berôncio, s. m. *Gír.* Indivíduo desconfiado ou retraído.

Beronha, s. f. V. *beruanha.*

Berquélio, s. m. *Quím.* Elemento metálico radioativo, de símbolo Bk, número atômico 97, massa atômica 247.

Berra, s. f. 1. Cio dos veados. 2. Pândega.

Berrador, adj. e s. m. Que, ou o que berra.

Berrante, adj. m. e f. 1. Que berra. 2. Diz-se de cor muito viva ou que dá muito na vista. S. m. 1. *Gír.* Revólver. 2. *Reg.* Buzina de chifre de boi.

Berrar, v. 1. Intr. Dar berros (a cabra, o boi e outros animais). 2. Tr. dir., tr. ind. e intr. Falar, pedir muito alto; gritar. 3. Intr. Chorar alto e forte; gritar.

Berregar, v. Intr. 1. Berrar muito, com freqüência. 2. V. *balar.*

Berrego *(ê)*, s. m. Ato de berregar; berro.

Berreiro, s. m. 1. Berros altos e freqüentes. 2. Gritaria. 3. Choro de criança impertinente.

Berro, s. m. 1. Voz de boi, cabrito, ovelha e outros animais. 2. Voz humana, alta e áspera. 3. Bramido, rugido. 4. *Gír.* Revólver.

Berruga, s. f. *Pop.* Verruga.

Bertalha, s. f. *Bot.* Erva de folhas comestíveis, preparadas como o espinafre *(Basella rubra)*.

Bertoldice, s. f. Asneira, parvoíce, calinada.

Beruanha, s. f. Nome vulgr dado às moscas que sugam sangue, como a mosca-dos-estábulos *(Stomoxyx calcitrans)*.

Besantar, v. Tr. dir. *Heráld.* Guarnecer de besantes (um escudo de armas).

Besante, s. m. 1. Antiga moeda bizantina de ouro. 2. *Heráld.* Rodela lisa, que se coloca no escudo de armas.

Besoural, adj. m. e f. Próprio de, ou semelhante a besouro.

Besouro, s. m. *Entom.* Designação comum a todos os insetos coleópteros, lamelicórneos, que zumbem fortemente ao voar. Voz: *zoa, zumbe, zune.*

Besta[1] *(é)*, s. f. (l. *ballista*). Antiga arma portátil, composta de arco, corda e cabo, com a qual se arremessavam pelouros ou setas.

Besta[2] *(ê)*, s. f. (l. *bestia*). 1. Quadrúpede, principalmente dos muares. 2. Pessoa estúpida, ignorante. Adj. m. e f. 1. Ignorante, tolo. 2. Pretensioso, pedante.

Bestalhão, s. m. Indivíduo muito parvo ou tolo; parlapatão, paspalhão. Fem.: *bestalhona.*

Bestar, v. Intr. 1. Andar sem rumo certo; vadiar. 2. Dizer asneiras. 3. Praticar inconveniências.

Besteira, s. f. Asneira, disparate, tolice.

Besteiro *(ès)*, s. m. *(besta*[1] *+ eiro)*. 1. Soldado armado de besta. 2. Fabricante de bestas.

Bestiaga, s. f. 1. Besta de pouco préstimo. 2. Pessoa muito estúpida.

Bestial, adj. m. e f. (l. *bestiale*). 1. Próprio de besta. 2. Brutal, estúpido, grosseiro. 3. Feio, repugnante.

Bestialidade, s. f. 1. Qualidade de bestial. 2. *Med.* Perversão sexual que impele qualquer dos dois sexos para os animais.

Bestialização, s. f. Ato ou efeito de bestializar.

Bestializar, v. V. *bestificar.*

Bestialogia, s. f. Proferição de bestialógicos.

Bestialógico, adj. *Pop.* Asnático, disparatado. S. m. *Pop.* Discurso despropositado.

Bestiário, adj. Relativo a bestas. S. m. 1. Entre os romanos, gladiador que combatia as feras no circo; beluário. 2. Livro medieval sobre animais, reais ou fabulosos.

Bestice, s. f. 1. Asneira, asnice. 2. Bestialidade.

Bestidade, s. f. V. *bestialidade.*

Bestificação, s. f. Ato de bestificar.

Bestificante, adj. m. e f. Que estupidifica.

Bestificar, v. Tr. dir. e pron. Fazer(-se) como besta, tornar(-se) estúpido.

Bestiola, s. f. Pequena besta.

Best-seller, s. m. (t. ingl.). 1. O livro que mais se vendeu num dado período. 2. Êxito de livraria.

Besuntadela, s. f. Ato ou efeito de besuntar.

Besuntão, s. m. *Pop.* 1. Indivíduo que traz a roupa cheia de nódoas ou de gordura. 2. Pessoa muito suja. Fem.: *besuntona.*

Besuntar, v. Tr. dir. *Fam.* Untar muito.

Besunto, s. m. V. *besuntadela.*

Beta[1] *(é)*, s. m. Segunda letra do alfabeto grego.

Beta[2] *(ê)*, s. f. (l. *vitta*). *Náut.* Qualquer corda que, em navios, não tem nome especial.

Betão, s. m. *Constr.* V. *concreto.*

Bétatron, s. m. *Fís.* Aparelho acelerador que produz elétrons de grande energia.

Bétel, s. m. V. *bétele.*

Bétele, s. m. *Bot.* Espécie de pimenteira trepadora da Índia *(Piper betel)*.

Beterraba, s. f. 1. *Bot.* Erva quenopodiácea, cultivada *(Beta vulgaris)*, cujas raízes, tuberosas, são ricas em açúcar e apreciadas como alimento. 2. A raiz dessa erva.

Beterrabal, s. m. Plantação de beterrabas.

Betesga *(ê)*, s. f. 1. Rua estreita. 2. Beco sem saída. 3. Corredor escuro.

Betilho, s. m. Cabresto com que se prende a boca dos bois, impedindo-os de comer.

Betonar, v. Tr. dir. Construir, revestir ou encher de betão.

Betoneira, s. f. Máquina de preparar o betão.

Betônica, s. f. *Bot.* Planta labiada, tomentosa e vivaz *(Hyptis multiflora)*, de uso medicinal.

Betu, s. m. *Zool.* V. *linguarudo.*

Bétula, s. f. *Bot.* 1. Gênero *(Betula)* de árvores ornamentais das regiões frias. 2. Árvore desse gênero; vidoeiro.

Betuláceas, s. f. pl. *Bot.* Família *(Betulaceae)* da ordem das Fagales, que compreende os amieiros, as bétulas, as aveleiras.

Betulíneo, adj. Concernente à bétula.

Betumar, v. Tr. dir. Cobrir ou ligar com betume.

Betume, s. m. (l. *bitumen*). Mistura de hidrocarbonetos, encontrados na natureza em diversas formas e em todos os estados físicos como, por exemplo, asfalto ou petróleo cru.

Betuminoso, adj. Que tem betume ou é da natureza dele.

Bexiga, s. f. (l. *vesica*). 1. *Anat.* Reservatório músculo-membranoso em que se acumula a urina, situado na parte inferior do abdome, por detrás da arcada do púbis. 2. V. *bisnaga*[1], acep. 1. 3. Pequeno saco de borracha, que se infla para brinquedo de crianças. — *B. natatória:* vesícula cheia de ar, que desempenha uma função hidrostática em muitos peixes.

Bexigada, s. f. Pancada com uma bexiga de boi cheia de ar.

Bexigoso, adj. Que tem vestígios de varíola.

Bexiguento, adj. V. *bexigoso.*

Bezerra *(ê)*, s. f. Novilha, vitela.

Bezerrão, s. m. *Pop.* Menino grande e gordo.

Bezerro *(ê)*, s. m. 1. Novilho, vitelo. Voz: *berra, muge.* 2. Pele de vitelo curtida.

Bezoar, s. m. Concreção redonda de substâncias não digeridas, que se forma no estômago de certos ruminantes; antigamente atribuíram-lhe virtudes medicinais.

bi-, pref. (l. *bis*). Exprime a idéia de *dois, duas vezes, duplicadamente: biangular.* Junta-se sem hífen.

Biangulado, adj. Que tem ou forma dois ângulos.

Biangular, adj. m. e f. Que contém dois ângulos.

Biaristado, adj. *Bot.* Que tem duas arestas ou praganas.

Biatômico, adj. *Quím.* Diz-se do elemento cujo peso molecular é o dobro do peso atômico.

Biaxial *(cs)*, adj. m. e f. Que tem dois eixos.

Biaxífero *(cs)*, adj. *Bot.* Que tem dois eixos.

Bibásico, adj. *Quím.* Diz-se do que possui duas vezes a função base.

Bibe, s. m. Avental com mangas para crianças.

Bibelô, s. m. (fr. *bibelot*). Pequeno objeto de adorno para colocar-se sobre mesa, aparador etc.

Bibi[1], s. f. *Bot.* Pequena erva campestre, da família das Iridáceas *(Alophia pulchella)*; batatinha.

Bibi[2], s. m. *Gír. mil.* V. *casquete.*

Bíblia, s. f. O conjunto dos livros sagrados do Antigo e Novo Testamentos; Escritura, Escritura Sagrada.

Bibliátrica, s. f. Arte de restaurar livros.

Bíblico, adj. Da Bíblia ou relativo a ela.

bíblio-, elem. de comp. (gr. *biblion*). Exprime a idéia de *livro: bibliofilia.*

Biblioclasta, s. m. Adversário e destruidor de livros.

Bibliófago, adj. e s. m. Diz-se do, ou o inseto cuja larva ataca os livros.

Bibliofilia, s. f. Amor aos livros, sobretudo os raros ou preciosos.

Bibliofilme, s. m. Microfilme de páginas de um livro.

Bibliófilo, s. m. Colecionador de livros.

Bibliofobia, s. f. Qualidade de bibliófobo.

Bibliófobo, s. m. Aquele que detesta os livros.

Bibliografia, s. f. 1. Ciência que trata da história, descrição e classificação dos livros, considerados como objetos físicos. 2. Inventário metódico dos livros. 3. Seção de uma publicação periódica destinada ao registro das publicações recentes. 4. Relação das obras consultadas pelo autor, geralmente no fim do trabalho a que serviram de subsídio.

Bibliográfico, adj. Relativo à bibliografia.

Bibliógrafo, s. m. 1. Aquele que é versado em bibliografia. 2. Aquele que escreve trabalhos bibliográficos.

Bibliolatria, s. f. Gosto apaixonado dos livros, particularmente da Bíblia.

Bibliomancia, s. f. Adivinhação por meio de um livro, que se abre ao acaso.

Bibliomania, s. f. Mania de acumular livros.

Bibliomaníaco, adj. Que tem bibliomania.

Bibliômano, s. m. Indivíduo bibliomaníaco.

Bibliomântico, adj. Relativo à bibliomancia.

Bibliópola, s. m. Livreiro ou vendedor de livros. Var.: *bibliopola.*

Biblioteca, s. f. 1. Coleção de livros, dispostos ordenadamente. 2. Edifício público ou particular onde se instalam grandes coleções de livros, para uso público e particular.

Bibliotecário, s. m. Aquele que tem a seu cargo uma biblioteca.

Biblioteconomia, s. f. Conjunto de normas e preceitos relativos à organização, disposição, conservação e administração de uma biblioteca.

Biboca, s. f. 1. Lugar equívoco ou de acesso perigoso. 2. Fenda ou rasgão da terra. 3. Habitação pobre. 4. Casinha coberta de palha. 5. Pequena venda; bodega.

Biboqueira, s. f. Lugar cheio de bibocas.

Bíbulo, adj. 1. Que absorve líquido, que se embebe em líquido. 2. Passento.

Bica, s. f. 1. Meia-cana, telha, pequeno canal, tubo, por onde corre água. 2. Grande número de aprovações em exames. 3. Qualquer coisa de que se tiram bons lucros.

Bicada[1], s. f. 1. Pancada ou golpe com o bico. 2. Aquilo que uma ave leva no bico, de uma vez. 3. Gole.

Bicada[2], s. f. 1. Grande bica. 2. Calha.

Bicado, adj. 1. *Heráld.* Designativo da ave cujo bico tem esmalte diferente do do corpo e unhas. 2. Meio ébrio; alegre.

Bical, adj. m. e f. Que tem bico; bicudo.

Bicame, s. m. Conjunto dos condutores de águas pluviais que escorrem pelo telhado.

Bicampeão, adj. Diz-se do indivíduo, equipe ou grêmio esportivo, campeão duas vezes consecutivas. S. m. Esse indivíduo, equipe ou grêmio. Fem.: *bicampeã.* Pl.: *bicampeões.*

Bicanca, s. f. *Pop.* 1. Nariz muito grande. 2. Botina própria para o jogo de futebol; chuteira. 3. Chute com o bico da chuteira.

Bicapsular, adj. m. e f. *Bot.* Que tem duas cápsulas.

Bicar, v. 1. Tr. dir. Picar com o bico. 2. Tr. ind. e intr. Dar bicadas. 3. Tr. dir. Bebericar. 4. Intr. Desbeiçar-se (a garrafa).

Bicarbonado, adj. *Quím.* Que contém dois átomos de carbono.

Bicarbonato, s. m. *Quím.* Qualquer sal que tenha dois equivalentes de ácido carbônico por um de uma substância básica.

Bicaudado, adj. Provido de duas caudas ou dois apêndices caudais.

Bicéfalo, adj. *Terat.* Que tem duas cabeças.

Bicelular, adj. m. e f. Que tem duas células.

Bicentenário, adj. Que tem dois séculos, ou duzentos anos.

Bíceps, s. m. sing. e pl. *Anat.* Nome de diferentes músculos, cada um dos quais se fixa na extremidade superior por dois tendões. Var.: *bicípite.*

Bicha, s. f. (l. *bestia*). *Zool.* Nome comum a todos os vermes e répteis de corpo comprido, sem pernas, como a sanguessuga, a lombriga. 2. Arrecada de ouro, do feitio de uma pequena serpente. 3. *Pop.* Divisa ou galão na manga de um uniforme. 4. Serpentina do alambique nos engenhos de açúcar. 5. Fila de pessoas em pé. 6. *Fam.* Mulher de mau gênio. 7. *Gír.* Aguardente, cachaça. 8. *Ch.* Pederasta passivo.

Bichado, adj. Que tem bicho; carcomido, podre.

Bichanado, adj. Dito em voz baixa; segredado.

Bichanar, v. Tr. dir. e intr. *Fam.* Falar baixo, ciciando as palavras.

Bichancros, s. m. pl. Ademanes ou modos ridículos.

Bichano, s. m. 1. Gato manso. 2. Gato novo.

Bichar, v. Intr. 1. Encher-se de bichos (a fruta etc.). 2. Ajuntar dinheiro.

Bicharada, s. f. V. *bicharia.*

Bicharia, s. f. 1. Multidão de bichos. 2. Ajuntamento de gente de várias categorias.

Bicheira, s. f. *Vet.* Denominação comum às úlceras nas quais se encontram larvas de moscas varejeiras.

Bicheiro, s. m. 1. Frasco de vidro em que se guardam sanguessugas. 2. O que banca no jogo do bicho. 2. Angariador de apostas que se fazem nesse jogo.

Bichento, adj. Que tem bichos nos pés.

Bicho, s. m. (l. v. **bestiu*). 1. Designação genérica que se dá aos animais terrestres, sobretudo aos vermes e insetos. Aum.: *bichaço, bichão, bicharoco, bicharrão.* 2. Animal feroz. 3. Pessoa. 4. Pessoa intratável e solitária. 5. Gente vulgar, de pouca conta. 6. *Fam.* Piolho. 7. Jogo de azar, à base de sorteios lotéricos. 8. Estudante novato nas escolas e academias; calouro. 9. *Gír.* Indivíduo muito versado em qualquer matéria. 10. *Esp. Gír.* Importância que recebe o jogador de futebol como gratificação pela vitória. 11. *Gír.* O mesmo que *cara*; indivíduo, pessoa (usado para os dois gêneros). — *B.-careta, Gír.*: figura vulgar; indivíduo sem importância social. *B.-carpinteiro, Entom.*: a) inseto coleóptero que rói a madeira onde vive; b) ser irrequieto. *B.-da seda:* lagarta de um inseto que produz seda *(Bombix mori)*; bômbix. *B.-de-pé:* diminuta pulga *(Tunga penetrans)* das regiões tropicais. Sua fêmea, fecundada, penetra sob a pele do pé e de outras partes expostas do homem e animais, causando irritação desconfortável e muitas vezes graves feridas; tunga.

Bichoca, s. f. *Pop.* Minhoca.

Bichoco, adj. Diz-se do cavalo inutilizado pela gordura, ou de mãos inchadas por falta de exercício.

Bichoso, adj. Cheio de bichos.

Bicicleta *(é)*, s. f. (fr. *bicyclette*). Velocípede de duas rodas iguais, movido a pedal.

Biciclo, s. m. Velocípede de duas rodas desiguais.

Bicipital, adj. m. e f. *Anat.* Relativo ao bíceps.

Bicípite, adj. m. e f. Que tem duas cabeças ou dois cumes. S. m. Bíceps.

Bico, s. m. (l. *beccus*). 1. Extremidade córnea da boca das aves e de alguns outros animais, como o peixe-agulha e a tartaruga. Aum.: *bicanço.* 2. *Pop.* A boca do homem: Calar o *bico.* 3. Ponta ou extremidade aguçada de vários objetos. 4. *Gír.* Pequeno emprego, tarefa passageira; biscate. 5. Pequena dívida. 6. Dificuldade, embaraço: Há *bico* nesse problema. — *B.-de ferro:* nome que se dá ao trinca-ferro. *B.-de-papagaio:* a) *Med.*: exostose vertebral dolorosa; b) *Bot.*: planta da família das Cactáceas *(Rhipsatis salicornioides)*. *B.-de-pato, Bot.*: planta da família das Leguminosas *(Machaerium angustifolium)*.

Bicó, adj. m. e f. Sem rabo; suro, cotó.

Bicolor, adj. m. e f. De duas cores.

Bicôncavo, adj. Côncavo pelos dois lados.

Bicônico, adj. Que tem dois cones opostos.

Biconjugado, adj. *Bot.* Que tem o pecíolo dividido em dois ramos.

Biconvexo *(cs)*, adj. Convexo pelos dois lados.

Bicorne, adj. m. e f. 1. Que tem dois cornos. 2. Que termina em duas pontas.

Bicórneo, adj. V. *bicorne.*

Bicota, s. f. Beijo com estalo; beijoca.

Bicuda, s. f. 1. *Ictiol.* Nome comum a vários peixes marinhos vorazes, semelhantes ao lúcio, da família dos Esfirenídeos. 2. *Gír. de gatunos.* Faca de ponta.

Bicudez, s. f. *Fam.* Qualidade do que é bicudo ou difícil.

Bicudo, adj. 1. Que tem bico. 2. Aguçado, pontiagudo. 3. *Fam.* Complicado, difícil. 4. *Fam.* Que está em princípios de bebedeira. S. m. *Ornit.* Ave canora, passeriforme, da família dos Fringilídeos *(Oryzoborus crassirostris)*.

Bicuíba, s. f. 1. *Bot.* Árvore de grande porte da família das Miristicáceas *(Virola oleifera* ou *Virola bicuiba)*, comum nas matas sul-brasileiras. 2. Madeira dessa árvore.

Bicúspide, adj. m. e f. 1. Que tem duas cúspides ou pontas. 2. Que termina em duas partes divergentes.

Bidê, s. m. (fr. *bidet*). 1. Bacia oblonga para lavagens das partes inferiores do tronco.

Bidentado, adj. Que tem dois dentes ou duas apófises que sugerem dentes.

Bidigitado, adj. Que tem dois dedos.

Bidirecional, adj. m. e f. Que é reativo ou funciona em duas direções, comumente opostas.

Bidu, adj. m. e f. *Gír.* Esperto, sabido, que adivinha as coisas, que dá respostas certas para tudo.

Bíduo, s. m. Espaço de dois dias.

Biebdomadário, adj. Que aparece duas vezes por semana.

Biela, s. f. *Mec.* Haste rígida que numa máquina transmite movimento entre duas peças.

Bienal, adj. m. e f. 1. Que dura dois anos. 2. Relativo ao espaço de dois anos.

Biênio, s. m. Espaço de dois anos consecutivos.

Bifacial, adj. m. e f. Que tem duas faces opostas iguais.

Bifada[1], s. f. *Fam.* Porção de bifes.

Bifada[2], s. f. Mau hálito; bafo mau.

Bifar, v. Tr. dir. Tirar disfarçadamente; furtar.

Bifásico, adj. *Fís.* e *Biol.* Que tem duas fases.

Bife, s. m. (ingl. *beef*). Fatia de carne, passada em frigideira, grelha ou brasas.

Bifendido, adj. Separado em duas partes por uma fenda; aberto ao meio.

Bífero, adj. *Bot.* Que dá fruto duas vezes ao ano.

Bifesteque, s. m. (ingl. *beefsteak*). Bife; bisteca.

Bífido, adj. V. *bifendido.*

Biflexo *(cs)*, adj. Dobrado para dois lados.

Bifloro, adj. *Bot.* Provido de duas flores.

Bifocal, adj. m. e f. Que tem dois focos.

Bifoliado, adj. V. *bifólio.*

Bifólio, adj. *Bot.* Que tem duas folhas.

Bifore, adj. m. e f. Aplica-se ao portal que tem dois batentes.

Biforme, adj. m. e f. 1. De duas formas. 2. Diz-se da pessoa que tem duas maneiras diferentes e simultâneas de pensar.

Bifronte, adj. m. e f. 1. Que tem duas frontes, ou caras. 2. Falso. 3. Traiçoeiro. 4. Volúvel.

Bifurcação, s. f. 1. Ação de bifurcar. 2. Ponto em que alguma coisa se divide em dois ramos.

Bifurcar, v. 1. Tr. dir. e pron. Abrir(-se) ou separar(-se) em dois ramos. 2. Pron. Montar, abrindo as pernas.

Biga, s. f. Antigo carro romano de duas rodas, tirado por dois cavalos.

Bigamia, s. f. Estado ou crime de bígamo.

Bígamo, adj. e s. m. Que, ou pessoa que tem dois cônjuges ao mesmo tempo.

Bigêmeo, adj. *Bot.* Designativo das flores ou folhas que crescem com outras sobre um pecíolo ou pedúnculo comum.

Bigênito, adj. *Poét.* Gerado duas vezes (diz-se de Baco).

Biglandular, adj. m. e. f. *Anat.* Que tem duas glândulas.

Biglanduloso, adj. V. *biglandular.*

Bigle, s. m. (ingl. *beagle*). Pequeno galgo.

Bignônia, s. f. *Bot.* Gênero *(Bignonia)* de cipós americanos e japoneses, da família das Bignoniáceas, de folhas opostas e flores em racemos.

Bignoniáceas, s. f. pl. *Bot.* Família *(Bignoniaceae)* da ordem das Tubifloras, que compreende árvores, arbustos e cipós com gavinhas foliares. Certas espécies fornecem excelente madeira, como o jacarandá e o ipê-amarelo.

Bigode, s. m. 1. Parte da barba que cresce por cima do lábio superior. 2. *Náut.* Friso de água que as embarcações levantam na proa, quando navegam. 3. Certo jogo de cartas. 4. *Fam.* Descompostura, quinau. 5. *Gír. de motoristas.* Carro antigo, de acelerador de mão.

Bigodear, v. Tr. dir. 1. Enganar, lograr. 2. Escarnecer.

Bigodeira, s. f. *Pop.* Bigode farto.

Bigodudo, adj. Com bigodes bastos.

Bigorna, s. f. (1. v. **bicornia*). 1. Utensílio de ferro sobre o qual se malham e amoldam metais. 2. *Anat.* Um dos ossinhos do ouvido médio.

Bigorrilha, s. m. Sujeito vil, baixo ou desprezível.

Bigorrilhas, s. m. sing. e pl. V. *bigorrilha.*

Bigotismo, s. m. (fr. *bigot*). Falsa devoção.

Biguá, s. f. *Ornit.* Ave da ordem dos Pelicaniformes *(Phalacrocorax olivaceus)* de cor escura, pescoço alongado e bico não serrilhado, pouco menor que a cabeça.

Bigume, adj. m. e f. V. *bigúmeo.*

Bigúmeo, adj. Que tem dois gumes.

Bijugado, adj. *Bot.* Designativo das folhas que têm dois pares de folíolos num pecíolo comum.

Bíjugo, adj. *Poét.* Puxado por dois cavalos.

Bijuteria, s. f. (fr. *bijouterie*). Objeto pequeno, trabalhado com esmero, próprio para enfeite e ornato; broche, brinco etc.

Bilabiado, adj. Que tem dois lábios.

Bilabial, adj. m. e f. *Gram.* Diz-se da consoante que se pronuncia com os dois lábios *(b, m, p)*.

Bilateral, adj. m. e f. 1. Que tem dois lados. 2. Referente a lados opostos. 3. *Dir.* Diz-se dos contratos em que as duas partes ficam com obrigações recíprocas.

Bilboquê, s. m. (fr. *bilboquet*). Jogo infantil que consiste em

uma bola de madeira com um furo, presa por um cordel a um cabo pontudo em que ela deve encaixar.
Bile, s. f. V. *bílis.*
Bilênio, s. m. Espaço de dois mil anos.
Bilha, s. f. (fr. *bille*). Vaso bojudo, de gargalo estreito, ordinariamente de barro; moringa.
Bilhão, num. e s. m. 1. Mil milhões (no Brasil, América do Norte e França). 2. Um milhão de milhões (na Inglaterra e Alemanha). Var.: *bilião.*
Bilhar, s. m. (fr. *billard*). 1. Jogo de bolas de marfim, impelidas com um taco sobre mesa forrada de pano. 2. A mesa ou sala onde se joga o bilhar.
Bilharda, s. f. Jogo de rapazes, em que se emprega um pequeno pau, que se faz saltar para dentro de um círculo traçado no chão, por meio de outro pau mais comprido.
Bilhardar, v. Intr. Dar duas vezes na bola com o taco ou tocar duas bolas ao mesmo tempo, no jogo do bilhar.
Bilharista, s. m. Jogador de bilhar.
Bilhete, s. m. (fr. *billet*). 1. Carta simples e breve. 2. Senha de admissão a espetáculos ou outras reuniões. 3. Impresso que dá direito ao trânsito em transportes coletivos; passagem. 4. Cédula numerada de habilitação em jogos de rifa ou loteria. — *B.-postal:* cartão franqueado para correspondência postal.
Bilheteiro, s. m. 1. O que vende bilhetes nos espetáculos públicos. 2. Indivíduo que vende bilhetes de loteria.
Bilheteria, s. f. Lugar onde se vendem bilhetes de estradas de ferro, teatros, cinemas etc.
Bilhostre, s. m. 1. Pessoa estrangeira. 2. Biltre, patifório.
Bilião, num. e s. m. V. *bilhão.*
Biliar, adj. m. e f. Que diz respeito à bílis.
Biliário, adj. V. *biliar.*
Biligulado, adj. *Bot.* Que tem duas lígulas.
Bilimbi, s. m. *Bot.* Arbusto das Oxalidáceas *(Averrhoa bilimbi)*, cujo fruto, de sabor agradável, é usado em refrescos.
Bilinear, adj. m. e f. Relativo à sucessão por linha do pai e por linha da mãe, dentro da mesma tribo.
Bilíngüe, adj. m. e f. 1. Que tem duas línguas. 2. Que fala duas línguas. 3. Escrito em duas línguas.
Bilionário, s. m. 1. Aquele que é duas vezes milionário. 2. Multimilionário.
Bilioso, adj. 1. *Med.* Procedente da bílis ou relativo a ela. 2. Que tem muita bílis. 3. Que tem mau gênio.
Bilirrubina, s. f. *Biol.* Pigmento biliar amarelo-avermelhado.
Bilirrubinemia, s. f. *Med.* Presença de bilirrubina no sangue.
Bilirrubinúria, s. f. *Med.* Presença de bilirrubina na urina.
Bílis, s. f. 1. *Fisiol.* Líquido amargo, amarelo ou esverdeado, que se gera no fígado e auxilia a digestão; fel. 2. Mau gênio. 3. Irascibilidade. 4. Hipocondria. Var.: *bile.*
Biliteral, adj. m. e f. Que tem duas letras; bilítero.
Bilítero, adj. V. *biliteral.*
Biliverdina, s. f. Pigmento biliar de cor verde, derivado da bilirrubina por oxidação.
Bilobado, adj. *Bot.* Dividido em dois lobos ou lóbulos; bilobulado.
Bilocular, adj. m. e f. Que tem duas lojas ou lóculos.
Bilontra, s. m. 1. Freqüentador de más companhias ou casas suspeitas. 2. Espertalhão, velhaco.
Bilontragem, s. f. 1. Súcia de bilontras. 2. Comportamento de bilontra.
Biloto *(ô)*, s. m. 1. Excrescência, saliência. 2. Verruga.
Bilrar, v. Intr. Trabalhar com bilros.
Bilreira, s. f. Mulher que trabalha com bilros; rendeira.
Bilreiro, s. m. Carrapeta.
Bilro, s. m. 1. Peçazinha de madeira torneada em forma de pêra, usada para fazer renda. 2. Homem pequeno e abonecado.
Biltre, s. m. Homem desprezível, vil. Fem.: *biltra.*
Bimaculado, adj. Que tem duas manchas ou malhas.
Bímano, adj. Que tem duas mãos. Var.: *bímane.*
Bimare, adj. m. e f. Que fica entre dois mares; banhado por dois mares.
Bimarginado, adj. Que tem duas margens.
Bimba, s. m. 1. *Pop.* Pênis de criança. 2. *Ch.* Pênis pouco desenvolvido. 3. *Ch.* Coxa.
Bimbalhada, s. f. Toque simultâneo de vários sinos.
Bimbalhar, v. Intr. 1. Repicar (sinos). 2. Soar.
Bimbarra, s. f. Alavanca de madeira, forte e comprida.
Bimbarreta *(ê)*, s. f. Diminutivo de *bimbarra.*
Bimembre, adj. m. e f. Que tem dois membros.
Bimensal, adj. m. e f. Que aparece ou se realiza duas vezes por mês; quinzenal.
Bimestral, adj. m. e f. 1. Que dura dois meses. 2. Que aparece ou se faz de dois em dois meses.
Bimestre, s. m. O período de dois meses.
Bimotor, adj. e s. m. Diz-se do, ou o veículo com dois motores.
Binado, adj. *Bot.* Diz-se das folhas dispostas duas a duas nos ramos.
Binagem, s. f. Operação de sericicultura que consiste em juntar dois fios ao fio já torcido do casulo.
Binar, v. 1. Tr. dir. Praticar a operação da binagem em. 2. Tr. dir. Dar segundo amanho a (um terreno). 3. Intr. Dizer, no mesmo dia, duas missas.
Binário, adj. 1. *Arit.* Composto de duas unidades. 2. *Geom.* Que tem duas faces, dois lados, dois modos de ser. 3. *Quím.* Diz-se do composto químico que encerra dois elementos. 4. *Mús.* Diz-se do compasso de dois tempos.
Binerval, adj. m. e f. *Bot.* Que tem duas nervuras.
Binérveo, adj. V. *binerval.*
Binga, s. f. e m. 1. Chifre. 2. Isqueiro de fuzil. 3. Estojo onde se guarda o isqueiro. 4. Tabaqueira de chifre. 5. Lampião de querosene.
Bingo, s. m. V. *boto* (jogo).
Binoculado, adj. Que tem dois olhos.
Binocular, adj. m. e f. 1. Relativo a ambos os olhos. 2. Que serve aos dois olhos. 3. Diz-se de instrumentos ópticos com duas oculares.
Binoculizar, v. Tr. dir. Ver pelo binóculo.
Binóculo, s. m. 1. Óculo duplo, de punho, para ver à distância. 2. Telescópio.
Binômino, adj. Que tem dois nomes.
Binômio, adj. Composto de um binômio: Equação *binômia.* S. m. *Mat.* Expressão algébrica composta de dois termos.
Binubo, adj. Que casou duas vezes.
bio-, ou **-bio,** elem. de comp. (gr. *bios*). Exprime a idéia de vida: *biologia, micróbio.*
Bioco *(ô)*, s. m. 1. Manta ou lenço que envolve o rosto. 2. Falsa modéstia; hipocrisia.
Biodinâmica, s. f. Teoria dos processos vitais do organismo.
Biofagia, s. f. Qualidade de biófago.
Biófago, adj. e s. m. Que, ou o que se nutre à custa de organismos vivos.
Biofilia, s. f. Instinto de conservação; amor à vida.
Biofísica, s. f. Estudo dos fenômenos biológicos pelos métodos da Física.
Biofobia, s. f. Horror mórbido à vida.
Biogênese, s. f. Teoria segundo a qual todo ser vivo origina-se de outro ser que o gerou.
Biografar, v. Tr. dir. Fazer a biografia de.
Biografia, s. f. Descrição ou história da vida de uma pessoa.
Biográfico, adj. 1. Relativo a biografia. 2. Que contém biografias.
Biógrafo, s. m. Autor de biografia(s).
Biologia, s. f. Ciência que estuda os seres vivos e as leis da vida.
Biológico, adj. Relativo à Biologia.
Biologista, s. m. e f. Pessoa versada em Biologia.
Biólogo, s. m. V. *biologista.*
Bioluminescência, s. f. Luminescência apresentada por seres vivos, como vaga-lumes, algas marinhas etc.
Biombo, s. m. (jap. *biobu*). 1. Tabique móvel, feito de caixilhos, ligados por dobradiças. 2. Compartimento, formado de peças de madeira ou pano, fácil de armar e desarmar.
Biometria, s. f. Aplicação à Biologia dos métodos gerais da estatística.
Biônica, s. f. (*bio*logia + Eletr*ônica*). Ciência cuja finalidade é aplicar à solução de problemas mecânicos e de engenharia

um ou mais dados correspondentes ao funcionamento de sistemas biológicos.

Biônico, adj. 1. Pertencente ou relativo à biônica. 2. *Bras.* Denominação jocosa dada àquele que ocupa cargo por nomeação, quando deveria sê-lo por eleição: senador *biônico*.

Bionte, s. m. *Biol.* Ser vivo independente; organismo.

Biopse, s. f. V. *biopsia.*

Biopsia, s. f. *Med.* Retirada de tecidos vivos para exame histológico; biopse.

Bioquímica, s. f. *Biol.* Estudo dos fenômenos químicos que se passam nos seres vivos; química biológica; química fisiológica.

Biosfera, s. f. Parte da Terra, e de sua atmosfera, em que pode existir vida.

Biota, s. f. O conjunto da flora e fauna de uma região.

Biotaxia *(cs)*, s. f. Parte da Biologia que fixa as regras da classificação dos seres vivos.

Biotáxico *(cs)*, adj. *Biol.* Referente à biotaxia.

Biotério, s. m. Reserva de animais vivos, para estudos laboratoriais, produção de soros ou vitaminas.

Biótipo, s. m. *Biol.* 1. O conjunto dos seres geneticamente iguais.

Biotipologia, s. f. Classificação dos indivíduos humanos em número limitado de tipos, segundo suas constituições, temperamentos ou caracteres; tipologia.

Biotita, s. f. *Miner.* Variedade de mica, comumente preta ou verde-escura, que é um silicato de ferro, magnésio, potássio e alumínio.

Biovulado, adj. Que contém dois óvulos.

Bioxalato *(cs)*, s. m. *Quím.* Sal formado do ácido oxálico.

Bióxido *(cs)*, s. m. *Quím.* Óxido que contém dois átomos de oxigênio na molécula.

Bip, s. m. *Astronáut.* Neologismo com que se designa sinal telemétrico perceptível.

Bipartição, s. f. Ato ou efeito de bipartir.

Bipartido, adj. 1. Partido ou dividido em duas partes. 2. Dividido ao meio.

Bipartir, v. Tr. dir. Partir ou dividir em duas partes.

Bipatente, adj. m. e f. Aberto de dois lados ou para dois lados.

Bipedal, adj. m. e f. 1. Relativo aos bípedes. 2. Que tem o comprimento de dois pés.

Bípede, adj. m. e f. Que tem ou anda em dois pés. S. m. *Zool.* Animal que anda sobre dois pés.

Bipene, s. f. Machadinha de dois gumes.

Bipétalo, adj. *Bot.* Que tem duas pétalas.

Biplano, adj. Que tem partes arranjadas em dois planos. S. m. *Av.* Aeroplano cujas asas de sustentação são formadas por dois planos paralelos.

Biplume, adj. m. e f. Que tem duas asas; bipene.

Bipolar, adj. m. e f. Que tem dois pólos.

Bipolaridade, s. f. *Fís.* Existência de dois pólos contrários num corpo.

Biquadrado, adj. *Mat.* Diz-se da quarta potência, ou do quadrado multiplicado pelo próprio quadrado: Equação *biquadrada.*

Biquara, s. f. *Ictiol.* V. *corcoroca.*

Biqueira[1], s. f. *(bica + eira).* 1. Veio de água que cai do telhado. 2. Telha ou tubo, por onde jorra essa água; goteira.

Biqueira[2], s. f. *(bico + eira).* 1. Extremidade, ponta. 2. Remate que se ajusta na ponta de alguma coisa; ponteira. 3. Peça metálica que guarnece o bico do sapato, para reforço.

Biquíni, s. m. (de *Bikini,* n. p.). Maiô feminino de duas peças, muito reduzido.

Bira, s. f. Buraco cavado para o jogo do pião.

Birbante, s. m. (ital. *birbante*). Bigorrilha, biltre, patife.

Biriba, s. m. V. *beriba.*

Biribá, s. m. *Bot.* 1. Árvore anonácea *(Annona lanceolata)*; biribazeiro. 2. Fruto do biribazeiro.

Biribada, s. f. Uma porção de biribas.

Biribarana, s. f. *Bot.* Árvore anonácea *(Duguetia spixiana).*

Biribazeiro, s. m. V. *biribá.*

Birmã, s. m. V. *birmanês.*

Birmane, s. m. V. *birmanês.*

Birmanês, adj. Relativo à Birmânia. S. m. O habitante ou natural da Birmânia.

Birola, s. f. Espécie de pano de algodão.

Birra, s. f. 1. Capricho, teimosia. 2. Obstinação caprichosa. 3. Antipatia. 4. *Vet.* Vício das cavalgaduras que ferram os dentes em alguma coisa.

Birrar, v. 1. Intr. Ter birra; embirrar. 2. Tr. ind. Insistir com impertinência.

Birrefração, s. f. *Fís.* Propriedade que têm certas substâncias de desdobrar em dois um raio luminoso que sobre elas incida; dupla refração.

Birrefringente, adj. m. e f. *Fís.* Que produz dupla refração.

Birrelativo, adj. *Gram.* Designação antiga dos verbos que pedem dois objetos indiretos.

Birreme, s. f. Galera com duas ordens de remos.

Birrento, adj. Teimoso, obstinado.

Birro, s. m. 1. Bengala grossa. 2. Cacete. 3. *Ornit.* Ave tiranídea *(Hirundinea bellicosa).* 4. *Ant.* Espécie de barrete vermelho.

Birrostrado, adj. *Zool.* Que tem dois esporões.

Biru, s. m. *Herp.* Jararaca-do-banhado.

Biruta, s. f. *Av.* Saco cônico, adaptado a um mastro, que indica a direção do vento nos aeroportos. Adj. e s., m. e f. *Pop.* Diz-se de, ou pessoa irrequieta, amalucada.

Bis[1], s. m. (1. *bis*). Repetição. Adv. Duas vezes. Interj. Outra vez.

Bis-[2], pref. Exprime a idéia de duas vezes: *bisanual, bisavô.*

Bisagra, s. f. Dobradiça sobre que gira porta ou janela.

Bisanual, adj. m. e f. 1. Bienal. 2. Que acontece de dois em dois anos.

Bisão, s. m. *Zool.* Boi selvagem *(Bison bison)* da América. Voz: *berra.*

Bisar, v. Tr. dir. 1. Pedir repetição de (um trecho de música etc.). 2. Repetir.

Bisarma, s. f. Arma antiga, espécie de alabarda.

Bisavó, s. f. Mãe do avô ou da avó.

Bisavô, s. m. Pai do avô ou da avó.

Bisbilhotar, v. 1. Intr. Intrometer-se na vida dos outros; andar em mexericos; mexericar. 2. Tr. dir. Investigar com curiosidade.

Bisbilhoteiro, adj. Enredador, intrigante, mexeriqueiro.

Bisbilhotice, s. f. 1. Qualidade de bisbilhoteiro. 2. Ato de bisbilhoteiro.

Bisbórria, s. m. *Pop.* Homem vil, desprezível.

Bisca, s. f. 1. Nome de diversos jogos de baralho. 2. Pessoa de mau caráter.

Biscainho *(a-i)*, adj. Relativo à Biscaia (Espanha). S. m. O habitante ou natural de Biscaia.

Biscate, s. m. *Gír.* Serviço pequeno e avulso; bico, gancho. S. f. *Gír.* Mulher de vida fácil.

Biscatear, v. Intr. 1. Fazer biscates. 2. Viver de biscates.

Biscato, s. m. Alimento que a ave leva no bico de cada vez para os filhos.

Biscoitar, v. V. *abiscoitar.* Var.: *biscoutar.*

Biscoiteira, s. f. Recipiente com tampa, próprio para guardar biscoitos e bolachas.

Biscoiteiro, s. m. O que faz e/ou vende biscoitos.

Biscoito, s. m. (l. *biscoctu*). 1. Massa de farinha ou fécula, cozida no forno até ficar bem seca. 2. Bolacha. 3. Bofetão, sopapo.

Bisegre, s. m. Brunidor de sapateiro para os saltos do calçado e rebordos da sola.

Bisel, s. m. 1. Borda cortada obliquamente de modo que não termine em aresta viva; chanfro. 2. Face de uma pedra preciosa pela qual é engastada.

Biselar, v. Tr. dir. Dar o corte de bisel a; chanfrar.

Bisesdrúxulo, adj. *Fonét.* Designativo de vocábulo que, por adjunção de pronome pessoal átono, tem o acento dominante antes da antepenúltima sílaba: *Consolávamo-lo.*

Bismuto, s. m. *Quím.* Elemento metálico friável, de símbolo Bi, número atômico 83, massa atômica 209.

Bisnaga, s. f. 1. Tubo de folha de chumbo ou de matéria plástica, que contém qualquer substância pastosa: pasta

dentifrícia, tinta a óleo, vaselina etc. 2. Tipo de pão comercial, comprido e fino nas pontas.
Bisnagar, v. Tr. dir. Aplicar o conteúdo de bisnaga em.
Bisnau, adj. Astuto, finório, velhaco.
Bisneto, s. m. Filho de neto ou neta.
Bisonharia, s. f. Bisonhice.
Bisonhice, s. f. 1. Qualidade de bisonho. 2. Inexperiência. 3. Acanhamento.
Bisonho, adj. 1. Inexperiente. 2. Pouco adestrado em qualquer arte, ofício ou mister.
Bisonte, s. m. V. *bisão.*
Bispado[1], s. m. 1. Dignidade de bispo. 2. Território da jurisdição de um bispo; diocese. 3. Jurisdição episcopal.
Bispado[2], s. m. Em pescaria, lance de rede frustrado.
Bispal, adj. m. e f. Relativo a bispo; episcopal.
Bispar, v. 1. Tr. dir. Avistar ao longe; divisar, lobrigar. 2. Tr. dir. Surripiar. 3. Pron. Escapar-se, esgueirar-se.
Bispo, s. m. 1. *Ecles.* Padre que recebeu a plenitude do sacramento da ordem. 2. Prelado que exerce regularmente o governo espiritual de uma diocese. 3. *Fam.* Uropígio. 4. Peça do jogo de xadrez.
Bispote, s. m. (ingl. *pisspot*). *Gír.* Penico, urinol.
Bisseção, s. f. Divisão em duas partes iguais. Var.: *bissecção.*
Bissecular, adj. m. e f. Que tem dois séculos.
Bissemanal, adj. m. e f. Que aparece ou se faz duas vezes por semana.
Bissetor, adj. Que divide em duas partes iguais. S. m. Semiplano originado pela aresta de um diedro e que o divide em dois diedros iguais. Var.: *bissector.*
Bissetriz, s. f. Semi-reta que, partindo do vértice de um ângulo, o divide em dois ângulos iguais. Var.: *bissectriz.*
Bissexo *(cs)*, adj. V. *bissexual.*
Bissêxtil *(ês)*, adj. m. e f. V. *bissexto.* Pl.: *bissêxteis.*
Bissexto *(ês)*, s. m. 1. O dia que de quatro em quatro anos se acrescenta ao mês de fevereiro. 2. O ano em que há esse acréscimo.
Bissexuado, adj. *Biol.* Diz-se do espécime, animal ou vegetal, que normalmente tem os órgãos dos dois sexos; hermafrodita.
Bissexual *(cs)*, adj. m. e f. V. *bissexuado.*
Bissexualidade *(cs)*, s. f. Qualidade de bissexual.
Bissílabo, adj. V. *dissílabo.*
Bisso, s. m. *Zool.* Tufo de filamentos segregados por uma glândula no pé de certos moluscos bivalves, que serve como meio de fixação às rochas.
Bissulfato, s. m. *Quím.* Sulfato ácido.
Bissulfeto, s. m. O mesmo que *bissulfureto.*
Bissulfitagem, s. f. Aplicação do bissulfito.
Bissulfito, s. m. *Quím.* Sulfito ácido.
Bissulfureto, s. m. *Quím.* Composto que contém dois átomos de enxofre combinados com um elemento ou radical.
Bistorta, s. f. *Bot.* Planta herbácea européia *(Polygonum bistorta)*, cujas raízes são duas vezes retorcidas sobre si mesmas.
Bistrado, adj. 1. Que contém bistre. 2. Da cor do bistre; trigueiro.
Bistre, s. m. 1. Mistura de fuligem e goma cozida em água, marrom-amarelada, empregada em pintura. 2. O roxo das olheiras.
Bisturi, s. m. (fr. *bistouri*). *Cir.* Pequena faca, reta ou curva, para praticar incisões.
Bit, s. m. (t. ingl.). Acrônimo de *Binary digit. Inform.* Unidade de medida de informação correspondente à menor medida informativa que pode ser transmitida por um sistema, como sim/não, cara/coroa, ligado/desligado.
Bitáculo, s. f. (l. *habitaculu*). 1. Caixa de bússola. 2. Bodega, botequim. 3. *Gír.* Nariz.
Bitelo *(é)*, adj. *Pop.* 1. Grande. 2. Vistoso.
Bitola, s. f. 1. Medida ou modelo por onde alguma obra deve ser feita. 2. Estalão, padrão. 3. Craveira. 4. Norma. 5. Largura de via férrea. 6. *Náut.* Grossura de um cabo.
Bitolar, v. Tr. dir. 1. Medir com bitola. 2. Avaliar, julgar.
Bitonal, adj. m. e f. *(bi + tonal). Mús.* Que usa duas tonalidades simultaneamente.
Bitonalidade, s. f. *(bi + tonalidade).* Qualidade de bitonal.
Bitransitivo, adj. *Gram.* Designação outrora usada para verbos que exigem dois complementos: objeto direto e objeto indireto.
Bitu, s. m. 1. *Inf.* Papão. 2. Cantiga popular. 3. Macho da formiga saúva.
Bivacar, v. Intr. Estabelecer-se (uma tropa) em bivaque.
Bivalência, s. f. Qualidade ou estado de bivalente.
Bivalente, adj. m. e f. *Quím.* Que possui duas valências.
Bivalve, adj. m. e f. *Bot.* e *Zool.* Diz-se do fruto ou concha que tem duas valvas.
Bivaque, s. m. *Mil.* 1. Acampamento ao ar livre. 2. Tropa que está bivacando.
Biviário, adj. Situado em um bívio.
Bívio, s. m. 1. Lugar onde se juntam dois caminhos. 2. Caminho que, dividindo-se, vai dar a pontos diferentes.
Bixáceas *(cs)*, s. f. pl. *Bot.* Família *(Bixaceae)* de árvores pequenas, entre as quais está o urucu *(Bixa orellana)*, cujas sementes fornecem um corante vermelho.
Bizantino, adj. 1. Relativo a Bizâncio (hoje Constantinopla) ou ao Baixo Império. 2. Relativo às manifestações culturais do Império Bizantino.
Bizarria, s. f. 1. Qualidade, modos ou ação de bizarro. 2. Bazófia, ostentação, pompa.
Bizarrice, s. f. Bazófia, ostentação.
Bizarro, adj. 1. Bem apessoado, alto e esbelto. 2. Elegante e loução. 3. Generoso, nobre. 4. Jactancioso. 5. Extravagante, excêntrico, esquisito.
Black-out *(blecaute)*, s. m. (t. ingl.). 1. Escurecimento total; blecaute. 2. Colapso no sistema de transmissão de energia elétrica; blecaute.
Blandícia, s. f. Afago, carinho, brandura. Var.: *blandície.*
Blandicioso, adj. Que tem ou faz blandícia; meigo.
Blandífluo, adj. Que corre brandamente.
Brandíloquo *(co)*, adj. 1. Que tem voz branda. 2. Que fala com brandura.
Blasfemador, adj. e s. m. Que, ou o que blasfema.
Blasfemar, v. (l. *blasphemare*). 1. Intr. Proferir blasfêmias. 2. Tr. ind. Dizer palavras ofensivas a. 3. Tr. dir. Ultrajar com blasfêmias.
Blasfematório, adj. Em que há blasfêmia.
Blasfêmia, s. f. (l. *blasphemia*). 1. Palavra ofensiva à divindade ou à religião. 2. Ultraje dirigido contra pessoa ou coisa respeitável.
Blasfemo *(ê)*, adj. e s. m. Que, ou o que profere blasfêmias.
Blasonador, adj. e s. m. Que, ou o que blasona.
Blasonar, v. 1. Tr. dir. Alardear, ostentar. 2. Tr. ind. e intr. Jactar-se, vangloriar-se.
Blasonaria, s. f. Ato ou qualidade do que blasona.
Blasônico, adj. Relativo a brasão.
Blastema, s. m. Substância rudimentar viva da qual se originariam as células.
Blasto[1], s. m. 1. *Med.* Eritrócito embrionário. 2. *Bot.* Plúmula e radícula do embrião vegetal.
blasto-[2], elem. de comp. (gr. *blastos*). Exprime a idéia de *célula germinativa, embrião primitivo, germe: blastocarpo.*
Blastocarpo, adj. *Bot.* Aplica-se aos frutos cujas sementes germinam antes de saírem do pericarpo.
Blastoderme, s. f. *Biol.* Membrana germinativa que dá origem aos órgãos do embrião. Var.: *blastoderma,* s. m.
Blastômero, s. m. *Biol.* Cada uma das células que resultam das divisões da célula-ovo, antes de se diferenciarem consideravelmente.
Blástula, s. f. *Biol.* Forma embrionária resultante da segmentação do ovo, geralmente esférica, formada por uma camada singela de blastômeros, dispostos ao redor de ampla cavidade cheia de líquido.
Blata, s. f. *Entom.* Gênero *(Blatta)* que inclui a barata doméstica *(Blatta orientalis).*
Blateração, s. f. 1. Ato ou efeito de blaterar. 2. Gritaria.
Blaterar, v. 1. Intr. Soltar a voz (o camelo). 2. Tr. dir. Falar ou clamar com violência.
Blatídeo, adj. *Entom.* Relativo aos Blatídeos. S. m. pl. Família

(Blattidae) de insetos que inclui as baratas caseiras.

Blau, adj. e s. m. *Heráld.* Diz-se da cor azul nos brasões.

Blazer (*blêizer*), s. m. (t. ingl.). 1. Japona. 2. Casaco esportivo.

Blecaute, s. m. (ingl. *black-out*). V. *black-out.*

Blefar, v. Tr. dir. e intr. 1. Iludir no jogo, simulando ter boas cartas. 2. Enganar, lograr. 3. Esconder uma situação precária.

Blefarite, s. f. *Med.* Inflamação das pálpebras.

blefaro-, elem. de comp. (gr. *blepharon*). Exprime a idéia de *pálpebra: blefaroptose.*

Blefaroptose, s. f. *Med.* Relaxamento ou queda da pálpebra superior, devida à paralisia do nervo motor ocular comum.

Blefe *(ê)*, s. m. (ingl. *bluff*). Ato ou efeito de blefar.

Blefista, adj. e s., m. e f. Que, ou quem dá blefes.

Blemômetro, s. m. *Mil.* Instrumento com que se mede a intensidade da explosão, nas armas de fogo.

Blenda, s. f. *Miner.* Sulfureto natural de zinco.

bleno-, elem. de comp. (gr. *blenna*). Exprime a idéia de *catarro, muco: blenorragia.*

Blenorragia, s. f. *Med.* Inflamação purulenta das membranas mucosas, especialmente da uretra e da vagina.

Blenorrágico, adj. *Med.* Relativo à blenorragia.

Blenorréia, s. f. *Med.* V. *blenorragia.*

-blepsia, elem. de comp. (gr. *blepsis*). Exprime a idéia de *visão: acianoblepsia.*

Blesidade, s. f. Vício prosódico, que consiste em substituir uma consoante por outra *(claro* por *craro).*

Bleso, adj. Que tem o vício da blesidade.

Blindado, adj. 1. Revestido de chapas de aço; couraçado. 2. Protegido, defendido.

Blindagem, s. f. 1. Ato ou efeito de blindar. 2. Revestimento de proteção contra ações elétricas, radiativas etc.

Blindar, v. 1. Tr. dir. *Náut.* Cobrir ou revestir (navio etc.) de chapas de aço. 2. Tr. dir. Proteger contra efeitos elétricos ou radiativos. 3. Tr. dir. e pron. *Fig.* Proteger(-se).

Blocausse, s. m. (al. *blockhaus*). Obra de defesa, geralmente improvisada, constituída por troncos de árvores, barras de ferro etc., formando um reduto insulado.

Bloco, s. m. 1. Porção volumosa e sólida de uma substância pesada: *Bloco* de pedra. 2. Caderno de papel, com folhas destacáveis. 3. *Tip.* Chapa de determinada altura, que se usa para assentamento de clichês. 4. União de vários elementos políticos, para a consecução de um fim comum. 5. Grupo carnavalesco. 6. *Autom.* Parte fixa do motor que encerra os êmbolos e as válvulas.

Bloqueado, adj. Fechado por bloqueio.

Bloqueador, adj. e s. m. Que, ou o que bloqueia.

Bloqueante, adj. m. e f. V. *bloqueador.*

Bloquear, v. (fr. *bloquer*). Tr. dir. 1. Aplicar bloqueio a (porto, cidade, país etc.); sitiar. 2. Impedir o movimento ou a circulação de. 3. Obstar.

Bloqueio, s. m. 1. Ato ou efeito de bloquear. 2. Cerco ou operação militar que corta a uma praça ou a um porto as comunicações com o exterior.

Blusa, s. f. 1. Peça do vestuário feminino, larga, de tecido leve, muito adotada como uniforme escolar. 2. Parte do vestido que termina na cintura. 3. Peça do vestuário masculino, espécie de camisa folgada.

Boa, adj. Fem. de *bom.* S. f. Designação antiga da jibóia.

Boá, s. m. (fr. *boa*). Abafo de peles, comprido, com que as senhoras agasalham o pescoço.

Boana, s. f. 1. Tábua fina para caixões. 2. Cardume de peixes miúdos.

Boa-noite, s. m. Cumprimento que se dirige a alguém de noite. S. f. pl. *Bot.* Planta apocinácea, de flores róseas (*Lochnera rosea*).

Boas-vindas, s. f. pl. Expressão de felicitação pela chegada de alguém.

Boatar, v. Intr. *Fam.* Espalhar boatos.

Boataria, s. f. Muitos boatos.

Boate, s. f. (do fr. *boite*). Estabelecimento de vida noturna, com serviços de bar e restaurante, salão de danças e amiúde palco para atrações.

Boateiro, adj. e s. m. Que, ou o que espalha boatos.

Boato, s. m. 1. Notícia anônima, sem confirmação, que corre publicamente. 2. Balela.

Boava, adj. e s., m. e f. V. *emboaba.*

Boa-vida, s. m. e f. *Pop.* Pessoa folgada, sem preocupações, pouco afeita ao trabalho.

Bobagem, s. f. Ação ou dito de bobo; bobice.

Bobalhão, s. m. Grande bobo. Fem.: *bobalhona.*

Bobear, v. Intr. Fazer ou dizer bobices.

Bobeira, s. f. 1. V. *bobagem.* 2. Asneira.

Bobice, s. f. 1. Gracejo de bobo; bobagem, truanice. 2. Coisa sem importância; bobagem.

Bobina, s. f. 1. Pequeno cilindro com rebordos, no qual se enrolam materiais flexíveis (fios, fitas, filmes). 2. Tira contínua de papel enrolada sobre si mesma. 3. *Eletr.* Suporte com determinado número de espiras de fios metálicos e que é usado em dispositivos elétricos.

Bobinador, s. m. 1. Máquina para bobinar. 2. *Cinema.* Aparelho para encher as bobinas de películas.

Bobinagem, s. f. Operação de bobinar.

Bobinar, v. 1. Tr. dir. Pôr (papel) em bobina. 2. Enrolar, formando bobina.

Bobo *(ô)*, s. m. 1. Indivíduo tolo. 2. Indivíduo que diz asneiras. Adj. Parvo, tolo.

Bobó, s. m. *Cul.* Iguaria preparada com feijão-mulatinho, banana-da-terra, azeite-de-dendê e muita pimenta.

Boboca, adj. e s., m. e f. Diz-se de, ou pessoa muito tola.

Boca *(ô)*, s. f. (l. *bucca*). 1. *Anat.* Cavidade na parte inferior da face (ou cabeça), orifício de entrada do tubo digestivo, que contém a língua e os dentes, e que está em ligação também com o aparelho respiratório e os órgãos de fonação. 2. *P. ext.* Qualquer abertura ou corte, que dê idéia de boca. Aum.: *bocaça, bocarra, boqueirão. – B.-de-fogo*: peça de artilharia. *B.-de-lobo*: bueiro. *B.-de-sino*: calças ou mangas com as extremidades alargadas.

Boça, s. f. *Náut.* Nome comum a muitos cabos.

Bocaça, s. f. V. *bocarra.*

Bocada, s. f. 1. Bocado. 2. Mordidela.

Bocado, s. m. 1. Porção de alimento que se leva à boca de uma vez. 2. Porção de qualquer coisa.

Bocagem, s. f. *Reg.* Palavreado imoral ou insultuoso.

Bocagiano, adj. De Bocage (poeta português, 1765-1805) ou a ele relativo.

Bocaina, s. f. 1. Escarpa de cordilheira aberta em forma de boca. 2. Entrada de um canal ou rio.

Bocaiúva, s. f. *Bot.* Espécie de coqueiro do Brasil *(Acrocomia glaucophylla).*

Bocal, s. m. 1. Abertura de cano, tubo, castiçal, frasco, poço, vaso etc. 2. Embocadura de alguns instrumentos de sopro metálicos. 3. Parte central do freio a qual entra na boca da cavalgadura. 4. *Mec.* Tubo curto que se adapta a um orifício qualquer.

Boçal, adj. m. e f. 1. Inexperiente. 2. Ignorante. 3. Grosseiro. 4. Estúpido, rude. 5. Dizia-se do escravo negro recém-chegado da África e desconhecedor da língua do país.

Boçalidade, s. f. Qualidade, modos ou ditos de boçal.

Bocar, v. V. *abocar.*

Boçardas, s. f. pl. *Náut.* Travessões curvos, na roda da proa das embarcações, para reforço.

Bocarra, s. f. *Fam.* Boca muito grande.

Bocaxim, s. m. Entretela para enchumaçar; tarlatana.

Bocejador, adj. e s. m. Que, ou o que boceja.

Bocejar, v. 1. Intr. Dar bocejos. 2. Tr. ind. e intr. Aborrecer-se, enfastiar-se. 3. Tr. dir. Proferir em tom de aborrecimento.

Bocejo *(ê)*, s. m. Abrimento espasmódico da boca com aspiração seguida de expiração prolongada de ar.

Bocel, s. m. 1. *Arquit.* Moldura redonda na base das colunas. 2. Moldura em meia-cana, que as peças de artilharia de bronze tinham no primeiro reforço.

Bocelão, s. m. *Arquit.* Moldura grossa na base das colunas.

Bocelino, s. m. *Arquit.* A parte mais estreita da coluna junto ao capitel.

Boceta *(ê)*, s. f. 1. Pequena caixa oval ou oblonga. 2. Caixa de rapé.

Bocete *(è)*, s. m. (fr. *bossette*). Peça de metal com feitio de uma cabeça de prego convexa.

Bocha *(ó)*, s. f. (ital. *boccia*). Jogo de bolas de madeira.

Bochecha, s. f. 1. Parte saliente e carnuda de cada uma das faces. 2. *Náut.* Parte mais saliente do bojo do navio na direção da amura da proa.

Bochechada, s. f. V. *bochecho.*

Bochechar, v. Tr. dir. e intr. Agitar (um líquido) na boca, com o movimento das bochechas.

Bochecho *(ê)*, s. m. 1. Ação de bochechar. 2. Pequena quantidade de qualquer líquido.

Bochechudo, adj. *Fam.* Que tem bochechas grandes.

Bochinchada, s. f. 1. Ato de promover bochinche. 2. Pagodeira, pândega.

Bochinche, s. m. 1. V. *arrasta-pé.* 2. Briga, rolo.

Bochincheiro, adj. Desordeiro, arruaceiro.

Bochornal, adj. m. e f. Abafadiço, quente, sufocante.

Bochorno, s. m. 1. Ar abafadiço. 2. Vento quente.

Bócio, s. m. *Med.* Hipertrofia da glândula tireóide; papeira, papo.

Bocó[1], adj. e s., m. e f. *Pop.* Parvo, tolo, pateta.

Bocó[2], s. m. Pequeno alforje ou mala de couro ainda não curtido e com pêlo, usado para guardar fumo, palha de cigarro, etc.

Boçoroca, s. f. Fenda causada por enxurradas e/ou por erosão.

Bocuba, s. f. *Bot.* V. *bicuíba.*

Boda *(ô)*, s. f. (l. *vota*, pl. de *votum*). V. *bodas.*

Bodas *(ô)*, s. f. pl. 1. Celebração de casamento. 2. Festa para celebrar um casamento. 3. Banquete. — *B. de brilhante:* celebração do 75º aniversário de casamento.

Bode[1], s. m. 1. *Zool.* Ruminante cavicórneo, macho da cabra. Voz: *bala, bale, berra, bodeja, gagueja.* 2. *Pej.* Mestiço, mulato.

Bode[2], s. m. Farnel, matalotagem.

Bode[3], s. m. Barulho, encrenca.

Bodega, s. f. 1. Taberna pouco asseada. 2. Pândega.

Bodegueiro, s. m. 1. O que tem bodega. 2. O que freqüenta bodega.

Bodeguice, s. f. Comida grosseira e mal feita.

Bodelha, s. f. *Bot.* Alga marinha, fucácea *(Fucus vesiculosus)*, outrora usada em preparados medicinais.

Bodiano, s. m. *Ictiol.* Gênero *(Bodianus)* de peixes marinhos da família dos Labrídeos.

Bodionice, s. f. 1. Frase sem sentido. 2. Tropo bombástico.

Bodiônico, adj. 1. Bombástico. 2. Disparatado.

Bodocada, s. f. 1. Tiro de bodoque; 2. Dito ferino; remoque.

Bodoque, s. m. Arco com duas cordas para atirar bolas de barro endurecidas ou pedrinhas.

Bodoqueiro, s. m. Atirador de bodoque.

Bodum, s. m. 1. Cheiro fétido de bode não castrado. 2. Mau cheiro.

Boêmia, s. f. Vadiagem, vida airada.

Boêmio, adj. 1. Da Boêmia ou relativo a ela. 2. Que leva vida desregrada; vadio, estróina. S. m. 1. O habitante ou natural da Boêmia. 2. Indivíduo boêmio.

Bôer, adj. e s. m. Sul-africano descendente de holandês. Pl.: *bôeres.*

Bofada, s. f. Bofetada.

Bofar, v. 1. Tr. dir. Lançar do bofe; golfar. 2. Intr. Sair às golfadas.

Bofe, s. m. 1. *Pop.* Pulmão. 2. Meretriz da ralé. S. m. pl. 1. Fressura dos animais. 2. Gênio, caráter, índole. 3. Renda ou pano franzido e tufado, em peças de vestuário.

Bofetada, s. f. 1. Pancada com a mão, no rosto. 2. Desfeita, injúria grande.

Bofetão, s. m. Grande bofetada; sopapo.

Bofetear, v. V. *esbofetear.*

Bogari, s. m. *Bot.* Arbusto oleáceo, de flores brancas e aromáticas *(Jasminum sambac)*.

Bogarim, s. m. V. *bogari.*

Bogó, s. m. Bolsa de couro, que serve para tirar água dos poços.

Boi, s. m. (l. *bove*). 1. *Zool.* Bovino doméstico *(Bos taurus, Bos indicus* e *Bubalus bubalis)*. 2. Macho adulto bovino, castrado, empregado em serviço ou para corte. Col.: *boiada, abesana, armento, cingel, jugada, jugo, junta, manada, rebanho, tropa.* Voz: *muge, berra, bufa, arrua.*

Bóia, s. f. 1. Qualquer objeto destinado a flutuar. 2. *Náut.* Corpo flutuante destinado a indicar perigo, ou passo difícil. 3. Pedaço de cortiça, nas redes de pesca, para que não afundem. 4. Peça de material flutuante que usam os aprendizes de natação. 5. Peça flutuante, existente nas caixas-d'água, para vedar o líquido quando o reservatório estiver cheio. 6. Qualquer comida.

Boiada, s. f. Manada de bois.

Boiadeiro, s. m. 1. Condutor de boiada. 2. Comprador de gado para revender; marchante.

Bóia-fria, adj. e s., m. e f. Diz-se do, ou o trabalhador itinerante. Pl.: *bóias-frias.*

Boiama, s. f. Boiada, expressão caipira.

Boiante, adj. m. e f. Que bóia; flutuante.

Boião, s. m. Vaso bojudo, de boca larga.

Boiar, v. 1. Tr. dir. Ligar à bóia. 2. Intr. Flutuar. 3. Intr. Hesitar. 4. Intr. *Pop.* Não entender. 5. Intr. Tomar a bóia; comer.

Boiceira, s. f. A primeira estopa que se tira do linho.

Boicininga, s. f. Cascavel.

Boicorá, s. f. Nome de uma falsa cobra-coral.

Boicotagem, s. f. Ato ou efeito de boicotar; boicote.

Boicotar, v. Tr. dir. 1. Fazer oposição aos negócios de (pessoa, classe, nação). 2. Não comprar, propositadamente, mercadoria de certa origem. Var.: *boicotear.*

Boicote, s. m. V. *boicotagem.*

Boieira, s. f. 1. Mulher que guarda ou guia bois. 2. A estrela-d'alva.

Boieiro, s. m. Condutor ou guardador de bois.

Boina, s. f. Gorro redondo e chato, sem pala.

Boipeba, s. f. V. *boipeva.*

Boipeva, s. f. *Herp.* Certa cobra da família dos Colubrídeos *(Xenedon merremii)*, de corpo chato.

Boirel, s. m. Pequena bóia de cortiça.

Boitatá, s. m. *Folc.* 1. Fogo-fátuo. 2. Papão. Var.: *baitatá, biatatá* e *batatão.*

Boiúna, s. f. 1. *Herp.* Nome que, na Amazônia, dão à sucuri[1]. 2. *Folc.* Mãe-d'água.

Boiúno, adj. Relativo a boi; bovino.

Boiz *(ò-i)*, s. f. V. *aboiz.*

Boizama, s. f. Boiada.

Bojador, adj. e s. m. Que, ou o que boja.

Bojamento, s. m. Ato ou efeito de bojar.

Bojante, adj. m. e f. Que faz bojo.

Bojar, v. 1. Tr. dir. Fazer bojudo; enfunar. 2. Tr. dir. Fazer sobressair, formando bojo. 3. Intr. Formar bojo.

Bojo *(ô)*, s. m. 1. Saliência arredondada; barriga. 2. *Náut.* Parte mais larga e arredondada do navio. 3. A parte mais íntima de uma coisa. 4. Capacidade, envergadura.

Bojudo, adj. Que tem bojo; arredondado.

Bola, s. f. (l. *bulla*). 1. Esfera. 2. Objeto esférico ou arredondado. 3. Objeto esférico ou ovóide de qualquer espécie e material diverso, maciço ou inflado de ar comprimido, para ser jogado, batido ou chutado em jogos ou esportes. 4. Pedaço de carne envenenada com que se matam cães. 5. *Fam.* Cabeça, juízo.

Bola-ao-cesto, s. m. *Esp.* V. *basquete.*

Bolacha, s. f. Bolo achatado e seco, de farinha.

Bolacheiro, s. m. Fabricante e/ou vendedor de bolachas.

Bolaço, s. m. 1. Pancada com as boleadeiras. 2. Chute violento ou muito hábil, no futebol.

Bolada[1], s. f. *(bolo + ada)*. 1. Grande bolo ou monte de dinheiro, no jogo. 2. Grande soma de dinheiro.

Bolada[2], s. f. 1. Pancada com bola. 2. Vez, ocasião.

Bolandeira, s. f. 1. Grande roda dentada, nos engenhos de açúcar. 2. Máquina para descaroçar algodão. 3. *Tip.* Bandeja de metal para transportar as composições.

Bolão, s. m. 1. Grande bola. 2. O prêmio da Loteria Esportiva.

Bolapé, s. m. Vau que o cavalo mal pode atravessar sem nadar.

Bolar, v. Tr. dir. 1. Tocar com a bola; acertar com a bola em. 2. *Pop.* Arquitetar, conceber.

Bolbilho, s. m. *Bot.* Gomo axilar carnudo, que pode produzir nova planta adulta; bulbilho.

Bolbo, s. m. V. *bulbo.*

Bolboso, adj. Que tem ou forma bolbo.

Bolçar, v. Tr. dir. 1. Lançar fora. 2. Vomitar.

Bolchevique, s. m. V. *bolchevista.*

Bolchevismo, s. m. *Sociol.* Doutrina política ou sistema social preconizado por Nicolau Lenine e implantado na Rússia em 1917; comunismo.

Bolchevista, adj. m. e f. Relativo ao bolchevismo. S. m. e f. Pessoa partidária do bolchevismo; comunista.

Boldo *(ô),* s. m. *Bot.* Arbusto chileno, monimiáceo *(Peumus boldus).*

Boldrié, s. m. 1. Cinturão. 2. Correia a tiracolo, a que se prende a espada ou outra arma.

Boleadeiras, s. f. pl. Aparelho, já em desuso, para laçar animais em campo aberto e constituído de três esferas de pedra ou de ferro, forradas de couro e ligadas entre si por meio de cordas de couro.

Boleado, adj. 1. De superfície arredondada; bombeado. 2. Que não é muito certo da bola, do juízo.

Boleador, s. m. Aquele que maneja as boleadeiras.

Boleamento, s. m. Ato ou efeito de bolear.

Bolear, v. 1. Tr. dir. Dar forma de bola a; arredondar. 2. Tr. dir. Aprimorar, polir. 3. Tr. dir., intr. e pron. Bambalear (-se), rebolar(-se). 4. Tr. dir. e intr. Capturar com as bolas (um animal).

Boleeiro, s. m. O que dirige as carruagens; cocheiro.

Boléia, s. f. 1. Assento do cocheiro. 2. Cabina do motorista, no caminhão.

Boleima, s. f. Bolo grosseiro. S. m. e f. Pessoa sem préstimo.

Boleio, s. m. Ato ou efeito de bolear.

Bolero *(é),* s. m. 1. Dança e música espanholas do fim do séc. XVIII. 2. Casaquinho curto, com mangas ou sem elas, usado pelas mulheres por sobre o corpete.

Boletim, s. m. 1. Informação oficial, comunicada ao público. 2. Resenha noticiosa de operações militares ou policiais e observações científicas. 3. Artigo de jornal, resumindo as notícias do dia. 4. Impresso de propaganda.

Boletineiro, s. m. Distribuidor de boletins, de telegramas.

Boleto *(ê),* s. m. Articulação da perna do cavalo, acima da ranilha.

Boléu, s. m. 1. Queda, baque, encontrão. 2. Tombo que se dá no animal laçado.

Bolha *(ô),* s. f. 1. *Med.* Vesícula à superfície da pele. 2. Glóbulo de ar, nos líquidos em ebulição ou fermentação.

Bolhante, adj. m. e f. Que forma bolhas.

Bolhar, v. Intr. Formar bolhas; borbulhar.

Boliche, s. m. Jogo que consiste em atirar uma bola por uma pista estreita em direção a um agrupamento de pinos, valendo pontos os pinos derrubados.

Bólide, s. f. Meteorito de volume acima do comum.

Bólido, s. m. V. *bólide.*

Bolina, s. f. *Náut.* Cada um dos cabos de sustentação das velas.
À b.: obliquamente, de lado.

Bolinar, v. 1. Intr. *Náut.* Ir à bolina; navegar. 2. Tr. dir. *Náut.* Alar com a bolina. 3. Tr. dir. *Náut.* Fazer ir (o navio) à bolina. 4. *Ch.* Tocar em alguém com intuitos libidinosos.

Bolineiro, adj. *Náut.* Que navega bem à bolina.

Bolinha, s. f. *Gír.* Medicamento excitante, em pílulas.

Bolinho, s. m. *Cul.* Bolo, doce pequeno.

Bolívar, s. m. Unidade monetária básica da Venezuela, subdividida em 100 cêntimos, símbolo B. Pl.: *bolívares.*

Boliviano, adj. Da Bolívia ou relativo a esse país. S. m. O habitante ou natural da Bolívia.

Bolo *(ô),* s. m. (de *bola?*). 1. *Cul.* Massa de farinha, a que se adicionam açúcar, manteiga, ovos etc. 2. *Fam.* Palmatoada. 3. Rolo, confusão. 4. O conjunto das apostas que constitui o monte ao(s) ganhador(es).

Bolor, s. m. 1. Nome vulgar dos fungos que vivem sobre os alimentos e produtos manufaturados, em que eles produzem alterações químicas; mofo. 2. Velhice; decadência.

Bolorência, s. f. Qualidade de bolorento.

Bolorento, adj. 1. Coberto ou cheio de bolor. 2. Decadente, velho, decrépito.

Bolota, s. f. (ár. *balluta*). 1. *Bot.* Glande do carvalho e do azinheiro. 2. Penduricalho, borla.

Bolotada, s. f. Grande quantidade de bolotas.

Bolotado, adj. Cevado com bolotas.

Bolotal, s. m. Mata de árvores que dão bolotas.

Bolsa *(ô),* s. f. 1. Saquinho de trazer o dinheiro. 2. Carteira de couro, pano, matéria plástica, etc., provida de fecho, usada pelas mulheres. 3. *Med.* Saco formado por acumulação de pus nas supurações. 4. Dinheiro para as despesas ordinárias. 5. Instituição pública onde se realizam operações financeiras de valores negociáveis. 6. Edifício onde se reúnem os corretores para essas operações financeiras. 7. Pensão gratuita concedida a estudantes ou pesquisadores. 8. *Esp.* Prêmio em dinheiro concedido a um lutador de boxe.

Bolseiro, s. m. Fabricante e/ou vendedor de bolsas.

Bolsinho, s. m. Pequeno bolso.

Bolsista, s. m. e f. 1. Pessoa que habitualmente faz operações na bolsa. 2. Quem recebeu bolsa de estudos.

Bolso *(ô),* s. m. (l. *bursa*). Incisão numa peça do vestuário, prolongada por um saquinho costurado por dentro, ou pedaço de tecido aplicado externamente ao vestuário; algibeira.

Bom[1], adj. (l. *bonu*). Diz-se do que possui todas as qualidades próprias à sua natureza ou função. — Fem.: *boa,* sup. abs. sint.: *boníssimo* e *ótimo;* comparativo de superioridade: *melhor.*

Bom![2], interj. Exprime admiração, aprovação, surpresa, etc.

Bomba[1], s. f. 1. Máquina apropriada para sugar ou impelir líquidos, pela ação combinada de aspiração e compressão. 2. Sifão para trasvasar líquidos. 3. Aparelho com que se enchem câmaras-de-ar. 4. Canudo de metal ou de madeira para se tomar o mate. — *B.-d'água:* a) aguaceiro repentino; pancada de chuva; b) bomba destinada a elevar a água.

Bomba[2], s. f. 1. Projétil ou outro dispositivo que contém uma carga explosiva e uma espoleta de percussão ou de tempo. Ruído: *arrebenta, estoura, estronda, estrondeia.* 2. Artefato explosivo que provoca danos ou destruição. 3. Acontecimento lamentável e inesperado. 4. *Gír.* Reprovação em exame.

Bombacáceas, s. f. pl. *Bot.* Família *(Bombacaceae)* de árvores, às vezes de grande porte, como a paineira.

Bombachas, s. f. pl. Calças largas, apertadas acima dos tornozelos por meio de botões, usadas pelos campeiros.

Bombacho, s. m. Pequena bomba para tirar ou elevar água.

Bombarda, s. f. Antiga máquina de guerra para arremesso de bolas de pedra.

Bombardada, s. f. Tiro de bombarda.

Bombardão, s. m. *Mús.* Instrumento de sopro, contrabaixo de pistão.

Bombardeamento, s. m. Bombardeio.

Bombardear, v. Tr. dir. 1. Atacar, arremessando bombas ou outros projéteis. 2. *Fís.* Submeter (átomos) ao impacto de partículas, para desintegrar-lhes o núcleo.

Bombardeio, s. m. Ato ou efeito de bombardear.

Bombardeira, s. f. *(bombarda + eira).* 1. Cada uma das aberturas que separam as ameias, e nas quais se colocava a parte anterior da bombarda. 2. Canhoneira. 3. *Ant.* Barcaça, para transporte de bombardas. 4. Navio armado de artilharia.

Bombardeiro, s. m. 1. *Ant.* Artilheiro de bombarda. 2. *Av.* Avião de grande porte empregado nas ações de bombardeio.

Bombardino, s. m. *Mús.* Instrumento de sopro grave, de metal, munido de três ou quatro pistões.
Bombástico, adj. 1. Estrondoso. 2. Empolado (estilo).
Bombazina, s. f. Tecido riscado, de algodão, imitante ao veludo.
Bombeação, s. f. Ato de bombear[1] acep. 3.
Bombeamento, s. m. Ato de bombear[2].
Bombear[1], v. 1. Intr. Extrair água com manejo de bomba. 2. Tr. dir. Dar forma redonda a. 3. Tr. dir. *Pop.* Reprovar em exames.
Bombear[2], v. Tr. dir. 1. Espionar (o campo inimigo) para lhe conhecer a força. 2. Observar com atenção; espreitar.
Bombeiro, s. m. *(bomba[1] + eiro).* 1. O que trabalha com bombas de incêndios. 2. V. *encanador.* 3. *Gír.* Criança que urina na cama.
Bômbix *(cs),* s. m. *Entom.* Gênero *(Bombyx)* de mariposas, que inclui o bicho-da-seda doméstico *(Bombix mori).*
Bombo, s. m. *Mús.* Espécie de tambor muito grande, tocado com macetas.
Bom-bocado, s. m. *Cul.* Doce feito de açúcar, leite de coco, gemas de ovo etc. Pl.: *bons-bocados* ou *bombocados.*
Bombom, s. m. (fr. *bonbon*). *Cul.* Doce em geral de chocolate, com recheio de licor, amêndoas ou pedaços de fruta.
Bombonaça, s. f. *Bot.* Palmeira americana *(Carludovica palmata),* de cujas folhas se fazem os chamados *chapéus-do-chile.*
Bombordo, s. m. *Náut.* Lado esquerdo do navio, olhado este da popa à proa. Antôn.: *estibordo.*
Bom-dia, s. m. Saudação que se dirige a alguém na primeira metade do dia.
Bomôncia, s. f. *Bot.* Trepadeira apocinácea *(Beaumontia grandiflora).*
Bom-tom, s. m. Elegância de maneiras, boa educação.
Bonachão, adj. e s. m. Que, ou o que tem bondade natural, e é simples, paciente. Fem.: *bonachona*; pl.: *bonachões.*
Bonacheirão, aej. e s. m. V. *bonachão.* Fem.: *bonacheirona.*
Bonança, s. f. (cast. *bonanza*). 1. Estado do mar propício à navegação. 2. Calma, sossego, tranqüilidade.
Bonançar, v. Intr. Estar em bonança.
Bonançoso, adj. Que está em bonança; calmo, tranqüilo.
Bondade, s. f. (l. *bonitate*). 1. Qualidade de bom. 2. Boa índole. 3. Favor, mercê.
Bondadoso, adj. V. *bondoso.*
Bonde, s. m. Veículo elétrico de transporte urbano, que roda sobre trilhos.
Bondoso, adj. Que tem bondade; benévolo.
Boné, s. m. Cobertura da cabeça, de copa redonda, e com pala sobre os olhos.
Boneca, s. f. 1. Brinquedo de criança, em forma de menina, feito de massa de papel, celulóide, pano, louça etc. 2. Mulher bela. 3. Mulher muito enfeitada e pouco animada. 4. Embrulho de algodão ou trapos, que se embebe numa substância solúvel, para envernizar. 5. Espiga de milho antes de granar. 6. V. *boneco,* acepção 3.
Bonecada, s. f. Porção de bonecos ou bonecas.
Bonecar, v. Intr. Espigar (falando do milho); embonecar.
Boneco, s. m. 1. Figura de menino ou homem, o equivalente masculino de boneca, para brinquedo de crianças. 2. Manequim. 3. Projeto gráfico de um livro que apresenta o formato, a espessura e a qualidade do papel que se deseja imprimir; boneca.
Bongar, v. Tr. dir. 1. Buscar, procurar. 2. Apanhar, catando.
Bonicos, s. m. pl. Excremento miúdo dos animais.
Bonificação, s. f. 1. Ato ou efeito de bonificar. 2. Gratificação.
Bonificar, v. Tr. dir. 1. Conceder vantagens pecuniárias. 2. Beneficiar.
Bonifrate, s. m. 1. Boneco de engonços. 2. Homem frívolo.
Bonina, s. f. *Bot.* Erva vistosa da família das Compostas *(Bellis perennis).*
Boninal, s. m. Campo cheio de boninas.
Boníssimo, adj., sup. abs. sinţ. de *bom.* Muito bom.
Bonitaço, adj. V. *bonitão.*
Bonitão, adj. *Pop.* Muito bonito.
Boniteza *(ê),* s. f. 1. Qualidade de bonito. 2. Coisa bonita.
Bonitinho, adj. 1. Dim. de *bonito.* 2. Diz-se de coisas bonitas e delicadas, miúdas ou de crianças.
Bonito, adj. 1. Agradável à vista, ao ouvido ou ao espírito. 2. Diz-se do dia claro. 3. *Iron.* Censurável, lamentável.
Bonitote, adj. m. Um tanto bonito. Fem.: *bonitota.*
Bonomia, s. f. 1. Qualidade de quem é bom. 2. Extrema credulidade.
Bônus, s. m. 1. Prêmio, bonificação ou vantagem que se concede aos portadores de certos títulos. 2. Título de dívida pública.
Bonzo, s. m. 1. Sacerdote budista. 2. Sonso.
Bonzó, s. m. Cautela de rifa.
Boquear, v. Intr. 1. Abrir a boca, respirando com dificuldade. 2. Agonizar. 3. Boquejar, murmurar.
Boqueira, s. f. Pequena ferida na comissura dos lábios.
Boqueirão, s. m. 1. Grande boca. 2. Grande abertura de rio ou canal. 3. Saída larga para um campo, depois de uma estrada apertada. 4. Cova grande e profunda.
Boquejadura, s. f. Ação de boquejar.
Boquejar, v. 1. Intr. Bocejar. 2. Tr. ind. Murmurar de, falar mal de. 3. Tr. dir. Proferir entre dentes.
Boquejo, s. m. Ato ou efeito de boquejar.
Boquelho, s. m. Pequena abertura junto à boca do forno.
Boquete *(ê),* s. m. Início de uma zona apertada entre terrenos altos.
Boquiaberto, adj. 1. De boca aberta. 2. Muito admirado; pasmado.
Boquiabrir, v. 1. Tr. dir. Causar grande admiração a; pasmar. 2. Pron. Ficar em grande pasmo.
Boquilha, s. f. 1. Tubo em que se mete o cigarro ou charuto para fumar; piteira. 2. Encaixe para unir caixilhos de portas e janelas.
Boquim, s. m. Boca móvel dos instrumentos de sopro.
Boquinha, s. f. 1. Boca pequena. 2. Beijo, beijinho.
Boracita, s. f. *Miner.* Mineral composto de borato de magnésio e de cloreto de magnésio.
Borato, s. m. *Quím.* Sal ou éster do ácido bórico.
Bórax *(cs),* s. m. *Miner.* e *Quím.* Borato de sódio, branco ou amarelo, usado como branqueador. Var.: *bórace.* Pl. *bóraces.*
Borboleta *(ê),* s. f. 1. *Entom.* Denominação que deve ser aplicada somente aos insetos da ordem dos Lepidópteros, cujas espécies são diurnas e, geralmente, ao pousarem, suas asas ficam em posição perpendicular ao corpo. Col.: *boana, cardume, panapaná.* 2. Pessoa leviana ou volúvel. 3. Ferragem que permite manter suspensas as folhas das janelas de suspender. 4. Aparelho giratório, em forma de cruz, que registra as passagens nas barcas, estradas de ferro, ônibus etc.
Borboleteador, adj. Que borboleteia; devaneador.
Borboleteamento, s. m. Ato ou efeito de borboletear.
Borboletear, v. 1. Tr. ind. e intr. Divagar como as borboletas. 2. Intr. Devanear sem fixar a atenção; fantasiar.
Borborigmo, s. m. Ruído causado pelos gases nos intestinos.
Borborismo, s. m. V. *borborigmo.*
Borbotão, s. m. 1. Jato impetuoso e interrompido de um líquido. 2. Golfada, jorro. 3. Lufada.
Borbotar, v. 1. Intr. Jorrar com ímpeto, sair em borbotões. 2. Tr. dir. Lançar em borbotões. 3. Tr. dir. Dizer ou fazer em profusão.
Borbulha, s. f. 1. Bolha de fluido. 2. *Bot.* Gomo. 3. *Agric.* Gomo para enxerto. 4. *Med.* Vesícula na epiderme, de conteúdo aquoso ou purulento.
Borbulhagem, s. f. Grande porção de borbulhas.
Borbulhante, adj. m. e f. Que borbulha.
Borbulhão, s. m. 1. V. *borbotão.* 2. Bolha grande.
Borbulhar, v. 1. Tr. ind. e intr. Sair em borbulhas, em bolhas ou gotas freqüentes. 2. Intr. *Bot.* Cobrir-se de borbulhas; germinar. 4. Tr. ind. Sair em magotes e precipitadamente. 4. Tr. dir. Proferir aos borbotões.
Borbulhento, adj. V. *borbulhoso.*
Borbulho, s. m. V. *borbulhão.*
Borbulhoso, adj. 1. Cheio de borbulhas. 2. Que forma bolhas, ou que sai em borbulhas.

Borco *(ô)*, s. m. Termo usado só na expressão *de borco*: com a face para baixo; de bruços.

Borda, s. f. 1. Extremidade limite de uma superfície. 2. Praia, margem. — *B.-do-campo:* limite do campo com a mata.

Bordada, s. f. 1. Ato ou efeito de bordejar. 2. Banda, borda, beira. 3. Ato de marear, bordejando.

Bordadeira, s. f. 1. Mulher que borda. 2. Máquina de bordar.

Bordado, adj. Guarnecido de bordadura. S. m. 1. Obra de bordadura. 2. Lavor em relevo, feito na roupa, a linha, fio de lã, prata, ouro etc.

Bordador, adj. e s. m. Que, ou o que borda.

Bordadura, s. f. 1. Efeito de bordar. 2. Lavor que se faz bordando. 3. Cercadura bordada. 4. Cercadura de plantas que delimita as divisões dos jardins. 4. *Mús.* Nota de ornato.

Bordagem, s. f. *Náut.* Madeira do costado dos navios.

Bordaleiro, adj. e s. m. Diz-se de, ou certo carneiro de lã crespa.

Bordalengo, adj. Estúpido, grosseiro, ignorante.

Bordalês, adj. V. *bordelês.*

Bordamento, s. m. V. *bordadura.*

Bordão[1], s. m. (l. v. *burdone*). Pau grosso, de arrimo; bastão, cajado.

Bordão[2], s. m. (cast. *bordón*). *Mús.* 1. Nota grave e invariável, que serve de baixo e acompanhamento na gaita de fole, sanfona, etc. 2. Corda mais grossa dos instrumentos de cordas.

Bordar, v. 1. Tr. dir. e intr. Ornar de bordados ou bordaduras. 2. Tr. dir. Guarnecer, ornar. 3. Tr. dir. Escrever com fantasia.

Bordear, v. V. *bordejar.*

Bordejar, v. 1. Intr. *Náut.* Navegar em ziguezague, recebendo o vento ora por um bordo, ora por outro. 2. Intr. Ir de um lado para outro. 3. Intr. Andar aos bordos; cambalear. 4. Tr. dir. Andar ao redor de, à borda de.

Bordejo *(ê)*, s. m. *Náut.* Ato ou efeito de bordejar.

Bordel, s. m. (fr. *bordel*). Lupanar.

Bordeleiro, adj. 1. Pertinente a bordel. 2. Bordelengo.

Bordelengo, adj. Freqüentador de bordéis.

Bordelês, adj. De, ou relativo a Bordéus (França). S. m. O habitante ou natural de Bordéus.

Borderô, s. m. (fr. *bordereau*). *Com.* Nota discriminativa de quaisquer mercadorias ou valores entregues, sob a forma de extrato recapitulativo.

Bordo[1] *(ó)*, s. m. (al. *Bord*). 1. Ato ou efeito de bordejar. 2. Beira, borda. 3. Lado do navio.
A bordo: dentro da embarcação.

Bordo[2] *(ô)*, s. m. *Bot.* 1. Árvore acerácea *(Acer saccharinum)*; ácer. 2. Madeira dessa árvore.

Bordoada, s. f. Pancada com bordão; cacetada.

Bordoeira, s. f. Grande sova.

Boré, s. m. Flauta de cana ou taboca, dos índios.

Boreal, adj. m. e f. Do lado do norte; setentrional.

Bóreas, s. m. *Poét.* Vento norte.

Boreste, s. m. V. *estibordo.*

Borgonhês, adj. Relativo à Borgonha (França). S. m. O habitante ou natural da Borgonha.

Boricado, adj. Que contém ácido bórico em dissolução.

Bórico, adj. *Quím.* Diz-se de um ácido derivado do boro.

Borjaca, s. f. Jaquetão largo e comprido; burjaca.

Borla *(ó)* s. f. (1. *burrula*). 1. Ornamento pendente, de passamanaria, usado em vestimentas, cortinas e outros artigos, do qual pendem inúmeros fios. 2. Barrete doutoral. 3. Grau de doutor.

Borleta *(ê)*, s. f. Pequena borla.

Bornal, s. m. 1. Saco de pano ou couro para provisões, ferramentas etc. 2. Saco que se pendura no focinho das cavalgaduras, para nele comerem; embornal.

Borne, s. m. *Eletr.* Terminal para ligações de fios a um aparelho elétrico.

Borneira, s. f. 1. Pedra negra de que se fazem mós. 2. Mó feita dessa pedra.

Borneiro, adj. Diz-se do trigo moído com borneira.

Boro *(ó)*, s. m. *Quím.* Elemento não-metálico, de símbolo B, número atômico 5 e massa atômica 10,82.

Borocotó, s. m. Terreno escabroso, cheio de altos e baixos, escavado ou obstruído de pedras; brocotó.

Boroeiro, s. m. V. *broeiro.*

Bororé, s. m. Veneno com que os índios brasileiros ervam as flechas.

Bororo *(ôro)*, adj. m. e f. *Etnol.* Relativo aos Bororos, indígenas de Goiás e Mato Grosso. S. m. e f. Indígena dessa tribo.

Borra[1] *(ó)*, s. f. (de *borrar*). *Gír.* Diarréia, soltura.

Borra[2] *(ô)*, s. f. (1. *burra*). 1. Depósito espesso de qualquer matéria sólida que estava em suspensão num líquido. 2. Sedimento de um líquido.

Borraçal, s. m. 1. Terra pantanosa com pastagem. 2. Lameiro.

Borraceiro, adj. 1. Diz-se do tempo ligeiramente chuvoso. 2. Que tem muita borra; pouco limpo. S. m. Chuvisco.

Borracha, s. f. 1. Substância obtida pela coagulação do látex de muitas plantas tropicais, ou por processos químicos-industriais; goma-elástica. 2. Seringa feita com essa goma e destinada a clisteres. 3. Pedacinho de goma-elástica apropriado para apagar traços de desenho ou de escrita.

Borrachão[1], s. m. (de *borracho*). Indivíduo que se embriaga com freqüência. Fem.: *borrachona.*

Borrachão[2], s. m. Utensílio feito de chifre ou de couro, para conduzir água ou bebidas em viagem.

Borracheira, s. f. 1. Bebedeira. 2. Palavras ou maneiras de bêbedo. 3. Grosseria. 4. *Pop.* Coisa mal feita.

Borracheiro, s. m. 1. Indivíduo que se dedica à venda ou ao conserto de pneumáticos. 2. Indivíduo que extrai o leite da mangabeira.

Borrachice, s. f. V. *borracheira.*

Borrachífero, adj. Que produz borracha.

Borracho[1], s. m. (cast. *borracho*). V. *bêbedo.*

Borracho[2], s. m. Pombo novo que ainda não voa.

Borrachudo, s. m. *Entom.* Denominação popular de certos dípteros, vorazes sugadores de sangue.

Borrada, s. f. 1. Derramamento de borra. 2. Tinta alastrada. 3. Porcaria. 4. Tolice. 5. Ação indecorosa.

Borradela, s. f. 1. Borrão. 2. Camada de tinta dada grosseiramente.

Borrador, adj. Que borra. S. m. 1. *Com.* Caderno ou livro em que os comerciantes registram dia a dia as suas operações, as quais servem de base à escrituração regular. 2. *Fam.* Mau pintor. 3. *Fam.* Mau escritor.

Borradura, s. f. Ato ou efeito de borrar.

Borragem, s. f. *Bot.* Planta rasteira, borraginácea, que vegeta na areia e serve para fixar as dunas *(Schleidenia polyphilla)*.

Borragináceas, s. f. pl. *Bot.* Família *(Borraginaceae)* da ordem das Tubifloras, que compreende ervas, como a borragem e o miosótis.

Borraina, s. f. Almofada interior dos arções das selas.

Borralha, s. f. 1. Borralho. 2. Cinzas quentes.

Borralheira, s. f. Lugar onde se junta a borralha ou cinza.

Borralheiro, adj. 1. Amigo de estar ao borralho. 2. Caseiro. S. m. V. *borralheira.*

Borralhento, adj. Da cor da borralha; cinzento.

Borralho, s. m. 1. Brasido quase extinto e coberto de cinzas quentes. 2. Cinzas quentes. 3. Lar, lareira.

Borrão, s. m. 1. Mancha de tinta, na escrita. 2. Rascunho de um escrito ou desenho. 3. Borrador. 4. Mácula moral; desar, desdouro.

Borrar, v. 1. Tr. dir. Manchar com borrões. 2. Tr. dir. Pintar mal. 3. Tr. dir. e pron. Sujar(-se).

Borrasca, s. f. 1. Vento forte e súbito acompanhado de chuva. 2. Tempestade no mar. 3. Ocorrência súbita de contrariedades. 4. Acesso de cólera ou de mau humor.

Borrascoso, adj. 1. Em que há borrascas. 2. Que traz borrascas.

Borratão, s. m. 1. Borrão de tinta. 2. Tinta alastrada.

Borrega *(ê)*, s. f. Ovelha com menos de 1 ano de idade.

Borregã, s. f. Lã de carneiro.

Borregada, s. f. Rebanho de borregos.

Borregagem, s. f. Borregada.

Borregar, v. Intr. Emitir som semelhante ao do borrego.

Borrego *(ê)*, s. m. 1. Cordeiro de menos de 1 ano de idade. Voz: *bala, balê.* 2. *Fam.* Pessoa sossegada ou pacífica.

Borregueiro, s. m. Pastor de borregos.
Borreguice, s. f. Indolência, preguiça.
Borrento, adj. Que tem borra.
Borriçar, v. Intr. Chuviscar.
Borriceiro, adj. Diz-se do tempo levemente chuvoso.
Borriço, s. m. Chuvisco.
Borrifar, v. 1. Tr. dir. Salpicar de pequeninas gotas à maneira de borrifos; aspergir, regar. 2. Tr. dir. Orvalhar, rociar. 3. Intr. Chuviscar.
Borrifo, s. m. 1. Difusão de pequenas gotas; esborrifo. 2. Chuvisco.
Borro *(ô),* s. m. Carneiro entre 1 e 2 anos de idade.
Bortalá, s. m. Capuz, para assustar crianças.
Borzeguim, s. m. Botina, cujo cano é fechado com cordões.
Boscagem, s. f. Arvoredo, bosque, mata.
Boscarejo *(ê),* adj. 1. Relativo a bosque. 2. Que é nos bosques.
Bosniano, adj. e s. m. Relativo à Bósnia. S. m. O natural ou habitante da Bósnia.
Bosque, s. m. 1. Arvoredo basto, que ocupa extensão considerável de terreno. 2. Mata, floresta.
Bosquejar, v. Tr. dir. 1. Fazer o bosquejo de; delinear, traçar. 2. Descrever a traços largos; resumir.
Bosquejo *(ê),* s. m. Conjunto de linhas ou pontos principais, no processo de criação de uma obra; esboço.
Bossa, s. f. 1. Inchaço resultante de uma contusão; galo. 2. Protuberância na superfície dos ossos do crânio. 3. Protuberância arredondada de alguns ossos. 4. Protuberância natural no dorso de certos animais; corcova, giba. 5. Pequena elevação de uma superfície. 6. Aptidão, disposição, propensão.
Bossagem, s. f. *Arquit.* 1. Qualquer saliência em uma parede. 2. Parte de um edifício que ressai do prumo.
Bossa-nova, adj. e s. f. *Pop.* Neologismo, que qualifica tendências renovadoras da nossa música popular e, com sentido irônico, dos costumes sociais.
Bosta, s. f. 1. Excremento de qualquer animal. 2. *Pop.* Fezes.
Bostela, s. f. Pequena ferida com crosta; pústula.
Bostelento, adj. Que tem bostelas ou pústulas.
Bóston, s. m. Certo jogo com quatro baralhos de 52 cartas, entre quatro parceiros.
Bota, s. f. 1. Calçado de cano alto. 2. Tonel com capacidade de três quartos de pipa. 2. Obra mal feita.
Botada[1], s. f. *(bota + ada).* Golpe com o pé calçado de bota.
Botada[2], s. f. (de *botar*). 1. Ato ou efeito de botar. 2. Início da moagem da cana-de-açúcar.
Bota-fogo, s. m. Pau com mecha na ponta, para iniciar, à distância, a ignição dos fogos de artifício. Pl.: *bota-fogos.*
Bota-fora, s. m. sing. e pl. Ato ou festa, com que se despede alguém, acompanhando-o até o momento da partida.
Botaló, s. m. *Náut.* Pau com ferro de três bicos na ponta, para vários serviços a bordo.
Botânica, s. f. Conjunto das ciências que estudam os vegetais.
Botânico, adj. Relativo à Botânica. S. m. Cientista que se dedica à Botânica.
Botão, s. m. (fr. *bouton*). 1. *Bot.* Gêmula, gomo, olho, rebento. 2. *Bot.* Estado da flor antes de desabrochar. 3. *Med.* Verruga. 4. Disco, globo ou outra pequena peça de qualquer forma, que entra nas casas dos vestuários para os fechar. Col.: quando indica conjunto de botões de peça de vestuário: *abotoadura*; quando em fileira: *carreira.* 5. Peça geralmente esférica que facilita pegar ou puxar qualquer coisa.
Botar, v. 1. Tr. dir. Pôr. 2. Tr. dir. Lançar fora. 3. Pron. Lançar-se, arremessar-se. 4. Pron. Arrojar-se, atrever-se. 5. Intr. Pôr (a ave fêmea) ovos.
Botaréu, s. m. 1. V. *arcobotante.* 2. Contraforte de reforço a paredes. Var.: *bataréu.*
Bote[1], s. m. (ingl. *boat*). *Náut.* Escaler pequeno.
Bote[2], s. m. (de *botar*). 1. Golpe com arma branca. 2. Salto do animal sobre a presa. 3. Ataque, investida.
Boteco, s. m. *Pop.* Pequeno botequim.
Boteiro, s. m. 1. Indivíduo que dirige bote. 2. Fabricante de botes.
Botelha *(ê),* s. f. (fr. *bouteille*). Garrafa, frasco.
Botelharia, s. f. Lugar onde se guardam as garrafas; frasqueira, garrafeira.
Botequim, s. m. 1. Casa de bebidas. 2. Café.
Botequineiro, s. m. Dono ou administrador de botequim.
Botica, s. f. 1. Farmácia. 2. Loja de venda a retalho.
Boticão, s. m. *Odont.* Tenaz para arrancar dentes.
Boticário, s. m. 1. Farmacêutico. 2. Dono de botica.
Botija, s. f. 1. Vasilha cilíndrica, de grés ou barro vitrificado, de boca estreita, gargalo curto e uma pequena asa, para bebidas. 2. Pessoa gorda.
Botijão, s. m. Recipiente para a entrega doméstica de gás combustível.
Botina, s. f. Bota de cano curto, comumente para homem.
Botirão, s. m. Rede de vime, para a pesca da lampreia.
Boto[1] *(ô),* adj. De gume embotado; rombo.
Boto[2] *(ô),* s. m. *Zool.* Cetáceo delfinídeo *(Sotalia brasiliensis),* com 2m de comprimento.
Botoaria, s. f. Fábrica, loja ou indústria de botões.
Botocudismo, s. m. Procedimento de botocudo; selvageria.
Botocudo, adj. *Etnol.* Relativo aos Botocudos, tribo localizada na bacia do Rio Doce. S. m. 1. Indígena da tribo dos Botocudos. 2. Pessoa rude, selvagem.
Botoeira, s. f. 1. Abertura na banda do casaco para colocar um distintivo ou uma flor. 2. Mulher que faz botões.
Botoeiro, s. m. O que faz botões.
Botoque, s. m. Rodela que os botocudos usam embebida no beiço inferior, ou nas orelhas. Var.: *batoque.*
bótrio-, elem. de comp. (gr. *botrus, uos*). Expressa a idéia de *cacho de uva: botrióide.*
Botrióide, adj. m. e f. Que tem aspecto de cacho de uvas.
Bótrops, s. m. *Herp.* Gênero *(Bothrops)* de serpentes peçonhentas das Américas; nele se incluem as espécies vulgarmente chamadas de *jararaca.*
Botulismo, s. m. *Med.* e *Vet.* Envenenamento agudo com alimentos, causado pela toxina produzida pela bactéria *Clostridium botulinum.*
Bouba, s. f. 1. *Med.* Doença, endêmica em certas regiões, causada pelo espiroqueta *Treponema pertenue.*
Boubento, adj. e s. m. Que, ou o que é doente de bouba.
Bouçar, v. Tr. dir. Roçar e queimar o mato em (terreno para lavoura). Var.: *boiçar.*
Bovarismo, s. m. (de *Bovari,* n. p.). Inclinação romanesca para emprestar a si mesmo uma personalidade fictícia ou sofisticada, que se aparta da realidade. Em sentido lato, ilusões que sobre si próprios nutrem os homens e os povos.
Bovídeo, adj. *Zool.* Relativo aos Bovídeos. S. m. pl. Família *(Bovidae)* de ruminantes que inclui o boi, os carneiros, cabras e antílopes.
Bovino, adj. 1. Relativo ao boi. 2. Que é da espécie do boi. S. m. Animal bovino.
Bovinocultor, s. m. Aquele que se dedica à bovinocultura.
Bovinocultura, s. f. Criação de gado bovino.
Bovinotecnia, s. f. Parte da zootecnia que trata do gado bovino.
Boxador (*cs*), s. m. V. *boxeador.*
Boxe *(cs),* s. m. (ingl. *box*). 1. *Esp.* Jogo de ataque e defesa a socos, segundo certas regras. 2. Compartimento, por exemplo, de uma cavalariça, para um só cavalo; de uma garagem, para um automóvel; de um banheiro, para o banho de chuveiro; etc.
Boxeador (*cs*), s. m. Lutador de boxe; boxador, boxista, pugilista.
Boximane, adj. m. e f. (hol. *boschman*). *Etnol.* Relativo aos boximanes ou às línguas por eles faladas. S. m. e f. Pessoa dos boximanes. S. m. Língua dos boximanes. S. m. pl. Raça de nômades caçadores da África meridional, agora confinada principalmente no deserto de Calaári.
Boxista (*cs*), s. m. V. *boxeador.*
Bozó, s. m. *Folc.* Jogo de dados, entre os escravos brasileiros, no qual os cubos eram atirados dentro de um cilindro de folha-de-flandres, só se descobrindo o lance depois de feitas as apostas.

Brabanção, adj. Que se refere a Brabante (Bélgica). S. m. O habitante ou natural de Brabante. Fem.: *brabançona.*
Brabantês, adj. e s. m. V. *brabanção.*
Brabeza, s. f. V. *braveza.*
Brabo, adj. *Pop.* V. *bravo.*
Brabura, s. f. V. *brabeza.*
Braça, s. f. (de *braço*). 1. Antiga medida de extensão correspondente a 2,20m. 2. *Náut.* Medida correspondente a 1,83m.
Braçada, s. f. 1. V. *braçado.* 2. Movimento de estender e levantar ambos os braços sucessivamente. 3. Movimento dos braços em natação.
Às braçadas: em grande quantidade.
Braçadeira, s. f. 1. Argola ou presilha que segura o apanhado lateral de uma cortina. 2. Correia que os atletas usam em torno do pulso. 3. Designação de várias ferragens para fixar ou reforçar qualquer coisa. 4. Distintivo envolvendo o braço.
Braçado, s. m. Quantidade de coisas que se pode abranger com os braços; braçada.
Braçagem, s. f. Trabalho braçal.
Bracajá, s. m. V. *tracajá.*
Bracajanambi, s. f. *Bot.* Planta melastomácea; também chamada *orelha-de-gato.*
Braçal, adj. m. e f. 1. Relativo aos braços. 2. Que se faz com os braços.
Bracarense, adj. m. e f. De Braga (Portugal) ou relativo a essa cidade. S. m. e f. Pessoa habitante ou natural de Braga. Vars.: *bragançâo, bragançano, brigantino, bragantino.*
Braçaria, s. f. Arte de arremessar projéteis com o braço.
Bracatinga, s. f. *Bot.* Árvore brasileira do Paraná e Sta. Catarina, leguminosa-mimosácea *(Mimosa bracaatinga),* de crescimento muito rápido.
Bracear, v. 1. Intr. V. *bracejar.* 2. Tr. dir. *Náut.* Movimentar (as vergas) a braço (cabo). 3. Intr. Andar (o cavalo) com largos movimentos dos membros anteriores. 4. Intr. Nadar de braçada. 5. Intr. Trabalhar com afinco; lutar.
Braceiro, adj. 1. Que tem muita força nos braços. 2. Diz-se do cavalo que levanta muito as patas dianteiras.
Bracejador, adj. Que braceja.
Bracejamento, s. m. Ato ou efeito de bracejar.
Bracejar, v. 1. Tr. dir. Mover os braços. 2. Tr. dir. Estender para um lado e outro como se fossem braços; agitar, balançar. 3. Intr. Mover (o animal) os braços: Esse cavalo *braceja* largo. 4. Intr. Agitar-se, mover-se como braços.
Bracejo *(ê),* s. m. V. *bracejamento.*
Braceleira, s. f. Na armadura, parte que defendia o braço.
Bracelete *(ê),* s. m. 1. Argola de adorno usada pelas mulheres, no braço. 2. Algema, cadeia.
Braco, s. m. (germ. *braccho*). Certa raça de cães perdigueiros.
Braço, s. m. (1. *brachiu*). 1. Cada um dos membros superiores do corpo humano. 2. *Anat.* Parte do braço entre o ombro e o cotovelo. 3. Cada um dos membros anteriores dos quadrúmanos e quadrúpedes. 4. *Zool.* Qualquer membro ou órgão, locomotor ou preênsil, semelhante a um braço. 5. *Mec.* Qualquer peça que se move à maneira de braço. 6. Ramo de árvore. 7. Alavanca de uma bomba manual, por meio da qual esta é acionada. 8. Travessão de balança. 9. Parte estreita de mar ou rio, que penetra profundamente pela terra. 10. O homem considerado como trabalhador mecânico. 11. Poder, autoridade.
Bráctea, s. f. *Bot.* Folha, geralmente modificada, que rodeia o pedúnculo da flor ou da inflorescência.
Bractéola, s. f. *Bot.* Pequena bráctea.
Bracteolado, adj. *Bot.* Que tem bractéolas.
Braçudo, adj. Que tem braços robustos, fortes.
Bradado, adj. Dito ou divulgado aos brados, ou em alta voz. S. m. Brado.
Bradador, adj. e s. m. Que, ou o que brada; bradante.
Bradante, adj. e s., m. e f. V. *bradador.*
Bradar, v. (1. **balaterare*). 1. Tr. dir. e intr. Dizer em brados ou em alta voz; gritar. 2. Tr. dir. e tr. ind. Chamar ou pedir em altas vozes.
Bradejar, v. Intr. Emitir brados.

bradi-, elem. de comp. (gr. *bradus*). Expressa a idéia de *lento, pesado, vagaroso: bradicardia.*
Bradicardia, s. f. *Med.* Diminuição do ritmo cardíaco abaixo de 60 batimentos por minuto.
Bradicardíaco, adj. *Med.* Relativo à bradicardia.
Bradifasia, s. f. Lentidão na pronunciação das palavras.
Bradipepsia, s. f. *Med.* Digestão lenta e difícil.
Bradípode, s. m. *Zool.* Mamífero da família dos Bradipodídeos; preguiça.
Bradipodídeo, adj. *Zool.* Relativo aos Bradipodídeos. S. m. pl. Família *(Bradypodidae)* de mamíferos, que compreende as preguiças.
Brado, s. m. 1. Ato de bradar. 2. Clamor, grito. 3. Fama, renome. 4. Queixa, reclamação em voz alta.
Braga, s. f. (1. *braca*). Cábrea com que se içam, nos navios, coisas pesadas, como caixas, pipas etc. S. f. pl. Calças largas e curtas. Dim.: *braguilhas.*
Bragada, s. f. Parte interna da coxa dos animais.
Bragado, adj. e s. m. Diz-se do, ou o animal que tem as pernas de cor diferente da do resto do corpo.
Bragadura, s. f. Malha do animal bragado.
Bragal, s. m. 1. Toda a roupa branca de uma casa. 2. Tecido grosseiro de algodão com que se faziam bragas.
Bragançano, s. m. V. *bragantino.*
Bragançâo, adj. e s. m. V. *bragantino.*
Bragante, s. m. V. *bargante.*
Bragantino, adj. Relativo a Bragança (Portugal. S. m. O natural ou habitante de Bragança; bragançano, bragançâo.
Bragueiro, s. m. 1. Cinta ou funda, para comprimir roturas ou segurar hérnias. 2. Cueiro. 3. *Náut.* Cabo de atracar.
Braguês, adj. e s. m. V. *bracarense.*
Braguilha, s. f. Parte dianteira das calças, calções ou ceroulas. Var.: *breguilha.*
Braille, s. m. (de *Braille,* n. p.). Sistema de escrita e impressão para cegos, criado pelo francês Louis Braille (1809-1852).
Brama, s. f. Berra ou cio dos veados.
Bramadeiro, s. m. Lugar onde se juntam os veados, quando com cio.
Bramador, adj. e s. m. Que, ou o que dá bramidos.
Brâmane, s. m. Membro da casta sacerdotal dominante na Índia até 1947.
Bramanismo, s. m. Regime religioso e social da Índia que, sem solução de continuidade, sucedeu ao vedismo.
Bramante, adj. e s., m. e f. V. *bramador.*
Bramar, v. 1. Intr. Dar bramidos (o veado, o tigre, o boi etc.). 2. Intr. Vociferar. 3. Tr. ind. Enfurecer-se, zangar-se.
Bramido, s. m. 1. Ação de bramir; gritar. 2. Rugido (de feras, do mar, do vento etc.). 3. Estampido, estrondo.
Bramidor, adj. e s. m. Que, ou o que brame.
Bramir, v. (paralelo a *bramar*). Intr. 1. Dar bramidos; rugir (falando de feras). 2. Gritar como as feras (falando de gente). 3. Fazer grande estrondo. Verbo defectivo; não tem a 1ª pessoa do pres. do indic. nem o pres. do subj.
Branca, s. f. 1. Cabelo branco; cã. 2. Aguardente, pinga.
Brancacento, adj. Quase branco; alvacento, branquicento.
Brancarana, s. f. Mulata clara.
Brancarão, adj. e s. m. Diz-se do, ou o indivíduo um tanto mulato.
Branco, adj. 1. Da cor do leite ou da neve; alvo, cândido. 2. Claro: Vinho *branco.* 3. Diz-se da raça caucásica. 4. Que é dessa raça. 5. Que tem cãs. 6. Pálido. 7. Limpo. 8. Que não tem nada escrito: Papel *branco.* 9. Diz-se das armas de aço cortante e pontiagudo. 10. Que não foi premiado (bilhete de loteria). 11. *Poét.* Diz-se do verso solto ou não rimado. S. m. 1. A cor do leite ou da neve. 2. Matéria corante dessa cor. 3. Homem da raça caucásica. 4. *Ant.* Patrão, senhor. 5. Espaço livre deixado em uma escrita. 6. *Tip.* Distância maior que os espaços ordinários. Antôn. (acep. 1): *preto, negro.*
— *Dar um b.*: perder momentaneamente a memória; descontrolar-se.
Brancura, s. f. Qualidade do que é branco.
Brandalhão, adj. 1. Muito brando. 2. Muito indolente.
Brandão, s. m. 1. Tocha de cera. 2. Círio grande.
Brandíloquo *(co),* adj. Que fala com brandura.

Brandimento, s. m. Ação de brandir.

Brandir, v. Tr. dir. 1. Agitar uma arma antes de desferir o golpe; menear. 2. Agitar a mão, com a mão ou na mão, antes de arremessar, ou como ameaça. Verbo defec., conjuga-se como *banir.*

Brando, adj. (1. *blandu*). 1. Que cede com facilidade à pressão e ao tato; macio, mole. 2. Meigo, terno, afável. 3. De pouco vigor; fraco. 4. Moderado.

Brandura, s. f. 1. Qualidade do que é brando; flexibilidade, macieza. 2. Meiguice, afabilidade, ternura.

Branqueação, s. f. V. *branqueamento.*

Branqueadura, s. f. V. *branqueamento.*

Branqueamento, s. m. Ato ou efeito de branquear.

Branquear, v. 1. Tr. dir. Tornar branco, ou mais branco. 2. Intr. Criar cãs; encanecer.

Branquearia, s. f. Lugar onde se procede ao branqueamento.

Branquejar, v. Intr. Tomar a pouco e pouco a cor branca; alvejar.

Brânquia, s. f. *Zool.* Órgão respiratório dos animais aquáticos; guelra.

Branquiado, adj. *Zool.* Que tem brânquias ou guelras.

Branquial, adj. m. e f. Relativo às brânquias.

Branquicento, adj. V. *brancacento.*

Branquidade, s. f. 1. V. *brancura.* 2. Preocupação de dizer-se branco.

Branquinha, s. f. Aguardente, cachaça, pinga.

braqui-, elem. de comp. (gr. *brakhus*). Expressa a idéia de *breve, curto, conciso: braquicéfalo.*

Braquia, s. f. *Gram.* Sinal ortográfico (◡) que, sobreposto a uma vogal, indica que ela é breve.

Braquial, adj. m. e f. Relativo a braço; braçal.

Braquicefalia, s. f. *Antrop.* Qualidade de braquicéfalo.

Braquicefálico, adj. De cabeça curta ou larga, com índice cefálico acima de 80.

Braquicéfalo, adj. V. *braquicefálico.*

Braquícero, adj. *Zool.* 1. Que tem antenas ou chifres curtos. 2. Relativo aos Braquíceros. S. m. pl. Subordem *(Brachycera)* de dípteros que inclui moscas com antenas mais curtas que o tórax.

Braquidátilo, adj. Que tem dedos curtos.

Braquídeo, adj. Em forma de braço.

-bráquio, bráquio-, elem. de comp. Expressa a idéia de *braço: acefalobráquio, braquiocéfalo.*

Braquiocéfalo, s. m. *Zool.* Cefalópode que tem braços na cabeça.

Braquióptero, s. m. *Ornit.* Que tem asas curtas.

Braquiúro, adj. *Zool.* 1. Que tem cauda curta. 2. Relativo aos Braquiúros. S. m. pl. Subordem de crustáceos decápodes, que compreende os de abdome atrofiado.

Brasa, s. f. 1. Carvão incandescente. 2. Ardor, paixão. 3. Cólera, ira.

Brasão, s. m. 1. Escudo de armas. 2. Emblema de pessoa ou família nobre. 3. Fama, glória, honra.

Braseira, s. f. V. *braseiro.*

Braseiro, s. m. 1. Vaso de barro, louça ou metal para brasas. 2. Fogareiro. 3. V. *brasido.*

Brasido, s. m. Grande porção de brasas; braseiro.

Brasil, s. m. *Bot.* V. *pau-brasil.*

Brasileirismo, s. m. 1. Característico do brasileiro e do Brasil. 2. Expressão ou maneira de dizer peculiar aos brasileiros. 3. Modismo próprio da linguagem dos brasileiros. 4. Sentimento de amor ao Brasil.

Brasileiro, adj. Relativo ao Brasil; brasiliense; brasílio. S. m. O habitante ou natural do Brasil.

Brasiliana, s. f. Coleção de estudos, livros e publicações acerca do Brasil.

Brasílico, adj. Diz-se de gente e coisas indígenas do Brasil.

Brasilidade, s. f. 1. Expressão racial distintiva do brasileiro e do Brasil. 2. Amor ao Brasil.

Brasiliense, adj. m. e f. 1. Brasileiro. 2. Relativo à Brasília, capital do Brasil. S. m. e f. Pessoa natural ou habitante de Brasília.

Brasilografia, s. f. Ciência que trata do Brasil; brasilologia.

Brasilologia, s. f. V. *brasilografia.*

Brasilólogo, s. m. Indivíduo que tem grandes conhecimentos das coisas do Brasil; brasilógrafo.

Brasino, adj. 1. Cor de brasa. 2. Aplica-se aos cães ou ao gado cujo pêlo é vermelho, listrado de preto.

Brasume, s. m. 1. Cor viva da brasa. 2. Paixão, entusiasmo, ardor.

Braúna, s. f. *Bot.* V. *baraúna.*

Bravata, s. f. 1. Ameaça arrogante. 2. Fanfarronice.

Bravateador, adj. e s. m. Que, ou o que bravateia; bravateiro.

Bravatear, v. 1. Intr. Dizer bravatas, jactar-se de valente. 2. Tr. dir. e tr. ind. Jactar-se.

Bravateiro, s. m. V. *bravateador.*

Bravejar, v. V. *esbravejar.*

Braveza, s. f. 1. Qualidade de bravo. 2. Ferocidade, sanha.

Bravio, adj. 1. Bravo, feroz, assanhado. 2. Não domesticado; bruto. 3. Brutal, rude. 4. Agreste, silvestre. 5. Áspero.

Bravo[1], adj. (1. *barbaru*). 1. Corajoso, valente. 2. Irritadiço, colérico. 3. Furioso, irado.

Bravo![2], interj. Apoiado!, muito bem!

Bravos!, interj. V. *bravo!*

Bravura, s. f. 1. Qualidade de bravo. 2. Ação de bravo.

Breadura, s. f. V. *breagem.*

Breagem, s. f. Ato ou efeito de brear.

Brear, v. Tr. dir. 1. Cobrir de breu. 2. Sujar.

Breca, s. f. Cãibra.

Levado da b.: endiabrado, traquinas.

Brecada, s. f. Ato ou efeito de brecar.

Brecar, v. Tr. dir. 1. Acionar o breque ou freio de; frear. 2. Refrear.

Brecha, s. f. 1. Abertura ou fenda feita em qualquer coisa. 2. Espaço vazio; lacuna. 3. Ocasião, oportunidade, saída.

Brechão, s. m. Parte do curso de um rio que se estreita entre montanhas formando uma garganta.

Bredo *(ê),* s. m. *Bot.* Erva amarantácea *(Amaranthus viridis).*

Bregma, s. m. *Anat.* Ponto de junção das suturas dos ossos frontal e parietais.

Brejal, s. m. Brejo extenso; pantanal.

Brejão, s. m. V. *brejal.*

Brejaúba, s. f. V. *airi.*

Brejaúva, s. f. V. *airi.*

Brejeira, s. f. Porção de fumo que se masca.

Brejeirada, s. f. 1. V. *brejeirice.* 2. Grupo de brejeiros.

Brejeiral, adj. m. e f. Próprio de brejeiro.

Brejeirar, v. Intr. 1. Levar vida ociosa. 2. Fazer brejeirices.

Brejeirice, s. f. Ação ou dito de brejeiro.

Brejeiro, adj. 1. Grosseiro. 2. Malicioso, gaiato. 3. Ocioso, vadio. 4. Relativo a brejo.

Brejento, adj. V. *brejoso.*

Brejo *(é),* s. m. 1. Terra em que só nascem urzes. 2. Terreno alagadiço ou pantanoso.

Brejoso, adj. 1. Em que há brejos. 2. Semelhante a brejo.

Brenha, s. f. 1. Mata espessa; matagal. 2. Complicação, confusão. 3. Arcano, segredo.

Brenhoso, adj. Cheio de brenhas.

Breque, s. m. (ingl. *break*). 1. Carruagem de quatro rodas, puxada a cavalo, com o assento da boléia alto e atrás dois longitudinais, fronteiros um ao outro. 2. Freio mecânico usado nas viaturas.

Brequista, s. m. V. *guarda-freio.*

Bretão, adj. Relativo à Bretanha (França) ou à Grã-Bretanha. S. m. O habitante ou natural da Bretanha ou Grã-Bretanha. Fem.: *bretã.*

Brete[1] *(ê),* s. m. (cast. *brete*). 1. Armadilha para caçar pássaros. 2. Engano, logro.

Brete[2] *(ê),* s. m. Corredor fechado de ambos os lados, por onde passa o gado para curativo, vacina, marcação etc.

Breu, s. m. (fr. *brai*). 1. Pez negro. 2. Matéria sólida análoga ao pez negro, que se obtém pela destilação do alcatrão da hulha.

Breve, adj. m. e f. 1. Que dura pouco. 2. Curto. 3. Pouco extenso; pequeno. 4. Conciso, resumido. 5. *Gram.* Diz-se da vogal ou sílaba cujo tempo relativo de prolação é curto. S.

f. *Mús.* Nota correspondente a duas semibreves. Adv. Brevemente, em breve, em pouco tempo.

Brevê, s. m. (fr. *brevet*). Diploma de aviador.

Brevetar, v. Tr. dir. e pron. Diplomar(-se) em aviação.

brevi-, elem. de comp. (l. *brevis*). Expressa a idéia de *breve, curto, conciso: brevirrostro.*

Breviário, s. m. Livro das rezas cotidianas dos clérigos.

Brevidade, s. f. (l. *brevitate*). Qualidade do que é breve.

Brevifloro, adj. *Bot.* De flores curtas.

Brevifoliado, adj. *Bot.* De folhas curtas.

Brevípede, adj. m. e f. *Zool.* De pés curtos.

Brevipene, adj. m. e f. *Zool.* De asas curtas.

Brevirrostro *(ó)*, adj. Que tem bico curto.

Bricabraque, s. m. (fr. *bric-à-brac*). 1. Conjunto de velhos objetos de arte, mobílias, roupas etc. 2. Estabelecimento comercial que compra e vende esses objetos.

Brida, s. f. (fr. *bride*). Rédea.

A toda a b.: a toda a pressa; à desfilada.

Bridão, s. m. Freio que consta apenas do bocal, articulado no meio, ou rígido.

Bridar, v. Tr. dir. 1. Colocar brida ou freio em; embridar, enfrear. 2. Refrear, reprimir.

Bridge, s. m. Certo jogo inglês de cartas.

Briga, s. f. 1. Ação de brigar; luta, peleja. 2. Rixa, disputa, contenda. 3. Desavença.

Brigada, s. f. *Mil.* Corpo de tropa, de contingente e estrutura variáveis, conforme as circunstâncias e a época.

Brigadeiro, s. m. 1. *Mil.* Comandante de uma brigada. 2. Nome usual para *tenente-brigadeiro, major-brigadeiro* e *brigadeiro-do-ar.*

Brigadeiro-do-ar, s. m. *Mil.* Oficial da Aeronáutica do Brasil, cujo posto corresponde ao de general-de-brigada, no Exército, e ao de contra-almirante, na Marinha.

Brigalhada, s. f. Briga longa ou generalizada.

Brigalhão, s. m. V. *brigão.*

Brigão, adj. e s. m. Que, ou o que vive a brigar.

Brigar, v. 1. Tr. ind. e intr. Lutar, combater braço a braço. 2. Tr. ind. e intr. Contender, disputar. 3. Tr. ind. Não condizer; destoar.

Brigue, s. m. (ingl. *brig*) *Náut.* Pequeno navio de dois mastros, aparelhados com velas quadrangulares.

Briguento, adj. e s. m. V. *brigão.*

Brilhante, adj. m. e f. 1. Que brilha. 2. Que se salienta; célebre, famoso. 3. Magnífico, pomposo. S. m. Diamante lapidado.

Brilhantina, s. f. Cosmético para tornar lustrosos o cabelo e a barba.

Brilhantismo, s. m. 1. Qualidade do que é brilhante; cintilação. 2. Esplendor. 3. Notabilidade.

Brilhar, v. Intr. 1. Irradiar a luz, ter brilho; cintilar, reluzir. 2. Distinguir-se, notabilizar-se. 3. Manifestar-se.

Brilho, s. m. (l. *berillu*). 1. Luz viva; cintilação. 2. Luz refletida de um corpo. 3. Intensidade da luz; brilhância. 4. Viveza ou claridade das cores. 5. Vivacidade do estilo. 6. Magnificência, suntuosidade. 7. Celebridade, esplendor, glória.

Brim, s. m. (fr. *brin*). Tecido forte de algodão ou linho.

Brincadeira, s. f. 1. Ação de brincar; brinco. 2. Brinquedo. 3. Folgança. 4. Festa familiar. 5. Baile improvisado. 6. Gracejo, zombaria.

Brincador, adj. e s. m. Que, ou o que sempre está disposto a brincar; brincalhão.

Brincalhão, adj. V. *brincador.* Fem.: *brincalhona.*

Brincar, v. 1. Tr. ind. e intr. Divertir-se infantilmente; entreter-se em jogos de crianças. 2. Tr. ind. e intr. Divertir-se, distrair-se. 3. Tr. ind. Não levar as coisas a sério; galhofar, zombar.

Brinco[1], s. m. (de *brincar*). Ação de brincar; brincadeira.

Brinco[2], s. m. (l. *vinculu*). 1. Pingente para as orelhas; arrecada. 2. Pessoa ou coisa delicada. — *B.-de-princesa, Bot.*: v. *fúcsia.*

Brindar, v. 1. Tr. dir. e tr. ind. Dirigir brinde a; beber à saúde de. 2. Tr. dir. Oferecer brinde a; presentear. 3. Pron. Trocar brindes.

Brinde, s. m. (al. *bring dir's*). 1. Ação de brindar. 2. Palavras de saudação a alguém no ato de beber. 3. Objeto que se oferece; presente.

Brinquedo, s. m. 1. Objeto feito para divertimento de crianças; brinco. 2. Divertimento entre crianças. 3. Folguedo, folia.

Brinquinheiro, s. m. Fabricante de brinquedos.

Brio[1], s. m. 1. Sentimento da própria dignidade. 2. Ânimo esforçado. 3. Coragem, valentia.

brio-[2], elem. de comp. (gr. *bruon*). Expressa a idéia de musgo: *briófilo.*

Brioche, s. m. Pãozinho feito com farinha, manteiga e ovos.

Briófilo, adj. *Bot.* Que se dá bem entre os musgos.

Briófita, s. f. *Bot.* Planta da classe das Briófitas. S. f. pl. Classe *(Bryophytae)* de plantas não florescentes, que compreende os musgos e as hepáticas.

Briologia, s. f. Parte da Botânica que estuda as briófitas.

Briologista, s. m. e f. V. *briólogo.*

Briólogo, s. m. *Bot.* Especialista em briologia.

Briosa, s. f. 1. Apelido da antiga Guarda Nacional do Brasil. 2. *Pop.* Banda musical do interior.

Brioso, adj. 1. Cheio de brios; pundonoroso. 2. Corajoso. 3. Orgulhoso. 4. Liberal. 5. Garboso, fogoso (cavalo).

Briozoário, adj. *Zool.* Relativo aos Briozoários. S. m. pl. Filo *(Bryozoa)* de pequenos animais aquáticos que vivem em colônias e se reproduzem por gemação.

Briquete *(ê)*, s. m. Tijolo feito de carvão em pó, comprimido a frio e usado como combustível.

Brisa, s. f. 1. Vento brando; aragem, viração. 2. *Gír.* Falta de dinheiro, pindaíba.

Brita, s. f. Pedra britada.

Britadeira, s. f. Máquina para britar pedra, carvão, minério etc.; britador.

Britador, adj. Que brita. S. m. Britadeira.

Britamento, s. m. Ação de britar.

Britânico, adj. Referente à Grã-Bretanha. S. m. O habitante ou natural da Grã-Bretanha; inglês.

Britar, v. Tr. dir. 1. Quebrar (pedra) em fragmentos para fazer cascalho. 2. Triturar. 3. Reduzir a nada.

Brives, s. f. pl. *Náut.* Cabos de recolher as velas.

Brizomancia, s. f. V. *oniromancia.*

Bró, s. m. Pão fabricado com os tubérculos do umbuzeiro.

Broa, s. f. Pão de fubá de milho.

Broca, s. f. (l. v. **brocca*). 1. Instrumento com arestas cortantes em uma extremidade, para fazer furos em materiais duros. 2. Furo feito com broca. 3. *Vet.* Moléstia que ataca o casco do animal cavalar ou muar. 4. *Entom.* Toda larva de inseto que se nutre no interior de qualquer parte de um vegetal. — *B.-do-café:* inseto coleóptero *(Hypothenemus hampei)*, que ataca o grão verde do café. Pl.: *brocas-do-café.*

Brocadilho, s. m. Brocado simples e menos valioso.

Brocado[1], s. m. (ital. *broccato*). Estofo entremeado de fios de ouro ou de prata, com formas em relevo.

Brocado[2], adj. (p. de *brocar*). Furado com broca.

Brocador, s. m. *(brocar + dor)*. O que corta ou derruba matas.

Brocar, v. Tr. dir. 1. Perfurar com broca; broquear. 2. Furar.

Brocardo, s. m. 1. Axioma jurídico. 2. Aforismo, provérbio.

Brocatel, s. m. (ital. *broccatello*). 1. Pano parecido com brocado. 2. Tecido adamascado.

Brocatelo, s. m. Mármore de cores variegadas.

Brocha, s. f. (fr. *broche*). Prego curto, de cabeça larga e chata; tacha. Cfr. *broxa.*

Brochado, adj. Diz-se dos livros que, não estando encadernados, têm as folhas cosidas e capa de cartolina.

Brochagem, s. f. Operação de brochar livros; brochura.

Brochar[1], v. *(brochar + ar)*. Tr. dir. Pregar com brochas.

Brochar[2], v. (fr. *brocher*). Tr. dir. e intr. Coser umas às outras as folhas de (um livro), depois de ordenadas e dobradas.

Broche, s. m. Jóia ou adorno feminino que se prende com alfinete no peitilho de vestes femininas.

Brochura, s. f. V. *brochagem.* 2. Livro brochado.

Broco *(ô)*, adj. Diz-se das reses que têm um chifre curto e cheio de rugas.

Brócolos, s. m. pl. (ital. *broccoli*). *Bot.* Planta hortense da família das Crucíferas *(Brassica oleracea)*, semelhante à couve-flor.
Brocotó, s. m. V. *borocotó.*
Bródio, s. m. 1. Festim de comes e bebes. 2. Comezaina. 3. Interior carcomido das árvores.
Brodista, s. m. Amante de bródios; pândego.
Broeiro, adj. 1. Que gosta ou se alimenta de broa. 2. Rústico. S. m. Vendedor de broas.
Broma *(ô)*, s. f. 1. Parte da ferradura em que assenta a parede circular do casco. 2. Brincadeira, troça. Adj. m. e f. 1. De má qualidade. 2. Grosseiro, ordinário.
Bromado, adj. Que contém bromo.
Bromar, v. Tr. dir. 1. Corroer, estragar. 2. *Quím.* Tratar com bromo ou com um composto de bromo.
bromato-, elem. de comp. (gr. *broma, atos*). Expressa a idéia de *alimento, nutrição: bromatologia.*
Bromatologia, s. f. Ciência dos alimentos e da dietética.
Bromeliáceas, s. f. pl. *Bot.* Família *(Bromeliaceae)* de ervas ou subarbustos, epífitos ou terrestres, com folhas espinhosas. Algumas espécies são cultivadas pelo seu fruto, como o ananás, e outras, pelas fibras têxteis de suas folhas, como o caroá.
Brometo *(ê)*, s. m. *Quím.* Sal ou éster do ácido bromídrico.
Brômico, adj. *Quím.* Diz-se de um ácido oxigenado do bromo.
Bromídrico, adj. *Quím.* Diz-se de um ácido que resulta da combinação do bromo com o hidrogênio.
Bromidrose, s. f. *Med.* Secreção de suor fétido.
Bromo[1], s. m. *Quím.* Elemento não-metálico, líquido, de símbolo Br.; número atômico 35; massa atômica 79,916.
bromo-[2], elem. de comp. Exprime a idéia de *bromo: bromofórmio.*
Bromofórmio, s. m. *Quím.* e *Farm.* Composto análogo ao clorofórmio.
Bromureto, s. m. (de *bromo*). V. *brometo.*
Bronca, s. f. *Pop.* 1. Ato de bronquear. 2. Repreensão.
Bronco[1], adj. 1. Estúpido, obtuso. 2. Áspero, tosco.
bronco-[2], elem. de comp. (gr. *brogkhos*). Exprime a idéia de *brônquio: broncopneumonia.*
Broncocele, s. f. *Med.* Dilatação ou tumor de um brônquio.
Broncografia, s. f. *Med.* Visualização radiológica da árvore bronquial.
Broncopneumonia, s. f. *Med.* Inflamação, por infecção microbiana, dos bronquíolos e lobos pulmonares.
Broncoscopia, s. f. *Med.* Exame visual do interior dos brônquios.
Broncoscópio, s. m. *Med.* Instrumento para examinar visualmente o interior dos brônquios.
Broncotomia, s. f. *Cir.* Incisão profunda dos brônquios.
Broncótomo, s. m. *Cir.* Instrumento com que se faz a broncotomia.
Bronquear, v. Intr. e tr. ind. *Pop.* Repreender severamente; espinafrar.
Bronquectasia, s. f. *Med.* Dilatação crônica dos brônquios.
Bronquial, adj. m. e f. Relativo aos brônquios; brônquico.
Bronquice, s. f. Caráter ou qualidade de bronco.
Brônquico, adj. V. *bronquial.*
Brônquio, s. m. *Anat.* Cada um dos dois canais em que se bifurca a traquéia e que se ramificam nos pulmões.
Bronquíolo, s. m. *Anat.* Cada uma das ramificações terminais dos brônquios.
Bronquite, s. f. *Med.* Inflamação dos brônquios.
Bronzagem, s. f. V. *bronzeamento.*
Bronze, s. m. 1. Liga de cobre, estanho e zinco, em que entram, às vezes, outros metais. 2. Qualquer obra feita desta liga. 3. *Mec.* Bucha, casquilho ou mancal de bronze ou latão. 4. Dureza, insensibilidade.
Bronzeado, adj. 1. Da cor do bronze. 2. Crestado pelo sol.
Bronzeador, adj. Que bronzeia. S. m. 1. Aquele que bronzeia objetos de arte, armas etc. 2. Substância que escurece a pele das pessoas, geralmente mediante exposição à luz solar.
Bronzeamento, s. m. Ato ou efeito de bronzear(-se).
Bronzear, v. Tr. dir. e pron. 1. Dar ou tomar cor de bronze. 2. Enfeitar(-se) com peças de bronze. 3. Tostar(-se), escurecer(-se).
Brônzeo, adj. 1. Relativo ao bronze. 2. Semelhante ao bronze. 3. Feito de bronze. 4. Duro como o bronze.
Bronzista, s. m. e f. Artífice que executa trabalhos em bronze.
Broqueado, adj. 1. Brocado[2]. 2. Broquento.
Broquear, v. V. *brocar.*
Broquel, s. m. 1. *Ant.* Pequeno escudo. 2. Amparo, proteção.
Broquelar, v. V. *abroquelar.*
Broqueleiro, s. m. Fabricante de broquéis.
Broquento, adj. Chagado, fistuloso, ulcerado.
Brossa, s. f. 1. *Tip.* Escova para lavar as formas. 2. Escova de limpar bestas. Var.: *brussa.*
Brotação, s. f. V. *brotamento.*
Brotamento, s. m. Ato ou efeito de brotar; brotação.
Brotar, v. 1. Tr. ind. e intr. Desabrochar, germinar, nascer. 2. Tr. ind. e intr. Derivar, proceder, surgir. 3. Tr. dir. Dar saída a, deitar de si; segregar. 4. Tr. dir. Soltar da boca; proferir. 5. Tr. ind. e intr. Sair de jato; borbotar, jorrar. 6. Tr. ind. Sair fluentemente. 7. Tr. ind. Romper.
Brotinho, s. m. *Pop.* Mocinha no início da adolescência.
Broto *(ô)*, s. m. 1. Órgão que brota nos vegetais. 2. *Pop.* Brotinho. 3. *Pop.* Namorado ou namorada.
Brotoeja, s. f. *Med.* Erupção cutânea, acompanhada de prurido.
Browniano *(brau)*, adj. Diz-se de movimento desordenado das partículas muito pequenas em suspensão em um líquido, estudado pelo botânico Robert Browne (1550-1633).
Broxa, s. f. Pincel grande e grosso para caiar, ou para pintura ordinária. Cfr. *brocha.*
Broxante, s. m. Aprendiz de pintor, que apronta a tinta e faz as pinturas menos importantes.
Broxar, v. Tr. dir. Pintar, pincelar com broxa.
Bruaca, s. f. 1. Bolsa de couro para condução de objetos sobre cavalgaduras. 2. Mulher velha e feia.
Bruaqueiro, adj. Que carrega bruaca (animal de carga). S. m. 1. Tropeiro que lida com animais de carga. 2. Roceiro que conduz víveres para os povoados.
Brucelose, s. f. *Med.* Doença causada por infestação de espécies de bactérias do gênero *Brucella.*
Bruços, s. m. pl. Usado somente na locução *de bruços:* com o ventre e o rosto voltados para baixo.
Brucutu, s. m. *Pop.* Carro de choque, usado pela polícia na repressão de tumultos e conflitos.
Brugalheira, s. f. Terra difícil de cultivar por conter burgalhaus.
Bruma, s. f. Nevoeiro, especialmente no mar.
Brumaceiro, adj. Diz-se do tempo sombrio e úmido.
Brumado, adj. V. *brumoso.* S. m. Mato cerrado e baixo.
Brumal, adj. m. e f. 1. Relativo a bruma. 2. Sombrio, triste.
Brumoso, adj. Coberto de brumas, nebuloso.
Brunidela, s. f. Brunidura ligeira.
Brunido, adj. 1. Engomado. 2. Polido, lustrado.
Brunidor, adj. Que brune. S. m. 1. Aquele que brune; polidor. 2. Instrumento para brunir peças metálicas e obturações.
Brunidura, s. f. 1. Ato ou efeito de brunir. 2. Brilho obtido com o brunidor.
Brunir, v. (fr. *brunir*). Tr. dir. Tornar brilhante; polir. Conjuga-se como *banir.*
Bruno, adj. 1. Escuro, sombrio. 2. Pardo. 3. Infeliz.
Brusco, adj. 1. Áspero, desabrido (homem). 2. Escuro, nublado (tempo). 4. Imprevisto, rápido (movimento).
Brusquidão, s. f. Caráter ou qualidade de brusco.
Brussa, s. f. V. *brossa.*
Brutal, adj. m. e f. 1. Próprio de bruto. 2. Grosseiro, rude, selvagem. 3. Impetuoso, violento.
Brutalidade, s. f. 1. Qualidade ou caráter de brutal. 2. Grosseria, incivilidade, insolência.
Brutalizar, v. 1. Tr. dir. e pron. Tornar(-se) bruto; embrutecer(-se). 2. Tr. dir. Tratar com brutalidade.
Brutamonte, s. m. V. *brutamontes.*

Brutamontes, s. m. sing. e pl. *Pop.* 1. Homem abrutalhado, grosseiro, rude. 2. Indivíduo asselvajado.

Brutesco, adj. 1. Malfeito, tosco. 2. Grotesco, ridículo. S. m. Representação artística de coisas brutas ou agrestes, como animais, plantas, rochas etc.

Bruteza, s. f. V. *brutalidade.*

Brutidão, s. f. V. *brutalidade.*

Brutificar, v. Tr. dir. e pron. Tornar(-se) bruto; brutalizar (-se).

Bruto, adj. 1. Que está como se encontra na natureza (petróleo). 2. Irracional. 3. Meramente físico: Força *bruta.* 4. Que não foi ainda lavrado; informe, tosco. 5. Grosseiro, malcriado, rude. 6. Não refinado (açúcar, óleo). 7. Inteiro, total, sem descontos (renda). 8. Diz-se do peso de uma mercadoria, incluindo a tara. 9. Diz-se do sertão sem moradores. 10. Grande, descomunal. S. m. Animal irracional. *Em b.:* não trabalhado, sem acabamento.

Bruxa, s. f. 1. Adivinha, embusteira de adivinhações e malefícios, feiticeira. 2. Boneca de pano. 3. *Entom.* Nome de uma mariposa noturna *(Otosema odorata).*

Bruxaria, s. f. 1. Ação de bruxo ou bruxa; feitiçaria. 2. Coisa difícil de explicar e que se atribui a artes diabólicas.

Bruxear, v. Intr. Praticar bruxarias.

Bruxedo *(ê),* s. m. V. *bruxaria.*

Bruxo, s. m. Homem a quem se atribui a prática de bruxaria; feiticeiro.

Bruxuleante, adj. m. e f. Que bruxuleia.

Bruxulear, v. Intr. 1. Oscilar, tremular (a luz, quando está próxima a apagar-se). 2. Brilhar fracamente; reluzir.

Bruxuleio, s. m. Ato ou efeito de bruxulear.

Bruzundanga, s. f. V. *burundanga.*

Bubão, s. m. *Arc.* 1. Adenite. 2. Íngua.

Bubônico, adj. *Med.* 1. Relativo a bubão. 2. Diz-se de febre que se manifesta pelo aparecimento de bubões.

Bubonídeos, s. m. pl. *Ornit.* Família *(Bubonidae)* de aves que as classificações modernas consideram sinônima de *Estrigídeos,* onde se colocam espécies de corujas.

Bubonocele, s. f. *Med.* Hérnia inguinal.

Bubuia, s. f. 1. Ação de bubuiar. 2. Linha sem chumbada para a pesca à superfície da água ou pouco abaixo dela. 3. Coisa leve.

Bubuiar, v. Intr. Flutuar sobre a correnteza; boiar.

Bubuituba, s. f. Bóia, flutuador.

Bucal, adj. m. e f. Relativo à boca; oral.

Buçal, s. m. Cabresto forte de cavalo, composto de focinheira, cabeçada, fiador e cedeira.

Buçalar, v. Tr. dir. Pôr buçal em; embuçalar.

Buçalete *(ê),* s. m. Buçal do tamanho normal, mas feito de peças de couro mais estreitas e argolas mais leves.

Bucaneiro, s. m. 1. Caçador de bois selvagens. 2. Pirata, dos que infestavam as Antilhas.

Bucéfalo, s. m. 1. Famoso cavalo de Alexandre da Macedônia. 2. Corcel de batalha. 3. *Pop.* Cavalo ordinário.

Bucentauro, s. m. 1. *Mit.* Centauro com corpo de touro. 2. Galeão rico, em que embarcava o doge de Veneza, quando fazia a cerimônia de desposar o mar.

Bucha, s. f. 1. Porção de estopa ou papel, que se metia no cano das armas de fogo, para sustentar e comprimir a carga. 2. *Tecn.* Rodela de couro, borracha, plástico ou fibra, usada na obturação do conduto de torneiras e registros. 3. Peça roliça de madeira com que os sapateiros brunem as solas do calçado. 4. *Gír.* Comida, matalotagem. 5. Pessoa ou coisa importuna ou impertinente. 6. O fruto da bucheira ou a esponja extraída dele. 7. Mau negócio; logro, espiga.

Buchada, s. f. Estômago e vísceras de animais.

Bucheira, s. f. *Bot.* Planta cucurbitácea, trepadeira ou prostrada *(Luffa cylindrica),* muito cultivada por seu fruto (a bucha) que contém uma rede lenhosa, empregada em usos domésticos como esponja.

Bucheiro, s. m. Vendedor de miúdos de animais; tripeiro.

Buchela, s. f. Alicate, pinça ou pequena tenaz usados por cravadores, ourives ou esmaltadores.

Bucho, s. m. 1. Estômago dos mamíferos. 2. *Pop.* O ventre do homem. 3. *Gír.* Mulher muito feia. 4. Prostituta reles e feia.

Bucinador, adj. e s. m. *Anat.* Diz-se do, ou o músculo facial que atua na mastigação e no sopro.

Bucle, s. m. (fr. *boucle*). Anel que formam os cabelos frisados.

buco-, elem. de comp. (l. *bucca*). Exprime a idéia de *boca: bucofaringe.*

Buço, s. m. Penugem no lábio superior do homem e de algumas mulheres.

Bucofaringe, s. f. Porção da faringe que está em relação com a boca.

Bucólica, s. f. Poesia pastoril; écloga.

Bucólico, adj. Referente à vida e costumes do campo e dos pastores.

Bucolismo, s. m. Gênero literário que se caracteriza essencialmente pela representação da vida pastoril.

Bucolista, s. m. e f. Poeta ou poetisa que escreve bucólicas.

Buconídeo, adj. *Ornit.* Relativo aos Buconídeos. S. m. pl. Família *(Bucconidae)* de aves insetívoras, piciformes, conhecidas vulgarmente como capitães-do-mato.

Bucrânio, s. m. *Bel.-ar.* Motivo ornamental em forma de cabeça descarnada de boi.

Buçu, s. m. *Bot.* Espécie de palmeira *(Manicaria saccifera).*

Buda, s. m. Representação do filósofo indiano Gautama Buda.

Budapestense, adj. m. e f. De Budapeste, capital da Hungria. S. m. e f. Pessoa habitante ou natural de Budapeste. Var.: *budapestino.*

Búdico, adj. Budístico.

Budismo, s. m. Doutrina e religião filosófica de Buda. Var.: *budaísmo.*

Budista, adj. m. e f. Relativo a Buda ou ao budismo. S. m. e f. Pessoa setária do budismo.

Budístico, adj. Pertinente ao budismo.

Bueira, s. f. Abertura no telhado, para dar saída à fumaça.

Bueiro, s. m. 1. Cano ou rego para esgoto de águas. 2. Buraco no muro ou cano subterrâneo nas estradas para escoamento das águas pluviais. 3. Ralo de ventilação nos canos de esgoto. 4. Respiradouro de fornalha. 5. Chaminé de usina.

Buenaço, adj. 1. Muito bom. 2. Bondoso. 3. Afável. 4. Generoso. (É sup. de *bueno* e possui a var. *buenacho.*)

Buena-dicha, s. f. Boa sorte; fortuna.
Ler a b.-d.: ler a sorte.

Buenairense, adj. e s., m. e f. V. *portenho.*

Bufador, adj. Que bufa. S. m. 1. Valentão. 2. Respiradouro da baleia.

Bufalino, adj. (l. *bubalinu*). Relativo ao búfalo.

Búfalo, s. m. *Zool.* Mamífero artiodátilo bovino *(Bubalus bubalis),* de chifres achatados. Voz: *brama, berra, muge.* Fem.: *búfala.*

Bufão, s. m. 1. Fanfarrão. 2. *Ant.* Bobo, truão.

Bufar, v. 1. Intr. Expelir o ar pelas ventas com grande ruído. 2. Intr. Expelir fumaça com barulho. 3. Tr. ind. Bazofiar, fanfarronear, jactar-se.

Bufarinhas, s. f. pl. Objetos pouco valiosos; quinquilharias.

Bufarinheiro, s. m. Vendedor ambulante de bufarinhas.

Bufete *(ê),* s. m. (fr. *buffet*). 1. Aparador de sala de jantar. 2. Móvel para serviço de bebidas, doces etc.

Bufido, s. m. Som produzido quando se bufa.

Bufo¹, s. m. 1. Ação de bufar. 2. Sopro forte; bufido.

Bufo², adj. (ital. *buffo*). 1. Burlesco. 2. Jovial.

Bufonaria, s. f. Ação ou dito de bufão. Var.: *bufoneria.*

Bufonear, v. 1. Intr. Fazer o papel de bufão. 2. Tr. dir. Representar burlescamente.

Buftalmia, s. f. *Med.* V. *buftalmo.*

Buftalmo, s. m. *Med.* Aumento do volume do globo ocular, primeiro estádio do glaucoma infantil.

Bugalho, s. m. 1. Noz-de-galha. 2. Qualquer objeto globular semelhante à galha dos carvalhos. 3. *Pop.* O globo ocular.

Bugalhudo, adj. Esbugalhado, arregalado.

Buganvília, s. f. *Bot.* Gênero *(Bougainvillea)* de trepadeiras lenhosas, ornamentais, particularmente a espécie *Bougainvillea spectabilis.*

Bugia, s. f. Pequena vela de cera.

Bugiar, v. Intr. Fazer bugiarias.

Bugiaria, s. f. 1. Modos, trejeitos que lembram os do bugio. 2. Bagatela, bugiganga.

Bugiganga, s. f. (de *bugio*). 1. Coisa de pouco valor ou sem utilidade. 2. Rede de cerco para pescarias.

Bugio, s. m. 1. *Zool.* Nome que se dá a várias espécies de símios platirrínios do gênero Aluata; também chamados *barbados* e *guaribas*. Col.: *capela*. Voz: *berra*. 2. Indivíduo feio mas engraçado. 3. Máquina de erguer grandes pesos; macaco. 4. V. *bate-estacas*.

Buglossa, s. f. *Bot.* Planta do gênero Ancusa *(Anchusa officinalis)*; também chamada *língua-de-vaca*.

Bugrada, s. f. Porção de índios ou bugres.

Bugraria, s. f. 1. Bugrada. 2. Região habitada por bugres.

Bugre, s. m. 1. Nome genérico dado ao índio, especialmente o bravio. 2. Indivíduo desconfiado, arredio.

Bugreiro, s. m. Caçador de índios selvagens.

Bugrismo, s. m. Ascendência de indígena brasileiro.

Búgula, s. f. *Bot.* Planta do gênero *Ajuga*, particularmente a espécie anual, baixa, européia, *Ajuga reptans*.

Buído, adj. V. *puído*.

Buir, v. V. *puir*.

Buítra, s. f. *Tip.* Peça de madeira nos antigos prelos, que impedia o jogo lateral da árvore.

Bujamé, s. m. 1. Filho de preto com mulata ou de mulato com preta; cabra. 2. Moleque de cozinha. Adj. Diz-se de certa pelagem escura do gado bovino.

Bujão, s. m. *Mec.* Peça de madeira, metal ou outro material, às vezes roscada, destinada a fechar um orifício; tampão, bucha, batoque.

Bujarrona, s. f. *Náut.* Vela triangular, que se iça à proa; bisarrona.

Buji, s. m. 1. Erva miúda que brota com as primeiras chuvas. 2. Capinzal.

Bula, s. f. 1. Impresso que acompanha um medicamento e que contém as indicações necessárias para o respectivo uso. 2. Carta patente que contém decreto pontifício. 3. Selo de documentos antigos, especialmente selo pendente redondo, comumente de chumbo, afixado às bulas papais.

Bulário, s. m. 1. Coleção de bulas pontifícias. 2. Oficial que copiava as bulas.

Bulbar, adj. m. e f. 1. Relativo a bulbo. 2. Em forma de bulbo.

Bulbo, s. m. 1. Órgão vegetal subterrâneo e perene, constando de um caule muito curto, provido de verticilos de folhas (escamas), um broto central e uma coroa de raízes adventícias, como na cebola. 2. *Anat.* Dilatação arredondada da extremidade de uma parte: *B.* raquidiano; *B.* da uretra. 3. Qualquer dilatação na extremidade de um objeto: *B.* do termômetro.

Bulboso, adj. 1. Que tem bulbo. 2. Em forma de bulbo.

Bulcão, s. m. 1. Nuvens espessas que anunciam tempestade. 2. Nuvem de fumaça. 3. Redemoinho.

Buldogue, s. m. (ingl. *bull dog*). Cão de fila de raça inglesa, de cabeça grande e arredondada.

Bule, s. m. Vaso esferoidal, ordinariamente com asa e bico, em que se serve café, chá, leite etc.

Buleiro, s. m. Antigo empregado eclesiástico que distribuía a bula da cruzada.

Bulevar, s. m. (fr. *boulevard*). Rua larga, arborizada.

Búlgaro, adj. Concernente à Bulgária. S. m. O habitante ou natural da Bulgária.

Bulha, s. f. 1. Confusão de sons; ruído. 2. Altercação, briga, desavença. 3. Desordem, motim.

Bulhão, adj. e s. m. V. *bulhento*.

Bulhar, v. Intr. 1. Fazer bulha, motim. 2. Ter bulhas, desavenças.

Bulharaça, s. f. *Pop.* Grande barulho; inferneira.

Bulhento, adj. e s. m. Que, ou o que é dado a bulhas.

Bulício, s. m. 1. Ruído continuado e confuso de coisas que bolem ou se mexem juntas. 2. Murmúrio, sussurro. 3. Motim, revolta. 4. Agitação, desassossego.

Buliçoso, adj. 1. Que bole ou se move sem parar. 2. Inquieto, movediço. 3. Esperto, vivo.

Bulimia, s. f. *Med.* Apetite insaciável.

Bulir, v. (l. *bullire*). 1. Intr. e pron. Mexer-se, mover-se de leve, mudar de posição. 2. Tr. dir. Agitar ou mover de leve. 3. Tr. ind. Mexer, tocar com as mãos. 4. Tr. ind. Aborrecer, incomodar. 5. Tr. ind. Brincar, caçoar. Conjug., pres. ind.: bulo, *boles*, *bole*, bulimos, bulis, *bolem*; imper.: *bole*, bula, bulamos, buli, bulam (sublinhadas as formas em que o *u* passa a *o*).

Bulista, s. m. V. *bulário*.

-bulo, suf. (l. *bulu*). Expressa a idéia de *continente, suporte, instrumento, objeto produzido: acetábulo, turíbulo, patíbulo*.

Bulufas, s. f. pl. *Gír.* Nada (na expressão: Não entendi *bulufas*).

Bum!, interj. Imitativa do tiro de peça.

Bumba!, interj. 1. Indicativa do estrondo de pancada ou queda. 2. Indicativa da precipitação ou do movimento forte e instantâneo com que se faz alguma coisa.

Bumba-meu-boi, s. m. *Folc.* Bailado popular, dramático e em cortejo, cujas principais figuras são: o boi, o cavalo-marinho, Mateus, o médico etc.

Bumbar, v. Tr. dir. Espancar, sovar.

Bumbo, s. m. V. *bombo*.

Bumbum, s. m. 1. Estrondo repetido. 2. Som de zabumba.

Bunda[1], adj. m. e f. Designativo de uma língua falada pelos pretos de Angola. S. m. e f. Língua do grupo banto de Angola e costas vizinhas, Congo e Benguela. Sinôn.: *quimbundo*.

Bunda[2], s. f. *Ch.* Nádegas.

Bundo[1], s. m. 1. *Lingüíst.* A língua bunda ou quimbundo. 2. *Etnol.* Negro de Angola.

-bundo[2], suf. (l. *bundu*). Forma adjetivos com idéia de *persistência, intensidade, hábito: gemebundo, furibundo, vagabundo*.

Buprestídeo, adj. *Entom.* Relativo aos Buprestídeos. S. m. pl. Família *(Buprestidae)* de insetos coleópteros com cores cambiantes.

Buque, s. m. Embarcação auxiliar dos galeões de pesca.

Buquê, s. m. (fr. *bouquet*). 1. Ramalhete de flores. 2. Aroma de um café, chá e de certos vinhos.

Búraca, s. f. Gude (o jogo) ou bilosca. Var.: *búrica, búrico*.

Buracada, s. f. V. *buracama*.

Buracama, s. f. Grande quantidade de buracos.

Buraco, s. m. 1. Furo, orifício. 2. Pequena abertura, geralmente circular. 3. Cavidade. 4. Cova, toca. 5. Casa muito pequena. 6. Lacuna, falta. 7. Certo jogo de cartas.

Buranhém, s. m. *Bot.* Árvore sapotácea, também chamada *guaranhém, guranhém, guraém (Pradosia lactescens)*.

Buraqueira, s. f. 1. Terreno cheio de buracos; buracama. 2. Lugar afastado das cidades.

Buraqueiro, s. m. Buraqueira.

Burbom, s. m. *Bot.* Certa variedade de cafeeiro.

Burburinhar, v. Intr. Fazer burburinho; rumorejar.

Burburinho, s. m. 1. Som confuso de vozes. 2. Rumor. 3. Sussurro. 4. Desordem.

Buré, s. m. Mingau de milho verde.

Burel, s. m. 1. Pano grosseiro de lã. 2. Hábito de frade ou freira.

Burela, s. f. *Heráld.* Faixa estreita e repetida, no campo do escudo.

Burelado, adj. *Heráld.* Diz-se do escudo cujas faixas têm as burelas da mesma largura dos espaços que as separam.

Burgalhão, s. m. Banco de conchas, cascalho e areia, no fundo do mar ou dos rios.

Burgalhau, s. m. Pedra solta, seixo rolado.

Burgau, s. m. Pedra miúda envolta com areia grossa; cascalho.

Burgo, s. m. 1. Povoação de certa importância, menor que cidade; aldeia. 2. Arrabalde de cidade ou vila.

Burgomestre, s. m. Primeiro magistrado municipal de cidades da Alemanha, Bélgica e Suíça.

Burgrave, s. m. Título dos antigos dignitários de cidades alemãs. Var.: *burgrávio*.

Burguês, adj. (b. l. *burgense*). 1. Relativo a burgo, a burguês (s.m.) ou à burguesia. 2. Diz-se das pessoas ou coisas em que sobressai a mediocridade em detrimento do que é elevado e distinto; ordinário; trivial. S. m. 1. Indivíduo da classe média. 2. Pessoa rica.

Burguesia, s. f. A classe social que compreende as pessoas que não trabalham braçalmente e possuem uma situação econômica cômoda.

Buri, s. m. *Bot.* Palmeira do Brasil *(Diplothemium candescens).*

Buril, s. m. *Escult.* e *gravação.* 1. Instrumento com ponta de aço, para cortar e gravar em metal, lavrar pedra etc.; cinzel, posteiro. 2. Arte de gravar. 3. Estilo apurado.

Burilada, s. f. Golpe ou traço de buril.

Burilar, v. Tr. dir. 1. Gravar ou lavrar com buril. 2. Rendilhar (a frase).

Buriti, s. m. *Bot.* Palmeira-leque, alta e majestosa *(Mauritia vinifera)*; muriti, muritim, muruti.

Buritizal, s. m. Mata de buritizeiros.

Buritizeiro, s. m. *Bot.* V. *buriti.*

Burjaca, s. m. 1. Saco de couro em que os caldeireiros ambulantes levam utensílios miúdos; bruaca. 2. *Pop.* Jaquetão largo e comprido. Var.: *borjaca.*

Burla, s. f. 1. Ato de burlar; engano, fraude. 2. Zombaria, motejo.

Burlado, adj. Que foi vítima de burla.

Burlar, v. 1. Tr. dir. Enganar, fraudar. 2. Tr. dir. e tr. ind. Escarnecer, motejar.

Burlaria, s. f. Burla.

Burlesco *(ê)*, adj. (ital. *burlesco*). 1. Cômico, grotesco, ridículo. 2. Chocarreiro, zombeteiro.

Burlesquear, v. Intr. 1. Usar de modos burlescos. 2. Falar burlescamente.

Burleta *(ê)*, s. f. Ligeira farsa, musicada.

Burocracia, s. f. 1. Influência dos funcionários públicos, especialmente dos das secretarias de Estado, no governo do país. 2. *Pej.* Administração com excesso de formalidades.

Burocracial, adj. m. e f. Relativo à burocracia.

Burocrata, s. m. e f. 1. Funcionário público. 2. Funcionário administrativo que abusa de sua posição nos contatos com o público.

Burocrático, adj. 1. Relativo à burocracia. 2. Próprio de burocrata.

Burocratizar, v. Tr. dir. Dar feição ou caráter burocrático a.

Burra, s. f. 1. Fêmea do burro. 2. *Náut.* Cabo de mezena. 3. Cofre para guardar dinheiro, jóias, pedras preciosas etc. 5. Bloco rochoso grande, nas lavras diamantíferas da Bahia.

Burrada, s. f. 1. Manada de burros. 2. Asneira, burrice.

Burragem, s. f. V. *burrice.*

Burrama, s. f. V. *burrada.*

Burrão, s. m. 1. Aum. de *burro*; burro grande. 2. Toleirão.

Burrego *(ê)*, s. m. 1. Burro fraco e ordinário. 2. *Gír.* Indivíduo estúpido como um burro.

Burricada, s. f. Burrada.

Burrical, adj. m. e f. Relativo a burro.

Burrice, s. f. 1. Qualidade de burro, acep. 3. 2. Ação própria de burro, acep. 3; asneira.

Burrico, s. m. Dim. de *burro*; burro pequeno.

Burrificar, v. V. *bestificar.*

Burrinho, s. m. 1. Dim. de *burro*; burro pequeno. 2. Bomba para puxar líquidos. 3. Motor de pequena força, geralmente usado para acionar uma bomba de incêndio, a bordo de alguns navios. 4. *Entom.* Besouro cinzento, meloídeo *(Epicauta atomaria)*, comum sobre a folhagem dos batatais.

Burriqueiro, s. m. Alugador ou guia de burros.

Burriquete *(ê)*, s. m. 1. Dim. de *burro*; burro pequeno. 2. *Náut.* Vela triangular, que se iça à popa das bangulas e garoupeiras.

Burro, s. m. 1. *Zool.* Produto híbrido resultante do cruzamento da égua com o jumento. 2. V. *jumento.* Col.: *lote, manada, récua, tropa.* Voz: *azurra, ornea, orneja, rebusna, relincha, zorna, zuna, zurra.* 3. *Fam.* Indivíduo estúpido, grosseiro, teimoso ou muito ignorante. 4. *Náut.* Cabo para dar direção ao extremo da verga da mezena. 5. Tradução literal de autor clássico para auxiliar os estudantes de línguas antigas. Adj. Asnático, estúpido.

Pra burro, Gír.: em grande quantidade; muito, em demasia.

Burseráceas, s. f. pl. *Bot.* Família *(Burseraceae)* de arbustos ou árvores resinosas ou aromáticas, na maioria tropicais.

Bursite, s. f. *Med.* Inflamação de uma bolsa serosa.

Burundanga, s. f. 1. Palavreado confuso; algaravia. 2. Confusão, trapalhada. 3. Mixórdia. 4. Coisa complicada. 5. Iguaria mal feita ou pouco limpa e repugnante.

Bus, s. m. Na expressão: nem chus nem *bus*: nem uma palavra.

Busaranho, s. m. V. *musaranho.*

Busca, s. f. 1. Ato ou efeito de buscar. 2. Exame, revista. 3. Investigação, pesquisa.

Busca-pé, s. m. Peça de fogo de artifício, que arde girando e serpeando pelo chão. Pl.: *busca-pés.*

Buscar, v. 1. Tr. dir. Tratar de descobrir ou encontrar; procurar. 2. Tr. dir. Examinar, investigar. 3. Tr. dir. Dirigir-se para. 4. Tr. dir. Ir a algum lugar e trazer de lá (alguma coisa). 5. Tr. dir. Tratar de obter, de conseguir. 6. Tr. dir. Idear, imaginar, planear. 7. Tr. dir. Recorrer a. 8. Pron. Procurar-se ou recorrer-se a si mesmo.

Busilhão, s. m. *Gír.* 1. Monte de roupa suja. 2. Indivíduo que anda com a roupa suja e rota. 3. Monturo.

Busílis, s. m. (da loc. l. *(in die) bus illis*). Dificuldade, embaraço, estorvo, nó górdio, obstáculo.

Bússola, s. f. 1. *Fís.* Instrumento de orientação, usado em navegação marítima e aérea, composto de uma agulha imantada, montada em equilíbrio sobre um eixo vertical, encerrada numa caixa circular envidraçada, que contém a rosa-dos-ventos; uma das extremidades permanece voltada sempre para o Norte. 2. Tudo que serve de guia ou norte.

Busto, s. m. 1. O tronco humano da cintura para cima. 2. Escultura ou pintura que abrange essa parte. Col. (quando em coleção): *galeria.*

Bute, s. m. *Pop.* Diabo.

Buteiro, s. m. 1. Alfaiate de consertos. 2. Remendão.

Butiá, s. f. 1. Palmeira do gênero *Cocos*; butiazeiro. 2. Fruto de palmeiras desse gênero.

Butiazal, s. m. Terreno onde crescem butiás.

Butiazeiro, s. m. V. *butiá.*

Bútio, s. m. Canudo que leva o ar aos foles, nas minas.

Butiráceo, adj. Que tem as propriedades da manteiga.

Butirada, s. f. Espécie de bolo de manteiga.

Butirômetro, s. m. Instrumento para avaliar a quantidade de manteiga que há no leite.

Butua, s. f. V. *abutua.*

Butuca, s. f. V. *mutuca.*

Butucada, s. f. Ferroada da butuca.

Butucar, v. V. *esporear.*

Butucum, s. m. Saco ou mala que se leva a tiracolo.

Buxal, s. m. Mata de buxos.

Buxeira, s. f. *Bot.* Árvore rubiácea, de fibras têxteis.

Buxeiro, s. m. *Bot.* V. *buxo.*

Buxina, s. f. Alcalóide tônico e febrífugo da casca da raiz do buxo.

Buxo, s. m. *Bot.* 1. Gênero *(Buxus)* de arbustos e pequenas árvores sempre verdes, com folhas inteiras opostas e fruto capsular. 2. Planta desse gênero.

Buzarate, s. m. 1. Homem fátuo. 2. Indivíduo corpulento e barrigudo; bazulaque.

Buzegar, v. Intr. Ventar com salpicos de chuva (diz-se do tempo).

Buzina, s. f. 1. Instrumento feito de chifre de boi, usado na caça para orientar os cães; berrante. 2. Porta-voz. 3. Instrumento de carros motorizados para sinais acústicos de advertência. Ruído: *fonfona.* Adj. Colérico, raivoso.

Buzinação, s. f. 1. Ação de buzinar. 2. Amolação.

Buzinar, v. 1. Intr. Tocar buzina. 2. Intr. Soprar fortemente, imitando o som da buzina. 3. Tr. ind. Aturdir com a repetição importuna de alguma coisa. 4. Intr. Zangar-se, enfurecer-se.

Buzinote, s. m. Pedaço de cano embutido ao nível do piso para escoamento da água de terraços.
Búzio, s. m. (l. *bucinu*). *Zool.* 1. Molusco gastrópode, marinho *(Cassis tuberosa)*, de concha piramidal. 2. Buzina feita da concha desse molusco; buzo. *Folc.* No candomblé, pequenas conchas de búzio que são lançadas sobre uma mesa pelo babalaô, para adivinhações.
Buzo, s. m. 1. Jogo popular com rodelas de casca de laranja, grãos de milho ou botões. 2. Violão. 3. V. *búzio*, acepção. 2.
Buzugo, s. m. Coisa mal feita ou mal acabada.
Byroniano *(bai)*, adj. Concernente a Byron, poeta inglês (1788-1824).
Byte (*baite*), s. m. (t. ingl.). Acrônimo de *Binary term*. *Inform.* Cadeia de caracteres binários tratados como uma unidade.
Bytownita *(baitaunita)*, s. f. *Miner.* Feldspato plagioclásico, que consiste em 10 a 30% de albita e 70 a 90% de anortita.

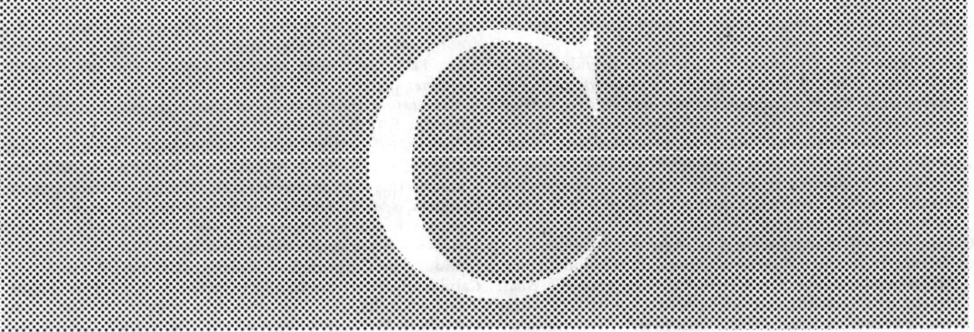

C *(cê),* Símbolo da terceira letra do alfabeto e segunda consoante em português e na maioria dos abecedários conhecidos.

C, adj. 1. Indica o terceiro objeto ou fato de uma série primária: Alínea C, livro C. 2. Junto a um número, representa o terceiro termo de uma série secundária: Casa 27 C. 3. Notação de *cem* na numeração romana, 4. *Mús.* Sinal de compasso quaternário.

Cá[1], adv. (l. *ecc'hac*). 1. Aqui, neste lugar. 2. Entre nós, nesta terra. 3. A ou para este lugar (com verbos que exprimem movimento). 4. No interior de, dentro de: Eu *cá* me entendo.

Cá[2], s. m. Nome da letra K. Pl.: *cás* ou *kk.*

Cã, s. f. Cabelo branco. Usa-se mais no plural.

Caá, s. f. 1. Designação genérica das plantas, entre os silvícolas do Brasil, especialmente da erva-mate. 2. Chá ou infusão de congonha.

Caaba, s. f. 1. Templo muçulmano, em Meca. 2. A pedra sagrada que se encontra nesse templo.

Caabopoxi, s. f. *Bot.* Trepadeira convolvulácea *(Ipomœa malvœoides).*

Caacambuí, s. f. *Bot.* Planta euforbiácea *(Euphorbia serpens).*

Caaetê, s. m. Na mata amazônica, região só inundada nas grandes enchentes.

Caaingá, s. f. *Bot.* Árvore leguminosa-mimosácea *(Pithecolobium sanguineum).*

Caajuçara, s. f. *Bot.* Arbusto rubiáceo *(Duroia saccifera).*

Caamembeca, s. f. *Bot.* Planta poligalácea *(Polygala spectabilis).*

Caami, s. m. *Bot.* Planta aqüifoliácea *(Ilex amara).*

Caapeba, s. f. V. *capeba.*

Caapora, s. m. V. *caipora.*

Caatinga, s. f. Tipo de vegetação xerófila, característico do NE. brasileiro, constituído de espinheiros, pequenas árvores de folhas finas, ervas duras, cardos e gravatás.

Cabaça[1], s. f. Fruto grande da cabaceira que, depois de seco e limpo, se presta como recipiente de líquidos; porongo.

Cabaça[2], s. m. e f. 1. Criança gêmea que nasce em segundo lugar. 2. Palerma, pateta.

Cabaçada, s. f. Porção que uma cabaça pode conter.

Cabaceira, s. f. *Bot.* Planta cucurbitácea *(Lagenaria vulgaris),* cujo fruto é a cabaça; cuieira.

Cabaceiro, s. m. *Bot.* Árvore das Compostas *(Stifftia parviflora).*

Cabaço, s. m. *Ch.* 1. O hímen. 2. Virgindade de mulher. 3. Virgem. 4. *Por ext.* Homem que ainda não conheceu mulher.

Cabal, adj. m. e f. Completo, perfeito, pleno.

Cabala, s. f. 1. Ocultismo tradicional dos israelitas. 2. Manobras secretas de pessoas com vistas a um mesmo objetivo; coalizão, conjura.

Cabalar, v. 1. Intr. Fazer cabala; enredar, intrigar. 2. Tr. dir. Conseguir (votos em uma eleição) com cabala.

Cabalino, adj. 1. Relativo a cavalo. 2. Referente ao cavalo Pégaso: Fonte *cabalina.*

Cabalista, s. m. e f. 1. Pessoa versada na cabala. 2. Pessoa que cabala.

Cabalístico, adj. 1. Relativo à cabala. 2. Enigmático, misterioso.

Cabana, s. f. Casa rústica, geralmente de sapé; casebre, choça.

Cabanada, s. f. 1. Revolução de Pernambuco e Alagoas de 1832 a 1835. 2. Bando de cabanos.

Cabanagem, s. f. Ato de cabano; selvageria, atrocidade.

Cabaneiro[1], s. m. (l. bárb. *capannariu*). 1. Aquele que vive em cabana. 2. Homem pobre. Adj. Próprio de cabano, acepção 3.

Cabaneiro[2], s. m. Grande cesto de vime; cabano.

Cabano, adj. 1. Diz-se do boi que tem os chifres dirigidos para baixo ou horizontais. 2. Diz-se do animal ou pessoa cujas orelhas se inclinam de modo anormal, em relação à sua espécie. S. m. 1. Cabaneiro[2]. 2. Chapéu de palha, de abas grandes e derrubadas. 3. Membro de certa facção política de Alagoas, Maranhão, Pará e Pernambuco.

Cabaré, s. m. (fr. *cabaret*). V. *boate.*

Cabareteiro, s. m. 1. Dono de cabaré. 2. Empregado de cabaré.

Cabaz, s. m. 1. Cesto fundo de junco, vime etc., geralmente com tampa e asa. 2. Caixa de lata, para transporte de alimentos.

Cabazeiro, s. m. Fabricante ou vendedor de cabazes.

Cabeça, s. f. (b. l. *capitia*). 1. Parte do corpo humano que contém o encéfalo, os olhos, as orelhas, o nariz e a boca. 2. Parte correspondente, superior, do corpo dos animais bípedes, e anterior do dos outros vertebrados, da maioria dos artrópodes, moluscos e vermes. 3. A parte do crânio coberta de cabelos. 4. Sede do intelecto: Muitas *cabeças,* muitas idéias divergentes. 5. Inteligência, memória. 6. Bom senso, juízo, talento. 7. Pessoa inteligente ou instruída. 8. Homem, mulher ou animal, considerados numericamente. 9. A parte superior de certas coisas ou objetos, oposta à parte inferior, geralmente denominada pé. 10. A parte anterior ou superior, de um objeto, mais grossa ou larga que a restante: *C.* de prego. 11. A parte mais alta de qualquer coisa, como o cimo de um monte etc. 12. A extremidade arredondada de um objeto ou de uma peça: *Cabeça* de alho. 13. A frente de um cortejo. 14. *Tip.* Parte superior de qualquer forma ou página. 15. *Tip.* Títulos correntes das páginas. 16. Começo, princípio. S. m. Chefe. — *C.-chata, Pop.:* pessoa natural do Ceará; *por ext.:* nortista. Pl.: *cabeças-chatas. C.-de-burro:* indivíduo estúpido e cabeçudo. Pl.: *cabeças-de-burro: C.-de-coco:* indivíduo distraído, esquecido ou desmiolado. Pl.: *cabeças-de-coco. C.-de-pau:* v. *cabeça-de-burro.* Pl.: *cabeças-de-pau. C.-desmiolada*: indivíduo extravagante ou tresloucado. Pl.: *cabeças-desmioladas. C.-de-vento:* a) pessoa leviana ou estouvada; b) pessoa sem tino ou estonteada. Pl.: *cabeças-de-vento. C.-dura:* pessoa bronca, estúpida. Pl.: *cabeças-duras. C. fria:* calma de espírito. *C.-inchada:* a) ciúme, zelo; b) despeito de quem perdeu ou foi vencido. Pl.: *cabeças-inchadas. C.-leve:* pessoa de pouco juízo ou de pouco senso. Pl.: *cabeças-leves. C.-noar:* v. *cabeça-de-vento.* Pl.: *cabeças-no-ar. C.-seca:* soldado de polícia. Pl.: *cabeças-secas. C.-sem-miolos:* o mesmo que *cabeça-de-vento.* Pl.: *cabeças-sem-miolos. C. tonta:* pessoa desmiolada.

Cabeçada, s. f. 1. Pancada com a cabeça. 2. Correia que cinge a cabeça do cavalo e lhe segura o freio. 3. Ato mal sucedido; mau negócio; erro, esparrela.

Cabeçal, s. m. *Cir.* Chumaço que se põe em roda da ferida, sob a atadura.

Cabeçalho, s. m. 1. V. *cabeceira.* 2. Varal que se prende à canga, nos carros de boi. 3. Parte superior da primeira página de um jornal. 4. Título e primeiros dizeres de um livro. 5. Dizeres impressos no alto de papel de carta, envelope, fatura, nota etc., com fins de informação ou de publicidade.

Cabeção, s. m. 1. Gola larga e pendente de capa, casaco ou vestido. 2. Pequeno arco de ferro, para dominar o animal montado ou no carro, usado acima do focinho. 3. Vinheta ou gravura em frontispício de livro.

Cabeceador, adj. Que cabeceia. S. m. Aquele que cabeceia.

Cabecear, v. 1. Intr. Menear a cabeça. 2. Tr. ind. e intr. Deixar pender a cabeça, por efeito de sono. 3. Tr. dir. *Náut.* Desviar na direção da corrente (a proa). 4. Intr. *Esp.* Atirar com a cabeça (a bola). 5. Tr. dir. Fazer (gesto ou sinal) com a cabeça.

Cabeceio, s. m. Ato ou efeito de cabecear.

Cabeceira, s. f. 1. Parte superior do leito em que se deita a cabeça. 2. Dianteira, frente, vanguarda. 3. Lugar ocupado à mesa pelo chefe de família. 4. Nas igrejas, o altar-mor. 5. Num edifício, a parte oposta à entrada. 6. Nascente de rio ou riacho. 7. Compartimento da marinha de sal.

Cabeceiro, s. m. Indivíduo que descarna as cabeças dos animais abatidos para consumo.

Cabecilha, s. m. Chefe de um bando; caudilho.

Cabeço, s. m. 1. Cume arredondado de um monte. 2. Outeiro. 3. *Tip.* Cabeçalho.

Cabeçorra, s. f. *Pop.* Cabeça grande.

Cabeçote, s. m. 1. *Mec.* Parte de uma máquina-ferramenta, que suporta uma parte rotativa ou movente. 2. Cada uma das testeiras do banco de carpinteiro. *Mec.* Parte do motor que se fixa ao bloco, fecha os cilindros e contém a câmara de combustão. 4. Parte dianteira superior da sela. 5. Cada uma das partes salientes e verticais das forquilhas que compõem a cangalha. 6. Larva de batráquios; girino.

Cabeçuda, s. f. 1. *Zool.* Tartaruga de água doce (*Podocnemis dumeriliana*). 2. *Pop.* Saúva.

Cabeçudo, adj. 1. De cabeça grande. 2. Casmurro, obstinado, teimoso. S. m. Indivíduo obstinado.

Cabedal, s. m. (1. *capitale*). 1. Acumulação de objetos de valor; capital, dinheiro. 2. Conhecimentos ou dotes morais. 3. Valor, importância que se atribui a pessoas ou coisas. 4. Grande quantidade; cópia. 5. Couro preparado para manufatura de calçados.

Cabedelo, s. m. (1. *capitellu*). 1. Pequeno cabo. 2. Cabeço de areia, junto à foz dos rios.

Cabeladura, s. f. Cabeleira.

Cabelama, s. f. 1. Grande porção de cabelos. 2. Cabelo comprido.

Cabeleira, s. f. 1. Conjunto dos cabelos de uma cabeça, sobretudo se compridos. 2. Cabelos postiços com aparência de naturais. 3. Crina. 4. *Pop.* Bebedeira.

Cabeleireira, s. f. 1. Mulher que faz cabeleiras. 2. Mulher que corta ou penteia o cabelo das outras.

Cabeleireiro, s. m. 1. Homem que faz cabeleiras. 2. Oficial que corta cabelo; barbeiro.

Cabelo, s. m. (1. *capillu*). 1. Conjunto de pêlos que recobrem a cabeça humana. Col.: *chumaço, madeixa;* (quando separados): *marrafa, trança.* 2. Os pêlos de qualquer parte do corpo humano. 3. Cada um dos pêlos da cabeça ou das outras partes do corpo humano. 4. Pêlo comprido de alguns animais. 5. Delgada mola de aço em espiral, que regula o movimento dos relógios.

De c. na venta: bravo, enérgico, rixoso. *De c. no coração:* cruel, insensível, de grande coragem.

Cabeludo, adj. 1. Que tem muito cabelo. 2. Que tem cabelos compridos. 3. Complicado, difícil, intricado. 4. Imoral, obsceno.

Caber, v. (1. *capere*). Tr. ind. 1. Poder estar dentro; poder ser contido. 2. Poder entrar. 3. Ter obrigação de; competir a. 4. Pertencer por eqüidade. 5. Ser da responsabilidade de; pertencer a. 6. Pertencer em partilha ou quinhão; tocar. 7. Poder fazer-se; realizar-se (dentro de um prazo). 8. Ser compatível com. Verbo irreg. Pres. ind.: *caibo, cabes, cabe* etc. Perf. ind.: *coube, coubeste, coube* etc. Fut. subj.: *couber, couberes, couber* etc.

Não caber em si: transbordar de contentamento.

Cabida, s. f. 1. Cabimento. 2. Aceitação.

Cabide, s. m. 1. Móvel com pequenos braços, para pendurar chapéu, roupa etc. 2. Armação em forma de ombros com gancho que se pendura em varal, para dependurar o paletó.

Cabidela, s. f. 1. Reunião de fígado, moela, pescoço, asas, pernas e outras miudezas da ave. 2. Guisado feito com esses miúdos e sangue das mesmas aves.

Cabido, s. m. Corporação dos cônegos de uma catedral.

Cabila, adj. m. e f. Da Cabília (Argélia). S. m. e f. Pessoa natural da Cabília.

Cabilda, s. f. Nome de diversas tribos nômades da África setentrional.

Cabimento, s. m. 1. Aceitação, valimento. 2. Conveniência, oportunidade.

Cabina, s. f. (fr. *cabine*). 1. Camarote para passageiros em navios ou trens. 2. *Av.* Local onde ficam o piloto e o co-piloto de um avião. 3. Vagonete, nos trens aéreos. 4. Guarita dos vigias e sinaleiros, nas estradas de ferro. 5. Pequeno aposento onde os banhistas se vestem. 6. Local fechado para votação eleitoral.

Cabinda, adj. m. e f. *Etnol.* Relativo aos cabindas. S. m. pl. Nação banto ao norte do Congo inferior.

Cabineiro, s. m. O que dirige uma cabina.

Cabisbaixo, adj. 1. Que traz a cabeça baixa ou inclinada. 2. Abatido, humilhado, vexado.

Cabiúna, s. f. *Bot.* Leguminosa-papilionácea, de madeira muito escura *(Machaerium scleroxylon)*; jacarandá-preto. Adj. Negro, preto. S. m. Negro desembarcado clandestinamente no Brasil, após a lei de repressão do tráfico africano. Var.: *caviúna.*

Cabível, adj. m. e f. Que tem cabimento.

Cabo[1], s. m. (1. *caput*). 1. Comandante, chefe. 2. *Mil.* A mais baixa graduação militar, anterior ao posto de sargento. 3. Ponta de terra que entra pelo mar adentro; promontório. 4. Extremo, fim, termo. — *C. eleitoral:* indivíduo que cabala para um candidato, em troca de favores.

Ao cabo: ao fim; por fim; finalmente. *Ao c. de:* ao término de.

Cabo[2], s. m. (1. *capulu*). 1. Parte de um instrumento ou objeto, por onde se agarra, empunha ou maneja: *C.* da faca. 2. *Náut.* Cada uma das cordas mais ou menos grossas que se usam nas embarcações. Col.: *cordame, cordoalha, enxárcia.* 3. Corda grossa em geral. 4. Feixe de fios metálicos para transmissão de telegramas. 5. *Eletr.* Fio grosso ou feixe de fios, não isolados entre si, para condução de correntes elétricas. 6. Cilindro, feixe ou corda de arame, de diâmetro uniforme, caracterizados por certa resistência à ruptura. 7. Cauda, rabo. 8. *Pop.* Ânus.

De c. a rabo: do princípio ao fim.

Cabochão, s. m. Pedra preciosa polida, mas não facetada.

Caboclada, s. 1. Bando de caboclos. 2. Ação de caboclos. 3. Desconfiança. 4. Perfídia. 5. Índole vingativa.

Caboclo, adj. 1. Da cor de cobre; acobreado. 2. Próprio de bugre. S. m. 1. Indígena brasileiro de cor acobreada. 2. Mestiço de branco com índio. 3. Caipira, roceiro, sertanejo. 4. Tratamento carinhoso, para homem. 5. Tipo desconfiado ou arguto.

Cabocó, s. m. 1. Caneiro ou levada, por onde escoa a água que sai dos cubos das rodas dos engenhos de cana-de-açúcar; cavoucó, cobocó, covocó. 2. Variedade de queijo.

Cabograma, s. m. Telegrama transmitido por cabo submarino.

Caboje *(ó)*, s. m. Parte dos gomos da cana-de-açúcar que se poda para ativar a germinação dos brotos.

Caborje, s. m. 1. Feitiçaria, mandinga. 2. Espécie de bentinho. 3. Prostituta.

Caborjeiro, adj. e s. m. Feiticeiro, mandingueiro.

Caborjudo, adj. *Pop.* Que tem o corpo fechado graças a caborje; sortudo.

Caborteirice, s. f. V. *cabortice.*

Caborteiro, adj. 1. Manhoso, velhaco. 2. Mentiroso. 3. Arisco. S. m. 1. Pessoa mentirosa, velhaca. 2. Indivíduo que vive de expedientes. 3. Cavalo arisco. 4. Galo manhoso e velhaco. Var.: *cavorteiro.*

Cabortice, s. f. Ação de indivíduo ou animal caborteiro; caborteirice.

Cabotagem, s. f. Navegação costeira ou entre cabos ou portos do mesmo país.

Cabotar, v. Intr. Fazer cabotagem.

Cabotinagem, s. f. 1. Vida ou costumes de cabotino. 2. Ânsia de exibição, amor ao reclamo.

Cabotinismo, s. m. V. *cabotinagem.*

Cabotino, s. m. (fr. *cabotin*). 1. Cômico ambulante. 2. Mau comediante. 3. Aquele que procura chamar sobre si a atenção alheia. 4. Charlatão, parlapatão, impostor.

Caboucar, v. V. *cavoucar.*

Cabra, s. f. 1. Gênero *(Capra)* de mamíferos ruminantes da família dos Bovídeos, que compreende a cabra comum *(Capra hircus)*, animal domesticado e criado como animal leiteiro e fornecedor de carne. 3. Fêmea dessa espécie. Col.: *fato, malhada, rebanho.* Voz: *bala, badala, bale, barrega, berra, berrega, bezoa.* S. m. 1. Mulato. 2. Indivíduo valentão ou provocador. 3. Qualquer indivíduo. — *C. macho:* indivíduo destemido — Pl.: *cabras-machos.*

Cabra-cega, s. f. Jogo ou folguedo em que uma criança, vendada, procura apanhar outra para ser por esta substituída. Pl.: *cabras-cegas.*

Cabralhada, s. f. Grupo de cabras; cabroeira.

Cabramo, s. m. Peia com que se prende o pé do boi ao chifre, para que não fuja.

Cabrão, s. m. 1. Bode. 2. *Pop.* Corno. 3. Criança que berra muito.

Cábrea, s. f. 1. Guindaste de metal, muito potente, usado em portos marítimos. 2. Designação de várias máquinas para levantar grandes pesos.

Cabreiro, adj. 1. Que guarda cabras. 2. *Pop.* Atilado, esperto e finório. 3. *Pop.* Desconfiado, arisco, prevenido. S. m. 1. Pastor que guarda cabras. 2. Indivíduo diligente.

Cabrestante, s. m. *Náut.* Máquina de cilindro ou tambor giratório, vertical, própria para içar grandes pesos (âncoras, por ex.).

Cabresteiro, adj. 1. Relativo a cabresto. 2. Diz-se de animal dócil ao cabresto. S. m. O que faz ou vende cabrestos.

Cabrestilho, s. m. Cabresto pequeno. Estreita correia de couro que prende a espora ao pé.

Cabresto, s. m. (1. *capistru*). 1. Cabeçada, sem freio, com que se prendem cavalgaduras. 2. Boi manso que serve de guia aos touros. 3. Amarrio que se faz na ponta da vara de pesca, para maior segurança da linha
Andar de c.: estar sujeito a alguém (geralmente controlado pela mulher).

Cabril, s. m. (1. *caprile*). Curral de cabras. Adj. m. e f. Agreste, escabroso.

Cabriola, s. f. 1. Salto de cabra. 2. Cambalhota. 3. Mudança repentina de opinião ou partido.

Cabriolar, v. Intr. Dar cabriolas.

Cabriolé, s. m. (fr. *cabriolet*). Carruagem leve de duas rodas, puxada por um só animal.

Cabrita, s. f. 1. *Pop.* Cabra. 2. Mulata nova. 3. Mulher no começo da adolescência. 4. Antiga máquina de guerra para atirar pedras.

Cabritada, s. f. Bando de cabritos.

Cabritar, v. Intr. Andar saltando como os cabritos; pular.

Cabriteiro, s. m. 1. Pastor de cabritos. 2. Aquele que fazia cabritas (máquinas de guerra).

Cabritismo, s. m. Sensualismo, lascívia, lubricidade.

Cabrito, s. m. 1. Pequeno bode; chibo. 2. Criança traquinas. 3. Moreno, mulato.

Cabrito-montês, s. m. *Zool.* Ruminante da família dos Cervídeos, de chifres curtos, que vive nas florestas da Europa e da Ásia.

Cabriúva, s. f. 1. *Bot.* Árvore vistosa e de grande porte, da família das Leguminosas *(Myrocarpus frondosus)*. 2. Madeira dessa árvore. 3. Bebida feita com aguardente, açúcar e gengibre. 4. Fritada de ovos feita com aguardente.

Cabrobó, s. m. Indivíduo pobre, de pé no chão.

Cabrocha, s. m. e f. Mulato ou mulata jovem.

Cabrochão, s. m. Mulato corpulento.

Cabroeira, s. f. Grupo de cabras.

Cabrum, adj. De cabras; caprino.

Cábula, s. f. 1. Falta às aulas. 2. Ardil, manha para esquivar-se a um serviço. 4. *Gír.* Má sorte. S. m. e f. Estudante pouco assíduo às aulas.

Cabular, v. Intr. 1. Faltar às aulas para vadiar. 2. Mandriar.

Cabuloso, adj. 1. Que tem ou dá cábula (acep. 4). 2. Aborrecido, importuno.

Cabungo, s. m. 1. Recipiente feito de madeira para excrementos. 2. Indivíduo pouco asseado..

Cabungueiro, s. m. 1. Indivíduo encarregado do despejo dos cabungos. 2. Indivíduo de medíocre capacidade.

Caburé, s. m. 1. *Ornit.* Pequena coruja da família dos Estrigídeos *(Glaucidium brasilianum brasilianum)*, de hábitos semidiurnos. Voz: *pia, silva, ri.* 2. Caboclo de pouca idade. 3. Homem gordo e de baixa estatura. 4. Mestiço de negro e índio; cafuzo. 5. Vaso de feitiço. 6. *Cul.* Bolo de mandioca e trigo, assado ao espeto.

Caca, s. f. (1. *cacare*). 1. Excremento humano. 2. Imundície, porcaria.

Caça, s. f. 1. Ato ou efeito de caçar. 2. Animais apanhados na caçada. 3. Animais que se costuma caçar. 4. Animais selvagens. 5. Perseguição ao inimigo. S. m. *Av.* Avião de caça.

Cacaborrada, s. f. *(caca + borrada). Pop.* 1. Asneira, despropósito. 2. Coisa malfeita; sujidade.

Cacada, s. f. V. *cacaria.*

Caçada, s. f. 1. A caça que se apanhou. 2. Jornada ou diversão de caçadores.

Caçadeira, s. f. 1. Arma para caçar. 2. Jaquetão, próprio para caçador. 3. Pequeno barco, para caça de aves aquáticas. 4. *Entom.* O mesmo que *vespão.*

Caçadeiro, adj. Que gosta de caça.

Caçador, adj. Que caça. S. m. 1. Indivíduo que caça, por hábito ou profissão. 2. *Av.* Piloto ou tripulante de avião de caça. 3. *Mil.* Soldado de infantaria.

Caçamba, s. f. 1. Balde para tirar água dos poços. 2. Estribo em forma de chinelo. 3. Alcatruz. 4. Carroça tirada por um só animal, para remoção de terra. 5. Receptáculo ou parte da betoneira na qual se faz a mistura do cimento com areia e brita. 6. Elevador de concreto. 7. Receptáculo de escavadeiras, guindastes, dragas etc.

Caçambeiro, adj. Que caçambeia. S. m. 1. Camarada, empregado como companheiro de viagem. 2. Operário que maneja caçamba.

Caça-níquel, s. m. 1. Aparelho destinado a jogos de azar, e que funciona introduzindo-se-lhe uma moeda, podendo ou não proporcionar um prêmio a quem a introduziu. 2. Empresa organizada para iludir a boa-fé dos acionistas. Pl.: *caça-níqueis.*

Caçanje, s. m. *Lingüíst.* 1. Dialeto crioulo do português falado em Angola. 2. Português mal falado ou mal escrito.

Cação[1], s. m. *Ictiol.* Designação geral de peixes elasmobrânquios de porte não muito grande; tubarão.

Cação[2], s. m. Chibé, em que o sal substitui o açúcar, e no qual se põe pimenta.

Caçapa, s. f. Pequena bolsa de tiras de couro, onde caem as bolas embocadas, no jogo de sinuca.

Caçapo, s. m. 1. Coelho novo. 2. Homem baixo e retaco.

Caçar, v. (I. v. **captiare*). 1. Tr. dir. Perseguir (animais silvestres) para apanhar vivo ou matar. 2. Tr. dir. Perseguir, como se faz às feras. 3. Tr. dir. Apanhar. 4. Tr. dir. Catar. 5. Tr. dir. *Náut.* Colher, recolher (as velas, os cabos). 6. Intr. Andar à caça.

Cacaracá, s. m. *Pop.* De pouca monta (na locução *de cacaracá*): Coisa *de cacaracá*, razões *de cacaracá*, isto é, que não convencem.

Cacarecos, s. m. pl. V. *cacaréus.*
Cacarejador, adj. 1. Que cacareja. 2. Palrador; barulhento.
Cacarejante, adj. m. e f. V. *cacarejador.*
Cacarejar, v. (onom.). 1. Intr. Cantar (a galinha e as outras aves que lhe imitam o canto). 2. Intr. Palrar monotonamente. 3. Intr. Fretenir. 4. Tr. dir. Soltar como que o canto da galinha. 5. Tr. ind. Chamar galinha, imitando-lhe o canto.
Cacarejo *(ê),* s. m. *Onom.* 1. Canto da galinha. 2. Garrulice. 3. Som semelhante ao canto da galinha.
Caçareta *(ê),* s. f. Espécie de rede de arrastar.
Cacaréus, s. m. pl. (de *caco*). Trastes velhos e de pouco valor; cacarecos.
Cacaria[1], s. f. *(caco + aria).* Monte de cacos.
Cacaria[2], s. f. (de *Cacaria,* n. p.). 1. Corja de ladrões. 2. Espelunca de ladrões.
Caçarola, s. f. Panela de ferro ou alumínio, com bordas altas, cabo e tampa.
Caça-submarina, s. f. *Esp.* Recreação que consiste em pegar peixes, munido de máscara especial para mergulho, pés-de-pato e arpão.
Cacatua, s. f. *Ornit.* Gênero *(Cacatua)* de papagaios brancos ou rosados, com penas eriçadas na cabeça, largamente distribuídos nas regiões australianas. Var.: *catatua.*
Cacau, s. m. (mex. *cacauatl*). *Bot.* Fruto ovóide do cacaueiro, que contém amêndoas empregadas no fabrico do chocolate e de que se extrai uma substância gordurosa denominada *manteiga de cacau.*
Cacaual, s. m. Lugar onde crescem cacaueiros.
Cacaueiro, *Bot.* Árvore da família das Esterculiáceas *(Theobroma cacao),* originária da parte tropical da América do Sul, cultivada pelo grande valor comercial de seu fruto, o cacau.
Cacauicultura *(au-i),* s. f. Plantação de cacau.
Cacaulista, s. m. Plantador ou negociante de cacau.
Cacauzeiro, s. m. V. *cacaueiro.*
Caceia, s. f. Conjunto das redes amarradas entre si, usadas na pesca de superfície, ao sabor das águas.
Caceta *(ê),* s. f. Espécie de vaso, com um ralo no fundo, empregado em farmácia.
Cacetada, s. f. 1. Ação de bater com cacete; pancada de cacete. 2. V. *caceteação.*
Cacetar, v. Tr. ind. (com a prep. *em*) Bater com cacete.
Cacete *(ê),* s. m. 1. Bordão, grosso em uma das extremidades; moca. 2. Bengala, porrete. 3. *Gír.* Indivíduo maçador ou impertinente. 4. *Ch.* Pênis. Adj. Impertinente, importuno, maçador.
Caceteação, s. f. Ato de cacetear.
Cacetear, v. Tr. dir. Aborrecer, importunar, maçar.
Cachaça, s. f. 1. Aguardente de cana-de-açúcar obtida da destilação da garapa. Dos seus inúmeros sinônimos regionalistas, parecem ser mais conhecidos os seguintes: *água-que-passarinho-não-bebe, aguardente, bagaceira, branquinha, cana, caninha, cobertor-de-pobre, mata-bicho, parati* e *pinga.* 2. Espuma grossa, produzida pela primeira fervura do suco da cana-de-açúcar. 3. Borra resultante da clarificação do xarope. 4. Inclinação, gosto, paixão predominante. 5. Mania, sestro, vício. S. m. Bêbedo.
Cachação, s. m. 1. Pancada ou safanão no cachaço; pescoção. 2. Grande varrão.
Cachaceira[1], s. f. 1. Lugar em que se junta a cachaça, tirada das caldeiras do açúcar. 2. Bebedeira.
Cachaceira[2], s. f. (*cachaço + eira*). 1. Cachaço grande e largo. 2. Parte da cabeçada que passa por detrás das orelhas das cavalgaduras.
Cachaceiro, adj. Que bebe habitualmente cachaça. S. m. Bêbedo.
Cachaço, s. m. 1. Parte posterior do pescoço; nuca. 2. Pescoço grosso. 3. V. *cachação.* 4. Reprodutor suíno; varrão.
Cachalote, s. m. *Zool.* Grande cetáceo (*Physeter catodon*), que tem numerosos dentes cônicos na mandíbula, em vez de barbatanas, grande cavidade fechada na cabeça, que contém uma mistura líquida de espermacete e óleo.
Cachamorra *(ô),* s. f. Cacete, clava, moca; cachaporra.
Cachamorrada, s. f. Pancada com cachamorra.
Cachão, s. m. (l. *coctione*). Redemoinho dágua; borbotão.
Cachaporra, s. f. *Pop.* V. *cachamorra.*
Cachê, s. m. (fr. *cachet*). Salário pago por dia aos figurantes e extras de um filme, no cinema, a tarefas de representação, no teatro e televisão, e de elocução, no rádio.
Cacheado, adj. Penteado em forma de cachos (cabelo).
Cachear, v. Intr. 1. Cobrir-se de cachos; produzir cachos. 2. Começar a espigar (falando de vegetais). 3. Tr. dir. Pentear (os cabelos) em forma de cacho.
Cachecol, s. m. (fr. *cache + col*). Manta longa e estreita para agasalhar o pescoço.
Cachenê, s. m. (fr. *cache-nez*). Manta longa e estreita, com que se agasalha o pescoço e parte do rosto até ao nariz.
Cachimbada, s. f. Porção de tabaco que se põe no cachimbo.
Cachimbar, v. 1. Intr. Fumar cachimbo. 2. Tr. ind. (com a prep. *de*) Não fazer caso de; desprezar. 3. Tr. dir. ou tr. ind. (com a prep. *em*) Meditar, ponderar.
Cachimbo, s. m. 1. Aparelho para fumar, constante de um pequeno fornilho de gesso, louça, madeira etc., em que se deita o tabaco, e um tubo por onde se aspira o fumo. 2. Buraco em que se encaixa a vela no castiçal. 3. Peça fêmea da dobradiça, em que entra o gonzo.
Cachimônia, s. f. *Pop.* 1. Cabeça. 2. Capacidade. 3. Juízo, memória.
Cachinada, s. f. Gargalhada escarninha.
Cachinar, v. (1. *cachinnare*). Intr. 1. Rir ruidosamente. 2. Soltar gargalhadas de escárnio.
Cacho, s. m. 1. *Bot.* Conjunto de flores ou frutos, sustentados por pecíolos e pedúnculos num eixo comum. 2. Qualquer agrupamento de coisas dispostas à maneira do conjunto anterior. 3. Madeixas de cabelo, dispostas em anéis, canudos ou caracóis.
Cachoar, v. Intr. Formar cachão, formar cachoeira; borbotar.
Cachoeira, s. f. *(cachão + eira). Geogr.* Queda de água, em rio ou ribeirão, cujo leito apresente forte declive.
Cachola, s. f. *Pop.* Cabeça, cachimônia, bestunto.
Cacholeta *(ê),* s. f. *Pop.* 1. Pancada com as mãos cruzadas na cabeça. 2. Ofensa. 3. Censura.
Cachopo *(ô),* s. m. 1. Rochedo à flor da água. 2. Obstáculo perigoso. 3. Revés. Pl.: *cachopos (ó),* ou *cachopos (ô).*
Cachorra, s. f. 1. Cadela. 2. *Pop.* Filha ainda tenra de outros animais do gênero canino. 3. Mulher de gênio malicioso ou mau.
Cachorrada, s. f. 1. Bando de cães. 2. *Arquit.* Conjunto de cachorros de uma construção. 3. Cachorrismo. 4. Gente reles, vil. 5. Bagunça.
Cachorrice, s. f. V. *cachorrismo.*
Cachorrinho, s. m. 1. Cachorro pequeno. 2. Leão, urso, lobo etc., recém-nascidos. 3. *Pop.* Modo de nadar que lembra o do cachorro, em que apenas se movimentam as mãos.
Cachorrismo, s. m. Ação má; cachorrada, canalhice.
Cachorro, s. m. 1. Cão novo ou pequeno. 2. *Pop.* Qualquer cão. 3. Cria de leão, tigre, urso etc. 4. Homem de gênio mau ou malicioso. 5. Biltre, patife. 6. *Constr.* Peça saliente de madeira ou de pedra que sustenta ou finge sustentar o peso de uma arcada, cornija ou cimalha; consolo; mísulo. 7. *Náut.* Escora grossa de madeira, que sustenta o navio na calha do estaleiro. 8. *Ictiol.* Peixe *(Platystacus cotylephorus)*; peixe-cachorro.
Cachucha, s. f. Dança espanhola com castanholas, ligeira e graciosa.
Cacical, adj. m. e f. Próprio de, ou relativo a cacique.
Cacicar, v. Intr. Praticar atos de cacique.
Cacifar, v. Intr. Recolher, no jogo, o cacife.
Cacife, s. m. 1. Valor da entrada de cada parceiro ao início da partida. 2. O total dessas entradas.
Cacifeiro, s. m. Indivíduo que recolhe os cacifes.
Cacifo, s. m. 1. Caixa, cofre. 2. Gaveta. 3. Aposento ou recanto pequeno e escuro. Buraco onde entra a bola, em certos jogos.
Cacim, s. m. Caço pequeno, usado pelos tintureiros.
Cacimba, s. f. 1. Cova feita nos terrenos pantanosos para juntar água. 2. Olho-d'água, fonte.

Cacimbar, v. Intr. Encher-se (um terreno) de cacimbas.

Cacimbeiro, s. m. Aquele que faz cacimbas.

Cacique, s. m. 1. Chefe, entre os indígenas americanos. 2. Chefe político, de influência, que dispõe dos votos de muitos eleitores.

Caciquismo, s. m. 1. Influência ou prepotência de caciques. 2. Regime de predomínio dos caciques; despotismo de chefes políticos. 3. Mandonismo.

Cacite, s. m. Vaso especial para a decoada ou barrela.

Caco[1], s. m. (1. *caccabu?*). 1. Fragmento de telha, louça, vidro etc. 2. Traste velho. 3. Vaso de barro que serve de urinol. 4. Pó de tabaco, torrado ao fogo e moído em um pedaço de louça. 5. Pessoa velha e doente. 6. Cabeça, juízo. 7. *Gír.* No teatro, o que o artista diz, fora do texto.

caco-[2], elem. de comp. (gr. *kakos*). Para expressar a idéia de *mau: cacofonia.*

Caçoada, s. f. 1. Ação de caçoar; zombaria. 2. Mentira jocosa; graça.

Caçoador, adj. e s. m. Que, ou o que caçoa.

Caçoar, v. 1. Tr. dir., tr. ind. e intr. Debicar com, fazer troça a, zombar de. 2. Intr. Mentir de brincadeira.

Cacocromático, adj. Relativo à cacocromia.

Cacocromia, s. f. Conjunto de cores desagradável à vista e inestético.

Cacocrômico, adj. Relativo à cacocromia.

Cacoépia, s. f. *Gram.* Pronúncia em desacordo com as regras de ortofonia. Antôn.: *ortoépia.*

Cacoépico, adj. Relativo à cacoépia.

Cacoete, s. m. 1. Movimentos ou contrações, repetidas e involuntárias, dos músculos do corpo, principalmente do rosto. 2. Palavra ou locução predileta com que alguém entremeia amiúde a conversação. 3. Hábito, mania, sestro.

Cacofagia, s. f. *Med.* Estado mórbido que impele o indivíduo a ingerir imundícies.

Cacófago, adj. Pessoa atacada de cacofagia.

Cacófato, s. m. V. *cacofonia.*

Cacofonia, s. f. 1. *Gram.* Encontro de palavras ou sílabas que soam desagradavelmente: *Ela trina* muito bem. 2. Música muito desarmônica.

Cacofoniar, v. Intr. Cometer cacofonias.

Cacofônico, adj. 1. Que produz cacofonia. 2. Em que há cacofonia.

cacófono-, elem. de comp. Exprime a idéia de *cacofonia: cacofonofobia.*

Cacofonofobia, s. f. Aversão aos cacófatos.

Cacografar, v. Tr. dir. Escrever com erro de grafia.

Cacografia, s. f. 1. Desrespeito às regras de ortografia. 2. Grafia errada.

Cacográfico, adj. Relativo a cacografia.

Cacografismo, s. m. 1. Emprego habitual de cacografia. 2. Cacografia.

Cacógrafo, s. m. Aquele que comete cacografia.

Caçoísta, adj. e s., m. e f. 1. Que, ou pessoa que gosta de caçoar. 2. Que, ou pessoa que costuma mentir de brincadeira.

Caçoleta *(ê)*, s. f. 1. Pequena caçoula. 2. Cadinho de ourives. 3. Cápsula de matéria fulminante, nas armas de percussão. 4. Fuzil de espingarda antiga. 5. Medalha que se usa na corrente dos relógios ou na correntinha de pescoço.
Bater a c.: morrer.

Cacologia, s. f. Erro de locução ou de construção gramatical; solecismo.

Cacológico, adj. Relativo à cacologia.

Cacólogo, s. m. Pessoa que comete cacologias; solecista.

Cacostomia, s. f. 1. Mau hálito. 2. Vício de pronúncia.

Cacóstomo, adj. 1. Que tem mau hálito. 2. Que tem vício de pronunciação.

Caçoula, s. f. (cast. *cazuela*). 1. Pequeno vaso de barro, para cozinha. 2. Vaso de porcelana em que se queimam drogas aromáticas. Var.: *caçoila.*

Cactáceas, s. f. pl. *Bot.* Família *(Cactaceae)* de plantas suculentas, com folhas completamente reduzidas ou transformadas em mamilas com espinhos.

Cacto, s. m. *Bot.* Denominação dada às plantas da família das Cactáceas.

Caçula[1], s. m. e f. O mais moço dos filhos, ou dos irmãos.

Caçula[2], s. f. Movimento alternado que fazem duas pessoas ao pilão, quando batem milho, café etc.

Caçulo, s. m. V. *caçula*[1].

Cacumbu, s. m. Ferramenta gasta, reduzida quase ao encabadouro.

Cacunda, s. f. 1. Costas, dorso. 2. V. *corcunda.* 3. Acoitador, protetor.

Caçununga, s. f. *Entom.* Espécie de vespa social (*Polybia vicina*).

Cada, adj. m. e f., sing. e pl. (1. v. *cata*). 1. Qualquer dos elementos particulares de um conjunto ou categoria: *Cada* terra tem seu uso. 2. Pode referir-se a um grupo: Ganha dez cruzeiros em *cada* dez exemplares. 3. Que está muito fora do comum: Este homem tem *cada* mania! 4. Forma as expressões *cada um* e *cada qual*, que são pronomes indefinidos.

Cadafalso, s. m. 1. Estrado alto para a execução de condenados; patíbulo. 2. Palanque, tablado. 3. Andaime.

Cadarço, s. m. 1. Fita estreita de pano. 2. Cordão de anafaia; barbilho. 3. Tecido de anafaia. 4. Cadilho. 5. Cadeixo.

Cadastragem, s. f. 1. Ato de organizar o cadastro. 2. Levantamento de cadastro.

Cadastral, adj. m. e f. Relativo a cadastro.

Cadastrar, v. Tr. dir. Organizar o cadastro de.

Cadastro, s. m. (fr. *cadastre*). 1. Rgistro público do valor, extensão, natureza e confrontações dos bens de raiz de certa região. 2. Série de operações para estabelecer esse registro. 3. Recenseamento da população, classificando-se os cidadãos segundo seus haveres, profissão etc.; censo. 4. Registro de informações comerciais. 5. Registro policial de criminosos, vadios etc.

Cadáver, s. m. 1. Corpo humano ou animal privado de vida. 2. Pessoa muito doente ou de mau aspecto físico. 3. Qualquer coisa extinta ou obsoleta. 4. *Gír.* Credor.

Cadavérico, adj. Relativo a cadáver. 2. Que tem aspecto de cadáver. 3. Feito em cadáver: Exame *c.*

Cadaverização, s. f. Ato ou efeito de cadaverizar.

Cadaverizar, v. Tr. dir. 1. Reduzir a cadáver. 2. Extinguir a ação vital de (um órgão).

Cadaveroso, adj. Próprio de cadáver; cadavérico.

Cadê, contr. Forma popular interrogativa de: *que é de?* Equivale a: *onde está?* Var.: *quedê: Cadê (quedê)* a vassoura?

Cadeado, s. m. (1. *catenatu*). 1. Fechadura portátil; loquete. 2. Corrente constituída de fuzis, para prender qualquer coisa. 3. Obstáculo. 4. Sujeição.

Cadeia, s. f. (1. *catena*). 1. Corrente formada de anéis ou elos quaisquer. 2. Grilheta para acorrentar presos; algema, grilhão. 3. Corrente de relógio de bolso. 4. Qualquer ligame. 5. Fila de pessoas disposta de modo que possam passar objetos de mão em mão. 6. Série ininterrupta de coisas semelhantes: *C.* de montanhas. 7. Continuidade, sucessão. 8. Edifício público onde se prendem delinqüentes e suspeitos; cárcere. 9. Laço moral. 10. *Quím.* Conjunto de átomos de carbono ligados entre si, ou a átomos de elementos diferentes. 11. *Radiotécn.* Rede de emissoras que difundem o mesmo programa.

Cadeira, s. f. 1. Assento para uma só pessoa, comumente portátil, com quatro pernas e espaldar, com ou sem braços. Col. (quando dispostas em linha): *carreira, fila, fileira, linha, renque.* 2. Lugar ocupado por um membro de corporação científica, política ou literária. 3. Cátedra de professor. 4. Disciplina de um curso. 5. Dignidade eclesiástica. S. f. pl. Os quadris.

Cadeireiro, s. m. 1. Fabricante, vendedor ou consertador de cadeiras. 2. Portador de cadeirinha.

Cadeirinha, s. f. 1. Cadeira pequena. 2. Espécie de liteira conduzida por dois homens. 3. Espécie de cadeira de braços que se adapta à sela de uma cavalgadura.

Cadela, s. f. (l. *catella*). 1. A fêmea do cão. 2. Mulher mal comportada; prostituta.

Cadência, s. f. (l. *cadentia*). 1. Repetição de sons ou movimentos que se sucedem de maneira regular; ritmo. 2. Harmonia na disposição das palavras de uma frase ou das frases de um período ou discurso. 3. Suavidade de estilo. 4. *Mil.* Número de passos dados por minuto por um militar a pé. 5. Regularidade de movimentos da dança com o ritmo da música; compasso.

Cadenciar, v. Tr. dir. Dar cadência a; ritmar.

Cadente, adj. m. e f. 1. Que cai ou vai caindo: Estrela *c.* 2. Que tem cadência; ritmado.

Cadernal, s. m. (b. l. *quaternale*). 1. *Náut.* Aparelho com roldanas para levantar pesos. 2. Aparelho para erguer pontes levadiças. Var.: *quadernal.*

Caderneta, s. f. 1. Caderno ou livro de apontamentos ou lembranças. 2. Livrinho em que se registra o serviço e o procedimento dos militares. 3. Registro, para uso do professor, das notas de freqüência e comportamento de alunos. 4. Pequeno livro, em que se registra o movimento dos depósitos em estabelecimento de crédito. 5. Livrete em que se registram compras a crédito em armazéns.

Caderno, s. m. (l. *quaternu*). 1. Porção de folhas de papel sobrepostas, em forma de pequeno livro de apontamentos ou exercícios escolares. 2. Livro de apontamento; caderneta. 3. Conjunto de cinco folhas de papel em branco ou pautado, dobradas de modo que cada uma dá quatro páginas. 4. *Tip.* Folha de impressão depois de dobrada, e que se destina à encadernação.

Cadete, s. m. (fr. *cadet*). Aluno da escola militar superior do Exército e da Aeronáutica.

Cádi, s. m. (ár. *cadhi*). Magistrado muçulmano, que acumula funções civis e religiosas. Fem.: *cadina.*

Cadilhos, s. m. pl. Conjunto de fios que se emendam um no outro; franja.

Cadimo, adj. (ár. *cadim*). 1. Destro. 2. Ardiloso, esperto. 3. Freqüentado, habitual, usual.

Cadinho, s. m. (l. *catinu*). 1. Vaso de argila refratária, porcelana, grafita, ferro ou platina, utilizado em operações químicas a temperaturas elevadas; crisol. 2. Parte do forno em que se realiza a fusão. 3. Prova: O *c.* da experiência.

Cadmia, s. f. Zinco oxidado, que se deposita nas chaminés dos fornos, durante a fusão desse metal.

Cádmio, s. m. *Quím.* Elemento metálico branco, de símbolo Cd, número atômico 48, massa atômica 112,41.

Cadoz *(ó)*, s. m. 1. Pequena cova, no jogo da péla. 2. Covil, toca. 3. Lugar donde não se pode sair. 4. Lugar para onde se jogam coisas inúteis. 5. Barril de lixo. 6. Repartição que não dá andamento aos negócios.

Caducante, adj. m. e f. 1. Que caduca. 2. Decadente.

Caducar, v. Intr. Tornar-se caduco; envelhecer. 2. Tornar-se desassisado em conseqüência de idade avançada; desvairar. 3. *Dir.* Prescrever (contrato, lei ou direito) por extinção do prazo fixado ou falta de cumprimento das condições.

Caducário, adj. 1. Relativo a coisas caducas. 2. *Dir.* Concernente a bens que deixaram de ter dono.

Caduceu, s. m. Vara delgada e lisa, com duas serpentes enroscadas e asas no topo; símbolo do comércio.

Caducidade, s. f. 1. Qualidade ou estado de caduco. 2. Estado de decadência.

Caduco, adj. 1. Que cai ou está prestes a cair. 2. Que perdeu o viço, as forças. 3. Cujas faculdades mentais enfraquecem por causa da velhice. 4. Transitório. 5. *Dir.* Que perdeu o valor, que se tornou nulo. 6. *Bot.* Diz-se de órgão cuja duração é limitada.

Caduquez, s. f. V. *caducidade.*

Caduquice, s. f. V. *caducidade.*

Caetê, s. m. Mato bravo ou espinhoso.

Caetetu, s. m. V. *caititu.*

Cafajestada, s. f. 1. Grupo de cafajestes. 2. Os cafajestes. 3. Procedimento de cafajeste; cafajestice, cafajestismo.

Cafajeste, s. m. 1. Indivíduo de ínfima condição. 2. Indivíduo inútil, sem préstimo. 3. Vagabundo. 4. Biltre.

Cafajestice, s. f. V. *cafajestada.*

Cafajestismo, s. m. V. *cafajestada.*

Cafarnaum *(a-um)*, s. m. 1. Lugar de tumulto ou de desordem. 2. Depósito de coisas velhas.

Café, s. m. 1. Fruto do cafeeiro. 2. Bebida tônica e aromática feita por infusão da semente desse fruto, torrada e moída. 3. Estabelecimento destinado a servir essa bebida. 4. V. *cafeeiro.* 5. Refeição matinal; desjejum.

Cafeeiral, s. m. V. *cafezal.*

Cafeeiro, adj. Relativo ao café: Lavoura *cafeeira.* S. m. *Bot.* Arbusto da família das Rubiáceas, que produz o café *(Coffea arabica)*; cafezeiro.

Cafeicultor *(è-i)*, s. m. Aquele que se dedica à cultura do café.

Cafeicultura *(è-i)*, s. f. Lavoura de café.

Cafeína, s. f. Alcalóide existente no café e no chá, no guaraná e na cola, estimulante do cérebro e do coração; teína, guaranina.

Cafetã, s. m. Veste comprida para homens, comum em todo o Oriente, com cinta e mangas compridas.

Cafeteira, s. f. Vasilha, destinada à preparação do café ou a conservá-lo e servi-lo.

Cafeteiro, s. m. 1. Dono de estabelecimento onde se vende café. 2. Aquele que faz o café, num estabelecimento deste gênero. 3. Botequineiro.

Cafezal, s. m. Plantação de cafeeiros; cafeal; cafeeiral.

Cafezeiro, s. m. V. *cafeeiro.*

Cafifa, s. f. 1. Pessoa infeliz no jogo. 2. Pessoa a quem se atribui má sorte no jogo. 3. Azar.

Cafifar, v. Tr. dir. Dar má sorte ou cafifa.

Cafife, s. m. 1. Série de contrariedades. 2. Persistente falta de êxito.

Cáfila, s. f. 1. Caravana, comboio de mercadores, no interior da Ásia e África. 2. Grande número de camelos conduzindo mercadorias. 3. Bando, corja, súcia.

Cafona, adj. m e f. *Gír.* De mau gosto: Chapéu *c.* S. m. e f. Pessoa que se caracteriza pela falta de bom gosto ou pelo gosto estragado, principalmente no trajar e nas coisas da vida cotidiana.

Cafraria, s. f. 1. Grupo ou multidão de cafres. 2. A região dos cafres. 3. Negralhada.

Cafre, s. m. 1. Membro de uma raça negróide de língua banto, que habita a Cafraria (região da Província do Cabo, na República Sul-Africana). 2. Negro, preto. Fem. (acep. 1): *cafra.*

Cafrice, s. f. Ação própria de cafre.

Cáften, s. m. Rufião. Fem.: *caftina.*

Caftina, s. f. Mulher que explora o comércio de meretrizes.

Cafua, s. f. 1. Antro, cova, furna. 2. Esconderijo. 3. Habitação miserável. 4. Aposento que, nos colégios, servia de prisão aos alunos.

Cafumango, s. m. 1. Vagabundo. 2. Negro cozinheiro. 3. Gente sem classificação.

Cafundéu, s. m. V. *cafundó.*

Cafundó, s. m. 1. Lugar deserto e distante, geralmente entre montanhas. 2. Lugar escuro da casa. 3. Cafua.

Cafuné, s. m. 1. Ato de coçar de leve a cabeça de alguém, para o adormecer. 2. Carícia.

Cafunga, adj. m. e f. Calado, taciturno, triste.

Cafunje, s. m. Moleque arteiro e gatuno.

Cafurna, s. f. V. *cafua.*

Cafute, s. m. *Pop.* Diabo, fute.

Cafuz, adj. e s. m. V. *cafuzo.*

Cafuzo, s. m. 1. Mestiço de negro e índio; caburé. 2. *Bot.* Planta ciperácea *(Cyperus lunciformis)*.

Cágado, s. m. 1. *Zool.* Nome genérico de vários répteis quelônios de água doce, cujas patas são providas de unhas e os dedos estão unidos por membranas. 2. Pessoa lerda e preguiçosa. 3. *Náut.* Chapuz para os cabos do leme.

Caga-fogo, s. m. 1. *Entom.* Pirilampo, caga-lume, vaga-lume. 2. *Entom.* Abelha silvestre *(Oxytrigona tataira)*; tataíra. 3. *Pop.* Arma de fogo.

Caga-lume, s. m. *Gír.* Pirilampo, vaga-lume.

Caganifância, s. f. *Gír.* Bagatela, insignificância, ninharia.

Cagar, v. (l. *cacre*). *Ch.* Intr. Defecar.

Cagoete *(ê)*, s. m. *Gír.* Espião da polícia; alcagüete.

Cagotilho, s. m. Modo de aparar a crina (a cavalo), alto e volteado, em toda a extensão do pescoço. Var.: *cangotilho.*

Caguincha, adj. m. e f. *Gír.* 1. Covarde, medroso. 2. Anêmico, fraco. 3. Pequeno de corpo.

Cagüira, adj. m. e f. Caipora, infeliz. S. f. 1. Azar no jogo. 2. Caiporismo. 3. Medo. S. m. Indivíduo imprestável.

Caiação, s. f. Ato ou efeito de caiar; caiadura.

Caiadela, s. f. Ato ou efeito de caiar ligeiramente.

Caiado, adj. 1. Revestido de cal. 2. Branqueado com cosméticos.

Caiador, adj. e s. m. Que, ou o que faz caiações.

Caiadura, s. f. 1. Caiação. 2. Mão de cal.

Caiana, s. f. *Bot.* V. *caiena.*

Caiapiá, s. m. *Bot.* Planta da família das Moráceas *(Dorstenia cayapia),* de raiz medicinal.

Caiapó, s. m. *Folc.* Bailado popular dramático, de inspiração ameríndia, em que se simula combate entre índios e brancos.

Caiar, v. (1. v. **caleare*). Tr. dir. 1. Pintar com cal diluída em água, só ou misturada com tinta. 2. Maquilar (o rosto) com cosméticos. 3. Disfarçar, encobrir, mascarar.

Caiarara, s. m. *Zool.* Nome indígena para várias espécies de macacos do gênero *Cebus.*

Cãibra, s. f. 1. *Med.* Contração involuntária e dolorosa de um músculo ou grupo de músculos; breca. 2. *Vet.* Diarréia epidêmica dos bezerros. Var.: *câimbra.*

Caibral, adj. m. e f. Relativo a caibro.

Caibramento, s. m. Conjunto de caibros de um telhado.

Caibrar, v. Tr. dir. Pôr caibros em.

Caibro, s. m. (1. *capreu*). *Constr.* Cada uma das peças de madeira com seção transversal retangular de 5×6 ou 5×7cm, empregadas em armações de telhados, soalhos, forros etc.

Cãibro, s. m. 1. Duas espigas de milho ligadas pela própria palha. 2. Um par de quaisquer objetos. Var.: *câimbro.*

Caiçaca, s. f. *Herp.* Serpente peçonhenta da família dos Crotalídeos *(Bothrops atrox).*

Caiçara, s. f. 1. Arvoredo morto, de que ainda restam troncos e forquilhas. 2. Braçada de ramos que se deita na água para atrair peixe. 3. Ramada. 4. Cercado de madeira, à margem de um rio, para embarque de gado. 5. Cerca de paus-a-pique, em redor de uma roça ou plantação, para obstar a entrada do gado. 6. Curral. 7. Recesso onde se embosca o caçador. 8. Palhoça. 9. Viveiro para tartarugas. S. m. e f. 1. Caipira asselvajado. 2. Caboclo sem préstimo. 3. Pescador que vive na praia; caipira do litoral.

Caiçarada, s. f. Reunião de caiçaras.

Caída, s. f. 1. Queda. 2. Vertente de montes ou serras. 3. Declive. 4. Decadência, ruína moral.

Caidiço *(a-i),* adj. Caduco.

Caído, adj. 1. Que caiu, tombado pelo próprio peso. 2. Combalido, definhado. 3. Abatido, triste. 4. Apaixonado, dominado pelo amor.

Caidor *(a-i),* s. m. Lugar próprio para o gado atravessar um rio.

Caieira, s. f. 1. Fábrica de cal. 2. Lugar onde se calcina a cal. 3. Forno construído com os próprios tijolos que vão ser cozidos. 4. V. *sambaqui.*

Caieiro, s. m. 1. Operário que trabalha na fabricação de cal. 2. Caiador. 3. Servente de pedreiro.

Caiena, s. f. Variedade de cana-de-açúcar.

Caim, s. m. (de *Caim,* n. p.). 1. Fratricida. 2. Homem mau, perverso.

Caimão, s. m. *Herp.* Gênero *(Caiman)* que inclui três espécies de jacarés do Brasil.

Câimbra, s. f. V. *cãibra.*

Câimbro, s. m. V. *cãibro.*

Caimento *(a-i),* s. m. 1. Queda, ruína. 2. Abatimento, prostração. 3. *Náut.* Inclinação maior ou menor dos mastros para a ré. 4. Grande inclinação amorosa.

Cainça, s. f. V. *cainçalha.*

Cainçada, s. f. 1. *cainçalha.* 2. Latidos, ladridos.

Cainçalha, s. f. (de *cão*). Ajuntamento ou bando de cães; cachorrada.

Cainhar *(a-i),* v. Intr. 1. Latir (o cão, quando se queixa). 2. Fazer mesquinharias.

Cainheza *(a-i),* s. f. Avareza, sovinice.

Cainho *(a-í),* adj. (de *cão*). 1. Próprio de cão. 2. Avarento, mesquinho, sovina. S. m. Latido doloroso do cão.

Caio, s. m. Caiação.

Caipira, s. m. 1. Homem da roça ou do mato; caboclo, capiau, jeca, mambira, matuto, roceiro, sertanejo, tabaréu. 2. Indivíduo tímido e acanhado. 3. Jogo popular de parada com um dado apenas ou uma roleta. 4. *Gír.* Indivíduo malandro.

Caipirada, s. f. 1. Bando de caipiras. 2. Atos, modos, costumes, próprios de caipira; caipirice, caipirismo, caipiragem.

Caipiragem, s. f. V. *caipirada.*

Caipirice, s. f. V. *caipirada.*

Caipirinha, s. f. Bebida popular, feita com limão galego macerado, açúcar, pinga e gelo.

Caipirismo, s. m. Caipirada.

Caipora, s. m. 1. Morador do mato. 2. *Folc.* Ente fantástico, da mitologia dos nossos indígenas. 3. Indivíduo infeliz. 4. Aquele que, de acordo com a crendice popular, traz desgraça às pessoas de quem se aproxima.

Caiporice, s. f. V. *caiporismo.*

Caiporismo, s. m. 1. Estado de caipora; infortúnio; má fortuna; má sorte. 2. Série de malogros nos negócios ou empreendimentos.

Cair, v. (1. *cadere*). 1. Tr. ind. e intr. Ir ao chão, em virtude do próprio peso. 2. Intr. Correr, descer: *C.* o pano (no teatro). 3. Tr. ind. e intr. Prostrar-se. 4. Tr. ind. e intr. Capitular, deixar-se vencer, sucumbir. 5. Tr. ind. e intr. Decair, declinar, descambar, entrar em decadência. 6. Intr. Fraquejar, perder a força ou intensidade. 7. Tr. ind. Atacar, sobrevir inesperadamente. 8. Tr. ind. Deixar-se surpreender ou colher: *C. em* uma cilada. 9. Tr. ind. Acontecer, coincidir com. 10. Tr. ind. Incorrer. 11. Intr. Perder o valor. 12. Tr. ind. e intr. Ser enganado, ser logrado. 13. Tr. ind. Acertar, ajustar-se, combinar. 14. Tr. ind. Pender livremente. 15. Tr. ind. e intr. Ir abaixo o que estava de pé; tombar. 16. Intr. Diminuir. — Ind. pres.: *caio, cais, cai, caímos, caís, caem.* Imperf.: *caía, caías* etc. Perf.: *caí, caíste* etc. M.-q.-perf.: *caíra, caíras* etc. Fut. do pres.: *cairei, cairás* etc. Fut. do pret.: *cairia, cairias* etc. Subj. pres.: *caia, caias* etc. Imperf. do subj.: *caísse, caísses* etc. Fut. do subj.: *cair, caíres* etc. Imper. afirmat.: *cai, caia, caiamos, caí, caiam.* Imper. neg.: *não caias, não caia, não caiamos, não caiais, não caiam.* Inf. impes.: *cair.* Ger.: *caindo.* Inf. pessoal: *cair, caíres, cair, cairmos, cairdes, caírem.* Part.: *caído.*

Cairara, adj. m. e f. Muito grande. S. m. Variedade de macaco do Amazonas.

Cairel, s. m. 1. Galão ou fita estreita para debruar. 2. Beira, borda.

Cairelar, v. Tr. dir. Pôr cairéis em; debruar.

Cairo, s. m. 1. Fibra do mesocarpo do coco, empregada em amarras, cabos, cordas etc. 2. Cordel que segura os testicos da serra.

Cairota, adj. m. e f. Relativo ao Cairo (capital do Egito). S. m. e f. Pessoa natural do Cairo.

Cais, s. m. sing. e pl. (fr. *quai*). 1. Parte de um porto onde se faz o embarque ou desembarque de pessoas ou mercadorias. 2. Lugar de embarque e desembarque nas estradas de ferro.

Caité, s. m. *Bot.* Nome de várias plantas brasileiras, ornamentais ou medicinais, da família das Marantáceas. Cfr. *caeté.*

Caitité, s. m. V. *caxinguelê.*

Caititu, s. m. 1. *Zool.* Mamífero artiodátilo, não ruminante, da família dos Taiaçuídeos, que apresenta uma faixa de pêlos brancos no pescoço *(Tayassu tajacu tajacu); porco-do-mato, cateto, catetu, catete, caitatu, taitatu, pecari.* Voz: *grunhe, ronca.* 2. Engenho para fazer farinha ou ralar mandioca, movido a mão e formado de um cilindro de madeira, ao longo do qual se adaptam serrilhas metálicas.

Caixa, s. f. (l. *capsa*). 1. Receptáculo móvel, em geral de madeira, para guardar ou transportar objetos. 2. O conteúdo de uma caixa: Tomei uma *c.* de injeções. 3. Espécie de cofre-forte em que os banqueiros, capitalistas ou negociantes guardam dinheiro, documentos importantes, livros de escrituração. 4. Espécie de cofre, para receber papéis: *C.* do correio. 5. *Tip.* Tabuleiro com divisas em que se distribuem e guardam os caracteres tipográficos. 6. Invólucro do mecanismo do relógio. 7. *Gír.* O tronco humano. 8. Estabelecimento que recebe fundos para guardar ou administrar. 9. Seção de um banco ou casa comercial, em que se fazem os recebimentos e os pagamentos. 10. Valores existentes em cofre. 11. Qualquer espaço fechado que abriga um mecanismo; invólucro, cárter: *C.* de câmbio, *C.* da bateria. S. m. e f. Pessoa cuja ocupação num banco ou casa comercial é receber ou pagar. S. m. Livro auxiliar de escrituração em que se registram as entradas e saídas de dinheiro.

Caixão, s. m. 1. Caixa grande. 2. Caixa comprida, de tampa abaulada, onde se coloca o corpo dos mortos; caixão de defunto, ataúde, esquife, féretro. 3. Recipiente para argamassa que o pedreiro aplica. 4. Mesa de trabalho do ourives. 5. Fundo do rio; álveo.

Caixaria, s. f. 1. Grande quantidade de caixas. 2. Lugar do engenho onde é acondicionado o açúcar em caixas.

Caixeirada, s. f. A classe dos caixeiros.

Caixeiragem, s. f. A profissão de caixeiro.

Caixeiral, adj. m. e f. Que concerne a caixeiro.

Caixeirar, v. Intr. Exercer a profissão de caixeiro.

Caixeiro, s. m. *(caixa + eiro).* 1. Operário que faz caixas. 2. Empregado em casas comerciais que vende ao balcão; balconista. 3. Indivíduo que entrega a domicílio as mercadorias; entregador.

Caixeta *(ê),* s. f. 1. Caixa pequena. 2. *Bot.* Árvore bignoniácea *(Tabebuia cassionoides),* também chamada *corticeira.*

Caixilharia, s. f. Conjunto de caixilhos.

Caixilho, s. m. 1. Parte de uma esquadria onde se fixam os vidros. 2. Moldura retangular onde se prendem as telas de pintura, quadros etc.

Caixinha, s. f. 1. Caixa pequena. 2. Montante das gorjetas que balconistas de bares etc., ganham dos fregueses.

Caixotaria, s. f. Casa onde se fazem e ou vendem caixotes ou caixas.

Caixote, s. m. Caixa tosca, de tamanho mediano.

Caixoteiro, s. m. Carpinteiro que faz caixotes ou caixas.

Cajá, s. m. *Bot.* 1. Fruto da cajazeira. 2. Cajazeira, cajazeiro.

Cajadada, s. f. Pancada com cajado.

Cajado, s. m. 1. Bastão, bordão. 2. Bordão de pastor, com a extremidade superior arqueada. 3. Amparo, arrimo, esteio. — *C. da aorta, Anat.:* o mesmo que *croça.*

Cajarana, s. f. V. *canjerana.*

Cajazeira, s. f. *Bot.* Árvore anacardiácea, de frutos comestíveis *(Spondias lutea);* acajaíba, cajá, cajazeiro, cajaeiro.

Cajazeiro, s. m. V. *cajazeira.*

Caju, s. m. 1. Fruto do cajueiro. 2. V. *cajueiro.* 3. *Pop.* Ano de vida: Estou fazendo trinta *cajus.* Adj. *Pop.* Imbecil, tolo.

Cajuada, s. f. 1. Bebida refrigerante, feita com sumo de caju, água e açúcar. 2. Doce de caju. 3. Confusão.

Cajual, s. m. V. *cajueiral.*

Cajuçara, s. m. *Bot.* Arbusto euforbiáceo *(Croton cajuçara),* também chamado *sacaca.*

Cajueiral, s. m. Plantação ou vegetação de cajueiros.

Cajueiro, s. m. *Bot.* Árvore frutífera da família das Anacardiáceas *(Anacardium occidentale);* cajuzeiro. Var.: *acajueiro.*

Cajuína, s. f. Bebida preparada com o sumo do caju.

Cajurana, s. f. *Bot.* Arbusto simarubáceo *(Simaruba guyanensis),* também chamado *pitombeira.*

Cajuzeiro, s. m. V. *cajueiro.*

Cal, s. f. (l. *calce*). 1. Substância sólida cáustica, altamente infusível, que consiste essencialmente em óxido de cálcio, muitas vezes junto com magnésia, de largo uso em construção, em agricultura, metalurgia e indústrias químicas; cal virgem, cal viva. Pl.: *cales* e *cais.*

Cala[1], s. f. 1. Abertura em fruta para ver se está madura, ou em queijo para lhe verificar a qualidade ou estado de conservação. 2. Enseada estreita entre rochedos.

Cala[2], s. f. 1. Fato de estar calado. 2. Calada, silêncio.

Cala[3], s. f. Corda de esparto, para alar ou arrastar certas redes, levadas nos calões.

Cala[4], s. m. Pessoa velhaca, maliciosa, astuta.

Calabar, s. m. Negro trazido da costa do Calabar, na África ocidental.

Calabouço, s. m. 1. Prisão subterrânea. 2. Cárcere sombrio. 3. Lugar sombrio. Var.: *calaboiço.*

Calabre, s. m. *Náut.* Amarra de cabo, cabre.

Calabrês, adj. Relativo à Calábria. S. m. 1. O natural ou habitante da Calábria. 2. Dialeto do italiano falado na Calábria.

Calabrote, s. m. Calabre de pouca grossura.

Calação, s. f. Ato ou efeito de calar; caladura.

Calada, s. f. Cessação de ruído, silêncio profundo; calmaria.

Calado[1], adj. (p. de *calar*[1]). 1. Que não diz nada. 2. Silencioso. 3. Não expresso, tácito. 4. Que guarda segredo.

Calado[2], s. m. *Náut.* 1. Distância vertical da quilha do navio à linha de flutuação. 2. Profundidade mínima de água necessária para a embarcação flutuar.

Calado[3], adj. (p. de *calar*[2]). *Mil.* Encaixado na extremidade do cano do fuzil para ataque: baioneta *calada.* S. m. Cala; caladura.

Caladura, s. f. Ato ou efeito de calar[3].

Calafate, s. m. Operário que calafeta.

Calafetador, s. m. Instrumento para calafetar.

Calafetagem, s. f. 1. Ato ou efeito de calafetar. 2. Estopa ou outra substância, com que se calafeta; calafeto.

Calafetamento, s. m. V. *calafetagem.*

Calafetar, v. (ital. *calafatare*). Tr. dir. 1. *Náut.* Vedar com estopa alcatroada (as fendas ou junturas de uma embarcação). 2. Entupir com estopa, feltro, panos ou papéis (qualquer fenda ou buraco). 3. Vedar as fendas ou buracos de.

Calafeto *(ê),* s. m. V. *calafetagem.*

Calafrio, s. m. 1. Contração súbita dos músculos superficiais acompanhada da sensação de frio; arrepio. 2. *Med.* Tremura com sensação de frio, antes de um ataque febril. Var.: *calefrio.*

Calagem, s. f. Mistura de cal na terra, para adubar ou corrigir o solo.

Calamar, s. m. *Zool.* V. *lula.*

cálami-, elem. de comp. (l. *calamu*). Exprime a idéia de *colmo, pena: calamífero.*

Calamidade, s. f. (l. *calamitate*). 1. Desgraça pública; catástrofe. 2. Grande desgraça. 3. Pessoa ou coisa caracterizada por grandes defeitos.

Calamífero, adj. Que tem colmo.

Calamiforme, adj. m. e f. Em forma de colmo.

Calamina, s. f. 1. *Farm.* Pó cor-de-rosa, que consiste em uma mistura de óxido de zinco com pequena quantidade de óxido férrico, usado na preparação de ungüentos, linimentos e loções. 2. Resíduos, resultantes da combustão do gás, depositados no interior do cilindro dos motores.

Calamistrado, adj. Encrespado, frisado (diz-se do cabelo).

Calamistrar, v. Tr. dir. Frisar, tornar crespo (o cabelo).

Calamistro, s. m. Antigo instrumento de frisar o cabelo.

Calamita, s. f. 1. Espécie de estoraque. 2. *Ant.* Ímã.

Calamite, s. m. Planta fóssil dos terrenos carboníferos.

Calamitoso, adj. Que traz calamidade; funesto, infausto.

Cálamo, s. m. 1. *Bot.* Caule articulado com artículos ocos, das gramíneas e de outras plantas; colmo. 2. Cana de que os antigos se serviam para escrever. 3. *Poét.* Pena de escrever. 4. *Poét.* Estilo. 5. Flauta.

Calandra, s. f. (fr. *calandre*). 1. Máquina com cilindros rotativos para calandrar tecido, papel, borracha etc. 2. Máquina para curvar ou desempenar chapas.

Calandragem, s. f. Ato ou efeito de calandrar.

Calandrar, v. Tr. dir. Passar por calandra tecido, papel, borracha etc., para os alisar e lustrar, acetinar, mercerizar, estampar, perfilar ou reduzir a sua espessura; cilindrar.

Calandreiro, s. m. Operário que calandra.

Calango, s. m. 1. *Zool.* Nome comum a vários lagartos pequenos da família dos Teiídeos, pertencentes a diversos gêneros.

Calão[1], s. m. (cast. *caló*). *Lingüíst.* 1. Linguagem especial, peculiar a ciganos, fadistas, larápios, vadios etc. 2. Gíria, geringonça. — *Baixo-c.:* linguagem caracterizada por termos obscenos ou mui grosseiros.

Calão[2], s. m. (de *cala*). 1. Lancha muito comprida, empregada especialmente na pesca do atum. 2. Rede de pescar, de malha larga. 3. Cada um dos dois paus que se prendem na extremidade das mangas das redes de arrasto. 4. Pedaço de pau roliço em cujas extremidades se suspendem os objetos, para carregar aos ombros.

Calão[3], s. m. *Constr.* Cano de calha por onde escoam as águas do telhado; caleira.

Calar[1], v. (1. tardio *callare*). 1. Intr. e pron. Guardar silêncio, não falar. 2. Intr. e pron. Cessar de falar, emudecer. 3. Tr. dir. Não dizer, ocultar. 4. Tr. dir. Impor silêncio a. 5. Tr. dir. Não divulgar. 6. Intr. e pron. Deixar de fazer som ou ruído. 7. Tr. dir. Fazer cessar (algum som ou ruído).

Calar[2], v. (1. *cala + ar)*. 1. Tr. dir. Fazer cala em (fruta, queijo etc.) para verificar o estado ou a qualidade. 2. Tr. ind. Penetrar, repercutir.

Calar[3], v. (ver *calar*[1]). Tr. dir. 1. Abaixar, abater, arrear. 2. Tirar dos reparos, apear (a artilharia).

Calátide, s. f. *Bot.* Capítulo.

Calaza, s. f. 1. *Bot.* Ponto interior da semente, por onde o embrião recebe alimentação. 2. Cordão tecidual da clara do ovo das aves, que prende a gema à membrana.

Calazar, s. m. *Med.* Doença infecciosa, extremamente fatal, causada pelo parasito *Leishmania donovanii*; esplenomegalia.

Calázio, s. m. *Med.* Tumor na borda da pálpebra; assemelha-se ao terçol.

Calazogamia, s. f. *Bot.* Processo de fecundação vegetal em que o tubo polínico penetra no óvulo pela calaza.

Calça, s. f. 1. Peça do vestuário feminino; calcinha. 2. Anel de fita que se põe nas pernas das aves domésticas para as distinguir das alheias. S. f. pl. 1. Peça de vestuário que cobre a parte inferior do tronco, desde a cintura até os tornozelos.

Calçada, s. f. 1. Caminho ou rua com pavimento de pedra. 2. Caminho pavimentado, lateral, ao longo das ruas, em nível pouco superior a estas, destinado ao trânsito de pedestres.

Calcadeira, s. f. 1. Instrumento para calcar qualquer coisa, como pedras, terra etc. 2. Pau com que os moleiros calcam a farinha nos sacos.

Calçadeira, s. f. Utensílio com que se facilita o calçar sapatos.

Calçado, adj. 1. Que tem os pés metidos em botinas, sapatos etc. 2. Empedrado, lajeado. 3. Escorado. 4. Malhado (animal) nos pés ou nas pernas. 5. Que tem a extremidade inferior provida de uma peça acessória. S. m. Peça de vestuário, ordinariamente de couro, que cobre e protege os pés: botas, botinas, sapatos etc.

Calcador, adj. Que calca. S. m. 1. Indivíduo que calca. 2. Peça das máquinas de costura, com a qual se segura o tecido que se cose.

Calcadouro, s. m. 1. Lugar em que se calca. 2. Eira em que se debulham cereais. 3. Amassadouro (nas olarias). Var.: *calcadoiro.*

Calcadura, s. f. Ato ou efeito de calcar; calcamento.

Calcamento, s. m. V. *calcadura.*

Calçamento, s. m. 1. Ato ou efeito de calçar. 2. Pavimentação de ruas, terrenos etc., com pedras, asfalto, concreto etc.

Calcâneo, adj. Relativo ao osso do tarso, que forma o calcanhar. S. m. 1. Esse osso. 2. Calcanhar.

Calcanhar, s. m. (1. v. **calcaneare*). 1. Saliência posterior do pé humano, formada pelo calcâneo e pelos músculos e tendões que ligam o pé à perna; talão. 2. Parte do calçado ou da meia correspondente a essa parte do pé. 3. Tacão — *C.-de-aquiles:* parte em que alguém é vulnerável. *C.-de-judas:* cafundó.

Calção, s. m. 1. Calça de bocas um tanto largas, que não ultrapassa o meio da coxa. 2. Penas que revestem as pernas de algumas aves. 3. Babado que se forma atrás das pernas da rês, quando excessivamente gorda.

Calcar, v. (1. *calcare*). Tr. dir. 1. Pisar com os pés. 2. Tornar compacto (terra, por ex.).

Calçar, v. (l. *calceare*). Tr. dir. 1. Introduzir os pés no calçado, as pernas nas calças, ceroulas etc., as mãos nas luvas. 2. Usar nos pés (botas, botinas, meias, sapatos etc.), nas pernas (calças, ceroulas etc.), nas mãos (luvas). 3. Dar ou fornecer calçado a. 4. Formar o calçamento de. 5. Fazer o calçamento de. 6. Cobrir, revestir. 7. Pôr calço ou cunha a.

Calcário, adj. 1. Relativo à cal ou ao carbonato de cálcio. 2. Relativo a rochas que contêm carbonato de cálcio. S. m. Rocha formada pelo carbonato de cálcio.

Calcedônia, s. f. *Miner.* Variedade fibrosa de sílica, composta de quartzo e opala.

Calcedônio, adj. *Miner.* Semelhante à calcedônia.

Calceiforme, adj. m. e f. Com forma de sapato.

Calceiro, s. m. Aquele que fabrica ou faz calças.

Calcemia, s. f. *Biol.* Proporção de cálcio no sangue, que é cerca de um centigrama para 100cm³ de soro.

Calceolária, s. f. *Bot.* 1. Gênero *(Calceolaria)* de plantas da família das Escrofulariáceas. 2. Planta medicinal usada como emética ou catártica *(Calceolaria vulgaris).*

Calceta *(ê),* s. f. 1. Grilheta de forçado. 2. Trabalho forçado de condenados. S. m. Indivíduo condenado a trabalhos forçados.

Calcetar, v. Tr. dir. Calçar com pedras; empedrar.

Calcetaria, s. f. Trabalho ou profissão de calceteiro.

Calceteiro, s. m. Indivíduo que calça as ruas com pedras ajustadas.

cálci-, elem. de comp. (1. *calx, calcis*). Indica a idéia de *cálcio, calcário, cal: calcífugo.*

Cálcico, adj. 1. Relativo a cálcio. 2. Calcário.

Calcificação, s. f. *Med.* Deposição de cálcio, normal ou patológica, em qualquer parte do organismo.

Calcificar, v. 1. Tr. dir. Dar consistência e cor de cal a. 2. Pron. *Med.* Sofrer um processo de calcificação.

Calcífugo, adj. *Bot.* Diz-se dos vegetais que não toleram terrenos calcários.

Calcinação, s. f. Ato ou efeito de calcinar.

Calcinar, v. Tr. dir. 1. *Quím.* Transformar o carbonato de cálcio em cal ordinária. 2. Submeter a temperatura muito elevada; abrasar, queimar. 3. Converter em pó ou a um estado friável pelo aquecimento. 4. Secar ou reduzir a carvão ou a cinza pela ação do fogo. 5. Aquecer muito. 6. Intr. Passar por calcinação.

Calcinatório, adj. Que serve para calcinar.

Calcinável, adj. m. e f. Que pode calcinar-se.

Cálcio, s. m. *Quím.* Elemento metálico cor de prata, de símbolo Ca, número atômico 20, massa atômica 40,08.

Calcioterapia, s. f. *Med.* Tratamento pelos sais de cálcio.

Calcita, s. f. *Miner.* Carbonato natural de cálcio, cristalizado em forma hexagonal, fendendo facilmente em romboedros; espato-de-islândia.

Calcitrar, v. Intr. V. *recalcitrar.*

calco-, elem. de comp. (gr. *khalkos*). Expressa a idéia de *cobre: calcografia.*

Calço, s. m. (de *calçar*). 1. Cunha, pedaço de madeira, pedra, ou qualquer outro material que se põe por baixo de móvel, máquina ou outro objeto, para os aprumar, nivelar, elevar, firmar ou ajustar. 2. Golpe ardiloso de quem, com o pé ou a perna, intercepta a passagem de outrem, provocando-lhe a queda.

Calcografar, v. Tr. dir. Gravar em cobre ou qualquer outro metal.

Calcografia, s. f. 1. Processo de gravar no metal em oco, ao invés de em relevo, como na calcotipia. 2. Gravura em metal.

Calcográfico, adj. Relativo à calcografia.

Calcopirita, s. f. *Miner.* Sulfureto natural de cobre e ferro, cor de bronze.

Calcotipia, s. f. Gravura em relevo sobre o cobre.

Calçudo, adj. 1. De calças compridas em excesso. 2. Diz-se da ave que tem as pernas cobertas de penas.

Calculador, adj. Que calcula; que sabe calcular; calculante. S. m. 1. Indivíduo que calcula. 2. Máquina para calcular. 3. Calculista.

Calcular, v. 1. Tr. dir. Determinar por meio de cálculo; computar; contar. 2. Tr. ind. e intr. Fazer cálculos. 3. Tr. dir. Avaliar; estimar. 4. Tr. dir. Ter em conta; contar.

Calculável, adj. m. e f. Que pode ser calculado.

Calculista, adj. m. e f. 1. Que calcula. 2. Interesseiro. S. m. e f. 1. Pessoa que faz cálculos matemáticos; calculador. 2. Pessoa que visa sempre a um fim útil e interesseiro.

Cálculo, s. m. (1. *calculu*). 1. Ato ou efeito de calcular; avaliação, cômputo. 2. *Mat.* Resolução de problemas matemáticos. 3. *Med.* Concreção que se forma em vários órgãos às custas dos diferentes sais contidos nos líquidos orgânicos. 4. Conjetura. 5. Sentimento de cobiça; interesse.

Calculose, s. f. *Med.* Estado mórbido, caracterizado pela presença de cálculos.

Calda, s. f. 1. Dissolução de açúcar em ponto de xarope. 2. Resíduo da destilação do álcool ou da aguardente. 3. Sumo fervido de alguns frutos. 4. Incandescência do ferro. 5. Argamassa líquida. S. f. pl. 1. Fonte de águas termais. 2. Resíduos da destilação do álcool.

Caldaico, adj. e s. m. V. *caldeu.*

Caldário, adj. Relativo a águas termais.

Caldeação, s. f. V. *caldeamento.*

Caldeamento, s. m. Ato ou efeito de caldear; caldeação.

Caldear, v. Tr. dir. 1. Levar ao rubro por meio do fogo. 2. Ligar duas peças de metal, por aquecimento, quase ao ponto de fusão. 3. Converter em calda (substâncias sólidas), misturando com água ou outro líquido. 4. Mestiçar.

Caldeira, s. f. (1. *caldaria*). 1. Recipiente metálico de qualquer tamanho para aquecer água, produzir vapor, cozinhar alimentos etc. 2. Depressão no fundo de um vale, tanque etc. 3. Depressão à roda do pé de árvores, para recolher a água da chuva ou da rega. 4. Pequena doca para embarcações pequenas. 5. *Tip.* Crisol. 6. *Geol.* Cratera vulcânica de amplas dimensões.

Caldeirada, s. f. 1. Conteúdo da caldeira. 2. Guisado de peixe à moda dos pescadores. 3. Grande porção de líquido que se despeja. 4. Embrulhada, salsada. 5. Bátega, chuvarada.

Caldeirão, s. m. 1. Caldeira de pés, para cozinha. 2. Tacho de barro. 3. Reservatório natural nos lajeados, onde se acumula a água das chuvas. 4. Cova em terrenos alagadiços, para drenar os caminhos inundados pelas chuvas. 5. Escavação feita nas estradas ou nos campos pela chuva ou pelo piso dos animais. 6. *Miner.* Escavação feita pelas águas e onde se acumulam minérios de ouro e diamante. 7. Buraco cheio de cascalho, na piçarra das catas. 8. Buraco lamacento onde as viaturas se atolam.

Caldeiraria, s. f. 1. Fábrica que produz caldeiras. 2. Loja de caldeireiro. 3. Grande quantidade de caldeiras.

Caldeireiro, s. m. 1. Artífice que faz ou vende caldeiras, e outros utensílios de cobre ou latão. 2. Operário que trabalha nas caldeiras de limpar açúcar. 3. O que traz ou anuncia chuva. 4. Consertador de panelas.

Caldeirinha, s. f. 1. Vaso de água benta. 2. Copo de viagem que se traz a tiracolo.
Estar entre a cruz e a c.: estar quase morrendo; estar entre duas dificuldades; estar em grande risco ou perigo.

Caldeiro, s. m. Caldeirão de cobre. 2. Vaso com que se tira água das cisternas ou poços.

Caldeu, adj. Relativo à Caldéia ou à língua, cultura ou artes ocultas dos caldeus. S. m. 1. Indivíduo de um antigo povo semítico. 2. A língua original semítica dos caldeus, também chamada *neobabilônio.* Var.: *caldaico.* Fem.: *caldéia.*

Caldo, s. m. (1. *caldu,* contr. de *calidu*). 1. Alimento líquido preparado pela cocção de carne ou outras substâncias nutritivas com temperos. 2. Suco que se extrai de frutos ou de outras partes de certas plantas. 3. *Gír.* Sangue. 4. *Pop.* Mergulho forçado que se dá em quem está nadando. 5. *Agric.* Suspensão de substâncias fungicidas ou inseticidas.

Caldoso, adj. Que tem muito caldo.

Caleça, s. f. V. *caleche.*

Caleceiro, s. m. Condutor de caleça.

Caleche, s. m. e f. (fr. *calèche*). Carruagem de quatro rodas e dois assentos, descoberta na frente.

Caledônio, adj. Relativo à Caledônia, província da antiga Britânia, hoje Escócia. S. m. O natural ou habitante da Caledônia.

Calefação, s. f. 1. Ato de aquecer; aquecimento, aquentamento. 2. Aquecimento de recintos fechados para neutralizar a ação do frio.

Calefaciente, adj. m. e f. Que faz aquecer.

Calefator, adj. Que aquece. S. m. Aparelho de aquecimento.

Caleidoscópio, s. m. V. *calidoscópio.*

Caleira, s. f. *(cala + eira).* 1. V. *calha.* 2. Tronco escavado longitudinalmente para escoamento de líquidos. 3. Peça de madeira, em forma de telha. 4. Telha de revestimento do fundo dos regos de água. 5. V. *sambaqui.*

Calejado, adj. 1. Que tem calos. 2. Experiente, matreiro.

Calejar, v. 1. Tr. dir. Formar calos, tornar caloso. 2. Tr. dir. Habituar ao sofrimento, insensibilizar. 3. Tr. ind., intr. e pron. Criar calos.

Calembur, s. m. (fr. *calembour*). Jogo de palavras; trocadilho. Pl.: *calembures.*

Calemburista, s. m. e f. Pessoa que faz calembures; trocadilhista.

Calendário, s. m. 1. Tabela, folhinha ou folheto com indicação dos dias, semanas e meses do ano, as fases da Lua, as festas religiosas e os feriados nacionais. 2. Almanaque. 3. Tabela em que se fixam os dias do ano correspondentes a determinados eventos. 4. Sistema elaborado pelos homens para recensear os dias, os meses e os anos, de acordo com os principais fenômenos astronômicos. 5. Emprego do tempo, programa.

Calendas, s. f. pl. Primeiro dia de cada mês, entre os romanos. — *C. gregas:* dia que nunca há de vir (os gregos não tinham calendas).

Calêndula, s. f. *Bot.* 1. Gênero *(Calendula)* de ervas da família das Compostas. 2. Malmequer.

Calentura, s. f. *Med.* Acesso febril produzido por temperatura elevada, sem ação do Sol.

Calepino, s. m. Caderno de anotações.

Calha, s. f. (1. *canalia*). 1. Canal ao longo de um telhado e que serve para escoar a água das chuvas. 2. Qualquer dispositivo que sirva para conduzir um líquido em tubo semicilíndrico. 3. Ranhura para as esferas em um rolamento de esferas.

Calhamaço, s. m. 1. Livro volumoso e antigo ou velho. 2. *Pop.* Mulher feia e gorducha.

Calhambeque, s. m. 1. Pequena embarcação costeira. 2. Carruagem velha ou desconjuntada. 3. *Fam.* Objeto de pouco valor, traste velho. 4. *Pop.* Automóvel antigo, em mau estado de conservação.

Calhandra, s. f. *Ornit.* 1. Ave européia *(Melanocorypha calandra),* que pertence à mesma família das cotovias. Voz: *chilida, gazeia, grinfa, trinfa, trissa, zinzilula.*

Calhar, v. 1. Intr. Entrar, caber ou penetrar em calha ou em cavidade; ajustar-se, encaixar-se. 2. Intr. Convir, ser próprio. 3. Tr. ind. Acontecer, suceder. 4. Tr. ind. e intr. Coincidir. 5. Intr. *Gír.* Agradar, aprazer.

Calhau, s. m. 1. Fragmento de rocha dura; pedra, seixo. 2. Pedra de grandes dimensões.

Calhe, s. f. V. *calha.*

Calhorda, s. m. Indivíduo desprezível; cafajeste. Adj. m. e f. Que tem características de calhorda.

cáli[1], elem. de comp. (gr. *kallos*). Expressa a idéia de *belo: caligrafia.*

cáli[2]-, elem. de comp. (l. *calu*). Exprime a idéia de *calo*[1]: *calicida.*

Caliandra, s. f. *Bot.* 1. Gênero *(Calliandra)* de árvores e arbustos leguminosos, ornamentais. 2. Planta desse gênero.

Calibrador, adj. Que calibra. S. m. 1. O que calibra. 2. Instrumento para calibrar.

Calibragem, s. f. Ato ou efeito de calibrar.
Calibrar, v. Tr. dir. 1. Dar calibre conveniente a. 2. Medir o calibre de. 3. Ajustar o calibre de; aferir. 4. Passar por um crivo objetos do mesmo gênero, para separá-los conforme o tamanho; crivar: *C.* ovos.
Calibre, s. m. 1. Diâmetro interior de tubo ou de boca de fogo. 2. Diâmetro exterior de um projétil. 3. Dimensão, tamanho, importância, volume. 4. Capacidade de um vaso. 5. Calibrador.
Caliça, s. f. Fragmentos de argamassa, que sobram da construção.
Cálice[1]**,** s. m. 1. Pequeno copo, sempre provido de pé, para licores ou bebidas fortes. 2. Vaso sagrado, empregado na missa, para conter o vinho que será consagrado. 3. O conteúdo de um cálice. 4. *Fig.* Lance doloroso; dor, pena.
Cálice[2]**,** s. m. 1. *Bot.* Invólucro do botão floral. 2. *Anat.* Canal excretor da urina, situado nos rins.
Caliceráceas, s. f. pl. *Bot.* Família *(Calyceraceae)* de ervas ou subarbustos sul-americanos, dos Andes.
Calicida, s. m. *Farm.* Medicamento específico para eliminar os calos dos pés.
Caliciforme, adj. m. e f. Que tem forma de cálice.
Calicinal, adj. m. e f. Relativo ao cálice das flores.
Calicose, s. f. *Med.* Forma de pneumoconiose em que, pela aspiração, há impregnação pulmonar por pó de pedra.
Calicromo, adj. Que tem belas cores.
Caliculado, adj. *Bot.* Provido de calículo.
Calículo, s. m. *Bot.* Invólucro constituído de bractéolas, localizado logo abaixo do cálice.
Calidez, s. f. Estado ou qualidade de cálido.
Cálido[1]**,** adj. 1. Quente. 2. Ardente, fogoso.
Cálido[2]**,** adj. Astuto, sagaz.
Calidoscópio, s. m. 1. *Fís.* Aparelho óptico formado por um tubo de cartão ou de metal, com pequenos fragmentos de vidro colorido que se refletem em pequenos espelhos inclinados, apresentando, a cada movimento, combinações variadas e agradáveis. 2. Sucessão rápida e cambiante (de impressões, sensações etc.).
Califa, s. m. Sucessor de Maomé como soberano temporal e espiritual dos muçulmanos.
Califado, s. m. 1. Jurisdição de califa. 2. Território dessa jurisdição. 3. Tempo que dura o mando de um califa.
Califórnia, s. f. Fonte de riqueza.
Californiano, adj. Relativo à Califórnia (E.U.A.). S. m. O natural ou habitante da Califórnia.
Califórnio, s. m. (de *Califórnia,* n. p.). *Quím.* Elemento radioativo, de símbolo Cf, número atômico 98, massa atômica (dos isótopos de maior durabilidade) 251.
Caligem, s. f. (1. *caligine*). 1. Nevoeiro denso. 2. Trevas profundas. 3. *Oftalm.* Névoa nos olhos; catarata.
Caliginoso, adj. Em que há caligem; muito tenebroso, obscuro.
Caligrafia, s. f. 1. Arte de escrever à mão segundo determinadas regras. 2. Maneira própria de cada pessoa no uso dessa arte; letra.
Caligráfico, adj. Relativo à caligrafia.
Calígrafo, s. m. Especialista em caligrafia.
Calim, s. f. *Gír.* Cigana brasileira.
calino-, elem. de comp. (gr. *khalinos*). Expressa a idéia de *canto da boca, freio: calinotomia.*
Calinotomia, s. f. *Cir.* Seção do freio da língua ou do prepúcio.
Caliptra, s. f. *Bot.* 1. Arquegônio de uma hepática ou de um musgo. 2. Corola soldada em peça única em forma de capuz, como nos eucaliptos.
Caliptrado, adj. *Bot.* Que tem caliptra.
Calista, s. m. e f. Pessoa que tem por profissão tratar dos pés, extirpando calos, tratando de unhas encravadas; pedicuro.
Calistenia, s. f. Sistema de ginástica leve para dar vigor e beleza física.
Calitricídeo, adj. *Zool.* Relativo aos Calitricídeos. S. m. pl. Família *(Callitrichidae)* de macaquinhos sul-americanos, que compreende os sagüis.
Cálix *(s),* s. m. V. *cálice.*
Caliz, s. m. Calha de madeira usada em engenhos de açúcar, para distribuir água às caldeiras.
Calma, s. f. 1. Calor atmosférico. 2. Hora do dia em que há mais calor. 3. Bonança, calmaria. 4. Quietude, serenidade, tranqüilidade.
Calmante, adj. m. e f. Que acalma, que abranda; anódino, sedativo. S. m. Medicamento que acalma ou abranda dores.
Calmaria, s. f. 1. Cessação do vento e quietação das ondas. 2. Grande calor sem vento.
Calmo, adj. 1. Que está em calmaria. 2. Calmoso, quente. 3. Sereno, sossegado, tranqüilo.
Calmoso, adj. Em que há calma.
Calo, s. m. 1. *Med.* Endurecimento acidental da pele causado por atrito continuado. 2. *Med.* Pequeno tumor duro, nos dedos do pé ou nos tornozelos. 3. *Med.* Crosta dura, que liga os ossos fraturados. 4. *Bot.* Excrescência cicatricial em um ramo quebrado ou no córtex dilacerado. 5. Insensibilidade causada pelo hábito. 6. Experiência, tirocínio: Tem *calo* de escritor.
Calom, s. m. *Gír.* Cigano.
Calombento, adj. Cheio de calombos.
Calombo, s. m. 1. Líquido coagulado (sangue, leite etc.). 2. Inchaço ou tumor duro, saliente, numa superfície. 3. Lobinho. 4. Qualquer montículo.
Calomelano, s. m. *Quím.* e *Farm.* Cloreto mercuroso, de propriedades purgativas.
Calóptero, adj. Que tem belas asas.
Calor, s. m. (1. *calore*). 1. *Fís.* Temperatura elevada de um corpo. 2. Sensação que se experimenta na proximidade ou contato de um corpo quente. 3. Elevação de temperatura, produzida pelo sol. 4. Animação, ardor, vivacidade. 5. Brio, coragem. 6. Acolhimento cordial.
Calorão, s. m. Calor excessivo, calor forte, grande calor.
calori-, elem. de comp. (1. *calor, oris*). Exprime a idéia de *calor: calorífero.*
Caloria, s. f. *Fís.* Unidade de medição do calor: quantidade de calor necessária para aumentar de 14,5° C para 15,5°C a temperatura de um quilograma de água (grande caloria) ou de um grama (pequena caloria), sob pressão atmosférica normal.
Calórico, adj. Relativo a calor ou a caloria.
Calorífero, adj. Que tem ou produz calor. Antôn.: *calorífugo.*
Calorificação, s. f. Desenvolvimento de calor nos corpos vivos.
Calorífico, adj. 1. Referente ao calor; térmico. 2. Que produz calor. S. m. Aparelho que produz calor. Antôn.: *frigorífico.*
Calorífugo, adj. Que evita o calor. Antôn.: *calorífero.*
Calorimetria, s. f. Parte da Física que se ocupa da medição das quantidades de calor nos diversos fenômenos onde este ocorre.
Calorimétrico, adj. *Fís.* Relativo à calorimetria.
Calorímetro, s. m. Aparelho que serve para a medida de quantidades de calor.
Caloroso, adj. 1. Cheio de calor; calmoso. 2. Ativo, enérgico, veemente. 3. Cordial, entusiástico.
Calosidade, s. f. 1. Calo. 2. Dureza calosa. 3. Qualidade daquilo que tem calos.
Caloso, adj. Que tem calos; calejado.
Calota, s. f. 1. *Geom.* Parte da esfera compreendida entre um plano tangente e um secante. 2. *Anat.* Parte superior da caixa craniana. 3. *Arquit.* Porção central de uma abóbada circular ou cônica, para dar maior altura ao teto. 4. Peça, com a forma aproximada de um prato, que protege as extremidades dos eixos dos automóveis.
Calote, s. m. 1. Dívida contraída sem tenção ou possibilidade de pagamento. 2. Logro.
Calotear, v. 1. Intr. Contrair dívidas sem tenção ou sem possibilidade de as pagar; pregar calotes. 2. Tr. dir. Pregar calote a.
Caloteiro, s. m. Indivíduo que caloteia; mau pagador.
Calourice, s. f. *Fam.* Qualidade ou caráter de calouro. Var.: *caloirice.*

Calouro, s. m. 1. Aluno do primeiro ano de uma academia ou faculdade. 2. Estudante de preparatórios. 3. Indivíduo novato em qualquer coisa. 4. Indivíduo acanhado.

Caluda, s. f. Interj. Usa-se para impor silêncio.

Calumba, s. f. *Bot.* Planta menispermácea africana (*Jateorhiza palmata*), de raiz medicinal.

Calumbé, s. m. Vasilha ou gamela cônica para conduzir o cascalho à lavagem, nas catas de ouro ou diamantes. Var.: *carumbé.*

Calundu, s. m. 1. Mau humor, irascibilidade. 2. Arrufo. 3. Veneta.

Calunga, s. f. 1. Divindade secundária do culto banto. 2. A imagem ou fetiche dessa divindade. 3. Qualquer coisa miúda. S. m. 1. Boneco pequeno. 2. Companheiro. 3. *Mil.* Manequim que serve de alvo nos quartéis para os exercícios de arma.

Calungagem, s. f. 1. Atos, gestos ou ditos engraçados. 2. Trejeitos, requebros. 3. Coisa insignificante.

Calúnia, s. f. (l. *calumnia*). 1. Imputação falsa (a alguém) de um fato definido como crime. 2. Mentira, falsidade, invenção.

Caluniador, adj. e s. m. Que, ou o que calunia.

Caluniar, v. (l. *calumniari*). Tr. dir. 1. Difamar, assacando acusações falsas contra alguém. 2. *Dir.* Imputar falsamente a (alguém) ato punível por lei.

Caluniável, adj. m. e f. Que pode ser objeto de calúnia.

Calunioso, adj. 1. Que envolve calúnia. 2. Que serve para caluniar.

Calva, s. f. Parte da cabeça donde caiu o cabelo; careca. *Pôr a c. de alguém à mostra:* publicar os seus defeitos.

Calvário, s. m. 1. Lugar da crucificação de Cristo. 2. Elevação, monte. 3. Peanha de crucifixo. 4. Martírio, tormento.

Calvejar, v. 1. Tr. dir. Tornar calvo. 2. Intr. Ficar calvo.

Calvície, s. f. (l. *calvitie*). Estado de calvo; acomia; alopecia.

Calvinismo, s. m. Sistema religioso, instituído por Calvino, reformador protestante francês (1509-1564).

Calvinista, adj. m. e f. Relativo ao calvinismo. S. m. e f. Pessoa sectária do calvinismo.

Calvinístico, adj. V. *calvinista.*

Calvo, adj. 1. Que não tem cabelos na cabeça ou em parte dela. 2. Sem vegetação; árido.

Calvura, s. f. V. *calvície.*

Cama, s. f. 1. Móvel em que se dorme ou repousa; leito. 2. Lugar no mato onde os animais fazem um círculo limpo de folhagem seca para dormir. 3. Parte dos frutos de certas plantas rasteiras, que pousa no chão. 4. Camada. 5. Pequena elevação de terra lavrada para certas sementeiras.

Camacho, adj. Diz-se de indivíduo coxo.

Camada, s. f. 1. Porção de material colocado ou espalhado uniformemente sobre uma superfície; revestimento. 2. Porção de material colocada ou situada sobre ou sob outra, numa espessura uniforme. 3. Estrato. 4. Substância aplicada sobre outra ou entre duas outras. 5. Classe, categoria. 6. Grande quantidade. 7. *Geol.* Unidade de uma rocha sedimentar estratificada.

Camafeu, s. m. Pedra fina, com duas camadas variamente coloridas, numa das quais se lavra uma figura em relevo.

Camal, s. m. *Ant.* Capuz de malha que cobria parte do elmo e chegava até aos ombros.

Camáldulas, s. f. pl. V. *camândulas.*

Camáldulo, s. m. Religioso de uma ordem fundada por São Romualdo, em Camaldoli, na Toscana.

Camaleão, s. m. 1. *Herp.* Gênero (*Chamaeleon*) de répteis lacertílios, com numerosas espécies do Velho Mundo, que têm a curiosa faculdade de mudar de cor, acompanhando o colorido do ambiente. 2. *Herp.* Nome de vários répteis lacertílios brasileiros, da família dos Iguanídeos, que também modificam o colorido do corpo, confundindo-se com o ambiente. 3. Indivíduo que muda facilmente de opinião.

Camalha, s. f. Capuz de lã caído sobre os ombros.

Camalhão, s. m. Porção de terra disposta para sementeira entre dois sulcos.

Camalote, s. m. Ilhota flutuante formada de troncos soltos, raízes e plantas aquáticas e que desce os grandes rios à mercê da corrente; periantã.

Camândulas, s. f. pl. Contas grossas de rosário. Var.: *camáldulas.*

Câmara, s. f. (l. *camera*). 1. Aposento destinado a uma pessoa. 2. Compartimento de uma casa. 3. Quarto de dormir. 4. Repartimento do navio em que se alojam os passageiros e os oficiais. 5. *Anat.* Ventrículo. 6. *Anat.* Parte do olho entre a córnea transparente e a íris (*câmara anterior*) e entre esta e o cristalino (*câmara posterior*). 7. Parte das armas de fogo, onde se coloca a carga ou os cartuchos. 8. Compartimento de uma eclusa. 9. Corporação de deputados, vereadores ou comerciantes. 10. Edifício onde funciona qualquer dessas corporações. 11. Seção especial de um tribunal judiciário (*câmara civil, câmara criminal* etc.). 12. *Telev.*. O mesmo que *câmera.* — *C. ardente*: sala em que se expõe o corpo do defunto sobre um catafalco de tochas. *C.-de-ar*: tubo ou esferóide de borracha vulcanizada, nas bolas de futebol, rodas de automóveis etc. *C.-de-gás*: compartimento onde são executados os condenados a morrer por inalação de gás letal. *C. escura*: aposento rigorosamente vedado à luz e iluminado por uma lâmpada especial, no qual se manipula material sensível à luz, como chapas, filmes e certos tipos de papel.

Camará, s. m. *Bot.* 1. Arbusto da América tropical (*Lantana camara*), com flores vistosas, tubulares, de cor alaranjada. 2. V. *cambará.*

Camaracubo, s. m. *Bot.* Planta medicinal da família das Verbenáceas.

Camarada, s. m. e f. 1. Companheiro(a) de quarto. 2. Pessoa que convive bem com outra. 3. Colega; condiscípulo. 4. Amigo. 5. Indivíduo empregado no serviço de campo ou das fazendas. 6. Garimpeiro assalariado. 7. Amásio, amante. 8. Arrieiro. 9. Desconhecido a quem se pede ou de quem se recebeu um favor. Adj. m. e f. 1. Que denota camaradagem, simpatia, amizade. 2. Agradável, propício. 3. Acessível: Preço *c.*

Camaradagem, s. f. 1. Convivência amigável entre camaradas. 2. Intimidade. 3. Grupo de camaradas.

Camaradeiro, adj. 1. Que gosta de acamaradar-se; comunicativo. 2. Gentil, obsequioso.

Camaranchão, s. m. V. *caramanchão.*

Camarão[1], s. m. 1. *Zool.* Nome comum a várias espécies de crustáceos decápodes macruros, que constituem objeto de pesca intensa, por serem muito apreciados como alimento. 2. Gancho para suspender do teto lustres, candeeiros, armações etc.

Camarão[2], adj. Concernente à República dos Camarões (África). S. m. O natural dessa república. Fem.: *camarã* ou *camaroa.*

Camararia, s. f. Cargo ou profissão de camareiro.

Camarário, adj. Relativo à câmara.

Camarço, s. m. 1. Febre muito alta; febrão. 2. Doença. 3. Desgraça, infelicidade.

Camareira, s. f. 1. Dama que presta serviços na câmara da rainha, da princesa etc. 2. Arrumadeira de quartos em hotéis.

Camarilha, s. f. *Pej.* Grupo de pessoas que lisonjeiam os governantes ou administradores e influem nas suas decisões.

Camarim, s. m. Recinto, nos teatros, onde os atores se caracterizam e vestem.

Camarinha, s. f. 1. Alcova, aposento, quarto de dormir. 2. Compartimento maior do curral dos bois. 3. Pequena prateleira, ao canto de um quarto ou sala.

Camarista, s. m. Vereador municipal.

Camarlengo, s. m. V. *camerlengo.*

Camaroeiro, s. m. Rede para pesca de camarões; camareiro, candombe.

Camarote, s. m. 1. Pequena câmara nos navios, para alojamento de oficiais e passageiros. 2. Compartimento especial, nas salas de espetáculos, destinado a espectadores.

Camartelada, s. f. Pancada com camartelo.

Camartelo, s. m. 1. Grande martelo com gume ou ponta

numa das extremidades, usado para desbastar pedras. 2. Instrumento de demolição.

Camaxirra, s. f. V. *cambaxirra.* Var.: *camaxibra.*

Camba, s. f. 1. Segmento da parte curva da roda de madeira, suportada pelos raios. 2. Peça curva a que se prende o dente do arado. 3. Nesga que se coloca nas capas e vestidos para lhes dar maior roda. 4. *Constr.* Seção de uma cambota. 5. Cada uma das partes laterais do freio de montaria; pernas-do-freio.

Cambacica, s. f. *Ornit.* Ave passeriforme da família dos Cerebídeos (*Coereba flaveola chloropyga*); sebinho.

Cambada, s. f. 1. Conjunto de objetos ou animais, enfiados ou pendurados; molho de chaves. 2. Corja, canalha, súcia.

Cambadela, s. f. Cambalhota, trambolhão.

Cambado, adj. 1. Arqueado para um lado. 2. V. *cambaio,* acep. 2.

Cambáio, adj. 1. V. *cambado.* 2. De pernas tortas. 3. De pernas fracas; trôpego. S. m. Indivíduo cambaio.

Cambal, s. m. Anteparo que se adapta à mó para impedir que se espalhe farinha que vai sendo moída.

Cambalacho, s. m. 1. Troca ardilosa. 2. Conluio, tramóia.

Cambaleante, adj. m. e f. Que cambaleia.

Cambalear, v. Intr. Caminhar sem firmeza; vacilar.

Cambaleio, s. m. Ato de cambalear.

Cambalhota, s. f. 1. Volta que se dá girando o corpo por sobre a cabeça; cambota. 2. Salto acrobático. 3. Queda, trambolhão. 4. Reviravolta. 5. Mudança de opinião.

Cambalhotar, v. Intr. Dar cambalhotas.

Cambão[1]**,** s. m. 1. Peça de madeira com que se unem duas juntas de bois ao mesmo carro ou ao mesmo arado. 2. Pau a que se prende o animal que faz mover a nora. 3. Pau que se pendura ao pescoço do animal para impedi-lo de correr. 4. Junta de bois. 5. Pau com gancho para apanhar fruta.

Cambão[2]**,** adj. Cambaio, trôpego. Fem.: *cambona.*

Cambapé, s. m. 1. Ardil que consiste em meter um pé ou perna entre as de outrem para o derrubar. 2. Ardil, armadilha, cilada.

Cambar, v. Intr. 1. Mudar de rumo. 2. Passar de um lado para outro. 3. *Náut.* Mudar de um bordo para outro (o vento etc.). 4. Entortar as pernas ao andar. 5. Andar cambaio ou trôpego.

Cambará, s. m. *Bot.* Pequena árvore da família das Compostas (*Moquinia polymorpha*), empregada na medicina popular contra a tosse; também chamada *camará.*

Cambau, s. m. Triângulo de madeira que se põe ao pescoço de cabras para impedi-las de atravessar cercas.

Cambaxilra, s. f. *Ornit.* V. *cambaxirra.*

Cambaxirra. s. f. *Ornit.* Pássaro da família dos Trogloditídeos (*Troglodytes musculus*); garriça, garricha, garrincha, rouxinol.

Cambeta (*ê*), adj. e s., m. e f. V. *cambaio.*

Cambetear, v. Intr. Andar como cambeta.

Cambial, adj. m. e f. Relativo a câmbio. S. m. e f. 1. Letra de câmbio. 2. Letra sacada numa praça sobre outra.

Cambiante, adj. m. e f. 1. Que cambia. 2. Furta-cor, irisado. 3. De cor indistinta. S. m. Gradação de cores.

Cambiar, v. 1. Tr. dir. Mudar, transformar. 2. Tr. dir. Trocar, permutar (moeda nacional por estrangeira e vice-versa). 3. Tr. ind. Mudar. 4. Intr. Mudar de cores.

Cambindas, s. f. pl. Dança executada de cócoras, ao som de música.

Câmbio[1]**,** s. m. (1. medieval *cambiu*). 1. Troca, permuta. 2. Negociação de moedas, letras, notas de banco etc. entre praças do mesmo país ou de países diversos. 3. Mudança, transformação. 4. *Autom.* Dispositivo de transmissão da força do motor às rodas do veículo e que serve para o melhor aproveitamento dessa força em circunstâncias variáveis. — *C. negro*: comércio ilegal de mercadoria ou moeda estrangeira, no qual os preços são sempre maiores que os do mercado ou câmbio oficial; mercado paralelo, câmbio paralelo. *C. paralelo*: câmbio negro.

Câmbio[2]**,** s. m. *Bot.* Camada de tecido vegetal formativo, que gera o lenho, na face interna, e o líber, na face externa.

Cambista, s. m. e f. 1. Pessoa que faz negócios de câmbio. 2. Aquele que vende bilhetes de loteria. 3. Vendedor de ingressos com ágio.

Cambito, s. m. 1. Perna fina. 2. Pernil de porco. 3. Gancho de pau. 4. Pau com que se aperta a sobrecarga. 5. Pau de cangalha, bifurcado, que serve no transporte de lenha, cana-de-açúcar etc.

Esticar o c.: morrer.

Cambo, s. m. Pau com gancho na ponta para apanhar fruta. Adj. Torto, cambaio.

Camboa, s. f. Pequeno esteiro junto ao mar, onde fica retido o peixe miúdo que ali entra na preamar.

Camboatã, s. m. *Bot.* Nome comum a várias árvores sapindáceas brasileiras, especialmente da *Matayba guianensis.*

Cambojano, adj. Relativo à Camboja. S. m. 1. Indivíduo natural de Camboja. 2. Língua desse país.

Camboje, s. m. V. *caboje.*

Cambona, s. f. *Náut.* Mudança rápida na direção das velas ou no rumo da embarcação.

Cambota, s. f. 1. *Arquit.* Armação de madeira, que serve de molde ao arco. 2. Parte circular das rodas dos carros, onde se prendem os raios e onde é fixado o aro.

Cambraia, s. f. 1. Tecido muito fino de algodão ou de linho. 2. *Pop.* Cachaça.

Cambraieta (*ê*), s. f. Cambraia de qualidade inferior.

Cambriano, adj. *Geol.* Relativo ao período mais antigo da Era Paleozóica. S. m. Esse período.

Cambucá, s. m. *Bot.* 1. Planta mirtácea brasileira (*Marlierea edulis*); cambucazeiro. 2. Fruto dessa planta.

Cambucazeiro, s. m. *Bot.* V. *cambucá.*

Cambuci, s. m. *Bot.* Planta mirtácea (*Paivœa langsdorffii*).

Cambuí, s. m. *Bot.* 1. Pequena árvore (*Eugenia crenata*); cambuizeiro. 2. Fruto dessa planta.

Cambuizal (*u-i*), s. m. Vegetação de cambuís.

Cambuizeiro (*u-i*), s. m. V. *cambuí.*

Cambulha, s. f. Cambada.

Cambulhada, s. f. 1. Porção de cambulhos. 2. Cambada, enfiada, réstia.

De c.: desordenadamente.

Cambulho, s. m. Pequena rodela de barro, com um furo no centro, usada por pescadores para fundear as redes.

Cambuquira, s. f. 1. Grelo da aboboreira. 2. Guisado desses grelos preparado com carne.

Camelão, s. m. Tecido de lã entremeado de pêlos de cabra, impermeável.

Cameleão, s. m. V. *camaleão.*

Cameleiro, s. m. Condutor de camelos.

Camélia, s. f. *Bot.* 1. Gênero (*Camellia*) de arbustos da família das Teáceas, muito cultivados como ornamentais. 2. Arbusto desse gênero. 3. A flor desse arbusto.

Camelice, s. f. Sandice, tolice, estupidez.

Camelo (*ê*), s. m. 1. *Zool.* Gênero ((*Camelus*) que compreende os camelos verdadeiros e alguns animais relacionados distintos. 2. *Zool.* Mamífero típico desse gênero, de que há duas espécies: o arábico, com uma só corcova (*Camelus dromedarius*), também chamado *dromedário,* e o bactriano, com duas corcovas (*Camelus bactrianus*). Col.: *cáfila.* Voz: *blatera.*

Camelô, s. m. Vendedor que expõe e vende na rua, ilegalmente, objetos de pouco valor.

Câmera, s. f. *Telev.* 1. Aparelho que capta e transmite as imagens de televisão; câmara. 2. Operador de câmeras em cinema ou televisão; câmara.

Camerlengo, S. m. Cardeal que tem a seu cargo a administração secular durante a vacância do papado.

Camiliana, s. f. Coleção de obras de Camilo Castelo Branco.

Caminhada, s. f. 1. Ação de caminhar. 2. Grande distância andada ou para andar a pé. 3. Passeio longo, a pé.

Caminhante, adj. m. e f. Que caminha. S. m. e f. Pessoa que caminha; transeunte, pedestre.

Caminhão, s. m. *Autom.* Veículo automóvel para transporte de carga. Col.: *frota.*

Caminhar, v. 1. Intr. Percorrer caminho a pé. 2. Intr. Pôr-se em movimento; seguir. 3. Intr. Navegar, velejar. 4. Intr. Progredir. 5. Tr. dir. Andar, percorrer.

Caminheiro, adj. Que anda bem e depressa. S. m. Aquele que percorre um caminho; andarilho.

Caminho, s. m. (1. v. *camminu*). 1. Qualquer faixa de terreno que sirva de via de comunicação entre um lugar e outro; estrada, vereda, via, senda. 2. Espaço percorrido. 3. Rumo, direção, destino. 4. Norma de proceder. 5. *Rel.* Via de salvação. — *C. de ferro:* estrada de ferro. *C. de Santiago:* Via-Láctea.

Caminhonete, s. f. (fr. *camionnette*). Caminhão automóvel pequeno. Var.: *caminhoneta* e *camioneta*.

Camisa, s. f. 1. Peça de vestuário masculino, de pano leve, com mangas curtas ou compridas, que vai desde o pescoço até a altura dos quadris, e se veste ordinariamente sobre a pele. 2. Peça de vestuário feminino, atualmente substituída pela combinação. 3. *Tecn.* Revestimento externo dos cilindros dos motores de explosão por onde circula a água refrigerante do bloco. 4. *Tecn.* Qualquer espécie de revestimento. 5. Argamassa com que se reboca uma construção. 6. Folhelho que envolve a maçaroca do milho. 7. A pele da cobra. 8. Envoltório, invólucro. — *C.-de-força:* espécie de camisa de tecido resistente, de mangas fechadas, com cordas nas extremidades, que servem para apertar, atrás do tórax, os braços cruzados dos pacientes.

Camisaria, s. f. Estabelecimento onde se fazem ou vendem camisas.

Camiseira, s. f. Móvel próprio para guardar camisas; camiseiro.

Camiseiro, s. m. 1. Fabricante ou vendedor de camisas. 2. Camiseira.

Camiseta (*ê*), s. f. Camisa de mangas curtas, ou sem mangas, geralmente de malha, usada diretamente sobre a pele.

Camisola, s. f. Camisa comprida de dormir.

Camita, adj. m. e f. Relativo a Cam, filho de Noé. S. m. pl. 1. Descendentes de Cam, filho de Noé.

Camítico, adj. Relatico aos camitas. S. m. Grupo de línguas faladas no Norte da África.

Camoeca, s. f. Sonolência causada por embriaguez.

Camões, s. m. *Gír. de motoristas.* Carro com um dos faróis apagados (com um "olho" só).

Camomila, s. f. *Bot.* Planta composta (*Matricaria chamomilla*), de flores aromáticas e amargas, das quais se prepara um chá medicinal.

Camoniana, s. f. 1. Coleção das obras de Luís de Camões. 2. Coleção de escritos relativos a Camões ou à sua obra.

Camoniano, adj. Relativo a Camões, ou próprio dele. S. m. Admirador e/ou profundo conhecedor das obras de Camões.

Camorra (*ô*), s. f. 1. Associação de malfeitores da antiga Nápoles. 2. *P. ext.* Qualquer associação de malfeitores.

Camotim, s. m. Grande pote de barro que servia de urna funerária a certas tribos indígenas. Var.: *camucim, cambuci*.

Campa[1], s. f. (1. *campana*). Sino pequeno para sinais de aviso.

Campa[2], s. f. 1. Pedra ou lousa que cobre a sepultura. 2. Sepultura.

Campainha (*a-i*), s. f. 1. Pequena sineta de mão. Ruído: *soa, tilinta, toca.* 2. Qualquer campânula elétrica, especialmente a que se afixa à entrada das residências. 3. Ornato dórico em forma de sineta. 4. *Pop.* Úvula. 5. Indivíduo que assoalha tudo o que ouve. 6. *Bot.* Flor das Campanuláceas. 7. *Bot.* Nome comum de diversas plantas campanuláceas, convolvuláceas e rubiáceas. S. f. pl. Instrumento usado outrora por bandas militares, sob forma de triângulo.

Campainhada (*a-i*), s. f. Toque de campainha.

Campal, adj. m. e f. 1. Concernente ao campo. 2. Que se dá, realiza ou celebra no campo.

Campana, s. f. 1. Sino pequeno; campainha. 2. Corpo do capitel coríntio ou composto, em forma de sino invertido.

Campanado, adj. Com forma de campana ou sino; campanuláceo.

Campanário, s. m. 1. Torre com sinos. 2. Parte da torre em que estão suspensos os sinos. 3. Aldeia, freguesia. *De c.:* diz-se de tudo que só tem interesse local ou particular: Política de *campanário*.

Campanha, s. f. (1. *campanea*). 1. Campo extenso; campina. 2. Acampamento de tropas. 3. Série de operações militares durante uma guerra. 4. Parte que um militar toma nessas operações. 5. Série de operações de duração determinada, com fim específico: *c.* de promoção de vendas. 6. Batalha, guerra, lida.

Campaniforme, adj. m. e f. Em forma de campainha; campanuláceo, campanulado, campanuliforme.

Campanólogo, s. m. Aquele que toca peças de música em sinos, campainhas ou copos afinados.

Campanudo, adj. 1. Que tem forma de campa. 2. Bombástico, empolado, pomposo.

Campânula, s. f. 1. Qualquer coisa que tenha a forma de um sino. 2. Redoma de vidro para cobrir e proteger objetos, conter gases ou encerrar vácuo. 3. *Bot.* Gênero (*Campanula*) de ervas largamente distribuídas, tipo da família das Campanuláceas. 4. *Bot.* Planta campanulácea.

Campanuláceas, s. f. pl. *Bot.* Família (*Campanulaceae*) composta quase só de ervas, cujas folhas possuem um látex leitoso e amargo.

Campar, v. 1. V. *acampar*. 2. Tr. ind. Blasonar, jactar-se, ostentar.

Campeação, s. f. Ato de campear; campeio.

Campeador, adj. e s. m. Que, ou aquele que campeia.

Campeão, s. m. 1. Homem que combatia em campo fechado nas liças e torneios, em honra ou em defesa de alguém. 2. Defensor, paladino. 3. Combatente. 4. Vencedor de qualquer torneio desportivo. 5. Cavalo em que se campeia. Fem.: *campeã*. Pl.: *campeões*.

Campear, v. 1. Intr. Estar ou viver no campo. 2. Intr. Servir em campanha; batalhar. 3. Intr. Andar no campo a cavalo, explorando-o ou em procura ou tratamento de gado. 4. Tr. dir. *Pop.* Buscar, procurar. 5. Intr. Dominar, prevalecer. 6. Tr. ind. e intr. Estar em lugar elevado, sobressair.

Campeche (*é*), s. m. *Bot.* Árvore da família das Leguminosas (*Haematoxylon campechianum*), cuja madeira de cor vermelho-escura se emprega em tinturaria.

Campeiragem, s. f. 1. Vida de campeiro. 2. Ato de fazer serviços no campo.

Campeiro[1], adj. (*campo + eiro*). 1. Relativo ao campo. 2. Exclusivo do campo. 3. Que serve para usos campestres. S. m. O que lida com o gado no campo; vaqueiro.

Campeiro[2], s. m. (*campa + eiro*). Tangedor de campa.

Campenomia, s. f. Parte da Gramática que trata da flexão das palavras.

Campeonato, s. m. Prova desportiva ou certame cujo vencedor recebe o título de campeão.

Campesinho e **campesino,** adj. V. *campestre*.

Campestre, adj. m. e f. 1. Relativo ao campo; rural, rústico. 2. Diz-se de planta ou de vegetação que habita lugares abertos.

câmpilo-, elem. de comp. (gr. *kampulos*). Exprime a idéia de *curvo*: *campilótropo*.

Campilótropo, adj. *Bot.* Diz-se do óvulo curvado em ferradura, cuja micrópila se aproxima do hilo.

Campina, s. f. Campo extenso, pouco acidentado e sem arvoredos; planície, descampado.

Campismo, s. m. A prática de acampar, vivendo vários dias em barracas ou tendas, objetivando saúde ou recreação.

Campista[1], s. m. 1. Indivíduo que campeia a cavalo; campeiro. 2. Jogo de azar com três baralhos. Adj. e s. m. *Neol.* Que, ou o que pratica o campismo.

Campo, s. m. 1. Terreno extenso sem mato, com ou sem árvores esparsas. 2. Extensão de terreno fora dos povoados. 3. Área de terreno limpo, usada para cultura ou pastagem. 4. Região rural. 5. Esfera de operação de um indivíduo, organização ou empresa. 6. Praça onde se realizam jogos desportivos. 7. *Heráld.* Espaço do escudo em que se pintam ou lavram as peças. 8. *Pint.* Fundo de um quadro em que se representa o horizonte ou o céu. 9. Fundo liso de qualquer estofo e de que ressaem os matizes. 10. Espaço que se pode abranger, vendo por um óculo de alcance. 11. Lugar destinado a combate singular, justas, torneios, etc.; liça. 12. Acampamento militar. 13. Azo, ensejo. — *C.-santo:* cemitério.

Camponês, adj. 1. Próprio do campo. 2. Rústico. S. m. O que mora ou trabalha no campo; campônio.

Campônio, adj. e s. m. V. *camponês.*

Campus, s. m. *Neol.* Terreno e edifícios de uma universidade, colégio ou outra escola.

Camucim, s. m. 1. Pote pequeno de barro preto; boião. 2. V. *camotim.*

Camuflagem, s. f. (fr. *camouflage*). 1. Ato ou efeito de camuflar. 2. O que serve para camuflar.

Camuflar, v. Tr. dir. 1. Dissimular na guerra com pintura, galhos de árvores etc. (arsenal, bateria, casco de navio etc.). 2. Esconder sob falsas aparências (obra ou intenção).

Camundongo, s. m. *Zool.* Pequeno rato doméstico (*Mus musculus brevirostris*), existente em todas as regiões habitadas do Brasil.

Camurça, s. f. 1. *Zool.* Ruminante bovídeo das montanhas européias, que tem os cornos revirados para trás (*Rupicapra rupicapra*). 2. Pele desse animal.

Cana, s. f. 1. *Bot.* Gênero (*Canna*), tipo da família das Canáceas. 2. *Bot.* Qualquer planta desse gênero, especialmente a cana-de-açúcar. 3. *Bot.* Caule de várias gramíneas. 4. *Anat.* Osso mais ou menos alongado e tubular de certas partes do corpo. 5. *Pop.* Aguardente, cachaça. 6. *Pop.* Embriaguez. 7. *Gír.* Prisão, xadrez. — *C.-de-açúcar:* gramínea originária da Índia e de que se extrai açúcar; cana doce (*Saccharum officinarum*).

Canáceas, s. f. pl. *Bot.* Família (*Cannaceae*) de ervas perenes com folhas grandes, que revestem o caule com as bainhas do pecíolo.

Canada, s. f. 1. Pancada com uma cana. 2. Antiga medida de capacidade, equivalente a 2,622l.

Canafístula, s. f. *Bot.* 1. Árvore do gênero Cássia (*Cassia fistula*), da Índia, que dá favas, cuja polpa doce é usada em medicina. 2. Nome comum a várias outras plantas do gênero Cássia.

Canal, s. m. 1. Escavação ou fosso que conduz águas. 2. Porção de água ou estreito entre duas terras e ligando dois mares. 3. Braço de rio ou de mar, que leva águas para trabalhos agrícolas ou industriais. 4. Leito ou curso de rio. 5. Cavidade ou tubo, que dá passagem a líquidos ou gases, nos corpos organizados. 6. *Bot.* Passagem tubulosa intercelular. 7. Cano, tubo. 8. *Radiotéc.* e *TV.* Via de comunicação radielétrica para a qual está reservada uma faixa mais ou menos larga do espectro de freqüência. 9. Orifício, conduto. 10. Ornato ou moldura em forma de sulco. 11. Intermediário.

Canalha, s. f. (ital. *canaglia*). Gente vil, a ralé mais baixa. S. m. e f. 1. Sujeito vil e infame. 2. Delator.

Canalhada, s. f. 1. Ato de canalha. 2. A canalha.

Canalhice, s. f. 1. V. *canalhada.* 2. Delação.

Canalhismo, s. m. Canalhice.

Canaliculado, adj. Que tem canalículo.

Canalículo, s. m. Pequeno canal ou sulco.

Canaliforme, adj. m. e f. Em forma de canal.

Canalização, s. f. 1. Ato ou efeito de canalizar. 2. Conjunto de canais ou canos que formam uma rede.

Canalizador, s. m. Aquele que trabalha em canalizações.

Canalizar, v. Tr. dir. 1. Abrir canais em. 2. Dirigir e encaminhar por meio de canais, valas ou canos. 3. Colocar canos de esgoto por baixo do solo de. 4. Dirigir, encaminhar.

Canalizável, adj. m. e f. Que pode ser canalizado.

Cananeu, adj. Relativo a Canaã, a vários povos pré-israelitas e às línguas por eles faladas. S. m. 1. Indivíduo de um povo pré-israelita, que vivia nas planícies de Canaã. 2. Língua semítica desse povo.

Canapé¹, s. m. (gr. *konopeion*). Assento, com braços e recosto, para duas ou mais pessoas; sofá.

Canapé², s. m. (fr. *canapé*). *Cul.* Fatiazinha de pão, coberta de ingredientes alimentícios, servida como aperitivo.

Canarana, s. f. *Bot.* Nome comum a diversos capins, especialmente dos gêneros *Panicum* e *Paspalum.*

Canaria, s. f. 1. *Mús.* Conjunto de tubos do órgão. 2. Conjunto de canos ou tubos.

Canaricultura, s. f. Criação de canários.

Canário, adj. Relativo às Ilhas Canárias. Adj. e s. m. O natural das Canárias. S. m. 1. *Ornit.* Pássaro canoro, pequeno, de plumagem geralmente amarela e canto melodioso, originário das Ilhas Canárias (*Serinus canaria*). Voz: *canta, dobra, modula, trila, trina.* 2. Pessoa que canta bem.

Canastra, s. f. 1. Cesta larga e baixa com ou sem tampa, feita de verga ou fasquias de madeira flexível. 2. Mala de couro, quadrada ou retangular, usada para condução de roupas e objetos de uso. 3. Certo jogo de cartas. 4. As costas; corcunda. 5. *Gír.* Diligência policial. S. m. *Zool.* 1. Grande tatu do Brasil (*Priodontes giganteus*). 2. Raça brasileira de porcos de tamanho médio.

Canastrão, s. m. 1. Canastra grande. 2. Raça brasileira de porcos, os maiores nacionais. 3. *Gír.* Ator medíocre.

Canastro, s. m. Espécie de canastra, de bordos altos.

Cânave, s. m. V. *cânhamo.*

Canaveira, s. f. Lugar onde cresce cânave.

Canavial, s. m. 1. Lugar em que vegetam canas. 2. Plantação de cana-de-açúcar.

Canaz, s. m. 1. Canzarrão. 2. Homem vil.

Cancã¹, s. m. (fr. *cancan*). Dança, de origem francesa, desempenhada por mulheres.

Cancã², s. m. *Ornit.* 1. Gavião da família dos Acipitrídeos (*Urubitinga urubitinga*) de cor negra. 2. *Pop.* Manda-chuva.

Canção, s. f. (l. *cantione*). Composição poética, feita para ser cantada. Col. (quando reunidas em livro): *cancioneiro;* (quando populares de uma época ou região): *folclore.*

Cancela, s. f. 1. Porta gradeada, de ferro ou madeira. 2. Portão. 3. Porteira. 4. Portinhola.

Canceladura, s. f. Cancelamento.

Cancelamento, s. m. 1. Ato ou efeito de cancelar. 2. Obliteração.

Cancelar, v. Tr. dir. 1. Riscar (o que está escrito) para que fique sem efeito. 2. Declarar nulo ou sem efeito; invalidar. 3. Eliminar, excluir. 4. *Dir.* Concluir, não mais prosseguir (um processo).

Cancelário, s. m. Antiga dignidade universitária.

Câncer, s. m. (l. *cancer*). 1. *Astr.* Constelação do zodíaco. 2. Signo do zodíaco. 3. O trópico do hemisfério setentrional. 4. *Med.* Nome genérico dado aos tumores malignos; carcinoma. 5. *Zool.* Gênero (*Cancer*) de caranguejos comestíveis, da Europa.

cânceri-, elem. de comp. (l. *cancer, eris*). Expressa a idéia de *câncer, cancro: canceriforme.*

Canceriforme, adj. m. e f. Com forma de câncer.

Cancerígeno, adj. *Med.* Capaz de produzir câncer.

Cancerização, s. f. *Med.* Ato ou efeito de cancerizar (-se).

Cancerizar, v. Tr. dir. e pron. *Med.* Converter(-se) em câncer.

câncero-, elem. de comp. O mesmo que *cânceri: cancerologia.*

Cancerologia, s. f. *Med.* Tratado sobre tumores malignos.

Canceroso, adj. *Med.* Que tem natureza de câncer. S. m. Indivíduo que sofre de câncer.

Cancha, s. f. (quíchua *kantxa*). 1. Lugar em que se realizam corridas de cavalos. 2. Campo em que se realizam jogos esportivos (futebol etc.). 4. Lugar em que os ervateiros trituram o mate. 4. Espaço, lugar.

Cancheado, adj. e s. m. Diz-se do, ou o mate picado.

Cancheador, s. m. Instrumento para canchear a erva-mate.

Canchear, v. Tr. dir. Picar ou cortar (a erva-mate) reduzindo-a a pequenos pedaços.

Cancioneiro, s. m. Coleção de canções.

Cançoneta, s. f. Pequena canção.

Cançonetista, adj. m. e f. Relativo a cançoneta. S. m. e f. 1. Autor(a) de cançonetas. 2. Pessoa que canta cançonetas.

Cancro, s. m. (l. *cancru*). 1. V. *câncer.* 2. *Med.* Úlcera venérea. 3. Mal que vai arruinando progressivamente. 4. Centro e fonte de corrupção. 5. *Bot.* Lesão necrótica dos caules, tubérculos e raízes. 6. Cirro. 7. *Constr.* Utensílio de ferro para segurar ou fixar numa parede qualquer trabalho de carpinteiro. 8. Utensílio de ferro, com que os carpinteiros seguram nos bancos a madeira em que trabalham.

Cancróide, adj. m. e f. Semelhante a cancro.

Candango, s. m. 1. Nome com que os africanos designavam os portugueses. 2. *Gír.* Tipo desprezível. 3. Trabalhador braçal, na construção de Brasília. 4. Qualquer dos primeiros habitantes de Brasília.

Cande, adj. Diz-se do açúcar refinado, cristalizado e meio transparente. Var.: *cândi.*

Candeeiro, s. m. (*candeia* + *eiro*). 1. Utensílio de várias formas, em que se coloca azeite, querosene ou gás inflamável para iluminação. 2. Parapeito que, nas minas, abriga os operários. 3. Guia de carro de bois ou de tropa. 4. *Folc.* Uma das danças do fandango rural. 5. *Folc.* Cantiga de roda infantil.

Candeia, s. f. (l. *candela*). 1. Utensílio de folha ou de barro que se usa suspenso da parede ou do velador e em que se coloca azeite ou querosene para alimentar o lume na torcida ou mecha que sai por um bico. 2. *Bot.* Nome comum a várias plantas compostas dos gêneros *Lychnophora* e *Piptocarpha.* 3. *Liturg.* Vela de cera.

Candela, s. f. *Fotom.* Unidade de medida de intensidade luminosa no sistema de unidades internacional. Símbolo: cd.

Candelabro, s. m. 1. Grande castiçal, com ramificações, para diversas luzes. 2. Serpentina, lustre.

Candelária[1], s. f. *Rel. catól.* Festa da apresentação de Jesus Cristo no templo e da purificação de Nossa Senhora, em 2 de fevereiro; festa das candeias.

Candelária[2], s. f. *Gír.* Funcionária pública, maria candelária.

Candeliça, s. f. *Náut.* Adriça singela usada para içar toldos, velas, bandeiras ou outros objetos.

Candência, s. f. Estado ou qualidade de candente.

Candente, adj. m. e f. 1. Que está em brasa; rubro-claro. 2. Ardoroso, arrebatado.

Cândi, adj. V. *cande.*

Candidatar, v. Pron. Apresentar-se como candidato; declarar-se candidato.

Candidato, s. m. 1. Pretendente a emprego ou dignidade. 2. O que se propõe ou é proposto para cargo de eleição. 3. Indivíduo que tem qualidades para conseguir alguma coisa.

Candidatura, s. f. 1. Apresentação de candidato ao sufrágio dos eleitores. 2. Pretensão do candidato.

Candidez, s. f. V. *candura.*

Candideza, s. f. V. *candura.*

Cândido, adj. 1. Alvo. 2. Puro. 3. Sincero. 4. Ingênuo. 5. Inocente.

Candil, s. m. Candeia, lâmpada.

Candilar, v. Tr. dir. 1. Cobrir de açúcar-cande. 2. Tornar cristalizado.

Candimba, s. f. Sofrimento, trabalho, apuro.

Candimbá, s. m. Cacarecos, trastes velhos.

Candiru, s. m. *Ictiol.* Designação comum a vários peixes nematógnatos da Amazônia.

Cando, s. m. Espaço estreito entre a ranilha e as barras, no casco dos animais.

Candombe, s. m. 1. Rede de pescar camarões. Var.: *candobe.* 2. *Folc.* Batuque dos negros do Rio da Prata.

Candombeiro, s. m. Dançador de candombe.

Candomblé, s. m. *Folc.* 1. Festa religiosa anual dos negros, na Bahia. 2. Qualquer festa dos Orixás. 3. Santuário em que tais festas se realizam.

Candonga, s. f. 1. Carinhos fingidos. 2. Lisonja, adulação. 3. Intriga. 4. Amor, benzinho. 5. Contrabando de gêneros alimentícios.

Candongueiro, adj. 1. Diz-se daquele que faz candonga. 2. Diz-se do animal manhoso que negaceia com a cabeça quando se lhe quer pôr o freio. S. m. Aquele que faz candonga.

Candonguice, s. f. Candonga.

Candor, s. m. V. *candura.*

Candoroso, adj. Que tem candor; alvo.

Candura, s. f. Qualidade do que é cândido; candidez, candor.

Caneca, s. f. Vaso pequeno, com asa, para líquidos.

Canecada, s. f. Porção de líquido que uma caneca comporta.

Caneco, s. m. 1. Caneca estreita e alta. 2. Diabo, cão-tinhoso. 3. *Esp. Pop.* Qualquer taça como prêmio de uma competição. 5. *Por ext.* Designação afetiva, no Brasil, à estatueta "Taça Jules Rimet", conquistada em caráter definitivo no Campeonato Mundial de Futebol de 1970.

Canéfora, s. f. *Arquit.* Estátua ou decoração que representa uma mulher com um açafate à cabeça.

Canejo (*ê*), adj. (l. *cane*). Referente ou semelhante a cão.

Canela, s. f. 1. Casca aromática de uma planta do mesmo nome (*Canella alba*). 2. Madeira da caneleira. 3. Parte dianteira da perna entre o pé e o joelho; crista da tíbia. 4. Pequeno canudo em que se enrola o fio para a tecelagem; bobina. 5. Ciúme, despeito.

Canelada, s. f. Pancada na canela da perna.

Canelado, adj. Que tem caneluras. S. m. Conjunto de caneluras.

Caneladura, s. f. V. *canelura.*

Canelão, s. m. 1. V. *canelada.* 2. Fio da teia mais grosso que os outros. 3. *Bot.* Designação comum a duas árvores, uma laurácea (*Ocotea spixiana*) e a outra, mirtácea (*Rapana loetevirens*).

Canelar, v. 1. Tr. dir. Lavrar caneluras em. 2. Intr. Encher as canelas de tecer.

Caneleira, s. f. 1. *Bot.* Nome dado a várias árvores da família das Lauráceas, especialmente às pertencentes aos gêneros Ocotéia e Nectandra, que fornecem madeira de lei; canela. 2. Operária, dispositivo ou máquina que enrola o fio em canelas para a tecelagem; encarretadeira. 3. V. *caneleiro.* 4. Polaina acolchoada com que protegem as pernas os jogadores de futebol. 5. *Ant.* Peça da armadura.

Caneleiro, s. m. Utensílio em que se fixa a canela para enrolar o fio.

Caneludo, adj. 1. Que tem longas ou grossas canelas. 2. Ciumento.

Canelura, s. f. 1. *Arquit.* Sulco vertical nas colunas ou outras partes da construção, em forma de meia-cana. 2. *Bot.* Estria nos caules das plantas.

Caneta (*ê*), s. f. 1. Pequeno instrumento de escrita ou desenho, que tem a pena inserida na extremidade. 2. *Cir.* Cabo ou pinça com que se segura o cautério.

Cânfora, s. f. *Quím.* e *Farm.* Substância aromática, extraída da canforeira, de largo uso em medicina e na indústria.

Canforado, adj. Que tem cânfora.

Canforar, v. Tr. dir. 1. Dissolver cânfora em. 2. Misturar com cânfora. 3. Cobrir de cânfora.

Canforato, s. m. *Quím.* Sal ou éster do ácido canfórico.

Canforeira, s. f. *Bot.* Árvore da família das Lauráceas (*Cinnamomum camphora*), originária do Japão.

Canforeiro, s. m. V. *canforeira.*

Canga[1], s. f. Jugo de madeira que une uma junta de bois para o trabalho. 2. Pau que assenta nos ombros de dois carregadores para suspender o objeto que eles transportam. 3. Instrumento portátil de suplício, na China. 4. Domínio, opressão.

Canga[2], s. f. *Miner.* Minério pardacento de ferro argiloso.

Cangaceirada, s. f. Bando de cangaceiros.

Cangaceiro, s. m. Bandido do sertão brasileiro.

Cangaço, s. m. 1. Resíduo das uvas depois de pisadas e extraído o líquido; bagaço, engaço. 2. Conjunto de armas de cangaceiro. 3. Vida ou ação de cangaceiro; cangaceiragem.

Cangalha, s. f. 1. V. *cangalhas.* 2. Jugo, opressão. S. f. pl. 1. Arreamento com carcaça de madeira, forrado, destinado a sustentar e equilibrar a carga dos animais, distribuída igualmente dos dois lados. 2. *Pop.* Óculos.

Cangalheiro, s. m. Condutor de bestas que trazem cangalhas.

Cangambá, s. m. *Zool.* Nome comum a dois pequenos mamíferos da ordem dos Carniceiros (*Conepactus chilensis* e *C. suffocans*) que possuem a curiosa faculdade de projetar um líquido fétido sobre seus perseguidores, quando atacados.

Cangapé, s. m. V. *cambapé.*

Cangote, s. m. V. *cogote.*

Cangotudo, adj. 1. Que tem cangote volumoso; cogotudo, pescoçudo. 2. Avultado, grande.

Cangueiro, adj. 1. Que traz canga, ou está habituado a ela. 2. Curvado sob um peso. 3. Obediente, submisso. 4. Mandrião, negligente.

Cangulo, s. m. 1. *Ictiol.* Peixe marinho, da família dos Balistídeos (*Balistes carolinensis*). 2. Pessoa cujos dentes superiores são salientes.

Canguru, s. m. *Zool.* Marsupial herbívoro da família dos Macropodídeos, que só ocorre na região australiana.

Canha, s. f. Mão esquerda. Só se emprega na expressão: *às canhas:* às avessas; da esquerda para a direita; desajeitadamente.

Canhada, s. f. Planície estreita entre montanhas.

Canhamaço, s. m. Estopa de cânhamo.

Canhambora. s. m. e f. V. *quilombola.*

Canhamiço, adj. Relativo ao cânhamo.

Cânhamo, s. m. 1. *Bot.* Erva centro-asiática, da família das Moráceas (*Cannabis sativa*), freqüentemente cultivada por ser importante fornecedora de fibras têxteis. 2. Fio extraído dessa planta.

Canhão, s. m. (cast. *cañón*). 1. Peça de artilharia de calibre igual ou superior a 20mm. Col.: *bateria.* Ruído: *atroa, estrondeia, estruge, retumba, ribomba, troa.* 2. Parte superior do cano das botas. 3. Extremidade da manga do vestuário, quando revirada para fora. 4. Peça de metal, que há em certas fechaduras. 5. Mulher pesadona e pretensiosa. 6. *Gír.* Mulher feia ou sem atrativos. 7. *Ornit.* Cano de penas grossas de asas de aves. 8. *Geogr.* Garganta de paredes abruptas, escavada por um curso dágua.

Canhenho, s. m. 1. Caderno de notas ou de lembranças. 2. A memória.

Canhestro (*ê*), adj. 1. Feito às canhas. 2. Desajeitado. 3. Acanhado.

Canhonaço, s. m. Tiro de canhão.

Canhonada, s. f. Descarga de canhões; canhoneio.

Canhonear, v. Tr. dir. 1. Atacar com tiros de canhão. 2. Atacar, argüir.

Canhoneio, s. m. Canhonada.

Canhoneira, s. f. *Náut.* Pequeno navio, armado de artilharia, para manobrar em águas rasas.

Canhota[1], s. f. *Pop.* Mão esquerda.

Canhota[2](*ô*), s. f. Fem. de *canhoto.*

Canhoteiro, adj. e s. m. V. *canhoto.*

Canhoto (*ô*), adj. 1. Esquerdo. 2. Que se ajeita mais com a mão esquerda. 3. Desajeitado, pouco hábil. S. m. 1. Indivíduo que se serve, de preferência, da mão esquerda. 2. Parte esquerda de um documento (como cheque bancário) que se deixa presa no bloco do talão.

cani-, elem. de comp. (l. *canis*). Exprime a idéia de *cão: canicultura.*

Canibal, s. m. e f. 1. Selvagem antropófago. 2. Indivíduo bárbaro e cruel.

Canibalesco, adj. Próprio de canibal.

Canibalismo, s. m. 1. Estado de canibais. 2. Ação de canibal. 3. Ato de um animal devorar outro de mesma espécie. 4. Ferocidade, selvageria.

Caniçada, s. f. Latada feita de canas ou caniços.

Caniçal, s. m. Lugar em que há caniços.

Canicho, s. m. Cãozinho.

Canície, s. f. 1. Alvura dos cabelos; cãs. 2. Velhice.

Caniço, s. m. 1. Cana delgada. 2. Vara comprida e flexível, à qual se ata um fio com anzol, para pescar. 3. Perna fina. 4. Pessoa alta e magra.

Canícula[1], s. f. (l. *canicula*). 1. Quadra mais quente do ano, no hemisfério boreal, em que a estrela chamada *Canícula* (ou *Sírio*) e o Sol estão em conjunção. 2. Grande calor atmosférico.

Canícula[2], s. f. (de *cana*). 1. Pequena cana. 2. Caniço, acep. 3.

Canicular, adj. m. e f. 1. Relativo ao tempo da canícula. 2. Calmoso, quente.

Canicultor, s. m. Criador de cães.

Canicultura, s. f. Criação de cães.

Canídeo, adj. Relativo à família dos Canídeos. S. m. pl. Família (*Canidae*) cosmopolita de mamíferos carnívoros, que inclui os cães, lobos, chacais, raposas etc.

Canifraz, s. m. Homem magro, como cão faminto.

Canil[1], s. m. (l. *canil*). Lugar onde se abrigam ou criam cães.

Canil[2], s. m. (de *cana*). Canela da perna dos eqüídeos.

Caninana, s. f. 1. *Herp.* Serpente não peçonhenta, da família dos Colubrídeos (*Spilotes pullatus*). 2. Pessoa de mau gênio.

Canindé, s. m. 1. *Ornit.* Ave psitacídea, de cor azul e amarela (*Ara araruana*). 2. Faca longa e pontiaguda.

Caninha, s. f. 1. Cana pequena. 2. Aguardente de cana-de-açúcar.

Canino, adj. 1. Relativo a cão. 2. Próprio de cão. 3. Diz-se da fome insaciável. 4. Qualifica as presas de diferentes animais e os dentes do homem situados entre os incisivos e os pré-molares. S. m. Dente canino.

Canitar, s. m. Cocar de penas usado pelos índios; acangatara.

Canivetaço, s. m. Canivetada.

Canivetada, s. f. Golpe de canivete.

Canivete, s. m. 1. Espécie de faca pequena, com uma ou várias folhas movediças, que se dobram ou embutem no cabo, para diversos fins. 2. *Pop.* Cavalo pequeno, magro e feio.

Canivetear, v. Tr. dir. Ferir com canivete.

Canja, s. f. (concani *kangi*). 1. *Cul.* Caldo de galinha com arroz. 2. *Fam.* Coisa fácil de ser feita.

Canjerana, s. f. *Bot.* Nome dado a várias árvores da família das Meliáceas, particularmente às espécies *Cabralea glaberrima, C. oblongifolia* e *C. cangerana.*

Canjerê, s. m. Reunião de pessoas, geralmente negros, para prática de feitiçarias.

Canjica, s. f. 1. Grãos pilados de milho, arroz, trigo etc. 2. Milho pilado, que se come cozido em água e sal ou com leite e açúcar; mungunzá. S. f. pl. *Pej.* Os dentes.

Canjirão, s. m. Jarro de boca larga, em geral para vinho.

Cano, s. m. 1. Tubo para condução de gases ou de líquidos. 2. Tubo cilíndrico das armas de fogo.
Dar o cano, Pop.: faltar ao compromisso assumido. *Entrar pelo cano, Gír.:* ser mal sucedido.

Canoa, s. f. 1. Pequena embarcação sem coberta, de proa aguçada e popa de escaler, impelida geralmente a remos; ubá. 2. *Gír.* Ronda policial para prender malandros. Aum.: *canoão;* dim.: *canoazinha, canoinha.*

Canoeiro, s. m. 1. Indivíduo que dirige uma canoa. 2. Aquele que faz ou vende canoas.

Cânon, s. m. 1. Regra, preceito. 2. Decisão de concílio sobre matéria de fé ou de disciplina eclesiástica. 3. Parte da missa entre o prefácio e o Pai-nosso. 4. Catálogo, relação. Pl.: *cânones.* Var.: *cânone.*

Canonical, adj. m. e f. Relativo ao cônego.

Canonicato, s. m. Dignidade de cônego.

Canonicidade, s. f. Qualidade de canônico.

Canônico, adj. 1. Conforme aos cânones da Igreja. 2. Que regula a disciplina eclesiástica: Direito *c.* 3. Relativo a cânones.

Canonisa, s. f. Religiosa com dignidade correspondente à de cônego; cônega.

Canonista, s. m. e f. Pessoa versada em Direito Canônico.

Canonização, s. f. 1. Ato de canonizar. 2. Glorificação.

Canonizador, adj. e s. m. Que, ou o que canoniza.

Canonizar, v. Tr. dir. 1. Inscrever no cânon ou no rol dos santos. 2. Louvar em excesso.

Canonizável, adj. m. e f. Digno de canonização.

Canopo (*ô*), s. m. Vaso no qual os antigos egípcios encerravam as entranhas das múmias.

Canoro (*nó*), adj. 1. Que canta harmoniosamente. 2. Melodioso, suave.

Canoura, s. f. Recipiente em forma de funil ou de tronco de pirâmide invertido, que, colocado por cima de qualquer mecanismo de moagem, contém o produto a ser tratado e alimenta com ele o mecanismo; moega, tremonha. Var.: *canoira.*

Cansaço, s. m. Fadiga causada por trabalho, exercício ou doença; canseira.

Cansado, adj. 1. Que se cansou. 2. Diz-se do terreno que perdeu a fertilidade por abuso de cultura.

Cansar, v. (l. *quassare*). 1. Tr. dir. e intr. Causar cansaço ou fadiga. 2. Tr. dir. Aborrecer, enfastiar. 3. Tr. ind., intr. e pron. Ficar cansado ou aborrecido.

Cansativo, adj. Que cansa; fatigante.

Canseira, s. f. 1. V. *cansaço.* 2. Esforço aturado, para conseguir alguma coisa; lida, afã.

Cantábrico, adj. Relativo à Cantábria, nome antigo de uma região da Península Ibérica.

Cântabro, adj. V. *cantábrico.* S. m. pl. Antigo povo da Hispânia Tarraconense.

Cantada, s. f. 1. Canto. 2. *Pop.* Tentativa de sedução, por meio de palavras hábeis.

Cantador, adj. Que canta. S. m. *Folc.* Cantor popular, que, cantando, narra a história dos homens e do ambiente que o cerca.

Cantante, adj. m. e f. 1. Que canta. 2. *Mús.* Diz-se do instrumento que se presta à execução da melodia principal. S. m. *Gír.* 1. Malandro, vigarista. 2. Galo.

Cantão, s. m. (fr. *canton*). Divisão territorial de algumas nações européias, especialmente da Suíça.

Cantar, v. 1. Intr. Formar, emitir com a voz sons ritmados e musicais. 2. Tr. dir. Dizer ou exprimir por meio de canto ou poesia. 3. Tr. dir. Executar cantando um trecho de música. 4. Tr. dir. Ludibriar, seduzir, com palavras meigas e tentadoras.

Cântara, s. f. Cântaro bojudo e de boca larga.

Cantareira, s. f. Poial para cântaros na cozinha.

Cantarejar, v. Tr. dir. e intr. Cantarolar.

Cantaria, s. f. Pedra rija, esquadrada para construção.

Cantárida, s. f. *Entom.* Inseto coleóptero heterômero de cor verde-brilhante *(Litta vesicatoria)*, comum no Sul da Europa.

Cantarilho, s. m. Canção amorosa, dos antigos trovadores.

Cântaro, s. m. Grande vaso, bojudo e de gargalo, para líquidos.

Cantarola, s. f. 1. Canto desafinado a meia voz. 2. Cantoria.

Cantarolar, v. Tr. dir. e intr. 1. Cantar a meia voz. 2. Cantar desafinadamente.

Cantata, s. f. 1. Pequeno poema lírico que admite toda variedade de metros. 2. *Mús.* Composição inspirada em motivo profano ou religioso e escrita a uma ou várias vozes, com acompanhamento. 3. *Pop.* Lábia. 4. *Gír.* Proposta amorosa, sedução.

Cantatriz, s. f. (l. *cantatrice*). Cantora profissional.

Cantável, adj. m. e f. Que pode ser cantado.

Canteira, s. f. Pedreira donde se extrai cantaria.

Canteiro, s. m. 1. Nesga em jardim ou horta, delimitada, para cultivo de flores ou hortaliças. 2. Trabalhador em pedras de cantaria. 3. Escultor que trabalha em pedra.

Cântico, s. m. 1. Hino consagrado à Deus ou aos seres divinos. 2. Canto, ode, poema.

Cantiga, s. f. 1. Poesia cantada em qualquer ária e geralmente dividida em estrofes iguais ou coplas. 2. Quadra para cantar. 3. Cantilena, mentira.

Cantil, s. m. 1. Pequena vasilha para transportar líquidos em viagem. 2. Frasco. 3. Instrumento de carpinteiro para abrir meio-fio nas tábuas, por onde elas se ajustarão. 4. Instrumento de canteiro para alisar pedras.

Cantilena, s. f. 1. Cantiga suave. 2. Pequena canção. 3. *Fam.* Narração fastidiosa, lenga-lenga.

Cantimplora, s. f. V. *catimplora.*

Cantina, s. f. Lugar onde se fornecem comidas e bebidas aos indivíduos da mesma empresa, estabelecimento, fábrica, quartel etc.

Cantineiro, s. m. Aquele que vende em cantina.

Canto[1], s. m. (l. *cantu*). 1. Som modulado produzido pela voz humana ou de algum animal. 2. Música escrita para ser cantada. 3. Música vocal. 4. Poesia que se pode cantar; poesia lírica. 5. Grande divisão de longos poemas.

Canto[2], s. m. (l. *cantu*, de origem incerta). 1. Ponto ou lugar em que dois lados, duas paredes etc. se encontram; esquina. 2. Lugar esconso, retirado ou solitário. 3. *Med.* Cada um dos dois ângulos da comissura das pálpebras.

Cantochanista, s. m. e f. Cantor de cantochão.

Cantochão, s. m. (*canto*[1] + *chão*). Canto tradicional da Igreja, também chamado *canto gregoriano*, por ter sido coordenado, completado e fixado por São Gregório, o Grande.

Cantonal, adj. m. e f. Relativo a cantão.

Cantoneira, s. f. 1. Armário ou prateleira que se adapta ao canto de uma casa. 2. Reforço metálico em forma de L, para quinas e cantos de móveis.

Cantor, s. m. 1. Aquele que canta. 2. Artista que canta por profissão. Fem.: *cantora* e *cantatriz.* Col.: *coro.*

Cantoria, s. f. 1. Ação de cantar. 2. Concerto de vozes.

Canudo, s. m. 1. Tubo comprido e estreito. 2. Prega nos folhos da roupa engomada. 3. Cabelos enrolados em forma de dedo. 4. *Gír.* Situação difícil, atrapalhação. 5. Diploma de grau superior (porque se guarda enfiado em um canudo).

Cânula, s. f. *Med.* Tubo para inserção em uma cavidade, ducto ou vaso do corpo (para drenagem, por ex.).

Canutilho, s. m. Canudinho de vidro, para enfeite ou guarnição de vestuário feminino; vidrilho.

Canzarrão, s. m. Cão muito grande.

Canzil, s. m. Cada um dos dois paus da canga, entre os quais o boi mete o pescoço.

Canzoada, s. f. 1. Aglomeração de cães; cainça, cainçada, cainçalha. 2. Súcia de indivíduos velhacos.

Canzoal, adj. m. e f. 1. Relativo a cães. 2. Baixo, vil.

Canzoeira, s. f. Canzoada.

Cão[1], s. m. (l. *cane*). 1. *Zool.* Mamífero quadrúpede, carnívoro, da família dos Canídeos *(Canis familiaris)*, domesticado desde a pré-história, apresentando grande número de raças e variedades. Col.: *adua, cainçalha, canzoada, matilha.* Voz: *acua, aule, balsa, cainha, cuinca, esganiça, gane, ganiza, ladra, late, matica, ronca, ronrona, rosna, uiva, ulula.* 2. Designação que se dá a alguém por desprezo. 3. Peça que percute a cápsula nas armas de fogo portáteis. 4. *Pop.* Diabo. Fem.: *cadela;* pl.: *cães;* aum. *canaz, canzarrão;* dim.: *canicho, cãozinho, cãozito.* – *C.-tinhoso:* diabo.

Cão[2], adj. (l. *canu*). *Des.* e *ant.* Branco. Fem.: *cã.* Pl. *cãos.* Cfr. *cã.*

-ção, suf. (l. *tione*). Forma substantivos derivados de verbo e que exprimem a idéia de *ação: fundição* (de *fundir*).

Caolho *(ô)*, adj. e s. m. V. *zarolho.*

Caos, s. m. sing. e pl. 1. Confusão geral dos elementos, antes da formação do mundo. 2. Total confusão ou desordem.

Caótico, adj. Que está em caos; confuso, desordenado.

Capa[1], s. f. (l. tardio *cappa*). 1. Agasalho, com ou sem mangas, em vários feitios e tamanhos para abrigar do frio e da chuva. 2. O que envolve ou cobre qualquer coisa: *capa* de livro. 3. Aparência, pretexto. Aum.: *capeirão;* dim.: *capinha.*

Capa[2], s. f. (de *capar*). V. *capação, castração.*

Capação, s. f. Ação de capar ou castrar animais; castração.

Capacete, s. m. 1. Armadura, de copa oval, defensiva da cabeça; elmo. 2. Teto móvel do moinho de vento.

Capacho, s. m. 1. Tapete de borracha, fibra de coco, cortiça ou outro material apropriado, colocado às portas, para limpeza das solas dos sapatos. 2. Homem servil.

Capacidade, s. f. (l. *capacitate*). 1. Extensão interna de um corpo; volume interior; propriedade de conter. 2. Poder de receber impressões, assimilar idéias, analisar, raciocinar, julgar, arrostar problemas; aptidão, habilidade mental. 3. Pessoa de grandes aptidões e saber.

Capacitar, v. 1. Tr. dir. Tornar capaz. 2. Pron. Ficar convencido, persuadir-se. 3. Tr. dir. Convencer, persuadir.

Capadaria, s. f. Conjunto de capados ou porcos de engorda.

Capadete, s. m. Porco castrado, mas ainda não cevado.

Capado, adj. Castrado. S. m. Porco adulto, na ceva; porco gordo.

Capadoçada, s. f. 1. Ação de capadócio. 2. Ajuntamento de capadócios.

Capadoçagem, s. f. V. *capadoçada.*

Capadoçal, adj. m. e f. Relativo ou próprio de capadócio.

Capadócio, adj. Relativo à Capadócia (Ásia Menor). S. m. Sujeito de maneiras acanalhadas; charlatão, parlapatão, trapaceiro.

Capanga, s. m. 1. Valentão a soldo de uma pessoa para protegê-la; cacundeiro, guarda-costas, jagunço. 2. Indivíduo assalariado para assassinato; assassino profissional. S. f. Bolsa pequena que se leva a tiracolo para conduzir pequenos objetos; bocó, mocó.

Capangada, s. f. Bando ou multidão de capangas.

Capangagem, s. f. 1. Ação de capanga. 2. V. *capangada.*

Capangar, v. Tr. dir. Comprar como capangueiro (diamantes).

Capangueiro, s. m. Comprador de diamantes em pequenas porções, aos garimpeiros.

Capão[1], s. m. (l. *capone*). Animal emasculado, especialmente o carneiro, o porco ou o frango.

Capão[2], s. m. (tupi-guar. *cáa-paun*). Bosque isolado no meio do campo.

Capar, v. Tr. dir. 1. Castrar. 2. *Agr.* Cortar os rebentos ou as flores supérfluas de (uma planta). 3. Mutilar.

Caparrosa, s. f. 1. Designação vulgar de vários sulfatos. 2. *Bot.* Arbusto das Enoteráceas de que se extrai matéria tintorial preta *(Ludwigia caparosa).*

Capataz, s. m. 1. Chefe de um grupo de trabalhadores. 2. Feitor de fazenda.

Capatazia, s. f. Cargo ou função de capataz.

Capaz, adj. m. e f. (l. *capace*). 1. Que tem capacidade. 2. Que tem competência. 3. Que tem possibilidade de. 4. Bom, adequado, apropriado. 5. Honrado, sério. Interj. *Pop.* Nunca! De modo nenhum! Superl. abs. sint.: *capacíssimo.*

Capcioso, adj. (l. *captiosu*). 1. Que tem argúcia para iludir; caviloso. 2. Manhoso, ardiloso. 3. Insinuante, envolvente.

Capeamento, s. m. Ato ou efeito de capear.

Capear, v. 1. Tr. dir. Cobrir ou esconder com capa. 2. Passar à capa (um touro). 3. Cobrir ou envolver como capa. 4. Disfarçar, encobrir, ocultar. 5. Enganar, iludir.

Capeba, s. f. *Bot.* Arbusto de raiz amarga e medicinal (*Piper macrophyllum*).

Capeirão, s. m. Capa grande.

Capeiro, s. m. 1. Encarregado de guarda-roupa. 2. O que veste capa ou opa nas procissões e outras cerimônias da Igreja.

Capela, s. f. 1. Edifício religioso, que comporta geralmente um altar. 2. Aposento consagrado ao culto, numa instituição ou moradia. 3. Conjunto de músicos que cantam em uma igreja. 4. Bando de bugios, sob a direção de um macaco chamado *capelão.*

Capelania, s. f. Cargo e benefício de capelão.

Capelão, s. m. 1. Padre encarregado do serviço religioso de uma capela. 2. Sacerdote que dirige serviços religiosos e presta assistência espiritual em corporações militares, hospitais, colégios e comunidades religiosas. 3. Macaco velho que serve de guia ao bando. Pl.: *capelães.*

Capelina, s. f. 1. Toucado de senhora ou criança, que cobre a cabeça e os ombros. 2. Parte da armadura, que cobria a cabeça.

Capelo *(ê)*, s. m. 1. Antigo capuz de frade. 2. Espécie de murça usada por doutores em atos solenes. 3. Antiga touca de freiras e viúvas. 4. Sobrecéu, dossel. 5. Parte superior das chaminés, que evita a entrada do vento e da chuva. 6. *Zool.* Porção do manto do polvo que protege a massa visceral.

Capenga, adj. m. e f. Que capengueia; coxo, manco, torto. S. m. e f. Pessoa coxa, manca, torta.

Capengante, adj. m. e f. Que capenga.

Capengar, v. Intr. Coxear, mancar, claudicar.

Capepena, s. f. Picada no mato, em que o caçador, para orientação, quebra os ramos baixos. 2. Ramos quebrados para esse fim.

Capeta, s. m. 1. Diabo, demônio; 2. Traquinas.

Capetagem, s. f. Ato ou procedimento de capeta; diabrura, traquinagem.

Capiangagem, s. f. Ação de capiangar.

Capiangar, v. Intr. Furtar com destreza; surripiar.

Capiango, s. m. Ladrão hábil e astuto.

Capiau, s. m. Caipira, tabaréu, matuto. Fem.: *capioa.*

Capilar, adj. m. e f. 1. Relativo a cabelo. 2. Delgado como cabelo. 3. Que se produz em tubos estreitos. S. m. *Anat.* Vaso de calibre microscópico, que liga entre si as arteríolas e as veias.

Capilária[1], s. f. *Bot.* Nome comum de várias espécies de avencas.

Capilaridade, s. f. 1. Qualidade do que é capilar. 2. *Fís.* Fenômeno de atração e repulsão que se verifica no contato dos líquidos com um sólido e que o faz subir ou descer, conforme o líquido molhe ou não a parede.

Capilé, s. m. (fr. *capillaire*). Xarope feito com suco de avenca ou capilária.

capili-, elem. de comp. (l. *capillu*). Traduz a idéia de *cabelo, filamento: capiliforme.*

Capiliforme, adj. m. e f. Que tem forma de cabelo.

Capim, s. m. 1. *Bot.* Denominação de várias plantas gramíneas e ciperáceas, em geral forraginosas. Col.: *feixe, braçada, braçado, paveia.* 2. *Gír.* Dinheiro.

Capina, s. f. 1. Ação de capinar; capinação, carpa. 2. Sacha. 3. Repreensão, reprimenda.

Capinação, s. f. V. *capina.*

Capinadeira, s. f. Máquina agrícola para capina mecânica.

Capinador, s. m. O que capina; carpidor, mondador, sachador.

Capinar, v. 1. Tr. dir. Limpar (as plantas, o terreno) de capim. 2. Intr. *Gír.* Ir embora; sair.

Capineiro, s. m. V. *capinador.*

Capinha, s. f. Capa com que o toureiro provoca ou distrai o touro. S. m. O toureiro que capeia o touro.

Capinzal, s. m. Terreno coberto de capim de qualquer espécie.

Capioa, s. f. Fem. de *capiau.*

Capiscar, v. Tr. dir. Entender pouco ou mal.

Capista, s. m. e f. Pessoa que desenha ou esboça capas de livros.

Capitação, s. f. Contribuição, imposto, tributo que se paga por cabeça.

Capital[1], adj. m. e f. 1. Relativo à cabeça. 2. Que é como que a cabeça de alguma coisa. 3. Que acarreta a morte: Pena *c.* 4. Essencial, fundamental. S. f. Cidade que aloja o governo do país ou de um estado, província ou departamento.

Capital[2], s. m. 1. Posses, quer em dinheiro quer em propriedades, possuídas ou empregadas em uma empresa comercial ou industrial por um indivíduo, firma, corporação etc. 2. Importância que se põe a render juros; principal. 3. *Econ. polít.* Riqueza ou valores acumulados, destinados à produção de novos valores. 4. Para os marxistas, bem de produção que o proprietário por si mesmo não coloca em atividade, empregando trabalhadores, a fim de obter mais valia no processo de produção.

Capitalismo, s. m. Influência ou supremacia do capital ou do dinheiro.

Capitalista, adj. m. e f. Relativo a capital ou ao capitalismo. S. m. e f. 1. Pessoa que vive do rendimento de um capital. 2. Pessoa que fornece capital para as empresas. 3. Pessoa muito rica.

Capitalização, s. f. Ato ou efeito de capitalizar.

Capitalizar, v. 1. Tr. dir. Ajuntar ao capital. 2. Tr. dir. Ajuntar, reunir. 3. Intr. Acumular-se de modo que forme um capital.

Capitalizável, adj. m. e f. Que se pode capitalizar.

Capitanear, v. Tr. dir. 1. Comandar como capitão. 2. Dirigir, governar.

Capitânia, adj. Dizia-se da nau em que ia o comandante (capitão) de uma esquadra. S. f. Essa nau.

Capitania, s. f. 1. Dignidade ou posto de capitão. 2. Comando militar. 3. Designação das primeiras divisões administrativas do Brasil, das quais se originaram as províncias e os Estados de hoje.

Capitão, s. m. (l. medieval *capitanu*). 1. *Mil.* Oficial do Exército, de posto imediatamente inferior ao de major e imediatamente superior ao de primeiro-tenente. 2. Comandante de navio mercante; capitão mercante. 3. Chefe militar. 4. Caudilho, chefe. 5. Jogador que, em certos desportos, comanda o quadro e o representa perante as autoridades que dirigem a partida. 6. *Ornit.* Pássaro da família dos Icterídeos *(Amblyrhamphus holosericeus)*; soldado. Fem.: *capitã* e *capitoa;* pl.: *capitães.* – *C.-de-corveta:* posto da hierarquia da Marinha, imediatamente superior ao de capitão-tenente e imediatamente inferior ao de capitão-de-fragata. *C.-de-fragata:* posto da hierarquia da Marinha, imediatamente superior ao de capitão-de-corveta e imediatamente inferior ao de capitão-de-mar-e-guerra. *C.-de-mar-e-guerra:* posto de hierarquia da Marinha, imediatamente superior ao de capitão-de-fragata e imediatamente inferior ao de contra-almirante. *C.-do-mato:* a) policial encarregado de prender os escravos fugidos; b) *Ornit.* O mesmo que *joão-do-mato.* Pl.: *capitães-do-mato.*

Capitel, s. m. 1. *Arquit.* Remate de uma coluna, pilastra, balaústre etc. 2. *Mil.* Resguardo do ouvido das peças de artilharia. 3. Capacete. 4. Cabeça de foguete.

Capitilúvio, s. m. Banho apenas da cabeça.

Capitolino, adj. Relativo ao Capitólio, fortaleza e templo da Roma antiga.

Capitólio, s. m. O apogeu do esplendor; fastígio, glória.

Capitoso, adj. Que sobe à cabeça; inebriante.

Capitulação, s. f. (1. *capitulatione*). 1. Ato ou efeito de capitular. 2. *Mil.* Termo das condições de rendição. 3. Acordo entre litigantes. 4. Ação de ceder; transigência à força das circunstâncias. 5. Sujeição, transigência.

Capitulante, adj. m. e f. 1. Que contrata a capitulação. 2. Que entrega por capitulação. 3. Que tem voz em capítulo.

Capitular[1], v. 1. Intr. Entregar-se, render-se mediante capitulação. 2. Intr. Ceder, transigir. 3. Tr. dir. Descrever por capítulos, caracterizar metodicamente. 4. Tr. dir. Classificar, qualificar, tachar. 5. Tr. dir. Acusar, formulando em capítulos a acusação.

Capitular[2], adj. m. e f. 1. Relativo a capítulo. 2. Relativo a cabido.

Capítulo, s. m. 1. Cada uma das principais divisões do texto de um livro, de um tratado ou de uma lei. 2. *Dir.* Artigo de acusação. 3. *Ecles.* Assembléia de frades ou cônegos. 4. *Ecles.* Assembléia de religiosos. 5. Reunião de rosa-cruzes. 6. Local em que se reúnem essas assembléias. 7. *Bot.* Inflorescência em que flores numerosas se reúnem sobre um receptáculo comum sustentado por um pedúnculo. 8. *Ecles.* Lição curta do breviário, extraída da Escritura Sagrada.

Capivara, s. f. *Zool.* Mamífero, o maior de todos os roedores. *(Hydrochoerus hydrochoeris).* Voz: *assobia.*

Capixaba, adj. m. e f. Relativo ao Estado do Espírito Santo. S. m. e f. Pessoa natural ou habitante do Estado de Espírito Santo.

Capô, s. m. (fr. *capot*). *Autom.* Cobertura ou tampa que, nos veículos de combustão interna, protege o motor; cofre.

Capoeira[1], s. f. *(capão + eira).* 1. Espécie de gaiola grande onde se alojam ou criam capões e outras aves. 2. Jacá para transportar galinhas.

Capoeira[2], s. f. (tupi *caá-puêra*). 1. Mato ralo, de pequeno porte, que nasceu nas derrubadas da mata virgem. 2. *Esp.* Jogo atlético de ataque e defesa.

Caporal, s. m. Tabaco picado e ordinário.

Capororoca, s. f. *Bot.* Árvore mirsinácea (*Rapanea gardneriana*).

Capota, s. f. (fr. *capote*). Coberta de automóvel e outros veículos, a qual pode ou não descair para trás, deixando descoberto o veículo.

Capotagem, s. f. Ato de capotar.

Capotar, v. (fr. *capoter*). Intr. Cair ou tombar, virando sobre a capota (aviões e automóveis).

Capote, s. m. (de *capa*). 1. Capa comprida e larga, com capuz e cabeção. 2. Casaco comprido que faz parte do uniforme militar. 3. O não fazer vazas ao jogo.

Capotilho, s. m. Pequeno capote.

capri-, elem. de comp. (1. *caper, capri*). Exprime a idéia de *cabra, bode: caprípede.*

Caprichar, v. Tr. ind. 1. Ter capricho. 2. Esmerar-se por capricho. 3. Timbrar em alguma coisa.

Capricho, s. m. (ital. *capriccio*). 1. Vontade súbita, mutável. 2. Obstinação. 3. Inconstância. 4. Extravagância em obras de arte. 5. Brio, timbre, pundonor. 6. Esmero, primor. 7. *Mús.* Peça instrumental de forma livre, algo fantasiosa. *A c.:* com capricho, com esmero.

Caprichoso, adj. 1. Que capricha. 2. Que denota capricho. 3. Feito por ou a capricho. 4. Que varia livremente quanto à forma, movimento, estrutura.

Capricórnio. s. m. *Astr.* Signo do zodíaco, em que o Sol entra no solstício do inverno.

Caprídeo, adj. Relativo ou semelhante à cabra; caprino.

Caprifoliáceas, s. f. pl. *Bot.* Família *(Caprifoliaceae)* que compreende arbustos às vezes volúveis, como a madressilva, o sabugueiro.

Caprimulgídeo, adj. *Ornit.* Relativo aos Caprimulgídeos. S. m. pl. Família *(Caprimulgidae)* de aves crepusculares ou noturnas, os bacuraus, curiangos e o noitibó.

Caprino, adj. (1. *caprinu*). Relativo ou semelhante à cabra ou ao bode; caprum, cabrum. S. m. Cabra ou animal estreitamente relacionado com cabra.

Caprípede, adj. m. e f. Que tem pés de cabra.

Capro, s. m. *Poét.* Bode.

Capróico, adj. Diz-se de ácido líquido, encontrado em forma de éster em gorduras e óleos.

Caprum, adj. V. *caprino.*

Cápsula, s. f. 1. Pequeno invólucro ou receptáculo análogo a uma caixa. 2. *Bot.* Fruto de pericarpo seco e deiscente. 3. *Mil.* Pequeno cilindro que encerra a massa fulminante nas armas de percussão. 4. *Farm.* Pequeno recipiente de goma, gelatina ou massa, em que se colocam medicamentos de sabor ou odor desagradáveis. 5. Cobertura metálica da rolha e do gargalo de uma garrafa. 6. *Astronáut.* Compartimento destacável para os espaçonautas, no ápice de um foguete espacial.

Capsular, adj. m. e f. Semelhante à cápsula.

Capsulífero, adj. Que tem cápsulas.

Captação, s. f. Ato ou efeito de captar.

Captagem, s. f. Captação.

Captar, v. Tr. dir. 1. Atrair. 2. Granjear por meios astuciosos ou fazendo valer o próprio mérito. 3. Aproveitar, colher nas nascentes (água corrente). 4. Trazer para dentro do âmbito de audição ou visão (no receptor de rádio ou televisão).

Captor, s. m. O que captura, apreende ou arresta.

Captura, s. f. 1. Ação de capturar. 2. Quantidade capturada.

Capturar, v. Tr. dir. Prender, deter, aprisionar.

Capuaba, s. f. Terreno limpo para plantação. Var.: *capuava.*

Capuava, s. m. e f. V. *capuaba.*

Capucha, s. f. 1. Ordem religiosa, da regra de S. Francisco. 2. Convento dessa ordem.

Capuchinha, s. f. *Bot.* Trepadeira das Tropeoláceas *(Tropæolum majus).*

Capuchinho, s. m. 1. Pequeno capuz. 2. Religioso da ordem dos capuchinhos. 3. Homem de vida austera.

Capucho[1], s. m. (ital. *cappuccio*). 1. Capuchinho. 2. Capuz. 3. Homem austero.

Capucho[2], s. m. 1. Semente preta do algodão. 2. Capulho.

Capulho, s. m. *Bot.* 1. Invólucro da flor.

Capuz, s. m. (1. **caputiu*). 1. Peça de pano para resguardo da cabeça, geralmente presa ao casaco, hábito ou capa; capelo. 2. V. *capô.*

Caqueirada, s. f. 1. Amontoado de caqueiros ou cacos. 2. Grande quantidade de objetos velhos ou inúteis. 3. *Gír.* Bofetada.

Caqueiro, s. m. Caco.

Caquético, adj. Que padece de caquexia.

Caquexia *(cs),* s. f. *Med.* Estado de desnutrição profunda.

Caqui, s. m. *Bot.* Fruto do caquizeiro.

Cáqui, adj. m. e f. Cor de barro. S. m. Brim dessa cor.

Caquizeiro, s. m. *Bot.* Árvore asiática, da família das Ebenáceas (*Diospyros kaky*), muito cultivada no Brasil; caqui.

Cara, s. f. 1. Parte anterior da cabeça; rosto, face. 2. Expressão do rosto; fisionomia, semblante. 3. Audácia, atrevimento, ousadia. 4. Face da moeda, oposta à coroa, geralmente com uma efígie. S. m. *Gír.* Tratamento incivil que se dá a uma pessoa; indivíduo.

Cará, s. m. 1. Nome de várias plantas dioscoreáceas. 2. Tubérculo comestível de algumas dessas plantas. 3. *Ictiol.* Acará. 4. *Folc.* Baile campestre, espécie de fandango.

Carabina, s. f. Fuzil curto e leve.

Carabinada, s. f. Tiro de carabina.

Carabineiro, s. m. Soldado armado de carabina.

Caraça, s. f. 1. Cara larga e cheia. 2. *Pop.* V. *máscara.* S. m. Boi ou cavalo com malha branca no focinho.

Caracará, s. m. *Ornit.* Nome comum a várias grandes aves falconídeas, destacando-se a espécie *Caracara plancus plancus;* carancho. Voz: *grasna, grasne.*

Caracídeo, adj. *Ictiol.* Relativo aos Caracídeos. S. m. pl. Família *(Characidae)* de peixes de água doce, constituída por um grande número de espécies: os principais representantes são os lambaris, traíras, dourado, piabanha, piracanjuba, curimatã etc.

Caracol, s. m. 1. *Zool.* Nome comum a todos os moluscos gastrópodes pulmonados, terrestres, providos de concha fina e de pequenas dimensões. 2. Qualquer concha com espiras. 3. Espiral. 4. Ziguezague. 5. Caminho ou escada em hélice. 6. Madeixa de cabelo, enrolado em espiral.

Caracolar, v. 1. Tr. dir. Dar forma de caracol a. 2. Tr. dir. e intr. Mover-se em espiral.

Caracolear, v. V. *caracolar.*

Característica, s. f. 1. Aquilo que caracteriza. 2. Parte inteira de um logaritmo. Var.: *caraterística.*

Característico, adj. 1. Que caracteriza. 2. Que distingue. S. m. 1. V. *característica,* acep. 1. 2. Traço, qualidade, propriedade, ou combinação deles, que distinguem um indivíduo, grupo ou tipo. Var.: *caraterístico.*

Caracterização, s. f. 1. Ato ou efeito de caracterizar. 2. Alteração no rosto de um ator, para o adequar ao papel que ele desempenha.

Caracterizador, adj. e s. m. Que, ou o que caracteriza. Var.: *caraterizador.*

Caracterizar, v. 1. Tr. dir. Determinar o caráter de. 2. Tr. dir. Assinalar, distinguir, indicar. 3. Tr. dir. Fazer a caracterização de (ator). 4. Pron. Assinalar-se, distinguir-se. Var.: *caraterizar.*

Caracterologia, s. f. Estudo dos diferentes tipos dos caracteres humanos. Var.: *caraterologia.*

Caracu, s. m. 1. Gado vacum, de pêlo liso e curto. 2. Medula dos ossos do boi.

Caradriiforme, adj. m. e f. *Ornit.* Relativo aos Caradriiformes. S. m. pl. Ordem *(Charadriiformes)* de aves de asas aparentemente bilobadas e pernas compridas e finas, à qual pertencem a jaçanã, o quero-quero, as narcejas e os maçaricos.

Caradura, s. m. e f. 1. Indivíduo desavergonhado; cara estanhada. 2. Pessoa de modos desembaraçados.

Caradurismo, s. m. 1. Cinismo, falta de vergonha. 2. Desembaraço.

Caraguatá, s. m. *Bot.* V. *gravatá.*

Caraíba, adj. m. e f. *Etnol.* Relativo aos Caraíbas. S. m. e f. Indígena dos Caraíbas. S. m. Língua dos Caraíbas. S. m. pl. Nação de índios do Norte do Brasil, Guiana, Venezuela, Colômbia, das pequenas Antilhas e costas de Honduras, Guatemala e do Mar dos Caraíbas.

Caraipé *(a-i),* s. m. *Bot.* Árvore cujas cinzas são utilizadas pelos oleiros do Amazonas para misturar com o barro *(Licania floribunda).*

Carajá, s. m. *Zool.* Macaco, também chamado *guariba-preto (Alouatta caraya).*

Caramanchão, s. m. Construção ligeira, de ripas e estacas, revestidas de trepadeiras, nos jardins.

Caramba!, interj. *Pop.* Expressa admiração, ironia ou desagrado.

Carambó, adj. m. e f. Diz-se da rês que tem um chifre torto.

Carambola[1], s. f. 1. Bola vermelha de bilhar. 2. Batida de uma bola de bilhar sucessivamente nas outras duas. 3. Cavilação, embuste.

Carambola[2], s. f. *Bot.* Fruto da caramboleira.

Carambolar, v. 1. Intr. Fazer carambola no bilhar. 2. Fazer carambolices; intrigar, intrujar.

Caramboleira, s. f. *Bot.* Planta oxalidácea da Índia *(Averrhoa carambola),* largamente cultivada por seu fruto, a carambola.

Caramboleiro, adj. Embusteiro, trapaceiro.

Carambolice, s. f. Embuste de caramboleiro; trapaça.

Carambolim, s. m. Perda simultânea de três paradas, no jogo do monte.

Caramburu, s. m. Bebida refrigerante; aluá.

Caramelo, s. m. 1. Água congelada em flocos. 2. Açúcar queimado em ponto vítreo; rebuçado. 3. Bala desse açúcar. 4. Bala, doce, bombom.

Caraminguá, s. m. Badulaque, cacaréu, mobília pobre, tareco. S. m. pl. 1. Objetos de pouco valor. 2. Dinheiro miúdo.

Caraminhola, s. f. Cabelo em desordem; guedelha. S. f. pl. Intrigas, mentiras, patranhas.

Caramujo, s. m. (cast. *escaramujo*). 1. *Zool.* Nome comum a todos os moluscos gastrópodes, aquáticos, de água doce ou salgada, pulmonados ou branquiados, providos de conchas espessas. 2. *Pop.* Caracol.

Caramunha, s. f. (l. *querimonia*). 1. Choro de criança. 2. Lamúria, queixa. 3. Momice, ar de choro.

Caramunhar, v. Intr. Fazer caramunha(s).

Caramunheiro, adj. 1. Que faz caramunha. 2. Choramingão.

Caramuru, s. m. *Ictiol.* Peixe marinho da família dos Murenídeos *(Lycodontis moringua).*

Caranaí, s. m. *Bot.* Palmeira do Brasil *(Mauritia limnophila).*

Carancho, s. m. *Ornit.* V. *caracará.*

Carandaí, s. m. *Bot.* V. *buriti.*

Carangídeo, adj. *Ictiol.* Relativo aos Carangídeos. S. m. pl. Família *(Carangidae)* de peixes percóides marinhos, que inclui a abacatuaia, os chicharros, pumpos, xaréus etc.

Carangueja, s. f. *Náut.* Verga longa que sustenta uma vela latina.

Caranguejar, v. Intr. 1. *Pop.* Andar como caranguejo. 2. Hesitar, vacilar.

Caranguejeira, s. f. *Zool.* Nome comum a várias grandes aranhas cabeludas, na maioria da América tropical.

Caranguejeiro, s. m. 1. Indivíduo que apanha ou vende caranguejos. 2. *Gír.* Ladrão de automóvel.

Caranguejo, s. m. *Zool.* Nome comum a vários crustáceos decápodes branquiúros, na maioria marinhos.

Caranguejola, s. f. 1. *Zool.* Grande crustáceo, parecido com caranguejo. 2. Armação de madeira, de pouca solidez. 3. *Gír.* Calhambeque. 4. Acervo de coisas sobrepostas e mal seguras. 5. Empresa mal segura.

Carantonha, s. f. Cara feia; carranca, caraça, esgar.

Carão[1], s. m. *(cara + ão).* 1. Cara grande ou feia. 2. Carantonha. 3. Epiderme do rosto. 4. Repreensão em público.

Carão[2], s. m. *Ornit.* Ave pernalta da família dos Aramídeos *(Aramus scolopaceus scolopaceus).*

Carapaça, s. f. 1. Coberta óssea, córnea ou quitinosa que, como um escudo, protege o dorso ou parte do dorso de um animal (tartaruga, tatu, cágado etc.). 2. Qualquer cobertura protetora dura.

Carapanã, s. m. Mosquito; muriçoca.

Carapau, s. m. 1. *Ictiol.* Peixe teleósteo marinho *(Decapterus macarellus);* cavalinha. 2. Pessoa muito magra.

Carapeba, s. f. *Ictiol.* V. *acarapeba.*

Carapela, s. f. 1. Folhelho do milho. 2. Película que se despega de feridas quase saradas.

Carapeta *(ê),* s. f. 1. Piãozinho que se faz girar com os dedos. 2. Mentira leve.

Carapetão, s. m. Mentira grande; balão, maranhão.

Carapetar, v. Intr. Dizer carapetões.

Carapeteiro, adj. e s. m. Que, ou o que diz carapetões; mentiroso.

Carapina, s. m. Carpinteiro pouco hábil

Carapinha, s. f. Cabelo crespo e lanoso, peculiar à raça negra; pixaim.
Carapinhé, s. m. *Ornit.* V. *caracará.*
Carapinho, adj. Crespo, encrespado, encarapinhado.
Carapitanga, s. f. *Ictiol.* V. *vermelho.*
Carapitinga, s. m. V. *caratinga.*
Carapó, s. m. *Ictiol.* V. *poraquê.*
Carapopeba, s. f. *Herp.* Certa espécie de lagarto.
Carapuça, s. f. 1. Barrete de forma cônica. 2. Nome comum a vários objetos semelhantes a esse.
Vestir a c.: tomar a si alusão ou crítica dirigida a outrem.
Carapuceiro, s. m. Fabricante ou vendedor de carapuças.
Caratê, s. m. (japonês *karate*). *Esp.* Tipo de luta no qual se empregam as mãos e os pés desarmados.
Caráter, s. m. 1. Figura que se usa na escrita. 2. *Tip.* Cada um dos tipos de imprensa. 3. *Tip.* A forma que se dá a um tipo. 4. Cunho, distintivo, marca. 5. Feitio moral. 6. Índole. 7. Qualidade inerente a certos modos de ser ou estados. 8. Sinal de abreviatura. 9. Expressão ajustada, propriedade. 10. Missão, título. 11. Honradez. Pl.: *caracteres* (*cté*).
Caratinga, s. m. 1. *Bot.* Nome comum a várias trepadeiras dioscoreáceas. 2. *Ictiol.* Peixe marinho da família dos Gerrídeos (*Diapterus brasilianus*). 3. *Zool.* Sagüi com pêlos brancos na fronte (*Callithrix leucocephala*).
Caratuã, s. m. Sarrabulho preparado à moda indígena, com os miúdos de animais de caça.
Caraúba, s. f. *Bot.* Árvore bignoniácea (*Jacaranda copaia*).
Caraubal, s. m. Bosque de caraúbas.
Caravana, s. f. 1. Grande número de peregrinos, mercadores ou viajantes que se juntam, para atravessar os desertos com segurança. 2. Grupo de pessoas que viajam ou passeiam juntas. 3. Grupo de veículos que viajam juntos em fila.
Caravançará, s. m. 1. Grande abrigo, no Oriente Médio, para hospedagem gratuita das caravanas. 2. Baralhamento, mixórdia.
Caravaneiro, s. m. Guia de caravanas.
Caravela, s. f. 1. Pequena embarcação de vela latina, usada nos séculos XV e XVI. 2. Vara de mandioca.
Caraveleiro, s. m. Tripulante de caravela.
Caraxué, s. m. *Ornit.* Nome do sabiá, na Amazônia.
Carazal, s. m. Plantação de carás.
Carbólico, adj. V. *fênico.*
Carbômetro, s. m. V. *carbonômetro.*
Carbonação, s. f. 1. Ato ou efeito de carbonar. 2. V. *carburação.*
Carbonado, adj. Que tem carbono. S. m. *Miner.* Agregado impuro, opaco, escuro, de partículas de diamante, aglutinadas em uma matriz composta essencialmente de diamante.
Carbonar, v. Tr. dir. *Quím.* 1. Converter em um carbonato. 2. Combinar com o carbono ou impregnar de carbono; carburar.
Carbonário, s. m. 1. Membro de uma sociedade política secreta da Itália (séc. XIX). 2. Membro de qualquer sociedade secreta revolucionária.
Carbonarismo, s. m. 1. Sistema político dos carbonários. 2. Opiniões ou práticas de carbonários.
Carbonatar, v. 1. Tr. dir. e pron. *Quím.* Converter(-se) em um carbonato; carbonar(-se). 2. Tr. dir. Carregar ou impregnar de bióxido de carbono.
Carbonato, s. m. *Quím.* Sal ou éster de ácido carbônico.
Carbone, s. m. V. *carbono,* acep. 2.
Carboneto (*ê*), s. m. *Quím.* Composto binário de carbono com um elemento mais eletropositivo.
carboni-, elem. de comp. (l. *carbo, onis*). Exprime a idéia de *carvão, ácido carbônico: carbonífero.*
Carbônico, adj. *Quím.* 1. Relativo ao carbono. 2. Diz-se de ácido dibásico fraco, que é um óxido de carbono de fórmula CO_2.
Carbonífero, adj. 1. Que contém, produz ou extrai carvão: Estratos *carboníferos.* Indústria *carbonífera.* 2. *Geol.* Relativo ao período da Era Paleozóica que se situa entre o Devoniano e o Permiano. S. m. Esse período.
Carbônio, s. m. V. *carbono.*
Carbonização, s. f. Ato ou efeito de carbonizar.
Carbonizado, adj. Reduzido a carvão.
Carbonizador, adj. Que carboniza.
Carbonizar, v. Tr. dir. 1. Reduzir a carvão ou a um resíduo de carvão. 2. Queimar (os tecidos orgânicos) por meio de um metal em brasa ou de substâncias cáusticas.
Carbonizável, adj. m. e f. Que pode carbonizar-se.
Carbono, s. m. 1. *Quím.* Elemento não-metálico, de símbolo C, número atômico 6 e massa atômica 12,011. 2. Papel carbono.
Carbonômetro, s. m. *Metal.* Instrumento para medir a proporção de carbono do aço.
Carborundo, s. m. *Quím.* Produto constituído de carboneto de silício e utilizado como abrasivo. Var.: *carborundum.*
Carboxila (*cs*), s. f. *Quím.* V. *carboxilo.*
Carboxilo (*cs*), s. m. *Quím.* Radical univalente, formado de um átomo de carbono, dois de oxigênio e um de hidrogênio, na composição dos ácidos orgânicos.
Carbuncular, adj. m. e f. Relativo ou semelhante a carbúnculo.
Carbúnculo, s. m. 1. *Miner.* Rubi grande, de bela água e de grande brilho. 2. Granada lapidada em forma de cabucho. 3. *Med.* e *Vet.* V. *antraz.*
Carbunculoso, adj. Da natureza do carbúnculo.
Carburação, s. f. 1. Ação ou efeito de carburar. 2. Processo de misturar, comumente em um carburador, o vapor de um hidrocarboneto inflamável (como a gasolina) com ar, para formar uma mistura explosiva, especialmente para uso em motores de combustão interna. Sinôn.: *carbonação.*
Carburador, s. m. Aparelho para prover motor de combustão interna de combustível vaporizado, misturado com ar, em forma de mistura explosiva.
Carburante, s. m. Combustível para motores de explosão; carbonante.
Carburar, v. Tr. dir. 1. V. *carbonar.* 2. V. *carbonatar.*
Carbureto (*ê*), s. m. V. *carboneto.*
Carcaça, s. f. (fr. *carcasse*). 1. Arcabouço, esqueleto. 2. Casco velho de navio. 3. Navio sem apreslos. 4. Urdidura do navio em construção. 5. Tronco de animal abatido, após a remoção do couro, membros e vísceras. 6. Ossada dos animais.
Carcará, s. m. 1. V. *caracará.* 2. *Gír. de motoristas.* Botão de saída, no alto do capô dianteiro, do esguicho dágua para limpar o pára-brisa.
Carcarejar, v. V. *cacarejar.*
Carcás, s. m. 1. Aljava. 2. Coldre.
Carcela, s. f. Tira de pano, que se cose na abotoadura de calças, casacos etc., de modo que, abotoando-se, os botões não fiquem à vista.
Carceragem, s. f. 1. Ato de encarcerar. 2. Importância que o preso paga por dia de encarceramento.
Carcerário, adj. Relativo a cárcere.
Cárcere, s. m. 1. Lugar destinado a prisão; cadeia. 2. Laço, obstáculo.
Carcereiro, s. m. Guarda de cárcere.
Carcérula, s. f. *Bot.* Cavidade de vários frutos indeiscentes, como a romã.
cárcino-, elem. de comp. Exprime a idéia de *crustáceo* e *câncer: carcinologia.*
Carcinóide, adj. m. e f. Parecido a crustáceo ou a câncer. S. m. *Med.* Carcinoma de evolução relativamente benigna.
Carcinologia, s. f. Ramo da Zoologia que trata dos crustáceos.
Carcinologista, s. m. e f. Naturalista que se dedica à carcinologia.
Carcinólogo, s. m. V. *carcinologista.*
Carcinoma, s. m. *Med.* 1. Tumor maligno, constituído de células epiteliais, por oposição ao *sarcoma,* que é de células conjuntivas. 2. Câncer.
Carcinomatoso, adj. *Med.* Da natureza do carcinoma. S. m. V. *canceroso.*
Carcinose, s. f. *Med.* Disseminação de formações carcinomatosas no corpo.

Carcoma, s. f. 1. Inseto xilófago; caruncho. 2. Pó de madeira carcomida. 3. *Bot.* Podridão. 4. Aquilo que consome, devora ou arruína.

Carcomer, v. Tr. dir. 1. Desfazer como a carcoma desfaz a madeira. 2. Arruinar, destruir.

Carcomido, adj. 1. Apodrecido, corroído. 2. Gasto, minado. 3. Emagrecido, pálido.

Carda, s. f. 1. Ato ou efeito de cardar; cardação, cardagem, cardadura. 2. Instrumento de cardar, constituído de uma lâmina ou tábua eriçada de pontas de ferro. 3. Máquina cardadora. 4. Pregos miúdos para calçados. 5. Pastas de imundície que se apegam à lã dos carneiros. 6. Sujidade na pele das pessoas.

Cardação, s. f. V. *carda.*

Cardada, s. f. Porção de lã que se carda de uma vez.

Cardador, adj. Que carda. S. m. Aquele que tem por ofício cardar.

Cardadura, s. f. 1. Carda. 2. Filaça cardada.

Cardagem, s. f. 1. Carda. 2. Arte ou oficina de cardador.

Cardal, s. m. Lugar em que abundam cardos.

Cardamomo, s. m. *Bot.* Planta herbácea da família das Zingiberáceas (*Elettaria cardamomum*).

Cardão, adj. 1. Da cor da flor das cardas; azul-violeta, cárdeo. 2. Diz-se dessa cor. S. m. 1. Essa cor. 2. Eqüídeo dessa cor.

Cardápio, s. m. Relação dos pratos de uma refeição.

Cardar, v. Tr. dir. 1. Destrinçar, desenredar ou pentear (a lã ou qualquer filaça, com a carda). 2. Extorquir, furtar.

Cardeal[1], adj. (1. *cardinale*). Principal (diz-se sobretudo dos quatro pontos do horizonte: *norte, sul, leste* e *oeste,* para distingui-los dos intermediários). S. m. 1. Prelado do Sacro Colégio pontifício. Col.: *consistório, sacro colégio* (quando presididos pelo papa); *conclave* (quando reunidos para eleger o papa). 2. *Bot.* Planta lobeliácea, notável pela beleza de suas flores escarlates (*Lobelia cardinalis*).

Cardeal[2], s. m. (1. *carduele?*). *Ornit.* Nome comum a vários pássaros da família dos Fringilídeos, entre os quais as espécies *Paroaria coronata* e *P. capitata* são as mais comuns.

Cardeiro, s. m. Aquele que faz ou vende cardas.

Cárdeo, adj. V. *cardão.*

cardi-, elem. de comp. O mesmo que *cárdio*[2].

-cardia, elem. de comp. (gr. *kardia*). Exprime a idéia de *coração: bradicardia.*

Cárdia, s. f. *Anat.* Abertura superior do estomago.

Cardíaco, adj. Relativo ao coração ou à cárdia. S. m. Aquele que sofre do coração.

Cardial, adj. m. e f. *Anat.* Relativo à cárdia; cárdico.

Cardialgia, s. f. *Med.* 1. Dor na cárdia. 2. Dor aguda no coração. 3. Sensação dolorosa de queimadura na boca do estômago.

Cardiálgico, adj. *Med.* Relativo à cardialgia.

Cárdico, adj. *Med.* V. *cardial.*

Cardiectasia, s. f. *Med.* Dilatação total ou parcial do coração.

Cardife, s. m. 1. Hulha proveniente das minas de Cardiff (Inglaterra). 2. Carvão desse tipo.

Cardim, adj. m. e f. Que tem pêle branco e preto (diz-se da rês).

Cardina, s. f. 1. Pasta de imundície, aderente à lã ou ao pêlo dos animais; carda. 2. Sujidade na pele das pessoas.

Cardinal, adj. m. e f. 1. Principal. 2. Relativo a gonzos. 3. Diz-se do número absoluto, por oposição ao ordinal.

Cardinalado, s. m. V. *cardinalato.*

Cardinalato, s. m. Dignidade de cardeal.

Cardinalício, adj. Relativo a cardeal.

-cárdio-, elem. de comp. (do gr. *kardia*). Exprime a idéia de *coração: cardiopatia, acefalocárdio.*

Cardiocele, s. f. *Med.* Protrusão do coração através de uma fissura do diafragma; hérnia do coração.

Cardiografia, s. f. 1. *Med.* Registro gráfico dos movimentos do coração. 2. *Anat.* Parte em que se descreve o coração.

Cardiógrafo, s. m. *Med.* Aparelho registrador dos movimentos do coração.

Cardiograma, s. m. *Med.* Gráfico obtido pelo cardiógrafo.

Cardiologia, s. f. Parte da Medicina que estuda as afecções do coração e dos vasos.

Cardiologista, adj. e s., m. e f. Especialista em cardiologia.

Cardiólogo, s. m. V. *cardiologista.*

Cardiopalmia, s. f. *Med.* Palpitação cardíaca.

Cardiopatia, s. f. *Med.* Qualquer moléstia do coração.

Cardiopático, adj. *Med.* Referente à cardiopatia.

Cardiopétalo, adj. *Bot.* Que tem as pétalas cordiformes.

Cardioplegia, s. f. *Med.* Paralisia do coração.

Cardiosclerose, s. f. *Med.* Esclerose do coração.

Cardiovascular, adj. m. e f. *Anat.* Relativo ao coração e aos vasos sangüíneos.

Cardite, s. f. *Med.* Inflamação do coração.

Cardo, s. m. *Bot.* Nome de plantas perenes, da família das Compostas, cujas sedas do papo não são plumosas.

Carduça, s. f. Carda grosseira com que se começa a cardadura.

Carduçador, s. m. Aquele que carduça.

Carduçar, v. Tr. dir. Passar (a lã() pela carduça.

Cardume, s. m. 1. Grande quantidade de peixes. 2. Bando, multidão. 3. Montão, cúmulo.

Careação, s. f. V. *acareação.*

Careador, adj. e s. m. V. *acareador.*

Carear, v. Tr. dir. Atrair, ganhar, granjear.

Careca, adj. m. e f. 1. Calvo. 2. Mal disfarçado (logro ou mentira). S. f. Calva, calvície. S. m. e f. Pessoa calva. S. m. *Gír.* Queijo.

Carecente, adj. m. e f. Que carece.

Carecer, v. (1. *carescere*). 1. Tr. ind. Não possuir, não ter 2. Tr. ind. Ter ou sentir falta. 3. Tr. dir. *Pop.* Necessitar, precisar: Você não *carece ir.*

Carecido, adj. Falto, necessitado.

Carecimento, s. m. Carência, falta.

Careiro, adj. Que vende caro.

Carena, s. f. 1. Fundo do navio; querena. 2. Quilha. 3. *Bot.* Pétala inferior das flores papilionáceas. 4. *Ornit.* Crista, em forma de quilha, que existe no esterno das aves.

Carenar, v. Intr. Tombar (a embarcação) para um lado, à ação do vento; querenar.

Carência, s. f. (1. *carentia*). 1. Falta; necessidade. 2. *Dir.* Decurso de um prazo estabelecido para entrada em vigor de um direito e da obrigação correspondente.

Carepa, s. f. 1. *Med.* Esfoliação escamosa da pele. 2. *Bot.* Lanugem que se cura à superfície das frutas secas. 3. Superfície áspera da madeira desbastada com enxó.

Carepento, adj. Que tem carepa; careposo, caspento.

Carestia, s. f. (1. medieval *caristia*). 1. Qualidade do que é caro. 2. Preço alto, superior ao real. 3. Alta de preços. 4. Carência, escassez, falta.

Careta (*ê*), s. f. 1. Contração do rosto; visagem, trejeito. 2. Caraça, máscara. 3. Momice, truanice. 4. Ameaça. S. m. e f. *Gír.* Qualquer pessoa ou tipo desprezado, por qualquer motivo.

Caretear, v. 1. Tr. ind. e intr. Fazer caretas. 2. Tr. dir. Fazer como careta.

Careteiro, adj. e s. m. Que, ou o que faz caretas.

Careza, s. f. Carestia.

Carfologia, s. f. *Med.* Agitação automática e contínua das mãos e dos dedos, que parecem procurar apreender pequenos objetos.

Carfológico, adj. *Med.* Relativo à carfologia.

Carga, s. f. (pelo ant. *carrega* e este de *carregar*). 1. Tudo que é ou pode ser transportado por alguém ou por alguma coisa. 2. Ato de carregar; carregamento, carregação. 3. Fardo, peso. 4. Porção, grande quantidade. 5. Embaraço, opressão. 6. Encargo. 7. *Mil.* Modo de ataque de uma tropa. 8. Investida violenta; tropel. 9. Acusação. 10. Acumulação de eletricidade. 11. Quantidade de eletricidade que um acumulador é capaz de fornecer. 12. *Metal.* Porção de minério ou de carvão que se lança de uma vez nos fornos metalúrgicos. 13. Quantidade de material a ser usado ou consumido, que se introduz de uma vez em um aparelho. 14. Quantidade de pólvora e projéteis que se metem de uma vez em uma arma de fogo. 15. Projétil lançado por uma arma de fogo.

Cargo, s. m. 1. Carga. 2. Encargo, incumbência. 3. Função pública. 4. Responsabilidade. 5. Despesa. 6. Obrigação.

Cargueiro, adj. 1. Que guia bestas de carga. 2. Que transporta exclusivamente carga. S. m. 1. Besta de carga. 2. Navio cargueiro.

Cariado, adj. Atacado de cárie (dente, osso).

Cariar, v. 1. Intr. Criar cárie. 2. Tr. dir. Produzir cárie em.

Cariátide, s. f. *Arquit.* Na arquitetura grega, suporte em forma de figura feminina.

Caribé, s. m. Alimento preparado com polpa de abacate.

Caricáceas, s. f. pl. *Bot.* Família ((*Caricaceae*) de vegetais arborescentes de estipe alto, suculento e leitoso, a que pertence o mamoeiro.

Caricato, adj. Burlesco, ridículo. S. m. Ator que, nos dramas, tem o papel de ridicularizar.

Caricatura, s. f. 1. Representação grotesca, com intenção satírica, dos traços característicos, físicos, de uma pessoa. 2. Reprodução deformada. 3. Pessoa ridícula pelo aspecto ou pelos modos.

Caricatural, adj. m. e f. Que se presta à caricatura.

Caricaturar, v. Tr. dir. Representar por meio de caricaturas.

Caricaturista, s. m. e f. Pessoa que faz caricaturas.

Carícia, s. f. Demonstração de afeto; afago, carinho, meiguice.

Cariciar, v. *Ant.* e *p. us.* V. *acariciar.*

Caricioso, adj. 1. Que faz carícias. 2. Carinhoso, meigo.

Caridade, s. f. (1. *caritate*). 1. Amor de Deus e do próximo. 2. Benevolência, bondade. 3. Beneficência, esmola.

Caridoso, adj. 1. Que pratica ou tem a virtude da caridade. 2. Em que há caridade. 3. Indulgente.

Cárie, s. f. 1. *Med.* Ulceração que ataca os ossos e os dentes. 2. Destruição progressiva.

Carijó[1], adj. m. e f. *Etnol.* Relativo aos Carijós, primitiva denominação dada aos Guaranis que habitavam a região situada entre a Lagoa dos Patos e Cananéia. S. m. e f. Indígena dessa tribo.

Carijó[2], adj. m. e f. Pintalgado de branco e preto (galinha ou galo); sarapintado.

Caril, s. m. 1. Pó indiano, para temperos culinários. 2. Molho em que entra esse pó.

Carimbado, adj. 1. Marcado com carimbo. 2. *Pop.* Reprovado.

Carimbador, adj. e s. m. Que, ou o que carimba.

Carimbagem, s. f. Ato ou efeito de carimbar.

Carimbar, v. Tr. dir. 1. Marcar com carimbo. 2. Marcar, assinalar. 3. Marcar a talho de facão (o peixe), nas barbatanas ou no rabo, para se saber quem o pescou. 4. *Pop.* Reprovar.

Carimbo, s. m. 1. Peça de metal, madeira ou borracha, que serve para marcar papéis de uso oficial ou particular, a tinta ou em relevo. 2. Selo, sinete.

Carinho, s. m. 1. Afago, carícia. 2. Meiguice. 3. Cuidado.

Carinhoso, adj. 1. Que trata com carinho. 2. Em que há carinho. 3. Afável, afetuoso, meigo.

cário-, elem. de comp. (gr. *karuon*). Expressa a idéia de *núcleo celular, noz: cariocinese.*

Carioca, s. m. e f. Pessoa natural ou habitante da cidade do Rio de Janeiro ou de qualquer outro ponto da Guanabara. Adj. 1. Relativo à cidade do Rio de Janeiro. 2. Designativo do café misturado com água. 3. Qualificativo de uma raça de porcos domésticos.

Cariocaráceas, s. f. pl. *Bot.* Família (*Caryocaraceae*) constituída de árvores de flores grandes e belas. Inclui o pequizeiro.

Cariocinese, s. f. V. *mitose.*

Cariofiláceas, s. f. pl. *Bot.* Família ((*Caryophyllaceae*) de ervas, comumente com caules engrossados nos nós, como no craveiro.

Cariopse, s. f. *Bot.* Fruto seco indeiscente, de uma só semente; o pericarpo solda-se aos tegumentos como no trigo, no arroz etc.

Carioso, adj. 1. Relativo à cárie ou da natureza dela. 2. Cariado.

Carisma, s. m. *Teol.* 1. Dom da graça de Deus. 2. A capacidade de certos líderes políticos de despertar a consciência das massas e de conquistar, dessa forma, o poder. 3. Graças especiais concedidas pelo Espírito Santo a cada cristão para o bem dos outros irmãos em Cristo. 4. *Sociol.* Conjunto de qualidades excepcionais inerentes a um certo tipo de líder. 5. *Med.* O mesmo que *epilepsia.*

Caritativo, adj. Carinhoso, compassivo, beneficente.

Caritó, s. m. 1. Prateleira a um canto dos quartos e salas das casas sertanejas. 2. Moradia de gente pobre. 3. Gaiola para prender caranguejos. 4. Viveiro para engorda de guaiamus. 5. Casinhola.

Cariz, s. m. 1. Aparência atmosférica. 2. Aspecto, semblante. 3. Alcaravia. 4. Semente de alcaravia. 5. *Pop.* Cara grande; carão.

Carlina, s. f. Cada uma das travessas que, na construção das pontes, prendem as longarinas.

Carlindogue, s. m. *Zootéc.* Certa raça de cães de pêlo curto, focinho preto e achatado.

Carlinga, s. f. 1. *Náut.* Peça de madeira ou de metal, presa à quilha, com uma abertura quadrangular no centro, na qual encaixa o pé de um mastro; sobrequilha. 2. *Av.* Lugar onde fica o piloto; cabina. 3. Barquinha de aeróstato.

Carmanhola, s. f. Canção e dança de roda dos revolucionários franceses, em 1793.

Carme, s. m. (1. *carmen*). *Poét.* e *p. us.* 1. Canto, poema, versos líricos. 2. Qualquer obra poética.

Carmeador, adj. e s. m. Que, ou o que carmeia.

Carmear, v. (l. *carminare*). Tr. dir. e intr. Desfazer (os nós da lã antes de carduçada).

Carmelina, s. f. Lã de vicunha, de qualidade inferior.

Carmelita, adj. V. *carmelitano.* S. m. e f. Religioso ou religiosa de qualquer das ordens do Monte Carmelo.

Carmelitano, adj. Relativo às ordens dos carmelitas.

Carmesim, adj. m. e f. Diz-se de cor vermelha muito viva. S. m. Essa cor.

Carmim, s. m. 1. Substância corante, carmesim, extraída principalmente da cochonilha, pelo tratamento com alume e água. 2. Cor vermelha vivíssima.

Carminado, adj. 1. Tinto de carmim. 2. Da cor do carmim.

Carminar, v. 1. Tr. dir. Pintar ou tingir de carmim. 2. Pron. Ruborizar-se.

Carminativo, adj. Antiflatulento. S. m. Medicamento contra a flatulência.

Carmíneo, adj. Da cor do carmim.

Carmona, s. f. Ferrolho de porta ou janela que se embebe ao mesmo tempo em cima e embaixo. Var.: *cremona.*

Carnaça, s. f. 1. Proeminência carnosa. 2. Grande porção de carne.

Carnação, s. f. (l. *carnatione*). 1. A coloração da carne humana. 2. Representação do corpo humano, desnudo e com sua cor natural.

Carnadura, s. f. 1. A qualidade da carne. 2. Parte carnuda do corpo. 3. Compleição.

Carnagem, s. f. 1. Matança de animais para alimentação. 2. Provisão de carnes de animais.

Carnal, adj. m. e f. 1. Relativo à carne. 2. Que é de carne. 3. Consangüíneo (diz-se de primo em primeiro grau). 4. Concupiscente, lascivo, sensual. S. m. Tempo em que a Igreja não proibia comer carne; carnário.

Carnalidade, s. f. Concupiscência, sensualidade.

Carnaúba, s. f. V. *carnaubeira.*

Carnaubal (*a-u*), s. m. Bosque de carnaúbas.

Carnaubeira (*a-u*), s. f. *Bot.* Planta da família das Palmeiras (*Copernicia cerifera*), a qual produz cera muito usada na indústria, chamada *cera de carnaúba.*

Carnaval, s. m. (ital. *carnevale*). 1. *Folc.* Período de três dias de folia que precede a quarta-feira de cinzas. 2. Folguedo, orgia.

Carnavalesco, adj. 1. Relativo ao carnaval. 2. Próprio do, ou semelhante ao carnaval. 3. Grotesco, ridículo.

Carnaz, s. m. Lado da pele dos animais oposto ao pêlo ou à cútis.

Carne, s. f. 1. Tecido muscular do homem e dos animais. 2. Parte vermelha dos músculos. 3. Tecido muscular dos animais terrestres, que serve para a alimentação do homem. 4. Natureza humana, do ponto de vista da sensibilidade: A *carne* é fraca. 5. Consangüinidade. 6. Concupiscência. 7. Polpa comestível dos frutos; mesocarpo.

Carnê, s. m. (fr. *carnet*). 1. Caderninho de apontamentos. 2. Ficha pessoal onde são registrados os pagamentos mensais de compras a crédito.

Carneação, s. f. Ação de carnear.

Carneador, s. m. O que carneia; magarefe.

Carnear, v. 1. Intr. Abater o gado e esquartejá-lo. 2. Intr. Charquear. 3. Tr. dir. Abater, matar.

Carnegão, s. m. A parte de matéria purulenta e dura que se forma nos furúnculos e outros tumores. Var.: *carnicão* e *carnigão*.

Carneira, s. f. 1. Pele de carneiro, preparada para diferentes empregos. 2. Tira de couro, que guarnece por dentro chapéus de homem, em toda a volta da aba. 3. *Pop.* Fêmea do carneiro; ovelha.

Carneirada, s. f. 1. Rebanho de carneiros. 2. Grupo de pessoas submissas, sem vontade própria. 3. Acumulação de pequenas nuvens brancas.

Carneireiro, s. m. 1. Guardador de carneiros. 2. Proprietário de carneiros.

Carneiro, s. m. (l. *carnariu*). 1. *Zool.* Mamífero ruminante artiodátilo, lanígero (*Ovis aries*), de chifres recurvos, cuja fêmea é denominada *ovelha*. Col.: *rebanho, grei, chafardel, malhada, oviário*. Voz: *badala, bala, bale, berra, berrega*. 2. A carne de carneiro. 3. Pessoa de índole mansa. 4. Ossuário, jazigo, sepulcro. 5. Caruncho do feijão e da ervilha. 6. Vaga ou onda de crista espumosa. 7. Espécie de bomba hidráulica.

Cárneo, adj. 1. De carne. 2. Cor de carne.

Carniça, s. f. 1. Cadáver de animal em estado de putrefação. 2. Carnificina, matança, morticínio.

Carniçal, adj. m. e f. V. *carniceiro*.

Carnicão, s. m. V. *carnegão*.

Carniçaria, s. f. 1. Ato de preparar carne para a venda. 2. Açougue. 3. Carnificina, matança. Var.: *carniceria*.

Carniceiro, adj. 1. Que se alimenta de carne. 2. Cruel, feroz, sanguinário. S. m. 1. Açougueiro. 2. Magarefe.

Carnífice, s. m. *Ant.* Carrasco. Adj. Sanguinário; cruel.

Carnificina, s. f. Matança, mortandade, morticínio.

Carniforme, adj. m. e f. Com aparência ou semelhança da carne.

Carnívoro, adj. 1. Que se alimenta exclusivamente de carne. 2. Relativo aos Carnívoros. S. m. Animal da ordem dos Carnívoros. S. m. pl. *Zool.* Ordem (*Carnivora*) de mamíferos, plantígrados ou digitígrados, que se nutrem de carne e possuem molares providos de cúspides aguçadas.

Carnosidade, s. f. 1. Qualidade de carnoso. 2. Formação anormal ou excrescência de tecido carnoso.

Carnoso, adj. 1. Cheio ou coberto de carne; carnudo. 2. Com aparência de carne. 3. *Bot.* Que tem mesocarpo suculento. 4. *Bot.* Que tem polpa espessa e suculenta: Folha *carnosa*.

Carnudo, adj. 1. Carnoso, musculoso. 2. Que tem muita carne ou polpa.

Caro, adj. 1. Que custa alto preço. 2. Que cobra preço alto. 3. Que exige grandes despesas. 4. Obtido com grande sacrifício. 5. Que é tido em grande estima; querido, amado. Adv. Por alto preço: Vender *c*.

Caroá, s. m. *Bot.* Planta bromeliácea brasileira, de fibras têxteis (*Neoglaziovia variegata*).

Caroável, adj. m. e f. Afeiçoado, amável, carinhoso.

Caroazal, s. m. Bosque de caroás.

Caroba, s. f. *Bot.* 1. Arbusto bignoniáceo (*Jacaranda brasiliana*), também chamado *jacarandá-preto*. 2. Nome comum a várias outras árvores do gênero *Jacaranda*.

Carobinha, s. f. *Bot.* Nome comum a vários arbustos bignoniáceos, ornamentais, dos gêneros *Jacaranda* e *Memora*.

Caroçama, s. f. 1. Grande quantidade de caroços. 2. Porção de tumores.

Carocha (*ó*), s. f. 1. Barrete em ponta, de papelão, que colocavam nos réus da Inquisição. 2. *Entom.* Escaravelho carnívoro das regiões frias. 3. *Pop.* Barata. 4. *Pop.* Feiticeira. S. f. pl. 1. Bruxarias. 2. Petas, mentiras.

Carochinha, s. f. Dim. de *carocha*, carocha pequena. — História da *c.*: história para crianças.

Carocho (*ô*), s. m. *Pop.* Diabo.

Caroço (*ô*), s. m. (l. v. *carudium*). 1. Parte dura e óssea de certos frutos, que e ou contém a semente. 2. Semente do algodão e de vários frutos. 3. *Tecn.* Cilindro de argila usado na fundição das peças de fogo, para lhes formar a alma. 4. *Med.* Glândula linfática enfartada; íngua. 5. *Pop.* Erupção cutânea. 6. *Cul.* Grumo. 7. Dificuldade ou inibição momentânea de expressão num discurso; engasgo. Pl.: *caroços* (*ó*).

Caroçudo, adj. Que tem caroços; encaroçado.

Carola[1], s. m. e f. (l. *corolla*, de *corona*). 1. *Pej.* Pessoa exageradamente assídua à igreja; beato, santanário. 2. *Pop.* Cabeça.

Carola[2], s. f. (fr. *carole*). Dança de roda.

Carolo (*ô*), s. m. 1. Espiga do milho, depois de debulhada. 2. *Pop.* Pancada na cabeça com vara ou cana ou com os nós dos dedos; cascudo. 3. Fécula em grumos de que se faz goma para usos grosseiros.

Carona, s. f. Manta de couro que se usa por baixo do lombilho. 2. Condução gratuita em qualquer veículo. S. m. 1. Viajante que não pagou passagem ou que foi conduzido gratuitamente. 2. Pessoa que penetra às ocultas em locais de ingresso pago. 3. Indivíduo caloteiro.

Carótida, s. f. *Anat.* Cada uma das duas grandes artérias que, da aorta, levam o sangue ao crânio e à face.

Carotídeo, adj. *Anat.* Relativo às carótidas.

Carpa[1], s. f. *Ictiol.* Peixe ciprinóide de água doce (*Cyprinus carpio*).

Carpa[2], s. f. V. *capina*.

Carpelar, adj. m. e f. Relativo a carpelo.

Carpelo (*é*), s. m. *Bot.* Pistilo simples ou um dos componentes do pistilo composto, considerados folhas modificadas.

Carpeta (*ê*), s. f. 1. Pano que cobra a mesa de jogo. 2. Jogo de azar. 3. Casa de jogo.

Carpetar, v. (ingl. *carpet* + *ar*). *Neol.* V. *atapetar*.

Carpete (*ê*), s. m. (ingl. *carpet*). *Neol.* V. *tapete*.

Carpetear, v. Intr. 1. Freqüentar carpetas. 2. Jogar em carpetas.

Carpição, s. f. Ação de carpir; carpa, capina.

Carpideira, s. f. 1. Mulher mercenária que pranteava os defuntos. 2. Lamúria, lamentação. 3. Mulher que anda sempre a lamentar-se. 4. Máquina para carpir plantações; capinadeira.

Carpido, adj. Lamentoso, lúgubre. S. m. Pranto lastimoso.

Carpidor, adj. e s. m. Que, ou o que executa a carpa; capinador.

Carpidura, s. f. V. *carpimento*.

Carpimento, s. m. 1. Ação de se carpir; lamentação 2. V. *carpição*.

Carpina, s. m. V. *carapina*.

Carpins, s. m. pl. Meias curtas (para homens ou crianças).

Carpintaria, s. f. 1. Obra, ofício, trabalho de carpinteiro. 2. Oficina de carpinteiro.

Carpinteiro, s. m. (l. *carpentariu*). Ocupação qualificada daquele que constrói, monta e repara armações em geral, móveis, portas, janelas, venezianas, batentes, portões, bancos e outras peças de madeira.

Carpintejar, v. 1. Tr. dir. Aparelhar (madeira) para obras. 2. Intr. Exercer o ofício de carpinteiro.

Carpir, v. (l. *carpere*). 1. Tr. dir. Arrancar (as barbas, os cabelos) em sinal de dor ou sentimento. 2. Tr. dir. e tr. ind. Chorar, lastimar, prantear. 3. Tr. ind., intr. e pron. Lamentar os desgostos próprios; lastimar-se, prantear-se. 4. Tr. dir. Arrancar, colher. 5. Tr. dir. e intr. Limpar o solo de vegetações baixas, com enxada ou carpideira. — Conjuga-se como *falir*.

Carpo[1], s. m. 1. *Anat.* e *Zool.* Esqueleto do punho, que consta de oito ossículos. 2. *Bot.* Qualquer fruto.

carpo-², elem. de comp. Exprime a idéia de *carpo, fruto: carpologia.*

Carpogônio, s. m. *Bot.* Porção portadora de ovos, com forma de frasco, nas talófitas.

Carpologia, s. f. *Bot.* Parte da Botânica que trata dos frutos.

Carpológico, adj. Relativo à carpologia.

Carqueja *(ê)*, s. f. 1. *Bot.* Nome de várias plantas medicinais da família das Compostas, especialmente *Baccharis genistelloides* e *B. articulada,* consideradas estomacais. 2. *Ornit.* Ave ralídea *(Fulica armillata).*

Carquilha, s. f. Dobra, prega, ruga.

Carrada, s. f. 1. Carga de um carro. 2. Porção de objetos que um carro transporta de uma vez. 3. Grande porção de qualquer coisa: *Carradas* de razão.

Carranca, s. f. (de *cara*). 1. Cara muito feia, que indica mau humor. 2. Máscara, caraça. 3. Ameaça de mau tempo: A *carranca* do céu. 4. *Náut.* Figura que orna a proa de embarcações. 5. Cara disforme, feita de metal, pedra etc., com que se adornam algumas construções.

Carrança, adj. e s., m. e f. Diz-se de, ou pessoa apegada ao passado.

Carrancismo, s. m. Qualidade de carrança; rotineirice.

Carrancudo, adj. 1. Que faz ou tem carranca. 2. De semblante carregado. 3. Que tem mau humor.

Carranquear, v, 1. Intr. Fazer carranca. 2. Intr. Estar carrancudo. 3. Tr. dir. Tornar carrancudo.

Carrapatal, s. m. Campo em que há muitos carrapatos.

Carrapateira, s. f. V. *mamoneiro.*

Carrapaticida, adj. m. e f. Que serve para matar carrapato. S. m. Preparado carrapaticida.

Carrapato, s. m. 1. *Zool.* Nome comum a vários aracnídeos da família dos Ixodideos, ectoparasitas dos animais em que se fixam, e de cujo sangue se alimentam 2. *Bot.* Semente da carrapateira; mamona. 3. Homem atarracado. 4. Pessoa importuna.

Carrapicho, s. m. 1. O atado de cabelo no alto da cabeça; birote, coque. 2. *Bot.* Nome comum a numerosíssimas plantas, cujos frutos se dividem em articulações, espinhentas ou pilosas, as quais aderem facilmente à roupa do homem e ao pêlo dos animais. 3. Cabelo de negro. 4. Negro.

Carraria, s. f. Conjunto de carros.

Carrascal, s. m. 1. Mata de carrasqueiros. 2. V. *carrasqueiro.* 3. Emaranhamento.

Carrascão, s. m. 1. Vinho forte e taninoso. 2. Vinho aguardentado, para se tornar forte.

Carrasco¹, s. m. (de *Carrasco,* n. p.). 1. Executor da pena de morte; algoz, verdugo. 2. Indivíduo tirano, cruel.

Carrasco², s. m. 1. V. *carrascal.* 2. Terreno frio, com vegetação fraca. 3. Caminho pedregoso.

Carrascoso, adj. Em que há vegetação de carrascos.

Carraspana, s. f. *Pop.* 1. Bebedeira. 2. Repreensão.

Carrasqueiro, s. m. V. *carrasco².*

Carreação, s. f. Ato ou efeito de carrear.

Carreador, s. m. V. *carreadouro.*

Carreadouro, s. m. 1. Caminho por onde passam carros. 2. Picada longa, na mata, para passagem de tropa arreada. 3. Caminho livre no cafezal.

Carrear, v. 1. Tr. dir. Conduzir em carro. 2. Intr. Guiar carros. 3. Tr. dir. Carregar. 4. Tr. dir. Causar, ocasionar. 5. Tr. dir. Arrastar.

Carregação, s. f. 1. Ação de carregar. 2. Carga. 3. Grande quantidade. 4. Irrupção simultânea de várias doenças venéreas. 5. Doença. 6. Qualquer coisa feita a pressa e mal acabada: Móveis de *c.*

Carregadeira, s. f. 1. *Náut.* Cabo delgado de colher e carregar as velas do navio. 2. Mulher que se ocupa em transportar fardos à cabeça. 3. Saúva obreira.

Carregado, adj. 1. Que recebeu carga. 2. Diz-se da atmosfera, quando apresenta nuvens grandes e escuras, que ameaçam tempestade.

Carregador, s. m. 1. Aquele que transporta carga. 2. Aquele que carrega bagagens de viajantes. 3. Dispositivo de carregar. 4. Pente de balas nas armas automáticas.

Carregamento, s. m. 1. Ato de carregar. 2. Aquilo que forma a carga. 3. Opressão, peso.

Carregar, v. (l. v. *carricare*). 1. Tr. dir. Pôr a carga dentro de ou sobre. 2. Tr. dir. Pesar sobre; sobrecarregar. 3. Tr. ind. Ter carga, suportar peso. 4. Tr. dir. Abastecer, alimentar, encher: *c.* a *fornalha.* 5. Tr. ind. e intr. Pôr em demasia. 6. Tr. dir. Conduzir. 7. Tr. dir. Acarretar, carrear. 8. Tr. dir. Encher, saturar. 9. Tr. dir. Meter a pólvora ou os projéteis em. 10. Tr. dir. Gravar, oprimir. 11. Tr. ind. e intr. Avançar impetuosamente. 12. Tr. ind. e intr. Assentar, firmar-se, pesar. 13. Tr. dir. e pron. Tornar(-se) sombrio ou severo. 14. Tr. dir. *Náut.* Colher (a vela). 15. Tr. dir. *Fís.* Acumular eletricidade em, renovar a carga de uma bateria. 16. Tr. dir. *Pint.* Tornar mais intensa, mais forte a tonalidade das cores.

Carrego *(ê)*, s. m. 1. Ato de carregar. 2. Carga ou fardo, que uma pessoa transporta. 3. Encargo de consciência. 4. Carga de peça de artilharia.

Carreira, s. f. (l. v. *carraria*). 1. Corrida veloz. 2. Caminho de carro. 3. Carreiro. 4. Trilha. 5. Curso, trajetória. 6. Caminho, fechado entre barreiras, para corridas de cavalos. 7. Corrida de cavalos. 8. Fileira, fiada; fila. 9. Profissão. 10. Esfera de atividade. 11. Meio ou modo de proceder. 12. O decurso da existência. 13. Espaço livre entre duas fileiras de plantações.

Carreirismo, s. m. *Neol.* Tendência ou modo de agir de quem, para conseguir bom êxito, lança mão de quaisquer processos.

Carreirista, s. m. e f. 1. Pessoa que aprecia ou freqüenta corridas de cavalos. 2. Pessoa que pratica o carreirismo.

Carreiro, adj. Relativo a carro de bois. S. m. 1. Condutor de carro de bois; candeeiro. 2. Caminho estreito. 3. Espaço entre fileiras de árvores. 4. Lugar da passagem habitual da caça. 5. Caminho habitual das formigas. 6. Fila de formigas.

Carreta *(ê)*, s. f. 1. Pequeno carro. 2. Viatura de artilharia. 3. Jogo dianteiro de instrumentos agrícolas (da charrua, p. ex.). 4. *Pop.* Jamanta.

Carretão, s. m. 1. *Ant.* Carreteiro, carroceiro. 2. Veículo próprio para transportar vagões de uma para outra via. 3. Veículo de duas rodas, que transporta toras de madeira. 4. Carro grande de transporte.

Carreteiro, s. m. Aquele que conduz carro ou carreta ou faz carretos.

Carretel, s. m. 1. Pequeno cilindro de madeira, plástico, papelão etc., com rebordos, para enrolar fios de linha, de arame etc. 2. Molinete de pesca. 3. *Náut.* Cilindro em que se enrolam linhas, cordas, cabos.

Carretilha, s. f. 1. Pequena roldana. 2. Instrumento terminado em uma roda denteada, e que, ao rodar, corta massa de pastéis, de biscoitos etc., sendo também usado em corte e costura, para marcar o pano. 3. Broca de ferreiro. 4. Pequena roda usada por sapateiros para criar efeitos decorativos. 5. Aparelho metálico da vara de pescar para lançamento e recolhimento da linha.

Carreto *(ê)*, s. m. 1. Ação de carretar. 2. Frete. 3. Preço do frete. 4. Carregamento. 5. *Mec.* Pinhão.

Carriça, s. f. *Ornit.* Pássaro brasileiro *(Troglodytes musculus)*, também chamado *corruíra, cambaxirra.*

Carril, s. m. 1. Sulco que fazem no solo as rodas do carro. 2. Caminho de carro. 3. Trilho de ferro.

Carrilhão, s. m. (fr. *carillon*). 1. Conjunto de sinos afinados com que se tocam peças de música. 2. *Fís.* Instrumento formado de campainhas e bolas metálicas e que ressoa sob a ação da eletricidade. 3. Relógio grande, de pedestal e pêndulo, com bela sonoridade.

Carrinho, s. m. 1. Pequeno carro. 2. *Esp.* Lance em que o futebolista se atira ao solo a fim de retirar com os pés a bola conduzida pelo adversário.

Carriola, s. f. Carro ordinário, pequeno, com duas rodas.

Carro, s. m. 1. Veículo de rodas, para transportar pessoas ou carga. Col. (quando unidos): *comboio, composição*; (quando em desfile): *corso*. 2. Vagão, nas estradas de ferro. 3. Veículo automóvel, viatura. 4. Carretel de linha. 5. *Tip.* Conjunto que leva a linha de matrizes do componedor à goela do elevador. 6. *Tecn.* Parte móvel de uma máquina de escrever, na qual se introduz o papel e que se desloca à medida que se produzem as batidas.

Carroça, s. f. 1. Carro grosseiro, de tração animal, para transportar cargas. 2. Pessoa lerda ou vagarosa. 3. *Pop.* Automóvel gasto; calhambeque.

Carroçada, s. f. Carga que uma carroça pode transportar de uma vez.

Carroção, s. m. 1. Grande carro de bois. 2. O seis duplo, no jogo do dominó. 3. Expressão aritmética ou algébrica de muitos termos.

Carroçaria, s. f. (fr. *carrosserie*). Estrutura de um veículo, montada sobre o chassi, onde são transportados o motorista, os passageiros ou a carga. Var.: *carroceria*.

Carroçável, adj. m. e f. Apropriado ao tráfego de carroças e outros veículos.

Carroceiro, s. m. 1. Condutor de carroça. 2. O que faz fretes com carroça. 3. Indivíduo grosseiro, mal-educado.

Carroceria, s. f. V. *carroçaria*.

Carrocinha, s. f. *Pop.* Veículo para recolhimento de cães vadios.

Carrossel, s. m. Maquinismo, comumente encontrado em parques de diversões, que consiste em uma plataforma circular com assentos, muitas vezes em forma de cavalos, que gira em torno de um centro fixo.

Carruagem, s. f. 1. Nome genérico de qualquer veículo. 2. Carro de caixa, sobre molas, com jogo dianteiro puxado por cavalos ou muares, destinado a transporte de pessoas.

Carta, s. f. 1. Escrito, fechado em envelope, que se dirige a alguém; epístola, missiva. Col.: *correspondência*; (quando manuscritas e em forma de livro): *cartapácio*; (quando geográficas): *atlas*. 2. Mapa geográfico ou topográfico. 3. Designação de diversos títulos ou documentos oficiais. 4. Cada uma das peças do jogo do baralho. 5. Diploma. 6. *Polít.* Estatuto, constituição. 7. *Náut.* e *Aeronáut.* Mapa que representa linhas de navegação sobre a Terra.

Cartabuxa, s. f. Escova de arame, usada por ourives e gravadores para brunir o metal.

Cartada, s. f. 1. Lance no jogo de cartas; jogada. 2. Empreendimento decisivo ou arriscado.

Cartaginês, adj. (l. *carthaginense*). Relativo a Cartago; púnico. S. m. O habitante ou natural de Cartago.

Cártamo, s. m. *Bot.* Planta herbácea composta *(Carthamus tinctorius)*, fornecedora da cartamina.

Cartão, s. m. 1. Papel espesso, para desenho ou pintura; cartolina, papelão. 2. Bilhete de visita. 3. Ingresso, senha. — *C. de crédito*: documento emitido por instituição financeira, com o qual seu titular pode ter compras e serviços debitados.

Cartapácio, s. m. 1. Carta grande. 2. Coleção de manuscritos em forma de livro. 3. Livro muito grande. 4. Pasta de papéis avulsos.

Cartaz, s. m. 1. Papel grande, com um ou mais anúncios, que se fixa em lugar público. 2. *Pop.* Popularidade, prestígio, notoriedade. 3. *Pop.* Sucesso.

Carte, s. m. (do ingl. *kart*). *Esp.* Pequeno veículo de quatro rodas, que aplica soluções típicas do automóvel e da motocicleta.

Carteado, adj. Diz-se de qualquer dos jogos de baralho. S. m. Jogo carteado.

Carteamento, s. m. Ação de cartear(-se); carteio.

Cartear, v. 1. Pron. Ter correspondência por cartas. 2. Intr. Dar cartas, no jogo de baralho. 3. Tr. dir. Jogar com cartas. 4. Tr. dir. *Náut.* Ler todos os números marcados por (a agulha). 5. Intr. *Náut.* Marcar na carta a posição do navio.

Carteio, s. m. V. *carteamento*.

Carteira, s. f. 1. Bolsa de couro ou matéria plástica, para guardar dinheiro ou papéis. 2. Livrinho de lembranças. 3. Escrivaninha, secretária; escrivaninha escolar com banco. 4. Nome das várias seções dos estabelecimentos de crédito (bancos, institutos, caixas econômicas). 5. Conjunto de títulos ou valores de que uma pessoa física ou jurídica dispõe. 6. Documentos pessoais em forma de cadernetas de capa resistente: *c. de* identidade.

Carteiro, s. m. (l. *chartariu*). 1. Funcionário que distribui a correspondência postal. 2. Condutor de malas postais.

Cartel, s. m. (ital. *cartello*). 1. Carta que contém um desafio, provocação ou repto. 2. Dístico, legenda. 3. *Econ.* Acordo entre empresas produtoras, as quais distribuem entre si os mercados, com monopólio, mas sem concorrência.

Cartela, s. f. Superfície lisa, num pedestal ou num ornato arquitetural, e reservada à inscrição de uma legenda; cártula.

Cárter, s. m. *Mec.* Invólucro metálico que encerra mecanismo de propulsão, de transmissão etc.

Cartesianismo, s. m. Sistema filosófico de Descartes, filósofo, físico e geômetra francês (1596-1650).

Cartesiano, adj. Relativo a Descartes, seus escritos, teorias ou métodos. S. m. Partidário do cartesianismo.

Cartilagem, s. f. (l. *cartilagine*). *Anat.* Tecido flexível, branco ou cinzento, que se encontra especialmente na extremidade dos ossos.

Cartilaginoso, adj. 1. Que tem cartilagem. 2. Que tem a natureza de cartilagem.

Cartilha, s. f. 1. Livrinho em que se aprende a ler. 2. Tratado elementar de qualquer arte, ciência ou doutrina.

Cartismo, s. m. *Esp.* Corrida disputada em cartes.

Cartista, s. m. e f. *Esp.* Pessoa que pratica o cartismo.

carto-, elem. de comp. (gr. *khartes*). Exprime a idéia de *carta, mapa geográfico: cartografia*.

Cartografia, s. f. Arte de compor cartas geográficas.

Cartográfico, adj. Relativo à cartografia.

Cartola, s. f. Chapéu com copa alta, cilíndrica, usado por homens com traje a rigor. S. m. 1. *Gír.* Indivíduo da alta sociedade; grã-fino. 2. *Gír. esportiva.* Maioral dos órgãos diretivos dos clubes futebolísticos.

Cartolina, s. f. Folha cuja espessura é intermediária entre a do papel e a do papelão.

Cartomancia, s. f. Adivinhação por meio de cartas de jogar.

Cartomante, adj. e s., m. e f. Diz-se da, ou a pessoa que pratica a cartomancia.

Cartonado, adj. Encadernado em cartão.

Cartonageiro, s. m. Fabricante de artefatos de cartão.

Cartonagem, s. f. 1. Artefato de cartão. 2. Confecção de artefatos de cartão. 3. Oficina onde se fazem trabalhos de cartonagem.

Cartonar, v. Tr. dir. Encadernar em cartão.

Cartorário, adj. Relativo a cartório. S. m. 1. Funcionário de cartório. 2. Livro de registro de documentos públicos.

Cartório, s. m. 1. Lugar onde se arquivam documentos de importância; arquivo. 2. Lugar onde funcionam os tabelionatos, os registros públicos etc.

Cartuchame, s. m. Provisão de cartuchos para armas de fogo.

Cartucheira, s. f. Bolsa de couro para cartuchos; canana; patrona.

Cartucho, s. m. (fr. *cartouche*). 1. Embalagem de papel ou cartão. 2. Tubo de metal, cartão, ou uma combinação de ambos, que contém a carga de projeção de uma arma de fogo. 3. *Pop.* Proteção, pistolão.

Cártula, s. f. (b. l. *chartula*). Parte de um monumento, que imita uma folha de papel com letreiro ou dístico.

Cartulário, s. m. (b. l. *chartulariu*). *Ant.* Registro dos títulos relativos aos direitos temporais de um convento, igreja ou corporação religiosa.

Cartum, s. m. (ingl. *cartoon*). Desenho que se presta à caricatura apresentando uma situação humorística, com ou sem legendas, em geral destinado à publicação em jornais e revistas.

Cartunista, s. m. e f. Pessoa que faz cartum.

Cartusiano, adj. Dos cartuxos ou a eles relativo.

Cartuxa, s. f. Ordem religiosa muito austera, fundada por São Bruno em 1084.

Cartuxo, adj. Relativo à Cartuxa. S. m. Frade da ordem cartuxa.

Caruana, s. f. *Folc.* Ente da mitologia indígena, de gênio benfazejo e serviçal.

Carunchar, v. Intr. Encher-se de caruncho, ser atacado pelo caruncho.

Carunchento, adj. V. *carunchoso.*

Caruncho, s. m. 1. *Entom.* Inseto coleóptero pentâmero, que corrói madeira, feijão armazenado etc. reduzindo-os a pó; carcoma. 2. O pó que resulta da ação desses insetos. 3. Tudo que destrói lentamente. 4. Velhice. 5. Raça de porcos.

Carunchoso, adj. 1. Que tem caruncho. 2. Carcomido. 3. Abatido, velho. 4. Arruinado.

Carúncula, s. f. 1. Excrescência carnosa que se nota na base do bico de certas aves, como o peru, ou sobre o próprio bico, como no pombo. 2. *Bot.* Excrescência mamilar, no ponto em que algumas sementes aderem à placenta, como na mamona.

Caruru, s. m. Denominação comum a várias plantas amarantáceas, cujas folhas, verdes, são muito usadas na culinária.

Carvalhal, s. m. Mata de carvalhos.

Carvalheiro, s. m. 1. Carvalho novo. 2. Bordão de carvalho.

Carvalhinha, s. f. *Bot.* Planta labiada aquática *(Teucrium chamaedrys).*

Carvalho, s. m. *Bot.* 1. Grande árvore amentácea, que produz a bolota e cuja madeira é muito empregada em construções *(Quercus robur).* 2. Madeira desta árvore. Col. (quando já crescidos, mas ainda não adultos): *malhada.*

Carvão, s. m. (l. *carbone*). 1. Substância combustível, de alto teor de carbono, resultante de combustão parcial de matérias orgânicas, animais, vegetais ou minerais. 2. Pedaço de madeira mal queimada.

Carvoaria, s. f. 1. Estabelecimento em que se faz ou vende carvão vegetal. 2. Depósito de carvão. 3. Estabelecimento que vende carvão.

Carvoeira, s. f. V. *carvoaria,* acep. 2.

Carvoeiro, s. m. Fabricante ou vendedor de carvão.

Carvoejar, v. Intr. 1. Fazer carvão vegetal. 2. Negociar em carvão.

Carvoento, adj. Que tem o aspecto do carvão.

Cãs, s. f. pl. Cabelos brancos.

Casa, s. f. 1. Nome comum a todas as construções destinadas a moradia. 2. Moradia, residência, vivenda. Col.: *casaria, casario, taba* (para casas de índios); *quarteirão, quadra* (quando reunidas em quadrado). 3. Estabelecimento, firma comercial. 4. Família: *C.* de Bragança. 5. Abertura em que entram os botões do vestuário. 6. Lugar ocupado por um algarismo em relação a outro.

Casaca, s. f. 1. Peça de vestuário cerimonioso, masculino, com duas abas que se prolongam da cintura para trás. 2. *Fam.* Descompostura, repreensão.

Casaco, s. m. 1. Peça de vestuário com mangas, abotoada na frente, e que cobre o busto e os quadris. 2. Paletó.

Casadeiro, adj. V. *casadouro.*

Casado, adj. 1. Ligado por casamento. 2. Combinado, harmonioso.

Casadouro, adj. Em idade de casar; casadeiro.

Casal, s. m. 1. Pequeno povoado; lugar de poucas casas. 2. Par de macho e fêmea. 3. Homem e mulher, unidos pelo matrimônio ou acidentalmente em dança, passeio etc.

Casalar, v. V. *acasalar.*

Casalejo *(ê),* s. m. 1. Lugarejo pequeno. 2. Casa rústica.

Casamata, s. f. 1. Subterrâneo abobadado, que encerra uma bateria. 2. Abrigo subterrâneo.

Casamenteiro, adj. 1. Que trata de casamentos, que arranja casamentos. 2. Relativo a casamento.

Casamento, s. m. 1. União legítima de homem e mulher. 2. Cerimônia ou festa em que se celebra esta união. 3. União, combinação, aliança.

Casar, v. 1. Tr. dir. Ligar pelo casamento, promover o casamento de. 2. Tr. dir. Realizar o casamento de. 3. Tr. dir. e pron. Aliar(-se), ligar(-se). 4. Tr. dir. Pôr em harmonia. 5. Pron. Combinar-se. 6. Tr. dir. Colocar junto (o dinheiro das apostas).

Casarão, s. m. Aum. de *casa*; casa grande.

Casaria, s. f. Agrupamento ou série de casas; casario.

Casario, s. m. V. *casaria.*

Casca, s. f. 1. Invólucro externo de plantas, frutos, ovos, tubérculos, sementes etc. 2. Exterioridade, aparência. Adj. e s. m. Avarento, sovina. — *C.-grossa*: pessoa grosseira, mal-educada.

Cascabulho, s. m. 1. Casca da glande, da castanha e de várias sementes. 2. Montão de cascas.

Cascaburrento, adj. Áspero, rugoso.

Cascalhada, s. f. Cachinada, gargalhada.

Cascalheira, s. f. 1. Terreno onde se ajunta cascalho; terreno de aluvião. 2. Lugar de onde se retira cascalho.

Cascalhento, adj. Em que há muito cascalho.

Cascalho, s. m. 1. Lascas de pedra; pedra britada. 2. Aluviões auríferas ou diamantíferas.

Cascalhoso, adj. V. *cascalhento.*

Cascão, s. m. 1. Casca dura e grossa. 2. Crosta. 3. Camada pedregosa, ainda não petrificada. 4. Crosta endurecida de argila seca ao sol. 5. Camada de sujeira, na pele de uma pessoa. 6. *Pop.* Crosta de ferida.

Cascar, v. (l. v. **quassicare*). 1. Tr. dir. Bater, pespegar. 2. Tr. dir. Tirar a casca a; descascar. 3. Tr. ind. Dar pancadas.

Cáscara, s. f. Cobre em bruto.

Cascaria, s. f. 1. Porção de pipas ou cascos para vinho. 2. Os cascos dos pés dos animais.

Cascarria, s. f. Excremento seco, que se apega à lã das ovelhas ou ao pêlo de outros animais.

Cascata, s. f. Queda de água, natural ou artificial.

Cascatear, v. Intr. Cair (o rio) em forma de cascata.

Cascavel, s. f. e m. Guizo. S. f. *Herp.* Nome comum a numerosas víboras do Novo Mundo, da família dos Crotalídeos, que se caracterizam por uma série de anéis córneos enfileirados na parte terminal da cauda, os quais, como um guizo, produzem um som chocalhante quando vibrados.

Casco, s. m. 1. Casca. 2. Crânio. 3. Couro cabeludo, pele da cabeça. 4. Inteligência, juízo. 5. Quilha e costado da embarcação. 6. Vasilhame para bebidas. 7. Envoltório córneo dos pés de vários paquidermes ungulados (eqüídeos, bovídeos etc.). 8. Espécie de capacete.

Cascoso[1], adj. *(casca + oso).* Cascudo.

Cascoso[2], adj. *(casco + oso).* 1. Relativo a casco. 2. Que tem grandes cascos.

Cascudo, adj. Que tem casca grossa ou pele dura. S. m. 1. Pancada na cabeça, especialmente com os nós dos dedos; carolo, coque. 2. Bofetada, soco. 3. *Ictiol.* Nome comum a vários peixes fluviais sul-americanos, loricariídeos, cujo corpo é revestido de placas ósseas.

Caseação[1], s. f. (l. *caseu*). Transformação do leite em queijo.

Caseação[2], s. f. *(casear + ação).* Ação de casear.

Caseadeira, s. f. 1. Mulher que faz casas de botões. 2. Máquina de casear.

Casear, v. Tr. dir. e intr. Abrir e pontear casas para os botões de (vestuário).

Casebre *(é),* s. m. 1. Casa pequena e velha ou em ruínas. 2. Casa pobre, humilde. 3. Cabana, choça.

casei- *(e-i),* elem. de comp. (l. *caseu*). Exprime a idéia de queijo, leite: *caseiforme.*

Caseificação *(e-i),* s. f. 1. Transformação em caseína. 2. Precipitação da caseína no leite.

Caseificar *(e-i),* v. 1. Tr. dir. Efetuar a caseificação de. 2. Intr. Tornar-se caseoso. 3. Intr. Passar por caseificação.

Caseiforme *(e-i),* adj. m. e f. Que tem a aparência ou consistência do queijo.

Caseína, s. f. Cada uma de várias fosfoproteínas, características do leite dos mamíferos.

Caseiro, adj. 1. Relativo a casa; doméstico. 2. Feito em casa. 3. Que se usa dentro de casa. 4. Amigo de viver em casa. 5. Que se cria em casa. 6. Modesto, simples. S. m. O que se encarrega da guarda e conservação de casa de campo.

Caserna, s. f. 1. Habitação de soldados, dentro de quartel ou praça. 2. Vida militar.
Casimira, s. f. Tecido de lã, encorpado, para vestuário.
Casinhola, s. f. Casa pequena e pobre. Var.: *casinholo.*
Casinhota, s. f. V. *casinhola.* Var.: *casinhoto.*
Casmurrice, s. f. Qualidade, ato ou dito de casmurro.
Casmurro, adj. 1. Cabeçudo, teimoso. 2. Calado, sorumbático, triste. S. m. 1. Indivíduo teimoso. 2. Homem calado e metido consigo.
Caso, s. m. (l. *casu*). 1. Acontecimento, fato, ocorrência. 2. Eventualidade, hipótese. 3. Circunstância. 4. Dificuldade. 5. Acaso, casualidade. 6. Apreço, estima. 7. Manifestação individual de uma doença: *C.* de peste. 8. *Gram.* Desinência de nomes e pronomes, em algumas línguas. 9. Conto, história. 10. Aventura amorosa. 11. *Pop.* Desavença, motim, sururu.
Casório, s. m. *Pop.* Casamento.
Caspa, s. f. Pequenas escamas que se criam na pele da cabeça e de outras partes do corpo; carepa.
Caspento, adj. 1. Cheio de caspa. 2. Que cria caspa.
Casqueiro[1], s. m. *(casca+eiro).* 1. Lugar em que se descasca a madeira para a serrar. 2. Sambaqui.
Casqueiro[2], s. m. *(casco + eiro).* Operário que prepara os cascos dos animais para a ferragem.
Casquejar, v. Intr. 1. Criar novo casco. 2. Cicatrizar.
Casquete *(ê),* s. m. (fr. *casquette*). 1. Pequena cobertura para a cabeça. 2. Barrete, carapuça.
Casquilha, s. f. 1. Pequena casca. 2. Pedaço de casca.
Casquilhada, s. f. Bando de casquilhos.
Casquilhar, v. Intr. 1. Ser casquilho; ataviar-se com exagero. 2. Aperaltar-se, janotar.
Casquilhice, s. f. 1. Traje de casquilho. 2. Garridice.
Casquilho, adj. 1. Que se atavia com exagero. 2. Janota, almofadinha, taful. S. m. Indivíduo casquilho.
Casquinar, v. Intr. Soltar (pequenas risadas sucessivas, de escárnio).
Casquinha, s. f. Casca delgada; película.
Tirar uma c.: tirar uma vantagem.
Cassação, s. f. Ato ou efeito de cassar.
Cassar, v. Tr. dir. Tornar nulo ou sem efeito; anular.
Cassete, s. m. (fr. *cassette*). 1. Estojo ou caixa equipado com filmes, fitas ou discos magnéticos prontos para entrar em funcionamento. 2. O gravador ou filme que utiliza este sistema.
Cassetete *(têté),* s. m. (fr. *casse-tête).* Cacete curto, com argola de couro de um lado e castão metálico do outro.
Cássia, s. f. *Bot.* Gênero *(Cassia)* de plantas da família das Leguminosas, a que pertencem as acácias.
Cassino, s. m. Casa ou lugar de reunião para jogar, dançar etc.
Cassiterita, s. f. *Miner.* Bióxido natural de estanho, de cor marrom ou preta.
Casta, s. f. 1. Classe social distintamente separada das outras por diferenças de riqueza, posição social etc. 2. Qualidade, natureza, gênero.
Castanha, s. f. (l. *castanea*). 1. Fruto do castanheiro e de outras árvores. Col.: *magusto* (castanhas assadas). 2. Rolo de cabelo.
Castanhal, s. m. Mata ou conjunto de castanheiros.
Castanheira, s. f. *Bot.* V. *castanheiro.*
Castanheiro, s. m. *Bot.* 1. Nome comum a várias espécies do gênero *Castanea,* sobretudo das espécies *Castanea sativa, C. vesca* e *C. vulgaris,* que produzem as castanhas comuns.
Castanheta *(ê),* s. f. Estalo que se dá com as pontas dos dedos médio e polegar. S. f. pl. V. *castanholas.*
Castanho, adj. Da cor da castanha, marrom. S. m. A cor da castanha.
Castanholar, v. 1. Tr. dir. Fazer soar como castanholas. 2. Intr. Tocar castanholas.
Castanholas, s. f. pl. *Mús.* Instrumento de percussão que consiste em duas peças de madeira ou de mármore, arredondadas e côncavas, e que podem ser batidas uma contra outra. V. *castanheta,* acepção 2.
Castão, s. m. Ornato ou remate superior das bengalas.
Castelania, s. f. Jurisdição de castelão.
Castelão, s. m. (l. *castellanu*). Governador de castelo. Fem.: *casteloa, castelana.*
Casteleiro, adj. Relativo a castelo. S. m. Senhor de castelo.
Castelhanismo, s. m. *Lingüíst.* 1. Locução própria da região de Castela. 2. Espanholismo.
Castelhano, adj. Relativo a Castela (Espanha). S. m. 1. Dialeto de Castela. 2. A língua espanhola. 3. O habitante ou natural de Castela. 4. *Reg.* O natural do Uruguai ou da Argentina.
Castelo, s. m. 1. Residência senhorial fortificada. 2. Fortaleza com barbacã, fosso, muralha, torres etc. 3. Lugar de defesa. 4. Construção elevada.
Castiçal, s. m. Utensílio com bocal para fixação de vela de alumiar.
Castiçar, v. Tr. dir. e intr. Juntar(-se) (macho e fêmea) para a reprodução.
Casticismo, s. m. 1. Qualidade de castiço. 2. Pureza de linguagem.
Castiço, adj. 1. De casta, de boa qualidade ou raça. 2. Diz-se da linguagem não viciada, pura.
Castidade, s. f. (l. *castitate*). 1. Qualidade de casto. 2. *Teol.* Abstinência total dos prazeres sensuais.
Castigar, v. 1. Tr. dir. Aplicar castigo, dar castigo a; punir. 2. Tr. dir. Admoestar, advertir, repreender. 3. Tr. dir. Fazer sofrer. 4. Pron. Penitenciar-se.
Castigo, s. m. 1. Sofrimento corporal ou moral infligido a um culpado. 2. Pena, punição. 3. Importunação, mortificação, ralação. 4. Admoestação.
Castina, s. f. Carbonato calcário que, no processo de fusão em altos-fornos, se junta ao minério de ferro.
Casto, adj. 1. Que se abstém de quaisquer relações sexuais. 2. Que se abstém de relações sexuais ilegítimas. 3. Puro.
Castor, s. m. 1. *Zool.* Grande mamífero roedor, semi-aquático *(Castor fiber).* 2. O pêlo desse animal.
Castóreo, s. m. Substância untuosa, acastanhada, com cheiro forte, penetrante, segregada por glândulas do períneo do castor.
Castorina, s. f. Tecido de lã leve e sedoso.
Castração, s. f. Ato ou efeito de castrar.
Castrado, adj. e s. m. Que, ou aquele que não pode reproduzir por efeito da castração; capado.
Castrametação, s. f. Arte de assentar acampamentos.
Castrametar, v. Tr. dir. *Mil.* 1. Acampar em. 2. Fortificar.
Castrar, v. Tr. dir. 1. Extrair os órgãos da reprodução animal (testículos ou ovários); capar. 2. Impedir de ser profícuo.
Castrense, adj. m. e f. 1. Relativo a acampamento militar. 2. Referente ao serviço militar.
Casual, adj. m. e f. Que depende do acaso; acidental, fortuito.
Casualidade, s. f. Qualidade de casual; acaso, eventualidade.
Casuarina, s. f. *Bot.* Nome comum a várias árvores ornamentais, australianas.
Casuísmo, s. m. 1. Aceitação passiva de idéias, princípios ou doutrinas. 2. Explicação doutrinária ou moral por meio de casos. 3. Conjunto de medidas que, no campo do direito e da moral, buscam beneficiar concretamente pessoas ou situações, sem aplicação de preceitos gerais.
Casuísta, s. m. e f. Pessoa que pratica o casuísmo ou a casuística.
Casuística, s. f. Parte da teologia que estuda os casos da consciência, segundo as regras da religião e da razão.
Casuístico, adj. Relativo ao casuísmo ou à casuística.
Casula, s. f. *Liturg.* Veste de sacerdotes e bispos, que se põe sobre a alva e a estola.
Casulo, s. m. 1. *Bot.* Cápsula que envolve as sementes; capulho. 2. *Entom.* Invólucro construído pela lagarta do bicho-da-seda e outras.
Casuloso, adj. 1. Que tem casulos. 2. Semelhante a casulo.
Cata[1], s. f. (de *catar*). 1. Busca, procura. 2. Lugar cavado para mineração. 3. Ato ou efeito de catar.
cata-[2], pref. (gr. *kata*). Indica a idéia de *embaixo, para baixo, contra: cataplasia.*

Catabolismo, s. m. *Fisiol.* Parte do metabolismo em que predominam reações químicas de decomposição, em geral acompanhadas de libertação de energia e das quais resultam produtos de excreção; metabolismo destrutivo. Antôn.: *anabolismo.*

Cataclísmico, adj. Relativo a cataclismo.

Cataclismo, s. m. 1. Transformação geológica. 2. Grande inundação. 3. Grande revolução social. 4. Derrocada, desastre.

Catacrese, s. f. *Gram.* Figura que consiste no emprego de um termo figurado por falta de termo próprio: *Cabeceira* do rio. *Barriga* da perna.

Catacumba, s. f. Nome dos subterrâneos, em Roma, que serviam para reuniões secretas dos primeiros cristãos e para sepultamento de seus mortos.

Catacústica, s. f. *Fís.* Estudo da reflexão do som.

Catadeira, s. f. 1. Mulher que cata. 2. Máquina que separa grãos por tamanho.

Catádromo, adj. e s. m. Diz-se do, ou o peixe de rio, que, na época da reprodução, passa para o mar, como, p. ex., as enguias. Antôn.: *anádromo.*

Catadupa, s. f. Cachoeira, catarata, queda de água.

Catadupejar, v. Intr. Cair em catadupa.

Catadura, s. f. 1. Aparência, aspecto. 2. Disposição de espírito. 3. Expressão do semblante.

Catafalco, s. m. Essa aparatosa em que se coloca o féretro.

Catáfora, s. f. *Med.* Sonolência mórbida, sem febre nem delírio.

Cataforese, s. f. *Med.* Introdução de partículas carregadas, ou íons, no tecido, por meio da eletricidade.

Catalão, adj. (cat. *catalán).* Relativo à Catalunha (Espanha). S. m. 1. O habitante ou natural da Catalunha. 2. Língua da Catalunha. Fem.: *catalã.* Pl.: *catalães.*

Cataléctico, adj. *Metrif.* Diz-se do verso grego ou latino que termina por um pé incompleto. S. m. Esse verso.

Catalepsia, s. f. *Med.* Síndrome nervosa, de índole histérica, caracterizada pela suspensão total ou parcial da sensibilidade externa e dos movimentos voluntários e, principalmente, por extrema rigidez muscular.

Cataléptico, adj. *Med.* Relativo à catalepsia. S. m. Indivíduo atacado de catalepsia.

Catalisação, s. f. *Quím.* Ato ou efeito de catalisar.

Catalisador, s. m. *Quím.* Substância que produz catálise.

Catalisar, v. Tr. dir. *Quím.* Produzir catálise em.

Catálise, s. f. *Quím.* Fenômeno que causa uma reação química ou a alteração de sua velocidade pela adição de uma substância (catalisador), que aparece inalterada quimicamente no fim da reação.

Catalítico, adj. *Quím.* Relativo à catálise.

Catalogação, s. f. Ato ou efeito de catalogar.

Catalogar, v. Tr. dir. Enumerar, inventariar, relacionar em catálogo: *C. livros.*

Catálogo, s. m. Relação descritiva, sumária, geralmente em ordem alfabética, de coisas ou pessoas.

Catamenial, adj. m. e f. Relativo ao catamênio.

Catamênio, s. m. V. *mênstruo.*

Catana, s. f. Espada japonesa, curva e larga.
Meter a c.: falar mal de.

Catanduva, s. f. 1. *Bot.* Árvore leguminosa-mimosácea *(Piptadenia moniliformis),* de flores amarelas em espigas. 2. Mato espinhoso e rasteiro, que nasce em terrenos impróprios para cultura. Var.: *catanduba.*

Cataplasia, s. f. *Biol.* Alteração regressiva nas células.

Cataplasma, s. f. *Med.* Massa medicamentosa, que se aplica sobre a pele diretamente ou entre dois panos.

Catapléctico, adj. *Med.* Relativo à cataplexia.

Cataplexia *(cs),* s. f. *Med.* e *Zool.* Estado de imobilidade e rigidez, observado em alguns animais e no homem, causado pela perda repentina do tono muscular, ocasionando queda, sem perda da consciência, provocado por uma emoção.

Cataporas, s. f. pl. V. *varicela.*

Catapulta, s. f. Antigo engenho de guerra, movido por cordas, para arremessar pedras e outros projéteis.

Catar, v. (l. *captare).* 1. Tr. dir. Buscar, pesquisar. 2. Tr. dir. e pron. Buscar e matar os parasitos capilares a, ou em si próprio. 3. Tr. dir. Recolher um por um. 4. Tr. dir. Examinar atentamente.

Catarata, s. f. 1. Grande massa de água de um rio ou lago, que se precipita de grande altura. 2. *Med.* Opacidade parcial ou total do cristalino, ou da sua membrana, que impede a chegada dos raios luminosos à retina.

Catarinense, adj. m. e f. Relativo ao Estado de Santa Catarina. S. m. e f. Pessoa natural ou habitante de Santa Catarina.

Catarral, adj. m. e f. Relativo a catarro. S. m. e f. Bronquite aguda.

Catarreira, s. f. *Fam.* Grande defluxo.

Catarrento, adj. 1. Que tem catarro. 2. Propenso ao catarro.

Catarríneo, adj. e s. m. V. *catarrino.*

Catarrino, adj. *Zool.* Relativo aos Catarrinos. S. m. pl. Em muitas classificações, divisão *(Catarrhina)* dos Antropóides que compreende os macacos do Velho Mundo, os primatas superiores e o homem, todos com septo estreito e narinas dirigidas para baixo.

Catarro, s. m. *Med.* Inflamação das membranas mucosas no estado agudo ou crônico, acompanhada de hipersecreção das glândulas da região afetada.

Catarroso, adj. Catarrento.

Catártico, adj. *Farm.* Diz-se do medicamento de efeito mais enérgico que os laxantes e menos que os drásticos. S. m. *Farm.* Medicamento com essas propriedades.

Catástase, s. f. 1. Compleição. 2. Temperamento. 3. A terceira parte das tragédias gregas.

Catástrofe, s. f. 1. Desfecho de drama trágico no último ato. 2. Grande desgraça.

Catastrófico, adj. Relativo a, ou que tem caráter de catástrofe.

Catatau, s. m. *Pop.* 1. Berreiro, discussão. 2. Castigo, pancada. 3. Indivíduo de baixa estatura. Adj. Baixo, pequeno.

Catatonia, s. f. *Med.* Forma de esquizofrenia caracterizada por catalepsia, melancolia e depressão física.

Catatraz!, interj. Imitativa do som de uma queda ou pancadaria.

Cata-vento, s. m. 1. Bandeirinha de metal que, enfiada numa haste e colocada em lugar alto, indica a direção dos ventos. 2. Pessoa inconstante e volúvel. 3. Moinho de vento que puxa água.

Catecismo, s. m. 1. Compêndio elementar de instrução religiosa. 2. Doutrinação elementar sobre qualquer ciência ou arte.

Catecumenato, s. m. Estado ou tempo de catecúmeno.

Catecúmeno, s. m. Pessoa que se prepara e instrui, para receber o batismo; neófito, noviço.

Cátedra, s. f. (l. *cathedra).* 1. Cadeira de professor de nível universitário e cargo que lhe corresponde. 2. A disciplina ministrada por professor dessa categoria. 3. Cadeira pontifícia.

Catedral, s. f. Igreja episcopal de uma diocese.

Catedrático, adj. 1. Diz-se do lente efetivo de escola superior. 2. Relativo à cátedra. 3. Grave, doutoral: Maneiras *catedráticas.* S. m. Professor titular de curso superior.

Categoria, s. f. 1. *Filos.* Cada uma das classes em que se dividem as idéias ou os termos. 2. Classe, grupo, série. 3. Gradação em uma hierarquia. 4. Posição social.

Categórico, adj. 1. Relativo a categoria. 2. Claro, definido, positivo.

Categorizado, adj. 1. Ordenado em categorias. 2. Que tem categoria. 3. De alta categoria; importante; abalizado.

Categorizar, v. Tr. dir. Dispor, distribuir por categorias.

Categute, s. m. (ingl. *catgut). Cir.* Fio animal, feito de tripa de carneiro, gato ou lebre e usado nas ligaduras e suturas cirúrgicas.

Catênula, s. f. Pequena cadeia.

Catenulado, adj. Em forma de catênula.

Catequese, s. f. 1. Instrução metódica e oral sobre religião. 2. Doutrinação.

Catequético, adj. Relativo a catequese.

Catequista, s. m. e f. V. *catequizador.*

Catequização, s. f. Ato ou efeito de catequizar; doutrinação.
Catequizador, adj. e s. m. Que, ou aquele que catequiza; catequista.
Catequizar, v. Tr. dir. 1. Instruir em matéria religiosa. 2. Doutrinar sobre questões sociais. 3. Procurar convencer; aliciar.
Cateretê, s. m. *Folc.* Dança de origem ameríndia. Consiste em cantos, sapateados e palmas ao som de viola.
Caterético, adj. Fracamente cáustico.
Caterpilar, s. m. *Angl.* Esteira rolante de metal que substitui as rodas em certos tratores; lagarta.
Caterva, s. f. 1. Grande número de pessoas ou animais. 2. Bando de vadios; súcia, malta.
Catete *(ê)*, s. m. Variedade de milho miúdo; batité, cateto.
Cateter *(tér)*, s. m. *Cir.* e *Med.* Instrumento tubular, que é introduzido em canais, vasos ou cavidades do corpo para a retirada ou injeção de líquidos; sonda.
Cateterismo, s. m. *Med.* 1. Sondagem por meio do cateter. 2. Qualquer sondagem cirúrgica.
Cateto[1] *(ê)*, s. m. 1. V. *catete.* 2. *Zool.* O mesmo que *caititu.*
Cateto[2] *(é)*, s. m. (gr. *kathetos*). *Geom.* Cada um dos lados do ângulo reto no triângulo retângulo.
Catetômetro, s. m. *Fís.* Instrumento com que se medem pequenas extensões verticais.
Catilinária, s. f. Acusação enérgica e eloqüente como as que Cícero proferiu contra Catilina.
Catimba, s. f. *Pop.* Astúcia, manha.
Catimbau, s. m. 1. Homem ridículo. 2. Cachimbo usado no catimbó.
Catimbó, s. m. *Folc.* Resto deturpado de antiga feitiçaria européia; baixo espiritismo.
Catimbozeiro, s. m. Aquele que se entrega à prática do catimbó.
Catimplora, s. f. 1. Vaso de metal para resfriar líquidos. 2. Almotolia de bico estreito e comprido. 3. Sifão para trasfegar líquido. 4. Vaso para conduzir garapa, mel, melado.
Catimpuera, s. f. Bebida fermentada, feita de aipim cozido e peneirado, de mistura com água e mel de abelhas.
Catinga[1], s. f. *Bot.* V. *caatinga.*
Catinga[2], s. f. 1. Odor forte e desagradável que exala do corpo humano. 2. Emanação que se desprende de um animal, ou mesmo do lugar por ele freqüentado; bodum, fartum.
Catingal, s. m. Larga extensão de catinga.
Catingante, adj. m. e f. V. *catingoso.*
Catingar, v. Intr. Exalar mau cheiro; feder.
Catingoso, adj. Que exala mau cheiro; catingante, catinguento.
Catingueira, s. f. 1. *Bot.* Pequena árvore brasileira *(Caesalpinia pyramidalis)*, que vega nas caatingas. 2. *Entom.* Formiga grande e preta *(Euponera marginata)*; mata-cobra.
Catingueiro, adj. Que habita as caatingas, S. m. 1. Habitante das caatingas. 2. *Zool.* Espécie de veado *(Mazama simplicicornis)*.
Catinguento, adj. V. *catingoso.*
Catíon, s. m. *Fís.* Íon carregado de eletricidade positiva (átomo que perdeu elétrons) e que, na eletrólise de um corpo químico, aparece no pólo negativo.
Catira, s. f. V. *cateretê.*
Catita, adj. m. e f. *Fam.* 1. Casquilho, enfeitado, garrido. 2. Airoso, elegante, formoso.
Catitice, s. f. V. *catitismo.*
Catitismo, s. m. Elegância no trajar; catitice.
Cativante, adj. m. e f. Que cativa; sedutor, atraente. Que cativa.
Cativar, v. (l. *captivare*). 1. Tr. dir. e pron. Tornar(-se) cativo; prender(-se). 2. Tr. dir. Granjear a estima ou simpatia de. 3. Tr. dir. Atrair; encantar, seduzir. 4. Pron. Enamorar-se.
Cativeiro, s. m. 1. Estado ou caráter de cativo. 2. Escravidão, servidão. 3. Opressão, tirania.
Cativo, adj. (l. *captivu*). 1. Que não goza de liberdade; preso, prisioneiro. 2. Prisioneiro de guerra. 3. Obrigado à escravidão. 4. Atraído, seduzido. S. m. 1. Indivíduo cativo. 2. Escravo.
Catódico, adj. Relativo ao cátodo. — *Raios c.*: raios invisíveis que penetram os corpos opacos.
Cátodo, s. m. *Fís.* Elétrodo ou pólo negativo de um circuito galvânico.
Catolé, s. m. V. *catulé.*
Catolicidade, s. f. 1. Caráter da Igreja Católica. 2. Qualidade de ser católico. 3. A totalidade dos povos que professam a religião católica.
Catolicismo, s. m. A fé ou a religião católica.
Católico, adj. 1. Universal. 2. Pertinente à religião católica. 3. Que professa o catolicismo. S. m. O que segue a religião católica.
Catolização, s. f. Ato ou efeito de catolizar.
Catolizar, v. Tr. dir. Tornar católico.
Catombo, s. m. Calombo, inchaço, tumor.
Catoniano, adj. Próprio de catão, ou do censor romano Catão; austero.
Catonismo, s. m. 1. Qualidade de catão. 2. Austeridade, ordinariamente afetada.
Catópode, adj. m. e f. *Ictiol.* Que tem barbatanas no ventre.
Catóptrica, s. f. *Fís.* Parte da óptica que estuda as propriedades e os fenômenos da luz refletida.
Catóptrico, adj. *Fís.* Relativo à catóptrica.
Catorze, num. e s. m. Dez mais quatro. Var.: *quatorze.*
Catrabucha, s. f. Escova de fios de metal para dar lustro, usada em ourivesaria.
Catraca, s. f. *Mec.* Roda com dentes inclinados, nos quais engata uma garra com o fim de rodá-la para um dos lados, evitando a rotação em sentido contrário; roquete.
Catrafilar, v. Tr. dir. *Pop.* Agarrar, prender, encarcerar.
Catraia, s. f. 1. Pequeno barco, tripulado por um homem. 2. Prostituta de baixa classe.
Catraieiro, s. m. Tripulante de uma catraia; barqueiro.
Catrâmbias, s. f. pl. Cambalhotas. Interj. *Fam.* Bolas!, cebolório!
De c.: de pernas para o ar.
Catrapus, s. m. *Onom.* O galopar do cavalo. Interj. Imitativa do galopar do cavalo ou de queda ruidosa.
Catre, s. m. 1. Cama pobre e tosca. 2. Caminha dobradiça. 3. Cama de viagem.
Catuaba, s. f. *Bot.* 1. Planta bignoniácea *(Anemopaegma glaucum)*. 2. Arbusto euforbiáceo, também chamado *pérola-vegetal (Phyllanthus nobilis)*.
Catulé, s. m. *Bot.* 1. Palmeira silvestre do Brasil, de cuja amêndoa se extrai óleo *(Rhapis pyramidata)*. 2. Fruto dessa árvore.
Cátulo, s. m. *Poét.* Cãozinho.
Catumbi, s. m. 1. Certo jogo de azar. 2. Espécie de dança.
Caturra, adj. m. e f. 1. De mentalidade estreita. 2. Aferrado a idéias e costumes antiquados. 3. Diz-se de variedades de café e de bananas. S. m. e. f. Pessoa caturra.
Caturrar, v. Intr. 1. Mostrar-se caturra. 2. Dar balanços longitudinais. 3. *Náut.* Mergulhar a proa, no balanço longitudinal.
Caturreira, s. f. V. *caturrice.*
Caturrice, s. f. 1. Qualidade de caturra. 2. Ação de caturra.
Caturrismo, s. m. V. *caturrice.*
Caturrita, s. f. *Ornit.* Ave da família dos Psitacídeos *(Myiopsitta monachus monachus)*.
Caturritar, v. Intr. Falar muito, palrar, tagarelar.
Cauã, s. m. *Ornit.* V. *acauã.*
Cauaba, s. f. Vasilha em que se põe o cauim.
Cauaçu *(a-u)*, s. m. *Bot.* Arbusto poligonáceo *(Coccoloba latifolia)*.
Caução, s. f. (l. *cautione*). 1. Depósito de valores, para garantia de um contrato. 2. Garantia, segurança, responsabilidade. 3. Penhor.
Caucasiano, adj. V. *caucásico.*
Caucásico, adj. 1. Relativo ao Cáucaso. 2. Diz-se de uma família de línguas faladas na região do Cáucaso (U.R.S.S.). S. m. O habitante ou natural do Cáucaso.
Caucásio, adj. V. *caucásico.* S. m. Membro da raça branca.

Cauchal, adj. m. e f. Concernente ao caucho. S. m. Bosque de cauchos.

Caucho, s. m. *Bot.* 1. Árvore morácea do Brasil *(Castilloa ulei)*. 2. Látex coagulado dessa árvore; cautchu, borracha.

Cauchu, s. m. V. *cautchu*.

Caucionante, adj. e s., m. e f. Que, ou pessoa que caucionа.

Caucionar, v. Tr. dir. 1. Dar como caução. 2. Afiançar, garantir.

Caucionário, adj. Pertinente a caução. S. m. O que dá ou presta caução: caucionante.

Cauda, s. f. 1. Apêndice posterior, mais ou menos longo, do tronco de alguns animais; rabo. 2. *Ornit.* O conjunto das penas que se inserem no uropígio. 3. Parte do vestido que se arrasta posteriormente. 4. Rasto luminoso dos cometas. 5. *Mús.* Linha perpendicular, que têm todas as notas musicais, menos a semibreve. 6. A parte posterior ou o prolongamento de certas coisas.

Caudal, adj. m. e f. 1. Relativo a cauda. 2. Caudaloso, torrencial: Rio *c.* e furioso. S. m. e f. Torrente impetuosa; cachoeira.

Caudaloso, adj. 1. Que leva água em abundância; caudal. 2. Abundante.

Caudatário, s. m. 1. O que levanta e leva a cauda das vestes reais ou prelatícias. 2. Aquele que vai na cauda; adepto, sectário, partidário. 3. Indivíduo servil.

Caudato, adj. Provido de cauda.

Caudel, s. m. V. *coudel*.

Caudelaria, s. f. V. *coudelaria*.

caudi-, elem. de comp. (l. *cauda*). Exprime a idéia de *cauda: caudímano*.

Cáudice, s. m. *Bot.* Tronco de uma palmeira ou feto arborescente.

Caudilhamento, s. m. Comando exercido por caudilho.

Caudilhar, v. V. *acaudilhar*.

Caudilhismo, s. m. Processos de caudilho; caciquismo.

Caudilho, s. m. (cast. *caudillo*). 1. Chefe de um bando ou partido que defende uma idéia. 2. Cabo-de-guerra. 3. Chefe militar.

Caudímano, adj. *Zool.* Que apreende os objetos com a cauda.

Cauim *(cau-im)*, s. m. Bebida preparada pelos índios com mandioca ou milho cozido e depois fermentado em certa porção de água.

Caule, s. m. *Bot.* Haste das plantas.

Caulescência, s. f. *Bot.* Qualidade de caulescente.

Caulescente, adj. m. e f. *Bot.* Que tem caule.

cauli-, elem. de comp. (l. *caulis*). Exprime a idéia de *caule, haste: caulícola*.

Caulícola, adj. e s., m. e f. *Bot.* Diz-se da, ou a planta que vive como parasita no caule de outra.

Caulículo, s. m. *Bot.* Pequeno caule.

Caulífero, adj. V. *caulescente*.

Caulificação, s. f. *Bot.* Formação do caule.

Caulifloro, adj. *Bot.* Que tem flores no caule.

Caulim, s. m. Argila branca, friável e refratária, empregada sobretudo em cerâmica.

Caulinita, s. f. *Miner.* Silicato de alumínio hidratado.

Cauri, s. m. V. *caurim*.

Caurim, s. m. 1. *Zool.* Molusco gastrópode *(Cypraea moneta)*. 2. A concha desse molusco que, ainda no século passado, era utilizada como moeda em certos países orientais.

Causa, s. f. (l. *causa*). 1. Aquilo que determina a existência de uma coisa. 2. O que determina um acontecimento. 3. Agente. 4. Motivo, razão. 5. Origem, princípio. 6. Ação judicial, demanda. 7. Interesse, partido.

Causação, s. f. Ato de causar; causa.

Causador, adj. e s. m. Que, ou o que é causa de; ocasionador.

Causal, adj. m. e f. 1. Relativo a causa. 2. Que exprime causa. 3. *Gram.* Diz-se da conjunção que exprime a idéia de causa. S. f. Origem, proveniência.

Causalidade, s. f. Relação atual entre uma causa e um efeito.

Causar, v. Tr. dir. Ser causa de; originar, produzir.

Causativo, adj. 1. Relativo a causa. 2. Causador.

Causídico, s. m. *Dir.* Defensor de causas; advogado.

Cáustica, s. f. *Fís.* Curva, formada pela interseção dos raios luminosos ou caloríferos que uma superfície curva reflete ou refrata.

Causticação, s. f. 1. Ato de causticar. 2. Aplicação de cáustico. 3. Enfado, importunação, maçada.

Causticante, adj. m. e f. 1. Que caustica; cáustico. 2. Importuno.

Causticar, v. Tr. dir. 1. Aplicar cáusticos a. 2. Importunar, molestar, irritar.

Causticidade, s. f. 1. Qualidade de cáustico. 2. Mordacidade.

Cáustico, adj. 1. Que caustica. 2. Capaz de destruir a textura de qualquer coisa ou de corroer a sua substância por ação química; corrosivo: Soda *c.* 3. Mordaz. S. m. Agente cáustico.

Cautchu, s. m. Substância orgânica coloidal existente na seiva leitosa de certas plantas, e à qual se incorpora enxofre; borracha, goma, látex, caucho.

Cautela, s. f. 1. Cuidado, precaução, previdência. 2. Certificado de um título de propriedade (ação). 3. Título que representa tantas ações quantas indicar.

Cauteloso, adj. Que procede com cautela; acautelado, cuidadoso, prudente.

Cautério, s. m. 1. *Med.* Ferro quente, cáustico ou outro agente que queima e converte em escara os tecidos a que é aplicado. 2. *Med.* Produto que se emprega para cauterizar. 3. *Med.* Pequena úlcera que resulta da aplicação do cautério. 4. Castigo, correção enérgica.

Cauterização, s. f. Ato ou operação de cauterizar.

Cauterizar, v. Tr. dir. 1. Queimar por meio de um cautério. 2. Afligir, penalizar em extremo. 3. Corrigir, emendar, empregando meios enérgicos.

Cauto, adj. Que tem cautela; acautelado.

Cava, s. f. 1. Ação de cavar. 2. Lugar cavado; cova, fossa. 3. Abertura do vestuário onde se pregam as mangas. 4. *Constr.* Adega ou frasqueira no subsolo. 5. *Constr.* Pavimento de uma casa, abaixo do nível do arruamento.

Cavaca, s. f. 1. Bolo seco coberto de açúcar; espécie de biscoito. 2. Acha de lenha; cavaco.

Cavação, s. f. *Gír.* 1. Ato ou efeito de cavar. 2. Emprego ou negócio obtido por proteção.

Cavaco, s. m. 1. Estilha ou lasca de madeira; apara. 2. Pedaço de madeira, para lenha. 3. Demonstração de enfado ou zanga: Dar o *c.* 4. Conversa amigável, simples e despretensiosa; bate-papo.

Cavadeira, s. f. Peça de ferro, com gume, que se adapta à extremidade de um pau e serve para cavar terra.

Cavadela, s. f. 1. Ação de cavar. 2. Enxadada.

Cavadiço, adj. 1. Que pode ser cavado. 2. Que se extrai da terra, cavando-a.

Cavado, adj. Aberto, revolvido. S. m. 1. Lugar que se cavou; buraco. 2. Cava.

Cavador, adj. 1. Que cava. 2. Ativo, diligente, esforçado. S. m. 1. Aquele que cava. 2. *Gír.* Indivíduo que arranja colocação, negócios etc., geralmente por meios ilícitos.

Cavadura, s. f. V. *cavadela*.

Cavala, s. f. *Ictiol.* Peixe de alto valor nutritivo, escombrídeo *(Scomberomerus cavalla)*.

Cavalada, s. f. 1. Ação própria de cavalo. 2. Grande asneira.

Cavalagem, s. f. *(cavalo + agem)*. 1. Maneira de cavalgar. 2. *Zool.* Cobrição, padreação. 3. O preço da cobrição.

Cavalão, adj. Muito alto, muito desenvolvido. S. m. 1. Indivíduo alto e corpulento, mas curto de inteligência. 2. Indivíduo de modos abrutalhados. Fem.: *cavalona*.

Cavalar, adj. m. e f. 1. Da espécie do cavalo: Gado *c.* 2. Próprio de cavalo. 3. Relativo a cavalo.

Cavalaria, s. f. 1. Multidão de cavalos. 2. Gente a cavalo. 3. Tropa que serve a cavalo. 4. Equitação. 5. Façanha, proeza de cavaleiro andante.

Cavalariano, s. m. 1. Mercador de cavalos. 2. Soldado de cavalaria. Col.: *piquete, troço*.

Cavalariça, s. f. Casa em que se recolhem cavalos; cocheira, estrebaria.

Cavalariço, s. m. Aquele que tem a seu cargo cavalariças, coches etc.; estribeiro, cocheiro.
Cavaleiro, adj. 1. Que anda a cavalo. 2. Que cavalga bem. 3. Alto. 4. Denodado. 5. Sobranceiro. S. m. 1. Homem que anda a cavalo; indivíduo que sabe e costuma andar a cavalo. Col.: *cavalgada, cavalhada, tropel.* 2. Cavalariano, acep. 2. 3. Membro de uma ordem de cavalaria. 4. Homem nobre. 5. Ponto elevado, em que se coloca uma bateria.
A cavaleiro.: de lugar elevado, dominante, sobranceiro. *A cavaleiro de:* em posição elevada em relação a; sobranceiro a.
Cavaleiroso, adj. Próprio de cavaleiro; valoroso.
Cavalete *(ê)*, s. m. 1. Espécie de tripé dobradiço, no qual se colocam tela para pintar, quadro-negro para escrever, máquina fotográfica etc. 2. *Tip.* Mesa que sustenta as caixas de tipos. 3. Pequena peça de madeira, marfim ou metal para levantar as cordas de instrumentos de corda. 4. Antigo instrumento de tortura; potro.
Cavalgada, s. f. 1. Grupo de pessoas a cavalo. 2. Marcha de um troço de cavaleiros. 3. Quantidade de cavalgaduras.
Cavalgadura, s. f. 1. Besta cavalar, muar ou asinina que se pode cavalgar. Col.: *cáfila, manada, piara, récova, récua, tropa, tropilha.* 2. Pessoa estúpida, grosseira, ignorante, malcriada.
Cavalgamento, s. m. Ação ou efeito de cavalgar.
Cavalgar, v. (b. l. *caballicare*). 1. Intr. Andar a cavalo. 2. Intr. Montar a cavalo. 3. Tr. dir. e tr. ind. Montar sobre (cavalo ou outro animal). 4. Tr. dir. e tr. ind. Sentar-se escarranchado em. 5. Tr. dir. Pôr a cavaleiro (óculos). 6. Tr. dir. e tr. ind. Galgar, passar por cima de.
Cavalgata, s. f. Cavalgada.
Cavalhada, s. f. Manada de cavalos. S. f. pl. *Folc.* Diversão popular com espécie de justa ou torneio.
Cavalheiresco, adj. V. *cavalheiroso.*
Cavalheirismo, s. m. 1. Ação ou qualidade própria de cavalheiro. 2. Brio, distinção, nobreza.
Cavalheiro, s. m. 1. Homem de boas ações e sentimentos nobres. 2. Homem de boa sociedade e educação. 3. Par de uma dama na dança. 4. Título de cortesia; *senhor,* a par de *senhora* ou *dama.* Adj. V. *cavalheiroso.*
Cavalheiroso, adj. 1. Próprio de cavalheiro. 2. Nobre, distinto, brioso.
Cavalicoque, s. m. *Pej.* Cavalo magro, pequeno, velho ou de pouco valor; petiço, pequira, pileca.
Cavalinha, s. f. 1. *Bot.* Denominação dada a espécies de plantas da família das Eqüissetáceas. 2. *Ictiol.* Peixe-marinho (*Thyrsitops lepidopoides*); carapau.
Cavalo, s. m. 1. *Zool.* Animal ungulado doméstico, com um só dedo por pata *(Equus cavallus)*, servindo de montaria, na tração de carruagens e nos trabalhos agrícolas. Col.: *manada, tropa, tropilha* (quando do mesmo pelame). Voz: *bufa, funga, nitre, orneja, relincha, rifa, rincha.* 2. V. *cavalo-vapor.* 3. *Agr.* Ramo ou tronco, sobre que se faz o enxerto; porta-enxerto. 4. Peça de jogo de xadrez. 5. Pessoa rude, de modos abrutalhados. — *C.-de-pau*: a) cavalete para ginástica ou saltos; b) em aviação, giro violento do avião sobre si mesmo. *C.-marinho:* nome de diversos peixes de forma singular e cuja cabeça se assemelha à de um cavalo em miniatura; hipocampo. *C.-vapor, Fís.*: unidade dinâmica equivalente à força necessária para elevar a um metro de altura, em um segundo, um peso de 75 quilogramas.
Cavanhaque, s. m. Parte da barba no queixo, aparada em ponta.
Cavaqueador, adj. e s. m. Que, ou o que cavaqueia.
Cavaquear, v. Tr. ind. e intr. *Fam.* Estar ao cavaco, conversar amigável e singelamente.
Cavaqueira, s. f. *(cavaco + eira). Fam.* Bate-papo.
Cavaquinho, s. m. Pequena viola de quatro cordas.
Cavar, v. 1. Tr. dir. Revolver (a terra) com enxada, picareta etc. 2. Tr. dir. Fazer buraco, furo em. 3. Tr. dir. Escavar. 4. Tr. dir. Tornar profundo. 5. Tr. dir. Abrir cava em (vestuário). 6. Tr. dir. e intr. Obter alguma coisa por meios mais ou menos ilícitos. 7. Tr. dir. Obter à força de grandes trabalhos. 8. Tr. dir. Trabalhar por obter.
Cavatina, s. f. *Mús.* Pequena ária, composta ordinariamente de um recitativo e de duas ou três partes, com andamento ora vivo, ora lento.
Caveira, s. f. (l. v. **calavaria*). 1. Cabeça descarnada. 2. Rosto excessivamente magro.
Caveiroso, adj. 1. Semelhante à caveira. 2. Muito magro.
Caverna, s. f. 1. Cavidade natural, profunda, na rocha; antro, furna, gruta. 2. *Náut.* Cada uma das peças que assentam sobre a quilha, formando o arcabouço do navio. 3. *Med.* Cavidade num órgão, por ex. pulmão, resultante de processo patológico destrutivo.
Cavernal, adj. m. e f. Relativo a caverna.
Cavername, s. m. 1. *Náut.* Conjunto das cavernas de uma embarcação. 2. *Fam.* Esqueleto, ossada.
Cavernosidade, s. f. Caráter ou qualidade de cavernoso.
Cavernoso, adj. 1. Que tem cavernas. 2. Semelhante a caverna. 3. Que tem som cavo, abafado e rouco.
cavi-, elem. de comp. (l. *cavu*). Exprime a idéia de *oco: cavicórneo.*
Caviar, s. m. 1. Ovas de esturjão, ligeiramente salgadas, em conserva. 2. Iguaria feita com caviar.
Cavicórneo, adj. 1. Que tem cornos ocos. 2. *Zool.* Relativo aos Cavicórneos, divisão dos mamíferos ruminantes.
Cavidade, s. f. (l. *cavitate*). 1. Espaço cavado ou vazio de um corpo sólido. 2. Buraco, depressão. 3. Concavidade, cova. 4. *Med.* Escavação mórbida: *C.* de um abscesso.
Cavilação, s. f. 1. Astúcia para induzir em erro; sofisma. 2. Ardil. 3. Ironia maliciosa.
Cavilador, adj. e s. m. Que, ou o que usa de cavilações; enganador, sofista.
Cavilar, v. (l. *cavillari*). Tr. ind. e intr. 1. Usar de cavilações. 2. Planear enganos. 3. Escarnecer, motejar.
Cavilha, s. f. Pino ou prego de madeira ou metal para juntar ou segurar madeiras ou chapas ou para tapar um orifício.
Cavilhação[1], s. f. (*cavilhar[1] + ção*). Ato ou efeito de cavilhar.
Cavilhação[2], s. f. V. *cavilação.*
Cavilhar[1], v. V. *encavilhar.*
Cavilhar[2], v. Corr. de *cavilar.*
Caviloso, adj. Em que há cavilação; capcioso. 2. Fingido.
Cavirrostro *(ó)*, adj. *Ornit.* Que tem bico oco.
Caviúna, s. f. V. *cabiúna.*
Cavo, adj. 1. Oco. 2. Escavado. 3. Côncavo. 4. Cavernoso, rouco (som).
Cavodá, s. m. Buraco que fica nas paredes de taipa, depois de retirados os andaimes.
Cavorteiro, adj. e s. m. V. *caborteiro.*
Cavoucador, adj. e s. m. Que, ou o que cavouca.
Cavoucar, v. 1. Tr. dir. Abrir cavoucos em. 2. Tr. ind. e intr. Abrir cavoucos. 3. Intr. Trabalhar pertinazmente.
Cavouco, s. m. Escavação aberta para alicerces de uma construção; cova; fosso.
Cavouqueiro, s. m. 1. Aquele que abre cavoucos. 2. Aquele que trabalha em minas ou pedreiras.
Caxambu, s. m. *Folc.* 1. Atabaque grande usado em danças de negros. 2. Dança rústica de negros.
Caxangá, s. m. 1. Brinco ou adereço usado nas orèlhas pelas mulheres. 2. Tipo de gorro usado pelos marinheiros e escoteiros do mar.
Caxarela, s. m. Macho da baleia quando adulto. Var.: *caxarelo, caxarrela, caxarrelo, caxarréu.*
Caxerenga, s. m. V. *caxirenguengue.*
Caxexa *(ê)*, adj. m. e f. 1. De pequena estatura. 2. Enfezado, raquítico (pessoa ou animal).
Caxinduba, s. f. *Bot.* Árvore euforbiácea *(Hippomane spinosa).*
Caxinguelê, s. m. Esquilo brasileiro, menor que o europeu *(Sciurus ingrami);* caxinxe, coxicoco, quatipuru, serelepe.
Caxirenguengue, s. m. Faca velha e inútil, ou sem cabo. Var.: *cacerenga, caxerenga, caxirenga* e *caxirengue.*
Caxumba, s. f. *Med.* Inflamação infecciosa e contagiosa das parótidas; papeira, trasorelho, parotidite.
Cê, s. m. Nome da letra C, c. Pl.: *cês.*
Cear, v. (l. *cœnare*). 1. Intr. Comer a ceia. 2. Tr. dir. Comer à ceia.

Cearense, adj. m. e f. Relativo ao Estado do Ceará. S. m. e f. Pessoa habitante ou natural do Ceará.

Ceata, s. f. 1. Ceia lauta. 2. Refeição festiva à noite.

Cebídeo, adj. *Zool.* Relativo à família dos Cebídeos. S. m. pl. Família *(Cebidae)* de macacos platirríneos que têm um par de dentes molares a mais em cada maxilar do que os sagüis, e comumente cauda preênsil.

Cebola, s. f. 1. *Bot.* Planta hortense, bulbosa, da família das Liliáceas, cujo bulbo entra como tempero em várias comidas *(Allium coepa)*. 2. Bulbo dessa planta. Col.: *réstia, enfiada, cambada* (quando presas pelas hastes entrelaçadas). 3. Bulbo de qualquer planta. 4. *Gír.* Relógio de bolso, antigo e grande.

Cebolada, s. f. 1. Molho adubado de cebolas. 2. Iguaria com esse molho.

Cebolal, s. m. Plantação de cebolas.

Cebolinha, s. f. *Bot.* Casta de cebola pequena, boa para conserva.

Cebolinho, s. m. *Bot.* 1. Planta da cebola, antes de formado o bulbo. 2. A semente da cebola. 3. Planta perene *(Allium schoenoprasum)*, com folhas ocas, cilíndricas, usadas como condimento.

Cecal, adj. m. e f. *Anat.* Relativo ao ceco.

Cecear, v. Tr. dir. e intr. Proferir com ceceio.

Cê-cedilha, s. m. Nome do ç.

Ceceio, s. m. Vício de pronúncia que consiste em proferir o *s* e o *z* com o som de *ss* ou *c*.

Cecém, s. f. *Poét.* Açucena.

Ceceoso, adj. Que ceceia.

Cecídia, s. f. *Bot.* Formação caracterizada pela hipertrofia do tecido, e causada por insetos ou ácaros: galha.

Ceco, s. m. (l. *cœcu*). *Anat.* Parte inicial e mais larga do intestino grosso, para dentro da qual se abre o intestino delgado.

Cedência, s. f. V. *cessão.*

Cedente, adj. e s., m. e f. Que, ou pessoa que faz cessão.

Ceder, v. (l. *cedere*). 1. Tr. dir. Dar, entregar. 2. Tr. dir. *Dir.* Transferir (a outrem) propriedade ou direito de uma coisa. 3. Tr. ind. e intr. Dobrar-se ou curvar-se sob o peso ou pressão. 4. Tr. ind. e intr. Não resistir. 5. Tr. ind. e intr. Conceder, concordar em, transigir com. 6. Tr. ind. Desistir. 7. Tr. ind. e intr. Abalar-se, mover-se. 8. Intr. Afundar-se, descer. 9. Tr. ind. e intr. Diminuir: *C.* ao tratamento médico.

Cediço, adj. (l. v. **sediticiu*). 1. Estagnado, quase podre. 2. Antigo, obsoleto. 3. Sabido de todos.

Cedilha, s. f. Sinal gráfico que se põe debaixo do *c*, quando tem o valor de *ss* antes de *a, o, u.*

Cedilhado, adj. Diz-se do *c*, quando tem cedilha.

Cedilhar, v. Tr. dir. Pôr a cedilha no *c.*

Cedível, adj. m. e f. Que se pode ceder.

Cedo *(ê)*, adv. (l. *cito*). 1. Antes da ocasião propícia. 2. Prematuramente. 3. Ao alvorecer, de madrugada. 4. De pronto; logo. Antôn.: *tarde.*

Cedro *(é)*, s. m. *Bot.* 1. Gênero *(Cedrus)* de árvores sempre verdes do Velho Mundo, da família das Pináceas, com cones eretos e folhas persistentes. 2. Nome comum a várias árvores meliáceas, brasileiras, do gênero *Cedrela.* 3. Madeira dessas árvores.

Cédula, s. f. (l. *schedula*). 1. Documento escrito, para efeitos legais. 2. Papel representativo de moeda de curso legal; nota. Col.: *bolada, bolaço.* 3. Simples declaração de dívida, escrita, mas sem caráter legal. 4. Papeleta com nome ou nomes de candidato(s) a cargo eletivo.

Cefalalgia, s. f. *Med.* Dor de cabeça.

Cefalálgico, adj. *Med.* Referente à cefalalgia.

Cefaléia, s. f. Cefalalgia crônica.

Cefálico, adj. *Med.* Relativo à cabeça ou ao encéfalo.

céfalo-, elem. de comp. (gr. *kephale*). Exprime a idéia de *cabeça* ou *capítulo: cefalalgia.*

Cefalóide, adj. m. e f. Com forma de cabeça.

Cefalópode, adj. *Zool.* 1. Que tem pés na cabeça. 2. Relativo aos Cefalópodes. S. m. pl. Classe *(Cephalopoda)* de moluscos marinhos que se distinguem pela cabeça, onde se implantam dois grandes olhos e da qual partem pés, que têm a forma de tentáculos providos de ventosas, com os quais mantêm seguras as vítimas, ou se agarram onde precisam.

Cegamento, s. m. Cegueira.

Cegar, v. (l. *cœcare*). 1. Tr. dir. Privar da vista, tirar a vista a, tornar cego. 2. Intr. Perder a vista. 3. Tr. dir. e pron. Deslumbrar(-se), fascinar(-se). 4. Tr. dir. e tr. ind. Fazer perder a razão; alucinar. 5. Tr. dir. Embotar, tirar fio ou gume de (facas e outros instrumentos).

Cega-rega, s. f. 1. Pequeno instrumento que imita o fretenir da cigarra. 2. Pessoa que fala muito, repetindo a mesma coisa e no mesmo tom. Pl.: *cega-regas.*

Cego, adj. (l. *cœcu*). 1. Privado da vista. 2. Alucinado. 3. Que impede a reflexão, o raciocínio. 4. Total, absoluto: Obediência *c.* 5. Sem fio ou gume. 6. Que se desata com dificuldade: Nó *c.* S. m. Indivíduo cego.

Cegonha, s. f. *Ornit.* Nome dado em Portugal à ave da família dos Ciconídeos, *Ciconia ciconia*; no Brasil, esta denominação se aplica a várias aves pernaltas, especialmente ao jaburu-moleque (*Euxenura maguari*). Voz: *glotera, grasna.*

Cegueira, s. f. 1. Falta de vista; estado do que é cego; incapacidade de ver; ablepsia. 2. Perturbação, obscurecimento do espírito, da razão. 3. Extrema afeição a alguém ou alguma coisa.

Ceia, s. f. (1. *cena*). 1. Refeição da noite, a última em cada dia. 2. Quadro da ceia pascal de Cristo com os apóstolos.

Ceifa, s. f. 1. Ato de ceifar. 2. Tempo de ceifar. 3. Grande destruição, desbaste ou mortandade.

Ceifadeira, s. f. *Agr.* Máquina agrícola para ceifar.

Ceifar, v. 1. Tr. dir. Cortar hastes; segar. 2. Tr. dir. Abater com foice ou outro instrumento apropriado (searas maduras). 3. Tr. dir. Arrebatar, tirar (a vida). 4. Intr. Impelir (o cavalo) as patas dianteiras para fora ao andar.

Ceifeira, s. f. V. *ceifadeira.*

Ceifeiro, adj. Relativo à ceifa. S. m. Homem que faz a ceifa.

Ceitil, s. m. 1. Antiga moeda portuguesa que valia um sexto do real. 2. Insignificância.

Cela, s. f. (1. *cella*). 1. Cubículo. 2. Aposento de fraaes ou freiras, nos conventos. 3. Cubículo de condenado nas penitenciárias. 4. Alvéolo do favo.

Celagem, s. f. A cor do céu ao nascer e ao pôr do Sol; cariz.

-cele, suf. Designa *hérnia, tumor: hidrocele.*

Celebérrimo, adj. Sup. abs. sint. de *célebre*; muito célebre.

Celebração, s. f. Ato ou efeito de celebrar.

Celebrante, adj. m. e f. Que celebra. S. m. e. f. 1. Pessoa que celebra. 2. O padre que celebra missa.

Celebrar, v. Tr. dir. 1. Realizar com solenidade. 2. Comemorar, festejar. 3. Publicar com louvor; exaltar. 4. Dizer missa.

Celebrável, adj. m. e f. Digno de ser celebrado.

Célebre, adj. m. e f. 1. Que tem grande nomeada; famoso, notável. 2. Muito notório. 3. *Fam.* Esquisito, extravagante, singular.

Celebridade, s. f. 1. Qualidade de célebre. 2. Pessoa célebre. 3. Coisa célebre. 4. Notoriedade.

Celebrização, s. f. Ato ou efeito de celebrizar(-se).

Celebrizar, v. 1. Tr. dir. e pron. Tornar(-se) célebre. 2. Tr. dir. Celebrar, comemorar.

Celeireiro, s. m. Administrador ou guarda de celeiro.

Celeiro, s. m. (1. *cellariu*). 1. Casa onde se guardam ou juntam cereais. 2. Depósito de provisões.

Celenterado, adj. *Zool.* Relativo aos Celenterados. S. m. pl. Filo ou ramo *(Coelenterata)* constituído por animais que apresentam cavidade digestiva, dividida em compartimentos, mas com uma única abertura, guarnecida de tentáculos.

Celerado, adj. (1. *sceleratu*). Capaz de cometer crimes; facinoroso. S. m. Criminoso perverso.

Célere, adj. m. f. Ligeiro, veloz. Sup. abs. sint.: *celeríssimo,* ou *celérrimo.*

celeri-, elem. de comp. (1. *celer, eris*). Exprime a idéia de *ligeiro, rápido, veloz: celerígrado.*

Celeridade, s. f. (1. *celeritate*). Qualidade de célere; velocidade, ligeireza, rapidez.

Celerígrado, adj. *Zool.* Que anda ou corre com rapidez. Antôn.: *tardígrado.*

Celerípede, adj. m. e f. 1. Que caminha em celeridade. 2. *Zool.* Celerígrado.

Celérrimo, adj. Sup. abs. sint. de *célere;* muito célere.

Celeste, adj. m. e f. 1. Do céu. 2. Relativo ao céu. 3. Que está ou aparece no céu. 4. Da divindade ou a ela relativo. 5. Sobrenatural. 6. Divinal. 7. Delicioso, perfeito.

Celestial, adj. m. e f. V. *celeste.*

Celestita, s. f. *Miner.* Sulfato natural de estrôncio, de cor variável; minério de estrôncio.

Celeuma, s. f. 1. Vozearia de gente no trabalho. 2. Algazarra, barulho, gritaria. 3. Canto ou vozearia de barqueiros.

Celeumar, v. *(celeuma + ar).* Tr. ind. e intr. Fazer celeuma: Impacientes, os espectadores *celeumavam em* bate-pés. Os assistentes *celeumavam.*

Celga, s. f. V. *acelga.*

Celha *(ê)*, s. f. V. *celhas.*

Celhado, adj. 1. Que tem celhas. 2. Diz-se do cavalo que tem sobrancelhas brancas.

Celhas, s. f. pl. (1. *cilia*). 1. Pêlos que guarnecem as pálpebras; cílios, pestanas. 2. Sobrancelhas. 3. Pêlos ou sedas, que se criam no fio marginal das folhas de certas plantas.

celi-, elem. de comp. (1. *caelum).* Expressa a idéia de *céu: celícola.*

Celíaco, adj. *Anat.* Relativo ao abdome.

Celibatário, adj. e s. m. 1. Que, ou aquele que não se casou. 2. Solteiro.

Celibatarismo, s. m. Estado ou caráter de celibatário.

Celibato, s. m. (1. *caelibatu*). Estado de pessoa que se mantém solteira.

Célico, adj. (1. *caelicu*). *Poét.* Celeste, celestial.

Celícola, s. m. e f. *Poét.* Habitante do céu.

Celidônia, s. f. V. *quelidônia.*

Celífluo, adj. (1. *caelifluu*). Que dimana do céu.

Celígena, adj. m. e f. Que procede do céu.

Celipotente, adj. m. e f. Poderoso no céu.

Celofane, s. m. Película transparente de celulose regenerada, espécie de papel, altamente impermeável para gases secos, graxas e bactérias.

Celoma, s. m. *Zool.* Cavidade geral do corpo, formada no embrião por uma invaginação do mesoderma.

Celsitude, s. f. (1. *celsitudine*). Qualidade do que é celso.

Celsius, adj. V. *grau Celsius.*

Celso, adj. (1. *celsu*). *Poét.* Alto, elevado, sublime.

Celta, adj. m. e f. *Etnol.* Relativo aos celtas, povo de raça caucásia, e que se espalhou na França, na Espanha, na Grã-Bretanha, na Irlanda e na Itália setentrional. S. m. e f. 1. Pessoa pertencente à raça céltica. 2. Idioma céltico.

Celtibero *(bé)*, adj. *Etnol.* Relativo ao povo desse nome, habitante da antiga Espanha, e que resultou da fusão dos celtas com os iberos.

Céltico, adj. Relativo aos celtas. S. m. A língua dos celtas.

Célula, s. f. (1. *cellula*). 1. Dim. de *cela,* pequena cela. 2. Pequena cavidade. 3. Alvéolo dos cortiços. 4. Casulo de semente. 5. *Biol.* Elemento constitutivo, geralmente microscópico, de todo ser vivo. Col.: *tecido* (quando diferenciadas igualmente). 6. *Polít.* Grupo de militantes comunistas.

Celular, adj. m. e f. 1. Que tem células, ou é formado de células. 2. Relativo a cadeias penitenciárias.

celuli-, elem. de comp. (1. *cellula*). Exprime a idéia de *célula: celulífero.*

Celulífero, adj. Provido de células.

Celuliforme, adj. m. e f. Em forma de célula.

Celulite, s. f. *Med.* Inflamação de tecido celular.

Celulóide, s. m. Substância sólida transparente, elástica e inflamável, formada de uma mistura de cânfora com algodão-pólvora.

Celulose, s. f. *Quím.* e *Biol.* Substância constituinte das membranas das células vegetais, com inúmeros empregos industriais.

Celulosidade, s. f. Caráter ou qualidade de celuloso.

Celuloso, adj. 1. Dividido em células. 2. Provido de células.

Cem, num. (de *cento*). 1. Dez vezes dez; noventa e nove mais um; um cento, uma centena. 2. Muitos.

Cementação, s. f. *Tecn.* Processo que consiste em rodear um corpo sólido com pó de outras substâncias e aquecer o todo a um grau não suficiente para causar fusão, pelo qual as propriedades físicas do corpo se alteram por combinação química com o pó; o ferro, por ex., se transforma em aço pela cementação com carvão vegetal. Cfr. *cimentação.*

Cementar, v. Tr. dir. Submeter à cementação. Cfr. *cimentar.*

Cemento, s. m. (l. *cœmentu*). 1. *Quím.* Substância com que se rodeia o corpo que se quer cementar. 2. *Anat.* Camada de tecido ósseo que cobre a raiz de um dente. Cfr. *cimento.*

Cem-folhas, s. f. *Bot.* Planta rosácea *(Rosa centifolia).*

Cemiterial, adj. m. e f. Relativo a cemitério.

Cemitério, s. m. 1. Terreno destinado à sepultura dos cadáveres humanos. 2. Lugar onde se enterram animais. 3. Lugar onde se colocam objetos imprestáveis.

Cena, s. f. 1. Lugar onde se passa uma ação. 2. *Teatro.* O palco. 3. *Teatro.* Cada uma das unidades de ação de uma peça. 4. Ato mais ou menos censurável ou escandaloso. 5. Panorama, paisagem. 6. Espetáculo.

Cenáculo, s. m. 1. Sala em que Cristo realizou a última ceia com os apóstolos. 2. Entre os romanos, sala em que se comia a ceia; refeitório. 3. Agrupamento de indivíduos que professam as mesma idéias ou colimam o mesmo fim.

Cenário, s. m. (1. *scenarium*). 1. Conjunto de bastidores e vistas, apropriados aos fatos que se representam. 2. Lugar onde se passa algum fato. 3. Panorama.

Cenarista, s. m. e f. Cenógrafo.

Cendrado, adj. 1. Cor de cinza ou de chumbo; acinzentado. 2. V. *acendrado.*

Cenestesia, s. f. *Med.* Conjunto de sensações conscientes mas difusas, que informa o funcionamento vegetativo do organismo, caracterizado por bem-estar ou mal-estar.

Cenestésico, adj. Relativo à cenestesia.

Cenho, s. m. (cast. *ceño*). 1. Aspecto ou rosto severo, carrancudo. 2. Rosto, semblante. 3. *Vet.* Doença entre o pêlo e o casco das cavalgaduras.

Cênico, adj..Da cena ou referente a ela.

Cenismo, s. m. *Gram.* Vício de linguagem que consiste em misturar, em um mesmo escrito, palavras de várias línguas.

ceno-¹, elem. de comp. (gr. *skene*). Exprime a idéia de *cena: cenografia.*

ceno-², elem. de comp. (gr. *kainos*). Exprime a idéia de *novo, moderno: cenozóico.*

ceno-³, elem. de comp. (gr. *kenos*). Exprime a idéia de *vazio, oco: cenologia.*

Cenobial, adj. m. e f. V. *cenobítico.*

Cenóbio, s. m. Convento ou habitação de monges.

Cenobismo, s. m. Vida de cenobita; monaquismo.

Cenobita, s. m. e f. 1. Monge que vive em comunidade. 2. Pessoa que leva vida austera.

Cenobítico, adj. Relativo a cenobitas.

Cenobitismo, s. m. 1. Estado do cenobita. 2. V. *cenobismo.*

Cenografia, s. f. Arte de conceber, projetar, desenhar ou pintar cenários para espetáculos teatrais.

Cenográfico, adj. Referente à cenografia.

Cenógrafo, s. m. Especialista em cenografia.

Cenologia, s. f. *(ceno³ + logo² + ia). Fís.* Parte da Física que estuda o vácuo.

Cenoso, adj. 1. Imundo, lodoso. 2. Obsceno, torpe.

Cenotáfio, s. m. Monumento sepulcral erigido em memória de defunto sepultado em outro lugar.

Cenoura, s. f. *Bot.* Planta umbelífera hortense, de raiz comestível *(Daucus carota).* Var.: *cenoira.*

Cenozóico, adj. Diz-se da era geológica que compreende os períodos Quaternário e Terciário, caracterizada pelo grande desenvolvimento dos mamíferos. S. m. Essa era.

Cenreira, s. f. 1. Antipatia. 2. Briga, teima.

Censatário, adj. e s. m. Que, ou aquele que pagava censo.

Censionário, adj. e s. m. V. *censatário.*

Censitário, adj. 1. Referente a censo. 2. Censatário.

Censo, s. m. 1. Contagem geral da população; recenseamento. 2. *Ant.* Rendimento coletável dos cidadãos, que servia de base ao exercício de certos direitos políticos.

Censor, s. m. 1. Aquele que censura. 2. Crítico. 3. Funcionário público que tem atribuição de aprovar oficialmente a publicação de uma obra a ser impressa ou representada.

Censório, adj. Referente a censor ou à censura.

Censual, adj. m. e f. Referente ao censo.

Censura, s. f. 1. Ato ou efeito de censurar. 2. Cargo, dignidade e funções de censor. 3. Exame crítico de obras literárias ou artísticas. 4. Instituição, sistema ou prática de censurar obras literárias, artísticas ou comunicações escritas ou impressas: *C.* da imprensa. 5. Condenação eclesiástica de certas obras. 6. Admoestação, repreensão.

Censurar, v. Tr. dir. 1. Exercer censura sobre. 2. Criticar, notar. 3. Reprovar. 4. Admoestar com energia; repreender.

Censurável, adj. m. e f. Que merece censura.

Centafolho, s. m. *Pop.* V. *folhoso.*

Centanário, adj. 1. De cem anos. 2. Que tem séculos.

Centão, s. m. (l. *centone*). 1. Manta esfarrapada ou de retalhos; colcha de retalhos. 3. Obra musical ou literária, toda feita com fragmentos de outras, do mesmo autor ou de terceiros.

Centáurea, s. f. *Bot.* Gênero *(Centaurea)* de plantas da família das Compostas. Inclui a escovinha.

Centauro, s. m. 1. Monstro fabuloso, metade homem, metade cavalo. 2. *Astr.* Constelação austral.

Centavo, num. *(cento + avo).* Centésima parte; centésimo. S. m. Moeda divisionária que é a centésima parte da unidade monetária do Brasil e de alguns outros países.

Centeal, s. m. Campo de centeio.

Centeio, s. m. *Bot.* 1. Planta anual cerealífera da família das Gramíneas *(Secale cereale)*, largamente cultivada. 2. Semente dessa planta. Adj. De centeio: Palha *c.*

Centelha, s. f. (l. *scintilla*). 1. Partícula ígnea ou luminosa que se desprende de um corpo incandescente; chispa; faísca. 2. *Eletr.* Descarga em uma vela de ignição. 3. Brilho momentâneo. 4. Inspiração.

Centelhar, v. Intr. 1. Luzir com centelha. 2. Luzir rapidamente.

Centena, num. Quantidade de cem. S. f. 1. *Mat.* Unidade de terceira ordem, no sistema decimal de numeração. 2. Final de três algarismos, na loteria.

Centenário, num. 1. Que encerra o número de cem. 2. Relativo a cem. 3. Centuplicado, cêntuplo. 4. Que tem cem anos; secular. S. m. 1. Homem que já fez cem anos. 2. Espaço de cem anos; século.

Centenoso, adj. 1. Parecido com o centeio. 2. Que produz centeio.

Centesimal, num. 1. Designativo da fração cujo denominador é 100. 2. Dividido em cem partes iguais. 3. Referente a centésimo.

Centésimo, num. 1. Que, numa série, ocupa o lugar de cem. 2. Referente a cem. S. m. Cada uma das cem partes em que se dividiu um todo.

cênti-, pref. 1. O mesmo que *cento: centifólio.* 2. Expressa a idéia de *um centésimo,* nos submúltiplos do sistema métrico decimal: *centilitro, centímetro.*

Centiare, s. m. Centésima parte do are; um metro quadrado em agrimensura.

Centifólio, adj. Que tem cem folhas.

Centigrado, s. m. A centésima parte do grado.

Centígrado, num. Dividido em cem graus (unidade de ângulo). S. m. Um grau, na escala de temperatura centesimal. Abrev.: °C.

Centigrama, s. m. Centésima parte do grama.

Centilhão, num. (*cento* + a terminação de *milhão*). Número constituído da unidade seguida de 303 zeros; também escrito 10^{303}, como potência de 10.

Centilitro, s. m. A centésima parte do litro.

Centímano, adj. *Poét.* Que tem cem mãos.

Centímetro, s. m. A centésima parte do metro. (Símbolo: cm).

Centimilímetro, s. m. Centésima parte do milímetro.

Cêntimo, s. m. A centésima parte de diversas moedas, tais como a peseta, o franco etc.

Centípede, adj. m. e f. Que tem cem pés.

Cento, s. m. 1. O número cem. 2. Centena. 3. Coleção de cem unidades; grupo de cem objetos.

Centopéia, s. f. 1. *Zool.* Designação comum a vários artrópodes alongados e achatados, na maioria noturnos, que constituem a classe dos Quilópodes; lacraia. 2. Mulher feia, horrorosa. Var.: *centopeia.*

Central, adj. m. e f. 1. Referente a centro. 2. Situado no centro. S. f. 1. Estação distribuidora. 2. Sede, ponto principal.

Centralização, s. f. 1. Ato ou efeito de centralizar(-se). 2. *Polít.* Acumulação de atribuições no poder central.

Centralizado, adj. Unido em um centro; concentrado.

Centralizar, v. 1. Tr. dir. Tornar central. 2. Tr. dir. Reunir em um centro. 3. Tr. dir. Fazer convergir para um centro. 4. Pron. Concentrar-se.

Centrar, v. 1. Tr. dir. Determinar um centro em. 2. Tr. dir. Colocar no centro; centralizar. 3. Tr. dir. e intr. *Esp.* Atirar (a bola) em passe longo.

centri-, elem. de comp. (l. *centru*). Exprime a idéia de *centro: centrífugo.*

Centrífuga, s. f. Máquina para fazer centrifugações.

Centrifugação, s. f. 1. Ato ou efeito de centrifugar. 2. Separação de misturas heterogêneas, graças à força centrífuga, produzida por sua rotação muito rápida.

Centrifugar, v. Tr. dir. 1. Efetuar a centrifugação. 2. Desviar do centro.

Centrífugo, adj. *Fís.* Que se afasta ou tende a desviar-se do centro. Antôn.: *centrípeto.*

Centrípeto, adj. *Fís.* Que tende a aproximar-se do centro. Antôn.: *centrífugo.*

Centrista, adj. m. e f. *Polít.* Relativo a um partido do centro em uma assembléia legislativa. S. m. e f. Pessoa que pertence a um partido do centro.

Centro¹, s. m. 1. *Geom.* Ponto situado a igual distância de todos os pontos de uma circunferência ou da superfície de uma esfera. 2. *Geom.* Meio de uma linha reta, que divide uma figura ou espaço em duas partes iguais. 3. Meio de qualquer espaço: O *c.* da praça. 4. Ponto para onde as coisas convergem, como para a sua posição natural de repouso. 5. Lugar onde habitualmente se procuram certas coisas ou se tratam certos negócios. 6. *Polít.* Posição daqueles que, nos confrontos políticos, tomam posição entre os extremos. 7. *Futebol.* Ato ou efeito de centrar.

centro-², elem. de comp. Exprime a idéia de *aguilhão, centro: centrocinesia.*

Centrocinesia, s. f. *Fís.* Movimento produzido por estímulo central.

Centrosfera, s. f. *Geol.* Parte central da Terra composta de material muito denso e que tem um raio de cerca de 3.500 km.

Centrossomo, s. m. *Biol.* Corpúsculo protoplásmico, encontrado no citoplasma, perto do núcleo, e, menos freqüentemente, neste, de muitas células animais e algumas vegetais. Constitui o centro da atividade dinâmica da cariocinese.

Centunviral, adj. m. e f. Relativo aos centúnviros.

Centunvirato, s. m. Dignidade de centúnviro.

Centúnviro, s. m. Cada um dos cem magistrados que constituíam um tribunal de Roma.

Centuplicado, adj. Multiplicado por cem ou repetido cem vezes.

Centuplicar, v. Tr. dir. 1. Multiplicar por cem ou tornar cem vezes maior. 2. Aumentar muito.

Cêntuplo, num. Que vale cem vezes mais; centuplicado. S. m. Produto da multiplicação por cem.

Centúria, s. f. (l. *centuria*). 1. Grupo de cem objetos da mesma natureza; centena. 2. *Hist.* Divisão política e militar do povo romano. 3. Companhia de cem soldados, comandada por um centurião. 4. Centenário. 5. Período de cem anos; século.

Centurial, adj. m. e f. 1. Relativo a centúria. 2. Relativo a centurião.

Centurião, s. m. Comandante de uma centúria, na milícia romana.

Cepa[1] *(ê)*, s. f. (de *cepo*). 1. Tronco da videira, donde brotam os sarmentos. 2. Parte do tronco de qualquer planta, que está dentro da terra, unida às raízes. 3. Tronco ou origem de qualquer família ou linhagem.

Cepa[2], s. f. (l. *cepa*). 1. Cebola. 2. *Bot.* Gênero *(Cepa)* de plantas da família das Liliáceas.

Cepilhar, v. V. *acepilhar.*

Cepilho, s. m. (cast. *cepillo*). 1. Plaina pequena para alisar madeira. 2. Lima fina para polir metais.

Cepo *(ê)*, s. m. (l. *cippu*). 1. Cepa[1]. 2. Pedaço de tronco de árvore, cortado transversalmente. 3. Grossa prancha de madeira, em que, no piano, estão embutidas as cravelhas. 4. Parte inferior do braço dos instrumentos de corda, que se liga à caixa de ressonância. 5. A parte do arado que entra na terra. 6. Tronco em que está encravada a bigorna, o ferro da plaina etc. 7. Caixa da plaina que suporta a faca. 8. Pessoa pesada e indolente.

Cepticismo, s. m. Doutrina filosófica dos que duvidam de tudo e afirmam não existir a verdade, que, se existisse, seria o homem incapaz de conhecê-la. 2. Estado de quem duvida de tudo; pirronismo. Var.: *ceticismo.*

Céptico, adj. 1. Que duvida de tudo; descrente. 2. Relativo ao cepticismo. S. m. 1. Partidário do cepticismo. 2. Indivíduo céptico. Var.: *cético.*

Cepudo, adj. 1. Com feitio de cepo. 2. Tosco.

Cera *(ê)*, s. f. (l. *cera*). 1. Substância mole, muito fusível, que as abelhas secretam para a construção dos favos. 2. Velas dessa substância. 3. Substância vegetal, análoga à cera animal. 4. Preparado para dar brilho aos assoalhos. 5. Pessoa dócil e branda. 6. Trabalho ou serviço de mandrião: Fazer *c.* 7. Cerume. *Ornit.* Membrana mole, que cobre a parte superior basilar do bico de algumas aves.

Ceráceo, adj. 1. Mole como a cera. 2. Semelhante à cera.

Cerâmica, s. f. 1. Arte ou processo de fazer artefatos de argila. 2. Objeto fabricado em terracota, faiança, porcelana etc.

Cerâmico, adj. Da cerâmica ou relativo a ela.

Ceramista, adj. e s., m. e f. Que, ou pessoa que trabalha em cerâmica.

Cerasina, s. f. Resina da cerejeira e de outras árvores frutíferas.

Ceratina, s. f. *Biol.* Escleroproteína constituinte principal da epiderme, cabelo, unhas, tecidos córneos e da matriz orgânica do esmalte dos dentes; queratina.

Ceratite, s. f. *Med.* Inflamação da córnea.

cerato-, elem. de comp. (gr. *keras, atos*). Exprime a idéia de *corno, ponta, córnea: ceratocone.*

Ceratocone, s. m. *Med.* Deformação, em forma de cone.

Ceratoplastia, s. f. *Cir.* Restauração cirúrgica da córnea.

Ceratose, s. f. *Med.* Espessamento patológico da camada córnea da pele.

Cérbero, s. m. 1. *Mit. gr.* Cão de três cabeças, que guardava a entrada das regiões infernais. 2. *Fig.* Porteiro ou guarda intratável, brutal.

Cerca[1] *(ê)*, adv. (l. *circa*). Junto, perto, próximo. — *Cerca de,* loc. prep.: pouco mais ou menos, quase.

Cerca[2] *(ê)*, s. f. (de *cercar*). 1. Obra de madeira, cana, arame etc., destinada a limitar ou fechar uma porção de terreno. 2. Terreno de cultura fechado por muro, sebe ou valado.

Cercado, adj. Provido de cerca. S. m. Terreno fechado por cerca.

Cercadura, s. f. 1. Aquilo que cerca. 2. Guarnição na orla; bainha.

Cercania, s. f. Cercanias. S. f. pl. Arredores, proximidades, vizinhança, imediações.

Cercar, v. (l. *circare*). 1. Tr. dir. Fechar com cerca, muro, sebe etc. 2. Tr. dir. Rodear como uma cerca. 3. Tr. dir. Pôr cerco militar a; sitiar. 4. Tr. dir. Cingir, circundar. 5. Tr. dir. Estar em volta de, fazer círculo próximo. 6. Tr. dir. e pron. Fazer(-se) acompanhar. 7. Tr. dir. Embaraçar ou tolher os movimentos de.

Cerce, adv. Pela base, pela raiz, rente: Cortar *c.*

Cércea, s. f. 1. Aparelho para determinar o máximo volume que pode atingir a carga de um trem; gabarito. 2. Molde para corte de pedras. 3. Curva, recortada em madeira, para auxiliar o desenho; gabarito.

Cerceamento, s. m. Ato ou efeito de cercear; cerceio.

Cercear, v. (l. *circinare*). Tr. dir. 1. Cortar pela base, cortar pela raiz, cortar rente. 2. Tornar menor; diminuir: *c. a ambição.*

Cerceio, s. m. V. *cerceamento.*

Cérceo, adj. Cortado pela base, cortado rente.

Cercilhar, v. Tr. dir. Abrir cercilho em; tonsurar.

Cercilho, s. m. 1. Tonsura. 2. Aparas ásperas do pergaminho.

Cerco *(ê)*, s. m. (l. *circu*). 1. Ação de cercar. 2. Aquilo que cerca ou circunda. 3. Assédio militar; sítio. 4. Insistência importuna junto a alguém com perguntas, pretensões etc.

Cerda *(é)*, s. f. O pêlo áspero e duro de certos animais, como o porco, o javali etc. (Mais usado no plural.)

Cerdoso, adj. 1. Provido de cerdas. 2. Híspido como cerdas.

Cereal, adj. m. e f. Relativo a grão. S. m. Nome genérico das gramíneas cujos grãos, reduzidos a farinha, servem para alimento do homem e dos animais domésticos. Col.: *batelada, partida;* (em feixes) *meda, moréia.*

Cerealífero, adj. Que produz cereais.

Cerebelar, adj. m. e f. *Anat.* Relativo ao cerebelo.

Cerebelo *(ê)*, s. m. *Anat.* Parte do encéfalo, situada na fossa cerebral posterior.

Cerebeloso, adj. Cerebelar.

Cerebração, s. f. 1. Conjunto das funções do cérebro. 2. Atividade do cérebro; atividade mental.

Cerebral, adj. m. e f. Relativo ao cérebro.

Cerebrastenia, s. f. *Med.* Esgotamento cerebral; fraqueza mental.

Cerebrino, adj. 1. Cerebral. 2. Fantástico, imaginoso.

Cérebro, s. m. 1. *Anat.* Parte maior do encéfalo, que ocupa a parte anterior e superior do crânio. 2. O encéfalo, ou a totalidade da massa nervosa contida no crânio. 3. Inteligência, razão, espírito. 4. Cabeça.

Cerebrospinal, adj. m. e f. *Anat.* Relativo ao cérebro e à medula espinhal.

Cerefólio, s. m. *Bot.* Planta umbelífera hortense semelhante à salsa *(Anthriscus cœrefolium).*

Cereja, s. f. (l. **ceresia*). 1. Fruto da cerejeira. 2. Fruto de outras plantas parecido com o da cerejeira. 3. Fruto maduro do cafeeiro. Adj. Que tem a cor vermelha da cereja.

Cerejal, s. m. Pomar de cerejeiras.

Cerejeira, s. f. *Bot.* 1. Nome comum a numerosas árvores e arbustos do gênero *Prunus.* 2. Madeira dessas árvores.

Céreo, adj. *Poét.* 1. De cera. 2. Da cor da cera.

Ceres, s. f. *Poét.* 1. Deusa da agricultura, no paganismo. 2. As searas, os cereais. 3. O campo.

céri-, elem. de comp. (l. *cera*). Exprime a idéia de *cera: cerífero.*

Cerieiro, s. m. Fabricante ou vendedor de velas ou outras obras de cera.

Cerífero, adj. Que produz cera: Árvore *cerífera.*

Cerimônia, s. f. (l. *cœrimonia*). 1. Forma exterior do culto religioso. 2. Pompas de uma festa pública; solenidade. 3. Normas que presidem ao trato entre pessoas bem educadas e não íntimas; etiqueta. 4. Embaraço decorrente da necessidade de ser polido.

Cerimonial, adj. m. e f. Relativo a cerimônias. S. m. 1. Conjunto de formalidades, que devem ser observadas em qualquer ato solene ou festa pública ou religiosa. 2. Regra que estabelece essas formalidades. 3. Livro que as contém. 4. Etiqueta.

Cerimoniar, v. (l. *cœrimoniari*). Tr. dir. 1. Tratar cerimoniosamente. Dirigir o cerimonial de.

Cerimoniático, adj. *Fam.* Muito formal em cerimônias.

Cerimonioso, adj. 1. Em que há cerimônia. 2. Que se comporta com cerimônia. 3. Mesureiro.

Cério, s. m. *Quím.* Elemento metálico, do grupo das terras raras, de símbolo Ce, número atômico 58 e massa atômica 146,13.

Cerita, s. f. *Miner.* 1. Silicato hidratado natural de cério.

Cernar, v. Tr. dir. 1. Cortar até o cerne. 2. Tirar o cerne de.

Cerne, s. m. 1. Parte interna e mais dura do lenho das árvores; durame, durâmen. 2. Âmago. 3. Homem rijo, invencível.

Cerneira, s. f. 1. Parte lenhosa dos troncos, que apodrecem nas matas e largam a casca e o alburno. 2. Tábua de cerne; tábua sem alburno.

Cerneiro, adj. Que tem cerne.

Cernelha *(ê)*, s. f. Parte do corpo dos quadrúpedes, onde se unem as espáduas; agulha; cruzes; garrote.

Cernideira, s. f. Peça de pau sobre a qual se agitam, a mão, as peneiras de farinha.

cero-[1], elem. de comp. (gr. *keros*). Expressa a idéia de *cera: ceroplástica.*

-cero[2], elem. de comp. (gr. *keras*). Exprime a idéia de *corno, antena: braquícero.*

Ceroferário, s. m. Acólito que, nas procissões e outras solenidades religiosas, leva o círio ou tocheira.

Ceróide, adj. m. e f. Que tem a aparência de cera.

Cerol, s. m. Massa de cera, pez e sebo, com que os sapateiros enceram as linhas.

Ceroma *(ô)*, s. f. *Ornit.* Protuberância ou área túmida na base do bico de certas aves.

Ceromancia, s. f. Adivinhação, por meio de figuras formadas por cera derretida em água.

Ceromel, s. m. *Farm.* Ungüento de cera e mel. Pl.: *ceroméis.*

Ceroplastia, s. f. V. *ceroplástica.*

Ceroplástica, s. f. Arte de modelar em cera ou de fabricar figuras de cera.

Ceroto *(ô)*, s. m. *Fam.* Sujeira da pele por falta de banho.

Ceroula, s. f. Peça de vestuário que os homens usam (hoje raramente) por baixo das calças, e que cobre as pernas, quase até os tornozelos. (Mais usado no plural.)

Cerração, s. f. 1. Nevoeiro espesso. 2. Escuridão, trevas. Cfr. *serração.*

Cerradão, s. m. Grande extensão de terras maninhas.

Cerrado, adj. 1. Encerrado, vedado. 2. Diz-se das cores carregadas. 3. Compacto, denso. 4. Apertado, unido. 5. Diz-se do céu completamente coberto de nuvens ou névoas. 6. Difícil de entender: Linguagem *cerrada.* S. m. Vegetação xerófila dos planaltos, com alguma cobertura herbácea.

Cerra-fila, s. m. 1. *Mil.* Graduado, colocado na retaguarda de uma tropa para fazer que cada soldado marche em seu lugar. 2. Navio que segue na retaguarda de outros.

Cerramento, s. m. Ação de cerrar; encerramento.

Cerrar, v. 1. Tr. dir. Fechar. 2. Intr. e pron. Fechar-se. 3. Tr. dir. Cercar, vedar. 4. Tr. dir. e pron. Concluir(-se), terminar(-se). 5. Tr. dir. e pron. Apertar(-se), unir(-se). 6. Tr. dir. Encobrir, tapar. 7. Pron. Cobrir-se de nuvens (diz-se do céu, do dia). 8. Tr. ind. Travar peleja.

Cerro *(ê)*, s. m. (l. *cirru*). 1. Colina. 2. Pico, montanha.

Certa, s. f. *Pop.* V. *certeza: à certa,* na *certa,* pela *certa.*

Certame, s. m. (l. *certamen*). 1. Combate, luta. 2. Debate, discussão. 3. Concurso literário, científico ou industrial.

Certar, v. (l. *certare*). Intr. 1. Combater, pleitear. 2. Discutir. 3. Ir a concurso.

Certeiro, adj. 1. Que acerta bem; que fere o alvo. 2. Acertado. 3. Atilado.

Certeza *(ê)*, s. f. 1. Qualidade do que é certo. 2. Convicção do espírito de que uma coisa é tal que ele a concebe. Antôn.: *dúvida.*

Certidão, s. f. (l. *certitudine*). Documento legal em que o serventuário oficial certifica fielmente o registro feito anteriormente em cartório; atestado, certificado.

Certificação, s. f. Ato ou efeito de certificar.

Certificado, adj. Dado por certo. S. m. Documento legal em que se certifica alguma coisa; atestado, certidão.

Certificador, adj. e s. m. Que, ou aquele que certifica.

Certificar, v. 1. Tr. dir. Afirmar a certeza de. 2. Pron. Convencer-se da certeza. 3. Tr. dir. Fazer ciente de. 4. Tr. dir. Assegurar. 5. Tr. dir. Passar certidão de.

Certificativo, adj. Que certifica, ou serve para certificar.

Certo, adj. 1. Verdadeiro. 2. Que não tem erro. 3. Evidente. 4. Infalível. 5. Não demonstrado, mas baseado na fé: Religião *certa.* 6. Aprazado, combinado. 7. Que sabe bem; convencido, inteirado. 8. Exato, preciso. 9. Não determinado; qualquer, algum, um. Pron. indef. Um, qualquer, algum (antes do substantivo): *C.* dia... S. m. Coisa certa: O *c.* e o duvidoso. Adv. Certamente, com certeza.

Cerúleo, adj. (l. *cæruleu*). Da cor do céu.

Cerume, s. m. Secreção grossa, untuosa e amarelada, que se forma no conduto auditivo externo.

Cerúmen, s. m. V. *cerume.* Pl.: *cerumens* ou *cerúmenes.*

Ceruminoso, adj. 1. Da natureza do cerume. 2. Relativo ao cerume.

Cerusita, s. f. *Miner.* Carbonato natural de chumbo.

Cerva, s. f. *Zool.* A fêmea do cervo.

Cerval, adj. m. e f. 1. Relativo ao cervo.

Cervantesco, adj. Relativo a Cervantes ou à sua obra.

Cervantista, s. m. e f. Pessoa que admira o escritor espanhol Miguel de Cervantes Saavedra, autor de Dom Quixote (1547-1616).

Cerveja, s. f. (l. *cerevisia*). Bebida alcoólica fermentada, feita de lúpulo e cevada, ou outros cereais.

Cervejaria, s. f. 1. Fábrica de cerveja. 2. Estabelecimento onde se vende cerveja.

Cervejeiro, s. m. Aquele que fabrica ou vende cerveja.

cérvi-, elem. de comp. (l. *cervu*). Exprime a idéia de *cervo: cervicórneo.*

Cervical, adj. m. e f. *Anat.* Relativo à cerviz, ao colo do útero, ou ao colo da bexiga.

Cervicórneo, adj. *Zool.* Que tem chifres ou antenas semelhantes a cornos de cervo.

Cervídeo, s. m. *Zool.* Espécime da família dos Cervídeos. S. m. pl. Família *(Cervidae)* de mamíferos ruminantes, que inclui cervos, alces e renas do hemisfério norte, e veados sul-americanos.

Cervino, adj. Relativo a cervo ou veado.

Cerviz, s. f. (l. *cervice*). 1. *Anat.* A parte posterior do pescoço. 2. Pescoço. 3. Cabeça. 4. *Med.* Colo uterino.

Cervo, s. m. *Zool.* 1. Gênero *(Cervus)* típico da família dos Cervídeos, que inclui espécies do hemisfério norte, distintas e maiores que as sul-americanas. 2. Espécime desse gênero; veado.

Cerzideira, s. f. 1. Mulher que cirze. 2. *Náut.* Cabo das testas das gáveas.

Cerzidor, adj. e s. m. 1. Que, ou o que cirze. 2. *Pej.* Diz-se do, ou o escritor cujos trabalhos não passam de compilação de obras alheias. Fem.: *cerzideira.*

Cerzidura, s. f. 1. Ato ou efeito de cerzir. 2. O que foi cerzido.

Cerzimento, s. m. V. *cerzidura.*

Cerzir, v. Tr. dir. 1. Coser, remendar (um tecido), de modo que não se note o conserto. 2. Unir, juntar. — Verbo irregular: *cirzo, cirzes, cirze, cerzimos, cerzis, cirzem; cirza, cirzas, cirza, cirzamos, cirzais, cirzam.* Imp.: *cirze, cerzi.*

César, s. m. Título comum dos imperadores romanos, de Augusto (63 a.C.-14) a Adriano (76-138). Fem.: *cesarina.*

Cesáreo, adj. 1. Relativo aos césares romanos. 2. Referente ao rei ou imperador.

Cesariana, adj. e s. f. *Cir.* Diz-se da, ou a operação que consiste em abrir o abdome materno para extrair o feto.

Cesariano, adj. Cesáreo.

Cesarismo, s. m. 1. Governo despótico. 2. Poder pessoal; absolutismo.

Cesarista, s. m. e f. Partidário(a) do cesarismo.

Césio, s. m. *Quím.* Elemento metálico cor de prata, do grupo dos metais alcalinos, de símbolo Cs, número atômico 55, massa atômica 132,91.

Cespitoso, adj. *Bot.* Que forma touceiras.

Cessação, s. f. Ato ou efeito de cessar.

Cessante, adj. m. e f. Que cessa.

Cessão, s. f. (l. *cessione*). Ato de ceder; cedência. Cfr. *sessão.*

Cessar, v. (l. *cessare*). 1. Tr. ind. e intr. Acabar, parar. 2. Tr.

dir. Interromper; suspender. 3. Tr. ind. e intr. Deixar de; desistir.
Cessionário, s. m. Aquele que faz ou a quem se faz uma cessão.
Cessível, adj. m. e f. Que se pode ceder.
Cesta *(ê)*, s. f. (l. *cista*). 1. Receptáculo, geralmente de verga e com asa, para guardar ou transportar pequenas mercadorias, roupas etc. 2. *Basquetebol.* Rede de malha por onde se faz passar a bola.
Cesteiro, s. m. Fabricante ou vendedor de cestos.
Cesto *(ê)*, s. m. Cesta pequena.
Cestobol, s. m. *Esp.* V. *basquetebol.*
Cestóide, adj. m. e f. Com forma de cinto ou de fita.
Cestóideo, adj. *Zool.* Relativo aos Cestóideos. S. m. pl. Classe (*Cestoidea*) de platielmíntios que compreende vermes parasíticos achatados no sentido dorsoventral.
Cesura, s. f. (l. *cæsura*). 1. Ação de cortar. 2. Incisão com instrumento cortante. 3. Cicatriz resultante de incisão. 4. *Metrif.* Lugar no verso onde um grupo tônico acaba e um outro começa.
Cetáceo, adj. *Zool.* Relativo aos Cetáceos. S. m. pl. Ordem *(Cetacea)* de mamíferos completamente aquáticos, que consiste nas baleias, golfinhos, toninhas e formas relacionadas.
Ceticismo, s. m. V. *cepticismo.*
Cético, adj. V. *céptico.*
Cetim, s. m. Tecido de seda ou algodão, macio e lustroso.
Cetinoso, adj. Macio ao tato como cetim.
Cetona, s. f. *Quím.* Composto que se obtém pela oxidação de álcoois secundários e que tem o radical CO.
Cetose, s. f. *Quím.* Açúcar, tal como frutose, que contém um grupo de cetonas por molécula.
Cetra[1], s. f. Antigo escudo, coberto de couro.
Cetra[2], s. f. V. *estilingue.*
Cetraria, s. f. Arte da caça de altanaria ou falcoaria.
Cetras, s. f. pl. Traços que representavam abreviadamente um *et cetera.*
Cetrino, adj. *Poét.* Vermelho.
Cetro, s. m. (l. *sceptru*). 1. Bastão de comando, uma das insígnias da realeza. 2. Autoridade real. 3. Preeminência, superioridade. 4. Despotismo.
Céu, s. m. (l. *caelu*). 1. Espaço ilimitado onde se movem os astros. 2. Abóbada celeste, firmamento. 3. Os astros. 4. O ar, a atmosfera. 5. Região, segundo a crença religiosa, habitada por Deus e os anjos e as almas dos justos. 6. Bem-aventurança, felicidade eterna. 7. Parte superior ou dossel de uma armação. 8. Parte superior das abóbadas das galerias subterrâneas, na lavra de minas.
Céus!, interj. Exprime dor ou surpresa.
Ceva, s. f. 1. Ação de cevar. 2. Comida com que se engordam animais. 3. Aquilo que nutre as paixões. 4. Lugar onde se colocam alimentos para atrair peixe ou caça.
Cevada, s. f. *Bot.* Gramínea cerealífera *(Hordeum vulgare)*, cujo grão fornece uma farinha alimentícia e é utilizado na fabricação da cerveja.
Cevadal, s. m. Campo de cevada.
Cevadeira, s. f. 1. Bornal em que se dá às cavalgaduras cevada ou outro alimento. 2. *Náut.* Pequena vela, suspensa de uma verga, que atravessa horizontalmente o gurupés.
Cevado, adj. Engordado na ceva. S. m. 1. Porco que se cevou. 2. Homem gordo, bem nutrido.
Cevador, s. m. O encarregado da ceva de animais.
Cevadouro, s. m. 1. Lugar onde se cevam animais. 2. Ceva, acep. 4. Var.: *cevadoiro.*
Cevadura, s. f. 1. Ceva. 2. Sobejos da caça, destinados à ceva do falcão. 3. Carnificina.
Cevão, s. m. Porco cevado ou em ceva.
Cevar, v. (l. *cibare*). 1. Tr. dir. e pron. Alimentar(-se), nutrir(-se). 2. Tr. dir. e pron. Tornar(-se) gordo; engordar(-se). 3. Intr. Fazer a ceva. 4. Tr. dir. Pôr isca em. 5. Tr. dir. Atrair, engodar. 6. Tr. dir. e pron. Saciar(-se), satisfazer(-se). 7. Tr. dir. Estimular, fomentar.
Cevatício, adj. Bom para cevar ou engordar animais.
Ceveiro, s. m. Lugar onde se põe ceva para atrair peixe ou caça.
Cevo *(ê)*, s. m. (l. *cibu*). 1. Isca para atrair a caça ou a pesca; engodo. 2. Alimento, ceva, pasto.
Chá, s. m. 1. *Bot.* Planta da família das Teáceas (*Thea sinensis* ou *Camelia theifera*). 2. As folhas dessa planta, preparadas e secas. 3. Infusão dessas folhas. 4. Reunião em que se serve chá. 5. Mania; hábito inveterado. — *Chá-mate:* o mesmo que *mate[2].*
Chã, s. f. 1. Terreno plano; planície. 2. Carne da coxa do boi.
Chabu, s. m. Estouro chocho e imprevisto de buscapé.
Chacal, s. m. *Zool.* Mamífero carniceiro, da família dos Canídeos *(Canis aureus)*. Voz: *ladra, regouga, uiva.*
Chácara, s. f. 1. Pequena propriedade agrícola nas cercanias de cidades. 2. Casa de campo.
Chacareiro, s. m. Dono ou administrador de chácara.
Chacarola, s. f. Pequena chácara.
Chacina, s. f. 1. Ato ou efeito de chacinar. 2. Matança, morticínio, mortandade.
Chacinar, v. Tr. dir. 1. Partir em postas. 2. Preparar e salgar (postas de carne). 3. Assassinar, mutilando.
Chaço, s. m. 1. Pedaço de madeira ou ferro, com que o tanoeiro aperta os arcos. 2. Peça da roda dos carros.
Chacoalhar, v. *Pop.* V. *sacolejar* e *chocalhar.*
Chacota, s. f. 1. Trova burlesca ou satírica. 2. Dança antiga. 3. Escárnio, zombaria.
Chacoteação, s. f. 1. Ato ou efeito de chacotear. 2. Zombaria.
Chacotear, v. 1. Intr. Fazer trovas burlescas e satíricas. 2. Intr. Cantar chacotas. 3. Tr. ind. e intr. Escarnecer, zombar.
Chafalhão, adj. Galhofeiro.
Chafalho, s. m. V. *chanfalho.*
Chafariz, s. m. 1. Obra de alvenaria, com uma ou mais bicas, por onde corre água potável. 2. Bebedouro público.
Chafurda, s. f. 1. Chiqueiro. 2. Lamaçal em que se atolam os porcos. 3. Imundície.
Chafurdar, v. 1. Tr. ind. e intr. Revolver-se em chafurda. 2. Tr. dir. Enodoar, macular. 3. Tr. ind. Atascar-se em vícios e torpezas.
Chafurdeira, s. f. Chafurda.
Chafurdeiro, s. m. 1. V. *chafurda.* 2. Aquele que chafurda. 3. Indivíduo devasso.
Chafurdice, s. f. Ato ou efeito de chafurdar.
Chaga, s. f. (l. *plaga*). 1. Ferida aberta; úlcera. 2. Cicatriz dessa ferida. 3. Incisão na casca das árvores. 4. Aflição, mágoa. 5. Desgraça, prejuízo.
Chagado, adj. 1. Que tem chagas. 2. Martirizado.
Chagar, v. 1. Tr. dir. Fazer chagas em. 2. Tr. dir. e pron. Ulcerar(-se). 3. Tr. dir. Molestar, martirizar.
Chagásico, adj. *Med.* Que sofre da doença de Chagas. S. m. Pessoa que sofre dessa doença.
Chaguento, adj. Chagado.
Chaira, s. f. Utensílio de aço para afiar facas.
Chairel, s. m. Pano grosso de algodão ou cobertura que se põe no lombo do animal, para que os arreios não pisem; baixeiro.
Chalaça, s. f. 1. Dito de zombaria. 2. Dito picante. 3. Frase graciosa e satírica.
Chalacear, v. 1. Tr. ind. e intr. Dizer chalaças; gracejar, troçar. 2. Tr. dir. Ridicularizar.
Chalé, s. m. (fr. *chalet*). Casa campestre, em estilo suíço, geralmente de madeira.
Chaleira, s. f. Vaso de metal, com bico, alça e tampa, em que se aquece água.
Chaleirar, v. Tr. dir. *Fam.* Adular, bajular, lisonjear.
Chalo, s. m. Cama de varas, armada sobre estacas fincadas no chão batido.
Chalrar, v. Intr. 1. Falar à toa, alegremente, com outras pessoas. 2. Soltar vozes inarticuladas. 3. Chilrear.
Chalrear, v. V. *chalrar.*
Chalupa, s. f. *Náut.* Pequena embarcação dum só mastro, para navegação de cabotagem.
Chama[1], s. f. (de *chamar*). 1. *Pop.* Chamada. 2. Negaça, cha-

mariz. S. m. Pássaro que se põe na armadilha para chamar outros.

Chama², s. f. (l. *flamma*). 1. Luz que se eleva de matérias incendiadas e é resultante da combustão dos gases por ela produzidos. 2. Luz. 3. Labareda. 4. Ardor, paixão.

Chamada, s. f. 1. Ação de chamar; chamamento. 2. Prolação em voz alta do nome de diferentes pessoas, para verificar se estão presentes. 3. *Mil.* Antigo toque militar, com a finalidade de reunir as tropas. 4. Toque para reunir. 5. *Tip.* Sinal que o revisor põe nas provas para indicar a emenda a fazer. 6. Admoestação, censura, observação. 7. *Pop.* Puxão.

Chamado, s. m. Chamada, chamamento.

Chamalote, s. m. Tecido furta-cor e ondulado.

Chamamento, s. m. Chamada; convocação.

Chamar, v. (l. *clamare*). 1. Tr. dir. Invocar alguém pelo seu nome, para que venha ou para verificar se está presente. 2. Tr. dir. Mandar vir (alguém). 3. Tr. dir. Convocar por meio de toque para reunião. 4. Tr. dir. Invocar. 5. Tr. dir. Dar nome a. 6. Pron. Apelidar-se, denominar-se, ter nome.

Chamarisco, s. m. V. *chamariz*.

Chamariz, s. m. 1. Ave que serve para atrair outras. 2. Coisa atraente; engodo.

Chambão, s. m. 1. Carne de segunda. 2. Contrapeso, na venda da carne. Adj. *Pop.* 1. Deselegante, mal vestido. 2. Grosseiro.

Chambaril, s. m. Pau curvo, que se enfia nos jarretes do porco morto, para pendurar e abrir.

Chamboado, adj. V. *achamboado*.

Chamboíce, s. f. 1. Qualidade do que é chambão ou grosseiro.

Chambre, s. m. V. *roupão*.

Chamego *(ê)*, s. m. 1. Amizade muito íntima. 2. Namoro.

Chamejamento, s. m. Ato de chamejar.

Chamejante, adj. m. e f. Que chameja.

Chamejar, v. 1. Intr. Deitar chamas; arder. 2. Intr. Cintilar, resplandecer. 3. Tr. dir. Derramar ou despedir como chamas; dardejar. 4. Intr. Estar arrebatado ou encolerizado. 5. Intr. Arder em paixões.

Chamiço, s. m. 1. Lenha miúda que pode servir de acendalhas. 2. Lenha meio queimada, para fazer carvão. 3. Pau tostado pelo fogo.

Chaminé, s. f. 1. Tubo que comunica a fornalha, através do fogão, com o exterior, para dar tiragem ao ar e à fumaça. 2. Fogão de sala; lareira. 4. Tubo de vidro dos lampiões de querosene. 5. Parte do cachimbo onde se deita o tabaco. 6. *Geol.* Conduto por onde escapam as lavas e projeções do vulcão.

Champanha, s. m. Vinho branco espumoso, de Champagne, França. Ruído: *espoca, estoura*.

Chamusca, s. f. V. *chamuscada*.

Chamuscada, s. f. Ato ou efeito de chamuscar.

Chamuscado, adj. Levemente queimado; crestado.

Chamuscadura, s. f. V. *chamuscada*.

Chamuscar, v. 1. Tr. dir. Queimar ligeiramente; crestar. 2. Pron. Esgueirar-se.

Chamusco, s. m. 1. Chamuscada. 2. Cheiro de coisa queimada. 3. Tiroteio, combate.

Chanca, s. f. *Pop.* 1. Pé grande. 2. Calçado grande e tosco. 3. Perna alta e delgada de homem.

Chance, s. f. Acaso favorável; oportunidade.

Chancela, s. f. 1. Ato de chancelar. 2. Selo pendente em alguns documentos oficiais. 3. Rubrica.

Chancelar, v. Tr. dir. 1. Pôr chancela em, fechar com chancela. 2. Assinar com chancela. 3. Aprovar.

Chancelaria, s. f. 1. Repartição onde se põe chancela nos documentos que dela precisam. 2. Em alguns países, o Ministério do Exterior. 3. Cargo de chanceler.

Chanceler, s. m. 1. Primeiro-ministro, ou ministro das Relações Exteriores de um país. 2. Funcionário encarregado de chancelar documentos ou diplomas.

Chanchã, s. m. *Ornit.* Ave da família dos Picídeos *(Colaptes campestris)*; pica-pau-do-campo.

Chanchada, s. f. 1. Peça teatral burlesca, que visa apenas ao humorismo barato.

Chane!, interj. Voz com que se chama o gato.

Chaneza, s. f. 1. *P. us.* Planura de terreno. 2. Lhaneza, singeleza.

Chanfalho, s. m. 1. Instrumento desafinado. 2. Espada velha, ferrugenta. 3. Utensílio deteriorado. 4. Espada, facão.

Chanfana, s. f. 1. Espécie de guisado de fígado. 2. Comida malfeita.

Chanfrador, s. m. 1. O que chanfra. 2. Plaina de chanfrar.

Chanfradura, s. f. 1. Efeito de chanfrar; biselamento; chanfro. 2. Recorte em ângulo ou de esguelha da borda de um objeto.

Chanfrar, v. (fr. *chanfrer*). Tr. dir. 1. Cortar em semicírculo. 2. *Carp.* Fazer chanfros em; biselar. 3. Desfazer com a plaina as arestas ou quinas de. 4. Falar mal de (pessoa ausente).

Chanfro, s. m. Chanfradura.

Changa, s. f. Ganho que se obtém com transporte de pequenos objetos.

Changador, s. m. Aquele que faz changas.

Changar, v. V. *changuear*.

Changuear, v. Intr. 1. Fazer changas. 2. Ter o ofício de changador.

Changueiro, s. m. 1. Cavalo para pequenas corridas. 2. Parelheiro medíocre.

Chaníssimo, adj. Sup. abs. sint. de *chão*; muito chão.

Chantadura, s. f. Ato de chantar.

Chantagem, s. f. (fr. *chantage*). Ação de extorquir dinheiro ou favores, sob a ameaça de revelações escandalosas, verdadeiras ou não.

Chantagista, adj. e s., m. e f. Diz-se da, ou pessoa que pratica chantagens.

Chantão, s. m. *Agric.* Estaca ou vergôntea, para plantar sem raiz.

Chantar, v. (l. *plantare*). 1. Tr. dir. Plantar, fincar. 2. Pron. Estabelecer-se, fixar-se.

Chantel, s. m. Última peça que o tanoeiro põe no fundo ou no tampo da pipa.

Chantili, s. m. Nata de leite batido.

Chantrado, s. m. Dignidade ou cargo de chantre; chantria.

Chantre, s. m. *Liturg.* Funcionário eclesiástico que dirige o coro.

Chantria, s. f. Chantrado.

Chanura, s. f. Planície, planura.

Chão, s. m. (l. *planu*). 1. O terreno em que pisamos; solo, pavimento. 2. Superfície da Terra, sólida: Rolar no *c*. 3. Lugar em que se nasceu ou se vive. 4. *Pop.* Distância. Adj. 1. Liso, plano. 2. Tranqüilo. 3. Franco, lhano, singelo. 4. Acostumado. Fem.: *chã*. Pl.: *chãos*. Sup. abs. sint.: *chaníssimo*.

Chapa, s. f. 1. Peça lisa, plana, relativamente fina, de espessura uniforme, de qualquer material: *C.* de cortiça, de amianto etc. 2. Lâmina. 3. Desenho, aberto em metal, para ser reproduzido. 4. *Fot.* Placa rígida, geralmente de vidro, recoberta de emulsão fotográfica. 5. Distintivo de operários, carregadores etc. 6. Lista de candidatos a eleição. 7. Frase ou palavra muito repetida ou muito repisada; chavão. 8. Radiografia. 9. Dentadura postiça. S. m. e f. *Pop.* Parceiro, companheiro íntimo.

Chapada, s. f. 1. Planura. 2. Planalto. 3. Clareira. 4. Pancada em cheio. 5. *Gír.* Bofetada. 6. Porção de líquido que cai ou se atira de uma vez.

Chapadão, s. m. 1. Chapada extensa. 2. Série de chapadas.

Chapar, v. 1. Tr. dir. Pôr chapa em. 2. Tr. dir. Segurar com chapa. 3. Tr. dir. Cunhar: *C. moedas*. 4. Tr. dir. Dar forma de chapa a. 5. Tr. dir. Guarnecer. 6. Tr. dir. Lançar em rosto. 7. Pron. Cair de chapa; estatelar-se.

Chaparia, s. f. 1. Conjunto de chapas. 2. Ornato feito de chapas de metal.

Chapatesta, s. f. Chapa ou lâmina em que entra a lingüeta da fechadura.

Chape, s. m. *Onom.* Som de qualquer coisa que bate ou cai na água. Interj. Exprime esse som.

Chapeado, s. m. Guarnição de metal que cobre parte ou todo, em apero de montaria. Adj. Recoberto de lâminas ou chapas de metal.

Chapear, v. Tr. dir. Revestir de chapas.

Chapeirada, s. f. Porção que pode conter-se num chapéu.

Chapeirão, s. m. 1. Chapéu de grandes abas. 2. Capuz.

Chapelão, s. m. Chapéu muito grande.

Chapelaria, s. f. 1. Indústria de chapéus. 2. Estabelecimento de chapeleiro. 3. Comércio de chapéus.

Chapeleira, s. f. 1. Mulher que faz ou vende chapéus. 2. Caixa própria para guardar e transportar chapéus.

Chapeleiro, s. m. Aquele que faz ou vende chapéus.

Chapeleta *(ê)*, s. f. 1. Chapelinho. 2. Válvula de sola em forma de chapéu, que se usa em bombas de mão. 3. Ricochete de objeto sobre água. 4. Roseta de rubor nas faces.

Chapéu, s. m. 1. Cobertura de feltro, palha etc. com copa e abas, para cabeça de homem ou mulher. 2. Guarda-chuva, guarda-sol. 3. Qualquer objeto que tenha configuração semelhante à de um chapéu ou guarda-chuva. 4. Dignidade cardinalícia. 5. *Bot.* Disco horizontal esporífero sustentado pelo pé dos cogumelos. Aum.: *chapelão* e *chapeirão.*

Chapim, s. m. 1. Chapa de ferro que liga os trilhos aos dormentes. 2. Base, peanha. 3. Sapatinho elegante.

Chapineiro, s. m. Aquele que faz ou vende chapins; sapateiro.

Chapinhar, v. 1. Tr. dir. Banhar com a mão ou com um pano embebido em líquido. 2. Tr. ind. e intr. Bater de chapa em substância líquida ou pastosa.

Chapota, s. f. Ato ou efeito de chapotar.

Chapotar, v. Tr. dir. 1. Cortar os ramos inúteis. 2. Limpar as árvores.

Chapuz, s. m. Pedaço de madeira, embebido na parede, para nele se pregar qualquer objeto.

Charada, s. f. Espécie de problema que se propõe, formando-se uma frase cujos termos encerrem o conceito e o número de sílabas da palavra que se deve adivinhar. Linguagem obscura.

Charadista, s. m. e f. Pessoa que compõe ou decifra charadas.

Charamela, s. f. *Mús.* Antigo instrumento pastoril, da família da flauta, com tubo cilíndrico acima do corpo sonoro do instrumento.

Charameleiro, s. m. Tocador de charamela.

Charanga, s. f. 1. Banda de música, composta principalmente de instrumentos de sopro. 2. *Pop.* Orquestra desafinada.

Charangueiro, s. m. *Pop.* Músico de charanga.

Charão, s. m. Espécie de verniz de laca, extraído da árvore desse nome (*Rhus verniciflua*).

Charco, s. m. 1. Lugar onde há água estagnada e pouco profunda. 2. Atoleiro, poça, lodaçal.

Charcoso, adj. Em que há charcos; lamacento.

Charge, s. f. (fr. *charge*). Caricatura.

Chargista, s. m. e f. Pessoa que faz charges; caricaturista.

Charivari, s. m. Assuada, berraria, desordem, tumulto.

Charla, s. f. Conversa à toa, palavreado oco.

Charlar, v. (ital. *ciarlare*). Intr. Falar à toa; tagarelar.

Charlatanaria, s. f. 1. Linguagem, modos, obra de charlatão; charlatanice, charlatanismo. 2. Intrujice, impostura, logro. Var.: *charlataneira.*

Charlatanear, v. 1. Intr. Proceder como charlatão. 2. Tr. dir. Exibir modos de charlatão.

Charlataneira, s. f. V. *charlatanaria.*

Charlatanesco, adj. 1. Próprio de charlatão. 2. Em que há charlatanice.

Charlatanice, s. f. V. *charlatanaria.*

Charlatanismo, s. m. V. *charlatanaria.*

Charlatão, s. m. (ital. *ciarlatano*). 1. Indivíduo que, nas praças públicas, vende drogas, exagerando-lhes as virtudes. 2. Aquele que explora a boa-fé do público. 3. Aquele que se inculca médico sem o ser. 4. *Pej.* Médico incompetente; medicastro. Pl.: *charlatães* e *charlatões.* Fem.: *charlatã* e *charlatona.*

Charme, s. m. (fr. *charme*). Encanto; sedução; graça; fascínio; beleza.

Charneca, s. f. Terreno árido e inculto, onde há apenas vegetação arbustiva e rasteira.

Charneira, s. f. Jogo de duas peças que giram no mesmo eixo; gonzo, dobradiça.

Charola, s. f. Andor para imagens religiosas.

Charpa, s. f. 1. Banda larga de pano; cinta. 2. Suspensório em que se apóia o braço doente; tipóia.

Charque, s. m. Carne de vaca, sem ossos, salgada, comprimida e seca ao sol.

Charqueação, s. f. Ação de charquear; charqueio.

Charqueada, s. f. Estabelecimento onde se prepara o charque.

Charqueador, s. m. 1. Fabricante de charque. 2. Proprietário de charqueada.

Charquear, v. Tr. dir. e intr. Preparar o charque.

Charqueio, s. m. V. *charqueação.*

Charravascal, s. m. Campo de vegetação espinhosa.

Charrete *(é)*, s. f. Carro leve, de duas rodas altas, tirado por um cavalo.

Charrua, s. f. 1. Arado grande com um jogo de rodas adiante e uma só aiveca. 2. Navio grande e ronceiro.

Charruar, v. Tr. dir. Lavrar com charrua; arar.

Charter, adj. (t. ingl.). Diz-se do avião ou vôo fretado.

Charutaria, s. f. Estabelecimento onde se vendem charutos, cigarros, tabaco e objetos de fumante.

Charuteira, s. f. Caixa de bolso para charutos.

Charuteiro, s. m. 1. Proprietário de charutaria. 2. Operário que fabrica charutos.

Charuto, s. m. 1. Rolo de folhas secas de tabaco, preparado para se fumar. 2. Bolo em forma de charuto. 3. *Gír.* Negro.

Chasco[1], s. m. Puxão violento.

Chasco[2], s. m. 1. Escárnio. 2. Gracejo satírico.

Chasqueador, adj. e s. m. Que, ou o que chasqueia.

Chasquear, v. 1. Tr. dir., tr. ind. e intr. Dirigir chascos a, dizer chascos, escarnecer. 2. Tr. dir. Ridicularizar, zombar de.

Chasquento, adj. 1. Engraçado, interessante. 2. Bem trajado.

Chassi, s. m. (fr. *chassis*). Armação básica em que se firmam as demais partes de uma estrutura, de um veículo, de uma janela etc.

Chata, s. f. Barcaça larga e pouco funda.

Chateação, s. f. Ato ou efeito de chatear.

Chatear, v. 1. Tr. dir e pron. Aborrecer(-se), irritar(-se), amolar(-se), 2. Intr. Aborrecer, amolar.

Chateza, s. f. Qualidade do que é chato; chatice.

Chatice, s. f. 1. Chateação. 2. Chateza.

Chatinar, v. 1. Tr. ind. Mercadejar sem escrúpulo; traficar. 2. Tr. dir. Peitar, subornar.

Chatismo, s. m. V. *chatice.*

Chato, adj. (1. v. *platu*). 1. Que não tem relevo; liso, plano. 2. Sem elevação; rasteiro. 3. *Pop.* Importuno, inconveniente, maçador.

Chauvinismo *(xô)*, s. m. Nacionalismo exagerado.

Chauvinista *(xô)*, adj. e s., m. e f. Que, ou pessoa que tem chauvinismo.

Chavão, s. m. 1. Chave grande. 2. Forma, molde ou marca, para bolos. 3. Modelo, tipo, padrão. 4. Sentença ou provérbio muito batido pelo uso.

Chavaria, s. f. Grande porção de chaves.

Chavascado, adj. V. *achavascado.*

Chavascal, s. m. 1. Chiqueiro, pocilga. 2. Moita de espinheiros e outras plantas silvestres.

Chavascar, v. V. *achavascar.*

Chavasco, adj. Bronco, grosseiro, malfeito, tosco.

Chavasqueiro, adj. V. *chavasco.* S. m. V. *chavascal.*

Chave, s. f. (l. *clave*). 1. Peça de metal que movimenta a lingüeta das fechaduras. Col.: *molho, penca.* Ruído: *trinca.* 2. Nome dado a diversos instrumentos com que se apertam, desapertam, montam, desmontam, distendem ou relaxam porcas, parafusos, molas etc. 3. Posição, ponto estratégico que comanda o acesso a alguma coisa. 4. Convenção escrita ou falada, necessária à decifração de algo. 5. Sinal ortográfico que reúne diversos assuntos dentro de um só grupo. 6. *Mús.* Clave.

Chaveiro, s. m. 1. O que guarda chaves; claviculário. 2. Artífice que faz chaves e conserta fechaduras. 3. Carcereiro. 4. Despenseiro. 5. Corrente ou arco para prender chaves.

Chavelha *(ê)*, s. f. (1. *clavicula*). 1. Cunha de madeira que liga canga e cabeçalha. 2. Timão do arado.

Chavelho *(ê)*, s. m. 1. Chifre. 2. Antena de inseto.

Chavelhudo, adj. Chifrudo.

Chávena, s. f. V. *xícara.*

Chaveta *(ê)*, s. f. 1. Peça na extremidade de um eixo, para não deixar sair a roda. 2. Peça que segura uma cavilha. 3. Haste em que jogam as dobradiças. 4. Peça de madeira que prende a canga à tiradeira.

Chavetar, v. Tr. dir. 1. Segurar com chaveta. 2. Enfiar chavetas em.

Chavo, s. m. (cast. *ochavo*). 1. Pequena quantia em dinheiro. 2. Moeda de pouco valor.

Chê!, interj. Indicativa de dúvida ou zombaria.

Checa, s. f. (russo *cheka*). Polícia secreta em país comunista, especialmente a Rússia.

Checagem, s. f. 1. Ato ou efeito de checar. 2. Controle; fiscalização; verificação; conferência.

Checape, s. m. (ingl. *check-up*). *Med.* 1. Conjunto de exames clínicos de toda espécie (laboratoriais, radiológicos etc.) a que se submete um paciente. 2. Exame de saúde geral.

Checar, v. (ingl. *to check*). Tr. dir. Controlar; verificar; examinar; experimentar; aferir; conferir; fiscalizar.

Check-up, s. m. (t. ingl.). V. *checape.*

Checoslovaco, adj. e s. m. V. *tchecoslovaco.*

Cheda *(ê)*, s. f. Cada uma das pranchas laterais do carro, nas quais se encaixam os fueiros.

Chefatura, s. f. Repartição onde o chefe dá expediente.

Chefe, s. m. (fr. *chef*). 1. Pessoa que comanda, que dirige, que está investida de uma autoridade. 2. *Heráld.* O alto do escudo. 3. *Gír.* Tratamento irônico dado a um desconhecido.

Chefia, s. f. 1. Chefatura. 2. Direção, governo, comando, liderança.

Chefiar, v. 1. Tr. dir. Dirigir como chefe. 2. Intr. Exercer funções de chefe.

Chega!, interj. Basta!

Chegada, s. f. 1. Ato ou efeito de chegar. 2. Termo do movimento de ida ou vinda.

Chegadela, s. f. 1. Chegada rápida. 2. Aproximação de coisas afastadas.

Chegado, adj. 1. Próximo, contíguo. 2. Dado, propenso.

Chegamento, s. m. Chegada.

Chegança, s. f. *Folc.* Dança dramática brasileira que se realiza, em certas regiões, pelas festas do Natal.

Chegar, v. (l. *plicare*). 1. Tr. ind. e intr. Vir. 2. Tr. ind. e intr. Aproximar-se de um ponto. 3. Tr. dir. Pôr ao alcance; aproximar. 4. Pron. Achegar-se. 5. Intr. Começar: *Chegou* o inverno. 6. Tr. ind. Atingir, igualar: Não *c. a* este tamanho. 7. Tr. ind. Conseguir: Não *c. a* realizar. 8. Ser suficiente; bastar. 9. Tr. ind. Elevar-se, orçar por. 10. Intr. Acontecer: Uma desgraça nunca *chega* só.

Cheia, s. f. 1. Enchente de rio. 2. Inundação. 3. Grande quantidade. Adj. *Gír.* Grávida.

Cheio, adj. (l. *plenu*). 1. Que não pode conter mais. 2. Não oco; maciço. 3. Que tem muitas coisas. 4. Completo, pleno, repleto. 5. Diz-se do traço não interrompido.

Em c.: de chapa, plenamente. *Estar c.*: estar farto.

Cheiradeira, s. f. Caixa para tabaco ou rapé.

Cheirar, v. (l. v. *flagrare*). 1. Tr. dir. Aplicar o sentido do olfato a, sentir o cheiro de. 2. Tr. dir. Introduzir no nariz (rapé, cânfora etc.). 3. Tr. ind. e intr. Exalar cheiro. 4. Tr. dir. Indagar, procurar. 5. Tr. dir. Bacorejar, suspeitar. 6. Tr. ind. Ter aparência ou semelhança. 7. Tr. ind. *Pop.* Agradar.

Cheiro, s. m. 1. Impressão produzida no olfato pelas partículas odoríferas; odor. 2. Cheiro agradável; aroma, odor, perfume. 3. Cheiro desagradável; fedor. 4. Essência aromática; perfume. 5. Faro, olfato. 6. Aparência, indício, rasto, reputação.

Cheiroso, adj. Que exala cheiro agradável.

Cheque, s. m. (ingl. *check*). Ordem de pagamento, à vista, sobre banco ou casa bancária, para pagar certa soma, nominalmente ou ao portador, por conta de fundos existentes e de propriedade de quem dá a ordem.

Chererém, s. m. Chuva miúda, espécie de garoa.

Cherimólia, s. f. *Bot.* Pequena árvore anonácea da América tropical *(Anona cherimolia).*

Cheta *(ê)*, s. f. 1. Pouco dinheiro; qualquer quantia. 2. Liberdade, ousadia.

Chiada, s. f. 1. Ato de chiar. 2. Vozearia importuna e desagradável.

Chiadeira, s. f. V. *chiada.*

Chiado, s. m. V. *chiada.*

Chiar, v. (onomatopéico). Intr. 1. Dar chios. 2. Esbravejar de cólera. 3. *Fam.* Dar o cavaco; dar-se por sentido.

Chiba, s. f. V. *cabrita.*

Chibança, s. f. *Pop.* 1. Modos de chibante. 2. Fanfarronada.

Chibantaria, s. f. V. *chibança.*

Chibante, adj. 1. Orgulhoso. 2. Brigão, pimpão, valentão. 3. Casquilho, janota.

Chibantear, v. Intr. Mostrar-se chibante; ostentar valentias.

Chibantesco *(ê)*, adj. Em que há chibança.

Chibantice, s. f. V. *chibança.*

Chibarrada, s. f. Rebanho de gado caprino.

Chibarreiro, s. m. Guardador de chibarros.

Chibarro, s. m. 1. Bode novo castrado. 2. Bode.

Chibata, s. f. Vara flexível e fina com que se fustigam animais ou pessoas.

Chibatada, s. f. Vergastada com chibata.

Chibatar, v. Tr. dir. dir. 1. Bater em, fustigar com chibata. 2. Castigar.

Chibo, s. m. 1. Cabrito até um ano. 2. Cabrito inteiro, não castrado.

Chicana, s. f. 1. Sutileza capciosa em questões judiciais. 2. Ardil, sofisma.

Chicanar, v. 1. Tr. ind. e intr. Fazer chicana. 2. Intr. Contestar sem fundamento. 3. Intr. Suscitar dificuldades por capricho e má fé.

Chicanear, v. V. *chicanar.*

Chicaneiro, adj. e s. m. Que, ou o que é dado a chicanas forenses; trapaceiro, chicanista.

Chicanice, s. f. V. *chicana.*

Chicanista, adj. e s., m. e f. V. *chicaneiro.*

Chicarola, s. f. *Bot.* Espécie de chicória; escarola.

Chicha, s. f. *Inf.* 1. Carne. 2. Qualquer gulodice.

Chichelo, s. m. *Pop.* Chinelo.

Chicherisbéu, s. m. V. *chichisbéu.*

Chichisbéu, s. m. Galanteador importuno, de uma senhora, casada ou viúva.

Chicle, s. m. Nome centro-americano do látex do sapotizeiro, matéria-prima da goma-de-mascar; chiclete.

Chiclete, s. m. Chicle.

Chicória, s. f. *Bot.* Erva perene de raiz grossa, comumente com flores azuis *(Chicorium endivia)*, cultivada por suas folhas novas, usadas como salada.

Chicotaço, s. m. V. *chicotada.*

Chicotada, s. f. Pancada com chicote.

Chicotar, v. *(chicote + ar).* V. *chicotear.*

Chicote, s. m. 1. Tira ou trança de couro com cabo geralmente para castigar animais; açoite, látego, rabo-de-tatu. 2. *Náut.* Extremidade de um cabo. 3. *Autom.* Amarrado de fios de estopa longos, usado para lavar automóveis.

Chicotear, v. Tr. dir. Bater com chicote em; açoitar, fustigar, zurzir.

Chifarote, s. m. Espada curta e reta.

Chifra, s. f. (ár. *xifra*). Instrumento para raspar e adelgaçar couros.

Chifraço, s. m. Pancada com os chifres; guampaço.

Chifrada, s. f. Pancada com chifre; cornada, marrada.

Chifradeira, s. f. Correia com que se ligam, pelas pontas dos chifres, os bois de uma junta.

Chifrar¹, v. *(chifra + ar).* Tr. dir. Adelgaçar com chifra.

Chifrar², v. *(chifre + ar).* Tr. dir. Dar com os chifres; cornear, marrar.

Chifre, s. m. 1. Cada um dos apêndices córneos que formam o par que guarnece a fronte de certos animais (adultos), como o boi e o bode; corno. 2. Objeto semelhante a chifre: *C.* da bigorna.
Chifrudo, adj. Que tem chifres. S. m. *Pop.* O diabo.
Chilenas, s. f. pl. Grandes esporas, de rosetas enormes, às vezes com 10cm de diâmetro.
Chileno, adj. Relativo ao Chile. S. m. O habitante ou natural do Chile.
Chilique, s. m. *Pop.* Perda dos sentidos; desfalecimento.
Chilrada, s. f. 1. Ato de chilrar. 2. Vozes juvenis e alegres, soando juntamente.
Chilrar, v. (cast. *chilrar*). V. *chilrear*.
Chilre, adj. V. *chilro*.
Chilreada, s. f. V. *chilrada*.
Chilreador, adj. e s. m. 1. Que, ou o que chilreia. 2. Palrador, tagarela.
Chilreante, adj. m. e f. Que chilreia.
Chilrear, v. 1. Intr. Chalrear, pipilar. 2. Intr. Palrar, tagarelar. 3. Tr. dir. Exprimir em gorjeios; cantar.
Chilreio, s. m. Ato de chilrear.
Chilreiro, adj. V. *chilreador*.
Chilro¹, s. m. (de *chilrar*). Som agudo e trinado dos pássaros.
Chilro², adj. 1. Diz-se do caldo, ralo e sem tempero. 2. Insípido. 3. Insignificante, sem valor.
Chim, adj. e s. m. V. *chinês*.
Chimango, s. m. 1. *Polít. brasileira.* Designação do partido moderado que deteve o poder durante as regências trinas, e deu origem ao Partido Liberal. 2. *Polít.* Membro daquele partido. 3. *Polít.* Na República, alcunha dada pelos federalistas aos governistas do Partido Republicano. 4. Tenaz de arame para pegar tições.
Chimarrão, adj. e s. m. 1. Diz-se do, ou o mate sem açúcar, tomado em cuia. 2. Diz-se do, ou gado bovino, que foge para o mato e se torna selvagem. 3. Diz-se do, ou o cão sem dono e bravio.
Chimarrear, v. Intr. Tomar chimarrão.
Chimarrita, s. f. *Folc.* Dança e música do fandango valsado que se aproxima do samba urbano.
Chimpanzé, s. m. 1. *Zool.* Grande macaco antropóide *(Pan troglodytes)*, que vive nas florestas equatoriais da África. 2. Indivíduo muito feio e desajeitado. Var.: *chipanzé*.
Chimpar, v. 1. Tr. dir. Pespegar. 2. Tr. dir. Assentar com força. 3. Pron. Meter-se de permeio; entremeter-se.
Chimparrear, v. *Gír.* V. *chimpar*.
China¹, s. m. e f. V. *chinês*.
China², adj. m. e f. Moreno, tostado. S. f. 1. Mulher de índio. 2. Moça morena. 3. Cabocla. 4. *Gír.* Meretriz.
Chinarada, s. f. Grande número de chinas (*china²*, acep. 4).
Chincha, s. f. 1. Pequena rede de arrasto. 2. Barço de pesca.
Chinchar, v. V. *cinchar*.
Chinchila, s. f. *Zool.* Pequeno roedor dos Andes *(Chinchilla laniger)*, de pele muito estimada.
Chinchorro *(ô)*, s. m. 1. V. *chincha*. 2. Animal, veículo ou navio ronceiro. 3. Homem moroso e indolente.
Chincoã, s. m. *Ornit.* Nome da alma-de-gato, na Amazônia.
Chinela, s. f. (do l. *planella*). Chinelo.
Chinelada, s. f. Pancada com chinela ou chinelo.
Chineleiro, s. m. 1. Aquele que faz ou vende chinelos ou chinelas. 2. Indivíduo baixo, ordinário, reles.
Chinelo, s. m. Calçado sem salto, para uso doméstico.
Chinês, adj. Relativo à China. S. m. 1. O habitante ou natural da China. *Lingüíst.* Língua monossilábica da China.
Chinesada, s. f. V. *chinesice*.
Chinesice, s. f. 1. Modos ou usos da China. 2. Artefato que revela grande paciência. 3. Bugiganga. 4. Formalidade complicada e inútil.
Chinfrim, s. m. 1. *Pop.* Algazarra, balbúrdia, banzé, desordem. 2. Baile popular, arrasta-pé. Adj. Insignificante, reles.
Chinfrinada, s. f. *Pop.* 1. Chinfrim. 2. Coisa ridícula.
Chinfrinar, v. Intr. Fazer chinfrim.
Chinfrineira, s. f. V. *chinfrinada*.
Chinfrinice, s. f. V. *chinfrinada*.
Chinguiço, s. m. Almofada que os carregadores ajustam à nuca, quando fazem fretes a pau e corda.
Chino, adj. e s. m. V. *chinês*.
Chio, s. m. 1. Voz aguda dos pássaros, ratos e outros animais. 2. Som agudo produzido pelas rodas dos carros.
Chip, s. m. (t. ingl.). *Inform.* Plaqueta de silício de dimensões muito reduzidas, que contém elementos semicondutores, como transistores, díodos e circuitos integrados.
Chipanzé, s. m. V. *chimpanzé*.
Chique¹, s. m. Pouca coisa. *Nem c. nem mique:* nada.
Chique², adj. m. e f. (fr. *chic*). Bonito, catita, elegante. S. m. Elegância.
Chiquê, s. f. *Gír.* Elegância afetada.
Chiqueirador, s. m. Cacete que tem amarrado numa ponta um relho para servir de chicote.
Chiqueiro, s. m. 1. Curral de porcos. 2. Lodaçal. 3. Casa ou lugar imundo. 4. Segundo compartimento do curral de pescaria, donde não pode sair o peixe que lá entrou.
Chiqueza, s. f. V. *chiquismo*.
Chiquismo, s. m. Qualidade do que é chique.
Chirinola, s. f. 1. *Pop.* Confusão, trapalhada. 2. Coisa embrulhada, confusa.
Chiripa, s. f. Ato de ganhar por acaso em qualquer jogo; bambúrrio.
Chiripento, adj. Feliz no jogo.
Chirriante, adj. m. e f. Que chirria.
Chirriar, v. 1. Intr. Cantar (a coruja). 2. Intr. Produzir som estrídulo como o canto da coruja.
Chirrio, s. m. O fretenir (da cigarra).
Chispa, s. f. 1. Centelha, fagulha, faísca, que salta de uma substância candente ou ferida por outro corpo. 2. Lampejo. 3. Inteligência viva e pronta. 4. Gênio, talento.
Chispada, s. f. Corrida disparada.
Chispante, adj. m. e f. Que chispa.
Chispar, v. 1. Tr. ind. e intr. Lançar chispas. 2 Tr. dir. Lançar de si (fogo, lume etc.). 3. Intr. Encolerizar-se. 4. Intr. Correr em disparada.
Chispe, s. m. Pé de porco; pezunho.
Chispear, v. V. *chispar*.
Chiste, s. m. Dito conceituoso e engraçado; facécia, pilhéria.
Chistoso, adj. Cheio de chiste; engraçado, espirituoso.
Chita, s. f. 1. Pano ordinário de algodão, estampado em cores. 2. *Zool.* V. *guepardo*. Adj. V. *chitado*.
Chitado, adj. Diz-se do animal cujo pêlo é branco e vermelho.
Chitão¹, s. m. Chita estampada de padrão grande.
Chitão!², interj. Caluda!, silêncio!
Choca¹, s. f. (b. l. *clocca*, do céltico). 1. Chocalho que se pendura ao pescoço do galo; cincerro. 2. Período do choco.
Choca², s. f. Salpico ou mancha de lama no vestuário.
Choça, s. f. 1. Choupana. 2. Habitação rústica, humilde.
Chocadeira, s. f. Aparelho para chocar ovos; incubadora.
Chocagem, s. f. Ato de chocar.
Chocalhada, s. f. 1. Ação de chocalhar. 2. Ruído de chocalhos. 3. Porção de chocalhos.
Chocalhar, v. 1. Intr. Fazer soar (o chocalho). 2. Tr. dir. Agitar, fazendo soar como chocalho. 3. Tr. dir. Vascolejar (líquido contido em um vaso). 5. Intr. *Fam.* Mexericar. 6. Tr. dir. Divulgar segredos. 7. Intr. Dar gargalhadas.
Chocalheiro, adj. 1. Que chocalha. 2. Que traz chocalho(s). 3. Mexeriqueiro. S. m. 1. Aquele que mexerica. 2. Aquele que fala muito e com indiscrição.
Chocalhice, s. f. 1. Qualidade de quem é chocalheiro. 2. Bisbilhotice. 3. Mexerico.
Chocalho, s. m. 1. Campainha cilíndrica, mais ou menos longa, de som surdo, que se põe ao pescoço de animais. 2. Cabaça que se agita para produzir som como o do chocalho. 3. *Pop.* Pessoa chocalheira.
Chocar¹, v. *(choque + ar)*. 1. Tr. ind. e pron. Produzir choque, ir de encontro a; abalroar, colidir. 2. Pron. Esbarrar reciprocamente. 3. Tr. dir. Desagradar a; ferir, ofender. 4. Pron. Melindrar-se; suscetibilizar-se.
Chocar², v. *(choco + ar)*. 1. Intr. Estar no choco; incubar.

2. Tr. dir. Fazer desenvolver o germe de ovos, cobrindo-os e aquecendo-os com o corpo (falando de aves). 3. Tr. dir. Pensar longamente; premeditar.

Chocarrear, v. Tr. ind. e intr. Dizer chocarrices; gracejar.

Chocarreiro, adj. e s. m. Que, ou aquele que diz chocarrices.

Chocarrice, s. f. Gracejo atrevido e grosseiro; chalaça, truanice.

Chochice, s. f. 1. Qualidade de chocho. 2. Insipidez. 3. Insignificância.

Chocho *(ô),* adj. 1. Sem suco. 2. Sem miolo, sem grão. 3. Seco. 4. Goro (ovo). 5. Oco. 6. Chato: Estilo *c.* 7. Fútil.

Choco *(ô),* adj. (1. v. *clocca).* 1. Diz-se do ovo em que se está desenvolvendo o germe. 2. Diz-se da galinha que está incubando. 3. Em que morreu o germe (ovo); podre, estragado, goro. 4. Diz-se do mar calmo, sem ondas. 5. Insípido, insosso. S. m. Ato de chocar, ou período de incubação.

Chocolataria, s. f. 1. Fábrica de chocolate. 2. Estabelecimento que vende chocolate.

Chocolate, s. m. 1. Pasta alimentar, feita de cacau, açúcar e várias substâncias aromáticas. 2. Bebida preferida com o produto em pó, dissolvido em água ou leite.

Chocolateira, s. f. 1. Vaso, em que se prepara o chocolate (bebida). 2. Vaso de folha em que se aquece a água. 3. *Gír.* Cabeça, cara, rosto.

Chocolateiro, s. m. 1. Fabricante ou vendedor de chocolate. 2. *Neol.* Cultivador ou negociante de cacau.

Chofer, s. f. (fr. *chauffeur*). Condutor de automóvel; motorista.

Chofrada, s. f. Dito, pancada ou tiro de chofre.

Chofrar, v. 1. Tr. dir. Dar de chofre em. 2. Tr. ind. Ir de encontro; chocar. 3. Intr. Atirar de chofre (o caçador) 4. Intr. Rumorejar. 5. Tr. dir. Vexar com um motejo imprevisto.

Chofre *(ô),* s. m. 1. Choque repentino. 2. Tiro contra a ave que se levanta. 3. Pancada de taco na bola de bilhar.
De c.: repentinamente.

Choldra *(ô),* s. f. 1. Coisa inútil. 2. Canalha, ralé. 3. Confusão de gente ordinária.

Chope *(ô),* s. m. Cerveja fria de barril.

Choque, s. m. (fr. *choc*). 1. Embate de dois corpos; impacto; colisão. 2. Comoção; abalo. 3. Encontro violento de forças militares. 4. Antagonismo, conflito, oposição. 5. Comoção, abalo emocional. 6. Sensação produzida por uma descarga elétrica.

Choradeira, s. f. 1. Ação de chorar muito e impertinentemente. 2. Lamúria. 3. Carpideira.

Chorado, s. m. *Folc.* Espécie de baile popular; baião.

Choramingador, adj. e s. m. Que, ou o que choraminga.

Choramingar, v. Intr. 1. Chorar amiúde e por motivos fúteis. 2. Chorar em tom baixo. 3. Proferir em voz de lamúria. Var.: *choramigar.*

Choramingueiro, adj. Que choraminga.

Chorão, adj. Que chora muito. S. m. 1. Indivíduo que chora muito. Fem.: *chorona.* 2. *Bot.* Árvore muito ornamental, da família das Salicáceas *(Salix babylonica),* freqüentemente cultivada no Brasil.

Chorar, v. (1. *plorare*). 1. Tr. ind. e intr. Derramar ou verter lágrimas. 2. Intr. Lamentar, queixar-se. 3. Tr. dir. Derramar, verter dos olhos: *Chorou lágrimas* amargas. 4. Tr. ind. Pedir com soluços, gemidos, lágrimas. 5. Tr. dir. Exprimir em pranto. 6. Intr. Imitar, no som, os gemidos e vozes de quem está em pranto. 7. Tr. ind. Sentir profundo pesar pela falta ou perda de alguém ou alguma coisa. 8. Tr. dir. Afligir-se com, lastimar. 9. Tr. dir. Ter arrependimentos ou remorsos de.

Choro *(chô),* s. m. 1. Ato ou efeito de chorar. 2. Pranto, lágrimas. 3. *Mús.* Conjunto instrumental de música popular. 4. Música tocada por esse conjunto. Pl.: *choros (ô).*

Chororó, s. m. *Ornit.* Espécie de inambu *(Crypturellus parvirostris).*

Choroso, adj. 1. Que chora, que está chorando. 2. Que indica choro. 3. Sentido, magoado.

Chorrilho, s. m. 1. Conjunto, série ou sucessão de coisas ou pessoas mais ou menos semelhantes. 2. Seqüência rápida e contínua.

Chorume, s. m. 1. Gordura que ressuma da carne; banha. 2. Abundância, opulência.

Chorumela, s. f. Coisa de pouco valor; ninharia.

Choupa, s. f. 1. Ponta de ferro com que se armam chuços, garrochas etc. 2. Ferro de dois gumes usado para abater reses.

Choupal, s. m. Bosque de choupos.

Choupana, s. f. Casa rústica de madeira; cabana.

Choupo, s. m. V. *álamo.*

Chouriçada, s. f. Grande porção de chouriços. 2. Pancada com chouriço.

Chouriceiro, s. m. Aquele que faz ou vende chouriços.

Chouriço, s. m. 1. Pedaço de tripa, cheio de carne com gorduras ou sangue de porco e farinha, com temperos, tratado com defumação. 2. Chinguiço. 3. Rolo de cabelo, para alterar o penteado.

Choutar, v. V. *choutear.*

Choutear, v. Intr. Andar a chouto; choutar.

Chouto, s. m. Trote miúdo e incômodo.

Chovediço, adj. 1. Que promete chuva. 2. Que chove miúdo. 3. Da chuva; pluvial.

Chovedouro, s. m. Direção de onde vem a chuva habitualmente. Var.: *chovedoiro.*

Chove-não-molha, s. m. sing. e pl. Coisa que não ata nem desata.

Chover, v. (1. v. *plovere*). 1. Intr. Cair água das nuvens. 2. Intr. Cair do alto, em abundância, como a chuva. 3. Intr. Cair ou sobrevir em abundância. 4. Tr. dir. Fazer cair; derramar.

Chovido, adj. Em que choveu.

Chuçada, s. f. Golpe de chuço ou instrumento semelhante.

Chuçar, v. Tr. dir. Ferir ou impelir com chuço.

Chucha, s. f. 1. Ação de chuchar. 2. *Inf.* Mama. 3. Chupeta.

Chuchadeira, s. f. 1. Chucha. 2. Bom negócio. 3. *Pop.* Desfrute, mangação, motejo.

Chuchar, v. Tr. dir. 1. Chupar, sugar. 2. Mamar. 3. Apanhar, levar, receber. 4. *Pop.* Mangar com, motejar de.

Chuchu, s. m. 1. *Bot.* Trepadeira cucurbitácea *(Sechium edule);* chuchuzeiro. 2. Fruto dessa planta. 3. *Gír.* Moça ou mulher bonita.

Chuchurreado, adj. m. Diz-se do beijo ruidoso e demorado.

Chuchurrear, v. 1. Tr. dir. e intr. Beber aos goles, sorvendo e fazendo ruído. 2. Tr. ind. e intr. Gorgolejar. Tr. dir. Chupar.

Chuchuzeiro, s. m. *Bot.* Chuchu.

Chuço, s. m. Pau armado de choupa para desnucar reses.

Chucrute, s. m. Repolho picado e fermentado.

Chué, adj. m. e f. 1. Sem categoria; reles. 2. Mal arranjado; desleixado.

Chufa, s. f. 1. Gracejo, remoque, zombaria. 2. Dito picante.

Chufar, v. Tr. dir. Dirigir chufas a; mofar ou zombar de.

Chula, s. f. *Folc.* Dança e música popular acompanhada a sanfona ou violão.

Chularia, s. f. V. *chulice.*

Chulé, s. m. *Gír.* Mau cheiro característico dos pés sujos.

Chuleado, s. m. Chuleio.

Chulear, v. Tr. dir. Coser ligeiramente a orla de modo que não se desfie.

Chuleio, s. m. 1. Ato ou efeito de chulear. 2. O ponto de chulear.

Chuleiro, adj. Que toca ou dança a chula.

Chulice, s. f. Dito, modos ou ação chula; chularia.

Chulipa, s. f. *Pop.* Pancada com o lado exterior do pé nas nádegas de outrem.

Chulismo, s. m. Expressão chula.

Chulista[1], adj. e s., m. e f. *(chula + ista).* Chuleiro.

Chulista[2], adj. m. e f. *(chulo + ista).* Que faz ou diz chulice. S. m. e f. Pessoa chulista.

Chulo, adj. 1. Baixo, grosseiro, rústico. 2. Usado pela ralé; ordinário.

Chumadeira, s. f. 1. Coxim sobre que gira um eixo; mancal. 2. Pedaço de madeira ou de couro sobre que se move o remo, nas bordas da embarcação; toleteira.

Chumaço, s. m. (1. *plumaciu*). 1. Porção de coisas flexíveis e moles, que se põe entre os forros e o pano de um vestuário, para o tornar macio ou lhe altear a forma. 2. Substância com que se almofada ou estofa qualquer objeto. 3. Peça do carro de boi que serve de mancal ao eixo das rodas e sobre a qual se apóia a mesa do carro.

Chumbada, s. f. 1. Tiro de chumbo. 2. Porção de chumbo para um tiro. 3. Ferimento com um tiro de chumbo miúdo. 4. Peças de chumbo aplicadas junto do anzol, para ir ao fundo.

Chumbado, adj. 1. Soldado ou preso com chumbo. 2. Obturado com chumbo, com outro metal, ou qualquer material. 3. Embriagado. 4. Tocado por paixão amorosa. 5. *Constr.* Aplica-se à peça embutida em bloco de pedra e soldada com cimento. 6. Reprovado em exame.

Chumbagem, s. f. Ato ou efeito de chumbar.

Chumbar, v. Tr. dir. 1. Soldar ou tapar com chumbo, ou com outro metal. 2. Ferir com chumbo. 3. Pôr selo de chumbo em. 4. Guarnecer com pesos de chumbo. 5. Prender fortemente; fixar. 6. *Pop.* Embriagar. 7. *Gír.* Inspirar paixão em.

Chumbear, v. Tr. dir. Ferir com tiro de chumbo.

Chumbeira, s. f. Rede de pesca, coniforme, guarnecida de chumbo; tarrafa.

Chumbeiro, s. m. Estojo de couro, para chumbo de caça; saquitel.

Chumbo, s. m. 1. *Quím.* Elemento metálico, de símbolo Pb, número atômico 82, massa atômica 207,20. 2. Grãos desse metal, para caça. 3. Coisa muito pesada. 4. *Pop.* Reprovação em exame. 5. *Tip.* Liga de metais com que se fundem os tipos, linhas e lingotes.

Chumear, v. Tr. dir. Guarnecer de chúmeas.

Chúmeas, s. f. pl. *Náut.* Peças de madeira com que se consertam os mastros estalados.

Chupada, s. f. V. *chupadela.*

Chupadela, s. f. 1. Ato de chupar uma vez. 2. Ato de chupar; chupada, chupamento.

Chupado, adj. *Fam.* Muito magro; magríssimo.

Chupador, adj. Que chupa. S. m. 1. Aquele que chupa. 2. Grande aspirador a vácuo, empregado na carga e descarga de granéis finos.

Chupadouro, s. m. 1. Ação continuada de chupar. 2. V. *chupeta.* 3. Orifício por onde se absorve um líquido. Var.: *chupadoiro.*

Chupadura, s. f. V. *chupadela.*

Chupamento, s. m. V. *chupadela.*

Chupão, adj. Que chupa. Fem.: *chupona.* S. m. 1. Ação de chupar com força. 2. Beijo ruidoso. 3. Mancha resultante da sorvedura com os lábios na epiderme. 4. *Pop.* Mata-borrão.

Chupar, v. 1. Tr. dir. Sorver, sugar. 2. Tr. dir. Extrair com a boca o suco de. 3. Tr. dir. Gastar, revolvendo na boca com saliva. 4. Intr. *Pop.* Ingerir bebidas alcoólicas. 5. Intr. Descansar à custa dos outros. 6. Tr. dir. Consumir, gastar: *C. os bens* de alguém.

Chupeta *(ê)*, s. f. 1. Espécie de mamilo de borracha com que se entretêm as crianças. 2. Bico de mamadeira.

Chupim, s. m. 1. *Ornit.* Pássaro da família dos Icterídeos *(Molothrus bonariensis)*, que põe ovos nos ninhos alheios para que outras aves incubem. 2. *Pop.* Marido que vive à custa do ordenado da esposa.

Chupista, s. m. e f. Pessoa que vive à custa dos outros; papa-jantares.

Chupitar, v. Tr. dir. 1. Chupar devagarinho, repetidas vezes; bebericar. 2. *Gír.* Alcançar, obter, abiscoitar.

Churdo, adj. 1. Diz-se da lã suja de suarda. 2. Sujo, sórdido. S. m. Homem ruim, vil.

Churma, s. f. (corr. de *chusma*). 1. *Gír. náut.* Tripulação. 2. Tripulação das galés antigas.

Churrascaria, s. f. Restaurante cujo prato típico é o churrasco.

Churrasco, s. m. 1. Carne assada sobre brasas, em espeto ou em grelha. 2. Coisa amarrotada, amassada.

Churrasqueada, s. f. Ato de churrasquear.

Churrasquear, v. 1. Intr. Preparar churrasco. 2. Intr. Comer churrasco. 3. Tr. dir. Comer.

Churro, adj. V. *churdo.*

Chus, adj. *Arc.* Mais. Usado na expressão *não dizer chus nem bus:* não dizer palavra, não retrucar.

Chusma, s. f. (l. *celeusma*). 1. *Ant.* Tripulação; churma. 2. Grande quantidade (de pessoas ou coisas); magote, montão.

Chutador, s. m. *Esp.* Em futebol, aquele que chuta forte e com boa pontaria.

Chutar, v. Tr. dir. e intr. 1. Dar chute ou chutes. 2. Tr. dir. Tentar acertar: *C.* respostas. 3. Intr. Tentar acertar, arriscando a resposta. 4. Intr. Contar gabolices.

Chute, s. m. (ingl. *shoot*). 1. *Futebol.* Pontapé dado na bola. 2. Pontapé. 3. Mentira, fanfarronada.

Chuteira, s. f. Botina apropriada para o futebol.

Chuva, s. f. (l. *pluvia*). 1. *Meteor.* Precipitação atmosférica de água, sob forma de gotas. 2. Tudo que cai ou parece cair como gotas de chuva: *C.* de confetes. 3. Tudo que ocorre em grande quantidade. 4. Bebedeira.

Chuvada, s. f. Aguaceiro.

Chuvarada, s. f. Chuva forte.

Chuveiro, s. m. 1. Chuva súbita abundante e passageira. 2. Grande porção de coisas que caem ou se sucedem com rapidez. 3. Crivo de regador. 4. Crivo para banhos de chuva. 5. Quarto onde se instala esse crivo. 6. Anel de muitos brilhantes, engastados em círculos.

Chuviscar, v. Intr. Cair chuvisco; borriçar.

Chuvisco, s. m. Chuva miúda, fina.

Chuvisqueiro, s. m. V. *chuvisco.*

Chuvoso, adj. 1. De chuva: Tempo. *c.* 2. Abundante em chuva.

Cianeto, s. m. *Quím.* Sal ou éster do ácido cianídrico.

ciani-, elem. de comp. (l. *cyaneu*). O mesmo que *ciano: cianicórneo.*

Cianicórneo, adj. *Zool.* Que tem pontas ou antenas azuis.

Cianídrico, adj. *Quím.* Diz-se de um ácido que resulta da combinação de cianogênio e de hidrogênio.

Cianípede, adj. m. e f. *Zool.* Que tem patas azuis.

Cianirrostro *(ó)*, adj. *Zool.* Que tem bico azul.

Cianita, s. f. *Miner.* Silicato natural de alumínio, em forma de cristais triclínicos.

ciano-, elem. de comp. (gr. *kuanos*). Expressa a idéia de *azul: cianocéfalo.*

Cianocarpo, adj. *Bot.* Que tem frutos azulados.

Cianocéfalo, adj. *Zool.* Que tem cabeça azul.

Cianogênio, s. m. *Quím.* Gás incolor inflamável, de cheiro de folhas de pêssego, muito venenoso.

Cianômetro, s. m. Instrumento com que se mede a intensidade da cor azul do céu.

Cianóptero, adj. *Zool.* De asas ou barbatanas azuis.

Cianosar, v. Intr. *Med.* Apresentar cianose.

Cianose, s. f. *Med.* Coloração azulada, lívida ou escura, da pele, devida à oxigenação insuficiente do sangue.

Cianótico, adj. *Med.* Referente à cianose.

Cianureto *(ê)*, s. m. V. *cianeto.*

Ciateáceas, s. f. pl. *Bot.* Família *(Cyatheaceae)* de fetos arborescentes, de rizoma às vezes comestível.

Ciática, s. f. *Med.* Afecção dolorosa do nervo ciático.

Ciático, adj. ((l. *sciaticu*). *Anat.* Relativo ao ísquio ou ao quadril.

Cíato, s. m. *Ant.* Vaso com asa, com que se retirava vinho da cratera para despejá-lo na taça dos convivas.

Cibernética, s. f. Estudo e técnica do funcionamento e controle das conexões nervosas nos organismos vivos, máquinas de calcular e dos comandos eletromagnéticos em autômatos, cérebros eletrônicos, aparelhos teleguiados etc.

Cibo, s. m. *Ant.* Comida.

Cibório, s. m. *Liturg.* Vaso sagrado em que se guardam as hóstias consagradas.

Cica, s. f. O travor ou gosto adstringente de certas frutas.

Cicadáceas, s. f. pl. *Bot.* Família *(Cycadaceae)* que compreende plantas gimnospermas arborescentes, tropicais, parecidas com certas palmeiras.

Cicatricial, adj. m. e f. Relativo à cicatriz.

Cicatrícula, s. f. 1. *Med.* Pequena cicatriz. 2. *Zool.* Mancha branca na gema do ovo, indicativa do germe. 3. *Bot.* Ponto na semente por onde começa a germinação.

Cicatriz, s. f. (l. *cicatrice*). 1. *Med.* Marca deixada por ferida ou lesão, depois de curadas. 2. Sinal ou vestígio de estrago ou de destruição. 3. Impressão duradoura de uma ofensa.

Cicatrização, s. f. Ato ou efeito de cicatrizar(-se).

Cicatrizante, adj. e s., m. e f. Que, ou medicamento que cicatriza.

Cicatrizar, v. 1. Tr. dir. e intr. Promover a cicatrização de. 2. Tr. dir. Encher de cicatrizes. 3. Intr. e pron. Sarar pela formação de uma cicatriz; fechar-se. 4. Intr. e pron. Desvanecer-se, esquecer (a cicatriz, acep. 3).

Cicatrizável, adj. m. e f. Que cicatriza facilmente.

Cícero, s. m. *Tip.* Medida básica de 12 pontos.

Cicerone, s. m. Guia de estrangeiros num país ou de forasteiros em determinado lugar.

Ciceroniano, adj. Relativo a Cícero.

Ciciar, v. (onom.): 1. Tr. ind. e intr. Rumorejar levemente. 2. Intr. Pronunciar as palavras em cicio. 3. Tr. dir. Dizer em voz muito baixa; segredar.

Cicio, s. m. 1. Som brando, como o da viração nos ramos das árvores. 2. Murmúrio das palavras em voz baixa.

Cicioso, adj. Que cicia; sussurrante.

Ciclâmen, s. m. 1. *Bot.* Gênero (*Cyclamen*) de plantas primuláceas, muito cultivadas como plantas de vaso. 2. A cor arroxeada, peculiar a essas plantas. Pl.: *ciclâmenes.*

Ciclantáceas, s. f. pl. *Bot.* Família *(Cyclanthaceae)* que compreende plantas de aspecto de pequenas palmeiras.

Cíclico, adj. 1. Relativo a ciclo. 2. Que ocorre em ciclos. 3. *Med.* Que retorna a intervalos regulares. 4. *Bot.* Que tem as peças florais dispostas em verticilo. 5. *Quím.* Que tem uma cadeia fechada.

Ciclismo, s. m. Prática, ou esporte, de andar ou correr de bicicleta.

Ciclista, s. m. e f. Pessoa que pratica o ciclismo.

Ciclo[1], s. m. 1. Seqüência de fenômenos que se renovam em ordem constante. 2. Parte de um fenômeno periódico efetuada durante cada período. 3. *Astr.* Período de duração sempre igual, após o qual os fenômenos astronômicos se repetem na mesma ordem: *C.* solar. 4. Período econômico da História brasileira: *c.* do ouro, *c.* do café etc. 5. Denominação oficial dada às divisões do programa de ensino, no Brasil.

ciclo-[2], elem. de comp. (gr. *kuklos*). Exprime a idéia de *círculo, órbita, curva: ciclometria.*

Cicloidal, adj. m. e f. Relativo a ciclóide.

Ciclóide, adj. m. e f. Que tem forma mais ou menos circular. S. f. *Mat.* Curva produzida pela revolução completa de um ponto de uma circunferência que gira, sem escorregar, sobre uma reta X chamada *base.*

Ciclometria, s. f. Medição de círculos ou ciclos.

Ciclone, s. m. *Meteor.* Violenta tempestade, caracterizada por ventos turbilhonantes e fortes chuvas.

Ciclônico, adj. Relativo a ciclone.

Ciclope, s. m. *Mit. grega.* Gigante com um só olho no meio da testa.

Ciclópico, adj. 1. Relativo a ciclope. 2. Supostamente construído pelos ciclopes. 3. Enorme, gigantesco.

Ciclostomado, adj. *Zool.* 1. Que tem boca circular. 2. Relativo aos Ciclostomados. S. m. pl. Ordem *(Cyclostomata)* de vertebrados craniotas, que compreende as lampreias.

Ciclotimia, s. f. *Med.* Distúrbio mental cíclico, com alternância de disposições eufóricas e de estados de depressão.

Ciclotímico, adj. *Med.* Relativo à ciclotimia.

Cíclotron, s. m. *Fís.* Aparelho para aceleração de partículas eletrizadas (prótons, dêuterons, íons), que utiliza um campo magnético.

Ciconiiformes, s. m. pl. *Ornit.* Ordem *(Ciconiiformes)* de aves ribeirinhas, piscívoras, que inclui as cegonhas, jaburus, maguaris, garças, socós, arapapás, flamingos, curicacas, colhereiros, tapicurus e guarás.

Cicuta, s. f. *Bot.* 1. Gênero (*Cicuta*) de ervas umbelíferas, venenosas. 2. Qualquer planta desse gênero.

-cida, elem. de comp. (do l. *cædere*). Traduz a idéia de *matador, exterminador, assassino: inseticida.*

Cidadania, s. f. Qualidade de cidadão.

Cidadão, s. m. 1. Habitante de uma cidade. 2. Indivíduo no gozo dos direitos civis e políticos de um Estado. Fem.: *cidadã* e *cidadoa.* Pl.: *cidadãos.*

Cidade, s. f. (l. *civitate*). 1. Povoação de primeira categoria num país; no Brasil, toda sede de município, qualquer que seja a sua importância. 2. O núcleo principal ou centro urbanístico dessa povoação.

Cidadela, s. f. 1. Fortaleza defensiva de uma cidade. 2. Centro importante, onde uma doutrina é defendida ou mantida. 3. Arco, no futebol.

-cídio, elem. de comp. (do l. *coedere*). Forma substantivos com idéia de *morte, assassínio: homicídio.*

Cidra, s. f. (l. *citrea*). Fruto da cidreira. Cfr. *sidra.*

Cidral, s. m. Pomar de cidreiras.

Cidrão, s. m. Variedade de cidra de casca grossa.

Cidreira, s. f. *Bot.* Árvore rutácea, que dá a cidra *(Citrus medica).*

Ciência, s. f. (l. *scientia*). 1. Conhecimento exato e racional de coisa determinada: *C.* do bem. 2. Sistema de conhecimentos com um objeto determinado e um método próprio: A lingüística é uma *c.* S. f. pl. Conjunto de disciplinas visando à mesma ordem de conhecimentos: *C.* naturais.

Ciente, adj. m. e f. 1. Que tem ciência; douto, sábio. 2. Que tem conhecimento de alguma coisa; informado, sabedor. S. m. Anotação feita em comunicados, para efeito de controle de seu conhecimento.

Científico, adj. 1. Relativo à ciência ou às ciências. 2. Que tem o rigor da ciência.

Cientista, s. m. e f. Pessoa que cultiva alguma ciência, ou ciências; sábio.

Cifa, s. f. Areia de moldar usada por ourives.

cifo-, elem. de comp. (gr. *kuphos*). Exprime a idéia de *corcunda: cifoscoliose.*

Cifoscoliose, s. f. *Med.* Duplo desvio da coluna vertebral.

Cifose, s. f. *Med.* Curvatura anômala da espinha dorsal, de convexidade posterior.

Cifozoário, adj. *Zool.* Relativo aos Cifozoários. S. m. pl. Classe *(Scyphozoa)* de celenterados, que inclui grande número de animais marinhos chamados simplesmente *medusas.*

Cifra, s. f. 1. Zero. 2. Algarismo. 3. Cômputo total. 4. Caracteres, sinais ou palavras convencionais de uma escrita que não deve ser compreendida por todos. 5. Monograma do nome de alguém. S. f. pl. 1. Contabilidade. 2. Cálculo aritmético. 3. *Mús.* Caracteres numéricos que indicam os acordes.

Cifrado, adj. Escrito em cifra, acep. 4.

Cifrão, s. m. Sinal ($) que, na numeração de quantias, indica a unidade monetária em vários países.

Cifrar, v. 1. Tr. dir. Escrever em cifra. 2. Tr. dir. e pron. Reduzir(-se), resumir(-se), sintetizar(-se).

Ciganada, s. f. V. *ciganaria.*

Ciganaria, s. f. 1. Grupo de ciganos; ciganada. 2. Ação própria de cigano; ciganice.

Ciganear, v. Intr. 1. Proceder como cigano. 2. Levar vida errante, como a do cigano. 3. Intrujar.

Ciganice, s. f. 1. Ciganada. 2. Artimanhas em compras ou vendas; tratantada. 3. Lisonja ardilosa.

Cigano, s. m. 1. Indivíduo de um povo nômade, originário da Índia, que entrou na Europa no século XIV ou XV. Col.: *bando, cabilda.* 2. Indivíduo trapaceiro, sem escrúpulos.

Cigarra, s. f. (l. *cicada*). *Entom.* Nome comum a vários homópteros cicadídeos, conhecidos pelo canto estridulatório dos machos. Voz: *canta, chia, chichia, cicia, cigarreia, estridula, estrila, fretene, rechia, rechina, retine, zangarreia, zine, zizia, zune.*

Cigarraria, s. f. Tabacaria.

Cigarreira, s. f. Caixa ou estojo para cigarros; porta-cigarros.

Cigarrilha, s. f. Cigarro com invólucro do próprio tabaco.

Cigarro, s. m. Pequena porção de tabaco picado, enrolado em papel fino ou palha de milho, para se fumar.
Cilada, s. f. 1. Lugar oculto para espera do inimigo ou da caça; emboscada. 2. Armadilha. 3. Traição.
Cilha, s. f. (1. *cingula*). 1. Correia larga que passa sob a barriga, para segurar a sela ou a carga dos animais. Cfr. *silha*.
Cilhar, v. Tr. dir. 1. Apertar com cilha. 2. Apertar.
cili-, elem. de comp. (1. *ciliu*). Exprime a idéia de *cílio: ciliforme*.
Ciliado, adj. *Zool.* Provido de cílios.
Ciliar, adj. m. e f. 1. Relativo aos cílios. 2. *Bot.* Aplica-se, em fitogeografia, à vegetação da beira dos rios, lagos e lagoas.
Ciliciar, v. Tr. dir. e pron. Mortificar(-se) com cilício.
Cilício, s. m. 1. Túnica, cinto ou cordão de crina, que se trazia sobre a pele para mortificação. 2. Mortificação voluntária.
Ciliforme, adj. m. e f. Em forma de cílio.
Cilígero, adj. m. e f. Provido de cílios.
Cilindrada, s. f. *Mec.* Volume admitido em um cilindro, em cada percurso de êmbolo.
Cilindragem, s. f. Ação de cilindrar; cilindramento.
Cilindrar, v. Tr. dir. 1. Submeter à pressão de cilindro. 2. Acetinar (papel) na calandra ou lissa.
cilindri-, elem. de comp. (1. *cilindru*). O mesmo que *cilindro: cilindriforme*.
Cilindricidade, s. f. Forma daquilo que é cilíndrico.
Cilíndrico, adj. Em forma de cilindro.
Cilindrifloro, adj. *Bot.* Que tem flores cilíndricas.
Cilindriforme, adj. m. e f. V. *cilíndrico*.
Cilindro, s. m. 1. Qualquer corpo alongado e roliço, de diâmetro igual em todo o comprimento. 2. *Tecn.* Peça na qual se move o pistão de um motor.
Cilindróide, adj. m. e f. V. *cilindriforme*.
Cílio[1], s. m. 1. *Anat.* Pêlo que guarnece as bordas livres das pálpebras. 2. *Bot.* Pêlo que guarnece certos órgãos vegetais. 3. *Biol.* Filamento finíssimo, encontrado em muitas células, sempre em movimento.
cílio-[2], elem. de comp. O mesmo que *cili: cilióforo*.
Cilióforo, adj. *Zool.* Relativo aos Cilióforos. S. m. pl. Subfilo *(Ciliophora)* de protozoários que têm cílios ao menos em um estádio de vida.
Cima, s. f. 1. A parte mais elevada. 2. Cume, cumeeira. 3. *Bot.* Inflorescência na qual o eixo termina por uma flor.
Cimalha, s. f. 1. A parte mais alta da cornija. 2. *Arquit.* Arquitrave. 3. *Constr.* Saliência, no alto das paredes, sobre que assenta o beiral do telhado.
Címbalo, s. m. *Mús.* Cada um dos dois discos de metal chamados *pratos*.
Cimbrar, v. Tr. dir. Dobrar, curvar; azumbrar.
Cimbre, s. m. *Arquit.* V. *cambota*.
Címbrico, adj. Relativo aos cimbros.
Cimbro, s. m. *Etnol.* Indivíduo dos cimbros, povo do Norte da Germânia, que, no século II, invadiu as Gálias.
Cimeira, s. f. 1. Cume, cumeeira. 2. Ornato do cimo do capacete.
Cimeiro, adj. Que está no cimo.
Cimélio, s. m. 1. Objeto raro e precioso. 2. Livro raro, de grande valor. 3. Alfaias e tesouro de uma igreja.
Cimentação, s. f. Ato ou efeito de cimentar.
Cimentar, v. Tr. dir. 1. Unir com cimento. 2. Pavimentar com cimento. 3. Consolidar, firmar.
Cimento, s. m. (1. *coementu*). 1. Pó feito de alumina, sílica, cal, óxido de ferro e magnésio, queimados juntos em um forno e finamente pulverizados. 2. Chão revestido de cimento. 3. *Odont.* Composição plástica, usada por dentistas para obturar dentes. 4. Alicerce, fundamento.
Cimério, adj. Lúgubre, infernal.
Cimitarra, s. f. Espada turca, de lâmina muito larga e curva; espécie de alfanje.
Cimo, s. m. Topo; cume.
Cinabre, s. m. 1. *Miner.* Sulfureto natural de mercúrio, o único minério importante de mercúrio. 2. *Quím.* Sulfureto de mercúrio vermelho; vermelhão.
Cinabrino, adj. Da cor do cinabre; avermelhado.
Cinábrio, s. m. V. *cinabre*.
Cinabrita, s. f. V. *cinabre*.
Cinamomo, s. m. *Bot.* Árvore muito ornamental da família das Meliáceas *(Melia azedarach)*.
Cínara, s. f. *Bot.* Gênero *(Cynara)* de ervas da família das Compostas, ao qual pertence a alcachofra.
Cinca, s. f. 1. Engano, erro. 2. Indiscrição desastrada; rata.
Cincada, s. f. Ação de cincar.
Cincar, v. Intr. 1. Dar cincas. 2. Errar, falhar.
Cincerro *(ê)*, s. m. Campainha grande, presa ao arreamento de animais de carga.
Cincha, s. f. V. *cilha*.
Cinchador, s. m. Peça de ferro ou de couro, presa à cincha, com uma argola, em que se prende a presilha do laço.
Cincho, s. m. Molde circular, perfurado, em que se aperta a massa do queijo, para lhe dar forma e espremer o soro.
Cinchona, s. f. *Bot.* Gênero *(Cinchona)* de plantas arbustivas rubiáceas, ao qual pertence a quina.
Cínclise, s. f. *Med.* Estado nervoso de quem pestaneja continuamente.
Cinco, num. (l. *quinque*). 1. Três mais dois, quatro mais um. 2. Quinto: Página *cinco*. S. m. 1. O algarismo 5. 2. O número cinco. 3. A carta, a face do dado ou a peça do dominó que tem marcados cinco pontos. 4. Pessoa ou coisa que numa série ocupa o quinto lugar.
Cindir, v. (l. *scindere*). 1. Tr. dir. Dividir, separar. 2. Tr. dir. Cortar. 3. Pron. Desavir.
Cine, s. m. Forma reduzida de *cinema*.
Cineasta, s. m. e f. Artista criador do cinema.
Cinegética, s. f. Arte de caçar, especialmente com auxílio de cães.
Cinegético, adj. Relativo à caça.
Cinegrafista, s. m. e f. Pessoa que opera com câmara em cinema.
Cinema, s. m. 1. Arte ou ciência da cinematografia. 2. Estabelecimento ou sala de projeções cinematográficas.
Cinemática, s. f. Parte da mecânica que estuda os movimentos em função do tempo, independentemente das forças que os produzem.
Cinemático, adj. Relativo ao movimento mecânico.
cinemato-, elem. de comp. (gr. *kinema, atos*). Exprime a idéia de *movimento: cinematógrafo*.
Cinematografar, v. Tr. dir. 1. Projetar por meio de cinematógrafo. 2. Filmar.
Cinematografia, s. f. Arte de fazer e projetar na tela filmes cinematográficos.
Cinematógrafo, s. m. Aparelho cronofotográfico, que permite projetar em uma tela imagens em movimento.
Cinemeiro, adj. e s. m. *Pop.* Diz-se do, ou o que é assíduo freqüentador de cinemas.
Cineração, s. f. V. *incineração*.
Cinerama, s. m. Tipo de projeção cinematográfica, sobre tela côncava, que dá ao espectador a ilusão de relevo, como se as imagens tivessem três dimensões.
Cinerar, v. V. *incinerar*.
Cinerária, s. f. *Bot.* Nome de várias plantas ornamentais da família das Compostas, com grandes cachos de flores, alvas, vermelhas, azuis ou roxas.
Cinerário, adj. 1. Relativo a cinzas. 2. Que contém os restos mortais de alguém.
Cinéreo, adj. Cor de cinza, cinzento.
Cineriforme, adj. m. e f. Semelhante à cinza.
Cinescópio, s. m. *Eletr.* Tipo de válvula em que se forma a imagem nos receptores de televisão.
Cinética, s. f. V. *cinemática*.
Cingalês, adj. Referente ao Ceilão; ceilonense. S. m. 1. O habitante ou natural do Ceilão; ceilonense. 2. Dialeto de Ceilão.
Cingel, s. m. Junta de bois; cingelada.
Cingelada, s. f. V. *cingel*.
Cingeleiro, s. m. Dono ou condutor de um cingel.
Cingidouro, s. m. 1. *Des.* Cinto. 2. Lugar onde se aperta o cinto. Var.: *cingidoiro*.

Cingir, v. (l. *cingere*). 1. Tr. dir. Cercar, rodear. 2. Tr. dir. Ligar em volta; prender. 3. Tr. dir. Ornar em roda; coroar. 4. Tr. dir. Pôr à cintura. 5. Tr. dir. Apertar, comprimir. 6. Pron. Chegar-se, unir-se. 7. Pron. Conformar-se, limitar-se, restringir-se.

Cíngulo, s. m. Cordão que os sacerdotes usam para apertar a alva na cintura.

Cínico, adj. 1. Relativo à seita filosófica dos que desprezavam as conveniências e fórmulas sociais. 2. Que ostenta princípios e atos imorais. S. m. Indivíduo cínico.

-cínio, suf. (l. *ciniu*, de *canere*). Exprime a idéia de *canto, cantiga* ou simplesmente de *ação: vaticínio, morticínio.*

Cinira, s. f. *Mús.* Harpa antiga, de duas cordas, usada pelos hebreus, fenícios e sírios.

Cinismo, s. m. 1. Sistema filosófico dos cínicos. 2. Descaramento, desfaçatez, impudência.

cino-, elem. de comp. (gr. *kuon, kunos*). Exprime a idéia de *cão: cinografia.*

Cinocéfalo, adj. Que tem a cabeça semelhante à do cão, diz-se de alguns símios, como o mandril e o babuíno.

Cinografia, s. f. *Zool.* Tratado ou história acerca dos cães.

Cinográfico, adj. Concernente à cinografia.

Cinorexia, s. f. V. *bulimia.*

Cinosuro, adj. Que tem cauda semelhante à do cão.

Cinqüenta, num. Cinco vezes dez.

Cinqüentão, s. m. *Pop.* Qüinquagenário.

Cinqüentenário, s. m. Qüinquagésimo aniversário.

Cinta, s. f. (l. *cincta*). 1. Faixa para apertar na cintura; cinto, cinturão. 2. Faixa, zona.

Cintar, v. Tr. dir. 1. Pôr cinta em. 2. Dar a depressão ou cava da cintura a (peça de vestuário). 3. Abarcar pela cintura.

Cinteiro, s. m. 1. Aquele que faz ou vende cintos ou cintas. 2. Faixa com que se protege o umbigo do recém-nascido. 3. Fita que cerca a copa do chapéu junto à aba.

Cintel, s. m. 1. Área circular onde gira o animal que faz andar a nora, o engenho etc. 2. Extensão que se adapta ao compasso a fim de traçar grandes círculos. Pl.: *cintéis.*

Cintilação, s. f. 1. Ato ou efeito de cintilar. 2. Vibração de raios luminosos. 3. Fulgor do espírito.

Cintilante, adj. m. e f. 1. Que cintila. 2. Muito brilhante. 3. Resplandecente.

Cintilar, v. (l. *scintillare*). 1. Intr. Apresentar o brilho das faíscas; tremeluzir. 2. Tr. ind. e intr. Refletir a luz; brilhar muito: As estrelas *cintilam no* firmamento. Ao luar, as ondas *cintilavam em* chispas prateadas. Surgindo o sol, as plantas, ainda molhadas pelo aguaceiro, *cintilavam.* 3. Tr. ind. e intr. Apresentar o brilho das faíscas: O entusiasmo *cintilava nos* olhos do pregador. Quais duas esmeraldas, seus olhos *cintilaram.* 4. Intr. Emitir, desprender centelhas; faiscar.

Cintilho, s. m. 1. Cinto pequeno. 2. Cinto rico de pedraria.

Cinto, s. m. (l. *cinctu*). 1. Correia ou tira que cerca a cintura com uma só volta. 2. Cós. 3. Cerco.

Cintura, s. f. (l. *cinctura*). 1. Parte mais estreita do tronco humano, imediatamente abaixo do tórax e acima dos quadris. 2. Cinta. 3. Parte do vestuário que rodeia essa parte do corpo.

Cinturão, s. m. 1. Cinta larga, geralmente de couro, em que se suspendem armas. 2. Faixa, zona.

Cinza, s. f. (l. *cinisia). 1. Resíduo mineral da combustão de certas substâncias. 2. Aniquilamento, luto. Adj. Da cor da cinza; cinzento. S. f. pl. Restos mortais incinerados, conservados em urnas.

Cinzar, v. Tr. dir. 1. Acinzentar. 2. Enganar, iludir.

Cinzeiro, s. m. 1. Monte de cinzas. 2. Parte do fogão, por baixo da grelha, onde cai a cinza. 3. Objeto de louça, metal etc. em que os fumantes deitam a cinza do tabaco.

Cinzel, s. m. Instrumento cortante em uma das extremidades, usado na escultura e na gravação.

Cinzelado, adj. Lavrado, gravado a cinzel.

Cinzeladura, s. f. 1. V. *cinzelamento.* 2. Obra cinzelada.

Cinzelamento, s. m. Ato ou efeito de cinzelar.

Cinzelar, v. Tr. dir. 1. Lavrar a cinzel. 2. Fazer com esmero e nitidez; aprimorar.

Cinzento, adj. Da cor da cinza; cinza.

Cio, s. m. Apetite sexual intenso dos mamíferos.

Ciografia, s. f. 1. Corte vertical ou transversal de um edifício ou maquinismo para se lhe ver a disposição interior. 2. Arte de conhecer as horas pela sombra projetada pela luz do Sol ou da Lua.

Ciográfico, adj. Referente à ciografia.

Ciógrafo, s. m. Aquele que pratica a ciografia.

Cióptico, adj. Relativo à visão na sombra.

Cioso, adj. 1. Que tem ciúme; ciumento. 2. Zeloso, cuidadoso. 3. Interessado, por afeição ou estima.

Cipo, s. m. Pequena coluna sem capitel.

Cipó, s. m. *Bot.* Designação comum a todas as plantas sarmentosas e trepadeiras, que pendem das árvores e nelas se entrelaçam.

Cipoada, s. f. 1. Golpe dado com cipó. 2. Grande quantidade de cipós; cipoal. 3. Embrulhada.

Cipoal, s. m. 1. Mata abundante de cipós, tão enredados que dificultam a penetração. 2. Negócio intricado.

Ciprestal, s. m. Moita ou bosque de ciprestes.

Cipreste, s. m. 1. *Bot.* Árvore conífera de folhagem persistente, ornamento dos cemitérios. 2. Morte, luto, tristeza.

Ciprino, s. m. *Ictiol.* Gênero *(Cyprinus)* de peixes de água doce, ao qual pertence a carpa *(Cyprinus carpio).*

Ciprinocultura, s. f. Criação de carpas.

Cíprio, adj. e s. m. V. *cipriota.*

Cipriota, adj. m. e f. Relativo a Chipre. S. m. Dialeto grego, antigo ou moderno de Chipre. S. m. e f. Pessoa habitante ou natural de Chipre.

Ciranda, s. f. 1. Peneira grossa, com que se joeira areia, grãos etc. 2. Cantiga e dança infantil, de roda.

Cirandagem, s. f. 1. Ato de cirandar. 2. Porção joeirada na ciranda. 3. Alimpaduras que voam da ciranda.

Cirandar, v. 1. Tr. dir. Limpar com ciranda; joeirar. 2. Intr. Dançar a ciranda. 3. Intr. *Fam.* Andar de uma parte para outra, dar voltas.

Circense, adj. m. e f. Relativo ao circo. S. m. pl. Espetáculos de circo.

Circinado, adj. *Bot.* Enrolado em espiral; circinal.

Circinal, adj. m. e f. V. *circinado.*

Circo, s. m. 1. Área destinada a jogos públicos, na antiga Roma. 2. Círculo. 3. Pavilhão, ordinariamente circular, onde se dão espetáculos variados: acrobacia, equilibrismo etc. 4. Conjunto dos artistas que dão esses espetáculos, de seus animais e de seu material.

Circuição *(u-i)*, s. f. (l. *circuitione*). Ato de andar à roda.

Circuitar, v. 1. Intr. Andar à roda; circular. 2. Tr. dir. Fazer a volta de. 3. Tr. dir. Circundar; cercar.

Circuito, s. m. 1. Linha que limita qualquer área fechada; perímetro. 2. Circunferência. 3. Giro, volta. 4. Cerca, tapume. 5. Sucessão de fenômenos periódicos; ciclo. 6. *Eletr.* Série ininterrupta de condutores da corrente elétrica. 7. V. *curto-circuito.*

Circulação, s. f. (l. *circulatione*). 1. Ato ou efeito de circular. 2. Movimento circular ou contínuo, sucessivamente renovado: *C.* sangüínea. 3. Giro; curso. 4. Trânsito. 5. Passagem de mão em mão: *C.* da moeda.

Circulante, adj. m. e f. 1. Que circula. 2. Que está em circulação.

Circular[1], adj. m. e f. (l. *circulare*). 1. Em forma de círculo. 2. Que foi reproduzido e enviado a várias pessoas (carta, ofício).

Circular[2], v. (l. *circulare*). 1. Intr. Mover-se em círculo. 2. Tr. dir. Percorrer ao redor; rodear. 3. Tr. dir. Percorrer. 4. Intr. Passar de lugar a lugar, de pessoa a pessoa, de mão em mão.

Circulatório, adj. Relativo ao movimento em círculo.

Círculo, s. m. 1. *Geom.* Superfície plana, limitada por uma circunferência. 2. *P. ext.* Circunferência. 3. Anel, arco, aro, cinto. 4. Giro, rodeio. 5. Área, extensão, limite. 6. Circunscrição territorial. 7. Associação, assembléia, grêmio.

circum-, pref. (l. *circum*). Significa *em roda: circum-ambiente, cirumpolar.* Junto a palavras iniciadas por consoante que não seja *b* ou *p*, assume a forma *circun* ou *circu* (antes de *n*). Liga-se com hífen antes de vogal.

Circum-ambiente, adj. m. e f. Que está em volta (no ar).

Circumpolar, adj. m. e f. Que está em volta do pólo ou perto dele.

Circunavegação *(cũ)*, s. f. Ato de circunavegar.

Circunavegar *(cũ)*, 1. Tr. dir. Rodear navegando. 2. Tr. dir. e intr. Navegar ao redor da Terra.

Circuncidar, v. Tr. dir. Praticar a circuncisão em.

Circuncisão, s. f. (l. *circumcisione*). 1. Corte do prepúcio, usado como rito religioso entre os judeus e muçulmanos e como medida sanitária na cirurgia moderna. 2. Corte, supressão.

Circunciso, s. m. 1. Aquele em que se praticou a circuncisão. 2. *Pej.* Judeu ou hebreu.

Circundamento, s. m. Ato ou efeito de circundar.

Circundante, adj. m. e f. Que circunda.

Circundar, v. (l. *circundare*). Tr. dir. 1. Cercar, cingir, rodear. 2. Andar à volta de.

Circunferência, s. f. (l. *circumferentia*). 1. *Mat.* Linha curva, plana, fechada, cujos pontos eqüidistam de um ponto interior chamado *centro*. 2. Contorno de um círculo. 3. Periferia, circuito.

Circunflexão (*cs*), s. f. Ato ou efeito de dobrar em arco.

Circunflexo (*cs*), adj. 1. Recurvado como um arco. 2. Diz-se do sinal gráfico (ˆ) que indica o som fechado das vogais em que recai.

Circunfluência, s. f. Movimento circular de um fluido.

Circunfluente, adj. m. e f. Que flui ao redor.

Circunfluir, v. Tr. dir. Fluir em roda de.

Circunfundir, v. (l. *circumfundere*). Tr. dir. 1. Espalhar em volta. 2. Entornar ou derramar em volta.

Circunfuso, adj. Espalhado em volta.

Circungirar, v. Intr. Girar em volta.

Circunjacente, adj. m. e f. Circunvizinho.

Circunjazer, v. Intr. Jazer em volta.

Circunlocução, s. f. V. *circunlóquio*.

Circunlóquio, s. m. Rodeio de palavras. Evasiva na fala.

Circunlunar, adj. m. e f. *Astr.* Que gira ao redor da Lua.

Circunscrever, v. (l. *circumscribere*). 1. Tr. dir. Descrever uma linha em redor de. 2. Tr. dir. Abranger, conter. 3. Tr. dir. e pron. Limitar(-se), restringir(-se).

Circunscrição, s. f. (l. *circumscriptione*). 1. Ato ou efeito de circunscrever. 2. Desenho de uma figura ao redor de outra. 3. Divisão territorial administrativa.

Circunscritivo, adj. Que circunscreve ou limita.

Circunscrito, adj. 1. Limitado de todos os lados por uma linha. 2. Limitado. 3. Localizado.

Circunspeção, s. f. (l. *circumspectione*). 1. Qualidade de circunspecto. 2. Análise de alguma coisa, considerada por todos os lados. 3. Prudência, ponderação.

Circunspeto, adj. 1. Que age com cautela; cauteloso, prudente. 2. Grave, respeitável, sério.

Circunstância, s. f. (l. *circumstantia*). 1. Acidente de lugar, modo, tempo etc. que acompanha um fato. 2. Estado das coisas, em determinado momento.

Circunstanciado, adj. Enunciado com todas as circunstâncias; pormenorizado.

Circunstancial, adj. m. e f. *Gram.* Que exprime uma circunstância: Complemento *c.*

Circunstanciar, v. Tr. dir. 1. Expor as circunstâncias de (um fato). 2. Pormenorizar.

Circunstante, adj. m. e f. Que está à volta. S. m. Pessoa que está presente.

Circunvagante, adj. m. e f. Que circunvaga.

Circunvagar, v. 1. Tr. dir. Andar em torno de. 2. Intr. Andar sem destino; vaguear.

Circúnvago, adj. *Poét.* ou *Lit.* V. *circunvagante*.

Circunvalação, s. f. 1. Ato ou efeito de circunvalar. 2. Linha de defesa com fosso em torno de uma praça.

Circunvalar, v. (l. *circumvallare*). Tr. dir. e pron. Cercar(-se), de valados, fossos ou barreiras.

Circunver, v. Tr. dir. Ver em roda, ver por todos os lados.

Circunvizinhança, s. f. 1. Arredores, lugares vizinhos. 2. Adjacência, proximidade.

Circunvizinhar, v. Tr. dir. Estar na vizinhança ou nos arredores de.

Circunvizinho, adj. (l. *circumvicinu*). Situado em volta ou próximo; adjacente, confinante.

Circunvolução, s. f. 1. Movimento circulatório. 2. Contorno sinuoso; saliência ondulosa.

Cirenaico, adj. Relativo a Cirenaica (África).

Cireneu, adj. Relativo a Cirene (África). S. m. 1. O habitante ou natural de Cirene. 2. O que ajuda, principalmente num trabalho penoso, como Simão Cireneu, que ajudou Cristo a carregar a cruz. Fem.: *cirenéia*.

Cirial, s. m. Tocheira de círio.

Cirílico, adj. Relativo ao alfabeto eslavo, cuja invenção se atribui a S. Cirilo.

Círio, s. m. (l. *cereu*). Vela grande de cera.

Ciriologia, s. f. *Gram.* Emprego exclusivo de expressões próprias.

Ciriológico, adj. *Gram.* Concernente à ciriologia.

cirri-, elem. de comp. (l. *cirru*). Exprime a idéia de *cirro, gavinha, verruma: cirrípede*.

Cirrífero, adj. *Bot.* e *Zool.* Que tem cirros.

Cirrípede, adj. *Zool.* Relativo aos Cirrípedes. S. m. pl. Subclasse *(Cirripedia)* de crustáceos marinhos, cujas formas adultas se fixam a objetos por meio de cirros.

Cirro, s. m. (l. *cirru*). 1. *Zool.* Cada um dos vários apêndices delgados e comumente flexíveis, de forma e função diversas, que se encontram em muitos animais. 2. *Meteor.* Nuvem branca e filamentosa. 3. *Bot.* Gavinha de certas plantas, com que se agarram a corpos vizinhos. 4. *Ictiol.* Barbilhão dos peixes. 5. *Ornit.* Penugem em torno das ventas de algumas aves.

Cirrose, s. f. *Med.* Doença crônica progressiva do fígado, caracterizada pela formação excessiva de tecido conetivo, seguida de endurecimento e contração.

Cirrosidade, s. f. Estado ou qualidade de cirroso.

Cirroso, adj. 1. *Hist. Nat.* Que tem cirro. 2. *Bot.* e *Meteor.* Que se assemelha a um cirro.

Cirrótico, adj. *Med.* 1. Relativo à cirrose. 2. Afetado de cirrose.

Cirurgia, s. f. *Med.* Parte da medicina que trata das doenças por meios operatórios, instrumentais ou manuais.

Cirurgião, s. m. 1. Aquele que exerce a cirurgia; operador. 2. *Pop.* Médico. Fem.: *cirurgiã*; pl.: *cirurgiões* e *cirurgiães*.

Cirurgião-dentista, s. m. Dentista. Fem.: *cirurgiã-dentista*; pl.: *cirurgiões-dentistas* e *cirurgiães-dentistas*.

Cirúrgico, adj. Relativo à cirurgia.

cis-, pref. (do latim). Exprime a idéia de *cá, aquém: cisalpino.*

Cisalha, s. f. Tesourão. S. f. pl. Aparas ou fragmentos de metal.

Cisalpino, adj. *Geogr.* Que está aquém dos Alpes (em relação a Roma). Antôn.: *transalpino*.

Cisandino, adj. *Geogr.* Que está da banda de cá dos Andes. Antôn.: *transandino*.

Cisão, s. f. (l. *scissione*). 1. Ação ou efeito de cindir. 2. Divergência de opiniões, separação de interesses. 3. Dissensão, dissidência. Sin.: *cissão*.

Cisatlântico, adj. *Geogr.* De aquém do Atlântico. Antôn.: *transatlântico*.

Ciscada, s. f. Porção de cisco; ciscalho.

Ciscalhada, s. f. 1. Ciscada. 2. Aglomeração de algas e de detritos de outras plantas.

Ciscalho, s. m. Ciscada.

Ciscar, v. 1. Tr. dir. Limpar de cisco, gravetos etc. 2. Tr. dir. Limpar. 3. Tr. dir. e intr. Esgaravatar o solo (galinha) à procura de alimentos. 4. Intr. e pron. *Pop.* Safar-se, escapulir-se.

Cisco, s. m. (l. *ciniscūlu*). 1. Pó de carvão. 2. Aparas miúdas. 3. Argueiro.

Cisma[1], s. f. 1. Ato de cismar; devaneio, sonho, fantasia. 2. Preocupação, inquietação. 3. Suspeita.

Cisma[2], s. m. (gr. *skhisma*). Dissidência religiosa, política ou literária.

Cismado, adj. Acautelado, desconfiado, prevenido.

Cismar, v. 1. Intr. Ficar absorto em pensamentos; preocupar-se. 2. Intr. Andar preocupado. 3. Tr. dir. e tr. ind. Pensar com insistência em.

Cismático, adj. e s. m. (l. *scismaticu*). Que, ou aquele que segue um cisma.

Cisne, s. m. 1. *Ornit.* Ave palmípede aquática da família dos Anatídeos. Voz: *arensa, grasna.* 2. Poeta, orador ou músico célebre.

Cisplatino, adj. *Geogr.* Situado da banda de cá do Rio da Prata. Antôn.: *transplatino.*

Cisqueiro, s. m. 1. Aparador do lixo. 2. Lugar onde se junta cisco. 3. Ciscalhagem.

Cissiparidade, s. f. Qualidade de cissíparo; fissiparidade.

Cissíparo, adj. Que se reproduz dividindo-se em duas partes: fissíparo.

Cissóide, adj. m. e f. Semelhante à folha da hera. S. f. *Mat.* Curva plana do terceiro grau ($x^3+xy^2-2ay^2=0$), ideada por Diocles, para resolver o problema de Delos, ou da duplicação do cubo.

Cissura, s. f. (l. *scissura*). 1. Fenda, fissura, sulco. 2. *Anat.* Fenda ou sulco natural na superfície de certos órgãos, especialmente do cérebro.

Cistáceas, s. f. pl. *Bot.* Família *(Cistaceae)* de plantas dos lugares áridos, de flores vivamente coloridas.

Cistalgia, s. f. *Med.* Dor na bexiga.

Cistálgico, adj. *Med.* Relativo à cistalgia.

Cisterciense, adj. m. e f. Pertencente a Cister (abadia de Cluny, França).

Cisterna, s. f. 1. Reservatório de águas pluviais, abaixo do nível da terra. 2. Poço estreito; cacimba.

cisti-, elem. de comp. (gr. *kustis*). O mesmo que *cisto-*[2]: *cístico.*

Cístico, adj. *Med.* 1. Relativo à bexiga ou à vesícula biliar. 2. Que contém cistos ou quistos.

Cistina, s. f. *Quím.* Aminoácido cristalino incolor, que ocorre como constituinte na maioria das proteínas.

Cistite, s. f. *Med.* Inflamação da bexiga urinária.

Cisto[1], s. m. (gr. *kustis*). V. *quisto*[1].

cisto-[2], elem. de comp. Exprime a idéia de *vesícula, bexiga, tumor: cistocele.*

Cistocele, s. f. *Med.* Hérnia da bexiga.

Cistóide, adj. m. e f. 1. Semelhante a uma bexiga. 2. Semelhante a um quisto.

Cistopielite, s. f. *Med.* Inflamação da bexiga e do bacinete.

Cistoplegia, s. f. *Med.* Paralisia da bexiga.

Cistoplégico, adj. *Med.* Relativo à cistoplegia.

Cistotomia, s. f. *Cir.* Incisão na bexiga urinária.

Cistótomo, s. m. *Cir.* Instrumento que se usa na cistotomia.

Cita[1], s. f. 1. Citação. 2. O texto citado. 3. Referência a um trecho ou a uma opinião autorizada.

Cita[2], adj. m. e f. *Etnol.* Relativo aos citas, povo nômade do Norte da Europa e da Ásia. S. m. e f. Pessoa dos citas.

Citação, s. f. 1. Ato ou efeito de citar. 2. Texto ou opinião citada. 3. *Dir.* Ato pelo qual se chama a juízo pessoa contra a qual se propôs ação.

Citadino, adj. Relativo a cidade. S. m. Habitante de cidade.

Citar, v. Tr. dir. 1. Intimar para comparecer em juízo ou cumprir uma ordem judicial. 2. Mencionar como autoridade ou exemplo.

Cítara, s. f. *Mús.* Instrumento de cordas, semelhante à lira.

Citaredo, s. m. Cantor que se acompanhava com cítara.

Citável, adj. m. e f. Que pode ou é digno de ser citado.

Citerior, adj. m. e f. Que está do lado de cá. Antôn.: *ulterior.*

citi-, elem. de comp. (l. *citu*). Exprime a idéia de *erápido, ligeiro: citígrado.*

Cítico, adj. Relativo à Cítia; cita. S. m. Língua iraniana da Cítia; cita.

Citígrado, adj. Que anda depressa. Antôn.: *tardígrado.*

Citiso, s. m. *Bot.* Gênero *(Cytisus)* de arbustos rígidos ou espinhosos, da família das Leguminosas.

cito-, ou **-cito**, elem. de comp. (gr. *kutos*). Exprime a idéia de *célula, cavidade: citoplasma.*

Citode, s. m. *Biol.* Citoplasma sem núcleo; citódio.

Citódio, s. m. V. *citode.*

Citólise, s. f. *Med.* Desintegração das células.

Citolisina, s. f. Substância que produz citólise.

Citologia, s. f. Estudo da célula em geral.

Citológico, adj. Relativo à citologia.

Citólogo, s. m. Especialista em citologia.

Citoplasma, s. m. *Biol.* Protoplasma da célula, com exclusão do plasma nuclear (este chamado *nucleoplasma*).

Citráceo, adj. Relativo ou semelhante à cidra[2].

Citrato, s. m. *Quím.* Sal derivado do ácido cítrico e de uma base.

Cítreo, adj. 1. Relativo à cidreira. 2. Relativo ao limão.

Cítrico, adj. 1. *Bot.* Relativo às plantas do gênero *Citrus.* 2. *Quím.* Diz-se de um ácido abundante em muitos fluidos vegetais, notadamente no suco do limão e do ananás.

Citricultura, s. f. Cultura de árvores cítricas, como a laranjeira, a tangerineira e o limoeiro.

Citrina, s. f. Essência de limão.

Citrino, adj. Da cor do limão. S. m. *Miner.* Variedade amarela de quartzo; citrina.

Citronela, s. f. *Bot.* Capim fragrante *(Cimbopogon nardus)*, cujas folhas, esmagadas, têm o cheiro do limão.

Ciumar *(i-u)*, v. Intr. Ter ciúmes.

Ciumaria *(i-u)*, s. f. 1. Grande ciúme. 2. Cena de ciúme.

Ciúme, s. m. Inquietação mental causada por suspeita ou receio de rivalidade no amor ou em outra aspiração.

Ciumeira *(i-u)*, s. f. *Pop.* Ciúme exagerado.

Ciumento *(i-u)*, adj. e s. m. Que, ou o que tem ciúmes.

Ciurídeo, adj. *Zool.* Relativo aos Ciurídeos. S. m. pl. Família *(Sciuridae)* de roedores, voadores ou não, que inclui o caxinguelê, o esquilo, a marmota etc.

Cível, adj. m. e f. (l. *civile*). *Dir.* Relativo ao direito civil. S. m. Jurisdição ou tribunal em que se julgam as causas cíveis. Pl.: *cíveis.*

Cívico, adj. 1. Relativo aos cidadãos, como membros do Estado. 2. Patriótico.

Civil, adj. m. e f. 1. Relativo às relações dos cidadãos entre si. 2. Sem caráter militar ou eclesiástico. 3. Cortês, delicado, polido. Pl.: *civis.*

Civilidade, s. f. (l. *civilitate*). 1. Observância das formalidades e conveniências em uso entre as pessoas que vivem em sociedade. 2. Polidez, urbanidade, cortesia.

Civilismo, s. m. 1. Ardor cívico; civismo. 2. Doutrina ou programa de partido, que defende o exercício do governo do Estado por civis.

Civilista, adj. m. e f. Partidário do civilismo. S. m. e f. 1. *Dir.* Tratadista de direito civil. 2. Pessoa partidária do civilismo.

Civilização, s. f. 1. Estado de adiantamento e cultura social. 2. Ato de civilizar.

Civilizado, adj. 1. Que tem civilização. 2. Bem-educado, cortês.

Civilizador, adj. e s. m. Que, ou o que civiliza.

Civilizar, v. Tr. dir. e pron. 1. Tornar(-se) civil ou cortês. 2. Converter(-se) ao estado de civilização.

Civilizável, adj. m. e f. Que se pode civilizar.

Civismo, s. m. 1. Dedicação pelo interesse público. 2. Patriotismo.

Cizânia, s. f. 1. *Bot.* V. *joio.* 2. Desarmonia, discórdia, rixa.

Clã, s. m. (do ingl. *clan*). 1. Tribo constituída de pessoas de descendência comum, entre os antigos gálios, escoceses e irlandeses. 2. Grei, partido.

Cladódio, s. m. *Bot.* V. *cladófilo.* Var.: *cladode.*

Cladófilo, s. m. *Bot.* Ramo achatado que faz a função de folha, como nas cactáceas.

Clamador, adj. e s. m. Que, ou o que clama; gritador.

Clamante, adj. m. e f. Que clama; clamador.

Clamar, v. 1. Tr. dir. e intr. Bradar, gritar, proferir em altas vozes. 2. Tr. ind. e intr. Protestar, vociferar. 3. Tr. dir. Exorar, implorar. 4. Tr. dir. Exigir, reclamar.

Clâmide, s. f. Manto rico dos gregos antigos.

Clamor, s. m. 1. Ato ou efeito de clamar. 2. Súplica proferida em altas vozes.

Clamoroso, adj. 1. Dito com clamor; queixoso. 2. Instante, veemente. 3. Muito evidente; gritante.

Clandestinidade, s. f. Qualidade de clandestino.

Clandestino, adj. 1. *Dir.* Que não apresenta as condições de publicidade prescritas na lei. 2. Feito às escondidas.

Clangor, s. m. 1. Som estridente de trombeta. 2. O tinir das armas.

Clangorar, v. V. *clangorejar.*

Clangorejar, v. Intr. 1. Soltar clangor. 2. Apregoar um acontecimento.

Claque, s. f. 1. Grupo de indivíduos pagos ou pedidos para aplaudir ou patear nos teatros ou nos comícios. 2. Chapéu alto, de molas.

Clara, s. f. 1. Albumina que envolve a gema do ovo. 2. Esclerótica.

Clarabóia, s. f. Abertura no telhado de edifícios, ou na parede externa de uma casa, fechada por caixilho de vidros, para dar claridade interior.

Clarão, s. m. 1. V. *clareira.* 2. Claridade intensa, luz viva. 3. Fulgor vivo e rápido. 4. Luz intelectual.

Clareação, s. f. Ação ou operação de clarear.

Clarear, v. 1. Tr. dir., tr. ind. e intr. Tornar claro; aclarar. 2. Tr. dir. Abrir espaço em; rarear. 3. Intr. Alimpar-se de nuvens (o céu, o dia, o tempo). 4. Intr. Tornar-se inteligível.

Clareira, s. f. 1. Lugar descoberto no meio de mata ou bosque. 2. Terreno desmoitado ou arroteado em meio de mata. 3. Lacuna, vão.

Clarejar, v. Tr. dir. e intr. Clarear.

Clareza, s. f. (l. *claritia*). 1. Qualidade de claro ou inteligível. 2. Limpidez, transparência. 3. Bom timbre.

Claridade, s. f. 1. Qualidade de claro. 2. Alvura, brancura. 3. Brilho luminoso. 4. Luz viva.

Clarificação, s. f. Ato ou efeito de clarificar.

Clarificar, v. 1. Tr. dir. e pron. Tornar(-se) claro, limpando ou purificando. 2. Pron. Purificar-se, arrepender-se.

Clarificativo, adj. Que clarifica.

Clarim, s. m. Instrumento parecido com a corneta, de som agudo e claro.

Clarinada, s. f. Toque de clarim.

Clarineta *(ê)*, s. f. V. *clarinete.*

Clarinete *(nê)*, s. m. *Mús.* Instrumento de sopro, com bocal de palheta.

Clarinetista, s. m. e f. Tocador(a) de clarinete.

Clarista, adj. e s., m. e f. Que, ou pessoa que pertence à ordem de Santa Clara.

Clarividência, s. f. Qualidade de clarividente.

Clarividente, adj. m. e f. *(claro + vidente).* 1. Que vê com clareza. 2. Atilado, perscrutador, prudente.

Claro, adj. 1. Que ilumina. 2. Brilhante, luminoso. 3. Alumiado, iluminado. 4. Que recebe a luz do dia. 5. Que reflete bem a luz: Espelho *c.* 6. Límpido, puro. 7. De cor alva. 8. Branco ou quase branco: Pessoa *c.* 9. Fácil de entender. 10. Evidente, manifesto. S. m. 1. Parte clara ou mais alumiada de um objeto. 2. Espaço em branco; lacuna.

Claro-escuro, s. m. 1. Transição do claro para o escuro. 2. *Pint.* Desenho ou pintura em preto e branco. 3. Combinação de luz e sombras em uma pintura.

Classe, s. f. 1. Grupo de pessoas, animais ou coisas com atributos semelhantes. 2. Cada um dos grupos ou divisões de uma série ou conjunto. 3. Categoria, ordem, ramo, seção. 4. Sala de estudos de escola; aula. 5. Os alunos que freqüentam uma aula. 6. *Gram.* Cada grupo em que se dividem as palavras segundo a função que desempenham: substantivo, adjetivo, verbo etc.

Classicismo, s. m. 1. Doutrina artística que surgiu na Renascença, fundamentando-se na literatura e nas artes da Antiguidade (grega e latina). 2. Frase ou estilo de clássicos. 3. A literatura clássica.

Clássico, adj. 1. Relativo à literatura grega ou latina. 2. Autorizado por autores considerados modelares. 3. Que constitui modelo em belas-artes. 4. Usado nas aulas. S. m. 1. Escritor grego ou latino. 2. Escritor, artista, ou obra consagrada de alta categoria.

Classificação, s. f. 1. Ato ou efeito de classificar. 2. Distribuição por classes.

Classificar, v. 1. Tr. dir. e pron. Distribuir(-se) em classes e nos grupos respectivos, de acordo com um método ou sistema de classificação. 2. Tr. dir. Aprovar (candidato) em concurso ou torneio. 3. Pron. Preencher, em competição ou concurso, as condições preestabelecidas para aprovação.

Clástico, adj. *Geol.* Diz-se das rochas formadas pela reunião de fragmentos de rochas de outros grupos; fragmentário.

Claudicação, s. f. (l. *claudicatione*). 1. Ato ou efeito de claudicar. 2. Erro, defeito.

Claudicante, adj. m. e f. Que claudica.

Claudicar, v. 1. Tr. indir. e intr. Não ter firmeza nos pés. 2. Intr. Cometer falta; falhar, errar.

Claustral, adj. m. e f. Relativo ao claustro.

Claustro[1], s. m. 1. Pátio interior descoberto e rodeado de arcarias, nos conventos ou edifícios que o foram. 2. Vida monástica.

claustro-[2], elem. de comp. Exprime a idéia de *claustro, recinto fechado: claustrofobia.*

Claustrofobia, s. f. *Med.* Aversão mórbida aos espaços fechados, geralmente aos recintos pequenos, como os elevadores. Antôn.: *agorafobia.*

Claustrófobo, s. m. Aquele que sofre de claustrofobia. Antôn.: *agoráfobo.*

Cláusula, s. f. Condição ou preceito que faz parte de um tratado, de um contrato ou de qualquer outro documento público ou particular.

Clausular, adj. m. e f. Relativo a cláusula.

Clausura, s. f. 1. Recinto fechado. 2. Vida de claustro. 3. Convento. 4. Reclusão conventual ou penal.

Clausurar, v. Tr. dir. e pron. Enclausurar(-se).

Clava, s. f. Pau curto, mais volumoso numa extremidade, que se usava como arma; maça.

Clave, s. f. *Mús.* Sinal colocado no princípio da pauta para indicar o nome das notas e a altura dos sons.

clavi-[1], elem. de comp. (l. *clavis*). Exprime a idéia de *clave, chave: clavicórdio.*

clávi-[2], elem. de comp. (l. *clava*): Exprime a idéia de *clava: claviforme.*

Clavicímbalo, s. m. V. *clavicórdio.*

Clavicórdio, s. m. *Mús.* Antigo instrumento de cordas e teclado.

Clavicórneo, adj. *Zool.* Com antenas claviformes.

Clavícula, s. f. 1. Pequena chave. 2. *Anat.* Osso par situado na parte dianteira do ombro e que articula com o esterno e o acrômio umeral.

Claviculado, adj. *Anat.* Que tem clavículas. S. m. *Zool.* Espécime dos mamíferos roedores que têm clavículas perfeitas.

Clavicular, adj. m. e f. Relativo à clavícula.

Claviforme, adj. m. e f. Em forma de clava.

Clavígero, adj. *Poét.* Armado de clava.

Clemência, s. f. (l. *clementia*). 1. Disposição para perdoar; indulgência. 2. Bondade. 3. Amenidade, brandura.

Clemente, adj. m. e f. Que tem clemência; indulgente.

Clepsidra, s. f. Relógio de água.

clepto-, elem. de comp. (gr. *kleptos*). Exprime a idéia de *roubo, dissimulação, segredo: cleptomania.*

Cleptomania, s. f. Impulso mórbido para furtar.

Cleptomaníaco, s. m. Aquele que padece de cleptomania; cleptômano.

Cleptômano, s. m. V. *cleptomaníaco.*

Clerezia, s. f. Classe clerical; clero.

Clerical, adj. m. e f. Pertencente ou relativo ao clero.

Clericalismo, s. m. 1. Influência ou predomínio do clero, da Igreja. 2. Atitude, modos ou partidos dos que apóiam o clero.

Clericato, s. m. Condição, estado ou dignidade de clérigo.
Clérigo, s. m. Indivíduo que tem todas as ordens sacras ou algumas delas.
Clero, s. m. Classe eclesiástica; corporação de todos os clérigos.
Cleromancia, s. f. Suposta arte de adivinhar por meio de dados.
Cleromante, s. m. e f. Pessoa que pratica a cleromancia.
Cleromântico, adj. Concernente à cleromancia.
Clichê, s. m. 1. *Tip.* Placa metálica ou película que permite obter provas tipográficas ou fotográficas. 2. Chavão, lugar-comum.
Clicheria, s. f. Oficina onde se fazem clichês.
Cliente, s. m. 1. Pessoa protegida. 2. Pessoa que recorre a um médico, a um advogado, a um dentista etc., habitualmente. 3. Freguês. Col.: *clientela, freguesia.*
Clientela, s. f. Conjunto de clientes.
Clima, s. m. 1. Conjunto de condições atmosféricas que caracterizam uma região, ou um país. 2. Ambiente, meio.
Climatérico, adj. Climático, climatológico.
Climático, adj. Relativo ao clima; climatológico.
Climatizar, v. V. *aclimar.*
climato-, elem. de comp. (gr. *klima, atos*). Exprime a idéia de *clima: climatologia.*
Climatologia, s. f. Ciência que trata dos climas e investiga seus fenômenos.
Climatológico, adj. Relativo à climatologia; climático.
Clímax *(cs),* s. m. 1. O ponto culminante; auge, apogeu, culminância. 2. *Ret.* Figura consistente em repetir palavras em gradação.
Clina, s. f. Crina.
Clínica, s. f. 1. Prática ou exercício da Medicina. 2. Lugar onde o médico atende aos clientes. 3. A clientela de um médico.
Clinicar, v. Intr. Exercer a profissão de clínico.
Clínico, adj. Relativo ao tratamento médico dos doentes. S. m. Médico que exerce a medicina clínica.
clino-, elem. de comp. (gr. *kline* ou *klinein*). Expressa a idéia de *inclinação, leito, repouso: aclinal, clinômetro.*
Clinômetro, s. m. Instrumento para medir as inclinações de um plano em relação ao horizonte.
Clinudo, adj. 1. Que tem clinas grandes. 2. Cabeludo.
Clipe, s. m. (do ingl. *clip*). Pequeno prendedor de papéis.
Clípeo, s. m. *Entom.* Placa ou escudo na face anterior média da cabeça de um inseto.
Clíper, s. m. (ingl. *clipper*). *Náut.* Certo tipo de navio veleiro, muito rápido.
Clique, interj. e s. m. Termo onomatopéico que sugere estalido seco.
Clister, s. m. Injeção de água simples ou de líquido medicamentoso no reto, por meio de seringa ou aparelho análogo.
Clitóris, s. m. sing. e pl. *Anat.* Excrescência carnuda e erétil na parte superior da vulva.
Clivagem, s. f. *Miner.* Propriedade que têm certos minerais de se dividirem mais facilmente segundo certos planos, do que segundo outras direções.
Clivar, v. Tr. dir. Cortar de acordo com os planos de clivagem.
Clivo, s. m. 1. Encosta. 2. Ladeira. 3. Outeiro.
Clivoso, adj. 1. Cheio de clivos. 2. Ladeirento.
Cloaca, s. f. 1. Lugar (fossa, canal, tubo) destinado a receber dejeções; privada, sentina. 2. Lugar imundo. 3. *Zool.* Câmara terminal comum das vias urinárias, genitais e intestinais das aves, répteis, anfíbios, muitos peixes e certos mamíferos (monotremos).
Cloacal, adj. m. e f. Relativo a cloaca.
Clônico, adj. *Med.* Relativo ao clono.
Clono, s. m. *Med.* Vibração muscular interrompida por curtos períodos de repouso.
Cloração, s. f. Ato ou efeito de clorar.
Cloral, s. m. *Quím.* Líquido oleoso, incolor, de odor pungente, obtido pela cloração do álcool etílico.
Clorar, v. Tr. dir. Tratar (água, álcool) com o cloro.
Clorato, s. m. *Quím.* Sal de ácido clórico.
Cloremia, s. f. *Med.* Excesso de cloro no sangue.
Cloretemia, s. f. *Med.* Excesso de cloretos no sangue.
Cloreto *(ê),* s. m. *Quím.* Sal ou éster de ácido clorídrico.
Clórico, adj. *Quím.* 1. Relativo a cloro. 2. Diz-se de um ácido oxigenado do cloro.
Cloridrato, s. m. *Quím.* Sal do ácido clorídrico e de uma base nitrogenada.
Clorídrico, adj. *Quím.* Diz-se de um ácido em que entram hidrogênio e cloro em partes iguais.
Clorito, s. m. *Quím.* Sal de ácido cloroso.
Cloro[1], s. m. *Quím.* Elemento não metálico, de símbolo Cl, número atômico 17, massa atômica 35,46.
cloro-[2], elem. de comp. Expressa a idéia de *verde, cloro: clorofila, clorofórmio.*
Clorofila, s. f. *Bot.* Substância corante verde das plantas, essencial para a realização da fotossíntese.
Clorofilado, adj. Que tem clorofila.
Clorofórmico, adj. *Quím.* 1. Relativo ao clorofórmio. 2. Resultante do clorofórmio.
Clorofórmio, s. m. *Quím.* Líquido volátil, incolor, de forte cheiro etéreo e gosto adocicado, ardente, produzido comumente pela cloração e oxidação de acetona, e usado como anestésico.
Cloroformização, s. f. *Med.* Ato de cloroformizar.
Cloroformizar, v. Tr. dir. *Med.* Dar clorofórmio a; anestesiar com clorofórmio.
Cloroplastídio, s. m. V. *cloroplasto.*
Cloroplasto, s. m. *Biol.* Plastídio que contém clorofila e é sede da fotossíntese e da formação de amido.
Clorose, s. f. *Med.* Anemia peculiar da mulher, assim chamada pela cor pálido-esverdeada da face feminina.
Cloroso, adj. *Quím.* Diz-se de um ácido formado pela dissolução do dióxido de cloro em água.
Clorótico, adj. *Med.* 1. Da clorose ou a ela relativo. 2. Afetado de clorose.
Close-up *(cloz'áp),* s. m. (t. inglês). *Cinema e T.V.* Tomada de câmara de um pormenor, feita em primeiro plano, para que ele apareça ampliado.
Clube, s. m. (ingl. *club*). 1. Sociedade recreativa ou esportiva. 2. Associação política. 3. Local em que se reúnem essas agremiações.
Clubista, s. m. e f. Membro ou freqüentador de um clube.
Cnute, s. m. (russo *knuff*). Azorrague russo formado de ramais de couro.
co-, pref. O mesmo que *com: co-réu.*
Coa[1]*(qua).* Aglutinação da prep. *com* e do art. ou pron. dem. *a,* com ectlipse. Pl.: *coas.*
Coa[2] *(ô),* s. f. V. *coação[1].*
Coabitação, s. f. Ato de coabitar.
Coabitar, v. (b. l. *cohabitare*). 1. Tr. dir. Habitar em comum. 2. Intr. Viver em comum. 3. Tr. ind. Viver em comum, como marido e mulher.
Coação[1], s. f. *(coar + ção).* Ato de coar.
Coação[2], s. f. (l. *coactione*). Ação de coagir ou compelir alguém a fazer ou não fazer uma coisa.
Coada, s. f. 1. Suco de legumes cozidos passado por coador. 2. Água filtrada por cinza; barrela. 3. Porção de líquido coado.
Coadjutor, adj. Que coadjuva. S. m. Sacerdote ou bispo adjunto de um pároco ou de um arcebispo. Fem.: *coadjutora* e *coadjutriz.*
Coadjutora, s. f. Cargo ou funções de coadjutor.
Coadjuvação, s. f. Ato ou efeito de coadjuvar.
Coadjuvante, adj. e s., m. e f. Que, ou pessoa que ajuda, auxilia ou concorre para um fim comum.
Coadjuvar, v. Tr. dir. e pron. Ajudar(-se), auxiliar(-se).
Coador, adj. Que coa ou serve para coar. S. m. 1. Filtro de tela, pano ou crivo de metal que deixa passar só a parte mais líquida ou fina de certas preparações; passador. 2. Saco para coar café.

Coadunação, s. f. Ato de coadunar(-se).

Coadunar, v. 1. Tr. dir. Ajuntar em um, reunir para formar um todo. 2. Tr. dir. e pron. Combinar(-se), conformar(-se), harmonizar(-se).

Coadunável, adj. m. e f. Que se pode coadunar.

Coadura, s. f. 1. Passagem de um líquido pelo coador. 2. O líquido coado.

Coagente, adj. m. e f. Que coage ou obriga.

Coagir, v. Tr. dir. Constranger, forçar. Não é defectivo.

Coagulação, s. f. (1. *coagulatione*). 1. Ato ou efeito de coagular(-se). 2. Processo que consiste em fazer um líquido tornar-se viscoso, gelatinoso ou sólido, ou fazer a matéria coloidal unir-se em flocos ou em massa coerente.

Coagulador, adj. Que produz coagulação. S. m. Abomaso.

Coagulante, adj. e s., e f. Que, ou o que coagula.

Coagular, v. 1. Tr. dir. Promover a coagulação; coalhar. 2. Pron. Passar por coagulação.

Coagulável, adj. m. e f. Que se pode coagular.

Coágulo, s. m. Parte coagulada de um líquido; coalho.

Coala, s. m. *Zool.* Marsupial australiano, arbóreo e indolente *(Phascolarctos cinereus)*.

Coalescência, s. f. (1. *coalescentia*). 1. Junção de partes que estavam separadas. 2. *Gram.* V. *aglutinação.*

Coalescente, adj. m. e f. 1. Aderente, unido. 2. *Gram.* Aglutinante.

Coalescer, v. Tr. dir. 1. Fazer aderir; juntar, unir. 2. Aglutinar.

Coalhada, s. f. Leite coalhado.

Coalhadura, s. f. Ato ou efeito de coalhar; coagulação.

Coalhar, v. Tr. dir. Coagular.

Coalheira[1], s. f. 1. Abomaso. 2. Líquido segregado por essa víscera e empregado nas queijarias para coalhar o leite.

Coalheira[2], s. f. (cast. *cuellera*). Parte dos arreios de atrelagem, almofadada, na qual se prendem os tirantes; coelheira[2].

Coalho, s. m. (1. *coagulu*). 1. V. *coalhadura.* 2. Flor de certo cardo.

Coalização, s. f. V. *coalizão.*

Coalizão, s. f. 1. Acordo político ou aliança de partidos. 2. Liga ou aliança de potências. 3. *Com.* Cartel, truste.

Coalizar, v. Pron. Fazer coalizão; aliar-se, unir-se.

Coaptação, s. f. *Cir.* Adaptação de partes que estavam separadas.

Coar, v. (1. *colare*). 1. Tr. dir. Passar pelo coador, filtro, peneira etc. 2. Tr. dir. Deixar passar através. 3. Tr. ind. e pron. Introduzir-se, penetrar a pouco e pouco. 4. Tr. dir. Fazer correr (o metal fundido) para dentro de um molde; vazar.

Coaraci, s. m. *Folc.* Designa o Sol em tupi-guarani.

Coarctação, s. f. 1. Ato ou efeito de coarctar; restrição. 2. Coarctada.

Coarctada, s. f. *Dir.* 1. Alegação de defesa. 2. Prova negativa convincente.

Coarctado, adj. 1. Circunscrito, restringido 2. *Biol.* Comprimido, contraído.

Coarctar, v. (1. *coarctare*). Tr. dir. 1. Circunscrever estreitamente; limitar, diminuir. 2. Reprimir, coibir.

Coatá, s. m. *Zool.* Macaco pertencente ao gênero Ateles, também chamado *macaco-aranha.*

Coativo, adj. Que coage, constrange ou obriga.

Coato, adj. (1. *coactu*). 1. Coagido, constrangido. 2. Sem livre arbítrio. Var.: *coacto.*

Co-autor, s. m. Aquele que é autor de uma obra literária ou teatral de colaboração com outro ou outros.

Co-autoria, s. f. Estado, qualidade ou caráter de co-autor.

Coaxante, adj. m. e f. Que coaxa.

Coaxar, v. Intr. Soltar a voz; gritar (a rã, o sapo).

Coaxo, s. m. 1. Ato de coaxar. 2. A voz das rãs e dos sapos.

Cobaia, s. f. 1. *Zool.* Mamífero roedor *(Cavia porcellus porcellus)* da família dos Caviídeos, vulgarmente chamado *porquinho-da-índia.* 2. Objeto de experiência.

Cobalto, s. m. *Quím.* Elemento metálico, branco prateado, de símbolo Co, número atômico 27, massa atômica 58,94.

Cobarde, adj. e s., m. e f. V. *covarde.*

Cobardia, s. f. V. *covardia.*

Cobardice, s. f. O mesmo que *cobardia.*

Coberta, s. f. 1. O que serve para cobrir ou envolver. 2. Cobertura da cama; cobertor. 3. Telhado, teto. 4. Tampo, tampa. Adj. Padreada ou prenhe (falando de animais).

Cobertor, s. m. Coberta, acep. 2.

Cobertura, s. f. 1. Ação de cobrir; cobrimento. 2. Aquilo que cobre ou serve para cobrir. 3. *Com.* Provisão de fundos para garantir uma operação mercantil ou financeira. 4. Apartamento no último piso de um edifício, tendo uma área constituída por terraço ou jardim. 5. *Jorn.* Trabalho de apuração de um fato no local de sua ocorrência, para transformá-lo em notícia.

Cobiça, s. f. (1. *cupiditia*). 1. Desejo veemente de conseguir alguma coisa. 2. Ambição desmedida de riquezas.

Cobiçante, adj. m. e f. Que cobiça.

Cobiçar, v. Tr. dir. 1. Ter cobiça de. 2. Ambicionar.

Cobiçável, adj. m. e f. Digno de se cobiçar.

Cobiçoso, adj. 1. Cheio de cobiça. 2. Ambicioso.

Cobol, s. m. (t. ingl.). Acrônimo de *Common Business Oriented Language. Inform.* Linguagem de programação de alto nível, com instruções apresentadas em forma de frases, mais usada no comércio e na indústria.

Cobra, s. f. (1. *colubra*). 1. *Zool.* Serpente. 2. *Zool.* Denominação dada pelos europeus às espécies asiáticas, venenosas, do gênero *Naja.* Col.: *serpentário.* Voz.: *assobia, chocalha, guizalha, ronca, sibila, silva.* 3. Pessoa de má índole. 4. Indivíduo perito em seu ofício, ou em sua arte.

Cobrança, s. f. 1. Ato ou efeito de cobrar. 2. Quantias cobradas.

Cobrar, v. (1. *recuperare*). 1. Tr. dir. Proceder à cobrança, receber (o que é devido). 2. Tr. dir. Fazer ser pago. 3. Pron. Pagar-se. 4. Tr. dir. Readquirir, recuperar: *C. ânimo.* 5. Tr. dir. Exigir cumprimento de.

Cobrável, adj. m. e f. Que se pode cobrar.

Cobre, s. m. x. *Quím.* Elemento metálico, castanho-avermelhado, de símbolo Cu, número atômico 29, massa atômica 63,54. 2. *Pop.* Dinheiro.

Cobreiro, s. m. *Med.* V. *cobrelo.*

Cobrelo *(ê)*, s. m. *Pop.* Erupção cutânea (*herpes-zoster* ou *zona-zoster*), que, segundo a crença popular, é causada pela passagem de alguma cobra pela roupa; cobreiro.

Cobrição, s. f. 1. Ato ou efeito de cobrir(-se). 2. Padreação, por animais quadrúpedes.

Cobrimento, s. m. Cobertura.

Cobrir, v. (1. *cooperire*). 1. Tr. dir. Pôr cobertura em; resguardar, tapar. 2. Pron. Envolver-se, revestir-se, proteger-se. Conjug., 1ª pessoa do indic.: *cubro.* Subj.: *cubra.*

Coca[1], s. f. *Bot.* Arbusto frondoso *(Erytroxylum coca)*, cujas folhas encerram vários alcalóides, sendo o principal a cocaína.

Coca[2], s. f. Ato de cocar.

Coça, s. f. 1. *Pop.* Ato de coçar. 2. Sova, surra.

Cocada, s. f. Doce de coco ralado.

Coçadura, s. f. Coça.

Cocaína, s. f. *Quím.* Alcalóide cristalino amargo, obtido das folhas de coca e muito empregado como anestésico local e como narcotizante.

Cocainomania *(a-i)*, *Med.* Vício de tomar cocaína.

Cocainômano *(a-i)*, s. m. O que tem cocainomania.

Cocão, s. m. Peça sobre que gira o eixo de carro de bois.

Cocar[1], s. m. (fr. *cocard*). Penacho ou plumas que adornam a cabeça, o chapéu ou o capacete.

Cocar[2], *(coca² + ar)*. 1. Tr. dir. e intr. Estar à coca, estar à espreita de. 2. Tr. dir. Acalentar: *C. os filhos.*

Coçar, v. (1. v. **coctiare*). 1. Tr. dir. Esfregar ou roçar com as unhas ou com objeto áspero (a parte do corpo onde há comichão). 2. Pron. Esfregar a própria pele. 3. Tr. dir. *Fam.* Fustigar, sovar.

Cocção, s. f. (1. *coctione*). Ato ou efeito de cozer; cozimento.

Coccídeo, adj. *Entom.* Relativo aos Coccídeos. S. m. pl. Família *(Coccidae)* de insetos homópteros muito prolíficos, que inclui as cochonilhas.

Coccídio, adj. *Zool.* Relativo aos Coccídeos. S. m. pl. Ordem

(Coccidia) de protozoários, parasitas, que provocam a afecção chamada *coccidiose*.
Coccidiose, s. f. *Med.* Afecção causada pela presença de coccídios.
Coccígeo, adj. *Anat.* Relativo ao cóccix; coccigiano.
Coccigiano, adj. V. *coccígeo*.
Coccinelídeo, adj. *Entom.* Relativo aos coccinelídeos. S. m. pl. Família *(Coccinellidae)* de pequenos besouros, conhecidos como *joaninhas*.
Coccíneo, adj. *Poét.* De cor escarlate; granadino.
Cóccix, s. m. (l. *coccyx*). *Anat.* Pequeno osso que termina a coluna vertebral. Var.: *coccige*.
Cócega, s. f. Cócegas.
Cócegas, s. f. pl. 1. Reação nervosa provocada por leves toques repetidos em certas partes do corpo, às vezes acompanhada de riso convulsivo. 2. Desejo, tentação. 3. Impaciência.
Coceguento, adj. Muito sensível a cócegas.
Coceira, s. f. Forte comichão; prurido.
Cocha, s. f. 1. *Náut.* Cada um dos ramos torcidos de que se forma um cabo. 2. Empenho, pistolão. Pl. *cochas (ô)*.
Coche[1] *(ô)*, s. m. 1. Tabuleiro com rebordos para conduzir cal amassada. 2. Vasilha de lata, com que se extrai água.
Coche[2] *(ô)*, s. m. (fr. *coche*). Certo tipo de carruagem antiga e suntuosa. Pl.: *coches (ô)*.
Cocheira, s. f. 1. Casa onde se guardam coches ou outras carruagens. 2. Cavalariça.
Cocheiro, s. m. O que guia os cavalos de uma carruagem; boleeiro.
Cochichador, s. m. Aquele que cochicha.
Cochichar, v. 1. Intr. Soltar o cochicho[2] (a voz). 2. Tr. ind. e intr. Falar em voz baixa.
Cochicho[1], s. m. Ato de cochichar.
Cochicho[2], s. m. *Ornit.* Pássaro furnariídeo *(Anumbius annumbi)*.
Cochicholo *(chó)*, s. m. *Pop.* e *fam.* Casa ou aposento muito apertado.
Cochilar, v. Intr. 1. Cabecear com sono; toscanejar. 2. Descuidar-se, errar.
Cochilo, s. m. 1. Ato de cochilar. 2. Descuido.
Cochinchinês, adj. e s. m. V. *cochinchino*.
Cochinchinense, adj. e s., m. e f. V. *cochinchino*.
Cochinchino, adj. Da Cochinchina (Ásia). S. m. Habitante da Cochinchina.
Cochinês, s. m. Habitante de Cochim, da Índia. Adj. De Cochim.
Cochinilha, s. f. 1. *Entom.* Inseto homóptero da família dos Coccídeos, que segrega cera própria para revestimento. 2. Substância vermelha, extraída dos corpos secos da cochinilha, usada outrora como corante. Var.: *cochonilha*.
Cochino, s. m. 1. *Pop.* Porco, não cevado. 2. Indivíduo imundo e resmungão. Adj. Sujo, imundo.
Cocho *(ô)*, s. m. 1. Coche[1]. 2. Caixa onde gira o rebolo ou esmeril nas amoladeiras. 3. Recipiente de madeira onde se dá de comer aos animais.
Cochonilha, s. f. V. *cochinilha*.
Cociente, s. m. V. *quociente*.
Cóclea, s. f. (l. *cochlea*). 1. *Zool.* Caracol. 2. *Ant.* Parte anterior do labirinto; caracol. 3. *Mec.* Parafuso de Arquimedes.
Cocleado, adj. Torcido em espiral; cocleiforme.
Coclear, adj. m. e f. V. *cocleado*.
Cocleária, s. f. *Bot.* Gênero *(Cochlearia)* de ervas marinhas carnosas, da família das Crucíferas.
Cocleiforme *(e-i)*, adj. m. e f. Em forma de caracol.
Coco[1] *(ó)*, s. m. (l. *coccu*). *Bacter.* Bactéria de forma arredondada. Pl.: *cocos (ó)*.
Coco[2] *(ô)*, s. m. 1. V. *coqueiro*. 2. O fruto do coqueiro. 3. *Pop.* Cabeça. 4. Dinheiro. Pl.: *cocos (ô)*. — *C.-da-baía:* a) palmeira cujo fruto é muito empregado no fabrico de doces *(Cocos nucifera)*; b) o fruto dessa palmeira. Pl.: *cocos-da-baía*.
Cócoras, s. f. pl. Usado na loc. adv. *de cócoras*: agachado; sentado sobre os calcanhares.
Cocoricó, s. m. V. *cocorocó*. Var.: *cocoricô*.
Cocorocó, s. m. Voz imitativa do canto do galo. Var.: *cocorocô*.
Cocorote, s. m. Pancada com os nós dos dedos na cabeça de outrem; carolo, cocre, coque.
Cocuruta, s. f. V. *cocuruto*.
Cocuruto, s. m. 1. O alto da cabeça. 2. Saliência de terra, em forma de montículo. 3. Corcunda. 4. A giba do zebu.
Coda, s. f. *Mús.* Trecho conclusivo de uma peça quando há repetições.
Códão, s. m. Congelação da umidade infiltrada no solo.
Códea, s. f. 1. Parte exterior dura; casca, crosta. 2. Crosta de pão.
Codeína, s. f. *Quím.* Alcalóide do ópio, sedativo.
Codeúdo, adj. *(códea + udo)*. Que tem códea grossa.
Códex *(cs)*, s. m. V. *códice*. Pl.: *códices*.
Co-dialeto, s. m. Dialeto que proveio de uma língua juntamente com outra língua ou dialeto.
Códice, s. m. 1. Pergaminho manuscrito que contém obras de algum autor clássico ou antigo. 2. Código antigo.
Codicilar, adj. m. e f. *Dir.* 1. Contido em codicilo. 2. Em forma de codicilo. 3. Relativo a codicilo.
Codicilo, s. m. *Dir.* Aditamento que completa ou modifica disposições testamentárias.
Codificação, s. f. Ato ou efeito de codificar.
Codificar, v. Tr. dir. 1. Reduzir a código; reunir em código. 2. Coligir.
Código, s. m. (l. *codice*). 1. Compilação de leis ou regulamentos. 2. Conjunto das convenções e uso em determinado domínio; norma, regra: *C.* da política; *C.* da honra. 3. Sistema lingüístico, pelo qual se transcreve ou traduz uma mensagem.
Codo, s. m. V. *códão*.
Codorna, s. f. *Ornit.* Ave brasileira da família dos Tinamídeos *(Nothura maculosa)*; codorniz, cadorna. Voz: *pia, trila*.
Codorniz, s. f. *Ornit.* V. *codorna*.
Co-edição, s. f. Edição publicada entre editoras, ou entre editoras e entidades culturais de um mesmo país ou de países diferentes.
Co-editar, v. Tr. dir. Fazer a co-edição ou co-edições de.
Co-editor, s. m. Editor ou editora que faz co-edições.
Co-educação, s. f. *Pedag.* Educação simultânea de indivíduos de ambos os sexos.
Co-educar, v. Tr. dir. Educar em comum.
Coeficiente, s. m. 1. *Álg.* Número ou letra que, colocado à esquerda de uma quantidade algébrica, lhe serve de multiplicador. 2. Multiplicador. 3. Valor relativo, atribuído a cada uma das provas de um exame. 4. Condição ou circunstância que contribui para um dado fim.
Coelheira[1], s. f. Instalações e local onde se criam coelhos.
Coelheira[2], s. f. V. *coalheira*[2].
Coelheiro, adj. e s. m. Que, ou o que caça coelhos.
Coelho *(ê)*, s. m. (l. *cuniculu*). *Zool.* Pequeno mamífero leporídeo, selvagem e doméstico *(Oryctolagus cuniculus)*. Voz: *chia, guincha*.
Coempção, s. f. (l. *coemptione*). Compra em comum; compra recíproca.
Coentrada, s. f. Molho feito de coentros pisados.
Coentro, s. m. *Bot.* Planta umbelífera, aromática, usada como tempero *(Coriandrum sativum)*.
Coerção, s. f. (l. *coertione*). *Dir.* Ato de constranger alguém a fazer alguma coisa.
Coercibilidade, s. f. Qualidade do que é coercível.
Coercitivo, adj. V. *coercivo*.
Coercível, adj. m. e f. 1. Reprimível. 2. Suscetível de conter-se em menos espaço.
Coercivo, adj. Que pode exercer coerção; coercitivo.
Coerência, s. f. (l. *cohærentia*). 1. Estado ou qualidade de coerente. 2. Ligação ou nexo entre os fatos, ou as idéias.
Coerente, adj. m. e f. 1. Diz-se das partes de um todo ligadas entre si. 2. Diz-se daquilo em que há conexão; concordante.
Coerir, v. (l. *cohærere*). Intr. Fazer coesão; aderir reciprocamente. Conjuga-se como *aderir*.

Coesão, s. f. (l. *cohæsione*). 1. *Fís.* Força que une entre si as moléculas das substâncias. 2. Harmonia, concordância.
Coesivo, adj. Em que há coesão.
Coeso *(ê)*, adj. 1. Unido ou ligado por coesão. 2. Harmônico, concorde.
Coetâneo, adj. e s. m. 1. Que, ou o que tem a mesma idade. 2. Contemporâneo, no passado.
Coeterno, adj. Que existe com outro desde sempre.
Coevidade, s. f. Qualidade de coevo.
Coevo *(è)*, adj. e s. m. Coetâneo, contemporâneo.
Coexistência, s. f. Qualidade de coexistente.
Coexistente, adj. m. e f. Que coexiste.
Coexistir, v. Tr. ind. e intr. 1. Existir ao mesmo tempo. 2. Conviver.
Cofiar, v. Tr. dir. Afagar, alisar (a barba, o bigode, o cabelo).
Cofo *(ô)*, s. m. Cesto oblongo, de boca estreita, em que os pescadores recolhem o pescado. Pl.: *cofos (ô).*
Cofose, s. f. *Med.* Surdez completa.
Cofre, s. m. 1. Móvel de madeira ou metal em que se guardam valores. 2. Tesouro, erário: Os *cofres* do Estado.
Cogitação, s. f. Ação de cogitar; reflexão.
Cogitar, v. 1. Tr. dir. Pôr pensamento em; imaginar. 2. Tr. ind. e intr. Pensar muito; refletir.
Cognação, s. f. (l. *cognatione*). Parentesco consangüíneo pelo lado das mulheres.
Cognato, adj. e s. m. 1. Que, ou o que é parente por cognação. 2. *Gram.* Diz-se das, ou as palavras que provêm de uma raiz comum.
Cognição. s. f. *Filos.* Aquisição de um conhecimento.
Cognitivo, adj. Relativo à cognição.
Cógnito, adj. *Ant.* Conhecido, sabido.
Cognome, s. m. 1. Epíteto nominal; apelido, alcunha. 2. Sobrenome familiar.
Cognominação, s. f. Ato ou efeito de cognominar.
Cognominados, adj. e s. m. pl. *Gram.* Diz-se dos, ou os termos com radical comum nas diferentes flexões etimológicas.
Cognominar, v. Tr. dir. Dar cognome a; alcunhar, apelidar.
Cognoscibilidade, s. f. Qualidade de cognoscível.
Cognoscitivo, adj. Que tem aptidão para conhecer.
Cognoscível, adj. m. e. f. Que se pode conhecer; conhecível.
Cogote, s. m. *Pop.* Região occipital; nuca. Var.: *cangote.*
Cogotudo, adj. Que tem cogote proeminente.
Cogula, s. f. (l. *cucullа*). Túnica larga de religiosos.
Cogulho, s. m. *Arquit.* Ornato saliente com as extremidades curvas e encrespadas.
Cogumelo, s. m. *Bot.* 1. V. *fungo.* 2. Nome comum a vários fungos carnudos, alguns comestíveis, outros venenosos, pertencentes à família das Agaricáceas.
Co-herdar, v. Tr. dir. Herdar em comum.
Co-herdeiro, adj. e s. m. Que, ou o que co-herda.
Coibição *(o-i)*, s. f. Ato ou efeito de coibir.
Coibir *(o-i)*, v. (l. *cohibere*). 1. Tr. dir. Impedir a continuação de; fazer parar. 2. Tr. dir. Impedir, proibir, conter. 3. Pron. Conter-se, reprimir-se. 4. Tr. dir. Forçar, obrigar: A boa educação *os coibia a isso.*
Coice, s. m. (l. *calce*). 1. Pancada que dão os eqüídeos com as patas traseiras. 2. *Fam.* Pancada com o pé despedido para trás. 3. *Fam.* Malcriação, brutalidade. 4. Recuo de arma de fogo, quando é disparada. 5. Parte inferior de qualquer coisa. Var.: *couce.*
Coicear, v. Tr. dir. e intr. Dar coices em; escoicear.
Coiceira, s. f. 1. Parte da folha da porta em que se pregam os gonzos ou dobradiças. 2. Soleira de porta. Var.: *couceira.*
Coiceiro, adj. Que costuma dar coices.
Coifa, s. f. (b. l. *cofia*). 1. Pequena rede com que as mulheres envolvem e suspendem os cabelos. 2. Touca.
Coima, s. f. 1. Multa. 2. Imputação de erro ou culpa.
Coimar, v. V. *acoimar.*
Coimável, adj. m. e f. Incurso em coima.
Coimbrã, adj. e s. f. Fem. de *coimbrão.*
Coimbrão, adj. e s. m. V. *coimbrês.*
Coimbrês, adj. 1. Relativo a Coimbra. 2. Natural de Coimbra. S. m. O natural de Coimbra.
Coincidência *(o-in)*, s. f. 1. Estado de duas coisas que coincidem. 2. Realização simultânea de dois ou mais fatos; simultaneidade.
Coincidente, adj. m. e f. Que coincide.
Coincidir, v. *(co* + l. *incidere).* 1. Intr. *Geom.* Ajustar-se perfeitamente (uma linha ou superfície sobre outra); ser idêntico em formas e dimensões. 2. Tr. ind. Acontecer, suceder ao mesmo tempo. 3. Tr. ind. e intr. Combinar, concordar.
Coincidível, adj. m. e f. Que pode coincidir.
Coió, adj. *Gír.* Sandeu, toleirão. S. m. Indivíduo tolo.
Coiote, s. m. *Zool.* Pequeno lobo da América do Norte *(Canis latrans).*
Coirela, s. f. V. *courela.*
Coirmão *(o-ir)*, adj. 1. Diz-se dos filhos de um irmão ou irmã com relação aos do outro irmão ou irmã: Primos *coirmãos.* 2. *Ecles.* Diz-se de cada um dos membros de uma mesma família religiosa. Fem.: *coirmã.* Pl.: *coirmãos.*
Coisa, s. f. (l. *causa*). 1. Tudo o que existe ou pode existir; ente, objeto inanimado. 2. Acontecimento, caso, circunstância, condição, estado, fato, negócio. 3. Fato, realidade. 4. Negócio. 5. Causa, motivo. 6. Mistério. S. f. pl. Bens, propriedades, negócios, ocupações, interesses. Var.: *cousa.*
Coisada, s. f. Multidão de coisas heterogêneas.
Coisíssima nenhuma, loc. adv. Absolutamente nada.
Coita, s. f. *Ant.* Dor, mágoa, desgraça.
Coitado, adj. Infeliz, mísero, sofredor. Interj. Exclamação que exprime dó.
Coito, s. m. Cópula carnal.
Coivara, s. f. Restos de capina ou montinhos de gravetos a que se põe fogo para limpar terreno de cultura.
Coivarar, v. Tr. dir. Juntar em coivaras; encoivarar.
Cola[1], s. f. 1. Substância glutinosa empregada para fazer aderir papéis, madeiras etc.; grude. 2. *Pop.* Ação de copiar fraudulentamente num exame, numa prova.
Cola[2], s. f. (cast. *cola*). Encalço, pegada, rasto: Ir na *c.* de alguém.
-cola[3], elem. de comp. (l. *cola*). Exprime as idéias de: a) cultivador: *agrícola;* b) produtor: *salícola;* c) adorador: *deícola;* d) habitante: *rupícola.*
Colaboração, s. f. 1. Ato de colaborar; cooperação; ajuda. 2. Trabalho em comum.
Colaborador, adj. Que colabora. S. m. Aquele que colabora.
Colaborar, v. Tr. ind. 1. Trabalhar na mesma obra; cooperar. 2. Concorrer para a realização de qualquer coisa. 3. Escrever para (periódicos), sem pertencer ao quadro efetivo dos seus redatores.
Colação[1], s. f. *(colar*[2] *+ ção).* Ato de praticar cola em exames.
Colação[2], s. f. (l. *collatione*). 1. Ato de conferir título, direito, grau ou benefício. 2. Confronto, comparação, conferência.
Colacia, s. f. Relação entre colaços; intimidade.
Colacionar, v. Tr. dir. Fazer colação de; cotejar.
Colaço, adj. e s. m. Diz-se dos, ou os indivíduos que, sem serem irmãos, foram criados com leite da mesma mulher; irmão de leite, irmão *colaço.*
Colada, s. f. *(colo + ada).* Passagem larga entre montes.
Colador, adj. e s. m. Que, ou aquele que cola.
Colagem, s. f. 1. Ação de colar[2]. 2. Operação de depurar e limpar vinhos, por meio de colas.
Colagogo, adj. *Med.* Que excita a secreção da bílis. S. m. *Farm.* Medicamento colagogo.
Colapso, s. m. 1. *Med.* Diminuição súbita da excitabilidade nervosa e das funções dependentes do sistema nervoso. 2. *Fig.* Qualquer diminuição súbita de poder, de força.
Colar[1], s. m. (l. *collare*). Ornato ou insígnia para o pescoço.
Colar[2], v. *(cola*[2] *+ ar).* 1. Tr. dir. Fazer aderir com cola; grudar. 2. Tr. dir. e pron. Aplicar(-se), juntar(-se), unir(-se). 3. Tr. dir. e intr. Copiar clandestinamente nos exames (o ponto sorteado). 4. Intr. *Pop.* Dar certo; mais usado na negativa: *Não colou.*
Colar[3], v. Tr. dir. Conferir benefício eclesiástico e vitalício a.
Colarinho, s. m. Gola de pano, cosida ou presa à camisa, ao redor do pescoço.

Colatário, s. m. Aquele em favor de quem se exerce a colação.

Colateral, adj. m. e f. 1. Que está ao lado; paralelo. 2. Que é parente, mas não em linha reta.

Colateralidade, s. f. Qualidade de colateral.

Colativo, adj. 1. Relativo a colação. 2. Que se pode conferir.

Colcha, s. f. Coberta de cama, estampada ou com lavores.

Colchão, s. m. Grande almofada, estofada com alguma substância flexível (lã, penas, espuma de borracha), que na cama se coloca sobre o estrado.

Colcheia, s. f. *Mús.* Nota que vale a metade de uma semínima.

Colcheiro, s. m. Fabricante ou vendedor de colchas.

Colcheta *(ê),* s. f. Argolinha em forma de lira, na qual se engancha o colchete. Pl.: *colchetas (ê).*

Colchete *(ê),* s. m. (fr. *crochet?).* 1. Pequeno gancho de fio de arame (macho), que, enfiado noutro fio dobrado em lira (fêmea), serve para ajustar ao corpo os vestidos. 2. *Ort.* Parêntese formado de linhas retas; chave. 3. *Mat.* Cada um de um par de parênteses de linhas retas ([ ]), usados como sinais de agregação de termos, dos quais alguns já se acham agregados por parênteses. Pl.: *colchetes (ê).*

Colchoaria, s. f. Estabelecimento onde se fabricam ou vendem colchões.

Colchoeiro, s. m. Aquele que faz ou vende colchões.

Coldre *(ó),* s. m. Cada um dos dois estojos de sola, pendentes do arção da sela, e que servem para trazer armas.

cole-, elem. de comp. (gr. *khole*). Exprime a idéia de *bílis: colecistite.*

Colear[1], v. *(colo + ear).* 1. Intr. Mover o colo, fazendo ziguezagues (falando da serpente). 2. Intr. e pron. Andar, deslizar, fazendo curvas como a serpente; serpentear.

Colear[2], v. *(cola*[2] *+ ear).* Tr. dir. Fazer cair (o animal), puxando pela cola (cauda).

Coleção, s. f. (l. *collectione*). 1. Reunião de objetos da mesma natureza. 2. Compilação. 3. Ajuntamento.

Colecionação, s. f. Ato de colecionar; colecionamento.

Colecionamento, s. m. V. *colecionação.*

Colecionar, v. Tr. dir. Fazer coleção de; reunir, juntar.

Colecistectomia, s. f. *Cir.* Extirpação da vesícula biliar.

Colecistite, s. f. *Med.* Inflamação da vesícula biliar.

Colecisto, s. m. *Ant.* Vesícula biliar.

Colecistostomia, s. f. *Cir.* Incisão cirúrgica na vesícula biliar.

Colédoco, adj. *Anat.* Diz-se do canal que conduz a bílis ao duodeno.

Colega, s. m. e f. 1. Pessoa que pertence a mesma comunidade, corporação, profissão etc., que outra ou outras. 2. Companheiro de escola.

Colegial, adj. m. e f. Relativo a, ou próprio de colégio. S. m. e f. Aluno ou aluna de colégio.

Colegiatura, s. f. Caráter ou qualidade de colegial.

Colégio, s. m. 1. *Pop.* Estabelecimento de ensino de primeiro ou de segundo grau. 2. Grupo de pessoas com igual categoria ou dignidade: *C.* eleitoral.

Coleguismo, s. m. Espírito de lealdade para com os colegas.

Coleira[1], s. f. *(colo + eira).* 1. Peça de couro ou metal, que se põe em volta do pescoço dos cães e de outros animais. 2. *Ornit.* a) Nome popular dado a várias espécies de pássaros fringilídeos (*Sporophila colaris colaris*), que têm na garganta uma espécie de gola negra; b) nome de outros pássaros da mesma família, como *Sporophila colaris ochrascens* e *S. bouvreuil pileata* etc.

Coleira[2], s. m. Espécie de carrapato.

Colelitíase, s. f. *Med.* Presença de cálculos nas vias biliares.

Colélito, s. m. *Med.* Cálculo biliar.

Colemia, s. f. *Med.* Presença de bílis ou de pigmentos biliares no sangue.

Colendo, adj. Respeitável (aplicado especialmente às altas corporações judiciárias).

Colênquima, s. m. *Bot.* Tecido vegetal vivo, de paredes puramente celulósicas, espessas, com finalidade de sustentação.

cóleo-[1], elem. de comp. (gr. *koleon*). Exprime a idéia de *bainha, saco, vagina: coleóptero.*

Coleóptero, adj. *Entom.* 1. Relativo aos Coleópteros. 2. Diz-se dos insetos cujas asas verdadeiras, membranosas, são recolhidas quando em repouso, sob élitros. S. m. Besouro. S. m. pl. *Entom.* Ordem (*Coleoptera*) de insetos caracterizados pelas asas superiores impróprias para o vôo, e as inferiores, membranosas.

Cólera, s. f. 1. Impulso violento, ira, irritação forte que incita contra alguém. 2. Sentimento de justiça que se atribui a Deus, quando castiga as culpas dos homens. 3. *Med.* e *Vet.* Nome comum a várias doenças do homem e dos animais domésticos, das quais um dos característicos são os graves sintomas gastrintestinais. Nesta acepção é também usado no gênero masculino.

Colerético, adj. *Med.* Que aumenta a secreção da bílis.

Colérico, adj. 1. Propenso a encolerizar-se. 2. Encolerizado, indignado. 3. *Med.* Atacado de cólera. S. m. Indivíduo colérico.

Colesterol, s. m. *Quím.* e *Biol.* Álcool esteróide cristalino lipossolúvel, encontrado em todas as gorduras e óleos animais.

Coleta, s. f. (l. *collecta*). 1. Quantia que se paga de imposto. 2. Cota para obra de beneficência ou para despesa comum. 3. *Liturg.* Oração que na missa antecede as leituras.

Coletânea, s. f. Coleção que reúne escritos, leis, gravuras etc.

Coletar, v. Tr. dir. 1. Lançar contribuição sobre; tributar. 2. Designar cota a. 3. Reunir ou arrecadar (contribuições). 4. *Bot.* Colher (plantas) para estudos.

Coletável, adj. m. e f. Que pode ser coletado.

Colete *(ê),* s. m. 1. Peça de vestuário, curta e sem mangas, que os homens usam por cima da camisa. 2. Espartilho. Pl.: *coletes (ê).*

Coleteiro, s. m. Fabricante de coletes.

Coletividade, s. f. 1. Qualidade do estado de coletivo. 2. Conjunto, agremiação. 3. O povo, coletivamente.

Coletivismo, s. m. Sistema econômico que visa a tornar comuns os meios de produção.

Coletivista, adj. m. e f. Relativo ao coletivismo. S. m. e f. Partidário(a) do coletivismo.

Coletivo, adj. 1. Que abrange muitas coisas ou pessoas. 2. *Gram.* Que, no singular, exprime o conjunto de muitos indivíduos da mesma espécie. S. m. 1. *Gram.* Substantivo coletivo. 2. Veículo de transporte coletivo.

Coletor, adj. (l. *collectore*). Que colige, ou reúne. S. m. 1. Aquele que colige; compilador. 2. O que lança ou recebe coletas. 3. Recebedor de impostos ou de rendimentos públicos. 4. Aparelho ou recipiente destinado a recolher alguma substância.

Coletoria, s. f. 1. Repartição fiscal arrecadadora de impostos. 2. Cargo de coletor.

Colgado, adj. 1. Enfeitado com colgaduras. 2. Que pende.

Colgadura, s. f. Tecido vistoso e rico, que se pendura nas paredes ou janelas, para as cobrir e ornar.

Colgar, v. Tr. dir. 1. Pendurar; suspender. 2. Ornar com colgaduras.

Colhedeira, s. f. Pequena pá de pau, com que os pintores reúnem as tintas moídas.

Colhedor, adj. e s. m. Que, ou o que colhe. S. m. pl. *Náut.* Cabos delgados que servem para tesar os ovéns.

Colheita, s. f. (l. *collecta*). 1. Ato de colher os produtos agrícolas. 2. Os produtos agrícolas colhidos no ano; safra. 3. O que se colhe, o que se ajunta.

Colher[1] *(é),* s. f. (l. *cochleare*). 1. Utensílio formado de uma concha rasa, com cabo, para vários fins. 2. Porção de líquido que esse utensílio pode conter.

Colher[2] *(ê),* v. (l. *colligere*). Tr. dir. 1. Tirar, separar da planta (flores, folhas ou frutos). 2. Apanhar, surpreender. 3. Conseguir, obter. 4. *Náut.* Recolher: *C.* as *velas.* 5. Receber em paga, em recompensa: Semeias ventos, *colherás tempestades.*

Colherada, s. f. Conteúdo de uma colher; colher.

Colhereiro, s. m. 1. Fabricante ou vendedor de colheres. 2. *Ornit.* Ave ciconiforme *(Ajaja ajaja),* de bico longo e chato, o qual lembra uma colher; ajajá.

Colheril, s. m. Pequena colher de estucador.

Colherim, s. m. V. *colheril.*

Colhimento, s. m. Colheita.

coli-, elem. de comp. (l. *colu*). Indica a idéia de *cólon: colite*.
Colibri, s. m. V. *beija-flor*.
Cólica, s. f. *Med.* Paroxismo de dor abdominal aguda no homem e animais, causada por espasmos, obstrução ou torção de tubos ocos, como o cólon.
Cólico, adj. Relativo à bílis.
Colidir, v. (l. *collidere*). 1. Tr. dir. e pron. Embater(-se), ir de encontro. 2. Tr. dir. Fazer ir de encontro. 3. Intr. Contradizer-se.
Coligação, s. f. 1. Liga, aliança de várias pessoas, entidades, nações para determinado fim. 2. Trama, conluio.
Coligar, v. (l. *colligare*). Tr. dir. e pron. Unir(-se), por coligação.
Coligativo, adj. 1. Relativo a coligação. 2. Que coliga.
Coligir, v. (l. *colligere*). Tr. dir. 1. Reunir em coleção. 2. Concluir, inferir.
Colimação, s. f. Ato ou efeito de colimar.
Colimar, v. Tr. dir. 1. Tornar paralelo a determinada linha ou direção. 2. Mirar, visar, observar.
Colimbiforme, adj. *Ornit.* V. *podicipedídeo*.
Colina, s. f. 1. Pequena elevação de terreno; outeiro. 2. Coxilha.
Colinoso, adj. Que tem colinas.
Colírio, s. m. *Farm.* Medicamento que se aplica nas inflamações da conjuntiva.
Colisão, s. f. (l. *collisione*). 1. Choque de dois corpos. 2. Luta entre partidos ou facções. 3. Contradição, divergência. 4. Luta, embate.
Coliseu, s. m. O maior anfiteatro romano.
Colite, s. f. *Med.* Inflamação do cólon.
Colmado, adj. Coberto de colmo. S. m. Pequena casa, coberta de colmo.
Colmar[1], v. (*colmo + ar*). Tr. dir. Cobrir de colmo.
Colmar[2], v. (l. *cumulare*). Tr. dir. 1. Elevar ao ponto mais alto; sublimar. 2. Encher, cumular. 3. Rematar, completar.
Colmatagem, s. f. (fr. *colmatage*). Depósito ou sobreposição de terras que resulta de obras artificiais ou escavações para plantio de arvoredo.
Colmeal, s. m. 1. Lugar onde há colméias. 2. Porção de colméias.
Colmeeiro, s. m. O que trata de colméias ou negocia em colméias.
Colméia, s. f. 1. Cortiço de abelhas. 2. A população de uma colméia. 3. Acumulação de coisas ou pessoas. Var.: *colmeia*.
Colmeiforme *(e-i)*, adj. m. e f. Em forma de colméia.
Colmilho, s. m. *Anat.* Dente canino; presa.
Colmilhudo, adj. 1. Que tem grandes colmilhos. 2. Velho (diz-se de cavalos e, por ext., de pessoas de idade avançada).
Colmo *(ô)*, s. m. *Bot.* Caule das plantas gramíneas, entre a raiz e a espiga.
Colo[1], s. m. (l. *collu*). 1. Parte do corpo humano formada pelo pescoço e ombros. 2. Regaço. 3. Parte mais estreita e apertada de um objeto; pescoço; gargalo; garganta. 4. Passagem estreita entre duas montanhas; desfiladeiro. 5. *Anat.* Embocadura estreita de algumas cavidades: *C.* do útero.
Colo[2], s. m. V. *cólon*.
colo-[3], elem. de comp. (l. *colu*). Indica a idéia de *cólon: colopatia*.
Colocação, s. f. (l. *collocatione*). 1. Ato ou efeito de colocar. 2. Situação. 3. Emprego. 4. Saída, venda.
Colocar, v. 1. Tr. dir. e pron. Pôr(-se) em determinado lugar. 2. Tr. dir. Colar, fixar, pregar. 3. Tr. dir. e pron. Empregar(-se), conseguir trabalho. 4. Tr. dir. Arranjar comprador; vender. 5. Tr. dir. Estabelecer, instalar. 6. Tr. dir. Situar. 7. Tr. dir. Investir (capital) em.
Colocutor, s. m. Interlocutor.
Colódio, s. m. *Quím.* Solução viscosa de piroxilina em uma mistura de álcool e éter, usada em fotografia para reproduções esmeradas.
Colofão, s. m. *Tip.* Indicação do nome do impressor, local, e data, na página ímpar da última folha, do miolo.
Colofônia, s. f. Resina amarelo-clara, transparente, resíduo da destilação da terebintina.
Cologaritmo, s. m. *Mat.* Logaritmo do inverso de um número.
Coloidal, adj. m. e f. 1. V. *colóide*. 2. Relativo aos colóides.
Colóide, adj. m. e f. Da natureza da cola; coloidal. S. m. *Quím.* Substância cujas partículas se encontram em suspensão num líquido, por efeito de equilíbrio dinâmico, chamado *estado coloidal*.
Colombiano[1], adj. Relativo a Colombo, aos seus tempos ou aos seus descobrimentos.
Colombiano[2], adj. 1. Relativo à Colômbia. 2. Natural da Colômbia. S. m. O habitante ou natural da Colômbia.
Colômbio, s. m. V. *nióbio*.
Cólon, s. m. *Anat.* Porção do intestino grosso, entre o ceco e o reto. Var.: *colo*.
Colônia, s. f. 1. Povoação de colonos. 2. Grupo de pessoas da mesma nacionalidade, que vive em uma região limitada de outro país. 3. Lugar onde se estabelece qualquer grupo de colonos. 4. Estado posto sob a autoridade de outro; protetorado. 5. Conjunto de pessoas ou animais que vivem em comum.
Colonial, adj. m. e f. 1. Relativo a colônia ou a colonos. 2. Diz-se de estilo arquitetônico da época do Brasil colônia.
Colonização, s. f. Ato ou efeito de colonizar.
Colonizar, v. Tr. dir. 1. Estabelecer colônia em. 2. Habitar como colono. 3. Promover a colonização de.
Colonizável, adj. m. e f. Que se pode colonizar.
Colono, s. m. 1. Membro de uma colônia. 2. Aquele que cultiva terra pertencente a outrem.
Colopatia, s. f. *Med.* Moléstia do cólon.
Coloquial, adj. m. e f. Em tom de colóquio.
Colóquio, s. m. Conversação ou palestra entre duas ou mais pessoas.
Coloração, s. f. 1. Ato de dar ou de adquirir cores. 2. Efeito produzido pelas cores.
Colorante, adj. m. e f. Que colora; corante.
Colorar, v. V. *colorir*.
Colorau, s. m. Pó vermelho e condimento de pimentão seco ou também de urucu.
Colorear, v. V. *colorir*.
colori-, elem. de comp. (l. *color, oris*). Expressa a idéia de *cor, coloração: colorímetro*.
Colorido, adj. 1. Feito a cores. 2. Que tem cores vivas. 3. Brilhante, imaginoso. S. m. 1. Cor ou combinação de cores. 2. Vivacidade, brilho. 3. *Pint.* Matiz, tonalidade, tom.
Colorífico, adj. Que produz cor.
Colorímetro, s. m. Instrumento para determinar a força corante das substâncias empregadas na indústria.
Colorir, v. 1. Tr. dir. Dar cor a, tingir ou matizar de cores. 2. Tr. dir. Ornar, enfeitar. 3. Tr. dir. Descrever brilhantemente; avivar. 4. Tr. dir. Encobrir, disfarçar. 5. Intr. e pron. Ficar colorido.
Colorismo, s. m. Sistema ou escola de colorista.
Colorista, s. m. e f. Pintor que busca os efeitos de colorido.
Colorização, s.f. Ato ou efeito de colorizar.
Colorizar, v. Tr. dir. Utilizar recursos de computadores para colorir filmes cinematográficos, originariamente produzidos em preto e branco.
Colossal, adj. m. e f. 1. Que tem proporções de colosso; agigantado, enorme. 2. Imenso, vastíssimo.
Colosso *(ô)*, s. m. 1. Estátua de grandeza extraordinária. 2. Pessoa corpulenta. 3. Objeto de grandes dimensões. 4. Pessoa de grande poderio ou valimento. 5. Império ou soberania muito poderosa. 6. *Pop.* Grande quantidade. 7. *Pop.* Coisa excelente, excepcional.
Colostração, s. f. Doença de crianças recém-nascidas atribuída ao colostro.
Colostro *(ô)*, s. m. *Fisiol.* O primeiro líquido segregado pelas glândulas lactíferas logo depois do parto.
Colpite, s. f. *Med.* Inflamação na vagina; vaginite.
colpo-, elem. de comp. (gr. *kolpos*). Exprime a idéia de *vagina: colpite*.
Colubreado, adj. (l. *colubre*). 1. Com forma de cobra. 2. Traçado em forma de cobra.

Colubrear, v. Intr. Colubrejar, rastejar.

Colubrejar, v. Intr. Colear como a cobra.

Colubrídeo, adj. *Zool.* Relativo aos Colubrídeos. S. m. pl. Família *(Colubridae)* cosmopolita de serpentes terrestres, arbóreas e às vezes aquáticas, não venenosas, com dentes áglifos em ambas as maxilas.

Colubrina, s. f. Antiga peça de artilharia, de praça.

Colubrino, adj. 1. Relativo ou semelhante a cobra. 2. Próprio de cobra. 3. Enroscado.

Columbário, s. m. 1. Cavidade subterrânea, em que alguns povos antigos colocavam as urnas funerárias. 2. Edifício provido de nichos onde se conservam as cinzas funerárias. 3. V. *pombal.*

columbi-, elem. de comp. Exprime a idéia de *pombo: columbicultura.*

Columbicultura, s. f. Criação de pombos.

Columbiforme, adj. m. e f. *Ornit.* Relativo à ordem Columbiformes. S. m. pl. Ordem *(Columbiformes)* cosmopolita de aves de bico intumescido na base, de asas arredondadas e tarsos emplumados, da qual é tipo o pombo.

Columbino, adj. 1. Relativo a pomba ou pombo. 2. Inocente, puro.

Columbofilia, s. f. 1. Amor aos pombos; interesse pelos pombos. 2. Arte de criar e adestrar pombos-correios.

Columbófilo, adj. e s. m. Que, ou o que se dedica à columbofilia.

Columela, s. f. 1. Pequena coluna. 2. *Anat., Zool.* e *Bot.* Parte semelhante ou comparada a uma coluna. 3. *Anat.* e *Zool.* Eixo central cônico do osso em caracol do ouvido dos mamíferos. 4. *Anat.* A terminação externa carnuda do septo nasal. 5. *Zool.* Coluna central ou eixo de uma concha univalve espiral.

Coluna, s. f. (l. *columna*). 1. Pilar cilíndrico, que sustenta abóbada, estátua etc., constante, em geral, de base, fuste e capitel. Col.: *colunata, renque.* 2. Objeto análogo a esse pilar. 3. Qualquer forma, estrutura ou formação, conformadas como uma coluna: *C.* de fumaça, de ar etc. 4. Esteio, sustentáculo. 5. Monumento comemorativo em forma de pilar. 6. Subdivisão vertical das páginas de um jornal e de alguns livros e revistas. 7. Linha vertical de algarismos ou números. 8. Série de objetos empilhados formando altura sensivelmente maior que as outras duas dimensões. 9. Disposição em que pessoas ou tropas em formatura se colocam umas atrás das outras. 10. *Anat.* Reunião de vértebras sobrepostas: *C.* vertebral. 11. *Bot.* Órgão da flor das orquídeas, formado pelo pistilo e estames reunidos.

Colunar, adj. m. e f. Relativo a, ou em forma de coluna.

Colunário, adj. Em que há colunas representadas.

Colunata, s. f. *Arquit.* 1. Série de colunas, dispostas simetricamente. 2. Conjunto de colunas.

Colunelo, s. m. 1. Pequena coluna. 2. Marco.

Coluneta, s. f. Pequena coluna.

Colunista, s. m. e f. *Neol.* Cronista ou comentarista de periódico, que tem sob sua responsabilidade seção de arte, literatura, notas sociais etc.; cronista.

Coluro, s. m. *Astr.* Cada um dos dois grandes círculos imaginários da esfera celeste, perpendiculares ao equador, que se cortam nos pólos e tocam um os pontos equinociais e o outro os solsticiais.

Colutório, s. m. *Farm.* Líquido medicamentoso para as mucosas da boca e da garganta.

Colza *(ô),* s. f. (fr. *colza*). *Bot.* Variedade européia de couve *(Brassica napus),* cultivada como planta forrageira.

Com, prep. (l. *cum*). Partícula que estabelece relação de dependência e exprime ou implica: 1. Interação: Conversar *com.* 2. Companhia: Viajar *com.* 3. Combinação, mistura: Café *com* leite. 4. Circunstância: *Com* a aproximação de um milésimo. 5. Causa: Murchar *com* calor. 6. Objeto de comparação: Parecer *com.* 7. Oposição ou competição; contra: Lutar *com.* 8. Instrumento, meio: Cortar *com.* 9. Maneira; modo: Falar *com* critério. 10. Ação comum: Trabalhar *com* ele.

Coma[1], s. f. (l. *coma*). 1. Cabelo abundante e crescido; cabeleira. 2. Juba. 3. Crinas. 4. Penachos. 5. Copa de árvore.

Coma[2], s. f. (gr. *komma*). *Mús.* Distância entre o semitom maior e o menor.

Coma[3], s. m. (gr. *koma*). *Med.* Estado de estupor profundo, com perda total da sensibilidade e da motilidade.

Comadre, s. f. (l. *cum + matre*). 1. Madrinha de uma pessoa, em relação aos pais desta. 2. Mãe de uma pessoa, em relação à madrinha e ao padrinho desta. 3. *Fam.* Parteira. 4. Pessoa mexeriqueira. 5. Urinol chato, para comodidade do doente. S. f. pl. Hemorróidas.

Comadresco, adj. De comadres, ou que lhes diz respeito.

Comandância, s. f. Cargo e função de comandante.

Comandante, adj. Que comanda. S. m. 1. O que tem um comando militar. 2. Título que se dá aos oficiais superiores de marinha, quando chefes de esquadra naval ou navio. Fem.: *comandanta.*

Comandar, v. Tr. dir. 1. *Mil.* Dirigir como comandante. 2. Ordenar. 3. Acionar, manobrar (uma máquina etc.).

Comandita, s. f. Sociedade em que há um ou mais sócios que entram com capitais sem tomar parte na gestão.

Comanditário, s. m. Sócio prestador de capital, em uma sociedade em comandita.

Comando, s. m. 1. Ação de comandar; chefia; liderança. 2. Governo de uma divisão de tropas. 3. Autoridade, dignidade ou funções de quem comanda. 4. Acionamento. 5. Qualquer mecanismo que faz funcionar máquina ou dispositivo. 6. *Mil.* Tropa selecionada para ação militar rápida. 7. Equipe que inspeciona: *Comando* sanitário, fiscal etc.

Comarca, s. f. Divisão judicial de um estado sob a alçada de um juiz de direito, ou mais de um.

Comatoso, adj. *Med.* Relativo a coma: Febre *comatosa.*

Comba, s. f. *Geol.* Depressão cavada na crista de uma anticlinal.

Combalido, adj. 1. Abatido, abalado. 2. Enfraquecido.

Combalir, v. 1. Tr. dir. Abalar. 2. Tr. dir. Tornar fraco. 3. Tr. dir. Deteriorar, apodrecer. 4. Pron. Enfraquecer-se. — Verbo defectivo. Conjuga-se por *falir.*

Combate, s. m. 1. Ato ou efeito de combater. 2. Luta entre forças militares de pequeno vulto e de amplitude menor que uma batalha.

Combater, v. (l. *combatuere*). 1. Tr. dir. Bater-se com, contender, opor-se a. 2. Tr. dir. Fazer diligência por dominar, vencer ou extinguir. 3. Tr. dir. Pelejar, lutar contra. 4. Intr. Pelejar, lutar. 5. Pron. Debater-se, estar em conflito.

Combatível, adj. m. e f. 1. Suscetível de ser combatido. 2. Sujeito a controvérsia; discutível.

Combatividade, s. f. 1. Qualidade de combativo. 2. Tendência do homem e dos animais para combater.

Combativo, adj. Que tem temperamento de combatente.

Combinação, s. f. 1. Ato ou efeito de combinar(-se). 2. Disposição ordenada de quaisquer coisas ou objetos. 3. Acordo, ajuste, contrato. 4. *Quím.* Ação de unir quimicamente diversas substâncias para formar uma nova. 5. Roupa de baixo feminina, que combina as funções da camisa e da anágua. 6. *Gram.* União de dois vocábulos, prep. + art.: *do = de o, no = em o* etc.; pron + pron.: *lhos = lhe os; no-lo, vo-lo = nos o, vos o* etc. Cfr. *contração e crase.*

Combinado, adj. 1. *Quím.* Formado por combinação. 2. Ajustado, acordado; concertado. S. m. Acordo, ajuste.

Combinador, adj. e s. m. Que, ou o que faz combinações.

Combinar, v. 1. Tr. dir. Agrupar, reunir em certa ordem. 2. Tr. dir. Ajustar, pactuar. 3. Tr. dir. *Quím.* Determinar a combinação de. 4. Tr. dir. Arquitetar, calcular. 5. Tr. dir. Harmonizar. 6. Intr. e pron. Estar de acordo, harmonizar-se.

Combinatório, adj. Relativo ou pertencente à combinação ou a combinações.

Combinável, adj. m. e f. Que se pode combinar.

Comboiar, v. Tr. dir. 1. Escoltar (um comboio). 2. Conduzir, transportar.

Comboieiro, adj. Que escolta ou guia comboio. S. m. Navio que escolta outros.

Comboio *(ô)*, s. m. (fr. ant. *convoi*). 1. Porção de carros de transporte que se dirigem ao mesmo destino. 2. *Mil.* Carros de munições e mantimentos que acompanham forças militares. 3. Leva de feridos ou prisioneiros de guerra, escoltados por tropas. 4. *Náut.* Conjunto de navios, escoltados por embarcações de guerra. 5. Série de vagões engatados, puxados por uma locomotiva; trem. Pl.: *combóios.*

Comborça *(ó)*, s. f. Mulher amancebada, em relação a outra amante ou à esposa do homem com quem se amasiou.

Comborço *(ô)*, s. m. Indivíduo amasiado em relação a outro amante ou ao marido da mulher com quem se amancebou. Pl.: *comborços (ó).*

Combretáceas, s. f. pl. *Bot.* Família *(Combretaceae)* da ordem das Mirtales, que compreende árvores produtoras de boas madeiras.

Comburente, adj. m. e f. *Quím.* Que produz ou auxilia a combustão.

Comburir, v. (l. *comburere*). V. *queimar.*

Combustão, s. f. (l. *combustione*). 1. Ato de queimar. 2. Estado de um corpo que arde produzindo calor e luz. 3. *Autom.* Queima da mistura ar-gasolina efetuada pelo carburador.

Combustar, v. V. *queimar.*

Combustibilidade, s. f. Qualidade de combustível.

Combustível, adj. m. e f. Que tem a propriedade de se consumir pela combustão. S. m. 1. Material, como lenha, carvão, coque, turfa, gás, óleo, gasolina, usado para produzir calor ou força por combustão. 2. Qualquer material que alimenta fogo.

Combustivo, adj. V. *combustível.*

Combusto, adj. Queimado, comburido.

Começante, adj. m. e f. Que começa; que está em princípio; incipiente.

Começar, v. (l. *cominitiare*). 1. Tr. dir. e tr. ind. Dar começo, início ou princípio a; iniciar; principiar. 2. Tr. ind. e intr. Ter começo ou princípio.

Começo *(ê)*, s. m. A primeira parte de uma ação ou coisa que se estende no espaço ou no tempo; princípio, origem.

Comédia, s. f. (l. *comoedia*). 1. Drama jocoso e satírico. 2. Dissimulação. 3. Fato ridículo.

Comediante, s. m. e f. 1. Ator ou atriz de comédias. 2. Farsante, impostor.

Comedido, adj. Que tem comedimento; moderado, prudente.

Comedimento, s. m. Moderação, modéstia, prudência.

Comediografia, s. f. 1. Arte de escrever comédias. 2. Encenação de comédia.

Comediógrafo, s. m. Autor de comédias.

Comedir, v. 1. Tr. dir. Regular convenientemente. 2. Tr. dir. e pron. Moderar(-se). 3. Tr. dir. Sujeitar ao dever, tornar respeitoso. — Não se usa este verbo na 1ª pes. sing. do pres. do indic. e em todo o pres. do subj.

Comedor, adj. Que come. S. m. Indivíduo que come muito; comilão, glutão.

Comedorias, s. f. pl. Ração diária de militares a bordo.

Comedouro, s. m. Lugar ou recipiente, em que comem animais. Var.: *comedoiro.*

Comemoração, s. f. (l. *commemoratione*). 1. Ato ou efeito de comemorar. 2. Preito em homenagem de pessoa ilustre ou de fato histórico importante.

Comemorar, v. Tr. dir. 1. Trazer à memória, fazer recordar. 2. Solenizar a recordação de.

Comemorativo, adj. Que comemora.

Comemorável, adj. m. e f. Digno de ser comemorado.

Comenda, s. f. 1. Benefício outrora concedido a eclesiásticos ou a cavaleiros de ordens militares. 2. Distinção puramente honorífica. 3. Insígnia de comendador.

Comendador, s. m. Aquele que tem comenda.

Comendadoria, s. f. 1. Dignidade de comendador. 2. Benefício de comenda. 3. Usufruto ou renda dos bens da comenda.

Comendatária, s. f. V. *comendadoria.*

Comendatário, adj. e s. m. 1. Que, ou aquele que frui benefício de comenda. 2. Que, ou aquele que administra uma comenda.

Comendativo, adj. Que recomenda, ou é próprio para recomendar.

Comenos, s. m. Instante, momento, ocasião. (Usado somente na locução adverbial *neste comenos:* neste instante, entretanto.)

Comensal, s. m. e f. 1. Cada um daqueles que comem juntos. 2. Organismo que vive em estado de comensalismo.

Comensalidade, s. f. Qualidade de comensal.

Comensalismo, s. m. *Biol.* Associação de dois ou mais indivíduos de espécies diferentes, na qual o benefício dos comensais não resulta em prejuízo para o hospedador.

Comensurabilidade, s. f. Qualidade de comensurável.

Comensurar, v. Tr. dir. 1. *Mat.* Medir com a mesma unidade (duas ou mais quantidades). 2. Medir. 3. Comparar, proporcionar.

Comensurável, adj. m. e f. Que se pode medir.

Comentação, s. f. Ato ou efeito de comentar.

Comentador, adj. e s. m. Que, ou o que faz comentários; comentarista.

Comentar, v. Tr. dir. 1. Explicar, interpretando. 2. Falar sobre. 3. Criticar, analisar.

Comentário, s. m. 1. Série de notas ou observações, esclarecedoras ou críticas, sobre quaisquer assuntos. 2. Análise. 3. Crítica maliciosa.

Comentarista, s. m. e f. Autor de comentários.

Comentício, adj. *Des.* 1. Fabuloso. 2. Inventado, imaginado.

Comer, v. (l. *comedere*). 1. Tr. dir. Mastigar e engolir um alimento sólido ou pastoso, para se nutrir. 2. Tr. dir. Gastar, dissipar. 3. Pron. Amofinar-se, mortificar-se. 4. Tr. dir. Acreditar facilmente. 5. Tr. dir. Omitir, suprimir. 6. Tr. dir. Ganhar no xadrez e nas damas (pedras do adversário). 7. Intr. Ganhar, lucrar, tirar proveito. S. m. Comida.

Comercial, adj. m. e f. 1. Relativo ao comércio. 2. Próprio do comércio. S. m. Anúncio transmitido por rádio ou televisão.

Comercialista, s. m. e f. 1. Pessoa devotada ao comercialismo. 2. Tratadista de Direito comercial.

Comercialização, s. f. Ato ou efeito de comercializar.

Comercializar, v. Tr. dir. Tornar comercial ou comerciável.

Comerciante, adj. e s., m. e f. Que, ou pessoa que exerce comércio; negociante.

Comerciar, v. Tr. dir. e intr. Exercer comércio, ter comércio; negociar.

Comerciário, s. m. Empregado no comércio.

Comerciável, adj. m. e f. Que se pode comerciar.

Comércio, s. m. 1. Negócio, tráfico que se faz comprando e vendendo. 2. O fato de vender mercadorias. 3. Ato de comprar mercadorias para as revender ou de fazer operações para este fim. 4. Relações de negócio. 5. A classe dos comerciantes. 6. Trato social, convivência. 7. Relações sexuais ilícitas. 8. Trato, conversação com alguém. 9. A vila (distrito), no linguajar campônio.

Comestibilidade, s. f. Qualidade de comestível.

Comestível, adj. m. e f. Próprio para ser comido. S. m. Aquilo que se come.

Cometa *(ê)*, s. m. 1. *Astr.* Astro acompanhado de cauda luminosa. 2. Cobrador viajante, caixeiro-viajante.

Cometário, adj. Relativo a cometa.

Cometedor, adj. e s. m. Que, ou aquele que comete delito, crime.

Cometer, v. (l. *committere*). 1. Tr. dir. Fazer, praticar. 2. Tr. dir. Confiar, encarregar, entregar. 3. Tr. dir. Oferecer, propor. 4. Tr. dir. Afrontar, empreender, tentar.

Cometida, s. f. Ataque, investida.

Cometimento, s. m. 1. Ação de cometer. 2. Ato cometido. 3. Empresa arrojada. 4. Acometimento.

cometo-, elem. de comp. (gr. *kometes*). Expressa a idéia de *cometa: cometomancia.*

Cometomancia, s. f. *Astrol.* Suposta adivinhação pela observação dos cometas.

Cometomante, s. m. e f. Pessoa que se dedica à cometomancia.
Comezaina, s. f. *Pop.* 1. Refeição abundante. 2. Patuscada.
Comezinho, adj. 1. Bom para se comer. 2. Fácil de entender. 3. Usual, comum, corriqueiro.
Comichão, s. f. (l. *comestione*). 1. Coceira. 2. Desejo premente.
Comichar, v. 1. Tr. dir. Causar comichão a. 2. Intr. Sentir comichão.
Comichoso, adj. 1. Que tem comichão. 2. Sujeito a comichão. 3. Que se melindra por qualquer coisa.
Comicial, adj. m. e f. Relativo a comício.
Comicidade, s. f. Qualidade de cômico.
Comício, s. m. (l. *comitiu*). 1. Reunião de cidadãos, para tratar assuntos de interesse público ou de classe. 2. Assembléia popular, entre os antigos romanos.
Cômico, adj. 1. Relativo a comédia. 2. Que faz rir por ser engraçado. S. m. 1 Comediante. 2. Aquilo que faz rir.
Comida, s. f. 1. Alimento, refeição. 2. Aquilo que se come.
Comido, adj. 1. Mastigado e engolido. 2. Consumido; gastado. 3. Roído.
Comigo, pron. *(com + migo)*. 1. A mim. 2. Em companhia de mim: Viveu bem *comigo*. 3. A respeito de mim: Não se preocupe *comigo*. 4. De mim para mim: Eu caminhava falando *comigo* mesmo.
Comilança, s. f. *Pop.* Ato de comer muito.
Comilão, adj. e s. m. Que, ou o que come muito; glutão. Fem.: *comilona e comiloa*.
Cominação, s. f. (l. *comminatione*). Ato de cominar.
Cominador, adj. e s. m. Que, ou o que comina, ou exprime cominação; ameaçador.
Cominar, v. Tr. dir. 1. Ameaçar com pena ou castigo no caso de infração ou falta de cumprimento de contrato ou de um preceito, ordem ou mandado. 2. Prescrever, decretar (pena ou castigo).
Cominativo, adj. V. *cominatório*.
Cominatório, adj. Que envolve cominação; cominativo.
Cominho, s. m. *Bot.* Planta da família das Umbelíferas *(Cuminum cyminum)*, cujas sementes são usadas como condimento.
Cominuição, s. f. Ato ou efeito de cominuir.
Cominuir, v. (l. *comminuere*). Tr. dir. Partir em pedaços; esmigalhar, fragmentar.
Cominutivo, adj. Em que houve cominuição.
Comiseração, s. f. Ato de comiserar-se; compaixão.
Comiserador, adj. 1. Que inspira comiseração. 2. Que se comisera ou que tem compaixão.
Comiserar, v. (l. *commiserari*). 1. Tr. dir. Inspirar compaixão a. 2. Pron. Mover-se à compaixão.
Comiserativo, adj. Comiserador.
Comissão, s. f. (l. *commissione*). 1. Ato positivo de cometer ou de encarregar (neste sentido é antônimo de *omissão*). 2. Encargo ou incumbência. 3. Grupo de pessoas encarregadas de tratar conjuntamente um assunto. 4. Gratificação ou retribuição paga pelo comitente ao comissionado. 5. Cargo, emprego temporário que se dá a alguém.
Comissariado, s. m. 1. Cargo de comissário. 2. Repartição onde o comissário exerce suas funções.
Comissariaria, s. f. Funções de comissário.
Comissário, s. m. 1. Aquele que exerce comissão. 2. O que representa o Governo ou outra entidade junto de uma companhia ou em funções de administração. 3. Aquele que compra ou vende gêneros a comissão. 4. Aeromoço.
Comissionado, adj. e s. m. Que, ou aquele que tem uma comissão.
Comissionar, v. Tr. dir. 1. Dar comissão a. 2. Encarregar.
Comisso, s. m. *Dir.* Multa ou pena em que incorre quem falta a certas condições impostas por contrato ou lei.
Comissório, adj. *Dir.* Que prevê anulação por falta de cumprimento da condição imposta: Cláusula *c.*
Comissura, s. f. 1. Linha de junção; juntura. 2. Sutura.
Comitê, s. m. V. *comissão*, acep. 3.
Comitente, adj. e s., m. e f. Que, ou quem encarrega de comissão; constituinte.
Comitiva, s. f. Gente que acompanha; séqüito.
Comível, adj. m. e f. Comestível.
Como, adv. (l. *quomodo*). 1. De que modo. 2. Quanto, quão. 3. A que preço, a quanto. Conj. 1. Do mesmo modo que. 2. Logo que, quando. 3. Porque. 4. Na qualidade de: Ele veio *como* emissário. 5. Porquanto, visto que. 6. Se, uma vez que. — *C. quê*, loc. adv.: incomparavelmente; em grande quantidade: Tem chovido *como quê*. *C. quer*, loc. adv.: possivelmente. *C. quer que*, loc. conj.: do modo como, tal como.
Comoção, s. f. (l. *commotione*). 1. Ato ou efeito de comover (-se); perturbação, abalo. 2. Revolta, motim. 3. *Med.* Perturbação orgânica, especialmente nervosa.
Cômoda, s. f. (fr. *commode*). Móvel com gavetas desde a base até à face superior.
Comodante, s. m. e f. *Dir.* Pessoa que dá uma coisa em comodato.
Comodatário, s. m. *Dir.* Beneficiário de um comodato.
Comodato, s. m. *Dir.* Empréstimo gratuito de coisa não fungível, a qual deve ser restituída no tempo convencionado.
Comodidade, s. f. (l. *commoditate*). 1. Qualidade do que é cômodo. 2. Bem-estar, conforto.
Comodismo, s. m. Caráter, estado, modo de ser de comodista.
Comodista, adj. e s., m. e f. Diz-se da, ou a pessoa que atende principalmente às suas comodidades.
Cômodo, adj. 1. Diz-se de coisa que se presta bem ao uso a que se destina. 2. Que oferece facilidades. S. m. Aposento de uma casa; quarto, alcova.
Comodoro *(dó)*, s. m. 1. Comandante de esquadra holandesa. 2. Oficial da marinha inglesa e americana, intermédio entre capitão-de-mar-e-guerra e contra-almirante. 3. Título honorífico em certas companhias de navegação.
Comófila, adj. *Bot.* Aplica-se a planta que cresce sobre rocha coberta de detritos.
Comoração, s. f. *Ret.* Insistência longa do orador em certo ponto do discurso.
Cômoro, s. m. (l. *cumulu*). Pequena elevação de terreno; outeiro.
Comovedor, adj. V. *comovente*.
Comovente, adj. m. e f. Que comove; comovedor.
Comover, v. (l. *commovere*). 1. Tr. dir. Movimentar, deslocar. 2. Tr. dir. e intr. Produzir comoção moral; impressionar, emocionar. 3. Pron. Sentir comoção; enternecer-se.
Comovido, adj. 1. Movido a compaixão; enternecido. 2. Abalado, agitado.
Compacidade, s. f. Qualidade ou estado de compacto.
Compactar, v. Tr. dir. Tornar compacto, comprimir (o que é fofo, como, por ex., um solo).
Compacto, adj. (l. *compactu*). 1. Que tem as partes componentes muito unidas. 2. Denso, espesso. S. m. Disco pequeno gravado em 33⅓ ou 45 rpm, tendo uma ou duas músicas gravadas em cada face.
Compadecedor, adj. 1. Que se compadece; compadecido. 2. Que inspira compaixão.
Compadecer, v. 1. Tr. dir. Ter compaixão de. 2. Tr. dir. Inspirar compaixão em. 3. Pron. Participar dos sofrimentos alheios; condoer-se.
Compadecido, adj. Que se compadece; compadecedor.
Compadecimento, s. m. Ato ou efeito de compadecer-se.
Compadrado, adj. Tornado compadre. S. m. V. *compadrio*.
Compadrar, v. Tr. dir. 1. Tornar compadre. 2. Tomar relações íntimas com.
Compadre, s. m. 1. Padrinho de uma pessoa em relação aos pais desta. 2. Pai de uma pessoa, em relação ao padrinho ou à madrinha desta. 3. Amigo, companheiro.
Compadrear, v. Intr. Fazer compadradas, fanfarronar.
Compadresco, adj. Relativo às relações de compadre.
Compadrice, s. f. V. *compadrio*.
Compadrio, s. m. 1. As relações entre compadres. 2. Familiaridade, intimidade. 3. Favôritismo.
Compaginação, s. f. Ato ou efeito de compaginar; paginação.

Compaginar, v. Tr. dir. 1. *Tip.* Meter em página; paginar. 2. Ligar intimamente.

Compaixão, s. f. (l. *compassione*) Pesar que nos causa o mal alheio; comiseração, pena, piedade.

Companha, s. f. 1. *Ant.* Tripulação de barco. 2. *Ant.* Agremiação de pescadores. 3. *Des.* Companhia.

Companheiro, s. m. 1. Aquele que acompanha. 2. Colega, condiscípulo. 3. Esposo, marido. Adj. Que acompanha.

Companhia, s. f. 1. Ação de acompanhar; acompanhamento. 2. Reunião de pessoas para um fim comum: *C.* teatral. 3. Convivência, intimidade. 4. Sociedade comercial ou industrial formada por acionistas. 5. *Mil.* Unidade militar de escalão inferior ao batalhão.

Cômpar, adj. m. e f. Que está a par; igual.

Comparabilidade, s. f. Qualidade de comparável.

Comparação, s. f. (l. *comparatione*). Ato ou efeito de comparar; confronto; cotejo.

Comparado, adj. Que se comparou; confrontado.

Comparador, adj. e s. m. Que, aquele, ou aquilo que compara.

Comparar, v. 1. Tr. dir. Estabelecer confronto entre pessoas, coisas ou animais; cotejar, confrontar. 2. Pron. Igualar-se, pôr-se em confronto; rivalizar. 3. Tr. dir. Ter como igual ou como semelhante; igualar.

Comparativo, adj. 1. Que serve para comparar. 2. Que emprega comparação. S. m. 1. *Gram.* Grau de significação do adjetivo, que exprime a qualidade de um substantivo, comparando-a com outra qualidade a que é igual, superior ou inferior. 2. Forma vocabular que exprime esse grau.

Comparável, adj. m. e f. Que pode ser comparado.

Comparecente, adj. m. e f. Que comparece.

Comparecer, v. Tr. ind. e intr. Aparecer ou apresentar-se em local determinado.

Comparecimento, s. m. 1. Presença de alguém em dado lugar. 2. *Dir.* Apresentação em juízo.

Comparsa, s. m. e f. 1. Figurante de papel secundário numa peça teatral. 2. Pessoa de papel pouco importante num negócio. 3. *Fam.* Camarada, amigo. 4. Cúmplice.

Comparsaria, s. f. Conjunto de comparsas.

Comparte, s. m. e f. Pessoa que toma parte; consorte, quinhoeiro.

Compartilhar, v. Tr. dir. Participar de, ter ou tomar parte em.

Compartimento, s. m. Cada uma das divisões de uma coisa: casa, móvel, veículo etc.

Compartir, v. (l. *cumpartiri*). 1. Tr. dir. e tr. ind. Tomar parte em; compartilhar. 2. Tr. dir. Dividir em compartimentos (uma coisa). 3. Tr. dir. Distribuir, partilhar, repartir.

Compassado, adj. 1. Pausado, vagaroso. 2. Rítmico, cadenciado.

Compassar, v. 1. Tr. dir. Medir a compasso. 2. Tr. dir. Regular (a música), marcando o compasso. 3. Tr. dir. Dispor com exatidão simétrica. 4. Tr. dir. Espaçar. 5. Tr. dir. Moderar, regular. 6. Pron. Mover-se pausadamente.

Compassível, adj. m. e f. Que facilmente se compadece.

Compassividade, s. f. Qualidade de compassivo.

Compassivo, adj. Que tem ou revela compaixão.

Compasso, s. m. 1. Instrumento composto de duas hastes, usado para traçar círculos ou tirar medidas. 2. *Mús.* Espaço entre dois travessões. 3. *Mús.* Regularidade no andamento de uma execução musical. 4. Medida, regra. 5. *Gír.* As pernas.

Compaternidade, s. f. Parte que se tem, com outros, numa obra ou invenção.

Compatibilidade, s. f. Qualidade ou condição de compatível.

Compatível, adj. m. e f. 1. Que pode coexistir. 2. Conciliável, harmonizável.

Compatriota, adj. e s., m. e f. Diz-se da, ou a pessoa que tem a mesma pátria.

Compelação, s. f. *Dir.* 1. Ato de chamar a juízo. 2. Interrogatório baseado em fatos e articulados.

Compelativo, adj. 1. Que serve para compelação. 2. Que serve para interpelar.

Compelir, v. (l. *compellere*). Tr. dir. 1. Constranger, forçar, obrigar. 2. Empurrar, impelir.

Compendiador, adj. e s. m. Que, ou aquele que compendia.

Compendiar, v. Tr. dir. 1. Reduzir a compêndio; recopilar. 2. Consubstanciar, resumir, sintetizar.

Compêndio, s. m. Tratado sucinto ou resumido sobre dada ciência ou disciplina; suma, epítome.

Compendioso, adj. 1. Em forma de compêndio. 2. Abreviado, resumido, sucinto.

Compenetração, s. f. Ato de compenetrar(-se).

Compenetrado, adj. Convencido intimamente.

Compenetrar, v. 1. Tr. dir. Fazer penetrar bem. 2. Tr. dir. e pron. Convencer(-se) intimamente. 3. Pron. Deixar-se penetrar. 4. Pron. Assenhorear-se completamente de (um assunto).

Compensação, s. f. (l. *compensatione*). 1. Ato ou efeito de compensar; de substituir algo que falta. 2. Reparação de um dano.

Compensador, adj. Que compensa. S. m. Maquinismo que corrige as variações de temperatura no pêndulo.

Compensar, v. 1. Tr. dir. Recompensar, remunerar. 2. Tr. dir. Contrabalançar, equilibrar. 3. Tr. dir. Indenizar, ressarcir. 4. Tr. dir. Suprir, substituir. 5. Pron. Pagar-se, ressarcir-se.

Compensativo, adj. Que serve para compensar.

Compensatório, adj. Que envolve compensação.

Compensável, adj. m. e f. Que pode ser compensado.

Comperto *(é)*, adj. Descoberto, patente.

Competência, s. f. (l. *competentia*). 1 Capacidade legal, que um funcionário ou um tribunal tem, de apreciar ou julgar um pleito ou questão. 2. Capacidade reconhecida em tal ou qual matéria, que dá o direito de julgar sobre ela; aptidão, idoneidade. 3. Conflito, luta, oposição.

Competente, adj. m. e f. 1. Que tem competência; suficiente, idôneo, apto. 2. Adequado, próprio.

Competição, s. f. 1. Ato ou efeito de competir. 2. Disputa por algum prêmio ou vantagem; certame; concurso. 3. Luta, desafio, disputa, rivalidade.

Competidor, adj. e s. m. 1. Que, ou o que compete. 2. Adversário, antagonista, rival.

Competir, v. (l. *competere*). 1. Tr. ind. Concorrer com outrem na mesma pretensão; rivalizar. 2. Tr. ind. Ser da competência, da alçada ou da jurisdição; cumprir, caber, tocar. 3. Tr. ind. Pertencer por direito. 4. Pron. Rivalizar-se. — Conjuga-se este verbo como *aderir*; é pouco usado nas formas em que ao *p* se segue *i*.

Compilação, s. f. Ato ou efeito de compilar.

Compilador, adj. e s. m. Que, ou aquele que compila.

Compilar, v. Tr. dir. Coligir, reunir (documentos, leis ou outros escritos). Var.: *copilar*.

Compilatório, adj. Relativo a compilação.

Compita, s. f. (de *competir*). Porfia, rivalidade. — *À compita*: à porfia; com rivalidade.

Cômpito, s. m. 1. Encruzilhada. 2. Ponto de concorrência, onde desembocam vários caminhos.

Complacência, s. f. 1. Ato ou efeito de comprazer. 2. Benevolência, condescendência.

Complacente, adj. m. e f. 1. Que tem complacência. 2. Em que há complacência.

Complanar, v. 1. Tr. dir. Aplanar, nivelar. 2. Tr. dir. e pron. Estender(-se) por superfície plana.

Compleição, s. f. (l. *complexione*). 1. Constituição do corpo; organização física de alguém. 2. Temperamento.

Compleicional, adj. m. e f. Relativo à compleição.

Complementar, v. Tr. dir. V. *completar*. Adj. m. e f. 1. Referente a complemento. 2 Que serve de complemento. 3. *Geom.* Diz-se dos arcos e ângulos cuja soma iguala 90°.

Complemento, s. m. 1. Ato ou efeito de completar; acabamento, remate. 2. *Gram.* Palavra ou oração que se junta a outra palavra ou oração, para lhe completar o sentido. *C. direto:* v. *objeto direto*. *C. indireto:* v. *objeto indireto*. *C. nominal, Gram.*: o elemento que completa a significação transitiva de uma palavra relativa. Ex.: Ler é útil *a todos*.

Completação, s. f. V. *complemento*.

Completador, adj. e s. m. Que, ou o que completa.
Completamento, s. m. V. *complemento.*
Completar, v. Tr. dir. 1. Tornar completo. 2. Concluir, rematar. 3. Perfazer, preencher.
Completas, s. f. pl. *Liturg.* Últimas horas canônicas dos ofícios litúrgicos; completório.
Completivo¹, adj. (1. *completivu*). 1. Que completa ou preenche. 2. Que serve de complemento.
Completivo², adj. Que abraça, abrange ou cobre.
Completo, adj. 1. Que tem todas as partes; preenchido, concluído, total, perfeito, inteiro. 2. Cumprido, satisfeito. S. m. Aquilo que está acabado, completo, perfeito.
Complexão *(cs),* s. f. (1. *complexione*). 1. União das partes que concorrem para formar um todo. 2. V. *compleição.*
Complexidade *(cs),* s. f. Qualidade do que é complexo.
Complexo *(cs),* adj. 1. Que abrange ou encerra muitos elementos ou partes. 2. Observável sob vários pontos de vista. 3. Diz-se de um conjunto, de um todo cujos elementos são combinados de maneira a oferecer certa dificuldade para a análise; complicado. S. m. 1. Conjunto de sentimentos e de recordações inconscientes que condicionam mais ou menos o comportamento consciente de um indivíduo. 2. Conjunto de indústrias que operam numa mesma atividade econômica.
Complicação, s. f. 1. Ato ou efeito de complicar. 2. Estado ou caráter de complicado. 3. Dificuldade, embaraço, impedimento.
Complicado, adj. 1. Em que há complicação. 2. Enredado, difícil.
Complicador, adj. e s. m. Que, ou o que complica.
Complicar, v. 1. Tr. dir. Tornar complexo, confuso, difícil. 2. Tr. dir. Atar, enlaçar; reunir (coisas de diferente natureza). 3. Tr. dir. Envolver, implicar. 4. Pron. Enredar-se, tornar-se difícil.
Componedor, s. m. *Tip.* Utensílio em que o tipógrafo vai alinhando os caracteres tipográficos, para formar as palavras.
Componente, adj. m. e f. Que compõe, ou entra na composição de alguma coisa; constituinte. S. m. e f. Parte constituinte.
Componível, adj. m. e f. Que se pode compor.
Compor, v. (1. *componere*). 1. Tr. dir. Formar de várias coisas ou de partes diferentes. 2. Tr. dir. Entrar na composição de; fazer parte de. 3. Tr. dir. Criar, por meio de trabalho mental ou artístico; produzir; escrever. 4. Tr. dir. e intr. *Mús.* Excogitar e escrever uma música, segundo as regras. 5. Tr. dir. e intr. *Tip.* Dispor os caracteres tipográficos, ou fazer na máquina as linhas com que será impresso (jornal, livro etc.). 6. Tr. dir. Arranjar, concertar, dispor com certa ordem e arte. 7. Tr. dir. Apaziguar, reconciliar. 8. Pron. Ser composto, ser formado, constituir-se de. 9. Pron. Conciliar-se, harmonizar-se. 10. Pron. Arranjar-se, alinhar-se, preparar-se.
Comporta, s. f. Porta de uma represa ou dique.
Comportamento, s. m. 1. Maneira de se comportar; procedimento. 2. *Psicol.* Conjunto constituído pelas reações do indivíduo aos estímulos.
Comportar, v. 1. Tr. dir. Admitir, permitir, suportar. 2. Tr. dir. Conter em si. 3. Pron. Portar-se, proceder.
Comportável, adj. m. e f. Que se pode comportar (acep. 1); tolerável.
Composição, s. f. (1. *compositione*). 1. Ato ou efeito de compor. 2. O que resulta da reunião das partes componentes; todo. 3. Organização. 4. Coisa composta. 5. *Quím.* Proporção em que os elementos se unem para formar um composto. 6. Conjunto de carros de um trem, nas estradas de ferro. 7. *Gram.* Formação de uma nova palavra pela combinação de vocábulos simples, ou pela adição de prefixos ou sufixos a palavras já existentes. 8. *Mús.* Obra musical escrita segundo as regras da arte. 9. Produção literária, científica ou artística. 10. *Tip.* Arranjo dos caracteres tipográficos em palavras, linhas, páginas. 11. *Dir.* Acordo, conciliação, transação.
Compositivo, adj. Relativo a composição.
Compósito, adj. 1. Composto, mesclado; heterogêneo. 2. *Arquit.* Diz-se de uma ordem em que entram elementos da ordem jônica e da coríntia.
Compositor, s. m. 1. Aquele que compõe. 2. *Tip.* Operário especializado na composição manual. 3. Autor de música original.
Compostas, s. f. pl. *Bot.* Família *(Compositae)* da ordem das Campanuladas, cujas espécies são, na maioria, ervas, e somente nas zonas tropicais e subtropicais chegam a formar arbustos e até árvores. Caracterizam-se por inflorescências em capítulos.
Composto, adj. (1. *compositu*). 1. Que é formado por dois ou mais elementos. 2. *Quím.* Designativo do corpo resultante da combinação de vários elementos. 3. *Gram.* Diz-se dos vocábulos constituídos por composição. 4. Ordenado, bem disposto. 5. Circunspecto, sério. 6. Modesto, recatado. S. m. 1. *Quím.* Substância ou corpo composto. 2. Complexo de várias coisas combinadas. 3. Conjunto, todo.
Compostura, s. f. 1. Composição; contextura. 2. Arranjo, conserto. 3. Maneiras que indicam modéstia e boa educação.
Compota, s. f. Doce de frutas cozidas em calda de açúcar.
Compoteira, s. f. Vaso, com tampa, para guardar compota ou outros doces.
Compra, s. f. 1. Ato de comprar; aquisição. 2. A coisa comprada. 3. Suborno, peita. 4. Ação de tomar certo número de cartas ao baralho.
Compradiço, adj. Fácil de ser comprado ou subornado.
Comprador, adj. e s. m. Que, ou aquele que compra.
Comprar, v. (1. *comparare*). Tr. dir. 1. Adquirir por dinheiro. 2. Proporcionar a si próprio: *C. brigas.* 3. Peitar, subornar.
Comprável, adj. m. e f. 1. Que se pode comprar. 2. Subornável.
Comprazedor, adj. e s. m. Que, ou o que gosta de comprazer; condescendente, obsequiador.
Comprazer, v. (1. *complacere*). 1. Tr. ind. Fazer a vontade ou o gosto de alguém; condescender. 2. Pron. Deleitar-se, regozijar-se. — Conjuga-se como *fazer,* mas o perfeito do indicativo e seus derivados possuem duas formas: *comprazi* ou *comprouve* etc.
Comprazimento, s. m. Ato ou efeito de comprazer(-se).
Compreender, v. (1. *comprehendere*). 1. Tr. dir. Conter em si, constar de; abranger. 2. Pron. Estar incluído ou contido. 3. Tr. dir. Alcançar com a inteligência; entender. 4. Tr. dir. Perceber as intenções de. 5. Tr. dir. Estender a sua ação a. 6. Tr. dir. Dar o devido apreço a.
Compreensão, s. f. (1. *comprehensione*). 1. Ato ou efeito de compreender ou incluir. 2. Faculdade de compreender; percepção. 3. *Lóg.* Conjunto dos caracteres, propriedades ou qualidades constituintes de um conceito, de que esse conceito é o sujeito. Ex.: A *ave* é um *animal bípede plumígero.*
Compreensibilidade, s. f. Qualidade de compreensível.
Compreensível, adj. m. e f. Que se pode compreender.
Compressa, s. f. *Med.* Chumaço de gaze hidrófila, dobrada várias vezes, destinado a usos cirúrgicos e a compressões de partes doridas do corpo.
Compressão, s. f. (1. *compressione*). 1. Ação ou efeito de comprimir, de reduzir um corpo a volume cada vez menor. 2. *Cir.* Aperto por meio de ligaduras ou por qualquer outro aparelho cirúrgico.
Compressibilidade, s. f. Propriedade que têm certos corpos de serem reduzidos a menor volume por compressão.
Compressível, adj. m. e f. Que pode ser comprimido.
Compressivo, adj. 1. Que serve para comprimir; compressório. 2. Que reprime; repressivo.
Compressor, adj. (1. *compressore*). Que comprime. S. m. 1. Aquele ou aquilo que comprime. 2. *Mec.* Máquina (por ex., bomba ou parte de motor), que comprime ar, misturas de combustível e ar, ou outros gases. 3. Máquina de terraplenagem, rolo compressor.
Compressório, adj. Compressivo.
Comprido, adj. Extenso, longo (em relação ao espaço ou ao tempo).
Comprimente, adj. m. e f. Que comprime.

Comprimento, s. m. (l. *complementu*). 1. Uma das três medidas de extensão (as outras duas são *largura* e *altura*), que é a dimensão de uma a outra extremidade de uma coisa, na direção em que a distância é maior. 2. Grandeza, tamanho.

Comprimido, s. m. *Farm.* Substância medicamentosa, comprimida em forma de pastilha.

Comprimir, v. (l. *comprimere*). 1. Tr. dir. e pron. Reduzir(-se) a menor volume, apertando. 2. Tr. dir. Condensar. 3. Tr. dir. e intr. Reprimir, oprimir, refrear, constranger.

Comprobação, s. f. Comprovação.

Comprobante, adj. m. e f. Comprovante.

Comprobativo, adj. V. *comprobatório.*

Comprobatório, adj. Que contém a prova do que se diz; comprobativo, comprovativo.

Comprometedor, adj. Que compromete ou pode comprometer.

Comprometer, v. (l. *compromittere*). 1. Pron. Obrigar-se por compromisso, verbal ou escrito. 2. Tr. dir. Empenhar. 3. Tr. dir. e pron. Arriscar a desaire; expor a algum embaraço ou perigo. 4. Pron. Envolver-se numa responsabilidade funesta. 5. Tr. dir. Causar prejuízo a.

Comprometimento, s. m. Ato ou fato de comprometer(-se).

Compromissário, adj. Obrigado por compromisso.

Compromissivo, adj. Que envolve compromisso.

Compromisso, s. m. 1. Comprometimento. 2. *Dir.* Acordo entre litigantes pelo qual se sujeita a arbitragem a decisão de um pleito. 3. Ajuste, convenção. 4. Obrigação ou promessa mais ou menos solene. 5. Dívida a solver em determinado dia. 6. Concordata de falido com os credores. 7. *Polít.* Acordo em que os adversários fazem concessões mútuas. 8. Estatutos de uma confraria.

Compromissório, adj. Em que existe compromisso.

Compromitente, adj. e s., m. e f. Que, ou pessoa que toma compromisso.

Comprovação, s. f. (l. *comprobatione*). 1. Ato de comprovar. 2. Comprovante.

Comprovador, adj. e s. m. Que, ou o que comprova.

Comprovante, adj. m. e f. V. *comprovador.* S. m. Documento, certificado, nota, recibo com que se comprova a realização de uma operação; comprovação.

Comprovar, v. (l. *comprobare*). Tr. dir. 1. Cooperar para provar. 2. Demonstrar, evidenciar.

Comprovativo, adj. V. *comprobatório.*

Compulsação, s. f. Ato de compulsar.

Compulsador, adj. e s. m. Que, ou o que compulsa.

Compulsão, s. f. (l. *compulsione*). Ato de compelir.

Compulsar, v. Tr. dir. 1. Examinar, lendo. 2. Folhear ou percorrer (documento, livro, registro), consultando.

Compulsivo, adj. Próprio ou destinado a compelir.

Compulsória, s. f. 1. *Dir.* Mandado de juiz superior para instância inferior. 2. Aposentadoria forçada de militares e civis, por limite de idade.

Compulsório, adj. Que compele.

Compunção, s. f. (l. *compunctione*). 1. Pesar de haver cometido ação má ou pecaminosa; compungimento. 2. Manifestação desse pesar. 3. Pesar profundo.

Compungimento, s. m. V. *compunção.*

Compungir, v. (l. *compungere*). 1. Tr. dir. Mover à compunção. 2. Tr. dir. Afligir, pungir moralmente. 3. Pron. Enternecer-se, magoar-se, ter compunção.

Compungitivo, adj. Que compunge, ou excita compunção.

Computação, s. f. 1. Ato ou efeito de computar. 2. Cálculo.

Computador, s. m. 1. O que faz cômputos. 2. Calculista. 3. *Inform.* Aparelho eletrônico capaz de efetuar operações importantes, como operações lógicas e matemáticas, sem intervenção de um operador humano durante seu funcionamento.

Computar, v. 1. Tr. dir. Fazer o cômputo de. 2. Tr. dir. e ind. Calcular, orçar, avaliar. Tr. dir. 3. Contar, incluir. 4. *Inform.* Executar cálculos e operações próprias de um computador.

Computável, adj. m. e f. Que pode ser computado.

Cômputo, s. m. Contagem, cálculo.

Comtiano, adj. V. *comtista.*

Comtismo, s. m. *Filos.* Sistema filosófico ideado e desenvolvido pelo filósofo e matemático francês Augusto Comte (1798-1857); positivismo.

Comtista, adj. m. e f. Relativo a Augusto Comte. S. m. e f. Pessoa sectária do comtismo, positivista.

Comum, adj. m. e f. (l. *commune*). 1. Pertencente a todos ou a muitos. 2. Habitual, normal, ordinário. 3. Vulgar, soez. 4. De pouca importância, de pouco valor; insignificante. 5. Abundante. S. m. O geral, a maioria. S. m. pl. Câmara dos representantes eleitos pelo povo da Inglaterra. — *C.-de-dois:* diz-se do substantivo que tem só uma forma para os dois gêneros.

Comuna, s. f. 1. Povoação que, na Idade Média, se emancipava do feudalismo, governando-se autonomicamente. 2. Em vários países europeus, subdivisão territorial correspondente a município. 3. *Pop.* Comunista.

Comungante, adj. e s., m. e f. Que, ou pessoa que comunga.

Comungar, v. (l. *communicare*). 1. Intr. *Teol.* Receber o sacramento da eucaristia. 2. Tr. dir. Administrar o sacramento da eucaristia a; dar a comunhão a. 3. Tr. ind. Ter as mesmas crenças religiosas, os mesmos ideais políticos, os mesmos princípios etc.

Comungatório, adj. Relativo a comunhão. S. m. Mesa eucarística.

Comunhão, s. f. (l. *communione*). 1. Ato ou efeito de comungar. 2. O sacramento da eucaristia. 3. Comunidade de crenças ou opiniões. 4. Assembléia, reunião: A *c.* dos fiéis. 6. Propriedade em comum, co-propriedade, condomínio.

Comunial, adj. m. e f. Relativo a comunhão.

Comunicabilidade, s. f. Qualidade de comunicável.

Comunicação, s. f. (l. *communicatione*). 1. Ação, efeito ou meio de comunicar(-se). 2. Aviso, informação, esclarecimento. 3. *Mec.* Transmissão. 4. Relação, correspondência fácil; trato, amizade. 5. Acesso, passagem.

Comunicado, adj. Que recebeu comunicação; participado. S. m. Aviso transmitido oficialmente.

Comunicador, adj. e s. m. Que, ou o que comunica.

Comunicante, adj. m. e f. Que comunica; transmissor, comunicador.

Comunicar, v. 1. Tr. dir. Fazer saber; participar. 2. Tr. dir. Pôr em contato ou ligação; ligar, unir. 3. Tr. dir. Tornar comum; transmitir. 4. Pron. Propagar-se, transmitir-se. 5. Pron. Pegar-se, transmitir-se por contágio.

Comunicativo, adj. 1. Que se comunica facilmente; contagioso. 2. Expansivo, franco.

Comunicável, adj. m. e f. 1. Que se pode comunicar. 2. Franco, expansivo.

Comunidade, s. f. (l. *communitate*). 1. Qualidade do que é comum; comunhão. 2. Participação em comum. 3. A sociedade. 4. Pessoas que vivem agrupadas, especialmente quando sujeitas a uma regra religiosa. 5. Lugar que elas habitam em comum.

Comunismo, s. m. Doutrina ou sistema social que preconiza a comunidade de bens e a supressão da propriedade privada dos meios de produção (terras, minas, fábricas etc.).

Comuníssimo, adj. (sup. abs. sint. de *comum*). Muito comum; trivial, vulgaríssimo.

Comunista, adj. e s. m. e f. Diz-se de, ou pessoa militante do comunismo.

Comunitário, adj. Diz-se do processo de formação dos povos em que domina o sentimento de comunidade.

Comutação, s. f. (l. *commutatione*). 1. Ato de comutar. 2. *Dir.* Atenuação de pena. 3. Permutação, substituição. 4. *Eletrôn.* Ação de fechar, abrir ou modificar as conexões de um circuito eletrônico.

Comutador, adj. Que comuta. S. m. *Eletr.* Interruptor.

Comutar, v. Tr. dir. 1. Permutar, trocar. 2. *Dir.* Mudar (pena ou castigo) por outro menor.

Comutativo, adj. 1. Que comuta. 2. Relativo a troca.

Comutável, adj. m. e f. Que se pode comutar.

Conatural, adj. m. e f. 1. Congênito. 2. Conforme à natureza de outro. 3. Apropriado.

Conca, s. f. (l. *concha*). *Anat.* A concha da orelha.

Concameração, s. f. *Arquit.* Parte arqueada de edifício.
Concani, s. m. Língua indo-européia (do ramo indo-irânico) falada no Concão, região de Goa, ex-província ultramarina de Portugal. Adj. m. e f. Do Concão.
Concatenação, s. f. Ato ou efeito de concatenar; concatenamento.
Concatenamento, s. m. V. *concatenação.*
Concatenar, v. Tr. dir. 1. Encadear, prender. 2. Relacionar; associar.
Concausa, s. f. Causa concomitante.
Concavar, v. Tr. dir. Tornar côncavo.
Concavidade, s. f. 1. Forma ou disposição do que é côncavo. 2. Parte côncava de um objeto. 3. Cavidade. 4. Depressão de terreno. Antôn.: *convexidade.*
Côncavo, adj. Mais elevado nas bordas que no centro; cavado, escavado. Antôn.: *convexo.* S. m. Concavidade, cavidade.
Conceber, v. (l. *concipere*). 1. Tr. dir., tr. ind. e intr. Formar (o embrião) pela fecundação do óvulo; gerar. 2. Tr. dir. Formar ou representar no espírito ou coração; idear; imaginar.
Concebimento, s. m. Ato ou efeito de conceber.
Concebível, adj. m. e f. Que se pode conceber; conceptível.
Conceder, v. (l. *concedere*). Tr. dir. 1. Dar, outorgar. 2. Facultar, permitir. 3. Admitir como hipótese.
Concedido, adj. Que se concedeu; dado, outorgado, permitido, admitido.
Concedível, adj. m. e f. Que se pode conceder.
Conceição, s. f. (l. *conceptione*). 1. Dogma católico da concepção da Virgem Maria, sem mácula do pecado original. 2. Festa com que a Igreja Católica celebra essa concepção, a 8 de dezembro.
Conceito, s. m. (l. *conceptu*). 1. *Filos.* Idéia, abstração. 2. Opinião, reputação. 3. Sentença, máxima.
Conceituado, adj. 1. Que é tido em certo conceito; avaliado. 2. Que tem boa reputação; bem considerado.
Conceituar, v. Tr. dir. Formar conceito acerca de; ajuizar, avaliar.
Conceituoso, adj. 1. Em que há conceito. 2. Espirituoso.
Concelebração, s. f. Ato ou efeito de concelebrar.
Concelebrar, v. Tr. dir. Celebrar (ofício religioso) juntamente com outro(s) sacerdote(s).
Concelho, s. m. Em Portugal, circunscrição administrativa que é uma subdivisão de distrito.
Concentração, s. f. 1. Ato ou efeito de concentrar(-se). 2. Estado de quem se concentra. 3. Reunião de muitas pessoas ou coisas num ponto; concurso, convergência. 4. Condensação. 5. Isolamento. 6. Solidão. 7. *Quím.* Quantidade de moléculas ou íons numa substância.
Concentrado, adj. 1. Reunido em um centro; centralizado. 2. Limitado, apertado. 3. Muito atento; absorto. 4. Metido consigo; reservado. 5. Oculto, latente. 6. *Quím.* Diz-se da substância da qual se eliminou, ou reduziu a parte aquosa; forte.
Concentrador, adj. e s. m. Que, ou o que concentra.
Concentrar, v. 1. Tr. dir. e pron. Reunir(-se) num mesmo centro ou ponto; centralizar(-se). 2. Tr. dir. *Fís.* Fazer convergir. 3. Tr. dir. Tornar mais denso, mais forte, mais ativo; condensar. 4. Pron. Aplicar a atenção a algum assunto; medir profundamente.
Concentricidade, s. f. Qualidade, caráter ou estado de concêntrico.
Concêntrico, adj. *Geom.* Que tem o mesmo centro.
Concepção, s. f. (l. *concepcione*). 1. Ato ou efeito de conceber ou gerar (no útero); geração. 2. Ato de conceber ou criar mentalmente, produção da inteligência. 3. Fantasia, imaginação. 4. Ponto de vista; opinião.
Conceptáculo, s. m. 1. Receptáculo. 2. *Bot.* Cavidade reprodutora das algas, onde se formam os órgãos reprodutivos.
Conceptibilidade, s. f. Qualidade de conceptível.
Conceptível, adj. m. e f. Concebível.
Conceptivo, adj. Próprio para ser concebido.
Conceptual, adj. m. e f. Relativo à concepção.
Conceptualismo, s. m. *Filos.* Sistema segundo o qual os universais não existem em si mesmos, mas apenas como conceitos mentais.
Conceptualista, s. m. e f. Sequaz do conceptualismo.
Concernência, s. f. Qualidade de concernente; relação.
Concernente, adj. m. e f. Que concerne; relativo, referente.
Concernir, v. (l. *concernere*). Tr. ind. Dizer respeito, referir-se, ter relação.
Concertado, adj. 1. Brando, calmo. 2. Estudado, apurado. 3. Composto, modesto. 4. *Dir.* Conferido; cotejado.
Concertamento, s. m. Ato ou efeito de concertar; concerto.
Concertar, v. 1. Intr. e pron. Ser conforme; concordar, harmonizar-se. 2. Tr. dir. Conciliar, harmonizar. 3. Tr. dir. Pôr em boa ordem; dar melhor disposição: *C.* a gravata. 4. Intr. e pron. Entrar em concertos, em ajustes; combinar-se.
Concertina, s. f. *Mús.* Tipo de acordeão, de caixa poligonal. Sinôn. pop.: *sanfona.*
Concertista, s. m. e f. Pessoa que dá concertos.
Concerto *(ê),* s. m. 1. Ato ou efeito de concertar. 2. Acordo, ajuste. 3. Harmonia, simetria. 4. *Mús.* Obra musical para um ou vários instrumentos solistas e orquestra. 5. *Mús.* Execução pública ou particular de obras musicais.
Concessão, s. f. 1. Ato ou efeito de conceder; permissão. 2. Privilégio que o governo dá a particulares ou a empresas, para a exploração de serviços de utilidade pública. 3. O que se admite por hipótese numa discussão.
Concessionário, adj. e s. m. Que, ou o que obtém uma concessão.
Concessível, adj. m. e f. Que se pode conceder.
Concessivo, adj. Referente a concessão; concessório.
Concessor, s. m. Aquele que concede.
Concessório, adj. V. *concessivo.*
Concha, s. f. (l. *conchula*). 1. *Zool.* Invólucro duro e calcário, quase sempre cônico, de certos animais, especialmente dos moluscos. 2. Objeto ou ornato de feitio análogo a esse invólucro. 3. Grande colher, de concavidade pronunciada, para servir sopa. 4. *Anat.* Pavilhão do ouvido. 5. Prato de balança. 6. A parte côncava das chaves dos instrumentos de sopro.
Concharia, s. f. Grande quantidade de conchas.
Conchavado, adj. e s. m. Diz-se do, ou o indivíduo que se conchavou.
Conchavar, v. (b. l. *conclavare*). 1. Tr. dir. Combinar, ajustar. 2. Tr. dir. Meter, encaixar. 3. Pron. Conluiar-se, mancomunar-se.
Conchavo, s. m. 1. Ato de conchavar; acordo, ajuste, união. 2. Conluio, mancomunação.
Concheado, adj. 1. Que tem concha. 2. Em forma de uma concha.
Conchear, v. Tr. dir. Ornar ou revestir de conchas.
Conchegado, adj. 1. Muito chegado; unido. 2. Agasalhado.
Conchegar, v. Tr. dir. Pôr em contato; aproximar, chegar. 3. Pron. Chegar-se, para achar conforto ou agasalho.
Conchego *(ê),* s. m. 1. Ato de conchegar. 2. Comodidade, conforto, agasalho. 3. Pessoa que protege; amparo, arrimo.
Concheira, s. f. V. *sambaqui.* Var.: *concheiro.*
Conchífero, adj. Que tem conchas.
Concho, adj. *Pop.* Cheio de si, confiado em si; ancho, vaidoso.
Conchoso, adj. Abundante em conchas.
Concidadão, s. m. Indivíduo que, em relação a outro ou outros, é da mesma cidade ou do mesmo país. Fem.: *concidadã.* Pl.: *concidadãos.*
Conciliábulo, s. m. Assembléia secreta, de intenções malévolas; conluio, conventículo.
Conciliação, s. f. 1. Ato ou efeito de conciliar. 2. Ato de harmonizar litigantes.
Conciliador, adj. e s. m. Que, ou aquele que concilia, ou gosta de conciliar ânimos.
Conciliante, adj. m. e f. V. *conciliador.*
Conciliar¹, v. (l. *conciliare*). 1. Tr. dir. e pron. Pôr(-se) de acordo, pôr(-se) em harmonia; congraçar(-se). 2. Tr. dir. e pron. Aliar(-se), unir(-se). 3. Tr. dir. Atrair, captar.
Conciliar², adj. m. e f. Relativo a concílio.

Conciliário, adj. V. *conciliar*[2].
Conciliativo, adj. V. *conciliador*
Conciliatório, adj. Próprio para conciliar.
Conciliável, adj. m. e f. Que se pode conciliar.
Concílio, s. m. Assembléia de prelados católicos que delibera sobre questões de doutrina ou disciplina eclesiásticas.
Concional, adj. m. e f. Relativo a assembléias públicas.
Concionar, v. 1. Intr. Falar ao povo em comícios; arengar. 2. Tr. dir. Falar (algo) em público.
Concionário, adj. V. *concional.*
Concisão, s. f. Brevidade, laconismo. 2. Precisão, exatidão.
Conciso, adj. 1. Breve, lacônico, resumido, sucinto. 2. Preciso, exato.
Concitação, s. f. (l. *concitatione*). Ato ou efeito de concitar.
Concitador, adj. e s. m. Que, ou o que concita.
Concitar, v. Tr. dir. 1. Instigar à desordem ou ao tumulto. 2. Incitar, instigar.
Concitativo, adj. V. *concitador.*
Conclamação, s. f. Ato de conclamar.
Conclamar, v. 1. Tr. dir. Bradar, clamar ao mesmo tempo. 2. Tr. dir. Clamar em tumulto; gritar. 3. Tr. dir. Aclamar conjuntamente. 4. Intr. Dar brados; vozear.
Conclave, s. m. 1. Assembléia de cardeais para a eleição do papa. 2. *Por ext.* Reunião de pessoas, para tratar de algum assunto.
Conclavista, s. m. Membro de conclave.
Concludente, adj. m. e f. Que conclui, ou merece fé; convincente.
Concluído, adj. Que se concluiu; acabado; terminado.
Concluimento, *(u-i),* s. m. V. *conclusão.*
Concluir, v. (l. *concludere*). 1. Tr. dir. Pôr fim a; terminar, acabar. 2. Tr. ind. Acabar-se, terminar-se. 3. Intr. Terminar de falar. 4. Tr. dir. Tirar por conseqüência; inferir, deduzir.
Conclusão, s. f. (l. *conclusione*). 1. Ato de concluir; término. 2. Conseqüência de um argumento; dedução, ilação.
Conclusivo, adj. Que encerra conclusão; concludente.
Concluso, adj. *Dir.* Diz-se do processo concluído e entregue ao juiz para despacho.
Concomitância, s. f. Qualidade de concomitante; simultaneidade.
Concomitante, adj. m. e f. Que se verifica ao mesmo tempo que outro.
Concordado, adj. Posto de acordo; concertado.
Concordância, s. f. 1. Ato de concordar. 2. Acordo, consonância, harmonia. 3. *Gram.* Harmonização de flexões nas palavras.
Concordante, adj. m. e f. 1. Que concorda; concorde. 2. Coerente.
Concordar, v. 1. Tr. dir. Pôr de acordo; conciliar, concertar. 2. Tr. ind. *Gram.* Estar em concordância. 3. Tr. dir. *Gram.* Pôr em concordância. 4. Tr. ind. e intr. Ajustar-se, combinar-se, estar de acordo, harmonizar-se. 5. Tr. ind. e intr. Assentir, consentir.
Concordata, s. f. 1. Acordo, entendimento. 2. Convenção entre um país católico e a Santa Sé acerca de assuntos religiosos. 3. *Com.* Benefício concedido ao comerciante, sob condições, a fim de evitar-lhe a falência.
Concordatário, adj. Que pediu a concordata. 2. Que aceitou concordata.
Concordável, adj. m. e f. Sobre que pode haver acordo.
Concorde, adj. m. e f. 1. Concordante. 2. Da mesma opinião.
Concórdia, s. f. 1. Harmonia de vontades ou de opiniões.
Concorrência, s. f. 1. Ato ou efeito de concorrer. 2. Afluência de pessoas no mesmo momento para o mesmo lugar. 3. *Econ. Polít.* Rivalidade entre produtores ou entre negociantes, fabricantes ou empresários.
Concorrente, adj. m. e f. Que concorre. S. m. e f. 1. Pessoa que concorre; competidor. 2. Candidato que concorre com outros.
Concorrer, v. 1. Tr. ind. Juntar-se para uma ação ou fim comum; contribuir, cooperar. 2. Tr. ind. e intr. Afluir ao mesmo lugar, juntamente com outros. 3. Tr. ind. Ir a concurso. 4. Tr. ind. Apresentar-se como candidato. 5. Tr. ind. Rivalizar com outrem na oferta de produtos. 6. Tr. ind. Contribuir.
Concreção, s. f. (l. *concretione*). 1. Ato de tornar concreto; solidificação. 2. Corpo resultante da agregação dos sólidos contidos num líquido. 3. *Bot.* Depósito de partículas inorgânicas, no interior dos tecidos vegetais. 4. *Med.* Ossificação anormal.
Concrescibilidade, s. f. Qualidade de concrescível.
Concrescível, adj. m. e f. Suscetível de se tornar concreto.
Concretização, s. f. Ato ou efeito de concretizar.
Concretizar, v. Tr. dir. e pron. Tornar(-se) concreto; efetivar(-se).
Concreto, adj. 1. Relativo à realidade; real, efetivo, preciso. Antôn.: *abstrato.* 2. Claro, definido. S. m. 1. Aquilo que é concreto. 2. Material de construção feito com cimento, areia, cascalho e água.
Concriação, s. f. Ato de concriar.
Concriar, v. Tr. dir. Criar simultaneamente com outro.
Concubina, s. f. Mulher ilegítima; amásia.
Concubinato, s. m. Estado de um homem e uma mulher que coabitam como cônjuges, sem serem casados; mancebia.
Concúbito, s. m. 1. Ajuntamento carnal. 2. Coabitação.
Conculcar, v. Tr. dir. 1. Calcar com os pés; espezinhar. 2. Desprezar, postergar.
Concunhado, s. m. Cunhado de um dos cônjuges em relação ao outro.
Concupiscência, s. f. (l. *concupiscentia*). 1. Grande desejo de bens ou gozos materiais. 2. Apetite sexual.
Concupiscente, adj. m. e f. Que tem concupiscência.
Concupiscível, adj. m. e f. Que desperta a concupiscência.
Concurso, s. m. 1. Ato ou efeito de concorrer. 2. Afluência de pessoas ao mesmo lugar. 3. Encontro. 4. Prestação de provas ou apresentação de documentos ou títulos exigidos para admissão a um emprego. 5. *Dir.* Concorrência.
Concussão, s. f. (l. *concussione*). 1. Comoção violenta; abalo, choque. 2. *Dir.* Peculato cometido por funcionário público no exercício de suas funções.
Concussionário, adj. e s. m. Que, ou o que pratica concussão.
Concutir, v. (l. *concutere*). 1. Intr. Bater, martelar. 2. Tr. dir. Fazer tremer; abalar. 3. Tr. dir. Incutir, infundir.
Condado, s. m. (l. *comitatu*). 1. Dignidade de conde. 2. Antigo território ou jurisdição de conde. 3. Divisão territorial existente na Inglaterra e nos E.U.A.
Condal, adj. m. e f. Relativo a conde.
Condão, s. m. (arc. *condoar*). 1. Poder, misterioso, a que se atribui influência benéfica ou maléfica. 2. Dom, faculdade.
Conde, s. m. (l. *comite*). 1. Título nobiliárquico entre marquês e visconde. 2. Valete, nos baralhos comuns. Fem. (acep. 1): *condessa (ê).*
Condecoração, s. f. 1. Ato de condecorar. 2. Insígnia de ordem militar ou civil. 3. Insígnia honorífica.
Condecorado, adj. e s. m. 1. Que, ou o que tem condecoração. 2. Nobilitado, engrandecido.
Condecorar, v. Tr. dir. 1. Distinguir com condecoração. 2. Dar designação honrosa ou um título a; agraciar.
Condenação, s. f. 1. Ato ou efeito de condenar. 2. Sentença condenatória. 3. Pena imposta por sentença. 4. Censura.
Condenado, adj. 1. Diz-se do que foi julgado criminoso. 2. Que sofreu condenação. 3. Diz-se do doente declarado incurável. S. m. Indivíduo condenado.
Condenar, v. (l. *condemnare*). 1. Tr. dir. *Dir.* Declarar incurso em pena; proferir sentença condenatória contra. 2. Tr. dir. Mostrar a criminalidade de. 3. Tr. dir. Considerar em culpa ou erro. 4. Pron. Dar provas contra si; culpar-se. 5. Tr. dir. Censurar, reprovar. 6. Tr. dir. Julgar caso perdido.
Condenatório, adj. Que envolve condenação.
Condenável, adj. m. e f. 1. Que merece condenação. 2. Censurável.
Condensabilidade, s. f. *Fís.* Propriedade de condensável.
Condensação, s. f. (l. *condensatione*). 1. Ato ou efeito de condensar(-se). 2. *Fís.* Passagem do estado gasoso ao líquido. 3. Resumo, síntese, junção de assuntos diversos.

Condensador, adj. Que condensa. S. m. 1. Qualquer máquina, instrumento ou dispositivo que condensa alguma coisa. 2. Parte de um alambique, na qual os vapores do líquido que destila se vão condensar. 4. *Mec.* Parte das máquinas de vapor e frigoríficos em que os vapores se condensam depois de produzido o seu efeito mecânico.

Condensante, adj. m. e f. Que condensa.

Condensar, v. (l. *condensare*). 1. Tr. dir. e pron. *Fís.* Tornar(-se) denso ou mais espesso (gases, sombras, vapores). 2. Tr. dir. Liquefazer (gases ou vapores). 3. Tr. dir. Resumir, sintetizar.

Condensativo, adj. Que condensa; condensador.

Condensável, adj. m. e f. Que se pode condensar.

Condescendência, s. f. 1. Ato de condescender. 2. Qualidade de quem é condescendente.

Condescendente, adj. m. e f. Que condescende ou transige.

Condescender, v. Tr. ind. e intr. Ceder espontaneamente; anuir ao desejo ou pedido de alguém; transigir.

Condessa *(ê),* s. f. Fem. de *conde.*

Condestável, s. m. Título honorífico do infante, o qual, nas grandes solenidades, se colocava à direita do trono real.

Condição, s. f. (l. *conditione*). 1. Circunstância externa de que dependem as pessoas e as coisas. 2. Base de um acordo, convenção entre pessoas. 3. Maneira de ser, natureza, estado ou qualidade de uma pessoa ou coisa: *C.* humana. 4. obrigação, encargo.

Condicente, adj. m. e f. V. *condizente.*

Condicionado, adj. e s. m. Que, ou o que depende de, ou é imposto por uma condição.

Condicionador, adj. Que condiciona. S. m. Aquilo ou aquele que condiciona. — *C. de ar:* v. *ar-condicionado.*

Condicional, adj. m. e f. (l. *conditionale*). 1. Dependente de condição. 2. Que envolve condição, ou exprime circunstância de condição. 3. *Gram.* Dizia-se do modo de verbo que enuncia o fato sob a dependência de uma condição; na NGB passou a denominar-se *futuro do pretérito* (simples e composto), enquadrado no modo indicativo. 4. *Gram.* Qualificativo da conjunção subordinativa que liga exprimindo condição. S. m. Gram. O modo condicional.

Condicionar, v. (l. *conditione + ar).* Tr. dir. 1. Pôr condições a, tornar dependente de condição. 2. Pôr em condição apropriada ou desejada.

Condignidade, s. f. Qualidade ou caráter de condigno.

Condigno, adj. 1. Proporcional ao mérito. 2. Devido, merecido.

Condiliano, adj. *Med.* Referente a côndilo.

Côndilo, s. m. *Anat.* Saliência articular de um osso, arredondada de um lado e achatada do outro.

Condilóide, adj. m. e f. Em forma de côndilo.

Condiloma, s. m. *Med.* Excrescência carnuda e dolorosa, das regiões anal ou vulvar.

Condimentação, s. f. Ato ou efeito de condimentar.

Condimentar, v. Tr. dir. Deitar condimento em; temperar.

Condimentício, adj. Que serve para condimentar.

Condimento, s. m. Qualquer substância que serve para aprimorar o sabor dos alimentos.

Condimentoso, adj. V. *condimentício.*

Condiscípulo, s. m. 1. Companheiro de estudos. 2. Aquele que freqüenta o mesmo ano ou classe.

Condizente, adj. m. e f. Que condiz; adequado, ajustado, harmônico.

Condizer, v. (l. *condicere*). Tr. ind. e intr. Dizer bem; estar em harmonia ou proporção.

Condoer, v. (l. *condolere*). 1. Tr. dir. Despertar compaixão em; excitar à dor. 2. Pron. Compadecer-se; ter dó.

Condoído, adj. Apiedado, compadecido, penalizado.

Condolência, s. f. (l. *condolentia*). 1. Sentimento de quem se condói; compaixão. 2. Expressão de pesar pela dor alheia.

Condolente, adj. m. e f. Que tem condolência; compadecido.

Condomínio, s. m. Domínio comum; co-propriedade.

Condômino, s. m. Aquele que participa de um condomínio.

Condor, s. m. *Ornit.* A maior ave de rapina que existe *(Vultur gryphus):* habita na Cordilheira dos Andes.

Condoreirismo, s. m. Estilo literário da escola condoreira.

Condoreiro, adj. 1. Qualificativo que se dá a um estilo elevado e empolado. 2. Designativo de uma escola literária que, ao norte do Brasil, era representada por Castro Alves, Tobias Barreto e outros. S. m. Poeta da escola condoreira.

Condrina, s. f. *Anat.* Proteína das cartilagens, semelhante à gelatina.

condro-, elem. de comp. (gr. *khondros*). Exprime a idéia de *cartilagem: condroblasto.*

Condroblasto, s. m. *Biol.* Célula embrionária do tecido cartilaginoso.

Condróide, adj. m. e f. Semelhante à cartilagem.

Condroma, s. m. *Med.* Tumor constituído por hiperplasia de tecido cartilaginoso.

Condução, s. f. (l. *conductione*). 1. Ação, efeito, ou meio de conduzir. 2. Meio de transporte; veículo.

Conducente, adj. m. e f. 1. Que conduz a um fim. 2. Tendente. 3. Útil ao intento.

Condurango, s. m. *Bot.* Trepadeira vitácea *(Vitis sulcicaulis).*

Conduta, s. f. (l. *conducta*). 1. Ato ou efeito de conduzir-se. 2. Procedimento moral (bom ou mau).

Condutibilidade, s. f. *Fís.* Propriedade que certos corpos têm de ser condutores de calor, eletricidade etc.

Condutível, adj. m. e f. 1. Que pode ser conduzido. 2. Que tem condutibilidade.

Condutivo, adj. Que conduz.

Conduto, adj. (l. *conductu*). 1. Conduzido. 2. Trazido. 3. Levado. S. m. 1. Caminho, via. 2. Tubo por onde passa um fluido (líquido, vapor, fumaça). 3. *Anat.* Canal.

Condutor, adj. Que conduz. S. m. 1. Pessoa que conduz ou guia. 2. Cano através do qual se escoam, do telhado para o solo, as águas pluviais. 3. Corpo que se deixa atravessar por alguma forma de energia: O cobre é bom *c.* de eletricidade. 4. *Eletr.* Cabo utilizado nas distribuições de corrente de tração de trens, ônibus etc.

Conduzir, v. (l. *conducere*). 1. Tr. dir. Guiar, dirigir. 2. Tr. dir. Acompanhar por honra ou civilidade. 3. Tr. dir. Transportar de um lugar para outro; carregar. 4. Tr. dir. Dar rumo, direção; encaminhar, levar. 5. Tr. dir. *Fís.* Transmitir. 6. Pron. Comportar-se, proceder.

Cone, s. m. 1. *Geom.* Sólido, de base circular ou elíptica, que diminui uniformemente seu diâmetro, terminado em ponta. 2. Objeto, parte ou estrutura cujo aspecto sugere o de um cone geométrico. 3. *Bot.* Fruto das coníferas, composto de escamas persistentes, dispostas em forma cônica. 4. *Odont.* Cúspide de um dente. 5. *Mec.* Elemento de máquinas, com base larga e ponta.

Conectivo, adj. Que liga, ou une. S. m. *Gram.* Vocábulo que liga orações no período. Var.: *conetivo.*

Cônego, s. m. Clérigo que é membro de um cabido, e ao qual impendem obrigações religiosas numa sé ou colegiada. Col.: *cabido, conezia.* Fem.: *cônega, canonisa.*

Conetivo, adj. e s. m. V. *conectivo.*

Conexão *(cs),* s. f. (l. *connexione*). 1. Ligação de uma coisa com outra. 2. *Mec.* Peça que liga dois ou mais condutos de uma tubulação. 3. *Eletr.* Ligação entre dois ou mais condutores elétricos. 4. Dependência, relação, nexo. 5. Analogia entre coisas diversas.

Conexidade *(cs),* s. f. Qualidade de conexo.

Conexivo *(cs),* adj. Relativo a conexão.

Conexo *(cs),* adj. Que tem ou em que há conexão.

Confabulação, s. f. Ato ou efeito de confabular.

Confabular, v. Tr. ind. e intr. Trocar idéias; conversar.

Confecção, s. f. (l. *confectione*). 1. Ato ou efeito de confeccionar. 2. Acabamento, conclusão.

Confeccionar, v. Tr. dir. 1. *Farm.* Preparar com drogas e confeições. 2. Dar acabamento a; executar (uma obra qualquer).

Confederação, s. f. 1. Reunião de Estados que, em relação aos estrangeiros, formam um só, reconhecendo um chefe comum. 2. Aliança de várias nações para um objetivo comum. 3. Agrupamento de associações sindicais.

Confederar, v. 1. Tr. dir. e pron. Unir(-se) em confederação. 2. Pron. Unir-se para um fim comum, geralmente político.
Confederativo, adj. Relativo a confederação.
Confeição, s. f. (1. *confectione*). Ato ou efeito de confeiçoar.
Confeiçoar, v. Tr. dir. 1. *Farm.* Preparar ou manipular (medicamentos) com várias drogas. 2. Fabricar bolos, confeitos e outros doces.
Confeitar, v. Tr. dir. 1. Cobrir de açúcar, como os confeitos. 2. Adoçar para iludir.
Confeitaria, s. f. Casa onde se fabricam ou vendem confeitos e outros doces.
Confeiteira, s. f. 1. Mulher que faz ou vende doces; doceira. 2. Prato para servir doces.
Confeiteiro, s. m. Homem que fabrica ou vende confeitos, bolos ou outros doces; doceiro.
Confeito, s. m. 1. Pequena semente ou pevide, coberta de açúcar, preparada em xarope e seca ao fogo. 2. Pequenos glóbulos coloridos, usados para confeitar bolos.
Conferência, s. f. (1. *conferentia*). 1. Ato ou efeito de conferir; comparação, confronto, cotejo. 2. Exame, ou discussão de um assunto: *C.* médica. 3. Assembléia de delegados de diferentes países com o fim de tratarem questões de interesse internacional. 4. Discurso ou preleção em público, sobre assunto literário ou científico.
Conferenciador, s. m. V. *conferencista.*
Conferencial, adj. m. e f. 1. Relativo a conferência. 2. Que tem forma de conferência.
Conferenciar, v. 1. Tr. ind. e intr. Debater, discutir, tratar em conferência. 2. Tr. ind. e intr. Fazer conferência ou preleção. 3. Tr. ind. e intr. Conversar; ter conferência.
Conferencista, s. m. e f. Pessoa que faz conferências sobre assuntos literários científicos ou sociais.
Conferente, adj. e s. m. e f. Diz-se de, ou pessoa que verifica algo, ou que concede algo a alguém.
Conferição, s. f. Ato ou efeito de conferir.
Conferir, v. (1. *conferre*). 1. Tr. dir. Ver se está exato; comparar, confrontar, colacionar. 2. Tr. ind. e intr. Estar certo ou conforme. 3. Tr. dir. Conceder, dar, outorgar (graças, mercês, palmas etc.). 4. Tr. dir. *Tip.* Cotejar o original com provas tipográficas.
Confessado, adj. Que se confessou.
Confessar, v. 1. Tr. dir. Declarar, revelar (culpa, defeito, falta, pecado, verdade etc.). 2. Tr. dir. Declarar perante o confessor ou a Deus só em oração particular (pecados etc.). 3. Tr. dir. Ouvir de confissão. 4. Intr. e pron. Fazer a confissão dos seus pecados. 5. Pron. Declarar-se, reconhecer-se. 6. Tr. dir. Professar, seguir (uma religião, um sistema).
Confessional, adj. m. e f. Relativo a uma crença religiosa.
Confessionário, s. m. Lugar onde o sacerdote ouve confissões. 2. Tribunal de penitência. 3. Sacramento da penitência.
Confesso *(é),* adj. (1. *confessu*). 1. Que confessou suas culpas. 2. Convertido à religião cristã. S. m. Monge que vivia em mosteiro.
Confessor, s. m. 1. Sacerdote que ouve confissões. 2. *Fam.* Confidente. 3. No princípio da cristandade, mártir pela profissão da fé cristã. 4. Santo que não tem outro título, como mártir, apóstolo etc.
Confete *(é),* s. m. 1. Rodelinhas de papéis coloridos que se lançam aos punhados, nas ruas, por ocasião de festas ou do carnaval. 2. *Fam.* Elogio.
Confiado, adj. 1. Que tem confiança. 2. Atrevido, petulante.
Confiança, s. f. 1. Sentimento de quem confia. 2. Segurança íntima com que se procede. 3. Crédito, fé. 4. Boa fama. 5. Esperança firme. 6. Familiaridade. 7. *Pop.* Atrevimento.
Confiante, adj. m. e f. Que confia.
Confiar, v. 1. Tr. ind. e intr. Ter confiança, acreditar, fiar-se, ter fé. 2. Tr. dir. Entregar com segurança: Receava *c.* seu *dinheiro.* 3. Tr. dir. Incumbir, encarregar. 4. Tr. dir. Comunicar com confiança. 5. Pron. Entregar-se cheio de confiança.
Confidência, s. f. 1. Comunicação secreta; participação de um segredo. 2. Confiança na discrição e lealdade de alguém.
Confidencial, adj. m. e f. Dito ou escrito em confidência. S. f. Comunicação ou ordem sob sigilo.
Confidenciar, v. 1. Tr. dir. Contar em confidência; segredar. 2. Pron. Trocar confidências.
Confidencioso, adj. 1. Relativo a confidência. 2. Revelado em confidência. 3. Que tem modos de confidência.
Confidente, adj. e s. m. e f. Diz-se da, ou a pessoa a quem se confiam segredos.
Configuração, s. f. 1. Forma exterior de um corpo; aspecto, feitio, figura. 2. *Astr.* Aspecto assumido pelas estrelas em uma constelação.
Configurar, v. 1. Tr. dir. Dar a figura ou forma de; representar. 2. Pron. Revestir-se dos atributos que caracterizam uma ação, um delito etc.
Confim, adj. m. e f. V. *confinante.* S. m. pl. 1. Raias, fronteiras. 2. Estremo longínquo.
Confinamento, s. m. Ato ou efeito de confinar(-se).
Confinante, adj. m. e f. Que confina; confrontante.
Confinar, v. 1. Tr. dir. Tocar nos confins ou limites de; defrontar-se. 2. Intr. Estar nos confins. 3. Tr. dir. Circunscrever, limitar. 4. Tr. dir. Clausurar, encerrar. 5. Tr. ind. Aproximar-se.
Confinidade, s. f. Qualidade de confinante.
Confioso, adj. Cheio de confiança.
Confirmação, s. f. (1. *confirmatione*). 1. Ato ou efeito de confirmar(-se). 2. Crisma.
Confirmador, adj. e s. m. Que, ou o que confirma.
Confirmante, adj. m. e f. Que confirma.
Confirmar, v. 1. Tr. dir. Tornar firme; corroborar, ratificar. 2. Mostrar a verdade de; comprovar, demonstrar. 3. Tr. dir. Conservar, firmar, manter, sustentar (apelido, competência, opinião etc.). 4. Tr. dir. Aprovar, sancionar. 5. Pron. Realizar-se, verificar-se. 6. Tr. dir. *Teol.* Conferir o sacramento da confirmação a.
Confirmativo, adj. V. *confirmante.*
Confirmatório, adj. Que contém confirmação.
Confiscação, s. f. Confisco.
Confiscar, v. Tr. dir. Apreender para o fisco.
Confiscável, adj. m. e f. Que se pode confiscar.
Confisco, s. m. Ato ou efeito de confiscar; confiscação.
Confissão, s. f. (1. *confessione*). 1. Ato de confessar(-se). 2. Declaração das próprias culpas ao confessor, no sacramento da penitência. 3. Declaração dos próprios erros ou culpas. 4. Profissão de fé cristã. 5. Cada uma das seitas cristãs.
Confitente, adj. e s., m. e f. Que, ou pessoa que confessa ou se confessa.
Conflagração, s. f. 1. Incêndio que se alastrou. 2. Grande excitação de ânimo. 3. Revolução. 4. Guerra.
Conflagrar, v. 1. Tr. dir. Incendiar totalmente. 2. Tr. dir. Abrasar, excitar. 3. Tr. dir. Pôr em completa agitação, causar conflito, guerra. 4. Entrar em conflito.
Conflito, s. m. 1. Embate de pessoas que lutam. 2. Altercação. 3. Barulho, desordem, tumulto. 4. Conjuntura, momento crítico. 5. Pendência. 6. Luta, oposição. 7. Pleito. 8. Dissídio entre nações.
Confluência, s. f. (1. *confluentia*). 1. Qualidade de confluente. 2. Ponto de junção de rios. 3. *Med.* Erupção cutânea.
Confluente, adj. m. e f. Que conflui. S. m. Afluente que deságua no mesmo ponto que outro.
Confluir, v. (1. *confluere*). Tr. ind. Correr para o mesmo ponto; convergir, afluir
Conformação, s. f. (1. *conformatione*). 1. Modo por que se acha formado ou organizado um corpo; forma. 2. Configuração. 3. Conformidade, resignação.
Conformador, adj. e s. m. Que, ou o que conforma.
Conformar, v. 1. Tr. dir. Dar forma; configurar, dispor. 2. Tr. dir. Tornar conforme; conciliar, harmonizar. 3. Tr. ind. e pron. Ajustar-se, corresponder, ser conforme. 4. Pron. Acomodar-se, condescender, resignar-se.
Conforme, adj. m. e f. 1. Que tem a mesma forma; análogo, idêntico, semelhante. 2. Concorde. 3. Condigno. 4. Conformado, resignado. Adv. De modo conforme, em conformidade. Prep. De acordo com. Conj. 1. Como, segundo, con-

soante. 2. Segundo as circunstâncias ou o modo de ver: Pode ser que sim, pode ser que não.

Conformidade, s. f. Qualidade do que é conforme ou de quem se conforma.

Conformismo, s. m. Ato ou hábito de conformar-se com quaisquer situações.

Conformista, adj. e s. m. e f. Que, ou pessoa que é adepta do conformismo.

Confortabilidade, s. f. Qualidade de confortável.

Confortador, adj. e s. m. Que, ou o que conforta; confortante.

Confortante, adj. m. e f. V. *confortador.*

Confortar, v. 1. Tr. dir. e pron. Dar(-se) forças a, fortificar(-se). 2. Tr. dir. Dar conforto a. 3. Tr. dir. Consolar.

Confortativo, adj. Próprio para confortar ou fortificar. S. m. *Farm.* Medicamento fortificante.

Confortável, adj. m. e f. 1. Que conforta; que oferece conforto. 2. Cômodo, adequado.

Conforto *(ô),* s. m. 1. Ato ou efeito de confortar(-se). 2. Consolo, alívio.

Confrade, s. m. 1. Irmão em confraria ou irmandade. 2. O que exerce a mesma profissão liberal. Fem.: *confreira.*

Confragoso, adj. *P. us.* 1. Áspero. 2. Cheio de penedias.

Confrangedor, adj. Que confrange.

Confranger, v. (1. *confringere*). 1. Tr. dir. Apertar. 2. Tr. dir. Afligir, angustiar. 3. Tr. dir. Esmigalhar, moer. 4. Pron. Contorcer-se, contrair-se. 5. Pron. Afligir-se, angustiar-se.

Confrangido, adj. 1. Contraído de dor. 2. Afligido, angustiado. 3. Oprimido, atormentado.

Confrangimento, s. m. Ato ou efeito de confranger(-se).

Confraria, s. f. 1. Associação com fins religiosos. 2. Conjunto de pessoas do mesmo ofício, da mesma classe.

Confraternar, v. *Confraternizar.*

Confraternidade, s. f. 1. União fraterna. 2. Amizade como de irmãos.

Confraternização, s. f. Ato de confraternizar.

Confraternizar, v. 1. Tr. dir. Unir como irmãos; confraternar. 2. Tr. dir. e intr. Conviver ou tratar como irmãos. 3. Tr. ind. e intr. Ter os mesmos sentimentos, crenças ou idéias.

Confrontação, s. f. 1. Ato de confrontar; comparação, cotejo. 2. *Dir.* Acareação (de acusados ou testemunhas).

Confrontador, adj. e s. m. Que, ou o que confronta.

Confrontante, adj. m. e f. 1. Que confronta. 2. Confinante.

Confrontar, v. 1. Tr. dir. e pron. Pôr(-se) defronte reciprocamente; acarear(-se). 2. Tr. dir. Comparar, cotejar. 3. Tr. ind. e pron. Defrontar(-se), fazer face.

Confronte, adj. m. e f. Que confronta; que está em frente.

Confronto, s. m. 1. Ato ou efeito de confrontar. 2. Paralelo, comparação.

Confuciano, adj. Relativo a Confúcio.

Confucionismo, s. m. Doutrina religiosa de Confúcio, filósofo chinês (551-479 a. C.).

Confucionista, s. m. e f. Pessoa adepta da religião e da moral de Confúcio.

Confundido, adj. 1. Que se confundiu. 2. Perturbado; aturdido. 3. Envergonhado, embaraçado.

Confundir, v. (1. *confundere*). 1. Tr. dir. Fundir juntamente ou de mistura. 2. Tr. dir. e pron. Misturar(-se), reunir(-se), sem ordem. 3. Tr. dir. e pron. Identificar(-se). 4. Tr. dir. Perturbar, transtornar, atordoar. 5. Tr. dir. Não distinguir; tomar uma coisa ou pessoa por outra.

Confundível, adj. m. e f. Que pode ser confundido.

Confusão, s. f. (1. *confusione*). 1. Ação ou efeito de confundir. 2. Estado do que se acha confundido. 3. Falta de ordem ou de método. 4. Tumulto, revolta, barulho. 5. Falta de clareza. 6. Embaraço, causado pela vergonha de alguma falta.

Confuso, adj. 1. Confundido, misturado. 2. Incerto, obscuro. 3. Desordenado. 4. Embaraçado, enleado.

Confutação, s. f. Ato ou efeito de confutar; refutação.

Confutador, s. m. Aquele que confuta.

Confutar, v. (1. *confutare*). Tr. dir. 1. Rebater, refutar. 2. Reprimir, impugnar.

Confutável, adj. m. e f. Que se pode confutar.

Congado, s. m. Bailado dramático em que os negros representam, entre cantos e danças, a coroação de um rei do Congo.

Congelação, s. f. (1. *congelatione*). 1. Ato ou efeito de congelar(-se). 2. Passagem de estado líquido ao sólido por abaixamento de temperatura.

Congelador, adj. Que congela. S. m. Compartimento nas geladeiras onde se produz gelo.

Congelar, v. 1. Tr. dir. Fazer passar (um líquido) ao estado sólido por abaixamento de temperatura; gelar, tornar gelo. 2. Intr. e pron. Tornar-se gelo pelo frio. 3. Tr. dir. Submeter (algo) a uma temperatura abaixo do ponto de congelação, para preservação e transporte. 4. Pron. Embargar(-se), embaraçar(-se). 5. Tr. dir. Fixar preços ou salários.

Congelativo, adj. Que faz congelar.

Congelável, adj. m. e f. Que pode ser congelado.

Congeminação, s. f. 1. Ato de congeminar. 2. Formação dupla e simultânea.

Congeminar, v. Tr. dir. e pron. 1. Redobrar(-se), multiplicar(-se). 2. Irmanar(-se), fraternizar(-se).

Congênere, adj. m. e f. 1. Do mesmo gênero. 2. Idêntico, semelhante.

Congeneridade, s. f. Caráter ou qualidade de congênere.

Congenial, adj. m. e f. 1. Conforme à índole, ao gênio de alguém. 2. Próprio por natureza.

Congenialidade, s. f. Qualidade ou caráter de congenial.

Congênito, adj. 1. Gerado simultaneamente. 2. Nascido com o indivíduo. 3. Acomodado, apropriado.

Congérie, s. f. 1. Reunião informe. 2. Acervo, acumulação.

Congestão, s. f. (1. *congestione*). *Med.* Afluência anormal do sangue aos vasos de um órgão.

Congestionado, adj. 1. *Med.* Que sofreu congestão. 2. Rubro, afogueado.

Congestionamento, s. m. 1. Ato ou efeito de congestionar(-se). 2. Acúmulo de veículos que dificulta o trânsito.

Congestionar, v. (1. *congestione + ar*). 1. Tr. dir. Produzir congestão em. 2. Pron. Acumular-se (o sangue ou outro líquido) nos vasos de um órgão. 3. Pron. Ruborizar-se de cólera ou de indignação.

Congestionável, adj. m. e f. Suscetível de congestionar-se.

Congestivo, adj. Que denuncia possibilidade de congestão.

Congesto, adj. Congestionado.

Conglobação, s. f. Ato ou efeito de conglobar(-se).

Conglobar, v. 1. Tr. dir. Ajuntar em globo, dar a forma de globo a. 2. Tr. dir. e pron. Acumular(-se), amontoar(-se).

Conglomeração, s. f. Reunião em massa.

Conglomerado, s. m. 1. Qualquer coisa composta de materiais heterogêneos; amontoado. 2. *Geol.* Rocha clástica sedimentar, formada de fragmentos arredondados de rochas preexistentes.

Conglomerar, v. V. *conglobar.*

Conglutinação, s. f. Ato ou efeito de conglutinar(-se).

Conglutinante, adj. m. e f. Que tem a propriedade de conglutinar.

Conglutinar, v. Tr. dir. 1. Tornar viscoso. 2. Ligar com substância viscosa.

Conglutinoso, adj. Pegajoso, viscoso.

Congo, s. m. 1. V. *conguês.* 2. *Folc.* Dança de origem africana.

Congonha, s. f. 1. *Bot.* Nome de várias plantas semelhantes ao mate. 2. *Pop.* Cachaça.

Congosta, s. f. Rua estreita e comprida.

Congote, s. m. A parte posterior do pescoço; cachaço. Var.: *cangote* e *cogote.*

Congraçador, adj. e s. m. Conciliador, pacificador.

Congraçar, v. 1. Tr. dir. Restituir à graça, à amizade; estabelecer a paz entre, harmonizar (os ânimos, os corações). 2. Pron. Fazer amizade. 3. Pron. Fazer as pazes; reconciliar-se.

Congratulação, s. f. Ato de congratular-se.

Congratulador, adj. Que se congratula.

Congratulante, adj. m. e f. Que congratula.

Congratular, v. 1. Tr. dir. Apresentar felicitações ou parabéns. 2. Pron. Regozijar-se com o bem ou a satisfação de outrem.

Congratulatório, adj. Que envolve congratulação.

Congregação, s. f. (1. *congregatione*). 1. Ato ou efeito de congregar(-se). 2. Assembléia, reunião. 3. Companhia de sacerdotes, irmãos leigos ou irmãs, submetidos à mesma regra. 4. Conselho dos professores de escola secundária ou superior.

Congregado, s. m. Membro de congregação religiosa.

Congregar, v. 1. Tr. dir. e pron. Juntar(-se), reunir(-se). 2. Tr. dir. e pron. Conglutinar(-se), ligar(-se), unir(-se). 3. Tr. dir. Convocar.

Congressional, adj. m. e f. Relativo a congresso. 2. Congressista.

Congressista, adj. m. e f. Congressional. S. m. e f. Membro de um congresso.

Congresso, s. m. 1. Reunião de pessoas que examinam interesses comuns, estudos comuns etc. 2. Conjunto dos dois órgãos do Poder Legislativo (Senado e Câmara dos Deputados); parlamento.

Côngrua, s. f. Pensão que se dava aos párocos para sua conveniente sustentação.

Congruado, adj. Que recebe côngrua.

Congruência, s. f. (1. *congruentia*). 1. Harmonia de alguma coisa ou fato com o fim a que se propõe. 2. Conveniência, propriedade.

Congruente, adj. m. e f. Em que há congruência.

Congruidade(*u-i*), s. f. Congruência.

Côngruo, adj. Congruente.

Conguês, adj. Relativo à região do Congo (África), ou aos seus habitantes. Adj. e s. m. Natural ou habitante do Congo. S. m. Língua falada na região do Congo. Var.: *congolês*.

Conha, s. f. Excrescência escabrosa no tronco das árvores, desde a base até certa altura.

Conhaque, s. m. Aguardente fabricada em Cognac (França), ou semelhante à que lá se fabrica.

Conhecedor, adj. e s. m. Que, ou o que conhece; entendedor, perito.

Conhecença, s. f. *Ant.* Conhecimento.

Conhecer, v. (1. *cognoscere*). 1. Tr. dir. Ter ou chegar a ter conhecimento, idéia, noção ou informação; saber. 2. Tr. dir. e pron. Ter relações com. 3. Tr. dir. Ser perito ou versado em. 4. Tr. dir. Ter experiência de. 5. Tr. dir. Discernir, distinguir, reconhecer. 6. Pron. Ter idéia da própria capacidade. 7. Tr. dir. Ter ligações sexuais com.

Conhecido, adj. 1. Que muitos conhecem. 2. De que se tem conhecimento; sabido. 3. Experimentado, versado. 4. Ilustre.

Conhecimento, s. m. 1. Ato ou efeito de conhecer. 2. Idéia, noção; informação, notícia. 3. Consciência da própria existência. 4. Ligação entre pessoas que têm algumas relações. 5. *Com.* Documento correspondente ao embarque de certa mercadoria. S. m. pl. Saber, instrução, perícia.

Conhecível, adj. m. e f. Que se pode conhecer.

coni- elem. de comp. (do 1. *conu*). Exprime a idéia de *cone, cônico, conífera, conirrostro*.

Conicidade, s. f. 1. Qualidade de cônico. 2. Forma cônica.

Cônico, adj. V. *coniforme*.

Conídio, s. m. *Bot.* Espório assexual.

Conífera, s. f. *Bot.* Planta da ordem das Coniferales. S. f. pl. Ordem *(Coniferae)* de árvores ou arbustos, caracterizados por seus frutos em cone.

Conifloro, adj. *Bot.* Que tem flores cônicas.

Coniforme, adj. m. e f. Em forma de cone; cônico.

Conimbricense, adj. m. e f. Relativo a Coimbra (Portugal). S. m. e f. Habitante ou natural de Coimbra.

Conirrostro, adj. *Ornit.* De bico grosso, curto e cônico.

Conivalve, adj. m. e f. *Zool.* Que tem concha cônica.

Conivência, s. f. Qualidade conivente; cumplicidade.

Conivente, adj. m. e f. 1. Que finge não ver o mal que outrem pratica. 2. Conluiado, cúmplice.

Conjetura, s. f. Juízo ou opinião com fundamento incerto; suposição, hipótese. Var.: *conjectura*.

Conjetural, adj. m. e f. Que se funda em conjeturas; hipotético.

Conjeturar, v. 1. Tr. dir. Julgar por conjetura; presumir, prever, supor. 2. Intr. Fazer conjeturas. 3. Tr. dir. Antever, prever.

Conjeturável, adj. m. e f. Que se pode conjeturar.

Conjugação, s. f. (1. *conjugatione*). 1. *Gram.* Flexão dos verbos, por modos, tempos, números e pessoas. 2. Ato de conjugar verbos. 3. Cada uma das classes em que se agrupam os verbos, de acordo com a terminação do infinitivo impessoal. 4. Estado de coisas conjugadas; junção, ligação.

Conjugado, adj. 1. Juntado, ligado. 2. Emparelhado.

Conjugal, adj. m. e f. Relativo a cônjuges, ou ao casamento.

Conjugar, v. 1. Tr. dir. *Gram.* Dizer ou escrever ordenadamente as flexões de um verbo. 2. Tr. dir. e pron. Unir(-se) ou ligar(-se) conjuntamente.

Conjugável, adj. m. e f. Que se pode conjugar.

Cônjuge, s. m. Cada um dos esposos em relação ao outro.

Conjunção, s. f. (1. *conjunctione*). 1. União, ajuntamento. 2. Conjuntura. 3. Boa ocasião, oportunidade. 4. *Gram.* Palavra que liga dois elementos da mesma natureza (substantivo + substantivo, adjetivo + adjetivo, advérbio + advérbio, oração + oração) ou duas orações de natureza diversa. 5. *Astr.* Encontro aparente de dois astros no mesmo ponto do zodíaco.

Conjunta, s. f. Corda com que se liga o jugo aos chifres dos bois.

Conjuntar, v. Tr. dir. Tornar conjunto; juntar.

Conjuntiva, s. f. 1. *Anat.* Membrana mucosa que forra a parte anterior do globo ocular, exceto na córnea transparente, ligando-o às pálpebras e forrando-lhes a face interna até seus bordos.

Conjuntivite, s. f. *Oftalm.* Inflamação da conjuntiva.

Conjuntivo, adj. 1. Que une. 2. *Gram.* Que tem o valor de uma conjunção gramatical. Adj. e s. m. *Gram. ant.* Subjuntivo.

Conjunto, adj. 1. Junto simultaneamente. 2. Ligado. 3. Anexo, próximo. S. m. 1. Reunião das partes que constituem um todo. 2. Totalidade. 3. Complexo. 4. Grupo de músicos ou cantores. 5. Equipe de futebol.

Conjuntura, s. f. 1. Coincidência ou concorrência de fatos ou circunstâncias. 2. Acontecimento, ocasião. 3. Dificuldade, situação embaraçosa. 4. Ensejo oportunidade.

Conjura, s. f. 1. Conjuro. 2. Conjuração.

Conjuração, s. f. (1. *conjuratione*). 1. Ato de conjurar. 2. Conspiração contra a autoridade estabelecida. 3. Maquinação, trama. 4. Esconjuro, imprecação.

Conjurado, adj. e s. m. Que, ou o que toma parte em uma conjuração.

Conjurador, s. m. Aquele que faz conjuros.

Conjurar, v. 1. Tr. dir. Convocar para conjuração. 2. Tr. dir. Planear em conjuração. 3. Tr. ind. e pron. Insurgir-se, levantar-se. 4. Tr. dir. Afastar, desviar: *C. o perigo*. 5. Tr. dir. Esconjurar, exorcismar. 6. Tr. dir. Rogar com instância a; suplicar.

Conjuratório, adj. Relativo ao conjuro.

Conjuro, s. m. 1. Invocação de magia. 2. Palavras imperativas que se dirigem ao demônio ou às almas do outro mundo; exorcismo.

Conluiado, adj. Que se conluiou; acertado em conluio.

Conluiar, v. 1. Tr. dir. Unir ou reunir em conluio. 2. Tr. dir. Fraudar, de combinação com outrem. 3. Pron. Formar conluio.

Conluio, s. m. (1. *colludiu*). 1. Combinação entre duas ou mais pessoas, para prejudicar outrem; maquinação. 2. Conspiração, trama.

cono-, elem. de comp. O mesmo que *coni*: *conocarpo*.

Conocarpo, adj. *Bot.* Que tem frutos cônicos.

Conoidal, adj. m. e f. Coniforme.

Conóide, s. m. *Geom.* Superfície gerada por uma reta que se move paralelamente a um plano fixo, enquanto se apóia perpendicularmente a uma reta fixa e desliza sobre uma curva fixa qualquer. Adj. Conoidal.

Conosco *(ô)*, pron. 1. Em nossa companhia. 2. A nosso respeito: *Conosco* o caso é diferente. 3. De nós para nós.

Conotação, s. f. 1. Relação que se nota entre duas coisas. 2. *Filos.* Compreensão, falando-se de conceito.

Conotativo, adj. Que encerra conotação.

Conquanto, conj. Exprime concessão, equivalendo a *ainda que, embora, não obstante, posto que.*

Conquiliologia, s. f. Estudo das conchas.

Conquiliologista, s. m. e f. Pessoa versada em conquiliologia.

Conquista, s. f. 1. Ato ou efeito de conquistar. 2. Coisa ou pessoa conquistada.

Conquistado, adj. 1. Que se conquistou. 2. Subjugado, vencido.

Conquistador, s. m. 1. Aquele que conquista. 2. *Fam.* O que é dado a conquistas amorosas.

Conquistar, v. Tr. dir. 1. Subjugar, submeter pela força das armas; vencer. 2. Adquirir à força de trabalho; alcançar. 3. Adquirir, granjear (amizade, corações, ódio etc.).

Conquistável, adj. m. e f. Que pode ser conquistado.

Consagração, s. f. (1. *consecratione*). 1. Ato de consagrar. 2. Parte da missa em que, segundo a teologia católica, se opera a transubstanciação do pão e do vinho no corpo e sangue de cristo. 3. Sagração. 4. Honras ou elogios extraordinários, dispensados pela opinião pública. 5. Exaltação.

Consagrado, adj. Que recebeu consagração.

Consagrar, v. (l. *consecrare*). 1. Tr. dir. Fazer sagrado. 2. Tr. dir. Dedicar, oferecer a Deus ou aos santos por culto ou voto; sagrar. 3. Tr. dir. Fazer, na missa, a consagração de. 4. Tr. dir. e pron. Dedicar(-se), prestar(-se). 5. Tr. dir. Aclamar, eleger.

Consangüíneo, adj. Que é do mesmo sangue; carnal. S. m. Parente por consangüinidade.

Consangüinidade, s. f. *Dir.* Parentesco pelo lado paterno.

Consciência, s. f. (1. *conscientia*). 1. Capacidade que o homem tem de conhecer valores e mandamentos morais e aplicá-los nas diferentes situações. 2. *Rel.* Testemunho do nosso espírito, aprovando ou reprovando os nossos atos. 3. Cuidado escrupuloso. 4. Honradez, retidão. 5. Conhecimento.

Consciencioso, adj. Que tem consciência.

Consciente, adj. m. e f. 1. Que tem consciência do que sabe e do que faz. 2. Que é feito com consciência.

Cônscio, adj. Que conhece bem o que faz ou o que lhe cumpre fazer.

Conscrição, s. f. (1. *conscriptione*). Alistamento dos homens para o serviço militar.

Conscrito, adj. e s. m. Que, ou o que foi alistado.

Consecratório, adj. Relativo à consagração.

Consecução, s. f. Ato ou efeito de conseguir.

Consecutivo, adj. Que se segue imediatamente a outro; sucessivo, imediato, seguinte.

Conseguidor, adj. e s. m. Que, ou o que consegue.

Conseguimento, s. m. V. *consecução.*

Conseguinte, adj. m. e f. (1. *consequente*). 1. Que se segue; conseqüente. 2. V. *consecutivo.*

Por c.: por conseqüência, portanto.

Conseguir, v. (1. *consequi*). Tr. dir. 1. Alcançar, obter. 2. Dar em resultado, ter como conseqüência.

Conselheiral, adj. m. e f. *Fam.* V. *conselheirático.*

Conselheirático, adj. *Fam.* 1. Próprio de conselheiro. 2. De modos graves ou importantes, de conselheiro.

Conselheiresco, adj. *Pej.* V. *conselheirático.*

Conselheiro, adj. (1. *consiliariu*). Que aconselha. S. m. 1. Aquele que aconselha. 2. Membro de um conselho. 3. Título honorífico do Império.

Conselho, s. m. (1. *consiliu*). 1. Juízo, opinião, parecer sobre o que convém fazer. 2. Aviso, ensino, lição. 3. Tribunal. 4. Reunião ou assembléia de ministros. 5. Reunião de pessoas encarregadas de dirigir, de administrar. 6. Reunião do corpo docente da universidade, para tratar assuntos de ensino e de ordem.

Consenciente, adj. m. e f. Que consente.

Consenso, s. m. 1. Anuência, consentimento. 2. Acordo.

Consensual, adj. m. e f. Relativo a consenso; que depende de consenso.

Consensualidade, s. f. Qualidade ou caráter de consensual.

Consentâneo, adj. 1. Adequado, apropriado. 2. Congruente.

Consentimento, s. m. 1. Ato de consentir. 2. Anuência aprovação. 3. Aprovação tácita; tolerância.

Consentir, v. 1. Tr. dir. Dar consenso ou aprovação a; permitir. 2. Tr. ind. e intr. Concordar com; aprovar.

Conseqüência, s. f. (1. *consequentia*). 1. O que é produzido por; o que é efeito de; o que é seqüência lógica de. 2. Importância, alcance.

Conseqüente, adj. m. e f. (1. *consequente*). 1. Que se infere, que se deduz. 2. Que segue naturalmente. 3. Que raciocina com lógica. 4. Coerente. S. m. *Gram.* O segundo de dois termos de uma correlação rramatical.

Consertador, s. m. Aquele que conserta.

Consertar, v. Tr. dir. 1. Pôr em bom estado o que está quebrado ou rasgado; reparar. 2. Pôr em boa ordem; dar melhor disposição; ajustar.

Conserto *(ê)*, s. m. Ato ou efeito de consertar.

Conserva, s. f. 1. Calda ou líquido, em que se conservam substâncias alimentícias. 2. Alimento conservado por qualquer processo. 3. *Fam.* Preparação feita com plantas aromáticas e açúcar.

Conservação, s. f. Ato ou efeito de conservar(-se).

Conservador, adj. Que conserva. S. m. 1. Aquele que conserva. 2. Funcionário encarregado da conservação de um arquivo.

Conservadorismo, s. m. V. *conservantismo.*

Conservantismo, s. m. Estado de espírito daqueles que se opõem a inovações políticas, sociais, técnicas etc.

Conservantista, adj. m. e f. Relativo ao conservantismo. S. m. e f. Pessoa partidária do conservantismo.

Conservar, v. 1. Tr. dir. Manter no mesmo estado ou lugar. 2. Tr. dir. Fazer durar, impedir que acabe ou se deteriore. 3. Pron. Durar, manter-se. 4. Pron. Continuar com boa disposição física, não perder a beleza nem as forças.

Conservativo, adj. Que tem a propriedade de conservar.

Conservatório, adj. V. *conservativo.* S. m. Estabelecimento destinado ao ensino de belas-artes.

Conserveiro, s. m. O que fabrica ou vende conservas.

Consideração, s. f. (1. *consideratione*). 1. Ato ou efeito de considerar. 2. Raciocínio, reflexão. 3. Deferência ou importância que se dá a alguém.

Considerado, adj. Tido em boa conta; estimado, respeitado.

Considerando, s. m. 1. Cada uma das razões ou fundamentos em que se apóia uma lei, um decreto, uma sentença etc. e que começa pela palavra *considerando* ou *atendendo.* 2. Argumento, motivo, razão.

Considerar, v. 1. Tr. ind. e intr. Meditar, pensar. 2. Tr. dir. e pron. Reputar(-se), ter(-se) na conta de. 3. Tr. dir. Ter em boa conta.

Considerável, adj. m. e f. 1. Que se deve considerar; notável, importante. 2. Muito grande.

Consignação, s. f. Ato ou efeito de consignar.

Consignador, adj. e s. m. Que, ou o que consigna.

Consignante, adj. e s. m. e f. Consignador.

Consignar, v. Tr. dir. 1. Assinalar por escrito; afirmar, estabelecer. 2. Entregar (mercadorias) por depósito ou em comissão. 3. Estabelecer no orçamento público.

Consignatário, s. m. Aquele a quem se consignam mercadorias.

Consignável, adj. m. e f. Que se pode consignar.

Consigo, pron. 1. Em sua companhia. 2. De si para si.

Consistência, s. f. (l. *consistentia*). 1. Estado ou qualidade de consistente. 2. Coesão das moléculas de um corpo; espessura, dureza, solidez. 3. Estado de uma coisa que promete durar ou não ter mudanca. 4. Perseverança, constância.

Consistente, adj. m. e f. 1. Que consiste em; formado, constituído. 2. Duro, sólido.

Consistir, v. Tr. ind. 1. Ser constituído de; compor-se, constar. 2. Estribar-se, fundar-se.

Consistorial, adj. m. e f. Concernente a consistório.

Consistório, s. m. *Rel.* Assembléia de cardeais, presidida pelo papa.

Consoada, s. f. Refeição ligeira, que se toma à noite, nos dias de jejum.
Consoante, adj. m. e f. Que produz consonância; que soa juntamente com. S. f. *Gram.* 1. Fonema em que a corrente de ar, emitida para a sua produção, teve de forçar passagem na boca, onde determinado movimento articulatório lhe criou embaraço. 2. Letra que exprime esse som. S. m. Palavra que rima com outra. Prep. e Conj. Conforme, segundo.
Consoar[1], v. (l. *consonare*). 1. Intr. Soar juntamente. 2. Tr. ind. e intr. Ser consoante; rimar.
Consoar[2], v. (l. *consolari*). 1. Tr. dir. Comer ou beber em consoada. 2. Intr. Celebrar a consoada.
Consociação, s. f. Ato ou efeito de consociar.
Consociar, v. 1. Tr. dir. e pron. Associar(-se), tornar(-se) sócio. 2. Tr. dir. e pron. Conciliar(-se), harmonizar(-se), unir (-se).
Consociável, adj. m. e f. Que se pode consociar.
Consócio, s. m. 1. Sócio, em relação a outro. 2. Companheiro, confrade.
Consogra, s. f. Mãe de um dos cônjuges em relação à mãe do outro. *Consogro* é o pai de um em relação ao pai de outro.
Consolação, s. f. (l. *consolatione*). 1. Ato ou efeito de consolar. 2. Alívio, conforto. 3. Pessoa ou coisa que consola.
Consolado, adj. 1. Aliviado de aflição ou dor. 2. Alegre, contente.
Consolador, adj. e s. m. Que, ou o que consola.
Consolar, v. 1. Tr. dir. Aliviar a aflição ou o sofrimento de. 2. Tr. dir. Dar lenitivo a. 3. Pron. Receber consolação.
Consolativo, adj. Que consola; consolador.
Consolável, adj. m. e f. Que pode ser consolado.
Consolidação, s. f. Ato ou efeito de consolidar(-se).
Consolidado, adj. 1. Que se consolidou. 2. Designativo da dívida pública transformada em renda perpétua em benefício dos credores, e da qual estes podem apenas exigir os juros.
Consolidar, v. 1. Tr. dir. e pron. Tornar(-se), seguro, sólido, firme, estável. 2. Intr. Tomar consistência. 3. Pron. *Cir.* Aderir entre si (os dois topos de um osso fraturado).
Consolidativo, adj. Próprio para consolidar.
Consolo[1] *(ó),* s. m. (fr. *console*). Suporte fixado ou apoiado contra uma parede. Pl.: *consolos (ó).*
Consolo[2] *(ô),* s. m. V. *consolação.* Pl.: *consolos (ô).*
Consonância, s. f. 1. Reunião de sons harmônicos. 2. *Ret.* Uniformidade de sons na terminação das palavras ou das frases.
Consonantal, adj. m. e f. Relativo a letras consoantes.
Consonante, adj. m. e f. Que tem consonância.
Consonântico, adj. V. *consonantal.*
Consonantização, s. f. Ato ou efeito de consonantizar.
Consonantizar, Tr. dir. *Gram.* Transformar em consoante o som de uma vogal ou semivogal.
Consonar, v. 1. Intr. *P. us.* Formar consonância. 2. Tr. ind. Concordar, concertar.
Consorciar, v. 1. Tr. dir. e pron. Associar(-se), ligar(-se), unir(-se). 2. Pron. Unir-se em matrimônio.
Consórcio, s. m. 1. Associação, combinação, união. 2. Associação de pessoas com patrimônio e interesses comuns num negócio ou empresa: *C.* de carros. 3. Casamento, matrimônio.
Consorte, s. m. e f. 1. Companheiro ou companheira na sorte, estado ou encargo. 2. Cônjuge.
Conspecto, s. m. Aspecto, presença, vista.
Conspicuidade, *(u-i),* s. f. Qualidade de conspícuo.
Conspícuo, adj. (l. *conspicuu*). 1. Que dá nas vistas. 2. Distinto, ilustre, notável.
Conspiração, s. f. (l. *conspiratione*). Ato ou efeito de conspirar; conluio.
Conspirador, adj. e s. m. Que, ou o que conspira.
Conspirar, v. 1. Tr. dir. e intr. Maquinar, tramar. 2. Tr. ind. e intr. Entrar em conspiração. 3. Intr. Tramar contra os poderes públicos.
Conspirata, s. f. V. *conspiração.*
Conspirativo, adj. Que conspira ou concorre para certo efeito.
Conspurcação, s. f. (l. *conspurcatione*). Ato ou efeito de conspurcar(-se).
Conspurcar, v. 1. Tr. dir. Pôr nódoas em. 2. Tr. dir. e pron. Macular(-se), manchar(-se). 3. Tr. dir. e pron. Aviltar(-se), corromper(-se).
Conspurcável, adj. m. e f. Que pode ser conspurcado.
Consta, s. m. (de *constar*). Notícia propalada como certa.
Constância, s. f. 1. Qualidade de constante. 2. Firmeza de ânimo; perseverança, vigência. 3. Duração.
Constante, adj. m. e f. 1. Que dura ou se repete sem modificação; firme, inalterável, incessante. 2. Que consta ou consiste. S. f. Tendência geral permanente.
Constantinopolitano, adj. jrelativo a Constantinopla (oje, Istambul). S. m. O habitante ou natural de Constantinopla.
Constar, v. 1. Tr. ind. e intr. Correr como certo; ser notório. 2. Tr. dir. Estar escrito ou mencionado. 3. Tr. ind. Consistir em; ser composto ou formado por. 4. Tr. ind. Deduzir-se, inferir-se.
Constatar, v. (fr. *constater*). Tr. dir. Verificar e consignar a verdade ou o estado de; averiguar, verificar.
Constelação, s. f. *Astr.* Grupo de estrelas fixas vizinhas, que apresentam uma determinada figura convencional.
Constelado, adj. Diz-se do céu estrelado.
Constelar, v. 1. Pron. Cobrir-se de constelações. 2. Tr. dir. Reunir em forma de constelação. 3. Tr. dir. e pron. Ornar(-se) de objetos brilhantes, semelhantes a estrelas.
Consternação, s. f. Ato ou efeito de consternar(-se).
Consternado, adj. Pesaroso, triste, abatido.
Consternador, adj. Que consterna.
Consternar, v. 1. Tr. dir. Causar profundo desgosto ou abatimento a; afligir. 2. Pron. Ficar prostrado pela dor.
Constipação, s. f. (l. *constipatione*). 1. Prisão de ventre. 2. *Pop.* Estado mórbido caracterizado por inflamação aguda e catarro das fossas nasais; defluxo, resfriado.
Constipado, adj. Que sofre constipação.
Constipar, v. 1. Tr. dir. Causar constipação a. 2. Pron. Ficar constipado.
Constitucional, adj. m. e f. Relativo à constituição. 2. Conforme à constituição de um país. 3. Próprio da constituição ou temperamento do indivíduo.
Constitucionalidade, s. f. Qualidade de constitucional.
Constitucionalismo, s. m. Doutrina ou sistema de governo constitucional.
Constitucionalista, adj. e s. m. e f. Que, ou pessoa que é partidária do constitucionalismo.
Constitucionalizar, v. Tr. dir. e pron. Tornar(-se) constitucional.
Constituição *(u-i),* s. f. (l. *constitutione*). 1. Ato ou efeito de constituir. 2. Organização, formação. 3. Compleição do corpo humano. 4. Temperamento. 5. Coleção de leis ou preceitos que regem uma corporação, uma instituição. 6. Lei fundamental que regula a organização política de uma nação soberana; carta constitucional.
Constituinte, adj. m. e f. 1. Que constitui. 2. Que faz parte de um organismo ou de um todo. 3. *Quím.* Que entra na composição de um corpo. S. m. e f. Pessoa que faz de outra seu procurador ou representante; comitente. 2. Membro de uma assembléia constituinte. S. f. A assembléia constituinte.
Constituir, v. (l. *constituere*). 1. Tr. dir. Dar uma constituição ou organização a (exércitos, tropas etc.). 2. Tr. dir. Compor, formar. 3. Tr. dir. *Dir.* Fazer procurador. 4. Pron. Formar-se, organizar-se.
Constitutivo, adj. 1. Que constitui. 2. Essencial.
Constrangedor, adj. Que constrange.
Constranger, v. (l. *constringere*). 1. Tr. dir. e tr. ind. Obrigar por força; coagir. 2. Tr. dir. Dificultar os movimentos de. 3. Tr. dir. e ind. Tolher a liberdade a.
Constrangido, adj. Coagido, forçado, contrafeito.
Constrangimento, s. m. Estado de quem está constrangido. Acanhamento, embaraço.

Constrição, s. f. (l. *constrictione*). 1. Pressão circular, que diminui o diâmetro de um objeto. 2. Aperto, embaraço.
Constringente, adj. m. e f. Que constringe.
Constringir, v. (l. *constringere*). 1. Tr. dir. Cingir, apertando. 2. Pron. Contrair-se.
Constritivo, adj. Que produz constrição.
Constritor, adj. (l. *constrictore*). Que constringe. S. m. *Anat.* Qualquer músculo que aperta circularmente.
Construção, s. f. (l. *constructione*). 1. Ato ou efeito de construir. 2. Arte de construir. 3. Edificação, edifício. 4. *Gram.* Colocação sintática das palavras de uma oração, ou das orações na frase, segundo o sentido, o estilo ou usos da língua.
Construir, v. (l. *construere*). 1i Tr. dir. jdar esrutura aj, edificar, fabricar. 2. Intr. Fazer construções. 3. Tr. dir. Dispor segundo as regras da sintaxe (as palavras, as orações). — Conjug: Pres. ind.: construo, constróis, constrói, construímos, construís, constroem. Imper.: constrói, construa, construamos, construí, construam. Pres. sub.: construa, construas etc.
Construtivismo, s. m. Sistema de reforma (política, social, literária etc.) pelos métodos construtivos.
Construtivo, adj. Próprio para construir.
Construtor, adj. e s. m. Que, ou aquele que constrói, ou sabe e pratica as regras de construção.
Construtura, s. f. Modo de construir.
Consubstanciação, s. f. 1. União de dois ou mais corios em uma só substância. 2. *Teol.* Presença de Cristo na eucaristia, como a entendem os luteranos.
Consubstancial, adj. m. e f. *Teol.* Da mesma substância; da mesma natureza.
Consubstancialidade, s. f. Qualidade ou caráter de consubstancial.
Consubstanciar, v. Tr. dir. e pron. Unir(-se) numa única substância, consolidar(-se), unificar(-se).
Consueto, adj. 1. Acostumado. 2. Usual.
Consuetudinário, adj. 1. Costumado, habitual. 2. Fundado nos costumes, na prática ou no uso.
Cônsul, s. m. Agente diplomático de uma nação, encarregado, em país estrangeiro, de proteger os súditos dessa nação, fomentar o respectivo comércio etc. Fem.: *consulesa.*
Consulado, s. m. 1. Cargo ou função de cônsul. 2. Tempo que dura essa função. 3. Residência, escritório do cônsul.
Consulagem, s. f. Emolumentos que se pagam ao cônsul por suas intervenções.
Consular, adj. m. e f. Relativo a cônsul.
Consulente, adj. e s. m. e f. Que, ou pessoa que consulta; consultador.
Consulesa, s. f. Fem. de *cônsul.*
Consulta, s. f. 1. Ato de consultar. 2. Conferência para deliberação.
Consultador, adj. e s. m. V. *consulente.*
Consultar, v. 1. Tr. dir. Pedir conselho, instruções, opinião ou parecer a; aconselhar-se com. 2. Tr. dir. Sondar ou examinar, antes de decidir. 3. Tr. dir. Procurar em livros esclarecimentos, ou opiniões de peritos sobre determinado assunto. 4. Tr. dir. e intr. Apresentar ou dar a sua consulta ou parecer sobre (algum assunto).
Consultivo, adj. 1. Relativo a consulta. 2. Que envolve conselho. 3. Que emite parecer, sem força deliberativa (diz-se de certas corporações).
Consultor, s. m. 1. Aquele que dá conselhos ou pede conselho.
Consultório, s. m. Lugar onde se dão consultas.
Consumação , s. f. *(consumar + ção).* Ato de consumar(-se).
Consumado, adj. 1. Que se consumou; acabado, terminado. 2. Extremamente hábil ou competente; abalizado, exímio. 3. No mais alto grau: tratante *c.* 4. Irremediável.
Consumar, v. 1. Tr. dir. e pron. Acabar(-se), completar(-se), terminar(-se). 2. Tr. dir. Praticar, realizar. 3. Pron. Adquirir perfeição, tornar-se exímio.
Consumição, s. f. Ato ou efeito de consumir(-se).
Consumidor, s. m. Aquele que compra para o gasto próprio.
Consumir, v. (l. *consumere*). 1. Tr. dir. e pron. Destruir(-se), gastar(-se) até a total destruição. 2. Tr. dir. Abater, enfraquecer. 3. Tr. dir. e pron. Afligir(-se), mortificar(-se).
Consumível, adj. m. e f. Que se pode consumir.
Consumo, s. m. 1. Ato ou efeito de consumir; gasto. 2. Utilização de um bem material para satisfação das necessidades econômicas do homem.
Consunção, s. f. (l. *consumptione*). 1. Ato ou efeito de consumir. 2. *Med.* Definhamento progressivo. Var.: *consumpção.*
Consuntibilidade, s. f. Qualidade da consuntível.
Consuntível, adj. m. e f. Que se pode consumir.
Consuntivo, adj. Que consome.
Consunto, adj. (p. irr. de *consumir*). Consumido.
Consútil, adj. m. e f. Que tem costura.
Conta, s. f. 1. Ato ou efeito de contar. 2. Cálculo, cômputo, operação aritmética. 3. Nota do que se deve; fatura. 4. Atribuição, cuidado, encargo, responsabilidade. 5. Apreço. 6. Bolinha de vidro, metal etc., perfurada, com que se fazem rosários, colares e outros objetos.
Contábil, adj. m. e f. Relativo à contabilidade.
Contabilidade, s. f. 1. Técnica da escrituração privada ou pública. 2. O conjunto de livros e documentos dessa escrituração. 3. Lugar onde se desenvolvem as atividades contábeis.
Contabilista, s. m. e f. Pessoa versada ou perita em contabilidade; contador.
Contado, adj. 1. Cuja quantidade ou número se verificou; computado. 2. Narrado, referido.
Contador, adj. Que conta. S. m. 1. Aquele que conta. 2. Pessoa formada em contabilidade. 4. *Tecn.* Medidor.
Contadoria, s. f. Repartição onde se faz a contabilidade.
Conta-fios, s. m. Espécie de microscópio, usado para a contagem de fios de tecidos.
Contagem, s. f. 1. Ação ou efeito de contar. 2. *Esp.* Escore.
Contagiante, adj. m. e f. Contagioso.
Contagiar, v. Tr. dir. Propagar, por meio de contágio (doença, mal moral).
Contágio, s. m. 1. *Med.* Transmissão de doença por contato mediato ou imediato. 2. Transmissão de males ou vícios.
Contagiosidade, s. f. Qualidade ou caráter de contagioso.
Contagioso, adj. 1. Que se transmite por contágio. 2. Que transmite doença infecciosa.
Conta-gotas, s. m. Aparelho ou vidro que permite o escoamento de líquido gota a gota.
Container *(têi)*, s. m. (t. ingl.). Grande caixa para acondicionamento de carga, em geral de dimensões e formatos padronizados, facilitando seu transporte, embarque, desembarque e transbordo; contêiner.
Contaminação, s. f. Ato ou efeito de contaminar(-se).
Contaminado, adj. Que se contaminou.
Contaminador, adj. e s. m. Que, ou o que contamina.
Contaminar, v. 1. Tr. dir. *Med.* Infeccionar por contato; contagiar. 2. Tr. dir. Corromper, viciar.
Contaminável, adj. m. e f. Que pode ser contaminado.
Contanto que, loc. conj. Dado que; sob condição de que; uma vez que.
Conta-passos, s. m., sing. e pl. V. *podômetro.*
Contar, v. (l. *computare*). 1. Tr. dir. Verificar a conta ou o número de. 2. Intr. Fazer contas; calcular. 3. Tr. ind. Confiar na obtenção de. 4. Tr. dir. Narrar, referir.
Contato, s. m. (l. *contactu*). 1. Exercício do sentido do tato. 2. Sensação produzida por um objeto que toca a pele. 3. Estado dos corpos que se tocam. 4. Freqüentação, relação. 5. Conexão entre dois condutores de energia elétrica. 6. *Propag.* Profissional encarregado de fazer a ligação entre o cliente e a agência de publicidade.
Contável, adj. m. e f. Que se pode contar.
Contêiner, s. m. (ingl. *container*). V. *container.*
Conteira, s. f. 1. Peça que reforça o conto[3]. 2. Ponteira de bengala ou cajado. 3. Parte posterior do reparo da peça de artilharia. 4. Rasto do canhão.

Conteirar, v. Tr. dir. Mover pela conteira (o reparo), para assestar a peça.

Contemplação, s. f. (l. *contemplatione*). 1. Estado de uma pessoa que contempla um espetáculo. 2. *Teol.* Estado de uma alma absorta na meditação religiosa. 3. Atenção, benevolência.

Contemplador, adj. e s. m. Que, ou o que contempla.

Contemplante, adj. e s., m. e f. v. *contemplador.*

Contemplar, v. Tr. dir. 1. Olhar demoradamente, em tal ou tal estado afetivo, o aspecto de. 2. Admirar, apreciar.

Contemplativo, adj. 1. Relativo à contemplação. 2. Dado à contemplação. S. m. Religioso que se dedica exclusivamente à contemplação.

Contemporaneidade, s. f. Qualidade de contemporâneo.

Contemporâneo, adj. 1. Que é da mesma época. 2. Que é do tempo atual.

Contemporização, s. f. Ato de contemporizar.

Contemporizador, adj. e s. m. Que, ou o que contemporiza.

Contemporizar, v. 1. Tr. ind. e intr. Acomodar-se às circunstâncias; transigir. 2. Tr. dir. Dar tempo a. 3. Tr. dir. Entreter para ganhar tempo.

Contemptível, adj. m. e f. Desprezível.

Contempto, s. m. (l. *contemptu*). Desprezo.

Contemptor, adj. Desprezador.

Contenção[1], s. f. 1. Ato de contender. 2. Questão, litígio

Contenção[2], s. f. 1. Ato de conter ou conter-se. 2. *Cir.* Ação de aparelhos cirúrgicos que imobilizam.

Contencioso, adj. *Dir.* 1. Em que há contenção ou litígio. 2. Duvidoso. S. m. O que pode ser contestado perante juízes.

Contenda, s. f. 1. Altercação, debate, demanda. 2. Combate, guerra.

Contendedor, adj. e s. m. Que, ou o que contende.

Contender, v. 1. Intr. Ter contenda com alguém; demandar contra alguém. 2. Tr. ind. Altercar, litigar. 3. Tr. ind. Competir, rivalizar.

Contendor, adj. e s. m. V. *contendedor.*

Contensão, s. f. *(com + tensão).* 1. Grande aplicação intelectual. 2. Esforço considerável.

Contentadiço, adj. Fácil de contentar.

Contentamento, s. m. Estado de quem está contente; alegria, satisfação.

Contentar, v. 1. Tr. dir. Dar contentamento a; satisfazer. 2. Pron. Ficar contente, satisfazer-se. 3. Tr. dir. Apaziguar, sossegar.

Contentável, adj. m. e f. Que pode ser contentado.

Contente, adj. m. e f. Satisfeito, alegre, prazenteiro.

Contento, s. m. V. *contentamento.*
A c.: com agrado; de acordo com o pedido.

Conter, v. (l. *continere*). 1. Tr. dir. Encerrar, incluir, ter em si. 2. Tr. dir. Moderar o ímpeto de. 3. Pron. Moderar-se, refrear-se.

Contérmino, adj. Que confina; adjacente. S. m. Confim, raia.

Conterrâneo, adj. m. e s. m. Que é da mesma terra.

Contestabilidade, s. f. Qualidade de contestável.

Contestação, s. f. (l. *contestatione*). 1. Ação de contestar. 2. Contenda. 3. *Dir.* Resposta fundamentada do réu, contra o pedido do autor.

Contestado, adj. Respondido, contraditado.

Contestador, adj. e s. m. Que, ou o que contesta.

Contestar, v. 1. Tr. dir. Provar com o testemunho de outrem. 2. Tr. dir. Negar a exatidão de. 3. Intr. Altercar, discutir. 4. Tr. ind. Dizer como resposta; replicar.

Contestável, adj. m. e f. Que se pode contestar.

Conteste, adj. m. e f. *Dir.* Concorde em depoimento.

Conteúdo, s. m. (l. v. *contenutu*). 1. Aquilo que está contido em algum recipiente. 2. Assunto, tema, teor, texto.

Contexto *(ês),* s. m. 1. Encadeamento de idéias de um escrito. 2. Composição, contextura.

Contextura, s. f. Disposição das partes de um todo.

Contigo, pron. *(con + tigo).* 1. Na tua companhia. 2. De ti para ti. 3. Dirigido a ti.

Contigüidade, s. f. 1. Estado do que é contíguo; proximidade imediata, contato. 2. Vizinhança.

Contíguo, adj. (l. *contiguu*). 1. Que está em contato. 2. Adjacente, imediato, junto, próximo.

Continência, s. f. (l. *continentia*). 1. Abstenção de prazeres sexuais. 2. Moderação, comedimento. 3. *Mil.* Saudação regulamentar entre militares.

Continental, adj. m. e f. Do, ou relativo ao continente.

Continente, adj. m. e f. 1. Que observa a continência. 2. Que sabe conter-se; moderado. 2. Grande massa de terra cercada pelas águas oceânicas. 3. S. m. 1. Aquilo que contém alguma coisa. Cada uma das cinco grandes divisões da Terra: Europa, Ásia, África, América e Oceânia.

Contingência, s. f. 1. Qualidade do que é contingente. 2. Fato possível mas incerto.

Contingente, adj. m. e f. 1. Que pode, ou não, suceder ou existir; duvidoso, eventual, incerto. 2. *Filos.* Que não é necessário ou essencial. S. m. 1. Porção de rapazes que têm de ser sorteados anualmente em cada circunscrição. 2. Destacamento militar. 3. *Filos.* O que não é necessário ou essencial.

Continuação, s. f. (l. *continuatione*). 1. Ato ou efeito de continuar. 2. Prolongamento, prosseguimento.

Continuado, adj. 1. Sem interrupção. 2. Sucessivo, seguido.

Continuador, adj. e s. m. Que, ou o que continua.

Continuar, v. 1. Tr. dir., tr. ind. e intr. Levar por diante, não interromper, prosseguir. 2. Tr. dir. Seguir-se a, suceder. 3. Tr. dir., intr. e pron. Estender(-se), prolongar(-se).

Continuidade *(u-i),* s. f. Qualidade de contínuo.

Contínuo, adj. Sem interrupção no tempo ou no espaço; seguido, sucessivo. S. m. Funcionário subalterno de uma repartição ou estabelecimento público, onde faz a introdução das pessoas estranhas e desempenha serviços internos. *De c.:* continuamente; imediatamente.

Contista, s. m. e f. Autor(a) de contos.

Conto[1], s. m. (de *contar*). 1. Narração falada ou escrita. 2. História ou historieta imaginadas. 3. Fábula. 4. Patranha inventada para engazopar indivíduos rústicos; engodo, embuste.

Conto[2], s. m. (l. *computu*). Um milhão de réis.

Conto[3], s. m. (l. *contu*). 1. Extremidade inferior da lança. 2. Ponteira de pau ou bastão; ferrão.

Contorção, s. f. 1. Ato ou efeito de contorcer(-se). 2. *Med.* Contração dos músculos.

Contorcer, v. (l. *contorquere*). Tr. dir. e pron. Torcer(-se), dobrar(-se), contrair(-se).

Contorcista, s. m. e f. Ginasta que faz contorsões.

Contornar, v. Tr. dir. 1. Andar em volta de. 2. Estender-se em roda de. Var.: *contornear.*

Contorno *(ô),* s. m. 1. Linha ou superfície que limita exteriormente um corpo. 2. Periferia. 3. Perímetro. 4. Circuito. 5. O arredondado, o bem torneado dos membros. 6. Elegância da frase, arredondamento do período. Pl.: *contornos (ô).*

Contra[1], prep. 1. Em luta com; em oposição. 2. Em direção oposta à de. 3. Em frente de. 4. Junto a. 5. Em contradição com. 6. Em troca de. 7. Em desfavor de. Adv. Contrariamente. S. m. 1. Obstáculo. 2. Objeção. S. f. *Pop.* Cachaça.

contra-[2], pref. Exprime a idéia de *oposição, reforço, proximidade* etc.: *contradita, contraverter.*

Contra-almirante, s. m. *Marinha.* Oficial de patente imediatamente inferior à de vice-almirante. Pl.: *contra-almirantes.*

Contra-ataque, s. m. Ação de uma tropa que passa subitamente da defensiva à ofensiva. Pl.: *contra-ataques.*

Contrabaixista, s. m. e f. *Mús.* Pessoa que toca contrabaixo.

Contrabaixo, s. m. 1. Voz de baixo profundo. 2. Cantor que tem essa voz. 3. Rabecão de quatro cordas afinadas em quartas.

Contrabalançado, adj. Igualado em peso; equilibrado.

Contrabalançar, v. Tr. dir. 1. Igualar em peso; equilibrar. 2. Compensar, contrapesar.

Contrabaluarte, s. m. Baluarte de reforço, atrás de outro.

Contrabanda, s. f. *Heráld.* Peça que, no escudo, é lançada da direita para a esquerda.
Contrabandear, v. 1. Tr. dir. Fazer contrabando. 2. Intr. Tornar-se contrabandista.
Contrabandista, s. m. e f. Pessoa que faz contrabando.
Contrabando, s. m. (ital. *contrabbando*). 1. Importação ou exportação clandestina de mercadorias, sem pagar os direitos devidos. 2. Artigo contrabandeado. 3. Comércio proibido. 4. Ato mau, praticado às ocultas.
Contrabater, v. Tr. dir. *Mil.* Atacar com a contrabateria.
Contrabateria, s. f. *Mil.* Bateria oposta à outra.
Contrabordo, s. m. *Náut.* Resguardo ou forro que preserva a querena do navio.
Contrabraço, s. m. *Náut.* Cabo que reforça um braço.
Contracadaste, s. m. *Náut.* Peça que reforça o cadaste.
Contracanto, s. m. *Mús.* Melodia acessória e paralela à melodia principal e que lhe serve de ornamento.
Contração, s. f. (l. *contractione*). 1. Ação ou efeito de contrair (-se). 2. *Anat.* Retraimento dos órgãos. 3. *Gram.* Redução de duas ou mais sílabas a uma só, ou de duas vogais a uma.
Contracédula, s. f. Cédula que revoga e substitui outra anterior.
Contracena, s. f. Diálogo fingido que se desenvolve paralelamente à cena principal.
Contracepção, s. f. (ingl. *contraception*). *Med.* Prevenção da concepção.
Contrachefe, s. m. *Heráld.* A nona peça ordinária, na parte inferior do escudo.
Contrachoque, s. m. Choque oposto a outro.
Contracifra, s. f. Chave para decifrar uma escrita enigmática.
Contracosta, s. f. Costa de mar oposta a outra, no mesmo continente ou na mesma ilha.
Contráctil, adj. m. e f. Suscetível de contração, ou que se contrai facilmente. Var.: *contrátil.*
Contractilidade, s. f. Qualidade de contráctil jvkar.: *contratilidade.*
Contracunhar, v. Tr. dir. Cunhar novamente.
Contracunho, s. m. 1. Impressão em sentido contrário à do cunho. 2. Matriz inferior; contramatriz.
Contradança, s. f. 1. Dança de quatro ou mais pares, defrontando uns com os outros; quadrilha. 2. Mudança freqüente de lugar. 3. Instabilidade.
Contradição, s. f. (l. *contradictione*). 1. Ação de contradizer; afirmação em contrário do que foi dito. 2. Incoerência entre afirmações atuais e anteriores, entre palavras e ações. 3. Oposição entre duas proposições, das quais uma exclui necessariamente a outra.
Contradita, s. f. 1. *Dir.* Alegação que impugna a alegação da parte contrária. 2. Impugnação.
Contraditar, v. Tr. dir. 1. *Dir.* Apresentar contradita a. 2. Contestar, impugnar.
Contraditável, adj. m. e f. Que se pode contraditar.
Contradito, adj. Contraditado, impugnado.
Contraditor, adj. e s. m. Que, ou o que contradiz.
Contraditória, s. f. *Filos.* Proposição que afirma o que a outra nega.
Contraditório, adj. Que envolve contradição; oposto.
Contradizer, v. (l. *contradicere*). 1. Tr. dir. Dizer o contrário de; contrariar, impugnar. 2. Pron. Estar em desacordo.
Contradormentes, s. m. pl. *Náut.* Dormentes que reforçam outros e que se prolongam com eles da popa à proa.
Contra-emboscada, s. f. Emboscada que se faz contra outra. Pl.: *contra-emboscadas.*
Contraente, adj. m. e f. (l. *contrahente*). Que contrai. S. m. e f. Pessoa que contrai matrimônio.
Contra-escota, s. f. *Náut.* Cabo com que se facilitam as manobras da escota. Pl.: *contra-escotas.*
Contra-escritura, s. f. Escritura clandestina que revoga uma escritura pública. Pl.: *contra-escrituras.*
Conta-estais, s. m. pl. *Náut.* Cabos que reforçam os estais.
Contrafação, s. f. 1. Ato ou efeito de contrafazer. 2. Falsificação. 3. Fingimento, simulação.
Contrafazer, v. 1. Tr. dir. Arremedar, imitar. 2. Tr. dir. Reproduzir imitando. 3. Tr. dir. Imitar por zombaria. 4. Pron. Fingir-se. — Conjuga-se como *fazer.*
Contrafé, s. f. *Dir.* Cópia autêntica de citação judicial, entregue à pessoa citada.
Contrafecho, s. m. *Arquit.* Aduela de um arco ou platibanda, contígua ao fecho.
Contrafeição, s. f. V. *contrafação.*
Contrafeito, adj. Constrangido, forçado.
Contrafileira, s. f. 1. Fileira atrás de outra. 2. *Constr.* V. *escora.*
Contrafixo *(cs)*, s. m. Chapa metálica que forra o orifício em que gira um eixo de ferro.
Contraforte, s. m. 1. *Constr.* Pilastra destinada a escorar ou suster um elemento de construção. 2. Defesa, anteparo. 3. *Geogr.* Cadeia secundária de montanhas, que parece servir de apoio à cadeia principal.
Contrafuga, s. f. *Mús.* Fuga em que a imitação do motivo se faz por movimeto contrário.
Contragolpe, s. m. Golpe em oposição a outro.
Contragosto *(ô)*, s. m. Oposição feita ao gosto, à vontade.
Contraído, adj. 1. Que sofreu contração; apertado, encolhido. 2. Que se assumiu; assumido.
Contra-indicação, s. f. 1. Indicação oposta a outra. 2. *Med.* Circunstância que se opõe a um procedimento médico ou cirúrgico. Pl.: *contra-indicações.*
Contra-indicar, v. Tr. dir. Opor-se ao emprego ou à indicação de.
Contrair, v. (l. *contrahere*). 1. Tr. dir. e pron. Apertar(-se), estreitar(-se). 2. Tr. dir. Adquirir (amizades, costumes, doenças, vícios etc.). 3. Tr. dir. Assumir, tomar sobre si. 4. Tr. dir. Contratar.
Contraível, adj. m. e f. Que se pode contrair.
Contralto, s. m. *Mús.* 1. Voz feminina mais grave, entre soprano e tenor. 2. Cantora que tem essa voz.
Contraluz, s. f. 1. Lugar oposto àquele em que a luz dá em cheio. 2. Luz que dá num quadro, em sentido oposto àquele segundo o qual foi pintado.
Contramalha, s. f. Malha que reforça outra.
Contramandado, s. m. V. *contra-ordem.*
Contramandar, v. V. *contra-ordenar.*
Contramão, s. f. Direção oposta à mão. Adj. *Pop.* Fora de mão.
Contramarca, s. f. Marca que serve para substituir ou autenticar outra.
Contramarcar, v. Tr. dir. Pôr contramarca em.
Contramarcha, s. f. Marcha em sentido oposto ao que se fazia.
Contramarchar, v. Intr. 1. Fazer contramarcha. 2. Seguir em contramarcha.
Contramaré, s. f. Maré oposta à maré ordinária.
Contramargem, s. f. Faixa de terreno anexa à margem.
Contramestre, s. m. Imediato ou substituto do mestre.
Contramezena, s. f. *Náut.* Mastro oposto ao da mezena.
Contramina, s. f. Mina por onde se procura, para a inutilizar, a mina do inimigo.
Contraminar, v. Tr. dir. Frustrar ou inutilizar, por meio de contramina.
Contramoldagem, s. f. Reprodução pela moldagem.
Contramoldar, v. Tr. dir. Fazer a contramoldagem de.
Contramolde, s. m. 1. Molde para reforçar outro. 2. Desenho inverso do objeto que se pretende reproduzir.
Contramurar, v. Tr. dir. Guarnecer de contramuro.
Contramuro, s. m. Segundo muro, de reforço.
Contranatural, adj. m. e f. Oposto à natureza; antinatural.
Contranaturalidade, s. f. Disposição contranatural.
Contranitência, s. f. *Fís.* Força que se opõe a outra; resistência.
Contranitente, adj. m. e f. Que resiste; renitente.
Contra-ordem, s. f. Ordem oposta a outra já dada; contramandado. Pl.: *contra-ordens.*
Contra-ordenar, v. Tr. dir. Dar contra-ordem; contramandar.
Contrapala, s. f. *Heráld.* Pala dividida em duas, ou oposta na cor.

Contraparente, s. m. e f. 1. Parente remoto. 2. Parente por afinidade.
Contraparentesco, s. m. Condição de contraparente.
Contraparte, s. f. 1. *Mús.* Parte em contraposição a outra, principalmente em duetos. 2. *Dir.* Parte contrária numa ação.
Contrapasso, s. m. 1. Passo de dança oposto a outro. 2. Meio passo militar para readquirir a cadência perdida.
Contrapé, s. m. Apoio, esteio, base.
Contrapeçonha, s. f. V. *contraveneno.*
Contrapelo *(ê),* s. m. Revés do pêlo.
A c.: ao revés, ao arrepio, à arrepia-cabelo.
Contrapesar, v. Tr. dir. Equilibrar por meio de contrapeso.
Contrapeso *(ê),* s. m. Peso adicional que, posto num prato da balança, o equilibra com o outro.
Contrapontear, v. Tr. dir. 1. *Mús.* Pôr em contraponto. 2. *Mús.* Instrumentar. 3. Contrariar. 4. Contraditar.
Contrapontista, s. m. e f. Pessoa versada em contraponto.
Contrapontístico, adj. Relativo a contrapontista ou a contraponto.
Contraponto, s. m. *Mús.* Arte de compor música para dois ou mais instrumentos ou vozes.
Contrapor, v. 1. Tr. dir. e pron. Pôr(-se) contra ou em frente. 2. Tr. dir. Expor ou apresentar em oposição.
Contraposição, s. f. Ato ou efeito de contrapor(-se).
Contraposto, adj. Oposto, contrário.
Contraproducente, adj. m. e f. 1. Que tem resultado contrário ao que se esperava. 2. Que prova o contrário do que se pretende demonstrar. 3. Que dá maus resultados.
Contrapropaganda, s. f. Propaganda para combater ou anular outra.
Contraproposta, s. f. Proposta feita em substituição a outra não aceita.
Contraprotesto, s. m. Protesto destinado a destruir os efeitos de outro.
Contraprova, s. f. 1. *Tip.* Segunda prova tipográfica para verificação das emendas indicadas em prova anterior. 2. *Dir.* Impugnação jurídica de um libelo.
Contrapunho, s. m. *Náut.* Cabo, fixo na ponta da vela grande e do traquete, para auxiliar a manobra.
Contraquarteado, adj. *Heráld.* Qualificativo de cada quartel dividido em quatro partes.
Contraquilha, s. f. *Náut.* Segunda quilha, fixa por baixo da verdadeira, para protegê-la em caso de encalhe.
Contra-regra, s. m. *Teatro.* Empregado na caixa dos teatros para marcar a entrada dos atores em cena. Pl.: *contra-regras.*
Contra-revolução, s. f. Revolução que se propõe anular os efeitos de outra precedente. Pl.: *contra-revoluções.*
Contrariador, adj. e s. m. Que, ou o que contraria.
Contrariante, adj. m. e f. Contrariador.
Contrariar, v. 1. Tr. dir. e pron. Embaraçar(-se), estorvar(-se), fazer oposição a. 2. Pron. Estar em contradição consigo mesmo; contradizer-se. 3. Tr. dir. Molestar.
Contrariável, adj. m. e f. Que se pode contrariar.
Contrariedade, s. f. 1. Sentimento de uma pessoa que encontra um obstáculo a seus projetos. 2. Aquilo que contraria. 3. *Log.* Oposição entre proposições contrárias.
Contrário, adj. 1. Diz-se das coisas que estão em oposição total; antagônico. 2. Diz-se de uma coisa incompatível com outra; impróprio, incoveniente. 3. *Filos.* Diz-se de proposições opostas, ambas universais, uma afirmativa, outra negativa, p. ex.: "Todos os homens são mortais", "Nenhum homem é mortal".
Contra-selo, s. m. 1. Selo que se põe ao lado ou em cima de outro. 2. Carimbo com que se inutilizam selos.
Contra-senso, s. m. 1. Dito ou ato contrário ao bom senso. 2. Errônea interpretação de um texto. Pl.: *contra-sensos.*
Contrastar, v. 1. Tr. dir. Opor-se a, ser contrário a. 2. Tr. ind. Divergir essencialmente, estar em oposição. 3. Intr. Estar em oposição, em contraste.
Contrastável, adj. m. e f. Que se pode contrastar.
Contraste, s. m. 1. Oposição acentuada entre duas coisas ou pessoas, das quais uma faz sobressair a outra. 2. Verificação do toque do ouro ou da prata. 3. *Med.* Substância radiopaca empregada em radiologia.
Contrasteação, s. f. Ato ou efeito de contrastear.
Contrastear, v. Tr. dir. Avaliar os quilates (de metais preciosos).
Contratação, s. f. Ato de contratar; contrato.
Contratador, s. m. Aquele que contrata; contratante.
Contratar, v. 1. Tr. dir. Fazer contrato de; ajustar, combinar. 2. Tr. dir. Adquirir por contrato. 3. Tr. dir. Dar emprego a; empregar, assalariar. 4. Pron. Empregar-se; assalariar-se.
Contratável, adj. m. e f. Que se pode contratar.
Contratempo, s. m. 1. Acontecimento penoso, que sobrevém e contraria um projeto ou o curso normal das coisas. 2. *Mús.* Compasso apoiado nos tempos fracos.
Contrátil, adj. m. e f. V. *contráctil.*
Contratilidade, s. f. V. *contractilidade.*
Contrato, s. m. 1. Acordo ou convenção entre duas ou mais pessoas, para a execução de alguma coisa, sob determinadas condições. 2. Documento em que se registra esse acordo ou convenção.
Contratorpedeiro, s. m. Pequeno navio de guerra, destruidor de torpedeiros.
Contratual, adj. m. e f. *Dir.* Diz-se do que está fixado por contrato.
Contratura, s. f. Ato ou efeito de contrair (-se).
Contravalar, v. Tr. dir. Fortificar com contravalação.
Contravapor, s. m. 1. Corrente invertida do vapor, nos cilindros de uma locomotiva, para travá-la, ou fazê-la recuar. 2. Reação rápida, imediata.
Contravenção, s. f. *Dir.* Infração a um regulamento.
Contraveneno, s. m. *Farm.* Medicamento que neutraliza a ação do veneno; antídoto.
Contraventor, adj. e s. m. Que, ou aquele que comete contravenção.
Contraversão, s. f. 1. Versão contrária. 2. Inversão.
Contraverter, v. Tr. dir. Voltar para o lado oposto; inverter.
Contravir, v. (l. *contravenire*). 1. Tr. dir. Praticar contravenção. 2. Intr. Retorquir. — Conjuga-se como *vir.*
Contretação, s. f. *Dir.* Ato de tirar alguma coisa da posse ou domínio de alguém.
Contribuição *(u-i),* s. f. 1. Ato de contribuir. 2. Parte dada por alguém para uma obra comum. 3. Imposto, tributo.
Contribuinte, adj. e s. m. e f. Que, ou pessoa que contribui; que paga contribuição.
Contribuir, v. (l. *contribuere*). 1. Tr. ind. Concorrer para uma obra comum. 2. Tr. dir. Pagar como contribuinte.
Contributário, adj. e s. m. Que, ou o que é tributário com outro ou outros.
Contributivo, adj. Relativo a contribuição.
Contrição, s. f. (l. *contritione*). *Teol.* Arrependimento de ter ofendido a Deus, motivado pelo amor de Deus.
Contristação, s. f. Ato ou efeito de contristar (-se).
Contristar, v. 1. Tr. dir. Causar tristeza a; entristecer, tornar triste. 2. Pron. Entristecer-se.
Contrito, adj. Que tem contrição; arrependido.
Controlado, adj. 1. Submetido a controle. 2. Que tem controle; comedido.
Controlar, v. 1. Tr. dir. Exercer o controle de; submeter a controle. 2. Pron. Manter-se sob controle.
Controle *(ô),* s. m. (fr. *contrôle*). 1. Verificação atenta e minuciosa da regularidade de um estado ou de um ato, da validade de uma peça. 2. Domínio de sua própria conduta. 3. Aparelho que regula o mecanismo de certas máquinas; comando. 4. Lista detalhada de pessoas cuja presença ou cujas atividades devem ser verificadas.
Controvérsia, s. f. Debate, geralmente motivado por interpretações diferentes de matéria literária, científica ou religiosa.
Controversista, s. m. e f. Pessoa que entra numa controvérsia.
Controverso, adj. Que é objeto de controvérsia.
Controverter, v. Tr. dir. Discutir, disputar, debater.
Controvertível, adj. m. e f. Sujeito a controvérsia.
Contubernal, adj. m. e f. 1. Em que há contubérnio. 2. Que vive em contubérnio.

Contubernar, v. Pron. Viver em contubérnio.

Contubérnio, s. m. 1. Vida em comum. 2. Convivência, familiaridade. 3. Concubinato, mancebia.

Contudo, conj. Entretanto; mas; não obstante; porém; todavia.

Contumácia, s. f. 1. Grande teimosia; obstinação. 2. *Dir.* Recusa obstinada de comparecer em juízo.

Contumaz, adj. e s., m. e f. Que, ou quem tem contumácia. Sup. abs. sint.: *contumacíssimo.*

Contumélia, s. f. 1. Afronta, injúria. 2. Invectiva. 3. *Fam.* Cumprimento, rapapé.

Contumelioso, adj. e s. m. Que envolve contumélia; injurioso.

Contundente, adj. m. e f. Que contunde.

Contundir, v. (1. *contundere*). 1. Tr. dir. Produzir confusão em. 2. Pron. Ferir-se.

Conturbação, s. f. 1. Ato ou efeito de conturbar(-se). 2. Perturbação de ânimo.

Conturbar, v. Tr. dir. e pron. 1. Perturbar(-se), confundir(-se), agitar(-se). 2. Amotinar(-se).

Conturbativo, adj. Que conturba.

Contusão, s. f. 1. Efeito de contundir. 2. *Med.* Lesão produzida por objeto contundente.

Contuso, adj. Que sofreu contusão; contundido.

Conubial, adj. m. e f. Que diz respeito a conúbio; conjugal, matrimonial, nupcial.

Conúbio, s. m. Casamento, matrimônio, núpcias.

Convalescença, s. f. *Med.* Retorno progressivo à saúde.

Convalescente, adj. e s., m. e f. Que, ou pessoa que está em convalescença.

Convalescer, v. Intr. Entrar em convalescença; estar em convalescença.

Convecção, s. f. *Fís.* Transmissão do calor, nos líquidos ou nos gases, pelo movimento ou circulação das partes aquecidas. *C. térmica*: o mesmo que *convecção do calor.*

Convelir, v. (1. *convellere*). 1. Tr. dir. e pron. Deslocar(-se) (o que estava firme); subverter(-se). 2. Intr. *Med.* Ter convulsões ou espasmos.

Convenção, s. f. (1. *conventione*). 1. Acordo, ajuste, combinação, convênio. 2. Pacto entre partidos políticos beligerantes. 3. O que está geralmente admitido e praticado, ou tacitamente convencionado nas relações sociais.

Convencedor, adj. V. *convincente.*

Convencer, v. (1. *convincere*). 1. Tr. dir. Persuadir com argumentos, razões ou fatos. 2. Pron. Ficar persuadido.

Convencido, adj. 1. Que adquiriu convicção; persuadido, certo. 2. Vaidoso, presumido, presunçoso.

Convencimento, s. m. 1. Ato ou efeito de convencer. 2. Enfatuamento, presunção.

Convencionado, adj. Estabelecido por convenção.

Convencional, adj. m. e f. 1. Relativo a convenção. 2. Admitido geralmente. S. m. e f. Membro de uma convenção.

Convencionalismo, s. m. Apego exagerado às normas.

Convencionalista, adj. m. e f. 1. Que se firma em convenções. 2. Que tem caráter de convenção. 3. Apegado às convenções. S. m. e f. Membro de uma convenção.

Convencionar, v. Tr. dir. Estabelecer por convenção; ajustar, combinar, estipular, pactuar.

Convencível, adj. m. e f. Que se pode convencer.

Conveniência, s. f. Qualidade do que convém a alguém ou a alguma coisa. S. f. pl. Convenções sociais.

Conveniente, adj. m. e f. 1. Que convém. 2. Útil, vantajoso. 3. Decente, decoroso.

Convênio, s. m. 1. Convenção ou pacto internacional. 2. Acordo, ajuste, convenção.

Conventicular, adj. m. e f. 1. Relativo a conventículo. 2. Clandestino, secreto.

Conventículo, s. m. 1. Assembléia clandestina de conspiradores. 2. Conluio.

Convento, s. m. 1. Moradia de comunidade religiosa. 2. A própria comunidade.

Conventual, adj. m. e f. Relativo a convento. S. m. e f. Pessoa residente em convento.

Convergência, s. f. 1. Ato ou efeito de convergir. 2. Estado ou propriedade de convergente. 3. Direção comum para o mesmo ponto.

Convergente, adj. m. e f. Que converge.

Convergir, v. (b. 1. *convergere*). 1. Tr. ind. Dirigir-se, tender para um ponto comum. 2. Tr. ind. Afluir ao mesmo lugar; concorrer. — Conjugação: muda o *e* da raiz em *i*, na primeira pessoa do sing. do pres. do indic. e em todo o pres. do sub.: *convirjo, convirja* etc.

Conversa[1], s. f. 1. Conversação. 2. *Pop.* Palavreado. 3. Mentira, peta. 4. Ajuste de contas.

Conversa[2], s. f. (de *converso*). Mulher recolhida em convento sem professar.

Conversação, s. f. 1. Ação de conversar; conversa, colóquio. 2. Convivência, familiaridade.

Conversador, s. m. Aquele que gosta de conversar.

Conversão, s. f. 1. Ação ou efeito de converter(-se). 2. Mudança de forma ou de natureza. 3. Abandono de uma religião ou seita, para se abraçar outra. 4. Mudança de mau para bom procedimento. 5. Mudança de opiniões, sobretudo para melhor.

Conversar, v. 1. Tr. ind. e intr. Discorrer, falar com alguém. 2. Tr. dir. Tratar com familiaridade ou amizade. 3. Tr. dir. *Gír.* Propor solução menos confessável.

Conversável, adj. m. e f. De bom trato; sociável.

Conversibilidade, s. f. Qualidade de conversível.

Conversível, adj. m. e f. 1. Suscetível de conversão; convertível. 2. Que se pode trocar por outros valores.

Conversivo, adj. Que tem a virtude de converter.

Converso, adj. Convertido. S. m. Homem que trabalha numa instituição religiosa sem ser professo.

Conversor, s. m. *Eletr.* Transformador.

Converter, v. 1. Tr. dir. e pron. Mudar(-se), transformar(-se) uma coisa noutra. 2. Tr. dir. Fazer mudar de crença, de opinião ou de partido. 3. Pron. Mudar de crença, opinião ou partido.

Convertibilidade, s. f. Qualidade de convertível.

Convertido, adj. e s. m. Que, ou o que se converteu.

Convertível, adj. m. e f. V. *conversível.*

Convés, s. m. *Náut.* Nome dos pavimentos de bordo de um navio, especialmente os descobertos.

Convescote, s. m. V. *piquenique.*

Convexidade *(cs)*, s. f. (1. *convexitate*). 1. Qualidade de convexo. 2. Curvatura exterior. Antôn.: *concavidade.*

Convexirrostro *(cs...ó)*, adj. *Zool.* Que tem o bico convexo.

Convexo *(cs)*, adj. Curvado na face externa. Antôn.: *côncavo.*

Convicção, s. f. (1. *convictione*). 1. Estado de espírito de quem crê firmemente naquilo que diz ou pensa. 2. Opinião, crença. 3. *Dir.* Reconhecimento do próprio crime.

Convício, s. m. Afronta, doesto, injúria.

Convicioso, adj. 1. Em que há convício. 2. Que usa convícios.

Convicto, adj. 1. Que tem convicção de alguma coisa; convencido, persuadido. 2. Diz-se do criminoso a que se provou o delito.

Convidado, s. m. Indivíduo a quem se fez convite.

Convidador, adj. e s. m. Que, ou o que gosta de convidar.

Convidar, v. (1. v. *convitare*). Tr. dir. 1. Pedir o comparecimento de; convocar. 2. Instar, solicitar.

Convidativo, adj. 1. Que convida. 2. Atraente.

Convincente, adj. m. e f. Que convence.

Convindo, adj. 1. Conveniente. 2. Aceito, grato.

Convir, v. (1. *convenire*). 1. Tr. ind. Ser próprio ou conforme. 2. Tr. ind. e intr. Estar de acordo; concordar. 3. Intr. Entrar em ajuste; pactuar. 4. Tr. ind. e intr. Importar, ser útil. 5. Tr. ind. Ajustar-se, conformar-se. — Conjuga-se como *vir.*

Convite, s. m. (cat. *convit*). 1. Ato de convidar. 2. Cartão ou papel em que se convida.

Conviva, s. m. e f. Pessoa que toma parte como convidado.

Convival, adj. m. e f. Relativo a convívio.

Convivência, s. f. Ação ou efeito de conviver; familiaridade, convívio.

Convivente, adj. e s., m. e f. Que, ou pessoa que convive, em relações de amizade.

Conviver, v. (1. *convivere*). Tr. ind. e intr. Ter convivência, ter intimidade, viver em comum.
Convívio, s. m. 1. Convivência. 2. Banquete.
Convizinhança, s. f. Situação recíproca de vizinhos.
Convizinhar, v. 1. Tr. ind. Ser convizinho. 2. Tr. ind. Aproximar-se, avizinhar-se. 3. Intr. Ter pontos de contato ou de semelhança.
Convizinho, adj. Vizinho com outrem; próximo.
Convocação, s. f. 1. Ato ou efeito de convocar. 2. Convite.
Convocar, v. Tr. dir. 1. Chamar ou convidar para reunião. 2. Fazer reunir; constituir. 3. Convidar.
Convocatório, adj. Que serve para convocar.
Convolação, s. f. Ato ou efeito de convolar.
Convolar, v. Tr. ind. Passar, mudar de estado civil, de foro, de partido, de sentimento, de idéias.
Convoluto, adj. *Bot.* Dobrado em forma cilíndrica.
Convosco, pron. *(con + vosco)*. 1. Em vossa companhia. 2. De vós para vós. 3. Em relação a vós. 4. Entre vós.
Convulsão, s. f. (1. *convulsione*). 1. Ato ou efeito de convulsar, convulcionar, convelir. 2. *Med.* Contração muscular brusca e involuntária. 3. Cataclismo político; revolução.
Convulsar, v. 1. Tr. dir. Fazer entrar em convulsões. 2. Intr. Ter convulsões.
Convulsibilidade; s. f. *Med.* Disposição para convulsões.
Convulsionar, v. Tr. dir. 1. Pôr em convulsão. 2. Excitar. 3. Revolucionar.
Convulsionário, adj. e s. m. Que, ou o que tem ou finge ter convulsão.
Convulsivo, adj. 1. Relativo a convulsão. 2. Em que há convulsão. 3. Semelhante a convulsão.
Convulso, adj. Em que há convulsão.
Coobação, s. f. Destilação repetida do mesmo líquido.
Coobar, v. Tr. dir. Fazer a coobação de (um líquido).
Coonestação, s. f. Ato ou efeito de coonestar.
Coonestador, adj. e s. m. Que, ou o que coonesta.
Coonestar, v. (1. *cohonestare*). Tr. dir. 1. Fazer que pareça honesto. 2. Reabilitar.
Cooperação, s. f. Ato ou efeito de cooperar.
Cooperador, adj. e s. m. Que, ou o que coopera.
Cooperar, v. Tr. ind. 1. Operar simultaneamente; trabalhar em comum. 2. Auxiliar, ajudar.
Cooperativa, s. f. 1. Associação de consumidores ou de produtores, visando a reduzir o preço de revenda. 2. Lugar onde funciona essa organização.
Cooperativismo, s. m. Doutrina dos que pugnam pelo sistema de cooperativas.
Cooperativista, adj. m. e f. Relativo às sociedades cooperativas. S. m. e f. Membro de uma cooperativa.
Cooperativo, adj. 1. Que coopera. 2. Em que há cooperação.
Cooptação, s. f. Ato ou efeito de cooptar.
Cooptar, v. (1. *cooptare*). Tr. dir. 1. Agregar. 2. Admitir numa sociedade, com dispensa das formalidades de praxe.
Coordenação, s. f. Ato ou efeito de coordenar.
Coordenada, s. f. *Gram.* Cada uma das orações da mesma natureza e que estão ligadas por conjunção coordenativa (e, ou, nem etc.). S. m. pl. *Mat.* Conjunto de dois ou três números relativos que definem a posição de um ponto no plano ou no espaço.
Coordenado, adj. Disposto em coordenação, com certa ordem, norma ou método.
Coordenador, adj. e s. m. Que, ou o que coordena.
Coordenar, v. 1. Tr. dir. Dispor ou classificar em certa ordem. 2. Ligar por coordenação.
Coorte, s. f. (1. *cohorte*). 1. A décima parte de uma legião romana. 2. Gente armada; tropa. 3. Multidão de pessoas.
Copa *(ó)*, s. f. (1. *cuppa*). 1. Dependência da casa, ou armário em que se guardam gêneros alimentícios, louças, talheres e roupa de mesa. 2. Parte convexa e superior da ramagem das árvores. 3. Parte do chapéu, que cobre a cabeça. 4. *Esp.* Taça ornamental, cuja posse é disputada em torneio.
Copaço, s. m. *Pop.* V. *copázio.*
Copada[1], s. f. *(copa + ada)*. Grande copa de árvore.
Copada[2], s. f. Porção de líquido que um copo contém.
Copaíba, s. f. *Bot.* Árvore da América tropical *(Copaifera langsdorffii)*, de madeira avermelhada.
Copaibal *(a-i)*, s. m. Bosque de copaíbas.
Copal, adj. (asteca *kopalli*). Diz-se de várias resinas duras e vítreas, extraídas de algumas árvores cesalpiniáceas e utilizadas na preparação de vernizes e lacas. S. m. Resina dessa espécie.
Copar, v. 1. Tr. dir. e pron. Dar forma de copa a. 2. Intr. e pron. Formar copa.
Coparrão, s. m. V. *copázio.*
Co-participação, s. f. Ato ou efeito de co-participar.
Co-participar, v. Tr. ind. Participar juntamente com outrem.
Copázio, s. m. Copo grande; copão, coparrão.
Copeira, s. f. 1. V. *copa.* 2. Mulher que cuida da copa. 3. Mulher que serve à mesa.
Copeiro, s. m. 1. Indivíduo que cuida da copa. 2. Garção.
Copel, s. m. Saco de malha miúda das redes de arrastar.
Copela, s. f. Cadinho usado na copelação.
Copelação, s. f. Operação que consiste em separar a prata de uma mistura líquida com outros elementos, pela ação do fogo, na copela.
Copelar, v. Tr. dir. *Quím.* Apurar pela copela.
Copépode, adj. *Zool.* Relativo aos Copépodes. S. m. pl. Subclasse *(Copepoda)* de diminutos crustáceos aquáticos, abundantes em água doce e marinha.
Copeque *(é)*, s. m. A centésima parte do rublo, unidade monetária russa.
Cópia, s. f. 1. Reprodução textual do que está escrito algures; transcrito, traslado. 2. Imitação, calco ou reprodução de uma obra original. 3. Reprodução fotográfica; retrato. 4. Grande quantidade; abundância.
Copiador, s. m. 1. Copista. 2. Instrumento de copiar. 3. Livro para guardar contas assinadas ou outros documentos.
Copiar, v. Tr. dir. 1. Fazer a cópia escrita de; transcrever, transladar. 2. Reproduzir (falando de uma obra de arte).
Copidescagem, s. f. Ato ou efeito de copidescar.
Copidescar, v. Tr. dir. Fazer o trabalho de copidesque.
Copidesque, s. m. (ingl. *copy-desk*). 1. Redação final de um texto tendo em vista sua publicação, e que envolve correção geral de texto redigido dentro das normas e critérios editoriais, gramaticais etc. 2. *Por ext.* Aquele que executa o copidesque. 3. Seção de jornal, editora etc. em que se faz o copidesque.
Copio, s. m. Rede miúda de arrastar.
Copiografar, v. Tr. dir. Reproduzir com o copiógrafo.
Copiógrafo, s. m. Instrumento copiador à base de pasta gelatinosa.
Copiosidade, s. f. Qualidade de copioso.
Copioso, adj. 1. Abundante. 2. Extenso, grande.
Copirraite, s. m. (ingl. *copyright*). Direito exclusivo de imprimir, publicar e vender uma obra literária, científica ou artística.
Copista[1], s. m. e f. *(cópia + ista)*. 1. Pessoa que copia. 2. Amanuense, escrevente. 3. Plagiário.
Copista[2] *(ó)*, s. m. e f. *(copo + ista)*. *Pop.* Beberrão.
Copla, s. f. (1. *copula*). *Mús.* Pequena composição poética para ser cantada; quadra.
Copo, s. m. (de *copa*). 1. Pequeno vaso para beber, de forma cilíndrica. 2. Conteúdo de um copo. Col.: *baixela.* Ruído: *retine, tilinta, tine.* Aum.: *copázio, coparrão, copão.* – *C.-de-leite*: planta da família das Liliáceas *(Lilium longiflorum)*, cultivada por causa de suas flores alvas.
Copofone, s. m. *Mús.* Série de copos que, friccionados, emitem sons musicais. Var.: *copofono.*
Copra, s. f. Amêndoa de coco, seca e preparada, para dela se extrair o copraol.
Copraol, s. m. Óleo que se extrai da copra e que é próprio para supositórios, velas etc.
copro-, elem. de comp. (gr. *kopros*). Exprime a idéia de *fezes, excrementos, obscenidade: coprófago, coprologia.*
Coprófago, adj. *Zool.* Que se alimenta de excrementos.
Coprolalia, s. f. *Med.* Distúrbio mental que leva o paciente a dizer obscenidades.

Coprolálico, adj. *Med.* Pertencente ou relativo à coprolalia.

Coprólito, s. m. 1. *Paleont.* Excremento fóssil. 2. *Med.* Massa fecal endurecida.

Coprologia, s. f. 1. Estudo das matérias fecais; escatologia. 2. Emprego de expressões chulas.

Co-proprietário, s. m. O que participa com outrem de uma propriedade.

Copta *(ô)*, adj. m. e f. 1. *Etnol.* Relativo aos coptas, raça egípcia que conservou os caracteres dos antigos habitantes do Egito. 2. Diz-se dos atuais cristãos da Igreja Cóptica. S. m. Língua derivada do egípcio antigo. S. m. e f. Pessoa da raça copta.

Cóptico, adj. Relativo aos coptas.

Copudo, adj. Que tem grande copa.

Cópula, s. f. 1. Ligação. 2. Ato sexual; coito. 3. *Lóg.* Palavra que, numa proposição, exprime a relação entre o sujeito e o atributo.

Copulação, s. f. Ligação química.

Copulador, adj. e s. m. Que, ou o que copula.

Copular, v. 1. Tr. dir. Ligar. 2. Tr. dir. Acasalar. 3. Tr. ind. e intr. Ter cópula.

Copulativo, adj. Que serve para ligar; que liga.

Coque[1], s. m. (t. onom.). Carolo.

Coque[2], s. m. (ingl. *coke*). Produto residual sólido da destilação do carvão mineral.

Coqueiral, s. m. Mata ou plantação de coqueiros.

Coqueiro, s. m. *Bot.* Nome comum a várias plantas da família das Palmeiras, que produzem fruto comestível, ou de utilização industrial.

Coqueluche, s. f. 1. *Med.* Moléstia infecciosa aguda caracterizada por acessos de tosse convulsiva. 2. *Fam.* Pessoa que é objeto de preferência passageira do público.

Coquete *(é)*, adj. f. (fr. *coquette*). Diz-se da mulher que procura agradar por sua toalete. Var.: *coqueta*.

Coquetel, s. m. (ingl. *cock-tail*). 1. Bebida estimulante, à base de misturas de bebidas alcoólicas. 2. Recepção social em que se servem aperitivos.

Coquetismo, s. m. Procedimento de pessoa coquete.

Cor[1], s. m. (l. *cor*). Só se usa na expressão: *De cor*: de memória.

Cor[2] *(ô)*, s. f. (l. *colore*). 1. *Fís.* Impressão variável que a luz refletida pelos corpos produz no órgão da vista. 2. Qualquer colorido, exceto o branco e o preto. 3. Coloração escura: Homem de *cor*. 4. O colorido da pele, especialmente da face. 5. Opinião, sentimento ou modo de proceder que denota o partido ou seita a que o indivíduo pertence. 6. Realce, relevo, colorido. 7. Aparência, aspecto, mostra. Pl.: *cores (ô)*.

Coração[1], s. m. (de um derivado do l. *cor*). 1. *Anat.* Órgão oco e musculoso, centro motor da circulação do sangue. Ruído: *bate, palpita, pulsa, arqueja, lateja*. 2. O peito. 3. Objeto em forma de coração. 4. Sede suposta da sensibilidade moral, das paixões e sentimentos. 5. Amor, afeto. 6. Caráter, índole. 7. Pessoa ou objeto amado. 8. Coragem, ânimo. 9. Centro, âmago.

Coração[2], s. m. Varanda, sala.

Coração[3], *(cò)*, s. f. *(corar + ção)*. Ato ou efeito de corar.

córaco-, elem. de comp. *(korax, akos)*. Expressa a idéia de *corvo* e *apófise coracóide*.

Coracóide, adj. m. e f. Recurvo (como o bico do corvo). S. m. Osso cartilaginoso da cintura escapular, que se estende da omoplata para o esterno.

Co-radical, adj. m. e f. *Gram.* Diz-se de palavras que têm o mesmo radical.

Corado, adj. (de *corar*). 1. Que tem cor; colorido, tinto. 2. Branqueado ou tornado branco pela exposição à luz solar. 3. Que tem as faces vermelhas (diz-se das pessoas).

Coradouro, s. m. Lugar em que se faz a cora; estendedouro. Var.: *coradoiro*. Var. *pop.*: *quarador*.

Coragem, s. f. (fr. ant. *corage*). Força ou energia moral ante o perigo; ânimo, bravura, denodo, firmeza, intrepidez, ousadia.

Coraixita, adj. m. e f. *Etnol.* Relativo aos coraixitas, tribo árabe à qual pertencia Maomé. S. m. e f. Pessoa dessa tribo.

Corajoso, adj. Que tem coragem; animoso, destemido.

Corajudo, adj. V. *corajoso*.

Coral[1], s. m. (b. l. *corallium*). 1. *Zool.* Esqueleto calcário duro, branco, preto, vermelho ou de outras cores, segregado por vários pólipos antozoários marinhos para seu suporte e habitação. 2. A cor vermelha intensa: Lábios de *c.* 3. Serpente proteróglifa, peçonhenta; cobra-coral.

Coral[2], adj. m. e f. Relativo a coro. S. m. Canto coral, canto em coro.

Coralina, s. f. *Bot.* Alga vermelha, recoberta de crosta calcária.

Coralíneo, adj. Que é da natureza do coral, ou procede dele.

Coralino, adj. Cor de coral; vermelho.

Corante, adj. m. e f. Que cora, ou dá cor.

Corar, v. (l. *colorare*). 1. Tr. dir. Dar a cor a; colorir, tingir. 2. Tr. dir. Branquear ao sol (cera, panos, roupas etc.). 3. Tr. dir. Fazer assomar a cor vermelha a (face, rosto); enrubescer. 4. Intr. e pron. Enrubescer-se, tornar-se corado. 5. Tr. ind. Envergonhar-se.

Corbelha, s. f. (fr. *corbeille*). Cestinho com flores ou frutas, arranjadas artisticamente.

Corça *(ô)*, s. f. *Zool.* 1. Fêmea de corço. 2. Fêmea de veado.

Corcel, s. m. 1. Cavalo de campanha. 2. Cavalo veloz.

Corcha *(ô)*, s. f. 1. Casca de árvore. 2. Cortiça. 3. Rolha de cortiça. 4. Rodela de madeira com que se tapam as bocas das peças de artilharia.

Corço *(ô)*, s. m. *Zool.* Pequeno cervídeo da Europa e Ásia *(Capreolus capreolus)*.

Corcoroca, s. f. *Ictiol.* Peixe marinho da família dos Hemulídeos *(Haemulon sciurus)*.

Corcova, s. f. 1. Curva saliente. 2. Corcunda.

Corcovado, adj. Que tem corcova; giboso.

Corcovear, v. Intr. Dar corcovos.

Corcovo *(ô)*, s. m. Salto que dá o cavalo, ou outro animal, arqueando o dorso. Pl.: *corcovos (ó)*.

Corcunda, adj. m. e f. *Anat.* Que tem corcunda; giboso. S. f. Curvatura anormal da coluna, com proeminência dorsal ou peitoral.

Corda, s. f. (l. *chorda*). 1. Entrançado de vários fios, para muitas utilidades. Col.: (em geral): *cordoalha*; (quando no mesmo liame): maço; (de navio): *enxárcia, cordame, cordagem, massame*. 2. *Geom.* Segmento de reta que une dois pontos de uma curva. 3. Azo, pretexto. — *C.-dorsal*: notocórdio. Pl.: *cordas-dorsais*.

Cordado, adj. *Zool.* Relativo aos Cordados. S. m. pl. *Zool.* Filo ou ramo *(Chordata)* de animais que apresentam nas primeiras fases da vida ou em toda ela, uma corda-dorsal.

Cordame, s. m. 1. Conjunto de cordas. 2. *Náut.* Reunião dos cabos de um navio.

Cordão, s. m. (fr. *cordon*). 1. Corda delgada. 2. Corrente que se usa ao pescoço. 3. Grupo carnavalesco.

Cordato, adj. 1. Que está de acordo. 2. Que tem bom senso.

Cordeira, s. f. (de *cordeiro*). Ovelha nova.

Cordeiro, s. m. Carneiro ainda novo e tenro. Voz: *bala, bale, berrega*.

Cordel, s. m. Corda muito delgada; barbante, cordão.

Cor-de-rosa, adj. m. e f. Da cor da rosa silvestre; vermelho bem desmaiado. S. m. Essa cor.

cordi-, elem. de comp. (l. *cor, cordis*). Exprime a idéia de *coração; cordifoliado, cordiforme*.

Cordial, adj. m. e f. 1. Relativo ao coração. 2. Afetuoso, franco, sincero.

Cordialidade, s. f. 1. Afeição sincera. 2. Amenidade e franqueza de trato.

Cordifoliado, adj. *Bot.* Que tem folhas cordiformes.

Cordiforme, adj. m. e f. Com forma de coração.

Cordilheira, s. f. Cadeia de altas montanhas, alinhadas longitudinalmente.

cordo-, elem. de comp. (gr. *khorde*). Exprime a idéia de *corda, cordão* ou *notocórdio: cordoaria, cordotomia*.

Cordoalha, s. f. 1. Conjunto de cordas de várias espécies. 2. Cordame dos navios.

Cordoaria, s. f. Fábrica de cordas.
Cordoeiro, s. m. Fabricante ou vendedor de cordas.
Cordotomia, s. f. *Cir.* Seção de determinadas áreas da medula espinal.
Cordovaneiro, s. m. Fabricante ou vendedor de cordovão.
Cordovão, s. m. Couro de cabra, curtido e preparado especialmente para calçado.
Cordovês, adj. Relativo a Córdova (Espanha). S. m. O habitante ou natural de Córdova. Fem.: *cordovesa.*
Cordura, s. f. Qualidade ou caráter de cordato.
Coreano, adj. Da Coréia (Ásia), ou relativo a ela. S. m. 1. O habitante ou natural da Coréia. 2. Língua da Coréia.
Co-redentor, s. m. Aquele que coopera na redenção.
Coréia, s. f. *Med.* Moléstia infecciosa do sistema nervoso, caracterizada por movimentos involuntários e desordenados dos membros superiores, do pescoço e da face; dança de S. Guido.
coreo-, elem. de comp. (gr. *khoreia*). Exprime a idéia de *dança*: *coreografia.*
Coreografia, s. f. 1. Arte de compor bailados. 2. Arte da dança.
Coreógrafo, s. m. 1. Indivíduo versado em coreografia. 2. Aquele que compõe música para dança.
Coreto *(ê)*, s. m. 1. Pequeno coro. 2. Espécie de palanque ou coro, para concertos musicais.
Coreu, s. m. *Metrif.* V. *troqueu.*
Co-réu, s. m. Réu com outrem, no mesmo processo.
Coriáceo, adj. 1. Semelhante a couro. 2. Duro como couro cru.
Coriambo, s. m. *Metrif.* Pé de verso grego ou latino, formado de um coreu e de um iambo, ou de duas sílabas breves entre duas longas.
Coriandro, s. m. *Bot.* Gênero *(Coriandrum)* de ervas umbelíferas, ao qual pertence o coentro.
Coriavo, s. m. *Ornit.* V. *curiango.*
Corifeu, s. m. 1. *Ant.* Mestre de coro nas tragédias. 2. Caudilho, chefe. 3. Chefe de seita.
Corimbo, s. m. *Bot.* Modo de inflorescência em que os pedúnculos das flores, nascendo de pontos diversos da haste, se elevam todos ao mesmo nível.
Corindo, s. m. V. *coríndon.*
Coríndon, s. m. *Miner.* Óxido natural de alumínio, extremamente duro, usado como abrasivo (esmeril).
Coringa, s. f. 1. Vela quadrangular à proa das barcaças. 2. Pequena vela triangular das canoas de embono. Cfr. *curinga.*
Coríntio, adj. 1. Relativo a Corinto (Grécia). 2. *Arquit.* Designativo da terceira e mais rica das ordens da arquitetura antiga. S. m. O natural de Corinto.
Cório, s. m. V. *córion.*
Córion, s. m. *Anat.* 1. Membrana embriônica externa. 2. A camada profunda da pele; derma.
Coriscação, s. f. Ato ou efeito de coriscar.
Coriscada, s. f. Grande porção de coriscos.
Coriscado, adj. Atingido ou ferido por corisco, ou coisa estimulante, ou ardente.
Coriscante, adj. m. e f. Que corisca.
Coriscar, v. 1. Intr. Faiscar, fuzilar, relampejar. 2. Tr. dir. Dardejar, lançar. 3. Intr. *Gír.* Mover-se (um animal ou alguém) com impressionante agilidade.
Corisco, s. m. 1. *Meteor.* Centelha produzida nas nuvens eletrizadas, sem que se ouçam trovões. 2. Faísca elétrica. 3. Hóspede inesperado.
Corista, s. m. e f. Pessoa que faz parte dos coros teatrais, de igreja etc.
Coriza, s. f. *Med.* Inflamação da mucosa nasal acompanhada de corrimento mucoso ou purulento; resfriado comum.
Corja, s. f. *Pej.* Multidão de pessoas desprezíveis; canalha, súcia.
Cornaca, s. m. Aquele que conduz elefantes e trata deles.
Cornada, s. f. Chifrada.
Cornadura, s. f. Armação de cornos, na cabeça de certos animais.
Cornal, s. m. Corneira.
Cornalina, s. *Miner.* Variedade vermelha de calcedônia.
Cornamusa, s. f. *Mús.* Gaita de foles.
Corne *(ó)*, s. m. (ingl. *korn*). *Mús.* V. *trompa.*
Córnea, s. f. *Anat.* Membrana transparente, situada na parte anterior do olho, por diante da pupila.
Corneador, adj. Diz-se do boi vezado a dar cornadas.
Corneira, s. f. Correia que prende o boi pelos cornos à canga: cornal.
Corneliano, adj. 1. Relativo a Corneille, poeta e dramaturgo francês (1606-1684). 2. Que tem estilo semelhante ao de Corneille.
Córneo, adj. 1. Feito de corno. 2. Duro como corno. 3. Semelhante a corno.
Córner, s. m. (do ingl.). *Esp.* V. *escanteio.*
Corneta *(ê)*, **adj. m. e f. Com um só chifre, ou um deles para baixo (boi). S.m. O que toca corneta; corneteiro. S.f. i.** *Mús.* Instrumento músico militar, de bocal pequeno e pavilhão largo. 2. Buzina, trombeta. 3. *Pop.* O nariz.
Corneteiro, s. m. O que toca corneta em um batalhão.
Cornetim, s. m. *Mús.* Instrumento músico de sopro, em forma de corneta, com três chaves ou êmbolos.
Corneto *(ê)*, s. m. *Anat.* Cada uma das três pequenas lâminas ou apófises ósseas na parede lateral de cada fossa nasal.
córni-, elem. de comp. (l. *cornu*). Expressa a idéia de *corno*: *cornífero, cornígero.*
Cornicho, s. m. 1. Tentáculo de caracol. 2. Antena dos insetos. 3. Vaso para água benta, em forma de corno, que se costuma pendurar na parede.
Córnico, s. m. *Lingüíst.* Celta.
Cornicurto, adj. Que tem cornos curtos.
Cornífero, adj. Que tem cornos ou excrescências em forma de corno; cornígero.
Corniforme, adj. m. e f. Com forma de corno.
Cornígero, adj. V. *cornífero.*
Cornija, s. f. (ital. *cornice*). 1. Ornamento saliente que acompanha a parte superior de uma porta, de um móvel etc. 2. *Arquit.* Ornato que assenta sobre o friso de uma obra arquitetônica.
Cornimboque *(ó)*, s. m. Tabaqueira feita de ponta de chifre: corrimboque, taroque.
Cornípede, adj. m. e f. *Poét.* De patas córneas.
Corno *(ô)*, s. m. 1. *Zool.* Cada um dos apêndices duros e recurvados que certos ruminantes têm na cabeça; chavelho, chifre, guampa ou guampo, haste, toco. 2. Parte angular ou saliente que apresentam alguns objetos; bico, ponta. Pl.: *cornos (ó).* Dim.: *corninho, cornicho.*
Cornucópia, s. f. Vaso mitológico, em forna de corno, cheio de flores e frutos, que simboliza a riqueza, a abundância e a fertilidade.
Cornudo, adj. V. *cornífero.*
Cornúpeto, adj. Que ataca com os cornos.
Cornuto, adj. V. *cornífero.*
coro-[1], elem. de comp. (gr. *khora*). Exprime a idéia de *região, país, território: corografia.*
Coro[2] *(ô)*, s. m. (gr. *khoros*). 1. Grupo de pessoas que cantam juntas. 2. Balcão, nas igrejas, destinado aos cantores. Pl.: *coros (ó).*
Coroa, s. f. (l. *corona*). 1. Ornamento circular para a cabeça. 2. Símbolo da realeza. 3. Coisa semelhante a uma coroa. 4. *Ecles.* Tonsura. 5. Alto, cimo. 6. *Anat.* Parte do dente que fica fora do alvéolo. 7. *Pop.* Pessoa que já ultrapassou a mocidade.
Coroação, s. f. Ato ou efeito de coroar; coroamento.
Coroado, adj. 1. Que tem coroa. 2. *Poét.* Diz-se da rima entre palavras do mesmo verso.
Coroamento, s. m. 1. V. *coroação.* 2. Ornato que remata o alto de um edifício. 3. Remate.
Coroar, v. (l. *coronare*). 1. Tr. dir. Cingir de coroa, pôr coroa. 2. Pron. Cingir a si mesmo uma coroa. 3. Tr. dir. Aclamar, eleger; elevar à dignidade de rei ou pontífice. 4. Tr. dir. Recompensar, dando uma coroa ou outro prêmio. 5. Tr. dir. Servir de fecho ou remate a.
Coroca, adj. m. e f. Decrépito, caduco.

Corografia, s. f. Descrição de uma região particular, país ou parte importante de um território.
Corográfico, adj. Relativo à corografia.
Corógrafo, s. m. Tratadista de corografia.
Coróide, s. f. *Anat.* Membrana conjuntiva do olho, entre a esclerótica e a retina.
Coroinha, s. m. Menino que ajuda o sacerdote nas cerimônias do culto.
Corola, s. f. *Bot.* Conjunto das pétalas de uma flor.
Coroláceo, adj. Que tem aspecto de corola.
Corolado, adj. Que tem corola.
Corolário, s. m. 1. Afirmação deduzida de uma verdade já demonstrada. 2. Conseqüência.
coroli-, elem. de comp. (l. *corolla*). Exprime a idéia de *corola: corolífero, coroliforme.*
Corolífero, adj. *Bot.* Que sustenta a corola.
Coroliforme, adj. m. e f. Com forma de corola.
Corolítico, adj. *Arquit.* Com ornatos de folhas e flores em espiral (diz-se das colunas).
Corólula, s. f. Dim. irreg. de *corola.*
Coronal, adj. m. e f. (l. *coronale*). 1. Relativo a coroa. 2. Em forma de coroa. S. m. *Anat.* Osso frontal.
Coronária, s. f. *Anat.* Cada uma das artérias (direita e esquerda) que irrigam o coração.
Coronário, adj. 1. V. *coronal.* 2. *Anat.* Que circunda à maneira de uma coroa: Plexo *c.*
Corondó, s. m. *Zool.* Caracol de água doce, do gênero *Planorbis.*
Coronel, s. m. 1. *Mil.* Oficial superior, comandante de regimento. 2. Chefe político, no interior do Brasil. Fem.: *coronela.*
Coronelato, s. m. Estado, qualidade ou posto de coronel.
Coronha, s. f. Parte posterior das armas de fogo portáteis, pela qual são empunhadas.
Coronhada, s. f. Pancada com a coronha.
Coronheiro, s. m. O que faz coronhas.
coroni-, elem. de comp. (l. *corona*). Exprime a idéia de *coroa: coroniforme.*
Corônide, s. f. 1. Coroa, fim, remate. 2. Cornija.
Coroniforme, adj. m. e f. Que tem forma de coroa.
Coronóide, adj. m. e f. V. *coronóideo.*
Coronóideo, adj. Em forma de bico de gralha.
Corote, s. m. O mesmo que *ancorote.*
Corpanzil, s. m. 1. Grande corpo. 2. Pessoa corpulena, de grande estatura.
Corpete, s. m. Peça do vestuário feminino, que se ajusta ao peito: justilho.
Corpinho, s. m. V. *corpete.*
Corpo, s. m. (l. *corpu*). 1. Tudo o que tem extensão e forma. 2. A estrutura física do homem ou do animal. 3. O tronco, para distingui-lo da cabeça e dos membros. 4. *Quím.* Porção de matéria: *C.* simples, *c.* composto. 5. Cadáver humano. 6. Parte do vestuário que se ajusta ao tronco: *C.* do vestido. 7. Parte principal e central. 8. Parte central e principal de edifícios: *C.* da igreja. 9. *Tip.* Unidade de medida de caracteres tipográficos, dada em pontos. 10. Texto de obra impressa, por oposição às partes preliminares ou finais. 11. *Mil.* Parte de um exército: *C.* de infantaria. 12. Importância, realce, vulto: O noticiário deu *c.* aos boatos. Pl.: *corpos (ó).* Aum.: *corpaço, corpanzil, corpão.*
Corporação, s. f. 1. Grupo de pessoas submetidas às mesmas regras ou estatutos. 2. Associação, agremiação.
Corporal, s. m. Pano de linho branco, sobre que o sacerdote coloca o cálice e a hóstia, no altar. Adj. Relativo ao corpo.
Corporalidade, s. f. Qualidade de corpóreo.
Corporalizar, v. Tr. dir. Dar corpo a; materializar.
Corporativismo, s. m. Sistema político-econômico baseado no agrupamento das classes produtoras em corporações, sob a fiscalização do Estado.
Corporativista, adj. e s. m. e f. Diz-se da, ou a pessoa partidária do corporativismo.
Corporativo, adj. Relativo a corporações.
Corporatura, s. f. Forma externa de um corpo; configuração.
Corporeidade, s. f. V. *corporalidade.*
Corpóreo, adj. 1. Corporal. 2. Que tem corpo; material.
Corporificação, s. f. Ato ou efeito de corporificar(-se).
Corporificar, v. 1. Tr. dir. Atribuir corpo a (o que não o tem). 2. Tr. dir. Reunir, em um só corpo, substâncias diversas. 3. Pron. Tomar corpo; solidificar-se. 4. Tr. dir. Transformar em fatos; realizar.
Corpudo, adj. Corpulento, alentado, grande.
Corpulência, s. f. Qualidade de corpulento.
Corpulento, adj. 1. Que tem grande corpo; encorpado. 2. Alto e grosso. 3. Obeso.
Corpuscular, adj. m. e f. Relativo a corpúsculo.
Corpúsculo, s. m. 1. Corpo pequeníssimo. 2. Fragmento de matéria que volteia habitualmente no ar em estado de poeira.
Correada, s. f. Pancada com correia.
Correagem, s. f. V. *correame.*
Correame, s. m. Conjunto de correias.
Correão, s. m. Correia larga e grossa.
Correaria, s. f. Estabelecimento onde se vendem correias e outros artigos de couro.
Correção, s. f. (l. *correctione*). 1. Ação ou efeito de corrigir(-se). 2. Qualidade do que é correto. 3. *Tip.* Emenda. 4. Penitenciária.
Correcional, adj. m. e f. 1. Relativo a correção. 2. *Dir.* Diz-se do tribunal em que se julgam, sem júri, causas criminais de menor importância.
Corre-corre, s. m. 1. Azáfama, correria, grande afã, lufa-lufa. 2. Debandada. Pl.: *corre-corres* e *corres-corres.*
Corredeira, s. f. Trecho de um rio, em que as águas, por diferença de nível, correm mais velozes; correntada, rápido.
Corrediça, s. f. 1. Encaixe sobre que deslizam os batentes de uma porta ou janela, a tampa de uma caixa etc. 2. Peça que desliza ao longo de encaixe, trilho ou outra peça; cursor.
Corrediço, adj. Que se move ou corre com facilidade.
Corredio, adj. Corrediço.
Corredor, adj. Que corre muito. S. m. 1. Aquele que corre muito. 2. Galeria estreita que circunda um edifício. 3. Passagem, em geral estreita e longa, no interior de uma casa. 4. Atleta que toma parte em uma corrida de velocidade, a pé ou em veículo.
Corredouro, s. m. 1. Lugar próprio para corridas. 2. Ação continuada de correr. Var.: *corredoiro.*
Corredura, s. f. 1. Corrida. 2. Restos de líquido aderente à medida, e que correm em proveito do vendedor.
Correeiro, s. m. Fabricante ou vendedor de correias ou outras obras de couro.
Corregedor, s. m. *Dir.* Magistrado superior, que fiscaliza a distribuição da justiça, o exercício da advocacia e o bom andamento dos serviços forenses.
Corregedoria, s. f. *Dir.* 1. Cargo ou jurisdição de corregedor. 2. Área da sua jurisdição.
Corregimento, s. m. *P. us.* 1. Correção. 2. Multa. 3. Ornamento. 4. Alfaia.
Córrego, s. m. (l. *corrugu*). Ribeiro pequeno; riacho.
Correia, s. f. (l. *corrigia*). 1. Tira de couro para atar, prender ou cingir; loro, soga. 2. *Mec.* Cinta flexível para a transmissão de movimento de uma polia a outra. Col.: *correame; apeiragem.*
Correição, s. f. (l. *correctione*). 1. Ato ou efeito de corrigir; correção. 2. *Dir.* Visita feita pelo corregedor aos cartórios da sua alçada. 3. *Pop.* Desfilada de formigas ou outros insetos.
Correio, s. m. 1. Repartição pública para recepção e expedição de correspondência; posta. 2. Edifício onde funciona essa repartição. 3. *Pop.* Carteiro. 4. Mensageiro.
Correlação, s. f. Relação mútua entre dois termos; analogia.
Correlacionar, v. Tr. dir. Dar correlação a; estabelecer correlação entre.
Correligionário, adj. e s. m. Que, ou aquele que tem a mesma religião, partido ou sistema que outrem. Col.: *convenção* (em assembléia).
Correligionarismo, s. m. Solidariedade entre correligionários.

Corrente, adj. m. e f. (l. *currente*). 1. Que corre, que não encontra embaraço; fluente. 2. Fácil, expedito. 3. Comum, vulgar. 4. Que tem curso legal. 5. Atual: Mês *c*. Adv. Correntemente. S. f. 1. O curso das águas de um rio; correnteza. 2. Movimento contínuo das pessoas ou coisas num mesmo sentido. 3. *Eletr.* Movimento de cargas elétricas num condutor. 4. Liame composto de anéis metálicos. S. m. O que é comum.

Correnteza, s. f. 1. Corrente, acep. 1. 2. Desembaraço.

Correntino, s. m. O natural de Corrientes (Argentina), ou o que lá reside.

Correntio, adj. 1. Corrediço. 2. Geralmente admitido; vulgar.

Correntista, s. m. e f. 1. Pessoa que escritura o livro de contas-correntes. 2. Titular de conta-corrente num banco.

Correntoso, adj. Que tem correntes impetuosas (diz-se de um curso dágua).

Correr, v. (l. *currere*). 1. Intr. Andar ou caminhar com velocidade. 2. Intr. Participar de uma corrida. 3. Tr. ind. e intr. Cair, descer, escoar-se, escorrer. 4. Tr. dir. Expulsar. 5. Intr. Ter seguimento no tempo. 6. Intr. Ter andamento. 7. Intr. Ter curso (moeda, papéis de crédito). 8. Intr. Divulgar-se, propalar-se.

Correria, s. f. 1. Corrida desordenada e ruidosa. 2. Desordem, atropelo.

Correspondência, s. f. 1. Ato ou efeito de corresponder(-se). 2. Relação de conformidade, de simetria. 3. Troca de cartas, telegramas etc., entre duas pessoas.

Correspondente, adj. m. e f. 1. Que corresponde. 2. Adequado, apropriado. 3. Correlativo. S. m. e f. 1. Pessoa que se corresponde com alguém. 2. Pessoa que trata de negócios de outras fora da terra destas. 3. Funcionário encarregado da correspondência.

Corresponder, v. 1. Tr. ind. e intr. Ser adequado, próprio, simétrico. 2. Pron. Estar em correlação ou correspondência. 3. Tr. dir. e tr. ind. Retribuir. 4. Tr. ind. Fazer jus a; satisfazer, cumprir. 5. Pron. Cartear-se.

Corretagem, s. f. Remuneração; comissão ou serviço do corretor[2], acep. 1.

Corretar, v. Intr. Fazer trabalhos de corretagem.

Corretismo, s. m. Procedimento correto.

Corretivo, adj. Que tem a virtude de corrigir. S. m. Punição, castigo.

Correto, adj. 1. Sem erros. 2. Corrigido, emendado. 3. Exato, irrepreensível. 4. Digno, honesto, íntegro.

Corretor[1], s. m. (l. *correctore*). 1. Aquele que corrige. 2. Revisor.

Corretor[2], s. m. (de *correr*). Agente comercial, que serve de intermediário entre vendedor e comprador.

Corretoria, s. f. 1. Cargo ou função de corretor. 2. Área de sua jurisdição.

Corretório, adj. Corretivo. S. m. Registro penitenciário.

Corrião, s. m. Cinto largo de couro, com fivela.

Corricão, s. m. *(correr + cão).* Ato de levantar caça por meio de cães.

Corrida, s. f. 1. Ato ou efeito de correr; carreira. 2. Correria. 3. Espaço percorrido. 4. Tourada. 5. Afluência inopinada a um estabelecimento bancário para o levantamento de depósitos. 6. Competição de velocidade (cavalos, automóveis etc.).

Corrido, adj. 1. Que correu. 2. Posto fora; expulso.

Corrigenda, s. f. 1. Errata. 2. Admoestação.

Corrigibilidade, s. f. Qualidade de corrigível.

Corrigir, v. (l. *corrigere*). 1. Tr. dir. e pron. Emendar(-se), reformar(-se). 2. Tr. dir. Melhorar; retificar. 3. Tr. dir. Castigar, censurar, repreender.

Corrigível, adj. m. e f. Que se pode corrigir.

Corrilho, s. m. (l. *curriculu*). 1. Conciliábulo, conventículo. 2. Reunião secreta. 3. Concluio. 4. Mexerico.

Corrimaça, s. f. Perseguição com vaias; apupada, assuada.

Corrimão, s. m. Barra, ao longo de uma escadaria, ponte estreita ou outras passagens, em que se pode apoiar a mão ou segurar. Pl.: *corrimões* e *corrimãos.*

Corrimento, s. m. Ato ou efeito de correr.

Corriola, s. f. 1. Arruaça, assuada, vaia. 2. *Fam.* Engano, logro. 3. *Pop.* Bando, quadrilha.

Corriqueirice, s. f. *Fam.* Qualidade de corriqueiro.

Corriqueirismo, s. m. V. *corriqueirice.*

Corriqueiro, adj. Trivial, vulgar.

Corrixo, s. m. *Ornit.* Chupim.

Corroboração, s. f. Ato ou efeito de corroborar.

Corroborante, adj. m. e f. Que corrobora.

Corroborar, v. Tr. dir. 1. Aduzir provas da verdade de. 2. Comprovar, confirmar.

Corroborativo, adj. Próprio para corroborar.

Corroer, v. (l. *corrodere*). Tr. dir. 1. Roer a pouco e pouco; carcomer; gastar. 2. Danificar, destruir progressivamente. 3. Depravar, desnaturar.

Corroído, adj. 1. Carcomido. 2. Corrompido. 3. Viciado.

Corromper, v. (l. *corrumpere*). 1. Tr. dir. e pron. Decompor(-se), estragar(-se), tornar(-se) podre. 2. Tr. dir. e pron. Alterar(-se), desnaturar(-se), mudar(-se) para mal. 3. Tr. dir. e pron. Depravar(-se), perverter(-se), viciar(-se). 4. Tr. dir. Induzir ao mal: seduzir.

Corrompimento, s. m. V. *corrupção.*

Corrosão, s. f. 1. Ato ou efeito de corroer(-se). 2. *Quím.* Alteração química corrosiva.

Corrosibilidade, s. f. Qualidade de corrosível.

Corrosível, adj. m. e f. Que pode ser corroído.

Corrosividade, s. f. Qualidade de corrosivo.

Corrosivo, adj. e s. m. 1. Que, ou o que corrói. 2. Cáustico.

Corrugação, s. f. Ato ou efeito de corrugar.

Corrugar, v. Tr. dir. 1. *P. us.* Enrugar. 2. Dar a um material (chapas de metal ou papelão) forma corrugada, a fim de torná-lo mais resistente.

Corruíra, s. f. *Ornit.* Nome comum de várias espécies de pássaros da família dos Trogloditídeos.

Corrume, s. m. Entalhe em que uma peça se ajusta com outra.

Corrupção, s. f. (l. *corruptione*). 1. Ato ou efeito de corromper; decomposição, putrefação. 2. Depravação, devassidão. Var.: *corrução.*

Corrupião, s. m. *Ornit.* Pássaro da família dos Icterídeos *(Icterus jamacaii)*; sofrê, joão-pinto. Voz: *canta, gorjeia, trina.*

Corrupiar, v. 1. Intr. Rodopiar. 2. Tr. dir. Fazer andar às voltas.

Corrupio, s. m. 1. Nome de vários jogos infantis que consistem essencialmente em fazer rodopiarem ou voltearem pessoas ou objetos. 2. Afã. 3. Espécie de cata-vento, de penas ou papel, para crianças.

Corrupixel, s. m. Vara com uma sacola na ponta, para apanhar frutas.

Corruptela, s. f. 1. Corrupção. 2. Abuso. 3. Palavra que, por abuso, se escreve ou pronuncia erradamente.

Corruptibilidade, s. f. Qualidade de corruptível.

Corruptível, adj. m. e f. 1. Suscetível de corrupção. 2. Venal.

Corrupto, adj. 1. Que sofreu corrupção: corrompido, podre. 2. Errado, viciado. 3. Depravado, devasso, pervertido.

Corruptor, adj. Que corrompe. S. m. 1. Subornador. 2. Alterador de textos.

Corsário, s. m. 1. Navio que fazia corso. 2. Pirata.

Corsear, v. Intr. Andar a corso.

Corselete, s. m. (fr. *corselet*). Corpete, justilho.

Córsico, adj. Relativo à Córsega. S. m. O habitante ou natural de Córsega.

Corso[1] *(ô)*, s. m. (ital. *corso*). 1. Excursão de navios armados para correr sobre as embarcações mercantes do inimigo. 2. Pirataria. 3. Desfile de carruagens.

Corso[2] *(ô)*, adj. (l. *corsu*). Córsico.

Cortadeira, s. f. 1. Utensílio com que se cortam as massas de pastéis; cortilha. 2. Utensílio agrícola de virar terra.

Cortadela, s. f. V. *cortadura.*

Cortado, adj. 1. Que se cortou. 2. Interrompido. S. m. Apuros, roda-viva.

Cortador, adj. Que corta. S. m. 1. Aquele que corta carne nos açougues. 2. Nome comum a diferentes instrumentos ou máquinas que servem para cortar.

Cortadouro, s. m. Depressão de terreno, entre montes. Var.: *cortadoiro.*

Cortadura, s. f. 1. Corte. 2. Corte pequeno e pouco profundo; cortadela.

Cortagem, s. f. Corte de carne no açougue.

Corta-jaca, s. m. *Folc.* Dança sapateada. Pl.: *corta-jacas.*

Corta-mar, s. m. 1. V. *quebra-mar.* 2. Prolongamento angular dos pegões das pontes, para reforçar a construção. Pl.: *corta-mares.*

Cortamento, s. m. Corte.

Cortante, adj. m. e f. 1. Cortador. 2. Agudo, estrídulo (diz-se do som). 3. Frio, gélido.

Corta-palha, s. f. Máquina para cortar palha. Pl.: *corta-palhas.*

Cortar, v. (1. *curtare*). 1. Tr. dir. Dividir com instrumento cortante. 2. Tr. dir. Tirar, com instrumento cortante, parte de; aparar. 3. Tr. dir. Fazer incisão em. 4. Pron. Ferir-se com instrumento cortante. 5. Tr. dir. Ceifar, segar. 6. Tr. dir. e tr. ind. Atravessar, cruzar, fazer caminho. 7. Tr. dir. Riscar, cancelar, suprimir. 8. Tr. ind. Reduzir em quantidade; diminuir. 9. Tr. dir. e intr. Interromper. 10. Tr. ind. Dizer mal; murmurar. 11. Tr. dir. Dividir (o baralho) antes de cada carteamento. 12. Tr. dir. *Esp.* Interceptar o caminho da bola.

Corta-vento, s. m. 1. Moinho de vento. 2. *Ornit.* Ave caradriiforme *(Gallinago gallinago)*; narceja. Pl.: *corta-ventos.*

Corte[1], s. m. 1. Ato ou efeito de cortar(-se). 2. Golpe, incisão ou talho com instrumento cortante. 3. Fio ou gume de instrumento cortante. 4. Modo de talhar uma roupa. 5. Porção de pano necessário para uma peça de vestuário. 6. Desfalque, diminuição. 7. Interrupção. 8. Supressão.

Corte[2] *(ô)*, s. f. (1. *cohorte*). 1. Residência de um soberano. 2. Gente que habitualmente rodeia o soberano. 3. Círculo de aduladores. 4. Denominação dada aos tribunais.

Cortejador, adj. e s. m. 1. Que, ou aquele que corteja. 2. Galanteador.

Cortejar, v. Tr. dir. 1. Fazer cortesias; cumprimentar, saudar. 2. Fazer a corte a; galantear, reqüestar.

Cortejo *(ê)*, s. m. 1. Ato ou efeito de cortejar. 2. Cumprimentos solenes. 3. Comitiva pomposa; séqüito.

Cortelha *(ê)*, s. f. V. *cortelho.*

Cortelho *(ê)*, s. m. Pocilga, chiqueiro.

Cortês, adj. m. e f. Que tem cortesia; polido.

Cortesã, s. f. Mulher dissoluta, que vive luxuosamente.

Cortesania, s. f. Maneiras de cortesão.

Cortesanice, s. f. Cortesania afetada, fingida ou interesseira.

Cortesão, adj. (1. *cortesanu*). 1. Relativo à corte. 2. Palaciano. S. m. Homem da corte; áulico. Fem.: *cortesã.* Pl.: *cortesãos* e *cortesões.*

Cortesia, s. f. 1. Qualidade de quem é cortês. 2. Civilidade, urbanidade. 3. Cumprimento, mesura, reverência. 4. Homenagem.

Córtex *(cs)*, s. m. 1. *Bot.* Casca de árvore. 2. *Anat.* Camada superficial do cérebro e outros órgãos. Var.: *córtice.* Pl.: *córtices.*

Cortiça, s. f. (1. *corticea*). Casca espessa e leve do sobreiro e de outras árvores.

Cortiçada[1], s. f. *(cortiça + ada)*. Grande porção de cortiça.

Cortiçada[2], s. f. *(cortiço + ada)*. Grupo de cortiços.

Cortical, adj. m. e f. Relativo ao córtex.

Córtice, s. m. V. *córtex.*

Corticeira, s. f. 1. Lugar onde se junta cortiça. 2. *Bot.* Árvore papilionácea *(Erythrina-Corallodendron crista-galli)*, comum nas várzeas do Sul do Brasil.

Corticeiro, adj. Relativo à cortiça ou à sua indústria.

Corticento, adj. Que tem a natureza da cortiça.

Cortíceo, adj. Feito de cortiça.

cortici-, elem. de comp. (1. *cortex, icis*). Exprime a idéia de *cortiça, casca: corticiforme.*

Corticícola, adj. m. e f. Que vive na casca das árvores.

Corticífero, adj. Que produz cortiça.

Corticiforme, adj. m. e f. Que tem aparência de cortiça.

Cortiço, s. m. 1. Caixa cilíndrica, de cortiça, dentro da qual as abelhas fabricam cera e mel. 2. Colméia. 3. Habitação coletiva das classes pobres.

Corticoso, adj. Que tem a casca muito grossa.

Cortilha, s. f. Utensílio, em forma de roseta, com que os pasteleiros e doceiros recortam a massa; carretilha, cortadeira.

Cortina, s. f. 1. Peça de pano suspensa para adornar ou resguardar janela ou outra coisa. 2. Vedação, tapagem.

Cortinado, s. m. 1. Armação de cortinas. 2. Cortina.

Cortinar, v. Tr. dir. 1. Armar com cortina. 2. Encobrir.

Cortisona, s. f. *Quím.* Hormônio utilizado sobretudo para combater os reumatismos.

Coruchéu, s. m. Torre ou torreão, que coroa um edifício; zimbório. 2. Remate em forma de pirâmide. 3. Barrete cônico de papelão que levavam na cabeça os penitentes da Inquisição.

Coruja, s. f. 1. *Ornit.* Nome comum a várias aves de rapina, da família dos Estrigídeos, geralmente noturnas. Voz.: *chirria, coruja, crocita, cruja, pia, ri, sussurra, ulula.* 2. *Pop.* Mulher velha e feia. S. m. e f. *Gír.* Pessoa que exerce sua profissão à noite. Adj. *Pop.* Diz-se dos pais que gabam pretensas qualidades dos filhos.

Corujar, v. Intr. Piar como coruja.

Corumbá, s. m. Lugar pouco povoado e distante.

Coruscação, s. f. (1. *coruscatione*). 1. Ato ou efeito de coruscar. 2. Fulgor súbito e breve.

Coruscante, adj. m. e f. Que corusca; cintilante.

Coruscar, v. Tr. ind. e intr. Flamejar, relampejar, reluzir.

Coruta, s. f. V. *coruto.*

Coruto, s. m. 1. Pináculo, sumidade. 2. Penacho do milho e de outras plantas.

Corvacho, s. m. Pequeno corvo.

Corvéia, s. f. Trabalho gratuito que o camponês devia a seu amo ou ao Estado.

Corvejamento, s. m. Ato ou efeito de corvejar.

Corvejar, v. 1. Intr. Imitar a voz do corvo; crocitar. 2. Intr. Reunir-se como corvos.

Corveta *(ê)*, s. f. *Náut.* Antigo navio de guerra, de três mastros, menor que a fragata.

Corvídeo, adj. Semelhante ao corvo. S. m. *Ornit.* Pássaro da família dos Corvídeos. S. m. pl. Família *(Corvidae)* de aves passeriformes que inclui as gralhas da fauna brasileira e o corvo, a pega e o gaio da fauna européia.

Corvina, s. f. *Ictiol.* Peixe marinho, da família dos Cienídeos *(Micropogon fournieri)*.

Corvino, adj. Relativo a corvo.

Corvo *(ô)*, s. m. *Ornit.* Pássaro corvídeo *(Corvus corax)*, do hemisfério norte, reputado por sua inteligência e traquinices. Voz: *corveja, crás-crás, crocita, crosna, chem-chem, grasna.* Pl.: *corvos (ó).*

Cós, s. m. sing. e pl. Tira de pano que remata certas peças de vestuário, especialmente as calças e as saias, no lugar em que cingem a cintura. Pl.: *pop.: coses.*

Coscorão, s. m. 1. Casca grossa que se forma ao cicatrizar-se uma ferida. 2. Filhó de farinha de trigo e ovos, frito e polvilhado com açúcar e canela. 3. Vida difícil.

Coscuvilhar, v. Intr. *Pop.* Fazer enredos; bisbilhotar.

Coscuvilheiro, adj. e s. m. Diz-se do, ou aquele que coscuvilha; mexeriqueiro.

Coscuvilhice, s. f. Bisbilhotice, mexerico, intriga.

Co-secante, s. f. *Trigon.* Secante do complemento de um ângulo ou arco dados. Pl.: *co-secantes.*

Cosedor, s. m. V. *estribilhas.*

Cosedura, s. f. Ato ou efeito de coser.

Co-seno, s. m. *Trigon.* Seno de complemento de um ângulo ou arco dados. Pl.: *co-senos.*

Coser, v. (1. *consuere*). 1. Tr. dir. Ligar, unir com pontos de agulha; costurar. 2. Pron. Consertar ou remendar sua própria roupa. 3. Tr. dir. e pron. Encostar(-se), unir(-se): *C. o ouvido com* a parede. Cfr. *cozer.*

Cosmético, adj. e s. m. Diz-se do, ou o produto destinado para a limpeza, conservação ou maquilagem da pele.

Cósmico, adj. Relativo ao universo, ao cosmo.

Cosmo[1], s. m. (gr. *kosmos*). O universo.

cosmo-², elem. de comp. Expressa a idéia de *mundo, universo: cosmogonia.*

Cosmódromo, s. m. Pista de lançamento de naves espaciais.

Cosmogonia, s. f. Teoria que visa a explicar a formação do universo.

Cosmogônico, adj. *Astr.* Relativo à cosmogonia.

Cosmogonista, s. m. e f. Pessoa que cria ou expõe uma cosmogonia.

Cosmografia, s. f. Parte da Astronomia dedicada à descrição do universo.

Cosmográfico, adj. Relativo à cosmografia.

Cosmolábio, s. m. *Astr. ant.* Instrumento com que se media a altura dos astros.

Cosmologia, s. f. Ciência das leis gerais que regem o mundo físico.

Cosmológico, adj. Da cosmologia ou a ela relativo.

Cosmólogo, s. m. Pessoa versada em cosmologia.

Cosmometria, s. f. Ciência que tem por objeto a medida das distâncias cósmicas.

Cosmométrico, adj. Relativo à cosmometria.

Cosmonauta, s. m. e f. V. *astronauta.*

Cosmonáutica, s. f. V. *astronáutica.*

Cosmonave, s. f. V. *astronave.*

Cosmonomia, s. f. Conjunto das leis cósmicas.

Cosmonômico, adj. Relativo à cosmonomia.

Cosmopolita, s. m. e f. Pessoa que se considera cidadão do mundo todo. Adj. 1. Que é de todas as nações. 2. *Zool.* e *Bot.* Largamente distribuído sobre o globo terrestre.

Cosmopolitismo, s. m. Caráter ou qualidade de cosmopolita.

Cosmorama, s. m. 1. Série de vistas de diferentes países e fatos, observados por aparelho que os amplia. 2. Aparelho com que se observam essas vistas. 3. Lugar onde elas se expõem.

Cosmos, s. m. V. *cosmo¹.*

Cosmurgia, s. f. Criação do mundo.

Cosquento, adj. *Pop.* V. *coceguento.*

Cosquilhoso, adj. 1. Coceguento. 2. Que se melindra facilmente; suscetível.

Cossa, s. f. *Pop.* Acossamento.

Cossaco, s. m. Soldado recrutado entre um povo nômade e guerreiro do Sudeste da Rússia européia.

Cosseira, s. f. *Náut.* Batente inferior das portas das peças de bordo.

Cossolete *(ê)*, s. m. V. *corselete.* Var.: *cossoleto.*

Cossouro, s. m. 1. Bola de ferro com orifício ao centro, onde se embebe o mastro. 2. Roseta de espora. Var.: *cossoiro.*

Costa, s. f. Zona continental que está em contato com, ou na vizinhança do mar.

Costado, s. m. 1. *Pop.* Dorso do corpo humano; costas, espinhaço. 2. *Náut.* Parte externa do casco do navio. 3. Lado, flanco.

Costal, adj. m. e f. *Anat.* Relativo às costas ou costelas.

Costalgia, s. f. Dor nas costelas.

Costálgico, adj. Relativo à costalgia.

Costaneira, s. f. 1. Primeira e última tábua de um tronco serrado em tábuas. 2. Paus que, nos telhados, atravessam sobre os barrotes. 3. Papel imperfeito, usado como resguardo de resmas.

Costarriquenho, adj. Relativo a Costa Rica ou a seus habitantes. S. m. O natural desse país.

Costeagem, s. f. Ato ou efeito de costear.

Costear, v. Tr. dir. 1. Navegar junto da costa de. 2. Percorrer em torno; rodear.

Costeira, s. f. Serra íngreme à beira-mar.

Costeiro, adj. 1. Relativo à costa. 2. *Náut.* Que navega junto à costa, ou de porto a porto na mesma costa; de cabotagem.

Costela, s. f. 1. *Anat.* Cada um dos ossos pares, chatos, alongados e curvos, que formam a caixa torácica. 2. *Náut.* Cada uma das cavernas do navio. 3. *Bot.* Nervura média de algumas folhas. 4. *Pop.* Esposa, amásia.

Costeleta *(ê)*, s. f. 1. Costela de rês, separada com carne aderente. 2. Faixa de barba de cada lado do rosto.

Costumado, adj. e s. m. Que, ou o que é de costume.

Costumar, v. 1. Tr. dir. Ter por costume ou hábito; usar. 2. Tr. dir. e pron. Acostumar(-se), habituar(-se).

Costumário, adj. V. *consuetudinário* e *costumeiro.*

Costume, s. m. (l. v. *consuetudine*). 1. Prática antiga e geral; uso. 2. Jurisprudência não escrita, baseada no uso. 3. Hábito. 4. Moda. 5. Vestuário externo de homem. 6. Vestuário de mulher composto de casaco e saia. S. m. pl. Comportamento, procedimento.

Costumeira, s. f. 1. Costume mau. 2. Vício.

Costumeiro, adj. Estabelecido pelo costume; usual, costumário. S. m. 1. O que é usual. 2. Livro de usos e costumes; costumário.

Costura, s. f. 1. Ato ou efeito de costurar, de coser. 2. Arte ou profissão de coser. 3. Linha de união de duas peças de pano. 4. Saliência de peças metálicas fundidas. 5. *Cir.* Sutura dos tecidos lesados.

Costuradeira, s. f. Aparelho com que os encadernadores costuram as brochuras.

Costuragem, s. f. Ação de costurar brochuras.

Costurar, v. V. *coser*, acep. 1 e 2.

Costureira, s. f. 1. Mulher que costura por profissão. 2. Modista. 3. *Gír. mil.* Metralhadora.

Costureiro, s. m. Homem que se ocupa em trabalhos de costura.

Cota¹, s. f. (l. *quota*). 1. Quantia com que cada indivíduo contribui para determinado fim. 2. Determinada porção. 3. Quinhão. 4. Prestação. 5. Fração do capital de uma sociedade por cotas de responsabilidade limitada. 6. Fração de um fundo de investimento. Var.: *quota.*

Cota², s. f. (franco *kotta*). 1. Vestimenta que os cavaleiros antigos usavam sobre a armadura. 2. Gibão. 3. *Ecles.* Espécie de sobrepeliz.

Cota³, s. f. Lado oposto ao gume de uma ferramenta.

Cotação, s. f. 1. Ato ou efeito de cotar. 2. *Com.* Preço corrente das mercadorias, dos papéis de crédito, títulos da dívida pública etc. 3. Indicação desses preços. 4. Apreço, conceito, conta.

Cotado, adj. 1. Que tem boa cotação no mercado. 2. Bem conceituado.

Cotador, s. m. O que põe cotas marginais nos livros.

Cotamento, s. m. *Dir.* Ação de cotar os autos.

Co-tangente, s. f. *Trigon.* Tangente do complemento de um ângulo. Pl.: *co-tangentes.*

Cotanilho, s. m. *Bot.* Pequeno cotão.

Cotanilhoso, adj. Que tem cotanilho.

Cotão¹, s. m. (fr. *coton*). 1. *Bot.* Lanugem de alguns frutos. 2. Cisco, penugem, partículas que se juntam em flocos nos lugares onde não se faz a limpeza.

Cotão², s. m. (de *cota²*). Cota grande.

Cotar, v. *(cota¹ + ar)*. Tr. dir. 1. Assinalar por meio de cota, pôr cota em. 2. *Com.* Fixar o preço ou taxa de. 3. Avaliar.

Cote¹, s. m. *Náut.* 1. Tortuosidade de um mastro. 2. Nó falso de qualquer talha ou cabo.

Cote², s. m. (l. *cote*). Pedra de amolar.

Cotejador, adj. e s. m. Que, ou aquele que coteja.

Cotejar, v. *(cota¹ + ejar)*. 1. Tr. dir. Examinar (cotas) confrontando. 2. Tr. dir. Confrontar, comparar.

Cotejo *(ê)*, s. m. Ato ou efeito de cotejar; confrontação.

Cotícula, s. f. Pedra de toque do ouro e da prata. Cfr. *cutícula.*

Cotidade, s. f. Soma fixa a que monta cada cota-parte.

Cotidiano, adj. e s. m. (l. *quotidianu*). 1. De todos os dias. 2. Que, ou aquilo que se faz ou sucede todos os dias. Var.: *quotidiano.*

Cotilédone, s. m. e f. 1. *Bot.* Parte da semente que rodeia o embrião de um vegetal; primeiras folhas desenvolvidas pelo embrião de uma planta fanerógama. 2. *Anat.* Cada um dos lobos da placenta.

Cotiledôneo, adj. *Bot.* Que tem catilédones.

Cotilhão, s. m. Dança de muitos pares, espécie de quadrilha.

Cótilo, s. m. *Anat.* Cavidade de um osso, na qual se articula a extremidade de outro.

Cotilóforo, adj. Que tem cótilos. Var.: *cotiléforo.*

Cotilóide, adj. m. e f. V. *cotilóideo.*

Cotilóideo, adj. *Anat.* 1. Relativo a um cótilo. 2. Em forma de cótilo.

Cotinga, s. f. *Ornit.* 1. Nome dado ao anambé, na Amazônia. 2. Espécie de capim, cujas folhas largas são usadas pelos tropeiros como palha de cigarros.

Cotingal, s. m. Terreno em que cresce a cotinga.

Cotização, s. f. Ato ou efeito de cotizar(-se).

Cotizar, v. 1. Tr. dir. Distribuir por cota. 2. Pron. Reunir-se a outros a fim de contribuir para uma despesa comum. Var.: *quotizar.*

Cotizável, adj. m. e f. Que se pode cotizar. Var.: *quotizável.*

Coto *(ô),* s. m. (1. *cubitu*). 1. Pedaço ou resto de archote, tocha, vela etc. 2. Parte do braço ou da perna, que fica depois da amputação. 3. Parte das asas em que se embebem as penas. 4. Espécie de lima de serradores. Pl.: *cotos (ô).*

Cotó, adj. e s., m. e f. Diz-se de, ou pessoa que tem um braço ou perna mutilada.

Cotonaria, s. f. V. *algodoaria.*

Cotonária, s. f. *Bot.* Nome dado a plantas cujas folhas têm o aspecto e a maciez do algodão.

cotoni-, elem. de comp. Exprime a idéia de *algodão, cotão: cotonifício.*

Cotonicultor, s. m. Lavrador que cultiva o algodão.

Cotonicultura, s. f. Cultura do algodão.

Cotonifício, s. m. Fábrica de tecidos de algodão.

Cotovelada, s. f. Pancada com o cotovelo.

Cotovelão, s. m. V. *cotovelada.*

Cotovelar, v. V. *acotovelar.*

Cotovelo *(ê),* s. m. 1. *Anat.* Parte do membro superior, externa e saliente, correspondente à articulação do braço com o antebraço. 2. Parte da manga do vestuário que cobre essa parte do braço. 3. Ângulo saliente. 4. Coisa semelhante a um cotovelo. 5. *Mec.* Conexão curva para ligar dois canos em ângulo reto. 6. Curva violenta no traçado de estrada.

Cotovia, s. f. *Ornit.* Nome comum a várias aves canoras campestres do Velho Mundo, particularmente da espécie *Alauda arbensis,* notável por seu canto, executado em vôo vertical.

Cotruco, s. m. Vendedor ambulante de fazendas e objetos de armarinho; mascate.

Coturnado, adj. 1. Em forma de coturno: acoturnado. 2. Que tem coturno.

Coturno, s. m. *Ant.* Borzeguim de solas muito altas, usado pelos atores trágicos.

Coudel, s. m. 1. Antigo capitão de cavalaria. 2. Aquele que tem a seu cargo uma coudelaria.

Coudelaria, s. f. V. *haras.*

Coulomb (*culom*), s. m. *Eletr.* Unidade de medida de carga elétrica no sistema de unidades internacional. Símbolo: C.

Coura, s. f. Antigo gibão de couro para guerreiros.

Couraça, s. f. 1. Coura espessa e grande. 2. *Zool.* Invólucro exterior 3. Proteção, defesa. 4. *Náut.* Revestimento metálico em alguns navios de guerra.

Couraçado, adj. Revestido de couraça; blindado. S. m. Navio protegido por espessas blindagens.

Couraçar, v. 1. Tr. dir. Pôr couraça em. 2. Tr. dir. Revestir de aço ou de metal (navios): blindar. 3. Pron. Revestir-se de couraça. 4. Pron. Tornar-se invulnerável.

Couraceiro, s. m. *Ant.* Soldado armado de couraça.

Courama, s. f. Lote de couros.

Couro, s. m. (1. *coriu*). 1. Pele espessa e dura de alguns animais. 2. Pele de certos animais, depois de surrada. 3. *Fam.* A pele da cabeça humana. 4. Pele.

Cousa, s. f. (1. *causa*). V. *coisa.*

Couteiro, s. m. Indivíduo que dá asilo ou protege ladrões ou assassinos. Var.: *coiteiro.*

Couval, s. m. Plantio de couves.

Couve, s. f. (1. *caule*). *Bot.* Planta hortense, crucífera *(Brassica oleracea acephala),* de que existem muitas variedades. — *C.-flor*: planta hortense, crucífera *(Brassica oleracea botrytis),* cujos pedúnculos formam uma espécie de flor comestível. Pl.: *couves-flores.*

Cova, s. f. 1. Abertura, escavação, buraco que se faz na terra para se plantar uma árvore, ou lançar alguma semente. 2. Depressão em qualquer superfície. 3. Caverna, antro. 4. Alvéolo. 5. Cavidade: A *c.* de um dente. 6. Sepultura. 7. A morte, o fim da vida. 8. *Gír.* A casa de ladrões. Aum.: *covão.* Dim.: *covinha, covil, covacho.*

Covacho, s. m. Pequena cova.

Côvado, s. m. (1. *cubitu*). Medida de comprimento, antiga, igual a três palmos ou 66 cm; cúbito.

Covagem, s. f. 1. Ação de abrir cova no cemitério. 2. Preço desse serviço.

Covarde, adj. e s., m. e f. Que, ou quem não tem coragem; medroso, poltrão, pusilânime, timorato. Var.: *cobarde.*

Covardia, s. f. 1. Medo, pusilanimidade. 2. Ação que denota medo ou perversidade. Var.: *cobardia.*

Covato, s. m. 1. Ofício de coveiro. 2. Local onde se abrem covas. 3. Covagem, acep. 2.

Covear, Intr. Abrir covas para plantação.

Coveiro, s. m. 1. Indivíduo que abre covas para cadáveres; enterrador. 2. Aquele que contribui para a ruína de uma instituição.

Covil, s. m. 1. Cova de feras. 2. Refúgio de ladrões, de salteadores.

Covilhete, s. m. Pequeno pires chato para doce.

Covo[1], s. m. Rede em forma de pequeno saco.

Covo[2] *(ô),* adj. (1. v. *covu,* por *cavu*). Côncavo, fundo.

Coxa *(ô),* s. f. *Anat.* Parte da perna entre o quadril e o joelho.

Coxal, adj. m. e f. *Anat.* Relativo à coxa.

Coxalgia, s. f. *Med.* Artrite tuberculosa do quadril.

Coxálgico, adj. *Med.* Relativo à coxalgia.

Coxeadura, s. f. Ato de coxear; claudicação.

Coxear, v. Intr. 1. Andar como coxo; claudicar. 2. Vacilar. 3. Estar incompleto, ser imperfeito.

Coxêndico *(cs),* adj. *Anat.* Designativo dos ossos dos quadris que, com o sacro, formam a bacia ou pelve.

Coxia, s. f. 1. Passagem estreita entre duas fileiras de bancos, de ramas ou de outros objetos. 2. *Náut.* Prancha, em certas embarcações, para dar passagem da proa à popa. 3. Nos palcos, espaço situado atrás dos bastidores. 4. Assento móvel, com dobradiças, nos teatros. 5. Colina pouco elevada, que se estende pelos campos.

Coxilha, s. f. Campina com pequenas e grandes elevações, em geral coberta de pastagem.

Coxim, s. m. (1. *coxinu*). 1. Almofada para assento ou encosto. 2. Espécie de sofá sem encosto.

Coxinilho, s. m. V. *coxonilho.*

Coxo *(ô),* adj. 1. Que coxeia. 2. Diz-se de objeto a que falta pé ou perna.

Coxonilho, s. m. Manta que se põe sobre a sela, para comodidade do cavaleiro.

Coxote, s. m. *Ant.* Parte da armadura que cobria as coxas.

Cozedura, s. f. 1. Ato ou efeito de cozer; cozimento, cocção. Ruído: *escachoa, acachoa, gruguleja, grugrulha.* 2. Quantidade de matéria que se coze de uma vez no forno.

Cozer, v. (1. *cocere*). Tr. dir. e intr. Preparar (alimentos) ao fogo ou calor; cozinhar.

Cozido, adj. Que se cozeu. S. m. *Cul.* Prato de carne de vaca, lingüiça, carne de porco, cozidas com verduras, ovos, batatas etc.

Cozimento, s. m. Cozedura.

Cozinha, s. f. 1. Compartimento onde se preparam os alimentos. 2. Arte de os preparar.

Cozinhado, adj. Cozido. s. m. Alimento que se cozeu.

Cozinhar, v. Tr. dir. e intr. V. *cozer.*

Cozinheira, s. f. Mulher que cozinha.

Cozinheiro, s. m. Homem que cozinha.

Craca, s. f. *Zool.* Nome comum aos crustáceos entomostráceos que vivem nos rochedos, nos cascos dos navios e sobre tartarugas e baleias.

Crachá, s. m. Condecoração, venera.

-cracia, elem. de comp. (gr. *kratia*). Exprime a idéia de *governo, domínio, autoridade: democracia, plutocracia.*

Cracoviana, s. f. Dança polaca, viva e ligeira.

Craguatá, s. m. *Bot.* V. *caraguatá.*

Craniano, adj. *Anat.* Relativo ao cranio.
Craniectomia, s. f. *Cir.* Operação em que se extirpa uma parte da caixa craniana.
Crânio[1], s. m. 1. *Anat.* Caixa óssea que encerra e protege o encéfalo. 2. Caveira. 3. Indivíduo muito inteligente.
crânio-[2], elem. de comp. (l. *craniu*). Expressa a idéia de *crânio: craniômetro.*
Craniografia, s. f. Descrição científica do crânio.
Cranióide, adj. m. e f. Que tem forma de crânio.
Craniolar, adj. m. e f. V. *cranióide.*
Craniolária, s. f. *Zool.* Concha craniolar.
Craniologia, s. f. Estudo dos crânios.
Craniologista, s. m. e f. Especialista em craniologia.
Craniólogo, s. m. V. *craniologista.*
Craniomancia, s. f. Arte de adivinhar, pela observação do crânio, as disposições ou tendências intelectuais e morais de um indivíduo.
Craniomante, s. m. e f. Pessoa que pratica a craniomancia.
Craniometria, s. f. Medição das dimensões do crânio.
Craniométrico, adj. Relativo à craniometria.
Craniômetro, s. m. Instrumento com que se medem os diâmetros do crânio.
Cranioscopia, s. f. Exame do crânio para fins diagnósticos.
Cranioscópio, s. m. Instrumento com que se faz a cranioscopia.
Craniotomia, s. f. *Med.* Abertura cirúrgica do crânio.
Crápula, s. f. 1. Desregramento. 2. Devassidão, libertinagem. S. m. Indivíduo crapuloso.
Crapuloso, adj. 1. Em que há crápula. 2. Devasso, libertino.
Craque[1], s. m. (ingl. *crack*). 1. Onomatopéia de coisa que se quebra com ruído. 2. Série de falências bancárias.
Craque[2], s. m. (ingl. *crack*, pelo ital.). *Esp.* 1. Cavalo de corrida ou jogador que adquirem fama.
Crás, s. m. Som imitativo da voz do corvo.
Crase, s. f. 1. *Gram.* Contração ou fusão de duas vogais iguais numa só, como *à* por *a a*, *ser* por *seer.* Em sentido restrito, contração da preposição *a* com o artigo ou pronome *a.* 2. *Por ext.* Designação do acento grave que indica aquela contração. 3. Constituição, temperamento.
Crasear, v. Tr. dir. Colocar o sinal de crase em.
crassi-, elem. de comp. (l. *crassu*). Exprime a idéia de *grosso: crassifoliado.*
Crassície, s. f. V. *crassidão.*
Crassicórneo, adj. *Zool.* Que tem cornos ou antenas espessas.
Crassidade, s. f. V. *crassidão.*
Crassidão, s. f. Qualidade de crasso; crassície, crassidade.
Crassifoliado, adj. *Bot.* Que tem folhas grossas.
Crassilíngüe, adj. m. e f. Que tem língua grossa.
Crassinérveo, adj. Que tem nervuras espessas.
Crassípede, adj. m. e f. *Zool.* Que tem pés grossos.
Crassipene, adj. m. e f. *Ornit.* Que tem penas espessas.
Crassirrostro *(ó)*, adj. *Zool.* Que tem bico grosso.
Crasso, adj. 1. Espesso. 2. Cerrado, denso. 3. Grosseiro, grande, completo: Ignorância *c.*
Crassuláceas, s. f. pl. *Bot.* Família (*Crassulaceae*) que abrange ervas ou subarbustos suculentos.
Crástino, adj. *Poét.* Relativo ao dia de amanhã, ao dia seguinte.
-crata, elem. de comp. (gr. *kratos*). Exprime a idéia de *partidário* ou *membro de uma classe,* ou de um *tipo de governo: democrata, plutocrata.*
Cratera, s. f. *Geol.* Abertura por onde o vulcão expele as lavas e gases.
Crateriforme, adj. m. e f. Com forma de cratera.
Cravação, s. f. 1. Ato ou efeito de cravar(-se). 2. Ação de engastar pedras preciosas. 3. *Tip.* Relevo, formado pelo tipo, no lado do papel oposto àquele em que se imprime. 4. Ornato constituído por pregos em disposição simétrica.
Cravador, s. m. 1. Quem, ou aquilo que crava. 2. Furador de sapateiro.
Cravadura, s. f. Cravação.
Cravagem, s. f. 1. Cravação. 2. Doença de gramíneas que ocasiona o apodrecimento das espigas.
Cravar, v. (1. *clavare*). 1. Tr. dir. Fazer entrar ou penetrar. 2. Tr. dir. e pron. Embeber(-se), enterrar(-se), fincar(-se). 3. Tr. dir. Engastar. 4. Tr. dir. e pron. Fitar(-se), fixar(-se).
Craveira, s. f. 1. Compasso de sapateiro para tomar a medida do pé. 2. Buraco na ferradura para o cravo. 3. Instrumento para fazer as cabeças dos cravos e pregos.
Craveiro, s. m. *Bot.* Planta cariofilácea, que produz flores de variados matizes e agradável aroma (*Dianthus caryophyllus*). 2. Fabricante de cravos para ferraduras.
Cravejador, s. m. 1. Indivíduo que craveja. 2. Indivíduo que faz cravos para ferraduras.
Cravejamento, s. m. Ato ou efeito de cravejar.
Cravejar, v. Tr. dir. 1. Fixar por meio de cravos. 2. Engastar, pregar. 3. Ficar embutido em.
Cravelha *(ê)*, s. f. *Mús.* Pequena clave, nas extremidades dos instrumentos de cordas, onde estas se prendem, enrolam e retesam.
Cravelho *(ê)*, s. m. Peça de madeira, com que se fecham cancelas, portas, postigos etc.; taramela, tramela. Var.: *caravelho.*
Cravete, s. m. Cada uma das pontas metálicas da fivela, que servem para fixar o cinto, a correia.
Cravija, s. f. Cavilha de ferro que une a lança com os varais do carro.
Cravina, s. f. *Bot.* Nome de várias espécies de plantas congêneres do cravo, e da flor dessas espécies.
Cravinoso, adj. Com forma de cravina ou cravo.
Cravista, s. m. f. Pessoa que tange cravo.
Cravo[1], s. m. (1. *clavu*). 1. Prego de ferradura. 2. Prego com que se fixavam na cruz as mãos e os pés dos supliciados. 3. Flor do craveiro. 4. *Bot.* Planta cariofilácea, também chamada *craveiro* (*Dianthus caryophyllus*). 5. *Med.* Afecção do folículo sebáceo, causada pela obstrução do poro. 6. *Pop.* Mau negócio. — *C-da-índia*: especiaria aromática, que consiste nos botões florais secos, da planta do mesmo nome (*Eugenia caryophyllata*).
Cravo[2], s. m. *Mús.* Piano primitivo.
Cré[1], s. f. (fr. *craie*). *Miner.* Rocha calcária, branca, pulverulenta.
Cré[2], s. m. Usado na expressão *lé com lé, cré com cré*: cada qual com os da sua igualha.
Crebro, adj. *Poét.* Amiudado, freqüente, repetido.
Creche, s. f. (fr. *crèche*). Asilo para crianças pobres.
Credência, s. f. Mesinha ao pé do altar, onde se põem as galhetas e outros acessórios da missa.
Credencial, adj. m. e f. Digno de crédito. S. f. pl. 1. Carta que um ministro ou um embaixador entrega ao chefe de um Estado, ao qual é enviado, para se fazer acreditar junto dele. 2. Ações ou títulos que abonam um indivíduo.
Crediário, s. m. Sistema de vendas a crédito, com pagamento a prestações.
Crediarista, s. m. e f. Pessoa que faz compras pelo crediário.
Credibilidade, s. f. Qualidade do que é crível.
Creditar, v. Tr. dir. 1. Lançar em crédito. 2. Inscrever como credor. 3. Garantir.
Creditício, adj. Relativo ao crédito público.
Crédito, s. m. 1. Confiança que inspiram as boas qualidades duma pessoa. 2. Boa fama. 3. *Com.* Confiança na solvabilidade de alguém. 4. Prazo para pagamento: Comprar a *c.* 5. Fé, crença.
Creditório, adj. Relativo a crédito.
Credo[1], s. m. 1. Fórmula doutrinária cristã, chamada também *Símbolo dos Apóstolos,* que começa em latim pela palavra *Credo,* que significa *Creio.* 2. Profissão de fé cristã. 3. Doutrina, programa ou princípios de uma pessoa, um partido, uma seita.
Credo![2], interj. *Pop.* Exprime espanto ou repulsa.
Credor, s. m. 1. *Dir.* Pessoa a quem se deve dinheiro ou outra coisa. Col.: *junta, assembléia.* 2. Aquele que faz jus a alguma coisa boa; merecedor.
Credulidade, s. f. Qualidade de quem é crédulo.
Crédulo, adj. e s. m. 1. Que, ou aquele que crê facilmente. 2. Ingênuo, simples.

Creio-em-deus-padre, s. m. Credo, acep. 1. Interj. Credo!
Creiom *(è-i),* s. m. (fr. *crayon*). 1. Lápis de grafita. 2. Desenho feito com esse lápis.
Cremação, s. f. (1. *crematione*). Ato de destruir pelo fogo, especialmente cadáveres humanos; incineração.
Cremado[1], adj. (*creme + ado*). Que tem cor de creme.
Cremado[2], adj. (p. de *cremar*). Queimado, incinerado.
Cremador, adj. e s. m. Que, ou o que crema.
Cremalheira, s. f. (fr. *crémaillière*). 1. Barra dentada, para levantar ou baixar uma peça móvel; roleira. 2. Peça munida de dentes em relógios e outros maquinismos. 3. Trilho dentado em que engranzam as rodas motoras dentadas da locomotiva.
Cremar, v. Tr. dir. Incinerar (cadáveres).
Crematório, adj. Em que se faz cremação: Forno *c.*
Creme, s. m. 1. Substância gordurosa e amarela do leite da qual se extrai a manteiga; nata. 2. Doce feito de leite, farinha, ovos e açúcar. 3. Cor branca-amarelada como a do creme.
Cremona, s. f. *Constr.* Fecho de ferro para trancar janelas e portas, em cima e embaixo ao mesmo tempo, que funciona no sistema de cremalheira.
Cremor, s. m. 1. Cozimento feito com o suco dalguma planta. 2. A parte mais espessa de um líquido.
Crena, s. f. 1. Entalhe, incisura, fenda. 2. Espaço entre os dentes de uma roda ou peça dentada.
Crença, s. f. 1. Ato ou efeito de crer. 2. Fé religiosa. 3. Opiniões que se adotam com fé e convicção.
Crendeirice, s. f. Qualidade de crendeiro.
Crendeiro, adj. e s. m. 1. Que, ou aquele que crê em abusos ou superstições ridículas. 2. Simplório.
Crendice, s. f. Crença absurda e ridícula.
creni-, elem. de comp. (1. *crena*). Exprime a idéia de *entalhe, incisura: crenirrostro.*
Crenirrostro *(ó),* adj. *Zool.* Que tem bico crenulado.
Crente, adj. e s. m. e f. Que, ou pessoa que tem fé religiosa. 2. Sectário (a) de uma religião. Col.: *grei, rebanho* (figurados).
Crênula, s. f. Diminutivo de *crena.*
Crenulado, adj. Que tem crênulas.
creo-, elem. de comp. (gr. *kreas*). Exprime a idéia de *carne: creofagia.*
Creofagia, s. f. Hábito de se alimentar de carne.
Creófago, adj. e s. m. V. *carnívoro.*
Creolina, s. f. *Quím.* Nome comercial de uma mistura de fenóis e óleos de alcatrão de hulha, usada como desinfetante.
Creosotagem, s. f. Ação de creosotar.
Creosotar, v. Tr. dir. Aplicar creosoto em.
Creosoto *(ô),* s. m. *Quím.* Destilado oleoso, transparente, venenoso, de alcatrão de madeira, mistura de cresol, cresóis e guaiaco.
Crepe, s. m. 1. Fita ou tecido negro, que se usa em sinal de luto. 2. Luto.
Crépido, adj. 1. Crespo. 2. Encarapinhado.
Crepitação, s. f. Ato ou efeito de crepitar; estalo, estalido.
Crepitante, adj. m. e f. Que crepita.
Crepitar, v. Intr. Estalar (a madeira a arder, o sal que se deita ao fogo).
Crepom, s. m. Crepe grosso.
Crepuscular, adj. m. e f. Relativo ao crepúsculo.
Crepusculino, adj. V. *crepuscular.*
Crepúsculo, s. m. 1. Claridade frouxa, que precede o nascer do Sol ou persiste algum tempo depois de ele se pôr. 2. *Fig.* Decadência, ocaso.
Crer, v. (1. *credere*). 1. Tr. dir. Ter como verdadeiro; acreditar. 2. Intr. Ter crença, ter fé. 3. Tr. ind. e intr. Ter confiança, ter fé. 4. Tr. dir. e pron. Julgar(-se), presumir(-se).
Crescença, s. f. 1. Ato ou efeito de crescer. 2. Crescimento.
Crescendo, s. m. (ital. *crescendo*). 1. *Mús.* Aumento progressivo de sonoridade. 2. Progressão, gradação.
Crescente, adj. m. e f. Que cresce ou vai crescendo. S. f. Enchente de rio ou maré. S. m. 1. Crescimento aparente da Lua entre o novilúnio e o plenilúnio. 2. Aquilo que tem forma de meia-lua. 3. Armas e estandarte do Império Turco.
Crescer, v. (1. *crescere*). Intr. 1. Aumentar em volume, extensão, grandeza, intensidade. 2. Aumentar em estatura ou altura. 3. Aumentar em número ou em quantidade. 4. Inchar. 5. Nascer e desenvolver-se.
Crescido, adj. Aumentativo, grande.
Crescimento, s. m. Ato ou efeito de crescer; crescença.
Crespidão, s. f. 1. Qualidade ou estado de crespo. 2. Aspereza, escabrosidade.
Crespo *(ê),* adj. (1. *crispu*). 1. Que tem superfície áspera; rugoso. 2. Encaracolado, frisado, riçado. 3. Agitado, encapelado, encarneirado (diz-se do mar).
Cresta, s. f. *Apic.* Ato ou efeito de crestar[2].
Crestadeira, s. f. Instrumento de ferro com que se crestam as colméias.
Crestadura, s. f. Queimadura ligeira, à superfície.
Crestamento, s. m. 1. Cresta. 2. Efeito produzido pelo calor do Sol.
Crestar[1], (1. *crustare?*). 1. Tr. dir Queimar levemente a superfície de; chamuscar, tostar. 2. Tr. dir. Amorenar, bronzear. 3. Pron. Queimar-se de leve. 4. Tr. dir. e pron. Secar(-se) por efeito do frio ou do calor.
Crestar[2], (1. *castrare*). Tr. dir. *Apic.* Retirar o mel de colméias colhendo parte dos favos.
Crestomatia, s. f. Antologia, florilégio, seleta.
Cretáceo, adj. e s. m. *Geol.* Diz-se do, ou o terceiro e último período da Era Mesozóica.
Cretense, adj. m. e f. De Creta (ilha do Mediterrâneo). S. m. e f. Habitante ou natural de Creta.
Cretinice, s. f. Qualidade ou ação de cretino.
Cretinismo, s. m. 1. Cretinice. 2. *Med.* Doença crônica devida à ausência de secreção tireóidea.
Cretinização, s. f. 1. Estado de cretino. 2. Embrutecimento progressivo.
Cretinizar, v. Tr. dir. e pron. Tornar(-se) cretino.
Cretino, adj. e s. m. Que, ou o que sofre de cretinismo; pacóvio, idiota.
Cretone, s. m. Tecido forte e encorpado, de algodão ou de linho.
Cria, s. f. 1. Animal de mama. 2. Pessoa pobre, criada em casa de outrem.
Criação, s. f. (1. *creatione*). 1. Ato ou efeito de criar. 2. A totalidade dos seres criados. 3. O universo visível. 4. Produção, obra, invento. 5. Animais domésticos que se criam para alimento do homem.
Criacionismo, s. m. *Lit.* Modalidade hispano-americana do expressionismo.
Criadagem, s. f. Conjunto dos criados de uma casa.
Criadeira, adj. Que cria bem. S. f. Ama de leite.
Criado, s. m. Empregado doméstico. Adj. Que se criou.
Criador, adj. 1. Que cria, que tira do nada. S. m. 1. Deus. 2. Inventor ou primeiro autor. 2. Aquele que se dedica à criação de animais.
Criadouro, adj. Capaz de se criar bem. S. m. Viveiro de plantas. Var.: *criadoiro.*
Criança, s. f. Ser humano, no período da infância; menino ou menina.
Criançada, s. f. 1. Grupo de crianças. 2. *Fam.* Criancice.
Criancice, s. f. 1. Ato, dito ou modos próprios de criança. 2. Leviandade.
Criançola, s. m. Aquele que, já não sendo criança, procede como criança.
Criar, v. (1. *creare*). 1. Tr. dir. Dar existência a, tirar do nada. 2. Tr. dir. Dar origem a; formar, gerar. 3. Tr. dir. Imaginar, inventar, produzir, suscitar. 4. Tr. dir. Estabelecer, fundar, instituir. 5. Tr. dir. Começar a ter; adquirir. 6. Tr. dir. Alimentar, sustentar (uma criança). 7. Tr. dir. Educar. 8. Pron. Crescer, desenvolver-se. 9. Tr. dir. Exercer a pecuária, como atividade econômica.
Criatura, s. f. 1. Coisa criada. 2. Todo ser criado. 3. Homem, por oposição a Deus.
Cribriforme, adj. m. e. f. Com forma de crivo.
Criciúma, s. f. *Bot.* Nome comum a várias espécies de gramíneas, de cujo colmo se fazem cestos e balaios.

crico-, elem. de comp. (gr. *krikos*). Exprime a idéia de *anular, redondo: cricóide.*

Cricóide, adj. m. e f. *Anat.* Diz-se da cartilagem anular que ocupa a parte inferior da laringe.

Cricóstomo, adj. Que tem boca ou abertura redonda.

Cricri, s. m. (*Onom.*) 1. Canto do grilo. 2. Instrumento que imita o cantar do grilo.

Cricrido, s. m. V. *cricri.*

Cricrilar, v. Intr. Cantar (o grilo).

Crime, s. m. (l. *crimen*). 1. *Dir.* Violação culposa da lei penal. 2. *Sociol.* Ato condenável, de conseqüências desagradáveis.

Criminação, s. f. (l. *criminatione*). Ato de criminar.

Criminal, adj. m. e f. Relativo a crime.

Criminalidade, s. f. Qualidade de criminoso. 2. Grau de crime.

Criminalista, s. m. e f. Especialista em assuntos criminais.

Criminar, v. Tr. dir. 1. Imputar crime a. 2. Acusar.

Criminável, adj. m. e f. Que pode ser criminado.

crímino-, elem. de comp. (l. *crimine*). Exprime a idéia de *crime: criminologia.*

Criminologia, s. f. Estudo das causas dos crimes e dos remédios possíveis.

Criminológico, adj. Relativo à criminologia.

Criminologista, s. m. e f. Especialista em criminologia.

Criminoso, adj. e s. m. Que, ou o que cometeu um crime; delinqüente, réu, culpado.

crimo-, elem. de comp. (gr. *krumos*). Exprime a idéia de *frio: crimodinia.*

Crimodinia, s. f. *Med.* Dor reumática produzida pelo frio.

Crimófilo, adj. *Biol.* Que se dá bem em lugares frios.

Crina, s. f. Pêlos compridos e flexíveis, do pescoço e da cauda do cavalo e de outros animais.

Crinal, adj. m. e f. Relativo a crina.

Crineira, s. f. 1. Bordo superior do pescoço dos eqüídeos, dotado de crina. 2. Juba. 3. Conjunto de pêlos ou fios, que pendem do alto do capacete.

crini-, elem. de comp. (l. *crine*). Exprime a idéia de *crina, cabelo, pêlo: criniforme.*

Crinicórneo, adj. *Zool.* Que tem antenas peludas.

Crinífero, adj. Que possui crina.

Criniforme, adj. m. e f. Com forma de crina ou de cabelo.

Crinito, adj. Provido de crina ou coma.

Crinóide, adj. m. e f. V. *crinóideo.*

Crinóideo, adj. *Zool.* Relativo aos Crinóideos. S. m. pl. Classe (*Crinoidea*) de equinodermos de braços comumente bifurcados ou multirramosos.

Crinolina, s. f. 1. Tecido feito de crina. 2. Anágua desse tecido, usada para entufar a saia. 3. Tecido forte, próprio para forro.

Crinudo, adj. 1. Que tem muita crina. 2. Cabeludo.

crio-[1], elem. de comp. (gr. *krios*). Exprime a idéia de *carneiro*[1]: *criocéfalo.*

crio-[2], elem. de comp. (gr. *kruos*). Exprime a idéia de *frio: crioterapia.* Var.: *crimo.*

Crió, s. f. *Ornit.* A fêmea do cuco.

Criocéfalo, adj. *Entom.* Com cabeça semelhante à do carneiro.

Criolita, s. f. *Miner.* Fluoreto duplo natural de sódio e alumínio.

Crioterapia, s. f. Emprego do gelo como terapêutica.

Crioulada, s. f. Porção de crioulos.

Crioulismo, s. m. Tendência nativista, nas literaturas hispano-americanas.

Crioulo, s. m. (de *criar*). 1. Indivíduo descendente de europeus, nascido numa das colônias de ultramar. 2. Negro nascido na América, por oposição ao originário da África. 3. Indivíduo de raça negra. 4. *Lingüíst.* Dialeto colonial de uma língua da Europa. Adj. Diz-se de animal nascido e criado na fazenda.

Cripta, s. f. Parte subterrânea de uma igreja.

Criptandro, adj. *Bot.* Diz-se dos vegetais desprovidos de órgãos masculinos aparentes.

Críptico, adj. Relativo a cripta.

cripto- elem. de comp. (gr. *kruptos*). Significa *oculto: criptocarpo.*

Criptocarpo, adj. *Bot.* Que tem frutos ocultos.

Criptocomunista, adj. e s. m. e f. Que, ou pessoa que é disfarçadamente comunista.

Criptocristalino, adj. *Crist.* Diz-se de estrutura cristalina tão fina, que os cristais individuais não são reconhecíveis nem com o microscópio.

Criptógamas, s. f. pl. *Bot.* Em algumas classificações antigas, classe ou sub-reino (*Cryptogamia*) que compreende todos os criptógamos.

Criptogâmico, adj. *Bot.* Relativo às plantas criptógamas.

Criptógamo, adj. e s. m. *Bot.* Diz-se de, ou cada um dos vegetais inferiores (fetos, musgos, algas, fungos), que se reproduzem por espórios e não por sementes.

Criptografia, s. f. Arte de escrita secreta, convencional, por meio de sinais, cifras e abreviaturas.

Criptográfico, adj. Relativo à criptografia.

Criptograma, s. m. Texto redigido em escrita cifrada.

Criptologia, s. f. Ciência oculta; ocultismo.

Criptológico, adj. Relativo a criptologia.

Criptomeria, s. f. Presença de criptômeros em um indivíduo.

Criptômero, s. m. Gene recessivo.

Criptônio, s. m. *Quím.* Elemento, que é um gás nobre, de símbolo Kr, número atômico 36, massa atômica 83,8.

Criptópode, adj. e s. m. e f. *Zool.* Diz-se do, ou o animal que não tem pés aparentes.

Criptorquia, s. f. *Med.* Estado do indivíduo cujos testículos não desceram para a bolsa escrotal.

Cris, adj. m. e f. (de *gris*). Obscuro, pardacento.

Crisálida, s. f. 1. *Entom.* Pupa de um inseto, especialmente de um lepidóptero. 2. *Entom.* Casulo da pupa. 3. Coisa latente. Var.: *crisálide.*

Crisálide, s. f. V. *crisálida.*

Crisântemo, s. m. *Bot.* 1. Gênero (*Chrysanthemum*) da família das Compostas, constituído de ervas perenes, com muitas variedades ornamentais. 2. Planta desse gênero.

Crise, s. f. 1. *Med.* Alteração que sobrevém no curso de uma doença. 2. *Med.* Manifestação aguda de uma perturbacão física ou moral em uma pessoa: *C.* de reumatismo; *c.* de loucura. 3. Entusiasmo súbito; movimento de ardor: Trabalha por *crises.* 4. Período difícil na vida de uma pessoa ou de uma sociedade de cuja solução depende a volta a um estado normal. 5. Falta de alguma coisa em vasta escala: *C.* de professores.

Crisma, s. m. *Rel.* Óleo perfumado com bálsamo, que se usa na ministração de alguns sacramentos. S. f. O sacramento da confirmação.

Crismar, v. 1. Tr. dir. *Rel.* Conferir a crisma a. 2. Pron. Receber a crisma.

criso-, elem. de comp. (gr. *khrusos*). Exprime a idéia de *ouro: crisófilo.*

Crisoberilo, s. m. *Miner.* Aluminato natural de berilo.

Crisol, s. m. 1. Cadinho. 2. *Fig.* Prova moral.

Crisolita, s. f. *Miner.* Grão de quartzo, hialino, na linguagem dos garimpeiros. Cfr. *crisólita.*

Crisólita, s. f. *Miner.* Olivina, pedra preciosa da cor do ouro.

Crisólito, s. m. V. *crisólita.*

Crisoprásio, s. m. *Miner.* Variedade de calcedônia verde-clara.

Crisópraso, s. m. V. *crisoprásio.*

Crispação, s. f. Ato ou efeito de crispar(-se); crispamento, crispadura.

Crispadura, s. f. V. *crispação.*

Crispamento, s. m. V. *crispação.*

Crispar, v. 1. Tr. dir. e pron. Encrespar(-se), franzir(-se). 2. Pron. Contrair-se em espasmo.

Crista, s. f. 1. *Zool.* Excrescência carnosa na cabeça das aves principalmente dos galiformes, e saliência do alto da cabeça de alguns répteis e peixes. 2. Penacho. 3. Posição airosa e elevada do pescoço do cavalo. 4. Aresta de montanha; espinhaço de monte; cume. 5. *Bot.* Nome de várias plantas. 6. *Fís.* Parte mais alta da onda.

Cristal, s. m. (l. *crystallu*). 1. Fragmento de uma substância, ordinariamente mineral, com faces planas e formas geométricas. 2. Objeto de cristal. 3. Vidro de qualidade superior, muito transparente, que contém óxido de chumbo. 4. *Poét.* Limpidez, transparência.

cristali-, elem. de comp. (l. *crystallu*). O mesmo que *cristalo: cristalífero.*

Cristalífero, adj. *Miner.* Que contém cristais.

Cristalinidade, s. f. Qualidade de cristalino.

Cristalino, adj. 1. Referente a cristal. 2. Puro como cristal; límpido. S. m. *Anat.* Corpo lenticular e transparente, na parte anterior do humor vítreo do olho.

Cristalização, s. f. *Quím.* Ato ou efeito de cristalizar(-se).

Cristalizador, adj. Que cristaliza. S. m. 1. Recipiente de vidro em que se pode afetuar a cristalização das substâncias dissolvidas. 2. Tanque de cristalização do açúcar.

Cristalizar, v. 1. Tr. ind., intr. e pron. Condensar-se ou transformar-se em cristal ou cristais. 2. Tr. dir. Fazer tomar forma e contextura cristalinas. 3. Tr. ind. Permanecer em determinado estado.

Cristalizável, adj. m. e f. Que se pode cristalizar.

cristalo-, elem. de comp. (gr. *krustallos*). Exprime a idéia de *cristal, vidro: cristalografia.*

Cristalografia, s. f. Ciência que trata da forma e estrutura dos cristais, e das leis que regem sua formação.

Cristalográfico, adj. Que se refere à cristalografia.

Cristalógrafo, s. m. Especialista em cristalografia.

Cristalóide, adj. m. e f. Semelhante ao cristal. S. m. 1. *Quím.* Substância que pode atravessar membranas semiporosas. 2. *Bot.* Cristal de albumina encontrado em algumas células vegetais. 3. *Anat.* Membrana que envolve o cristalino.

Cristalomancia, s. f. Pretensa arte de adivinhar mediante objetos ou pedaços de cristal.

Cristandade, s. f. 1. Conjunto dos povos ou dos países cristãos. 2. Qualidade do que é cristão.

Cristão, adj. (l. *christianu*). 1 Que professa o cristianismo. 2. Conforme ao cristianismo. S. m. 1. Sectário do cristianismo. 2. Ente, pessoa. Fem.: *cristã.* Pl.: *cristãos.* Sup. abs. sint.: *cristianíssimo.*

Cristianismo, s. m. 1. A religião de Cristo. 2. O conjunto das religiões cristãs.

Cristianização, s. f. Ato ou efeito de cristianizar(-se).

Cristianizador, adj. e s. m. Que ou o que cristianiza.

Cristianizar, v. 1. Tr. dir. Tornar cristão; converter à fé cristã. 2. Tr. dir. Dar caráter de cristão a. 3. Pron. Fazer-se cristão.

Cristo, s. m. 1. *Bíblia.* Aquele que é ungido do Senhor. 2. *Rel.* Imagem de Jesus Cristo. 3. *Pop.* A vítima de enganos, ardis ou maus tratos.

Critério, s. m. 1. *Filos.* Aquilo que serve para distinguir a verdade do erro. 2. Princípio que se toma como referência para emitir uma apreciação, conduzir uma análise. 3. Faculdade de apreciar e distinguir o bem do mal.

Criteriologia, s. f. Parte da Lógica que trata do estabelecimento dos critérios.

Criterioso, adj. 1. Que revela critério. 2. Sensato.

Crítica, s. f. 1. Arte de julgar as obras literárias ou artísticas. 2. Conjunto dos críticos. 3. Exame minucioso. 4. Julgamento hostil.

Criticador, s. m. Aquele que tem por hábito dizer mal de pessoa ou coisa.

Criticar, v. Tr. dir. 1. Examinar como crítico, notando a perfeição ou os defeitos de (obra literária ou artística). 2. Dizer mal de; censurar.

Criticastro, s. m. Crítico sem valor, reles.

Criticável, adj. m. e f. Que se pode criticar.

Criticismo, s. m. Sistema filosófico que procura determinar os limites da razão humana; racionalismo crítico.

Criticista, adj. m. e f. Relativo ao criticismo. S. m. e f. Sectário do criticismo.

Crítico, adj. 1. Relativo à crítica. 2. Diz-se daquele que tende a observar apenas os defeitos. 3. Difícil, penoso. 4. Perigoso. 5. Decisivo. S. m. 1. Pessoa que pratica a crítica. 2. Maldizente.

Critiqueiro, s. m. Criticastro.

Critiquice, s. f. 1. Mania de criticar sem fundamento. 2. *Pej.* Crítica ordinária.

Crivação, s. f. Ato ou efeito de crivar.

Crivar, v. (l. *cribare*). 1. Tr. dir. Passar por crivo. 2. Tr. dir. Furar em muitos pontos. 3. Tr. dir. Constelar, encher. 4. Pron. Encher-se, ficar crivado.

Crível, adj. m. e f. Que se pode crer; acreditável. Sup. abs. sint: *credibilíssimo.*

Crivo, s. m. (l. *cribru*). 1. Joeira ou peneira de fio metálico. 2. Acessório de regador para borrifar com água. 3. Qualquer coisa cheia de furos em toda a superfície.

Croácio, Adj. e s. m. V. *croata.*

Croata, adj. m. e f. Relativo à Croácia. S. m. e f. Pessoa natural da Croácia. S. m. Língua falada pelo povo croata.

Croça, s. f. 1. Bastão episcopal; báculo. 2. *Anat.* Parte recurva da aorta; cajado da aorta.

Cróceo, adj. *Poét.* Da cor do açafrão.

Crochê, s. m. (fr. *crochet*). Renda ou malha que se faz com uma só agulha especial.

Crocidismo, s. m. V. *carfologia.*

Crocitante, adj. m. e f. Que crocita.

Crocitar, v. Intr. Emitir a voz (o abutre, o corvo e aves semelhantes).

Crocito, s. m. A voz do abutre, do corvo e de outras aves.

Crocodiliano, adj. *Zool.* 1. Relativo aos Crocodilianos. S. m. pl. Ordem (*Crocodilia*) de répteis atuais de cauda comprida e coração com quatro cavidades.

Crocodilo, s. m. 1. *Zool.* Grande réptil anfíbio das regiões quentes do gênero *Crocodilus.* Voz: *brame, ruge.* 2. *Fig.* Indivíduo fingido, traidor.

Crocoíta, s. f. *Miner.* Cromato natural de chumbo.

Cromado, adj. 1. Que tem cromo. 2. Revestido de cromo.

Cromática, s. f. Ciência que estuda as cores.

Cromático, adj. 1. Relativo a cores. 2. *Mús.* Composto de uma série de semitons.

Cromatina, s. f. *Fisiol.* Porção mais facilmente corável do núcleo celular.

Cromatismo, s. m. 1. Dispersão da luz. 2. Irisação. 3. Coloração.

Cromato [1], s. m. *Quím.* Sal ou éster de ácido crômico.

cromato- [2], elem. de comp. (gr. *khroma, atos*). Exprime a idéia de *cor, pigmento: cromatóforo.*

Cromatóforo, s. m. *Anat.* Cada uma das células, no tegumento de vários animais, capazes de alterar a pigmentação aparente da pele por expansão ou contração.

Crômico, adj. 1. Cromático. 2. Relativo a, ou derivado do cromo.

Cromo [1], s. m. 1. *Quím.* Elemento metálico, de símbolo Cr, número atômico 24, massa atômica 52,01. 2. *Tip.* Figura impressa em cores; estampa colorida.

cromo- [2], elem. de comp. O mesmo que *cromato: cromolitografia.*

Cromolitografia, s. f. Litografia a cores.

Cromolitográfico, adj. Concernente à cromolitografia.

Cromômero, s. m. *Biol.* Cada um dos grânulos de cromatina que compõem o cromossomo.

Cromossômico, adj. *Biol.* Relativo a cromossomos.

Cromossomo, s. m. *Biol.* Cada um dos corpúsculos, de cromatina, que aparecem no núcleo de uma célula, durante a sua divisão. Constituem a sede das qualidades hereditárias representadas pelos genes.

Crônica, s. f. (l. *chronica*). 1. Narração histórica, por ordem cronológica. 2. Seção ou coluna, de jornal ou revista, consagradas a assuntos especiais.

Cronicidade, s. f. Qualidade de crônico.

Crônico, adj. 1. Que dura há muito. 2. *Med.* Diz-se das doenças que, em oposição às agudas, se prolongam. 3. Arraigado, inveterado.

Croniqueiro, s. m. *Pej. Cronista.*

Cronista, s. m. e f. Quem escreve crônicas.

crono-, elem. de comp. Exprime a idéia de *tempo: cronologia.*

Cronógrafo, s. m. Instrumento de precisão para registrar o tempo exato em minutos, segundos e frações.

Cronologia, s. f. Ciência das divisões do tempo e da determinação da ordem e sucessão dos acontecimentos.

Cronológico, adj. Relativo à cronologia.

Cronologista, s. m. e f. Pessoa versada em cronologia.

Cronômetro, s. m. 1. Instrumento para medir o tempo. 2. Relógio de grande precisão.

Cronônimo, s. m. *Neol.* Nome indicativo de seções de tempo: domingo, março, Hégira, Quinhentos (o séc. XVI) etc.

Croque, s. m. (fr. *croc*). Vara com um gancho na extremidade, de variadas utilidades.

Croquete, s. m. Bolinho de carne picada recoberta de massa de farinha de rosca.

Croqui, s. m. (fr. *croquis*). Esboço de desenho ou pintura.

Cróssima, s. f. (ingl. *crossing*). Peça de ferro ou aço, de forma triangular, colocada nos desvios das vias férreas, nas pontas em que os trilhos se interceptam.

Crosta (*ô*), s. f. (l. *crusta*). 1. Camada superficial e dura que envolve um corpo; casca, crusta, códea. 2. *Med.* Espécie de escama que se forma sobre uma ferida.

Crotalídeo, adj. *Herp.* Relativo aos Crotalídeos. S. m. pl. Família (*Crotalidae*) de serpentes venenosas do Novo Mundo, como a cascavel, a jararaca, a urutu etc.

Cróton, s. m. *Bot.* 1. Gênero (*Croton*) de ervas e arbustos euforbiáceos com folhas estreladas, ornamentais. 2. Planta desse gênero. Var.: *crotão.*

Cru, adj. (l. *crudu*). 1. Que está por cozer. 2. Que está por curtir: Couro *cru.* 3. Sem disfarce, sem rebuço: Verdade *crua.* 4. Áspero, duro, ofensivo: Linguagem *crua.* 5. Cruento: Refrega *crua.*

cruci-, elem. de comp. (l. *cruce*). Exprime a idéia de *cruz: crucífero, crucígero, crucirrostro.*

Cruciação, s. f. Ato ou efeito de cruciar.

Crucial, adj. m. e f. 1. Em forma de cruz. 2. Difícil, árduo, duro.

Cruciante, adj. m. e f. Que crucia; cruciário.

Cruciar, v. Tr. dir. 1. Crucificar. 2. Atormentar, torturar. 3. Afligir muito; mortificar.

Cruciário, adj. V. *cruciante.*

Cruciferário, s. m. O que leva a cruz nas procissões.

Crucíferas, s. f. pl. *Bot.* Família (*Cruciferae*) constituída de ervas anuais ou perenes, florescentes, como a couve, o nabo, a mostarda.

Crucificação, s. f. 1. Ato ou efeito de crucificar. 2. Suplício da cruz.

Crucificado, adj. Pregado na cruz. S. m. 1. O que padeceu o suplício da cruz. 2. Em sentido restrito, Jesus Cristo.

Crucificamento, s. m. V. *crucificação.*

Crucificar, v. (l. *crucifigere*). Tr. dir. 1. Pregar na cruz: submeter ao suplício da cruz. 2. Atormentar; mortificar.

Crucifixão (*cs*), s. f. V. *crucificação.*

crucifixar (*cs*), v. Tr. dir. V. *crucificar.*

crucifixo (*cs*), adj. V. *crucificado.* S. m. Imagem de Cristo pregado na cruz.

Cruciforme, adj. m. e f. Em forma de cruz.

Crucirrostro (*ó*), adj. *Ornit.* Que tem o bico cruzado.

Cruel, adj. m. e f. (l. *crudele*). 1. Que se compraz ou não hesita em fazer sofrer. 2. Doloroso. 3. Sanguinolento. 4. Duro, insensível.

Crueldade, s. f. 1. Qualidade do que é cruel. 2. Ato cruel.

Cruentação, s. f. Ato ou efeito de cruentar(-se).

Cruentar, v. V. *ensagüentar.*

Cruento, adj. (l. *cruentu*). 1. Banhado em sangue. 2. Em que há sangue: sangrento.

Crueza (*ê*), s. f. 1. Estado de cru. 2. Crueldade.

Crúmen, s. m. *Biol.* Glândula suborbitária de certos ruminantes, cuja secreção é odorífera.

Cruor, s. m. (l. *cruore*). 1. *Fisiol.* A parte do sangue que se coagula, por oposição ao soro. 2. *Poét.* Sangue derramado. 3. Elemento corante do sangue.

Crupe, s. m. *Med.* Afecção diftérica da laringe, cujas falsas membranas obstruem a respiração, tornando esta laboriosa e sufocativa.

Crupiara, s. f. V. *gupiara.*

Crupiê, s. m. (fr. *croupier*). Empregado que auxilia o banqueiro nas casas de jogo.

Crural, adj. m. e f. *Anat.* Da, ou relativo à coxa.

Crustáceo, adj. 1. Que tem crusta ou crosta. 2. *Zool.* Relativo à classe dos Crustáceos. S. m. pl. Classe (*Crustacea*) de artrópodes de respiração branquial, quase sempre aquáticos (lagostas, camarões, caranguejos, cracas e pulgas-d'água), e alguns terrestres (tatuzinho).

Cruz, s. f. (l. *cruce*). 1. Figura formada por duas hastes que se cortam perpendicularmente. 2. Instrumento de suplício. 3. O madeiro em que Jesus Cristo foi pregado. 4. Símbolo da religião cristã. 5. Aflição, infortúnio, penas, trabalhos. 6. Insígnia de algumas ordens de cavalaria. 7. Disposição imitante à forma de uma cruz. 8. Símbolo de redenção para os cristãos. 9. Gesto de persignar-se e benzer-se. Interj. Exprime espanto, horror ou repulsa; credo-em-cruz.

Cruzada, s. f. 1. Campanha de propaganda, pró ou contra uma idéia, causa etc. S. f. pl. Expedições que, entre os anos de 1095 e 1269, os cristãos do Ocidente fizeram à Terra Santa, para dela expulsar os muçulmanos.

Cruzado, adj. 1. Disposto em cruz. 2. Atravessado. 3. Mestiço: **Gado *c.* S. m. 1. Expedicionário das Cruzadas. 2. Unidade monetária, e moeda, brasileira, dividida em 100 centavos, em vigor a partir de 28 de fevereiro de 1986, quando substituiu o cruzeiro. Símbolo: Cz$.**

Cruzador, adj. Que cruza. S. m. Navio de combate.

Cruzamento, s. m. 1. Ação ou efeito do cruzar. 2. Intercepção. 3. Encruzilhada. 4. *Biol.* Acasalamento de indivíduos, animais ou vegetais, de raças ou espécies diferentes.

Cruzar, v. 1. Tr. dir. Dispor em cruz. 2. Tr. ind. Fazer cruz, interceptar-se. 3. Pron. Colocar-se através, estar atravessado. 4. Tr. dir. Atravessar, percorrer em vários sentidos. 5. Tr. dir. e pron. Acasalar(-se) (animais ou vegetais, de raças ou espécies diferentes).

Cruzeiro, adj. Que tem cruz, ou é marcado com uma cruz. S. m. 1. Grande cruz nos adros de algumas igrejas, nos cemitérios etc. 2. *Náut.* Extensão de mar em que os navios cruzam. **3. Antiga unidade monetária, e moeda, brasileira, substituída pelo cruzado em 28 de fevereiro de 1986. Símbolo: Cr$.**

Cruzeta (*ê*), s. f. 1. Pequena cruz. 2. *Mec.* Peça transversal na extremidade de um eixo, uma haste ou um poste. 3. *Constr.* Cruz de madeira usada pelos operários no nivelamento.

Cruzetado, adj. Em forma de cruzeta.

Csi, s. m. Décima quarta letra do alfabeto grego, que corresponde ao nosso X.

cteno-, elem. de comp. (gr. *kteis, ktenos*). Exprime a idéia de *pente: ctenóforo.*

Ctenóforo, adj. *Zool.* Relativo aos Ctenóforos. S. m. pl. Filo (*Ctenophora*) de organismos marinhos gelatinosos, que nadam mediante oito faixas bilaterais de placas transversalmente ciliadas, chamadas *pente.*

Cuba, s. f. (l. *cupa*). Vasilha grande de aduela, que serve para vários usos nas indústrias.

Cubagem, s. f. 1. Ação, efeito ou método de cubar. 2. Quantidade de unidades cúbicas contidas no volume de um corpo.

Cubano, adj. Relativo à Ilha de Cuba. S. m. O habitante ou natural de Cuba.

Cubar, v. Tr. dir. 1. Elevar ao cubo. 2. Calcular o volume em unidades cúbicas.

Cubata, s. f. Choupana de pretos africanos.

Cubatão, s. m. Pequeno morro no sopé de uma cordilheira.

Cubatura, s. f. Redução geométrica de um sólido a um cubo equivalente em volume.

Cúbico, adj. 1. Referente a cubo. 2. Em forma de cubo.

Cubicular, adj. m. e f. Relativo a cubículo.

Cubiculário, s. m. *Ant.* Criado de quarto.

Cubículo, s. m. 1. Quarto pequeno. 2. Cela de religioso.

Cubismo, s. m. *Pint.* Escola de arte moderna que procura representar os objetos sob formas geométricas.

Cubista, adj. m. e f. Relativo a, ou próprio do cubismo. S. m. e f. Pessoa adepta do cubismo.

Cubital, adj. m. e f. *Anat.* Relativo ao cúbito.

Cúbito, s. m. 1. *Anat.* O mais grosso e o mais comprido dos ossos do antebraço. 2. *Ant.* Côvado.

Cubo, s. m. 1. Sólido limitado por seis faces quadradas iguais; hexaedro regular. 2. *Mat.* Terceira potência de um número. 3. *Mec.* Na roda de um veículo, mancal, peça central atravessada pelo eixo.

Cubóide, adj. m. e f. Que se assemelha a um cubo. S. m. *Anat.* Osso curto do tarso.

Cubomancia, s. f. Arte de adivinhar por meio de cubos.

Cuca[1], s. f. 1. *Inf.* Papão. 2. Mulher feia e velha. 3. *Gír.* Cabeça, cérebro.

Cuca[2], s. m. V. *cozinheiro.*

Cucar, v. Intr. Cantar (o cuco); cucular.

Cuco, s. m. 1. *Ornit.* Ave trepadora européia, insetívora e migradora (*Cuculus canorus*). Voz: *canta, cuca, cucula.* 2. Relógio de parede que imita o canto dessa ave, quando dá horas.

Cucular, v. Cantar (o cuco). V. *cucar.*

Cuculiforme, adj. m. e f. 1. Em forma de capuz; cuculado. 2. *Ornit.* Relativo aos Cuculiformes. S. m. pl. Ordem (*Cuculiformes*) de aves representadas no Brasil pelo anu-preto, alma-de-gato e saci.

Cuculo, s. m. Capelo, capuz.

Cucúrbita, s. f. 1. *Bot.* Gênero (*Cucurbita*) tipo das Cucurbitáceas. 2. No alambique, a peça que recebe a substância a ser destilada.

Cucurbitáceas, s. f. pl. *Bot.* Família (*Cucurbitaceae*) de plantas rastejantes, tais como a abóbora, o melão, a melancia, o pepino, a cabaceira etc.

Cucuricar, v. Intr. *Onom.* V. *cucuritar.*

Cucuritar, v. Intr. *Onom.* Cantar (o galo).

Cueca, s. f. Peça íntima do vestuário masculino, usada sob as calças.

Cueiro, s. m. Faixa ou pano em que se envolve o corpo dos nenês da cintura para baixo.

Cuera, adj. m. e f. *Pop.* Destemido, valente.

Cuí, s. m. Escória de tabaco, pulverizada.

Cuia, s. f. 1. Fruto de cuieira ou cabaceira. 2. Cabaça em que se toma chimarrão.

Cuiabano, adj. De Cuiabá. S. m. O natural ou habitante de Cuiabá.

Cuiambuca, s. f. Cumbuca.

Cuiame, s. m. Grande porção de cuias.

Cuíca, s. f. 1. *Zool.* Nome comum de certas espécies pequenas de gambás. 2. *Mús.* Espécie de tambor rústico, usado para marcar ritmo de samba.

Cuidado, adj. Pensado, meditado, refletido. S. m. 1. Desvelo, solicitude. 2. Precaução, atenção. 3. Pessoa ou coisa objeto de desvelos. Interj. Atenção! cautela!

Cuidador, adj. e s. m. Que, ou aquele que cuida.

Cuidadoso, adj. 1. Que tem cuidado. 2. Diligente. 3. Cauteloso, precavido. 4. Meticuloso.

Cuidar, v. (l. *cogitare*). 1. Tr. dir., tr. ind. e intr. Cogitar, imaginar, pensar, refletir. 2. Pron. Considerar-se. 3. Tr. ind. Ocupar-se de, tratar de. 4. Tr. ind. Precaver-se de. 5. Tr. ind. Zelar pelo bem-estar ou pela saúde de; tratar da saúde de; sustentar. 6. Pron. Tratar da própria saúde ou zelar pelo próprio bem-estar.

Cuidoso, adj. V. *cuidadoso.*

Cuieira, s. f. *Bot.* V. *cabaceira.*

Cuietê ou **cuieté,** s. m. 1. V. *cuité.* 2. V. *cuieira.*

Cuim, s. m. *Onom.* O grunhir do porco.

Cuinhar (*u-i*), v. Intr. Grunhir (o porco).

Cuité, s. m. 1. Cuieira. 2. Fruto da cuieira. 3. *Pop.* Chapéu velho, que afunilou.

Cuiú-cuiú, s. m. *Ornit.* Periquito verde-azeitona (*Pionopsitta pilleata*).

Cujo, pron. adj. (l. *cuju*). De que, de quem, do qual, da qual. S. m. *Pop.* Nome que substitui outro que não se quer dizer: Sabe você por onde anda o *cujo?* Onde andará o *dito cujo?*

Culatra, s. f. *Mil.* Fecho na parte posterior do cano de arma de fogo.

Culinária, s. f. Arte de cozinhar.

Culinário, adj. Da cozinha, ou a ela relativo.

Culminação, s. f. 1. *Astr.* A maior elevação de um astro acima do horizonte. 2. Apogeu, culminância.

Culminância, s. f. 1. O ponto mais alto; culminação. 2. Zênite, auge.

Culminante, adj. m. e f. Que é o mais elevado.

Culminar, v. Tr. ind. e intr. Atingir seu ponto culminante, mais elevado.

Culote, s. m. e f. (fr. *culotte*). Calça para montaria, muito larga na parte superior e justa a partir do joelho.

Culpa, s. f. 1. Ato repreensível praticado contra a lei ou a moral. 2. Falta, crime, delito, pecado.

Culpabilidade, s. f. Estado ou qualidade de culpável ou culpado.

Culpado, adj. (l. *culpatu*). 1. Que praticou culpa ou crime. 2. Causador. S. m. O que tem culpa; réu.

Culpar, v. Tr. dir. Lançar culpa sobre; incriminar.

Culpável, adj. m. e f. 1. A quem se pode atribuir culpa. 2. Censurável, repreensível.

Culposo, adj. 1. Que cometeu culpa. 2. Em que há culpa.

Culteranismo, s. m. *Lit.* Demasiado purismo na dicção e no estilo; preciosismo.

Culteranista, adj. m. e f. Relativo ao culteranismo. S. m. e f. Pessoa que pratica o culteranismo.

Cultismo, s. m. Qualidade de culto, ou civilizado.

Cultivação, s. f. V. *cultivo.*

Cultivador, s. m. 1. O que cultiva. 2. Agricultor, lavrador.

Cultivar, v. 1. Tr. dir. Amanhar, fertilizar, preparar a terra para que ela produza. 2. Intr. Exercer a agricultura. 3. Tr. dir. *Biol.* Fazer propagar-se artificialmente microrganismos. 4. Tr. dir. Formar, educar ou desenvolver pelo exercício ou estudo. 5. Tr. dir. Aplicar-se ou dedicar-se a; aperfeiçoar-se em.

Cultivável, adj. m. e f. Que pode ser cultivado.

Cultivo, s. m. Ato ou efeito de cultivar; cultivação.

Culto, adj. 1. Que se cultivou; cultivado. 2. Que tem cultura; instruído. S. m. 1. Forma pela qual se presta homenagem à divindade; liturgia. 2. Cerimônia de culto (protestante). 3. Veneração.

Cultor, s. m. 1. Cultivador. 2. O que se aplica a determinado estudo. 3. Partidário, sectário.

cultri-, elem. de comp. (l. *cultru*). Exprime a idéia de *faca, cutelo: cultrifoliado.*

Cultrifoliado, adj. *Bot.* Que tem as folhas em forma de lâmina de faca.

Cultrirrostro (*ó*), adj. *Ornit.* De bico forte, comprido, em forma de lâmina de faca.

Cultual, adj. m. e f. Concernente ao culto.

Cultuar, v. Tr. dir. 1. Render culto a. 2. Tornar objeto de culto.

Cultura, s. f. 1. Ação, efeito, arte ou maneira de cultivar a terra ou certas plantas. 2. Terreno cultivado. 3. *Biol.* Propagação de microrganismos ou cultivação de tecido vivo em um meio nutritivo preparado. 4. *Biol.* Produto de tal cultivação. 5. Aplicação do espírito a uma coisa; estudo. 6. Adiantamento, civilização. 7. Apuro, esmero, elegância.

Cultural, adj. m. e f. Referente a cultura.

Cumarina, s. f. Princípio ativo da semente do cumaru.

Cumaru, s. m. *Bot.* Nome comum a várias árvores do gênero *Coumarouma*, cuja semente é a fava-de-tonca do comércio.

Cumbu, s. m. Enxada velha e gasta; cacumbu.

Cumbuca, s. f. 1. Vasilha feita de cabaça. 2. Rifa. 3. *Gír.* Casa de jogo.

Cume, s. m. 1. Ponto mais elevado de um monte; cimo, cocuruto, crista, píncaro, tope. 2. Apogeu, auge.

Cumeada, s. f. 1. Seqüência de cumes de montanhas. 2. Cumeeira.

Cumeeira, s. f. A parte mais alta do telhado; cumeada.

Cúmplice, adj. e s. m. e f. *Dir.* Que, ou aquele que tomou parte num delito ou crime; co-autor.

Cumpliciar, v. V. *acumpliciar.*

Cumplicidade, s. f. Ato ou qualidade de cúmplice.

Cumprido, adj. (p. de *cumprir*). Realizado, executado.

Cumpridor, adj. Que cumpre. S. m. Executor; testamenteiro.

Cumprimentar, v. 1. Tr. dir. Apresentar ou fazer cumprimentos a. 2. Intr. Apresentar cumprimentos. 3. Tr. dir. Elogiar, louvar.

Cumprimento, s. m. 1. Ato ou efeito de cumprir. 2. Ato de cumprimentar; saudação. 3. Elogio.

Cumprir, v. (1. *complere*). 1. Tr. dir. e tr. ind. Desempenhar, executar pontualmente, satisfazer, tornar efetivas as prescrições de; obedecer. 2. Tr. dir. e pron. Completar(-se), findar(-se), preencher(-se), realizar(-se); vencer. 3. Tr. ind. e intr. Ser conveniente, necessário, proveitoso; convir. 4. Tr. ind. Competir, pertencer.

Cumulação, s. f. Ato ou efeito de cumular; acumulação.

Cumular, v. V. *acumular.*

Cumulativo, adj. Feito por acumulação.

Cúmulo, s. m. 1. Conjunto de coisas sobrepostas; amontoamento. 2. O ponto mais alto; auge. 3. *Meteor.* Nome dado às nuvens que lembram flocos de algodão.

Cunduru, s. m. *Bot.* Árvore frutífera urticácea (*Brosimum conduru*).

Cuneano, adj. Cuneiforme.

cúnei-, elem. de comp. (1. *cuneu*). Encerra a idéia de *cunha: cuneifoliado, cuneirrostro.*

Cuneifoliado, adj. Que tem folhas cuneiformes.

Cuneiforme, adj. m. e f. 1. Em forma de cunha. 2. Diz-se de uma escrita dos assírios, caracterizada por elementos em forma de cunha. S. m. *Anat.* Osso do tarso.

Cuneirrostro (*ó*), adj. *Ornit.* De bico em forma de cunha.

Cunha, s. f. (de *cunho*). 1. Peça de ferro ou madeira, cortada em ângulo agudo, para rachar lenha, pedras etc. 2. Empenho, pessoa influente.

Cunhã, s. f. Mulher, em tupi-guarani.

Cunhada, s. f. (1. *cognata*). Irmã de um dos cônjuges, relativamente ao outro, e vice-versa.

Cunhadia, s. f. V. *cunhadio.*

Cunhadio, s. m. Parentesco entre cunhados.

Cunhado, s. m. (1. *cognatu*). 1. Irmão de um dos cônjuges, em relação ao outro, e vice-versa. Adj. Que se cunhou; amoedado.

Cunhador, adj. e s. m. Que, ou o que cunha.

Cunhagem, s. f. Operação de cunhar (moeda).

Cunhal, s. m. 1. *Constr.* Ângulo saliente, formado por duas paredes convergentes. 2. Esquina.

Cunhanhã, s. f. V. *cunhã.*

Cunhantã, s. f. V. *cunhã.*

Cunhar, v. Tr. dir. 1. Imprimir o cunho em. 2. Amoedar. 3. Tornar saliente; evidenciar. 4. Adotar, inventar: *C. palavras.*

Cunhete (*ê*), s. m. *Mil.* Caixote de madeira, em que se acondicionam cartuchos para armas de fogo.

Cunho, s. m. (1. *cuneu*). 1. Peça de ferro, gravada e temperada, para marcar moedas ou medalhas. 2. Sinal impresso pelo cunho nas moedas e nas medalhas. 3. Selo, marca, distintivo, feição, caráter.

cuni-, elem. de comp. (1. *cuniculu*). Exprime a idéia de *coelho: cunicultor.*

Cunicultor, s. m. Criador de coelhos.

Cunicultura, s. f. Criação de coelhos.

Cuntatório, adj. Em que há delongas; vagaroso.

Cupê, s. m. Tipo de automóvel, de duas portas.

Cupidez (*ê*), s. f. Caráter ou qualidade de cúpido; cobiça.

Cupidinoso, adj. Que tem, ou em que há cupidez.

Cupido, s. m. Personificação do amor; o amor.

Cúpido, adj. Ambicioso, ávido, cobiçoso, desejoso.

Cupim, s. m. *Entom.* 1. Denominação comum dos insetos sociais da ordem dos Isópteros. 2. O ninho desses insetos. 3. Corcova do zebu.

Cupinzama, s. f. Grande quantidade de cupins ou cupinzeiros.

Cupinzeiro, s. m. 1. Ninho de cupim. 2. Árvore morta atacada de cupim.

Cupira, s. f. Nome de diversas abelhas silvestres.

Cupom, s. m. (fr. *coupon*). 1. Parte destacável de uma ação ou obrigação ao portador e que se corta na ocasião do pagamento de dividendos. 2. Cédula de voto ou de brinde. Var.: *cupão.*

Cupressiforme, adj. m. e f. Semelhante ao cipreste.

cupri-, elem. de comp. (1. *cupru*). Expressa a idéia de *cobre: cuprífero.*

Cúprico, adj. 1. De cobre. 2. Em que há cobre. 3. *Quím.* Diz-se dos sais de cobre bivalente.

Cuprífero, adj. *Miner.* Que contém cobre.

Cúprino, adj. Relativo a cobre.

Cupripene, adj. m. e f. *Zool.* Que tem asas ou élitros da cor do cobre.

Cuprirrostro (*ó*), adj. *Zool.* Que tem bico da cor do cobre.

Cuprita, s. f. *Miner.* Óxido natural de cobre, em cristais vermelhos.

Cuproso, adj. *Quím.* Que contém cobre monovalente.

Cupu, s. m. Fruto do cupuaçu.

Cupuaçu, s. m. *Bot.* 1. Árvore esterculiácea (*Theobroma grandiflorum*) da Amazônia. 2. Fruto dessa árvore; cupu.

Cúpula, s. f. 1. *Arquit.* Abóbora esférica. 2. *Arquit.* Parte côncava de um zimbório. 3. *Arquit.* Zimbório. 4. As pessoas dirigentes de um partido, uma instituição; chefia, direção.

Cupulado, adj. *Bot.* e *Arquit.* Que tem cúpula.

Cupuliforme, adj. m. e f. Em forma de cúpula.

Cura, s. f. 1. Ato ou efeito de curar(-se). 2. Tratamento da saúde. 3. Restabelecimento da saúde. 4. Processo de curar ao sol (queijo, chouriço etc.). S. m. Vigário, pároco.

Curabilidade, s. f. Qualidade de curável.

Curaçau, s. m. Licor alcoólico e estomacal, feito da casca da laranja-amarga.

Curado, adj. Restabelecido de doença; sarado.

Curador, s. m. (1. *curator*). 1. Indivíduo encarregado judicialmente de administrar ou fiscalizar bens ou interesses de outrem. 2. *Pop.* Curandeiro, feiticeiro.

Curadoria, s. f. Cargo, poder ou função de curador; curatela.

Curanchim, s. m. *Pop.* 1. Uropígio. 2. Região sacra.

Curandeirismo, s. m. 1. Atividade de curandeiro. 2. Conjunto de práticas dos curandeiros.

Curandeiro, s. m. Aquele que cura sem títulos nem conhecimentos médicos; benzedeiro, charlatão.

Curandice, s. f. Ato de curandeiro.

Curar, v. 1. Tr. dir. Restabelecer a saúde de. 2. Pron. Recuperar a saúde. 3. Tr. dir. Secar ao defumador, ao sol ou simplesmente ao ar: *c. queijos, carnes.*

Curare, s. m. Veneno muito forte preparado pelos índios sul-americanos, para envenenar flechas. É um extrato vegetal de certas plantas loganiáceas.

Curarização, s. f. Ato ou efeito de curarizar.

Curarizante, adj. m. e f. Que curariza.

Curarizar, v. Tr. dir. Envenenar com curare.

Curatela, s. f. V. *curadoria.*

Curatelado, adj. e s. m. Que, ou o que está sujeito a curatela.

Curativo, adj. Relativo a cura. S. m. 1. Ato ou efeito de curar. 2. Aplicação tópica de remédios.

Curato, s. m. 1. Cargo ou dignidade de cura. 2. Habitação de cura. 3. Povoação pastoreada por um cura.

Curau, s. m. 1. O mesmo que *mungunzá.*

Curável, adj. m. e f. Que se pode curar.

Curculionídeo, adj. *Entom.* Relativo aos Curculionídeos. S. m. pl. Família (*Curculionidae*) de coleópteros constituída de gorgulhos e que inclui muitas espécies que danificam frutos e sementes de plantas cultivadas.

Curdo, adj. *Etnol.* 1. Relativo aos curdos. S. m. 1. Homem dos curdos. 2. Língua iraniana dos curdos. S. m. pl. Povo de língua iraniana que habita o Curdistão.

Cureta (*ê*), s. f. *Cir.* Instrumento cirúrgico para raspar.

Curetagem, s. f. *Cir.* Ato ou operação de curetar.

Curetar, v. Tr. dir. *Cir.* Raspar com a cureta.

Cúria, s. f. 1. *Ant.* Décima parte das tribos romanas. 2. *Ant.* Senado dos municípios romanos. 3. *Ant.* Lugar onde se reunia esse senado. 4. *Ecles.* Conjunto de organismos governamentais da Santa Sé e dos bispos.

Curial, adj. m. e f. 1. Relativo à cúria. 2. Conveniente, próprio.

Curiango, s. m. *Ornit.* Ave noturna da família dos Caprimulgídeos (*Nyctidromus albicolis*). Voz: *geme.*

Curieterapia, s. f. *Med.* Radioterapia.

Curimã, s. f. Designação das tainhas no Norte e Nordeste.
Curimbatá, s. m. *Ictiol.* Nome comum a vários peixes de água doce do gênero *Prochilodus.*
Curimbó, s. m. 1. *Bot.* Trepadeira da família das Bignoniáceas (*Tanaecium nocturnum*). 2. V. *tabaque*².
Curinga, s. m. 1. Carta que, em certos jogos, muda de valor, de acordo com a combinação que o parceiro tem em mão; dunga. 2. *Gír.* Maioral, mandão. Cfr. *coringa.*
Cúrio, s. m. *Quím.* Elemento metálico radioativo, de símbolo Cm, número atômico 96, massa atômica 242.
Curió, s. m. *Ornit.* Pássaro canoro, da família dos Fringilídeos (*Oryzoborus angolensis angolensis*).
Curiosidade, s. f. 1. Qualidade ou caráter de curioso. 2. Objeto raro ou original.
Curioso, adj. 1. Que tem desejo de ver, aprender etc. 2. Indiscreto. S. m. Indivíduo curioso.
Curitibano, adj. Relativo a Curitiba. S. m. O natural ou habitante de Curitiba.
Curra, s. f. *Gír.* Violência praticada contra pessoa, em geral com fins libidinosos, por grupo de indivíduos.
Curral, s. m. Lugar, em que se junta e recolhe o gado.
Curraleiro, adj. Designativo do gado que fica em curral.
Currar, v. Intr. *Gír.* Aplicar a curra.
Currículo, s. m. 1. Ato de correr. 2. Curso. 3. Conjunto das matérias de um curso.
Cursar, v. Tr. dir. 1. Seguir o curso de. 2. Fazer os estudos em (uma escola). 3. Andar, percorrer.
Cursista, s. m. e f. Pessoa que freqüenta um curso.
Cursivo, adj. Executado sem esforço; ligeiro. S. m. Forma de letra manuscrita, miúda e ligeira.
Curso, s. m. 1. Ação de correr; carreira, movimento rápido. 2. Caminho, rumo, rota, percurso. 3. Trajetória. 4. Movimento real ou aparente dos astros. 5. Direção de um líquido corrente. 6. Leito de rio. 7. Comprimento de um rio. 8. *Med.* Evacuação diarréica de matérias purulentas ou sanguinolentas. 9. Seguimento, sucessão (do tempo ou das coisas). 10. Série de lições sobre determinada matéria. 11. Conjunto de matérias professadas numa universidade.
Cursor, adj. Que corre ao longo de. S. m. 1. Mensageiro do papa. 2. *Mec.* Peça que corre para frente e para trás, ao longo de outra, especialmente em aparelhos: *C.* da balança.
Curtamão, s. m. Grande esquadro de madeira, usado pelos pedreiros.
Curteza, s. f. 1. Qualidade de curto. 2. Escassez. 3. Timidez. 4. Falta de inteligência.
Curtição, s. f. 1. Ato ou efeito de curtir. 2. *Gír.* Prazer intenso, intelectual, moral ou material.
Curtidor, adj. e s. m. Que, ou aquele que curte.
Curtidura, s. f. V. *curtimento.*
Curtimento, s. m. Ato ou efeito de curtir; curtição, curtidura.
Curtir, v. Tr. dir. 1. Tornar imputrescível e mais brando (couro, pêlo); surrar. 2. Endurecer pela exposição ao tempo. 3. Agüentar, padecer, sofrer. 4. *Gír.* Desfrutar com grande prazer: *C.* um *som. C.* a *vida.*
Curto, adj. (l. *curtu*). 1. De pequeno comprimento. 2. De pouca duração; breve. 3. Limitado: Vista *c.* 4. Escasso, pouco: Dinheiro *c.* 5. Resumido.
Curto-curcuito, s. m. *Eletr.* Contato entre dois condutores elétricos, provocando a passagem direta da corrente de um ponto a outro, em lugar do circuito normal.
Curtume, s. m. 1. V. *curtimento.* 2. Substância que com que se curte. 3. Lugar em que se faz o curtimento de peles.
Curuca, s. f. Agitação de peixes que, por ocasião da desova, vêm à flor dágua.
Curul, adj. m. e f. *Ant.* 1. Relativo a certos magistrados romanos. 2. Relativo às cadeiras de marfim em que se sentavam esses magistrados. S. f. Cadeira curul. Pl.: *curuis.* Var.: *curule.*
Curumbatá, s. m. *Ictiol.* V. *curimbatá.*
Curumi, s. m. (tupi *curumi*). Menino, rapazinho. Var.: *curumim.*
Curuminzada, s. f. Reunião de curumins; criançada.
Curupira, s. m. *Mit.* Ente fabuloso que, segundo a superstição popular, habita as matas e tem os pés invertidos (calcanhares voltados para diante e os dedos para trás).
Curuquerê, s. m. *Entom.* Larva de lepidóptero (*Alabama argillacea*), que ataca as folhas do algodoeiro.
Cururu, s. m. 1. Designação popular dada aos grandes sapos do gênero *Bufo.* 2. *Gír.* Espectador, sapo.
Cururuca, s. f. *Ictiol.* V. *corvina.*
Curva, s. f. 1. *Geom.* Linha ou superfície que tem mais ou menos a forma de um arco. 2. Linha sinuosa. 3. Qualquer peça em forma de arco. 4. Porção de estrada em forma de arco de círculo. 5. Gráfico representando as variações de um fenômeno.
Curvado, adj. 1. Dobrado. 2. Inclinado. 3. Arqueado. 4. Subjugado. 5. Curvo.
Curvar, v. 1. Tr. dir. Tornar curvo; dobrar, arquear. 2. Tr. ind. Tomar a forma curva; vergar. 3. Pron. Tornar-se curvo; vergar-se, envergar-se. 4. Tr. dir. e pron. Submeter(-se).
Curvatura, s. f. 1. Estado, aspecto do que é curvo. 2. Parte curva de alguma coisa.
Curvejão, s. m. Jarrete do cavalo.
Curveta, s. f. 1. Pequena curva. 2. Volta de caminho ou atalho.
curvi-, elem. de comp. ((l. *curvu*). Expressa a idéia de *curvo: curvicórneo, curvilíneo.*
Curvicórneo, adj. Que tem cornos curvos.
Curvidade, s. f. V. *curvatura.*
Curvifloro, adj. *Bot.* Que tem a corola curva.
Curvifoliado, adj. *Bot.* Que tem folhas recurvadas.
Curvígrafo, s. m. Instrumento para traçar curvas.
Curvilhão, s. m. V. *curvejão.*
Curvilíneo, adj. 1. Formado de linhas curvas. 2. Que tem forma curva. 3. Que segue direção curva.
Curvípede, adj. m. e f. De pernas curvas.
Curvirrostro (ô), adj. *Ornit.* De bico curvo.
Curvo, adj. 1. Em forma de arco; curvado, encurvado, recurvado. 2. Inclinado para diante.
Cuscuz, s. m. Denominação genérica de pratos brasileiros, doces ou salgados, baseados na farinha de milho, de mandioca ou de arroz, cozida ao vapor.
Cuscuzeiro, s. m. Vasilha onde se coze cuscuz.
Cusparada, s. f. Porção de cuspo; cuspinhada.
Cuspe, s. m. *Pop.* V. *cuspo.*
Cuspidado, adj. V. *cuspidato.*
Cuspidato, adj. Terminado em cúspide.
Cúspide, s. f. 1. Extremidade aguda. 2. Ápice, cume, píncaro. 3. Tridente de Netuno.
Cuspideira, s. f. V. *escarradeira.*
Cuspidela, s. f. V. *cuspidura.*
cúspidi-, elem. de comp. (l. *cuspide*). Exprime a idéia de *cúspide, ponta: cuspidiforme.*
Cuspidiforme, adj. m. e f. Em forma de pequena ponta.
Cuspidor, adj. e s. m. Que, ou o que cospe muito.
Cuspidura, s. f. 1. Ato ou efeito de cuspir; cuspidela. 2. V. *cusparada.*
Cuspilhar, v. V. *cuspinhar.*
Cuspinhador, adj. e s. m. Que, ou o que cuspinha.
Cuspinhadura, s. f. Ato ou efeito de cuspinhar.
Cuspinhar, v. Tr. dir. e intr. Cuspir amiúde e pouco de cada vez.
Cuspir, v. ((l. *conspuere*). 1. Tr. dir., tr. ind. e intr. Expelir o cuspo, lançar da boca cuspo ou outra coisa. 2. Tr. dir. Lançar em rosto, proferir (afrontas, injúrias). Conjuga-se como *bulir.*
Cuspo, s. m. Humor segregado pelas glândulas salivares; saliva.
Custa, s. f. 1. Custo. 2. Trabalho. S. f. pl. Despesas feitas em processo judicial.
Custar, v. (l. *constare*). 1. Tr. dir. Importar em, causar a despesa de; valer. 2. Tr. dir. Obter-se por meio de, a troco, à custa de. 3. Tr. ind. Causar incômodo, mágoa, trabalho: *Custa-me* falar-te desta maneira. 4. Tr. ind. e intr. Ser custoso, difícil: *Custa* muito emendar um erro. Nesta 4ª acepção não tem objeto direto: a própria coisa difícil é que é sujeito. Na 3ª acep. vem expressa a pessoa a que é difícil a coisa, nesse caso a pessoa é objeto indireto.

Custeamento, s. m. 1. Ato ou efeito de custear; custeio. 2. Conjunto ou relação de despesas.
Custear, v. Tr. dir. Correr com as despesas de.
Custeio, s. m. V. *custeamento.*
Custo, s. m. 1. Preço de uma coisa; preço de venda. 2. Valor em dinheiro. 3. Trabalho, dificuldade, esforço.
A c.: dificilmente.
Custódia, s. f. 1. *Dir.* Lugar onde se guarda alguém ou alguma coisa. 2. *Dir.* Guarda ou detenção de coisa alheia. 3. Segurança, proteção. 4. *Liturg.* Vaso sagrado em que se expõe a hóstia consagrada.
Custodiar, v. Tr. dir. Ter em custódia; guardar, proteger.
Custódio, adj. Que guarda, defende, ou protege.
Custoso, adj. 1. De grande custo. 2. Difícil, demorado. 3. Árduo, trabalhoso.
Cutâneo, adj. *Anat.* Pertencente ou relativo à pele ou à epiderme.
Cutela, s. f. Faca larga para cortar carne.
Cutelaria, s. f. Arte, obra, oficina, loja de cuteleiro.
Cuteleiro, s. m. Fabricante ou vendedor de instrumentos cortantes.
Cutelo, s. m. 1. Instrumento cortante, composto de uma lâmina e um cabo, usado em matadouros e açougues. 2. Violência, opressão.
Cúter, s. m. (ingl. *cutter*). Embarcação de um só mastro e mastaréu, muito leve e ligeira. Pl.: *cúteres.*
Cutia, s. f. *Zool.* Nome comum aos roedores do gênero *Dasyprocta.* Voz: *gargalha, bufa.*
Cutícola, adj. m. e f. Que vive na pele. Cfr. *cutícula.*
Cutícula, s. f. 1. Película. 2. *Anat.* Pequena película que se destaca da pele em torno das unhas.
Cuticular, adj. m. e f. Relativo à cútis ou à cutícula.
Cutículo, s. m. *Zool.* Invólucro simples ou complexo do corpo de um animal.
Cuticuloso, adj. Em forma de cutícula ou de pequena membrana.
Cutidura, s. f. *Zool.* Saliência carnosa e circular, no bordo superior do casco do cavalo; bordalete.
Cutilada, s. f. Golpe de cutelo, sabre, espada.
Cutilar, v. Tr. dir. Trabalhar, ou ferir com cutelo.
Cutiliquê, s. m. Na expressão *de c.* (loc. adj.) = de pouca monta. Var.: *quotiliquê.*
Cutirreação, s. f. *Med.* Reação inflamatória ou irritativa da pele, que ocorre em certas doenças, e que ocorre após aplicação, na pele, de uma preparação dos organismos que causam a doença.
Cútis, s. f. sing. e pl. Pele de pessoa, pele do rosto; epiderme, tez. Var.: *cute.*
Cutisar, v. Tr. dir. *Med.* Converter (uma mucosa) em estado semelhante ao da pele.
Cutuba, adj. m. e f. *Pop.* 1. Bonito. 2. Bom, generoso. 4. Muito forte, muito valente.
Cutucação, s. f. V. *cutucada.*
Cutucada, s. f. Ação de cutucar; cutucão, cutucada.
Cutucão, s. m. V. *cutucada.*
Cutucar, v. 1. Tr. dir. Tocar alguém com o cotovelo, dedo, pé etc., para fazer uma advertência ou por acinte. 2. Dar cutilada leve.
Cuvaiti, adj. m. e f. Relativo ao Cuvaite, principado do Golfo Pérsico, ou ao seu povo. S. m. e f. Natural ou habitante de Cuvaite.
Czar, s. m. Título que se dava ao imperador da Rússia. Var.: *tzar.* Fem.: *czarina.*
Czarda, s. f. V. *xarda.*
Czaréviche, s. m. Filho do czar, herdeiro do trono.
Czarevna, s. f. Título que se dava à princesa herdeira da Rússia.
Czarina, s. f. Título que se dava à imperatriz da Rússia.
Czarismo, s. m. 1. Poder do czar. 2. Despotismo.
Czarista, adj. m. e f. Relativo ao, ou próprio do czarismo. S. m. e f. Pessoa partidária do czarismo.

D ou **d** *(dê)*, Símbolo da quarta letra do nosso alfabeto, consoante linguodental explosiva sonora (homorgânica de *t*). Adj. Designa o quarto, numa série indicada pelas letras do alfabeto.

D *(dê)*, s. m. 1. *Arit.* Algarismo romano, equivalente a 500, e, encimado por um traço, a 5.000. 2. *Mús.* O *ré* na notação musical ainda em voga na Inglaterra, Alemanha e Estados Unidos.

Da, *Gram.* Combinação da prep. *de* com o artigo ou demonstrativo feminino *a*.

Dábliu, s. m. Nome da letra *W, w*.

Dácio, adj. Relativo à Dácia, antigo país da Europa. S. m. Natural da Dácia. Var.: *dácico*.

Dactílico, V. *datílico*.

Dactilino, adj. V. *datilino*.

Dactilioteca, s. f. V. *datilioteca*.

Dáctilo, adj. e s. m. V. *dátilo*.

Dactilografar, v. V. *datilografar*.

Dactilografia, s. f. V. *datilografia*.

Dactilógrafo, s. m. V. *datilógrafo*.

Dadaismo, s. m. Movimento artístico e literário, aparecido na França em 1916, o qual preconizava a volta a um primitivismo infantil.

Dadaísta, adj. m. e f. Relativo ao dadaísmo. S. m. e f. Partidário ou partidária do dadaísmo.

-dade, suf. (1. *tate*). Forma substantivoseininos abstratos, que indicam característicos, essência, qualidade *(bondade)*; idéia de ação realizada, ato efetivo, *(barbaridade)*; coleção *(irmandade)*.

Dádiva, s. f. 1. Dom, presente. 2. Donativo.

Dadivoso, adj. Amigo de dar; generoso.

Dado, adj. (l. *datu*). 1. Concedido, facultado, lícito, permitido. 2. Gratuito. 3. Acostumado, habituado. 4. Afável, tratável. 5. Propenso: *Dado* ao vício. S. m. 1. Ponto de partida em que assenta uma discussão. 2. Princípio ou base para se entrar no conhecimento de algum assunto. 3. Pequeno cubo de osso ou marfim usado em certos jogos, que apresenta em cada face certo número de marcas ou pontos. 4. *Arquit.* Parte do pedestal de uma coluna incluída entre a base e a cornija.

Dador, adj. e s. m. Que, ou o que dá.

dafno-, elem. de comp. (gr. *daphne*). Exprime a idéia de *dafne, loureiro: dafnomancia*.

Dafnomancia, s. f. Adivinhação por meio de folhas de loureiro queimadas.

Dafnomante, s. m. e f. Pessoa que pratica a dafnomancia.

Dafnomântico, adj. Relativo à dafnomancia.

Dágaba, s. f. Santuário búdico em forma de cúpula.

Daguerreotipar, v. Tr. dir. 1. Reproduzir pelo processo de daguerreótipo. 2. Reproduzir fielmente.

Daguerreotipia, s. f. Arte de daguerreotipar.

Daguerreótipo, s. m. 1. Aparelho primitivo de fotografia, inventado por Daguerre. 2. Retrato ou imagem obtida por este processo. 3. Reprodução exata.

Daí, *Gram.* Combinação da prep. *de* com o adv. *aí*.

Daimiado, s. m. V. *daimiato*.

Daimiato, s. m. 1. Cargo ou poder de daimio. 2. Território governado por daimio. Var.: *daimiado*.

Daimio, s. m. Nome dado aos príncipes ou senhores feudais japoneses.

Dala, s. f. Espécie de calha, para dar escoamento à água.

Dalai-Lama, s. m. O Grande-Lama, chefe supremo do lamaísmo.

Dalém, *Gram.* Combinação da prep. *de* com o adv. *além*.

Dálete, s. m. Quarta letra do alfabeto hebreu.

Dali, *Gram.* Combinação da prep. *de* com o adv. *ali*.

Dália, s. f. *Bot.* 1. Gênero *(Dahlia)* constituído de ervas de raízes tuberosas. 2. Planta desse gênero, particularmente a espécie *Dahlia variabilis*, muito cultivada por suas flores ornamentais.

Dálmata, adj. m. e f. Relativo à Dalmácia (na Iugoslávia) S. m. e f. Natural ou habitante da Dalmácia. S. m. Língua românica, morta, falada outrora nesse país.

Dalmática, s. f. Vestimenta litúrgica do diácono.

Daltônico, adj. Relativo ao daltonismo. S. m. Aquele que sofre de daltonismo.

Daltonismo, s. m. *Oftalm.* Incapacidade congênita para distinguir certas cores, sobretudo o vermelho e o verde.

Dama, s. f. 1. Mulher nobre. 2. Mulher casada; senhora. 3. Parceira numa dança. 4. Figura feminina no baralho. 5. Peça do jogo de damas, que atingiu a oitava carreira. S. f. pl. Jogo entre dois parceiros, em tabuleiro quadrado de 64 casas brancas e pretas alternadas, com 24 pequenas peças iguais, sendo 12 de uma cor e 12 de outra; jogo de damas.

Damasceno, adj. e s. m. Diz-se do, ou o natural ou habitante de Damasco.

Damasco, s. m. 1. *Bot.* Fruto do damasqueiro. 2. Tecido de seda com desenhos em relevo, outrora fabricado em Damasco. 3. Tecido imitante a damasco. 4. Cor vermelho-acinzentada.

Damasqueiro, s. m. *Bot.* Árvore rosácea, que produz o damasco *(Prunus armeniaca)*.

Damasquilho, s. m. Tecido adamascado.

Damasquim, s. m. Damasquilho.

Damasquinagem, s. f. Ato ou efeito de damasquinar.

Damasquinar, v. Tr. dir. Ornar um metal com lavores de outro metal.

Damasquinaria, s. f. Arte de embutir desenhos de ouro ou prata num metal menos brilhante.

Damasquino, adj. 1. Relativo a Damasco (Síria). 2. Diz-se das armas brancas que têm lavores.

Damejar, v. Tr. dir. Galantear, cortejar (damas).

Damice, s. f. *Fam.* 1. Denguice. 2. Modos de dama afetada. 3. Efeminação.

Danação, s. f. (1. *damnatione*). 1. Ato ou efeito de danar(-se). 2. Fúria, raiva. 3. Confusão, trapalhada. 4. Condenação, desgraça.

Danado, adj. 1. Condenado ao inferno. 2. Furioso, zangado. 3. Disposto, esperto, hábil. 4. Pasmoso, extraordinário: Apetite *d*. 5. V. *hidrófobo*. S. m. 1. Indivíduo condenado ao inferno. 2. Indivíduo ousado.

Danador, adj. e s. m. Que, ou o que dana.

Danaide, s. f. *Mit. gr.* Cada uma das 50 filhas de Dânaos que, tendo assassinado seus maridos na noite de núpcias, foram condenadas a encher de água um tonel sem fundo.

Danar, v. (l. *damnare*). 1. Tr. dir. e tr. ind. Causar dano a, prejudicar. 2. Tr. dir. Causar irritação. 3. Intr. e pron. Desesperar-se, encolerizar-se, irritar-se. 4. Tr. dir. Comunicar a hidrofobia a. 5. Intr. e pron. Ser atacado de hidrofobia.

Dança, s. f. 1. Seqüência de movimentos e passos rítmicos, executados geralmente ao som de uma música, por uma pessoa só ou por parceiros. 2. Negócio intrincado, questões, embrulhada.

Dançadeira, adj. e s. f. Diz-se de, ou mulher que dança, ou gosta de dançar.

Dançador, adj. Que dança; dançante. S. m. Aquele que dança; dançarino.

Dançante, adj. m. e f. 1. Que dança. 2. Em que há dança. S. m. Dançador.

Dançar, v. 1. Tr. ind. e intr. Executar dança. 2. Tr. dir. Executar dançando. 3. Tr. ind. e intr. Mover-se em diversos sentidos; agitar-se. 4. Intr. *Bras.* Sair-se mal.

Dançarina, s. f. Mulher que dança por ofício; bailarina.

Dançarino, s. m. Homem que dança por ofício; bailarino.

Dançarola, s. f. *Pop.* Dança, bailarico.

Dançatriz, s. f. Dançarina.

Dândi, s. m. (ingl. *dandy*). Indivíduo que se traja com apuro exagerado; casquilho, janota, peralta.

Dandinar, v. Intr. Andar balançando desgraciosamente o corpo.

Dandismo, s. m. 1. Maneiras de dândi. 2. Janotismo.

Danificação, s. f. Ato ou efeito de danificar(-se); estrago.

Danificador, adj. e s. m. Que, ou o que danifica.

Danificar, v. Tr. dir. Causar dano a; prejudicar.

Danífico, adj. Que causa dano.

Daninhador, adj. V. *danificador.*

Daninhar, v. 1. Tr. dir. Causar dano a. 2. Intr. Fazer diabruras (a criança).

Daninheza, s. f. 1. Qualidade ou ato de daninho. 2. Diabrura (de criança).

Daninho, adj. 1. Que causa dano. 2. Travesso, traquinas.

Dano, s. m. (l. *damnu*). 1. Mal ou ofensa que se faz a outrem. 2. Prejuízo material causado a alguém.

Danoso, adj. Que causa dano; prejudicial.

Dantes, adv. Antes, antigamente.

Dantesco, adj. 1. Relativo a Dante Alighieri, poeta italiano (1265-1321). 2. Semelhante às cenas horrorosas passadas no "inferno" da Divina Comédia, de Dante.

Danubiano, adj. Relativo ao Danúbio (rio europeu) ou aos povos que o ladeiam.

Daquele, Combinação da prep. *de* com o demonstrativo *aquele.*

Daqueloutro, Combinação de *daquele* com o adj. e pron. indefinido *outro.*

Daquém, (Combinação da preposição *de* e do advérbio *aquém.* Do lado de cá.

Daqui, Combinação da prep. *de* com o adv. *aqui.*

Daquilo, Combinação da prep. *de* com o pronome demonstrativo *aquilo.*

Dar, v. (l. *dare*). 1. Tr. dir. Ceder gratuitamente, fazer doação de. 2. Tr. dir. Entregar: *Dar o seu a* seu dono. 3. Tr. dir. Permutar, trocar: Não *dou nada por* esse escrito. 4. Tr. dir. Pagar: *Quanto deu por* esse relógio? 5. Tr. dir. Fazer presente de; doar. 6. Pron. Consagrar sua atividade a: *Dar-se à* matemática.

Dardejamento, s. m. Ato de dardejar.

Dardejante, adj. m. e f. 1. Que dardeja. 2. Que irradia fortemente.

Dardejar, v. 1. Tr. dir. Atirar dardos a, ferir com dardo. 2. Intr. Arremessar dardos. 3. Tr. dir. Arremessar como dardo: *Dardejar raios.* 4. Tr. ind. e intr. Cintilar, brilhar muito.

Dardo, s. m. 1. Arma de arremesso, delgada e curta, com ponta aguda de ferro. 2. *Esp.* Aparelho de arremesso, em atletismo. 3. Tudo que punge, que magoa. 4. Dito picante ou mordaz.

Dares e tomares, s. m. pl. Altercações, contendas.

Daroês, s. m. V. *dervixe.*

Dartro, s. m. *Med. ant.* Nome de qualquer dermatose.

Darwiniano, adj. Relativo a Charles Darwin, naturalista inglês (1809-1882), ou à sua doutrina.

Darwinismo, s. m. *Biol.* Teoria de Charles Darwin que estabelece a origem das espécies por meio da seleção natural; na luta pela sobrevivência, as espécies menos adaptadas tendem ao desaparecimento.

Darwinista, adj. e s. m. e f. Que, ou pessoa que é sectária do darwinismo.

dasi-, elem. de comp. (gr. *dasus*). Exprime a idéia de densidade, denso: *dasimetria.*

Dasimetria, s. f. Medida da densidade do ar atmosférico.

Dasimétrico, adj. Relativo à dasimetria.

Dasímetro, s. m. Bulbo de vidro com que se mede a densidade dos gases e vapores.

Dasipodídeo, adj. *Zool.* Relativo aos Dasipodídeos. S. m. pl. Família *(Dasypodidae)* de mamíferos cavadores da América, que compreende os tatus.

Data, s. f. 1. Tempo assinalado (em carta etc.). 2. Indicação da época, ano, mês ou dia em que uma coisa sucedeu ou foi feita. 3. Jazida ou mineração de ouro ou diamantes.

Datação, s. f. Ato ou efeito de datar.

Datal, adj. m. e f. Concernente a data.

Datar, v. 1. Tr. dir. Pôr data em. 2. Tr. dir. Assinalar a época de. 3. Tr. ind. Começar a contar-se.

Dataria, s. f. Antigo tribunal pontifício, restringido à conferição de graças.

Datílico, adj. 1. *Metrif.* Relativo ao pé dátilo. 2. *Metrif.* Da natureza do dátilo. 3. *Metrif.* Que consiste em dátilos. Var.: *dactílico.*

Datilino, adj. V. *datilóide.*

datílio-, elem. de comp. (gr. *daktulios*). Exprime a idéia de *anel, pedra preciosa: datilioteca.*

Datilioteca, s. f. Museu ou coleção de anéis, jóias e pedras preciosas. Var.: *dactilioteca.*

Dátilo[1], adj. V. *datílico.* S. m. *Metrif.* Pé de verso, grego ou latino, de uma sílaba longa, seguida de duas breves.

dátilo-[2], elem. de comp. (gr. *daktulos*). Exprime a idéia de *dedo: datiloscopia.*

Datilografar, v. Tr. dir. Escrever a máquina. Var.: *dactilografar.*

Datilografia, s. f. Arte de escrever a máquina. Var.: *dactilografia.*

Datilógrafo, s. m. Indivíduo que escreve à máquina. Var.: *dactilógrafo.*

Datilóide, adj. m. e f. Em forma de dedo. Var.: *dactilóide.*

Datilomancia, s. f. Adivinhação por meio dos dedos. Var.: *dactilomancia.*

Datiloscopia, s. f. Estudo das impressões digitais com fins de identificação. Var.: *dactiloscopia.*

Datiloscopista, s. m. e f. Pessoa especializada em datiloscopia. Var.: *dactiloscopista.*

Datismo, s. m. Sinonímia exagerada.

Dativo, adj. 1. Diz-se do tutor ou da tutela estabelecida por magistrado e não por lei. 2. Relativo ao dativo. S. m. *Gram.* Caso gramatical grego e latino que exprime a relação de objeto indireto.

De[1], prep. (l. *de*). Partícula de grande emprego na língua portuguesa, designando várias relações, como de posse, lugar, modo, causa, tempo, dimensão, origem, matéria, conteúdo etc.

de-[2], pref. (l. *de*). Expressa *procedência, privação, acabamento, o contrário do que significa o radical* etc.: *de*cair, *de*mente, *de*finir, *de*crescer.

Dê, s. m. *Gram.* Nome da letra *d.* Pl.: *dês* ou *dd.*

Dealbação, s. f. Ato ou efeito de dealbar.

Dealbar, v. 1. Tr. dir. Tornar branco; branquear. 2. Tr. dir. Purificar, limpar. 3. Intr. Tornar-se alvo; clarear.

Deambulação, s. f. Ato de deambular; passeio.

Deambular, v. Tr. ind. e intr. Passear, vaguear.

Deambulatório, adj. 1. Relativo a passeio. 2. Variável, mudável. S. m. *Arquit.* Galeria que circunda o coro em certas igrejas.

Deão, s. m. (l. *decanu,* pelo fr. ant.). 1. Dignitário eclesiástico que preside ao cabido. 2. Decano. Pl.: *deãos, deães, deões.*
Dearticulação, s. f. Pronúncia clara e distinta das palavras.
Dearticular, v. Tr. dir. Pronunciar com precisão e clareza.
Debaixo, adv. 1. Em situação inferior. 2. Em decadência, na sujeição, na dependência. — *D. de:* em situação inferior a; dentro de.
Debalde, adv. Em vão, inutilmente; embalde.
Debandada, s. f. 1. Ação ou efeito de debandar. 2. Fuga sem ordem.
Debandar, v. 1. Tr. dir. Pôr em fuga desordenada. 2. Tr. ind., intr. e pron. Pôr-se em fuga desordenada; dispersar-se, fugir.
Debate, s. m. 1. Troca de opiniões durante a qual os adversários defendem com animação interesses opostos. 2. Querela, discussão, altercação.
Debater, v. 1. Pron. Agitar-se, resistindo ou procurando soltar-se. 2. Tr. ind. e intr. Sustentar debates; contestar, discutir. 3. Tr. dir. Discutir uma questão.
Debatidiço, adj. Que se debate muito.
Debatidura, s. f. Ação de se debater, para fugir (ave presa).
Debelação, s. f. Ato ou efeito de debelar.
Debelador, adj. Debelatório. S. m. Aquele que debela.
Debelar, v. Tr. dir. 1. Dominar, vencer. 2. Combater, extinguir. 3. Curar.
Debelatório, adj. Que debela.
Debenturagem, s. f. Ação de debenturar.
Debenturar, v. Tr. dir. Estabelecer debêntures em.
Debênture, s. f. (ingl. *debenture*). Título de dívida amortizável, garantido normalmente pelos bens do ativo das empresas, e que vence juros e correção monetária.
Debenturista, s. m. e f. Pessoa que possui debêntures.
Debicador, adj. Que debica.
Debicar, v. 1. Tr. dir. Picar com o bico. 2. Tr. dir. Comer pequena quantidade de. 3. Tr. dir., tr. ind. e intr. Caçoar, escarnecer.
Débil, adj. m. e f. 1. Que tem pouca força ou energia; fraco, franzino. 2. Pusilânime. 3. Insignificante.
Debilidade, s. f. 1. Qualidade ou estado de débil. 2. Enfraquecimento, fraqueza.
Debilitação, s. f. Ato ou efeito de debilitar(-se).
Debilitante, adj. m. e f. Que debilita; exauriente.
Debilitar, v. 1. Tr. dir. Tornar débil. 2. Pron. Enfraquecer-se, perder as forças.
Debilitável, adj. m. e f. Que se pode debilitar.
Debique, s. m. Ato de debicar; zombaria, troça.
Debitar, v. Tr. dir. e pron. 1. Constituir(-se) ou inscrever(-se) como devedor. 2. Lançar(-se) a débito.
Débito, s. m. 1. Aquilo que se deve. 2. *Com.* Parte de uma conta, oposta ao crédito, onde o negociante lança o que fornece ou paga.
Deblaterar, v. 1. Tr. ind. Gritar ou clamar contra alguém ou alguma coisa. 2. Tr. dir. e intr. Bradar, gritar.
Debochado, adj. 1. Devasso, libertino. 2. Gaiato, trocista.
Debochador, adj. Debochado, acep. 2.
Debochar, v. 1. Tr. dir. Lançar no deboche, tornar um devasso. 2. Pron. Corromper-se, viciar-se. 3. Tr. dir. e ind. Escarnecer de, zombar de.
Debochativo, adj. Próprio de quem é debochado, acep. 2.
Deboche, s. m. (fr. *débauche*). 1. Devassidão, libertinagem. 2. Caçoada, zombaria.
Deborcar, v. Tr. dir. Virar de borco.
Debrear, v. V. *desembrear*[2].
Debruadeira, s. f. 1. Mulher que faz debruns. 2. Máquina de indústria para debruar.
Debruado, adj. Que tem debrum; orlado.
Debruar, v. Tr. dir. 1. Guarnecer com debrum. 2. Orlar com friso.
Debruçar, v. 1. Tr. dir. e pron. Pôr(-se) de bruços. 2. Pron. Curvar-se, inclinar-se para a frente.
Debrum, s. m. Fita ou tira que se cose dobrada sobre a orla de um tecido ou peça de vestuário, para lhe assegurar a trama ou a guarnecer.
Debulha, s. f. Ação de debulhar; debulho.
Debulhador, s. m. 1. Aquele que debulha. 2. Máquina para debulhar.
Debulhadora, s. f. Máquina para debulhar cereais.
Debulhar, v. (l. v. **depoliare*). 1. Tr. dir. Tirar os grãos de; esbagoar. 2. Pron. Esbagoar-se. 3. Pron. Desfazer-se, desatar-se: *D. em* lágrimas.
Debulho, s. m. 1. Debulha. 2. Resíduo das espigas dos cereais debulhados. 3. Alimentos triturados e em princípio de digestão no estômago dos ruminantes.
Debuxador, adj. e s. m. Que, ou aquele que debuxa.
Debuxante, adj. m. e f. Debuxador.
Debuxar, v. 1. Tr. dir. Fazer o debuxo de; delinear, esboçar. 2. Tr. dir. Figurar, imaginar. 3. Pron. Representar-se.
Debuxo, s. m. (do cast. *dibujo*). Desenho que representa um objeto pelos seus contornos gerais; bosquejo, esboço.
deca-, pref. (gr. *deka*). Significa dez: *decadátilo.*
Década, s. f. 1. Série de dez anos; dezena. 2. Espaço de dez dias, ou de dez anos.
Decadátilo, adj. Que tem dez dedos.
Decadência, s. f. 1. Estado do que decai. 2. Tendência para o acabamento. 3. Época que precede o fim de uma civilização.
Decadente, adj. m. e f. Em decadência; declinante.
Decaedro, adj. Que tem dez faces. S. m. Poliedro com dez faces.
Decagonal, adj. m. e f. Que tem por base um decágono; decangular.
Decágono, s. m. Polígono que tem dez ângulos e dez lados.
Decagrama, s. m. Medida de peso de dez gramas.
Decaída, s. f. 1. Efeito de decair. 2. Prostituta.
Decaimento *(a-i),* s. m. 1. Ato ou efeito de decair. 2. Decadência, declínio.
Decair, v. 1. Intr. Cair a uma situação inferior. 2. Tr. ind. Sofrer diminuição. 3. Tr. ind. Perder a posição. 4. Intr. Baixar, pender.
Decalcar, v. Tr. dir. Copiar um desenho por meio de papel transparente ou papel carbono.
Decalco, s. m. Decalque.
Decalcomania, s. f. Processo que permite aplicar desenhos coloridos sobre porcelana, vidro, papel etc.
Decalitro, s. m. Medida de capacidade equivalente a dez litros.
Decálogo, s. m. Os dez mandamentos da lei de Deus.
Decalque, s. m. 1. Ato ou efeito de decalcar. 2. Desenho decalcado.
Decamerônico, adj. Relativo ao Decameron, de Boccacio, prosador italiano (1313-1375), ou à sua feição literária.
Decâmetro, s. m. Medida de comprimento equivalente a dez metros.
Decampamento, s. m. Ato ou efeito de decampar.
Decampar, v. Intr. 1. *Mil.* Levantar acampamento. 2. Mudar de acampamento.
Decanado, s. m. 1. Dignidade de deão. 2. Qualidade de decano. Var.: *decanato.*
Decandria, s. f. *Bot.* Qualidade ou caráter de decandro.
Decandro, adj. *Bot.* Que tem dez estames, livres entre si.
Decangular, adj. m. e f. Decagonal.
Decania, s. f. 1. V. *decanado.* 2. Corporação presidida por decano. 3. Grupo de dez pessoas.
Decano, s. m. 1. O membro mais velho ou mais antigo de uma classe ou corporação. 2. Deão.
Decantação, s. f. Ato ou efeito de decantar (líquidos).
Decantar[1], v. (l. *decantare*). Tr. dir. Celebrar em canto ou em verso; exaltar.
Decantar[2], v. *(de + canto[2] + ar).* Tr. dir. 1. *Quím.* Transvasar um líquido para o libertar de impurezas ou resíduos. 2. Purificar.
Decapitação, s. f. Ação de decapitar; degolação.
Decapitar, v. Tr. dir. 1. Cortar a cabeça de; degolar. 2. *Fig.* Privar do líder, do chefe. 3. *Fig.* Cortar, tirar a parte superior de.
Decápode, adj. *Zool.* 1. Provido de dez pés ou patas. 2. Relativo à ordem dos Decápodes. S. m. pl. 1. Ordem *(Decapoda)*

de crustáceos providos de cinco pares de patas ambulatórias, como os camarões, lagostas e caranguejos. 2. Ordem de moluscos cefalópodes, como as sibas e lulas, que possuem, além de oito tentáculos, dois braços pescadores.

Decassílabo, adj. *Metrif.* Que tem dez sílabas. S. m. Verso de dez sílabas.

Decastere, s. m. V. *decastéreo.*

Decastéreo, s. m. Medida para lenha, que vale por dez estéreos (dez metros cúbicos).

Decenal, adj. m. e f. 1. Que dura dez anos. 2. Que se realiza em períodos de dez anos.

Decenário, adj. Que se divide em dezenas.

Decência, s. f. (l. *decentia*). 1. Qualidade do que é decente. 2. Compostura. 3. Decoro. 4. Asseio.

Decendial, adj. m. e f. 1. Relativo a decêndio. 2. Que dura um decêndio.

Decêndio, s. m. Espaço de dez dias.

Decênio, s. m. Período de dez anos.

Decenovenal, adj. m. e f. Que dura dezenove anos.

Decente, adj. m. e f. 1. Que fica bem; conveniente, decoroso, honesto. 2. Asseado, limpo.

Decenvirado, s. m. V. *decenvirato.*

Decenvirato, s. m. *Ant.* 1. Governo dos decênviros. 2. Magistratura dos decênviros. Var.: *decenvirado.*

Decênviro, s. m. *Antig.* Cada um dos dez magistrados da república romana, encarregados de codificar as leis.

Decepador, adj. e s. m. Que, ou aquele que decepa.

Decepamento, s. m. Ação ou efeito de decepar.

Decepar, v. Tr. dir. 1. Separar do cepo, do tronco; cortar. 2. Amputar, mutilar. 3. Interromper, truncar.

Decepção, s. f. (l. *deceptione*). 1. Frustração de uma esperança; desilusão, desengano. 2. Surpresa desagradável.

Decepcionar, v. Tr. dir. Causar decepção a; desenganar, desiludir.

Decerto, adj. Com certeza.

deci-, pref. (l. *deci*). Nos nomes das medidas do sistema métrico, designa a décima parte da unidade: *decímetro, decilitro, decigrama.*

Decibel *(bél)*, s. m. *Fís.* Unidade de medida da intensidade do som; a décima parte do bel.

Decidido, adj. 1. Que se decidiu. 2. Animoso, corajoso. 3. Inabalável nos seus propósitos; resoluto.

Decidir, v. (l. *decidere*). 1 Tr. dir., tr. ind. e pron. Determinar (-se), resolver(-se). 2. Tr. ind. e intr. Emitir juízo; sentenciar. 3. Tr. dir. Dar como decisão. 4. Pron. Inclinar-se a favor de ou contra.

Decíduo, adj. 1. Que cai, caduco. 2. *Bot.* Que se desprende precocemente.

Decifração, s. f. Ato ou efeito de decifrar.

Decifrador, adj. e s. m. Que, ou aquele que decifra.

Decifrar, v. Tr. dir. 1. Ler ou explicar (o que está escrito em cifra ou mal escrito). 2. Adivinhar. 3. Conhecer o gênio, as tendências ou sentimentos de.

Decifrável, adj. m. e f. Que se pode decifrar.

Decigrama, s. m. Medida de peso equivalente à décima parte do grama.

Decilitro, s. m. Medida de capacidade equivalente à décima parte do litro.

Decilhão, num. Mil nonilhões.

Décima, s. f. 1. Cada uma das dez partes iguais em que se pode dividir uma coisa. 2. Imposto que abrangia a décima parte de um rendimento; dízimo. 4. Contribuição direta; tributo. Estância de dez versos.

Decimal, adj. m. e f. 1. Relativo a dez ou a décimo. 2. Qualificativo do sistema de pesos e medidas, que procede por potências de dez.

Decimável, adj. m. e f. Sujeito à décima; tributável.

Decímetro, s. m. A décima parte do metro.

Décimo, num. Que em uma ordem ou série, está no lugar correspondente a dez (entre o nono e o undécimo). S. m. A décima parte.

Decisão, s. f. (l. *decisione*). 1. Ato ou efeito de decidir(-se); determinação, resolução. 2. Coragem, intrepidez.

Decisivo, adj. 1. Que decide; resolutivo, deliberativo. 2. Definitivo. 3. Insofismável. 4. Grave; crítico.

Decisório, adj. *Dir.* Que tem o poder de decidir.

Decistere, s. m. V. *decistéreo.*

Decistéreo, s. m. A décima parte do estéreo.

Declamação, s. f. (l. *declamatione*). 1. Ação, maneira ou arte de declamar. 2. Palavreado afetado e oco. 3. Maneira pomposa de discursar.

Declamador, adj. e s. m. Que, ou aquele que declama.

Declamar, v. 1. Tr. dir. e intr. Recitar em voz alta, com gesto e entonação apropriada. 2. Intr. Discursar com afetação.

Declamatório, adj. 1. Relativo à declamação. 2. Em que há declamação. 3. Empolado, enfático.

Declaração, s. f. 1. Ato ou efeito de declarar(-se). 2. Aquilo que se declara. 3. Documento em que se declara alguma coisa. 4. Depoimento. 5. Lista pormenorizada: *D.* de bens. 6. Confissão de amor.

Declarado, adj. 1. Manifesto, confessado. 2. Claro, evidente.

Declarador, adj. e s. m. V. *declarante.*

Declarante, adj. e s. m. e f. 1. Que, ou pessoa que declara. 2. *Dir.* Depoente.

Declarar, v. 1. Tr. dir. Dar a conhecer; expor, manifestar, patentear. 2. Tr. dir. e pron. Confessar(-se). 3. Tr. dir. e pron. Designar(-se), nomear(-se). 4. Pron. Inclinar-se, pronunciar-se a favor de ou contra.

Declarativo, adj. *Dir.* Que encerra declaração.

Declaratório, adj. *Dir.* V. *declarativo.*

Declinação, s. f. (l. *declinatione*). 1. Ato de declinar. 2. Declive, inclinação. 3. Abatimento, decadência. 4. *Astr.* Arco de um círculo máximo que passa pelos pólos celestes, compreendido entre o astro que se observa e o equador. 5. *Gram.* Nas línguas flexivas, flexão dos nomes e pronomes, segundo os gêneros, números e casos. 6. *Gram.* Cada um dos paradigmas flexionais de palavras declináveis.

Declinador, adj. Declinante. S. m. Instrumento que indica a declinação do plano de um quadrante.

Declinante, adj. m. e f. Que declina.

Declinar, v. 1. Intr. Desviar-se ou afastar-se de um ponto ou direção. 2. Intr. Descer para o poente. 3. Intr. Aproximar-se do fim. 4. Tr. ind. e intr. Decair, diminuir em atividade, força, intensidade, vigor. 5. Tr. dir. Desistir de, eximir-se a, rejeitar. 6. Tr. dir. Indicar, revelar (o nome). 7. Tr. dir. *Gram.* Fazer passar por todos os seus casos e flexões (nome, pronome ou adjetivo).

Declinatória, s. f. *Dir.* Recusa pelo réu da jurisdição de um tribunal ou juiz.

Declinatório, adj. 1. Que declina. 2. *Dir.* Próprio para declinar jurisdição.

Declinável, adj. m. e f. *Gram.* Que se pode declinar.

Declínio, s. m. Aproximação do fim, decadência.

Declinoso, adj. Em que há declinação ou inclinação.

Declivar, v. 1. Intr. Formar declive. 2. Tr. dir. Tornar íngreme.

Declive, adj. m. e f. Inclinado, formando ladeira descendente. S. m. Inclinação de terreno, considerado este de cima para baixo. Antôn.: *aclive.*

Declividade, s. f. 1. Qualidade do que é declivoso. 2. Declive.

Declivoso, adj. Que tem declive; ladeirento.

Decoada, s. f. Ato de coar a água da barrela.

Decoar, v. Tr. dir. Lavar em água de decoada.

Decocção, s. f. 1. *Farm.* Ação de ferver num líquido as substâncias de que se quer extrair os principais solúveis. 2. O produto líquido desta operação; decocto.

Decocto, s. m. Decocção, acep. 2.

Decolagem, s. f. *Aeron.* Ato de decolar.

Decolar, v. (fr. *décoller*). *Aeron.* Intr. Despregar-se da terra ou do mar, levantar vôo (aeronave).

Decomponente, adj. m. e f. Que decompõe.

Decomponível, adj. m. e f. Que se pode decompor.

Decompor, v. 1. Tr. dir. e pron. Separar (em-se) os elementos ou partes constitutivas de um corpo. 2. Tr. dir. Dividir, separar. 3. Tr. dir. Analisar, estudar ou examinar por partes. 4. Tr. dir. *Mat.* Reduzir. 5. Tr. dir. e pron. Alterar(-se), modificar(-se). 6. Tr. dir. e pron. Corromper(-se).

Decomposição, s. f. 1. Ato ou efeito de decompor(-se). 2. Redução a elementos simples. 3. Análise. 4. Modificação, alteração profunda. 5. Desorganização. 6. Corrupção, putrefação.

Decoração¹, s. f. *(decorar¹ + ção).* 1. Ação ou efeito de decorar¹. 2. Adorno, embelezamento. 3. *Teatro.* Cenário.

Decoração², s. f. *(decorar² + ção).* Ação de decorar ou reter na memória; memorização.

Decorador¹, s. m. (l. *decoratore*). O que adorna, decora casas, palcos etc.

Decorador², adj. e s. m. *(decorar² + dor).* Que, ou aquele que aprende de cor.

Decorar¹, v. (l. *decorare*). Tr. dir. Adornar com decoração; embelezar, enfeitar, ornamentar.

Decorar², v. *(de + cor + ar).* Tr. dir. Aprender de cor, reter na memória.

Decorativo, adj. 1. Relativo a decoração. 2. Próprio para decorar.

Decoro *(ô),* s. m. 1. Dignidade moral; honradez, nobreza. 2. Acatamento, decência. 3. Pundonor. 4. Conformidade do estilo com o assunto.

Decoroso, adj. 1. Conforme ao decoro. 2. Decente. 3. Digno. 4. Honesto. 5. Honroso.

Decorrente, adj. m. e f. Que decorre; decursivo.

Decorrer, v. (l. *decurrere*). 1. Tr. ind. e intr. Passar (o tempo). 2. Tr. ind. e intr. Passar-se, suceder (diz-se dos acontecimentos). 3. Tr. ind. Derivar, resultar.

Decorticação, s. f. Ato de decorticar.

Decorticar, v. Tr. dir. Tirar o córtice ou a cortiça a.

Decotado, adj. Que tem ou usa decote.

Decotador, adj. e s. m. Que, ou aquele que decota.

Decotar, v. 1. Tr. dir. e intr. Aparar por cima, ou em volta. 2. Tr. dir. Fazer corte ou abertura na parte superior de (peça de vestuário), para deixar o colo a descoberto.

Decote, s. m. Ato ou efeito de decotar.

Decremento, s. m. Descrescimento, diminuição.

Decrepidez, s. f. V. *decrepitude.*

Decrépito, adj. Debilitado pela idade avançada; caduco.

Decrepitude, s. f. Estado ou condição de decrépito.

Decrescente, adj. m. e f. 1. Que decresce. 2. *Gram.* Ditongo cuja vogal acentuada é a primeira: *pai, vou, rei.*

Decrescer, v. 1. Tr. ind. e intr. Tornar-se menor; diminuir. 2. Intr. Abater, ceder.

Decrescimento, s. m. Ação de decrescer; diminuição.

Decréscimo, s. m. Decrescimento.

Decretação, s. f. Ato de decretar.

Decretal, s. f. *Ecles.* Carta ou constituição pontifícia, em resposta a consultas sobre moral ou direito.

Decretalista, s. m. e f. *Dir.* Jurisconsulto versado em decretais.

Decretar, v. Tr. dir. 1. Ordenar por decreto. 2. Determinar, ordenar.

Decreto, s. m. 1. Determinação escrita, dimanada de uma autoridade superior. 2. Mandado judicial. 3. Determinação, ordem. 4. Vontade, intenção, designio.

Decretório, adj. Decisivo, terminante.

Decrua, s. f. Ação de decruar.

Decruar, v. *(de + crua + ar).* Tr. dir. 1. Cozer ligeiramente. 2. Lavar em sabão e depois em água clara (a seda crua). 3. *Agric.* Dar a primeira lavra a um terreno.

Decúbito, s. m. Posição de quem está deitado.

Decumano, adj. 1. O décimo de uma série. 2. Grande: Onda *decumana.*

Decumbente, adj. m. e f. 1. *Des.* Inclinado, caído. 2. Que está se deitando; recumbente.

Decuplar, v. Tr. dir. 1. Multiplicar por dez. 2. Tornar dez vezes maior. Var.: *decuplicar.*

Decuplicar, v. V. *decuplar.*

Décuplo, adj. 1. Que contém dez vezes uma quantidade. 2. Que vale dez vezes mais. S. m. Quantidade décupla.

Decúria, s. f. 1. Grupo ou classe de dez indivíduos. 2. Corpo militar entre os romanos, composto de dez soldados.

Decuriado, s. m. Cargo de decurião.

Decurião, s. m. (l. *decurione*). 1. Chefe de decúria. 2. Aluno mais adiantado, a quem o professor encarrega de ensinar uma classe de outros.

Decursivo, adj. V. *decorrente.*

Decurso, s. m. 1. Ato de decorrer. 2. Passagem do tempo. 3. Tempo de duração. 4. Percurso.

Dedada, s. f. 1. Porção de substância que adere a um dedo. 2. Sinal que o dedo deixa numa coisa.

Dedal, s. m. (1. *digitale*). 1. Utensílio que se encaixa no dedo médio para empurrar a agulha, quando se cose. 2. Pequeníssima porção. 3. *Bot.* Árvore litrácea *(Lafoensia densiflora).*

Dedaleira, s. f. 1. Estojo de dedais. 2. *Bot.* Planta *(Digitalis purpurea),* que dá flores tubulosas purpúreas, ornamentais.

Dedáleo, adj. 1. Relativo a dédalo. 2. Emaranhado. 3. Engenhoso. 4. Muito artificioso. 5. Labiríntico.

Dédalo, s. m. 1. Rodeio confuso de caminhos; labirinto. 2. Confusão, complicação, enredo.

Dedar, v. Tr. dir. 1. *Gír.* Apontar, indicar com o dedo. 2. *Gír.* Delatar, incriminar.

Dedecorar, v. Tr. dir. Tornar indecoroso.

Dedeira, s. f. 1. Pedaço de couro ou pano com que se reveste a ponta do dedo. 2. *Mús.* Peça que o tocador de violão usa no polegar, a fim de percutir as cordas graves.

Dedicação, s. f. 1. Qualidade de quem se dedica; abnegação, devotamento. 2. Afeto extremo.

Dedicado, adj. Constante em servir; devotado.

Dedicador, adj. e s. m. Que, ou o que dedica; ofertante.

Dedicar, v. 1. Tr. dir. Destinar, empregar, votar, com afeto ou sacrifício, em favor de. 2. Tr. dir. Oferecer por dedicação. 3. Tr. dir. Pôr sob a proteção ou invocação de. 4. Pron. Devotar-se, oferecer-se ao serviço de, sacrificar-se por.

Dedicatória, s. f. Inscrição ou palavras escritas, com que se dedica ou oferece a alguém uma produção literária ou artística, um retrato etc.

Dedignação, s. f. Ação de dedignar-se.

Dedignar, v. Pron. 1. Julgar indigno de si. 2. Rebaixar-se.

Dedilhação, s. f. Ato de dedilhar; dedilhado, dedilhamento.

Dedilhado, s. m. V. *dedilhação.*

Dedilhamento, s. m. V. *dedilhação.*

Dedilhar, v. Tr. dir. 1. Fazer vibrar com os dedos. 2. Executar (trecho de música) em instrumento de cordas que se toca com os dedos.

Dedo, s. m. (1. *digitu*). 1. Cada um dos cinco prolongamentos articulados que terminam as mãos e os pés do homem e as extremidades de alguns animais. Ruído: *estala, estrinca, destrinca.* 2. Cada uma das partes da luva que se amoldam aos dedos da mão. 3. Pequena porção. 4. *Fig.* Mão. 5. Jeito.

Dedução, s. f. (1. *deductione*). 1. Ação de deduzir; abatimento, diminuição, subtração. 2. Conseqüência tirada de um princípio.

Deducional, adj. m. e f. Feito por dedução.

Dedutivo, adj. Que procede por dedução.

Deduzir, v. (1. *deducere*). 1. Intr. Tirar dedução; inferir como conseqüência. 2. Pron. Derivar. 3. Tr. dir. Descontar, diminuir, subtrair.

Defecação, s. f. 1. *Fisiol.* Expulsão natural das fezes pelo ânus; evacuação. 2. Depuração.

Defecador, s. m. Aparelho que, nas usinas de açúcar, serve para a separação dos ácidos e substâncias albuminóides do caldo da cana.

Defecar, v. 1. Intr. Expelir naturalmente os excrementos. 2. Tr. dir. Limpar, purificar.

Defecção, s. f. 1. Desaparecimento. 2. Deserção. 3. Apostasia.

Defectibilidade, s. f. Qualidade de defectível.

Defectível, adj. m. e f. 1. Que tem defeito; imperfeito. 2. Suscetível de enganar-se; falível.

Defectivo, adj. 1. A que falta alguma coisa; imperfeito. 2. *Gram.* Diz-se do verbo de conjugação incompleta.

Defedação, s. f. Mancha na pele.

Defeito, s. m. (1. *defectu*). 1. Imperfeição (física ou moral); balda, deformidade, labéu, mancha, vício. 2. Irregularidade

que, num objeto, lhe estraga a aparência, ou faz diminuir seu valor.
Defeituoso, adj. Que tem, ou em que há defeito; imperfeito.
Defendente, adj. e s. m. e f. Defensor.
Defender, v. 1. Tr. dir. Dar auxílio a, proteger. 2. Tr. dir. Falar a favor de, interceder por. 3. Tr. dir. Patrocinar ou advogar a causa de. 4. Tr. dir. Abrigar, resguardar. 5. Pron. Livrar-se, resguardar-se. 6. Tr. dir. Proibir, vedar.
Defendível, adj. m. e f. Que pode ser defendido; defensível, defensável.
Defenestração, s. f. Ato de atirar alguém ou alguma coisa pela janela fora.
Defensa, s. f. V. *defesa.* S. f. pl. Cada uma das peças colocadas no costado das embarcações para as defender de choques ou roçamentos nas atracações.
Defensão, s. f. V. *defesa.*
Defensável, adj. m. e f. Defendível.
Defensiva, s. f. Situação, estado ou posição em que está quem se defende.
Defensível, adj. m. e f. Defendível.
Defensivo, adj. Próprio para defesa. S. m. Preservativo.
Defensor, adj. e s. m. Que, ou quem defende; defendente.
Defensório, adj. Relativo a defensa ou defesa.
Deferência, s. f. (l. *deferentia*). Acatamento, atenção, condescendência, consideração, respeito.
Deferente, adj. m. e f. 1. Que defere; anuente. 2. Obsequioso, cortês. 3. *Anat.* Que conduz para baixo ou para fora: Canal *d.*
Deferido, adj. Despachado favoravelmente.
Deferimento, s. m. Ação de deferir; anuência.
Deferir, v. (l. *deferre*). Tr. dir. 1. Dar deferimento, despachar favoravelmente. 2. Anuir ao que se pede ou requer; conceder, conferir, outorgar. — Conjuga-se como *aderir.*
Deferível, adj. m. e f. Que se pode deferir.
Defesa *(ê),* s. f. (l. *defensa*). 1. Ação de defender(-se). 2. Proteção contra um ataque ou ofensa. 3. Resguardo, anteparo, vedação. 4. *Dir.* Exposição dos fatos e produção de provas em favor de um réu. 5. *Zool.* Órgãos que os animais utilizam para defender-se.
Defeso *(ê),* adj. (l. *defensu*). Proibido, vedado.
Defesso *(é),* adj. Cansado, fatigado.
Deficiência, s. f. (l. *deficientia*). 1. Falta, lacuna. 2. Imperfeição, insuficiência.
Deficiente, adj. m. e f. Que tem deficiência; falho, imperfeito.
Deficit *(deficit),* s. m. (latim). O excesso da despesa em relação à receita, em um orçamento. Antôn.: *superavit.*
Deficitário, adj. Em que há déficit.
Definhado, adj. 1. Emagrecido, consumido. 2. Murcho, mirrado.
Definhamento, s. m. 1. Perda de forças; emagrecimento. 2. Murcha.
Definhar, v. (l. v. * *definare*). 1. Intr. e pron. Enfraquecer-se pouco a pouco, extremar-se, mirrar-se. 2. Tr. ind. e intr. Abater, decair, murchar, secar.
Definibilidade, s. f. Qualidade de definível.
Definição, s. f. (l. *definitione*). 1. Ação de definir. 2. Proposição que expõe com clareza e exatidão os caracteres genéricos e diferenciais de uma coisa. 3. Palavras com que se define. 4. *Ecles.* Decisão.
Definido, adj. 1. Determinado, fixo. 2. *Gram.* Diz-se do artigo que se junta ao nome, individualizando-o de modo preciso.
Definir, v. 1. Tr. dir. Dar a definição de. 2. Tr. dir. Determinar, fixar. 3. Tr. dir. Demarcar, fixar. 4. Pron. Tomar uma resolução ou partido.
Definitivo, adj. 1. Que define; determinante. 2. Que não volta a repetir-se; decisivo.
Definível, adj. m. e f. Que se pode definir.
Deflação, s. f. Ato de reduzir a circulação do papel-moeda superabundante. Antôn.: *inflação.*
Deflacionista, adj. m. e f. Relativo à deflação. S. m. e f. Pessoa partidária da deflação. Antôn.: *inflacionista.*
Deflagração, s. f. 1. *Quím.* Reação que produz desenvolvimento vigoroso de calor e centelhas ou chamas. 2. Explosão violenta.
Deflagrar, v. 1. Tr. dir. Causar ou iniciar deflagração de. 2. Intr. Arder ativamente com chama intensa e com explosão. 3. Intr. Irromper de repente como incêndio.
Deflegmação, s. f. Ação de deflegmar.
Deflegmar, v. Tr. dir. Destilar, para separar de uma substância a parte aquosa.
Defletir, v. Tr. dir. Mudar a direção de um movimento para um dos lados.
Deflexão *(cs),* s. f. 1. Ato ou efeito de defletir. 2. *Agrim.* Ângulo existente entre dois caminhamentos: *deflexão* à direita ou à esquerda.
Defloração, s. f. (l. *defloratione*). 1. Emurchecimento e queda natural das flores. 2. Violação da virgindade. Var.: *desfloração.*
Deflorador, adj. e s. m. Que, ou o que deflora.
Defloramento, s. m. V. *defloração.* Var.: *desfloramento.*
Deflorar, v. Tr. dir. 1. Tirar as flores de. 2. Estuprar. Var.: *desflorar.*
Defluência, s. f. V. *deflúvio.*
Defluente, adj. m. e f. Que deflui.
Defluir, v. (l. *defluere*). 1. Tr. ind. Derivar (um líquido), manar. 2. Tr. ind. e intr. Correr. 3. *Fig.* Tr. ind. Decorrer, derivar.
Deflúvio, s. m. 1. Ação de defluir; defluência. 2. Escoamento de líquidos.
Defluxão *(ss),* s. f. (l. *defluxione*). 1. Deflúvio. 2. Defluxo. 3. Escoamento de humores.
Defluxeira *(ss),* s. f. *Fam.* Grande defluxo.
Defluxo *(ss),* s. m. *Med.* 1. Catarro nasal. 2. Manifestação de gripe, de resfriado.
Deformação, s. f. 1. Ato ou efeito de deformar(-se). 2. *Mec.* Alteração de forma. 3. *Med.* Deformidade.
Deformador, adj. e s. m. Que, ou o que deforma.
Deformar, v. 1. Tr. dir. Mudar a forma de, tornar deforme. 2. Tr. dir. Deturpar. 3. Pron. Perder a forma primitiva.
Deformatório, adj. Que produz deformação.
Deforme, adj. m. e f. 1. Que perdeu a forma própria. 2. De forma irregular e desagradável; desconforme, disforme.
Deformidade, s. f. 1. Irregularidade de conformação; malformação; desfiguração. 2. Depravação, vício.
Defraudação, s. f. Ato ou efeito de defraudar; espoliação.
Defraudador, adj. e s. m. Que, ou que defrauda.
Defraudar, v. Tr. dir. Espoliar por meio de fraude; fraudar.
Defrontação, s. f. Ato de defrontar(-se).
Defrontante, adj. m. e f. Que defronta.
Defrontar, v. 1. Tr. ind. e pron. Estar situado defronte. 2. Tr. dir. Pôr defronte de; confrontar. 3. Pron. Enfrentar-se.
Defronte, adv. Em face; em frente de; face a face.
Defumação, s. f. 1. Ato ou efeito de defumar. 2. Fase inicial na preparação de borracha.
Defumador, Que defuma. S. m. 1. Aquele que defuma. 2. Vaso em que se queimam substâncias para defumar ou perfumar.
Defumadouro, s. m. 1. Aquilo que se queima para defumar. 2. Defumador, acep. 2. 3. Choupana onde o seringueiro defuma o látex da borracha. Var.: *defumadoiro.*
Defumadura, s. f. Defumação.
Defumar, v. Tr. dir. 1. Curar ou secar ao fumo (carne, peixe, lingüiça etc.). 2. Enegrecer com fumo. 3. Perfumar com o fumo de substâncias aromáticas.
Defunção, s. f. (l. *defunctione*). Falecimento, óbito.
Defunto, adj. 1. Que faleceu. 2. Extinto. 3. Esquecido, olvidado. S. m. Pessoa que faleceu; cadáver.
Degas, s. m. e f. *Fam.* 1. A pessoa que fala (eu). 2. Sujeito importante.
Degelar, v. 1. Tr. dir. Derreter (o que estava congelado). 2. Tr. dir. e pron. Aquecer(-se), reanimar(-se).
Degelo, s. m. 1. Ato ou efeito de degelar; descongelação. 2. Fusão natural do gelo ou neve.
Degeneração, s. f. Ato ou efeito de degenerar.
Degenerado, adj. 1. Que degenerou. 2. Corrompido.

Degenerar, v. 1. Tr. ind. e intr. Perder qualidades que tinha ao ser gerado (falando-se de raças, indivíduos, animais, plantas). 2. Tr. dir., tr. ind., intr. e pron. Alterar(-se), modificar(-se) para pior, corromper(-se).
Degenerativo, adj. Que revela degeneração.
Degenerescência, s. f. 1. Degeneração. 2. Disposição para degenerar. 3. *Med.* Enfraquecimento grave das qualidades físicas ou mentais.
Degenerescente, adj. m. e f. Em que há degenerescência.
Deglutição, s. f. (l. *deglutitione*). Ação de deglutir.
Deglutir, v. Tr. dir. e intr. Engolir.
Degola, s. f. 1. V. *degolação*. 2. Reprovação em massa. 3. Dispensa em massa de empregados.
Degolação, s. f. Ato ou efeito de degolar; decapitação. Var.: *degola* e *degoladura*.
Degolador, s. m. 1. Aquele que degola. 2. Ferramenta de serralheiro.
Degoladouro, s. m. 1. Lugar em que se degolam reses. 2. Matadouro. Var.: *degoladoiro*.
Degoladura, s. f. V. *degolação*.
Degolar, v. 1. Tr. dir. Cortar o pescoço ou a cabeça a; decapitar. 2. Pron. Cortar o pescoço a si próprio.
Degotar, v. *Pop.* V. *decotar*.
Degote, s. m. *Pop.* V. *decote*.
Degradação, s. f. 1. Destituição aviltante de um cargo, dignidade ou grau. 2. Aviltamento, baixeza. 3. Depravação.
Degradador, adj. e s. m. Que, ou aquilo que degrada.
Degradante, adj. m. e f. 1. Degradador. 2. Aviltante, infamante.
Degradar[1], v. (l. *degradare*). 1. Tr. dir. Rebaixar na dignidade, graduação ou categoria. 2. Tr. dir. e pron. Aviltar(-se), tornar(-se) desprezível.
Degradar[2], v. V. *degredar*.
Degranar, v. Tr. dir. Tirar os grãos de.
Degrau, s. m. 1. Cada uma das partes da escada, em que se põe o pé, para subir ou descer; escalão. 2. Meio de elevar-se (em dignidade, emprego etc.).
Degredado, adj. e s. m. Que, ou aquele que sofreu pena de degredo; banido, exilado.
Degredar, v. Tr. dir. 1. Condenar a degredo. 2. Desterrar, exilar.
Degredo, s. m. 1. Pena de desterro que a justiça impõe aos criminosos. 2. A terra onde se cumpre essa pena.
Degringolada, s. f. Ação de degringolar.
Degringolar, v. (fr. *dégringoler*). Intr. Cair, desmantelar-se.
Degustação, s. f. 1. Ação de degustar. 2. Processo de classificação pelo paladar.
Degustar, v. Tr. dir. Tomar o gosto ou sabor de, por meio do paladar.
Déia, s. f. Deusa.
Deicida *(e-i)*, adj. e s. m. e f. Que, ou quem mata um deus. S. m. Quem contribuiu para a morte de Cristo.
Deicídio *(e-i)*, s. m. 1. Morte praticada num deus. 2. *Por ext.* Morte que deram a Cristo.
Deícola, adj. m. e f. V. *deísta*.
Deidade, s. f. Divindade mitológica; deusa.
Deificação *(e-i)*, s. f. Ato ou efeito de deificar.
Deificador *(e-i)*, adj. e s. m. Que, ou o que deifica.
Deificar, v. 1. Tr. dir. e pron. Incluir(-se) no número dos deuses; divinizar(-se). 2. Tr. dir. Fazer a apoteose de.
Deífico, adj. 1. Que deifica, que diviniza. 2. Divino.
Deiforme *(e-i)*, adj. m. e f. Conforme com Deus.
Deípara, s. f. A mãe de Deus (título dado à Virgem Maria).
-deira, -deiro, suf. Variantes de *eira* e *eiro*, em formas derivadas de verbos: ***batedeira*** (de ***bater***), ***aguadeiro*** (de ***aguar***).
Deiscência *(e-i)*, s. f. *Bot.* Abertura espontânea das válvulas ou poros de um órgão vegetal de propagação, para a saída do seu conteúdo.
Deiscente *(e-i)*, adj. m. e f. *Bot.* Caracterizado por deiscência.
Deísmo, s. m. Sistema dos que crêem em Deus, mas rejeitam a revelação.
Deísta, adj. e s. m. e f. Pessoa sectária do deísmo.
Deitado, adj. Estendido horizontalmente; acamado.
Deitar, v. (l. *dejectare*). 1. Tr. dir. Estender ao comprido; pôr ou dispor mais ou menos horizontalmente. 2. Tr. dir. Estender na cama. 3. Pron. Estender-se para dormir ou descansar. 4. Tr. dir. Criar, produzir: *D. raízes*. 5. Tr. dir. Entornar, verter: *Deitou* fora o *vinho*. 6. Tr. dir. Arremessar, atirar, impelir. 7. Tr. dir. Pôr a chocar.
Deixa, s. f. 1. Ato ou efeito de deixar; deixação, deixamento. 2. Legado. 3. *Teatro.* Última palavra ou últimas palavras de uma fala.
Deixação, s. f. V. *deixa*.
Deixamento, s. m. V. *deixa*.
Deixar, v. (l. *laxare*). 1. Tr. dir. Não continuar a reter; largar, soltar. 2. Tr. dir. Renunciar a, prescindir de. 3. Tr. dir. Demitir-se de. 4. Tr. dir. Legar. 5. Tr. dir. Consentir, permitir. 6. Tr. dir. Omitir. 7. Tr. ind. Abster-se. 8. Pron. Não obstar, não resistir.
Dejarretar, v. Tr. dir. Cortar pelo jarrete.
Dejeção, s. f. (l. *dejectione*). 1. *Fisiol.* Evacuação de matérias fecais. 2. As próprias matérias fecais.
Dejejua, s. f. V. *desjejua*.
Dejejuadouro, s. m. V. *desjejum*.
Dejejuar, v. V. *desjejuar*.
Dejetar, v. Intr. Fazer dejeção; defecar.
Dejeto, s. m. 1. Ação de evacuar excrementos. 2. As próprias matérias fecais expelidas de uma vez.
Dejungir, v. V. *desjungir*.
Dejúrio, s. m. Juramento solene.
Dela[1], combinação da prep. *de* com o pron. *ela*.
-dela[2], elem. de comp. Indica *ação: espetadela*, ou *diminuição: tosquiadela*.
Delação, s. f. Ação de delatar; denúncia.
Delamber, v. Pron. 1. Lamber-se. 2. Regozijar-se.
Delambido, adj. *Fam.* Afetado, presumido.
Delatar, v. 1. Tr. dir. Apontar o responsável por crime ou delito. 2. Pron. Denunciar-se como culpado.
Delatável, adj. m. e f. Que pode ou merece ser delatado.
Delator, s. m. Aquele que delata.
Delatório, adj. Concernente a delação.
Dele *(ê)*, Combinação da prep. *de* com o pron. *ele*.
Delegação, s. f. 1. Ato ou efeito de delegar. 2. Comissão dada a uma ou mais pessoas para representar quem a dá. 3. *Dir.* Cessão, cedência.
Delegacia, s. f. Cargo ou repartição de delegado.
Delegado, s. m. 1. Aquele que tem autorização de outrem para representá-lo. 2. Comissário. 3. Aquele que tem a seu cargo serviço público dependente de autoridade superior.
Delegante, adj. e s. m. e f. Que, ou quem delega.
Delegar, v. Tr. dir. 1. Transmitir por delegação (poderes). 2. Incumbir, investir na faculdade de agir.
Delegatório, adj. Em que há delegação.
Deleitação, s. f. V. *deleite*.
Deleitamento, s. m. V. *deleite*.
Deleitante, adj. m. e f. Que deleita; deleitável.
Deleitar, v. (l. *delectare*). 1. Tr. dir. Proporcionar deleite a; agradar, deliciar. 2. Pron. Experimentar grande prazer.
Deleitável, adj. m. e f. Muito agradável.
Deleite, s. m. 1. Delícia, gozo, regalo. 2. Prazer suave e demorado. 3. Voluptuosidade.
Deletério, adj. 1. Que destrói. 2. Nocivo à saúde.
Deletrear, v. 1. Tr. dir. Ler (algo) letra por letra; soletrar. 2. Intr. Ler mal.
Delével, adj. m. e f. Que se pode apagar ou delir.
Délfica, s. f. A trípode da pitonisa de Delfos.
Délfico, adj. Referente a Delfos (na Grécia antiga).
Delfim, s. m. (l. *delphinu*). 1. *Pop.* Golfinho. 2. Título do herdeiro do trono, na antiga monarquia francesa.
Delgadeza, s. f. Qualidade do que, ou de quem é delgado.
Delgado, adj. (l. *delicatu*). 1. Pouco espesso, tênue. 2. Magro, fino. 3. De pouco volume.
Delibação, s. f. Ato de delibar; prova.
Delibar, v. Tr. dir. 1. Libar. 2. Tocar com os lábios. 3. Provar, bebendo. 4. Saborear.
Deliberação, s. f. Ato ou efeito de deliberar.

Deliberante, adj. e s. m. e f. Que, ou quem delibera.
Deliberar, v. 1. Tr. dir. Decidir ou resolver (algo) após discussão e exame. 2. Pron. Determinar-se, resolver-se consideradamente.
Deliberativo, adj. Relativo a deliberação.
Delicadeza, s. f. 1. Qualidade do que, ou de quem é delicado. 2. Cortesia, educação.
Delicado, adj. 1. Brando, dúctil, macio, mole. 2. Débil, fraco. 3. Afável, cortês. 4. Educado.
Delícia, s. f. 1. Sensação agradável. 2. Prazer intenso.
Deliciar, v. 1. Tr. dir. Causar delícia a. 2. Pron. Sentir delícia.
Delicioso, adj. Que causa delícia; muito aprazível.
Delimitação, s. f. Ato de delimitar; demarcação.
Delimitador, adj. e s. m. Que, o que, ou quem delimita.
Delimitar, v. Tr. dir. 1. Fixar os limites de; demarcar. 2. Circunscrever, restringir.
Delineação, s. f. 1. Ato ou delinear; delineamento. 2. Representação por traços gerais. 3. Demarcação, limitação.
Delineador, adj. e s. m. Que, ou quem delineia.
Delineamento, s. m. V. *delineação.*
Delinear, v. Tr. dir. 1. Fazer os traços gerais de; esboçar. 2. Delimitar, demarcar.
Delineativo, adj. Relativo a delineação.
Delinqüência, s. f. Estado ou qualidade de delinqüente.
Delinqüente, adj. e s. m. e f. Que, ou quem delinqüiu.
Delinqüido, adj. (p. de *delinqüir*). 1. *Pop.* Magro, enfermiço, enfezado. 2. Desmaiado.
Delinqüir, v. (l. *delinquere*). Tr. ind. e intr. Cometer delito. — Verbo defectivo. Não tem a primeira pess. do sing. do pres. do ind. e todo o pres. do subj.
Délio, adj. Relativo à Ilha de Delos (Grécia).
Deliqüescência, s. f. 1. *Quím.* Propriedade que alguns corpos possuem de se desagregarem, absorvendo a umidade do ar. 2. Desagregação, amolecimento.
Deliqüescente, adj. m. e f. 1. Sujeito a deliqüescência. 2. Que se desfaz; desagregado.
Deliqüescer, v. Intr. Sofrer deliqüescência.
Delíquio, s. m. 1. *Quím.* V. *deliqüescência.* 2. Desfalecimento, desmaio, síncope.
Delir, v. (l. *delere*). 1. Tr. dir. Desfazer ou dissolver num líquido. 2. Tr. dir. e pron. Desfazer(-se), desvanecer(-se). Conjuga-se como *falir.*
Delirado, adj. Delirante, louco.
Delirante, adj. m. e f. 1. Que delira. 2. Atacado de delírio. 3. Arrebatador.
Delirar, v. 1. Intr. *Med.* Estar em delírio. 2. Tr. ind. e intr. Tresvariar. 3. Intr. Exaltar-se, ficar fora de si. 4. Intr. Disparatar.
Delírio, s. m. 1. Exaltação de espírito; alucinação. 2. Excesso de paixão. 3. *Med.* Desvairamento.
Delirioso, adj. 1. Que delira. 2. Em que há delírio. 3. Proveniente de delírio.
Delitescência, s. f. *Med.* Súbito desaparecimento de um tumor ou de uma doença eruptiva.
Delito, s. m. Ato ilícito passível de pena correcional; crime, culpa.
Delituoso, adj. Em que há delito.
Delivramento, s. m. Expulsão natural dos anexos do feto.
Delivrar, v. (fr. *délivrer*). Pron. Expelir as secundinas após o parto: A parturiente *delivrou-se.*
Delonga, s. f. Ato de delongar; demora, dilação.
Delongador, adj. e s. m. Que, ou o que delonga.
Delongamento, s. m. *(delongar + mento).* V. *delonga.*
Delongar, v. 1. Tr. dir. Tornar demorado. 2. Pron. Demorar-se.
Delta, s. m. 1. Quarta letra do alfabeto grego (δ, Δ), correspondente ao nosso D. 2. Nome de várias coisas que se assemelham à letra delta maiúscula. 3. *Geogr.* Foz em forma de leque.
Deltocarpo, adj. *Bot.* Que tem frutos triangulares.
Deltóide, adj. m. e f. 1. Com forma da letra delta maiúscula. 2. *Anat.* Músculo triangular que recobre a articulação da espádua.
Deltóideo, adj. V. *deltóide.*
Deltoidiano, adj. Relativo ao músculo deltóide.
Deludir, v. Tr. dir. Enganar, iludir.
Delusão, s. m. 1. *Ant.* Burla. 2. *Med.* Delírio.
Deluzir, v. Pron. Perder a luz; desluzir-se.
Demagogia, s. f. Excitação das paixões populares em proveito político.
Demagógico, adj. Relativo à demagogia.
Demagogo, s. m. Político inescrupuloso que usa de processos demagógicos.
Demais, adj. Em demasia ou excesso. Pron. adj. indef. Outros (as), restantes.
Demanda, s. f. 1. Ato ou efeito de demandar. 2. *Dir.* Causa, litígio, pleito.
Em d. de: à procura de, à cata de; em busca de.
Demandador, s. m. Aquele que demanda, pleiteador.
Demandante, adj. e s. m. e f. Demandista.
Demandar, v. 1. Tr. dir. Intentar ação judicial contra. 2. Intr. Propor demanda. 3. Intr. Disputar. 4. Intr. Perguntar. 5. Tr. dir. Pedir, requerer. 6. Tr. dir. Exigir. 7. Tr. dir. Caminhar para.
Demandista, s. m. e f. 1. Pessoa que intenta demandas. 2. Pessoa muito dada a demandas.
Demão, s. f. 1. Ligeira camada de tinta ou cal, que se aplica. 2. Cada uma das vezes em que se retoma um trabalho ou um assunto. 3. Ajuda, auxílio. Pl.: *demãos.*
Demarcação, s. f. 1. Ação de demarcar. 2. *Dir.* Determinação de limites por meio de marcos. 3. Distinção, separação.
Demarcador, adj. e s. m. Que, ou o que demarca.
Demarcar, v. Tr. dir. 1. Marcar os limites de; delimitar. 2. Constituir o limite de. 3. Definir.
Demarcativo, adj. Que serve para demarcação.
Demarcável, adj. m. e f. Que se pode demarcar.
Demasia, s. f. 1. O que é demais, o que sobeja. 2. Desregramento, excesso, intemperança.
Demasiado, adj. Que é demais; excessivo. Adv. Excessivamente.
Demasiar, v. Pron. Ultrapassar os limites razoáveis; exceder-se.
Demência, s. f. 1. *Med.* e *Dir.* Estado de uma pessoa que sofre de doença mental. 2. Insensatez, loucura.
Dementação, s. f. V. *demência.*
Dementado, adj. V. *demente.*
Dementar, v. Tr. dir. e pron. Tornar(-se) demente.
Demente, adj. e s. m. e f. 1. Que, ou quem sofre de demência. 2. Louco. 3. Insensato.
Demerara, s. m. Tipo de açúcar-cristal amarelo.
Demérito, s. m. Falta de mérito; desmerecimento. Adj. Falto de mérito; que perdeu o merecimento.
Demeritório, adj. Referente a demérito.
Demissão, s. f. Ato ou efeito de demitir(-se).
Demissionário, adj. 1. Que se demitiu. 2. Que pediu demissão; demitente.
Demissível, adj. m. e f. Que pode ser demitido.
Demitente, adj. m. e f. V. *demissionário.*
Demitir, v. (1. *demittere*). 1. Tr. dir. e pron. Destituir(-se) de um emprego, cargo ou dignidade. 2. Tr. dir. Despedir, licenciar.
Demiúrgico, adj. Relativo a demiurgo.
Demiurgo, s. m. 1. *Filos.* Nome dado pelos platônicos ao deus que teria criado o mundo. 2. Operador de milagres.
Demo[1], s. m. *Pop.* Diabo.
demo-[2], elem. de comp. (gr. *demos*). Exprime a idéia de *povo: democracia.*
Democracia, s. f. Forma de governo na qual o poder emana do povo.
Democrata, s. m. e f. 1. Pessoa partidária da democracia. 2. Pessoa simples no trato. Adj. Popular, simples no trato.
Democrático, adj. Relativo ou pertencente à democracia.
Democratização, s. f. Ato ou efeito de democratizar(-se).
Democratizar, v. 1. Tr. dir. Dar feição democrática a. 2. Tr. dir. Popularizar. 3. Pron. Tornar-se democrata.
Demografia, s. f. *Sociol.* Estudo estatístico da população.

Demográfico, adj. Concernente à demografia.
Demógrafo, s. m. Indivíduo que se ocupa de demografia.
Demolhar, v. Tr. dir. Pôr de molho.
Demolição, s. f. Ato ou efeito de demolir.
Demolidor, adj. e s. m. Que, ou o que demole.
Demolir, v. Tr. dir. 1. Derrubar, desmantelar (construção, edifício). 2. Aniquilar, destruir. Conjugação: não tem a 1ª pessoa do sing. do pres. ind., nem o pres. do subjuntivo.
Demolitório, adj. *Dir.* Que contém ordem de demolição.
Demologia, s. f. 1. Demopsicologia. 2. Folclore.
Demonete, s. m. 1. Pequeno demônio; diabrete. 2. Criança endiabrada.
Demonetização, s. f. Ação de demonetizar. Var.: *desmonetização.*
Demonetizar, v. Tr. dir. Tirar o valor legal e corrente de (uma moeda); desamoedar. Var.: *desmonetizar.*
Demoníaco, adj. Relativo a, ou próprio de demônio; diabólico, satânico.
Demonico, s. m. V. *demonete.*
Demônio, s. m. 1. Gênio do mal; anjo caído, anjo mau, belzebu, diabo, espírito maligno, satanás. 2. Pessoa feia, ruim ou turbulenta. 3. *Fam.* Criança travessa.
Demonismo, s. m. Crença em demônios.
Demonista, adj. e s. m. e f. Diz-se da, ou a pessoa partidária do demonismo.
dêmono-, elem. de comp. (gr. *daimon, onos*). Exprime a idéia de *demônio: demonologia.*
Demonografia, s. f. V. *demonologia.*
Demonográfico, adj. V. *demonológico.*
Demonógrafo, s. m. V. *demonólogo.*
Demonólatra, s. m. e f. Pessoa que adora o demônio.
Demonolatria, s. f. Culto prestado ao demônio.
Demonolátrico, adj. Concernente à demonolatria.
Demonologia, s. f. Ciência, tratado dos demônios; demonografia.
Demonológico, adj. Referente à demonologia.
Demonólogo, adj. Especialista em demonologia.
Demonomancia, s. f. Adivinhação por influência dos demônios.
Demonomania, s. f. Mania dos loucos que se julgam possessos do demônio.
Demonomaníaco, adj. e s. m. Que, ou o que tem demonomania.
Demonomante, s. m. e f. Pessoa que pratica a demonomancia.
Demonopata, adj. e s. m. f. V. *demonomaníaco.* Var.: *demonópata.*
Demonopatia, s. f. V. *demonomania.*
Demonstrabilidade, s. f. Qualidade do que é demonstrável.
Demonstração, s. f. (l. *demonstratione*). 1. Ação de demonstrar. 2. Raciocínio de que se conclui a verdade de uma proposição. 3. Prova.
Demonstrador, adj. e s. m. Que, ou quem demonstra.
Demonstrante, adj. m. e f. Demonstrante.
Demonstrar, v. Tr. dir. 1. Provar com um raciocínio convincente. 2. Descrever e explicar de maneira ordenada e pormenorizada, com auxílio de exemplos. 3. Indicar ou mostrar mediante sinais exteriores; manifestar: *D. antipatia.*
Demonstrativo, adj. Que demonstra, ou serve para demonstrar. Adj. e s. m. *Gram.* Diz-se dos, ou os pronomes que determinam o nome, ajuntando-lhe a idéia de posição ou identidade: *este, esse, aquele, isto, isso, aquilo, mesmo, próprio, tal.*
Demonstrável, adj. m. e f. Que se pode demonstrar.
Demopsicologia, s. f. Estudo da psicologia de um povo.
Demopsicológico, adj. Concernente à demopsicologia.
Demora, s. f. 1. Ação de demorar(-se). 2. Atraso, delonga, tardança. 3. Paragem. 4. Permanência.
Demorado, adj. Que demora; tardio, moroso.
Demorar, v. 1. Tr. dir. Fazer esperar; deter, delongar. 2. Tr. dir. Atrasar, retardar. 3. Pron. Levar muito tempo. 4. Tr. ind., intr. e pron. Custar, tardar. 5. Tr. ind. e pron. Ficar, permanecer.
Demostênico, adj. Relativo a Demóstenes (384-322 a.C.), orador grego, ou à sua eloqüência.
Demostração, s. f. V. *demonstração.*
Demostrador, adj. e s. m. V. *demonstrador.*
Demostrar, v. V. *demonstrar.*
Demótico, adj. Diz-se de uma escrita egípcia cursiva, popular.
Demover, v. 1. Tr. dir. Tirar ou mudar de lugar; deslocar. 2. Tr. dir. Fazer renunciar a uma opinião; dissuadir. 3. Pron. Dissuadir-se.
Demudado, adj. 1. Mudado, alterado. 2. Transtornado, desfigurado (semblante).
Demudar, v. (l. *demutare*). Tr. dir., tr. ind. e pron. Alterar(-se), modificar(-se), mudar(-se), transformar(-se).
Demulcente, adj. e s. m. e f. *Farm.* Que, ou medicamento que abranda ou amolece; emoliente.
Denário, s. m. Moeda romana de prata, que valia dez asses.
Dendê, s. m. *Bot.* 1. Dendezeiro. 2. Fruto do dendezeiro.
Dendezeiro, s. m. *Bot.* Palmeira alta, de folhas pinuladas *(Elaeis guineensis).* De seu fruto extrai-se o azeite-de-dendê.
Dendria, s. f. Pedra com figuras que semelham plantas.
Dendrite, s. f. V. *dendrito.*
Dendrito, s. m. 1. *Anat.* Cada um dos filamentos do neurônio, que conduz o fluxo nervoso para o corpo celular. 2. *Geol.* Acúmulo em forma de musgo, alga ou folha, de certos sais deixados pelas águas de infiltração nas rochas porosas. Var.: *dendrite.*
dendro-, elem. de comp. (gr. *dendron*). Expressa a idéia de *árvore: dendrobata.*
Dendrobata, adj. e s., m. e f. *Zool.* Que, ou o que vive habitualmente nas árvores. Var.: *dendróbata.*
Dendroclasta, adj. e s. m. e f. Que, ou quem destrói as árvores.
Dendroclastia, s. f. Qualidade de dendroclasta.
Dendrófobo, adj. Inimigo das árvores.
Dendróide, adj. m. e f. Que tem forma de árvore.
Dendróideo, adj. V. *dendróide.*
Dendrólatra, adj. e s. m. e f. Que, ou quem pratica a dendrolatria.
Dendrolatria, s. f. Culto das árvores. Antôn.: *dendroclastia.*
Dendrolite, s. m. *Paleont.* Árvore fóssil, petrificada.
Dendrologia, s. f. Estudo das árvores.
Dendrológico, adj. Concernente à dendrologia.
Dendrômetro, s. m. Instrumento para medir as dimensões das árvores.
Denegação, s. f. (l. *denegatione*). 1. Ação de denegar. 2. Recusa. 3. *Dir.* Ação de denegar um direito.
Denegar, v. 1. Tr. dir. Negar. 2. Tr. dir. Indeferir. 3. Tr. dir. Não admitir. 4. Pron. Recusar-se. 5. Tr. dir. Obstar a. 6. Tr. dir. Desmentir.
Denegrecer, v. V. *denegrir.*
Denegrido, adj. 1. Que se denegriu. 2. Enegrecido, fosco.
Denegridor, adj. Que denigre.
Denegrir, v. 1. Tr. dir. e pron. Tornar(-se) negro ou escuro. 2. Tr. dir. Macular, manchar, infamar. Conjuga-se como *agredir.*
Dengo, s. m. *Fam.* V. *dengue.*
Dengoso, adj. 1. Cheio de dengues. 2. Birrento.
Dengue, s. m. (cast. *dengue*). 1. Birra de criança, choradeira. 2. Melindre mulheril. 3. Faceirice, requebro. S. f. *Med.* Doença febril infecciosa, caracterizada por dores musculares e ósseas.
Dengueiro, adj. V. *dengoso.*
Denguice, s. f. 1. Qualidade de quem é dengue. 2. Afetação, requebro. 3. Melindre feminil. 4. Esquisitice.
Denodado, adj. Que tem denodo; intrépido, ousado.
Denodar, v. Tr. dir. 1. Cortar o nó. 2. Desatar, desembaraçar. Cfr. *denudar.*
Denodo *(ô)*, s. m. Bravura, coragem, impeto, valor.
Denominação, s. f. 1. Ato de denominar. 2. Designação, nome. 3. Seita religiosa protestante.
Denominador, adj. e s. m. Que, ou o que denomina. S. m. *Arit.* Termo da fração, escrito por baixo do traço, que indica em quantas partes se dividiu a unidade.

Denominar, v. 1. Tr. dir. Dar nome ou apelido a; nomear. 2. Pron. Ter o nome ou apelido de, ser chamado de; chamar-se.

Denominativo, adj. Que serve para denominar.

Denotação, s. f. 1. Ação de denotar. 2. Indicação, sinal.

Denotador, adj. e s. m. Que, ou o que denota, ou indica.

Denotar, v. Tr. dir. 1. Designar por meio de notas ou sinais; indicar. 2. Significar, simbolizar.

densi-, elem. de comp. (l. *densu*). Exprime a idéia de *denso, densidade: densifoliado.*

Densidade, s. f. 1. Qualidade ou estado do que é denso. 2. *Fís.* Relação do peso de um corpo ao peso do mesmo volume de outro corpo (em geral a água à temperatura de 4°C). 3. Concentração de população.

Densidão, s. f. Densidade, espessura.

Densifoliado, adj. *Bot.* Que tem folhas muito juntas.

Densimetria, s. f. *Fís.* Medida da densidade.

Densimétrico, adj. Concernente à densimetria.

Densímetro, s. m. Instrumento com que se mede a densidade dos líquidos.

Denso, adj. 1. Que tem muita massa e peso em relação ao volume. 2. Espesso. 3. Carregado, escuro.

Dentada, s. f. Ferimento com os dentes; mordidela.

Dentado, adj. 1. Provido de dentes. 2. Recortado em dentes.

Dentadura, s. f. 1. Conjunto dos dentes, nas pessoas e nos animais. 2. Prótese dentária (chapa ou ponte). 3. Conjunto dos dentes de uma roda.

Dental, adj. m. e f. Relativo aos dentes. S. m. Dente de arado.

Dentama, s. f. 1. Grande quantidade de dentes. 2. Dentadura toda igual.

Dentar, v. 1. Tr. dir. Dar dentada em; morder. 2. Tr. dir. Dentear, recortar. 3. Intr. Começar a ter dentes.

Dentário, adj. Relativo aos dentes.

Dente, s. m. 1. *Anat.* Cada um dos pequenos órgãos ósseos, duros e lisos, que guarnecem as maxilas do homem e de certos animais, servindo para a mastigação. Ruído: *estala, estaleja, range, ringe, roça.* 2. Tudo o que se assemelha a esses órgãos na forma ou disposição ao longo da borda de um objeto, como pente, serra, ancinho etc.

Dentear, v. Tr. dir. 1. Formar dentes em. 2. Recortar.

Dentel, s. m. *Carp.* Entalhe para regular a altura das prateleiras.

denti-, elem. de comp. (l. *dente*). Exprime a idéia de *dente: denticórneo, dentiforme.*

Dentição, s. f. (l. *dentitione*). *Med.* 1. Formação e nascimento dos dentes. 2. O conjunto dos dentes.

Denticórneo, adj. *Zool.* Que tem antenas denteadas.

Denticulado, adj. Guarnecido de dentículos.

Denticular[1], v. Tr. dir. Recortar, formando dentículos.

Denticular[2], adj. Que tem dentículos ou entalhes em forma de dentes.

Dentículo, s. m. 1. Dente muito pequeno. 2. *Bot.* Recortes finos nos bordos das folhas. 3. *Arquit.* Entalhe em forma de dente.

Dentificação, s. f. Formação dos dentes ou da sua substância.

Dentiforme, adj. m. e f. Em forma de dente.

Dentifrício, adj. e s. m. Que, ou o que serve para limpar os dentes.

Dentígero, adj. Provido de dentes.

Dentilhão, s. m. 1. Dente muito grande. 2. *Constr.* Pedra que se deixa saliente das paredes para continuação de obras.

Dentina, s. f. *Odont.* Marfim do dente, logo abaixo do esmalte, e que envolve a polpa.

Dentirrostro *(ó)*, adj. Que tem o bico denteado.

Dentista, s. m. e f. Profissional que trata de moléstias dentárias; odontologista.

Dentola, s. f. *Fam.* 1. Dente grande. 2. Dentuço.

Dentre, prep. (combinação de *de + entre*). 1. Do meio de. 2. No meio de.

Dentro, adv. *(de* + l. *intro).* 1. Interiormente. 2. Na parte interior. — *D. de:* a) no interior de; b) no espaço de.

Dentrosa, s. f. *Gír.* Chave de abrir cofres e burras.

Dentuço, adj. e s. m. Que, ou aquele que tem dentes grandes ou ressaltados.

Dentudo, adj. Dentuço.

Denudação, s. f. Ato ou efeito de denudar(-se).

Denudar, v. Tr. dir. e pron. Desnudar(-se).

Denúncia, s. f. 1. Ato ou efeito de denunciar. 2. Delação.

Denunciador, adj. e s. m. Que, ou o que denuncia.

Denunciante, adj. e s. m. e f. Que, ou quem denuncia.

Denunciar, v. 1. Tr. dir. Dar ou fazer denúncia de; delatar. 2. Tr. dir. Noticiar, participar (o que era secreto). 3. Tr. dir. Participar o termo ou cessão (tratados ou contratos). 4. Tr. dir. e pron. Dar(-se) a conhecer.

Denunciativo, adj. Que denuncia; denunciador.

Denunciatório, adj. Em que há denúncia.

Denunciável, adj. m. e f. Que pode ser denunciado.

Deontologia, s. f. Parte da Filosofia que trata dos princípios, fundamentos e sistemas de moral; estudo dos deveres.

Deontológico, adj. Relativo à deontologia.

Deparador, adj. e s. m. Que, ou o que depara; achador.

Deparar, v. 1. Tr. dir. Fazer achar ou encontrar: Santo Antônio *depara* as *coisas* perdidas. 2. Pron. Aparecer inesperadamente. 3. Tr. dir. Avistar.

Departamental, adj. m. e f. Relativo a departamento.

Departamento. s. m. 1. Divisão administrativa da França e de alguns outros países. 2. Repartição pública. 3. Divisão, seção de uma empresa.

Departimento, s. m. Ato ou efeito de departir.

Departir, v. Tr. dir. 1. Repartir, distribuir. 2. Apartar, separar.

Depascente, adj. m. e f. *Med.* Que alastra, que corrói.

Depauperação, s. f. Depauperamento.

Depauperamento, s. m. Ato ou efeito de depauperar(-se); depauperação.

Depauperar, v. Tr. dir. e pron. 1. Tornar(-se) pobre. 2. Esgotar(-se) as forças; extenuar(-se).

Depenado, adj. 1. A que tiraram as penas, ou que as perdeu. 2. *Fam.* Que ficou sem dinheiro.

Depenador, adj. e s. m. 1. Que, ou o que depena. 2. *Fam.* Que, ou indivíduo que manhosamente se apropria do dinheiro de outrem.

Depenar, v. Tr. dir. 1. Tirar as penas a. 2. *Fam.* Espoliar astuciosamente.

Dependência, s. f. 1. Estado de dependente. 2. Subordinação, sujeição. 3. Edificação anexa a outra principal.

Dependente, adj. m. e f. Que depende.

Depender, v. Tr. ind. 1. Estar na dependência de. 2. Derivar, proceder, resultar. 3. Estar ligado, fazer parte.

Dependura, s. f. Ato ou efeito de dependurar, pendura.

Dependurar, v. V. *pendurar.*

Depenicar, v. Tr. dir. Arrancar, ou tirar pouco a pouco, as penas ou os pêlos.

Deperecer, v. Intr. Ir-se finando pouco a pouco; perecer.

Deperecimento, s. m. 1. Ação de deperecer. 2. Consunção.

Depilação, s. f. Ato ou efeito de depilar(-se).

Depilar, v. 1. Tr. dir. Arrancar ou destruir o pêlo ou o cabelo de. 2. Pron. Arrancar ou fazer cair o próprio pêlo.

Depilatório, adj. Que depila. S. m. Cosmético que dissolve os pêlos.

Depleção, s. f. *Med.* Redução ou perda de sangue ou outros humores.

Depletivo, adj. *Med.* Que produz depleção.

Deploração, s. f. Ato de deplorar.

Deplorar, v. 1. Tr. dir. Lamentar, lastimar, prantear. 2. Pron. Lamentar-se, prantear-se.

Deplorativo, adj. 1. Que deplora; lastimoso. 2. Deploratório.

Deploratório, adj. Que exprime deploração.

Deplorável, adj. m. e f. 1. Digno de deploração; lastimável. 2. *Fam.* Detestável, péssimo.

Deplumar, v. V. *depenar.*

Depoente, adj. m. e f. 1. Que depõe. 2. *Gram.* Diz-se da forma passiva com significação ativa: Homem *viajado* (que viajou muito). Adj. e s. m. e f. *Dir.* Que, ou quem depõe em juízo; testemunha; declarante.

Depoimento *(o-i)*, s. m. 1. Ato de depor. 2. *Dir.* Aquilo que as testemunhas depõem.
Depois, adv. *(de+*l. *post).* 1. Posteriormente; em seguida (no tempo e no espaço). 2. Além disso. — *D. de,* loc. prep.: em seguida a. *D. que,* loc. conj.: desde o tempo em que.
Depolarização, s. f. V. *despolarização.*
Depolarizante, adj. e s. m. e f. V. *despolarizante.*
Depolarizar, v. V. *despolarizar.*
Depopular, v. Tr. dir. *Des.* Despovoar.
Depor, v. (l. *deponere*). 1. Tr. Dir. Pôr de parte, ou no chão (alguma coisa que se trazia); colocar. 2. Tr. dir. Demitir, destituir de cargo, dignidade, ou emprego. 3. Tr. dir. Fornecer indícios ou provas. 4. Tr. ind. e intr. *Dir.* Fazer depoimento em juízo.
Deportação, s. f. Ato ou efeito de deportar; degredo, desterro.
Deportado, adj. e s. m. Que, ou o que foi condenado a deportação.
Deportar, v. Tr. dir. Impor a pena de expatriação a; degredar, desterrar, exilar.
Deposição, s. f. Ato ou efeito de depor.
Depositador, adj. e s. m. Depositante.
Depositante, adj. e s. m. e f. Que, ou quem deposita; depositador.
Depositar, v. 1. Tr. dir. Pôr em depósito; guardar. 2. Tr. dir. Guardar em lugar seguro. 3. Tr. dir. Deixar cair ao fundo a matéria suspensa. 4. Pron. Formar depósito no fundo de um líquido; sedimentar-se, assentar-se.
Depositário, s. m. 1. Aquele que recebe em depósito. 2. Confidente.
Depósito, s. m. 1. Ação de depositar. 2. Aquilo que se depositou.
Depravação, s. f. (l. *depravatione*). 1. Ato ou efeito de depravar. 2. Corrupção, degeneração.
Depravado, adj. 1. Corrompido, pervertido. 2. Perverso.
Depravador, adj. e s. m. Que, ou quem deprava.
Depravar, v. 1. Tr. dir. Corromper, perverter (no sentido físico e moral). 2. Pron. Degenerar, estragar-se, perverter-se.
Deprecação, s. f. 1. Ato de deprecar. 2. Súplica de perdão.
Deprecar, v. 1. Tr. dir. Pedir com instância. 2. Tr. dir. Orar, suplicar submissamente.
Deprecativo, adj. Em que há deprecação.
Deprecatório, adj. Referente a deprecação.
Depreciação, s. f. 1. Ato de depreciar. 2. Baixa de preço ou de valor; desvalorização. 3. Menosprezo.
Depreciador, adj. e s. m. Que, ou quem deprecia.
Depreciar, v. (l. *depretiare*). 1. Tr. dir. Rebaixar o valor de; desvalorizar. 2. Tr. dir. Desestimar, menosprezar. 3. Pron. Perder em consideração.
Depreciativo, adj. Que envolve depreciação.
Depreciável, adj. m. e f. Sujeito a depreciação.
Depredação, s. f. Ação de depredar; pilhagem.
Depredador, adj. e s. m. Que, ou o que pratica depredação. Col.: *horda.*
Depredar, v. Tr. dir. 1. Fazer presa em. 2. Devastar, saquear.
Depredatório, adj. 1. Em que há depredação. 2. Que tem por fim depredar.
Depreender, v. (l. *deprehendere*). Tr. dir. 1. Atingir a compreensão; compreender. 2. Deduzir, inferir.
Depressa, adv. 1. Com rapidez, sem demora. 2. Em pouco tempo.
Depressão, s. f. 1. Ação de deprimir-se. 2. Abaixamento de nível. 3. *Anat.* Achatamento ou cavidade pouco profunda. 4. Abatimento (físico ou moral).
Depressivo, adj. 1. Deprimente. 2. Que causa depressão.
Deprimente, adj. m. e f. Que deprime; depressivo.
Deprimido, adj. 1. Que apresenta depressão. 2. Abatido, debilitado.
Deprimir, v. 1. Tr. dir. Causar depressão em; abaixar, abater. 2. Tr. dir. Debilitar, enfraquecer. 3. Tr. dir. e pron. Aviltar (-se), humilhar(-se).
Depuração, s. f. Ação de depurar.
Depurador, adj. Que depura. S. m. Aquilo ou aquele que depura.
Depurante, adj. m. e f. Que depura; depurador.
Depurar, v. Tr. dir. e pron. Purificar(-se), tornar(-se) puro ou mais puro.
Depurativo, adj. e s. m. Depurante. S. m. Medicamento depurativo.
Deputação, s. f. 1. Ação de deputar. 2. Pessoas encarregadas de missão especial.
Deputado, s. m. 1. Aquele que, em comissão, trata de negócios alheios. 2. Membro de assembléia legislativa. Col.: *câmara, assembléia.* Fem.: *deputada.*
Deputar, v. 1. Tr. dir. Mandar em comissão ou deputação. 2. Tr. dir. Delegar. 3. Tr. dir. Incumbir.
Deriva, s. f. *Náut.* Desvio do rumo; abatimento.
Derivação, s. f. 1. Ato ou efeito de derivar. 2. *Gram.* Processo de formação de palavras umas de outras. 3. Origem, princípio.
Derivada, s. f. *Mat.* Limite a que pode chegar a relação do aumento duma função com o aumento da variável, quando este tende para zero.
Derivado, s. m. *Gram.* Palavra que deriva de outra.
Derivador, adj. *(derivar + dor).* V. *derivante.*
Derivante, adj. m. e f. Que deriva, ou se deriva.
Derivar, v. 1. Tr. dir. Desviar (curso de águas). 2. Tr. ind. Desviar-se do seu leito (corrente de águas). 3. Tr. ind. Apartar-se, desviar-se. 4. Tr. ind. *Náut.* Desviar-se do seu rumo ou direção; descair. 5. Tr. dir. Ramificar. 6. Pron. Originar-se. 7. Tr. ind. Resultar, seguir-se.
Derivativo, adj. 1. Relativo a derivação. 2. *Med.* Revulsivo.
Derivatório, adj. V. *derivativo.*
Derivável, adj. m. e f. Que se pode derivar.
Derma, s. f. ou m. *Anat.* A segunda camada da pele; cório.
Dermatite, s. f. *Med.* Inflamação da pele.
dérmato-, elem. de comp. (gr. *derma, atos*). Exprime a idéia de *pele: dermatologia.*
Dermatogênio, s. m. *Bot.* Meristema primário externo de uma planta ou parte de planta, do qual se origina a casca.
Dermatóide, adj. m. e f. Semelhante a couro ou pele.
Dermatologia, s. f. *Med.* Ramo da Medicina que estuda as doenças da pele.
Dermatologista, s. m. e f. Especialista em dermatologia.
Dermatose, s. f. *Med.* Designação genérica das doenças da pele.
Derme, s. f. *Anat.* V. *derma.* (*Derme* é muito usada por causa da analogia com *epiderme.*)
Dérmico, adj. Relativo ao derma ou à derme.
Dermite, s. f. V. *dermatite.*
Dermóide, adj. m. e f. *Med.* Diz-se da forma de quisto congênito que pode conter pêlos, glândulas sebáceas etc.
Derrabado, adj. Que tem o rabo cortado.
Derrabar, v. Tr. dir. Cortar o rabo ou a cauda a.
Derradeiro, adj. Que fica ou vem atrás ou depois; último.
Derrama, s. f. Ato ou efeito de derramar; derrame.
Derramamento, s. m. Ato ou efeito de derramar.
Derramar, v. 1. Tr. dir. Aparar, cortar os ramos de; desramar. 2. Tr. dir. Fazer correr (líquido) para fora; entornar, verter. 3. Tr. dir. Espalhar, espargir. 4. Pron. Espalhar-se, difundir-se. 5. Tr. dir. Propagar.
Derrame, s. m. 1. V. *derramamento.* 2. *Med.* Coleção líquida anormal que ocupa uma cavidade. 3. *Pop.* Hemorragia, geralmente cerebral..
Derrancar, v. 1. Tr. dir. Estragar, corromper. 2. Pron. Tornar-se rançoso; alterar-se, corromper-se.
Derranco, s. m. Alteração de alimentos pela ação do ar.
Derrapagem, s. f. Ato de derrapar. Var.: *derrapada.*
Derrapar, v. (fr. *déraper*). Intr. Escorregar (diz-se quando as rodas do automóvel deslizam sem aderir ao solo).
Derreamento, s. m. Efeito de derrear.
Derrear, v. (l. **derenare*). 1. Tr. dir. Fazer vergar ao peso de, ou com pancadas. 2. Tr. dir. e pron. Curvar(-se), vergar (-se), prostrar(-se).
Derredor, adv. À roda, em torno, em volta. — *Ao d. de,* ou *em d. de:* em volta de.

Derregar, v. Tr. dir. Abrir regos em (terra), para receberem e escoarem águas pluviais.
Derrelito, adj. 1. Abandonado. 2. Sem dono.
Derrengado, adj. Diz-se dos animais imprestáveis, que têm a anca muito inclinada, em conseqüência de grandes cargas que suportaram.
Derrengar, v. Tr. dir. Derrear, desancar, descadeirar.
Derrengo, s. m. V. *derrengue.*
Derrengue, s. m. Dengue, requebro de corpo, trejeito.
Derretedura, s. f. Ação ou efeito de derreter(-se); derretimento.
Derreter, v. 1. Tr. dir. Tornar líquido; fundir. 2. Pron. Tornar-se líquido; liquefazer-se. 3. Pron. Apaixonar-se, enternecer-se.
Derretido, adj. 1. Liquefeito. 2. *Pop.* Enamorado.
Derretimento, s. m. 1. Derretedura. 2. *Fam.* Afetação, requebro.
Derribada, s. f. V. *derrubada.*
Derribamento, s. m. V. *derrubamento.*
Derribar, v. V. *derrubar.*
Derriça, s. f. 1. *Pop.* Ação de derriçar. 2. Contenda, disputa, rixa.
Derriçar, v. 1. Tr. dir. Puxar, com as mãos ou com os dentes, a fim de arrancar ou dilacerar. 2. Tr. dir. *Agr.* Tirar (os frutos do cafeeiro) do galho, correndo a mão de cima para baixo. 3. Intr. Contender, questionar.
Derriço, s. m. *Pop.* 1. Arreliação, impertinência. 2. O namorado ou a namorada. 3. Namoro.
Derrisão, s. f. 1. Riso de desprezo. 2. Escárnio, mofa.
Derriscar, v. Tr. dir. 1. Riscar, cancelar. 2. Excluir, banir.
Derrisório, adj. Em que há derrisão.
Derrocada, s. f. Desmoronamento, destruição, ruína.
Derrocamento, s. m. V. *Derrocada.*
Derrocar, v. 1. Tr. dir. Abater, demolir, destruir. 2. Pron. Desabar, ruir, cair. 3. Tr. dir. Abater, humilhar.
Derrogação, s. f. Ação de derrogar; derrogamento.
Derrogador, s. m. Aquele que derroga.
Derrogamento, s. m. V. *derrogação.*
Derrogante, adj. m. e f. Que derroga.
Derrogar, v. Tr. dir. 1. *Dir.* Abolir, revogar parcialmente (uma lei).
Derrogatório, adj. Que envolve derrogação.
Derrota[1], s. f. (1. *dirupta*). *Náut.* Rumo ou direção que leva o navio; rota, roteiro.
Derrota[2], s. f. 1. Ação ou efeito de derrotar. 2. Desbarato de um exército. 3. Grande revés. 4. Grande estrago.
Derrotado[1], adj. (p. de *derrotar*[1]). Vencido.
Derrotado[2], adj. (p. de *derrotar*[2]). *Náut.* Que se afastou da rota.
Derrotar[1], v. (*derrota*[2] + *ar*). Tr. dir. 1. *Mil.* Desbaratar, vencer. 2. Vencer em competência, discussão ou jogo. 3. Cansar, fatigar muito.
Derrotar[2], v. (*derrota*[1] + *ar*). Intr. Desviar-se da rota.
Derrotismo, s. m. Pessimismo daqueles que só acreditam em derrotas, em fracassos.
Derrotista, adj. e s. m. e f. Que, ou quem é inclinado ao derrotismo.
Derruba, s. f. V. *derrubada.*
Derrubada, s. f. 1. Ação de derrubar as árvores, com o fim de preparar o terreno para plantações. 2. Demissão, em massa, de empregados ou funcionários públicos. Var.: *derribada.*
Derrubamento, s. m. Ação de derrubar.
Derrubar, v. (1. med. *derupare*). Tr. dir. 1. Abater, deitar abaixo, fazer cair, prostrar. 2. Destituir. 3. Extenuar, prostrar: A gripe *derrubou* muita *gente.* Var.: *derribar.*
Derruimento, s. m. Ato ou efeito de derruir(-se).
Derruir, v. Tr. dir. e pron. Abalar(-se), derribar(-se), desmoronar(-se). Conjuga-se como *ruir.*
Dervixe, s. m. Religioso muçulmano que fez voto de pobreza; daroês. Var.: *dervis.*
des-, pref. 1. Exprime a idéia de *afastamento, privação, ação contrária, negação: descansar, destoucar, desdar, desnecessário.* 2. Às vezes constitui prefixo de intensidade: *desaliviar, desfear.*

Dês, prep. V. *desde.*
Desabado, adj. 1. Que desabou. 2. De abas largas.
Desabafado, adj. 1. Desagasalhado; desafogado. 2. Desimpedido; desembaraçado. 3. Sereno, tranqüilo.
Desabafamento, s. m. V. desabafo.
Desabafar, v. 1. Tr. dir. e pron. Desafogar(-se), desagasalhar (-se). 2. Tr. dir. Desimpedir. 3. Tr. dir. Dizer com franqueza. abrir-se com alguém para aliviar uma contenção moral.
Desabafo, s. m. 1. Ato ou efeito de desabafar(-se). 2. Alívio, desafogo.
Desabalado, adj. 1. Precipitado. 2. *Pop.* Imenso, descomunal.
Desabalroamento, s. m. *Náut.* Ato de desabalroar.
Desabalroar, v. Tr. dir. *Náut.* Desatracar.
Desabamento, s. m. Ato ou efeito de desabar; desabe.
Desabar, v. 1. Tr. dir. Abater a aba de: Usava *desabar* o *chapéu.* 2. Tr. ind. e intr. Ruir, desmoronar; vir abaixo. 3. Tr. ind. Abater-se, cair.
Desabe, s. m. 1. Desabamento. 2. A parte que desabou.
Desabilidade, s. f. Falta de habilidade; inabilidade.
Desabilitar, v. Tr. dir. Tornar inábil ou inapto.
Desabitado, adj. Que não é habitado; deserto, ermo.
Desabitar, v. Tr. dir. Deixar sem moradores; despovoar.
Desábito, s. m. Falta de hábito; descostume.
Desabituação, s. f. Ação de desabituar.
Desabituar, v. 1. Tr. dir. Fazer perder o hábito; desacostumar. 2. Pron. Perder o hábito; desacostumar-se.
Desabonado, adj. Falto de crédito; não abonado.
Desabonador, adj. e s. m. Que, ou o que desabona, desacredita.
Desabonar, v. 1. Tr. dir. Desacreditar. 2. Pron. Perder o crédito.
Desabono, s. m. 1. Ato ou efeito de desabonar. 2. Descrédito.
Desabordamento, s. m. Ato ou efeito de desabordar.
Desabordar, v. 1. Tr. dir. Separar (um navio) do outro, a que estava abordado. 2. Tr. ind. e intr. Separar-se da nau que se tinha abordado.
Desabotoar, v. Tr. dir. 1. Tirar da casa os botões de. 2. Abrir ou desapertar.
Desabraçar, v. Tr. dir. Desprender dos braços (a pessoa ou coisa abraçada).
Desabrido, adj. 1. Desenfreado, infrene. 2. Áspero, violento. 3. Rude, grosseiro.
Desabrigado, adj. 1. Sem abrigo. 2. Exposto às intempéries.
Desabrigar, v. Tr. dir. 1. Tirar o abrigo a. 2. Desamparar.
Desabrigo, s. m. 1. Falta de abrigo. 2. Desamparo.
Desabrimento, s. m. 1. Aspereza no trato. 2. Rudeza. 3. Rigor ou inclemência do tempo.
Dasabrir, v. 1. Tr. dir. Abandonar. 2. Pron. Irritar-se. 3. Pron. Malquistar-se com alguém.
Desabrochamento, s. m. Ato ou efeito de desabrochar; desabrocho.
Desabrochar, v. 1. Tr. dir. Abrir, desapertar (o que estava preso com broche). 2. Tr. dir. e intr. Descerrar: *D.* os *lábios,* 3. Intr. e pron. Abrir(-se) (à flor). 4. Intr. Principiar a manifestar-se.
Desabrocho *(ô)*, s. m. V. *desabrochamento.*
Desabrolhar, v. Intr. 1. Desabrochar. 2. Intr. Brotar, crescer, desenvolver-se, pulular.
Desabusado, adj. 1. Sem preconceitos ou abusões. 2. Atrevido, confiado.
Desabusar, v. Tr. dir. e pron. 1. Livrar(-se) de abusões. 2. Desenganar(-se).
Desabuso, s. m. Ato ou efeito de desabusar(-se).
Desaçaimar, v. V. *desaçamar.*
Desaçamar, v. Tr. dir. Tirar o açamo a.
Desacampar, v. Tr. ind. e intr. Deixar o acampamento; levantar arraial.
Desacanhado, adj. Sem acanhamento; desembaraçado.
Desacanhar, v. Tr. dir. e pron. Tirar o acanhamento a, tornar (-se) desembaraçado ou esperto.
Desacatamento, s. m. V. *Desacato.*
Desacatar, v. Tr. dir. 1. Faltar ao respeito devido a. 2. Tratar

com irreverência; desrespeitar. 3. Afrontar. 4. Desprezar, menoscabar.

Desacato, s. m. 1. Falta de acatamento; desacatamento. 2. Profanação.

Desacaudilhado, adj. 1. Que não tem caudilho. 2. Privado de chefe.

Desacautelado, adj. 1. Que não tem cautela; descuidado; imprevidente. 2. Desprevenido.

Desacautelar, v. 1. Tr. dir. Não ter cautela com; descuidar. 2. Pron. Não usar de cautela; desprevenir-se.

Desaceleração, s. f. *Fís.* e *Astronáut.* Perda de velocidade de um corpo em movimento.

Desacelerar, v. Tr. dir. Reduzir a velocidade de.

Desacentuar, v. Tr. dir. Tirar a acentuação a.

Desacerbar, v. Tr. dir. 1. Tirar o amargor de. 2. Suavizar.

Desacertado, adj. 1. Que não anda certo. 2. Errado. 3. Inconveniente, despropositado.

Desacertar, v. 1. Tr. dir. e intr. Dizer, fazer ou usar desacertadamente. 2. Tr. dir. Tirar da ordem; desarranjar. 3. Pron. Frustrar-se.

Desacerto *(ê)*, s. m. 1. Falta de acerto; erro. 2. Tolice.

Desacidificar, v. Tr. dir. Tirar o sabor ácido de.

Desaclimar, v. Tr. dir. e pron. Desabituar(-se) de um clima.

Desaclimatar, v. V. *desaclimar.*

Desacolchetar, v. Tr. dir. Desapertar, desprendendo os colchetes.

Desacolchoar, v. Tr. dir. Desmanchar (o que estava acolchoado).

Desacomodado, adj. Que está fora do seu lugar; desarrumado, desarranjado, desordenado.

Desacomodar, v. Tr. dir. Tirar dos cômodos; desarranjar, desordenar.

Desacompanhado, adj. Sem companhia; só.

Desacompanhar, v. Tr. dir. 1. Deixar a companhia de. 2. Não estar de acordo com.

Desaconchegar, v. V. *Desconchegar.*

Desaconselhado, adj. Sem conselho; não avisado; desprevenido.

Desaconselhar, v. Tr. dir. Despersuadir, dissuadir.

Desacordado, adj. Que perdeu os sentidos; desmaiado.

Desacordar, v. 1. Tr. dir. Pôr em desacordo, em oposição. 2. Intr. Perder o acordo, os sentidos.

Desacorde, adj. m. e f. Desarmônico, discordante.

Desacordo *(ô)*, s. m. Falta de acordo; divergência.

Desacoroçoado, adj. V. *descoroçoado.*

Desacoroçoar, v. V. *descoroçoar.*

Desacorrentamento, s. m. Ação de desacorrentar.

Desacorrentar, v. Tr. dir. e pron. Desligar(-se) da corrente; desprender(-se), soltar(-se).

Desacostumado, adj. Desabituado; desusado.

Desacostumar, v. 1. Tr. dir. Fazer perder um costume. 2. Pron. Perder hábito ou costume.

Desacreditado, adj. 1. Sem crédito. 2. Mal conceituado.

Desacreditador, adj. e s. m. Que, ou o que desacredita, ou faz perder o crédito ou a reputação.

Desacreditar, v. 1. Tr. dir. Fazer perder o crédito, ou a reputação. 2. Pron. Perder o crédito, ou a reputação.

Desacumular, v. Tr. dir. Separar (o que estava acumulado ou junto em grande quantidade).

Desadornado, adj. 1. Sem adornos. 2. Simples, singelo.

Desadornar, v. Tr. dir. Tirar o adorno a; desenfeitar.

Desadorno *(ô)*, s. m. 1. Falta de adorno. 2. Desalinho.

Desafaimar, v. Tr. dir. 1. Tirar a fome a; dar de comer a. 2. Fartar, saciar.

Desafeição, s. f. Falta de afeição; desafeto, desamor.

Desafeiçoado, adj. Desafeto, inimigo.

Desafeiçoar, 1. Tr. dir. Tirar a afeição de. 2. Pron. Perder a afeição.

Desaferrar, v. Tr. dir. e pron. Desprender(-se), soltar(-se) (o que estava aferrado).

Desaferrolhar, v. Tr. dir. Correr o ferrolho de, para abrir.

Desafervorar, v. Tr. dir. Afrouxar o fervor de.

Desafeto, adj. Sem afeto. S. m. 1. Falta de afeto. 2. Adversário, inimigo.

Desafiado[1], adj. e s. m. Que, ou o que foi chamado a desafio.

Desafiado[2], adj. Que perdeu o fio.

Desafiador, adj. e s. m. Que, ou o que desafia.

Desafiante, adj. e s., m. e f. V. *desafiador.*

Desafiar, v. (ital. *disfidare*). Tr. dir. 1. Chamar a desafio; provocar. 2. Incitar, provocar. 3. Tr. dir. Afrontar, arrostar.

Desafinação, s. f. 1. Ação de desafinar. 2. Estado de desafinado.

Desafinado, adj. Que perdeu a afinação; dissonante.

Desafinamento, s. m. V. *desafinação.*

Desafinar, v. 1. Tr. dir. Fazer perder a afinação. 2. Intr. Perder a afinação.

Desafio, s. m. Ação de desafiar; provocação.

Desafivelar, v. Tr. dir. Abrir, soltar, desapertando a fivela.

Desafogado, adj. Aliviado, desembaraçado.

Desafogar, v. 1. Tr. dir. Libertar do que afoga ou oprime. 2. Tr. dir. Aliviar, desoprimir. 3. Pron. Aliviar-se, desoprimir-se. 4. Tr. dir. Dizer (o que pensa ou sente); desabafar.

Desafogo *(ô)*, s. m. 1. Alívio, folga. 2. Abastança, independência.

Desafoguear, v. Tr. dir. Tirar o calor de; refrigerar.

Desaforado, adj. 1. *Dir.* Isento de foro. 2. Atrevido, insolente.

Desaforamento, s. m. 1. Ato ou efeito de desaforar. 2. Atrevimento, desaforo.

Desaforar, 1. Tr. dir. Desobrigar do pagamento de um foro. 2. Pron. Privar-se. 3. Pron. *Dir.* Renunciar aos privilégios do foro. 4. Tr. dir. e pron. Tornar(-se) atrevido, impudente.

Desaforo *(ô)*, s. m. 1. Ação contrária ao decoro; pouca-vergonha. 2. Atrevimento, insolência.

Desafortunado, adj. Desfavorecido da fortuna; infeliz.

Desafreguesar, v. 1. Tr. dir. Desviar os fregueses; tirar a freguesia. 2. Pron. Deixar de fazer compras num estabelecimento.

Desafronta, s. f. 1. Ato ou efeito de desafrontar(-se). 2. Satisfação que se tira de uma afronta.

Desafrontado, adj. 1. Vingado. 2. Aliviado, desoprimido.

Desafrontador, adj. e s. m. Que ou o que desafronta.

Desafrontar, v. Tr. dir. Livrar ou vingar de uma afronta.

Desagaloar, v. Tr. dir. Tirar os galões de.

Desagarrar, v. Tr. dir. Despegar, desprender, soltar.

Desagasalhado, adj. Pouco enroupado.

Desagasalhar, v. Tr. dir. 1. Privar de agasalho. 2. Tr. dir. Desabrigar.

Desagasalho, s. m. Falta de agasalho; desabrigo.

Deságio, s. m. 1. Perda de ágio. 2. Desvalorização da moeda.

Desagradar, v. Tr. ind. e intr. Causar descontentamento ou desgosto; desgostar, descontentar.

Desagradável, adj. m. e f. Que desagrada.

Desagradecer, v. Tr. dir. 1. Não agradecer. 2. Receber ou retribuir com ingratidão.

Desagradecimento, s. m. Ingratidão.

Desagrado, s. m. 1. Ato ou efeito de desagradar. 2. Desprazer.

Desagravador, adj. e s. m. Que, ou o que desagrava.

Desagravar, v. 1. Tr. dir. Vingar de agravo. 2. Tr. dir. Reparar (ofensa ou insulto). 3. Pron. Desafrontar-se, vingar-se.

Desagravo, s. m. 1. Ato ou efeito de desagravar. 2. *Dir.* Reparação do agravo por sentença do juízo superior.

Desagregação, s. f. Separação de partes que estavam agregadas.

Desagregante, adj. m. e f. Que desagrega.

Desagregar. v. Tr. dir. e pron. Separar o que estava agregado; separar(-se) em suas partes componentes.

Desagregável, adj. m. e f. Que se pode desagregar.

Desagrilhoar, v. Tr. dir. Livrar de grilhões; libertar.

Desaguadouro, s. m. Rego, sarjeta, ou vala para escoamento de águas. Var.: *desaguadoiro.*

Desaguamento, s. m. Ato ou efeito de desaguar(-se).

Desaguar, v. 1. Tr. dir. Esgotar a água de. 2. Tr. ind. Lançar as águas em (falando do curso dos rios). 3. Pron. Despejar-se, esvaziar-se, vazar-se. 4. Intr. Urinar. Conjuga-se como *aguar.*

Desaguisado, s. m. Alteração, desavença, rixa.
Desairar, v. 1. Tr. dir. Causar desaire. 2. Tr. dir. Tirar o merecimento a. 3. Pron. Desmerecer-se.
Desaire, s. m. (cast. *desaire*). 1. Qualidade de desajeitado. 2. Falta de decoro. 3. Deselegância.
Desairoso, adj. 1. Em que há desaire. 2. Que fica mal. 3. Indecoroso.
Desajeitado, adj. 1. Sem jeito, inábil. 2. Desastrado.
Desajeitamento, s. m. Atos ou modos de desajeitado.
Desajeitar, v. Tr. dir. Tirar o jeito de; deformar.
Desajoujar, v. Tr. dir. 1. Desligar do ajoujo. 2. Desligar.
Desajoujo, s. m. Ação e desajoujar.
Desajudado, adj. Que não tem ou não teve ajuda.
Desajudar, v. Tr. dir. 1. Não ajudar. 2. Estorvar.
Desajuizado (*u-i*), adj. 1. Falto de juízo. 2. Insensato.
Desajuizar (*u-i*), v. Tr. dir. Tirar o juízo a.
Desajuntar, v. Tr. dir. Desligar, desunir, separar.
Desajustamento, s. m. Desajuste.
Desajustar, v. 1. Tr. dir. Desfazer o ajuste de; separar. 2. Tr. dir. Desarranjar (o que estava ordenado). 3. Pron. Desfazer o ajuste que tinha com outrem.
Desajuste, s. m. Ato ou efeito de desajustar.
Desalentado, adj. Sem ânimo ou alento; desanimado.
Desalentador, adj. e s. m. Que, o que, ou quem desalenta.
Desalentar, v. 1. Tr. dir. Tirar o alento, o ânimo de. 2. Intr. e pron. Desanimar-se, esmorecer-se.
Desalento, s. m. Falta de alento; desânimo.
Desalijar, v. Tr. dir. 1. Aliviar.
Desalinhado, adj. Sem alinho; descuidado, desordeiro.
Desalinhar, v. Tr. dir. 1. Afastar, desviar do alinhamento. 2. Desarranjar, desordenar.
Desalinhavar, v. Tr. dir. Tirar os alinhavos de.
Desalinho, s. m. 1. Falta de alinho; desleixo, desmazelo. 2. Alteração da razão; perturbação.
Desalistar, v. Tr. dir. 1. Suprimir da lista ou rol. 2. *Mil.* Dar baixa a recruta.
Desalmado, adj. Que mostra maus sentimentos; cruel.
Desalmamento, s. m. *P. us.* Crueldade, desumanidade.
Desalojamento, s. m. Ato ou efeito de desalojar(-se).
Desalojar, v. 1. Tr. dir. Lançar fora do alojamento; expulsar. 2. Intr. Abandonar o posto; levantar o acampamento. 3. Intr. Sair do alojamento onde se residia. 4. Pron. Abandonar o alojamento.
Desalterar, v. 1. Tr. dir. Fazer cessar a alteração de; acalmar, aplacar. 2. Tr. dir. Saciar, matar a sede. 3. Pron. Aplacar-se, serenar-se.
Desalumiado, adj. Que está às escuras; sem luz.
Desamabilidade, s. f. 1. Qualidade de desamável. 2. Falta de amabilidade. 3. Descortesia.
Desamalgamar, v. Tr. dir. Separar (aquilo que estava amalgamado).
Desamamentar, v. V. *desmamar.*
Desamar, v. Tr. dir. 1. Não amar. 2. Cessar de amar.
Desamarrar, v. 1. Tr. dir. Soltar (o que estava amarrado). 2. Tr. dir. Desprender da amarra. 3. Pron. Desatar-se, soltar-se.
Desamarrotar, v. Tr. dir. Alisar (o que estava amarrotado).
Desamassar, v. Tr. dir. e intr. 1. Desfazer (a amassadura do pão), para que demore a levedar. 2. Desamolgar.
Desamável, adj. m. e f. Não amável; descortês, indelicado.
Desambição, s. f. Falta de ambição; desinteresse.
Desambicioso, adj. Sem ambição; desinteressado.
Desambientado, adj. Que está fora do seu ambiente.
Desambientar, v. Tr. dir. Tirar (pessoa, animal) do seu ambiente.
Desamolgar, v. Tr. dir. Endireitar ou aplanar (o que estava amolgado).
Desamor, s. m. Falta de amor; desafeição, desprezo.
Desamorado, adj. Que revela desamor.
Desamorável, adj. m. e f. Não amorável; desamoroso.
Desamoroso, adj. V. *desamorável.*
Desamortalhar, v. Tr. dir. Tirar a mortalha a.
Desamparado, adj. 1. Abandonado ao desamparo. 2. Solitário, ermo.
Desamparar, v. 1. Tr. dir. Deixar de amparar. 2. Tr. dir. Deixar de sustentar, de segurar. 3. Pron. Deixar de se firmar àquilo a que se apoiava.
Desamparo, s. m. Falta de amparo, de proteção.
Desamuar, v. 1. Tr. dir. Fazer perder o amuo. 2. Pron. Deixar de estar amuado.
Desancador, adj. e s. m. Que, ou o que desanca; espancador.
Desancamento, s. m. Ato ou efeito de desancar.
Desancar, v. Tr. dir. Derrear com pancadas na anca.
Desancorar, v. 1. Tr. dir. Levantar a âncora de. 2. Intr. Levantar âncora.
Desanda, s. f. *Pop.* Descompostura, repreensão.
Desandar, v. 1. Tr. dir. Fazer andar para trás. 2. Tr. ind. e intr. Voltar atrás; retroceder. 3. Intr. Tornar-se mau; piorar. 4. Intr. *Pop.* Estar com diarréia.
Desanexar *(cs)*, v. Tr. dir. Separar (aquilo que estava anexado).
Desanichar, v. Tr. dir. 1. Tirar do nicho. 2. Desalojar.
Desanimação, s. f. Falta de animação; desânimo.
Desanimado, adj. 1. Que perdeu o ânimo, a coragem. 2. Que revela desânimo.
Desanimar, v. 1. Tr. dir. Tirar o ânimo de; desalentar. 2. Tr. ind. e intr. Perder o ânimo; desistir. 3. Pron. Perder o ânimo, alento; desalentar-se.
Desânimo, s. m. Falta de ânimo; abatimento, desalento.
Desaninhar, v. Tr. dir. 1. Tirar do ninho. 2. Desalojar, deslocar.
Desanojar, v. 1. Tr. dir. Tirar o nojo ou desgosto a. 2. Tr. dir. e pron. Desagastar(-se), desenfadar(-se).
Desanuviar, v. 1. Tr. dir. Dissipar as nuvens de, limpar de nuvens. 2. Tr. dir. e pron. Desassombrar(-se), serenar(-se).
Desapadrinhar, v. Tr. dir. Tirar a proteção a; desproteger.
Desapaixonado, adj. 1. Sem paixão; indiferente. 2. Imparcial.
Desapaixonar, v. 1. Tr. dir. Fazer perder ou esquecer uma paixão. 2. Pron. Acalmar ou vencer as próprias paixões.
Desaparecer, v. 1. Tr. ind. e intr. Deixar de ser visto; sumir-se. 2. Tr. ind. e intr. Cessar de ser ou de existir. 3. Intr. Faltar subitamente (pessoas ou coisas). 4. Intr. Esquivar-se furtivamente.
Desaparecido, adj. e s. m. Que, ou o que desapareceu.
Desaparecimento, s. m. 1. Ato de desaparecer; desaparição. 2. Morte.
Desaparelhar, v. Tr. dir. Tirar os aparelhos; desguarnecer.
Desaparição, s. f. Desaparecimento.
Desapartar, v. V. *apartar.*
Desapegado, adj. 1. Despegado. 2. Desafeiçoado.
Desapegamento, s. m. V. *desapego.*
Desapegar, v. V. *despegar.*
Desapego (*ê*), s. m. 1. Falta de apego; desamor. 2. Indiferença.
Desaperceber, v. 1. Tr. dir. Deixar de aperceber. 2. Tr. dir. Despojar ou privar de provisões ou munições. 3. Pron. Descuidar-se, desprevenir-se.
Desapercebido, adj. 1. Desprevenido, desacautelado. 2. Desprovido, desguarnecido.
Desapercebimento, s. m. Falta de precaução.
Desapertar, v. Tr. dir. 1. Afrouxar, alargar (o que estava apertado). 2. Soltar, aliviar.
Desaperto (*ê*), s. m. Ato ou efeito de desapertar.
Desapiedado, adj. Falto de piedade; cruel, desumano.
Desapiedar, v. 1. Tr. dir. Tirar a piedade. 2. Pron. Perder a compaixão; tornar-se insensível aos males alheios. Conjuga-se como *apiedar.*
Desapoderado, adj. 1. Privado do poder, da posse. 2. Desenfreado, furioso, violento.
Desapoderar, v. Tr. dir. Privar da posse ou do poder.
Desapontado, adj. Que sofreu desapontamento; desiludido, logrado.
Desapontamento, s. m. Surpresa desagradável, que surpreende; decepção, desilusão.

Desapontar, v. 1. Tr. dir. Causar desapontamento a. 2. Pron. *Pop.* Sentir desapontamento.
Desaponto, s. m. Desapontamento.
Desapossar, v. Tr. dir. 1. Privar da posse ou do domínio. 2. Despojar, esbulhar. 3. Privar.
Desapreço, s. m. 1. Falta de apreço. 2. Menosprezo.
Desaprender, v. Tr. dir., tr. ind. e intr. Esquecer (o que tinha aprendido).
Desaprimorado, adj. 1. Sem primor. 2. Indelicado.
Desapropriação, s. f. Ato ou efeito de desapropriar.
Desapropriar, v. Tr. dir. Privar alguém da propriedade de.
Desaprovação, s. f. Ação de desaprovar; reprovação.
Desaprovador, adj. e s. m. Que, ou o que desaprova.
Desaprovar, V. Tr. dir. Não aprovar; censurar, rejeitar.
Desaprovativo, adj. Que contém, denota ou exprime desaprovação.
Desaproveitado, adj. 1. Não aproveitado; perdido. 2. Abandonado. 3. Desperdiçado, esbanjado.
Desaproveitamento, s. m. 1. Falta de aproveitamento; desperdício. 2. Falta de progresso nos estudos.
Desaproveitar, v. Tr. dir. Não aproveitar; desperdiçar.
Desaprumar, v. 1. Tr. dir. Desviar do prumo. 2. Intr. e pron. Desviar-se do prumo; inclinar-se, pender.
Desaprumo, s. m. 1. Desvio de prumo. 2. Efeito de desaprumar.
Desaquartelar, v. Tr. dir. 1. Tirar do quartel. 2. Desalojar.
Desaquinhoar, v. Tr. dir. e pron. Privar(-se) de quinhão.
Desar, s. m. 1. Revés da fortuna. 2. Desaire.
Desarmado, adj. Sem armas; indefeso.
Desarmamento, s. m. 1. Ato ou efeito de desarmar(-se). 2. Licenciamento ou redução de tropas.
Desarmar, v. 1. Tr. dir. Tirar, fazer depor as armas. 2. Intr. Reduzir o exército ao efetivo de paz. 3. Tr. dir. Apaziguar, aplacar, serenar. 4. Tr. dir. Tornar inofensivo (uma bomba ou mina, por ex.), pela remoção da espoleta ou outro dispositivo deflagrador. 5. Pron. Deixar as armas.
Desarmonia, s. f. 1. *Mús.* Falta de harmonia; dissonância. 2. Desacordo, discordância, divergência.
Desarmônico, adj. Em que há desarmonia.
Desarmonizar, v. 1. Tr. dir. Produzir a desarmonia de. 2. Intr. e pron. Estar em desacordo.
Desaromar, v. V. *desaromatizar.*
Desaromatizar, v. Tr. dir. Fazer perder o aroma.
Desarraigamento, s. m. Ação de desarraigar; desenraizamento.
Desarraigar, v. Tr. dir. 1. Arrancar pela raiz ou com raízes. 2. Extinguir, extirpar.
Desarrancar, v. Tr. dir. Arrancar com força.
Desarranchar, v. 1. Tr. dir. Tirar do rancho. 2. Intr. e pron. *Mil.* Passar a comer fora do quartel.
Desarranjar, v. 1. Tr. dir. Pôr em desordem. 2. Pron. Transtornar-se. 3. Tr. dir. Alterar, embaraçar.
Desarranjo, s. m. 1. Falta de arranjo. 2. Enguiço.
Desarrazoado, adj. Em que não há razão; despropositado.
Desarrazoar, v. Intr. Ir, falar ou proceder contra a razão ou falta de bom-senso; disparatar.
Desarrear, v. Tr. dir. Tirar os arreios; desaparelhar.
Desarregaçar, v. Tr. dir. Soltar, deixar cair (aquilo que estava arregaçado).
Desarreigar (*e-i*), v. V. *desarraigar.*
Desarrimar, v. Tr. dir. 1. Tirar o arrimo a. 2. Desamparar.
Desarrochar, v. Tr. dir. Desapertar (aquilo que estava arrochado).
Desarrolhar, v. Tr. dir. Tirar a rolha de.
Desarrumação, s. f. Ato ou efeito de desarrumar; desarranjo.
Desarrumar, v. Tr. dir. Tirar do arrumo; desordenar.
Desarticulação, s. f. 1. Ato ou efeito de desarticular. 2. Falta de articulação.
Desarticular, v. 1. Tr. dir. e pron. Desfazer(-se) uma articulação. 2. Tr. dir. *Cir.* Amputar ao nível de uma articulação.
Desartificioso, adj. 1. Sem artifício. 2. Modesto, simples.
Desarvorado, adj. 1. *Náut.* Diz-se da embarcação sem mastros (árvores). 2. Desorientado, sem rumo.
Desarvoramento, s. m. Ato ou efeito de desarvorar.
Desarvorar, v. 1. Tr. dir. Abater, arrear (o que estava arvorado). 2. Intr. Desmastrear, desaparelhar. 3. Intr. Fugir desordenamente.
Desasado, adj. 1. Privado de asas. 2. Que tem as asas quebradas. 3. Derreado.
Desasar, v. Tr. dir. 1. Partir as asas de. 2. Abater as asas de. 3. Bater em, derrear.
Desasnar, v. Tr. dir. 1. Dar tino a. 2. Tirar a ignorância de. 3. Desiludir.
Desassanhar, v. Tr. dir. Aplacar a sanha de.
Desassazonado, adj. 1. Que vem fora de tempo. 2. Inoportuno, intempestivo.
Desasseado, adj. Falto de asseio; sujo.
Desassear, v. Tr. dir. Tirar a limpeza de; sujar.
Desasseio, s. m. Falta de asseio.
Desasselvajar, v. Tr. dir. Tirar do estado selvagem.
Desassemelhar, v. Tr. dir. Tornar dessemelhante.
Desassenhorear, v. Tr. dir. Tirar a qualidade s senhor a; desapossar.
Desassimilação, s. f. 1. Ato ou efeito de desassimilar. 2. *Biol.* V. *catabolismo.*
Desassimilador, adj. e s. m. Que, ou o que desassimila.
Desassimilar, Tr. dir. 1. Tirar a assimilação a. 2. Alterar.
Desassisado, adj. 1. Que não tem siso. 2. Louco.
Desassisar, v. 1. Tr. dir. Tirar o siso a. 2. Tr. dir. Tornar louco ou maníaco. 3. Intr. Perder o siso.
Desassociar, v. Tr. dir. Desligar (aquele ou aquilo que estava associado).
Desassombrado, adj. 1. Que não é sombrio; exposto ao sol. 2. Livre de receio; corajoso, intimorato.
Desassombrar, v. 1. Tr. dir. Livrar do que faz sombra; clarear. 2. Tr. dir. Tirar o assombramento a; serenar. 3. Pron. Perder o assombro, o medo.
Desassombro, s. m. 1. Firmeza. 2. Afoiteza, destemor.
Desassossegado, adj. Que perdeu o sossego; inquieto.
Desassossegar, v. Tr. dir. Tirar o sossego a; inquietar.
Desassossego (*ê*), s. m. Falta de sossego; inquietação.
Desassustar, v. Tr. dir. Tirar o susto a; tranqüilizar.
Desastrado, adj. 1. Que resultou de desastre. 2. Funesto.
Desastre, s. m. 1. Acidente funesto. 2. Desgraça, sinistro. 3. Fatalidade. 4. Grande revés.
Desastroso, adj. Em que há, ou que causa desastre.
Desatabafar, v. Tr. dir. Fazer que deixe de estar atabafado.
Desatacar, v. Tr. dir. 1. Soltar os atacadores. 2. Desabotoar, desafivelar. 3. Descarregar.
Desatado, adj. 1. Não atado. 2. Desobrigado. 3. Liberto.
Desatador, s. m. Aquele, ou aquilo que desata.
Desatadura, s. f. Ato ou efeito de desatar.
Desatamento, s. m. V. *desatadura.*
Desatar, v. 1. Tr. dir. Desfazer, tirar o nó ou laço de. 2. Tr. dir. Libertar, livrar. 3. Pron. Desligar-se, soltar-se. 4. Tr. ind. Começar de repente; prorromper.
Desatarraxar, v. Tr. dir. Tirar a tarraxa a.
Desatascar, v. Tr. dir. e pron. Livrar(-se) de atascadeiro ou atoleiro.
Desataviado, adj. 1. Sem atavios. 2. Natural, singelo.
Desataviar, v. 1. Tr. dir. Tirar os atavios de. 2. Pron. Despir-se de atavios.
Desatavio, s. m. Falta de atavio; desalinho.
Desatemorizar, v. Tr. dir. Tirar o temor a; afoitar, animar.
Desatenção, s. f. 1. Falta de atenção. 2. Desconsideração, descortesia.
Desatencioso, adj. 1. Que não dá atenção. 2. Que não tem atenções; descortês.
Desatender, v. 1. Tr. dir. e tr. ind. Não atender a, não dar atenção a. 2. Tr. dir. Desconsiderar.
Desatendível, adj. m. e f. Que não merece atenção.
Desatentar, v. Tr. ind. 1. Não atentar, não reparar. 2. Descuidar-se de.
Desatento, adj. Falto de atenção; distraído.
Desaterrar, v. 1. Tr. dir. Desfazer um aterro; aplanar (um terreno). 2. Fazer escavações em.

Desaterro (*ê*), s. m. 1. Ato de desaterrar. 2. O terreno que se desaterrou.
Desatilado, adj. Que não é atilado.
Desatinado, adj. Falto de tino; desvairado, louco.
Desatinar, v. 1. Tr. dir. Fazer perder o tino; enlouquecer. 2. Tr. ind. e intr. Perder o tino. 3. Intr. Dizer ou praticar desatinos.
Desatino, s. m. 1. Falta de tino. 2. Ato ou palavras sem tino.
Desatolar, v. 1. Tr. dir. Tirar do atoleiro. 2. Pron. Sair do atoleiro.
Desatordoar, v. Tr. dir. Tirar do atordoamento.
Desatracação, s. f. Ação de desatracar(-se).
Desatracar, v. 1. Tr. dir. Largar (a embarcação, atracada). 2. Tr. ind. e intr. Levantar âncora. 3. Tr. dir. e pron. Desprender(-se).
Desatravancar, v. Tr. dir. 1. Retirar as travancas. 2. *Fam.* Desobstruir.
Desatrelar, v. Tr. dir. Desligar da trela.
Desautoração, s. f. Ação ou efeito de desautorar.
Desautorar, v. 1. Tr. dir. Destituir de honras, insígnias ou dignidades; exautorar; desautorizar. 2. Tr. ind. e pron. Descer da dignidade, perder a autoridade; rebaixar-se.
Desautorização, s. f. Ato ou efeito de desautorizar.
Desautorizar, v. 1. Tr. dir. Tirar a autoridade de; desacreditar. 2. Pron. Perder a autoridade; desacreditar(-se).
Desavença, s. f. Quebra de relações amigáveis; discórdia.
Desaverbar, v. Tr. dir. Cancelar o averbamento em.
Desavergonhado, adj. e s. m. Que, ou o que não tem vergonha; sem-vergonha, descarado, insolente.
Desavexar, v. Tr. dir. Livrar de vexame.
Desavezar, v. Tr. dir. Tirar o vezo a; desacostumar.
Desavindo, adj. Que está em desavença com.
Desavir, v. 1. Tr. dir. e pron. Pôr(-se) em desavença; indispor (-se). 2. Pron. Pôr-se em desacordo. Conjuga-se como *vir.*
Desavisado, adj. Falto de juízo; desassisado, leviano.
Desavisar, v. Tr. dir. Dar contra-aviso a.
Desavistar, v. Tr. dir. Deixar de ver; perder de vista.
Desazado, adj. Que tem desazo; inábil, inapto.
Desazo, s. m. Falta de azo; inaptidão, inabilidade.
Desbagoar, v. Tr. dir. Tirar os bagos a; esbagar.
Desbagulhar, v. Tr. dir. Tirar o bagulho de.
Desbalizar, v. Tr. dir. Tirar as balizas a.
Desbancar, v. Tr. dir. 1. Ganhar o dinheiro da banca a. 2. Levar vantagem.
Desbandeirar, v. Tr. dir. Tirar a bandeira a (o milho).
Desbaratamento, s. m. Ato ou efeito de desbaratar(-se).
Desbaratar, v. 1. Tr. dir. Dissipar, esperdiçar, malbaratar. 2. Tr. dir. Desfazer, destruir, estragar. 3. Tr. dir. Bater, derrotar em batalha. 4. Pron. Arruinar-se, destroçar-se.
Desbarbado, adj. Sem barbas; imberbe.
Desbarbar, v. Tr. dir. 1. Tirar a barba a. 2. Tirar os pêlos de.
Desbarrancado, s. m. Despenhadeiro.
Desbarrancamento, s. m. Ato ou efeito de desbarrancar.
Desbarrancar, v. 1. Tr. dir. Desfazer barrancos de (terreno), aplainando-o. 2. Tr. dir. Escavar profundamente, desaterrar.
Desbarrar, v. Tr. dir. Tirar a barra a; destrancar.
Desbarretar, v. 1. Tr. dir. Tirar o barrete da cabeça de. 2. Pron. Descobrir-se.
Desbarrigado, adj. *Fam.* Que tem a barriga rasa.
Desbastamento, s. m. V. *desbaste.*
Desbastar, v. Tr. dir. 1. Tornar menos basto, menos espesso. 2. Aperfeiçoar (peça de madeira, mármore ou pedra). 3. Aperfeiçoar, polir.
Desbastardar, v. Tr. dir. Legitimar (o que era bastardo).
Desbaste, s. m. Ato ou efeito de desbastar; desbastamento.
Desbeiçar, v. Tr. dir. 1. Cortar o beiço ou os beiços de. 2. Cortar ou quebrar as bordas de.
Desbloquear, v. Tr. dir. Levantar o bloqueio a.
Desbloqueio, s. m. Ato ou efeito de desbloquear.
Desbocado, adj. 1. Que usa de linguagem obscena; impudico. 2. *Equit.* Que não obedece ao freio.
Desbocamento, s. m. Descomedimento na linguagem.
Desbocar, v. 1. Tr. dir. Lesar a boca do cavalo, por ação de freio duro. 2. Tr. dir. Despejar, entornar. 3. Pron. Usar de linguagem indecorosa.
Desbolado, adj. Desassisado, sem juízo.
Desbolinar, v. Tr. dir. *Náut.* 1. Endireitar (a vela), largando a bolina. 2. Tirar a (um cabo) a tendência para criar nó.
Desborcar, v. Intr. Esvaziar-se, voltando-se de borco.
Desborcinar, v. V. *esborcinar.*
Desbordante, adj. m. e f. Que desborda.
Desbordar, v. Tr. ind. e intr. Sair para fora do leito (o rio); transbordar.
Desboroar, v. V. *esboroar.*
Desbotado, adj. Diz-se de coisa cuja cor perdeu a nitidez primitiva.
Desbotadura, s. f. V. *desbotamento.*
Desbotamento, s. m. Ato ou efeito de desbotar.
Desbotar, v. 1. Intr. Perder a viveza da cor. 2. Tr. dir. Fazer desvanecer (a cor, o brilho).
Desbragado, adj. Descomedido, impudico, indecoroso.
Desbragamento, s. m. 1. Qualidade de desbragado. 2. Emprego de linguagem desbragada.
Desbragar, v. 1. Tr. dir. Soltar da braga. 2. Tr. dir. e pron. Tornar(-se) desbragado ou dissoluto.
Desbravador, adj. e s. m. Que, ou o que desbrava.
Desbravar, v. Tr. dir. 1. Tirar a braveza a; amansar, domar. 2. Pôr um terreno em estado de ser cultivado; arrotear. 3. Limpar, abrir.
Desbravejado, adj. Limpo de matagal (terreno).
Desbravejar, v. Tr. dir. Tirar as coivaras a (terreno).
Desbriado, adj. Sem brio, desavergonhado, descarado.
Desbriamento, s. m. Falta de brio, de vergonha.
Desbriar, v. 1. Tr. dir. Tirar o brio. 2. Pron. Perder o brio.
Desbridar, v. 1. Tr. dir. Tirar a brida a. 2. Pron. Soltar-se da brida.
Desbrio, s. m. Ausência de brio ou pundonor.
Desbrioso, adj. Que não é brioso; sem brio.
Descabeçado, adj. Que não tem cabeça; desmiolado.
Descabeçar, v. 1. Tr. dir. Cortar a cabeça a. 2. Tr. dir. Cortar a ponta de.
Descabelado, adj. 1. Sem cabelo ou com pouco cabelo. 2. Desgrenhado. 3. Exagerado.
Descabelar, v. 1. Tr. dir. Tirar os cabelos a. 2. Tr. dir. Descompor os cabelos. 3. Pron. Desgrenhar-se.
Descabido, adj. Que não tem cabimento; impróprio.
Descadeirado, adj. Diz-se do animal que arrasta as patas traseiras.
Descadeirar, v. Tr. dir. Derrear com pancadas ou fadiga.
Descaída, s. f. 1. Ato de descair. 2. *Fam.* Descuido.
Descaído, adj. Caído, pendente; inclinado.
Descaimento, (*a-i*), s. m. Estado do que descai; decadência.
Descair, v. 1. Tr. ind. e intr. Cair, pender. 2. Tr. dir. Deixar pender ou cair. 3. Tr. ind. e intr. Baixar, declinar. 4. Intr. Vergar, curvar-se, desfalecer. 5. Tr. ind. Desandar, descambar.
Descalabro, s. m. 1. Grande dano. 2. Desgraça.
Descalçadeira, s. f. 1. Utensílio para ajudar a tirar as botas dos pés. 2. Repreensão, reprimenda.
Descalçadela, s. f. *Pop.* Descompostura.
Descalçar, v. Tr. dir. 1. Tirar (o que estava calçado). 2. Tr. dir. Despir do que estava calçado.
Descalço, adj. Sem calçado; com os pés no chão.
Descalhoar, v. Tr. dir. Limpar dos calhaus.
Descaliçar, v. Tr. dir. Tirar a caliça a.
Descalvado, adj. V. *escalvado.*
Descalvar, v. V. *escalvar.*
Descamação, s. f. 1. Ação de descamar. 2. *Geol.* Separação em forma de escamas das partes exteriores de uma rocha.
Descamar, v. V. *escamar.*
Descambação, s. f. Ato ou efeito de descambar.
Descambada, s. f. 1. V. *descambado.* 2. Descaída, sandice, lapso.
Descambado, adj. Que descambou. S. m. Terreno e n declive; descambada.

Descambar, v. 1. Tr. ind. Cair para um lado. 2. Intr. Descair, declinar. 3. Tr. ind. Degenerar, descair.
Descaminhar, v. V. *desencaminhar.*
Descaminho, s. m. 1. Ato ou efeito de descaminhar. 2. Extravio.
Descamisa, s. f. V. *descamisada.*
Descamisada, s. f. Ação de descamisar (o milho).
Descamisar, v. Tr. dir. Tirar a camisa (capela) da maçaroca de (o milho).
Descampado, s. m. Campo de relva, inculto e desabitado.
Descanhotar, v. 1. Tr. dir. Desmunhecar. 2. Tr. dir. Desarticular, destroncar. 3. Intr. Perder a força do braço. 4. Pron. Andar com ligeireza.
Descanjicar, v. Tr. dir. Partir miudamente, como milho para canjica.
Descansadeiro, s. m. Lugar ou assento para descansar.
Descansado, adj. 1. Repousado. 2. Vagaroso. 3. Sossegado, lento (o falar).
Descansar, v. 1. Tr. dir. Dar descanso a, aliviar da fadiga. 2. Tr. ind. Ficar em descanso. 3. Tr. dir. Jazer. 4. Intr. Falecer, morrer. 5. Tr. ind. Apoiar-se, estribar-se.
Descanso, s. m. 1. Ato ou efeito de descansar. 2. Folga. 3. Coisa sobre a qual outra se apóia ou assenta; suporte. 4. Peça de arma de fogo, onde descansa o cão.
Descantar, v. Tr. dir. e intr. Cantar, celebrar.
Descapacitar, v. Pron. Despersuadir-se, dissuadir-se.
Descaracterizar, v. 1. Tr. dir. Tirar o verdadeiro caráter. 2. Tr. dir. Desfazer a caracterização de. 3. Pron. Perder os característicos.
Descarado, adj. Desavergonhado, impudente, insolente.
Descaramento, s. m. Qualidade de descarado.
Descarapuçar, v. Tr. dir. Tirar a carapuça a.
Descarar, v. Pron. Perder a vergonha; tornar-se descarado.
Descarga, s. f. 1. Ação de descarregar; descarregamento. 2. *Med.* Evacuação. 3. Disparo simultâneo ou consecutivo de várias armas de fogo. 4. Tiro de arma de fogo. 5. Quantidade de água ou de eletricidade que se escoa por segundo.
Descargo, s. m. 1. Cumprimento cabal de um encargo. 2. *Dir.* Defesa de uma coisa imputada.
Descaridade, s. f. Falta de caridade.
Descaridoso, adj. 1. Sem caridade. 2. Duro, insensível.
Descarinhoso, adj. 1. Falto de carinho. 2. Áspero.
Descarnado, adj. 1. Um tanto magro. 2. Apoucado de carnes.
Descarnadura, s. f. Ação de descarnar.
Descarnar, v. 1. Tr. dir. Despegar ou separar da carne (os ossos). 2. Tr. dir. Separar do caroço (a polpa de um fruto). 3. Pron. Emagrecer.
Descaro, s. m. V. *descaramento.*
Descaroável, adj. m. e f. 1. Descaridoso. 2. Inclemente.
Descaroçador, adj. Que descaroça. S. m. Descaroçadora.
Descaroçadora, s. f. Máquina que separa as fibras de algodão das sementes; descaroçador.
Descaroçamento, s. m. Ação de descaroçar.
Descaroçar, v. Tr. dir. Tirar ou extrair o caroço de.
Descarregamento, s. m. Ação de descarregar.
Descarregar, v. 1. Tr. dir. Proceder à descarga de (qualquer veículo). 2. Intr. Desembaraçar-se da carga. 3. Tr. dir. Aliviar, desoprimir. 4. Tr. dir. Extrair a carga de (arma de fogo). 5. Tr. dir. Disparar (arma de fogo). 6. Pron. Aliviar-se, desonerar-se, livrar-se. 7. Tr. dir. Desabafar, desafogar.
Descarreirar, v. Tr. dir. Tirar da carreira; descaminhar.
Descarrilamento, s. m. Ato ou efeito de descarrilar.
Descarrilar, v. 1. Intr. Sair do carril, dos trilhos (uma carruagem). 2. Tr. dir. Fazer sair, tirar do carril. 3. Intr. Desorientar-se, desviar-se do bom caminho.
Descartar, v. 1. Tr. dir. Rejeitar, no jogo, uma ou mais cartas que não convêm. 2. Tr. dir. Obrigar a jogar certas cartas. 3. Pron. *Fam.* Livrar-se de pessoas ou coisas incômodas.
Descarte, s. m. 1. Ato ou efeito de descartar. 2. As cartas rejeitadas no jogo. 3. *Fam.* Evasiva.
Descasar, v. 1. Tr. dir. *Fam.* Anular ou desfazer o casamento de. 2. Tr. dir. e pron. Desacasalar(-se), separar(-se) (pessoas casadas ou animais acasalados).
Descascação, s. f. V. *descascamento.*
Descascadela, s. f. 1. Repreensão. 2. Crítica violenta.
Descascador, adj. Que descasca. S. m. Máquina para descascar cereais.
Descascadura, s. f. V. *descascamento.*
Descascamento, s. m. Ação de descascar; descascação.
Descascar, v. Tr. dir. 1. Tirar a casca de. 2. Tr. dir. Repreender severamente.
Descaso, s. m. 1. Desatenção. 2. Desprezo. 3. Inadvertência.
Descativar, v. Tr. dir. Livrar do cativeiro; libertar.
Descaudado, adj. Sem cauda.
Descaudar, v. Tr. dir. Tirar a cauda a.
Descaudato, adj. V. *descaudado.*
Descaulino, adj. *Bot.* Sem caule.
Descautela, s. f. Falta de cautela.
Descavalgamento, s. m. Ação de descavalgar.
Descavalgar, v. Tr. dir. Fazer desmontar (de cima da cavalgadura).
Descavar, v. V. *escavar.*
Descaveirado, adj. V. *escaveirado.*
Descelular, v. Tr. dir. Desfazer ou tirar as células a.
Descendência, s. f. Série de pessoas que procedem de um tronco comum.
Descendente, adj. m. e f. 1. Que desce. 2. Que descende. S. m. Pessoa que descende de uma outra. S. m. pl. Os filhos, netos e demais pessoas que deles provêm.
Descender, v. 1. Tr. ind. e intr. Descer. 2. Tr. ind. Proceder, provir por geração.
Descendimento, s. m. V. *descida.*
Descensão, s. f. V. *descenso.*
Descensional, adj. m. e f. Referente a descensão.
Descenso, s. m. 1. V. *descida.* 2. *Med.* Ptose.
Descente, adj. m. e f. Que desce.
Descentralização, s. f. Ato ou efeito de descentralizar.
Descentralizar, v. 1. Tr. dir. e pron. Afastar(-se), desviar(-se) do centro. 2. Tr. dir. Retirar poderes da autoridade central.
Descentralizável, adj. m. e f. Que se pode descentralizar.
Descentrar, v. Tr. dir. *Mec.* Tirar ou desviar do centro geométrico.
Descer, v. (l. *decidere*). 1. Tr. dir. e intr. Percorrer, vir, de cima para baixo. 2. Tr. ind. Dirigir-se a um lugar mais baixo. 3. Tr. dir. Passar de cima para baixo; pôr embaixo, abaixar. 4. Tr. dir. Apear, desmontar. 5. Tr. ind. Degradar-se, rebaixar-se.
Descerebrar, v. 1. Tr. dir. Tirar o juízo a; desassisar. 2. Pron. Perder o juízo. 3. Tr. dir. *Med.* Remover o cérebro. 4. Tr. dir. *Med.* Interromper as comunicações do cérebro com os centros cerebrais que ficam abaixo.
Descerimonioso, adj. Que não é cerimonioso.
Descerrar, v. Tr. dir. 1. Abrir (o que estava cerrado). 2. Divulgar, manifestar.
Descida, s. f. 1. Ação de descer. 2. Ladeira, quando se desce. 3. Abaixamento, diminuição. 4. Decadência.
Descimento, s. m. Descida.
Descingir, v. Tr. dir. 1. Tirar aquilo que cingia ou apertava. 2. Tirar, retirar.
Desclaridade, s. f. Falta de claridade.
Desclassificação, s. f. Ação de desclassificar.
Desclassificado, adj. 1. Que não teve classificação. 2. Indigno, desprezível.
Desclassificar, v. Tr. dir. 1. Não atribuir qualificação a. 2. Eliminar participante de prova esportiva ou concurso.
Descoalhar, v. Tr. dir. e pron. Derreter(-se), fundir(-se), liquefazer(-se) (coisa coalhada).
Descoalho, s. m. Ação de descoagular.
Descoberta, s. f. 1. Ato ou efeito de descobrir. 2. Coisa que se descobriu; invento.
Descoberto, adj. 1. Que não está coberto. 2. Achado, inventado.
Descobridor, adj. e s. m. Que, ou o que faz descobertas.
Descobrimento, s. m. Ato ou efeito de descobrir(-se).
Descobrir, v. 1. Tr. dir. Tirar a cobertura (véu, chapéu etc.) a. 2. Pron. Aparecer à vista; mostrar-se. 3. Intr. Tornar-se

limpo de nuvens. 4. Pron. Tirar o chapéu. 5. Tr. dir. Avistar, encontrar com os olhos. 6. Tr. dir. Expor aos golpes do adversário. 7. Pron. *Esgr.* Desguarnecer(-se) de defesa uma parte do corpo. 8. Tr. dir. Achar ou passar a conhecer algo cuja existência era desconhecida. 9. Tr. dir. *Pop.* Inventar.

Descocado, adj. Que tem descoco.

Descocar, v. Pron. Proceder com descoco.

Descochar, v. Tr. dir. Afrouxar, bambear.

Descoco (*ô*), s. m. 1. *Fam.* Atrevimento, descaramento. 2. Disparate, insensatez.

Descodear, v. Tr. dir. Tirar a côdea a.

Descoivarar, v. Tr. dir. Limpar (um terreno) da coivara que resultou de uma queimada.

Descolagem, s. f. Ato ou efeito de descolar.

Descolar, v. 1. Tr. dir. Despegar, desunir. 2. Intr. V. *decolar.*

Descolmar, v. Tr. dir. Arrancar o colmo a.

Descoloração, s. f. Ato ou efeito de descolorar; perda de cor.

Descolorar, v. Tr. dir. 1. Alterar ou apagar a cor; descorar; desbotar. 2. Privar da cor.

Descolorir, v. 1. Tr. dir. V. *descolorar.* 2. Intr. Perder a cor.

Descomedido, adj. Sem comedimento; inconveniente.

Descomedimento, s. m. Falta de comedimento; excesso.

Descomedir, v. Pron. Não se comedir; exceder-se. Conjuga-se como *abolir.*

Descomodidade, s. f. Falta de comodidade; incômodo.

Descômodo, s. m. Descomodidade.

Descompassar, v. 1. Tr. dir. Executar sem o devido compasso. 2. Tr. dir. Tirar do compasso. 3. Tr. dir. e pron. Desviar (-se) das conveniências.

Descompasso, s. m. 1. Falta de compasso, de medida. 2. Desacordo, desarmonia.

Descomponenda, s. f. *Fam.* Descompostura, repreensão.

Descompor, v. 1. Tr. dir. Tirar a composição, o arranjo. 2. Tr. dir. e pron. Alterar(-se), transtornar(-se). 3. Tr. dir. e pron. Descobrir(-se), desnudar(-se). 4. Pron. Descomedir-se. 5. Tr. dir. Passar uma descompostura. Conjuga-se como *pôr.*

Descompostura, s. f. 1. Ato ou efeito de descompor. 2. Censura áspera, reprimenda.

Descomprazer, v. Tr. ind. e intr. Não comprazer, não satisfazer. Conjuga-se como *comprazer.*

Descompressão, s. f. Ausência de compressão.

Descomunal, adj. m. e f. 1. Fora do comum. 2. Extraordinário, enorme, excessivo.

Descomungar, v. Tr. dir. Levar a excomunhão a.

Descomunhão, s. f. Desexcomunhão.

Desconceito, s. m. 1. Mau conceito. 2. Desrespeito.

Desconceituado, adj. e s. m. Que, ou o que perdeu o bom conceito, ou reputação.

Desconceituar, v. 1. Tr. dir. Tirar o bom conceito de. 2. Pron. Perder o conceito, a reputação.

Desconcentrar, v. Tr. dir. 1. Tirar do centro. 2. Tirar da concentração.

Desconcertado, adj. 1. Descomposto, desacertado. 2. Embaraçado.

Desconcertante, adj. m. e f. Que desconcerta; desorientador.

Desconcertar, v. 1. Tr. dir. Fazer perder o concerto; desarranjar. 2. Tr. dir. Desorientar. 3. Pron. Desarticular-se. 4. Pron. Atrapalhar-se.

Desconcerto (*ê*), s. m. 1. Ato ou efeito de desconcertar(-se). 2. Desarranjo, desordem. 3. Desarmonia, dissensão. Pl.: *desconcertos* (*ê*).

Desconchavar, v. 1. Tr. dir. Desligar. 2. Tr. dir. Desencaixar. 3. Pron. Desarmonizar-se, desavir-se.

Desconchavo, s. m. Ato de desconchavar; disparate.

Desconchegar, v. Tr. dir. Separar (o que estava aconchegado).

Desconcordância, s. f. 1. Falta de concordância. 2. *Mús.* Dissonância. 3. *Gram.* Erro de concordância.

Desconcordante, adj. m. e f. 1.Que não tem concordância; discordante. 2. Incoerente, inconseqüente.

Desconcordar, v. 1. Intr. Não concordar. 2. Tr. dir. Pôr em discordância, desavir.

Desconcorde, adj. m. e f. V. *desconcordante.*

Desconcórdia, s. f. Falta de concórdia.

Descondensar, v. Tr. dir. 1. Tirar a qualidade de denso. 2. Tornar tênue. 3. Dissolver.

Desconexão, (*cs*), s. f. Falta de conexão.

Desconexo (*cs*), adj. 1. Sem conexão. 2. Incoerente.

Desconfiado, adj. 1. Que desconfia. 2. *Fam.* Que se melindra facilmente.

Desconfiança, s. f. 1. Falta de confiança. 2. Qualidade de desconfiado.

Desconfiante, adj. m. e f. Que tem desconfiança.

Desconfiar, v. 1. Tr. dir. Conjeturar, imaginar, supor. 2. Intr. Mostrar-se desconfiado.

Desconforme, adj. m. e f. 1. Não conforme. 2. Desproporcionado, enorme.

Desconformidade, s. f. 1. Falta de conformidade. 2. Desproporção.

Desconfortar, v. Tr. dir. 1. Tirar o conforto a. 2. Desconsolar.

Desconforto (*ô*), s. m. 1. Falta de conforto. 2. Desconsolo. Pl.: *desconfortos* (*ó*).

Descongelação, s. f. Ato ou efeito de descongelar(-se).

Descongelar, v. 1. Tr. dir. Liquefazer (o que estava congelado). 2. Pron. Derreter-se.

Descongestionante, adj. e s. m. e f. Que, ou medicamento que descongestiona.

Descongestionar, v. Tr. dir. 1. Livrar de congestão. 2. Desintumescer. 3. Tornar fluente o trânsito que se congestionou por acúmulo de veículos.

Desconhecedor, adj. e s. m. Que, ou aquele que desconhece ou ignora.

Desconhecer, v. 1. Tr. dir. Não conhecer; ignorar. 2. Tr. dir. Não se lembrar de; não reconhecer. 3. Tr. dir. Não reconhecer; não admitir. 4. Pron. Não reconhecer-se.

Desconhecido, adj. Não conhecido; ignorado. S. m. Pessoa desconhecida.

Desconhecimento, s. m. 1. Ato ou efeito de desconhecer. 2. Ignorância.

Desconhecível, adj. m. e f. Que não se pode conhecer.

Desconjuntar, v. 1. Tr. dir. Tirar das junturas. 2. Tr. dir. e pron. Desunir(-se), separar(-se). 3. Tr. dir. Desarticular, deslocar.

Desconjurar, v. Tr. dir. 1. V. *esconjurar.* 2. Desacatar, ofender.

Desconsagração, s. f. Ato ou efeito de desconsagrar.

Desconsagrar, v. Tr. dir. Profanar.

Desconsertar, v. 1. Tr. dir. Desfazer o conserto. 2. Tr. dir. e pron. Desfazer(-se) a boa disposição das partes; estragar (-se), quebrar(-se).

Desconsideração, s. f. 1. Falta de consideração. 2. Desatenção. 3. Desrespeito. 4. Ofensa.

Desconsiderar, v. 1. Tr. dir. Tratar sem consideração. 2. Pron. Perder a consideração dos outros. 3. Tr. dir. Não examinar convenientemente.

Desconsolação, s. f. Falta de consolação; desconsolo.

Desconsolado, adj. 1. Sem consolação; consternado. 2. *Fam.* Sem graça, insípido (pessoa ou coisa).

Desconsolar, v. 1. Tr. dir. Causar desconsolação a; afligir. 2. Pron. Entristecer-se.

Desconsolativo, adj. Que desconsola.

Desconsolável, adj. m. e f. V. *inconsolável.*

Desconsolo (*ô*), s. m. V. *desconsolação.*

Descontar, v. 1. Tr. dir. Abater, deduzir, tirar de uma conta ou quantidade. 2. Tr. dir. Abater do valor nominal (quantia igual à depreciação dos títulos ou valores descontados). 3. Intr. Fazer operação ou comércio de desconto.

Descontentadiço, adj. Que facilmente se descontenta.

Descontentamento, s. f. Falta de contentamento; desprazer.

Descontentar, v. 1. Tr. dir. e tr. ind. Tornar descontente. 2. Pron. Estar descontente.

Descontinência, s. f. V. *incontinência.*

Descontinuação, s. f. Ato ou efeito de descontinuar.

Descontinuar, v. 1. Tr. dir. Não continuar; interromper. 2. Intr. Cessar, interromper-se.

Descontinuidade (*u-i*), s. f. 1. Falta de continuidade. 2. Qualidade de descontínuo. 3. Interrupção.
Descontínuo, adj. 1. Não contínuo. 2. Interrompido.
Desconto, s. m. 1. Ato ou operação de descontar. 2. Diminuição de uma quantidade. 3. Aquilo que se abate; abatimento. 4. Ágio.
Descontratar, v. Tr. dir. Anular um contrato.
Descontrolar, v. Tr. dir. e pron. Desequilibrar(-se), desgovernar(-se).
Descontrole (*ô*), s. m. Falta de controle; desgoverno.
Desconvencer, v. Tr. dir. Despersuadir.
Desconveniência, s. f. Falta de conveniência; inconveniência.
Desconveniente, adj. m. e f. Não conveniente; inconveniente.
Desconversar, v. Intr. Deixar de conversar; fugir ao assunto da conversa.
Desconversável, adj. m. e f. Não conversável; insociável.
Desconvidar, v. Tr. dir. Revogar um convite.
Desconvir, v. Tr. ind. e intr. Não convir, não ser conveniente, não ser oportuno.
Descoordenar, v. Tr. dir. Desfazer a coordenação de.
Descorado, adj. 1. Sem cor; pálido. 2. De cor alterada.
Descoramento, s. m. Ação ou efeito de descorar.
Descorante, adj. e s. m. e f. Que, ou o que descora.
Descorar, v. 1. Tr. dir. Fazer perder a cor. 2. Intr. e pron. Perder a cor.
Descorçoar, v. V. *descoroçoar.*
Descornar, v. Tr. dir. Extrair os cornos a.
Descoroçoado, adj. 1. Sem coragem. 2. Desalentado.
Descoroçoar, v. 1. Tr. dir. Tirar a coragem ou o ânimo a. 2. Tr. ind. e intr. Perder a coragem; desanimar.
Descorolado, adj. Sem corola.
Descorrelacionar, v. Tr. dir. Tirar a correlação a.
Descortês, adj. m. e f. Falto de cortesia; grosseiro, indelicado.
Descortesia, s. f. 1. Ação descortês. 2. Grosseria, indelicadeza.
Descortiçamento, s. m. Ato ou efeito de descortiçar.
Descorticar, v. V. *decorticar.*
Descortiçar, v. Tr. dir. Extrair a cortiça a; decorticar.
Descortinar, v. 1. Tr. dir. Abrir as cortinas; patentear. 2. Tr. dir. Descobrir ao longe; avistar. 3. Tr. dir. Atinar, descobrir. 4. Tr. dir. e pron. Patentear(-se), revelar(-se).
Descortinável, adj. m. e f. Que se pode descortinar.
Descortino, s. m. 1. Ação de descortinar. 2. Perspicácia.
Descosedura, s. f. Ato ou efeito de descoser.
Descoser, v. 1. Tr. dir. e pron. Desfazer(-se) uma costura. 2. Tr. dir. Desconjuntar.
Descosido, adj. 1. Que se descoseu. 2. Sem nexo, mal concatenado. 3. Desordenado, irregular.
Descravejar, v. Tr. dir. Tirar os cravos a; desengastar.
Descrédito, s. m. 1. Diminuição ou perda de crédito. 2. Depreciação. 3. Desonra, má fama.
Descrença, s. f. Falta ou perda de crença; incredulidade.
Descrente, adj. e s. m. e f. Que, ou quem perdeu a crença; incrédulo.
Descrer, v. 1. Tr. dir. Não crer. 2. Tr. ind. e intr. Deixar de crer.
Descrever, v. (l. *describere*). Tr. dir. 1. Fazer a descrição de. 2. Contar, expor minuciosamente.
Descrição, s. f. Ato ou efeito de descrever. Cfr. *discrição.*
Descrido, adj. Descrente.
Descriminar, v. Tr. dir. Absolver de crime; inocentar, tirar a culpa a. Cfr. *discriminar.*
Descristianização, s. f. Ato ou efeito de descristianizar.
Descristianizar, v. Tr. dir. 1. Tirar as crenças cristãs a. 2. Tirar a qualidade de cristão.
Descritível, adj. m. e f. Que se pode descrever.
Descritivo, adj. 1. Que descreve. 2. Próprio para descrever. 3. Relativo a descrições.
Descruzar, v. Tr. dir. Separar o que estava cruzado.
Descuidado, adj. 1. Que não tem cuidado. 2. Desleixado, indolente.
Descuidar, v. 1. Tr. dir. Não ter cuidado com. 2. Tr. dir. Não fazer caso de. 3. Tr. ind. e pron. Não cuidar(-se).
Descuidista, s. m. e f. *Gír.* Gatuno que age aproveitando-se da distração da vítima.
Descuido, s. m. Falta de cuidado; incúria, negligência.
Descuidoso, adj. Descuidado, negligente, preguiçoso.
Desculpa, s. f. 1. Ação de desculpar ou de desculpar(-se). 2. Perdão. 3. Escusa. 4. Pretexto.
Desculpar, v. 1. Tr. dir. e pron. Justificar(-se). 2. Pron. Pedir escusa. 3. Tr. dir. Perdoar.
Desculpável, adj. m. e f. Que se pode desculpar.
Descultivar, v. Tr. dir. 1. Conservar inculto. 2. Deixar de cultivar.
Desculto, S. m. 1. Falta de culto. 2. Irreverência.
Descumprir, v. Tr. dir. Deixar de cumprir.
Descuramento, s. m. Ato ou efeito de descurar.
Descurar, v. 1. Tr. dir. Não curar de; descuidar. 2. Pron. Descuidar-se, desmazelar-se.
Desdar, v. 1. Tr. dir. Declarar que já se não dá (coisa que se tinha prometido). 2. Desatar, desfazer (um nó).
Desde, prep. (*dês + de*). A começar de, a partir de. *D. já,* loc. adv.: a partir deste momento. *D. que,* loc. conj.: uma vez que, visto que.
Desdém, s. m. 1. Ato ou efeito de desdenhar; desprezo com orgulho. 2. Altivez, arrogância.
Desdenhador, adj. e s. m. Que, ou aquele que desdenha.
Desdenhar, v. (l. *desdignare*). 1. Tr. ind. Mostrar ou ter desdém por. 2. Tr. dir. e tr. ind. Desprezar como indigno de si.
Desdenhativo, adj. Que envolve desdém; desdenhoso.
Desdenhável, adj. m. e f. Que merece desdém.
Desdenhoso, adj. 1. Em que há desdém. 2. Altivo, soberbo.
Desdentada, adj. 1. Sem dentes. 2. *Zool.* Relativo aos Desdentados. S. m. pl. *Zool.* Ordem (*Edentata*) de mamíferos na qual se incluem as preguiças, os tatus e os tamanduás, animais sem dentes.
Desdentar, v. 1. Tr. dir. Tirar os dentes a. 2. Pron. Perder os dentes.
Desdita, s. f. Falta de dita; desgraça, desventura.
Desditado, adj. V. *desditoso.*
Desditoso, adj. Que tem desdita; infeliz.
Desdizer, v. 1. Tr. dir. Contradizer alguém no que afirma; desmentir. 2. Intr. e pron. Negar o que havia dito; retratar-se.
Desdobramento, s. m. Ato ou efeito de desdobrar(-se).
Desdobrar, v. 1. Tr. dir. e pron. Abrir(-se) ou estender(-se) (o que estava dobrado). 2. Tr. dir. e pron. Estender(-se). 3. Tr. dir. Dar maior atividade ou intensidade a. 4. Pron. Desenvolver-se, tomar incremento.
Desdobrável, adj. m. e f. Que pode ser desdobrado.
Desdobre, s. m. Ação de desdobrar.
Desdobro (*ô*), s. m. Corte das toras para formar pranchões, tábuas, vigas; desdobramento, desdobre. Pl.: *desdobros* (*ô*).
Desdourar, v. 1. Tr. dir. Tirar o dourado a. 2. Pron. Perder a douradura. 3. Tr. dir. e pron. Desacreditar(-se), manchar (-se).
Desdouro, s. m. 1. Ato ou efeito de desdourar(-se). 2. Deslustre (na reputação). Var.: *desdoiro.*
Desedificação, s. f. Ação ou efeito de desedificar.
Desedificar, v. Tr. dir. 1. *Teol.* Dar maus exemplos a. 2. Desviar da crença religiosa ou da moral.
Deseducação, s. f. Falta ou perda de educação.
Deseducar, v. Tr. dir. Estragar a educação de.
Desejador, adj. e s. m. Que, ou quem deseja; cobiçoso.
Desejar, v. 1. Tr. dir. Ter desejo de; ambicionar, apetecer. 2. Tr. dir. Exprimir o desejo de: Ao despedir-se, *desejou-lhe* boa *viagem.* 3. Tr. dir. Ter empenho em. 4. Tr. dir. Cobiçar.
Desejável, adj. m. e f. Digno de se desejar.
Desejo (*ê*), s. m. (b. l. *desidiu*). 1. Ato ou efeito de desejar. 2. O que se deseja. 3. Anseio. 4. Cobiça. 5. Apetite carnal.
Desejoso, adj. Que tem desejo.
Deselegância, s. f. 1. Falta de elegância. 2. Incorreção.
Deselegante, adj. m. e f. 1. Sem elegância. 2. Desairoso; incorreto. 3. Desajeitado.

Desemaçar, v. Tr. dir. Separar (o que estava reunido em maço).
Desemadeirar, v. Tr. dir. Tirar o madeiramento a.
Desemalar, v. Tr. dir. Tirar da mala.
Desemalhar, v. Tr. dir. Tirar das malhas da rede.
Desemaranhar, v. Tr. dir. 1. Desembaraçar, desenredar (o que estava emaranhado). 2. Tr. dir. Desfazer (o enredo); esclarecer (um mistério).
Desembaciar, v. Tr. dir. Limpar (o que estava embaciado).
Desembainhar, v. Tr. dir. 1. Tirar da bainha. 2. Descoser (a bainha da costura).
Desembalagem, s. f. (*des + embalagem*). Ato ou efeito de desembalar.
Desembalar, v. Tr. dir. Tirar da embalagem.
Desembandeirar, v. Tr. dir. Tirar a(s) bandeira(s) de.
Desembaraçado, adj. 1. Livre de embaraços. 2. Ativo.
Desembaraçar, v. 1. Tr. dir. e pron. Livrar(-se) de embaraço. 2. Tr. dir. Desemaranhar, desenredar. 3. Tr. dir. e pron. Tornar(-se) expedito.
Desembaraço, s. m. 1. Ato ou efeito de desembaraçar(-se). 2. Agilidade, presteza. 3. Desenvoltura.
Desembaralhar, v. Tr. dir. 1. Pôr em ordem (o que estava embaralhado). 2. Desembaraçar.
Desembarcar, v. 1. Tr. ind. e intr. Sair de uma embarcação, ou outro meio de transporte. 2. Tr. dir. Tirar de uma embarcação. 3. Tr. dir. Pôr em terra.
Desembargador, s. m. Juiz do Tribunal de Justiça, ou de Apelação.
Desembargar, v. Tr. dir. 1. *Dir.* Tirar o embargo a. 2. Desembaraçar.
Desembargo, s. m. 1. Ato ou efeito de desembargar. 2. *Dir.* Levantamento de embargo.
Desembarque, s. m. Ação de desembarcar.
Desembarrigar, v. Tr. dir. Fazer desaparecer a barriga.
Desembarrilar, v. Tr. dir. 1. Tirar do barril. 2. Desenganar.
Desembaular (*a-u*). v. Tr. dir. Tirar do baú.
Desembestada, s. f. Corrida insofreável do animal.
Desembestado, adj. 1. Desenfreado. 2. Devasso.
Desembestamento, s. m. Ato ou efeito de desembestar.
Desembestar, v. 1. Tr. dir. Atirar como com besta. 2. Tr. dir. Proferir com violência. 3. Intr. Arremessar-se com ímpeto; correr desenfreadamente.
Desembezerrar, v. Tr. dir, intr. e pron. *Pop.* Desamuar(-se).
Desembirrar, v. 1. Tr. dir. Tirar a birra a. 2. Intr. Deixar de estar embirrado.
Desembocadura, s. f. 1. Ação de desembocar. 2. Lugar onde um rio desemboca; embocadura; foz.
Desembocar, v. 1. Tr. ind. e intr. Sair fora de. 2. Tr. ind. Desaguar. 3. Tr. ind. Ir ter, terminar.
Desembolar, v. 1. Tr. dir. Tirar as bolas a (touro). 2. Pron. Desemaranhar-se.
Desembolsar, v. 1. Tr. dir. Tirar da bolsa. 2. Tr. dir. Gastar.
Desembolso (*ô*), s. m. 1. Ato ou efeito de desembolsar. 2. Quantia que se desembolsou ou gastou.
Desemborcar, v. Tr. dir. Voltar (para cima) o que estava emborcado.
Desemboscar, v. Tr. dir. Fazer sair do bosque ou da emboscada.
Desembotar, v. Tr. dir. Tornar cortante (o que estava embotado); afiar.
Desembraçar, v. Tr. dir. Largar (o que estava embraçado).
Desembramar, v. Tr. dir. Desenroscar, desenovelar.
Desembravecer, v. 1. Tr. dir. Tirar a braveza a. 2. Intr. e pron. Perder a braveza; tornar-se manso.
Desembrear[1], v. (*des + embrear*). Tr. dir. Limpar do breu, do alcatrão.
Desembrear[2], v. (fr. *désembrayer*). Tr. dir. Soltar a embreagem de (o veículo).
Desembrenhar, v. 1. Pron. Sair das brenhas. 2. Tr. dir. Fazer sair das brenhas.
Desembrulhar, v. Tr. dir. 1. Tirar de embrulho. 2. Desdobrar (o que estava embrulhado). 3. *Fam.* Aclarar, esclarecer.
Desembrulho, s. m. Ato ou efeito de desembrulhar.
Desembruscar, v. Tr. dir. Tornar limpo ou claro; desanuviar.
Desembrutecer, v. Tr. dir. Tirar a bruteza a.
Desembuçar, v. Tr. dir. Tirar o embuço a.
Desembuchar, v. Tr. dir. 1. Tirar o que embucha. 2. Expandir, expor com franqueza (o que se pensa).
Desemburrar, v. *Fam.* 1. Tr. dir. Instruir (dando as primeiras noções). 2. Tr. dir. e pron. Instruir(-se), polir(-se). 3. Pron. Desamuar(-se).
Desempacar, v. Tr. dir. Desemperrar (a cavalgadura).
Desempachar, v. 1. Tr. dir. Livrar de empacho. 2. Tr. dir. e pron. Desembaraçar(-se), expedir(-se).
Desempacho, s. m. Ato ou efeito de desempachar.
Desempacotamento, s. m. Ato ou efeito de desempacotar.
Desempacotar, v. Tr. dir. Tirar do pacote; desembrulhar.
Desempalhar, v. Tr. dir. 1. Tirar da palha. 2. Tirar a palha a.
Desempapelar, v. Tr. dir. 1. Tirar do papel ou de papéis; desembrulhar. 2. Tirar o papel de.
Desemparedar, v. Tr. dir. Libertar (o que estava emparedado).
Desemparelhar, v. Tr. dir. Separar (o que estava emparelhado).
Desempastar, v. Tr. dir. Desmanchar (o que estava empastado).
Desempatador, adj. Que desempata. S. m. 1. O que desempata. 2. Sobreárbitro.
Desempatar, v. 1. Tr. dir. Tirar o empate a; decidir o que estava empatado. 2. Tr. dir. e pron. Resolver(-se).
Desempate, s. m. Ato ou efeito de desempatar.
Desempeçar, v. Tr. dir. e pron. Desenredar(-se), desimpedir (-se), livrar(-se).
Desempedernir, v. Tr. dir. 1. Amolecer (o que estava empedernido). 2. Abrandar, enternecer. Conjuga-se como *adir*.
Desempedrar, v. Tr. dir. Tirar as pedras de (praça, rua).
Desempenadeira, s. f. *Carp.* Máquina para aplainar a face das tábuas.
Desempenado, adj. 1. Que não está empenado; direito. 2. Esbelto, galhardo.
Desempenar, v. 1. Tr. dir. Tirar o empeno a. 2. Pron. Perder o empeno; endireitar-se.
Desempenhar, v. 1. Tr. dir. Resgatar (o que se dera como penhor). 2. Tr. dir. Cumprir. 3. Pron. Cumprir as suas obrigações. 4. Tr. dir. Exercer.
Desempenho, s. m. 1. Ato ou efeito de desempenhar. 2. Qualidade de interpretação de um artista. 3. Atuação de motor, máquina ou veículo.
Desempeno, s. m. Ato ou efeito de desempenar(-se).
Desemperramento, s. m. Ato ou efeito de desemperrar(-se).
Desemperrar, v. Tr. dir. 1. Tornar lasso (o que estava perro). 2. Tirar a perrice ou a teima a.
Desemperro (*ê*), s. m. V. *desemperramento.*
Desempestar, v. Tr. dir. 1. Livrar da peste. 2. V. *desinfeccionar.*
Desempilhar, v. Tr. dir. Desarrumar, tirar dos seus lugares (o que estava empilhado).
Desemplastrar, v. Tr. dir. Tirar o emplastro de.
Desemplastro, s. m. Ação de desemplastrar.
Desemplumar, v. Tr. dir. Tirar as plumas ou penas a; depenar.
Desempoado, adj. 1. Limpo de pó. 2. Lhano, tratável.
Desempoar, v. 1. Tr. dir. Tirar o pó a. 2. Tr. dir. Fazer perder os preconceitos. 3. Pron. Perder os preconceitos.
Desempolar, v. 1. Tr. dir. Tirar as empolas a. 2. Intr. Desfazerem-se as empolas a. 3. Tr. dir. Alisar, aplanar.
Desempoleirar, v. Tr. dir. 1. Tirar do poleiro. 2. *Pop.* Fazer descer de posição elevada.
Desempolgadura, s. f. Ação de desempolgar.
Desempolgar, v. Tr. dir. Largar das garras ou mãos.
Desempossar, v. Tr. dir. Desapossar.
Desempregado, adj. e s. m. Que, ou o que está sem emprego.
Desempregar, v. Tr. dir. Demitir do emprego; exonerar.
Desemprego, s. m. Falta de emprego.
Desemproar, v. Tr. dir. Abater a proa ou orgulho de.
Desencabar, v. 1. Tr. dir. Tirar do cabo. 2. Pron. Soltar-se do cabo.

Desencabeçar, v. Tr. dir. 1. *Fam.* Tirar da cabeça de; dissuadir. 2. Desencaminhar, transviar.
Desencabrestar, v. 1. Tr. dir. Tirar do cabresto. 2. Pron. Soltar-se do cabresto. 3. Tr. dir. e pron. Tornar(-se) desenfreado.
Desencadear, v. 1. Tr. dir. e pron. Desatar(-se), soltar(-se) (o que estava encadeado). 2. Tr. dir. e pron. Desligar(-se), desunir(-se). 3. Tr. dir. e pron. Excitar(-se), sublevar(-se) (a cólera, as paixões, o flagelo). 4. Pron. Começar impetuosa e violentamente; rebentar.
Desencadernação, s. f. Ação de desencadernar.
Desencadernado, adj. 1. Não encadernado. 2. Desconexo, destrambelhado. 3. Imoderado.
Desencadernar, v. Tr. dir. 1. Tirar a encadernação a. 2. Tirar fora das junturas.
Desencaiporar, v. 1. Intr. Perder o caiporismo. 2. Tr. dir. Fazer cessar a má sorte de.
Desencaixadura, s. f. V. *desencaixamento.*
Desencaixamento, s. m. Ato ou efeito de desencaixar; desencaixe, desencaixadura.
Desencaixar, v. 1. Tr. dir. Tirar do encaixe. 2. Tr. dir. Descolocar. 3. Tr. dir. Investir (dinheiro que estava em caixa). 4. Pron. Sair do encaixe. 5. Pron. Desconjuntar-se.
Desencaixe, s. m. V. *desencaixamento.*
Desencaixilhar, v. Tr. dir. Tirar do caixilho.
Desencaixotamento, s. m. Ação de desencaixotar.
Desencaixotar, v. Tr. dir. Tirar de caixote ou de caixa.
Desencalacração, s. f. Ação de desencalacrar(-se).
Desencalacrar, v. 1. Tr. dir. Livrar de apuros 2. Pron. Livrar-se de dificuldades financeiras.
Desencalhar, v. 1. Tr. dir. *Náut.* Tirar do encalhe (uma embarcação). 2. Intr. Sair do encalhe.
Desencalhe, s. m. Ato ou efeito de desencalhar.
Desencalmar, v. 1. Tr. dir. Tirar a calma a; refrescar. 2. Pron. Diminuir de calor. 3. Tr. dir. e pron. Tranqüilizar(-se).
Desencaminhador, adj. e s. m. Que, ou o que desencaminha.
Desencaminhamento, s. m. Ato ou efeito de desencaminhar (-se).
Desencaminhar, v. 1. Tr. dir. e pron. Desviar(-se) do verdadeiro caminho. 2. Tr. dir. Atrair para o mal; corromper. 3. Pron. Corromper-se, perverter-se. 4. Tr. dir. Perder, extraviar.
Desencanar, v. Tr. dir. Tirar ou desviar do cano.
Desencantação, s. f. Desencantamento.
Desencantador, adj. e s. m. Que, ou o que desencanta.
Desencantamento, s. m. Ato ou efeito de desencantar(-se); desencanto, desencantação.
Desencantar, v. 1. Tr. dir. Tirar o encanto ou encantamento de.
Desencanto, s. m. V. *desencantamento.*
Desencantoar, v. Tr. dir. 1. Tirar do canto. 2. Tirar do isolamento ou da inércia.
Desencapar, v. Tr. dir. Tirar a capa de.
Desencapotar, v. 1. Tr. dir. Tirar o capote a. 2. Tr. dir. e pron. Descobrir(-se), patentear(-se).
Desencaracolar, v. Tr. dir. Desenrolar, desfazer, desmanchar (caracóis ou anéis de cabelo).
Desencarapelar, v. Tr. dir. Desencrespar.
Desencarapinhar, v. Tr. dir. Desfazer a carapinha.
Desencarcerar, v. Tr. dir. Tirar do cárcere; soltar.
Desencardimento, s. m. 1. Ação de desencardir. 2. Limpeza. 3. Expurgação.
Desencardir, v. Tr. dir. 1. Lavar o que estava encardido. 2. Branquear, clarear (a roupa).
Desencarecer, v. Tr. dir. Depreciar, rebaixar.
Desencarnação, s. f. Ato ou efeito de desencarnar.
Desencarnar, v. Intr. Deixar a carne; passar para o mundo espiritual; morrer.
Desencarquilhar, v. Tr. dir. Tirar as rugas ou pregas a.
Desencarrancar, v. Tr. dir. Desfazer a carranca de.
Desencarregar, v. Tr. dir. Livrar do encargo; desobrigar.
Desencarreirar, v. V. *desencaminhar.*
Desencartar, v. Tr. dir. 1. Tirar o encarte a. 2. Destituir de emprego em que está encartado.
Desencasquetar, v. Tr. dir. 1. *Fam.* Tirar da cabeça (a mania ou teima); dissuadir. 2. Despreocupar.
Desencastelar, v. Tr. dir. 1. Desalojar do castelo. 2. Desfazer (o que estava encastelado ou empilhado).
Desencastoar, v. Tr. dir. 1. Tirar o castão a. 2. Desengastar.
Desencatarroar, v. Tr. dir. e pron. Curar(-se) do catarro.
Desencavar, v. Tr. dir. 1. Escavar. 2. Descobrir.
Desencerrar, v. 1. Tr. dir. e pron. Libertar(-se) do encerro. 2. Pron. Sair da clausura ou prisão. 3. Tr. dir. Abrir, descerrar.
Desencharcar, v. Tr. dir. 1. Tirar do charco. 2. Enxugar.
Desencilhar, v. Tr. dir. Tirar a cilha ou arreios a; desarrear.
Desenclaustrar, v. Tr. dir. Tirar do claustro.
Desenclavinhar, v. Tr. dir. Desimpedir ou destravar (o que estava enclavinhado).
Desencoivarar, v. Tr. dir. Limpar de coivaras.
Desencolher, v. 1. Tr. dir. Estender (o que está encolhido). 2. Pron. Retomar as dimensões anteriores.
Desencomendar, v. Tr. dir. Desistir de uma encomenda que se fez.
Desenconchar, v. 1. Tr. dir. Tirar da concha. 2. Tr. dir. Soltar, libertar. 3. Pron. Sair de lugar oculto.
Desencontrar, v. 1. Tr. dir. Fazer com que duas ou mais pessoas ou coisas não se encontrem. 2. Pron. Seguir direções contrárias. 3. Intr. e pron. Ser incompatível; discordar.
Desencontro, s. m. Ato ou efeito de desencontrar(-se).
Desencorajar, v. Tr. dir. Tirar a coragem a.
Desencordoar, v. Tr. dir. Tirar as cordas a.
Desencorpar, v. Fazer diminuir em corpo ou volume.
Desencorrear, v. Tr. dir. Soltar (o que estava atado com correia).
Desencoscorar, v. Tr. dir. 1. Desencrespar, desenrugar. 2. Tirar o coscoro ou a crosta a.
Desencostar, v. Tr. dir. Desviar ou afastar do encosto.
Desencovador, adj. e s. m. Que, ou aquele que desencova.
Desencovar, v. Tr. dir. 1. Tirar ou fazer sair da cova. 2. Descobrir (o que estava escondido).
Desencravar, v. Tr. dir. 1. Tirar o que estava encravado. 2. Tirar um cravo ou prego. 3. Tirar de apuros.
Desencrencar, v. Tr. dir. Desfazer encrenca de.
Desencrespar, v. 1. Tr. dir. Tirar o encrespado de; alisar. 2. Pron. Alisar-se, desencaracolar-se. 3. Pron. Desanuviar-se, desenrugar-se.
Desencruzar, v. Tr. dir. V. *descruzar.*
Desencurralar, v. Tr. dir. 1. Soltar do curral (o gado). 2. Soltar. 3. Desencantoar. 4. Desalojar.
Desencurvar, v. Tr. dir. Desfazer a curva ou a curvatura de.
Desendemoninhar, v. Tr. dir. 1. Tirar o demônio do corpo de. 2. Desencolerizar.
Desendeusar, v. Tr. dir. 1. Não reconhecer o caráter divino de. 2. Negar culto a, recusar adoração a.
Desendividar, v. 1. Tr. dir. Pagar a dívida de. 2. Pron. Desobrigar-se, desonerar-se.
Desenegrecer, v. Tr. dir. Tirar o negrume de; branquear, clarear.
Desenervação, s. f. Ato ou efeito de desenervar.
Desenervar, v. Tr. dir. 1. Tirar a enervação a. 2. Tonificar.
Desenevoar, v. Tr. dir. 1. Limpar de névoas. 2. Aclarar. 3. Alegrar.
Desenfadadiço, adj. Próprio para desenfadar.
Desenfadamento, s. m. V. *desenfado.*
Desenfadar, v. 1. Tr. dir. Tirar o enfado a. 2. Pron. Divertir-se.
Desenfado, s. m. 1. Alívio do enfado. 2. Divertimento, passatempo, recreação.
Desenfaixar, v. Tr. dir. Tirar as faixas a.
Desenfardar, v. Tr. dir. Tirar do fardo; desembalar.
Desenfarpelar, v. Tr. dir. *Pop.* Tirar a farpela a.
Desenfastiadiço, adj. Que serve para desenfastiar.
Desenfastiar, v. 1. Tr. dir. Tirar o fastio a, despertar o apetite de. 2. Tr. dir. Alegrar, distrair. 3. Pron. Desenfadar-se.

Desenfastioso, adj. Desenfastiadiço.

Desenfeitar, v. Tr. dir. e pron. Tirar os enfeites a; desadornar (-se), desataviar(-se).

Desenfeitiçar, v. 1. Tr. dir. Livrar de feitiço; desencantar. 2. Pron. Livrar-se de uma paixão amorosa.

Desenfeixar, v. Tr. dir. 1. Tirar do feixe. 2. Desmanchar (o que estava enfeixado). 3. Desunir.

Desenferrujar, v. 1. Tr. dir. Limpar da ferrugem. 2. Tr. dir. Dar exercício a; desentorpecer.

Desenfezar, v. Tr. dir. 1. Privar das fezes. 2. Tirar o enfezamento de. 3. Desencolerizar.

Desenfiar, v. 1. Tr. dir. Tirar do fio (o que estava enfiado). 2. Pron. Sair, soltar-se (o que estava enfiado).

Desenfornar, v. Tr. dir. Tirar do forno.

Desenfrascar, v. Tr. dir. Tirar do frasco(s).

Desenfreado, adj. 1. Que está sem freio. 2. Alvoroçado, exaltado. 3. Descomedido.

Desenfreamento, s. m. Ato ou efeito de desenfrear(-se); desenfreio.

Desenfrear, v. 1. Tr. dir. Tirar o freio a. 2. Tr. dir. Dar largas a. 3. Pron. Soltar(-se) com ímpeto. 4. Pron. Descomedir-se, exceder-se. 5. Pron. Entregar-se à devassidão.

Desenfreio, s. m. V. *desenfreamento.*

Desenfronhar, v. Tr. dir. 1. Tirar da fronha. 2. Esclarecer, revelar.

Desenfurnar, v. Tr. dir. 1. Tirar das furnas. 2. *Náut.* Tirar os mastros do navio do seu lugar.

Desengaiolar, v. Tr. dir. 1. Tirar da gaiola. 2. Pôr em liberdade; soltar.

Desengajar, v. Tr. dir. 1. Anular o que estava engajado, desfazer o engajamento. 2. Descontratar.

Desenganado, adj. 1. Desiludido. 2. Que não tem cura.

Desenganador, adj. e s. m. Que, ou o que desengana, ou desilude.

Desenganar, v. 1. Tr. dir. Tirar do engano. 2. Tr. dir. e pron. Desiludir(-se). 3. Tr. dir. Tirar as esperanças de salvação de.

Desenganchar, v. Tr. dir. Soltar (o que estava enganchado).

Desengano, s. m. 1. Ação ou efeito de desenganar. 2. Franqueza. 3. Desilusão.

Desengarrafar, v. Tr. dir. Tirar da garrafa.

Desengasgar, v. Tr. dir. Tirar o engasgamento a.

Desengasgo, s. m. V. *desengasgue.*

Desengasgue, s. m. Ato ou efeito de desengasgar.

Desengastar, v. Tr. dir. Tirar do engaste.

Desengatar, v. Tr. dir. Soltar do engate; desatrelar.

Desengate, s. m. Ato ou efeito de desengatar.

Desengatilhar, v. Tr. dir. 1. Desarmar mecanismo que estava engatilhado. 2. Desfechar, disparar.

Desengenhoso, adj. 1. Falto de engenho. 2. Desajeitado.

Desenglobar, v. Tr. dir. Separar (o que estava englobado).

Desengodar, v. Tr. dir. 1. Tirar o engodo a. 2. Desenganar, desiludir.

Desengomar, v. Tr. dir. Tirar a goma de.

Desengonçado, adj. 1. Tirado dos engonços. 2. Sem aprumo; desconjuntado.

Desengonçar, v. 1. Tr. dir. Tirar dos engonços. 2. Pron. Sair dos gonzos; desconjuntar-se. 3. Pron. Andar como se estivesse desconjuntado.

Desengonço, s. m. Ato ou efeito de desengonçar(-se).

Desengordurar, v. Tr. dir. Tirar a gordura ou as manchas de gordura a.

Desengranzar, v. Tr. dir. Soltar o que estava engranzado.

Desengraxar, v. Tr. dir. Tirar a graxa ou o lustre de.

Desengrazar, v. V. *desengranzar.*

Desengrimpar, v. Pron. 1. Descer de onde estava engrimpado. 2. Abater-se, humilhar-se.

Desengrinaldar, v. Tr. dir. e pron. Desadornar(-se), desguarnecer(-se) de grinaldas.

Desengrossar, v. 1. Tr. dir. e pron. Tornar(-se) menos grosso. 2. Tr. dir. Desbastar. 3. Intr. Desinchar.

Desenguiçar, v. 1. Tr. dir. Tirar o enguiço a. 2. Pron. Livrar-se de enguiço.

Desengulhar, v. Tr. dir. Fazer passar o engulho a; desenjoar.

Desenhador, s. m. Desenhista.

Desenhar, v. (l. *designare*). 1. Tr. dir. Fazer o desenho de. 2. Intr. Traçar desenhos. 3. Pron. Ressair, ressaltar, destacar-se.

Desenhista, s. m. e f. Pessoa que exerce a arte de desenhar; desenhador.

Desenho, s. m. (l. *designu*). 1. Arte de representar objetos por meio de linhas e sombras. 2. Objeto desenhado. 3. Delineação dos contornos das figuras.

Desenjoar, v. 1. Tr. dir. Tirar o enjôo a. 2. Pron. Ficar livre do enjôo.

Desenjoativo, adj. Que desenjoa.

Desenlaçamento, s. m. Ato ou efeito de desenlaçar; desenlace.

Desenlaçar, v. 1. Tr. dir. Desfazer o laço ou as laçadas de. 2. Pron. Soltar-se do laço. 3. Tr. dir. Dar desfecho a.

Desenlace, s. m. 1. Desenlaçamento. 2. Desfecho, epílogo. 3. Solução. 4. Falecimento.

Desenleado, adj. 1. Que se desenleou; solto. 2. Franco, despachado. 3. Hábil no fazer.

Desenlear, v. 1. Tr. dir. Desfazer o enleio a. 2. Pron. Livrar-se de enleios. 3. Tr. dir. Desprender, soltar (o que está enleado). 4. Tr. dir. Desemaranhar, desenredar. 5. Tr. dir. e pron. Desembaraçar(-se).

Desenleio, s. m. Ato ou efeito de desenlear(-se).

Desenodoar, v. Tr. dir. Tirar as nódoas a; limpar.

Desenojar, v. V. *desanojar.*

Desenovelar, v. 1. Tr. dir. e pron. Desenrolar(-se) (o que está enovelado). 2. Tr. dir. Achar ou seguir (o fio de uma história, intriga etc.).

Desenquadrar, v. Tr. dir. Tirar de quadro ou de moldura.

Desenraizar, v. V. *desarraigar.* — Conjuga-se e grafa-se como *enraizar.*

Desenramar, v. Tr. dir. Tirar os ramos a; desramar.

Desenrascar, v. Tr. dir. e pron. Livrar(-se) de embaraços.

Desenredar, v. 1. Tr. dir. Desfazer o enredo de. 2. Pron. Desenlaçar-se, soltar-se. 3. Tr. dir. Descobrir, esclarecer.

Desenredo (*ê*), s. m. Ato ou efeito de desenredar. 2. Desenlace, desfecho. Pl. *desenredos* (*ê*).

Desenregelar, v. Tr. dir. 1. Desgelar. 2. Aquecer.

Desenriçar, v. Tr. dir. 1. Alisar o que estava enriçado; desencrespar. 2. Desemaranhar, desenredar.

Desenrijar, v. 1. Tr. dir. Tirar a rijeza a. 2. Pron. Tornar(-se) brando ou mole.

Desenristar, v. Tr. dir. *Mil.* Tirar (a lança) do riste.

Desenrodilhar, v. Tr. dir. Estender (o que estava enrodilhado).

Desenrolamento, s. m. Ato ou efeito de desenrolar(-se).

Desenrolar, v. 1. Tr. dir. Estender (o que estava enrolado). 2. Pron. Desdobrar-se, desenroscar-se. 3. Pron. Realizar-se, passar-se, suceder.

Desenroscar, v. 1. Tr. dir. Desenrolar (o que estava enroscado). 2. Pron. Estender-se.

Desenroupar, v. Tr. dir. 1. Tirar a roupa a. 2. Despir.

Desenrugar, v. Tr. dir. Desfazer as rugas de; alisar.

Desensaboar, v. Tr. dir. Tirar o sabão a.

Desensacar, v. Tr. dir. Tirar do saco.

Desensarilhar, v. Tr. dir. Separar (o que está ensarilhado).

Desensinar, v. Tr. dir. Fazer desaprender.

Desensino, s. m. Ação ou efeito de desensinar.

Desensoberbecer, v. Tr. dir. 1. Tirar a soberba a. 2. Humilhar.

Desensombrar, v. Tr. dir. 1. Tirar o que fazia sombra a. 2. Desenevoar.

Desensopar, v. Tr. dir. Enxugar, secar.

Desentabuar, v. Tr. dir. Tirar as tábuas de.

Desentaipar, v. Tr. dir. 1. Tirar de entre as taipas. 2. Desembaraçar, libertar.

Desentalar, v. 1. Tr. dir. Tirar das talas. 2. Tr. dir. e pron. Livrar(-se) de dificuldades.

Desentarraxar, v. Tr. dir. Tirar a tarraxa a; desatarraxar.

Desentediar, v. Tr. dir. 1. Tirar o tédio a. 2. Desenjoar.

Desentender, v. 1. Tr. dir. Não entender. 2. Intr. Fingir que não entende. 3. Pron. Não se entender mutuamente.

Desentendido, adj. e s. m. Que, ou aquele que não entende.

Desentendimento, s. m. 1. Falta de entendimento; desinteligência. 2. Estupidez, inépcia.
Desentenebrecer, v. Tr. dir. 1. Dissipar as trevas de; tornar menos escuro. 2. Aclarar. esclarecer.
Desenterrado, adj. Que se desenterrou; exumado.
Desenterramento, s. m. Ato ou efeito de desenterrar.
Desenterrar, v. Tr. dir. 1. Tirar da terra. 2. Exumar. 3. Descobrir, patentear.
Desenterroar, v. Tr. dir. Desfazer os terrões; esterroar.
Desentesar, v. Tr. dir. Fazer perder a tesura; tornar lasso.
Desentesourar, v. Tr. dir. 1. Tirar do tesouro. 2. Desentranhar.
Desentibiar, v. Tr. dir. Tirar a tibieza a.
Desentoação, s. f. Ato ou efeito de desentoar(-se).
Desentoado, adj. Desafinado; dissonante.
Desentoar, v. 1. Tr. dir. Cantar desafinando. 2. Intr. e pron. Fazer ou dizer inconveniências; exceder-se.
Desentocar, v. 1. Tr. dir. Tirar da toca. 2. Pron. Sair da toca.
Desentolher, v. Tr. dir. Tirar o tolhimento de.
Desentonar, v. Tr. dir. Abater o entono a; humilhar.
Desentorpecer, v. 1. Tr. dir. Tirar o torpor a. 2. Pron. Readquirir o vigor.
Desentortar, v. Tr. dir. Tirar a qualidade de torto a; endireitar.
Desentrançar, v. Tr. dir. 1. Desfazer a trança; destrançar. 2. Desmanchar (o que está entrançado).
Desentranhar, v. 1. Tr. dir. Arrancar as entranhas a; estripar. 2. Tr. dir. e ind. Tirar de lugar oculto.
Desentravar, v. Tr. dir. Tirar os entraves de; destravar.
Desentrincheirar, v. Tr. dir. 1. Fazer sair das trincheiras. 2. Desalojar.
Desentristecer, v. Tr. dir. Tirar a tristeza a; alegrar.
Desentronizar, v. V. *destronar.*
Desentulhador, adj. e s. m. Que, ou o que desentulha.
Desentulhar, v. Tr. dir. 1. Tirar o entulho a. 2. Desobstruir.
Desentulho, s. m. 1. Ação ou efeito de desentulhar. 2. O entulho tirado de algum lugar.
Desentupimento, s. m. Ato ou efeito de desentupir.
Desentupir, v. 1. Tr. dir. Abrir, desimpedir (o que estava entupido). 2. Tr. dir. e pron. Desobstruir(-se). Conjuga-se como *entupir.*
Desenturvar, v. Tr. dir. Tirar a enturvação a.
Desenvasilhar, v. Tr. dir. Tirar da vasilha.
Desenvencilhar, v. V. *desvencilhar.*
Desenvenenar, v. Tr. dir. Destruir os efeitos do veneno em.
Desenvergar, v. Tr. dir. 1. *Náut.* Tirar (a vela) da verga. 2. Tirar a curvatura; endireitar.
Desenvernizar, v. Tr. dir. Tirar o verniz de.
Desenviesar, v. Tr. dir. Tirar o viés a.
Desenvolto, adj. 1. Desembaraçado. 2. Libertino, impudico.
Desenvoltura, s. f. Qualidade de desenvolto.
Desenvolução, s. f. V. *desenvolvimento.*
Desenvolver, v. 1. Tr. dir. Tirar do invólucro; desenrolar. 2. Tr. dir. Fazer crescer ou medrar. 3. Pron. Crescer. 4. Tr. dir. Adiantar, fazer progredir. 5. Tr. dir. Expor extensa ou minuciosamente. 6. Pron. Passar-se. 7. Tr. dir. Gerar, produzir: Este motor *desenvolve 80 c.v.*
Desenvolvido, adj. 1. Aumentado. 2. Crescido. 3. Adiantado.
Desenvolvimento, s. m. 1. Ato ou efeito de desenvolver. 2. Crescimento, adiantamento.
Desenxabido, adj. 1. Sem sabor; insipido. 2. Sem graça.
Desenxabir, v. Tr. dir. Tornar desenxabido.
Desenxamear, v. Tr. dir. Dissipar (o que enxameava).
Desenxarciar, v. Tr. dir. *Náut.* Tirar as enxárcias a.
Desenxoframento, s. m. Ato de desenxofrar.
Desenxofrar, v. Tr. dir. 1. Extrair o enxofre a. 2. Limpar do enxofre.
Desenxovalhado, adj. 1. Que se desenxovalhou; asseado, limpo. 2. Desafrontado, reabilitado.
Desenxovalhar, v. Tr. dir. 1. Tornar asseado; limpar, lavar. 2. Desafrontar.
Desenxovalho, s. m. Ato ou efeito de desenxovalhar.
Desequilibrar, v. 1. Tr. dir. Desfazer o equilíbrio de. 2. Pron. Perder o equilíbrio.
Desequilíbrio, s. m. 1. Ausência de equilíbrio. 2. *Psicol.* Instabilidade mental.
Deserção, s. f. (l. *desertione*). Ato ou efeito de desertar.
Deserdação, s. f. Ato ou efeito de deserdar.
Deserdado, adj. 1. Privado da herança. 2. Não dotado.
Deserdar, v. Tr. dir. Excluir da herança ou sucessão.
Desertar, v. 1. Tr. dir. Tornar deserto; despovoar. 2. Tr. dir. Abandonar, deixar, desistir de. 3. Tr. ind. e intr. *Mil.* Deixar o serviço militar sem licença. 4. Tr. ind. e intr. Fugir, retirar-se.
Deserto, adj. Desabitado, despovoado.
Desertor, s. m. 1. *Mil.* O incorporado que se afasta do serviço militar, sem a devida autorização. 2. Trânsfuga.
Desesperação, s. f. V *desespero.*
Desesperado, adj. 1. Que perdeu a esperança. 2. Entregue ao desespero. 3. Encarniçado, renhido. 4. Arrebatado, precipitado.
Desesperador, adj. e s. m. Que, ou o que faz desesperar.
Desesperança, s. f. Falta ou perda de esperança; desesperação, desespero.
Desesperançar, v. Tr. dir. Tirar a esperança a; desanimar.
Desesperante, adj. m. e f. Desesperador.
Desesperar, v. 1. Tr. dir. Tirar a esperança a; desalentar, desanimar. 2. Tr. ind. e intr. Perder a esperança. 3. Tr. dir. Causar desespero a; irritar. 4. Tr. dir. Afligir muito. 5. Pron. Afligir-se.
Desesperativo, adj. Desesperador.
Desespero (*ê*), s. m. 1. Ato ou efeito de desesperar; desesperação, desesperança. 2. Aflição, ânsia. 3. Ódio, cólera. 4. Contrariedade. 5. Coisa que faz desesperar.
Desestagnar, v. Tr. dir. Tirar a estagnação a.
Desestima, s. f. Falta de estima, ou de apreço.
Desestimador, adj. e s. m. 1. Que, ou o que desestima. 2. Maldizente, depreciador.
Desestimar, v. Tr. dir. Não estimar, não ter em estima.
Desevangelizar, v. Tr. dir. Tirar a doutrina evangélica a.
Desexcomungar, v. Tr. dir. Levantar a excomunhão a.
Desexcomunhão, s. f. Ação de desexcomungar.
Desfaçado, adj. Que mostra desfaçatez; atrevido.
Desfaçamento, s. m. V. *desfaçatez.*
Desfaçatez, s. f. Falta de vergonha; cinismo, descaramento.
Desfalcar, v. Tr. dir. 1. Tirar parte de. 2. Diminuir, reduzir. 3. Defraudar, dissipar.
Desfalecente, adj. m. e f. Que desfalece.
Desfalecer, v. 1. Tr. dir. Tirar as forças; enfraquecer. 2. Tr. ind. e intr. Desmaiar. 3. Tr. ind. e intr. Esmorecer, prostrar-se.
Desfalecido, adj. Falto de forças; abatido; desmaiado.
Desfalecimento, s. m. Diminuição gradual de forças.
Desfalque, s. m. 1. Ato ou efeito de desfalcar. 2. Diminuição.
Desfanatizar, v. Tr. dir. Tirar o fanatismo a.
Desfarelar, v. Tr. dir. Esfarelar.
Desfavor, s. m. 1. Perda de favor. 2. Desdém, desprezo.
Desfavorável, adj. m. e f. 1. Não favorável. 2. Adverso, contrário, oposto. 3. Prejudicial.
Desfavorecedor, adj. e s. m. Que, ou o que desfavorece.
Desfavorecer, v. Tr. dir. 1. Deixar de favorecer. 2. Contrariar.
Desfazedor, adj. e s. m. Que, ou quem desfaz ou destrói.
Desfazer, v. 1. Tr. dir. e pron. Desmanchar(-se). 2. Tr. dir. Despedaçar, quebrar. 3. Pron. Despedaçar-se, reduzir-se a fragmentos. 4. Tr. dir. e pron. Desunir(-se), dispersar(-se). 5. Tr. dir. e pron. Tornar sem efeito; anular(-se), dissolver (-se). 6. Pron. Esclarecer-se, resolver-se. 7. Pron. Despojar-se ou privar-se de. 8. Tr. dir. Anular, revogar. 9. Tr. dir. Refutar.
Desfear, v. Tr. dir. V. *afear.*
Desfechar, v. 1. Tr. dir. Tirar o fecho ou o selo a; abrir. 2. Tr. dir. Descarregar, disparar (arma de fogo). 3. Tr. dir. e pron. Desencadear(-se).
Desfecho (*ê*), s. m. 1. Termo, conclusão. 2. Desenlace.
Desfeita, s. f. 1. Desconsideração. 2. Ofensa.

Desfeiteador, s. m. Aquele que desfeiteia.
Desfeitear, v. Tr. dir. Fazer desfeita a; desconsiderar.
Desfeito, adj. 1. Que se defez. 2. Desmanchado. 3. Anulado. 4. Aniquilado, dissipado. 5. Derrotado, desbaratado.
Desferir, v. Tr. dir. 1. Despedir, lançar. 2. Tr. dir. Fazer vibrar. Conjuga-se como *aderir*.
Desferrar, v. Tr. dir. 1. Tirar a ferradura de. 2. Pron. Perder as ferraduras.
Desfervoroso, adj. Falto de fervor; frio.
Desfiado, adj. 1. Que se desfiou; esfiado. 2. Desfeito em fios.
Desfiadura, s. f. Ato ou efeito de desfiar(-se).
Desfiar, v. 1. Tr. dir. e pron. Desfazer(-se), reduzir(-se) a fios. 2. Tr. dir. Passar (rosário) de conta em conta.
Desfibramento, s. m. Ato ou efeito de desfibrar(-se).
Desfibrante, adj. m. e f. Que desfibra.
Desfibrar, v. Tr. dir. 1. Extrair, tirar as fibras de. 2. Analisar, esmiuçar.
Desfibrinar, v. Tr. dir. Tirar as fibrinas a.
Desfiguração, s. f. Ato ou efeito de desfigurar(-se).
Desfigurado, adj. 1. Alterado, deturpado. 2. Demudado de feições, para pior; transtornado.
Desfigurador, adj. e s. m. Que, ou o que desfigura.
Desfigurar, v. 1. Tr. dir. e pron. Alterar(-se) (a figura ou o aspecto de); adulterar(-se), deturpar(-se). 2. Tr. dir. Afear, deformar.
Desfigurável, adj. m. e f. Que se pode desfigurar.
Desfilada, s. f. Ação de desfilar; desfile.
Desfiladeiro, s. m. 1. Passagem estreita entre montanhas; garganta. 2. Situação embaraçosa; aperto.
Desfilar, v. Tr. ind. e intr. 1. Marchar em filas. 2. Seguir-se um ao outro; suceder-se.
Desfile, s. m. Ação de desfilar.
Desfitar, v. Tr. dir. 1. Não fitar. 2. Desviar a vista, os olhos.
Desfloração, s. f. V. *defloração*.
Desflorador, adj. e s. m. V. *deflorador*.
Desfloramento, s. m. V. *defloramento*.
Desflorar, v. V. *deflorar*.
Desflorescer, v. Intr. 1. Perder as flores. 2. Perder o viço; murchar. 3. Perder o brilho, o frescor.
Desflorecimento, s. m. Ação de desflorescer.
Desflorestação, s. f. V. *desflorestamento*.
Desflorestador, adj. e s. m. Que, ou o que desfloresta.
Desflorestamento, s. m. Ato de desflorestar; desmatamento.
Desflorestar, v. Tr. dir. Derrubar árvores de (uma região) em larga escala; desmatar.
Desflorir, v. V. *desflorescer*. — Defectivo, conjuga-se como *florir*.
Desfolha, s. f. V. *desfolhação*.
Desfolhação, s. f. Ato ou efeito de desfolhar; desfolha, desfolhadura, desfolhamento.
Desfolhada, s. f. V. *descamisada*.
Desfolhadura, s. f. V. *desfolhação*.
Desfolhamento, s. m. V. *desfolhação*.
Desfolhar, v. 1. Tr. dir. Tirar as folhas ou as pétalas a. 2. Pron. Perder as folhas ou as pétalas. 3. Tr. dir. Descamisar (o milho).
Desforçar, v. 1. Tr. dir. Vingar uma ofensa pela força. 2. Tr. dir. Desafrontar, desagravar. 3. Pron. Desforrar-se.
Desforço (*ô*), s. m. Vingança, desforra. Pl.: *desforços* (*ó*).
Desformar, v. Tr. dir. Deformar. Cfr. *disformar*.
Desforra (*ó*), s. f. Ação de desforrar; vingança.
Desforrar, v. 1. Tr. dir. Tirar o forro a. 2. Pron. Tirar a desforra; vingar-se. 3. Pron. Ressarcir (o que se perdeu no jogo).
Desforro (*ô*), s. m. V. *desforra*. Pl.: *desforros* (*ó*).
Desfortalecer, v. Tr. dir. Tirar a fortaleza ou a força a.
Desfortuna, s. f. Má fortuna; desgraça, infortúnio.
Desfradar, v. Tr. dir. Tirar a qualidade de frade a.
Desfraldar, v. 1. Tr. dir. Desferir, largar, soltar ao vento (velas). 2. Tr. dir. Abrir, soltar. 3. Pron. Tremular (a bandeira).
Desfranjar, v. Tr. dir. Privar das franjas.
Desfranzir, v. 1. Tr. dir. Desfazer o franzido a; alisar. 2. Pron. Desarrugar-se.
Desfrechar, v. Tr. dir. 1. Atirar (flechas). 2. Disparar.
Desfrutador, adj. e s. m. Que, ou o que desfruta; usufrutuário.
Desfrutar, v. Tr. dir. 1. Usufruir. 2. Apreciar. 3. Chacotear, zombar de. 4. Viver à custa de.
Desfrutável, adj. m. e f. Que se pode desfrutar, usufruir.
Desfrute, s. m. 1. Ação de desfrutar. 2. Chacota, zombaria.
Desgabar, v. Tr. dir. 1. Falar mal de. 2. Depreciar.
Desgabo, s. m. Ato de desgabar; depreciação.
Desgadelhar, v. V. *desgrenhar*.
Desgalhar, v. Tr. dir. Cortar os galhos de.
Desgarrada, s. f. Cantiga popular, ao desafio. *À d.*: ao desafio.
Desgarrado, adj. 1. Que se desgarrou. 2. Desviado do rumo (navio).
Desgarrão, adj. Que desgarra com violência; esgarrão. S. m. Impulso violento.
Desgarrar, v. 1. Tr. dir. *Náut.* Desviar do rumo (o navio). 2. Intr. *Náut.* Apartar-se do rumo. 3. Tr. ind., intr. e pron. Desviar-se do rumo; do bom caminho; extraviar-se, desencaminhar-se, tresmalhar-se.
Desgarre, s. m. 1. Ato ou efeito de desgarrar(-se). 2. Canto à desgarrada. 3. Bizarria, garbo. 4. Audácia.
Desgastar, v. Tr. dir. e pron. 1. Consumir(-se) pelo atrito ou fricção. 2. Destruir(-se), gastar(-se).
Desgaste, s. m. Ato de desgastar.
Desgasto, adj. Que se desgastou. S. m. V. *desgaste*.
Desgelar, v. V. *degelar*.
Desgostar, v. 1. Tr. dir. Causar desgosto a; descontentar, magoar. 2. Tr. ind. e pron. Não gostar; desagradar-se.
Desgosto (*ô*), s. m. 1. Ausência de gosto ou prazer; desprazer. 2. Pesar, mágoa. Pl.: *desgostos* (*ô*).
Desgostoso, adj. Que sente desgosto; descontente.
Desgovernação, s. f. V. *desgoverno*.
Desgovernado, adj. 1. Que não sabe governar-se; desregrado. 2. Desnorteado, desorientado.
Desgovernar, v. 1. Tr. dir. Fazer mau governo. 2. Intr. *Náut.* Navegar sem governo. 3. Tr. dir. Desviar do bom caminho; corromper. 4. Pron. Perder o governo de si próprio; desregrar-se.
Desgoverno (*ê*), s. m. 1. Mau governo. 2. Desorientação. 3. Desperdício. 4. Desregramento.
Desgraça, s. f. 1. Má fortuna, infortúnio, desventura. 2. Acontecimento funesto. 3. Miséria.
Desgraçado, adj. 1. De má sorte; infeliz. 2. Miserável, pobre. 3. Funesto. S. m. Homem desprezível.
Desgraçar, v. Tr. dir. e pron. Causar desgraça a, tornar(-se) desgraçado ou desditoso.
Desgraceira, s. f. Série de desgraças.
Desgracioso, adj. Falto de graça, ou elegância.
Desgrenhado, adj. Diz-se de cabelo despenteado, emaranhado.
Desgrenhamento, s. m. Ato ou efeito de desgrenhar(-se).
Desgrenhar, v. 1. Tr. dir. Desarranjar (o cabelo). 2. Tr. dir. e pron. Despentear(-se), esguedelhar(-se).
Desgrilhoar, v. V. *desagrilhoar*.
Desgrinaldar, v. Tr. dir. Tirar a grinalda a.
Desgrudar, v. Tr. dir. Descolar (o que estava grudado).
Desguaritar, v. 1. Intr. Desviar do bando; tresmalhar. 2. Pron. *Por ext.* Extraviar-se, perder-se. 3. Pron. Apartar-se, separar-se dos companheiros.
Desguarnecer, v. Tr. dir. 1. Privar de guarnição. 2. Desprover de forças militares ou de munições. 3. Desenfeitar. 4. Desmobilar.
Desguedelhado, adj. V. *desgrenhado*.
Desguedelhar, v. V. *desgrenhar*.
Desguiar, v. Intr. Afastar-se, ir embora.
Desiderativo, adj. Que exprime desejo.
Desiderato, s. m. Aquilo que se deseja; alvo, mira, aspiração.
Desídia, s. f. 1. Indolência, preguiça. 2. *Dir.* Descaso pelos serviços funcionais; incúria, negligência.

Desidioso, adj. Em que há desídia.
Desidratação, s. f. Ato ou efeito de desidratar(-se).
Desidratar, v. 1. Tr. dir. Separar ou extrair a água de. 2. Intr. e pron. *Med.* Perder líquidos por disenteria.
Desidrogenação, s. f. Ação ou efeito de desidrogenar.
Desidrogenar, v. Tr. dir. Separar o hidrogênio de.
Design (*dizáin*), **s. m. (t. ingl.). 1. Planejamento ou concepção de um projeto ou modelo. 2. O produto deste planejamento.**
Designador, adj. e s. m. Que, ou o que designa.
Designar, v. Tr. dir. 1. Apontar, indicar, nomear. 2. Assinalar, marcar. 3. Denominar, qualificar. 4. Determinar, fixar. 5. Ser o símbolo de; significar.
Designativo, adj. Que designa, ou próprio para designar.
Desígnio, s. m. Plano, projeto, intento, propósito.
Desigual, adj. m. e f. 1. Que não é igual; diferente, diverso. 2. Irregular. 3. Acidentado.
Desigualar, v. 1. Tr. dir. Estabelecer diferença ou distinção entre; tornar desigual. 2. Tr. ind. Ser desigual. 3. Pron. Tornar-se desigual.
Desigualdade, s. f. Condição, estado, qualidade daquele ou daquilo que é desigual; diferença, diversidade.
Desiludido, adj. Que sofreu desilusão; desenganado.
Desiludir, v. 1. Tr. dir. Tirar ilusões a; desenganar. 2. Pron. Perder ilusões.
Desilusão, s. f. Ato ou efeito de desiludir(-se).
Desimpedimento, s. m. Ação de desimpedir.
Desimpedir, v. 1. Tr. dir. Tirar o impedimento, o obstáculo a; desobstruir. 2. Pron. Tornar-se desimpedido. Conjuga-se como *pedir.*
Desimplicar, v. Tr. dir. Separar o (que estava implicado); simplificar.
Desimprensar, v. Tr. dir. Tirar da prensa.
Desinchar, v. Tr. dir. Desfazer a inchação de.
Desinclinação, s. f. Ato ou efeito de desinclinar.
Desinclinar, v. Tr. dir. Tirar a inclinação de.
Desincompatibilizar, v. Tr. dir. Tirar a incompatibilidade a.
Desincorporação, s. f. Ato de desincorporar(-se).
Desincorporar, v. Separar(o que estava incorporado). 2. Tr. dir. e pron. Separar(-se), desmembrar(-se).
Desincumbir, v. Pron. Cumprir uma incumbência.
Desindexação (*cs*), s. f. Ato ou efeito de desindexar.
Desindexar (*cs*), v. Tr. dir. 1. Desfazer a indexação de. 2. Extinguir o reajuste relacionado com certos índices econômicos. 3. Eliminar a correção monetária automática de preços e salários.
Desinência, s. f. (1. *desinentia*). 1. *Gram.* Terminação das palavras flexionadas ou variáveis posposta ao radical. 2. *Gram.* Flexão dos verbos e dos nomes. 3. Extremidade, fim, termo.
Desinencial, adj. m. e f. Concernente a desinência.
Desinfamar, v. Tr. dir. Limpar de infâmia; reabilitar moralmente.
Desinfecção, s. f. *Med.* Ato ou efeito de desinfeccionar.
Desinfeccionar, v. Tr. dir. Fazer desaparecer a infecção de.
Desinfestar, v. Tr. dir. Livrar daquilo que infesta.
Desinfetador, adj. e s. m. Que, ou o que desinfeta. S. m. Aparelho para desinfecção.
Desinfetante, adj. m. e f. Que desinfeta. S. m. Preparado químico desinfetante.
Desinfetar, v. Tr. dir. 1. Livrar do que infeta. 2. *Med.* Destruir os micróbios vivos; esterilizar.
Desinfetório, s. m. Local onde se praticam desinfecções.
Desinflação, s. f. 1. Ato ou efeito de desinflacionar; deflação. 2. Ato ou efeito de desinflar.
Desinflacionar, v. Tr. dir. Conter a inflação; fortificar a moeda nacional.
Desinflamação, s. f. *Med.* Ação de desinflamar(-se).
Desinflamar, v. 1. Tr. dir. Tirar a inflamação a. 2. Pron. Deixar de estar inflamado.
Desinflar, v. Tr. dir. Fazer que deixe de estar inflado.
Desingurgitar, v. Tr. dir. Desfazer o ingurgitamento de.
Desinibido, adj. Livre de inibição; desembaraçado.
Desinibir, v. 1. Tr. dir. Tirar a inibição de. 2. Tornar-se desinibido.
Desinjuriar, v. Tr. dir. Desafrontar.
Desinquietação, s. f. Ato ou efeito desinquietar.
Desinquietador, adj. e s. m. Que, ou o que desinquieta.
Desinquietar, v. Tr. dir. 1. Tirar o sossego a; inquietar. 2. Importunar.
Desinquieto, adj. 1. *Fam.* Inquieto. 2. Traquinas.
Desintegração, s. f. 1. Ato ou efeito de desintegrar(-se). 2. *Fís.* Transformação de uma partícula elementar em outras mais simples ou de menor capacidade energética.
Desintegrar, v. 1. Tr. dir. Tirar ou destruir a integridade de. 2. Tr. dir. *Fís.* Promover a desintegração de. 3. Pron. *Fís.* Sofrer desintegração.
Desinteirar, v. Tr. dir. Tirar parte do que estava inteiro (quantia certa, que fora destinada para algum fim).
Desinteiriçar, v. Pron. Deixar de estar teso, inteiriçado.
Desinteligência, s. f. 1. Divergência. 2. Inimizade.
Desinteressado, adj. 1. Que não tem interesse. 2. Desprendido. 3. Isento, imparcial.
Desinteressante, adj. m. e f. Não interessante.
Desinteressar, v. 1. Tr. dir. Tirar o interesse a. 2. Pron. Perder o interesse para com; desistir de.
Desinteresse (*ê*), s. m. 1. Falta de interesse. 2. Abnegação.
Desinteresseiro, adj. 1. Que não é interesseiro. 2. Que mostra desinteresse.
Desintimidar, v. Tr. dir. Fazer perder a timidez; animar.
Desintoxicar (*cs*), v. Tr. dir. 1. Remover o poder tóxico de uma substância. 2. Desenvenenar.
Desintricar, v. Tr. dir. 1. Desenredar. 2. Tornar simples, claro. Var.: *desintrincar.*
Desinvernar, v. Intr. 1. *Mil.* Deixar os quartéis de inverno. 2. Perder (o tempo) a aspereza invernal.
Desinvestir, v. Tr. dir. Tirar a investidura a; destituir.
Desipotecar, v. Tr. dir. Tirar o ônus de hipoteca a.
Desirmanado, adj. Separado de pessoa ou coisa com que estava irmanado ou emparelhado.
Desirmanar, v. Tr. dir. Tornar desirmanado.
Desistência, s. f. Ato ou efeito de desistir.
Desistente, adj. e s. m. e f. Que, ou o que desiste ou desistiu.
Desistir, v. Tr. ind. e intr. Não prosseguir (num intento).
Desjarretar, v. V. *dejarretar.*
Desjeito, , s . m. Falta de jeito.
Desjeitoso, adj. Sem jeito; desajeitado.
Desjejua, s. f. V. *desjejum.*
Desjejuar, v. Int. Comer pela primeira vez no dia.
Desjejum, s. m. 1. Ato de desjejuar; desjejua. 2. Primeira refeição do dia.
Desjungir, v. Tr. dir. 1. Desprender do jugo. 2. Desatrelar. Conjuga-se como *ungir.*
Deslabiado, adj. Que não tem lábios.
Deslaçamento, s. m. Ação ou efeito de deslaçar(-se).
Deslaçar, v. V. *desenlaçar.*
Deslacrar, v. Tr. dir. Quebrar o lacre que fecha ou sela.
Desladrilhar, v. Tr. dir. Tirar os ladrilhos de.
Deslajeamento, s. m. Ato ou efeito de deslajear.
Deslajear, v. Tr. dir. Tirar as lajes de.
Deslambido, adj. V. *delambido.*
Delanar, v. Tr. dir. Tosquiar a lã a.
Deslapar, v. Tr. dir. Tirar da lapa.
Deslavado, adj. 1. Desbotado. 2. Atrevido, descarado.
Deslavamento, s. m. Ato ou efeito de deslavar; desbotamento. 2. *Fam.* Descaramento.
Deslavar, v. 1. Tr. dir. Fazer perder cor; descolorir. 2. Tr. dir. e pron. Tornar(-se) descarado.
Desleal, adj. m. e f. 1. Que não é leal. 2. Que revela deslealdade.
Deslealdade, s. f. 1. Falta de lealdade. 2. Ato desleal.
Desleitar, v. Tr. dir. Tirar o leite a; desmamar.
Desleixação, s. f. V. *desleixo.*
Desleixado, adj. Descuidado, negligente.
Desleixamento, s. m. V. *desleixo.*
Desleixar, v. 1. Tr. dir. Descurar, negligenciar. 2. Pron. Tornar-se desleixado.

Desleixo, s. m. 1. Ato ou efeito de desleixar-se. 2. Descuido, incúria, negligência.
Deslembrado, adj. Que não se lembra; desmemoriado.
Deslembrança, s. f. Falta de lembrança; esquecimento.
Deslembrar, v. 1. Tr. dir. Não lembrar, olvidar. 2. Pron. Omitir, por esquecimento.
Desliar, v. Tr. dir. Desatar, desligar, separar.
Desligadura, s. f. V. *desligamento.*
Desligamento, s. m. Ato ou efeito de desligar(-se); desligadura.
Desligar, v. 1. Tr. dir. Separar (o que estava ligado); desatar, soltar. 2. Pron. Desprender-se, separar-se.
Deslindação. s. f. V. *Deslindamento.*
Deslindador, s. m. Aquele que deslinda.
Deslindamento, s. m. Ato ou efeito de deslindar; deslindação, deslinde.
Deslindar, v. Tr. dir. 1. Estabelecer a demarcação; extremar, lindar. 2. Desenredar. 3. Averiguar, apurar.
Deslinde, s. m. V. *deslindamento.*
Deslinguado, adj. 1. Sem língua. 2. Solto de língua; maldizente.
Deslinguar, v. 1. Tr. dir. Tirar a língua a. 2. Pron. Falar muito e imprudentemente; desbocar-se.
Deslisura, s. f. 1. Falta de lisura. 2. Hipocrisia.
Deslizadeiro, s. m. V. *resvaladouro.*
Deslizador, adj. e s. m. Qu, ou o que desliza. S. m. Barco de fundo plano e hélice aérea, usado em navegação fluvial.
Deslizamento, s. m. Ato ou efeito de deslizar; deslize.
Deslizar, v. 1. Tr. ind., intr. e pron. Derivar de manso, escorregar mansamente; resvalar. 2. Pron. Desprender-se. 3. Tr. ind. Decorrer.
Deslize, s. m. 1. V. *deslizamento.* 2. Desvio do caminho do dever. 3. Incorreção involuntária; engano.
Deslocação, s. f. Ato ou efeito de deslocar(-se); deslocamento.
Deslocado, adj. 1. Que está fora do lugar. 2. *Med.* Luxado. 3. Fora de propósito; impróprio.
Deslocador, adj. Que desloca.
Deslocamento, s. m. 1. V. *deslocação.* 2. Mudança de um lugar para outro. 3. *Geol.* Mudança de lugar de rochas, por movimento ao longo de uma fratura.
Deslocar, v. 1. Tr. dir. Mudar ou tirar do lugar. 2. Pron. Mudar de lugar. 3. Tr. dir. e pron. Desconjuntar(-se), desmanchar(-se).
Deslombar, v. Tr. dir. 1. *Pop.* Bater muito em; derrear com pancadas. 2. Abater, vencer.
Deslumbrador, adj. e s. m. Deslumbrante.
Deslumbramento, s. m. 1. Ato ou efeito de deslumbrar(-se). 2. Fascinação, assombro.
Deslumbrante, adj. m. e f. 1. Que deslumbra ou ofusca. 2. Esplêndido, suntuoso. 3. Maravilhoso.
Deslumbrar, v. Tr. dir. 1. Ofuscar a vista pela ação de muita ou repentina luz. 2. Fascinar, maravilhar.
Deslumbrativo, adj. Deslumbrante.
Deslustrador, adj. e s. m. 1. Que ou o que deslustra. 2. Que, ou o que desdoura, desonra.
Deslustrar, v. 1. Tr. dir. Tirar ou diminuir o lustre ou o brilho de; embaciar. 2. Tr. dir. e pron. Conspurcar(-se), desonrar(-se).
Deslustre, s. m. 1. Ato ou efeito de deslustrar. 2. Desdouro.
Deslustroso, adj. 1. Sem lustre. 2. Que lustra.
Desluzido, adj. 1. Deslustrado. 2. Minguado no peso ou na medida.
Desluzimento, s. m. 1. Estado de desluzido. 2. Descrédito, vergonha.
Desluzir, v. 1. Tr. dir. e pron. Tirar o lustre a; deslustrar(-se). 2. Tr. dir. e pron. Obscurecer(-se), ofuscar. 3. Tr. dir. Desacreditar.
Desmagnetização, s. f. *Fís.* Ação de desmagnetizar.
Desmagnetizar, v. 1. Tr. dir. Privar de propriedades magnéticas. 2. Pron. Perder as propriedades magnéticas.
Desmaiado, adj. 1. Que desmaiou; desfalecido. 2. Desbotado.
Desmaiar, v. 1. Tr. dir. Fazer descorar. 2. Intr. e pron. Perder a cor, o brilho, o viço. 3. Intr. Perder os sentidos; desfalecer.
Desmaio, s. m. 1. Perda gradual da cor. 2. *Med.* V. *lipotimia.*
Desmama, s. f. Ato de desmamar; ablactação, desmame.
Desmamar, v. Tr. dir. Fazer perder o hábito de mamar; ablactar.
Desmame, s. m. V. *desmama.*
Desmanchadiço, adj. Fácil de desmanchar.
Desmancha-prazeres, s. m. e f. sing. e pl. Pessoa que se intromete e estorva divertimentos alheios.
Desmanchar, v. 1. Tr. dir., intr. e pron. Pôr (-se) em desalinho; desarranjar (-se), desfazer (-se). 2. Tr. dir. Demolir, desfazer. 3. Pron. Não se realizar.
Desmancho, s. m. 1. Ato ou efeito de desmanchar (-se). 2. Confusão, desarranjo, desordem.
Desmandar, v. 1. Tr. dir. Contra-ordenar. 2. Pron. Descomedir-se, exceder-se.
Desmandibular, v. 1. Tr. dir. Tirar as mandíbulas a. 2. Intr. Escancarar a boca. 3. Pron. Abrir muito a boca.
Desmando, s. m. 1. Ato ou efeito de desmandar-se. 2. Abuso, desregramento.
Desmantelado, adj. 1. Arruinado. 2. Desaparelhado.
Desmantelamento, s. m. Ação ou efeito de desmantelar (-se); desmantelo.
Desmantelar, v. 1. Tr. dir. Arruinar, derribar (fortificações, muralhas). 2. Tr. dir. Separar as peças de, desarranjando o todo. 3. Pron. Desmoronar-se, vir abaixo.
Desmantelo (*ê*), s. m. V. *desmantelamento.*
Desmarcado, adj. 1. Que se desmarcou. 2. Descompassado, enorme.
Desmarcar, v. Tr. dir. 1. Tirar as marcas ou os marcos a. 2. Tornar desmedido, excessivo.
Desmarcializar, v. Tr. dir. Tirar o caráter marcial a.
Desmarear, v. 1. Tr. dir. Tirar as manchas a. 2. Pron. Perder o governo (navio) à falta de mareação.
Desmascarar, v. 1. Tr. dir. Tirar a máscara a. 2. Tr. dir. e pron. Mostrar(-se) tal qual é. 3. Tr. dir. Remover aparência falsa de.
Desmastrar, v. V. *desmastrear.*
Desmastreamento, s. m. Ato ou efeito de desmastrear.
Desmastrear, v. 1. Tr. dir. *Náut.* Tirar os mastros a (uma embarcação). 2. Intr. e pron. Perder os mastros.
Desmaterialização, s. f. Ato ou efeito de desmaterializar(-se).
Desmaterializar, v. 1. Tr. dir. Tornar imaterial. 2. Pron. *Espir.* Perder a suposta forma material (o espírito que, antes, se materializara).
Desmazelado, adj. Desleixado, negligente.
Desmazelar, v. Pron. Tornar-se desmazelado; desleixar-se.
Desmazelo (*ê*), s. m. Descuido, desleixo.
Desmazorrar, v. Tr. dir. Tirar a qualidade de mazorro a; alegrar.
Desmedido, adj. 1. Que excede as medidas. 2. Excessivo, extraordinário, imenso.
Desmedir, v. Pron. Descomedir-se, exceder-se, exorbitar. Conjuga-se como *abolir.*
Desmedrado, adj. Que não medrou; enfezado.
Desmedramento, s. m. Ato ou efeito de desmedrar.
Desmedrança, s. f. Falta de medrança.
Desmedrar, v. 1. Intr. Não medrar. 2. Tr. dir. Impedir o desenvolvimento de.
Desmelindrar, v. Tr. dir. Tirar os melindres a; desagravar.
Desmembração, s. f. Ato ou efeito de desmembrar(-se).
Desmembrado, adj. 1. Que se desmembrou. 2. *Pop.* Desfalecido, derreado.
Desmembramento, s. m. V. *desmembração.*
Desmembrar, v. 1. Tr. dir. Cortar os membros ou algum membro de. 2. Tr. dir. e pron. Separar(-se) de um todo uma ou mais partes. 3. Pron. Desligar-se, separar-se.
Desmemoriado, adj. Falto de memória; esquecido.
Desmemoriar, v. 1. Tr. dir. Fazer perder a memória a. 2. Pron. Perder a memória.
Desmentido, adj. Que se desmentiu; contradito, contraditado. S. m. Contradita.

Desmentir, v. 1. Tr. dir. Declarar que são falsas as afirmações de alguém; contradizer, contraditar. 2. Tr. dir. e pron. Contradizer(-se). 3. Tr. dir. Não corresponder a; divergir de.
Desmerecedor, adj. Que desmerece.
Desmerecer, v. 1. Tr. dir. Não merecer; ser indigno de. 2. Tr. dir. e tr. ind. Apoucar, rebaixar.
Desmerecido, adj. 1. Que perdeu o merecimento. 2. Indigno.
Desmerecimento, s. m. Falta de merecimento.
Desmesura, s. f. 1. Falta de cortesia. 2. Indelicadeza.
Desmesurado, adj. Desmedido, enorme.
Desmesurar, v. 1. Tr. dir. Exceder as medidas de. 2. Pron. Descomedir-se, desregrar-se.
Desmesurável, adj. m. e f. Que não se pode medir.
Desmilitarização, s. f. Ato ou efeito de desmilitarizar(-se).
Desmilitarizar, v. Tr. dir. 1. Tirar o caráter de militar de. 2. Desguarnecer das tropas.
Desmiolado, adj. 1. Sem miolo. 2. Sem juízo. S. m. Indivíduo sem juízo.
Desmiolar, v. Tr. dir. Tirar o miolo ou os miolos a. 2. Desassisar, enlouquecer.
Desmobilar, v. V. *desmobiliar.*
Desmobilhar, v. V. *desmobiliar.*
Desmobiliar, v. Tr. dir. Retirar a mobília de (uma casa, um aposento). Vars.: *desmobiliar* e *desmobilhar.* Conjuga-se como *mobiliar.*
Desmobilização, s. f. Ação ou efeito de desmobilizar.
Desmobilizar, v. Tr. dir. Fazer cessar a mobilização de (um exército); dissolver um exército ou parte dele.
Desmobilizável, adj. m. e f. Que se pode desmobilizar.
Desmoita, s. f. Ação de desmoitar. Var.: *desmouta.*
Desmoitar, v. Tr. dir. 1. Arrancar o mato (a um terreno) para o cultivar. 2. Desbastar (arbustos, árvores). 3. Civilizar, tornar culto. Vars.: *desmoutar.*
Desmontada, s. f. Ação de desmontar.
Desmontado, adj. 1. Apeado. 2. Desorganizado, desarranjado.
Desmontar, v. 1. Tr. dir. Fazer apear ou descer de uma cavalgadura. 2. Tr. ind., intr. e pron. Descer; apear-se. 3. Tr. dir. Tirar de cima. 4. Tr. dir. Desarmar (uma máquina). 5. Tr. dir. Arrasar (um morro).
Desmontável, adj. m. e f. Que pode ser desmontado.
Desmonte, s. m. 1. Ação de desmontar. 2. Arrasamento (de morro).
Desmoralização, s. f. 1. Ação ou efeito de desmoralizar(-se). 2. Perversão; corrupção.
Desmoralizado, adj. 1. Pervertido, depravado. 2. Desacreditado.
Desmoralizador, adj. e s. m. Que, ou o que desmoraliza.
Desmoralizar, v. 1. Tr. dir. e pron. Tornar(-se) imoral. 2. Tr. dir. e pron. Corromper(-se), perverter(-se). 3. Tr. dir. Fazer perder a força moral; desacreditar. 4. Pron. Perder a reputação; aviltar-se.
Desmoronadiço, adj. Que se desmorona com facilidade.
Desmoronamento, s. m. 1. Ação ou efeito de desmoronar (-se). 2. Derrocada, desabamento.
Desmoronar, v. 1. Tr. dir. Fazer vir abaixo; derrubar. 2. Pron. Vir abaixo; ruir.
Desmouta, s. f. V. *desmoita.*
Desmoutar, v. V. *desmoitar.*
Desmunhecar, v. 1. Tr. dir. Cortar a munheca de. 2. Tr. dir. Cortar (ao animal) o tendão da munheca. 3. Tirar parte de (um todo).
Desmurar, v. Tr. dir. Deitar abaixo os muros de.
Desnacionalização, s. f. Ação ou efeito de desnacionalizar (-se).
Desnacionalizar, v. Tr. dir. e pron. Tirar (ou perder) o caráter ou a feição nacional (a).
Desnalgado, adj. De nádegas pequenas e magras.
Desnarigado, adj. Que não tem nariz ou o tem muito pequeno.
Desnarigar, v. Tr. dir. Cortar ou destruir o nariz a.
Desnasalação, s. f. *Gram.* Ato ou efeito de desnasalar.
Desnasalar, v. V. *desnasalizar.*
Desnasalizar, v. Tr. dir. *Gram.* Tirar o som nasal a.
Desnastrar, v. Tr. dir. Tirar os nastros a.
Desnatação, s. f. Ação ou efeito de desnatar.
Desnatadeira, s. f. Máquina para desnatar o leite.
Desnatar, v. Tr. dir. Tirar a nata a (o leite).
Desnaturação, s. f. Ação ou efeito de desnaturar(-se).
Desnaturado, adj. 1. Contrário à natureza ou aos sentimentos naturais. 2. Desumano, cruel. S. m. Pessoa desnaturada.
Desnatural, adj. m. e f. 1. Não natural. 2. Contra a natureza. 3. Destituído de naturalidade. 4. Excêntrico.
Desnaturalização, s. f. Ato ou efeito de desnaturalizar(-se).
Desnaturalizar, v. 1. Tr. dir. Privar dos direitos de cidadão de um país. 2. Pron. Renunciar à sua nacionalidade.
Desnaturante, adj. m. e f. 1. Que desnatura. 2. Que altera ou adultera uma substância.
Desnaturar, v. 1. Tr. dir. Alterar a natureza de. 2. Tr. dir. e pron. Tornar(-se) desumano, cruel. 3. Tr. dir. Deturpar.
Desnecessário, adj. Não necessário; dispensável.
Desnevada, s. f. 1. Ato de desnevar. 2. Época de desnevar.
Desnevar, v. 1. Tr. dir. Derreter (a neve); desgelar. 2. Intr. e pron. Ficar sem a neve que tinha.
Desniquelagem, s. f. Operação de desniquelar.
Desniquelar, v. Tr. dir. Separar ou tirar o níquel de.
Desnível, s. m. Diferença de nível.
Desnivelamento, s. m. Ato ou efeito de desnivelar.
Desnivelar, v. Tr. dir. Tirar do nivelamento.
Desnodoar, v. V. *desenodoar.*
Desnodoso, adj. Sem nós.
Desnorteado, adj. Que anda sem rumo; desorientado.
Desnorteador, adj. Desnorteante.
Desnorteante, adj. m. e f. Que desnorteia.
Desnortear, v. 1. Tr. dir. Desviar do norte, do rumo. 2. Tr. dir. Desorientar. 3. Intr. e pron. Perder o rumo; desorientar-se.
Desnuar, v. V. *desnudar.*
Desnublado, adj. Desanuviado.
Desnublar, v. 1. Tr. dir. Dissipar as nuvens de. 2. Tr. dir. e pron. Aclarar(-se), esclarecer(-se).
Desnucar, v. Tr. dir. Deslocar a cabeça da rês, galinha etc., pela nuca.
Desnudamento, s. m. Ato ou efeito de desnudar(-se).
Desnudar, v. (l. *denudare*). 1. Tr. dir. e pron. Pôr(-se) nu. 2. Tr. dir. e pron. Pôr(-se) a descoberto.
Desnudez, s. f. Estado de nu; nudez.
Desnudo, adj. Despido, nu.
Desnutrição, s. f. Falta de nutrição.
Desnutrir, v. 1. Tr. dir. e pron. Nutrir(-se) mal, ou não (se) nutrir. 2. Pron. Emagrecer.
Desobedecer, v. 1. Tr. ind. e intr. Faltar à obediência; não obedecer. 2. Tr. ind. Infringir, transgredir.
Desobediência, s. f. Falta de obediência; inobediência.
Desobediente, adj. m. e f. Que desobedece, ou costuma desobedecer.
Desobriga, s. f. 1. Desobrigação. 2. Cumprimento do preceito pascal da confissão.
Desobrigação, s. f. Ato ou efeito de desobrigar(-se); desobriga.
Desobrigado, adj. 1. Que se desobrigou. 2. Desembaraçado. 3. Que está à vontade; que nada deve.
Desobrigar, v. 1. Tr. dir. Isentar, livrar da obrigação. 2. Pron. Livrar-se da obrigação.
Desobrigatório, adj. Que isenta de obrigação.
Desobscurecer, v. Tr dir. 1. Dissipar a obscuridade de. 2. Aclarar, desentenebrecer.
Desobstrução, s. f. Ato ou efeito de desobstruir.
Desobstruir, v. Tr. dir. 1. Desatravancar, desimpedir. 2. Desentupir.
Desobstrutivo, adj. *Med.* Que desobstrui.
Desocupação, s. f. 1. Ato ou efeito de desocupar(-se). 2. Falta de ocupação. 3. Ociosidade.
Desocupado, adj. 1. Que não está ocupado. 2. Não habitado; vazio, livre. 3. Sem ocupação; vadio.

Desocupar, v. 1. Tr. dir. Deixar de ocupar um lugar; mudar-se. 2. Tr. dir. Remover de um lugar. 3. Pron. Desembaraçar-se, livrar-se.
Desodorante, s. m. Substância que desodora ou desodoriza.
Desodorar, v. V. *desodorizar*.
Desodorizar, v. Tr. dir. Eliminar o odor desagradável.
Desolação, s. f. 1. Ação ou efeito de desolar(-se). 2. Destruição, devastação. 3. Aflição.
Desolado, adj. Que apresenta desolação.
Desolador, adj. e s. m. Que, aquilo ou aquele que causa desolação.
Desolar, v. 1. Tr. dir. Causar desolação. 2. Tr. dir. Despovoar, devastar. 3. Pron. Despovoar-se.
Desoneração, s. f. Ato ou efeito de desonerar; exoneração.
Desonerar, v. V. *exonerar*.
Desonestar, v. V. *desonrar*.
Desonestidade, s. f. 1. Falta de honestidade. 2. Obscenidade. 3. Indignidade.
Desonesto, adj. 1. Que não tem honestidade. 2. Devasso.
Desonra, s. f. 1. Falta de honra. 2. Perda da honra; descrédito.
Desonradez, s. f. Estado de desonrado.
Desonrado, adj. Que perdeu a honra.
Desonrador, adj. e s. m. Que, ou quem desonra.
Desonrante, adj. m. e f. Desonroso.
Desonrar, v. 1. Tr. dir. Ofender a honra, o pudor. 2. Pron. Perder a honra; desacreditar-se. 3. Tr. dir. Desvirginar, deflorar. 4. Pron. Perder (a mulher) a virgindade.
Desonroso, adj. 1. Que desonra. 2. Que encerra desonra.
Desopilação, s. f. Ação ou efeito de desopilar.
Desopilante, adj. m. e f. Que desopila; desopilativo.
Desopilar, v. Tr. dir. *Med.* Desobstruir.
Desopilativo, adj. V. *desopilante*.
Desopressão, s. f. 1. Ação ou efeito de desoprimir. 2. Alívio, desafogo.
Desoprimir, v. 1. Tr. dir. e pron. Livrar(-se) da opressão. 2. Tr. dir. Libertar. 3. Pron. Libertar-se.
Desoras, s. f. pl. (*des + horas*). Na loc. adv. *a desoras*: fora de hora, inoportunamente, tarde da noite.
Desorbitar, v. Tr. dir. e intr. Sair ou fazer sair da órbita; exorbitar.
Desordeiro, adj. e s. m. Que, ou quem costuma promover desordens. Cols.: *caterva, corja, malta, pandilha, súcia, troça, turba*.
Desordem, s. f. 1. Falta de ordem. 2. Confusão. 3. Irregularidade. 4. Desalinho. 5. Barulho, rixa. 6. *Polít.* Perturbação da ordem pública. 7. *Med.* Estado mórbido, físico ou mental.
Desordenado, adj. 1. Que não tem ordem. 2. Desarranjado, desarrumado. 3. Desenfreado. 4. Irregular, desigual.
Desordenador, adj. e s. m. Que, ou quem desordena.
Desordenar, v. 1. Tr. dir. Pôr em desordem; desarranjar. 2. Tr. dir. Amotinar. 3. Pron. Sair da ordem; desarranjar-se. 4. Pron. Descomedir-se.
Desorelhar, v. Tr. dir. Arrancar as orelhas a.
Desorganização, s. f. 1. Falta de organização. 2. Desordem.
Desorganizador, adj. e s. m. Que, ou aquele que desorganiza.
Desorganizar, v. 1. Tr. dir. Desfazer a organização de. 2. Pron. Ficar com a organização destruída.
Desorientação, s. f. 1. Ato ou efeito de desorientar(-se). 2. Falta de orientação; desnorteamento.
Desorientado, adj. 1. Falto de orientação. 2. Indeciso.
Desorientador, adj. Que desorienta.
Desorientar, v. 1. Tr. dir. Fazer perder a orientação, o rumo. 2. Pron. Perder a orientação.
Desornado, adj. Sem ornatos; desataviado, singelo.
Desornar, v. V. *desenfeitar*.
Desossar, v. Tr. dir. Tirar os ossos a.
Desova, s. f. *Ictiol.* 1. Ação de desovar. 2. Época de desovar.
Desovar, v. Intr. 1. Pôr ovos (diz-se especialmente dos peixes). 2. *Pop.* Revelar, desembuchar.
Desoxidação (*cs*), s. f. Ato ou efeito de desoxidar.
Desoxidante (*cs*), adj. m. e f. Que desoxida.
Desoxidar (*cs*), v. Tr. dir. 1. Tirar o óxido a. 2. Tirar a ferrugem a.
Desoxigenação (*cs*), s. f. Ato ou efeito de desoxigenar.
Desoxigenante (*cs*), adj. m. e f. Que desoxigena.
Desoxigenar (*cs*), v. Tr. dir. Remover oxigênio (livre ou fracamente combinado) de; desoxidar.
Despachado, adj. 1. Que obteve despacho; deferido. 2. Despedido do emprego. 3. Franco, afoito. 4. Ativo.
Despachador, adj. e s. m. Que, ou o que despacha.
Despachante, adj. e s. m. e f. 1. V. *despachador*. 2. Profissional que tem por ofício obter registros, licenças etc., junto de certas repartições públicas.
Despachar, v. 1. Tr. dir. Pôr despacho em, deferindo ou indeferindo. 2. Tr. dir. Dar solução a; resolver. 3. Tr. dir. Mandar embora; despedir. 4. Tr. dir. Enviar, expedir. 5. Pron. Apressar-se, aviar-se.
Despacho, s. m. 1. Ato ou efeito de despachar. 2. Resolução da autoridade pública, exarada sobre um documento. 3. Desenvoltura. 4. *Folc.* Oferenda, às vezes embrulhada, a que se atribuem virtudes mágicas:
Despalatalização, s. f. 1. Ato ou efeito de despalatalizar. 2. Perda de palatalização. Var.: *despalatização*.
Despalatalizar, v. Tr. dir. Tirar o caráter de palatal a um som, como no caso da pronúncia *mũito*, em lugar de *muito*. Var.: *despalatizar*.
Desparafusar, v. Tr. dir. Tirar os parafusos de.
Desparamentar, v. Tr. dir. e pron. Despir(-se) dos paramentos (a).
Despargir, v. V. *espargir*.
Desparramar, v. V. *esparramar*.
Desparrar, v. Tr. dir. Tirar as parras a.
Despartir, v. Tr. dir. Repartir, separar.
Desparzir, v. Tr. dir. V. *espargir*.
Despautério, s. m. Tolice graúda; desconchavo; despropósito.
Despear, v. 1. Tr. dir. Tirar a peia a; desembaraçar. 2. Pron. Soltar-se das peias.
Despedaçador, adj. e s. m. Que, ou o que despedaça.
Despedaçamento, s. m. Ato ou efeito de despedaçar(-se).
Despedaçar, v. Tr. dir. e pron. 1. Partir(-se) em pedaços, quebrar(-se), dilacerar(-se). 2. Lancinar(-se), pungir(-se).
Despedida, s. f. Ação de despedir(-se); despedimento. 2. Conclusão, termo.
Despedimento, s. m. V. *despedida*.
Despedir, v. (*de* + 1. *expedire*). 1. Tr. dir. Dispensar os serviços de. 2. Tr. dir. Desfechar, arremessar. 3. Pron. Ir-se embora, retirar-se. 4. Pron. Apartar-se, cumprimentando. Conjuga-se por *pedir*.
Despegar, v. 1. Tr. dir. Descolar, separar. 2. Tr. dir. e pron. Tornar(-se) indiferente; desafeiçoar(-se). 3. Pron. Desabituar-se. 4. Pron. Desprender-se, cair.
Despego (*ê*), s. m. V. *desapego*.
Despeitado, adj. Que tem despeito; ressentido, magoado.
Despeitador, adj. e s. m. Que, ou quem despeita.
Despeitar, v. 1. Tr. dir. Causar despeito a. 2. Tr. dir. e pron. Tornar(-se) amuado. 3. Tr. dir. Tratar com despeito.
Despeito, s. m. Desgosto causado por ofensa leve ou desfeita; pesar, melindre.
Despeitorar, v. 1. Tr. dir. Descobrir muito o peito; decotar-se. 2. Intr. V. *expectorar*. 3. Tr. dir. Desabafar.
Despeitoso, adj. 1. Que revela despeito. 2. Que causa despeito.
Despejado, adj. 1. Desocupado, vazio. 2. Sem pejo; indecente.
Despejamento, s. m. Ação de despejar; despejo.
Despejar, v. 1. Tr. dir. Vasar o que está contido em. 2. Tr. dir. Expulsar. 3. Promover o despejo de. 4. Tr. dir. Desocupar. 5. Tr. dir. Tirar o pejo, a vergonha. 6. Pron. Perder o pejo.
Despejo (*ê*) s. m. 1. Ato ou efeito de despejar. 2. Aquilo que se despeja. 3. Lixo de dejetos. 4. *Dir.* Ato judicial para desocupar uma casa alugada. 5. Falta de pejo; impudor.
Despelar, v. Tr. dir. 1. Tirar a pele a. 2. Tirar a cortiça (das árvores); descortiçar.
Despenar, v. Tr. dir. Tirar as penas a; depenar.
Despencar, v. 1. Tr. dir. e pron. Separar(-se) do cacho (pencas

de bananas etc.). 2. Intr. e pron. Cair desastradamente de grande altura.

Despendedor, adj. e s. m. Que, ou quem despende.

Despender, v. Tr. dir. 1. Fazer dispêndio de; gastar. 2. Empregar.

Despenhadeiro, s. m. 1. Lugar alto e escarpado; alcantil. 2. Precipício.

Despenhamento, s. m. Ação de se despenhar(-se); despenho.

Despenhar, v. 1. Tr. dir. Lançar de grande altura; precipitar. 2. Pron. Lançar-se de grande altura.

Despenho, s. m. V. *despenhamento.*

Despensa, s. f. Compartimento onde se guardam comestíveis.

Despenseiro, s. m. O encarregado da despensa.

Despentear, v. 1. Tr. dir. Desmanchar o penteado de. 2. Pron. Desfazer-se (o cabelo penteado).

Desperceber, v. Tr. dir. 1. Não perceber. 2. Não dar atenção a. 3. Não notar.

Despercebido, adj. 1. Que não se viu nem ouviu. 2. Desatento, distraído.

Despercebimento, s. m. Ato ou efeito de desperceber(-se).

Desperdiçado, adj. 1. Gasto sem proveito. 2. Que gasta muito sem proveito.

Desperdiçador, adj. e s. m. Que, ou o que desperdiça; esbanjador, gastador, esperdiçador.

Desperdiçar, v. Tr. dir. Gastar (dinheiro, tempo, papel etc.) sem proveito.

Desperdício, s. m. 1. Ato ou efeito de desperdiçar; esbanjamento. 2. O que se desperdiça.

Desperfilar, v. 1. Tr. dir. Desarranjar (o que estava perfilado). 2. Pron. Sair do perfil ou do alinhamento.

Despersonalização, s. f. Ato ou efeito de despersonalizar(-se).

Despersonalizar, v. 1. Tr. dir. Fazer perder a personalidade e caráter a. 2. Pron. Perder a própria personalidade, proceder contrariamente ao seu caráter. 3. Tr. dir. Tornar impessoal.

Despersuadir, v. 1. Tr. dir. Fazer mudar de opinião; dissuadir. 2. Pron. Mudar de opinião; dissuadir-se.

Despersuasão, s. f. Ato ou efeito de despersuadir(-se); dissuasão.

Despertador, adj. Que desperta. S. m. Relógio com dispositivo para soar em hora determinada.

Despertar, v. 1. Tr. dir. Tirar do sono; acordar. 2. Tr. ind. e intr. Sair do sono; acordar. 3. Tr. dir. Animar, excitar. 4. Pron. Manifestar-se, surgir.

Desperto, adj. Que despertou; acordado.

Despesa, s. f. 1. Ato ou efeito de despender. 2. Aquilo que se despende. 3. Gasto, dispêndio.

Despetalado, adj. 1. Sem pétalas; apétalo. 2. A que se tiraram as pétalas.

Despicador, s. m. Aquele que despica.

Despicar, v. Tr. dir. e pron. Desafrontar(-se), vingar(-se).

Despicativo, adj. Que despica; desprezativo.

Despiciendo, adj. Que deve ser desprezado.

Despiciente, adj. m. e f. Que desdenha, despreza.

Despido, adj. 1. Que se despiu do vestuário; nu. 2. Desprovido de.

Despiedade, s. f. Falta de piedade; desumanidade, crueldade.

Despiedado, adj. V. *desapiedado.*

Despiedoso, adj. V. *desapiedado.*

Despigmentação, s. f. 1. Perda ou falta de pigmentação normal. 2. Remoção de pigmentos.

Despimento, s. m. Ato de despir(-se).

Despinçar, v. Tr. dir. Tirar com pinça.

Despintar, v. 1. Tr. dir. Apagar a pintura de. 2. Tr. dir. e pron. Descobrir(-se), perder o colorido.

Despique, s. m. 1. Ato de despicar(-se). 2. Desafio, incitamento.

Despir, v. (*de* + 1. *expedire*). 1. Tr. dir. Tirar do corpo (o vestuário). 2. Tr. dir. Tirar os vestidos ou cobertura de. 3. Pron. Tirar a roupa, os vestidos. 4. Tr. dir. Despojar. 5. Pron. Despojar-se.

Despistar, v. Tr. dir. 1. Fazer perder a pista a; desnortear. 2. Iludir, desfazendo as suspeitas.

Desplante, s. m. 1. *Esgr.* Posição do corpo descaída sobre a perna esquerda, um tanto curvada e com o pé firmado atrás da perna direita. 2. Atrevimento, audácia, ousadia.

Desplumar, v. Tr. dir. Desguarnecer de plumas; depenar.

Despoetizar, v. 1. Tr. dir. Tirar a feição poética a. 2. Pron. Perder a feição poética.

Despojador, adj. e s. m. Que, ou aquele que despoja.

Despojamento, s. m. Ação de despojar(-se).

Despojar, v. 1. Tr. dir. Privar da posse; desapossar, espoliar. 2. Tr. dir. Privar. 3. Pron. Privar-se; deixar, largar. 4. Pron. Despir-se. 5. Tr. dir. Roubar, defraudar, saquear.

Despojo (*ô*), s. m. 1. Presa de guerra. 2. Aquilo que caiu ou foi arrancado, tendo servido de revestimento ou adorno. S. m. pl. Restos. Pl.: *despojos* (*ó*).

Despolarização, s. f. 1. Ato ou efeito de despolarizar. 2. Desorientação (por falta de pólos ou referências).

Despolarizante, adj. m. e f. Que despolariza. S. m. Substância que, na pilha elétrica, impede a polarização.

Despolarizar, v. Tr. dir. 1. Eliminar a polarização de (ímã, acumulador, gerador etc.). 2. Desnortear.

Despolidez, s. f. Falta de polidez; impolidez, indelicadeza.

Despolir, v. Tr. dir. 1. Tirar o polimento a. 2. Fazer perder o brilho a.

Despolpador, adj. Que despolpa. S. m. 1. Aquele que despolpa. 2. Instrumento próprio para despolpar grãos de café.

Despolpar, v. Tr. dir. Separar a polpa a.

Despoluir, v. Tr. dir. Tirar a poluição de.

Desponsório, s. m. V. *desposório.*

Despontado, adj. 1. A que se tirou a ponta, ou as pontas. 2. Embotado.

Despontar, v. 1. Tr. dir. Aparar, cortar ou gastar a ponta de. 2. Tr. dir. Embotar, gastar. 3. Pron. Ficar sem ponta. 4. Tr. ind. Lembrar, ocorrer. 5. Intr. Começar a aparecer; nascer, surgir.

Despontuar, v. Tr. dir. Retirar a pontuação a.

Despopularizar, v. 1. Tr. dir. Tornar impopular. 2. Pron. Perder a popularidade.

Desporte, s. m. V. *desporto.*

Desportilhar, v. Tr. dir. 1. Derrubar (as portas de um muro). 2. *Vet.* Deteriorar o bordo das tapas do casco de (um cavalo).

Desportismo, s. m. V. *esportismo.*

Desportista, adj. e s. m. e f. V. *esportista.*

Desportivo, adj. V. *esportivo.*

Desporto (*ô*), s. m. V. *esporte.*

Desposado, adj. 1. Que contraiu esponsais; esposado. 2. Prometido em casamento; noivo. 3. Unido, abraçado.

Desposar, v. 1. Tr. dir. Contrair esponsais com; esposar. 2. Pron. Receber como esposa ou esposo. 3. Tr. dir. Fazer casar.

Desposório, s. m. 1. Promessa de casamento; esponsais. 2. Casamento.

Despossuir, v. V. *desapossar.*

Déspota, s. m. 1. Soberano absoluto. 2. Aquele que oprime; tirano. 3. Pessoa que abusa de sua autoridade. Adj. m. e f. Despótico.

Despótico, adj. 1. Próprio de déspota. 2. Que usa despotismo.

Despotismo, s. m. 1. Poder absoluto e arbitrário. 2. Ato próprio de um déspota.

Despovoação, s. f. Ação ou efeito de despovoar(-se); despovoamento.

Despovoado, adj. 1. Que se despovoou. 2. Desabitado, ermo. S m. Lugar desabitado.

Despovoamento, s. m. V. *despovoação.*

Despovoar, v. 1. Tr. dir. Tornar sem habitantes. 2. Pron. Ficar sem habitantes, deserto.

Despratear, v. Tr. dir. Tirar a prata ou a cor de prata a.

Desprazer, v. Tr. ind. e intr. 1. Não aprazer. 2. Desagradar, desgostar. Conjuga-se como *aprazer.* S. m. 1. Falta de prazer. 2. Desgosto.

Desprazimento, s. m. V. *desprazer.*

Desprazível, adj. m. e f. Que despraz.

Desprecatado, adj. Que não se precatou; incauto.

Desprecatar, v. Pron. Não tomar precaução; desacautelar-se, desprevenir-se.
Desprecaver, v. V. *desacautelar.* Conjuga-se como *precaver.*
Despregado, adj. 1. Que se despregou. 2. Desfraldado. 3. Desenfreado, solto. 4. Atrevido, insolente.
Despregadura, s. f. Ação ou efeito de despregar(-se).
Despregar, v. 1. Tr. dir. Arrancar os pregos de. 2. Tr. dir. Separar (o que estava pregado). 3. Tr. dir. Desviar (a vista, os olhos) de. 4. Pron. Desprender-se, soltar-se.
Desprendado, adj. Que não tem prendas, habilidade, talento.
Desprender, v. (*des + prender*). 1. Tr. dir. e pron. Desamarrar(-se), soltar(-se) (o que estava preso). 2. Pron. Despegar-se. 3. Tr. dir. Desferir. 4. Tr. dir. e pron. Exalar(-se). 5. Tr. dir. Soltar, libertar, ceder. 6. Tr. dir. Desviar.
Desprendido, adj. 1. Que se desprendeu. 2. Desambicioso, desinteressado.
Desprendimento, s. m. 1. Ação ou efeito de desprender(-se). 2. Abnegação.
Despreocupação, s. f. Estado de quem se acha despreocupado.
Despreocupado, adj. Que não tem preocupações.
Despreocupar, v. 1. Tr. dir. Livrar ou isentar de preocupações. 2. Pron. Deixar de se preocupar.
Despreparo, s. m. 1. Falta de preparo. 2. Desarranjo, desorganização.
Despresilhar, v. Tr. dir. Desprender das presilhas.
Desprestigiar, v. 1. Tr. dir. Tirar o prestígio a. 2. Pron. Perder o prestígio.
Desprestígio, s. m. Falta de prestígio.
Despretensão, s. f. 1. Falta de pretensão. 2. Desambição.
Despretensioso, adj. 1. Que não tem pretensões; modesto, simples, singelo, franco, desafetado.
Desprevenção, s. f. 1. Falta de prevenção; despreconceito. 2. Falta de previdência; imprevidência.
Desprevenido, adj. 1. Que não se preveniu; desacautelado. 2. Livre de preconceitos. 3. Sem dinheiro disponível.
Desprevenir, v. 1. Tr. dir. Não prevenir. 2. Tr. dir. Desacautelar. 3. Pron. Desacautelar-se, descuidar-se.
Desprezador, adj. e s. m. Que, ou quem despreza.
Desprezar, v. 1. Tr. dir. Tratar com desprezo. 2. Pron. Dar-se ao desprezo; rebaixar-se. 3. Tr. dir. Não dar importância a; não levar em conta.
Desprezativo, adj. Em que há desprezo; depreciativo, desprezivo.
Desprezilho, s. m. Indício de desprezo; desdém.
Desprezível, adj. m. e f. 1. Que merece desprezo. 2. Abjeto, miserável, vergonhoso.
Desprezivo, adj. V. *desprezativo.*
Desprezo (*ê*), s. m. 1. Falta de apreço; desdém. 2. Sentimento que transporta o espírito acima da cobiça.
Desprimor, s. m. 1. Falta de primor, de perfeição. 2. Descortesia, indelicadeza.
Desprimorar, v. 1. Tr. dir. Tirar o primor ou o mérito a; deslustrar. 2. Pron. Perder o primor; aviltar-se.
Desprimoroso, adj. 1. Falto de primor; imperfeito. 2. Incivil, descortês. 3. Deprimente.
Desprivilegiar, v. Tr. dir. 1. Tirar o privilégio a. 2. Tornar comum; generalizar.
Despronúncia, s. f. Ato ou efeito de despronunciar.
Despronunciar, v. Tr. dir. *Dir.* Declarar nula a pronúncia de (um réu).
Desproporção, s. f. 1. Falta de proporção. 2. Desconformidade, desarmonia. 3. Desigualdade.
Desproporcionado, adj. Que não é proporcionado; desproporcionalmente grande, pequeno, comprido etc.; desproporcional.
Desproporcional, adj. m. e f. Desproporcionado.
Desproporcionar, v. 1. Tr. dir. Alterar as proporções de. 2. Pron. Adquirir desproporção.
Despropositado, adj. 1. Que não vem a propósito; inoportuno. 2. Que não tem propósito; desarrazoado. 3. Estouvado, arrebatado.
Despropositar, v. Intr. 1. Proceder sem propósito; desatinar. 2. Falar desabridamente.
Despropósito, s. m. 1. Dito ou ato fora de propósito. 2. Desatino, imprudência. 3. Disparate, absurdo.
Desproteção, s. f. Falta de proteção.
Desproteger, v. Tr. dir. 1. Não proteger, faltar com a proteção a. 2. Desamparar, desauxiliar.
Desproveito, s. m. 1. Desaproveitamento, desperdício. 2. Dano, prejuízo.
Desprover, v. Tr. dir. 1. Deixar de prover. 2. Privar de provisões ou de coisas necessárias.
Desprovido, adj. 1. Sem provisões. 2. Carente de. 3. Sem recursos.
Desprovimento, s. m. 1. Falta de provimento. 2. Carência das provisões necessárias.
Despudor, s. m. Falta de pudor; impudor.
Despudorado, adj. e s. m. Que, ou quem não tem pudor; obceno.
Despundonor, s. m. Falta ou ausência de pundonor.
Despundonoroso, adj. Que revela despundonor.
Desqualificação, s. f. Ato ou efeito de desqualificar(-se).
Desqualificado, adj. 1. Que perdeu as qualidades que o recomendavam. 2. Excluído de certame.
Desqualificar, v. 1. Tr. dir. Tirar ou fazer perder as boas qualidades. 2. Pron. Tornar-se indigno por violação das leis da honra.
Desqualificativo, adj. e s. m. Que, ou o que desqualifica.
Desqueixado, adj. Que não tem queixos ou os tem partidos.
Desqueixador, adj. e s. m. Que, ou quem desqueixa.
Desqueixar, v. Tr. dir. Quebrar, deslocar os queixos a.
Desquerer, v. Tr. dir. 1. Deixar de querer a. 2. Não querer bem, não amar.
Desquiciar, v. 1. Tr. dir. Tirar dos quícios ou gonzos; desengonçar. 2. Pron. Sair dos quícios; desencaixar-se.
Desquitação, s. f. V. *desquite.*
Desquitar, v. 1. Tr. dir. Separar em desquite (os cônjuges). 2. Pron. Separar-se (um cônjuge do outro) por ação de desquite.
Desquite, s. m. *Dir.* Ato jurídico que promove a separação dos cônjuges e seus bens, sem quebra do vínculo matrimonial.
Desraigar (*a-i*), v. V. *desarraigar.*
Desramar, v. Tr. dir. Cortar os ramos a uma árvore; derramar.
Desratização, s. f. Ato ou efeito de desratizar.
Desratizar, v. Tr. dir. Destruir os ratos.
Desrazão, s. f. Falta de razão; sem-razão.
Desregrado, adj. 1. Que está fora da regra. 2. Desordenado. 3. Imoderado, irregular. 4. Libertino.
Desregramento, s. m. 1. Falta de regra, regularidade ou método. 2. Abuso, excesso. 3. Anarquia, desordem. 4. Devassidão, intemperança.
Desregrar, v. Tr. dir. e pron. Afastar(-se) da regra, tornar(-se) irregular ou descomedido.
Desrepublicanizar, v. Tr. dir. Tirar a qualidade, o caráter republicano a.
Desrespeitador, adj. e s. m. Que, ou quem desrespeita ou não respeita.
Desrespeitar, v. Tr. dir. Faltar ao respeito a; desacatar.
Desrespeito, s. m. Falta de respeito; desacato, irreverência.
Desrespeitoso, adj. Que não é respeitoso.
Desrevestir, v. Pron. 1. Despir (o sacerdote) as vestes com que celebrou a missa. 2. Despir-se.
Desriçar, v. V. *desenriçar.*
Desrolhar, v. V. *desarrolhar.*
Desrugar, v. V. *desenrugar.*
Dessaborido, adj. 1. Falto de sabor, sem sabor; insípido, insulso. 2. De mau sabor.
Dessaboroso, adj. V. *dessaborido.*
Dessagrar, v. Tr. dir. 1. Tirar a qualidade de sagrado a. 2. Profanar.
Dessangrar, v. Tr. dir. 1. Tirar o sangue a; sangrar. 2. Escoar vasilha através de orifício abaixo do nível do líquido nela contido. 3. Debilitar, enfraquecer.

Dessarte, adv. (*dessa + arte*). Dessa forma, desse modo.
Desse (*ê*), combinação da prep. *de* e do pron. dem. *esse*.
Dessecar, v. (1. *desiccare*). 1. Tr. dir. Secar completamente; enxugar. 2. Pron. Tornar-se seco; secar-se. 3. Tr. dir. Tornar árido. 4. Tr. dir. e pron. Definhar(-se), mirrar(-se). 5. Tr. dir. e pron. Tornar(-se) duro, insensível. Cfr. *dissecar*.
Dessecativo, adj. 1. Que faz dessecar. 2. *Farm.* Diz-se do medicamento que promove a cicatrização das úlceras. Cfr. *dissecativo*.
Dessedentar, v. 1. Tr. dir. Matar a sede a. 2. Pron. Matar a própria sede.
Dessemelhança, s. f. Falta de semelhança.
Dessemelhante, adj. m. e f. Que não é semelhante.
Desserviço, s. m. Mau serviço.
Desservido, adj. 1. Mal servido. 2. Falto, privado.
Desservir, v. 1. Tr. dir. Fazer desserviço a. 2. Intr. Não servir.
Dessexuado (*cs*), adj. Privado dos caracteres ou da potência sexual.
Dessexualizar (*cs*). v. V. *dessexuar*.
Dessexuar (*cs*), v. 1. Tr. dir. Privar dos caracteres ou potência sexuais; desvirilizar. 2. Pron. Perder os caracteres ou a potência sexual.
Dessimetria, s. f. Falta de simetria; assimetria. Var.: *dissimetria*.
Dessimétrico, adj. 1. Que não é simétrico. 2. Em que não há simetria; assimétrico. Var.: *dissimétrico*.
Dessocar, v. Tr. dir. Fazer incisão dos tendões de certos músculos das mãos do animal matreiro, a fim de impedir que corra.
Dessorado, adj. 1. Que perdeu o soro. 2. Enfraquecido, enlanguescido.
Dessorar, v. 1. Tr. dir. Separar o soro de. 2. Tr. dir. e pron. Converter(-se) em soro. 3. Tr. dir. Enfraquecer.
Dessoutro, combinação de *desse* e *outro*.
Dessuetude, s. f. (*des* + 1. *suetudine*). 1. Desuso, descostume. 2. Descontinuidade, suspensão, abandono.
Dessultório, adj. 1. Que salta de um lado para outro. 2. Que volteia. 3. Não persistente.
Dessumir, v. Tr. dir. Tirar por ilação; deduzir, inferir.
Desta, combinação da preposição *de* com o dem. *esta*.
Destabocado, adj. 1. Que não respeita as conveniências; estabanado. 2. Falador. 3. Malcriado.
Destabocar, v. 1. Pron. Perder a vergonha, o acanhamento. 2. Intr. Faltar às conveniências.
Destacamento, s. m. *Mil.* Porção de tropa que se separa de sua unidade para serviço fora da sede do mesmo regimento.
Destacar, v. 1. Tr. dir. Enviar, expedir (destacamento). 2. Tr. dir. e pron. Separar(-se). 3. Tr. dir. Pôr em destaque; salientar. 4. Pron. Distinguir-se, sobressair.
Destampado, adj. 1. Sem tampa. 2. Desmedido, despropositado.
Destampar, v. 1. Tr. dir. Tirar a tampa a; destapar. 2. Intr. Prorromper com desatino, com despropósito.
Destampatório, s. m. Discussão acalorada. 2. Descompostura violenta.
Destapar, v. Tr. dir. Descobrir (o que estava tapado); destampar.
Destaque, s. m. 1. Qualidade do que se destaca; realce. 2. Figura ou assunto relevante.
Destarte, adv. (*desta + arte*). Assim, desta forma.
Deste (*ê*), combinação da preposição *de* com o pronome dem. *este*.
Destecedura, s. f. Ato de destecer.
Destecer, v. 1. Tr. dir. e pron. Desmanchar(-se) aquilo que estava tecido. 2. Tr. dir. Desenredar.
Destelhar, v. Tr. dir. 1. Tirar as telhas de (um prédio). 2. Descobrir.
Destemer, v. Tr. dir. Não temer; não ter medo a.
Destemido, adj. 1. Que não tem temor. 2. Valente, intrépido.
Destemor, s. m. Falta de temor; audácia, intrepidez.
Destêmpera, s. f. Ato de destemperar (o aço).
Destemperado, adj. 1. Que perdeu a têmpera. 2. Desregrado, desordenado. 3. Descomedido. 4. *Pop.* Com diarréia.
Destemperança, s. f. V. *intemperança*.
Destemperar, v. 1. Tr. dir. Fazer perder a têmpera (ao aço). 2. Intr. e pron. Perder a têmpera (o aço). 3. Tr. dir. Alterar o sabor de, tornando-o menos pronunciado. 4. Intr. e pron. Descomedir-se, exceder-se.
Destempero (*ê*), s. m. 1. Ato ou efeito de destemperar. 2. Desarranjo, desorganização. 3. Despropósito, disparate.
Desteridade, s. f. V. *destreza*.
Desterrado, adj. Que foi banido da pátria; banido.
Desterrador, adj. e s. m. Que, ou o que desterra.
Desterrar, v. 1. Tr. dir. Expulsar da pátria; banir, exilar. 2. Pron. Expatriar-se; emigrar. 3. Tr. dir. Afastar, afugentar.
Desterro (*ê*), s. m. 1. Ato ou efeito de desterrar. 2. Lugar onde vive o desterrado. Pl.: *desterros* (*ê*).
Desterroar, v. Tr. dir. 1. Desfazer os torrões de. 2. Tirar terra de. Vars.: *destorroar, esterroar, estorrar* e *estorroar*.
Destetar, v. V. *desmamar*.
Destilação, s. f. (1. *destillatione*). Processo de volatilizar, por aquecimento, líquidos de composição complexa, e condensá-los novamente ao estado líquido, para obter produtos de características mais rigorosas.
Destilador, adj. Que destila. S. m. Aparelho para destilar; alambique.
Destilar, v. 1. Tr. dir. Proceder à destilação de; alambicar. 2. Tr. dir. Deixar cair em gotas. 3. Intr. Cair gota a gota. 4. Tr. dir. Insinuar.
Destilaria, s. f. Lugar onde se faz a destilação.
Destilatório, adj. Que serve para destilar.
Destimidez, s. f. Qualidade ou estado de destímido.
Destímido, adj. Que não é tímido; sem timidez.
Destinação, s. f. (1. *destinatione*). 1. Ato de destinar. 2. Destino, fim. 3. Emprego, aplicação.
Destinador, adj. e s. m. Que, ou que destina.
Destinar, v. 1. Tr. dir. Determinar de antemão. 2. Tr. dir. e pron. Reservar(-se) para determinado fim. 3. Pron. Propor-se (certo fim): Este jovem *destina-se à* carreira militar.
Destinatário, s. m. Pessoa a quem se endereça ou destina alguma coisa.
Destingir, v. 1. Tr. dir. Tirar a cor a; descorar. 2. Intr. e pron. Perder a cor ou a tinta.
Destino, s. m. 1. Encadeamento de fatos supostamente fatais; fatalidade. 2. Fado, sorte. 3. Objetivo, fim para que se reserva ou destina alguma coisa. 4. Lugar a que se dirige alguém ou algo.
Destinto, adj. Que perdeu a tinta, que se destinguiu.
Destituição, s. f. Ato ou efeito de destituir; demissão, posição.
Destituído, adj. 1. Demitido (de um cargo). 2. Falto, privado.
Destituir, v. Tr. dir. Privar de autoridade, dignidade ou emprego; demitir, depor.
Destoante, adj. m. e f. 1. Que destoa. 2. Discordante.
Destoar, v. 1. Intr. Sair do tom, soar mal. 2. Intr. Desafinar. 3. Tr. ind. Não condizer, não ser próprio. 4. Tr. ind. Discordar.
Destocador, adj. Que destoca. S. m. Máquina para arrancar tocos de árvores.
Destocamento, s. m. Ato ou operação de destocar.
Destocar, v. Tr. dir. Arrancar de um campo os tocos das árvores.
Destoldar, v. 1. Tr. dir. Descobrir (tirando o toldo). 2. Tr. dir. Tornar claro, límpido. 3. Pron. Aclarar-se.
Destom, s. m. 1. O que está fora do tom; dissonância. 2. Degenerescência. 3. Desarmonia, divergência.
Destorcedor, adj. e s. m. Que, ou quem destorce. S. m. Pequena moenda de cana, movida a braço.
Destorcer, v. 1. Tr. dir. Torcer em sentido oposto àquele em que estava torcido (corda etc.). 2. Pron. Desmanchar-se a torcedura de.
Destorcido, adj. 1. Que se destorceu; endireitado. 2. *Fam.* Hábil, empreendedor, expedito.
Destorroar, v. V. *desterroar*.
Destoucar, v. Tr. dir. 1. Tirar o toucado de. 2. Tirar a touca da cabeça de. 3. Desenfeitar.
Destoutro, combinação de *deste* com o pronome indefinido ou demonstrativo *outro*.

Destra, s. f. (1. *dextra*). A mão direita. Antôn.: *sinistra.*
Destramar, v. Tr. dir. 1. Desmanchar a trama de. 2. Desenredar.
Destrambelhado, adj. 1. A que se tirou o trambelho. 2. Disparatado. 3. Desorganizado. 4. Adoidado, tantã.
Destrancar, v. Tr. dir. Tirar a tranca ou trancas a.
Destrançar, v. V. *desentrançar.*
Destratar, v. Tr. dir. 1. Maltratar com palavras. 2. Insultar. 3. Desfazer o trato; desconbinar.
Destravancar, v. V. *desatravancar.*
Destravar, v. Tr. dir. 1. Desapertar os travões de; soltar, afrouxar. 2. Livrar das travas ou peias. 3. Desembaraçar.
Destreza, s. f. 1. Qualidade de quem é destro. 2. Agilidade de movimentos. 3. Aptidão, arte. 4. Sagacidade.
Destribar, v. Pron. 1. Perder os estribos. 2. Perder o apoio em que se estribava.
Destrimanismo, s. m. Qualidade ou condição de destrímano.
Destrímano, adj. e s. m. Que, de preferência, se serve da mão direita.
Destrinçador, adj. e s. m. Que, ou aquele que destrinça.
Destrinçar, v. (1. v. **distrinctiare*). Tr. dir. 1. Separar os fios de. 2. Expor miudamente; individualizar. 3. Desenredar.
Destrinçável, adj. m. e f. Que se pode destrinçar.
Destrinchar, v. V. *destrinçar.*
Destripar, v. V. *estripar.*
Destro, adj. (1. *dextru*). 1. Que fica do lado direito. 2. Hábil. 3. Perito. 4. Ágil. 5. Astuto, sagaz.
Destroçador, adj. e s. m. Que, ou o que destroça.
Destrocar, v. Tr. dir. Desmanchar a troca.
Destroçar, v. (1. **destructiare*). Tr. dir. 1. Debandar, dispersar. 2. Desbaratar. 3. Arruinar, devastar. 4. Dar cabo de; esbanjar.
Destroço (*ô*), s. m. 1. Ato ou efeito de destroçar. 2. Aquilo que foi destroçado. Pl.: *destroços* (*ó*).
Destróier, s. m. (ingl. *destroyer*). Contratorpedeiro moderno, muito rápido. Pl.: *destróieres.*
Destronamento, s. m. 1. Ação de destronar. 2. Perda do trono. 3. Abdicação.
Destronar, v. 1. Tr. dir. Destituir da soberania; apear do trono. 2. Pron. Perder o trono. 3. Tr. dir. Abater, humilhar.
Destroncar, v. Tr. dir. 1. Separar do tronco. 2. Desmembrar, decepar. 3. Desgalhar. 4. Tirar da articulação; luxar, desnocar.
Destronização, s. f. Ato ou efeito de destronizar.
Destronizar, v. V. *destronar.*
Destruição (*u-i*), s. f. Ato ou efeito de destruir.
Destruidor (*u-i*), adj. e s. m. Que, ou o que destrói.
Destruir, v. (1. *destruere*). 1. Tr. dir. Arruinar, demolir, derribar (qualquer construção). 2. Intr. Causar ruína. 3. Tr. dir. Exterminar, matar, extinguir. 4. Tr. dir. Derrotar, desbaratar, vencer.
Destrutibilidade, s. f. Qualidade de destrutível.
Destrutível, adj. m. e f. Que pode ser destruído.
Destrutivo, adj. Destruidor.
Destrutor, adj. e s. m. V. *destruidor.*
Desultrajar, v. Tr. dir. e pron. Desagravar(-se), desforçar(-se).
Desumanar, v. Tr. dir. e pron. Tornar(-se) desumano.
Desumanidade, s. f. Falta de humanidade. 2. Ato desumano; dureza, crueldade.
Desumanizar, v. V. *desumanar.*
Desumano, adj. 1. Que não é humano. 2. Que denota desumanidade; cruel, feroz.
Desunhar, v. 1. Tr. dir. Tirar as unhar a. 2. Pron. Estragar, rachar as unhas ou o casco. 3. Pron. Cansar-se em trabalhos manuais.
Desunião, s. f. 1. Falta de união. 2. Desavença, rixa.
Desunificar, v. Tr. dir. Destruir a unificação de.
Desunir, v. Tr. dir. 1. Desfazer a união de; separar; desligar. 2. Produzir discórdia em; desavir.
Desurdir, v. Tr. dir. 1. Desfazer a urdidura. 2. Desmanchar, desunir.
Desusado, adj. 1. Que já não se usa; fora de uso. 2. Anormal, extraordinário.
Desusar, v. Tr. dir. Não usar.
Desuso, s. m. 1. Cessação do uso, do emprego. 2. Falta de uso, de costume.
Desvairado, adj. 1. Que perdeu o juízo; variado. 2. Desnorteado.
Desvairador, adj. e s. m. Que, ou aquele que desvaira.
Desvairamento, s. m. Alucinação, delírio.
Desvairar, v. 1. Tr. dir. e intr. Causar alucinação a. 2. Intr. e pron. Perder a cabeça, praticar ou dizer desatinos. 3. Tr. dir. Aconselhar mal; enganar, iludir. 4. Tr. ind. e intr. Desgarrar-se. 5. Pron. Errar, vagar. 6. Tr. dir. Perverter.
Desvairo, s. m. *Ant.* Desvario.
Desvalia, s. f. V. *desvalimento.*
Desvalidar, v. V. *invalidar.*
Desvalido, adj. 1. Pobre, infeliz. 2. Desamparado, desprotegido. S. m. Aquele que não tem valimento.
Desvalijar, v. Tr. dir. 1. Roubar a valisa ou os alforjes a. 2. Despojar. 3. Roubar.
Desvalimento, s. m. 1. Falta de valimento. 2. Perda de favor, ou proteção.
Desvalioso, adj. Que não tem valia.
Desvalor, s. m. Falta de valor.
Desvalorização, s. f. 1. Perda de valor. 2. Depreciação. 3. Baixa do valor da moeda de um país em relação ao ouro.
Desvalorizador, adj. e s. m. Que, ou quem desvaloriza.
Desvalorizar, v. 1. Tr. dir. Tirar o valor a; depreciar. 2. Pron. Perder o próprio valor.
Desvanecedor, adj. e s. m. Que, ou quem desvanece.
Desvanecer, v. (1. **disvanescere*, por *evanescere*). 1. Tr. dir. Fazer desaparecer; apagar, dissipar, extinguir. 2. Pron. Apagar-se, desaparecer. 3. Tr. dir. Causar vaidade a. 4. Pron. Encher-se de vaidade; ufanar-se.
Desvanecido, adj. 1. Desfeito, dissipado. 2. Envaidecido.
Desvanecimento, s. m. 1. Ato ou efeito de desvanecer. 2. Orgulho, vaidade. 3. Esmorecimento.
Desvanecível, adj. m. e f. Que se pode desvanecer.
Desvantagem, s. f. Falta de vantagem; inferioridade.
Desvantajoso, adj. Inconveniente, prejudicial.
Desvão, s. m. 1. Espaço vazio entre uma coisa e outra. Pl.: *desvãos.*
Desvario, s. m. 1. Ato de loucura. 2. Delírio. 3. Extravagância. 4. Desacerto, erro.
Desvelado, adj. Cheio de desvelo; vigilante, dedicado, cuidadoso.
Desvelar[1], v. (*des + velar*[1]). Tr. dir. Tirar o véu a; descobrir. 2. Tr. dir. Patentear, revelar. 3. Pron. Manifestar-se, patentear-se.
Desvelar[2], v. (*des + velar*[2]). 1. Tr. dir. Causar vigília a, tirar o sono a. 2. Pron. Encher-se de zelo.
Desvelo (*ê*), s. m. 1. Cuidado carinhoso. 2. Objeto dessa afeição. Pl.: *desvelos* (*ê*).
Desvencilhar, v. 1. Tr. dir. Soltar do vencilho. 2. Desatar, soltar. 3. Pron. Soltar-se do vencilho. 4. Pron. Desembaraçar-se.
Desvendar, v. 1. Tr. dir. Tirar a venda a. 2. Tr. dir. e pron. Tornar(-se) patente; revelar(-se), manifestar(-se).
Desventrar, v. Tr. dir. Rasgar o ventre a; estripar.
Desventura, s. f. 1. Falta de ventura. 2. Desgraça, infortúnio, sorte má.
Desventurado, adj. Infeliz, infortunado, desditoso.
Desvergonha, s. f. Falta de vergonha.
Desvestir, v. V. *despir.*
Desviado, adj. Longe do caminho; afastado, apartado, remoto.
Desviar, v. 1. Tr. dir. Tirar do caminho, rumo ou destino. 2. Tr. dir. Afastar do ponto em que se encontrava, mudar a direção de. 3. Tr. dir. Apartar do bom caminho. 4. Pron. Afastar-se, apartar-se, desguiar-se. 5. Tr. dir. Demover, dissuadir.
Desvigar, v. Tr. dir. Tirar o vigamento a.
Desvigiar, v. Tr. dir. 1. Deixar de vigiar. 2. Desatender, descuidar.

Desvigorar, v. 1. Tr. dir. Tirar o vigor a; enfraquecer. 2. Pron. Perder o vigor. Var.: *desvigorizar.*

Desvincar, v. Tr. dir. Tirar os vincos a.

Desvincilhar, v. V. *desvencilhar.*

Desvinculação, s. f. Ato ou efeito de desvincular(-se).

Desvincular, v. 1. Tr. dir. Tornar alienáveis (bens de vínculo). 2. Tr. dir. Desatar (aquilo que estava vinculado). 3. Pron. Desligar-se.

Desvio, s. m. (de *desviar*). 1. Ação ou efeito de desviar(-se). 2. Mudança de direção. 3. Rodeio, volta de um caminho, rio etc. 4. No caminho de ferro, linha secundária, ligada à linha geral, para abrigar ou depositar veículos etc. 5. Perda do caminho. 6. Culpa, falta. 7. Destino ou aplicação errada, indevida. 8. Subtração fraudulenta; apropriação indébita.

Desvirar, v. Tr. dir. Voltar de dentro para fora; voltar do avesso; voltar de baixo para cima.

Desvirginamento, s. m. Ato de desvirginar; desvirginização.

Desvirginar, v. Tr. dir. Tirar a virgindade a. Var.: *desvirginizar.*

Desvirginização, s. f. V. *desvirginamento.*

Desvirginizar, v. V. *desvirginar.*

Desvirgular, v. Tr. dir. Tirar ou omitir as vírgulas.

Desvirilizar, v. Tr. dir. Tirar a virilidade a.

Desvirtuação, s. f. 1. Ato ou efeito de desvirtuar; depreciação, desvirtuamento. 2. Deturpação.

Desvirtuamento, s. m. V. *desvirtuação.*

Desvirtuar, v. Tr. dir. 1. Tirar a virtude, o merecimento a; depreciar, desprestigiar. 2. Julgar desfavoravelmente. 3. Tomar em mau sentido; deturpar.

Desviscerado, adj. Privado das vísceras.

Desvitalizar, v. Tr. dir. Privar da vitalidade.

Detalhar, v. Tr. dir. 1. Narrar minuciosamente; pormenorizar. 2. Delinear, planear.

Detalhe, s. m. 1. Pormenor. 2. Particularidade, minúcia.

Detectar, v. Tr. dir. Descobrir um fenômeno, um objeto oculto.

Detector, adj. Que detecta. S. m. *Radiotécn.* Aparelho que transforma a freqüência das ondas de radiofreqüência em ondas de audiofreqüência; retificador.

Detença, s. f. Demora, dilatação.

Detenção, s. f. (l. *detentione*). 1. Ato de deter. 2. *Dir.* Prisão preventiva. 3. *Dir.* Pena privativa de liberdade, menos rigorosa que a da reclusão.

Detento, s. m. Aquele que se acha preso em casa de detenção.

Dententor, adj. e s. m. 1. Que, ou aquele que detém. 2. V. *depositário.*

Deter, v. (l. *detinere*). 1. Tr. dir. Fazer parar, não deixar ir por diante; sustar. 2. Pron. Parar. 3. Pron. Deixar-se estar; demorar-se. 4. Tr. dir. Conservar em seu poder; reter. 5. Tr. dir. Prender.

Detergente, adj. m. e f. Que deterge; detersivo, detersório. S. m. Qualquer substância que tem a propriedade de limpar, de separar as impurezas.

Detergir, v. Tr. dir. 1. Limpar. 2. Lavar. 3. Purificar por meio de detergente.

Deterioração, s. f. 1. Ato ou efeito de deteriorar(-se). 2. Estrago, ruína, corrupção.

Deteriorante, adj. m. e f. Que deteriora.

Deteriorar, v. 1. Tr. dir. e pron. Pôr(-se) em piores condições de qualidade ou de aspecto. 2. Tr. dir. e pron. Adulterar(-se), estragar(-se). 3. Tr. dir. Danificar. 4. Pron. Sofrer dano.

Deteriorável, adj. m. e f. Que pode deteriorar-se.

Determinação, s. f. 1. Ato ou efeito de determinar(-se). 2. Definição, indicação ou explicação exata. 3. Demarcação. 4. Ordem superior; prescrição. 5. Resolução, decisão. 6. Afoiteza, coragem, denodo.

Determinado, adj. 1. Decidido, resolvido. 2. Firme, resoluto.

Determinador, adj. e s. m. Que, ou aquele que determina.

Determinante, adj. m. e f. Que determina. S. f. Fato que determina um outro; causa, motivo.

Determinar, v. 1. Tr. dir. Marcar termo a. 2. Tr. dir. Delimitar, demarcar. 3. Tr. dir. Indicar com exatidão; precisar, definir, estabelecer, fixar, assentar. 4. Tr. dir. Decidir, resolver. 5. Tr. dir. Dar motivo a; causar. 6. Pron. Decidir-se por, resolver-se.

Determinativo, adj. 1. Que determina. 2. *Gram.* Dizia-se do complemento nominal, segundo a antiga nomenclatura gramatical brasileira.

Determinável, adj. m. e f. Que pode ser determinado.

Determinismo, s. m. *Filos.* Teoria segundo a qual todos os fatos são considerados como conseqüências necessárias de condições antecedentes.

Determinista, adj. m. e f. Relativo ao determinismo. S. m. e f. Pessoa que aceita teorias deterministas.

Detersão, s. f. 1. Ato de detergir. 2. *Med.* Limpeza por meio de remédios.

Detersivo, adj. Detergente.

Detersório, adj. Detergente.

Detestação, s. f. 1. Aversão. 2. Ódio.

Detestando, adj. V. *detestável.*

Detestar, v. 1. Tr. dir. Ter horror a; abominar. 2. Tr. dir. Ter aversão a. 3. Pron. Ter aversão recíproca.

Detestável, adj. m. e f. 1. Que se deve detestar; abominável. 2. Péssimo. 3. Insuportável.

Detetive, s. m. (ingl. *detective*). V. *investigador.*

Detido, adj. 1. Retardado. 2. Preso provisoriamente. S. m. Prisioneiro.

Detonação, s. f. 1. Ruído causado por explosão. 2. Explosão violenta.

Detonante, adj. m. e f. Que denota.

Detonar, v. 1. Intr. Explodir com barulho violento. 2. Tr. dir. Causar a detonação de.

Detração, s. f. 1. Maledicência. 2. Menosprezo. 3. Calúnia, infâmia.

Detrair, v. (l. *detrahere*). Tr. dir. Diminuir o mérito de; difamar, depreciar, denegrir.

Detrás, adv. (l. *de + trans*). 1. Na parte posterior; posteriormente. 2. Depois de, em seguida a. — *Por d.*, loc. adv., e *por d. de,* loc. prep.: a coberto de; do outro lado; pela retaguarda.

Detratar, v. V. *detrair.*

Detrativo, adj. Que detrai.

Detrator, s. m. Aquele que detrai.

Detrimento, s. m. 1. Perda. 2. Dano, prejuízo.

Detrito, s. m. Resíduo de uma substância orgânica; resto. (Mais usado no plural.)

Detruncar, v. Tr. dir. Truncar, destroncar.

Detumescência, s. f. Desinchação.

Deturbar, v. Tr. dir. Perturbar.

Deturpação, s. f. Ato ou efeito de deturpar.

Deturpador, adj. e s. m. Que, ou quem deturpa.

Deturpar, v. Tr. dir. 1. Desfigurar. 2. Estragar. 3. Corromper, viciar. 4. Tornar feio.

Déu, s. m. Usa-se na locução *andar de déu em déu*: andar sem destino certo.

Deus, s. m. 1. O Ser supremo; o espírito infinito e eterno, criador e preservador do Universo; divindade. 2. Cada uma das divindades masculinas do politeísmo. Pl.: *deuses.* Fem.: *deusa.*

Deusa, s. f. Cada uma das divindades femininas do politeísmo.

Deutergia, s. f. *Med.* Conjunto dos efeitos secundários de um medicamento.

Deutério, s. m. *Quím.* Isótopo do hidrogênio, de símbolo D, H_2 ou ^2H, cujos átomos têm o duplo da massa dos átomos do hidrogênio ordinário.

deutero-, elem. de comp. (gr. *deuteros*). Exprime que uma coisa se faz segunda vez: *deuterogamia.*

Deuterogamia, s. f. Estado de deuterógamo.

Deuterógamo, s. m. Aquele que se casa segunda vez.

Deuterologia, s. f. *Antig.* Discurso que nos tribunais de Atenas o defensor oficioso pronunciava, após o discurso do acusado, que era obrigado a falar primeiro.

Dêuteron, s. m. *Fís.* Núcleo do átomo do deutério.

Deuteronômio, s. m. O quinto livro do Pentateuco.

Deva (*ê*), s. m. (do persa *div*). *Rel.* Gênio do mal na religião de Zoroastro (masdeísmo).
Devagar, adv. (*de* + *vagar*). Vagarosamente, lentamente, sem pressa. Cfr. *divagar.*
Devagarinho, adv. (diminutivo usual e familiar de *devagar*). Muito devagar.
Devanear, v. (*de* + 1. *vanu* + *ear*). 1. Tr. dir. Fantasiar, imaginar. 2. Tr. ind. Pensar vagamente em. 3. Intr. Dizer ou imaginar coisas sem nexo.
Devaneio, s. m. Imaginação, fantasia, sonho.
Devassa, s. f. *Dir.* Ato judicial no qual se inquirem testemunhas e se procuram provas para apurar e revelar um fato delituoso; sindicância.
Devassado, adj. 1. Que sofreu devassa. 2. Exposto à vista.
Devassador, adj. e s. m. Que, ou o que devassa.
Devassamento, s. m. 1. Ato ou efeito de devassar. 2. Franqueamento de uma coisa que estava defesa.
Devassar, v. 1. Tr. dir. Invadir ou observar (aquilo que é defeso ou vedado). 2. Tr. dir. Ter vista para dentro de. 3. Tr. ind. Fazer inquirição, devassa. 4. Pron. Vulgarizar-se, generalizar-se: A moda *devassou-se.*
Devassidão, s. f. Procedimento ou caráter de devasso; libertinagem, corrupção moral.
Devasso, adj. Libertino, licencioso. S. m. Homem devasso.
Devastação, s. f. (1. *devastatione*). 1. Ato ou efeito de devastar. 2. Ruína.
Devastador, adj. e s. m. Que, ou aquele que devasta.
Devastar, v. Tr. dir. 1. Tornar deserto; despovoar. 2. Talar, assolar. 3. Danificar, arruinar, destruir.
Deve, s. m. (de *dever*). *Com.* Débito ou despesa de uma casa comercial. Antôn.: *haver.*
Devedor, adj. e s. m. Que, ou aquele que deve.
Deventre, s. m. Vísceras dos animais.
Dever[1], v. (1. *debere*). 1. Tr. dir. Ter obrigação de. 2. Tr. dir. Ter por obrigação. 3. Tr. dir. Ser devedor de uma quantia ou valor. 4. Intr. Ter dívidas.
Dever[2], s. m. Obrigação, tarefa, incumbência.
Deveras, adv. Verdadeiramente, realmente.
Deverbal, adj. e s. m. *Gram.* Diz-se de, ou os substantivos formados de verbos por derivação regressiva, sem junção de qualquer sufixo, como *combate, venda.*
Devesa, s. f. 1. Alameda que limita um terreno. 2. Lugar cercado de arvoredo e de entrada proibida.
Deviação, s. f. (1. *deviatione*). Desvio, atalho.
Dévio, adj. 1. Extraviado,: Trabalhos *dévios.* 2. Desencaminhado. 3. Intransitável; impérvio.
Devir[1], v. Intr. Tornar-se; vir a ser.
Devir[2], s. m. *Filos.* 1. Série de mudanças concretas pelas quais passa um ser. 2. A própria mudança.
Devisar, v. Tr. dir. *Des.* Planejar.
Devitrificação, s. f. Cristalização de uma substância vítrea ou amorfa.
Devitrificar, v. Tr. dir. 1. Tirar a condição de vitrificação a. 2. Tirar a aparência de vidro a. Var.: *desvitrificação.*
Devoção, s. f. (1. *devotione*). 1. Sentimento religioso; dedicação às coisas religiosas; culto especial a um santo; práticas religiosas. 2. Observação espontânea dessas práticas. 3. Dedicação íntima. 4. Afeto.
Devocionário, s. m. Livro de orações.
Devocionista, adj. e s. m. e f. Que, ou pessoa que é muito devota.
Devolução, s. f. Ato ou efeito de devolver; restituição.
Devolutivo, adj. Que devolve, ou determina devolução.
Devoluto, adj. 1. *Dir.* Adquirido por devolução. 2. Desabitado. 3. Vazio. 4. Desocupado.
Devolutório, adj. V. *devolutivo.*
Devolver, v. Tr. dir. 1. Restituir ou entregar ao dono ou primeiro transmissor. 2. Mandar de volta; recambiar.
Devoniano, adj. e s. m. *Geol.* Diz-se do, ou o período da Era Paleozóica, compreendido entre o Carbonífero e o Siluriano.
Devônico, adj. V. *devoniano.*
Devoração, s. f. Ato de devorar.
Devorante, adj. m. e f. 1. Comilão, glutão. 2. Que consome, que destrói, rapidamente: Fogo *d.* 4. Ávido.
Devorar, v. Tr. dir. 1. Comer com voracidade, tragar sofregamente. 2. Consumir, destruir. 3. Ler avidamente. 4. Engolfar, submergir. 5. Percorrer com rapidez.
Devotação, s. f. V. *devotamento.*
Devotado, adj. 1. Oferecido em voto. 2. Dedicado.
Devotamento, s. m. 1. Ato de devotar-se. 2. Dedicação.
Devotar, v. 1. Tr. dir. Oferecer em voto. 2. Tr. dir. Dedicar, tributar. 3. Pron. Aplicar-se, dedicar-se.
Devoto, adj. 1. Que tem devoção; piedoso, religioso. 2. Que inspira devoção. 3. Que encerra devoção. 4. Afeiçoado às práticas religiosas; muito religioso.
Dextrina (*ês*), s. f. *Quím.* Cada um dos vários produtos gomosos, resultantes da hidrólise do amido e intermediários antes do aparecimento da maltose.
dextro-, elem. de comp. Exprime a idéia de *do lado direito, para o lado direito: dextrogiro.*
Dextrogiro (*ês*), adj. *Fís.* Diz-se dos corpos que têm a propriedade de desviar para a direita o plano de polarização da luz. Antôn.: *levogiro.*
Dextrose (*ês*), s. f. *Quím.* e *Farm.* Glicose dextrogira que ocorre em muitas frutas doces e no sangue e tecido animais.
Dez, Num. (1. *dece*). Diz-se do cardinal formado de duas vezes cinco ou de nove mais um. Col.: *dezena, década, decênio.*
Dezembro, s. m. Duodécimo mês do calendário gregoriano.
Dezena, num. *Mat.* Grupo formado de dez unidades.
Dezenove, num. Designativo do cardinal formado de dez mais nove. S. m. O que ocupa o décimo nono lugar.
Dezesseis, num. Designativo do cardinal formado de dez mais seis. S. m. O que ocupa o décimo sexto lugar.
Dezessete, num. Designativo do cardinal formado de dez mais sete. S. m. O que ocupa o décimo sétimo lugar.
Dezoito, num. Designativo do cardinal formado de dez mais oito. S. m. O que ocupa o décimo oitavo lugar.
Dez-réis, s. m. Antiga moeda portuguesa e brasileira de pequeno valor. — *D. de mel coado*: quantia ínfima; bagatela, insignificância.
di-, pref. Significa *duplicidade: dígrafo.*
dia-[1], pref. (gr. *dia*). Significa *através de, entre* ou *por entre: diagonal, diâmetro.*
Dia[2], s. m. (1. *dies*). 1. Em oposição a *noite*, tempo em que há luz natural do Sol. 2. Tempo que decorre desde o nascer ao pôr do Sol.
Diaba, s. f. (de *diabo*). *Pop.* Mulher mais má que boa. Var.: *diáboa.*
Diabada, s. f. 1. Porção de diabos, ou de gente endiabrada; os diabos. 2. Cambada, corja, súcia.
Diábase, s. f. *Geol.* Rocha magmática intrusiva, preta ou esverdeada, composta de plagioclásios e piroxênios.
Diabete, s. m. e f. *Med.* Cada uma das várias condições anormais caracterizadas pelo acentuado aumento de secreção urinária.
Diabetes, s. m. f. sing. e pl. V. *diabete.*
Diabético, adj. *Med.* Relativo a diabete. S. m. Aquele que sofre de diabete.
Diabetologia, s. f. *Med.* Ramo da medicina que estuda o diabete.
Diabo, s. m. (1. *diabolu*). 1. Gênio do mal em geral. 2. Satanás, o anjo rebelde que, segundo a crença cristã, foi banido do Céu e sepultado no inferno. 3. Cada um dos anjos rebeldes e malditos como Satanás. Col.: *legião.* 4. Pessoa de más qualidades. 5. Desordem, confusão.
Diáboa, s. f. V. *diaba.*
Diabólico, adj. 1. Corcernente ao diabo. 2. Próprio do diabo. 3. Inspirado pelo diabo. 4. Infernal. 5. Maligno.
Diabolismo, s. m. 1. Culto do diabo. 2. Maldade.
Diabolô, s. m. Jogo em que se apara, num cordel atado pelas pontas a duas varas, uma espécie de carretel com forma de ampulheta que se arremessa ao ar.
Diabrete, s. m. 1. Pequeno diabo. 2. *Fam.* Criança travessa.
Diabrose, s. f. *Med.* Perfuração numa parte do corpo, provocada por substância corrosiva.

Diabrótico, adj. *Med.* Relativo a diabrose.
Diabrura, s. f. 1. Obra do diabo. 2. Travessura.
Diacáustico, s. m. *Med. ant.* Cáustico, que era o concentração dos raios solares por meio de uma lente.
Diacho, s. m. *Pop.* Diabo.
Diáclase, s. f. *Geol.* Fratura no corpo de uma rocha, sem separação dos bordos.
Diacódio, s. m. *Farm.* Xarope de cabeças de papoulas brancas, outrora usado como narcótico.
Diacomática, s. f. *Mús.* Transição diacomática.
Diacomático, adj. *Mús.* Diz-se das transições harmônicas, com que se passa de tom maior a tom menor e reciprocamente.
Diaconado, s. m. V. *diaconato.*
Diaconal, adj. m. e f. Atinente ao diácono.
Diaconato, s. m. Grau, na hierarquia eclesiástica católica, imediatamente inferior ao presbiterato.
Diaconia, s. f. *Ecles. ant.* Lugar onde a Igreja constituía diáconos, para receber e distribuir esmolas.
Diaconisa, s. f. *Ecles. ant.* Mulher dedicada a trabalhos religiosos.
Diácono, s. m. Clérigo que recebeu a ordem do diaconato, Fem.: *diaconisa.*
Diacraniano, adj. *Anat.* Ligado ao crânio por articulação móvel.
Diacrítico, adj. 1. *Med.* Diz-se dos sintomas pelos quais uma doença se distingue de outra. 2. *Gram.* Diz-se dos sinais gráficos com que se distingue a modulação das vogais, ou a pronúncia de certas palavras, para evitar confusões. São eles: os acentos agudo, grave e circunflexo, o trema, o til, a cedilha, o apóstrofo e o hífen.
Diacústica, s. f. *Fís.* Parte da acústica que estuda a refração dos sons.
Díade, num. 1. Grupo de dois. 2. Um par. Var.: *díada.*
Diadelfia, s. f. *Bot.* Qualidade de diadelfo.
Diadelfo, adj. *Bot.* Diz-se de estames unidos em dois fascículos, dos quais um deles é representado por um só estame.
Diadema, s. m. 1. Ornato com que os reis e as rainhas cingiam a cabeça. 2. Ornato semelhante com que as senhoras cingem o toucado. 3. Coroa.
Diademado, adj. Que tem diadema ou ornato semelhante.
Diademar, v. Tr. dir. Ornar com diadema a.
Diafaneidade, s. f. *Fís.* Propriedade do que é diáfano.
Diáfano, adj. Que, sendo compacto, dá passagem à luz; translúcido.
Diafanômetro, s. m. Aparelho para indicar as variações de diafaneidade atmosférica.
Diafilme, s. m. *Fot.* Série de fotografias positivas em filme para projeção.
Diáfora, s. f. *Ret.* Repetição de uma palavra em sentidos diferentes; dialogia: Neste *ponto* pus *ponto* ao discurso.
Diaforese, s. f. *Med.* 1. Transpiração, sudação. 2. Transpiração abundante.
Diaforético, adj. *Med.* 1. Relativo a diaforese. 2. Sudorífico.
Diafragma, s. m. 1. *Anat.* Músculo de grande superfície, côncavo-convexo, que separa da cavidade torácica a abdominal. É atravessado pelo esôfago, a aorta, a veia cava inferior e nervos. Intervém ativamente na respiração. 2. Membrana vibrátil de certos aparelhos de acústica, a qual serve para fixar e reproduzir o som. 3. *Fot.* Lâmina ajustável ou fixa que regula a quantidade de luz que atravessa a objetiva.
Diafragmático, adj. Que se refere ao diafragma.
Diagnose, s. f. 1. *Med.* Diagnóstico. 2. *Hist. Nat.* Descrição científica de uma espécie, que deve permitir distingui-la das espécies vizinhas.
Diagnosticador, adj. e s. m. Que, ou o que diagnostica.
Diagnosticar, v. Tr. dir. e intr. Fazer o diagnóstico de.
Diagnosticável, adj. m. e f. Que pode ser diagnosticado.
Diagnóstico, adj. Relativo à diagnose. S. m. *Med.* Qualificação dada por um médico a uma enfermidade ou estado fisiológico, com base nos sintomas que observa.
Diagonal, adj. e s. f. 1. *Geom.* Diz-se do, ou o segmento de reta que, num polígono ou poliedro, une vértices de ângulos não situados sobre o mesmo lado ou sobre a mesma face. 2. Diz-se da, ou a direção oblíqua ou transversal. *Em d.*: obliquamente.
Diagrama, s. m. Representação gráfica de certos fatos, fenômenos ou relações científicas, sociais, econômicas ou mecânicas, por meio de figuras geométricas (pontos, linhas, áreas etc.); gráfico, esquema.
Diagramático, adj. Relativo a diagrama.
Dial, s. m. *Angl. Radiotécn.* 1. Quadrante graduado dos aparelhos de rádio, com ponteiro indicador de sintonia. 2. Botão que aciona esse quadrante.
Dialetal, adj. m. e f. Que se refere a dialeto.
Dialética, s. f. 1. A arte de discutir. 2. Argumentação dialogada, segundo a filosofia antiga. 3. Para Hegel, movimento do pensamento que progride para uma síntese, buscando continuamente resolver as oposições entre cada tese e sua antítese.
Dialético, adj. Concernente à dialética. S. m. Aquele que argumenta bem.
Dialeto[1], s. m. Modalidade regional de uma língua.
dialeto-[2], elem. de comp. (gr. *dialektos*). Exprime a idéia de *dialeto: dialetologia.*
Dialetologia, s. f. *Lingüíst.* Complexo de estudos ou conhecimentos acerca de dialetos.
Dialetólogo, s. m. Especialista em dialetologia.
diálio-, elem. de comp. (gr. *dialuein*). Exprime a idéia de *separado, livre, desagregado: dialiopétalo.*
Dialiocarpelar, adj. m. e f. *Bot.* Que tem os carpelos separados. Var.: *dialicarpelar.*
Dialiopétalo, adj. *Bot.* Diz-se da corola composta de pétalas livres.
Dialiossépalo, adj. *Bot.* Diz-se do cálice formado por sépalas livres. Var.: *dialissépalo.*
Dialiostêmone, adj. m. e f. *Bot.* Que tem os estames separados (o androceu). Var.: *dialistêmone.*
Dialisador, s. m. Instrumento que serve para dialisar.
Dialisar, v. Tr. dir. Efetuar a diálise de.
Diálise, s. f. *Quím.* Purificação ou análise, baseada na propriedade que possuem certas substâncias de atravessar mais facilmente uma membrana porosa que outras.
Dialogado, adj. Em forma de diálogo.
Dialogador, adj. e s. m. Que, ou o que dialoga.
Dialogal, adj. m. e f. 1. Relativo a diálogo. 2. Dialogado.
Dialogar, v. 1. Tr. dir. *Lit.* Dizer ou escrever em forma de diálogo. 2. Tr. ind. e intr. Conversar com outra pessoa ou com outro grupo.
Dialogia, s. f. V. *diáfora.*
Dialógico, adj. V. *dialogal.*
Dialogismo, s. m. 1. Arte de dialogar. 2. *Ret.* Figura que consiste em apresentar em forma de diálogo as idéias e sentimentos dos personagens.
Dialogista, s. m. e f. Pessoa que escreve diálogos.
Dialogístico, adj. V. *dialogal.*
Diálogo, s. m. 1. Conversação entre duas ou mais pessoas. 2. Obra literária em forma dialogada.
Diamagnético, adj. *Fís.* Diz-se dos corpos que são repelidos pelos imãs.
Diamagnetismo, s. m. Fenômeno característico apresentado pelos corpos diamagnéticos.
Diamantário, s. m. V. *diamantista.*
Diamante, s. m. 1. *Miner.* A mais dura pedra preciosa, de grande brilho, formada por carbono puro cristalizado. 2. Jóia em que está engastado um diamante.
Diamantífero, adj. Que contém diamantes.
Diamantino, adj. Que se parece, na dureza e sobretudo no brilho, com o diamante.
Diamantista, s. m. e f. Pessoa que compra e vende diamantes; diamantário.
Diamantizar, v. Tr. dir. 1. Dar grande valor a; tornar precioso. 2. Dar brilho análogo ao do diamante a.
Diamantóide, s. m. Pedra com as propriedades do diamante, mas sem brilho, e que serve para polir pedras preciosas.
Diamba, s. f. Maconha.

Diametral, adj. m. e f. Relativo a diâmetro.
Diâmetro, s. m. *Geom.* Linha reta que passa pelo centro de um círculo, terminando de ambos os lados na circunferência ou periferia, e que assim o divide em duas partes iguais.
Diandria, s. f. *Bot.* Qualidade dos vegetais diandros.
Diandro, adj. *Bot.* Diz-se da flor provida de dois estames.
Diante, adv. (l. *de + in + ante*). 1. Antes, em lugar ou tempo. 2. Na frente. 3. Que aparece primeiro.
Dianteira, s. f. A frente, a parte anterior de alguma coisa.
Dianteiro, adj. Que está ou vai na frente de.
Diapalmo, s. m. *Farm.* Emplastro sicativo.
Diapasão, s. m. *Mús.* 1. Totalidade dos sons praticáveis em cada voz ou em cada instrumento. 2. Pequeno instrumento de aço que dá uma nota constante e serve para por ele se aferirem as vozes e instrumentos músicos.
Diapedese, s. f. *Med.* Passagem de elementos corpusculares do sangue para fora dos vasos, através das suas paredes íntegras.
Diaporese, s. f. *Ret.* Figura pela qual o orador se interrompe.
Diapositivo, s. m. *Fot.* Imagem positiva em vidro, para projeção.
Diaquilão, s. m. *Farm.* Emplastro que consiste em um oleato de chumbo e pequenas quantidades de glicerina e ácido oléico.
Diária, s. f. 1. Ganho correspondente ao trabalho de um dia. 2. Preço que se paga por um dia num hotel pelo quarto e comida, ou só por uma das coisas.
Diário, adj. De todos os dias; cotidiano. S. m. 1. Relação do que se faz ou do que sucede em cada dia. 2. Jornal que se publica todos os dias. 3. *Com.* Livro principal da contabilidade em que os negociantes e banqueiros lançam o débito e o crédito das suas transações cotidianas.
Diarista, s. m. e f. 1. Redator de um diário. 2. Trabalhador cujo salário é calculado por dia.
Diarquia, s. f. 1. Estado governado simultaneamente por dois reis. 2. Governo simultâneo de dois reis.
Diarréia, s. f. *Med.* Sintoma de muitas moléstias, o qual consiste em fezes mais líquidas e mais freqüentes do que no estado normal.
Diarréico, adj. *Med.* Relativo a diarréia. S. m. Indivíduo que sofre de diarréia.
Diartrose, s. f. *Anat.* Articulação móvel em qualquer sentido; abartrose.
Dia-santo, s. m. *Pop.* Buraco na meia. Pl.: *dias-santos.*
Diascopia, s. f. Observação por transiluminação ou através de diapositivos.
Diascórdio, s. m. *Farm.* Antigo remédio estomacal.
Diáspora, s. f. 1. A dispersão dos judeus no decorrer dos séculos. 2. Dispersão da emigração dos povos modernos.
Diásporo, s. m. *Miner.* Hidróxido natural de alumínio.
Diassintomia, s. f. *Biol.* Troca de genes entre partes associadas de cromossomos homólogos, durante a sinapse.
Diástase, s. f. 1. Mistura de amilases que transforma, por hidrólise, o amilo em dextrose e, depois, em maltose. 2. *Med.* Deslocação acidental de dois ossos normalmente unidos.
Diastema, s. m. 1. *Mús.* Intervalo simples. 2. *Zool.* Espaço entre os dentes incisivos ou os caninos e os molares, nos mamíferos.
Diástole, s. f. 1. *Ret.* Licença poética que consiste em usar como longa uma sílaba breve. 2. *Fisiol.* Movimento de dilatação do coração e das artérias, quando o sangue penetra em sua cavidade.
Diastólico, adj. *Med.* Relativo à diástole.
Diastrofia, s. f. *Med.* 1. Luxação de ossos. 2. Deslocamento de músculos.
Diatérmano, adj. V. *diatérmico.*
Diatermia, s. f. *Med.* Geração de calor nos tecidos do corpo, para fins terapêuticos, pela aplicação de correntes elétricas de alta freqüência.
Diatérmico, adj. Diz-se dos corpos através dos quais se comunica facilmente o calor.
Diatermocoagulação, s. f. Coagulação por meio do calor.
Diátese, s. f. *Med.* Condição do organismo em virtude da qual um indivíduo é atacado de várias afecções locais de mesma natureza.
Diatésico, adj. 1. Que procede da diátese. 2. Que tem caráter de diátese.
Diatessarão, s. m. Harmonia dos quatro evangelhos, editados e arranjados em uma só narrativa.
Diatético, adj. V. *diatésico.*
Diatônico, adj. Diz-se do que procede por tons e semitons naturais.
Diatribe, s. f. 1. Escrito violento e injurioso. 2. Crítica acerba.
Diaulo, s. m. *Antig. gr.* Flauta dupla cujos dois tubos convergiam num bocal único.
Dibranquiado, adj. *Zool.* Desgnativo dos moluscos cefalópodes providos de duas brânquias. S. m. pl. Subclasse (*Dibranchia*) de moluscos cefalópodes caracterizados pela presença de um par de brânquias na cavidade do manto.
Dibrânquio, adj. e s. m. pl. V. *dibranquiado.*
Dica, s. f. *Gír.* Boa indicação ou informação.
-diça, elem. de comp. V. *-diço.*
Dicacidade, s. f. Qualidade de quem é dicaz; má lingua, mordacidade.
Dicarpelar, adj. m. e f. *Bot.* Com dois carpelos.
Dicásio, s. m. *Bot.* Cimeira bípara com os ramos pares iguais.
Dicaz, adj. m. e f. 1. Severo em críticas. 2. Satírico, mordaz. Sup. abs. sint.: *dicacíssimo.*
Dicção, s. f. Maneira de dizer considerada quanto à conveniência dos termos, quanto à sua disposição gramatical e quanto à pronúncia. Var.: *dição.*
Dicéfalo, adj. *Hist. Nat.* e *Biol.* Que tem duas cabeças ou capítulos. S. m. *Terat.* Feto de duas cabeças.
Dichote, s. m. (cast. *dicho*). Dito picante; mofa, zombaria.
Dicíclico, adj. *Bot.* Que tem dois verticilos.
Dicionariar, v. V. *dicionarizar.*
Dicionário, s. m. (l. *dictione*). Coleção de vocábulos de uma língua, de uma ciência ou arte, dispostos em ordem alfabética, com o seu significado na mesma ou em outra língua. Sinôn.: *léxico, vocabulário, glossário.*
Dicionarista, s. m. e f. Autor ou autora de dicionário; lexicógrafo.
Dicionarizar, v. Tr. dir. 1. Organizar sob a forma de dicionário. 2. Incluir em dicionário.
Diclamídeo, adj. *Bot.* Que tem cálice e corola.
Diclínico, adj. *Bot.* Que tem os estames e pistilos em flores separadas da mesma planta. Var.: *diclino.*
Diclino, adj. V. *diclínico.*
dico-, elem. de comp. (gr. *dikha*). Exprime a idéia de *em dois: dicogamia, dicotomia.*
-diço, elem. de comp. Forma adjetivos com a idéia de *propensão para o ato: movediço.*
Dicogamia, s. f. *Biol.* Produção ou maturação dos elementos reprodutivos masculinos e femininos de plantas ou animais hermafroditas em tempos diferentes, para assegurar a fecundação cruzada.
Dicotiledônea, s. f. *Bot.* 1. Planta que tem dois cotilédones. 2. Membro da classe das Dicotiledôneas. S. f. pl. Classe (*Dicotyledoneae*) da subdivisão das Angiospermas, que compreende vegetais caracterizados por dois cotilédones nas sementes.
Dicotiledôneo, adj. *Bot.* Diz-se do embrião que tem dois cotilédones, ou da respectiva planta.
Dicotomia, s. f. 1. Classificação em que se divide cada coisa ou cada proposição em duas, subdividindo-se cada uma destas em outras duas, e assim sucessivamente. 2. Divisão em dois ramos.
Dicotômico, adj. V. *dicótomo.*
Dicótomo, adj. Subdividido em dois; dicotômico.
Dicrotismo, s. m. *Med.* Ocorrência de um pulso duplo para cada sístole cardíaca.
Dicroto, adj. *Med.* Que apresenta dicrotismo.
díctio-, elem. de comp. (gr. *diktuon*). Exprime a idéia de *rede, teia, retina: dictioscopia.*
Dictioscopia, s. f. *Med.* Moléstia de olhos em que o doente vê como por uma fina rede.

Dictite, s. f. V. *retinite.*
Didáctilo, adj. V. *didátilo.*
Didascália, s. f. *Antig.* 1. Anotação ou crítica de peça teatral entre os latinos. 2. Instrução que atores gregos recebiam dos poetas.
Didascálico, adj. Que anotava, comentava ou criticava peças teatrais.
Didática, s. f. Arte de ensinar.
Didático, adj. 1. Escolar. 2. Relativo ao ensino. 3. Próprio para instruir.
Didátilo, adj. *Zoll.* Diz-se do animal que tem dois dedos em cada pé.
Didelfídeo, adj. *Zool.* Relativo aos Didelfídeos. S. m. pl. Família (*Didelphidae*) que compreende todas as espécies de marsupiais do Brasil, conhecidas vulgarmente pelos nomes de *gambá, mucura, raposa* (impróprio), *cuíca, guaicuíca, jupati, catita.*
Dídimo, adj. *Biol.* 1. Que cresce aos pares. 2. Que se divide em dois lobos. 3. Que tem duas partes simétricas.
Didinâmico, adj. *Bot.* Diz-se dos estames presentes em número de quatro, dispostos em dois pares de comrpimentos diferentes.
Didínamo, adj. *Bot.* V. *didinâmico.*
Diecia, s. f. Qualidade de diécio.
Diécico, adj. *Bot.* Diécio.
Diécio, adj. 1. *Biol.* Que tem sexos separados. 2. *Bot.* Que tem flores masculinas e femininas em plantas distintas. Var.: *diécico* e *dióico.*
Diédrico, adj. *Geom.* V. *diedro.*
Diedro, adj. *Geom.* Que tem duas faces planas ou é formado por duas faces planas: Ângulo *diedro.* S. m. Ângulo diedro.
Dielétrico, adj. *Eletr.* Que não conduz corrente elétrica.
Diérese, s. f. 1. *Gram.* Divisão de um ditongo crescente em duas sílabas; usual na métrica. 2. *Ort.* Sinal ortográfico dessa divisão; trema.
Dierético, adj. Relativo à diérese.
Diesel (*dísel*), s. m. (*Diesel,* n. p.). *Mec.* Designação geral dos motores inventados por Rodolfo Diesel, engenheiro alemão, caracterizados por funcionarem sob alta compressão, alimentados a óleo.
Dieta[1], s. f. (gr. *diaita,* pelo 1.). Regime alimentício prescrito a um doente ou convalescente.
Dieta[2], s. f. (b. 1. *dieta*). Assembléia política ou legislativa, em alguns países.
Dietética, s. f. Parte da Medicina que se ocupa da dieta[1].
Dietético, adj. Relativo a dieta[1].
Difamação, s. f. (1. *diffamatione*). Ação de difamar; calúnia.
Difamador, adj. e s. m. Que, ou o que difama.
Difamante, adj. m. e f. V. *difamador.*
Difamar, v. 1. Tr. dir. Tirar a boa fama ou o crédito a; caluniar. 2. Tr. ind. Falar mal de. 3. Pron. Perder a reputação, desacreditar-se.
Difamatório, adj. 1. Que difama. 2. Em que há difamação.
Difenol, s. m. *Quím.* Composto que comtém duas vezes a função fenol.
Diferença, s. f. (1. *differentia*). 1. Qualidade ou circunstância donde resulta a falta de eqüidade ou semelhança. 2. *Arit.* Resultado de uma subtração. 3. Alteração. 4. Inexatidão. 5. Divergência, desacordo. 6. Prejuízo. 7. Desproporção.
Diferençar, v. Tr. dir. 1. Estabelecer diferença entre. 2. Discriminar, distinguir.
Diferençável, adj. m. e f. Que se pode diferençar.
Diferenciação, s. f. 1. Ato ou efeito de diferenciar(-se). 2. *Mat.* Cálculo para achar uma diferencial.
Diferencial[1], adj. m. e f. 1. Relativo a diferença. 2. *Gram.* Que indica diferença. 3. *Mat.* Diz-se da quantidade ou do cálculo que procede por diferenças infinitamente pequenas.
Diferencial[2], s. m. Engrenagem diferencial no sistema de transmissão de um automóvel, que permite às rodas traseiras moverem-se com velocidade diferente uma da outra nas curvas.
Diferenciar, v. 1. Tr. dir. Diferençar. 2. Pron. Distinguir-se por alguma diferença. 3. Tr. dir. Calcular ou achar a diferencial de.
Diferente, adj. m. e f. 1. Que difere; que não é semelhante. 2. Desigual. 3. Dessemelhante.
Diferimento, s. m. Ação ou efeito de diferir; adiamento.
Diferir, v. (1. *differere,* por *differre*). 1. Tr. dir. Adiar, procrastinar, dilatar. 2. Tr. ind. e intr. Ser diferente: distinguir-se. Conjuga-se como *aderir.* Cfr. *deferir.*
Difícil, adj. m. e f. 1. Que não é fácil, que custa a fazer, que dá trabalho; árduo, laborioso. 2. Complicado, intrincado. 3. Obscuro. 4. Exigente.
Dificílimo, adj. Sup. abs. sint. de *difícil*; muito difícil.
Dificuldade, s. f. (1. *difficultate*). 1. Qualidade do que é difícil. 2. Aquilo que é difícil ou torna difícil uma coisa. 3. Embaraço, estorvo. 4. Situação crítica.
Dificultação, s. f. Ato de dificultar.
Dificultar, v. 1. Tr. dir. e pron. Apresentar(-se) como difícil, tornar(-se) difícil. 2. Pron. Fazer-se difícil; não ceder, não condescender. 3. Tr. dir. Pôr impedimentos ou obstáculos a; embargar, estorvar.
Dificultoso, adj. Em que há dificuldade; difícil.
Difiodonte, adj. m. e f. *Biol.* Que tem duas dentições sucessivas: uma, decídua; a outra, permanente.
Difluente, adj. m. e f. Que diflui.
Difluir, v. (1. *difluere*). Intr. Derramar-se, espalhar-se (diz-se de fluidos ou coisa que lhes seja comparável). Cfr. *defluir.*
Difração, s. f. (1. *diffractione*). *Fís.* Fenômeno segundo o qual as ondas eletromagnéticas podem contornar obstáculos.
Difratar, v. Tr. dir. Fazer difração de.
Difrativo, adj. Que pode causar difração.
Difringente, adj. m. e f. *Fís.* Que difrata.
Difteria, s. f. *Med.* Doença infecciosa, epidêmica e contagiosa, causada pelo bacilo *Corynebacterium diphteriae,* que se localiza de preferência nas mucosas bucais, onde determina a formação de falsas membranas.
Diftérico, adj. *Med.* Que se refere à difteria. S. m. Indivíduo atacado de difteria.
Difundir, v. (1. *diffundere*). 1. Tr. dir. Espalhar, vertendo ou derretendo. 2. Tr. dir. Esparramar. 3. Tr. dir. Emitir, irradiar. 4. Tr. dir. e pron. Disseminar(-se), espargir(-se) (perfume, prazer, tristeza etc.). 5. Tr. dir. e pron. Divulgar(-se), propagar(-se).
Difusão, s. f. (1. *diffusione*). 1. Ato ou efeito de difundir(-se). 2. Dispersão, espalhamento. 3. Divulgação, propagação. 4. Falta de concisão; prolixidade (falando de estilo).
Difusível, adj. m. e f. Que se pode difundir.
Difusivo, adj. *Med.* Que excita, enérgica, mas fugazmente, os tecidos do organismo, atuando prontamente no encéfalo, como o álcool, o éter etc.
Difuso, adj. 1. Em que há difusão. 2. Prolixo, redundante. 3. *Med.* Não circunscrito.
Dígamo, adj. Que participa dos dois sexos.
Digástrico, adj. *Anat.* Diz-se dos músculos formados por duas porções carnudas (ventres) reunidas por um tendão comum.
Digerido, adj. 1. Que se digeriu. 2. Transformado pela digestão. 3. Entendido, assimilado.
Digerir, v. (1. *digerere*). 1. Tr. dir. *Fisiol.* Fazer a digestão de. 2. Intr. Fazer a digestão dos alimentos. 3. Tr. dir. Compreender, entender. 4. Tr. dir. Suportar. Conjuga-se como *aderir.*
Digerível, adj. m. e f. 1. Que pode ser digerido. 2. De fácil digestão.
Digestão, s. f. (1. *digestione*). 1. *Fisiol.* Elaboração dos alimentos nas vias digestivas para depois ser deles assimilada a parte útil e expelidos os resíduos. 2. Estudo refletido; meditação.
Digestibilidade, s. f. Qualidade do que é digerível.
Digestível, adj. m. e f. V. *digerível.*
Digestivo, adj. *Med.* 1. Relativo à digestão. 2. Que facilita a digestão.
Digesto, adj. (1. *digestu*). V. *digerido.* S. m. *Dir.* Compilação de leis romanas, organizada por ordem do Imperador Justiniano.
Digestório, adj. Que tem o poder ou a propriedade de digerir.

Digitação, s. f. Movimento de exercício dos dedos.
Digitado, adj. *Biol.* Que tem forma ou disposição de dedos; digitiforme.
Digital, adj. m. e f. 1. *Anat.* Relativo aos dedos. 2. Relativo a dígito. 3. *Cibern.* Diz-se de instrumentos e aparelhos que operam com quantidades numéricas expressas em algarismos.
Digitalina, s. f. *Quím.* e *Farm.* Substância cristalina, extraída da *Digitalis purpurea*, e usada como tônico cardíaco.
digiti-, elem. de comp. (l. *digitu*). Expressa a idéia de *dedo: digitiforme, digitígrado.*
Digitifoliado, adj. *Bot.* Com folhas digitadas.
Digitiforme, adj. m. e f. Em forma de dedo.
Digitígrado, adj. *Zool.* Diz-se do animal que, na marcha, apóia só os dedos no solo.
Dígito, adj. Diz-se de cada um dos números de 1 até 9, às vezes com a inclusão do zero (0). S. m. *Astr.* Cada uma das doze partes em que se divide o diâmetro da Lua ou do Sol, para se calcularem os eclipses. — *D. binário*: qualquer dos caracteres — 0 ou 1 — em notação binária.
Digladiador, s. m. Aquele que (se) digladia.
Digladiar, v. 1. Intr. Combater com a espada. 2. Pron. Combater-se, lutar. 3. Pron. Contender, discutir calorosamente.
Dignar, v. Pron. Condescender em, haver por bem, ser servido, ter a bondade de.
Dignidade, s. f. 1. Modo de proceder que infunde respeito. 2. Elevação ou grandeza moral. 3. Honra. 4. Autoridade, gravidade. 5. Decência, decoro.
Dignificação, s. f. Ato ou efeito de dignificar(-se).
Dignificador, adj. e s. m. Que, ou aquele que dignifica.
Dignificante, adj. m. e f. Que dignifica.
Dignificar, v. 1. Tr. dir. e pron. Tornar(-se) digno. 2. Tr. dir. Elevar a uma dignidade. 3. Pron. Nobilitar-se. 4. Tr. dir. Honrar, nobilitar.
Dignitário, s. m. Indivíduo que exerce um cargo elevado ou goza de um título proeminente.
Digno, adj. 1. Merecedor. 2. Habilitado. 3. Capaz. 4. Honrado. 5. Apropriado.
Dígono, adj. *Geom.* Que tem dois ângulos.
Dígrafo, s. m. V. *digrama.*
Digrama, s. m. *Gram.* Grupo de duas letras que representa um único som ou um só fonema (*lh, nh, ss* etc.).
Digressão, s. f. 1. Desvio de rumo ou de assunto. 2. Excursão, passeio. 3. Evasiva, subterfúgio.
Digressionar, v. Intr. Fazer digressão ou digressões.
Digressivo, adj. 1. Em que há digressões. 2. Que se afasta ou desvia.
Dilação, s. f. 1. Demora, delonga. 2. Espera, adiamento. 3. Prazo.
Dilaceração, s. f. Ação de dilacerar; dilaceramento.
Dilacerador, adj. e s. m. Que, ou o que dilacera.
Dilaceramento, s. m. V. *dilaceração.*
Dilacerante, adj. m. e f. 1. Que dilacera. 2. Que tortura.
Dilacerar, v. 1. Tr. dir. Rasgar com força; despedaçar. 2. Tr. dir. e pron. Afligir(-se) muito; mortificar(-se), torturar(-se).
Dilapidação, s. f. Ato ou efeito de dilapidar. 2. Desperdício, esbanjamento. 3. Estrago.
Dilapidador, adj. e s. m. Que, ou quem dilapida.
Dilapidar, v. Tr. dir. 1. Gastar desmedidamente; dissipar, esbanjar. 2. Arruinar, demolir. 3. Estragar.
Dilatabilidade, s. f. Propriedade daquilo que é dilatável.
Dilatação, s. f. 1. Ação dou efeito de dilatar. 2. *Fís.* Aumento de longitude ou de volume de um corpo pela ação do calor. 3. Alargamento, ampliação. 4. Propagação, expansão. 5. Aumento de duração; prorrogação.
Dilatado, adj. 1. Que se dilatou; amplo, extenso, largo. 2. Aumentado, crescido.
Dilatador, adj. Que serve ou é próprio para dilatar.
Dilatar, v. 1. Tr. dir. e pron. Aumentar(-se) o volume de. 2. Tr. dir. e pron. Distender(-se). 3. Tr. dir. e pron. Acrescentar(-se), aumentar(-se). 4. Pron. Desenvolver-se; crescer. 5. Tr. dir. Divulgar, propagar. 6. Tr. dir. Demorar, retardar. 7. Tr. dir. e pron. Prolongar(-se).
Dilatável, adj. m. e f. Que se pode dilatar.
Dilatório, adj. 1. Que retarda. 2. Que faz adiar.
Dileção, s. f. Preferência na estima ou na afeição.
Dilema, s. m. 1. *Lóg.* Raciocínio em que, estabelecida uma proposição disjuntiva como maior, se mostra na menor que cada um dos membros daquela conduz a uma mesma conclusão. 2. Situação embaraçosa com duas soluções difíceis ou penosas.
Dilemático, adj. 1. Relativo a dilema. 2. Que encerra dilema.
Dilépido, adj. *Bot.* Que tem só duas escamas.
Diletante, adj. e s. m. e f. (ital. *dilettante*). 1. Amador de belas-artes, especialmente de música. 2. Que, ou pessoa que exerce uma arte, por gosto e não por obrigação.
Diletantismo, s. m. Caráter ou qualidade de diletante.
Dileto, adj. Preferido na estima e no afeto.
Diligência, s. f. 1. Cuidado ativo, presteza em fazer alguma coisa. 2. Zelo. 3. Pesquisa. 4. Investigação oficial, fora da delegacia policial. 5. Grande carruagem de transporte coletivo (antes da era das estradas de ferro).
Diligenciador, s. m. Aquele que diligencia.
Diligenciar, v. 1. Tr. dir. Procurar com diligência; empenhar-se em, esforçar-se por. 2. Tr. ind. Empregar os meios para.
Diligente, adj. m. e f. 1. Zeloso, cuidadoso. 2. Ativo, pronto, rápido.
Dilobulado, adj. Que tem dois lóbulos.
Dilogia, s. f. V. *diáfora.*
Dilucidação, s. f. Ato de dilucidar; dilucidamento.
Dilucidamento, s. m. V. *dilucidação.*
Dilucidar, v. V. *elucidar.*
Dilucular, adj. m. e f. Que se refere ao dilúculo.
Dilúculo, s. m. Crepúsculo da manhã.
Diluente, adj. m. e f. Que dilui.
Diluição (*u-i*), s. f. Ato ou efeito de diluir(-se); diluimento.
Diluimento (*u-i*), s. m. V. diluição.
Diluir (*u-i*), v. (l. *diluere*). 1. Tr. dir. Desfazer, dissolver em líquido. 2. Pron. Desfazer-se em um líquido. 3. Tr. dir. Dissolver. 4. Tr. dir. Tornar mais fraco, menos concentrado.
Diluto, adj. Diluído, dissolvido.
Diluvial, adj. m. e f. V. *diluviano.*
Diluviano, adj. 1. Relativo ao dilúvio universal ou a outro dilúvio. 2. *Geol.* Relativo a aluvião da época quaternária. 3. Muito abundante; torrencial.
Diluvião, s. f. *Geol.* Terreno onde há vestígios de aluviões anteriores aos tempos históricos.
Diluviar, v. Intr. Chover copiosamente.
Dilúvio, s. m. Inundação universal das águas, relatada no Velho Testamento. 2. Chuva copiosa e torrencial; cataclismo.
Diluvioso, adj. *Poét.* Muito aundante de águas.
Dimanação, s. f. Ato de dimanar.
Dimanante, adj. m. e f. Que dimana.
Dimanar, v. 1. Tr. ind. e intr. Correr serenamente; fluir, derivar (diz-se dos fluidos e do que se lhes assemelha). 2. Tr. ind. Nascer, originar-se; promanar, provir.
Dimensão, s. f. 1. Extensão em qualquer sentido; tamanho, medida, volume. 2. Grandeza, importância.
Dimensível, adj. m. e f. Munsurável.
Dimensório, adj. Relativo a dimensões.
Dímere, adj. m. e f. Composto de dois segmentos. S. m. *Quím.* Molécula resultante da combinação de duas moléculas idênticas. Var.: *dímero.*
Dímetro, s. m. Verso grego ou latino de duas medidas ou quatro pés.
Dimidiação, s. f. Ato ou efeito de dimidiar.
Dimidiar, v. Tr. dir. 1. Dividir pelo meio. 2. Mear.
Diminuendo[1], s. m. (l. *diminuendu*). *Arit.* Número ou termo de que se subtrai o diminuidor ou subtraendo na operação da diminuição ou subtração; minuendo.
Diminuendo[2], adj. (ital. *diminuendo*). *Mús.* Decrescendo.
Diminuente, adj. m. e f. Que diminui.
Diminuição (*u-i*), s. f. 1. Ato ou efeito de diminuir. 2. *Arit.* Subtração.

Diminuidor (*u-i*), adj. Que diminui. S. m. *Arit.* Termo subtrativo da diminuição.

Diminuir, v. (1. *diminuere*). 1. Tr. dir. Tornar menor em dimensões, quantidade, grau, intensidade etc.; reduzir a menos; apoucar. 2. Intr. Reduzir-se a menos, tornar-se menor. 3. Tr. dir. Deduzir, subtrair.

Diminutivo, adj. 1. Que diminui. 2. *Gram.* Diz-se da palavra que indica um grau inferior, em grandeza ou importância, da idéia representada por outra, da qual deriva (animálculo, florzinha, riacho etc.). S. m. *Gram.* Palavra ou desinência diminutiva.

Diminuto, adj. 1. Reduzido a pequenas dimensões. 2. Muito pequeno; minúsculo. 3. Escasso, pouco.

Dimissória, adj. e s. f. Diz-se da, ou a carta pela qual um bispo envia um de seus diocesanos a outro prelado para que este o ordene.

Dimorfia, s. f. V. *dimorfismo.*

Dimorfismo, s. m. Qualidade do que é dimorfo.

Dimorfo, adj. 1. Que ocorre em duas formas distintas. 2. Que pode assumir duas formas.

Dina, s. m. *Fís.* Unidade de força no sistema CGS. É a força que imprime à massa de 1 grama uma aceleração constante de 1 centímetro por segundo. Símbolo: dyn.

Dinamarquês, adj. Relativo à Dinamarca. S. m. 1. O habitante ou natural da Dinamarca. 2. A língua desse país.

Dinâmica, s. f. *Fís.* Parte da Mecânica que trata do movimento dos corpos sob a influência de forças.

Dinâmico, adj. 1. Referente a dinâmica, a movimento, a força. 2. Ativo, enérgico.

Dinamiogenia, s. f. V. *Dinamogenia.*

Dinamiogênico, adj. V. *dinamogênico.*

Dinamismo, s. m. 1. *Filos.* Sistema para o qual a energia da matéria é uma força primitiva. 2. Ação das forças. 3. Atividade intensa.

Dinamista, adj. m. e f. Relativo ao dinamismo. Adj. e s. m. e f. Que, ou pessoa que é adepta do dinamismo.

Dinamitar, v. Tr. dir. Destruir ou danificar por meio da dinamite.

Dinamite, s. f. *Quím.* Matéria explosiva formada de nitroglicerina misturada com areia quartzosa.

Dinamização, s. f. 1. Ato ou efeito de dinamizar. 2. *Med.* Aumento da atividade dos medicamentos.

Dinamizar, v. Tr. dir. 1. Aumentar a ação dos medicamentos. 2. Dar caráter dinâmico a.

Dínamo, s. m. *Fís.* Máquina eletrodinâmica que converte força mecânica em corrente elétrica.

dinamo-, elem. de comp. (gr. *dunamis*). Exprime a idéia de *força, excitação: dinamogenia, dinamômetro.*

Dinamogenia, s. f. Intensidficação de uma atividade funcional resultante da ação de um agente excitador. Var.: *dinamiogenia.*

Dinamogênico, adj. Relativo à dinamogenia.

Dinamometria, s. f. *Mec.* Medição de forças aplicadas para executar trabalho.

Dinamométrico, adj. Relativo à dinamometria.

Dinamômetro, s. m. Aparelho para medir potências mecânicas (de uma máquina, um motor etc.).

Dinar, s. m. Unidade monetária básica de vários países, como Iraque, Jordânia, Iuguslávia, Tunísia etc.

Dinasta, s. m. 1. Título antigo de príncipes soberanos. 2. Partidário de uma dinastia.

Dinastia, s. f. Série de soberanos pertencentes à mesma família.

Dinástico, adj. Atinente a dinastia.

Dindinho, s. m. *Inf.* Padrinho. Fem.: *dindinha.*

Dingo, s. m. *Zool.* Cão solvagem australiano (*Canis dingo*), de pêlo castanho-ruivo, mais claro no ventre.

Dinheirada, s. f. V. *dinheirama.*

Dinheiral, s. m. V. *dinheirama.*

Dinheirama, s. f. *Pop.* Muito dinheiro.

Dinheirame, s. m. V. *dinheirama.*

Dinheirão, s. m. 1. Muito dinheiro. 2. Preço exagerado.

Dinheiro, s. m. (1. *denariu*). 1. Moeda corrente. Col.: *bolada, bolaço.* 2. Valor representativo de qualquer quantia. 3. Nome comum a todas as moedas. 4. Numerário, quantia, soma. 5. Todo e qualquer valor comercial (cheques, letras, notas de banco etc.).

Dinheiroso, adj. Endinheirado, rico.

Dinossauro, s. m. *Paleont.* Cada um dos vários grandes répteis extintos, da Era Mesozóica.

Dinotério, s. m. *Paleont.* Cada um dos vários elefantes extintos que viveram desde o Mioceno até o Pleistoceno.

Dintel, s. m. 1. Verga ou barra que forma a parte superior de portas e janelas. 2. V. *dentel.*

Diocesano, adj. Relativo a diocese. S. m. Indivíduo eclesiasticamente sujeito ao bispo da diocese.

Diocese, s. f. Circunscrição territorial sujeita à administração eclesiástica de um bispo.

Diodo, s. m. *Fís.* Válvula eletrônica de dois elementos; filamento e placa (cátodo e ânodo).

Diogo, s. m. *Pop.* Diabo.

Dióico, adj. *Bot.* V. *diécio.*

Dionisíaco, adj. 1. Relativo a Dioniso, deus do vinho, entre os gregos. 2. De natureza vibrante.

Dioptásio, s. m. *Miner.* Silicato natural hidratado de cobre, em cristais verdes-esmeralda.

Dioptria, s. f. *Fís.* Unidade de medida do poder refrativo de uma lente. É o poder refrativo de uma lente com distância focal de um metro. O número de dioptrias de uma lente corresponde ao inverso da distância focal em metros. Assim, uma lente de três dioptrias tem uma distância focal de 1/3 de metro.

Dióptrica, s. f. *Fís.* Parte da Física que estuda a refração da luz.

Diorama, s. m. Quadro de grandes dimensões, pintado em base transparente e sujeito a jogos de iluminação.

Diorâmico, adj. Atinente a diorama.

Diorito, s. m. *Geol.* Rocha ígnea cristalina, granular, constituída de plagioclásio e hornblenda.

Dioscoreáceas, s. f. pl. *Bot.* Família (*Dioscoreaceae*) que compreende plantas volúveis, com grandes rizomas ou bulbos. Inclui inhames e carás.

Dióxido (*cs*), s. m. V. *bióxido.*

Dipétalo, adj. *Bot.* Que tem duas pétalas.

Dipladênia, s. f. *Bot.* 1. Gênero (*Dipladenia*) de trepadeiras lenhosas da América do Sul tropical, com grandes flores racemosas multicores. 2. Planta desse gênero.

Diplegia, s. f. *Med.* Paralisia bilateral, simétrica.

diplo-, elem. de comp. (gr. *diploos*). Expressa a idéia de *duplo: diplofonia.*

Diploa, s. f. V. *díploe.*

Diplococo, s. m. *Bacter.* Bactéria do grupo dos cocos, cujos elementos são associados dois a dois.

Díploe, s. f. *Anat.* Camada de tecido esponjoso situado entre as duas tábuas, interna e externa, dos ossos do crânio.

Diplofonia, s. f. *Med.* Perturbação da voz, caracterizada pela formação simultânea de dois sons na laringe.

Diplóide, adj. m. e f. *Biol.* Diz-se da célula cujo núcleo tem estrutura dupla. S. m. Vestido ou manto dos antigos orientais, que dava duas voltas ao corpo.

Diploma, s. m. 1. Título ou documento oficial com que se confere um cargo, dignidade, mercê ou privilégio. 2. Título de contrato.

Diplomação, s. f. Ação de conferir diploma.

Diplomacia, s. f. 1. Ciência e arte referentes às relações entre os Estados. 2. Relações internacionais por meio de embaixadas ou legações. 3. Profissão de diplomata. 4. Corpo de diplomatas. 5. Circunspeção, habilidade nas relações com outrem.

Diplomado, adj. e s. m. Que, ou aquele que tem diploma ou título certificante de certas habilitações científicas, liberais ou literárias.

Diplomar, v. 1. Tr. dir. Conferir diploma a. 2. Pron. Receber diploma de ciência ou arte que se estudou.

Diplomata, s. m. e f. 1. Pessoa que trata de diplomacia. 2. Pessoa que faz parte do corpo diplomático. 3. Pessoa hábil em tratar de negócios melindrosos.

Diplomática, s. f. Disciplina que estabelece as regras formais para o estudo e conhecimento de documentos escritos, de modo geral, oficiais.

Diplomático, adj. 1. Relativo à diplomacia. 2. Discreto, grave. 3. Cortês, elegante.

Diplomatista, s. m. e f. Pessoa versada em diplomática.

Diplopia, s. f. *Oftalm.* Distúrbio da visão que produz duplas imagens visuais.

Diplópode, adj. *Zool.* Relativo aos Diplópodes. S. m. pl. Classe (*Diplopoda*) de artrópodes, com dois pares de patas inseridas ventralmente.

Diplostêmone, adj. m. e f. *Bot.* Diz-se da flor em que o número de estames é o duplo do das pétalas.

Dipneusto, adj. V. *dipnóico.*

Dipnóico, adj. *Ictiol.* Que tem guelras e pulmões.

Dípode, adj. m. e f. *Zool.* Que tem dois pés; bípede.

Dipsético, adj. Que produz sede.

dipso-, elem. de comp. (gr. *dipsa*). Exprime o idéia de *sede: dipsomania.*

Dipsomania, s. f. *Med.* Impulsão incoercível para ingerir doses fortes de bebidas alcoólicas.

Dipsomaníaco, adj. 1. Relativo à dipsomania. 2. Que sofre de dipsomania.

Diptérico, adj. Relativo a díptero.

Dipterígio, adj. *Ictiol.* Diz-se do peixe que tem duas barbatanas.

Díptero, adj. *Zool.* Que tem duas asas ou apêndices semelhantes a duas asas.

Díptico, s. m. 1. Painel pintado em duas peças, ligadas por meio de dobradiças. 2. Tabuinhas duplas, guarnecidas internamente de cera, em que escreviam os antigos.

Dique, s. m. (neer. *dijk*). 1. Construção que serve para represar águas correntes; açude, barragem. 2. Estorvo, obstáculo. 3. Impedimento.

Direção, s. f. 1. Ato ou arte de dirigir. 2. Cargo de diretor. 3. Orientação, rumo. 3. *Mec.* Conjunto de órgãos que permite conduzir certos veículos na direção desejada.

Direcionar, v. Tr. dir. 1. Dar direção a. 2. Orientar, dirigir, encaminhar, conduzir.

Direita, s. f. 1. A mão direita. 2. Lado direito. 3. Regime ou partido político de tendências totalitárias e capitalistas. 4. *Esp.* Golpe de punho direito, no boxe.

Direitista, adj. e s. m. e f. Partidário dos regimes da direita.

Direito[1], adj. (1. *directu*). 1. Que segue ou se estende em linha reta; reto; direito: Caminho *d.* 2. Que não é curvo. 3. Plano, liso, desempenado. 4. Vertical, aprumado. 5. Correto, íntegro. 6. Justo, razoável, legítimo.

Direito[2], s. m. 1. O que é justo e conforme com a lei e a justiça. 2. Faculdade legal de praticar ou não praticar um ato. 3. *Dir.* Ciência das normas obrigatórias que disciplinam as relações dos homens numa sociedade; jurisprudência. Adv. 1. Em linha reta, sem desvio: Este caminho vai *d.* à fonte. 2. Acertadamente: Não pensou *d.*

Direitura, s. f. 1. Direção retilínea. 2. Estado do que é direito ou reto.

Diretiva, s. f. Norma de conduta; diretriz.

Diretivo, adj. Que dirige.

Direto, adj. 1. Que está em linha reta; direito, reto. 2. Sem rodeios ou circunlóquios; claro, franco. 3. Que não tem intermediário; imediato. 4. *Gram.* V. *objeto direto.* Adv. Sem fazer escalas; sem desvio; direito.

Diretor, adj. Que dirige, regula ou determina; diretivo: Plano *d.* da grande São Paulo. S. m. 1. Aquele que dirige ou administra. 2. Guia, mentor.

Diretorado, s. m. 1. Funções de diretor. 2. Tempo que duram essas funções.

Diretoria, s. f. Direção, acep. 1 e 2.

Diretorial, adj. m. e f. Relativo a diretório.

Diretório, s. m. 1. Comissão diretora de um partido. 2. Conselho encarregado da administração de negócios públicos.

Diretriz, adj. Que dirige. S. f. Conjunto de instruções ou indições para se levar a termo um negócio ou uma empresa.

Dirigente, adj. e s. m. e f. Que, ou quem dirige; diretor.

Dirigido, adj. 1. Administrado. 2. Orientado.

Dirigir, v. (1. *dirigere*). 1. Tr. dir. Dar direção a, encaminhar. 2. Tr. dir. Guiar. 3. Tr. dir. Comandar, governar. 4. Tr. dir. Administrar, gerir. 5. Tr. dir. Encaminhar, endereçar. 6. Pron. Ir ter com, encaminhar-se a.

Dirigível, adj. m. e f. Que se pode dirigir. S. m. Balão ou aeronave que se pode dirigir.

Dirimente, adj. m. e f. 1. Que dirime. 2. Que obsta fundamentalmente: Impedimentos *dirimentes* do matrimônio.

Dirimir, v. (1. *dirimere*). Tr. dir. 1. Anular. 2. Dissolver, extinguir, suprimir. 3. Decidir, resolver.

Dirupção, s. f. 1. Rompimento. 2. Ruína.

Diruptivo, adj. 1. Que provoca ruptura. 2. Que arruína.

dis-[1], pref. (1. *dis*). Expressa: a) *aumento, intensidade* (dissimular, dissolver); b) *coordenação, dispersão, distribuição* (dispor, distrair, distribuir); c) *divisão em duas partes* (disjungir) e d) *negação* (discordar, dissemelhança, dissuadir).

dis-[2], pref. (gr. *dis*). Exprime a idéia de dois: *dissílabo.*

dis-[3], pref. (gr. *dus*). Encerra a idéia de: a) *dificuldade* (dispnéia); b) *falta, privação, mau estado* (dissimetria, disenteria).

Disartria, s. f. *Med.* Dificuldade na pronúncia e articulação das palavras.

Disbasia, s. f. *Med.* Dificuldade no andar de origem nervosa.

Discar, v. 1. Intr. Fazer girar o disco do telefone automático para estabelecer ligação. 2. Tr. dir. Marcar (um número), girando esse disco.

Discente, adj. m. e f. 1. Que aprende. 2. Relativo a alunos: Corpo *d.*

Discernente, adj. m. e f. Que discerne.

Discernimento, s. m. Faculdade de discernir; juízo, entendimento, critério.

Discernir, v. (1. *discernere*). Tr. dir. 1. Ver distintamente; discriminar, distinguir, conhecer. 2. Tr. dir. Avaliar bem; apreciar, medir. — Só se usa nas terceiras pessoas.

Discernível, adj. m. e f. Que se pode discernir.

Disciforme, adj. m. e f. Em forma de disco; discóide.

Discinesia, s. f. *Med.* Perturbação na execução dos movimentos voluntários.

Discinético, adj. (de *discinesia*). *Med.* 1. Relativo à discinesia. 2. Caracterizado por perturbação do movimento normal.

Disciplina, s. f. 1. Conjunto das obrigações que regem a vida em certas corporações, em assembléias etc. 2. Submissão a uma regra, aceitação de certas restrições. 3. Castigo, mortificação.

Disciplinador, adj. 1. Amigo da disciplina. 2. Que faz observar a disciplina. S. m. Aquele que disciplina.

Disciplinar[1], v. 1. Tr. dir. e pron. Sujeitar(-se) à disciplina. 2. Tr. dir. e pron. Castigar(-se) com disciplinas; flagelar(-se). 3. Tr. dir. Desenvolver metodicamente; cultivar, adestrar.

Disciplinar[2], adj. m. e f. Relativo a disciplina.

Disciplinável, adj. m. e f. Que se pode disciplinar.

Discípulo, s. m. Aquele que recebe ensino de alguém; aquele que aprende; aluno.

Disco, s. m. 1. Qualquer objeto, chato e circular. 2. *Esp.* Chapa redonda e pesada, para arremesso. 3. Chapa redonda de matéria plástica, onde são gravados sons, sob a forma de um sulco contínuo. Col.: *discoteca.*

Discóbolo, s. m. *Ant.* Atleta que arremessava o disco.

Discoidal, adj. m. e f. V. *discóide.*

Discóide, adj. m. e f. Que tem forma de disco; disciforme.

Díscolo, adj. Áspero no trato; insociável.

Discordância, s. f. 1. Estado daquele ou daquilo que discorda. 2. Desacordo, discrepância. 3. Disparidade. 4. Desproporção. 5. Incompatibilidade.

Discordante, adj. m. e f. 1. Que discorda ou está em desacordo. 2. Divergente.

Discordar, v. Tr. ind. e intr. 1. Estar em desacordo, não concordar; divergir. 2. Não estar em proporção, não se combinar.

Discorde, adj. m. e f. 1. Discordante, divergente. 2. Incompatível. 3. Desarmônico. 4. Desproporcionado.

Discórdia, s. f. 1. Discordância. 2. Desavença. 3. Desinteligência. 4. Desarmonia. 5. Dissensão.
Discorrer, v. (l. *discurrere*). 1. Tr. ind. e intr. Correr em diferentes direções, espalhar-se. 2. Tr. ind. e intr. Discursar, tratar.
Discorrimento, s. m. 1. A faculdade de discorrer. 2. Discernimento, raciocínio.
Discoteca, s. f. 1. Lugar em que se conservam discos fonográficos. 2. Coleção de discos fonográficos. 3. Local para se dançar ao som de música gravada.
Discrasia, s. f. *Med.* Alteração nas qualidades do sangue ou na proporção de seus elementos constituintes.
Discrásico, adj. Relativo à discrasia. S. m. Doente de discrasia.
Discrepância, s. f. Discordância.
Discrepante, adj. m. e f. Que discrepa; discordante.
Discrepar, v. 1. Tr. ind. Discordar, dissentir. 2. Tr. ind. Ser diverso; divergir.
Discreteador, s. m. Aquele que discreteia.
Discretear, v. Tr. ind. e intr. Discorrer ou falar com discrição.
Discretivo, adj. Que distingue; discernente.
Discreto, adj. 1. Que sabe guardar segredo; reservado. 2. Atento, circunspecto, prudente.
Discrição, s. f. (l. *discretione*). 1. Qualidade de discreto. 2. Circunspecção, prudência. Cfr. *descrição.*
Discricional, adj. m. e f. Asbitrário, discricionário.
Discricionário, adj. 1. Deixado à discrição; livre de condições; não limitado. 2. Arbitrário.
Discrime, s. m. 1. Linha divisória. 2. Lide, combate.
Discriminação, s. f. 1. Ato ou efeito de discriminar. 2. Separação, segregação.
Discriminador, adj. e s. m. Que, ou aquele que discrimina.
Discriminar, v. Tr. dir. 1. Discernir. 2. Diferençar, distinguir. 3. Separar. 4. Tratar de modo preferencial.
Discriminável, adj. m. e f. Que se pode discriminar.
Discromia, s. f. *Med.* Nome genérico das perturbações da pigmentação da pele.
Discromopsia, s. f. *Med.* Discriminação imperfeita das cores.
Discursador, adj. e s. m. Que, ou o que discursa.
Discursar, v. Intr. Fazer discurso, falar em público.
Discurseira, s. f. 1. *Pej.* Discurso longo e retórico. 2. Abundância de discursos; discursório.
Discursista, adj. e s., m. e f. Que, ou pessoa que discursa.
Discursivo, adj. Que procede por meio de raciocínios; dedutivo.
Discurso, s. m. 1. Fala proferida para o público; oração. 2. *Ant.* Raciocínio lógico.
Discursório, s. m. Grande número de discursos.
Discussão, s. f. (l. *discussione*). 1. Ato de discutir; controvérsia, polêmica. 2. Altercação, briga.
Discutição, s. f. *Pop.* Discussão.
Discutidor, adj. e s. m. Que, ou aquele que discute ou gosta de discutir; questionador.
Discutir, v. (l. *discutere*). 1. Tr. dir. Debater, examinar, investigar, tendo em vista provas e razões pró e contra. 2. Intr. Participar de uma discussão.
Discutível, adj. m. e f. 1. Que pode ser discutido. 2. Incerto, problemático.
Disemia, s. f. *Med.* Alteração do sangue.
Disenteria, s. f. *Med.* Doença infecciosa ou parasitária dos intestinos, de que resultam diarréias dolorosas e sanguinolentas.
Disentérico, adj. 1. Relativo à disenteria. 2. Afetado de disenteria.
Diserto, adj. Que se exprime com facilidade e elegância; eloqüente, facundo. Cfr. *deserto.*
Disestesia, s. f. *Med.* Enfraquecimento da sensibilidade, especialmente do tato.
Disfagia, s. f. *Med.* Dificuldade de deglutir.
Disfarçado, adj. 1. Que tem disfarce; mascarado. 2. Simulado, fingido.
Disfarçar, v. 1. Tr. dir. e pron. Vestir(-se) de modo que não se veja ou conheça; mascarar(-se). 2. Tr. dir. Encobrir, ocultar, tapar defeitos, imperfeições, deficiências. 3. Tr. dir. Conservar oculto o conhecimento de.
Disfarce, s. m. 1. Ato de disfarçar(-se). 2. Aquilo que serve para disfarçar. 3. Fingimento, artifício.
Disfasia, s. f. *Med.* Perturbação da faculdade de falar.
Disferir, v. Tr. dir. 1. Dilatar. 2. Engrandecer. Conjuga-se como *ferir.* Cfr. *desferir.*
Disfonia, s. f. *Med.* Qualquer perturbação do aparelho fonador.
Disforia, s. f. Mal-estar, indisposição. Antôn.: *euforia.*
Disformar, v. Tr. dir. Tornar disforme; deformar.
Disforme, adj. m. e f. 1. De forma descomunal; desproporcionado, desconforme. 2. Monstruoso.
Disgenesia, s. f. *Med.* Perturbação da função reprodutora.
Disgenésico, adj. V. *disgenético.*
Disgenético, adj. Que tem disgenesia; disgenésico.
Disidria, s. f. *Med.* Qualquer alteração da secreção do suor.
Disidrose, s. f. *Med.* Afecção cutânea caracterizada por vesículas nas mãos e nos pés.
Disjunção, s. f. Ato de disjungir; separação.
Disjungir, v. Tr. dir. 1. Tirar do jugo; desprender. 2. Desunir, separar. Conjuga-se como *ungir.*
Dislate, s. m. Desconchavo, despautério, disparate.
Dislogia, s. f. *Med.* Perturbação da expressão verbal, por defeito da inteligência.
Dismnésia, s. f. *Med.* Enfraquecimento da memória.
Disopia, s. f. *Med.* Qualquer perturbação na visão.
Disosmia, s. f. *Med.* Qualquer alteração do sentido do olfato.
Díspar, adj. m. e f. Desigual, diferente, dessemelhante. Pl.: *díspares.*
Disparada, s. f. 1. Estouro de um rebanho. 2. Corrida célere. 3. Desembestada.
Disparado, adj. 1. Arrojado, ousado. 2. Muito veloz.
Disparar, v. 1. Tr. dir. Arremessar, arrojar, atirar, impelir, lançar. 2. Tr. dir. Dar tiro com; descarregar. 3. Intr. e pron. Descarregar-se (a arma de fogo). 4. Tr. ind. Partir à desfilada, fugir desabaladamente. 5. Intr. Iniciar a corrida.
Disparatado, adj. Em que há disparate; absurdo.
Disparatar, v. Intr. Dizer disparates, ou fazê-los.
Disparate, s. m. 1. Ato ou dito desarrazoado. 2. Desatino. 3. Desvario. 4. Sem-razão, tolice. 5. Absurdo.
Disparidade, s. f. Qualidade do que é díspar; desigualdade.
Disparo, s. m. 1. Ato ou efeito de disparar; tiro, descarga. 2. Estampido de tiro.
Dispartir, v. 1. Tr. dir. Distribuir, repartir. 2. Tr. ind. e pron. Partir ou seguir em sentidos diversos.
Dispêndio, s. m. 1. Consumo, despesa, gasto. 2. Dano, detrimento, perda, prejuízo.
Dispendioso, adj. Que exige grandes dispêndios; custoso.
Dispensa, s. f. 1. Ato de dispensar ou de ser desobrigado. 2. Licença para não fazer algo a que se estava obrigado. Cfr. *despensa.*
Dispensabilidade, s. f. Qualidade ou estado de dispensável.
Dispensação, s. f. Ato de dispensar; dispensa.
Dispensador, s. m. Aquele que dispensa.
Dispensar, 1. Tr. dir. Dar dispensa a. 2. Tr. dir. Desobrigar, isentar, eximir. 3. Tr. dir. Não precisar de, prescindir de. 4. Pron. Não se julgar obrigado; eximir-se.
Dispensário, s. m. Estabelecimento de beneficiência onde se cuida gratuitamente dos doentes pobres.
Dispensatário, s. m. Aquele que concede dispensas.
Dispensativo, adj. Que dispensa, ou é motivo de dispensa.
Dispensatório, s. m. Laboratório destinado à preparação de medicamentos.
Dispensável, adj. m. e f. Que se pode dispensar.
Dispepsia, s. f. *Med.* Má digestão. Antôn.: *eupepsia.*
Dispéptico, adj. Relativo a dispepsia. S. m. Doente de dispepsia.
Disperder, v. Tr. dir. Deitar a perder.
Dispermático, adj. *Bot.* Com duas sementes.
Dispersador, adj. e s. m. Que, ou aquele que dispersa.
Dispersão, s. f. (l. *dispersione*). 1. Ato ou efeito de dispersar-

(-se). 2. Estado do que está disperso. 3. *Fís.* Separação de uma luz policromática em suas radiações componentes.

Dispersar, v. 1. Tr. dir. Impelir em diversas direções; disseminar, espalhar. 2. Pron. Separar-se e afastar-se em várias direções; debandar.

Dispersivo, adj. Que produz dispersão.

Disperso, adj. 1. Separado sem ordem; desordenado. 2. Espalhado, disseminado. 3. Debandado.

Displasia, s. f. *Med.* Desenvolvimento anormal que ocasiona deformidades (gigantismo, cretinismo, eunuquismo, infantilismo etc.).

Display (*plei*), s. m. (t. ingl.). *Propag.* 1. Qualquer mostruário destinado a atrair a atenção do comprador. 2. Anúncio montado sobre papelão para ser exposto nos balcões, vitrinas etc.

Displicência, s. f. 1. Estado de quem se acha descontente. 2. Desinteresse, indiferença.

Displicente, adj. m. e f. 1. Que causa displicência; molesto. 2. Que revela, displicência; desleixado, negligente.

Dispnéia, s. f. *Med.* Dificuldade na respiração. Antôn.: *eupneia.*

Dispnéico, adj. Que se refere à dispnéia.

Disponente, adj. m. e f. Que dispõe. S. m. e f. *Dir.* Pessoa que faz disposições de bens em favor de alguém.

Disponibilidade, s. f. Qualidade daquele ou daquilo que é ou está disponível. S. f. pl. Fundos de que se dispõe.

Disponível, adj. m. e f. 1. De que se pode dispor. 2. Livre de encargo ou trabalho.

Dispor, v. (l. *disponere*). 1. Tr. dir. Pôr, colocar ou distribuir ordenadamente; ordenar, arranjar. 2. Tr. dir. Coordenar. 3. Tr. dir. Preparar (alguém) para alguma coisa. 4. Tr. ind. Servir-se, utilizar-se: *Disponha dos* meus préstimos. 5. Tr. dir. Determinar, prescrever, regular legislativamente. 6. Tr. ind. Ter, possuir: *De* quanto tempo *dispõe?* Conjuga-se como *pôr.* S. m. Alvitre, disposição.

Disposição, s. f. (l. *dispositione*). 1. Ato ou efeito de dispor; ordenação, arrumação, arranjo. 2. Colocação por determinada ordem. 3. Preceito, prescrição legal. 4. Tendência, vocação. 5. *Med.* Estado de espírito ou de saúde.

Dispositivo, adj. Que contém ordem, prescrição, disposição; determinativo. S. m. 1. Regra, preceito. 2. *Dir.* Artigo de lei. 3. Qualquer peça ou mecanismo de uma máquina destinados a uma função especial.

Disposto, adj. 1. Posto, colocado de certa maneira. 2. Inclinado, propenso. 3. Que mostra boa disposição de ânimo; pronto para o que der e vier.

Disprósio, s. m. *Quím.* Elemento metálico, do grupo das terras raras, de símbolo Dy, número atômico 66 e massa atômica 162,51.

Disputa, s. f. 1. Contenda, discussão. 2. Altercação, rixa. 3. *Esp.* Competição, luta.

Disputador, adj. e s. m. Que, ou o que disputa; disputante.

Disputante, adj. e s., m. e f. Disputador.

Disputar, v. 1. Tr. dir. Lutar pela posse de; pleitear. 2. Tr. ind. e intr. Discutir, questionar. 3. Tr. dir. *Esp.* Efetuar uma competição esportiva.

Disputativo, adj. V. *disputador.*

Disputável, adj. m. e f. Que pode ser objeto de disputa.

Disquete (*é*), s. m. *Inform.* Pequeno disco magnético, flexível, usado em processamento de dados; é um dispositivo de armazenamento.

Disquisição, s. f. Investigação, pesquisa.

Disritmia, s. f. *Med.* Perturbação do ritmo, particularmente da fala.

Dissabor, s. m. 1. Desgosto, desprazer. 2. Acontecimento desagradável. 3. Contratempo. 4. Mágoa.

Dissaborear, v. Tr. dir. Causar dissabor a.

Dissaboroso, adj. 1. Em que há dissabor. 2. Que não tem sabor; insípido, insosso.

Dissecação, s. f. (l. *dissecatione*). 1. *Cir.* e *Anat.* Operação em que se separam cirurgicamente as partes de um corpo ou órgão. 2. Análise minuciosa. Var.: *disseção.*

Disseção, s. f. V. *dissecação.* Var.: *dissecção.*

Dissecar, v. Tr. dir. 1. *Cir.* Fazer a dissecação de. 2. Analisar miudamente.

Disseminação, s. f. 1. Ato ou efeito de disseminar(-se). 2. Difusão, propagação.

Disseminador, adj. e s. m. Que, ou o que dissemina.

Disseminar, v. 1. Tr. dir. Semear ou espalhar por muitas partes. 2. Tr. dir. Difundir, propagar. 3. Pron. Dispersar-se, espalhar-se.

Dissensão, s. f. 1. Divergência de opiniões. 2. Desavença, discórdia.

Dissentâneo, adj. Que dissente.

Dissentimento, s. m. V. *dissensão.*

Dissentir, v. Tr. ind. Não concordar; discrepar, divergir.

Dissépalo, adj. *Bot.* Com duas sépalas.

Dissertação, s. f. Exposição escrita ou oral sobre um assunto qualquer.

Dissertador, s. m. Aquêle que gosta de fazer dissertações.

Dissertar, v. Tr. ind. e intr. Fazer dissertação; discorrer.

Dissetor, s. m. 1. Aquele que disseca. 2. Instrumento para dissecar; bisturi, escalpelo.

Dissidência, s. f. (l. *dissidentia*). 1. Dissensão. 2. Partido integrado por dissidentes.

Dissidente, adj. m. e f. 1. Que dissente das opiniões de outrem ou da maioria. 2. Que se separa de uma corporação por discordar das opiniões.

Dissidiar, v. Intr. Ser dissidente.

Dissídio, s. m. 1. Desinteligência, dissenção. 2. Controvérsias individuais ou coletivas submetidas à Justiça do Trabalho.

Dissilábico, adj. V. *dssílabo..*

Dissílabo, adj. Composto de duas sílabas. S. m. Palavra de duas sílabas.

Dissimetria, s. f. V. *assimetria.*

Dissimétrico, adj. V. *assimétrico.*

Dissímil, adj. m. e f. V. *dessemelhante.*

Dissimilação, s. f. *Gram.* Fenômeno oposto à assimilação e que consiste na modificação de fonemas, para evitar a repetição de sons semelhantes.

Dissimilar[1], adj. m. e f. Que é de diverso gênero ou espécie.

Dissimilar[2], v. Tr. dir. 1. Fazer a dissimilação de. 2. Tornar dissímil.

Dissimulação, s. f. 1. Ato ou efeito de dissimular(-se). 2. Fingimento, disfarce.

Dissimulado, adj. 1. Que tem por costume dissimular; calado, fingido. 2. Oculto, encoberto, disfarçado.

Dissimulador, adj. e s. m. Que, ou o que dissimula.

Dissimular, v. 1. Tr. dir. Não dar a perceber; calar. 2. Intr. Não revelar seus sentimentos; ter reserva. 3. Tr. dir. Ocultar, encobrir. 4. Tr. dir. Afetar com artifício; fingir. 5. Pron. Esconder-se, ocultar-se.

Dissimulável, adj. m. e f. Que pode ser dissimulado.

Dissipação, s. f. 1. Ato ou efeito de dissipar(-se). 2. Dispersão. 3. Desbarato de bens.

Dissipado, adj. 1. Que se dissipou; desfeito. 2. Que dissipa; gastador.

Dissipador, adj. e s. m. Que, ou quem dissipa; esbanjador, dissipado.

Dissipar, v. 1. Tr. dir. e pron. Dispersar(-se), espalhar(-se). 2. Pron. Apagar(-se), desaparecer, cessar. 3. Tr. dir. Desperdiçar, esbanjar.

Dissipável, adj. m. e f. Que se dissipa facilmente.

Disso, combinação da prep. *de* e o pron. dem. *isso.*

Dissociabilidade, s. f. Qualidade do que é dissociável.

Dissociação, s. f. 1. Ato de dissociar(-se). 2. *Quím.* Processo pelo qual um composto se decompõe em constituintes mais simples.

Dissocial, adj. m. e f. 1. Que não se pode associar. 2. Insociável.

Dissociar, v. 1. Tr. dir. Separar elementos associados. 2. Tr. dir. e pron. Desagregar(-se), desunir(-se).

Dissociável, adj. m. e f. Que se pode dissociar.

Dissoludilidade, s. f. Qualidade do que é dissolúvel.

Dissolução, s. f. 1. Ato ou efeito de dissolver; dissolvência. 2. *Quím.* V. *solução.* 3. Perversão de costumes; corrupção.

Dissolutivo, adj. Que dissolve.

Dissoluto, adj. 1. Dissolvido; desfeito. 2. Corrupto, libertino.

Dissolúvel, adj. m. e f. Que pode ser dissolvido.
Dissolvência, s. f. V. *dissolução.*
Dissolvente, adj. m. e f. Que dissolve.
Dissolver, v. 1. Tr. dir. Reduzir à forma líquida; liquefazer, fundir. 2. Tr. dir. Fazer passar (uma substância) para a solução. 3. Pron. Tornar-se líquido, liquefazer-se, desfazer-se, dissipar-se. 4. Tr. dir. e pron. Destituir(-se), extinguir(-se) (assembléia ou corporação).
Dissonância, s. f. 1. Falta de consonância ou de harmonia. 2. *Mús.* Encontro pouco harmonioso de vários sons. 3. *Mús.* Desafinação, desentoação. 4. *Gram.* Junção de sílabas ou de palavras que soam mal.
Dissonante, adj. m. e f. Que produz dissonância; díssono, dissonoro.
Dissonar, v. Intr. Fazer dissonância; soar mal.
Díssono, adj. Dissonante.
Dissonoro, adj. V. *dissonante.*
Dissuadir, v. 1. Tr. dir. Fazer mudar de opinião; despersuadir. 2. Pron. Mudar de opinião; despersuadir-se.
Dissuasão, s. f. Despersuasão.
Dissuasivo, adj. Próprio para dissuadir; dissuasório.
Dissuasor, adj. e s. m. Que, ou o que dissuade.
Dissuasório, adj. V. *dissuasivo.*
Distal, adj. m. e m. Diz-se da extremidade mais afastada de um órgão, do ponto em que ele se liga ao corpo.
Distanásia, s. f. *Med.* Morte dolorosa. Antôn.: *eutanásia.*
Distância, s. f. 1. Intervalo que separa dois pontos no espaço, ou (mais raramente) dois momentos no tempo. 2. Afastamento, separação.
Distanciar, v. Tr. dir. e pron. Pôr(-se) distante; afastar(-se), apartar(-se).
Distanciômetro, s. m. Instrumento para medir distâncias.
Distante, adj. m. e f. 1. Que dista, ou está a certa distância. 2. Remoto. 3. Falto de calor humano; reservado.
Distar, v. Tr. ind. e intr. Estar, ficar, ser distante.
Disteleologia, s. f. Doutrina que prega a ausência de finalidade ou utilidade nas coisas do universo.
Distender, v. 1. Tr. dir. Estender para vários lados. 2. Tr. dir. e pron. Estirar(-se), retesar(-se). 3. Tr. dir. e pron. Aumentar(-se), dilatar(-se).
Distensão, s. f. 1. Ato ou de distender(-se). 2. *Med.* Tensão demasiada; estiramento. 3. *Med.* Torção violenta dos ligamentos de uma articulação. 4. Afrouxamento.
Distenso, adj. Dilatado, inchado, estirado.
Distensor, adj. Que distende. S. m. Aquilo que distende.
Dístico, adj. *Biol.* Disposto em duas séries opostas ao longo de um eixo comum. S. m. 1. *Metrif.* Máxima em dois versos. 2. *Metrif.* Grupo de dois versos. 3. Letreiro, rótulo. 4. Divisa.
Distilo, adj. *Bot.* Com dois estiletes.
Distinção, s. f. (1. *distinctione*). 1. Ato ou efeito de distinguir; diferença, separação. 2. Conjunto de qualidades sociais superiores. 3. Agraciamento, honraria, condecoração. 4. Educação apurada. 5. Nobreza de porte. 6. Correção de procedimento. 7. Classificação de distinto em lição, exame ou concurso. 8. Elegância.
Distinguidor, s. m. Aquele que distingue.
Distinguir, v. (1. *distinguere*). 1. Tr. dir. e tr. ind. Perceber a diferença entre pessoas ou coisas; diferenciar, não confundir. 2. Tr. dir. Perceber, ouvir, avistar, divisar. 3. Tr. dir. Mostrar consideração especial a. 4. Tr. dir. Condecorar. 5. Pron. Tornar-se notável; assinalar-se.
Distinguível, adj. m. e f. Que se pode distinguir.
Distintivo, adj. Próprio para distinguir. S. m. Coisa que distingue; insígnia, emblema.
Distinto, adj. 1. Que difere de outrem ou de outra coisa; que não se confunde. 2. Diverso, diferente. 3. Que tem distinção. 4. Claro, inteligível. 5. Ilustre, notável. 6. Elegante, gentil.
Distiquíase, s. f. *Med.* Dupla ordem de cílios na mesma pálpebra, com uma delas dirigida para o globo ocular.
Disto, combinação da prep. *de* e o pronome dem. *isto.*
Distorção, s. f. 1. Ato de distorcer. 2. *Crist.* Desenvolvimento desigual dos elementos cristalograficamente homólogos dos cristais. 3. *Med.* Deslocamento de uma parte do corpo; torção. 4. *Ópt.* Manifestação especial de astigmatismo. 5. *Neol.* e *Angl.* Deformação, deturpação.
Distorcer, v. 1. Tr. dir. Causar distorção em; deformar. 2. Pron. Sofrer distorção.
Distração, s. f. 1. Falta de atenção; desatenção. 2. Irreflexão, inadvertência. 3. Esquecimento. 4. Palavra ou ato irrefletido. 5. Divertimento, recreação.
Distraído, adj. 1. Diz-se de pessoa sujeita a distrações. 2. Entretido, recreado. 3. Descuidado.
Distraimento (*a-i*), s. m. V. *distração.*
Distrair, v. (1. *distrahere*). 1. Tr. dir. Causar distração a. 2. Tr. dir. Atrair, chamar (a atenção) de um ponto para outro. 3. Pron. Ficar alheio ou abstrato. 4. Tr. dir. Divertir, entreter, recrear. 5. Pron. Descuidar-se, esquecer-se.
Distratar, v. Tr. dir. Anular, desfazer (contrato). Cfr. *destratar.*
Distrativo, adj. Que distrai; recreativo.
Distrato, s. m. 1. Ato de distratar. 2. Dissolução ou rescisão de contrato.
Distribuição (*u-i*), s. f. (1. *distributione*). 1. Ato de distribuir; repartição. 2. Classificação. 3. Serviço de entrega domiciliar de correspondência postal.
Distribuidor (*u-i*), adj. e s. m. Que, ou o que distribui.
Distribuir, v. (1. *distribuere*). Tr. dir. 1. Dar ou entregar a diversas pessoas; repartir. 2. Pôr em diversos lugares; espalhar. 3. Classificar, ordenar. 4. *Tip.* Repor nas caixas e caixotins, a que pertencem, os tipos e outro material de composição já usada. 5. Entregar correspondência postal no domicílio do destinatário.
Distributivo, adj. 1. Que distribui. 2. Que indica distribuição.
Distrital, adj. m. e f. Relativo a distrito.
Distrito, s. m. Área territorial em que se exerce o governo, jurisdição ou inspeção de uma autoridade administrativa, judicial ou fiscal.
Distrofia, s. f. *Med.* Doença provocada por distúrbio da nutrição.
Disturbar, v. Tr. dir. 1. Perturbar. 2. Desordenar, transtornar.
Distúrbio, s. m. 1. Perturbação. 2. Agitação. 3. Desordem. 4. Motim. 5. Traquinice.
Disúria, s. f. *Med.* Dificuldade de urinar. Var.: *disuria.*
Disúrico, adj. *Med.* Relativo a disúria. S. m. Aquele que padece de disúria.
Ditado, s. m. 1. Aquilo que se dita ou se ditou, para outro escrever. 2. Provérbio.
Ditador, s. m. Chefe de Estado que reúne em si todos os poderes públicos.
Ditadura, s. f. 1. Governo ou autoridade do ditador. 2. Despotismo.
Ditame, s. m. 1. Aquilo que se dita. 2. Regra, aviso, ordem, doutrina. 3. Aquilo que a razão diz que deve ser.
Ditar, v. 1. Tr. dir. e intr. Dizer em voz alta o que outrem há de escrever. 2. Tr. dir. Prescrever, impor.
Ditatorial, adj. m. e f. 1. Relativo a ditador ou ditadura. 2. Promulgado em ditadura.
Ditério, s. m. 1. Dito picante; chufa, dichote. 2. Motejo, zombaria. Var.: *dictério.*
Ditirâmbico, adj. 1. *Poét.* Pertinente a ditirambo. 2. Excessivamente elogioso.
Ditirambo, adj. 1. *Poét.* Composição de versos e estâncias irregulares que exprimem entusiasmo ou delírio. 2. Elogio entusiástico, até ao exagero.
Dito, adj. Que se disse; mencionado, referido. S. m. Conceito, máxima, sentença.
Ditografia, s. f. Erro de copista que repetia o que só devia escrever uma vez.
Ditologia, s. f. *Gram.* 1. Concomitância de dupla forma para um só vocábulo. 2. Estudo desses vocábulos.
Ditongação, s. f. Ato ou efeito de ditongar.
Ditongal, adj. m. e f. 1. Que forma ditongo. 2. Concernente a ditongo.
Ditongar, v. Tr. dir. Formar ditongo de.

Ditongo, s. m. *Gram.* Reunião de duas vogais proferidas numa só sílaba.
Dítono, s. m. *Mús.* Intervalo de dois tons.
Ditoso, adj. Que tem dita; feliz, venturoso.
Diu, s. m. Aparelho contraceptivo, de plástico ou metal, de aplicação intra-uterina.
Diurese (*i-u*), s. f. *Med.* Secreção de urina, normal ou abundante, natural ou provocada.
Diurético (*i-u*), adj. Que facilita a secreção da urina. S. m. *Farm.* Medicamento diurético.
Diurnal (*i-ur*), adj. m. e f. Diário, cotidiano. S. m. Livro de orações para todos os dias.
Diurno (*i-ur*), adj. 1. Próprio do dia (em oposição a *noturno*). 2. Por cada dia.
Diuturnidade (*i-u*). s. f. Duração longa; largo espaço de tempo.
Diuturno, adj. Que dura muito.
Diva, s. f. 1. Deusa, divindade. 2. Mulher formosa. 3. Cantora notável.
Divã, s. m. Espécie de sofá sem encosto.
Divagação, s. f. 1. Ato de divagar. 2. Afastamento do tema de conversa ou de escrito; digressão.
Divagador, adj. e s. m. 1. Que, ou o que divaga. 2. Que, ou aquele que tem por hábito espraiar-se em considerações alheias ao assunto de que trata.
Divagante, adj. m. e f. Divagador.
Divagar, v. 1. Tr. ind. e intr. Andar errante, caminhar ao acaso; vaguear. 2. Intr. Afastar-se do assunto que vinha tratando. 3. Tr. ind. e intr. Discorrer sem nexo.
Divergência, s. f. 1. Ato ou efeito de divergir. 2. Desacordo, discordância. 3. Desvio.
Divergente, adj. m. e f. 1. Que diverge. 2. Em que há divergência.
Divergir, v. 1. Intr. Afastar-se progressivamente; desviar-se. 2. Tr. ind. e intr. Não se combinar; discordar.
Diversão, s. f. 1. Desvio do espírito para coisas diferentes das que o preocupam. 2. Distração, passatempo, recreio.
Diversicolor, adj. m. e f. Que tem cores diversas; multicor, variegado.
Diversidade, s. f. 1. Diferença, dessemelhença. 2. Contradição, oposição.
Diversificação, s. f. Ato ou efeito de diversificar.
Diversificante, adj. m. e f. Que diversifica.
Diversificar, v. 1. Tr. dir. Tornar diverso; fazer variar. 2. Tr. ind. e intr. Ser diverso; variar.
Diversificável, adj. m. e f. Que se pode diversificar.
Diversifloro, adj. *Bot.* Diz-se da planta cujas flores acusam morfologia variada e cores diferentes.
Diversivo, adj. 1. Em que há diversão. 2. Revulsivo.
Diverso, adj. 1. Diferente. 2. Que oferece vários aspectos. 3. Distinto. 4. Discordante. Adj. pl. Alguns, vários.
Diversório, adj. Diversivo. S. m. Aquilo que diverte; diversão.
Divertículo, s. m. *Anat.* Apêndice oco, terminado em forma de fundo de saco.
Divertido, adj. 1. Alegre, engraçado, folgazão, recreativo. 2. Desatento, distraído.
Divertimento, s. m. 1. Entretenimento. 2. Distração, recreação.
Divertir, v. (1. *divertere*). 1. Tr. dir. Fazer mudar de fim, de objeto, de aplicação; distrair, desviar. 2. Tr. dir. e pron. Distrair(-se), entreter(-se), recrear(-se).
Dívida, s. f. 1. O que se deve. 2. Obrigação, dever.
Dividendo, s. m. 1. O que se deve ou se há de dividir. 2. *Arit.* O número dado para se dividir (na operação da divisão). 3. Lucros que são distribuídos aos acionistas de uma companhia.
Dividir, v. (1. *dividere*). 1. Tr. dir. e pron. Separar(-se) em partes. 2. Tr. dir. Apartar, separar. 3. Tr. dir. e intr. Efetuar uma divisão. 4. Tr. dir. Demarcar, limitar. 5. Tr. dir. Estabelecer discórdia entre; desavir. 6. Pron. Discordar, discrepar, dissentir, divergir. 7. Tr. dir. Repartir.
Divinação, s. f. V. *adivinhação.*
Divinal, adj. m. e f. 1. Divino. 2. Excelente, sublime.
Divinatório, adj. Relativo à divinação.
Divindade, s. f. 1. Qualidade de divino. 2. Natureza divina. 3. Deus.
Divinização, s. f. Ato ou efeito de divinizar(-se).
Divinizador, adj. e s. m. Que, ou o que diviniza; divinizante.
Divinizante, adj. m. e f. Divinizador.
Divinizar, v. 1. Tr. dir. e pron. Atribuir (a alguém ou a si) caráter divino, considerar(-se) divino. 2. Tr. dir. Tornar sublime; elevar, exaltar.
Divino, adj. 1. De Deus ou a Ele concernente. 2. Excelente, perfeito, sublime..
Divisa, s. f. 1. Limite, raia, fronteira. 2. Palavra ou frase que sintetiza o lema de um país, um partido etc. 3. Insígnia. 4. *Mil.* Cada um dos galões indicativos das patentes militares. S. f. pl. *Econ.* Disponibilidade cambial de um país em praças estrangeiras.
Divisão, s. f. (1. *divisione*). 1. Ato, efeito ou operação de dividir. 2. Fragmentação. 3. Parte de um todo que se dividiu. 4. *Mat.* Operação com que se procura achar quantas vezes um número se contém noutro. 5. *Mil.* Parte de um exército formada por duas ou mais brigadas. 6. Partilha. 7. Porção. 8. Discórdia, dissensão.
Divisar, v. Tr. dir. 1. Avistar, enxergar. 2. Notar, observar.
Divisibilidade, s. f. Qualidade do que é divisível.
Divisional, adj. m. e f. Relativo à divisão.
Divisionário, adj. 1. Que concerne a uma divisão militar. 2. Diz-se da moeda destinada a trocos.
Divisível, adj. m. e f. 1. Que pode ser dividido. 2. *Arit.* Que se divide exatamente.
Diviso, adj. Que se dividiu; dividido.
Divisor, adj. e s. m. Que, ou o que divide. S. m. *Arit.* Número pelo qual se divide outro que se chama *dividendo.*
Divisória, s. f. 1. Linha que divide ou separa. 2. Tapume, parede ou biombo que divide uma casa ou um compartimento.
Divisório, adj. 1. Que divide. 2. Relativo à divisão. 3. Que delimita.
Divorciar, v. 1. Tr. dir. Decretar o divórcio ou provocá-lo. 2. Tr. dir. e pron. Desunir(-se), separar(-se), afastar(-se).
Divórcio, s. m. 1. *Dir.* Dissolução absoluta do vínculo conjugal. 2. Desunião, separação.
Divorcista, adj. e s., m. e f. Que, ou pessoa que é partidária do divórcio.
Divulgação, s. f. Ato ou efeito de divulgar(-se).
Divulgar, v. 1. Tr. dir. Fazer conhecido, tornar público; apregoar, difundir. 2. Pron. Tornar-se conhecido ou público; propagar-se.
Divulsão, s. f. Ação de separar violentamente.
Dixe, s. m. 1. Pequeno objeto para brinquedo. 2. Jóia. 3. Enfeite. 4. Berloques para corrente de relógio.
Dizedor, adj. e s. m. Que, ou o que fala muito; gracejador. S. m. Indivíduo que conta anedotas.
Dizer[1], v. (1. *dicere*). 1. Tr. dir. Exprimir por palavras, por escrito ou por sinais. 2. Intr. Falar. 3. Tr. dir. Proferir, pronunciar. 4. Tr. dir. e tr. ind. Narrar, expor, referir. 5. Tr. dir. Recitar: *D. versos.* 6. Tr. dir. Entoar, rezar: *D. orações.* 7. Tr. dir. Celebrar: *D. missa.* 8. Tr. dir. Determinar, mandar, prescrever: A lei *o diz.* 9. Pron. Ter-se na conta de; julgar-se.
Dizer[2], s. m. 1. Linguagem falada. 2. Palavra, dito, expressão.
Dízima, s. f. (1. *decima*). 1. Contribuição, imposto equivalente à décima parte de um rendimento. 2. *Mat.* Parte dos números decimais, escrita à direita da vírgula decimal.
Dizimação, s. f. Ato de dizimar.
Dizimador, adj. e s. m. Que, ou aquele que dizima.
Dizimar, v. (1. *Decimare*). Tr. dir. 1. *Mil.* Matar um em cada grupo de dez. 2. Destruir grande número de. 3. Diminuir o número de; desfalcar.
Dízimo, s. m. 1. A décima parte; décimo. 2. Dízima, acep. 1.
Dizível, adj. m. e f. Que se pode dizer.
Dizóico, adj. (*di* + *zóico*). *Biol.* Diz-se dos esporocistos que contêm dois esporozoítas.

Diz-que-diz-que, s. m. sing. e pl. Boato, falatório, mexerico. Var.: *diz-que, diz-que-diz.*

Djim, s. m. Designativo de entidades, benfazejas ou maléficas, inferiores aos anjos e superiores aos homens.

Do, combinação da prep. *de* com o art. def. *o*; comb. da prep. *de* com o pron. dem. *o.*

Dó[1], s. m. (1. *dolu*). Compaixão, comiseração.

Dó[2], s. m. Primeira nota da moderna escala musical.

Doação, s. f. (1. *donatione*). 1. Ato ou efeito de doar. 2. Aquilo que se *doou.* 3. Documento que assegura e legaliza a doação.

Doado, adj. Transferido por doação.

Doador, s. m. Aquele que doa ou faz doação.

Doar, v. (1. *donare*). Tr. dir. 1. Fazer doação de. 2. Transmitir gratuitamente a outrem (bens).

Dobadeira, s. f. Mulher que doba.

Dobadoura, s. f. 1. Aparelho com que se doba. 2. Lufa-lufa, azáfama.

Dobagem, s. f. Oficina onde se doba, nas fábricas de fiação.

Dobar, v. 1. Tr. dir. Enrolar o fio em meada como dobadoura. 2. Intr. Dar voltas; enovelar-se, rodopiar.

Dobra, s. f. 1. Parte dum objeto que faz volta, sobrepondo-se a outra parte. 2. Vinco, prega. 3. *Geol.* Encurvamento das rochas, por causas diversas, tectônicas ou não.

Dobrada, s. f. 1. Lugar em que, do alto de um monte se começa a descer. 2. Ondulação do terreno; quebrada. 3. V. *dobradinha.*

Dobradeira, s. f. Instrumento com que os encadernadores dobram o papel.

Dobradiça, s. f. 1. Peça de metal formada de duas chapas unidas por um eixo comum e sobre a qual gira a janela, porta etc. 2. Bisagra, gonzo.

Dobradinha, s. f. 1. Parte dos buchos de boi ou vaca, como pança, barrete, coagulador e folhoso, para guisados. 2. Guisado preparado com essas vísceras.

Dobrado, adj. 1. V. *duplicado.* 2. Voltado sobre si. 3. Enrolado. 4. Diz-se de indivíduo muito forte; robusto. S. m. Marcha militar.

Dobradura, s. f. Ação de dobrar; dobramento.

Dobramento, s. m. V. *dobradura.*

Dobrar, v. (1. *duplare*). 1. Tr. dir. e intr. Duplicar(-se), tornar(-se) duas vezes maior. 2. Tr. dir. Virar ou voltar um objeto de modo que uma parte fique sobreposta a outra. 3. Pron. Curvar-se, inclinar-se. 4. Tr. dir. Abaixar, abater. 5. Tr. dir. e pron. Submeter(-se). 6. Tr. dir. Abrandar, modificar. 7. Intr. Soar (o sino), dando voltas sobre o eixo. 8. Intr. Gorjear, trinar, cantar.

Dobrável, adj. m. e f. Que se pode dobrar.

Dobre, adj. m. e f. (1. *duplu*). Dobrado, duplicado. S. m. Toque (dos sinos) a finados.

Dobrez, s. f. Fingimento, hipocrisia, insinceridade.

Dobro (*ô*), s. m. 1. Duplicação. 2. O dobro.

Doca, s. f. 1. Parte de um porto onde as embarcações atracam. 2. V. *dique.*

Doçaria, s. f. 1. Grande porção de doces. 2. Lugar onde se vendem ou fabricam doces.

Doce, adj. m. e f. 1. Que tem sabor agradável como o do açúcar ou do mel. 2. Suave. 3. Benigno. 4. Afetuoso. 5. *Metal.* Macio, brando. Sup. abs. sint.: *dulcíssimo.* Adv. Docemente. S. m. Preparação culinária em que entra açúcar ou outro adoçante.

Doceira, s. f. Mulher que faz ou vende doces.

Doceiro, s. m. Homem que faz ou vende doces.

Docência, s. f. 1. Qualidade de docente. 2. Ensino.

Docente, adj. m. e f. Que ensina. S. m. e f. Professor, lente. Antôn.: *discente.*

Dócil, adj. m. e f. 1. Obediente, submisso. 2. Fácil de conduzir ou guiar. Sup. abs. sint.: *docilíssimo, docílimo.*

Docilidade, s. f. Qualidade ou caráter do que é dócil.

Docílimo, adj. Sup. abs. sint. de *dócil*; muito dócil.

Docimasia, s. f. 1. *Quím. ant.* Análise, ensaio. 2. *Med.* Exame médico-legal das condições de morte.

Documentação, s. f. 1. Ato ou efeito de documentar. 2. Conjunto de documentos relativos a uma questão.

Documentado, adj. Fundado em documentos.

Documental, adj. m. e f. 1. Documentado. 2. Relativo a documentos.

Documentar, v. Tr. dir. 1. Provar por meio de documentos. 2. Juntar documentos (a processo).

Documentário, adj. 1. Relativo a documentos. 2. Que tem o valor de documento. S. m. 1. Aquilo que vale como documento. 2. Filme que apresenta assuntos da atualidade nos programas dos cinemas.

Documentativo, adj. Que serve para documentar.

Documentável, adj. m. e f. Que pode ser documentado.

Documento, s. m. *Dir.* Escrito ou objeto que serve de testemunho ou prova, constituindo um elemento de informação.

Doçura, s. f. 1. Qualidade daquilo que é doce. 2. Brandura, suavidade. 3. Simplicidade. 4. Meiguice.

dodeca-, elem. de comp. (gr. *dodeka*). Exprime a idéia de *doze: dodecaedro, dodecágono.*

Dodecaédrico, adj. 1. Relativo ao dodecaedro. 2. Que tem forma de dodecaedro.

Dodecaedro, s. m. *Geom.* Poliedro de doze faces.

Dodecágino, adj. *Bot.* Qualifica a flor que tem doze pistilos, estiletes ou estigmas sésseis.

Dodecagonal, adj. m. e f. Relativo a dodecágono.

Dodecágono, s. m. Polígono de doze lados.

Dodecandria, s. f. Qualidade de dodecandro.

Dodecandro, adj. *Bot.* Que tem doze estames, livres entre si.

Dodecapétalo, adj. *Bot.* Que tem doze pétalas.

Dodecarquia, s. f. Forma de governo na qual um conselho de doze membros exerce o poder. (Forma de governo no Egito, pelo ano 680 a.C.).

Dodecassílabo, adj. Que tem doze sílabas. S. m. Palavra ou verso de doze sílabas.

Dodói, s. m. 1. *Inf.* Dor. 2. *Inf.* Doença. 3. *Fam.* Algo ou alguém muito querido. 4. *Inf.* Lugar dolorido.

Doença, s. f. (1. *dolentia*). 1. Falta ou perturbação de saúde; achaque, enfermidade, indisposição, moléstia. 2. Alterações patológicas das plantas. 3. Tarefa laboriosa ou difícil.

Doente, adj. m. e f. (1. *dolente*). 1. Que tem doença. 2. Débil, fraco. 3. *Pop.* Apaixonado. S. m. e f. Pessoa enferma.

Doentio, adj. 1. Que adoece facilmente; débil. 2. Prejudicial à saúde. 3. Que causa doença; mórbido.

Doer, v. (1. *dolere*). 1. Tr. ind. e intr. Causar dor ou pena. 2. Intr. Estar dorido, ser a sede de uma dor. 3. Pron. Condoer-se. Como tr. ind. e intr. só se conjuga nas terceiras pessoas; como pron. conjuga-se em todas.

Doestador, adj. e s. m. Que, ou aquele que doesta.

Doestar, v. Tr. dir. e intr. Dirigir doestos a; injuriar, insultar.

Doesto (*é*), s. m. 1. Injúria, insulto. 2. Ação desonrosa de que se acusa alguém.

Dogal, adj. m. e f. 1. De doge. 2. Relativo a doge.

Dogaresa ou **dogaressa,** s. f. V. *dogesa.*

Doge, s. m. Supremo magistrado das antigas repúblicas de Veneza e Gênova.

Dogesa, s. f. Mulher de um doge. Var.: *dogaresa.*

Dogma, s. m. 1. Ponto ou princípio de fé definido pela Igreja. 2. Fundamento de qualquer sistema ou doutrina. 3. O conjunto dos dogmas.

Dogmático, adj. 1. Relativo a dogma. 2. Autoritário, sentencioso.

Dogmatismo, s. m. Atitude presunçosa dos que querem que sua doutrina ou suas afirmações sejam tidas por verdades inconcussas.

Dogmatista, s. m. e f. Pessoa autoritária em suas idéias.

Dogmatizador, adj. e s. m. Que, ou aquele que dogmatiza.

Dogmatizar, v. 1. Intr. Estabelecer dogmas. 2. Tr. dir. Proclamar como dogma. 3. Tr. dir. Dar valor dogmático às suas afirmações.

Doidão, adj. e s. m. V. *doidarrão.*

Doidaria, s. f. 1. Doidice. 2. Os doidos.

Doidarrão, s. m. *Pop.* 1. Muito doido. 2. Pacóvio, pateta. Fem.: *doidarrona.*

Doidarraz, adj. *Pop.* V. *doidarrão.*

Doideira, s. f. V. *doidice.*

Doidejante, adj. m. e f. Que doideja.
Doidejar, v. Intr. 1. Fazer doidices ou desatinos; disparatar. 2. Brincar, foliar. 3. Vagabundear. Var.: *doudejar.*
Doidejo, s. m. Ato ou efeito de doidejar. Var.: *doudejo.*
Doidice, s. f. 1. Estado do que é doido. 2. Extravagância, excesso. 3. Palavras ou atos próprios de doidos. 4. Leviandade, imprudência. Var.: *doudice.*
Doidivana, s. m. e f. *Fam.* V. *doidivanas.*
Doidivanas, s. m. e f., sing. e pl. Pessoa que tem pouco juízo. Var.: *doudivanas.*
Doido, adj. 1. Que perdeu o uso da razão; alienado, louco. 2. Exaltado, temerário. 3. Extravagante. 4. Insensato. 5. Arrebatado, entusiasta. S. m. Indivíduo doido.
Doído, adj. 1. Dorido, sensibilizado. 2. Magoado.
-doiro, suf. V. *-douro.*
Dois, num. (1. *duo*). 1. Um mais um. 2. Segundo. Fem.: *duas.* S. m. Algarismo que representa o numeral cardinal formado de um mais um. Col. (de sexos diferentes): *casal*; (do mesmo sexo): *par*; (animais de tração): *parelha, junta*; (anos): *biênio*; (meses): *bimestre*; (vozes): *dueto.*
A dois e dois, dois a dois: aos pares.
Dois-de-paus, s. m. sing. e pl. Usado na expressão: *ficar como um dois-de-paus*: ficar (alguém) sem iniciativa.
Dólar, s. m. (ingl. *dollar*). Unidade monetária básica, dos Estados Unidos, dividida em 100 centavos. Pl.: *dólares.*
Dolência, s. f. Mágoa, lástima, aflição.
Dolente, adj. m. e f. Que revela dor; lastimoso, magoado.
dólico-, elem. de comp. Exprime a idéia de *alongado, comprido, longo: dolicocéfalo.*
Dolicocefalia, s. f. Estado de dolicocéfalo.
Dolicocéfalo, adj. Que tem crânio cujo diâmetro longitudinal é maior que o transversal.
Dolicópode, adj. m. e f. *Zool.* Que tem patas grandes.
Dólmã, s. m. *Mil.* Peça de uniforme, geralmente guarnecida de alamares, usada em alguns exércitos.
Dólmen, s. m. Monumento megalítico constituído de uma Grande pedra chata sobre outras verticais. Pl.: *dolmens* e *dólmenes.*
Dolo, s. m. *Dir.* Ação praticada com a intenção de violar o direito alheio.
Dolomia, s. f. V. *dolomita.*
Dolomita, s. f. *Geol.* Carbonato duplo de cálcio e magnésio, cristalizado em romboedros.
Dolorido, adj. 1. Magoado. 2. Em que há dor; dorido.
Dolorífico, adj. 1. Que produz dor. 2. Doloroso.
Dolorosa, s. f. *Gír.* A conta a pagar.
Doloroso, adj. 1. Que causa dor física ou moral. 2. Cheio de dor; angustiado, magoado.
Doloso, adj. 1. Causado por dolo. 2. Em que há dolo. 3. Que procede com dolo.
Dom[1], s. m. (1. *donu*). 1. Dádiva, presente. 2. Merecimento, mérito. 3. Dote natural; talento, prenda, aptidão, faculdade, capacidade, habilidade especial para. 4. Poder, virtude.
Dom[2], s. m. (1. *dominu*). Título honorífico que precede os nomes próprios masculinos em certas categorias sociais.
Doma, s. f. Ato ou efeito de domar.
Domação, s. f. Ação de domar.
Domador, adj. e s. m. Que, ou o que doma.
Domar, v. 1. Tr. dir. Amansar, domesticar. 2. Tr. dir. Subjugar, vencer. 3. Tr. dir. Refrear, reprimir. 4. Pron. Conter-se, dominar-se.
Doméstica, s. f. Mulher que se emprega em trabalhos caseiros.
Domesticação, s. f. Ato de domesticar(-se).
Domesticar, v. Tr. dir. e pron. 1. Tornar(-se) doméstico; amansar(-se). 2. Civilizar(-se), tornar(-se) sociável.
Domesticável, adj. m. e f. Que se pode domesticar.
Domesticidade, s. f. Qualidade daquele ou daquilo que é doméstico.
Doméstico, adj. 1. Relativo à vida da família; familiar, caseiro, íntimo. 2. Aplicar-se ao animal que vive ou é criado em casa. S. m. Indivíduo que, mediante salário, serve em casa de outrem; criado.
Domiciliar[1], v. (*domicílio + ar*). 1. Tr. dir. Dar domicílio a. 2. Pron. Estabelecer o seu domicílio.
Domiciliar[2], adj. m. e f. V. *domiciliário.*
Domiciliário, adj. 1. Respeitante ao domicílio. 2. Que se faz no domicílio: Entrega *domiciliária.*
Domicílio, s. m. 1. Casa de residência; habitação, morada. 2. *Dir.* Lugar em que se reside com permanência.
Dominação, s. f. Soberania, poder absoluto, domínio. S. f. pl. Um dos nove coros de anjos.
Dominador, adj. e s. m. 1. Que, ou o que domina. 2. Que, ou o que sobressai.
Dominância, s. f. Qualidade de dominante.
Dominante, adj. m. e f. 1. Que domina, governa, prevalece; dominador. S. m. e f. 1. *Biol.* Fator que é aparente no híbrido, em oposição ao recessivo. 2. *Mús.* Nota que domina o tom, ou quinta nota acima da tônica.
Dominar, v. 1. Tr. dir. e tr. ind. Ter autoridade ou poder em ou sobre. 2. Tr. dir. Conter, refrear, subjugar, vencer. 3. Pron. Vencer as próprias paixões; conter-se. 4. Tr. dir. Estar sobranceiro a.
Dominável, adj. m. e f. Que pode ser dominado.
Dominga, s. f. *Liturg. P. us.* Domingo.
Domingo, s. m. Primeiro dia da semana, universalmente consagrado ao descanso.
Domingueiro, adj. 1. Próprio do domingo. 2. Que se usa aos domingos.
Dominial, adj. m. e f. Relativo ao domínio.
Dominical, adj. m. e f. 1. Relativo ao Senhor. 2. Relativo ao domingo.
Dominicano, adj. 1. Relativo a São Domingos ou à ordem por ele fundada. 2. Relativo à República Dominicana ou a seus habitantes. S. m. pl. Frades da ordem de São Domingos.
Domínio, s. m. 1. V. *dominação.* 2. Propriedade. 3. Autoridade. 4. Território extenso que pertence a um indivíduo ou Estado. 5. Âmbito de uma arte ou ciência. 6. Influência.
Dominó, s. m. 1. Disfarce carnavalesco, formado de uma longa túnica com capuz e mangas. 2. Pessoa assim disfarçada. 3. Jogo composto de 28 peças (pedras) chatas, retangulares, de madeira, osso, marfim ou matéria plástica, com pontos marcados de um a seis, formando várias combinações.
Domo, s. m. (ital. *duomo*). 1. *Constr.* Parte superior de um edifício, a qual tem forma esférica ou convexa, e cuja parte inferior, côncava, é a cúpula. 2. V. *zimbório.* 3. Catedral.
Dona, s. f. (1. *domina*). 1. Título e tratamento honorífico que precede os nomes próprios das senhoras. 2. Senhora de alguma coisa; proprietária. 3. Mulher casada; esposa.
Donaire, s. m. 1. Garbo, elegância. 2. Enfeite. 3. Graça, chiste.
Donairoso, adj. Que tem donaire; garboso, gentil.
Donataria, s. f. 1. Capitania hereditária, na era colonial. 2. Jurisdição de um donatário.
Donatário, s. m. 1. Senhor de uma capitania. 2. Indivíduo que recebeu alguma doação.
Donativo, s. m. 1. Dom, dádiva. 2. Presente. 3. Esmola.
Donato, s. m. Leigo que servia num convento e usava o hábito de frade.
Donde, com. da prep. *de* e do adv. *onde. Gram.* 1. Advérbio que indica lugar, origem, procedência etc.: do qual lugar; de que lugar; do quê. 2. Conjunção conclusiva, com o significado geral dessas conjunções: *logo, pois* etc.
Doninha, s. f. *Zool.* Pequeno mamífero mustelídeo europeu, carnívoro (*Putorius vulgaris*).
Dono, s. m. (1. *domnu*). Proprietário, senhor.
Donoso, adj. (cast. *donoso*?). V. *donairoso.*
Donzel, adj. Puro, ingênuo. S. m. Na Idade Média, moço que ainda não era armado cavaleiro. Pl. *donzéis.*
Donzela, s. f. 1. Virgem 2. Mulher solteira.
Donzelaria, s. f. Comitiva de donzelas.
Donzelice, s. f. Estado de donzela.
Donzelona, s. f. *Fam.* Solteirona.
Dopado, adj. Que se dopou.
Dopar, v. Tr. dir. Administrar, ilicitamente, uma droga estimulante ou estupefaciente para aumentar ou diminuir a

velocidade, melhorar ou piorar a atuação (de cavalo ou esportista).

Dope, s. m. (ingl. *dope*). Ato ou efeito de dopar.

Doqueiro, s. m. Aquele que trabalha nas docas.

Dor[1], s. f. (l. *dolore*). 1. *Med.* Sensação desagradável ou penosa, causada por um estado anômalo do organismo ou parte dele; sofrimento físico. 2. Sofrimento moral. 3. Dó; pena, compaixão. 4. Remorso. S. f. pl. *Pop.* Os sofrimentos do parto.

-dor[2], suf. (l. *tore*). Exprime o agente, ou o que serve para; *amador, descobridor, regedor.*

Doravante, adv. (*de + ora + avante*). Daqui em diante, de hoje para o futuro.

Dórica, adj. f. *Arquit.* Qualifica uma das cinco ordens de arquitetura, com as colunas desprovidas de base.

Dórico, adj. Relativo aos dórios, S. m. 1. Dialeto dos dórios. 2. Estilo de ordem dórica.

Dorido, adj. 1. Que dói; em que há dor. 2. Consternado, triste.

Dório, adj. V. *dórico.* S. m. Indivíduo dos dórios, povo da Dóride (Grécia antiga).

Dormência, s. f. *Med.* 1. Estado de sonolência, de entorpecimento. 2. Modorra. 3. Quietação.

Dormente, adj. m. e f. 1. Que dorme. 2. Adormecido, entorpecido. 3. Calmo, sereno, quieto. 4. Estagnado. S. m. e f. Pessoa que está dormindo. S. m. 1. Trave. 2. *Constr.* Cada uma das traves em que se prega o soalho; barrote[1]. 3. Cada uma das travessas em que se assentam os trilhos de estrada de ferro.

Dormideira, s. f. 1. Sonolência, modorra. 2. *Pop.* Papoula. 3. *Pop.* Sensitiva.

Dorminhar, v. 1. Intr. Dormitar, dormir. 2. Tr. ind. Fazer pouco caso.

Dorminhoco (*ô*), adj. Que dorme muito.

Dormir, v. (l. *dormire*). 1. Intr. Pegar no sono. 2. Intr. Estar entregue ao sono. 3. Tr. ind. Desleixar-se, esquecer-se, ficar inerte: *D. no* ponto. 4. Tr. ind. Jazer morto. 5. Intr. Deixar passar a boa oportunidade; descuidar-se.

Dormitar, v. Tr. dir. e intr. Dormir levemente, a pequenos intervalos; cochilar.

Dormitivo, adj. Que provoca o sono; narcótico.

Dormitório, s. m. 1. Lugar onde se dorme. 2. Sala grande com várias camas, em colégios etc. 3. Quarto de dormir.

Dorna, s. f. Grande vasilha formada de aduelas, sem tampa, e destinada à pisa de uvas e ao transporte delas para o lagar.

Dorneira, s. f. Peça do moinho, onde se deita o grão para moer.

Dorsal, adj. m. e f. Relacionado com, ou relativo ao dorso.

Dorso, s. m. Parte posterior do tronco humano, entre os ombros e os rins; costas.

Dosagem, s. f. 1. Ato de dosar. 2. Determinação em peso de diversos componentes de uma substância.

Dosar, v. Tr. dir. 1. *Med.* Determinar a dose de. 2. *Quím.* Misturar nas proporções devidas. 3. Distribuir em doses, aos poucos.

Dose, s. f. 1. Quantidade, porção, 2. Quantidade fixa de uma substância que entra na composição de um medicamento ou em uma combinação química. 3. *Med.* Quantidade de um medicamento a ser tomada de uma só vez ou em um período de tempo.

Doseamento, s. m. V. *dosagem.*

Dosear, v. V. *dosar.*

dosi-, elem. de com. (l. *dosis*). Encerra a idéia de *dose: dosimetria.*

Dosificar, v. Tr. dir. 1. Dividir em doses. 2. Reduzir a doses.

Dosimetria, s. f. *Med.* Método de terapêutica que consiste na administração de alcalóides em forma de grânulos de potência definida, a intervalos certos.

Dosimétrico, adj. *Farm.* Relativo à dosimetria.

Dossel, s. m. Armação saliente, forrada de damasco ou de outro estofo, e franjada, que se coloca como ornato sobre altares, tronos, camas etc.

Dossiê, s. m. (fr. *dossier*). Coleção de documentos relativos a um processo, a um indivíduo e, por extensão, a qualquer assunto.

Dotação, s. f. 1. Ação de dotar. 2. Renda destinada à manutenção de uma pessoa, estabelecimento etc.

Dotado, adj. 1. Que recebeu dote. 2. Prendado.

Dotador, s. m. Aquele que dota.

Dotal, adj. m. e f. Relativo a dote; dotalício.

Dotalício, adj. V. *dotal.*

Dotar, v. Tr. dir. 1. Dar dote a. 2. Estabelecer uma renda a, fazer dotação a. 3. Beneficiar com algum dom.

Dote, s. m. 1. *Dir.* Bens próprios e exclusivos de mulher casada. 2. Dinheiro ou propriedades que se dão a noivos. 3. Bens que as freiras levavam para o convento. 4. Merecimento. 5. Boas qualidades. 6. Prenda.

-doura, elem. de comp. V. *douro.*

Douração, s. f. Ato ou efeito de dourar. Var.: *doiração.*

Douradilho, adj. Qualifica o cavalo castanho-avermelhado ou de cor amarela com reflexos dourados. Var.: *doiradilho.*

Dourado, adj. 1. Revestido de camada de ouro. 2. Ornado de ouro. S. m. *Ictol.* Nome comum a várias espécies de peixes de água doce, muito apreciadas pelo sabor de sua carne. Var.: *doirado.*

Dourador, adj. e s. m. Que, ou quem doura. Var.: *doirador.*

Douradura, s. f. 1. Camada de ouro sobre um objeto. 2. Arte ou operação de dourar. Var.: *doiradura.*

Douramento, s. m. Ato de dourar. Var.: *doiramento.*

Dourar, v. (l. *deaurare*). 1. Tr. dir. Revestir com camada de ouro. 2. Tr. dir. Cobrir, guarnecer com ornatos de ouro. 3. Tr. dir. Dar a cor de ouro a. 4. Tr. dir. e pron. Embelezar(-se), tornar(-se) brilhante. 5. Tr. dir. Tornar feliz; alegrar. Var.: *doirar.*

-douro, suf. (l. *toriu*). Exprime a idéia de lugar, meio, instrumento: *ancoradouro, bebedouro, logradouro.* Unido aos verbos de ação continuada, exprime a idéia de particípio do futuro: *casadouro, duradouro.*

Douto, adj. Que revela erudição; erudito, sábio.

Doutor, s. m. (l. *doctore*). 1. Aquele que recebeu supremo grau em uma faculdade universitária. 2. *Por ext.* Bacharel, advogado. 3. *Pop.* Médico. 4. *Irôn.* Homem que tem presunção de sábio.

Doutoraço, s. m. 1. Aum. de *doutor.* 2. *Pej.* Homem que, ridicularmente, presume de sábio.

Doutorado, s. m. O grau de doutor; doutorato.

Doutoral, adj. m. e f. 1. Relativo a doutor. 2. Próprio de doutor. 3. De gravidade pedantesca.

Doutoramento, s. m. Ato de doutorar(-se).

Doutorando, s. m. Aquele que se prepara para receber o grau de doutor.

Doutorar, v. 1. Tr. dir. Conferir a alguém o grau de doutor. 2. Pron. Receber o grau de doutor.

Doutorato, s. m. V. *doutorado.*

Doutorice, s. f. *Pej.* 1. Modos de doutor. 2. Ares de sabichão.

Doutrem, comb. da prep. *de* com o pron. indefinido *outrem.*

Doutrina, s. f. (l. *doctrina*). 1. Conjunto de princípios em que se baseia um sistema religioso, político ou filosófico. 2. Opinião em assuntos científicos. 3. Catequese cristã.

Doutrinação, s. f. Ação de doutrinar.

Doutrinado, adj. Que se doutrinou; instruído, ensinado.

Doutrinador, adj. e s. m. Que, ou o que doutrina.

Doutrinal, adj. m. e f. 1. Relativo a doutrina. 2. Instrutivo.

Doutrinamento, s. m. V. *doutrinação.*

Doutrinante, adj. e s. m. e f. V. *doutrinador.*

Doutrinar, v. Tr. dir. 1. Instruir em uma doutrina. 2. Tr. dir. Ensinar, instruir.

Doutrinário, adj. Que encerra doutrina; doutrinal.

Doutrinável, adj. m. e f. Que se pode doutrinar.

Doutro, comb. da prep. *de* com o adj. ou pron. indefinido *outro.*

Doutrora, com. da pre. *de* com o adv. *outrora.*

Doxomania (*cs*), s. f. Paixão excessiva pela glória.

Doze (*ô*), num. (l. *duodecim*). 1. Diz-se do número cardinal, formado de dez mais dois. 2. Duodécimo. Col. (animais, coisas): *dúzia.*

Dracena, s. f. *Bot.* 1. Gênero (*Dracaena*) de subarbustos da família das Liliáceas, com folhas ornamentais. 2. Subarbusto desse gênero.

Dracma, s. f. 1. Antiga unidade grega de peso, equivalente a 4,36 g 2. Unidade monetária da Grécia. Símbolo DR.

Draco, s m. *Poét.* Dragão.

Draconiano, adj. 1. Relativo às leis severas, promulgadas por Dráco 1, legislador ateniense. 2. Muito severo, excessivamente rigoroso.

Draga, s. f. (ingl. *drak*). Máquina, geralmente montada numa barcaça, destinada a limpar o fundo das águas de areia, lama, depósitos etc.

Dragado, adj. Que foi limpo com draga.

Dragador, s. m. Indivíduo que trabalha com draga.

Dragagem, s. f. Ato ou trabalho de dragar.

Dragão, s. m. (1. *dracone*). 1. Ser fabuloso, com cauda de serpente, garras e asas. 2. *Heráld.* Emblema ou insígnia em forma de um dragão. 3. *Zool.* Nome comum a vários pequenos lagartos arbóreos. 4. *Fam.* Pessoa de má índole. 5. *Mil. ant.* Soldado de cavalaria que também combatia a pé. Fem. *dragoa.*

Dragar, v. Tr. dir. Limpar com draga.

Drágea, s. f. (fr. *dragée*). *Farm.* Preparado farmacêutico em forma de pílula ou cápsula.

Dragona, s. f. (fr. *dragone*). Pala ornada de franjas de ouro, seda etc., que os militares usam em cada ombro.

Dragonete (*ê*), s. m. *Heráld.* Símbolo que figura uma cabeça de dragão com a boca aberta.

Dragontéia, s. f. *Bot.* V. *serpentária.*

Dragontino, adj. Referente a dragão.

Draiva, s. f. *Náut.* Uma das velas da ré.

Drama, s. m. 1. Gênero de composição teatral, que ocupa o meio-termo entre a tragédia e a comédia. 2. Acontecimento comovente. 3. Desastre, desgraça, catástrofe.

Dramalhão, s. m. *Pej.* Drama de pouco valor, mas cheio de lances trágicos.

Dramaticidade, s. f. Qualidade de dramático.

Dramático, adj. 1. De, pertencente ou relativo a drama. 2. Comovente, patético.

Dramatização, s. f. Ato ou efeito de dramatizar.

Dramatizar, v. Tr. dir. 1. Tornar dramático, interessante ou comovente como um drama. 2. Dar forma de drama a.

Dramatologia, s. f. V. *dramaturgia.*

Dramatológico, adj. V. *dramatúrgico.*

Dramaturgia, s. f. Arte dramática ou arte de compor peças teatrais; dramatologia.

Dramatúrgico, adj. Relativo à dramaturgia.

Dramaturgo, s. m. Autor de obras dramáticas.

Drapejamento, s. m. 1. Ação de drapejar. 2. Pano disposto em grandes pregas.

Drapejar, v. 1. Intr. Agitar-se, ondular, oscilar ao vento. 2. Tr. dir. Dispor de certo jeito as dobras de (pano, vestimenta etc.).

Drástico, adj. 1. *Med.* Diz-se de medicamento de ação muito enérgica. 2. Enérgico (diz-se de medidas de depuração, economia etc.).

Drávida, adj. m. e f. *Etnol.* Relativo aos drávidas, raça antiga que constitui a maioria da população do Sul da Índia. S. m. Cada uma das línguas dravídicas. S. m. e f. Pessoa dos drávidas.

Drenagem, s. f. Ato ou efeito de drenar.

Drenar, v. Tr. dir. 1. Fazer escoar, por meio de tubos e valas, as águas em excesso num terreno. 2. *Cir.* Colocar dreno em.

Dreno, s. m. 1. Vala, fosso ou tubo para drenagem. 2. *Cir.* Tubo, gaze ou qualquer outro material, usado para assegurar a saída de líquidos de uma cavidade, um abscesso.

Dríada, s. f. V. *dríade.*

Dríade, s. f. *Mit. gr.* Deusa silvestre; ninfa dos bosques.

Driblar, v. (ingl. *do drible*). Tr. dir. Enganar os adversários no futebol, com negaças ou fintas, com a bola ou com o corpo; fintar.

Drible, s. m. Ato ou efeito de driblar.

Droga, s. f. 1. Qualquer substância ou ingrediente que se aplica em tinturaria, química ou farmácia. 2. *Gír.* Coisa ruim, imprestável. Interj. Exclamação que exprime frustação no que se está fazendo.

Drogaria, s. f. 1. Quantidade de drogas. 2. Comércio de drogas. 3. Loja onde se vendem drogas.

Drogomano, s. m. Intérprete nos países do Oriente, a serviço das legações e consulados.

Drogueta (*ê*), s. f. V. *droguete.*

Droguete (*ê*), s. m. Estofo ordinário, geralmente de lã.

Droguista, s. m. e f. 1. Pessoa que vende drogas. 2. Dono de drogaria.

Dromedário, s. m. 1. *Zool.* Nome vulgar do mamífero ruminante *Camelus dromedarius*, de pescoço curto e uma só corcova. Voz: *deblatera.* 2. *Gír.* Repórter velho.

-dromo ou **dromo-**, elem. de comp. Exprime a idéia de *curso, corrida, contutibilidade, marcha: aeródromo, hipopótamo.*

Dromomania, s. f. *Med.* Mania de vaguear; pendor à vida errante.

Dromórnito, s. m. *Ornit.* Nome comum a toda ave que não voa, mas simplesmente corre.

Drops, s. m. (t. ingl.). Bala ou rebuçado, geralmente em forma de disco. Var.: *drope.*

Drósera, s. f. *Bot.* Gênero (*Drosera*) típico da família das Droseráceas.

Droseráceas, s. f. pl. *Bot.* Família (*Droseraceae*) de ervas insetívoras, palustres, com inflorescência racemosa, unilateral, sobre um escapo glabro.

droso-, elem. de comp. (gr. *drosos*). Exprime a idéia de *orvalho: drosometria.*

Drosometria, s. f. *Meteor.* Emprego do drosômetro.

Drosométrico, adj. *Meteor.* Relativo à drosometria.

Drosômetro, s. m. *Meteor.* Instrumento destinado a medir o orvalho que se forma em cada noite.

Druida (*ú-i*), s. m. (1. *druida*). Sacerdote antigo da Gália e da Bretanha. Fem. *druidesa* ou *druidisa.*

Druídico, adj. Relativo aos druidas ou ao druidismo.

Druidismo (*u-i*), s. m. Religião dos druidas.

Drupa, s. f. *Bot.* Fruto que consiste em um epicarpo fino como uma pele, um mesocarpo comumente polposo e suculento e um endocarpo lenhoso, duro, o caroço, o qual, em geral, contém uma só semente (pêssego, manga).

Drupáceo, adj. *Bot.* Relativo ou semelhante à drupa.

Drupéola, s. f. *Bot.* Pequena drupa.

Drupeolado, adj. *Bot.* Que tem drupéolas.

Drusa, s. f. *Miner.* Incrustação formada na superfície ou no interior de um mineral pela agregação de cristais de outra natureza.

Drusiforme, adj. m. e f. *Miner.* Em forma de drusa.

Druso, adj. e s. m. Diz-se de, ou membro da seita religiosa secreta formada na Síria e no Líbano, cuja religião é um misto de judaísmo, cristianismo e muçulmanismo.

Dual, num. (1. *duale*). 1. Relativo a dois; duplo, dobrado. 2. *Gram.* Diz-se do número que, em algumas línguas, como a grega, designa duas coisas ou duas pessoas. Exemplo em nossa língua é a palavra *ambos.* S. m. Esse número.

Dualidade, s. f. Caráter daquilo que é dual ou duplo.

Dualismo, s. m. 1. *Filos.* Teoria de que tudo o que existe se baseia em dois princípios eternos, necessários e opostos, o Bem e o Mal.

Dualista, adj. m. e f. Relativo a dualismo. S. m. e f. Pessoa sectária do dualismo.

Dualístico, adj. V. *dualista.*

Dualizar, v. Tr. dir. 1. Tornar dual. 2. Referir a duas coisas conjuntamente.

Duas, num. Fem. de *dois.*

Dubá, s. m. Diabo.

Dubiedade, s. f. Qualidade ou caráter de dúbio.

Dubiez, s. f. V. *dubiedade.*

Dúbio, adj. 1. Duvidoso. 2. Difícil de se definir. 3. Hesitante; indeciso, irresoluto.

Dubitação, s. f. (1. *dubitatione*). *Ret.* Figura com que o orador finge duvidar do que vai dizer, a fim de prevenir as objeções.

Dubitativo, adj. 1. Em que há dúvida. 2. Que exprime dúvida.

Dubitável, adj. m. e f. De que se pode duvidar.

Dublagem, s. f. *Cinema.* Substituição, num filme da parte falada original por outra, em idioma diferente.

Dublar, v. (do ingl. *to double*). Tr. dir. Fazer dublagem.

Duboisina (*o-i*), s. f. *Farm.* Alcalóide de um arbusto solanáceo da Austrália (*Duboisia myoporoides*), que tem a propriedade de dilatar as pupilas.

Ducado, s. m. 1. Território sob o domínio de um duque. 2. Estado cujo soberano tem o título de duque. 3. Título e dignidade de duque.

Ducal, adj. m. e f. Pertencente ou relativo a duque.

Ducentésimo, num. 1. Ordinal de duzentos. 2. Que ocupa o último lugar numa série de 200. S. m. Cada uma das duzentas partes iguais em que se divide um todo.

Ducha, s. f. 1. Jorro de água lançado sobre o corpo com fins higiênicos ou terapêuticos. 2. Dispositivo para dar ou tomar duchas. 3. Tudo o que acalma excitação. 4. Repreensão. S. f. pl. Estabelecimento onde se aplicam duchas.

Dúctil, adj. m. e f. 1. Que pode ser batido, comprimido, estirado, sem se partir; maleável, forjável, estirável. 2. Flexível, elástico. Pl.: *dúcteis.* Sup. abs. sint.: *ductílimo* e *ductilíssimo.*

Ductilidade, s. f. Propriedade ou qualidade de dúctil.

Ducto, s. m. 1. *Anat.* Canal no organismo animal; conduto. 2. *Liturg.* Cada uma das oscilações com que se movimenta o turíbulo para incensar. Var.: *duto.*

Duelar[1], adj. m. e f. Que se refere a duelo.

Duelar[2], v. Tr. ind. e intr. Bater-se em duelo.

Duelista, s. m. e f. Pessoa que se bate, ou tem o hábito de se bater em duelo.

Duelístico, adj. Relativo a duelo.

Duelo, s. m. 1. Combate entre dois indivíduos, precedido por desafio ou repto. 2. Luta com armas iguais. 3. Luta, desafio, oposição.

Duende, s. m. Ser imaginário que a superstição faz supor que de noite habita e comete travessuras dentro das casas.

Duetista, s. m. e f. *Mús.* Pessoa que canta em dueto com outra.

Dueto (*ê*), s. m. *Mús.* Composição musical para duas vozes ou dois instrumentos. Sinôn.: *duo.*

Duidade, (*u-i*), s. f. 1. O número dois. 2. União de dois.

Dulcamara, s. f. *Bot.* Planta medicinal venenosa (*Solanum dulcamara*), de bagas ovais cor de coral, com gosto inicialmente adocicado e depois amargo.

Dulcificação, s. f. Ato ou efeito de dulcificar; adoçamento.

Dulcificado, adj. 1. Adoçado. 2. Mitigado.

Dulcificante, adj. m. e f. Que dulcifica.

Dulcificar, v. Tr. dir. 1. *Farm.* Tornar doce; adoçar, edulcorar. 2. Abrandar, mitigar, suavizar.

Dulcífico, adj. 1. Dulcificante. 2. Que é doce.

Dulcífluo, adj. 1. *Poét.* Que corre suavemente. 2. Que destila doçura; melífluo.

Dulcíloquo, adj. Que fala docemente.

Dulcinéia, s. f. *Fam.* Namorada.

Dulçor, s. m. Doçura.

Dulçoroso, adj. Que tem dulçor.

Dulia, s. f. *Teol.* Culto inferior à latria, que na Igreja Católica se rende aos anjos e santos.

dulo-, elem. de comp. (gr. *doulos*). Exprime a idéia de *escravo: dulocracia.*

Dulocracia, s. f. Preponderância dos escravos.

Dum, comb. da prep. *de* com o art. ou pron. *um.*

Duma[1], comb. da prep. *de* com o art. ou pron. *uma.*

Duma[2], s. f. Parlamento russo, antes do regime bolchevista.

Duna, s. f. Montículo ou colina de areia acumulada pelo vento.

Dundum, s. m. Bala de invólucro modificado, destinada a produzir ferimentos mais graves.

Dunga, adj. m. e f. Excepcional, incomparável. S. m. 1. O dois de paus em certo jogo de cartas. 2. V. *curinga.* 3. Homem poderoso, influente. 4. O cabeça. 5. Valentão.

Duo, s. m. V. *dueto.*

Duodecilhão, num. (*duo + decilhão*). 1. Número 1.000 undecilhão, representado por 1 seguido de 39 zeros ou mais comumente pela respectiva potência de dez (10^{39}). 2. Na Inglaterra e Alemanha, um milhão de undecilhões (10^{72}).

Duodecimal, num. 1. Que tem por base o número doze. 2. Que se divide ou se conta por séries de doze.

Duodécimo, num. 1. Décimo segundo. 2. Que, numa série, ocupa o lugar do número doze. S. m. A duodécima parte.

Duodécuplo, num. e s. m. Que é, ou coisa que é doze vezes maior que outra.

Duodenal, adj. m. e f. Relativo ao duodeno.

Duodenário, num. Disposto em séries de doze.

Duodenite, s. f. *Med.* Inflamação no duodeno.

Duodeno, s. m. *Anat.* Zona inicial do intestino delgado dos mamíferos, entre o estômago e o jejuno.

Dupla, num. 1. Grupo de duas pessoas que atuam em comum. 2. *Turfe.* O grupo de dois ganhadores que entram um em primeiro lugar e o outro em segundo.

Dúplex (*cs*), num. Duplo, dúplice.

Duplicação, s. f. 1. Ato ou efeito de duplicar. 2. Dobro, repetição.

Duplicado, adj. Que se duplicou; em dobro; dobrado.

Duplicador, adj. e s. m. Que, o que, ou quem duplica.

Duplicante, adj. m. e f. Duplicador.

Duplicar, v. 1. Tr. dir. Multiplicar por dois, tornar duas vezes maior; dobrar. 2. Pron. Tornar-se outro tanto maior.

Duplicata, s. f. Título de crédito, negociável, pelo qual o comprador se obriga a pagar no prazo estipulado a importância da fatura.

Duplicativo, adj. Que duplica.

Duplicatura, s. f. Estado de uma coisa dobrada ou voltada sobre si mesma.

Duplicável, adj. m. e f. Que pode ser duplicado.

Dúplice, num. Duplo, duplicado; dúplex. Adj. Que tem fingimento ou dobrez.

Duplicidade, s. f. 1. Estado daquele ou daquilo que é duplo. 2. Dobrez, má-fé, velhacaria.

Duplo, num. Que é duas vezes maior. S. m. Quantidade duas vezes maior.

Duque, s. m. 1. Título nobre; imediatamente superior ao de marquês. 2. Chefe de um ducado. 3. Carta de baralho que tem dois pontos. 4. Dois pontos, na víspora.

Duquesa, s. f. Mulher de duque, ou a que tem título honorífico correspondente ao dele.

-dura, suf. (l. *tura*). Exprime ação ou o seu resultado: *benzedura, cosedura, mordedura, vestidura.*

Durabilidade, s. f. Qualidade de durável.

Duração, s. f. O tempo em que uma coisa dura.

Duradouro, adj. Que dura, ou pode durar muito; durável. Var.: *duradoiro.*

Duralumínio, s. m. *Metal.* Liga metálica, composta de 93,2 a 95,5% de alumínio, 3,5 a 5,5% de cobre, 0,5% de manganês e 0,5 a 0,8% de magnésio, com muitas aplicações, mercê da sua leveza e grande resistência.

Dura-máter, s. f. A mais forte e externa das três meninges que envolvem o sistema nervoso central; paquimeninge.

Durame, s. m. V. *cerne.* Var.: *durâmen.*

Durâmen, s. m. Parte central mais dura das árvores; cerne. Pl.: *duramens* e *durâmenes.*

Durante, prep. Exprime duração ou permanência: *Durante* a epidemia, *durante* a guerra.

Duraque, s. m. Espécie de sarja forte que se aplica especialmente no calçado das senhoras.

Durar, v. Intr. 1. Conservar-se, mantendo as mesmas qualidades. 2. Não se gastar. 3. Continuar a existir. 4. Prolongar-se. 5. Estar, permanecer. 6. Continuar a viver. 7. Ser suficiente; bastar, chegar.

Durável, adj. m. e f. V. *duradouro.*

Durázio, adj. 1. *Bot.* Diz-se dos frutos de casca bastante rija. 2. *Fam.* Que já não é moço.

Dureza (*ê*), s. f. (l. *duritia*). 1. Qualidade daquilo que é duro. 2. Ação dura; crueldade. 3. Rigor, severidade. 4. Impressão de corpo consistente. 5. Percepção à palpação ou à percussão de órgão endurecido. 6. Qualidade das águas naturais com maior teor de cálcio, magnésio ou outros minerais. 7. *Miner.* Resistência que um mineral oferece à penetração de uma ponta aguda que tenta riscá-lo. 8. Grau de têmpera: A *d.* do aço.

Duriense, adj. m. e f. Pertencente ou relativo ao Douro (Portugal). S. m. e f. Pessoa natural ou habitante do Douro.

Duro, adj. 1. Difícil de penetrar, de cortar, de desgastar-se. 2. Sólido. 3. Rijo. 4. Consistente. 5. Desagradável ao ouvido. 6. Árduo, áspero. 7. Enérgico, forte. 8. Rigoroso, cruel, implacável. 9. Custoso, difícil. 10. *Gír.* Valente, resistente.

Duunvirado, s. m. V. *duunvirato.*

Duunviral, adj. m. e f. Relativo a duúnviro.

Duunvirato, s. m. 1. Governo de dois homens. 2. Cargo, atribuições de duúnviro. 3. Duração desse cargo.

Duúnviro, s. m. Cada um dos dois magistrados que, na Roma antiga, exerciam o duunvirato.

Dúvida, s. f. 1. Incerteza acerca da realidade de um fato ou da verdade de uma asserção. 2. Dificuldade para se decidir; hesitação. 3. Dificuldade em acreditar; ceticismo, descrença. 4. Suspeita.

Duvidador, s. m. Aquele que duvida.

Duvidar, v. (l. *dubitare*). 1. Tr. dir. Estar em dúvida sobre, ter dúvida de. 2. Tr. dir. e intr. Não acreditar, não admitir. 3. Tr. ind. e intr. Não confiar, ter suspeitas; descrer. 4. Tr. ind. e intr. Hesitar.

Duvidoso, adj. 1. Que oferece dúvidas; incerto. 2. Que duvida; indeciso, hesitante. 3. Que não merece inteira confiança; suspeito. 4. Desconfiado, receoso.

Duzentos, num. (l. *ducentos*). Duas vezes cem.

Dúzia, num. Conjunto de doze objetos da mesma natureza.

Dzeta, s. m. Sexta letra do alfabeto grego (ζ) correspondente ao z.

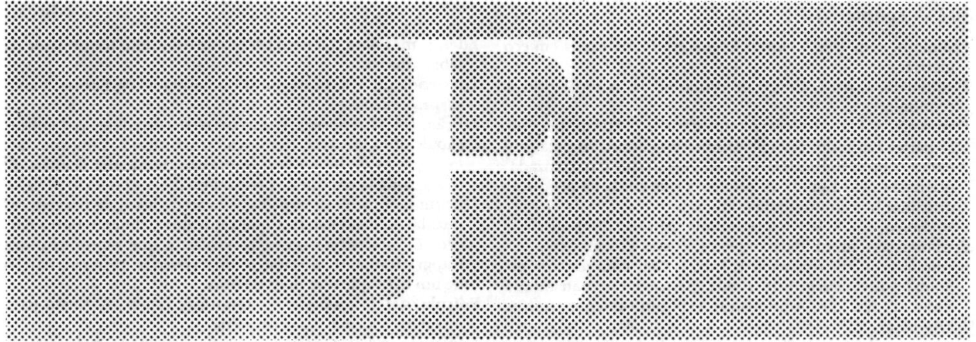

E (*é*), s. m. Quinta letra e segunda vogal do alfabeto português. Pl. *es* ou *ee*. Num. Indica o quinto número em uma série.

E, conj. (l. *et*). 1. Conjunção aditiva, que se usa para unir duas palavras, frases ou orações. 2. Conjunção adversativa, quando equivale a *mas, contudo*: Difamou o outro *e* bancou o ofendido. Fêz mal *e* queixa-se. 3. No início da oração, serve de partícula interrogativa para refutar e replicar: *E* nós ficamos a ver navios?.

e, elem. de comp. (do l. *e*). Exprime privação, negação: *ebracteado, ecalcarado.*

É!, interj. Exprime admiração.

Ê!, interj. V. *é!*.

-ear, suf. (l. v. *idiare*, por *izare*). Emprega-se para formar verbos freqüentativos, bem como derivados de substantivos ou adjetivos terminados em *eio, eia: passeio, passear; areia, arear.*

Ebâneo, adj. Da cor de ébano. Vars.: *ebaniano, ebanino.*

Ebanista, s. m. e f. Marceneiro; entalhador.

Ébano, s. m. (l. *ebenu*). Madeira dura, pesada e resistente.

Ebonite, s. f. (ingl. *ebonite*). Borracha vulcanizada, usada na indústria elétrica e preparo de vários objetos; vulcanite.

Ebóreo, adj. (l. *eboreu*). V. *ebúrneo.*

Ebriedade, s. f. (l. *ebrietate*). V. *embriaguez.*

Ébrio, adj. (l. *ebriu*). Que se embriagou; bêbedo. 2. *Fig.* Alucinado, apaixonado, enfurecido. S. m. Indivíduo embriagado ou habituado a ingerir bebidas alcoólicas. Col.: *grupo, troça.*

Ebulição, s. f. (l. *ebullitione*). 1. *Fís.* Transformação de um líquido em vapor; fervura, evaporação. 2. Ato de ferver. 3. Agitação moral.

ebúlio-, elem. de comp. (l. *ebullire*). Exprime a idéia de *ebulição: ebuliômetro, ebulioscopia.*

Ebuliometria, s. f. *Fís.* Determinação do ponto de ebulição de líquidos ou da alteração do ponto de ebulição de um líquido pela presença de material dissolvido; ebulioscopia.

Ebuliômetro, s. m. (*ebúlio + metro*[2]). *Fís.* Instrumento para determinar a massa molecular de uma substância dissolvida em um líquido, a pureza de líquidos e o teor alcoólico de bebidas.

Ebulioscopia, s. f. V. *ebuliometria.*

Ebulir, v. Intr. Entrar em ebulição; ferver.

Eburnação, s. f. *Med.* Conversão do tecido ósseo em massa semelhante a marfim.

Ebúrneo, adj. 1. Feito de marfim. 2. Semelhante ao marfim no aspecto: Espáduas *ebúrneas.*

ec-, elem. de comp. (gr. *ek*). Exprime a idéia de *movimento para fora, supressão: ecdise.*

Écbase, *Ret.* Digressão no discurso.

Ecdise, s. f. *Biol.* Muda de pele nas serpentes, de penas nas aves e de pêlo em alguns mamíferos. Antôn.: *êndise.*

Ecdótica, s. f. Ciência e técnica da edição.

-ecer, suf. Junta-se a substantivos ou adjetivos, formando verbos incoativos como: *alvorecer.*

Ecfonema, s. m. Súbita elevação da voz, ocasionada por surpresa ou comoção violenta.

Écfora, s. f. (gr. *ekphora*). *Arquit.* Saliência da cimalha ou de outro trecho arquitetônico.

Ecfrático, adj. Aperitivo.

Ecidiósporo, s. m. *Bot.* Esporo formado no ecídio. Var.: *ecidiospório.*

Eclampsia, s. f. *Med.* Acesso convulsivo puerperal. Var.: *eclâmpsia.*

Eclâmptico, adj. *Med.* Referente à eclampsia.

Eclegma, s. m. O mesmo que *loque.*

Eclésia, s. f. (do gr. *ekklesia*). *Rel.* Organização cristã; igreja.

Eclesiástico, adj. Relativo ou pertencente à Igreja ou ao clero. S. m. Sacerdote, padre, clérigo.

Eclético, adj. (gr. *eklektikos*). *Filos.* 1. Relativo ao ecletismo. 2. Que seleciona; que escolhe de várias fontes. S. m. Indivíduo eclético.

Ecletismo, s. m. Sistema filosófico ou científico que procura harmonizar diferentes correntes do pensamento. Var.: *ecleticismo.*

Eclímetro, s. m. *Topogr.* Instrumento para medir distâncias verticais e as diferenças de nível dos terrenos.

Eclipsar, v. 1. Tr. dir. Interceptar a luz de. 2. Pron. Esconder-se, ocultar-se (um astro). 3. Tr. dir. Encobrir, esconder. 4. Pron. Desaparecer: Evadiu-se, *eclipsou-se.*

Eclipse, s. m. (l. *eclipse*). 1. *Astr.* Ocultação total ou parcial, de um astro pela interposição de outro corpo celeste entre ele e a Terra. 2. Obscurecimento moral ou intelectual. 3. Ausência, desaparecimento.

Eclíptica, s. f. (l. *ecliptica*). *Astr.* Trajetória aparente do Sol sobre a esfera celeste.

Eclíptico, adj. Relativo à eclíptica ou aos eclipses.

Eclodir, v. Intr. 1. Desabrochar, nascer. 2. Aparecer, surgir. 3. Emergir da casca do ovo.

Écloga, s. f. (l. *ecloga*). Poesia pastoril. Var.: *égloga.*

Eclosão, s. f. (fr. *éclosion*). 1. Ato de eclodir. 2. Aparecimento. 3. Desenvolvimento ao nascer.

Eclusa, s. f. (fr. *écluse*). Comporta; represa; dique.

Eco[1], s. m. (*echo*). 1. Repetição de um som refletido por um corpo. 2. Recordação, memória. 3. Fama.

eco-[2], elem. de comp. Exprime a idéia de *eco, repetição: ecolalia.*

eco-[3], elem. de comp. (gr. *oikos*). Exprime a idéia de *casa, moradia, ambiente: ecologia.*

-eco[4], suf. Designa *depreciação* ou *desprezo: jornaleco; diminuição: padreco.*

Ecô!, interj. Emprega-se para açular cães e para tanger o gado.

Ecoante, adj. m. e f. (de *ecoar*). Que ecoa.

Ecoar, v. (*eco + ar*). 1. Intr. Fazer eco, produzir eco; ressoar. 2. Tr. dir. Fazer voltar ou repercutir (um som), pela reflexão das ondas sonoras: As montanhas *ecoavam* o *estrondear* da artilharia. 3. Tr. ind. e intr. Reproduzir-se ao longe, no tempo ou no espaço: Os cantares *ecoavam em* sons muito vagos. A explosão *ecoou* sinistra e demoradamente.

Ecolalia, s. f. Repetição involuntária das palavras ouvidas.

Ecologia, s. f. (*eco*[3] *+ logo + ia*). Parte da Biologia que estuda as relações dos organismos com o ambiente; etologia.

Ecológico, adj. *Biol.* Que diz respeito à ecologia.

Ecometria, s. f. *Fís.* Calculo da reflexão dos sons.

Ecômetro, s. m. (*eco*[2] + *metro*). Régua graduada usada em ecometria.

Economato, s. m. 1. Cargo de ecônomo. 2. A repartição do ecônomo.

Economia, s. f. 1. Moderação nos gastos. 2. Harmonia entre as partes e o todo. S. f. pl. Dinheiro acumulado pela poupança. Anton.: *dissipação.* – *E. dirigida:* a que é organizada e orientada pelo Estado. *E. política*: a que cuida da produção, distribuição e consumo das riquezas.

Econômico, adj. Relativo a economia. Antôn.: *dissipador.*

Economista, s. m. e f. Bacharel em Ciências Econômicas.

Economizar, v. (de *economia*). 1. Intr. Gastar com parcimônia; poupar: *Economizou* toda a vida, para ter este patrimoniozinho. 2. Tr. dir. Administrar economicamente. Antôn.: *desperdiçar.*

Ecônomo, adj. e s. m. Que, ou o que administra uma casa. 2. Mordomo, despenseiro.

Ecpiesma *(ê)*, s. m. *Med.* Fratura do crânio, com compreessão meníngea.

Éctase, s. f. (gr. *ektasis*). *Gram.* Alongamento de uma sílaba breve; diástole.

Ectasia, s. f. *Med.* Dilatação de órgão ou parte de órgão oco.

Éctipo, s. m. Cópia de medalha; cunho.

Ectipografia, s. f. Impressão tipográfica em relevo, para os cegos lerem.

Ectlipse, s. f. Elisão do *m* final de uma palavra antes de vogal, como em *co'a* e *co'um* ou *c'um.*

Ecto-, pref. de origem grega. Designa *situação exterior* ou *superficial: ectoderma.*

Ectoderma, s. m. (*ecto* + *derma*). 1. *Embriol.* A camada germinal externa da gástrula.

Ectoparasito, s. m. Parasito que vive na superfície externa de seu hospedeiro. Antôn.: *endoparasito.*

Ectopia, s. f. *Med.* Anomalia de localização de um órgão.

Ectoplasma, s. m. *Biol.* Película externa do citoplasma na célula.

Ectospório, s. m. *Bot.* Espório exógeno.

Ectozoário, adj. *Zool.* Relativo aos Ectozoários. S. m. Espécime dos Ectozoários. S. m. pl. Os ectoparasitos de animais. Antôn.: *entozoário.*

ectro, elem. de comp. (gr. *ektro*). Exprime a idéia de *falta, anomalia*: *ectrópio.*

Ectrópio, s. m. (gr. *ectropion*). *Med.* Eversão da borda da pálpebra. Var.: *ectrópion.*

Ectrótico, adj. (gr. *ektrotikos*). *Farm.* Abortivo.

Ecúleo, s. m. (1. *eculeu*). 1. V. *potro,* acepção 2. 2. Tormento, flagelo.

Éculo, s. m. *Ornit.* Espécie de mocho.

Ecumênico, adj. Geral, universal.

Eczema, s. m. (gr. *ekzema*). *Med.* Dermatose inflamatória aguda ou crônica.

Eczematoso, adj. *Med.* 1. Com o caráter de eczema. 2. Afetado de eczema.

Edacidade, s. f. (1. *edacitate*). Voracidade.

edafo, elem. de comp. (gr. *edaphos*). Exprime a idéia de *solo: edafologia.*

Edafologia, s. f. (*edafo* + *logo*[2] + *ia*). V. *pedologia.*

Edafológico, adj. Referente à edafologia.

Edaz, adj. m. e f. Voraz, devorador. Sup. abs. sint.: *edacíssimo.*

Edelvais, s. m. (al. *Edelweiss*). *Bot.* Planta composta dos Alpes (*Leontopodium alpinum*).

Edema, s. m. (gr. *oidema*). *Med.* Infiltração serosa do tecido conjuntivo, da pele ou de um órgão.

Edemaciar, v. Tr. dir. Produzir edema em.

Edemático, adj. V. *edematoso.*

Edematoso, adj. *Med.* Que tem edema.

Éden, s. m. Paraíso terrestre. Pl.: *édens.*

Edentado, adj. e s. m. V. *desdentado.*

êdeo-, elem. de comp. (gr. *aidoion*). Exprime a idéia de *órgãos sexuais: edeologia.*

Edeologia, s. f. (*édeo* + *logo* + *ia*). *Med.* Estudo dos órgãos sexuais.

Edeológico, adj. *Med.* Que se refere à edeologia.

Edes, s. m. *Entom.* Gênero (*Aedes*) de mosquito transmissor da febre amarela.

Edesseno, adj. e s. m. Natural ou habitante de Edessa. Vars.: *edesseu* e *edéssio.*

Edição, s. f. (1. *editione*). 1. Ato ou efeito de editar. 2. Publicação de obra literária, científica ou artística. 3. Conjunto dos exemplares de uma obra, impressos na mesma ocasião. *E. crítica*: aquela em que se procura estabelecer o texto perfeito de uma obra. *E. de bibliófilo*: edição de luxo, de tiragem reduzida. *E. diplomática*: a que reproduz fielmente outra edição. *E. fac-similada* ou *e. fac-similar*: a que reproduz outra fotograficamente. *E.-princeps* ou *e.-príncipe*: primeira edição de um livro que teve mais de uma.

Edícula, s. f. (1. *aedicula*). 1. Oratório, capela. 2. Nicho para imagens. 3. *Constr.* Casa pequena.

Edificação, s. f. 1. Construção. 2. Bom exemplo. 3. Instrução. Antôns.: (acep. 1): *destruição;* (acep. 2): *escândalo.*

Edificador, adj. e s. m. Que, ou o que edifica.

Edificante, adj. m. e f. Que edifica; instrutivo.

Edificar, v. (1. *aedificare*). 1. Tr. dir. Construir, erguer, levantar (um edifício): *Edificar* uma *fortaleza,* um *castelo,* um *hospital.* 2. Tr. ind. e intr. Erigir uma construção: *Edificar em* ou *sobre* um terreno. Dá-se terreno a quem quiser *edificar* imediatamente. 3. Intr. Infundir sentimentos morais e religiosos: A sã leitura *edifica.* 4. Pron. Receber impressões edificativas: *Edificaram-se* os filhos *com* o exemplo dos pais.

Edificativo, adj. V. *edificante.*

Edifício, s. m. (1. *aedificiu*). 1. Construção de certa importância que pode servir para alojamento ou abrigo, para estabelecimento de fábrica, exercício de funções públicas etc.; casa, prédio. 2. Composição artística ou literária. 3. Resultado de um conjunto de planos ou de idéias. — *E. público*: edifício destinado a serviços ou negócios públicos ou do Estado.

Edil, s. m. (1. *aedile*). 1. Magistrado administrativo na Roma antiga. 2. Vereador municipal.

Edílico, adj. Que se refere a edil.

Edilidade, s. f. 1. Cargo de edil. 2. Câmara de vereadores.

Edital[1], adj. m. e f. Tornado público por meio de editais. S. m. Ordem oficial afixada em lugares públicos.

Edital[2], adj. m. e f. (*edito* + *al*). Relativo a edito.

Editar, v. (1. *editare*). Tr. dir. Publicar livros, músicas, ou periódicos; editorar, edicionar.

Edito, s. m. (1. *edictu*). Ordem ou lei emanada de autoridade máxima: rei, imperador etc.

Édito, s. m. (1. *editu*). Ordem judicial, publicada por anúncios ou editais.

Editor, adj. Que edita. S. m. Proprietário de uma empresa que publica livros ou periódicos.

Editora (*ô*), s. f. Estabelecimento que se dedica à edição de livros; casa editora.

Editoração, s. f. Ato de editorar, ou editar.

Editorar, v. (*editor* + *ar*). Tr. dir. 1. V. *editar.* 2. *Artes gráficas.* Preparar textos para publicação.

Editorial, adj. m. e f. 1. Relativo a editor e a edições. 2. Relativo à editoração: Trabalho *editorial.* S. m. Artigo principal de um periódico.

-edo, suf. (1. *etu*). Desegna coletividade: *arvoredo.*

Edredom, s. m. (fr. *édredon*). 1. Penugem fina do êider. 2. Acolchoado feito com essa penugem.

-edro, suf. (gr. *hedra*). *Geom.* Exprime a idéia de *face, superfície lateral: diedro, poliedro.*

Educabilidade, s. f. Qualidade de educável.

Educação, s. f. 1. Desenvolvimento das faculdades físicas, morais e intelectuais do ser humano. 2. Civilidade. 3. Arte de ensinar e adestrar animais. 4. Arte de cultivar plantas.

Educacional, adj. m. e f. Pertinente a educação.

Educador, adj. e s. m. Que, ou aquele que educa; mestre, preceptor, professor, pedagogo.

Educandário, s. m. Estabelecimento de educação.

Educando, s. m. (1. *educandu*). 1. Aquele que está recebendo educação. 2. Aluno, colegial, discípulo.

Edução, s. f. (1. *eductione*). Ato ou efeito de eduzir.

Educar, v. (l. *educare*). 1. Tr. dir. Ministrar educação a. 2. Tr. dir. Formar a inteligência, o coração e o espírito de: *Educai* bem vossos *filhos. Educai-vos na* fé cristã. 3. Pron. Cultivar a inteligência; instruir-se: Esta geração amalucada mal *se educa nas* lides escolares. 4. Tr. dir. Criar e adestrar animais domésticos. 5. Tr. dir. Aclimar ou cultivar plantas com finalidade ornamental.

Educativo, adj. 1. Relativo a educação. 2. Instrutivo.

Educável, adj. m. e f. Que se pode educar.

Edulcoração, s. f. Ato ou efeito de edulcorar.

Edulcorar, v. (l. *edulcorare*). Tr. dir. 1. Tornar doce; adoçar. 2. Amenizar, suavizar, mitigar.

Eduzir, v. (l. *educere*). Tr. dir. 1. Deduzir. 2. Extrair.

Efe, s. m. Nome da letra F, f. Pl.: *efes* e *ff.*

Efebo (*fê*), s. m. Jovem; moço; rapaz.

Efedrina, s. f. (*éfedra + ina*). *Quím.* e *Farm.* Alcalóide cristalino branco ($C_{10}H_{15}NO$), extraído principalmente do gênero Éfedra ou produzido sinteticamente.

Efeito, s. m. 1. Resultado. 2. Conseqüência. 3. Destino. Antôn.: (acepção 1): *causa.* – *E. de luz*: combinação de claros e escuros.

Com e.: efetivamente, realmente.

Efélide, s. f. Mancha da pele; sarda.

Efemérida, s. f. *Entom.* Inseto da ordem dos Efemerópteros, de vida muito curta.

Efemeridade, s. f. Qualidade daquilo que é efêmero.

Efeméride, s. f. Comemoração de um fato, geralmente auspicioso.

Efemerídeo, adj. *Entom.* Relativo ou pertencente aos Efemerídeos. S. m. Inseto da família dos Efemerídeos. S. m. pl. Família (*Ephemeridae*) de insetos, constituída por espécies cuja forma alada tem vida efêmera (horas ou poucos dias), ao contrário das larvas que necessitam longo período (às vezes vários anos) de vida aquática para se desenvolverem.

Efemérides, s. f. pl. 1. Relação de fatos dia por dia; diário. 2. Tábuas astronômicas que indicam, dia a dia, a posição dos planetas no zodíaco.

Efêmero, adj. Passageiro, transitório.

Efemerópteros, s. m. pl. *Entom.* Ordem (*Ephemeroptera*) de insetos que inclui espécies dotadas de asas membranosas, com muitas nervuras longitudinais.

Efeminação, s. f. 1. Ação ou efeito de efeminar ou efeminar-se. 2. Modos femininos.

Efeminado, adj. 1. Que tem modos de mulher. 2. Excessivamente delicado; mole.

Efeminar, v. 1. Tr. dir. e pron. Tornar(-se) efeminado. 2. Tr. dir. Fazer perder a energia a; tornar fraco.

Eferente, adj. m. e f. 1. Que conduz. 2. *Med.* Que conduz sangue, líquido ou impulso, do centro para a periferia do corpo. Antôn.: *aferente.*

Efervescência, s. f. (l. *effervescentiá*). 1. Ebulição, fervura. 2. Agitação do espírito. 3. Comoção. 4. Exaltação.

Efervescente, adj. m. e f. (l. *effervescente*). 1. Que tem efervescência. 2. Exaltado, irascível.

Efervescer, v. (l. *effervescere*). Intr. Tornar-se efervescente; entrar em efervescência.

Efetivação, s. f. Ato de efetivar.

Efetivar, v. Tr. dir. 1. Tornar efetivo. 2. Levar a efeito; realizar.

Efetível, adj. m. e f. Que se pode efetuar.

Efetividade, s. f. Qualidade do que é efetivo.

Efetivo, adj. (l. *effectivu*). 1. Real, verdadeiro. 2. Que produz efeito; que tem efeito; eficaz.

Efetuação, s. f. (*efetuar + ção*). Ato de efetuar; execução, realização.

Efetuar, v. Tr. dir. Levar a efeito; consumar, realizar, perfazer: *Efetuamos* uma *compra.*

Eficácia, s. f. Qualidade daquilo que é eficaz. Antôn.: *ineficácia.*

Eficaciar, v. Tr. dir. 1. Produzir. 2. Pôr em atividade.

Eficaz, adj. m. e f. (l. *efficace*). Que produz o efeito desejado; eficiente. Antôn.: *ineficaz.* Sup. abs. sint.: *eficacíssimo.*

Eficiência, s. f. 1. Ação, capacidade de produzir um efeito; eficácia. 2. *Mec.* Rendimento.

Eficiente, adj. m. e f. (l. *efficiente*(. V. *eficaz.*

Efígie, s. f. (l. *effigie*). Figura, representação de uma pessoa; imagem.

Eflorescência, s. f. 1. *Bot.* Estado de desabrochamento da floração. 2. *Med.* Erupção cutânea.

Eflorescente, adj. m. e f. Que efloresce.

Eflorescer, v. (l. *efflorescere*). Intr. 1. Manifestar eflorescência. 2. Começar a florescer.

Efluência, s. f. (l. *effluentia*). 1. Ato ou efeito de efluir. 2. Emanação, eflúvio, irradiação.

Efluente, adj. m. e f. (l. *effluente*). Que eflui ou emana (de algum corpo).

Efluir, v. (l. *effluere*). Intr. 1. Irradiar de um ponto. 2. Emanar, proceder.

Eflúvio, s. m. (l. *effluviu*). Emanação procedente dos corpos organizados; efluência, exalação.

Efó, s. m. *Cul.* Prato da culinária baiana preparado com folhas de língua-de-vaca, camarões secos moídos, temperos, cabeça de peixe e azeite-de-dendê.

Éforo, s. m. (gr. *ephoros*). *Antig.* Cada um dos cinco magistrados espartanos eleitos anualmente para que não fosse exclusivo o poder dos reis e do senado.

Efração, s. f. *Med.* Ruptura, ou pancada no crânio, com ruptura.

Efúgio, s. m. (l. *effugiu*). 1. Refúgio, fugida. 2. Subterfúgio, escapatória.

Efundir, v. (l. *effundere*). 1. Tr. dir. Derramar, entornar. 2. Tr. dir. Verter. 3. Pron. Difundir-se.

Efusão, s. f. (l. *effusione*). 1. Ato de efundir. 2. Expressão dos sentimentos íntimos; expansão.

Efusivo, adj. Que manifesta efusão; expansivo.

Efuso, adj. Entornado, derramado.

Egéria, s. f. 1. Mulher que inspira um homem ou lhe serve de conselheira. 2. Inspiração.

Égide, s. f. (gr. *aigis, idos*). 1. *Mit. Poét.* Escudo. 2. Amparo, defesa, proteção. 3. Patrocínio.

Egipcíaco, adj. e s. m. V. *egípcio.* Adj. *Astrol.* Qualifica os dias e as horas nefastas.

Egípcio, adj. (l. *aegypciu*). Pertencente ou relativo ao Egito. S. m. 1. O habitante ou natural do Egito. 2. Língua afro-asiática dos egípcios antigos. 3. Sistema de escrita do Egito antigo.

Egipto, elem. de comp. (gr. *Aiguptos*). Exprime a idéia de *Egito: egiptologia.*

Egiptologia, s. f. (*egipto + logo² + ia*). Estudo das coisas antigas do Egito, seus monumentos, sua literatura etc.

Egiptológico, adj. Relativo à egiptologia.

Egiptólogo, s. m. (*egipto + logo²*). Aquele que é versado em egiptologia.

Égloga, s. f. V. *écloga.*

-ego¹, suf. Exprime a idéia de *proveniência: galego.*

ego-², elem. de comp. (l. *ego*). Exprime a idéia de *eu: egolatria.*

Ego³, s. m. (l. *ego*). *Psicol.* Experiência que o indivíduo possui de si mesmo.

Egocêntrico, adj. Que considera seu próprio eu como centro de todo interesse. Antôn.: *alocêntrico, heterocêntrico.*

Egocentrismo, s. m. (*ego² + centro + ismo*). *Psicol.* Estado da pessoa especialmente interessada em si mesma.

Egoísmo, s. m. (*ego³ + ismo*). 1. Qualidade de egoísta. 2. Amor exclusivo a si próprio. Antôn.: *altruísmo, abnegação.*

Egoísta, adj. e s. m. e f. (*ego³ + ista*). 1. Que, ou quem trata só dos seus interesses. 2. Comodista. Antôns. (acepções 1 e 2): *altruísta.*

Egoístico, adj. Caracterizado pelo egoísmo. Antôn.: *altruístico.*

Ególatra, adj. e s., m. e f. Que, ou pessoa que pratica a egolatria.

Egolatria, s. f. (*ego³ + latria*). Culto de si próprio.

Egotismo, s. m. Hábito de falar ou escrever em excesso sobre si mesmo.

Egotista, adj. m. e f. Que se refere a egotismo. S. m. e f. Pessoa caracterizada por egotismo.

Egrégio, adj. 1. Nobre. 2. Admirável. 3. Insigne. 4. Distinto. 5. Famoso.

Egressão, s. f. (1. *egressione*). 1. Ato ou efeito de sair, de afastar-se. 2. Saída brusca.

Egresso, adj. Que saiu ou se afastou. S. m. 1. Saída, retirada. 2. Pessoa que saiu. Antôn.: *ingresso*.

Égua, s. f. (1. *equa*). Fêmea do cavalo. Col.: *eguada, manada, tropilha*. Voz.: *bufa, funga, nitre, relincha, rincha, zurra*. – *É. madrinha*: aquela a cujo pescoço se ata um cincerro, ao som do qual os outros animais seguem reunidos.

Eguariço, adj. 1. Relativo a éguas. 2. Diz-se do muar, filho de burro e égua.

Eh!, interj. Exprime surpresa, incredulidade e chamamento.

Eia!, interj. (1. *eia*). Emprega-se para animar, excitar; também exprime espanto.

Eido, s. m. 1. Pátio, quintal. 2. Rocio junto de casa.

Ei-lo, ei-la, ei-los, ei-las, contr. de *eis + lo, eis + la, eis + los, eis + las*.

-eima, suf. Exprime *forma, semelhança: guloseima, toleima*.

Einstênio, s. m. (de *Einstein*, n. p.). *Quím.* Elemento radioativo, produzido artificialmente, de símbolo Es, número atômico 99 e massa atômica do isótopo de vida mais longa conhecido, 254.

Eira, s. f. (1. *area*). Porção de terreno liso e duro, ou laje, em que se secam cereais e legumes, e em que se malham ou trilham e limpam.
Não ter e. nem beira, nem ramo de figueira: ser extremamente pobre.

Eirado, s. m. Terraço.

Eiró, s. m. *Ictiol.* Nome que em Portugal se dá à enguia comum (*Anguilla anguilla*).

Eis, adv. (de *heis* ou do lat. *ecce*). Aqui está.

Eito, s. m. (1. *ictu*). 1. Sucessão de coisas que estão na mesma direção. 2. Roça onde trabalhavam escravos.

Eiva, s. f. 1. Falha em vidro ou metal. 2. Mancha em fruto passado. 3. Defeito físico ou moral.

Eivar, v. (de *eiva*). 1. Pron. Rachar-se: *Eivou-se* o vaso. 2. Pron. Começar a apodrecer: *Eivou-se* o cacho de bananas. 3. Tr. dir. Produzir manchas em.

Eixo, s. m. (1. v. **axu* por *axe*). 1. Peça em torno da qual giram as rodas de um veículo. 2. Órgão central de quaisquer movimentos reais ou figurados. 3. Qualquer peça cilíndrica sobre a qual gira qualquer órgão. 4. Essência, centro, ponto capital dos acontecimentos. 5. Apoio, sustentáculo.

Ejaculação, s. f. 1. Ato de ejacular; jato. 2. Expulsão repentina e abundante de líquido.

Ejaculador, adj. e s. m. Que ejacula ou aquilo que serve para ejacular.

Ejacular, v. (1. *ejaculare*). Tr. dir. 1. Lançar de si. 2. Derramar com força.

Ejaculatório, adj. Próprio para a ejaculação.

-ejar, suf. (ver *-ear*). Forma verbos com sentido freqüentativo: *gotejar, lacrimejar*.

Ejeção, s. f. (l. *ejectione*). Ato de ejetar; expulsão.

Ejetar, v. (do l. *ejectu*). Tr. dir. Lançar para fora ou fazer sair com força; expelir, expulsar.

Ejetor, adj. (l. *ejectore*). Que ejeta. S. m. Mecanismo ou dispositivo que ejeta qualquer coisa.

-ejo, suf. (esp. *ejo*). Expressa diminuição (*lugarejo*), depreciação (*gracejo*), naturalidade (*sertanejo*).

El¹, art. (1. *illu*). Forma antiga do artigo *o*, usada hoje apenas na expressão *el-rei*. Pron. Forma antiga do pronome pessoal *ele*.

el², suf. Designa *diminuição: cordel, saquitel*.

Ela¹, Pronome pessoal da 3ª pessoa, feminino de *ele*.

-ela², suf. (1. *ela*). Exprime *ação* ou *coletividade: escorregadela, parentela*.

Elaboração, s. f. (1. *elaboratione*). 1. Ato ou efeito de elaborar, preparar ou concluir. 2. Fase da formação de uma lei, entre a apresentação do projeto e a aprovação pelo parlamento.

Elaborar, v. (1. *elaborare*). 1. Tr. dir. Preparar, organizar gradualmente, com trabalho: *Elaborar* um *dicionário*. *Elaborar* um *projeto* de lei. 2. Tr. dir. Dispor as partes de, ordenar, pôr em ordem. 3. Pron. Operar-se, formar-se, produzir-se: O mel *elabora-se* nos favos.

Elafiano, adj. (gr. *elaphos*). Que se refere ao veado ou lhe é semelhante.

Élafo, s. m. *Zool.* Denominação específica de um grande veado canadense (*Cervus elaphus*).

Elafografia, s. f. (*élafo + grafo + ia*). Tratado acerca dos veados.

Elanguescer, v. V. *enlanguescer*.

Elasmobrânquio, adj. *Ictiol.* Relativo ou pertencente aos Elasmobrânquios. S. m. Peixe da classe dos Elasmobrânquios. S. m. pl. Classe (*Elasmobranchii*) de peixes cartilaginosos, com a boca situada ventralmente, como os tubarões e as arraias.

Elastério, s. m. (gr. *elaster + io*). 1. Força elástica; elasticidade. 2. Força de vontade; energia.

Elasticidade, s. f. 1. *Fís.* Propriedade dos corpos sólidos de retomarem sua primitiva forma, ao deixar de atuar sobre eles uma força deformante. 2. Força de vontade; energia.

Elástico, adj. Que tem elasticidade. S. m. Substância elástica.

Elaterídeo, adj. *Entom.* Relativo ou pertencente aos Elaterídeos. S. m. pl. Família (*Elateridae*) de besouros, à qual pertencem os vaga-lumes.

Elaterina, s. f. *Farm.* Substância drástica venenosa, cristalina, obtida de elatério e colocinto.

Elatério, s. m. *Bot.* Filamento espiralado que se encontra no interior dos corpos de frutificação dos esporogônios das Hepáticas.

elátero-, elem. de comp. (gr. *elater, eros*). Exprime a idéia de *impulsivo: elaterômetro*.

Elaterômetro, s. m. (*elátero + metro²*). Instrumento para medir a elasticidade dos gases.

Elatina, s. f. *Bot.* Pimenteira aquática.

Elator, adj. Elevador, eretor. S. m. Aquilo que eleva.

Eldorado, s. m. 1. País lendário e cheio de riquezas, que se dizia existir no Norte da América do Sul. 2. Lugar cheio de delícias e riquezas.

Ele¹, s. m. Nome da letra *L, l*. Pl.: *eles* ou *ll*.

Ele² *(ê)*, (1. *ille*). Pronome pessoal masculino da 3ª pessoa do singular.

Eleata, adj. m. e f. Relativo a Eléia. S. m. e f. Pessoa natural ou habitante de Eléia. S. m. pl. Filósofos da escola de Eléia.

Elefante, s. m. (1. *elephante*, gr. *elephas*). *Zool.* Mamífero paquiderme, da família dos Elefantídeos, de tromba preênsil e com os orifícios nasais abertos na extremidade desta; as patas têm 5 dedos reunidos num maciço volumoso e amparados atrás por uma almofada elástica; é o maior mamífero terrestre atual, chegando a pesar mais de três toneladas a espécie asiática, e mais de cinco, a africana. Col.: *manada*. Voz: *barre* e *brame*. Fem.: *elefanta* e *aliá*.

Elefantíase, s. f. *Med.* 1. Moléstia cujo caráter é uma intumescência mais ou menos volumosa e dura da pele e do tecido celular adiposo.

Elefântico, adj. Que se relaciona com o elefante.

elefanto-, elem. de comp. (gr. *elephas, antos*). Exprime a idéia de *elefante: elefantografia*.

Elefantófago, adj. e s. m. (*elefanto + fago*). Que, ou o que come carne de elefante.

Elefantografia, s. f. (*elefanto + grafo + ia*). *Zootéc.* Tratado, descrição dos elefantes.

Elefantóide, adj. m. e f. (*elefanto + óide*). 1. Relativo ou semelhante à elefantíase: Febre *elefantóide*. 2. Que se assemelha ao elefante.

Elefantópode, adj. m. e f. (*elefante + pode*). Que tem pés análogos aos do elefante.

Elegância, s. f. (l. *elegantia*). 1. Qualidade daquele ou daquilo que é elegante. 2. Distinção na linguagem e no estilo sem afetação.

Elegante, adj. m. e f. (l. *elegante*). Que tem elegância; donairoso, distinto, nobre.

Elegendo, s. m. Aquele que deve ser eleito.

Eleger, v. (l. *eligere*). Tr. dir. Escolher, nomear por votação: *Eleger deputados. Elegeram-no presidente*.

Elegia, s. f. Poema pequeno, consagrado ao luto ou à tristeza.
Elegíaco, adj. (l. *elegiacu*). Que se refere à elegia.
Elegibilidade, s. f. (l. **elegibilitate*). 1. Capacidade para ser eleito. 2. Qualidade de quem é elegível.
Elegível, adj. m. e f. Que pode ser eleito.
Eleição, s. f. 1. Ato de eleger. 2. Escolha ou nomeação por votos.
Eleiçoeiro, adj. e s. m. *Pej.* Que visa às eleições.
Eleídrico, adj. *Pint.* Aplica-se a pinturas feitas a óleo e água.
Eleito, adj. (l. *electu*). Vitorioso em eleição. S. m. Aquele que foi eleito.
Eleitor, adj. e s. m. (l. *electore*). 1. Que, ou aquele que elege ou pode eleger.
Eleitorado, s. m. Conjunto de eleitores.
Eleitoral, adj. m. e f. 1. Relativo a eleições ou ao direito de eleger. 2. Dos eleitores.
Elementar, adj. m. e f. Rudimentar, simples.
Elemento, s. m. (l. *elementu*). 1. Na ciência da Antiguidade, cada uma das substâncias básicas: a terra, o ar, a água e o fogo. 2. Estas mesmas substâncias consideradas como forças da natureza ou como a própria natureza. 3. *Quím.* Cada uma das substâncias formadas por uma só espécie de átomos, as quais não podem ser decompostas por meios químicos e que, sós ou em combinação, constituem toda a matéria. A química atual enumera 103 elementos. S. m. pl. 1. Primeiras noções; rudimentos, princípios. 2. Dados, material.
Elenco, s. m. (l. *elenchu*). 1. Catálogo, índice, lista, súmula. 2. Conjunto de artistas que constituem uma companhia.
Eleoceróleo, s. m. *Farm.* Emplastro em cuja composição entram a cera e os óleos.
Eleóleo, s. m. *Farm.* Medicamento que tem por excipiente um óleo.
Eleólito, s. m. *Miner.* V. *nefelina.*
Eletividade, s. f. Qualidade ou propriedade de ser eletivo.
Eletivo, adj. (l. **electivu*). 1. Que diz respeito a eleição. 2. Feito ou nomeado por eleição.
Eletricidade, s. f. (*elétrico + dade*). 1. *Fís.* Forma de energia natural, ligada aos elétrons, que se manifesta por atrações e repulsões, e fenômenos luminosos, químicos e mecânicos. Existe em estado potencial (eletricidade estática) como carga (tensão), ou em forma cinética (eletricidade dinâmica) como corrente. 2. Causa dos fenômenos elétricos que se manifestam nos corpos, quando friccionados, comprimidos, batidos ou aquecidos, nas composições e decomposições químicas, na atmosfera.
Eletricismo, s. m. Conjunto de fenômenos produzidos pela eletricidade.
Eletricista, s. m. e f. Pessoa que se ocupa de eletricidade ou trabalha com aparelhos elétricos.
Elétrico, adj. (*eletro + ico*). Que se refere à eletricidade. S. m. Veículo movido por eletricidade.
Eletrificação, s. f. Ato ou efeito de eletrificar.
Eletrificar, v. 1. Tr. dir. Adaptar eletricidade a motores, casas, lugares etc. 2. Pron. Tornar-se elétrico.
Eletrino, adj. (*eletro + ino*). 1. Que se refere ao âmbar amarelo. 2. Feito de âmbar amarelo.
Eletrização, s. f. Ato de eletrizar.
Eletrizador, adj. m. e f. (*eletrizar + dor*). Que, aquilo ou quem eletriza.
Eletrizante, adj. m. e f. Que eletriza.
Eletrizar, v. (*eletro + izar*). 1. Tr. dir. e pron. Carregar(-se) de eletricidade. 2. Tr. dir. Excitar a propriedade elétrica de. 3. Tr. dir. e pron. Excitar(-se). 4. Tr. dir. e pron. Exaltar(-se), inflamar(-se) (as pessoas, os ânimos). 5. Pron. Entusiasmar-se, excitar-se com bebidas alcoólicas.
Eletrizável, adj. m. e f. (*eletrizar + vel*). Que se pode eletrizar.
Eletro[1], s. m. Âmbar amarelo. 2. Liga de ouro e prata. Var.: *electro.*
eletro-[2], elem. de comp. Exprime a idéia de *âmbar amarelo, eletricidade: eletrocussão, eletrólise.*
Eletrocardiógrafo, s. m. *Med.* Instrumento para fazer eletrocardiogramas. Var.: *electrocardiógrafo.*
Eletrocardiograma, s. m. Gráfico feito por um eletrocardiógrafo. Var.: *electrocardiograma.*
Eletrocussão, s. f. 1. Morte causada pela eletricidade. 2. Execução na cadeira elétrica.
Eletrocutar, v. Tr. dir. 1. Matar pela eletricidade. 2. Executar na cadeira elétrica.
Eletrocutor, adj. Que causa a morte por eletrocussão. S. m. Aquele que mata pela eletricidade.
Eletrodinâmica, s. f. Parte da Física que estuda as ações das correntes elétricas. Var.: *electrodinâmica.*
Eletrodinâmico, adj. Relativo ou pertencente à eletrodinâmica. Var.: *electrodinâmico.*
Eletródio, s. m. V. *elétrodo.* Var.: *electródio.*
Elétrodo, s. m. Condutor usado para estabelecer contato elétrico com uma porção não metálica de um circuito. Var.: *eléctrodo.*
Eletroforese, s. f. Movimento de partículas em suspensão através de um fluido sob a ação de força eletromotriz. Var.: *electroforese.*
Eletróforo, s. m. Aparelho para gerar eletricidade estática por indução. Var.: *electróforo.*
Eletrogalvânico, adj. *Fís.* Relativo à eletricidade galvânica. Var.: *electrogalvânico.*
Eletrogalvanismo, s. m. Conjunto dos fenômenos eletrogalvânicos. Var.: *electrogalvanismo.*
Eletrogêneo, adj. Que produz eletricidade. Var.: *electrogêneo.*
Eletrografia, s. f. Gravação de lâminas metálicas pela ação da corrente elétrica. Var.: *electrografia.*
Eletroimã, s. m. Ferro doce que se transforma em ímã pela ação da eletricidade. Var.: *electroímã.*
Eletrolisação, s. f. V. *eletrólise.*
Eletrolisar, v. (de *eletrólise + ar*). Tr. dir. Submeter à eletrólise.
Eletrólise, s. f. (*eletro + lise*). 1. Processo de produzir alterações químicas pela passagem de uma corrente elétrica através de um eletrólito. Var.: *electrólise.*
Eletrólito, s. m. Separação dos íons de um corpo por meio de corrente elétrica. Var.: *electrólito.*
Eletromagnético, adj. Relativo ou pertencente ao eletromagnetismo. Var.: *electromagnético.*
Eletromagnetismo, s. m. Magnetismo desenvolvido por uma corrente elétrica. Var.: *electromagnetismo.*
Eletrômetro, s. m. Instrumento para medir diferenças de potencial elétrico. Var.: *electrômetro.*
Elétron, s. m. Corpúsculo carregado de eletricidade negativa que entra na constituição do átomo. Var.: *eléctron.*
Eletrônica, s. f. Ramo da Física que trata da emissão e efeitos dos elétrons no vácuo ou nos gases. Var.: *electrônica.*
Eletrônico, adj. Que se refere aos elétrons ou à eletrônica. Var.: *electrônico.*
Eletroplessão, s. f. Morte causada por descarga elétrica. Var.: *electroplessão.*
Eletroquímica, s. f. Ciência que estuda as relações entre a energia elétrica e os fenômenos químicos. Var.: *electroquímica.*
Eletroscopia, s. f. Aplicação do eletroscópio. Var.: *electroscopia.*
Eletroscópio, s. m. Aparelho pelo qual se conhece a presença de eletricidade. Var.: *electroscópio.*
Eletrostática, s. f. Estudo das leis e fenômenos da eletricidade estática. Var.: *electrostática.*
Eletroterapia, s. f. Emprego terapêutico da eletricidade. Var.: *electroterapia.*
Eletrotipia, s. f. Reprodução por processo eletroquímico de gravuras e composições tipográficas. Var.: *electrotipia.*
Eletuário, s. m. (l. *electuariu*). *Farm.* Medicamento de consistência mole, composto de pós e extratos vegetais, misturados com açúcar ou mel.
Eleusinas, s. f. pl. *Antig.* Festas em honra de Ceres, na cidade de Elêusis, na Grécia.
Eleuterantéreo, adj. (*elêutero + antero + eo*). *Bot.* Diz-se dos estames quando as anteras são livres.
Eleutérias, s. f. pl. Festas em honra de Júpiter e Baco para comemorar a vitória de Pausânias sobre os persas.

elêutero-, elem. de comp. (gr. *eleutheros*). Exprime a idéia de *livre: eleuterógino.*

Eleuterógino, adj. (*elêutero + gino*). *Bot.* Diz-se da flor que tem o ovário independente do cálice.

Elevação, s. f. (l. *elevatione*). 1. Ato ou efeito de elevar. 2. Ato de elevar-se; ascensão. 3. Ato de ser promovido; promoção. 4. Altura a que alguma coisa foi elevada. Antôns.: (acepção 1): *abaixamento;* (acepção 2): *depressão.*

Elevado, adj. (p. de *elevar*). 1. Que tem elevação. 2. Que se elevou. 3. Sublime. 4. Grande, nobre. Antôn. (acepções 1 e 4): *baixo.*

Elevador, adj. (*elevar + dor*). Que eleva; que serve para elevar. S. m. 1. Cabina móvel para subir ou descer pessoas ou cargas.

Elevar, v. (l. *elevare*). 1. Tr. dir. Fazer subir; erguer, levantar: O ar ascendente *elevou* o *planador a* grandes alturas. 2. Pron. Erguer-se, levantar-se: O homem conseguiu *elevar-se* acima da atmosfera. 3. Tr. dir. Aumentar: *Elevar* uma *tabela.* 4. Tr. dir. Tornar mais forte ou mais alto: *Elevar* a *voz.* 5. Tr. dir. Engrandecer, exaltar: A modéstia *eleva* a *sabedoria.* 6. Tr. dir. Construir: *Elevar* um *monumento.* 7. Tr. dir. Fazer subir; promover: O presidente *elevou-o a* general. 8. Tr. dir. Alçar, erguer: *Elevar* o *pensamento a* Deus. Antôn.: (acep. 1, 2, 3 e 4) *abaixar.*

Elevatório, adj. Relativo a elevação.

Elfa, s. f. Cova para plantio de bacelo.

Elfo, s. m. (anglo-saxão *aelf*). Gênio que simboliza os fenômenos atmosféricos, na mitologia nórdica.

-elho, suf. Diminutivo e depreciativo: *folhelho, rapazelho.*

Eliciar, v. (l. *eliciare*). Tr. dir. Expulsar com esconjuros; esconjurar, exorcismar.

Elícito, adj. (l. *elicitu*). 1. Atraído. 2. Aliciado.

Elidir, v. (l. *elidere*). Tr. dir. 1. Eliminar, suprimir. 2. *Gram.* Suprimir sons na prolação das palavras: *tá* (por *está*) *cos* (por *com os*), *val* (por *vale*).

Eliminação, s. f. (*eliminar + ção*). 1. Ato ou efeito de eliminar. 2. *Fisiol.* Excreção. 3. *Mat.* Processo pelo qual se remove uma incógnita de um sistema de equações com várias incógnitas.

Eliminar, v. (l. *eliminare*). 1. Tr. dir. Fazer desaparecer; suprimir: O serviço sanitário trata de *eliminar* os *focos* de infecção. 2. Tr. dir. Excluir: *Eliminar candidatos* não optos. 3. Tr. dir. Fazer sair do organismo: Pelo transpirar *eliminamos* as *toxinas.* 4. Tr. dir. *Mat.* Fazer desaparecer uma incógnita de uma equação em um sistema de várias equações com várias incógnitas.

Eliminatório, adj. 1. Que elimina. 2. Que seleciona.

Elipse, s. f. (l. *ellipse*, gr. *elleipsis*). 1. *Geom.* Seção de um cone circular reto por um plano oblíquo em relação ao eixo que encontra todas as geratrizes. Característica da elipse é ser constante a soma das distâncias de qualquer de seus pontos aos dois focos. 2. *Gram.* Omissão de palavra ou palavras facilmente subentendíveis.

Elipsiógrafo, s. m. (gr. *elleipsis + grafo*). Instrumento para traçar elipses.

Elipsoidal, adj. m. e f. V. *elipsóide.*

Elipsóide, adj. m. e f. *Geom.* Que tem a forma de elipse. S. m. 1. Superfície fechada, com três eixos perpendiculares entre si e cujas seções planas são todas elipses ou círculos. 2. O sólido limitado por esta súerfície.

Elipsospermo, adj. (gr. *elleipsis + espermo*). *Bot.* Que tem sementes elípticas.

Elipsóstomo, adj. (gr. *elleipsis + estomo*). *Zool.* Que tem a abertura bucal elíptica.

Elíptico, adj. 1. Relativo ou pertencente a uma elipse. 2. Que tem a forma de uma elipse. 3. *Gram.* Que é da natureza da elipse. Var.: *elítico.*

Elisão, s. f. (l. *elisione*). 1. Ato ou efeito de elidir; eliminação, suspensão. 2. *Gram.* Supressão oral ou gráfica da vogal final de um vocábulo, quando o seguinte começa por vogal, ou por h seguido de vogal: deste = *de este; outrora* = outra hora.

Eliseu, adj. e s. m. V. *elisseu.* Fem.: *eliséia.*

Elisseu, adj. e s. m. V. *cartaginês.* Fem.: *elisséia.*

Elite, s. f. (fr. *élite*). O escol da sociedade, de um grupo, de uma classe.

Élitro, s. m. (gr. *elutron*). 1. *Entom.* Primeiro par de asas dos coleópteros, sob as quais se recolhem as asas membranosas do segundo par.

Elixir, s. m. (ár. *al + aksir*, pelo 1. med.). 1. *Farm.* Preparação líquida hidralcoólica, açucarada ou glicerinada. 2. Bebida deliciosa. 3. Vinho muito puro, balsâmico e confortativo.

Elmo (*é*), s. m. (gót. *hilms*). *Ant.* Peça de armadura para a cabeça, espécie de capacete.

Elo (*é*), s. m. (l. *anellu*). 1. Argola de corrente. 2. *Bot.* Gavinha. 3. Ligação.

Elocução, s. f. (l. *elocutione*). *Ret.* Expressão do pensamento por palavras escritas ou orais.

Elogiar, v. (l. *elogiare*). Tr. dir. Fazer elogio de; aplaudir, gabar, louvar. Antôns.: *apoucar, depreciar.*

Elogio, s. m. Encômio, gabo; louvor, penegírico. Antôns.: *censura, depreciação.*

Elongação, s. f. 1. *Astr.* Distância angular entre um planeta e o Sol, ou o ângulo formado pelos raios visuais que partem do olho do observador para o planeta e para o Sol. 2. *Astr.* Distância angular de um satélite ao seu planeta.

Eloqüência, s. f. *Ret.* 1. Faculdade de falar ou escrever de modo persuasivo e comovente.

Eloqüente, adj. m. e f. 1. Que tem eloqüência. 2. Convincente, expressivo, persuasivo.

Elóquio, s. m. (l. *eloquiu*). *P. us.* Discurso, fala.

Elucidação, s. f. Ato de elucidar; esclarecimento.

Elucidar, v. (b. l. *elucidare*). 1. Tr. dir. Esclarecer, explicar. 2. Tr. dir. Comentar. 3. Pron. Informar-se: *Elucidou-se sobre* os horários dos trens.

Elucidário, s. m. Livro que explica ou aclara o sentido de coisas pouco inteligíveis.

Elucidativo, adj. Que elucida ou esclarece; que explica; elucidante.

Elucubração, s. f. V. *lucubração.*

Eludir, v. Tr. dir. Evitar com destreza.

Eluvião, s. f. (l. *eluvione*). *Geol.* Resíduo causado por chuvas ou erosão; aluvião.

Em[1], prep. (l. *in*). Indica relação de: 1) lugar: Vivo *em* Campinas; 2) tempo: Cheguei lá *em* duas horas; 3) avaliação ou cálculo: A casa foi avaliada *em* um milhão de cruzeiros; 4) modo: Tudo estava *em* boa ordem; 5) quantidade: Foi dividido *em* três partes; 6) fim: Foi pedida *em* casamento; 7) estado: Isto é ouro *em* fio; 8) limitação: O leão a todos excede *em* força; 9) transformação: Tudo se transforma *em* pó.

em-[2], pref. de origem latina. Correspondente à prep. *em* e designa *introdução, passagem para um estado ou forma, guarnecimento, provimento, revestimento.* Muda o *m* para *n* antes de consoante que não seja *b* nem *p* e antes de vogal.

Ema, s. f. *Ornit.* Ave sul-americana, da ordem dos Reiformes (*Rhea americana*), muito parecida com o avestruz. Sinôn.: *nhandu.* Voz: *grasna, ronca, suspira.*

Emaçar, v. Tr. dir. 1. Pôr em maço, formar maço com. 2. Embrulhar. Cfr. *emassar.*

Emaciação, s. f. *Med.* Emagrecimento.

Emaciar, v. (l. *emaciare*). 1. Tr. dir. Tornar macilento, fazer emagrecer. 2. Intr. e pron. Emagrecer.

Emadeiramento, s. m. Ato de emadeirar.

Emadeirar, v. Tr. dir. Guarnecer de madeira.

Emadeixar, v. Tr. dir. Formar madeixas, fazer madeixas com, dispor em madeixas.

Emagrecer, v. (*em + magro + ecer*). 1. Tr. dir. Tornar magro; definhar: *Emagrecem-na* as saudades. 2. Intr. Tornar-se magro. Antôn.: *engordar.*

Emagrecimento, s. m. Ação ou efeito de emagrecer.

Emalar, v. (de *mala*). Tr. dir. Colocar em mala ou invólucro semelhante.

Emalhar, v. (*em + malha + ar*). 1. Tr. dir. Fazer as malhas de (uma rede). 2. Tr. dir. Enredar. 3. Tr. dir. e pron. Cobrir(-se) com armadura de malha.

Emalhetamento, s. m. Ação ou efeito de emalhetar.

Emalhetar, v. Tr. dir. Juntar, unir por meio de malhetes; ensamblar.
Emanação, s. f. V. *eflúvio.*
Emanacionismo, s. m. *Filos.* Doutrina gnóstica segundo a qual os seres criados são partículas da substância divina. Var.: *emanatismo.*
Emanante, adj. m. e f. (l. *emanante*). Que emana.
Emanar, v. (l. *emanare*). Tr. ind. 1. Originar-se, proceder, provir, sair de. 2. Desprender-se, disseminar-se em partículas sutis.
Emancipação, s. f. Ato ou efeito de emancipar ou de se emancipar; libertação, alforria.
Emancipar, v. (l. *emancipare*). Tr. dir. e pron. 1. Dar a emancipação a, livrar(-se) do poder paternal ou de tutória: *Emancipou o filho,* que ainda era menor. Cuidou de *emancipar-se.* 2. Libertar(-se), tornar(-se) livre.
Emaranhamento, s. m. Ação ou efeito de emaranhar.
Emaranhar, v. (de *maranha*). 1. Tr. dir. Embaraçar, enredar. 2. Tr. dir. e pron. Complicar(-se), confundir(-se).
Emarelecer, v. V. *amarelecer.*
Emasculação, s. f. Castração de homem ou animal macho.
Emascular, v. 1. Tr. dir. Tirar a virilidade a; desvirilizar, castrar, evirar. 2. Tr. dir. Privar do espírito ou vigor masculino; efeminar.
Emassar, v. Tr. dir. Converter em massa; empastar.
Emastrar, v. V. *mastrear.*
Emastrear, v. V. *mastrear.*
Embaçadela, s. f. 1. Ato ou efeito de embaçar. 2. Logro, burla. 3. Intrujice, comedela.
Embaçador, adj. e s. m. Que, ou aquele que embaça.
Embaçar, v. (*em* + *baço* + *ar*). 1. Tr. dir. e pron. V. *embaciar.* 2. Tr. dir. Tirar o prestígio a; ofuscar. 3. Tr. dir. Fazer embatucar: Tal argumento *o embaçou.* 4. Tr. dir. e pron. Burlar(-se), enganar(-se), intrujar(-se), iludir(-se).
Embacelar, v. V. *abacelar.*
Embaciar, v. (de *baço*). 1. Tr. dir. Fazer perder o brilho, tornar baço; empanar. 2. Intr. e pron. Perder o brilho, tornar-se baço; empanar(-se). 3. Tr. dir. Apagar, ofuscar.
Embaidor (*a-i*), adj. e s. m. Que, ou o que embai, ou seduz, ou engana.
Embaimento (*a-i*), s. m. (*embair* + *mento*). Ato de embair.
Embainhamento (*a-i*), s. m. (*embainhar* + *mento*). Ato de embainhar.
Embainhar (*a-i*), v. 1. Tr. dir. Meter na bainha. 2. Guarnecer com bainha. 3. Intr. Fazer bainhas. 4. Intr. Formar vagens.
Embair, v. (l. *invadere*). Tr. dir. Induzir em erro; enganar; seduzir: Certos políticos nada mais fazem que *embair* a *opinião* pública. *Com* fingidas carícias *o ambaía.* Conjuga-se como *sair.*
Embaixada, s. f. 1. Cargo ou missão de embaixador. 2. Deputação a um soberano. 3. Missão junto de um governo. 4. Edifício onde o embaixador exerce suas funções.
Embaixador, s. m. 1. A graduação mais elevada de representante de um governo ou Estado, junto de outro Estado ou governo. 2. Emissário. Fem.: *embaixatriz* (mulher de embaixador) e *embaixadora* (representante diplomática).
Embaixo, adv. Na parte inferior.
Embaladeira, s. f. Peça curva da parte inferior do berço para lhe dar balanço.
Embalado[1], adj. (p. de *embalar*[1]). 1. Que se embalou; balouçado, acalentado. 2. Embaído, iludido.
Embalado[2], adj. (p. de *embalar*[2]). Enfardado, empacotado; acondicionado.
Embalado[3], adj. (p. de *embalar*[3]). Carregado com bala.
Embalador, adj. e s. m. (*ambalar* + *dor*). 1. Que, ou o que embala. 2. Acalentador. 3. Enganador. S. m. Operário que põe nas embalagens os produtos destinados ao comércio; acondicionador, empacotador. Fem.: *embaladeira.*
Embalagem, s. f. (fr. *emballage*). Acondicionamento, enfardamento.
Embalante, adj. m. e f. Que embala.
Embalar[1], v. Tr. dir. Balouçar o berço, acalentar para adormecer.
Embalar[2], v. (fr. *emballer*). Tr. dir. 1. Enfardar. 2. Acondicionar, empacotar.
Embalar[3], v. (*em* + *bala* + *ar*). Tr. dir. Carregar com bala (uma arma).
Embalçar, v. (*em* + *balça* + *ar*). Tr. dir. e pron. Meter(-se) nas balças, ou nos matagais; embrenhar.
Embalete (*ê*), s. m. *Náut.* Alavanca de acionar a bomba.
Embalo, s. m. Ato de embalar; balanço, balouço.
Embalsamação, s. f. Ato ou efeito de embalsamar.
Embalsamador, adj. e s. m. Que, ou o que embalsama.
Embalsamamento, s. m. V. *embalsamação.*
Embalsamar, v. (*em* + *bálsamo* + *ar*). 1. Tr. dir. Preparar cadáveres para impedir-lhes a putrefação. 2. Tr. dir. Perfumar.
Embalsamento, s. m. Ação de embalsar o mosto ou vinho.
Embalsar, v. 1. Tr. dir. Meter em balsa (o vinho ou o mosto). 2. Pron. *Náut.* Meter-se em jangada ou balsa.
Embandar[1], v. (*em* + *banda* + *ar*). Tr. dir. Pôr bandas em.
Embandar[2], v. (*em* + *bando* + *ar*). 1. Tr. dir. Pôr em bando; bandear. 2. Pron. Unir-se em bando.
Embandeirado, adj. Adornado com bandeiras.
Embandeirar, v. 1. Tr. dir. e pron. Ornar(-se) com bandeiras. 2. Tr. dir. Enaltecer, festejar. 3. Intr. e pron. Deitar bandeiras ou pendões (o milho).
Embaraçador, adj. e s. m. (*embaraçar* + *dor*). Que ou aquele que embaraça.
Embaraçar, v. (*em* + *baraça* + *ar*). 1. Tr. dir. Causar, pôr embaraço a; estorvar, impedir; servir de obstáculo a. 2. Pron. Embrulhar-se, estorvar-se. Antôns. (acep. 1): *facilitar;* (acep. 2): *desimpedir.*
Embaraço, s. m. (de *embaraçar*). 1. Impedimento. 2. Dificuldade. 3. Perturbação de espírito; hesitação.
Embaraçoso, adj. (*embaraço* + *oso*). 1. Dificultoso. 2. Embaraçador.
Embarafustar, v. Tr. dir. Entrar, penetrar, transpor em desordem, tumultuariamente.
Embaralhar, v. V. *baralhar.*
Embarbecer, v. Intr. Criar barba.
Embarbelar, v. Tr. dir. Pôr barbela em; açaimar.
Embarbilhar, v. (de *barbilho*). Tr. dir. Pôr barbilho em (cabras, cabritos etc.).
Embarcação, s. f. 1. Ação de embarcar. 2. Veículo próprio para flutuar no mar, lagos ou rios.
Embarcadiço, adj. e s. m. Que, ou o que costuma andar embarcado; marítimo, marinheiro.
Embarcadouro, s. m. Lugar onde se embarca. Var.: *embarcadoiro.*
Embarcar, v. Tr. dir. Entrar em embarcação para viajar.
Embargador, adj. e s. m. Que, ou o que embarga; embargante.
Embargamento, s. m. Ato de embargar; embargo.
Embargar, v. (l. v. **imbarricare*). Tr. dir. 1. Pôr embargo a. 2. Impedir o uso de; pôr obstáculos a; estorvar, impedir.
Embargável, adj. m. e f. Que se pode embargar.
Embargo, s. m. 1. Obstáculo, impedimento. 2. *Dir.* Restrição imposta pelo juiz à liberdade de ação do devedor para segurança do credor; arresto.
Embarque, s. m. (de *embarcar*). 1. Ato de embarcar. 2. Lugar onde se embarca. 3. O que se embarcou.
Embarramento, s. m. Ato ou efeito de cobrir com barro.
Embarrancar, v. Intr. Ir de encontro a um barranco; encalhar, esbarrar. 2. Tr. dir. Fazer cair em barranco. 3. Pron. Atascar-se, atolar-se.
Embarrelar, v. Tr. dir. Dar barrela a, meter em barrela.
Embarricar, v. 1. Tr. dir. Meter em barricas (farinha etc.). 2. Tr. dir. Defender com barricadas; proteger. 3. Pron. Defender-se com barricadas.
Embarrigar, v. (*em* + *barriga* + *ar*). Intr. 1. Tornar-se barrigudo. 2. Engravidar-se.
Embarrilagem, s. f. Ação de embarrilar.
Embarrilar, v. (*em* + *barril* + *ar*). Tr. dir. 1. Meter em barril. 2. *Pop.* Enganar (alguém).
Embasamento, s. m. Base de edifício ou construção.
Embasar, v. Tr. dir. Fazer o embasamento de.

Embasbacar, v. 1. Tr. dir. Causar pasmo a. 2. Intr. e pron. Ficar estupefato, boquiaberto.

Embastecer, v. Tr. dir. e pron. Tornar(-se) basto, espesso, grosso.

Embastir, v. V. *embastecer.*

Embate, s. m. (de *embater*). 1. Ato de embater. 2. Choque, colisão, impacto, encontro, encontrão.

Embater, v. (*em + bater*). 1. Tr. ind. e intr. Produzir choque ou percussão. 2. Tr. ind., intr. e pron. Encontrar-se violentamente; esbarrar.

Embatocar, v. Tr. dir. Pôr batoque em.

Embatucar, v. 1. Intr. Calar-se, ficar embuchado.

Embatumar, v. Tr. dir. Encruar, endurecer (bolo).

Embaular (*a-u*), v. (ant. *baul,* por *baú*). Tr. dir. Guardar em baú. Conjuga-se como *saudar.*

Embebedar, v. (*em + bêbedo + ar*). 1. Tr. dir. Embriagar; tornar bêbedo. 2. Tr. dir. Alucinar, perturbar. 3. Pron. Embriagar-se.

Embeber, v. (*em + beber*). 1. Tr. dir. Fazer penetrar um líquido em; molhar, ensopar, impregnar. 2. Tr. dir. e pron. Cravar(-se), enterrar(-se): *Embebeu* o *florete no* peito do adversário. A lâmina *embebeu-se no* corpo.

Embebição, s. f. Ato de embeber ou embeber-se; impregnação.

Embebido, adj. (p. de *embeber*). 1. Molhado, ensopado. 2. Cravado, enterrado. 3. Absorto, enlevado.

Embeiçamento, s. m. (*embeiçar + mento*). 1. Ato ou efeito de embeiçar. 2. Encanto,enlevo. 3. Namoro.

Embeiçar, v. (*em + beiço + ar*). 1. Tr. dir. Prender pelo beiço. 2. Tr. dir. Encantar, enlevar. 3. Pron. Apaixonar-se.

Embelecar, v. 1. Tr. dir. Embair, enganar com artifícios. 2. Pron. Deixar-se enganar.

Embelecer, v. 1. Tr. dir. e pron. Tornar(-se) belo; aformosear(-se). 2. Tr. dir. Pôr enfeites em.

Embeleco (*lê*), s. m. (de *embelecar*). 1. Ato ou efeito de embelecar. 2. Atrativo, sedução. Pl.: *embelecos* (*ê*).

Embelezador, adj. e s. m. Que, ou o que embeleza.

Embelezamento, s. m. (*embelezar + mento*). Ato ou efeito de embelezar; aformoseamento.

Embelezar, v. (*em + beleza + ar*). 1. Tr. dir. e pron. Tornar(-se) belo, aformosear(-se). 2. Tr. dir. Ornar, ataviar.

Embernar, v. Intr. Criar bernes; bernar.

Embespinhar, v. V. *abespinhar.*

Embestar, v. (de *besta²*). 1. Tr. dir. Bestificar. 2. Intr. Obstinar-se.

Embetesgar, v. (*em + betesga + ar*). Tr. dir. e pron. Meter(-se) em betesga; encurralar(-se).

Embevecer, v. 1. Tr. dir. Enlevar; cativar. 2. Pron. Ficar arrebatado, extasiado; enlevar-se.

Embevecimento, s. m. Ato ou efeito de embevecer; enlevo, êxtase.

Embezerrado, adj. (p. de *embezerrar*). Amuado, zangado, macambúzio, emburrado.

Embezerrar, v. (*em + bezerro + ar*). Intr. e pron. *Pop.* 1. Ter amuo, zangar-se. 2. Embirrar, teimar, obstinar-se.

Embicado, adj. 1. Que forma bico. 2. Encaminhado.

Embicadura, s. f. Aproximação do navio para a amarra.

Embicar, v. (*em + bico + ar*). 1. Tr. dir. Dar a forma de bico a; erguer em ponta. 2. Intr. Tropeçar (principalmente falando de animais). 3. Tr. ind. Esbarrar, encalhar: As pontas dos trilhos *embicavam* uma *na* outra (Monteiro Lobato). 4. Tr. ind. Abicar.

Embigo, s. m. Forma popular de *umbigo.*

Embiocar, v. (*em + bioco + ar*). 1. Tr. dir. Dar forma de bioco (ao manto). 2. Pron. Esconder-se, entocar-se.

Embira, s. f. (tupi *embyra*). Fibra de alguns vegetais que fornece matéria-prima para cordas e estopas.
Estar na e.: estar nas últimas; *lamber e.*: passar miséria.

Embirataí, s. f. *Bot.* Árvore anonacéa (*Dugnetia riparia*). Var.: *enviratai.*

Embiri, s. m. *Bot.* Planta medicinal, da família das Escrofulariáceas (*Esterhazya splendida*).

Embirra, s. f. (de *embirrar*). V. *embirração.*

Embirração, s. f. (*embirrar + ção*). 1. Ato de embirrar. 2. Antipatia, aversão. 3. Mania. 4. Teima.

Embirrante, adj. m. e f. (de *embirrar*). Que embirra, ou causa embirração.

Embirrar, v. (*em + birra + ar*). 1. Tr. ind. Teimar com enfado. 2. Tr. ind. Antipatizar. 3. Intr. Provocar com ditos e pirraça.

Embirrativo, adj. (*embirrar + ivo*). V. *Embirrento.*

Embirrento, adj. (*embirrar + ento*). 1. Que produz embirração. 2. Antipático, birrento.

Embiruçu, s. m. *Bot.* Árvore bombacácea (*Bombax cyathophorum*), de madeira mole. Var.: *embiraçu, imbiriçu.*

Embiú, s. m. *Bot.* Árvore anonácea (*Guatteria alba*). – *E.-branco:* embiú. Pl.: *embiús-brancos.*

Emblema, s. m. (l. *emblema*). 1. Símbolo de um conceito, sentimento ou parcialidade. 2. Insígnia. 3. Atributo.

Emblemar, v. (*emblema + ar*). Tr. dir. Indicar, designar, mostrar.

Emblemático, adj. 1. Que serve de emblema; simbólico, representativo. 2. Relativo a emblema.

Emboaba, s. m. e f. 1. Nome que os índios davam aos europeus por protegerem as pernas com largas botas ou perneiras. 2. Alcunha pejorativa que, nos tempos coloniais, na região das minas, davam aos intrusos que afluíam do Norte e dos portos.

Embocadura, s. f. (*embocar + dura*). 1. Ato ou efeito de embocar. 2. Bossa, propensão, tendência.

Emboçamento, s. m. Colocação de argamassa nas telhas; emboque.

Embocar, v. (*em + boca + ar*). 1. Tr. dir. Pôr na boca. 2. Fazer penetrar. 3. Entrar.

Emboçar, v. Tr. dir. *Constr.* 1. Chapar com a primeira camada de argamassa. 2. Assentar as telhas com argamassa.

Emboço (*ô*), s. m. (de *emboçar*). *Constr.* Primeira mão de reboco; emboçamento. Pl.: *emboços* (*ô*).

Embodocar, v. (de *bodoque*). 1. Tr. dir. Dar forma de bodoque a. 2. Intr. e pron. Ficar (o animal) de lombo duro, para corcovear.

Embófia, s. f. 1. Soberba, vaidade. 2. Impostura.

Embolação, s. f. (*embolar + ção*). Ato de embolar.

Embolada, s. f. 1. Embolação. 2. *Folc.* Forma poético-musical do Nordeste brasileiro, em compasso binário e de andamento rápido, usada pelos solistas nas peças com refrão ou dialogadas.

Embolar, v. (de *bola*). 1. Tr. dir. Guarnecer de bolas (as hastes de touro ou vaca). 2. Intr. e pron. *Gír.* Engalfinhar-se, rolando com o contendor por terra. 3. Pron. Afluir em confusão.

Embolia, s. f. (gr. *embole + ia*). *Med.* Obstrução de uma artéria ou veia por coágulo sangüíneo.

Êmbolo, s. m. (l. *embolu*). Disco ou cilindro móvel dentro de cilindro oco em seringas, bombas e motores.

Embolsar, v. (*em + bolsa + ar*). Tr. dir. Meter na bolsa, ou no bolso.

Embolso (*ô*), s. m. 1. Ato ou efeito de embolsar. 2. Pagamento. 3. Recebimento. Pl.: *embolsos* (*ô*).

Embonada, s. f. *Náut.* Ato ou efeito de embonar.

Embonar, v. (*embono + ar*). Tr. dir. *Náut.* Reforçar exteriormente o costado de um navio.

Embonecamento, s. m. 1. Ação de embonecar. 2. O tempo ou o fato de embonecar-se (o milho).

Embonecar, v. 1. Tr. dir. e pron. Enfeitar(-se) pretensiosamente. 2. Intr. Criar boneca ou espiga (o milho).

Embonecramento, s. m. (*embonecrar + mento*). V. *embonecamento.*

Embono, s. m. (cast. *embono*). V. *embonada.*

Embora, adv. (de *em boa hora*). Ainda assim. *Conj.* Ainda que, conquanto, posto que. *Interj.* Tanto faz, não importa. S. m. pl. Parabéns: Dou-te meus *emboras.*

Emborcação, s. f. Ato de emborcar.

Emborcadela, s. f. (*emborcar + dela*). V. *emborcação.*

Emborcar, v. 1. Tr. dir. Pôr de boca para baixo, virar de borco. 2. Tr. dir. Entornar na boca, bebendo. 3. Intr. e pron. Cair de borco.

Embornal, s. m. (*em + bornal*). V. *bornal.*

Embornalar, v. Tr. dir. 1. Meter no bornal. 2. Guardar. 3. Economizar.

Emborrachar, v. (*em + borracho + ar*). Tr. dir. e pron. Embebedar(-se), embriagar(-se).

Emborralhar, v. (*em + borralho + ar*). 1. Tr. dir. Cobrir com borralho. 2. Tr. dir. e pron. Sujar(-se).

Emborrar, v. Tr. dir. Dar à lã a primeira carda.

Emborrascar, v. 1. Tr. dir. Tornar borrascoso. 2. Tr. dir. e pron. Irritar(-se). Antôn.: *serenar.*

Emboscada, s. f. 1. Ardil, insídia. 2. Lugar onde alguém se esconde para assaltar outrem. Sinôn.: *cilada, tocaia.*

Emboscar, v. 1. Tr. dir. Armar cilada. 2. Pron. Pôr-se de emboscada. Sinôns.: *tocaiar, atocaiar.*

Embostelar, v. Tr. dir. 1. Encher de bostelas. 2. Enxovalhar, sujar.

Embotador, adj. (*embotar + dor*). Que embota o fio de instrumentos cortantes.

Embotamento, s. m. Ação de embotar o fio de instrumento cortante; embotadura.

Embotar, v. 1. Tr. dir. Engrossar, tirar o gume a. 2. Pron. Tornar-se rombo. 3. Tr. dir. e pron. Enfraquecer(-se), afrouxar(-se).

Embotelhar, v. Tr. dir. Meter em botelha; engarrafar.

Embotijar, v. (*em + botija + ar*). Tr. dir. Meter em botija.

Embrabecer, v. (de *brabo*). Intr. *Pop.* Enfurecer-se.

Embraçadeira, s. f. V. *braçadeira.*

Embraçadura, s. f. (*embraçar + dura*). 1. Ação de enfiar o braço esquerdo no escudo. 2. Braçadeira.

Embraçar, v. (de *braço*). Tr. dir. 1. Suster, sobraçar. 2. Segurar nos braços. 3. Abraçar, abarcar.

Embrace, s. m. 1. Ação de embraçar. 2. Laço com que se segura a cortina da cama ou da janela.

Embramar, v. Intr. 1. Enroscar. 2. Enovelar.

Embrandecer, v. Tr. dir. Tornar brando, mole, flexível; amolecer. Antôn.: *endurecer.*

Embranquecer, v. 1. Tr. dir. Tornar branco; branquear. 2. Intr. e pron. Tornar-se branco. Antôn.: *enegrecer.*

Embravear, v. V. *embravecer.*

Embravecer, v. (*em + bravo + ecer*). 1. Tr. dir. Tornar bravo, cruel feroz. 2. Intr. e pron. Irritar(-se), enfurecer(-se). 3. Intr. e pron. Tornar-se tempestuoso (o mar). Antôn.: (acep. 1): *amansar;* (acep. 3): *amainar.*

Embravecimento, s. m. Ato ou efeito de embravecer; irritação, furor.

Embreadura, s. f. Ato de embrear[1].

Embreagem, s. f. (fr. *embrayage*). *Autom.* Dispositivo que permite transmitir a rotação do motor às rodas.

Embrear[1], v. (*em + breu + ar*). Tr. dir. Cobrir ou untar com breu; alcatroar.

Embrear[2], v. (fr. *embrayer*). Tr. dir. e intr. Engatar ou acionar a embreagem. Var.: *embraiar.*

Embrechado, s. m. 1. Incrustação de conchas, pedrinhas etc., para enfeitar paredes e pisos.

Embrechar, v. Tr. dir. Pôr embrechado em; ornar com embrechados.

Embrenhar, v. (*em + brenha + ar*). Tr. dir. Meter, esconder, dentro de brenha ou mato.

Embriagado, adj. (p. de *embriagar*). 1. Ébrio, bêbedo. 2. Inebriado, extasiado.

Embriagador, adj. (*embriagar + dor*). V. *embriagante.*

Embriagante, adj. m. e f. Que embriaga; que inebria.

Embriagar, v. (Arc. *embriago*). 1. Intr. Embebedar. 2. Tr. dir. Causar embriaguez a. 3. Tr. dir. e pron. Enlevar(-se), inebriar(-se), entusiasmar(-se), maravilhar(-se).

Embriaguez, s. f. (de *embriagar*). Estado de quem se embriagou.

Embrião, s. m. (gr. *embruon*). 1. *Zool.* Ser vivo nas primeiras fases do desenvolvimento. 2. *Bot.* Plântula, formada dentro da semente ou do arquegônio. 3. *Med.* Germe fecundado, nos três primeiros meses da vida intra-uterina.

Embridar, v. (*em + brida + ar*). Tr. dir. Pôr brida à montaria; enfrenar.

Embrincar, v. Tr. dir. Pôr enfeites a; adornar.

embrio-, elem. de comp. (gr. *embruon*). Exprime a idéia de *embrião, feto: embriocardia, embriogenia.*

Embriocardia, s. f. (*êmbrio + cárdio[2] + ia*). *Med.* Aumento no ritmo das batidas cardíacas, como as de um coração fetal.

Embriogenia, s. f. (*êmbrio + geno + ia*). *Biol.* Formação e desenvolvimento dos embriões.

Embriologia, s. f. (*êmbrio + logo + ia*). Estudo da formação e desenvolvimento dos embriões.

Embriológico, adj. Relativo à embriologia.

Embrionário, adj. (*embrião + ário*). Em vias de formação; incipiente, rudimentar.

Embrionífero, adj. Que encerra embrião.

Embriotomia, s. f. *Cir.* Seção do feto, quando é impossível extraí-lo de outro modo.

Embriótomo, s. m. *Cir.* Instrumento com que se pratica a embriotomia.

Embrocação, s. f. *Med.* Aplicação de medicamento líquido sobre a pele, numa região doente; emborcação.

Embromação, s. f. (*embromar + ção*). 1. Ato de embromar. 2. Demora. 3. Mentira, embuste.

Embromado, adj. Enganado, logrado; enredado.

Embromador, adj. e s. m. Que, ou aquele que embroma.

Embromar, v. Tr. dir. Enganar, iludir, mentir.

Embruacado, adj. Metido em bruaca.

Embruacar, v. Tr. dir. Meter, guardar em bruaca.

Embrulhada, s. f. (de *embrulhar*). *Fam.* 1. Confusão, desordem, trapalhada. 2. Embaraço, dificuldade.

Embrulhado, adj. (p. de *embrulhar*). 1. Empacotado. 2. Complicado, intricado. 3. Embaraçado, intrigado, confuso. 4. Ludibriado.

Embrulhador, adj. e s. m. (*embrulhar + dor*). 1. Que, ou aquele que embrulha. 2. Empacotador.

Embrulhamento, s. m. Ação de embrulhar.

Embrulhar, v. 1. Tr. dir. Envolver em pano, papel etc.; empacotar. 2. Tr. dir. Complicar, confundir, dificultar. 3. Tr. dir. Enjoar, indispor, nausear. 4. Tr. dir. Enganar, ludibriar.

Embrulho, s. m. 1. Objeto embrulhado; pacote. 2. Embaraço, embrulhada. 3. Briga, conflito.

Embruscar, v. (*em + brusco + ar*). 1. Tr. dir., intr. e pron. Tornar(-se) brusco ou escuro. 2. Tr. dir. Tornar triste; conturbar.

Embrutecer, v. (*em + bruto + ecer*). 1. Tr. dir., intr. e pron. Tornar(-se) bruto ou estúpido. 2. Tr. dir. Cegar o entendimento a.

Embrutecimento, s. m. 1. Ato ou efeito de embrutecer. 2. Estupidez.

Embruxar, v. (*em + bruxa + ar*). Tr. dir. Fazer bruxarias contra; enfeitiçar.

Embuçalador, adj. e s. m. Que, ou o que embuçala.

Embuçalar, v. (*em + buçal + ar*). Tr. dir. 1. Pôr o buçal a (o animal). 2. Enganar, iludir, lograr.

Embuçar, v. 1. Tr. dir. Encobrir com embuço. 2. Pron. Encobrir-se, envolver-se com o embuço.

Embuchar, v. (*em + bucho + ar*). 1. Tr. dir. *Gír.* Meter no bucho. 2. Intr. Fartar-se de comida. 3. Intr. Sufocar por não conseguir engolir a comida que se tem na boca. 4. Intr. Amuar-se.

Embuço, s. m. (de *ambuçar*). 1. Parte da capa com que se cobre o rosto. 2. Dissimulação.

Emburrado, adj. Zangado, amuado, aborrecido.

Emburrar, v. (*em + burro + ar*). Intr. Amuar, empacar, embezerrar.

Emburricar, v. V. *emburrar.*

Embuste, s. m. (cast. *embuste?*). 1. Mentira artificiosa. 2. Ardil, enredo.

Embusteiro, adj. e s. m. (*embuste + eiro*). 1. Que, ou aquele que usa de embuste. 2. Trapaceiro.

Embustice, s. f. V. *embuste.*

Embutideira, s. f. Instrumento ou martelo com que se faz a cabeça aos arrebites; cravador.

Embutido, adj. 1. Que se embutiu, metido à força. 2. Introduzido, encaixado. 3. Marchetado, tauxiado.

Embutidor, adj. e s. m. Que, ou aquele que embute, ou faz obras de marchetaria.
Embutidura, s. f. Obra embutida.
Embutir, v. (*em* + l. *botte* + *ir*?). Tr. dir. Marchetar, entalhar, tauxiar.
Emedebista, adj. m. e f. Que se refere ao MDB, partido político brasileiro. S. m. e f. Pessoa filiada a esse partido.
Emenagogo, adj. e s. m. *Med.* Que, ou remédio que provoca a menstruação.
Emenda, s. f. (de *emendar*). 1. Ato ou efeito de emendar. 2. Lugar onde se emendam duas peças. 3. Acrescentamento. 4. Remendo. 5. Modificação de projeto ou anteprojeto de lei.
Emendador, adj. e s. m. (*emendar* + *dor*). Que, ou aquele que emenda.
Emendar, v. (l. *emendare*). 1. Tr. dir. Corrigir. 2. Tr. dir. Alterar, modificar. 3. Pron. Arrepender-se, corrigir-se. 4. Tr. dir. *Tip.* Fazer emendas, corrigir (provas tipográficas).
Emendável, adj. m. e f. Que se pode emendar.
Ementa, s. f. 1. Apontamento para lembrança. 2. Apontamento da receita e despesa. 3. *Dir.* Súmula de um texto de lei ou de uma decisão judiciária.
Ementar, v. (*ementa* + *ar*). Tr. dir. 1. Fazer ementa de; tomar apontamento de. 2. Relembrar.
Ementário, s. m. 1. Coletânea de ementas. 2. Livro de lembranças. 3. Agenda.
Emergência, s. f. (l. *emergentia*). 1. Ato de emergir. 2. Ocorrência. 3. Situação crítica. 4. *Geol.* Afloração. 5. Nascente de água.
Emergente, adj. m. e f. 1. Que emerge. 2. Que procede ou resulta. 3. Que nasce.
Emergir, v. (l. *emergere*). 1. Tr. ind. e intr. Sair de onde estava mergulhado. 2. Tr. ind. Subir, elevar-se. 3. Tr. ind. e intr. *Geol.* Aflorar. 4. Tr. ind. e intr. Manifestar-se, patentear-se. Antôn.: *imergir.*
Emérito, adj. (l. *emeritu*). 1. Muito versado numa ciência, arte ou profissão. 2. Insigne. 3. Aposentado com esse título, no ensino superior; jubilado.
Êmero, s. m. *Bot.* Planta leguminosa (*Coronilla emerus*).
Emersão, s. f. (l. *emersione*). 1. Ato de emergir, de sair de um líquido. 2. *Astr.* Reaparição de um astro depois de ter sido eclipsado. Antôn.: *imersão.*
Emerso, adj. (l. *emersu*). Que emergiu, que saiu de debaixo da água onde estava mergulhado. Antôn.: *imerso.*
Emeticidade, s. f. Qualidade do que é emético.
Emético, adj. *Med.* Que provoca vômitos. S. m. Substância que faz vomitar.
Emetina, s. f. *Farm.* Alcalóide branco ($C_{29}H_{40}N_2O_4$), extraído da noz da ipecacuanha.
Emetizar, v. Tr. dir. Tornar vomitiva (uma poção) pela adição de uma substância emética.
Emetrope, adj. m. e f. *Oftalm.* Diz-se do olho com emetropia ou refração normal.
Emetropia, s. f. *Oftalm.* Visão normal no tocante à refração.
Emigração, s. f. (l. *emigratione*). 1. Ato de emigrar. 2. Saída voluntária da pátria, para se estabelecer em outro país. 3. *Zool.* V. *migração* e *arribação.* Antôn. (acepções 1 e 2): *imigração.*
Emigrado, adj. e s. m. (p. de *emigrar*). Que, ou aquele que emigrou; emigrante.
Emigrador, adj. e s. m. V. *emigrante.*
Emigrante, adj. e s. m. e f. Que, ou pessoa que emigra ou emigrou. Antôn.: *imigrante.*
Emigrar, v. Intr. 1. Deixar um país para ir estabelecer-se em outro. 2. V. *migrar.*
Eminência, s. f. (l. *eminentia*). 1. Qualidade do que é eminente; supremacia. 2. Excelência ou sublimidade de engenho; virtude. 3. Título honorífico dos cardeais. 4. Elevação de terreno; colina. Antôn. (acepção 4): *depressão.*
Eminente, adj. m. e f. (l. *eminente*). 1. Que se eleva acima do que o rodeia. 2. Excelente, sublime. Antôns. (acepção 1): *inferior, baixo.* Cfr. *iminente.*
Emir, s. m. (ár. *amir*). 1. Cada um dos descendentes de Maomé. 2. Príncipe ou caudilho árabe. 3. Chefe de algumas tribos muçulmanas.
Emirado, s. m. (*emir* + *ado*). 1. Território governado por um emir. 2. Dignidade de emir.
Emissão, s. f. (l. *emissione*). 1. Ato de emitir. 2. *Fisiol.* Ação de expelir de si: *Emissão* de urina. 3. *Med.* Depleção. 4. Ação de pôr em circulação uma nova moeda, ou, à venda, selos, ações etc.
Emissário, adj. (l. *emissariu*). Que serve para emitir. S. m. 1. Aquele que é mandado a cumprir uma missão. 2. Mensageiro. 3. Espião.
Emissivo, adj. (l. *emissu* + *ivo*). 1. Que pode emitir. 2. Capaz de emitir.
Emissor, adj. (l. *emissore*). 1. Que emite. 2. Partidário do emissionismo; emissionista. 3. Diz-se do banco ou estabelecimento de crédito que emite papel-moeda.
Emitente, adj. m. e f. Que emite. S. m. e f. 1. Quem emite. 2. *Com.* Pessoa que emite ou saca um título, criando uma obrigação de pagamento.
Emitir, v. (l. *emittere*). Tr. dir. 1. Expedir, entregar, passar. 2. Irradiar. 3. Lançar de si; soltar, largar (calor, luz, gás etc.). 4. Exalar, emanar, desprender (eflúvio). 5. Exprimir, enunciar, dizer (opinião, idéia, palavra).
Emoção, s. f. (fr. *émotion*). Perturbação súbita ou agitação passageira causadas pela surpresa, medo, alegria etc.
Emocional, adj. m. e f. Emotivo.
Emocionante, adj. m. e f. Que causa emoção.
Emocionar, v. 1. Tr. dir. Causar emoção; comover. 2. Pron. Sentir emoção; comover-se.
Emoldar, v. V. *amoldar.*
Emoldurar, v. 1. Tr. dir. Pôr em moldura; encaixilhar. 2. Tr. dir. Rodear de qualquer guarnição ou ornato. 3. Tr. dir. e pron. Adornar(-se), enfeitar(-se), guarnecer(-se).
Emoliente, adj. m. e f. *Med.* Que amolece ou amacia. S. m. *Med.* Medicamento que amolece ou abranda uma inflamação.
Emolir, v. (l. *elollire*). Tr. dir. *Med.* 1. Tornar brando, mole. 2. Desfazer a dureza de.
Emolumento, s. m. (l. *emolumentu*). 1. Gratificação. 2. Retribuição. 3. Ganho. 4. Proveito. 5. Taxa.
Emordaçar, v. V. *amordaçar.*
Emotividade, s. f. Qualidade ou estado de emotivo.
Emotivo, adj. e s. m. (l. *emotu* + *ivo*). Que, ou o que tem ou revela emoção.
Emouquecer, v. (*em* + *mouco* + *ivo*). Tr. dir. e intr. Tornar ou tornar-se mouco; ensurdecer.
Empacador, adj. (*empacar*[1] + *dor*). 1. Que empaca. 2. Recalcitrante, teimoso. 3. Gago.
Empacar, v. (cat. *empacarse*). 1. Intr. Não querer o animal caminhar mais. 2. Intr. Não arredar do lugar, fazer finca-pé.
Empachado, adj. (p. de *empachar*). 1. Obstruído. 2. Sobregarregado (o estômago).
Empachamento, s. m. 1. *Pop.* Sensação de peso no epigástrio e no hipocôndrio. 2. V. *empacho.*
Empachar, v. (provençal ant. *empachar*). 1. Tr. dir. Estorvar, embaraçar. 2. Tr. dir. Impedir, obstruir. 3. Tr. dir. Encher demasiadamente; sobrecarregar. Antôn. (acep. 1): *desembaraçar.*
Empacho, s. m. 1. Ato ou efeito de empachar. 2. Embaraço, estorvo, obstrução.
Empaçocar, v. Tr. dir. 1. Encher de paçoca. 2. Fartar, enfartar. 3. Amarfanhar, amarrotar.
Empacotadeira, s. f. (*empacotar* + *deira*). V. *empacotadora.*
Empacotado, adj. (p. de *empacotar*). Que se empacotou; embrulhado, acondicionado, embalado, enfardado.
Empacotador, adj. e s. m. (*empacotar* + *dor*). Que, ou o que empacota.
Empacotadora, s. f. (de *empacotador*). 1. Máquina agrícola de enfardar palha, feno, fibras vegetais; enfardadeira. 2. Qualquer máquina que empacota.
Empacotamento, s. m. (*empacotar* + *mento*). Ação de empacotar; embalagem, enfardamento.
Empacotar, v. (*em* + *pacote* + *ar*). Tr. dir. 1. Reunir em pacote;

embrulhar, acondicionar, embalar, enfardar. 2. Matar. 3. Intr. *Gír.* Morrer.

Empada, s. f. Pastel de massa com recheio de carne, peixe, camarão etc.

Empadroar, v. (*em + padrão + ar*). 1. Tr. dir. Inscrever em padrão ou escritura autêntica. 2. Pron. Alistar-se, recensear-se, incluir-se.

Empáfia, s. f. Altivez, soberba, orgulho vão, vaidade, embófia. S. m. e f. Pessoa que tem empáfia.

Empalação, s. f. Suplício antigo que consistia em espetar um condenado, pelo períneo, numa estaca aguda que lhe atravessava as entranhas.

Empalamado, adj. *Pop.* e *Fam.* 1. Coberto de emplastros. 2. Doente, achacado. 3. Pálido. 4. Que tem gordura balofa. Var.: *empalemado.*

Empalamar, v. Pron. Tornar-se doente.

Empalamento, s. m. Empalação.

Empalar, v. (cast. *empalar,* 1. *palu*). Tr. dir. Infligir o suplício da empalação a.

Empalhação, s. f. 1. Ação ou efeito de empalhar. 2. Pretexto, ardil para ganhar tempo.

Empalhador, s. m. 1. Aquele que empalha; palheireiro. 2. *Pop.* Mamparreiro, preguiçoso.

Empalhamento, s. m. V. *empalhação.*

Empalhar, v. (*em + palha + ar*). Tr. dir. 1. Forrar, cobrir ou acondicionar com palhas. 2. Pôr assento de palhinha em. 3. Empalheirar. 4. Rechear de palha pele de animais. 5. Estorvar, retardar.

Empalheirar, v. Tr. dir. Recolher palhas.

Empalidecer, v. (*em + pálido + ecer*). 1. Tr. ind. e intr. Fazer-se pálido. 2. *Fig.* Desmerecer. Antôns. (acep. 1): *corar, enrubecer.*

Empalmação, s. f. 1. Ato de empalmar. 2. Furto industrioso.

Empalmadela, s. f. (*empalmar + dela*). V. *empalmação.*

Empalmador, adj. e s. m. Que, ou o que empalma.

Empalmar, v. Tr. dir. 1. Esconder na palma da mão; escamotear. 2. Furtar com destreza.

Empanar, v. Tr. dir. 1. Cobrir de panos. 2. Ocultar, esconder, obscurecer. 3. Tirar o brilho; embaciar.

Empanemar, v. Tr. dir. Azarar, encaiporar.

Empantanar, v. Tr. dir. e pron. 1. Tornar(-se) pantanoso. 2. alagar(-se).

Empantufar, v. 1. Pron. Calçar pantufas. 2. Pron. Empavonar-se, ensoberbecer-se.

Empanturrar, v. 1. Tr. dir. e pron. Encher(-se) de comida; empanzinar(-se). 2. Pron. Enfatuar-se.

Empanzinador, adj. e s. m. Que, ou o que empanzina.

Empanzinamento, s. m. Ação ou efeito de empanzinar.

Empanzinar, v. 1. Tr. dir. e pron. Encher(-se) de alimento; empanturrar(-se).

Empapar, v. Tr. dir. 1. Cobrir de papas. 2. Ensopar, encharcar.

Empapelar, v. 1. Tr. dir. Embrulhar em papel. 2. Tr. dir. Revestir de papel (paredes).

Empapuçado, adj. 1. Cheio de pregas ou papos. 2. Opado, inchado.

Empapuçar, v. 1. Pron. Inchar-se, tornar-se opado. 2. Tr. dir. e pron. Encher(-se) de papos ou pregas.

Empar, v. Tr. dir. Suster a videira com estacas.

Emparceirar, v. (*em+parceiro+ar*). Tr. dir. e tr. ind. Tornar parceiro; unir em parceria.

Empardecer, v. Intr. Tornar-se pardo.

Emparedado, adj. Encerrado entre paredes; enclausurado.

Emparedar, v. Tr. dir. e pron. Encerrar(-se) entre paredes; enclausurar(-se).

Emparelhado, adj. 1. Jungido. 2. Irmanado. — *Versos e.*: os que rimam dois a dois.

Emparelhamento, s. m. Ato ou efeito de emparelhar.

Emparelhar, v. (*em + parelha + ar*). 1. Tr. dir. Pôr a par; reunir. 2. Tr. dir. Igualar, irmanar. 3. Tr. dir. Completar a parelha de, completar o par de. 4. Tr. ind. e pron. Estar a par de; rivalizar. 5. Tr. ind. e intr. Ficar lado a lado.

Emparrar, v. 1. Intr. e pron. Criar parras; cobrir-se de parras. 2. Tr. dir. Cobrir de parras.

Emparreirar, v. 1. Tr. dir. Suspender em estacas em forma de parreira. 2. Tr. dir. e pron. Cobrir(-se) de parreiras.

Emparvamento, s. m. Ato ou efeito de emparvar.

Emparvar, v. Tr. dir. e pron. Tornar(-se) parvo.

Emparvoecer, v. (*em + parvo + ecer*). Tr. dir. e intr. Tornar(-se) parvo ou idiota.

Empastado, adj. 1. Em forma de pasta. 2. Diz-se de cabelo colado, unido.

Empastamento, s. m. 1. Ação ou efeito de empastar. 2. Disposição em pastas.

Empastar, v. 1. Tr. dir. Converter em pasta, reduzir a pasta. 2. Tr. dir. Cobrir de pasta.

Empastelamento, s. m. Ação ou efeito de empastelar.

Empastelar, v. (*em + pastel + ar*). Tr. dir. 1. Reduzir a massa informe. 2. Inutilizar oficina gráfica. 3. Cair a matriz de linotipo em canal ou magazine errado.

Empata, s. m. e f. (de *empatar*). *Gír.* Pessoa que atrapalha intento alheio, sobretudo no trato amoroso.

Empatar, v. (cfr. cast. *empatar*). 1. Tr. dir. Embaraçar. 2. Tr. dir. e tr. ind. Igualar em votos a favor e contra. 3. Tr. dir., tr. ind. e intr. Chegar ao final de (competição ou jogo) sem que haja vencedor. 4. Empregar capital sem lucros imediatos; investir. Antôn. (acep. 1): *desembaraçar.*

Empate, s. m. (de *empatar*). 1. Ato ou efeito de empatar. 2. Conclusão de jogo sem vencedor.

Empavesar, v. (*em + pavês + ar*). 1. Tr. dir. e pron. Engalanar(-se), enfeitar(-se) com paveses. 2. Tr. dir. e intr. Guarnecer(-se) de paveses. 3. Pron. Ostentar-se, pavonear-se vaidosamente.

Empavonar, v. 1. Tr. dir. Tornar inchado e vaidoso como o pavão. 2. Pron. Ostentar-se, pavonear-se.

Empeçar, v. 1. Tr. dir. Emaranhar, enredar. 2. Tr. dir. Tornar obscuro, confuso. 3. Tr. dir. Criar dificuldades a; empecer. 4. Tr. ind. Encontrar obstáculos; embaraçar-se: *Empeça em* qualquer bagatela. 5. Intr. e pron. Emaranhar-se, enredar-se.

Empecer, v. 1. Tr. dir. e intr. Causar dano; prejudicar. 2. Tr. dir. Embaraçar, ofuscar, obscurecer. 3. Tr. dir. e tr. ind. Dificultar, estorvar, impedir.

Empecilho, s. m. (de *empecer*). 1. Aquilo que empece. 2. Pessoa que embaraça.

Empecimento, s. m. 1. Ato ou efeito de empecer. 2. Estorvo. 3. Dano.

Empecível, adj. m. e f. Que empece, ou pode empecer.

Empeço (*ê*), s. m. Aquilo que empece; empecilho.

Empeçonhar, v. Tr. dir. 1. Dar peçonha a; envenenar. 2. Pôr peçonha em; empeçonhentar.

Empedernecer, v. V. *empedernir.*

Empedernido, adj. (p. de *empedernir*). 1. Transformado em pedra; petrificado. 2. *Fig.* Duro, desumano.

Empedernir, v. (por *empedrenir*). 1. Tr. dir. Petrificar. 2. Tr. dir. Fazer duro como a pedra; endurecer. 3. Intr. e pron. Tornar-se duro, insensível, cruel. — Verbo defectivo; usa-se nas formas em que ao *n* se segue *i.*

Empedrado, adj. Calçado ou revestido de pedras. S. m. Parte da estrada revestida de pedras.

Empedrador, s. m. V. *calceteiro.*

Empedradura, s. f. (*empedrar + dura*). 1. Ação e trabalho de empedrar. 2. *Vet.* Doença nos cascos do cavalo.

Empedramento, s. m. Ação ou efeito de empedrar; empedradura.

Empedrar, v. 1. Tr. dir. Calçar ou encher com pedras. 2. Tr. dir. V. *empedernir.*

Empedrouçado, adj. Pedregoso, pedregulhamento.

Empelicar, v. Tr. dir. 1. Preparar (as peles finas). 2. Preparar como pelica, curtindo. 3. Cobrir com pelicas.

Empena, s. f. *Constr.* Parte superior, triangular, das paredes de cabeceira de um edifício com telhado de duas águas.

Empenachar, v. Tr. dir. 1. Ornar com penachos. 2. Tornar garrido; enfeitar.

Empenagem, s. f. Conjunto de lemes e estabilizadores horizontais e verticais de avião.
Empenamento, s. m. Ato ou efeito de empenar; empeno.
Empenar[1], v. (*empena + ar*). 1. Intr. Curvar-se, torcer-se (a madeira) sob a ação da umidade ou do calor; enjambrar. 2. Intr. Sair da linha de prumo.
Empenar[2], v. (*em + pena*[1] *+ ar*). Tr. dir. e pron. Cobrir(-se) ou enfeitar(-se) de penas.
Empencado, adj. Junto, unido como as bananas numa penca.
Empencar, v. Tr. dir. Juntar, formar penca.
Empendoar, v. Intr. Criar pendão (o milho). Var.: *apendoar.*
Empenhamento, s. m. 1. Ato de empenhar. 2. Ato de hipotecar; empenho.
Empenhar, v. 1. Tr. dir. Dar em penhor. 2. Tr. dir. Hipotecar. 3. Pron. Diligenciar.
Empenho, s. m. (de *empenhar*). 1. Ato de dar ou receber em penhor; ação de empenhar. 2. Recomendação, intervenção a favor de; pistolão. 3. Diligência, interesse. 4. Ardor, porfia. 5. Obrigação aceita pela autoridade competente de pagar certa conta. S. m. pl. Proteções ou protetores.
Empenhorar, v. V. *empenhar.*
Empeno, s. m. 1. Empenamento. 2. Dificuldade. 3. Inexatidão em contas.
Empepinar, v. Intr. 1. Tornar-se semelhante ao pepino.
Emperiquitar, v. Pron. 1. Adornar(-se) em excesso.
Emperlar, v. tr. dir. e pron. 1. Adornar(-se) com pérolas. 2. Dar forma de pérola a.
Emperramento, s. m. Ato ou efeito de emperrar; encravamento.
Emperrar, v. (*em + perro + ar*). 1. Tr. dir. Tornar perro; endurecer, entravar, encravar. 2. Intr. e pron. Ficar perro.
Empertigar, v. Tr. dir. e pron. 1. Endireitar-se, aprumar-se. 2. Encher(-se) de vaidade, mostrar-se altivo.
Empesgadura, s. f. Ato ou efeito de empesgar.
Empesgar, v. Tr. dir. Untar de pez.
Empestar, v. Tr. dir. 1. Infetar de peste, tornar pestilento. 2. Corromper, depravar.
Empetráceas, s. f. pl. *Bot.* Família da ordem das Sapindales, constituída de arbustos semelhantes a urzes.
Empetráceo, adj. *Bot.* Relativo às Empetráceas.
Empicotar, v. Tr. dir. 1. Pôr no pico, no picoto, no cume. 2. Expor na picota.
Empiema, s. m. *Med.* Ajuntamento de pus em cavidade natural do organismo.
Empiemático, adj. *Med.* Que tem empiema.
Empilhadeira, s. f. Máquina locomóvel, destinada ao transporte e empilhamento de cargas.
Empilhamento, s. m. Ação ou modo de empilhar.
Empilhar, v. 1. Tr. dir. Dispor em pilha. 2. Pron. Ficar amontoado em pilhas.
Empinado, adj. (p. de *empinar*). 1. Erguido. 2. Levantado sobre as patas traseiras (cavalgadura). 3. Alcantilado. 4. Empolgado, pomposo (estilo).
Empinar, v. 1. Tr. dir. e pron. Pôr(-se) a pino. 2. Tr. dir. e pron. Erguer(-se). 4. Pron. Levantar-se sobre as patas traseiras (diz-se da cavalgadura).
Empino, s. m. (de *empinar*). 1. Ato de empinar. 2. Altivez, orgulho, soberba.
Empiorar, v. Tr. dir. e intr. V. *piorar.*
Empipocar, v. Intr. 1. *Med.* Criar pústulas ou bolhas (no corpo). 2. Arrebentar-se, estalar.
Empíreo, adj. (gr. *empurios*). Celeste, supremo. S. m. 1. *Mit.* Morada dos deuses, segundo o paganismo. 2 *Teol.* Lugar de bem-aventurados e santos.
Empireuma, s. m. *Quím.* Cheiro peculiar dos produtos de substâncias orgânicas carbonizadas.
Empírico, adj. 1. Relativo ou pertencente ao empirismo. 2. Baseado na experiência.
Empirismo, s. m. 1. Sistema filosófico que nega a existência de axiomas como princípios de conhecimento. 2. Conhecimentos práticos devidos meramente à experiência. Antons. (acep. 1): *dogmatismo, metodismo.*
Emplacamento, s. m. Ação de emplacar.
Emplacar, v. Tr. dir. Colocar placa em.
Emplasmado, adj. 1. Coberto de emplastro. 2. Cheio de feridas. 3. Achacadiço.
Emplasmar, v. (por *encataplasmar*). Intr. 1. Cobrir de emplastos. 2. Tornar achacadiço.
Emplastação, s. f. V. *emplastramento.*
Emplastar, v. V. *emplastrar.*
Emplasto, s. m. V. *emplastro.*
Emplastramento, s. m. Ato ou operação de emplastrar; emplastração. Var.: *emplastamento.*
Emplastrar, v. Tr. dir. 1. Aplicar emplastro em. 2. Estender (tinta etc.) às camadas, como se faz com o emplastro. Var.: *emplastar.*
Emplastro, s. m. 1. *Farm.* Medicamento de uso externo, adesivo ao corpo. 2. *Fir.* Pessoa doente e incapacitada. 3. Reparo mal feito.
Emplumação, s. f. Ato ou efeito de emplumar.
Emplumar, v. 1. Tr. dir. e pron. Ornar(-se) de plumas ou penas. 2. Tr. dir. e pron. Criar penas, cobrir-se de penas. 3. Pron. Vangloriar-se.
Empoado, adj. Coberto de pó.
Empoar, v. Tr. dir. 1. Cobrir de pó. 2. Empoeirar.
Empobrecer, v. (*em + pobre + ecer*). 1. Tr. dir. e intr. Tornar(-se) pobre. 2. Intr. Perder a fertilidade (falando da terra). Anton.: *enriquecer.*
Empobrecimento, s. m. 1. Ato ou efeito de empobrecer. 2. Perda dos bens.
Empoçado, adj. 1. Que formou poça. 2. Metido, encerrado em poço ou poça.
Empoçar, v. 1. Tr. dir. e pron. Meter(-se) em poço. 2. Intr. Formar poça ou atoleiro. 3. Tr. dir. Represar.
Empocilgar, v. Tr. dir. Meter em pocilga.
Empoeirar, v. Tr. dir. e pron. Cobrir(-se) ou encher(-se) de poeira.
Empola (*ô*), s. f. (1. *ampulla*). O mesmo que *ampola.*
Empolado, adj. 1. Que tem empolas. 2. Encapelado, agitado (mar). 3. Pomposo, bombástico: Estilo *empolado.*
Empolar, v. (*empola + ar*). 1. Tr. dir. Fazer empolas em: A rabiça do arado *empolava*-lhe as *mãos.* 2. Intr. e pron. Criar ou produzir empolas: A queimadura *empolou* (ou *empolou-se*). 3. Pron. Crescer em forma de empolas.
Empoleirar, v. 1. Tr. dir. e pron. Pôr(-se) em poleiro. 2. Dar posição elevada; nomear para alto cargo; elevar ao poder. 3. Pron. Subir a um lugar alto.
Empolgador, adj. V. *empolgante.*
Empolgadura, s. f. Ato de empolgar.
Empolgante, adj. m. e f. (de *empolgar*). Que empolga; que domina; arrebatador, extasiante.
Empolgar, v. (l. *impollicare*). Tr. dir. 1. Tomar com a mão; segurar fortemente. 2. Arrebatar com violência. 3. Atrair, Comover, prender a atenção de.
Empombar, v. Tr. ind. *Pop.* Zangar com alguém: *empombara com* a colega.
Emporcalhar, v. 1. Tr. dir. e pron. Sujar(-se). 2. Pron. Aviltar-se, degradar-se. Antôns. (acep. 1): *limpar, assear.*
Emporético, adj. (gr. *emporetikos*). Diz-se de um papel passento que serve de filtro.
Empório, s. m. (l. *emporiu*). 1. Porto internacional de comércio. 2. Grande loja. 3. Armazém de secos e molhados.
Empossar, v. (*em + posse + ar*). 1. Tr. dir. Dar posse a; investir. 2. Pron. Tomar posse. 3. Pron. Apoderar-se, assenhorear-se de. Cfr. *empoçar.*
Emposta, s. f. 1. *Arquit.* V. *imposta.*
Empostação, s. f. V. *impostação.*
Empostar, v. V. *impostar.*
Emprazador, adj. e s. m. Que, ou o que empraza.
Emprazamento, s. m. 1. Ato de emprazar. 2. V. *enfiteuse.*
Emprazar, v. (*em + prazo + ar*). Tr. dir. 1. Marcar prazo. 2. Intimar. 3. *Dir.* Intimar para comparecer em juízo ou perante uma autoridade, com designação de dia, hora e lugar. 4. Desafiar.
Empreendedor, adj. e s. m. 1. Que, ou o que empreende. 2. Ativo, arrojado.

Empreender, v. (*em* + 1. *prehendere*). 1. Tr. dir. Tentar realizar algo difícil. 2. Pôr em execução. 3. Fazer.

Empreendimento, s. m. 1. Ato de empreender. 2. Cometimento, empresa.

Empregada, s. f. 1. Criada; serviçal. 2. Mulher que exerce qualquer emprego: *Empregada* de comércio.

Empregado, adj. Que se empregou; usado, aplicado; assalariado. S. m. *Dir. Trab.* Pessoa física que presta serviços de natureza não eventual a empregador, sob a dependência deste, mediante salário. Col.: *pessoal.*

Empregador, s. m. 1. Aquele que emprega. 2. Chefe de estabelecimento ou firma, em relação aos empregados; patrão.

Empregar, v. (l. *implicare*). 1. Tr. dir. Dar emprego ou aplicação a. 2. Pron. Exercer emprego público ou particular; obter emprego. 3. Tr. dir. Fazer uso de; aproveitar. 4. Pron. Dedicar-se, ocupar-se.

Emprego (*ê*), s. m. (de *empregar*). 1. Ato ou efeito de empregar. 2. Função, cargo. 3. Aplicação ou utilização de quaisquer recursos ou faculdades: *Emprego* de capitais.

Empreguiçar, v. (*em* + *preguiça* + *ar*). Tr. dir. Tornar preguiçoso.

Empreita, s. f. V. *empreitada.*

Empreitada, s. f. 1. Contrato em que alguém se encarrega de executar certa obra remunerada por quantia previamente combinada; empreita.

Empreitar, v. (*em* + *preito* + *ar*). Tr. dir. 1. Tomar ou fazer por empreitada. 2. Dar de empreitada (obra, serviço).

Empreiteiro, adj. e s. m. 1. Que, ou o que toma de empreitada. 2. Que, ou o que dá de empreitada.

Emprenhar, v. 1. Tr. dir. Tornar prenhe (mulher ou fêmea). 2. Intr. Conceber, engravidar.

Empresa (*ê*), s. f. 1. Ação árdua e difícil que se comete com arrojo. 2. Empreendimento, cometimento, negócio. 3. Sociedade organizada para a exploração de uma indústria ou comércio.

Empresar, v. (*em* + *presa* + *ar*). Tr. dir. 1. Represar, reter. 2. V. *apresar.*

Empresário, S. m. 1. Pessoa que se estabelece com uma empresa ou indústria. 2. Pessoa que promove espetáculos artísticos ou esportivos.

Emprestar, v. (*em*+*prestar*). 1. Tr. dir. Confiar alguma coisa a outrem com a obrigatoriedade de restituição. 2. Tr. ind. e intr. Fazer empréstimo: *Emprestava sobre* hipoteca.

Empréstimo, s. m. Ato ou efeito de emprestar ou de tomar emprestado.

Emprisionar, v. V. *aprisionar.*

Emproado, adj. (p. de *emproar*). Que se dá ares de importância; pretensioso, orgulhoso.

Emproar, v. (*em* + *proa* + *ar*). 1. Tr. dir. Aportar em; abordar. 2. Tr. dir. Fazer voltar a proa de. 3. Pron. Ensoberbecer-se, tornar-se altivo.

Emprostótono, s. m. *Med.* Espasmo tetânico que faz curvar o corpo para diante.

Empubescer, v. Intr. e pron. 1. Tornar-se púbere; entrar na puberdade. 2. Criar pêlos, cobrir-se de pêlos.

Empulhar, v. Tr. dir. *Pop.* 1. Dirigir pulhas a. 2. Zombar de. 3. Lograr; enganar.

Empunhadura, s. f. Punho de uma arma branca.

Empunhar, v. (*em* + *punho* + *ar*). Tr. dir. 1. Segurar pelo punho ou cabo. 2. Fazer o punho de. 3. Pegar, segurar em.

Empurrão, s. m. 1. Ato de empurrar. 2. Impulso violento.

Empurrar, v. 1. Tr. dir. Impelir com força: *Empurrar o carro, a porta.* 2. Intr. e pron. Dar encontrões. 3. Tr. dir. Introduzir à força.

Empuxador, adj. e s. m. Que, ou aquele que empuxa.

Empuxão, s. m. Ato de empuxar; empurrão, repelão.

Empuxar, v. (*em* + *puxar*). Tr. dir. 1. Arrastar para si; atrair com violência. 2. Impelir, afastar com força; empurrar. 3. Arrastar, induzir.

Empuxo, s. m. (de *empuxar*). 1. V. *empuxão.* 2. *Tecn.* Força que empurra ou propulsiona; impulsão. impulso.

Emudecer, v. 1. Intr. Tornar-se mudo; calar-se. 2. Tr. dir. Fazer calar, tornar mudo.

Emulação, s. f. (l. *aemulatione*). 1. Sentimento que incita a imitar ou a exceder outrem. 2. Estímulo. 3. Rivalidade.

Emular, v. (l. *aemulari*). Tr. ind. Ter emulação; competir, emparelhar, rivalizar com. 2. Tr. ind. Empenhar-se na mesma pretensão.

Emulgente, adj. m. e f. Diz-se das veias e artérias dos rins. S. m. *Med.* Agente que aumenta a secreção urinária e a biliar.

Êmulo, adj. (l. *aemulu*). Que experimenta emulação; rival, concorrente. S. m. 1. Aquele que tem emulação. 2. Contrário, adversário.

Emulsão, s. f. 1. Líquido de aparência leitosa ou gordurosa em suspensão em outro líquido. 2. *Farm.* Preparado com essas características.

Emulsina, s. f. *Quím.* Enzima extraída de certas amêndoas.

Emulsionar, v. Tr. dir. 1. Preparar emulsão de. 2. Misturar um óleo com outro líquido.

Emulsivo, adj. 1. Que pode ser emulsionado. 2. Que contém óleo que pode ser extraído por pressão.

Emundação, s. f. Purificação, limpeza.

Emundar, v. Tr. dir. Limpar, purificar.

Emurchecer, v. 1. Tr. dir. Fazer murchar; fazer perder o viço. 2. Intr. e pron. Perder a frescura, o viço; murchar-se. 3. Intr. e pron. Entristecer-se.

en-, pref. (l. *in*). Ver *em-*[2].

Enação, s. f. *Bot.* Excrescência superficial dos vegetais.

Enaipar, v. Tr. dir. Juntar ou separar por ordem de naipes.

Enálage, s. f. *Gram.* Figura que consiste na mudança de classe da palavra ou no emprego de modo, tempo, número ou gênero por outro. Não consta mais na N.G.B.

Enaltecer, v. Tr. dir. Elevar, engrandecer. Antôn.: *depreciar.*

Enaltecimento, s. m. Ato de enaltecer.

Enamorar, v. (*en* + *amor* + *ar*). 1. Tr. dir. Apaixonar, encantar, enlevar. 2. Pron. Inflamar-se de amor, apaixonar-se.

Enantal, s. m. *Quím.* Substância extraída do óleo de rícino; enantol.

Enantema, s. m. *Med.* Erupção em uma superfície mucosa. Antôn.: *exantema.*

Enantese, s. f. *Med.* Erupção cutânea causada por doença interna.

Enântico, adj. (*enanto* + *ico*). Que diz respeito ao aroma dos vinhos.

Enantílico, adj. V. *heptílico.*

Enantiomorfo, adj. Diz-se de duas formas que não podem sobrepor-se e que são simétricas em relação a um plano.

Enantiopatia, s. f. *Med.* V. *alopatia.*

Enantiopático, adj. 1. Referente à enantiopatia. 2. Que induz sentimentos antagônicos. Antôn.: *homeopático.*

Enantiose, s. f. (gr. *enantiosis*). 1. *Med.* Tratamento alopático das doenças. 2. *Gram.* V. *antítese.*

Enanto, s. m. *Bot.* Gênero (*Oenanthe*) da família das Umbelíferas.

Enargia, s. f. (gr. *enargeia*). *Ret.* Descrição muito ao vivo de qualquer coisa, num discurso.

Enarmonia, s. f. *Mús.* Diferenciação entre duas notas consecutivas apenas por uma coma.

Enarmônico, adj. *Mús.* Relativo à enarmonia.

Enartrose, s. f. (*en* + *artro* + *ose*). 1. *Anat.* Articulação móvel, formada por uma eminência óssea que se encaixa numa cavidade.

Enase, s. f. (gr. *oinos*). *Farm.* Fermento de vinho, em forma de pastilhas.

Enastrar, v. (*en* + *nastro* + *ar*). Tr. dir. 1. Atar com nastro ou fita. 2. Entrançar. 3. Pron. Enfeitar-se com nastro.

Enatar, v. Tr. dir. e pron. Cobrir(-se) de nata ou de nateiro.

-ença, suf. (l. *entia*). Elemento a que se pode dar o sentido geral de *ato, estado* ou *qualidade: diferença, doença, mantença.*

Encabadouro, s. m. Abertura em que se fixa o cabo de qualquer utensílio de metal. Var.: *encabadoiro.*

Encabar, v. (*en* + *cabo* + *ar*). Tr. dir. Colocar cabo em; encaixar.

Encabeçamento, s. m. Ato ou efeito de encabeçar.

Encabeçar, v. (*en* + *cabeça* + *ar*). 1. Tr. dir. Dirigir, liderar, ser o cabeça de (corrente de idéias, movimento, revolta etc.). 2. Tr. dir. Vir à frente de: *Encabeçar* um *desfile,* uma *passeata.* 3.

Tr. dir. Fazer o título ou exórdio de (escrito, discurso, conversação).

Encabelado, adj. (p. de *encabelar*). Coberto de pêlo.

Encabeladura, s. f. 1. Ação de encabelar. 2. Cabeladura, cabeleira.

Encabelar, v. Intr. e pron. 1. Criar cabelo. 2. Cobrir-se de pêlos.

Encabelizar, v. (*en + cabelo + izar*). Tr. dir. 1. Cobrir de cabelo. 2. Fazer nascer cabelo em.

Encabrestadura, s. f. Chaga produzida pelo atrito dos cabrestos, ou cordas, nas quartelas das bestas.

Encabrestar, v. 1. Tr. dir. Pôr o cabresto a. 2. Tr. dir. Conduzir animais pelo cabresto.

Encabritar, v. (*en + cabrito + ar*). Pron. 1. Empinar-se, levantar-se sobre as patas traseiras. 2. Alçar-se, marinhar, trepar. 3. *Pop.* Encolerizar-se.

Encabruado, adj. *Pop.* Pertinaz, teimoso como um bode. Var.: *encabroado.*

Encabulado, adj. (p. de *encabular*). Embaraçado, acanhado. S. m. O que encabulou.

Encabular, v. 1. Tr. dir. Acanhar, envergonhar. 2. Tr. dir. Aborrecer, amuar, zangar. 3. Intr. atrapalhar-se. 4. Intr. Envergonhar-se.

Encachaçado, adj. (p. de *encachaçar*). Embriagado com cachaça.

Encachaçar, v. Pron. Embriagar-se com cachaça.

Encachado, adj. (p. de *encachar*). Coberto com encacho.

Encachar, v. 1. Tr. dir. Cobrir com encacho. 2. Pron. Cobrir o corpo da cintura para baixo.

Encacho, s. m. (de *cacha*). V. *tanga.*

Encachoeirado, adj. 1. Que tem cachoeira. 2. Parecido com cachoeira.

Encachoeiramento, s. m. 1. Formação de cachoeira. 2. Cachoeira.

Encachoeirar, v. Tr. dir. e pron. Converter(-se) em cachoeira; formar cachoeira.

Encacholar, v. Tr. dir. *Fam.* Meter na cachola; encaixar na cabeça.

Encadeação, s. f. (*encadear + ção*). V. *encadeamento.*

Encadeado, adj. 1. Ligado com cadeia. 2. Ligado, coordenado. 3. Preso, sujeito.

Encadeamento, s. m. 1. Ato ou efeito de encadear. 2. Ordem, série, sucessão.

Encadear, v. (*en + cadeia + ar*). 1. Tr. dir. Ligar com cadeia. 2. Tr. dir. *Constr.* Prender, segurar, unir com peças de ferro as paredes de um edifício. 3. Tr. dir. Coordenar (idéias, argumentos etc.); concatenar.

Encadeirar, v. Tr. dir. 1. Guarnecer de cadeiras. 2. Pôr em cadeira.

Encadernação, s. f. 1. Ato de encadernar. 2. Capa de livro encadernado. 3. A arte do encadernador.

Encadernado, adj. (p. de *encadernar*). 1. Que recebeu encadernação. 2. Reunido em caderno. 3. Que tem capa revestida de papelão.

Encadernador, s. m. Aquele que encaderna.

Encadernar, v. (de *caderno*). 1. Tr. dir. Fazer encadernação de livros. 2. Tr. dir. e pron. *Fam.* Vestir alguém, ou vestir-se com roupa nova.

Encafifar, v. V. *encabular.*

Encafuar, v. (*en+cafuar+ar*). 1. Tr. dir. Meter em cafua. 2. Tr. dir. e pron. Esconder(-se), ocultar(-se).

Encafurnar, v. (de *cafurna*). V. *encafuar.*

Encaibramento, s. m. Ato ou efeito de encaibrar.

Encaibrar, v. Tr. dir. *Constr.* Assentar os caibros em (um edifício).

Encaieirar, v. Intr. Formar uma caieira com os tijolos a cozer.

Encaipirar, v. V. *acaipirar.*

Encaiporar, v. (*en + caipora + ar*). 1. Tr. dir. Tornar caipora, infeliz; encalistar. 2. Intr. Ter azar.

Encaixamento, s. m. Ato ou efeito de encaixar.

Encaixante, adj. m. e f. Que encaixa ou se encaixa.

Encaixar, v. (*en + caixa + ar*). 1. Tr. dir. Colocar em caixa ou caixote; encaixotar. 2. Tr. dir. Pôr no encaixe. 3. Emalhetar. 4. Embutir.

Encaixe, s. m. (de *encaixar*). 1. Ato ou efeito de encaixar. 2. Cavidade destinada a receber peça saliente. 3. Junta, união. 4. *Cont.* Dinheiro disponível em caixa.

Encaixilhar, v. (*en + caixilho + ar*). Tr. dir. Meter em caixilho; emoldurar, enquadrar.

Encaixo, s. m. V. *encaixe.*

Encaixotador, s. m. Aquele que encaixota, ou faz encaixotamento.

Encaixotar, v. Tr. dir. 1. Arrumar em caixotes. 2. Meter em caixote ou caixa. 3. *Gír.* Sepultar.

Encalacração, s. f. Ação ou efeito de encalacrar ou encalacrar-se.

Encalacradela, s. f. *Fam.* V. *encalacração.*

Encalacrar, v. (*en + calacre + ar*). 1. Tr. dir. Atrapalhar; entalar, lograr. 2. Tr. dir. Meter em contenda judicial. 3. Tr. dir. e pron. *Pop.* Colocar(-se) em dificuldades.

Encalamento, s. m. *Náut.* Peça de madeira que atravessa os braços de uma embarcação, a fim de reforçar-lhe a estrutura.

Encalamistrar, v. V. *calamistrar.*

Encalamoucar, v. V. *encalacrar.*

Encalcar, v. Tr. dir. 1. *Mec.* Calafetar. 2. Calcar.

Encalçar, v. (l. **incalceare*). Tr. dir. Ir no encalço de; seguir de perto; perseguir.

Encalço, s. m. (de *encalçar*). 1. Ato de seguir de perto. 2. Rasto, pista, pegada.

Encaldeiração, s. f. (*encaldeirar + ção*). Ato ou efeito de encaldeirar.

Encaldeirar, v. (*en + caldeira + ar*). Tr. dir. *Agr.* Fazer caldeira em redor de uma árvore, de modo a receber a água de rega.

Encalecer, v. Intr. Criar calos; tornar-se caloso; calejar.

Encaleirar, v. 1. Tr. dir. Meter em caleira; dirigir por caleira. 2. Pron. Escorrer por caleira.

Encalhação, s. f. V. *encalhe.*

Encalhamento, s. m. (*encalhar + mento*). V. *encalhe.*

Encalhar, v. (*en + calha + ar*). 1. Tr. ind. e intr. *Náut.* Fazer dar em seco (a embarcação). 2. Tr. ind. e intr. *Náut.* Tocar na praia ou em banco de areia. 3. Tr. ind. e intr. Parar. 4. Intr. Não encontrar comprador (a mercadoria). 5. *Pop.* Não achar casamento.

Encalhe, s. m. 1. Ato ou efeito de encalhar. 2. Estorvo, obstáculo, obstrução. 3. O que não encontrou comprador (qualquer mercadoria). 4. Falta de andamento. Vars.: *encalhação, encalhamento.*

Encaliçar, v. Tr. dir. Revestir de caliça.

Encalistramento, s. m. 1. Ato de encalistrar. 2. Constrangimento, encabulação, vergonha, vexame.

Encalistrar, v. 1. Tr. dir. Envergonhar, vexar. 2. Intr. Amuar, embirrar; encabular, encavacar.

Encalmadiço, adj. Que se encalma facilmente.

Encalmar, v. (*en + calma + ar*). 1. Tr. dir. Causar calor a. 2. Tr. dir. Acalmar. 3. Tr. dir. Irritar. 4. Intr. e pron. Sentir calor. 5. Intr. Abrandar (o vento). Antôn. (acepção 1): *refrescar.*

Encalombar, v. Intr. Criar calombos; empolar.

Encalvecer, v. Intr. Tornar-se calvo.

Encalvecido, adj. 1. Calvo, escalvado. 2. Sem vegetação.

Encamar, v. Tr. dir. Dispor em camadas; acamar.

Encamarotar, v. Tr. dir. Meter em camarote.

Encambar, v. Tr. dir. 1. Enfiar em cordel. 2. Entrançar em réstia. 3. Encambulhar peixes.

Encambitação, s. f. (*encambitar + ção*). Costume de andar (o cavalo) com a cauda erguida.

Encambitar, v. 1. Intr. Virar sobre os cambitos. 2. Intr. Levantar (o cavalo) a cauda na carreira. 3. Tr. dir. Morder ou torcer a cauda da rês afrontada. 4. Tr. dir. Correr em perseguição de.

Encamboar, v. Tr. dir. 1. Amarrar (reses, cavalgaduras) ao cambão. 2. Ajoujar, encangar, jungir.

Encambulhada, s. f. Penca, cacho, cambulhada.

Encambulhar, v. 1. Tr. dir. *Pop.* Juntar num cambulho. 2. Pron. Ir de cambulhada.

Encame, s. m. (de *encamar*). 1. Malhada ou choça em que se recolhe o javali. 2. Covil de feras.

Encaminhador, adj. e s. m. Que, ou o que encaminha.

Encaminhamento, s. m. Ato de encaminhar.

Encaminhar, v. (*en + caminhar*). 1. Tr. dir. Mostrar o caminho a. 2. Pron. Dirigir-se a algum lugar. 3. Tr. dir. Dar boa diretriz; orientar. 4. Tr. dir. Conduzir pelos meios competentes. 5. Tr. dir. Endereçar, enviar.

Encamisado, adj. Que veste camisa. S. m. Mascarado.

Encamisar, v. (*en + camisa + ar*). 1. Tr. dir. Vestir a camisa a. 2. Tr. dir. Cobrir com palha o material (nas olarias) para conservar-lhe o calor. 3. *Tecn.* Colocar camisas em cilindros.

Encampação, s. f. Ato de encampar.

Encampador, adj. e s. m. Que, ou aquele que encampa.

Encampar, v. (*en + campo + ar*). Tr. dir. 1. Rescindir contrato de arrendamento, voltando para o dono a coisa arrendada. 2. Restituir, abandonar, em virtude de lesão de interesse. 3. Tomar (o Governo) posse de uma empresa após acordo em que se ajusta uma indenização ao concessionário.

Encanação, s. f. Ato de encanar, de colocar canos.

Encanado, adj. Canalizado.

Encanador, adj. Que encana. S. m. Artífice que instala ou conserta encanamentos. Sinôns.: *bombeiro, bombeiro instalador, instalador.*

Encanamento, s. m. Ação ou efeito de ancanar; canalização.

Encanar[1], v. (*en + cana + ar*). 1. Tr. dir. *Cir.* Pôr entre canas o osso fraturado. 2. Intr. Criar canas.

Encanar[2], v. (*en + cano + ar*). Tr. dir. Conduzir por cano; canalizar.

Encanastrado, adj. 1. Metido em canastra. 2. Tecido como o entrançado de uma canastra. S. m. Tecido semelhante ao de uma canastra.

Encanastrar, v. (*en + canastra + ar*). Tr. dir. 1. Pôr dentro de canastra. 2. Tecer como o entrançado de uma canastra. 3. Entrançar.

Encancerar, v. Intr. Criar câncer.

Encandear, v. 1. Tr. dir. Ofuscar o peixe com um facho. 2. Tr. dir. Deslumbrar. 3. Pron. Brilhar como candeia. 4. Pron. Ficar ofuscado.

Encandilar, v. (*en + candil + ar*). 1. Tr. dir. e pron. Tornar(-se) cande (o açúcar). 2. Tr. dir. Cristalizar frutas com açúcar-cande.

Encanecer, v. Intr. e pron. Criar cãs. 2. Envelhecer.

Encanelar, v. Tr. dir. 1. Fazer caneluras em. 2. Dobar (fios) em canelas ou novelos.

Encangalhar, v. 1. Tr. dir. Pôr cangalha em. 2. Tr. dir. *Pop.* Encambulhar.

Encangar, v. Tr. dir. Pôr a canga em; jungir.

Encaniçar, v. Tr. dir. Cercar com caniços.

Encantação, s. f. 1. Encantamento, encanto. 2. Feitiço.

Encantado, adj. (p. de *encantar*). 1. Vítima de encantamento. 2. Enlevado, muito satisfeito.

Encantador, adj. Que encanta. S. m. Aquele que faz encantamentos; mágico.

Encantamento, s. m. 1. Ato ou efeito de encantar. 2. Influência sobrenatural e imaginária de feitiços, bruxas etc. 3. Enlevo, sedução. 4. Tentação. Antôn. (acep.3): *desilusão.*

Encantar, v. 1. Tr. dir. e pron. Exercer encantamento em; tornar-se encantado. 2. Pron. Maravilhar-se, tomar-se de encanto. 3. Tr. dir. Causar enlevo ou imenso prazer a. Antôn. (acep. 3): *desiludir.*

Encanteirar, v. Tr. dir. 1. Plantar em canteiros. 2. Dividir em canteiros.

Encanto, s. m. 1. Encantamento; feitiço. 2. Atração. 3. Maravilha. 4. Coisa ou pessoa encantadora.

Encantoar, v. 1. Tr. dir. Fechar a um canto. 2. Pron. Desviar-se do convívio social; isolar-se.

Encanudado, adj. 1. Em forma de canudo; tubular. 2. Encastelado (diz-se do casco de solípedes).

Encanudar, v. Tr. dir. 1. Dar forma de canudo. 2. Meter em canudo.

Encanzinamento, s. m. Ato ou efeito de encanzinar.

Encanzinar, v. 1. Tr. dir. Tratar como cão. 2. Tr. dir. Fazer zangar. 3. Pron. Enraivecer-se, zangar-se.

Encanzoar, v. V. *encanzinar.*

Encapachar, v. (*en + capacho + ar*). 1. Tr. dir. Meter em capacho. 2. Pron. Submeter-se com ignomínia.

Encapado, adj. Que se encapou; envolto em capa. S. m. Mercadoria enfardada.

Encapar, v. 1. Tr. dir. Envolver em capa. 2. Tr. dir. Embrulhar. 3. Tr. dir. Revestir.

Encapelado, adj. Agitado (falando do mar ou das ondas).

Encapeladura, s. f. Ato de encapelar. S. f. pl. *Náut.* Lugar onde se encapelam as enxárcias.

Encapelar, v. 1. Tr. dir. Encrespar (o mar). 2. Intr. e pron. Agitar-se o mar, formando vagalhões. 3. Intr. Introduzir-se a enxárcia, a alça etc., no calcês. Antôn. (acep. 1 e 2): *amainar, serenar.*

Encapetado, adj. 1. Endiabrado. 2. Vadio, folião.

Encapetar, v. Pron. 1. Tornar-se endiabrado, traquinas. 2. Agir como o capeta, em gracejos maldosos.

Encapoeirar, v. Tr. dir. Meter em capoeira.

Encapotado, adj. 1. Envolto em capote. 2. Disfarçado.

Encapotar, v. 1. Tr. dir. e pron. Cobrir(-se) com capote ou capa. 2. Tr. dir. Disfarçar, dissimular. 3. Tr. dir. Esconder. 4. Tr. ind., intr. e pron. Anuviar-se, enegrecer (o céu). 5. Intr. Encabular-se.

Encaprichar, v. Pron. Encher-se de capricho ou de brio.

Encapuzar, v. Tr. dir. e pron. Cobrir(-se) com capuz.

Encaração, s. f. 1. Ato de encarar. 2. Provocação. 3. Carona. 4. *Gír.* Entrada gratuita.

Encaracolar, v. 1. Tr. dir. Dar forma de caracol a, enrolar em espiral. 2. Tr. ind., intr. e pron. Enrolar-se ou enroscar-se. 3. Intr. Corcovear (a cavalgadura).

Encarado, adj. Que se encara ou encarou.

Encaramujado, adj. (p. de *encaramujar*). Encolhido como o caramujo; jururu.

Encaramujar, v. Pron. 1. Encolher-se como o caramujo. 2. Entristecer-se.

Encarangação, s. f. Estado de quem está encarangado.

Encarangado, adj. 1. Entrevado. 2. Anquilosado. 3. Encolhido de frio; entanguido.

Encarangar, v. Intr. e pron. 1. Perder o movimento, ficar tolhido, pela ação do frio ou do reumatismo. 2. Tornar-se adoentado.

Encaranguejar, v. V. *encarangar.*

Encarapinhar, v. 1. Tr. dir. Fazer carapinha em. 2. Tr. dir. Encrespar como carapinha. 3. Intr. e pron. Tornar-se (o cabelo) crespo ou lanudo. 4. Intr. Começar (o sorvete) a congelar-se. 5. Intr. Encaramelar. 6. Intr. Coagular-se, coalhar.

Encarapitar, v. V. *encarrapitar.*

Encarapuçar, v. Tr. dir. e pron. Pôr carapuça em; pôr a carapuça; cobrir-se.

Encarar, v. 1. Tr. dir. e tr. ind. Olhar de cara ou de frente, fixar a vista. 2. Tr. ind. Dar de cara com; topar. 3. Tr. dir. Analisar, considerar, estudar.

Encarceramento, s. m. 1. Ato ou efeito de encarcerar. 2. Tempo de confinamento em cárcere, reclusão.

Encarcerar, v. 1. Tr. dir. e pron. Encerrar(-se), prender(-se) em cárcere. 2. Tr. dir. Deter, prender.

Encardido, adj. 1. Que se encardiu. 2. Mal lavado; sujo. 3. Feio. 4. Carregado, ameaçador (o rosto).

Encardimento, s. m. 1. Ação ou efeito de encardir. 2. Crosta de imundície. 3. *Pop.* Caceteação.

Encardir, v. 1. Intr. e pron. Criar cardina; sujar(-se). 2. Tr. dir. Não lavar bem (a roupa). 3. Intr. Impregnar-se de sujeira residual pela má lavagem.

Encardumar, v. Intr. Formar cardume; acardumar.

Encarecedor, adj. e s. m. Que, ou o que encarece.

Encarecer, v. 1. Tr. dir. e intr. Tornar(-se) caro. 2. Tr. dir. Exagerar verbalmente. 3. Tr. dir. Exaltar, louvar excessivamente.

Encarecimento, s. m. 1. Ato ou efeito de encarecer. 2. Empenho. 3. Alta de preço. 4. Recomendação, elogio.

Encargo, s. m. 1. Obrigação, responsabilidade. 2. Ocupação, cargo. 3. Incumbência. 4. Imposto, tributo. 5. Remorso.

Encarna, s. f. 1. Engaste de jóias e adereços. 2. Entalhe em uma peça para nele se encaixar outra.

Encarnação, s. f. 1. Ato de tomar forma carnal. 2. *Teol.* Mistério segundo o qual Deus se fez homem. 3. Cada uma das existências do espírito unido ao corpo, segundo o espiritismo. 4. Pintura cor de carne nas imagens.

Encarnado, adj. Que se encarnou; que se humanou. S. m. 1. A cor vermelha. 2. A encarnação das estátuas, imagens etc.

Encarnador, adj. e s. m. Que, ou aquele que encarna.

Encarnar, v. 1. Tr. ind., intr. e pron. *Teol.* Humanar-se, tomar carne humana (no mistério da Encarnação): E o Verbo *encarnou(-se).* 2. Pron. *Espir.* Entrar (o espírito) em um corpo. 3. Tr. dir. Dar cor de carne a estátuas, imagens etc. 4. Tr. dir. Dar rubor a; avermelhar. 5. Intr. e pron. Criar carne, ou cicatrizar-se (os ferimentos). 6. Pron. Representar (o ator) um papel.

Encarne, s. m. Ato de encarnar.

Encarneirar, v. Intr. e pron. 1. Encrespar-se (o mar), em pequenas ondas, como um rebanho de carneiros. 2. Cobrir-se o céu de pequenas nuvens brancas.

Encarniçado, adj. 1. Cevado em carniça. 2. Sanguinário, feroz. 3. Assanhado.

Encarniçamento, s. m. 1. Ato ou efeito de encarniçar. 2. Pertinácia, fúria, aferro com que se combate.

Encarniçar, v. 1. Tr. dir. Tornar feroz (um animal em briga); açular. 2. Pron. Cevar-se em carniça (diz-se de animais ferozes). 3. Tr. dir. Provocar para a crueldade; excitar, irritar.

Encaroçar, v. Intr. Fornar ou produzir caroços.

Encarochar, v. Tr. dir. *Ant.* Pôr mitra de papel em (condenados da Inquisição).

Encarpo, s. m. *Arquit.* Grinalda de folhagem, flores e frutos.

Encarquilhado, adj. 1. Rugoso, enrugado, engelhado. 2. Ressequido.

Encarquilhar, v. (*en+carquilha+ar*). Tr. dir. e pron. Encolher(-se), formando rugas; enrugar(-se).

Encarrancar, v. 1. Intr. Fazer carranca, ou careta. 2. Tr. dir. e pron. Tornar(-se) carrancudo. 3. Intr. e pron. Toldar-se (o céu).

Encarrapichar, v. Pron. 1. Encher-se de carrapicho. 2. Fazer caprichos ou bucles.

Encarrapitar, v. 1. Tr. dir. e pron. Pôr(-se) em lugar alto. 2. Tr. dir. *Fam.* Fazer carrapitos no cabelo. 3. Pron. Instalar-se comodamente em. Var.: *encarapitar.*

Encarrascar, v. 1. Tr. dir. Tornar carrascão (o vinho). 2. Pron. Embebedar-se com vinho carrascão.

Encarraspanar, v. (*en+carraspana+ar*). Pron. Tomar uma carraspana; embebedar-se.

Encarregado, adj. Imcumbido de alguma coisa. S. m. Pessoa que recebeu encargo.

Encarregar, v. 1. Tr. dir. Dar como cargo, emprego, ocupação. 2. Tr. dir. e pron. Incumbir(-se).

Encarreirar, v. 1. Tr. dir. Abrir caminho a; encaminhar. 2. Tr. dir. Pôr em bom caminho; dirigir. 3. Tr. dir. Dispor em fila.

Encarrilhado, adj. 1. Que se encarrilhou; posto nos trilhos. 2. Seguido, ininterrupto.

Encarrilhar, v. 1. Tr. dir. Colocar nos carris, calhas ou trilhos. 2. Tr. dir. Encaminhar. 3. Intr. Tomar o rumo certo. Antôn. (acep. 1): *descarrilhar.* Var.: *encarrilar.*

Encartação, s. f. Ato de encartar.

Encartadeira, s. f. Aparelho usado nas oficinas de retorce, nas fábricas de fiação, no qual entra a urdidura, para se juntar a dois fios e entrar nos torcedores.

Encartamento, s. m. V. *encartação.*

Encartar, v. 1. Tr. dir. Prover com carta ou diploma de emprego. 2. Pron. Munir-se de carta ou diploma de emprego, pagando os direitos respectivos.

Encarte[1], s. m. (de *encartar*). Ato de encartar(-se).

Encarte[2], s. m. (fr. *encart*). Anúncio de duas ou mais páginas, colocados no centro da revista.

Encartuchar, v. 1. Tr. dir. Meter em cartucho. 2. Tr. dir. Dar a forma de cartucho a.

Encarvoar, v. Tr. dir. 1. Converter em carvão. 2. Sujar com carvão. 3. Mascarrar.

Encarvoejar, v. Tr. dir. Encarvoar, escurecer, denegrir.

Encasacamento, s. m. 1. Ato de encasacar. 2. Encaixe, entalhe.

Encasacar, v. Pron. 1. Vestir casaca. 2. Pôr traje cerimonioso.

Encasmurrar, v. Tr. dir. e pron. Tornar(-se) casmurro.

Encasquetar, v. 1. Tr. dir. Fazer acreditar; meter na cabeça de. 2. Pron. Cobrir a cabeça com casquete.

Encasquilhar, v. 1. Tr. dir. Tornar janota ou casquilho. 2. Intr. e pron. Ajanotar-se, enfeitar-se.

Encastelado, adj. 1. Sobreposto. 2. Amontoado. 3. *Vet.* Diz-se do casco dos solípedes afetados de encasteladura.

Encasteladura, s. f. *Vet.* Encolhimento da parte posterior da pata dianteira dos eqüídeos.

Encastelamento, s. m. Ação ou efeito de encastelar.

Encastelar, v. 1. Tr. dir. Dar feição ou semelhança de castelo a. 2. Tr. dir. e pron. Fortificar(-se) com, ou prover de castelos. 3. Pron. *Vet.* Sofrer de encasteladura.

Encastoar, v. Tr. dir. 1. Pôr castão em. 2. Embutir, encravar, engastar.

Encastramento, s. m. Ação de encastrar.

Encastrar, v. (fr. *encastrer*). Tr. dir. Encaixar, engastar, embeber nos suportes.

Encasular, v. 1. Tr. dir. Meter em casulo. 2. Pron. Enclausurar-se; isolar-se.

Encataplasmar, v. Tr. dir. 1. Cobrir de cataplasmas. 2. Tornar doentio.

Encatarrar, v. (*en + catarro + ar*). V. *encatarroar.*

Encatarroar, v. Pron. 1. Ser atacado por defluxo ou catarro. 2. Enrouquecer.

Encausta, s. m. Aquele que trabalhava em encáustica.

Encáutisca, s. f. (l. *encaustica*). 1. Técnica antiga de pintura (séc. V a. C. a IV d. C.), em que as tintas eram misturadas com cera derretida, aplicadas a quente e espalhadas com espátulas quentes.

Encáustico, adj. Relativo a pintura sobre cera.

Encava, s. f. (de *encavar*). *Arquit.* Peça com que se unem dois corpos em arquitetura.

Encavacado, adj. (p. de *encavacar*). 1. Amuado, zangado. 2. Embaraçado, envergonhado.

Encavacar, v. Tr. ind. e intr. *Fam.* 1. Dar o cavaco; amuar-se. 2. Ficar embaraçado, vexado. 3. Embirrar.

Encavar, v. Tr. dir. 1. Meter na cava. 2. Abrir cava; escavar em. 3. Encaixar.

Encavilhar, v. Tr. dir. 1. Meter cavilhas em. 2. Apertar, segurar com cavilhas; cavilhar, turugar. 3. Embutir, encaixar.

Encefalalgia, s. f. *Med.* Dor no encéfalo; cefalalgia.

Encefálico, adj. *Med.* 1. Que se refere ao encéfalo. 2. Que entra na constituição do encéfalo.

Encefalite, s. f. *Med.* Inflamação do encéfalo, que pode resultar de diversas doenças isoladas, cada uma com sua etiologia e sua síndrome.

Encéfalo[1], s. m. (gr. (*egkephalos*). *Anat.* Parte do sistema nervoso central, contida no crânio e que compreende o cérebro, o cerebelo e a medula alongada.

encéfalo-[2], elem. de comp. Exprime a idéia de *encéfalo; encefalocele, encefalologia.*

Encefalocele, s. f. (*encéfalo*[2] *+ cele*). 1. *Anat.* Os ventrículos e outras cavidades do cérebro. 2. *Med.* Hérnia do cérebro ou do cerebelo.

Encefalograma, s. m. (*encéfalo*[2] *+ grama*). *Med.* Radiografia do cérebro.

Encefalóide, adj. m. e f. (*encéfalo*[2] *+ óide*). Semelhante ao cérebro. S. m. *Med.* Tumor cefalóide.

Encefalólito, s. m. *Med.* Cálculo ou concreção cerebral.

Encefalologia, s. f. (*encéfalo*[2] *+ logo + ia*). *Med.* Tratado acerca do cérebro.

Enceguecer, v. 1. Intr. Tornar-se cego. 2. Tr. dir. Cegar a.

Encelar, v. (*en + cela + ar*). Tr. dir. 1. Meter em cela. 2. Enclausurar.

Enceleirar, v. Tr. dir. 1. Depositar em celeiro. 2. Armazenar, entulhar. 3. Entesourar.

Encelialgia, s. f. *Med.* Dor nos intestinos.

Encelite, s. f. *Med.* Inflamação dos intestinos.

Encenação, s. f. 1. Ato ou efeito de encenar. 2. Montagem e execução de cena teatral ou cinematográfica. 3. Fingimento.

Encenador, adj. Que encena. S. m. Aquele que põe em cena, ou faz a encenação de um espetáculo.

Encenar, v. Tr. dir. 1. Fazer representar. 2. Pôr em cena. 3. Ludibriar, fingir.

Enceradeira, s. f. Aparelho para encerar soalhos.

Encerado, adj. Coberto de cera; lustrado com cera; cor de cera. S. m. Pano impregnado de cera, óleo ou breu; oleado.

Encerador, s. m. Aquele que encera.

Enceradura, s. f. V. *enceramento.*

Enceramento, s. m. Ato ou efeito de encerar.

Encerar, v. 1. Tr. dir. Untar ou polir com cera. 2. Tr. dir. Impregnar com cera. 3. Tr. dir. Dar cor de cera a. 4. Pron. Tornar-se cor de cera.

Encerebração, s. f. 1. Desenvolvimento intelectual. 2. Modo de pensar. 3. Orientação.

Encerebrar, v. (*en* + *cérebro* + *ar*). Tr. dir. Meter no cérebro; aprender, decorar.

Encerramento, s. m. 1. Ato ou efeito de encerrar. 2. Conclusão. 3. Fecho.

Encerrar, v. 1. Tr. dir. e pron. Pôr(-se) em lugar fechado e escondido; enclausurar(-se). 2. Tr. dir. Conter, incluir. 3. Tr. dir. Concluir, terminar. Antôns. (acep. 1): *tirar*; (acep. 3): *começar.*

Encerro (*ê*), s. m. 1. Ato de encerrar. 2. Lugar para encerrar alguém ou alguma coisa. 3. Clausura.

Encervejar, v. Pron. Embriagar-se com cerveja.

Encestamento, s. m. Ato ou efeito de encestar.

Encestar, v. 1. Tr. dir. Guardar em cesto. 2. Tr. dir. *Esp.* Fazer passar a bola pela cesta.

Encetamento, s. m. Ato de encetar; início.

Encetar, v. 1. Tr. dir. Começar, principiar. 2. Pron. Fazer alguma coisa em primeiro lugar ou pela primeira vez; estrear-se.

Enchafurdar, v. V. *chafurdar.*

Enchamboado, adj. 1. Malfeito de corpo. 2. Mal vestido; deselegante.

Enchapelado, adj. Coberto com chapéu.

Enchapinado, adj. Diz-se dos cascos muito duros e apanhados junto às ferraduras. Var.: *enchapinhado.*

Encharcadiço, adj. V. *alagadiço.*

Encharcar, v. 1. Tr. dir. Formar charco ou pântano. 2. Tr. dir. e pron. Meter(-se) em charco ou atoleiro. 3. Tr. dir. e pron. Tornar(-se) pantanoso; alagar(-se), inundar(-se). 4. Pron. Beber demais.

Encharolar, v. Tr. dir. Colocar em charola.

Enchavetar, v. V. *chavetar.*

Enchedeira, s. f. Pequena máquina destinada a encher tripas, na fabricação de chouriços.

Enchente, adj. m. e f. Que enche, ou se enche. S. f. 1. Ato de encher; ação e efeito de encher. 2. Inundação. 3. Cheia de rio que transborda.

Encher, v. (l. *implere*). 1. Tr. dir. e pron. Tornar(-se) cheio. 2. Tr. dir. Cumular. 3. Pron. Abarrotar-se. 4. Tr. dir. Esgotar a paciência. Antôn. (acep. 1 e 3): *esvaziar.* Part.: *enchido* e *cheio.*

Enchido, adj. (p. de *encher*). Que se encheu; que ficou cheio. S. m. 1. Carne ensacada; chouriço. 2. Almofada. 3. Chumaço. 4. Fumeiro.

Enchimento, s. m. 1. Ato ou efeito de encher. 2. Recheio, chumaço.

Enchiqueirador, adj. Que enchiqueira. S. m. Chicote, relho.

Enchiqueirar, v. 1. Tr. dir. Introduzir no chiqueiro (o peixe). 2. Tr. dir. Recolher no chiqueiro (animais).

Enchoçar, v. (*en* + *choça* + *ar*). Tr. dir. e pron. Meter(-se), recolher(-se) em choça.

Enchouriçar, v. 1. Tr. dir. Dar configuração de chouriço a. 2. Pron. Ouriçar-se, encrespar-se (um animal). 3. Pron. Amuar-se. Var.: *enchoiriçar.*

Enchova (*ô*), s. f. *Ictiol.* 1. Peixe marinho semelhante ao arenque. Var.: *anchova.*

Enchumaçar, v. (*en* + *chumaço* + *ar*). Tr. dir. 1. Pôr chumaço em. 2. Estofar.

-ência, suf. Tem os mesmos sentidos de *ença*: *falência, violência.*

Encíclica, s. f. Carta circular do papa ao mundo católico.

Encíclico, adj. 1. Diz-se das cartas circulares pontifícias. 2. Circular.

Enciclopédia, s. f. Conjunto de todos os conhecimentos humanos.

Enciclopédico, adj. Relativo a enciclopédia; que abrange todos os ramos do saber humano. S. m. O que possui muitos conhecimentos gerais.

Enciclopedismo, s. m. Doutrinas professadas pelos enciclopedistas franceses.

Enciclopedista, s. m. e f. Autor ou colaborador de obra enciclopédica.

Encilhada, s. f. Ato de encilhar e montar um animal.

Encilhador, adj. e s. m. Que, ou aquele que encilha ou sela o cavalo.

Encilhamento, s. m. (*encilhar* + *mento*). 1. Ato ou efeito de encilhar. 2. Especulação financeira ocorrida no Brasil, no início da república.

Encilhar, v. Tr. dir. Apertar com cilha; arrear.

Encimado, adj. (p. de *encimar*). 1. Colocado no alto; posto em cima. 2. Que tem alguma coisa no cimo. S. m. *Heráld.* Remate sobre o escudo de armas.

Encimar, v. (de *cima*). Tr. dir. 1. Pôr em cima; colocar sobre. 2. Alçar, elevar. 3. Coroar, rematar.

Encinchar, v. (*en* + *cincho* + *ar*). Tr. dir. Pôr no cincho (a coalhada) no fabrico do queijo.

Encintar, v. (*en* + *cinta* + *ar*). Tr. dir. Guarnecer de cinta; circundar com cinta ou como com cinta.

Encinzar, v. (*en* + *cinza* + *ar*). 1. Tr. dir. Sujar com cinza. 2. Tr. dir. e pron. Cobrir(-se) de cinza.

Encistar, v. (*en* + *cisto* + *ar*). V. *enquistar.*

Enciumar, (*i-u*), v. 1. Tr. dir. Encher de ciúmes; provocar ciúmes. 2. Pron. Criar ou ter ciúme.

Enclaustrado, adj. V. *enclausurado.*

Enclaustramento, s. m. Ato de enclaustrar.

Enclaustrar, v. (*en* + *claustro* + *ar*). Tr. dir. e pron. Recolher(-se) em claustro ou convento.

Enclausurado, adj. 1. Que se enclausurou. 2. Isolado em clausura; confinado. 3. Separado do convívio social; retraído. 4. Preso.

Enclausurar, v. 1. Tr. dir. e pron. Pôr(-se) em clausura. 2. Tr. dir. Isolar em recinto fechado; confinar. 3. Tr. dir. e pron. Separar(-se) do trato social. 4. Tr. dir. Prender.

Enclavinhar, v. (l. *clavare*). Tr. dir. 1. Apertar, travar. 2. Meter os dedos uns por entre os outros.

Ênclise, s. f. (gr. *egklisis*). *Gram.* Junção, na pronúncia, de um vocábulo átono ao que o precede, subordinando-se o átono ao acento tônico do outro. — *Ê. pronominal*: colocação do pronome pessoal oblíquo depois do verbo.

Enclítica, s. f. (de *enclítico*). *Gram.* Palavra átona que, unindo-se a outra que a precede, parece formar com ela, prosodicamente, uma só palavra, como em *dá-lhe, falaram-lhe.*

Enclítico, adj. 1. *Gram.* Diz-se do vocábulo em ênclise. 2. *Med.* Diz-se do feto que tem os planos da cabeça inclinados em relação à bacia materna.

Encoadura, s. f. Viveiro onde se guardam os peixes pescados e ainda vivos.

Encoberto, adj. 1. Escondido. 2. Disfarçado. 3. Clandestino. 4. Incógnito. 5. Enevoado (o tempo).

Encobridor, adj. e s. m. (*encobrir* + *dor*). Que, ou aquele que encobre; receptador.

Encobrimento, s. m. Ato ou efeito de encobrir.

Encobrir, v. (*en* + *cobrir*). 1. Tr. dir. Não deixar ver; esconder, ocultar, tapar. 2. Tr. dir. Disfarçar, dissimular. 3. Intr. Carregar-se, toldar-se, turvar-se (o céu, o tempo). 4. Tr. dir. Receptar. Antôn. (acep. 1): *descobrir.*

Encocurutar, v. (*en + cocuruto + ar*). Tr. dir. e pron. Pôr(-se) em cocuruto.

Encodeamento, s. m. Ato ou efeito de encodear.

Encodear, v. 1. Tr. dir. Fazer ou pôr côdea a. 2. Intr. e pron. Criar côdea, cobrir-se de côdea.

Encofar, v. (*en + cofo + ar*). Tr. dir. 1. Guardar em cofo (cesto). 2. Esconder, ocultar.

Encofrar, v. Tr. dir. Guardar em cofre.

Encoifar, v. (*en + coifa + ar*). Tr. dir. Pôr coifa em.

Encoivaração, s. f. V. *encoivaramento.*

Encoivaramento, s. m. Ato de encoivarar.

Encoivarar, v. (*en + coivara + ar*). Tr. dir. Fazer coivaras em; coivarar.

Encoleirar, v. Tr. dir. Pôr coleira em.

Encolerizar, v. 1. Tr. dir. Causar cólera. 2. Pron. Zangar-se, irritar-se. Antôns.: *acalmar, serenar.*

Encolha (*ô*), s. f. Encolhimento, timidez.
Na e.; nas e.: manter-se à parte, dissimuladamente.

Encolher, v. 1. Tr. dir., pron. e intr. Contrair(-se), diminuir(-se), encurtar(-se); retrair(-se). 2. Pron. Resignar-se. 3. Pron. Mostrar-se tímido. Antôn. (acep. 1): *estender.*

Encolhido, adj. 1. Que se encolheu. 2. Tímido, retraído. Antôns. (acep. 1): *desenvolvido;* (acep. 2): *enérgico.*

Encolhimento, s. m. 1. Ato ou efeito de encolher. 2. Acanhamento, timidez. 3. Falta de energia; submissão.

Encólpio, s. m. *Ant.* Pequeno relicário.

Encomenda, s. f. 1. Ato de encomendar. 2. Pedido, ordem. 3. O que se encomenda. 4. Aquisição, compra. 5. Pacote, volume.

Encomendação, s. f. !. Ação de encomendar. 2. Recomendação. 3. Oração pelo defunto durante o enterro.

Encomendado, adj. De encomenda; recomendado. S. m. Sacerdote que recebeu a administração de igreja ou paróquia.

Encomendar, v. 1. Tr. dir. Mandar fazer ou enviar alguma coisa. 2. Tr. dir. Incumbir, encarregar alguém de alguma coisa; pedir. 3. Tr. dir. Recomendar. 4. Tr. dir. Confiar, entregar. 5. Pron. Entregar-se ou confiar-se à proteção. 6. Tr. dir. Dizer orações pela salvação de (alma de um defunto). 7. Tr. dir. *Fam.* Enviar cumprimentos, recados ou saudades.

Encomendeiro, s. m. (de *encomendar*). 1. Indivíduo a quem se fazem encomendas. 2. Comissário.

Encomiar, v. Tr. dir. Dirigir encômios a; elogiar, gabar, louvar. Antôns.: *censurar, depreciar.*

Encomiasta, s. m. e f. 1. Autor ou autora de escritos ou discursos laudatórios. 2. Louvaminheiro.

Encomiástico, adj. 1. Em que há encômio; laudatório. 2. Que diz respeito a encômio.

Encômio, s. m. Aplauso, elogio, gabo, louvor.

Encompridar, v. Tr. dir. 1. Tornar mais comprido. 2. Procrastinar.

Enconcar, v. 1. Intr. e pron. Tomar forma de telha ou de conca. 2. Intr. e pron. Encurvar-se, fazer-se côncavo.

Enconchar, v. 1. Tr. dir. Cobrir com concha. 2. Tr. dir. e pron. Meter(-se) em concha. 3. Tr. dir. Dar forma de concha a. 4. Pron. Curvar-se, encolher-se.

Encondroma, s. m. *Med.* Tumor hiperplástico, constituído de tecido cartilaginoso.

Encontrada, s. f. V. *encontrão.*

Encontradiço, adj. Que se encontra freqüentemente.

Encontrado, adj. 1. Que se encontrou; achado, descoberto. 2. Junto. 3. Contrário, oposto.

Encontrão, s. m. Empurrão, embate, choque.

Encontrar, v. 1. Tr. dir. e pron. Chocar(-se) contra; embater-se. 2. Tr. dir. Achar, deparar, topar. 3. Tr. ind. e pron. Dar de frente. 4. Pron. Estar, achar-se em.

Encontro, s. m. 1. Ato de encontrar ou encontrar-se. 2. Choque, embate, encontrão, colisão. 3. Briga, recontro, duelo. 4. *Esp.* Jogo entre duas equipes. – *E. consonantal:* grupo de consoantes num vocábulo; fel*tro,* dis*pl*icente.

Encopar, v. Intr. Criar copa; frondejar.

Encorajamento, s. m. Ato de encorajar; estímulo, ânimo.

Encorajar, v. Tr. dir. 1. Dar coragem a. 2. Animar, estimular. Antôns.: *desanimar, acobardar.*

Encórdio, s. m. *Med.* Bubão.

Encordoamento, s. m. 1. Ato de encordoar. 2. O conjunto das cordas de um instrumento.

Encordoar, v. 1. Tr. dir. *Mús.* Colocar as cordas nos instrumentos. 2. Tr. dir. Prover de cordas o navio.

Encoronhado, adj. 1. Que tem coronha. 2. Com feitio ou semelhança de coronha.

Encoronhar, v. Tr. dir. 1. Colocar coronha (em arma). 2. Dar formato de coronha a.

Encorpado, adj. 1. Desenvolvido de corpo. 2. Forte, consistente. 3. Grosso (papel).

Encorpadura, s. f. Espessura, grossura; encorpamento.

Encorpar, v. 1. Tr. dir. Dar mais corpo a; engrossar. 2. Intr. e pron. Tomar corpo. 3. Intr. Crescer, engrossar. 4. Intr. e pron. Congregar-se, unir-se.

Encorreadura, s. f. 1. Armadura de couro ou de correia. 2. Conjunto de correias para certo fim.

Encorreamento, s. m. 1. Ação de encorrear ou encorrear-se. 2. Ação de enrugar-se (o couro).

Encorrear, v. 1. Tr. dir. Prender com correia. 2. Intr. e pron. Tomar a aparência ou consistência do couro. 3. Intr. e pron. Enrugar-se à semelhança do couro sujeito à ação do fogo.

Encorrentado, adj. *Heráld.* Aplica-se ao urso que tem uma corrente nas ventas.

Encorrentar, v. Tr. dir. V. *acorrentar.*

Encorrilhar, v. Tr. dir. Enrugar; encarquilhar; engelhar; encorrear.

Encorrugir, v. Tr. dir. 1. Encarquilhar, enrugar. 2. Entanguir.

Encortelhar, v. Tr. dir. Encurralar ou meter no cortelho.

Encortiçar, v. (*en + cortiça* ou *cortiço + ar*). 1. Tr. dir. Cobrir com cortiça, ou com casca de árvores. 2. Tr. dir. Dar aparência de cortiça a. 3. Intr. e pron. Criar cortiça, ou casca. 4. Intr. e pron. Tomar aparência de cortiça. 5. Tr. dir. Pôr as rodelas de cortiça em (redes). 6. Tr. dir. Colocar em cortiço.

Encortinar, v. Tr. dir. 1. Pôr cortinas em. 2. Encobrir.

Encorujar, v. Pron. 1. Esconder-se como as corujas; furtar-se às vistas do público; retrair-se. 2. Ficar (a ave) triste por causa do frio.

Encosamento, s. m. *Náut.* Cada uma das peças que atravessam os braços e aposturas do navio, para as fortificar.

Encoscorar, v. 1. Tr. dir. Tornar duro como coscorão. 2. Intr. e pron. Criar coscorão, encrespar-se. 3. Tr. dir. Encarquilhar, encrespar.

Encóspias, s. f. pl. (l. *cuspis*). Formas que os sapateiros metem nos calçados para os alargar ou lhes conservar as formas; alargadeiras.

Encosta, s. f. 1. Face inclinada de montanha. 2. Ladeira, subida, descida, aclive, declive, rampa, vertente.

Encostado, adj. Apoiado; arrimado. S. m. Indivíduo desempregado que vive à custa de outrem.

Encostador, adj. e s. m. Que, ou aquele que encosta.

Encostamento, s. m. Ato ou efeito de encostar.

Encostar, v. 1. Tr. dir. Pôr junto a; aproximar. 2. Tr. dir. Fazer aproximar (a fêmea) do reprodutor para ser coberta. 3. Tr. dir. e pron. Arrimar(-se), apoiar(-se), firmar(-se). 4. Tr. dir. Cerrar, fechar (porta, janela): Levantou-se para *encostar a porta.* 5. Pron. Procurar a proteção de alguém.

Encosto (*ô*), s. m. 1. Lugar ou peça a que se encosta. 2. Apoio, arrimo, proteção. 3. Cama volante. 4. Almofada. 5. Costas de um assento; espaldar. 6. *Mec.* V. *batente.* Pl.: *encostos* (*ô*). — *E. do gado:* lugar de pastagem temporária.

Encouchar, v. 1. Tr. dir. e pron. Abater(-se), curvar(-se), deprimir(-se). 2. Tr. dir. e pron. Acanhar(-se), tornar(-se) encolhido.

Encouraçado, adj. e s. m. V. *couraçado.*

Encouraçar, v. V. *couraçar.* Var.: *encoiraçar.*

Encourado, adj. e s. m. Que, ou aquele que usa roupa de couro. Var.: *encoirado.*

Encourar, v. 1. Tr. dir. Forrar ou cobrir de couro ou pele. 2.

Intr. e pron. Criar pele nova; cicatrizar-se. 3. Tr. dir. *Gír.* Bater, surrar. Var.: *encoirar.*

Encovado, adj. 1. Metido em cova. 2. Côncavo. 3. Afundado nas órbitas.

Encovar, v. 1. Tr. dir. e pron. Meter(-se) em cova; enterrar(-se). 2. Tr. dir. e pron. Esconder(-se), ocultar(-se).

Encovilar, v. Tr. dir. Meter em covil.

Encoxilhado, adj. 1. Formado de coxilhas. 2. Acidentado.

Encrassar, v. Intr. Tornar-se crasso.

Encrava, s. f. V. *encravação.*

Encravação, s. f. 1. Ato ou efeito de encravar. 2. Engano, mentira, logro. 3. Dificuldade, aperto.

Encravado, adj. 1. Seguro com cravos; cravado. 2. Embutido, engastado. 3. Diz-se de unha que cresceu, penetrando na pele.

Encravadouro, s. m. Lugar em que se encrava uma coisa. Var.: *encravadoiro.*

Encravadura, s. f. 1. Ato ou efeito de encravar; encravamento. 2. Conjunto de cravos de uma ferradura. 3. *Vet.* Ferida causada pelos cravos nos solípedes.

Encravamento, s. m. 1. Ato ou efeito de encravar. 2. Estado do que foi encravado. 3. Emperramento.

Encravar, v. 1. Tr. dir. Segurar com cravo ou prego. 2. Tr. dir. *Vet.* Ferir ou magoar com cravos. 3. Tr. dir. Embutir, engastar (pedras preciosas). 4. Pron. Envolver-se em dificuldades.

Encravelhação, s. f. Ato ou efeito de encravelhar.

Encravelhar, v. 1. Tr. dir. Colocar cravelhas em. 2. Tr. dir. Pôr em posição difícil; embaraçar, encalacrar. 3. Pron. Comprometer-se, endividar-se.

Encravo, s. m. 1. V. *encravadura, encravamento.* 2. Coisa difícil de remover-se; dificuldade.

Encrenca, s. f. 1. Dificuldade, embaraço, estorvo. 2. Intriga. 3. Desordem, motim, altercação.

Encrencar, v. 1. Tr. dir. Pôr alguém em encrenca. 2. Tr. dir. Complicar, dificultar (uma situação). 3. Tr. dir. Encalhar, impedir. 4. Tr. dir. Intrigar. 5. Intr. e pron. Complicar-se, enguiçar.

Encrenqueiro, adj. e s. m. *Gír.* Que, ou aquele que arma encrencas.

Encrespação, s. f. Ato ou efeito de encrespar.

Encrespado, adj. 1. Crespo. 2. Encarapinhado. 3. Levemente agitado (mar). 4. Irritado.

Encrespador, adj. Que encrespa. S. m. Instrumento para encrespar.

Encrespadura, s. f. V. *encrespação.*

Encrespamento, s. m. V. *encrespação.*

Encrespar, v. (l. *incrispare*). 1. Tr. dir. e pron. Tornar(-se) crespo; anelar(-se), frisar(-se), riçar(-se) (o cabelo etc.). 2. Tr. dir. Fazer pregas ou rugas em. 3. Tr. dir. e pron. Agitar(-se) o mar. 4. Pron. Alterar-se, irritar-se. 5. Pron. Arrepiar-se, ouriçar-se (o animal). Antôn. (acepções 1 e 2): *alisar.*

Encrisar, v. Intr. Eclipsar-se (o Sol); anuviar-se (o dia).

Encristar, v. Pron. 1. Erguer a crista, tê-la alta (falando das aves). 2. Mostrar-se orgulhoso.

Encrostar, v. Intr. e pron. Criar crosta.

Encruar, v. 1. Tr. dir. Fazer endurecer ou enrijar (o que se estava cozendo). 2. Intr. Endurecer-se, empedernir-se, encrudelecer-se. 3. Intr. Permanecer duro; tornar-se vítreo (batatas) na cozedura. 4. Intr. Enrijar.

Encrudelecer, v. (l. *crudele*). Intr. e pron. 1. Tornar-se cruel. 2. Assanhar-se, enfurecer-se, irritar-se.

Encruecer, v. (*en + cru + ecer*). V. *encruar.*

Encruelecer, v. V. *encrudelecer.*

Encruentar, v. V. *encruar.*

Encruzada, s. f. V. *encruzilhada.*

Encruzamento, s. m. 1. Ato ou efeito de encruzar. 2. Lugar onde algumas coisas se cruzam.

Encruzar, v. 1. Tr. dir. Dispor em forma de cruz. 2. Tr. dir. Atravessar, cruzar. 3. Pron. Sentar-se com as pernas cruzadas.

Encruzilhada, s. f. Lugar onde dois ou mais caminhos se cruzam.

Encruzilhadense, adj. m. e f. Relativo a Encruzilhada, cidade e município da Bahia, e a Encruzilhada do Sul, cidade e município do R. G. do Sul. S. m. e f. Pessoa natural de algum desses municípios.

Encruzilhar, v. 1. V. *encruzar.* 2. Pron. Ficar perdido em encruzilhadas.

Encubação, s. f. Ato ou efeito de encubar (vinho).

Encubar, v. Tr. dir. Meter em cuba (vinho); envasilhar.

Encumeada, s. f. V. *cumeada.*

Encumear, v. Tr. dir. 1. Pôr no cume, no alto. 2. Elevar, exaltar.

Encunhamento, s. m. *Med.* Situação do feto com a cabeça presa na bacia.

Encurralamento, s. m. Ação ou efeito de encurralar.

Encurralar, v. 1. Tr. dir. Recolher em curral. 2. Tr. dir. Encerrar em lugar estreito sem saída. 3. Tr. dir. Cercar (o inimigo).

Encurtador, adj. e s. m. Que, ou o que encurta, ou diminui.

Encurtamento, s. m. Ato de encurtar; abreviação.

Encurtar, v. 1. Tr. dir. e pron. Tornar(-se) curto. 2. Tr. dir. e pron. Diminuir(-se), reduzir(-se). 3. Tr. dir. Limitar, restringir. 4. Tr. dir. Resumir. Antôn. (acepção 1): *encompridar.*

Encurvação, s. f. V. *encurvamento.*

Encurvadura, s. f. V. *encurvamento.*

Encurvamento, s. m. 1. Ação ou efeito de encurvar. 2. Parte arqueada de uma coisa; arqueamento.

Encurvar, v. (l. *incurvare*). 1. Tr. dir. Dar forma de arco a, tornar curvo; curvar. 2. Intr. e pron. Tornar-se curvo; dobrar-se.

Endarterite, s. f. *Med.* Inflamação da túnica interna da artéria.

Endecha (*ê*), s. f. (cast. *endecha*). Canção de tom lamentoso, sentimental ou fúnebre.

Endechador, adj. e s. m. Que, ou o que escreve, ou canta endechas.

Endefluxar (*ss*), v. Pron. Apanhar defluxo; resfriar-se.

Endemia, s. f. (gr. *endemia*). *Med.* Doença endêmica. Há endemias *discrásicas,* dependentes de certas condições de alimentação da população, como o bócio e a pelagra; e endemias *infecciosas,* como a malária e o cólera-morbo.

Endemicidade, s. f. 1. Caráter ou qualidade de endêmico. 2. V. *endemismo.*

Endêmico, adj. 1. *Med.* Que tem caráter de endemia. 2. Peculiar a um povo ou região.

Endemoninhado, adj. 1. Possesso do demônio. 2. Furioso. 3. Inquieto, travesso.

Endemoninhar, v. 1. Tr. dir. Meter o demônio no corpo de. 2. Tr. dir. e pron. Enfurecer(-se).

Endentação, s. f. Ato ou efeito de endentar; engrenamento, engrenagem.

Endentar, v. 1. Tr. dir. Meter os dentes de uma roda nos vãos dos dentes de outra. 2. Intr. e pron. Enganchar-se, travar-se. 3. Intr. Engrenar, engranzar, entrosar.

Endentecer, v. Intr. Começar a ter dentes (a criança).

Endereçamento, s. m. Ação de endereçar.

Endereçar, v. (l. **indirectiare*). 1. Tr. dir. Pôr endereço (sobrescrito) em. 2. Tr. dir. Dirigir, enviar. 3. Pron. Dirigir-se para.

Endereço, (*ê*), s. m. 1. Ato de endereçar. 2. Direção; residência do destinatário. 3. Indicação de residência em remessa postal etc.; direção.

Endérmico, adj. 1. Que atua sobre a pele ou por absorção através dela. 2. Aplicado à pele.

Endeusado, adj. 1. Divinizado, deificado. 2. Adorado. 3. Soberbo.

Endeusador, adj. e s. m. Que, ou quem endeusa ou diviniza.

Endeusamento, s. m. 1. Ato ou efeito de endeusar. 2. Altivez, orgulho, presunção.

Endeusar, v. (*en + deus + ar*). 1. Tr. dir. Incluir no número dos deuses. 2. Tr. dir. Divinizar. 3. Tr. dir. e pron. Tornar(-se) altivo. 4. Pron. Encher-se de orgulho; ensoberbecer-se.

Endez (*ê*), s. m. V. *indez.*

Endiabrado, adj. (de *diabro,* por *diabo*). 1. Que parece possesso do demônio. 2. Medonho. 3. Furioso. 4. Arteiro.

Endiabrar, v. Tr. dir. e pron. 1. Tornar(-se) endiabrado. 2. Tornar(-se) furioso.

Endinheirado, adj. Que tem muito dinheiro; rico, opulento.

Endireita, s. m. e f. Indivíduo que, sem habilitação legal, compõe fraturas e deslocações de ossos.

Endireitar, v. 1. Tr. dir. e pron. Pôr(-se) direito, tornar(-se) reto. 2. Tr. ind. Caminhar ou navegar direito a. 3. Tr. dir. Dispor convenientemente; arrumar. 4. Tr. dir. Corrigir. 5. Pron. Retomar o bom caminho. Antôn. (acep. 1): *entortar.*

Êndise, s. f. *Biol.* Renovação do tegumento após a écdise. Antôn.: *ecdise.*

Endiva, s. f. V. *endívia.*

Endívia, s. f. V. *almeirão.*

Endividar, v. 1. Tr. dir. Fazer dívidas. 2. Pron. Contrair dívidas. 3. Pron. Empenhar-se.

endo-, pref. (gr. *endon*). Exprime idéia de *interior, do que é interno: endocárdio, endocraniano.*

Endoado, adj. (de *dó*). 1. Dolorido, triste. 2. Enlutado.

Endobiótico, adj. (*endo + biótico*). *Biol.* Que vive dentro do tecido de um hospedeiro.

Endocárdio, s. m. (*endo + cárdio*). *Anat.* Membrana lisa que reveste as cavidades do coração.

Endocardite, s. f. (*endocárdio + ite*). *Med.* Inflamação do endocárdio.

Endocarpo, s. m. (*endo + carpo*[2]). *Bot.* Membrana interna do pericarpo em contato com a semente. Var.: *endocárpio.*

Endocéfalo, adj. (*endo + céfalo*[2]). *Hist. Nat.* Que não tem cabeça aparente.

Endocraniano, adj. 1. *Anat.* Que diz respeito ao endocrânio. 2. Situado dentro do endogrânio.

Endocrânio, s. m. *Anat.* 1. V. *duramáter.* 2. Face interna da caixa craniana.

Endocrínico, adj. V. *endócrino.*

Endócrino, adj. (*endo* + gr. *krine*). *Anat.* Relativo ou pertencente a uma secreção interna ou a uma glândula que produz tal secreção.

Endocrinologia, s. f. *Med.* 1. Ciência ou estudo da secreção interna e das glândulas endócrinas. 2. Tratado das glândulas endócrinas.

Endocrinopatia, s. f. *Med.* Qualquer doença causada por desordem de glândulas endócrinas.

Endoderma, s. m. (*endo + derma*). *Anat.* e *Zool.* A camada germinal primária mais interna das três que constituem o embrião.

Endoenças, s. f. pl. (l. *indulgentias*). Solenidades religiosas em quinta-feira santa; celebração eclesiástica da paixão de Cristo.

Endófito, adj. *Biol.* Que vive dentro do tecido de plantas. S. m. Organismo vegetal que vive dentro de um animal ou de uma planta.

Endoflebite, s. f. (*endo + flebite*). *Med.* Inflamação do endotélio de uma veia.

Endogamia, s. f. 1. *Sociol.* Matrimônio exclusivo entre os membros de um grupo específico de uma tribo ou povo. Antôn.: *exogamia.*

Endógamo, adj. e s. m. (*endo + gamo*). Diz-se do, ou o que pratica a endogamia.

Endogenia, s. f. Crescimento de dentro de ou de uma camada interna.

Endógeno, adj. 1. Que cresce de dentro de. 2. Que se desenvolve dentro da parede de célula. 3. Originado dentro do organismo. Var.: *endógene.* Antôn.: *exogeno.*

Endoidar, v. V. *endoidecer.* Var.: *endoudar.*

Endoidecer, v. (*en + doido + ecer*). 1. Tr. dir. Tornar doido. 2. Intr. Ficar ou tornar-se doido. 3. Tr. dir. Fazer andar à roda a cabeça de; desvairar.

Endoidecimento, s. m. (*endoidecer + mento*). Ato ou efeito de endoidecer. Var.: *endoudecimento.*

Endolinfa, s. f. (*endo + linfa*). *Anat.* Líquido que enche o labirinto membranoso do ouvido interno dos vertebrados.

Endométrio, s. m. *Anat.* Mucosa do útero.

Endometrite, s. f. (*endo + metrite*). *Med.* Inflamação do endométrio.

Endomísio, s. m. (*endo* + gr. *mus + io*). *Anat.* Bainha delicada de tecido conjuntivo que envolve cada fibra muscular.

Endomorfismo, s. m. *Geol.* Modificação que sofre uma rocha eruptiva por contato com a rocha encaixante.

Endoplasma, s. m. *Biol.* Parte central, granulosa, do citoplasma das células. Opõe-se a *ectoplasma.*

Endoscopia, s. f. *Med.* Exame visual do interior de certos órgãos ou cavidades do corpo humano com o endoscópio.

Endoscópico, adj. *Med.* Relativo ou pertencente a um endoscópio ou à endoscopia.

Endoscópio, s. m. (*endo + scopo + io*). *Med.* Instrumento destinado a examinar o interior de cavidades do corpo (fossas nasais, laringe etc.).

Endosmômetro, s. m. *Fís.* Instrumento para determinar o grau de endosmose.

Endosmose, s. f. (*endo + osmose*). *Fís.* Passagem osmótica através de uma membrana ou septo poroso de uma região de concentração mais baixa a outra de concentração mais alta. Antôn.: *exosmose.*

Endosmótico, adj. Que diz respeito à endosmose.

Endosperma, s. m. *Bot.* Tecido nutritivo que se forma no saco embrionário das espermatófitas após a fecundação; albume. Var.: *endospermo.*

Endospório, s. m. *Biol.* Espório assexual desenvolvido dentro da célula, especialmente nas bactérias. Anton.: *exospório.*

Endossado, adj. (p. de *endossar*). Que tem endosso. S. m. Pessoa a quem se endossou uma letra; endossatário, tomador.

Endossador, adj. e s. m. (*endossar + dor*). V. *endossante.*

Endossamento, s. m. *Com.* V. *endosso.*

Endossante, adj. e s., m. e f. (de *endossar*). Que, ou quem endossa uma letra de câmbio, uma ordem ou outros efeitos comerciais; endossador.

Endossar, v. (fr. *endosser*). Tr. dir. 1. Pôr endosso em. 2. Escrever no verso de um título de crédito o pertence com que que transfere a outrem o direito no mesmo representado.

Endossatário, s. m. V. *endossado.*

Endosse, s. m. V. *endosso.*

Endosso (*ô*), s. m. Ato pelo qual se transfere um título de crédito a outrem, mediante assinatura no verso.

Endoteca, s. f. *Bot.* Membrana interna dos lóculos da antera.

Endotelial, adj. m. e f. *Anat.* Relativo ou pertencente ao endotélio.

Endotélio, s. m. (*endo + télio*, por *epitélio*). *Anat.* Camada celular que forra interiormente as serosas, o coração e os vasos.

Endotelioma, s. m. (*endotélio + oma*). *Med.* Tumor formado de células endoteliais.

Endotérmico, adj. *Quím.* Que é acompanhado de absorção de calor (falando de reações químicas).

Endovenoso, adj. Intravenoso; no interior da veia: Injeção *endovenosa.*

Endrão, s. m. *Bot.* Erva anual da família das Umbelíferas, que ocorre na Europa e na Ásia.

Endríaco, s. m. V. *endríago.*

Endríago, s. m. *Mit.* Monstro fabuloso que, segundo diziam, devorava virgens.

Enduração, s. f. 1. Ato de endurecer. 2. *Med.* Endurecimento de tecidos orgânicos.

Endurado, adj. 1. Endurecido. 2. Contumaz.

Endurar, v. V. *endurecer.*

Endurecer, v. (l. *indurescere*). 1. Tr. dir. Tornar duro; enrijar. 2. Intr. Consolidar-se, solidificar-se. 3. Intr. e pron. Tornar-se duro; empedernir-se, insensibilizar-se. 4. Tr. dir. Tornar insensível. 5. Intr. e pron. Acostumar-se ao trabalho ou às fadigas; calejar-se. Antôn. (acep. 1 e 2): *amolecer.*

Endurecimento, s. m. 1. Ato ou efeito de endurecer. 2. Dureza de coração. 3. Obstinação, teimosia.

enea-, elem. de comp. (gr. *ennea*). Tem a significação de nove: *eneágono.*

Eneágino, adj. *Bot.* Provido de nove pistilos ou estigmas.

Eneagonal, adj. m. e f. (*eneágono + al*[3]). Que tem nove ângulos.

Eneágono, s. m. *Geom.* Figura de nove ângulos e nove lados.

Eneandro, adj. *Bot.* Provido de nove estames.

Eneassépalo, adj. *Bot.* Diz-se do cálice que tem nove sépalas.

Enegrecer, v. 1. Tr. dir. Tornar negro; escurecer. 2. Intr. e pron. Tornar-se negro. 3. Tr. dir. Caluniar, desacreditar, difamar. Antôns. (acep. 1): *clarear;* (acep. 2): *embranquecer.*

Enegrecimento, s. m. 1. Ato ou efeito de enegrecer. 2. Estado do que se enegrece; escurecimento.

Enema, s. m. (gr. *enema*). *Med.* Injeção de medicamentos ou de alimentos pelo reto. 2. Clister.

Êneo, adj. (l. *aeneu*). 1. Relativo ao bronze. 2. Semelhante ao bronze. 3. Feito de bronze.

Eneorema, s. m. *Med.* Substância leve e esbranquiçada que se manifesta em suspensão na urina guardada por algum tempo.

Energético, adj. 1. Relativo ou pertencente à energia. 2. Baseado na energia. 3. Diz-se de alimentos de grande poder calórico.

Energia, s. f. (l. *energia,* gr. *energeia*). 1. Capacidade dos corpos para produzir um trabalho ou desenvolver uma força. 2. Modo como se exerce uma força; eficácia. 3. Qualidade do que é enérgico; resolução nos atos; firmeza. 4. Atividade diligente. 5. Força física. 6. Força moral. 7. Vigor. 8. Força em ação. Antôn. (acepções 3, 5, 6 e 7): *fraqueza.*

Enérgico, adj. (*energia + ico*). 1. Que manifesta energia ou é por ela caracterizado. 2. Vigoroso.

Enérgide, s. f. *Biol.* Protoplasma ativo vivo, em oposição ao deutoplasma; protoplasto.

Energúmeno, s. m. (gr. *energoumenos*). 1. Possesso do demônio. 2. Indivíduo desnorteado.

Enervação, s. f. (*enervar + ção*). 1. Ato ou efeito de enervar. 2. Falta de energia física, mental ou moral; languidez. 3. *Med.* Esgotamento nervoso. 4. *Cir.* Supressão da ação de um nervo ou feixe nervoso causador de moléstia ou enfermidade. Cfr. *inervação.*

Enervado, adj. (p. de *enervar*). 1. Falto de vigor físico, mental ou moral; lânguido. 2. *Med.* Privado de um nervo ou feixe nervoso.

Enervador, adj. (*enervar+ dor*). V. *enervante.*

Enervamento, s. m. V. *enervação.*

Enervante, adj. m. e f. 1. Que enerva, que tem a propriedade de enervar. 2. Que irrita.

Enervar, v. (l. *enervare*). 1. Tr. dir. e pron. Fazer perder ou perder o nervo, o vigor, a energia. 2. Tr. dir. Irritar os nervos de. 3. Tr. dir. *Cir.* Suprimir a ação de um nervo ou feixe nervoso. Anton. (acep. 1): *fortificar.* Cfr. *inervar.*

Enevoar, v. (*en + névoa + ar*). 1. Tr. dir. e pron. Cobrir(-se) de névoa, neblina ou nevoeiro. 2. Tr. dir. e pron. Tornar(-se) baço ou opaco. 3. Tr. dir. e pron. Tornar(-se) triste.

Enfadadiço, adj. Que facilmente se enfada; rabugento.

Enfadamento, s. m. V. *enfado.*

Enfadar, v. 1. Tr. dir. e intr. Causar enfado, fastio, tédio a. 2. Pron. Aborrecer-se, agastar-se, desgostar-se.

Enfado, s. m. (de *enfadar*). 1. Ato ou efeito de enfadar. 2. Agastamento, zanga. 3. Cansaço.

Enfadonho, adj. 1. Que enfada. 2. Fastidioso, fatigante, molesto, sensaborão.

Enfaixar, v. Tr. dir. e pron. Embrulhar, envolver, ligar com faixas.

Enfaramento, s. m. Ação ou efeito de enfarar.

Enfarar, v. (*en + faro + ar*). 1. Tr. dir. Causar aborrecimento ou repugnância a; enfadar. 2. Tr. ind. e pron. Enfastiar-se de algum alimento.

Enfardadeira, s. f. (*enfardar + deira*). Máquina agrícola para enfardar palha, feno, algodão, sisal etc.

Enfardador, adj. e s. m. Que, ou o que enfarda; embalador, empacotador.

Enfardamento, s. m. (*enfardar + mento*). Ação ou efeito de enfardar; embalagem, empacotamento.

Enfardar, v. Tr. dir. 1. Juntar em fardo. 2. Embrulhar, embalar, empacotar, entrouxar.

Enfardelar, v. (*en + fardel + ar*). V. *enfardar.*

Enfarelar, v. (*en + farelo + ar*). Tr. dir. 1. Espalhar farelos sobre. 2. Juntar farelos a.

Enfarinhar, v. 1. Tr. dir. Polvilhar com farinha. 2. Tr. dir. e pron. Cobrir(-se) ou empoar(-se) de farinha. 3. Tr. dir. e pron. Converter(-se) em farinha. 4. Tr. dir. *Pint.* Esbranquiçar.

Enfaro, s. m. Fastio, tédio enojamento.

Enfarpelar, v. Tr. dir. e pron. *Pop.* Vestir, pôr farpela em; vestir-se com trajos domingueiros.

Enfarruscar, v. 1. Tr. dir. Fazer farruscar em. 2. Tr. dir. e pron. Sujar(-se) com carvão ou fuligem. 3. Pron. Anuviar-se, toldar-se.

Enfartamento, s. m. (*enfartar + mento*). Ato ou efeito de enfartar.

Enfartar, v. 1. Tr. dir. Causar enfarte em. 2. Tr. dir. e pron. Encher(-se) de comida; empanturrar(-se).

Enfarte, s. m. Ato ou efeito de enfartar ou enfartar-se. 2. Ingurgitamento, inchação. 3. *Med.* Necrose de coagulação, circunscrita, de um órgão (o coração, por ex.), em conseqüência da obliteração de uma artéria. Var.: *infarto* e *infarte.*

Ênfase, s. f. (l. *emphase*). 1. Exagero no tom ou nas palavras empregadas. 2. Intensidade ou afetação na expressão. Antôn.: *naturalidade, simplicidade.*

Enfastiadiço, adj. 1. Que enfastia. 2. Enfadonho, maçador.

Enfastiamento, s. m. Ato de enfastiar.

Enfastiar, v. 1. Tr. dir. e intr. Causar fastio ou tédio a. 2. Pron. Enfadar-se, enojar-se.

Enfastioso, adj. Que enfastia.

Enfático, adj. Que tem ênfase. (Diz-se do estilo ou da forma empolada, solene por afetação).

Enfatiotar, v. Pron. Vestir uma fatiota; vestir-se com apuro.

Enfatismo, s. m. 1. Uso ou abuso de ênfase. 2. Qualidade de enfático.

Enfatizar, v. Tr. dir. Dar ênfase a (falando ou escrevendo).

Enfatuação, s. f. V. *enfatuamento.*

Enfatuado, adj. Cheio de si; presumido, arrogante.

Enfatuamento, s. m. Ação ou efeito de enfatuar ou enfatuar-se.

Enfatuar, v. 1. Tr. dir. e pron. Tornar(-se) fátuo, vaidoso. 2. Pron. Mostrar-se fátuo; ensoberbecer-se.

Enfear, v. V. *afear.*

Enfebrar, v. (*en + febre + ar*). Tr. dir. Produzir febre em.

Enfebrecer, v. *P. us.* 1. Tr. dir. Causar febre a. 2. Intr. Apresentar febre, passar a estado febril.

Enfeitado, adj. (p. de *enfeitar*). Adornado, ataviado.

Enfeitador, adj. e s. m. (*enfeitar + dor*). Que, ou o que enfeita.

Enfeitar, v. (l. *infectare*). 1. Tr. dir. Pôr enfeites ou arrebiques a. 2. Tr. dir. Dar boa aparência a. 3. Pron. Ornamentar-se, embelezar-se.

Enfeite, s. m. (de *enfeitar*). Adorno, atavio, ornamento.

Enfeitiçamento, s. m. (*enfeitiçar + mento*). Ação ou efeito de enfeitiçar.

Enfeitiçar, v. (*en + feitiço + ar*). Tr. dir. 1. Fazer feitiço em. 2. Prejudicar por meio de supostas artes diabólicas. 3. Atrair, cativar, por meio de bruxarias ou sortilégios. 4. Encantar, seduzir.

Enfeixamento, s. m. Ação ou efeito de enfeixar.

Enfeixar, v. Tr. dir. 1. Juntar, prender em feixe. 2. Ajuntar, reunir. 3. Enfardelar, entrouxar.

Enfeltrar, v. (*en + feltro + ar*). Tr. dir. 1. Cobrir de feltro. 2. Converter em feltro.

Enfermagem, s. f. (*enfermar + agem*). 1. Serviços de enfermaria. 2. Tratamento dos enfermos. 3. Funções de enfermeiro. 4. Conjunto dos enfermeiros.

Enfermar, v. (*enfermo + ar*). 1. Tr. ind. e intr. Cair enfermo, ficar doente. 2. Tr. dir. Fazer enfermo, tornar doente.

Enfermaria, s. f. Casa ou sala para enfermos.

Enfermeira, s. f. (f. de *enfermeiro*). Mulher habilitada para cuidar de enfermos.

Enfermeiro, s. m. (*enfermo + eiro*). Aquele que trata dos doentes nos hospitais ou no domicílio.

Enfermiço, adj. (de *enfermo*). Que adoece freqüentemente; achacoso, doentio, valetudinário.

Enfermidade, s. f. (l. *infirmitate*). Alteração mais ou menos grave da saúde; doença, moléstia.

Enfermo (*ê*), adj. (l. *infirmu*). Doente, achacado, débil. S. m. Pessoa doente. Antôns.: *são, normal.*

Enferrujar, v. (*en + ferrugem + ar*). 1. Tr. dir. Fazer criar ferrugem; oxidar, 2. Intr. e pron. Encher-se de ferrugem; oxidar-se 3. Tr. dir. e pron. Cobrir(-se) de alforra (os vegetais).
Enfesta, s. f. Assomada, cume, pico. Antôn.: *sopé*.
Enfestado, adj. (p. de *enfestar*). 1. Largo (falando-se de panos). 2. *Pop*. Que tem duas larguras.
Enfestador, s. m. (*enfestar + dor*). Indivíduo acostumado a enfestar no jogo.
Enfestar, v. (*en + festo + ar*). 1. Tr. dir. Enrolar dobrando pelo meio na sua largura (pano ou fazenda). 2. Tr. dir. Aumentar. 3. Intr. Roubar no jogo.
Enfestoar, v. V. *afestoar*.
Enfeudação, s. f. (*enfeudar + ção*). Ato de enfeudar.
Enfeudar, v. (*en + feudo + ar*). 1. Tr. dir. Constituir em feudo. 2. Tr. dir. Sujeitar à sua vontade, ao seu parecer. 3. Pron. Entregar-se uma pessoa a outra, a um partido etc.
Enfezado, adj. 1. Imperfeitamente desenvolvido; pequeno, raquítico. 2. Aborrecido, irritado.
Enfezamento, s. m. Ato ou efeito de enfezar.
Enfezar, v. (de *fezes*). 1. Tr. dir. e pron. Causar fezes a ou ser acometido de fezes; enfadar(-se), enfastiar(-se), impacientar(-se), irritar(-se). 2. Tr. dir. Tolher o desenvolvimento de, tornar raquítico. 3. Intr. *Pop*. Emperrar, empacar.
Enfiação, s. f. (*enfiar + ção*). Ato ou efeito de enfiar.
Enfiada, s. f. 1. Série de coisas enfileiradas. 2. Quantidade de coisas atravessadas pelo mesmo fio.
Enfiador, s. m. Cordão com que se atam os sapatos ao pé.
Enfiadura, s. f. 1. Porção de linha que se enfia de cada vez numa agulha. 2. Enfiada de contas, pérolas. 3. Orifício da agulha; olho.
Enfiamento, s. m. 1. V. *enfiação*. 2. Fileira. 3. Susto. 4. Palidez.
Enfiar, v. (*en + fio + ar*). 1. Tr. dir. Fazer passar um fio pelo olho de uma agulha; introduzir num orifício. 2. Tr. dir. Dispor em série atravessada por um fio. 3. Tr. dir. Fazer passar por entre ou para dentro; introduzir, meter por entre ou dentro. 4. Tr. dir. Meter sobre, de maneira como se enfia o anel no dedo. 5. Tr. dir. Atravessar de lado a lado; traspassar (espada, lança etc.). 6. Tr. dir. Vestir. 7. Tr. dir. Calçar.
Enfileiramento, s. m. Ato ou efeito de enfileirar.
Enfileirar, v. 1. Tr. dir. Dispor em fileira, em linha. 2. Intr. e pron. Entrar na fileira.
Enfim, adv. (*en + fim*). Afinal, finalmente.
Enfisema, s. m. (gr. *emphusema*). *Med*. Tumefação de um órgão em razão da presença anormal de ar ou gás no próprio tecido.
Enfisemático, adj. Que se refere ao enfisema.
Enfistular, v. (*en + fistula + ar*). Intr. e pron. 1. Converter-se ou degenerar em fistula. 2. Criar fistula.
Enfiteuse, s. f. *Dir*. Cessão do domínio útil, com reserva do domínio direto, de uma propriedade imóvel, rústica ou urbana, pelo seu dono ao enfiteuta mediante o pagamento de pensão ou foro anual; aforamento, emprazamento.
Enfiteuta, s. m. e f. Pessoa que recebe ou tem o domínio útil de um prédio, por contrato de enfiteuse.
Enfiteuticar, v. (*enfitêutico + ar*). Tr. dir. Ceder por enfiteuse; aforar.
Enfitêutico, adj. Pertencente ou relativo a enfiteuse.
Enfivelamento, s. m. Ação de enfivelar.
Enfivelar, v. (*en + fivela + ar*). Tr. dir. Pôr fivela em.
Enflanelar, v. (*en + flanela + ar*). 1. Tr. dir. Revestir de flanela. 2. Pron. Cobrir-se de flanela.
Enflocado, adj. 1. Coberto de flocos. 2. Que tem flocos.
Enflorar, v. (*en + flor + ar*). 1. Tr. dir. Fazer nascer flores em. 2. Intr. e pron. Criar flores; florescer. 3. Tr. dir. Adornar, guarnecer, ornar de flores. 4. Tr. dir. Enfeitar.
Enflorear, v. V. *enflorar*.
Enflorescer, v V. *florescer*.
Enflorestado, adj. (*en + floresta + ado*). Que tem florestas.
Enfocação, s. f. (*enfocar + ção*). Ação de enfocar.
Enfocar, v. Tr. dir. 1. *Fot*. Pôr em foco. 2. Pôr em enfoque, acepção 2.
Enfolhamento, s. m. Ação ou efeito de enfolhar.
Enfolhar, v. (*en + folha + ar*). 1. Tr. dir. Cobrir de folhas. 2. Intr. e pron. Criar folhas; revestir-se de folhas.
Enfolipar, v. Tr. dir. Produzir folipo em; formar seio ou fole em (peça mal costurada).
Enfoque, s. m. 1. Ato ou efeito de enfocar. 2. Modo de considerar ou de entender um assunto ou uma questão; ponto de vista; perspectiva.
Enforcamento, s. m. (*enforcar + mento*). Ação ou operação de enforcar.
Enforcar, v. (*en + forca + ar*). 1. Tr. dir. Dar morte a alguém na forca. 2. Pron. Suicidar-se por estrangulação, suspendendo-se pelo pescoço. 3. Tr. dir. Deixar de trabalhar em dia útil entre dois feriados.
Enforjar, v. (*en + forja + ar*). Tr. dir. Meter na forja.
Enformação, s. f. (*enformar + ção*). Ato de operação de enformar.
Enformador, adj. e s. m. (*enformar + dor*). Que, ou o que enforma.
Enformar, v. Tr. dir. 1. Pôr na forma. 2. Comer com apetite voraz.
Enfornar, v. Tr. dir. Meter no forno.
Enforquilhar, v. Tr. dir. 1. Dar forma de forquilha a. 2. Enforcar. 3. Bifurcar, escarranchar.
Enfraquecer, v. 1. Intr. e pron. Tornar-se fraco; debilitar-se. 2. Intr. e pron. Perder as forças ou a energia. 3. Tr. dir. Fazer perder as forças; tornar fraco; debilitar. Antôn.: *fortalecer*.
Enfraquecimento, s. m. (*enfraquecer + mento*). Ação ou efeito de enfraquecer; debilitação.
Enfrascar, v. 1. Tr. dir. Guardar, recolher em frascos (um líquido); engarrafar. 2. Pron. Embebedar-se.
Enfreado, adj. (p. de *enfrear*). 1. Que tem freio. 2. Refreado, reprimido.
Enfreador, adj. e s. m. 1. Que, ou o que põe freio, ou enfreia. 2. Que, ou o que reprime ou doma.
Enfreamento, s. m. (*enfrear + mento*). Ato ou efeito de enfrear; frenagem.
Enfrear, v. (*en + freio + ar*). 1. Tr. dir. Pôr freio a; enfrenar. 2. Tr. dir. Colocar o freio no animal. 3. Tr. dir. Apertar o freio de (máquina, veículo). 4. Tr. dir. Refrear, reprimir. 5. Pron. Conter as próprias paixões ou sentimentos. 6. Pron. Moderar: *Enfrear o gênio, os ímpetos*.
Enfrechadura, s. f. *Náut*. Cada um dos cabos que se fixam nos ovéns da enxárcia.
Enfrechar, v. Tr. dir. *Náut*. Colocar enfrechadura em.
Enfrentar, v. 1. Tr. dir. e tr. ind. Estar em frente de; defrontar. 2. Tr. ind. Encarar. 3. Tr. dir. Atacar de frente; agüentar, arrostar com. 4. Tr. dir. Ter prélio desportivo com.
Enfrestar, v. (*en + fresta + ar*). Tr. dir. 1. Separar por frestas; fazer frestas em. 2. Espreitar.
Enfronhar, v. 1. Tr. dir. Revestir com a fronha (almofada ou travesseiro); encapar. 2. Tr. dir. Vestir apressadamente. 3. Tr. dir. e pron. Tornar(-se) ilustrado ou versado; instruir(-se).
Enfrouxecer, v. (*en + frouxo + ecer*). Tr. dir. Tornar frouxo. Var.: *enfroixecer*.
Enfrutecer, v. Intr. Dar fruto; ter frutos.
Enfueirada, s. f. (de *enfueirar*). *Pop*. Carro cheio até o cimo dos fueiros.
Enfueirar, v. Tr. dir. 1. Pôr fueiros em. 2.Carregar o carro até a altura das extremidades dos fueiros.
Enfulijar, v. Tr. dir. Sujar com fuligem; mascarar.
Enfumaçar, v. (*en + fumaça + ar*). Tr. dir. Cobrir ou encher de fumaça.
Enfunação, s. f. Ato ou efeito de enfunar.
Enfunar, v. (l. *fune*). 1. Tr. dir. e pron. Encher(-se) (de vento), tornar(-se) bojudo; retesar(-se). 2. Tr. dir. e pron. Tornar(-se) orgulhoso; encher-se de vaidade.
Enfunilamento, s. m. Ato ou efeito de enfunilar.
Enfunilar, v. (*en + funil + ar*). V. *afunilar*.
Enfurecer, v. 1. Tr. dir. e pron. Tornar(-se) furioso. 2. Pron. Encapelar-se (o mar ou as ondas). 3. Pron. Desencadear-se (o vento).

Enfurecido, adj. 1. Furioso, raivoso. 2. Agitado, encapelado. Antôn.: *calmo, sereno.*

Enfuriado, adj. Que tem fúria; enfurecido.

Enfuriar, v. (*en + fúria + ar*). V. *enfurecer.*

Enfurnar, v. 1. Tr. dir. e pron. Meter(-se) em furna; encafuar(-se). 2. Tr. dir. e pron. Encher(-se) de furnas. 3. Tr. dir. Ocultar, guardar dinheiro.

Enfuscar, v. (*en + fusco + ar*). 1. Tr. dir. Tornar fusco. 2. Intr. e pron. Tornar-se fusco ou sombrio. 3. Tr. dir. Ofuscar a; deslumbrar.

Enfusta, s. f. Espeque oblíquo.

Enfustar, v. Tr. dir. Colocar enfustas em; escorar.

Enfuste, s. m. Preparo que se dá às peles com o fim de as intumescer.

Engabelação, s. f. Ato ou efeito de engabelar. Var.: *engambelação.*

Engabelador, adj. e s. m. Que, ou o que engabela.

Engabelar, v. Tr. dir. 1. Enganar ou iludir jeitosamente; seduzir. 2. Ser agradável a, para enganar. Var.: *engambelar.*

Engaçar, v. Tr. dir. Esterroar em engaço ou ancinho.

Engaço, s. m. 1. Pedicelo de um cacho de uva. 2. Bagaço.

Engadelhar, v. Tr. dir. Fazer (o cabelo) em gadelha.

Engafecer, v. (*en + gafo + ecer*). 1. Intr. Encher-se de gafeira. 2. Tr. dir. Causar gafeira a.

Engaiolar, v. Tr. dir. 1. Meter em gaiola. 2. Meter na cadeia; prender.

Engajado, adj. Contratado ou aliciado por engajamento. S. m. *Mil.* Soldado que engajou.

Engajamento, s. m. 1. Ato ou efeito de engajar. 2. Prestação de serviço voluntário nas forças armadas.

Engajar, v. (fr. *engager*). 1. Tr. dir. e pron. Contratar para serviço pessoal. 2. Pron. Alistar-se nas forças armadas.

Engalanado, adj. (p. de *engalanar*). Ornado, enfeitado.

Engalanar, v. Tr. dir. e pron. Pôr galas em; ataviar(-se), enfeitar(-se), ornamentar(-se).

Engalfinhar, v. 1. Pron. *Pop.* Agarrar-se ao adversário. 2. Pron. Brigar corpo a corpo.

Engalhardetar, v. Tr. dir. Ornar de galhardetes.

Enganado, adj. (p. de *enganar*). 1. Que se enganou. 2. Iludido, logrado, ludibriado. S. m. Pessoa enganada.

Enganador, adj. e s. m. (*enganar + dor*). Que, ou o que engana.

Enganar, v. (l. v. **ingannare*). 1. Tr. dir. Empregar enganos; embaçar, embair, iludir. 2. Pron. Cair em erro; iludir-se, equivocar-se.

Enganchar, v. (*en + gancho + ar*). Tr. dir. Apanhar, prender, segurar, suspender com gancho.

Engano, s. m. 1. Ação ou efeito de enganar ou de enganar-se. 2. Insídia. 3. Falácia, logro.

Enganoso (*ô*), adj. 1. Em que há engano. 2. Enganador, falso. 3. Artificioso. 4. Ilusório.

Engarfar, v. 1. Tr. dir. Tomar com um garfo. 2. Tr. ind. Entroncar uma estirpe em outra.

Engarrafadeira, s. f. 1. Mulher que engarrafa. 2. Máquina para engarrafar.

Engarrafado, adj. (p. de *engarrafar*). 1. Que se engarrafou. 2. Acondicionado ou fechado em garrafa. 3. Paralisado: Trânsito *engarrafado.*

Engarrafagem, s. f. V. *engarrafamento.*

Engarrafamento, s. m. 1. Ato ou efeito de engarrafar. 2. Obstrução, entupimento.

Engarrafar, v. 1. Tr. dir. Acondicionar ou fechar em garrafa. 2. Tr. dir. Obstruir, cercar, bloquear.

Engarupar, v. 1. Tr. dir. Pôr na garupa. 2. Pron. Montar na garupa. 3. Pron. Elevar-se.

engasgalhar, v. Pron. *Pop.* 1. Engasgar-se. 2. Entalar-se. 3. Ficar preso.

Engasgamento, s. m. (*engasgar + mento*). V. *engasgo.*

Engasgar, v. 1. Tr. dir. Causar engasgo a, obstruir a garganta de. 2. Intr. e pron. Ficar com a garganta embaraçada ou entupida. 3. Tr. dir. Impedir de falar. 4. Pron. Perder o fio do discurso.

Engasgo, s. m. 1. Ato ou efeito de engasgar-se. 2. Obstáculo à respiração, devido à presença de corpo estranho na garganta.

Engastador, adj. e s. m. Que, ou aquele que engasta.

Engastalhar, v. (*en + gastalho + ar*). Tr. dir. 1. Apertar com gastalho. 2. Travar.

Engastar, v. (cfr. com o cast. *engastar*). 1. Tr. dir. Meter no engaste; encastoar, encravar (pedras finas) em ouro, prata etc. 2. Tr. dir. e pron. Prender(-se) como em cravação.

Engaste, s. m. 1. Ato ou efeito de engastar. 2. Aro ou guarnição de metal em que se embebe a pedraria nas jóias. 3. Aquilo que se engastou.

Engatar, v. Tr. dir. 1. Ligar, prender por meio de gatos metálicos ou engates. 2. Atrelar ao carro ou ao tiro anterior. 3. Atrelar (vagões). 4. V. *embrear*[2]. 5. *Gír.* Furtar.

Engate, s. m. 1. Ato de engatar. 2. Aparelho com que se atrelam animais a viaturas.

Engatilhar, v. Tr. dir. 1. Armar o gatilho de. 2. Dispor para disparar (uma arma de fogo).

Engatinhar, v. Intr. 1. Andar de gatinhas, como as crianças. 2. Marinhar, trepar.

Engavelar, v. 1. Tr. dir. Juntar ou dispor em gavelas; formar gavelas de; enfeixar. 2. Pron. Brigar com outrem; rixar.

Engavetamento, s. m. (*engavetar + mento*). Ato ou efeito de engavetar.

Engavetar, v. 1. Tr. dir. Fechar ou guardar em gaveta. 2. Tr. dir. *Pop.* Meter na cadeia. 3. Pron. Em desastre de veículos, meter-se parte de um carro em outro.

Engazopador, adj. e s. m. Que, ou o que engazopa.

Engazopamento, s. m. Ato de engazopar.

Engazopar, v. Tr. dir. 1. Enganar, iludir, lograr. 2. Meter em prisão.

Engelhado, adj. (p. de *engelhar*). Que tem gelhas; enrugado, encarquilhado.

Engelhar, v. 1. Tr. dir. Produzir gelhas em. 2. Intr. e pron. Tornar-se rugoso.

Engendrar, v. (l. *ingenerare*). Tr. dir. 1. Formar, gerar, produzir. 2. Engenhar, inventar.

Engenhador, adj. (*engenhar + dor*). Que engenha. S. m. 1. O que engenha. 2. Pessoa engenhosa.

Engenhar, v. (de *engenho*). Tr. dir. 1. Idear, planear. 2. Armar, maquinar, traçar. 3. Fabricar ou construir artificiosamente.

Engenharia, s. f. (*engenho + aria*). 1. Arte de aplicar os conhecimentos científicos à invenção, aperfeiçoamento ou utilização da técnica industrial em todas as suas determinações. 2. Ciência ou arte de construções civis, militares e navais.

Engenheiro, s. m. (*engenho + eiro*). Pessoa formada em Engenharia e dedicada a ela. — *E. Agrônomo*: engenheiro especializado em engenharia agrícola.

Engenho, s. m. (l. *ingeniu*). 1. Capacidade para discorrer ou inventar com prontidão. 2. Talento, aptidão natural; gênio. 3. Conjunto de máquinas e outros dispositivos utilizados na preparação do álcool e do açúcar. 4. Propriedade agrícola onde se cultiva e se industrializa a cana-de-açúcar.

Engenhoca, s. f. (*de engenho*). *Pop.* e *pej.* Qualquer máquina ou maquinismo.

Engenhoso (*ô*), adj. (l. *ingeniosu*). 1. Que tem, ou revela engenho. 2. Inventivo.

Engessador, adj. e s. m. (*engessar + dor*). Que, ou o que engessa.

Engessar, v. (*en + gesso + ar*). Tr. dir. 1. Branquear com gesso. 2. Cobrir ou rebocar com gesso. 3. Envolver membros fraturados em tiras de gaze embebidas em gesso.

Englobar, v. (*en + globo + ar*). 1. Tr. dir. Reunir em um todo. 2. Tr. dir. Dar forma de globo a.

Englobular, v. Tr. dir. Converter em glóbulo.

-engo, suf. (germ. *ing*). Tem o sentido de pertença, proveniência (*avoengo, realengo*), ou de atribuição depreciativa (*mulherengo, mostrengo*).

Engodado, adj. (p. de *engodar*). Atraído com engodo.

Engodamento, s. m. Ação ou efeito de engodar.

Engodar, v. Tr. dir. 1. Atrair por meio de engodo. 2. Enganar ardilosamente com promessas que não se cumprem.

Engodativo, adj. Que serve para engodar.

Engodilhar, v. 1. Tr. dir. Encher de godilhões. 2. Intr. Criar godilhões (grumos). 3. Tr. dir. Atrapalhar, embaraçar.
Engodo (*ô*), s. m. 1. Isca para pescar. 2. Ceva para apanhar aves ou peixes. 3. Coisa com que se engoda ou se induz alguém. 4. Atrativo.
Engolfar, v. 1. Tr. dir. e pron. Meter(-se) em golfo. 2. Tr. dir. e pron. Abismar(-se), mergulhar(-se) em sorvedouro, lançar(-se) na voragem. 3. Tr. dir. *Fig.* Mergulhar, meter, enterrar.
Engolição, s. f. (*engolir + ção*). Ação de engolir.
Engolideiras, s. f. pl. *Gír.* Goelas; gorgomilos. *Chamar nas e., Pop.*: comer, surripiar.
Engolidor, adj. e s. m. (*engolir + dor*). Que, ou o que engole.
Engolipar, v. Tr. dir. *Pop.* Engolir.
Engolir, v. (*en* + l. *gula + ir*). Tr. dir. 1. Passar da boca ao estômago. 2. Sorver, tragar. 3. Consumir, gastar. 4. Acreditar em. Irreg.: muda o *o* da da raiz em *u* na 1ª pessoa do ind. pres. (*engulo*) e em todo o subj. presente (*engula, as, a, amos, ais, am*).
Engomadaria, s. f. Casa ou estabelecimento onde se engoma roupa.
Engomadeira, s. f. 1. Mulher que engoma. 2. Máquina utilizada na indústria da tecelagem para engomar tecidos.
Engomar, v. 1. Tr. dir. Molhar em goma. 2. Tr. dir. Meter em goma e alisar depois a ferro quente. 3. Intr. Exercer a profissão de engomadeira.
Engonçar, v. Tr. dir. 1. Pôr engonços em. 2. Segurar com engonços.
Engonço, s. m. (de *engonçar*). Dobradiça, gonzo.
Engorda, s. f. 1. Ação ou efeito de engordar; ceva. 2. Pastagem onde cevam o gado.
Engordar, v. 1. Tr. dir. Tornar gordo. 2. Intr. Tornar-se gordo. Antôn.: *emagrecer.*
Engorduramento, s. m. Ação ou efeito de engordurar.
Engordurar, v. (*en + gordura + ar*). Tr. dir. e pron. Besuntar(-se), sujar(-se) de gordura.
Engraçado, adj. (p. de *engraçar*). 1. Que tem graça. 2. Espirituoso, jovial. 3. Cômico. 4. Metediço.
Engraçamento, s. m. 1. Ato ou efeito de engraçar. 2. Atrevimento, confiança. 3. Galanteio.
Engraçar, v. 1. Tr. dir. Dar graça a; tornar gracioso, jovial. 2. Tr. dir. Realçar. 3. Tr. ind. Ver com bons olhos; agradar-se, simpatizar. 4. Tr. dir. e pron. Congraçar(-se), reconciliar(-se). 5. Pron. Troçar, zombar de.
Engradado, adj. Que se engradou. S. m. Armação para proteção de objetos ou animais transportados.
Engradamento, s. m. (*engradar + mento*). 1. Ato ou efeito de engradar. 2. Obra engradada.
Engradar, v. Tr. dir. 1. Fazer em forma de grade. 2. Fechar com grades. 3. Pregar na grade (uma tela, em que se vai pintar). 4. Prover de engradado.
Engrampador, adj. e s. m. Que, ou o que engrampa.
Engrampar, v. Tr. dir. 1. Enganar, embair a. 2. Atrair com embuste.
Engrandecer, v. (l. *ingrandescere*). 1. Tr. dir. e intr. Tornar(-se) grande, tornar(-se) maior. 2. Tr. ind., intr. e pron. Crescer em honras ou dignidades; ilustrar-se. 3. Pron. Tornar-se afamado, poderoso, rico.
Engrandecimento, s. m. (*engrandecer + mento*). Ação ou efeito de engrandecer.
Engranzador, adj. e s. m. Que, ou o que engranza.
Engranzagem, s. f. Ato ou efeito de engranzar.
Engranzamento, s. m. V. *engranzagem.*
Engrànzar, v. (*en + grão + z + ar*). Tr. dir. 1. Enfiar (contas). 2. Concatenar, encadear. 3. Ligar como elos de cadeia. 4. Embair, engazopar. 5. Engrenar.
Engravatar, v. (*en + gravata + ar*). Pron. 1. Enfeitar-se com gravata. 2. Mostrar-se garrido.
Engravescer, v. 1. Intr. e pron. Tornar-se pior; agravar-se. 2. Tr. dir. Tornar mais grave.
Engravidar, v. Tr. dir. e intr. Tornar, ficar grávida a fêmea. No caso dos animais, diz-se correntemente *emprenhar.*
Engraxadela, s. f. (*engraxar + dela*). 1. Ação de engraxar. 2. Ligeira mão de graxa.
Engraxador, adj. e s. m. 1. Que, ou o que engraxa. 2. Que, ou aquele que lisonjeia.
Engraxamento, s. m. Ação ou efeito de engraxar.
Engraxar, v. Tr. dir. 1. Dar graxa e lustrar seguidamente (o calçado, os arreios). 2. *Mec.* Lubrificar com graxa. 3. *Gír.* Subornar, "amaciar".
Engraxataria, s. f. Lugar onde se engraxam sapatos. Var.: *engraxateria.*
Engraxate, s. m. Engraxador de calçado.
Engrazar, v. V. *engranzar.*
Engrelar, v. Intr. e pron. Erguer-se viçoso, deitando grelo (falando-se de plantas).
Engrenagem, s. f. (fr. *engrenage*). 1. *Mec.* Ato ou efeito de engrenar. 2. Conjunto de peças de um maquinismo.
Engrenar, v. (fr. *engrener*). Tr. dir. e intr. 1. *Mec.* Encaixar(-se) os dentes de uma roda nos de outra roda ou peça dentada; endentar, engranzar, entrosar. 2. Operar o engate de um veículo.
Engrifar, v. (*en + grifo + ar*). 1. Tr. dir. Dar a forma de garra a. 2. Pron. Preparar-se para brigar.
Engrimanço, s. m. 1. *Gram.* Fala, ou expressão ininteligível, obscura; anfiguri. 2. Artimanha, enredo.
Engrimpar, v. Pron. 1. Colocar-se na grimpa; elevar-se, encarrapitar-se. 2. Ensoberbecer-se.
Engrinaldar, v. Tr. dir. e pron. 1. Enfeitar com grinaldas. 2. Alindar, aformosear. 3. Coroar.
Engrolador, adj. (*engrolar + dor*). Que engrola. S. m. Aquele que engrola, que executa mal.
Engrolar, v. (l. *incrudare?*). 1. Tr. dir. Assar de leve, cozer ligeiramente. 2. Tr. dir. Exprimir atabalhoadamente, de modo incompleto ou obscuro.
Engrossador, adj. Que engrossa. S. m. Adulador, bajulador de pessoas altamente colocadas.
Engrossamento, s. m. (*engrossar + mento*). 1. Ação de engrossar, de tornar grosso. 2. Estado do que engrossou. 3. *Pop.* Bajulação, lisonjeamento.
Engrossar, v. 1. Tr. dir. Aumentar a grossura de. 2. Tr. dir. Tornar grosso, denso, consistente, espesso. 3. Intr. e pron. Tornar-se grosso ou mais grosso. Antôn. (acep. 1): *adelgaçar.*
Engrouvinhado, adj. V. *esgrouvinhado.*
Engrunhido, adj. 1. Entorpecido. 2. Preguiçoso.
Engrunhir, v. Tr. dir. Tornar hirto; entorpecer.
Enguaxumado, adj. Coberto ou assolado por guaxuma ou guaxima.
Enguia, s. f. (l. v. **anguila*, por *anguilla*). *Ictiol.* 1. Nome comum a peixes serpentiformes, fluviais e marinhos, que constituem a ordem dos Ápodes.
Enguiçador, adj. e s. m. Que, ou aquele que enguiça; que é dado a enguiçar.
Enguiçamento, s. m. Ação ou efeito de enguiçar; enguiço.
Enguiçar, v. 1. Tr. dir. Causar enguiço a, dar mau olhado ou quebranto a. 2. Tr. dir. Agourar, encalistar. 3. Tr. dir. Fazer com que não medre. 4. Pron. Implicar com alguma coisa. 5. Intr. Sofrer desarranjo (diz-se de máquina, motor etc.).
Enguiço, s. m. (de *enguiçar*). 1. Mau-olhado; quebranto. 2. *Mec.* Desarranjo, pane.
Enguirlandar, v. Tr. dir. Ornar de guirlandas.
Engulhamento, s. m. (*engulhar + mento*). Ação ou efeito de engulhar.
Engulhar, v. (*engulho + ar*). 1. Tr. dir. Causar engulhos, causar nojo a. 2. Intr. Sentir nojo. 3. Intr. Ter náusea. 4. Intr. Ter ânsias ou grande desejo.
Engulhento, adj. V. *engulhoso.*
Engulho, s. m. 1. Ato ou efeito de engulhar. 2. Náusea. 3. Pessoa que causa nojo. 4. Desejo veemente; tentação.
Engulhoso, adj. (*engulho + oso*). Que causa engulho.
Enícola, adj. m. e f. 1. Que trata de vinhos. 2. Que faz comércio de vinhos. 3. Que vive, ou se cultiva no vinho.
Enigma, s. m. 1. Dito ou fato de difícil interpretação. 2. Descrição metafórica ou ambígua de uma coisa, tornando-a

difícil de ser adivinhada. 3. Aquilo que dificilmente se compreende.

Enigmático, adj. 1. Que diz respeito a enigma. 2. Incompreencível, misterioso, obscuro.

Enigmatista, s. m. e f. 1. Pessoa que faz ou decifra enigmas. 2. Pessoa que fala por enigmas.

Enigmista, s. m. e f. V. *enigmatista.*

Enílema, s. m. (gr. *eneilema*). *Bot.* Uma das três membranas do óvulo vegetal.

Enjaular, v. (*en + jaula + ar*). Tr. dir. 1. Meter na jaula. 2. Encarcerar, prender.

Enjeitado, adj. Abandonado, rejeitado. S. m. Criança que foi abandonada ou rejeitada pelos pais.

Enjeitador, adj. e s. m. Que, ou aquele que enjeita.

Enjeitamento, s. m. 1. Ato ou efeito de enjeitar. 2. Abandono.

Enjeitar, v. (l. *ejectare*). Tr. dir. 1. Não aceitar; recusar, rejeitar: *E.* um *emprego.* 2. Abandonar, recusar, repelir, repudiar. 3. Reprovar. Antôns. (acep. 1.): *aceitar;* (acep. 3.): *aprovar.*

Enjerido, adj. (p. de *enjerir*). 1. Engelhado. 2. Encolhido de frio.

Enjerir, v. Pron. Encolher-se com frio ou por doença.

Enjerizar, v. V. *zangar-se.*

Enjoadiço, adj. Atreito a enjôos.

Enjoamento, s. m. (*enjoar + mento*). V. *enjôo.*

Enjoar, v. (por *enojar*). 1. Tr. dir. Causar enjôo ou náuseas a. 2. Tr. dir. Sentir enjôo ou repugnância por (alimento, remédio). 3. Intr. Sofrer de enjôo, ter náuseas.

Enjoativo, adj. Que causa enjôo.

Enjôo, s. m. (metát. de *enojo*). 1. Princípio de engulho. 2. Náusea, agonia. 3. Mal-estar que sentem algumas pessoas durante a viagem em determinados veículos.

Enlaçado, adj. (p. de *enlaçar*). Unido; abraçado.

Enlaçadura, s. f. (*enlaçar + dura*). 1. Ação ou efeito de enlaçar. 2. Peça de enlaçar o elmo.

Enlaçamento, s. m. (*enlaçar + mento*). V. *enlaçadura.*

Enlaçar, v. (*en + laço + ar*). 1. Tr. dir. Prender, unir com laço. 2. Tr. dir. Laçar: *Enlaçou o potro* na carreira. 3. Tr. dir. Atar em forma de laço. 4. Tr. dir. Prender nos braços; abraçar. 5. Pron. Unir-se por vínculo moral (afeto, amizade, matrimônio etc.). Antôns. (acep. 1 e 2): *soltar, desligar.*

Enlace, s. m. (de *enlaçar*). 1. Ação ou efeito de enlaçar ou enlaçar-se; união. 2. Casamento.

Enladeirado, adj. Inclinado em declive; íngreme.

Enladeirar, v. (*en + ladeira + ar*). Tr. dir. Tornar declive ou inclinado.

Enlaivar, v. 1. Tr. dir. Cobrir de laivos. 2. Pron. Encher-se de laivos. 3. Tr. dir. Manchar, sujar.

Enlambuzar, v. 1. Tr. dir. e pron. Besuntar(-se), untar(-se). 2. Tr. dir. Sujar, misturando (as tintas). 3. Pron. Aprender superficialmente.

Enlameado, adj. Sujo de lama; lodoso.

Enlameadura, s. f. Ato ou efeito de enlamear.

Enlamear, v. 1. Tr. dir. e pron. Sujar(-se) com lama. 2. Tr. dir. Conspurcar, deprimir, manchar. 3. Pron. Manchar o próprio nome; aviltar-se.

Enlaminar, v. (*en + lâmina + ar*). Tr. dir. Guarnecer com lâminas, forrar com lâminas.

Enlanguescência, s. f. Ação ou efeito de enlanguescer; enlanguescimento.

Enlanguescente, adj. m. e f. (de *enlanguescer*). Que enlanguece; languescente.

Enlanguescer, v. Intr. e pron. Tornar-se lânguido, enfraquecer, perder as forças.

Enlapado, adj. 1. Medido em lapa ou furna. 2. Oculto.

Enlapar, v. 1. Tr. dir. e pron. Meter(-se) em lapa, esconder(-se) na toca ou covil. 2. Tr. dir. Fazer desaparecer; sumir. 3. Pron. Refugiar-se, sumir-se.

Enlatamento, s. m. Ato de enlatar.

Enlatar, v. Tr. dir. 1. Meter em latas. 2. Pôr de conserva em latas. 3. Dispor ou suster em latadas.

Enleado, adj. 1. Emaranhado, entrelaçado. 2. Indeciso, acanhado, embaraçado, perplexo.

Enlear, v. (l. *illigare?*). 1. Tr. dir. Atar, ligar, prender com liame. 2. Tr. dir. Emaranhar. 3. Pron. Enredar-se, prender-se. 4. Tr. dir. Tornar perplexo; embaraçar. Antôns. (acep. 1 e 2): *desatar;* (acep. 4): *desembaraçar.*

Enleio, s. m. (de *enlear*). 1. Ato ou efeito de enlear. 2. Coisa que enleia. 3. Embaraço. 4. Acanhamento.

Enleitado, adj. (*en + leito + ado*). *Constr.* Diz-se da pedra que assenta bem em construções.

Enleivar, v. (*en + leiva + ar*). Tr. dir. Formar leivas em trabalho agrícola ou em terraceamento.

Enlevação, s. f. (*enlevar + ção*). Ato ou efeito de enlevar; êxtase, enlevo.

Enlevamento, s. m. (*enlevar + mento*). V. *enlevação.*

Enlevar, v. (*en + levar*). 1. Tr. dir. e intr. Causar enlevo a; encantar, extasiar. 2. Tr. dir. Deliciar. 3. Pron. Maravilhar-se, extasiar-se.

Enlevo (*ê*), s. m. (de *enlevar*). 1. Ato de enlevar. 2. Arrebatamento, arroubo. 3. Coisa que maravilha; assombro. Pl.: *enlevos* (*ê*).

Enliçador, adj. e s. m. (*enliçar + dor*). 1. Que, ou o que enliça; burlão. 2. Enganador.

Enliçar, v. (*en + liço + ar*). Tr. dir. 1. Pôr liços no tear. 2. Fraudar, enganar a.

Enliço, s. m. (de *enliçar*). 1. Má urdidura. 2. Burla, enredo, fraude.

Enlodaçar, v. Tr. dir. Converter em lodaçal.

Enlodado, adj. (p. de *enlodar*). Coberto de lodo.

Enlodar, v. (*en + lodo + ar*). 1. Tr. dir. e pron. Sujar(-se) com lodo; enlamear(-se). 2. Tr. dir. Aviltar, conspurcar. Antôn. (acep. 1): *limpar.*

Enlouquecer, v. (*en + louco + ecer*). 1. Tr. ind. e intr. Tornar-se louco, perder o uso da razão. 2. Tr. dir. Tirar o uso da razão a; tornar louco.

Enlouquecimento, s. m. (*enlouquecer + mento*). Ação ou efeito de enlouquecer; loucura, desvairamento.

Enlourado, adj. (p. de *enlourar*). 1. Ornado de louros. 2. Vitorioso.

Enlourar, v. (*en + louro + ar*). Tr. dir. 1. V. *alourar.* 2. Adornar ou coroar de louros. Var.: *enloirar.*

Enlourecer, v. V. *alourar.* Var.: *enloirecer.*

Enlousamento, s. m. (*enlousar + mento*). Ação ou efeito de enlousar. Var.: *enloisamento.*

Enlousar, v. (*en + lousa + ar*). Tr. dir. 1. Cobrir ou forrar com lousa; alousar. 2. Caçar com lousa (armadilha). Var.: *enloisar.*

Enluarado, adj. Iluminado pelo luar; luarento.

Enludrar, v. Tr. dir. Tornar ludro, turvo, sujo.

Enlurar, v. (*en + lura + ar*). Tr. dir. Meter em lura ou cova; enlapar, enfurnar.

Enlutar, v. 1. Tr. dir. e pron. Cobrir(-se), vestir(-se) de luto. 2. Tr. dir. Causar grande mágoa a. 3. Tr. dir. e pron. Envolver(-se) em trevas.

Enluvado, adj. Calçado de luvas.

Enluvar, v. Tr. dir. e pron. Calçar luvas.

eno-[1], elem. de comp. (gr. *oinos*). Significa *vinho; enologia.*

-eno[2], suf. (gr. *enos*). Forma etnônimos: *agareno, nazareno.*

-eno[3], elem. de comp. Designa composto de carbono não saturado: *benzeno.*

Enobrecedor, adj. e s. m. Que, ou aquele que enobrece.

Enobrecer, v. 1. Tr. dir. e pron. Tornar(-se) nobre por ações, obras ou feitos; nobilitar(-se). 2. Tr. dir. Aformosear, enfeitar, enriquecer. 3. Pron. Engrandecer-se. Antôn. (acepção 1): *aviltar.*

Enobrecimento, s. m. 1. Ação ou efeito de enobrecer. 2. Engrandecimento.

Enodoar, v. 1. Tr. dir. e pron. Pôr nódoas em; encher(-se) de nódoas. 2. Tr. dir. e pron. Sujar(-se). 3. Tr. dir. Macular, difamar. 4. Pron. Desonrar-se por ações vis. Antôns. (acepções 1 e 2): *limpar;* (acepção 3): *ilibar.*

Enofilia, s. f. 1. Inclinação ao vinho. 2. Comércio do vinho e anexos. Antôn.: *enofobia.*

Enófilo, adj. (*eno*[1] *+ filo*[3]). 1. Que gosta de vinho. 2. Que se dedica a comércio ou assuntos vinícolas.

Enofobia, s. f. (*eno*[1] *+ fobia*). Aversão ou horror a vinho.

Enófobo, adj. (*eno*[1] + *fobo*). Que tem enofobia.
Enófora, s. f. V. *enóforo*.
Enóforo, s. m. *Antig.* Vaso para servir vinho, entre os romanos.
Enoftalmia, s. f. *Med.* Afundamento do olho na órbita. Antôn.: *exoftalmia*.
Enoitar, v. Tr. dir. e pron. V. *anoitecer*.
Enoitecer, v. 1. Intr. V. *anoitecer*. 2. Tr. dir. Converter em noite. 3. Tr. dir. e intr. Tornar(-se) escuro. 4. Intr. Enlutar-se, estristecer-se.
Enojadiço, adj. (*enojar* + *diço*). 1. Que se enoja facilmente. 2. Melindroso, irritadiço.
Enojado, adj. 1. Nauseado. 2. Enfastiado, aborrecido.
Enojamento, s. m. (*enojar* + *mento*). V. *enojo*.
Enojar, v. (l. v. *inodiare*). 1. Tr. dir. Causar nojo a. 2. Pron. Sentir nojo ou enjôo; nausear-se. 3. Tr. dir. Causar aborrecimento ou tédio a. 4. Pron. Aborrecer-se. 5. Tr. dir. e pron. Ofender(-se).
Enojo (*ô*), s. m. (de *enojar*). 1. Ato ou efeito de enojar; enjôo, nojo. 2. Aborrecimento. 3. Luto. 4. Tristeza.
Enol, s. m. (gr. *oinos*). 1. *Farm.* Vinho que é excipiente medicinal. 2. *Quím.* Composto orgânico de oxidrilo, caracterizado pelo grupamento > C : C(OH) –
Enóleo, s. m. (*eno*[1] + *óleo*). *Farm.* Preparado medicamentoso em que o vinho é excipiente.
Enólico, adj. *Farm.* 1. Que tem o vinho por excipiente. 2. Relativo a enol ou a enóleo.
Enolina, s. f. (gr. *oinos*). Substância corante do vinho tinto; enocianina.
Enologia, s. f. (*eno*[1] + *logo* + *ia*). Ciência e arte do cultivo da vide e preparação do vinho.
Enológico, adj. Que diz respeito à enologia.
Enologista, s. m. e f. Pessoa versada em enologia.
Enomancia, s. f. (*eno*[1] + *mancia*). Suposta arte de adivinhar pela observação do vinho.
Enomania, s. f. Atração irresistível pelo vinho. 2. Moléstia causada pelo excesso de vinho ou outras bebidas; delirium-tremens.
Enomaníaco, adj. e s. m. Que, ou o que sofre de enomania.
Enomel, s. m. (*eno*[1] + *mel*). Xarope à base de vinho e adoçado com mel. Pl.: *enoméis*.
Enometria, s. f. Aplicação do enômetro.
Enométrico, adj. Que se refere à enometria.
Enômetro, s. m. (*eno*[1] + *metro*[2]). Instrumento para avaliar o peso específico dos vinhos e, em geral, a graduação alcoólica de outros líquidos.
Enora, s. f. *Náut.* 1. Abertura no convés e nas cobertas por onde passam os mastros. 2. Peças de madeira com que se atocham os mastros.
Enorme, adj. m. e f. 1. Desviado da norma. 2. De extraordinária grandeza; muito grande.
Enormidade, s. f. (l. *enormitate*). 1. Qualidade de enorme. 2. Excesso de grandeza. 3. Proporção gigantesca. 4. Coisa descabida; barbaridade: Dizer *enormidades*.
Enosteose, s. f. (*eno*[1] + *ósteo* + *ose*). *Med.* Tumor ósseo que se desenvolve dentro da cavidade de um osso ou na superfície interna do córtex do osso.
Enoteráceas, s. f. pl. V. *Onagráceas*.
Enoteráceo, adj. Relativo ou pertencente à família das Enoteráceas.
Enoveladeira, s. f. (*enovelar* + *deira*). Aparelho com que, nas fábricas de fiação, se formam os novelos.
Enovelado, adj. (p. de *enovelar*). 1. Feito em novelo. 2. Enrolado. 3. Enredado.
Enovelar, v. (*en* + *novelo* + *ar*). 1. Tr. dir. Dar o feitio de novelo a. 2. Tr. dir. e pron. Enrolar(-se) em novelo, fazer(-se) em novelo; dobrar(-se). 3. Pron. Fazer-se em bola; enroscar-se, redemoinhar. 4. Tr. dir. Tornar confuso; emaranhar.
Enquadramento, s. m. (*enquadrar* + *mento*). Ação ou efeito de enquadrar.
Enquadrar, v. (*en* + *quadro* + *ar*). Tr. dir. 1. Pôr em quadro. 2. Emoldurar, encaixilhar. 3. Dispor no respectivo quadro. 4. Incluir. 5. Adaptar, ajustar. 6. Tornar quadrado.
Enquanto, conj. 1. No tempo em que. 2. Ao passo que. — *Por e.*, loc. adv.: por ora.
Enquartado, adj. (p. de *enquartar*). Diz-se do animal de quartos fortes, bem providos de carnes.
Enquartar, v. (*en* + *quarto* + *ar*). Intr. 1. Criar gordura ou músculos nos quartos. 2. Alinhavar (a entretela) com os quartos do casaco.
Enque, s. m. *Náut.* Cabo com que se reforça o estai do traquete.
Enqueijar, v. (*en* + *queijo* + *ar*). Tr. dir. Coalhar o leite, prepará-lo para converter-se em queijo.
Enquilhar, v. (*en* + *quilha* + *ar*). Tr. dir. 1. Pôr quilha em. 2. Pregar na quilha.
-ênquima, elem. de comp. (gr. *enkuma*). Exprime a idéia de *tecido celular* de um tipo especificado: *colênquima*.
Enquimose, s. f. (gr. *egkhumosis*). *Med.* Afluxo repentino de sangue produzido por uma emoção como o rubor da vergonha.
Enquistado, adj. (p. de *enquistar*). 1. Encerrado em ou como em um cisto (quisto) ou cápsula; cístico. 2. Transformado em cisto (quisto).
Enquistamento, s. m. Ato ou efeito de enquistar.
Enquistar, v. (*en* + *quisto* + *ar*). 1. Intr. Criar, formar quisto. 2. Pron. Converter-se em quisto. 3. Pron. Encaixar-se. Var.: *encistar*.
Enquizilado, adj. Que tem quizilas.
Enrabar, v. (*en* + *rabo* + *ar*). Tr. dir. 1. Segurar pelo rabo. 2. Andar sempre junto ou atrás de (outrem). 3. Prender (animal) pelo cabresto à cauda de outro. 4. Amarrar um veículo detrás de outro.
Enrabichado, adj. (p. de *enrabichar*). 1. Em forma de rabicho. 2. Muito enamorado, apaixonado.
Enrabichar, v. (*en* + *rabicho* + *ar*). 1. Tr. dir. Atar o cabelo em forma de rabicho. 2. Pron. Apaixonar-se amorosamente. 3. Tr. dir. Fazer apaixonar-se. 4. Intr. Correr (o cavaleiro) atrás da rês, para derrubá-la pela cauda.
Enradicado, adj. V. *arraigado*.
Enraivado, adj. (p. de *enraivar*). Enraivecido.
Enraivar, v. (*en* + *raiva* + *ar*). V. *enraivecer*.
Enraivecer, v. (*en* + *raiva* + *ecer*). 1. Tr. dir. Tornar raivoso. 2. Intr. e pron. Encolerizar-se, irar-se.
Enraivecido, adj. (p. de *enraivecer*). Irado, colérico.
Enraizado (*a-i*), adj. (p. de *enraizar*). 1. Que lançou raízes; preso pelas raízes; arraigado. 2. Inveterado.
Enraizar (*a-i*), v. (*en* + *raiz* + *ar*). 1. Intr. Criar raízes. 2. Tr. dir. e pron. Fixar(-se) pelas raízes. 3. Intr. e pron. Prender-se, fixar-se.
Enramada, s. f. (de *enramar*). Ornato (ou cobertura) de ramos; ramada.
Enramado, adj. (p. de *enramar*). Que tem ramos.
Enramalhar, v. Tr. dir. Ornar com ramos.
Enramalhetar, v. Tr. dir. 1. Adornar com ramalhetes. 2. Juntar em ramalhete. 3. Adornar, enflorar.
Enramamento, s. m. (*enramar* + *mento*). 1. Ação ou efeito de enramar. 2. Entrelaçamento de ramos de árvores para abrigo ou ornamentação.
Enramar, v. (*en* + *ramo* + *ar*). 1. Tr. dir. Entrelaçar ramos para ornamentação ou abrigo. 2. Tr. dir. Enramalhetar. 3. Tr. dir. Atapetar, cobrir de ramos. 4. Intr. e pron. Cobrir-se de ramos; enfolhar-se (a árvore). 5. Tr. dir. *Tip.* Pôr na rama (forma); engradar.
Enramilhetar, v. (*en* + *ramilhete* + *ar*). V. *enramalhetar*.
Enrançar, v. Tr. dir. e intr. Tornar(-se) rançoso.
Enranchar, v. (*en* + *rancho* + *ar*). Tr. dir. e pron. Juntar(-se) ao rancho; agrupar(-se); bandear(-se).
Enrarecer, v. (*en* + *raro* + *ecer*). Tr. dir. e intr. Tornar(-se) raro ou ralo; rarefazer.
Enrascada, s. f. (de *enrascar*). V. *enrascadela*.
Enrascadela, s. f. (*enrascar* + *dela*). Atrapalhação, embaraço, encrenca.
Enrascadura, s. f. (*enrascar* + *dura*). Ato ou efeito de enrascar; rascada , enrascadela.
Enrascar, v. (*en* + *rasca* + *ar*). *Pop.* 1. Tr. dir. Fazer cair em ci-

lada. 2. Tr. dir. Lograr, enganar. 3. Pron. Meter-se em dificuldades; atrapalhar-se, entalar-se, encalacrar-se. Antôn. (acepção 1): *livrar*.

Enredadeira, s. f. (*enredar + deira*). 1. Mulher que faz intrigas. 2. *Bot.* Planta poligonácea (*Polygonum convolvulus*). — *E.-de-borla*: trepadeira ranunculácea (*Clematis montevidensis*).

Enredadela, s. f. *Fam.* Enredo, intriga.

Enredado, adj. 1. Que se enredou. 2. Semelhante a rede. 3. Emaranhado. 4. Enleado, complicado.

Enredador, adj. e s. m. Que, ou aquele que enreda.

Enredamento, s. m. (*enredar + mento*). Ação ou efeito de enredar.

Enredar, v. (*en + rede + ar*). 1. Tr. dir. Colher, prender na rede. 2. Tr. dir. e pron. Emaranhar(-se), enlear(-se). 3. Tr. dir. Fazer mexericos; intrigar. 4. Tr. dir. Formar o enredo de (composição teatral, romance etc.).

Enredeiro, adj. e s. m. (*enredo + eiro*). Que, ou o que enreda, ou faz enredos; enredador.

Enrediça, s. f. *Bot.* Nome genérico das plantas trepadeiras ou sarmentosas.

Enrediço, adj. 1. Que se enreda facilmente. 2. Que forma enredo; enredado, emaranhado. 3. Que arma enredos facilmente; intrigante.

Enredo (*ê*), s. m. (de *enredar*). 1. Ato ou efeito de enredar. 2. Confusão de linhas; labirinto. 3. Drama íntimo; segredo. 4. Episódio complicado; mistério. 5. Mentira que produz inimizades. 6. Encadeamento dos incidentes na literatura de ficção; entrecho, urdidura.

Enredoso, adj. (*enredo + oso*). 1. Em que há enredos. 2. Que enreda. 3. Embaraçoso, complicado.

Enredouçar, v. (*en + redouçar*). Tr. dir. Embalançar na redouça. Var.: *enredoiçar*.

Enregelado, adj. 1. Congelado. 2. Muito frio.

Enregelamento, s. m. (*enregelar + mento*). Ação ou efeito de enregelar; congelação.

Enregelante, adj. m. e f. Que enregela.

Enregelar, v. (*en + regelo + ar*). 1. Tr. dir. Tornar excessivamente frio; congelar, regelar. 2. Intr. e pron. Resfriar-se demasiadamente; congelar-se. 3. Pron. Perder a exaltação, o calor, o entusiasmo. 4. Intr. Ficar frio, indiferente ou inerte.

Enrenquear, v. (*en + renque + ear*). Tr. dir. Dispor em renque ou fileira; alinhar, enfileirar.

Enresinar, v. (*en + resina + ar*). 1. Tr. dir. Untar com resina. 2. Tr. dir. Tornar consistente como a resina. 3. Intr. e pron. Tomar a consistência da resina; tornar-se duro.

Enricar, v. V. *enriquecer*.

Enriçar, v. (*en + riçar*). Tr. dir. Fazer riças em; encrespar, emaranhar.

Enrijar, v. (*en + rijo + ar*). 1. Tr. dir. Tornar rijo, duro, forte, robusto. 2. Intr. e pron. Fazer-se rijo. 3. Intr. Tomar forças; enrobustecer-se.

Enrijecer, v. (*en + rijo + ecer*). V. *enrijar*.

Enrilhar, v. Intr. 1. Enrijar-se. 2. Constipar-se (o ventre).

Enripamento, s. m. Ação ou efeito de enripar.

Enripar, v. (*en + ripa + ar*). Tr. dir. Pregar as ripas sobre os caibros de um telhado; ripar.

Enriquecer, v. (*en + rico + ecer*). 1. Intr. e pron. Tornar-se rico. 2. Tr. dir. Dar riqueza a. 3. Tr. dir. Aumentar, melhorando. 4. Tr. dir. e pron. Dar lustre a; aformosear(-se). Antôn. (aceps. 1 e 2): *empobrecer*.

Enriquecimento, s. m. (*enriquecer + mento*). Ato ou efeito de enriquecer, de tornar ou tornar-se rico.

Enristar, v. 1. Tr. dir. Pôr a lança em riste. 2. Intr. Preparar-se para acometer alguém.

Enrizar, v. Tr. dir. *Náut.* Meter nos rizes.

Enrocado, adj. Coberto de penhascos.

Enrocamento, s. m. Conjunto de penhascos que servem de proteção nos aterros e obras hidráulicas.

Enrodelar, v. (*en + rodela + ar*). 1. Tr. dir. Proteger ou armar com rodela. 2. V. *encaracolar-se*.

Enrodilhar, v. (*en + rodilha + ar*). 1. Tr. dir. Converter em rodilha, dar forma de rodilha a. 2. Pron. Torcer-se, enrolar-se. 3. Tr. dir. Envolver em forma de rodilha. 4. Tr. dir. Complicar, enredar. 5. Tr. dir. Envolver em trapaças.

Enrolado, adj. (p. de *enrolar*). 1. Que forma rolo. 2. Envolto. 3. Confuso, emaranhado.

Enroladouro, s. m. Peça em que se enrola o fio para formar novelo; caroço do novelo. Var.: *enroladoiro*.

Enrolamento, s. m. (*enrolar + mento*). 1. Ação de enrolar. 2. Conjunto de fios enrolados numa bobina ou num motor elétrico.

Enrolar, v. (*en + rolo + ar*). 1. Tr. dir. Dobrar em rolo ou espiral. 2. Tr. dir. Dar forma de rolo a; tornar roliço. 3. Pron. Mover-se em rolos. 4. Tr. dir. e pron. Envolver(-se).

Enroscado, adj. (p. *de enroscar*) 1. Que se enroscou. 2. Em forma de rosca. 3. Enrolado.

Enroscadura, s. f. Ato ou efeito de enroscar.

Enroscamento, s. m. (*enroscar + mento*). 1. V. *enroscadura*. 2. Aparafusamento.

Enroscar, v. 1. Tr. dir. Mover à maneira de rosca. 2. Tr. dir. Fazer penetrar em rosca. 3. Tr. dir. Dar forma de rosca, dobrando; enrolar, enrodilhar.

Enroupado, adj. (p. de *enroupar*). 1. Vestido, agasalhado. 2. *Fam.* Bem provido de roupas.

Enroupar, v. (*en + roupa + ar*). Tr. dir. e pron. 1. Agasalhar(-se), cobrir(-se) com roupa. 2. Prover de roupa.

Enrouquecer, v. 1. Tr. dir. Tornar rouca (diz-se da voz). 2. Intr. e pron. Ficar ou tornar-se rouco.

Enrouquecimento, s. m. Ação ou efeito de enrouquecer; rouquidão.

Enroxar, v. (*en + roxo + ar*). Pron. Tornar-se roxo.

Enrubescer, v. 1. Tr. dir. Tornar vermelho ou rubro; corar. 2. Intr. e pron. Fazer-se vermelho ou corado. Antôns. (acep. 1): *descorar;* (acep. 2): *empalidecer*.

Enruçar, v. Tr. dir. e intr. Tornar(-se) ruço.

Enrudecer, v. Tr. dir. e intr. Tornar(-se) rude.

Enrufar, v. V. *arrufar-se*.

Enrugamento, s. m. (*enrugar + mento*). 1. Ação ou efeito de enrugar. 2. *Geol.* V. *dobramento*.

Enrugar, v. 1. Tr. dir. Fazer rugas em. 2. Tr. dir. e pron. Encarquilhar(-se), encher(-se) de rugas. 3. Tr. dir. Encrespar.

Ensaboadela, s. f. 1. Ação ou efeito de ensaboar ligeiramente. 2. Repreensão, sarabanda. 3. Aquisição de ligeiros conhecimentos.

Ensaboado, adj. Lavado com sabão. S. m. Lavagem de roupa com sabão.

Ensaboadura, s. f. (*ensaboar + dura*). 1. Ação ou efeito de ensaboar. 2. Água em que há sabão.

Ensaboar, v. (*en + sabão + ar*). Tr. dir. 1. Esfregar ou lavar com água e sabão. 2. Untar de sabão desfeito em água. 3. Repreender a.

Ensaburrar, v. (*en + saburra + ar*). 1. Tr. dir. *Náut.* Lastrar com pedra ou areia (as embarcações); saburrar. 2. Tr. dir. Manchar, sujar. 3. Pron. *Med.* Encher-se de saburra (a língua, o canal digestivo).

Ensacador, s. m. (*ensacar + dor*). 1. Aquele que ensaca. 2. Atacadista ou exportador de café.

Ensacamento, s. m. Ação ou efeito de ensacar.

Ensacar, v. Tr. dir. 1. Meter em saco; emalar, enfardelar. 2. Meter em tripa (carne de porco).

Ensaiado, adj. (p. de *ensaiar*). 1. Que se ensaiou; provado, analisado, experimentado. 2. De que se fez ensaio antes de se apresentar em público (falando das composições dramáticas, musicais ou coreográficas). 3. Que recebeu instruções; adestrado, industriado.

Ensaiamento, s. m. (*ensaiar + mento*). V. *ensaio*.

Ensaiar, v. (*ensaio + ar*). 1. Tr. dir. Examinar por provas e contraprovas; analisar, apreciar. 2. Tr. dir. Exercitar, experimentar, praticar. 3. Pron. Adestrar-se, aperfeiçoar-se, aprimorar-se.

Ensaibrar, v. (*en + saibro + ar*). Cobrir com saibro ou areia; arear.

Ensaio, s. m. (b. l. *exagiu*). 1. Ato de ensaiar; prova, experiência. 2. Exame, análise. 3. Tentativa, tirocínio, adestramento. 4. Experiência para ver se uma coisa convém ao fim a que se destina. 5. *Lit.* Livro ou artigo extenso escrito livremente sobre um assunto sem pretender aprofundá-lo.

Ensaísta, s. m. e f. *Lit.* Pessoa que escreve ensaios.

Ensalada, s. f. (cast. *ensalada*). 1. V. *salada*. 2. Composição poética e musical antiga, em versos de diferentes medidas e em várias línguas.

Ensalmador, adj. e s. m. (*ensalmar + dor*). 1. Que, ou aquele que ensalma. 2. Benzedeiro, curandeiro.

Ensalmar, v. (*ensalmo + ar*). 1. Tr. dir. Curar ou tratar com ensalmos. 2. Intr. Fazer bruxarias, encantamentos ou ensalmos.

Ensalmo, s. m. (corr. de *salmo*). *Folc.* 1. Prática de curar por meio de benzeduras, feitiços e rezas. 2. Charlatinismo.

Ensalmourar, v. (*en + salmoura + ar*). Tr. dir. Pôr ou ter em salmoura. Var.: *ensalmoirar*.

Ensamambaiado, adj. (*en + samambaia + ado*). Em que há muitas samambaias: Pasto *ensamambaiado*.

Ensamarrado, adj. Vestido de samarra.

Ensambenitar, v. (*en + sambenito + ar*). Tr. dir. Vestir com o sambenito. Var.: *sambenitar*.

Ensamblador, adj. (*ensamblar + dor*). Que ensambla ou entalha. S. m. Marceneiro, entalhador.

Ensambladura, s. f. (*ensamblar + dura*). 1. Ato de ensamblar. 2. Lugar onde duas peças são ensambladas junto. Vars.: *ensamblamento, ensamblagem* e *sambladura*.

Ensamblar, v. Tr. dir. *Marc.* 1. Reunir (a madeira) por meio de entalhes. 2. Fazer embutidos (na madeira).

Ensancha, s. f. (de *ensanchar*). 1. Porção de pano que se deixa a mais na costura, para futuro alargamento, se for preciso. 2. Sobra. 3. Largura. 4. Liberdade. 5. Ampliação. 6. Ensejo.

Ensanchar, v. (l. v. *examplare*). 1. Tr. dir. Dar ensanchas a. 2. Tr. dir. e pron. Ampliar(-se), dilatar(-se), alargar(-se). Antons. (acep. 2): *reduzir, limitar*.

Ensandecer, v. (*en + sandeu + ecer*). 1. Tr. dir. e intr. Tornar(-se) sandeu. 2. Tr. dir. Endoidecer, pnlouquecer a. 3. Intr. Perder a razão.

Ensanefar, v. (*en + sanefa + ar*). 1. Tr. dir. Ornar com sanefas. 2. Pron. Cair em forma de sanefas.

Ensangüentado, adj. (p. de *ensangüentar*). 1. Coberto de sangue. 2. Manchado de sangue.

Ensangüentar, v. (*en + sangue + entar*). 1. Tr. dir. e pron. Cobrir(-se) ou manchar(-se) de sangue. 2. Tr. dir. Dar cor de sangue a. 3. Tr. dir. Enodoar, macular, manchar. 4. Pron. Ferir-se em combate.

Ensanguinhar, v. Intr. *P. us.* Ensangüentar.

Ensapezado, adj. Invadido pelo sapé.

Ensaque, s. m. (de *ensacar*). Ato de ensacar.

Ensarilhar, v. (*en + sarilho + ar*). Tr. dir. 1. Formar sarilho com. 2. Colocar em sarilho.

Ensarnecer, v. Intr. Encher-se de sarna.

Ensartar, v. (l. *insertare*). Tr. dir. 1. Enfiar (pérolas ou contas). 2. Engranzar.

-ense, suf. Designa *naturalidade, pertença: cearense, forense*.

Enseada, s. f. (de *ensear*). 1. Pequena baía, recôncavo da costa marítima. 2. Pequeno porto onde os navios se podem abrigar.

Ensebado, adj. (p. de *ensebar*). 1. Coberto de sebo. 2. Gorduroso, sujo.

Ensebar, v. (*en + sebo + ar*). Tr. dir. 1. Untar com sebo. 2. Pôr nódoas em. 3. Sujar com o uso.

Ensecadeira, s. f. (*ensecar + deira*). *Constr.* 1. Cercadura estanque destinada a manter em seco a obra realizada abaixo do nível da água.

Ensecar, v. (*en + seco + ar*). Tr. dir. 1. Pôr em seco. 2. Esgotar.

Enseio, s. m. (*en + seio*). 1. Seio. 2. Pequena abertura entre dois montes. 3. Sinuosidade, quebrada.

Enseirador, s. m. (*enseirar + dor*). Aquele que tem a seu cargo o enseiramento dos figos secos.

Enseiramento, s. m. (*enseirar + mento*). 1. Colocação dos figos nas seiras. 2. Ação ou efeito de enseirar.

Enseirar, v. (*en + seira + ar*). Tr. dir. Meter em seiras.

Ensejar, v. (*ensejo + ar*). Tr. dir. 1. Dar ensejo a. 2. Esperar ou espiar a ocasião de. 3. Ensaiar.

Ensejo, s. m. (l. *exagiu*). 1. Ocasião azada; oportunidade. 2. Lance.

ensi-, elem. de comp. (l. *ensis*). Exprime a idéia de *espada: ensiforme*.

Ensífero, adj. (*ensi + fero*[1]). *Poét.* Que traz espada.

Ensiforme, adj. m. e f. (*ensi + forme*). Com forma de espada.

Ensilado, adj. Conservado em silo.

Ensilagem, s. f. (*ensilar + agem*). 1. Ato ou efeito de ensilar. 2. Processo de conservação de cereais e forragens em silos.

Ensilar, v. (*en + silo + ar*). Tr. dir. Preparar forragem verde e armazená-la em silo ou cova hermeticamente fechados.

Ensimesmar, v. (cast. *ensimismar*). Pron. 1. Concentrar-se, meditando. 2. Meter-se consigo mesmo; introverter-se.

Ensinadela, s. f. (*ensinar + dela*). 1. Repreensão, ensaboadela. 2. *Fam.* Experiência custosa. 3. Castigo.

Ensinamento, s. m. (*ensinar + mento*). 1. Ato ou efeito de ensinar. 2. Doutrina, preceito.

Ensinança, s. f. V. *ensino*.

Ensinar, v. (l. *insignare*). Tr. dir. Instruir sobre; lecionar. 2. Dar ensino a. 3. Habituar a fazer alguma coisa; educar. 4. Dar ensino a (animais); adestrar.5. Dar as indicações ou os sinais precisos para se reconhecer (pessoas ou lugar). 6. Doutrinar. 7. Castigar, escarmentar.

Ensino, s. m. (de ensinar). 1. Ação ou efeito de ensinar. 2. Forma sistemática normal de transmitir conhecimentos, particularmente em escolas. 3. Um dos principais aspectos, ou meios, de educação. 4. Castigo.

Ensirrostro (*ô*), adj. (*ensi + rostro*[2]). *Ornit.* Diz-se das aves que têm o bico em forma de alfanje.

Ensoado, adj. (p. de *ensoar*). 1. Que se ensoou. 2. Opresso pela calma ou pelo suão. 3. Torrado do sol. 4. Flácido, lânguido. 5. Emurchecido, requeimado pela soalheira (fruto). 6. Insolado.

Ensoar, v. (l. *insolare*). Intr. e pron. 1. Recozer-se por efeito do calor (a fruta), antes de madura. 2. Murchar com o calor do sol.

Ensoberbecer, v. (*en + soberba + ecer*). 1. Tr. dir. Inspirar soberba, ufania, vaidade a; tornar soberbo ou orgulhoso. 2. Pron. Ficar soberbo, orgulhoso, vaidoso. 3. Pron. Agitar-se, enfurecer-se, ficar furioso, irar-se (o vento ou as ondas). Antôn. (acepções 1 e 2): *humilhar*.

Ensobradar, v. (*en + sobrado + ar*). V. *assobradar*.

Ensofregar, v. (*en + sôfrego + ar*). 1. Tr. dir. e pron. Tornar(-se) sôfrego. 2. Tr. dir. Excitar a gula com acepipes, condimentos etc.

Ensolarado, adj. Banhado de sol; ensoalheirado.

Ensolvar, v. Tr. dir. *Mil. ant.* Pôr uma peça em estado de não poder disparar, umedecendo a pólvora e arrochando a bala.

Ensombrar, v. (*en + sombra + ar*). 1. Tr. dir. Fazer sombra a. 2. Tr. dir. e pron. Cobrir(-se) de sombras. 3. Tr. dir. Causar tristeza a; tornar triste. 4. Pron. Ficar carrancudo; entristecer-se.

Ensombro, s. m. (de *ensombrar*). 1. Coisa que dá sombra. 2. Abrigo, amparo, proteção.

Ensopado, adj. (p. de *ensopar*). Molhado como sopa; encharcado. S. m. *Cul.* Guisado de carne ou peixe com caldo e fatias de pão.

Ensopar, v. (*en + sopa + ar*). 1. Tr. dir. Converter em sopa. 2. Tr. dir. Tornar como sopa; molhar muito. 3. Pron. Ficar completamente molhado. 4. Tr. dir. *Cul.* Cozinhar em caldo (carne, peixe etc.).

Ensumagrar, v. (*en + sumagre + ar*). Tr. dir. Curtir ou preparar (peles) com sumagre.

Ensurdecedor, adj. 1. Que ensurdece. 2. Que faz grande barulho ou estrondo.

Ensurdecência, s. f. (*ensurdecer + ência*). V. *surdez*.

Ensurdecer, v. (*en +* l. *surdescere*). 1. Tr. dir. Tornar surdo; produzir surdez. 2. Tr. dir. Abafar, amortecer. 3. Intr. Tornar-se surdo. 4. Tr. ind. Não dar ouvidos; desatender.

Ensurdecimento, s. m. 1. Ação ou efeito de ensurdecer. 2. Dureza de ouvido; surdez.

Entablamento, s. m. (fr. *entablement*). *Arquit.* Conjunto formado por arquitrave, friso e cornija.

Entabocar, v. Tr. dir. Apertar, entalar.

Entabuamento, s. m. (l. *tabulamentu*). 1. Ação ou efeito de entabuar. 2. Assoalho. 3. Cobertura de tabuado.

Entabuar, v. (*en + tábua + ar*). 1. Tr. dir. Revestir de tábuas. 2. Tr. dir. Assoalhar. 3. Pron. Fazer-se rijo; endurecer.

Entabular, v. (*en* + l. *tabulare*). 1. Tr. dir. Entabuar. 2. Tr. dir. Dispor, ordenar, preparar. 3. Tr. dir. Principiar, encetar, empreender; entrar em; abrir, estabelecer. 4. Pron. Estar a surgir; começar.

Entaipar, v. (*en + taipa + ar*). 1. Tr. dir. Meter entre taipas. 2. Tr. dir. Emparedar. 3. Tr. dir. Encarcerar. 4. Pron. Enclausurar-se, fechar-se, encerrar-se.

Entalação, s. f. (*entalar + ção*). 1. Ação ou efeito de entalar. 2. Aperto, apuro, dificuldade, embaraço. 3. *Pop.* Mal-de-engasgue.

Entalada, s. f. V. *entalação* (acepção 2).

Entaladela, s. f. V. *entalação* (acepção 2).

Entalado, adj. 1. Que está entre talas. 2. Apertado. 3. Comprometido. S. m. *Pop.* e *Med.* Indivíduo afetado de entalação.

Entalar, v. (*en + tala + ar*). 1. Tr. dir. Meter em talas; apertar. 2. Pron. Meter-se entre talas, ou lugar apertado. 3. Tr. dir. e pron. Meter(-se) em apuros, em apertos, em dificuldades.

Entalecer, v. Intr. Criar talos.

Entalha, s. f. (de *entalhar*). 1. Ação de entalhar, de meter em talha. 2. Corte ou chanfradura que se faz na madeira.

Entalhador, s. m. Pessoa que entalha. 2. Instrumento de entalhar.

Entalhadura, s. f. 1. Ato ou efeito de entalhar. 2. Entalhe.

Entalhamento, s. m. V. *entalhadura.*

Entalhar, v. 1. Tr. dir. Fazer obra de talha; gravar. 2. Tr. dir. Cinzelar, esculpir. 3. Tr. dir. Abrir a meio-relevo. 4. Intr. Fazer obra de talha ou de meio-relevo.

Entalhe, s. m. 1. Obra de escultura em madeira. 2. Entalhadura. 3. Incisão na madeira.

Entalho, s. m. V. *entalhe.*

Entaliscar, v. (*en + talisca + ar*). Tr. dir. e pron. Meter(-se) em taliscas.

Entalo, s. m. *Pop.* Mal-de-engasgue.

Entancar, v. Tr. dir. Represar em tanque.

Entanguecer, v. Intr. Ficar tolhido de frio; inteiriçar-se com frio.

Entanguido, adj. 1. Encolhido, inteiriçado de frio. 2. Apoucado, enfezado.

Entanguir, v. Pron. Tornar-se estanguido ou enfezado.

Entanguitado, adj. Entanguido.

Entaniçar, v. (de *tani*). Tr. dir. Enrolar em taniça (folhas de tabaco).

Entanto, adv. (contr. de *entretanto*). Entretanto, durante isto, neste meio tempo. *No e.*, loc. conj.: entretanto, contudo, todavia.

Então, adv. (l. *in tunc*). Nesse ou naquele tempo; em tal caso. Conj. (conclusiva): pois, à vista disso: Esse funcionário tem cumprido seu dever; não deve, *então,* ser despachado. Interj. Denota: a) confirmação e serve para corroborar a veracidade daquilo que se afirmou antes, signidicando: *Está vendo! Eu não disse?*; b) interrogação e significa: *E agora? Que diz?*; c) admiração, espanto: *Então,* é possível! — *Até e.*: até esse tempo. *Com que e.*: afinal de contas. *Desde e.*: desde esse tempo. *E então?*: e depois?; e que há nisso (de mal)? *Pois e.*: nesse caso.

Entapizar, v. (*en + tapiz + ar*). Tr. dir. 1. V. *tapizar.* 2. Adornar. 3. Revestir.

-entar, suf. (l. *entare*). Tem significação freqüentativa e causativa: *adormentar, apoquentar.*

Entardecer, v. (*en* + l. *tardescere*). Intr. 1. Ir caindo a tarde; ir escurecendo. 2. Chegar a tarde. S. m. O cair da tarde, o ocaso.

Entarraxar, v. V. *atarraxar.*

Ente, s. m. (l. *ente*). 1. O que é, existe ou pode existir. 2. Ser. 3. Coisa, objeto, substância. — *E. humano* e *e. pensante*: o homem. *E. real*: o que existe realmente. *E. supremo*: Deus.

Enteado, s. m. (l. *ante natu*). Aquele cuja mãe ou cujo pai se casou novamente, em relação ao seu padrasto ou à sua madrasta.

Entediar, v. (*en + tédio + ar*). 1. Tr. dir. Causar tédio a. 2. Tr. dir. e pron. Tornar(-se) aborrecido.

Entéia, adj. Fem. de *enteu.*

Enteléquia, s. f. (gr. *entelecheia*). *Filos.* Termo aristotélico que designa a realidade plenamente realizada em oposição a potencialidade.

Entender, v. (l. *intendere*). 1. Tr. dir. Ter idéia clara de; compreender, perceber. 2. Tr. dir. Ser hábil, perito ou prático em. 3. Tr. dir. Crer, pensar. 4. Tr. dir. Interpretar, julgar. 5. Tr. dir. Ouvir, perceber. 6. Pron. Proceder de acordo; combinar-se, concertar-se. 7. Tr. ind. Ter prática ou teoria: A velha *entendia de* curas e mezinhas. Antôn. (acep. 1): *ignorar.* S. m. Juízo, opinião.

Entendido, adj. (p. de *entender*). 1. Que se entendeu; compreendido, sabido, percebido. 2. Que entende; entendedor, conhecedor. S. m. Pessoa especialista em alguma coisa.

Entendimento, s. m. 1. Ato de entender. 2. Faculdade de conceber e entender as coisas; intelecto, inteligência. 3. Capacidade de julgar (de entender).

Entenebrecer, v. 1. Tr. dir. Cercar de trevas. 2. Intr. e pron. Cobrir-se, encher-se de sombras; tornar-se escuro. 3. Tr. dir. Enlutar, entristecer. 4. Tr. dir. e pron. Toldar(-se), turvar(-se). Antôns. (acep. 1 e 2): *clarear*; (acep. 3): *alegrar.*

Entenrecer, v. (*en + tenro + ecer*). Tr. dir. e intr. Tornar(-se) tenro.

Enteralgia, s. f. *Med.* Dor intestinal.

Entérico, adj. (*êntero + ico*). *Med.* Que se refere aos intestinos; intestinal.

Enterite, s. f. (*êntero + ite*). *Med.* e *Vet.* Inflamação da mucosa que forra os intestinos.

Enternecer, v. (*en + terno + ecer*). 1. Tr. dir. e pron. Tornar(-se) terno, amoroso, brando, compassivo. 2. Pron. Abrandar-se, sensibilizar-se.

Enternecimento, s. m. (*enternecer + mento*). 1. Ação ou efeito de enternecer. 2. Compaixão. 3. Ternura.

êntero-, elem. de comp. (gr. *enteron*). Designa *intestino: enterocele.*

Enterocele, s. f. (*êntero + cele*). *Med.* Hérnia abdominal exclusivamente constituída pelo intestino; hérnia intestinal.

Enteróclise, s. f. (*êntero + clise*). *Med.* 1. Lavagem dos intestinos pelo reto. 2. Injeção de um líquido nutriente ou medicinal no intestino.

Enterodelo, adj. (*êntero* + gr. *delos*). *Zool.* Que tem visível um tubo intestinal.

Enterodinia, s. f. V. *enteralgia.*

Enterografia, s. f. (*êntero + grafo + ia*). *Anat.* Descrição anatômica dos intestinos.

Enterólito, s. m. (*êntero + lito*). *Med.* Concreção intestinal; cálculo intestinal.

Enterologia, s. f. (*êntero + logo + ia*). *Med.* Tratado dos intestinos e das suas funções.

Enterológico, *Med.* Relativo à enterologia.

Enteropatia, s. f. *Med.* Doença intestinal.

Enteropneusto, adj. e s. m. Diz-se dos, ou os vermes que têm respiração interior.

Enteroquinase, s. f. Enzima do líquido duodenal que ativa a tripsina na digestão do prótides.

Enterose, s. f. V. *enteropatia.*

Enterotomia, s. f. *Cir.* Incisão dos intestinos.

Enterótomo, s. m. Instrumento com que se pratica a enterotomia.

Enterozoário, s. m. *Zool.* Animal que vive no intestino de outro.

Enterramento, s. m. 1. Ação ou efeito de enterrar. 2. Enterro, funeral, saimento.

Enterrar, v. (*en + terra + ar*). 1. Tr. dir. Inumar, sepultar. 2. Tr. dir. Pôr dentro do solo; cobrir de terra; soterrar, sepultar. 3. Tr. dir. Causar a morte de; assassinar. 4. Tr. dir. Acompanhar o enterro de. 5. Tr. dir. Cravar profundamente. 6. Tr. dir. Fazer entrar: *Enterrou na* cabeça o *chapéu.* 7. Pron. Retirar-se do mundo; concentrar-se, isolar-se. 8. Tr. dir.

Fazer cair em descrédito; amesquinhar. 9. Pron. Deitar-se, refestelar-se em coisa fofa (cama, colchão etc.).

Enterreirar, v. Tr. dir. 1. Aplanar a terra para fazer terreiro ou eira. 2. Trazer à baila, trazer a terreiro, com arte (assunto, negócio etc.). 3. Predispor favoravelmente.

Enterro (*ê*), s. m. (de *enterrar*). 1. Ato ou efeito de enterrar; inumação, enterramento. 2. Préstito fúnebre que acompanha o finado até à sepultura; funeral. Pl.: *enterros* (*ê*).

Entesado, adj. (p. de *entesar*). 1. Teso, retesado. 2. Teimoso.

Entesourador, adj. e s. m. (*entesourar + dor*). Que, ou aquele que entesoura. Var.: *entesoirador.*

Entesourar, v. (*en + tesouro + ar*). Tr. dir. 1. Juntar, acumular (dinheiro, riquezas etc.). 2. Guardar ou ter em depósito (coisa de valor). Var.: *entesoirar.*

Entestar, v. 1. Tr. ind. Arrostar. 2. Tr. ind. Estar de fronte; defrontar. 3. Tr. dir. Formar testada, ser contíguo a; confinar, confrontar. 4. Tr. ind. Aproximar-se de, roçar por, tocar em.

Enteu, adj. (l. *enteu*, gr. *entheos*). 1. Inspirado por Deus. 2. Cheio de amor divino. Fem.: *entéia.*

Entibecer, v. (*en + tíbio + ecer*). V. *entibiar.*

Entibiamento, s. m. Falta de viveza; frouxidão, tibieza.

Entibiar, v. (*en + tíbio + ar*). 1. Tr. dir., intr. e pron. Tornar(-se) tíbio, frouxo. 2. Tr. dir. Arrefecer o entusiasmo de, tornar menos fervoroso. 3. Intr. e pron. Perder a energia ou o entusiasmo. 4. Intr. e pron. Perder o calor; resfriar-se. Anton. (acepção 2): *afervorar.*

Entica, s. f. (de *enticar*). 1. Debique, provocação. 2. Troça. Vars.: *enticação* e *enticamento.*

Enticador, adj. e s. m. Que, ou o que entica.

Enticar, v. 1. Intr. e pron. Altercar, discutir, brigar. 2. Intr. e pron. Rabujar, teimar. 3. Tr. ind. Aborrecer, implicar com alguém por prevenção.

Entidade, s. f. (L. med. *entitate*). 1. Existência independente, separada, ou autônoma; realidade. 2. Aquilo que constitui a natureza fundamental ou a essência de uma coisa. 3. Aquilo que existe ou imaginamos que existe; ente, ser. 4. Individualidade. 5. Indivíduo de importância.

Entijucado, adj. Sujo de barro ou lama.

Entijucar, v. Tr. dir. Sujar de lama ou barro; embarrear, enlamear. Var.: *entujucar.*

Entisicar, v. 1. Tr. dir. e pron. Tornar(-se) tísico. 2. Intr. *Fam.* Ficar exausto; esgotar-se. 3. Pron. Tornar-se magro; definhar. 4. Tr. dir. *Fam.* Amofinar, apoquentar, molestar a.

-ento[1], suf. (l. *entu*). Expressa a idéia de *atribuição de tendências, freqüência de atos, qualidade em evidência: barulhento, ciumento, embirrento.*

ento-[2], elem. de comp. (gr. *entos*). Exprime a idéia de *interior: entocéfalo.*

Entoação, s. f. 1. *Mús.* Ato ou efeito de entoar um canto. 2. *Mús.* Solfejo. 3. Modulação variada na voz. 4. *Pint.* Harmonia, proporção.

Entoador, adj. e s. m. (*entoar + dor*). Que, ou quem entoa.

Entoamento, s. m. (*entoar + mento*). V. *entoação.*

Entoar, v. (*en + tom + ar*). 1. Tr. dir. Dar o tom para se cantar. 2. Tr. dir. Cantar afinado com: *Entoar o coral com* a música do órgão.

Entocar, v. (*en + toca + ar*). Tr. dir. e pron. Meter(-se) em toca, em cova; encafuar-se.

Entocéfalo, s. m. (*ento*[2] *+ céfalo*). *Zool.* Uma das peças da cabeça dos hexápodes.

Entófito, adj. e s. m. V. *endófito.*

Entogástrico, adj. *Anat.* e *Zool.* Relativo ao interior do estômago.

Entojado, adj. 1. Que sente entojo; anojado. 2. Enfatuado, enojado. 3. Vaidoso.

Entojar, v. Tr. dir. Causar entojo.

Entojo (*ô*), s. m. Nojo que a mulher sente no período da gravides. Pl.: *entojos* (*ô*).

Entômico, adj. Que se refere a insetos.

entomo-; elem. de comp. (gr. *entomon*). Exprime a idéia de *inseto: entomologia.*

Entomofilia, s. f. *Bot.* Polinização por meio de insetos.

Entomógeno, adj. *Bot.* Diz do fungo gerado no corpo de insetos.

Entomologia, s. f. *Zool.* 1. Parte da Zoologia que trata dos insetos. 2. Tratado sobre insetos.

Entomológico, adj. *Zool.* Relativo ou pertencente à entomologia.

Entomologista, s. m. e f. Pessoa que se dedica à entomologia.

Entomólogo, s. m. V. *entomologista.*

Entomostráceo, adj. *Zool.* Diz-se da subclasse de pequenos crustáceos. S. m. Qualquer espécime desses crustáceos.

Entomozoário, s. m. *Zool.* Nome que Blainville estabeleceu para uma classe de animais que corresponde pouco mais ou menos aos articulados.

Entonação, s. f. 1. Ato ou efeito de entonar. 2. Tom de voz no canto, leitura ou fala.

Entonar, v. 1. Tr. dir. Ostentar majestosamente. 2. Pron.. Levantar-se, erguer-se com entono.

Entono, s. m. (de *entonar*). 1 Altivez. 2. Orgulho, presunção, vaidade.

Entontecedor, adj. Que faz entontecer.

Entontecer, v. 1. Tr. dir. Tornar tonto; causar tonturas a. 2. Intr. Sentir tonturas; tornar-se tonto. 3. Tr. dir. Tornar estúpido; desnortear, aparvalhar.

Entontecimento, s. m. Ação ou efeito de entontecer.

Entornado, adj. Derramado, espalhado.

Entornadura, s. f. Ato ou efeito de entornar ou de entornar-se.

Entornar, v. (l. *tornare*). 1. Tr. dir. Virar, emborcar, despejando o conteúdo. 2. Tr. dir. Derramar, despejar (líquidos ou coisas miúdas). 3. Pron. Derramar-se (líquido, cereais etc.). 4. Intr. Virar-se, tombar, deixando cair o conteúdo. 5. Tr. dir. Desperdiçar, dissipar.

Entorpecente, adj. m. e f. Que entorpece. S. m. Substância tóxica que entorpece o sistema nervoso.

Entorpecer, v. (*en +* l. *torpescere*). 1. Tr. dir. Causar entorpecimento ou torpor a. 2. Intr. e pron. Ficar entorpecido ou com torpor. 3. Tr. dir. Retardar ou suspender a ação ou o movimento de. 4. Pron. Perder a atividade, a energia ou a viveza. 5. Pron. Tornar-se preguiçoso. Antôn. (aceps. 3 e 4): *excitar.*

Entorpecimento, s. m. 1. Ação ou efeito de entorpecer ou entorpecer-se. 2. Falta de ação. 3. Preguiça. 4. Paralisia.

Entorroar, v. Tr. dir. Reduzir a torrões. 2. Pron. Converter-se em torrões.

Entorse, s. f. (fr. *entorse*). *Med.* Distorção violenta, com estiramento ou ruptura dos ligamentos de uma articulação.

Entortadura, s. f. Ação ou efeito de entortar.

Entortar, v. 1. Tr. dir. Tornar torto. 2. Intr. e pron. Fazer-se ou tornar-se torto. 3. Tr. dir. Dobrar, recurvar. 4. Tr. dir., intr. e pron. Afastar(-se) do caminho direito, desviar(-se) do bom caminho.

Entoucar, v. Tr. dir. 1. Meter em touca; proteger a cabeça. 2. *Náut.* Dar (a amarra) voltas nos braços da âncora.

Entouçar, v. Intr. 1. Criar touça. 2. Tornar-se robusto. Var.: *entoiçar.*

Entozoário, adj. *Zool.* Relativo ou pertencente aos Entozoários. S. m. Espécime dos Entozoários. S. m. pl. Parasitos internos, especialmente vermes intestinais. Var.: *endozoário.* Antôn.: *ectozoário.*

Entrada, s. f. (de *entrar*). 1. Ação ou efeito de entrar. 2. Admissão, ingresso. 3. Pórtico, portão, porta. 4. Começo, princípio: *Entrada* do ano, *entrada* do inverno. 5. Porção de dinheiro com que cada parceiro entra para o bolo. 6. Primeiro pagamento na venda e compra a prestações. 7. Preço do ingresso. 8. Bilhete de ingresso. Antôn. (aceps. 1 e 2): *saída.*

Entrajar, v. (*en + trajar*). 1. Tr. dir. Trajar; enroupar. 2. Intr. e pron. Vestir-se.

Entraje, s. m. Ação de entrajar.

Entralhar, v. (*en + tralha + ar*). 1. Tr. dir. Tecer as tralhas de (rede). 2. Tr. dir. *Náut.* Guarnecer (o pano) de tralhas. 3. Tr. dir. e pron. Ficar preso: A ave *entralhou* (ou: *entralhou-se*) *na* arapuca.

Entralho, s. m. (de *entralhar*). Fio ou cabo delgado, com que se liga o chumbo e a cortiça às redes.

Entrançado, adj. 1. Em forma de trança. 2. Entrelaçado. S. m. Disposição em forma de trança; entrelaçamento.

Entrançadura, s. f. V. *entrançamento*.

Entrançamento, s. m. Ação ou efeito de entrançar.

Entrançar, v. 1. Tr. dir. Dispor em forma de trança. 2. Tr. dir. e pron. Entrelaçar(-se), entretecer(-se).

Entrância, s. f. *Dir.* Categoria das circunscrições judiciárias de um Estado ou tribunal: Comarca de primeira *entrância*, de segunda *entrância* etc.

Entranha, s. f. (l. *interanea*). 1. *Anat.* Cada uma das vísceras das duas cavidades esplâncnicas, torácica e abdominal, e especialmente das que estão encerradas no abdome. 2. O conjunto dessas vísceras. S. f. pl. 1. Conjunto das vísceras do abdome ou do tórax. 2. Índole, caráter. 3. O peito, o coração. 4. A parte mais profunda da terra ou do mar.

Entranhar, v. 1. Tr. dir. Meter nas entranhas. 2. Tr. dir. e pron. Cravar(-se), arraigar(-se), introduzir(-se) profundamente em. 3. Pron. Compenetrar-se de. 4. Pron. Dedicar-se profundamente a.

Entranhável, adj. m. e f. 1. Que penetra nas entranhas. 2. Arraigado, íntimo, profundo.

Entranqueirar, v. 1. Tr. dir. e pron. Fortificar(-se) com tranqueira. 2. Tr. dir. e pron. Recolher(-se) em tranqueira. 3. Tr. dir. e pron. Entrincheirar(-se).

Entrante, adj. m. e f. (de *entrar*). 1. Que entra. 2. Que está em princípio. 3. Que está para entrar.

Entrapar, v. (*en* + *trapo* + *ar*). Tr. dir. 1. Cobrir ou envolver com trapos. 2. Emplastrar.

Entrar, v. (l. *intrare*). 1. Tr. ind. e intr. Ir para dentro de, passar de fora para dentro. 2. Tr. dir. Passar para dentro de; penetrar em. 3. Tr. ind. Chegar dentro de. 4. Intr. Chegar. 5. Tr. ind. Tomar parte em: *Entrei na* brincadeira. 6. Tr. ind. Envolver-se: Não *entro em* negociatas. 7. Tr. ind. Começar, encetar, principiar: Elisário *entrou a* distinguir-me entre os outros (Machado de Assis). *Entrar em* negociação. 8. Tr. ind. Contribuir, subscrever: *Entro com* duzentos cruzeiros. 9. Tr. ind. Pagar: O cliente *entrou com* o dinheiro. 10. Tr. ind. Adquirir camaradagem com alguém. Antôn.: *sair*.

Entravar, v. (*en* + *travar*). Tr. dir. 1. Pôr entraves ou obstáculos a um movimento. 2. Atrasar o movimento; fazer parar; demorar. Antôn.: *desembaraçar*.

Entrave, s. m. Ação ou efeito de entravar. Sinôn.: *impedimento, obstáculo*.

Entre[1], prep. (l. *inter*). 1. No intervalo de, no meio de. 2. No número de. 3. Dentro de. 4. Concorre para formar as preposições compostas: *de entre* ou *dentre, por entre*. 5. Ao todo, contando: Perderam 100 homens, *entre* mortos e feridos. 6. Entra na formação de algumas locuções adverbiais: *entre* a espada e a parede; *entre* o lobo e o cão; *entre* a cruz e a caldeirinha.

entre-[2], pref. Exprime a idéia de *intervalo* (entreato), *reciprocidade* (entrelaçar), *escassez* ou *pouco* (entrever).

Entreaberto, adj. 1. Que se entreabriu; pouco aberto. 2. Aclarado (o tempo). 3. Que desabrochou.

Entreabrir, v. (*entre*[2] + *abrir*). 1. Tr. dir. Abrir pouco, de manso. 2. Intr. Desabrochar. 3. Intr. e pron. Desanuviar-se, aclarar-se (o tempo). 4. Pron. Descerrar-se.

Entreato, s. m. (*entre*[2] + *ato*). 1. Intervalo entre os atos de uma composição teatral ou musical. 2. Representação ligeira durante esse intervalo. 3. Interrupção.

Entrebanho, s. m. Caldeirão das salinas.

Entrebater, v. 1. Tr. dir. Bater um no outro. 2. Pron. Debater-se. 3. Pron. Combater, digladiar.

Entrecambado, adj. *Heráld.* Diz-se das figuras em que uma parte que entra por outra se desenha em cor diversa.

Entrecana, s. f. *Arquit.* Espaço que separa as estrias de uma coluna.

Entrecasca, s. f. (*entre*[2] + *casca*). V. *líber*.

Entrecasco, s. m. Parte superior do casco dos animais.

Entrecerrar, v. Tr. dir. Cerrar incompletamente, fechar quase.

Entrechar, v. (*entrecho* + *ar*). Tr. dir. Fazer o entrecho de.

Entrecho (*ê*), s. m. (ital. *intreccio*). 1. Enredo de uma peça dramática ou literária. 2. Ação de uma composição dramática.

Entrechocar, v. (*entre*[2] + *chocar*). Pron. 1. Entrebater-se. 2. Estar em contradição. 3. Contrariar-se.

Entrecilhas, s. f. pl. Parte do corpo do cavalo entre a axila e o lugar onde se apertam as cilhas.

Entrecoberta, s. f. *Náut.* Espaço entre duas cobertas do navio.

Entreconhecer, v. 1. Tr. dir. Conhecer um pouco, imperfeitamente. 2. Tr. dir. Lembrar-se vagamente de. 3. Pron. Conhecer-se reciprocamente.

Entrecoro (*ô*), s. m. Espaço entre o coro da igreja e o altar-mor. Pl.: *entrecoros* (*ó*).

Entrecorrer, v. Intr. 1. Correr entre. 2. Suceder (uma coisa) no intervalo de. 3. Passar entre (coisas ou pessoas).

Entrecortado, adj. Interrompido a intervalos.

Entrecortar, v. 1. Tr. dir. Cortar em cruz. 2. Tr. dir. Interromper a espaços. 3. Pron. Cruzar-se reciprocamente, formar interseções.

Entrecorte, s. m. *Arquit.* 1. Espaço entre duas abóbadas sobrepostas. 2. Arredondamento das quinas dos edifícios para facilitar as voltas das viaturas.

Entrecostado, s. m. *Naút.* Obra do navio situada entre o costado interno e o externo.

Entrecosto (*ô*), s. m. 1. Espinhaço com a carne e parte das costelas do animal. 2. Carne entre as costelas do animal, junto do espinhaço. Pl.: *entrecostos* (*ô*).

Entrecruzamento, s. m. Ato ou efeito de entrecruzar-se.

Entrecruzar, v. Pron. Cruzar-se reciprocamente.

Entrededo, s. m. Região interdigital.

Entredevorar, v. Pron. Devorar-se reciprocamente.

Entredizer, v. (*entre*[2] + *dizer*). Tr. dir. Dizer para si, dizer entre si.

Entrefechado, adj. Meio fechado; fechado incompletamente.

Entrefechar, v. Tr. dir. Fechar pouco, mansamente.

Entrefino, adj. 1. Que nem é fino nem grosso. 2. Intermédio ao excelente e ao ordinário.

Entrefolha (*ô*), s. f. Folha de papel, intercalada nas folhas impressas de um livro, para anotações.

Entrefolhar, v. Tr. dir. Prover de entrefolhas.

Entrefolho (*ô*), s. m. 1. Esconderijo, escaninho. 2. *Vet.* Indigestão crônica no folhoso dos ruminantes. Pl.: *entrefolhos* (*ó*).

Entreforro, s. m. 1. Forro do telhado ou madeiramento entre o telhado e o forro da casa. 2. Entretela. Pl.: *entreforros* (*ô*).

Entrega, s. f. (de *entregar*). 1. Ação ou efeito de entregar. 2. A coisa que se entregou. 3. Comprometimento. 4. Ato de trair alguma pessoa.

Entregadeira, s. f. Máquina usada na indústria de fiação.

Entregador, adj. e s. m. 1. Que, ou aquele que entrega. 2. Traidor.

Entregar, v. 1. Tr. dir. Passar às mãos de outrem, pôr em poder de alguém. 2. Tr. dir. Fornecer. 3. Tr. dir. Pagar. 4. Tr. dir. Restituir. 5. Tr. dir. Confiar. 6. Pron. Confiar-se à guarda ou proteção de alguém. 7. Pron. Dedicar-se inteiramente. 8. Pron. Render-se, submeter-se. 9. Pron. Deixar-se dominar por vício ou paixão. 10 Tr. dir. Denunciar, trair. Antôn. (acep. 1): *receber*.

E. os pontos: dar-se por vencido.

Entregue, adj. m. e f. (p. irr. de *entregar*). 1. Disposto nas mãos ou na posse de. 2. Absorto em. 3. Bambo, cansado.

Entrelaçado, adj. Que se entrelaçou. S. m. Conjunto de coisas entrelaçadas; entrelaçamento.

Entrelaçamento, s. m. 1. Ação ou efeito de entrelaçar. 2. *Arquit.* Ornato feito de molduras ou letras entrelaçadas.

Entrelaçar, v. 1. Tr. dir. Enlaçar reciprocamente: *Entrelaçaram as mãos*. 2. Tr. dir. Converter em laço ou laços. 3. Tr. dir. Entrançar, entretecer; enastrar. 4. Pron. Enlear-se, entretecer-se, ligar-se.

Entrelinha, s. f. 1. Espaço entre duas linhas. 2. *Mús.* Intervalo ou espaço entre as linhas da pauta. 3. *Tip.* Tira de metal que se coloca entre as linhas compostas para as espacejar. 5. *Pop.* Entrevia. S. f. pl. Sentido implícito, ilação mental.

Entrelinhar, v. Tr. dir. 1. Colocar entrelinhas em, escrever em entrelinhas. 2. Comentar ou traduzir (o texto) nas entrelinhas. 3. *Tip.* Espacejar, intervalar.

Entrelopo (*ô*), adj. (ingl. *interloper*). Que diz respeito a contrabando. 2. Diz-se dos navios mercantes que traficam em contrabando. S. m. Aventureiro contrabandista. Pl.: *entrelopos* (*ó*).

Entreluzir, v. Intr. 1. Luzir frouxamente. 2. Bruxulear. 4. Entremostrar-se. Conjuga-se como *luzir.*

Entremanhã, s. f. Crepúsculo da manhã.

Entremear, v. 1. Tr. dir. Pôr de permeio. 2. Intr. Ficar de permeio. 3. Pron. Estar ou pôr-se de permeio. 4. Tr. dir. Entressachar, misturar. 5. Tr. dir. Intervalar.

Entremecha, s. f. *Náut.* Viga ou trave que se atravessa de costado a costado, para reforçar o casco de um navio alquebrado.

Entremeio, adj. Que está entre dois; intermédio. S. m. 1. Espaço, coisa ou tempo entre dois limites. 2. Renda bordada, em tira, entre espaços lisos.

Entrementes, adv. Neste meio tempo; entretanto. S. m. Tempo intermédio: Neste *entrementes.*

Entremesa (*ê*), s. f. Tempo que dura uma refeição.

Entremeter, v. 1. Tr. dir. e pron. Meter(-se) de permeio; intrometer(-se). 2. Pron. Tomar parte; intervir, influir. 3. Pron. Meter ombros; aventurar-se. 4. Pron. Obstar a. Var.: *entrometer.*

Entremetimento, s. m. Ação ou efeito de entremeter ou de se entremeter; intrometimento.

Entremez (*ê*), s. m. 1. Preenchimento de um intervalo entre dois momentos de atividade. 2. O que pode preenchê-lo. 3. Pequena peça burlesca que serve de entreato.

Entremezista, s. m. e f. 1. Pessoa que faz entremezes ou os representa. 2. Farsante, engraçado, chocarreiro.

Entremodilhão, s. m. *Arquit.* Espaço entre dois modilhões.

Entremontano, adj. Que está entre montes.

Entremostrar, v. Tr. dir. e pron. Deixar(-se) entrever, mostrar(-se) um tanto.

Entrenó, s. m. *Bot.* Espaço que, no caule, medeia entre dois nós sucessivos; meritalo.

Entrenublado, adj (p. de *entrenublar*). 1. Entre nuvens. 2. Meio nublado.

Entrenublar, v. Pron. 1. Mostrar-se (o céu) entre nuvens. 2. Toldar-se de nuvens ligeiras ou transparentes.

Entreolhar, v. Pron. Olhar-se reciprocamente.

Entreouvir, v. Tr. dir. Ouvir confusamente, não perceber bem.

Entrepano, s. m. 1. Divisória vertical de armário ou estante. 2. *Arquit.* Espaço entre duas pilastras ou colunas.

Entreparar, v. Intr. Deter-se um pouco.

Entrepausa, s. f. 1. Pausa intermediária. 2. Interrupção.

Entrepernas, s. f. sing. e pl. Carne que se tira da região entre as pernas do animal. S. f. pl. 1. Parte do corpo humano correspondente ao ângulo entre as coxas. 2. Parte da calça situada entre as coxas. Adv. Entre uma perna e outra.

Entrepilastras, s. m. sing. e pl. *Arquit.* O intervalo entre as pilastras.

Entreponte, s. f. *Náut.* Espaço entre duas pontes ou cobertas de um navio.

Entrepor, v. V. *interpor.*

Entrepósito, s. m. V. *entreposto.*

Entreposto (*ô*), s. m. 1. Armazém especial, particular ou público, onde se depositam mercadorias que esperam venda, exportação, reexportação etc. 2. *Por ext.* Cidade de grande movimento comercial.

Entrescolher, v. Tr. dir. Escolher ligeiramente; tirar ao acaso.

Entresilhado, adj. 1. Magro, fraco. 2. Esgrouviado.

Entresilhar, v. 1. Tr. dir. Emagrecer. 2. Intr. Emagrecer-se, enfraquecer-se.

Entressafra, s. f. *Agr.* Período que medeia entre uma safra e outra imediata, de determinado produto.

Entresseio, s. m. 1. Sinuosidade, vão, intervalo. 2. Cavidade ou rebaixe entre duas elevações.

Entressemear, v. Tr. dir. 1. Semear de permeio; plantar entre. 2. Entremear.

Entressola, s. f. Peça entre a sola e a palmilha do sapato.

Entressolhar, v. Tr. dir. 1. Fazer entressolho em. 2. Prover de entressolho.

Entressolho (*ô*), s. m. 1. Vão entre o pavimento da loja e o do primeiro andar; sobreloja. 2. Espaço entre o chão e o solho. Pl.: *entressolhos* (*ó*).

Entressonhar, v. 1. Tr. dir. Sonhar vagamente. 2. Tr. dir. Descortinar vagamente; lobrigar. 3. Intr. Devanear.

Entretalhadura, s. f. V. *entretalho.*

Entretalhar, v. 1. Tr. dir. Esculpir em meio-relevo; abrir baixos-relevos em. 2. Intr. Fazer entretalhos.

Entretalho, s. m. 1. Escultura em meio-relevo ou em baixo-relevo. 2. Recorte de vestidos antigos. 3. Lavor em papel, pano etc.

Entretanto, adv. Entrementes, neste meio tempo, no entanto. Conj. Contudo, todavia. S. m. Intervalo de tempo entre duas ações. — São locs. advs. de tempo: *neste entretanto, nesse entretanto, naquele entretanto.* É loc. conj. Adversativa: *no entretanto.*

Entretecedor, adj. e s. m. Que, ou o que entretece, ou entrelaça.

Entretecedura, s. f. Ato ou efeito de entretecer.

Entretecer, v. Tr. dir. 1. Entremear, tecendo; inserir num tecido. 2. Fazer construir por meio de laços ou tecidos; entrelaçar. 3. Compor intercaladamente. 4. Armar, urdir.

Entretecimento, s. m. V. *entretecedura.*

Entretela, s. f. 1. Estofo encorpado e consistente, usado entre, a fazenda e o forro de uma peça de vestuário. 2. Contraforte de muralha.

Entretelar, v. Tr. dir. 1. Meter entretelas entre o pano e o forro. 2. Fortificar com entretelas.

Entretempo, s. m. Tempo intermédio; meio tempo, entretanto, ínterim.

Entretenimento, s. m. 1. Ato de entreter. 2. Distração; passatempo, divertimento; entretém.

Entreter, v. 1. Tr. dir. Demorar (alguém), deter com promessas, esperanças etc. 2. Tr. dir. e pron. Divertir(-se) em alguma recreação. 3. Pron. Demorar-se ou deter-se em algum lugar. 4. Tr. dir. Aliviar, mitigar, suavizar. 5. Tr. dir. Embalar, iludir. Conjuga-se como *ter.*

Entretimento, s. m. V. *entretenimento.*

Entretinho, s. m. Comida de ave.

Entretom, s. m. Matiz entre duas cores.

Entretrópico, adj. Situado entre os trópicos.

Entreturbado, adj. Um pouco perturbado.

Entreturbar, v. 1. Tr. dir. Perturbar ligeiramente. 2. Pron. Ficar levemente perturbado.

Entrevação, s. f. Ato ou efeito de entrevar.

Entrevado, adj. e s. m. 1. Que, ou aquele que não se pode mover; tolhido. 2. Paralítico.

Entrevar[1], v. (corr. de *entravar*). 1. Tr. dir. Entorpecer os membros de; tornar paralítico. 2. Intr. e pron. Tornar-se tolhido das articulações; ficar paralítico.

Entrevar[2], v. (*en + treva + ar*). Tr. dir. e pron. Cobrir(-se) de trevas, entenebrecer(-se), escurecer(-se). Antôn.: *aclarar.*

Entrever, v. 1. Tr. dir. Ver indistintamente. 2. Tr. dir. Prever confusamente. 3. Pron. Ter entrevista com alguém: *Entreviam-se* às vezes. 4. Pron. Ver-se de passagem.

Entreverar, v. (do cast.). 1. Pron. Encontrar-se com alguém num entrevero. 2. Tr. dir. Misturar (diz-se de corpos militares, de partidos diferentes, que se confundem no combate). 3. Tr. dir. e pron. Misturar(-se) (gados que andam a pastar).

Entrevero (*ê*), s. m. 1. Ato ou efeito de entreverar. 2. Mistura, desordem, confusão entre pessoas, animais ou objetos. 3. Luta em que se confundem os contendores, no ardor da peleja. Pl.: *entreveros* (*ê*).

Entrevia, s. f. Espaço entre duas vias, especialmente linhas férreas. Sinôn. pop.: *entrelinha.*

Entrevinda, s. f. Vinda ou chegada imprevista, inesperada ou repentina.

Entrevisão, s. f. 1. Ato de entrever. 2. Aspecto ou visão confusa ou vaga.

Entrevista, s. f. 1. Ação de entrevistar. 2. Encontro combinado ou conferência aprazada. 3. Conferência de duas ou mais pessoas em lugar previamente combinado. 4. Impressões dadas, ou declaração feita a jornalista para publicação.

Entrevistador, adj. e s. m. Que, ou quem entrevista.

Entrevistar, v. Tr. dir. Ter entrevista com.

Entrincheirado, adj. Defendido com trincheiras.

Entrincheiramento, s. m. 1. Ação ou efeito de entrincheirar. 2. Trincheira ou conjunto de trincheiras.

Entrincheirar, v. 1. Tr. dir. e pron. Fortificar(-se) com trincheiras. 2. Pron. Defender-se com trincheiras. 3. Pron. Firmar-se quanto possível em prova ou argumento.

Entristecedor, adj. Que entristece; contristador.

Entristecer, v. (*en + triste + ecer*). 1. Tr. dir. Dar aspecto triste a, infundir tristeza a, tornar triste. 2. Intr. e pron. Tornar-se triste. 3. Intr. e pron. Cobrir-se de nuvens; anuviar-se, nublar-se, toldar-se (o céu). 4. Intr. e pron. Estiolar-se, murchar. Antôn. (acepções 1 e 2): *alegrar*.

Entrombar, v. Pron. Mostrar má cara; amuar-se.

Entronar, v. V. *entronizar*.

Entroncado, adj. 1. Espadaúdo. 2. *Geneal.* Ligado ao tronco da família.

Entroncamento, s. m. 1. Ação de entroncar ou de estroncar-se. 2. Junção de duas rodovias ou de duas linhas férreas. 3. Ramificação de tubos em uma distribuição de água, gás etc.

Entroncar, v. 1. Intr. e pron. Criar tronco. 2. Intr. e pron. Reunir-se um caminho a outro. 3. Tr. dir. Fazer convergir ou reunir (uma coisa com outra). 4. Pron. Ligar-se (a um tronco de geração).

Entronização, s. f. 1. Ato ou efeito de entronizar. 2. Cerimônia religiosa, em que se benze, numa casa de família ou num local público, a imagem ou estampa do Sagrado Coração de Jesus, do Sagrado Coração de Maria ou o crucifixo.

Entronizar, v. 1. Tr. dir. Elevar ao trono. 2. Tr. dir. e pron. Elevar(-se) muito; exaltar(-se). 3. Fazer entronização (acepção 2).

Entropicar, v. Intr. 1. Tropeçar. 2. Andar com pouca firmeza.

Entropilhar, v. Tr. dir. 1. Reunir (cavalos) em tropilha. 2. Pron. Juntar-se, reunir-se.

Entrópio, s. m. *Oftalm.* Reviramento do bordo livre da pálpebra para o globo ocular.

Entrosa, s. f. 1. V. *pinhão*. 2. Endentação. 3. Espaço entre os dentes da roda. 4. *Gír.* Complicação, embuste.

Entrosagem, s. f. Ação ou efeito de entrosar.

Entrosamento, s. m. V. *entrosagem*.

Entrosar, v. 1. Tr. dir. e intr. *Mec.* V. *engrenar*. 2. Tr. dir. Ordenar bem (coisas complicadas).

Entrouxar, v. 1. Tr. dir. Fazer trouxa de; fazer em forma de trouxa. 2. Tr. dir. Arrumar. 3. Tr. dir. Embrulhar. 4. Tr. dir. Ajuntar, amontoar, cumular. 5. Pron. Dissimular-se, encobrir-se. Var.: *entroixar*.

Entrouxo, s. m. 1. Chumaço. 2. Enchimento. Var.: *entroixo*.

Entroviscada, s. f. Pesca em que se lança trovisco pisado nos rios para envenenar o peixe.

Entroviscar[1], v. (*en + trovisco + ar*). Tr. dir. 1. Espalhar trovisco na água para matar ou entontecer o peixe. 2. Indispor, malquistar.

Entroviscar[2], v. (corr. de *enturviscar*). Pron. 1. Enevoar-se (o tempo, turvar-se. 2. Complicar-se.

Entrudada, s. f. Folgança carnavalesca.

Entrudar, v. 1. Intr. Celebrar o entrudo, divertindo-se ou banqueteando-se. 2. Tr. dir. Pregar peças carnavalescas a. 3. Intr. Jogar o entrudo.

Entrudesco (*ê*), adj. Próprio do entrudo ou a ele relativo.

Entrudo, s. m. (l. *introitu*). 1. V. *carnaval*. 2. Antigo folguedo carnavalesco que consistia em se jogar água nas pessoas circundantes.

Entulhar, v. 1. Tr. dir. Encher de entulho; atulhar. 2. Tr. dir. Encher de caliça, cascalho ou pedregulho. 3. Tr. dir. Meter em tulha (arroz, café etc.). 4. Tr. dir. Abarrotar, empanturrar, enfartar. 5. Tr. dir. Acumular, amontoar, atravancar, empachar. 6. Pron. Atulhar-se, encher-se.

Entulho, s. m. 1. Ato ou efeito de entulhar. 2. Aquilo que enche ou entope uma cavidade ou fosso. 3. Fragmentos de tijolo, caliça etc., provenientes da construção ou demolição de uma obra.

Entunicado, adj. (*en + túnica + ado*). *Bot.* Diz-se do bolbo que tem túnicas ou lâminas concêntricas, à semelhança da cebola.

Entupido, adj. (p. de *entupir*). 1. Obstruído, tapado. 2. Embatucado.

Entupimento, s. m. 1. Ação ou efeito de entupir. 2. Estado do que se acha entupido. 3. Embaraço, obstrução.

Entupir, v. 1. Tr. dir. e pron. Atulhar(-se), entulhar(-se), obstruir(-se), tapar(-se). 2. Tr. dir. e pron. Encher(-se) de matéria estranha de modo a impedir a passagem daquilo que normalmente tem de passar. 3. Tr. dir. Fazer calar; embaraçar, embatucar. — Por falsa analogia é conjugado como o verbo *bulir*. Pode também seguir a conjugação regular *entupes, entupe*, no indicativo presente.

Enturbar, v. V. *enturvar*.

Enturvação, s. f. Ação ou efeito de enturvar.

Enturvado, adj. Que se tornou turvo.

Enturvar, v. (*en + turvo + ar*). 1. V. *turvar*. 2. Tr. dir. Ensombrar. 3. Tr. dir. Entristecer: Aquele pouco caso *enturvou-o*. 4. Tr. dir. Embaraçar, perturbar: O fim, com efeito, do exame não é intimidar o examinando, *enturvá-lo* (Rui).

Entusiasmado, adj. 1. Cheio de entusiasmo. 2. Cheio de ânimo e alegria.

Entusiasmar, v. 1. Tr. dir. Causar entusiasmo ou admiração a. 2. Intr. e pron. Encher(-se) de entusiasmo.

Entusiasmo, s. m. (gr. *enthousiasmos*). 1. Excitação da alma quando admira excessivamente. 2. Arrebatamento. 3. Paixão viva; dedicação. 4. Alegria ruidosa. 5. Exaltação criadora, estro. Antôn. (acepções 1, 3, e 4): *indiferença*.

Entusiasta, adj. m. e f. Que se entusiasma; que se dedica vivamente a uma coisa: *Entusiasta* pela música. Antôns.: *indiferente, frio*. S. m. e f. Pessoa que se entusiasma; admirador fervoroso.

Entusiástico, adj. 1. Que tem ou revela entusiasmo. 2. Em que há entusiasmo.

Enublar, v. V. *anuviar*.

Enucleação, s. f. Ação ou efeito de enuclear.

Enuclear, v. (1. *enucleare*). Tr. dir. 1. Privar de um núcleo. 2. *Cir.* Remover inteiriço (tumor, glóbulo ocular). 3. Extrair os caroços dos frutos. 4. Esclarecer, explicar.

Enumeração, s. f. (l. *enumeratione*). 1. Ato ou efeito de enumerar. 2. Exposição. 3. Cômputo. 4. Conta numérica pela série natural dos números.

Enumerador, adj. e s. m. Que, ou aquele que enumera.

Enumerar, v. (1. *enumerare*). Tr. dir. 1. Numerar. 2. Referir um a um. 3. Narrar minuciosamente; especificar.

Enumerável, adj. m. e f. Que se pode enumerar. Antôn.: *inumerável*.

Enunciação, s. f. (l. *enunciatione*). 1. Ato de enunciar. 2. Aquilo que é enunciado; asserção, declaração. 3. *Lóg.* Aquilo que é suscetível de ser verdadeiro ou falso; juízo expresso por palavras; proposição.

Enunciado, adj. Expresso por palavras; que se enunciou. S. m. Exposição sumária de uma verdade expressa, com a finalidade de demonstrá-la.

Enunciar, v. (l. *enuntiare*). 1. Tr. dir. Expor, exprimir (os pensamentos). 2. Tr. dir. Manifestar: *Enunciar sentimentos*. 3. Pron. Exprimir-se, falar.

Enunciativo, adj. Que enuncia, ou serve para enunciar.

Enurese, s. f. *Med.* Emissão involuntária de urinas; incontinência de urina; anisúria.

Enuviar, v. V. *anuviar*.

Envaidar, v. V. *envaidecer*.

Envaidecedor, adj. Que envaidece.

Envaidecer, v. 1. Tr. dir. Tornar vaidoso; desvanecer, entufar. 2. Pron. Desvanecer-se, vangloriar-se. Var.: *envaidar*.

Envalar, v. (*en + vala + ar*). Tr. dir. e pron. Fortificar ou fortificar-se com valas ou fossos; entrincheirar(-se).

Envaretado, adj. 1. Desapontado, encalistrado. 2. Diz-se do galo que enxerga pouco.

Envaretar, v. Intr. 1. Ficar zangado por caçoadas ou gracejos; amuar, encavacar. 2. Levar (o galo de briga) bicada ou golpe nos olhos, ficando cego ou zarolho.

Envasilhamento, s. m. Ato ou efeito de envasilhar.

Envasilhar, v. Tr. dir. 1. Meter em vasilhas. 2. Engarrafar.

Envelhacar, v. Tr. dir. e pron. Tornar(-se) velhaco.

Envelhecer, v. (*en + velho + ecer*). 1. Tr. dir. Tornar velho; avelhentar. 2. Intr. Tornar-se velho. 3. Tr. dir. Fazer que pareça velho: A vida boêmia *o envelheceu* prematuramente. 4. Intr. Tornar-se desusado ou inútil. 5. Intr. Apagar-se, obliterar-se.

Envelhecimento, s. m. Ação ou efeito de envelhecer.

Envelhentar, v. V. *avelhentar.*

Envelope, s. m. (fr. *enveloppe*). Envoltório de uma carta ou cartão; sobrescrito, sobrecarta.

Envencilhado, adj. 1. Enredado, enroscado, emaranhado. 2. Difícil.

Envencilhar, v. 1. Tr. dir. Prender com vencilho ou vínculo. 2. Tr. dir. e pron. Enredar(-se), emaranhar(-se), enlear(-se).

Envenenado, adj. 1. Que tem veneno. 2. Que tomou veneno. 3. Que pode causar dano. 4. Que corrompe; que envolve má intenção. 5. *Pop.* Diz-se do motor ou do carro de rendimento aumentado pelo uso de aditivos no combustível.

Envenenador, adj. e s. m. Que, ou aquele que envenena.

Envenenamento, s. m. 1. Ato ou efeito de envenenar ou envenenar-se. 2. Corrupção.

Envenenar, 1. Tr. dir. Ministrar veneno a. 2. Tr. dir. Misturar veneno em. 3. Pron. Tomar veneno para se suicidar. 4. Pron. Intoxicar-se. 5. Tr. dir. Interpretar em mau sentido; deturpar: *Envenenar intenções.* 6. Tr. dir. Corromper.

Enverdecer, v. 1. Tr. dir. Tornar verde; cobrir de verdura. 2. Intr. Tornar-se verde; reverdecer, verdejar. 3. Intr. Remoçar.

Enveredar, v. 1. Tr. ind. Seguir por vereda, dirigir-se deliberadamente a um lugar: *Enveredou por* ali. 2. Tr. dir. Encaminhar, guiar: *Enveredei-a* para o bem. 3. Tr. ind. Meter-se por; entrar com ímpeto; introduzir-se.

Envergadura, s. f. 1. *Náut.* Parte mais larga da vela por onde esta se enverga. 2. Dimensão, extensão, magnitude, alcance. 3. *Ornit.* Largura, medida de ponta a ponta das asas abertas, nas aves. 4. *Antrop.* Distância entre as pontas dos dedos médios, com os braços abertos em ângulo reto com o corpo. 5. *Av.* Largura existente entre as pontas das asas de um avião.

Envergamento, s. m. 1. Ação de envergar. 2. Curvatura da coisa vergada.

Envergar, v. 1. Tr. dir. Vergar. 2. Tr. dir. *Náut.* Atar as velas às vergas ou aos estais. 3. Pron. Curvar-se, vergar-se. 4. Tr. dir. Vestir.

Envergonhar, v. 1. Tr. dir. Encher de vergonha, fazer corar; humilhar. 2. Pron. Ficar envergonhado; ficar acanhado, confuso, tímido; ter vergonha. 3. Tr. dir. Comprometer, deslustrar.

Envergues, s. m. pl. *Náut.* Cabos ou cordas que prendem a vela à verga.

Envermelhar, v. 1. Tr. dir. Tornar vermelho. 2. Intr. e pron. Avermelhar-se.

Envermelhecer, v. Intr. 1. Tornar-se vermelho. 2. Corar, enrubescer.

Envernizado, adj. 1. Que se envernizou. 2. Polido. 3. *Pop.* Ébrio.

Envernizador, s. m. Aquele que enverniza ou lustra móveis.

Envernizar, v. Tr. dir. 1. Lustrar com verniz. 2. Dar polimento a.

Enverrugado, adj. Que tem verrugas.

Enverrugar, v. 1. Tr. dir. Encher de verrugas ou rugas; amarrotar. 2. Intr. e pron. Encher-se de verrugas; enrugar-se, encarquilhar-se.

Envesgar, v. Tr. dir. 1. Tornar vesgo, entortar (diz-se da vista, dos olhos). 2. *Fig.* Desviar, torcer.

Envessar, v. (l. **inversare*). Tr. dir. 1. Dobrar com o avesso para fora. 2. Pôr do avesso.

Enviada, s. f. (de *enviado*). Barco que traz ao porto o peixe que recebe dos barcos de pesca, no mar. Var.: *enviadeira.*

Enviado, adj. Expedido, mandado, remetido. S. m. Ministro de estado em país estrangeiro, com poder inferior ao do embaixador. — *E. extraordinário*: embaixador extraordinário.

Enviar, v. (l. *inviare*). 1. Tr. dir. Fazer seguir por determinada via; mandar alguém ou alguma coisa; expedir, remeter. 2. Tr. dir. Desfechar, atirar, arremessar: *Enviou* um *soco. Enviara* uma *bala,* uma *pedrada.* 3. Pron. Arremeter contra; atacar.

Envidar, v. (l. *invitare*). 1. Tr. dir. Empregar dedicadamente: *Envidar diligências.* 2. Tr. dir. *Jogo.* Fazer envide a. 3. Tr. ind. Desafiar.

Envide, s. f. Ato de envidar. S. m. *Pop.* Parte do cordão umbilical que fica presa à placenta, depois de cortada a comunicação com o feto.

Envidraçado, adj. 1. Guarnecido de vidraça. 2. Embaciado.

Envidraçamento, s. m. Ação de envidraçar.

Envidraçar, v. 1. Tr. dir. Pôr vidraças ou vidros em. 2. Tr. dir. Dar a aparência de vidro a; tornar vítreo. 3. Tr. dir. Empanar, obscurecer. 4. Pron. Perder o brilho; embaciar-se.

Enviés, s. m. V. *viés.* Pl.: *envieses.*

Enviesado, adj. Posto ao viés; ablíquo.

Enviesar, v. 1. Tr. dir. e pron. Pôr(-se) ao viés, dobrar ou cortar enviesado. 2. Tr. dir. Dirigir mal; entortar (um negócio). 3. Pron. Andar de viés, de ilharga, seguir obliquamente.

Envilecer, v. 1. Tr. dir. e pron. Tornar(-se) vil; aviltar(-se), deslustrar(-se); tornar(-se) desprezível. 2. Intr. e pron. Diminuir em preço, em valor. Antôn. (acepção 1): *enobrecer.*

Envilecimento, s. m. Ação ou efeito de envilecer.

Envinagrado, adj. 1. Que tem vinagre. 2. Avinagrado. 3. Que tem gosto de vinagre; azedo.

Envinagrar, v. 1. Tr. dir. Azedar com vinagre, misturar vinagre em; azedar, avinagrar. 2. Tr. dir. Avermelhar ou dar aparência de vinagre a. 3. Pron. Perder a paciência; alterar-se.

Envio, s. m. Ato de enviar; expedição, remessa.

Enviperado, adj. Assanhado como víbora; enfurecido, encolerizado.

Enviperar, v. 1. Tr. dir. Envenenar, empeçonhar. 2. Tr. dir. Irritar. 3. Pron. Assanhar-se, enfurecer-se. Antôn. (acepções 2 e 3): *acalmar.*

Enviscar, v. 1. Tr. dir. Cobrir ou untar com visco. 2. Pron. Prender-se no visco. 3. Tr. dir. Atrair, cativar, engodar, embair. 4. Pron. Deixar-se ludibriar. Var.: *envisgar.*

Enviuvar, v. 1. Intr. Ficar viúvo. 2. Tr. dir. Tornar viúvo.

Enviveirar, v. Tr. dir. 1. Recolher em viveiro, para reprodução. 2. Conservar em viveiro. 3. Cultivar em viveiro.

Envolta[1], s. f. (de *envolto*). Confusão, mistura. — *De e.* e *de e. com*: conjuntamente; desordenadamente.

Envolta[2] (*ô*), s. f. Faixa, ligadura.

Envolto (*ô*), adj. (p. irregular de *envolver*). 1. Que se envolveu. 2. Enrolado, embrulhado. 3. Turvo. 4. Abrangido, comprometido, enredado.

Envoltório, s. m. V. *invólucro* e *envelope.*

Envoltura, s. f. Ato ou efeito de envolver.

Envolvente, adj. m. e f. 1. Que envolve. 2. Que abarca. 3. Que dissimula, que seduz, que cativa.

Envolver, v. (l. *involvere*). 1. Tr. dir. e pron. Enrolar(-se), embrulhar(-se), meter(-se) dentro de invólucro. 2. Tr. dir. Servir de invólucro a. 3. Tr. dir. Esconder, dissimular. 4. Tr. dir. Abranger: Esta função ainda *envolve* outras *responsabilidades.* 5. Tr. dir. Cercar, rodear, circundar. 6. Tr. dir. Comprometer, enredar. 7. Pron. Entremeter-se, incluir-se, comprometer-se: *Envolver-se em* negociatas.

Envolvimento, s. m. Ação ou efeito de envolver ou envolver-se.

Enxabidez (*ê*), s. f. Qualidade de enxabido.

Enxabido, adj. (l. **insapidu*). V. *desenxabido.*

Enxacoco (*ô*), adj. e s. m. Que, ou aquele que fala mal uma língua estranha, misturando-lhe palavras da sua.

Enxada, s. f. 1. Utensílio de ferro e aço, com que se cava a terra, amassa cal etc. 2. Ganha-pão, ofício, profissão. 3. Denominação dos operários rurais, em certas regiões. 4. *Ictiol.* Grande peixe marinho da família dos Efipídeos (*Chaetodipterus faber*).

Enxadada, s. f. Golpe de enxada.
À primeira e.: logo à primeira diligência ou tentativa.

Enxadão, s. m. Enxada grande, que se usa em escavações, derrubada de barrancos etc.: marraco.

Enxadrezado, adj. Dividido em quadrados, à maneira de tabuleiro de xadrez; axadrezado.

Enxadrezar, v. Tr. dir. Dividir em quadrados como um tabuleiro de zadrez; axadrezar.

Enxadrismo, s. m. Ciência ou gosto do jogo de xadrez.

Enxadrista, adj. m. e f. Relativo ao xadrez. S. m. e f. Jogador ou jogadora de xadrez.

Enxaguadura, s. f. Ato ou efeito de enxaguar.

Enxaguar, v. (l. v. **exaquare*). Tr. dir. 1. Lavar ligeiramente. 2. Lavar repetidas vezes. 3. Passar por água limpa ou agitar em água limpa, o que foi lavado com sabão, detergentes ou outros agentes, para tirar os resíduos destes.

Enxaimel, s. m. Cada um dos caibros ou estacas, usados na armação das paredes de taipa, para receber e suster o barro amassado. Pl.: *enxaimés*.

Enxalço, s. m. *Constr.* 1. V. *sobrearco*. 2. Superfície interna dos vãos das portas e janelas.

Enxalmar, v. Tr. dir. Pôr os enxalmos (numa besta).

Enxalmo, s. m. 1. Manta que se põe sobre a albarda. 2. Contrapeso colocado sobre a albarda para endireitar a carga. 3. Pessoa achacadiça, doente.

Enxama, s. f. Cavilha de metal ou madeira, na borda da embarcação, onde joga o remo.

Emxambrado, adj. Mal enxuto; meio úmido.

Enxambrar, v. 1. Tr. dir. Enxugar ligeiramente, à sombra. 2. Tr. dir. Enxugar o bastante para engomar (a roupa). Vars.: *exombrar* e *exumbrar*.

Enxame, s. m. (l. *examen*). *Apic.* Grupo de abelhas, constituído de uma ou várias rainhas, que vivem em comunidade.

Enxamear, v. (*enxame + ear*). 1. Tr. dir. Pôr na colméia, ou reunir em cortiço (as abelhas). 2. Intr. e pron. Formar enxame (as abelhas); juntar-se em enxame. 3. Intr. Aparecer em grande número. 4. Intr. e pron. Aglomerar-se, apinhar-se.

Enxaqueca (*ê*), s. f. (ár. *ax-xakika*). *Med.* Cefalalgia hemicrânica, acompanhada, às vezes, de distúrbios digestivos e oculares.

Enxárcia, s. f. (gr. biz. *eksartia*). *Náut.* Conjunto dos cabos fixos que, de um e outro lado ou bordo do navio, seguram os mastros e os mastaréus.

Enxarciar, v. Tr. dir. Guarnecer (navio) de enxárcias.

Enxaropar, v. Tr. dir. 1. Dar xaropes ou remédios caseiros. 2. Tornar muito doce.

Enxerga (*ê*), s. f. (l. *serica?*). 1. Colchão pequeno e grosseiro. 2. Almofada cheia de palha que se põe sobre a albarda. 3. Cama pobre.

Enxergar, v. Tr. dir. 1. Avistar, ver a custo; descortinar, divisar, entrever. 2. Notar, observar, perceber. 3. Pressentir, adivinhar. 4. Deduzir, inferir.

Enxerido, adj. 1. Intrometido. 2. Metido a conquistador.

Enxerimento, s. m. Ato ou efeito de enxerir.

Enxerir, v. 1. *Ant.* V. *inserir*. 2. Pron. Intrometer-se. 3. Pron. Procurar namorar.

Enxertadeira, s. f. Faca própria para fazer enxertos.

Enxertador, adj. Que enxerta. S. m. Aquele que enxerta; instrumento para enxertar.

Enxertadura, s. f. Ação ou efeito de enxertar; enxertia.

Enxertar, v. (l. *insertare*). 1. Tr. dir. *Agr.* Fazer enxerto em. 2. Tr. dir. e pron. Inserir(-se), introduzir(-se). 3. Tr. dir. Admitir numa corporação pessoa sem merecimentos ou direitos para tal. 4. Tr. dir. e pron. Fecundar(-se) a fêmea.

Enxertário, s. m. 1. Terreno em que se fazem enxertias. 2. Argola de corda, com forro de couro ou sola.

Enxertia, s. f. *Agric.* Processo de inserir parte viva de uma planta em outra; enxertadura, enxerto.

Enxerto (*ê*), s. m. 1. Ato de enxertar ou inserir. 2. Aquilo que se enxerta ou insere. 3. V. *enxertia*. 4. *Bot.* Gema, ou fragmento vegetal com gemas enxertado; cavaleiro. 5. *Cir.* Implantação de tecido ou órgão vivo, para substituir estruturas danificadas.

Enxiar, v. Tr. dir. *Náut.* Atar, ligar.

Enxó, s. f. (l. *asciola*). Utensílio de tanoeiro ou carpinteiro, de cabo curvo e chapa de aço cortante, com que se desbasta madeira.

Enxofradeira, s. f. Instrumento com que se aplica o enxofre em pó sobre as plantas atacadas de moléstias parasitárias.

Enxofrado, adj. 1. Preparado com enxofre. 2. Polvilhado com enxofre. 3. *Pop.* Amuado, agastado.

Enxofrar, v. 1. Tr. dir. Impregnar ou cobrir de enxofre. 2. Tr. dir. Desinfetar com enxofre. 3. Tr. dir. Arreliar, encolerizar.

Enxofre (*ô*), s. m. *Quím.* Elemento de número atómico 16, símbolo S, massa atômica 32,1 e densidade 2.

Enxofreira, s. f. 1. Lugar donde se extrai enxofre. 2. Vulcão que expele gases sulfurosos. 3. Aparelho produtor de açúcar.

Enxotar, v. Tr. dir. 1. Afugentar. 2. Expulsar.

Enxoval, s. m. (ár. *ax-xuar*). 1. Conjunto de roupas e adornos de uma noiva, de um estudante que vai para internato ou de um recém-nascido. 2. Alfaias.

Enxovalhamento, s. m. Ação de enxovalhar.

Enxovalhar, v. 1. Tr. dir. Emporcalhar, sujar; enodoar, manchar. 2. Tr. dir. Deslustrar, desonrar, macular. 3. Tr. dir. Ofender, afrontar, injuriar. 4. Pron. Fazer-se sórdido nas roupas. 5. Pron. Perder a reputação, o crédito; abandalhar-se.

Enxovalho, s. m. V. *enxovalhamento*.

Enxovar, v. *Ant.* Tr. dir. Meter na enxovia; trancafiar.

Enxovia, s. f. (ár. *al-jubbia*). Cárcere térreo ou subterrâneo, escuro e úmido.

Enxu, s. m. 1. *Entom.* Nome comum de uma vespa (*Brachygastra lecheguana*), que ocorre no Brasil. 2. A casa desse vespídeo.

Enxugador, adj. e s. m. Que, ou aquele que enxuga. S. m. Estufa para enxugar.

Enxugadouro, s. m. Lugar onde se põe qualquer coisa a enxugar. Var.: *enxugadoiro*.

Enxugar, v. (l. *exsucare*). 1. Tr. dir. Fazer perder a umidade. 2. Intr. Perder a umidade; secar-se. 3. Pron. Desaparecer por evaporação. 4. Intr. *Cul.* Ficar com pouco caldo ou sem caldo: *Enxugou* muito a canja. 5. Tr. dir. *Fam.* Esgotar, bebendo.

Enxugo, s. m. 1. Ato ou efeito de enxugar; secagem. 2. Enxugadouro.

Enxúndia, s. f. (l. *axungia*). As banhas das aves e do porco; unto.

Enxundiar, v. (*enxúndia + ar*). Tr. dir. Alimentar, cevar, engordar.

Enxundioso, adj. 1. Que tem enxúndias. 2. Untuoso.

Enxurdar, v. 1. Pron. Revolver-se na lama; enlodar-se. 2. Tr. dir. Fazer lamaçal em.

Enxurdeiro, s. m. (de *enxurdar*). Atoleiro, lamaçal.

Enxurdo, s. m. Lamaçal.

Enxurrada, s. f. (*enxurro + ada*). 1. Corrente das águas da chuva. 2. Cheia, aluvião. 3. Jorro de águas sujas. 4. Grande quantidade; chorrilho.

Enxurro, s. m. 1. Corrente impetuosa de águas pluviais. 2. Corrente ou jorro de imundícies. 3. Escória, ralé.

Enxuto, adj. (l. *exssuctu*). (p. irr. de *enxugar*). 1. Que se enxugou. 2. Que tem pouco molho ou caldo. 3. Não chuvoso (falando do tempo). 4. Nem gordo nem magro. Antôn. (acepção 1): *molhado*.

Enzima, s. f. Catalisador de ação específica; diástase, fermento solúvel.

Enzímico, adj. *Biol.* Relativo a enzima ou por ela produzido.
Enzinha, s. f. *Bot.* Azinha ou azinheira.
Enzinheira, s. f. V. *azinheira.*
Eoceno, adj. (gr. *eos + kainos*). *Geol.* Diz-se da segunda época do Período Terciário, a qual sucedeu ao Paleoceno e antecedeu ao Oligoceno. S. m. 1. Essa época. 2. A série depositada durante essa época.
Eolico, adj. (gr. *aiolikos*). Que se refere à Eólia (Grécia). S. m. 1. Habitante ou natural da Eólia. 2. Grupo de dialetos da antiga Grécia, usados pelos eólios.
Éolo, s. m. (l. *aeolu*). Vento forte.
Eosina, s. f. *Quím.* 1. Corante cristalino vermelho ($C_{20}H_8Br_4O_5$), produzido pela bromação de fluorescina e usado principalmente em cosméticos e em fotografias coloridas.
Eosinofilia, s. f. Aumento de células eosinófilas no sangue.
Eosinófilo, adj. *Biol.* Facilmente corável com eosina. S. m. Leucócito que se cora pela eosina.
Eozóico, adj. *Geol.* Diz-se da época em que apareceram os primeiros animais.
Epacta, s. f. (gr. *epaktos*). *Astr.* Número de dias em que o ano solar excede ao lunar.
Epagoge, s. f. (l. *epagoge*). *Lóg.* Raciocínio que vai dos fatos às leis, do concreto ao abstrato, do particular ao geral; indução.
Epagógico, adj. *Lóg.* Que se refere à epagoge.
Epagogo, s. m. *Antig.* Magistrado que resolvia questões de direito comercial marítimo.
Epanadiplose, s. f. (gr. *epanadiplosis*). *Ret.* Repetição da mesma palavra no princípio e no fim dum verso, de uma frase ou de uma sentença.
Epanáfora, s. f. (l. *epanaphora*). *Ret.* Repetição da mesma palavra no princípio dos versos ou frases.
Epanalepse, s. f. (gr. *epanalepsis*). *Ret.* Repetição de uma palavra no meio de duas ou mais frases seguidas.
Epanástrofe, s. f. (gr. *epanastrophe*). *Ret.* Repetição, no princípio de um período, membro de frase ou verso, da palavra ou palavras com que termina o antecedente.
Epânodo, s. m. (gr. *epanodos*). *Ret.* Figura pela qual se repetem, separadamente, palavras que primeiramente se disseram juntas.
Epanortose, s. f. (l. *epanorthose*). *Ret.* Correção que o orador finge dar à frase já proferida, para trocar uma palavra ou oração por outra melhor.
Eparquia, s. f. (gr. *eparkhia*). *Antig.* 1. Antiga divisão territorial bizantina.
Epêndima, s. m. *Anat.* Membrana epitelial que reveste interiormente os ventrículos do cérebro e o canal central da medula.
Epêntese, s. f. *Gram.* Desenvolvimento de um fonema no interior do vocábulo: *Carpina = carapina.*
Epentético, adj. 1. Em que há epêntese. 2. Que foi adicionado por epêntese.
Epeu, adj. Que se refere aos epeus, povo antigo do Peloponeso. Fem.: *epéia.*
epi-, pref. (gr. *epi*). Exprime a idéia de *sobre* e *depois: epicrânio, epidemia.*
Epiblema, s. m. (gr. *epiblema*). *Bot.* Camada superficial das raízes e dos caules de plantas aquáticas submersas.
Epicanto, s. m. *Med.* Prega cutânea no ângulo interno do olho.
Epicárpico, adj *Bot.* Que se refere ao epicárpio.
Epicárpio, s. m. *Bot.* Parte externa do pericarpo dos frutos.
Epicaule, adj. m. e f. *Bot.* Diz-se do vegetal que parasita outro sobre o caule respectivo.
Epicédio, s. m. Discurso ou poema recitado nas exéquias de alguma pessoa notável.
Epiceno, adj. 1. Comum a ambos os sexos. 2. *Gram.* Diz-se do substantivo que tem uma só forma para ambos os gêneros, sendo a distinção do sexo, real ou imaginário, feita com o auxílio das palavras *macho* e *fêmea.* Exs.: Jacaré *fêmeo,* mamão *macho.*
Epicentro, s. m. (*epi + centro*). *Geol.* Ponto da superfície terrestre atingido perimeiro e com maior intensidade pelas ondas sísmicas.
Epiciclo, s. m. *Astr. ptolemaica.* Órbita circular de um planeta, cujo centro revolve sobre a circunferência de um círculo maior (o deferente).
Epicicloidal, adj. m. e f. *Geom.* 1. Concernente à epiciclóide. 2. Que tem as propriedades da epiciclóide.
Epiciclóide, adj. e s. f. *Geom.* Diz-se da, ou a curva gerada pelo movimento de um ponto da circunferência de um círculo, que rola sobre a circunferência de um círculo fixo.
Epiclino, adj. *Bot.* Diz-se do órgão situado sobre o receptáculo de uma flor.
Epicmástico, adj. *Med.* Diz-se da febre que aumenta gradualmente.
Épico, adj. Que se refere a epopéia. S. m. Autor de epopéias.
Epicondiliano, adj. *Anat.* Que se refere ao epicôndilo.
Epicôndilo, s. m. *Anat.* Eminência da extremidade cubital do úmero.
Epicraniano, adj. Relativo ao epicrânio.
Epicrânio, adj. *Anat.* Situado sobre o crânio. S. m. *Anat.* e *Zool.* Conjunto das estruturas que cobrem o crânio dos vertebrados.
Epícrise, s. f. *Med.* Juízo do clínico sobre uma doença, sua origem e andamento.
Epicrítico, adj. *Med.* Relativo à epícrise.
Epicureu, adj. (gr. *epikureios*). 1. *Filos.* Que se refere ao sistema filosófico de Epicuro. 2. Dado aos prazeres sensuais. S. m. 1. Sectário do epicurismo. 2. Homem sensual. Fem.: *epicuréia.*
Epirurismo, s. m. 1. Sistema filosófico de Epicuro, filósofo grego (341-270 a.C.). 2. Sensualidade. 3. Desregramento de costumes.
Epicurista, adj. m. e f. V. *epicureu.* S. m. e f. Pessoa sectária do epicurismo; pessoa dada às delícias da mesa e do amor.
Epidemia, s. f. (gr. *epidemia*). *Med.* Doença que ataca ao mesmo tempo muitas pessoas da mesma terra ou região.
Epidemicidade, s. f. *Med.* Qualidade ou estado de ser epidêmico.
Epidêmico, adj. Que diz respeito a epidemia.
Epidemiologia, s. f. 1. Ramo de ciência que trata das epidemias, suas causas, natureza, sintomas, resultado etc. 2. Tratado sobre epidemias.
Epidemiológico, adj. Que se refere à epidemiologia.
Epidemiologista, s. m. e f. Especialista em epidemiologia.
Epidendro, adj. *Bot.* Que cresce sobre as árvores. S. m. Planta orquidácea do gênero Epidendro.
Epiderme, s. f. *Anat.* Camada superficial não vascularizada da pele.
Epidérmico, adj. Relativo ou pertencente à epiderme.
Epidiascópio, s. f. Aparelho para projetar imagens por reflexão ou transparência.
Epidíctico, adj. *Ret.* Demonstrativo, aparatoso. Var.: *epidítico.*
Epididimite, s. f. *Med.* Inflamação do epidídimo.
Epidídimo, s. m. *Anat.* Corpo ablongo e vermiforme, situado na parte superior de cada testículo, que consiste em um globo maior e outro menor; aquele contendo os vasos eferentes convolutos e este, o canal eferente.
Epídoto, s. m. *Miner.* Silicato natural de cálcio, alumínio e ferro, de cor verde-amarelada, que ocorre em forma maciça ou na de grãos, colunas e cristais monoclínicos.
Epifania, s. f. *Rel.* Manifestação de Jesus Cristo aos gentios na pessoa dos Reis Magos, celebrada no 2º domingo depois do Natal.
Epifenomenalismo, s. m. *Psicol.* Teoria segundo a qual a consciência e os processos mentais não passariam de epifenômenos de processos cerebrais, incapazes de influenciar estes; epifenomenismo.
Epifenômeno, s. m. . Fenômeno secundário, que acompanha outro e é considerado causado por ele.
Epifilo, adj. *Bot.* Diz-se dos órgãos vegetais que crescem nas folhas das plantas ou que naquelas se acham inseridos. S. m. Epífito que vive na página superior das folhas.

Epífise, s. f. *Anat.* 1. Cada uma das extremidades de um osso longo. 2. V. *glândula pineal.*

Epifitismo, s. m. Qualidade, estado de epífito.

Epífito, adj. *Bot.* Diz-se da planta que se fixa sobre outra, sem parasitá-la.

Epifonema, s. m. *Ret.* Exclamação sentenciosa com que se conclui um discurso ou uma narrativa.

Epífora, s. f. *Med.* Secreção lacrimal contínua e involuntária, causada pela obstrução dos canais lacrimais.

Epífrase, s. f. Acréscimo a uma frase para se desenvolverem idéias acessórias.

Epigastralgia, s. f. *Med.* Dor no epigastro.

Epigástrico, adj. *Anat.* Relativo ao epigástrio.

Epigástrio, s. m. 1. *Anat.* Parte superior do abdome, entre os dois hipocôndrios. Var.: *epigastro.*

Epigéico, adj. *Biol.* Que cresce ou vive na superfície do solo; epigeu.

Epigenesia, s. f. Teoria da formação dos seres por gerações graduais.

Epigenesista, s. m. e f. Pessoa partidária da epigenesia.

Epigenético, adj. Relativo ou pertencente à epigenesia ou por ela produzido. Var.: *epigenésico.*

Epigenia, s. f. *Crist.* Alteração da composição química de um cristal sem mudança da sua forma cristalográfica.

Epígeno, adj. *Crist.* Que apresenta o fenômeno da epigenia.

Epigeu, adj. 1. *Bot.* Diz-se da planta ou parte de planta que cresce acima do solo. 2. *Bot.* Diz-se do cotilédone forçado para cima do solo pela elongação do hipocótilo. 3. *Biol.* Que vive na superfície do solo ou perto dela: Inseto *epigeu.* Fem.: *epigéia.*

Epiginia, s. f. *Bot.* Qualidade de ser epígino.

Epígino, adj. *Bot.* Situado sobre a borda do receptáculo, imediatamente acima do ovário (estames, pétalas e sépalas).

Epiglote, s. f. 1. *Anat.* Lâmina delgada na parte posterior da língua, que corta a comunicação da faringe com a glote durante a deglutição.

Epiglótico, adj. *Anat.* Relativo ou pertencente à epiglote.

Epígnato, adj. Diz-se do maxilar superior maior que o inferior.

Epígono, s. m. 1. Aquele que pertence à geração seguinte. 2. Discípulo de um grande mestre nas ciências, letras ou artes. Antôn.: *prógono.*

Epigrafar, v. Tr. dir. 1. Colocar epígrafe em. 2. Inscrever, intitular.

Epígrafe, s. f. 1. Sentença ou divisa posta no frontispício de um livro ou capítulo, no começo de um discurso ou de uma composição poética; tema. 2. Inscrição posta em lugar visível de um edifício.

Epigrafia, s. f. Ciência que se ocupa em decifrar inscrições.

Epigráfico, s. m. Relativo à epigrafia ou a epígrafe.

Epigrafista, adj. m. e f. Que se dedica à epigrafia. S. m. e f. Especialista em epigrafia.

Epigrama, s. m. 1. Pequena poesia satírica. 2. Alusão crítica e mordaz; sátira.

Epigramático, adj. 1. Que envolve epigrama. 2. Que se assemelha a um epigrama.

Epigramatismo, s. m. 1. Emprego de epigramas. 2. Qualidade epigramática.

Epigramatista, s. m. e f. Pessoa que faz epigramas.

Epigramatizar, v. 1. Tr. dir. Dirigir epigramas a alguém. 2. Tr. dir. Satirizar. 3. Tr. dir. Exprimir por epigramas. 4. Intr. Fazer epigramas.

Epilação, s. f. (fr. *épilation*). Remoção de cabelos ou pêlos pela raiz.

Epilatório, adj. V. *depilatório.*

Epilepsia, s. f. *Med.* Doença nervosa caracterizada por ataques convulsivos, perda da consciência e outras perturbações psíquicas. Sinôns.: *mal-caduco, gota-coral, mal-comicial* e *hieranose.*

Epiléptico, adj. *Med.* 1. Relativo a epilepsia. 2. Afetado de epilepsia. 3. De natureza da epilepsia. S. m. Pessoa que sofre de epilepsia. Var.: *epilético.*

Epileptiforme, adj. m. e f. *Med.* Que se assemelha à epilepsia ou a suas manifestações. Var.: *epiletiforme.*

Epilogação, s. f. Ação ou efeito de epilogar.

Epilogador, adj. e s. m. Que, ou o que recapitula, ou faz epílogos.

Epilogar, v. Tr. dir. 1. Prover de um epílogo. 2. Pôr fim a; concluir. 3. Recapitular, resumir.

Epílogo, s. m. (l. *epilogu*). 1. Conclusão resumida de um livro, poema ou discurso. 2. Fim, remate. 3. Resumo, Antôn. (acepção 2): *prólogo.*

Epimítio, s. m. Moralidade de uma fábula.

Epinastia, s. f. *Bot.* Curvatura para fora, causada pelo crescimento maior no lado ventral de uma pétala ou folha.

Epinefrina, s. f. V. *adrenalina.*

Epinema, s. m. *Bot.* Região superior do filete, nas flores sinantéricas.

Epinício, adj. (gr. *epinikion*). *Antig.* Que celebra uma vitória: Ode *epinícia.* S. m. 1. Hino de triunfo que se cantava nas festas triunfais. 2. Cântico ou poema em que se celebra alguma vitória.

Epioolítico, adj. *Geol.* Diz-se dos terrenos de formação posterior ao calcário oolítico.

Epiórnis, s. m. sing. e pl. *Geol.* Terreno contemporâneo do homem.

Epipétalo, adj. *Bot.* Que tem estames inseridos sobre a corola.

Epipigma, s. m. *Med.* Aparelho que se usava antigamente para reduzir luxações do braço.

Epiplocele, s. f. *Med.* Hérnia que contém epiploo.

Epiploíte, s. f. *Med.* Inflamação do epíploo.

Epíploo, s. m. *Anat.* Dobra do peritônio do estômago aos órgãos adjacentes, ligando ou suportando vísceras do abdome; omento.

Epípode, s. m. V. *epipódio.*

Epipodial, adj. m. e f. (*epipódio + al*). *Zool.* Relativo ou pertencente a um epopódio.

Epipódio, s. m. *Bot.* Tubérculo que nasce no cimo do pedúnculo de certas plantas, perto do ovário.

Epipterado, adj. *Bot.* Diz-se do fruto alado pelo desenvolvimento do ápice.

Epiquirema, s. m. *Lóg.* Silogismo, em que as premissas, ou uma delas, vêm acompanhadas de prova.

Epiquiremático, adj. *Lóg.* Concernente a epiquirema.

Epirense, adj. m. e f. Que se refere ao Epiro, região da Grécia. S. m. e f. Habitante ou natural dessa região.

Epirota, adj. m. e f. (l. *epirota*). V. *epirense.*

Epirótico, adj. Do Epiro ou a ele relativo.

Episclerite, s. f. *Med.* 1. Inflamação do tecido sobreposto à esclerótica. 2. Inflamação das camadas externas da esclerótica.

Episcopado, s. m. 1. Dignidade, funções e jurisdição de bispo; bispado. 2. Conjunto de bispos e arcebispos.

Episcopal, adj. m. e f. Próprio de ou relativo a bispo.

Episodiar, v. Tr. dir. 1. Fazer um episódio de. 2. Inserir em forma de episódio.

Episódico, adj. 1. Pertencente ou relativo a episódio. 2. Acessório, secundário.

Episódio, s. m. (gr. *epeisodion*). 1. Incidente relacionado com a ação principal numa obra literária ou artística. 2. *Pint.* Cena acessória que se junta à ação principal dum quadro. 3. *Mús.* Variedade ou incidente no tema de alguma composição musical. 4. Fato acessório.

Epispádias, s. f. pl. Abertura da uretra na parte superior do pênis.

Epíspase, s. f. *Med.* Erupção local, conseqüente a tratamento, e que é indício de uma modificação geral no organismo.

Epispástico, adj. *Med.* e *Farm.* Que irrita a pele e causa a formação de flictenas; vesicante.

Epispermático, adj. *Bot.* Referente ao epispermo.

Epispermo, s. m. *Bot.* Os tecidos de revestimento da semente; testa.

Epispório, s. m. *Bot.* 1. A membrana externa do espório. 2. Camada externa de um esporocisto.

Epissépalo, adj. *Bot.* Que se desenvolve ou cresce sobre as sépalas do cálice.

Epissilogismo, s. m. (*epi* + *silogismo*). Silogismo que faz parte de uma série polissilogística e que tem por uma de suas premissas a conclusão de um silogismo precedente.

Epissintético, adj. Que se refere ao epissintetismo.

Epissintetismo, s. m. *Med.* Sistema médico que se propunha conciliar os princípios dos metódicos com os princípios dos dogmáticos e empíricos.

Epistação, s. f. *Farm.* Ato ou efeito de epistar.

Epistaminal, adj. m. e f. *Bot.* Que se desenvolve sobre os estames.

Epistaminia, s. f. *Bot.* Propriedade dos vegetais, cujos estames estão inseridos no pistilo.

Epistar, v. Tr. dir. *Farm.* Reduzir alguma coisa a massa, pilando-a em almofariz.

Epístase, s. f. Escuma ou película na superfície da urina.

Epistasia, s. f. *Biol.* Dominância de um gene sobre outro de um par diferente.

Epistaxe (*cs*), s. f. (gr. *epistaxis*). *Med.* Hemorragia nasal.

Epistemologia, s. f. *Filos.* Teoria ou ciência da origem, natureza e limites do conhecimento.

Epistílio, s. m. V. *arquitrave.*

Epístola, s. f. (l. *epistola*). 1. Missiva familiar; missiva entre pessoas célebres; carta. 2. Trecho de uma carta apostólica ou outra passagem bíblica que se dizia na missa, antes do Evangelho, conforme o rito tridentino.

Epistolar, adj. m. e f. (l. *epistolare*). 1. Que se refere a epístola. 2. Próprio de epístola ou do gênero literário cuja forma é a carta.

Epistolário, s. m. 1. Coleção de epístolas. 2. Livro que continha epístolas para se lerem ou cantarem na missa. 3. V. *epistológrafo.*

Epistolografia, s. f. 1. Arte de escrever epístolas (cartas). 2. Gênero epistolar.

Epistológrafo, s. m. 1. Aquele que cultiva a epistolografia. 2. Autor de cartas literárias ou históricas notáveis.

Epístrofe, s. f. *Ret.* Repetição de uma palavra ou expressão no fim de frases ou sentenças seguidas.

Epitáfio, s. m. (gr. *epitaphion*). 1. Inscrição num túmulo. 2. Breve elogio a um morto.

Epitafista, s. m. e f. Pessoa que compõe epitáfios.

Epitalâmico, adj. Que se refere ao epitalâmio.

Epitalâmio, s. m. (gr. *epithalamion*). Canto nupcial, poema em que se celebra o casamento de alguém.

Epítase, s. f. (gr. *epitasis*). Parte do poema dramático que desenvolve os incidentes principais e contém o enredo da peça.

Epitelial, adj. m. e f. *Anat.* 1. Pertencente ou relativo a epitélio. 2. Que aparece no epitélio. 3. Formado de epitélio.

Epitélio, s. m. *Anat.* Tecido tegumentar que reveste as superfícies externas e internas.

Epitelioma, s. m. *Med.* Tumor epitelial.

Epítese, s. f. (gr. *epithesis*). *Gram.* V. *paragoge.* (A palavra *epítese* foi abolida pela N.G.B.).

Epitetar, v. (*epíteto* + *ar*). Tr. dir. 1. Pôr epíteto a. 2. Alcunhar, cognominar, intitular.

Epitético, adj. 1. Relativo ou pertencente a um epíteto. 2. Que contém epítetos ou consiste em epítetos.

Epíteto, s. m. 1. Palavra ou frase que se junta a um nome de pessoa ou coisa para os qualificar ou realçar a sua significação. 2. Alcunha, cognome.

Epítome, s. m. 1. Resumo de doutrina. 2. Trabalho compendiado. 3. Sinope.

Epítrope, s. f. (gr. *epitrope*). *Ret.* Figura que consiste em conceder o que poderia ser contestado (para dar mais força ao que se pretende provar).

Epituitário (*u-i*), adj. *Anat.* Situado sobre a pituitária.

Epíxilo (*cs*), adj. *Bot.* Que cresce sobre o lenho (falando-se de plantas parasitas).

Epizeuxe (*cs*), s. f. *Ret.* Repetição da mesma palavra seguidamente, quer para amplificar, quer para exprimir compaixão, quer para exortar.

Epizoário, adj. e s. m. V. *ectozoário.* S. m. pl. Grupo constituído pelos piolhos-dos-peixes.

Epizootia, s. f. *Vet.* Qualquer doença que afeta, ao mesmo tempo e no mesmo lugar, grande número de animais da mesma espécie.

Época, s. f. 1. Largo lapso de tempo assinalado por algum acontecimento notável ou feição constante. 2. *Geol.* Espaço de tempo que se seguiu a cada uma das grandes alterações do globo terrestre; subdivisão do período. 3. O momento em que uma coisa sucede. 4. O século, o tempo em que se vive. 5. Período, temporada, quadra, estação.

Epódico, adj. *Poét.* Que diz respeito a epodo.

Epodo (*pó*), s. m. *Poét.* Última parte de um canto, ode ou hino.

Epônimo, adj. Que, ou aquele que dá ou empresta o seu nome a alguma coisa.

Epopéia, s. f. *Lit.* Poema que narra ações grandiosas.

Epsilo, s. m. (gr. *epsilon*). Quinta letra do alfabeto grego, correspondente ao nosso *e.* Var.: *epsílon.*

Epsomita, s. f. *Miner.* Sulfato de magnésio hidratado que ocorre em forma de crostas.

Epular, adj. m. e f. Concernente a épulas.

Épulas, s. f. pl. Manjares, iguarias.

Epúlide, s. f. *Med.* Tumor ou excrescência nas gengivas. Var.: *epúlida.*

Épura, s. f. *Geom.* Representação, no plano, de uma figura no espaço, mediante projeções.

Equabilidade, s. f. Uniformidade, igualdade.

Equação, s. f. 1. *Mat.* Afirmação da igualdade de duas expressões ligadas pelo sinal =, que só se verifica para determinados valores das incógnitas nela contidas. As equações são chamadas do 1.°, 2.°, 3.°, 4.° etc. graus, de acordo com o expoente da maior potência da incógnita. 2. *Astr.* Quantidade variável, mas calculada, que é preciso ajuntar ou subtrair ao movimento médio dos planetas, para se verificar o verdadeiro movimento.

Equador, s. m. 1. *Geod.* Círculo máximo imaginário da esfera terrestre eqüidistante de ambos os pólos. 2. *Geod.* Círculo da esfera terrestre, projeção do equador celeste. 3. Linha que divide a superfície de um corpo esférico ou esferóide em duas partes iguais ou quase iguais e simétricas: o *equador* de um balão, do olho, de um ovo.

Equânime, adj. m. e f. (l. *aequanimu*). 1. Que tem equanimidade. 2. V. *imparcial.*

Equanimidade, s. f. 1. Serenidade de espírito em todas as circunstâncias. 2. Imparcialidade: *Equanimidade* em julgar.

Equatorial, adj. m. e f. 1. Do equador ou a ele relativo. 2. Que está situado, ou que cresce ao redor do equador: Plantas *equatoriais.* 3. *Astr.* Diz-se do instrumento astronômico dotado de dois eixos, um paralelo ao da Terra e outro em ângulo reto a ele.

Equatoriano, adj. Da Rep. do Equador, ou relativo a ela. S. m. Habitante ou natural do Equador.

Equável, adj. m. e f. 1. Que, comparado a outro, se mostra igual; uniforme. 2. V. *eqüitativo.*

Eqüestre, adj. m. e f. (l. *equestre*). Que se refere à cavalaria ou à equitação.

Eqüevo *(é)*, adj. (l. *aequaevu*). 1. Que tem a mesma idade que outro. 2. V. *coevo, contemporâneo.*

eqüi-[1], elem. de comp. (l. *equu*). Exprime a idéia de *cavalo: eqüícola.*

eqüi-[2], elem. de comp. (l. *aequu*). Designativo de *igualdade: eqüiângulo.*

Eqüiângulo, adj. (*eqüi*[2] + *ângulo*). *Geom.* Que tem ângulos iguais.

Eqüidade, s. f. (l. *aequitate*). 1. Justiça natural. 2. Igualdade, justiça, retidão. Antôn.: *injustiça.* Var.: *equidade.*

Eqüídeo, adj. (*eqüi*[1] + *ídeo*). *Zool.* Relativo ou semelhante ao cavalo. S. m. Espécime dos Eqüídeos. S. m. pl. Família (*Equidae*) de ungulados perissodáctilos. com um só dedo funcional, à qual pertencem o cavalo, o asno e a zebra.

Eqüidiferença, s. f. (*eqüi*[2] + *diferença*). 1. Igualdade de relações por diferença. 2. Proporção aritmética.

Eqüidiferente, adj. m. e f. (*eqüi*[2] + *diferente*). Diz-se de coisas que são igualmente diferentes em relação a outra ou outras.

Eqüidilatado, adj. (*eqüi*[2] + *dilatado*). *Bot.* Qualifica certos órgãos vegetais que apresentam a mesma largura em todo o seu comprimento.

Eqüidistância, s. f. (*eqüi*[2] + *distância*). 1. Igualdade de distância. 2. Qualidade daquilo que é eqüidistante.

Eqüidistante, adj. m. e f. (*eqüi*[2] + *distante*). Diz-se de coisas que estão a igual distância de outra.

Eqüidistar, v. (*eqüi*[3] + *distar*). Tr. ind. e intr. Estar à mesma distância de dois ou mais pontos: Este marco *eqüidista de* dois outros. Ambos *eqüidistam.*

Equidnina, s. f. *Quím.* Princípio ativo do veneno da víbora.

Eqüilateral, adj. m. e f. V. *eqüilátero.*

Eqüilátero, adj. *Geom.* Que tem os lados iguais entre si.

Equilibração, s. f. Ação e efeito de equilibrar, de pôr em equilíbrio.

Equilibrante, adj. m. e f. Que equilibra, que estabelece o equilíbrio.

Equilibrar, v. 1. Tr. dir. e pron. Pôr(-se) ou manter(-se) em equilíbrio. 2. Tr. dir. Fazer que não exceda; compensar, contrabalançar. 3. Tr. dir. Harmonizar: *Equilibrar* as *vozes* de um coro. 4. Pron. Agüentar-se, sustentar-se em uma situação crítica ou difícil.

Equilíbrio, s. m. (l. *aequilibriu*). 1. *Fís.* Estado de um corpo que é atraído ou solicitado por forças cuja resultante é nula. 2. *Fís.* Estado de um corpo que se mantém sobre um apoio, sem se inclinar para nenhum dos lados.

Equilibrista, s. m. e f. Pessoa hábil em manter-se em equilíbrio em posições inaturais e movimentos arriscados, como, por exemplo, um funambulista.

Equimosar, v. *Med.* 1. Tr. dir. Produzir equimose em. 2. Pron. Cobrir-se de equimoses.

Equimose, s. f. *Med.* Mancha escura ou avermelhada, na pele ou nas mucosas, em virtude de extravasão de sangue ocasionada por contusão.

Equimótico, adj. *Med.* Que é da natureza da equimose, que apresenta caracteres de equimose.

Eqüimúltiplo, adj. *Arit.* Designativo dos números que são igualmente múltiplos de outros, ou resultam da multiplicação de outros pelo mesmo fator.

Equinípede, adj. m. e f. *Zool.* Diz-se do animal que tem as patas armadas de espinhos.

Equino[1], s. m. (gr. *ekhinos*). *Arquit.* 1. Moldura principal do capitel dórico ou qualquer moldura em quarto de círculo. 2. Ornato oval e convexo.

Equino[2], s. m. *Zool.* Gênero (*Echinus*) típico da família dos Equinídeos, que compreende o ouriço-do-mar comum europeu, comestível (*Echinus esculenta*).

Equino[3], elem. de com. Exprime a idéia de *áspero, espinhoso, eriçado de pontas: equinocarpo.*

Equinocarpo, adj. (*equino*[3] + *carpo*). *Bot.* Que tem frutos eriçados de pontas.

Equinocial, adj. m. e f. Relativo ou pertencente a um equinócio ou a um estado ou tempo de dias e noites de igual duração.

Equinócio, s. m. Cada uma das duas épocas em que o Sol passa pelo equador, fazendo os dias iguais às noites em todos os países do mundo.

Equinococo, s. m. *Zool.* Forma larvar do *Echinococcus granulosus*, que vive no intestino do cão e no de outros carnívoros.

Equinococose, s. f. *Vet.* Infestação de equinococos.

Equinodermo, s. m. *Zool.* Enterozoário marinho cujo esqueleto é formado de placas calcárias, na superfície das quais se inserem muitos espinhos.

Equinóforo, adj. *Zool.* Diz-se do animal que tem espinhos.

Equinoftalmia, s. f. *Med.* Inflamação das pálpebras na parte ocupada pelas pestanas.

Equinóide, adj. m. e f. *Zool.* Semelhante ao ouriço. S. m. Espécime da classe dos Equinóides. S. m. pl. Classe de equinodermos, que compreendem os ouriços-do-mar e formas relacionadas. Var.: *equinóideo.*

Equinorrinco, s. m. *Zool.* Gênero de vermes acantocéfalos, parasitas de vertebrados na forma adulta e de artrópodes na fase de larva.

Equinospermo, adj. *Bot.* Que tem grãos com pêlos ásperos.

Equióide, adj. m. e f. Que se assemelha a víbora.

Equipagem, s. f. 1. Conjunto de tripulantes de navio ou avião. 2. Conjunto das coisas que se levam nas jornadas e viagens. 3. Conjunto de aparelhos e utensílios de máquinas.

Equipamento, s. m. 1. Ação de equipar. 2. *Mil.* Conjunto de coisas necessárias a uma tropa e que cada praça deve transportar. 3. Conjunto de instrumentos e instalações necessários para um trabalho ou profissão.

Equipar, v. (fr. *équiper*). 1. Tr. dir. *Mil.* Prover o exército do que precisa. 2. Tr. dir. *Náut.* Guarnecer um navio do pessoal necessário. 3. Pron. Apetrechar-se, prover-se do necessário. 4. Tr. dir. Prover aparelho de algum equipamento necessário.

Equiparação, s. f. Ato ou efeito de equiparar.

Equiparar, v. (l. *aequiparare*). 1. Tr. dir. Atribuir o mesmo valor, tornar igual. 2. Pron. Comparar-se, igualar-se. 3. Tr. dir. Conceder a (estabelecimentos particulares de instrução) as regalias dos institutos oficiais de ensino.

Equiparável, adj. m. e f. Que se pode equiparar.

Equipe, s. f. (fr. *équipe*). 1. Conjunto de dois ou mais indivíduos que, juntos, tomam parte em uma competição esportiva. 2. Conjunto ou grupo de pessoas que se dedicam a uma tarefa ou determinado trabalho.

Eqüípede, adj. m. e f. (*eqüi*[2] + *pede*). *Zool.* Que tem pés ou patas de comprimento igual.

Eqüipendência, s. f. Qualidade do que é eqüipendente.

Eqüipendente, adj. m. e f. 1. Equilibrado. 2. Igual.

Eqüipolência, s. f. Qualidade daquilo que é eqüipolente; equivalência.

Eqüipolente, adj. m. e f. (l. *aequipollente*). 1. Que tem igual poder, força ou validade. 2. Que tem o mesmo significado ou sentido. 3. V. *equivalente.* S. m. Aquilo que é eqüipolente.

Eqüiponderância, s. f. Qualidade de eqüiponderante.

Eqüiponderante, adj. m. e f. 1. Que tem peso, força ou potência iguais. 2. Equilibrado.

Eqüiponderar, v. 1. Tr. dir. Igualar em peso; contrabalançar, equilibrar. 2. Intr. Ter peso ou força iguais; equilibrar-se.

Eqüissonância, s. f. *Mús.* Consonância de sons muito semelhantes, como os de oitavas.

Eqüissonante, adj. m. e f. Em que há equissonância.

Equitação, s. f. 1. Arte de montar a cavalo. 2. Exercício de andar a cavalo.

Equitador, s. m. O que sabe equitação.

Eqüitativo, adj. 1. Caracterizado por eqüidade. 2. Que é justo ou reto.

Equivalência, s. f. Qualidade ou estado de ser equivalente. 2. Igualdade de valor, de preço ou de estimação entre duas coisas; correspondência. Var.: *eqüivalência.*

Equivalente, adj. m. e f. Que tem igual valor. S. m. e f. Aquilo que tem valor ou preço igual. Var.: *eqüivalente.*

Equivaler, v. (l. *aequivalere*). Tr. ind. e pron. Ser igual no valor, no preço etc. Var.: *eqüivaler.*

Eqüivalve, adj. f. *Zool.* Diz-se das conchas que têm duas valvas iguais.

Equivocação, s. f. Ato ou efeito de equivocar-se; equívoco, engano, erro.

Equivocado, adj. Que tomou uma coisa por outra; enganado, iludido.

Equivocar, v. 1. Tr. dir. Induzir alguém a engano pelo uso de linguagem equívoca ou ambígua. 2. Tr. dir. Confundir uma coisa ou pessoa com outra. 3. Pron. Dizer uma coisa por outra; enganar-se.

Equívoco, adj. (l. *aequivocu*). 1. Que dá lugar a várias interpretações. 2. Duvidoso. Antôn.: *inequívoco.* S. m. 1. Engano, erro ou lapso. 2. Interpretação equívoca.

Equóreo, adj. *Poét.* Pertencente ou relativo ao mar alto.

Era, s. f. (b. l. *aera*). 1. *Geol.* Divisão primária do tempo geológico, compreendendo vários períodos. 2. Época notável. 3. Período de séculos muito extenso. 4. Início de uma nova ordem de coisas.

Erário, s. m. (l. *aerariu*). 1. Tesouro público; fazenda pública. 2. Edifício onde se guarda o dinheiro público.

Erásmico, adj. Que se refere a Erasmo, humanista holandês (1467-1536).

Erbina, s. f. *Miner.* Óxido de érbio.

Érbio, s. m. *Quím.* Elemento metálico do grupo de terras raras, símb. Er, número atômico 68, massa atômica 167,27.

Érebo, s. m. O inferno na mitologia grega.

Ereção, s. f. 1. Ato de erigir ou erguer. 2. Inauguração. 3. Instituição. 4. *Fisiol.* Endurecimento temporário de certas partes moles do organismo animal.

Eremita, s. m. e f. Pessoa que evita a convivência social, ou que, por penitência, vive solitária no deserto ou no ermo.

Eremitério, s. m. 1. Lugar onde vive um eremita. 2. Abrigo de eremitas. 3. Lugar afastado da povoação.

Eremítico, adj. Relativo a eremita ou à vida no ermo.

Éreo, adj. (1. *aereu*). Que é de bronze, cobre ou latão; eril.

Erespsina, s. f. *Biol.* Mistura de pepsidases no intestino delgado, que catalisa a proteólise para a produção de aminoácidos; ereptase.

Erétil, adj. m. e f. (l. *erectu*). Suscetível de ereção. Var.: *eréctil.*

Eretilidade, s. f. 1. Qualidade daquilo que é ou pode tornar-se erétil. 2. Capacidade de ereção. Var.: *erectilidade.*

Ereto, adj. (l. *erectu*). 1. Erguido verticalmente. 2. Vertical. 3. Aprumado, teso, direito. 4. *Fisiol.* Endurecido, túrgido. 5. *Fig.* Não abatido; levantado, altivo. Var.: *erecto.*

Erétria, s. f. (de *Erétria*, n. p.). *Antig.* Espécie de argila, tirada da Ilha de Eubéia, Grécia, e empregada em medicina e pintura.

Ereutofobia, s. f. Medo ou fobia de corar, próprio das pessoas tímidas; eritrofobia.

Erg, s. m. (gr. *ergon*). *Fís.* Unidade de trabalho do sistema CGS; corresponde ao trabalho produzido por um dina ao impelir um corpo a 1cm de distância.

Ergástulo, s. m. *Antig. rom.* Prisão própria para escravos; cárcere, calabouço.

Ergofobia, s. f. Aversão ao trabalho.

Ergógrafo, s. m. *Fisiol.* Aparelho ou instrumento para medir e registrar a capacidade de trabalho de um ou mais músculos.

Ergologia, s. f. *Etnol.* Parte da Etnografia que estuda a cultura material.

Ergotina, s. f. (fr. *ergotine*). *Quím.* Extrato aquoso, hemostático, da cravagem-do-centeio.

Ergotismo[1], s. m. (de *ergo*[2]). *Filos.* Mania de usar silogismos e sofismas na argumentação.

Ergotismo[2], s. m. (fr. *ergot + ismo*). *Med.* e *Vet.* Envenenamento agudo ou crônico, causado pela ergotina.

Erguer, v. (l. *ergere*, por *erigere*). 1. Tr. dir. Alçar, elevar, levantar. 2. Tr. dir. Construir, edificar, erigir. 3. Pron. Elevar-se, levantar-se (quem estava sentado ou deitado). 4. Tr. dir. Dirigir para o alto. 5. Tr. dir. Tornar elevado, superior. 6. Pron. Estar sobranceiro; ostentar-se. 7. Pron. Aparecer, surgir. 8. Pron. Sublevar-se: As forças armadas *ergueram-se contra* o governo. 9. Tr. dir. Fundar: *Erguer* um *império.* 10. Pron. *Pop.* Ir embora, fugir.

Erguido, adj. (p. de *erguer*). Levantado, alto.

Ericáceas, s. f. pl. *Bot.* Família (*Ericaceae*) de plantas arbustivas, com folhas simples, coriáceas, sem estípulas; flores hermafroditas, coloridas; frutos capsulares. S. f. Espécime das Ericáceas.

Eriçado, adj. Que se eriçou; arrepiado, encrespado, ouriçado.

Eriçamento, s. m. Ação ou efeito de eriçar.

Eriçar, v. 1. Tr. dir. e pron. Arrepiar(-se), encrespar(-se), ouriçar(-se). 2. Tr. dir. Dar aspecto hirto a.

Erigir, v. (1. *erigere*). 1. Tr. dir. Construir, levantar; criar, fundar, instituir. 2. Tr. dir. Erguer, levantar. 3. Tr. dir. Dotar com novo e superior título. 4. Pron. Fazer-se de, constituir-se.

Erigível, adj. m. e f. Que se pode erigir.

Eril, adj. V. *éreo.*

Erimanteu, adj. *Mit.* Relativo ao Monte Erimanto, na Arcádia, onde Hércules realizou seu quarto trabalho, matando um monstruoso javali.

Erimântico, adj. V. *erimanteu.*

Erimantino, adj. V. *erimanteu.*

Erina, s. f. *Cir.* Instrumento cirúrgico que serve para manter afastados certas partes ou tecidos.

Erináceo, s. m. *Zool.* Semelhante aos ouriços.

Erinacídeo, s. m. *Zool.* Relativo ou pertencente aos Erinacídeos. S. m. Mamífero da família dos Erinacídeos. S. m. pl. Família (*Erinacidae*) de mamíferos, que tem por tipo o ouriço.

Eriocauláceas, s. f. pl. *Bot.* Família de plantas herbáceas, tropicais, aquáticas ou paludosas, flores em capítulos. S. f. Espécime das Eriocauláceas.

Eriocauláceo, adj. *Bot.* Relativo ou pertencente à família das Eriocauláceas.

Erisipela, s. f. *Med.* Doença infecciosa aguda, febril, da pele e do tecido subcutâneo, causada por um estreptococo hemolítico.

Erisipeloso, adj. *Med.* Que tem caracteres ou aparência de erisipela.

Erística, s. f. *Filos.* 1. Arte dos raciocínios especiosos, das argúcias sofísticas, das controvérsias. 2. Arte das discussões lógicas e sutis.

Eritema, s. m. *Med.* Denominação comum a muitas variedades de vermelhidão mórbida da pele, causadas por congestão dos capilares; eritroderma, eritrodermia.

Eritemático, adj. *Med.* 1. Que se refere a eritema. 2. Que produz eritema.

Eritematoso, adj. *Med.* 1. Sujeito a eritemas. 2. Afetado de eritema. 3. Que tem caráter de eritema.

Eritreu, adj. Da Eritréia ou relativo a ela. S. m. Habitante ou natural da Eritréia. Fem.: *eritréia.*

Eritrina, s. f. *Bot.* 1. Gênero de plantas leguminosas, constituído de árvores tropicais, com folhas trifoliadas e flores, geralmente avermelhadas, em racenos terminais. 2. Planta desse gênero.

Eritroblasto, s. m. *Biol.* Cada uma das células nucleares das quais se desenvolvem os eritrócitos.

Eritrocarpo, adj. *Bot.* Que tem frutos vermelhos.

Eritrócero, adj. *Zool.* Que tem antenas vermelhas.

Eritrócito, s. m. *Biol.* Glóbulo vermelho do sangue; hemácia.

Eritrodátilo, adj. *Zool.* Que tem os dedos vermelhos. Var.: *eritrodáctilo.*

Eritrodermo, adj. *Zool.* Que tem a pele vermelha.

Eritrofila, s. f. *Bot.* Pigmento vermelho de alguns órgãos vegetais, que dá cor às folhas no outono.

Eritrofilo, adj. *Bot.* Que tem as folhas vermelhas.

Eritrofobia, s. f. V. *ereutofobia.*

Eritrogástreo, adj. *Zool.* Que tem o ventre vermelho.

Eritróide, adj. m. e f. Que tem cor avermelhada.

Eritrólofo, adj. *Zool.* Que tem penacho vermelho.

Eritropenia, s. f. *Med.* Deficiência do número de eritrócitos.

Eritrópode, adj. m. e f. *Zool.* Diz-se do animal que tem as patas ou barbatanas vermelhas.

Eritropsia, s. f. *Med.* Estado mórbido de quem vê tudo vermelho.

Eritróptero, adj. *Zool.* Que tem as asas vermelhas.

Eritróptico, adj. 1. *Med.* Que diz respeito a eritropsia. 2. Que sofre eritropsia.

Eritrose, s. f. 1. *Quím.* Açúcar xaroposo, do grupo das aldoses ($C_4H_8O_4$). 2. *Biol.* Coloração vermelha ou arroxeada da pele, como acontece na policitemia.

Eritrospermo, adj. *Bot.* Que tem sementes ou grãos vermelhos.

Eritróstomo, adj. *Zool.* Que tem abertura bucal vermelha.

Eritrotórax (*cs*), adj. *Zool.* Que tem o peito vermelho.

Eritroxiláceas (*cs*), s. f. pl. *Bot.* Família (*Erythroxylaceae*) de árvores e arbustos de folhas simples, flores actinomorfas, hermafroditas, pentâmeras. S. f. Espécime das Eritroxiláceas.

Eritroxiláceo (*cs*), adj. *Bot.* Relativo ou pertencente à família das Eritroxiláceas.

Eritróxilo (*cs*), adj. *Bot.* Que possui madeira vermelha.

Ermar, v. (*ermo + ar*). 1. Tr. dir. Converter em ermo ou deserto. 2. Intr. Ir para o ermo. 3. Tr. dir. e pron. Despovoar(-se).
Ermida, s. f. (de *ermo*). 1. Capela ou pequena igreja isolada do povoado. 2. Pequena igreja; capela.
Ermitão, s. m. (de *eremita*). 1. V. *eremita*. 2. Aquele que trata de uma ermida. Pl.: *ermitãos, ermitães*. Fem.: *ermitã, eremitã* e *ermitoa*.
Ermitério, s. m. V. *eremitério*.
Ermitoa, s. f. 1. Fem. de *ermitão*. 2. Mulher que cuida de uma ermida. Var.: *eremitoa* e *ermitã*.
Ermo (*ê*), adj. 1. Deserto, despovoado, solitário. 2. Abandonado, desacompanhado. Antôn. (acepção 1): *povoado*. S. m. 1. Lugar deserto, despovoado. 2. Lugar consagrado à oração; solidão. Fem. do adj.: *erma* (*ê*).
Erodente, adj. m. e f. 1. Que erode; que produz erosão. 2. V. *corrosivo*.
Erosão, s. f. (l. *erosione*). 1. Ato ou efeito de corroer. 2. *Geol.* Degradação produzida na camada terrestre por agentes externos.
Erosivo, adj. 1. Que causa erosão. 2. Corrosivo. 3. V. *erodente*.
Erótico, adj. Relativo ou pertencente ao amor sexual; amatório.
Erotismo, s. m. 1. Caráter ou tendência eróticos. 2. Paixão sexual insistente.
Erotomania, s. f. Exaltação mórbida do sentimento e reação sexuais.
Erotomaníaco, adj. 1. Relativo ou pertencente à erotomania. 2. Que sofre de erotomania. S. m. V. *erotômano*.
Erotômano, s. m. Aquele que está atacado de erotomania.
Errabundo, adj. (l. *errabundu*). Errante, vagabundo.
Errada, s. f. (de *errar*). 1. Ato de errar. 2. Divisão de uma estrada ou encruzilhada, que pode induzir em erro os viandantes.
Erradicação, s. f. Ato de erradicar.
Erradicante, adj. m. e f. 1. Que erradica. 2. Que corta pela raiz.
Erradicar, v. (l. *erradicare*). V. *arrancar, desarraigar*.
Erradicativo, adj. V. *erradicante*.
Erradio, adj. 1. Errante, vagabundo. 2. Desvairado. 3. Desnorteado. 4. Que errou; que cometeu erro.
Errado, adj. 1. Em que há erro; errôneo, falso. 2. Que perdeu o caminho, o rumo. Antôn.: *certo*.
Errante, adj. m. e f. (l. *errante*). 1. Que erra, que se engana, que se equivoca. 2. Que procede mal; errado. 3. Que anda ao acaso; errabundo, vagabundo.
Errar, v. (l. *errare*). 1. Tr. dir. Cometer erro em. 2. Tr. ind. Cometer erro; enganar-se em. 3. Intr. Cair em culpa.
Errata, s. f. Erro descoberto após a impressão de uma obra e indicado em página encartada no começo ou no fim do livro.
Errático, adj. (l. *erraticu*). 1. Errante, vagabundo. 2. *Geol.* Transportado de longe, falando-se dos blocos de rocha que não são da natureza do terreno em que se encontram.
Erre, s. m. Nome da letra R, r. Pl.: *erres* ou *rr*.
Errino, adj. 1. Que provoca espirro; esternutatório. 2. Que causa defluxo.
Erro (*ê*), s. m. (de *errar*). 1. Ato de errar. 2. Equívoco, engano. 3. Inexatidão. 4. Uso impróprio ou indevido. 5. Conceito equívoco ou juízo falso. 6. Doutrina falsa. 7. Culpa, falta. 8. Prevaricação. Antôn. (acepções 1 e 2); *acerto*; col.: *barda*.
Errôneo, adj. Que contém erro; errado, falso.
Erronia, s. f. Erro enraizado.
Ersa, s. m. Língua do grupo gaélico, falada pelos primitivos irlandeses e que passou depois para a Escócia.
Erubescer, v. (l. *erubescere*). V. *enrubescer*.
Eructação, s. f. Ato de eructar; arroto.
Eructar, v. (l. *eructare*). V. *arrotar*.
Erudição, s. f. 1. Qualidade de erudito. 2. Instrução vasta e variada.
Erudito, (*dí*), adj. (l. *eruditu*). Que tem instrução vasta e variada. S. m. Homem muito sabedor.
Eruginoso, adj. 1. Que está oxidado; enferrujado. 2. Esverdeado.
Erupção, s. f. (l. *eruptione*). 1. Saída súbita e violenta. 2. *Med.* Aparecimento na pele de manchas, borbulhas ou vesículas.
Eruptivo, adj. 1. Concernente a erupção. 2. *Geol.* Originado de erupção.
Erva, s. f. (l. *herba*). 1. *Bot.* Planta folhosa, espermatófita, anual, bianual ou perene, que conserva o caule sempre verde e tenro. 2. Erva-mate. 3. Planta tóxica de pastagem. 4. *Gír.* Dinheiro. 5. *Gír.* Maconha.
Ervaçal, s. m. Campo ervado, apto para pastagem; ervagem.
Erva-cidreira, s. f. *Bot.* Planta labiada (*Melissa officinalis*) medicinal. Pl.: *ervas-cidreira*.
Erva-de-santa-maria, s. f. *Bot.* Planta quenopodiacea (*Chenopodium ambrosioides*), de propriedades antelmínticas. Pl.: *ervas-de-santa-maria*.
Ervado, adj. (*erva + ado*). 1. Revestido de erva. 2. Envenenado com erva.
Erva-doce, s. f. *Bot.* V. *funcho*.
Erval, s. m. (de *erva*). Mato em que predomina a erva-mate ou congonha.
Erva-mate, s. f. *Bot.* Planta aqüifoliácea (*Ilex paraguaiensis*), de cujas folhas se prepara um chá muito agradável.
Erva-moura, s. f. *Bot.* Planta solanácea (*Solanum nigrum*), que produz bagas pretas comestíveis.
Ervanaria, s. f. Estabelecimento de comerciante em plantas medicinais.
Ervanário, s. m. 1. Aquele que coleciona, prepara e vende ervas medicinais. 2. Ervanaria.
Ervançal, s. m. Plantação de ervanços.
Ervanço, s. m. (corr. de *gravanço*). *Bot.* Gravanço, grão-de-bico (*Cicer arictinum vulgaris*).
Ervar, v. 1. Tr. dir. Umedecer com suco de erva venenosa (falando-se de armas destinadas a ferir envenenando). 2. Pron. Envenenar-se com erva.
Ervatário, s. m. Aquele que se ocupa em colher, para vender, ervas medicinais.
Ervateiro, s. m. Indivíduo que negocia com erva-mate, ou se dedica à colheita e preparação desse vegetal.
Ervecer, v. Intr. 1. Criar erva. 2. Vicejar.
Ervilha, s. f. *Bot.* Trepadeira leguminosa anual (*Pisum sativum*), com sementes ricas em proteína.
Ervilhaca, s. f. *Bot.* Leguminosa forrageira (*Vicia sativa*), com algumas espécies tóxicas.
Ervilha-de-cheiro, s. f. *Bot.* Planta trepadeira de jardim (*Sathyrus adoratus*), de flores fragrantes e ornamentais. Pl.: *ervilhas-de-cheiro*.
Ervilhal, s. m. (*ervilha + al*). Campo ocupado por ervilheiras.
Ervoso (*ô*), adj. (l. *herbosu*). 1. Com predisposição para criar erva. 2. Com erva abundante.
es-, pref. Significa movimento para fora: *esbugalhar, escorrer*.
-ês, suf. (l. *ense*). Exprime origem, naturalidade: *cortês, francês*.
Esbaforido, adj. 1. Ofegante. 2. Afobado, apressado. 3. Esfalfado.
Esbaforir, v. Intr. e pron. Ficar anelante; ficar sem alento; estar ofegante.
Esbagaçar, v. Tr. dir. e pron. Reduzir(-se) a bagaço.
Esbaganhar, v. Tr. dir. Tirar a baganha ao linho.
Esbagoar, v. 1. Tr. dir. Tirar os bagos a. 2. Intr. e pron. Perder o bago ou grão. 3. Intr. Chorar.
Esbagulhar, v. Tr. dir. Tirar o bagulho a.
Esbamboar, v. Pron. Bambolear-se, saracotear-se.
Esbandalhado, adj. 1. Separado do bando, tresmalhado. 2. Roto, escangalhado.
Esbandalhar, v. (*es + bando + lhar*). 1. Tr. dir. Fazer em bandalhos; esfarrapar. 2. Tr. dir. Destruir. 3. Tr. dir. Esbanjar, dissipar, arruinar. 4. Pron. Dispersar-se; debandar.
Esbandeirar, v. Tr. dir. *Agr.* Cortar a bandeira a (milho).
Esbandulhar, v. Tr. dir. Rasgar o bandulho; esbarrigar.
Esbanjador, adj. e s. m. Que, ou aquele que esbanja; dissipador, gastador, perdulário.
Esbanjamento, s. m. Ação ou efeito de esbanjar; dissipação.

Esbanjar, v. Tr. dir. 1. Gastar à larga, profusamente. 2. Consumir à toa. 3. Dissipar, estragar.

Esbarbar, v. Tr. dir. Tirar as barbas ou asperezas de (chapas de cobre, gesso, tijolo etc.).

Esbarrada, s. f. 1. Ação de esbarrar. 2. Parada súbita do cavalo montado.

Esbarrancado, adj. Coberto, cheio de barrancos.

Esbarrão, s. m. Grande esbarro; encontrão.

Esbarrar, v. 1. Tr. ind. e intr. Tocar de leve em. 2. Tr. ind. e pron. Ir de encontro a, chocar-se com. 3. Intr. Deter-se. 4. Tr. ind. e intr. Deter-se diante de uma dificuldade.

Esbarrigar, v. Tr. dir. Rasgar o ventre de.

Esbarro, s. m. 1. Ato ou efeito de esbarrar. 2. Ato ou efeito de retesar a rédea, para que o cavalo sinta o freio.

Esbarroada, s. f. 1. Ação ou efeito de esbarroar. 2. Chifrada superficial que não penetra.

Esbarroar, v. Tr. dir. e intr. Dar esbarroadas.

Esbarrocamento, s. m. 1. Ação ou efeito de esbarrocar. 2. Derrocada.

Esbarrocar, v. Intr. e pron. 1. Cair, formando barroca. 2. Desmoronar-se. 3. Despenhar-se.

Esbarronda, s. f. Ação ou efeito de esbarrondar.

Esbarrondadeiro, s. m. Despenhadeiro; precipício.

Esbarrondar, v. (de *barro*). Tr. dir. e pron. Desmoronar(-se), esboroar(-se): E as águas remugem, ...*esbarrondando barracas* (Coelho Neto).

Esbater, v. (*es* + *bater*). 1. Tr. dir. *Escult.* Dar relevo a. 2. Tr. dir. *Pint.* Graduar as sombras e o claro-escuro (dum quadro). 3. Tr. dir. Adelgaçar ou atenuar (a cor). 4. Pron. Dispor-se gradualmente (ressaindo).

Esbatido, adj. 1. Que se esbateu. 2. Atenuado, desmaiado (falando de cores).

Esbatimento, s. m. Ação ou efeito de esbater.

Esbeiçar, v. 1. Tr. dir. Quebrar os bordos a. 2. Intr. Estirar, estender os beiços. 3. Pron. Desbeiçar-se.

Esbeltar, v. (*esbelto* + *ar*). 1. Tr. dir. e pron. Tornar(-se) esbelto. 2. Tr. dir. *Pint.* e *Escult.* Dar boa atitude e formas esbeltas a (uma figura).

Esbeltez, s. f. (*esbelto* + *ez*). V. *esbelteza.*

Esbelteza, s. f. (*esbelto* + *eza*). Qualidade de esbelto.

Esbelto, adj. (ital. *svelto*). 1. Delgado, gracioso de formas. 2. Bem proporcionado. Antôns. (acepção 1): *desgracioso*; (acepção 2): *desajeitado.*

Esbirro[1], s. m. *Constr.* Escora vertical de madeira com que se sustenta um travejamento.

Esbirro[2], s. m. (ital. *sbirro*). Empregado menor dos tribunais judiciais; beleguim.

Esboçado, adj. Que se esboçou; delineado.

Esboçar, v. (*esboço* + *ar*). Tr. dir. Fazer o esboço de; bosquejar, delinear, debuchar.

Esboço (*ô*), s. m. (ital. *sbozzo*). 1. Delineamento de desenho ou pintura; bosquejo, debuxo, croqui, esboço. 2. Obra literária delineada em largos traços. 3. Resumo, sinopse.

Esbodegação, s. f. Ato ou efeito de esbodegar.

Esbodegado, adj. 1. Estragado. 2. Exausto, extenuado.

Esbodegar, v. 1. Tr. dir. Tornar em bodega. 2. Tr. dir. Escangalhar, estragar, espatifar.

Esbofado, adj. V. *Esbaforido.*

Esbofar, v. (*es* + *bofe* + *ar*). 1. Tr. dir. Acelerar a respiração de (alguém) com a fadiga; esfalfar. 2. Intr. e pron. Arquejar, esbaforir-se.

Esbofetear, v. Tr. dir. Dar bofetões ou bofetadas em.

Esborcelar, v. V. *esborcinar.*

Esborcinar, v. Tr. dir. 1. Partir as bordas de. 2. Partir os lavores de. 3. Golpear.

Esbordar, v. O mesmo que *transbordar* e *extravasar.*

Esbordoar, v. Tr. dir. Dar bordoada em.

Esboroamento, s. m. (*esboroar* + *mento*). Ação ou efeito de esboroar ou esboroar-se.

Esboroar, v. (*es* + *boroa*, por *broa* + *ar*). 1. Tr. dir. Reduzir a pequenos fragmentos. 2. Tr. dir. e pron. Desfazer(-se), desmoronar(-se), esbarrondar(-se).

Esborôo, s. m. V. *esboroamento.*

Esborrachado, adj. 1. Amassado, esmagado. 2. Espalmado. 3. Rebentado.

Esborrachar, v. 1. Tr. dir. Fazer arrebentar ou estourar, apertando, comprimindo ou pisando. 2. Tr. dir. Esbofetear, esmurrar. 3. Tr. dir. e pron. Achatar(-se), esmagar(-se).

Esborralhada, s. f. Ato ou efeito de esborralhar.

Esborralhador, s. m. Vassoura com que se varre o borralho do forno. Var.: *esborralhadouro.*

Esborralhar, v. 1. Tr. dir. Espalhar, desfazer o brasido ou borralho. 2. Tr. dir. Desbaratar, destrocar, dispersar (o que estava junto). 3. Tr. dir. e pron. Desmoronar, esbarrondar-se, ruir.

Esborrar[1], v. (*es* + *borra* + *ar*). Tr. dir. Tirar as borras (à calda da cana-de-açúcar).

Esborrar[2], v. Intr. Transbordar, esbordar.

Esborratadela, s. f. 1. Ato ou efeito de esborratar. 2. Mancha ou borrão de tinta em papel.

Esborratar, v. Tr. dir. Manchar com tinta, fazer ou deitar borrões em. Var.: *esborretar.*

Esborrifar, v. (*es* + *borrifar*). V. *borrifar.*

Esborrifo, s. m. V. *borrifo.*

Esbouçar, v. Tr. dir. 1. Surribar profundamente a terra, para plantar bacelos; saibrar. 2. Cortar com foice. Var.: *esboiçar.*

Esbracejar, v. (*es* + *bracejar*). Intr. Agitar muito os braços; escabujar.

Esbraguilhado, adj. Com a braguilha desabotoada.

Esbranquiçado, adj. 1. Um tanto branco, quase branco; alvacento. 2. Descorado.

Esbraseado, adj. 1. Que se esbraseou. 2. Posto em brasa. 3. *Fig.* Vermelho, afogueado.

Esbraseamento, s. m. Ação ou efeito de esbrasear.

Esbrasear, v. (*es* + *brasa* + *ear*). 1. Tr. dir. e intr. Tornar(-se) em brasa; aquecer(-se), esquentar(-se) muito. 2. Tr. dir. e pron. Afoguear(-se), corar(-se), ruborizar(-se).

Esbravear, v. (*es* + *bravo* + *ear*). V. *esbravejar*[1].

Esbravecer, v. (*es* + *bravo* + *ecer*). V. *esbravejar*[1].

Esbravejar[1], v. (*es* + *bravo* + *ejar*). 1. Tr. dir. Exprimir com fúria. 2. Tr. ind. e intr. Berrar, gritar, irritadamente.

Esbravejar[2], v. (por *desbravejar*). Tr. dir. Começar a limpa sumária de um terreno, ou manejo de animal xucro.

Esbregue, s. m. 1. Conflito, questão, zaragata, banzé. 2. Descompostura, raspa, raspança, respe.

Esbrugar, v. V. *esburgar.*

Esbugalhado, adj. 1. Que se esbugalhou. 2. Diz-se dos olhos arregalados.

Esbugalhar, v. Tr. dir. 1. Tirar os bugalhos a. 2. Abrir muito (os olhos); arregalar. 3. Passar pelas mãos as contas do rosário; rezar por elas.

Esbulhado, adj. 1. Despojado. 2. Explorado, roubado. S. m. O que sofreu esbulho.

Esbulhador, adj. e s. m. Que, ou o que esbulha.

Esbulhar, v. (l. *spoliare*). Tr. dir. 1. Privar da posse de; espoliar. 2. Despojar. 3. Usurpar. 4. Descascar, esbrugar (batatas, frutas). Antôn. (acepção 1): *empossar.*

Esbulho, s. m. 1. Ato ou efeito de esbulhar. 2. Espólio. 3. Expropriação forçada; despojo.

Esburacado, adj. Que se esburacou; cheio de buracos.

Esburacar, v. 1. Tr. dir. Crivar, encher de buracos. 2. Pron. Encher-se de buracos.

Esburaquento, adj. V. *esburacado.*

Esburgar, v. (l. *expurgare*). Tr. dir. 1. Remover a casca de cereais, frutos, galhos de árvores etc.: descascar. 2. Separar da carne (os ossos). Var.: *esbrugar* e *desbrugar.*

Esburnir, v. Tr. dir. Dar contra vontade ou de má vontade.

-esca, suf. Denota coletividade: *soldadesca.*

Escabeche (*é*), s. m. 1. Molho de vinagre e outros temperos, para peixe ou carne. 2. *Fig.* Disfarce.

Escabela, s. f. (de *escabelar*). Operação de tirar o pêlo às peles antes do curtimento.

Escabelado, adj. Que tem os cabelos desalinhados; despenteado, esguedelhado, desgrenhado.

Escabelar, v. (*es* + *cabelo* + *ar*). 1. Tr. dir. Tirar o cabelo a. 2.

Tr. dir. Desgrenhar, soltar (o cabelo). 3. Pron. Descabelar-se, desgrenhar-se, despentear-se.

Escabelo (*ê*), s. m. (l. *scabellu*). 1. Banco comprido, cujo assento móvel serve de tampa a uma caixa. 2. Estradinho para descansar os pés.

Escabichador, adj. e s. m. Que, ou aquele que escabicha.

Escabichar, v. (ital. *scapezzare*). Tr. dir. 1. Palitar (os dentes). 2. Investigar, examinar com curiosidade e paciência; esmiuçar.

Escabiose, s. f. O mesmo que *sarna*.

Escabioso, adj. *Med.* 1. Relativo, pertencente ou semelhante à sarna. 2. Que tem sarna; sarnento.

Escabreação, s. f. 1. Ato ou efeito de escabrear. 2. Fúria, irritação.

Escabreado, adj. 1. Escarmentado. 2. Ressabiado, arisco. 3. Desconfiado.

Escabrear, v. 1. Intr. Encabritar-se. 2. Tr. dir. Enfurecer, irritar. 3. Intr. Esquivar-se. 4. Intr. Erguer-se com fúria, zangar-se.

Escabrosidade, s. f. 1. Qualidade daquilo que é escabroso. 2. Dificuldade de uma empresa. 3. Aspereza.

Escabroso, adj. (l. *scabrosu*). 1. Áspero. 2. Pedregoso. 3. De acesso difícil; irregular. 4. Indecoroso.

Escabujar, v. Intr. 1. Debater-se com os pés e com as mãos; estrebuchar. 2. Esbravejar.

Escabulhar, v. Tr. dir. 1. Tirar o escabulho a. 2. Descascar, esburgar. 3. Expurgar. 4. *Ant.* Descobrir, desencantar.

Escabulho, s. m. 1. *Bot.* Invólucro de semente ou frutos. 2. Cascabulho.

Escachar, v. Tr. dir. 1. Rachar ao meio; fender, partir. 2. Alargar, escanchar. 3. Confundir.

Escachoante, adj. m. e f. Que escachoa.

Escachoar, v. (*es + cachão + ar*). Tr. ind. e intr. 1. Apresentar-se em cachões; formar cachões. 2. Rebentar em cachão (a água ou qualquer outro líquido).

Escacholar, v. *Pop.* Partir, abrir, rachar a cachola de.

Escachôo, s. m. Ato ou efeito de escachoar.

Escada, s. f. (l. *scalata*). 1. Série de degraus que serve para subir e descer. 2. Utensílio portátil de madeira, metal ou corda, formado por duas barras ligadas por travessas paralelas.

Escadaria, s. f. 1. Série de lanços de escadas separadas por patamares. 2. Escada larga e monumental.

Escádea, s. f. 1. Esgalho de cacho de uvas. 2. Coisa semelhante a cacho.

Escadear, v. Tr. dir. Dar forma de escada a.

Escadeirar, v. (*es + cadeira + ar*). Tr. dir. 1. Desancar. 2. Bater nas ancas de. 3. Lesar a bacia abdominal e torácica (de rês); descadeirar.

Escafandrista, s. m. e f. Mergulhador vestido de escafandro.

Escafandro, s. m. Aparelho que permite aos mergulhadores trabalharem debaixo dágua.

Escafeder, v. Pron. 1. Fugir apressadamente, com medo. 2. Esgueirar-se, safar-se.

escafo-, elem. de com. (gr. *skaphe*). Exprime a idéia de *barco, canoa, casco de navio: escafocefalia*.

Escafocefalia, s. f. (*escafo + cefalia*). *Med.* Anomalia congênita que consiste no abaulamento do crânio, dando-lhe a forma de quilha.

Escafocéfalo, adj. e s. m. *Med.* Que, ou pessoa que apresenta escafocefalia.

Escafóide, adj. m. e f. (*escafo + óide*). 1. Em forma de quilha; carenado. 2. *Biol.* Que tem forma de barco; navicular. S. m. Osso escafóide; navicular.

Escala, s. f. (ital. *scala*). 1. Ato ou efeito de escalar. 2. Escada. 3. Registro que indica a ordem de serviço para cada indivíduo. 4. *Mús.* Série de notas em sua ordem natural, representando sons ascendentes e descendentes. 5. Categoria, graduação. 6. *Fís.* e *Mec.* Graduação de certos instrumentos, tais como o termômetro e o barômetro, pela qual se lêem as suas indicações. 7. Proporção entre as medidas e distâncias de um desenho, planta ou mapa geográfico e as medidas ou distâncias reais correspondentes. — *E. Celsius*: escala de medida de temperatura com dois pontos fixos: o zero (0), na temperatura de fusão do gelo sob pressão de uma atmosfera, e o cem (100), na temperatura de ebulição da água sob pressão de uma atmosfera; escala centesimal, escala centígrada. Símbolo: °C. *E. absoluta de temperatura*: v. *escala internacional de temperatura*. *E. centesimal*: v. *escala Celsius*. *E. centígrada*: v. *escala Celsius*. *E. Fahrenheit*: escala de temperatura em graus Fahrenheit; Fahrenheit. *E. internacional de temperatura*: escala de temperatura baseada nos dois princípios da termodinâmica, com um ponto fixo, que é o ponto tríplice da água, fixado em 273,16; escala absoluta de temperatura, escala Kelvin. *E. Kelvin*: v. *escala internacional de temperatura*.

Escalada, s. f. 1. Ato ou efeito de escalar; escalamento, escala. 2. Incremento de atividades bélicas.

Escalador, adj. e s. m. Que, ou o que escala a; trepa a; dá assalto.

Escalafrio, s. m. (corr. de *calafrio*). *Pop.* V. *calafrio*.

Escalamento, s. m. V. *escalada*.

Escalão, s. m. 1. Degrau. 2. Plano próprio para se subir ou descer por ele.

Escalar, v. Tr. dir. 1. Entrar por cima dos muros ou pelas janelas em espaço vedado. 2. Subir, trepar, galgar com auxílio de escada ou sem ele; elevar-se. 3. Assolar. 4. Saquear, destruir.

Escalavradura, s. f. V. *escalavramento*.

Escalavramento, s. m. Ato ou efeito de escalavrar.

Escalavrar, v. Tr. dir. 1. Esfolar muito. 2. Arranhar. 3. Danificar o revestimento de (paredes ou tetos). 4. Esboricinar, esbeiçar. 5. Arruinar. 6. Escaveirar.

Escaldadela, s. f. V. *escaldadura*.

Escaldadiço, adj. 1. Que se escalda com facilidade. 2. Muito quente. 3. Muito impressionável.

Escaldado, adj. 1. Que se escaldou; tratado com água quente ou vapor. 2. Escarmentado. S. m. *Cul.* Pirão de farinha de mandioca escaldada com caldo de carne ou de peixe.

Escaldador, adj. e s. m. Que, ou o que escalda.

Escaldadura, s. f. 1. Ato ou efeito de escaldar. 2. Queimadura com líquido ou vapor muito quentes.

Escalda-pés, s. m. sing. e pl. *Med.* Banho terapêutico que se dá aos pés com água bem quente.

Escaldar, v. Tr. dir. 1. Queimar com líquido ou vapor quente. 2. Depenar aves ou pelar animais abatidos com auxílio de água fervente. 3. Intr. Causar calor. 4. Tr. dir. e pron. Escarmentar(-se).

Escaldo[1], s. m. 1. Ato ou efeito de escaldar. 2. Amadurecimento prematuro dos grãos do trigo, pelo calor excessivo.

Escaldo[2], s. m. (escand. *skald*). Designação dos antigos poetas ou vates escandinavos.

Escaleno, adj. (gr. *skalenos*). *Geom.* Designativo do triângulo que tem todos os lados desiguais.

Escalenoedro, adj. (*escaleno + edro*). *Geom.* Que tem faces triangulares escalenas. S. m. *Geom.* e *Crist.* Poliedro hemiédrico limitado por faces triangulares escalenas.

Escaler (*é*), s. m. Pequeno barco destinado ao serviço de um navio ou de uma repartição marítima.

Escalfador, s. m. Vaso em que se conserva água quente para serviço de mesa.

Escalfar, v. (l. *excalfacere*). Tr. dir. 1. Aquecer (água) no escalfador. 2. Passar por água quente.

Escalfeta (*ê*), s. f. Braseiro para aquecer os pés.

Escalinata, s. f. (ital. *scalinata*). Lanços de escadas.

Escalonar, v. Tr. dir. 1. Dar forma de escala a. 2. Dispor em escalão.

Escalpação, s. f. Ato ou efeito de escalpar.

Escalpamento, s. m. V. *escalpação*.

Escalpar, v. (*escalpo + ar*). Tr. dir. Cortar ou arrancar o couro cabeludo do crânio.

Escalpelar, v. Tr. dir. 1. Rasgar com escalpelo. 2. Analisar profundamente.

Escalpelo (*ê*), s. m. (l. *scalpellu*). 1. *Cir.* Pequena faca reta, comumente com aresta cortante convexa; bisturi. 2. Crítica.

Escalpo, s. m. (ingl. *scalp*). Couro cabeludo cortado ou arrancado do crânio e que os índios da América usavam como troféu de guerra.

Escalrachar, v. (*escalracho + ar*). Intr. Limpar as terras do escalracho daninho.

Escalracho, s. m. 1. *Bot.* Gramínea, vivaz, infestante (*Panicum repens*). 2. *Náut.* Agitação produzida nas águas pela marcha de um navio.

Escalrichado, adj. *Pop.* Aguado, insípido, sem sabor.

Escalvação, s. f. Ato ou efeito de escalvar.

Escalvado, adj. 1. Calvo. 2. Que não tem vegetação.

Escalvar, v. (*es + calvo + ar*). 1. Tr. dir. e pron. Tornar(-se) calvo. 2. Tr. dir. Destruir a vegetação de; tornar estéril.

Escama, s. f. (l. *squama*). 1. *Zool.* Cada uma das pequenas lâminas que recobrem o corpo de peixes e répteis. 2. *Med.* Película que se destaca da cútis em certas afecções dermatológicas.

Escamação, s. f. Ato ou efeito de escamar; descamação.

Escamadeira, s. f. Mulher que se ocupa em escamar peixe.

Escamado, adj. 1. A que se tiraram as escamas; descamado. 2. Que deu o cavaco; zangado, queimado, irritado. 3. Finório, ladino.

Escamador, adj. e s. m. Que, ou aquele que escama.

Escamadura, s. f. V. *escamação.*

Escamar, v. (*escama + ar*). 1. Tr. dir. Tirar as escamas a. 2. Pron. *Med.* Desprender elementos epiteliais em forma de escamas ou folhas; descascar-se. 3. Tr. dir. e pron. *Pop.* Zangar(-se), irritar(-se). 4. Pron. Fugir.

Escambador, s. m. Aquele que escamba.

Escambar, v. (*escambo + ar*). Tr. dir. Cambiar, trocar.

Escambo, s. m. Câmbio, troca.

Escameado, adj. Adornado ou revestido de escamas.

Escamel, s. m. 1. Banco sobre o qual os espadeiros dão polimento às espadas. 2. Brunimento.

Escamento, adj. Escamoso.

Escâmeo, adj. (l. *squameu*). V. *escamoso.*

Escamífero, adj. (l. *squamiferu*). V. *escamoso.*

Escamiforme, adj. m. e f. (*escama + forme*). Semelhante a escama.

Escamígero, adj. 1. *Poét.* Que gera escamas. 2. Escamoso.

Escamisar, v. (*es + camisa + ar*). Tr. dir. Descamisar: *Escamisar o milho.*

Escamoso, adj. 1. Coberto de escamas. 2. Que tem escamas. 3. *Bot.* Provido de escamas. 4. *Gír.* Que inspira antipatia ou aversão; desagradável, intolerável, intragável.

Escamoteação, s. f. 1. Ato ou efeito de escamotear. 2. Furto hábil, sutil.

Escamotear, v. (fr. *escamoter*). 1. Intr. Ser prestímano; fazer sortes de prestidigitação. 2. Tr. dir. Fazer desaparecer um objeto sem que os espectadores dêem por isso; empalmar. 3. Tr. dir. Furtar com destreza: *Escamotear* uma *carteira.*

Escampado, adj. 1. Descampado, descoberto. 2. Desanuviado, sereno (tempo, céu). S. m. Descampado.

Escampar, v. Intr. 1. Aclarar-se (o céu). 2. Deixar de chover. 3. Escapar, fugir.

Escampo, adj. 1. Escampado, descampado. 2. Diz-se do céu sem nuvens.

Escâmula, s. f. Dim. erud. de *escama.*

Escanção, s. m. (l. *scantione*). *Antig.* Copeiro que deitava vinho nas taças nos banquetes.

Escâncara, s. f. Caráter daquilo que é claro, manifesto, aberto à vista de todos.

Às escâncaras: a descoberto; publicamente.

Escancarado, adj. Aberto de par em par (porta); inteiramente aberto.

Escancarar, v. 1. Tr. dir. e pron. Abrir(-se) completamente, abrir(-se) de par em par. 2. Tr. dir. e pron. Arregalar(-se). Antôn.: *fechar, cerrar.*

Escanchar, v. 1. Tr. dir. Separar de meio a meio. 2. Pron. Cavalgar sobre animal ou sobre algum objeto com as pernas abertas; escarranchar-se.

Escandalizador, adj. e s. m. Que, ou aquele que escandaliza

Escandalizar, v. 1. Tr. dir. Causar escândalo a. 2. Intr. Fazer escândalo; proceder mal. 3. Tr. dir. e pron. Melindrar(-se), ofender(-se).

Escândalo, s. m. 1. Ato ou palavra que induz ao erro ou ao pecado. 2. Provocação ao mal pelo mau exemplo.

Escandaloso, adj. 1. Em que há escândalo. 2. Vergonhoso. Antôns.: *exemplar, edificante.*

Escândea, s. f. *Bot.* Espécie de trigo branco e duro.

Escandescência, s. f. 1. Ato ou efeito de escandescer. 2. *Pop.* Prisão de ventre habitual acompanhada de hemorróidas.

Escandescente, adj. m. e f. 1. Que escandesce. 2. Muito irritado.

Escandescer, v. (l. *excandescere*). 1. Tr. dir. Pôr ao rubro; esbrasear, inflamar. 2. Tr. dir. Exaltar, irritar. 3. Intr. e pron. Tornar-se candente ou em brasa. 4. Intr. e pron. Ficar vermelho; irar-se. Var.: *incandescer.*

Escandinavo, adj. Pertencente ou relativo à Escandinávia. S. m. Habitante ou natural da Escandinávia.

Escândio, s. m. *Quím.* Elemento metálico trivalente. Símbolo Sc, número atômico 21, massa atômica 44,98, peso específico 2,5.

Escandir, v. (l. *scandere*). Tr. dir. 1. Examinar minuciosamente. 2. Enumerar. 3. Medir (versos). 4. Pronunciar destacando as sílabas.

Escanelado, adj. 1. Que tem as canelas esguias e delgadas. 2. Apurado das canelas (cavalo).

Escangalhado, adj. 1. Estragado. 2. Quebrado. 3. Desmantelado.

Escangalhar, v. 1. Tr. dir. Tirar o cangalho a. 2. Tr. dir. e pron. Desconjuntar(-se), desmantelar(-se). 3. Tr. dir. Arruinar, estragar.

Escangotar, v. Tr. dir. *Pop.* Agarrar ou sacudir pelo cangote, pelo pescoço.

Escanhoar, v. (ital. *scanicare*). 1. Tr. dir. Repassar a navalha no rosto, a contrapelo. 2. Pron. Barbear-se com apuro.

Escanifrado, adj. 1. Muito magro. 2. Escanelado.

Escanifrar, v. Tr. dir. Tornar magro; enfraquecer, entanguir.

Escaninho, s. m. (ital. *scanetto*). 1. Esconderijo ou gaveta secreta, dentro de caixa, cofre ou secretária. 2. Lugar oculto; recanto.

Escano, s. m. (l. *scannu*). 1. Escabelo. 2. Estrado.

Escansão, s. f. (l. *scansione*). Ato ou efeito de encandir.

Escanteio, s. m. No futebol, desvio da bola pela linha de fundo, impulsionada por jogador que defende esse lado do campo.

Escantilhado, adj. *Carp.* Cortado de viés; enviesado.

Escantilhar, v. Tr. dir. 1. Cortar de esguelha, obliquamente. 2. Ir de escantilhão.

Escanzelado, adj. (de *cão*). *Pop.* Magro como um cão faminto.

Escapada, s. f. 1. Ato de fugir a um dever para se divertir. 2. Fuga precipitada.

Escapadela, s. f. V. *escapada.*

Escapadiço, adj. 1. Que escapou de alguma coisa. 2. Que anda fugido.

Escapamento, s. m. 1. Ato ou efeito de escapar. 2. Vasamento ou escoamento especialmente de um gás, vapor ou líquido.

Escapar, v. (l. *excappare*). 1. Tr. ind. e intr. Livrar-se, salvar-se de algum perigo ou aperto. 2. Tr. ind., intr. e pron. Escapulir-se, evadir-se; fugir. 3. Tr. ind. e intr. Passar despercebido.

Escaparate, s. m. (hol. *schaprade*). 1. Redoma. 2. Pequeno armário envidraçado.

Escapatória, s. f. *Pop.* 1. Escapadela. 2. Desculpa, escusa. 3. Subterfúgio.

Escape[1], s. m. (de *escapar*). 1. V. *escapadela.* 2. Escapamento.

Escape[2], adj. m. e f. O mesmo que *escapo*[1].

Escapelada, s. f. Ato de escapelar; descamisada.

Escapelar, v. (*es + capela + ar*). Tr. dir. Descamisar (o milho).

Escapo[1], adj. (de *escapar*). Isento, livre, salvo. Var.: *escape.*

Escapo[2], s. m. (l. *scapu*). Dispositivo em um relógio que regula o andamento de suas oscilações.

Escapula, s. f. (de *escapulir*). *Pop.* Escapadela, escapatória.

Escápula, s. f. 1. Prego de cabeça dobrada em ângulo reto.

2. Gancho preso na parede, no qual se pendura a rede. 3. V. *omoplata*.

Escapulal, adj. m. e f. V. *escapular*.

Escapular, adj. m. e f. *Anat.* Relativo ou pertencente à escápula ou ao ombro.

Escapulário, s. m. (l. *scapulariu*). 1. Tira de pano que frades e freiras de algumas ordens usam sobre os ombros, pendente sobre o peito. 2. Bentinho.

Escapulida, s. f. Escapadela, fugida.

Escapulir, v. (de *escapar*). 1. Tr. ind., intr. e pron. Escapar, fugir, evadir-se. 2. Pron. Esquivar-se. 3. Intr. Acontecer por descuido. — Verbo irregular, conjuga-se como *bulir*.

Escaqueirar, v. Tr. dir. Fazer em cacos; escacar.

Escara, s. f. (gr. *eskhara*). 1. *Med.* Crosta de ferida, resultante de queimadura, cauterização, gangrena etc.

Escarabeídeo, adj. *Zool.* Relativo ou pertencente aos Escarabeídeos. S. m. pl. Família (*Scarabaeidae*) de besouros pentâmeros, de corpo globoso, com antenas dobradas em cotovelo.

Escarabocho (*ô*), s. m. (ital. *scarabocchio*). *Pop.* 1. Borrão, garatuja. 2. Esboço imperfeito.

Escarafunchador, adj. e s. m. Que, ou o que escarafuncha.

Escarafunchar, v. Tr. dir. 1. Esgaravatar. 2. Procurar, investigar com paciência.

Escarambada, s. f. Ato ou efeito de escarambar-se.

Escarambar, v. Pron. 1. Enrugar-se a pele do rosto ou de outra parte do corpo. 2. Secar-se muito e gretar (a terra) por efeito de grande calor.

Escaramuça, s. f. (ital. *scaramuccia*). 1. Combate de pequena importância. 2. Peleja entre alguns troços de tropas contrárias. 3. Briga, conflito, desordem.

Escaramuçador, adj. e s. m. Que, ou aquele que escaramuça.

Escaramuçar, v. 1. Tr. ind. e intr. Fazer escaramuça. 2. Tr. dir. Obrigar o cavalo a dar repetidas voltas. Var.: *escramuçar*.

Escarapela, s. f. 1. Ato ou efeito de escarapelar. 2. Briga.

Escarapelar, v. 1. Tr. dir. Rasgar com as unhas; arranhar. 2. Tr. dir. e pron. Arrepelar(-se), desgrenhar(-se). 3. Intr. Armar desordem.

Escaravelho (*ê*), s. m. (l. *scarabaeu*). 1. *Entom.* Nome comum a vários besouros esterqueiros, de cor negra ou escura, da família dos Escarabeídeos.

Escarça, s. f. (de *escarçar*). *Vet.* Descoloração inflamatória, dolorosa, na palma dos cascos dos solípedes.

Escarçar, v. 1. Tr. dir. Esgarçar. 2. Pron. *Vet.* Sofrer escarça. 3. Tr. dir. Tirar das colméias (a cera).

Escarcear[1], v. Intr. Produzir escarcéus; agitar e rugir como escarcéu.

Escarcear[2], v. Intr. Abaixar e levantar a cabeça e o pescoço (o cavalo), sinal de vigor ou impaciência.

Escarcela, s. f. (ital. *scarsella*). Bolsa de couro que se prendia à cintura.

Escarcéu, s. m. 1. Encapeladura das ondas. 2. Vagalhão. 3. Ralho. 4. Tormenta doméstica. 5. Grande alarido; algazarra.

Escarcha, s. f. 1. Cobertura fofa, constituída de cristais de gelo com forma de agulhas ou lâminas em objetos sólidos, formada pela condensação e congelação de vapor atmosférico a uma temperatura de −10°C. 2. Fio de ouro ou prata, tecido em seda. 3. Coisa áspera.

Escarchado, adj. Coberto de escarchas.

Escarchar, v. (*escarcha* + *ar*). Tr. dir. 1. Cobrir de escarchas. 2. Tornar áspero; encrespar. 3. Adoçar com excesso de açúcar, o qual se cristaliza.

Escardear, v. (*es* + *cardo* + *ear*). Tr. dir. 1. Limpar dos cardos. 2. Varrer e cortar ervas daninhas em sementeiras.

Escardilhar, v. Tr. dir. Limpar com escardilho.

Escardilho, s. m. (cast. *escardillo*). Instrumento semelhante ao sacho, usado em jardinagem.

Escarduçador, adj. e s. m. Que, ou o que escarduça; cardador.

Escarduçar, v. Tr. dir. Cardar com a carduça.

Escareador, adj. Que escareia. S. m. Ferramenta própria para escarear; alargador; mandril.

Escarear, v. Tr. dir. 1. Alargar, com o escareador ou mandril, furos ou o interior de tubos. 2. Cravar (parafusos ou rebites) até que as cabeças fiquem ao nível da peça em que se cravam. 3. V. *contrapunçoar*.

Escarificação, s. f. Ato ou efeito de escarificar.

Escarificador, s. m. 1. *Agr.* Grade montada em rodas, que corta o solo sem removê-lo. 2. *Cir.* Instrumento para efetuar a escarificação; sarjador, sarjadeira.

Escarificar, v. (l. *scarificare*). Tr. dir. 1. *Agr.* Revolver superficialmente o solo. 2. *Agr.* Remover a casca ou película de algumas sementes, para propiciar melhor germinação. 3. *Cir.* Produzir escarificações; sarjar.

Escarioso, adj. 1. Que tem escaras ou escamas. 2. *Bot.* Diz-se do cálice que tem escamas membranosas nas bordas.

Escarlata, s. f. Vermelho, escarlate.

Escarlate, adj. m. e f. De cor vermelha muito viva. S. m. Tecido de seda ou lã dessa mesma cor.

Escarlatim, s. m. (de *escarlate*). Tecido vermelho, menos fino que o escarlate.

Escarlatina, s. f. (de *escarlate*). 1. A cor de escarlate. 2. *Med.* Doença infecciosa, epidêmica e contagiosa, caracterizada por vermelhidão escarlate na pele e manchas vermelhas da mucosa bucal e faríngea, com forte inflamação das amígdalas.

Escarmentado, adj. 1. Que aprendeu à custa de dura experiência. 2. Castigado. 3. Desiludido.

Escarmentar, v. 1. Tr. dir. Produzir escarnamento em. 2. Tr. dir. Repreender, castigar. 3. Intr. e pron. Adquirir experiência, arrepender-se, emendar-se.

Escarmento, s. m. (cast. *escarmiento*). 1. Ato ou efeito de escarmentar. 2. Exemplo salutar; advertência. 3. Repreensão, castigo.

Escarna, s. f. V. *escarnação*.

Escarnação, s. f. 1. Ato ou efeito de escarnar. 2. Operação pela qual se separa a carne do osso; descarne.

Escarnador, s. m. 1. Instrumento com que se escarna, ou descarna. 2. Indivíduo que escarna.

Escarnar, v. (*es* + *carne* + *ar*). 1. Tr. dir. V. *descarnar*. 2. Tr. dir. Descobrir um osso tirando-lhe a carne que o reveste. 3. Tr. dir. Limpar as peles da carnaça, antes de as curtir.

Escarnecedor, adj. e s. m. Que, ou o que escarnece ou zomba.

Escarnecer, v. (*escárnio* + *ecer*). 1. Tr. dir. Fazer escárnio de. 2. Tr. ind. Mofar, troçar, zombar.

Escarnecido, adj. 1. Que foi alvo de escárnios. 2. Ludibriado, desacatado.

Escarnecimento, s. m. V. *escárnio*.

Escarnecível, adj. m. e f. Que é objeto de escárnio ou que se presta à zombaria.

Escarnicação, s. f. Ato ou efeito de escarnicar. V. *escárnio*.

Escarnicador, adj. e s. m. Que, ou o que escarnica.

Escarnicar, v. (l. *escárnio*). Intr. Fazer escárnio; escarnecer.

Escarnido, adj. V. *escarnecido*.

Escarnificação, s. f. Ato ou efeito de escarnificar.

Escarnificar, v. (l. *excarnificare*). Tr. dir. Martirizar, torturar, dilacerando as carnes a.

Escarninho, adj. Em que há escárnio; escarnecedor. S. m. Dim. de *escárnio*.

Escárnio, s. m. (de *escarnir*). 1. Zombaria, mofa, menosprezo. 2. Galhofa ofensiva.

Escarnir, v. (germ. *skirnjan*). *Pop.* V. *escarnecer*.

Escaro, s. m. *Ictiol.* Gênero (*Scarus*) típico da família dos Escarídeos, que inclui o bodião.

Escarola, s, f. *Bot.* Variedade de chicória de folhas encrespadas.

Escarolado, adj. 1. Diz-se do milho tirado do carolo; debulhado. 2. Bem lavado, limpo. 3. *Pop.* Descarado.

Escarolador, s. m. (*escarolar* + *dor*). *Agr.* Máquina de escarolar; debulhadora de milho.

Escarolar, v. 1. Tr. dir. Tirar o grão do carolo. 2. Tr. dir. Esbagoar. 3. Tr. dir. Tornar calvo. 4. Tr. dir. Lavar ou limpar a cabeça ou o casco de. 5. Tr. dir. Acatitar, ajanotar. 6. Tr. dir. Partir em pedaços.

Escarótico, adj. e s. m. Que, ou medicamento que produz escaras.

Escarpa, s. f. (germ. *skarps*). 1. *Geogr.* Rampa ou declive de terreno. 2. Corte oblíquo. 3. Declive ou talude de um fosso.

Escarpado, adj. e s. m. (p. de *escarpar*). Diz-se do, ou o terreno íngreme, ladeirento, alcantilado.

Escarpadura, s. f. 1. Ato ou efeito de escarpar. 2. Corte inclinado de um terreno.

Escarpamento, s. m. V. *Escarpadura.*

Escarpar, v. Tr. dir. Talhar em escarpa; tornar muito íngreme.

Escarpelar, v. Tr. dir. 1. Tirar as carpelas a. 2. Abrir, furando ou rasgando. 3. Agatanhar, arranhar, arrepelar. 4. Desfolhar, descamisar (o milho).

Escarpim, s. m. (ital. *scarpino*). *Ant.* Espécie de sapato de sola fina, usado no século XVIII, para dançar; peal.

Escarpina, s. f. Antiga peça de artilharia parecida com o arcabuz.

Escarradeira, s. f. Vaso em que se escarra; cuspideira.

Escarrado, adj. (p. de *escarrar*). 1. Que se escarrou; expelido da boca; expectorado, cuspido. 2. *Pop.* Reproduzido fielmente; muito semelhante.

Escarrador, adj. e s. m. Que, ou o que escarra. S. m. Cuspideira, escarradeira.

Escarradura, s. f. Ato ou efeito de escarrar; escarro.

Escarranchado, adj. Sentado ou montado com as pernas muito abertas.

Escarranchar, v. 1. Tr. dir. Montar, abrindo as pernas. 2. Pron. Assentar-se, abrindo muito as pernas.

Escarrapachar, v. 1. Tr. dir. Abrir muito as pernas; escarranchar. 2. Pron. *Pop.* Cair, esparramando-se; estatelar-se, espichar-se. 4. Pron. Humilhar-se.

Escarrar, v. (l. *exscreare*). 1. Intr. Expelir o escarro; expectorar. 2. Tr. ind. Deitar escarro sobre.

Escarro, s. m. (de *escarrar*). 1. Matéria viscosa mórbida segregada pelas mucosas das vias respiratórias e expelida pela boca; esputo, expectoração. 2. *Pop.* Coisa ou pessoa desprezível.

Escarva, s. f. Cavidade em madeira onde se encaixa uma peça.

Escarvador, adj. Que escarva. S. m. Instrumento que serve para escarvar.

Escarvoar, v. Tr. dir. Esboçar ou desenhar a carvão.

Escassear, v. 1. Intr. Existir em pequena quantidade; tornar-se escasso; ir faltando; minguar. 2. Tr. dir. Dar com escassez. Antôn. (acepção 1): *abundar.*

Escassez, s. f. (*escasso + ez*). 1. Qualidade do que é escasso. 2. Carência, míngua, falta. 3. Avareza, sovinice, parcimônia. Antôns. (acepções 1 e 2): *fartura, abundância.*

Escasseza, s. f. (*escasso + eza*). V. *escassez.*

Escassilho, s. m. (*escasso + ilho*). Pequeno fragmento de coisa quebrada.

Escasso, adj. 1. De que há pouco, que não abunda. 2. Desprovido, falto. 3. Débil: Luz *escassa.* 4. Falto, minguado. Antôn. (acepções 1, 3 e 4): *abundante.* Adj. e s. m. Avarento, avaro, sovina. Antôn.: *liberal.*

Escatel, s. m. *Mec.* Ranhura ou acanaladura para uma chaveta ou cavilha.

Escato[1], elem. de comp. (gr. *skatos*). Exprime a idéia de *excremento, fezes: escatofagia.*

Escato[2], elem. de comp. (gr. *eskhatos*). Exprime a idéia de *último, extremo: escatologia*[2].

Escatófago, adj. V. *coprófago.*

Escatófilo, adj. V. *coprófilo.*

Escatol, s. m. *Quím.* Composto cristalino (C_9H_9N), de cheiro desagradável, encontrado junto com indol nos intestinos e fezes.

Escatologia[1], s. f. (*escalo*[1] *+ logo + ia*). 1. V. *coprologia.* 2. Literatura obscena. 3. Interesse pelas coisas sórdidas ou obscenas (em literatura, por ex.).

Escatologia[2], s. f. (*escato*[2] *+ logo + ia*). 1. Ciência ou teoria do destino ou propósito últimos da humanidade e do mundo. 2. *Teol.* Doutrina do destino último do homem (morte — ressurreição — juízo final) e do mundo (estado futuro). 3. Tratado de escatologia.

Escatológico[1], adj. Relativo à escatologia[1].

Escatológico[2], adj. Relativo à escatologia[2].

Escavacado[1], adj. 1. Reduzido a cavacos; espedaçado. 2. *Fig.* Macilento ou avelhentado por moléstia.

Escavacado[2], adj. Cavado, escavado.

Escavação, s. f. 1. Ato ou efeito de escavar. 2. Trabalho de desaterro ou desentulho.

Escavacar[1], v. (*es + cavaco + ar*). 1. Tr. dir. Fazer em cavacos, tirar cavacos a. 2. Tr. dir. Despedaçar, esbandalhar. 3. Intr. Dar cavaco; zangar-se.

Escavacar[2], v. Tr. dir. Cavar; escavar; cavoucar.

Escavador, adj. Que escava.

Escavar, v. (*es + cavar*). 1. Tr. dir. Formar uma cavidade; cavar. 2. Tr. dir. Cavar em roda. 3. Tr. dir. Tirar a terra de.

Escaveirado, adj. 1. Semelhante a uma caveira. 2. De rosto descarnado. 3. Esquálido, macilento.

Escaveirar, v. Tr. dir. 1. Tornar semelhante a caveira. 2. Descarnar a cabeça de. 3. Tornar muito magro.

Escindir, v. (l. *scindere*). Tr. dir. 1. Separar, desavir. 2. V. *cindir.*

Esclarecer, v. 1. Tr. dir. Tornar claro; alumiar, iluminar. 2. Intr. Alvorecer, iluminar-se, tornar-se claro (o tempo). 3. Tr. dir. Tornar compreensível; elucidar. 4. Tr. dir. Dar explicações a. 5. Tr. dir. e pron. Enobrecer(-se), ilustrar(-se), nobilitar(-se). Antôn. (acepções 1 e 2): *escurecer.*

Esclarecido, adj. 1. Claro. 2. Que é preclaro, ilustre. S. m. Aquele que possui essas qualidades.

Esclarecimento, s. m. 1. Ato ou efeito de esclarecer. 2. Qualidade de preclaro; enobrecimento. 3. Informação.

Escláréia, s. f. *Bot.* Nome comum a várias plantas aromáticas do gênero Sálvia, cultivadas como hortaliças e como plantas ornamentais.

Esclavina, s. f. 1. *Ant.* Romeira de peregrinos. 2. Opa de escravo ou de cativo resgatado.

Esclavônio, adj. Da Esclavônia (Europa). S. m. O natural ou habitante da Esclavônia. Var.: *esclavão* (ant.) e *esclavônico.*

Escleral, adj. m. e f. 1. *Anat.* Relativo ou pertencente à esclerótica. 2. Endurecido, fibroso.

Esclerênquima, s. m. *Bot.* Tecido protetor ou suportador nas plantas superiores, formado por células de paredes espessas e impregnadas de lignina.

esclero-, elem. de comp. (gr. *skleros*). Exprime a idéia de *duro: esclerodermia.*

Esclerodermia, s. f. (*esclero + dermo + ia*). *Med.* Doença da pele caracterizada por manchas e o endurecimento do tecido subcutâneo.

Escleródio, s. m. Nome de certos corpos duros encontrados em fungos.

Escleroma, s. m. *Med.* Tumefação e endurecimento do tecido cutâneo.

Escleroproteína, s. f. (*esclero + proteína*). *Biol.* Proteína fibrosa, resistente a reagentes químicos e insolúvel em solventes aquosos.

Esclerosar, v. Tr. dir. e pron. Tornar(-se) escleroso.

Esclerose, s. f. *Med.* Endurecimento de tecido causado por aumento do tecido fibroso ou do tecido intersticial.

Esclerótica, s. f. *Anat.* e *Zool.* Túnica densa, opaca, branca, que encerra o globo ocular.

Esclusa, s. f. (b. l. *esclusa*). *Neol.* V. *eclusa.*

Escoação, s. f. Ato ou efeito de escoar; escoamento.

Escoadouro, s. m. Canal, cano, vala, para escoamento de águas e detritos. Var.: *escoadoiro.*

Escoadura, s. f. 1. Ato ou efeito de escoar. 2. Porção de líquido que se escoa.

Escoamento, s. m. 1. V. *escoadura.* 2. Venda, saída.

Escoar, v. (l. *excolare*). 1. Tr. dir. Fazer correr um líquido. 2. Pron. Escorrer. 3. Pron. Esvair-se, esvaziar-se. 4. Intr. e pron. Decorrer, seguir a sua evolução (o tempo). 5. Pron. Desaparecer, sumir-se.

Escocês, adj. 1. Que diz respeito à Escócia. 2. Procedente ou próprio desse país. S. m. 1. Indivíduo natural da Escócia. 2. Dialeto da Escócia.

Escocesa, s. f. Espécie de polca, a quatro tempos.

Escócia, s. f. (l. *scotia*). 1. *Arquit.* V. *nacela.* 2. Tecido semelhante ao de malha empregado na confecção de meias.

Escoda, s. f. (de *escodar*). Utensílio em forma de martelo achatado e com dentes, próprio para lavrar a cantaria.

Escodar, v. (cast. *escodar*). Tr. dir. 1. Polir, lavrar (pedra) com escoda. 2. Alisar as peles exteriormente para se poderem tingir.

Escodear, v. Tr. dir. 1. Tirar a côdea ou a casca a. 2. Tirar as partes ásperas e grossas a.

Escoicear, v. (*es + coice + ar*). 1. Intr. Dar coices. 2. Tr. dir. Agredir com coices. 3. Tr. dir. Tratar com brutalidade; insultar. Var.: *escoucear*.

Escoimar, v. 1. Tr. dir. e pron. Livrar(-se) ou perdoar(-se) de coima. 2. Tr. dir. Livrar de censura ou defeito: *Escoimar* uma *obra* literária. 3. Tr. dir. Livrar de impureza; limpar. 4. Tr. dir. Fiscalizar, prevenir, para evitar ensejo à coima.

Escol, s. m. 1. O mais distinto em um grupo ou série. 2. A flor, a nata; elite.

Escola, s. f. (l. *schola*). 1. Casa ou estabelecimento em que se ministra ensino de ciências, letras ou artes. 2. Conjunto dos alunos e professores. 3. Qualquer concepção técnica e estética de arte, seguida por vários artistas. 4. Conjunto dos adeptos ou discípulos de um mestre em filosofia, ciências ou arte. 5. Doutrina, seita, sistema. 6. *Pop.* Experiência vivencial; esperteza. Col. (de nível superior): *universidade*.

Escolado, adj. *Pop.* 1. Experiente. 2. Esperto, astuto. 3. Ensinado.

Escolar, adj. m. e f. Pertencente ou relativo à escola. S. m. e f. Pessoa que freqüenta uma escola; aluno, estudante.

Escolástica, s. f. (l. *scholastica*). Sistema teológico-filosófico surgido nas escolas da Idade Média e caracterizado pela coordenação entre Teologia e Filosofia; concordância do conhecimento natural com o revelado; argumentação silogística e reconhecimento da autoridade de Aristóteles e dos padres da Igreja. Manteve-se em alguns estabelecimentos até aos fins do séc. XVIII.

Escolástico, adj. (l. *scholasticu*). 1. Relativo à escolástica. 2. Relativo às escolas; próprio das escolas. S. m. 1. Partidário da escolástica. 2. Estudante.

Escólex (*cs*), s. m. (gr. *skolex*). *Zool.* Segmento terminal das tênias, correspondente à cabeça, arredondado, provido de ventosas e acúleos. Pl.: *escólices*. Var.: *escólece*.

Escolha, s. f. 1. Ato ou efeito de escolher; seleção, classificação. 2. Aquilo que se escolhe. 3. Discernimento. 4. Grãos de café, de cereais etc., de qualidade inferior, que ficam após a seleção dos melhores.

Escolhedor, adj. Que escolhe. S. m. O que escolhe; aparelho agrícola para escolher grãos de cereais.

Escolher, v. (l. *excolligere*). 1. Tr. dir. Separar segundo qualidade, tamanho, cor etc.; selecionar. 2. Tr. dir. Separar impurezas ou produto de má qualidade de. 3. Tr. dir. Eleger, nomear: *Escolheram-no embaixador*. 4. Tr. ind. Optar. 5. Tr. dir. Assinalar, delinear, marcar.

Escolhido, adj. e s. m. Que, ou o que se escolheu. Adj. Selecionado, apurado.

Escolhimento, s. m. V. *escolha*.

Escolho (*ô*), s. m. (l. *scopulu*). 1. Recife ou rochedo quase à flor da água. 2. Dificuldade, obstáculo. 3. Perigo. S. m. pl. V. *abrolhos*, acepções 1 e 2. Pl.: *escolhos* (*ó*).

Escoliador, s. m. V. *escoliasta*.

Escoliar, v. Intr. Tirar ou formar escólios.

Escoliasta, s. m. e f. Pessoa que faz escólios a uma obra, que a comenta e explica; comentador.

Escólio, s. m. 1. Comentário, explicação gramatical ou crítica, para tornar inteligíveis os autores clássicos. 2. *Dir.* Interpretação do texto de uma lei.

Escoliose, s. f. *Med.* Curvatura lateral da coluna vertebral.

Escolmar, v. Tr. dir. Arrancar o colmo a; descolmar.

Escolopendra, s. f. *Zool.* Gênero (*Scolopendra*) de quilópodes que inclui espécies de centopéias de grande porte, como a *Scolopendra gigantea*, com 26cm de comprimento, a maior lacraia que se conhece.

Escolta (*ó*), s. f. (ital. *scorta*). 1. Destacamento de tropas ou navios que servem para escoltar. 2. Acompanhamento, séqüito.

Escoltar, v. Tr. dir. 1. Acompanhar em grupo para defender ou guardar. 2. Acompanhar navios mercantes para os defender de ataques.

Escombro, s. m. *Ictiol.* Gênero (*Scomber*) tipo da família dos Escombrídeos, representado no Brasil por espécies do gênero *Scomberomerus*, ao qual pertencem a *serra* e a *cavala*.

Escombros, s. m. pl. (cast. *escombros*). 1. Destroços, ruínas. 2. Entulho.

Escomunal, adj. m. e f. V. *descomunal*.

Escondedor, s. m. 1. Aquele que esconde. 2. Receptador.

Escondedouro, s. m. Esconderijo. Var.: *escondedoiro*.

Escondedura, s. f. Ato ou efeito de esconder.

Esconde-esconde, s. m. sing. e pl. Brinquedo infantil em que uma criança procura outras que se enconderam.

Esconder, v. (l. *abscondere*). 1. Tr. dir. e pron. Colocar(-se) onde não possa ser visto ou encontrado; ocultar(-se). 2. Tr. dir. Não mostrar; disfarçar. 3. Tr. dir. Não dizer; calar: *Esconder* a *idade*. 4. Pron. Disfarçar-se, mascarar-se. 5. Pron. Evitar encontrar-se com alguém. 6. Pron. Ter o seu ocaso (um astro). Antôns. (acepção 1): *patentear*; (acepção 3): *revelar*.

Esconderijo, s. m. 1. Lugar onde se esconde uma coisa ou pessoa. 2. Lugar próprio para refúgio. 3. Recanto.

Escondidas, s. f. pl. Usado na loc. adv.: *às e.*: ocultamente, sem ninguém ver; secretamente; clandestinamente.

Escondido, adj. Que se esncondeu; oculto.

Escondimento, s. m. Ato ou efeito de esconder.

Esconjuração, s. f. V. *esconjuro*.

Esconjurar, v. 1. Tr. dir. Fazer jurar ou prometer, tomar juramento a. 2. Tr. dir. Fazer esconjuros contra; exorcizar. 3. Tr. dir. Dirigir imprecações a; amaldiçoar, apostrofar.

Esconjurativo, adj. V. *esconjuratório*.

Esconjuratório, adj. 1. Próprio para esconjurar. 2. Que encerra esconjuro.

Esconjuro, s. m. (de *esconjurar*). 1. Juramento acompanhado de imprecação. 2. *Folc.* Imprecação feita com o fim de afastar um mal.

Esconso, adj. 1. Escondido, oculto. 2. Inclinado, oblíquo. S. m. 1. Lugar oculto; esconderijo, recanto. 2. Esguelha, soslaio.

Escopa (*ô*), s. f. (ital. *scopa*). Jogo de cartas, semelhante ao cassino, chamado *escova* no R. G. do Sul.

Escopear, v. Tr. dir. Acertar previamente com o escopro os cortes a serem feitos em grandes peças de ferro (chapas, lingotes).

Escopeiro, s. m. Pincel para alcatroar navios.

Escopeta (*ê*), s. f. 1. Espingarda antiga e curta, de carregar pela culatra. 2. Tiro dessa espingarda.

Escopeteiro, adj. Diz-se do atirador que não erra o alvo. S. m. *Ant.* Soldado armado de escopeta.

Escopo (*ô*), s. m. 1. Alvo, mira. 2. Objetivo. 3. Propósito, intuito.

Escopro (*ô*), s. m. 1. Ferramenta de aço, para lavrar metal, madeira, pedra etc. 2. Cinzel. 3. *Cir.* Instrumento cortante para intervenções nos ossos.

Escora, s. f. (hol. *schore*). 1. Peça de madeira ou de ferro, que ampara ou sustém; espeque, esteio, pontalete. 2. Arrimo, amparo. 3. Espera com o intuito de atacar; tocaia.

Escorador, adj. Que escora. S. m. *Gír.* Valentão que escora os adversários.

Escoramento, s. m. 1. Ato ou efeito de escorar. 2. O conjunto dos espeques para escorar parede que ameaça ruir.

Escorar, v. 1. Tr. dir. Pôr escoras a; especar, estear. 2. Pron. Suster-se com escoras. 3. Tr. dir. Enfrentar, resistir valentemente: *Escorar o baque*. 4. Tr. dir. e pron. Amparar(-se), suster(-se). 5. Pron. Estribar-se, firmar-se, fundamentar-se: *Escoramo-nos em* fontes autorizadas. 6. Intr. Aguardar a ocasião azada; esperar o momento propício. 7. Tr. dir. Esperar de espreita.

Escorbútico, adj. *Med.* 1. Que se refere a escorbuto. 2. Que é da natureza do escorbuto. 3. Atacado de escorbuto.

Escorbuto, s. m. (ital. *scorbutto*). *Med.* Doença causada pela falta de vitamina C, caracterizada por enfraquecimento geral, hemorragias diversas, hálito fétido e tumefação purulenta com sangria das gengivas; mal-de-luanda.

Escorçar, v. *(escorço + ar).* Tr. dir. *Pint.* Fazer o escorço de.

Escorchar, v. Tr. dir. 1. Despojar da corcha ou casca; tirar a pele ou revestimento exterior de (animal, planta etc.). 2. Falar mal uma língua; errar, estropiar. 3. Tr. dir. Tirar, despojar, roubar.

Escorço (ô), s. m. (ital. *scorzio*). 1. Arte de representar os objetos em proporções reduzidas. 2. Efeito de perspectiva que diminui as domensões dos objetos. 3. *Pint.* Redução das dimensões de um desenho. 4. Esboço, resumo, bosquejo.

Escore, s. m. (ingl. *score*). 1. Resultado de uma partida esportiva, expresso por números; contagem. 2. *Estat.* Resultado obtido num teste; nota, grau.

Escória, s. f. (l. *scoria*). 1. *Metal.* Resíduos da fusão de metais ou da redução de minérios. 2. Material estranho restante após a combustão ou tratamento industrial de uma substância. 3. A parte mais desprezível. — *E. social*: ralé.

Escoriação, s. f. Ato ou efeito de escoriar; esfoladura.

Escoriar[1], v. (l. *excoriare*). 1. Tr. dir. Levantar a epiderme, deixando a derme a descoberto. 2. Tr. dir. Esfolar de leve (falando de pele ou mucosa). 3. Pron. Esfolar-se.

Escoriar[2], v. *(escória + ar).* Tr. dir. 1. Tirar as escórias a. 2. Limpar, purificar.

Escorificar, v. (de *escória*). Tr. dir. 1. Reduzir a escória. 2. Limpar, purificar, tirando as escórias.

Escorificatório, s. m. Vaso para escorificar metais.

Escornado, adj. 1. Que levou cornada; ferido com chifres; marrado. 2. Escorraçado. 3. Muito fatigado, esgotado. 4. *Pop.* Deitado sem poder levantar-se.

Escornador, adj. e s. m. Que, ou o que escorna.

Escornar, v. *(es + corno + ar).* 1. Tr. dir. Ferir com os cornos; marrar: A vaca *escornou* o *campeiro.* 2. Tr. dir. Acometer, investir contra. 3. Intr. Menear a cabeça como o animal quando marra. 4. Tr. dir. Escorraçar. 5. Tr. dir. Desprezar, envilecer, vituperar. 6. Tr. dir. Virar a rês até que fique de patas para cima, para castrar ou esfolar.

Escorneador, adj. Que costuma escornear.

Escornear, v. Intr. Escornar, marrar amiúde.

Escorpião, s. m. (l. *scorpione*). 1. *Zool.* Nome comum a vários artrópodes pulmonados, vivíparos, noturnos, venenosos, da classe dos Aracnídeos, que se alimentam de insetos e aranhas; carangonço, lacrau, rabo-torto. 2. *Astr.* Um dos signos do zodíaco. 3. Antiga máquina de guerra com que se atiravam pedras e flechas.

Escorpióide, adj. m. e f. 1. Que se assemelha a um escorpião. 2. Relativo ou pertencente aos Escorpionídeos.

Escorraçado, adj. 1. Expulso. 2. Repelido.

Escorraçar, v. (ital. *scorrazziare*). Tr. dir. 1. Afugentar, batendo; expulsar violentamente; pôr fora com desprezo. 2. Não fazer caso de. 3. Rejeitar.

Escorralhas, s. f. pl. V. *escorralho.*

Escorralho, s. m. (de *escorrer*). 1. Borra ou sedimento que ficam no fundo da vasilha que se despejou; fundagem. 2. Ralé. Antôn. (acepção 2): *nata.*

Escorredor, s. m. Pequeno curral, junto ao banheiro carrapaticida, no qual se deixa o gado para que lhe escorra a água do corpo.

Escorredura, s. f. *(escorrer + dura).* V. *escorralho.*

Escorregadela, s. f. 1. Escorregamento momentâneo. 2. Deslize, lapso.

Escorregadiço, adj. Que escorrega facilmente.

Escorregadio, adj. Em que se escorrega facilmente; resvaladio.

Escorregador, adj. e s. m. 1. Que, ou o que escorrega. 2. Mentiroso.

Escorregadouro, s. m. Lugar escorregadio; resvaladouro. Var.: *escorregadoiro.*

Escorregar, v. 1. Tr. ind. e intr. Mover-se, impelido pelo próprio peso, em superfície lisa; resvalar, deslizar. 2. Intr. Decorrer, passar com rapidez (as horas, o tempo). 3. Tr. dir. Dizer o que não convinha; deixar escapar. 4. Tr. ind. Incorrer, cair em: *Escorregou em* contradição. 5. Tr. ind. Cometer erros ou faltas, praticar ações pouco dignas.

Escorreito, adj. (l. **excorrectu*). 1. Apurado, correto. 2. De boa compleição, boa figura.

Escorrência, s. f. 1. Qualidade daquilo que escorre. 2. Aquilo que escorre. 3. Facilidade, rapidez em escorrer.

Escorrer, v. 1. Tr. dir. Fazer correr ou esgotar (um líquido). 2. Tr. ind. Manar, fluir. 4. Tr. ind. Correr em fio; gotejar. 5. Tr. ind. Suar em bica: *Escorrer em* suor.

Escorrido, adj. 1. Escoado. 2. Esgotado.

Escorrimento, s. m. Vazamento.

Escorropichadela, s. f. 1. Ato ou efeito de escoropichar. 2. operação para separar a manteiga do leite.

Escorropicha-galhetas, s. m. sing. e pl. *Pej.* Sacristão.

Escorropichar, v. Tr. dir. 1. Beber até as últimas gotas de. 2. Ordenhar até a última gota.

Escorva, s. f. 1. *Ant.* Parte da arma em que se colocava a pólvora. 2. A pólvora dos tubos dos foguetes. 3. Cápsula fulminante nos cartuchos das armas de fogo. 4. *Tecn.* Ato de pôr água no corpo de uma bomba para molhar o couro da válvula e assim torná-la apta para aspirar; abeberação; ensopamento. 5. *Tecn.* Ação de pôr gasolina no injetor de um motor; abeberar, ensopar.

Escorvador, adj. Que escorva. S. m. Instrumento de escorvar as peças.

Escorvar, v. Tr. dir. 1. Pôr escorva em, preparar a escorva de. 2. Deitar pólvora na escorva.

Escota, s. f. (hol. *schoote*). *Náut.* Cabo em que se mareiam as velas.

Escoteira, s. f. *Náut.* Cunho de mareação para as escotas.

Escoteirismo, s. m. *(escoteiro + ismo).* Sistema educativo, instituído por Baden-Powell (1857-1941) em 1908, que visa a desenvolver nas crianças e adolescentes o sentimento do dever cívico e o desejo de se tornarem úteis ao próximo. Var.: *escotismo.*

Escoteiro[1], adj. e s. m. 1. Que, ou aquele que viaja sem bagagem. 2. Desacompanhado.

Escoteiro[2], s. m. Indivíduo filiado ao escotismo.

Escotel, s. m. V. *escoteira.*

Escotilha, s. f. (cast. *escotilla*). *Náut.* Abertura que estabelece comunicação entre o convés e o porão do navio.

Escotilhão, s. m. Escotilha pequena, por onde só cabe um homem.

Escotismo[1], s. m. *(Scotus,* n. p. + *ismo).* As doutrinas do filósofo John Duns Scotus, teólogo escolástico escocês (1266-1308), que, na sua crítica do tomismo, propõe separar a filosofia da revelação.

Escotismo[2], s. m. (ingl. *scout + ismo*). V. *escoteirismo.*

Escotoma, s. m. (gr. *skotoma*). *Oftalm.* Área cega ou escura no campo visual.

Escova (ô), s. f. (l. *scopa*). 1. Peça de madeira, metal, osso etc., em que se fixam pêlos ou fios de arame e que serve para limpeza de vários objetos; brossa. 2. *Eletr.* Parte do motor elétrico ou do gerador que transmite força ao motor ou recolhe a eletricidade produzida pelo gerador.

Escovação, s. f. V. *escovadela.*

Escovadeira, s. f. O mesmo que *brossa*, nas fábricas de lanifícios.

Escovadela, s. f. 1. Ato ou efeito de escovar. 2. Censura, repreensão, castigo.

Escovado, adj. 1. Limpo com escova. 2. *Pop.* Matreiro, manhoso, ladino, escolado.

Escovador, adj. Que escova. S. m. 1. Aquele que escova. 2. Máquina para limpar trigo.

Escovar, v. *(escova + ar).* Tr. dir. 1. Limpar com escova. 2. Bater em. 3. Admoestar, repreender.

Escoveiro, s. m. Aquele que fabrica ou vende escovas.

Escovilha, s. f. 1. Ato ou efeito de escovilhar. 2. Detritos metálicos que restam do trabalho do ouro e da prata.

Escovilhão, s. m. Escova cilíndrica, com haste comprida, para limpar o interior dos canhões.

Escovilhar, v. *(escovilha + ar).* Tr. dir. 1. Limpar de matérias estranhas (ouro ou prata). 2. Limpar bem.

Escravaria, s. f. 1. Grande porção de escravos. 2. Os escravos.

Escravatura, s. f. 1. V. *escravidão.* 2. Comércio de escravos. 3. Escravidão como instituição legal.

Escravidão, s. f. 1. Condição de quem é escravo. 2. Servidão. 3. Falta de liberdade. Antôn.: *liberdade.*

Escravismo, s. m. 1. Sistema dos escravistas. 2. Influência desse sistema.

Escravista, adj. m. e f. Afeiçoado (a) à escravatura. S. m. e f. Pessoa partidária da escravidão ou da escravatura.

Escravização, s. f. Ato ou efeito de escravizar.

Escravizar, v. 1. Tr. dir. Tornar escravo, reduzir à condição de servo. 2. Tr. dir. e pron. Tornar(-se) dependente; subjugar(-se), sujeitar(-se). 3. Tr. dir. Dominar. 4. Tr. dir. Cativar, enlevar, encantar. Antôn. (acepções 1, 2 e 3): *libertar.*

Escravo, adj. e s. m. (b. l. *sclavu*). 1. Que, ou o que vive em absoluta sujeição a um senhor. 2. Que, ou aquele que está dominado por uma paixão ou por qualquer força moral: *Escravo* dos seus deveres. 3. Servo; criado, doméstico, serviçal. 4. *Equit.* Diz-se do, ou o cavalo de ótima qualidade, sempre pronto para todo o trabalho. 5. Diz-se do, ou o amigo sincero, o amante fiel. Antôns. (acepção 1): *liberto, livre.* Col.: *tropa, bando.*

Escravocracia, s. f. Poder, domínio dos escravocratas.

Escravocrata, adj. m. e f. Diz-se de quem tem escravos. S. m. e f. Escravista.

Escrevedor, adj. e s. m. 1. Que, ou o que escreve. 2. Escritor de pouco merecimento literário; escrevinhador.

Escrevente, adj. e s., m. e f. (l. *scribente*). 1. Que, ou a pessoa que escreve. 2. Empregado inferior de um escritório; amanuense, copista, escriturário. — *E. juramentado, Dir.*: auxiliar substituto do serventuário de justiça.

Escrever, v. (l. *scribere*). 1. Intr. Representar por meio de caracteres ou sinais gráficos. 2. Tr. dir. Exprimir-se por escrito em. 3. Tr. dir. Copiar. 4. Tr. dir. Compor ou redigir um trabalho literário ou científico. 5. Tr. dir. Dirigir carta a alguém. 6. Pron. Cartear-se, corresponder-se: Há muito que *se escrevem.* 7. Tr. dir. Fixar, gravar.

Escrevinhador, adj. e s. m. Que, ou o que escrevinha. S. m. Mau escritor; rabiscador.

Escrevinhadura, s. f. Ato ou efeito de escrevinhar.

Escrevinhar, v. 1. Tr. dir. Escrever mal. 2. Intr. Escrever futilidades. 3. Tr. dir. Compor obras de escasso valor ou mérito.

Escriba, s. m. e f. (l. *scriba*). 1. *Antig.* Pessoa que, entre os judeus, lia e interpretava as leis. 2. *Antig.* Escrivão ou escrevente, encarregado de fazer cópias e lavrar documentos públicos. 3. *Fam.* Escrevedor, rabiscador.

Escrínio, s. m. (l. *scriniu*). 1. Armário ou cofre para guardar papéis e utensílios de escrita; escrivaninha. 2. Guarda-jóias.

Escrita, s. f. (de *escrito*). 1. Ato ou efeito de escrever. 2. Aquilo que se escreve. 3. Caligrafia. 4. Escrituração mercantil.

Escrito, adj. (p. irr. de *escrever*). 1. Que se escreveu; representado por letras. 2. Gravado. 3. Determinado. S. m. 1. Bilhete, missiva. 2. Composição escrita; escrita. 3. Pedaço de papel que traz escrita. Col.: *poliantéia.*

Escritor, s. m. (l. *scriptor*). 1. O que escreve. 2. Autor de composições de qualquer gênero literário. Col.: *plêiade.*

Escritório, s. m. (l. *scriptoriu*). 1. Compartimento ou casa em que se escreve, ou se faz o expediente e se trata de negócios. 2. Móvel antigo com tampa de carteira para escrever-se sobre ela; escrivaninha, secretária.

Escritura, s. f. (l. *scriptura*). 1. Escrita. 2. Caligrafia. 3. Documento autêntico, feito por oficial público, especialmente título de propriedade imóvel. S. f. pl. Conjunto dos livros do Antigo e do Novo Testamento.

Escrituração, s. f. 1. Escrita dos livros comerciais, arte de os escriturar. 2. Escrita metódica e sistemática das contas de uma casa comercial. 3. Contabilidade.

Escriturar, v. 1. Tr. dir. Fazer a escrituração de. 2. Tr. dir. Registrar em livro ou fichas, as contas de um estabelecimento comercial ou os documentos de uma repartição pública. 3. Tr. dir. Contratar por escritura pública. 4. Pron. Contrair obrigações mediante escritura pública.

Escriturário, adj. Que diz respeito à Escritura Sagrada. S. m. Categoria inferior de empregados de escritório; escrevente.

Escrivania, s. f. 1. Cargo de escrivão. 2. Lugar onde o escrivão exerce o ofício.

Escrivaninha, s. f. 1. Mesa em que se escreve. 2. Espécie de caixa que contém os utensílios necessários para a escrita. 3. Tinteiro que, além do reservatório da tinta, possui lugar para penas etc.

Escrivão, s. m. (l. **scriba, anis*). 1. Oficial público que escreve autos, termos de processo, atas e outros documentos legais. 2. Escrevente, escriturário. 3. *Pop.* Tabelião. Fem.: *escrivã.* Pl.: *escrivães.*

Escrófula, s. f. (l. *scrofula*). *Med.* Tuberculose das glândulas linfáticas, principalmente do pescoço e, às vezes, dos ossos e superfícies das articulações, acompanhada de abscessos supurantes.

Escrofulacrina, s. f. *Quím.* Substância resinosa solúvel no álcool e na água.

Escrofulária, s. f. *Bot.* Planta medicinal da família das Escrofulariáceas.

Escrofulariáceas, s. f. pl. *Bot.* Família (*Scrophulariaceae*) que compreende ervas, arbustos e árvores, com folhas simples, flores hermafroditas e zigomorfas. Compreende espécies parasíticas e aclorofiladas.

Escrofulariáceo, adj. Relativo ou pertencente à família das Escrofulariáceas.

Escrofulose, s. f. *Med.* 1. Estado de quem tem escrófulas. 2. V. *escrófula.*

Escrofuloso, adj. *Med.* 1. Que se refere a escrófulas. 2. Que sofre de escrófulas. S. m. Aquele que sofre de escrófulas.

Escrópulo, s. m. (l. *scrupulu*). 1. Antigo peso de 24 grãos ou uma terça parte da oitava. 2. Peso para pedras preciosas, que corresponde a 125 miligramas.

Escroque, s. m. (fr. *scroc*). Sujeito que se apropria dos bens de outrem por manobras fraudulentas.

Escrotal, adj. m. e f. *Med.* Relativo ou pertencente ao escroto.

Escrotário, adj. *Ch.* Reles, asqueroso, repelente.

Escroto (*ô*), s. m. (l. *scrotu*). *Zool.* Bolsa de pele em que estão instalados os testículos dos mamíferos.

Escrunchante, s. m. *Gír.* Ladrão por arrombamento.

Escruncho, s. m. *Gír.* Arrombamento, assalto, roubo.

Escrupularia, s. f. *Fam.* Escrúpulos desmedidos.

Escrupulear, v. (*escrúpulo + ear*). V. *escrupulizar.*

Escrupulizar, v. 1. Tr. dir. Encher de escrúpulos, inspirar escrúpulos a. 2. Tr. ind. e intr. Fazer escrúpulo, ter escrúpulo: Nossa consciência *escrupuliza em* tal caso. Não *escrupulizaram.*

Escrúpulo, s. m. (l. *scrupulu*). 1. Ansiedade de consciência no julgamento dos próprios atos. 2. Meticulosidade no cumprimento do dever. 3. Remorso.

Escrupulosidade, s. f. Caráter ou qualidade de escrupuloso.

Escrupuloso, adj. 1. Cheio de escrúpulos. 2. Hesitante, incerto. 3. Cuidadoso, minucioso, rigoroso.

Escrutador, adj. e s. m. Que, ou o que escruta, ou perscruta.

Escrutar, v. (l. *scrutari*). V. *perscrutar.*

Escrutável, adj. m. e f. Que se pode esquadrilhar ou investigar.

Escrutinador, adj. e s. m. 1. Que, ou o que escrutina. 2. Que, ou o que assiste ao escrutínio.

Escrutinar, v. 1. Intr. Verificar a entrada dos votos na urna e confrontar o seu número com o número dos votantes. 2. Tr. dir. Contar os votos que teve cada candidato numa eleição.

Escrutínio, s. m. (l. *scrutiniu*). 1. Votação em urna. 2. Apuração ou contagem dos votos entrados em urna. 3. Urna em que se recolhem os votos. 4. Exame minucioso.

Escudar, v. 1. Tr. dir. e pron. Defender(-se) com escudo. 2. Tr. dir. e pron. Defender(-se), proteger(-se). 3. Pron. Procurar amparo; apoiar-se, estribar-se.

Escudeirar, v. 1. Tr. dir. Acompanhar como escudeiro. 2. Intr. Servir como escudeiro.

Escudeirice, s. f. Ação ou maneiras próprias de escudeiro.

Escudeiro, s. m. (l. *scutariu*). 1. Indivíduo armado de lança e escudo, que fazia guarda aos imperadores. 2. Mancebo que transportava o escudo do cavaleiro a quem servia. 3. Criado particular. 4. Fidalgo que às vezes regia terras e era guarda de castelos.

Escudela, s. f. (l. *scutella*). 1. Tigela de madeira. 2. Vaso próprio para comida.

Escudete (*ê*), s. m. 1. Pequeno escudo. 2. *Constr.* Espelho de fechadura. 3. *Bot.* Enxerto de borbulha.

Escudilho, s. m. *Bot.* Receptáculo nos liquens.

Escudo, s. m. (l. *scutu*). 1. Peça defensiva de armadura que protegia o corpo do guerreiro. 2. *Heráld.* O fundo ou campo sobre que se representam as figuras das armas nobiliárias ou das armas peculiares a cada nação. 3. Amparo. 4. Meio de defesa. 5. Unidade monetária de Portugal.

Esculápio, s. m. (de *Esculápio*, n. p.). *Pop.* Médico.

Esculca, s. m. 1. Antiga sentinela ou guarda avançada. 2. Informação, investigação.

Esculento, adj. (l. *esculentu*). Que alimenta ou serve de alimento; comestível, alimentício.

Esculhambação, s. f. (*esculhambar + ção*). 1. Escangalhamento. 2. Anarquia, confusão, desordem. 3. Desmoralização. 4. Crítica áspera; descompostura.

Esculhambar, v. Tr. dir. 1. Escangalhar, estragar. 2. Desmoralizar, desprestigiar (alguém). 3. Esbordoar, espancar. 4. Pandegar, troçar.

Esculpido, adj. 1. Que se esculpiu. 2. Lavrado, cinzelado. 3. Muito semelhante.

Esculpidor, s. m. V. *escultor*.

Esculpir, v. (l. *sculpere*). Tr. dir. 1. Cinzelar, entalhar, lavrar figuras ou ornamentos em matéria dura: *Esculpiu* uma *estátua*. 2. Modelar em argila ou cera a representação de. 3. Deixar impresso, esculpir uma inscrição; gravar.

Escultor, s. m. Artista que faz esculturas.

Escultura, s. f. 1. Arte de esculpir. 2. Obra que resulta do exercício dessa arte. 3. Estatuária.

Escultural, adj. m. e f. 1. Relativo à escultura. 2. Digno de ser representado pela escultura. 3. De formas modelares.

Esculturar, v. 1. Tr. dir. Fazer a escultura de. 2. Intr. Trabalhar em escultura.

Escuma, s. f. (germ. *skuma*). 1. V. *espuma*. 2. Gente vil; ralé. 3. Borra ou escória, à superfície de um líquido. 4. O suor dos cavalos que se junta à superfície do corpo em bolhas esbranquiçadas.

Escumadeira, s. f. Colher com vários orifícios para tirar a escuma dos líquidos, quando fervem ou se agitam; espumadeira.

Escumador, adj. e s. m. Que, ou o que tem ou produz escuma.

Escumalha, s. f. 1. Escória de metal em fusão. 2. Ralé.

Escumante, adj. m. e f. 1. Que produz escuma. 2. Que deita escuma.

Escumar, v. (*escuma + ar*). 1. Intr. Deitar ou fazer escuma: O touro, bravio e enfurecido, *escumava*. 2. Tr. dir. Tirar escuma a. 3. Tr. dir. Lançar em forma de escuma. Sinôn.: *espumar*.

Escumilha, s. f. 1. Tecido muito fino, transparente, de lã ou seda. 2. Chumbo miúdo, para a caça aos pássaros.

Escumilhar, v. Tr. dir. 1. Bordar sobre escumilha. 2. Dar cor de chumbo a.

Escuna, s. f. Embarcação ligeira de dois mastros e velas latinas com uma ou duas gáveas.

Escuras, s. f. pl. Usado na loc. adv. *às escuras*: a) sem luz; na escuridão; b) ocultamente; c) com ignorância; às apalpadelas, às cegas.

Escurecedor, adj. e s. m. Que, ou o que torna escuro, ou escurece.

Escurecer[1], v. 1. Tr. dir., intr. e pron. Tornar(-se) escuro. 2. Tr. dir. Apagar o brilho ou o fulgor de; empanar, eclipsar, ofuscar. 3. Intr. Anoitecer. 4. Pron. Anuviar-se, toldar-se: *Escurecer-se* a vista (João Ribeiro, *ap.* Franc. Fernandes). 5. Tr. dir. Sombrear, entristecer. Antôn. (acepção 1): *clarear*.

Escurecimento, s. m. 1. Escassez ou ausência de luz. 2. V. *obscurecimento*.

Escurecível, adj. m. e f. 1. Que se pode escurecer. 2. Que se deve ocultar.

Escurejar, v. Intr. Mostrar-se escuro.

Escurentar, v. V. *escurecer*.

Escureza, s. f. Escuridade; trevas.

Escuriço, adj. De cor escura.

Escuridade, s. f. 1. Qualidade daquilo que é escuro. 2. Falta de luz. 3. Dificuldade. 4. Qualidade do que é ininteligível. 5. Mistério.

Escuridão, s. f. 1. Qualidade de ser escuro ou sombrio. 2. O fim do crepúsculo. 3. Cegueira. 4. Cegueira moral ou intelectual. 5. A morte, a sepultura. 6. Dor profunda, grande tristeza. Antôn. (acepções 1 e 2): *claridade*.

Escuro, adj. (l. *obscuru*). 1. Em que não há luz; obscuro, sombrio, toldado. 2. Quase negro. 3. Monótono, tristonho. 4. Pouco lícito. 5. Que se ouve mal ou se distingue mal. Antôn. (acepções 1 e 2): *claro*. S. m. 1. Recanto sem luz. 2. Noite. 3. Escuridão, negrume. 4. Lugar oculto; recôndito. *Apostar no e.*: apostar antes de ver o jogo que tem.

Escusa, s. f. 1. Ato de escusar, ou dispensar. 2. Desculpa. 3. Pretexto

Escusação, s. f. Ato de escusar, de desobrigar alguém; escusa.

Escusado, adj. 1. Que se escusou; desculpado. 2. Inútil, improfícuo. 3. Dispensado. 4. Supérfluo, desnecessário, dispensável.

Escusador, adj. e s. m. Que, ou aquele que escusa.

Escusar, v. (l. *excusare*). 1. Tr. dir. Aceitar escusas de; desculpar, perdoar, tolerar: *Escusou-me* os *erros*. 2. Pron. Desculpar-se. 3. Pron. Desobrigar-se, eximir-se. 4. Tr. ind. Não precisar: *Escuso de* lho dizer. 5. Tr. dir. Evitar, poupar. 6. Tr. dir. Indeferir (diz-se de um requerimento). Antôns. (acepção 1): *acusar*; (acepção 4): *carecer*.

Escusatório, adj. Que serve para escusar ou desculpar.

Escusável, adj. m. e f. 1. Que se pode escusar, ou desculpar. 2. Dispensável, supérfluo.

Escuso[1], adj. (l. *absconsu*). 1. Escondido, esconso. 2. Não freqüentado. 3. Suspeito: Métodos *escusos*.

Escuso[2], adj. (p. irreg. de *escusar*). 1. Dispensado. 2. Recusado. 3. Que não tem uso.

Escutador, adj. e s. m. Que, ou o que escuta.

Escutar, v. 1. Tr. dir. e intr. Prestar atenção para ouvir. 2. Tr. dir. Dar atenção a. 3. Tr. dir. e intr. Ouvir, sentir. 4. Tr. dir. Perceber. 5. Tr. dir. *Med.* Auscultar. 6. Tr. dir. Atender aos conselhos de. 7. Tr. dir. Andar indagando. 8. Tr. dir. Espionar.

escuti-, elem. de comp. (l. *scutu*). Exprime a idéia de *escudo*: *escutiforme*.

Escutiforme, adj. m. e f. (*escuti + forme*). *Anat.* e *Zool.* Com forma de escudo.

Esdruxular, v. Intr. Versejar empregando esdrúxulos.

Esdruxularia, s. f. Coisa extravagante.

Esdruxulizar, v. Tr. dir. e pron. Fazer ou tornar-se esdrúxulo.

Esdrúxulo, adj. (cast. *esdrújulo*, ital. *sdrucciolo*). 1. *Gram.* Proparoxítono (abolido pela N.G.B.). 2. Excêntrico, esquisito. 3. Extravagante.

Esfacelado, adj. 1. Feito em pedaços. 2. Estragado, arruinado. 3. *Med.* Gangrenado.

Esfacelar[1], v. (*esfacelo + ar*). 1. Tr. dir. Arruinar, estragar. 2. Pron. Desfazer-se, corromper-se (instituição, privilégio etc.).

Esfacelar[2], v. (*esfácelo + ar*). 1. Tr. dir. *Med.* Causar esfácelo em. 2. Pron. *Med.* Tornar-se gangrenoso.

Esfacelo (*ê*), s. m. 1. Ato ou efeito de esfacelar. 2. Destruição, estrago.

Esfácelo[1], s. m. (gr. *sphakelos*). *Med.* 1. Gangrena que ataca um membro em toda a sua espessura, ou todos os tecidos de um órgão. 2. Massa de tecido gangrenado ou necrótico.

esfácelo-[2], elem. de comp. Exprime a idéia de *gangrena, destruição*: *esfaceloderme*.

Esfachear, v. Tr. dir. Esfacelar, lascar.

Esfaimado, adj. e s. m. V. *esfomeado*.

Esfaimar, v. Tr. dir. 1. Fazer fome; esfomear. 2. Fazer escassear os mantimentos.

Esfalfado, adj. Exausto; extenuado.

Esfalfamento, s. m. 1. Ato ou efeito de esfalfar; esfalfação, esfalfe. 2. Perda de forças, cansaço. 3. *Pop.* Anemia, tísica.

Esfalfar, v. 1. Tr. dir. e pron. Cansar(-se), fatigar(-se). 2. Tr. dir. Tornar fraco, em conseqüência de trabalho excessivo.

Esfanicado, adj. 1. Reduzido a fanicos. 2. Magro, delgado.

Esfanicar, v. Tr. dir. 1. Partir em fanicos. 2. Reduzir a fanicos.

Esfaqueado, adj. Ferido a faca.

Esfaquear, v. Tr. dir. Dar facadas, golpear ou matar com faca.

Esfarelado, adj. Reduzido a farelo, a pó ou a migalhas.

Esfarelar, v. 1. Tr. dir. Reduzir a farelos. 2. Tr. dir. Juntar farelos a. 3. Tr. dir. Espalhar farelos sobre. 4. Tr. dir. Converter em farinha. 5. Tr. dir. Esmiolar. 6. Pron. Reduzir-se a pó.

Esfarinhado, adj. Feito farinha.

Esfarinhar, v. 1. Tr. dir. Reduzir a farinha. 2. Tr. dir. Esmigalhar (batatas cozidas para as converter em purê). 3. Tr. dir. Reduzir a pó. 4. Pron. Desfazer-se, esboroar-se. 5. Tr. dir. *Pop.* Esclarecer até aos pormenores.

Esfarpado, adj. 1. Desfiado. 2. Rasgado em farpas. 3. Lascado.

Esfarpar, v. 1. Tr. dir. e pron. Rasgar(-se) em farpões. 2. Tr. dir. Destorcer (o morrão) para o aparar. 3. Pron. Desfiar-se.

Esfarrapadeira, s. f. Máquina para desfazer os fios ou farrapos de lã nas fábricas de lanifícios.

Esfarrapado, adj. 1. Andrajoso, roto. 2. Incoerente, inconsistente. S. m. Maltrapilho.

Esfarrapamento, s. m. (*esfarrapar + mento*). Ato ou efeito de esfarrapar.

Esfarrapar, v. Tr. dir. 1. Reduzir a farrapos. 2. Vestir de farrapos. 3. Dilacerar, rasgar.

Esfarripado, adj. Disposto em farripas.

Esfarripar, v. Tr. dir. 1. Desmanchar um fio em fibras. 2. Desfazer em farripas.

Esfatiar, v. Tr. dir. Cortar em fatias; afatiar.

Esfazer, v. V. *desfazer.*

Esfênio, s. m. *Miner.* Silicato natural de cálcio e titânio, que muitas vezes contém nióbio, cromo, flúor e outros elementos; titanita.

esfeno-, elem. de comp. (gr. *sphen, enos*). Exprime a idéia de *cunha, esfenóide: esfenocéfalo.*

Esfenocéfalo, adj. (*esfeno + céfalo*). Que tem cabeça cuneiforme. S. m. *Terat.* Feto que apresenta essa anomalia.

Esfenoedro, s. m. (*esfero + edro*). *Geom.* Poliedro com algum ou alguns ângulos agudos.

Esfenoidal, adj. m. e f. Relativo ao esfenóide.

Esfenóide, adj. m. e f. (gr. *sphenoeides*). Com forma de cunha. S. m. *Anat.* e *Zool.* Osso composto na base do crânio, formado pela fusão de vários elementos ósseos com o basisfenóide.

Esfera, s. f. (l. *sphaera*). 1. *Geom.* Corpo cujos pontos são equidistantes do próprio centro. 2. Globo terrestre. 3. Conjunto de círculos com que os astrônomos representam as relações e movimentos dos corpos do sistema planetário. 3. Competência. 4. Classe. 5. Área de atividade.

Esfericidade, s. f. 1. Qualidade daquilo que é esférico. 2. Grau de perfeição da superfície de uma esfera.

Esférico, adj. 1. Com forma de esfera. 2. Pertencente ou relativo a uma esfera.

Esferistério, s. m. *Ant.* Lugar onde se jogava a péla.

Esferística, s. f. Arte de jogar a péla.

Esferístico, adj. Que diz respeito ao jogo de péla.

Esferográfica, s. f. Caneta cuja pena foi substituída por pequena esfera de aço em contato com tinta especial.

Esferoidal, adj. m. e f. 1. Com forma de esferóide. 2. Referente a esferóide. 3. Semelhante a uma esfera.

Esferóide, s. m. Corpo quase esférico; corpo semelhante a uma esfera.

Esferométrico, adj. Que se refere ao esferômetro.

Esferômetro, s. m. Instrumento com que se medem curvas esféricas.

Esférula, s. f. (l. *sphaerula*). 1. Esfera pequena. 2. *Zool.* Espécula esférica de uma esponja.

Esfervilhação, s. f. Ato ou efeito de esfervilhar.

Esfervilhar, v. Intr. 1. Mexer-se muito; fervilhar. 2. Ser em grande número.

Esfiapar, v. Tr. dir. Desfazer em fiapos.

Esfiar, v. V. *desfiar.*

Esfigmógrafo, s. m. *Med.* Aparelho destinado a traçar graficamente os movimentos e caráter das pulsações arteriais.

Esfigmômetro, s. m. *Med.* Instrumento para medir a força e freqüência do pulso.

Esfíncter, s. m. (gr. *sphigkter*). *Anat.* Músculo anular contrátil que serve para abrir ou fechar vários orifícios ou ductos naturais do corpo. Var.: *esfincter* (*é*). Pls.: *esfíncteres* e *esfincteres.*

Esfinge, s. f. (gr. *sphinx*). 1. *Mit.* Monstro fabuloso com cabeça humana e corpo de leão e que propunha enigmas aos viandantes, devotando-os, se não lho decifrassem. 2. Estátua desse monstro. 3. Coisa ou pessoa enigmática, impenetrável.

Esfíngico, adj. 1. Que se refere a esfinge. 2. Enigmático, misterioso.

Esfingídeo, adj. *Entom.* Relativo ou pertencente aos Esfingídeos. S. m. Mariposa da família dos Esfingídeos. S. m. pl. Família (*Sphingidae*) de mariposa de corpo fusiforme, asas estreitas, sendo as posteriores pequenas.

Esflorar, v. Tr. dir. 1. Tirar a flor a; desflorar. 2. Ferir a superfície de: O espinho *esflorara a pele.* 3. Passar apressadamente as folhas de (um livro). 4. Roçar de leve.

Esfogueado, adj. 1. Afogueado. 2. Pressuroso, afobado.

Esfoguear, v. Pron. 1. Afoguear-se. 2. Apressar-se. 3. Atarantar-se.

Esfogueteado, adj. 1. Travesso, doidivanas, buliçoso. 2. Desenvolto. Antôn.: *calmo.*

Esfoguetear, v. 1. Tr. dir. Festejar com foguetes. 2. Tr. dir. Fazer fogo com (espingarda). 3. Tr. dir. Fazer fogo contra. 4. Tr. dir. Censurar, descompor, escorraçar a. 5. Intr. Soltar foguetes.

Esfola, s. f. V. *esfolamento.*

Esfoladela, s. f. 1. V. *esfoladura.* 2. Logro, embaçadela.

Esfolador, adj. e. s. m. Que, ou o que esfola.

Esfoladouro, s. m. Lugar dos matadouros onde as reses são esfoladas. Var.: *esfoladoiro.*

Esfoladura, s. f. 1. Ato ou efeito de esfolar. 2. Escoriação. 3. Levantamento da epiderme pela ação de instrumento agudo ou cortante, que fere de raspão.

Esfolar, v. 1. Tr. dir. Tirar a pele de. 2. Tr. dir. Ferir ligeiramente; escoriar. 3. Pron. Ficar escoriado; arranhar-se. 4. Tr. dir. Vender ou cobrar muito caro. 5. Tr. dir. Lançar tributos excessivos sobre.

Esfolegar, v. Intr. Tomar fôlego; respirar; resfolegar.

Esfolhada, s. f. Ato ou efeito de esfolhar ou de escamisar o milho; escamisada, escapelada.

Esfolhar, v. 1. Tr. dir. V. *desfolhar.* 2. Tr. dir. Praticar a esfolhada em (milho). 3. Pron. Perder as folhas.

Esfolhear, v. Tr. dir. 1. Folhear inconscientemente. 2. Folhear os livros de.

Esfolhoso, adj. *Bot.* Sem folhas ou estípulas.

Esfoliação, s. f. 1. Ato ou efeito de esfoliar. 2. *Bot.* Queda ou separação das lâminas secas da casca.

Esfoliado, adj. Que se esfoliou.

Esfoliar, v. (l. *exfoliare*). 1. Tr. dir. e pron. *Bot.* Separar(-se) a casca de (plantas) por lâminas ou folhetos. 2. Pron. *Cir.* Sofrer esfoliação (diz-se de cartilagem, de osso e de tendão atacados de necrose).

Esfoliativo, adj. Que produz ou determina a esfoliação.

Esfomeação, s. f. Ato ou efeito de esfomear.

Esfomeado, adj. e s. m. Que, ou o que tem fome.

Esfomear, v. Tr. dir. 1. Causar fome. 2. Privar de alimento.

Esforçado, adj. 1. Diligente. 2. Denodado, valente. Antôns.: *displicente, fraco, negligente.*

Esforçar, v. (*esforço + ar*). 1. Tr. dir. Dar forças a; avigorar, reforçar. 2. Tr. dir. Animar, encorajar, estimular a. 3. Intr. Animar-se, encorajar-se. 4. Pron. Fazer esforço, empregar diligência e energia para. 5. Tr. dir. Levantar (a voz) falando ou cantando para ser melhor ouvido. Antôns. (acepção 1): *enfraquecer*; (acepção 3): *entibiar.*

Esforço (*ô*), s. m. (ital. *sforzo*). 1. Contração simultânea de um sistema de músculos que tem por fim vencer uma resistência. 2. Emprego de força ou energia. 3. Diligência. 4. Zelo. 5. Coragem, valentia. 6. Valor, ânimo.

Esfraldar, v. Tr. dir. 1. Desfraldar. 2. Alargar, estender.

Esfrangalhar, v. Tr. dir. 1. Reduzir a frangalhos. 2. Rasgar.

Esfrega, s. f. 1. V. *esfregação*. 2. Grande trabalho; faina. 3. Repreensão, castigo. 4. Sova, tunda. 5. Uso intenso do serviço de pessoa ou animal.

Esfregação, s. f. 1. Ato ou efeito de esfregar. 2. Limpeza, fricção.

Esfregaço, s. m. (de *esfregar*). 1. *Pint.* Camada leve de tinta ou verniz aplicada sobre uma pintura. 2. *Biol.* Leve camada de matéria orgânica sobre lâmina de vidro, para exame microscópico.

Esfregador, adj. Que esfrega. S. m. 1. Homem que esfrega. 2. Utensílio para esfregar.

Esfregadura, s. f. V. *esfregação*.

Esfregalho, s. m. V. *esfregão*.

Esfregão, s. m. (de *esfregar*). 1. Objeto próprio para esfregar. 2. Indivíduo muito sujo, enxovalhado. 3. V. *bucheira*.

Esfregar, v. (l. **exfricare*). 1. Tr. dir. Mover repetidas vezes a mão ou outro objeto sobre a superfície de, para limpar, produzir calor etc. 2. Tr. dir. Fazer fricção em. 3. Tr. dir. Lavar (casas). 4. Pron. Coçar-se, friccionar-se, roçar-se. 5. Tr. dir. Bater em; espancar.

Esfriadouro, s. m. Vasilha ou recipiente nos quais são esfriados ou conservados frescos água, leite, vinho ou outros líquidos.

Esfriamento, s. m. 1. Ato ou efeito de esfriar; arrefecimento, refrigeração. 2. *Vet.* Doença dos animais, principalmente de cavalos.

Esfriar, v. 1. Tr. dir. Abaixar a temperatura de; tornar frio. 2. Intr. e pron. Perder a temperatura; tornar-se frio. 3. Tr. dir. Desalentar, desanimar. 4. Intr. e pron. Arrefecer, esmorecer, perder a esperança, o ânimo, o entusiasmo, o fervor. 5. Tr. dir. *Gír.* Matar. Antôn. (acepções 1 e 2): *aquecer*.

Esfrolar, v. Tr. dir. 1. Escoriar, esfolar. 2. Roçar, esfregar.

Esfulinhar, v. Tr. dir. 1. Varrer, limpar (teias de aranha). 2. Basculhar.

Esfumaçamento, s. m. V. *esfumação*.

Esfumação, s. f. Ação ou efeito de esfumar.

Esfumaçar, v. Tr. dir. 1. Encher de muito fumo. 2. Enegrecer com fumo.

Esfumado, adj. e s. m. Diz-se do, ou o desenho com sombras esbatidas a esfuminho.

Esfumador, adj. Que esfuma. S. m. Pincel para unir as tintas de quadro, esbatendo-as.

Esfumar, v. 1. Tr. dir. Enegrecer com fumo. 2. Tr. dir. Tornar escuro; esfumaçar. 3. Pron. Desfazer-se como que em fumo; perder o relevo ou o contorno. 4. Tr. dir. Desenhar ou sombrear a carvão. 5. Tr. dir. Sombrear com esfuminho (um desenho); esbater, esboçar. 6. Pron. Alastrar-se e desaparecer pouco a pouco como o fumo.

Esfumarar, v. Tr. dir. 1. Cobrir de fumo. 2. Tornar semelhante a fumo.

Esfumatura, s. f. (*esfumar + tura*). *Bel.-art.* Conjugação das sombras num desenho.

Esfuminho, s. m. (ital. *sfumino*). *Bel.-art.* Utensílio de pelica ou papel enrolado sobre si mesmo, para esfumar as sombras de um desenho.

Esfuracar, v. Tr. dir. Fazer furos em; furar, esburacar.

Esfuziada, s. f. *Ant.* Tiroteio continuado; fuzilaria.

Esfuziante, adj. m. e f. Que esfuzia.

Esfuziar, v. (por *esfuzilar*). 1. Intr. Sibilar ou zumbir como os projéteis de fuzil e de artilharia. 2. Tr. dir. Fazer zumbir ou sibilar. 3. Intr. Fuzilar, cintilar. 4. Intr. Irromper.

Esfuzilar, v. Intr. 1. Cintilar, fuzilar. 2. Zumbir.

Esgaçar, v. V. *esgarçar*.

Esgadanhar, v. 1. Tr. dir. Agadanhar, arranhar. 2. Pron. Arranhar-se, arrepelar-se.

Esgadelhado, adj. V. *desguedelhado*.

Esgadelhar, v. V. *esguedelhar*.

Esgaivar, v. Tr. dir. Escavar ou abrir buracos em: A chuva *esgaivou* as *vinhas*.

Esgaivotado, adj. 1. Que tem feição de gaivota. 2. Desajeitado, esgrouviado.

Esgaldripado, adj. Aplica-se a cacho de uvas comprido mas sem muitos bagos.

Esgaldripar, v. Tr. dir. Tornar esgaldripado.

Esgalgado, Adj. Magro como um galgo.

Esgalgar, v. Tr. dir. 1. Tornar magro, desbarrigado como o galgo. 2. Adelgaçar e alongar.

Esgalha, s. f. 1. Ato ou efeito de esgalhar. 2. V. *esgalho*. 3. Os ramos que se cortam da árvore.

Esgalhado, adj. 1. Cujos galhos ou ramos caíram ou foram cortados. 2. Que tem ramos muito apartados.

Esgalhar, v. O mesmo que *desgalhar*.

Esgalho, s. m. 1. Divisão dos galhos do veado. 2. *Bot.* Renovo de árvore, pouco desenvolvido. 3. Cada uma das partes de um cacho de uvas; escádea. 4. Parte da vide que o podador não corta. 5. Divisão, ramificação.

Esgana, s, f. (de *esganar*). 1. *Pop.* Ato ou efeito de esganar. 2. *Vet.* Doença virulenta, altamente contagiosa, de cães, visons, lobos e raposas, caracterizada por febre, erupções cutâneas e inflamação aguda das vias respiratórias; monquilho, doença de Carré; cinomose, funga. 3. *Pop.* Tosse convulsa. 4. *Pop.* Gana, fome.

Esganação, s. f. *Pop.* 1. Ato ou efeito de esganar. 2. Gula. 3. Avidez, avareza, gana.

Esganado, adj. (p. de *esganar*). 1. Ávido, glutão. 2. Avarento, sovina. 3. Estreito, apertado. S. m. Indivíduo faminto, sequioso, sôfrego.

Esganadura, s. f. Ato ou efeito de esganar; sufocação.

Esganar, v. (*es + gana + ar*). 1. Tr. dir. Matar por sufocação apertando o pescoço; estrangular. 2. Tr. dir. Apertar muito; constringir. 3. Pron. Enforcar-se; estrangular-se. 4. Pron. Mostrar-se ávido por dinheiro; ser avarento. 5. Pron. Morder-se de inveja. 6. Tr. dir. *Gír.* Esconder, ocultar (um roubo).

Esganiçar, v. (de *ganir*). 1. Intr. e pron. Ganir muitas vezes. 2. Intr. e pron. Tornar-se aguda a voz como o ganir do cão. 3. Tr. dir. Tornar esganiçada ou estrídula (a voz). 4. Intr. Soar estridulamente.

Esgar, s. m. Momice de escárnio; trejeito, visagem.

Esgarabulhão, s. m. *Pop.* 1. Homem desassossegado, cavador. 2. Pião que gira aos saltos.

Esgarabulhar, v. Intr. Andar aos pulos, com desassossego.

Esgaratujar, v. 1. Tr. dir. Escrevinhar, rabiscar. 2. Intr. Fazer garatujas.

Esgaravatador, adj. Que esgaravata. S. m. Instrumento para esgaravatar. Var.: *esgravatador*.

Esgaravatar, v. 1. Tr. dir. Procurar ou limpar algo com esgaravatador, palito ou dedo. 2. Tr. dir. Remexer como as galinhas com as unhas à procura de alimento. 3. Tr. dir. Remexer com tenaz ou espeto próprio (as brasas). 4. Tr. dir. e tr. ind. Pesquisar minuciosamente. Var.: *esgravatar*.

Esgaravatil, s. m. Instrumento para fazer encaixes na madeira.

Esgarçadura, s. f. (*esgarçar + dura*). Ato ou efeito de esgarçar.

Esgarçar, v. (l. *exquartiare?*). 1. Tr. dir. Rasgar, afastando os fios de um tecido. 2. Intr. Abrir-se o pano pelo fio, desfiando-se: A saia *esgarçou*. 3. Tr. dir. e pron. Desfazer(-se): O vento *esgarçava* o *fumo*, espalhando-o no ar. A fumaça, subindo, *esgarçava-se no* ar. 4. Tr. dir. Romper a casca de (fruta).

Esgardunhar, v. Tr. dir. e pron. Arranhar(-se), agatanhar(-se) à semelhança do gardunho.

Esgareiro, adj. e s. m. *P. us.* Que, ou o que faz esgares.

Esgargalar, v. Tr. dir. Descobrir todo o pescoço, trazendo a camisa ou o vestido demasiadamente decotados.

Esgargalhar, v. Intr. e pron. Rir às gargalhadas.

Esgarrão, adj. Diz-se do tempo ou do vento que faz esgarrar as embarcações.

Esgarrar, v. 1. Intr. e pron. Mudar de rumo (o navio) pela força dos ventos ou correntes. 2. Intr. e pron. *Náut.* Afastar-se, transviar-se da companhia de outros navios. 3. Tr. dir. Fazer garrar. 4. Tr. dir. Desviar do caminho.

Esgatanhar, v. V. *agatanhar.*

Esgazeado, adj. 1. Esbranquiçado. 2. Desbotado. 3. Diz-se dos olhos inquietos nas órbitas ou arregalados.

Esgazear, v. Tr. dir. 1. Volver (os olhos) com expressão desvairada, sem fitar nem ver, ou de modo que quase só apareça o branco. 2. Arregalar (os olhos) por espanto, perturbação ou qualquer comoção violenta. 3. Tornar claro ou desmaiado.

Esgoelar, v. 1. Tr. dir. Soltar da goela. 2. Pron. Gritar muito. 3. Pron. Abrir muito as goelas.

Esgotado, adj. 1. Que se esgotou. 2. Gasto. 3. Exausto. 4. Vendido até o último exemplar.

Esgotadouro, s. m. Cano para esgoto. Var.: *esgotadoiro.*

Esgotadura, s. f. Ato ou efeito de esgotar.

Esgotamento, s. m. 1. V. *esgotadura.* 2. Depauperamento, extenuação.

Esgotante, adj. m. e f. 1. Que esgota, que faz perder as forças. 2. Extenuante.

Esgotar, v. 1. Tr. dir. Tirar até a última gota de; exaurir. 2. Tr. dir. Enxugar, secar, drenar: *Esgotar* um *brejo.* 3. Intr. Exaurir-se, secar-se. 4. Tr. dir. Consumir, gastar: *Esgotamos* todos os *recursos.* 5. Tr. dir. Cansar: *esgotaram*-me a *paciência.*

Esgotável, adj. m. e f. Que se pode esgotar.

Esgote, s. m. V. *esgotadura.*

Esgoto (*ô*), s. m. (de *esgotar*). 1. Cano, vertedouro, abertura, fenda por onde se esgotam líquidos ou dejeções. 2. Esgotamento. 3. Enxugamento (de pântano, mina etc.).

Esgrafiar, v. Tr. dir. Pintar ou desenhar a esgrafito.

Esgrafito, s. m. (ital. *sgraffito*). *Bel.-art.* Desenho ou pintura obtidos pela retirada com estilete da tinta superficial, deixando aparecer a do fundo.

Esgravatar, v. V. *esgaravatar.*

Esgravatear, v. V. *esgaravatar.*

Esgrima, s. f. 1. Arte de manejar a espada, o sabre e outras armas brancas. 2. Ato de esgrimir.

Esgrimidor, adj. V. *esgrimista.*

Esgrimidura, s. f. Ato ou efeito de esgrimir.

Esgrimir, v. 1. Tr. dir., tr. ind. e intr. Jogar, manejar (armas brancas). 2. Tr. dir. Agitar, com intenção hostil. 3. Tr. dir. Vibrar: *Esgrimir* o *chicote*, o *cacete.* 4. Intr. Argumentar, discutir.

Esgrimista, s. m. e f. Pessoa que esgrime com perícia; esgrimidor.

Esgrouviado, adj. 1. Semelhante ao grou, na configuração esguia; alto e esguio. 2. Que tem o cabelo em desalinho; desgrenhado. Var.: *esgrouvinhado.*

Esgrouvinhado, adj. V. *esgrouviado.*

Esguedelhado, adj. Desgrenhado.

Esguedelhar, v. V. *desgrenhar.*

Esgueirar, v. 1. Pron. Escoar-se sorrateiramente por. 2. Pron. Retirar-se à socapa, cautelosamente.

Esguelha, s. f. 1. Obliqüidade. 2. Soslaio. 3. Través. 4. Direção oblíqua.

De e.: em direção oblíqua.

Esguelhão, s. m. *Ant.* Ilharga, flanco.

Esguelhar, v. 1. Tr. dir. e intr. Pôr de esguelha ou ficar de esguelha. 2. Tr. dir. Cortar de esguelha.

Esguichadela, s. f. Ato ou efeito de esguichar.

Esguichar, v. 1. Tr. dir. Expelir com força por um tubo ou orifício (um líquido). 2. Tr. ind. e intr. Sair com ímpeto (um líquido) por abertura estreita; sair em esguicho.

Esguicho, s. m. 1. Ato de esguichar. 2. Jato de um líquido. 3. Seringa de carnaval.

Esguio, adj. 1. Alto ou comprido, e ao mesmo tempo delgado. 2. Diz-se da roupa muito chegada ao corpo.

Esguncho, s. m. Pá de madeira, cavada e curva, que serve para aguar os barcos por fora.

Eslabão, s. m. (cast. *eslabon*). *Vet.* Tumor mole que se desenvolve no joelho dos solípedes.

Esladroar, v. Tr. dir. *Bot.* Tirar os rebentos nocivos, ou ladrões de, em benefício dos ramos normais.

Eslaide, s. m. (ingl. *slide*). *Fot.* V. *slide.*

Eslávico, adj. *Etnol.* Relativo ou pertencente aos eslavos ou às suas línguas.

Eslavo, adj. Relativo aos eslavos. S. m. pl. Ramo etnográfico da família indo-européia, constituído pelos polacos, tchecos, eslovacos, russos, búlgaros, sérvios, croatas e eslovenos.

Eslinga, s. f. *Náut.* Cabo com linga para levantar pesos a bordo.

Eslingar, v. (*eslinga* + *ar*). Tr. dir. Levantar por meio de eslinga; lingar.

Eslovaco, adj. 1. Relativo ou pertencente aos eslovacos. 2. Característico dos eslovacos. S. m. 1. Indivíduo dos eslovacos. 2. Língua eslava dos eslovacos. S. m. pl. Povo eslavo da Tchecoslováquia.

Esloveno, adj. Relativo ou pertencente à Eslovênia, aos eslovenos ou à língua destes. S. m. 1. Membro de um grupo de povos eslavos do Sul da Iugoslávia. 2. Natural ou habitante da Eslovênia. 3. Língua dos eslovenos.

Esmadrigar, v. 1. Tr. dir. Fazer sair da matriz. 2. Tr. dir. e intr. Desviar(-se) do rebanho; tresmalhar-se.

Esmaecer, v. 1. Intr. Ir desmaiando. 2. Intr. e pron. Perder a cor ou o vigor. 3. Intr. Desvanecer-se. 4. Intr. Enfraquecer.

Esmaecimento, s. m. 1. Ato ou efeito de esmaecer. 2. Desmaio, esmorecimento.

Esmagação, s. f. V. *esmagamento.*

Esmagador, adj. 1. Que esmaga. 2. Indiscutível. 3. Irretorquível. 4. Pungente, aflitivo. S. m. 1. O que esmaga. 2. Máquina para esmagar uvas no lagar ou no balseiro. 3. Primeiro conjunto de moendas que esmaga a cana-de-açúcar nos engenhos.

Esmagadura, s. f. V. *esmagamento.*

Esmagamento, s. m. 1. Ato ou efeito de esmagar. 2. Pressão forte; esmagação.

Esmagar, 1. Tr. dir. Comprimir até rebentar ou achatar; machucar. 2. Tr. dir. Triturar, machucar, moer; britar. 3. Pron. Ficar violentamente comprimido, calcado, pisado ou machucado. 4. Tr. dir. Oprimir, prostar, abater, aniquilar. 5. Tr. dir. Discutir com argumentação irrespondível.

Esmaiar, v. Tr. dir. e intr. Perder a cor; demaiar.

Esmalhar, v. Tr. dir. *Ant.* Cortar as malhas (de armaduras).

Esmaltado, adj. 1. Coberto de esmalte. 2. *Eletr.* Diz-se de fio isolado por esmalte.

Esmaltador, adj. Que esmalta. S. m. Artista que trabalha em esmalte.

Esmaltagem, s. f. Ação ou efeito de esmaltar.

Esmaltar, v. 1. Tr. dir. Aplicar esmalte a; revestir de esmalte. 2. Tr. dir. e pron. Adornar(-se), ornar(-se), revestir(-se). 3. Tr. dir. Dar brilho a; enaltecer, ilustrar.

Esmalte, s. m. (germ. *smalt*). 1. Camada vítrea, branca ou de cores variadas, que se aplica, por meio de fusão, sobre metais ou porcelana, como ornamento ou para proteger aqueles contra a ferrugem. 2. *Anat.* Substância branca, compacta, de grande dureza, que reveste a coroa dos dentes dos vertebrados. 3. Brilho e variedade de cores. 4. *Heráld.* Cada uma das diferentes cores que compõem os brasões de armas.

Esmar, v. (l. *aestimare*). Tr. dir. 1. Computar, calcular. 2. Conjeturar.

Esmarrido, adj. 1. Ressequido, seco. 2. Desalentado.

Esmarrir, v. Intr. Perder o vigor, a seiva.

Esmechada, s. f. *Pop.* Golpe, ferida na cabeça.

Esmechar, v. Tr. dir. 1. Ferir (na cabeça) com golpe ou pancada. 2. Ferir.

Esmegma, s. m. *Fisiol.* Secreção sebácea esbranquiçada, caseosa, encontrada sob o prepúcio e ao redor dos pequenos lábios vaginais e do clitóris.

Esmerado, adj. 1. Feito com esmero. 2. Bem acabado. 3. Apurado, elegante. Antôns. (acepções 1 e 2): *defeituoso, grosseiro.*

Esmeralda, s. f. (gr. *smaragdos*). 1. *Miner.* Pedra preciosa translúcida, geralmente verde; silicato de glucínio e alunínio, podendo conter metais alcalinos. 2. *Ornit.* Variedade de ave-do-paraíso (*Paradisea apoda*). 3. A cor da esmeralda.

Esmeraldino, adj. 1. Da cor da esmeralda. 2. Que tem aparência de esmeralda. 3. Verde.

Esmerar, v. (l. *exmerare*). 1. Tr. dir. Fazer com esmero, mostrar esmero em; aperfeiçoar, apurar. 2. Pron. Trabalhar com esmero. 3. Pron. Aperfeiçoar-se, aplicar-se.

Esmeril, s. m. (gr. biz. *smeri*). 1. Corindo granular usado em forma de pó ou massa no polimento de metais e pedras preciosas. 2. Óxido de ferro proveniente das terras roxas.

Esmerilador, adj. e s. m. V. *esmerilhador*.

Esmerilamento, s. m. V. *esmerilhamento*.

Esmerilar, v. V. *esmerilhar*.

Esmerilhador, adj. e s. m. Que, ou o que esmerilha. S. m. Máquina para pequenos desbastes com rebolo de esmeril, utilizada também para polir objetos. Var.: *esmerilador*.

Esmerilhar, v. (ital. *smerigliare?*). 1. Tr. dir. Polir com esmeril; esmerilar. 2. Tr. dir. Despolir (vidro). 3. Tr. dir. Aperfeiçoar com esmero. 4. Pron. Esmerar-se em alguma coisa. Var.: *esmerilar*.

Esmero (*ê*), s. m. (de *esmerar*). 1. Cuidado, apuro, perfeição com que se faz alguma coisa. 2. Correção. Antôn.: *desleixo*.

Esmigalhador, adj. e s. m. Que, ou o que esmigalha. S. m. Máquina agrícola.

Esmigalhadura, s. f. Ato ou efeito de esmigalhar.

Esmigalhar, v. 1. Tr. dir. Reduzir a migalhas. 2. Tr. dir. Despedaçar, fragmentar, triturar. 3. Pron. Fazer-se em migalhas; partir-se, quebrar-se em muitos fragmentos.

Esmiolado, adj. V. *desmiolado*.

Esmiolar, v. 1. Tr. dir. Tirar o miolo a. 2. Tr. dir. Esmigalhar. 3. Tr. dir. Desfazer-se. 4. Pron. Desfazer-se em miolo; esboroar-se.

Esmirrar, v. Pron. Mirrar-se; secar, emurchecer.

Esmiuçado, (*i-u*), adj. 1. Dividido em pequenos bocados. 2. Muito dividido. 3. Analisado minuciosamente.

Esmiuçador (*i-u*), adj. e s. m. Diz-se do, ou o que pesquisa, que investiga com minúcia.

Esmiuçar (*i-u*). v. Tr. dir. 1. Dividir em pequeninas partes. 2. Converter em pó. 3. Analisar, pesquisar, investigar. 4. Explicar miudamente.

Esmiudar (*i-u*), v. (*es + miúdo + ar*). V. *esmiuçar*.

Esmo (*ê*), s. m. (de *esmar*). 1. Cálculo aproximado; estimativa. 2. Avaliação por grosso.

A esmo: ao acaso; indistintamente; à sorte; à toa.

Esmocar, v. (*es + moca + ar*). Tr. dir. 1. Esgalhar, partir (ramos, troncos etc.). 2. *Pop.* Bater com moca em.

Esmochado, adj. Que se esmochou; descornado.

Esmochar, v. (*es + mocho + ar*). Tr. dir. 1. Tornar mocho; privar dos chifres; descornar. 2. Privar dos meios de se governar.

Esmoedor, adj. e s. m. Que, ou o que esmói.

Esmoer, v. Tr. dir. 1. Moer com os dentes. 2. Digerir: *Esmoer o jantar*.

Esmola, s. f. 1. O que se dá por caridade aos necessitados. 2. Benefício, pensão. 3. *Pop.* Tunda, sova, pisa.

Esmolador, adj. e s. m. 1. Que, ou o que é caritativo. 2. Que, ou o que dá esmola; esmoler. 3. Mendigo, pedinte.

Esmolambado, adj. e s. m. Que, ou o que tem a roupa em molambos.

Esmolambar, v. Intr. 1. Andar esfarrapado; arrastar molambos. 2. *Gír.* Acanalhar, achincalhar.

Esmolar, v. 1. Intr. Pedir esmolas. 2. Intr. Dar esmolas. 3. Tr. dir. Pedir como esmola. 4. Tr. dir. Dar de esmola.

Esmolaria, s. f. 1. Ofício de esmoler. 2. Casa onde se distribuem esmolas.

Esmoleira, s. f. Saco ou bolsa, onde o mendigo guarda as esmolas.

Esmoleiro, adj. e s. m. (l. *eleemosynariu*). Diz-se do, ou o frade que pedia esmolas para o convento. S. m. Mendigo.

Esmoler (*lér*), adj. m. e f. Que distribui muitas esmolas. S. m. e f. 1. Pessoa que dá esmolas por conta própria ou alheia. 2. *Pop.* Mendigo.

Esmoncar, v. 1. Tr. dir. *Fam.* Tirar o monco (do nariz). 2. Pron. Assoar-se.

Esmonda, s. f. V. *monda*.

Esmondar, v. V. *mondar*.

Esmordicar, v. V. *mordiscar*.

Esmorecer, v. 1. Intr. Perder o ânimo, o entusiasmo. 2. Tr. dir. Desalentar, desanimar. 3. Intr. Desfalecer, desmaiar. 4. Intr. Dininuir de intensidade (a luz, o som etc.). 5. Intr. Apagar-se, desbotar-se. 6. Intr. Definhar, deperecer; enlanguescer. 7. Tr. ind. Desejar ardentemente. Antôn. (acepção 2): *alentar*.

Esmorecido, adj. 1. Que esmoreceu. 2. Fraco, débil, desfalecido. 3. Desalentado, desanimado, abatido. Antôns. (acepções 1 e 2): *robusto, intenso*; (acepções 1 e 3): *alentado*.

Esmorecimento, s. m. 1. Ato ou efeito de esmorecer. 2. Desânimo. 3. Fraqueza, debilidade. 4. Diminuição de intensidade; desvanecimento.

Esmoucar, v. Tr. dir. 1. Esborcinar; partir as bordas de (um vaso de louça). 2. V. *esmocar*.

Esmurraçar, v. Tr. dir. Esmurrar, maltratar com murros.

Esnobe, adj. e s., m. e f. (ingl. *snob*). Que, ou quem manifesta esnobismo.

Esnobismo, s. m. (ingl. *snobism*). 1. Admiração e adesão fúteis e tolas a tudo que entra em moda. 2. Preocupação de imitar as pessoas de classe superior.

Esnocar, v. Tr. dir. 1. Desarticular, deslocar. 2. Quebrar, esgalhar.

eso-, elem. de comp. (gr. *eso*). Exprime a idéia de *dentro, no interior*: *esoderma*.

Esoderma, s. m. (*eso + derma*). *Entom.* Cutícula que reveste a superfície interna do tegumento dos insetos.

Esofagiano, adj. *Anat.* 1. Relativo ou pertencente ao esôfago; esofágico. 2. *Med.* Por meio do esôfago.

Esofagismo, s. m. *Med.* Espasmo do esôfago; esofagospasmo.

Esofagite, s. f. *Med.* Inflamação do esôfago.

Esôfago, s. m. *Anat.* Tubo muscular que conduz alimentos etc. da faringe ao estômago.

Esofagostomia, s. f. *Cir.* Abertura praticada no esôfago, para introduzir por ela os alimentos.

Esópico, adj. (l. *aesopicu*). 1. Pertencente ou relativo a Esopo, fabulista grego (séc. VII e VI a.C.). 2. Diz-se das fábulas ou histórias de animais.

Esotérico, adj. 1. Relativo ao esoterismo. 2. Reservado aos iniciados. 3. Profundo, recôndito. 4. Difícil de entender; abstruso. Antôn.: *exotérico*.

Esoterismo, s. m. 1. Doutrina secreta que alguns filósofos antigos comunicavam apenas a alguns discípulos. 2. Qualidade ou estado de ser esotérico. Antôn.: *exoterismo*.

Espaçado, adj. 1. Que se espaçou; intervalado. 2. Pausado, lento, vagaroso. 3. Ocasional, raro.

Espaçamento, s. m. 1. Ato ou efeito de espaçar. 2. Distância entre uma série de coisas que foram ou devem ser espaçadas; afastamento.

Espaçar, v. Tr. dir. 1. Deixar espaço entre dois ou mais objetos. 2. Adiar, demorar, prorrogar.

Espacejar, v. Tr. dir. 1. V. *espaçar*. 2. *Tip.* Pôr espaços (entre linhas, letras ou palavras). 3. Marcar o espaço de.

Espacial, adj. m. e f. Concernente ao espaço.

Espaço, s. m. (l. *spatiu*). 1. *Fís.* Extensão tridimensional ilimitada ou infinitamente grande, que contém todos os seres e coisas e é campo de todos os eventos. 2. *Astr.* O universo todo além do invólucro atmosférico da Terra; o quase vácuo em que existem o sistema solar, as estrelas, as nebulosas e as galáxias. 3. *Tip.* Intervalo em branco entre palavras ou linhas em uma matéria impressa. 4. *Tip.* Peça de metal-tipo, mais baixa que os tipos e do mesmo corpo destes, com a qual o tipógrafo separa as palavras de uma composição e justifica as linhas. 5. *Tip.* Matriz, peça ou outro dispositivo que nas máquinas compositoras dá o claro de separação das palavras. 6. *Mus.* Intervalo entre uma linha e outra na pauta musical. 7. Lapso de tempo entre duas datas, eventos ou outros quaisquer limites.

Espaçoso, adj. 1. Que tem largo espaço. 2. Amplo, dilatado, largo, extenso. 3. Pausado.

Espada, s. f. 1. Arma branca, ofensiva e defensiva, formada de uma lâmina comprida, de ferro ou aço, cortante e perfurante, com punho e guardas ou copos. 2. A vida militar, a força armada. S. f. pl. Um dos naipes do baralho.

Entre a e. e a parede: sem poder escapar-se; grande perigo. *Entregar a e.*: render-se.
Espadachim, s. m. 1. O que briga muito, armado de espada; brigão. 2. Valentão. 3. Fanfarrão.
Espadada, s. f. Golpe de espada.
Espadagão, s. m. 1. Espada grande. 2. Chanfalho.
Espadana, s. f. 1. Veio de água. 2. Repuxo ou jato de líquido que dá o aspecto de uma lâmina de espada. 3. Barbatana de peixe. 4. Cauda dos cometas. 5. *Bot.* Planta esparganiácea (*Sparganium erectum*).
Espadanado, adj. Que cai em espadanas (líquido).
Espadanal, s. m. *Bot.* Lugar coberto de espadanas.
Espadanar, v. 1. Tr. dir. Cobrir de espadanas. 2. Tr. dir. Expelir em borbotões. 3. Tr. ind. e intr. Rebentar em espadana; repuxar. 4. Intr. Agitar-se ou espalhar-se no ar.
Espadarte, s. m. *Ictiol.* Peixe acantopterígio da família dos Xifiídeos (*Xiphias gladius*), cujo maxilar superior se prolonga em forma de uma lâmina de espada.
Espadaúdo, adj. Que tem as espátulas largas.
Espadeirada, s. f. (de *espada*). Pancada ou golpe com espada. Var.: *espaldeirada*.
Espadeirão, s. m. Espada longa e estreita, para ferir como estoque.
Espadeirar, v. Tr. dir. 1. Dar espadeiradas em. 2. Bater nas espaldas de. 3. Deslombar. Var.: *espaldeirar*.
Espadeiro, s. m. 1. Aquele que floreia bem a espada. 2. Aquele que faz ou vende espadas.
Espadela, s. f. 1. Instrumento de madeira com que se bate o linho para limpá-lo dos tomentos. 2. Remo comprido e largo que faz as vezes de leme.
Espadeladeira, s. f. Mulher que espadela o linho.
Espadelador, s. m. Peça de madeira ou cortiça na qual se firma o linho que se espadela.
Espadelagem, s. f. 1. Trabalho de espadelar. 2. Separação das fibras de uma planta têxtil da celulose.
Espadelar, v. Tr. dir. 1. Limpar (o linho) com a espadela. 2. V. *espadanar*. Sinôn.: *espadar* e *estomentar*.
Espadice, s. f. *Bot.* Subtipo de espiga, cujo eixo, geralmente carnudo, suporta flores unissexuais e às vezes estéreis. Como regra, existe envolvida por uma bráctea, designada *espata*.
Espadilha, s. f. (cast. *spadilla*). 1. Designação do ás de espadas em alguns jogos de cartas. 2. *Ictiol.* Nome vulgar dos peixes teleósteos malacopterígios *Clupea sprattus* e *C. latula*. S. m. Capataz, chefe.
Espadim, s. m. 1. Pequena espada. 2. V. *petinga* (peixe).
Espadista, s. m. e f. Pessoa que maneja espada.
Espadongado, adj. V. *espandongado*.
Espádua, s. f. 1. *Anat.* Parte do dorso que corresponde à omoplata; ombro. 2. *Zool.* A parte mais elevada dos membros anteriores dos quadrúpedes.
Espagiria, s. f. Antiga designação da Química ou da alquimia.
Espaguete, s. m. (ital. *spaghetti*). Espécie de macarrão em fios delgados.
Espairecer, v. 1. Tr. dir. Distrair, entreter, recrear. 2. Intr. e pron. Distrair-se; passear; recrear-se.
Espairecimento, s. m. Ato ou efeito de espairecer; distração, entretenimento.
Espalda, s. f. 1. Encosto de cadeira; espaldar. 2. *Ant.* Ombro. 3. Saliência no flanco de um bastião.
Espaldão, s. m. Anteparo de fortificação.
Espaldar, s. m. Costas de cadeira.
Espaldear, v. Tr. dir. 1. Repelir, investir contra os flancos do navio (falando do mar). 2. Fazer recuar; atrasar.
Espaldeira, s. f. 1. Fila de árvores frutíferas plantadas contra muros, paredes, redes de arame ou outro suporte semelhante, e com o crescimento orientado de modo que os ramos fiquem encostados planamente em toda sua extensão. 2. Pano que cobre o espaldar da cadeira ou dossel.
Espaldeirada, s. f. V. *espadeirada*.
Espaldeirar, v. Tr. dir. Forma popular de *espadeirar*.
Espalha-brasas, adj. e s., m. e f., sing. e pl. 1. Estouvado. 2. Desordeiro. 3. Ferrabrás.
Espalhada, s. f. 1. Ato ou efeito de espalhar. 2. Espalhafato, vozearia.
Espalhadeira, s. f. Instrumento para separar os cereais da palha; espalhadoura.
Espalhado, adj. 1. Disperso, difundido. 2. Limpo de palhas. 3. Intervalado. S. m. Ruído, espalhafato.
Espalhador, adj. e s. m. Que, ou o que espalha. S. m. Máquina, instrumento ou utensílio para espalhar qualquer coisa uniformemente.
Espalhadoura, s. f. V. *espalhadeira*. Var.: *espalhadoira*.
Espalhafatar, v. Intr. Fazer espalhafato.
Espalhafato, s. m. 1. Gritaria, barulho. 2. Desordem. 3. Alarde exagerado por coisas de pouca monta; estardalhaço. 4. Qualquer ostentação exagerada.
Espalhafatoso, adj. 1. Em que há espalhafato. 2. Amigo de espalhafato.
Espalhamento, s. m. Ato ou efeito de espalhar; dispersão.
Espalhar, v. 1. Tr. dir. Separar das palhas (os cereais); despalhar. 2. Tr. dir. Lançar para diferentes lados; dispersar, espargir. 3. Pron. Dispersar-se ou desunir-se (partes de um todo). 4. Tr. dir. Derramar por diversos pontos do espaço. 5. Tr. dir. Tornar público; divulgar. 6. Tr. dir. Levantar, propagar, difundir: *Espalhar boatos*. 7. Tr. dir. Irradiar. 8. Tr. dir. e intr. Dissipar. 9. Intr. Rarear. Antôns. (acepções 2, 3 e 7): *juntar, reunir, concentrar*.
Espalho, s. m. Espaço que medeia entre as falcas do reparo da peça de artilharia.
Espalmado, adj. 1. Aberto ou plano como a palma da mão. 2. Reduzido a lâmina.
Espalmar, v. 1. Tr. dir. Abrir a palma da mão, estendendo os dedos. 2. Tr. dir. e pron. Tornar(-se) plano como a palma da mão. 3. Tr. dir. Achatar. 4. Tr. dir. *Náut.* Limpar e alcatroar o casco do navio.
Espalto, s. m. (al. *Spalt*). 1. Pedra empregada na fundição de metais. 2. Cor escura e transparente que os pintores aplicavam sobre escarlate.
Espanador, s. m. Escova ou penacho de fios de lã ou de penas com que se limpa ou sacode o pó.
Espanar, v. 1. Tr. dir. Limpar do pó, com espanador; sacudir o pó de; espanejar. 2. Tr. dir. Agitar. 3. Intr. e pron. Desgastar-se (parafuso ou rosca) a ponto de não mais segurar.
Espancador, adj. e s. m. 1. Que, ou o que espanca. 2. Desordeiro, rixoso, valentão.
Espancamento, s. m. Ação ou efeito de espancar.
Espancar, v. Tr. dir. 1. Dar pancadas em; desancar, zurzir. 2. Afastar, afugentar. 3. Dissipar.
Espandongado, adj. 1. Desalinhado no vestir, desleixado. 2. Amarrotado. 3. Esfrangalhado.
Espandongamento, s. m. 1. Desleixo. 2. Desordem, relaxação.
Espandongar, v. Tr. dir. 1. Pôr em desordem. 2. Esfrangalhar. 3. Amachucar.
Espanéfico, adj. *Pop.* 1. Afetado em gestos, palavras ou trajes. 2. Presumido, janota.
Espanejado, adj. Limpo ou sacudido do pó com o espanador.
Espanejar, v. 1. Tr. dir. Limpar ou sacudir com o espanejador. 2. Pron. Sacudir o pó.
Espanhol, adj. Pertencente ou relativo à Espanha. S. m. 1. Habitante ou natural da Espanha. 2. O idioma desse país. Pl.: *espanhóis*.
Espanholada, s. f. 1. Dito próprio de espanhol. 2. Fanfarronada. 3. Exageração, hipérbole.
Espanholismo, s. m. 1. Caráter ou costumes espanhóis. 2. Afeição à Espanha ou a coisas da Espanha. 3. *Lingüíst.* Expressão do espanhol transportada para outro idioma; castelhanismo.
Espantadiço, adj. Que se espanta com facilidade.
Espantado, adj. 1. Que se espantou; assustado. 2. Admirado, atônito. 3. *Heráld.* Diz-se do animal que, no escudo, se representa empinado e não rompente.
Espantador, adj. e s. m. Que, ou aquele que espanta.
Espantalho, s. m. (de *espantar*). 1. *Folc.* Boneco de pano ou qualquer objeto que se coloca no campo para espantar pás-

saros e roedores que atacam as plantações. 2. Pessoa maltrapilha e feia. 3. Pessoa inútil; estafermo.

Espantar, v. 1. Tr. dir. Causar espanto a; assustar, atemorizar. 2. Intr. Ser espantoso; causar espanto, admiração. 3. Tr. dir. Fazer fugir de medo. 4. Tr. dir. Afugentar. 5. Pron. Ficar espantado, admirado ou aterrorizado.

Espanto, s. m. 1. Ato ou efeito de espantar. 2. Medo excessivo; susto, terror. 3. Pasmo, admiração. 4. Coisa imprevista. 5. Surpresa.

Espantoso, adj. 1. Que causa espanto. 2. Maravilhoso, estupendo. 3. Surpreendente, extraordinário. 4. Horrendo, medonho, pavoroso.

Espapaçar, v. 1. Tr. dir. Dar a forma de papas a; tornar mole. 2. Pron. Tornar-se mole.

Esparadrapeiro, s. m. Instrumento com que se prepara o esparadrapo.

Esparadrapo, s. m. (ital. ant. *sparadrappo?*). Fita ou faixa adesiva, mediante a qual se contêm curativos, ou superfícies do tegumento, temporariamente.

Esparavão, s. m. (conforme o cast. *esparaván*). *Vet.* Exostose do curvejão de eqüídeos. Var.: *esparvão.*

Esparavel, s. m. (frâncico *sparwari*, pelo cast.). 1. V. *tarrafa.* 2. Pequena tábua retangular ou quadrada, usada pelos pedreiros para pôr cal e areia nos tetos das casas; talocha.

Esparavonado, adj. *Vet.* Afetado de esparavão. Var.: *esparavoado, esparvonado.*

Espargimento, s. m. Ato ou efeito de espargir; aspersão.

Espargir, v. (l. *spargere*). 1. Tr. dir. Espalhar ou derramar um fluido em gotas ou borrifos (é termo poético): *Espargir água benta.* 2. Tr. dir. Desfolhar: *Espargir flores.* 3. Tr. dir. Dispersar, espalhar: Os devotos *espargiram flores* sobre a campa. 4. Tr. dir. Difundir, irradiar-se. 5. Pron. Derramar-se, difundir-se. Var.: *esparzir.*

Espargo, s. m. *Bot.* V. *aspargo.*

Esparguta, s. f. *Bot.* Planta herbácea, forraginosa, cariofilácea (*Spergula arvensis*).

Esparídeo, adj. *Ictiol.* Relativo ou pertencente aos Esparídeos. S. m. Peixe da família dos Esparídeos. S. m. pl. Família (*Sparidae*) largamente distribuída de peixes percóides marinhos, que inclui os pargos e sargos-de-dentes, as canhanhas e caranhas.

Esparolação, s. f. 1. Qualidade de esparolado. 2. Arrebatamento (especialmente no falar). 3. Tagarelice oca.

Esparolado, adj. 1. Que fala sem medir as palavras. 2. Palrador. 3. Mentiroso. 4. Sem critério; leviano.

Esparramado, adj. 1. Espalhado. 2. Disperso. 3. Estouvado. 4. Diz-se de pessoa demasiado comunicativa, pródiga em gestos e palavras.

Esparramar, v. (conforme o cast.). 1. Tr. dir. Dispersar, espalhar, esparralhar. 2. Intr. e pron. Dispersar-se, espalhar-se. Antôn.: *reunir.*

Esparrame, s. m. 1. Ato ou efeito de esparramar. 2. Debandada. 3. Agitação, escândalo. 4. Espalhafato, ostentação. 5. Briga, banzé. Var.: *esparramo.*

Esparregado, adj. Que se esparregou. S. m. *Cul.* Guisado de folhas de espargos ou ervas, cortadas miudamente, cozidas e espremidas.

Esparregar, v. Tr. dir. Guisar folhas de espargo ou verduras, depois de cortar, cozer e temperar.

Esparrela, s. f. 1. Armadilha de caçar pássaros. 2. *Pop.* Cilada, engano, logro. 3. *Náut.* Leme provisório feito de algum mastaréu, antenas, amarras etc.

Esparrinhar, v. 1. Tr. dir. Espargir sobre. 2. Intr. e pron. Sair ou projetar-se em borrifos dispersos.

Esparro, s. m. 1. Ato ou efeito de esparrar-se. 2. Asneira, sandice. 3. Gabarolice. 4. *Gír.* Aquele que ajuda o punguista, esbarrando na vítima ou entretendo-a ou escondendo a coisa furtada.

Esparsa, s. f. (de *esparso*). Poesia antiga em versos de seis sílabas.

Esparso, adj. (l. *sparsu*). 1. Que se espargiu. 2. Solto. 3. Vulgarizado. Antôn. (acepções 1 e 2): *reunido.*

Espartal, s. m. *Bot.* Terreno onde cresce o esparto.

Espartano, adj. 1. Relativo a Esparta (Grécia antiga). 2. Caracterizado por simplicidade, frugalidade, severidade de maneiras, brevidade no falar, desassombro perante a dor ou o perigo. 3. Austero, sóbrio. S. m. Natural ou habitante de Esparta. Var.: *esparciata.*

Espartaria, s. f. 1. Obra ou artigos de esparto. 2. Lugar onde se vendem ou fabricam obras de esparto. 3. Arte de tecer o esparto.

Esparteína, s. f. *Quím.* e *Farm.* Alcalóide tetracíclico líquido, venenoso ($C_{15}H_{26}N_2$), obtido especialmente das pontas da escopária e usado outrora no tratamento de taquicardia.

Esparteiro, s. m. O que faz ou vende obras de esparto.

Espartenhas, s. f. pl. Alpercatas de esparto.

Espartilhado, adj. Cingido com espartilho; elegante.

Espartilhar, v. Tr. dir. e pron. Cingir(-se) ou apertar(-se) com espartilho.

Espartilheiro, s. m. Fabricante ou vendedor de espartilhos.

Espartilho, s. m. Colete com lâminas de aço ou barbas de baleia, usado por mulheres para comprimir a cintura e dar elegância ao corpo.

Espartir, v. Tr. dir. Separar, estremar; despartir.

Esparto, s. m. (l. *spartu*, gr. *spartos*). *Bot.* 1. Nome de duas plantas gramíneas (*Stipa tenacissima* e *Lygeum spartum*), usadas no fabrico de cordas, sapatos, esteiras e papel. 2. Fibra dessas gramíneas.

Esparzeta, s. f. *Bot.* Planta papilonácea eurásia, cultivada no Brasil (*Onobrichys sativa*, sinôn.: *O. viciaefolia*). Var.: *esparceta.*

Esparzir, v. (l. *spargere*). V. *espargir.*

Espasmo[1], s. m. (l. *spasmu*, gr. *spasmos*). 1. *Med.* Contração involuntária, violenta e súbita, de um músculo ou grupo de músculos. 2. Êxtase, abstração, arroubamento.

espasmo-[2], elem. de comp. Exprime a idéia de *espasmo, convulsão: espasmofilia.*

Espasmódico, adj. *Med.* 1. Da natureza de um espasmo. 2. Que se refere a espasmo. Var.: *espásmico.*

Espasmofilia, s. f. (*espasmo*[2] + *filo*[3] + *ia*). *Med.* Tendência anormal a convulsões, tétano ou espasmos, causada por hipersensibilidade dos nervos motores a qualquer estímulo mecânico ou elétrico; diátese espasmofílica.

Espata, s. f. (gr. *spathe*). 1. *Bot.* Bráctea que envolve uma inflorescência no mesmo eixo. 2. Espada antiga, larga, bigúmea e sem ponta. Dim.: *espátula.*

Espatáceo, adj. *Bot.* 1. Que se assemelha a espata. 2. Contido em espata. 3. Que tem espata.

Espatela, s. f. (l. **spathella*). Espécie de abaixa-língua para se observar a garganta.

Espatélia, s. f. *Bot.* Cada uma das brácteas que envolvem a flor das gramíneas.

Espático, adj. Diz-se de certos cristais de fácil clivagem.

Espatifado, adj. Feito em pedaços; estilhaçado.

Espatifar, v. Tr. dir. 1. Fazer em retalhos; despedaçar. 2. Estragar, dissipar.

Espato, s. m. (al. *spat*). *Miner.* Cada um de vários minerais não metálicos, comumente cliváveis e algo lustrosos.

Espátula, s. f. (l. *spathula*). 1. Faca flexível, sem gume, empregada para misturar substâncias moles, cortar papel etc. 2. Extremidade das chaves de alguns instrumentos de sopro, acionada pelos dedos.

Espatulado, adj. *Bot.* Com forma de espátula, como certas folhas.

Espatuleta (*ê*), s. f. Espátula pequena.

Espaventar, v. 1. Tr. dir. Causar susto, espanto, sobressalto a. 2. Pron. Assustar-se, espantar-se, sobressaltar-se. 3. Pron. Ensoberbecer-se. 4. Pron. Exibir luxo; pompear. 5. Tr. dir. Tocar para longe.

Espavento, s. m. (ital. *spavento*). 1. Espanto. 2. Susto. 3. *Pop.* Ostentação vaidosa.

Espaventoso, adj. 1. Soberbo, magnífico. 2. Luxuoso, aparatoso. Antôn.: *modesto.*

Espavorido, adj. Cheio de pavor; apavorado.

Espavorir, v. (de *pavor*). Tr. dir. e pron. Amedrontar(-se), apavorar(-se), assustar(-se). Só se conjuga nas formas em que ao *r* da raiz se segue *i.*

Especar, v. 1. Tr. dir. Suster com espeques; escorar. 2. Pron. Encostar-se, escorar-se. 3. Intr. e pron. Ficar parado, estacar.

Especar, v. Tr. dir. *Marc.* Alongar (uma peça, juntando-lhe outra). Cfr. *espessar.*

Especial, adj. m. e f. (l. *speciale*). 1. Relativo a uma espécie. 2. Peculiar de uma coisa ou pessoa; exclusivo. 3. Fora do comum; excelente, notável. 4. Superior. 5. Distinto. Antôn. (acep. 2): *geral.*

Especialidade, s. f. (l. *specialitate*). 1. Qualidade característica de uma espécie. 2. Qualidade daquilo que é essencial. 3. Trabalho, profissão, ou ramo de atividade a que alguém se dedica. Antôn. (acepção 3): *generalidade.*

Especialista, adj. e s., m. e f. Que, ou quem se dedica com especial cuidado ou exclusivamente a certo estudo ou ramo de sua profissão.

Especialização, s. f. 1. Ato ou efeito de especializar. 2. Estudo especial de certa arte ou ciência. 3. *Biol.* Adaptação da estrutura de um organismo para a vida em um ambiente particular ou para hábitos particulares.

Especializar, v. 1. Tr. dir. Tornar especial; particularizar; distinguir a. 2. Tr. dir. Pôr em primeiro lugar; preferir. 3. Pron. Fazer uma especialização. 4. Pron. Tornar-se especial; particularizar-se, singularizar-se. Antôn. (acepção 4): *generalizar:*

Especiaria, s. f. (de *espécie*). Nome comum a certas substâncias aromáticas e condimentícias, como cravo, canela etc.

Espécie, s. f. (l. *specie*). 1. Casta, natureza, qualidade, tipo. 2. *Filos.* Conjunto de seres que têm a mesma essência, abstraindo de suas diferenças individuais. 3. Substâncias vegetais, flores ou raízes, dotadas de propriedades congêneres e que se usam em misturas ou se empregam como bases nos eletuários. 4. *Lóg.* A classe que tem menor extensão e maior compreensão que o gênero. A espécie está logicamente subordinada ao gênero. 5. Gêneros alimentícios que se dão em pagamento. 6. *Teol.* As aparências do pão e do vinho, depois da transubstanciação (no mistério da Eucaristia).

Especieiro, s. m. Aquele que vende especiarias.

Especificação, s. f. 1. Ato ou efeito de especificar. 2. Descrição circunstanciada. 3. Menção por partes, por artigos, parágrafos, alíneas ou itens.

Especificado, adj. 1. Individualizado. 2. Pormenorizado.

Especificador, adj. e s. m. Que, ou o que especifica.

Especificar, v. (b. l. *specificare*). Tr. dir. 1. Indicar a espécie de. 2. *Dir.* Apontar individualmente. 3. Descrever com minúcia. 4. Determinar de modo preciso e explícito. 5. Esmiuçar.

Especificativo, adj. Destinado a especificar.

Específico, adj. (b. l. *specificu*). 1. Relativo a espécie. 2. Que constitui categoria especificada, ou cabe dentro dela. 3. *Med.* Diz-se do medicamento próprio para debelar determinada doença. S. m. 1. Alguma coisa adaptada particularmente para o seu fim. 2. *Farm.* Medicamento específico.

Espécime, s. m. (l. *specimen*). 1. Amostra, modelo. 2. Indivíduo de uma coleção; exemplar. 3. Representante de uma espécie e, por extensão, de gênero ou outra categoria animal, vegetal ou mineral.

Especiosidade, s. f. 1. Qualidade de especioso. 2. Formosura, beleza, gentileza.

Especioso, adj. (l. *speciosu*). 1. Que tem aparências enganadoras. 2. Que seduz. 3. Belo. 4. Ilusório.

Espectador, adj. e s. m. (l. *spectatore*). 1. Que, ou quem assiste a um espetáculo. Col.: *assistência, auditório, concorrência.* 2. Que, ou o que observa ou vê qualquer ato. 3. Testemunha de vista.

Espectável, adj. m. e f. (l. *spectabile*). 1. Digno de ser observado. 2. Notável.

Espectral, adj. m. e f. (*espectro + al*). 1. *Fís.* Concernente a um espectro. 2. Relativo ou semelhante a espectro ou fantasma. Var.: *espectral.*

Espectro[1], s. m. (l. *spectru*). 1. *Fís.* Arranjo dos componentes de um feixe de energia radiante, formado pela dispersão de suas ondas, como acontece com o feixe de luz refratado no prisma de cristal. 2. Fantasma. 3. Sombra. Var.: *espetro.*

espectro-[2], elem. de comp. Exprime a idéia de *espectro de luz: espectrologia.*

Espectrologia, s. f. (*espectro*[2] *+ logo + ia*). *Fís.* 1. Estudo de espectros. 2. Tratado dos fenômenos espectrais. Var.: *espetrologia.*

Espectrológico, adj. Relativo à espectrologia. Var.: *espetrológico.*

Espectrometria, s. f. (*espectrômetro + ia*). *Fís.* e *Quím.* Arte ou processo de usar o espectrômetro ou de medir comprimentos de ondas de raias de um espectro. Var.: *espetrometria.*

Espectrométrico, adj. *Fís.* Relativo ou pertencente à espectrometria ou ao espectrômetro.

Espectrômetro, s. m. *Fís.* Instrumento usado na determinação do índice de refração.

Espectroscopia, s. f. *Fís.* 1. Produção e investigação de espectros. 2. Arte ou processo de usar o espectroscópio. 3. Ciência dos fenômenos espectroscópicos. Var.: *espectroscopia.*

Espectroscópico, adj. *Fís.* Relativo ou pertencente à espectroscopia ou ao espectroscópio. Var.: *espetroscópico.*

Espectroscópio, s. m. *Fís.* Instrumento para formar e analisar visualmente o espectro óptico de um corpo. Var.: *espetroscópio.*

Especulação, s. f. (l. *speculatione*). 1. Ato ou efeito de especular. 2. Investigação teórica. 3. Operação financeira sobre valores sujeitos às oscilações do mercado. 4. Contrato ou negócio em que uma das partes abusa da boa-fé da outra.

Especulador, adj. e s. m. 1. Que, ou o que especula, indaga ou observa. 2. Que, ou o que especula no comércio ou na bolsa.

Especular[1], adj. m. e f. (l. *speculare*). 1. Relativo a espelho. 2. Diz-se de brilho semelhante ao do espelho. 3. Diáfano, transparente.

Especular[2], v. (l. *speculari*). 1. Tr. dir. Estudar com atenção e minúcia sob o ponto de vista teórico. 2. Intr. Meditar, raciocinar: Deixemos de *especular* vagamente, ajamos. 3. Tr. ind. Colher informações minuciosas acerca de alguma coisa. 4. Tr. ind. Jogar na bolsa de valores ou de mercadorias. 5. Tr. ind. Lançar mão de recursos especiais para iludir alguém em proveito próprio.

Especulária, s. f. *Fís.* Parte da perspectiva que trata dos raios reflexos da luz.

Especulativo, adj. (l. *speculativu*). 1. Que tem o caráter de especulação. 2. Relativo a especulação. 3. Que é teórico: Estudos *especulativos.*

Espéculo, s. m. (l. *speculu*). *Med.* e *Vet.* Instrumento com que se examinam cavidades do corpo humano e do de alguns animais; dioptro.

Espedaçar, v. V. *despedaçar.*

espeleo-, elem. de comp. (gr. *spelaion*). Exprime a idéia de *caverna, gruta: espeleologia.*

Espeleologia, s. f. (*espeleo + logo + ia*). Ciência que se ocupa da formação das grutas e cavernas e da vida que aí existe ou existiu.

Espeleológico, adj. Relativo ou pertencente à espeleologia.

Espeleologista, s. m. e f. (*espeleo + logo + ista*). Pessoa versada em espeleologia.

Espeleólogo, s. m. (*espeleo + logo*). V. *espeleologista.*

Espelhação, s. f. (*espelhar + ção*). V. *espelhamento.*

Espelhado, adj. Liso ou polido como espelho.

Espelhamento, s. m. Ação ou efeito de espelhar.

Espelhar, v. (*espelho + ar*). 1. Tr. dir. Tornar liso, polido, cristalino como um espelho. 2. Tr. dir Refletir como um espelho. 3. Pron. Ver-se ao espelho; refletir-se. 4. Pron. Rever-se em alguma coisa. 5. Pron. Tornar-se patente; mostrar-se: *Espelham-se em* seus livros as tendências da época.

Espelharia, s. f. Oficina ou loja de espelhos.

Espelheiro, s. m. O que faz, vende ou conserta espelhos.

Espelhento, adj. 1. Que reflete como em um espelho. 2. Brilhante, claro, polido.

Espelhim, s. m. Espécie de gesso branco de aparência cristalina.

Espelho (*ê*), s. m. (l. *speculu*). 1. Superfície polida que reflete a luz ou a imagem dos objetos. 2. Lâmina de vidro ou cristal, estanhada na parte posterior para adorno ou para as pessoas se verem. 3. Tudo o que reflete ou reproduz um sentimento. 4. Ensinamento, exemplo, modelo. 5. Chapa exterior de uma fechadura. 6. *Eletr.* Chapa que cincunda as tomadas de eletricidade.

Espelina, s. f. *Bot.* Nome vulgar da espelina-falsa (*Clitoria guyanensis*) e da e.-verdadeira (*Cayaponia espelina*).

Espeloteado, adj. (de *pelota*). Tonto. S. m. Indivíduo desmiolado, estouvado, insensato.

Espeloteamento, s. m. Falta de juízo.

Espelta, s. f. (l. *spelta*). *Bot.* Espécie de trigo de inferior qualidade (*Triticum spelta*).

Espelunca, s. f. (l. *spelunca*). 1. Caverna, cova. 2. Casa imunda. 3. Lugar oculto em que se joga

Espenda, s. f. Parte da sela onde se apóia a coxa do cavaleiro.

Espenicado, adj. (p. de *espenicar*). 1. Que se espenicou; depenado. 2. Vestido ou enfeitado com muito apuro.

Espenicar, v. (*es + pena + icar*). 1. Tr. dir. Arrancar as penas de (aves); depenicar, depenar. 2. Tr. dir. Escabichar, esmiuçar. 3. Tr. dir. e pron. Vestir(-se) com esmero.

Espeque, s. m. (fr. *anspect*, do hol.). 1. Peça de madeira com que se escora alguma coisa sujeita a desabar; escora, esteio. 2. Amparo, arrimo. 3. Alavanca usada no serviço de marinha e de artilharia, para mover fardos, peças etc.

Espera, s. f. (de *esperar*). 1. Ato de esperar. 2. Esperança. 3. Demora, dilatação. 4. Adiamento. 5. Lugar onde se espera alguém ou a caça. 6. Cilada, emboscada. 7. Espigão ou pequena peça para limitar ou impedir o movimento de outra; batente, encosto, esbarro. 8. Peça da bainha de faca ou de facão, destinada a firmá-la sob o cinto.

Esperado, adj. 1. Que se espera. 2. Desejado. 3. Provável. 4. Previsto. Antôn. (acepções 1 e 4): *inesperado*.

Espera-marido, s. m. Certo doce de ovos e açúcar queimado. Pl.: *espera-maridos*.

Esperança, s. f. (de *esperar*). 1. Ato de esperar. 2. Expectativa na aquisição de um bem que se deseja. 3. A segunda das três virtudes teologais. 4. *Entom.* Inseto tetigonídeo, de cor verde. Antôn. (acep. 1): *desespero*.

Esperançado, adj. Que tem esperança.

Esperançar, v. (*esperança + ar*). 1. Tr. dir. Dar esperanças a. 2. Pron. Conceber esperanças.

Esperançoso, adj. 1. Que dá ou tem esperanças. 2. Prometedor.

Esperantista, adj. m. e f. Relativo ao esperanto. S. m. e f. 1. Propagandista do esperanto. 2. Pessoa que ensina ou pratica o esperanto.

Esperanto, s. m. (da raiz *esper* do l. *sperare*). Idioma artificial criado em 1887 pelo médico e poliglota polonês Dr. Luís Lázaro Zamenhof (1859-1917), com o intuito de que pudesse servir como língua universal.

Esperar, v. (l. *sperare*). 1. Tr. dir. Ter esperança em, estar à espera de, contar com. 2. Tr. dir. Aguardar. 3. Intr. Estar na expectativa. 4. Tr. dir. Contar obter; ter como certo ou muito provável conseguir. 5. Tr. ind. Confiar no auxílio ou proteção. 6. Tr. dir. Conjeturar, supor.

Esperável, adj. m. e f. Que se pode esperar.

Esperdiçador, adj. e s. m. V. *desperdiçador*.

Esperdiçar, v. V. *desperdiçar*.

Esperdício, s. m. V. *desperdício*.

Esperlina, s. f. *Bot.* Planta leguminosa-papilionácea (*Phaseolus prostratus*).

Esperma, s. m. (gr. *sperma*). *Biol.* Líquido fecundante, segregado pelos testículos; líquido seminal; sêmen.

Espermacete, s. m. Substância cerosa, cristalina, extraída do óleo de cetáceos. Usado em cosméticos e no fabrico de velas; cetina.

Espermático, adj. *Biol.* 1. Relativo ao esperma. 2. Em que há esperma. 3. Que se assemelha a esperma.

Espermatizar, v. (*espérmato + izar*). *Biol.* Tr. dir. 1. Misturar esperma com. 2. Fecundar com o esperma.

espérmato-, elem. de comp. (gr. *sperma, atos*). Exprime a idéia de *esperma, semente*: *espermatocele*.

Espermatocele, s. f. (*espérmato + cele*). *Med.* Distensão cística dos condutos do epidídimo e da rede testicular, que comumente contém espermatozóides.

Espermatófita, s. f. *Bot.* Planta da divisão das Espermatófitas; espermáfita. S. f. pl. Grande divisão (*Spermatophyta*) do reino vegetal que compreende todas as plantas que produzem sementes; Espermáfitas. Var.: *espermatófito*.

Espermatogênese, s. f. *Biol.* Processo completo da formação de gametas masculinos.

Espermatogônio, s. m. *Biol.* Célula germinativa masculina primordial.

Espermatografia, s. f. (*espérmato + grafo + ia*). *Bot.* Descrição das sementes.

Espermatográfico, adj. *Bot.* Que se refere à espermatografia.

Espermatologia, s. f. *Biol.* 1. Soma dos conhecimentos sobre o esperma. 2. Tratado sobre o esperma.

Espermatológico, adj. Relativo à espermatologia.

Espermatorréia, s. f. *Med.* Emissão involuntária de esperma, geralmente durante o sono.

Espermatozóide, s. m. *Biol.* Gameta masculino móvel de um animal, produzido nos testículos, comumente em grande quantidade. Var.: *espermatozoário*.

Espernear, v. (*es + perna + ear*). Intr. 1. Agitar muito as pernas. 2. Contorcer o corpo violentamente. 3. *Fig.* Desobedecer às ordens; revoltar-se.

Espertador, adj. e s. m. V. *despertador*.

Espertalhão, adj. e s. m. (de *esperto*). Que, ou o que tem esperteza maliciosa. Fem.: *espertalhona*.

Espertamento, s. m. Ato ou efeito de espertar.

Espertar, v. (*esperto + ar*). 1. Tr. dir. Tornar esperto, tirar do torpor e da inércia; avivar, estimular. 2. Intr. e pron. Sair do sono; despertar, animar-se. 3. Tr. dir. Acordar. 4. Tr. dir. Afugentar (o sono).

Esperteza, s. f. 1. Qualidade do que é esperto. 2. Ação ou dito de pessoa esperta. 3. Astúcia, sagacidade. 4. Habilidade maliciosa.

Espertina, s. f. Falta de sono; insônia.

Espertinar, v. 1. Tr. dir. Causar espertina; espertar, tirar o sono a. 2. Intr. Perder o sono.

Esperto, adj. 1. Acordado, desperto. 2. Ativo, inteligente (falando-se das pessoas). 3. Vivo. 4. Sagaz. 5. Estimulado. 6. Quase quente; morno: Água *esperta*. Antôns. (acepções 1 e 2): *indolente*; (acepções 3 e 4): *simplório*.

Espescoçar, v. 1. Tr. dir. *Agr.* Cavar em torno da videira. 2. Tr. dir. *Agr.* Fazer mergulhia. 3. Pron. Alongar o pescoço.

Espessar, v. (l. *spissare*). Tr. dir. e pron. Tornar(-se) espesso ou denso.

Espessidão, s. f. Qualidade de espesso.

Espesso (*ê*), adj. (l. *spissu*). 1. Grosso. 2. Compacto. 3. Condensado. 4. Opaco. 5. Basto, cerrado: Mata *espessa*. Antôn. (acepções 1, 2, 3 e 5): *ralo*.

Espessura, s. f. (*espesso + ura*). 1. Qualidade de espesso. 2. Grossura. 3. Densidade. 4. Aglomeração, ajuntamento de coisas que formam um todo compacto. 5. Mata espessa; floresta.

Espetacular[1], adj. m. e f. 1. Que constitui espetáculo. 2. *Pop.* Grande, notável, importante.

Espetacular[2], v. Tr. dir. Apresentar, exibir, expor.

Espetáculo, s. m. (l. *spectaculu*). 1. Tudo o que atrai a vista ou prende a atenção. 2. Vista grandiosa ou notável. 3. Qualquer representação pública que impressiona ou é destinada a impressionar. 4. Representação teatral, cinematográfica, circence etc. 5. Exibição de trabalhos artísticos. 6. Objeto de escândalo ou desdém.

Espetaculosidade, s. f. 1. Espalhafato. 2. Ostentação vã.

Espetaculoso, adj. 1. Que dá na vista. 2. Grandioso, ostentoso, pomposo. Antôns.: *simples, modesto*.

Espetada, s. f. 1. Ato ou efeito de espetar. 2. Golpe de espeto. 3. *Fam.* Enfiada de coisas, que se assam em espeto: Perdizes de *espetada*.

Espetadela, s. f. 1. Ato ou efeito de espetar. 2. Logro, arriosca. 3. Entaladela.

Espetado, adj. 1. Enfiado em espeto. 2. Transfixado. 3. Ereto, teso: Cabelo *espetado*.

Espetão, s. m. 1. Instrumento de ferro com que se tira da forja o cadinho. 2. *Metal.* V. *espinha.* 3. Objeto análogo ao espeto, porém maior.

Espetar, v. (*espeto + ar*). 1. Tr. dir. Enfiar no espeto; furar com espeto. 2. Tr. dir. Atravessar com instrumento pontiagudo e perfurante. 3. Tr. dir. Cravar. 4. Pron. Atravessar-se, enfiar-se: *Espetara-se na* própria espada. 5. Pron. *Pop.* Ficar em má situação, causar dano a si mesmo; fracassar.

Espeto (*ê*), s. m. (gót. **spitus*). 1. Haste de ferro ou de madeira em que se enfia carne, peixe etc. para assar. 2. Pau aguçado. 3. Pessoa esguia, muito magra. 4. *Gír.* Coisa difícil e espinhosa.

Espevitadeira, s. f. Tesoura para espevitar pavios.

Espevitado, adj. 1. Diz-se do morrão, aparado com a espevitadeira. 2. Vivo, petulante. 3. Loquaz, presumido.

Espevitador, adj. e s. m. 1. Que, ou quem espevita. 2. V. *espevitadeira.*

Espevitar, v. 1. Tr. dir. Aparar o morrão de (candeeiro, vela etc.). 2. Tr. dir. Despertar, estimular, avivar: *Espevitar o brio,* o *patriotismo.* 3. Tr. dir. Espiar, espreitar. 4. Pron. Apurar-se pretensiosamente: *Espevitar-se nas* maneiras, *no* falar. 5. Pron. Agastar-se, irritar-se.

Espezinhado, adj. 1. Desprezado, maltratado. 2. Oprimido. 3. Humilhado.

Espezinhador, adj. e s. m. Que, ou o que espezinha.

Espezinhar, v. Tr. dir. 1. Calcar aos pés. 2. Desprezar. 3. Humilhar, vexar.

Espia[1], s. m. e f. (gót. **spaiha*). 1. Pessoa que, às escondidas, espreita as ações de outrem; espião. 2. *Mil.* Sentinela. 3. Pescador que espreita o cardume, para cercá-lo com as redes. 4. Trecho do curral-de-pesca, junto à praia, de onde a cerca segue mar a dentro.

Espia[2], s. f. (de *espiar[2]*). 1. *Náut.* Cabo com que se amarram navios ou com que se puxa alguma coisa para a embarcação. 2. Cabo do cabrestante com que se lançam as naus ao mar.

Espiada, s. f. 1. Ato ou efeito de espiar. 2. Olhadela.

Espia-maré, s. m. 1. *Zool.* Pequeno crustáceo marinho (*Ocypoda arenaria*). Pl.: *espia-marés.*

Espião, s. m. (fr. *espion*). 1. Indivíduo encarregado de observar secretamente os atos políticos de um governo, de agentes diplomáticos, de um campo inimigo etc. 2. Aquele que espontaneamente faz essa observação. Adj. *Fam.* Diz-se do animal doméstico que, em atitude súplice, olha alguém comer. Fem. *espiã.*

Espiar[1], v. (gót. **spaihon*). 1. Tr. dir. Vigiar ocultamente; espreitar, espionar. 2. Tr. ind. e intr. Olhar, observar. 3. Tr. dir. Aguardar, esperar (ensejo, ocasião).

Espiar[2], v. (ingl. *spin*). 1. Tr. dir. Acabar de fiar a estriga posta na roca. 2. Tr. dir. *Náut.* Segurar ou mover o navio por meio de espias ou cabos. 3. Pron. Acabar-se (a fiação do que havia na roca).

Espicaçado, adj. 1. Picado pelos pássaros. 2. Picado com objeto pontiagudo. 3. Incitado, estimulado. 4. Ferido, magoado.

Espicaçar, v. Tr. dir. 1. Ferir com o bico (diz-se da ave). 2. Picar com instrumento agudo. 3. Esburacar. 4. Magoar, torturar. 5. Incitar, instigar.

Espichar, v. (*espicho + ar*). 1. Tr. dir. Enfiar (peixes) pelas guelras. 2. Tr. dir. Abrir furo em (barril ou pipa) a fim de extrair o líquido. 3. Intr. e pron. Sair pelo furo do espicho, sair com força a água. 4. Tr. dir. e pron. Alongar; estender(-se). 5. Tr. dir. Estender e pregar com espichos para secar e esticar. 6. Tr. dir. Vencer (alguém) em discussão. 7. Intr. e pron. *Pop.* Morrer. 8 Intr. e pron. Fazer fiasco; sair-se mal de qualquer empresa; fazer má figura.

Espicho, s. m. 1. Batoque com que se tapa o furo aberto no barril ou pipa. 2. Cada uma das varas aguçadas nas pontas aplicadas às extremidades do couro, na secagem. 3. Jato, jorro. 4. *Fam.* Pessoa muito alta e magra.

espici-, elem. de comp. (l. *spica*). Exprime a idéia de *espiga: espiciforme.*

Espiciforme, adj. m. e f. (*espici + forme*). *Bot.* Com forma de espiga.

Espicilégio, s. m. (l. *spicilegiu*). 1. Coleção metódica de documentos. 2. Antologia, florilégio.

Espícula, s. f. 1. *Bot.* Pequena espiga. 2. *Zool.* V. *espículo.*

Espiculado, adj. 1. *Biol.* Que tem espículos ou está coberto de espículos. 2. V. *espiciforme.*

Espicular, v. (*espículo + ar*). Tr. dir. 1. Dar forma de espiga ou de dardo. 2. Aguçar. Adj. Relativo, pertencente ou semelhante a uma espícula ou a um dardo.

Espículo, s. m. (l. *spiculu*). 1. Ponta. 2. Aguilhão que nasce do lenho e faz parte dele. 3. *Zool.* Órgão copulador dos nematóides.

Espiga, s. f. (l. *spica*). 1. *Bot.* Parte do milho, do trigo, do arroz, da cevada e de outras gramíneas que contém os grãos. Col. (espigas amarradas): *atilho, fascal, feixe, gavela, paveia.* 2. *Bot.* Inflorescência que apresenta um eixo, rodeado de flores sésseis. 3. Parte adelgaçada da lâmina de uma espada ou ferramenta que se encrava nos copos ou no cabo. 4. *Carp.* Corte em uma peça de madeira que se encaixa em outra; macho, mecha, respiga. 5. *Cir.* Ligadura com forma de 8, cujas voltas se cruzam, usada para imobilizar um membro. 6. Película levantada junto da raiz das unhas. 7. Logro, calote. 8. Contratempo.

Espigado, adj. 1. *Bot.* Que criou espiga. 2. *Bot.* Disposto em forma de espiga. 3. *Bot.* Semelhante a espiga. 4. Desenvolvido. 5. Alto e delgado.

Espigame, s. m. (de *espiga*). 1. Grande quantidade de espigas. 2. Respigo.

Espigão, s. m. 1. Espiga grande. 2. Peça de metal ou madeira, aguçada, que se crava na parede, no chão etc. 3. *Bot.* A raiz aprumada principal no sistema radical. 4. Linha culminante do telhado, a qual separa as águas; cumeada, cimalha. 5. Cordilheira de montes ou coxilha alta que divide os cursos de água. 6. *Arquit.* Dique marginal que corta e desvia uma corrente. 7. Espiga grande das unhas. 8. Cumeeira. 9. *Náut.* Ferro pontiagudo que, em lugar de borla, se crava no topo dos mastaréus.

Espigar, v. 1. Intr. Criar ou deitar espiga (o milho, o trigo etc.). 2. Tr. dir. Fazer criar espiga: A chuva *espiga o milharal.* 3. Tr. dir. *Náut.* Enfiar (mastaréus) na pega. 4. Intr. Crescer, desenvolver-se. 5. Tr. dir. Endireitar (a estatura). 6. Pron. *Pop.* Comprometer-se, prejudicar-se.

Espigoso, adj. *Bot.* 1. Que tem espigas. 2. Espiciforme.

Espigueiro, s. m. 1. Lugar onde se guardam as espigas de milho. 2. Canastro, caixão, tulha.

Espigueta (*ê*), s. f. 1. Espiga pequena. 2. *Bot.* Cada uma das espigas pequenas, parciais, que constituem uma espiga composta.

Espigueto (*ê*), s. m. *Mús.* Som muito agudo do órgão.

Espiguilha, s. f. Renda estreita e dentada.

Espiguilhar, v. Tr. dir. Guarnecer ou ornar com espiguilha.

Espinafração, s. f. Ato ou efeito de espinafrar.

Espinafrar, v. 1. Tr. ind. Rebelar-se, recalcitrar. 2. Tr. dir. *Pop.* Desmoralizar, repreender severamente; ridicularizar: *Espinafrou* o pobre *garçom.*

Espinafre, s. m. (ár. hispânico **ispinah*). *Bot.* Erva da família das Quenopodiáceas (*Spinacia oleracea*).

Espinal, adj. m. e f. (l. *spinale*). 1. Que se refere à espinha. 2. Semelhante à espinha; espinhal.

Espinça, s. f. 1. Ato ou efeito de espinçar. 2. Instrumento de espinçar. 3. Tenaz usada pelos tosadores para tirar do pano os fios, nós etc.

Espinçadeira, s. f. (*espinçar + deira*). V. *espinça.*

Espinçar, v. Tr. dir. 1. Limpar a teia, cortando-lhe com espinça fios, nós etc. 2. Arrancar, extrair com a pinça: *Espinçar* uma *bala.*

Espinel[1], s. m. V. *espinela.*

Espinel[2], s. m. V. *espinhel.*

Espinela, s. f. (ital. *spinella*). *Miner.* Aluminato natural de magnésio, notável por sua grande dureza, consistindo comumente em cristais octaedros, os quais variam na cor, de incolores e vermelho-rubi a pretos. É usada como pedra preciosa.

Espíneo, adj. (l. *spineu*). Que tem espinhos ou é feito de espinhos.

Espinescente, adj. m. e f. *Bot.* 1. Que se cobre de espinhos. 2. Que se transforma em espinhos.

Espinescido, adj. *Bot.* Que termina em espinho.

Espineta (*ê*), s. f. (ital. *spinetta*). *Mús.* Antigo instrumento de teclado e cordas que antecedeu ao cravo.

Espingarda, s. f. (fr. ant. *esp(r)ingarde*). Arma de fogo, portátil, de cano comprido e coronha que se firma ao ombro para atirar; fuzil.

Espingardada, s. f. Tiro de, ou pancada com espingarda.

Espingardaria, s. f. 1. Série de tiros de espingarda. 2. Grande porção de espingardas. 3. Pessoal armado de espingardas.

Espingardeamento, s. m. Ato ou efeito de espingardear.

Espingardear, v. Tr. dir. Atacar, ferir ou matar com espingarda.

Espingardeira, s. f. Cavidade na muralha, em que assenta e de onde se dispara a espingarda.

Espingardeiro, s. m. 1. Aquele que vende, fabrica ou conserta espingardas. 2. *Ant.* Soldado armado de espingarda.

Espinha, s. f. (l. *spina*). 1. *Anat.* Designação comum a todas as saliências ósseas alongadas do corpo humano. 2. *Anat.* Série de apófises espinhosas da coluna vertebral; a própria coluna vertebral. 3. *Ictiol.* Cada um dos elementos filiformes, cartilagíneos ou ósseos, que formam o esqueleto dos peixes, com exceção da coluna vertebral e os ossos da cabeça. 4. *Med.* Borbulha que nasce na pele; acne. 5. *Metal.* Instrumento com que os fundidores dão passagem ao metal fundido; espetão.

Espinhaço, s. m. 1. *Pop.* Espinha dorsal, coluna vertebral. 2. Denominação dada aos dorsos de serras, formados por penhascos de arestas vivas e que seguem as linhas das maiores altitudes.

Espinhado, adj. 1. Picado com espinho. 2. *Pop.* Irritado.

Espinhal[1], adj. m. e f. (l. *spinale*). *Anat.* Que pertence à espinha dorsal. S. m. Décimo primeiro par de nervos cranianos.

Espinhal[2], s. m. Mato de espinheiros; espinheiral.

Espinhar, v. 1. Tr. dir. Picar ou ferir com espinho. 2. Tr. dir. e pron. *Pop.* Irritar(-se), melindrar(-se), ofender(-se).

Espinheiral, s. m. V. *espinhal[2]*.

Espinheiro, s. m. 1. *Bot.* Planta espinhosa vivaz (*Paliurus aculeatus*). 2. *Bot.* Arbusto da família das Rutáceas, cuja casca tem valor medicinal (*Fagara pterota*). 3. Sarça.

Espinhel, s. m. Aparelho de pesca, constante de uma extensa corda da qual pendem, a espaços, linhas providas de anzóis.

Espinhela, s. f. 1. *Anat.* Apêndice cartilagíneo na parte inferior do esterno. 2. *Pop.* Fraqueza geral; toda moléstia debilitante.

Espinhento[1], adj. *P. us.* V. *espinhoso.*

Espinhento[2], adj. (de *espinha*). Que tem acne abundante ou infectada.

Espinho, s. m. (l. *spinu*). 1. Saliência rígida, delgada e aguda, do caule ou das folhas de algumas plantas. 2. *Zool.* Cerda rija de alguns animais, como o ouriço e o porco-espinho. 3. Dificuldade, embaraço, tormento. 4. *Gír.* Arma branca.

Espinhoso, adj. (l. *spinosu*). 1. Que tem ou cria espinhos; acantóide. 2. Que tem ou cria espinhas. 3. Árduo, delicado, difícil. 4. Tormentoso.

Espinicado, adj. Afetado no vestir; janota.

Espinicar, v. Pron. Apurar-se muito no vestir.

Espiniforme, adj. m. e f. Com forma de espinho.

Espinilho, s. m. *Bot.* 1. Acácia arbórea (*Acacia cavenia*), muito usada para trama de aramado e lenha. 2. Planta leguminosa-cesalpiniácea (*Gleditschia amorphoides*). 3. Pequena árvore legunimosa-mimosácea (*Mimosa uruguaiensis*).

Espinoteado, adj. Leviano, inconseqüente.

Espinotear, v. (*es + pinote + ear*). Intr. 1. Dar pinotes. 2. Encolerizar-se, esbravejar. 3. Espelotear.

Espiolhar, v. (*es + piolho + ar*). Tr. dir. 1. Tirar os piolhos a. 2. Examinar minuciosamente.

Espionagem, s. f. 1. Ato ou efeito de espionar. 2. Encargo de espião. 3. Conjunto de espiões.

Espionar, v. 1. Tr. dir. Espiar, espreitar ou investigar como espião. 2. Intr. Praticar atos de espião. 3. Tr. dir. Investigar.

Espipar, v. 1. Intr. e pron. Jorrar. 2. Intr. e pron. Rebentar. 3. Intr. e pron. Estalar.

Espipocar, v. (*es + pipocar*). V. *pipocar.*

Espique, s. m. *Bot.* O mesmo que *estipe.*

Espiqueado, adj. *Bot.* Que tem caule em forma de espique.

Espira, s. f. (l. *spira*, gr. *speira*). 1. *Geom.* Arco de uma hélice, compreendido entre dois pontos consecutivos, situados sobre uma mesma geratriz do cilindro. 2. *Geom.* Cada uma das voltas de espiral. 3. Rosca de parafuso.

Espiráculo, s. m. (l. *spiraculu*). 1. Abertura pequena por onde sai o ar; respiradouro. 2. *Zool.* Venta de um cetáceo.

Espiral, adj. m. e f. (*espira + al*). Que tem forma de espira ou de caracol. S. f. 1. *Geom.* Curva plana que faz uma ou mais voltas em torno de um ponto, do qual se afasta paulatinamente. 2. Mola de aço no centro do volante de um relógio.

Espiralado, adj. Que tem forma de espiral.

Espiralar, v. 1. Pron. Subir em espiral. 2. Tr. dir. Dar forma de espiral a. 3. Pron. Tomar a forma de espiral.

Espirante, adj. m. e f. (de *espirar*). 1. Que sopra. 2. Que está ou parece vivo.

Espirar, v. (l. *spirare*). 1. Intr. Soprar. 2. Tr. dir. Exalar. 3. Tr. dir. Respirar. 4. Intr. Estar ou parecer vivo. Cfr. *expirar.*

Espirema, s. m. *Biol.* Cordão em que se condensa a cromatina do núcleo na prófase da mitose.

Espírilo, s. m. *Bacter.* 1. Gênero (*Spirillum*) de bactérias, outrora coextensivo com a família das Espiriláceas, mas agora restrito a formas alongadas, com tufos de flagelos em um ou nos dois pólos. 2. Bactéria desse gênero. 3. *Bot.* Filamento móvel do anterídeo.

Espirilose, s. f. *Med.* Moléstia causada por espirilo.

Espírita, s. m. e f. Pessoa partidária ou cultora do espiritismo. Adj. m. e f. Que é próprio do espiritismo; relativo ao espiritismo. Var.: *espirita.*

Espiriteira, s. f. Pequeno fogareiro a álcool.

Espiritismo, s. m. 1. Doutrina (e prática) segundo a qual os espíritos dos mortos se comunicam com os vivos pela ação dos médiuns, manifestando-se por toques, movimentos de objetos e certas formações materiais (ectoplasmas). 2. Culto religioso fundado nessa doutrina e prática.

Espiritista, adj. e s., m. e f. V. *espírita.*

Espírito, s. m. (l. *spiritu*). 1. Princípio animador ou vital que dá vida aos organismos físicos; sopro vital, alma. 2. *Rel.* Ser sobrenatural da natureza dos anjos. 3. *Folc.* Assombração, visagem, abantesma, alma, "escosto". 4. As faculdades mentais do homem, em contraposição à parte física, à carne. 5. Inteligência. 6. Pessoa inteligente. 7. Faculdade de conceber com rapidez e de enunciar de um modo engenhoso e gracioso. 8. Idéia predominante. 9. Ânimo. 10. *Farm.* Qualquer líquido volátil ou destilado. 11. Sutileza. 12. Tendência característica: O *espírito* de classe.

Espiritual, adj. m. e f. 1. Relativo ao espírito. 2. Incorpóreo. 3. Alegórico. 4. Místico. 5. Devoto: Vida *espiritual.* 6. *Teol.* Do foro eclesiástico (opõe-se a temporal). Antôn. (acepções 1 e 2): *material.*

Espiritualidade, s. f. (l. *spiritualitate*). Qualidade do que é espiritual.

Espiritualismo, s. m. (*espiritual + ismo*). 1. Doutrina filosófica que tem por base a existência da alma e de Deus. 2. Tendência para a vida espiritual.

Espiritualista, adj. m. e f. Relativo ao espiritualismo. S. m. e f. Pessoa que segue a doutrina do espiritualismo.

Espiritualização, s. f. 1. Ato ou efeito de espiritualizar. 2. Conversão mental do que é material em espiritual.

Espiritualizar, v. 1. Tr. dir. Dar feição superior ou espiritual a. 2. Pron. Identificar-se com as coisas espirituais.

Espirituoso, adj. 1. Que tem espírito, que tem graça. 2. Alcoólico. 3. Conceituoso, agudo.

Espiróide, adj. m. e f. Em forma de espiral; contornado em hélice.

Espiroqueta (*ê*), s. m. *Bacter.* 1. Gênero (*Spirochaeta*) típico da família das Espiroquetáceas, contendo formas que se distinguem por um corpo flexível, ondulante, com o protoplasma enrolado espiraladamente ao redor de um filamento axial elástico.

Espiroquetáceas, s. f. pl. *Bacter.* Família (*Spirochaetaceae*) de grandes bactérias espirais que vivem na água doce ou salgada ou como comensais no corpo de ostras.

Espirradeira, s. f. (*espirrar + deira*). *Bot.* Arbusto ornamental, da família das Apocináceas (*Nerium oleander*); oleandro.

Espirrar, v. (variante de *espirar?*). 1. Intr. Dar espirros. 2. Intr. Esguichar, saltar (qualquer líquido). 3. Intr. Sair súbita e inesperadamente de um esconderijo, ou de um aperto de multidão. 4. Tr. dir. Soltar subitamente: *Espirrou* um *risinho* de escárnio.

Espirro, s. m. (de *espirrar*). 1. Ato ou efeito de espirrar. 2. Expiração de ar violenta e ruidosa pelo nariz e pela boca, provocada por uma irritação das mucosas nasais; esternutação. 3. Esguicho.

Esplanada, s. f. (imitação do ital. *spianata*). 1. Planície. 2. Campo largo e descoberto. 3. Chapada, planalto. Var.: *esplainada.*

Esplâncnico, adj. (*esplancno + ico*). *Anat.* Relativo ou pertencente às vísceras; visceral.

Esplancno-, elem. de comp. (gr. *splagkhnon*). Exprime a idéia de *vísceras: esplancnografia.*

Esplancnografia, s. f. (*esplancno + grafo + ia*). Anatomia descritiva das vísceras.

Esplancnográfico, adj. Que se refere à esplancnografia.

Esplancnologia, s. f. 1. Parte da Anatomia que estuda as vísceras. 2. Tratado a respeito das vísceras.

Esplancnológico, adj. Que se refere à esplancnologia.

Esplancnotomia, s. f. (*esplancno + tomo*[2] *+ ia*). *Anat.* Anatomia ou disseção das vísceras.

Esplandecer, v. V. *resplandecer.*

Esplenalgia, s. f. (*espleno + algo*[4] *+ ia*). *Med.* Dor neurálgica no baço.

Esplenálgico, adj. *Med.* Que diz respeito à esplenalgia.

Esplendecência, s. f. Qualidade de esplendecente.

Esplendente, adj. m. e f. Que esplende.

Esplender, v. (l. *splendere*). V. *resplandecer.*

Esplendidez, s. f. Esplendor, luxo, brilho.

Esplêndido, adj. 1. Brilhante, luzente, luminoso. 2. Luxuoso. 3. Magnificente. 4. Admirável. Superl. abs. sint.: *esplendidíssimo* e *esplendíssimo.*

Esplendor, s. m. 1. Brilho, fulgência, resplandecência. 2. Pompa, luxo. 3. Grandeza. 4. Resplendor.

Esplendoroso, adj. Cheio de esplendor; esplêndido.

Esplenectomia, s. f. (*espleno + ectomia*). *Cir.* Excisão ou extirpação do baço.

Esplenético, adj. e s. m. *Med.* Que, ou o que tem doença do baço.

Esplênico, adj. *Anat.* 1. Relativo ou pertencente ao baço. 2. Situado no baço.

Esplênio, s. m. (gr. *splenion*). *Anat.* 1. Prega grossa, arredondada, que forma a borda posterior do corpo caloso. 2. Músculo par, chato, de cada lado da nuca e da região torácica superior.

Esplenite, s. f. (*espleno – ite*). *Med.* Inflamação do baço.

Esplenização, s. f. *Med.* Estado de um órgão, como os pulmões ou o fígado, em que o tecido se assemelha ao do baço; esplenificação.

espleno-, elem. de comp. (gr. *splen, enos*). Exprime a idéia de *baço: esplenocele.*

Esplenocele, s. f. (*espleno + cele*). *Med.* Hérnia do baço.

Esplenografia, s. f. (*espleno + grafo + ia*). 1. *Anat.* Descrição do baço. 2. *Med.* Radiografia do baço.

Esplenográfico, adj. Que se refere à esplenografia.

Esplenóide, adj. m. e f. *Med.* Que tem a aparência do baço.

Esplenologia, s. f. *Med.* Tratado acerca do baço.

Esplenológico, adj. *Med.* Que diz respeito à esplenologia.

Esplenomegalia, s. f. (*espleno + megalia*). *Med.* Aumento do volume do baço; hipertrofia do baço.

Esplenopatia, s. f. *Med.* Doença do baço.

Esplenopático, adj. *Med.* Que se refere à esplenopatia.

Esplenotomia, s. f. *Cir.* Incisão do baço.

Esplim, s. m. (ingl. *spleen*). Melancolia ou mau humor atribuídos ao mau funcionamento do baço.

Espocar, v. Intr. Arrebentar, estalar (ferver em borbotões). Cfr. *pipocar.*

Espojadouro, s. m. Local ou terreiro onde os animais se espojam. Var.: *espojadoiro.*

Espojar, v. (l. *spodiare?*). 1. Tr. dir. Fazer cair no chão, rebolando. 2. Pron. Deitar-se no chão, agitando-se e rolando sobre o lombo.

Espojeiro, s. m. 1. V. *espojadouro.* 2. Pequena roça. 3. Pequeno cercado em torno da casa.

Espoldra, s. f. (de *poda*). *Agr.* Segunda poda das vinhas, no mesmo ano.

Espoldrar, v. Tr. dir. Praticar (nas vinhas) a operação da espoldra.

Espoleta (*ê*), s. f. 1. Dispositivo que determina a inflamação da carga dos projéteis ocos. 2. Homem de bando; assalariado. 3. Desclassificado. 4. Intrigante, alcoviteiro. adj. m. e f. Diz-se de pessoa ou animal sem valor nenhum.

Espoletar, v. Tr. dir. Pôr espoleta em.

Espoliação, s. f. Ato ou efeito de espoliar; esbulho.

Espoliado, adj. Que se espoliou; esbulhado.

Espoliador, adj. e s. m. Que, ou o que espolia.

Espoliante, adj. e s., m. e f. V. *espoliador.*

Espoliar, v. (l. *spoliare*). Tr. dir. 1. Tirar a alguém, por violência ou fraude, a propriedade de alguma coisa. 2. Privar ilegalmente de (alguma coisa). 3. Despojar. Sinôn.: *esbulhar.*

Espoliativo, adj. Que espolia; em que há espoliação. S. m. *Farm.* Medicamento que faz cair a pele.

Espolim, s. m. (fr. *espoulin*). Lançadeira pequena para florear estofos.

Espolinar, v. Tr. dir. Tecer com espolim.

Espolinhar, v. Pron. Espojar-se (a ave).

Espólio, s. m. (l. *spoliu*). 1. Bens que ficam por morte de qualquer pessoa. 2. Espoliação. 3. Despojos de guerra.

Espondaico, adj. (gr. *spondaikos*). *Metrif.* 1. Relativo ou pertencente a um espondeu. 2. Caracterizado por espondeus.

Espondeu, s. m. (l. *spondeu*). *Metrif.* Pé de verso (grego ou latino) composto de duas sílabas longas.

Espondílico, adj. Que se refere ao espôndilo.

Espondilite, s. f. *Med.* Inflamação vertebral.

Espôndilo, s. m. (gr. *spondulos*). 1. *Anat.* V. *vértebra.* 2. *Zool.* Gênero (*Spondylus*) de moluscos ineqüivalves grandes, grossos, comumente espinhosos e fixos, tipo da família Espondilídeos.

Espondilozoário, s. m. *Zool.* Animal provido de coluna vertebral.

Esponja, s. f. 1. *Zool.* Nome comum a um grande grupo de animais, a maioria marinhos, que constituem o filo dos Poríferos. 2. Massa elástica, porosa, que constitui o esqueleto interno desses animais e tem grande poder de absorção.

Esponjar, v. Tr. dir. 1. Apagar com esponja. 2. Absorver como esponja. 3. Dar aspecto esponjoso a. 4. Eliminar, expungir.

Esponjeira, s. f. 1. *Bot.* Pequena árvore leguminosa-mimosácea (*Acacia farnesiana*), também chamada *esponja.* 2. Vaso para guardar esponjas.

Esponjosidade, s. f. Qualidade ou estado de ser esponjoso.

Esponjoso, adj. 1. Que tem poros como a esponja. 2. *Zool.* Diz-se do osso que apresenta numerosas cavidades ricas em vasos sangüíneos.

Esponsais, s. m. pl. 1. Promessa recíproca ou contrato de casamento. 2. Cerimônias antenupciais.

Esponsal, adj. m. e f. Pertencente ou relativo aos esposos.

Esponsalício, adj. Relativo aos esponsais.

Espontaneidade, s. f. 1. Qualidade daquilo que é espontâneo. 2. Facilidade com que alguma coisa se produz. 3. Naturalidade, singeleza.

Espontâneo, adj. (l. *spontaneu*). 1. Que se pratica de livre vontade; voluntário. 2. Que ocorre sem causa exterior aparente. 3. Sem artifício; natural.

Espontar, v. Tr. dir. 1. Cortar, tirar as pontas de; aparar. 2. Aparar as extremidades de. 3. Capar (plantas).

Esponto, s. m. Estreitamento de calibre das armas de fogo.
Espora, s. f. (gót. **spaúra*). 1. Instrumento metálico que se adapta à parte posterior do calçado para estimular a montaria. 2. Estímulo, incitamento. 3. *Bot.* Nome comum a várias plantas ranunculáceas. 4. *Zool. Pop.* Esporão. Adj. m. e f. 1. Sem valor. 2. Mal trajado.
Esporada, s. f. 1. Ferimento ou picada com espora. 2. *Fam.* Censura picante; descompostura.
Esporadicidade, s. f. Qualidade de esporádico.
Esporádico, adj. (gr. *sporadikos*). 1. Que ocorre apenas ocasionalmente; raro, isolado. 2. Não largamente difundido.
Esporângio, s. m. (*esporo* + gr. *aggos*). *Bot.* 1. Receptáculo membranoso dentro do qual se formam esporos. 2. Cápsula de um musgo.
Esporão, s. m. 1. Espora grande. 2. *Ornit.* Excrescência córnea e aguçada do tarso dos machos galináceos. 3. *Bot.* Apêndice cônico, de forma alongada, que caracteriza as pétalas, a corola ou o cálice de certas flores, como as esporas e as chagas. 4. *Náut.* Antiga arma ofensiva e defensiva na proa de alguns navios. 5. Cravagem de cereais.
Esporar, v. V. *esporear.*
Esporear, v. Tr. dir. 1. Excitar, ferir ou espicaçar com espora (a cavalgadura). 2. Animar, estimular, excitar.
Esporeira, s. f. *Bot.* V. *espora.*
Esporífero, adj. Que tem esporas.
Esporim, s. m. Pequena espora sem roseta.
Espório, s. m. (gr. *spora*). *Bot.* 1. Cada um de vários pequenos corpos resistentes, multicelulares (como um estatoblasto ou gêmula), que são capazes de produzir um novo indivíduo. 2. *Zool.* Cápsula resistente do ciclo evolutivo sexuado dos esporozoários que recebe o nome de *oocisto*, dentro do qual se realiza a esporogonia. Var.: *esporo.*
Esporogônio, s. m. *Bot.* Esporófito de um musgo ou hepática, que consiste em uma cápsula suportada por uma haste.
Esporta, s. f. Seira de esparto ou junco; alcofa.
Esporte, s. m. (ingl. *sport*). Conjunto de exercícios físicos praticados metodicamente, em equipes ou individualmente; desporto.
Esportismo, s. m. 1. Gosto pelo esporte. 2. Conjunto de jogos esportivos.
Esportista, s. m. e f. Pessoa que cultiva um esporte ou é dada ao esportismo.
Espórtula, s. f. (l. *sportula*). 1. Gratificação pecuniária. 2. Gorjeta. 3. Esmola.
Esportular, v. 1. Tr. dir. Dar como espórtula. 2. Pron. Despender muito em espórtulas e presentes; ser generoso.
Esporulação, s. f. *Bot* e *Zool.* Formação assexuada de espórios.
Espórulo, s. m. *Bot.* Pequeno espório.
Esposa (*ô*), s. f. (l. *sponsa*). 1. Mulher que está ajustada para casar. 2. Mulher casada (em relação ao marido).
Esposado, adj. 1. Que se esposou; desposado. 2. Casado. 3. Abraçado, seguido.
Esposar, v. 1. Tr. dir. Unir em casamento. 2. Tr. dir. Receber por esposo ou esposa; desposar. 3. Pron. Casar-se. 4. Tr. dir. Adotar, perfilhar. 5. Tr. dir. Tomar a seu cuidado ou encargo. 6. Tr. dir. Aprovar: A câmara *esposou* a minha *idéia.*
Esposo (*ô*), s. m. (l. *sponsu*). 1. O que casou ou está ajustado para casar. 2. Marido.
Esposório, s. m. 1. Casamento. 2. Esponsais. 3. Festas de casamento.
Espostejado, adj. 1. Partido em postas. 2. Retalhado.
Espostejar, Tr. dir. 1. Fazer em postas. 2. Esquartejar. 3. Despedaçar.
Espraiado, adj. 1. Lançado, arrojado pelo mar. 2. Alastrado, expandido. 3. Dilatado. S. m. Espaço que a maré descobre quando vaza.
Espraiamento, s. m. 1. Ato ou efeito de espraiar-se (o rio). 2. Prolixidade no dizer ou escrever.
Espraiar, v. 1. Intr. Deixar a praia a descoberto (o mar, o rio). 2. Pron. Estender-se pela praia (a maré, o rio). 3. Tr. dir. Lançar à praia. 4. Tr. dir. Alastrar, estender-se.
Espreguiçadeira, s. f. Cadeira articulada, com assento de pano, a qual se pode armar com várias reclinações.
Espreguiçamento, s. m. Ato ou efeito de espreguiçar-se.
Espreguiçar, v. 1. Tr. dir. Tirar a preguiça a. 2. Pron. Estender os braços e as pernas, por efeito do sono ou moleza, bocejando. Var.: *despreguiçar.*
Espreita, s. f. 1. Ato ou efeito de espreitar. 2. Espionagem, pesquisa, vigia.
Espreitadeira, adj. f. Que espreita, que é curiosa (falando de mulher). S. f. Abertura por onde se espreita.
Espreitadela, s. f. *Fam.* Ato ou efeito de espreitar.
Espreitador, adj. e s. m. Que, ou aquele que espreita.
Espreitar, v. (l. *explicitare*). 1. Tr. dir. Estar à espreita de;espiar, observar às ocultas. 2. Tr. dir. Indagar, perscrutar. 3. Pron. Observar-se, ter cuidado em si. 4. Tr. dir. Estudar, analisar.
Espremedor, adj. e s. m. Que, ou aquele que espreme.
Espremedura, s. f. Ato ou efeito de espremer; expressão.
Espremer, v. (l. *exprimere*). 1. Tr. dir. Apertar, comprimir, para extrair um líquido ou suco. 2. Tr. dir. e pron. Apertar(-se), comprimir(-se). 3. Tr. dir. Oprimir, vexar. 4. Tr. dir. Lançar de si. 5. Pron. Falar com esforço ou afetação; esganiçar-se. 6. Tr. dir. Tratar (um assunto) exaustivamente.
Espremido, adj. 1. Apertado, premido. 2. Extraído por meio de pressão. 3. Apurado. 4. Liquidado.
Espuir, v. (l. *spuere*). Tr. dir. e intr. Cuspir, expectorar.
Espuma, s. f. (l. *spuma*). 1. Agregação inconsistente de pequenas bolhas, que se forma sobre líquidos ebulientes, fermentantes ou agitados.
Espumadeira, s. f. V. *escumadeira.*
Espumante, adj. m. e f. 1. Que espuma. 2. Raivoso.
Espumar, v. V. *escumar.*
Espumarada, s. f. Porção de espuma.
Espumejar, v. 1. Intr. Lançar espuma. 2. Tr. dir. Tirar a espuma a. 3. Intr. Irar-se.
Espumento, adj. (*espuma* + *ento*). V. *espumoso.*
Espúmeo, adj. O mesmo que *espumífero.*
Espumífero, adj. *Poét.* Que traz espuma; espumoso.
Espumígero, adj. (l. *spumigeru*). V. *espumoso.*
Espumoso, adj. 1. Que deita espuma. 2. Que tem espuma. 3. Que tem aparência ou consistência de espuma. Sinôn.: *espumante.*
Espurcícia, s. f. (l. *spurcitia*). 1. Imundície, porcaria. 2. Impureza, torpeza.
Espurco, adj. (l. *spurcu*). Sórdido, imundo, porco.
Espuriedade, s. f. Qualidade de espúrio.
Espúrio, adj. 1. Adulterino, bastardo. 2. Incestuoso. 3. Não genuíno; simulado, falso. 4. Diz-se do filho de pessoas legalmente impedidas de casar-se entre si. Antôn. (acepção 4): *legítimo.*
Esputação, s. f. *Med.* Ato ou efeito de esputar.
Esputar, v. Intr. 1. *Med.* Salivar freqüentemente. 2. Cuspir. 3. Escarrar.
Esputo, s. m. 1. Ato ou efeito de esputar. 2. Escarro. 3. Cuspo, saliva.
Esquadra, s. f. 1. *Mil.* Seção de uma divisão ou circunscrição policial. 2. *Náut.* Parte de uma armada naval composta de navios de guerra comandados por oficial superior. 3. *Av.* Unidade de aviões militares. 4. Esquadro.
Esquadrado, adj. 1. Cortado em ângulo reto. 2. Dividido em quadradinhos.
Esquadrão, s. m. (ital. *squadrone*). 1. *Mil.* Unidade tática de cavalaria. 2. *Av.* Unidade aérea básica da FAB, constituída por duas ou mais esquadrilhas de aviões. 3. Multidão, bando, enxame.
Esquadrar, v. Tr. dir. 1. Dispor ou cortar em esquadria, em ângulos retos (tábua, papel etc.). 2. *Mil.* Dispor em esquadrão (a tropa). 3. Riscar em quadrinhos.
Esquadrejamento, s. m. Ação ou efeito de esquadrejar.
Esquadrejar, v. Tr. dir. Serrar ou cortar em esquadria.
Esquadria, s. f. 1. Corte em ângulo reto. 2. Instrumento com que se traçam ou medem ângulos retos. 3. Pedra de cantaria. 4. Regularidade. S. f. pl. Designação genérica de portas e janelas, com seus batentes e folhas, necessárias a uma construção.

Esquadriar, v. (*esquadria + ar*). V. *esquadrar*.

Esquadrilha, s. f. 1. *Náut.* Esquadra composta de navios de guerra de pequenas dimensões. 2. *Av.* Pequena esquadra de aviões ou aeroplanos.

Esquadrilhado, adj. 1. Desancado, derreado, sovado. 2. De quadris baixos.

Esquadrilhar, v. (*es + quadril + ar*). Tr. dir. Quebrar os quadris a; desancar, derrear, descadeirar.

Esquadrinhador, adj. e s. m. 1. Que, ou o que esquadrinha. 2. Curioso, investigador, pesquisador.

Esquadrinhadura, s. f. V. *esquadrinhamento*.

Esquadrinhamento, s. m. Ato ou efeito de esquadrinhar.

Esquadrinhar, v. Tr. dir. 1. Examinar com atenção e minúcia. 2. Investigar, pesquisar. 3. Estudar, analisar (os astros, os segredos da natureza etc.). 4. Vigiar. 5. Procurar.

Esquadro, s. m. (ital. *squadro*). 1 Instrumento para medir ou traçar ângulos retos e tirar linhas perpendiculares. 2. Esquadria. 3. *Mil.* Instrumento de metal, em forma de quadrante, usado na manobra do morteiro.

Esqualidez, s. f. Qualidade de esquálido.

Esquálido, adj. (l. *squalidu*). 1. Sujo. 2. Sórdido. 3. Desalinhado. 4. Carrancudo. 5. Macilento. 6. Torpe, vil. Antôn. (acepções 1 e 2): *asseado*.

Esquarroso, adj. 1. *Biol.* Áspero, com escamas ou apófises divergentes. 2. *Bot.* Que tem bracteas rijas, esparramadas.

Esquartejado, adj. 1. Partido em quartos; dividido em quatro partes. 2. Espedaçado, lacerado.

Esquartejamento, s. m. 1. Ação ou efeito de esquartejar. 2. Despedaçamento.

Esquartejar, v. Tr. dir. 1. Dividir em quartos, partir em quatro partes. 2. Fazer sofrer o suplício do esquartejamento. 3. Espostejar, lacerar, retalhar.

Esquartelar, v. Tr. dir. 1. V. *esquartejar*. 2. *Heráld.* Dividir (o escudo) em quartéis.

Esquecer, v. 1. Tr. dir. Deixar sair da memória; perder a memória de; tirar da lembrança; olvidar. 2. Pron. Perder a lembrança ou a memória; olvidar-se. 3. Tr. dir. Não fazer caso de, pôr em esquecimento. 4. Tr. ind. e intr. Escapar da memória, ficar em esquecimento: *Esqueceu-lhe* o final do discurso. Seu prestígio foi momentâneo, passou e *esqueceu*. 5. Tr. dir. Descurar-se de: Não *esquecia* as suas *tarefas*. 6. Pron. Perder a ciência ou a habilidade adquiridas: Já *me esqueci do* latim. 7. Pron. Descuidar-se: Meu secretário *esqueceu-se de* tudo. 8. Intr. Ficar dormente ou tolhido, perder a sensibilidade: Naquela má posição a perna *esqueceu*. Antôns. (acepções 1, 2, 3, 4, 5, 6 e 8): *lembrar, recordar*.

Esquecidiço, adj. Que se esquece facilmente; propenso a esquecer.

Esquecido, adj. (p. de *esquecer*). 1. Que se esqueceu; posto em esquecimento; olvidado; deslembrado. 2. Desprezado. 3. Que perdeu a sensibilidade, o movimento.

Esquecimento, s. m. 1. Ato ou efeito de esquecer. 2. Falta de lembrança, ou de memória. 3. Omissão. 4. Entorpecimento de qualquer parte do corpo.

Esquelético, adj. 1. Que se refere a esqueleto. 2. Imitante a esqueleto. 3. Muito magro.

Esqueleto, s. m. (gr. *skeletos*). 1. *Anat.* Estrutura óssea do corpo do homem e demais vertebrados; arcabouço, carcaça, ossada, ossamenta, ossatura. 2. *Bot.* Estrutura suportadora ou protetora de uma planta. 3. *Constr.* Armação suportadora de qualquer obra; armadura, gaiola. 4. Esboço ou ensaio pelo qual tem de ser desenvolvido qualquer trabalho literário. 5. Pessoa muito magra.

Esquema, s. m. (gr. *skhema*). 1. Representação gráfica, resumida, de coisas e processos; diagrama. 2. Representação, sem pormenores, da disposição geral dos elementos de um grupo orgânico; bosquejo, esboço, croqui, debuxo. 3. Proposta submetida à deliberação de um concílio.

Esquemático, adj. 1. Em forma de esquema. 2. Relativo a esquema. S. m. *Ret.* Emprego amiudado de esquemas.

Esquentação, s. f. 1. Ato ou efeito de esquentar ou esquentar-se. 2. Escandescência. 3. *Fam.* Discussão acalorada; rixa.

Esquentado, adj. 1. Aquecido. 2. Exaltado; irritado.

Esquentador, adj. Que esquenta; que produz grande calor. S. m. V. *aquecedor*.

Esquentar, v. 1. Tr. dir. Aumentar o calor de, tornar quente; aquecer. 2. Pron. Acalorar-se, encalmar-se. 3. Tr. dir. e pron. Encolerizar(-se), enfurecer(-se). 4. Pron. Acirrar-se.

Esquerda, s. f. 1. Lado esquerdo. 2. Grupo ou grupos de deputados, senadores ou membros de quaisquer assembléias que ficam à esquerda do presidente. 3. A oposição parlamentar. 4. *Por ext.* Conjunto dos partidos de reivindicações populares, trabalhistas, socialistas (de qualquer tipo), comunistas.

Esquerdismo, s. m. 1. Manifestação de opiniões ou atos esquerdistas. 2. Tendência para as esquerdas. 3. Os esquerdistas.

Esquerdista, adj. e s., m. e f. 1. Que, ou quem faz parte da esquerda (numa assembléia parlamentar). 2. Que, ou quem adota opiniões dos partidos da esquerda.

Esquerdo, adj. (vasconço *ezquer*). 1. Que fica ao lado oposto ao direito; sinistro. 2. De mau agouro; sinistro. 3. Mal jeitoso; desastrado. 4. Canhoto. 5. Contrafeito. Antôn. (acepção 1): *direito*. S. m. O lado esquerdo.

Esquete (*é*), s. m. (ingl. *sketch*). No teatro, rádio e televisão, designa peça de curta duração e poucos atores; sainete.

Esqui, s. m. (din. *ski*). Patim alongado com a ponta recurvada, para deslizar na neve.

Esquiça, s. f. *Ant.* Batoque de vasilhas de vinho.

Esquife, s. m. 1. Espécie de caixão para transportar cadáveres; ataúde. 2. Barco longo e estreito.

Esquila, s. f. Ato ou efeito de esquilar; tosquia.

Esquilar, v. Tr. dir. Tosquiar a.

Esquilo, s. m. (gr. *skiouros*). *Zool.* V. *caximguelê*.

Esquimó, adj. m. e f. *Etnol.* Relativo aos Esquimós. S. m. e f. Indígena dos Esquimós. S. m. Língua das tribos esquimós. S. m. pl. Grupo de tribos indígenas do Canadá setentrional, Groenlândia, Alasca e Sibéria oriental.

Esquimóide, adj. m. e f. Que se assemelha a esquimó.

Esquimologia, s. f. (*esquimó + logo + ia*). *Etnol.* Estudo da cultura e línguas dos esquimós.

Esquina, s. f. (germ. **skina?*). 1. Canto exterior de dois planos que se cortam. 2. Canto onde duas vias públicas se cortam.

Esquinado, adj. 1. Que tem ou faz esquina. 2. Facetado. 3. Anguloso.

Esquinar, v. (*esquina + ar*). 1. Tr. dir. Dar forma de esquina a; construir em ângulo, cortar em ângulo. 2. Tr. dir. Facetar.

Esquinência, s. f. (ital. *schinanzia*). V. *amigdalite*.

Esquipação, s. f. 1. *Náut.* Ato ou efeito de esquipar. 2. Provisão de mantimentos, artilharia e outros aparelhos para o navio poder fazer viagem com segurança. 3. *Fam.* Coisa extravagante, esquisita. 4. Capricho, fantasia.

Esquipado, adj. (p. de *esquipar*). 1. Provido. 2. Aparelhado. 3. Enfeitado. S. m. Marcha em que a cavalgadura levanta ao mesmo tempo o pé e a mão do mesmo lado.

Esquipamento, s. m. *Náut.* O necessário para esquipar um navio; esquipação.

Esquipar, v. (ant. fr. *esquiper*). 1. Tr. dir. *Náut.* Prover (o navio) do necessário para navegar. 2. Tr. dir. Prover de vestuário, roupas etc. 3. Tr. dir. e pron. Adornar(-se), ataviar(-se), enfeitar(-se). 4. Intr. Andar o cavalo na andadura a que chamam *esquipado*.

Esquírola, s. f. (gr. *skiros*). 1. Lasca de osso. 2. Minúsculo fragmento.

Esquisitão, adj. e s. m. Que, ou quem é muito esquisito.

Esquisitice, s. f. 1. *Fam.* Qualidade do que é esquisito. 2. Extravagância. 3. Excentricidade.

Esquisito, adj. (l. *exquisitu*). 1. Excêntrico. 2. Que se encontra raramente. 3. Estrambótico. 4. Incomodado, adoentado. 5. Elegante. 6. Precioso. 7. Primoroso. 8. Excelente. 9. Que não é vulgar.

Esquisto, s. m. V. *xisto*[1].

Esquistossomo, s. m. *Zool.* 1. Gênero (*Schistosoma*) de vermes trematódeos, cujas espécies não são hermafroditas. 2. Verme desse gênero.

Esquistossomose, s. f. (*esquistossomo + ose*). *Med.* 1. Infecção com esquistossomos. 2. Afecção grave por esquistossomos.

Esquiva, s. f. Ato ou efeito de esquivar.

Esquivança, s. f. 1. Afastamento, furto de si mesmo. 2. Reserva, retraimento; insociabilidade. 3. Desprezo. 4. Ato de evitar quem se aproxima de nós.

Esquivar, v. 1. Tr. dir. Evitar (pessoa ou coisa que nos ameaça ou desagrada). 2. Tr. dir. e pron. Evitar a conversação ou o trato de alguém. 3. Pron. Eximir-se, furtar-se. 4. Pron. Escapar.

Esquivo, adj. (germ. *skiuh?*). 1. Que se esquiva. 2. Que rejeita afetos ou carinhos; arisco. 3. Reservado, retraído; insociável. 5. Rude.

Esquizofrenia, s. f. *Med.* Psicose em que o doente perde o contato com a realidade, e vive num mundo imaginário que para si próprio criou; substitui a antiga denominação de *demência precoce.*

Esquizofrênico, adj. *Med.* Relativo à esquizofrenia. S. m. Doente de esquizofrenia.

Esquizóide, adj. e s., m. e f. 1. *Med.* Que, ou quem apresenta manifestações de insociabilidade, introversão, tendência à fantasia, mas sem alteração mental definitiva. 2. Que se parece com o esquizofrênico.

Esquizotimia, s. f. *Med.* Temperamento introvertido que, embora dentro da normalidade, se assemelha a esquizofrenia. Antôn.: *ciclotimia.*

Essa[1], s. f. (l. *ersa?*). 1. Estrado sobre o qual se coloca o caixão de um cadáver enquanto se realizam as cerimônias fúnebres. 2. Catafalco.

Essa[2], pron. dem. Fem. de *esse.*
Dormir sem essa: passar sem o que aconteceu.

Esse[1], s. m. 1. Nome da letra, *S, s.* Pl.: *esses* ou *ss.* 2. Coisa que se assemelha à letra *esse* na forma.

Esse[2], (*ê*), pron. dem. (l. *ipse*). Designa a pessoa ou coisa próxima daquela com quem falamos ou a quem escrevemos, ou que com ela tem relação.

Essedário, s. m. Gladiador romano que combatia sentado no carro.

Essedo, s. m. Carro de duas rodas, que belgas, bretões e galos usavam nos combates.

Essência, s. f. (l. *essentia*). 1. Natureza íntima das coisas; aquilo que faz que uma coisa seja o que é, ou que lhe dá a aparência dominante; aquilo que constitui a natureza de um objeto. 2. Existência no que ela tem de mais constitucional. 3. Significação especial. 4. Idéia principal. 5. Distintivo. 6. Líquido muito volátil e sem viscosidade.

Essencial, adj. m. e f. 1. Relativo à essência; que constitui a essência. 2. Que constitui a parte necessária ou inerente de uma coisa; necessário, indispensável. 3. Característico; importante. Antôn. (acepção 2): *acessório.* S. m. O ponto mais importante.

Essênio, s. m. (gr. *essenoi*). Membro de uma ordem religiosa existente no tempo de Cristo, que se dedicava a uma vida ascética. Adj. Relativo ou pertencente a essa ordem.

És-sudoeste, s. m. Ponto subcolateral, determinado pela bissetriz do ângulo formado pelos rumos *leste* e *sudoeste.* Abrev.: *E.S.W.* ou *E.S.O.*

És-sueste, s. m. Ponto subcolateral, determinado pela bissetriz do ângulo formado pelos rumos *leste* e *sueste.* Abrev.: *E.S.E.*

Esta, adj. e pron. dem. Fem. de *este.*

Estabanado, adj. 1. De maneiras precipitadas; desassossegado. 2. Desajeitado, estouvado. Vars.: *estabalhoado* e *estavanado.*

Estabelecedor, adj. e s. m. Que, ou o que estabelece.

Estabelecer, v. 1. Tr. dir. e pron. Dar estabilidade a, tornar estável ou firme. 2. Tr. dir. Dar existência a; fundar, instituir. 3. Tr. ind. Assentar, determinar, prescrever, estipular, fixar. 4. Tr. dir. Constituir, organizar. 5. Pron. Organizar-se. 6. Tr. dir. Conceder, instituir. 7. Tr. dir. Impor. 8. Tr. dir. Iniciar, entabular.

Estabelecido, adj. 1. Que se estabeleceu. 2. Tornado estável, firme. 3. Fundado, instituído. 4. Assentado, determinado, estipulado, fixado.

Estabelecimento, s. m. 1. Ato ou efeito de estabelecer. 2. Fundação, instituição; abertura. 3. Instalação, montagem. 4. Assentamento, determinação, prescrição, estipulação, fixação. 5. Casa comercial, ou lugar onde se faz comércio. 6. Fábrica, oficina, usina. S. m. pl. Asilos, casas de beneficiência, hospícios.

Estabilidade, s. f. (l. *stabilitate*). 1. Qualidade daquilo que é estável. 2. Equilíbrio. 3. Firmeza. 4. Segurança. 5. *Dir. Trab. ant.* Situação de um empregado que, depois de dez anos de serviço permanente numa empresa, não podia ser demitido, senão nos casos previstos na lei.

Estabilização, s. f. 1. Ato ou efeito de estabilizar. 2. Conservação do poder aquisitivo da moeda.

Estabilizador, adj. Que estabiliza; estabilizante. S. m. Aquele ou aquilo que estabiliza.

Estabilizar, v. 1. Tr. dir. Tornar estável, inalterável. 2. Pron. Tornar-se firme, sólido.

Estabulação, s. f. (l. *stabulatione*). Criação ou alimentação de animais em estábulo.

Estabular, v. (l. *stabulari*). Tr. dir. 1. Criar ou engordar em estábulo. 2. Meter em estábulo.

Estábulo, s. m. (l. *stabulu*). Prédio no qual são alojados e alimentados animais domésticos.

Estaca, s. f. (gót. **stakka*). Pau aguçado que se crava na terra para diferentes usos. 2. *Constr.* Pilar fincado no solo para alicerce. 3. Galho que se enterra para criar raízes.

Estacada, s. f. 1. Série de estacas. 2. Lugar cerrado por estacas. 3. Tranqueira. 4. Lugar fechado para brigas ou torneios. 5. Liça. 6. Curral, estábulo (para o gado). 7. Tapume de estacas; paliçada. Var.: *estacado.*

Estação, s. f. (l. *statione*). 1. Estada ou paragem num lugar. 2. Lugar determinado onde param os trens, os ônibus, os navios para embarque e desembarque de passageiros e carga. 3. Temporada; época. 4. Cada uma das quatro partes em que o ano está dividido e que medeia entre um solstício e um equinócio.

Estacar, v. 1. Tr. dir. Amparar segurar com estacas. 2. Intr. Parar subitamente. 3. Intr. *Fig.* Ficar confundido, embaraçado, perplexo. 4. Tr. dir. Fazer parar, tornar imóvel: Consegui *estacar* os *cavalos.*

Estacaria, s. f. 1. Grande porção de estacas. 2. Dique ou represa feitos de estacas. 3. Alicerce feito de estacas.

Estacional, adj. m. e f. (l. *stationale*). 1. Relativo ou pertencente a estação. 2. Estacionário.

Estacionamento, s. m. 1. Ato ou efeito de estacionar. 2. Lugar onde se estaciona.

Estacionar, v. 1. Tr. ind. e intr. Fazer estação; parar. 2. Tr. dir. Parar habitualmente, ser assíduo, ser freqüentador de um lugar. 3. Intr. Ficar estacionário, não progredir.

Estacionário, adj. (l. *stationariu*). 1. Que estaciona. 2. Fixo, imóvel. 3. Que não varia.

Estada, s. f. (*estar + ada*). 1. Ato ou efeito de estar. 2. Demora num lugar. 3. Permanência transitória; presença.

Estadão, s. m. *Pop.* 1. Magnificência. 2. Grande luxo.

Estadear, v. 1. Tr. dir. Ostentar. 2. Pron. Alardear pompas, envaidecer-se, enfatuar-se. 3. Pron. Ensoberbecer-se.

Estadia, s. f. 1. *Náut.* Demora que o navio faz no porto. 2. Demora ou permanência num lugar; estada.

Estádia, s. f. (de *estádio*). Instrumento para avaliar distâncias.

Estádio, s. m. (gr. *stadion*). 1. Época. 2. Período. 3. Estação. 4. *Ant.* Medida itinerária grega correspondente a 41,25m. 5. *Antig.* Arena para jogos públicos. 6. Lugar onde se realizam competições esportivas, com arquibancadas para o público.

Estadismo, s. m. Doutrina que atribui ao Estado todas as funções sociais.

Estadista, s. m. e f. 1. Pessoa versada em negócios políticos. 2. Homem de Estado.

Estado, s. m. (l. *statu*). 1. Modo de ser ou estar. 2. Condição, disposição. 3. Modo de existir na sociedade; situação. 4. Situação em que se acha uma pessoa. 5. *Fís.* Maneira de ser que a matéria ponderável apresenta: *Estado* sólido, líquido, gasoso. 6. Posição social; profissão. 7. Ostentação, magnificência. 8. Registro. 9. Inventário. 10. Nação politicamente organizada por leis próprias. 11. Terras ou países sujeitos à mesma autoridade ou jurisdição. 12. Conjunto de poderes políticos de uma nação. 13. Divisão territorial de certos países, como o Brasil, os Estados Unidos.

Estado-maior, s. m. 1. Corpo de militares que dirigem uma campanha. 2. Conjunto das pessoas mais importantes de um grupo.

Estadual, adj. m. e f. Pertencente ou relativo a qualquer Estado que seja membro de uma federação.

Estadulho, s. m. 1. Fueiro de carro. 2. Pedaço de pau.

Estadunidense, adj. m. e f. Relativo aos Estados Unidos da América do Norte. S. m. e f. Habitante ou natural desse país; norte-americano.

Estafa, s. f. (ital. *staffa*). 1. Ato ou efeito de estafar. 2. Trabalho afadigoso. 3. Cansaço, fadiga.

Estafado, adj. 1. Muito cansado; fatigado. 2. Muito conhecido, muito repetido; cediço.

Estafamento, s. m. O mesmo que *estafa*.

Estafante, adj. m. e f. Que produz estafa; cansativo.

Estafar, v. (ital. *staffare?*). 1. Tr. dir. Causar estafa a. 2. Intr. e pron. Cansar-se, fatigar-se. 3. Tr. dir. Importunar, maçar.

Estafermo (*ê*), s. m. (ital. *stá fermo*). 1. Espantalho. 2. Pessoa inútil, sem função. 3. Basbaque. 4. Pessoa desmazelada. 5. Empecilho.

Estafeta (*ê*), s. m. (ital. *staffetta*). 1. Cavaleiro que transporta malas de correspondência. 2. Mensageiro. 3. Entregador de telegramas.

Estafilococo, s. m. *Bacter.* 1. Gênero (*Staphylococcus*) de eubactérias esféricas, gram-positivas, imóveis, que ocorrem avulsas, aos pares ou tétrades ou em cachos irregulares. O gênero é comumente restrito às espécies parasitas da pele e das membranas mucosas. 2. Qualquer bactéria desse gênero.

Estafiloma, s. m. *Med.* e *Vet.* Protrusão da córnea ou esclerótica, do olho dos mamíferos.

Estagiar, v. *Neol.* Intr. Fazer estágio em.

Estagiário, adj. Que se refere ao estágio. S. m. Aquele que está fazendo estágio.

Estágio, s. m. 1. Período, fase, etapa. 2. Tempo de prática ou tirocínio para o exercício de certa profissão. 3. *Astronáut.* Seção de foguete ou astronave.

Estagnação, s. f. 1. Estado do que estagnou. 2. Inércia, paralisação, imobilidade.

Estagnado, adj. 1. Que não corre (água). 2. Inativo. 3. Parado.

Estagnar, v. (l. *stagnare*). 1. Tr. dir. Fazer estancar (a água). 2. Tr. ind. e pron. Ficar encharcada ou presa a água em pântano. 3. Pron. Não circular, não correr, perder a fluidez (humor, sangue etc.). 4. Pron. Ficar num estado estacionário; paralisar-se (a indústria, o comércio etc.).

Estagnícola, adj. m. e f. *Biol.* Que vive ou medra em água estagnada.

Estai, s. m. *Náut.* . Cabo grosso fixo na proa do navio, que firma a mastreação.

Estala, s. f. 1. Estábulo, estrebaria. 2. *Ant.* Assento de cônego ou monge no coro de uma igreja.

Estalactífero, adj. *Geol.* Que tem estalactites.

Estalactite, s. f. *Geol.* Concreção calcária de forma alongada e volume variável, que se forma nos tetos das cavidades subterrâneas pela ação de águas calcárias.

Estalactítico, adj. 1. Relativo ou semelhante a uma estalactite. 2. Coberto de estalactites.

Estalada, s. f. 1. Som produzido por um objeto que estala. 2. *Pop.* Grande barulho, grande ruído. 3. *Fig.* Motim.

Estalador, adj. Que estala. S. m. *Bot.* Árvore silvestre rutácea (*Murrya stlopa*).

Estalagem, s. f. 1. Albergaria, pousada. 2. Hospedaria. 3. Casa de malta.

Estalagmite, s. f. *Geol.* Concreção calcária formada no piso de grutas por pingos de água caídos do teto. (Cfr. *estalactite*).

Estalajadeiro, s. m. Aquele que tem ou administra estalagem.

Estalante, adj. m. e f. (de *estalar*). Que estala.

Estalão, s. m. (b. l. *stallone*). 1. Craveira. 2. Padrão.

Estalar, v. 1. Tr. dir. Produzir estalido. 2. Intr. Arrebentar, romper-se com ruído. 3. Tr. ind. Arrebentar, morrer. 4. Intr. Manifestar-se subitamente; rebentar: *Estalou* a guerra.

Estaleiro, s. m. *Náut.* 1. Lugar onde se constroem ou consertam os navios. 2. *Escult.* Espécie de pedestal fixo em que se colocam pedras para esculpir. 3. Espécie de jirau, em que se põe a secar carne, milho etc.

Estalejar, v. (de *estalar*). 1. Intr. Estalar repetidamente. 2. Intr. Tiritar, tremer de frio.

Estalido, s. m. (de *estalo*). 1. Ruído daquilo que estala. 2. Estalos repetidos. 3. Pequeno estalo.

Estalinismo, s. m. (*Stálin*, n. p. + *ismo*). Conjunto dos princípios políticos, econômicos e sociais atribuídos a Stálin.

Estalo, s. m. (de *estalar*). 1. Som produzido por objeto que estala, ou que vibra repentinamente. 2. Rumor súbito. 3. Estouro. 4. *Pop.* Bofetão.

Estame, s. m. (l. *stamen*). 1. Fio de urdir e tecer. 2. Fio da vida. 3. *Bot.* Órgão floral masculino, formado pelo filamento que contém os sacos polínicos.

Estamináceo, adj. *Bot.* Que diz respeito ao estame.

Estaminado, adj. 1. *Bot.* Provido de estames. 2. Reduzido a fio.

Estaminal, adj. m. e f. Relativo a estames.

Estaminar, v. Tr. dir. Torcer até fazer estame.

Estaminário, adj. *Bot.* Aplica-se à flor dobrada, cujas pétalas a mais provêm da metamorfose dos estames.

Estaminífero, adj. *Bot.* Que tem estames.

Estaminódio, s. m. *Bot.* Estame estéril, desprovido de antera.

Estaminóide, adj. m. e f. *Bot.* Que lembra estame.

Estaminoso, adj. *Bot.* Que tem estames muito salientes.

Estamínula, s. f. *Bot.* Estame rudimentar.

Estampa, s. f. (de *estampar*). 1. Imagem impressa ou gravada; gravura. 2. Figura impressa por meio de chapa gravada. 3. Desenho. 4. Impressão deixada pelo pé, sinete etc. 5. Coisa perfeita, formosa. 6. Vestígio. 7. *Tecn.* Matriz; molde.

Estampado, adj. 1. Que se estampou. 2. Publicado. 3. Impresso. S. m. Tecido com desenhos impressos por tingimento.

Estampador, adj. Que estampa. S. m. 1. Aquele que estampa. 2. Aparelho para estampar coroas etc.

Estampagem, s. f. 1. Ato ou efeito de estampar. 2. Forjamento a frio de peças metálicas, ou moldagem de peças de matéria plástica, em prensas adequadas.

Estampar, v. (fr. *estamper*). 1. Tr. dir. Imprimir cores ou desenhos em (couro, pano, tecido). 2. Tr. dir. Marcar, sinalar. 3. Pron. Deixar sinal ou vestígio impresso. 4. Tr. dir. Gravar, lavrar, inscrever, insculpir.

Estamparia, s. f. 1. Fábrica de estampas. 2. Lugar em que se fazem ou vendem estampas. 3. Fábrica onde se estampam tecidos.

Estampeiro, s. m. 1. Fabricante ou vendedor de estampas. 2. Estampador.

Estampido, s. m. Detonação como a explosão de arma de fogo. 2. Grande estrondo.

Estampilha, s. f. (cast. *estampilla*). 1. Pequena estampa. 2. Selo postal ou do Tesouro.

Estampilhado, adj. Selado ou franqueado com estampilha.

Estampilhar, v. Tr. dir. 1. Pôr estampilha em. 2. Franquear.

Estanato, s. m. *Quím.* Sal do ácido estânico.

Estancamento, s. m. 1. Ato ou efeito de estancar. 2. Detenção do curso ou fluxo de um líquido.

Estancar, v. 1. Tr. dir. Deter ou fazer parar o curso ou fluxo de (mormente um líquido). 2. Intr. e pron. Deixar de correr. 3. Pron. Ficar estagnado. 4. Tr. dir. Tornar estanque; vedar, calafetar. 5. Tr. dir. Saciar: *Estancar* a *sede*.

Estanceiro, s. m. Aquele que tem estância de madeiras.

Estância, s. f. 1. Morada, residência. 2. Fazenda para criação de gado. 3. Estrofe. 4. Estação de águas minerais.

Estanciar, v. 1. Tr. ind. Fazer estância. 2. Tr. ind. Residir, habitar. 3. Tr. ind. Parar para descansar ou abrigar-se.

Estancieiro, s. m. Proprietário de fazenda para criação de gado.

Estanciola, s. f. Pequena estância.

Estanco, adj. (de *estancar*). Esgotado, esvaziado, despejado; estanque. S. m. Monopólio comercial.

Estândar, s. m. (ingl. *standard*). Tipo ou modelo uniforme de produção; padrão, paradigma.

Estandardização, s. f. Uniformização dos elementos da produção, redução ao mesmo tipo; padronização.

Estandardizar, v. Tr. dir. Operar a estandardização de.

Estandarte, s. m. (fr. ant. *estandart*). 1. Bandeira de um esquadrão de cavalaria. 2. Bandeira. 3. Distintivo ou insígnia de uma corporação, comunidade religiosa ou confraria.

Estande, s. m. (ingl. *stand*). 1. Local apropriado para o tiro ao alvo. 2. Numa exposição ou feira de amostras, espaços reservados a cada participante; *stand*.

Estanhado, adj. 1. Revestido de estanho. 2. Descarado. 3. Luzente. 4. Zangado, arreliado.

Estanhadura, s. f. V. *estanhagem*.

Estanhagem, s. f. Ato ou efeito de estanhar.

Estanhar, v. Tr. dir. 1. Revestir de uma fina camada de estanho. 2. Aplicar amálgama de estanho a (um espelho).

Estanho, s. m. *Quím.* Elemento metálico macio, branco, fracamente azulado, lustroso, de símbolo Sn, número atômico 50 e massa atômica 118,70.

Estânico, adj. 1. Relativo a estanho. 2. Que contém estanho, especialmente como elemento tetravalente.

Estanífero, adj. Que contém estanho.

Estanita, s. f. *Miner.* Silicato de alumina e estanho.

Estanoso, adj. *Quím.* Diz-se dos compostos em que o estanho figura como bivalente.

Estanque, adj. m. e f. 1. Que se esntancou; estancado. 2. Que não corre ou flui. 3. Impermeável, hermético. S. m. 1. Ação ou efeito de estancar. 2. Monopólio. 3. Detenção, paragem.

Estanqueiro, s. m. 1. Dono de estanco. 2. Aquele que monopolizou a venda de certas mercadorias.

Estante, adj. m. e f. Que faz estância; fixo; residente. S. f. 1. Móvel de madeira próprio para guardar livros. 2. Armação de madeira ou metal em que se coloca a parte de música.

Estapafúrdio, adj. 1. Extravagante. 2. *Pop.* Excêntrico, escalafobético. 3. Irregular. 4. Esquisito.

Estapear, v. Tr. dir. 1. Dar tapas em. 2. Maltratar.

Estaqueação, s. f. Ato ou efeito de estaquear; estaqueamento.

Estaqueador, s. m. 1. Aquele que estaqueia couros. 2. Estaqueadouro.

Estaqueamento, s. m. 1. V. *estaqueação*. 2. Estaqueação de couro; estaqueio.

Estaquear, v. 1. Tr. dir. Colocar estacas a prumo. 2. Tr. dir. Guarnecer de, ou segurar com estacas. 3. Tr. dir. Bater com estaca em. 4. Intr. Parar de repente; estacar. 5. Tr. dir. Estender e esticar o couro, mediante varas, para secar pendurado à sombra.

Estaqueio, s. m. V. *estaqueamento*.

Estar, v. (l. *stare*). 1. V. de lig. Ser num dado momento; acharse (em certa condição): João *está doente* (A. de Almeida Torres). 2. V. de lig. Sentir-se: *Estou feliz*. 3. V. de lig. Acharse em certa colocação, posição ou postura: *Estávamos assentados*. 4. V. de lig. Ficar, permanecer: *Estivera cansado*. 5. Intr. Passar de saúde: O doente *está* pior. 6. Intr. Ficar, esperar: *Esteja* aí até que ela venha. 7. Tr. ind. Achar-se num dado lugar: Eles *estão na* cidade. 8. Tr. ind. Haver, existir: Ninguém *estava na* estação. 9. Tr. ind. Intentar ação judicial; comparecer: A mulher casada não pode *estar em* juízo sem autorização do marido (Laud. Freire). 10. Tr. ind. Assistir, comparecer: *Esteve na* reunião. 11. Tr. ind. Consistir, depender: Isso *está em* persistir sem desânimo. 12. Intr. Ter obrigação ou tenção de realizar certo ato dentro de pouco tempo: *Estar de* saída, *estar de* viagem. 13. Tr. ind. Ter vontade ou disposição: Ninguém *está para* te aturar! 14. Tr. ind. Custar, importar: Este automóvel já me *está em* vinte mil cruzeiros. 15. Tr. ind. Fazer companhia; conversar, visitar: *Estive com* o professor. 16. Tr. ind. Seguir (uma profissão): O rapaz *está no* jornalismo.

Estardalhaçante, adj. m. e f. Que faz estardalhaço.

Estardalhaçar, v. Intr. Fazer estardalhaço.

Estardalhaço, s. m. 1. *Pop.* Grande barulho. 2. Espalhafato. 3. Ostentação ruidosa.

Estarrecer, v. 1. Tr. dir. Apavorar, aterrar. 2. Intr. e pron. Assustar-se muito, aterrar-se, ficar tolhido de medo.

Estarrecimento, s. m. 1. Ato ou efeito de estarrecer ou estarrecer-se. 2. Pavor, susto.

Estase, s. f. *Med.* Estagnação do sangue ou dos humores em qualquer parte do corpo.

Estasiofobia, s. f. *Med.* Receio mórbido de não ficar em pé.

Estatal, adj. m. e f. 1. Do Estado ou relativo a ele; estadual. 2. Relativo às coisas ou ciências políticas.

Estatelado, adj. 1. Que caiu ao comprido. 2. Estendido, estirado. 3. Imóvel como estátua.

Estatelamento, s. m. Ato ou efeito de estatelar.

Estatelar, v. 1. Tr. dir. Estender no chão, fazer cair de chapa. 2. Pron. Cair, estendendo-se ao comprido, no chão. 3. Tr. dir. Bater com, estender-se com.

Estática, s. f. *Fís.* Ramo da Física que trata das relações das forças que produzem equilíbrio entre corpos materiais. Chama-se *estereostática* a dos corpos sólidos e *hidrostática*, a dos líquidos.

Estático, adj. 1. Relativo ou pertencente à estática. 2. Em repouso; imóvel. 3. Em equilíbrio; estável. 4. Não dinâmico.

Estatística, s. f. Ciência que recolhe fatos, analisa-os e interpreta-os quanto ao número e freqüência, estabelecendo as leis que os regem.

Estatístico, adj. Relativo ou pertencente à estatística.

Estátua, s. f. (l. *statua*). 1. Figura inteira, esculpida ou moldada em uma substância sólida. Col. (expostas): *galeria*. 2. Pessoa cujas formas são perfeitas e admiráveis. 3. Pessoa indecisa.

Estatuaria, s. f. Coleção de estátuas.

Estatuária, s. f. Arte de fazer estátuas.

Estatuário, adj. (l. *statuariu*). Relativo a estátuas; próprio para estátuas. S. m. Escultor de estátuas.

Estatucional, adj. m. e f. *Neol.* V. *estatutário*.

Estatueta (*ê*), s. f. Pequena estátua.

Estatuir, v. (l. *statuere*). Tr. dir. 1. Determinar, regulamentar por meio de estatuto. 2. Apresentar, estabelecer como preceito. 3. Ordenar.

Estatura, s. f. (l. *statura*). 1. Tamanho de uma pessoa. 2. Altura ou grandeza de um ser vivo.

Estatutário, adj. (*estatuto* + *ário*[1]). 1. Relativo ou pertencente a estatutos. 2. Conforme aos estatutos. 3. Preceituado.

Estatuto, s. m. (l. *statutu*). Lei orgânica ou regulamento de um Estado, associação ou de qualquer corpo coletivo em geral.

Estaurolita, s. f. *Miner.* Silicato natural básico de ferro e alumínio, que ocorre em forma de cristais prismáticos ortorrômbicos.

Estável, adj. m. e f. (l. *stabile*). 1. Em repouso. 2. Não sujeito a mudanças. 3. Que permanece firme. 4. Duradouro. 5. Seguro. 6. Inalterável. 7. Sólido. Antôn. (aceps. 2 e 3): *instável*.

Este[1], s. m. 1. A parte do horizonte onde nasce o Sol; leste, levante, nascente, oriente. 2. Um dos quatro pontos cardeais. Abrev.: *E*.

Este[2] (*ê*), pron. dem. (l. *iste*). 1. Designa a pessoa ou coisa presente e próxima de quem fala. 2. Designa a pessoa ou coisa a que por último nos referimos. 3. Designa o momento atual.

Estear, v. (*esteio* + *ar*). 1. Tr. dir. Amparar, segurar, suster com esteios ou escoras; escorar, especar. 2. Tr. dir. Amparar, sustentar. 3. Pron. Justificar-se, aduzindo a opinião de outrem.

Estearato, s. m. *Quím.* Sal ou éster do ácido esteárico.

Esteárico, adj. 1. Que se refere à estearina. 2. Feito de estearina.

Estearina, s. f. *Quím.* Éster de glicerina e ácido esteárico, encontrado nas gorduras animais e vegetais mais duras, tais como o sebo e a manteiga de cacau.

Estearinaria, s. f. Fábrica de velas de estearina.

Esteatita, s. f. *Geol.* Talco maciço de cor vee-parcena parda, que forma jazidas extensas; pedra-sabão.

Esteatoma, s. m. *Med.* 1. Cisto sebáceo. 2. V. *lipoma*.

Esteatomático, adj. *Med.* Que se refere a esteatoma.

Esteatopigia, s. f. Desenvolvimento excessivo das partes adiposas das nádegas.
Esteatorréia, s. f. 1. Fezes com excesso de gordura. 2. V. *seborréia.*
Estefânia, s. f. *Bot.* Trepadeira polemoniácea da América tropical.
Estégano[1], adj. *Ornit.* Diz-se do pé de ave que tem os quatro dedos unidos por membrana.
estégano-[2], elem. de comp. (gr. *steganos*). Exprime a idéia de *coberto, escondido, secreto: esteganografia.*
Esteganografia, s. f. (*estégano[2] + grafo + ia*). *Arc.* V. *criptografia.*
Esteganográfico, adj. *Arc.* V. *criptográfico.*
Esteio, s. m. Peça oblonga com que se ampara ou sustém alguma coisa; escora, espeque, pontalete. S. m. pl. Partes acessórias das plantas.
Esteira, s. f. 1. Tecido grosso de esparto, palma, junco, taquara etc. 2. Rasto escumoso deixado pelo navio na água, quando navega; sulco. 3. Rumo, caminho. 4. Vestígio; reflexo, traço. 5. Exemplo, norma, modelo.
Esteirado, adj. Coberto de esteira.
Esteirão, s. m. Esteira grande.
Esteirar, v. Tr. dir. Cobrir ou forrar com esteira.
Esteireiro, s. m. Fabricante ou vendedor de esteiras.
Esteiro, s. m. (l. v. **aestariu*, por *aestuariu*). Braço de rio ou de mar que se estende pela terra.
Estela, s. f. Pedra vertical monolítica destinada a ter inscrições ou esculturas.
Estelante, adj. m. e f. 1. Estrelado. 2. Que brilha como as estrelas.
Estelar, adj. m. e f. Pertencente ou relativo a estrelas.
Estelífero, adj. 1. Em que há estrelas. 2. Estrelado. 3. Que tem marcas com forma de estrela.
Estelionatário, s. m. Quem pratica estelionato.
Estelionato, s. m. Fraude de quem cede, vende ou hipoteca uma coisa, ocultando que esta já estava cedida, vendida ou hipotecada a outrem.
Estelo, s. m. (gr. *stele*). 1. Coluna ou pilar de pedra, com inscrição. 2. *Bot.* Parte central, comumente cilíndrica, do eixo de uma planta vascular.
Estema, s. m. (l. *stemma*). 1. Árvore genealógica. 2. Estirpe, linhagem. 3. Coroa, grinalda.
Estêncil, s. m. (ingl. *stencil*). 1. Papel parafinado com o qual se preparam matrizes para reprodução em mimeógrafo. 2. Essa matriz, depois de preparada.
Estendal, s. m. 1. Estendedouro. 2. Descampado. 3. Exposição ostentosa.
Estendedouro, s. m. Lugar em que se estende alguma coisa para enxugar, secar etc.; estendal. Var.: *estendedoiro.*
Estender, v. (l. *extendere*). 1. Tr. dir. e pron. Alargar(-se), alongar(-se), estirar(-se). 2. Tr. dir. Desdobrar, desenrolar, desenvolver. 3. Tr. dir. Oferecer, apresentando: *Estendeu a mão ao* visitante. 4. Tr. dir. Alastrar, espalhar. 5. Pron. Ocupar certa extensão. 6. Tr. dir. Esticar. 7. Tr. dir. Tornar mais amplo. 8. Tr. dir. Fazer chegar; levar. 9. Tr. dir. Expor ao ar, ao sol etc.
Estenderete (*ê*), s. m. 1. *Fam.* Sucesso desairoso. 2. Má lição ou mau exame de estudante. 3. Tendal onde se põe a secar roupa lavada.
Estendível, adj. m. e f. Que se pode estender.
Estenia, s. f. *Med.* Estado de vigor e atividade. Antôn.: *astenia.*
Estenocardia, s. f. *Med.* V. *angina-do-peito.*
Estenocefalia, s. f. *Med.* Estreiteza anormal da cabeça.
Estenocéfalo, s. m. O que tem a cabeça estreita.
Estenodatilografia, s. f. Ensino, conhecimento conjunto da estenografia e da datilografia. Var.: *estenodactilografia.*
Estenodatilográfico, adj. Relativo à estenodatilografia. Var.: *estenodactilográfico.*
Estenodatilógrafo, s. m. O que sabe e pratica a estenografia e a datilografia. Var.: *estenodactilógrafo.*
Estenografar, v. Escrever em caracteres estenográficos; taquigrafar.
Estenografia, s. f. Arte e método de escrever tão rápido como uma pessoa fala, por meio de sinais e abreviaturas; taquigrafia.
Estenográfico, adj. Pertencente ou relativo à estenografia. 2. Que usa estenografia ou é feito com emprego dela.
Estenógrafo, s. m. 1. Aquele que escreve por meio de estenografia. 2. Empregado de escritório cuja tarefa principal é tomar ditados em estenografia e datilografá-los; taquígrafo.
Estenose, s. f. *Med.* Estreitamento ou estrictura patológicos de qualquer canal, conduto ou orifício orgânicos.
Estenotipar, v. Tr. dir. Estenografar por meio de estenótipo.
Estenotipia, s. f. Estenografia mecânica.
Estenotipista, s. m. e f. Pessoa que trabalha com o estenótipo.
Estenótipo, s. m. Máquina de estenografar, algo semelhante a uma máquina de escrever.
Estentor (*ô*), s. m. (*Stentor*, n. p., herói grego, personagem da Ilíada). Pessoa que tem voz muito potente.
Estentóreo, adj. Diz-se da voz forte, como a de Estentor, e da pessoa que a tem.
Estepe[1], s. f. (rus. *step'*, pelo fr.). *Geogr.* Grandes zonas de campos, mais ou menos planas, secas, com árvores de pouco crescimento, de vegetação herbácea onde predominam as gramíneas.
Estepe[2], s. m. (do ingl. *step*, de *Stepney*, nome da rua em que se localizava a oficina que fabricou as primeiras rodas sobressalentes). *Autom.* Pneu sobressalente.
Éster, s. m. *Quím.* Cada um de uma classe de compostos formados por um ácido orgânico ou inorgânico e um álcool ou fenol, pela remoção de água; éter composto.
Estercada, s. f. Ato ou efeito de estercar; estrumação.
Estercado, adj. Estrumado, adubado.
Estercar, v. 1. Tr. dir. Adubar com esterco; estrumar. 2. Intr. Defecar (animais).
Esterçar, v. (ital. *sterzare*). Tr. dir. Mover (o volante do automóvel) à direita ou à esquerda.
Esterco (*ê*), s. m. (l. *stercu*). 1. Estrume. 2. Adubo vegetal para os terrenos. 3. Lixo, sujidade. 4. Pessoa ou coisa vil.
Estercoral, adj. m. e f. 1. Relativo a esterco; fecal. 2. Que consiste em fezes ou que as contém.
Estercorário, adj. (l. *stercorariu*). 1. Que cresce ou vive no esterco. 2. *Bot.* Que cresce sobre os excrementos.
Estercúlia, s. f. *Bot.* Gênero (*Sterculia*) típico da família das Esterculiáceas.
Esterculiáceas, s. f. pl. *Bot.* Família (*Sterculiaceae*) que compreende árvores, arbustos, ervas e cipós. S. f. Espécime das Esterculiáceas.
Esterculiáceo, adj. *Bot.* Relativo à família das Esterculiáceas.
Estéreo, s. m. (gr. *stereos*). Medida de volume para lenha, equivalente a um metro cúbico.
Estereocromia, s. f. Método de fixação das cores em pintura de paredes.
Estereocrômico, adj. 1. Relativo ou pertencente à estereocromia. 2. Feito por meio de estereocromia.
Estereodinâmica, s. f. *Fís.* Parte da Física que expõe as leis dos movimentos dos sólidos.
Estereodonte, s. m. *Odont.* Aparelho de ouro empregado pelos dentistas para obrigar os dentes a voltar à sua posição normal.
Estereofonia, s. f. Técnica de reprodução de sons caracterizada pela reconstituição da repartição espacial das fontes sonoras.
Estereofônico, adj. Relativo à estereofonia.
Estereografia, s. f. Arte, processo ou técnica de delinear as formas de corpos sólidos sobre um plano.
Estereográfico, adj. Que se refere à estereografia.
Estereologia, s. f. Estudo das partes sólidas dos corpos vivos.
Estereológico, adj. Que concerne à estereologia.
Estereoma, s. m. 1. *Bot.* Tecido mecânico ou de reforço. 2. *Bot.* Tecido celular rígido (como o esclerênquima e o colênquima) de uma planta.
Estereometria, s. f. Medição do volume e de outros elementos métricos de um corpo sólido.
Estereométrico, adj. 1. Relativo à estereometria. 2. Feito mediante um estereômetro.

Estereômetro, s. m. Instrumento para efetuar a estereometria.
Estereoscópico, adj. Relativo ou pertencente ao estereoscópio.
Estereoscópio, s. m. *Fís.* Instrumento óptico por meio do qual as imagens planas se nos afiguram em relevo.
Estereostática, s. f. Parte da Física que se ocupa do equilíbrio dos sólidos.
Estereostático, adj. *Biol.* Relativo ou pertencente à estereostática ou que a envolve.
Estereotipagem, s. f. Ato ou efeito de estereotipar.
Estereotipar, v. Tr. dir. 1. *Tip.* Fazer o estereótipo de (uma composição tipográfica em relevo). 2. *Tip.* Imprimir pelo processo de estereotipia. 3. Tornar inalterável.
Estereotipia, s. f. 1. *Tip.* Arte ou processo de fazer estereótipos ou de imprimir com estereótipos. 2. Lugar onde se estereotipa.
Estereotípico, adj. *Tip.* Que diz respeito à estereotipia.
Estereótipo, s. m. Forma obtida pelo processo estereotípico.
Estereotomia, s. f. Parte da Geometria descritiva que ensina a dividir ou cortar científica e regularmente os sólidos.
Estereotômico, adj. Relativo ou pertencente à estereotomia.
Esterigma, s. m. *Bot.* Cada uma das hastes delgadas no topo de um basídio de alguns fungos, na ponta das quais se formam os basidiosporios.
Estéril, adj. m. e f. (l. *sterile*). 1. Que não dá fruto; infecundo, árido. 2. Improdutivo. 3. Incapaz de procriar. 4. Sem proveito; inútil. 5. *Med.* Livre de micróbios. Antôns. (acep. 1 e 2): *fértil*; (acep. 3 e 4): *fecundo.*
Esterilidade, s. f. (l. *sterilitate*). 1. Qualidade de estéril; assepsia. 2. *Biol.* Incapacidade de reprodução sexuada. 3. Aridez, escassez, falta, penúria. Antôns. (acepção 2): *fertilidade, fecundidade.*
Esterilização, s. f. 1. Ato ou efeito de esterilizar. 2. *Med.* Eliminação de germes do instrumental médico e de outros objetos; antissepsia, desinfecção. 3. Pasteurização.
Esterilizado, adj. Que sofreu esterilização.
Esterilizador, adj. Que esteriliza. S. m. 1. Aquele que esteriliza. 2. Aparelho para esterilizar.
Esterilizante, adj. m. e f. Que esteriliza.
Esterilizar, v. 1. Tr. dir. e pron. Tornar(-se) estéril. 2. Tr. dir. Destruir os germes deletérios de. 3. Tr. dir., intr. e pron. Tornar(-se) improfícuo, improdutivo.
Esterlino, adj. (ingl. *sterling*). Relativo à libra ou a dinheiro inglês. S. m. Moeda legal da Grã-Bretanha, baseada na libra.
Esternal, adj. m. e f. *Anat. Med.* Relativo ou pertencente ao esterno ou que o afeta.
Esternalgia, s. f. *Med.* 1. Dor na região do esterno. 2. V. *angina do peito.*
Esternálgico, adj. *Med.* Que se refere à esternalgia.
Estérnebra, s. f. *Anat.* e *Zool.* Cada um dos segmentos do esterno dos vertebrados.
Esternebral, adj. m. e f. *Anat.* Que se refere à estérnebra.
Esterno, s. m. (gr. *sternon*). 1. *Anat.* Osso anterior do tórax que se articula com as costelas. 2. *Zool.* Parte ventral do somito de um artrópode. 4. *Zool.* Toda a parte ventral do tórax de um artrópode.
Esternoclidomastóideo, adj. *Anat.* Diz-se do músculo que se insere no esterno, na clavícula e na apófise mastóide. S. m. Esse músculo.
Esternutação, s. f. (l. *sternutatione*). V. *espirro.*
Esternutatório, adj. e s. m. Que, ou o que provoca o espirro; ptármico.
Esterqueira, s. f. 1. Lugar onde se lança e se ajunta o esterco. 2. Imundície, sujidade.
Esterroar, v. V. *desterroar.*
Estertor, s. m. 1. Som cavo e rouco que caracteriza a respiração dos moribundos; sarrido. 2. Agonia.
Estertorante, adj. m. e f. 1. Que está em estertor. 2. Semelhante a estertor.
Estertorar, v. Intr. 1. Estar em estertor. 2. Agonizar.
Estertoroso, adj. Que apresenta estertor ou é por ele caracterizado.
Estesia, s. f. 1. Percepção sensorial, faculdade de sentir; sensibilidade. 2. Sentimento do belo.
Esteta, s. m. e f. 1. Pessoa que cultiva a estética. 2. Pessoa que forma da arte uma concepção elevada.
Estética, s. f. 1. Estudo que determina o caráter do belo nas produções naturais e artísticas. 2. Filosofia das belas-artes.
Estético, adj. 1. Relativo à estética. 2. Concernente ao sentimento ou apreciação do belo.
Estetoscópio, s. m. *Med.* Instrumento para auscultação do corpo.
Esteva[1] (*ê*), s. f. (l. *stiva*). Rabiça do arado.
Esteva[2] (*ê*), s. f. (l. *stipa?*). *Bot.* Planta cistácea (*Cistus ladaniferus*).
Esteval, s. m. (*esteva*[2] + *al*). Local povoado de estevas.
Estevar, v. Intr. (*esteva*[1] + *ar*). Governar a esteva ou rabiça do arado.
Estiada, s. f. 1. Parada temporária da chuva. 2. O mesmo que *estiagem.*
Estiado, adj. Aplica-se ao tempo sereno, sem chuva.
Estiagem, s. f. (fr. *étiage*). 1. V. *estiada.* 2. Nível mais baixo das águas de um rio, lago ou canal. 3. Escassez de água em rios, fontes etc. 4. Falta de chuva; seca.
Estiar, v. (regressivo de *estiagem?*). 1. Intr. Cessar a chuva ou o mau tempo, serenar o tempo. 2. Intr. Abaixar-se a água da cheia. 3. Pron. Afrouxar-se, relaxar-se.
Estibiado, adj. *Quím.* Que tem antimônio.
Estibiato, s. m. V. *antimoniato.*
Estibina, s. f. (*estíbio* + *ina*). *Quím.* 1. Composto gasoso, incolor, muito venenoso (SbH_3), de antimônio e hidrogênio, de cheiro desagradável, que queima com chama verde-azulada.
Estíbio, s. m. (l. *stibiu*). V. *antimônio.*
Estibordo, s. m. (fr. ant. *estribord*). Lado direito do navio, olhando da popa para a proa; boreste, cisbordo. Antôn.: *bombordo.*
Esticado, adj. 1. Que se esticou. 2. Retesado, repuxado. 3. Apurado no trajar.
Esticador, adj. Que estica. S. m. 1. Peça de madeira onde se estica o papel para trabalho de aquarela. 2. Mourão principal, que serve para manter esticados os fios de arame de uma cerca.
Esticar, v. 1. Tr. dir. Estender ou puxar, retesando; entesar. 2. Tr. dir. e pron. Alongar(-se), estender(-se). 3. Intr. *Pop.* Morrer. 4. Tr. dir. *Pop.* Estender a outros lugares os programas de diversão.
Estígio, adj. (l. *stygiu*). *Mit.* Do Estige, rio ou lago do inferno na mitologia grega.
Estigma, s. m. (l. *stigma*). 1. Marca indelével. 2. Cada uma das marcas das cinco chagas de Cristo, que alguns santos traziam no corpo. 3. Marca produzida por ferrete, com que antigamente se marcavam escravos, criminosos etc. 4. Sinal infamante; labéu, ferrete. 5. Sinal ou mancha naturais no corpo; nevo. 6. Cicatriz de uma ferida ou chaga.
Estigmado, adj. (*estigma* + *ado*). *Bot.* Provido de estigma.
Estigmário, s. m. (de *estigma*). *Paleont.* Rizoma fóssil de lepidodendro.
Estigmatário, adj. (gr. *stigma*). *Bot.* Que tem pontos cavados.
Estigmatizar, v. Tr. dir. 1. *Ant.* Marcar com ferrete ou sinal infamante. 2. Assinalar com cicatrizes ou manchas. 3. Censurar, verberar. 4. Acusar de ação infame.
Estigmatóforo, adj. Que tem orifícios.
Estigmatografia, s. f. Arte de escrever ou desenhar com o auxílio de pontos.
Estigmatográfico, adj. Relativo à estigmatografia.
Estigmatógrafo, s. m. Aquele que emprega a estigmatografia.
Estigmologia, s. f. 1. Tratado sobre os vários sinais que, com as letras, se empregam na escrita. 2. Conjunto desses sinais.
Estigmológico, adj. Relativo à estigmologia.
Estigmônimo, s. m. Nome, vocábulo substituído por pontos.
Estilar[1], v. (l. *stillare*). 1. Tr. dir. Deixar cair gota a gota. 2. Tr. ind. Cair às gotas; gotejar. 3. Tr. dir. Chorar. 4. Pron. Consumir-se lentamente de dor, de febre etc.
Estilar[2], v. (*estilo* + *ar*). Tr. dir. 1. Estilizar. 2. Ferir, espicaçar,

torturar. Adj. *Bot.* Relativo ou pertencente a um estilete. 2. Que conduz ao ovário de um espermatófito.

Estilete (*ê*), s. m. 1. Instrumento de aço delgado e pontiagudo. 2. *Bot.* Parte do carpelo das angiospérmicas com que se prolonga o ovário e que sustém o estigma. 3. Sonda, tenta metálica, fina e alongada, com que se sondam feridas ou chagas profundas. 4. *Radiotécn.* Agulha empregada na gravação de discos reprodutores de som.

Estiletear, v. Tr. dir. Ferir com estilete a.

Estilha, s. f. 1. Cavaco, fragmento. 2. Lasca de ferro ou de madeira. 3. *Pop.* Bocado, porção.

Estilhaçar, v. Tr. dir. e pron. Partir(-se) em estilhaços.

Estilhaço, s. m. 1. Aum. de *estilha.* 2. Estilha projetada com violência. 3. Fragmento, pedaço.

Estilhar, v. 1. Tr. dir. Dividir, repartir. 2. Tr. dir. e pron. V. *estilhaçar.*

Estilicídio, s. m. 1. O gotejar de um líquido qualquer. 2. Fio de água pluvial que cai do telhado. 3. Coriza. 4. Epífora.

Estiliforme, adj. m. e f. 1. *Biol.* Que tem forma de estilo ou estilete. 2. Que termina em ponta aguçada.

Estilingada, s. f. Arremesso de pedras com estilingue.

Estilingue, s. m. (ingl. *sling*). Forquilha munida de dois elásticos, ligados a um pedaço de couro, onde se colocam pedras para atirar; atiradeira.

Estilismo, s. m. Excessivo apuro no estilo ou na linguagem.

Estilista, adj. e s., m. e f. Que, ou pessoa que escreve ou discursa elegantemente. 2. Notável, ou pessoa notável pelo vigor e elegância do estilo.

Estilística, s. f. Estudo do uso individual dos recursos da linguagem, quanto à capacidade de comunicar, emocionar e sugestionar.

Estilístico, adj. Relativo ou pertencente a estilo ou à estilística.

Estilização, s. f. (*estilizar + ção*). 1. Ato ou efeito de estilizar. 2. Qualidade ou estado de ser estilizado.

Estilizar, v. 1. Tr. dir. Dar estilo ou forma estética a. 2. Intr. Formar estilo. 3. Intr. Desenhar, modificando as linhas do desenho, com intenção decorativa.

Estilo[1], s. m. (l. *stilu*). 1. Feição especial, caráter de uma produção artística de certa época ou certo povo. 2. *Ant.* Ponteiro ou pequeno instrumento com que os antigos escreviam em tábuas enceradas. 3. Maneira especial de exprimir os pensamentos, falando ou escrevendo. 4. Maneira de dizer, escrever, compor, pintar ou de esculpir de cada um. 5. *Arquit.* Tipo peculiar de Arquitetura, baseado em qualidades distintivas das linhas gerais ou da decoração: *Estilo* gótico. 6. *Bot.* Porção comumente alongada de um pistilo, que liga o ovário ao estigma.

estilo-[2], elem. de comp. (gr. *stulos*). Exprime a idéia de: a) *estilo, estilete: estilóide;* b) coluna: *estilometria;* c) *apófise estilóide: estiloglosso.*

Estilofaríngeo, adj. (*estilo*[2] *+ faríngeo*). *Anat.* Que se refere à apófise estilóide e à faringe, e ao músculo que as une. S. m. Músculo delgado que liga a base da apófise estilóide ao lado da faringe.

Estiloglosso, adj. e s. m. (*estilo*[2] *+ glosso*). *Anat.* Diz-se do, ou o músculo que, fixo na base da apófise estilóide do osso temporal, termina nos lados e na parte inferior da língua.

Estilóide, adj. m. e f. (*estilo*[2] *+ óide*). *Anat.* Que se assemelha a um estilo ou estilete; estiliforme.

Estilometria, s. f. (*estilo*[2] *+ metro*[2] *+ ia*). *Arquit.* Arte de medir colunas.

Estilômetro, s. m. (*estilo*[2] *+ metro*[2]). *Arquit.* Instrumento para medir colunas.

Estima, s. f. (de *estimar*). 1. Ato ou efeito de estimar. 2. Apreço, consideração. 3. Apreciação, avaliação. 4. Afeição, amizade.

Estimar, v. (l. *aestimare*). 1. Tr. dir. e pron. Ter estima, afeição ou amizade a. 2. Tr. dir. Apreciar. 3. Tr. dir. Determinar por estima o valor ou apreço de; avaliar. 4. Pron. Prezar-se. 5. Tr. dir. *Náut.* Fazer a estima de (caminho ou paragem do navio). 6. Tr. dir. Congratular-se ou regozijar-se por. 7. Tr. dir. Ser de opinião; crer, achar. Antôn. (acepções 1, 2 e 5): *desprezar.*

Estimativa, s. f. 1. Avaliação. 2. Apreciação. 3. Cálculo, cômputo.

Estimativo, adj. 1. Que estima. 2. Relativo a estima: Valor *estimativo.*

Estimável, adj. m. e f. 1. Digno de estimação. 2. Que se pode apreciar ou avaliar.

Estimulação, s. f. 1. Ato ou efeito de estimular. 2. *Med.* A ação produzida pelos estimulantes.

Estimulante, adj. m. e f. (de *estimular*). 1. Que estimula. 2. *Fisiol.* Que ativa ou excita a ação orgânica dos diversos sistemas da vida animal. S. m. 1. Estímulo, incentivo. 2. *Farm.* Medicamento que tem propriedades estimulantes.

Estimular, v. (l. *stimulare*). Tr. dir. 1. Dar estímulo; despertar, excitar, instigar. 2. Animar, encorajar, incitar. 3. Aguilhoar, pungir. 4. Provocar a emulação, excitar o brio de. 5. *Fisiol.* Incitar à atividade fisiológica característica (um nervo ou músculo, por ex.).

Estímulo, s. m. (l. *stimulu*). 1. Aquilo que estimula. 2. O que ativa a mente, incita ou aumenta a atividade. 3. Brio, dignidade. 4. *Polít. Econ.* Disposição legal do governo concedendo vantagens fiscais e outras em favor de investimentos preferenciais.

Estingue, s. m. *Náut.* Cabo fixo a cada um dos punhos inferiores das velas redondas e que serve para as recolher.

Estinha, s. f. *Apic.* 1. Ato de estinhar. 2. Segunda colheita do mel.

Estinhar, v. Tr. dir. *Apic.* Recolher o segundo mel que as abelhas produzem.

Estio, adj. (l. *aestivu*). V. *estival.* S. m. 1. Uma das quatro estações do ano; verão. 2. Tempo quente e seco.

Estiolamento, s. m. 1. Ato ou efeito de estiolar. 2. Definhamento das plantas por falta de luz ou ar livre. 3. Estado mórbido de seres vivos, privados de luz ou de ar livre.

Estiolar, v. (cfr. fr. *étioler*). 1. Tr. dir. *Bot.* Enfraquecer o desenvolvimento natural de uma planta verde, tornando-a descorada por insuficiência de luz solar. 2. Tr. dir. e pron. Tornar(-se) pálido e doentio. 3. Tr. dir. Privar de vigor natural. 4. Tr. dir. Evitar ou inibir o pleno desenvolvimento físico, emocional ou mental. 5. Intr. e pron. Alterar-se morbidamente, descorando ou debilitando-se pela ausência do sol ou do ar livre. 6. Pron. Debilitar-se, enfraquecer-se, finar-se.

Estiômeno, adj. Que corrói. S. m. *Med.* Ulceração crônica com elefantíase vulvar.

Estipe, s. m. (l. *stipe*). 1. *Bot.* Haste, caule; espique; estípite. 2. *Bot.* Caule ou tronco sem ramificação, como o das palmeiras e fetos arborescentes. 3. *Bot.* Pecíolo da fronde de um feto. 4. *Bot.* Haste que suporta o píleo de certos fungos.

Estipela, s. f. Pequena estípula.

Estipendiar, v. Tr. dir. Dar estipêndio a; assalariar, assoldadar.

Estipendiário, adj. Que recebe estipêndio.

Estipêndio, s. m. (l. *stipendiu*). 1. Paga. 2. Salário, soldada. 3. Retribuição. 4. Soldo.

Estípida, s. f. 1. Variedade de carvão mineral. 2. Coluna abalaustrada ou invertida.

Estipitado, adj. *Bot.* Que tem estipe ou estípite.

Estípite, s. f. (l. *stipite*). 1. *Bot.* Estipe, caule. 2. Árvore genealógica; tronco de uma geração.

Estíptico, adj. Que tem efeito adstrigente. S. m. Agente ou remédio de efeito estíptico. Var.: *estítico.*

Estípula, s. f. (l. *stipula*). *Bot.* Apêndice, em geral em número par, da base do pecíolo da folha.

Estipulação, s. f. 1. Ato ou efeito de estipular. 2. Cláusula, convenção, ajuste solene.

Estipulado, adj. Ajustado, combinado.

Estipulador, adj. e s. m. Que, ou o que estipula.

Estipulante, adj. e s., m. e f. (l. *stipulante*). V. *estipulador.*

Estipular, v. (l. *stipulare*). Tr. dir. 1. Ajustar, contratar, convencionar: *Estipular condições.* 2. Determinar, estabelecer, pôr como condição.

Estipuloso, adj. Que tem estípulas.

Estiracáceas, s. f. pl. *Bot.* Família (*Styracaceae*) de árvores ou arbustos, com folhas alternantes, simples, inteiras ou serradas; flores hermafroditas, actinomorfas; frutos drupáceos ou capsulares, com uma ou poucas sementes. S. f. Espécime das Estiracáceas.

Estiracáceo, adj. *Bot.* Relativo ou pertencente à família das Estiracáceas.

Estirada, s. f. 1. Distância longa. 2. Caminhada; estirão.

Estirado, adj. (p. de *estirar*). 1. Estendido. 2. Extenso. 3. Prolixo.

Estirão, s. m. 1. Puxão violento. 2. Caminhada. 3. Esticão. 4. *Pop.* Trajeto extenso.

Estirar, v. 1. Tr. dir. Estender, esticar puxando. 2. Tr. dir. e pron. Deitar(-se) por terra, estender(-se) ao comprido, estiraçar(-se). 3. Tr. dir. e pron. Alongar(-se), dilatar(-se) prolixamente. 4. Tr. dir. *Metal.* Estender e diminuir a seção transversal de uma peça de metal, puxando-a por matrizes ou batendo-a.

Estirpe, s. f. (l. *stirpe*). 1. Parte da planta que se desenvolve na terra. 2. Tronco de família. 3. Ascendência, linhagem, origem, casta.

Estiva, s. f. (ital. *stiva?*). 1. *Náut.* Fundo interno de um navio, da popa à proa. 2. *Náut.* Primeira porção de carga, geralmente a mais pesada, que se põe no navio. 3. *Náut.* Grade de madeira assente no porão, sobre a qual se arruma a primeira carga, para a isolar da umidade. 4. *Pop.* Lastro feito para passagem sobre alagadiço, com varas ou toros atravessados, com ou sem amarrio. 5. Conjunto de gêneros alimentícios. S. f. pl. Gêneros alimentícios.

Estivação, s. f. 1. Ato ou efeito de estivar. 2. *Zool.* Letargo em que caem espécies animais durante o estio e que as capacita a sobreviver ao tempo quente e seco. Antôn. (acepção 2): *hibernação.*

Estivador, adj. Que estiva. S. m. 1. Operário que trabalha nas capatazias dos portos no serviço de carga e descarga de navios.

Estivagem, s. f. A tarefa, o trabalho de estivar.

Estival, adj. m. e f. (l. *aestivale*). 1. Relativo ao estio. 2. Que nasce ou floresce no estio.

Estivar, v. (l. *stipare* pelo ital.?). Tr. dir. 1. Pôr estiva em, guarnecer de estiva. 2. Fazer estiva a (peixe). 3. Despachar na alfândega.

Estivo, adj. (l. *aestivu*). V. *estival.*

Esto, s. m. (l. *aestu*). 1. Ruído, agitação. 2. Calor. 3. Paixão. 4. Efervescência.

Estocada, s. f. Golpe com estoque, florete ou ponta de espada.

Estocar[1], v. Tr. dir. 1. V. *estoquear.* 2. Dar estocada em, ferir com estoque.

Estocar[2], v. Tr. dir. *Com.* Formar estoque[2].

Estofa (*ô*), s. f. (fr. ant. *estofe*). 1. V. *estofo.* 2. Qualidade, classe, condição: Homem de baixa *estofa.*

Estofado, adj. Guarnecido de estofo.

Estofador, s. m. 1. Pessoa que tem por ofício estofar. 2. Vendedor de móveis esfofados.

Estofar, v. Tr. dir. 1. Cobrir ou guarnecer com estofo. 2. Meter estofo entre o forro e o tecido de (peça de vestuário). 3. Chumaçar. 4. Acolchoar.

Estofo (*ô*), s. m. (de *estofa*). 1. Tecido de lã, seda ou algodão. 2. Lã, crina ou outra substância que se mete sob o tecido que reveste sofás, cadeiras etc. 3. Chumaço. 4. Grossura do peito do cavalo.

Estoicidade, s. f. Qualidade daquele ou daquilo que é estóico; austeridade, resignação.

Estoicismo, s. m. 1. Sistema filosófico, cujo fundador foi Zenão de Cítio (Chipre), filósofo grego (342-270 a.C.), que aconselha a indiferença e o desprezo pelos males físicos e morais. 2. Rigidez de princípios morais. 3. Austeridade.

Estóico, adj. (gr. *stoikos*). 1. Que se refere ao estoicismo. 2. Impassível. 3. Austero. S. m. Partidário do estoicismo; discípulo de Zenão de Cítio.

Estojo (*ô*), s. m. Caixa, geralmente estofada internamente, com divisões apropriadas para guardar objetos pequenos ou frágeis.

Estol, s. m. Perda abrupta de altura do avião, causada por uma bolsa de ar. Var.: *estolagem.*

Estola, s. f. (l. *stola*). *Ecles.* Peça litúrgica formada por longa faixa, alargada nas extremidades, usada por diáconos, padres e bispos.

Estolho (*ô*), s. m. *Bot.* Caule rastejante, suscetível de enraizar nos entrenós, podendo multiplicar-se a planta a partir dos elementos enraizados. Pl.: *estolhos* (*ó*).

Estolhoso, adj. *Bot.* Que tem estolhos: Caule *estolhoso,* planta *estolhosa.*

Estólido, adj. (l. *stolidu*). 1. Estúpido, parvo, estouvado. 2. Disparatado.

Estoma, s. m. (gr. *stoma*). *Bot.* Cada um dos poros, isolados ou em grupos na epiderme dos vegetais, através dos quais ocorre a troca gasosa entre a atmosfera e os espaços intercelulares dentro do vegetal.

Estomacal, adj. m. e f. 1. Do estômago ou que lhe diz respeito. 2. Bom para o estômago.

Estomagado, adj. Agastado, indignado, irritado, ofendido.

Estomagar, v. Tr. dir. e pron. Agastar(-se), escandalizar(-se), indignar(-se), irritar(-se), ofender(-se).

Estômago, s. m. *Anat.* Órgão da digestão, que segue ao esôfago e se acha em comunicação inferior com o duodeno.

Estomáquico, adj. V. *estomacal.*

Estomático, adj. 1. *Farm.* Diz-se dos medicamentos aplicáveis às doenças da boca. 2. *Bot.* Que diz respeito ao estoma.

Estomatite, s. f. *Med.* Inflamação da mucosa bucal.

Estômato, s. m. (gr. *stoma, atos*). V. *estoma.*

Estomatópode, adj. *Zool.* Que tem as patas ou as barbatanas junto da boca.

Estomatoscópio, s. m. *Med.* Instrumento que permite conservar a boca aberta para exame ou operação.

Estomentar, v. Tr. dir. 1. Tirar as fibras grossas do linho. 2. Limpar, depurar.

Estonado, adj. Que se estonou; descascado.

Estonar, v. Tr. dir. 1. Tirar a tona ou a casca a. 2. Tirar a pele a, por efeito de queimadura.

Estoniano, adj. 1. Pertencente ou relativo à Estônia. 2. Natural desse país báltico. Var.: *estônio.*

Estônio, adj. e s. m. V. *estoniano.*

Estontar, v. (*es* + *tonto* + *ar*). V. *estontear.*

Estonteado, adj. 1. Que se estonteou; atordoado. 2. Diz-se de quem é despertado de repente; estremunhado.

Estonteador, adj. Que estonteia.

Estonteamento, s. m. 1. Ação ou efeito de estontear. 2. Desorientação, perturbação.

Estonteante, adj. m. e f. V. *estonteador*

Estontear, v. 1. Tr. dir. Tornar tonto; atordoar, aturdir, perturbar. 2. Intr. e pron. Aturdir-se, perturbar-se.

Estopa (*ô*), s. f. (l. *stuppa*). 1. A parte mais grossa do linho, a qual se separa deste por meio do sedeiro. 2. Tecido fabricado de estopa.

Estopada, s. f. 1. Porção de estopa. 2. Pasta de estopa. 3. *Fam.* Coisa que enfada; maçada. 4. *Fam.* Contratempo, dissabor.

Estopador, adj. e s. m. *Fam.* Importuno, peganhento; maçador.

Estopar, v. Tr. dir. 1. Calafetar com estopa. 2. Encher de estopa. 3. *Fam.* Enfadar maçar.

Estopim, s. m. (cast. *estopí*). Fios embebecidos em substância inflamável, para se comunicar fogo a peças pirotécnicas, bombas, minas etc.

Estoque[1], s. m. (fr. ant. *estoc.*). Espada longa, entreita e pontiaguda.

Estoque[2], s. m. (ingl. *stock*). 1. Depósito de mercadorias para venda ou exportação. 2. Quantidade de mercadorias de que se dispõe.

Estoquear, v. 1. Tr. dir. Ferir com estoque. 2. Intr. Jogar ou vibrar o estoque. 3. Tr. dir. Aguilhoar, ferrar, picar.

Estoquista, s. m. e f. (*estoque*[2] + *ista*). 1. Comerciante que possui mercadoria estocada. 2. O encarregado da escrituração do livro de estoque.

Estoraque, s. m. *Bot.* Resina derivada de várias árvores do gênero Estírace (do *Styrax officinalis*, por ex.) e outrora usada como incenso.

Estorcegão, s. m. Beliscão forte; estorcegadela.

Estorcegar, v. 1. Tr. dir. Torcer com força; estorcer. 2. Tr. dir. Beliscar. 3. Intr. e pron. Estorcer-se, retorcer-se.

Estorcer, v. 1. Tr. dir. Torcer com força ou demasiadamente. 2. Pron. Torcer-se ou contorcer-se de dor ou aflição; debater-se, escabujar. 3. Tr. dir. Agitar tumultuosamente ou em torvelinho. 4. Pron. Ter convulsões. 5. Intr. Mudar de direção.

Estore, s. m. (fr. *store*). Cortina que se enrola e desenrola por meio de dispositivo apropriado.

Estória, s. f. Narrativa de lendas, contos tradicionais de ficção; "causo": Ouviram atentos aquelas *estórias* de mentira, da "mula-sem-cabeça", do saci, do curupira. Mais tarde tiveram que mergulhar fundo nas histórias de verdade, para saber como foi construído o Brasil (Francisco Marins).

Estornar, v. (ital. *stornare?*). Tr. dir. *Com.* Lançar em débito ou em crédito uma quantia igual à outra que, indevidamente, tinha sido lançada em crédito ou em débito.

Estorninho, s. m. *Ornit.* Nome vulgar de pássaros conirrostros europeus, da família dos Esturnídeos, especialmente do *Sturnus vulgaris*, o estorninho-malhado e do *Sturnus unicolor*, o estorninho-preto. Voz: *palrar, pissitar*. Adj. Diz-se do touro de cor zaina com manchas brancas.

Estorno (*ô*), s. m. (de *estornar*). 1. *Com.* Ato ou efeito de estornar. 2. A verba que se estorna. 3. Dissolução de contrato de seguro marítimo.

Estorricado, adj. 1. Seco, adusto. 2. Quase torrado. 3. Convertido em esturro.

Estorricar, v. (de *torrar*). 1. Tr. dir. Secar excessivamente, torrando ou quase queimando. 2. Intr. e pron. Secar-se excessivamente; ficar queimado ou torrado.

Estorroar, v. V. *desterroar.*

Estortegar, v. V. *estorcegar.*

Estorvador, adj. e s. m. Que, ou aquele que estorva.

Estorvamento, s. m. V. *estorvo.*

Estorvar, v. Tr. dir. 1. Pôr estorvo a; embaraçar, importunar, incomodar. 2. Atalhar, dificultar, frustrar. 3. Impedir ou tolher a liberdade dos movimentos a.

Estorvilho, s. m. 1. Empecilho. 2. Pequeno estorvo.

Estorvo (*ô*), s. m. 1. Ato ou efeito de estorvar. 2. Embaraço. 3. Impedimento, obstáculo. 4. Dificuldade. 5. Oposição.

Estou-fraca, s. f. sing. e pl. *Onom.* 1. V. *galinha-d'angola.* 2. Palavra que imita o canto dessa galinha.

Estourada, s. f. 1. Ruído de muitos estouros. 2. *Fam.* Altercação, ralhos, pancadaria. Var.: *estoirada.*

Estourado, adj. 1. Que estourou. 2. Adoidado, amalucado. 3. Afoito, corajoso. Var.: *estoirado.*

Estourar, v. 1. Intr. Dar estouro, rebentar com estrondo. 2. Intr. Ribombar, troar subitamente. 3. Intr. Dar estalo; estalar. 4. Tr. dir. Fazer arrebentar ou estalar. 5. Tr. ind. e intr. *Fam.* Rebentar, expandir-se. 6. Intr. Avançar ou voltar impetuosamente; arrancar (o gado), dispersar-se vertiginosamente. 7. Intr. Terminar em alarido, estalada ou escândalo. 8. Intr. Ter sucesso retumbante: As vendas *estouraram.*

Estouraz, adj. m. e f. 1. Que estoura. 2. Ruidoso. Var.: *estoiraz.*

Estouro, s. m. 1. Ruído de coisa que rebenta; detonação, estampido, estrondo. 2. Discussão violenta. 3. *Fam.* Acontecimento imprevisto; sucesso. 4. Dispersão de boiada em marcha, quando tomada de súbito pânico. Var.: *estoiro.*

Estouvado, adj. 1. Que faz as coisas sem cuidado, leviana ou precipitadamente. 2. Imprudente. 3. Folgazão. 4. Que pensa pouco.

Estouvamento, s. m. Qualidade de estouvado.

Estovaina, s. f. *Farm.* e *Quím.* Cloridrato de benzoil-dimetilamino-etil-propanol ($C_{14}H_{21}O_2N \cdot HCl$), composto cristalino, empregado como anestésico local.

Estrábico, adj. *Oftalm.* Afetado de estrabismo; vesgo.

Estrabismo, s. m. *Oftalm.* Deficiência de um ou de ambos os olhos no tomar sua posição de fixação binocular adequada.

Estrabometria, s. f. *Oftalm.* Medição do grau de estrabismo

Estrabométrico, adj. *Oftalm.* Que se refere à estrabometria.

Estrabômetro, s. m. *Oftalm.* Aparelho com que se mede o grau de estrabismo.

Estrabotomia, s. f. *Cir.* Corte do tendão de um ou mais músculos do olho, para remediar o estrabismo.

Estraçalhar, v. 1. Tr. dir. Traçar miudamente, fazer em pedaços; estracinhar, estraçoar. 2. Pron. Fazer-se em pedaços; retalhar-se.

Estracinhar, v. Tr. dir. Estraçoar.

Estraçoar, v. Tr. dir. 1. Traçar miudamente; estracinhar. 2. Fazer em pedaços.

Estrada, s. f. (l. *strata*). 1. Caminho mais ou menos largo para o trânsito de homens e veículos; via de tráfego. 2. Caminho, direção. 3. *Por ext.* Qualquer via de trânsito de veículos. 4. Expediente, meio para se alcançar um fim.

Estradeiro, adj. 1. Montaria que anda no passo típico denominado *estrada*; que anda bem. 2. Que não pára em casa. 3. Trapaceiro, tratante, velhaco.

Estradivário, s. m. Violino afamado feito por Antonius Stradivarius (Itália, séc. XVII), afamado pela beleza do som.

Estrado, s. m. Tablado pouco levantado acima do chão, para nele se colocar uma cama, uma mesa etc.; supedâneo. 2. A parte da cama sobre que assenta o colchão.

Estrafegar, v. Tr. dir. e pron. 1. Fazer(-se) em pedaços. 2. Estorcegar(-se), estrangular(-se).

Estrafego (*ê*), s. m. 1. Ato ou efeito de estrafegar. 2. Despedaçamento, laceração de coisas.

Estragado, adj. 1. Danificado, avariado, inutilizado. 2. Deteriorado. 3. *Fam.* Mimado.

Estragador, adj. e s. m. 1. Que, ou o que estraga. 2. Pródigo, dissipador.

Estragão, s. m. *Bot.* Planta composta, tubuliflora, erva vivaz, aromática e condimentar (*Artemisia dracunculus*).

Estragar, v. (l. v. **stragare*). 1. Tr. dir. Fazer estrago em. 2. Pron. Arruinar-se, danificar-se, deteriorar-se. 3. Tr. dir. Pôr em mau estado; danificar, avariar, inutilizar. 4. Tr. dir. Desperdiçar, dissipar. 5. Tr. dir. Tirar o prazer de. 6. Tr. dir. e pron. Corromper(-se), depravar(-se).

Estrago, s. m. 1. Danificação, dano, avaria, deterioração, prejuízo, ruína. 2. Dissipação. 3. Enfraquecimento físico; definhamento. 4. Depravação, dissolução. 5. Mortandade. 6. *Gír.* Balbúrdia, zaragata, desordem. 7. *Pop.* Despesa.

Estralada, s. f. 1. Ato ou efeito de estralar. 2. Barulho, conflito, discussão, pancadaria; estalada.

Estralar, v. V. *estalar.*

Estralheira, s. f. *Náut.* Conjunto de roldanas para suspender grandes pesos a bordo.

Estralo, s. m. 1. V. *estalo.* 2. *Gír.* Disparo de arma de fogo.

Estrambote, s. m. (ital. *strambotto*). *Metrif.* Cauda ou acrescentamento, em geral de três versos, que se faz nos quatorze de um soneto.

Estrambótico, adj. *Pop.* 1. Esquisito, extravagante. 2. Afetado, ridículo. 3. Raro.

Estramboto (*ô*), s. m. V. *estrambote.*

Estramonina, s. f. *Farm.* Princípio ativo que se extrai do estramônio.

Estramônio, s. m. *Bot.* Arbusto venenoso da família das Solanáceas (*Datura stramonium*), originário do hemisfério boreal.

Estramontado, adj. 1. Que perdeu a tramontana. 2. Encolerizado. 3. Desnorteado, desorientado.

Estrangeirada, s. f. *Fam.* 1. Chusma de estrangeiros. 2. Estrangeirice.

Estrangeirice, s. f. 1. Coisa dita ou feita ao gosto ou costume de estrangeiros. 2. Afeição demasiada às coisas estrangeiras.

Estrangeirismo, s. m. 1. V. *estrangeirice.* 2. Emprego de palavra ou frase estrangeira; barbarismo. 3. Palavra ou frase estrangeira.

Estrangeiro, adj. (fr. ant. *estranger*). Que é natural de país diferente daquele que se está considerando. S. m. 1. Pessoa que não é natural do país onde se acha, e de cuja cidadania não goza. 2. Conjunto de todos os países, exceto aquele de que se fala.

Estrangulação, s. f. 1. Ato ou efeito de estrangular; sufocação. 2. *Cir.* Constrição, aperto.

Estrangulador, adj. e s. m. Que, ou o que estrangula.

Estrangular, v. (l. *strangulare*). 1. Tr. dir. Asfixiar, matar apertando o pescoço até impedir a respiração; esganar. 2. Pron. Suicidar-se por estrangulação. 3. Tr. dir. Apertar, estreitar muito. 4. Pron. Apertar-se, tornar-se estreito. 5. Tr. dir. Esmagar. 6. Tr. dir. Sufocar.

Estrangúria, s. f. *Med.* Dificuldade em urinar devida ao estreitamento da uretra. Var.: *estranguria.*

Estranhamento, s. m. 1. Ação de estranhar alguma coisa. 2. Admiração.

Estranhão, adj. *Fam.* Diz-se do indivíduo esquivo, acanhado, bisonho. Fem.: *estranhona.*

Estranhar, v. Tr. dir. 1. Julgar estranho, oposto aos costumes, aos hábitos. 2. Achar diferente, novo, pouco familiar. 3. Notar com estranheza. 4. Fugir de, manifestar timidez ou repulsão a, tratar com esquivança. 5. Censurar, repreender.

Estranhável, adj. m. e f. 1. Que se pode ou se deve estranhar. 2. Censurável.

Estranheza, s. f. 1. Qualidade daquilo que é estranho. 2. Desapontamento, sentimento de admiração ou de surpresa. 3. Esquivança.

Estranho, adj. (l. *extraneu*). 1. Estrangeiro, externo. 2. Que é de fora; alheio. 3. Extraordinário, surpreendente. S. m. 1. Indivíduo estranho. 2. Pessoa que não pertence a uma corporação ou a uma família.

Estrapada, s. f. Antigo suplício aplicado a militares delinqüentes, deslocando-lhes os braços por suspensão seguida de queda até perto do chão.

Estratagema, s. m. 1. *Mil.* Ardil para enganar o inimigo. 2. Astúcia, manha.

Estratégia, s. f. 1. Arte de conceber operações de guerra em plano de conjunto. 2. Ardil, manha, estratagema.

Estratégico, adj. (gr. *strategikos*). 1. Pertencente ou relativo à estratégia. 2. Ardiloso, hábil.

Estrategista, s. m. e f. Pessoa versada em estratégia.

Estratificação, s. f. 1. Ato ou efeito de estratificar. 2. Disposição de uma ou mais substâncias em estratos ou camadas sucessivas. 3. *Geol.* Disposição dos terrenos em camadas superpostas. 4. *Social.* Formação de classes sociais.

Estratificar, v. 1. Tr. dir. *Geol.* Sedimentar em forma de estratos. 2. Tr. dir. e pron. Dispor(-se) qualquer coisa em estratos ou camadas sucessivas.

Estratiforme, adj. m. e f. *Geol.* e *Miner.* 1. Que se estende em forma de estrato. 2. Que é composto de uma série de camadas.

Estratigrafia, s. f. *Geol.* Ciência que trata da formação e disposição dos terrenos estratificados.

Estratigráfico, adj. *Geol.* Relativo à estratigrafia.

Estratígrafo, s. m. *Geol.* Aquele que é versado em estratigrafia.

Estrato, s. m. (l. *stratu*). 1. *Geol.* Cada uma das camadas dos terrenos sedimentares. 2. Camada. 3. *Meteor.* Nuvem baixa dividida em camadas horizontais. 4. *Sociol.* Classe social.

Estratocracia, s. f. Governo militar.

Estrato-cúmulo, s. m. *Meteor.* Variedade da nuvem chamada *estrato*, com o aspecto de lâminas, massas globulares ou rolos acinzentados. Pl.: *estratos-cúmulos.*

Estratografia, s. f. Descrição de um exército e do que com ele se relaciona ou lhe pertence.

Estratográfico, adj. Que se refere à estratografia.

Estratosfera, s. f. *Meteor.* Camada da atmosfera, cujo limite inferior varia de 5 a 20km e o superior é indefinido.

Estratosférico, adj. Relativo ou pertencente à estratosfera.

Estreante, adj. e s., m. e f. Que, ou pessoa que se estréia; principiante.

Estrear, v. 1. Tr. dir. Empregar, usar pela primeira vez. 2. Tr. dir. Inaugurar, iniciar. 3. Tr. ind. e pron. Fazer alguma coisa pela primeira vez.

Estrebaria, s. f. V. *cocheira.*

Estrebuchamento, s. m. Ato ou efeito de estrebuchar.

Estrebuchar, v. (fr. *trébucher*). 1. Intr. Agitar convulsivamente os braços, as pernas e a cabeça. 2. Tr. dir. Agitar muito (braços e pernas). 3. Intr. e pron. Agitar-se com violência; debater-se.

Estrecer, v. Pron. Diminuir; esmorecer.

Estréia, s. f. (l. *strena*). 1. Ato ou efeito de estrear. 2. Primeiro uso que se faz de uma coisa. 3. Primeiro trabalho de um autor ou ator. 4. Primeira representação de uma peça ou um filme.

Estreitamento, s. m. 1. Ato ou efeito de estreitar. 2. Diminuição, redução. 3. Constrição, estrangulamento, estenose.

Estreitar, v. 1. Tr. dir., intr. e pron. Tornar(-se) estreito ou apertado. 2. Tr. dir. Diminuir, reduzir, restringir. 3. Tr. dir. Apertar contra si; abraçar. 4. Pron. Achegar-se, conchegar-se a. Antôns. (acepção 1): *alargar*; (acepção 2): *ampliar.*

Estreiteza, s. f. 1. Qualidade de estreito, ou apertado. 2. Falta de espaço ou largura. 3. Escassez, carência, falta. 4. Rigor, severidade. 5. Acanhamento, desconfiança, reserva, cautela excessiva.

Estreito, adj. 1. Que tem pouca largura; apertado, comprimido. 2. Falto de espaço; restrito, limitado. Antôns. (acep. 1): *largo, amplo.* S. m. 1. *Geogr.* Canal natural que une dois mares ou duas partes do mesmo mar. 2. Desfiladeiro.

Estreitura, s. f. V. *estreiteza.*

Estrela (*ê*), s. f. (l. *stella*). 1. *Astr.* Astro que tem luz própria, parecendo sempre fixo no firmamento. 2. Qualquer astro. Col.: *asterismo, plêide, constelação.* 3. Destino, sorte. 4. Artista de teatro ou cinema talentosa e eminente. 5. Pessoa a quem se quer muito. 6. Mancha branca na testa de cavalos ou de bois. 7. Asterisco.

Estrela-d'alva, s. f. O planeta Vênus, quando visto ao amanhecer.

Estrelado, adj. 1. Cheio de estrelas. 2. Com forma de estrela. 3. Semeado. 4. *Cul.* Diz-se do ovo frito, não mexido.

Estrelante, adj. m. e f. 1. Em que há estrelas. 2. Cintilante, refulgente.

Estrelar, v. 1. Tr. dir. e pron. Adornar(-se), recamar(-se) de estrelas. 2. Tr. dir. Dar forma de estrela a. 3. Intr. Brilhar, cintilar, luzir. 4. Tr. dir. Representar o principal papel em peça teatral ou filme cinematográfico. 5. Tr. dir. *Cul.* Frigir ovos sem os bater.

Estrelário, adj. Em forma de estrela.

Estrelejar, v. 1. Tr. dir. e pron. Cobrir(-se) de estrelas. 2. Tr. dir. Espalhar como estrelas.

Estrelinha, s. f. 1. Estrela pequena. 2. *Cul.* Massa para sopa, com forma de pequenas estrelas. 3. *Tip.* Sinal em forma de estrela (*), para indicar uma nota, substituir uma sílaba, um nome que se quer ocultar etc.; asterisco.

Estrelo (*ê*), adj. Designativo do animal que tem pinta branca na testa.

Estrém, s. m. (ingl. *string?*). *Náut.* Amarra, cabo da âncora.

Estrema, s. f. 1. Marco divisório de propriedades rústicas. 2. Limite divisório.

Estremado, adj. 1. Demarcado, delimitado. 2. Separado.

Estremadura, s. f. Fronteira, limite de província ou país.

Estremar, v. 1. Tr. dir. Demarcar, delimitar por meio de estremas ou marcos divisórios. 2. Tr. dir. Apartar, distinguir, separar. 3. Pron. Assinalar-se, dintinguir-se. 4. Pron. Dividir-se, delimitar-se. 5. Pron. Diferençar-se. 6. Pron. Apurar-se.

Estreme, adj. m. e f. Sem mistura; genuíno, puro.

Estremeção, s. m. 1. Abalo violento, sacudidura. 2. Tremor súbito..

Estremecer, v. 1. Tr. dir. Fazer tremer; sacudir. 2. Tr. dir. Impor medo ou respeito a; assustar. 3. Intr. Sofrer abalo rápido. 4. Pron. *Des.* Abalar-se. 5. Pron. Assustar-se, horrorizar-se. 6. Intr. Ser acometido de tremor súbito e passageiro. 7. Tr. dir. Amar com ternura, estimar com enternecido afeto.

Estremecido, adj. 1. Tremido. 2. Assustado. 3. Muito querido.

Estremecimento, s. m. 1. Ato ou efeito de estremecer. 2. Agitação. 3. Tremura repentina por espanto, medo. 4. Afeto íntimo e profundo; amor.

Estremenho, adj. 1. Relativo a estremadura; confinante. 2. Relativo à província portuguesa da Estremadura. S. m. O natural da Estremadura.

Estremunhar, v. 1. Tr. dir. Acordar de repente (a quem está dormindo). 2. Intr. e pron. Despertar de súbito, estonteadamente. 3. Pron. Estontear-se, atarantar-se, desorientar-se.

Estrênuo, adj. (l. *strenuu*). 1. Corajoso, denodado, valente. 2. Tenaz. 3. Ativo, esforçado.

Estrepada, s. f. 1. Ferida feita com estrepe. 2. *Pop.* Ato ou efeito de estrepar-se.

Estrepar, v. 1. Tr. dir. e pron. Ferir(-se) com estrepe. 2. Pron. Enganar-se, espetar-se, encravar-se, sair-se mal.

Estrepe, s. m. (l. *stirpe*). 1. Espinho. 2. Pua de ferro ou madeira. 3. Ponta aguda. 4. Pessoa incômoda ou má. 5. *Gír.* Pessoa feia e mal proporcionada.

Estrepitante, adj. m. e f. Que faz estrépito, barulhento.

Estrepitar, v. 1. Intr. Vibrar com estrépito. 2. Tr. dir. Fazer soar com estrépito.

Estrépito, s. m. 1. Estrondo grande; estampido. 2. Fragor. 3. Ruído. 4. Tropel. 5. Ostentação, pompa.

Estrepitoso, adj. 1. Que produz estrépito. 2. Estrondoso. 3. Ruidoso. 4. Ostentoso, magnificente.

Estreptocócico, adj. *Bacter.* Relativo ou pertencente a estreptococos ou por eles causado.

Estreptococo, s. m. *Bacter.* Gênero (*Streptococcus*) de bactérias gram-positivas imóveis, a maioria parasíticas, da família das Lactobaciláceas, que compreende bactérias esféricas, cujas células ocorrem em cadeias.

Estreptomicina, s. f. *Farm.* Base orgânica antibiótica ($C_{21}H_{39}N_7O_{12}$), obtida de um estreptomiceto do solo (*Streptomyces griseus*) e ativa contra várias bactérias gram-negativas. É ministrada principalmente na forma de sais no tratamento de tuberculose, tularemia e outras infecções com bactérias gram-negativas.

Estresir, v. Tr. dir. *Desenho.* Passar de um para outro papel um desenho, picando os contornos e esparzindo sobre ele pó de grafita ou carvão.

Estressado, adj. Que teve estresse.

Estressar, v. Tr. dir. *Med.* Produzir estresse em.

Estresse, s. m. (ingl. *stress*). *Med.* Conjunto de reações do organismo a agressões de ordem física, psíquica, infecciosa, e outras, capazes de perturbar-lhe a homeostase; *stress.*

Estria[1], s. f. (l. *stria*). 1. Sulco muito estreito nos ossos, conchas etc.; ranhura. 2. *Mil.* Sulco helicoidal na superfície interior do cano de uma arma de fogo. 3. *Arquit.* Canelura ou meia-cana. 4. *Geol.* Cada um dos sulcos cavados paralelamente em uma rocha. 5. Listra, raia.

Estria[2], s. f. (l. *striga*). Bruxa; vampiro.

Estriamento, s. m. 1. Ação ou efeito de estriar. 2. *Mil.* Disposição das estrias nos canos das armas de fogo.

Estriar, v. Tr. dir. Abrir estrias em; ranhurar, canelar.

Estribado, adj. 1. Firmado em estribo, ou apoiado em qualquer objeto. 2. Baseado, fundamentado.

Estribar, v. 1. Tr. dir. Firmar no estribo. 2. Intr. e pron. Firmar os pés nos estribos, segurar-se nos estribos. 3. Tr. dir. e pron. Apoiar(-se), basear(-se), fundamentar(-se). 4. Pron. Apoiar-se, escorar-se, estear-se.

Estribeira, s. f. 1. Correia que prende o estribo ao arreio. 2. Loro.
Perder as e.: atrapalhar-se, desnortear-se; despropositar; enfurecer-se.

Estribeiro, s. m. Aquele que cuida das cavalariças, coches, arreios etc.

Estribilhar, v. 1. Tr. dir. Cantar, pipilar, repetindo como estribilho (falando de certas aves). 2. Tr. dir. Repetir como estribilho.

Estribilhas, s. f. pl. *Tip.* Aparelho de madeira em que o encadernador prende o livro para costurá-lo; bastidor, costurador.

Estribilho, s. m. (cast. *estribillo*). 1. *Poét.* Versos que se repetem depois de uma ou mais estrofes em composições líricas. 2. *Mús.* Trecho musical que se repete a intervalos regulares. 3. Coisa muito repetida.

Estribo, s. m. (germ. *streup*). 1. Peça dupla de metal, pendente dos loros, em que o cavaleiro apóia os pés. 2. *Tecn.* Qualquer peça que tenha a aparência de estribo. 3. Degrau de viatura. 4. *Anat.* Pequeno osso do ouvido médio.

Estricnina, s. f. *Quím.* Alcalóide tóxico e medicinal extraído da noz-vômica.

Estricnismo, s. m. Intoxicação produzida pelo uso excessivo de estricnina.

Estridente, adj. m. e f. 1. Que causa estridor. 2. Acompanhado de estridor; de som agudo e áspero: Voz *estridente.*

Estridor, s. m. 1. Som agudo e áspero. 2. Silvo. — *E. de dentes*: o ranger de dentes.

Estridulação, s. f. Ato ou efeito de estridular.

Estridulante, adj. m. e f. 1. Que estridula. 2. *Entom.* Diz-se dos insetos que estridulam.

Estridular, v. 1. Intr. Produzir sons agudos e penetrantes como as cigarras e grilos. 2. Tr. dir. Dizer ou cantar com som estrídulo.

Estrídulo, adj. (l. *stridulu*). V. *estridente.* S. m. Som estridente.

Estriga, s. f. (l. *striga*). 1. Porção de linho que se põe de cada vez na roca. 2. Conjunto de filamentos de algumas plantas. 3. Pequena madeixa.

Estrigado, adj. 1. Feito em estriga. 2. Macio, acetinado como estriga.

Estrigar, v. Tr. dir. 1. Dividir e atar em estrigas. 2. Assedar, enastrar.

Estrige, s. f. (gr. *strix*). 1. Gênio malfazejo noturno; vampiro. 2. Feiticeira. 3. Coruja.

Estrigídeo, adj. *Ornit.* Relativo ou pertencente à família dos Estrigídeos. S. m. Espécime da família dos Estrigídeos. S. m. pl. Família (*Strigidae*) de aves de rapina a que pertencem os mochos, os caburés e as corujas.

Estrilador, adj. e s. m. *Gír.* 1. Que, ou o que estrila. 2. Que, ou quem facilmente dá o estrilo.

Estrilar, v. 1. Intr. Soltar estrilo ou som estrídulo. 2. Intr. Zangar-se, exasperar-se, danar-se. 3. Tr. dir. Bradar, vociferar.

Estrilo, s. m. 1. Ato ou efeito de estrilar. 2. Som estrídulo. 3. *Gír.* Zanga, ira, exaltação. 4. Alarma.

Estrinca, s. f. (ingl. *string*). *Náut.* Espécie de escotilha por onde sai a amarra.

Estringir, v. Tr. dir. Apertar, circundar estreitamente; comprimir: A sucuri *estringiu o bezerro.*

Estripação, s. f. Ato ou efeito de estripar.

Estripado, adj. 1. Que tem o ventre rasgado, deixando visíveis as tripas. 2. Eviscerado.

Estripar, v. Tr. dir. 1. Tirar as tripas a. 2. Abrir o ventre a. 3. Fazer carnificina em. Var.: *destripar.*

Estripulia, s. f. 1. Barulho, desordem. 2. Astúcia, travessura.

Estrito, adj. (l. *strictu*). 1. Restrito. 2. Exato, preciso; não lato. 3. Rigoroso.

Estro, s. m. (l. *oestru*, do gr. *oistros*). 1. Entusiasmo artístico; veio, gênio, inspiração. 2. Época em que a fêmea está pronta a receber o macho. 3. V. *cio.*

Estróbilo, s. m. *Bot.* 1. Cone de uma gimnosperma. 2. Inflorescência pistilada, espiciforme, do lúpulo, composta de brácteas imbricadas, membranosas, persistentes.

Estroço (ô), s. m. 1. V. *destroço.* 2. Enxame de abelhas que se transferiu de um para outro cortiço.

Estrofanto, s. m. *Bot.* Planta medicinal da família das Apocináceas.

Estrofe, s. f. Grupo de versos que formam sentido completo; estância.

Estrófico, adj. Que se refere a estrofe, contém estrofes ou consiste em estrofes.

Estrófulo, s. m. *Med.* Erupção cutânea papular, principalmente nas crianças de mama.

Estrógeno, S. m. *Biol.* Nome genérico de hormônios sexuais produzidos especialmente nos ovários, que promovem o estro e estimulam o desenvolvimento dos caracteres femininos.

Estróina, adj. m. e f. Diz-se da pessoa extravagante, dissipadora, estouvada. S. m. e f. Essa pessoa. Col.: *farândola, súcia.*

Estroinice, s. f. (*estróina + ice*). 1. Proceder próprio de estróina. 2. Qualidade de estróina.

Estroma, s. m. *Biol.* 1. Tecido conjuntivo que forma a substância básica, a estrutura de suporte, ou a matriz de um órgão. 2. Matriz proteínica através da qual são dispersos os grânulos de clorofila, em um cloroplasto.

Estrômato, s. m. *Bot.* V. *estroma.*

Estrompado, adj. 1. Gasto; deteriorado. 2. Esfalfado. 3. Bronco, estúpido.

Estrompar, v. *Pop.* 1. Tr. dir. Deteriorar, estragar, gastar, romper. 2. Tr. dir. Cansar, estafar, esfalfar por efeito de trabalho pesado e muito prolongado. 3. Pron. Romper-se, rebentar-se.

Estronca, s. f. 1. Forquilha para levantar grandes pesos. 2. Pau que sustenta o cabeçalho do carro, para que este não pouse no chão, tirada a carga.

Estroncamento, s. m. Ação ou efeito de estroncar.

Estroncar, v. O mesmo que *destroncar.*

Estroncianita, s. f. *Miner.* Carbonato natural de estrôncio, que ocorre como mineral ortorrômbico verde-pálido, em forma de massas de cristais radiados, aciculares ou lanciformes.

Estrôncio, s. m. *Quím.* Elemento metálico bivalente, macio, maleável e dúctil, do grupo das terras alcalinas, de símbolo Sr, número atômico 38, massa atômica 87,63.

Estrondar, v. V. *estrondear.*

Estrondeante, adj. m. e f. Que estrondeia.

Estrondear, v. 1. Tr. dir. Fazer soar com estrondo. 2. Intr. Fazer estrondo ou ruído. 3. Intr. Clamar, esbravejar, vociferar. 4. Intr. Causar sensação. 5. Tr. dir. Partir ao longo (madeira); estrondar.

Estrondo, s. m. 1. Som forte que estruge. 2. Grande ruído. 3. Grande luxo; magnificência, ostentação.

Estrondoso, adj. 1. Que faz estrondo. 2. Muito falado; famoso.

Estropalho, s. m. *Pop.* 1. Frangalho. 2. Trapo grosseiro para esfregar e limpar a louça. 3. Esfregão.

Estropeada, s. f. *Pop.* Tropel de pessoas ou animais.

Estropear, Intr. Fazer tropel.

Estropiação, s. f. V. *estropiamento.*

Estropiado, adj. 1. Aleijado, mutilado. 2. Invalidado. 3. Inabilitado. 4. Alterado, desfigurado.

Estropiador, adj. e s. m. (*estropiar* + *dor*). Que, ou o que estropia.

Estropiamento, s. m. 1. Ação ou efeito de estropiar. 2. Mutilação, deformação.

Estropiar, v. 1. Tr. dir. Cortar um membro a; aleijar, mutilar. 2. Pron. Aleijar-se, mutilar-se. 3. Tr. dir. Cansar, fatigar excessivamente. 4. Tr. dir. Alterar, adulterar; interpretar mal o sentido de.

Estropo (*ô*), s. m. 1. *Náut.* Espécie de anel ou argola de corda com que se prende o remo ao tolete, ou que se liga ao gato para servir a muitas ligas. Pl.: *estropos* (*ô*).

Estrovenga, s. f. 1. Engrenagem. 2. Coisa estranha ou complicada. 3. Traste. 4. Pequena foice de dois gumes.

Estrugido, s. m. *Pop.* 1. Estrondo, ruído. 2. Ruído característico de temperos ao serem refogados.

Estrugidor, adj. Que estruge.

Estrugimento, s. m. 1. Ação de estrugir; atroamento. 2. Atordoamento.

Estrugir, v. 1. Intr. Vibrar fortemente; estralejar, estrondear. 2. Tr. dir. Atroar com descargas, músicas etc. 3. Tr. dir. Derreter toicinho.

Estruma, s. f. 1. *Med.* Bócio. 2. *Med.* Escrófula. 3. *Bot.* Intumescência de qualquer órgão vegetal.

Estrumação, s. f. 1. Ato ou efeito de estrumar. 2. O estrume que se deita à terra.

Estrumada, s. f. 1. Ato de estrumar, de expelir o estrume (o animal). 2. Monte de estrume.

Estrumar, v. 1. Tr. dir. Deitar estrume em; adubar, estercar. 2. Intr. Fazer estrumeira.

Estrume, s. m. 1. Mistura de dejetos de animais domésticos com palha com a qual se adubam as terras de cultura; esterco. 2. Qualquer substância orgânica que serve para fertilizar o solo; adubo, fertilizante. 3. Excremento.

Estrumeira, s. f. 1. Lugar onde se acumula, prepara e fermenta o estrume; esterqueira, montureira. 2. Lugar imundo; lixo, monturo.

Estrumoso, adj. 1. Coberto de estrume. 2. Sujo, imundo.

Estrupício, s. m. 1. Desordem. 2. Barulho, inferneira, alvoroço. 3. Grande quantidade.

Estrupidante, adj. m. e f. Que estrupida.

Estrupidar, v. Intr. Fazer estrupido.

Estrupido, s. m. 1. Estrépito. 2. Ruído causado por tropel de gente ou animais.

Estrutura, s. f. (l. *structura*). 1. Organização das partes ou dos elementos que formam um todo. 2. Arranjo de partículas ou partes em uma substância ou corpo; textura. 3. *Arquit.* Esqueleto ou armação de um edifício. 4. Disposição e distribuição das partes de uma obra literária.

Estrutural, adj. m. e f. 1. Que se refere a estrutura. 2. *Geol.* Relativo a um arranjo de massas de rocha ou dele resultado.

Estuação, s. f. 1. Agitação. 2. Calor intenso.

Estuante, adj. m. e f. 1. Ardente, febril. 2. Agitado, revolto.

Estuar, v. 1. Tr. ind. e intr. Agitar-se, ferver. 2. Intr. Agitar-se como ondas.

Estuário, s. m. 1. Braço de mar formado pela desembocadura de um rio. 2. Esteiro.

Estucador, adj. e s. m. Que, ou aquele que estuca. S. m. Operário especializado em estuque.

Estucar, v. 1. Tr. dir. Revestir, rebocar com estuque. 2. Intr. Trabalhar ou modelar em estuque.

Estucha, s. f. Peça de ferro ou madeira com que se fecha um orifício; bucha, bujão, cavilha, tampão, torno.

Estuchar, v. 1. Tr. dir. Aguçar, picar. 2. Tr. dir. Introduzir (ferro ou torno) em algum orifício ou fenda.

Estudado, adj. 1. Que se estudou. 2. Analisado, examinado detidamente; considerado ou preparado cuidadosamente; sondado. 3. Afetado, artificial, simulado.

Estudantada, s. f. 1. Grupo de estudantes. 2. Travessura de estudante.

Estudante, adj. m. e f. Diz-se de quem estuda. S. m. e f. 1. Pessoa que estuda. 2. Aluno ou aluna que freqüenta qualquer estabelecimento de instrução. Cols.: *classe, turma* (em excursão), *tuna.*

Estudar, v. 1. Tr. dir. Aplicar a inteligência ao estudo de. 2. Tr. dir. Analisar, examinar detidamente (assunto, obra literária, trabalho artístico etc.). 3. Tr. dir. Aprender de cor, fixar na memória. 4. Intr. Aplicar o espírito, a inteligência, a memória para adquirir conhecimentos. 5. Tr. ind. e intr. Cursar aulas, ser estudante. 6. Pron. Observar-se, analisar-se, procurar conhecer-se.

Estúdio, s. m. (l. *studiu*). 1. Sala de transmissão radiofônica ou de televisão. 2. No plural, edifício ou conjunto de edifícios onde se preparam e filmam cenas cinematográficas. 3. Oficina de artista (escultor, fotógrafo, pintor).

Estudiosidade, s. f. 1. Aplicação ao estudo. 2. Qualidade de estudioso.

Estudioso, adj. e s. m. Que, ou o que é aplicado, ao estudo.

Estudo, s. m. 1. Ação de estudar. 2. Aplicação, trabalho do espírito para empreender a apreciação ou análise de certa matéria ou assunto especial. 3. Ciência ou saber adquiridos à custa desta aplicação. 4. Investigação, pesquisa acerca de determinado assunto. 5. Obra em que um autor estuda e dilucida uma questão. 6. Modelo destinado ao ensino da escultura, do desenho etc. 7. *Tecn.* Projeto, plano.

Estufa, s. f. 1. Recinto fechado em que, por meios artificiais e para diversos fins, se eleva a temperatura do ar ambiente. 2. Aposento, nos banhos termais, destinado a provocar nos enfermos uma transpiração copiosa. 3. Fogão com que no inverno se aquecem as casas. 4. Forno, em fogão de cozinha, que serve apenas para aquecer os alimentos ou conservá-los aquecidos. 5. Aparelho destinado à esterilização de material cirúrgico. 6. Aparelho para se manterem, nos laboratórios, culturas microbianas ou líquidos em temperatura constante.

Estufadeira, s. f. Vaso para estufar carnes etc.

Estufado, adj. 1. Metido em estufa. 2. Seco em estufa. 3. Distendido.

Estufagem, s. f. Ação ou efeito de estufar.

Estufar, v. Tr. dir. 1. Meter em estufa. 2. Secar em estufa. 3. Guisar em estufa ou vaso fechado.

Estufim, s. m. 1. Pequena estufa. 2. Campânula, manga de vidro, ou caixilho envidraçado, para resguardo de plantas.

Estugar, v. Tr. dir. 1. Apressar (o passo). 2. Estimular, incitar.

Estultícia, s. f. Qualidade de estulto.

Estultificar, v. Tr. dir. e pron. Tornar(-se) estulto, bestificar(-se), emparvoecer(-se).

Estultilóquio, s. m. 1. Palavras ou razões estultas. 2. O falar sem senso.

Estulto, adj. Insensato, néscio, parvo, tolo. Antôns.: *inteligente, sensato.*

Estumar, v. Tr. dir. Açular ou acirrar (cães).

Estuoso, adj. Que tem grande calor; ardente, estuante.

Estupefação, s. f. 1. *Med.* Adormecimento de uma parte do corpo. 2. Pasmo, assombro, espanto.

Estupefaciente, adj. e s., m. e f. 1. *Med.* Que, ou que produz estupor; narcótico. 2. Que, ou o que causa estupefação.

Estupefativo, adj. Que causa estupefação.

Estupefato, adj. 1. *Med.* Entorpecido. 2. Atônito, pasmado, assombrado.

Estupefazer, v. (l. *stupefacere*). *P. us.* V. *estupeficar.*

Estupeficar, v. Tr. dir. 1. *Med.* Causar estupefação a; entorpecer, adormecer. 2. Causar grande pasmo, grande assombro.

Estupendo, adj. 1. Admirável, assombroso, maravilhoso. 2. Extraordinário. Antôn. (acepção 2): *vulgar.*

Estupidarrão, s. m. *Pop.* Pessoa muito estúpida ou muito ignorante.

Estupidez (*ê*), s. f. 1. Qualidade de estúpido. 2. Falta de inteligência, de juízo, de discernimento. 3. Brutalidade, grosseria, indelicadeza. Antôn. (acepção 2): *inteligência.*

Estupidificar, v. Tr. dir. e pron. Tornar(-se) estúpido.

Estúpido, adj. 1. Que revela estupidez; falto de inteligência, de juízo ou de discernimento. 2. Que causa tédio, que aborrece. 3. Bruto, grosseiro, indelicado. Antôns. (acepção 1): *inteligente*; (acepção 3): *delicado.* S. m. Indivíduo estúpido, falto de inteligência.

Estupor, s. m. 1. *Med.* Diminuição ou paralisação das reações intelectuais, sensitivas ou motrizes. 2. *Med.* Apoplexia. 3. Pessoa ou animal de péssima aparência. Pl.: *estupores* (*ô*).

Estuporado, adj. 1. Atacado de estupor. 2. Muito feio. 3. Pasmado.

Estuporar, v. 1. Tr. dir. Causar estupor em. 2. Intr. Ter estupor. 3. Pron. Estragar-se, arruinar-se. 4. Pron. Tornar-se desprezível.

Estuprador, adj. e s. m. Que, ou quem comete estupro.

Estuprar, v. Tr. dir. 1. Atentar com violência contra o pudor de. 2. Cometer estupro contra; violar, violentar.

Estupro, s. m. 1. Atentado ao pudor cometido com violência. 2. Coito sem consentimento da mulher e efetuado com emprego de força, constrangimento, intimidação ou decepção quanto à natureza do ato; violação.

Estuque, s. m. (ital. *stucco*). 1. Argamassa preparada com gesso, água e cola. 2. Obra feita com esse material. 3. *Pop.* Teto.

Estúrdia, s. f. Ação inconsiderada, extravagância, estroinice, travessura.

Estúrdio, adj. 1. Estouvado, inconsiderado. 2. Esquisito. S. m. Indivíduo leviano.

Esturjão, s. m. (germ. *sturio*). *Ictiol.* Nome de peixes ganóides do hemisfério norte de cujas ovas se faz o caviar.

Esturnídeo, adj. *Ornit.* Relativo ou pertencente aos Esturnídeos. S. m. Pássaro da família dos Esturnídeos. S. m. pl. Família (*Sturnidae*) de pássaros que consiste nos estorninhos do Velho Mundo.

Esturrado, adj. 1. Estorricado. 2. Ardente, exaltado. 3. Turrão. 2. Radical.

Esturrar, v. 1. Tr. dir. Torrar até quase queimar; estorricar. 2. Intr. e pron. Criar esturro (a comida). 3. Intr. e pron. Esquentar-se, irritar-se, exaltar-se. 4. Intr. Dar esturro, fazer estrondo.

Esturricar, v. 1. Tr. dir. e intr. Esturrar(-se) um tanto quanto. 2. Intr. Secar-se a ponto de parecer queimado. 3. Pron. Contrair-se, crispar-se.

Esturrilho, s. m. Tabaco especial. espécie de rapé, escuro e muito torrado.

Esturro[1], s. m. 1. Estado de esturrado, do que está quase queimado. 2. Tabaco torrado; esturrinho. 3. Torrefação.

Esturro[2], s. m. 1. Rugido de certos animais. 2. Urro de onça. 3. Estouro.

Esturvinhado, adj. *Pop.* 1. Perturbado, turvado. 2. Amalucado.

Esurino, adj. *Med.* Que desperta o apetite, que excita a fome; aperitivo, ecfrático.

Esvaecer, v. 1. Tr. dir. e pron. Desfazer(-se), dissipar(-se). 2. Tr. dir. Causar desvanecimento ou vaidade a. 3. Intr. e pron. Desanimar, esmorecer, desmaiar. 4. Pron. Afrouxar, diminuir de intensidade. Var.: *esvanecer.*

Esvaecido, adj. Desfeito, dissipado, enfraquecido. Var.: *esvanecido.*

Esvaecimento, s. m. 1. Ação ou efeito de esvaecer. 2. Desvanecimento, dissipação, evaporação. 3. Enfatuamento, vaidade. 4. Desalento, desânimo, esmorecimento. 5. Desmaio, vertigem.

Esvair, v. 1. Tr. dir. Desvanecer, dissipar, fazer evaporar. 2. Pron. Dissipar-se, evaporar-se. 3. Pron. Acabar, ter fim. 4. Pron. Desfalecer, demaiar, esmorecer. 5. Pron. Decorrer, escoar-se, passar com rapidez. 6. Pron. Desbotar-se, perder a cor. 7. Pron. Ter tonturas ou vertigens.

Esvanecer, v. (l. *vanescere*). V. *esvaecer.*

Esvão, s. m. V. *desvão.* Pl.: *esvãos.*

Esvazar, v. V. *esvaziar, despejar.*

Esvaziamento, s. m. Ato ou efeito de esvaziar.

Esvaziar, v. (*es + vazio + ar*). 1. Tr. dir. e pron. Tornar(-se) vazio. 2. Tr. dir. Despejar, esgotar.

Esverdeado, adj. (p. de *esverdear*). Tirante a verde.

Esverdear, v. 1. Tr. dir. Tornar de cor esverdeada ou verde. 2. Intr. e pron. Tomar cor esverdeada ou verde.

Esverdinhado, adj. 1. Que tem alguma tonalidade verde. 2. Verde-claro.

Esverdinhar, v. 1. Tr. dir. Dar cor esverdeada ou verde-clara a, tornar um tanto verde. 2. Intr. e pron. Tomar uma cor esverdeada ou verde-clara.

Esviscerado, adj. 1. Que se esviscerou. 2. Estripado. 3. Insensível, cruel. Antôn. (acepção 3): *compassivo.*

Esviscerar, v. Tr. dir. 1. Tirar as vísceras, as entranhas a; estripar. 2. Tornar desapiedado.

Esvoaçar, v. 1. Intr. Bater (a ave) as asas para erguer o vôo; voar com vôo curto e rasteiro; adejar. 2. Intr. Agitar-se. 3. Intr. e pron. Palpitar ao vento; flutuar.

Esvurmar, v. Tr. dir. *Med.* 1. Tirar ou limpar o vurmo (pus) de uma ferida, espremendo-a. 2. Expelir o que se considera imprestável ou impuro. 3. Pôr a descoberto ou patentear, criticando (defeito ou paixão).

Eta[1], s. m. Sétima letra do alfabeto grego ($H\eta$), que corresponde ao nosso *e.*

-eta[2] (*ê*), suf. Exprime diminuição: *chaveta, cruzeta, roupeta, saleta.*

Êta!, interj. Designativa de satisfação. — *Êta-ferro: êta! Êta-mundo: êta! Êta-pau: êta!*

Etana, s. f. *Quím.* Hidrocarboneto parafinado gasoso, incolor e inodoro, insolúvel em água (C_2H_6), que ocorre em gás natural e é obtido como subproduto no cracking de petróleo. Empregado principalmente como combustível ou como fonte de etileno por desidrogenação. Var.: *etano* e *etânio.*

Etânio, s. m. V. *etana.*

Etano, s. m. V. *etana.*

Etanol, s. m. *Quím.* Álcool etílico.

Etapa, s. f. (fr. *étape*). 1. Distância entre dois lugares de parada em qualquer percurso. 2. Estádio, paragem. 3. Bivaque de tropas, quando param durante a marcha; acampamento. 4. O que o soldado consome diariamente, em marcha ou acampado.

Etário, adj. Que se refere à idade.

Etático, adj. (l. *aetate + ico*). V. *etário*.

etc., abrev. da loc. lat. *et caetera*, que significa *e o mais, e outras coisas, e assim por diante*.

Éter, s. m. 1. *Fís.* Hipotético fluido cósmico extremamente sutil, que enche os espaços, considerado como agente de transmissão da luz, do calor, da eletricidade etc. 2. *Quím.* Líquido aromático, incolor, extremamente volátil e inflamável $[(C_2H_5)_2O]$, que se produz pela destilação de álcool com ácido sulfúrico. 3. Classe de compostos orgânicos formados por dois radicais de hidrocarboneto ligados ao mesmo átomo de oxigênio. 4. Os espaços celestes. — *É. sulfúrico:* o mesmo que *éter*, acepção 2.

Etéreo, adj. (l. *aethereu*). 1. Relativo ou pertencente ao éter. 2. Preparado com éter, ou que contém éter. 3. Ocupado ou preenchido pelo éter.

Eterificação, s. f. Ação de eterificar.

Eterificar, v. Tr. dir. e pron. *Quím.* Converter(-se) (um álcool ou fenol) em éter.

Eterismo, s. m. *Med.* 1. Estado de insensibilidade causada pela eterização. 2. V. *eteromania*.

Eterização, s. f. *Quím.* Ato ou efeito de eterizar.

Eterizar, v. 1. Tr. dir. *Quím.* Misturar, combinar com éter. 2. Tr. dir. *Med.* Anestesiar por meio de éter. 3. Pron. Esvanecer-se, evaporar-se.

Eternal, adj. m. e f. (l. *aeternale*). V. *eterno*.

Eternidade, s. f. 1. O que não tem princípio nem fim. 2. Qualidade do que é eterno. 3. Tempo muito longo. 4. Vida eterna, a existência absoluta, sem princípio nem fim.

Eternizar, v. 1. Tr. dir. Tornar eterno. 2. Tr. dir. e pron. Prolongar(-se) indefinidamente; delongar(-se). 3. Tr. dir. e pron. Tornar(-se) célebre; imortalizar(-se). 4. Pron. Durar muito: Seus feitos *eternizaram-se neste* poema.

Eterno, adj. (l. *aeternu*). 1. Que não tem princípio nem fim. 2. Que teve princípio, mas não terá fim; eviterno. 3. Imortalizado, célebre. Antôns. (acep. 2): *transitório, efêmero*. S. m. Deus.

Eteromania, s. f. *Med.* 1. Emprego abusivo do éter como estimulante. 2. Vício de tomar éter.

Eteromaníaco, adj. 1. Relativo à eteromania. 2. V. *eterômano*.

Eterômano, adj. e s. m. 1. Que, ou o que tem o vício de tomar éter. 2. Que, ou o que padece de eteromania.

Etésio, adj. *Meteor.* Diz-se dos ventos do solstício do verão, no Mediterrâneo. S. m. Vento etésio.

Ética, s. f. (gr. *ethike*). 1. Parte da Filosofia que estuda os valores morais e os princípios ideais da conduta humana. 2. Conjunto de princípios morais que se devem observar no exercício de uma profissão; deontologia.

Ético, adj. (gr. *ethikos*). 1. Relativo ou pertencente à ética. 2. De acordo com a ética.

Etileno, s. m. (de *etilo*). *Quím.* Hidrocarboneto olefínico gasoso, incolor, inflamável $(CH_2 = CH_2)$, encontrado no gás de hulha, comumente obtido por pirólise de hidrocarbonetos de petróleo.

Etílico, adj. *Quím.* 1. Relativo a etilo. 2. Derivado de etilo ou que o contém.

Etilo, s. m. *Quím.* Radical monovalente de hidrocarboneto (C_2H_5) ou (CH_3CH_2).

Étimo, s. m. (l. *etymon*). Palavra da língua-mãe ou de outra língua, que é a original da palavra considerada.

Etimologia, s. f. (gr. *etumologia*). *Gram.* 1. Estudo da origem e formação das palavras de determinada língua. 2. Étimo.

Etimológico, adj. 1. Relativo à etimologia. 2. Que trata da etimologia.

Etimologismo, s. m. Processo para determinar a origem das palavras.

Etimologista, s. m. e f. Pessoa versada no conhecimento da etimologia.

Etimologizar, v. 1. Tr. dir. Determinar a etimologia de uma palavra. 2. Intr. Tratar de etimologias.

Etimólogo, s. m. V. *etimologista*.

Etiologia, s. f. (gr. *aitiologia*). 1. A ciência das causas. 2. *Med.* Investigação das causas duma doença. 3. Conjunto dos fatores que contribuem para a ocorrência de uma doença ou estado anormal.

Etíope, adj. m. e f. Relativo à Etiópia ou aos seus habitantes. S. m. e f. Habitante ou natural da Etiópia.

Etiópico, adj. Pertencente ou relativo à Etiópia. S. m. Língua semítica, outrora falada e escrita na Etiópia e, ainda hoje, usada como língua litúrgica da Igreja Copta da Abissínia; etíope, geês.

Etiqueta (*ê*), s. f. (fr. *étiquette*). 1. Conjunto de cerimônias adotadas na corte e na alta sociedade. 2. Trato cerimonioso. 3. Pedaço de papel gomado com inscrição ou impressão apropriada, colado sobre mercadorias ou seu invólucro, para indicar conteúdo, procedência, uso, preço; rótulo. 4. Frieza nas relações pessoais.

Etiquetagem, s. f. Ato ou efeito de etiquetar.

Etiquetar, v. Tr. dir. Pôr etiqueta ou rótulo em.

Etmoidal, adj. m. e f. V. *etmóide*.

Etmóide, adj. m. e f. *Anat.* Relativo, pertencente ou adjacente a um ou mais ossos que formam parte das paredes e do septo da cavidade nasal. S. m. Osso cartilaginoso, crivoso, que forma o teto das fossas nasais e parte da base do crânio; osso etmóide.

Etmóideo, adj. V. *etmoidal*.

Etnia, s. f. *Sociol.* Mistura de raças caracterizada pela mesma cultura (termo criado para evitar neste caso a palavra *raça*).

Etnicismo, s. m. Gentilidade, paganismo.

Étnico, adj. Relativo, pertencente ou peculiar a uma raça ou nação. S. m. *Ant.* Idólatra, pagão.

Etnocentrismo, s. m. Disposição habitual de julgar povos ou grupos estrangeiros pelos padrões e práticas de sua própria cultura ou grupo étnico.

Etnodicéia, s. f. *Filos.* Direito das gentes.

Etnogenealogia, s. f. Genealogia dos povos.

Etnogenia, s. f. Ramo da Etnologia que trata primariamente da evolução das raças.

Etnografia, s. f. Ramo da Antropologia que trata historicamente da origem e filiação de raças e culturas; antropologia descritiva. 2. Ramo da Etnologia que trata da descrição de culturas, sem ocupar-se de comparação ou análise.

Etnográfico, adj. Relativo ou pertencente à etnografia.

Etnógrafo, s. m. Aquele que se ocupa do estudo da etnografia.

Etnologia, s. f. 1. Ciência que trata da divisão da humanidade em raças, sua origem, distribuição e relações e das peculiaridades que as caracterizam. 2. Antropologia cultural ou social que inclui o estudo comparativo e analítico das culturas e exclui a matéria de arqueologia e antropologia física.

Etnológico, adj. Relativo ou pertencente à etnologia.

Etnologista, s. m. e f. Pessoa que se ocupa de etnologia.

Etnólogo, s. m. V. *etnologista*.

Etnônimo, s. m. *Neol.* Palavra que designa umá raça, um povo, os habitantes de algum lugar; termo étnico, gentílico.

Etocracia, s. f. Forma de governo que tem por base a moral.

Etocrático, adj. Relativo à etocracia.

Etogenia, s. f. *Antrop.* Estudo da origem dos costumes, tendências e caracteres dos povos.

Etogênico, adj. Que concerne à etogenia.

Etognosia, s. f. Conhecimento dos costumes e caracteres de diferentes povos e raças.

Etognóstico, adj. Que se refere à etognosia.

Etografia, s. f. *Filos.* Descrição dos costumes, do caráter e das paixões dos homens.

Etográfico, adj. Relativo à etografia.

Etólio, adj. (l. *aetoliu*). Pertencente ou relativo à Etólia, província da antiga Grécia. S. m. Habitante ou natural dessa província.

Etologia, s. f. 1. Estudo da formação do caráter do homem. 2. *Biol.* Parte da ecologia que trata dos hábitos dos animais e da acomodação dos seres vivos às condições do ambiente. 3. Estudo dos costumes sociais humanos.

Etológico, adj. Relativo ou pertencente à etologia.

Etopéia, s. f. Pintura ou descrição dos costumes e das paixões humanas.

Etopeu, s. m. Aquele que se dedica à etopéia.

Etrioscópio, s. m. Instrumento que serve para medição de variações de temperatura da atmosfera, causadas pela irradiação do calor terrestre.

Etrusco, adj. Relativo ou pertencente à Etrúria, antiga região da Itália, ou aos seus habitantes, língua, civilização ou arte. S. m. 1. Habitante ou natural da Etrúria. 2. Língua dos etruscos; tirreno.

Eu, pron. (l. *ego*). Pronome pessoal da primeira pessoa do singular. Emprega-se como sujeito ou predicativo. S. m. 1. A entidade ou a individualidade da pessoa que fala. 2. A individualidade metafísica da pessoa. 3. Egoísmo.

Eubiótica, s. f. *Filos.* Conjunto de preceitos relativos à arte de bem viver.

Eucaliptal, s. m. Bosque de eucaliptos.

Eucalipto, s. m. *Bot.* 1. Gênero (*Eucalyptus*) da família das Mirtáceas, constituído de árvores e raras vezes de arbustos, sempre verdes, de que há várias espécies, quase todas originárias da Austrália e cultivadas no Brasil.

Eucaliptol, s. m. *Farm.* Óleo incolor ($C_{10}H_{18}O$), aromático, encontrado em diversas folhas, principalmente nas de eucalipto.

Eucaristia, s. f. (gr. *eukharistia*). Sacramento em que, segundo o dogma católico, o corpo e o sangue de Jesus Cristo estão presentes sob as espécies do pão e do vinho.

Eucarístico, adj. Que se refere à eucaristia.

Eucinesia, s. f. *Med.* Faculdade normal de movimentos.

Euclásio, s. m. *Miner.* Silicato natural raro, friável, de berilo e alumínio, que ocorre em forma de cristais prismáticos, amarelo-pálidos, verdes ou azuis. Var.: *êuclase.*

Eucológio, s. m. Livro que contém o ritual da Igreja Grega para a celebração da eucaristia e de outras cerimônias eclesiásticas. Var.: *eucólogo.*

Eucólogo, s. m. V. *eucológio.*

Eucrasia, s. f. *Med.* 1. Estado normal de saúde. 2. Bem-estar físico. Antôn.: *discrasia.*

Eucrásico, adj. Relativo à eucrasia. Var.: *eucrástico.*

Eudemonismo, s. m. *Filos.* Doutrina moral segundo a qual a felicidade é o bem supremo.

Eudiapneustia, s. f. *Med.* Bom funcionamento da respiração cutânea.

Eudiometria, s. f. 1. *Quím.* Análise dos gases por meio do eudiômetro. 2. Aplicação do eudiômetro.

Eudiômetro, s. m. *Fís.* Instrumento para a medição volumétrica e analítica de gases.

Eufêmico, adj. 1. Que se relaciona com o eufemismo ou é da sua natureza. 2. Que contém um eufemismo.

Eufemismo, s. m. (gr. *euphemismos*). Figura de retórica pela qual se suavizam expressões tristes ou desagradáveis empregando outras mais suaves e delicadas. Ex.: Este trabalho *poderia ser melhor* (em vez de *está ruim*).

Eufonia, s. f. 1. Efeito acústico agradável, da combinação dos sons em uma palavra ou da união das palavras na frase. 2. *Mús.* Som agradável de uma só voz ou de um só instrumento. Antôn. (acepções 1 e 2): *cacofonia.*

Eufônico, adj. 1. Relativo ou pertencente à eufonia. 2. De acordo com os princípios da eufonia. Antôn.: *cacofônico.*

Euforbiáceas, s. f. pl. *Bot.* Família (*Euphorbiaceae*) constituída de ervas, arbustos ou árvores, com seiva comumente leitosa, muitas vezes venenosa, flores unissexuais e ovário superior, geralmente triloculado. Inclui a mandioca, o mamoneiro e a seringueira.

Euforbiáceo, adj. *Bot.* Relativo às Euforbiáceas.

Euforia, s. f. *Med.* Sensação de bem-estar, resultante de saúde perfeita, do uso de drogas ou estupefacientes ou de estados mórbidos.

Eufórico, adj. *Med* 1. Que se refere a euforia. 2. Que traz euforia. 3. Caracterizado por euforia.

Eufuísmo, s. m. (derivado do *Euphues*, de John Lyly). Estilo amaneirado, pedante e obscuro, de linguagem falada e escrita, que se usou na Inglaterra, em fins do século XVI, correspondente ao gongorismo, que dominou em Portugal e Espanha.

Eufuísta, s. m. f. Pessoa que praticava o eufuísmo.

Eugenesia, s. f. 1. *Biol.* Caráter ou qualidade de ser eugenésico. 2. Fecundidade entre híbridos.

Eugenético, adj. Referente à eugenia.

Eugenia, s. f. Ciência que se ocupa com o estudo e cultivo de condições que tendem a melhorar as qualidades físicas e morais de gerações futuras.

Eugênico, adj. 1. Que diz respeito à eugenia. 2. Apropriado para a produção de boa prole. 3. Que visa ao melhoramento da raça.

Êugrafo, s. m. *Fís.* Espécie de câmara escura.

Eulalia, s. f. Boa dicção, boa maneira de falar.

Eunômia, s. f. *Astr.* Planeta telescópico descoberto em 1851.

Eunuco, s. m. Homem castrado, empregado no Oriente como guardião de mulheres, principalmente nos haréns. Adj. 1. Impotente, estéril. 2. *Bot.* Diz-se da flor cujo pistilo e estame se transformaram em pétalas.

Eunucóide, adj. m. e f. 1. Diz-se da voz afeminada, semelhante à do eunuco. 2. Que se assemelha a um eunuco. S. m. Indivíduo sexualmente deficiente que, por falta de diferenciação sexual, tende para o estado intersexual.

Eupatia, s. f. Paciência, resignação.

Eupepsia, s. f. *Med.* Boa digestão. Antôn.: *dispepsia.*

Euplástico, adj. *Med.* 1. Que se refere às boas formas plásticas. 2. Adaptado à formação de tecido.

Euplócamo, adj. Diz-se de pessoa que tem o cabelo fino e anelado. S. m. Essa pessoa.

Eupnéia, s. f. *Med.* Respiração normal; facilidade de respirar. Antôn.: *dispnéia.*

Euquimo, s. m. (gr. *eukhumos*). *Bot.* Suco nutritivo dos vegetais.

Euquinina, s. f. *Farm.* Produto de etilcarbonato de quinina, composto derivado da quinina e usado como esta.

Eurignato, adj. 1. *Antrop.* Cuja face tem maior largura transversal na região média. 2. Que tem queixo largo; queixudo.

Euripo, s. m. 1. *Geogr.* Trato estreito de água onde a maré ou corrente flui com violência. 2. Flutuação rápida e perigosa. 3. *Antig. rom.* Fosso que nos circos romanos, impedia que as feras passassem da arena para o lugar dos espectadores.

Euristomo, adj. *Zool.* Que tem boca larga. 2. Que tem boca dilatável.

Euritermia, s. f. *Zool.* Qualidade de euritermo.

Euritermo, adj. *Zool.* Designativo do animal que suporta largas variações de temperatura. S. m. Organismo que suporta grandes variações de temperatura.

Euro, s. m. *Poét.* O vento leste.

Eurodólar, s. m. Dólar de propriedade de empresas privadas multinacionais em poder de bancos comercias europeus, formando um fundo de capital internacional, a curto prazo. Pl.: *eurodólares.*

Européia, s. f. 1. Mulher que é natural da Europa. 2. *Zool.* Província zoogeográfica, subdivisão da sub-região eurásia, região paleártica, compreendendo a Europa central e setentrional, limitada ao sul pelos Pireneus, Alpes, Mar Cáspio e os Urais.

Europeísmo, s. m. 1. Caráter de europeu. 2. Admiração ou imitação dos europeus ou das coisas da Europa. 3. Influência européia.

Europeísta, adj. e s., m. e f. Admirador, ou pessoa admiradora dos europeus ou das coisas da Europa.

Europeização (*e-i*), s. f. Ato ou efeito de europeizar.

Europeizador (*e-i*), adj. Que europeíza.

Europeizar (*e-i*), v. Tr. dir. e pron. 1. Tornar(-se) europeu. 2. Dar feição européia a.

Europeu, adj. 1. Da Europa ou relativo a ela. 2. *Zool.* e *Bot.* Originário da Europa. S. m. Habitante ou natural da Europa. Fem.: *européia.*

Európio, s. m. *Quím.* Elemento metálico bivalente e trivalente, de símbolo Eu, número atômico 63 e massa atômica 152; encontrado em quantidades diminutas na areia monazítica.

Eurritmia, s. f. 1. Justa proporção entre as partes de um todo; beleza, harmonia. 2. Movimento corporal harmonioso. 3. *Med.* Regularidade da pulsação. 5. Simetria na composição de uma obra de arte; harmonia. Antôn. (acepção 4): *arritmia.*

Eurrítmico, adj. 1. Relativo ou pertencente à eurritmia. 2. Que tem eurritmia.

Euscalduno, adj. e s. m. (vasconço *euscaldun*). *Etnol.* Vasco, vascongado, vasconço.

Euscara, s. m. Idioma vasco; euscaro.

Eussemia, s. f. *Med.* Conjunto de sinais ou sintomas favoráveis em determinada doença.

Eustática, s. f. Variação do nível dos mares causada pelo aumento da quantidade de água (degelo dos pólos) ou por movimentos tectônicos do fundo do mar, ou ainda pelo acúmulo dos sedimentos.

Eustomia, s. f. Facilidade de pronunciar.

Eutanásia, s. f. (gr. *euthanasia*). 1. Morte sem sofrimento. 2. Eliminação ou morte sem dor, dos doentes, em caso de moléstia incurável. Var.: *eutanasia.* Antôn.: *cacotanásia.*

Eutaxia (*cs*), s. f. (gr. *eutaxia*). *Zool.* Disposição regular e harmônica das diferentes partes que compõem o organismo animal.

Eutério, adj. *Zool.* Relativo ou pertencente aos Eutérios. S. m. Mamífero da divisão dos Eutérios. S. m. pl. Subclasse (*Eutheria*) da classe dos Mamíferos, que compreende os mamíferos placentários em oposição aos Metatérios, excluindo-se assim dessa subclasse os Monotremos e os Marsupiais.

Euterpe, s. f. *Bot.* Gênero (*Euterpe*) de palmeiras graciosas, de folhas pinadas, da América tropical.

Eutícomo, adj. Que tem o cabelo liso.

Eutimia, s. f. Sossego de espírito.

Eutrapelia, s. f. (gr. *eutraplia*). Modo de gracejar sem ofender.

Eutrofia, s. f. (gr. *eutrophia*). 1. Boa nutrição. 2. Ação normal das funções nutritivas. Antôn. (acepções 1 e 2): *distrofia.*

Evacuação, s. f. (l. *evacuatione*). 1. Ato ou efeito de evacuar. 2. Esvaziamento, remoção do conteúdo: expulsão. 3. Ato de expelir fezes ou excremento. 4. Matéria evacuada.

Evacuar, v. (l. *evacuare*). 1. Tr. dir. Esvaziar, remover o conteúdo de; expelir, exaustar. 2. Tr. dir. e intr. *Med.* Expelir as matérias excrementícias. 3. Pron. *Med.* Sair espontaneamente. 4. Tr. dir. *Mil.* Transferir de um lugar para outro. 5. Tr. dir. Abandonar (um lugar); sair.

Evacuativo, adj. e s. m. Que, ou o que faz evacuar.

Evadir, v. 1. Tr. dir. Desviar, evitar. 2. Pron. Pôr-se a salvo; escapar, fugir. 3. Tr. dir. Iludir, sofismar. 4. Pron. Esquivar-se. 5. Pron. Sumir-se; desaparecer.

Evagação, s. f. *Obsol.* Distração, divagação.

Evalve, adj. *Bot.* Diz-se do pericarpo que não se abre espontaneamente; indeiscente.

Evanescente, adj. m. e f. Que esvanece, ou se esvai; esvaecente.

Evangelho, s. m. (gr. *euaggelion*). 1. Doutrina de Jesus Cristo. 2. Os quatro primeiros livros do Novo Testamento, os escritos pelos evangelistas Mateus, Marcos, Lucas e João e em que está narrada a vida e doutrina de Jesus Cristo. 3. Cada um desses livros. 4. *Liturg.* Parte da missa lida ao lado esquerdo do altar, chamado lado do Evangelho.

Evangélico, adj. 1. Do Evangelho ou a ele relativo. 2. Conforme aos princípios do Evangelho. 3. Pertencente ou relativo ao protestantismo. 4. Caritativo, carinhoso, meigo.

Evangelismo, s. m. 1. Doutrina político-religiosa baseada no Evangelho. 2. Pregação e propagação do Evangelho.

Evangelista, s. m. 1. Autor de um dos quatro evangelhos (S. Mateus, S. Marcos, S. Lucas e S. João). 2. Sacerdote que canta ou recita o Evangelho na missa; evangelizador. S. m. e f. Pessoa que preconiza uma doutrina.

Evangelização, s. f. Ato ou efeito de evangelizar.

Evangelizador, adj. e s. m. Que, ou aquele que evangeliza.

Evangelizar, v. Tr. dir. 1. Pregar o Evangelho a. 2. Preconizar, pregar como evangelho.

Evaporação, s. f. 1. Ato ou efeito de evaporar. 2. Exalação. 3. Passagem lenta e insensível de um líquido (exposto ao ar ou colocado no vazio) ao estado de vapor.

Evaporado, adj. Reduzido a vapor.

Evaporar, v. 1. Tr. dir. e pron. Reduzir(-se) (líquido) ao estado de vapor; vaporizar(-se). 2. Tr. dir. e pron. Tornar(-se) (um líquido) mais denso por meio da evaporação. 3. Tr. dir. Emitir, exalar. 4. Tr. dir. Consumir, fazer desaparecer. 5. Pron. Desfazer-se, dissipar-se. 6. Pron. Consumir-se inutilmente, perder-se. 7. Pron. Fugir, desaparecer. Var.: *evaporizar.*

Evaporativo, adj. 1. Que facilita a evaporação. 2. Que faz evaporar.

Evaporatório, adj. V. *evaporativo.* S. m. 1. Orifício por onde sai o vapor. 2. Aparelho que facilita a evaporação.

Evaporável, adj. m. e f. Que se pode evaporar. Var.: *vaporável.*

Evaporita, s. f. *Miner.* Rocha sedimentária (gipso ou sal, por ex.), que se origina da evaporação de água do mar em bacias fechadas.

Evaporizar, v. V. *evaporar.*

Evaporometria, s. f. Emprego do evaporômetro.

Evaporométrico, adj. Pertencente ou relativo à evaporometria.

Evaporômetro, s. m. Instrumento destinado a verificar a capacidade evaporativa do ar.

Evasão, s. f. (l. *evasione*). 1. Ato de evadir-se; fuga. 2. Evasiva, subterfúgio. 3. Impulso manifestado por certos doentes (neuróticos ou psicóticos) de fugir, pela imaginação, pelo devaneio etc., ao real, ao qual não conseguem adaptar-se; escapismo.

Evasiva, s. f. 1. Desculpa ardilosa. 2. Escapatória. 3. Pretexto. 4. Subterfúgio.

Evasivo, adj. 1. Que facilita a evasão. 2. Argucioso. 3. Que serve de subterfúgio.

Evecção, s. f. *Astr.* Perturbação periódica do movimento da Lua em sua órbita, causada pela atração do Sol.

Evemia, s. f. *Med.* Bom estado, boa qualidade do sangue.

Evencer, v. Tr. dir. *Dir.* Desapossar, despojar: *Evencer um indivíduo* = desapossá-lo de uma propriedade.

Evento, s. m. 1. Acontecimento, sucesso. 2. Eventualidade.

Eventração, s. f. 1. Ato ou efeito de eventrar. 2. *Med.* Hérnia ocasionada por ruptura acidental na parede abdominal.

Eventrar, v. (fr. *éventrer*). Tr. dir. 1. Eviscerar. 2. *Fig.* Tirar para fora o interior de um objeto: *Eventrar um relógio.* 3. *Fig.* Examinar pormenorizadamente.

Eventual, adj. m. e f. 1. Dependente de acontecimento incerto. 2. Casual, fortuito. 3. Variável.

Eventualidade, s. f. 1. Caráter daquilo que é eventual. 2. Acontecimento incerto. 3. Casualidade, acaso.

Eversão, s. f. 1. Reviramento de dentro para fora. 2. Desmoronamento. 3. Subversão. 4. Destruição, ruína.

Eversivo, adj. Que produz ruína, destruição.

Eversor, adj. e s. m. *P. us.* Assolador, destruidor, subvertedor.

Everter, v. Tr. dir. 1. Deixar abaixo; subverter. 2. Arruinar, destruir. 3. *Biol.* Virar de dentro para fora.

Evicção, s. f. (l. *evictione*). 1. *Dir.* Ato ou efeito de evencer. 2. Perda parcial ou total sofrida pelo adquirente de alguma coisa, em virtude de reivindicação judicial promovida pelo verdadeiro dono.

Evicto, adj. (l. *evictu*). Sujeito à avicção. S. m. Aquele que é obrigado à evicção.

Evictor, s. m. (l. *evictore*). *Dir.* Pessoa que promove a evicção, ou reivindica a coisa sujeita a esta.

Evidência, s. f. (l. *evidentia*). Qualidade daquilo que é evidente, que é incontestável, que todos vêem ou podem ver e verificar.

Evidente, adj. m. e f. 1. Que se compreende sem dificuldade nenhuma, que não oferece dúvidas. 2. Claro, manifesto, patente; óbvio. 3. Que não pode ser contestado ou negado; incontestável, inegável. 4. Plausível, convincente. Antôn. (acepção 1): *duvidoso.*

Evisceração, s. f. (l. *evisceratione*). Ato ou efeito de eviscerar.

Eviscerar, v. (l. *eviscerare*). Tr. dir. Tirar as vísceras a; estripar.

Evitar, v. (l. *evitare*). Tr. dir. 1. Desviar-se de, fugir a; evadir. 2. Esquivar-se à convivência, ao trato ou ao encontro de (alguém). 3. Atalhar, impedir.

Evitável, adj. m. e f. Que se pode evitar.

Eviternidade, s. f. Qualidade de eviterno.

Eviterno, adj. (l. *aeviternu*). Que não há de ter fim.
Evo (*é*), s. m. (l. *aevu*). *Poét.* 1. Duração sem fim; eternidade, perpetuidade. 2. Século.
Evocação, s. f. 1. Ato de evocar. 2. Ato de recordar.
Evocar, v. (l. *evocare*). Tr. dir. 1. Chamar (alguém) para fora do lugar onde está. 2. *Magia.* Chamar, invocar, para que apareçam (almas, espíritos, demônios). 3. Chamar à memória, reproduzir na imaginação ou no espírito. 4. *Dir.* Transferir (uma causa) de um tribunal para outro; avocar.
Evocativo, adj. (l. *evocativu*). V. *evocatório.*
Evocatório, adj. (l. *evocatoriu*). Que serve para evocar.
Evocável, adj. m. e f. Que se pode evocar.
Evoé!, interj. (l. *evoe*). *Antig.* Grito que soltavam as bacantes, evocando Baco durante as orgias. S. m. Brado de alegria.
Evolar, v. (l. *evolare*). 1. Pron. Elevar-se voando. 2. Pron. Exalar-se. 3. Pron. Volatilizar-se. 4. Tr. dir. Levar voando.
Evolução, s. f. 1. Ato ou efeito de evoluir. 2. Progresso paulatino e contínuo a partir de um estado inferior ou simples para um superior, mais complexo ou melhor. 3. Transformação lenta, em leves mudanças sucessivas. 4. *Sociol.* Progresso ou melhoramento social, político e econômico, gradual e relativamente pacífico, em contraste à mudança violenta, à revolução. 5. *Biol.* Processo pelo qual, através de uma série de alterações gradativas, a partir de um estado rudimentar, todo organismo vivo ou grupo de organismos adquiriu os caracteres morfológicos ou fisiológicos que o distinguem. 6. Qualquer movimento destinado a efetuar um novo arranjo, pela passagem de uma posição a outra, dos componentes de um grupo (dançarinos, patinadores etc.). 7. *Bot.* Desenvolvimento, crescimento sucessivo dos órgãos vegetais.
Evolucionar, v. (l. *evolutione + ar*). 1. Intr. Realizar evoluções. 2. Tr. ind. Sofrer evolução, passar por transformações sucessivas; evolver.
Evolucionário, adj. 1. Relativo ou pertencente a evolução. 2. Produzido por evolução.
Evolucionismo, s. m. 1. Doutrina científica, cuja idéia básica ou predominante é a evolução. 2. Adesão à teoria da evolução, especialmente à dos seres vivos.
Evolucionista, adj. m. e f. Relativo ou pertencente ao evolucionismo. S. m. e f. Pessoa partidária das doutrinas biológicas, sociológicas ou filosóficas da evolução.
Evoluir, v. (fr. *évoluer*). Intr. 1. Executar evoluções. 2. Passar por uma série progressiva de transformações. Sinôns. preferíveis: *evolucionar, evolver.*
Evoluta, s. f. *Geom.* Lugar geométrico em que estão os centros de curvatura de uma curva plana, que se chama *evolvente.*
Evolutivo, adj. 1. Relativo ou pertencente a evolução. 2. Que promove evolução. 3. Que se transforma espontaneamente. 4. Que se desenvolve.
Evolvente, adj. m. e f. (l. *evolvente*). Que evolve. S. f. *Geom.* Curva traçada por qualquer ponto de um fio perfeitamente flexível, não extensível, mantido teso enquanto está sendo enrolado em outra curva (evoluta) ou desenrolado dela.
Evolver, v. (l. *evolvere*). Intr. e pron. Mover-se lenta e progressivamente; desenvolver-se, por lentas modificações, sem saltos bruscos. Sinôn.: *evolucionar.*
Evonimina, s. f. Substância extraída do evônimo.
Evônimo, s. m. *Bot.* Gênero (*Evonymus*) da família das Celastráceas, constituído de arbustos, trepadeiras ou pequenas árvores sempre verdes, originários das regiões temperadas do hemisfério Norte, aclimadas no Brasil. Var.: *Euônimo.*
Evulsão, s. f. Ato de arrancar; extração.
Evulsivo, adj. Próprio para produzir evulsão.
ex-, pref. (l. *ex*). Exprime movimento para fora de, saída, intensidade etc.: *êxodo, expatriar, expurgar.* Anteposto e ligado por hífen a certos substantivos, designa cargo, profissão ou estado que se deixou de exercer: *ex-diretor, ex-ministro.* O *x* do prefixo *ex* tem o som de z antes de vogal.
Exabundância, s. f. Qualidade de exabundante.
Exabundante, adj. m. e f. Muito abundante.
Exação, s. f. 1. Arrecadação ou cobrança rigorosa de impostos, tributos, dívidas etc. 2. Imposto arbitrário e excessivo. 3. Correção, exatidão, regularidade.
Exacerbação, s. f. 1. Ato ou efeito de exacerbar; agravamento. 2. Estado da coisa exacerbada. 3. Irritação.
Exacerbar, v. Tr. dir. e pron. 1. Tornar(-se) acerbo; agravar(-se), avivar(-se). 2. Tornar(-se) áspero; irritar(-se).
Exageração, s. f. 1. Ato ou efeito de exagerar. 2. Abuso, excesso. 3. Falta de naturalidade. 4. *Ret.* Hipérbole.
Exagerado, adj. 1. Em que há exageração. 2. Que exagera. S. m. Aquele que tem hábito de exagerar.
Exagerador, adj. e s. m. Que, ou aquele que exagera.
Exagerar, v. (l. *exaggerare*). 1. Tr. dir. Apresentar ou descrever fatos ou coisas maiores ou menores do que são realmente. 2. Tr. dir. e intr. Exprimir com ênfase ou demasiado encarecimento. 3. Intr. e pron. Ser exagerado nos gestos, nos modos, na maneira de dizer etc. 4. Tr. dir. Aparentar, ostentar (em bem ou em mal) mais do que é realmente. 5. *Bel.-art.* Acentuar ou pronunciar em demasia. Antôn. (acepções 1 e 5): *atenuar.*
Exagero (*ê*), s. m. (de *exagerar*). 1. Ato ou efeito de exagerar; exageração. 2. Aquilo que se encareceu em demasia.
Exagitado, adj. Muito agitado.
Exagitante, adj. m. e f. Que exagita.
Exagitar, v. Tr. dir. e pron. 1. Agitar(-se) muito. 2. Agastar(-se), enfurecer(-se), irritar(-se). Antôn.: *acalmar.*
Exalação, s. f. 1. Ato ou efeito de exalar ou exalar-se. 2. Qualquer emanação, cheiro, vapor etc. 3. Emanação, imperceptível à vista, de uma substância sólida ou líquida.
Exalante, adj. m. e f. (l. *exhalante*). Que exala.
Exalar, v. (l. *exhalare*). 1. Tr. dir. Emitir ou lançar de si (emanações odoríferas ou fétidas). 2. Intr. Desprender cheiro. 3. Pron. Emanar, evolar-se, sair. 4. Pron. Evaporar-se. 5. Tr. dir. Soltar o derradeiro alento de (vida).
Exalçamento, s. m. V. *exaltação.*
Exalçar, v. V. *exaltar.*
Exaltação, s. f. 1. Ato ou efeito de exaltar. 2. Louvor entusiástico. 3. Perturbação mental, ecompanhada de excitação. 4. Irritação, cólera, enfurecimento. 5. Excitação de espírito; entusiasmo, fanatismo. Antôn. (acepção 3): *serenidade.*
Exaltado, adj. 1. Ardente, apaixonado. 2. Exagerado; fanático. 3. Que se irrita facilmente. S. m. O que facilmente se irrita.
Exaltar, v. (l. *exaltare*). 1. Tr. dir. e pron. Tornar(-se) alto; alevar(-se), erguer(-se), levantar(-se). 2. Tr. dir. e pron. Engrandecer(-se), glorificar(-se), sublimar(-se). 3. Tr. dir. Afamar, decantar, louvar. 4. Tr. dir. Levar ao mais alto grau de intensidade ou energia. 5. Tr. dir. e pron. Agastar(-se), enfurecer(-se). Antôns. (acepção 1): *rebaixar;* (acepção 2): *aviltar.*
Ex-aluno, s. m. Antigo aluno de alguma escola ou de alguém.
Exalviçado, adj. Alvacento, esbranquiçado.
Exame, s. m. (l. *examen*). 1. Ato de examinar. 2. Observação ou investigação minuciosa e atenta; verificação, inspeção. 3. Análise. 4. Prova oral ou escrita, teórica ou prática, a que alguém é submetido; teste. 5. Inspeção, interrogatório, revista.
Examinador, adj. e s. m. Que, ou quem examina.
Examinando, s. m. Aquele que tem de ser examinado, ou está sendo examinado.
Examinar, v. 1. Tr. dir. Proceder ao exame de, inspecionando atenta e minuciosamente. 2. Tr. dir. Estudar, meditar a respeito de; ponderar. 3. Tr. dir. Interrogar (o candidato ou examinando). 4. Pron. Fazer exame de consciência, observar-se com atenção. 5. Tr. dir. Inquirir (testemunhas) sobre a verdade de. 6. Tr. dir. Apurar, provar; verificar. 7. Tr. dir. *Med.* Inspecionar visualmente ou por outros meios para diagnosticar doença ou anormalidade.
Examinável, adj. m. e f. Que pode ser examinado.
Exangue, adj. m. e f. 1. Que não tem ou perdeu sangue. 2. Esvaído em sangue. 3. Enfraquecido. Antôn. (acepção 1): *pletórico.*
Exanimação, s. f. *Med.* 1. Desfalecimento, síncope. 2. Morte aparente.

Exânime, adj. m. e f. 1. Sem alento; desmaiado. 2. Morto.
Exantema, s. m. *Med.* Vermelhidão cutânea intensa causada por doenças eruptivas.
Exantemático, adj. *Med.* 1. Que tem a natureza do exantema. 2. Que se refere ao exantema.
Exarar, v. (l. *exarare*). Tr. dir. 1. Gravar. 2. Consignar, mencionar, escrever, lavrar.
Exarca, s. m. (gr. *exarkhos*). 1. Legado do patriarca grego. 2. Vice-rei de uma província na Itália ou na África sob os imperadores bizantinos.
Exarcado, s. m. 1. Dignidade de exarca. 2. Duração dessa dignidade. 3. Território governado por exarca.
Exarticulação, s. f. Desarticulação.
Exartrema, s. m. Exartrose.
Exartrose, s. f. (*ex + artrose*). *Med.* Luxação, por diartrose, dos ossos articulados; exartrema.
Exasperação, s. f. 1. Ato ou efeito de exasperar. 2. Desespero. 3. Irritação.
Exasperador, adj. e s. m. Que, ou o que faz exasperar.
Exasperar, v. 1. Tr. dir. e pron. Tornar(-se) enfurecido; irritar(-se) muito, encolerizar(-se). 2. Tr. dir. Irritar ou importunar alguém até levá-lo ao desespero. 3. Tr. dir e pron. Agravar(-se), exacerbar(-se). Antôn. (acepção 1): *acalmar.*
Exaspero (*ê*), s. m. Exasperação.
Exatidão, s. f. (de *exato*). 1. Caráter ou qualidade de exato. 2. Rigor na determinação de medida, peso, valor etc.; precisão. 3. Atenção minuciosa no cálculo; correção. 4. Cumprimento rigoroso, observância à risca de ajuste, contrato etc. 5. Verdade na exposição dos fatos.
Exatificar, v. Tr. dir. 1. *P. us.* Tornar exato. 2. Deslindar, verificar.
Exato, adj. (l. *exactu*). 1. Certo, preciso, justo, correto. 2. Rigoroso. 3. Conforme ao modelo ou original. 4. Diz-se das ciências matemáticas: Ciências *exatas.* 5. Esmerado, perfeito. 6. Fiel na exposição de fatos. 7. Pontual. 8 Honrado.
Exator, s. m. 1. Aquele que comete exações. 2. Cobrador de impostos e contribuições. 3. Aquele que exige o que é devido.
Exatoria, s. f. 1. Cargo ou funções de exator. 2. Repartição fiscal onde são cobrados os impostos.
Exaurir, v. (l. *exhaurire*). 1. Tr. dir. Esgotar completamente. 2. Tr. dir. Gastar até a última. 3. Pron. Esgotar-se. 4. Tr. dir. Depauperar, empobrecer. 5. Pron. Cansar-se, extenuar-se.
Exaurível, adj. m. e f. Que se pode exaurir.
Exaustão, s. f. Ato ou efeito de exaurir.
Exaustivo, adj. 1. Que esgota, ou serve para esgotar. 2. Muito cansativo.
Exausto, adj. 1. Que se exauriu. 2. Acabado. 3. Esgotado.
Exaustor, s. m. Aparelho para tirar o ar viciado ou malcheiroso de um ambiente.
Exautoração, s. f. Ato ou efeito de exautorar.
Exautorar, v. Tr. dir. 1. Despojar, destituir de cargo, autoridade, honras, insígnias etc. 2. Desprestigiar.
Excarcerar, v. Tr. dir. 1. Tirar do cárcere. 2. Libertar.
Exceção, s. f. 1. Ato ou efeito de excetuar. 2. Desvio de regra, de lei, de princípio ou de ordem. 3. A coisa excetuada; aquilo que se desvia da regra. 4. Prerrogativa, privilégio.
Excedente, adj. m. e f. Que excede ou sobeja. S. m. Diferença para mais; excesso, sobra.
Exceder, v. (l. *excedere*). 1. Tr. dir. e tr. ind. Ir além de; ultrapassar (em valor, peso, extensão, talento, virtude etc.). 2. Pron. Ir além do que é natural, justo ou conveniente; cometer excesso. 3. Pron. Irritar-se, enfurecer-se. 4. Pron. Apurar-se, esmerar-se. 5. Pron. Fatigar-se até ao excesso.
Excedível, adj. m. e f. Que se pode exceder.
Excelência, s. f. 1. Qualidade de excelente. 2. Superioridade de qualidade. 3. Tratamento devido a pessoas nobres ou de elevada situação social.
Excelente, adj. m. e f. 1. Que é superior ou muito bom no seu gênero. 2. Primoroso. 3. Bem acabado, perfeito. 4. Exímio. 5. Distinto.
Excelentíssimo, adj. (l. *excellentissimu*). Sup. abs. sint. de *excelente.* 2. Qualificativo das pessoas a quem se dá o tratamento de excelência: *Excelentíssima* senhora.
Exceler, v. 1. V. *exceder.* 2. Intr. Ser excelente.
Excelsitude, s. f. 1. Qualidade de excelso, 2. Magnificência.
Excelso, adj. (l. *excelsu*). 1. Alto, elevado. 2. Egrégio, grandioso, sublime. 3. Ilustre. 4. Magnificente, maravilhoso, portentoso. Antôns. (acepção 1): *baixo*; (acepção 2): *vulgar.*
Excentricidade, s. f. (*excêntrico + dade*). 1. Qualidade de excêntrico. 2. Extravagância. 3. Originalidade. 4. Afastamento do centro.
Excêntrico, adj. 1. Que está fora do centro. 2. Diz-se de uma elipse, em relação à sua maior ou menor excentridade. 3. Esquisito, extravagante, original. 4. Não conforme ao uso. Antôn. (acepção 2): *concêntrico.* S. m. 1. Indivíduo que tem excentricidades. 2. Peça que, girando em torno de um ponto que não é seu centro, transforma um movimento circular contínuo em retilíneo alternativo; came.
Excepcional, adj. m. e f. 1. Em que há exceção. 2. Relativo a exceção. 3. Invulgar. 4. Excêntrico. 5. Extraordinário. S. m. pl. Indivíduos (diz-se mais especialmente de crianças) portadores de algum defeito físico ou enfermidade, que os prejudicam na aprendizagem ou diminuem sua capacidade para atividades físicas. Var.: *excecional.*
Exceptiva, s. f. Cláusula ou condição que encerra exceção. Var.: *excetiva.*
Exceptivo, adj. V. *excepcional.* Var.: *excetivo.*
Excerto, adj. Tirado, extraído. S. m. Trecho, extrato.
Excessivo, adj. 1. Que excede, que é em excesso. 2. Demasiado, exorbitante. 3. Extraordinário. 4. Exagerado.
Excesso, s. m. (l. *excessu*). 1. Diferença para mais entre duas quantidades; excedente, sobra. 2. Grau elevado; exagero, cúmulo. 3. Abuso. 4. Falta de moderação; desregramento. 5. Esforço desmedido.
Exceto, adj. (l. *exceptu*). *P. us.* Excetuado. Prep. À exceção de, com exceção de, fora, menos, salvo.
Excetuar, v. 1. Tr. dir. Fazer exceção de, pôr fora de; excluir. 2. Pron. Excluir-se ou isentar-se de. 3. Tr. dir. *Dir.* Impugnar (uma demanda) por meio de exceção. 4. Intr. *Dir.* Propor uma exceção. Antôn. (acep. 1): *incluir.*
Excídio, s. m. *Poét.* 1. Ruína, estrago, assolação, destruição. 2. Subversão.
Excipiente, s. m. (l. *excipiente*). *Farm.* Substância que serve para ligar ou dissolver outras que constituem um medicamento.
Excisão, s. f. (l. *excisione*). 1. Ato de cortar. 2. *Cir.* Ablação de parte de um todo; ressecção. 3. Abalo ou golpe profundo.
Excisar, v. Tr. dir. Praticar excisão em.
Excitabilidade, s. f. 1. Qualidade de excitável. 2. *Fisiol.* Propriedade dos seres vivos de aumentar a atividade orgânica sob a influência de estimulantes.
Excitação, s. f. 1. Ato de excitar. 2. Condição de estar excitado; agitação. 3. Irritação, estímulo, estimulação. 4. *Fisiol.* Provocação de atividade (por estimulação neutral ou elétrica, por ex.) em um indivíduo, órgão ou tecido.
Excitador, adj. Que excita, provoca ou estimula; promotor, causador. S. m. Aquele que excita; agitador, sublevador.
Excitamento, s. m. V. *excitação.*
Excitante, adj. m. e f. Que excita, estimula ou anima; estimulante. S. m. *Farm.* Toda substância que excita.
Excitar, v. (l. *excitare*). 1. Tr. dir. Ativar a ação de. 2. Tr. dir. Despertar, estimular. 3. Tr. dir. Dar ânimo ou coragem a. 4. Tr. dir., intr. e pron. Produzir erotismo em. 5. Tr. dir. Promover, suscitar. 6. Pron. Estimular-se, concitar-se. 7. Tr. dir. *Eletr.* Tornar elétrico um circuito pela aplicação de corrente.
Excitativo, adj. Excitante; próprio para excitar.
Excitável, adj. m. e f. Que se pode excitar.
Exclamação, s. f. (l. *exclamatione*). 1. Ato de exclamar. 2. Grito súbito de admiração, alegria, dor, surpresa etc. 3. Sinal gráfico (!) que segue, quase sempre, a palavra que exprime um desses estados de alma; ponto de admiração. 4. Interjeição.
Exclamador, adj. e s. m. Que, ou aquele que exclama, ou brada.

Exclamante, adj. e s., m. e f. Que, ou quem exclama.

Exclamar, v. (l. *exclamare*). 1. Tr. ind. e intr. Soltar exclamações; bradar, gritar, vociferar. 2. Tr. dir. Pronunciar em voz alta e em tom exclamativo ou admirativo.

Exclamativo, adj. Que exprime exclamação; admirativo.

Exclamatório, adj. V. *exclamativo*.

Excluir, v. (l. *excludere*). 1. Tr. dir. e pron. Deixar(-se) de fora, não incluir(-se); omitir(-se). 2. Tr. dir. Impedir a entrada de; recusar, rejeitar. 3. Tr. dir. Pôr fora de; expulsar. 4. Tr. dir. Privar da posse de alguma coisa. 5. Tr. dir. Ser incompatível com. Antôns. (acepção 1): *incluir*; (acepções 2 e 5): *admitir*.

Exclusão, s. f. 1. Ato ou efeito de excluir. 2. Pessoa ou coisa excluída. 3. Exceção. 4. Reprovação. Antôn.: *inclusão*.

Exclusive, adv. latino. De modo exclusivo. Antôn.: *inclusive*.

Exclusividade, s. f. V. *exclusivismo*.

Exclusivismo, s. m. 1. Qualidade daquilo que é exclusivo. 2. Espírito de exclusão, sistema de exclusão.

Exclusivista, adj. m. e f. 1. Diz-se da pessoa que é partidária do exclusivismo. 2. Diz-se da pessoa que repele tudo o que é contrário à sua opinião; intransigente. S. m. e f. Pessoa partidária do exclusivismo.

Exclusivo, adj. 1. Que exclui; que tem força ou direito para excluir. 2. Incompatível com outra coisa. 3. Especial, privativo, restrito. S. m. Direito de não ter concorrentes numa indústria ou numa empresa.

Excluso, adj. 1. V. *excluído*. 2. *Bot.* Diz-se de qualquer parte, quando faz saliência para fora do órgão em que está contida.

Excogitação, s. f. Ato ou efeito de excogitar.

Excogitador, adj. e s. m. 1. Que, ou o que excogita. 2. Que, ou o que investiga ou pesquisa.

Excogitar, v. (l. *excogitare*). 1. Tr. dir. Imaginar, inventar, descobrir, após exame ou meditação profunda. 2. Tr. dir. Espreitar, esquadrinhar. 3. Intr. Imaginar, meditar, refletir.

Excogitável, adj. m. e f. Que se pode excogitar.

Excomungado, adj. 1. *Fam.* Maldito, amaldiçoado (falando de alguém ou de alguma coisa, com cólera e desprezo). 2. Que sofreu excomunhão. S. m. 1. Indivíduo que é odiado, que procede mal. 2. Indivíduo que sofreu excomunhão.

Excomungar, v. Tr. dir. 1. Separar da comunhão; expulsar do grêmio católico. 2. Tornar maldito. 3. Isolar da comunidade. 4. Esconjurar. Antôn. (acepção 1): *abençoar*.

Excomunhão, s. f. 1. Ato ou efeito de excomungar. 2. *Rel.* Pena eclesiástica que separa quem a sofre do grêmio dos católicos.

Excreção, s. f. *Fisiol.* 1. Função animal que consiste na expulsão para o exterior por órgãos apropriados (rins etc.) dos produtos da desassimilação. 2. Matéria excrementícia (a urina, a exalação cutânea, a exalação pulmonar e todas as dejeções).

Excrementício, adj. 1. Que se refere aos excrementos. 2. Produzido por excreção. 3. Que é da natureza de excremento.

Excremento, s. m. 1. Resíduos não absorvidos da digestão, que o animal lança periodicamente para o exterior. 2. Matérias fecais; fezes, excreto. 3. Pessoa vil e desprezível.

Excrementoso, adj. V. *excrementício*.

Excrescência, s. f. 1. Saliência, elevação acima de uma superfície. 2. O que cresce a mais. 3. Superfluidade.

Excrescente, adj. m. e f. 1. Que excresce, que cresce para fora. 2. Supérfluo.

Excrescer, v. Intr. 1. *Med.* Formar excrescência, crescer para fora (da pele ou de uma membrana mucosa). 2. Crescer muito. 3. Intumescer.

Excretar, v. (l. *excretu + ar*). 1. Tr. dir. Expelir do corpo (suor, urina, fezes). 2. Intr. Sair por excreção.

Excreto, adj. *Fisiol.* Que foi separado pelos órgãos excretores; que saiu pelos canais excretores; excretado. S. m. O produto da excreção.

Excruciante, adj. m. e f. 1. Que excrucia. 2. Aflitivo, doloroso, lancinante, pungente.

Excruciar, v. Tr. dir. e pron. Afligir(-se), atormentar(-se), castigar(-se), martirizar(-se).

Exculpação, s. f. (*exculpar + ção*). V. *desculpa*.

Exculpador, adj. e s. m. (*exculpar + dor*). Que, ou o que exculpa.

Exculpar, v. V. *desculpar*.

Excursão, s. f. 1. Jornada ou passeio de instrução ou de recreio. 2. Viagem de recreio. 3. Digressão, divagação.

Excursionista, s. m. e f. Quem toma parte em excursões.

Excurso, s. m. 1. V. *excursão*. 2. Discussão incidental; digressão.

Excussão, s. f. *Dir.* Ato ou efeito de excutir.

Excutir, v. Tr. dir. *Dir.* Fazer depositar judicialmente a coisa que é objeto de penhor, ou penhorar a que se acha gravada de hipoteca, vendendo uma ou outra em hasta pública.

Execração, s. f. 1. Ato ou efeito de execrar. 2. Aquele ou aquilo que se execra. 3. Imprecação. 4. Aversão profunda.

Execrador, adj. e s. m. Que, ou aquele que execra.

Execrando, adj. V. *execrável*.

Execrar, v. 1. Tr. dir. Abominar, detestar, amaldiçoar. 2. Tr. dir. Desejar mal a. 3. Pron. Detestar-se, ter horror a si mesmo. Antôn. (acepção 1): *abençoar*.

Execratório, adj. Que envolve execração.

Execrável, adj. m. e f. 1. Digno de execração. 2. Abominável, detestável. 3. Horroroso, sacrílego, ímpio.

Execução, s. f. 1. Ato, efeito ou modo de executar. 2. Realização, efetuação. 3. Desempenho; representação, interpretação. 4. Cumprimento. 5. Ato de obrigar judicialmente ao pagamento de uma dívida. 6. Arrestação e venda de bens, para pagamento de dívida; embargo, seqüestro, penhora. 7. Cumprimento de sentença judicial. 8. Suplício de um condenado. 9. Capacidade particular de tocar um instrumento musical.

Executado, adj. Que se executou. S. m. 1. Aquele que sofreu a pena de morte. 2. Aquele que é réu, numa execução judicial.

Executante, adj. e s., m. e f. 1. Que, ou quem executa, canta ou toca. 2. *Dir.* Autor num processo de execução.

Executar, v. 1. Tr. dir. Levar a efeito; realizar, fazer, efetuar. 2. Tr. dir. Cumprir. 3. Tr. dir. Representar em cena; interpretar. 4. Tr. dir. e intr. *Mús.* Tocar, cantar. 5. Tr. dir. Apreender judicialmente, obrigar a pagar mediante ação judicial; embargar, seqüestrar, penhorar. 6. Tr. dir. Aplicar (penalidade, punição, morte) em cumprimento da lei; justiçar.

Executável, adj. m. e f. Que se pode executar.

Executivo, adj. 1. Que executa. 2. Que está encarregado de executar leis. 3. Relativo a execução. 4. Decisivo. 5. *Neol.* Diretorial: Avião *executivo*. S. m. 1. O poder executivo; o governo de um país; um dos três poderes do Estado democrático. 2. *Neol.* (do ingl. *executive*). Pessoa que ocupa uma posição de responsabilidade administrativa, de diretoria ou de gerência, numa organização comercial, industrial ou oficial.

Executor, adj. Que executa. S. m. Algoz, carrasco, verdugo.

Executoria, s. f. Repartição que trata da cobrança ou execução dos rendimentos e créditos de uma corporação.

Executória, s. f. *Dir.* Precatória por meio da qual se promove uma execução.

Executório, adj. *Dir.* 1. Que se há de executar. 2. Que dá o poder de executar.

Êxedra, s. f. *Antig.* Pórtico ou recinto circular com assentos, onde os filósofos se juntavam para discutir.

Exegese (*gé*), s. f. (gr. *exegesis*). Comentário, explicação de textos (especialmente se aplica à interpretação gramatical e histórica da Bíblia).

Exegeta (*gé*), s. m. e f. (gr. *exegetes*). Pessoa que se aplica à exegese.

Exegética, s. f. Parte da Teologia que trata da exegese bíblica.

Exegético, adj. Que se refere a exegese; explanatório.

Exemplar[1], adj. m. e f. (l. *exemplare*). Próprio ou digno de ser tomado como exemplo. S. m. 1. Modelo original que se deve imitar ou copiar. 2. Cada um dos livros, ou cada medalha, ou quaiquer outros objetos multiplicados conforme um tipo comum. 3. Cada indivíduo da mesma variedade ou espécie animal, vegetal ou mineral; espécime. Sup. abs. sint. *exemplaríssimo*.

Exemplar², v. Tr. dir. 1. Castigar, corrigir: *exemplou-o com* uma bordoada. 2. *Des.* Servir de exemplo a.

Exemplaridade, s. f. Qualidade do que é exemplar, do que serve para exemplo.

Exemplário, s. m. 1. Coleção de exemplos. 2. Livro onde estão compilados ou colecionados exemplos.

Exemplificação, s. f. Ato ou efeito de exemplificar.

Exemplificar, v. Tr. dir. 1. Explanar, explicar ou prover com exemplos. 2. Aplicar como exemplo.

Exemplificativo, adj. Que exemplica.

Exemplo, s. m. 1. Tudo o que pode ou deve servir para modelo ou para ser imitado. 2. Pessoa que se toma ou se pode tomar como modelo. 3. Aquilo que serve de lição. 4. Adágio, anexim, ditado, rifão. 5. Castigo, reprimenda.

Exenteração, s. f. 1. *Cir.* Operação que consiste na retirada dos intestinos; eventração, evisceração. 2. Ato de estripar.

Exeqüente, adj. m. e f. *Dir.* 1. Diz-se da pessoa que executa ou faz execução judicial. 2. Diz-se da pessoa encarregada de executar alguma sentença. S. m. Pessoa que intenta processo executivo.

Exequial, adj. m. e f. Que se refere a exéquias.

Exéquias, s. f. pl. 1. Cerimônias ou honras fúnebres. 2. Cortejo fúnebre.

Exeqüibilidade, s. f. Qualidade de exeqüível.

Exeqüível, adj. m. e f. Que se pode executar.

Exercer, v. (l. *exercere*). 1. Tr. dir. Praticar. 2. Tr. dir. Desempenhar. 3. Tr. dir. Adestrar. 4. Tr. dir. Cumprir as obrigações inerentes a (cargo, emprego, ofício etc.). 5. Tr. dir. Entregar-se habitualmente a; dedicar-se. 6. Pron. Aplicar-se.

Exercício, s. m. 1. Ato de exercitar ou exercer. 2. Qualquer atividade efetuada ou praticada com o fim de desenvolver ou melhorar um poder ou habilidade específicos. 3. Atividade corporal com o fim de desenvolver e manter a aptidão física. 4. Ação ou série de ações corporais, ideadas e prescritas para prática regular ou repetida como meio de ganhar força, destreza, agilidade ou competência geral em algum campo de atividade.

Exercitação, s. f. 1. Ato ou efeito de exercitar. 2. Exercício, prática, uso.

Exercitador, adj. e s. m. Que, ou o que exercita.

Exercitante, adj. e s., m. e f. Que, ou quem exercita, ou faz exercícios espirituais.

Exercitar, v. (l. *exercitare*). 1. Tr. dir. O mesmo que *exercer*. 2. Tr. dir. Pôr em atividade; manifestar, desenvolver. 3. Tr. dir. e pron. Procurar adquirir força, agilidade, perícia, por meio de exercícios ou estudo; adestrar(-se). 4. Tr. dir. Cultivar.

Exército, s. m. 1. Conjunto de forças armadas terrestres. 2. Porção de tropas dispostas para a guerra. 3. Grande número, multidão.

Exerdação, s. f. V. *deserdação*.

Exerdar, v. *Ant.* O mesmo que *deserdar*.

Exérese, s. f. *Cir.* Remoção ou excisão de um órgão ou parte dele, tais como nervo ou vaso.

Exergo (*zér*), s. m. 1. Pequeno espaço numa medalha para pôr uma data ou inscrição. 2. Essa data ou inscrição.

Exibição, s. f. 1. Ato ou efeito de exibir. 2. Apresentação. 3. Representação de peça teatral, de prestidigitação, de acrobacia etc. 4. Projeção de filme cinematográfico. 5. Exposição.

Exibicionismo, s. m. 1. Mania de ostentação. 2. Preocupação de se mostrar. 3. *Med.* Tendência psicopática para exibir as partes sexuais.

Exibicionista, adj. m. e f. Relativo, pertencente ou dado ao exibicionismo. S. m. e f. Pessoa dada ao exibicionismo.

Exibir, v. 1. Tr. dir. Tornar patente; apresentar, mostrar. 2. Tr. dir. Apresentar em uma exposição; expor. 3. Tr. dir. Representar. 4. Tr. dir. Projetar. 5. Pron. Mostrar-se, patentear-se. 6. Tr. dir. Fazer exibição ostentosa de.

Exibitório, adj. 1. Relativo a exibição. 2. Destinado a exibição.

Exicial, adj. m. e f. (l. *exitiale*). 1. Referente a exício. 2. Que produz ruína ou morte. 3. Funesto.

Exício, s. m. (l. *exitiu*). 1. Ruína. 2. Perdição. 3. Morte.

Exigência, s. f. 1. Ato ou efeito de exigir. 2. Pretensão imperiosa. 3. Urgência. 4. Pedido importuno, repetido. 5. Impertinência.

Exigente, adj. m. e f. 1. Que exige. 2. Difícil de satisfazer. 3. Impertinente.

Exigibilidade, s. f. Qualidade de exigível.

Exigir, v. Tr. dir. 1. Reclamar ou requerer com direito fundado ou suposto; reclamar imperiosamente. 2. Impor como obrigação ou dever. 3. Carecer de; precisar, requerer. 4. Ordenar. 5. Prescrever.

Exigível, adj. m. e f. Que se pode exigir.

Exigüidade, s. f. Qualidade de exíguo.

Exíguo, adj. 1. Insuficiente. 2. Escasso, diminuto. 3. Pequeno. 4. Limitado. Antôns. (acepção 3): *amplo, grande*.

Exilado, adj. 1. Que se exilou. 2. Apartado, afastado. S. m. Aquele que foi expatriado ou desterrado.

Exilar, v. (fr. *exiler*). 1. Tr. dir. Expulsar da pátria, mandar para o exílio. 2. Tr. dir. Mandar para outra terra, no mesmo país. 3. Pron. Condenar-se a exílio voluntário; afastar-se ou fugir da convivência ou do trato social.

Exílio, s. m. (l. *exiliu*). 1. Ato ou efeito de exilar. 2. Degredo. 3. Desterro. 4. Lugar onde reside o exilado. 5. Retiro. 6. Solidão.

Exímio, adj. 1. Muito ilustre. 2. Excelente. 3. Magnífico. 4. Insigne.

Eximir, v. 1. Tr. dir. e pron. Desobrigar(-se), dispensar(-se), isentar(-se); exonerar(-se), livrar(-se). 2. Pron. Escusar-se, esquivar-se; subtrair-se. Antôn. (acepção 1): *sujeitar*.

Exinanição, s. f. 1. Ato ou efeito de exinanir-se. 2. Esgotamento de forças.

Exinanir, v. 1. Tr. dir. Esvaziar, evacuar. 2. Tr. dir. e pron. Enfraquecer(-se), por falta de alimento ou por dejeções excessivas. 3. Tr. dir. Aniquilar: A doença *exinaniu-a*. — Conjuga-se como *abolir*.

Existência, s. f. 1. Estado do que subsiste. 2. Fato de existir. 3. Vida. 4. Destino. 5. Modo de vida. 6. Realidade. 7. Ente, ser.

Existencial, adj. m. e f. 1. Que se refere à existência individual; vital. 2. *Filos.* Concernente à experiência concreta da existência vivida; vivencial (A. Cuvillier).

Existencialismo, s. m. *Filos.* Doutrina que formula o problema da dimensão do ser do homem, afirmando que o existir é uma dimensão primária e radical e que todas as demais coisas se dão na existência; que não podemos derivar a existência do pensamento, visto já encontrarmos este radicado na existência.

Existente, adj. m. e f. 1. Que existe. 2. Que vive. S. m. Aquilo que existe.

Existir, v. (l. *existire*). 1. Tr. dir. e intr. Ter existência ou realidade; ter o ser. 2. Intr. Viver. 3. Intr. Durar, permanecer, subsistir. 4. Intr. Haver. 5. V. de lig. Permanecer.

Êxito, s. m. 1. Saída. 2. Fim, acabamento. 3. Resultado, sucesso final. 4. Resultado feliz, auspicioso. 5. Sorte.

Exocardite, s. f. *Med.* Inflamação da membrana que envolve externamente o coração.

Êxodo, s. m. (gr. *exodos*). 1. Ato de emigrar. 2. Emigração de um povo. 3. Saída. 4. O segundo livro do Pentateuco de Moisés, que narra a saída dos hebreus do Egito. 4. Trecho das tragédias gregas.

Exoftalmia, s. f. *Med.* Saliência exagerada do globo ocular.

Exoftálmico, adj. *Med.* Relativo à exoftalmia. 2. Caracterizado por exoftalmia.

Exogamia, s. f. 1. *Etnol.* Casamento entre membros de tribos estranhas, ou dentro da mesma tribo, entre membros de família ou clã diferente. 2. *Zool.* Conjunção, nos protozoários, de gametas provenientes de linhagens diferentes. Antôn.: *endogamia*.

Exógamo, adj. Relativo à exogamia. S. m. Selvagem que se casa fora de sua tribo, ou de seu clã ou de sua família.

Exógeno, adj. 1. Que cresce exteriormente ou para fora. 2. Que se encontra à superfície. Antôn.: *endógeno.*

Exógino, adj. *Bot.* Diz-se dos vegetais cujo estilete se estende para fora da flor.

Exomologese, s. f. 1. Confissão pública. 2. Exercício público de penitência.

Exoneração, s. f. 1. Ato ou efeito de exonerar ou exonerar-se. 2. Destituição; demissão voluntária.

Exonerar, v. 1. O mesmo que *eximir* e *isentar.* 2. Tr. dir. e pron. Demitir(-se), dispensar. 3. Tr. dir. Aliviar, descarregar.

Exorar, v. Tr. dir. Implorar, invocar, obsecrar, suplicar.

Exorável, adj. m. e f. 1. Que pode ser exorado. 2. Que pode ser abrandado ou comovido com rogos. 3. Compassivo.

Exorbitância, s. f. 1. Qualidade do que exorbita, do que sai para fora da órbita. 2. Demasia, excesso. 3. Preço excessivo. 4. Arbitrariedade.

Exorbitante, adj. m. e f. 1. Que exorbita, que sai da órbita; anormal. 2. Grande, desmedido. 3. Copiosíssimo. 4. Que ultrapassa os limites do justo e razoável; excessivo, demasiado.

Exorbitar, v. (l. *exorbitare*). 1. Tr. dir. Fazer sair da órbita ou das órbitas; esgazear. 2. Intr. Sair da órbita. 3. Tr. ind. e Intr. Exceder-se, passar além dos justos limites, transgredir a norma ou a regra estabelecida. 4. Intr. Abundar, exuberar, transbordar.

Exorcismar, v. Tr. dir. 1. Pronunciar exorcismo contra. 2. Afugentar com exorcismos; esconjurar.

Exorcismo, s. m. 1. *Teol.* Oração ou cerimônia para livrar de espíritos maus ou coisas nocivas. 2. Esconjuro.

Exorcista, s. m. e f. Pessoa que pronuncia o exorcismo.

Exorcizar, v. V. *exorcismar.*

Exordial, adj. m. e f. 1. Que se refere a exórdio. 2. Próprio do exórdio.

Exordiar, v. Tr. dir. e intr. 1. Principiar o discurso, usando de exórdio. 2. Começar a discursar, a falar.

Exórdio, s. m. 1. Primeira parte de um discurso. 2. Introdução a um discurso; preâmbulo. 3. Maneira como alguma coisa é começada; princípio, começo. Antôn. (acepções 1 e 2): *peroração.*

Exornação, s. f. 1. Ato ou efeito de exornar. 2. Adorno, enfeite, ornato.

Exornar, v. Tr. dir. Ornar muito; enfeitar, ataviar, engalanar.

Exornativo, adj. Que exorna ou serve para exornar.

Exorrizo, adj. *Bot.* Diz-se das plantas cuja radícula, na época da germinação, se alonga diretamente no eixo do embrião.

Exortação, s. f. 1. Ato ou efeito de exortar. 2. Palavras com que se procura reformar ou melhorar os atos, costumes ou opiniões de alguém. 3. Admoestação, advertência. 4. Conselho. 5. Estímulo, incitação.

Exortador, s. m. Aquele que exorta.

Exortar, v. Tr. dir. 1. Procurar convencer por meio de palavras. 2. Aconselhar, persuadir. 3. Animar, encorajar, incitar.

Exortativo, adj. Que exorta, ou é próprio para exortar.

Exortatório, adj. Que encerra exortação.

Exosfera, s. f. Camada mais alta da atmosfera, acima da ionosfera.

Exosmose, s. f. *Biol.* Difusão osmótica de dentro para fora de uma célula ou vaso de paredes porosas. Antôn.: *endosmose.*

Exosmótico, adj. Relativo ou pertencente à exosmose.

Exospório, s. m. V. *epispório.*

Exóstoma, s. m. *Bot.* Orifício que apresenta a primina no óvulo; micrópila.

Exostose, s. f. 1. *Med.* Excrescência ou tumor na superfície óssea. 2. *Bot.* Excrescência de natureza lenhosa do tronco ou ramo de certas árvores.

Exotérico, adj. 1. Que se expõe em público (doutrinas filosóficas). 2. Exterior, trivial, vulgar. Antôn.: *esotérico.*

Exoterismo, s. m. 1. Qualidade de exotérico. 2. A doutrina exotérica. Antôn.: *esoterismo.*

Exotérmico, adj. 1. Que desprende calor. 2. *Quím.* Diz-se das reações que se produzem com desenvolvimento de calor.

Exótico, adj. (gr. *exotikos*). 1. Diz-se do animal ou da planta que não é natural do país onde vive. 2. Procedente de país estranho. 3. De mau gosto. 4. Desajeitado. 5. Esquisito, estravagante.

Exotismo, s. m. Qualidade do que é exótico.

Expandir, v. 1. Tr. dir. Tornar pando; dilatar, estender. 2. Pron. Dilatar-se. 3. Pron. Desabafar, desafogar-se.

Expansão, s. f. 1. Ato de expandir ou expandir-se. 2. Ato de estender-se ou difundir-se. 3. Prolongamento. 4. Alargamento. 5. Difusão espontânea e comunicativa de entusiasmo, alegria, amizade etc. 6. Desabafo, franqueza.

Expansibilidade, s. f. 1. Qualidade ou estado de ser expansível. 2. Tendência para se expandir. 3. *Fís.* Propriedade dos fluidos (e principalmente dos gases) em virtude da qual tendem a ocupar um espaço cada vez maior.

Expansionismo, s. m. Processo ou sistema de se expandirem coisas ou idéias.

Expansível, adj. m. e f. 1. Dotado de expansibilidade. 2. Que se pode alargar, difundir ou estender; dilatável.

Expansivo, adj. 1. Que se pode expandir; expansível. 2. Comunicativo, afável. 3. Franco. 4. Entusiasta.

Expatriação, s. f. Ato ou efeito de expatriar.

Expatriado, adj. 1. Exilado. 2. Que se expatriou. S. m. Aquele que se expatriou ou foi condenado a degredo.

Expatriar, v. 1. Tr. dir. Expulsar da pátria; desterrar, exilar. 2. Pron. Ir para o exílio, sair voluntariamente da pátria.

Expectação, s. f. V. *expectativa.* Var.: *expetação.*

Expectador, s. m. Aquele que está na expectativa. Var.: *expetador.*

Expectante, adj. m. e f. Que espera em observação. Var.: *expetante.*

Expectativa, s. f. 1. Situação de quem espera uma probabilidade ou uma realização em tempo anunciado ou conhecido. 2. Esperança, baseada em supostos direitos, probabilidades ou promessas. 3. Estado de quem espera um bem que se deseja e cuja realização se julga provável. 4. Probabilidade. Var.: *expetativa.*

Expectável, adj. m. e f. 1. Que se pode esperar. 2. Provável. Var.: *expetável.*

Expectoração, s. f. 1. Ato de expectorar; anacatarsia. 2. A matéria expectorada. Var.: *expetoração.*

Expectorante, adj. e s. m. *Farm.* Que, ou o que provoca ou facilita a expectoração. Var.: *expetorante.*

Expectorar, v. 1. Tr. dir. Expelir, soltar do peito. 2. Intr. Escarrar. 3. Tr. dir. Proferir, dizer com ira ou violência. Var.: *expetorar.*

Expedição, s. f. 1. Ato ou efeito de expedir. 2. Envio, remessa. 3. Seção encarregada de despachar mercadorias.

Expedicionário, adj. 1. Concernente a expedição. 2. Que faz expedição. S. m. 1. Aquele que faz parte de uma expedição, principalmente militar. 2. O que expede mercadorias por conta alheia.

Expedida, s. f. Licença para sair ou expedir.

Expedidor, adj. Que expede. S. m. Quem expede.

Expediência, s. f. 1. Expedição de negócio; despacho. 2. Diligência, desembaraço, atividade, energia.

Expediente, adj. m. e f. Que expede, que facilita. S. m. 1. Meio de sair de um embaraço, de vencer uma dificuldade; recurso. 2. Período cotidiano de trabalho em repartição pública ou escritório. 3. O próprio trabalho, ou respectivo andamento. 4. Repartição onde se despacham ou resolvem negócios.

Expedir, v. 1. Tr. dir. Enviar, remeter. 2. Tr. dir. Fazer partir, mandar com dererminado fim. 3. Tr. dir. e pron. Despachar, resolver prontamente; dar-se pressa em fazer alguma coisa. 4. Tr. dir. Promulgar (decreto, portaria, bula). 5. Tr. dir. Afastar, despedir.

Expeditivo, adj. V. *expedito.*

Expedito, adj. 1. Ativo, desembaraçado, diligente, pronto. 2. Fácil.

Expedrar, v. Tr. dir. Limpar de pedras (terrenos).

Expelir, v. Tr. dir. 1. Lançar fora com violência; expulsar, ejetar. 2. Expectorar. 3. Arremessar longe. 4. Lançar de si. 5. Proferir com ímpeto.

Expender, v. Tr. dir. 1. Expor, explicar com minúcia e ponderação. 2. O mesmo que *despender, gastar.*

Expensas, s. f. pl. Despesas, gastos.
A expensas de: à custa de.

Experiência, s. f. 1. Ato ou efeito de experimentar. 2. Conhecimento das coisas pela prática ou observação. 3. Uso cauteloso e provisório. 4. Tentativa. 5. Perícia, habilidade que se adquirem pela prática.

Experiente, adj. m. e f. Que revela experiência; experimentado, prático. S. m. e f. Pessoa que tem experiência.

Experimentação, s. f. Ato ou efeito de experimentar.

Experimentado, adj. 1. Submetido a prova. 2. Experiente.

Experimental, adj. m. e f. 1. Relativo a experiência ou a experimentos, ou por eles caracterizado. 2. Baseado na experiência; empírico. 3. Derivado da experiência ou por ela descoberto; prático. 4. Que serve aos fins ou é usado como meio de experimentação.

Experimentar, v. 1. Tr. dir. Submeter a experiência; pôr à prova (física ou moralmente); ensaiar. 2. Tr. dir. Pôr em prática; executar. 3. Pron. Adestrar-se, exercitar-se. 4. Tr. dir. Sentir, sofrer, suportar. 5. Tr. dir. Alcançar, conseguir, gozar. 6. Tr. dir. Tentar. 7. Tr. dir. Ser vítima de.

Experimentável, adj. m. e f. Que se pode experimentar.

Experimento, s. m. 1. Ensaio científico para a verificação de relações entre fatos bem definidos. 2. Experiência, experimentação.

Experto, adj. Experiente, perito. S. m. Indivíduo experimentado.

Expiação, s. f. 1. Ato ou efeito de expiar. 2. Penitência ou cerimônias para abrandar a cólera divina. 3. Sofrimento de pena ou castigo imposto a delinqüente. S. f. pl. Preces para aplacar a divindade ou para purificar os lugares profanados.

Expiar, v. 1. Tr. dir. Remir (crimes ou faltas) por meio de penitência, ou cumprindo pena. 2. Tr. dir. Sofrer as conseqüências de. 3. Obter perdão; reparar, resgatar. 4. Pron. Purificar-se de crimes ou pecados.

Expiatório, adj. 1. Que serve de expiação. 2. Que envolve expiação.

Expiável, adj. m. e f. Que se pode expiar.

Expilação, s. f. 1. Ato ou efeito de expilar. 2. *Dir.* Subtração total ou parcial dos bens de uma herança, antes de conhecido ou declarado o herdeiro legal.

Expilar, v. Tr. dir. 1. *Dir.* Subtrair (bens de herança) antes de conhecido ou declarado o herdeiro. 2. Roubar. 3. Espoliar.

Expiração, s. f. 1. Ato ou efeito de expirar. 2. Expulsão do ar pelos pulmões. 3. Fim, termo, vencimento.

Expirante, adj. m. e f. 1. Que está a expirar. 2. Moribundo. 3. Amortecido, desfalecido.

Expirar, v. (l. *expirare*). 1. Tr. dir. Expelir (o ar) dos pulmões. 2. Tr. dir. Respirar, exalar, bafejar. 3. Intr. Morrer, falecer; exalar o último alento. 4. Intr. Dissipar-se, extinguir-se pouco a pouco. 5. Intr. Findar, terminar; vencer. 6. Intr. Deixar de estar em vigor; invalidar-se, caducar. 7. Tr. dir. Revelar, demonstrar.

Expiratório, adj. 1. Relativo ou pertencente à expiração. 2. Empregado na expiração.

Explanação, s. f. 1. Ato ou efeito de explanar. 2. Explicação, ilustração.

Explanador, adj. e s. m. Que, ou quem explana.

Explanar, v. Tr. dir. 1. Tornar plano, fácil, inteligível. 2. Explicar, ilustrar. 3. Expor verbalmente, narrar minuciosamente.

Explanatório, adj. Que serve para explanar.

Expletiva, s. f. (de *expletivo*). Partícula, palavra ou frase desnecessária ao enunciado estrito, mas que confere ênfase ou colorido à linguagem.

Expletivo, adj. 1. Redundante. 2. Que serve para preencher ou completar. S. m. O mesmo que *expletiva.*

Explicação, s. f. 1. Ato ou efeito de explicar. 2. Averiguação da causa. 3. A própria causa. 4. Ensino prático; lecionação. 5. Interpretação. 6. Esclarecimento.

Explicador, adj. Que explica. S. m. 1. Aquele que explica. 2. Professor que dá lições adicionais, particulares, a alunos atrasados nos estudos; repetidor.

Explicar, v. 1. Tr. dir. Tornar claro ou inteligível; aclarar, explanar, interpretar. 2. Tr. dir. Desenvolver, explanar. 3. Tr. dir. Dar lições adicionais, particulares, a alunos atrasados. 4. Tr. dir. Traduzir oralmente. 5. Tr. dir. Exprimir, manifestar. 6. Tr. dir. Compreender, entender. 7. Pron. Fazer-se compreender. 8. Tr. dir. Justificar.

Explicativo, adj. Que explica, que serve para explicar.

Explicável, adj. m. e f. Que tem explicação ou pode ser explicado.

Explicitar, v. Tr. dir. Tornar explícito.

Explícito, adj. 1. Claro, expresso. 2. Formulado em palavras: Antôn.: *implícito, tácito.*

Explodir, v. (l. *explodere*). 1. Intr. Passar por combustão com libertação repentina de energia, em forma de calor, que causa expansão violenta dos gases formados e conseqüente produção de grande pressão disruptiva e grande estrondo. 2. Intr. Passar por reação nuclear atômica com resultados semelhantes, mas mais violentos. 3. Intr. Rebentar violentamente como resultado de pressão interna. 4. Tr. ind. e intr. Manifestar-se ruidosamente. Não se usa na 1ª pessoa do sing. do pres. ind. nem no subj. presente.

Exploração, s. f. 1. Ato ou efeito de explorar. 2. Aquilo que se explora. 3. Pesquisa, análise. 4. Investigação. 5. Tentativa ou ato de tirar utilidade de alguma coisa; aproveitamento, utilização. 6. Ato de extrair minérios, carvão, sal etc., de uma mina; mineração. 7. Abuso da boa fé, da ignorância ou da especial situação de alguém, para auferir interesse ilícito.

Explorador, adj. Que explora. S. m. 1. Pessoa que viaja ou é enviada à procura de informações geográficas ou científicas. 2. Espreitador do campo, dos movimentos do inimigo; corredor, batedor. 3. Desfrutador do dinheiro alheio; aventureiro, especulador.

Explorar, v. Tr. dir. 1. Ir à descoberta de, tratar de descobrir. 2. Percorrer, estudando ou procurando. 3. Penetrar ou percorrer com o fim de fazer descobertas geográficas ou científicas. 4. Observar, examinar (uma região) com fins comerciais ou militares. 5. Estudar, analisar, pesquisar. 6. Perscrutar, sondar. 7. Tirar proveito ou utilidade de. 8. Auferir interesses ilícitos, abusando da boa fé, da ignorância ou da posição de.

Exploratório, adj. Que serve para explorar. S. m. *Med.* Sonda pequena, curva e oca com que se explora a bexiga.

Explorável, adj. m. e f. Que se presta a ser explorado.

Explosão, s. f. 1. Expansão violenta ou arrebentação, acompanhada de estrondo, causada por repentina libertação de energia por uma reação química muito rápida. 2. Combustão brusca da mistura ar-gasolina provocada pelo salto de uma faísca. 3. Manifestação súbita e violenta de um sentimento moral, de uma paixão, de uma revolta. 4. Grito, clamor.

Explosível, adj. m. e f. Que pode fazer ou sofrer explosão.

Explosivo, adj. 1. Referente a explosão. 2. Que é capaz de explodir ou causar explosão. S. m. Substância explosiva.

Expoente, s. m. 1. Aquele que, em requerimento ou petição, expõe ou alega uma razão, pretensão etc. 2. *Mat.* Símbolo colocado à direita e um pouco acima de outro símbolo, para indicar a que potência este deve ser elevado. 3. Pessoa de grande importância.

Expolição, s. f. 1. Ato ou efeito de polir. 2. Ato de ornar ou de amplificar um discurso.

Expolir, v. Tr. dir. Fazer expolição em.

Exponencial, adj. m. e f. 1. *Álg.* Que tem como expoente uma quantidade variável ou desconhecida. 2. Que é um expoente em sua classe ou profissão. S. f. Quantidade exponencial.

Expor, v. 1. Tr. dir. Pôr à vista; apresentar, mostrar. 2. Pron. Colocar-se em evidência; mostrar-se. 3. Tr. dir. e pron. Colocar em perigo; arriscar. 4. Pron. Desabrigar-se, descobrir-se, desproteger-se. 5. Pron. Submeter-se, sujeitar-se. 6. Tr. dir. Dizer, narrar. 7. Tr. dir. Explanar, explicar, interpretar. 8. Tr. dir. *Fot.* Sujeitar (chapa, filme ou papel sensibilizado) à ação da luz solar ou outra energia radiante.

Exportação, s. f. 1. Ato ou efeito de exportar. 2. Venda ou saída de gêneros exportados.

Exportador, adj. e s. m. Que, ou aquele que exporta.

Exportar, v. Tr. dir. 1. Vender para fora do país (produtos nacionais). 2. Mandar para fora de uma região (idéias, pessoas etc.). Antôn.: *importar.*

Exportável, adj. m. e f. Que se pode exportar.

Exposição, s. f. 1. Ato de expor; exibição. 2. Coisas expostas. 3. Lugar onde se expõem coisas à vista. 4. Narração. 5. Explanação, desenvolvimento. 6. Maneira de dizer ou expor.

Expositivo, adj. 1. Relativo a exposição. 2. Que envolve exposição.

Expositor, s. m. 1. Aquele que expõe. 2. Estante giratória em que se expõem livros. 3. Dispositivo na câmara fotográfica que aciona o obturador para a exposição do filme.

Exposto, adj. Colocado à vista, ao dispor. S. m. 1. Aquilo que se expôs (disse, narrou). 2. Criança abandonada; enjeitado.

Expostulação, s. f. 1. Reclamação ou queixa apresentada ao ofensor. 2. Súplica.

Expressão, s. f. 1. Ato ou efeito de exprimir. 2. Ato ou efeito de espremer. 3. Manifestação do pensamento. 4. Maneira de exteriorizar pensamentos, comoções e sentimentos. 5. Aspecto facial, determinado pelo estado físico ou emocional. 6. Manifestação. 7. Representação animada de sentimento. 8. Personificação. 9. Caráter. 10. Significação. 11. *Mat.* Representação algébrica do valor de uma quantidade.

Expressar, v. (*expresso + ar*). V. *exprimir.*

Expressionismo, s. m. 1. Expressão dos sentimentos, sensações ou impressões pessoais do artista. 2. Tendência ou prática artística, do fim do século XIX e início do século XX, que se opunha ao impressionismo e teve por objetivo representar não a realidade objetiva mas as emoções e reações subjetivas que objetos e eventos suscitam no artista, com amplo uso de distorção, exageração e simbolismo. 3. *Lit.* Tendência e prática literária e teatral da segunda e terceira décadas do século XX, com as mesmas características que as manifestadas na arte plástica.

Expressionista, adj. m. e f. Relativo à expressão ou ao expressionismo. S. m. e f. Pessoa partidária do expressionismo.

Expressividade, s. f. 1. Qualidade de expressivo. 2. Energia de expressão.

Expressivo, adj. 1. Que exprime. 2. Que tem expressão. 3. Significativo, enérgico.

Expresso, adj. 1. Concludente, explícito, formal, positivo, terminante. 2. Enviado diretamente. 3. Manifesto por palavra, por escrito ou por outros sinais inequívocos. S. m. 1. Mensageiro enviado diretamente a um ponto. 2. Trem rápido de passageiros que vai diretamente a um ponto, sem parar em todas as estações.

Exprimir, v. 1. Tr. dir. Dar a entender ou conhecer por gestos, jogos de fisionomia ou palavras. 2. Pron. Explicar-se, expressar-se. 3. Pron. Manifestar-se, mostrar-se. 4. Tr. dir. Representar em obra de arte conceitos, sentimentos, estados de consciência ou movimentos interiores. 5. Tr. dir. Representar, figurar.

Exprimível, adj. m. e f. Que se pode exprimir.

Exprobração, s. f. Ato ou efeito de exprobrar.

Exprobrador, adj. e s. m. Que, ou aquele que esprobra.

Exprobrante, adj. e s., m. e f. Que, ou pessoa que exprobra.

Exprobrar, v. Tr. dir. 1. Censurar, lançar em rosto. 2. Censurar com veemência.

Exprobratório, adj. Que envolve exprobração.

Expromissor, s. m. *Dir.* Coobrigado que, num título de crédito, figura como principal pagador.

Expropriação, s. f. 1. Ato ou efeito de expropriar. 2. Coisa expropriada.

Expropriador, adj. e s. m. Que, ou aquele que expropria.

Expropriar, v. Tr. dir. *Dir.* Tirar legalmente a alguém a posse ou a propriedade de; desapropriar.

Expugnação, s. f. Ato ou efeito de expugnar.

Expugnador, adj. e s. m. Que, ou quem expugna.

Expugnar, v. Tr. dir. 1. Conquistar, tomar à força de armas. 2. Abater, superar, vencer.

Expugnável, adj. m. e f. Que se pode expugnar.

Expulsão, s. f. 1. Ato ou efeito de expulsar. 2. Ato de expelir; ejeção.

Expulsar, v. Tr. dir. 1. Pôr fora à força; repelir. 2. Eliminar, fazer sair por castigo. 3. Lançar fora; expelir, ejetar. 4. *Med.* Fazer evacuar; expelir.

Expulsivo, adj. 1. Que faz expulsar. 2. Que tem virtude de expulsar.

Expulso, adj. 1. Obrigado a sair. 2. Posto fora à força.

Expulsor, adj. Que expulsa; ejetor. S. m. 1. Aquele que expulsa. 2. Ejetor. Fem.: *expultriz.*

Expulsório, adj. Que envolve mandado de expulsão.

Expultriz, adj. e s. f. (l. *expultrix*). Fem. de *expulsor.*

Expunção, s. f. Ato ou efeito de expungir.

Expungir, v. 1. Tr. dir. Fazer que desapareça (escrita ou inscrição); apagar, delir. 2. Tr. dir. Limpar, livrar. 3. Tr. dir. Eliminar. 4. Pron. Apagar-se, desvanecer-se; sumir.

Expurgação, s. f. 1. Ato ou efeito de expurgar. 2. Correção, emenda. 3. *Med.* Evacuação.

Expurgado, adj. Que sofreu expurgação.

Expurgador, adj. e s. m. Que, ou o que expurga.

Expurgamento, s. m. Ação ou efeito de expurgar; expurgação.

Expurgar, v. 1. Tr. dir. Purgar completamente. 2. Tr. dir. Retirar ou separar do que é nocivo ou prejudicial. 3. Tr. dir. Limpar de erros; corrigir, emendar. 4. Tr. dir. e pron. Apurar(-se), limar(-se), polir(-se). 5. Tr. dir. Descascar, esbrugar.

Expurgatório, adj. 1. Que expurga. 2. Condenatório. S. m. Índice ou catálogo dos livros cuja leitura a Igreja proíbe.

Expurgo, s. m. 1. V. *expurgação.* 2. Operação que consiste em matar insetos ou pragas de produtos agropecuários depositados em câmaras fechadas, porões de navios etc.

Exsicação, s. f. 1. Ato ou efeito de exsicar. 2. Privação completa de umidade.

Exsicante, adj. m. e f. Que exsica; que absorve umidade. S. m. *Farm.* Agente que absorve umidade.

Exsicar, v. *P. us.* 1. Tr. dir. Secar bem. 2. T. dir. e pron. Secar(-se) muito; ressicar(-se), ressequir(-se).

Exsicativo, adj. Que tem a propriedade de exsicar.

Exsolver, v. 1. Tr. dir. e pron. Dissolver(-se), solver(-se). 2. Tr. dir. Pagar, solver. 3. Tr. dir. Exalar.

Exspuição (*u-i*), s. f. Ato de expelir pela boca.

Exsucção, s. f. Ato de extrair, sugando. Var.: *exsução.*

Exsudação, s. f. 1. Ato ou efeito de exsudar. 2. Transpiração.

Exsudar, v. 1. Tr. dir. Emitir, exalar em forma de gotas ou de suor. 2. Tr. dir. *Fig.* Verter, espalhar. 3. Intr. Sair, gotejar em forma de suor.

Exsudato, s. m. *Med.* Produto soroso resultante de processo inflamatório.

Exsurgir, v. 1. Intr. Levantar-se. 2. Tr. dir. Levantar.

Êxtase, s. m. (gr. *ekstasis*). 1. *Psicol.* Estado de alma em que os sentidos se desprendem das coisas materiais, absorvendo-se no enlevo e contemplação interior. 2. No culto grego de Dioniso, estado de inspiração e entusiasmo religioso.

Extasiado, adj. 1. Que se extasiou; extático. 2. Arrebatado, encantado, enlevado. 3. Pasmado, maravilhado.

Extasiar, v. (*êxtase + ar*). 1. Tr. dir. Pôr em êxtase, tornar extático. 2. Tr. dir. Arroubar, encantar. 3. Pron. Cair em êxtase, ficar absorto, enlevado, maravilhado na contemplação de alguma coisa. 4. Tr. dir. e pron. Espasmar, tornar extático.

Extático, adj. 1. Relativo ou pertencente a êxtase. 2. Em estado de êxtase; caído em êxtase; enlevado, absorto. 3. Causado por êxtase.

Extemporaneidade, s. f. 1. Ato extemporâneo. 2. Qualidade do que é extemporâneo.

Extemporâneo, adj. 1. Impróprio da ocasião em que se faz ou sucede. 2. Inoportuno. 3. Que é fora de tempo. 4. Improvisado. Antôns. (acepções 1 e 2): *oportuno*; (acepção 4): *preparado.*

Extensão, s. f. (l. *extensione*). 1. Ato ou efeito de estender ou estender-se. 2. Qualidade de extenso. 3. *Fís.* Propriedade que têm os corpos de ocupar certa porção do espaço. 4. Desenvolvimento no espaço. 5. Vastidão. 6. Grandeza, força, intensidade. 7. Porção de espaço. 8. Comprimento. 9. Superfície, área.

Extensibilidade, s. f. Qualidade de extensível.

Extensível, adj. m. e f. Que pode ser estendido.

Extensivo, adj. 1. Que estende. 2. Que pode ou deve ser aplicado a.

Extenso, adj. 1. Que tem extensão. 2. Que ocupa largo espaço. 3. Vasto, espaçoso, largo. 4. Duradouro. Antôns. (acepções 2 e 3): *acanhado, pequeno, reduzido.*

Extensor, adj. Que estende ou serve para estender. S. m. 1. O que estende. 2. *Anat.* Músculo extensor. 3. Certo aparelho de ginástica, com grossos fios elásticos ou molas.

Extenuação, s. f. 1. Debilitação das forças físicas; esgotamento, enfraquecimento, prostração. 2. *Ret.* Atenuação (opõe-se a *hipérbole*).

Extenuado, adj. 1. Debilitado, emagrecido. 2. Prostrado.

Extenuador, adj. Que extenua.

Extenuante, adj. m. e f. V. *extenuador.*

Extenuar, v. 1. Tr. dir. Causar extenuação a. 2. Tr. dir. e pron. Cansar(-se), enfraquecer(-se) ao extremo. 3. Tr. dir. Diminuir, gastar, exaurir (bens, fortuna etc.). 4. Tr. dir. Atenuar ou apoucar a importância de.

Exterior, adj. m. e f. 1. Da parte ou do lado de fora; externo, superficial. 2. Que se manifesta ou se produz visível ou publicamente. 3. Relativo às nações estrangeiras. S. m. 1. As nações estrangeiras, o estrangeiro. 2. Aparência, aspecto, exterioridade. Antôn.: *interior.*

Exterioridade, s. f. Qualidade de exterior. S. f. pl. Valores aparentes, que nada têm por dentro ou de dentro.

Exteriorização, s. f. Ato ou efeito de exteriorizar.

Exteriorizar, v. Tr. dir. e pron. 1. Tornar(-se) exterior. 2. Mostrar(-se) ou manifestar(-se) para o exterior. 3. Manifestar (-se).

Exterminação, s. f. Ato ou efeito de exterminar; extermínio.

Exterminador, adj. e s. m. Que, ou o que extermina.

Exterminar, v. Tr. dir. 1. Expulsar para fora de (cidade, estado, país); desterrar, banir. 2. Eliminar matando, fazer desaparecer. 3. Eliminar, expulsar. 4. Extirpar, reprimir.

Extermínio, s. m. 1. Ato ou efeito de exterminar. 2. Ruína total. 3. Assolação, destruição.

Externa, s. f. Qualquer emissão ou gravação de televisão ou rádio realizada fora do estúdio.

Externar, v. Tr. dir. 1. Tornar externo; exteriorizar. 2. Manifestar exteriormente.

Externato, s. m. Estabelecimento de ensino em que só se recebem alunos externos. Antôn.: *internato.*

Externo, adj. (l. *externu*). 1. Que é de fora; exterior. 2. De país estrangeiro. 3. *Med.* Diz-se da moléstia que se manifesta à superfície do corpo. 4. *Farm.* Diz-se do medicamento que é aplicado sobre o corpo (por oposição ao *interno*, que é ingerido ou injetado). 5. Diz-se do aluno que não habita no estabelecimento de ensino onde estuda. 6. *Mat.* Diz-se do ângulo formado por duas linhas cortadas por uma secante e situado fora dessas linhas. S. m. Aluno externo. Antôn.: *interno.*

Exterritorialidade, s. f. Direito que os representantes das nações estrangeiras têm de se regerem pelas leis de seu país e não pelas daquele onde se encontram.

Extinção, s. f. 1. Ação ou efeito de extinguir; apagamento. 2. Cessação. 3. Destruição, fim. 4. Abolição (de imposto, lei, uso, costume). 5. Obliteração. 6. Extirpação. 7. Dissolução (de corporação, junta etc.).

Extinguir, v. 1. Tr. dir. Apagar o fogo de. 2. Tr. dir. e pron. Apagar(-se) (fogo, incêndio). 3. Tr. dir. Fazer desaparecer; aniquilar. 4. Tr. dir. Abolir, suprimir. 5. Tr. dir. e pron. Dissolver(-se). 6. Tr. dir. Extirpar. 7. Pron. Acabar, cessar, desaparecer. 8. Pron. Morrer.

Extinguível, adj. m. e f. Que se pode extinguir.

Extinto, adj. 1. Que deixou de existir. 2. Apagado. 3. Findo. S. m. Indivíduo que morreu.

Extintor, adj. Que extingue. S. m. 1. Aparelho que extingue incêndios, mediante jatos de um produto químico extintor. 2. Aparelho para matar formigas saúvas.

Extirpação, s. f. 1. Ato ou efeito de extirpar. 2. *Cir.* Extração de um órgão ou membro enfermo.

Extirpador, adj. Que extirpa. S. m. 1. Aquele que extirpa. 2. *Agr.* Instrumento agrícola, destinado a arrancar as raízes do solo; cultivador.

Extirpar, v. Tr. dir. 1. Desarraigar. 2. *Cir.* Operar a extirpação de. 3. Exterminar, extinguir.

Extirpável, adj. m. e f. Que se pode extirpar.

Extorquir, v. Tr. dir. 1. Adquirir com ameaça ou violência. 2. Obter por ameaças ou tormentos, tirar à força; roubar.

Extorsão, s. f. 1. Ato ou efeito de extorquir. 2. Exação violenta. 3. Emprego de força ou ameaça para a obtenção de bens alheios. 4. Usurpação.

Extorsionário, adj. V. *extorsivo.* S. m. O que faz extorsão.

Extorsivo, adj. 1. Em que há extorsão. 2. Que pratica extorsão.

Extra[1]**,** adj. m. e f. Forma abreviada de *extraordinário*, especialmente empregada na imprensa: Edição *extra.* S. m. Carbonato de alta densidade. S. m. e f. 1. Figurante cinematográfico ou teatral que aparece em cenas sem papel determinado e só para fazer número. 2. Pessoa que presta serviço acidental ou suplementar.

extra-[2]**,** pref. latino. 1. Exprime a idéia de *fora, além de, para fora: extracontinental, extraordinário.* 2. Amplia o sentido de algumas palavras: *extraforte.* 3. Exprime *alheamento* ou *separação: extrajudicial.*

Extração, s. f. (l. *extractione*). 1. Ato ou efeito de extrair ou extratar. 2. Aquilo que se extrai. 3. *Mat.* Operação para se conhecer a raiz de uma potência. 4. *Quím.* Obtenção de substâncias puras de uma mistura por meio de dissolventes. 5. Separação de um minério, ou de um mineral, de uma jazida; desmonte. 6. Na loteria, o ato de tirar à sorte os bilhetes e números, para determinar quais são os premiados.

Extradição, s. f. *Dir.* Ato ou efeito de extraditar.

Extraditar, v. Tr. dir. *Dir.* Enviar ou entregar a governo estrangeiro um refugiado que ele reclame.

Extradorso (*ô*), s. m. 1. *Arquit.* Superfície convexa e exterior de uma abóbada ou de uma arcada, quando é regular. 2. *Av.* Superfície dorsal, face dorsal, dorso, da asa.

Extrafino, adj. Diz-se dos produtos de qualidade superior ou que como tais se apresentam.

Extrafoliáceo, adj. *Bot.* Designativo das estípulas, quando, em vez de estarem sobre folhas ou sobre pecíolos, estão sobre os troncos ou ramos.

Extra-humano, adj. V. *sobre-humano.* Pl.: *extra-humanos.*

Extrair, v. (l. *extrahere*). Tr. dir. 1. Tirar, puxar (alguma coisa) para fora de algo que a contém ou do qual ela constitui uma parte. 2. Separar ou obter (suco, ingrediente, princípio etc.) de uma coisa ou substância por pressão, destilação, tratamento com solventes ou métodos análogos. 3. Separar um minério ou um mineral de uma jazida. 4. *Cir.* e *Odont.* Praticar a extração de; arrancar. 5. Achar por cálculo (a raiz de um número).

Extraível, adj. m. e f. Que se pode extrair.

Extrajudicial, adj. m. e f. Feito sem processo ou formalidade judicial.

Extrajudiciário, adj. V. *extrajudicial.*

Extralegal, adj. m. e f. Que está fora dos meios legais ou da legalidade; ilegal.

Extramural, adj. m. e f. Fora dos limites ou divisas fixados de um lugar.

Extranatural, adj. m. e f. Fora do natural; sobrenatural.

Extranumeral, adj. m. e f. Que está além ou fora de um número.

Extranumerário, adj. 1. Fora do número certo e determinado; extranumeral. 2. Diz-se daquele que não pertence ao quadro efetivo ou permanente dos funcionários. S. m. Essa pessoa.

Extraordinário, adj. 1. Fora do ordinário, que não é conforme à ordem; anormal. 2. Que não se faz de ordinário. 3. Adicional. 4. Admirável, espantoso, grandioso. 5. Muito distinto; insigne. 6. Excessivo. 7. Estranho, raro, esquisito, extravagante. 8. Diz-se do embaixador que é enviado pelo governo, para tratar de um negócio particular ou importante. Antôns. (acepções 1 e 2): *ordinário*; (acepção 4): *vulgar*. S. m. 1. Acontecimento imprevisto ou inesperado. 2. Despesa além da ordinária, tudo que não é incluído no ordinário.

Extraprograma, adj. m. e f., sing. e pl. Que está fora do programa. S. m. Qualquer incidente com que não se contava.

Extrário, adj. *Bot.* Designativo do embrião que está fora da semente.

Extra-sagital, adj. m. e f. *Anat.* Diz-se dos planos paralelos ao sagital. Pl.: *extra-sagitais*.

Extratar, v. (*extrato + ar*). Tr. dir. 1. Fazer o extrato de; resumir. 2. Extrair resumos, fragmentos, trechos de (cartas, documentos, livros etc.). 3. *Quím.* Obter ou preparar por extração.

Extraterreno, adj. Que está fora da Terra. Usa-se em sentido místico, religioso; extraterrestre.

Extraterritorial, adj. m. e f. Situado fora dos limites territoriais de uma jurisdição.

Extrativo, adj. 1. Relativo ou pertencente à extração. 2. Que envolve extração ou faz uso dela. 3. Capaz de ser extraído.

Extrato, s. m. 1. Produto da extração. 2. Substância extraída de outra. 3. Resumo de um escrito. 4. Cópia resumida; excerto, fragmento, trecho. 5. Substância espessa obtida por evaporação de sucos animais ou vegetais. 6. Produto industrial formado por essência aromática.

Extrator, adj. Que faz extratos ou extrações. S. m. 1. Aquele ou aquilo que extrai. 2. *Med.* Instrumento usado para extrair, puxar fora, arrancar do organismo (dentes, corpos estranhos etc.).

Extratorácico, adj. Que se acha fora da cavidade torácica.

Extra-uterino, adj. *Med.* 1. Que se encontra fora do útero. 2. Que se realizou fora do útero; ectópico: Gravidez *extra-uterina*. Pl.: *extra-uterinos*.

Extravagância, s. f. 1. Qualidade daquele ou daquilo que é extravagante. 2. Excentricidade, esquisitice. 3. Estroinice, dissipação, libertinagem.

Extravaganciar, v. 1. Tr. ind. e intr. Dizer ou praticar extravagâncias. 2. Tr. dir. Dissipar, desperdiçar, malbaratar.

Extravagante, adj. m. e f. 1. Que extravaga. 2. Estróina, gastador. 3. Que anda fora do seu lugar. S. m. e f. Pessoa que tem vida irregular e dissipadora.

Extravagar, v. 1. Intr. Andar fora de certo número, espécie, ordem, coleção etc. 2. Intr. Divagar, distrair-se; falar fora do assunto. 3. Tr. ind. Apartar-se, desviar-se.

Extravasamento, s. m. Ato ou efeito de extravasar.

Extravasar, v. (*extra + vaso + ar*). 1. Tr. dir. Fazer transbordar. 2. Tr. dir., intr. e pron. Derramar(-se), transbordar ou verter(-se) abundantemente. 3. Tr. ind. e pron. Sair dos canais naturais.

Extraviado, adj. 1. Que se extraviou. 2. Que perdeu o caminho; desviado do caminho; desencaminhado. 3. Perdido no caminho, sumido no caminho. 4. Desencaminhado dos bons costumes; pervertido.

Extraviador, adj. e s. m. Que, ou o que extravia, ou desencaminha.

Extraviar, v. (*extra + via + ar*). 1. Tr. dir. Tirar do caminho; desencaminhar. 2. Tr. dir. Fazer desaparecer, subtrair fraudulentamente. 3. Pron. Desencaminhar-se, perder-se, sumir-se. 4. Tr. dir. Perder.

Extravio, s. m. 1. Ato ou efeito de extraviar. 2. Descaminho, desvio. 3. Sumiço. 4. Perda. 5. Perversão moral; corrupção, desvario.

Extrema, s. f. O lugar mais distante ou o último alcançado pela vista.

Extrema-direita, s. f. *Esp.* Posição do jogador de futebol que atua na extremidade direita da linha dianteira; ponta-direita. S. m. Jogador que ocupa essa posição; ponta-direita. Pl.: *extremas-direitas*.

Extremado, adj. 1. Extraordinário. 2. Distinto, insigne. S. m. pl. Lavores antigos.

Extrema-esquerda, s. f. *Esp.* Posição do jogador de futebol que atua na extremidade esquerda da linha dianteira; ponta-esquerda. S. m. Jogador que ocupa essa posição; ponta-esquerda. Pl.: *extremas-esquerdas*.

Extremar, v. 1. Tr. dir. e pron. Tornar(-se) extremo, assinalar(-se), dintinguir(-se), enaltecer(-se). 2. Tr. dir. Condensar, resumir.

Extrema-unção, s. f. *Teol.* Sacramento da Igreja destinado a perdoar as penas temporais, os pecados veniais e mesmo mortais quando o enfermo se acha impossibilitado de confessar-se; serve também para recuperação da saúde corporal. Pl.: *extremas-unções* e *extrema-unções*.

Extremável, adj. m. e f. Que se pode extremar.

Extremidade, s. f. 1. Parte ou ponto terminais ou mais remotos de qualquer coisa; extremo, ponta. 2. Fim. 3. Qualidade do que é extremo. S. f. pl. Os membros do corpo humano e animal.

Extremismo, s. m. Doutrina que impele à adoção de medidas extremas para resolver os males sociais; radicalismo.

Extremista, adj. m. e f. Relativo ao extremismo. S. m. e f. Pessoa partidária do extremismo; radical.

Extremo, adj. 1. Situado no ponto mais distante. 2. Afastado, remoto, longínquo. 3. Último. 4. Perfeito, exímio. 5. Elevado. S. m. 1. O ponto mais distante; extremidade, raia, limite. 2. Primeiro ou último termo numa proporção aritmética ou geométrica. S. m. pl. Carinhos excessivos; demonstrações de estima, de amor.

Extremoso, adj. 1. Excessivo em afeto. 2. Carinhoso. 3. Que tem extremos. 4. Que chega a extremos.

Extrínseco (*s = c*), adj. 1. Exterior. 2. Que não é essencial. 3. Diz-se do valor convencional ou legal de uma moeda.

Extrofia, s. f. *Med.* Eversão congênita de um órgão ou parte dele, especialmente da bexiga; extroversão. Var.: *exstrofia*.

Extrorso, adj. *Bot.* 1. Voltado para longe do eixo de crescimento; voltado de dentro para fora. 2. Diz-se da antera quando a sua deiscência se faz para o lado de fora da flor.

Extroversão, s. f. 1. *Med.* Reviramento de dentro para fora de um órgão oco; extrofia. 2. *Psicol.* Atitude ou tipo de personalidade em que os interesses se dirigem sobretudo para os fatos externos, naturais ou sociais, mais que para experiências íntimas, idéias e sentimentos. Antôn.: *introversão*.

Extrovertido, adj. *Psicol.* Que se expande para fora de si; sociável, comunicativo. S. m. Indivíduo cuja atenção e interesses são dirigidos total ou predominantemente para os valores fora do seu eu. Antôn.: *introvertido*.

Extrudar, v. Tr. dir. Forçar metal, borracha, matéria plástica etc., através de matrizes, por pressão, para formar tubos, varetas, artefatos etc.

Extrusão, s. f. 1. *Des.* Ato ou efeito de forçar, empurrar para fora; expulsão. 2. Ato ou processo de extrudar. 3. *Geol.* Emersão forçada de lava ou magma (através de fenda, por ex.) na superfície da Terra. 4. *Geol.* Matéria assim forçada a emergir na superfície da Terra.

Exu (*ch*), s. m. 1. *Folc.* Divindade da mitologia africana. 2. *Folc.* Na macumba, espírito maligno; diabo. 3. *Entom.* O mesmo que *enxu*.

Ter e. no corpo: ser endemoninhado, ser mau.

Exuberância, s. f. 1. Abundância excessiva; superabundância. 2. Qualidade de exuberante.

Exuberante, adj. m. e f. 1. Copioso ou excessivamente abundante na produção. 2. Que apresenta proliferação excessiva. 3. Repleto, cheio. 4. Vivo. 5. Cheio de vigor; animado. Antôn. (acepção 1): *escasso*.

Exuberar, v. 1. Tr. ind. e intr. Existir em grande cópia; superabundar. 2. Tr. dir. Manifestar superabundância.

Exúbere, adj. m. e f. Desmamado.

Exular, v. (l. *exsulare*). Tr. ind. e pron. Viver fora da pátria; expatriar-se: *Exulara no* estrangeiro. *Exulou-se por* longínquas terras.

Exulceração, s. f. *Med.* Ato ou efeito de exulcerar.

Exulcerante, adj. m. e f. Que exulcera.

Exulcerar, v. Tr. dir. 1. Ferir superficialmente; ulcerar. 2. Causar grande dor moral; desgostar, magoar.
Exulcerativo, adj. (*exulcerar + ivo*). V. *exulcerante*.
Êxule, adj. e s., m. e f. Expatriado, desterrado. Var.: *êxul*. Pl.: *êxules*.
Exultação, s. f. 1. Ato ou efeito de exultar. 2. Alegria, júbilo, regozijo.
Exultante, adj. m. e f. Que exulta, que se regozija.
Exultar, v. Tr. ind. e intr. 1. Alegrar-se, regozijar-se. 2. Alvoroçar-se.
Exumação, s. f. 1. Ato ou efeito de exumar. 2. Remoção de um cadáver da sepultura; desenterramento. 3. Escavação. 4. Descoberta, investigação. Antôn. (acepção 2): *inumação*.
Exumar, v. Tr. dir. 1. Tirar da sepultura; desenterrar. 2. Escavar. 3. *Fig*. Tirar do esquecimento. Antôn.: *inumar*.
Exutório, adj. *Med*. Que promove supuração. S. m. 1. Remédio que promove supuração. 2. Meio de fazer um elemento indesejado sair (do corpo ou de uma lesão).
Exúvia, s. f. 1. *Med*. Epiderme desprendida. 2. *Zool*. Tegumento de um animal (serpente, por ex.), depois de ser largado na muda.
Exuviabilidade, s. f. *Zool*. Qualidade daquilo que é exuviável.
Exuviável, adj. m. e f. *Zool*. Que pode mudar de pele ou epiderme, sem mudar de forma.
Exúvio, s. m. *Bot*. Restos da parte superior dos frutos, deixados pelo cálice ou pela corola.
Ex-voto, s. m. Imagem, quadro, objeto que se coloca em capela ou igreja, para comemorar um voto ou promessa feita em ocasião de perigo ou doença.
-eza, suf. (l. *itia*). Denota qualidade ou estado: *dureza, magreza*.

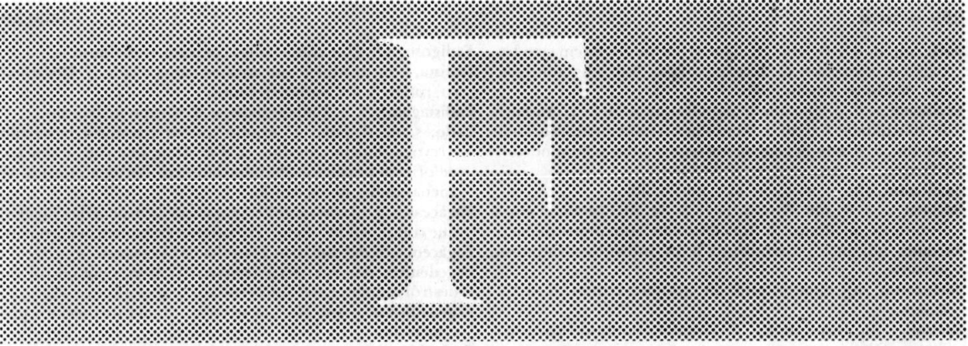

F *(éfe)*, Símbolo da sexta letra do nosso alfabeto, consoante labiodental fricativa surda. Num. Indica o sexto numa série.

Fá, s. m. *Mús*. 1. A quarta nota, subseqüente ao *mi*. 2. Sinal que representa esta nota.

Fã, s. m. e f. (ingl. *fan*, apócope de *fanatic*). 1. Pessoa admiradora de um artista de cinema, rádio ou televisão. 2. *Por ext*. O que tem muita admiração por alguém.

Fabagela, s. f. *Bot*. Planta zigofilácea amarga, aromática, medicinal (*Zygophyllum fabago*); falso-alcaparreiro.

Fabela, s. f. Pequena fábula.

Fabiana, s. f. *Bot*. Arbusto ornamental (*Fabiana imbricata*), da família das Solanáceas.

Fabordão, s. m. (fr. *faux-bourdon*). 1. *Mús*. Forma antiga de polifonia vocal. 2. Música desentoada, sem pausas. 3. Desentoação. 4. Sensaboria.

Fábrica, s. f. 1. Ato ou efeito de fabricar. 2. Estabelecimento ou lugar onde se fabrica alguma coisa. 3. Organismo que administra o patrimônio e os rendimentos de uma paróquia católica.

Fabricação, s. f. Ação, modo, ou arte de fabricar; fabrico, manufatura.

Fabricador, adj. e s. m. Que, ou o que fabrica.

Fabricante, s. m. e f. 1. Pessoa que fabrica ou dirige a fabricação. 2. Pessoa que arranja, organiza ou inventa.

Fabricar, v. Tr. dir. 1. Produzir na fábrica. 2. Construir, edificar. 3. Engendrar, idear, maquinar. 4. Causar, provocar.

Fabricário, adj. e s. m. V. *fabriqueiro*.

Fabricável, adj. m. e f. Que se pode fabricar.

Fabrico, s. m. 1. V. *fabricação*. 2. Produto de uma fábrica. 3. *Náut*. Consertos em navios, executados num porto.

Fabril, adj. m. e f. Relativo à fábrica ou a fabricante.

Fabriqueiro, adj. e s. m. Administrador do patrimônio de uma igreja; fabricário.

Fabro, s. m. *Poét*. Mecânico; artífice.

Fábula, s. f. 1. Pequena narrativa alegórica que sugere uma verdade ou reflexão de ordem moral, com intervenção de pessoas, animais ou entidades inanimadas. 2. Narração imaginária, ficção artificiosa. 3. Narrativa mitológica. 4. Quantia muito alta: Gastou uma *f*. com a casa. Dim.: *fabulazinha, fabela*.

Fabulação, s. f. 1. Narração fabulosa. 2. Novela. 3. Mentira. 4. Moral de uma fábula.

Fabulador, s. m. V. *fabulista*.

Fabular[1], v. (l. *fabulari*). 1. Intr. Compor ou contar fábulas. 2. Tr. dir. Inventar. 3. Intr. Mentir.

Fabular[2], adj. m. e f. Relativo a uma fábula.

Fabulário, s. m. Coleção de fábulas.

Fabulista, s. m. e f. 1. Pessoa que compõe fábulas. 2. Pessoa que mente; patranheiro.

Fabulizar, v. V. *fabular*.

Fabuloso, adj. 1. Relativo a fábula; alegórico. 2. Mitológico. 3. Imaginário, fictício. 4. Maravilhoso, grandioso, incrível.

Faca, s. f. 1. Instrumento cortante formado por uma lâmina com gume engastada em um cabo. 2. *Cir*. Instrumento maior que o bisturi, para amputações. 3. Lâmina ou ferramenta cortante, usada para cortar papel. Aum.: *facão, facalhão, facalhaz*.

Entrar na f.: sujeitar-se a uma operação cirúrgica.

Facada, s. f. 1. Golpe de faca. 2. Surpresa dolorosa. 3. *Gír*. Pedido de dinheiro.

Facadista, s. m. e f. *Gír*. Pessoa que costuma pedir dinheiro aos outros.

Façalvo, adj. Diz-se do cavalo que tem quase todo o focinho branco.

Façanha, s. f. Feito heróico, proeza, coisa admirável.

Façanheiro, adj. e s. m. Que, ou o que alardeia façanhas; gabola, valentão.

Façanhoso, adj. Que pratica façanhas, admirável.

Façanhudo, adj. 1. Façanhoso. 2. Brigão, desordeiro, valentão.

Facão, s. m. 1. Faca grande e pesada; facalhão. 2. Pescador que retalha a baleia depois de morta.

Facção, s. f. (l. *factione*). 1. Proeza. 2. Divisão de um partido político. 3. Seita religiosa. 4. Corrente filosófica. Var.: *fação*.

Faccionar, v. Tr. dir. Dividir em facções. Var.: *facionar*.

Faccionário, adj. Relativo a uma facção. S. m. Membro de uma facção. Var.: *facionário*.

Facciosidade, s. f. V. *facciosismo*. Var.: *faciosidade*.

Facciosismo, s. m. 1. Qualidade de faccioso. 2. Paixão partidária. Var.: *faciosismo*.

Faccioso, adj. 1. Sectário apaixonado de uma facção. 2. Parcial. Var.: *facioso*.

Face, s. f. (l. *facie*). 1. A parte anterior da cabeça desde a testa até ao queixo; cara, rosto, semblante. 2. Cada um dos lados do rosto. 3. Superfície da Terra. 4. *Geom*. Cada uma das superfícies planas de um poliedro.

Facécia, s. f. Qualidade de faceto; chiste, graça.

Faceira, s. f. 1. Carne das faces do boi; queixada. 2. Mulher afetada.

Faceirar, v. Intr. 1. Vestir com elegância. 2. Ter maneiras elegantes.

Faceirice, s. f. 1. Elegância. 2. Ar pretensioso.

Faceiro, adj. 1. Garrido. 2. Que gosta de ostentar elegância.

Faceta (*ê*), s. f. (fr. *facette*). 1. Pequena face. 2. Cada um dos aspectos particulares de uma pessoa ou coisa. 3. *Anat*. Porção circunscrita da superfície de um osso.

Facetar, v. Tr. dir. 1. Dividir em facetas. 2. Lapidar, talhar em facetas.

Facetear, v. Intr. Dizer ou fazer facécias; zombar.

Faceto (*ê*), adj. 1. Que tem o caráter de facécia. 2. Chistoso, brincalhão.

Fachada, s. f. (ital. *facciata*). 1. Frente do edifício. 2. Frontispício de um livro. 3. *Pop*. Aparência.

Fachear, v. Intr. Pescar à noite, com fachos acesos.

Facheiro, s. m. 1. Aquele que conduz facho. 2. Lugar ou coisa em que se apóia o facho.

Facho, s. m. (l. **fasculu*). 1. Archote, luzeiro. 2. *Náut*. Farol.

Facial, adj. m. e f. (l. *faciale*). Relativo à face.

Facidropisia, s. f. *Med*. Hidropisia do cristalino.

Fácies, s. f. (l. *facies*). 1. Primeiro aspecto. 2. *Geol*. Conjunto de caracteres litológicos e paleontológicos de uma unidade estratigráfica.

Fácil, adj. m. e f. (l. *facile*). 1. Que se faz ou se obtém sem trabalho ou sem custo. 2. Simples, vulgar. Sup. abs. sint.: *facílimo, facilíssimo.* Antôn.: *difícil.*

Facilidade, s. f. 1. Qualidade daquilo que é fácil. 2. Ausência de dificuldade. S. f. pl. 1. Meios fáceis para a consecução de um fim. 2. Prazos de pagamento concedidos pelo vendedor.

Facilitação, s. f. Ato ou efeito de facilitar.

Facilitador, adj. e s. m. Que, ou o que facilita.

Facilitar, v. 1. Tr. dir. Tornar fácil. 2. Tr. dir. Facultar, pôr à disposição ou alcance. 3. Intr. Proceder com imprevidência.

Facínora, adj. m. e f. Facinoroso. S. m. Indivíduo criminoso, perverso.

Facinoroso, adj. Que é autor de grandes crimes. S. m. V. *facínora.*

Facistol, s. m. (cast. *facistol*). 1. Grande estante do coro, nas igrejas; faldistório.

Facite, s. f. (*faco + ite*). *Oftalm.* Inflamação do cristalino.

faco-, elem. de comp. (gr. *phakos*). Exprime a idéia de: *cristalino, lente: facite, facocele.*

Facocele, s. f. *Med.* Hérnia do cristalino.

Facóide, adj. m. e f. Que tem forma de lentilha ou lente.

Façoila, s. f. Face grande; faceira.

Facólise, s. f. *Med.* Abertura do cristalino, seguida da extração deste.

Facômetro, s. m. *Fís.* Instrumento para medir o poder focal de lentes.

Facosclerose, s. f. *Med.* Endurecimento do cristalino.

Facote, s. m. (*faca + ote*). *Cir.* Instrumento para raspar ossos ou alargar certas fraturas.

Fac-similado, adj. Impresso em fac-símile; fac-similar.

Fac-similar[1], adj. m. e f. Relativo a fac-símile.

Fac-similar[2], v. (l. *fac-simile + ar*). Tr. dir. Imprimir em fac-símile.

Fac-símile, s. m. (do latim). Reprodução exata de uma assinatura, escrita, estampa etc.

Factício, adj. 1. Obtido artificialmente. 2. Convencional. Var.: *fatício.*

Factível, adj. m. e f. Que pode ser feito; realizável. Var.: *fatível.*

Factótum, s. m. (l. *fac totum*). 1. Faz-tudo. 2. Aquele que se encarrega de todos os negócios de outrem. 3. *Iron.* O que se julga apto para resolver todos os negócios.

Fácula, s. f. (l. *facula*). *Astr.* Mancha no disco do Sol, mais luminosa que o resto da superfície.

Faculdade, s. f. (l. *facultate*). 1. Poder de efetuar uma ação física ou mental; capacidade. 2. Função inerente ao espírito. 3. Direito, permissão. 4. Estabelecimento de ensino superior.

Facultar, v. Tr. dir. 1. Dar a faculdade, o poder. 2. Possibilitar; permitir. 3. Oferecer, pôr à disposição de; proporcionar.

Facultativo, adj. 1. Que dá faculdade ou poder. 2. Que permite se faça uma coisa. 3. Dependente da vontade, não obrigatório. S. m. Aquele que exerce legalmente a medicina.

Facúndia, s. f. Facilidade ou fluência no falar; eloqüência.

Facundiar, v. Intr. Falar muito e com facilidade.

Facundidade, s. f. V. *facúndia.*

Facundo, adj. Eloqüente; falador.

Fada, s. f. (l. *fata*). 1. Ente imaginário, do sexo feminino, a que se atribui a faculdade sobrenatural de prever o futuro. 2. Mulher muito formosa.

Fadado, adj. Predestinado.

Fadar, v. (*fado + ar*). Tr. dir. 1. Prognosticar, vaticinar. 2. Destinar, predestinar, votar. 3. Dotar, favorecer; conceber dons excepcionais a.

Fadário, s. m. 1. Sorte, fado. 2. Vida trabalhosa.

Fadejar, v. 1. Intr. Cumprir o fado ou o destino. 2. Tr. dir. Tocar ou cantar à maneira de fado.

Fádico, adj. 1. Próprio de fada. 2. Encantador.

Fadiga, s. f. 1. Cansaço resultante de trabalho intenso ou contínuo. 2. Faina, trabalho árduo.

Fadigador, adj. e s. m. V. *afadigador.*

Fadigar, v. V. *fatigar.*

Fadigoso, adj. Que causa fadiga; penoso, trabalhoso.

Fadista, s. m. 1. Aquele que toca ou canta o fado. 2. Desordeiro, rufião. S. f. Cantora de fados.

Fadistagem, s. f. 1. Vida de fadistas. 2. Grupo de fadistas.

Fado, s. m. (l. *fatu*). 1. Aquilo que se considera destinado irrevogavelmente; destino. 2. *Folc.* Dança de roda e canção, de origem brasileira. Popularizado em Portugal, tornou-se apenas canto, quase canção.

Fagáceas, s. f. pl. *Bot.* Família (*Fagaceae*) da ordem das Fagales, que compreende as faias, carvalhos e castanheiros europeus.

Fagáceo, adj. *Bot.* Relativo à família das Fagáceas.

Fagedênico, adj. (gr. *phagedainikos*). 1. *Med.* Que corrói ou destrói rapidamente. 2. Corrosivo.

Fagedenismo, s. m. *Med.* Destruição rápida dos tecidos por uma úlcera.

Fagícola, adj. m. e f. Que vive nas faias.

-fago-, elem. de comp. Exprime a idéia de *comer, comedor: antropófago, fagomania.*

Fagócito, s. m. *Biol.* Célula que ingere material estranho ou bactérias.

Fagocitose, s. f. *Biol.* Destruição de uma partícula ou microrganismo pelos fagócitos.

Fagomania, s. f. Mania de comer, fome insaciável.

Fagopirismo, s. m. *Med.* Envenenamento com trigo-preto.

Fagópiro, s. m. Planta venenosa, conhecida por *trigo-preto.*

Fagote, s. m. (ital. *fagotto*). *Mús.* 1. Instrumento de sopro usado na orquestra moderna e na banda militar. 2. Tocador desse instrumento.

Fagoterapia, s. f. *Med.* Tratamento pela superalimentação.

Fagotista, s. m. e f. Pessoa que toca fagote.

Fagueiro, adj. (ant. *fagar* por *afagar*). 1. Que afaga. 2. Suave. 3. Carinhoso, meigo.

Fagulha, s. f. (l. *°facucula?*). Centelha, chispa, faísca.

Fagulhar, v. Intr. Expedir fagulhas; faiscar.

Fagulhento, adj. 1. Que fagulha; fagulhoso. 2. Inquieto.

Fahrenheit, adj. V. *escala Fahrenheit* e *grau Fahrenheit.*

Faia, s. f. 1. *Bot.* Nome comum às árvores do gênero *Fagus,* de casca lisa, cinzenta e madeira dura de contextura fina. 2. *Bot.* Pequena árvore brasileira, da família das Icacináceas (*Emmotum nigens*).

Faial, s. m. Bosque, mata de faias.

Faiança, s. f. (ital. *Faenza,* n. p., pelo fr. *faiance*). 1. Louça de barro envernizado ou coberto de esmalte. 2. Louça de pó de pedra.

Faina, s. f. (cat. *faena*). 1. Serviço a bordo de navios. 2. Trabalho aturado; lida.

Faisão, s. m. (gr. *phaisanos,* pelo latim). *Ornit.* Ave galiforme do gênero *Phasianus,* de plumagem multicolorida e longas penas caudais. Fem.: *faisoa.* Pl.: *faisães* e *faisões.*

Faísca, s. f. (germ. *falaviska?*). 1. Centelha, chispa. 2. *Eletr.* Efeito luminoso da descarga entre dois condutores. 3. Raio, corisco.

Faiscação *(a-i),* s. f. Ato de faiscar; cintilação.

Faiscador *(a-i),* s. m. Aquele que procura faíscas nas minas; faisqueiro.

Faiscante *(a-i),* adj. m. e f. Que lança faíscas.

Faiscar *(a-i),* v. 1. Tr. dir. Fazer lançar faíscas. 2. Intr. Lançar faíscas. 3. Intr. Ter o brilho de faíscas. 4. Intr. Procurar faíscas de ouro em minas anteriormente lavradas.

Faisqueira *(a-i),* s. f. 1. Lugar em que se acham faíscas. 2. Resto do cascalho abandonado nas lavras.

Faisqueiro *(a-i),* s. m. V. *faiscador.*

Faixa, s. f. (l. *fascia*). 1. Tira de pano para cingir a cintura. 2. Atadura. 3. *Arquit.* Friso chato entre a arquitrave e a cornija. 4. Porção de terra estreita e longa. 5. *Astr.* Zona em volta de um planeta. — *F. de absorção*: espaço escuro no espectro contínuo da luz branca *F. de onda, Radiotécn.*: canal de rádio.

Faixadura, s. f. Atadura, ligadura.

Faixar, v. V. *enfaixar.*

Fajuto, adj. *Gír.* De má qualidade; ruim.

Fala, s. f. 1. Ato ou capacidade de falar. 2. Aquilo que se fala, que se exprime por palavras.

Falação, s. f. 1. Fala. 2. *Pop.* Discurso, parolagem.

Falácia, s. f. (l. *fallacia*). 1. Qualidade de falaz. 2. Engano, logro, burla.

Falacioso, adj. Que tem ou denota falácia; enganador.

Falacrose, s. f. (gr. *phalakrosis*). *Med.* Alopecia, calvície.

Faladeira, s. f. Mexeriqueira, intrigante.

Falado, adj. (p. de *falar*). 1. Comentado. 2. Conhecido, famoso.

Falador, adj. e s. m. Que, ou quem fala muito; indiscreto. Fem.: *faladeira.*

Falange, s. f. (gr. *phalagks*, pelo latim). 1. Corpo de infantaria, na antiga Grécia. 2. Multidão, legião. 3. *Anat.* Cada um dos ossos dos dedos das mãos e dos pés, considerados em geral. As falanges compreendem *falange, falanginha* e *falangeta*, ou 1ª, 2ª e 3ª *falanges*, partindo do carpo para a extremidade.

Falangeal, adj. m. e f. *Anat.* Relativo às falanges dos dedos.

Falangeta (*ê*), s. f. *Anat.* Falange da extremidade distal; 3ª falange.

Falangídeo, adj. *Zool.* Relativo aos Falangídeos. S. m. Aracnídeo da ordem dos Falangídeos. S. m. pl. Ordem (*Phalangida*) cosmopolita da classe dos Aracnídeos, que compreende espécimes superficialmente semelhantes a aranhas verdadeiras.

Falangiforme, adj. m. e f. Que tem forma de falange.

Falanginha, s. f. *Anat.* A falange que fica entre a falangeta e a falange propriamente dita, ou entre a 1ª e a 3ª falanges.

Falansteriano, adj. e s. m. 1. Que, ou o que habita o falanstério. 2. *Sociol.* Sectário do sistema do sociólogo francês Charles Fourier (1772-1837).

Falanstério, s. m. Comunidade composta de 1.800 trabalhadores, segundo o sistema Fourier.

Falante, adj. m. e f. Que fala muito, tagarela, falador.

Falar, v. (l. v. *fabulare* por *fabulari*). 1. Tr. dir. Exprimir por meio de palavras; proferir, dizer. 2. Tr. dir. e tr. ind. Manifestar idéias acerca de; discorrer. 3. Intr. Conversar, discursar. 4. Tr. ind. Dialogar, ter entrevista com alguém. 5. Tr. dir. Anunciar, ensinar, pregar. 6. Intr. Descobrir, revelar. *F. ao coração*: comovê-lo. *F. às massas*: discursar em público.

Falárica, s. f. *Ant.* Dardo incendiário.

Falastrão, s. m. Grande falador. Fem.: *falastrona.*

Falatório, s. m. 1. Qualquer fala sem fundamento ou sem valor apreciável. 2. Vozerio de muitas pessoas que falam ao mesmo tempo.

Fala-verdade, s. m. *Pop.* Qualquer arma de defesa pessoal. Pl.: *fala-verdades.*

Falaz, adj. m. e f. (l. *fallace*). 1. Enganador, fraudulento. 2. Que engana. 3. Ilusório, quimérico.

Falca, s. f. (b. l. *falca*). 1. *Marc.* Toro de madeira falqueado, com quatro faces retangulares. 2. Tabuão para alterar a borda de um barco; amurada.

Falcaça, s. f. *Náut.* Arremate que se faz nos chicotes dos cabos, para evitar que se descochem.

Falcaçar, v. *Náut.* Tr. dir. Pôr falcaça nos chicotes dos cabos.

Falcado, adj. O mesmo que *falcato* e *falciforme.*

Falcão, s. m. (l. *falcone*). 1. Nome vulgar de várias aves de rapina da família dos Falconídeos. Voz: *crocitar, piar, pipiar.* 2. *Mil.* Peça leve de artilharia, usada do século XV ao XVII.

Falcato, adj. Em forma de foice; falciforme, falcado.

Falcatrua, s. f. Artifício com que se engana alguém; fraude, logro.

Falcatruar, v. Tr. dir. Fazer falcatrua a.

Falcatrueiro, s. m. Aquele que faz falcatruas.

falci-, elem. de comp. (l. *falx, falcis*). Exprime a idéia de *foice: falcífero.*

Falcífero, adj. Que traz foice.

Falcifoliado, adj. *Bot.* Com folhas em forma de foice.

Falciforme, adj. m. e f. Com forma de foice.

Falcípede, adj. *Zool.* Diz-se dos animais cujos membros têm a forma de foice.

Falcirrostro (*ó*), adj. *Ornit.* Relativo às aves cujo bico tem a forma de foice.

Falcoada, s. f. (*falcão* + *ada*). 1. Tiro da peça denominada falcão. 2. Bando de falcões.

Falcoado, adj. (p. de *falcoar*). Perseguido por falcão.

Falcoar, v. (*falcão* + *ar*). Tr. dir. Caçar com falcão.

Falcoaria, s. f. 1. *Ornit.* Arte de adestrar falcões para a caça. 2. Lugar onde estão os falcões. 3. Caçada com falcão.

Falcoeiro, s. m. (b. l. *falconariu*). Aquele que cria ou adestra falcões de caça.

Falconete (*ê*), s. m. *Mil. ant.* Pequena peça de artilharia; pequeno falcão.

Falconídeo, adj. *Ornit.* Relativo ou pertencente aos Falconídeos. S. m. Ave da família dos Falconídeos. S. m. pl. Família (*Falconidae*) de aves de rapina diurnas. As espécies brasileiras recebem várias denominações: *caracará, carancho, acauã, cancã, chimango, gavião-de-coleira, gavião-caboré, tentém* etc.

Falconiformes, s. m. pl. *Ornit.* Ordem (*Falconiformes*) que compreende as aves de rapina, entre as quais se acham os gaviões, águias, falcões, urubus etc.

Falda, s. f. (germ. *falda*). Sopé, abas (de monte). Var.: *fralda.*

Faldistório, s. m. (germ. *faldastol*). Cadeira episcopal, sem espaldar, ao lado do altar-mor; facistol.

Falecer, v. (l. **fallescere*, inc. de *fallere*). 1. Intr. Morrer. 2. Tr. ind. Não ter, faltar. 3. Intr. Acabar-se, escassear, faltar.

Falecido, adj. 1. Que expirou, morto. 2. Que carece de alguma coisa; minguado, falho. S. m. O que morreu.

Falecimento, s. m. 1. Ato de falecer; morte. 2. Falta, míngua, carência.

Falena, s. f. (gr. *phalaina*). *Zool.* Espécie de borboleta noturna.

Falência, s. f. 1. Ato ou efeito de falir; falimento. 2. *Dir.* Estado de quase insolvência ou de insolvência comercial, reconhecido por tribunal; bancarrota, quebra.

Falencial, adj. m. e f. Relativo a falência; falimentar.

Falerno, s. m. Antigo vinho de Falerno, Itália.

Falésia, s. f. (fr. *falaise*). Escarpa íngreme, à beira-mar, por efeito da erosão marinha.

Falha, s. f. (l. **fallia*). 1. Ato ou efeito de falhar. 2. *Geol.* Fratura em uma rocha. 3. Defeito, falta, omissão.

Falhado, adj. 1. Que apresenta falha. 2. Rachado, fendido.

Falhar, v. 1. Intr. Não dar o resultado desejado. 2. Intr. Malograr-se. 3. Intr. Não acertar. 4. Tr. ind. Faltar à obrigação. 5. Tr. ind. e intr. Não vir a tempo.

Falho, adj. 1. Que tem falha ou fenda. 2. Defeituoso, imperfeito.

Falibilidade, s. f. 1. Qualidade daquilo ou de quem é falível. 2. Possibilidade de errar.

Fálico, adj. Que se refere ao falo ou ao seu culto.

Falido, adj. (p. de *falir*). 1. Que faliu. 2. *Dir.* Contra quem é decretado o estado de falência.

Falimentar, adj. m. e f. *Dir.* Relativo a falência; falencial.

Falimento, s. m. 1. V. *falência.* 2. Falha, míngua.

Falir, v. (l. *fallere*). 1. Tr. ind. e intr. Faltar, minguar. 2. Intr. Confessar-se ou ser declarado falido; abrir falência. — *Falir* só se conjuga nas formas com *i* depois do *l.*

Falite, s. f. *Med.* Inflamação do falo (pênis); penite.

Falível, adj. m. e f. (l. med. *fallibile*). 1. Que falha. 2. Que pode ou se pode enganar.

Falo[1], s. m. (gr. *phallos*). 1. *Anat.* Pênis. 2. Representação do membro viril que, entre os antigos, simbolizava a fecundidade da natureza.

falo-[2], elem. de comp. Exprime a idéia de *falo, pênis: falodinia.*

Falodinia, s. f. *Med.* Dor no pênis; falalgia.

Falópico, adj. 1. Que se refere aos órgãos chamados de Falópio, a trompa, a cissura etc.

Falorragia, s. f. *Med.* Hemorragia do falo ou pênis.

Falorrágico, adj. Relativo à falorragia.

Falqueador, adj. e s. m. Que, ou aquele que falqueia; falqueador.

Falqueadura, s. f. Ato ou efeito de falquear.

Falqueamento, s. m. V. *falqueadura.*

Falquear, v. V. *falquejar.*

Falquejador, adj. e s. m. V. *falqueador.*

Falquejadura, s. f. V. *falqueadura.*

Falquejar, v. Tr. dir. Desbastar (um tronco de madeira), em geral com machado, facão, enxó.

Falquejo, s. m. V. *falqueadura.*
Falripas, s. f. pl. *Pop.* 1. Cabelos desgrenhados. 2. Fios de cabelo. Var.: *farripas.*
Falsar, v. (l. *falsare*). 1. Tr. dir. Falsificar, enganar com pesos ou medidas falsas. 2. Intr. Mentir. 3. Tr. ind. Deixar de fazer, não cumprir.
Falsário, s. m. (l. *falsariu*). 1. Aquele que falta a promessa. 2. O que jura falso. 3. Falsificador.
Falseamento, s. m. Ação ou efeito de falsear.
Falsear, v. 1. Tr. dir. Ser falso para com; atraiçoar, enganar. 2. Tr. dir. Tornar falso. 3. Intr. Pisar em falso. 4. Tr. dir. Dar à voz o tom de falsete.
Falsete (*ê*), s. m. (ital. *falsetto,* pelo fr. *fausset*). Voz com que se procura imitar o soprano.
Falsetear, v. Tr. dir. Cantar ou falar em falsete.
Falsidade, s. f. 1. Qualidade daquele ou daquilo que é falso. 2. Coisa falsa; mentira, calúnia.
Falsídia, s. f. *Pop.* V. *falsidade.*
Falsídico, adj. Que diz falsidades; mentiroso.
Falsificação, s. f. Ato ou efeito de falsificar.
Falsificador, adj. e s. m. Que, ou o que falsifica.
Falsificar, v. Tr. dir. 1. Alterar, imitar fraudulentamente. 2. Adulterar (alimentos, remédios etc.). 3. Dar aparência enganadora a. 4. Contrafazer assinaturas, dinheiro, escrituras etc.
Falsificável, adj. m. e f. Que pode ser falsificado.
Falso, adj. (l. *falsu*). 1. Oposto à verdade. 2. Inexato. 3. Infundado. 4. Em que há mentira, fingimento, deslealdade. S. m. O que não é verdadeiro. — *Em f.*: sem firmeza.
Falso-testemunho, s. m. Acusação falsa; calúnia. Pl.: *falsos-testemunhos.*
Falta, s. f. (l. **fallita,* de *fallere*). 1. Ato ou efeito de faltar. 2. Carência, penúria, privação. 3. O fato de não existir. 4. Infração leve contra o dever. 5. *Esp.* Transgressão de uma regra. — *Sem f.*: com toda a certeza.
Faltar, v. 1. Tr. ind. e intr. Não haver, não existir. 2. Intr. Notar-se a ausência ou falta de. 3. Tr. ind. Deixar de cumprir ou de fazer. 4. Tr. ind. e intr. Não comparecer.
Falto, adj. Que carece de alguma coisa; desprovido.
Falua, s. f. (ár. *faluwa?*). *Náut.* Embarcação semelhante ao bote.
Faluca, s. f. (ár. *faluwa*). *Náut.* Embarcação marroquina.
Falucho, s. m. (cast. *falucho*). Embarcação costeira do Mediterrâneo.
Falueiro, adj. Que se refere à falua. S. m. O que dirige uma falua.
Falupa, s. f. Casulo do bicho-da-seda no qual o inseto morreu.
Fama, s. f. 1. Celebridade, nomeada, renome. 2. Glória; reputação.
Famanaz, adj. e s., m. e f. *Pop.* Que, ou o que é afamado.
Famélico, adj. V. *faminto.*
Famigerado, adj. Que tem fama; célebre, notável. (Mais usado com sentido pejorativo.).
Família, s. f. 1. Conjunto de ascendentes, descendentes, colaterais e afins de uma linhagem. 2. O pai, a mãe e os filhos. 3. *Hist. Nat.* Grupo sistemático, constituído pela reunião de gêneros afins. 4. *Sociol.* Grupo de indivíduos, constituído por consangüinidade, ou adoção, ou por descendência dum tronco ancestral comum. 5. Conjunto de tipos com as mesmas características.
Familial, adj. m. e f. Relativo a família ou grupos sociológicos definidos como famílias.
Familiar, adj. m. e f. 1. Da família. 2. Que vive na mesma casa. 3. Doméstico. S. m. 1. Membro de família. 2. Criado. 3. Confrade de congregação religiosa.
Familiaridade, s. f. 1. Qualidade daquele ou daquilo que é familiar. 2. Confiança; franqueza.
Familiarização, s. f. Ato ou efeito de familiarizar.
Familiarizar, v. 1. Tr. dir. e pron. Tornar(-se) familiar. 2. Tr. dir. e pron. Acostumar(-se). 3. Pron. Entrar no conhecimento corrente de alguma coisa.
Familiarizável, adj. m. e f. Que se pode familiarizar.
Faminto, adj. 1. Que tem fome; esfomeado. 2. Ávido, ansioso.
Famoso, adj. 1. Que tem fama. 2. Que é muito conhecido. 3. Célebre. 4. Excelente.
Famulagem, s. f. Os fâmulos; a criadagem.
Famular, v. 1. Tr. dir. Servir como fâmulo. 2. Pron. Ajudar-se reciprocamente.
Famulatício, adj. 1. Famulatório. 2. Que desempenha o cargo de fâmulo.
Famulato, s. m. Qualidade ou cargo de fâmulo.
Famulatório, adj. Relativo a fâmulo; famulatício.
Fâmulo, s. m. 1. Servo, criado. 2. Empregado subalterno de algumas comunidades religiosas. 3. Pessoa (pode ser um leigo) que acompanha os prelados e desempenha certos serviços nos seminários ou na residência episcopal.
Fanal, s. m. (ital. *fanale*). 1. Facho. 2. Farol. 3. Sinal luminoso para orientar os navegantes. 4. Guia, norte.
Fanar, v. (fr. *faner*). 1. Tr. dir. e pron. *Gal.* Murchar(-se).
Fanático, adj. e s. m. 1. Que, ou o que se julga inspirado por Deus. 2. Que, ou o que se apaixona demasiadamente por uma causa ou pessoa.
Fanatismo, s. m. 1. Excessivo zelo religioso. 2. Faccionismo. 3. Dedicação excessiva; paixão. 4. Adesão cega a uma doutrina ou sistema.
Fanatizador, adj. e s. m. Que, ou o que fanatiza.
Fanatizar, v. 1. Tr. dir. e pron. Tornar(-se) fanático. 2. Tr. dir. Inspirar fanatismo ou extrema simpatia a.
Fancaria, s. f. 1. Comércio de fanqueiros. 2. Obra de fanqueiro.
Fanchone, s. m. Carro de tábua grossa provida de quatro rodízios, que nas casas comerciais se usa para transportar fardos.
Fandangaçu, s. m. *Gír.* Grande fandango, baile de arromba.
Fandangar, v. Intr. Dançar o fandango.
Fandango, s. m. *Folc.* 1. Dança popular a três tempos e sapateada, de uso na Espanha, Portugal e Brasil. 2. Música que acompanha essa dança. 3. Baile ruidoso, especialmente rural, ao som da viola. 4. Qualquer baile. 5. Briga, barulho.
Fandanguear, v. 1. V. *fandangar.* 2. Pandegar, foliar.
Fandangueiro, adj. e s. m. Diz-se de, ou quem dança o fandango e outras danças populares.
Fandanguista, adj. m. e f. Fandangueiro.
Faneca, s. f. 1. *Ictiol.* Pequeno peixe de água salgada (*Trisopterus luscus*), que ocorre nos mares europeus. 2. *Pop.* Pedaço de pão. 3. Castanha chocha. Adj. Seco, magro.
Faneco, s. m. Faneca, acep. 2.
Faneranto, adj. *Bot.* Cujas flores são conspícuas.
Fânero[1], s. m. *Anat.* Qualquer órgão de origem epitelial que emerge da pele (pêlos, unhas).
fânero-[2], elem. de comp. Exprime a idéia de *aparente, visível*: *fanerogamia.*
Fanerogamia, s. f. Parte da Botânica que trata dos fanerógamos.
Fanerogâmico, adj. *Bot.* Que tem os órgãos sexuais aparentes.
Fanerógamo, adj. V. *fanerogâmico.* S. m. Planta que produz flores e sementes; espermatófita.
Fanfarra, s. f. 1. Banda de música, com instrumentos de metal; charanga. 2. Música para essa banda. 3. *Gír.* Bravura.
Fanfarrão, adj. e s. m. 1. Que, ou aquele que alardeia de valente sem o ser ou que exagera a valia que tem. 2. Bazofiador, gabola. Fem.: *fanfarrona.*
Fanfarrear, v. Intr. 1. Jatar-se mentirosamente, bazofiar, dizer fanfarrices. 2. Ter fanfarrice.
Fanfarrice, s. f. Ato, dito, qualidade de fanfarrão.
Fanfarronada, s. f. V. *fanfarrice.*
Fanfarronar, v. V. *fanfarrear.*
Fanfarronice, s. f. V. *fanfarrice.*
Fanhoso, adj. Que fala ou parece falar pelo nariz.
Fanicar, v. Intr. Andar ao fanico, em busca de pequenos lucros.
Fanico, s. m. 1. *Pop.* Pequenos lucros ou ganhos casuais. 2. Migalha, porção mínima, pedacinho. 3. Crise histérica; faniquito.

Faniqueiro, adj. Que procura pequenos ganhos.
Faniquito, s. m. *Fam.* Fanico, acep. 3.
Fanqueiro, s. m. Comerciante de fazendas de algodão, linho etc.
Fantascópio, s. m. Espécie de lanterna mágica.
Fantasia, s. f. 1. Faculdade criadora pela qual o homem inventa ou evoca imagens. 2. Obra de imaginação. 3. Idéia, devaneio. 4. Capricho. 5. Extravagância. 6. Traje fantasioso que se usa no carnaval. 7. *Mús.* Composição musical ao capricho do artista.
Fantasiador, adj. e s. m. Que, ou quem fantasia.
Fantasiar, v. 1. Tr. dir. Idealizar, imaginar. 2. Intr. Devanear. 3. Pron. Vestir fantasia.
Fantasioso, adj. 1. Em que há fantasia. 2. Imaginoso.
Fantasista, adj. m. e f. Que fantasia; imaginoso.
Fantasma, s. m. e f. 1. Visão quimérica, geralmente apavorante, produto da fantasia. 2. Coisa medonha. 3. Pessoa macilenta e magra. 4. Suposta aparição de defunto.
Fantasmagoria, s. f. 1. Arte de fazer ver fantasmas ou figuras luminosas, utilizando os efeitos de ilusão óptica. 2. Fantasma.
Fantasmagórico, adj. 1. Relativo à fantasmagoria. 2. Ilusório, irreal, quimérico.
Fantástico, adj. 1. Que só existe na fantasia; imaginário. 2. Incrível. 3. Caprichoso. S. m. O que só existe na imaginação.
Fantochada, s. f. 1. Cena de fantoches. 2. Ação ridícula, farsa. 3. Porção de fantoches.
Fantoche, s. m. 1. Boneco articulado por meio de cordéis. 2. Pessoa incapaz de ação própria que procede e fala ao mando de outra; títere.
Faqueiro, s. m. 1. Fabricante de facas. 2. Estojo grande, forrado internamente e com encaixes especiais, para guardar talheres e outros apetrechos de mesa.
Faquir, s. m. 1. Monge muçulmano ou hindu, mendicante, que vive em rigoroso ascetismo. 2. Indivíduo que se exibe, suportando atos de natureza molesta sem dar sinais de sensibilidade.
Faquirismo, s. m. Condição, estado ou modo de vida de faquir.
Farad (*fárade*), s. m. *Eletr.* Unidade de capacidade elétrica; representa a capacidade de um condensador que, recebendo uma carga igual a 1 coulomb, tem o seu potencial variado de 1 volt.
Farádico, adj. *Eletr.* 1. Diz-se das correntes induzidas. 2. Relativo à faradização.
Faradização, s. f. *Med.* Utilização médica das correntes de alta tansão ou farádicas.
Faradizar, v. Tr. dir. *Med.* Tratar pela faradização.
Farândola, s. f. 1. Dança em cadeia, da Provença (França). 2. Bando de maltrapilhos; súcia de vadios.
Farandolar, v. Intr. Dançar a farândola.
Faraó, s. m. 1. Título dos reis do antigo Egito. 2. *Ant.* Certo jogo de cartas.
Faraônico, adj. 1. Relativo aos faraós ou à sua época. 2. Monumental, grandioso.
Farauta, s. f. Ovelha velha; badana.
Farcino, s. m. V. *farcinose.*
Farcinose, s. f. *Vet.* Forma de mormo, caracterizada pelo engrossamento dos vasos linfáticos e sem manifestações nasais.
Farda, s. f. 1. Uniforme militar ou de corporação. 2. A vida militar.
Fardagem, s. f. 1. Porção de fardos. 2. Roupagem.
Fardalhão, s. m. Farda rica e aparatosa.
Fardamento, s. m. 1. V. *farda.* 2. Conjunto de fardas.
Fardão, s. m. 1. Farda vistosa. 2. Veste de gala dos membros da Academia Brasileira de Letras.
Fardar, v. 1. Tr. dir. Prover de farda ou fardas. 2. Pron. Vestir a farda.
Fardel, s. m. 1. Saco de provisões. 2. Provisões de boca para pequena viagem. Var.: *farnel.*
Fardelagem, s. f. 1. Fardagem. 2. Bagagem.
Fardeta (*ê*), s. f. Pequena farda, ou farda que os soldados vestem em serviço de faxina.
Fardete (*ê*), s. m. Pequeno fardo.
Fardo, s. m. 1. Carga, peso, volume. 2. Embrulho, pacote. 3. O que é pesado de suportar.
Farejar, v. Tr. dir. 1. Aspirar o cheiro; cheirar. 2. Seguir pelo faro. 3. Adivinhar, descobrir. 4. Pressentir. 5. Examinar, remover para ver o que contém.
Farejo (*ê*), s. m. Ato de farejar.
Faréláceo, adj. 1. Da natureza do farelo. 2. Que se esfarela.
Farelada, s. f. V. 1. *farelagem.* 2. Água com farelo para porcos.
Farelagem, s. f. 1. Porção de farelos. 2. Coisa de nenhum valor; insignificância.
Farelento, adj. Que tem ou dá muito farelo.
Farelhão, s. m. 1. Pequeno promontório. 2. Ilhota escarpada.
Farelo, s. m. 1. O pericárpio quebrado dos grãos do trigo, separado da farinha por peneiramento; sêmea. 2. Resíduo grosseiro da moagem de cereais. 3. Serradura de madeira. 4. Coisa insignificante. 5. Bazófia, vaidade.
Farelório, s. m. 1. Coisa de menospreço, coisa de pouco valor. 2. Palavreado oco.
Farfalha, s. f. V. *farfalhada.*
Farfalhada, s. f. 1. Rumor de maravalhas ou farfalhas. 2. Ruído semelhante a este rumor, particularmente o da folhagem das árvores sob a ação do vento. 3. Palavrório.
Farfalhador, adj. Rumorejante. S. m. Aquele que farfalha; farfalhão.
Farfalhante, adj. m. e f. Que farfalha; farfalhador.
Farfalhão, s. m. V. *farfalhador.* Fem.: *farfalhona.*
Farfalhar, v. Intr. 1. Fazer farfalhada. 2. Falar sem tino. 3. Fazer ostentação.
Farfalharia, s. f. V. *farfalhada.*
Farfalheira, s. f. V. *farfalhada.*
Farfalheiro, adj. Farfalhante.
Farfalhento, adj. Farfalhante.
Farfalhice, s. f. 1. Dito ou gesto de farfalhão; bazófia. 2. Ostentação aparatosa.
Farfalho, s. m. Ato de farfalhar; farfalhada.
Farfalhoso, adj. V. *farfalhudo.*
Farfalhudo, adj. 1. Emproado. 2. Vistoso, garrido. 3. Diz-se do estilo empolado.
Farfante, adj. e s., m. e f. Fanfarrão.
Farináceo, adj. 1. Da natureza da farinha. 2. Que contém farinha. 3. Com aparência de farinha.
Farinar, v. Tr. dir. Reduzir a farinha.
Faringe, s. f. *Anat.* Tubo musculomembranoso, ligeiramente afunilado, que se comunica, em cima, com as fossas nasais e a boca, e, embaixo, se continua com a laringe e o esôfago.
Faríngeo, adj. Que se refere à faringe.
Faringite, s. f. *Med.* Inflamação da faringe.
faringo-, elem. de comp. (gr. *pharugx, uggos*). Exprime a idéia de *faringe: faringocele.*
Faringocele, s. f. *Med.* Deformação saciforme da faringe.
Faringografia, s. f. *Anat.* Descrição da faringe.
Faringologia, s. f. Tratado acerca da faringe.
Faringoplegia, s. f. Paralisia da faringe.
Faringotomia, s. f. *Cir.* Incisão na faringe.
Faringótomo, s. m. Instrumento com que se pratica a faringotomia.
Farinha, s. f. (l. *farina*). 1. Pó obtido pela trituração de cereais ou de qualquer substância farinácea. 2. Produto pulverulento: *F.* de sangue.
Farinheira, s. f. 1. Mulher que fabrica ou vende farinha. 2. Vasilha para guardar farinha.
Farinhento, adj. 1. Coberto de farinha. 2. Que contém farinha. 3. Semelhante à farinha.
Farinhudo, adj. Que se desfaz como a farinha (diz-se de frutos de polpa branda).
Farisaico, adj. 1. Que se refere a fariseu. 2. Que tem caráter de fariseu. 3. Hipócrita.
Farisaísmo, s. m. 1. Caráter, cerimônias e doutrinas dos fariseus. 2. Hipocrisia.

Fariscar, v. V. *farejar.*
Fariseu, s. m. 1. Membro de uma antiga seita judaica que se distinguia pela observância estrita e formal dos ritos da lei mosaica. 2. Santarrão, hipócrita.
Farmacêutico, adj. Que se refere a farmácia. S. m. Aquele que exerce a farmácia; boticário.
Farmácia, s. f. 1. Arte que ensina a conhecer e conservar as drogas e a preparar os medicamentos. 2. Estabelecimento onde se preparam ou vendem medicamentos. 3. Profissão de farmacêutico.
farmaco-, elem. de comp. (gr. *pharmakon*). Exprime a idéia de *farmácia, remédio: farmacodinâmica.*
Farmacodinâmica, s. f. Ramo da farmacologia que estuda a ação e o efeito dos medicamentos.
Farmacognosia, s. f. Estudo das drogas e substâncias medicinais, antes de sofrerem qualquer manipulação.
Farmacografia, s. f. Descrição das substâncias medicinais.
Farmacográfico, adj. Relativo à farmacografia.
Farmacolando, s. m. Aquele que está prestes a graduar-se em Farmácia.
Farmacologia, s. f. Estudo dos medicamentos e do seu emprego.
Farmacológico, adj. Relativo à farmacologia.
Farmacopéia, s. f. 1. Livro que ensina a preparar os medicamentos. 2. Coleção de receitas de medicamentos. 3. Relação oficial de medicamentos simples, químicos ou galênicos.
Farmacotecnia, s. f. Tratado das preparações farmacêuticas.
Farmacotécnico, adj. Relativo à farmacotecnia.
Farnel, s. m. 1. Provisões alimentícias para pequena viagem. 2. Saco para essas provisões; fardel.
Faro, s. m. 1. Olfato dos animais. 2. Cheiro. 3. Designação vulgar do sentido do olfato dos cães. 4. Indícios, vestígios, vislumbres.
Farofa, s. f. 1. Farinha de mandioca torrada, misturada com ovos, carne etc. 2. Bravata. 3. Jatância. 4. Fanfarrice. 5. Palavreado chocho.
Farofada, s. f. V. *fanfarrice.*
Farofeiro, adj. e s. m. *Pop.* Fanfarrão.
Farofento, adj. *Pop.* Fanfarrão; valentão.
Farófia, s. f. Farofa, acep. 2, 3, 4 e 5.
Farol, s. m. 1. Torre elevada, munida de forte foco de luz, para guiar navios ou aviões à noite. 2. O foco luminoso colocado no alto dessa construção. 3. Coisa que alumia. 4. *Autom.* Lanterna de automóvel. 5. Sinal luminoso para a direção do trânsito. 6. Guia, norte, rumo. 7. Fanfarronice. Pl.: *faróis.*
Faroleiro, s. m. Guarda de farol. Adj. e s. m. *Gír.* Que, ou o que é dado a *fazer farol.*
Farolete (*ê*), s. m. Pequeno farol dos automóveis; farolim.
Farolim, s. m. Farolete.
Farpa, s. f. 1. Saliência aguda, que se estende para trás em ângulo agudo (como da ponta de uma seta ou anzol) e que impede a fácil extração da peça, quando cravada. 2. Hastil armado de tais saliências, para cravar em touros. 3. Pequena lasca de madeira que acidentalmente se introduz na pele ou na carne. 4. Rasgão na roupa.
Farpado, adj. 1. Armado de farpa. 2. Recortado em forma de farpa.
Farpante, adj. m. e f. Que farpa.
Farpão, s. m. 1. Farpa grande. 2. Dardo com ferro farpado; arpão. 3. Golpe doloroso.
Farpar, v. Tr. dir. 1. Pôr farpas em. 2. Farpear. 3. Recortar em forma de farpa.
Farpear, v. Tr. dir. Ferir com farpa.
Farpela, s. f. Gancho agudo em que terminam de um lado as agulhas de meia ou de chochê; barbela.
Farra, s. f. Folia, pândega, patuscada, troça.
Farrambamba, s. f. 1. Muito barulho por coisa de pouca importância. 2. V. *fanfarrice.*
Farrancho, s. m. *Pop.* Grupo de pessoas que se reúnem para viajar em romaria ou divertir-se.
Farrapada, s. f. 1. Farraparia. 2. Denominação dada ao partido e ao exército dos farrapos.
Farrapagem, s. f. V. *farraparia.*
Farrapar, v. V. *esfarrapar.*
Farraparia, s. f. Grande porção de farrapos.
Farrapo, s. m. 1. Pedaço de pano rasgado, ou muito usado; trapo. 2. Peça de vestuário muito velha e rota. 3. Pessoa maltrapilha. 4. Alcunha depreciativa (depois tornou-se honrosa) dada pelos legalistas ao republicano do Rio Grande do Sul em 1835; farroupilha.
Farrear, v. Intr. Andar na farra; pandegar.
Fárreo, adj. Relativo ao farro (caldo de cevada).
Farrista, adj. e s. m. e f. Diz-se da, ou a pessoa dada a farras.
Farro, s. m. 1. Certo bolo de farinha, para sacrifícios, entre os romanos. 2. Caldo de cevada.
Farroupa, s. m. e f. V. *farroupilha.*
Farroupilha, s. m. e f. 1. V. *maltrapilho.* 2. Sujeito ordinário, sem préstimo. 3. Indivíduo miserável. 4. *Hist.* V. *farrapo.*
Farroupo, s. m. Porco de menos de um ano.
Farrusca, s. f. 1. Nódoa de carvão ou outra substância escura; mascarra. 2. Espada velha e ferrugenta; chanfalho.
Farrusco, adj. 1. Que tem a cor escura; negro. 2. Sujo de fuligem ou carvão.
Farsa, s. f. 1. Peça cômica, de poucos atores, de ação trivial, irreverente e burlesca. 2. Coisa burlesca. 3. Pantomima. 4. Arremedo, simulacro.
Farsada, s. f. 1. Ação burlesca. 2. Palhaçada.
Farsalhão, s. m. Farsa grande, desprovida de interesse.
Farsante, s. m. e f. 1. Artista que representa farsas. 2. Pessoa que pratica atos ridículos. 3. Palhaço.
Farsantear, v. 1. Tr. dir. Representar como farsante. 2. Intr. Praticar atos ou dizer coisas próprias de farsante.
Farsilhão, s. m. Argola da fivela em que se mete a ponta da correia.
Farsista, adj. m. e f. Que graceja constantemente. S. m. e f. Farsante.
Farsola, s. m. e f. Pessoa galhofeira; farsista.
Farsolar, v. Intr. 1. Portar-se como farsola. 2. Jactar-se.
Farsolice, s. f. Ato ou dito de farsola.
Farta, s. f. Usado na locução adverbial *à farta*: com abundância.
Fartadela, s. f. *Fam.* 1. Ato ou efeito de fartar(-se). 2. Quantidade que farta.
Fartar, v. 1. Tr. dir. Saciar a fome ou a sede de. 2. Tr. dir. Satisfazer (desejos, paixões). 3. Tr. dir. Prover abundantemente; abarrotar. 4. Tr. dir. Causar aborrecimento, enfado ou fastio a. 5. Pron. Comer ou beber até saciar-se.
Farte, s. m. 1. Bolo de açúcar e amêndoas, envolvido em farinha. 2. Nome de outros bolos que contêm creme.
Farto, adj. 1. Satisfeito, saciado. 2. Abundante, copioso. 3. Em que há abundância de tudo. 4. Nutrido, gordo. 5. Aborrecido, enfastiado.
Fartum, s. m. 1. Cheiro desagradável de ranço. 2. Fedor nauseabundo; bafio.
Fartura, s. f. 1. Estado de farto. 2. Grande quantidade; abundância.
Fas, s. m. Palavra latina usada na loc. adv. *por fas ou por nefas*, correspondente à frase *per fas et nefas*, isto é, com razão ou sem ela.
Fascal, s. m. Meda de feixes de palha.
Fasces, s. m. pl. (l. *fascis*). *Ant.* Feixe de varas com um machado no meio, insígnia carregada pelos lictores diante dos cônsules da antiga Roma, e que representava o poder de punir.
Fáscia, s. f. (l. *fascia*). *Anat.* Camada ou faixa de tecido fibroso, que cobre o corpo sob a pele e envolve músculos e certos órgãos.
Fasciação, s. f. *Bot.* Anomalia morfológica (teratologia) dos órgãos que, de eixos cilíndricos, passam a formas aplanadas, espalmadas.
Fasciculado, adj. 1. Disposto em fascículos ou feixes. 2. *Bot.* Que tem forma de feixe.
Fascicular, adj. m. e f. Em forma de fascículo.
Fascículo, s. m. 1. Pequeno feixe. 2. Folheto de obra que se

vai publicando por partes. 3. Quantidade de ervas ou varas que pode ser transportada num bloco só.

Fascinação, s. f. 1. Atração pela beleza. 2. Encanto, enlevo, arroubamento.

Fascinador, adj. e s. m. Que, ou o que fascina.

Fascinante, adj. m. e f. Que fascina; fascinador.

Fascinar, v. 1. Tr. dir. Paralisar com o olhar. 2. Tr. dir. Atrair irresistivelmente; encantar. 3. Tr. dir., tr. ind. e intr. Encantar, deslumbrar. 4. Tr. dir. Dominar irresistivelmente a atenção ou o interesse de.

Fascínio, s. m. 1. V. *fascinação*. 2. Encantamento, mau olhado.

Fascíola, s. f. *Zool.* Gênero (*Fasciola*) de vermes trematódeos, hermafroditas, parasitas das vias biliares de carneiros e, raramente, do homem.

Fasciolária, s. f. *Zool.* Gênero (*Fasciolaria*) de moluscos gastrópodes marinhos, muito comuns.

Fascismo, s. m. (ital. *fascismo*). *Polít.* Sistema nacional, antiliberal, imperialista e antidemocrático, fundado na Itália por Mussolini e que tinha por emblema o *fascio*, isto é, o feixe de varas dos lictores romanos.

Fascista, adj. m. e f. Relativo ao fascismo. S. m. e f. Pessoa partidária do fascismo.

Fase, s. f. 1. *Astr.* Cada um dos aspectos da Lua e de alguns planetas conforme são iluminados pelo Sol. 2. Estado transitório entre mudanças de aspecto, condição, situação etc. 3. Lapso de tempo; período. 4. *Eletr.* Um dos circuitos de um sistema ou de um aparelho elétrico.

Faseolar, adj. m. e f. Em forma de feijão.

Fasquia, s. f. 1. Tira de madeira serrada, comprida e estreita. 2. Ripa, 3. Sarrafo.

Fasquiar, v. Tr. dir. 1. Serrar em fasquias. 2. Guarnecer de fasquias.

Fastidioso, adj. 1. Que causa fastio; tedioso, enfadonho. 2. Impertinente.

Fastiento, adj. Fastidioso.

Fastigiado, adj. *Bot.* Ereto e em forma de pirâmide alta e estreita (árvore, copa de árvore etc.).

Fastígio, s. m. 1. *Ant.* Ornato que se colocava no alto dos templos romanos. 2. A parte mais elevada de um edifício. 3. Ponto culminante; cume, auge, cimo. 3. Posição eminente, relevante.

Fastigioso, adj. Que está no fastígio ou em posição eminente.

Fastio, s. m. 1. Falta de apetite. 2. Aborrecimento, tédio. 3. Aversão, repugnância.

Fasto, adj. 1. Dizia-se dos dias em que se podiam exercer certas jurisdições, entre os romanos. 2. Fausto, feliz, próspero. S. m. Fausto, pompa. S. m. pl. Registro público de fatos ou obras memoráveis, anais, história.

Fastoso, adj. Que tem fasto, ostentação; pomposo. S. m. Aquele que gosta de fasto ou luxo.

Fastuoso, adj. V. *fastoso*.

Fataça, s. f. *Ictiol.* Tainha grande.

Fatacaz, s. m. *Pop.* Fatia ou pedaço grande.

Fatal, adj. m. e f. 1. Prescrito pelo fado ou destino. 2. Decisivo, irrevogável. 3. Improrrogável: Prazo *f.* 4. Inevitável. 5. Que causa desgraças; desastroso. 6. Que causa a morte; mortal, letal.

Fatalidade, s. f. 1. Qualidade ou caráter de fatal. 2. Acontecimento inevitável; destino. 3. Sucesso desastroso; desgraça.

Fatalismo, s. m. 1. Teoria dos que consideram todos os eventos da vida humana como irrevogavelmente fixados por uma causa. 2. Atitude daqueles que se abandonam aos acontecimentos. 3. Fatalidade.

Fatalista, adj. m. e f. Relativo ao fatalismo. S. m. e f. Pessoa partidária do fatalismo.

Fateiro, adj. 1. Relativo a fato (roupa). 2. Próprio para guardar fato.

Fateixa, s. f. 1. Grande arpão com que se tiram objetos do fundo da água. 2. Âncora de pequenos barcos. 3. Utensílio de ferro para pendurar carnes.

Fatia, s. f. 1. Pedaço de pão, de presunto etc., cortado com pouca espessura. 2. *Pop.* Bom lucro, grande quinhão. Aum.: *fatiaça*.

Fatiaça, s. f. Grande fatia.

Fatiar, v. Tr. dir. 1. Reduzir a fatias. 2. Partir em pedaços; despedaçar.

Fatídico, adj. 1. Profético. 2. Funesto, sinistro, trágico.

Fatigador, adj. e s. m. Que, ou o que fatiga; fatigante.

Fatigamento, s. m. V. *fadiga*.

Fatigante, adj. m. e f. Fatigador.

Fatigar, v. 1. Tr. dir. Causar fadiga a; cansar. 2. Tr. dir. Enfadar, importunar. 3. Tr. dir. e pron. Esfalfar(-se), moer(-se).

Fatigoso, adj. V. *fatigante*.

Fatiloqüente, adj. m. e f. V. *fatíloquo*.

Fatíloquo (*co*), adj. *Arc.* Que prediz futuros; inspirado, fatídico, profético.

Fatímida, adj. e s., m. e f. V. *fatimita*.

Fatimita, adj. e s., m. e f. Diz-se de, ou o descendente de Fátima, filha de Maomé.

Fatiota, s. f. 1. Farpela, fato, vestuário. 2. Farraparia.

Fato[1], s. m. (gót. *fat?*). 1. Roupa, vestuário, vestes. 2. Rebanho de animais pequenos.

Fato[2], s. m. (l. *factu*). 1. Coisa ou ação feita. 2. Acontecimento, sucesso. 3. Aquilo que é real.

Fator, s. m. (l. *factore*). 1. Aquele que faz uma coisa. 2. *Mat.* Cada uma das quantidades que são objeto de uma multiplicação. 3. Aquilo que concorre para um resultado.

Fatorial, adj. m. e f. Relativo a fator. S. m. *Mat.* Produto dos números naturais desde 1 até o inteiro *n*.

Fatuidade (*u-i*), s. f. 1. Qualidade de quem é fátuo. 2. Qualidade daquilo que é fátuo, fugaz.

Fátuo, adj. 1. Presumido, pretensioso. 2. Petulante. 3. Néscio, insensato. 4. Passageiro, fugaz.

Fatura, s. f. 1. Feitura. 2. Relação que acompanha a remessa de mercadorias expedidas e que contém a designação de quantidades, marcas, pesos, preços e importâncias.

Faturar, v. Tr. dir. 1. Fazer a fatura de (mercadorias vendidas). 2. Incluir na fatura (uma mercadoria). 3. *Gír.* Ganhar qualquer vantagem.

Faturista, s. m. e f. Empregado de casa de comércio incumbido de fazer faturas.

Fauce, s. f. 1. *Anat.* Parte superior e interior da garganta, junto à raiz da língua; garganta, goela. 2. *Bot.* Abertura do tubo da corola.

Faúla, s. f. V. *fagulha*.

Faular (*a-u*), v. 1. Tr. dir. Lançar em forma de faúlas. 2. Intr. Deitar faúlas, ardendo. 3. Intr. Faiscar.

Faúlha, s. f. 1. A parte mais sutil da farinha, que se evola na peneiração. 2. V. *fagulha*.

Faulhento (*a-u*), adj. 1. Que deita faúlhas. 2. Que expede pó sutil. 3. Que diz bagatelas; fútil.

Fauna, s. f. *Zool.* Conjunto das espécies animais de um país, região ou período geológico.

Fauniano[1], adj. Concernente a fauna; faunístico.

Fauniano[2], adj. Que se refere aos faunos.

Faunístico, adj. Fauniano[1].

Fauno, s. m. *Mit.* Divindade campestre (entre os antigos romanos), caprípede, cornudo e cabeludo.

Fáunula, s. f. Fauna local de pequenos animais.

Fausto, adj. Venturoso, ditoso; próspero. S. m. Ostentação, grande pompa exterior, magnificência.

Faustoso, adj. Cheio de ostentação; faustoso, pomposo.

Faustuoso, adj. V. *faustoso*.

Fautor, adj. Que favorece, promove ou determina. S. m. Aquele que faz, aquele que promove, fomenta, causa ou auxilia. Fem. *fautriz*.

Fautoria, s. f. Ato de favorecer ou auxiliar.

Fautorizar, v. Tr. dir. Auxiliar, proteger.

Fautriz, adj. Fem. de *fautor*.

Fava, s. f. (l. *faba*). 1. *Bot.* Erva da família das Leguminosas (*Vicia faba*), cultivada pelas sementes largas e chatas, comestíveis. 2. *Bot.* Vagem ou semente desta planta. 3. *Bot.* Semente achatada de algumas leguminosas. 4. Nome que se dá a várias coisas que têm a configuração duma semente de fava.

Faval, s. m. Terreno ocupado pela cultura de favas.

Favela, s. f. Aglomeração de casebres ou choupanas toscamente construídas e desprovidas de condições higiênicas.
Faveolado, adj. Faviforme.
favi-, elem. de comp. (l. *favu*). Exprime a idéia de *favo: faviforme.*
Faviforme, adj. m. e f. Com forma de favo; faveolado, alveolado.
Favo, s. m. 1. Alvéolo ou conjunto de alvéolos em que as abelhas depositam o mel. 2. Coisa doce.
Favônio, s. m. 1. Vento brando de oeste. 2. Vento propício.
Favor, s. m. 1. Graça, mercê, obséquio. 2. Condição favorável. 3. Proteção. 4. Falta de isenção no julgar; parcialidade. 5. Carta, missiva.
Favorável, adj. m. e f. Que favorece; propício.
Favorecedor, adj. e s. m. Que, ou o que favorece.
Favorecer, v. 1. Tr. dir. Fazer favor, dar auxílio a, proteger. 2. Pron. Auxiliar-se, valer-se.
Favorecido, adj. Protegido, auxiliado.
Favorita, s. f. 1. A mais favorecida. 2. Amante de um rei.
Favoritismo, s. m. 1. Preferência. 2. Proteção parcial.
Favorito, adj. 1. Predileto. 2. Preferido. 3. *Esp.* Cotado.
Faxina, s. f. 1. *Mil. ant.* Feixe de ramos ou de paus, usado na construção de diques, fixação de margens de rios e em fortificações militares de campanha. 2. Limpeza geral nas casernas. S. m. Soldado faxineiro.
Faxineiro, s. m. O encarregado da faxina, acep. 2.
Fazedor, adj. e s. m. 1. Que, ou aquele que faz. 2. Que, ou aquele que cumpre ou executa.
Fazenda, s. f. 1. Grande estabelecimento rural de lavoura ou criação de gado. 2. Bens, haveres. 3. Rendimentos públicos. 4. Finanças. 5. Pano de que se fazem peças de vestuário etc.; tecido.
Fazendário, adj. Que se refere à fazenda pública.
Fazendeiro, adj. Relativo a fazenda. S. m. 1. Proprietário de fazenda, ou fazendas. 2. O que tem ou cultiva fazenda, ou fazendas.
Fazendista, s. m. e f. Pessoa versada em assuntos de fazenda pública.
Fazendola, s. f. Pequena fazenda.
Fazer, v. (l. *facere*). 1. Tr. dir. Dar existência ou forma a; produzir, criar. 2. Tr. dir. Fabricar, manufaturar. 3. Tr. dir. Construir, edificar. 4. Tr. dir. Talhar e costurar. 5. Tr. dir. Executar, realizar. 6. Tr. dir. Impessoal. Estar, existir, haver (indicando o estado da atmosfera): *Faz calor, faz frio.* 7. Tr. dir. impessoal. Ter decorrido; haver, completar-se (falando do tempo): *Faz nove dias* que cheguei. 8. Tr. dir. Produzir, ser causa de. 9. Tr. dir. Fingir: Quando o chamo, ele *faz que não ouve.* 10. Tr. ind. e pron. Fingir-se. 11. Seguido de um infinitivo, tem o sentido de *constranger, obrigar, ser causa de*: O som daquela voz me *fazia estremecer.* 12. Em frases ligadas, emprega-se como verbo vicário: Hei de prepará-lo como *fiz* a outros alunos. 13. Seguido de certos substantivos, confunde-se com eles dando-lhes a significação do verbo cognato: *Fazer guerra*: guerrear.
Faz-tudo, s. m. 1. V. *factótum.* 2. Indivíduo que exerce variadas indústrias. 3. Aquele que se ocupa de variados serviços.
Fé, s. f. (l. *fide*). 1. Crença, crédito; convicção da existência de algum fato ou de veracidade de alguma asserção. 2. Crença nas doutrinas da religião cristã. 4. A primeira das três virtudes teologais. 5. Fidelidade a compromissos e promessas; confiança. 6. Confirmação, prova.
Fê, s. m. *Des.* Outro nome da letra *F, f* (efe). Pl.: *fês* ou *ff.*
Fealdade, s. f. 1. Qualidade de feio. 2. Desdouro, indignidade.
Fearrão, adj. e s. m. Que, ou quem é muito feio. Fem.: *fearrona.*
Febe, s. f. *Poét.* A Lua.
Febo, s. m. *Poét.* Sol.
Febra (*ê*), s. f. 1. Carne sem osso nem gordura. 2. Músculo, nervo. 3. *Fig.* Coragem, têmpera, valor.
Febre, s. f. 1. Estado mórbido caracterizado pela aceleração do pulso e aumento de temperatura. 2. Ânsia de possuir. 3. Grande perturbação de espírito. 4. Exaltação. Dim.: *febrinha* e *febrícula.*
Febrento, adj. V. *febril.* S. m. Indivíduo febriculoso.
Febricitante, adj. m. e f. 1. Atacado de febre. 2. Febril. 3. Exaltado, apaixonado.
Febricitar, v. Intr. 1. Estar atacado de febre. 2. Sentir febre.
Febrícula, s. f. Febre ligeira.
Febriculoso, adj. Propenso a febres.
Febrífugo, adj. Que afugenta a febre. S. m. Medicamento contra a febre.
Febril, adj. m. e f. 1. Relativo a febre. 2. Da natureza dela. 3. Com febre, em estado de febre. 4. Exaltado, excitado.
Febriologia, s. f. *Med.* Tratado acerca das febres.
Fecal, adj. m. e f. 1. Relativo a fezes. 2. Excrementício.
Fecalóide, adj. *Med.* Que cheira a matérias fecais.
Fecha (*ê*), s. m. *Gír.* Desordem, barulho; rolo.
Fechado, adj. Que não está aberto; cerrado.
Fechadura, s. f. Peça de metal que, por meio de uma lingüeta acionada por chave, fecha portas, gavetas etc.
Fechamento, s. m. 1. Ato ou efeito de fechar(-se). 2. Conclusão de um negócio. 3. Fecho de abóbada ou arco.
Fechar, v. 1. Tr. dir. Fixar por meio de chave, tranca etc. (porta, gaveta etc.). 2. Tr. dir. Unir as duas partes de (um objeto). 3. Tr. dir. e pron. Pôr(-se) sobre outro de modo que ajuste e fique unido. 4. Tr. dir. Tapar a abertura de. 5. Tr. dir. Pôr em recinto cerrado. 6. Tr. dir. Impedir o acesso de. 7. Tr. dir. *Arquit.* Pôr a última pedra em (arco ou abóbada); rematar. 8. Tr. dir. Fazer cessar o funcionamento de. 9. Tr. dir. Limitar, demarcar. 10. Tr. dir. Concluir, terminar. 11. Tr. dir. *Cir.* Unir os bordos de (uma ferida). 12. Intr. e pron. Cicatrizar-se. 13. Pron. Encerrar-se em algum lugar. 14. Pron. Não dizer o que sabe. 15. Tr. dir. *Pop.* Tornar (o corpo) imune a sortilégios ou malefícios. 16. Tr. dir. Tornar carrancudo: *Fechar* a *cara.* 17. Tr. dir. Convergir sobre: O caminhão *fechou* o *ônibus.*
Fecharia, s. f. *P. us.* Mecanismo de disparo em armas de fogo portáteis.
Fecho (*ê*), s. m. 1. Ferrolho ou aldrava da porta. 2. *Arquit.* Pedra que remata o arco ou abóbada. 3. Tudo que serve de fechar ou cerrar. 4. Acabamento, fim, remate.
Fecial, s. m. Sacerdote núncio de paz ou de guerra, na Roma antiga.
Fécula, s. f. 1. Substância farinácea e pulverulenta de certas sementes e tubérculos. 2. *Pop.* Polvilho.
Fecularia, s. f. Fábrica de féculas.
Feculência, s. f. 1. Qualidade de feculento. 2. Sedimento dos líquidos.
Feculento, adj. 1. Que contém fécula. 2. Que deposita sedimento ou fezes; turvo.
Feculóide, adj. V. *feculóideo.*
Feculóideo, adj. Que se assemelha a fécula.
Feculoso, adj. V. *feculento.*
Fecundação, s. f. (l. *fecundatione*). Ato ou efeito de fecundar ou de ser fecundado.
Fecundante, adj. m. e f. Que fecunda.
Fecundar, v. 1. Tr. dir. Tornar fecundo. 2. Intr. e pron. Tornar-se fecundo. 3. Tr. dir. Transmitir a causa imediata da germinação a. 4. Tr. dir. Fazer progredir, promover o desenvolvimento de. 5. Tr. dir. *Biol.* Impregnar, fertilizar, polinizar.
Fecundativo, adj. V. *fecundante.*
Fecundez, s. f. V. *fecundidade.*
Fecundidade, s. f. 1. Qualidade de fecundo. 2. *Biol.* Capacidade reprodutora. 3. Fertilidade, abundância. 4. Facilidade de produzir obras de arte.
Fecundo, adj. 1. Capaz de procriar. 2. Que dá muitos e grandes resultados. 3. Inventivo, criador.
Fedegoso, adj. Que exala fedor; fétido. S. m. *Bot.* Nome comum a diversas plantas leguminosas-cesalpiniáceas do gênero *Cassia*; acácia.
Fedelhice, s. f. *Fam.* Ação de fedelho; criancice.
Fedelho (*ê*), s. m. 1. Criança que cheira a cueiros. 2. Menino.
Fedentina, s. f. Fedor, mau cheiro.
Feder, v. (l. *foetere*). Intr. Exalar mau cheiro.— Não se usa o verbo *feder* nas formas que teriam as terminações a(*s*) ou *o.*

Federação, s. f. 1. *Polít.* União política de nações; liga. 2. Associação de entidades para um fim comum: *Federação* das Indústrias.

Federado, adj. 1. Que se federou. 2. Unido em federação. S. m. Aquele que faz parte de uma federação.

Federal, adj. m. e f. Relativo a federação.

Federalismo, s. m. Sistema político que consiste na associação de vários Estados numa federação.

Federalista, s. m. e f. Pessoa partidária do federalismo.

Federar, v. Tr. dir. Reunir em federação; confederar.

Federativo, adj. Relativo a uma federação ou a uma confederação.

Fedido, adj. Malcheiroso, fétido.

Fedor, s. m. Mau cheiro, cheiro nauseabundo.

Fedorentina, s. f. V. *fedentina.*

Fedorento, adj. Que tem mau cheiro; fétido.

Feianchão, adj. e s. m. V. *feiarrão.* Fem.: *feianchona.*

Feião, adj. e s. m. V. *feiarrão.* Fem.: *feiona.*

Feiarrão, adj. e s. m. Que, ou aquele que é muito feio. Fem.: *feiarrona.*

Feição, s. f. 1. Forma, figura, jeito, feitio. 2. Aspecto, aparência. 3. Modo, maneira. 4. Índole, caráter.

Feijão, s. m. 1. *Bot.* Semente do feijoeiro. Col.: *batelada, partida.* 2. Feijoeiro. 3. Vagem do feijoeiro. 4. Seixo rolado, tido como sinal de diamante nas proximidades. 5. O feijão cozido. 6. *Fig.* Alimento essencial.

Feijoada, s. f. 1. Grande quantidade de feijões. 2. *Folc.* Prato da culinária brasileira, preparado com feijão preto, toicinho, carne seca etc.

Feijoal, s. m. Terreno semeado de feijões.

Feijoeiro, s. m. *Bot.* Nome genérico das plantas da família das Leguminosas que produzem feijões.

Feila, s. f. Pó de farinha finíssimo; faúlha.

Feio, adj. (l. *foedu*). 1. De aspecto desagradável. 2. Desproporcionado, disforme. 3. Indecoroso, torpe.

Feira, s. f. (l. *feria*). 1. Lugar público e descoberto em que, em dias e épocas fixas, se expõem e vendem mercadorias. 2. Designação complementar dos cinco dias mediais da semana.

Feirante, s. m. e f. Pessoa que vende em feira.

Feirar, v. Tr. dir. e intr. Comprar ou vender na feira.

Feita, s. f. (de *feito*). 1. Ato. 2. Ocasião, vez.

Feital, s. m. Terra cansada.

Feitiçaria, s. f. 1. Arte mágica. 2. Obra de feiticeiros; bruxaria. 3. Enlevo, sedução.

Feiticeira, s. f. Mulher que faz feitiços; bruxa.

Feiticeiro, adj. Que enfeitiça, atrai, encanta ou seduz. S. m. Aquele que faz feitiços; bruxo.

Feiticismo, s. m. 1. Culto e prática de feitiços entre os indígenas da África. 2. Veneração supersticiosa por uma coisa; fetichismo.

Feiticista, adj. Que se refere a feitiços. S. m. e f. Pessoa que se entrega ao feiticismo; fetichista.

Feitiço, s. m. Malefício de feiticeiro ou feiticeira.

Feitio, s. m. 1. Forma. 2. Maneira. 3. Feição. 4. Talho de roupa. 5. Caráter. 6. Qualidade. 7. O trabalho do artífice. 8. O custo desse trabalho.

Feito, adj. (l. *factu*). Realizado, executado, acabado, terminado, pronto. S. m. 1. Fato. 2. Façanha. 3. Empresa. 4. Ação judicial. Conj. *Pop.* Como, tal: Chorou *feito* uma criança.

Feitor, s. m. (l. *factore*). 1. Administrador de bens alheios. 2. Superintendente de trabalhadores; capataz.

Feitorar, v. Tr. dir. Gerir como feitor.

Feitoria, s. f. 1. Administração exercida pelo feitor. 2. Cargo de feitor. 3. Estabelecimento comercial.

Feitoriar, v. V. *feitorar.*

Feitorizar, v. V. *feitorar.*

Feitura, s. f. (l. *factura*). 1. Ato ou modo de fazer; execução. 2. Obra, trabalho. 3. Feição; talho.

Feiúra, s. f. V. *fealdade.*

Feixe, s. m. (l. *fasce*). 1. Reunião de várias coisas no sentido do comprimento. 2. Braçada, porção.

Fel, s. m. (l. *felle*). 1. Bílis. 2. Vesícula biliar. 3. Mau humor, azedume, ódio. 3. Grande amargor. Pl.: *féis* e *feles.*

Felá, s. m. Qualquer trabalhador da classe baixa, entre os egípcios. Fem.: *felaína.*

Feldspato, s. m. *Miner.* Nome comum a vários silicatos naturais de alumínio, com potássio, sódio, cálcio ou bário.

Féleo, adj. Relativo ao fel.

Felicidade, s. f. 1. Qualidade ou estado de feliz. 2. Ventura. 3. Bom êxito.

Felicitação, s. f. Ato ou efeito de felicitar.

Felicitar, v. 1. Tr. dir. Dar felicidade a, tornar feliz. 2. Tr. dir. Dirigir cumprimento ou parabéns a. 3. Pron. Aplaudir-se, congratular-se.

Felídeo, adj. *Zool.* Relativo aos Felídeos. S. m. pl. Família (*Felidae*) cosmopolita de mamíferos carnívoros digitígrados. Inclui os gatos verdadeiros, como o leão, o tigre, a onça, o leopardo, o guepardo, o maracajá, os gatos domésticos.

Felino, adj. 1. Do gato ou a ele relativo. 2. Semelhante ao gato. 3. Fingido, traiçoeiro. S. m. *Zool.* Felídeo.

Feliz, adj. m. e f. (l. *felice*). 1. Favorecido pela boa sorte, pela fortuna; ditoso. 2. Satisfeito. Sup. abs. sint.: *felicíssimo.*

Felizardo, adj. e s. m. Quê, ou o que tem muita sorte.

felo-, elem. de comp. (gr. *phellos*). Exprime a idéia de *cortiça: feloplástica.*

Felogênio, s. m. *Bot.* Zona geradora do tecido cortical.

Felonia, s. f. 1. Rebelião do vassalo contra o senhor. 2. Deslealdade, traição, perfídia. 3. Crueldade.

Feloplástica, s. f. Arte de esculpir em cortiça.

Felose, s. f. *Bot.* Produção acidental de uma espécie de cortiça em alguns vegetais.

Felpa (*ê*), s. f. Pêlo saliente nos estofos; felpo.

Felpado, adj. V. *felpudo.*

Felpo (*ê*), s. m. V. *felpa.*

Felpudo, adj. Que tem felpa; felpado.

Felsítico, adj. Que se refere a felsito.

Felsito, s. m. *Geol.* Rocha ígnea, consistente quase exclusivamente em feldspato e quartzo.

Feltragem, s. f. Operação de feltrar.

Feltrar, v. 1. Tr. dir. Estofar. 2. Intr. Preparar as matérias para fazer o feltro.

Feltro (*ê*), s. m. Estofo de lã ou pêlos, emaranhados e empastados por pressão e pisoagem, empregado no fabrico de chapéus, discos de polimento etc.

Fêmea, s. f. (l. *femina*). 1. Animal do sexo feminino. 2. Mulher. 3. *Tecn.* Parte chanfrada de qualquer peça na qual se insere outra, chamada *macho.*

Fementido, adj. 1. Que mentiu á fé jurada; perjuro. 2. Enganoso.

Fêmeo, adj. 1. Que não é macho; feminino. 2. Relativo a qualquer fêmea.

Femíneo, adj. V. *feminil.*

Feminidade, s. f. Qualidade, caráter de feminino.

Feminil, adj. 1. Relativo a mulheres. 2. Próprio do sexo feminino; femíneo.

Feminilidade, s. f. Caráter próprio de mulher.

Feminino, adj. 1. Próprio de mulher ou de fêmea. 2. Relativo ao sexo caracterizado pelo ovário, nos animais e nas plantas. 3. *Gram.* Qualificativo do gênero que indica os seres fêmeos ou considerados como tais.

Feminismo, s. m. Doutrina que tem por objetivo o melhoramento do papel da mulher na sociedade.

Feminista, adj. m. e f. Relativo ao feminismo. S. m. e f. Pessoa partidária do feminismo.

Feminizar, v. 1. Tr. dir. Dar feições ou caráter feminino a. 2. Tr. dir. Atribuir o gênero feminino a. 3. Pron. Tornar-se feminil.

Femoral, adj. m. e f. Do, ou relativo ao fêmur.

Fêmur, s. m. 1. *Anat.* Osso da coxa. 2. *Entom.* Terceiro segmento da pata dos insetos.

Fenação, s. f. 1. Processo de conservação das forragens. 2. Preparo do feno.

Fenacetina, s. f. *Farm.* Produto medicamentoso, usado contra a febre, as nevralgias e o reumatismo.

Fenda, s. f. 1. Abertura estreita produzida por fendimento; racha, frincha, fresta, greta. 2. Ranhura, entalhe, como na cabeça dos parafusos.
Fendedor, adj. e s. m. Que, ou o que fende.
Fendeleira, s. f. Cunha de ferro, para rachar ou fender.
Fendente, adj. m. e f. Que fende.
Fender, v. (l. *findere*). 1. Tr. dir. Abrir fenda em; rachar, rasgar. 2. Pron. Abrir-se em fendas ou rachas.
Fendimento, s. m. Ato ou efeito de fender(-se).
Fenecer, v. 1. Intr. Acabar, extinguir-se. 2. Tr. ind. Ter o seu termo ou fim. 3. Intr. Morrer. 4. Intr. Murchar.
Fenecimento, s. m. Extinção, fim, morte.
Fenestrado, adj. 1. Que tem janela ou abertura. 2. *Bot.* Diz-se das folhas que apresentam orifícios; perfurado, pertuso.
Fenestragem, s. f. Ato ou efeito de fenestrar.
Fenestral, adj. m. e f. Referente a janela. S. m. Abertura por onde entra o ar e a luz, como por janela.
Fenício, adj. Relativo à Fenícia (Ásia antiga) ou aos seus habitantes. S. m. 1. Habitante ou natural da Fenícia. 2. Idioma semítico falado pelos fenícios.
Fênico, adj. Relativo ao fenol.
Fenígeno, adj. Que tem a natureza do feno.
Fenigma, s. m. *Méd.* Rubefação da pele produzida por sinapismos.
Fênix (s), s. f. Ave mitológica, símbolo da alma e da imortalidade, que, segundo a crença dos antigos, vivia muitos séculos e por fim se queimava e ressurgia de suas próprias cinzas.
Feno, s. m. Erva ceifada e seca para alimento do gado. Col.: *braçada, braçado.*
Fenocópia, s. f. *Genét.* Variação fenotípica que se assemelha a uma mutação mas é causada por influências do ambiente e portanto não transmitida à prole.
Fenocristal, s. m. *Crist.* Nome dado aos grandes cristais, bem aparentes, que existem no pórfiro.
Fenol, s. m. *Quím.* Composto acídico cristalino, solúvel, que se torna cor-de-rosa ao ser exposto ao ar e à luz, e está presente no alcatrão de hulha e no alcatrão de madeira.
Fenólico, adj. Relativo a, ou próprio do fenol.
Fenologia, s. f. *Biol.* Estudo da influência do clima sobre os fenômenos biológicos estacionais (como a floração e frutificação de plantas).
Fenológico, adj. Relativo à fenologia.
Fenologista, s. m. e f. Pessoa versada em fenologia.
Fenomenal, adj. m. e f. 1. Que é da natureza de fenômeno. 2. Extraordinário, surpreendente.
Fenomenalidade, s. f. Qualidade de fenomenal.
Fenômeno, s. m. 1. Toda modificação que se processa nos corpos pela ação de agentes físicos ou químicos. 2. Tudo o que pode ser percebido pelos sentidos ou pela consciência. 3. Fato de natureza moral ou social. 4. Maravilha. 5. Pessoa ou coisa que tem algo de anormal ou extraordinário.
Fenomenologia, s. f. *Filos.* Sistema filosófico em que se estudam os fenômenos interiores considerados como ontológicos.
Fenomenológico, adj. Relativo à fenomenologia.
Fenotípico, adj. Relativo a fenótipo.
Fenótipo, s. m. *Biol.* Aspecto externo do ser vivo. Antôn.: *genótipo.*
Fera, s. f. 1. Qualquer animal feroz e carnívoro. 2. Pessoa bárbara, cruel.
Feracidade, s. f. Qualidade de feraz; fertilidade.
Feral, adj. m. e f. 1. Lúgubre, triste. 2. Sinistro.
Feramina, s. f. *Miner.* Pirita comum.
Feraz, adj. m. e f. Fértil, abundante, fecundo. Sup. abs. sint.: *feracíssimo.*
Féretro, s. m. Ataúde, caixão mortuário, esquife.
Fereza, s. f. Qualidade de fero, cruel; ferocidade.
Féria, s. f. (l. *feria*). 1. Dia de semana. 2. Soma dos salários de uma semana. 3. Salário de operário. 4. O que diariamente se apura das vendas de uma casa comercial. S. f. pl. *Dir. Trab.* Tempo de repouso a que fazem jus, funcionários, empregados, escolares etc.
Feriado, s. m. Dia em que se suspende o trabalho, por prescrição civil ou religiosa.
Ferial, adj. m. e f. 1. Relativo a féria ou férias. 2. Relativo aos dias da semana, aos dias úteis.
Feriar, v. 1. Tr. dir. Dar férias ou repouso a. 2. Intr. Entrar em férias. 3. Intr. Ter férias, estar em férias, passar as férias.
Feriável, adj. m. e f. Que pode ser feriado.
Ferida, s. f. 1. Lesão corporal produzida por arma, instrumento cortante, projétil ou qualquer outro agente; resultado de ferimento. 2. Chaga. 3. *Fig.* Aquilo que ofende a honra. 4. Agravo, ofensa, injúria. 5. Dor. 6. Mágoa.
Feridagem, s. f. 1. Grande número de feridas. 2. Furunculose.
Feridento, adj. Coberto de feridas.
Ferido, adj. e s. m. 1. Que, ou o que recebeu ferimento. 2. Ofendido, magoado.
Ferino, adj. 1. Próprio de fera. 2. Cruel, sanguinário.
Ferir, v. 1. Tr. dir. Causar ferimento a. 2. Pron. Fazer em si uma ferida; cortar-se. 3. Tr. dir. Causar sofrimento a; magoar. 4. Pron. Magoar-se, ofender-se.
Fermata, s. f. *Mús.* Suspensão do compasso, para que o executante prolongue a nota por tempo indeterminado.
Fermentação, s. f. 1. Reação espontânea de um corpo orgânico, pela presença de um fermento que o decompõe. 2. Processo de transformação química acompanhada de efervescência, da natureza da produzida pelo fermento ou semelhante a ela. 3. Agitação. 4. Efervescência moral.
Fermentante, adj. m. e f. 1. Que está em fermentação. 2. Que produz fermentação.
Fermentar, v. 1. Tr. dir. Produzir fermentação em, fazer levedar. 2. Intr. Entrar ou estar em fermentação. 3. Tr. dir. Agitar, excitar, fomentar.
Fermentativo, adj. Que produz fermentação.
Fermentável, adj. m. e f. Que se pode fermentar.
Fermentescente, adj. m. e f. Que principiou a fermentar.
Fermentescibilidade, s. f. Qualidade de fermentescível.
Fermentescível, adj. m. e f. Preparado para a fermentação.
Fermento, s. m. 1. Agente capaz de produzir fermentação, como levedura. 2. Causa remota; germe.
Fermentoso, adj. Que agita, que excita, que dá vida.
Férmio, s. m. *Quím.* Elemento metálico radioativo, de símbolo Fm, número atômico 100, massa atômica 253.
-fero[1], suf. (l. *fer*, de *ferre*). Exprime a idéia de ***produção, conteúdo: aurífero, mortífero.***
Fero[2], adj. (l. *feru*). 1. Feroz. 2. Cruel. 3. Selvagem. 4. Áspero. 5. Rústico. 6. Violento. 7. Vigoroso, forte. 8. Inculto. 9. Bravo, encarniçado.
Ferocidade, s. f. 1. Qualidade ou caráter de feroz. 2. Ação feroz. 3. Arrogância, orgulho.
Feroz, adj. (l. *feroce*). 1. Que tem natureza de fera. 2. Cruel. 3. Que nada teme. 4. Arrogante, ameaçador. 5. Insolente. Sup. abs. sint.: *ferocíssimo.*
Ferrã, s. f. Forragem verde para animais, principalmente cevada ou centeio, ceifados antes de criar espigas.
Ferrabrás, adj. e s. m., sing. e pl. Bravateador, fanfarrão, valentão.
Ferrado, adj. 1. Que se ferrou. 2. Guarnecido de ferro. 3. Provido de ferradura. 4. Aferrado, obstinado.
Ferrador, s. m. Aquele que ferra cavalos.
Ferradura, s. f. Peça de ferro afeiçoada ao casco das cavalgaduras, a que se fixa por meio de cravos.
Ferrageiro, s. m. Negociante de ferragens.
Ferragem, s. f. 1. Conjunto das peças de ferro que entram na construção de uma obra. 2. Guarnições de ferro de qualquer objeto.
Ferramenta, s. f. Qualquer instrumento ou utensílio, empregado nas artes ou ofícios.
Ferramenteiro, s. m. Operário qualificado que fabrica, conserva e repara ferramentas.
Ferrão, s. m. 1. Aguilhão. 2. Ponta de ferro. 3. *Zool.* Órgão picador de certos insetos himenópteros.
Ferrar, v. 1. Tr. dir. Calçar de ferro, guarnecer de chapas de ferro, pôr ferraduras em, pregar ferro em. 2. Tr. dir. Marcar com ferro quente (bois, cavalos etc.). 3. Tr. dir. *Náut.*

Colher, amarrar: *F. velas*. 4. Tr. dir. *Náut.* Atracar (a embarcação). 5. Pron. Aferrar-se.

Ferraria, s. f. 1. Fábrica de ferragens. 2. Loja de ferreiro. 3. Arruamento de ferreiros. 4. Grande porção de ferro.

Ferrária, s. f. *Bot.* Gênero (*Ferraria*) de plantas iridáceas, cultivadas por suas flores.

Ferreiro, s. m. Artífice que trabalha com ferro.

Ferrenho, adj. 1. Pertinaz, obstinado. 2. Intransigente.

Férreo, adj. 1. Feito de ferro: Via *férrea*. 2. Que contém ferro ou sais de ferro; ferruginoso: Águas *férreas*. 3. Cruel. 4. Inflexível, ferrenho. 5. Duro.

Ferreta (*ê*), s. f. 1. Ferrão pequeno. 2. Bico metálico do pião.

Ferretar, v. Tr. dir. Enodoar, manchar, sujar.

Ferrete (*ê*), s. m. 1. Ferro com letra para marcar gado e, antigamente, escravos e criminosos; ferro, marca. 2. Labéu, mácula, estigma. 3. Sinal de ignomínia. Adj. Tirante a escuro: Azul-*ferrete*.

Ferretear, v. Tr. dir. 1. Marcar com ferrete. 2. Causar grande dor moral. 3. Acoimar, tachar.

Ferretoada, s. f. V. *ferroada*.

Ferretoar, v. V. *ferroar*.

ferri-, elem. de comp. (l. *ferru*). Exprime a idéia de *ferro*: *ferrífero*.

Férrico, adj. *Quím.* Relativo a ferro com valência acima de dois (geralmente trivalência).

Ferrífero, adj. Que tem ferro ou é composto dele.

Ferrificação, s. f. Formação do ferro.

Ferro[1], s. m. 1. *Quím.* Elemento metálico de símbolo Fe, número atômico 26 e massa atômica 55,85; peso específico 7,86, ponto de fusão 1.535°. 2. Instrumento ou utensílio de ferro.

ferro-[2], elem. de comp. Exprime a idéia de *ferro*: *ferrovia*.

Ferroada, s. f. 1. Picada com ferrão; aguilhoada. 2. *Fig.* Censura picante.

Ferroar, v. Tr. dir. 1. Dar ferroadas em; aguilhoar. 2. *Fig.* Censurar. Var.: *ferretoar*.

Ferrolho (*ô*), s. m. Tranqueta de ferro corrediça, com que se fecham portas ou janelas.

Ferroso, adj. 1. Que contém ferro. 2. *Quím.* Diz-se dos compostos com ferro bivalente.

Ferrovia, s. f. Estrada de ferro, via férrea.

Ferroviário, adj. Relativo a ferrovia. S. m. Indivíduo empregado em estrada de ferro.

Ferrugem, s. f. (l. *ferrugine*). 1. Óxido férrico hidratado, que se forma sobre metais ferrosos pela ação do oxigênio e do ar úmido. 2. *Bot.* Doença criptogâmica de gramíneas. 3. Causa de destruição progressiva.

Ferrugento, adj. 1. Que tem ferrugem. 2. Antigo, desusado.

Ferrugíneo, adj. Da cor da ferrugem; escuro.

Ferruginosidade, s. f. Qualidade de ferruginoso.

Ferruginoso, adj. 1. Da natureza do ferro ou da ferrugem. 2. Que contém ferro. 3. Da cor do ferro.

Fértil, adj. 1. *Biol.* Fecundo. 2. Que produz muito e com facilidade. Antôn.: *estéril*.

Fertilidade, s. f. 1. Qualidade de fértil. 2. Propriedade de produzir muito. 3. Fecundidade de espírito.

Fertilização, s. f. Ato ou efeito de fertilizar(-se).

Fertilizador, adj. e s. m. Que, ou aquilo que fertiliza.

Fertilizante, adj. m. e f. Fertilizador. S. m. Adubo.

Fertilizar, v. 1. Tr. dir. Tornar fértil. 2. Tr. dir. *Fig.* Tornar produtivo. 3. Tr. dir. *Biol.* Fecundar (um ovo, óvulo ou célula feminina) pela união com o elemento masculino. 4. Intr. Tornar-se fértil, produtivo.

Fertilizável, adj. m. e f. Que se pode fertilizar.

Férula, s. f. Palmatória.

Fervedouro, s. m. 1. Movimento de saída de um líquido como a ferver. 2. Agitação, desassossego. 3. Grande ajuntamento; formigueiro.

Fervença, s. f. 1. *P. us.* V. *fervura*. 2. Ardor, vivacidade.

Fervência, s. f. *Ant.* V. *fervença*.

Fervente, adj. m. e f. 1. Que ferve, que está em ebulição. 2. Que tem ímpeto e ardor; veemente, exaltado.

Ferver, v. 1. Intr. Entrar ou estar em ebulição. 2. Tr. dir. Cozer em um líquido em ebulição. 3. Tr. ind. Sentir vivo desejo ou paixão. 4. Intr. Concorrer em grande número; aglomerar-se.

Fervescente, adj. m. e f. 1. V. *fervente*. 2. Que produz efervescência.

Férvido, adj. 1. Muito quente; escaldante, abrasador. 2. Arrebatado. 3. Impaciente, fagoso. 4. Apaixonado. 5. Fervoroso.

Fervilhar, v. 1. Intr. Ferver pouco, mas com freqüência. 2. Intr. Concorrer em grande número ou em grande quantidade; pulular. 3. Tr. ind. Estar inçado de, formigar de.

Fervor, s. m. 1. Estado do que ferve. 2. Ardor. 3. Ímpeto. 4. Zelo ardente em questões de religião.

Fervoroso, adj. 1. Que ferve; fervente. 2. Que tem fervor. 3. Ativo, diligente.

Fervura, s. f. 1. Estado de um líquido que ferve; ebulição. 2. Efervescência, agitação de ânimos.

Fescenino, adj. Obsceno, licencioso.

Festa, s. f. 1. Solenidade. 2. Cerimônia com que se celebra um fato. 3. Comemoração. 4. Dia santificado.

Festança, s. f. 1. Festa ruidosa. 2. Grande divertimento.

Festão, s. m. 1. Ramalhete de flores e folhagens; grinalda. 2. *Arquit.* Ornato em forma de grinalda.

Festar, v. (*festa* + *ar*). Intr. Divertir-se na festa.

Festarola, s. f. *Fam.* Bailarico, festança, folguedo.

Festeiro, adj. Amigo de festas. S. m. Aquele que faz ou dirige uma festa.

Festejador, adj. e s. m. Que, ou aquele que festeja.

Festejar, v. Tr. dir. 1. Fazer festa ou festas a. 2. Fazer festa em honra de. 3. Celebrar, solenizar. 4. Acolher com prazer; aprovar.

Festejo (*ê*), s. m. 1. Ato ou efeito de festejar. 2. Galanteio. 3. Bom acolhimento. 4. Carícias.

Festim, s. m. 1. Pequena festa. 2. Banquete, festa em família. 3. Cartucho sem projétil ou bala.

Festival, adj. m. e f. V. *festivo*. S. m. 1. Grande festa. 2. Cortejo cívico. 3. Espetáculo artístico.

Festividade, s. f. 1. Festa religiosa, festa de igreja. 2. Demonstração de alegria; regozijo.

Festo (*ê*), s. m. 1. Dobra de uma peça de pano em toda a sua extenção. 2. Largura de um tecido qualquer.

Festoar, v. Tr. dir. Afestoar, engrinaldar.

Festonada, s. f. Grande festão em pintura ou escultura.

Festonar, v. V. *festoar*.

Fetal[1], adj. m. e f. (*feto*[1] + *al*). *Embr.* Que se refere ao feto[1].

Fetal[2], adj. m. e f. (*feto*[2] + *al*). *Bot.* Relativo a feto[2]. S. m. Terreno onde crescem fetos.

Fetiche, s. m. (fr. *fétiche*). V. *feitiço*.

Fetichismo, s. m. V. *feiticismo*.

Fetichista, adj. e s., m. e f. V. *feiticista*.

Feticida, s. m. e f. Quem mata ou provoca, criminosamente, a morte do feto[1].

Feticídio, s. m. Aborto provocado.

Feticultura, s. f. *Bot.* Cultura dos fetos.

Fetidez, s. f. Qualidade do que é fétido; fedor.

Fétido, adj. Que exala mau cheiro, que fede.

Feto[1], s. m. (l. *fetu*). *Embr.* 1. Produto da concepção na fase subseqüente à do embrião, ou seja, após o segundo ou terceiro mês de fecundação. 2. Princípio, germe.

Feto[2], s. m. (l. **filictu*). *Bot.* Nome comum a diversas plantas criptogâmicas, vulgarmente chamadas *samambaia*.

Feudal, adj. m. e f. Relativo a feudo.

Feudalismo, s. m. Forma de ordem social, econômica e política da Idade Média, em que o poder real era dividido entre nobres, tomando por base o poderio territorial.

Feudalista, adj. m. e f. Relativo ao feudalismo. S. m. e f. Pessoa sectária do feudalismo.

Feudatário, adj. Que paga feudo; feudal. S. m. Vassalo.

Feudo, s. m. Propriedade territorial sujeita a um nobre (vassalo) que prestava obediência (vassalagem) ao rei (suzerano), bem como assistência bélica e financeira.

Fevereiro, s. m. (l. *februariu*). Segundo mês do ano civil.

Fezes, s. f. pl. (l. *faeces*). 1. Borra, lia. 2. Escória dos metais. 3. Matérias fecais.

Fiação, s. f. Ato, modo, trabalho de fiar. 2. Lugar onde se fia.

Fiacre, s. m. Antigo carro de praça.

Fiada, s. f. 1. *Constr.* Fileira horizontal de pedras ou tijolos. 2. Fila, enfiada.

Fiadeira, s. f. Máquina de fiação.

Fiadilho, s. m. Restos de seda do casulo.

Fiado[1], adj. (p. de *fiar*[2]). 1. Que tem fé ou confiança. 2. Comprado ou vendido a crédito. Adv. A crédito.

Fiado[2], adj. (p. de *fiar*[1]). Que se fiou; tecido.

Fiador, s. m. Pessoa que abona outra, responsabilizando-se pelo cumprimento de uma sua obrigação; abonador.

Fiadoria, s. f. Fiança.

Fiadura, s. f. V. *fiação*.

Fiambre, s. m. Carne, geralmente presunto, preparada para se comer fria; presunto cozido; friame.

Fiança, s. f. Contrato pelo qual uma pessoa se obriga por outra, para com o credor desta, a satisfazer a obrigação, caso o devedor não a cumpra.

Fiandeira, s. f. 1. Mulher que se emprega em fiar. 2. *Zool.* Cada um dos apêndices abdominais das aranhas, por onde saem os fios com que fazem a teia.

Fiapo, s. m. Fio tênue; fiozinho.

Fiar[1], v. (l. *filare*). Tr. dir. 1. Reduzir a fio: *F. lã.* 2. Estirar, trefilar, puxar pela fieira; fazer arame.

Fiar[2], v. (l. *fidare*). 1. Tr. dir. Ser o fiador de. 2. Tr. ind. e pron. Depositar confiança em. 3. Tr. dir. e pron. Vender a crédito.

Fiasco, s. m. 1. Mau êxito, malogro. 2. Má figura.

Fiável, adj. m. e f. Que se pode fiar.

Fibra, s. f. 1. Nome que se dá a qualquer classe de estruturas alongadas filiformes, delgadas, dos reinos vegetal, animal e mineral, ou sintéticas. 2. Energia, firmeza de caráter, valor moral.

Fibrila, s. f. 1. Pequena fibra. 2. *Bot.* Pêlo radicular. Var.: *fibrilha.*

Fibrilar, adj. m. e f. Disposto em fibrilas.

Fibrilha, s. f. V. *fibrila.*

Fibrilífero, adj. Que tem muitos filamentos ou fibras.

Fibriloso, adj. Formado pela reunião de fibrilas.

Fibrina, s. f. Proteína fibrosa, insolúvel, que se forma pela ação do fibrinofermento sobre o fibrinogênio, especialmente na coagulação do sangue.

Fibrino, adj. Relativo a fibra.

Fibrinofermento, s. m. *Biol.* Enzima do sangue vertido, que convertendo o fibrinogênio em fibrina, causa a coagulação do sangue; trombina.

Fibrinogênio, s. m. Proteína solúvel existente no sangue, que pela ação do fibrinofermento é transformada na fibrina insolúvel, produzindo assim a coagulação do sangue.

Fibrinoso, adj. 1. Relativo a fibrina. 2. Formado de fibrina.

Fibroblasto, s. m. *Biol.* Elemento celular donde provém uma fibra.

Fibrocartilagem, s. f. *Anat.* Qualquer cartilagem tenaz e elástica que contém tecido fibroso.

Fibrocartilagíneo, adj. Constituído por fibrocartilagem.

Fibrocartilaginoso, adj. V. *fibrocartilagíneo.*

Fibrocelular, adj. m. e f. Em parte fibroso e em parte celular.

Fibrogranular, adj. m. e f. Que apresenta tecido granuloso, entremeado de fibras.

Fibróide, adj. m. e f. Semelhante a fibras.

Fibrolita, s. f. V. *silimanita.*

Fibroma, s. m. *Med.* Tumor benigno do tecido conjuntivo.

Fibroso, adj. 1. Composto de fibras. 2. Semelhante a fibra.

Fíbula, s. f. *Anat.* Perônio.

Fibulação, s. f. *Cir. ant.* V. *infibulação.*

Ficáceo, adj. Relativo ou semelhante à figueira.

Ficada, s. f. *P. us.* Ato de ficar; permanência.

Ficar[1], v. 1. Tr. ind. e intr. Conservar-se nalgum lugar; estacionar. 2. V. de lig. e pron. Permanecer em tal ou qual situação ou disposição de espírito: *Fiquei sozinho.* O candidato *ficou perturbado. Ficaram-se em* paz. 3. Intr. Estar situado. 4. Intr. (seguido de infinitivo com a prep. *a* ou de gerúndio). Demorar-se, quedar-se: *Ficamos a* olhá-la, admirados. 5. V. de lig. Continuar como era ou estava: O que é torto *fica* sempre *torto* (Séguier).

ficar[2], suf. verbal. (l. *-ficare*). Exprime a idéia de *fazer, tornar: amplificar, exemplificar.*

Ficção, s. f. (l. *fictione*). 1. Ato ou efeito de fingir. 2. Simulacão. 3. Arte de imaginar. 4. Coisas imaginárias.

Ficcionista, adj. m. e f. Referente a ficção. S. m. e f. Pessoa que faz obras de ficção.

Ficha, s. f. (fr. *fiche*). 1. Tento de marcar pontos no jogo. 2. Cartão em que se anotam documentos arquivados, livros catalogados de bibliotecas etc. 3. Folha de papel ou pedaço de cartão em que se fazem apontamentos e que se destinam a ulterior classificação.

Fichar, v. Tr. dir. Anotar, registrar em fichas; catalogar.

Fichário, s. m. Caixa, gaveta, móvel em que se arrumam fichas. 2. Coleção de fichas.

Fichu, s. m. Pequeno xale triangular com que as mulheres cobrem o pescoço e os ombros.

fici-, elem. de comp. (l. *ficu*). Exprime a idéia de *figo: ficiforme.*

Ficiforme, adj. Em forma de figo.

fico-[1], elem. de comp. (gr. *phukos*). Exprime a idéia de *alga: ficocianina.*

-fico[2], suf. (l. *ficu*). Exprime a idéia de *que faz, que produz, que causa: prolífico, terrífico.*

Ficocianina, s. f. *Quím.* Cada um dos pigmentos proteínicos verde-azulados, extraídos de certas algas.

Ficóide, adj. m. e f. *Bot.* Semelhante a alga.

Ficologia, s. f. V. *algologia.*

Ficológico, adj. V. *algológico.*

Ficologista, s. m. e f. V. *algologista.*

Fictício, adj. 1. Ilusório. 2. Simulado. 3. Imaginário. 4. Fabuloso.

Ficto, adj. 1. Fingido. 2. Ilusório. 3. Suposto.

Fícus, s. m. *Bot.* V. *figueira*, acep. 2.

Fidalga, s. f. 1. Mulher nobre. 2. Mulher de fidalgo.

Fidalgo, s. m. Homem nobre, por descendência ou por mercê régia. Adj. Que tem modos de fidalgo; nobre, generoso.

Fidalgote, s. m. Indivíduo de títulos de nobreza duvidosos, que vive como fidalgo.

Fidalguesco, adj. Relativo a fidalgo ou a fidalguia.

Fidalguia, s. f. 1. Classe dos fidalgos. 2. Qualidade de quem é fidalgo. 3. Ação própria de fidalgo. 4. Generosidade, nobreza de caráter.

Fidalguice, s. f. 1. Qualidade de fidalgote. 2. Bazófia, impostura, prosápia. 3. Ostentação balofa.

Fidedignidade, s. f. Qualidade de fidedigno.

Fidedigno, adj. Digno de fé, merecedor de crédito.

Fideicomissário, adj. Relativo a fideicomisso. S. m. Pessoa que é o beneficiário de um fideicomisso.

Fideicomisso, s. m. *Dir.* Instituição pela qual um testador cede ao testamentário ou legatário apenas o usufruto dos bens legados, impondo-lhe a obrigação de, por sua morte, tranferi-los íntegros ao seu herdeiro ou legatário.

Fideicomissório, adj. 1. Relativo a fideicomisso. 2. Que resulta de fideicomisso.

Fideísmo, s. m. *Filos.* Doutrina segundo a qual as verdades metafísicas, morais e religiosas são acessíveis apenas mediante a fé, e não mediante a razão.

Fideísta, s. m. e f. Pessoa partidária do fideismo.

Fidejussória, s. f. *Dir.* Contrato de caução; fiança.

Fidejussório, adj. Relativo à fidejussória.

Fidelidade, s. f. 1. Qualidade ou caráter de fiel; lealdade. 2. Semelhança entre o original e a cópia; exatidão.

Fidéus, s. m. pl. V. *aletria.*

Fido, adj. *Poét.* 1. Fiel, leal. 2. Firme, constante.

Fidúcia, s. f. Confiança, segurança, fiúza.

Fiducial, adj. m. e f. 1. Relativo a fidúcia. 2. Baseado na confiança, na fé.

Fiduciário, adj. Que depende de confiança ou a revela. S. m. Aquele em favor de quem é instituída uma herança ou legado gravados com fideicomisso.

Fieira, s. f. 1. Chapa de metal com orifícios, pelos quais se puxam barras de metais dúcteis, que se vão estirando em fios. 2. Banco de estirar (arame). 3. Calibre de arames ou fios. 4. Prova por que se faz passar alguma coisa. 5. Cordel com que se faz girar pião. 6. Fileira, linha. 7. *Pop.* Linha de pescar. 8. Filão, veio.

Fiel, adj. (l. *fidele*). 1. Que guarda fidelidade. 2. Que cumpre aquilo a que se obriga. 3. Que tem afeição constante. 4. Exato, pontual. 5. Constante, firme, perseverante. Sup. abs. sint.: *fidelíssimo* e *fielíssimo.* S. m. 1. Ajudante de tesoureiro. 2. O que vive no grêmio da Igreja, e morre nele. 3. Lingüeta de balança que indica o perfeito equilíbrio desta.

Figa, s. f. *Folc.* Pequeno amuleto, em forma de mão fechada, com o polegar entre os dedos indicador e médio, usado supersticiosamente como preservativo de malefícios, doenças etc.

Figadal, adj. m. e f. 1. Hepático. 2. Íntimo, profundo, intenso.

Fígado, s. m. (l. *ficatu*). *Anat.* Víscera glandular ímpar, volumosa, situada ao lado direito, abaixo do diafragma, exercendo várias funções, entre as quais as de secreção da bílis.

Fígaro, s. m. *Pop.* Barbeiro.

Figo[1], s. m. (l. *ficu*). Fruto da figueira.

Figo[2], s. m. Corr. de *fígado.*

Figueira, s. f. (l. *ficaria*). *Bot.* 1. Árvore do gênero *Ficus*, particularmente qualquer árvore cultivada ou não, derivada da figueira comum. 2. Árvore muito grande, nativa do Brasil (*Ficus brasiliensis*); ficus.

Figueiral, s. m. Terreno plantado de figueiras.

Figueiredo (*ê*), s. m. V. *figueiral.*

Figura, s. f. 1. Forma exterior. 2. Aparência. 3. Imagem, gravura, estampa. 4. Pessoa, vulto. 5. *Geom.* Espaço limitado por linhas ou superfícies. 6. Cada um dos que fazem parte de um conjunto teatral ou musical. 7. *Gram.* Forma de elocução em que não se guardam à risca as leis da sintaxe regular.

Figuração, s. f. 1. Ato de figurar. 2. Figura. 3. *Astrol.* Aspecto dos astros, segundo o qual se tiram prognósticos.

Figurado, adj. 1. *Gram.* Em que há figuras ou alegorias; tropológico. 2. Representado. 3. Imitado.

Figural, adj. m. e f. Que serve de figura ou de tipo.

Figurante, s. m. e f. 1. Personagem que entra, sem falar, em representações de teatro ou cinema. 2. Ator, intérprete; figura (acep. 6).

Figurão, s. m. *Fam.* Personagem importante. Fem.: *figurona.*

Figurar, v. 1. Tr. dir. Fazer a figura de; representar por meio de figura. 2. Tr. dir. Significar, simbolizar. 3. Tr. ind. Fazer figura, aparecer em cena; evidenciar-se. 4. Tr. ind. Fazer parte de. 5. Tr. dir. Imaginar, supor.

Figurarias, s. f. pl. Mímica, para divertir crianças.

Figurativo, adj. 1. Representativo. 2. Simbólico.

Figurável, adj. m. e f. Que se pode figurar.

Figurilha, s. m. e f. Pessoa fraca ou de pequena estatura.

Figurino, s. m. 1. Figura que representa o traje da moda. 2. Revista de modas. 3. Modelo, exemplo.

Figurismo, s. m. *Teol.* Doutrina dos que interpretam alegoricamente os fatos narrados na Bíblia.

Figurista, s. m. e f. 1. Pessoa partidária do figurismo. 2. Aquele que modela figuras em gesso.

Fila[1], s. f. (fr. *file*). Série de coisas, animais ou pessoas, dispostas em linha reta, ao lado ou atrás umas das outras; enfiada, fileira.

Fila[2], s. f. Ato de filar.

Filaça, s. f. Fio de matéria têxtil.

Filame, s. m. *Náut.* Espaço de amarra, entre o anete da âncora e o travessão da abita.

Filamentar, adj. m. e f. Constituído por filamentos.

Filamento, s. m. 1. Fio de diâmetro muito pequeno. 2. *Bot.* Fio tênue que nasce das raízes das plantas. 3. Fio longo e solto; fibra.

Filamentoso, adj. V. *filamentar.*

Filandras, s. f. pl. 1. Fios compridos e delgados. 2. Flocos que esvoaçam no ar e recobrem os vegetais. 3. Ervas do mar que se pegam à quilha do navio.

Filandroso, adj. Que tem filandras ou nervuras; fibroso.

Filante, adj. e s., m. e f. Que, ou pessoa que é dada a filar.

Filantropia, s. f. 1. Amor à humanidade. 2. Caridade. Antôn.: *misantropia, antropofobia.*

Filantrópico, s. m. Relativo a0 filantropia. Antôn.: *misantrópico.*

Filantropismo, s. m. Afetação de filantropia.

Filantropo (*ô*), adj. e s. m. Que, ou o que é dotado de filantropia; humanitário.

Filão, s. m. 1. *Geol.* Massa de minério, tubuliforme; veio, veeiro, vieiro. 2. Pão alongado, de tamanho e peso variáveis.

Filar, v. (l. *filare?*). 1. Tr. dir. Agarrar à força, capturar, prender. 2. Tr. dir. Aferrar (o cão) com os dentes a presa. 3. Pron. Agarrar-se, segurar-se. 4. Tr. dir. *Pop.* Pedir, especialmente cigarros.

Filargíria, s. f. Avareza.

Filária, s. f. *Zool.* 1. Gênero (*Filaria*) de vermes nematódeos que parasitam mamíferos. 2. Verme desse gênero.

Filaríase, s. f. *Med.* Doença causada por filárias.

Filarmônica, s. f. 1. Sociedade musical. 2. Banda de música. 3. Gosto pela harmonia, pela música.

Filarmônico, adj. Amigo da harmonia, da música.

Filástica, s. f. Estopa que se tira dos cabos náuticos destorcidos ou desfiados; filaça.

Filatelia, s. f. Estudo e coleção metódica dos selos postais dos diversos países.

Filatélico, adj. Que se refere à filatelia.

Filatelista, s. m. e f. Pessoa que coleciona selos postais.

Filatório, adj. Relativo a fiação. S. m. Aparelho para fiação.

Filáucia, s. f. 1. Amor-próprio. 2. Presunção, jactância.

Filaucioso, adj. Que manifesta filáucia; jactancioso.

Filé, s. m. 1. Músculo psoas na vaca, porco etc. 2. Bife dessa carne.

Fileira, s. f. Série de coisas, animais ou pessoas em linha reta; fila, ala.

Filetar, v. Tr. dir. 1. Ornar com filete. 2. Fazer filetes em.

Filete (*ê*), s. m. 1. Fio delgado, fiozinho. 2. Lista, tira. 3. *Arquit.* Listel. 4. Espira de uma rosca de parafuso. 5. *Bot.* Parte do estame que sustenta a antera, quando ela não é rente. 6. Ornato dourado ou prateado que se põe na encadernação dos livros. 7. *Tip.* Fio. 8. *Anat.* Cada uma das ramificações terminais de um nervo.

Filha, s. f. (l. *filia*). Pessoa do sexo feminino em relação a seus pais.

Filhação, s. f. V. *filiação.*

Filhar, v. (l. *filare*). Tr. dir. 1. Apanhar, colher. 2. Receber, tomar conta de (terrenos maninhos).

Filharada, s. f. *Pop.* Conjunto de muitos filhos.

Filho, s. m. (l. *filiu*). 1. Descendente masculino, em relação aos pais. 2. Natural de (alguma terra). 3. Pessoa, em relação ao estabelecimento onde foi educada. 4. Expressão de carinho. 5. O homem em relação a Deus. 6. *Bot.* Broto das plantas. S. m. pl. Os descendentes de um povo, de uma raça: Os *filhos* de Israel. Adj. Procedente; resultante.

Filhó, s. m. e f. Massa de farinha e ovos, estendida e frita em azeite e geralmente passada por calda de açúcar; filhós.

Filhós, s. f. *filhó.* Pl.: *filhoses.*

Filhotão, s. m. Filhote já crescido, mas ainda não adulto.

Filhote, s. m. 1. Filho pequeno. 2. Cria de animal. Col.: *ninhada.* 3. O protegido por filhotismo.

Filhotismo, s. m. Proteção escandalosa.

fili-[1], elem. de comp. (l. *filu*). Exprime a idéia de *fio, filamento, antena: filicórneo, filiforme.*

fili-[2], elem. de comp. (l. *filiu*). Exprime a idéia de *filho: filicida.*

Filiação, s. f. (l. *filiatione*). 1. Descendência de pais a filhos. 2. Adoção por filho. 3. Designação dos pais de alguém. 4. Dependência. 5. Conexão. 6. Origem. 7. Admissão numa comunidade.

Filial, adj. m. e f. 1. Relativo a filho. 2. Próprio de filho. 3. Que tem filiação. S. f. Estabelecimento comercial dependente de outro.

Filiar, v. 1. Tr. dir. Adotar como filho; perfilhar. 2. Tr. dir.

Entroncar, fazer nascer. 3. Pron. Derivar, originar-se. 4. Tr. dir. Admitir em corporação, partido, seita etc. 5. Pron. Entrar em uma corporação, partido, seita etc.

Filicales, s. f. pl. *Bot.* Ordem (*Filicales*) de plantas herbáceas arborescentes e, ocasionalmente, trepadeiras, que compreende os fetos verdadeiros.

filici-, elem. de comp. (l. *filice*). Exprime a idéia de *feto*[2]: *filicífero.*

Filicida, s. m. e f. Pessoa que mata o próprio filho.

Filicídio, s. m. Ato de matar o próprio filho.

Filicífero, adj. Que contém fetos fósforeos ou vestígios de fetos.

Filicite, s. f. *Paleont.* Feto (samambaia) fóssil.

Filicorne, adj. m. e f. V. *filicórneo.*

Filicórneo, adj. *Entom.* Com antenas semelhantes a cornos.

Filífero, adj. *Bot.* Que tem fios ou filamentos.

Filiforme, adj. m. e f. Delgado como um fio.

Filigrana, s. f. 1. Obra em forma de renda tecida com fios de ouro ou prata, soldados com extrema delicadeza. 2. Letras ou figuras que se debuxam nos moldes para marcar o papel durante a sua fabricação.

Filigranar, v. 1. Intr. Fazer filigrana. 2. Intr. Executar trabalhos delicados. 3. Tr. dir. Fazer com delicadeza e fantasia um trabalho artístico.

Filigraneiro, s. m. Operário que faz filigrana.

Filigranista, s. m. e f. V. *filigraneiro.*

Filípica, s. f. 1. Sátira violenta. 2. Discurso, invectiva, que assim se chama em razão dos que Demóstenes pronunciou contra Filipe da Macedônia.

Filipino, adj. 1. Relativo às Ilhas Filipinas (Ásia). 2. Natural dessas ilhas. S. m. Habitante ou natural das Ilhas Filipinas.

Filipluma, s. f. *Ornit.* Pena de haste delgada.

Filirrostro (*ó*), adj. *Ornit.* Diz-se das aves que têm o bico afilado.

Filisteu, adj. e s. m. Que, ou o que era natural da Filistéia, região costeira da Palestina antiga. S. m. 1. *Pop.* Homem agigantado, brutamontes. 2. Burguês de espírito vulgar e estreito. Fem.: *filistéia.*

Filmagem, s. f. Ato ou efeito de filmar.

Filmar, v. Tr. dir. Registrar em filme; cinematografar.

Filme, s. m. *Cinema.* 1. Rolo de película de celulóide que, tecnicamente preparado, se utiliza para captar imagens fotográficas. 2. Qualquer seqüência de cenas cinematográficas (drama, comédia, documentário, etc.); fita, película. Col.: *filmoteca, cinemoteca.*

Filmoteca, s. f. 1. Coleção de filmes cinematográficos. 2. Lugar onde se guardam esses filmes.

Filo[1], s. m. (gr. *Phullon*). Unidade taxionômica que compreende organismos que participam de um plano fundamental de organização e, presumivelmente, de uma descendência comum.

filo[2], elem. de comp. (gr. *phullon*). Exprime a idéia de *folha: filófago.*

filo-[3] ou **-filo,** elem. de comp. (gr. *philos*). Designativo de *amizade, amor, inclinação, tendência: bibliófilo, filosofia.*

Filó, s. m. Tecido fino e reticular, espécie de cassa.

Filocínico, adj. Amigo dos cães; cinófilo.

Filodendro, s. m. *Bot.* 1. Gênero (*Philodendron*) de trepadeiras ornamentais, da América tropical. 2. Trepadeira desse gênero.

Filodérmico, adj. Diz-se dos preparados que conservam a maciez e frescura da pele.

Filódio, s. m. *Bot.* Peciolo das folhas, quando é largo e achatado.

Filófago, adj. *Zool.* Que se nutre de folhas.

Filogenesia, s. f. V. *filogenia.*

Filogenia, s. f. *Biol.* História genealógica de uma espécie ou de um grupo biológico, fundamentada em elementos fornecidos principalmente pela Anatomia Comparada, pela Paleontologia e pela Embriologia.

Filoginia, s. f. 1. Amor às mulheres. Antôn.: *misoginia.* 2. Teoria da igualdade intelectual do homem e da mulher.

Filogínio, adj. V. *filógino.*

Filógino, adj. e s. m. Que, ou o que aprecia as mulheres; apaixonado por mulheres; femeeiro. Antôn.: *misógino.*

Filologia, s. f. 1. Ciência que, por meio de textos escritos, estuda a língua, a literatura e todos os fenômenos de cultura de um povo. 2. V. *lingüística.*

Filológico, adj. Que se refere à filologia.

Filologista, s. m. e f. Filólogo.

Filólogo, s. m. Especialista em filologia; filologista.

Filomático, adj. Amigo das ciências.

Filomela, s. f. *Poét.* Rouxinol.

Filoneísmo, s. m. Amor às novidades. Antôn.: *misoneísmo.*

Filosofal, adj. m. e f. Filosófico.

Filosofante, adj. e s., m. e f. 1. Que, ou quem filosofa, ou é dado a filosofar. 2. *Pej.* Que, ou quem discorre disparatadamente com ares de erudito.

Filosofar, v. 1. Intr. Raciocinar a respeito de assuntos filosóficos. 2. Tr. ind. Dissertar ou raciocinar sobre quaisquer assuntos. 3. Tr. ind. Argumentar com sutileza. 4. Tr. dir. Dizer como quem filosofa: *Ora!... tudo passa..., filosofou* o rapaz.

Filosofastro, s. m. Filósofo desastrado, pretenso filósofo.

Filosofia, s. f. (gr. *philosophia*). 1. Estudo geral sobre a natureza de todas as coisas e suas relações entre si; os valores, o sentido, os fatos e princípios gerais da existência, bem como a conduta e destino do homem. 2. Sistema particular de um filósofo. 3. Conjunto de doutrinas de uma escola ou época. 4. Sabedoria de quem suporta com serenidade os acidentes da vida: Suportar com *f.* os infortúnios.

Filosofice, s. f. *Pej.* Filosofia ridícula.

Filosófico, adj. Relativo à Filosofia ou aos filósofos.

Filosofismo, s. m. 1. Mania filosófica. 2. Falsa filosofia.

Filósofo, adj. e s. m. 1. Que, ou quem é versado em Filosofia. 2. Que, ou o que tem penetrante espírito filosófico. 3. Que, ou Aquele que se mostra superior às convenções sociais. 4. *Pop.* Descuidado, despretensioso. 5. *Pop.* Excêntrico.

Filotaxia (*cs*), s. f. *Bot.* Disposição das folhas sobre a haste. 2. Estudo das leis relativas a essa disposição.

Filotecnia, s. f. Amor às artes.

Filotécnico, adj. Amante, cultor, vulgarizador das artes.

Filotimia, s. f. Amor da honra ou das honras.

Filoxera (*cs*), s. f. *Entom.* 1. Gênero (*Phylloxera*) de insetos homópteros, que são pragas de muitas plantas cultivadas (como a videira). 2. A doença causada na vinha por esses insetos.

Filtração, s. f. Ato ou efeito de filtrar; filtragem, filtramento.

Filtragem, s. f. V. *filtração.*

Filtramento, s. m. V. *filtração.*

Filtrar, v. 1. Tr. dir. Passar um líquido ou gás pelo filtro; coar. 2. Intr. e pron. Passar através do filtro, atravessar o filtro. 3. Tr. dir. Inocular, instilar: Reles literatura, que *filtra venenos* morais *nos* espíritos juvenis.

Filtrável, adj. m. e f. 1. Que pode ser filtrado. 2. Diz-se dos vírus ultramicroscópicos.

Filtro[1], s. m. (l. *filtru*). 1. Artigo ou material poroso, como pano, papel emporético, areia, carvão vegetal etc., através dos quais se faz passar um líquido para o purificar. 2. Talha para filtrar água potável. 3. *Anat.* Nome dos órgãos que separam os humores do sangue.

Filtro[2], s. m. (gr. *philtron*). Beberagem mágica apropriada para inspirar amor.

Filustria, s. f. Ato que chama atenção; proeza.

Fim, s. m. 1. Termo, conclusão, remate. 2. Extremidade, limite de espaço, extenção ou tempo. 3. Intenção, propósito. 4. Escopo, alvo, objeto, fito, mira. 5. Morte.

Fimatose, s. f. *Med. ant.* Tuberculose.

Fímbria, s. f. 1. Franja. 2. Orla. 3. Guarnição (do vestido). 4. *Anat.* Nome da extremidade da trompa de Falópio.

Fimbriado, adj. Que tem fímbria; franjado, agaloado.

Fimose, s. f. *Med.* Estreitura do prepúcio, que impede seu recuo sobre a glande.

Finado, adj. Que se finou. S. m. Pessoa que faleceu; morto, falecido.

Final, adj. m. e f. 1. Do fim, terminal. 2. Último, derradeiro.

S. m. Fim, remate. S. f. A prova decisiva de concursos e competições esportivas.
Finalidade, s. f. 1. Fim em vista; intuito, objetivo. 2. *Filos.* Causa final.
Finalista, adj. e s., m. e f. Diz-se de, ou pessoa ou equipe que, em competições esportivas, se classifica para a prova final. S. m. e f. Pessoa ou equipe finalista.
Finalização, s. f. Ato ou efeito de finalizar(-se).
Finalizar, v. 1. Tr. dir. Dar ou pôr fim a; rematar, ultimar. 2. Intr. e pron. Acabar-se, ter fim.
Finamento, s. m. 1. Ato de finar-se. 2. Morte, falecimento.
Finanças, s. f. pl. (fr. *finances*). 1. Erário, tesouro público. 2. Situação financeira de um país ou de um particular. 3. A ciência e a profissão do manejo dos dinheiros públicos.
Financeira, s. f. *Com.* Sociedade de crédito e financiamento.
Financeiro, adj. Relativo às finanças.
Financiamento, s. m. 1. Ação de financiar. 2. Importância com que se financia alguma coisa.
Financiar, v. Tr. dir. Abonar dinheiro para algum empreendimento; custear.
Financista, s. m. e f. Especialista em finanças.
Finar, v. 1. Pron. Acabar, findar. 2. Pron. Consumir-se, definhar-se. 3. Pron. Morrer, falecer. 4. Tr. dir. Dar fim a, dar cabo de; matar: O profundo pesar *finou-o.*
Finca, s. f. Escora, espeque.
Finca-pé, s. m. 1. Ato de fincar o pé com força. 2. Empenho, porfia. Pl.: *finca-pés.*
Fincar, v. 1. Tr. dir. Cravar, pregar. 2. Tr. dir. Apoiar com força. 3. Pron. Ficar firme ou imóvel.
Findar, v. 1. Intr. e pron. Ter fim, acabar. 2. Tr. dir. e tr. ind. Pôr fim a; finalizar, terminar, ultimar.
Findável, adj. m. e f. Que há de ter fim.
Findo, adj. 1. Que findou; concluído. 2. Passado.
Finês, adj. e s. m. V. *finlandês.*
Fineza, s. f. 1. Qualidade de fino ou delgado. 2. Obséquio, favor, graça. 3. Delicadeza. 4. Primor.
Fingido, adj. 1. Falso, hipócrita. 2. Artificial, simulado.
Fingidor, adj. e s. m. Que, ou aquele que finge.
Fingimento, s. m. Ato ou efeito de fingir(-se).
Fingir, v. (1. *fingere*). 1. Tr. dir. Aparentar, simular. 2. Tr. dir. Fantasiar, supor (o que não é). 3. Intr. Dissimular, encobrir artificialmente a intenção. 4. Pron. Querer passar pelo que não é.
Finidade, s. f. Qualidade do que é finito.
Finítimo, adj. Confinante, vizinho, limítrofe.
Finito, adj. Que tem fim; transitório, contingente. S. m. *Filos.* 1. O que tem fim. 2. O que é limitado.
Finlandês, adj. Relativo à Finlândia. S. m. 1. Habitante ou natural da Finlândia. 2. A língua desse país, pertencente ao grupo ugro-fínico.
Fino[1], adj. Que não é grosso; delgado. 2. Que revela bom gosto; não vulgar. 3. Perfeito, acabado. 4. Em que há elegância. 5. Digno de apreço; precioso. 6. Suave, aprazível. 7. Agudo, vibrante. 8. Sagaz, astuto. S. m. Coisa fina, delicada.
Fino[2], adj. e s. m. Finlandês.
Finório, adj. e s. m. Diz-se do, ou o indivíduo sagaz.
Finta, s. f. 1. *Esp.* No futebol, negaça para desvencilhar-se do adversário; drible. 2. Engano, logro.
Fintador, s. m. 1. *Esp.* Driblador. 2. Caloteiro.
Fintar, v. Tr. dir. 1. *Futebol.* Executar uma finta; driblar. 2. Burlar, enganar.
Finura, s. f. 1. Qualidade de fino. 2. Malícia, astúcia.
Fio, s. m. 1. Fibra de qualquer matéria têxtil torcida. Col.: *meada, mecha.* 2. Linha fiada e torcida. 3. Porção de metal tirado pela fieira. Col. (quando reunidos em feixe): *cabo.* 4. Gume de um instrumento cortante. 5. Filete de água. 6. *Tip.* Lâmina da altura do tipo, que se usa na composição para produzir os mais variados traços para guarnições, linhas divisórias em tabelas etc.
Fiorde, s. m. *Geogr.* Estreito longo, rendilhado e de margens escarpadas, do litoral norueguês.
Fiorita, s. f. *Miner.* Variedade de opala clara, opaca e nacarada, que ocorre em forma de incrustações às vezes fibrosas e peroladas.
Firma, s. f. 1. Assinatura por extenso ou abreviada, manuscrita ou gravada. 2. Ponto de apoio. 3. Nome usado pelo comerciante ou pelo industrial, no exercício de suas atividades; razão social.
Firmação, s. f. Ato ou efeito de firmar(-se).
Firmador, s. m. Aquele que firma.
Firmal, s. m. 1. Broche com que se prendiam os vestidos. 2. Relicário. 3. Sinete com firma.
Firmamento, s. m. 1. Fundamento, alicerce. 2. A abóbada celeste na qual aparecem as estrelas.
Firmar, v. 1. Tr. dir. Tornar firme; estabilizar, fixar. 2. Tr. dir. Apoiar, fincar. 3. Tr. dir. Assegurar. 4. Tr. dir. e pron. Pôr a firma em; assinar, subscrever. 5. Pron. Estribar-se. 6. Tr. dir. Ajustar, pactuar.
Firme, adj. m. e f. 1. Fixo, sólido, seguro 2. Que não treme, que não vacila; inabalável. 3. Obstinado, contumaz. 4. Constante, inalterável. 5. Que oferece garantias. 6. Diz-se da cor que não desbota. 7. Não submerso: Terra *f.*
Firmeza, s. f. 1. Qualidade de firme. 2. Fixidez, estabilidade, solidez. 3. Constância, persistência. 4. Resolução, decisão. 5. Robustez, força, vigor.
Fiscal, adj. m. e f. Relativo ao fisco. S. m. 1. Empregado do fisco que zela pelo cumprimento das leis de imposto. 2. Guarda da alfândega; aduaneiro. 3. Funcionário encarregado de zelar pelo cumprimento de leis, regulamentos, disciplina em lojas, fábricas ou quaisquer obras.
Fiscalização, s. f. Ação ou efeito de fiscalizar.
Fiscalizar, v. 1. Intr. Exercer o ofício de fiscal. 2. Tr. dir. Examinar, verificar. 3. Tr. dir. Velar por; vigiar.
Fisco, s. m. 1. Fazenda pública, erário. 2. Parte da administração pública encarregada da cobrança dos impostos.
Fisga, s. f. Arpão para pescar.
Fisgada, s. f. 1. Golpe de fisga. 2. Dor violenta e rápida; pontada.
Fisgador, adj. e s. m. Que, ou o que fisga.
Fisgar, v. (l. **fixicare*). Tr. dir. 1. Agarrar, pescar com fisga ou arpão. 2. Deter, prender. 3. Apanhar depressa, perceber logo; pegar no ar.
Fisgo, s. m. Parte do anzol ou do arpão que fisga o peixe.
Física, s. f. Ciência que estuda as propriedades gerais da matéria e as leis que tendem a modificar-lhe o estado ou o movimento, sem alterar a sua natureza.
Físico, adj. 1. Relativo à Física. 2. Material; corpóreo. S. m. 1. Conjunto das qualidades externas do homem; aspecto. 2. Constituição, compleição. 3. Especialista em Física. 4. *Ant.* Médico.
fisio-, elem. de comp. (gr. *phusis*). Exprime a idéia de *Física, fisiologia, natureza: fisiocracia.*
Fisiocracia, s. f. *Econ. Polít.* Doutrina econômica segundo a qual a terra é a única fonte das riquezas, por isso não pode haver interferência nas relações econômicas, as quais devem ser governadas livremente pelas leis naturais.
Fisiocrata, s. m. e f. Pessoa partidária da fisiocracia.
Fisiocrático, adj. Que se refere à fisiocracia.
Fisiogenia, s. f. *Biol.* Desenvolvimento natural do organismo.
Fisiognomonia, s. f. Arte de conhecer o caráter das pessoas pela observação das feições do rosto.
Fisiognomônico, adj. Relativo à fisiognomonia.
Fisiognomonista, s. m. e f. Especialista em fisiognomonia.
Fisiografia, s. f. 1. Descrição dos fenômenos e das produções da natureza. 2. Geografia física.
Fisiográfico, adj. Relativo à fisiografia.
Fisiologia, s. f. Estudo científico, com base experimental, das funções orgânicas e dos processos vitais dos seres vivos.
Fisiológico, adj. 1. Relativo à fisiologia. 2. *Polít.* Diz-se daquele que não tem firmeza ideológica, aderindo a grupos eleitoralmente vencedores.
Fisiologista, s. m. e f. Especialista em fisiologia; fisiólogo.
Fisiólogo, s. m. V. *fisiologista.*
Fisionomia, s. f. 1. Feições dos rosto. 2. Aspecto, semblante. 3. Conjunto de caracteres especiais.

Fisionômico, adj. Da, ou relativo à fisionomia.

Fisionomista, s. f. e f. 1. Pessoa que conhece a índole de outra pela observação de sua fisionomia. 2. Pessoa que memoriza facilmente fisionomias.

Fisiopatia, s. f. *Med.* Sistema terapêutico que só emprega os recursos da natureza.

Fisiopático, adj. Relativo à fisiopatia.

Fisioterapia, s. f. *Med.* Tratamento das doenças por meio dos agentes físicos: água, luz, calor, eletricidade.

Fisioterápico, adj. Pertinente à fisioterapia.

fiso-, elem. de comp. (gr. *phusa*). Exprime a idéia de *gás, vento, ar, bexiga: fisocele.*

Fisocele, s. f. *Med.* Hérnia intestinal, distendida pelos gases até à altura do escroto.

Fisóide, adj. m. e f. Em forma de bexiga.

Fisometria, s. f. *Med.* Formação de gases na cavidade uterina.

Fissão, s. f. *Fís.* Ruptura de um núcleo atômico pelo bombardeio com nêutrons, acompanhada da libertação de grande quantidade de energia.

fissi-, elem. de comp. (l. *fissu*). Exprime a idéia de *divisão, dividido, fendido: fissifloro, fissíparo.*

Fissifloro, adj. Que tem a corola fendida.

Físsil, adj. m. e f. 1. Que se pode fender. 2. *Fís.* V. *fissionável.*

Fissionar, v. 1. Tr. dir. Fazer passar por fissão. 2. Pron. Passar por fissão.

Fissionável, adj. m. e f. *Fís.* Capaz de passar por fissão; físsil.

Fissiparidade, s. f. *Biol.* Modo de reprodução assexuada, por divisão do organismo gerador em dois organismos filhos; cissiparidade.

Fissíparo, adj. *Biol.* Que se reproduz pela divisão do próprio corpo; cissíparo.

Fissípede, adj. m. e f. *Zool.* Diz-se do animal que tem os pés ou as unhas fendidas.

Fissipene, adj. m. e f. *Zool.* Diz-se das aves que têm as asas fendidas em vários ramos.

Fissirrostro (*ó*), adj. e s. m. *Ornit.* Que, ou o que tem bico largo e profundamente fendido.

Fissura, s. f. 1. *Anat.* V. *cissura.* 2. Fenda, abertura. 3. *Med.* Fratura incompleta de um osso.

Fissuração, s. f. 1. Estado daquilo que está fendido. 2. Divisão das vísceras em lóbulos.

Fístula, s. f. 1. *Med.* Passagem anormal, congênita ou infecciosa, que estabelece comunicação de um órgão com o exterior ou com outro órgão. 2. *Poét.* Flauta pastoril.

Fistulado, adj. 1. Parecido com fístula. 2. Atravessado por tubo. 3. Que tem canal interior. 4. V. *fistuloso.*

Fistular, adj. m. e f. V. *fistulado.*

Fistulivalve, adj. m. e f. *Zool.* Diz-se das conchas dos mariscos que têm as valvas em forma de tubo.

Fistuloso, adj. 1. Em que há fístula ou fístulas. 2. Tubular. 3. *Bot.* Oco: Colmo *fistuloso.*

Fita[1], s. f. 1. Tecido mais ou menos estreito e comprido, que serve para ornar, ligar etc.; faixa, tira. 2. Insígnia honorífica ou nobiliária. 3. *Pop.* Filme. 4. Ação que tem por fim impressionar; fingimento.

Fita[2], s. f. (de *fitar*). Ato de fitar.

Fitáceo, adj. Em forma de fita.

Fitar, v. (l. **fictare*). 1. Tr. dir. Fixar a vista, cravar ou pregar os olhos em. 2. Pron. Fixar-se, cravar-se. 3. Tr. dir. Conservar em posição levantada e imóvel, endireitar (as orelhas).

Fitaria, s. f. Porção de fitas.

Fiteira, s. f. Mulher que faz fitas; exibicionista.

Fiteiro, adj. e s. m. Que, ou aquele que faz fitas, exagera, engana.

Fitilho, s. m. Fita estreita, para debruns ou vivos.

Fitina, s. f. Substância vegetal fosforada, cujo sal magnésico se emprega como tônico e estimulante.

Fito[1], adj. 1. Cravado, fixo. 2. Ereto, imóvel (orelha). S. m. 1. Ponto determinado a que se aponta e dirige o tiro; alvo. 2. Fim, mira, intuito, intento.

fito-[2], elem. de comp. (gr. *phuton*). Exprime a idéia a) de *vegetal: fitobiologia;* b) de *tudo o que cresce ou se desenvolve: osteófito.*

Fitofagia, s. f. Qualidade de fitófago.

Fitófago, adj. Que se nutre de vegetais; herbívoro.

Fitofisionomia, s. f. *Bot.* 1. Aspecto da vegetação de um lugar. 2. Flora típica de uma região.

Fitogêneo, adj. *Bot.* Que tem origem vegetal.

Fitogênese, s. f. V. *fitogenia.*

Fitogenia, s. f. *Bot.* Ramo da Botânica que estuda a origem, a germinação e o crescimento das plantas.

Fitogênico, adj. Relativo à fitogenia.

Fitogeografia, s. f. Ramo da Botânica, que trata do modo de distribuição das plantas no globo e das razões dessa distribuição.

Fitogeográfico, adj. Relativo à fitogeografia.

Fitognomia, s. f. *Bot.* Conhecimento das partes que constituem os vegetais.

Fitognomônica, s. f. Sistema de indicar a aplicação medicinal das plantas, conforme a sua conformação e coloração.

Fitografia, s. f. Parte da Botânica que trata da descrição dos vegetais.

Fitográfico, adj. Relativo à fitografia.

Fitógrafo, s. m. Especialista em fitografia.

Fitóide, adj. m. e f. Semelhante a planta.

Fitolacáceas, s. f. Pl. *Bot.* Família (*Phytolaccaceae*) de ervas, arbustos e árvores, na maioria tropicais, com flores racemosas e frutos em bagas.

Fitólito, s. m. 1. *Paleont.* Vegetal fóssil. 2. *Paleont.* Pedra que apresenta vestígios de uma planta. 3. *Bot.* Concreção pedregosa que se encontra em algumas plantas.

Fitologia, s. f. *Des.* Botânica.

Fitônia, s. f. *Bot.* 1. Gênero (*Fittonia*) constituído de ervas rastejantes, originárias do Peru, cultivadas por suas folhas de nervação vistosa. 2. Planta desse gênero.

Fitonomia, s. f. *Bot.* Parte da Botânica que trata das leis gerais da vegetação.

Fitonômico, adj. Relativo à fitonomia.

Fitonose, s. f. *Bot.* Designação genética das doenças das plantas.

Fitormônio, s. m. *Bot.* Hormônio das plantas.

Fitossociologia, s. f. *Bot.* Parte da geobotânica que estuda as coletividades vegetais e suas inter-relações.

Fitotecnia, s. f. Arte de cultivar, multiplicar e reproduzir as plantas; agricultura.

Fitotécnico, adj. Relativo à fitotecnia.

Fitozoário, adj. e s. m. V. *zoófito.*

Fiúsa, adj. Fora da moda; desusado.

Fiúza, s. f. Fidúcia.

Fivela, s. f. (l. v. **fibella*). Peça de metal, geralmente retangular, com um ou mais fuzilhões, que serve para segurar a ponta de uma correia, de um cinto etc.

Fivelame, s. m. Conjunto de fivelas.

Fivelão, s. m. Fivela grande.

Fiveleta (*ê*), s. f. Pequena fivela.

Fixa (*cs*), s. f. 1. Parte de uma dobradiça, que se embute na madeira. 2. Travessa encaixada na parte posterior de porta ou janela para manter juntas as tábuas. 3. Tala de ferro com que se unem topo a topo dois trilhos de estrada de ferro. 4. Tala de junção.

Fixação (*cs*), s. f. 1. Ato ou efeito de fixar(-se). 2. *Quím.* Operação com que se torna fixo um corpo volátil. 3. *Fot.* Operação com que se torna inalterável à luz uma imagem fotográfica.

Fixador (*cs*), adj. Que possui a propriedade de fixar. S. m. *Fot.* Solução química que remove os sais de prata não impressionados pela luz, tornando permanente a imagem fotográfica.

Fixar (*cs*), v. 1. Tr. dir. e pron. Tornar(-se) fixo, firme ou estável. 2. Tr. dir. Cravar, pregar. 3. Tr. dir. Prender, segurar. 4. Tr. dir. Assentar, estabelecer, firmar. 5. Tr. dir. Determinar, prescrever com precisão. 6. Tr. dir. e pron. Fitar(-se). 7. Tr. dir. Reter na memória. 8. Tr. dir. *Fot.* Tornar inalterável à luz (imagem fotográfica) mediante imersão no fixador.

Fixativo (*cs*), adj. Que fixa. S. m. 1. *Fot.* Substância que serve para fixar as imagens fotográficas. 2. Verniz usado para fi-

xar os traços de um desenho a lápis, carvão etc., impedindo que se apaguem.
Fixidade (*cs*), s. f. Fixidez.
Fixidez (*cs*), s. f. Qualidade do que é ou está fixo; fixidade.
Fixo (*cs*), adj. 1. Cravado, estável, firme. 2. Imóvel. 3. Que não perde a cor. 4. Determinado, aprazado.
Flabelação, s. f. Ato de flabelar.
Flabelado, adj. V. *flabeliforme.*
Flabelar, v. 1. Tr. dir. Agitar (o ar) com o leque. 2. Intr. Fazer vento; agitar-se.
Flabelífero, adj. Que tem leque, ou forma leque.
Flabelifoliado, adj. *Bot.* Que tem folhas em forma de leque.
Flabeliforme, adj. m. e f. Que tem forma de leque; flabelado.
Flabelípede, adj. m. e f. *Zool.* Que tem pés em forma de leque.
Flabelo, s. m. Leque, ventarola.
Flacidez, s. f. Qualidade ou estado de flácido.
Flácido, adj. 1. Brando, lânguido. 2. Adiposo. 3. Frouxo, mole, murcho.
Flacurtiáceas, s. f. pl. *Bot.* Família (*Flacourtiaceae*) de plantas asiáticas e africanas, que produzem falsas drupas, comestíveis.
Flagelação, s. f. 1. Ato ou efeito de flagelar(-se). 2. Tortura, suplício. 3. Sofrimento, tormento.
Flagelado[1], adj. (p. de *flagelar*). 1. Açoitado. 2. Torturado.
Flagelado[2], adj. (*flagelo + ado*). *Zool.* Provido de flagelo.
Flagelador, adj. e s. m. Que, ou aquele que flagela; flagelante.
Flagelante, adj. m. e f. Flagelador.
Flagelar, v. 1. Tr. dir. Açoitar com flagelo; chicotear. 2. Pron. Infligir-se disciplinas; mortificar-se. 3. Tr. dir. Castigar. 4. Tr. dir. Atormentar, torturar.
Flagelativo, adj. 1. Que flagela. 2. Próprio para flagelar.
flageli-, elem. de comp. (l. *flagellu*). Exprime a idéia de *azorrague, chicote* ou *flagelo: flagelífero.*
Flageliforme, adj. m. e f. *Bot.* Diz-se dos órgãos vegetais compridos e delicados como flagelos.
Flagelo, s. m. (l. *flagellu*). 1. Azorrague para açoitar. 2. Tortura. 3. Castigo. 4. Calamidade. 5. Coisa ou pessoa que incomoda ou apoquenta. 6. *Biol.* Filamento longo e delgado, preso a uma célula de protozoário, metazoário ou gameta. Ocorre tanto nos animais como nos vegetais.
Flagício, s. m. 1. Crime infame; infâmia. 2. Sofrimento. 3. Tortura.
Flagicioso, adj. Que cometeu flagício; criminoso.
Flagra, s. m. *Pop.* Forma reduzida de *flagrante.*
Flagrância, s. f. Estado daquilo que é flagrante. Cfr. *fragância.*
Flagrante, adj. m. e f. 1. Acalorado, ardente, inflamado. 2. Que é observado ou surpreendido. 3. Evidente, manifesto. S. m. 1. Fato que se observa no momento em que ele ocorre; flagra. 2. *Pop.* Ensejo, momento.
Em f.: na ocasião de praticar um ato.
Flagrar, v. 1. Intr. Arder em chamas; inflamar-se. 2. Tr. dir. *Pop.* Apanhar em flagrante; surpreender.
Flajolé, s. m. *Mús.* Espécie de flauta de som estridente.
Flama, s. f. 1. Chama, labareda. 2. Ardor. 3. Vivacidade.
Flamância, s. f. Qualidade de flamante; brilho.
Flamante, adj. m. e f. 1. Que lança chamas. 2. Brilhante.
Flamar, v. Tr. dir. Desinfetar passando ligeiramente por chamas obtidas com fachos de algodão, embebecido em álcool; flambar.
Flambar, v. V. *flamar.*
Flame, s. m. *Vet.* Instrumento de sangrar animais. Var.: *freme* e *fleme.*
Flamejante, adj. m. e f. 1. Que flameja. 2. Chamejante, brilhante, resplandecente. 3. Ostentoso, vistoso.
Flamejar, v. 1. Intr. Lançar chamas. 2. Intr. Brilhar, resplandecer. 3. Tr. dir. Expelir à maneira de chamas.
Flamengo[1], s. m. *Ornit.* Nome de várias aves ciconiformes, palmípedes, de pernas muito delgadas e longas, pescoço também longo, bico curvado e plumagem geralmente rósea, com tendência para o vermelho; guará. Var.: *flamingo.*
Flamengo[2], adj. 1. Relativo a Flandres. 2. Natural de Flandres. S. m. 1. O natural de Flandres. 2. O idioma holandês, falado em parte da Bélgica.
Flâmeo, adj. Flamejante. S. m. Véu de noiva, entre os romanos.
flami-, elem. de comp. (l. *flamma*). Exprime a idéia de *chama: flamífero.*
Flamífero, adj. Que produz ou apresenta chamas.
Flâmine, s. m. *Ant. rom.* Sacerdote vinculado ao culto de uma divindade particular.
Flamingo, s. m. V. *flamengo*[1].
Flamipotente, adj. m. e f. Poderoso em chamas (epíteto de Vulcano).
Flamispirante, adj. m. e f. *Poét.* Que respira chamas.
Flâmula, s. f. (l. *flammula*). 1. Pequena chama. 2. Bandeirola comprida e estreita; galhardete. 3. Bandeira, pavilhão.
Flanador, adj. e s. m. Que, ou indivíduo que gosta de flanar.
Flanar, v. Intr. Passear ociosamente; vadiar.
Flanco, s. m. 1. Lado. 2. *Anat.* Região lateral do tronco entre as costelas e o ilíaco; ilharga. 3. *Zool.* Lado do corpo dos animais entre as costelas e a anca. 4. *Náut.* Costado do navio. 5. *Mil.* e *Náut.* Lado direito ou esquerdo de um exército ou esquadra. 6. Falda de monte.
Flandres, s. m. sing. e pl. Folha-de-flandres.
Flanela, s. f. 1. Tecido macio de lã, pouco encorpado, felpudo em um ou nos dois lados. 2. Tecido de algodão, que imita aquele.
Flange, s. m. Disco, em forma de aro, na extremidade de tubos ou canos, que permite a ligação entre uns e outros.
Flanquear, v. Tr. dir. 1. Estar ao flanco de. 2. Marchar paralelamente ao lado de. 3. Atacar de flanco. 4. Defender (por todos os flancos).
Flash, s. m. (termo inglês). *Fot.* 1. Lâmpada elétrica de luminosidade intensa e instantânea que possibilita tirarem-se fotografias em lugares de iluminação insuficiente. 2. Em jornalismo, notícia prévia e resumida.
Flato, s. m. Flatulência.
Flatoso, adj. Que produz flatos.
Flatulência, s. f. 1. *Med.* Acumulação de gases no tubo digestivo; flato, ventosidade. 2. Histerismo. 3. Vaidade.
Flatulento, adj. 1. Sujeito a flatulência. 2. Relativo a flatulência. 3. Que causa flatulência.
Flatuloso, adj. V. *flatulento.*
Flatuosidade, s. f. V. *flatulência.*
Flatuoso, adj. V. *flatuloso.*
Flauta, s. f. 1. Instrumento músico de sopro, formado por um tubo aberto, com orifícios longitudinais. 2. *Fam.* Indolência; vadiação.
Flautar, v. (*flauta + ar*). 1. Tr. dir. V. *aflautar.* 2. Intr. Falar afetadamente.
Flauteador, adj. Que gosta de flautear outros.
Flautear, v. 1. Intr. Tocar flauta. 2. Tr. dir. *Pop.* Tentar iludir por meio de subterfúgios. 3. Tr. ind. *Gír.* Troçar, zombar. 4. Intr. *Pop.* Faltar a compromisso.
Flauteio, s. m. Debique, motejo, zombaria.
Flautim, s. m. Pequena flauta, afinada à oitava superior da flauta normal.
Flautista, s. m. e f. 1. Pessoa que toca flauta. 2. Fabricante de flautas.
Flavescente, adj. m. e f. Que se torna ou pode tornar-se amarelo, flavo, louro ou cor de ouro.
Flavescer, v. Intr. Tornar-se flavo, fulvo, louro; amarelecer.
flavi-, elem. de comp. (l. *flavu*). Exprime a idéia de *amarelo, dourado, louro; flavípede.*
Flavípede, adj. m. e f. *Zool.* Que tem pés amarelos ou amarelados.
Flavo, adj. Da cor do trigo, do ouro; louro, dourado.
Flebectasia, s. f. *Med.* Dilatação de veia; variz.
Flébil, adj. m. e f. Choroso, lacrimoso.
Flebite, s. f. *Med.* Inflamação das veias.
flebo-, elem. de comp. (gr. *phleps, phlebos*). Exprime a idéia de *veia: flebografia.*
Flebografia, s. f. *Anat.* Descrição das veias.
Flebográfico, adj. Relativo à flebografia.
Flebógrafo, s. m. Anatomista que descreve as veias.

Flebólito, s. m. *Med.* Concreção calcária numa veia.
Flebomalacia, s. f. *Med.* Amolecimento das veias.
Flebopalia, s. f. *Fisiol.* Latejamento das veias.
Fleborragia, s. f. *Med.* Hemorragia de uma veia.
Flebotomia, s. f. *Cir.* Incisão numa veia para sangria.
Flebotômico, adj. Que se refere à flebotomia.
Flecha, s. f. Arma arremessada com arco, constante de uma haste de madeira, pontuda ou provida de uma ponta de ferro; seta. Ruído: *assobia, sibila, silva, zune.* Var.: *frecha.*
Flechaço, s. m. V. *flechada.*
Flechada, s. f. Ferimento de flecha; flechaço.
Flechar, v. 1. Tr. dir. Ferir com flecha. 2. Intr. Expelir flechas. 3. Intr. Atravessar ou passar como flecha. 4. Tr. ind. Ir ou vir em direitura (é mais usado *frechar,* neste sentido). 5. Tr. dir. Magoar, molestar, satirizar. Var.: *frechar.*
Flecharia, s. f. Grande porção de flechas.
Flecheiro, s. m. 1. Soldado que atirava flechas. 2. O que usa de flecha na caça. Var.: *frecheiro.*
Flechilha, s. f. *Bot.* Nome de certa grama (*Stipa neesiana*).
Flectir, v. (l. *flectere*). Tr. dir. Fazer a flexão de; dobrar, curvar, vergar. Var.: *fletir.* — Verbo defectivo, conjuga-se somente nas formas arrizotônicas.
Flegma, s. f. V. *fleuma.*
Flegmão, s. m. *Med.* V. *fleimão.*
Flegmático, adj. V. *fleumático.*
Fleimão, s. m. *Med.* Inflamação do tecido conjuntivo. Var.: *freimão* e *flegmão.*
Flertar, v. Tr. ind. e intr. Namoricar.
Flerte, s. m. (ingl. *flirt*). Namoro ligeiro, sem comseqüência.
Fleuma, s. f. e m. 1. *Med.* Um dos quatro humores naturais, segundo os antigos. 2. Frieza de ânimo; serenidade, impassibilidade. 3. Falta de diligência; pachorra. Var.: *flegma.*
Fleumático, adj. 1. Relativo a fleuma. 2. Pachorrento. 3. Impassível.
Flexão (*cs*), s. f. (l. *flexione*). 1. Ato de fletir; de dobrar-se, de curvar-se. 2. *Gram.* Variação das desinências nas palavras declináveis e conjugáveis. 3. *Gram.* Forma flexional.
Flexibilidade (*cs*), s. f. 1. Qualidade de flexível. 2. Aptidão para variadas coisas ou aplicações. 3. Elasticidade. 4. Docilidade.
Flexibilizar (*cs*), v. Tr. dir. Tornar flexível.
Fléxil (*cs*), adj. m. e f. *Poét.* Flexível.
Flexíloquo (*cs... co*), adj. Ambíguo na linguagem.
Flexional (*cs*), adj. m. e f. *Gram.* Relativo a flexão.
Flexionar (*cs*), v. *Gram.* 1. Tr. dir. Fazer a flexão de. 2. Pron. Assumir a forma flexionada.
Flexípede (*cs*), adj. m. e f. *Poét.* Que tem pés tortos.
Flexível (*cs*), adj. m. e f. 1. Que se pode curvar. 2. Que se pode dobrar. 3. Fácil de dobrar ou curvar sem quebrar. 4. Maleável. 5. Dócil.
Flexivo (*cs*), adj. *Lingüíst.* Diz-se do grupo de línguas que têm flexões.
Flexor (*cs*), adj. Que faz dobrar. S. m. *Anat.* Músculo que produz a flexão dos membros.
Flexório (*cs*), s. m. *Anat.* Músculo flexor.
Flexuosidade (*cs*), s. f. Qualidade de flexuoso.
Flexuoso (*cs*), adj. Sinuoso, torcido, tortuoso.
Flexura (*cs*), s. f. 1. Flexibilidade. 2. Indolência, lentidão. 3. Frouxidão. 4. *Anat.* Lugar onde jogam os ossos para dobrar; junta.
Flibusteiro, s. m. 1. Pirata do Mar das Antilhas, nos séculos XVII e XVIII. 2. Ladrão. 3. Aventureiro.
Flictena, s. f. *Med.* Empola na pele com líquido seroso.
Flocado, adj. 1. Disposto ou feito em flocos. 2. Semelhante a flocos.
Floco, s. m. 1. Pequeno tufo de material leve. 2. Partícula de neve que esvoaça e cai lentamente. 3. *Zool.* Tufo de cabelos que alguns animais têm na cauda. 4. Cordel de fantasia, revestido de felpas de seda, usado para bordados. Var.: *froco.*
Flocoso, adj. Que tem ou produz flocos.
Flóculo, s. m. Pequeno floco.
Floema, s. m. *Bot.* Tecido condutor da seiva elaborada.
Flogístico, adj. *Med.* Que é próprio para desenvolver calor interno. S. m. Flogisto.
Flogisto, s. m. *Quím. ant.* Fluido hipotético que os químicos do séc. XVIII supunham inerente a todos os corpos, e que produziria a combustão ao deixar esses corpos.
Flogose, s. f. *Med.* Inflamação, especialmente superficial.
Flor, s. f. 1. Órgão reprodutor de uma planta, formando um conjunto de cores vivas e brilhantes e, por vezes, de odor agradável. Col.: *antologia, arregaçada, braçada, fascículo, feixe, fesão, capela, grinalda, ramalhete, buquê;* (quando ligadas ao mesmo pedúnculo): *cacho.* 2. Planta cujas flores são apreciadas. 3. Qualquer ornato que representa uma flor. — *F.-de-lis:* antigo emblema real, na França.
Flora, s. f. 1. Conjunto da vegetação de um país ou de uma região. 2. Tratado descritivo dessa vegetação. 3. Conjunto de plantas usadas para determinado fim: *F.* Medicinal.
Floração, s. f. 1. Desabrochamento da flor; florescência. 2. Estado das plantas em flor. 3. Desenvolvimento das flores.
Florada, s. f. Floração de uma planta ou de um conjunto de plantas.
Florais, s. f. pl. Antigas festas que se celebravam em Roma, em honra de Flora, deusa das flores e dos jardins.
Florão, s. m. *Arquit.* Ornato circular no centro de um teto, uma abobada etc.
Floreado, adj. 1. Ornado de flores. 2. Adornado, arrebicado. S. m. 1. Ornato. 2. Variação musical fantasiosa.
Floreal, s. m. Oitavo mês do calendário republicano francês (20 de abril a 19 de maio).
Florear, v. 1. Intr. Produzir flores; enflorar-se. 2. Tr. dir. Fazer brotar flores em. 3. Tr. dir. Ornar com flores; enfeitar, engalanar. 4. Tr. dir. Ornar com imagens e enfeites literários. 5. Intr. Fazer figura; brilhar.
Floreio, s. m. 1. Ato de florear. 2. Expressão oratória, poética, literária etc., elegante e meramente decorativa. 3. *Mús.* Ornamento melódico (mordente, trilo etc.). 4. Revés, susto. 5. *Arquit.* Ornatos compostos ou entrelaçados com flores.
Floreira, s. f. 1. Vendedora de flores; florista. 2. Vaso ou jarra para flores.
Floreiro, s. m. Comerciante de flores.
Florejar, v. 1. Tr. dir. Ornar com flores. 2. Intr. Cobrir-se de flores; florescer. 3. Tr. dir. Produzir como flores.
Florente, adj. m. e f. Que está em flor; florescente.
Florentino, adj. Da cidade de Florença (Firenze, Itália) ou a ela relativo. S. m. O natural de Florença.
Flóreo, adj. 1. De flor ou de flores. 2. Coberto de flores.
Florescência, s. f. Ato de florescer; floração.
Florescente, adj. m. e f. 1. Que floresce, ou está em flor. 2. Próspero. 3. Viçoso.
Florescer, v. 1. Intr. Deitar ou produzir flores. 2. Tr. dir. Cobrir de flores, enflorar, fazer brotar flores. 3. Intr. Frutificar, medrar.
Floresta, s. f. 1. Grande extensão de terreno coberta por árvores; mata. 2. *Fig.* Confusão, labirinto. 3. *Fig.* Grande número de coisas aglomeradas como as árvores nas florestas.
Florestal, adj. m. e f. 1. Relativo a floresta. 2. Que tem a seu cargo as florestas.
Floreta (*ê*), s. f. Ornato imitando flor.
Florete (*ê*), s. m. Arma branca, semelhante a uma espada, de lâmina prismática e pontiaguda, usada na esgrima.
Floreteado, adj. Que tem ponta aguda como o florete.
Floretear, v. 1. Tr. dir. Guarnecer de flores. 2. Tr. dir. Manejar como florete. 3. Intr. Esgrimir.
flori-, elem. de comp. (l. *flore*). Exprime a idéia de *flor: floricultura.*
Florianopolitano, adj. Relativo a Florianópolis, capital, cidade e município de Santa Catarina. S. m. Habitante ou natural desse município.
Floricultor, s. m. Indivíduo que se dedica à floricultura.
Floricultura, s. f. Arte de cultivar flores.
Florido, adj. (de *florir*). 1. Que está em flor, coberto de flores. 2. Viçoso. 3. Elegante.
Flórido, adj. (l. *floridu*). 1. Flóreo, florescente. 2. Brilhante.
Florífago, adj. Que se alimenta de flores.

Florífero, adj. Que produz flores; florígero.
Floriferto, s. m. Festa em que os romanos ofereciam à deusa Ceres as primeiras espigas dos cereais.
Floriforme, adj. m. e f. Semelhante a flor.
Florígero, adj. V. *florífero.*
Florilégio, s. m. 1. Coleção de flores. 2. Compilação literária; antologia.
Florim, s. m. Unidade monetária básica da Holanda.
Floríparo, adj. Diz-se do botão que só contém flores.
Florir, v. 1. Intr. Cobrir-se de flores; dar flores. 2. Intr. Desabrochar (a flor). 3. Tr. dir. Tornar viçoso ou florido. 4. Tr. dir. Adornar, enfeitar de flores. — Verbo defectivo, só se conjuga nas formas em que ao *r* se segue *i.*
Florista, s. m. e f. 1. Pessoa que vende flores. 2. Pessoa que faz ou pinta flores artificiais.
Florístico, adj. Que se refere à flora.
floro-, elem. de comp. (l. *flore*). O mesmo que *flori: floromania.*
Floromania, s. f. Paixão desmedida pelas flores.
Flórula, s. f. 1. Flora de uma região muito limitada. 2. Pequena flor.
Flósculo, s. m. 1. Florinha. 2. *Bot.* Cada uma das flores que compõem o capítulo das compostas; florículo.
Flosculoso, adj. Composto de flósculos.
Flos-santório, s. m. Livro que relata as vidas dos santos.
Flotilha, s. f. Frota de pequenos navios.
Flox (*cs*), s. m. *Bot.* Gênero (*Phlox*) de ervas americanas polemoniáceas, de flores em forma de vaso.
Fluência, s. f. Qualidade de fluente; fluidez.
Fluente, adj. m. e f. 1. Que corre com facilidade; corrente, fluido. 2. Que se compreende com facilidade; espontâneo. 3. Que decorre com facilidade; fácil.
Fluidal, adj. m. e f. Fluídico.
Fluidez (*u-i*), s. f. 1. Qualidade de fluido; fluência. 2. Facilidade de linguagem.
Fluídico, adj. 1. Relativo a fluido. 2. Fluido.
Fluidificação (*u-i*), s. f. Ato ou efeito de fluidificar(-se).
Fluidificar, v. 1. Tr. dir. Reduzir a fluido. 2. Intr. e pron. Reduzir-se a fluido; diluir-se.
Fluidificável (*u-i*), adj. m. e f. Que se pode fluidificar.
Fluido, adj. 1. Que corre como um líquido; fluente. 2. Corrente, fácil, claro: Linhagem *fluida.* S. m. Nome genérico de qualquer líquido ou gás.
Fluir, v. (l. *fluere*). 1. Tr. ind. e intr. Correr em estado líquido. 2. Tr. ind. Manar, derivar, nascer.
Fluminense, adj. m. e f. Do Estado do Rio de Janeiro ou relativo a ele. S. m. e f. Habitante ou natural do Estado do Rio de Janeiro.
Flumíneo, adj. Relativo a rio; fluvial.
fluo- ou **fluor,** elem. de comp. Exprime a idéia de *sal* ou *mineral que contém flúor: fluocerite, fluoroscópio.*
Fluocerite, s. f. Fluoreto natural de cério.
Flúor, s. m. 1. *Quím.* Elemento univalente não-metálico do grupo dos halógenos, de símbolo F, número atômico 9 e massa atômica 19.
Fluoração, s. f. Ato ou processo de fluorar.
Fluorar, v. Tr. dir. 1. Tratar com flúor. 2. Adicionar flúor à água de abastecimento.
Fluorescência, s. f. Iluminação especial que apresentam certas substâncias, quando expostas à ação dos raios luminosos.
Fluorescente, adj. m. e f. Que tem a propriedade da fluorescência.
Fluoreto (*ê*), s. m. *Quím.* Composto binário do flúor com outro elemento.
Fluorídrico, adj. *Quím.* Diz-se de ácido resultante do aquecimento de silicato de fluorita com ácido sulfúrico concentrado.
Fluorina, s. f. V. *fluorita.*
Fluorita, s. f. *Miner.* Fluoreto natural de cálcio, cristalizando geralmente em cubos; fluorina.
Fluoroscópio, s. m. *Med.* e *Fís.* Dispositivo usado no exame de tecidos profundos pelos raios X.
fluti-, elem. de comp. (l. *fluctu*). Exprime a idéia de *mar, vagas: fluticolor, flutissonante.*
Flutícola, adj. m. e f. *Poét.* Que habita o mar.
Fluticolor, adj. m. e f. Da cor do mar.
Flutígeno, adj. *Poét.* Que nasce no mar.
Flutissonante, adj. m. e f. *Poét.* Que soa como as ondas.
Flutívago, adj. *Poét.* Que anda sobre o mar; undívago.
Flutuação, s. f. (l. *fluctuatione*). 1. Ato ou efeito de flutuar. 2. Oscilação, variação. 3. Volubilidade, inconstância. 4. Variação no valor de papéis de crédito.
Flutuador, adj. Flutuante. S. m. 1. Cais de madeira, flutuante, para atracação de pequenas embarcações.
Flutuante, adj. m. e f. 1. Que flutua. 2. Oscilante, ondulante. 3. Vacilante.
Flutuar, v. 1. Tr. ind. e intr. Manter-se à superfície de um líquido; boiar. 2. Intr. Agitar-se, ondular. 3. Intr. Pairar no ar. 4. Tr. ind. e intr. Hesitar, vacilar.
Flutuável, adj. m. e f. 1. Que pode flutuar. 2. Em que se pode flutuar.
Flutuosidade, s. f. Qualidade de flutuoso.
Flutuoso, adj. Flutuante.
Fluvial, adj. m. e f. 1. Relativo a rio. 2. Que vive nos rios. 3. Próprio dos rios. 4. Produzido pela ação dos rios.
flúvio-, elem. de comp. (l. *fluviu*). Exprime a idéia de *rio: fluviômetro.*
Fluviômetro, s. m. Aparelho com que se mede a elevação ou o abaixamento do nível de rios.
Flux (*x* = *s*), s. m. (l. *fluxu*). V. *fluxo.*
Fluxão (*cs*), s. f. (l. *fluxione*). *Med.* Afluxo de líquido em qualquer parte do organismo, com inflamação exterior.
Fluxibilidade (*cs*), s. f. Qualidade de fluxível.
Fluxionário (*cs*), adj. *Med.* 1. Que produz fluxão. 2. Relativo a fluxão.
Fluxível (*cs*), adj. 1. Suscetível de fluxão. 2. Instável, transitório.
Fluxo (*cs*), s. m. 1. Enchente ou vazante das águas do mar. 2. Ato ou modo de fluir. 3. O espraiar das ondas. 4. *Med.* Corrimento de um líquido: *F.* salivar. 5. Abundância, torrente. 6. Vicissitude dos acontecimentos. 7. Curso, corrente; vazão, descarga.
Fobia, s. f. 1. *Med.* Nome genérico das varias espécies de medo mórbido. 2. Aversão a alguma coisa.
-fobo, elem. de comp. (gr. *phobos*). Exprime a idéia de *medo: hidrófobo.*
Foca, s. f. 1. *Zool.* Gênero (*Phoca*) de mamíferos carnívoros marinhos pinípedes. 2. *Zool.* Espécime desse gênero. S. m. e f. *Gír.* Repórter ou jornalista novato.
Focagem, s. f. Ação de focar (aparelho fotográfico); focalização.
Focal, adj. m. e f. Relativo a foco.
Focalização, s. f. Focagem.
Focalizar, v. V. *focar.*
Focar, v. Tr. dir. 1. Regular a distância focal de. 2. Tomar por foco. 3. Pôr em evidência; focalizar.
Focinhada, s. f. Pancada com o focinho; trombada.
Focinhar, v. V. *afocinhar.*
Focinheira, s. f. 1. Focinho de porco. 2. Focinho, tromba. 3. Correia ou laçada que circunda o focinho do animal. 4. *Pop.* Semblante carregado, má cara.
Focinho, s. m. (l. **faucinu*). 1. Parte da cabeça do animal, compreendendo boca, ventas e queixo. 2. Tromba. 3. *Hum.* O rosto do homem.
Foco, s. m. 1. *Fís.* Ponto onde convergem os raios da luz, depois de refratados em uma lente ou refletidos em um espelho. 2. Fonte de luz. 3. Ponto onde saem os raios vetores para certas curvas. 4. Centro, ponto de convergência. 5. *Med.* Sede principal de qualquer doença; lugar onde se forma o pus.
Fofar, v. V. *afofar.*
Fofice, s. f. Qualidade de fofo.
Fofo (*ô*), adj. 1. Que cede facilmente ao tato ou à pressão. 2. Brando, macio, mole. 3. *Fig.* Vaidoso, enfatuado.
Fofoca, s. f. *Pop.* Enredo, fuxico.
Fofoqueiro, s. m. Quem faz fofocas.
Fogaça, s. f. Grande bobo ou pão cozido.
Fogacho, s. m. 1. Pequena labareda. 2. Chama súbita. 3. Explosão de carga detonante destinada a quebrar pedras nas pedreiras. 4. *Med.* Sensação repentina e breve de calor, que vem à face, por algum desequilíbrio endócrino, como o que acompanha a menopausa; calores.

Fogagem, s. f. 1. *Med.* Dermatose caracterizada pela presença de pápulas, mais ou menos pruriginosas. 2. Arrebatamento de gênio. 3. Balanopostite.

Fogal, s. m. *Ant.* Imposto que se pagava por um fogo (casa).

Fogaleira, s. f. Pá de ferro própria para se tirarem brasas do forno.

Fogão, s. m. 1. Pequena construção de alvenaria onde se faz fogo para cozinhar. 2. Aparelho de ferro ou de outro metal em que se cozinha com carvão, lenha, eletricidade ou gás. 3. Lareira.

Fogareiro, s. m. Pequeno fogão portátil, de barro ou de ferro, para cozinhar ou para aquecer.

Fogaréu, s. m. 1. Fogacho, fogueira, lume. 2. *Pop.* Fogo intenso, grande.

Fogo (*ô*), s. m. (l. *focu*). 1. Toda combustão acompanhada de desenvolvimento de luz, calor e, geralmente, de chamas. Aum.: *fogaréu.* Ruído: *crepita, estala.* 2. Labareda. 3. Fogueira, lume. 4. Incêndio. 5. Fogão, lareira. 6. Residência de uma família. 7. Ardor, energia, vivacidade. 8. Excitação. 9. Disparos de arma de fogo; fuzilaria, canhoneio. — *F.- apagou, Ornit.*: ave da família dos Columbídeos (*Scardafella squammata*). *F.- fátuo*: a) inflamação espontânea de gases emanados dos pântanos e dos sepulcros; b) brilho transitório; c) prazer ou glória de curta duração. *F.- selvagem*: v. *pênfigo.*

Fogosidade, s. f. Qualidade de fogoso.

Fogoso, adj. 1. Que tem fogo ou calor. 2. Ardente. 3. Animado, veemente, vivo. 4. Impetuoso, violento. 5. Irrequieto. 6. Caloroso.

Foguear, v. V. *afoguear.*

Fogueira, s. f. 1. Matéria combustível em chamas. 2. Labareda. 3. Lume da lareira. 4. Ardor, exaltação, incandescência. 5. Monte de lenha em chamas, em que se queimavam os condenados ao suplício do fogo.

Fogueiro, s. m. V. *foguista.*

Foguetada, s. f. 1. Girândola. 2. Estampido produzido pelo estourar de foguetes. 3. Descompostura.

Foguetão, s. m. Foguete com que se atiram cabos a uma embarcação em perigo.

Foguete, s. m. 1. Corpo pirotécnico, cilíndrico, cheio de pólvora e amarrado à extremidade de uma vara. Col.: *girândola, roda.* Ruído: *chia, rechia, esfuzia, espoca, estoura, estrondea, pipoca.* 2. *Astronáut.* Veículo espacial que utiliza a propulsão a jato. 3. *Fam.* Repreensão. 4. *Fam.* Moça namoradeira. 5. *Fam.* Pessoa ativa, expedita. Adj. Vivo, irrequieto.

Foguetear, v. Intr. Lançar ou queimar foguetes.

Fogueteiro, s. m. 1. V. *pirotécnico.* 2. *Pop.* Contador de lorotas; potoqueiro.

Foguetório, s. m. 1. Festa em que se lançam ou queimam foguetes. 2. V. *foguetada.*

Foguista, s. m. O que tem a seu cargo alimentar o fogo das caldeiras de máquinas a vapor.

Foiçada, s. f. Golpe de foice. Var.: *fouçada.*

Foiçar, v. Tr. dir. Cortar com foice; ceifar, roçar, segar. Var.: *fouçar.*

Foice, s. f. (l. *falce*). Instrumento agrícola, curvo e com gume, ou serreado, para ceifar ou segar. Var.: *fouce.*

Foiciforme, adj. m. e f. Em forma de foice; falciforme.

Fojo (*ô*), s. m. (l. *foveu*). 1. Caverna ou cova onde se acoitam feras. 2. Cova dissimulada com ramos e terra, disposta para apanhar feras. 3. Caverna. 4. Sorvedouro de águas. 5. Lugar muito fundo em um rio. Pl.: *fojos* (*ó*).

Folclore (*lô*), s. m. (ingl. *folk-lore*). Costumes tradicionais, crenças, superstições, cantos, festas, indumentárias, lendas, artes etc., conservados no seio de um povo.

Folclórico, adj. Relativo ao folclore.

Folclorista, s. m. e f. Pessoa versada em folclore ou que com o estudo dele se ocupa.

Fole, s. m. (l. *folle*). 1. Utensílio destinado a produzir vento para diversos fins, como ativar uma combustão, ventilar cavidades, encher de vento os tubos dos órgãos, soprar as paletas do acordeão etc. Ruído: *arqueja, ofega, resfolega.* 2. *Pop.* Pulmão. 3. Acordeão de construção rudimentar.

Fôlego, s. m. 1. Respiração. 2. Ato de soprar. 3. Ânimo. 4. Espaço de tempo em que se refazem as forças consumidas; descanso, folga. 5. Resistência à fadiga (de animal ou pessoa).

Foleiro, s. m. Fabricante, vendedor ou tocador de foles.

Folga, s. f. 1. Interrupção no trabalho. 2. Tempo reservado ao descanso, ao recreio. 3. Desafogo, alívio. 4. Abastança. 5. *Mec.* Intervalo calibrado entre duas peças em contato.

Folgança, s. f. 1. Folga. 2. Brincadeira ruidosa.

Folgar, v. (l. *follicare*). 1. Tr. dir. Dar folga, descanso a. 2. Tr. dir. Alargar, desapertar, desencolher: *F.* as *vestes.* 3. Tr. ind., intr. e pron. Ter alívio ou descanso nos cuidados, trabalhos etc. 4. Tr. ind. Alegrar-se, regozijar-se, ter prazer.

Folgaz, adj. m. e f. V. *folgazão.*

Folgazão, adj. e s. m. Que, ou aquele que é amigo de brincar; brincalhão, folião, galhofeiro. Var.: *folgador. folgaz.*

Folguedo (*ê*), s. m. Folgança.

Folha (*ô*), s. f. (l. *folia*, pl. de *foliu*). 1. *Bot.* Órgão apendicular, geralmente verde, caracterizado por forma achatada, simetria bilateral, dimensões definidas e crescimento limitado no tempo e no espaço. Ruído: *farfalha, marulha, sussurra.* 2. Lâmina de metal. 3. Lâmina dos instrumentos e armas cortantes. 4. Desegnativo de diversas coisas largas, chatas e delgadas. 5. Papel que se imprime de uma vez e que dá certo número de páginas. 6. Pedaço de papel de forma quadrada ou quadrilonga. 7. Jornal, periódico. 8. Relação, rol. 9. Parte móvel da porta ou janela. 10. Lista de salários. 11. Registro de serviços prestados. — *F. corrida*: certificado do registro criminal. *F.-de-flandres*: ferro em folha passado por um banho de estanho e que se emprega no fabrico de numerosos utensílios.

Folhada, s. f. 1. Grande quantidade de folhas caídas. 2. V. *folhagem.*

Folhado, adj. 1. Cheio de folhas; folhoso, folhudo. 2. Em forma de folhas. 3. Aplica-se à massa estendida com gordura ou manteiga. 4. Revestido de folhas (acep.4).

Folhagem, s. f. O conjunto das folhas de uma planta.

Folhame, s. m. V. *folhagem.*

Folhar, v. 1. Tr. dir. Ornar com folhagem. 2. Tr. dir. Lavrar ou pintar folhagem em. 3. Tr. dir. Revestir de folhas (acep. 4). 4. Intr. e pron. Cobrir-se, ornar-se de folhas.

Folharada, s. f. Grande porção de folhas.

Folheado, adj. 1. Provido de folhas. 2. *Geol.* Disposto em camadas. 3. *Marc.* Revestido de folha de madeira de qualidade diferente. S. m. Folha fina de madeira ou de metal com que se fazem revestimentos.

Folhear, v. Tr. dir. 1. Volver as folhas de (livro, revista etc.). 2. Ler ou examinar. 3. *Marc.* Revestir de folhas (acep. 4). 4. Dividir em folhas.

Folheca, s. f. Floco de neve. Var.: *foleca.*

Folhedo (*ê*), s. m. 1. Folhagem. 2. Folhas caídas das árvores.

Folheio, s. m. Ato de folhear (livros).

Folheiro, s. m. Aquele que trabalha em folha-de-flandres; latoeiro, funileiro.

Folhelho (*ê*), s. m. 1. Película que envolve os legumes, as uvas etc. 2. Pele fina que reveste a espiga do milho. 3. *Geol.* Rocha argilosa folheada.

Folhento, adj. 1. Que tem muitas folhas; folhudo. 2. Copado, frondoso.

Folheta (*ê*), s. f. Folha delgada que se põe por baixo das pedras preciosas engastadas.

Folhetaria, s. f. 1. Ornato de folhagem num desenho ou pintura. 2. Coleção de folhetos.

Folhetear, v. Tr. dir. 1. Engastar pedras pondo-lhes folhetas. 2. Folhear (madeira, metal).

Folhetim, s. m. 1. Seção literária, científica ou artística de um periódico. 2. Romance que aparece diariamente num jornal.

Folhetinista, s. m. e f. Pessoa que escreve folhetins.

Folhetinístico, adj. Relativo a folhetinista.

Folhetista, s. m. e f. Pessoa que escreve folhetos.

Folheto (*ê*), s. m. Brochura de poucas folhas; panfleto.

Folhinha, s. f. 1. Calendário em pequenas folhas correspondentes a cada dia, a cada semana ou a cada mês do ano e destacadas na mesma sucessão. 2. Qualquer forma de calendário de parede. 3. *Ecles.* V. *diretório.*

Folho (*ô*), s. m. 1. *Vet.* Excrescência no casco dos animais. 2. Guarnição de pregas, para vestuários. Pl.: *folhos* (*ó*).

Folhoso, adj. Folhado, acep. 1. S. m. *Vet.* Terceiro estômago dos ruminantes; folho, saltério.

Folhudo, adj. Que tem muitas folhas.

foli-[1], elem. de comp. (l. *foliu*). Exprime a idéia de *folha: foliagudo.*

foli-[2], elem. de comp. (l. *folle*). Exprime a idéia de *fole: foliforme.*

Folia, s. f. 1. Dança rápida ao som do pandeiro. 2. Espetáculo ou dia festivo. 3. Brincadeira ruidosa; pândega. 4. *Folc.* Grupo de cantadores e tocadores que saem a serviço de um festeiro para angariar ofertas para uma festa.

Foliação, s. f. *Bot.* V. *folheação.*

Foliáceo, adj. 1. Semelhante a folhas. 2. Feito de folhas.

Foliado, adj. 1. Folheado. 2. Foliáceo.

Foliagudo, adj. Que tem folhas agudas.

Folião, s. m. 1. Amigo da folia. 2. Histrião. Col.: *cordão, pandilha, rancho.* 3. Participante de folias (acep. 4). 4. Membro de clube carnavalesco.

Foliar[1], adj. m. e f. (*foli[1] + ar*). Que diz respeito a folhas.

Foliar[2], v. (*folia + ar*). Intr. 1. Andar em folias. 2. Pular, saltar, divertir-se.

Folicular, adj. m. e f. Relativo a folículo.

Foliculário, s. m. *Pej.* 1. Escritor de folhetos. 2. Jornalista reles.

Folículo, s. m. 1. *Anat.* Nome de diversos órgãos em forma de saco. 2. V. *folhelho* e *folheto.* 3. Pequeno fole. 4. *Bot.* Fruto apocárpico, seco, deiscente por uma só linha longitudinal.

Foliculoso, adj. 1. Que tem folículos. 2. Que é de natureza folicular.

Folidita, s. f. *Miner.* Silicato natural hidratado de alumínio.

Folidoto, adj. Coberto de escamas.

Folífago, adj. *Zool.* Que se alimenta de folhas.

Folífero, adj. Que tem ou produz folhas.

Foliforme[1], adj. m. e f. (*foli[2] + forme*). Em forma de fole.

Foliforme[2], adj. m. e f. (*foli[1] + forme*). Que tem a forma de folha.

Folilho, s. m. *Bot.* Espécie de pericarpo côncavo.

Fólio, s. m. (l. (*in*)*foliu*). 1. 1. Folha de livro. 2. Livro comercial numerado por folhas e não páginas. 3. Livro impresso em formato in-fólio.

folio-, elem. de comp. O mesmo que *foli[1].*

Foliolado, adj. *Bot.* Provido de folíolos.

Folíolo, s. m. *Bot.* 1. Cada limbo parcial da folha composta. 2. Pequena folha.

Folipa, s. f. V. *folipo.*

Folíparo, adj. Diz-se do vegetal que produz folhas.

Folipo, s. m. 1. Pequeno fole ou empola na epiderme. 2. Pequena bolha nos líquidos em ebulição. 3. Floco de neve.

Fome, s. f. (l. *fame*). 1. Sensação causada pela necessidade de comer. 2. Míngua de víveres. 3. Miséria, penúria. 4. Avidez.

Fomentação, s. f. 1. Fomento. 2. *Pop.* Fricção medicamentosa. 3. Estímulo, incitação.

Fomentador, adj. e s. m. Que, ou aquele que fomenta.

Fomentar, v. Tr. dir. 1. Promover o desenvolvimento ou o progresso de. 2. Desenvolver, excitar. 3. Aplicar fomentação a.

Fomentativo, adj. Que fomenta.

Fomento, s. m. 1. Ato ou efeito de fomentar; fomentação. 2. Proteção, auxílio. 3. Incitação, estímulo. 4. *Med.* Medicamento para fomentação.

Fon, s. m. *Fís.* **Unidade de nível de audibilidade subjetivo, definida como o nível de audibilidade de um som que, em ensaio de caráter psicofísico normalizado, é igualmente audível a um som de freqüência igual a 1.000 hertz e de nível de intensidade sonora igual a 1 decibel.**

Fona, s. m. Indivíduo efeminado, mulherengo. S. f. *Pop.* Azáfama, lufa-lufa.

Fonação, s. f. Série de precessos que, no homem e nos animais, concorrem para a produção da voz.

Fonador, adj. Que produz a voz.

Fonalidade, s. f. O caráter dos sons de uma língua.

Fonascia, s. f. Arte de exercitar a voz; fonástica.

Fonástica, s. f. V. *fonascia.*

Fone[1], s. m. 1. Abrev. de telefone. 2. Auscultador de telefones e de radiorreceptores. Var.: *fono.*

-fone[2]-, Elem. de comp. O mesmo que *-fono-.*

Fonema, s. m. Qualquer som elementar (vogal ou consoante) da linguagem articulada.

Fonética, s. f. *Gram.* Estudo dos fonemas, da sua produção, seus caracteristicos e sua percepcão pelo ouvido.

Foneticismo, s. m. A representação dos sons por letras, formando palavras.

Foneticista, s. m. e f. V. *fonetista.*

Fonético, adj. Relativo à fonética, ou a fonema.

Fonetismo, s. m. V. *foneticismo.*

Fonetista, s. m. e f. Filólogo especialista em fonética.

Fonfom, s. m. *Onom.* Som de buzina de automóvel.

Fonfonar, v. Intr. *Onom.* Buzinar (o automóvel).

Fônica, s. f. Arte de combinar os sons, conforme as leis da acústica.

Fonice, s. f. (de *fona*). Avareza, sovinice.

Fônico, adj. Relativo à voz ou ao som.

fono-, elem. de comp. (gr. *phone*). Entra na formação de várias palavras com a significação de *som* ou *voz: fonologia.*

Fonocâmptica, s. f. Parte da Física que estuda os fenômenos da reflexão do som.

Fonofobia, s. f. *Med.* Temor mórbido de falar em voz alta.

Fonófobo, adj. e s. m. Que, ou aquele que sofre de fonofobia.

Fonografar, v. Tr. dir. Representar graficamente os sons.

Fonografia, s. f. 1. *Gram.* Representação gráfica dos sons. 2. Processo gráfico de representar vibrações de corpos sonoros.

Fonográfico, adj. Relativo à fonografia.

Fonógrafo, s. m. Aparelho que reproduz sons gravados em discos sob a forma de sulcos em espiral.

Fonólito, s. m. Rocha vulcânica constituída essencialmente de ortoclásio, nefelina e piroxênio.

Fonologia, s. f. Ciência dos sons da linguagem.

Fonológico, adj. Relativo à fonologia.

Fonometria, s. f. *Fís.* 1. Arte de medir a intensidade dos sons. 2. Emprego do fonômetro.

Fonômetro, s. m. *Fís.* Instrumento com que se mede a intensidade do som ou da voz.

Fonopatia, s. f. *Med.* Nome genérico das doenças dos órgãos da fonação.

Fontainha (*a-í*), s. f. Pequena fonte.

Fontal, adj. m. e f. Relativo a fonte.

Fontanela, s. f. *Anat.* Cada um dos intervalos ligados por estruturas membranosas, entre os ossos do crânio dos fetos e crianças pequenas; moleira.

Fonte[1], s. f. (l. *fonte*). 1. Manancial de água que brota do solo; nascente. Ruído: *borbulha, cachoa, canta, murmura, murmurinha, sussurra, trapeja.* 2. Chafariz. 3. Bica por onde corre água ou outro líquido. 4. Causa, origem, princípio. 5. Texto original de uma obra. 6. Qualquer substância que emite radiação.

Fonte[2], s. f. (fr. *fonte*). *Tip.* Conjunto de sinais, letras e espaços de mesmo caráter e corpo.

Fonte[3], s. f. (de *fronte*). Cada um dos lados da cabeça na região temporal; têmpora.

Fontícula, s. f. Pequena fonte.

Fora, adv. (l. *foras*). 1. Exteriormente, na face externa: Pintar por *fora.* 2. Em lugar diferente do da residência habitual: Dormir *fora.* 3. Para longe: Lance *fora* isso. 4. Em país estranho: Viajar mundo a *fora.* Prep. 1. Exceto, menos: Saíram todos, *fora* a professora. 2. Afastado de: *Fora* dos eixos. 3. Além de: *Fora* eles, havia mais um. Interj. Arreda!, sai!

Foragido, adj. e s. m. Que, ou o que se esconde para escapar à justiça.

Foragir, v. Pron. 1. Homiziar-se. 2. Expatriar-se; emigrar.

Foral, s. m. Carta de lei que regulava a administração de uma localidade, ou que concedia privilégios a indivíduos ou corporações.

Foraleiro, adj. Relativo a foral.

Forame, s. m. 1. Abertura, cova, buraco. 2. *Anat.* e *Zool.* Orifício na superfície de um órgão. Var.: *forâmen.*

Forâmen, s. m. V. *forame.* Pl.: *foramens* e *forâmenes.*

Foraminífero, adj. 1. Que tem forames. 2. *Zool.* Relativo a Foraminíferos. S. m. pl. *Zool.* Ordem (*Foraminifera*) que compreende grandes protozoários, com carapaça crivada de pequenos orifícios.

Foraminoso, adj. Que tem forames.

Forâneo, adj. Que é de terra estranha; forasteiro.

Forasteiro, adj. Que é de fora; estrangeiro, peregrino.

Forota, s. f. Aparelho utilizado na espremedura do bagaço da azeitona.

Forca (*ô*), s. f. (l. *furca*). 1. Aparelho que servia para o suplício do enforcamento. 2. Cadafalso. 3. V. *forquilha.* 4. Laço, armadilha.

Força (*ô*), s. f. (l. *fortia*). 1. *Fís.* Toda causa capaz de produzir ou acelerar movimentos, oferecer resistência aos deslocamentos ou determinar deformações dos corpos. 2. *Mec.* Potência, agente, ação, causa que gera movimentos. 3. Faculdade de operar, de mover ou mover-se. 4. Robustez, vigor muscular. 5. Violência. 6. Esforço, intensidade, veemência. 7. Necessidade, obrigação. 8. Autoridade, poder. 9. Impulso, incitamento. 10. Energia moral. 11. Contingente, destacamento de militares. S. f. pl. *Mil.* Tropas. Interj. Serve para animar, apoiar ou encorajar.

Forcado, adj. e s. m. Utensílio de lavoura, formado de uma haste terminada em duas ou mais pontas do mesmo pau ou de ferro; garfo, garfão.

Forçado, adj. Compelido, constrangido, obrigado a trabalhos forçados. S. m. O condenado à pena de trabalhos públicos.

Forçador, s. m. Aquele que força.

Forcadura, s. f. Espaço entre as pontas do forcado.

Forçamento, s. m. Ato de forçar ou violar; violação.

Forçante, adj. m. e f. Que força ou violenta.

Forçar, v. (l. med. *fortiare*). 1. Tr. dir. Compelir, constranger, obrigar. 2. Tr. dir. Arrombar, quebrar. 3. Tr. dir. Entrar à força em; subjugar, vencer. 4. Pron. Dominar a vontade para fazer alguma coisa que repugna; constranger-se. 5. Tr. dir. Estuprar, violentar.

Forcejar, v. Tr. ind. e intr. Fazer esforços por; empenhar-se, esforçar-se.

Forcejo (*ê*), s. m. Ato ou efeito de forcejar.

Fórceps, s. m. sing. e pl. *Cir.* Instrumento com que se extrai do útero a criança.

Forçoso, adj. Necessário, inevitável, fatal.

Forçudo, adj. *Pop.* Musculoso, robusto, vigoroso, forte.

Forçura, s. f. Escora, esteio.

Foreiro, adj. 1. Relativo a foro. 2. Que paga foro. S. m. Aquele que tem o domínio útil de alguma propriedade, pagando foro ao senhorio direto.

Forense, adj. m. e f. 1. Relativo ao foro judicial. 2. Relativo aos tribunais.

Forésia, s. f. *Biol.* Comportamento observado em alguns animais, que se fazem transportar por outros, sem parasitá-los. Var.: *forese.*

Fórfex (*cs*), s. m. *Cir.* Instrumento em forma de pinça. Var.: *fórfice.*

Forja, s. f. (fr. *forge*). 1. Conjunto de fornalha, fole e bigorna, de que se servem os ferreiros para executar obras de ferro. 2. Oficina de ferreiro; ferraria.

Forjador, adj. Que forja. S. m. *Pop.* Autor ou promotor de falsidades ou intrigas.

Forjadura, s. f. Ação de forjar; forjamento.

Forjamento, s. m. V. *forjadura.*

Forjar, v. Tr. dir. 1. Aquecer a forja e trabalhar nela. 2. Fazer, fabricar. 3. Idear, imaginar, inventar, maquinar. 4. Forjicar, falsificar.

Forjicar, v. Tr. dir. 1. Forjar mal. 2. Fabricar defeituosamente. 3. Inventar.

Forma[1] (*ó*), (l. *forma*). 1. Figura ou aspecto exterior dos corpos materiais. 2. Aparência. 3. Maneira de ser. 4. Alinhamento de tropas; formatura. 5. Caráter de estilo em composição literária, musical ou plástica.

Forma[2] (*ô*), s. f. (l. *forma*). 1. Modelo, molde de qualquer coisa. 2. Molde para a indústria de calçado ou de chapelaria. 3. *Tip.* Conjunto de granéis dispostos na máquina para a impressão de uma folha. 4. Vasilha em que se assam bolos e pudins.

Formação, s. f. (l. *formatione*). 1. Ato ou efeito de formar ou formar-se. 2. Modo por que uma coisa se forma. 3. Disposição ordenada. 4. A formatura das tropas. 5. *Gram.* Maneira por que se formou uma palavra. 6. Modo como se constitui um caráter ou uma mentalidade.

Formado, adj. 1. Em ordem; alinhado. 2. Feito, constituído. 3. Que obteve formatura numa universidade.

Formador, adj. e s. m. Que, ou o que forma.

Formadura, s. f. Ato ou efeito de formar.

Formal, adj. m. e f. 1. Relativo a forma. 2. Definitivo, seguro. 3. Genuíno. 4. Evidente, positivo. 5. Expresso, explícito.

Formaldeído, s. m. *Quím.* Aldeído fórmico, o mais simples dos aldeídos; um gás poderosamente desinfetante, de cheiro penetrante.

Formalidade, s. f. 1. Operação prescrita na execução de certos atos civis, judiciários etc. 2. Cerimônia. 3. Prática apenas exterior, convencional, a que não se dá verdadeira importância.

Formalina, s. f. *Quím.* e *Farm.* Solução a 40% de formaldeído em água, usada como desinfetante.

Formalismo, s. m. 1. *Bel.-art.* Tendência artística que dá mais valor à forma que ao conteúdo ou à abstração que ao real. 2. Apego às formalidades.

Formalista, s. m. e f. 1. Pessoa sectária do formalismo. 2. Pessoa amiga de formalidades.

Formalizado, adj. 1. Que se formalizou. 2. Ofendido, melindroso. 3. *Fam.* Vestido com apuro. 4. Que afeta formalidade; solene, grave.

Formalizar, v. 1. Tr. dir. Realizar consoante as fórmulas ou formalidades; tornar formal. 2. Pron. Afetar formalidade; tornar-se grave.

Formão, s. m. Ferramenta para talhar madeira, com uma extremidade chata e cortante e outra com cabo.

Formar, v. 1. Tr. dir. Dar a forma a. 2. Tr. dir. Ter a forma de; assemelhar-se a. 3. Tr. dir. Conceber, engendrar. 4. Tr. dir. Dispor em certa ordem, ou em linha. 5. Tr. dir. Instruir, educar. 6. Pron. Concluir a formatura. 7. Pron. Originar-se, derivar-se.

Formaria, s. f. Conjunto de formas de chapeleiro, sapateiro etc.

Formativo, adj. Que dá forma.

Formato, s. m. 1. Feitio. 2. Tamanho. 3. *Tip.* O tamanho de um livro, expresso pelas medidas da sua altura e comprimento.

Formatura, s. f. 1. Ato ou efeito de formar(-se). 2. Colação de grau superior. 3. Disposição ordenada de tropas.

-forme, suf. (l. *forma*). Significa semelhante na forma, que tem a forma de: *cuneiforme, fusiforme.*

Formeiro, s. m. O que faz formas, principalmente de calçado.

Formena, s. f. *Quím.* V. *metano.*

Formiato, s. m. *Quím.* Sal ou éster do ácido fórmico.

Fórmica, s. f. Material fenólico laminado, usado como material isolante de eletricidade, revestimento de móveis etc.

Formicação, s. f. *Med.* Sensação de picadas, como de formigas, sentida em uma parte do corpo; formigueiro, formigamento.

Formicante, adj. m. e f. *Med.* Diz-se do pulso fraco e freqüente.

Formicário, adj. Semelhante ou relativo a formiga.

formici-, elem. de comp. (l. *formica*). Exprime a idéia de *formiga: formicívoro.*

Formicida, s. m. Preparação química para matar formigas.

Formicídio, s. m. Destruição de formigas.

Formicívoro, adj. Que come formigas.

Fórmico, adj. *Quím.* Diz-se do mais simples dos ácidos graxos, um líquido incolor com cheiro penetrante, obtido pela ação do óxido de carbono sobre a soda.

Formicular, adj. m. e f. Relativo ou semelhante à formiga.

Formidando, adj. 1. Que mete medo. 2. Enorme.

Formidável, adj. m. e f. De grandeza, de força enorme, que impõe um sentimento de respeito, de medo; gigantesco. 2. Notável, extraordinário. 3. *Pop.* Excelente, ótimo.
Formidoloso, adj. 1. Que inspira medo; pavoroso. 2. Que tem medo.
Formiga, s. f. (l. *formica*). 1. *Entom.* Nome genérico dos insetos himenópteros que vivem em sociedade, debaixo da terra, em ninhos sobre árvores, no oco dos paus etc. Col.: *cordão, correição, formigueiro.* 2. Pessoa que tem paixão pelos doces.
Formigamento, s. m. V. *formicação.*
Formigante, adj. m. e f. Que formiga.
Formigão, s. m. 1. Formiga grande. 2. Rastilho que comunica o fogo a uma mina.
Formigar, v. Intr. 1. Sentir picadas, como de formigas. 2. Haver em abundância; pulular. 3. Ser ativo, zeloso. 4. Procurar ganhar a vida.
Formigueiro, s. m. 1. Buraco ou toca de formigas; panela. 2. Grande porção de formigas. 3. Grande multidão, grande quantidade. 4. V. *formicação.* 5. Desassossego, impaciência.
Formiguejar, v. Intr. Andar ou mover-se, em grande quantidade, como formigueiro; pulular.
Formilhão, s. m. Instrumento de chapeleiro para dar forma às abas dos chapéus.
Formilhar, v. Intr. Trabalhar com formilho.
Formilho, s. m. Instrumento de chapeleiro para dar forma à boca da copa dos chapéus.
Formista, s. m. e f. Fabricante de formas; formeiro.
Formol, s. m. *Farm.* Solução de formaldeído em álcool metílico e água, usada como anti-séptico.
Formoso, adj. 1. De feições ou formas perfeitas, de aspecto agradável. 2. Belo, bonito.
Formosura, s. f. 1. Qualidade de formoso. 2. Coisa formosa. 3. Pessoa formosa.
Fórmula, s. f. (l. *formula*). 1. Modo já estabelecido para explicar, pedir, executar ou resolver uma coisa com palavras precisas e determinadas. 2. Receita do médico, ou receita para preparar alguma coisa. 3. Forma de expressão concisa. 4. *Mat.* Expressão que serve para resolver todos os problemas semelhantes, diferindo apenas pelo valor dos dados. 5. *Quím.* Esquema que indica, em forma condensada, a natureza e a composição de uma combinação química.
Formulação, s. f. Ato ou efeito de formular.
Formular, v. Tr. dir. 1. Pôr em fórmula. 2. Redigir na forma habitual. 3. Dar a fórmula que exprime o resultado geral de. 4. Receitar medicamentos; aviar receitas. 5. Manifestar, exprimir. 6. Apresentar, levantar.
Formulário, s. m. 1. Coleção de fórmulas. 2. Modelo impresso de fórmula (acep. 1), em que apenas se preenchem os dados pessoais. 3. Livro de orações.
Formulista, s. m. e f. 1. Quem prescreve fórmulas. 2. Pessoa que adota rigorosamente certas fórmulas.
Fornada, s. f. Aquilo que um forno coze de uma vez.
Fornalha, s. f. 1. Forno grande. 2. Parte de uma máquina ou de um fogão em que arde o combustível. 3. Lugar muito quente.
Fornalheiro, s. m. V. *foguista.*
Fornear, v. Intr. Exercer o ofício de forneiro.
Fornecedor, adj. e s. m. Que, ou o que fornece ou se obriga a fornecer mercadorias.
Fornecer, v. 1. Tr. dir. Abastecer de. 2. Pron. Abastecer-se, prover-se. 3. Tr. dir. Dar, proporcionar ou facilitar. 4. Tr. dir. Produzir.
Fornecimento, s. m. Ato ou efeito de fornecer.
Forneiro, s. m. Dono ou tratador de forno.
Fornificação, s. f. 1. Ato de fornicar. 2. *Rel.* O pecado da carne.
Fornicar, v. (b. l. *fornicare*). Tr. ind. e intr. Ter relações sexuais ilícitas.
Fornido, adj. 1. Provido, abastecido. 2. Robusto, nutrido.
Fornilho, s. m. 1. Forno pequeno ou fogareiro. 2. Fornalha pequena. 3. Parte do cachimbo onde arde o tabaco.
Fornimento, s. m. 1. Ato ou efeito de fornir. 2. Corpulência, robustez.
Fornir, v. Tr. dir. 1. Fornecer, abastecer. 2. Tornar basto, robusto. — Conjuga-se como *falir.*
Forno (*ô*), s. m. (l. *furnu*). 1. Construção abobadada, com portinhola, para cozer pão, alimentos etc. 2. Construção análoga, com abertura superior para cozer louça, cal, telha etc. 3. Parte do fogão onde se fazem assados. 4. Lugar muito quente. Pl.: *fornos* (*ó*).
Foro[1] (*ô*), s. m. (l. *foru*). 1. *Antig. rom.* Praça de mercado, onde também se faziam as reuniões públicas e se julgavam as causas. 2. *Por ext.* Lugar onde se exercem os debates judiciais e se trata dos negócios públicos. Var.: *forum* (*ó*).
-foro[2], elem. de comp. (gr. *phoros*). Significa *que conduz, que transfere, que transporta, que traz: eletróforo.*
Foro[3] (*ô*), s. m. (l. *foru*). 1. Quantia ou pensão que o enfiteuta de uma propriedade paga anualmente ao senhorio direto. 2. Tribunal judicial. 3. Jurisdição. S. m. pl. Direitos, privilégios, imunidades. Pl.: *foros* (*ó*).
Forqueadura, s. f. Bifurcação.
Forquear, v. V. *bifurcar.*
Forqueta (*ê*), s. f. Forquilha.
Forquilha, s. f. 1. Pequeno forcado de duas ou mais pontas. 2. Vara bifurcada, em que descansa o braço do andor; descanso. 3. Garfo. 4. Cabide.
Forquilhar, v. Tr. dir. Dividir à maneira de forquilha; bifurcar.
Forra[1], s. f. *Pop.* V. *desforra.*
Forra[2] (*ô*), s. f. (de *forrar*[1]). 1. Precinta que fortalece as velas, como nas talhas, rizes etc. 2. Entretela, chumaço.
Forração, s. f. (*forrar*[1] + *ção*). 1. Ato ou efeito de forrar. 2. Revestimento. 3 Tecido para forro.
Forrador, s. m. Aquele que forra.
Forrageador, adj. e s. m. Que, ou quem forrageia.
Forragear, v. 1. Tr. dir. Ceifar ou colher forragem em. 2. Intr. Cortar ou colher forragens. 3. Tr. dir. e tr. ind. *Fig.* Apanhar aqui ou além; compilar, respigar.
Forragem, s. f. 1. Alimento vegetal para os animais. 2. Feno.
Forraginoso, adj. 1. Próprio para forragem. 2. Que produz forragens.
Forramento, s. m. V. *forração.*
Forrar[1], v. (fr. ant. *forrer*). Tr. dir. Pôr forro em; cobrir com outro tecido, com lâminas de metal, com peças de madeira delgada etc.
Forrar[2], v. (*forro*[2] + *ar*). Tr. dir. 1. Tornar forro ou livre; alforriar. 2. Poupar, economizar.
Forro[1] (*ô*), s. m. (de *forrar*). 1. Aquilo com que se forra. 2. Revestimento de paredes, edifícios, fundos de navio etc. 3. Estofo com que se reforça interiormente a roupa, o calçado, os chapéus etc. 4. Tudo o que serve para encher ou reforçar interiormente certos artefatos. Pl.: *forros* (*ó*).
Forro[2], adj. (ár. *hurr*). 1. Que teve alforria. 2. Desobrigado.
Forró, s. m. *Pop.* Baile reles; arrasta-pé.
Forrobodó, s. m. 1. Baile relés; forró. 2. Festança. 3. Confusão, desordem.
Fortalecedor, adj. e s. m. Que, ou o que fortalece.
Fortalecer, v. 1. Tr. dir. e pron. Tornar(-se) forte, robustecer(-se). 2. Tr. dir. Dar coragem a; encorajar, animar. 3. Tr. dir. Guarnecer com forças militares; fortificar.
Fortalecimento, s. m. Ato ou efeito de fortalecer(-se).
Fortaleza (*ê*), s. f. 1. Qualidade de ser forte; vigor, robustez. 2. Uma das quatro virtudes cardeais; força moral; energia, firmeza, constância. 3. *Mil.* Fortificação, praça de guerra.
Fortalezense, adj. m. e f. Relativo a Fortaleza, capital, cidade e município do Ceará. S. m. e f. Pessoa natural desse município. Var.: *fortalexiense.*
Forte, adj. m. e f. 1. Que tem força. 2. Valente. 3. Robusto. 4. Poderoso. 5. Enérgico. 6. Animoso. 7. Intenso: Cor *f.* S. m. Castelo fortificado; fortificação. Adv. Com força, rijamente.
Fortidão, s. f. (l. *fortitudo*). 1. Qualidade daquele ou daquilo que é forte. 2. Rispidez, aspereza.
Fortificação, s. f. 1. Ato ou efeito de fortificar(-se). 2. Arte de fortificar e defender uma praça. 3. Forte, baluarte, fortaleza.
Fortificado, adj. Protegido por fortificações.
Fortificador, adj. Que fortifica; fortificante.

Fortificante, adj. m. e f. Fortificador. S. m. Medicamento para fortalecer o organismo; tônico, reconstituinte.

Fortificar, v. 1. Tr. dir. e pron. Fortalecer(-se), robustecer(-se). 2. Tr. dir. Dar condições de defesa a; guarnecer de fortes ou fortalezas. 3. Tr. dir. Auxiliar, reforçar. 4. Tr. dir. Animar, avigorar.

Fortim, s. m. Pequeno forte.

Fortran, s. m. (t. ingl.). Acrônimo de *Formula Translation System*. *Inform.* Linguagem de programação de alto nível, usada em aplicações técnico-científicas.

Fortuito, adj. Que ocorre por acaso; casual, contingente, eventual, inopinado.

Fortuna, s. f. 1. Aquilo que sucede por acaso. 2. Boa sorte, ventura, felicidade. 3. Destino, fado, sina. 4. Bens, riqueza.

Fortunoso, adj. Afortunado.

Forum (*ó*), s. m. (palavra latina). V. *foro*[1].

Foscar, v. Tr. dir. Tornar fosco; embaciar.

Fosco (*ô*), adj. 1. Que não é translúcido. 2. Sem brilho; embaciado. 3. Escuro. 4. Alterado, perturbado. 5. Fraco, covarde.

Fosfagênio, s. m. *Biol.* Cada um de vários compostos de fosfato orgânicos que ocorrem especialmente nos músculos e liberam energia por hidrólise do fosfato.

Fosfatado, adj. 1. Que contém fosfato. 2. Tratado com fosfato.

Fosfático, adj. 1. Formado de fosfato. 2. Relativo a fosfato.

Fosfato, s. m. *Quím.* Sal de ácido fosfórico.

Fosfatúria, s. f. *Med.* Eliminação excessiva de fosfato pela urina.

Fosfeno, s. m. Impressão luminosa causada pela compressão do olho, com as pálpebras cerradas.

Fosfeto, s. m. *Quím.* Qualquer composto binário de fósforo e outro elemento ou radical, geralmente mais eletropositivo.

Fosfito, s. m. *Quím.* Nome genérico dos sais ou ésteres do ácido fosforoso.

Fosforado, adj. Combinado ou misturado com fósforo ou um composto de fósforo.

Fosforear, v. Intr. Brilhar como o fósforo inflamado.

Fosforeira, s. f. Caixa ou estojo para fósforos.

Fosforeiro, s. m. Aquele que trabalha no fabrico de fósforos.

Fosforejante, adj. m. e f. Que fosforeja.

Fosforejar, v. V. *fosforear.*

Fosfóreo, adj. 1. Que tem fósforo. 2. Fosfórico.

Fosforescência, s. f. Propriedade dos corpos fosforescentes.

Fosforescente, adj. m. e f. Que brilha na obscuridade, sem calor nem combustão.

Fosforescer, Intr. Emitir brilho fosforescente.

Fosfórico, adj. 1. Relativo ao fósforo. 2. Que brilha como o fósforo. 3. *Quím.* Diz-se de um ácido em forma de líquido xaroposo, miscível à água e ao álcool, em todas as proporções.

Fosforíforo, adj. *Zool.* Diz-se dos animais em que uma parte do corpo é fosforescente.

Fosforização, s. f. 1. Ato ou efeito de fosforizar. 2. Formação de fosfato de cálcio na economia animal.

Fosforizar, v. Tr. dir. Tornar fosfórico.

Fósforo, s. m. 1. *Quím.* Elemento não-metálico, de símbolo P, número atômico 15 e massa atômica 30,975. 2. Palito que tem numa das extremidades um preparado especial (em que não entra o fósforo), que se inflama por meio de atrito ou fricção. 3. *Gír.* Pessoa sem importância.

Fosforoscópio, s. m. Instrumento para determinar o índice de fosforescência de uma substância.

Fosforoso, adj. *Quím.* 1. Designativo dos compostos em que o fósforo tem valência menor do que nos compostos fosfóricos. 2. Diz-se de um ácido que é uma substância sólida, branca, e que se transforma em ácido fosfórico quando aquecida a cerca de 180°.

Fósmea, s. f. 1. Idéia confusa ou disparatada; concepção abstrusa. 2. Coisa de que não se pode dar definição.

Fósmeo, adj. 1. Imperceptível, incompreensível, indefinível. 2. Disparatado.

Fosquinha, s. f. 1. Trejeito, momice. 2. Disfarce, fingimento. S. f. pl. Afagos, carícias, festas.

Fossa, s. f. 1. Cova, buraco, cavidade. 2. *Anat.* Nome de certas cavidades do corpo: *fossa* ilíaca, *fossa* nasal, etc. 3. Covinha no rosto. 4. *Geol.* Depressão da crosta terrestre, larga e profunda, em regiões emersas ou submersas.

Fossar, v. 1. Tr. dir. e intr. Revolver com o focinho ou a tromba, fuçar. 2. Intr. Empregar-se em trabalhos pesados e grosseiros.

Fossário, s. m. 1. Lugar em que há fossos. 2. Cemitério. 3. Serventuário eclesiástico carregado do enterramento dos fiéis.

Fosseta (*ê*), s. f. Pequena fossa.

Fossete (*ê*), s. m. Pequeno fosso.

Fóssil, adj. m. e f. 1. *Geol.* Diz-se dos restos de corpos organizados encontrados no seio da terra. 2. Antiquado, retrógrado. S. m. *Paleont.* Qualquer vestígio, de animal ou planta, encontrado no subsolo.

fossil-, elem. de comp. (l. **fossile*). Exprime a idéia de *fóssil: fossilífero.*

Fossilífero, adj. Diz-se dos terrenos em que há fósseis.

Fossilismo, s. m. Afeição a coisas antiquadas.

Fossilização, s. f. Passagem de um corpo ao estado fóssil; petrificação.

Fossilizar, v. Tr. dir. e pron. Tornar(-se) fóssil.

Fossípede, adj. m. e f. *Zool.* Que tem pés próprios para revolver a terra.

Fosso (*ô*), s. m. 1. Cova. 2. Barranco. 3. Vala para condução de águas. 4. Vala profunda que rodeia acampamentos, fortificações, entrincheiramentos etc. Pl.: *fossos* (*ó*).

Fot, s. m. *Fís.* Unidade de iluminamento, no sistema CGS, equivalente a 10.000 lux; 1 lúmen por cm^2. Var.: *fut.*

Fotelétrico, adj. Diz-se da eletricidade produzida pela ação da luz.

Fotismo, s. m. *Med.* Sensação visual secundária.

Foto-[1] ou **-foto,** elem. de comp. (gr. *phos, photos*). Exprime a idéia de *luz: fotocópia, radiofoto.*

Foto[2], s. f. V. *fotografia.*

Fotocarta, s. f. Carta ou mapa topográfico que se obtém mediante fotografias aéreas.

Fotocópia, s. f. 1. Processo de reprodução fotográfica de documentos. 2. A reprodução obtida por esse processo.

Fotocromia, s. f. 1. Processo e arte de produzir fotografias coloridas. 2. Fotografia colorida.

Fotodoscópio, s. m. *Fís.* Instrumento destinado para estudar a luz.

Fotoelétrico, adj. V. *fotelétrico.*

Fotofobia, s. f. *Med.* 1. Intolerância à luz. 2. Temor anormal da luz.

Fotófobo, adj. e s. m. Que, ou o que tem fotofobia.

Fotogênico, adj. 1. Que produz imagens pela ação da luz. 2. Que fica bem representado pela fotografia.

Fotografar, v. Tr. dir. 1. Fixar por meio de fotografia a imagem de. 2. Descrever com exatidão.

Fotografia, s. f. 1. Arte ou processo de produzir, pela ação da luz, ou qualquer espécie de energia radiante, sobre uma superfície sensibilizada, imagens obtidas mediante uma câmara escura. 2. Reprodução dessas imagens. 3. Retrato.

Fotográfico, adj. Relativo à fotografia.

Fotógrafo, s. m. Aquele que se ocupa da fotografia.

Fotogravura, s. f. Conjunto dos processos fotomecânicos e fotográficos pelos quais se obtêm clichês de impressão.

Fotolito, s. m. Filme positivo (ou jogo de filmes positivos) para reprodução de texto ou ilustrações (em uma ou mais cores), usado para gravação de chapas destinadas à impressão pelo sistema offset.

Fotolitografia, s. f. *Tip.* Arte de produzir figuras litográficas reproduzidas de fotografias.

Fotologia, s. f. Tratado a respeito da luz.

Fotológico, adj. Que se refere à fotologia.

Fotomagnético, adj. Diz-se dos fenômenos magnéticos devidos à ação da luz.

Fotometria, s. f. Medição da intensidade da luz.

Fotométrico, adj. Que se refere à fotometria.
Fotômetro, s. m. 1. *Fís.* Instrumento para medir a intensidade de uma fonte luminosa. 2. *Ópt.* Dispositivo que mede a luz para indicar a exposição correta de uma foto.
Fotomicrografia, s. f. Fotografia de imagem aumentada de um objeto por meio do microscópio.
Fotomicrográfico, adj. Relativo à fotomicrografia.
Fotominiatura, s. f. *Fot.* Processo de reduzir desenhos, paisagens, quadros etc. a pequenas dimensões por meio da fotografia.
Fotominiaturista, s. m. e f. Pessoa que faz fotominiaturas.
Fotonovela, s. f. História em quadrinhos na qual os desenhos são substituídos por imagens fotográficas.
Fotopsia, s. f. *Oftalm.* Sensação de traços luminosos não existentes, devida a excitações da retina.
Fotoquímica, s. f. Ramo da química que trata dos efeitos químicos de energia radiante, especialmente da luz (como na fotografia).
Fotoquímico, adj. Relativo à fotoquímica.
Fotoscultura, s. f. Processo fotográfico com que se obtém uma estatueta, reunindo os perfis de uma pessoa.
Fotosfera, s. f. *Astr.* Disco solar aparente, que emite a maioria das suas radiações.
Fotossíntese, s. f. *Bot.* Formação de carboidratos, a partir do bióxido de carbono e água, nas células clorofiladas de plantas verdes, sob a influência da luz, com desprendimento fotoquímico de oxigênio.
Fototaxia (*cs*), s. f. *Biol.* Taxia na qual a luz é o fator diretivo.
Fototelegrafia, s. f. Transmissão à distância, por via elétrica, de fotografias ou imagens.
Fototerapia, s. f. Emprego dos raios luminosos no tratamento das doenças.
Fototerápico, adj. Relativo à fototerapia.
Fototipar, v. V. *fototipiar.*
Fototipia, s. f. Processo de impressão tipográfica por meio da fotografia.
Fototipiar, v. Tr. dir. Reproduzir por meio da fototipia.
Fotótipo, s. m. Clichê.
Fototipografia, s. f. *Tip.* Confecção de mapas tipográficos por meio de fotografias.
Fototropismo, s. m. 1. *Biol.* Tropismo no qual a luz é o estímulo orientador. 2. Alteração revessível da cor, em certos minerais, sob a ação da luz.
Fotozincografia, s. f. Processo de produzir fotograficamente em lâminas de zinco os desenhos para impressão.
Fouveiro, adj. 1. Diz-se do cavalo castanho-claro. 2. Diz-se de peças de vestuário, quando desbotadas pelo uso.
Fóvea, s. f. Fossa, depressão.
Fovente, adj. m. e f. *Poét.* Que favorece; favorável.
Fovila, s. f. *Bot.* Conteúdo do grão de pólen.
Fox (*cs*), s. m. Raça inglesa de cães pequenos.
Foxtrote (*cs*), s. m. (ingl. *fox-trot*). Certa dança a quatro tempos, de origem norte-americana.
Foz, s. f. (l. *fauce*). Ponto onde um rio termina, no mar, ou noutro rio; embocadura.
Fracalhão, adj. e s. m. Que, ou o que é muito fraco, medroso, covarde. Fem.: *fracalhona.*
Fração, s. f. (b. l. *fractione*). 1. Ato de dividir, partir, rasgar ou quebrar. 2. Parte de um todo. 3. *Mat.* Número que exprime uma ou mais partes iguais em que foi dividida uma unidade ou um inteiro.
Fracassar, v. (fr. *fracasser*). 1. Tr. dir. Produzir fracasso em; arruinar. 2. Intr. Ser mal sucedido; falhar, malograr-se.
Fracasso, s. m. (de *fracassar*). 1. Som de um corpo que cai; estrépito. 2. Ruído de uma coisa que se parte. 3. Ruína, desgraça. 4. Insucesso, mau êxito.
Fracatear, v. Intr. 1. Cansar na corrida. 2. Esmorecer.
Fracionamento, s. m. Ato ou efeito de fracionar(-se).
Fracionar, v. (l. *fractione + ar*). Tr. dir. e pron. Dividir(-se) em frações ou partes.
Fracionário, adj. *Arit.* Em que há fração ou número quebrado.
Fraco, adj. (l. *flaccu*). 1. Falto de forças, de vigor; débil. 2. Pouco sólido, pouco consistente; ralo. 3. Falto de recursos intelectuais. S. m. 1. Indivíduo fraco. 2. Lado moral por onde uma pessoa oferece menos resistência. Aum.: *fracalhão.*
Fradaço, s. m. V. *fradalhão.*
Fradalhada, s. f. V. *fradaria.*
Fradalhão, s. m. *Pej.* Frade alentado, corpulento ou pouco escrupuloso; fradegão.
Fradaria, s. f. (de *frade*). *Pej.* 1. Espírito fradesco. 2. Classe dos frades. 3. Grande número de frades.
Frade, s. m. Homem que faz parte de uma ordem religiosa cujos membros seguem certa regra e vivem separados do mundo social. Col. (quanto ao local): *convento;* (quanto ao fundador ou quanto às regras): *ordem* (dos franciscanos, dos agostinianos). — *F.-de-pedra*: o mesmo que *frade* (acep. 2).
Fradeiro, adj. Afeiçoado a frades.
Fradesco (*ê*), adj. 1. Relativo a frades, a conventos. 2. Fradeiro.
Fradete (*ê*), s. m. Peça dos fechos da espingarda, no interior da charneira.
Fradice, s. f. Ação ou dito próprio de frade.
Fradicida, s. m. e f. Pessoa assassina de frade.
Fradinho, s. m. Variedade de feijão. — *F.-de-mão-furada:* espírito mau, trasgo.
Fraga, s. f. 1. Penhasco. 2. Terreno escabroso.
Fragal, adj. m. e f. V. *fragoso.* S. m. V. *fraguedo.*
Fragalhotear, v. V. *frangalhotear.*
Fragária, s. f. *Bot.* Gênero (*Fragaria*) de ervas baixas, perenes, que inclui os morangueiros.
Fragata, s. f. 1. *Náut.* Antigo navio de guerra, a vela, de três mastros. 2. *Náut.* Moderno navio de guerra, de tonelagem superior à de corveta. 3. *Pop.* Mulher alta e corpulenta.
Fragateiro, adj. Tripulante de fragata.
Fragatim, s. m. *Ant.* V. *bergantim.*
Frágil, adj. m. e f. 1. Fácil de quebrar; quebradiço. 2. Pouco vigoroso; fraco. 3. Pouco durável. Sup. abs. sint.: *fragílimo* e *fragilíssimo.*
Fragilidade, s. f. Qualidade de frágil.
Fragmentação, s. f. Ato ou efeito de fragmentar(-se).
Fragmentar, v. Tr. dir. e pron. Reduzir(-se) a fragmentos, partir(-se) em pedaços; fracionar(-se).
Fragmentário, adj. 1. Relativo a fragmento. 2. Que é composto de fragmentos.
Fragmentista, s. m. e f. Pessoa que fragmenta.
Fragmento, s. m. 1. Partícula isolada do todo. 2. Pequena fração. 3. Parte que resta de uma obra literária antiga. 4. Estilhaço.
Fragmose, s. f. *Zool.* Hábito que têm certos animais, como aranhas e sapos, de obturar a entrada dos ninhos com uma parte do próprio corpo.
Frago, s. m. 1. Escremento de animais selvagens. 2. Indício de passagem de caça.
Fragor, s. m. 1. Estrondo, estampido. 2. Ruído forte de coisa que se quebra.
Fragorar, v. Intr. *Neol.* Produzir fragor; estrondear.
Fragoroso, adj. Que produz fragor; estrondoso.
Fragosidade, s. f. Qualidade de fragoso; fragura.
Fragoso, adj. 1. Cheio de fragas; penhascoso. 2. Áspero, escabroso. 3. Difícil de transpor ou vencer.
Fragrância, s. f. Qualidade de fragrante; aroma, perfume. Cfr. *flagrância.*
Fragrante, adj. m. e f. Que exala cheiro agradável; aromático, odorífero. Cfr. *flagrante.*
Frágua, s. f. 1. Forja, fogo de forja. 2. Ardor, calor intenso. 3. Amargura, aflição.
Fraguar, v. Tr. dir. 1. Meter o ferro na frágua ou forja; forjar. 2. Amargurar.
Fraguedo (*ê*), s. m. 1. Porção de fragas. 2. Fraga extensa. 3. Rochedo; fragal.
Fragueirice, s. f. Ação de quem é fragueiro.
Fragueiro, adj. 1. Que leva a vida por serras e fragas, mourejando. 2. Incansável, infatigável. 3. Rude, áspero. S. m. Indivíduo que vive trabalhosamente por serras e fragas.

Fragura, s. f. *fragosidade.*
Frajola, adj. m. e f. *Gír.* Bem vestido, elegante.
Fralda, s. f. 1. Parte inferior da camisa. 2. Cueiro. 3. Parte inferior, sopé (de serra, monte etc.).
Fraldão, s. m. Parte da armadura da cintura para baixo.
Fraldar, v. 1. Pron. Vestir o fraldão. 2. Tr. dir. Pôr fraldas em.
Fraldeiro, adj. e s. m. V. *fraldiqueiro.*
Fraldejar, v. 1. Intr. Mostrar a fralda, ao andar. 2. Tr. dir. Caminhar pela fralda de (monte, serra).
Fraldelim, s. m. *Ant.* 1. Brial. 2. Saia interior, aberta adiante. 3. Anágua. 4. Saiote.
Fraldicurto, adj. *Poét.* Que tem fraldas curtas.
Fraldilha, s. f. Avental de couro usado pelos ferreiros.
Fraldiqueiro, adj. 1. Relativo a fraldas. 2. Efeminado, mulherengo. 3. Diz-se do cão acostumado ao regaço das mulheres e ao aconchego e calor das saias. S. m. Esse cão.
Fraldoso, adj. 1. Que tem fralda rasteira. 2. *Lit.* Diz-se do estilo palavroso ou prolixo.
Framboesa (*ê*), s. f. *Bot.* Fruto da framboeseira.
Framboeseira, s. f. *Bot.* Planta trepadeira, da família das Rosáceas (*Rubus idaeus*), muito cultivada em razão de seus frutos saborosos, as framboesas.
Framboeseiro, s. m. V. *framboeseira.*
Francalete (*ê*), s. m. Correia com fivela.
Franças, s. f. pl. Conjunto das ramificações menores da copa das árvores.
Francatripa, s. f. Boneco movido por cordas de tripa ou por arames; bonifrate, fantoche.
Francear, v. Tr. dir. Cortar as franças de.
Francelho (*ê*), s. m. Barrileira com um sulco ao redor, no qual se junta, para cair num balde, o soro das coalhadas, nas queijarias.
Francês, adj. Relativo à França. S. m. 1. O habitante ou natural da França. 2. O idioma da França.
Francesia, s. f. Francesismo.
Francesiar, v. Intr. Falar mal o francês.
Francesismo, s. m. 1. Imitação afetada de coisas e costumes franceses. 2. Galicismo.
Franchado, adj. *Heráld.* Dividido diagonalmente em duas partes iguais da direita para a esquerda.
Franchão, adj. *Des.* Feio, mal-encarado.
Franchinote, s. m. Janotinha, peralvilho.
Franchinótico, adj. Relativo a franchinote.
Frâncica, s. f. Machado de dois gumes usado pelos guerreiros francos; franquisque. Var.: *francica.*
Frâncio, s. m. *Quím.* Elemento radioativo do grupo dos metais alcalinos, de símbolo Fr, número atômico 87, massa atômica 223.
Franciscana, s. f. A ordem religiosa de S. Francisco.
Franciscano, adj. Relativo aos franciscanos ou à ordem de S. Francisco. S. m. Frade da ordem franciscana.
Franciú, s. m. *Pop.* Francês.
Franco[1], adj. (do frâncico *frank*). 1. *Etnol.* Relativo aos francos. 2. Sem restrições; desembaraçado, livre. 3. Espontâneo, sincero, leal. 4. Liberal, generoso. 5. Livre de tributos. S. m. 1. Indivíduo dos francos. 2. Unidade monetária de vários países, como França, Suíça, Bélgica e Luxemburgo. S. m. pl. Povo germânico que habitava antigamente a região do Reno e que conquistou a Gália no século V. Adv. Com franqueza.
franco-[2], elem. de comp. Na composição de nomes, designa associação ou mistura de franceses com outro povo, ou alguma coisa comum à França e a outro povo: *franco-brasileiro.*
Franco-atirador, s. m. Soldado de certos corpos irregulares na França, durante as guerras da Revolução e a guerra com a Alemanha em 1870. 2. Indivíduo que se esforça ou luta por alguma idéia, sem pertencer a qualquer grupo, organização ou partido. Pl.: *francos-atiradores.*
Franco-brasileiro, adj. Relativo a franceses e brasileiros ou à França e ao Brasil.
Francófilo, adj. e s. m. Que, ou o que é amigo da França, ou dos franceses. Antôn.: *francófobo.*
Francófobo, adj. e s. m. Que, ou o que é hostil à França ou aos franceses. Antôn.: *francófilo.*
Franco-mação, s. m. Membro da franco-maçonaria; pedreiro-livre. Var.: *franco-maçom.* Pl.: *francos-mações.*
Franco-maçonaria, s. f. Movimento cosmopolita, secreto, que tem por fim o desenvolvimento do princípio da fraternidade e da filantropia; associações de pedreiros-livres; maçonaria.
Francônio, adj. Relativo à Francônia, região da Alemanha. S. m. Habitante ou natural da Francônia.
Frandulagem, s. f. (de *Frandes*, por *Flandres*, n. p.). 1. Bugigangas. 2. Súcia de maltrapilhos.
Franduleiro, adj. Que faz parte de uma frandulagem.
Franduno, adj. 1. Que esteve em Flandres. 2. Estrangeirado. 3. Afetado, presumido.
Franga, s. f. Galinha nova, que ainda não põe.
Frangalhar, v. V. *esfrangalhar.*
Frangalheiro, adj. e s. m. Diz-se de, ou indivíduo que se veste de frangalhos; esfarrapado, maltrapilho.
Frangalho, s. m. Farrapo. Var.: *fragalho.*
Frangalhona, adj. e s. f. Diz-se da, ou a mulher desmazelada no traje; esfarrapada.
Frangalhote, s. m. 1. Frango já crescido. 2. *Pop.* Rapazola.
Frangalhotear, v. Intr. Estroinar, folgar, folgazar.
Franganito, s. m. 1. V. *frangote.* 2. Rapazinho empertigado, com ares de homem.
Franganote, s. m. V. *frangote.*
Frangelha (*ê*), s. f. Forma em que se aperta a massa do queijo; cincho.
Franger, v. Tr. dir. 1. *P. us.* Franzir. 2. Quebrar.
Frangibilidade, s. f. Qualidade de frangível.
Frangível, adj. m. e f. Fácil de quebrar; frágil.
Frango, s. m. 1. Filhote da galinha, já crescido, porém antes de ser galo. 2. *Esp.* No futebol, bola fácil de defender, que o arqueiro deixa passar. Dim.: *franguinho, grangote, franganito, franganote.* – *F.-d'água*: nome comum a várias aves aquáticas.
Frangolho (*ô*), s. m. Espécie de papas de trigo mal pisado ou mal partido.
Frangote, s. m. 1. Pequeno frango. 2. Rapazinho, adolescente.
Franja, s. f. (fr. *frange*). 1. Remate de um tecido, de fios soltos ou enodados, que podem ser do próprio tecido desfiado ou presos sobre um galão de passamanaria, e que é usado em peças de vestuário, toalhas, cortinas, tapetes etc. 2. Espécie de penteado em que o cabelo descai sobre a testa.
Franjar, v. Tr. dir. 1. Guarnecer com franjas ou com algo semelhante a franjas. 2. Desfiar em franjas. 3. Rendilhar. 4. Tornar arrebicado (o estilo).
Frankeniáceas, s. f. pl. *Bot.* Família (*Frankeniaceae*) de ervas perenes ou subarbustos sempre verdes, baixos, semelhantes a urzes.
Franquear, v. 1. Tr. dir. Tornar franco ou livre. 2. Tr. dir. Facilitar a entrada de, facultar acesso a. 3. Tr. dir. Dispensar ou isentar do pagamento de direitos ou outros impostos. 4. Tr. dir. Pôr selo postal em: *F. uma carta.* 5. Tr. dir. Pôr à disposição de. 6. Tr. dir. Pagar o transporte de. 7. Tr. dir. Descobrir, manifestar, revelar (coisa oculta). 8. Pron. Abrir-se com alguém.
Franqueável, adj. m. e f. Que se pode franquear.
Franqueiro, adj. Diz-se de uma raça de bois de aspas grandes.
Franqueza, s. f. 1. Qualidade de franco. 2. Lealdade, lisura. 3. Generosidade, liberalidade.
Franquia, s. f. 1. Isenção de certos direitos ou taxas. 2. Pagamento do porte de cartas, jornais etc. 3. Liberdade de direitos. 4. Isenção, privilégio, imunidade.
Franzido, adj. Pregueado, enrugado. S. m. Parte pregueada de alguma coisa.
Franzimento, s. m. Ato ou efeito de franzir(-se).
Franzino, adj. 1. Delgado de corpo. 2. De pouca consistência. 3. Débil, delicado, tênue.
Franzir, v. (l. *frangere*). 1. Tr. dir. Enrugar, fazer pregas em. 2. Tr. dir. e pron. Dobrar(-se) em, pregar(-se), enrugar(-se).

Fraque, s. m. Casaco de cerimônia, curto na frente e com longas abas atrás.

Fraquear, v. Intr. Fraquejar.

Fraqueira, s. f. *Fam.* Fraqueza, debilidade.

Fraquejar, v. Intr. 1. Mostrar-se fraco, abatido. 2. Afrouxar-se em resistência, valor.

Fraquete (*ê*), adj. Um tanto fraco.

Fraqueza, s. f. 1. Qualidade de fraco. 2. Falta de força, de ânimo para o trabalho físico ou mental; debilidade. 3. Tendência para ceder a sugestões ou imposições. 4. Falta de firmeza, de resistência. 5. Defeito, imperfeição. 6. Lado fraco de um caráter ou de um objeto.

Frasca, s. f. 1. *Des.* Trem de cozinha. 2. Provisões. 3. *Des.* Louça de mesa.

Frascaria, s. f. Qualidade de frascário.

Frascário, adj. Extravagante, dissoluto, estróina.

Frasco, s. m. Garrafinha de vidro, matéria plástica etc., para medicamentos, perfumes etc.

Frase, s. f. *Gram.* 1. Palavra ou grupo de palavras que concorre para exprimir uma idéia ou conjunto de idéias. 2. Expressão, locução. 3. Membro de período. Col. (quando mal ordenadas): *apontoado.*

Fraseado, adj. Disposto em frases. S. m. 1. Modo de dizer ou de escrever. 2. Palavreado.

Fraseador, adj. e s. m. Que, ou aquele que fraseia.

Frasear, v. Tr. dir. Exprimir em frases.

fráseo-, elem. de comp. (de *frase* + *eo*). Exprime a idéia de *frase, discurso: fraseologia.*

Fraseologia, s. f. *Gram.* 1. Estudo ou coleção das frases peculiares a uma língua. 2. Estudo da construção da frase. 3. Construção de frase peculiar a uma língua ou a um escritor.

Fraseológico, adj. Que se refere à fraseologia.

Frasqueira, s. f. 1. Móvel ou caixa em que se guardam frascos; porta-frascos. 2. Lugar onde se guardam frascos, garrafas.

Frasqueiro, adj. 1. *Pop.* V. *frascário.* 2. Pouco decente, muito decotado (vestuário).

Frasqueta (*ê*), s. f. *Tip.* Vareta de ferro que fixa a almofada e o padrão no cilindro da máquina impressora.

Fraternal, adj. m. e f. 1. Próprio de irmãos. 2. Afetuoso. 3. Benévolo.

Fraternidade, s. f. 1. Parentesco entre irmãos. 2. União ou convivência como de irmãos. 3. Amor ao próximo. 4. Harmonia entre os homens.

Fraternização, s. f. Ato ou efeito de fraternizar.

Fraternizar, v. 1. Tr. dir. Unir com amizade estreita, como entre irmãos. 2. Intr. Travar íntima amizade. 3. Tr. ind. Comungar as mesmas idéias. 4. Tr. ind. Harmonizar-se, simpatizar. 5. Pron. Associar-se intimamente.

Fraterno, adj. 1. Relativo a irmãos. 2. Próprio de irmãos; afetuoso.

Fratricida, s. m. e f. Quem assassina irmão ou irmã.

Fratricídio, s. m. 1. Crime de quem mata irmã ou irmão. 2. Guerra civil.

Fratura, s. f. (l. *fractura*). 1. Ato ou efeito de fraturar. 2. *Cir.* Quebra ou ruptura de um osso ou de uma cartilagem dura.

Fraturar, v. 1. Tr. dir. Partir (osso de braço, perna etc.). 2. Pron. Quebrar-se.

Fraudação, s. f. Ato de fraudar; fraude.

Fraudador, adj. e s. m. Que, ou o que frauda.

Fraudar, v. 1. Tr. dir. Agir com má-fé, visando a enganar; enganar, lesar. 2. Tr. dir. Frustrar. 3. Tr. dir. Roubar por contrabando. 4. Pron. Sair-se mal, frustrar-se.

Fraudatório, adj. Fraudulento.

Fraudável, adj. m. e f. Suscetível de fraude.

Fraude, s. f. 1. Ato ou efeito de fraudar; logro. 2. Abuso de confiança. 3. Contrabando.

Fraudento, adj. V. *fraudulento.*

Fraudulento, adj. 1. Que é propenso à fraude. 2. Em que há fraude; doloso, impostor, falso.

Frauduloso, adj. V. *fraudulento.*

Frauta, s. f. *P. us.* V. *flauta.*

Frauteiro, s. m. V. *flautista.*

Fraxíneo (*cs*), adj. Que tem o aspecto ou a natureza do freixo.

Frear, v. Tr. dir. 1. Apertar o freio de. 2. Parar (um veículo). 3. Reprimir, conter.

Freático, adj. Diz-se dos lençóis de água subterrâneos.

Frecha, s. f. (corr. de *flecha*). V. *flecha.*

Frechada, s. f. V. *flechada.*

Frechal, s. m. *Constr.* 1. Viga em que se pregam os caibros à beira do telhado. 2. Cada uma das vigas horizontais, sobre que se levantam os frontais de cada pavimento.

Frechar, v. V. *flechar.*

Frecharia, s. f. V. *flecharia.*

Frecheira, s. f. 1. V. *seteira.* 2. *Entom.* Abelha social (*Melipona timida*).

Frecheiro, s. m. V. *flecheiro.*

Freeiro, s. m. Fabricante de freios.

Frege, s. m. 1. V. *frege-moscas.* 2. *Pop.* Arrelia, barulho, briga.

Frege-moscas, s. m. sing. e pl. Casa de pasto de ínfima qualidade; frege.

Fregista, s. m. Dono ou empregado de frege.

Freguês, s. m. 1. Habitante de uma freguesia; paroquiano. 2. O que habitualmente compra da pessoa certa; cliente. Col.: *freguesia, clientela.*

Freguesia, s. f. 1. Povoação, na subdivisão eclesiástica de paróquias. 2. Paróquia. 3. O conjunto dos paroquianos. 4. O total dos fregueses de um estabelecimento comercial; clientela.

Frei, s. m. Forma apocopada de *freire.* Fem.: *soror.*

Freima, s. f. 1. Desassossego, impaciência. 2. Pressa para fazer qualquer coisa. 3. Cuidado.

Freimão, s. m. V. *flegmão* e *fleimão.*

Freimático, adj. Que tem freima.

Freio, s. m. (l. *frenu*). 1. Peça metálica, presa às rédeas, que, inserida na boca dos animais de montaria ou tração, serve para os guiar. 2. *Mec.* Dispositivo para retardar, parar ou travar o movimento de qualquer mecanismo, veículo ou máquina; breque, travão. 3. *Anat.* Dobra membranosa que retém o movimento de um órgão ou parte dele: *F.* da língua. 4. Aquilo que reprime, modera, contém. 5. Domínio, sujeição.

Freira, s. f. (Fem. de *freire*). Mulher que faz parte de comunidade religiosa, sujeita a celibato; irmã, monja.

Freiral, adj. m. e f. V. *freirático.*

Freirático, adj. 1. Próprio de frades ou freiras. 2. Afeiçoado aos costumes monacais.

Freire, s. m. 1. Frade. 2. Membro de ordem religiosa e militar.

Freirice, s. f. Maneira ou ação de freira ou freire.

Freixal, s. m. Bosque ou plantação de freixos.

Freixial, s. m. V. *Freixal.*

Freixo, s. m. *Bot.* Árvore da família das Oleáceas (*Fraxinus ornus*).

Fremebundo, adj. V. *fremente.*

Fremente, adj. m. e f. 1. Que freme; agitado, violento. 2. Apaixonado, arrebatado.

Fremir, v. 1. Intr. Vibrar, agitar-se ligeiramente. 2. Tr. ind. Estremecer. 3. Intr. Bramar, bramir, rugir. 4. Intr. Produzir rumor surdo e áspero. Conjuga-se como *banir.*

Frêmito, s. m. 1. Ruído produzido por algo que treme. 2. Tremor, ondulação. 3. *Med.* Sensação espasmódica. 4. Estremecimento de alegria, de prazer.

Frenagem, s. f. Ato de frenar.

Frenar, v. Tr. dir. Enfrear, frear.

Frendente, adj. m. e f. Que range os dentes.

Frender, v. Intr. 1. Ranger os dentes. 2. Irritar-se. 3. Bramir de raiva.

Frendor, s. m. Rangido de dentes.

Frenesi, s. m. 1. *Med.* Delírio violento provocado por afecção cerebral aguda. 2. Entusiasmo muito vivo. 3. Paixão que tira a razão; fúria. 4. Agitação.

Frenético, adj. 1. Que tem frenesi. 2. Impaciente. 3. Agitado, convulso. 4. Delirante, fora de si. 5. Furioso, impetuoso.

Frenicectomia, s. f. *Cir.* Resseção do nervo frênico.

Frênico, adj. *Anat.* Relativo ao diafragma (músculo).

Frenite, s. f. *Med.* Inflamação do diafragma.

freno-, elem. de comp. (gr. *phren, enos*). Exprime a idéia de *diafragma* (frenite) e *espírito, mentalidade, caráter* (frenologia).

Frenologia, s. f. *Antrop.* Estudo do caráter e das funções intelectuais do homem, baseado na conformação exterior do crânio.

Frenológico, adj. Relativo à frenologia.

Frenologismo, s. m. V. *frenologia.*

Frenologista, s. m. e f. Especialista em frenologia; frenólogo.

Frenólogo, s. m. V. *frenologista.*

Frenopata, s. m. e f. Pessoa que padece de frenopatia. Var.: *frenópata.*

Frenopatia, s. f. *Med.* Doença ou afecção mental.

Frenopático, adj. Relativo à frenopatia.

Frente, s. f. 1. Parte superior do rosto, desde os cabelos até as sobrancelhas. 2. Parte anterior de qualquer coisa. 3. Fachada, frontaria de edifício. 4. *Mil.* Vanguarda. 5. *Meteor.* Superfície que marca o contato de duas massas de ar convergentes e de temperaturas diferentes.

Frentear, v. Tr. dir. Acometer o gado pela frente para impedir que se disperse.

Frentista, s. m. Oficial especializado no acabamento de fachadas dos edifícios.

Freqüência, s. f. 1. V. *freqüentação.* 2. Repetição com curtos intervalos de um ato ou sucesso. 3. As pessoas que freqüentam um lugar. 4. *Fís.* Número de oscilações de um movimento vibratório na unidade de tempo.

Freqüencímetro, s. m. *Fís.* Instrumento destinado a medir freqüências.

Freqüentação, s. f. Ato ou efeito de freqüentar; freqüência.

Freqüentador, adj. e s. m. Que, ou aquele que freqüenta.

Freqüentar, v. Tr. dir. 1. Ir amiúde a. 2. Visitar repetidas vezes. 3. Cursar (estabelecimento de ensino). 4. Conviver com, ter trato com. 5. Estudar, pesquisar.

Freqüentativo, adj. *Gram.* Diz-se do verbo que, exprime ação reiterada, p. ex.: *pestanejar, saltitar.*

Freqüente, adj. m. e f. 1. Amiudado, repetido muitas vezes, continuado. 2. Assíduo num lugar. 3. Incansável, diligente. 4. Agitado (pulso).

Fresa, s. f. *Mec.* Ferramenta de máquina de fresar, que consiste em um cortador de diversos gumes em movimento rotativo.

Fresar, v. Tr. dir. Desbastar metais ou madeira com a fresa, para formar superfícies planas ou curvas, peças, roscas, engrenagens etc.

Fresca (*ê*), s. f. 1. Aragem agradável que às vezes sopra ao cair da tarde dos dias quentes. 2. Sensação agradável de frescor.

Frescalhão, adj. 1. Abrejeirado. 2. Bem conservado, apesar da idade. Fem.: *frescalhona.*

Frescata, s. f. *Pop.* Digressão pelo campo; passeata. S. m. Indivíduo dado a funçonatas.

Fresco, adj. 1. Entre frio e quase morno; moderadamente frio. 2. Arejado. 3. Recente. 4. Ainda vivo na memória. 5. Que não foi ainda ao frigorífico. S. m. 1. Aragem nem quente nem fria. 2. *Pint.* V. *afresco.* 3. *Pint.* Pintura a fresco.

Frescor, s. m. 1. Qualidade de fresco. 2. Verdor, viço.

Frescura, s. f. 1. Qualidade de fresco. 2. Expressão ou situação um tanto livre ou pouco decente.

Frese[1], s. f. (fr. *fraise*). 1. V. *fresa.* 2. Lima redonda de relojoeiro. 3. Placa fina própria para serrear as rodas dos relógios.

Frese[2], adj. (fr. *fraise*). Da cor de morango.

Fresquidão, s. f. V. *frescor.*

Fressura, s. f. (fr. *fressure*). Conjunto de traquéia, pulmões, coração e fígado de alguns animais.

Fressureiro, s. m. Indivíduo que vende fressuras.

Fresta, s. f. Abertura comprida e estreita; frincha, fenda, greta.

Frestado, adj. Que apresenta fresta(s).

Frestão, s. m. *Arquit.* Janela alta e grande, bipartida, geralmente em estilo ogival.

Fretado, adj. Tomado ou cedido a frete.

Fretador, s. m. Aquele que freta.

Fretagem, s. f. 1. Fretamento. 2. Porcentagem do corretor no fretamento.

Fretamento, s. m. 1. Ato ou trabalho de fretar; fretagem.

Fretar, v. Tr. dir. 1. Dar ou tomar a frete. 2. Ajustar por frete. 3. Carregar, equipar.

Frete, s. m. 1. Transporte fluvial ou marinho. 2. Carregamento do navio. 3. Aquilo que se paga pelo transporte de alguma coisa. 4. Coisa transportada. 5. Recado.

Fretejar, v. Intr. Fazer fretes.

Fretenir, v. Intr. Cantar (a cigarra).

Frevo (*ê*), s. m. Dança e música de rua e de salão do carnaval pernambucano.

Friabilidade, s. f. Qualidade de friável.

Friacho, adj. *Pop.* Um tanto frio.

Friagem, s. f. 1. Frialdade. 2. Ar frio.

Frialdade, s. f. 1. Qualidade de frio. 2. Tempo frio, frio atmosférico. 3. Falta de ardor; frieza, indiferença.

Friável, adj. m. e f. 1. Que pode reduzir-se facilmente a fragmentos ou pó. 2. Esboroável.

Fricassê, s. m. (fr. *fricassée*). 1. *Cul.* Preparado de peixe ou carne partida em pequenos pedaços. 2. Mistura de diferentes coisas.

Fricativo, adj. Em que há, ou que produz fricção.

Fricção, s. f. (l. *frictione*). 1. Ato de friccionar; esfrega, atritamento. 2. *Farm.* Medicamento com que se fricciona.

Friccionar, v. Tr. dir. 1. Fazer fricção em; esfregar. 2. Roçar.

Fricote, s. m. *Gír.* 1. Manha, dengue, luxo. 2. Chilique.

Fricoteiro, adj. Que tem ou faz fricotes.

Frictor, s. m. Peça de cobre para incendiar a escorva, nas bocas-de-fogo.

Frieira, s. f. *Med.* Lesão produzida pelo frio nos tecidos, principalmente nos entrededos dos pés.

Friento, adj. V. *friorento.*

Frieza, s. f. 1. Frialdade. 2. Acolhimento frio. 3. *Bel.-ar.* Falta de expressão e colorido.

frigi-, elem. de comp. (l. *frigu*). O mesmo que *frigori: frigífugo.*

Frigideira, s. f. Utensílio de cozinha pouco fundo, para frigir.

Frigidez, s. f. 1. Qualidade de frígido ou frio. 2. Frialdade. 3. Indiferença sexual.

Frígido, adj. Gelado, gélido, álgido. Sup. abs. sint.: *frigidíssimo.*

Frigífugo, adj. 1. Que evita o frio. 2. Que livra o frio.

Frígio, adj. 1. Relativo à Frígia (Ásia Menor) ou aos seus habitantes. 2. Diz-se de um barrete encarnado, semelhante ao que usavam os frígios, e mais modernamente na França, durante a Revolução, tornando-se o símbolo da Liberdade e da República. S. m. 1. Habitante ou natural da Frígia. 2. Idioma da Frígia.

Frigir, v. Tr. dir. Cozer em gordura; fritar. — Conjugação: pres. do ind.: *frijo, freges, frege, frigimos, frigis, fregem*; imper.: *frege, frigi;* p.: *frigido* e *frito*; nos outros tempos é regular.

frigori-, elem. de comp. (l. *frigore*). Exprime a idéia de *frio: frigorífico.*

Frigoria, s. f. *Fís.* Unidade de frio; caloria, negativa.

Frigorífero, adj. V. *frigorífico.*

Frigorificar, v. 1. Intr. Produzir o frio. 2. Tr. dir. Submeter ao frio.

Frigorífico, adj. 1. Que origina o frio. 2. Que mantém o frio. S. m. 1. Aparelho para manter frescas e conservar em bom estado certas matérias alimentícias. 2. Estabelecimento de abate de gado.

Frimário, s. m. (fr. *frimaire*). Terceiro mês do calendário republicano (primeira república francesa) (21 de novembro a 20 de dezembro).

Frincha, s. f. Fenda, fresta, greta.

Fringilídeo, adj. *Ornit.* Relativo aos Fringilídeos. S. m. pl. Família (*Fringilidae*) de pequenos pássaros canoros, de bico curto e cônico e narinas ocultas, como o canário, o pardal, o pintassilgo, o tentilhão etc.

Frio, adj. (l. *frigidu*). 1. Que não tem calor. 2. Que perdeu o calor. 3. Inerte, gélido. 4. Apático, insensível. 5. Cruel. 6. Fisicamente incapaz para os prazeres do amor. 7. Inexpressivo. S. m. 1. Ausência de calor. 2. Baixa temperatura. 3. Sensação produzida pela falta de calor. S. m. pl. Produtos de salsicharia em geral. Sup. abs. sint.: *friíssimo* e *frigidíssimo.*

Frioleira, s. f. 1. Espécie de espiguilha, para guarnições, enfeites etc. 2. Ninharia. 3. Parvoíce.
Friorento, adj. Muito sensível ao frio; friento.
Frisa, s. f. Camarote quase ao nível da platéia.
Frisado, adj. Que tem frisas ou frisos; escrespado. S. m. Feitio que se dá ao cabelo, encrespando-o e encaracolando-o com um ferro quente.
Frisador, s. m. 1. Cabelereiro que frisa os cabelos. 2. Instrumento que serve para frisar.
Frisagem, s. f. Ato ou efeito de frisar.
Frisante, adj. m. e f. 1. Que frisa. 2. Que é próprio, apropriado. 3. Significativo. 4. Terminante, conveniente.
Frisão, adj. Relativo à Frísia, antiga província da Holanda; frísio. S. m. 1. O natural da Frísia. 2. Língua dos antigos frisões. 3. Raça de cavalos originária da Frísia. 4. *Poét.* Cavalo robusto.
Frisar, v. 1. Tr. dir. Pôr frisos em. 2. Tr. dir. Tornar rico com ferro quante (o cabelo); anelar. 3 Pron. Pentear-se, fazendo ricos no cabelo. 4. Tr. dir. Tornar saliente ou sensível; patentear.
Friso, s. m. 1. Faixa para divisão ou ornamentação de uma superfície de parede, geralmente na parte superior. 2. *Arquit.* Espaço entre a cornija e a arquitrave. 3. Qualquer ornato em forma de friso. 4. Barra de parede pintada. 5. Filete estampado em capa ou lombada de livros.
Fritada, s. f. Aquilo que se frita de uma vez.
Fritar, v. V. *frigir*.
Fritilo, s. m. Copo para jogar dados.
Frito, adj. 1. Que se frigiu. 2. *Pop.* Em maus lençóis. S. m. Coscorão, filhó.
Fritura, s. f. Qualquer coisa frita; fritada. Ruído: *chia, rechia, rechina*.
Frivoleza, s. f. V. *frivolidade*.
Frivolidade, s. f. Qualidade de frívolo.
Frívolo, adj. 1. Sem valor, sem importância. 2. Leviano, volúvel.
Frocadura, s. f. Ornato de frocos.
Froco, s. m. (l. *floccu*). 1. Madeixa de felpa de lã ou seda cortada em bocadinhos para ornatos de vestuário. 2. Floco de neve.
Fronda, s. f. (fr. *fronde*). Partido revolucionário da nobreza francesa que, durante a menoridade de Luíz XIV (1648-1653), combateu o absolutismo do Cardeal Mazarino.
Frondar, v. Intr. Tornar frondoso; copar.
Fronde, s. f. 1. Folhagem ou rama de palmeira e fetos. 2. Ramagem ou ramo de árvore.
Frondear, v. V. *frondejar*.
Frondejante, adj. m. e f. Frondoso.
Frondejar, v. 1. Intr. Cobrir-se de folhas. 2. Tr. dir. Cobrir ou encher de folhas.
Frondente, adj. m. e f. Frondoso.
Frondescência, s. f. O desenvolvimento das frondes; folheatura.
Frondescente, adj. m. e f. Que frondesce; frondente.
Frondescer, v. Intr. 1. Criar ou cobrir-se de folhas. 2. Começar a enramar-se.
frondi-, elem. de comp. (l. *fronde*). Exprime a idéia de *fronde, folhas*: *frondícola, frondífero*.
Frondícola, adj. m. e f. Que vive ou cresce nos ramos de árvores.
Frondífero, adj. Que produz ou tem folhas.
Frondíparo, adj. *Bot.* Diz-se da flor ou do fruto que produz folhas.
Frondista, s. m. e f. 1. Pessoa partidária da fronda. 2. Pessoa dotada de espírito combativo a mordaz.
Frondosidade, s. f. 1. Qualidade de frondoso. 2. O conjunto das frondes.
Frondoso, adj. 1. *Bot.* Que tem fronde ou se assemelha a uma fronde; frondente. 2. Diz-se de tudo que tem muitas ramificações.
Fronha, s. f. 1. Peça que envolve o travesseiro, almofada etc. 2. Invólucro, coberta.
Frontal, adj. m. e f. Relativo à frente ou fronte. S. m. 1. *Anat.* Osso ímpar, simétrico e mediano, situado na região anterior do crânio. 2. Faixa que os judeus usam em volta da cabeça. 3. Tela ou ornato que reveste a frente do altar. 4. Frente do altar. 5. *Arquit.* Ornato por cima de portas e janelas.
Frontaleira, s. f. Paramento com franjas, que cobre a frente do altar.
Frontão, s. m. 1. *Arquit.* Remate ornamental, geralmente triangular ou semicircular, em cima de portas e janelas, ou da entrada principal de um edifício. 2. Quadra ou prédio onde se joga a pelota.
Frontaria, s. f. 1. Frente, frontispício. 2. Fachada dum edifício.
Fronte, s. f. 1. Testa. 2. Cabeça. 3. Face, rosto. 4. Frontaria, frente, frontispício.
Frontear, v. Tr. dir. e tr. ind. Ser situado no alinhamento ou em frente de; defrontar, confrontar.
Fronteira, s. f. 1. Limite que separa dois países, dois estados, duas divisões administrativas. 2. Raia, linde. 3. Extremo, fim, termo.
Fronteiriço, adj. Que vive ou está na fronteira; fronteiro, raiano.
Fronteiro, adj. 1. Situado em frente. 2. Fronteiriço.
Frontispício, s. m. 1. Fachada. 2. Primeira página de um livro, na qual estão impressos o título, o nome do autor etc. 3. *Fam.* Face, rosto, semblante.
Frota, s. f. 1. Grande número de navios de guerra; armada. 2. Conjunto de navios de guerra ou mercantes. 3. Conjunto dos veículos duma empresa. 4. *Fig.* Chusma, grande quantidade, multidão. Dim. irr.: *flotilha*.
Frouxel, s. m. 1. As penas mais macias das aves. 2. Maciez, suavidade. Var.: *froixel*.
Frouxelado, adj. Em que há frouxel. Var.: *froixelado*.
Frouxeza, s. f. V. *frouxidão*.
Frouxidade, s. f. V. *frouxidão*.
Frouxidão, s. f. 1. Qualidade de frouxo. 2. Falta de energia; tibieza.
Frouxo, adj. 1. Não retesado; bambo, lasso. 2. Pouco apertado; folgado. 3. Sem energia; mole. 4. Sem vigor; fraco, débil. 5. Covarde, medroso. 6. Impotente sexualmente.
Frufru, s. m. 1. Ruído feito por vestidos, principalmente de seda. 2. Rumor de folhas; ruge-ruge.
Frufrulhar, v. Intr. Produzir frufrulho.
Frufrulho, s. m. V. *frufru*.
Frugal, adj. m. e f. 1. Relativo a frutos. 2. Que se alimenta de frutos. 3. Que come com parcimônia; sóbrio.
Frugalidade, s. f. Qualidade de frugal.
frugi-, elem. de comp. (l. *fruge*). Exprime a idéia de *fruto*, o mesmo que *fruti* e *carpo*: *frugívoro*.
Frugífero, adj. Frutífero.
Frugívoro, adj. Que se alimenta de frutos ou vegetais.
Fruição (*u-i*), s. f. Ato ou efeito de fruir; gozo, posse.
Fruir, v. Tr. dir. e tr. ind. Estar na posse de; desfrutar, gozar.
Fruitivo (*u-i*), adj. 1. Que frui. 2. Agradável, delicioso.
Frumentação, s. f. Ato de forragear ou fazer provisões de cereais, em tempo de guerra.
Frumental, adj. m. e f. 1. Relativo a cereais. 2. Próprio para sementeira de cereais.
Frumento, s. m. 1. Trigo. 2. Qualquer cereal.
Frumentoso, adj. Fértil, abundante em trigo, ou em cereais.
Frusto, adj. 1. *Numism.* Diz-se da moeda ou medalha cujo relevo se desgastou pelo uso. 2. Não polido; rude.
Frustração, s. f. Ato ou efeito de frustrar(-se).
Frustrado, adj. 1. Malogrado, gorado, baldado. 2. Que não chegou a desenvolver-se; incompleto, imperfeito.
Frustrador, adj. e s. m. Que, ou o que frustra.
Frustrar, v. 1. Tr. dir. Enganar a expectativa de; iludir. 2. Tr. dir. Fazer falhar, tornar inútil; baldar. 3. Pron. Não suceder o que se esperava; malograr-se, falhar.
Frustratório, adj. 1. Ilusório, inútil. 2. Dilatório.
Fruta, s. f. 1. Designação genérica dos frutos comestíveis, quase sempre adocicados e sumarentos. Col. (quando ligados

no mesmo pedúnculo): *cacho, penca*; (a totalidade das colhidas num ano): *colheita, safra*.

Frutar, v. V. *frutificar*.

Frutear, v. V. *frutificar*.

Fruteira, s. f. 1. Árvore frutífera. 2. Vendedora de frutas. 3. Prato ou cesto em que se servem as frutas.

Fruteiro, adj. Que gosta de frutas. S. m. 1. Vendedor de frutas. 2. Fruteira, acep. 3. 3. Lugar destinado a guardar frutas.

Frutescência, s. f. *Bot.* 1. Tempo em que os frutos começam a desenvolver-se. 2. A maturação dos frutos.

Frutescente, adj. m. e f. Que cria frutos.

fruti-, elem. de comp. (l. *fructu*). Exprime a idéia de *fruto* e equivale a *carpo: fruticultura*.

Frútice, s. m. *Bot.* Planta arbustiva ou subarbustiva.

Fruticoso, adj. Frutescente.

Fruticuloso, adj. Diz-se do tronco dos subarbustos.

Fruticultor, s. m. O que se dedica à fruticultura.

Fruticultura, s. f. Cultura de árvores frutíferas.

Frutidor, s. m. Duodécimo mês do calendário republicano francês (18 de agosto a 16 de setembro).

Frutífero, adj. 1. Que produz fruto. 2. Proveitoso, útil, produtivo, fecundo.

Frutificação, s. f. 1. Ato ou efeito de frutificar. 2. Formação do fruto.

Frutificar, v. 1. Intr. Produzir frutos (planta). 2. Intr. Dar resultado vantajoso. 3. Tr. dir. Fazer dar resultado.

Frutificativo, adj. Frutífero.

Frutifloro, adj. Diz-se das plantas que têm o ovário livre.

Frutiforme, adj. m. e f. Que tem forma de fruto.

Frutígero, adj. V. *frutífero*.

Frutívoro, adj. Frugívoro.

Fruto, s. m. 1. Órgão das plantas, resultante do desenvolvimento do ovário após a fecundação, até a maturidade. 2. A conversão dos óvulos em grão. 3. Filho, prole. 4. Lucro, produto. 5. Proveito, utilidade. 6. Rendimento de um capital, de uma fazenda. 7. Conseqüência. S. m. pl. Produtos alimentares da terra.

Frutose, s. f. *Quím.* Açúcar das frutas.

Frutuário, adj. 1. Relativo a fruto. 2. Frutuoso.

Frutuoso, adj. 1. Que produz muitos frutos. 2. Que dá bons resultados; vantajoso, lucrativo, útil.

Ftiríase, s. f. 1. *Med.* Dermatose produzida por piolhos. 2. *Bot.* Infestação das plantas por diminutos parasitos.

Fuá, adj. m. e f. Diz-se da montaria manhosa, espantadiça, desconfiada. S. m. 1. *Pop.* Barulho, briga. 2. Intriga. 3. Pó muito fino que se desprende da pele, quando arranhada.

Fuão, s. m. Contração de *fulano*. Fem.: *fuã*. Pl.: *fuãos* e *fuões*.

Fubá, s. m. Milho reduzido a farinha sem ser fermentado.

Fubeca, s. f. 1. Siso, juízo. 2. Fubecada.

Fubecada, s. f. 1. Reprimenda. 2. Surra.

Fuça, s. f. *Gír.* Focinho, ventas, cara.

Fucáceas, s. f. pl. *Bot.* Família (*Fucaceae*) de algas marinhas pardas, cartilaginosas.

Fuçar, v. Tr. dir. 1. Revolver a terra com o focinho; fossar. 2. Remexer, revolver.

fuci-, elem. de comp. (l. *fucu*). Exprime a idéia de *fuco, alga: fucícola*.

Fucícola, adj. m. e f. Que vive sobre as algas.

Fuciforme, adj. m. e f. Com forma de fuco.

Fuco, s. m. 1. *Bot.* Gênero (*Fucus*) típico da família das Fucáceas, constituído de algas pardas cartilaginosas. 2. *Bot.* Qualquer alga desse gênero.

Fucóide, adj. m. e f. V. *fuciforme*.

Fúcsia, s. f. *Bot.* Gênero (*Fuchsia*) da família das Onagráceas, constituído de arbustos e cipós muito ornamentais, ao qual pertence o brinco-de-princesa.

Fucsina, s. f. Corante vermelho, derivado da anilina.

Fueirada, s. f. Pancada com fueiro.

Fueiro, s. m. Cada uma das estacas que se introduzem no chedeiro do carro de bois, para amparar a carga.

Fúfia, s. f. *Hum.* Empáfia, embófia.

Fuga, s. f. 1. Ato ou efeito de fugir. 2. Saída, retirada, partida rápida e precipitada. 3. *Mús.* Peça musical polifônica, na qual se desenvolve um tema, em contraponto. 4. Escapatória, subterfúgio.

Fugacidade, s. f. 1. Fuga. 2. Rapidez impetuosa.

Fugaz, adj. m. e f. 1. Que foge com rapidez; rápido, veloz. 2. Transitório. Sup. abs. sint.: *fugacíssimo*.

Fugida, s. f. 1. Fuga. 2. Ato de ir rapidamente a um lugar.

Fugidiço, adj. 1. Habituado a fugir. 2. Que foge facilmente. 3. Que se desvanece. 4. Esquivo, arisco.

Fugidio, adj. V. *fugidiço*.

Fugir, v. (l. *fugere*). 1. Tr. ind. e intr. Pôr-se em fuga; afastar-se rapidamente para evitar perigo, incômodo ou alguém. 2. Intr. *Mil.* Retirar-se em debandada. 3. Intr. Passar rapidamente. 4. Tr. ind. Apartar-se, desviar-se, afastar-se.

Fugitivo, adj. 1. Que fugiu; desertor. 2. Fugaz. 3. Fugidiço. S. m. Indivíduo que foge; desertor.

-fugo, elem. de comp. (do l. *fugu*, de *fugere*). Exprime a idéia de *fuga, expulsão, afastamento, repulsão: febrífugo, hidrófugo, nidífugo*.

Fuinha (*u-i*), s. f. *Zool.* Pequeno animal carnívoro da Europa e da Ásia (*Mustela foina*). S. m. e f. 1. Pessoa avarenta. 2. Pessoa muito magra. 3. Pessoa intriguista e mexeriqueira.

Fujão, adj. e s. m. Que, ou o que é fugidiço.

Fujicar, v. Tr. dir. 1. Coser ou remendar roupa velha. 2. Fuxicar.

Fula, adj. m. e f. 1. Diz-se do mestiço de negro e mulato. 2. Zangado, irritado.

Fulano, s. m. (ár. *fulan*). Designação vaga de alguém que não se pode ou não se quer nomear.

Fulcrado, adj. *Bot.* Diz-se dos caules cujas raízes, penetrando no solo, dão novos caules.

Fulcro, s. m. 1. Sustentáculo, apoio, amparo. 2. Ponto de apoio de uma alavanca. 3. Eixo sobre que gira qualquer objeto. 4. *Bot.* Nome genérico dos órgãos que protegem ou facilitam a vegetação, como estípulas, brácteas, espinhos etc.

Fulgência, s. f. Qualidade de fulgente; fulgor.

Fulgente, adj. m. e f. Que fulge; que tem fulgor; fúlgido, brilhante, resplandecente, luzente.

Fulgentear, v. Tr. dir. Tornar fulgente; abrilhantar.

Fúlgido, adj. V. *fulgente*.

Fulgir, v. 1. Intr. Brilhar, resplandecer. 2. Intr. *Fig.* Sobressair, salientar-se. 3. Tr. dir. Fazer brilhar; abrilhantar. — *Verbo não defectivo*.

Fulgor, s. m. 1. Brilho, resplendor. 2. Clarão, luzeiro.

Fulguração, s. f. 1. Claridade não acompanhada de estrondo, produzida pela eletricidade atmosférica. 2. Cintilação rápida; fulgor, clarão. 3. Emanação elevada do pensamento; inspiração.

Fulgural, adj. m. e f. Relativo ao raio ou ao relâmpago.

Fulgurância, s. f. Qualidade de fulgurante.

Fulgurante, adj. m. e f. Que fulgura; coruscante, resplandecente.

Fulgurar, v. Intr. 1. Relampejar, cintilar. 2. Brilhar, resplandecer. 3. *Fig.* Distinguir-se, realçar, sobressair.

Fulgurito, s. m. *Geol.* Crosta vitrificada, geralmente tubular, produzida na areia pela passagem do raio.

Fulguroso, adj. V. *fulgurante*.

Fulharia, s. f. Trapaça ao jogo.

Fulheira, s. f. V. *fulharia*.

Fulheiro, adj. e s. m. Que, ou quem faz fulheira.

Fuligem, s. f. Substância preta, pulverulenta, que a fumaça deposita nas paredes e no teto das cozinhas ou nos canos das chaminés.

Fuliginosidade, s. f. Qualidade de fuliginoso.

Fuliginoso, adj. 1. Denegrido pela fuligem. 2. Semelhante a fuligem. 3. Que tem crosta escura.

Fulmilenho, s. m. Nitrocelulose de madeira.

Fulminação, s. f. 1. Ato ou efeito de fulminar. 2. Detonação de matéria fulminante.

Fulminado, adj. 1. Morto por descarga elétrica. 2. Ferido pelo raio. 3. Tocado de doença que prostra imediatamente.

Fulminador, adj. e s. m. Que, ou o que fulmina.

Fulminante, adj. m. e f. 1. Que fulmina. 2. Que imita raio. 3. Que destrói instantaneamente. 4. Que encerra forte censura. 5. *Quím.* Apto a detonar.
Fulminar, v. 1. Tr. dir. Ferir como o raio. 2. Intr. Despedir raios. 3. Tr. dir. Formular com violência. 4. Tr. dir. Aniquilar, destruir.
Fulminato, s. m. *Quím.* Sal do ácido fulmínico.
Fulminatório, adj. Que fulmina.
Fulmíneo, adj. 1. Relativo ao raio. 2. Brilhante ou destruidor como o raio.
Fulmínico, adj. *Quím.* Diz-se de um ácido que resulta da combinação do cianogênio e do oxigênio e forma sais altamente explosivos.
Fulminífero, adj. Que traz ou produz o raio.
Fulminívomo, adj. 1. Que dardeja fogo. 2. Que despede projéteis. 3. Que lança chamas.
Fulminoso, adj. V. *fulmíneo.*
Fulustreco, s. m. 1. *Gír.* Homem sem préstimo. 2. *Pej.* Fulano.
Fulverino, s. m. Preparado para dar cor escura aos tecidos.
fulvi-, elem. de comp. (l. *fulvu*). Exprime a idéia de *fulvo, louro: fulvicórneo.*
Fulvicórneo, adj. *Zool.* Que tem as antenas fulvas.
Fúlvido, adj. 1. Da cor do ouro. 2. Fulvo.
Fulvípede, adj. m. e f. Que tem os pés fulvos.
Fulvípene, adj. m. e f. Que tem as penas fulvas.
Fulvirrostro (*ó*), adj. De bico fulvo.
Fulvo, adj. De cor amarelo-tostada; alourado.
Fumaça, s. f. 1. Mistura de produtos gasosos, mais ou menos ópacos, de cor variada, que se desprende de um corpo em combustão. 2. Presunção, jactância, prosápia.
Fumaceira, s. f. *Pop.* Grande porção de fumaça.
Fumador, adj. e s. m. Que, ou o que fuma; fumante.
Fumagem, s. f. 1. Ato de fumar. 2. Imposto que incidia nas casas em que se acendesse lume. 3. Dourado falso que se dá à prata.
Fumagina, s. f. Doença de certas plantas, causada por vários fungos, que provoca um revestimento fulginoso nas folhas e frutos.
Fumal, s. m. Plantação de fumo.
Fumante, adj. m. e f. Fumador.
Fumar, v. 1. Tr. dir. Aspirar e expelir fumaça de. 2. Intr. Exalar vapores; fumegar. 3. Tr. dir. Defumar. 4. Intr. Encolerizar-se, irritar-se.
Fumaraça, s. f. V. *fumarada.*
Fumarada, s. f. Muito fumo; fumaça.
Fumarar, v. 1. Intr. Deitar fumo, fumegar. 2. Tr. dir. Expelir ou difundir como fumaça.
Fumarento, adj. Que expele fumo ou fumaça.
Fumarola, s. f. Emanação vulcânica, com a aparência de nuvem branca.
Fumatório, s. m. Sala para fumadores.
Fumável, adj. m. e f. 1. Que se pode fumar. 2. Bom para fumar.
Fumear, v. V. *fumegar.*
Fumegante, adj. m. e f. Que fumega.
Fumegar, v. 1. Intr. Deitar, lançar fumo ou fumaça. 2. Intr. Espumar. 3. Tr. ind. Transparecer, denunciar-se.
Fumeiro, s. m. 1. Chaminé. 2. Espaço entre o telhado e o fogão, onde se põe carne a defumar.
fumi-, elem. de comp. (l. *fumu*). Exprime a idéia de *fumo, fumaça: fumiflamante.*
Fumicultor, s. m. O que se dedica à fumicultura.
Fumicultura, s. f. Cultura do tabaco.
Fúmido, adj. V. *fumoso.*
Fumífero, adj. V. *fumoso.*
Fumífico, adj. V. *fumoso.*
Fumiflamante, adj. m. e f. Que arde, lançando fumo.
Fumífugo, adj. Que afugenta o fumo. S. m. Aparelho que se coloca nas chaminés para impedir a difusão de fumaça no interior das casas.
Fumigação, s. f. Ato ou efeito de fumigar; fumigatório.
Fumigar, v. Tr. dir. 1. Expor (algo) à ação do fumo ou vapor. 2. Desinfetar com dispersão de substâncias fumígenas, aromáticas ou antimicrobianas.
Fumigatório, adj. Próprio para fumigar. S. m. Fumigação.
Fumígero, adj. Que produz fumo ou fumaça.
Fumívomo, adj. *Poét.* Que vomita fumo.
Fumívoro, adj. Que absorve o fumo ou fumaça. S. m. Aparelho próprio para absorver a fumaça de um lugar.
Fumo, s. m. 1. Vapor constituído pelos produtos gasosos de matérias orgânicas em combustão; fumaça. 2. Faixa de crepe para luto. 3. Aquilo que se esvaece, que é transitório. 4. Vaidade, presunção, soberba. 5. *Bot.* Tabaco. 6. As folhas do tabaco, devidamente preparadas, usadas para fumar ou mascar.
Fumosidade, s. f. Qualidade de fumoso.
Fumoso, adj. 1. Que exala fumo ou vapores. 2. Cheio de fumo. 3. Jactancioso, orgulhoso, vaidoso.
Funambulesco (*ê*), adj. Próprio de funâmbulo. 2. Relativo a funâmbulo. 3. Extravagante.
Funambulismo, s. m. Ofício ou arte de funâmbulo.
Funâmbulo, s. m. Equilibrista que faz evoluções sobre uma corda estendida a grande altura.
Funçanada ou **funçanata,** s. f. V. *funçonata.*
Funçonista, adj. e s., m. e f. Que, ou pessoa que é dada a funçonatas e divertimentos.
Função, s. f. (l. *functione*). 1. Ação natural e própria de qualquer coisa. 2. Atividade especial, serviço, encargo, cargo, emprego, missão. 3. *Fisiol.* Ação peculiar a qualquer órgão: *F.* gástrica. 4. Ato público a que concorre muita gente. 5. Festa, festividade, solenidade. 6. Regabofe, pândega, funçonata. 7. *Mat.* Qualquer correspondência entre dois ou mais conjuntos. 8. *Gram.* Valor gramatical de um vocábulo: *F.* de adjetivo. *F.* de sujeito.
Funchal, s. m. Terreno onde crescem funchos.
Funcho, s. m. *Bot.* Erva da família das Umbelíferas (*Foeniculum vulgare*); erva-doce.
Funcional, adj. m. e f. 1. Relativo às funções de órgãos vitais. 2. Diz-se de qualquer obra (casa, móvel) facilmente utilizável na função a que se destina; prático.
Funcionalidade, s. f. Qualidade de funcional.
Funcionalismo, s. m. A classe dos funcionários públicos.
Funcionamento, s. m. Ato ou efeito de funcionar.
Funcionar, v. Intr. 1. Exercer a sua função; estar em exercício; trabalhar. 2. Mover-se bem e com regularidade. 3. Estar em atividade.
Funcionário, s. m. 1. Empregado público. 2. Aquele que tem emprego permanente e retribuído; empregado.
Funçonata, s. f. *Fam.* Passatempo alegre; folia, patuscada. Var.: *funçanada* e *funçanata.*
Funda, s. f. 1. Arma de arremesso de projéteis, consistindo em um pedaço de couro e duas cordas. 2. *Med.* Utensílio ortopédico para conter certas hérnias.
Fundação, s. f. (l. *fundatione*). 1. Ato ou efeito de fundar. 2. Conjunto de obras necessárias para assentar os fundamentos de uma edificação; fundamento, alicerce. 3. Instituição dedicada à beneficência, ao ensino ou à piedade e que continua e cumpre a vontade de quem a erige.
Fundado, adj. Baseado em bons princípios ou razões eficazes.
Fundador, adj. e s. m. Que, ou quem funda; instituidor, iniciador.
Fundagem, s. f. O que fica no fundo de um líquido; borra, sedimento.
Fundamentado, adj. Que tem fundamento, base, razões.
Fundamental, adj. m. e f. 1. Que serve de fundamento. 2. Essencial, necessário.
Fundamentar, v. 1. Tr. dir. Lançar os fundamentos ou alicerces de. 2. Tr. dir. Assentar em bases sólidas; estabelecer, firmar. 3. Tr. dir. Documentar, justificar com provas ou razões. 4. Pron. Estar fundado; apoiar-se.
Fundamento, s. m. 1. Base, alicerce. 2. Motivo, razão.
Fundão, s. m. 1. Pego. 2. Lugar afastado, distante.
Fundar, v. Tr. dir. 1. Assentar os alicerces; fundamentar. 2. Criar, estabelecer, instituir.
Fundeado, adj. Que fundeou; que está ancorado.

Fundeadouro, s. m. Ancoradouro. Var.: *fundeadoiro.*

Fundear, v. Intr. *Náut.* 1. Tocar no fundo. 2. Lançar ferro; ancorar.

Fundente, adj. m. e f. Que funde, que tem a propriedade de se derreter. S. m. Substância que facilita a fusão dos metais.

Fundiário, adj. Relativo a terrenos; agrário.

Fundibulário, s. m. Aquele que combate com funda.

Fundíbulo, s. m. *Ant.* Funda.

Fundição, s. f. 1. Ato, efeito ou arte de fundir metais. 2. Oficina onde se fundem metais.

Fundidor, s. m. Oficial que trabalha em fundição.

Fundilho, s. m. Parte das calças, cuecas etc. correspondente ao assento.

Fundir, v. (l. *fundere*). 1. Tr. dir. e pron. Derreter(-se) ou liquefazer(-se): *F.* o *bronze.* 2. Tr. dir. Executar em metal fundido: *F.* uma *estátua.*

Fundível, adj. m. e f. Que se pode fundir[1]; fusível.

Fundo, adj. Que tem fundura; cavado, profundo. S. m. 1. A parte mais baixa de uma coisa oca. 2. Parte sólida sob uma massa de água: *F.* da lagoa. 3. Capital (em espécie ou em dinheiro).

Fundura, s. f. 1. Distância vertical desde a superfície até ao fundo (de um poço etc.); profundidade. 2. *Gír.* Falta de habilidade. 3. *Gír.* Ignorância.

Fúnebre, adj. m. e f. 1. Relativo à morte, aos mortos ou a coisas que se relacionam com eles. 2. Lutuoso, sombrio, triste.

Funeral, adj. m. e f. Fúnebre. S. m. 1. Enterro. 2. Pompas fúnebres, cerimônias do enterramento.

Funerário, adj. 1. Fúnebre. 2. Em que repousam os restos mortais: Urna *f.*

Funéreo, adj. Fúnebre.

Funesto, adj. 1. Que traz, que causa a morte. 2. Desastroso, desgraçado, ruinoso, sinistro.

Funga, s. f. *Vet.* Doença de cães, uma espécie de mormo que lhes escorre pelas ventas.

Fungadeira, s. f. 1. *Pop.* Caixa de rapé; tabaqueira. 2. Ato de fungar com freqüência.

Fungão, s. m. *Bot.* V. *cravagem.*

Fungar, v. 1. Tr. dir. Aspirar pelo nariz: *F. rapé.* 2. Intr. Produzir som pelo nariz.

fungi-, elem. de comp. (l. *fungu*). Exprime a idéia de *fungo, fungão, cogumelo: fungicida.*

Fungicida, adj. m. e f. e s. m. Diz-se de, ou substância que destrói fungos.

Fungícola, adj. m. e f. Que vive nos fungos.

Fungiforme, adj. m. e f. Semelhante a fungo ou cogumelo.

Fungite, s. f. Polipeiro fóssil.

Fungível, adj. m. e f. Que se gasta, que se consome com o primeiro uso.

Fungo[1], s. m. (l. *fungu*). *Bot.* Cada um dos numerosos microrganismos vegetais desprovidos de clorofila, como os bolores, míldios, alforras, carvões, cogumelos-de-chapéu, fermentos, bactérias.

Fungo[2], s. m. (de *fungar*). Ato ou efeito de fungar.

Fungosidade, s. f. Qualidade de fungoso. 2. *Med.* Excrescência vascular na superfície das feridas.

Fungoso, adj. 1. Relativo ou semelhante a fungo. 2. Da natureza do fungo. 3. Poroso, esponjoso.

Funicular, adj. 1. Composto de cordas. 2. Que funciona por meio de cordas. 3. *Bot.* Relativo ao funículo. S. m. Via férrea destinada a subir e descer fortes declives e cujos vagões vão presos a um cabo trator.

Funículo, s. m. 1. Pequena corda. 2. *Bot.* Cordão que une o grão ao pericarpo. 3. Cordão umbilical. 4. *Anat.* Pequeno feixe de fibras nervosas.

Funiforme, adj. m. e f. Em forma de cordão.

Funil, s. m. 1. Utensílio em forma de cone invertido, utilizado para conduzir líquidos a recipientes de boca estreita. 2. Objeto de forma cônica. 3. Fecho, garganta (em serras ou montanhas).

Funilaria, s. f. Loja ou oficina de funileiro.

Funileiro, s. m. 1. Fabricante de funis. 2. Aquele que faz ou repara objetos de folha-de-flandres.

Fura-bolo (ô), s. m. e f. Pessoa metediça. S. m. Dedo indicador. Pl.: *fura-bolos.*

Furação, s. m. 1. Qualquer vento de velocidade superior a 105km por hora. 2. Tudo o que destrói com violência.

Furacidade, s. f. 1. Tendência para o roubo. 2. Hábito de roubar.

Furador, adj. Que fura. S. m. Sovela.

Furão, adj. Desembaraçado, cavador. S. m. 1. *Zool.* Mamífero carnívoro mustelídeo (*Putorius furo*), utilizado na caça ao coelho. 2. Pessoa curiosa e bisbilhoteira. 3. *Gír.* Indivíduo ativo, empreendedor.

Furar, v. (l. *forare*). 1. Tr. dir. Fazer furo em; perfurar. 2. Intr. Abrir caminho, passar, penetrar. 3. Intr. *Gír. no esp.* Não atingir a bola, no chute ou na interceptação. 4. Tr. dir. Estabelecer furo jornalístico.

Fura-terra, s. f. Designação das cobras e sáurios de vida subterrânea. Pl.: *fura-terras.*

Furbesco (ê), adj. e s. m. Velhaco.

Furcífero, adj. Que tem uma parte do corpo bifurcada.

Furco, s. m. Medida igual à distância entre a extremidade do polegar e a do indicador, quando afastadas ao máximo.

Fúrcula, s. f. *Anat. ant.* A porção do esterno, situada entre as clavículas. 2. *Zool.* Osso bifurcado em frente do esterno das aves.

Furdunçar, v. Intr. 1. Fazer furdunço. 2. Divertir-se com alarido; pandegar.

Furdunceiro, adj. e s. m. 1. Que, ou o que faz furdunço. 2. Barulhento, pândego.

Furdunço, s. m. 1. Barulho, desordem. 2. Festança do baixo povo. Var.: *furdúrcio.*

Furente, adj. m. e f. *Poét.* Enfurecido, furioso.

Furfuráceo, adj. Relativo ou semelhante a farelo.

Furfural, s. m. *Quím.* Aldeído líquido, de cheiro penetrante, que se encontra nos álcoois em geral. Var.: *furfurol.*

Furfurol, s. m. V. *furfural.*

Furgão, s. m. Carro coberto para transporte de mercadorias.

Fúria, s. f. 1. Acesso violento de furor. 2. Cólera, ira, raiva. 3. Ímpeto de valentia. 4. Excesso provocado pela paixão. 5. Forte arrebatamento de ânimo. 6. Entusiasmo, fervor.

Furibundo, adj. V. *furioso.*

Furiosidade, s. f. Qualidade de furioso.

Furioso, adj. 1. Tomado de fúria. 2. Arrebatado, cheio de ira, enraivecido, exasperado. 3. Entusiasta. 4. Forte, violento. 5. Impetuoso; veemente.

Furna, s. f. 1. Escavação de dimensões apreciáveis no subsolo; caverna, antro, lapa. 2. Lugar retirado e esquisito.

Furo, s. m. 1. Abertura, buraco, orifício artificial. 2. *Fam.* Expediente, saída. 3. Notícia dada em primeira mão nos jornais, rádio ou televisão. 4. Canal de comunicação entre um rio e seu afluente.

Furoar, v. Tr. dir. 1. Procurar (qualquer coisa) à maneira de furão. 2. Esquadrinhar, pesquisar.

Furor, s. m. 1. Grande exaltação de ânimo. 2. Fúria, ira exaltada. 3. Entusiasmo. 4. Frenesi.

Furriel, s. m. *Ant.* Posto militar, entre cabo e sargento.

Furrundu, s. m. Doce de cidra ralada; gengibre e açúcar mascavado. Var.: *furrundum.*

Furta-cor (ô), adj. m. e f. Que apresenta cor variada, segundo a projeção da luz; cambiante. Pl.: *furta-cores.*

Furtadela, s. f. Ação de furtar.

Furta-fogo, s. m. Lume escondido. Pl.: *furta-fogos* (ó).

Furta-passo, s. m. *P. us.* Andadura leve do cavalo. Pl.: *furta-passos.*

Furtar, v. 1. Tr. dir. Apoderar-se de (coisa alheia). 2. Intr. Praticar furtos. 3. Tr. dir. Apresentar como seu (trabalho de outrem). 4. Tr. dir. e pron. Desviar(-se), esquivar(-se), retirar(-se).

Furtivo, adj. Que se faz a furto, às ocultas.

Furto, s. m. 1. Ato ou efeito de furtar. 2. A coisa furtada.

Furuncular, adj. m. e f. Relativo a furúnculo. 2. Da natureza do furúnculo.

Furúnculo, s. m. *Med.* Inflamação infecciosa de um folículo piloso e dos tecidos vizinhos.
Furunculose, s. m. *Med.* Erupção simultânea de muitos furúnculos.
Furunculoso, adj. 1. Relativo ou semelhante a furúnculo. 2. Afetado de furúnculos.
Fusa, s. f. *Mús.* Nota que corresponde à metade da semicolcheia.
Fusada, s. f. 1. Porção de fio enrolado no fuso. 2. Pancada con fuso. 3. Cada volta do fuso, ao fiar.
Fusaiola, s. f. Pedacinho de chumbo ou de latão que remata a ponta mais fina do fuso, e que ajuda a torcer o fio; castão do fuso.
Fusão, s. f. (l. *fusione*). 1. Ato ou efeito de fundir[1]. 2. *Fís.* e *Metal.* Passagem de um corpo do estado sólido ao líquido. 3. Associação. 4. Mistura. 5. *Polít.* Aliança, coalizão.
Fuscalvo, adj. Claro-escuro.
fusci-, elem. de comp. (l. *fuscu*). Exprime a idéia de *fusco, pardo: fuscicolo, fuscicórneo.*
Fuscicolo, adj. *Zool.* Que tem o pescoço pardo.
Fuscicórneo, adj. *Zool.* Que tem as antenas pardas.
Fuscímano, adj. *Zool.* Que tem as patas anteriores escuras.
Fuscipene, adj. m. e f. *Zool.* Que tem as penas pardas.
Fuscirrostro (*ó*), adj. *Zool.* Que tem o bico pardo.
Fusco, adj. 1. Escuro, pardo. 2. Triste, melâncolico.
Fuseira, s. f. Fuso grande.
Fuseiro, s. m. 1. Quem faz ou vende fusos. 2. Torneiro.
Fusela, s. f. *Heráld.* Ornato do escudo, semelhante a um fuso.
Fuselado, adj. *Heráld.* Que tem fuselas.
Fuselagem, s. f. Carcaça do avião, onde se acomodam os tripulantes, os passageiros e a carga.
fusi-, elem. de comp. (l. *fusu*). Exprime a idéia de *fuso: fusiforme.*
Fusibilidade, s. f. Qualidade de fusível.
Fusiforme, adj. m. e f. Em forma de fuso.
Fúsil, adj. m. e f. 1. Fusível. 2. *Poét.* Derretido, fundido.
Fusionar, v. Tr. dir. 1. Fazer a fusão de. 2. Fundir. 3. Amalgamar, confundir.
Fusionista, adj. m. e f. *Polít.* Que entrou em alguma fusão política, ou é partidário dela.
Fusível, adj. m. e f. Que se pode fundir. S. m. *Eletr.* Fio de fusibilidade graduada, para segurança das instalações elétricas contra os excessos de corrente.
Fuso, s. m. 1. Instrumento de fiar, roliço, sobre que se forma a maçaroca. 2. Peça sobre a qual se enrola a mola de aço dos relógios. 3. *Geom.* Porção de superfície esférica compreendida entre dois semicírculos máximos de diâmetro comum.
Fusório, adj. Que diz respeito a fundição.
Fusta, s. f. Embarcação comprida e de fundo chato, com vela e remo.
Fustão, s. m. Pano forte, sarjado, de algodão, linho, seda ou lã.
Fuste, s. m. 1. Haste em que se encrava a lança, o chuço e o ferro de outras armas. 2. *Arquit.* Tronco da coluna entre a base e o capitel. 3. Parte do tronco da árvore desprovida de ramos, dando madeira. 4. *Náut.* Peça com que se esteiam os mastros do navio.
Fustigação, s. f. 1. Ato ou efeito de fustigar. 2. *Med.* Emprego terapêutico da flagelação com faíscas elétricas.
Fustigar, v. Tr. dir. 1. Bater com vara. 2. Açoitar, vergastar. 3. Castigar. 4. Estimular, excitar.
Fustigo, s. m. Pancada com fuste.
Futebol, s. m. (ingl. *foot-ball*). *Esp.* Jogo de bola com os pés, de origem inglesa, disputado por duas equipes de onze jogadores cada uma.
Futebolista, s. m. e f. Pessoa que joga futebol.
Futebolístico, adj. Relativo ao futebol.
Fútil, adj. m. e f. 1. Leviano, frívolo. 2. Vão, inútil.
Futilidade, s. f. 1. Qualidade de fútil. 2. Coisa fútil.
Futrica, s. f. (de *futre?*). 1. Baiúca. 2. *Pop.* Pilhéria impertinente; provocação. S. m. e f. Pessoa ordinária.
Futricar, v. 1. Tr. dir. Chatinar, negociar trapaceando. 2. Tr. dir. Intrigar. 3. Intr. Intrometer-se (em assuntos alheios) para atrapalhar.
Futuração, s. f. Ato ou efeito de futurar.
Futurar, v. 1. Tr. dir. Antever, predizer, prognosticar. 2. Tr. dir. Conjeturar, supor. 3. Intr. Mostrar bom agouro.
Futurição, s. f. 1. Projeção imaginosa de uma coisa que está por vir. 2. A vida futura, a vida eterna.
Futuridade, s. f. 1. Qualidade de coisa futura. 2. Tempo ou acontecimento futuro.
Futurismo, s. m. Movimento radical modernista em arte, música e literatura, que se caracteriza pela rejeição violenta de tradição e convenção.
Futurista, adj. m. e f. Relativo ao futurismo. S. m. e f. Pessoa que segue as doutrinas do futurismo.
Futurível, adj. m. e f. e s. m. Diz-se do, ou o futuro possível, em teologia ou em perquirição científica.
Futuro, adj. Que há de vir a ser. S. m. 1. O que há de suceder depois do presente. 2. *Gram.* Tempo dos verbos que designa uma ação que está por vir.
Futurologia, s. m. Ciência da futurição, que pretende deduzir, com dados do presente, o desenvolvimento futuro dos países, quanto à situação política, econômica e social.
Futurólogo, s. m. Especialista em futurologia.
Futuroso, adj. Auspicioso, prometedor.
Fuxicar, v. 1. Tr. dir. Alinhavar, coser a pontos largos; fujicar. 2. Tr. dir. Fazer (uma coisa) à pressa e desajeitadamente. 3. Tr. dir. Remexer. 4. Tr. dir. e intr. Intrigar, mexericar.
Fuxico, s. m. Mexerico, intriga.
Fuxiqueiro, adj. e s. m. Que, ou o que faz fuxicos.
Fuzarca, s. f. 1. Desordem, confusão. 2. Farra, folia, pândega.
Fuzarquear, v. Intr. *Pop.* Fazer fuzarca.
Fuzarqueiro, adj. e s. m. Que, ou o que gosta de fuzarca.
Fuzil, s. m. 1. Peça de aço com que se fere a pederneira, para fazer lume. 2. Cadeia, ligação. 3. Anel, elo, manilha de cadeia. 4. Arco de ferro que prende à testeira a serra grande dos serradores. 5. (pelo fr. *fusil*). Arma de fogo de cano comprido usada pela infantaria.
Fuzilação, s. f. 1. Ato de fuzilar. 2. Clarão produzido pelo fuzil ao ferir a pederneira.
Fuzilada, s. f. 1. Tiros de espingarda. 2. Pancada de fuzil na pederneira. 3. Relâmpagos longínquos.
Fuzilador, adj. e s. m. Que, ou o que fuzila ou manda fuzilar.
Fuzilamento, s. m. Ato ou efeito de fuzilar.
Fuzilante, adj. m. e f. Que fuzila, que despede clarões ou centelhas.
Fuzilão, s. m. V. *fuzilhão.*
Fuzilar, v. 1. Intr. Expedir luz à maneira de raios ou cintilações. 2. Tr. ind. e intr. Brilhar muito. 3. Tr. dir. Matar com tiros de arma de fogo. 4. Intr. Tornar-se ameaçador, anunciar ódio.
Fuzilaria, s. f. 1. Descargas simultâneas de fuzil ou de qualquer arma; tiroteio. 2. Grande abundância.
Fuzileiro, s. m. Soldado armado de fuzil.
Fuzilhão, s. m. Bico de fivela para segurar a presilha.

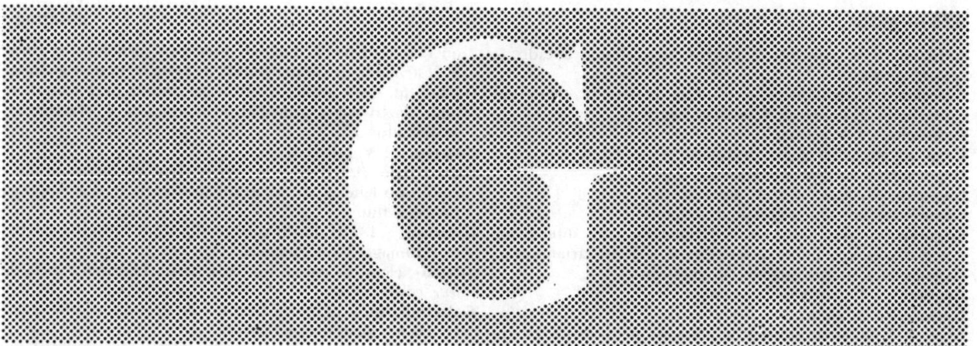

G (*gê*), Símbolo da sétima letra do alfabeto e quinta das consoantes. Antes de *a, o, u* (gato, gozo, gula) tem som velar, oclusivo, sonoro; e antes de *e, i* (gente, giba) possui o som linguopalatal, constritivo, sonoro, de *j*. Para manter, antes de *e, i*, o som gutural, acrescenta-se *u* ao *g* (guerra, sangue, guitarra, distinguir). Com as líquidas *l* e *r*, o *g* forma os dígrafos *gl* e *gr* (*glauco, grenha*).

G, num. Exprime, em uma série, o sétimo lugar: Livro G, folha *g*.

Gã, s. m. *Folc.* Tipo de agogô de campânula de ferro.

Gabação, s. f. Ato ou efeito de gabar.

Gabador, adj. e s. m. 1. Que, ou quem gaba. 2. Louvaminheiro, adulador.

Gabamento, s. m. V. *gabação*.

Gabão[1], s. m. (persa *kăbă*). Espécie de capote, com capuz, mangas e cabeção.

Gabão[2], s. m. (de *gabar*). Aquele que gaba muito.

Gabar, v. (provençal *gabar?*). 1. Tr. dir. Elogiar, enaltecer, louvar. 2. Pron. Jatar-se, vangloriar-se.

Gabardina, s. f. (cast. *gabardina?*). 1. Tecido de lã ou outras fibras, próprio para roupas. 2. Casaco ou sobretudo feito desse tecido.

Gabardo, s. m. Capote de cabeção e mangas.

Gabaritado, adj. De nível adequado à função; apto.

Gabaritar, v. Tr. dir. Dar gabarito a; categorizar.

Gabarito, s. m. (fr. *gabarit*). 1. Medida padrão a que se devem conformar certas coisas em construção. 2. Instrumento que serve para verificar essa medida. 3. Modelo de um navio ou de certas partes dele, em tamanho natural. 4. Categoria, qualidade. Var.: *gabari*.

Gabarola, s. m. e f. (de *gabar*). *Pop.* Pessoa que se gaba a si mesma; gabola. Var., sing. e pl.: *gabarolas*.

Gabarolice, s. f. Ato ou dito de gabarola; gabolice.

Gabarote, s. m. (por *gabarrote*, de *gabarra*). *Náut.* Gabarra pequena, sem coberta.

Gabarra, s. f. 1. Embarcação de vela e remos e de fundo chato. 2. Rede de arrastão.

Gabarro, s. m. *Vet.* Apostema entre os cascos dos cavalos e dos bois. Var.: *gavarro*.

Gabela[1], s. f. (ár. *kabala*, pelo ital. *gabella*). 1. Imposto sobre o sal. 2. *Por ext.* Imposto.

Gabela[2], s. f. V. *gavela*.

Gabião, s. m. (ital. *gabbione*). 1. Cesto grande, para transporte de adubos, estrumes etc. 2. Cestão de vindimar.

Gabinardo, s. m. Espécie de gabão[1].

Gabinete (*ê*), s. m. (ital. *gabinetto*). 1. Sala destinada a trabalho. 2. Escritório. 3. Sala reservada para os funcionários superiores ou para certas funções. 4. Conselho de ministros; ministério.

Gabiroba, s. f. V. *guabiroba*.

Gabirova, s. f. V. *guabiroba*.

Gabiru, adj. *Fam.* 1. Velhaco, patife. 2. Garoto. 3. Conquistador de mulheres. Fem.: *gabirua*.

Gabo, s. m. (de *gabar*). 1. Ação de gabar ou de gabar-se; elogio, louvor. 2. Orgulho, presunção.

Gabola, s. m. e f. V. *gabarola*. Var., sing. e pl.: *gabolas*.

Gabolice, s. f. O mesmo que *gabarolice*.

Gabordo (*ô*), s. m. (fr. *gabord*). *Náut.* Qualquer prancha do costado de um navio.

Gacho, s. m. (cast. *gacho*). Parte posterior do pescoço do boi. Adj. Abaixado, caído para diante.

Gadanha, s. f. (cast. *guadaña*). 1. Ato ou efeito de gadanhar. 2. Foice de cabo comprido para cortar erva. 3. Gadanho. 4. Colher grande para tirar sopa.

Gadanhada, s. f. Golpe de gadanho ou gadanha.

Gadanhar, v. Tr. dir. 1. Cortar (feno) com a gadanha. 2. Agarrar firmemente.

Gadanheira, s. f. Máquina para ceifar; segadeira.

Gadanho, s. m. 1. Espécie de ancinho, com grandes dentes de ferro. 2. Dedo enclavinhado. 3. Unha. 4. Garra de ave de rapina.

Gadaria, s. f. (*gado + aria*). 1. As reses em grupo. 2. Gado vacum, boiada, porção de gado.

Gadídeo, adj. *Ictiol.* Relativo ou pertencente aos Gadídeos. S. m. Peixe dos Gadídeos. S. m. pl. Família (*Gadidae*) de peixes da ordem dos Anacantinos, entre os quais se destacam o bacalhau e a pescada.

Gaditano, adj. (l. *gaditanu*). Relativo a Cádis (Espanha). S. m. O natural de Cádis.

Gado, s. m. (do ant. *gãar*, do gót. *ganan*). 1. Reses em geral. 2. Rebanho. — *G. asinino*: o que compreende os asnos. *G. bovino*: o que compreende vacas, bois e novilhos; gado vacum. *G. caprino*: o que compreende as cabras. *G. cavalar*: o que compreende os cavalos; gado eqüino. *G. de bico*: aves domésticas.

Gadolínio, s. m. (de *Gadolin*, n. p. + *io*). *Quím.* Elemento metálico trivalente, magnético, do grupo das terras raras. Símbolo Gd, número atômico 64, massa atômica 157,26.

Gadunhar, v. Tr. dir. Agarrar com as unhas; furtar.

Gaélico, adj. (*Gael*, n. p. + *ico*). Que se refere aos primitivos habitantes da Gália e da Britânia. S. m. Um dos dois grandes grupos da língua céltica.

Gafa, s. f. (fr. *gaffe*). 1. *Ant.* Gancho com que se puxava a corda para armar a besta; garra. 2. Moléstia das azeitonas. 3. Lepra de certos animais. 4. Vaso para transportar o sal nas marinhas. 5. *Zool.* Pequeno caranguejo escuro.

Gafado, adj. Que tem gafa: Azeitona *gafada*.

Gafanhotão, s. m. *Entom.* Designação dos gafanhotos do gênero Tropidacris.

Gafanhoto, s. m. *Entom.* Inseto ortóptero, da família dos Acridídeos, de antenas curtas. Col.: *nuvem, miríade, praga*. Voz: *chichia, zizia, zigue-zigue, zique-zique*.

Gafar, v. (*gafa + ar*). 1. Tr. dir. Contagiar com gafa. 2. Pron. Ser atacada de gafa (acepção 2) a azeitona, a qual cai da árvore, apodrecida.

Gafe, s. f. (fr. *gaffe*). Ação ou palavra contrária às conveniências; rata.

Gafeira, s. f. 1. Lepra. 2. *Vet.* Doença dos olhos dos bois, com inchação das pálpebras. 3. Sarna do cão.

Gafeirento, adj. 1. Que tem gafeira; sarnento. 2. Leproso.

Gafeiroso, adj. V. *gafeirento*.

Gafento, adj. V. *gafeirento*.

Gafieira, s. f. *Gír.* 1. Arrasta-pé, baile reles. 2. Clube popular de dança; forró.

Gafo, adj. 1. V. *gafeirento.* 2. Corrompido, desmoralizado. S. m. V. *gafeira.*
Gaforina, s. f. (de *Gafforini,* n. p.). *Fam.* 1. Grenha; cabelo em desalinho. 2. Topete. 3. Cabelo de negro.
Gaforinha, s. f. V. *gaforina.*
Gagá, adj. m. e f. (fr. *gaga*). Decrépito.
Gago, adj. e s. m. Que, ou o que gagueja.
Gagueira, s. f. (*gago* + *eira*). V. *gaguez.*
Gaguejador, adj. Que gagueja; gaguejante.
Gaguejar, v. (*gago* + *ejar*). Intr. Pronunciar com dificuldade as palavras, repetindo várias vezes as sílabas; tartamudear.
Gaguejo (*ê*), s. m. Ato ou efeito de gaguejar.
Gaguez (*ê*), s. f. O defeito de gaguejar.
Gaguice, s. f. V. *gaguez.*
Gaias, s. f. pl. Redemoinho de pêlos no peito do cavalo ou nos quartos da base da cauda.
Gaiatada, s. f. Grupo de gaiatos; gaiatice.
Gaiatar, v. Intr. Proceder como gaiato; garotar.
Gaiatice, s. f. Ações ou dizeres próprios de gaiato.
Gaiato, s. m. (de *gaio*). Rapaz travesso e vadio, garoto. Adj. 1. Amigo de travessuras. 2. Malicioso.
Gaifona, s. f. *Pop.* Careta, momice, trejeito.
Gaifonar, v. *Pop.* Intr. Fazer gaifonas.
Gaifonice, s. f. V. *gaifona.*
Gainambé, s. m. *Ornit.* Espécie de araponga.
Gaio, adj. (provençal ant. *gai?*). *P. us.* 1. Alegre, folgazão, jovial. 2. Esperto, fino, ladino. 3. Diz-se do verde-claro e alegre. S. m. 1. *Ornit.* Nome comum a numerosas aves corvídeas, cuja espécie mais conhecida é o *Garrulus glandarius.* Voz: *gralha, grasna.*
Gaiola, s. f. (l. *caveola*). 1. Casinha onde se encerram animais domésticos ou não (especialmente aves). 2. Cárcere, presão. 3. Armação de madeira para encerrar móveis ou outros objetos. 4. *Constr.* Madeiramento que forma o esqueleto do edifício. S. m. Pequeno navio do Rio Amazonas e afluentes.
Gaioleiro, s. m. Quem faz ou vende gaiolas.
Gaiolim, s. m. Gaiola pequena.
Gaiolo, adj. (de *gaiola*). Diz-se do touro que tem as hastes muito próximas nas pontas e em forma de meia-lua.
Gaipara, s. f. *Ornit.* Ave tanagrídea, também chamada *gaturamo* (*Hypophoesa chalybea*).
Gaita, s. f. 1. Instrumento de sopro com vários orifícios, que se toca com os lábios. 2. Sanfona, harmônica. 3. *Gír.* Dinheiro.
Gaitada, s. f. 1. Pancada com gaita. 2. Toque de gaita.
Gaitear, v. (*gaita* + *ear*). 1. Intr. Tocar gaita. 2. Intr. Andar em festas e folias. 3. Tr. dir Executar em gaita; tocar mal.
Gaiteiro, adj. 1. Alegre, lépido, garrido. 2. Folião. S. m. 1. Quem toca em gaita. 2. *Bot.* Espécie de mangue a cujas raízes se dá o nome de *gaitas.* 3. Lugar, na embocadura dos rios, alagado periodicamente e onde vegetam mangues.
Gaivagem, s. f. Rego estreito e profundo, para esgoto e drenagem de águas.
Gaivão, s. m. Aparelho de pesca, de forma cônica.
Gaivar, v. Tr. dir. Fazer gaivagem em.
Gaivel, s. m. Parede que, da base para cima, vai diminuindo de espessura. Pl.: *gaivéis.*
Gaivota, s. f. *Ornit.* Ave larídea, palmípede e aquática, geralmente marinha. Voz: *grasna, pipila.*
Gaja, s. f. *Pop.* 1. Mulher reles. 2. Qualquer mulher.
Gajão, s. m. 1. Título obsequioso com que, no Brasil, os ciganos tratam as pessoas estranhas à sua raça; ganjão. 2. Indivíduo espartalhão, finório.
Gajeiro, adj. Que trepa com facilidade. S. m. Marinheiro que, da gávea, toma conta do mastro e observa as embarcações ou a terra.
Gajo, s. m. *Pop.* 1. Qualquer sujeito cujo nome não se cita. 2. Sujeito à-toa. Adj. Finório, velhaco.
Gajuru, s. m. V. *guajaru.*
Gal, s. m. *Fís.* Unidade utilizada em geodésia e geofísica para expressar a aceleração igual a 1 centímetro por segundo. Símbolo: Gal.
Gala, s. f. (fr. *gale*). 1. Traje próprio para as ocasiões solenes ou dias festivos. 2. Enfeites preciosos, ornamentos ricos. 3. Festividade de caráter oficial. 4. Festa de grande aparato.
Galã, s. m. (cast. *galán*). 1. Ator que, numa peça teatral ou filme, faz o papel principal de namorado. 2. Namorado, galanteador.
Galação, s. f. V. *galadura.*
Galactagogo (*ô*), adj. (*galacto* + *agogo*). Que faz aumentar a secreção do leite. S. m. Meio ou substância que se emprega para esse fim.
Galactase, s. f. *Biol.* Enzima proteolítica que hidrolisa caseína no estômago. Var.: *galáctase.*
galacto-, elem. de comp. (gr. *gala, aktos*). Exprime a idéia de *leite: galactoblasto.*
Galactoblasto, s. m. *Fisiol.* Corpúsculo de colostro que se encontra nas glândulas mamárias.
Galactofagia, s. f. (*galacto* + *fago* + *ia*). Hábito ou qualidade de galactófago.
Galactófago, adj. 1. Designativo dos animais mamíferos. 2. Que habitualmente se nutre de leite.
Galactóforo, adj. Que conduz o leite; lactífero.
Galactologia, s. f. 1. Parte da Biologia que se ocupa dos sucos lácteos. 2. Tratado a respeito do leite.
Galactológico, adj. Relativo à galactologia.
Galactômetro, s. m. Instrumento para medir a densidade do leite.
Galactoposia, s. f. (gr. *galaktoposia*). 1. Uso habitual do leite. 2. Tratamento médico, em que o doente se alimenta exclusivamente de leite.
Galactorréia, s. f. *Med.* Secreção abundante de leite.
Galactoscópio, s. m. Instrumento para examinar a proporção de gordura do leite.
Galactose, s. f. *Quím.* Açúcar cristalino, encontrado nos vegetais e no leite.
Galactosúria, s. f. Presença de galactose na urina. Var.: *galactosuria.*
Galadura, s. f. 1. Ato ou efeito de galar. 2. Ponto branco que, na gema do ovo, indica a fecundação.
Galagala, s. f. (mal. *gala-gala*). Betume feito com cal e azeite, sobre que assenta o ferro e o cobre no fundo e no costado das embarcações.
galaico-, elem. de comp. Entra em várias palavras, com o sentido de *galego.*
Galaico-castelhano, adj. Relativo aos galegos e castelhanos.
Galalite, s. f. Matéria plástica artificial derivada da caseína do leite.
Galana, s. f. Briga, disputa.
Galanear, v. Intr. 1. Trajar fidalgamente. 2. Vestir-se com garridice.
Galanga, s. f. *Bot.* Planta zingiberácea (*Alpinia officinarum*), de emprego medicinal.
Galanice, s. f. 1. Qualidade de galã. 2. Ostentação de galas. 3. Galantaria, gentileza.
Galantaria, s. f. (de *galante*). 1. Arte de galantear; galanice. 2. Graça, delicadeza. Var.: *galanteria.*
Galante, adj. m. e f. (fr. *galant*). 1. Airoso, elegante, garboso. 2. Aprimorado, cheio de distinção, espirituoso. 3. Amável para com as mulheres. S. m. e f. Pessoa galante.
Galanteador, adj. Que galanteia. S. m. O que galanteia.
Galantear, v. 1. Tr. dir. Fazer a corte a (damas). 2. Intr. Dizer galantarias. 3. Tr. dir. Adornar, enfeitar.
Galanteio, s. m. Ato ou efeito de galantear.
Galanteza, s. f. Caráter ou qualidade de galante.
Galantina, s. f. (fr. *galantine*). Prato de carne picada, coberta com gelatina, e servido frio.
Galão[1], s. m. (ingl. *gallon*). Medida de capacidade usada na Inglaterra e nos E.U.A. — *G. americano*: 3,78 litros. *G. imperial*: 4,54 litros (Inglaterra).
Galão[2], s. m. (germ. *gal?*). 1. Fita ou tira entrançada para debruar ou enfeitar. 2. Tira de prata dourada, distintivo de certos postos ou graduações militares. 3. *Náut.* Tira de pano de linho, para fortificar as fendas calafetadas do navio.
Galápago, s. m. (cast. *galápago*). *Vet.* Úlcera na coroa do casco das cavalgaduras.

Galapo, s. m. (cast. *galapo*). 1. Almofada na sela do cavalo. 2. Ligadura para feridas.

Galardão, s. m. (germ. *widarlon*). 1. Recompensa de serviços importantes. 2. Glória, honra, prêmio.

Galardoador, adj. e s. m. Que, ou o que galardoa.

Galardoamento, s. m. Ato ou efeito de galardoar.

Galardoar, v. (*galardão* + *ar*). Tr. dir. 1. Dar galardão a; premiar. 2. Aliviar, consolar, compensar.

Galarim, s. m. (cast. *gallarin*). 1. O posto mais alto; apogeu, auge. 2. O dobro da parada (no jogo).

Gálata, adj. m. e f. Relativo à Galácia, antiga região da Ásia Menor. S. m. e f. Pessoa natural da Galácia.

Galáxia, s. f. (gr. *galaxias*). 1. *Astr.* Cada um de bilhões de grandes sistemas de estrelas, que constituem o universo. 2. Via-Láctea.

Gálbano, s. m. (l. *galbanu*). 1. *Bot.* Planta umbelífera, que produz a resina do mesmo nome (*Ferula galbaniflua*). 2. A resina dessa planta.

Galdrope, s. m. *Náut.* 1. Cabo que auxilia o governo do leme. 2. Cabo com que se puxa a picota da bomba.

Galé[1], s. f. (gr. biz. *galaia*). *Náut.* Antiga embarcação de baixo bordo, de vela e remos. Aum.: *galeão[1]*. S. m. Indivíduo condenado às galés.

Galé[2], s. f. (fr. *galée*). *Tip.* 1. Peça quadrangular, em que o compositor deposita as linhas que compôs no componedor. 2. Cada uma das roldanas que, nas máquinas de linotipia, rodam nos excêntricos. Aum.: *galeão[2]*.

Gálea, s. f. (l. *galea*). Capacete de guerreiro; elmo.

Galeaça, s. f. *Náut.* Grande galé de três mastros.

Galeão[1], s. m. (de *galé[1]*). 1. *Náut.* Navio de alto bordo, mercante ou de guerra. 2. Barco auxiliar de pesca.

Galeão[2], s. m. *Tip.* Tábua na qual o tipógrafo assenta as linhas que formou no componedor.

Galear, v. (de *galé[1]*). 1. Tr. dir. Balouçar, atirando ou arremessando. 2. Intr. Balouçar-se.

Galegada, s. f. 1. Multidão de galegos. 2. Ação ou dito de galego.

Galego (*ê*), adj. (l. *gallaecu*). 1. Da Galiza (Espanha) ou relativo a ela. 2. Qualifica variedades de limão, de centeio, de feijão, de linho. S. m. 1. O habitante ou natural da Galiza. 2. Dialeto da Galiza.

Galeiforme, adj. m. e f. Com forma de gálea.

Galena, s. f. (l. *galena*). *Miner.* Sulfureto natural de chumbo, que ocorre em forma de cristais. Constitui o principal minério de chumbo; galenita. S. m. *Radiotécn.* Aparelho rudimentar de rádio, no qual se emprega o cristal de galena.

Galênico, adj. Relativo ao galenismo.

Galenismo, s. m. (*Galeno*, n. p. + *ismo*). Sistema médio de Galeno, o qual subordinava os fenômenos da saúde e da doença à ação de quatro humores: o sangue, a bílis, a fleuma e a atrabílis.

Galenista, adj. m. e f. Relativo ao galenismo. S. m. e f. Pessoa partidária do galenismo.

Galenita, s. f. (de *galena*). *Miner.* V. *galena.*

Galeno, s. m. (de *Galeno*, n. p.). *Fam.* Médico (alusão ao médico Galeno).

Galeonete (*ê*), s. m. (de *galeão[1]*). Pequena embarcação que, na pesca, acompanha o galeão.

Galeota, s. f. (de *galé[1]*). 1. Pequena galé. 2. Barco comprido, de remos, para recreio.

Galeote[1], s. m. (cast. *galeote*). 1. V. *galeota.* 2. Mareante que remava nas galés. 3. Condenado às galés.

Galeote[2], s. m. Espécie de capa antiga.

Galera, s. f. (l. med. *galera*, por *galea*). 1. *Náut. ant.* Barco de guerra, a remos e a vela, movido por galeotes. 2. *Metal.* Forno de fundição. 3. Carroça de incêndios para transporte de bombeiros.

Galeria, s. f. (l. med. *galilaea*, pelo ital. *galleria?*). 1. Parte de um edifício que serve para a exposição de objetos de arte. 2. Coleção de retratos, estátuas, bustos ou quadros. 3. Lugar onde se acha reunida essa coleção. 4. Corredor subterrâneo que se abre para exploração de uma mina ou outro fim.

Galerno, adj. (fr. *galerne*). 1. Designativo de um vento moderado do nordeste. 2. Bonançoso, brando, sereno. S. m. Vento brando, aprazível.

Galês, adj. Que se refere ao País de Gales, na Grã-Bretanha. S. m. 1. Língua antiga do País de Gales. 2. O Natural desse país.

Galfarro, s. m. (cast. *galfarro*). 1. *Pop.* Beleguim, meirinho, oficial de diligências. 2. Usurário. 3. Comilão.

Galgar, v. (de *galgo*). 1. Tr. dir. Passar para o outro lado, transpor, como o galgo. 2. Tr. dir. Subir, trepar. 3. Tr. ind. Atingir uma posição elevada. 4. Tr. dir. Percorrer.

Galgaz, adj. m. e f. 1. De pernas delgadas e esguias como um galgo. 2. Esguio, magro.

Galgo, s. m. (l. *gallicu*). *Zool.* Cão pernalta. esguio e muito veloz, geralmente empregado na caça das lebres (*Canis graius* ou *gallicus*). Adj. Esguio, magro.

Galha, s. f. (l. **gallea*). *Bot.* Excrescêncoa de algumas plantas conseqüente ao ataque de insetos ou à presença de fungos patogênicos ou à ação de agentes meteorológicos; cecídia.

Galhada, s. f. 1. Armação dos ruminantes. 2. Ramagem do arvoredo.

Galhardear, v. 1. Tr. ind. Apresentar-se com galhardia; brilhar, sobressair. 2. Tr. dir. Exibir com galhardia; ostentar, pompear.

Galhardete (*ê*), s. m. (ital. *gagliardetto?*). 1. Bandeira farpada ou triangular, empregada para fazer sinais. 2. Bandeirinha para ornamentação de ruas ou edifícios, em ocasiões festivas.

Galhardia, s. f. 1. Qualidade de galhardo. 2. Generosidade, grandeza de ânimo. 3. Ânimo, bravura.

Galhardo, adj. (provençal ant. *galhart?*). 1. Elegante, garboso. 2. Bizarro, generoso.

Galharia, s. f. Porção de galhos.

Galhas, s. f. pl. (de *galho*). Chifres dos ruminantes; galhada.

Galheiro, s. m. Veado de chifres grandes.

Galheta (*ê*), s. f. (cast. *galleta?*). 1. Pequeno vaso de vidro com gargalo, que se põe na mesa com azeite ou vinagre. 2. Cada um dos dois pequenos vasos que contêm o vinho e a água para o serviço da missa. 3. Instrumento de vidro, usado em laboratórios químicos.

Galheteiro, s. m. Utensílio onde se colocam as galhetas, pimenteiro, saleiro etc., para servir à mesa.

Galho, s. m. (l. *galleu*). 1. Ramo de árvore. 2. Chifre dos ruminantes. 3. *Pop.* Emprego, ou ocupação subsidiária. — *Quebrar o g., Gír.*: resolver uma situação difícil.

Galhofa, s. f. (cast. *gallofa*). 1. Alegria, brincadeira, gracejo. 2. Escárnio, motejo.

Galhofada, s. f. Grande galhofa.

Galhofar, v. 1. Intr. Fazer galhofa. 2. Tr. ind. e intr. Zombar.

Galhofaria, s. f. 1. V. *galhofada.* 2. Vida de galhofeiro.

Galhofear, v. V. *galhofar.*

Galhofeiro, adj. e s. m. 1. Que, ou quem é dado a galhofas. 2. Alegre, brincalhão, zombeteiro.

Galhudo, adj. 1. Que tem galhos. 2. Que tem chifres grandes.

gali-[1], elem. de comp. (l. *gallu*). Exprime a idéia de *galo[1]*: *galicínio.*

gali-[2], elem. de comp. (l. *gallu*). Exprime a idéia de *francês, gaulês: galiciparla.*

Galicanismo, s. m. Doutrina sustentada pela Igreja francesa em sua Declaração de 1682, pela qual se punham limitações à autoridade papal.

Galicano, adj. 1. Relativo ao galicanismo e a tudo que lhe pertence. S. m. Partidário ou defensor das liberdades galicanas.

Galiciano, adj. Relativo à Galícia (Polônia). S. m. O natural da Galícia.

Galicínio, s. m. (l. *galliciniu*). 1. O canto do galo. 2. A hora do amanhecer, em que os galos cantam.

Galiciparla, s. m. e f. Pessoa que fala afrancesadamente, usando galicismos; galicista.

Galicismo, s. m. Palavra importada diretamente do francês; francesismo.

Galicista, s. m. e f. Pessoa que usa galicismos; amigo do galicismo.

Galicófilo, adj. e s. m. V. *francófilo.*

Galicófobo, adj. e s. m. V. *francófobo.*

Galífero, adj. Designa o fungo cujo parasitismo ocasiona a formação de galhas.

Galiforme, adj. m. e f. (*gali*[1] + *forme*). 1. Semelhante ao galo. 2. *Ornit.* Pertencente aos Galiformes. S. m. pl. Ordem (*Galliformes*) de aves que compreende numerosas espécies, cujo representante mais comum é o galo.

Galileu, adj. (l. *galilaeu*). Natural da Galiléia, ou relativo a ela. S. m. O natural da Galiléia. Fem.: *galiléia.*

Galimatias, s. m. (fr. *galimatias*). Discurso muito palavroso, confuso, obscuro e ininteligível.

Galináceo, adj. (l. *gallinaceu*). *Ornit.* V. *galiforme.* S. m. Ave galinácea.

Galinha, s. f. (l. *gallina*). 1. *Ornit.* Ave doméstica de uma das numerosas raças desenvolvidas do galo-banquiva (*Gallus gallus*), da família dos Fasianídeos. Voz: *cacareja, carcareja, cacareca, carcarcara, gagueia.* 2. *Ornit.* Fêmea do galo[1]. 3. *Ch.* Mulher que se entrega facilmente. — *G.-d'angola:* ave galinácea originária da África, também conhecida por *guiné.* Voz: *fraqueja, estou-fraca.*

Galinhada, s. f. Porção de galinhas.

Galinheiro, s. m. (l. *gallinariu*). 1. Negociante de galinhas. 2. Lugar onde se guardam as galinhas.

Galinhola, s. f. *Ornit.* Ave caradriídea (*Gallinago gigantea*); o mesmo que *narcejão.*

Galinicultor, s. m. Criador de galináceos.

Galinicultura, s. f. Criação de galináceos.

Gálio, s. m. *Quím.* Elemento metálico, pouco abundante na crosta terrestre, usado em algumas ligas. Símbolo Ga, número atômico 31, massa atômica 69,72.

Galiparla, s. m. e f. V. *galiciparla.*

Galiparlista, s. m. e f. V. *galiciparla.*

Galipó, s. m. V. *galipote.*

Galipódio, s. m. (cast. *galipodio*). V. *galipote.*

Galipote, s. m. (fr. *galipot*). 1. Oleorresina impura de terebintina, que aparece como exsudação sólidificada sobre a casca de certas espécies de pinheiro. 2. Resina que fica no tronco do pinheiro depois de extraída a terebintina.

Galista, s. m. 1. Indivíduo que cria e prepara galos de briga. 2. Freqüentador de brigas de galos.

Galiziano, adj. Aplica-se ao dialeto, à poesia e aos trovadores de Portugal e da Galiza, dos primeiros séculos da nacionalidade portuguesa.

Galo[1], s. m. 1. *Ornit.* Gênero (*Gallus*) de aves da família dos Fasianídeos, de bico pequeno, crista carnuda e asas curtas e largas. Voz: *amiúda, cacareja, canta, clarina, cocorica, cucurica, cucurita, galicanta.* 3. *Fam.* Pequena inchação resultante de pancada ou contusão, particularmente na cabeça. Aum.: *galaroz.* Dim.: *galarote, galarucho, galinho.*

galo-[2], elem. de comp. Exprime a idéia de *gaulês, francês: galofobia.*

Galocha, s. f. (fr. *galoche*). 1. Calçado de borracha que se põe por cima dos sapatos, para proteger os pés da umidade. 2. *Bot.* A vara ou rebento que nasce do enxerto.

Galofilia, s. f. Qualidade de galófilo; francofilia.

Galófilo, adj. e s. m. V. *francófilo.*

Galofobia, s. f. Qualidade de galófobo; francofobia.

Galófobo, adj. e s. m. V. *francófobo.*

Galomania, s. f. Qualidade de galomaníaco.

Galomaníaco, adj. e s. m. (*galo*[2] + *maníaco*). Que, ou o que admira excessivamente a França.

Galômano, adj. e s. m. V. *galomaníaco.*

Galopada, s. f. 1. Ação de galopar. 2. Corrida a galope.

Galopador, adj. e s. m. Que, ou o que galopa bem.

Galopante, adj. m. e f. 1. Que galopa rápido. 2. Diz-se da tísica granulosa de rápido desenlace.

Galopar, v. (de *galope*). 1. Intr. Andar a galope. 2. Intr. Montar um cavalo que corre a galope. 3. Tr. dir. Percorrer galopando.

Galope, s. m. (fr. *galop*). 1. Andadura rápida do cavalo e de outros quadrúpedes. 2. *Equit.* Carreira de animal ou carruagem a galope. 3. Ato de galopar (carruagens dos caminhos de ferro).

Galopeado, adj. Diz-se do cavalo treinado para corridas. S. m. Galope.

Galopear, v. 1. Intr. Andar a galope; galopar. 2. Tr. dir. Domar, amansar (cavalo, potro).

Galopim, s. m. (fr. *galopin*). 1. Rapaz malicioso. 2. Cabo eleitoral.

Galpão, s. m. (do asteca *kalpulli,* pelo cast.). 1. Alpendre, telheiro. 2. Construção rural para depósito de utensílios de campo e residência dos peões da estância; rancho.

Galrão, adj. e s. m. (de *galrar*). Que, ou o que fala muito; tagarela.

Galrar, v. (l. *garrulare*). Intr. 1. Falar à toa. 2. Falar muito, sem necessidade.

Galreador, adj. e s. m. Que, ou o que galreia.

Galrear, v. Intr. 1. Emitir a voz, sem articular palavras (a criança); balbuciar. 2. Chalrear (a ave).

Galreiro, adj. *Fam.* Falador, papagueador.

Galrejar, v. V. *galrear.*

Galricho, s. m. V. *galrito.*

Galrito, s. m. (cast. *garlito*). Rede para pescar peixe miúdo.

Galucho, s. m. 1. Soldado novato, recruta. 2. Novato, calouro. 3. Indivíduo acanhado, inexperiente.

Galvânico, adj. 1. Relativo ao galvanismo. 2. Causado por galvanismo.

Galvanismo, s. m. (*galvano*[2] + *ismo*). *Fís.* Corrente contínua, especialmente quando produzida por ação química, como em um acumulador.

Galvanização, s. f. 1. *Fís.* Ato ou efeito de galvanizar. 2. *Metal.* Operação que consiste em recobrir uma peça metálica com uma camada de zinco ou outro metal que a torne mais resistente à corrosão; zincagem. 3. Aplicação terapêutica das correntes contínuas.

Galvanizado, adj. Submetido ao efeito da galvanização.

Galvanizador, adj. Que galvaniza.

Galvanizar, v. (*galvano*[2] + *izar*). Tr. dir. 1. Eletrizar por meio da pilha galvânica ou voltaica. 2. Dar movimento aos músculos, em vida ou pouco depois da morte, por meio da eletricidade galvânica. 3. *Fig.* Animar, estimular. 4. Revestir ferro ou aço com uma tênue camada de zinco; zincar.

Galvano[1], s. m. (ital. *Galvani,* n. p.). 1. Chapa obtida pela galvanoplastia. 2. *Tip.* Clichê obtido pela galvanotipia.

galvano-[2], elem. de comp. Exprime a idéia de *eletricidade galvânica* ou *voltaica, corrente elétrica contínua: galvanocáustica.*

Galvanocáustica, s. f. *Cir.* Aplicação da eletricidade nas operações cirúrgicas.

Galvanocáustico, adj. Relativo à galvanocáustica.

Galvanocautério, s. m. *Cir.* Aparelho elétrico para cortar e cauterizar imediatamente a ferida.

Galvanografia, s. f. 1. *Fís.* Tratado sobre o galvanismo. 2. *Tecn.* Processo de gravura que utiliza a galvanoplástica.

Galvanográfico, adj. Relativo à galvanografia.

Galvanogravura, s. f. 1. Clichê de cobre de gravura funda produzido por galvanografia. 2. Estampa impressa com tal clichê.

Galvanomagnetismo, s. m. *Fís.* O conjunto dos efeitos galvânicos e magnéticos a um só tempo.

Galvanômetro, s. m. *Fís.* Instrumento que permite medir com precisão pequenas correntes elétricas.

Galvanoplastia, s. f. V. *galvanoplastica.*

Galvanoplástica, s. f. *Tecn.* 1. Processo de produzir objetos (como eletrotipos), mediante deposição eletrolítica sobre um molde. 2. Ação ou processo de prover de um revestimento contínuo, aderente, de metal, mediante deposição eletrolítica.

Galvanoplástico, adj. Relativo à galvanoplástica.

Galvanoscópio, s. m. *Fís.* Instrumento para detectar a presença de uma corrente elétrica pela deflexão de uma agulha magnética.

Galvanoterapia, s. f. *Med.* Aplicação terapêutica do galvanismo; galvanização.

Galvanoterápico, adj. Relativo à galvanoterapia.
Galvanotipia, s. f. O mesmo que *eletrotipia*.
Gama¹, s. m. 1. Terceira letra do alfabeto grego, correspondente à letra G do alfabeto português. 2. *Fís.* Raios gama. S. f. Sucessão ou série de coisas, sentimentos, cores etc., em gradação natural; escala.
Gama², s. f. Fêmea do gamo.
Gamação, s. f. *Gír.* Ato ou efeito de gamar.
Gamacismo, s. m. (gr. *gamma*). *Med.* Dificuldade em pronunciar as letras, *g, k* e *x*.
Gamado, adj. 1. Com os braços iguais e as extremidades prolongadas em ângulo reto, como o gama grego maiúsculo: Cruz *gamada*. 2. *Gír.* Apaixonado por.
Gamão, s. m. (cast. *gamón*). 1. Jogo de azar e de cálculo entre dois parceiros. 2. Tabuleiro sobre que se joga o gamão.
Gamar, v. *Gír.* Pron. Apaixonar-se.
Gambá, s. m. 1. *Zool.* Designação comum a diversos marsupiais didelfos noturnos; micurê, mucura, sarigüê, sarigüéia, saruê, timbu. Voz: *chia, guincha, regouga*. 2. *Pop.* Indivíduo dado ao alcoolismo.
Gambadonas, s. f. pl. *Náut.* Cordas em que se envolvem os mastros, para reforçar.
Gambadoņos, s. m. pl. V. *gambadonas*.
Gambérria, s. f. (ital. *gambierra?*). 1. Cambapé. 2. *Pop.* Armadilha, laço, logro, trampolina, trapaça.
Gambeta (*ê*), s. f. Movimento feito com o corpo, fugindo para um e outro lado, com o fim de enganar alguém.
Gambeteação, s. f. Ato ou efeito de gambetear.
Gambeteador, adj. e s. m. Que, ou o que gambeteia.
Gambetear, v. 1. Tr. dir. Esquivar (o corpo), para escapar ao golpe do adversário. 2. Intr. Fazer gambetas.
Gambeteiro, adj. e s. m. V. *gambeteador*.
Gâmbia, s. f. (ital. *gamba?*). *Pop.* Perna.
Gambiarra, s. f. Ribalta de luzes na parte anterior e superior dos palcos.
Gambito, s. m. (ital. *gambetto*). 1. Forquilha com que se fixa no fundo a rede de tapagem. 2. Lance no jogo do xadrez, em que se sacrifica uma pedra para obter vantagem de posição. 3. Artimanha própria para derrubar o adversário.
Gamboa¹ (*ô*), s. f. Fruto do gamboeiro.
Gamboa², s. f. 1. Trecho de rio em que as águas remansam; igarapé. 2. Cercado para pesca.
Gamboeiro, s. m. (de *gamboa¹*). *Bot.* Variedade de marmeleiro (*Cydonia vulgaris britannica*).
Gambota, s. f. *Arquit.* Armação de madeira, para a construção de uma abóbada; cimbre. Var.: *cambota*.
Gamela¹, s. f. (l. *camella*). 1. Bacia de madeira para cozinha; alguidar. 2. *Pop.* Mentira. S. m. *Gír.* Engenheiro prático, pedreiro metido a construtor.
Gamela², s. f. (de *gama²*). Pequena gama ou corça.
Gameleira, s. f. 1. *Bot.* Designação comum a diversas árvores moráceas.
Gamelo (*ê*), s. m. (de *gamela*). Vasilha longa que recebe água ou comida para o gado.
Gamenho, adj. *Pop.* 1. Diz-se do indivíduo casquilho, garrido, peralta, vistoso. 2. Designativo do indivíduo tunante, vadio. S. m. Esse indivíduo.
Gameta, s. m. (gr. *gametes*). *Biol.* Cada uma das duas células sexuais maduras entre as quais se opera a fecundação: *gameta masculino*, ou *espermatozóide*, e *gameta feminino*, ou *óvulo*. Var.: *gâmeta*.
gameto-, elem. de comp. Exprime a idéia de *gameta: gametócito*.
Gametócito, s. m. *Biol.* Célula da qual se origina um gameta, quando ela é diferente dos indivíduos ordinários da espécie.
Gamo¹, s. m. (l. *gammu*). *Zool.* Espécie de veado, que tem comprida a cauda e achatada a parte superior dos galhos (*Cervus dama*). Fem.: *gama*.
gamo-², elem. de comp. (gr. *gammos*). Exprime idéia de *casamento* (*gamologia*); união ou soldadura de certas partes vegetais ou órgãos (*gamopétalo*).
Gamofilo, adj. *Bot.* 1. Formado pela soldadura de várias folhas. 2. Que tem folhas soldadas umas às outras.
Gamologia, s. f. Tratado a respeito do casamento.
Gamológico, adj. Que se refere à gamologia.
Gamomania, s. f. *Med.* Desejo mórbido de casar.
Gamomaníaco, adj. Relativo à gamomania. Sdj. e s. m. Que, ou o que sofre de gamomania.
Gamopétalo, adj. *Bot.* Que tem as pétalas soldadas entre si.
Gamossépalo, adj. *Bot.* Que tem as sépalas unidas ou soldadas entre si.
Gamostilo, adj. *Bot.* Formado por estiletes soldados entre si.
Gamote, s. m. (por *gamelote*, de *gamela*). *Náut.* Espécie de gamela, com que se esgota a água das cavernas, nas pequenas embarcações.
Gana, s. f. (cast. *gana*). 1. Grande apetite ou vontade. 2. Fome. 3. Desejo de vingança. 4. Má vontade contra alguém.
Ganacha, s. f. (ital. *ganascia*). 1. Borda posterior da face dos solípedes. 2. Maxila inferior do cavalo.
Ganância, s. f. (cast. *ganancia*). 1. Usura. 2. Ambição desmedida. 3. *P. us.* Ganho ilícito.
Gananciar, v. Tr. dir. 1. Ganhar com ganância. 2. Angariar, conquistar, ganhar.
Ganancioso, adj. Relativo a lucros excessivos. Adj. e s. m. Que, ou o que é ávido de ganho.
Ganchar, v. Tr. dir. Agarrar com gancho.
Gancheado, adj. Em forma de gancho.
Gancho, s. m. (cast. *gancho*). 1. Instrumento de metal, madeira etc., curvo, que serve para agarrar ou suspender uma coisa. 2. Anzol. 3. Grampo com que as mulheres prendem o cabelo. 4. Certa rede de pescaria. 5. Suporte para o telefone.
Ganchorra (*ó*), s. f. 1. Grande gancho, que serve para atracar barcos. 2. *Gír.* Mão.
Ganchoso, adj. Com forma de gancho; adunco.
Gandaia, s. f. (cast. *gandaya*). 1. Ato de revolver o lixo para encontrar alguma coisa de valor. 2. Ofício de trapeiro. 3. *Pop.* Ociosidade, vadiagem.
Gandaiar, v. Intr. *Pop.* Andar na gandaia, andar a esmo, vadiar.
Gandaieiro, adj. e s. m. *Pop.* Que, ou aquele que anda na gandaia.
Gândara, s. f. 1. Terra arenosa, pouco produtiva. 2. Terreno despovoado. 3. Charneca.
Gandra, s. f. V. *gândara*.
Gandula, s. m. e f. *Esp.* Pegador(a) de bolas que saem fora do campo ou da quadra de competição.
Gang, s. f. (termo inglês). Expressão da gíria norte-americana que significa quadrilha, bando de malfeitores.
Ganga¹, s. f. (al. *Gang*, n. p.). 1. *Miner.* Material inútil, que ocorre junto com o minério de uma jazida. 2. *Anat.* Substância amorfa e intercelular de tecidos ou órgãos.
Ganga², s. m. 1. Sacerdote gentio no Congo. 2. *Folc.* Chefe do terreiro, no culto cabinda, linha de umbanda.
Gangão, s. m. Espiga de milho com poucos grãos dispersos pelo sabugo.
Gangético, adj. Relativo ao Rio Ganges (Índia) e aos povos ou às regiões que o margeiam.
Gangliforme, adj. m. e f. Que tem o aspecto ou figura de gânglio.
Gânglio, s. m. (gr. *gagglion*). *Anat.* 1. Massa de substância nervosa, que contém células e fibras e se encontra no trajeto de um nervo ou vaso linfático. 2. Qualquer órgão de aparência nodosa. — *G. linfático*: cada uma das massas arredondadas de tecido linfóide, circundadas por uma cápsula de tecido conectivo.
Ganglioma, s. m. (de *gânglio*). *Med.* Tumor das glândulas ou dos gânglios linfáticos.
Ganglionar, adj. m. e f. Da natureza do gânglio, ou relativo a ele.
Ganglionite, s. f. *Med.* Inflamação de um gânglio.
Gangorra (*ó*), s. f. 1. Tábua para divertimento de crianças, apoiada no meio por um eixo, e em cujos extremos elas se balouçam. 2. Curral em volta da cozinha. 3. *Ant.* Espécie de carapuça. 4. Engenho primitivo e manual, para cana-de-açúcar.
Gangorrear, v. Intr. Brincar em gangorra.
Gangosa, s. f. *Med.* Ulceração destrutiva que tem início no véu

palatino e se espraia pela abóbada palatina, nariz, nasofaringe e partes externas do rosto; rinofaringite mutilante.

Gangrena, s. f. (gr. *gangraina*, pelo l.). 1. *Med.* Necrose de tecidos causada por defeito na contribuição de oxigênio pelo sangue, seguida de decomposição e apodrecimento. 2. *Bot.* Enfermidade das árvores, que ataca e destrói a casca, o tronco e a medula.

Gangrenado, adj. 1. *Med.* Acometido de gangrena. 2. Corrupto.

Gangrenar, v. 1. Tr. dir. Produzir gangrena em. 2. Intr. e pron. Tornar-se gangrenoso.

Gangrenoso, adj. 1. Que tem gangrena. 2. Que é da natureza da gangrena.

Gangster (*gân*), s. m. (termo inglês). Indivíduo que faz parte de uma *gang*; bandido.

Ganhador, adj. e s. m. Que, ou aquele que ganha.

Ganhão, s. m. 1. Plebeu, rústico. 2. Homem que, para viver, aceita qualquer trabalho.

Ganha-pão, s. m. (*ganhar* + *pão*). 1. Ofício ou trabalho de que alguém vive. 2. Modo de vida.

Ganhar, v. (germ. *waidanjan*). 1. Tr. dir. Adquirir, granjear, obter mediante qualquer combinação, esforço ou trabalho. 2. Tr. dir. Lucrar, por transação, especulação ou trabalho. 3. Tr. dir. Receber, por emprego ou por funções exercidas. 4. Tr. ind. Exceder, levar vantagem. 5. Tr. dir. Vencer. 6. Tr. dir. Conquistar, obter por acaso. 7. Tr. dir. Alcançar, chegar a. — P. regular: *ganhado* (p. us.); p. irr.: *ganho*.

Ganhável, adj. m. e f. Que se pode ganhar.

Ganha-vida, s. m. Ganha-pão.

Ganho, adj. (p. irr. de *ganhar*). Que se ganhou. S. m. 1. Ato ou efeito de ganhar. 2. Êxito favorável. 3. Lucro, proveito, provento, vantagem.

Ganiçar, v. O mesmo que *ganir*.

Ganido, s. m. (l. *gannitu*). 1. Grito lamentoso dos cães. 2. Voz esganiçada.

Ganir, v. (l. *gannire*). 1. Intr. Soltar ganidos (o cão). 2. Intr. Gemer como os cães. — Verbo defectivo. Conjuga-se por *abolir*.

Ganja, s. f. 1. Adulação. 2. Vaidade, presunção.

Ganjão, s. m. V. *gajão*.

Ganjento, adj. *Pop.* Presumido, vaidoso, atrevido.

Ganóide, adj. m. e f. *Ictiol.* 1. Designativo da escama típica dos peixes da subclasse dos Ganóides. 2. Que tem escamas ganóides. S. m. Peixe ganóide. S. m. pl. O grupo dos peixes providos de escamas ganóides. Var.: *ganoídeo*.

Ganoídeo, adj. e s. m. V. *ganóide*.

Ganoína, s. f. Substância semelhante ao esmalte dos dentes e que forma as escamas de certos peixes.

Ganso[1], s. m. (gót. *gans*). *Ornit.* 1. Ave anseriforme da família dos Anatídeos. Voz: *grita, grasna*. 2. *Gír.* Homem de elevada estatura, de pescoço comprido. 3. *Gír.* Bebedeira, embriaguez.

Ganso[2], s. m. A parte externa e posterior da coxa do boi.

Ganzá, s. m. *Mús.* Reco-reco; xeque-xeque.

Ganzepe, s. m. Entalhe na madeira, que vai alargando de cima para baixo.

Garabulha, s. f. 1. Confusão, embrulhada. 2. Escrita enredada, má letra. S. m. Indivíduo intrigante.

Garabulhar, v. Tr. dir. e intr. Fazer garabulha; garatujar.

Garabulhento, adj. Que tem garabulho.

Garabulho, s. m. (ital. *garbuglio*). 1. Aspereza, rugosidade. 2. V. *garabulha*.

Garafunhas, s. f. pl. V. *garatuja*.

Garafunhos, s. m. pl. V. *garatuja*.

Garagem, s. f. (fr. *garage*). 1. Abrigo para automóveis. 2. Oficina para conserto de automóveis.

Garagista, s. m. e f. (*garagem* + *ista*). Pessoa encarregada, gerente ou proprietária de garagem.

Garança, s. f. (fr. *garance*). 1. *Bot.* Planta tintorial. 2. Cor vermelha, produzida por essa planta.

Garanceira, s. f. Terreno onde cresce a garança; granzal.

Garancina, s. f. *Quím.* Corante que se extrai da garança.

Garanhão, s. m. (germ. *wranjo, -ons*). 1. Cavalo escolhido para reprodução. 2. *Ch.* Indivíduo libidinoso, sensual; femeeiro.

Garante, s. m. e f. (fr. *garant*, do franco). Pessoa que garante, que afiança, que se responsabiliza por alguma coisa.

Garantia, s. f. (*garante* + *ia*). 1. Ato ou efeito de garantir. 2. Compromisso que o vencedor assume de entregar ao comprador a coisa vendida isenta de defeitos ou de vícios. 3. Meio pelo qual o credor se precavém contra o devedor de quaisquer riscos que a transação possa acarretar. 4. Abonação, fiança, caução, penhor. S. f. pl. Direitos, privilégios, isenções que a constituição de um país confere aos cidadãos.

Garantido, adj. 1. Que está sob garantia. 2. Cuja boa qualidade é afiançada.

Garantidor, adj. e s. m. Que, ou o que garante.

Garantir, v. (de *garante*). 1. Tr. dir. Abonar, afiançar, responsabilizar-se por. 2. Tr. dir. Afiançar a veracidade de, asseverar, certificar. 3. Tr. dir. Acautelar, defender, livrar. 4. Tr. dir. Dar proteção segura.

Garapa, s. f. (tupi). 1. Caldo de cana. 2. Qualquer bebida açucarada e refrigerante. 3. Coisa boa, certa ou fácil de se obter. 4. *Bot.* Árvore brasileira, da família das Leguminosas, subfamília das Cesalpiniáceas (*Apuleia leiocarpa* ou *A. praecox*). 5. *Pop.* Café fraco.

Garapeiro, s. m. Aquele que prepara ou vende garapa.

Garatuja, s. f. 1. Escrita com letras pouco inteligíveis. 2. Esgar, momice, trejeito. 3. Tolice.

Garatujar, v. (ital. *grattugiare*). 1. Tr. dir. Cobrir com garatujas; rabiscar. 2. Intr. Fazer garatujas.

Garavanço, s. m. Forcado com que se limpa o trigo nas eiras.

Garavato, s. m. (cast. *garabato*). 1. Gancho. 2. Pau com um gancho na extremidade para colher fruta das árvores. 3. V. *graveto*. Var.: *gravato*.

Garavetar, v. Intr. Colher gravetos ou lenha miúda.

Garaveto (*ê*), s. m. V. *graveto*.

Garavunha, s. f. V. *garatuja*.

Garbo, s. m. (ital. *garbo*). 1. Donaire, elegância. 2. Distinção. 3. Galhardia.

Garbosidade, s. f. Qualidade de garboso.

Garboso, adj. 1. Que tem garbo. 2. Donairoso, elegante. 3. Distinto. 4. Galhardo.

Garça[1], s. f. *Ornit.* Nome comum das aves aquáticas pernaltas do gênero *Ardea*, de bico e pescoço compridos e que se alimenta de peixes. Voz: *gazeia, grasna*.

Garça[2], s. f. Tela muito rala.

Garceiro, adj. 1. Que mata garças (falcão). 2. Diz-se do caçador de garças.

Garço, adj. 1. Verde-azulado. 2. Esverdeado.

Garçom, s. m. (fr. *garçon*). Empregado que serve em bar, café, restaurante etc. Fem.: *garçonete*.

Garçonete, s. f. (fr. *garçonete*). Mulher que serve à mesa em restaurantes, bares, cafés etc.

Garçota, s. f. *Ornit.* 1. Ave palmípede também chamada *garça-bastarda* (*Ardea gazzetta*). 2. Garça nova.

Gardênia, s. f. *Bot.* Planta ornamental, da família das Rubiáceas (*Gardenia grandiflora*).

Gardingo, s. m. (l. med. *gardingu*, do gót.). Homem nobre que exercia altos cargos na corte dos príncipes visigodos.

Gardunha, s. f. *Ant.* V. *gardunho*.

Gardunho, s. m. Fuinha.

Gare, s. f. (fr. *gare*). Embarcadouro e desembarcadouro das estações de estrada de ferro.

Garfada, s. f. Quantidade de comida que um garfo leva de cada vez.

Garfar, v. 1. Tr. dir. Revolver ou espetar com garfo. 2. Tr. dir. e intr. *Agr.* Enxertar de garfo.

Garfeira, s. f. Estojo para garfos.

Garfete (*ê*), s. m. (de *garfo*). Peça cilíndrica de pau ou de vidro, empregada no fabrico da seda.

Garfilha, s. f. *Numism.* Orla de medalha ou de moeda.

Garfo, s. m. (ár. *garfa?*). 1. Peça, do talher, em geral com quatro dentes, que se usa para levar à boca alimentos sólidos. 2. *Ant.* Instrumento de tortura. 3. Forquilha da roda dianteira da bicicleta. 4. Enxame que emigra da colméia, quando há excesso de abelhas. 5. Forquilha para separar a palha do grão, nas eiras. 6. *Gír.* Comilão.

Gargajola, s. m. Rapaz crescido, espigado.

Gargalaçar, v. (de *gargalo*). Tr. dir. Beber pelo gargalo da vasilha.

Gargaleira, s. f. (de *gargalo*). Buraco no bojo das pipas ou tonéis.

Gargalhada, s. f. (de *gargalhar*). Risada franca, estridente e prolongada.

Gargalhador, adj. e s. m. Que, ou o que dá gargalhadas.

Gargalhar, v. (de *garg*, radical de *garganta*). 1. Intr. Dar gargalhadas, rir gargalhando.

Gargalheira, s. f. 1. Coleira com que se prendiam os escravos. 2. Coleira de pregos para cães de gado e de fila. 3. *Fig.* Algemas. 4. *Fig.* Jugo, opressão, tirania.

Gargalho, s. m. (cast. *gargajo*). Escarro espesso, que se expele com dificuldade.

Gargalo, s. m. 1. Parte superior e estreita, de garrafa ou de outra vasilha. 2. Entrada estreita.

Garganta, s. f. (do tema *garg*). 1. *Anat.* Parte anterior do pescoço, pela qual os alimentos passam da boca para o estômago. 2. Laringe. 3. *Geogr.* Desfiladeiro, estreito, passagem estreita e apertada entre duas montanhas. Adj. m. e f. Diz-se da pessoa fanfarrona, mentirosa, gabarola. S. m. e f. Essa pessoa. — *Trazer alguém atravessado na g.*: ter-lhe ódio, aversão.

Gargantão, adj. e s. m. 1. Designativo do indivíduo comilão, voraz. 2. Muito fanfarrão e mentiroso. S. m. Esse indivíduo.

Garganteação, s. f. Ato ou efeito de gargantear.

Garganteado, adj. Modulado com afinação. S. m. 1. Gorjeio, trinado. 2. Cantoria pretensiosa.

Garganteador, adj. e s. m. Que, ou o que garganteia.

Gargantear, v. 1. Tr. dir. Pronunciar ou cantar com voz requebrada. 2. Intr. Fazer trinados, cantar, variando ligeiramente os tons. 3. Intr. Bazofiar, blasonar, jatar-se.

Garganteio, s. m. (de *gargantear*). 1. Ato ou efeito de gargantear. 2. Trinado com a voz; garganteado.

Gargantilha, s. f. (cast. *gargantilla*). Afogador que se prende ao pescoço como enfeite.

Gargântua, s. m. (de *Gargântua*, . p.). Glutão, comilão. (Alusão a *Gargântua*, herói de um livro de Rabelais, escritor francês.)

Gargarejamento, s. m. Ação ou efeito de gargarejar.

Gargarejar, v. 1. Tr. dir. Agitar na garganta (um líquido). 2. Intr. Fazer gargarejos. 3. Tr. dir. Dizer com voz trêmula. 4. Intr. *Pop.* Namorar, conversando da rua para a janela ou sacada.

Gargarejo (*ê*), s. m. 1. Ato ou efeito de gargarejar. 2. *Med.* Líquido que se gargareja. 3. *Pop.* Conversa de namoro da rua para a sacada ou janela.

Gárgula, s. f. 1. Abertura por onde se escoa a água de uma fonte ou cascata. 2. *Arquit.* Biqueira, muitas vezes com forma de uma figura ou animal grotesco, por onde escorre a água de chuva, longe das paredes.

Gari, s. m. *Reg.* Empregado da limpeza pública; varredor de rua.

Garibáldi, (de *Garibaldi*, n. p.). 1. Espécie de blusa encarnada, que se veste exteriormente. 2. Casaco curto de mulher.

Garibaldino[1], adj. Pertencente ou relativo a Giuseppe Garibáldi, patriota italiano (1807-1882), que esteve no Brasil, havendo tomado parte nas lutas dos Farrapos.

Garibaldino[2], adj. Relativo a Garibáldi, cidade e município do Rio Grande do Sul. S. m. O natural desse município.

Garimpagem, s. f. Ação ou prática de garimpar.

Garimpar, v. Intr. 1. Exercer o mister de garimpeiro. 2. *Fam.* Meter o dedo no nariz e esgaravatá-lo com a unha.

Garimpeiro, s. m. 1. Aquele que anda à cata de pedras ou metais preciosos. 2. Indivíduo que trabalha nas lavras diamantinas; faiscador. 3. *Fig.* O que explora as jóias vocabulares do idioma.

Garimpo, s. m. 1. Lugar onde se exploram pedras e metais preciosos. 2. Mina de diamantes ou carbonados.

Gariroba, s. f. *Bot.* 1. Palmeira que produz um dos tipos de palmito amargoso. 2. Esse palmito.

Garlopa, s. f. (fr. *varlope*). Plaina grande.

Garnacha, s. f. (fr. ant. *garnache*). Vestimenta talar de magistrados e sacerdotes. S. m. Quem veste garnacha.

Garnear, v. Tr. dir. Alisar com o macete (couro).

Garnimento, s. m. *P. us.* Enfeite; guarnição.

Garnir, v. Tr. dir. *Ant.* Guarnecer.

Garnisé, adj. Designativo de uma espécie de galinha muito pequena, originária de Guernesey; galisé, galiré, galiséu; peva. S. m. *Pop.* Indivíduo de pequena estatura e rusguento.

Garo, s. m. (l. *garu*). *Zool.* Espécie de lagosta.

Garoa (*ô*), s. f. Nevoeiro fino e persistente; chuvisco. Adj. Designativo do indivíduo forte, valente, enfurecido. S. m. Sujeito brigador, valentão.

Garoar, v. Intr. Cair garoa; chuviscar. Var.: *garuar.*

Garoento, adj. Relativo ao tempo em que há garoa.

Garota (*ô*), s. f. 1. Fem. de *garoto.* 2. Mocinha. 3. *Pop.* Namorada.

Garotada, s. f. 1. Ajuntamento ou bando de garotos. 2. Ato ou dito próprio de garoto.

Garotagem, s. f. V. *garotada.*

Garotar, v. Intr. 1. Levar vida de garoto. 2. Fazer garotices. 3. Andar à gandaia; vadiar.

Garotice, s. f. 1. Vida de garoto. 2. Ação ou palavra de garoto. 3. Brincadeira, maroteira.

Garotil, s. m. *Náut.* 1. Parte superior da vela do navio. 2. Envergamento das vergas.

Garoto (*ô*), adj. 1. Que brinca ou anda à toa pelas ruas. 2. Travesso. S. m. 1. Rapaz vadio. 2. Rapazola sem educação; gaiato. 3. Rapaz imberbe. 4. Criança. Col.: *cambada, bando, chusma.*

Garoupa, s. f. (l. *clupea?*). 1. *Ictiol.* Nome comum a numerosos peixes da família dos Serranídeos. 2. *Gír.* Mentira, patranha.

Garoupeira, s. f. Embarcação que se usa na pesca da garoupa.

Garoupinha, s. f. *Ictiol.* Peixe marinho da família dos Serranídeos (*Cephalopholis fulvus*).

Garra, s. f. 1. Unha recurvada e pontuda de feras e aves de rapina. 2. As unhas, os dedos, as mãos. 3. Tirania, poder.

Garrafa, s. f. 1. Vaso geralmente de vidro, de gargalo estreito, destinado a líquidos. 2. O líquido desse vaso.

Garrafada, s. f. 1. Conteúdo de uma garrafa. 2. *Folc.* Beberagem de curandeiro. 3. Pancada com garrafa.

Garrafal, adj. m. e f. 1. Com o feitio de garrafa. 2. Graúdo, grande.

Garrafão, s. m. Garrafa grande, de ordinário empalhada ou com capa de verga ou cortiça.

Garrafaria, s. f. V. *garrafeira.*

Garrafeira, s. f. 1. Depósito ou conjunto de garrafas. 2. Lugar onde se guardam garrafas.

Garrafeiro, s. m. Comprador ambulante de garrafas.

Garraiada, s. f. 1. Manada de garraios. 2. Corrida de garraios.

Garraio, s. m. 1. Boi pequeno, ainda não matreiro. 2. Indivíduo bisonho, inexperiente.

Garrana, s. f. Égua pequena, mas forte.

Garranchada, s. f. Grande porção de garranchos ou galhos.

Garranchento, adj. Cheio de garranchos; garranchoso.

Garrancho, s. m. 1. *Vet.* Doença nos cascos das cavalgaduras. 2. Ramo tortuoso de árvore. 3. Graveto. 4. Letra ruim.

Garranchoso, adj. 1. Com forma de garrancho. 2. Garranchento.

Garrano, s. m. 1. Cavalo pequeno, mas forte. 2. Indivíduo enganador, falaz, velhaco.

Garrão, s. m. Jarrete do cavalo.

Garrar, v. *Náut.* 1. Intr. Ser (o navio) levado pelas ondas por não estar segura a amarra. 2. Tr. dir. Desprender (as amarras).

Garriça, s. f. V. *cambaxirra.* Var.: *garrincha* e *carriça.*

Garrida, s. f. 1. Sineta. 2. Roda de ferro que se põe debaixo das pedras grandes para as deslocar.

Garridice, s. f. Galanice, janotismo, pompa.

Garrido, adj. 1. Casquilho, janota, peralta. 2. Alegre, brilhante, vistoso, vivo. 3. Elegante, loução.

Garril, s. m. Obstáculo proposital para impedir o trânsito de veículos e de cavaleiros.

Garrincha, s. f. V. *cambaxirra.*

Garrir, v. (l. *garrire*). 1. Pron. Trajar com garridice. 2. Intr. Trajar luxuosamente. 3. Intr. Falar muito, tagarelar. 4. Intr. Badalar, ressoar. — Conjuga-se como *falir.*

Garrocha, s. f. *Taur.* Vara com ferrão para picar touros.

Garrochada, s. f. Picada com garrocha.

Garrochar, v. Tr. dir. 1. Picar com garrocha. 2. Espicaçar, estimular.

Garrota, s. f. Bezerra, até os dois anos de idade.

Garrotada, s. f. Porção de garrotes².

Garrotar, v. Tr. dir. Estrangular por meio de garrote.

Garrote¹, s. m. 1. Pau curto com que se apertava a corda do enforcado. 2. Estrangulação sem suspensão do padecente.

Garrote², s. m. (de *garrão*). Bezerro de dois a quatro anos de idade. Fem.: *garrota.*

Garrotear, v. V. *garrotar.*

Garrotilho, s. m. 1. *Med.* Laringite aguda acompanhada de sufocação; crupe¹. 2. *Vet.* Doença de cavalos provocada pelo *Streptococcus equi*; gurma.

Garrucha, s. f. Pistola, ordinariamente de dois canos. Adj. m. e f. Sovina.

Garrulice, s. f. Qualidade de gárrulo; tagarelice.

Gárrulo, adj. e s. m. Que, ou aquele que fala muito; tagarela.

Garupa, s. f. Parte póstero-superior do cavalo, entre a cauda e os lombos; ancas.

Gás, s. m. *Quím.* Substância muito fluida e em estado de agregação aeriforme, que enche uniformemente qualquer espaço em que se encerre.

Gasalhado, s. m. 1. Agasalho. 2. Hospedagem. 3. Bom acolhimento.

Gasalhar, v. V. *agasalhar.*

Gasalho, s. m. V. *agasalho.*

Gasalhoso, adj. Que dá gasalho; hospitaleiro.

Gascão, adj. 1. Da Gasconha (França) ou relativo a ela. 2. Natural da Gasconha. S. m. 1. O natural da Gasconha. 2. Dialeto da Gasconha. 3. Fanfarrão, parlapatão.

Gasconada, s. f. Bazófia, fanfarrice.

Gasear, v. Tr. dir. *Neol.* Sujeitar à ação de gases deletérios, especialmente os de guerra. Cfr. *gazear.*

gasei- (*e-i*), elem. de comp. Exprime a idéia de *gás, vapor; gaseificar, gaseiforme.*

Gaseificação (*e-i*), s. f. Operação de gaseificar(-se).

Gaseificar (*e-i*), v. 1. Tr. dir. e pron. Converter(-se) em gás. 2. Tr. dir. Introduzir gás em.

Gaseificável (*e-i*), adj. m. e f. Que se pode gaseificar.

Gaseiforme (*e-i*), adj. m. e f. Que se apresenta em estado gasoso.

Gasganete (*ê*), s. m. *Fam.* Garganta, pescoço; gasnete.

Gasificação, s. f. (*gasificar + ção*). V. *gaseificação.*

Gasificar, v. (*gási + ficar²*). V. *gaseificar.*

Gasoduto, s. m. Canalização a longa distância, de gás natural ou gás de coque.

Gasogênio, s. m. Aparelho que serve para fabricar gás (pobre), usado nos motores de explosão, como substitutivo da gasolina.

Gasógeno, adj. Que produz gás.

Gasolina, s. f. Mistura líquida, inflamável, volátil, de hidrocarbonetos, que constitui a parte mais volátil de petróleo bruto.

Gasometria, s. f. Medida dos volumes gasosos, da densidade dos gases etc.

Gasométrico, adj. Relativo à gasometria.

Gasômetro, s. m. 1. Aparelho para medir gás. 2. Reservatório de gás para iluminação. 3. Fábrica de gás.

Gasosa, s. f. Limonada gaseificada; soda.

Gasoso, adj. 1. Da natureza do gás. 2. Que contém gás de ácido carbônico.

Gasparinho, s. m. A menor fração de um bilhete de loteria. Var.: *gasparino.*

Gáspea, s. f. Parte dianteira do calçado, que cobre o pé e é cosida à parte posterior.

Gaspeadeira, s. f. Mulher que gaspeia.

Gaspear, v. Tr. dir. Pôr gáspeas em.

Gastador, adj. e s. m. Que, ou aquele que gasta muito; dissipador, perdulário e pródigo.

Gastalho, s. m. Espécie de grampo, usado em tanoaria para apertar aduelas.

Gastar, v. 1. Tr. dir. Tornar menor, pelo atrito, o volume de. 2. Tr. dir. e intr. Despender (dinheiro, bens, forças etc.). 3. Tr. dir. Consumir, destruir. 4. Tr. dir. Desperdiçar, dissipar, malbaratar. 5. Pron. Acabar, extinguir-se. — Particípio regular: *gastado*, irr.: *gasto.*

Gastável, adj. m. e f. Que se pode gastar.

Gasto, adj. 1. Que se gastou. 2. Consumido, despendido.

Gastralgia, s. f. *Med.* Dor no estômago.

Gastrálgico, adj. Relativo à gastralgia.

Gastrenterite, s. f. *Med.* Inflamação simultânea do estômago e dos intestinos.

Gastrenterocolite, s. f. *Med.* Inflamação simultânea do estômago, do intestino delgado e do cólon.

Gástrico, adj. Relativo ao estômago.

gastro-¹, elem. de comp. (gr. *gastèr, gastros*). Expressa a idéia de *estômago: gastralgia.*

Gastro², s. m. Antigo vaso romano, de grande bojo.

Gastrocolite, s. f. *Med.* Inflamação simultânea do estômago e do cólon.

Gastroconjuntivite, s. f. *Vet.* Inflamação simultânea do estômago e da mucosa dos olhos, que ocorre na espécie cavalar.

Gastrodinia, s. f. *Med.* V. *gastralgia.*

Gastroduodenite, s. f. *Med.* Inflamação do estômago e do duodeno.

Gastrólatra, s. m. e f. Pessoa que adora os prazeres da alimentação; pessoa glutona.

Gastrolatria, s. f. Qualidade ou índole de gastrólatra.

Gastrologia, s. f. Estudo e conhecimento das regras de bem comer e beber.

Gastrológico, adj. Relativo à gastrologia.

Gastrólogo, s. m. Especialista em gastrologia.

Gastronecto, adj. Diz-se do peixe que tem as vértebras abdominais desenvolvidas, formando um órgão próprio para natação.

Gastronomia, s. f. 1. Arte de cozinhar bem. 2. Arte de regalar-se com os melhores pratos.

Gastronômico, adj. Relativo à gastronomia.

Gastrônomo, s. m. O que aprecia os bons pratos e procura os maiores prazeres da mesa.

Gastroperitonite, s. f. *Med.* Inflamação do estômago e do peritônio.

Gastrópode, adj. *Zool.* Relativo aos Gastrópodes. S. m. pl. Classe (*Gastropoda*) de moluscos que apresentam o pé constituído por uma massa muscular situada sob a região ventral, como os caracóis e caramujos.

Gastropterigio, adj. *Ictiol.* Diz-se dos peixes que têm as barbatanas ventrais atrás das peitorais.

Gastrorréia, s. f. *Med.* Catarro estomacal.

Gastrose, s. f. *Med.* Designação genérica das doenças do estômago; gastropatia.

Gastrospasmo, s. m. *Med.* Contratura espasmódica do estômago.

Gastrostomia, s. f. *Cir.* Abertura de um orifício no estômago para introdução de alimentos.

Gastrozoário, s. m. V. *gastrozóide.*

Gastrozóide, s. m. *Zool.* Pólipo que, nas colônias de hidrozoários, exerce as funções relacionadas com a nutrição.

Gástrula, s. f. *Embr.* Terceiro estágio do desenvolvimento do ovo fecundado dos metazoários.

Gastrulação, s. f. *Biol.* Passagem do embrião do estágio de blástula ao de gástrula.

Gastura, s. f. Comichão, prurido.

Gata, s. f. 1. Fêmea do gato. 2. *Náut.* Uma das gáveas, superior à mezena. 3. *Náut.* Vela do mastaréu da gata. 4. Bebedeira, embriaguez. — *G.-parida*: brinquedo de meninos em que todos se sentam num banco, começam a comprimir-se uns aos outros e imitam os miados do gato. *Amarrar a g.*: embriagar-se.

Gatafunhar, v. Tr. dir. Garatujar, rabiscar.

Gatafunhos, s. m. pl. V. *garatuja.*

Gataria, s. f. Grande quantidade de gatos.

Gatázio, s. m. *Pop.* 1. Garra de gato. 2. Unhas, dedos.

Gateado, adj. 1. Diz-se do cavalo de pêlo amarelo-avermelhado. 2. Diz-se dos olhos amarelo-esverdeados como os do gato.

Gateira, s. f. 1. Buraco nas portas para entrada e saída dos gatos. 2. Armadilha para gatos. 3. Fresta sobre o telhado para entrar ar e luz.

Gaticida, s. m. e f. Pessoa que pratica um gaticídio.

Gaticídio, s. m. Morte dada a um gato.

Gatilho, s. m. Peça dos fechos da arma de fogo que se puxa para a disparar.

Gatimanhos, s. m. pl. Sinais feitos com as mãos.

Gatimônias, s. f. pl. V. *gatimanhos.*

Gatina, s. f. Doença própria dos bichos-da-seda.

Gato, s. m. 1. Mamífero carnívoro doméstico da família dos Felídeos (*Felis cattus*). Voz: *bufa, mia, resbuna, ronrona, ronca, rosna, resmoneia, chora.* Aum.: *gatão, gatarrão, gatorro, gatalhão, gatalhaço, gataço.* 2. *Fam.* Erro, lapso, descuido. 3. Erro tipográfico ou omissão de revisor. 4. *Pop.* Ladrão, gatuno, larápio. — *G. pingado*: a) cada um dos poucos assistentes de uma reunião ou espetáculo, ou de algum agrupamento; b) aquele que acompanha a pé os enterros; c) pessoa insignificante. *G.-sapato*: a) coisa desprezível; b) jogo parecido com o da cabra-cega.

Gatunagem, s. f. 1. Ato de gatunar. 2. Vida de gatuno. 3. Bando de gatunos. 4. Os gatunos.

Gatunar, v. Intr. Furtar por hábito.

Gatunhar, v. V. *gatunar.*

Gatunice, s. f. Ato próprio de gatuno.

Gatuno, adj. Que gatuna. S. m. Larápio.

Gaturamo, s. m. *Ornit.* Nome comum a vários pássaros da família dos Traupídeos; guriatã. Voz: *geme.*

Gauchada (*a-u*), s. f. 1. Ação própria de gaúcho. 2. Grande número de gaúchos. 3. Fanfarronada.

Gaucharia (*a-u*), s. f. V. *gauchada.*

Gauchesco (*a-u... ê*), adj. Relativo ao, ou próprio do gaucho; gaucho.

Gauchismo (*a-u*), s. m. 1. Costume de gaúcho. 2. Construção, expressão, palavra típica da fala gaúcha.

Gaúcho, s. m. Designação dos habitantes da zona de fronteira no Rio Grande do Sul e, por extensão, dos habitantes e naturais desse Estado. Adj. Relativo ao Estado do Rio Grande do Sul.

Gaudério, s. m. 1. Folgança, pândega. 2. *Pop.* Malandro, vadio. 3. *Ornit.* V. *chupim.*

Gáudio, s. m. 1. Alegria, júbilo, regozijo. 2. Brinquedo, folgança.

Gaulês, adj. 1. Relativo à Gália. S. m. 1. Natural da Gália. 2. Idioma dos antigos gauleses, dialeto das línguas célticas.

Gauss, s. m., sing. e pl. *Fís.* Unidade de medida de indução magnética no sistema CGS eletromagnético igual a 10^{-4} teslas. Símbolo: g.

Gávea, s. f. *Náut.* 1. Vela imediatamente superior à grande. 2. Espécie de plataforma a certa altura de um mastro e atravessada por ele.

Gavela, s. f. Feixe de espigas; paveia. Var.: *gabela.*

Gaveta (*ê*), s. f. Caixa corrediça, sem tampa, que se introduz em mesa, prateleira etc.

Gavião, s. m. 1. *Ornit.* Nome comum a várias aves de rapina diurnas, das famílias dos Acipitrídeos e dos Falconídeos. Voz: *crocita, grasna, guincha.* 2. Indivíduo esperto, ladino. 3. *Gír.* Conquistador. Adj. Vivo, finório.

Gavinha, s. f. Órgão preensor de certas plantas, com o qual elas se prendem a outras ou a estacas.

Gavinhoso, adj. Que tem gavinhas.

Gavionar, v. Intr. 1. Não se deixar pegar (o cavalo). 2. Andar à conquista de mulheres.

Gavionice, s. f. 1. Ato de gavionar. 2. Velhacada, esperteza.

Gavota, s. f. Antiga música e dança francesa.

Gaxeta, s. f. *Mec.* Trança de linho, palha ou borracha, que se coloca apertada entre os bordos da tampa e a boca das caldeiras de qualquer máquina, para as fechar ermeticamente.

Gaze, s. f. Tecido leve e transparente.

Gazeador, adj. e s. m. Que, ou o que gazeia.

Gazeante, adj. m. e f. Gazeador.

Gazear[1], v. Intr. Faltar à aula ou a uma obrigação para passear ou divertir-se.

Gazear[2], v. Intr. Cantar, chilrear (a ave).

Gazeio[1], s. m. (de *gazear[1]*). Ato ou efeito de gazear[1].

Gazeio[2], s. m. (de *gazear[2]*). Canto de garça, andorinha e outras aves.

Gazel, s. m. Poesia amorosa ou báquica dos persas e dos árabes. Var.: *gazal.*

Gazela, s. f. 1. *Zool.* Antílope grácioso e ligeiro (*Gazella dorcas*), do Norte da África. 2. Moça bonita e elegante.

Gázeo, adj. Garço. S. m. pl. *Pop.* Os olhos.

Gazeta[1] (*ê*), s. f. Publicação periódica, noticiosa, literária, artística, política, em geral, da vida pública.

Gazeta[2], s. f. V. *gazeio[1]*.

Gazetear, v. Intr. V. *gazear[1]*.

Gazeteiro[1], s. m. (*gazeta[1] + eiro*). 1. *Pej.* Jornalista. 2. Vendedor de jornais.

Gazeteiro[2], adj. e s. m. (*gazeta[2] + eiro*). Diz-se de, ou estudante que gazeia.

Gazetilha, s. f. 1. Seção noticiosa de um periódico. 2. Folhetim.

Gazetismo, s. m. Influência ou domínio exercido pela imprensa jornalística.

Gazua, s. f. Ferro curvo, ou de gancho, com que se podem abrir fechaduras.

Gê, s. m. Nome da letra *g* ou *G.* pl.: *gês* ou *gg.*

Geada, s. f. Orvalho congelado, que forma camada branca sobre o solo, plantas etc.

Gear, v. 1. Intr. Cair geada. 2. Tr. dir. Congelar.

Geba (*ê*), s. f. 1. Corcunda. 2. *Ant.* Mulher velha.

Gebo (*ê*), adj. (l. *gibbu*). Corcovo, corcunda.

Geboso, adj. V. *gebo.*

Geena, s. f. 1. Inferno, na religião hebraica. 2. Lugar de suplícios, na linguagem dos Evangelhos.

Gêiser, s. m. Fonte termal, intermitente, em forma de esguicho, que lança água e vapor a alturas que podem ultrapassar 60 m. Pl.: *gêiseres.*

Gel, s. m. *Quím.* Substância de consistência gelatinosa, resultante da coagulação de um líquido coloidal.

Gelada, s. f. 1. V. *geada.* 2. Orvalho. 3. Verdura coberta de geada. 4. Bebida refrigerante gelada.

Geladeira, s. f. 1. Móvel termicamente isolado, em que um mecanismo frigorífico produz frio para conservação de gêneros e resfriamento de líquidos. 2. *Gír.* Prisão ladrilhada ou cimentada.

Gelado, s. m. 1. Sorvete. 2. Qualquer bebida gelada.

Gelador, adj. Que gela.

Geladura, s. f. Seca ou queima que a geada ou o frio produz nas plantas.

Gelar, v. 1. Intr. e pron. Congelar-se, converter-se em gelo. 2. Intr. e pron. Esfriar-se muito, resfriar. 3. Intr. e pron. Requeimar-se, destruir-se pelo frio. 4. Intr. e pron. *Fig.* Perder a animação ou o entusiasmo. 5. Intr. Ficar com medo; entorpecer-se, emudecer.

Gelatina, s. f. Substância transparente, incolor, inodora, que se extrai de diversos órgãos e tecidos de animais e vegetais.

Gelatiniforme, adj. m. e f. Que tem aparência de gelatina.

Gelatinoso, adj. 1. Em que há gelatina. 2. Que tem a natureza ou o aspecto da geléia. 3. Pegajoso.

Geléia, s. f. Suco de frutas, de carne ou de ossos, cozido com açúcar e que adquire, pelo resfriamento, consistência gelatinosa.

Geleira, s. f. 1. *Geol.* Grande massa de gelo que se forma nas montanhas. 2. Montanha flutuante de gelo que se forma nas regiões circumpolares e se desloca vagarosamente.

Geleiro, s. m. Fabricante ou vendedor de gelo.

Gelha (*ê*), s. f. 1. Grão de cereal com tegumento enrugado. 2. Ruga na pele, especialmente do rosto.

Gelidez, s. f. Qualidade ou estado de gélido.

Gélido, adj. 1. Muito frio, congelado. 2. Insensível.

Gelo (*ê*), s. m. 1. Água solidificada pelo frio. 2. Frio excessivo. 3. *Poét.* Frieza, insensibilidade. Pl.: *gelos* (*ê*). — *G. seco*: anidrido carbônico sólido.

Gelosia, s. f. Grade de fasquias de madeira, que ocupa o vão de uma janela; rótula.

Gelsêmio, s. m. *Bot.* Gênero (*Gelsemium*) de trepadeiras lenhosas, venenosas, a que pertence o jasmim-amarelo.

Gema, s. f. 1. A parte amarela e globular do ovo das aves e répteis. 2. *Bot.* Parte do vegetal, suscetível de o reproduzir; botão, gomo, olho. 3. Resina primitiva dos pinheiros. 4. Qualquer pedra preciosa. 5. Parte íntima, central.

Gemação, s. f. 1. Formação de gemas das plantas. 2. Época em que se opera esse processo.

Gemada, s. f. Gema ou porção de gemas, batidas com açúcar e leite.

Gemado, adj. 1. Que tem gemas. 2. Da cor da gema do ovo. 3. Enxertado de gema (renovo).

Gemar, v. 1. Tr. dir. Enxertar com gema. 2. Tr. dir. Preparar com gemas de ovos. 3. Intr. Abrolhar.

Gemebundo, adj. V. *gemente.*

Gemedor, adj. e s. m. Que, ou quem geme.

Gemelos, adj. pl. *Anat.* Diz-se dos músculos gêmeos da perna. S. m. pl. Esses músculos.

Gemente, adj. m. e f. Que geme; gemebundo.

Gêmeo, adj. (l. *geminu*). 1. Que nasceu do mesmo parto que outrem. 2. Idêntico, igual.

Gemer, v. 1. Intr. Exprimir, por meio de gemidos, dor moral ou física. 2. Intr. Lastimar-se, soltar lamentações, queixas ou imprecações. 3. Tr. dir. Dizer ou proferir entre gemidos. 4. Intr. Produzir ruído lento e monótono; ranger ou vibrar tristemente. 5. Intr. Cantar(em) as aves (rouxinol, andorinha, pomba) em voz queixosa.

gemi-, elem. de comp. (l. *gemma*). Exprime a idéia de *gema, rebento, pedra preciosa: gemífero.*

Gemicar, v. Intr. Gemer continuamente, mas baixo.

Gemido, s. m. 1. Ato de gemer. 2. Lamento, queixa.

Gemífero, adj. Que tem ou produz gemas.

Geminação, s. f. 1. Estado do que é duplo ou disposto aos pares. 2. *Gram.* Duplicação de consoantes.

Geminado, adj. 1. Duplicado, dobrado. 2. *Bot.* Diz-se dos órgãos que nascem aos pares.

Geminar, v. Tr. dir. 1. Duplicar, ligando. 2. *Gram.* Duplicar consoantes.

Gêmino, adj. *Poét.* Dobrado, duplicado.

Gemiparidade, s. f. *Biol.* Reprodução por meio de gemas, comum nos vegetais inferiores.

Gemíparo, adj. *Biol.* Que se reproduz por gemas.

Gêmula, s. f. Pequena gema.

Genal, adj. m. e f. *Anat.* Relativo às faces.

Genciana, s. f. *Bot.* Planta européia (*Gentiana lutea*), cuja raiz grossa, amarga, tem propriedades tônicas.

Gendarmaria, s. f. Corpo de gendarmes.

Gendarme, s. m. Soldado de uma corporação militar da França, incumbida de zelar pela segurança pública.

Gene, s. m. *Biol.* Cada uma das partículas cromossômicas, mais ou menos independentes entre si, que encerram os caracteres hereditários; fator.

Genealogia, s. f. 1. Estudo da origem das famílias. 2. Linhagem, estirpe.

Genealogista, s. m. e f. Pessoa versada em genealogia.

Genearca, s. m. Progenitor de uma família, de uma linhagem ou de uma espécie.

Genebra, s. f. Bebida feita de aguardente e bagas de zimbro; gim.

Genebrês, adj. 1. Da cidade de Genebra (Suíça) ou relativo a ela. 2. Natural de Genebra. S. m. O habitante ou natural de Genebra.

Genebrino, adj. e s. m. V. *genebrês.*

General, adj. 1. *P. us.* V. *geral.* 2. *Mil.* Diz-se dos oficiais de graduação imediatamente superior a coronel. S. m. 1. Designação comum aos postos de general-de-brigada, general-de-divisão e general-de-exército. 2. Caudilho, chefe.

Generala, s. f. *Fam.* Esposa de general.

Generalado, s. m. V. *generalato.*

Generalato, s. m. 1. Posto de general. 2. Dignidade do geral de uma ordem religiosa.

Generalício, adj. Que diz respeito a general.

Generalidade, s. f. 1. Qualidade de geral. 2. O maior número. S. f. pl. Princípios elementares; rudimentos.

Generalíssimo, adj. 1. Sup. abs. sint. de *geral.* 2. Muito geral. S. m. Chefe supremo de um exército.

Generalização, s. f. 1. Ato ou efeito de generalizar(-se). 2. Extensão de um princípio ou de um conceito a todos os casos a que pode aplicar-se.

Generalizar, v. 1. Tr. dir. e pron. Tornar(-se) geral, difundir(-se), propagar(-se). 2. Intr. Fazer generalizações. 3. Pron. *Med.* Estender-se a toda a economia orgânica.

Generativo, adj. 1. Relativo à geração. 2. Que pode gerar.

Generatriz, adj. e s. f. V. *geratriz.*

Genérico, adj. 1. Relativo a gênero. 2. Geral. 3. Que tem o caráter de generalidade.

Gênero, s. m. (l. **generu*, por *genus*). 1. Grupo de seres que têm iguais caracteres essenciais. 2. *Lóg.* A classe que tem mais extensão e portanto menor compreesão que a espécie. 3. *Biol.* Grupo morfológico intermediário entre a família e a espécie. 4. *Gram.* Flexão pela qual se exprime o sexo real ou imaginário dos seres. 5. Espécie, casta, raça, variedade, sorte, categoria, estilo, etc. 6. *Lit.* e *bel.-art.* Assunto ou natureza comum a diversas produções artísticas ou literárias. S. m. pl. *Com.* Quaisquer mercadorias.

Generosidade, s. f. 1. Qualidade de generoso. 2. Ação generosa. 3. Liberalidade.

Generoso, adj. 1. Dotado de caráter nobre. 2. Que tem sentimentos nobres. 3. Que tem grandeza de alma. 4. Liberal, franco, benevolente. 5. Grandioso, sublime. 6. Fértil (terra).

Gênese, s. f. 1. Formação dos seres, desde a origem; geração. S. m. Primeiro livro da Bíblia, onde se narra a origem do universo e do homem. Var.: *gênesis.*

Genesíaco, adj. 1. Relativo ao Gênese. 2. Relativo à geração.

Genética, s. f. *Biol.* Ramo da Biologia que trata da hereditariedade e dos mecanismos da sua evolução nos seres organizados.

Genético, adj. 1. V. *genesíaco.* 2. Relativo à genética.

Genetlíaco, adj. *Lit.* Que celebra o nascimento de alguém.

Genetriz, s. f. *Poét.* Aquela que gera; a mãe.

Gengibre, s. m. *Bot.* Planta condimentar e medicinal (*Zingiber officinalis*).

Gengiva, s. f. *Anat.* Tecido fibromuscular coberto de mucosa, o qual reveste os maxilares e os dentes na sua região do colo.

Gengival, adj. m. e f. Relativo à gengiva.

Gengivite, s. f. *Med.* Inflamação das gengivas.

Genial, adj. m. e f. 1. Relativo a, ou próprio de gênio. 2. Dotado de gênio. 3. Acima do comum.

Genialidade, s. f. Qualidade de genial.

Geniculação, s. f. Curvatura em forma de joelho.

Geniculado, adj. Dobrado em forma de joelho.

Gênio, s. m. 1. *Ant.* Espírito benigno ou maligno que inspirava aos homens bons ou maus destinos. 2. Espírito que inspira uma arte, virtude ou vício. 3. Modo de ser, índole e caráter distintivo de cada pessoa. 4. Poder criativo. 5. *Fam.* Irascibilidade.

Genioso, adj. Que tem mau gênio; irascível, colérico.

Genital, adj. m. e f. 1. Relativo à geração. 2. Que serve para a geração.

Genitivo, s. m. *Gram.* Caso da declinação das línguas flexivas, como o latim e o grego, que exprime o complemento adnominal restritivo.

Gênito, adj. Gerado.

Genitor, s. m. Aquele que gera; o pai.

-geno-, elem. de comp. (gr. *genos*). Exprime a idéia de *origem: endógeno;* de *extração: glicógeno;* ede *nascimento: flogógeno;* de *raça: filógeno;* de *nação: alógeno;* de *espécie: genótipo;* de *gênero: alcalígeno;* de *sexo: genoscópio.*

Genocídio, s. m. *Sociol.* Delito contra a humanidade.

Genoplastia, s. f. Cirurgia plástica da face.

Genótipo, s. m. *Biol.* Constituição hereditária de um indivíduo, animal ou vegetal.

Genovês, adj. Relativo a Gênova (Itália).

Genro, s. m. Marido da filha em relação aos pais dela.

Gentaça, s. f. *Pej.* V. *gentalha.*

Gentalha, s. f. *Pej.* Gente reles, ínfima; plebe, ralé.

Gentama, s. f. Grande quantidade de gente.

Gentarada, s. f. *Pop.* Gentama.

Gente, s. f. 1. Número maior ou menor de pessoas em geral. Col.: *chusma, grupo, magote, multidão, pinha, patuléia, poviléu.* Aum.: *gentaça, gentalha.* 2. Homem, pessoa, ser humano. 3. A família, o pessoal doméstico. 4. Povo, nação.

Gentil, adj. m. e f. 1. Nobre, cortês, cavalheiresco. 2. Garboso, elegante. 3. Amável.

Gentileza (*ê*), s. f. 1. Qualidade ou caráter de gentil. 2. Ação nobre, ilustre, distinta. 3. Cortesia. 4. Elegância.

Gentil-homem, s. m. Homem nobre, distinto, fidalgo. Pl.: *gentis-homens.*

Gentilício, adj. V. *gentílico.*

Gentílico, adj. 1. Relativo aos gentios. 2. Próprio de gentios. 3. *Gram.* Dizia-se, antes da N.G.B., dos nomes que indicam a nacionalidade. S. m. Esse nome.

Gentilidade, s. f. 1. Religião dos gentios. 2. Os gentios. 3. Paganismo.

Gentilismo, s. m. V. *gentilidade.*

Gentilizar, v. 1. Tr. dir. Tornar gentio, dar caráter de gentio a. 2. Intr. Praticar o culto pagão.

Gentio, adj. e s. m. 1. Que, ou quem segue o paganismo. 2. Que, ou o que não é civilizado. S. m. *Pop.* Grande porção de gente.

Gentuça, s. f. *Pop.* Ralé.

genu-, elem. de comp. (l. *genu*). Exprime a idéia de *rótula, joelho: genuflexão.*

Genuense, adj. e s., m. e f. V. *genovês.*

Genuês, adj. e s. m. *P. us.* V. *genovês.*

Genuflectir, v. 1. Intr. Dobrar o joelho, ajoelhar. 2. Tr. dir. Dobrar pelo joelho. Var.: *genufletir.* É defectivo e só se usa nas formas arrizotônicas.

Genuflector, adj. Que faz genuflexão.

Genuflexão (*cs*), s. f. Ato de genuflectir.

Genuflexo *(cs)*, adj. Ajoelhado.

Genuflexório *(cs)*, s. m. Estrado com encosto, onde ajoelham as pessoas para orar.

Genuinidade (*u-i*), s. f. Qualidade de genuíno.

Genuíno, adj. 1. Puro, sem mistura, nem alteração. 2. Natural. 3. Próprio, verdadeiro. 4. Sincero.

geo-, elem. de comp. (gr. *ge*). Exprime a idéia de *terra: geobotânica.*

Geobotânica, s. f. V. *fitogeografia.*

Geobotânico, adj. Relativo à geobotânica.

Geocêntrico, adj. *Astr.* 1. Que situa a Terra no centro do mundo. 2. Relativo ao centro da Terra.

Geodésia, s. f. Ciência que estuda a forma e as dimensões da Terra, ou grandes regiões de sua superfície. Var.: *geodesia.*

Geodesimetria, s. f. Avaliação de medidas terrestres por meio da geodésia.

Geodinâmica, s. f. Parte da Geologia que estuda as forças e processos dinâmicos dentro da Terra.

Geofagia, s. f. *Med.* Hábito de comer terra.

Geófago, adj. e s. m. Que, ou o que come terra.

Geofísica, s. f. *Geol.* Ciência que trata das características físicas da Terra.

Geofísico, adj. Relativo à geofísica. S. m. Especialista em geofísica.

Geogenia, s. f. *Geol.* Estudo da gênese da Terra.

Geogênico, adj. Que diz respeito à geogenia.

Geognosia, s. f. Designação obsoleta da Geologia.

Geognóstico, adj. Que se refere à geognosia.

Geografar, v. Tr. dir. Descrever geograficamente.

Geografia, s. f. 1. Ciência que tem por objeto a descrição da Terra na sua forma, acidentes físicos, clima, produções, populações, divisões políticas etc. 2. Tratado relativo a essa ciência.

Geográfico, adj. Relativo à Geografia.

Geógrafo, s. m. Perito em Geografia.

Geóide, s. m. Corpo geométrico ideal, representando uma superfície de nível do sólido terrestre.

Geologia, s. f. 1. Ciência que trata da origem e constituição da Terra. 2. Características geológicas de uma região.

Geológico, adj. Relativo à Geologia.

Geólogo, s. m. Aquele que é versado em Geologia.

Geomancia, s. f. Adivinhação que consiste em lançar pó de terra sobre uma mesa e examinar as figuras que se formam.

Geomante, s. m. e f. Pessoa que pratica a geomancia.

Geômetra, s. m. e f. Pessoa versada em Geometria.

Geometral, adj. m. e f. Que mostra a dimensão, posição e forma das partes de uma obra.

Geometria, s. f. 1. Parte das matemáticas que trata das propriedades e medidas da extensão nos seus três aspectos: como *linha, superfície* ou *volume* (sólido). 2. Compêndio dessa ciência.

Geométrico, adj. 1. Relativo à Geometria. 2. Conforme às regras da Geometria.

Geonomástico, adj. Relativo aos nomes de localidades geográficas.

Geopolítica, s. f. Estudo da influência do meio físico de uma nação sobre sua vida política.

Georama, s. m. Representação, em relevo, da superfície da Terra.

Georgiano, adj. Da Geórgia (U.R.S.S.) ou a ela relativo. S. m. 1. O natural ou habitante da Geórgia. 2. Idioma da Geórgia.

Geórgica, s. f. 1. Obra sobre trabalhos agrícolas. S. f. pl. Título do poema de Virgílio sobre a agricultura.

Geoso (*ô*), adj. Em que há geada.

Geossauro, s. m. *Paleont.* Réptil fóssil, semelhante ao crocodilo.

Geossinclinal, adj. e s. m. Diz-se da, ou a depressão alongada, situada nas bordas continentais, cujo fundo vai cedendo à pressão crescente das sedimentações.

Geostática, s. f. Equilíbrio do globo terrestre.

Geotermia, s. f. Calor interno do globo terrestre.

Geotérmico, adj. Relativo à geotermia.

Geotermômetro, s. m. Termômetro destinado a medir temperaturas do solo.

Geotrópico, adj. *Bot.* Relativo ao geotropismo.

Geotropismo, s. m. *Bot.* Tropismo no qual o fator orientador é a gravidade.

Geração, s. f. (l. *generatione*). 1. Ato de gerar(-se). 2. Conjunto dos atos pelos quais um ser organizado gera outro semelhante a si. 3. Coisa gerada. 4. Sucessão de descendentes em linha reta (pais, filhos netos). 5. Linhagem, ascendência. 6. *Geom.* Formação de uma linha, superfície ou sólido pelo movimento de pontos ou linhas.

Gerador, adj. (l. *generatore*). Que gera. S. m. 1. O que gera, ou produz. 2. Pai, genitor. 3. Autor, criador. 4. *Mec.* Parte da caldeira onde se produz o vapor. 5. *Eletr.* Aparelho que transforma energia mecânica em elétrica. Fem.: *geradora* e *geratriz.*

Geral, adj. m. e f. (l. *generale*). 1. Relativo à totalidade; total. 2. Comum a um grande número ou à maior parte. Sup. abs. sint.: *generalíssimo.* S. m. 1. A maior parte. 2. O comum, o normal. 3. Chefe supremo de ordem religiosa.

Gerânio, s. m. *Bot.* 1. Gênero (*Geranium*) de plantas de folhas aromáticas e flores com simetria radial. 2. Qualquer planta desse gênero.

Gerar, v. (l. *generare*). 1. Tr. dir. Dar o ser a, procriar, reproduzir-se em. 2. Tr. dir. Causar, fazer aparecer, formar. 3. Intr. e pron. Desenvolver-se, formar-se. 4. Tr. dir. *Geom.* Produzir pelo deslocamento.

Geratriz, adj. (l. *generatrice*). Fem. de *gerador*. S. f. 1. Aquela que gera. 2. *Geom.* Linha cujo movimento gera uma superfície.

Gérbera, s. f. 1. *Bot.* Gênero (*Gerbera*) de ervas compostas, com folhas basais tufadas e capítulos solitários de flores. 2. Qualquer planta desse gênero.

Gerência, s. f. 1. Ação de gerir, dirigir ou administrar. 2. Funções de gerente. 3. O gerente.

Gerente, adj. e s., m. e f. Que, ou quem age, dirige ou administra bens, negócios ou serviços.

Gergelim, s. m. 1. *Bot.* Planta medicinal, de sementes oleaginosas (*Sesamum indicum*). 2. Doce, bolo ou paçoca em que entram sementes de gergelim.

Geriatria, s. f. Ramo da Medicina que se ocupa das doenças e das condições gerais da vida dos velhos.

Gerifalte, s. m. *Ornit.* Ave falconídea, rapineira, diurna, da Europa, Ásia e América do Norte.

Geringonça, s. f. (cast. *jerigonza*). 1. Coisa mal feita, sujeita a fácil destruição. 2. Gíria, calão. Var.: *gerigonça*.

Gerir, v. (l. *gerere*). Tr. dir. Ter gerência sobre; administrar, governar. Conjuga-se como *aderir*.

Germanar, v. Tr. dir. 1. Tornar semelhante; irmanar. 2. Reunir.

Germânico, adj. Relativo à Germânia ou à Alemanha. S. m. Conjunto das línguas dos povos germânicos.

Germânio, s. m. *Quím.* Elemento metalóide de símbolo Ge, número atômico 32, massa atômica 72.60.

Germanismo, s. m. 1. Predileção a tudo que é alemão. 2. Imitação de maneiras e costumes alemães. 3. Palavra ou locução peculiar à língua alemã.

Germanista, s. m. e f. Pessoa que estuda as línguas e literaturas germânicas.

Germanização, s. f. Ato ou efeito de germanizar.

Germanizar, v. Tr. dir. Dar caráter ou feição alemã a.

Germano¹, adj. 1. Que procede do mesmo pai e da mesma mãe. 2. Não adulterado; puro, genuíno.

Germano², adj. Relativo aos germanos, antigos habitantes da Alemanha. S. m. 1. Indivíduo desse povo. 2. Alemão.

Germanófilo, adj. e s. m. Que, ou aquele que tem grande simpatia pela Alemanha ou pelos alemães. Antôn.: *germanófobo*.

Germanófobo, adj. e s. m. Que, ou aquele que alimenta antipatia à Alemanha. Antôn.: *germanófilo*.

Germe, s. m. (l. *germen*). 1. Primeiro rudimento de um ser organizado, animal ou vegetal. 2. *Bot.* Parte da semente que reproduz o vegetal. 3. *Zool.* Cicatrícula do ovo das aves. 4. Causa, origem, princípio de qualquer coisa. 5. Micróbio. 6. Estado rudimentar.

Gérmen, s. m. Forma alatinada de *germe*. Pl.: *germens* e *gérmenes*.

gérmi-, elem. de comp. (l. *germen*). Exprime a idéia de *germe*: *germicida*.

Germicida, adj. m. e f. Que destrói germes. S. m. Substância com essa propriedade.

Germinação, s. f. 1. Início do desenvolvimento do germe ou semente. 2. Expansão lenta, evolução.

Germinador, s. m. Aparelho provido de aquecimento artificial, destinado a testar o poder germinativo das sementes.

Germinadouro, s. m. Lugar subterrâneo onde se faz germinar a cevada, para o fabrico da cerveja.

Germinal, adj. m. e f. Relativo ao germe. S. m. Sétimo mês do ano, no calendário da primeira república francesa (21 de março a 16 de abril).

Germinante, adj. m. e f. Que germina; germinativo.

Germinar, v. 1. Intr. Começar a desenvolver-se e a vegetar (sementes, tubérculos etc.); abrolhar, grelar, rebentar. 2. Intr. Nascer, tomar incremento ou vulto. 3. Tr. dir. Dar causa a; gerar, originar, produzir.

Germinativo, adj. V. *germinante*.

germini-, elem. de comp. (l. *germine*). Exprime a idéia de *germe*: *germiníparo*.

Germiníparo, adj. *Biol.* Que se reproduz por meio de germes.

gero-¹, elem. de comp. (gr. *geras*). Exprime a idéia de *velho*: *gerodermia*.

-gero², suf. (l. *geru*). Exprime a idéia de *levar* ou *trazer consigo*: *armígero, lanígero*.

Gerocomia, s. f. Higiene das pessoas idosas.

Gerodermia, s. f. *Med.* Distrofia da pele, que produz seu envelhecimento precoce.

geronto-, elem. de comp. (gr. *geron, ontos*). Exprime a idéia de *pessoa velha*: *gerontocracia*.

Gerontocracia, s. f. Governo confiado a anciãos.

Gerúndio, s. m. (l. *gerundiu*). *Gram.* Forma nominal do verbo, invariável, terminada em *ndo*, que exprime de ordinário uma circunstância, ou concorre para a formação de verbos freqüentativos com os auxiliares *andar* e *estar*, ou entra na conjugação dos verbos incoativos com os auxiliares *ir* e *vir*.

Gerundivo, s. m. *Gram.* Particípio do futuro passivo latino. Em português, provieram dele alguns adjetivos (examinando, venerando) e substantivos (legenda).

Gervão, s. m. *Bot.* Planta verbanácea (*Lippia reptans*), de propriedades medicinais.

Gesnéria, s. f. *Bot.* Gênero (*Gesneria*) típico da família das Gesneriáceas.

Gesneriáceas, s. f. pl. *Bot.* Família (*Gesneriaceae*) de ervas e arbustos, com folhas opostas, glabras ou com indumento veludoso. Muitas espécies são ornamentais por suas corolas mais ou menos labiadas.

Gessal, s. m. V. *gesseira*.

Gessar, v. Tr. dir. Revestir com gesso, para pintar ou dourar.

Gesseira, s. f. Mina de gesso; gessal.

Gesseiro, s. m. Aquele que trabalha em gesso.

Gesso (*ê*), s. m. 1. Sulfato de cálcio hidratado; é incolor quando puro, apresentando-se em forma de cristais monoclínicos. Depois de perder parte de sua água de decomposição pelo aquecimento em fornos, é reduzido a pó; gipsita. 2. Estátuas, objetos de arte, baixos e altos-relevos moldados em gesso.

Gesta, s. f. 1. História. 2. Acontecimento histórico. 3. Façanha, ou feitos guerreiros, proeza.

Gestação, s. f. 1. Período de tempo em que se desenvolve o embrião no útero, desde a concepção até ao nascimento. 2. Gravidez. 3. Elaboração.

Gestante, adj. m. e f. 1. Que encerra em si o embrião. 2. Que está em gestação. S. f. Mulher em período de gravidez.

Gestão, s. f. Ato de gerir; gerência, administração.

Gestatório, adj. 1. Relativo à gestação. 2. Que pode ser levado ou conduzido.

Gesticulação, s. f. Ato de gesticular; gesticulado.

Gesticulado, adj. Indicado por gestos. S. m. Gesticulação.

Gesticulador, adj. e s. m. Que, ou aquele que gesticula.

Gesticular, v. 1. Intr. Fazer gestos. 2. Intr. Acompanhar com gestos a linguagem. 3. Intr. Exprimir-se por gestos ou mímica. 4. Tr. dir. Fazer em gesto. 5. Tr. dir. Exprimir por gestos.

Gesto, s. m. 1. Movimento do corpo, principalmente das mãos, braços, cabeça e olhos, para exprimir idéia ou sentimentos, na declamação e conversação. 2. Aceno, mímica, sinal. 3. Aspecto, aparência, semblante. 4. Ato (em geral brilhante).

Gestor, s. m. V. *gerente*.

Gestose, s. f. *Med.* Qualquer das manifestações toxêmicas que ocorrem durante a gravidez.

Giárdia, s. f. *Zool.* 1. Gênero (*Giardia*) de zooflagelados, encontrados nos intestinos de vários mamíferos, inclusive o homem, cuja infestação é freqüentemente acompanhada de grave diarréia. 2. Espécime desse gênero.

Giba, s. f. 1. Corcova, corcunda. 2. *Náut.* Última vela da proa, semelhante à bujarrona.

Gibão¹, s. m. (de *jubão*, de *aljuba*). 1. Antiga vestidura, que cobria os homens desde o pescoço à cintura. 2. Espécie de colete.

Gibão², s. m. (fr. *gibbon*). *Zool.* Macaco antropóide dos gêneros *Hylobates* e *Symphalangus*. Caracteriza-se pelos longos braços e pelos hábitos arbóreos.

Gibelino, adj. Relativo aos gibelinos, partidários do imperador, oposto aos partidários do papa, chamados *guelfos*, na Itália, durante a Idade Média.
Gibi, s. m. Moleque, negrinho.
Gibizada, s. f. Molecada, ajuntamento de gibis.
Gibosidade, s. f. 1. Convexidade sobre o dorso de alguns animais, com elevação exterior. 2. Corcunda, corcova, giba.
Giboso, adj. e s. m. Que, ou o que tem giba, corcunda.
Giesta, s. f. *Bot.* Planta leguminosa-papilionácea, ornamental e medicinal (*Genista tinctoria*).
Giestal, s. m. Lugar onde crescem giestas.
Giga, s. f. 1. Selha larga e baixa. 2. Canastra em forma de selha.
Gigante, s. m. 1. Homem de extraordinária estatura. Fem.: *giganta*. 2. Animal de grande corpulência. 3. *Constr.* Botaréu, arcobotante, contraforte. 4. Cada uma das escoras de ferro que sustentam, pela parte interna, os gradis de vedação. 5. *Bot.* Malvaísco, altéia. Adj. m. e f. Muito grande; enorme.
Gigantear, v. Intr. e pron. 1. Tornar-se gigante. 2. Engrandecer-se.
Gigânteo, adj. *Poét.* V. *gigantesco* e *giganteu*.
Gigantesco, adj. 1. Que tem a estatura de gigante. 2. Extraordinário, prodigioso.
Giganteu, adj. Gigantesco. Fem.: *gigantéia*.
Gigantismo, s. m. Desenvolvimento extraordinário e anormal de qualquer ser.
Gigo, s. m. 1. Engradado de verga ou junco, forrado interiormente de palha, para o transporte de louça. 2. Ramo de árvore com frutos. 3. Cabaz.
Gigô, s. m. V. *gigote*.
Gigote, s. m. (fr. *gigot*). Guisado de carne desfiada, manteiga e caldo; gigô.
Gilete, s. f. 1. Nome comercial de certa lâmina de barbear. 2. Aparelho de barbear no qual é empregada tal lâmina.
Gilvaz, s. m. Golpe ou cicatriz no rosto.
Gim[1], s. m. Instrumento com que se encurvam os trilhos das linhas férreas.
Gim[2], s. m. (ingl. *gin*). Aguardente de cereais (cevada, trigo, aveia), aromatizada com bagos de zimbro.
Gimnanto, adj. *Bot.* Cujas flores não têm invólucro algum.
gimno-, elem. de comp. (gr. *gumnos*). Exprime a idéia de *nu*: *gimnoblasto*.
Gimnoblasto, adj. Diz-se da planta cujo embrião não está contido em cavidade particular.
Gimnocarpo, adj. *Bot.* Cujos frutos não estão soldados com nenhum órgão acessório.
Gimnocaule, adj. m. e f. *Bot.* Cuja haste é permanentemente desprovida de folhas.
Gimnocéfalo, adj. *Zool.* Cuja cabeça é nua, desprovida de pêlos ou penas.
Gimnodermo, adj. *Zool.* Que tem pele nua.
Gimnodonte, adj. m. e f. *Zool.* Que tem os dentes à vista.
Gimnofídio, adj. *Zool.* Diz-se das cobras de pele nua, lisa e viscosa.
Gimnofobia, s. f. Aversão ou medo ao nu.
Gimnógino, adj. *Bot.* Que tem o ovário visível, por falta de perianto e de brácteas.
Gimnonectos, s. m. pl. *Zool.* Animais nadadores cujo corpo é completamente nu.
Gimnópode, adj. m. e f. *Zool.* Que tem os pés nus.
Gimnopomo, adj. *Ictiol.* Que tem os opérculos nus.
Gimnosperma, s. f. *Bot.* Espécime das Gimnospermas. S. f. pl. Classe (*Gymnospermae*) de plantas, à qual pertencem os ciprestes, pinheiros etc., os quais, por não formarem ovário, não produzem frutos e portanto têm sementes nuas.
Gimnospérmico, adj. V. *gimnospermo*.
Gimnospermo, adj. *Bot.* Relativo às Gimnospermas; gimnospérmico.
Gimnosporado, adj. *Bot.* Que tem espórios com membrana delgada.
Gimnospório, s. m. Espório nu. Var.: *gimnósporo*.
Gimnossomo, adj. *Zool.* Que tem o corpo nu.
Gimnuro, adj. *Zool.* Que tem cauda nua.
Ginandria, s. f. *Bot.* Disposição da flor, em que os estames estão soldados em um só corpo com o pistilo.
Ginantropo (*ô*), s. m. Hermafrodito que possui mais as qualidades físicas da mulher que as do homem.
Ginasial, adj. m. e f. Relativo a ginásio.
Ginasiano, s. m. Aluno de ginásio.
Ginásio, s. m. 1. Lugar onde se praticam exercícios de ginástica. 2. Designação antiga do curso de ensino que corresponde às 4 últimas séries atuais de primeiro grau. 3. Estabelecimento de ensino que ministra esse curso.
Ginasta, s. m. e f. 1. Pessoa que pratica a ginástica. 2. Pessoa hábil em ginástica.
Ginástica, s. f. Arte ou ato de exercitar o corpo, para desenvolvê-lo e fortificá-lo.
Ginástico, adj. Relativo à ginástica.
Gincana, s. f. (ingl. *gymkhana*, do hind. *gedkhana*). *Esp.* Competição, em recinto público, consistente em corrida a pé, de bicicleta ou, mais comumente, de automóvel, em que destreza e rapidez contribuem para a classificação.
Gineceu, s. m. 1. Parte da habitação grega destinada às mulheres. 2. *Bot.* Conjunto dos pistilos ou dos órgãos femininos de uma flor.
gineco-, elem. de comp. (gr. *gune, gunaikos*). Tem a significação de *mulher* ou *feminino*: *ginecocracia*.
Ginecocracia, s. f. *Sociol.* Preponderância das mulheres na governação pública.
Ginecocrata, s. m. e f. Pessoa partidária da ginecocracia.
Ginecocrático, adj. Que se refere à ginecocracia.
Ginecofobia, s. f. *Med.* Medo mórbido de mulheres.
Ginecografia, s. f. *Med.* V. *ginecologia*.
Ginecográfico, adj. Relativo à ginecografia.
Ginecologia, s. f. Ramo da Medicina que trata das doenças privativas das mulheres.
Ginecológico, adj. Concernente à ginecologia.
Ginecologista, s. m. e f. Especialista em ginecologia.
Ginecomania, s. f. *Med.* V. *satiríase*.
Ginecômano, s. m. O que tem ginecomania.
Ginecomastia, s. f. *Med.* Desenvolvimento excessivo da glândula mamária do homem.
Ginecomasto, adj. e s. m. Diz-se do, ou o homem que apresenta ginecomastia.
Gineta (*ê*), s. f. Modo de equitação, em que o cavaleiro estriba curto, com a perna vertical.
Ginete, adj. e s. m. Diz-se do, ou o cavaleiro que não cai de corcovo; por extensão, do que é bom cavaleiro nas diferentes situações de equitação. Fem.: *gineta*.
Ginetear, v. Intr. Montar bem a cavalo.
Ginga, s. f. 1. Espécie de remo, que tem apoio num encaixe sobre a popa. 2. Caneco de cabo comprido, para baldear o caldo de uma tacha para outra, nos engenhos de bangüê.
Gingação, s. f. Ato de gingar; gingo.
Gingante, adj. m. e f. Que ginga; gingão.
Gingão, adj. V. *gingante*. S. m. Brigão, fadista. Fem.: *gingona*.
Gingar, v. Intr. 1. Inclinar-se para um e para outro lado, ao andar; bambolear-se. 2. Caçoar, chalacear. 3. Negar-se, com certo desdém, à satisfação de um pedido.
Gingerlina, s. f. Pano de lã com fio de seda, vulgarmente chamado *lã de camelo*.
Gínglimo, s. m. *Anat.* Articulação que só dá movimento em dois sentidos opostos.
Gingo, s. m. V. *gingação*.
Ginja, s. f. 1. Fruto da ginjeira. 2. Bebida feita desse fruto.
Ginjal, s. m. Terreno onde crescem ginjeiras.
Ginjeira, s. f. *Bot.* Variedade de cerejeira.
-gino-, elem. de comp. (gr. *gune*). Designativo de *mulher, fêmea, pistilo*: *ginofobia, ginóforo, misógino, podógino*.
Ginobásico, adj. *Bot.* Que nasce da base do ovário; ginobático.
Ginobático, adj. V. *ginobásico*.
Ginofobia, s. f. V. *ginecofobia*.
Ginoforado, adj. *Bot.* Em forma de ginóforo.
Ginóforo, s. m. *Bot.* Sustentáculo que nasce do receptáculo da flor e que só contém órgãos femininos.

Gio, s. m. *Náut.* Cada uma das duas peças curvas de madeira que formam ângulo, entalhando entre si e no contracadaste.

Gípseo, adj. Feito de gesso.

Gipsífero, adj. Que contém gesso.

Gipsita, s. f. *Miner.* Sulfato de cálcio hidratado; gesso.

Gir, adj. Diz-se de determinada raça zebu. S. m. Essa raça.

Gira, s. m. e f. Pessoa amalucada. Adj. m. e f. Amalucado.

Girador, adj. e s. m. Que, aquele ou aquilo que gira ou faz girar.

Girafa, s. f. 1. *Zool.* Grande mamífero africano (*Giraffa camelopardalis*), que é o quadrúpede mais alto vivente. 2. *Pop.* Pessoa de pescoço comprido.

Girândola, s. f. 1. Roda ou travessão com orifícios para foguetes, que sobem simultaneamente ou em rápida sucessão. 2. Conjunto dos foguetes assim agrupados.

Girante, adj. m. e f. Que gira; giratório.

Girão, s. m. 1. Courela de terra; faixa. 2. Seio, regaço, colo. 3. Armação de madeira, para secar carne.

Girar, v. 1. Intr. Mover-se ao redor do seu centro ou eixo central. 2. Intr. Andar de um para outro lado; fazer voltas; circular. 3. Tr. dir. Fazer rodar. 4. Intr. Ficar gira, maluco, apatetado; endoidecer.

Girassol, s. m. *Bot.* Planta composta ornamental, de sementes oleaginosas (*Helianthus annuus*), cujas flores se voltam para o Sol.

Giratório, adj. Que gira; circulatório.

Gíria, s. f. 1. Linguagem especial usada por certos grupos sociais pertencentes a uma classe ou a uma profissão. 2. Linguagem usada pelos gatunos, malandros e outras pessoas de hábitos duvidosos.

Girino, s. m. *Zool.* Forma larvar, pisciforme, dos anfíbios anuros.

Giro, s. m. 1. Circuito, rodeio, rotação, volta. 2. Rodeio de frase; circunlóquio. 3. Passeio, excursão.

Giroma, s. m. *Bot.* Receptáculo, orbicular dos órgãos de reprodução de alguns liquens.

Girondino, adj. 1. Relativo à Gironda, na França. 2. Relativo ao partido da Gironda. S. m. Membro da Gironda, partido republicano moderado, da França, em 1791.

Giroscópio, s. m. *Fís.* Instrumento inventado por Foucault (1852) para provar experimentalmente o movimento de rotação da Terra, e que tem hoje muitíssimos empregos, inclusive a orientação dos navios.

Girosela, s. f. *Bot.* Planta primulácea, pequena, formosa e de flores rosadas (*Dodecatheon meadia*).

Giz, s. m. 1. Bastonete ou lápis feito de carbonato ou sulfato de cálcio e usado para escrever ou riscar na pedra ou quadro-negro das aulas. 2. Talco com que os alfaiates riscam o pano para dirigir o corte.

Gizar, v. Tr. dir. 1. Riscar ou traçar com giz. 2. Delinear, determinar, dispor: *G.* um *plano.*

Glabela, s. f. *Anat.* Espaço compreendido entre as sobrancelhas.

Glabriúsculo, adj. Quase glabro.

Glabro, adj. Sem pêlos, sem barba.

Glacê, adj. m. e f. 1. Lustroso, polido. 2. Diz-se das frutas secas e cobertas de açúcar cristalizado. S. m. 1. Espécie de seda lustrosa. 2. Cobertura de bolo feita com açúcar e outros ingredientes.

Glaciação, s. f. *Geol.* Ação exercida pelas geleiras sobre a superfície da Terra.

Glacial, adj. m. e f. 1. De, ou relativo a gelo. 2. Gelado. 3. *Geogr.* Diz-se da zona mais vizinha dos pólos. 4. Sem vida; insensível. 5. Reservado.

Glaciário, adj. 1. Relativo ao gelo ou às geleiras. 2. *Geol.* Aplica-se ao período em que grande parte do hemisfério norte se cobriu de espessa camada de gelo.

Glaciarista, s. m. e f. Geólogo que se dedica especialmente ao período glaciário.

gladi-, elem. de comp. (l. *gladiu*). Exprime a idéia de *espada: gladífero.*

Gladiador, s. m. *Antig.* Homem que, nos circos romanos, combatia contra outros homens ou contra feras, para divertir o público.

Gladiar, v. V. *digladiar.*

Gladiatório, adj. Relativo a gladiador.

Gladiatura, s. f. 1. Combate de gladiadores. 2. Arte de gladiar.

Gladífero, adj. *Zool.* Que tem prolongamento em forma de espada.

Gládio, s. m. 1. Espada de dois gumes. 2. Força, poder.

Gladíolo, s. m. *Bot.* 1. Gênero (*Gladiolus*) de plantas, da família das Iridáceas. 2. Qualquer planta desse gênero, especialmente a conhecida pelo nome de *palma-de-santa-rita.*

Glaiadina, s. f. Substância glutinosa que se adiciona aos vinhos, para torná-los claros, grossos e xaroposos.

Glandado, adj. *Heráld.* Diz-se da peça que termina em glande.

Glande, s. f. 1. O fruto do carvalho; bolota. 2. Objeto semelhante à bolota. 3. Extremidade do pênis.

glandi-, elem. de comp. (l. *glande*). Exprime a idéia de *glande: glandífero, glandiforme.*

Glandífero, adj. *Poét.* Que tem ou produz glandes.

Glandiforme, adj. m. e f. Em forma de glande.

Glândula, s. f. 1. Pequena glande. 2. *Anat.* Célula ou grupo de células especializadas na função de preparação e secreção de certos líquidos orgânicos, ou de certos elementos celulares. 3. *Bot.* Órgão vegetal que contém líquido. — *G. endócrinas:* as que lançam diretamente na circulação sangüínea e linfática a substância ou substâncias que segregam. *G. exócrinas:* as que lançam para fora do corpo a substância ou substâncias que segregam.

Glandulação, s. f. Disposição, estado, estrutura ou forma das glandulas.

Glandular, adj. m. e f. Relativo a glândulas; glanduloso.

glânduli-, elem. de comp. (l. *glandula*). Exprime a idéia de *glândula: glandulífero, glanduliforme.*

Glandulífero, adj. Que tem glândulas.

Glanduliforme, adj. m. e f. Que tem forma de glândula.

Glanduloso, adj. V. *glandular.*

Gláucico, adj. Um tanto glauco; esverdeado.

Glauco, adj. Da cor verde-mar; verde-claro.

Glaucoma, s. m. *Oftalm.* Grande enfraquecimento da vista, dilatação e deformação da pupila, diminuição dos movimentos da íris, acompanhada de uma cor tirante a verde no fundo do olho.

Glaucomatoso, adj. Que tem glaucoma.

Gleba, s. f. 1. Terreno de cultura, torrão. 2. Qualquer porção de terra. 3. Terreno feudal a que os servos estavam adstritos. 4. Terreno que contém mineral.

Glena, s. f. *Anat.* Cavidade óssea articular, que recebe a cabeça articulada de outro osso.

Glenoidal, adj. m. e f. V. *glenóide.*

Glenóide, adj. m. e f. Relativo a glena; glenoidal, glenóideo.

Glenóideo, adj. V. *glenóide.*

Gleucômetro, s. m. Instrumento para avaliar a quantidade de açúcar existente no mosto.

Glia, s. f. *Anat.* Tecido intersticial dos centros nervosos; neuróglia.

Glicemia, s. f. *Med.* Teor de glicose no sangue. Var.: *gliquemia.*

Glicêreo, adj. V. *glicérico.*

Glicérico, adj. *Quím.* Que tem por base a glicerina.

Glicerina, s. f. *Quím.* Substância líquida, incolor e xaroposa, que é o princípio doce dos óleos e a base dos corpos gordos conhecidos; glicerol.

Glicerol, s. m. V. *glicerina.*

Gliceróleo, s. m. *Farm.* Medicamento cuja base é a glicerina.

Glicínia, s. f. *Bot.* Arbusto ornamental, volúvel (*Wistaria sinensis*), muito cultivado por suas flores roxas em grandes cachos pendentes.

glico-, elem. de comp. (gr. *glukus*). Exprime a idéia de *doce* e entra na formação de palavras que se relacionam com *açúcar* ou com *glicerina: glicogênio, glicômetro.*

Glicocola, s. f. *Quím.* O mais simples dos aminoácidos, encontrados na maioria das proteínas.

Glicogênese, s. f. V. *glicogenia.*

Glicogenia, s. f. *Fisiol.* Produção de glicogênio no fígado.

Glicogênio, s. m. *Biol.* Polissacáride amorfo, branco, insípido, que constitui a forma principal na qual um carboidrato é armazenado no tecido animal.
Glicógeno, adj. Que produz açúcar.
Glicol, s. m. Substância que, pelas suas propriedades físicas e químicas, se considera intermediária ao álcool e à glicerina.
Glicólise, s. f. *Biol.* Decomposição enzímica de glicose, glicogênio ou outros carboidratos, mediante derivados de fosfato com produção de ácido láctico em animais, e com libertação de energia.
Glicolítico, adj. Relativo à glicólise.
Glicômetro, s. m. V. *gleucômetro.*
Glicônico, adj. *Metrif.* Designativo do verso, grego ou latino, formado de um espondeu e dois dátilos.
Glicosado, adj. Que contém glicose.
Glicosana, s. f. Um dos produtos da ação do calor sobre a glicose.
Glicose, s. f. *Quím.* 1. Açúcar que existe nas uvas, noutros frutos açucarados, no mel (ao lado da levulose), no sangue, no suco de alguns vegetais etc.; dextrose.
Glicosido, s. m. *Quím.* Cada um de uma grande classe de compostos naturais ou sintéticos (como antocianimas), que por hidrólise forenecem glicose e outra substância.
Glicosúria, s. f. *Med.* Teor de glicose na urina. Var.: *glicosuria*
Glifo, s. m. *Arquit.* Ranhura ou canal ornamental, comumente vertical.
Glioma, s. m. *Med.* Tumor que se desenvolve à custa do tecido neurológico, quer no cérebro, quer na medula.
Glíptica, s. f. Arte de gravar em pedras preciosas.
glipto-, elem. de comp. (gr. *gluptos*). Exprime a idéia de *gravado: gliptografia.*
Gliptodonte, s. m. *Antrop.* Mamífero desdentado fóssil, espécie de tatu gigante, das aluviões quaternárias da América do Sul.
Gliptografia, s. f. Descrição e estudo das pedras antigas gravadas.
Gliptoteca, s. f. Coleção de pedras gravadas.
Gliquemia, s. f. V. *glicemia.*
Global, adj. m. e f. Considerado em globo, por inteiro ou em conjunto.
globi-, elem. de comp. (l. *globu*). Exprime a idéia de *globo: globifloro.*
Globífero, adj. *Bot.* Que produz frutos arredondados.
Globifloro, adj. Que tem flores globosas.
Globo (*ô*), s. m. 1. Corpo esférico; bola. 2. O planeta em que habitamos. 3. Representação esférica do sistema planetário. Dim. irr. *glóbulo.*
Globosidade, s. f. Qualidade de globoso.
Globoso, adj. Que tem forma de globo; globular.
Globular, adj. V. *globuloso.*
Globulária, s. f. *Bot.* Gênero (*Globularia*) de plantas que constitui o tipo das Globulariáceas.
Globulariáceas, s. f. pl. *Bot.* Família (*Globulariaceae*) de plantas herbáceas ou subarbustivas, caracterizadas por folhas obovais e inflorescências globulares.
Globulariáceo, adj. Relativo à família das Globulariáceas.
Globulina, s. f. Proteína solúvel em soluções diluídas de sais neutros; inclui o fibrinogênio, a musculina etc. A sua presença na urina é sintoma de nefrite aguda ou catarro da bexiga.
Globulito, s. m. *Miner.* Cristalito globular.
Glóbulo, s. m. 1. Pequeno globo. 2. *Fisiol.* Corpúsculo do sangue.
Globuloso, adj. 1. Em forma de glóbulo. 2. Reduzido a glóbulos.
Glomerulite, s. f. *Med.* Inflamação dos glomérulos renais com proliferação de endotélio glomerular.
Glomérulo, s. m. *Anat.* Pequeno ajuntamento de elementos de mesma natureza.
Glória, s. f. 1. Celebridade adquirida por grande mérito. 2. Brilho, esplendor, fama ilustre. 3. A bem-aventurança; o Céu. 4. *Pint.* Representação do Céu e da corte celeste. 5. *Pint.* Círculo de luz em torno da cabeça de um santo; auréola. 6. Certo jogo de dados. 7. Pessoa muito ilustre.
Levar a banca à g.: ganhar todo o dinheiro do banqueiro.
Gloriar, v. 1. Tr. dir. Dar glória a; glorificar. 2. Pron. Envaidecer-se, jactar-se, ufanar-se de.
Glorificação, s. f. 1. Ato de glorificar(-se). 2. Elevação à glória eterna.
Glorificador, adj. e s. m. Que, ou o que glorifica; glorificante.
Glorificante, adj. m. e f. Glorificador.
Glorificar, v. 1. Tr. dir. Dar glória ou honra a. 2. Pron. Alcançar glória. 3. Tr. dir. Beatificar, canonizar a.
Glorificativo, adj. Próprio para glorificar.
Gloríola, s. f. 1. Pequena glória. 2. Boa fama imerecida.
Glorioso, adj. 1. Cheio de glória. 2. Que dá glória ou honra. 3. Ilustre, notável.
Glosa, s. f. 1. Explicação, interpretação ou comentário de um texto obscuro ou difícil de entender. 2. Comentário, anotação.
Glosador, s. m. Aquele que glosa.
Glosar, v. 1. Tr. dir. Anotar, comentar, explicar por meio de glosas. 2. Intr. Fazer glosas.
Glossalgia, s. f. *Med.* Dor ou enfermidade da língua; glossalgite.
Glossalgite, s. f. V. *glossalgia.*
Glossantraz, s. m. *Vet.* Carbúnculo dos cavalos, que se desenvolve principalmente na língua.
Glossário, s. m. Livro ou vocabulário, em que se dá a explicação de palavras obscuras ou desusadas.
Glossarista, s. m. e f. Autor ou autora de glossário.
Glossiano, adj. *Anat.* Referente à língua.
Glóssico, adj. V. *glossiano.*
Glossina, s. f. *Entom.* Gênero (*Glossina*) de moscas sugadoras de sangue, ao qual pertence a tsé-tsé.
Glossite, s. f. *Med.* Inflamação da língua.
glosso-, elem. de comp. (gr. *glossa*). Exprime a idéia de *língua: glossite.*
Glossocele, s. f. *Med.* Afeção da língua, em que ela se apresenta tumefeita e caída.
Glossofaríngeo, adj. *Anat.* Relativo à língua e à faringe.
Glossografia, s. f. 1. *Anat.* Descrição da língua. 2. Arte de fazer glossários.
Glossográfico, adj. Relativo à glossografia.
Glossógrafo, s. m. Especialista em glossografia.
Glossoial, s. m. *Anat.* Apófise lingual do osso hióide.
Glossóide, adj. m. e f. Semelhante à língua.
Glossologia, s. f. V. *glotologia.*
Glossológico, adj. Relativo à glossologia; glotológico.
Glossologista, s. m. e f. V. *glotólogo.*
Glossólogo, s. m. V. *glotólogo.*
Glossomancia, s. f. Suposta arte de adivinhar o caráter de uma pessoa pela forma da língua.
Glossomante, s. m. e f. Quem pratica a glossomancia.
Glossópetra, s. f. *Paleont.* Pedra fóssil glossóide, que deve ser uma forma alongada de biface.
Glote, s. f. *Anat.* Abertura entre as cordas vocais, na parte superior da laringe.
Gloterar, v. Intr. Soltar a voz (a cegonha).
Glótica, s. f. V. *glotologia.*
Glótico, adj. Relativo à glote.
Glotologia, s. f. Estudo científico das línguas; ciência da linguagem; glossologia, glótica, lingüística.
Glotológico, adj. Relativo à glotologia.
Glotologista, s. m. e f. V. *glotólogo.*
Glotólogo, s. m. Quem é perito em glotologia; glossologista, glossólogo, glotologista.
Gloxínia (*cs*), s. f. *Bot.* Planta muito ornamental da família das Gesneriáceas (*Sinningia speciosa*).
Glucínio, s. m. V. *berílio.*
Gluglu, s. m. *Onom.* Som imitativo da voz do peru.
Gluma, s. f. *Bot.* Cada uma das brácteas paleáceas características das inflorescências de gramíneas e ciperáceas.
Glumáceo, adj. *Bot.* Que não tem perianto propriamente dito, mas brácteas.

Glumifloras, s. f. pl. *Bot.* Antigo nome das Graminales, ordem a que pertencem as gramíneas.

Glutão, adj. e s. m. Que, ou o que come muito e com avidez; voraz.

Glute, s. m. Substância proteínica, viscosa, que constitui a parte de sementes de cereais.

Glúten, s. m. V. *glute.* Pl.: *glutens.*

Glúteo, adj. *Anat.* Que se refere às nádegas.

Glutina, s. f. Albumina vegetal, princípio coagulável dos sucos das plantas.

Glutinar, v. V. *conglutinar.*

Glutinativo, adj. V. *aglutinativo.*

Glutinosidade, s. f. Qualidade de glutinoso.

Glutinoso, adj. 1. Que tem glute. 2. Parecido com o glute. 3. Pegajoso, viscoso.

Glutonaria, s. f. Qualidade de glutão. Var.: *glutoneria.*

Glutoneria, s. f. V. *glutonaria.*

Glutônico, adj. Que se refere a glutão.

Gnaisse, s. m. *Geol.* Rocha feldspática, xistosa e cristalina, de composição mineralógica muito variável.

Gnáissico, adj. Que se refere ao gnaisse.

Gnatodonte, adj. m. e f. *Zool.* Que tem os dentes inseridos na espessura das maxilas.

Gnoma, s. f. V. *gnome.*

Gnome, s. f. Adágio, provérbio, sentença moral.

Gnômico, adj. Relativo a gnome.

Gnomo, s. m. Cada um dos pequenos espíritos que, segundo os cabalistas, presidiam a tudo que a terra encerra.

Gnômon, s. m. 1. Vareta metálica que assinala, nos relógios solares, as horas projetando sua sombra no quadrante. 2. Relógio solar. Pl.: *gnômons.* Var.: *gnômone.*

Gnomônica, s. f. Arte de construir gnômons.

Gnomonista, s. m. e f. Especialista em gnomônica.

Gnose[1], s. f. 1. Conhecimento, sabedoria. 2. *Hist.* Certa corrente de pensamento religioso-filosófico, no início do cristianismo.; gnosticismo.

Gnose[2], elem. de comp. (gr. *gnosis*). Exprime a idéia de *conhecimento: diagnose.*

Gnosiologia, s. f. *Filos.* Teoria da natureza, validade e limites do conhecimento.

Gnosticismo, s. m. (*gnóstico + ismo*). *Filos.* Movimento sincretista religioso-filosófico da Antiguidade, que pretendia salvar o homem por um conhecimento especial. Penetrando o cristianismo, absorveu várias de suas doutrinas, rejeitando outras. Constituiu aí diversas seitas heréticas que representaram séria ameaça à ortodoxia nos séculos II e III.

Gnóstico, adj. e s. m. Diz-se de, ou sectário do gnosticismo.

Gobo (*ô*), s. m. Calhau, pedra para calcetar.

Godê, s. m. 1. Tecido cortado enviesadamente, na confecção de uma peça de vestuário, principalmente saia. 2. Tigelinha em que se desfazem as tintas usadas na aquarela. Adj. Diz-se do vestuário confeccionado dessa maneira.

Godo (*ô*), adj. Relativo aos godos ou à Gótia, Suécia. S. m. Indivíduo natural da Gótia. S. m. pl. Povo da Germânia que, do século III ao V, invadiu os impérios romanos do Ocidente e do Oriente.

Goela, s. f. *Pop.* Garganta, esôfago.

Gofrador, s. m. Instrumento para gofrar.

Gofradura, s. f. Ato ou efeito de gofrar; gofragem.

Gofragem, s. f. V. *gofradura.*

Gofrar, v. Tr. dir. Fazer as nervuras de (folhas ou flores artificiais).

Gogo (*ô*), s. m. V. *gosma.*

Gogó, s. m. Eminência da cartilagem tireóidea, no pescoço; pomo-de-adão.

Goiaba, s. f. *Bot.* 1. Fruto da goiabeira. 2. *Miner.* Nome vulgar da *goiazita.*

Goiabada, s. f. Doce de goiaba, em pasta.

Goiabal, s. m. Terreno onde há muitas goiabeiras.

Goiabeira, s. f. *Bot.* Planta mirtácea de fruto comestível, casca rica em tanino e folhas medicinais (*Psidium guaiava*).

Goiamum, s. m. *Zool.* V. *guaiamu.* Var.: *goiamu.*

Goiano, adj. Relativo ao Estado de Goiás e à cidade e município de Goiás, antiga capital desse Estado. S. m. O natural desse Estado e dessa cidade ou município.

Goiazita, s. f. *Miner.* Fosfato natural hidratado de estrôncio e alumínio.

Goitacá, adj. m. e f. *Etnol.* Relativo aos Goitacás, grupo indígena que até meados do séc. XVII vivia no litoral brasileiro, do Espírito Santo ao Rio Paraíba do Sul. S. m. e f. Indígena desse grupo. Pl.: *goitacás e goitacases.*

Goiva, s. f. (l. *gubia*). *Carp.* Formão em semicírculo e com o chanfro do corte no lado côncavo.

Goivadura, s. f. Entalhe feito com goiva.

Goivar, v. Tr. dir. *Carp.* Cortar com goiva.

Goiveiro, s. m. *Bot.* Nome comum a várias plantas perenes, herbáceas ou subarbustivas, da família das Crucíferas, originárias do Velho Mundo.

Goivete (*ê*), s. m. *Carp.* Espécie de plaina com dois ferros, semelhante ao guilherme.

Goivo, s. m. (l. *gaudiu*). *Bot.* Flor de goiveiro.

Gol (*ô*), s. m. (ingl. *goal*). *Esp.* 1. Ponto ou tento, no futebol, pela transposição da bola nas balizas do adversário. 2. Balizas, geralmente com rede, no futebol. Pl.: *gols* (única forma em uso).

Gola, s. f. (l. *gula*). 1. Parte do vestuário que cinge o pescoço ou está junto dele. 2. Colarinho de senhora. 3. Garganta da roldana. 4. *Arquit.* Moldura de duas curvas, uma convexa e outra côncava. 5. *Mil.* Linha ou espaço entre as extremidades dos lados ou faces de um ângulo saliente, nas fortificações.

Golada, s. f. Canal de navegação, no extremo dos baixios de uma barra.

Gole, s. m. (regressivo de *engolir*). Porção de líquido que se engole de uma vez; sorvo, trago.

Goleiro, s. m. Jogador que, no futebol, defende o gol, arco ou meta; arqueiro, guardião.

Golelha (*ê*), s. f. *Fam.* Esôfago.

Goleta[1], s. f. (de *gola*). Canal de acesso a um porto; barra.

Goleta[2], s. f. (cast. *goleta*). Pequena escuna.

Golfada, s. f. 1. Porção de líquido que sai de uma vez. 2. Aquilo que se golfa ou vomita de uma vez.

Gólfão, s. m. *Des.* Golfo.

Golfar, v. Tr. dir. 1. Expelir, lançar às golfadas. 2. Proferir com violência e em grande quantidade.

Golfe (*ô*), s. m. (ingl. *golf*). Jogo esportivo, de origem escocesa, que consiste em tocar com um taco uma bola pequena, de um buraco a outro, numa série de nove ou dezoito, abertos em larga extensão de terreno.

Golfejar, v. V. *golfar.*

Golfinho, s. m. 1. *Zool.* Cada um de vários cetáceos carnívoros com dentes pequenos, da família dos Delfinídeos; delfim. 2. Cada uma das asas da peça de artilharia, que serviam para lhe facilitar o desmonte.

Golfo (*ô*), s. m. *Geogr.* Braço de mar que penetra amplamente nas terras.

Gólgota, s. m. *Fig.* 1. Suplício atroz. 2. Lugar de sofrimento.

Golilha, s. f. V. *golinha.*

Golinha, s. f. 1. Argola pregada num poste, à qual se prendia alguém pelo pescoço. 2. Cabeção com volta engomada, que se usava com a beca.

Golo, s. m. *Pop.* V. *gole.*

Golpada, s. f. *Pop.* V. *golpázio.*

Golpázio, s. m. Grande golpe.

Golpe, s. m. 1. Ferimento ou pancada com instrumento cortante ou contundente. 2. Corte, incisão. 3. Desgraça, infortúnio. 4. Ímpeto, chofre. 5. Esperteza. 6. *Gír.* Manobra traiçoeira.

Golpeado, adj. Ferido por um ou mais golpes.

Golpeão, s. m. Grande serra manual própria para derrubada de árvores.

Golpear, v. 1. Tr. dir. Dar golpes em. 2. Tr. dir. Ferir com golpes. 3. Tr. dir. Açoitar, fustigar. 4. Pron. *Pop.* Arremessar-se, atirar-se.

Goma, s. f. 1. Seiva translúcida, viscosa e insípida de certas árvores. 2. Nome genérico das substâncias que se empregam na colagem do vinho. 3. Amido. 4. Tapioca. 5. Cola de amido para engomar roupa. — *G.-arábica*: resina produzida por diferentes árvores do gênero *Acaia*.

Gomeiro, s. m. 1. Quem fabrica ou vende goma. 2. Fanfarrão.

Gomeleira, s. f. *Bot.* Rebento que nasce ao pé das árvores e lhes rouba a seiva.

Gomia, s. f. V. *agomia*.

Gomiada, s. f. Golpe com gomia.

Gomil, s. m. Jarro de boca estreita.

Gomo, s. m. 1. *Bot.* Botão, gema, olho. 2. Cada uma das partes em que naturalmente se dividem certos frutos, como a laranja, o limão. 3. Divisão de nó a nó das canas.

Gomose, s. f. *Bot.* Moléstia de origem fungosa e que afeta sobretudo as plantas cítricas.

Gomosidade, s. f. Qualidade de gomoso.

Gomoso¹, adj. (*goma + oso*). 1. Que produz ou contém goma. 2. Consistente como a goma; viscoso.

Gomoso², adj. (*gomo + oso*). Que tem gomos.

Gônada, s. f. Glândula produtora de gametas. Se estes são masculinos, a gônada chama-se *testículo*; se femininos, *ovário*.

Gonalgia, s. f. V. *gonialgia*.

Gôndola, s. f. 1. Embarcação comprida, graciosa e ligeira, impelida a um ou dois remos e algumas vezes a vela, peculiar à navegação nos canais de Veneza. 2. Vagão de estrada de ferro, destinado ao transporte de madeira, barras de ferro ou pedras.

Gondoleiro, s. m. Tripulante de gôndola.

Gonete (*ê*), s. m. Pua, trado.

Gonfocarpo, s. m. *Bot.* Gênero (*Gomphocarpus*) de ervas e arbustos, asclepiadáceos, com frutos cobertos de pontas.

Gonfose, s. f. *Anat.* Articulação imóvel, como a dos dentes nos alvéolos.

Gongilar, adj. m. e f. *Bot.* Relativo aos gôngilos.

Gôngilo, s. m. *Bot.* Corpúsculo reprodutor de algumas plantas (algas, liquens etc.).

Gongo, s. m. Instrumento de percussão, originário do Oriente, que consiste num disco metálico convexo, que se faz vibrar batendo-o com uma baqueta enchumaçada numa extremidade. Ruído: *range, vibra, soa*.

Gongórico, adj. 1. Relativo ao gongorismo. 2. Em que há gongorismo.

Gongorismo, s. m. Estilo pretensioso, superabundante de ornatos e trocadilhos, difundido nas literaturas peninsulares pelo gosto das obras de Frei Luís de Gôngora y Argote, poeta espanhol (1561-1627).

Gongorista, adj. m. e f. 1. Relativo ao gongorismo. 2. Partidário do gongorismo. S. m. e f. Pessoa partidária do gongorismo.

Gongorizado, adj. (p. de *gongorizar*). Que se gongorizou.

Gongorizar, v. 1. Tr. dir. Dar feição gongórica a. 2. Intr. Escrever ou falar em estilo gongórico.

Gonialgia, s. f. *Med.* Dor no joelho. Var.: *gonalgia*.

Gonicele, s. f. *Med.* Inchação dos joelhos.

Gonidial, adj. m. e f. *Biol.* 1. Referente ao gonídio. 2. Que contém um gonídio.

Gonídio, s. m. *Bot.* Célula ou grupo de células reprodutoras assexuais, que se originam dentro de ou sobre os gametófitos, comumente em órgãos especiais.

Gônio¹, s. m. *Anat.* Vértice do ângulo do maxilar inferior.

gônio-², elem. de comp. Exprime a idéia de *ângulo, joelho: goniometria*.

Goniógrafo, s. m. Intrumento destinado a dar graficamente qualquer ângulo.

Goniometria, s. f. A técnica de medir ângulos.

Goniométrico, adj. Relativo à goniometria.

Goniômetro, s. m. Instrumento para medir ângulos.

Gônis, s. m. sing. e pl. *Ornit.* Bordo inferior do bico das aves, da inserção basilar até a mixa.

Gono-¹ ou **-gono,** elem. de comp. (gr. *gonu*). Exprime a idéia de *ângulo, joelho: gonoartromeningite, decágono*.

Gono-², elem. de comp. (gr. *gonos*). Exprime a idéia de *órgão reprodutor, procriação, semente genital, sexo: gonococo, gonóforo, gonorréia*.

Gonoartromeningite, s. f. *Med.* Inflamação da sinovial e da articulação do joelho.

Gonocele, s. f. V. *espermatocele*.

Gonócito, s. m. *Biol.* Célula reprodutora primordial.

Gonococia, s. f. *Med.* Nome genérico das infecções gonocócicas.

Gonocócico, adj. 1. Relativo ao gonococo. 2. Produzido pelo conococo.

Gonococo, s. m. *Bacter.* Bactéria esférica (*Neisseria gonorrhoeae*), produtora de pus e causadora específica da gonorréia.

Gonocorismo, s. m. *Biol.* Diferenciação de sexos.

Gonóforo, s. m. *Bot.* Prolongamento do receptáculo, que sustenta só os estames e o pistilo.

Gonorréia, s. f. *Med.* V. *blenorragia*.

Gonorréico, adj. Relativo à gonorréia; blenorrágico.

Gonzo, s. m. Combinação de duas peças metálicas, uma pregada no umbral, outra à folha da porta, que permite a esta abrir-se e fechar-se.

Gorar, v. 1. Intr. Corromper-se (o ovo) na incubação. 2. Tr. dir. Tornar goro. 3. Intr. e pron. *Fig.* Abortar, frustrar-se, inutilizar-se, malograr-se.

Gordacho, adj. e s. m. V. *gordalhão*.

Gordalhão, adj. e s. m. Que, ou o que é muito gordo. Fem.: *gordalhona*. Sin.: *gordacho, gordaço, gordalhaço, gordalhudo, gordalhufo, gordanchudo, gordão*.

Górdio, adj. Relativo a Górdio, antigo rei da Frígia, ou ao célebre nó por ele atado. — *Nó g.*: a) nó que não se desata; b) dificuldade que parece insuperável.

Gordo, adj. (l. *gurdu*). 1. Que tem muita gordura. 2. Semelhante à gordura. 3. Diz-se da mulher grávida.

Gorducho, adj. Um tanto gordo.

Gordura, s. f. 1. Designação das substâncias constituídas de glicérides de ácidos graxos, encontradas nos tecidos animais e vegetais. 2. Banha. 3. Sebo. 4. Obesidade. 5. Corpulência. 6. Aparência oleosa. S. m. *Agropecuária.* Cada uma das numerosas variedades de capins cultivados.

Gordurento, adj. 1. Que tem gordura. 2. Sujo de gordura; ensebado.

Gorduroso, adj. 1. Que tem a consistência da gordura. 2. Gordurento.

Gorgolão, s. m. 1. Borbotão. 2. Pequeno jato de água. 3. Bocado. Var.: *gorgolhão*.

Gorgolar, v. Intr. Sair em golfada ou gorgolão; gorgolhar.

Gorgolejante, adj. m. e f. Que gorgoleja.

Gorgolejar, v. (de *gargarejar*). 1. Intr. Produzir som semelhante ao do gargarejo. 2. Tr. dir. Beber, produzindo o ruído do gargarejo.

Gorgolejo (*ê*), s. m. Ato de gorgolejar.

Gorgomilo, s. m. *Pop.* Princípio do esôfago; goela, garganta.

Górgona, s. f. V. *górgone*.

Górgone, s. f. Mulher horrenda, perversa, repulsiva, por alusão às três fúrias mitológicas Esteno, Euríale e Medusa, mulheres que tinham serpentes por cabelos e que transformavam em pedra aqueles que as cercavam.

Gorgôneo, adj. *Mit.* e *poét.* Relativo às górgones, especialmente à Medusa.

Gorgônia, s. f. *Zool.* Gênero (*Gorgonia*) de celenterados ramificados em forma de leque, com eixo córneo flexível.

Gorgorão, s. m. Tecido encorpado de seda, lã ou algodão.

Gorgulho, s. m. *Entom.* Cada um de vários insetos da família dos Curculionídeos, cujas larvas, e às vezes adultos, broqueiam as plantas ou penetram nos grãos.

Gorila, s. m. *Zool.* Grande símio antropóide da África equatorial (*Gorilla gorilla*), o mais corpulento de todos. Var.: *gorilha*.

Gorja, s. f. 1. *Ant.* Garganta. 2. *Náut.* A parte mais estreita da quilha. 3. *Pop.* Cachaço.

Mentir pela g.: mentir sem pejo ou vergonha.

Gorjal, s. m. Parte da armadura que protegia o pescoço.

Gorjeador, adj. e s. m. Que, ou o que gorjeia.

Gorjear, v. 1. Intr. Gargantear, soltar sons agradáveis (os passarinhos); cantar, trilar. 2. Tr. dir. Exprimir em gorjeio. 3. Tr. dir. e intr. *Fig.* Cantar com voz ágil e melodiosa.

Gorjeio, s. m. 1. Ato ou efeito de gorjear; trinado. 2. O chilrear das crianças.

Gorjeira, s. f. Peça de renda ou pano de adorno para o pescoço; gargantilha.

Gorjeta (*ê*), s. f. Dinheiro com que se gratifica um pequeno serviço, além do preço estipulado.

Goro (*ô*), adj. 1. Diz-se do ovo que gorou. 2. Frustrado, inutilizado, malogrado.

Gorro (*ô*), s. m. V. *barrete.* Pl.: *gorros* (*ô*).

Gosma, s. f. 1. *Vet.* Doença da língua das aves, especialmente galináceas; gogo. 2. *Vet.* Inflamação das membranas mucosas das vias respiratórias dos potros. 3. *Pop.* Mucosidades expelidas da boca ou do estômago.

Gosmar, v. 1. Intr. Expelir gosma. 2. Tr. dir. *Pop.* Cuspir, escarrar.

Gosmento, adj. Em que há gosma; gosmoso.

Gosmoso, adj. V. *gosmento.*

Gostar, v. 1. Tr. ind. Achar bom gosto ou sabor em. 2. Tr. dir. Provar, tomar o gosto a. 3. Tr. ind. Achar bom ou belo. 4. Tr. ind. Ter amizade, amor ou simpatia a. 5. Tr. ind. Ter inclinação ou tendência para alguma coisa.

Gosto (*ô*), s. m. (l. *gustu*). 1. Um dos sentidos, localizado principalmente na língua, pelo qual se percebe e distingue o sabor das substâncias solúveis na água; paladar. 2. Sabor. 3. Deleite, gozo, prazer, satisfação. 4. Caráter, maneira.

Gostoso, adj. 1. Que tem gosto bom; saboroso. 2. Que dá gosto. 3. Que revela prazer. 4. Atraente.

Gostosura, s. f. 1. Qualidade de gostoso. 2. Prazer intenso. 3. Satisfação.

Gota (*ô*), s. f. (l. *gutta*). 1. Porção mínima de um líquido; pingo. 2. *Arquit.* Pequenino ornato. 3. *Med.* Moléstia constitucional, caracterizada pelo excesso de ácido úrico e pelos ataques de artrite aguda.

Gotado, adj. Ornado de gotas (acep. 2).

Gotear, v. V. *gotejar.*

Goteira, s. f. 1. Cano que recebe a água da chuva que cai nos telhados. 2. Telha de beiral, donde escorre a água pluvial. 3. Fenda ou buraco por onde cai água dentro de casa, quando chove. 4. *Pop.* Falha na integridade mental.

Gotejamento, s. m. Ato ou efeito de gotejar.

Gotejante, adj. m. e f. Que goteja.

Gotejar, v. 1. Tr. ind. e intr. Cair em gotas. 2. Tr. dir. Deixar cair ou entornar gota a gota.

Gótico, adj. 1. Que se refere aos godos ou provém deles. 2. Diz-se de um gênero de arquitetura, também chamado *ogival.* 3. *Tip.* Designativo dos caracteres que se empregaram nas primeiras tentativas tipográficas. S. m. 1. A arquitetura gótica. 2. A língua gótica. 3. A escrita gótica.

Goto (*ô*), s. m. (l. *guttur*). 1. *Pop.* Entrada da laringe. 2. Agrado, simpatia.

Cair ou *dar no g.*: a) produzir tosse ou sufocação; b) agradar; cair nas graças de alguém.

Gotoso, adj. e s. m. *Med.* Que, ou o que é doente de gota.

Governação, s. f. Ato de governar(-se); governo.

Governadeira, adj. e s. f. Diz-se da, ou a mulher que dirige bem a sua casa, os seus negócios domésticos.

Governado, adj. 1. Administrado, dirigido. 2. Que sabe governar; econômico.

Governador, adj. Que governa. S. m. 1. Aquele que governa. 2. Aquele que governa um estado, uma região administrativa.

Governadora, adj. e s. f. 1. V. *governadeira.* 2. Diz-se da, ou a esposa de governador. 3. Diz-se da, ou a mulher que exerce as funções próprias de governador.

Governamental, adj. m. e f. 1. Do governo ou relativo a ele. 2. Ministerial. S. m. e f. Pessoa partidária de um ministério.

Governança, s. f. Administração, governo.

Governanta, s. f. V. *governante.*

Governante, adj. e s., m. e f. Que, ou quem governa. S. f. Criada de quarto; camareira, aia.

Governar, v. 1. Tr. dir. Exercer o governo de, ter autoridade sobre. 2. Tr. dir. Conduzir, regular o andamento de. 3. Intr. Ter mando ou direção. 4. Pron. Gerir os seus próprios negócios; dirigir-se. 5. Pron. Dirigir o seu procedimento; regular-se.

Governativo, adj. Do governo, ou que a ele se refere.

Governatriz, adj. e s. f. Diz-se da, ou a mulher que governa.

Governável, adj. m. e f. Que pode ser governado.

Governicho, s. m. *Pej.* 1. Mau governo. 2. Pequeno emprego.

Governismo, s. m. 1. Sistema de governar ou mandar. 2. Governo autoritário ou ditatorial.

Governista, adj. e s., m. e f. Partidário do governo.

Governo (*ê*), s. m. 1. Ato ou efeito de governar(-se). 2. Poder supremo do Estado (monarca, presidente). 3. A autoridade administrativa encarregada do supremo poder executivo (gabinete, ministério). 4. Regência, administração. 5. Regulamento, regra, exemplo, norma. 6. *Polít.* Sistema por que está organizada a administração de um país: *G.* constitucional. 7. Rédeas, freio, leme, direção. 8. Tempo durante o qual alguém governa.

Gozado, adj. 1. *Pop.* Que faz rir; engraçado. 2. Alegre divertido.

Gozador, adj. e s. m. Que, ou o que goza a vida; boêmio.

Gozar, v. 1. Tr. dir. e tr. ind. Aproveitar, desfrutar, fruir das vantagens de. 2. Tr. dir. Ter, possuir, (coisa agradável, útil, vantajosa). 3. Intr. Levar vida de prazeres. 4. Intr. Achar graça. 5. Intr. Mofar, zombar.

Gozo (*gô*), s. m. (l. *gaudiu*). 1. Ação de gozar; prazer, gosto, satisfação. 2. *Pop.* Motivo de alegria, de hilaridade.

Gozoso, adj. 1. Cheio de gozo, ou de satisfação. 2. Que denota gozo, satisfação, contentamento.

Grã[1], s. f. Tecido tinto com cor escarlate.

Grã[2], adj. m. e f., sing. e pl. Forma apocopada de *grande.*

Graal, s. m. *Ant.* V. *gral[2].*

Graça, s. f. (l. *gratia*). 1. Favor, mercê. 2. Benevolência, estima, amizade. 3. *Teol.* Participação do homem na vida divina antes do pecado. 4. Perdão, indulgência, indulto. 5. Privilégio. 6. *Teol.* Dom sobrenatural, concedido por Deus como meio de salvação. 7. Agrado ou atrativo nas palavras, maneiras e atitudes de alguma pessoa. 8. Elegância no estilo. 9. *Pop.* Nome de uma pessoa.

Gracejador, adj. e s. m. Que, ou aquele que graceja.

Gracejar, v. 1. Tr. dir. e intr. Dizer graças ou gracejos. 2. Intr. Não falar sério.

Gracejo (*ê*), s. m. Ato ou dito zombeteiro, mas inofensivo.

Grácil, adj. m. e f. 1. Delgado. 2. Delicado, fino, sutil. Sup. abs. sint.: *gracílimo* e *gracilíssimo.*

grácili-, elem. de comp. (l. *gracile*). Exprime a idéia de *grácil, delgado: gracilifoliado, gracilípede.*

Gracilidade, s. f. Qualidade de grácil.

Gracilifoliado, adj. *Bot.* Que tem folhas delgadas.

Gracilípede, adj. m. e f. *Zool.* Que tem pés delgados.

Gracilirrostro (*ó*), adj. *Zool.* Que tem bico delgado.

Graciosidade, s. f. Qualidade de gracioso.

Gracioso, adj. 1. Que tem graça. 2. Engraçado, chistoso. 3. Feito ou dado de graça.

Graçola, s. f. Gracejo de mau gosto. S. m. e f. Pessoa que diz graçolas.

Grã-cruz, s. f. Cruz pendente de uma fita com que os governos condecoram militares e civis por serviços relevantes prestados à nação. S. m. Dignitário condecorado com a grã-cruz. Pl.: *grã-cruzes.*

Gradação, s. f. (l. *gradatione*). 1. Aumento ou diminuição sucessiva e gradual. 2. Passagem ou transição gradual. 3. Progressão ascendente ou descendente de idéias ou palavras.

Gradar[1], v. (*grade + ar*). Tr. dir. *Agr.* Passar a grade sobre o campo arado, para estorroá-lo. Var.: *gradear.*

Gradar[2], v. (*grado + ar*). Intr. Tornar-se grado ou graúdo; crescer.

Gradaria, s. f. Série de grades ou de tabiques formada de barras paralelas.

Gradativo, adj. Disposto em graus; gradual.

Grade, s. f. (l. *crate*). 1. Armação constituída de barras de ferro ou ripas, paralelas ou em cruz, com intervalos, destinada a proteger ou vedar algum lugar. 2. Locutório dos conventos ou das prisões.

Gradear, v. Tr. dir. 1. Fechar ou vedar com grades. 2. Prover de grades. 3. Ornar de grades. 4. V. *gradar*[1].

Gradeira, s. f. Freira que acompanhava outra ou outras ao locutório.

Gradeza, s. f. Qualidade de grado.

Gradiente, s. m. 1. Alteração no valor de uma quantidade (como luz, temperatura, pressão ou intensidade de som) por unidade de medida de distância em uma direção especificada. 2. Distância entre dois lugares expressa em graus de latitude.

Gradil, s. m. Grade ornamental separatória ou de proteção, geralmente de barras verticais paralelas.

Gradim, s. m. *Escult.* Instrumento para amaciar as asperezas deixadas pelo ponteiro.

Gradinada, s. f. Retoque feito com gradim.

Gradinar, v. 1. Tr. dir. Alisar, amaciar ou retocar com gradim. 2. Intr. Trabalhar com gradim.

Grado[1], adj. (l. *granatu*). 1. Graúdo, grosso, granado: Milho *grado.* 2. Importante, notável.

Grado[2], s. m. (l. *gratu*). Gosto, vontade.
De bom g.: de boa vontade; voluntariamente.
De mau g.: de má vontade. *Mau g.* (meu, seu): contra vontade: *Mau grado* meu, não compareci.

Grado[3], s. m. (l. *gradu*). Centéssima parte do quadrante, na divisão centesimal da circunferência.

-grado[4], elem. de comp. (l. *gradu*). Forma palavras designativas do *modo de andar: plantígrado.*

Graduação, s. f. 1. Ato ou efeito de graduar. 2. Divisão do círculo em graus, minutos e segundos. 3. Posição social. 4. *Mil.* Posição hierárquica dos militares. 5. Hierarquia social; posição.

Graduado, adj. 1. Dividido em graus. 2. Que tem grau universitário; diplomado. 3. *Mil.* Que tem as honras de certo posto. 4. Conceituado, eminente.

Graduador, adj. e s. m. Que, ou o que gradua.

Gradual, adj. Que aumenta ou diminui progressivamente. S. m. *Liturg. ant.* Versículos da missa, entre a Epístola e o Evangelho.

Graduamento, s. m. V. *graduação.*

Graduando, s. m. Aluno que está freqüentando o último ano de um curso universitário.

Graduar, v. 1. Tr. dir. Marcar os graus divisórios de. 2. Tr. dir. Regular de modo gradual. 3. Tr. dir. Conferir grau universitário a. 4. Pron. Tomar grau universitário. 5. Tr. dir. Regular, proporcionar.

Grã-duque, s. m. V. *grão-duque.* Pl.: *grã-duques.*

Grafar, v. Tr. dir. Dar forma escrita a (uma palavra); escrever.

Grafia[1], s. f. Ortografia.

-grafia[2], suf. Exprime a idéia de *descrição, tratado: geografia, corografia.*

Gráfica, s. f. Oficina de artes gráficas.

Gráfico, adj. 1. Relativo à grafia. 2. Figurado pelo desenho, ou por figuras geométricas. 3. Relativo à reprodução pela tipografia, gravura e processos análogos. S. m. 1. Representação gráfica; curva, diagrama, esquema. 2. Traçado obtido em aparelhos para estudo de fenômenos físicos ou biológicos. 3. Empregado que trabalha em artes gráficas.

Grafila, s. f. *Numism.* Orla em que, na medalha ou na moeda, se situa a inscrição.

Grã-finismo, s. m. Hábitos, maneiras, qualidade de grã-fino; aristocracia.

Grã-fino, adj. e s. m. Que, ou indivíduo que é rico, elegante. Pl.: *grã-finos.*

Grafita, s. f. *Miner.* Variedade de carbono preto, lustroso, mole, que é usado para fazer bastõezinhos de lápis, crisóis, ânodos eletrolíticos etc.

Grafítico, adj. 1. Relativo à grafita. 2. Que contém grafita.

Grafito, s. m. Designação do que se acha escrito em paredes das cidades e monumentos da Antiguidade.

grafo- ou **-grafo,** elem. de comp. (gr. *graphein*). Exprime a idéia de *escrita, traço, gravura: grafognosia, grafologia, ortógrafo.*

Grafologia, s. f. Arte de interpretar a índole de uma pessoa pela sua letra ou traçado de sua escrita.

Grafológico, adj. Relativo à grafologia.

Grafólogo, s. m. Pessoa versada em grafologia.

Grafômetro, s. m. Instrumento para medir ângulos sobre um terreno.

Grafostática, s. f. Aplicação da geometria à resolução de problemas de mecânica (estática).

Grainha (*a-i*), s. f. (de *grão*). Sementes de uvas, tomates e outros frutos; bagulho.

Graipu, s. f. *Entom.* Certa abelha silvestre.

Gral[1], s. m. V. *almofariz.*

Gral[2], s. m. O mesmo que *santo gral. – Santo g.*: vaso sagrado de que, segundo a tradição corrente nos romances de cavalaria, se serviu o Divino Mestre na última ceia com os Apóstolos e no qual José de Arimatéia teria recolhido o sangue que jorrou do lado do Senhor Jesus, quando golpeado pelo centurião.

Gralha, s. f. (l. *gracula*). 1. *Ornit.* Nome comum a várias aves passeriformes, corvídeas, notáveis por sua vivacidade e inteligência. Voz: *crocita, gralha, gralheia, grasna.* 2. Mulher tagarela.

Gralhada, s. f. 1. Chilreada de pássaros. 2. Ruído de vozes.

Gralhar, v. Intr. 1. Grasnar (a gralha e outras aves). 2. Falar confusamente. 3. Palrar, tagarelar.

Grama[1], s. f. (l. *gramina*). *Bot.* Designação comum a várias plantas gramíneas, sobretudo ervas rasteiras, usadas em prados, jardins, campos de esportes etc.

Grama[2], s. m. e f. (gr. *gramma*). 1. Milésima parte do quilograma. 2. Unidade de peso no sistema métrico decimal.

-grama[3], elem. de comp. (gr. *gramma*). Exprime a idéia de *letra, escrito, figura, desenho, sinal, gravação, traçado* de aparelho registrador: *barograma, cronograma, fotograma* etc.

Gramadeira, s. f. 1. Utensílio de madeira com que se trilha o linho, antes de o espadelar. 2. Gancho com que se puxa a palha para a manjedoura, nas cavalariças.

Gramado, adj. Trilhado com gramadeira. S. m. 1. Terreno onde cresce grama. 2. Campo de futebol.

Gramar[1], v. Tr. dir. 1. Trilhar com a gramadeira (o linho). 2. *Pop.* Agüentar, aturar, sofrer.

Gramar[2], v. Tr. dir. Cobrir ou plantar de grama.

Gramática, s. f. 1. Estudo sistemático dos elementos constitutivos de uma língua (sons, formas, palavras, construções e recursos expressivos). 2. Livro em que se expõe esse estudo sistemático. — *G. comparada*: tratado das concordâncias ou diferenças entre várias línguas de um mesmo tronco idiomático. *G. descritiva*: exposição ou descrição metódica dos fatos atuais de uma determinada língua. *G. histórica*: tratado das transformações de uma língua, no tempo e no espaço.

Gramatical, adj. m. e f. Relativo ou conforme à gramática.

Gramaticalismo, s. m. Exagerado empenho e zelo na construção gramatical.

Gramaticão, s. m. *Pej.* 1. Indivíduo que se tem na conta de bom gramático. 2. Aquele que só sabe gramática.

Gramaticar, v. Intr. *Fam.* Ensinar gramática, tratar questões de gramática.

Gramático, adj. Relativo à gramática. S. m. Quem se dedica a estudos gramaticais ou escreve a respeito de gramática.

Gramaticologia, s. f. *Filol.* Estudo científico da Gramática.

Gramaticológico, adj. Relativo à gramaticologia.

Gramaticólogo, s. m. Especialista em gramaticologia.

Gramatiqueiro, s. m. *Pej.* 1. Gramático sem competência. 2. Indivíduo dado à gramatiquice.

Gramatiquice, s. f. Afetado rigorismo em linguagem.

Gramatista, s. m. 1. Pessoa que, entre os antigos, ensinava as crianças a ler e a escrever. 2. Gramático pedante.

Gramatologia, s. f. Estudo ou tratado das letras, alfabeto, silabação, leitura e escrita.

Gramatológico, adj. Relativo à gramatologia.

Grameiras, s. f. pl. *Metal.* Orifícios que rodeiam os cadinhos nos fornos de fundição do bronze.

Gramíneas, s. f. pl. *Bot.* Família (*Gramineae*) de plantas glumifloras que compreende, em geral, ervas monocotiledôneas de pequeno porte, flores nuas, em espigas; caule geralmente oco e semente que é uma cariopse farinhosa.

Gramíneo, adj. *Bot.* Que tem a natureza da grama.

Graminho, s. m. *Carp.* Instrumento para traçar riscos paralelos à borda das tábuas.

grâmini-, elem. de comp. (l. *gramine*). Exprime a idéia de *gramínea, palha, cereal: graminícola.*

Graminícola, adj. m. e f. *Zool.* Que vive sobre gramíneas.

Graminifólio, adj. *Bot.* Com folhas semelhantes às das gramíneas.

Graminiforme, adj. m. e f. Semelhante às gramíneas.

Graminoso, adj. Que tem muita grama.

Gramita, s. f. *Miner.* Designação comum a várias pedras cujas cores representam linhas.

Gram-negativo, adj. Diz-se das bactérias ou tecidos que perdem a coloração pelo tratamento com álcool, quando tingidos pelo método de Gram.

gramo-, elem. de comp. (gr. *gramma*). Exprime a idéia de *letra, sinal: gramômetro.*

Gramômetro, s. m. Espécie de divisor mecânico, empregado em desenho.

Grampa, s. f. *Náut.* Instrumento que serve para apertar por meio de parafusos.

Grampeador, adj. Que grampeia. S. m. 1. Empregado que trabalha na máquina de grampear. 2. Pequeno aparelho manual, para grampear papéis.

Grampear, v. Tr. dir. 1. Prender com grampo. 2. *Gír.* Assaltar com violência. 3. *Gír.* Furtar.

Grampo, s. m. (germ. **kramp*). 1. Alfinete com forma mais ou menos semelhante a um *U* alongado, para manter no lugar o cabelo em um penteado; gancho. 2. Alfinete com que as senhoras prendem o chapéu na cabeça. 3. *Agr.* Prego em forma de U, próprio para prender arames nas cercas.

Gram-positivo, adj. Diz-se das bactérias ou tecidos que conservam a coloração pelo tratamento com álcool, quando tingidos pelo método de Gram.

Grana, s. f. *Gír.* Dinheiro.

Granada, s. f. 1. Projétil explosivo que se dispara com uma peça de artilharia. 2. *Miner.* Mineral geralmente composto de alumínio, óxido de ferro e sílica.

Granadeiro, s. m. *Ant.* Soldado que lançava granadas.

Granadilho, s. m. Madeira de macacaúba.

Granadina, s. f. 1. Tecido arrendado de seda crua, geralmente escura e transparente. 2. Tecido de algodão, arrendado e fino.

Granadino[1], adj. (de *granada*). Cor de romã.

Granadino[2], adj. 1. Que se refere a Granada (Espanha). 2. Natural de Granada. S. m. O habitante ou natural de Granada.

Granador, s. m. Aparelho para granar pólvora.

Granal, adj. m. e f. Relativo a grão ou grãos.

Granalha, s. f. Grânulos ou palhetas, a que se reduz o metal fundido, nas operações que precedem a amoedação.

Granar, v. 1. Tr. dir. Dar forma de grão a; granular. 2. Intr. Desenvolver-se em grãos (o milho). 3. Intr. Estar na adolescência.

Granatária, adj. e s. f. *Farm.* Diz-se da, ou a balança de precisão, sensível a um grão.

Granate, s. m. Pedra preciosa, parecida com o rubi escuro e de que há várias espécies.

Grandalhão, adj. Muito grande. S. m. Indivíduo muito alto. Fem.: *grandalhona.*

Grandão, adj. e s. m. V. *grandalhão.*

Grande, adj. m. e f. 1. Que possui dimensões consideráveis; comprido, extenso; largo; profundo. 2. Numeroso. 3. Imenso, infinito. 4. Magnífico, soberbo. Comparativo de superioridade: *maior*; sup. abs. sint.: *grandíssimo* e (*Pop.*) *grandessíssimo.* Sup. relativo sint.: *máximo.* Aum.: *grandaço. grandalhão* e *grandão.* Dim. irr.: *grandote.* S. m. Pessoa rica e nobre, influente, poderosa. S. m. pl. Classe dos ricos ou poderosos.

Grandevo, adj. *Poét.* De muita idade; longevo.

Grandeza, s. f. 1. Qualidade de grande. 2. Tudo o que se pode comparar ou diminuir. 3. *Mat.* Tudo o que é suscetível de aumento ou diminuição. 4. *Astr.* Grau de intensidade da luz das estrelas; magnitude. 5. Título honorífico de grande do reino. 6. Nobreza, dignidade, hierarquia. 7. Magnificência, opulência.

Grandiloqüência, s. f. Qualidade do estilo elevado, grandioso, muito eloqüente.

Grandíloquo (*co*), adj. 1. Que tem grande eloqüência. 2. Diz-se do estilo nobre, elevado, pomposo.

Grandiosidade, s. f. Qualidade de grandioso; magnificência.

Grandioso, adj. 1. Muito grande. 2. Magnificente, pomposo. 3. Imponente. 4. Nobre.

Grandote, adj. Um tanto grande; já crescido.

Granel, s. m. Celeiro, tulha.

A g.: a rodo; em montão; sem embalagem.

Graneleiro, s. m. Veículo que transporta cargas a granel.

Granido, s. m. Desenho ou gravura a pontos miúdos.

Granidor, s. m. Caixa, em que se assenta a pedra litográfica, para granir (limpar).

Granífero, adj. Que produz ou tem grãos.

Graniforme, adj. m. e f. Que tem forma de grão.

Granilita, s. f. *Constr.* Revestimento composto de argamassa de cimento com pó de mármore, ou de outras rochas, para dar a cor ou formar desenhos.

Granir, v. Tr. dir. 1. Desenhar ou gravar a pontos miúdos. 2. Limpar (pedra litográfica).

Granita, s. f. 1. Glóbulo de substância mole. 2. Excremento de cabras, ovelhas etc. 3. Bagulho.

Granitar, v. Tr. dir. 1. Dar forma de granita a. 2. Reduzir a granitas.

Granítico, adj. 1. Da natureza do granito. 2. Formado de granito. 3. Que se assemelha ao granito na dureza ou rijeza.

Granito, s. m. *Miner.* Rocha eruptiva, granular e cristalina, formada de feldspato, quartzo e mica em cristais mais ou menos volumosos e agregados.

Granitóide, adj. m. e f. Semelhante ao granito.

Granitoso, adj. V. *granítico.*

Granívoro, adj. Que se alimenta de grãos ou sementes.

Granizada, s. f. 1. Chuva de granizo. 2. O que cai em grande quantidade, à semelhança de granizo.

Granizar, v. 1. Intr. Cair granizo, ou como granizo. 2. Tr. dir. Dar forma granular a.

Granizo, s. m. *Meteor.* Precipitação sob a forma de pedras de gelo.

Granja, s. f. Sítio em que se faz a pequena indústria agrícola, a criação de aves e de vacas leiteiras.

Granjaria, s. f. Conjunto de granjas.

Granjeador, adj. e s. m. Que, ou quem granjeia.

Granjear, v. Tr. dir. 1. Amanhar, cultivar (terras). 2. Adquirir, conquistar, obter com trabalho ou esforço próprio. 3. Adquirir, atrair.

Granjearia, s. f. 1. *Ant.* Cultura, lavoura. 2. Granja.

Granjeio, s. m. 1. Ato ou efeito de granjear. 2. Amanho, lavoura. 3. Colheita de produtos agrícolas. 4. Ganho, proveito. 5. Trabalho para comodidades.

Granjeiro, s. m. 1. O que cultiva uma granja. 2. Dono de granja.

Granoso, adj. Que tem grãos.

Granulação, s. f. 1. Ato ou efeito de granular. 2. Aparição ou presença de grãos na pele ou em uma superfície qualquer.

Granulado, adj. 1. Que apresenta granulações. 2. *Farm.* Que se apresenta sob a forma de grânulos.

Granulagem, s. f. Ato de granular.

Granular[1], adj. m. e f. 1. Que, quanto à forma, se assemelha ao grão. 2. Composto de pequenos grãos. 3. *Miner.* Granítico.

Granular[2], v. Tr. dir. 1. Dar forma de grânulo a. 2. Reduzir a pequenos grãos.

Granuliforme, adj. m. e f. Em forma de grânulos agregados.

Grânulo, s. m. 1. Pequeno grão. 2. Glóbulo. 3. Pequena pílula. 4. Cada uma das pequenas saliências de uma superfície áspera.

Granuloma, s. m. *Med.* Tumor de tecido de granulação.

Granulosidade, s. f. Qualidade de granuloso.

Granuloso, adj. 1. V. *granular.* 2. Que tem superfície áspera.

Grão[1], s. m. (l. *granu*). 1. Fruto ou semente das gramíneas e de alguns legumes. 2. Semente de alguns vegetais. Col.: *manípulo* (o que a mão não pode abranger), *manelo, manhuço, manojo, manolho, maunça, mão, punhado.* 3. Partícula dura de qualquer substância (açúcar, sal, areia, etc.). 4. Peso, outrora usado especialmente em farmácia, equivalente a 49,6 miligramas. 5. Pequena partícula. — *G.-de-bico*: a) planta leguminosa-papilionácea, de sementes comestíveis e folhas medicinais, também chamada *gravanço* (*Cicer arietinum*); b) fruto dessa planta.

Grão[2], adj. Forma apocopada de *grande.* É invariável em número.

Grão-ducado, s. m. País governado por um grão-duque. Pl.: *grão-ducados.* Var.: *grã-ducado.*

Grão-ducal, adj. m. e f. Relativo a grão-duque ou a grão-ducado. Pl.: *grão-ducais.*

Grão-duque, s. m. Título de alguns príncipes reinantes. Fem.: *grã-duquesa*; pl.: *grão-duques.* Var.: *grã-duque.*

Grão-lama, s. m. Chefe supremo do lamaísmo. Pl.: *grão-lamas.*

Grão-mestre, s. m. Principal dignitário ou chefe de uma ordem religiosa ou de cavalaria, da maçonaria de uma região etc. Pl.: *grão-mestres.*

Grão-rabino, s. m. Chefe supremo de uma sinagoga ou de um consistório israelita. Pl.: *grão-rabinos.*

Grão-tinhoso, s. m. *Pop.* Diabo. Pl.: *grão-tinhosos.*

Grão-turco, s. m. O sultão de Constantinopla. Pl.: *grão-turcos.*

Grão-vizir, s. m. Primeiro-ministro do Império Otomano. Pl.: *grão-vizires.*

Grapa, s. f. *Vet.* Inchação inflamatória na dianteira das curvas e na traseira dos braços dos eqüinos.

Grasnada, s. f. Ato ou efeito de grasnar; grasnadela.

Grasnadela, s. f. V. *grasnada.*

Grasnador, adj. e s. m. Que, ou o que grasna; grasnante.

Grasnante, adj. m. e f. Que grasna.

Grasnar, v. 1. Intr. Soltar a voz (a rã, o corvo, o pato). 2. Intr. Gritar com voz desagradável como a do corvo. 3. Tr. dir. Dizer, proferir, grasnando.

Grasnido, s. m. V. *grasnada.*

Grasnir, v. V. *grasnar.*

Grasno, s. m. V. *grasnada.*

Graspa, s. f. Aguardente que provém da destilação das borras do vinho.

Grassar, v. Intr. 1. Alastrar-se, difundir-se, propagar-se. 2. Espalhar-se, vogar. 3. Desenvolver-se gradual e progressivamente.

Grassitar, v. Intr. Soltar a voz (o pato).

Grasso, adj. *P. us.* Gorduroso, graxo.

Gratéia, s. f. Instrumento com que se limpa a fundo dos rios.

Gratidão, s. f. 1. Qualidade de quem é grato. 2. Agradecimento, reconhecimento.

Gratificação, s. f. 1. Ato ou efeito de gratificar. 2. Retribuição de serviço extraordinário.

Gratificador, adj. e s. m. Que, ou o que gratifica.

Gratificar, v. 1. Tr. dir. Dar gratificação a, pagar o serviço extraordinário de; premiar, remunerar. 2. Tr. dir. Dar gorjeta a. 3. Tr. ind. Dar graças, mostrar-se reconhecido.

Grátis, adv. (l. *gratis*). De graça, gratuitamente, sem remuneração.

Grato, adj. 1. Que tem gratidão; agradecido. 2. Agradável, aprazível. 3. Suave.

Gratuidade (*u-i*), s. f. Qualidade daquilo que é gratuito.

Gratuito (*túi*), adj. 1. Feito ou dado de graça. 2. Desinteressado. 3. Sem fundamento nem motivo: Difamação *gratuita.*

Gratulação, s. f. 1. Ato ou efeito de gratular. 2. Congratulação.

Gratular, v. Tr. dir. 1. Mostrar-se grato a. 2. Congratular-se com, dar parabéns a.

Gratulatório, adj. 1. Que contém expressões de gratidão. 2. Que serve para felicitar; congratulatório.

Grau, s. m. (l. *gradu*). 1. Passo, gradação. 2. *Geom.* Cada uma das 360 partes iguais em que se divide a circunferência do círculo. 3. *Fís.* Cada uma das divisões da escala de alguns instrumentos (termômetro, higrômetro, areômetro etc.). 4. *Mat.* Expoente de uma potência. 5. Classe, categoria. 6. Título obtido em escola superior ao se completar o curso. 7. *Gram.* Flexão com que se aumenta ou diminui a significação dos nomes. 8. *Dir.* Hierarquia judiciária. — *G. absoluto*: v. *Kelvin. G. Celsius*: um centésimo do intervalo de temperatura existente entre a temperatura de ebulição normal da água e a temperatura de cristalização da água saturada com ar atmosférico; grau centesimal, grau centígrado, Celsius. Símbolo: °C. *G. centesimal*: v. *grau Celsius. G. centígrado*: v. *grau Celsius. G. Fahrenheit*: unidade de escala Fahrenheit de temperatura na qual o 32 corresponde à temperatura de fusão da água e o 212 à temperatura de ebulição normal da água; Fahrenheit. Símbolo: °F. *G. Kelvin*: v. *Kelvin.*

Graúdo, adj. (de *grão*). 1. Grande, muito crescido. 2. Importante. S. m. pl. Os ricos; os poderosos.

Graúna, s. f. *Ornit.* Pássaro da família dos Icterídeos (*Psomolax oryzivorus oryzivorus*).

Gravação[1], s. f. (l. *gravatione*). 1. Ato ou efeito de gravar[1]. 2. Registro de som, por meio de fita magnética.

Gravação[2], s. f. (*gravar[2]* + *ção*). *Dir.* Ato de gravar[2].

Gravador, s. m. 1. Artista que grava em madeira, aço, cobre, prata etc. 2. Dispositivo para gravar sons em disco, fita ou filme.

Gravame, s. m. (l. *gravamen*). 1. Molestação, vexame. 2. Encargo, ônus. 3. Imposto pesado. 4. Ofensa.

Gravanço, s. m. V. *grão-de-bico.*

Gravar[1], v. (fr. *graver?*). 1. Tr. dir. Abrir, esculpir com buril ou cinzel. 2. Tr. dir. e pron. Imprimir(-se), estampar(-se), fixar(-se). 3. Tr. dir. Assinar ou marcar com selo ou ferrete. 4. Tr. dir. Assinalar, inscrever com elogio, perpetuar.

Gravar[2], v. (l. *gravere*). Tr. ind. *Dir.* Carregar, onerar. 2. Tr. dir. Onerar, oprimir, vexar.

Gravata, s. f. (fr. *cravate*). 1. Ornato que se põe à roda do pescoço (lenço, tira ou pequena manta) formando laço adiante. 2. Golpe no pescoço, em diversas lutas desportivas.

Gravatá, s. m. 1. Nome comum a várias plantas da família das Bromeliáceas, que dão frutos ácidos em cachos.

Gravataria, s. f. 1. Estabelecimento onde se fabricam ou vendem gravatas. 2. Grande porção de gravatas.

Gravatazal, s. m. Lugar onde crescem gravatás.

Gravateiro, s. m. 1. Fabricante ou vendedor de gravatas. 2. *Gír.* Ladrão que agride a vítima pela garganta.

Grave, adj. 1. Sujeito à ação da gravidade. 2. Pesado. 3. Importante, ponderoso. 4. Circunspecto, sério. 5. *Gram.* V. *paroxítono.* 6. *Gram.* Qualificativo do acento (`) com que se indica a crase.

Gravela, s. f. Bagaços ou resíduos secos da uva.

Gravelado, adj. Relativo a gravela. 2. Extraído de gravela.

Gravéola, s. f. *Bot.* V. *graviola.*

Graveolência, s. f. Mau cheiro.

Graveolente, adj. m. e f. De cheiro forte e mau.

Graveto (*ê*), s. m. Ramo seco, pedaço de lenha miúda com que se acende fogo; garavato. Col.: *feixe.*

Graveza, s. f. *P. us.* Gravidade, gravame.

gravi-, elem. de comp. (l. *grave*). Exprime a idéia de *grave, pesado*: *gravígrado, gravimétrico.*

Gravidade, s. f. 1. Qualidade de grave. 2. Circunspeção, seriedade, compostura, sisudez. 3. *Fís.* Força atrativa que solicita para o centro da Terra todos os corpos.

Gravidar, v. Tr. dir. e intr. Tornar(-se) grávida.

Gravidez, s. f. Estado da mulher, e das fêmeas em geral, durante a gestação; prenhez.

Grávido, adj. 1. Que se acha em estado de gravidez. 2. Muito cheio; repleto.

Gravígrado, adj. De andar pesado.

Gravimétrico, adj. Que é medido por peso.

Gravímetro, s. m. Instrumento que mede, com grande precisão, o campo de gravidade terrestre.

Graviola, s. f. 1. *Bot.* V. *cherimólia.* 2. Peça de madeira em que, nos estaleiros, repousa a quilha dos navios.

Gravitação, s. f. 1. Ato de gravitar. 2. *Fís.* Atração entre dois corpos que é proporcional ao produto de suas massas e inversamente proporcional ao quadrado da distância que os separa.

Gravitante, adj. m. e f. Que gravita.

Gravitar, v. 1. Tr. ind. e intr. Mover-se sob a influência da gravitação. 2. Tr. ind. *Fig.* Seguir (uma pessoa ou coisa) o destino de outra, em situação subalterna.

Gravito, adj. Diz-se do touro que tem os cornos retos e quase verticais.

Gravoso, adj. 1. Que produz gravame. 2. Que oprime. 3. Que vexa.

Gravotear, v. Tr. dir. *Carp.* Riscar com o compasso (o lugar em que se vai serrar).

Gravura, s. f. 1. Ação ou efeito de gravar. 2. Estampa, figura, ilustração. Col.: *iconoteca.*

Graxa, s. f. 1. Mistura de pó-de-sapato, sebo e outras substâncias, para engraxar e polir o calçado e outros artefatos de couro. 2. Pasta preparada com óleo e outras substâncias, para lubrificar grandes maquinismos.

Graxeira, s. f. 1. Panelão onde se fervem os ossos e mais detritos da rês carneada, a fim de extrair a matéria graxa. 2. Compartimento onde se instala esse caldeirão.

Graxeiro, s. m. Indivíduo que lubrifica peças de máquinas.

Graxento, adj. 1. Cheio de graxa. 2. Lambuzado de graxa. 3. Sujo.

Graxo, adj. Gordurento, oleoso.

Grazina, adj. e. s., m. e f. *Fam.* Que, ou pessoa que fala muito, grita, resmunga.

Grazinada, s. f. Vozeria confusa e incômoda.

Grazinador, adj. e s. m. Que, ou o que grazina.

Grazinar, v. Intr. 1. Falar muito e em voz alta; palrar, tagarelar, vozear. 2. Importunar, falando ou lamentando-se.

Grecismo, s. m. Palavra ou locução peculiar à língua grega; helenismo.

Grecizar, v. Tr. dir. Dar feição, forma ou costumes gregos a.

greco-, elem. de com. (l. *groecu*); grego: *grecomania.*

Greco-latino, adj. Relativo ao grego e ao latim. Pl.: *greco-latinos.*

Grecomania, s. f. 1. Mania de imitar a língua ou os costumes dos gregos. 2. Paixão pelas coisas da Grécia.

Greco-romano, adj. Comum aos gregos e aos romanos. Pl.: *greco-romanos.*

Greda (*ê*), s. f. (l. *creta*). Barro ou calcário amarelo-esverdeado, friável e macio, que geralmente contém sílica e argila.

Gredoso, adj. 1. Que tem greda. 2. Que imita greda.

Grega (*ê*), s. f. *Arquit.* e *desenho.* Cercadura composta de linhas retas, artisticamente entrelaçadas.

Gregal, adj. m. e f. *Poét.* Concernente a grei.

Gregarina, s. f. *Zool.* Gênero (*Gregarina*) de protozoários que são parasitos no canal alimentar de artrópodes.

Gregário, adj. 1. Relativo a grei. 2. Que pertence a grei ou rebanho. 3. Que vive em bando.

Gregarismo, s. m. *Zool.* Aglomeração natural de indivíduos de uma determinada espécie, como se observa nos rebanhos, colméias, formigueiros etc.

Grego (*ê*), adj. (l. *graecu*). 1. Relativo à Grécia. 2. *Pop.* Enigmático, ininteligível, obscuro. S. m. 1. Indivíduo natural da Grécia. 2. A língua dos gregos.

Gregoriano, adj. Relativo a qualquer dos papas Gregório I, Gregório VII ou Gregório XIII.

Gregotins, s. m. pl. V. *garatujas.*

Greguejar, v. Intr. *Fam.* Falar grego.

Grei, s. f. (l. *grege*). 1. *Poét.* Rebanho de gado miúdo. 2. Conjunto dos paroquianos ou diocesanos. 3. Partido.

Grela, s. f. (fr. *grêle*). Instrumento de penteeiro para amaciar os pentes de alisar.

Grelação, s. f. *Pop.* Olhadela, namoro.

Grelado, adj. 1. Que tem grelo. 2. Que começou a grelar. 3. Que lançou espiga; espigado.

Grelador, s. m. *Pop.* Namorador.

Grelar[1], v. (*grelo + ar*), Intr. Deitar grelo; brotar.

Grelar[2], v. Tr. dir. *Pop.* 1. Olhar fixamente uma mulher. 2. Namorar.

Grelha (*é*), s. f. 1. Pequena grade de ferro sobre a qual se assa carne ou peixe, se torra o pão etc. 2. Grade sobre que se acende o carvão nos fornos, fornalhas, fogareiros etc. 3. Antigo instrumento de suplício.

Grelhar, v. Tr. dir. Assar ou torrar na grelha.

Grelheiro, s. m. Operário encarregado das grelhas numa oficina.

Grelo (*ê*), s. m. Gema que se desenvolve na semente, bolbo ou tubérculo e vem surgindo da terra; broto, rebento.

Gremial, s. m. Pano que se coloca sobre os joelhos do prelado oficiante.

Grêmio, s. m. 1. *Ant.* Seio, regaço. 2. Corporação de sócios com fins recreativos ou instrutivos.

Grená, adj. Da cor vermelha da romã. S. m. Essa cor.

Grenha, s. f. 1. Cabelo emaranhado. 2. Juba de leão.

Grenhudo, adj. V. *grenhoso.*

Grés, s. m. (fr. *grès*). V. *arenito.*

Gresífero, adj. Em que há grés.

Greta (*ê*), s. f. Abertura estreita; fenda, frincha.

Gretado, adj. Diz-se de pele com pequenas rachaduras.

Gretadura, s. f. 1. Ato ou efeito de gretar(-se). 2. Fenda na pele.

Gretar, v. (l. *crepitare*). 1. Tr. dir. Abrir greta em. 2. Intr. e pron. Fender-se, rachar-se.

Grevas (*ê*), s. f. pl. *Ant.* Parte da armadura que cobria a perna do joelho para baixo.

Greve, s. f. Recusa de trabalho acertada por qualquer classe de assalariados.

Grevílea, s. f. *Bot.* 1. Gênero (*Grevillea*) de arbustos e árvores australianos, com flores vistosas cor de laranja ou vermelhas. 2. Planta desse gênero.

Grevista, s. m. e f. Pessoa que promove uma greve ou dela participa.

Grifar, v. Tr. dir. 1. Escrever com grifo para realçar; sublinhar. 2. Pronunciar com entonação especial.

Grífico, adj. Que se refere a grifo[3].

Grifo[1], s. m. (l. med. *gryphu*, gr. *grups*). Animal fabuloso, com cabeça de águia e garras de leão.

Grifo[2], adj. (al. *Gryph*, n. p.). Diz-se de uma forma de letra inclinada para a direita, também conhecida por *itálica*, *bastarda* e *aldina.* S. m. 1. Letra grifa; itálico. 2. Traço por baixo de letras ou palavras, que se pretende sejam impressas em tipo itálico.

Grifo[3], s. m. (gr. *griphos*). 1. Questão confusa e atrapalhada; enigma. 2. Locução ambígua.

Grilagem, s. f. 1. Ato de grilar. 2. Organização dos grileiros.

Grilar, v. Tr. dir. Fazer títulos falsos de (terras).

Grileiro, s. m. Indivíduo que, mediante falsas escrituras de propriedade, procura apossar-se de terras alheias.

Grilento, adj. Diz-se das propriedades territoriais chamadas *grilos.*

Grilhagem, s. f. Cadeia de anéis de metal.

Grilhão, s. m. 1. Corrente de metal, formada de anéis encadeados. 2. Cordão de ouro. 3. Cadeia, prisão. 4. Algema.

Grilheta (*ê*), s. f. Grande anel de ferro, na extremidade de uma corrente do mesmo metal, a que se prendiam os condenados a trabalhos forçados.

Grilo, s. m. 1. Nome comum a vários insetos saltadores, de cor geral parda, com longas antenas filiformes. São de hábitos noturnos, muito conhecidos pelo cricri, som esse produzido pelo atrito das tégminas. Voz.: *chirria, cricrila, estridula, estrila, guizalha, trila, tritila, tritina.* 2. Propriedade territorial legalizada com título falso. 3. Ruído de peça mal ajustada. 4. Inspetor de tráfego. 5. *Gír.* Confusão, complicação, problema.

Grimaça, s. f. (fr. *grimace*). Careta, esgares, trejeito.

Grimpa, s. f. 1. V. *cata-vento.* 2. Parte mais alta; coruto, cume, crista. 3. *Gír.* A cabeça.

Grimpar, v. 1. Tr. ind. Subir, trepar. 2. Intr. *Gír.* Mostrar-se altaneiro.

Grinalda, s. f. 1. Coroa de flores naturais ou artificiais; festão. 2. *Arquit.* Ornamento de folhagem ou flores em festão.

Grindélia, s. f. *Bot.* Planta medicinal da família das Compostas (*Grindelia camporum*).

Grinfar, v. Intr. Soltar a voz (a andorinha); trinfar, trissar.

Gringada, s. f. 1. Os gringos. 2. Grupo de gringos.

Gringalhada, s. f. V. *gringada.*

Gringo, s. m. *Pej.* 1. Estrangeiro. 2. Mascate.

Gripado, adj. e s. m. Que, ou o que está atacado de gripe.

Gripar, v. Tr. dir. e pron. Tornar(-se) doente de gripe.

Gripe, s. f. *Med.* Doença infecciosa, acompanhada de febre, sensação de tremor etc., produzida por vírus.

Gris, adj. m. e f. 1. Cinzento-azulado. 2. Pardo.

Grisalhar, v. 1. Tr. dir. e pron. Tornar(-se) acinzentado. 2. Intr. Começar a ter cabelos brancos.

Grisalho, adj. 1. Cinzento, pardo. 2. Diz-se da barba ou cabelo arruçado ou ruço.

Grisar, v. Intr. Tornar-se gris; acinzentar-se.

Griseta (*ê*), s. f. Peça metálica das lâmpadas ou das lamparinas, na qual se enfia a torcida.

Grisu, s. m. *Quím.* Mistura de gases explosivos, principalmente metano, que se forma nas minas de carvão.

Grita, s. f. Gritaria, alarido.

Gritadeira, s. f. 1. Mulher que grita muito. 2. Gritaria.

Gritador, adj. e s. m. 1. Que, ou aquele que grita. 2. Quea ou aquele que fala em voz muito alta.

Gritalhão, s. m. O que grita muito alto. Fem.: *gritalhona.*

Gritar, v. (l. *quiritare*). 1. Intr. Soltar gritos. 2. Intr. Falar em voz muito alta. 3. Tr. ind. e intr. Queixar-se, protestar, reclamar. 4. Tr. ind. Chamar aos gritos; bradar, clamar.

Gritaria, s. f. Gritos repetidos ou simultâneos; berreiro.

Grito, s. m. 1. Voz aguda e muito elevada. 2. Exclamação forte e sonora que exprime dor. 3. Voz de certos animais.

Groenlandês, adj. Relativo à Groenlândia. S. m. 1. Indivíduo natural da Groenlândia. 2. Língua falada pelos habitantes da Groenlândia.

Grogue, s. m. (ingl. *grog*). Bebida alcoólica, misturada com água quente, açúcar e suco de limão. Adj. Diz-se de quem está estonteado, como quem tomou muito grogue.

Groma, s. f. Vara de sete pés, com que os romanos mediam os campos.

Gromática, s. f. Agrimensura.

Gromático, adj. Relativo à agrimensura.

Gronga, s. f. 1. Feitiçaria por meio de beberagem. 2. Coisa malfeita; geringonça.

Grosa[1], s. f. (fr. *grosse*). Doze dúzias.

Grosa[2], s. f. 1. Instrumento semelhante à lima, para desbastar madeira ou o casco das cavalgaduras. 2. Faca de fio embotado, para descarnar peles.

Grosar, v. Tr. dir. Desbastar com grosa.

Groseira, s. f. Aparelho de pesca em que se empregam até duzentos anzóis.

Groselha (*é*), s. f. 1. Fruto da groselheira. 2. Xarope desse fruto.

Groselheira, s. f. *Bot.* Planta saxifragácea (*Ribes rubrum*).

Grosseiro, adj. 1. De má qualidade. 2. Malfeito, rude, tosco. 3. Áspero, mal polido. 4. Incivil, indelicado.

Grosseria, s. f. 1. Falta de polidez e urbanidade. 2. Ação ou expressão grosseira; grossura.

Grosso (*ô*), adj. 1. Que tem grande circunferência ou volume. 2. Consistente, denso, espesso, pastoso, pesado (diz-se de líquidos). 3. Grave, baixo (som). 4. Corpulento. S. m. 1. A parte mais espessa. 2. A maior parte. 3. Indivíduo que comete erros grosseiros.

Grossularita, s. f. *Miner.* Minério de alumínio e cálcio, pertencente à família das granadas.

Grossura, s. f. 1. Qualidade de grosso. 2. Medida de um sólido, entre a superfície anterior e a posterior. 3. Corpulência. 4. Ato ou expressão grosseira.

Grota, s. f. 1. Abertura por onde a água das cheias invade os campos marginais. 2. Vale profundo.

Grotão, s. m. Grota enorme.

Grotesco (*ê*), adj. 1. Excêntrico. 2. Caricato, ridículo.

Grou, s. m. *Ornit.* Ave pernalta gruídea (*Grus cinerea*). Voz.: *grasna, grugrulha, grui, grulha.* Fem.: *grua.*

Grua, s. f. 1. *Ornit.* Fêmea do grou. 2. Máquina para introduzir água nas locomotivas. 3. Tipo de guindaste capaz de movimentar-se em todas as direções.

Grudado, adj. 1. Pegado com grude. 2. Muito junto.

Grudador, adj. e s. m. Que, ou o que gruda, ou serve para grudar.

Grudadouro, s. m. Série de cavaletes, nas fábricas de lanifícios, sobre os quais se estendem as teias para secar, depois de mergulhadas em cola ou grude. Var.: *grudadoiro.*

Grudadura, s. f. Ato ou efeito de grudar(-se).

Grudar, v. 1. Tr. dir. Colar, ligar, unir com grude. 2. Intr. e pron. Pegar-se, unir-se com grude.

Grude, s. m. (l. *gluten*). 1. Espécie de cola para unir e pegar peças de madeira. 2. Massa usada por sapateiros. 3. Desordem, motim. 4. *Gír.* Comida, refeição. 5. Cola feita de farinha de trigo.

Grueiro, adj. Diz-se do falcão ensinado para caçar.

Grugrulhar, v. Intr. Entrar em ebulição; ferver.

Grugrulejar, v. Intr. 1. *Onom.* Soltar a voz (o peru). 2. Imitar a voz do peru.

Gruídeo, adj. *Ornit.* Relativo aos Gruídeos. S. m. pl. Família (*Gruidae*) da ordem dos Gruiformes, que compreende aves pernaltas como os grous.

Gruiformes, s. m. pl. *Ornit.* Ordem (*Gruiformes*) de aves pernaltas, com dedos geralmente alongados, bico comprido levemente curvo e asas que chegam até a base da cauda; nesta ordem se incluem aves vulgarmente conhecidas como *carão, jacamim, saracura, frango-d'água, ipequi* e *seriema.*

Gruir, v. Intr. Soltar (o grou) a voz.

Grulhada, s. f. 1. Vozearia de grous. 2. Gritaria, barulho.

Grulhar, v. Intr. Falar muito; palrar, tagarelar.

Grumar, v. 1. Tr. dir. Reduzir a grumos; dar forma de grumo a. 2. Intr. e pron. Fazer-se em grumos.

Grumecência, s. f. Propriedade ou estado daquilo que grumeceu ou pode grumecer.

Grumecer, v. V. *grumar.*

Grumetagem, s. f. Os grumetes de um navio.

Grumete (*ê*), s. m. Primeira graduação na hierarquia da Marinha Brasileira.

Grumixama, s. f. Fruto da grumixameira.

Grumixameira, s. f. *Bot.* Árvore mirtácea, de frutos comestíveis (*Eugenia brasiliensis*).

Grumo, s. m. 1. *Med.* Pequeno coágulo. 2. Grânulo; nódulo. 3. Caroço que se forma na pasta ou massa mal diluída.

Grumoso, adj. Que apresenta grumos; granuloso.

Grúmulo, s. m. Pequeno grumo.

Grumuxama, s. f. V. *grumixama.*

Gruna, s. f. Escavação funda feita pelos garimpeiros, nas lavras diamantíferas.

Gruneiro, s. m. Quem trabalha nas grunas.

Grunha, s. f. Concavidade nas serras.

Grunhidela, s. f. Ato isolado de grunhir.

Grunhido, s. m. Voz do porco.

Grunhidor, adj. e s. m. Que, ou aquele que grunhe.

Grunhir, v. (l. *grunnire*). 1. Intr. *Onom.* Soltar grunhidos (o porco). 2. Intr. Imitar a voz do porco. 3. Tr. dir. Proferir em grunhido. 4. Intr. Resmungar. — Não se conjuga na 1ª pess. do sing. do pres. do ind. e em todo o pres. do subj.

Grupal, adj. m. e f. 1. Relativo a grupo. 2. Próprio de grupo.

Grupamento, s. m. Ato ou efeito de grupar.

Grupar, v. V. *agrupar.*

Grupelho (*ê*), s. m. *Pej.* 1. Pequeno grupo. 2. Facção insignificante.

Grupeto (*ê*), s. m. *Mús.* Ornamento musical constituído por dupla apojatura, cujas notas contornam a nota principal.

Grupiara, s. f. V. *gupiara.*

Grupo, s. m. 1. Certo número de pessoas reunidas. 2. Reunião de objetos formando um todo distinto. 3. *Quím.* Reunião de átomos que formam uma parte reconhecível, e comumente transferível, de uma molécula. 4. Cada conjunto de 4 dezenas (de 00 a 99) representativo de cada um dos 25 animais do jogo do bicho. — *G. escolar*: estabelecimento de ensino primário com classes graduadas.

Gruta, s. f. Caverna natural ou artificial; antro, lapa.

Grutesco (*ê*), adj. 1. Relativo a gruta. 2. Próprio de gruta. S. m. pl. Ornatos rebuscados que reproduzem objetos da natureza, como folhas, caracóis, penhascos etc.

Guabiju, s. m. Fruto do guabijubeiro.

Guabijubeiro, s. m. *Bot.* Nome dado a diversas árvores mirtáceas.

Guabijuzal, s. m. Lugar onde existem guabijuzeiros em abundância.

Guabijuzeiro, s. m. V. *guabijueiro.*

Guabiroba, s. f. 1. *Bot.* Nome comum a diversas árvores e arbustos mirtáceos, também conhecidos por *gabiroba, gàbirobeira, guabiraba* e *guabirobeira.* 2. Fruto dessas plantas.

Guabirobeira, s. f. V. *guabiroba.*

Guabiru, s. m. V. *gabiru.*

Guacapi, s. m. Cada um dos paus que suportam o jirau.

Guacari, s. m. *Ictiol.* Peixe de rio, loricariídeo (*Plecostomus plecostomus*).

Guacariguaçu, s. m. *Ictiol.* Peixe fluvial loricariídeo (*Pseudocanthicus hystrix*).

Guaçatonga, s. f. *Bot.* V. *guaçatunga.*

Guaçatunga, s. f. *Bot.* Nome de três plantas flacurtiáceas (*Casearia cambessedesii, C. inaequilatera* e *C. sylvestris*).

Guache, s. m. *Pint.* 1. Preparação feita com substâncias corantes trituradas em água e misturadas com uma preparação de goma. 2. Quadro pintado com essa preparação.

Guaco, s. m. *Bot.* Planta composta, medicinal (*Mikania guaco*).

guaçu-, elem. de comp. (do tupi). Significa *grande.*

Guaçuboi, s. m. *Zool.* Espécie de cobra (*Epicrates cenchria*).

Guacucuia, s. m. *Ictiol.* Peixe-morcego.

Guaçuetê, s. m. V. *guatapará.*

Guacuri, s. m. *Bot.* Planta palmácea (*Attalea princeps*).

Guacuru, s. m. *Ornit.* Ave ciconídea (*Nycticorax noevius*).

Guaçuti, s. m. *Zool.* Cervo, também chamado *veado-branco* e *veado-campeiro* (*Dorcelaphus bezoarticus*).

Guadameci, s. m. Antiga tapeçaria de couro com pinturas e dourados, feita em Gadamés, cidade da Tripolitânia, África.

Guaguaçu, s. m. *Bot.* V. *babaçu.*

Guaia, s. f. *Ant.* Choro, lamento.

Guaiaca, s. f. Cinturão largo de couro, com bolsos, em que o campeiro guarda dinheiro, armas etc.

Guáiaco, s. m. 1. *Bot.* Nome de duas árvores americanas, da família das Zigofiláceas (*Guaiacum officinale* e *G. sanctum*), também chamadas *pau-santo.* 2. Resina dessas árvores, medicinal.

Guaiacol, s. m. *Quím.* e *Farm.* Substância cristalina ou líquida, de odor aromático, obtida pela destilação do guáiaco ou de creosoto de faia.

Guaiambé, s. m. V. *guaimbé.*

Guaiamu, s. m. *Zool.* Espécie de crustáceo decápode, braquiúro, marinho, comestível, também denominado *fumbamba* (*Cardisoma guanhumi*). Var.: *guaiamum.*

Guaianá, adj. m. e f. *Etnol.* Relativo aos Guaianás. S. m. e f. Indígena dos Guaianás. S. m. pl. Tribo de índios do grupo jê, ancestrais dos Caingangues e Coroados. Pls.: *Guaianás* e *Guaianases.*

Guaiar, v. Intr. Soltar guaias ou lamentos; queixar-se, lastimar-se.

Guaiara, s. f. V. *guaiaca.*

Guaíba, s. f. Em alguns Estados do Sul, nome que se dá aos pântanos profundos.

Guaibira (*a-i*), s. f. *Ictiol.* Peixe marinho, carangídeo (*Oligoplistes saurus*); guaivira, goivira.

Guaicuru, adj. m. e f. *Etnol.* Relativo aos Guaicurus, tribo que vivia em Mato Grosso e no Paraguai. S. m. e f. Indígena dessa tribo. S. m. Idioma falado por essa tribo.

Guaimbé (*a-im*), s. m. *Bot.* Planta arácea, medicinal, também chamada *guaiambé* e *guambé* (*Philodendron squamiferum*).

Guainambé, s. m. (Amazonas). Araponga.

Guainumbi, s. m. Beija-flor.

Guainumbiapirati, s. m. *Ornit.* Ave troquilídea (*Stephanoxys logiggesi*).

Guainumbiguaçu, s. m. *Ornit.* Ave galbulídea também chamada *beija-flor-do-mato-virgem* (*Galbula rufoviridis*).

Guaiú, s. m. Algazarra, barulho, rumor.

Guajajara, adj. m. e f. *Etnol.* Relativo à tribo tupi dos Guajajaras, indígenas que habitavam no Maranhão. S. m. e f. Indígena dessa tribo.

Guajará, s. m. *Bot.* Planta da família das Sapotáceas (*Chrysophyllum excelsum*).

Guajaru, s. m. *Bot.* Planta rosácea, medicinal (*Chrysobalanus icaco*); produz amêndoas oleaginosas.

Guajuru, s. m. V. *guajaru.*

Guajivira, s. f. *Bot.* Árvore de grande porte, da família das Borragináceas (*Patagonula americana*).

Gualdra, s. f. Argola, por onde se puxam gavetas.

Gualdrapa, s. f. V. *xairel.*

Gualdripar, v. Tr. dir. *Fam.* Furtar, surripiar.

Guamaiacu, s. m. *Ictiol.* V. *baiacu.*

Guampa, s. f. 1. Chifre. 2. Copo ou vasilha para líquidos, feita de chifre.

Guampaço, s. m. 1. Guampa bonita, bem trabalhada. 2. Guampada.

Guampada, s. f. 1. Golpe dado pelo animal com as guampas; cornada. 2. A porção de líquido contido numa guampa.

Guampudo, adj. Que tem grandes guampas; chifrudo.

Guanabano, s. m. *Bot.* Planta anonácea (*Anona muricata*); anona.

Guanabarino, adj. 1. Da Guanabara. 2. Que se refere à Baía de Guanabara, ou à cidade do Rio de Janeiro. S. m. O natural da Guanabara.

Guanacaste, s. m. *Bot.* Planta leguminosa-mimosácea (*Enterolobium cyclocarpum*).

Guanaco, s. m. *Zool.* Mamífero sul-americano, da família dos Camelídeos (*Lama guanicore*), semelhante ao lhama.

Guandu, s. m. 1. *Bot.* Erva lenhosa tropical (*Cajanus cajan*), da família das Leguminosas, com folhas trifolhadas, flores vistosas amarelas e vagens chatas. É muito cultivada especialmente nos trópicos; também chamada *andu, feijão-andu, guandeiro* e *guando.* 2. Semente pequena, semelhante a ervilha, altamente nutritiva, do guandu. 3. *Cul.* Guisado que se faz desses grãos com camarões secos, língua de vaca e ovos cozidos no próprio refogado; andu.

Guano, s. m. (quíchua *uanu*). Adubo rico em nitrogênio e fosfato, que é um produto da decomposição dos excrementos e cadáveres de aves marinhas, acumulado em grandes quantidades nas ilhas e costas pobres de chuva do Peru, do Norte do Chile e da África.

Guante, s. m. Luva de ferro na armadura antiga.

Guanxuma, s. f. V. *guaxuma.*

Guapear, v. Intr. Mostrar-se guapo, portar-se com bravura.

Guapeba, s. f. *Bot.* Nome de diversas plantas sapotáceas. Var.: *guapeva.*

Guapebeira, s. f. V. *guapeba.*

Guapetaço, adj. V. *guapetão.*

Guapetão, adj. Muito guapo; valentão.

Guapeza, s. f. Valentia, bravura, valor, fortaleza.

Guapiara, s. f. V. *gupiara.*

Guapice, s. f. Qualidade de guapo; guapeza.

Guapicobaíba, s. f. *Bot.* Planta leguminosa, brasileira (*Cassius brasiliensis*).

Guapo, adj. 1. Corajoso, valente. 2. *Pop.* Airoso, belo, elegante.

Guaporanga, s. f. *Bot.* Planta mirtácea, medicinal (*Marlieria tomentosa*).

Guará¹, s. m. *Ornit.* Ave ciconiforme da família dos Tresquiornitídeos (*Eudocimus ruber*); guarapiranga. Voz: *gazeia* e *grasna.*

Guará², s. m. *Zool.* O maior canídeo brasileiro (*Chrysocyon brachiurus*), com quase um metro e pelame avermelhado. Voz: *uiva, ulula.*

Guaracu, s. m. *Ictiol.* Nome dado ao xarelete, quando velho.

Guaraçuma, s. m. *Ictiol.* Variedade de chicharro (*Trachurus trachurus*).

Guarajuba, s. f. *Ornit.* Periquito amarelo com algumas penas verdes nas asas (*Aratinga guarouba*); também chamado *guaruba* e *tanajuba.*

Guarambá, s. m. *Ictiol.* V. *guarajuba.*

Guaraná, s. m. 1. *Bot.* Arbusto trepador, da família das Sapindáceas (*Paullinia cupana*), que se encontra em estado silvestre, mormente nas regiões entre os rios Tapajós e Madeira. 2. Pasta seca comestível, rica em cafeína e tanino, que os índios Maués, do Amazonas, preparam com as sementes dessa planta. 3. Bebida gasosa e refrigerante fabricada com o pó dessa pasta.

Guaranazeiro, s. m. Indivíduo que se dedica à extração de guaraná.

Guarani, adj. m. e f. *Etnol.* Relativo aos Guaranis, divisão da grande família etnográfica dos tupis-guaranis, tupis do Sul. S. m. e f. Indígena dos Guaranis. S. m. Língua dos Guaranis. S. m. pl. Notável e numerosa nação indígena da América do Sul, aparentada aos tupis e que dominou grande parte da bacia do Paraná, do Paraguai e do Uruguai.

Guaranítico, adj. Relativo aos índios guaranis e à língua por eles falada.

Guarantã, s. f. *Bot.* Árvore rutácea (*Esenbeckia leiocarpa*), de excelente madeira.

Guaraparé, s. m. *Bot.* Árvore cunoniácea, de casca rica em tanino (*Weinmannia glabra*); guarapari, guaraperê.

Guarapari, s. m. V. *guaraparé.*

Guarapé, s. m. *Bot.* Planta saxifragácea (*Weimnania hirta*).

Guaraperê, s. m. *Bot.* V. *guaraparé.*

Guarapiranga, s. f. *Ornit.* V. *guará*¹.

Guarapu, s. m. *Entom.* Abelha meliponídea (*Melipona nigra*), também chamada *garapu, guarupu, gurupu* e *uruçu.*

Guarapuava, adj. e s. m. Designativo do cavalo bufão, arreliento, mas pouco resistente.

Guararema, s. f. *Bot.* Árvore fitolacácea, chamada também *gorarema* e *gurarema* (*Gallesia gorazema*).

Guarariba, s. f. *Bot.* Árvore bombacácea (*Guararibea guyanensis*), de pequeno porte, madeira branca, leve, para bóias e gamelas.

Guaraúna, s. f. *Zool.* Pequeno crustáceo preto (*Grapsus carauna*).

Guaravira, s. f. V. *guaibira.*

Guaraxaim (*a-im*), s. m. *Zool.* Denominação, no Sul do Brasil, de uma espécie de cachorro-do-mato (*Dusicyon thous*). Var.: *graxaim, guaraxim.*

Guarda, s. f. 1. Ato ou efeito de guardar. 2. Cuidado, vigilância a respeito de alguém ou de alguma coisa. 3. Abrigo, amparo. 4. Sentinela. 5. Corpo de tropa que faz o serviço de vigia, proteção ou policiamento de um quartel, edifício público etc. 6. *Esgr.* Posição defensiva. 7. Parte de uma espada, sabre ou punhal que serve de resguardo à mão. S. m. Homem encarregado de guardar ou vigiar alguma coisa. S. f. pl. *Tip.* As folhas dobradas que se põem no começo e no fim do livro encadernado, unindo a capa ao volume. *G. de. fechaduras*: roda, restolho e cruzeta no interior da fechadura, onde entra o palhetão da chave.

Guarda-barreira, s. m. Fiscal de barreira. Pl.: *guarda-barreiras.*

Guarda-braço, s. m. Parte da antiga armadura, que protegia os braços. Pl.: *guarda-braços.*

Guarda-cancela, s. m. Indivíduo preposto à guarda de uma barreira nas passagens de nível das vias férreas. Pl.: *guarda-cancelas.*

Guarda-chaves, s. m. sing. e pl. Empregado que abre, fecha e vigia as chaves dos desvios e ramais dos trilhos das vias férreas.

Guarda-chuva, s. m. 1. Armação de varetas móveis, coberta de pano, para resguardar da chuva as pessoas; chapéu-de-chuva. 2. *Gír.* Prisão. Pl.: *guarda-chuvas.*

Guarda-comida, s. m. 1. Armário provido de tela de arame, para guardar iguarias ou substâncias alimentícias. 2. *Gír.* Barriga. Pl.: *guarda-comidas.*

Guarda-costas, s. m. sing. e pl. 1. Navio armado para a defesa das costas. 2. Navio que percorre a costa marítima, a fim de evitar contrabando. 3. Pessoa que acompanha outra para a defender de alguma agressão. 4. V. *capanga*¹.

Guardador, adj. 1. Que guarda. 2. Que observa certos preceitos. S. m. O que guarda ou vigia alguma coisa.

Guarda-fato, s. m. Guarda-roupa.

Guarda-fechos, s. m. sing. e pl. Peça de couro com que se cobrem os fechos da espingarda, para que não se enferrugem.

Guarda-fios, s. m. sing. e pl. Indivíduo encarregado de vigiar e reparar as linhas telegráficas e telefônicas.

Guarda-fogo, s. m. 1. Parede entre prédios contíguos, para evitar comunicações de incêndios. 2. Peça metálica ou pau de lenha maior que se põe diante da lareira, para evitar incêndios. Pl.: *guarda-fogos.*

Guarda-freio, s. m. Empregado que vigia e manobra os freios dos vagões. Pl.: *guarda-freios.*

Guarda-jóias, s. m. sing. e pl. Caixa, escrínio, cofre em que se guardam jóias e outros adereços.

Guarda-lama, s. m. 1. Peça de madeira, couro ou metal, diante ou por cima das rodas de um veículo, para resguardar dos salpicos da lama. 2. Peça maciça que termina inferiormente a bainha de uma espada. Pl.: *guarda-lamas.*

Guarda-leme, s. m. Peça de artilharia, junto ao leme da embarcação. Pl.: *guarda-lemes.*

Guarda-linha, s. m. Aquele que vigia determinado trecho de uma linha férrea. Pl.: *guarda-linhas.*

Guarda-livros, s. m. e f., sing. e pl. Contabilista, contador.

Guarda-louça, s. m. Armário para guardar louça. Var.: *guarda-loiça.* Pl.: *guarda-louças.*

Guarda-mancebos, s. m. pl. *Náut.* Cabos que, no extremo da proa, servem de corrimão aos marinheiros.

Guarda-mão, s. m. Parte do punho da espada que resguarda a mão contra os golpes do adversário. Pl.: *guarda-mãos.*

Guarda-marinha, s. m. *Mil.* Na hierarquia da Marinha, primeiro degrau, entre os oficiais. Corresponde ao aspirante-a-oficial do Exército ou da Aeronáutica. Pl.: *guarda-marinhas.*

Guarda-meta, s. m. Goleiro. Pl.: *guarda-metas.*

Guarda-mor, s. m. 1. Antigo oficial que comandava vinte archeiros ou alabardeiros da casa real. 2. Título oficial do chefe da polícia aduaneira nos portos. 3. Representante do fisco a bordo dos navios. Pl.: *guarda-mores.*

Guardamoria, s. f. 1. Cargo de guarda-mor. 2. Repartição aduaneira dirigida pelo guarda-mor.

Guarda-móveis, s. m. sing. e pl. Estabelecimento onde, mediante mensalidade ajustada, se guardam móveis.

Guardanapo, s. m. Pano ou papel, geralmente quadrado, com que, à mesa, se limpa a boca.

Guarda-noturno, s. m. Vigilante noturno. Pl.: *guardas-noturnos.*

Guarda-patrão, s. m. Encosto que, nos botes ou escaleres etc., separa do lugar do homem do leme o resto do barco. Pl.: *guarda-patrões.*

Guarda-pó, s. m. Capa leve e comprida, que se veste por cima de toda a roupa, a fim de a resguardar do pó, durante as viagens. Pl.: *guarda-pós.*

Guarda-portão, s. m. Porteiro. Pl.: *guarda-portões.*

Guarda-pratas, s. m. sing. e pl. Móvel em que se guardam baixelas.

Guardar, v. 1. Tr. dir. Vigiar, para defender ou proteger. 2. Tr. dir. Vigiar, para conservar na prisão. 3. Tr. dir. Acondicionar, arrecadar. 4. Tr. dir. Conservar, manter em bom estado. 5. Tr. dir. Ter em depósito. 6. Tr. dir. Defender, proteger. 7. Tr. dir. Reter. 8. Tr. dir. Preservar. 9. Pron. Acautelar-se, precaver-se, prevenir-se.

Guarda-roupa, s. m. 1. Móvel ou compartimento de uma casa, no qual se guarda a roupa. 2. Indivíduo que, num teatro, tem a seu cargo guardar as roupas. 3. Conjunto do vestuário de uma pessoa, de uma peça de teatro, de um gênero dramático etc.: O *guarda-roupa* de Tosca. Pl.: *guarda-roupas.*

Guarda-sol, s. m. V. *guarda-chuva.* Pl.: *guarda-sóis.*

Guarda-soleiro, s. m. Fabricante de guarda-sóis. Pl.: *guarda-soleiros.*

Guarda-vala, s. m. V. *goleiro.* Pl.: *guarda-valas.*

Guarda-vento, s. m. Anteparo de madeira, dentro dos edifícios ou das igrejas, junto à porta principal, para os resguardar do vento e das vistas dos transeuntes. Pl.: *guarda-ventos.*

Guarda-vestidos, s. m. sing. e pl. Móvel com cabides, para dependurar e guardar vestidos.

Guarda-vinho, s. m. Muro dos lagares em que se faz o vinho. Pl.: *guarda-vinhos.*

Guardiania, s. f. Cargo de guardião.

Guardião, s. m. 1. Superior de algumas comunidades religiosas. 2. Goleiro. Fem.: *guardiã*; pl.: *guardiães* e *guardiões.*

Guardim, s. m. *Náut.* Cada uma das espias para manter os mastros a prumo.

Guariba, s. m. 1. *Zool.* Nome de vários macacos da América do Sul e Central (macacos gritadores), providos de barba; barbado, bugio. 2. Nome que se dá aos negros em certas partes do Brasil.

Guaricanga, s. f. 1. *Bot.* Nome comum às palmeiras do gênero *Geonoma.* 2. Palhoça feita com as folhas dessa palmeira.

Guarida, s. f. 1. Covil de feras. 2. Abrigo, refúgio.

Guarimpe, s. m. Talude vertical nos cortes das estradas, regularizado com picareta.

Guariroba, s. f. *Bot.* Variedade de palmeira, também denominada *coqueiro-amargoso* (*Coccos oleracea*). Var.: *guarirova.*

Guarirobal, s. m. Terreno em que abundam guarirobas.

Guarirova, s. f. V. *guariroba.*

Guarita, s. f. 1. Cabina em que, à margem das estradas de ferro ou de rodagem, ficam os vigias, sinaleiros etc. 2. Casinha de madeira ou de concreto, para abrigo de sentinelas. 3. Torre, nos ângulos dos antigos baluartes, para abrigo de sentinelas.

Guarnecedor, adj. e s. m. Que, ou o que guarnece.

Guarnecer, v. Tr. dir. 1. Prover do necessário. 2. Pôr forças militares em; fortalecer. 3. Pôr ornatos ou guarnições nas bordas de; adornar.

Guarnecimento, s. m. 1. Ato ou efeito de guarnecer. 2. Guarnição; adorno, ornato.

Guarnição, s. f. 1. *Náut.* Equipagem de um navio; tripulação. 2. Conjunto das tropas necessárias para guarnecer uma praça. 3. Enfeite em beirada; debrum. 4. Conjunto de partes que resguardam ou cobrem alguma coisa; jogo. 5. Punho de copos da espada.

Guaru, s. m. V. *barrigudinho.* Var.: *guaru-guaru.*

Guarundi, s. m. *Ornit.* Pássaro tanagrídeo (*Tachyphonus coronatus*), também chamado *gurundi.*

Guarupu, s. m. V. *guarapu.*

Guasca, s. f. Qualquer lasca de couro cru. S. m. e f. 1. Caipira. 2. Pessoa natural do Rio Grande do Sul.

Guascaço, s. m. Golpe com guasca; guascada.

Guascada, s. f. 1. Guascaço. 2. Guascaria.

Guascaria, s. f. 1. Grupo ou reunião de guascas. 2. Estabelecimento onde se vendem guascas.

Guasqueada, s. f. V. *guascaço.*

Guasquear, v. Tr. dir. Bater com qualquer coisa como correia, rédea, laço, relho.

Guasqueiro[1], s. m. Quem trabalha em guascas.

Guasqueiro[2], adj. Raro, vasqueiro.

Guatambu, s. m. 1. *Bot.* Nome comum a várias árvores apocináceas, cujas madeiras são muito empregadas no preparo de cabos de ferramentas agrícolas. 2. Cabo de enxada; a própria enxada, com o cabo. 3. Bengala, porrete.

Guataparà, s. m. *Zool.* Veado de chifres simples, também chamado *veado-mateiro* (*Mazama americana*).

Guatemalense, adj. m. e f. 1. Relativo a Guatemala. 2. Natural de Guatemala. S. m. e f. Habitante ou natural de Guatemala.

Guatemalteco, adj. e s. m. V. *guatemalense.*

Guaxe, s. m. *Ornit.* Nome comum a duas aves icterídeas (*Cassicus haemorrhous* e *C. haemorrhous affinis*), que constroem ninhos em forma de bolsa de 40 a 70cm de altura; japira.

Guaxima, s. f. *Bot.* 1. V. *guaxuma.* 2. Fibra macia, forte, lustrosa, para cordame, produzida de guaxima.

Guaxindiba, s. f. *Bot.* Planta bignoniácea, trepadeira (*Adenocalymma comosum*).

Guaxinguba, s. f. *Bot.* Árvore urticácea, de cuja casca alguns silvícolas fazem tangas e camisas.

Guaxinim, s. m. *Zool.* Nome de alguns carnívoros, da família dos Procionídeos, especialmente *Procyon cancrivorus*, freqüente nas margens de rios e lagoas; mão-pelada.

Guaxo, adj. 1. Aplica-se à cria sem mãe ou que foi separada dela na idade de amamentação. 2. Diz-se do ovo que a ave põe fora do ninho ou em ninho de outra ave. 3. Aplica-se a plantas que nascem à toa e medram sem cuidados culturais. S. m. 1. Muda de erva-mate. 2. Animal ou criança amamentadas com outro leite que não o materno.

Guaxuma, s. f. *Bot.* Nome comum a várias plantas ruderais e campestres, da família das Malváceas; guaxima, guanxuma.

Guaxupé, s. f. *Entom.* Abelha melífera silvestre, sem ferrão (*Trigona ruficrus flavidipennis*).

Gude, s. m. Jogo infantil com bolinhas de vidro.

Gudião, s. m. *Ictiol.* bodião.

Gueba, s. m. Animal forte e grande.

Guedelha (*ê*), s. f. Cabelo crescido e desgrenhado.

Guedelho (*ê*), s. m. V. *guedelha.*

Guedelhudo, adj. Que tem guedelhas; cabeludo.

Gueijo, s. m. Instrumento para marcar a bitola nas estradas de ferro.

Gueirana, s. f. *Bot.* Planta apocinácea, silvestre (*Secondatia arborea*).

Gueixa, s. f. (jap. *geisha*). Mulher jovem que, nos estabelecimentos públicos do Japão, dança, canta, palestra ou serve o chá, para agradar ou distrair os freqüentadores.

Guelfo (*é*), s. m. Membro de um partido político italiano da Idade Média, apologista do papa e adversário dos gibelinos. Adj. Relativo àquele partido.

Guelra, s. f. *Zool.* Aparelho respiratório dos animais que respiram o oxigênio dissolvido na água; brânquias.

Guenilha, s. f. Andadura ligeira e macia da cavalgadura.

Guenzo, adj. 1. Adoentado. 2. Enfraquecido, tolhido no desenvolvimento. 3. Bamboleante, inseguro.

Guepardo, s. m. (do ital. *gatto pardo*). *Zool.* Felino africano e outrora também asiático (*Acinonyx jubatus*), semelhante a um cão e do tamanho de um pequeno leopardo.

Guerra, s. f. (germ. ocidental **werra*). 1. Luta armada entre nações, por motivos territoriais, econômicos ou ideológicos. 2. Campanha. 3. Luta. 4. Arte militar.

Guerreador, adj. e s. m. Que, ou o que guerreia.

Guerrear, v. 1. Tr. dir. Fazer guerra a. 2. Tr. dir. Combater, hostilizar. 3. Intr. Fazer guerra; pelejar, pugnar. 4. Tr. ind. Disputar, lutar. 5. Tr. dir. Combater, opor-se a.

Guerreiro, adj. 1. Relativo a guerra. 2. Belicoso. S. m. 1. Aquele que guerreia. 2. O que tem ânimo belicoso. 3. Aquele que exerce a profissão das armas.

Guerrilha, s. f. Forma de guerra realizada por meio de pequenos grupos não disciplinados militarmente, que em geral atacam o inimigo pela sua retaguarda, com o objetivo de importuná-lo, interromper as suas linhas de comunicação e destruir seus suprimentos.

Guerrilhar, v. Intr. Levar vida de guerrilheiro.

Guerrilheiro, s. m. Aquele que pertence a uma guerrilha.

Gueto (*ê*), s. m. (it. *ghetto*). 1. Nome que, em certas cidades da Itália, davam ao bairro onde os judeus eram forçados a morar. 2. Bairro de judeus em qualquer cidade.

Guia, s. f. 1. Ato ou efeito de guiar. 2. Pessoa que guia. 3. Direção, governo, regra. 4. Documento que acompanha a correspondência oficial. 5. Documento que acompanha mercadorias, para poderem transitar livremente. 6. Renque de pedras que limitam e indicam a direção de uma calçada;

meio-fio. S. m. 1. O que dirige; condutor. 2. Cicerone. 3. Comandante, chefe.

Guiador, adj. Que guia, ou dirige. S. m. O que guia, ou dirige.

Guião, s. m. Estandarte ou pendão que vai à frente de procissões; guiador. Pl.: *guiães, guiões.*

Guiar, v. 1. Tr. dir. Servir de guia a. 2. Tr. dir. Conduzir, dirigir, encaminhar. 3. Tr. dir. Governar (cavalos). 4. Tr. dir. e intr. Dirigir (veículo). 5. Pron. Dirigir-se. 6. Tr. dir. Aconselhar. 7. Tr. dir. Dirigir, proteger.

Guichê, s. m. Portinhola em parede, porta, grade, pela qual funcionários ou empregados atendem ao público.

Guico, s. m. V. *guigó.*

Guidão, s. m. V. *guidom.*

Guidom, s. m. Barra de direção das bicicletas, motocicletas, lambretas; guiador. Var.: *guidão.*

Guieiro, adj. Que serve de guia, ou vai na frente. S. m. Menino que guia os bois de carro; candeeiro.

Guiga, s. f. (ingl. *gig*). Barco estreito e comprido, próprio para regatas.

Guigó, s. m. *Zool.* Macaco cebídeo, cor de cinza (*Callithrix melanchir*).

Guilda, s. f. Associação de mutualidade formada na Idade Média entre as corporações de operários, negociantes ou artistas.

Guilherme, s. m. *Carp.* Instrumento com que se fazem os filetes das portas, junturas das tábuas, frisos etc.

Guilho, s. m. Espigão de ferro ou de pedra, que termina inferiormente o eixo do rodízio de moinho.

Guilhochê, s. m. (fr. *guillochis*). Ornato de linhas e traços ondulados que se entrecruzam simetricamente. Var.: *guilochê.*

Guilhotina, s. f. 1. Instrumento que serve para decapitar os condenados à morte. 2. Máquina para cortar papel em papelarias, oficinas de encadernação etc. 3. Tipo de vidraças para janelas, com movimento semelhante ao da guilhotina.

Guilhotinar, v. Tr. dir. Decapitar com guilhotina.

Guímel, s. m. Terceira letra do alfabeto hebraico que corresponde ao *g* português.

Guinada, s. f. 1. *Náut.* Desvio que o navio faz da sua esteira, bordejando. 2. Salto do cavalo para se furtar ao castigo do cavaleiro. 3. *Av.* Desvio repentino do avião para um dos lados do eixo longitudinal. 4. Mudança, desvio profundo, radical e súbito, numa situação.

Guinar, v. 1. Intr. Mover-se às guinadas. 2. Intr. Bordejar. 3. Tr. ind. e intr. Mover-se de uma e de outra parte.

Guinchado, s. m. Série de guinchos.

Guinchar[1], v. (*guincho*[1] + *ar*). 1. Intr. Dar guinchos. 2. Tr. dir. Soltar gritos à maneira de guincho.

Guinchar[2], v. (*guincho*[2] + *ar*). Tr. dir. Arrastar, levar a reboque (um veículo) com o guincho.

Guincho[1], s. m. *Fam.* Grito agudo e inarticulado do homem e de alguns animais.

Guincho[2], s. m. Guindaste.

Guinda, s. f. Corda para guindar.

Guindado, adj. 1. Erguido. 2. *Lit.* Elevado, enfático (estilo).

Guindagem, s. f. Ato ou operação de guindar.

Guindaleta (*ê*), s. f. V. *guindalete.*

Guindalete (*ê*), s. m. Cabo de guindaste.

Guindar, v. 1. Tr. dir. Erguer, içar, levantar. 2. Tr. dir. Elevar a alta posição. 3. Tr. dir. Tornar empolado, pretensioso. 4. Pron. Alçar-se, remontar.

Guindaste, s. m. Máquina para guindar ou descer grandes pesos.

Guindola, s. f. *Náut.* Aparelho que se arvora provisoriamente em embarcação desmastreada.

Guiné, s. f. *Bot.* Planta fitolacácea (*Petiveria hexaglochin*). 2. *Ornit.* V. *galinha-d'angola.*

Guinéu, s. m. Habitante ou natural da Guiné (África).

Guingão, s. m. Tecido fino de algodão.

Guinilha, s. f. Andadura miúda do cavalo. S. m. Cavalo de andadura pesada.

Guio, s. m. Cunha de ferro, para abrir ou lascar regularmente grande bloco de pedra.

Guipura, s. f. Outrora, renda ou enfeite de fios grossos, metal etc.; posteriormente, nome comum a várias espécies de rendas de linho, seda ou outro material.

Guira, s. f. *Entom.* Abelha silvestre, que faz a colméia no chão (*Melipona subterranea*).

Guiraguaçuberaba, s. m. *Ornit.* Pássaro tanagrídeo (*Nemosia guira*).

Guiramembé, s. m. *Ornit.* Ave tanagrídea (*Tanagra ornata*).

Guirapereá, s. m. *Ornit.* Ave tanagrídea (*Tanagra flava*).

Guiraponga, s. f. *Ornit.* V. *araponga.*

Guirapuru, s. m. *Ornit.* V. *uirapuru.*

Guiraquereá, s. m. *Ornit.* Ave caprimulgídea (*Caprimulgus torquatus*).

Guirarepoti, s. f. *Bot.* V. *erva-de-passarinho.*

Guiraró, s. m. *Ornit.* Ave tiranídea (*Fluvicola climazura*).

Guiratinga, s. f. *Ornit.* Nome indígena da *garça-grande.*

Guiratirica, s. f. *Ornit.* Pássaro fringilídeo, que tem na cabeça belo topete de penas vermelhas alongadas (*Parvaria cucullata*).

Guiraundi, s. m. *Ornit.* Ave tanagrídea (*Stephanophorus leucocephalus*).

Guirlanda, s. f. 1. Grinalda. 2. Cordão ornamental de flores, folhagem etc.

Guirri, s. m. *Ornit.* Periquito da América tropical (*Aratinga weddelli*).

Guiruçu, s. m. *Entom.* Abelha silvestre (*Melipona quadripunctata*).

Guisa, s. f. Feição, maneira, modo.
À g. de: à maneira de.

Guisado, s. m. Picadinho de carne fresca ou de charque.

Guisar, v. Tr. dir. 1. Preparar com refogado. 2. Preparar, aprontar.

Guita, s. m. 1. Barbante fino. 2. *Gír.* Dinheiro.

Guitarra, s. f. 1. *Mús.* Instrumento de cordas semelhante à viola, com as cordas afinadas em mi, lá, ré, sol, si, mi. 2. *Gír.* Espécie de prensa de ferro com que certos ladrões fingem frabricar papel-moeda, enganando otários aos quais a vendem.

Guitarrada, s. f. 1. Concerto de guitarras. 2. Tocata de guitarra.

Guitarrear, v. 1. Intr. Tocar guitarra. 2. Tr. dir. Cantar ao som da guitarra.

Guitarreiro, s. m. 1. Quem faz guitarras. 2. Guitarrista.

Guitarrista, s. m. e f. Pessoa que toca, ou ensina a tocar guitarra. S. m. Ladrão que aplica o conto da guitarra.

Guitiroba, s. f. *Bot.* Planta sapotácea (*Lucena rivicola*). Var.: *guititiroba.*

Guititiroba, s. f. *Bot.* V. *guitiroba.*

Guizalhar, v. 1. Intr. Agitar guizos. 2. Tr. dir. Fazer soar os guizos de. 3. Intr. Produzir ruído à maneira de guizo.

Guizo, s. m. 1. Globozinho oco de metal que, contendo bolinhas maciças, produz ruído ao ser agitado. 2. Parte terminal da cauda da cascavel, que produz ruído característico quando ela se excita.

Gula, s. f. 1. Excesso na comida e bebida. 2. Predileção para boas iguarias. 3. Glutonaria.

Gulandim, s. m. Nome de várias árvores da família das Gutíferas; olandim.

Gular, adj. m. e f. 1. Relativo à goela. 2. Próximo à goela (como o saco inflável junto à goela do sinimbu).

Guleima, s. m. *Hum.* Comilão, guloso.

Gulodice, s. f. Doce ou iguaria muito apetitosa que se come fora das horas de refeição; guloseima, gulosice, gulosina.

Gulosar, v. V. *gulosear.*

Gulosear, v. Intr. 1. Comer gulodices. 2. Comer pouco de várias coisas, escolhendo o melhor.

Guloseima, s. f. V. *gulodice.*

Guloso, adj. e s. m. 1. Que, ou o que gosta de gulodices. 2. Que, ou o que tem o vício da gula.

Gume, s. m. 1. Lado afiado de uma lâmina ou instrumento cortante; corte, fio. 2. Fio da espada, da faca etc. 3. *Fig.* Agudeza, perspicácia.

Gúmena, s. f. Calabre de embarcação.

Gumífero, adj. Que produz goma ou resina; gomífero.
Gundu, s. m. *Med.* Periostite da raiz do nariz, caracterizada por formação de inchações simétricas indolores, nos lados do nariz.
Gunga, s. m. V. *gunga-muxique.*
Gunga-muxique, s. m. Chefe, magnata, maioral.
Gupiara, s. f. 1. Depósito sedimentário diamantífero nas cristas dos morros. 2. Cascalho talo, com pouca terra a encobri-lo. 3. Espécie de cascalho em camadas inclinadas nas faldas das montanhas, e donde se extrai ouro. Var.: *grupiara* e *guapiara.*
Gurandi-azul, s. m. *Ornit.* Pássaro fringilídeo; azulão (*Cyanocompsa cyanea*). Pl.: *gurandis-azuis.*
Guratã, s. m. V. *guarantã.*
Gureri, s. m. *Zool.* Molusco ostreídeo (*Ostra brasiliana*).
Guri, s. m. 1. Criança, menino, rapazola. 2. Designação genérica dos peixes de pele lisa. 3. *Ictiol.* V. *uri.*
Guria, s. f. 1. Fem. de *guri.* 2. Menina pequena. 3. Mocinha. 4. Namorada.
Guriba, adj. m. e f. Designativo da ave que tem as penas arrepiadas.
Guriguaçu, s. m. *Ictiol.* Bagre grande.
Gurijuba, s. f. *Ictiol.* Bagre freqüente no estuário do Amazonas (*Selenaspis luniscutus*); gurejuba.
Guriri, s. m. *Bot.* Planta palmácea (*Diphothemium maritimum*).
Gurita, s. f. *Pop.* 1. V. *guarita.* 2. Torre de vigia. 3. Sentinela.
Gurizada, s. f. *Pop.* 1. Grande número de guris. 2. Ação própria de guri.
Gurma, s. f. (fr. *gourme*). *Vet.* V. *garrotilho.*
Gurnir, v. Intr. 1. Trabalhar com afinco, trabalhar muito. 2. Suportar incômodos; sofrer muito.
Guropé, s. m. Embarcação usada na Amazônia.
Gurundi, s. m. V. *guarundi.*
Gurupés, s. m. sing. e pl. *Náut.* Mastro na extremidade da proa do navio.
Gurupi, s. m. 1. Indivíduo que, nos leilões, faz grandes lances fictícios de acordo com o leiloeiro. 2. Indivíduo intrometido.
Gurutuba, s. f. *Bot.* Variedade de feijão.
Gusa, s. f. *Metal.* Ferro que se obtém diretamente do alto-forno; ferro-gusa.
Gusano, s. m. *Zool.* Verme que se desenvolve onde há matéria orgânica em decomposição.
Gustação, s. f. 1. Ato de provar. 2. Percepção do sabor de uma coisa.
Gustatório, adj. V. *gustativo.*
Gustativo, adj. Relativo ao sentido do gosto.
Guta, s. f. V. *guta-percha.*
Guta-percha, s. f. Substância plástica tenaz, esponjosa, não elástica, cinzenta ou marrom, obtida da seiva leitosa, secada, de várias árvores sapotáceas da Malásia, particularmente da espécie *Palaquium gutta.* Pl.: *gutas-perchas* e *guta-perchas.*
guti-, elem. de comp. (de *guta*). Exprime a idéia de *guta: gutífero.*
Gutiferáceas, s. f. pl. V. *Gutíferas.*
Gutíferas, s. f. pl. *Bot.* Família (*Guttiferae*) de árvores e arbustos largamente distribuídos, na qual se incluem espécies produtoras de valiosos frutos, óleos, resinas, etc.; Gutiferáceas.
Gutífero, adj. 1. Relativo à guta ou semelhante a ela. 2. Que fornece goma ou substâncias resinosas. 3. *Bot.* Relativo à família das Gutíferas.
Gutural, adj. m. e f. 1. Relativo à garganta. 2. *Gram.* Diz-se do som ou fonema modificado pela garganta.
Guturalidade, s. f. Qualidade de gutural.
Guturalização, s. f. Ato ou efeito de tornar gutural.
Guturalizar, v. Tr. dir. 1. *Gram.* Pronunciar (certas letras), dando-lhes inflexão gutural. 2. Tornar gutural.
Guturoso, adj. (l. *guttur*). 1. Designativo dos musgos que têm apófise volumosa. 2. Qualificativo do animal que tem dilatada a parte anterior do pescoço.
Guzerá, s. m. *Zootéc.* Raça de gado zebu, proveniente da região de Guzerate, na Índia, e bastante expandida no Brasil. Var.: *guzerate.*
Guzerate, s. m. Língua indo-européia do ramo indo-irânico, falada na região do mesmo nome na Índia. S. m. pl. Habitantes ou naturais de Guzerate, Índia.
Guzo, s. m. *Gír.* Força.
Guzunga, s. f. *Folc.* Tambor cilíndrico de percussão direta, usado no jongo. Durante a execução, o instrumento fica sob a axila do tocador, suspenso por uma correia que passa pelo seu ombro.

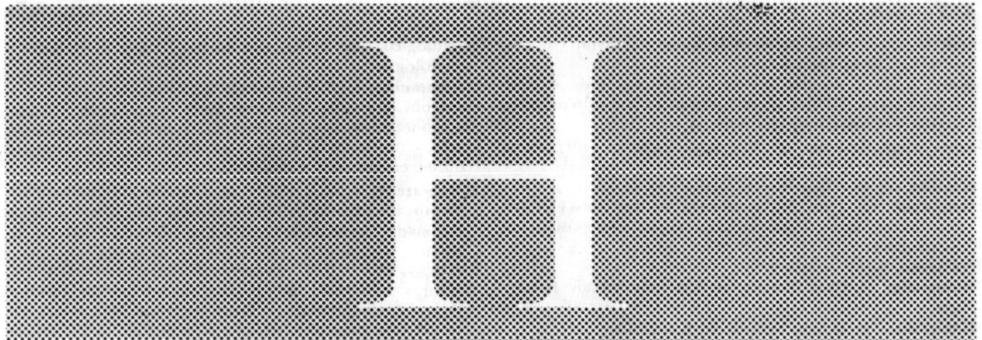

H (*agá*), Símbolo da oitava letra do alfabeto português; sexta consoante. Num. 1. Designa o oitavo lugar numa série indicada pelas letras do alfabeto. 2. Sinal que equivalia, no baixo latim, a 200 unidades; encimado por um traço, a 200.000. 3. Junto a um algarismo, indica o oitavo número de uma série secundária.

Hã!, Interj. Designativa de admiração, indecisão, moleza, preguiça, reflexão.

Habanera, s. f. 1. Dança espanhola, originária de Havana. 2. Música própria para essa dança.

Habena, s. f. *Poét.* 1. Rédea. 2. Chicote.

Hábil, adj. 1. Que tem capacidade legal para certos atos. 2. Que tem aptidão para alguma coisa. 3. Ágil de mãos; destro. 4. Inteligente, sagaz. 5. Astuto, manhoso. 6. *Dir.* Que se acha de acordo com os preceitos legais: Tempo ***hábil***, título ***hábil***.

Habilidade, s. f. 1. Qualidade de hábil. 2. Capacidade, inteligência. 3. Aptidão, engenho. 4. Destreza. 5. Astúcia, manha. S. f. pl. Exercícios ginásticos de agilidade e destreza.

Habilidoso, adj. Que tem ou revela habilidade.

Habilitação, s. f. 1. Ato ou efeito de habilitar(-se). 2. Aptidão, capacidade, disposição. 3. *Dir.* Modo pelo qual alguém prova em juízo a sua capacidade ou qualidade legal para determinado fim, ou o seu direito a certa coisa. 4. Documento ou título que habilita alguém para alguma coisa.

Habilitado, adj. 1. Que se habilitou para alguma coisa. 2. Que tem habilitações. 3. Apto, competente.

Habilitador, adj. e s. m. Que, ou aquele que habilita.

Habilitando, adj. e s. m. Que, ou aquele que trata de habilitar-se.

Habilitante, adj. e s., m. e f. Que, ou a pessoa que requer uma habilitação judicial.

Habilitar, v. 1. Tr. dir. e pron. Tornar(-se) hábil, apto, capacitado para alguma coisa. 2. Tr. dir. e pron. Dispor(-se), preparar(-se). 3. Tr. dir. Apresentar ou inculcar como hábil. 4. Tr. dir. e pron. Justificar com documentos legais a (sua) habilitação jurídica. 5. Pron. Comprar bilhetes de loteria ou de outro sorteio qualquer.

Habitabilidade, s. f. Qualidade de habitável.

Habitação, s. f. 1. Ato ou efeito de habitar. 2. Lugar em que se habita. 3. Casa, moradia.

Habitacional, adj. m. e f. Relativo a habitação.

Habitáculo, s. m. Habitação pequena e acanhada.

Habitador, adj. e s. m. Habitante.

Habitante, adj. e s., m. e f. Que, ou quem reside habitualmente num lugar; morador. Col.: ***gente, nação, povo, povoação.***

Habitar, v. 1. Tr. dir. Residir, morar, viver em. 2. Tr. ind. e intr. Residir, morar, viver. 3. Tr. ind. Coabitar.

Habitat (*ábitat*), s. m. (3ª pessoa do sing. do pres. do v. latino *habitare*). 1. *Biol.* Lugar de vida de um organismo. 2. Meio geográfico restrito em que uma sociedade possa sobreviver.

Habitável, adj. 1. Que se pode habitar. 2. Próprio para habitação.

Habite-se, s. m. *Dir.* Concessão da Prefeitura para que uma casa ou prédio residencial sejam habitados.

Hábito, s. m. 1. Disposição adquirida por atos reiterados. 2. Traje ou vestido, especialmente o distintivo dos eclesiásticos e congregações religiosas. 3. Insígnia de cavaleiro oficial de qualquer ordem militar. S. m. pl. Costumes ou caracteres de um indivíduo.

Habituação, s. f. Ato de habituar(-se).

Habitual, adj. m. e f. 1. Que acontece ou se faz por hábito. 2. Freqüente, comum. 3. Usual.

Habituar, v. 1. Tr. dir. Fazer adquirir o hábito de. 2. Tr. dir. e pron. Acostumar(-se); afazer(-se), avezar(-se).

Habitude, s. f. *Ant.* Costume, hábito.

Habitudinário, adj. Habitual.

Hacanéia, s. f. Cavalgadura mansa, bem proporcionada, e de altura mediana.

Hachura, s. f. (fr. *hachure*). *Bel.-art.* Cada um dos traços eqüidistantes, paralelos, que, em desenho e gravura, representam o sombreado e as meias-tintas, o relevo em cartas topográficas etc.

Hades, s. m. *Mit. gr.* 1. Deus dos mortos. 2. Reino dos mortos e do deus dos mortos. 3. Inferno.

Haeckeliano, adj. 1. Relativo a Ernst Haeckel, naturalista alemão (1834-1919). 2. Conforme, segundo suas doutrinas.

Háfnio, s. m. *Quím.* Elemento metálico, de símbolo Hf, número atômico 72 e massa atômica 178,6.

hagio-, elem. de comp. (gr. *hagios*). Exprime a idéia de *santo: hagiografia.*

hagiografia, s. f. Biografia dos santos.

Hagiográfico, adj. Relativo à hagiografia.

Hagiografista, s. m. e f. Hagiógrafo.

Hagiógrafo, s. m. Autor que narra a vida dos santos. Adj. e s. m. pl. Diz-se dos, ou os livros da última das três grandes divisões hebraicas do Velho Testamento, após a Lei e os Profetas, que compreende os Salmos, Provérbios, Jó, Cântico dos Cânticos, Rute, Lamentações, Ester, Daniel, Esdras, Neemias e Crônicas.

Hagiológio, s. m. Tratado acerca dos santos.

Hagiólogo, s. m. Aquele que escreve acerca dos santos.

Hagiômaco, s. m. Aquele que combate o culto dos santos.

Hagiomaquia, s. f. Guerra santa.

Haglura, s. f. *Ornit.* Mancha nas penas ou na parte superior das pernas das aves.

Hahnemanniano, adj. Relativo à homeopatia ou a seu fundador Hahnemann, médico alemão (1755-1843).

Haicai, s. m. *Lit.* Pequena composição poética japonesa em três versos, dos quais dois de cinco sílabas e um de sete.

Haitiano (*a-i*), adj. Relativo ao Haiti (América Central). S. m. Habitante ou natural do Haiti.

Halali, s. m. Grito e toque de trompa na montaria, para designar o lugar em que está acuada a caça (cervo ou caititu).

Halésia, s. f. *Bot.* Gênero (*Halesia*) de arvoretas americanas, com flores hermafroditas.

Halial, adj. m. e f. *Anat.* Relativo ao dedo polegar.

Haliêutica, s. f. Arte da pesca.

Haliêutico, adj. Relativo à haliêutica.

Hálito, s. m. 1. Ar expirado. 2. Cheiro da boca. 3. Exalação. 4. Bafo. 5. *Poét.* Brisa, zéfiro.

Halitose, s. f. *Med.* Hálito desagradável; mau hálito.

Hall (*ol*), s. m. (termo inglês). Sala de entrada de um edifício; vestíbulo, átrio, saguão.

Halo[1], s. m. 1. Círculo luminoso que, por vezes, envolve o Sol e a Lua. 2. *Med.* Círculo rosado ao redor do mamilo; aréola. 3. Glória, prestígio, auréola.

halo-[2], elem. de comp. (gr. *hals, halos*). Exprime a idéia de *sal* ou relativo a *sal: halófilo.*

Halófilo, adj. *Biol.* Que vive em meios ricos de sal.

Halogêneo, adj. *Quím.* Diz-se de cada um dos cinco elementos, bromo, cloro, flúor, iodo e astatino, que existem em estado livre.

Halógeno, adj. V. *halogêneo.*

Halografia, s. f. *Quím.* Tratado ou descrição dos sais; halologia.

Halógrafo, s. m. O que é versado em halografia.

Halóide, adj. m. e. f. *Quím.* Diz-se dos compostos que encerram um halogêneo.

Halologia, s. f. V. *halografia.*

Halomancia, s. f. Adivinhação por meio do sal.

Halomante, s. m. e f. Pessoa que pratica a halomancia.

Halomântico, adj. Relativo à halomancia.

Halometria, s. f. *Quím.* Método para determinar a qualidade das soluções salinas. Var.: *halimetria.*

Halométrico, adj. Relativo à halometria.

Halorragáceas, s. f. pl. *Bot.* Família (*Haloragaceae*) de plantas aquáticas, com folhas opostas, filiformes, submersas.

Halotecnia, s. f. Ramo da Química que trata da preparação de sais.

Halotécnico, adj. Relativo à Halotecnia.

Halter, s. m. *Esp.* Intrumento ginástico, que consiste numa peça única, geralmente de ferro, constituída de duas esferas nas extremidades de uma haste que serve de pegadouro. Var.: *haltere.* Pl. (de ambas as formas): *halteres.*

Halurgia, s. f. Arte de preparar sais.

Hálux, s. m. *Anat.* Dedo grande do pé.

Hamadríade, s. f. 1. *Mit. gr.* Ninfa dos bosques. 2. *Herp.* Serpente grande e muito venenosa (*Naja hanna*), da Índia, Sul da China e Filipinas.

Hamamelidáceas, s. f. pl. *Bot.* Família (*Hamamelidaceae*) de arbustos e árvores com flores muitas vezes agrupadas e ovário bilocular bicarpelado.

Hamburguês, adj. Relativo a Hamburgo (Alemanha). S. m. Habitante ou natural de Hamburgo.

Hâmulo, s. m. *Anat.* Parte terminal em gancho de certos ossos.

Hangar, s. m. Abrigo fechado para aviões, balões, dirigíveis etc.

Hanoveriano, adj. Relativo a Hanôver, cidade e antiga província da Alemanha. S. m. Habitante ou natural de Hanôver. Var.: *hanovriano.*

Hansa, s. f. 1. Primitivamente, companhia de comerciantes. 2. Liga de comerciantes alemães, nos séculos XIV e XV.

Hanseático, adj. Relativo à hansa.

Hanseniano, adj. Relativo a Armauer Gerhard Hansen, médico e botânico norueguês (1841-1912). Adj. e s. m. Que, ou o que sofre de hanseníase.

Hanseníase, s. f. Doença crônica que afeta principalmente a pele, as mucosas e os nervos e é produzida por bacilo específico, chamado *bacilo de Hansen*; morféia, lepra.

Hapalídeo, adj. *Zool.* Relativo à família dos Hapalídeos. S. m. pl. Família (*Hapalidae*) de macacos platirrínios a que pertencem os micos ou saguis.

haplo-, elem. de comp. (gr. *haploos*). Exprime a idéia de *simples: haplografia, haplologia.*

Haplografia, s. f. Erro de copista, que escrevia apenas uma vez o grupo de letras que devia ser repetido (idólatra ou idolólatra).

Haplóide, adj. *Biol.* Que tem a metade do número de cromossomos da espécie, como se dá com os gametas.

Haplologia, s. f. *Gram.* Simplificação por meio de supressão da primeira de duas sílabas iguais ou semelhantes: *heróicômico* em vez de *heróico-cômico, saudoso* em vez de *saudadoso.*

Haplológico, adj. 1. Em que há haplologia. 2. Relativo à haplologia.

Haplotomia, s. f. *Cir.* Incisão simples.

Haraquiri, s. m. (jap. *hara-kiri*). Entre os japoneses, suicídio de honra e que consiste em o suicida abrir o próprio ventre.

Haras, s. m. sing. e pl. Fazenda ou sítio onde se criam e reproduzem cavalos, especialmente de corridas; coudelaria.

Hardware (*rárduer*), s. m. (t. ingl.). *Inform.* Conjunto de elementos físicos de um computador e os dispositivos a ele relacionados, como parte mecânica, magnética, elétrica e eletrônica. Refere-se à capacidade da máquina. Opõe-se a *software.*

Harém, s. m. 1. Parte da casa muçulmana destinada às mulheres. 2. Conjunto de mulheres legítimas, concubinas, parentas e serviçais de uma casa muçulmana. 3. Bordel, lupanar.

Harmonia, s. f. 1. *Mús.* Concordância ou sucessão de diversos sons agradáveis ao ouvido. 2. *Mús.* Sistema que tem por objetivo o emprego de sons simultâneos. 3. Disposição bem equilibrada entre as partes de um todo. 4. Concordância de sentimentos entre pessoas, dentro de um grupo.

Harmônica, s. f. *Mús.* 1. Gaita de boca. 2. Acordeão, sanfona.

Harmônico, adj. 1. Que tem harmonia. 2. Relativo à harmonia. 3. Coerente, proporcionado, regular, simétrico.

Harmônio, s. m. *Mús.* Pequeno órgão de sala, em que os tubos são substituídos por palhetas livres.

Harmonista[1], s. m. e f. (de *harmonia*). *Mús.* Pessoa que conhece as regras da harmonia.

Harmonista[2], s. m. e f. (*harmônico + ista*). Pessoa que toca harmônio.

Harmonizador, adj. e s. m. Que, ou o que harmoniza.

Harmonizar, v. 1. Tr. dir. *Mús.* Dividir (uma melodia) em partes harmônicas. 2. Intr. *Mús.* Compor harmonia. 3. Tr. dir. Tornar harmônico. 4. Tr. dir. Pôr em harmonia; congraçar. 5. Pron. Conviver em boa harmonia, pôr-se de acordo. 6. Tr. dir. Conciliar.

Harmonômetro, s. m. Instrumento para medir as relações harmônicas dos sons.

Harpa, s. f. *Mús.* Instrumento de cordas, de forma triangular, tocado com os dedos.

Harpagão, s. m. Indivíduo muito avarento.

Harpar, v. V. *harpear.*

Harpear, v. 1. Tr. dir. Tocar na harpa: *H.* uma *canção.* 2. Intr. Tocar harpa.

Harpejar, v. V. *harpear.* Cfr. *arpejar.*

Harpia, s. f. 1. *Mit.* Monstro alado, com rosto de mulher e corpo de abutre. 2. *Ornit.* Gênero (*Harpia*) da família dos Acipitrídeos, no qual se inclui o maior dos gaviões brasileiros (*Harpia Harpyia*); gavião-real, uiraçu, cutucurim.

Harpista, s. m. e f. Pessoa que toca, ou ensina a tocar harpa.

Hasta, s. f. 1. Lança. 2. Leilão.

Haste, s. f. 1. Vara de madeira ou de ferro, que serve para nela se fixar alguma coisa. 2. Pau da bandeira. 3. Parte do vegetal que se eleva do solo e serve de suporte aos ramos, às folhas e às flores. 4. Chifre, corno. 5. *Tip.* Traço alongado de certas letras, como o *p* e o *h.*

Hasteado, adj. Posto em haste; arvorado.

Hastear, v. Tr. dir. Elevar ou prender ao tope de uma haste; içar, guindar, erguer alto, desfraldar.

hasti-, elem. de comp. (l. *hasta*). Exprime a idéia de *lança, haste: hastifoliado, hastiforme.*

Hastifoliado, adj. *Bot.* Cujas folhas têm forma de ferro de lança; lanceolado.

Hastiforme, adj. m. e f. Em forma de haste.

Hastil, s. m. 1. Pequena haste. 2. Haste ou cabo de lança. 3. *Bot.* Pedúnculo.

Hastilha, s. f. Pequena haste.

Haurir, v. Tr. dir. 1. Tirar de lugar profundo. 2. Esgotar, esvaziar. 3. Aspirar, sorver. 4. Excogitar. — Conjuga-se como *abolir.*

Haurível, adj. m. e f. Que se pode haurir.

Hausto, s. m. 1. Ato de haurir. 2. Gole, trago.

Haustório, s. m. Pequeno órgão sugador de fungos parasitos.

Havaiano, adj. Relativo às ilhas de Havaí, ao norte da Oceânia. S. m. Habitante ou natural dessas ilhas.

Havana, adj. m. e f. Castanho-claro. S. m. Charuto de Havana.

Havanês, adj. Relativo a Havana, capital de Cuba. S. m. Habitante ou natural de Havana. Pl.: *havaneses.*

Haver[1], v. (l. *habere*). 1. Tr. dir. *P. us.* Ter, possuir. 2. Tr. dir. *P. us.* Alcançar, conseguir, obter, receber. 3. Tr. dir. *Ant.* Sentir, ter. 4. Tr. dir. impess. Acontecer, suceder. 5. Tr. dir. impess. Existir. 6. Pron. Comportar-se, portar-se, proceder. 7. Pron. Avir-se. 8. Junto ao particípio de outros verbos, forma os tempos compostos para as linguagens do pretérito: Iniciaram a marcha, antes que o sol *houvesse nascido.* 9. Forma com o presente do infinitivo, precedido da preposição *de,* as linguagens do futuro: *Haveis de ver* esse dia.

Haver[2], s. m. A parte do crédito, na escrituração comercial. S. m. pl. Bens, propriedades, riqueza.

Haxixe, s. m. (ár. *haxix*). 1. Flores femininas do cânhamo índico deixadas a secar e usadas para fumar, mascar ou tomar em bebida. 2. Licor intoxicante extraído do cânhamo.

Hebdômada, s. f. 1. Semana. 2. Espaço de sete dias, semanas ou anos.

Hebdomadário, adj. Semanal. S. m. Semanário.

Hebdomático, adj. Relativo a sete.

hebe-, elem. de comp. (gr. *hebe*). Exprime a idéia de *puberdade, púbis: hebefrenia.*

Hebefrenia, s. f. *Med.* Esquizofrenia que ocorre no início da adolescência.

Hebetação, s. f. Ato ou efeito de hebetar; hebetamento.

Hebetamento, s. m. V. *hebetação.*

Hebetar, v. Tr. dir. e pron. Tornar(-se) bronco, obtuso.

Hebetismo, s. m. *Med.* Idiotismo, imbecilidade.

Hebetizado, adj. Aparvalhado, atoleimado.

Hebetude, s. f. 1. Torpor. 2. Entorpecimento.

Hebraico, adj. Relativo aos hebreus. S. m. 1. Idioma dos hebreus. 2. Hebreu.

Hebraísmo, s. m. Palavra, locução, construção próprias da língua hebraica.

Hebraísta, s. m. e f. Pessoa que se dedica ao estudo do hebraico.

Hebraizante (*a-i*), adj. m. e f. Que hebraíza. S. m. Sectário do judais-

Hebraizar (*a-i*), v. Intr. 1. Conhecer o hebraico. 2. Praticar a religião dos hebreus ou seguir-lhes as doutrinas; judaizar.

Hebreu, adj. Relativo aos hebreus. S. m. 1. A língua hebraica. 2. Indivíduo de raça hebraica. Fem.: *hebréia.*

Hecatomba, s. f. V. *hecatombe.*

Hecatombe, s. f. 1. Antigo sacrifício de cem bois. 2. Sacrifício de muitas vítimas. 3. Mudança humana. Var.: *hecatomba.*

Hecatômpedo, s. m. Templo de cem pés de extensão, como o de Minerva, em Atenas.

Hecatostilo, s. m. Pórtico ou edifício de cem colunas.

Hectare, s. m. Medida agrária, equivalente a cem ares ou dez mil metros quadrados. Símbolo: *ha.*

Héctica, s. f. V. *hética.*

Hecticidade, s. f. V. *heticidade.*

Héctico, adj. e s. m. V. *hético.*

hecto-[1], pref. (gr. *hekaton*). Exprime a idéia de *cem* no sistema métrico decimal: *hectograma, hectolitro, hectômetro.*

hecto-[2], pref. (gr. *hektos*). Exprime a idéia de *sexto, seis: hectoédrico.*

Hectoédrico, adj. *Miner.* Diz-se dos cristais que têm seis faces.

Hectograma, s. m. Cem gramas (massa).

Hectolitro, s. m. Medida de capacidade de cem litros.

Hectômetro, s. m. Medida de extensão de cem metros.

Hectostere, s. m. Volume de cem esteres. Var.: *hectostéreo.*

Hederáceo, adj. *Bot.* Relativo ou semelhante à hera.

Hederígero, adj. 1. Que tem heras. 2. Ornado de heras.

Hediondez, s. f. 1. Qualidade de hediondo. 2. Procedimento hediondo.

Hediondo, adj. 1. Que provoca repulsão; repugnante. 3. Que cheira mal; fedorento.

Hedonismo, s. m. *Filos.* Doutrina ética, que afirma constituir o prazer o fim da vida.

Hedonista, adj. e s. m. e f. Diz-se da, ou a pessoa partidária do hedonismo.

Hedrocele, s. f. *Med.* Hérnia do intestino através do ânus.

Hegelianismo (*gue*), s. m. *Filos.* A filosofia de Georg Wilhelm Friedrich Hegel, filósofo alemão (1770-1831).

Hegeliano (*gue*), adj. Relativo à Hegel, ou à doutrina deste filósofo. S. m. Partidário do hegeliasnismo.

Hegelismo (*gue*), s. m. V. *hegelianismo.*

Hegemonia, s. f. 1. Supremacia de um povo nas federações da antiga Grécia. 2. Preponderância de uma cidade ou povo. 3. Preponderância, domínio.

Hegemônico, adj. Relativo à hegemonia.

Hégira, s. f. (ár. *hijira*). A fuga de Maomé de Meca para Medina, em 622 a. D.; esse ano foi adotado como o primeiro da era muçulmana.

Hein!, interj. V. *hem!.*

helco-, elem. de comp. (gr. *helkos*). Exprime a idéia de *úlcera: helcologia.*

Helcologia, s. f. *Med.* Tratado acerca das úlceras.

Helcose, s. f. *Med.* V. *ulceração.*

Heleborinha, s. f. *Bot.* Espécie de orquídea (*Epipactis helleborine*).

Heleborismo, s. m. *Med.* Emprego terapêutico do heléboro.

Heleborizar, v. Tr. dir. Purgar com heléboro.

Heléboro, s. m. *Bot.* Planta ranunculácea (*Helleborus foetidus*) de rizoma fortemente purgativo.

Helênico, adj. Relativo à Hélade ou à Grécia antiga. S. m. O grego antigo.

Helenismo, s. m. *Gram.* 1. Palavra, locução, construção próprias da língua grega. 2. Conjunto das idéia e costumes da Grécia antiga; a civilizacão grega.

Helenista, s. m. e f. Pessoa versada na língua e antiguidade gregas.

Helenístico, adj. Diz-se do período histórico que vai das conquistas de Alexandre à conquista romana.

Helenizar, v. 1. Tr. dir. Tornar conforme ao caráter grego. 2. Intr. Dedicar-se ao estudo do grego.

Heleno, adj. e s. m. Grego. S. m. pl. Povos que, após a dominacão dos pelasgos, povoaram a Grécia; gregos.

Helépole, s. f. *Ant.* Espécie de enorme jirau de guerra dos romanos, com o qual se punham à altura das muralhas para combater, nos assédios.

Helíaco, adj. *Astr.* Relativo ao nascimento ou ocaso de um astro, coincidente com o nascimento ou ocaso do Sol.

Heliânteo, adj. Relativo ou semelhante ao helianto.

Helianto, s. m. *Bot.* 1. Gênero (*Helianthus*) da família das Compostas, constituído de ervas americanas, a que pertence o girassol. 2. Girassol.

Heliasta, s. m. Juiz de um tribunal de Atenas, cujas reuniões se efetuavam ao ar livre, ao sair o Sol.

Hélice, s. f. 1. *Náut.* e *Astronáut.* Peca que consiste em um cubo rotativo provido de várias pás e que funciona segundo o princípio do parafuso, para a propulsão de navios, aviões, torpedos etc. 2. *Anat.* Rebordo do pavilhão da orelha; hélix. 3. *Zool.* Gênero (*Helix*) de moluscos gastrópodes, a que pertence o caracol. Dim.: *helícula.*

Helicídeo, adj. *Zool.* Relativo aos Helicídeos. S. m. pl. Família (*Helicidae*) de caracóis terrestres pulmonados, que compreende os caracóis comestíveis.

Helicite, s. f. Concha fóssil, turbinada.

hélico-, elem. de comp. (gr. *helix, ikos*). Exprime a idéia de *hélice, espiral: helicóptero.*

Helicoidal, adj. m. e f. Helicóide.

Helicóide, adj. m. e f. Que tem a forma de, ou é semelhante a hélice; helicoidal. S. m. Superfície gerada por uma curva animada de movimento helicoidal.

Helicômetro, s. m. *Mec.* Instrumento para medir a força das hélices.

Helicônia, s. f. *Bot.* 1. Gênero (*Heliconia*) da família das Musáceas, constituído de plantas com folhas enormes e inflorescência terminal vistosa. 2. Planta desse gênero.

Helicóptero, s. m. *Av.* Aeronave provida de uma ou duas hélices que giram em plano horizontal.

Helícula, s. f. Pequena hélice.

Hélio[1], s. m. *Quím.* Elemento gasoso inerte, de símbolo He, número atômico 2, massa atômica 4,003.

hélio-[2], elem. de comp. (gr. *helios*). Exprime a idéia de *sol: helioterapia.*

Heliocêntrico, adj. *Astr.* 1. Relativo ao centro do Sol. 2. Que tem o Sol como centro.

Heliocromia, s. f. 1. Fotografia em cores naturais. 2. Originalmente, processo de obter fotografias a cores, pelo uso do cloreto de prata.

Heliocrômico, adj. Relativo à heliocromia.

Heliófugo, adj. *Bot.* Que evita o Sol, ou se desvia da sua ação.

Heliografia, s. f. Processo de produção de fotogravuras sobre chapa metálica revestida com material betuminoso.

Heliográfico, adj. Relativo à heliografia.

Heliógrafo, s. m. 1. Luneta para fotografar a imagem do Sol. 2. Aparelho destinado a medir a quantidade de calor emitido pelo Sol.

Heliogravura, s. f. Cada um dos vários processos de fotogravura, pelos quais se fazem gravuras em relevo.

Heliométrico, adj. Relativo ao heliômetro.

Heliômetro, s. m. *Astr.* Luneta especial para medir o diâmetro aparente dos astros e a distância aparente destes entre si.

Helionose, s. f. V. *heliose.*

Helioscopia, s. f. Observação do Sol pelo helioscópio.

Helioscópico, adj. Concernente à helioscopia.

Helioscópio, s. m. Intrumento astronômico destinado à observação visual do Sol.

Heliose, s. f. *Bot.* Producão de manchas descoradas nas folhas pelo excesso do calor solar.

Heliostática, s. f. Doutrina sobre o movimento dos planetas, referido à posição do Sol no centro do sistema planetário.

Heliostático, adj. Relativo ao helióstato ou à heliostática.

Helióstato, s. m. *Fís.* Espelho movido por um mecanismo de relógio que reflete os raios solares em uma direcão fixa, durante todo o dia.

Helioterapia, s. f. *Med.* Tratamento das doencas pela luz solar.

Helioterápico, adj. Relativo à helioterapia.

Heliotermômetro, s. m. Qualquer instrumento para determinar a intensidade do calor solar.

Heliotropia, s. f. *Bot.* V. *heliotropismo.*

Heliotrópico, adj. *Biol.* Relativo ao heliotropismo.

Heliotrópio, s. m. *Bot.* Gênero (*Heliotropium*) da família das Borragináceas, constituído de ervas e arbustos, com flores em espiga, fragrantes.

Heliotropismo, s. m. *Biol.* Fototropismo em que a luz solar é estímulo.

Hélix (*cs*), s. m. *Anat.* Hélice acep. 2.

Helmintíase, s. f. *Med.* Estado mórbido do organismo devido à presença de vermes.

Helmíntico, adj. Relativo aos helmintos.

Helminto[1], s. m. Verme, geralmente intestinal, como nematóide, tênia etc.; entozoário. Var.: *helminte.*

helminto-[2], elem. de comp. (gr. *helmins, inthos*). Exprime a idéia de *verme, entozoário: helmintologia.*

Helmintóide, adj. m. e f. Semelhante a helminto.

Helmintólite, s. m. *Paleont.* Verme fóssil.

Helmintologia, s. f. *Zool.* Tratado acerca dos vermes, especialmente os que levam vida parasitária.

Helmintológico, adj. Relativo à helmintologia.

Helmintologista, s. m. e f. Especialista em helmintologia.

Helvécio, adj. (l. *helvetiu*). Relativo à Helvécia, ou Suíca. S. m. Indivíduo dos helvécios, povo gálio, que habitava na Helvécia.

Hem!, interj. (l. *hem*). 1. Como?; que diz? 2. Indica ter a pessoa ficado espantada ou indignada. 3. Voz com que se atende ao chamado de alguém.

hema-, pref. (gr. *haima*). V. *hemato; hemartrose.*

Hemácia, s. f. *Anat.* Glóbulo vermelho do sangue.

Hemalopia, s. f. *Med.* Hemorragia no globo ocular.

Hemangioma, s. m. *Med.* Tumor formado pela proliferação de vasos sangüíneos.

Hemartrose, s. f. *Med.* Acumulação de sangue numa articulação.

Hemastática, s. f. *Fisiol.* Doutrina das leis do equilíbrio do sangue nos vasos sangüíneos.

Hematêmese, s. f. *Med.* Hemorragia proveniente do estômago.

Hematia, s. f. *Anat.* V. *hemácia.*

Hematidrose, s. f. *Med.* Suor de sangue.

Hematimetria, s. f. V. *hemocitometria.*

Hematímetro, s. m. *Med.* V. *hemocitômetro.*

Hematina, s. f. *Biol.* V. *heme.*

Hematita, s. f. *Miner.* Sesquióxido de ferro natural, de cor vermelha ou parda, que ocorre em cristais romboédricos de aparência metálica, em forma maciça ou terrosa.

hêmato-, pref. (gr. *haima, atos*). Exprime a idéia de *sangue: hematocele.*

Hematocele, s. f. *Med.* Derrame de sangue em uma cavidade, especialmente na túnica vaginal dos testículos.

Hematócrito, s. m. *Med.* Porcentagem volumétrica dos glóbulos vermelhos no sangue total.

Hematode, adj. m. e f. 1. Que é da natureza do sangue. 2. Hematóide.

Hematófago, adj. Que se alimenta de sangue.

Hematófilo, adj. Que gosta de sangue.

Hematofobia, s. f. *Med.* Aversão mórbida à vista de sangue.

Hematóide, adj. m. e f. Semelhante ao sangue; hematode.

Hematologia, s. f. Ramo da Biologia que trata da morfologia do sangue e dos tecidos que o formam.

Hematológico, adj. Relativo à hematologia.

Hematólogo, s. m. Especialista em hematologia.

Hematoma, s. m. *Med.* Tumefação de sangue extravasado.

Hematônfalo, s. m. *Méd.* Hérnia umbilical, cujo saco contém serosidade e sangue derramado, e apresenta na superfície veias varicosas.

Hematopoese, s. f. *Fisiol.* Formacão dos glóbulos vermelhos do sangue. Var.: *hematopoiese.*

Hematopoético, adj. 1. Que forma sangue: Órgãos *hematopoéticos.* 2. Relativo à hematopoese. Var.: *hematopoiético.*

Hematosar, v. Tr. dir. e pron. Converter(-se) (o sangue) de venoso em arterial.

Hematose, s. f. *Fisiol.* Aeração do sangue nos pulmões; sanguificacão.

Hematóxilo (*cs*), s. m. *Bot.* Gênero (*Haematoxylon*) da família das Leguminosas, constituído de arbustos americanos, ao qual pertence o campeche (*Haematoxylon campechianum*).

Hematozoário, s. m. *Zool.* Parasito que vive no sangue.

Hematúria, s. f. *Med.* Emissão de sangue pela uretra, puro ou misturado à urina. Var.: *hematuria.*

Hematúrico, adj. Relativo à hematúria.

Heme, s. m. Pigmento vermelho-carregado, ferruginoso, obtido de hemoglobina, tratada com ácido para remoção da globina; hematina.

Hemeralopia, s. f. *Med.* Incapacidade de enxergar com luz escassa; cegueira diurna. Antôn.: *nictalopia.*

Hemeralópico, adj. Relativo à hemeralopia. S. m. Quem sofre de hemeralopia.

Hemerocale, s. f. *Bot.* Gênero (*Hemerocallis*) da família das Liliáceas, constituído de ervas eurásias com flores vistosas em pequenos cachos.

Hemerologia, s. f. Arte de compor calendários.

Hemerológio, s. m. Tratado acerca da concordância dos calendários.

Hemeropata, s. m. e f. *Med.* Quem sofre de hemeropatia. Var.: *hemerópata.*

Hemeropatia, s. f. *Med.* Doença que só se manifesta de dia, ou que não dura mais que um dia.

Hemeroteca, s. f. Lugar onde se arquivam jornais e outras publicações periódicas.

hemi-, elem. de comp. (gr. *hemi*). Exprime a idéia de *meio: hemialgia, hemicrania.*

Hemialgia, s. f. Dor sentida somente num lado do corpo; hemicrania.

Hemianopsia, s. f. Cegueira para metade do campo visual em um ou ambos os olhos; hemiopia.

Hemicarpo, s. m. *Bot.* Cada uma das metades de um fruto naturalmente divisível ao meio.

Hemicíclico, adj. 1. Que se refere a hemiciclo; semi-circular. 2. *Bot.* Que tem parte das pétalas em verticilo e parte em espiral.

Hemiciclo, s. m. Espaço aproximadamente semicircular como o de certas arquibancadas.

Hemicilíndrico, adj. Semelhante a um hemicilindro.

Hemicilindro, s. m. Meio cilindro (em sentido longitudinal).

Hemicrania, s. f. *Med.* Hemialgia.

Hemicrânico, adj. Relativo à hemicrania.

Hemicriptófita, s. f. *Bot.* Planta em que morre anualmente a parte aérea, ficando as gemas de renovo quase rentes ao solo.

Hemiedria, s. f. *Crist.* Propriedade de certos cristais de apresentarem somente a metade de sua simetria normal.

Hemiédrico, adj. Que apresenta hemiedria.

Hemiedro, s. m. *Miner.* Cristal que só possui metade das faces requeridas pela simetria.

Hemiélitro, s. m. *Entom.* Asa anterior de certos insetos.

Hemifacial, adj. m. e f. *Med.* e *Anat.* Relativo a uma das metades da face.

Hemilabial, adj. m. e f. *Anat.* Relativo a uma metade lateral dos lábios.

Hemiopia, s. f. *Med.* V. *hemianopsia.*

Hemiopsia, s. f. V. *hemiopia.*

Hemiplegia, s. f. *Med.* Paralisia de um dos lados do corpo.

Hemiplégico, adj. 1. Afetado de hemiplegia. 2. Relativo à hemiplegia.

Hemiprismático, adj. *Crist.* Diz-se dos cristais em que só é visível uma metade de suas faces.

Hemíptero, adj. *Zool.* Que tem asas ou barbatanas curtas.

Hemisférico, adj. Em forma de hemisfério.

Hemisfério, s. m. 1. Metade de uma esfera; semi-esfera. 2. Cada uma das duas metades norte e sul do globo terrestre, imaginariamente separadas pelo equador. 3. Cada uma das metades da esfera celeste, separadas pela eclíptica.

Hemisferoédrico, adj. *Crist.* Diz-se dos cristais que se apresentam sob a forma de hemisferóide.

Hemisferóide, s. m. A metade de um esferóide.

Hemissingínico, adj. *Bot.* Designativo do cálice que está meio aderente ao ovário.

Hemistíquio, s. m. Metade de um verso.

Hemiteria, s. f. *Anat.* Má-formação congênita não suficientemente grave para ser considerada *teratia.*

Hemítomo, adj. *Miner.* Diz-se dos cristais compostos de duas partes distintas, em que as faces de uma encontram as da outra no meio da sua altura.

Hemitritéia, adj. f. *Med.* Diz-se de uma febre intermitente, com acessos diários, sendo mais intensos os de dois em dois dias. S. f. Essa febre.

Hemitrítica, adj. e s. f. V. *hemitritéia.*

Hemitropia, s. f. *Miner.* Cristalização que produz cristais hemítropos.

Hemítropo, adj. *Miner.* Aplica-se aos cristais geminados em que uma das partes opostas parece ter feito, sobre a outra, metade de uma rotação.

hemo-, elem. de comp. O mesmo que *hema* ou *hêmato: hemofilia.*

Hemocianina, s. f. *Biol.* Pigmento azul-esverdeado, contendo cobre, que assegura o transporte do oxigênio no sangue dos moluscos e artrópodes.

Hemocitômetro, s. m. *Med.* Aparelho para contar o número de glóbulos, em uma dada quantidade de sangue.

Hemocultura, s. f. *Med.* Cultura bacteriológica, mediante semeadura de sangue em meio apropriado, com o fim de investigar a presença de microrganismos patogênicos.

Hemodia, s. f. *Med.* Embotamento dos dentes, causado por sabor ácido ou rangido.

Hemodinâmica, s. f. Parte da Fisiologia que trata dos fenômenos mecânicos da circulação sangüínea.

Hemodinamômetro, s. m. *Fisiol.* Aparelho para medir a pressão do sangue circulante; esfigmomanômetro, hematodinamômetro.

Hemodrômetro, s. m. V. *hemodromômetro.*

Hemodromômetro, s. m. *Fisiol.* Instrumento para medir a velocidade do sangue nos vasos.

Hemofilia, s. f. *Med.* Disposição congênita hereditária para hemorragias profusas e dificilmente controláveis.

Hemoftalmia, s. f. *Med.* Efusão de sangue no olho.

Hemoglobina, s. f. *Fisiol.* Pigmento proteínico ferruginoso que ocorre nas células vermelhas do sangue de vertebrados e que fixa o oxigênio do ar, levando-o aos tecidos.

Hemoglobinúria, s. f. *Med.* Presença de hemoglobina livre na urina. Var.: *hemoglobinuria.*

Hemograma, s. m. *Med.* Diagrama do sangue, escrito ou figurado, que mostra a contagem dos glóbulos vermelhos e brancos, a contagem das plaquetas, a dosagem da hemoglobina etc.

Hemólise, s. f. *Med.* Dissolução dos corpúsculos vermelhos do sangue com libertação de sua hemoglobina; hematólise.

Hemômetro, s. m. Aparelho para medir sangue.

Hemoncose, s. f. *Vet.* Parasitose dos ruminantes devida aos germes *Haemunchus contortus* e *H. similis.*

Hemopatia, s. f. *Med.* Qualquer doença do sangue.

Hemoplástico, adj. Que concorre para a formação do sangue.

Hemoptíico, adj. 1. Relativo a hemoptise. 2. Afetado de hemoptise.

Hemoptise, s. f. *Med.* Hemorragia no aparelho respiratório, caracterizada pela expulsão de sangue, com tosse e expectoração.

Hemorragia, s. f. *Med.* Derramemento de sangue para fora dos vasos que devem contê-lo.

Hemorrágico, adj. 1. Relativo a hemorragia. 2. Que sofre de hemorragia.

Hemorrinia, s. f. *Med.* Hemorragia nasal; epistaxe.

Hemorroidal, adj. m. e f. Relativo às hemorróidas.

Hemorroidário, adj. e s. m. Hemorroidoso.

Hemorróidas, s. f. pl. *Med.* Tumores varicosos formados pela dilatação das veias do ânus ou do reto, com fluxo de sangue ou sem ele.

Hemorroidoso, adj. e s. m. Que, ou o que é doente de hemorróidas.

Hemorroíssa, s. f. Mulher que sofre de hemorróidas.

Hemospasia, s. f. *Med.* Atração do sangue para a pele, a fim de desviá-lo de outra parte ou órgão, como é feito com as ventosas etc.

Hemossedimentação, s. f. Precipitação dos glóbulos vermelhos no sangue, tornando incoagulável, formando-se destarte uma camada de glóbulos e outra de plasma.

Hemóstase, s. f. *Med.* Ato ou efeito de estancar uma hemorragia.

Hemostático, adj. Que serve para sustar hemorragia. S. m. Medicamento para sustar hemorragias.

Hemotexia (*cs*), s. f. *Med.* V. *hemólise.*

Hemotórax (*cs*), s. m. sing. e pl. *Med.* Derramamento de sangue na cavidade pleural.

Hena, s. f. *Bot.* Arbusto da família das Litráceas (*Lawsonia inermis*), cujas flores, brancas e fragrantes, são usadas por budistas e maometanos nas suas cerimônias religiosas.

hendeca-, elem de comp. (gr. *hendeka*). Exprime a idéia de *onze: hendecafilo, hendecágino.*

Hendecafilo, adj. *Bot.* Que tem folhas imparipinuladas com onze folíolos.

Hendecágino, adj. *Bot.* Que tem onze pistilos.

Hendecágono, adj. *Geom.* Que tem onze ângulos e onze lados. S. m. Polígono de onze lados.

Hendecandro, adj. *Bot.* Que tem onze estames.

Hendecassílabo, adj. *Metrif.* Que tem onze sílabas. S. m. Verso de onze sílabas.

Hendíadis, s. f. sing. e pl. *Ret.* Figura que exprime uma idéia mediante dois substantivos, ligados pela conjunção *e*, o que habitualmente se exprimiria com um substantivo e um adjetivo, ou um complemento determinativo: *pela poeira e pela estrada*, ao invés de *pela estrada poeirenta*, ou *pela poeira da estrada*.

Henequém, s. m. *Bot.* Árvore amarilidácea (*Agave fourcroydes*) de fibras resistentes.

Henry, s. m. *Eletr.* Unidade de indutância no sistema de unidades internacional, igual à indutância de um elemento passivo de um circuito entre cujos terminais se induz uma tensão elétrica constante igual a 1 volt, quando percorrido por uma corrente cuja intensidade varia uniformemente à razão de 1 ampère em cada segundo. Símbolo: H. Pl.: *henrys*.

Hepatal, adj. m. e f. Referente ao fígado.

Hepatalgia, s. f. *Med.* Dor no fígado; hepatodinia.

Hepatálgico, adj. *Med.* Relativo à hepatalgia.

Hepatargia, s. f. *Med.* Auto-intoxicação que resulta de insuficiência hepática.

Hepáticas, s. f. pl. *Bot.* Classe (*Hepaticae*) das Briófitas, compreendendo plantas distintas dos musgos pela presença de um gemetófito.

Hepático, adj. Relativo ao fígado. S. m. Aquele que sofre do fígado.

Hepatismo, s. m. *Med.* Conjunto dos sintomas das moléstias crônicas do fígado.

Hepatite, s. f. *Med.* Inflamação do fígado.

Hepatização, s. f. *Med.* Lesão de um tecido orgânico que lhe confere um aspecto semelhante ao do fígado.

Hepatizar, v. Pron. Tomar (um tecido orgânico) o aspecto do fígado.

hepato-, elem. de comp. (gr. *hepar, atos*). Exprime a idéia de *fígado: hepatocele*.

Hepatocele, s. f. *Med.* Hérnia do fígado.

Hepatodinia, s. f. *Med.* V. *hepatalgia*.

Hepatografia, s. f. 1. Registro de um traçado do fígado. 2. Radiografia do fígado.

Hepatologia, s. f. *Med.* Estudo do fígado e de suas doenças.

Hepatológico, adj. *Med.* Referente à hepatologia.

Hepatopatia, s. f. *Med.* Designação genérica das doenças do fígado.

Hepatorréia, s. f. *Med.* Dejeção abundante de matérias formadas principalmente pela bílis.

Hepatotomia, s. f. *Cir.* Incisão do fígado.

hepta-, pref. (gr. *hepta*). Designativo de *sete: heptafilo, heptadátilo*.

Heptacordo, adj. *Mús.* Que tem sete cordas. S. m. 1. Lira de sete cordas. 2. Sistema de sons, composto de sete graus diatônicos encerrados numa oitava.

Heptadátilo, adj. Que tem sete dedos.

Heptaédrico, adj. *Geom.* Relativo à heptaedro.

Heptaedro, s. m. *Geom.* Poliedro de sete faces.

Heptafilo, adj. *Bot.* Diz-se da folha penada, que tem sete folíolos.

Heptafone, s. m. *Fís.* Eco repetido sete vezes.

Heptafônico, adj. *Fís.* Relativo a heptafone.

Heptágino, adj. *Bot.* Que tem sete pistilos.

Heptagonal, adj. m. e f. *Geom.* Relativo a heptágono.

Heptágono, adj. Heptagonal. S. m. 1. Polígono de sete ângulos e sete lados.

Heptâmetro, adj. *Metrif.* Diz-se do verso que tem sete pés. S. m. Esse verso.

Heptandria, s. f. *Bot.* Qualidade de heptandro.

Heptandro, adj. *Bot.* Diz-se da flor que tem sete estames distintos.

Heptanterado, adj. *Bot.* Que tem sete anteras.

Heptarca, s. m. Cada um dos membros de uma heptarquia.

Heptarquia, s. f. 1. Governo formado por sete indivíduos. 2. Reunião de sete monarquias.

Heptassílabo, adj. e s. m. V. *setissílabo*.

Heptateuco, s. m. 1. Os cinco livros de Möisés e os livros de Josué e dos Juízes. 2. Obra dividida em sete livros.

Heptílico, adj. *Quím.* Diz-se dos compostos que encerram o radical heptilo.

Heptilo, s. m. *Quím.* Designação do radical monovalente C_7H_{15}.

Hera, s. f. *Bot.* Planta araliácea, trepadeira e rastejante, sempre verde (*Hedera helix*).

Heracléias, s. f. pl. *Ant. gr.* Festas em honra de Hércules.

Heráldica, s. f. 1. Arte e ciência do brasão. 2. Conjunto dos emblemas de brasão.

Heráldico, adj. 1. Relativo à heráldica. 2. Nobre, aristocrático. S. m. Quem é versado em heráldica.

Heraldista, s. m. e f. Tratadista de heráldica.

Herança, s. f. 1. Aquilo que se herda por disposição testamentária ou por via de sucessão. 2. Legado, patrimônio. 3. *Genét.* Hereditariedade.

Herbáceo, adj. *Bot.* 1. Relativo a erva. 2. Que tem consistência e o porte de erva.

Herbanário, s. m. 1. Estabelecimento que vende ervas medicinais. 2. Indivíduo que vende ou conhece ervas medicinais; ervanário.

Herbário, s. m. *Bot.* Coleção científica de plantas secas.

Herbático, adj. V. *herbáceo*.

hérbi-, elem. de comp. (l. *herba*). Exprime a idéia de *erva: herbífero*.

Herbicida, s. m. Agente (por ex., um preparado químico) usado para destruir plantas daninhas.

Herbífero, adj. Que produz erva.

Herbiforme, adj. m. e f. Que tem aparência de erva.

Herbívoro, adj. Que se alimenta exclusiva ou principalmente de ervas. S. m. Animal herbívoro.

Herbolária, s. f. Mulher que fazia feitiços ou preparava venenos com vegetais.

Herbolário, adj. e s. m. Que, ou aquele que conhece, coleciona ou cultiva e vende ervas ou plantas medicinais.

Herbóreo, adj. V. *herbáceo*.

Herborista, s. m. e f. Pessoa que conhece as virtudes das plantas, ou que vende plantas medicinais; herbolário.

Herborização, s. f. Ato ou efeito de herborizar.

Herborizador, adj. e s. m. Que, ou o que herboriza.

Herborizante, adj. (de *herborizar*). Que herboriza.

Herborizar, v. (do l. *herba*). Intr. Colher plantas para estudo ou para aplicações medicinais.

herco-, elem. de comp. (gr. *herkos*). Exprime a idéia de *fortaleza, recinto, abrigo: hercotetônica*.

Hercotetônica, s. f. Arte de construir praças militares.

Herculano, adj. Respeitante a Hércules.

Hercúleo, adj. 1. Relativo a Hércules. 2. Que tem força extraordinária.

Hércules, s. m. sing. e pl. Homem hercúleo.

Herdade, s. f. Grande propriedade rústica, em geral composta de montados, terra de semeadura e casa de habitação.

Herdar, v. (l. *hereditare*). Tr. dir. 1. Obter, receber ou ter direito a receber por herança. 2. Deixar em herança, legar. 3. Receber por transmissão. 4. Adquirir por parentesco ou hereditariedade (virtudes ou vícios).

Herdeiro, s. m. (l. *hereditariu*). 1. Pessoa que herda. 2. Sucessor. 3. *Fam.* Filho.

Hereditariedade, s. f. 1. Qualidade de hereditário. 2. Transmissão das qualidades físicas ou morais de alguém aos seus descendentes.

Hereditário, adj. Que se transmite por herança de pais a filhos ou de ascendentes e descendentes.

Herege, adj. m. e f. Que professa uma heresia. S. m. e f. Pessoa que professa doutrina contrária à que foi definida pela Igreja como verdadeira.

Heresia, s. f. 1. Doutrina que se opõe aos dogmas da Igreja. 2. *Fam.* Absurdo, contra-senso, disparate. 3. Ato ou palavra ofensiva à religião.

Heresiarca, s. m. e f. Chefe ou fundador de uma seita herética.

Herético, adj. 1. Relativo a heresia. 2. Em que há heresia. S. m. Herege.

Heril, adj. m. e f. *Poét.* Próprio do senhor (com relação ao escravo).

Herma, s. f. *Escult.* Busto em que o peito, as costas e os ombros são cortados por planos verticais.
Hermafrodita, adj. e s., m. e f. V. *hermafrodito.*
Hermafroditismo, s. m. Qualidade de hermafrodita.
Hermafrodito, adj. e s. m. *Biol.* Diz-se de, ou ser que possui órgãos reprodutores dos dois sexos.
Hermeneuta, s. m. e f. Especialista em hermenêutica.
Hermenêutica, s. f. 1. Arte de interpretar o sentido das palavras, das leis, dos textos etc. 2. Interpretação dos textos sagrados.
Hermenêutico, adj. Relativo à hermenêutica.
Hermes, s. m. sing. e pl. *Escult.* Cabeça ou busto de uma divindade, geralmente Mercúrio, sobre um pedestal ou pirâmide invertida.
Hermeta, s. f. Coluna com um hermes sobreposto.
Hermético, adj. 1. Encimado por um hermes. 2. Fechado completamente, de modo que não deixe penetrar ou escapar o ar (vasos, panelas etc.); estanque. 3. De compreensão muito difícil.
Hermografia, s. f. *Astr.* Descrição do planeta Mercúrio.
Hérnia, s. f. *Med.* Projeção total ou parcial de um órgão através de abertura natural ou adquirida na parede da cavidade que normalmente o contém.
Hernial, adj. m. e f. Relativo a hérnia; herniário, hérnico.
Herniário, adj. Hernial.
Hérnico, adj. V. *hernial.*
Herníola, s. f. *Bot.* Pequena planta da família das Cariofiláceas (*Herniaria glabra*), que antigamente se usava em cataplasmas contra a hérnia.
Hernioso, adj. e s. m. Que, ou o que padece de hérnia.
Herniotomia, s. f. *Cir.* Tratamento cirúrgico da hérnia.
Herodes, s. m. sing. e pl. Homem feroz e cruel, máxime para com crianças.
Herói, s. m. 1. *Mit. gr.* Denominação dada aos descendentes de divindades e seres humanos da era pré-homérica (semideuses). 2. Homem que se distingue por coragem extraordinária na guerra ou diante de outro qualquer perigo. Col.: *falange.* 3. O protagonista de qualquer aventura histórica ou drama real. Fem.: *heroína.*
Heroicidade, (*ói*), s. f. V. *heroísmo.*
Heróico, adj. 1. Próprio de herói. 2. Enérgico. 3. Diz-se do estilo ou gênero literário em que se celebram façanhas de heróis.
Herói-cômico, adj. Que participa ao mesmo tempo da feição heróica e da cômica. Pl.: *herói-cômicos.*
Heróide, s. f. Epístola amorosa em verso, sob o nome de um herói ou dirigida a um herói.
Heroificar (*òi*), v. Tr. dir. 1. Qualificar de herói. 2. Celebrar, exaltar.
Heroína[1], s. f. 1. Mulher que figura como principal personagem de uma obra literária. 2. Mulher de valor, beleza ou talento extraordinários.
Heroína[2], s. f. (nome comercial). *Farm.* Narcótico cristalino, produzido de morfina.
Heroísmo, s. m. 1. Qualidade característica de um herói ou daquilo que é heróico. 2. Magnanimidade. 3. Ato heróico.
Herpes, s. m. e f., sing. e pl. Afecção da pele e das mucosas, caracterizada por grupos de vesículas muito dolorosas.
Herpético, adj. *Med.* 1. Da natureza do herpes. 2. Que sofre de herpes.
Herpetismo, s. m. *Med.* Predisposição para afecções tidas como herpéticas.
herpeto-, elem. de comp. (gr. *herpetos*). Exprime a idéia de *réptil: herpetografia.*
Herpetografia, s. f. V. *herpetologia.*
Herpetográfico, adj. Relativo à herpetografia.
Herpetógrafo, s. m. Herpetólogo.
Herpetologia, s. f. *Zool.* Tratado científico acerca dos répteis; herpetografia.
Herpetológico, adj. *Zool.* Relativo à herpetologia.
Herpetologista, s. m. e f. *Zool.* Herpetólogo.
Herpetólogo, adj. e s. m. *Zool.* Especialista em herpetologia; herpetologista, herpetógrafo.
Hertz, s. m., sing. e pl. *Fís.* Unidade de medida de freqüência definida como a freqüência de um fenômeno cujo período tem a duração de 1 segundo; um ciclo por segundo. Símbolo: Hz.
Hertziano, adj. Designativo de tudo que se relaciona com as experiências e respectivas descobertas do físico alemão Heinrich Hertz (1857-1894): Ondas *hertzianas.*
Hesitação, s. f. 1. Ato ou efeito de hesitar. 2. Estado de quem hesita.
Hesitante, adj. m. e f. Que hesita; perplexo, vacilante.
Hesitar, v. (l. *haesitare*). 1. Tr. ind. e intr. Estar incerto ou perplexo a respeito do que se há de dizer ou fazer. 2. Tr. ind. Duvidar, vacilar. 3. Tr. dir. Ter dúvidas sobre.
Hésper, s. m. V. *vésper.*
Hespérides, s. f. pl. 1. *Astr.* V. *plêiades.* 2. *Mit. gr.* e *rom.* Ninfas que viviam no oceano, no extremo ocidental do mundo.
Hetera, s. f. *Antig. gr.* Cortesã, prostituta elegante.
Heteracanto, s. m. *Bot.* Planta que tem espinhos de formas variadas.
Heterandra, adj. f. *Bot.* Que tem estames e anteras de comprimento e formas variadas.
Heteria, s. f. 1. Na Grécia antiga, sociedade política, às vezes secreta. 2. Hoje, sociedade literária grega.
Heterismo, s. m. Amor livre, nas mulheres.
Heterista, adj. m. e f. 1. Relativo às heteras. 2. Sensual.
hetero-, elem. de comp. (gr. *heteros*). Exprime a idéia de *outro, diferente: heterobrânquio.*
Heterobrânquio, adj. *Zool.* Que tem brânquias variadas.
Heterocarpo, adj. *Bot.* Diz-se da planta que produz frutos de duas espécies.
Heteroclinia, s. f. *Bot.* Qualidade de heteróclino.
Heteróclino, adj. *Bot.* Qualifica a flor que só pode ser fecundada por pólen de outra flor da mesma planta ou de outra planta da mesma espécie.
Heteróclito, adj. 1. *Gram.* Que se afasta das regras da analogia gramatical. 2. Irregular, anormal, anômalo.
Heterocromia, s. f. Coloração diferente em partes que habitualmente têm a mesma cor.
Heterocronia, s. f. *Biol.* Diferença de desenvolvimento, no tempo, dos órgãos do embrião, uns em relação aos outros.
Heterócrono, adj. *Med.* Que bate (o pulso) em tempos anormais e irregulares.
Heterodátilo, adj. *Ornit.* Que tem o dedo externo reversível.
Heterodinâmico, adj. Que tem força desigual.
Heteródino, adj. *Radiotécn.* Diz-se do sistema de duas freqüências diferentes para a produção de pulsações, uma das quais é comumente a da corrente recebida do sinal e a outra, a de uma corrente ininterrupta introduzida no aparelho.
Heterodoxia (*cs*), s. f. 1. Qualidade de heterodoxo. 2. Oposição à ortodoxia. Antôn.: *ortodoxia.*
Heterodoxo (*cs*), adj. Oposto aos princípios de uma religião. Antôn.: *ortodoxo.*
Heterofilia, s. f. *Bot.* Caráter das plantas heterofilas.
Heterofilo, adj. *Bot.* Diz-se das plantas que têm folhas de vários tipos. Antôn.: *homofilo.*
Heterofonia, s. f. *Gram.* Caráter das palavras que, escritas de maneira idêntica, têm pronúncia diversa. Antôn.: *homofonia.*
Heterofônico, adj. 1. Relativo a heterofonia. 2. Que apresenta heterofonia; heterófono. Antôn.: *homofônico.*
Heterófono, adj. Heterofônico. Antôn.: *homófono.*
Heterogamia, s. f. *Biol.* Conjugação de gametas diferentes quanto aos cromossomos.
Heterogâmico, adj. 1. *Bot.* Que tem flores masculinas e femininas. 2. *Biol.* Que produz dois tipos de gametas.
Heterogeneidade, s. f. Qualidade de heterogêneo.
Heterogêneo, adj. De natureza diferente, ou que é composto de partes de natureza diferente.
Heterogenesia, s. f. *Biol.* V. *heterogenia.*
Heterogenia, s. f. *Biol.* Ocorrência cíclica de gerações diferentes.
Heterógino, adj. *Zool.* 1. Cuja forma masculina se diferencia bastante da feminina. 2. Diz-se dos insetos gregários que apresentam diversas castas de fêmeas (abelha, formiga).

Heteróide, adj. m. e f. *Bot.* Designativo das partes vegetais que, embora pertencendo à mesma planta, são diversas na forma.

Heteroinfecção, s. f. *Med.* Infecção de um indivíduo por germes de fonte exterior.

Heterologia, s. f. Estado ou caráter daquilo que é heterólogo.

Heterólogo, adj. Diz-se de tudo que é formado por elementos que diferem pela origem ou pela estrutura.

Heterômetro, adj. 1. *Entom.* Que tem nas pernas anteriores um número de artículos diferente do que é encontrado nas pernas posteriores. 2. *Bot.* Aplica-se à flor em que os verticilos diferem quanto ao número de peças.

Heteromorfia, s. f. Estado ou qualidade de heteromorfo.

Heteromorfo, adj. *Biol.* 1. Que se apresenta em formas diferentes. 2. Cujas partes constituintes são diferentes. 3. *Entom.* Holometabólico. Antôn.: *homomorfo.*

Heteromorfose, s. f. *Biol.* Renegeração na qual a parte nova é diferente da removida.

Heteronímia, s. f. *Gram.* Formação do gênero por meio de palavra de raiz diferente: *marido, mulher; cavalo, égua.*

Heterônimo, adj. 1. Diz-se de uma obra que um autor publica em nome de outrem. 2. Diz-se de um autor que escreve em nome de outra pessoa.

Heteronomia, s. f. Subordinação ou sujeição à vontade de outrem ou a uma lei exterior.

Heterônomo, adj. *Miner.* Aplica-se aos cristais cuja formação se desvia das leis conhecidas.

Heteropatia, s. f. *Med.* V. *alopatia.*

Heteropático, adj. *Med.* Relativo à heteropatia; alopático.

Heteropétalo, adj. *Bot.* De pétalas desiguais.

Heteroplasia, s. f. *Biol.* Formação de um tecido à custa de outro de espécie diferente.

Heteroplasma, s. m. *Med.* Tecido formado onde normalmente não deve ocorrer.

Heteroplastia, s. f. Transplantação de tecidos de um indivíduo para outro de espécie diferente.

Heteroplástico, adj. Relativo à heteroplastia.

Heteróporo, adj. *Zool.* Diz-se dos polipeiros, cujas aberturas das células se dirigem em todos os sentidos.

Heterotaxia (*cs*), s. f. *Med.* Disposição anômala dos órgãos que, no entanto, não impede o seu funcionamento normal.

Heterotecnia, s. f. Divergência no uso de um processo ou prática.

Heterotérmico, adj. Que tem temperatura diferente.

Heterozigoto, s. m. *Biol.* Ser (animal ou vegetal) proveniente de pais portadores de caracteres genéticos diferentes.

Hética, s. f. *Med.* Diminuição lenta e progressiva das forças do organismo; tísica.Var: *héctica.*

Heticidade, s. f. Estado de hético. Var.: *hecticidade.*

Hético, adj. e s. m. Que, ou o que sofre de hética. Var.: *héctico.*

Heureca!, interj. Já achei! Já encontrei! (Exclamação atribuída a Arquimedes, ao descobrir a lei do peso específico dos corpos).

Heurística, s. f. Método de ensino que tem por objeto a descoberta da verdade por meio de pesquisa documental.

hexa- (*cs*), elem. de comp. (gr. *hex*). Exprime a idéia de *seis: hexafilo.*

Hexacanto (*cs*), adj. Que tem seis espinhos.

Hexacorálio (*cs*), adj. *Zool.* Relativo aos Hexacorálios. S. m. pl. Ordem (*Hexacorallia*) de corálios que compreende as anêmonas-do-mar e os madreporários; Zoantários.

Hexacordo (*cs*), s. m. 1. Intrumento de seis cordas. 2. Intervalo de sexta maior ou menor.

Hexadátilo (*cs*), adj. Que tem seis dedos. Var.: *hexadáctilo.*

Hexaédrico (*cs*), adj. Que se refere ao hexaedro.

Hexaedro (*cs*), s. m. *Geom.* Sólido que tem seis faces.

Hexafilo (*cs*), adj. *Bot.* Que tem seis folhas ou folíolos.

Hexágino (*cs*), adj. *Bot.* Que tem seis pistilos.

Hexagonal (*cs*), adj. m. e f. 1. Relativo ao hexágono. 2. Que tem seis ângulos. 3. Cuja base é um hexágono.

Hexágono, (*cs*), adj. *Geom.* Hexagonal. S. m. Figura que tem seis ângulos e seis lados.

Hexagrama (*cs*), s. m. 1. Reunião de seis letras ou caracteres.

Hexalépide (*cs*), adj. m. e f. *Bot.* Diz-se do invólucro com seis escamas.

Hexâmero (*cs*), adj. *Bot.* Que tem verticilos compostos de seis peças.

Hexâmetro (*cs*), adj. *Metrif.* 1. Diz-se do verso grego ou latino que tem seis pés, particularmente do verso dátilo. 2. Diz-se do verso alexandrino.

Hexandro (*cs*), adj. *Bot.* Que tem seis estames livres entre si.

Hexantéreo (*cs*), adj. *Bot.* Que tem seis estames soldados.

Hexaoctaedro (*cs*), s. m. *Geom.* Poliedro limitado por quarenta e oito triângulos escalenos iguais entre si.

Hexapétalo (*cs*), adj. *Bot.* Cuja corola tem seis pétalas.

Hexápode (*cs*), adj. m. e f. *Zool.* Que tem seis pés ou patas. S. m. pl. *Ant.* Insetos.

Hexaspermo (*cs*), adj. *Bot.* Que contém seis sementes.

Hexassépalo (*cs*), adj. *Bot.* Formado de seis sépalas.

Hexassílabo (*cs*), adj. Que tem seis sílabas. S. m. Palavra ou verso de seis sílabas.

Hexastêmone (*cs*), adj. Hexandro.

Hexástico (*cs*), adj. Composto de seis versos. S. m. Composição de seis versos.

Hexastilo (*cs*), s. m. Pórtico com seis colunas.

Hial, adj. m. e f. Que diz respeito ao osso hióide.

Hialino, adj. 1. Relativo ao vidro. 2. Que tem a transparência ou aspecto de vidro; branco, transparente, hialóide.

Hialita, s. f. *Miner.* Variedade de opala, semelhante ao vidro, às vezes translúcida ou esbranquiçada.

Hialite, s. f. *Med.* Inflamação de uma membrana hialóide ou do humor vítreo.

Hiálito, s. m. Vidro opaco, em geral negro, empregado principalmente no fabrico de objetos de ornato, vasos etc.

hialo-, elem. de comp. (gr. *hualos*). Exprime a idéia de *vidro, cristal, hialino, transparente: hialografia.*

Hialografia, s. f. Arte de gravar sobre vidro.

Hialógrafo, s. m. Instrumento para desenhar a perspectiva e tirar provas de um desenho.

Hialóide, adj. m. e f. Hialino. S. f. *Anat.* Membrana translúcida que encerra o humor vítreo do olho.

Hialóideo, adj. *Anat.* Relativo à hialóide.

Hialoplasma, s. m. *Biol.* Porção transparente, homogênea, do citoplasma.

Hialossomo, adj. *Zool.* Que tem corpo translúcido.

Hialotecnia, s. f. Arte de trabalhar em vidro.

Hialotécnico, adj. Relativo à hialotecnia.

Hialurgia, s. f. Arte de fabricar vidro.

Hialúrgico, adj. Relativo à hialurgia.

Hiante, adj. m. e f. 1. Muito aberto, escancarado. 2. *Poét.* Que tem a boca aberta. 3. *Poét.* Faminto.

Hiato, s. m. 1. *Gram.* Conjunto de duas vogais em contato, pertencendo cada uma a sílaba diferente, como em *beato, moinho.* 2. *Gram.* Encontro dissonante de duas vogais, uma final e outra inicial da palavra seguinte. 3. Fenda na terra. 4. Intervalo para preencher. 5. Lacuna.

Hibernação, s. f. (l. *hibernatione*). *Zool.* e *Bot.* 1. Ato de hibernar. 2. Estado do que hiberna; sono hibernal. 3. Período durante o qual hibernam certos animais ou parte de certas plantas.

Hibernáculo, s. m. 1. Arraial de inverno entre os antigos romanos. 2. *Bot.* Gomo ou parte subterrânea de planta, que repousa durante o inverno. 3. *Bot.* A parte que envolve os gomos e que os resguarda dos rigores do inverno. 4. Estufa para plantas.

Hibernal, adj. m. e f. De, ou relativo ao inverno; invernal, hiemal.

Hibernante, adj. m. e f. Que hiberna.

Hibernar, v. Intr. 1. Estar ou cair em hibernação. 2. Invernar.

Hibérnico, adj. Relativo à Hibérnia, hoje Irlanda. S. m. Antiga língua da Irlanda.

Hibérnio, adj. e s. m. V. *Hibérnico.*

Hiberno, adj. Hibernal.

Hibisco, s. m. *Bot.* Gênero (*Hibiscus*) da família das Malváceas, constituído de ervas, arbustos ou pequenas árvores, com

grandes flores vistosas. Inclui o mimo-de-vênus e o quiabo.
Hibridação, s. f. Ato ou processo de hibridar; hibridização.
Hibridar, v. 1. Tr. dir. Fazer produzir híbridos; cruzar. 2. Intr. Produzir híbridos. Sinôn.: *hibridizar.*
Hibridez, s. f. Estado ou qualidade de híbrido.
Hibridismo, s. m. 1. V. *hibridez.* 2. *Gram.* Palavra formada com elementos provenientes de línguas diversas, como: *sociologia, alcoólatra.*
Hibridização, s. f. V. *hibridação.*
Hibridizar, v. V. *hibridar.*
Híbrido, adj. 1. Que provém do cruzamento de espécies, raças ou variedades diferentes. 2. Que se afasta das leis naturais. 3. *Gram.* Diz-se da palavra que apresenta hibridismo. S. m. Animal ou planta híbridos.
Hidático, adj. Relativo à hidátide.
Hidátide, s. f. *Zool.* Fase larvar de platielmintos que consiste em uma vesícula cheia de líquido.
Hidatidocele, s. f. *Med.* Tumor que contém hidátides.
Hidatiforme, adj. m. e f. *Med.* Que se assemelha à hidátide.
Hidatígero, adj. Que tem, ou produz hidátides; hidátulo.
Hidatismo, s. m. *Med.* Ruído causado pela oscilação de um líquido numa cavidade.
hidato-, elem. de comp. (gr. *hudor, hudatos*). O mesmo que *hidro: hidatologia.*
Hidatódio, s. m. *Bot.* Estrutura epidérmica especializada, dos vegetais, para a secreção da água.
Hidatologia, s. f. V. *hidrologia.*
Hidátulo, adj. V. *hidatígero.*
Hidnáceas, s. f. pl. *Bot.* Família (*Hydnaceae*) de fungos caracterizados por espinhos ou agulhas na superfície frutescente dos esporóforos.
Hidra[1], s. f. (gr. *hudra*). 1. *Mit. gr.* Serpente fabulosa de sete cabeças, morta por Hércules. 2. *Fig.* Mal muito alastrado, que aumenta apesar dos esforços feitos para extingui-lo. 3. *Astr.* Constelação austral.
Hidra[2], s. f. *Zool.* 1. Gênero (*Hydra*) de pequenos pólipos hidrozoários de água doce, que vivem geralmente presos a gravetos. 2. Pólipo desse gênero.
Hidrácido, s. m. *Quím.* Ácido que não contém oxigênio, como o ácido clorídrico. Antôn.: *oxácido.*
Hidramático, adj. e s. m. *Autom.* Diz-se do, ou o sistema de transmissão automático no veículo, que, acoplando dois jogos planetários, produz quatro marchas.
Hidrângea, s. f. *Bot.* Gênero (*Hydrangea*) da família das Saxifragáceas, constituído de arbustos com folhas opostas e cachos em corimbo de flores comumente vistosas. Inclui a hortênsia.
Hidrargiria, s. f. *Med.* Erupção cutânea causada pelo uso de medicamentos mercuriais.
Hidrargírico, adj. 1. Relativo ao hidrargírio. 2. Feito de mercúrio. 3. Em cuja composição entra mercúrio.
Hidrargírio, s. m. *Quím. ant.* Mercúrio.
Hidrargirismo, s. m. *Med.* Intoxicação pelo mercúrio.
Hidrargirose, s. f. *Med.* Hidrargirismo.
Hidrartrose, s. f. *Med.* Acumulação de líquido seroso numa articulação.
Hidraste, s. f. *Bot.* Planta ranunculácea (*Hydrastis canadensis*), usada em farmácia como tônico.
Hidratação, s. f. Ato de hidratar, ou de se hidratar.
Hidratado, adj. 1. Que foi tratado pela água. 2. Que contém água combinada ou misturada.
Hidratar, v. 1. Tr. dir. Dar o caráter de hidrato a. 2. Tr. dir. Combinar com a água ou seus elementos. 3. Pron. Passar ao estado de hidrato.
Hidratável, adj. m. e f. Que se pode hidratar.
Hidrato, s. m. *Quím.* Composto formado pela união da água com outra substância e representado nas fórmulas como se realmente contivesse água.
Hidráulica, s. f. 1. Ramo da engenharia que trata do fluir de águas ou outros líquidos através de canos, canais etc., e das leis que o regem. 2. Arte das construções na água.
Hidraulicidade, s. f. (*hidráulico + dade*). Qualidade de certos compostos que formam boas argamassas e cimentos hidráulicos.
Hidráulico, adj. 1. Relativo à hidráulica. 2. Que aciona ou é acionado, movido ou efetuado por meio da água. S. m. 1. Engenheiro ou construtor de obras hidráulicas. 2. Especialista em hidráulica.
Hidravião, s. m. Aeroplano munido de flutuadores que lhe permitem decolar e pousar sobre a água.
Hidrelétrico, adj. Relativo à produção de corrente elétrica por meio de força hidráulica.
Hidremia, s. f. *Med.* Predomínio do plasma sangüíneo sobre os glóbulos.
Hidreto, s. m. *Quím.* Binário de hidrogênio, comumente com um elemento ou radical mais eletropositivo.
Hidriatria, s. f. *Med.* Hidroterapia.
Hídrico[1], adj. (*hidro[1] + ico*). Referente ao hidrogênio ou à água: Dieta *hídrica.*
-hídrico[2], suf. Desinência dos qualificativos dos hidrácidos: Ácido clor*ídrico.*
hidro-[1], elem. de comp. (gr. *hudor, hudros*). 1. Exprime a idéia de *água, suor, humor: hidrocefalia, hidrocéfalo.* 2. *Quím.* Exprime a idéia de *hidrogênio: hidrocarboneto.*
Hidro[2], s. m. Redução de *hidravião.*
Hidroa, s. f. *Med.* Dermatose caracterizada por erupções bolhosas.
Hidroavião, s. m. V. *hidravião.*
Hidrocarbonato, s. m. *Quím.* Carbonato hidratado.
Hidrocarboneto, s. m. *Quím.* Composto constituído apenas por carbono e hidrogênio.
Hidrocefalia, s. f. *Med.* Estado mórbido caracterizado pelo acúmulo anormal do líquido cefalorraquidiano; cabeça-d'água.
Hidrocéfalo, adj. e s. m. Que, ou o que sofre de hidrocefalia.
Hidrocele, s. f. *Med.* Derrame de líquido na túnica vaginal do testículo.
Hidrocélico, adj. Relativo à hidrocele. S. m. Aquele que sofre de hidrocele.
Hidrodinâmica, s. f. Mecânica dos líquidos e (abstração feita da compressibilidade) dos gases, das leis de seu movimento e de sua ação.
Hidrodinâmico, adj. Relativo às leis do movimento dos líquidos.
Hidrófana, s. f. V. *hidrofânio.*
Hidrofânio, s. m. *Miner.* Variedade de opala semitranslúcida que se torna mais translúcida na água.
Hidrófilo, adj. 1. Ávido de água. 2. Que absorve facilmente a água: Algodão *h.* 3. *Bot.* Que é polinizado pela água.
Hidrófita, s. f. *Bot.* Planta que cresce na água ou em terreno pantanoso.
Hidrófito, adj. *Bot.* Que cresce na água ou em solo saturado de água; hidrofítico. S. m. Planta hidrófita.
Hidrofitografia, s. f. *Bot.* Descrição de plantas hidrófitas.
Hidrofitologia, s. f. *Bot.* Tratado acerca das hidrófitas.
Hidrofitológico, adj. Relativo à hidrofitologia.
Hidrofobia, s. f. *Med.* 1. Horror à água. 2. *Med.* e *Vet.* Raiva.
Hidrofóbico, adj. Relativo à hidrofobia.
Hidrófobo, adj. 1. Que tem horror à água. 2. Que padece de hidrofobia. S. m. Pessoa que tem hidrofobia.
Hidróforo, adj. *Biol.* Que conduz água ou serosidade.
Hidrofráctico, adj. Que não é permeável à água. Var.: *hidrofrático.*
Hidrófugo, adj. Diz-se da substância que não se deixa impregnar pela umidade.
Hidrogenação, s. f. *Quím.* Ato ou efeito de hidrogenar.
Hidrogenado, adj. 1. Combinado com hidrogênio. 2. Que contém hidrogênio.
Hidrogenar, v. Tr. dir. e pron. Combinar(-se) com o hidrogênio.
Hidrogenia, s. f. Teoria acerca das massas de água espalhadas pelo nosso planeta.
Hidrogênio, s. m. *Quím.* Elemento univalente não-metálico, o mais leve e simples dos elementos, que é um gás altamente

inflamável e normalmente incolor. Símbolo H, número atômico 1 e massa atômica 1,0080.

Hidrogeologia, s. f. Parte da Geologia que trata da pesquisa e da captação das águas subterrâneas.

Hidrogeológico, adj. Relativo à hidrogeologia.

Hidrografia, s. f. 1. *Geogr.* Ciência e descrição dos mares, lagos, rios etc., com referência especial ao seu uso para fins de navegação e comércio; hidrologia descritiva. 2. Conjunto das águas correntes ou estáveis de uma região.

Hidrográfico, adj. Que pertence ou se refere à hidrografia.

Hidrógrafo, s. m. Especialista em hidrografia.

Hidróide, adj. m. e f. *Zool.* Relativo à ordem dos Hidróideos ou Hidrozoários. S. m. pl. Ordem (*Hydroida*) da classe dos Hidrozoários, que compreende formas nas quais uma geração de pólipos assexuais bem desenvolvida alterna com uma geração de medusas livres. Var.: *Hidrários.*

Hidrolato, s. m. *Farm.* Líquido incolor obtido pela destilação de água com plantas medicamentosas, e que contém todos os princípios ativos voláteis dessas plantas.

Hidrólatra, s. m. e f. Pessoa que tem hidrolatria.

Hidrolatria, s. f. Culto da água.

Hidrólise, s. f. Decomposição de uma molécula pela ação da água.

Hidrologia, s. f. *Geogr.* Ciência que trata das águas, suas propriedades, leis, fenômenos e distribuição, na superfície e abaixo da superfície da Terra.

Hidrológico, adj. Relativo à hidrologia.

Hidrólogo, s. m. Especialista em hidrologia.

Hidromancia, s. f. Adivinhação por meio da água.

Hidromania, s. f. 1. *Med.* Ânsia doentia de beber água. 2. Alienação mental na qual o doente manifesta vontade irresistível de se afogar.

Hidromecânica, s. f. *Mec.* Ramo da Mecânica que se ocupa do equilíbrio e movimento de fluidos.

Hidromecânico, adj. Relativo à hidromecânica.

Hidromedusa, s. f. *Zool.* Animal cuja forma participa da hidra e da medusa.

Hidromel, s. m. *Farm.* Mistura de água e mel; água-mel.

Hidrometria, s. f. Ciência que determina a medição da velocidade e da força dos líquidos, principalmente da água.

Hidrométrico, adj. Relativo à hidrometria.

Hidrômetro, s. m. 1. Instrumento para medir a velocidade ou o escoamento de água. 2. Instrumento para medir o consumo de água.

Hidromineral, adj. m. e f. Relativo às águas minerais.

Hidromotor, s. m. Aparelho motor cuja força provém do impulso dado pela água.

Hidronefrose, s. f. *Med.* Distensão do bacinete por acúmulo de urina.

Hidrônfalo, s. m. *Med.* Cisto aquoso em bolsa herniária da região umbilical.

Hidropata, s. m. e f. *Med.* Pessoa que trata de doentes pela hidropatia.

Hidropatia, s. f. *Med.* Terapêutica de certas doenças por meio da água.

Hidropático, adj. Relativo à hidropatia.

Hidropedese, s. f. *Med.* Suor excessivo.

Hidropericárdio, s. m. *Med.* Acumulação excessiva de líquido seroso no pericárdio.

Hidrópico, adj. e s. m. *Med.* Que, ou quem está afetado de hidropisia.

Hidropisia, s. f. Acumulação anormal de líquido seroso no tecido celular ou em uma cavidade do corpo, especialmente no abdome.

Hidroplano, s. m. V. *hidravião.*

Hidrópota, s. m. e f. Pessoa que só bebe água.

Hidroquinona, s. f. *Quím.* Substância branca, cristalina, obtida pela redução da quinona, usada como revelador fotográfico. Var.: *hidroquinone.*

Hidroquisto, s. m. *Med.* Tumor cístico cheio de líquido seroso.

Hidrorragia, s. f. *Med.* Derrame abundante de água ou de serosidade como o que precede o parto; hidrorréia.

Hidrorréia, s. f. V. *hidrorragia.*

Hidrosadenite, s. f. *Med.* Inflamação das glândulas sudoríparas.

Hidroscopia, s. f. Técnica para reconhecer a existência de águas subterrâneas.

Hidróscopo, s. m. Aquele que é versado em hidroscopia.

Hidrose, s. f. *Med.* Secreção e excreção de suor; perspiração.

Hidrosfera, s. f. A camada líquida do globo terrestre, formada pelos oceanos e pelos mares.

Hidrosférico. adj. Relativo à hidrosfera.

Hidrossolúvel, adj. m. e f. Diz-se de toda substância solúvel na água.

Hidrossulfato, s. m. *Ant.* Sulfeto.

Hidrossulfito, s. m. *Quím.* Sal do ácido hidrossulfuroso.

Hidrossulfúrico, adj. Diz-se do ácido composto de dois átomos de hidrogênio e um de enxofre.

Hidrossulfuroso, adj. *Quím.* Diz-se do ácido formado por dois átomos de hidrogênio, dois de enxofre e quatro de oxigênio.

Hidrostática, s. f. *Fís.* Estudo das condições de equilíbrio dos líquidos sob a ação de forças exteriores, principalmente da gravidade.

Hidrostático, adj. Relativo à hidrostática.

Hidróstato, s. m. Instrumento de metal, flutuante, destinado a pesar corpos.

Hidrotecnia, s. f. *Mec.* Engenharia hidráulica, especialmente a aplicada à condução, armazenamento e distribuição de água.

Hidrotécnico, adj. Relativo à hidrotécnica.

Hidroterapia, s. f. *Med.* Tratamento das doenças pela água, especialmente duchas e banhos.

Hidroterápico, adj. Referente à hidroterapia.

Hidrotérmico, adj. Relativo à água e ao calor.

Hidrótico, adj. Sudorífero.

Hidrotimetria, s. f. Arte de empregar o hidrotímetro.

Hidrotímetro, s. m. Instrumento com que se avalia a quantidade de sais calcários contidos na água.

Hidrotórax (*cs*), s. m. sing. e pl. *Med.* Derrame seroso na cavidade pleural.

Hidrotropismo, s. m. *Biol.* Tropismo em que a água ou o vapor de água é o fator orientador, como acontece com as raízes de muitas plantas.

Hidróxido (*cs*), s. m. *Quím.* Combinação da água com um óxido.

Hidrozoário, adj. *Zool.* Relativo aos Hidrozoários. S. m. pl. Classe (*Hidrozoa*) de celenterados com geração alternante, em que o pólipo fixo (hidróide) representa a geração assexual que se reproduz por gemação.

Hidrúria, s. f. *Med.* Excesso de água na urina humana. Var.: *hidruria.*

Hidrúrico, adj. *Med.* Relativo à hidrúria. S. m. O que sofre de hidrúria.

Hiemação, s. f. (l. *hiematione*). 1. Ato de hibernar. 2. *Bot.* Propriedade de crescer no inverno.

Hiemal, adj. m. e f. Hibernal.

Hiena, s. f. 1. *Zool.* Gênero (*Hyaena*) de mamíferos carnívoros digitígrados, que vivem na África e no Sul da Ásia. Col.: *alcatéia.* Voz: *gargalha, gargalheia, gargalhadeia, uiva, urra.*

Hierarquia, s. f. 1. Ordem, graduação, categoria existente numa corporação qualquer, nas forças armadas, nas classes sociais. 2. *Rel. catól.* Totalidade de clero e a sua graduação. Var.: *jerarquia.*

Hierárquico, adj. Conforme à hierarquia.

Hierarquização, s. f. Ato ou efeito de hierarquizar.

Hierarquizar, v. Tr. dir. Organizar de acordo com uma ordem hierárquica.

Hierático, adj. 1. Relativo ao que é sagrado. 2. Diz-se de um dos sistemas de escrita egípcia, empregado nas escritas hieroglíficas.

hiero-, elem. de comp. (gr. *hieros*). Exprime a idéia de *sagrado: hierofante.*

Hierofante, s. m. 1. O sacerdote que presidia os mistérios de Elêusis, na Grécia antiga. 2. O geão-pontífice, na antiga

Roma. 3. Indivíduo que se inculca conhecedor de ciências ou de mistérios. Var.: *hierofanta.*

Hieroglífico, adj. 1. Relativo a hieróglifo. 2. De explicação difícil, misteriosa. Var.: *jeroglífico.*

Hieróglifo, s. m. 1. Cada um dos sinais da escrita pictográfica dos antigos egípcios e de outros povos, como os maias. 2. Letra ilegível; gatafunhos. 3. Qualquer sinal ou caráter cujo sentido não é óbvio. Var.: *jeróglifo.*

Hierografia, s. f. Descrição das coisas sagradas.

Hierográfico, adj. Relativo à hierografia.

Hierograma, s. m. Caráter próprio da escrita hierática.

Hierogramático, adj. Concernente às escritas sagradas dos egípcios; hierático.

Hierologia, s. f. Estudo, conhecimento das várias religiões.

Hierológico, adj. Relativo à hierologia.

Hieronímico, adj. Relativo à S. Jerônimo.

Hierônimo, s. m. Qualquer dos nomes sagrados relacionados com as crenças das religiões cristã, hebraica ou maometana: Jeová, Alá, Deus, Natividade, Hégira etc.

Hierosolimita, adj. q s., m. e f. V. *hierosolimitano.* Var.: *jerosolimita.*

Hierosolimitano, adj. Relativo à Jerusalém. S. m. habitante ou natural de Jerusalém; jerusalemita. Var.: *jerosolimitano.*

Hifa, s. f. *Bot.* Cada um dos filamentos celulares que, em grande número, formam o micélio dos cogumelos superiores.

Hifema, s. m. *Med.* Hemorragia na câmara anterior do olho; hipoema.

Hifemia, s. f. *Med.* Deficiência de sangue; anemia.

Hífen, s. m. (l. *hyphen*). *Gram.* Sinal gráfico que une: os elementos de um composto; um verbo a pronomes oblíquos enclíticos ou mesoclíticos; e indica partição de sílabas de um vocábulo; traço de união, tirete. Pl.: *hifens* e *hífenes.*

Higidez, s. f. Estado de hígido; são.

Hígido, adj. 1. Relativo à saúde; salutar. 2. São, sadio.

Higiene, s. f. 1. Parte da Medicina que estuda os diversos meios de conservar e promover a saúde; ciência sanitária. 2. Asseio.

Higiênico, adj. 1. Relativo à higiene. 2. Propício à saúde. 3. Próprio para limpeza.

Higienista, s. m. e f. 1. Especialista em higiene. 2. Professor ou professora de higiene.

Higiologia, s. f. *Med.* 1. Ciência da preservação da saúde. 2. Tratado acerca da saúde.

higro-, elem. de comp. (gr. *hugros*). Exprime a idéia de *umidade: higrógrafo.*

Higróbio, adj. Que vive em solo úmido.

Higrofilo, adj. *Bot.* Diz-se da planta que só vegeta em lugares úmidos.

Higrófilo, adj. *Zool.* Que vive em brejos ou lugares alagadiços.

Higrófito, s. m. *Bot.* Vegetal higrofilo.

Higrógrafo, s. m. *Meteor.* Aparelho que registra a umidade da atmosfera.

Higrologia, s. f. 1. Tratado sobre a água e outros fluidos. 2. *Med.* Tratado dos humores ou líquidos do organismo.

Higrológico, adj. Relativo à higrologia.

Higroma, s. m. *Med.* e *Vet.* Derrame de líquido nas bolsas serosas vizinhas das articulações.

Higrometria, s. f. Parte da Física que estuda o índice de umidade do ar.

Higrométrico, adj. Relativo à higrometria.

Higrômetro, s. m. *Fís.* Instrumento para medir o grau de umidade da atmosfera.

Higroscópio, s. m. Instrumento simples que indica as variações na umidade do ar.

Hilar, adj. m. e f. Pertinente ao hilo.

Hílare, adj. m. e f. 1. *Poét.* Alegre, contente, risonho. 2. Que provoca hilaridade.

Hilariante, adj. m. e f. Que produz alegria, riso.

Hilaridade, s. f. (l. *hilaritate*). 1. Vontade de rir. 2. Alegria súbita. 3. Explosão de risos.

Hilarizar, v. Tr. dir. 1. Tornar hílare. 2. Alegrar.

Hiléia, s. f. *Hist. Nat.* Nome proposto pelo sábio Humboldt para designar a floresta equatorial que vai das encostas orientais dos Andes, por todo o vale do Amazonas, até às Guianas.

Hilídeo, adj. *Zool.* Relativo aos Hilídeos. S. m. pl. Família (*Hylidae*) de anuros de dedos dilatados na extremidade, geralmente arborícolas. Compreende as pererecas.

Hilo[1], s. m. 1. *Bot.* Ponto de ligação do funículo com o óvulo. 2. *Anat.* Saliência ou depressão onde penetram vasos e nervos num órgão: *h.* hepático.

hilo-[2], elem. de comp. (gr. *hule*). Exprime a idéia de *substância, matéria: hilófero, hilomorfismo.*

Hilófero, s. m. Membrana da semente; tegme.

Hilogenia, s. f. Formação da matéria.

Hilomorfismo, s. m. *Filos.* Doutrina aristotélica que define a essência dos corpos como resultado da união de dois princípios, respectivamente chamados *matéria* e *forma.* Var.: *hilemorfismo.*

Hilota, s. m. Membro da classe social mais baixa em Esparta.

Him, s. m. *Onom.* Rincho do cavalar.

Hímen, s. m. *Anat.* Dobra de membrana mucosa que, nas virgens, fecha em parte a entrada da vagina. Pl.: *himens* e *hímenes.*

Himeneu, s. m. Casamento, núpcias.

Himênio, s. m. *Bot.* Conjunto formado pelos ascos, basídios e acessórios dos fungos.

hímeno-, elem. de comp. (gr. *humen, enos*). Exprime a idéia de *membrana, hímen, himênio: himenocarpo, himenografia.*

Himenocarpo, adj. *Bot.* Com fruto membranoso.

Himenografia, s. f. *Anat.* Descrição das membranas.

Himenográfico, adj. Relativo à himenografia.

Himenologia, s. f. *Med.* Tratado sobre as membranas.

Himenológico, adj. Relativo à himenologia.

Himenópode, adj. *Ornit.* Diz-se das aves cujos dedos estão em parte ligados por membranas.

Himenóptero, adj. *Entom.* 1. Que tem quatro asas membranosas. 2. Relativo aos Himenópteros. S. m. pl. Ordem (*Hymenoptera*) de insetos que abrange as abelhas, vespas, formigas e uma infinidade de espécies minúsculas (micro-himenópteros); a maioria possui quatro asas membranosas, muitas formas porém não são aladas.

Himenotomia, s. f. *Cir.* 1. Incisão praticada no hímen. 2. Dissecação de membrana.

Hinário, s. m. 1. Coleção de hinos. 2. Livro de hinos religiosos.

Hindi, s. m. *Lingüíst.* Língua falada no Norte da Índia.

Hindu, adj. m. e f. Relativo ao hinduísmo. 2. Relativo à Índia; indiano. S. m. e f. 1. Partidário do hinduísmo. 2. Natural ou habitante da Índia; indiano.

Hinduísmo, s. m. Religião e sistema social da maior parte da população da Índia.

Hindustani, s. m. Dialeto mais importante do hindi, usado como língua franca em grande parte da Índia.

Hinir, v. (l. *hinnire*). Intr. Rinchar, ornejar, nitrir.

Hinista, s. m. e f. Pessoa que canta, ou compõe hinos; hinólogo.

Hino[1], s. m. 1. Canto de louvor ou adoração, especialmente religioso. 2. Canto musicado em exaltação de uma nação, de um partido etc. 3. Canção, canto, coro. Col.: *hinário.*

hino-[2], elem. de comp. Exprime a idéia de *hino, cântico; hinografia, hinologia.*

Hinografia, s. f. Tratado bibliográfico sobre hinos.

Hinógrafo, s. m. Compositor de hinos.

Hinologia, s. f. Estudo crítico ou descritivo dos hinos.

Hinológico, adj. Relativo à hinologia.

Hinólogo, s. m. V. *hinista.*

Hinterlândia, s. f. (al. *hinterland*). 1. Interior. 2. Território afastado do litoral ou dos centros industriais e comerciais.

hio-, elem. de comp. (gr. *hus* e *huo-*). Exprime a idéia de *hióide: hioglosso.*

Hioglosso, s. m. *Anat.* Músculo chato em cada lado da língua e que liga esta ao osso hióide.

Hióide, s. m. *Anat.* Osso situado na base da língua e que suporta esta com seus músculos.

Hióideo, adj. Relativo ao osso hióide.
Hip, interj. Usada geralmente antes de *hurra*: Hip, hip, hurra!
Hipálage, s. f. *Gram.* e *Ret.* Figura que consiste na inversão da relação sintática entre duas palavras: *Enfiar as luvas nas mãos* por *enfiar as mãos nas luvas.*
Hipantropia, s. f. *Med.* Distúrbio mental em que o doente se julga transformado em cavalo.
hiper-, pref. (gr. *huper*). Designativo de *alto grau*, do que excede a *medida normal: hiperacidez, hiperacusia.*
Hiperacidez, s. f. Qualidade ou estado de hiperácido.
Hiperácido, adj. Excessivamente ácido.
Hiperacusia, s. f. *Med.* Exaltação da acuidade auditiva, com sensibilidade dolorosa aos ruídos e aos sons.
Hiperalbuminose, s. f. *Med.* Excesso de albumina no sangue.
Hiperalgesia, s. f. *Med.* Sensibilidade excessiva à dor; hiperalgia.
Hiperalgésico, adj. Relativo à hiperalgesia; hiperálgico.
Hiperalgia, s. f. V. *hiperalgesia.*
Hiperálgico, adj. *hiperalgésico.*
Hipérbato, s. m. *Gram.* Figura de sintaxe que consiste na intercalação entre dois termos, que entre si se relacionam, de um terceiro: O *das águas* gigante caudaloso, ao invés de: *O gigante caudaloso* das águas. Var.: *hipérbaton.*
Hiperbibasmó, s. m. *Gram.* Deslocação do acento tônico de uma palavra, ou para sílaba anterior (sístole): *Cleópatra* por *Cleopatra*), ou para sílaba posterior (diástole): *democrata* por *demócrata*).
Hipérbole, s. f. 1. *Ret.* Figura que engrandece ou diminui exageradamente a realidade. 2. *Geom.* Dupla curva plana, que é o lugar dos pontos de um plano, cuja diferença das distâncias a dois pontos fixos desse mesmo plano é constante.
Hiperbólico, adj. 1. *Ret.* Em que há hipérbole; exagerado. 2. *Geom.* Relativo à hipérbole.
Hiperbolismo, s. m. Emprego abusivo de hipérboles.
Hiperbóreo, adj. Do extremo norte; setentrional.
Hipercataléctico, adj. *Metrif. ant.* Diz-se de verso grego ou latino que tem uma sílaba a mais. Var.: *hipercatalético.*
Hiperceratose, s. f. *Med.* Espessamento anormal da camada córnea da epiderme; hiperqueratose.
Hipercrinia, s. f. *Med.* Excesso de secreção glandular; hiperfunção endócrina.
Hipercrise, s. f. *Med.* Crise patológica fora do comum.
Hipercrítico, adj. Que critica de maneira exagerada. S. m. Crítico que nada perdoa; censor exagerado.
Hipercroma, s. m. *Med.* Excrescência carnosa junto da carúncula, no grande ângulo do olho.
Hipercromia, s. f. *Med* Coloração exagerada da pele. 2. Aumento da taxa de hemoglobina dos glóbulos vermelhos.
Hiperdiácrise, s. f. V. *hipercrinia.*
Hiperdulia, s. f. *Teol.* Culto especial à Virgem Maria.
Hiperemia, s. f. *Med.* Excesso de sangue em qualquer parte do corpo.
Hiperenterose, s. f. *Med.* Hipertrofia intestinal.
Hiperestesia, s. f. *Med.* Sensibilidade excessiva e dolorosa.
Hiperfunção, s. f. Função exagerada de qualquer órgão ou parte dele.
Hipergênese, s. f. V. *hipergenesia.*
Hipergenesia, s. f. *Med.* Multiplicação anormal dos elementos celulares de um órgão, de um tecido, de um tumor etc.; hipergênese.
Hipergenético, adj. *Med.* Relativo à hipergenesia.
Hiperglicemia, s. f. *Med.* Presença de glicose no sangue superior à normal.
Hiperidrose, s. f. *Med.* Excesso de secreção sudoral.
Hiperinose, s. f. *Med.* Excesso de fibrina no sangue.
Hipermetria, s. f. *Metrif.* Separação de uma palavra composta, ficando parte no fim de um verso e outra parte no princípio do seguinte.
Hipermetrope, adj. e s., m. e f. *Med.* Que, ou quem apresenta hipermetropia.
Hipermetropia, s. f. *Med.* Desordem da visão, que consiste na impossibilidade de o paciente ver com nitidez os objetos que estejam perto.
Hipermiopia, s. f. *Oftalm.* Miopia muito pronunciada.
Hipermnésia, s. f. *Med.* Evocação simultânea e não controlada de fatos da vida passada. Var.: *Hipermnesia.*
Hiperosmia, s. f. *Med.* Sensibilidade anormal do olfato.
Hiperosteose, s. f. *Med.* Hipertrofia de algumas partes do esqueleto.
Hiperplasia, s. f. *Med.* Aumento exagerado de um órgão ou de parte do organismo, pela proliferação de suas células.
Hipersarcose, s. f. *Anat.* Formação excessiva de tecido de granulação.
Hipersecreção, s. f. *Med.* Secreção excessiva.
Hipersensibilidade, s. f. Qualidade de hipersensível.
Hipersensível, adj. Extremamente sensível.
Hipersexualismo, s. m. *Med.* Propensão exagerada para as práticas sexuais.
Hipersônico, adj. 1. Relativo a uma velocidade cinco ou mais vezes maior que a do som no ar. 2. Que se move ou é capaz de mover-se a uma velocidade hipersónica.
Hiperstílico, adj. *Bot.* Inserido acima do estilete.
Hiperstômico, adj. *Bot.* Inserido acima do orifício do cálice.
Hipertensão, s. f. *Med.* Tensão arterial acima da norma. Antôn.: *hipotensão.*
Hipertermia, s. f. *Med.* e *Vet.* Temperatura corporal anormalmente elevada; febre alta.
Hipértese, s. f. *Gram.* Transposição de letras entre sílabas diversas, como em *ressaibo*, de *ressábio.*
Hipertonia, s. f. *Med.* Estado em que o tono muscular está exagerado.
Hipertônico, adj. 1. *Med.* Relativo à hipertonia. 2. *Fís.* Diz-se da solução de maior pressão osmótica no fenômeno da osmose.
Hipertrofia, s. f. 1. *Med.* Desenvolvimento excessivo de um órgão ou parte dele, devido ao aumento do tamanho de suas células. 2. Desenvolvimento excessivo.
Hipertrofiar, v. Tr. dir. Causar hipertrofia em.
Hiperurbanismo, s. m. *Gram.* Erro de pronúncia que resulta de um excessivo cuidado de correção. Ex.: *advinhar* por *adivinhar; adevogado* por *advogado.*
Hiperurese, s. f. *Med.* Emissão excessiva de urina; poliúria.
Hipiatria, s. f. *Vet.* Diagnóstico e tratamento de doenças de cavalos.
Hipiátrico, adj. Relativo à hipiatria.
Hipiatro, s. m. Veterinário que trata de cavalos.
Hípico, adj. Relativo ao hipismo ou aos cavalos.
Hipies (*hípis*), s. m. pl. (do ingl. *hippies*). Jovens, geralmente de classe média, que querem esquivar-se da ordem socialmente materialista. Caracterizam-se por cabelo comprido nos homens e liso nas mulheres, roupa inconvencional, uso de entorpecentes que lhes dá a ilusão de uma vida de amor. Têm por símbolo a flor.
Hipismo, s. m. Esporte que compreende a equitação, as corridas de cavalos etc.
Hipnagógico, adj. Diz-se das alucinações que se têm ao cair no sono.
hipno-, elem. de comp. (gr. *hupnos*). Exprime a idéia de *sono: hipnoblepsia.*
Hipnoblepsia, s. f. *Med.* Sonambulismo lúcido.
Hipnofobia, s. f. *Med.* 1. Temor doentio de dormir. 2. Medo durante o sono.
Hipnófobo, s. m. Quem sofre de hipnofobia.
Hipnofone, s. m. e f. Pessoa que fala durante o sono. Var.: *hipnofono.*
Hipnógeno, adj. Que provoca sono.
Hipnologia, s. f. Ramo da ciência que trata do sono.
Hipnológico, adj. Relativo à hipnologia.
Hipnose, s. f. *Med.* Estado semelhante ao sono, induzido pelas sugestões do hipnotizador; sono hipnótico.
Hipnosia, s. f. *Med.* Sonolência irresistível.
Hipnótico, adj. 1. Relativo à hipnose ou ao hipnotismo. 2. Que produz sono. S. m. *Farm.* Medicamento que produz sono; narcótico.

Hipnotismo, s. m. 1. Conjunto dos fenômenos e das aplicações da hipnose. 2. Método de indução da hipnose.
Hipnotizador, s. m. Aquele que hipnotiza.
Hipnotizar, v. 1. Tr. dir. Provocar o sono hipnótico em. 2. Tr. dir. e pron. Entorpecer(-se). 3. Tr. dir. Acalmar.
Hipnotizável, adj. m. e f. Que pode ser hipnotizado.
hipo-[1], elem. de comp. (gr. *hippos*). Exprime a idéia de *cavalo: hipódromo.*
hipo-[2], pref. (gr. *hupo*). Designativo de *diminuição, posição* ou *grau inferior: hipoacidez.*
Hipoacidez, s. f. Acidez abaixo da normal; subacidez.
Hipoacusia, s. f. Diminuição da audição. Var.: *Hipacusia.*
Hipoalgesia, s. f. Diminuição da sensibilidade à dor. Var.: *hipalgesia.*
Hipobrânquio, adj. *Zool.* Que tem as brânquias na face ventral do corpo.
Hipocampo, s. m. 1. *Mit. gr. e rom.* Monstro que se representava atrelado aos carros de Netuno e dos Tritões, e cujo corpo era metade cavalo e metade peixe. 2. *Ictiol.* Gênero (*Hippocampus*) de peixes marinhos, chamados de *cavalos-marinhos* por causa da forma da cabeça.
Hipocárpio, s. m. *Bot.* Ápice endurecido do pedúnculo em que assenta o fruto. Var.: *hipocarpo.*
Hipoclorina, s. f. Hipoclorito de sódio ou de potássio, usado como anti-séptico; líquido de Dakin.
Hipoclorito, s. m. *Quím.* Sal ou éster de ácido hipocloroso.
Hipocloroso, adj. *Quím.* Designativo de um ácido formado de cloro, oxigênio e hidrogênio.
Hipocofose, s. f. *Med.* Surdez parcial.
Hipocondria, s. f. *Med.* 1. Depressão mórbida do espírito; melancolia mórbida. 2. Receio mórbido de estar doente.
Hipocondríaco, adj. 1. Relativo à hipocondria. 2. Afetado de hipocondria. 3. Triste, melancólico.
Hipocôndrio, s. m. *Anat.* Cada uma das partes laterais do abdome, logo abaixo das falsas costelas.
Hipocorístico, adj. *Gram.* Diz-se do diminutivo carinhoso de um nome próprio, tomado como apelido, sobretudo quando formado por duplicação de sílaba: *Zezé, Lili, Lulu.*
Hipocraniano, adj. *Anat.* Situado debaixo do crânio.
Hipocrático, adj. Que diz respeito a Hipócrates, médico grego (sécs. V e IV a. C.) ou ao seu sistema.
Hipocraz, s. m. *Farm.* Infusão de canela, amêndoa etc., em vinho.
Hipocrênico, adj. Relativo a Hipocrene, fonte de Monte Hélicon, consagrada às musas.
Hipocrisia, s. f. Manifestação de fingidas virtudes, sentimentos bons, devoção religiosa, compaixão etc.; fingimento, falsidade.
Hipócrita, adj. e. s., m. e f. Que, ou quem tem hipocrisia.
Hipodátilo, s. m. *Zool.* Superfície inferior dos dedos das aves. Var.: *hipodáctilo.*
Hipodermatomia, s. f. *Cir.* Incisão subcutânea.
Hipoderme, s. f. *Anat.* Tecido situado abaixo da derme.
Hipodérmico, adj. 1. Relativo à hipoderme; subcutâneo. 2. Que se aplica ou se pratica sob a pele. 3. Que está sob a pele.
Hipodromia, s. f. 1. Arte de dirigir corridas de cavalos. 2. Arte de correr a cavalo.
Hipódromo, s. m. *Esp.* Pista para corridas de cavalos com arquibancadas para os espectadores e demais instalações pertinentes.
Hipoema, s. m. *Med.* V. *hifema*[1].
Hipoestesia, s. f. *Med.* Diminuição de sensibilidade geral. Var.: *hispestesia.*
Hipofagia, s. f. Hábito de se alimentar de carne de cavalo.
Hipófago, adj. e s. m. Aquele que pratica hipofagia.
Hipófase, s. f. *Med.* Estado dos olhos em que as pálpebras se mantêm semicerradas, deixando ver apenas parte da esclerótica.
Hipófise, s. f. *Anat.* Glândula de secreção interna situada na base do cérebro, encaixada numa reentrância do esfenóide, a *sela túrcica*, e que tem papel predominante nos fenômenos fisiológicos.
Hipófora, s. f. *Med.* Chaga ou úlcera profunda e fistulosa.
Hipogástrico, adj. Relativo ao hipogastro.
Hipogástrio, s. m. *Anat.* Parte inferior do ventre.
Hipogastro, s. m. *Anat.* V. *hipogástrio.*
Hipogeu, s. m. 1. *Arquit. ant.* Parte subterrânea de um edifício; cova. 2. Túmulo subterrâneo; catacumba.
Hipoginia, s. f. Caráter ou estado de hipógino.
Hipogínio, adj. *Bot.* V. *hipógino.*
Hipógino, adj. *Bot.* Que tem as peças do perianto insertas abaixo do gineceu.
Hipoglossa, s. f. *Bot.* Espécie de aspargo.
Hipoglosso, adj. *Anat.* Situado debaixo da língua; sublingual. S. m. Nervo motor que preside aos movimentos da língua e da faringe.
Hipógnato, adj. *Ornit.* Diz-se das aves que têm a mandíbula maior que a maxila superior.
Hipogrifo, s. m. *Mit.* Animal fabuloso, metade grifo e metade cavalo.
Hipólito, s. m. Pedra amarelada que se encontra na vesícula biliar e nos intestinos do cavalo, de uso na antiga farmacopéia.
Hipologia, s. f. Ciência que estuda os cavalos.
Hipológico, adj. Relativo à hipologia.
Hipólogo, s. m. Aquele que é versado em hipologia.
Hipomania[1], s. f. (*hipo*[2] + *mania*). *Med.* Forma atenuada de mania, geralmente sem delírio.
Hipomania[2], s. f. (*hipo*[1] + *mania*). 1. *Vet.* Raiva ou frenesi que, por vezes, ataca o cavalo. 2. Gosto exagerado por cavalos ou equitação.
Hipomaníaco, adj. Relativo à hipomania. Adj. e s. m. Que, ou o que tem hipomania.
Hipómetro, s. m. Escala em que se mede a altura, o comprimento e a largura do cavalo.
Hipomóvel, adj. m. e f. e s. m. Diz-se de, ou veículo de tração animal.
Hipopatologia, s. f. *Vet.* Patologia do cavalo.
Hipopatológico, adj. *Vet.* Relativo à hipopatologia.
Hipoplasia, s. f. *Med.* Inibição do desenvolvimento de qualquer órgão.
Hipopotâmico, adj. 1. Relativo ou semelhante ao hipopótamo. 2. Obeso.
Hipopótamo, s. m. 1. *Zool.* Artiodátilo anfíbio, herbívoro, próprio da África, de pele muito grossa e nua, patas e cauda curtas, cabeça muito grande e truncada num focinho largo e arredondado. Voz: *grunhe.* 2. *Pop.* Indivíduo corpulento; brutamontes.
Hiposfagma, s. m. *Med.* Equimose ocular.
Hipospadia, s. f. *Med.* Abertura congênita e anormal da uretra, na face inferior do pênis. Na mulher hipospádica, a urina flui na vagina.
Hipospado, s. m. *Med.* Aquele que apresenta hipospadia.
Hipossistolia, s. f. *Med.* Diminuição das sístoles cardíacas.
Hipossulfato, s. m. V. *hidrossulfato.*
Hipossulfito, s. m. V. *hidrossulfito.*
Hipossulfúrico, adj. V. *hidrossulfúrico.*
Hipostaminado, adj. *Bot.* Que tem os estames inseridos sob o ovário.
Hipostaminia, s. f. *Bot.* Estado da planta hiposminada.
Hipóstase, s. f. 1. *Teol.* Cada uma das três pessoas da Santíssima Trindade. 2. Na filosofia platônica, os princípios da pessoa, da inteligência e da alma.
Hipostático, adj. 1. Relativo à hipóstase. 2. *Teol.* Diz-se da união do Verbo com a natureza humana, formando uma só pessoa.
Hipostenia, s. f. *Med.* Estado de fraqueza; debilidade. Var.: *hipoestenia.*
Hipostênico, adj. Relativo à hipostenia.
Hipostilo, adj. Que tem o teto sustentado por colunas.
Hipotalássico, adj. Que se faz debaixo da superfície das águas do mar.
Hipoteca, s. f. (l. *hypotheca*). 1. Direito real constituído a favor do credor sobre imóvel do devedor ou de terceiro, como garantia exclusiva do pagamento da dívida, sem todavia

tirá-lo da posse do dono. 2. Dívida garantida por esse direito.
Hipotecar, v. Tr. dir. 1. Sujeitar a hipoteca, onerar com hipoteca. 2. Garantir com hipoteca. 3. Assegurar, garantir (apoio, solidariedade etc.).
Hipotecário, adj. Relativo a hipoteca.
Hipotecável, adj. m. e f. Que pode ser hipotecado.
Hipotênar, *Anat.* Saliência da palma da mão, na direção do dedo mínimo. Var.: *hipótenar.* Pl.: *hipotênares.*
Hipotensão, s. f. *Med.* Tensão baixa. Normalmente se refere à tensão arterial.
Hipotenusa, s. f. *Geom.* Lado oposto ao ângulo reto (no triângulo retângulo).
Hipótese, s. f. 1. Conjetura sobre a explicação ou possibilidade de um acontecimento; suposição. 2. Explanação científica de um fato não verificado. 3. *Mat.* Proposição admitida como dado de um problema.
Hipotético, adj. 1. Relativo a hipótese. 2. Fundado em hipótese. 3. Suposto, imaginado.
Hipotipose, s. f. *Ret.* Descrição viva e pitoresca de uma cena ou de um evento.
Hipotomia, s. f. Anatomia do cavalo.
Hipotômico, adj. Relativo à hipotomia.
Hipotonia, s. f. *Med.* Diminuição anormal de pressão ou tensão.
Hipotônico, adj. *Med.* Relativo à hipotonia.
Hipotrofia, s. f. *Med.* Desenvolvimento insuficiente de um órgão ou de todo o corpo.
Hipozóico, adj. *Geol.* Que jaz abaixo dos sistemas fossilíferos.
Hippie, s. m. (t. inglês). V. *hipies.*
Hipsilão, s. m. V. *hipsilo.*
Hipsilo, s. m. Nome da letra grega que se representa ora por *y* ora por *u*. Var.: *ípsilon.* Pl.: *hipsilos* ou *yy.*
hipso-, elem. de comp. (gr. *hupsos*). Exprime a idéia de *altura: hipsografia.*
Hipsocéfalo, adj. *Antrop.* Que tem a cabeça alta; acrocéfalo.
Hipsografia, s. f. Descrição dos lugares elevados.
Hipsográfico, adj. Relativo à hipsografia.
Hipsometria, s. f. Arte de medir um lugar por meio de observações barométricas ou de operações geodésicas; altimetria.
Hipsométrico, adj. Relativo à hipsometria.
Hipsômetro, s. m. *Fís.* Instrumento para determinar a altura de um lugar, pela medição da pressão atmosférica mediante determinação do ponto de ebulição da água nessa altitude.
Hipúria, s. f. *Med.* Presença de ácido hipúrico a urina. Var.: *hipuria.*
Hipúrico, adj. *Quím.* Diz-se de um ácido orgânico que se encontra na urina dos herbívoros e em ínfima quantidade na do homem e dos carnívoros.
Hipurite, s. f. *Paleont.* Gênero (*Huppurites*) fóssil de moluscos acéfalos.
Hircina, s. f. Princípio malcheiroso da gordura do bode e do carneiro.
Hircino, adj. Relativo ao bode.
Hircismo, s. m. Cheiro fétido que exalam as axilas de certas pessoas.
Hircoso, adj. *Bot.* Que exala um cheiro semelhante ao do bode.
Hirsuto, adj. 1. Coberto de pêlos rijos, longos e muito bastos. 2. Hirto; híspido.
Hirteza, s. f. Estado do que é hirto.
Hirto, adj. 1. Inteiriçado. 2. Ereto. 3. Imóvel, teso.
Hirudíneo, adj. *Zool.* Relativo aos Hirudíneos. S. m. pl. Classe (*Hirudinea*) de vermes anelídeos que inclui animais hermafroditas, aquáticos, terrestres ou parasitas, sem cordas, mas com ventosas em cada extremidade do corpo, como nas sanguessugas.
Hirundinídeo, adj. *Ornit.* Relativo aos Hirundinídeos. S. m. pl. Família (*Hirundinidae*) de aves passeriformes, a que pertencem as várias espécies de andorinhas.
Hirundino, adj. Relativo à andorinha.
Hispânico, adj. Relativo à Espanha, ou aos antigos habitantes da Península Ibérica.
Hispanismo, s. m. V. *espanholismo.*
Hispanista, adj. e s., m. e f. Que, ou pessoa que é versada na língua ou na literatura espanhola.
Hispano, adj. V. *hispânico.*
Hispano-americano, adj. 1. Relativo à Espanha e à América. 2. Relativo às nações de língua espanhola na América.
Hispar, v. Pron. Eriçar-se, ouriçar-se.
Hispidar, v. V. *hispar.*
Hispidez, s. f. Estado ou qualidade de híspido.
Híspido, adj. Crespo, eriçado, arrepiado.
Hissopar, v. Tr. dir. 1. Aspergir com o hissope. 2. Borrifar.
Hissope (*ó*), s. m. *Liturg.* Instrumento com que o celebrante asperge água benta sobre os fiéis; aspersório.
Hissopo (*ô*), s. m. *Bot.* Planta medicinal labiada (*Hyssopus officinalis*), de folhas altamente aromáticas e estimulantes.
Histeralgia, s. f. *Med.* Dor nevrálgica no útero.
Histerálgico, adj. Relativo à histeralgia.
Histeranto, adj. *Bot.* Diz-se da planta cujas folhas aparecem depois das flores.
Histerese, s. f. *Fís.* Aparecimento de um atraso na evolução de um fenômeno físico em relação a outro.
Histeria, s. f. 1. *Med.* Psiconeurose que se pode manifestar por reações exteriores de agitação ou simulação de sintomas orgânicos diversos. 2. Índole caprichosa ou desequilibrada.
Histérica, s. f. 1. Mulher que padece de histeria. 2. Mulher desequilibrada, caprichosa, insensata.
Histérico, adj. 1. Relativo à histeria. 2. Irritadiço.
Histerismo, s. m. Histeria.
histero-, elem. de comp. (gr. *hustera*). Designa a idéia de *útero: histerocele.*
Histerocele, s. f. *Med.* Hérnia do útero.
Histerofisa, s. f. *Med.* Dilatação do útero, por acumulação de gases.
Histerografia, s. f. *Med.* Descrição do útero.
Histerográfico, adj. *Med.* Relativo à histerografia.
Histerólito, s. m. *Med.* Cálculo uterino.
Histerologia, s. f. *Ret.* Inversão da ordem natural das partes da oração.
Histeroloxia (*cs*), s. f. *Med.* Deslocação oblíqua do útero.
Histeromalacia, s. f. *Med.* Amolecimento dos tecidos do útero.
Histerômetro, s. m. *Med.* Instrumento para medir o útero; sonda uterina.
Histeroptose, s. f. *Med.* Prolapso do útero.
Histeroscópio, s. m. *Med.* Espéculo uterino.
Histerostomátomo, s. m. *Cir.* Instrumento para fender o colo do útero. Var.: *histerostomótomo.*
histo-, elem. de comp. (gr. *histos*). Exprime a idéia de *tecido orgânico: histofisiologia.*
Histofisiologia, s. f. Fisiologia dos tecidos orgânicos.
Histofisiológico, adj. Relativo à histofisiologia.
Histogêneo, adj. *Embr.* Relativo aos folhetos embrionários que dão origem aos diferentes tecidos.
Histogênese, s. f. *Biol.* Formação e desenvolvimento dos tecidos a partir das células embrionárias não diferenciadas; histogenia.
Histogenético, adj. Relativo à histogênese.
Histogenia, s. f. V. *histogênese.*
Histografia, s. f. *Biol.* Descrição dos tecidos orgânicos.
Histográfico, adj. Relativo à histografia.
Histógrafo, s. m. O que se dedica à histografia.
Histologia, s. f. Parte da Anatomia que estuda a estrutura microscópica, composição e função dos tecidos dos seres vivos.
Histológico, adj. *Anat.* que concerne à histologia.
Histologista, s. m. e f. *Anat.* Especialista em histologia.
Histoneurologia, s. f. Histologia do sistema nervoso.
Histoneurológico, adj. Relativo à histoneurologia.
Histoneurologista, s. m. e f. Especialista em histoneurologia.
Histonomia, s. f. *Biol.* Conjunto das leis que regem o desenvolvimento dos tecidos orgânicos.
Histonômico, adj. *Biol.* Relativo à histonomia.
Histoquímica, s. f. Ramo da Química que trata da constituição química e do metabolismo dos tecidos.

História, s. f. 1. Parte da vida da humanidade, de um povo; período na existência de um país, de um indivíduo; seqüência de acontecimentos que marcaram um período. 2. Narração que reconstitui o desenrolar dos acontecimentos da vida de um povo, um indivíduo etc. 3. Narração de fatos imaginários; conto, narração, narrativa. 4. Complicação, amolação. 5. Coisa, objeto, negócio. Dim. irr.: *historieta*.

Historiada, s. f. 1. Coisa muito complicada. 2. História muito comprida.

Historiador, adj. e s. m. Que, ou o que escreve história ou sobre história.

Historiar, v. Tr. dir. Fazer a história de; contar, narrar.

Historicidade, s. f. Qualidade de histórico.

Histórico, adj. Relativo à História. 2. Real, por oposição a fictício. 3. Que pertence à História. 4. Atestado pela história. S. m. Relação dos fatos na ordem cronológica.

Historiento, adj. *Pop.* 1. Difícil de contentar. 2. Impertinente. 3. Rabugento.

Historieta (*ê*), s. f. Narração de um fato curto e pouco importante. Cfr. *estorieta*.

histório-, elem. de comp. (gr. *historia*). Exprime a idéia de *história: historiografia*.

Historiografia, s. f. 1. Arte de escrever a História. 2. Estudos críticos acerca da História ou dos historiadores.

Historiográfico, adj. Relativo à historiografia.

Historiógrafo, s. m. O que se dedica à historiografia; historiador.

Historiologia, s. f. *P. us.* Filosofia da História.

Historiólogo, s. m. Aquele que se dedica ao estudo da História.

Historismo, s. m. Predomínio da História sobre a crítica.

Histotromia, s. f. *Fisiol.* Contração de fibras musculares, especialmente das pálpebras.

Histrião, s. m. 1. Vil comediante, palhaço. 2. *Fig.* Charlatão. 3. Homem abjeto pelo seu procedimento.

Hitita, adj. Relativo aos hititas, povo antigo da Ásia Menor, freqüentemente mencionado no Velho Testamento e que constituiu um poderoso império no 2º milênio a. C. Var.: *heteu*.

Hitlerismo, s. m. V. *nazismo*.

Hitlerista, adj. m. e f. Relativo a Adolfo Hitler, ou ao hitlerismo. S. m. e f. Pessoa partidária de Adolfo Hitler (1889-1945); nazista.

Hobby (*róbi*), s. m. (t. ingl.). Atividade de descanso praticada geralmente durante as horas de lazer.

Hodierno, adj. 1. Relativo aos dias de hoje; atual.

hodo-, elem. de comp. (gr. *hodos*). Exprime a idéia de *caminho: hodometria*.

Hodometria, s. f. Arte de medir as distâncias percorridas a pé.

Hodométrico, adj. Relativo à hodometria.

Hodômetro, s. m. 1. Instrumento com que se mede a extensão do caminho percorrido. 2. Instrumento para contar o número de voltas de uma manivela.

Hoje, adv. (l. *hodie*). No dia em que estamos, no dia corrente.

hol(o)-, elem. de comp. (gr. *holos*). Introduz a idéia de *totalidade: holobrânquio*.

Holanda, s. f. *Des.* Tecido de linho muito fino.

Holandês, adj. Relativo à Holanda. S. m. 1. Habitante ou natural da Holanda. 2. Dialeto neerlandês, falado na Holanda.

Holandilha, s. f. Espécie de tela engomada, usada como entretela.

Holártica, adj. *Geogr.* Designativo da região biogeográfica que abrange a Europa, o Norte da África até ao trópico de Câncer, a Ásia, menos o Sul da China, a América do Norte até ao Norte do México e a Índia.

Holicismo, s. m. *Filol.* Expressão comum a vários dialetos ou a várias línguas.

Hólmio, s. m. *Quím.* Elemento metálico, do grupo das terras raras, de símbolo Ho, número atômico 67 e massa atômica 163,5.

Holobrânquio, adj. *Ictiol.* Que tem brânquias completas.

Holocausto, s. m. 1. Sacrifício entre os judeus e outros povos, em que a vítima era totalmente queimada. 2. A vítima assim sacrificada. 3. Sacrifício, imolação.

Holofote, s. m. Aparelho que projeta ao longe poderoso feixe de luz, para iluminar ou fazer sinais; farol.

Holófrase, s. f. *Filol.* Sistema das línguas holofrásticas.

Holofrástico, adj. *Filol.* Designativo das línguas em que uma frase inteira se exprime num só vocábulo.

Hologênese, s. f. *Biol.* Teoria de Daniel Rosa, zoólogo italiano, segundo a qual cada espécie dá origem a duas novas espécies, desaparecendo a primitiva.

Holometabólico, adj. *Entom.* Diz-se dos insetos que se desenvolvem por metamorfose completa.

Holométrico, adj. Relativo ao holômetro.

Holômetro, s. m. Instrumento para medir a altura angular de um ponto acima do horizonte.

Hombridade, s. f. 1. Aspecto varonil. 2. Corporatura. 3. Nobreza de caráter. 4. Grandeza de ânimo. 5. Desejo de ombrear com alguém.

Homem, s. m. (l. *homine*). 1. Ser humano em geral; o homem é um mamífero bípede, dotado de inteligência e linguagem articulada. 2. Indivíduo da espécie humana. 3. Ser humano do sexo masculino. 4. A humanidade. 5. *Pop.* Marido ou amante. 6. Aquele que procede com madureza, que tem experiência do mundo. 7. Pessoa de quem se trata. Aum.: *homenzarrão*.

Homenageado, adj. e s. m. Que, ou o que é alvo de homenagem.

Homenagear, v. Tr. dir. Prestar homenagem a.

Homenagem, s. f. 1. Promessa de fidelidade que o vassalo fazia ao senhor feudal. 2. Mostra de respeito e veneração.

Homenzarrão, s. m. Homem de grande estatura e corpulência.

homeo-, elem. de comp. (gr. *homoios*). Exprime a idéia de *semelhante, igual, análogo: homeopatia*.

Homeômero, adj. *Entom.* Diz-se do inseto que apresenta o mesmo número de segmentos em todos os tarsos. Var.: *homômero*.

Homeopata, adj. e s., m. e f. Que, ou quem é partidário da homeopatia. Antôn.: *alopata*.

Homeopatia, s. f. *Med.* Sistema terapêutico que consiste no tratamento das doenças com doses infinitésimas de específicos capazes de produzir em pessoa sã efeitos análogos aos sintomas das doenças que se pretende combater. Antôn.: *alopatia*.

Homeopático, adj. 1. Referente à homeopatia. 2. Muito pequeno; insignificante. Dose *homeopática*.

Homeostase, s. f. *Med.* Tendência à estabilidade do meio interno do organismo.

Homérico, adj. 1. Relativo ao poeta grego Homero, às suas obras ou ao seu estilo. 2. Grandioso ou gigantesco como as personagens ou as proezas dos poemas de Homero. 3. *Fig.* Grande, épico.

Homérida, s. m. 1. Poeta grego ou rapsodo que cantava os poemas homéricos. 2. Imitador de Homero.

Homessa!, interj. Essa agora! Ora essa!

Homicida, adj. m. e f. 1. Que pratica homicídio. 2. Que causa a morte de alguém. S. m. e f. Pessoa que pratica homicídio.

Homicídio, s. m. Ação de matar uma pessoa, voluntária ou involuntariamente; assassínio.

Homilética, s. f. *Ret.* Eloqüência de cátedra; arte de pregar.

Homilia, s. f. 1. Prática religiosa sobre pontos dogmáticos. 2. Discurso aborrecido, que contém moral exagerada. Var.: *homília*.

Homiliar, v. Intr. Fazer homilias.

Homiliário, s. m. Livro que contém homilias.

Hominal, adj. m. e f. Relativo ao homem.

Hominalidade, s. f. 1. Estado de ser hominal. 2. Caráter hominal. 3. *Neol.* Ação ou força privativa da natureza humana.

Hominícola, s. m. e f. Quem presta culto a um homem.

Hominídeo, adj. 1. *Zool.* Pertencente aos Hominídeos. 2. Semelhante ao homem; antropóide. S. m. pl. *Zool.* Família (*Hominidae*) de mamíferos da ordem dos primatas, a que pertence o gênero humano.

Homínido, adj. V. *hominídeo.*
Homiziado, adj. Acoitado, oculto. S. m. Aquele que anda fugitivo à justiça.
Homiziar, v. 1. Tr. dir. Dar guarida a. 2. Tr. dir. Esconder à ação da justiça. 3. Pron. Fugir à justiça.
Homizio, s. m. 1. Ato ou efeito de homiziar(-se). 2. Esconderijo, valhacouto. 3. Fuga.
homo-[1], elem. de comp. (gr. *homos*). O mesmo que *homeo: homocentro.*
Homo[2], s. m. Gênero (*Homo*) de mamíferos bípedes, tipo e único representante sobrevivente da família dos Hominídeos, cuja única espécie recente (*Homo sapiens*) abrange toda a humanidade atual e vários homens extintos; gênero do homem.
Homocêntrico, adj. Concêntrico.
Homocentro, s. m. *Geom.* Centro comum de vários círculos.
Homoclamídeo, adj. *Bot.* Diz-se da flor que apresenta os dois verticilos do perianto iguais.
Homocromia, s. f. *Zool.* Qualidade de homócromo.
Homócromo, adj. *Zool.* Diz-se do animal que, pela cor, se confunde com o ambiente.
Homócrono, adj. *Biol.* Diz-se de uma característica hereditária que aparece nos filhos, na mesma idade em que se manifestou nos pais.
Homofilo, adj. *Bot.* Cujas folhas ou folíolos são todos iguais.
Homofonia, s. f. Qualidade de ser homófono. Antôn.: *heterofonia.*
Homofônico, adj. Homôfono.
Homófono, adj. 1. Que tem o mesmo som. 2. Que tem a mesma pronúncia.
Homofonologia, s. f. *Gram.* Estudo das palavras homófonas.
homofonológico, adj. Relativo à homofonologia.
Homogamia, s. f. 1. *Bot.* Estado das flores homógamas. 2. *Sociol.* Preferência dada em certos grupos ao casamento com indivíduos da mesma raça, religião, profissão etc.
Homógamo, adj. *Bot.* Diz-se das plantas ou flores nas quais estames e carpelos amadurecem ao mesmo tempo.
Homogeneidade, s. f. Qualidade de homogêneo. Antôn.: *heterogeneidade.*
Homogeneização, s. f. Ato ou efeito de homogeneizar.
Homogeneizar (*e-i*). v. Tr. dir. 1. Tornar homogêneo. 2. Misturar intimamente líquidos, não miscíveis em si, de pesos diferentes, para formar uma emulsão estável.
Homogêneo, adj. 1. Que consiste em partes ou elementos da mesma natureza. 2. Idêntico, igual, análogo.
Homogênese, s. f. V. *homogenia.*
Homogenesia, s. f. V. *homogenia.*
Homogenia, s. f. *Biol.* Tipo de reprodução em que as gerações sucessivas são iguais, sem que haja alternação de gerações.
Homógrada, adj. f. *Estat.* Diz-se da classificação que seleciona os elementos em apenas duas classes, a dos que são e a dos que não são portadores do atributo principal.
Homografia, s. f. 1. *Geom.* Dependência recíproca de duas figuras. 2. *Gram.* Caráter das palavras homógrafas.
Homográfico, adj. Pertinente à homografia.
Homógrafo, adj. e s. m. *Gram.* Que, ou palavra que tem a mesma grafia de outra, porém sentido diferente.
Homóica, s. f. *Bot.* Planta parasita que escolhe sempre a mesma espécie de hospedeiro.
Homóide, adj. 1. Diz-se do mestiço que provém de indivíduos de duas raças da mesma espécie. 2. *Bot.* Diz-se das partes da planta que têm a mesma forma que o seu invólucro.
Homologação, s. f. 1. Ato ou efeito de homologar. 2. Confirmação, ratificação.
Homologar, v. Tr. dir. 1. Confirmar por sentença ou autoridade judicial ou administrativa; aprovar. 2. Conformar-se com: ... procurava *h.* o *que* dissera (Júlio Ribeiro).
Homologia, s. f. 1. Estado ou qualidade do que é homólogo; correspondência. 2. Repetição de palavras, conceitos, figuras etc., no mesmo texto. Var.: *homeologia.*
Homólogo, adj. 1. Que tem a mesma posição relativa, proporção, valor ou estrutura; correspondente. 2. *Geom.* Diz-se dos elementos (pontos, lados etc.) correspondentes ou de mesma posição relativa, de figuras congruentes ou semelhantes. 3. *Biol.* Diz-se dos órgãos correspondentes de diferentes animais, que têm a mesma estrutura fundamental, ainda que aspecto e função diferentes, como os membros anteriores dos mamíferos e as asas das aves.
Homómero, adj. V. *homeómero.*
Homomerologia, s. f. *Anat.* Tratado acerca dos sistemas orgânicos.
Homomorfismo, s. m. Estado do que é homomorfo.
Homomorfo, adj. *Biol.* Igual em forma. Var.: *homeomorfo.*
Homonímia, s. f. Caráter do que é homônimo.
Homônimo, adj. e s. m. *Gram.* 1. Que, ou palavra que, em relação a outra, tem a mesma pronúncia, mas escrita diferente: *acerto* (ajuste), *asserto* (afirmação). 2. Que, ou pessoa que tem o mesmo nome próprio de outra.
Homopétalo, adj. *Bot.* Cujas pétalas são semelhantes.
Homoplasia, s. f. *Biol.* Correspondência adquirida, não herdada, entre partes de vários organismos, que assumem aspecto idêntico.
Homóptero, adj. *Entom.* Relativo aos Homópteros. S. m. pl. Ordem (*Homoptera*) de insetos caracterizados por dois pares de asas membranosas e aparelho bucal pungitivo sugador, que compreende as cigarras, a jequitiranabóia e os pulgões dos vegetais.
Homoptoto, adj. *Gram.* Diz-se dos vocábulos que têm o mesmo prefixo. S. m. *Gram.* Emprego seguido de substantivos no mesmo caso ou de verbos no mesmo tempo, modo ou pessoa. Var.: *homeoptoto.*
Homorgânico, adj. *Gram.* Diz-se de fonemas cuja articulação se dá no mesmo órgão do aparelho fonador.
Homose, s. f. 1. *Ret.* Comparação de um objeto com outro. 2. *Fisiol.* Assimilação do suco nutritivo.
Homossexual (*cs*), adj. m. e f. Referente a atos sexuais entre indivíduos do mesmo sexo. Adj. e s., m. e f. Que, ou pessoa que tem afinidade sexual somente para indivíduos do mesmo sexo.
Homossexualidade (*cs*), s. f. Qualidade de homossexual; homossexualismo.
Homossexualismo (*cs*), s. m. Prática de atos homossexuais.
Homotermal, adj. m. e f. *Fís.* Que tem a mesma temperatura.
Homotesia, s. f. *Geom.* Propriedade das figuras semelhantes e semelhantemente dispostas.
Homotetia, s. f. V. *homotesia.*
Homotipia, s. f. *Anat.* 1. Caráter dos órgãos homótipos. 2. Analogia entre certos órgãos no mesmo indivíduo.
Homótipo, adj. *Biol.* Designativo dos órgãos que se dispõem simetricamente em relação ao plano de simetria bilateral do corpo, p. ex., o olho esquerdo e o direito.
Homótono, adj. Que tem o mesmo tom; monótono, uniforme.
Homótropo, adj. *Bot.* Diz-se das partes do vegetal que tomam a mesma direção.
Homovalve, adj. m. e f. *Bot.* Diz-se do fruto cujas valvas são semelhantes. Var.: *homovalvo.*
Homúnculo, s. m. 1. *Pej.* Pequeno homem, homenzinho. 2. Homem vil.
Hondurenho, adj. Relativo a Honduras (América Central). S. m. Habitante ou natural de Honduras.
Honestar, v. 1. Tr. dir. Tornar honesto; honrar. 2. Pron. Portar-se com decência e honestidade. 3. Tr. dir. e pron. Adornar(-se), embelezar(-se).
Honestidade, s. f. 1. Qualidade de honesto. 2. Honradez, probidade. 3. Decoro. 4. Castidade, pudor, recato.
Honestizar, v. Tr. dir. 1. Tornar honesto. 2. Nobilitar, honrar.
Honesto, adj. 1. Honrado, probo. 2. Digno de confiança. 3. Justo, escrupuloso. 4. Decente, decoroso. 5. Casto, recatado.
Honorabilidade, s. f. 1. Qualidade de honrável; honradez. 2. Benemerência, merecimento.
Honorário, adj. 1. V. *honorífico.* 2. Que dá honras sem proveito material. S. m. pl. Retribuição aos que exercem uma profissão liberal; estipêndio; remuneração.
Honorável, adj. Digno de honra; benemérito.

Honorificar, v. Tr. dir. Dar honras ou mercês a; honrar, agraciar.

Honorificência, s. f. O que constitui honra ou distinção.

Honorífico, adj. 1. Que dá honras e distingue; honroso. 2. Honorário.

Honra, s. f. 1. Sentimento de dignidade própria que leva o homem a procurar merecer e manter a consideração pública. 2. Consideração ou homenagem à virtude, ao talento, às boas qualidades humanas. 3. Probidade. 4. Fama, glória. 5. Castidade; pureza. 6. Virgindade. S. f. pl. 1. Honraria. 2. Título honorífico. 3. Manifestações exteriores de respeito ou de saudade.

Honradez, s. f. 1. Caráter ou qualidade de honrado. 2. Integridade de caráter.

Honrado, adj. 1. Que tem honra. 2. Honesto, probo.

Honrar, v. (l. *honorare*). 1. Tr. dir. Conferir honras, a. 2. Tr. dir. Dignificar, distinguir. 3. Pron. Alcançar honra ou distinção. 4. Tr. dir. Exaltar, glorificar. 5. Pron. Exaltar-se, enobrecer-se. 6. Tr. dir. Reverenciar, venerar. 7. Tr. dir. Não desmerecer de: Sempre *honrou* o *nome* de seus pais.

Honraria, s. f. 1. Graça ou mercê que nobilita. 2. Manifestação honrosa. 3. Distinção.

Honroso, adj. 1. Que dá honras. 2. Que enobrece. 3. Digno, decoroso.

Hoplita, s. m. *Antig. gr.* Infante de armadura pesada.

Hóquei, s. m. (ingl. *hockey*). *Esp.* Jogo em que se tange com bastões recurvados numa extremidade uma pequena bola maciça.

Hora, s. f. (l. *hora*). 1. Cada uma das 24 partes em que se divide o dia civil e que tem a duração de 60 minutos. 2. Número de mostrador de relógio que indica as horas. 3. Toque de sino ou de relógio, indicando horas. 4. Momento fixado para alguma coisa. 5. Momento de importância ou destaque. 6. Ensejo, oportunidade, ocasião. — *H. h:* hora decisiva.

Horaciano, adj. Relativo ao poeta latino Horácio, ao seu estilo ou às suas obras.

Horário, adj. 1. Relativo a horas. 2. Que se faz por hora. S. m. Tabela das horas determinadas para serviços, aulas, partida e chegada de um meio de transporte etc. — *H. nobre*: período em que se registram, na televisão e no rádio, os maiores índices de audiência.

Horda, s. f. 1. Tribo nômade, selvagem. 2. Bando indisciplinado e malfeitor.

Hordeáceo, adj. Que se assemelha a grãos ou espigas de cevada.

Hordeína, s. f. *Quím.* Proteína vegetal encontrada nas sementes da cevada.

Hordéolo, s. m. *Med.* Terçol.

Horizontal, adj. m. e f. 1. Paralelo ao horizonte. 2. Deitado, estendido horizontalmente.

Horizontalidade, s. f. Qualidade de horizontal.

Horizonte, s. m. 1. Parte da Terra ou do céu que está no limite visível de um plano circular em cujo centro está o observador. 2. Espaço que a vista abrange. 3. Qualquer espaço. 4. Sorte futura; perspectiva, futuro. 5. Limite, termo. 6. Domínio que se abre ao espírito ou à atividade de alguém.

Hormônio, s. m. *Fisol.* Cada uma das várias substâncias segregadas por glândulas endócrinas (tireóide, ovários, testículos, hipófise, supra-renais etc.) que, passando para os vasos sangüíneos, têm efeito específico sobre as atividades de outros órgãos.

Hornblenda, s. f. *Miner.* Mineral que consiste em uma variedade de anfibólio de alumínio, comumente preta, verde-escura ou marrom, contendo ferro em grande porporção.

horo-, elem. de comp. (gr. *hora*). Exprime a idéia de *hora, quadrante, tempo: horografia.*

Horografia, s. f. Arte de construir quadrantes.

Horográfico, adj. Relativo à horografia.

Horologial, adj. m. e f. Relativo a relógio.

Horoscopar, v. V. *horoscopizar.*

Horoscópio, s. m. V. *horóscopo.*

Horoscopista, s. m. e f. Pessoa que tira horóscopos.

Horoscopizar, v. Intr. Estabelecer, tirar o horóscopo.

Horóscopo, s. m. Pretenso prognóstico da vida de uma pessoa, feito pelos astrólogos, baseado na posição exata dos astros no momento e lugar preciso do nascimento de uma pessoa.

Horrendo, adj. 1. Que horroriza, que faz medo. 2. Muito feio. 3. Medonho. 4. Cruel.

Horribilidade, s. f. Qualidade de horrível.

Horrificar, v. Tr. dir. 1. Tornar horrífico. 2. Provocar horror em.

Horrífico, adj. Horrendo.

Horripilação, s. f. (l. *horripilatione*). 1. Ato ou efeito de horripilar(-se); arrepio. 2. *Med.* Calafrio que antecede a febre.

Horripilante, adj. m. e f. 1. Que produz horripilação. 2. Que arrepia. 3. Que horroriza.

Horripilar, v. Tr. dir. 1. Causar horripilação a; horrorizar. 2. Pron. Arrepiar-se. 3. Pron. Sentir-se horrorizado.

Horríssono, adj. Que causa um som aterrador.

Horrível, adj. m. e f. 1. Que causa horror; horroroso. 2. Muito feio. 3. Péssimo. Sup. abs. sint.: *horribilíssimo.*

Horror, s. m. 1. Violenta impressão de repulsão, de desgosto, de medo. 2. Aquilo que inspira este sentimento. 3. Padecimento atroz. 4. Crime bárbaro. 5. *Pop.* Quantidade espantosa de coisas.

Horrorífico, adj. V. *horrendo.*

Horrorizar, v. 1. Tr. dir. Causar horror a; horripilar. 2. Pron. Encher-se de horror ou pavor.

Horroroso, adj. 1. Horrível. 2. Horrendo.

Horta, s. f. Terreno onde se cultivam hortaliças.

Hortaliça, s. f. Nome genérico de plantas leguminosas comestíveis, cultivadas em horta, tais como couves, alfaces, cenouras, vagens etc.; verdura, erva.

Hortelã, s. f. (l. *hortulana*). *Bot.* Nome comum a várias plantas labiadas, sendo as do gênero Menta, aromáticas, e usadas como condimento. — *H.-pimenta*: planta medicinal, da família das Labiadas (*Mentha piperita*), de ótimo sabor e propriedades refrescantes bem conhecidas.

Hortelão, s. m. O que cultiva ou trata de uma horta. Fem.: *horteloa.* Pl.: *hortelãos* e *hortelões.*

Hortense, adj. m. e f. 1. Relativo a horta. 2. Produzido em horta.

Hortênsia, s. f. *Bot.* Nome comum a várias plantas do gênero *Hydrangea*, cultivadas por suas flores rosadas, azuis ou brancas.

horti-, elem. de comp. (l. *hortu*). Exprime a idéia de *horto, horta, jardim: hortícola, horticultura.*

Hortícola, adj. m. e f. Relativo à horta ou à horticultura.

Horticultor, s. m. Aquele que se dedica à horticultura; jardineiro.

Horticultura, s. f. Arte de cultivar hortas e jardins.

Horto, s. m. 1. Jardim. 2. Pequena horta. 3. Lugar de tormento (por alusão ao Horto das Oliveiras, em que Jesus sofreu). Pl.: *hortos* (*ô*).

Hosana, s. m. 1. Antífona que se canta no Domingo de Ramos. 2. Aclamação, saudação, louvor. Interj. Ave!, Salve!

Hóspeda, s. f. (l. *hospita*). 1. Mulher que dá pousada; hospedeira. 2. Mulher que recebe hospedagem.

Hospedador, adj. e s. m. Hospedeiro.

Hospedagem, s. f. 1. Hospedaria. 2. Hospitalidade.

Hospedar, v. (l. *hospitari*). 1. Tr. dir. Receber por hóspede, dar hospedagem, dar pousada a. 2. Pron. Instalar-se como hóspede em alguma casa. 3. Tr. dir. Abrigar, alojar.

Hospedaria, s. f. Casa onde se recebem hóspedes mediante retribuição; albergaria, estalagem, hospedagem.

Hospedável, adj. m. e f. Que pode hospedar ou ser hospedado.

Hóspede, s. m. (l. *hospite*). 1. Pessoa que se recebe por ou sem retribuição em hospedaria ou casa particular. 2. Parasito em relação ao organismo que o hospeda.

Hospedeiro, adj. Que hospeda. 2. Obsequiador, benévolo, lhano. S. m. Aquele que dá hospedagem; hospedador.

Hospício, s. m. (l. *hospitiu*). 1. Hospital, mormente para loucos. 2. Recolhimento ou casa de caridade onde se tratam pessoas pobres.

Hospital, s. m. Estabelecimento onde se recebem e se tratam doentes; nosocômio.

Hospitalar, adj. m. e f. Relativo a hospital.

Hospitaleiro, adj. e s. m. Que, ou o que dá hospedagem por generosidade ou caridade.

Hospitalidade, s. f. 1. Ato de hospedar. 2. Qualidade de hospitaleiro. 3. Bom acolhimento.

Hospitalização, s. f. Ato ou efeito de hospitalizar.

Hospitalizar, v. Tr. dir. 1. Internar em hospital. 2. Converter em hospital.

Hoste, s. f. 1. Tropa, exército. 2. Bando, multidão.

Hóstia, s. f. 1. Partícula circular de massa de trigo sem fermento, que o sacerdote consagra na missa. 2. *Rel. ant.* Animal imolado no sacrifício; vítima.

Hostiário, s. m. Caixa para hóstias ainda não consagradas.

Hostil, adj. m. e f. 1. Adverso, inimigo. 2. Provocante, agressivo.

Hostilidade, s. f. (l. *hostilitate*). 1. Qualidade de hostil. 2. Ação de hostilizar(-se).

Hostilizar, v. Tr. dir. 1. Tratar com hostilidade. 2. Tr. dir. Guerrear. 3. Pron. Combater-se mutuamente.

Hotel, s. m. (fr. *hôtel*). Estabelecimento onde se alugam quartos ou apartamentos mobiliados, com ou sem refeições.

Hoteleiro, adj. Relativo a hotéis. S. m. O dono ou o administrador de um hotel.

Hotentote, adj. m. e f. *Etnol.* Relativo aos hotentotes, povo da África meridional, ou ao seu país. S. m. e f. Indivíduo desse povo. S. m. A língua dos hotentotes.

Hotentotismo, s. m. Pronúncia viciosa que consiste em articulações confusas à maneira dos hotentotes.

Huguenote, adj. Relativo aos huguenotes. S. m. pl. Designação pejorativa dada pelos católicos aos protestantes, na França, século XVI.

Hui!, interj. Designativa de dor, susto ou surpresa.

Hulha, s. f. Carvão natural, constituído por matérias vegetais fossilizadas da época carbonífera; carvão-de-pedra. — *H.-branca*: quedas-d'água como potênciais hidráulicos para geração de energia elétrica.

Hulheira, s. f. Mina de hulha.

Hulhífero, adj. 1. Que tem ou produz hulha.

Hum!, interj. Exprime desconfiança, dúvida.

Humanal, adj. m. e f. Humano.

Humanar, v. 1. Tr. dir. Tornar humano, tornar benévolo, tornar afável, dar a condição de homem a. 2. Pron. Tornar-se humano, afável; humanizar-se. 3. Tr. dir. Civilizar.

Humanidade, s. f. 1. A natureza humana. 2. O gênero humano. 3. Sentimento de clemência. S. f. pl. O estudo das letras clássicas, consideradas como instrumento de educação moral.

Humanismo, s. m. 1. Movimento dos humanistas da Renascença, que ressucitaram o culto das línguas e das Literaturas antigas. 2. Doutrina que coloca o homem no centro do universo e das preocupações filosóficas.

Humanista, adj. m. e f. Relativo ao humanismo. S. m. e f. 1. Pessoa versada em humanidades. 2. Adepto do humanismo da Renascença.

Humanitário, adj. 1. De bons sentimento para com o gênero humano. 2. Que interessa a toda a humanidade. 3. Conducente ao bem geral da humanidade, ou de alguns indivíduos. S. m. V. *filantropo.*

Humanitarismo, s. m. Sistema filosófico daqueles que colocam acima de tudo o amor à humanidade; filantropia.

Humanização, s. f. Ato ou efeito de humanizar.

Humanizar, v. Tr. dir. e pron. V. *humanar.*

Humano, adj. 1. Relativo ao homem. 2. Bondoso, compassivo, caridoso.

Humificação, s. f. Transformação em humo.

Humildade, s. f. (l. *humilitate*). 1. Virtude que nos dá o sentimento de nossa fraqueza. 2. Modéstia. 3. Demonstração de respeito, de submissão.

Humildar, v. 1. Tr. dir. Tornar humilde. 2. Tr. dir. e pron. Submeter(-se), sujeitar(-se). 3. Pron. Confessar a própria fraqueza.

Humilde, adj. m. e f. 1. Que dá aparência de humildade. 2. Modesto, simples, submisso. Sup. abs. sint.: *humildíssimo* e *humílimo.*

Humildoso, adj. V. *humilde.*

Húmile, adj. m. e f. *Poét.* V. *humilde.* Sup. abs. sint.: *humílino* e *humilíssimo.*

Humilhação, s. f. 1. Ato ou efeito de humilhar(-se). 2. Abatimento, submissão.

Humilhante, adj. m. e f. 1. Que humilha. 2. Que rebaixa. 3. Vexatório, aviltante.

Humilhar, v. (b. l. *humiliare*). 1. Tr. dir. e pron. Tornar(-se) humilde. 2. Tr. dir. Abater, oprimir a. 3. Tr. dir. Rebaixar, vexar. 4. Tr. dir. Referir-se com desdém a, tratar com menosprezo. 5. Pron. Prosternar-se, tornar-se humilde ante a Divindade.

Humílimo, adj. Sup. abs. sint. de *humilde.* Extremamente humilde.

Humo, s. m. Matéria orgânica em decomposição, que empresta fertilidade às terras; terra vegetal.

Humor, s. m. (l. *humore*). 1. *Biol.* Qualquer líquido que atue normalmente no corpo, principalmente dos vertebrados (bílis, sangue, linfa etc.). 2. *Med.* Porção líquida do globo ocular. 3. Disposição de ânimo: Bom *humor.*

Humorado, adj. 1. Que tem humores; humoroso. 2. Que está bem ou mal disposto de ânimo (sempre com os advérbios *bem* e *mal*: Bem-*humorado*, mal-*humorado*).

Humoral, adj. m. e f. Relativo ao humor.

Humorismo[1], s. m. (*humor* + *ismo*). *Med.* Sistema obsoleto que atribuía a origem de todas as doenças à alteração dos humores.

Humorismo[2], s. m. (ingl. *humourism*). Feição espirituosa e levemente irônica na expressão.

Humorista[1], s. m. e f. (*humor* + *ista*). *Med.* Partidário ou partidária do humorismo[1]

Humorista[2], adj. e s., m. e f. (ingl. *humourist*). Que, ou quem fala ou escreve com humorismo[2].

Humorístico, adj. 1. Relativo ao humor. 2. Em que há estilo espirituoso e irônico.

Humoroso, adj. 1. V. *humorado.* 2. Que tem humor ou umidade.

Humoso, adj. Que tem humo: Terra *humosa.*

Húmus, s. m. sing. e pl. V. *humo.*

Hungarês, adj. e s. m. *Pop.* Húngaro.

Húngaro, adj. Relativo à Hungria. S. m. 1. Habitante ou natural da Hungria. 2. A língua desse país.

Huno, adj. Relativo aos hunos. S. m. pl. Povo bárbaro da Ásia que, no século V da Era Cristã, assolou várias regiões da Europa, pondo em perigo o Império Romano.

Huri, s. f. Cada uma das mulheres dotadas de juventude virginal e beleza eternas, as quais, segundo o Alcorão, se encontram no paraíso para recompensa dos fiéis.

Huroniano, adj. 1. Relativo ao Lago Huron nos E.U.A. 2. *Etnol.* Relativo aos Huronianos, indígenas iroqueses dos Estados Unidos da América que habitavam a região entre os lagos Huron, Erie e Ontário. S. m. Indivíduo dessa tribo.

Hurra!, interj. Exclamação ou grito de alegria, triunfo, aplauso ou encorajamento; viva.

Hussardo, s. m. Soldado de cavalaria ligeira, na Europa de antes da Primeira Guerra Mundial, com o uniforme típico da cavalaria húngara.

Hussita, s. m. e f. Pessoa adepta de Jan Huss (1373-1415), reformador religioso tcheco, e de suas doutrinas.

Hussitismo, s. m. Doutrina religiosa, partido de Jan Huss.

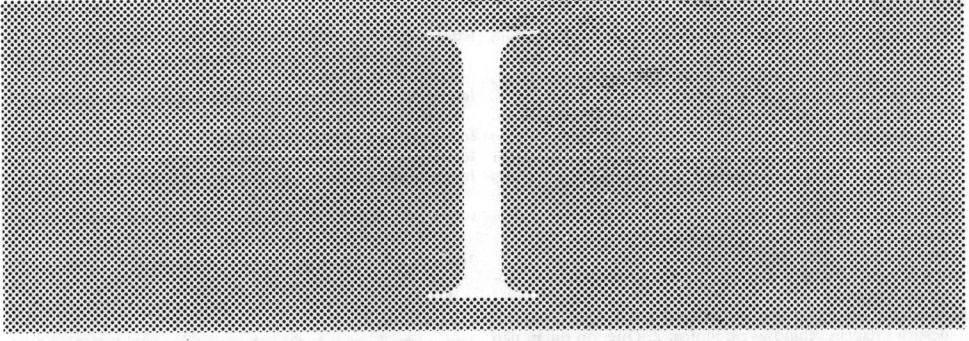

I, s. m. Nona letra e terceira vogal do alfabeto português. Tem três sons: 1) agudo, como em *parti*; 2) surdo, como em *féria*; 3) nasal, indicado pelas consoantes *m* e *n*, como em *fim* e *inverno*. Como algarismo romano, vale 1. Corresponde ao *iota* grego. Num. Usa-se em vez de nono algarismo numa série indicada pelas letras do alfabeto.

i-, pref. Entra na formação de alguns vocábulos, por assimilação do prefixo *in*, antes de *m, n, l* ou *r*, para exprimir negação: *imortal, inegável, ilegal, irregular*.

-ia¹, suf. (gr. *ia* ou *eia*). Exprime qualidade abstrata ou estado (*cortesia, primazia*); emprego, ofício, profissão, indústria (*capelania, cirurgia, reitoria, tutoria*); lugar, estabelecimento onde se exerce o emprego ou indústria (*academia, delegacia*); ação ou efeito (*correria, tomadia*); coletividade (*penedia*).

-ia², suf. átono de origem latina, empregado na formação de alguns topônimos, como *Escócia, Colônia*, e outros, como *antonímia*.

Iaiá, s. f. Tratamento dado pelos negros às moças e às meninas.

Iamanjá, s. f. V. *iemanjá*.

Iâmbico, adj. V. *jâmcico*.

Iambo, s. m. V. *jambo*.

iamo-, elem. de comp. (gr. *iama*). Exprime a idéia de *medicamento: iamologia*.

Iamologia, s. f. *Farm.* Farmacologia.

Iamológico, adj. *Farm.* Que se refere à iamologia.

Iamotecnia, s. f. *Farm.* Arte de preparar os medicamentos.

Iamotécnico, adj. *Farm.* Que se refere à iamotecnia.

Ianque, adj. m. e f. (ingl. *yankee*). Diz-se dos habitantes dos Estados Unidos. S. m. e f. Norte-americano.

Iantino, adj. De cor violácea, mais ou menos brilhante.

Iaô, s. f. *Folc.* Mulher que está sendo preparada para filha-de-santo, no candomblé. Var.: *iauô*.

Iaque, s. m. (tibetano *giak*). *Zool.* Espécie de boi selvagem das regiões elevadas da Ásia Central (*Bos grunniens* ou *Poephagus grunniens*).

Iara, s. f. *Folc.* Entidade mitológica dos rios e lagos; mãe-d'água.

-íase, suf. (gr. *iasis*). Formador de substantivos com a noção de *doença, condição mórbida: amebíase*.

Iatagã, s. m. (do turco). Espécie de punhal recurvo, usado pelos turcos e pelos povos orientais.

Iate, s. m. (ingl. *yacht*). *Náut.* Navio de pequena lotação, com dois mastros, sem vergas e com pano latino.

Iatralipta, s. m. e f. (l. *iatralipta*). Médico ou médica que pratica a iatralíptica.

Iatralíptica, s. f. *Med.* Método de tratamento por meio de fricções, emplastros ou linimentos.

iatria-, elem. de comp. Tem a significação de *tratamento médico: pediatria*.

iatro-, elem. de comp. (gr. *iatros*). Exprime a idéia de *médico, relativo à medicina: iatrologia, iatroquímica*.

Iatrogenia, s. f. Parte da Medicina que estuda doenças conseqüentes do tratamento de outras.

Iatrografia, s. f. *Med.* 1. Descrição das doenças. 2. Tratado sobre terapêutica.

Iatrógrafo, s. m. Tratadista de Medicina.

Iatrologia, s. f. *Med.* Estudo ou ciência do tratamento das doenças.

Iatrológico, adj. Que se refere à iatrologia.

Iatromancia, s. f. Pretensa adivinhação das doenças, da sua evolução e da sua cura.

Iatromante, s. m. e f. Quem pratica a iatromancia.

Iatromântico, adj. Que pertence ou se refere à iatromancia.

Iatroquímica, s. f. Doutrina médica que atribuía a causas químicas todas as funções orgânicas.

Iatroquímico, adj. Que se refere à iatroquímica. S. m. Médico que tratava pela iatroquímica.

Iaveísta. s. m. e f. Pessoa partidária do tetragrama hebraico Iavé, como representação do nome de Deus, em vez de Jeová.

Ibérico, adj. (l. *ibericu*). Que se refere à Ibéria ou à Península Hispânica. S. m. 1. Partidário da união política entre Portugal e Espanha. 2. Ibero.

Ibero¹ (*bé*), adj. (l. *iberu*). V. *ibérico*. S. m. Indivíduo dos iberos, antigos povoadores da Espanha.

ibero-² (*bé*), elem. de comp. Forma algumas palavras, com significação de *ibérico*.

Ibero-americano, adj. Relativo aos domínios que teve a Península Ibérica na América. S. m. Habitante ou natural de qualquer das nações latinas na América.

Ibidem (*bí*), adv. (termo latino). 1. No mesmo lugar, no mesmo passo. 2. Na mesma obra, no mesmo autor citado.

Ibirapitanga, s. f. Nome indígena do pau-brasil.

Íbis, s. m. e f., sing. e pl. (l. *ibis*). *Ornit.* Gênero (*Ibis*) de numerosas aves pernaltas aquáticas, habitantes das regiões quentes de ambos os hemisférios.

Ibope, s. m. 1. Índice de audiência. 2. Prestígio. 3. Sucesso.

Içá¹, s. f. *Entom.* Nome comum dado à fêmea fértil do sauveiro; tanajura.

Içá², adj. m. e f. *Etnol.* Relativo aos Içás, indígenas das margens do Rio Japurá. S. m. e f. Indígena dessa tribo.

Içabitu, s. m. *Entom.* Macho da saúva; sabitu, bitu.

Icanga, s. f. *Ictiol.* Peixe caracídeo (*Rhaphiodon vulpinus*), também chamado *peixe-cachorro, pirá-andirá, saranha*.

Içar, v. (baixo al. *hissen*). Tr. dir. Alçar, erguer, levantar.

Ícaro, s. m. (de *Ícaro*, n. p.). *Fig.* Indivíduo que foi vítima das suas exageradas ambições ou pretensões.

Icástico, adj. (gr. *eikastikos*). 1. Que representa por termos adequados os objetos e as idéias. 2. Pintado ao natural; com singeleza, sem artifícios.

-ice, suf. Forma substantivos abstratos que indicam *ação, estado, qualidade: burrice, meiguice, tolice*.

Iceberg (pronúncia: *aicebergue*), s. m. (termo inglês). Grande bloco de gelo que, desprendendo-se das geleiras polares, flutua impelido pelas correntes marítimas.

Ichó, s. m. e f. Armadilha, em forma de alçapão, para apanhar pequenos animais e aves.

-ícia, suf. Designa qualidade em abstrato: *malícia, pudicícia*.

-ício, suf. (l. *iciu*). Forma adjetivos com idéia de pertença ou qualidade: *adventício, cardinalício*.

icno-, elem. de comp. (gr. *ikhnos*). Exprime a idéia de *traço, estria, pegada: icnografia*.

Icnografia, s. f. Seção longitudinal (como de uma planta de construção) que mostra as verdadeiras dimensões segundo uma escala geométrica.

Icó, s. m. *Bot.* Erva brasileira, da família das Caparidáceas (*Capparis ico*), considerada venenosa.

-iço, suf. Forma adjetivos e alguns substantivos: *inteiriço, enfermiço; palhiço.*

Ícone, s. m. (gr. *eikon, onos*). Quadro, estátua ou qualquer imagem que, na Igreja Ortodoxa, representa Cristo, a Virgem, ou um santo.

Icônico, adj. (l. *iconicu*). V. *icástico.*

Iconista, s. m. e f. (gr. *eikon*). Quem faz ícones.

Ícono[1], s. m. (gr. *eikon, onos*). V. *ícone.*

icono-[2], elem. de comp. Exprime a idéia de *imagem, ídolo: iconofilia, iconografia.*

Iconoclasta, adj. e s., m. e f. (gr. *eikonoklastes*). 1. Que, ou quem destrói imagens religiosas ou ídolos. 2. Que, ou quem não respeita tradições e monumentos.

Iconoclastia, s. f. Procedimento de iconoclasta.

Iconófilo, s. m. O que gosta de imagens, estátuas, quadros.

Iconografia, s. f. 1. Arte de representar por imagens. 2. Representação de imagens num livro. 3. Conjunto de imagens relativas a um assunto.

Iconográfico, adj. Relativo à iconografia.

Iconógrafo, s. m. Indivíduo versado em iconografia, ou que dela se ocupa.

Iconólatra, s. m. e f. Quem pratica a iconolatria.

Iconolatria, s. f. Adoração das imagens.

Iconologia, s. f. 1. Explicação das figuras alegóricas e dos seus atributos. 2. Representação de entidades morais por emblemas ou figuras alegóricas. 3. Explicação das imagens ou monumentos antigos.

Iconológico, adj. Relativo à iconologia.

Iconologista, s. m. e f. V. *iconólogo.*

Iconólogo, s. m. O que trata de iconologia, ou nela é versado.

Iconômaco, s. m. Iconoclasta.

Iconomania, s. f. Paixão pelas imagens, quadros e estátuas.

Icor, s. m. (gr. *ikhor*). *Med.* Líquido purulento e fétido que sai de certas úlceras.

icasa-, elem. de comp. O mesmo que *icosi-.*

Icosaédrico, adj. Relativo a icosaedro.

Icosaedro, s. m. *Geom.* Poliedro de vinte faces ou de vinte bases.

Icosandro, adj. *Bot.* Designativo dos vegetais que têm vinte ou mais estames inseridos no cálice.

icosi-, elem. de comp. (gr. *eikosi*). Exprime a idéia de *vinte: icositetraedro.*

Icterícia, s. f. (l. *icteru*). *Med.* Sintoma que pode ter várias causas, caracterizado pela cor amarela da pele e conjuntivas oculares. Var.: *iterícia.*

Ictérico, adj. (l. *ictericu*). Que tem icterícia. S. m. Indivíduo com icterícia. Var.: *itérico.*

ictero-, elem. de comp. Exprime a idéia de *amarelo: icterocéfalo.*

Icterocéfalo, adj. *Zool.* Que tem cabeça amarela.

Icteróide, adj. m. e f. Semelhante à icterícia; amarelo.

icti-, elem. de comp. O mesmo que *íctio.*

ictio-, elem. de comp. (gr. *ikhthus, uos*). Exprime a idéia de *peixe: ictiodonte, ictiologia.*

Ictiocola, s. f. Substância gelatinosa preparada principalmente das bexigas natatórias de peixes, em especial do esturjão; cola de peixe.

Ictiodonte, s. m. *Paleont.* Dente fóssil de peixe.

Ictiodorilite, s. m. *Paleont.* Substância fóssil, em forma de cone alongado, que se julga serem espinhos das barbatanas de certos peixes cartilaginosos.

Ictiofagia, s. f. Hábito de se alimentar de peixes.

Ictiófago, adj. e s. m. Que, ou o que se alimenta de peixes.

Ictiofobia, s. f. *Med.* Medo mórbido aos peixes.

Ictiografia, s. f. *Zool.* 1. Estudo dos peixes. 2. Descrição dos peixes.

Ictiográfico, adj. Relativo à ictiografia.

Ictiógrafo, s. m. Especialista em ictiografia.

Ictióide, adj. m. e f. Que se assemelha a peixe.

Ictióideo, adj. V. *ictióide.*

Ictiol, s. m. *Quím.* Líquido viscoso, marrom-escuro, preparado por destilação de xistos betuminosos e usado como anti-séptico e emoliente.

Ictiologia, s. f. 1. Parte da Zoologia que estuda os peixes. 2. Tratado a respeito dos peixes.

Ictiológico, adj. Relativo à ictiologia.

Ictiólogo, s. m. Especialista em ictiologia.

Ictiopsofose, s. f. (*ictio* + gr. *psophos* + *ose*). *Zool.* Rumor que fazem os peixes debaixo da água.

Ictiose, s. f. *Med.* Doença cutânea, em que a epiderme fica espessa e coberta de escamas, como pele de peixe.

Ictiossáurio, s. m. Espécime dos Ictiossáurios. S. m. pl. *Paleont.* Ordem (*Ichthyosauria*) de répteis marinhos, do Triásico e Cretáceo, com o crânio prolongado como o dos golfinhos atuais.

Icto, s. m. (l. *ictu*). 1. *Filol.* A maior energia de expiração de uma sílaba, com relação às demais do vocábulo ou da frase, ou de um pé do verso (na poesia greco-latina); acento tônico. 2. *Med.* Afecção súbita que fere como um golpe.

Id, s. m. *Psicol.* Na Psicanálise, aspecto da personalidade relacionada com as reações instintivas.

Ida, s. f. Ação de ir de um lugar para outro.

Idade, s. f. (l. *aetate*). 1. Tempo decorrido desde o nascimento até à morte do indivíduo. 2. Número de anos de alguém ou de alguma coisa. 3. Espaço de tempo; época, período.

Ideação, s. f. (*idear* + *ção*). 1. Ato ou efeito de idear. 2. Formação da idéia.

Ideal, adj. m. e f. (b. l. *ideale*). 1. Que existe apenas na idéia. 2. Imaginário, fantástico, quimérico. 3. Que reúne todas as perfeições concebíveis e independentes da realidade. S. m. 1. Aquilo que é objeto de nossa mais alta aspiração. 2. Perfeição.

Idealidade, s. f. 1. Propensão do espírito para o ideal. 2. Qualidade do que é ideal.

Idealismo, s. m. 1. Tendência para o ideal. 2. *Filos.* Doutrina que considera a idéia como princípio ou só do conhecimento, ou do conhecimento e do ser.

Idealista, adj. m. e f. Relativo ao idealismo. S. m. e f. 1. Pessoa partidária do idealismo. 2. Quem tende para o ideal.

Idealístico, adj. Relativo ao idealismo.

Idealização, s. f. Ato ou efeito de idealizar.

Idealizador, adj. e s. m. Que, ou o que idealiza.

Idealizar, v. Tr. dir. 1. Dar caráter ideal a; tornar ideal; poetizar, divinizar. 2. Criar na idéia; fantasiar, imaginar.

Idealizável, adj. m. e f. Que se pode idealizar.

Idear, v. (*idéia* + *ar*). Tr. dir. 1. Planear, projetar. 2. Imaginar.

Ideativo, adj. Relativo a idéia ou idéias.

Ideável, adj. m. e f. Que se pode idear.

Idéia, s. f. (gr. *idea*). 1. Representação mental de uma coisa concreta ou abstrata. 2. Imagem. 3. *Filos.* Modelo eterno e perfeito do que existe. 4. Mente, imaginação. 5. Opinião, conceito. 6. Nocão, conhecimento.

Idem, pron. (latim). Significa *o mesmo* e se usa para evitar a repetição do que se acaba de dizer ou escrever. Adv. Como antes ou dito antes; da mesma maneira.

Idêntico, adj. (l. *identicu*, de *idem*). 1. Perfeitamente igual. 2. Análogo, semelhante.

Identidade, s. f. (l. *identitate*). 1. Qualidade daquilo que é idêntico. 2. Carteira de identidade. 3. *Álg.* Espécie de equação cujos membros são identicamente os mesmos.

Identificação, s. f. Ação ou efeito de identificar ou identificar-se.

Identificar, v. (*idêntico* + 1. *fic*, raiz alterada de *facere*). 1. Tr. dir. Tornar ou declarar idêntico. 2. Tr. dir. Achar, estabelecer a identidade de. 3. Pron. Tornar-se idêntico a outrem.

Identificável, adj. m. e f. Que se pode identificar.

ideo-[1], elem. de comp. (gr. *idea*). Exprime *idéia: ideogenia, ideografia.*

-ideo[2], suf. (gr. *eidos*). Forma nomes e adjetivos indicativos de família animal: *corvídeos, falconídeos.*

Ideogenia, s. f. *Psicol.* Estudo da origem das idéias.

Ideogênico, adj. Relativo à ideogenia.

Ideografia, s. f. Sistema de escrita em que as idéias são expressas por imagens gráficas do objeto.
Ideográfico, adj. Que se refere à ideografia.
Ideografismo, s. m. Aplicação do sistema ideográfico.
Ideógrafo, s. m. Aquele que trata de ideografia.
Ideograma, s. m. Sinal que exprime diretamente uma idéia, como os algarismos, que não representam letra nem som.
Ideologia, s. f. 1. *Filos.* Ciência que trata da formação das idéias. 2. Tratado das idéias em abstrato. 3. Maneira de pensar própria de um indivíduo ou grupo de pessoas.
Ideológico, adj. Relativo à ideologia.
Ideólogo, s. m. Pessoa versada em ideologia.
Idílico, adj. 1. Que se refere a idílio. 2. Suavemente amoroso.
Idílio, s. m. (1. *idylliu*). 1. Pequeno poema, cujo assunto é geralmente pastoril. 2. Amor poético e suave.
Idilista, s. m. e f. Pessoa que faz idílios.
idio-, elem. de comp. (gr. *idios*). Designativo do conceito de *próprio, particular, especial: idiólatra, idiossincrasia.*
Idioblástico, adj. Pertencente ou relativo ao idioblasto.
Idioblasto, s. m. *Biol.* Célula vegetal diferente das que a circundam.
Idiocromático, adj. *Miner.* Aplica-se ao mineral não-metálico, que tem cor própria; idiocrômico.
Idiocrômico, adj. V. *idiocromático.*
Idiofônico, adj. Relativo a idiofônio.
Idiofônio, s. m. *Folc.* Designação genérica de instrumentos musicais que soam por si mesmos, como agogô, reco-reco etc.
Idiógino, adj. *Bot.* Diz-se das espécies que têm flores femininas em pés próprios.
Idiólatra, s. m. e f. O que se adora a si mesmo.
Idiolatria, s. f. Adoração de si próprio.
Idiolátrico, adj. Relativo à idiolatria.
Idioma, s. m. Língua falada por uma nação ou povo.
Idiomático, ajd. (gr. *idiomatikos*). 1. Que se refere a idioma. 2. Próprio de um idioma.
idiomo-, elem. de comp. (gr. *idioma*). Exprime a idéia de *língua, idioma: idiomografia.*
Idiomografia, s. f. *Lingüíst.* Estudo e classificação dos idiomas.
Idiomógrafo, s. m. Aquele que se dedica à idiomografia.
Idiomórfico, adj. *Miner.* Diz-se do mineral que se apresenta na rocha com suas formas próprias. Var.: *idiomorfo.*
Idiomorfo, adj. 1. *Miner.* V. *idiomórfico.* 2. *Paleont.* Diz-se genericamente dos corpos fósseis dos animais ou vegetais.
Idiopatia, s. f. 1. Predileção, propensão especial. 2. *Med.* Afecção espontânea, cuja causa é desconhecida.
Idiopático, adj. *Med.* Que diz respeito à idiopatia.
Idioplasma, s. m. *Biol.* Protoplasma que contém os caracteres hereditários de um indivíduo.
Idiossincrasia, s. f. (gr. *idiosunkrasia*). 1. *Med.* Constituição individual, em virtude da qual cada indivíduo sofre diferentemente os efeitos da mesma causa. 2. *Psicol.* Qualquer detalhe de conduta próprio de determinado indivíduo.
Idiossincrásico, adj. Relativo à idiossincrasia.
Idiota, adj. e s., m. e f. (1. *idiota*). 1. Falto de inteligência. 2. Estúpido, parvo, pateta. 3. *Med.* Doente de idiotia.
Idiotia, s. f. 1. Estado ou qualidade de idiota. 2. *Psicol.* Retardamento mental profundo.
Idiotice, s. f. Ato ou expressão de idiota; parvoíce, doidice.
Idiótico, adj. Relativo a idiota ou a idiotismo.
Idiotismo, s. m. (l. *idiotismu*). 1. *Med.* Estado de idiota; idiotia, patetismo, imbecilidade. 2. *Gram.* Dicção, termo ou expressão de uma língua, que não tem correspondente em outra.
Idiotizar, v. 1. Tr. dir. e pron. Tornar(-se) idiota. 2. Intr. Ficar alheio, distrair-se.
Ido[1], adj. (p. de *ir*). 1. Que foi ou se foi. 2. Que passou.
-ido[2], suf. Empregado na formação de diversos termos químicos: *glicosido, óxido.*
Idocrásio, s. m. *Miner.* Silicato natural complexo de cálcio, magnésio, ferro e alumínio; vesuvianita.
Idólatra, adj. m. e f. (l. *idolatra*). 1. Que diz respeito à idolatria. 2. Que presta culto ou adoração aos ídolos; idolátrico. S. m. e f. Pessoa que adora ídolos.
Idolatrar, v. 1. Intr. Praticar a idolatria; adorar ídolos. 2. Tr. dir. Amar, adorar (alguém ou algo) excessivamente.
Idolatria, s. f. (1. *idolatria*). 1. Adoração de ídolos. 2. Amor cego, paixão exagerada.
Idolátrico, adj. 1. Relativo a idolatria. 2. Que tem caráter de idolatria.
Ídolo, s. m. (l. *idolu*). 1. Estátua, figura, ou imagem que representa uma divindade e que é objeto de adoração. 2. Objeto de grande amor, ou de extraordinário respeito.
Idoneidade, s. f. (l. *idoneitate*). 1. Qualidade de idôneo. 2. Aptidão, capacidade, competência.
Idôneo, adj. (l. *idoneu*). 1. Próprio para alguma coisa. 2. Apto, capaz, competente. 3. Adequado.
Idos, s. m. pl. (l. *idus*). O dia 15 de março, maio, julho e outubro, e o dia 13 de outros meses, no calendário dos antigos romanos.
Idoscópico, adj. (gr. *eidos* + *scopo* + *ico*). *Zool.* Diz-se dos olhos dos invertebrados que refletem as imagens.
Idoso, adj. Que tem muitos anos; velho, senil.
Idumeu, adj. Pertencente ou relativo à Iduméia, região da Palestina. S. m. Natural dessa região. Fem.: *iduméia.*
Iemanjá, s. f. *Folc.* Orixá feminino, a mãe-d'água dos iorubanos; rainha do mar.
Iene, s. m. (jap. *yen*). Unidade monetária do Japão.
Igaçaba, s. f. (tupi *yg* + *açaba*). 1. Grande talha para água. 2. Urna funerária dos indígenas.
Igapó, s. m. (do tupi). Na Amazônia, trecho de floresta invadido por enchente, onde as águas ficam estagnadas.
Igara, s. f. (do tupi-guar). Canoa feita de um só toro ou de casca de árvore.
Igarapé, s. m. Na Amazônia, canal estreito que só dá passagem a igaras ou pequenos barcos; riacho, ribeirão, ribeiro.
Igaratim, s. m. Canoa em que embarcavam os chefes índios, entre os tupis.
Igarité, s. f. (do tupi). 1. Canoa de tábuas. 2. Canoa feita de um só tronco. 3. Galeota com tolda de madeira.
Igariteiro, s. m. (tupi-guar. *igarité*). Canoeiro.
Igaruçu, s. f. Grande canoa, usada pelos tupis.
Iglu, s. m. Choça construída com blocos de neve, usada pelos esquimós como residência invernal.
Ignaro, adj. 1. Que é falto de instrução, ignorante. 2. Estúpido, insensato.
Ignávia, s. f. 1. Qualidade de ignavo. 2. Desleixo. 3. Falta de coragem; covardia.
Ignavo, adj. 1. Indolente, negligente, preguiçoso, remisso. 2. Fraco de ânimo; covarde.
Ígneo, adj. (l. *igneu*). 1. Que se refere ao fogo. 2. Que é de fogo. 3. *Geol.* Que é produzido pela ação do fogo. 4. Que tem cor de fogo.
Ignescência, s. f. Estado de um corpo ignescente.
Ignescente, adj. m. e f. 1. Que está em fogo. 2. Ígneo. 3. Que se inflama.
igni-, elem. de comp. (l. *igne*). Exprime a idéia de *fogo: ignífero.*
Ignição, s. f. Estado dos corpos em combustão; ignescência.
Ignícola, adj. e s., m. e f. Que, ou quem adora o fogo.
Ignífero, adj. *Poét.* 1. Em que há fogo. 2. Que traz fogo. 3. Que produz fogo.
Ignífugo, adj. 1. Que evita incêndio. 2. Que afugenta o fogo. 3. Que não é inflamável.
Ignípede, adj. m. e f. *Poét.* 1. Que tem pés de fogo. 2. Diz-se dos cavalos cujos pés produzem faíscas de fogo.
Ignipotente, adj. m. e f. *Poét.* 1. Senhor do fogo (Vulcano). 2. Fogoso.
Ignívomo, adj. *Poét.* 1. Que vomita fogo. 2. Que expele fogo ou chamas.
Ignívoro, adj. Que engole ou parece engolir fogo.
Ignizar, v. Pron. 1. *Poét.* Inflamar-se. 2. Tornar-se en f
Ignóbil, adj. m. e f. 1. Baixo, vil, desprezível. 2. Que não tem honra; vergonhoso, torpe.
Ignobilidade, s. f. Qualidade de ignóbil; baixeza, vileza.
Ignomínia, s. f. Afronta pública, desonra, vergonha.
Ignominiar, v. Tr. dir. Cobrir de ignomínia, infamar.

Ignominioso, adj. 1. Que causa ignomínia. 2. Que merece repulsão; infame.
Ignorado, adj. (p. de *ignorar*). Desconhecido, obscuro, ignoto.
Ignorância, s. f. 1. Estado de quem é ignorante. 2. Desconhecimento. 3. Falta de instrução, falta de saber.
Ignorante, adj. e s., m. e f. 1. Que, ou quem ignora. 2. Que, ou pessoa que não tem instrução; inculto, iletrado.
Ignorantismo, s. m. 1. Estado de ignorância. 2. Sistema dos que consideram o saber prejudicial.
Ignorantista, adj. m. e f. Relativo ao ignorantismo. S. m. e f. Pessoa partidária do ignorantismo.
Ignorar, v. 1. Tr. dir. Não ter conhecimento de alguma coisa; não saber, desconhecer. 2. Tr. dir. Não conhecer por experiência. 3. Pron. Desconhecer-se a si mesmo. 4. Tr. dir. Não tomar conhecimento por desprezo ou indiferença.
Ignoto, adj. Não conhecido; ignorado, incógnito.
Igreja, s. f. (port. ant. *eigreja,* do gr. *ekklesia,* pelo l.). 1. Templo dedicado ao culto cristão. 2. Conjunto de fiéis unidos pela mesma fé e sujeitos aos mesmos guias espirituais.
Igrejário, s. m. 1. Pequena igreja. 2. Conjunto de igrejas de uma diocese ou circunscrição.
Igrejeiro, adj. e s. m. Que, ou aquele que vai muito à igreja.
Igrejinha, s. f. 1. Pequena igreja. 2. *Pop.* Panelinha.
Igrejola, s. f. *Pej.* Pequena igreja.
Igual, adj. m. e f. (l. *aequale*). 1. Que tem o mesmo valor, forma, dimensão, aspecto ou quantidade que outro. 2. Análogo, idêntico. 3. Que tem o mesmo nível. 4. Uniforme. S. m. O que tem a mesma natureza, o mesmo modo de ser, o mesmo estado ou categoria: Os nossos *iguais.*
Igualação, s. f. Ato ou efeito de igualar.
Igualador, adj. e s. m. Que, ou o que iguala.
Igualamento, s. m. V. *igualação.*
Igualar, v. 1. Tr. dir. e pron. Fazer(-se) ou tornar(-se) igual. 2. Tr. ind. Ser igual. 3. Tr. dir. Aplainar, nivelar.
Igualável, adj. m. e f. Que se pode igualar.
Igualdade, s. f. (l. *aequalitate*). 1. Qualidade daquilo que é igual; uniformidade. 2. Conformidade de uma coisa com outra em natureza, forma, qualidade ou quantidade. 3. *Mat.* Expressão da relação entre duas quantidades iguais.
Igualha, s. f. (l. *aequalia,* pl. de *aequalis*). Equivalência ou igualdade de condição ou posição social.
Igualitário, adj. 1. Relativo ao igualitarismo. 2. Partidário desse sistema. S. m. Partidário do igualitarismo.
Igualitarismo, s. m. Sistema dos que defendem e proclamam a igualdade social.
Igualzinho, adj. *Fam.* 1. Muito igual. 2. Tal qual.
Iguana, s. m. *Herp.* 1. Gênero (*Iguana*) típico da família dos Iguanídeos. 2. Grande lagarto de cor escura, onívoro, da América tropical, da família dos Iguanídeos.
Iguanídeo, adj. *Herp.* Relativo ou pertencente aos Iguanídeos. S. m. Lagarto da família dos Iguanídeos.
Iguanodonte, s. m. *Paleont.* Réptil gigantesco, fóssil do cretáceo.
Iguaria, s. f. 1. Manjar, acepipe delicado. 2. Comida.
Ih!, interj. Designa admiração, espanto, ironia, impressão de perigo iminente.
Iídiche, s. m. Conjunto de dialetos judeu-alemães ou judeu-polacos.
-il¹, suf. Forma sunstantivos com idéia diminutiva e muitas vezes com significação especial: *pernil, tamboril, quadril.*
-il², suf. Equivale ao suf. adjetival *al: febril, juvenil, mulheril, senhoril.*
Ilação, s. f. Inferência, conclusão, dedução.
Ilacerado, adj. Que não é lacerado.
Ilacerável, adj. m. e f. Que não se pode lacerar.
Ilacrimável, adj. m. e f. Inexorável, cruel.
Ilaquear, v. 1. Tr. dir. Enlaçar, enlear, enredar, pear, prender. 2. Intr. e pron. Cair no laço, ser logrado. 3. Intr. e pron. Cair na tentação. 4. Tr. dir. Anular.
Ilativo, adj. Em que há ilação; conclusivo.
Ilegal, adj. m. e f. (*in + legal*). 1. Que não é legal. 2. Contrário à lei. 3. Ilegítimo, ilícito.
Ilegalidade, s. f. 1. Condição de ilegal. 2. Ato ilegal.
Ilegitimidade, s. f. Qualidade de ilegítimo.
Ilegítimo, adj. 1. Que não é legítimo. 2. Que não é conforme ao direito. 3. Desarrazoado, injusto. 4. Bastardo.
Ilegível, adj. m. e f. Que não é legível, que não se pode ler.
Íleo¹, s. m. (l. *ileus,* gr. *eileos*). 1. *Anat.* Última porção do intestino delgado. 2. *Med.* Vólvulo.
ileo-², elem. de comp. Exprime a idéia de *íleo, intestino: ileocecal.*
Ileocecal, adj. m. e f. *Anat.* Que se refere ao íleo e ao ceco.
Ileologia, s. f. Tratado acerca dos intestinos.
Ileso (*é*), adj. (l. *illaesu*). Que não é ou não está leso; que ficou incólume; são e salvo.
Iletrado, adj. e s. m. 1. Que, ou o que não é letrado. 2. Analfabeto.
Ilha¹, s. f. (l. *insula*). 1. *Geogr.* Porção de terra cercada de água por todos os lados. Col.: *arquipélago.* 2. Objeto completamente isolado.
-ilha², suf. (l. *icula*). Forma substantivos, com idéia diminutiva: *esquadrilha, mantilha, pastilha.* É o feminino de *ilho.*
Ilhal, s. m. (de um der. do l. *ilia*). 1. Depressões laterais por baixo dos lombos do cavalo. 2. Vazio.
Ilhar, v. 1. Tr. dir. Insular, separar, isolar. 2. Pron. Tornar-se ilha.
Ilharga, s. f. (de um der. do l. *ilia*). 1. *Anat.* Cada uma das duas partes laterais entre as falsas costelas e os ossos do quadril. 2. Ilhal. S. f. pl. 1. Pessoas que andam sempre junto de outrem. 2. Tábuas que formam os lados das caixas.
Ilhéu, adj. (de *ilha*). Relativo a ilhas. S. m. 1. Homem das ilhas. 2. Ilhota. 3. *Geogr.* Rochedo no meio do mar. S. m. pl. Portugueses dos Açores e da Ilha da Madeira Fem: *ilhoa* (*ô*).
-ilho, suf. (l. *iculu*). Forma substantivos diminutivos, freqüentemente de sentido especial: *peitilho, quartilho.*
Ilhó, s. m. e f. (l. **oculiolu?*). 1. Orifício circular que serve de passadeira a fitas ou atacas. 2. Aro de metal que debrua aquele orifício. Var.: *ilhós.* Pl.: *ilhoses.*
Ilhoa (*ô*), adj. f. (fem. de *ilhéu*). Diz-se da mulher natural das ilhas. S. f. Mulher natural das ilhas.
Ilhós, s. m. e f. V. *ilhó.* Pl.: *ilhoses.*
Ilhota, s. f. 1. Pequena ilha. 2. *Biol.* Grupo de células com determinada função em certos órgãos.
Ilíaco, adj. (l. *illiacu*). *Anat.* Que pertence à bacia ou faz parte dela. S. m. *Anat.* Osso par que ocupa as partes laterais da bacia.
Ilíada, s. f. *Fig.* Série de aventuras ou feitos heróicos.
Ilibação, s. f. Ato ou efeito de ilibar.
Ilibado, adj. 1. Não tocado. 2. Puro, sem mancha.
Ilibar, v. (l. *illibare*). Tr. dir. Isentar de mancha ou culpa; justificar, reabilitar.
Iliberal, adj. m. e f. 1. Que não é liberal. 2. Adversário da liberdade. 3. Avaro, sovina.
Iliberalidade, s. f. Qualidade de iliberal.
Iliberalismo, s. m. *Polít.* Opinião ou sistema que se opõe ao liberalismo político.
Iliçar, v. (l. *illicere*). Tr. dir. Enganar, burlar; dispor de bens como se fossem seus. Conjuga-se como *laçar.*
Ilícito, adj. 1. Que não é lícito. 2. Contrário às leis ou à moral. 3. Vedado, defeso.
Ilicitude, s. f. 1. Qualidade do que não é lícito. 2. Ilegalidade, injuridicidade.
Ilídimo, adj. (*in + lídimo*). Que não é lídimo; ilegítimo.
Ilidir, v. (l. *illidere*). Tr. dir. Rebater, refutar. Cfr. *elidir.*
Ilidível, adj. m. e f. Que se pode ilidir.
Ilimitado, adj. 1. Que não é limitado, que não tem limites. 2. Indeterminado, indefinido. 3. Imenso.
Ilimitável, adj. m. e f. 1. Que não pode limitar. 2. Imenso. 3. Indefinido.
Ílio¹, s. m. (l. *ilia*). *Anat.* A maior das três partes do osso ilíaco.
ilio-², elem. de comp. (l. *ilia*). Significa *relativo ao íleo: iliocostal, iliolombar.*
Iliocostal, adj. m. e f. *Anat.* Diz-se do músculo que une a última costela ao ílio.
Iliolombar, adj. m. e f. *Anat.* Que diz respeito ao ílio e à região lombar.

Iliquidez, s. f. Estado ou qualidade do que é ilíquido.
Ilíquido, adj. Que não é ou não está líquido, apurado, comprovado.
Ilmenita, s. f. *Miner.* Mineral romboédrico, comumente usado na fabricação de aços especiais.
Ilocável, adj. m. e f. 1. Que não se pode locar. 2. Que não ocupa lugar.
Ilógico, adj. 1. Que não é lógico. 2. Que não acerta com os antecedentes; incoerente. 3. Absurdo.
Ilogismo, s. m. 1. Falta de lógica. 2. Caráter do que é ilógico.
Ilu, s. m. *Folc.* Membranofônio dos xangôs, com membranas de couro cru, esticada por meio de aro e cordas.
Iludente, adj. m. e f. Que ilude.
Iludir, v. (l. *illudere*). 1. Tr. dir. Causar ilusão a; enganar, lograr. 2. Pron. Cair em ilusão ou erro. 3. Tr. dir. Baldar, frustrar.
Iludível, adj. m. e f. 1. Que se pode iludir. 2. Que pode ser induzido num erro. 3. Em que pode haver ilusão.
Iluminação, s. f. 1. Ato ou efeito de iluminar ou iluminar-se. 2. Conjunto de luzes para iluminar alguma coisa. 3. Estado daquilo que é iluminado. S. f. pl. Luminárias.
Iluminado, adj. (p. de *iluminar*). 1. Que recebe luz. 2. Que se iluminou. 3. Que tem iluminuras. S. m. 1. Visionário em matéria de religião. 2. Partidário do iluminismo.
Iluminador, adj. e s. m. Que, ou o que ilumina.
Iluminância, s. f. *Fís.* Fluxo luminoso que incide na unidade de superfície.
Iluminante, adj. m. e f. Que ilumina.
Iluminar, v. 1. Tr. dir. Derramar, difundir luz em ou sobre. 2. Pron. Encher-se de luz. 3. Tr. dir. Ornar com luzes. 4. Tr. dir. Aconselhar, esclarecer, inspirar. 5. Pron. Aclarar-se o espírito; granjear entendimento e cultura. 6. Tr. dir. Adornar com iluminuras.
Iluminativo, adj. 1. Que serve para iluminar. 2. Ilustrativo, instrutivo.
Iluminismo, s. m. Movimento filosófico, a partir do séc. XVIII, que se baseava na inspiração sobrenatural.
Iluminista, s. m. e f. Pessoa sectária do iluminismo.
Iluminura, s. f. (fr. *enluminure*). 1. Tipo de pintura a cores que, em livros e outros manuscritos da Idade Média, representava figurinhas, flores e ornatos miniaturais. 2. Aplicação de cores vivas a uma estampa.
Ilusão, s. f. (l. *illusione*). 1. Engano dos sentidos ou da inteligência. 2. Errada interpretação de um fato ou de uma sensação. 3. O que dura pouco. 4. Dolo, fraude. 5. Traição.
Ilusionismo, s. m. Prestidigitação.
Ilusionista, s. m. e f. Prestidigitador.
Ilusivo, adj. (l. *illusu*). V. *ilusório*.
Ilusor, adj. e s. m. Que, ou o que ilude.
Ilusório, adj. Que produz ilusão, que tende a iludir; falso.
Ilustração, s. f. 1. Ato ou efeito de ilustrar. 2. Breve narrativa, verídica ou imaginária, com que se realça e enfatiza algum ensinamento. 3. Desenho, gravura ou imagem que acompanha o texto de livro, jornal, revista etc., ilustrando-o.
Ilustrado, adj. 1. Que tem ilustração; instruído, letrado, culto. 2. Que tem desenhos ou gravuras.
Ilustrador, adj. e s. m. 1. Que, ou o que ilustra. 2. Que, ou o que aplica ilustrações.
Ilustrar, v. 1. Tr. dir. Tornar ilustre; revestir de lustre ou glória a. 2. Tr. dir. Ensinar, instruir. 3. Tr. dir. Elucidar, enfatizar, esclarecer. 4. Tr. dir. Adornar com estampas.
Ilustrativo, adj. 1. Que ilustra. 2. Que esclarece ou elucida.
Ilustre, adj. m. e f. 1. Esclarecido. 2. Conspícuo, distinto, notável, preclaro. 3. Fidalgo, nobre.
Ilutação, s. f. *Med.* Ato ou efeito de ilutar.
Ilutar, v. Tr. dir. 1. Banhar em lodo ou lama para fins medicinais. 2. Tratar pelos banhos de lama.
im-[1], pref. Variante de *in-*, usada antes dos radicais que começam por *b* e *p*.
-im[2], suf. O mesmo que *ino: caixotim, palanquim, tamborim.*
Imã, s. m. (ár. *iman*). 1. Oficiante das orações diárias na mesquita. 2. Cada um dos chefes das quatro seitas ortodoxas.
Ímã, s. m. (fr. *aimant*). 1. Peça de aço magnetizado que atrai o ferro. 2. Coisa que atrai.
Imaculabilidade, s. f. Qualidade do que é imaculável.
Imaculado, adj. 1. Sem mácula ou mancha. 2. Limpo e puro.
Imaculável, adj. m. e f. 1. Que não se pode manchar. 2. Impecável.
Imagem, s. f. (l. *imagine*). 1. Reflexo de um objeto na água, num espelho etc. 2. Representação de uma pessoa ou coisa, obtida por meio de desenho, gravura ou escultura. 3. Estampa ou escultura que representa personagem santificada. 4. Representação mental de qualquer forma. 5. Imitação de uma forma; semelhança.
Imaginação, s. f. 1. Faculdade de imaginar, conceber e criar imagens. 2. Coisa imaginada. 3. Fantasia. 4. Cisma, apreensão.
Imaginador, adj. e s. m. Que, ou aquele que imagina.
Imaginar, v. 1. Tr. dir. Conceber, criar na imaginação. 2. Tr. dir. Idear, inventar, projetar. 3. Tr. dir. Fazer idéia de. 4. Pron. Figurar-se, julgar-se, supor-se.
Imaginário, adj. 1. Que só existe na imaginação. 2. Que não é real. 3. Ilusório. S. m. Escultor de imagens.
Imaginativa, s. f. 1. Faculdade de imaginar ou de inventar. 2. Fantasia.
Imaginativo, adj. 1. Que revela imaginação viva. 2. Que imagina. 3. Que tem a imaginação fértil.
Imaginável, adj. m. e f. Que se pode imaginar.
Imagineiro, s. m. O que faz estátuas; santeiro.
Imaginoso, adj. 1. Cheio de imaginação. 2. Fabuloso, fantástico, ideal, inverossímil.
Imago, s. f. *Entom.* Inseto em seu estádio final, adulto, sexualmente maduro. S. m. *Psicol.* Modelo de uma pessoa amada, formado na infância e que se conserva sem modificação na vida adulta.
Imaleabilidade, s. f. Qualidade daquilo que é imaleável.
Imaleável, adj. m. e f. Que não é maleável.
Imanar, v. V. *imantar*.
Imanência, s. f. Qualidade de imanente.
Imanente, adj. m. e f. 1. *Filos.* Que está compreendido na própria essência do todo. 2. Aderente, permanente.
Imanentismo, s. m. Doutrina filosófica que nega a existência de influências transcendentais sobre o mundo.
Imanização, s. f. Ato ou efeito de imanizar; imantação.
Imanizar, v. V. *imantar*.
Imantação, s. f. Ação de imantar.
Imantar, v. Tr. dir. Comunicar a propriedade de ímã; magnetizar, imanar, imanizar.
Imarcescibilidade, s. f. Qualidade de imarcescível.
Imarcescível, adj. m. e f. 1. Que não murcha. 2. Incorruptível.
Imarginado, adj. *Bot.* Que não tem margens ou bordos.
Imaterial, adj. m. e f. 1. Que não é matéria. 2. Que não tem matéria. S. m. Aquilo que não tem matéria.
Imaterialidade, s. f. Qualidade de imaterial.
Imaterialismo, s. m. Sistema dos que negam a existência da matéria.
Imaterialista, adj. m. e f. Relativo ao imaterialismo. S. m. e f. Pessoa partidária do imaterialismo.
Imaterializar, v. Tr. dir. e pron. Tornar(-se) imaterial.
Imaturidade, s. f. Qualidade de imaturo.
Imaturo, adj. 1. Que não é maduro. 2. Ainda não chegado ao estado de pleno desenvolvimento.
Imbaúba, s. f. *Bot.* Árvore da família das Moráceas (*Cecropia adenopus*), de folhas grandes e lobadas. Var.: *umbaúba, embaúba, embaúva.*
Imbaubal, s. m. Terreno onde crescem imbaúbas.
Imbaubeira (*a-u*), s. f. V. *imbaúba*.
Imbecil, adj. e s., m. e f. 1. Que, ou quem é fraco de espírito. 2. Néscio, parvo, tolo. 3. *Psicol.* Que, ou pessoa que tem nível mental entre um quarto e metade do nível normal do grupo de idade cronológica a que pertence.
Imbecilidade, s. f. (l. *imbecilitate*). 1. Qualidade de imbecil. 2. Ato ou dito imbecil. 3. *Med.* Deficiência mental em que o quociente intelectual corresponde ao de uma criança entre 2 e 7 anos.

Imbecilizar, v. Tr. dir. e pron. Tornar(-se) imbecil.
Imbele, adj. m. e f. 1. Que não é belicoso. 2. Débil, fraco.
Imberbe, adj. e s., m. e f. 1. Que, ou o que não tem barba. 2. Que, ou o que ainda é muito moço.
Imbicar, v. Tr. dir. Abicar, aportar.
Imbricação, s. f. Disposição de objetos colocados em parte, uns sobre os outros, como as telhas de um telhado.
Imbricar, v. 1. Tr. dir. Dispor em imbricação. 2. Tr. ind. Estar em imbricação.
Imbrífero, adj. *Poét.* Que traz chuva; inundante.
Imbu, s. m. *Bot.* Fruto do imbuzeiro. Var.: *umbu.*
Imbuia, s. f. 1. *Bot.* Árvore da família das Lauráceas (*Phoebe porosa*), cuja madeira se presta à confecção de móveis de luxo. 2. A madeira dessa árvore.
Imbuição, s. f. Ato ou efeito de imbuir.
Imbuir, v. 1. Tr. dir. Embeber, imergir (em um líquido qualquer). 2. Tr. dir. Fazer penetrar; implantar, convencer. 3. Pron. Impregnar-se, deixar-se penetrar.
Imburana, s. f. *Bot.* Pequena árvore da família das Burseráceas (*Bursera leptophloeus*). Var.: *umbarana* e *emburana.*
Imburi, s. m. Buri.
Imburizal, s. m. Plantação de imburis.
Imbuzal, s. m. Bosque de imbuzeiros. Var.: *umbuzal.*
Imbuzeiro, s. m. *Bot.* 1. Árvore da família das Anacardiáceas (*Spondias purpurea*), de frutos comestíveis, dos quais se prepara a imbuzada. 2. Árvore pequena, da família das Anacardiáceas (*Spondias tuberosa*), de frutos comestíveis. Var.: *umbuzeiro.*
Imediação, s. f. Fato de ser imediato. S. f. pl. Proximidades, vizinhanças, arredores.
Imediatismo, s. m. Maneira de proceder dispensando intervenções, rodeios e ambages.
Imediato, adj. 1. Que não tem nada de permeio. 2. Seguido, logo, depois. 3. Próximo, contíguo. 4. Instantâneo. S. m. Funcionário subalterno que substitui o chefe.
Imedicável, adj. m. e f. Que não se pode medicar.
Imemorabilidade, s. f. Caráter ou qualidade de imemorável.
Imemorável, adj. m. e f. V. *imemorial.*
Imemorial, adj. m. e f. 1. De que não resta memória. 2. Antiqüíssimo.
Imensidade, s. f. 1. Caráter ou estado do que é imenso ou infinito. 2. Extensão desmedida. 3. O infinito.
Imensidão, s. f. V. *imensidade.*
Imenso, adj. 1. Que não se pode medir. 2. Ilimitado. 3. Muito vasto, muito grande. 4. Numeroso.
Imensurabilidade, s. f. Qualidade de imensurável.
Imensurável, adj. m. e f. Que não se pode medir.
Imerecido, adj. Que não é merecido.
Imergência, s. f. Ação de imergir. Cfr. *emergência.*
Imergente, adj. m. e f. Que imerge.
Imergir, v. (l. *immergere*). 1. Tr. dir. Afundar, mergulhar, meter na água ou noutro líquido. 2. Tr. ind. Entrar, penetrar. 3. Pron. Afundar-se. — Conjuga-se como *abolir.*
Imérito, adj. V. *imerecido.*
Imersão, s. f. 1. Ato ou efeito de imergir ou de imergir-se. 2. Começo de um eclipse.
Imersível, adj. m. e f. Que se pode imergir ou mergulhar.
Imerso, adj. 1. Metido num líquido. 2. Mergulhado. 3. Engolfado, entranhado.
Imersor, adj. e s. m. Que, ou o que faz imergir.
Imigração, s. f. Ato ou efeito de imigrar.
Imigrante, adj. e s., m. e f. Que, ou quem imigra. Col.: *leva, colônia.*
Imigrar, v. Tr. ind. Entrar num país estrangeiro, para nele viver. Cfr. *emigrar.*
Imigratório, adj. Relativo à imigração ou aos imigrantes.
Iminência, s. f. Qualidade do que está iminente.
Iminente, adj. m. e f. 1. Que ameaça cair sobre alguém ou alguma coisa; impendente. 2 Sobranceiro.
Imisção, s. f. 1. Mistura. 2. Ingerência, intromissão.
Imiscibilidade, s. f. Qualidade de imiscível.
Imiscível, adj. m. e f. Que não é suscetível de misturar-se.
Imiscuir, v. Pron. Ingerir-se, intrometer-se, misturar-se em.
Imisericórdia, s. f. Falta de misericórdia.
Imisericordioso, adj. 1. Que não é misericordioso. 2. Cruel, desumano, impiedoso.
Imissão, s. f. Ato ou efeito de imitir. Cfr. *emissão.*
Imisso, adj. Que cruza pelo meio (diz-se dos braços da cruz).
Imitabilidade, s. f. Qualidade de imitável.
Imitação, s. f. 1. Ato ou efeito de imitar. 2. Representação ou reprodução de uma coisa, fazendo-a semelhante a outra.
Imitador, adj. e s. m. 1. Que, ou aquele que imita. 2. Que, ou o que é inclinado a imitar.
Imitante, adj. m. e f. 1. Que imita. 2. Semelhante, parecido.
Imitar, v. (l. *imitari*). Tr. dir. 1. Fazer ou reproduzir alguma coisa à semelhança de. 2. Seguir como norma, tomar por modelo. 3. Apresentar semelhança com. 4. Arremedar, copiar. 5. Ter uma falsa aparência de.
Imitativo, adj. 1. Imitante. 2. *Gram.* Diz-se dos verbos que, derivados de substantivos exprimem ação imitativa da qualidade ou estado inerente aos seres designados por esses substantivos: *Corvejar* (de *corvo*), *papaguear* (de *papagaio*).
Imitável, adj. m. e f. Que se pode imitar.
Imitir, v. Pron. Meter-se em. Cfr. *emitir.*
Imo, adj. 1. Que está no lugar mais fundo, ou mais baixo. 2. Que está no âmago; íntimo. S. m. Âmago, íntimo.
Imobiliária, s. f. Empresa que trabalha principalmente com venda e administração de imóveis.
Imobiliário, adj. 1. Relativo a bens imóveis. 2. Diz-se dos bens que são imóveis por natureza ou por disposição da lei.
Imobilidade, s. f. 1. Qualidade ou estado do que não se move. 2. Estacionamento. 3. Inércia. 4. Imperturbabilidade.
Imobilismo, s. m. Oposição sistemática ao progresso e paixão pelas coisas antigas.
Imobilista, adj. e s., m. e f. Que, ou pessoa que é partidária do imobilismo.
Imobilização, s. f. Ato ou efeito de imobilizar(-se).
Imobilizador, adj. Que imobiliza.
Imobilizar, v. 1. Tr. dir. e pron. Tornar(-se) imóvel. 2. Tr. dir. Impedir o movimento ou o progresso de; estabilizar, fixar, sustar. 3. Pron. Não progredir; estacionar. 4. Tr. dir. Consolidar (fundos).
Imoderação, s. f. Falta de moderação; excesso.
Imoderado, adj. 1. Que não é moderado; excessivo, descomedido.
Imodéstia, s. f. 1. Falta de modéstia. 2. Falta de pudor. 3. Orgulho, presunção, amor-próprio.
Imodesto, adj. 1. Que não é modesto, comedido ou recatado. 2. Enfatuado, presumido, vaidoso.
Imodicidade, s. f. Qualidade de imódico.
Imódico, adj. 1. Que não é módico. 2. Demasiado, elevado, exagerado, excessivo.
Imodificável, adj. m. e f. Que não se pode modificar.
Imolação, s. f. 1. Ato ou efeito de imolar. 2. Sacrifício cruento.
Imolador, adj. e s. m. Que, ou o que imola.
Imolando, adj. Que tem de ser imolado; destinado para vítima.
Imolar, v. 1. Tr. dir. Matar vítimas para as oferecer em sacrifício. 2. Tr. dir. Renunciar em atenção a alguém ou alguma coisa; sacrificar, perder. 3. Pron. Sacrificar-se.
Imoral, adj. m. e f. 1. Que não é moral. 2. Contrário à moral ou aos bons costumes. 3. Devasso, libertino. S. m. e f. Pessoa sem moral.
Imoralidade, s. f. 1. Qualidade de imoral. 2. Falta de moralidade. 3. Devassidão, desregramento. 4. Prática de maus costumes.
Imoralismo, s. m. Doutrina ética, que nega o valor das teorias morais (Nietzsche).
Imorigerado, adj. Que não é bem morigerado; libertino.
Imorredouro, adj. Imortal. Var.: *imorredoiro.*
Imortal, adj. m. e f. Que não morre; imorredouro, eterno. S. m. Membro de academia literária.
Imortalidade, s. f. 1. Condição ou qualidade de imortal. 2. A vida eterna; duração perpétua.
Imortalização, s. f. Ato ou efeito de imortalizar(-se).

Imortalizador, adj. e s. m. Que, ou aquele que imortaliza.
Imortalizar, v. Tr. dir. e pron. 1. Tornar(-se) imortal. 2. Tornar(-se) famoso ou célebre.
Imotiva, adj. f. *Bot.* Diz-se da germinação, quando se efetua sem deslocamento do espisperma.
Imoto, adj. (l. *immotu*). V. *imóvel.*
Imóvel, adj. m. e f. Que não se move; parado, imoto.
Impaciência, s. f. 1. Falta de paciência. 2. Pressa, precipitação. 3. Agastamento, irritação.
Impaciente, adj. m. e f. 1. Que não é paciente; inconformado. 2. Apressado, precipitado. 3. Agitado, nervoso.
Impacto, adj. Metido à força. S. m. 1. Choque, embate de um projétil. 2. Choque emocional.
Impagável, adj. m. e f. 1. Que não se pode ou não se deve pagar. 2. Inestimável, precioso. 3. Cômico, excêntrico.
Impalpabilidade, s. f. Qualidade de impalpável.
Impalpável, adj. m. e f. 1. Que não se pode apalpar. 2. Muito fino, sutil. 3. Imaterial.
Impaludação, s. f. Ato ou efeito de impaludar(-se).
Impaludar, v. Tr. dir. e pron. Infeccionar(-se) com febre malárica.
Impaludismo, s. m. *Med.* Malária.
Impar, v. 1. Intr. Respirar com dificuldade; arquejar. 2. Intr. Ficar abarrotado por muito comer ou beber. 3. Tr. ind. Mostrar orgulho, soberba.
Ímpar, adj. m. e f. 1. Que não é par. 2. Sem igual, excepcional.
Imparcial, adj. m. e f. 1. Que não é parcial. 2. Justo, reto.
Imparcialidade, s. f. Caráter ou qualidade de imparcial.
Imparidade, s. f. Qualidade de ímpar.
Imparissilábico, adj. V. *imparissílabo.*
Imparissílabo, adj. *Gram.* Diz-se dos nomes declináveis que têm no genitivo uma sílaba a mais do que no nominativo.
Impartível, adj. m. e f. Que não se pode partir; indivisível.
Impasse, s. m. (fr. *impasse*). Situação embaraçosa da qual é difícil sair bem; beco sem saída.
Impassibilidade, s. f. Qualidade de impassível.
Impassibilizar, v. 1. Tr. dir. Tornar impassível. 2. Intr. Ficar impassível.
Impassível, adj. m. e f. 1. Que não é suscetível de padecer; insensível. 2. Imperturbável.
Impatriótico, adj. Que não tem ou em que não há patriotismo.
Impavidez, s. f. Qualidade de impávido; intrepidez.
Impávido, adj. Que não tem pavor; destemido.
Impecabilidade, s. f. Qualidade de impecável.
Impecável, adj. m. e f. 1. Não sujeito a pecar; imaculável. 2. Sem defeito; perfeito.
Impedição, s. f. Impedimento.
Impedido, adj. 1. Que sofreu impedimento. 2. Vedado ao trânsito. 3. *Futebol.* Que está no impedimento.
Impediente, adj. m. e f. Que impede.
Impedimento, s. m. 1. Ato ou efeito de impedir; impedição. 2. Aquilo que impede. 3. Estorvo, obstáculo. 4. *Esp.* No futebol, posição irregular de um jogador ao receber a bola de um de seus companheiros, quando se acha na mesma linha ou além da linha de seu último oponente.
Impedir, v. Tr. dir. 1. Embaraçar, estorvar, obstar a. 2. Não consentir, não permitir. 3. Atalhar, interromper. 4. Privar de, tolher, proibir. 5. Atravancar, obstruir.
Impeditivo, adj. Impediente.
Impelente, adj. m. e f. 1. Que impele. 2. Impulsivo, impulsor.
Impelir, v. (l. *impellere*). Tr. dir. 1. Dar impulso a, empurrar. 2. Estimular, incitar. — Conjuga-se como *aderir.*
Impendente, adj. m. e f. Que está prestes a cair; iminente.
Impene, adj. m. e f. *Ornit.* Sem penas ou plumas.
Impenetrabilidade, s. f. Qualidade de impenetrável.
Impenetrável, adj. m. e f. 1. Que não se pode penetrar; inacessível. 2. Que não se pode conhecer ou explicar.
Impenitência, s. f. 1. Falta de arrependimento. 2. *Teol.* Endurecimento do coração que retém o indivíduo no estado de pecado.
Impenitente, adj. m. e f. Contumaz no erro, no crime ou no pecado.
Impensado, adj. 1. Não pensado; não calculado. 2. Imprevisto, inopinado.
Impensável, adj. m. e f. Não pensável.
Imperador, s. m. 1. Aquele que impera. 2. Rei, soberano.
Imperante, adj. e s., m. e f. Que, ou pessoa que impera.
Imperar, v. 1. Tr. dir. e intr. Governar como soberano de um império. 2. Intr. Dominar, prevalecer.
Imperativo, adj. 1. Que ordena, que exprime ordem. 2. Autoritário, arrogante. S. m. 1. *Gram.* Modo dos verbos que exprime ordem, exortação ou súplica. 2. Ordem, dever.
Imperatório, adj. 1. Relativo a imperador; imperial. 2. Imperativo.
Imperatriz, s. f. 1. Soberana de um império. 2. Esposa do imperador.
Imperceptibilidade, s. f. Qualidade de imperceptível.
Imperceptível, adj. m. e f. 1. Que não pode ser percebido, que não se pode distinguir. 2. Muito pequeno, insignificante. 3. Que escapa à nossa atenção.
Imperdoável, adj. m. e f. Que não merece perdão.
Imperecedouro, adj. Imperecível.
Imperecível, adj. m. e f. Que não há de perecer; imorredouro, imortal, eterno.
Imperfectibilidade, s. f. Qualidade de imperfectível.
Imperfectível, adj. m. e f. Que não é suscetível de se aperfeiçoar.
Imperfeição, s. f. (l. *imperfectione*). 1. Qualidade de imperfeito. 2. Falta de perfeição.
Imperfeito, adj. 1. Não acabado; incompleto. 2. Diz-se do tempo verbal que exprime uma ação passada mas não concluída: Eu *estudava* quando ele *entrou.* S. m. Esse tempo.
Imperfuração, s. f. *Med.* Oclusão de um orifício que naturalmente devia comunicar com o exterior.
Imperfurado, adj. *Med.* Em que há imperfuração.
Imperfurável, adj. m. e f. Que não pode ser perfurado.
Imperial, adj. m. e f. Relativo a império ou a imperador.
Imperialismo, s. m. 1. Forma de governo em que a nação é um império. 2. *Polít.* Expansão ou tendência para a expansão política e econômica de uma nação sobre outras.
Imperialista, adj. e s., m. e f. Que, ou pessoa que é partidária do imperialismo.
Imperícia, s. f. 1. Qualidade de imperito. 2. Ato de imperito; inexperiência.
Império, s. m. 1. Nação regida por um imperador. 2. Autoridade, comando, domínio.
Imperiosidade, s. f. 1. Qualidade de imperioso. 2. Tom imperioso.
Imperioso, adj. 1. Que ordena com império; imperativo. 2. Que se impõe forçosamente; inevitável.
Imperito, adj. 1. Que não é perito; inábil. 2. Que não tem experiência; inexperiente.
Impermanência, s. f. Qualidade de impermanente.
Impermanente, adj. m. e f. 1. Que não é permanente. 2. Inconstante, instável.
Impermeabilidade, s. f. Qualidade de impermeável.
Impermeabilização, s. f. Ato ou efeito de impermeabilizar.
Impermeabilizar, v. Tr. dir. Tornar impermeável.
Impermeável, adj. m. e f. Que não se deixa atravessar por fluido ou umidade.
Impermisto, adj. Não misturado com outra coisa.
Impermutabilidade, s. f. Qualidade de impermutável.
Impermutável, adj. m. e f. Que não se pode permutar.
Imperscrutável, adj. m. e f. Não perscrutável.
Impersistente, adj. m. e f. Não persistente; inconstante.
Impertérrito, adj. Que não tem medo; destemido, intrépido.
Impertinência, s. f. 1. Caráter de impertinente. 2. Ato, modos ou dito de pessoa impertinente.
Impertinente, adj. m. e f. 1. Incômodo, molesto. 2. Que não vem a propósito; inoportuno. 3. Rabugento.
Imperturbabilidade, s. f. Qualidade de imperturbável.
Imperturbável, adj. m. e f. 1. Que não se perturba; impassível, inabalável, inalterável. 2. Corajoso, longânimo.

Impérvio, adj. 1. Que não dá passagem. 2. Que não se deixa penetrar; impenetrável.

Impessoal, adj. m. e f. 1. Que não se refere a pessoa ou pessoas. 2. Que faz abstração das idéias e gostos pessoais; imparcial. 3. A que falta originalidade. 4. *Gram.* Diz-se dos verbos que não têm pessoas ou sujeito, e que por isso se conjugam unicamente na 3ª pessoa do singular.

Impeticar, v. Tr. ind. 1. Implicar. 2. Contender.

Impetigem, s. f. *Med.* Moléstia da pele, contagiosa, aguda, caracterizada por formação de vesículas; impetigo, impigem, impingem.

Impetiginoso, adj. 1. Relativo à impetigem. 2. Que tem a natureza de impetigem.

Impetigo, s. m. V. *impetigem.*

Ímpeto, s. m. 1. Movimento repentino. 2. Fúria, furor. 3. Precipitação, arrebatamento. 4. Agitação de espírito.

Impetrabilidade, s. f. Qualidade de impetrável.

Impetração, s. f. Ato ou efeito de impetrar.

Impetrante, adj. e s., m. e f. Que, ou quem impetra.

Impetrar, v. Tr. dir. 1. Invocar, pedir, suplicar. 2. Requerer por meio de providência judicial. 3. *Dir.* Requerer a decretação de certas medidas legais.

Impetrativo, adj. Próprio para impetrar; impetratório.

Impetratório, adj. V. *impetrativo.*

Impetrável, adj. m. e f. Que se pode impetrar.

Impetuosidade, s. f. Caráter ou qualidade de impetuoso.

Impetuoso, adj. 1. Que se move com ímpeto. 2. Arrebatado, fogoso, violento.

Impiedade, s. f. 1. Qualidade de ímpio. 2. Falta de piedade; crueldade. 3. Ato ou expressão ímpia.

Impiedoso, adj. 1. Em que não há piedade. 2. Que revela impiedade.

Impigem, s. f. V. *impetigem.*

Impingidela, s. f. *Fam.* Ato ou efeito de impingir.

Impingir, v. Tr. dir. 1. Dar com força ou violência. 2. Fazer acreditar numa coisa falsa. 3. Fazer aceitar ou receber contra a vontade. 4. Constranger a ouvir (algo desagradável ou enfadonho). 5. Fazer passar (uma coisa por outra).

Ímpio, adj. e s. m. Que, ou quem não tem fé; incrédulo, descrente, herege, ateu. Sup. abs. sint.: *impiíssimo.*

Implacabilidade, s. f. Qualidade de implacável.

Implacável, adj. m. e f. 1. Que não se pode aplacar. 2. Que não perdoa; inexorável, insensível.

Implantação, s. f. Ato de implantar(-se); implante.

Implantar, v. 1. Tr. dir. Plantar (uma coisa) em outra; fixar. 2. Tr. dir. Estabelecer, introduzir. 3. Pron. Arraigar-se.

Implante, s. m. V. *implantação.*

Implemento, s. m. Aquilo que serve para executar alguma coisa; apresto, aparelho.

Implexo (*cs*), adj. Emaranhado, enlaçado, entretecido. 2. Complicado, intrincado.

Implicação, s. f. (l. *implicatione*). 1. Ato ou efeito de implicar(-se). 2. Complicação. 3. *Fam.* Embirração, implicância.

Implicância, s. f. 1. Implicação. 2. Má vontade. 3. Importunação.

Implicante, adj. e s., m. e f. Que, ou pessoa que implica.

Implicar, v. 1. Tr. dir. Tornar confuso. 2. Tr. dir. e pron. Comprometer(-se), envolver(-se) nalgum enredo. 3. Tr. dir. Tornar necessário ou indispensável; exigir. 4. Tr. dir. Dar a entender, fazer supor. 5. Tr. ind. e pron. Mostrar má disposição para com alguém; antipatizar.

Implicativo, adj. 1. Que implica. 2. Que produz implicação.

Implicatório, adj. V. *implicativo.*

Implícito, adj. Que está envolvido mas não expresso claramente; tácito, subentendido. Antôn.: *explícito.*

Imploração, s. f. Ato de implorar; súplica.

Implorador, adj. e s. m. Que, ou pessoa que implora; implorante.

Implorante, adj. e s., m. e f. V. *implorador.*

Implorar, v. Tr. dir. Pedir com lágrimas; suplicar humildemente.

Implorativo, adj. Que envolve ou revela imploração ou súplica.

Implorável, adj. m. e f. Que se pode implorar.

Implosão, s. f. Cadeia de explosões conjugadas, cujos efeitos tendem para um ponto central.

Implume, adj. m. e f. Que ainda não tem penas ou plumas.

Implúvio, s. m. Pátio das casas romanas, em cujo centro havia uma cisterna para as águas pluviais.

Impolidez, s. f. 1. Qualidade de impolido. 2. Indelicadeza.

Impolido, adj. 1. Sem polimento. 2. Indelicado, descortês.

Impolítica, s. f. Falta de política ou cortesia; descortesia.

Impolítico, adj. 1. Que não é político. 2. Contrário à boa política. 3. Descortês, incivil.

Impoluível, adj. m. e f. Insuscetível de se poluir; imaculável.

Impoluto, adj. 1. Que não é poluído. 2. Imaculado, virtuoso.

Imponderabilidade, s. f. Qualidade de imponderável.

Imponderado, adj. Feito sem reflexão; irrefletido, inconsiderado.

Imponderável, adj. m. e f. 1. *Fís.* Que não se pode pesar; que não tem peso apreciável. 2. Que não se pode avaliar; muito sutil.

Imponência, s. f. 1. Qualidade de imponente. 2. Arrogância, altivez.

Imponente, adj. m. e f. 1. Que impõe admiração; majestoso. 2. Arrogante, altivo.

Impontual, adj. m. e f. Que não é pontual.

Impontualidade, s. f. 1. Falta de pontualidade. 2. Qualidade de impontual.

Impopular, adj. m. e f. 1. Que não agrada ao povo. 2. Que não tem popularidade.

Impopularidade, s. f. Falta de popularidade.

Impopularizar, v. Tr. dir. e pron. Tornar(-se) impopular.

Impor, v. (l. *imponere*). 1. Tr. dir. Pôr em, pôr sobre ou em cima de; sobrepor. 2. Tr. dir. Determinar, estabelecer, fixar (direito, imposto, tributo). 3. Tr. dir. Fazer aceitar à força ou com sacrifício; obrigar a cumprir, pagar ou satisfazer. 4. Tr. dir. Tornar obrigatório. 5. Tr. dir. Infligir: *I. castigos.* 6. Pron. Fazer-se aceitar, obrigar a que o recebam.

Importação, s. f. 1. Ato de importar. 2. Aquilo que se importou. 3. Introdução num país, estado ou município de mercadorias de outro.

Importador, adj. e s. m. Que, ou aquele que importa.

Importância, s. f. 1. Grande valor, consideração, interesse. 2. Influência, autoridade, crédito. 3. Quantia, soma, total. 4. *Pop.* Ares de pessoa que se julga importante; fatuidade.

Importante, adj. m. e f. 1. Que tem importância. 2. Digno de apreço, de estima, de consideração. 3. *Pop.* Que se dá importância. S. m. O que mais interessa; o essencial.

Importar, v. 1. Tr. dir. Mandar vir ou trazer de país estranho; introduzir. 2. Tr. dir. e tr. ind. Dar em resultado, ter como conseqüência. 3. Tr. ind. e intr. Convir, ter importância ou interesse. 4. Tr. ind. Atingir ou subir a tal preço, chegar a tal quantia. 5. Pron. Dar importância, fazer caso.

Importável, adj. m. e f. Que pode ser importado.

Importe, s. m. Preço de compra; custo.

Importunação, s. f. 1. Ato ou efeito de importunar. 2. Impertinência, aborrecimento.

Importunador, adj. e s. m. Que, ou o que importuna; importuno.

Importunar, v. 1. Tr. dir. Ser importuno a; incomodar, molestar, sobretudo com pedidos insistentes. 2. Tr. dir. Apoquentar. 3. Pron. Incomodar-se, molestar-se.

Importunidade, s. f. 1. Ato importuno. 2. Qualidade de importuno.

Importuno, adj. 1. Que importuna pela insistência; maçador, molesto. 2. Que não é oportuno; inoportuno.

Imposição, s. f. (1. *impositione*). 1. Ato de impor. 2. Determinação, ordem. 3. Coisa imposta. 4. Colação de insígnias.

Impossibilidade, s. f. 1. Qualidade de impossível. 2. Coisa impossível.

Impossibilitar, v. 1. Tr. dir. Tornar impossível. 2. Tr. dir. Fazer perder as forças ou a aptidão para. 3. Pron. Perder a aptidão, as forças, a capacidade.

Impossível, adj. m. e f. 1. Que não é possível, que não tem possibilidade. 2. Que não pode ser feito; impraticável. 3. Muito difícil. S. m. Aquilo que não é possível.

Imposta, s. f. *Arquit.* Espécie de cornija assente sobre a ombreira de uma porta ou sobre o pilar de uma arcada e que constitui a base do dintel ou arco. Var.: *emposta.*

Impostação, s. f. Ato ou efeito de impostar.

Impostar, v. Tr. dir. Emitir corretamente (a voz).

Imposto (*ô*), adj. 1. Que se impôs. 2. Que se obrigou a aceitar. S. m. Contribuição, geralmente em dinheiro, que se exige de cada cidadão para financiar as despesas de interesse geral, a cargo do Estado. Pl.: *impostos* (*ó*).

Impostor, adj. e s. m. Que, ou o que tem impostura; embusteiro.

Impostura, s. f. 1. Artifício para enganar; embuste. 2. Hipocrisia.

Impotabilidade, s. f. Qualidade de impotável.

Impotável, adj. m. e f. Que não pode ser bebido.

Impotência, s. f. 1. Qualidade de impotente. 2. *Med.* Impossibilidade masculina para a cópula.

Impotente, adj. m. e f. 1. Que não pode; fraco. 2. *Med.* Que tem incapacidade genesíaca.

Impraticabilidade, s. f. Qualidade de impraticável.

Impraticável, adj. m. e f. 1. Que não se pode praticar; inexeqüível. 2. Impossível. 3. Intransitável.

Imprecação, s. f. 1. Ato de imprecar. 2. Maldição, praga.

Imprecar, v. 1. Tr. dir. Rogar instantemente, suplicar bens ou males contra ou a favor de alguém. 2. Intr. Rogar pragas; praguejar. 3. Tr. dir. Maldizer.

Imprecatado, adj. Que não está precatado; desacautelado, desprevenido.

Imprecativo, adj. Que envolve imprecação.

Imprecatório, adj. Que tem o caráter de imprecação.

Imprecaução, s. f. Falta de precaução; imprevidência.

Imprecisão, s. f. Falta de precisão, de rigor.

Impreenchível, adj. m. e f. Que não se pode preencher.

Impregnação, s. f. Ato ou efeito de impregnar(-se).

Impregnar, v. 1. Tr. dir. Fazer que penetrem em um corpo as moléculas de outro corpo. 2. Tr. dir. e pron. Imbuir(-se), compenetrar(-se).

Impremeditação, s. f. Falta de premeditação.

Impremeditado, adj. Em que não há premeditação; impensado, instintivo.

Imprensa, s. f. 1. Máquina com que se imprime. 2. Arte de imprimir. 3. Conjunto de escritores, especialmente jornalistas. 4. Conjunto de jornais.

Imprensado, adj. Que sofreu imprensagem.

Imprensador, adj. e s. m. Que, ou o que imprensa.

Imprensadura, s. f. V. *imprensagem.*

Imprensagem, s. f. Ato, operação ou efeito de imprensar.

Imprensar, v. Tr. dir. 1. Apertar no prelo. 2. Apertar à maneira de uma prensa.

Impresciência, s. f. Falta de presciência.

Imprescindibilidade, s. f. Qualidade de imprescindível.

Imprescindível, adj. m. e f. De que não se pode prescindir; necessário, indispensável.

Imprescritibilidade, s. f. Qualidade de imprescritível.

Imprescritível, adj. m. e f. Que não prescreve.

Impressão, s. f. 1. Ato ou efeito de imprimir(-se). 2. Encontro de um corpo com outro. 3. Efeito, sinal ou vestígio desse encontro. 4. Ação dos objetos exteriores sobre os órgãos dos sentidos. 5. Efeito de uma causa qualquer produzido no espírito ou no coração. 6. Ação de imprimir um livro, um jornal, uma revista. 7. O modo pelo qual se faz essa operação. 8. Edição. 9. Marca ou sinal em fundo ou em relevo.

Impressionabilidade, s. f. Qualidade de impressionável.

Impressionante, adj. m. e f. 1. Que impressiona. 2. Comovente.

Impressionar, v. 1. Tr. dir. Produzir impressão material em. 2. Tr. dir. Causar impressão moral em; abalar, comover. 3. Pron. Receber uma impressão moral. 4. Pron. Deixar-se comover; abalar-se, perturbar-se.

Impressionável, adj. m. e f. 1. Que facilmente se impressiona. 2. Que pode receber impressões.

Impressionismo, s. m. 1. *Bel-Art.* Forma de arte, principalmente pictórica, que procura transmitir a impressão como foi materialmente recebida da natureza. 2. Atividade estético-literária baseada nas impressões subjetivas.

Impressionista, adj. Relativo ao impressionismo. S. m. e f. Quem cultiva o impressionismo.

Impressivo, adj. 1. Que imprime. 2. Que impressiona; que influi moralmente no ânimo, no coração, na inteligência.

Impresso, adj. Que se imprimiu. S. m. Obra de tipografia.

Impressor, adj. Que imprime. S. m. 1. Aquele que imprime ou trabalha com o prelo. 2. Proprietário de tipografia.

Imprestável, adj. m. e f. 1. Que não presta; inútil. 2. Que não é prestimoso.

Impreterível, adj. m. e f. Que não se pode preterir. 2. Que não se pode deixar de fazer. 3. Que não se pode adiar.

Imprevidência, s. f. Falta de previdência; incúria.

Imprevisão, s. f. 1. Falta de previsão. 2. Desmazelo.

Imprevisível, adj. m. e f. Que não é previsível.

Imprevisto, adj. Que não é previsto; súbito, inopinado. S. m. Aquilo que não se prevê.

Imprimir, v. (l. *imprimere*). 1. Tr. dir. *Tip.* Estampar por meio de pressão do prelo. 2. Tr. dir. Publicar pela imprensa. 3. Tr. dir. Deixar gravado. 4. Pron. *Fig.* Fixar-se, gravar-se.

Improbabilidade, s. f. Qualidade de improvável.

Ímprobo, adj. 1. Que não tem probidade; desonesto. 2. Difícil, árduo, fatigante.

Improcedência, s. f. Qualidade de improcedente.

Improcedente, adj. m. e f. 1. Que não é procedente. 2. Que não se justifica. 3. Ilógico, incoerente.

Improdutível, adj. m. e f. Que não é produtível.

Improdutividade, s. f. Qualidade de improdutivo.

Improdutivo, adj. 1. Que não é fecundo; estéril. 2. Que não rende; inútil. 3. Frustrado, vão.

Improferível, adj. m. e f. Que não se profere. 2. Que não se pode proferir.

Improficiência, s. f. Qualidade de improficiente.

Improficiente, adj. m. e f. 1. Não proficiente. 2. Que não trabalha bem.

Improfícuo, adj. 1. Que não dá proveito; não profícuo. 2. Baldado, inútil.

Improlífico, adj. Que não produz; estéril.

Impronúncia, s. f. *Dir.* Ato de impronunciar.

Impronunciar, v. Tr. dir. *Dir.* Julgar improcedente a denúncia ou queixa contra.

Improperar, v. Tr. dir. 1. Dirigir impropérios a. 2. Censurar, vituperar.

Impropério, s. m. 1. Ato ou palavra afrontosa; vitupério. 2. Repreensão injuriosa.

Impropriedade, s. f. Qualidade de impróprio.

Impróprio, adj. 1. Que não é próprio; inadequado. 2. Avesso aos costumes. 3. Descabido, inoportuno. 4. Indecoroso.

Improrrogabilidade, s. f. Qualidade de improrrogável.

Improrrogável, adj. m. e f. Não prorrogável.

Impróspero, adj. Que não é próspero.

Improvar, v. Tr. dir. Desaprovar.

Improvável, adj. m. e f. Que não é provável.

Improvidência, s. f. Qualidade de improvidente.

Improvidente, adj. m. e f. 1. Que não é providente. 2. Que não sabe governar-se; dissipador, esbanjador.

Impróvido, adj. V. *improvidente.*

Improvisação, s. f. Ato ou efeito de improvisar; improviso.

Improvisar, v. 1. Tr. dir. Compor, fazer, produzir no momento (discursos, sermões, versos etc.), sem preparo prévio. 2. Tr. dir. Armar, arranjar, organizar às pressas. 3. Pron. Arvorar-se falsamente em; fingir-se de.

Improviso, adj. Repentino, inopinado, improvisado. S. m. Produto intelectual feito de repente, sem preparo.

Imprudência, s. f. 1. Qualidade de imprudente. 2. Ato contrário à prudência.

Imprudente, adj. e s., m. e f. Que, ou pessoa que não é prudente.

Impuberdade, s. f. Estado ou idade de impúbere.

Impúbere, adj. e s., m. e f. Que, ou quem ainda não chegou à puberdade.
Impubescência, s. f. 1. Impuberdade. 2. O começo da puberdade.
Impubescente, adj. e s., m. e f. Impúbere.
Impudência, s. f. 1. Falta de pudor. 2. Ato ou dito impudente.
Impudente, adj. m. e f. Que não tem pudor; descarado, semvergonha.
Impudicícia, s. f. 1. Falta de pudicícia. 2. Ato ou palavra impudica.
Impudico (*dí*), adj. Que não tem pudor; lascivo.
Impudor, s. m. 1. Falta de pudor. 2. Descaro, cinismo; impudência.
Impugnação, s. f. Ato ou efeito de impugnar.
Impugnador, adj. e s. m. Que, ou o que impugna.
Impugnar, v. Tr. dir. 1. Pugnar contra; opor-se a, resistir. 2. Contrariar com razões; refutar, contestar.
Impugnativo, adj. Que impugna.
Impugnável, adj. m. e f. Que pode ser impugnado; contestável.
Impulsão, s. f. Força que impele um corpo; impulso.
Impulsar, v. V. *impulsionar.*
Impulsionar, v. Tr. dir. 1. Dar impulso a; impelir. 2. Estimular, incitar.
Impulsividade, s. f. Qualidade ou caráter de impulsivo.
Impulsivo, adj. 1. Que dá impulso. 2. Que se encoleriza facilmente. 3. Que reage ao impulso do momento; fogoso.
Impulso, s. m. 1. Ato de impelir; impulsão. 2. Ímpeto, abalo, esforço. 3. Força que atua como motivo; estímulo.
Impulsor, adj. e s. m. Que, ou o que impulsa ou impele.
Impune, adj. m. e f. Que ficou sem punição; impunido.
Impunidade, s. f. Estado de impune.
Impunido, adj. Impune.
Impunível, adj. m. e f. Que não se pode punir.
Impureza, s. f. (l. *impuritia*). 1. Qualidade de impuro. 2. Coisa impura. 3. Impudor. 4. Imundície. S. f. pl. Tudo o que perturba a pureza de qualquer substância.
Impuro, adj. 1. Que não é puro; que tem mistura. 2. Contaminado. 4. Imoral, impudico, imundo.
Imputabilidade, s. f. Qualidade de imputável.
Imputação, s. f. (l. *imputatione*). 1. Ato ou efeito de imputar. 2. Aquilo que se imputa. 3. Inculpação.
Imputar, v. Tr. dir. Atribuir (a alguém ou a alguma coisa) a responsabilidade de.
Imputável, adj. m. e f. Que se pode imputar.
Imputrescibilidade, s. f. Qualidade de imputrescível.
Imputrescível, adj. m. e f. Que não é suscetível de apodrecer.
Imundice, s. f. V. *imundícia.*
Imundícia, s. f. 1. Falta de limpeza. 2. Porcaria, sujidade.
Imundície, s. f. V. *imundícia.*
Imundo, adj. 1. Impuro, sujo. 2. Sórdido, indecente, imoral.
Imune, adj. m. e f. Não sujeito; isento, livre.
Imunidade, s. f. 1. Privilégio. 2. Isenção. 3. Liberdade. 4. Prerrogativa. 5. *Med.* Estado de um organismo que resiste a infecções ou infestações por possuir anticorpos específicos contra o agente agressor.
Imunização, s. f. Ato ou efeito de imunizar.
Imunizador, adj. e s. m. Que, ou o que imuniza.
Imunizar, v. Tr. dir. 1. Tornar imune a. 2. *Fig.* Tornar insensível a.
Imutabilidade, s. f. Qualidade de imutável.
Imutação, s. f. Ato ou efeito de imutar.
Imutar, v. Tr. dir. e pron. Mudar(-se), alterar(-se).
Imutável, adj. m. e f. Não sujeito a mudança; imudável.
in-, pref. (l. *in*). Exprime geralmente *negação: incerteza, infeliz; indeferir.*
-ina, suf. 1. Forma substantivos com a idéia de *profissão, ofício, exercício: medicina, sabatina.* 2. *Quím.* Designa *substância formada de outra e de natureza alcalina: estricnina, estearina.*
Inabalável, adj. m. e f. 1. Que não pode ser abalado; firme, fixo; constante. 2. Inquebrantável. 3. Corajoso, intrépido.
Inabdicável, adj. m. e f. Que não se pode abdicar.
Inábil, adj. m. e f. 1. Que não é hábil, que não tem aptidão, capacidade. 2. *Dir.* Incapaz.
Inabilidade, s. f. Qualidade de inábil.
Inabilitação, s. f. Falta de habilitação.
Inabilitar, v. 1. Tr. dir. e pron. Tornar(-se) inábil física, intelectual, jurídica ou moralmente. 2. Tr. dir. Reprovar em concurso ou exame.
Inabitado, adj. Que não é habitado; desabitado.
Inabitável, adj. m. e f. Que não é habitável.
Inabordável, adj. m. e f. Que não pode ser abordado.
Inacabado, adj. Que não foi acabado; incompleto.
Inacabável, adj. m. e f. Que não pode acabar; interminável, infindo.
Inação, s. f. 1. Falta de ação. 2. Abstenção de ação; inércia. 3. Frouxidão de caráter; indecisão.
Inaceitável, adj. m. e f. Não aceitável; inadmissível.
Inacessibilidade, s. f. Qualidade de inacessível.
Inacessível, adj. m. e f. 1. Que não dá acesso. 2. Inabordável, insociável.
Inaclimável, adj. m. e f. Não aclimável.
Inacreditável, adj. m. e f. Que não é acreditável; incrível.
Inacusável, adj. m. e f. Não acusável.
Inadaptar, v. Tr. dir. e pron. Não adaptar(-se).
Inadaptável, adj. m. e f. Que não se adapta.
Inadequado, adj. Que não é adequado; impróprio.
Inadiável, adj. m. e f. Que não se pode adiar; impreterível.
Inadimplemento, s. m. *Dir.* Falta de cumprimento de um contrato ou das suas condições.
Inadmissão, s. f. 1. Ato ou efeito de não admitir. 2. Falta de admissão. 3. Exclusão.
Inadmissibilidade, s. f. Qualidade de inadmissível.
Inadmissível, adj. m. e f. Que não se pode admitir.
Inadquirível, adj. m. e f. Que não é adquirível.
Inadvertência, s. f. 1. Falta de advertência; descuido, imprevidência, negligência. 2. Irreflexão.
Inadvertido, adj. Feito sem reflexão.
Inafiançável, adj. m. e f. Não afiançável.
Inalação, s. f. (l. *inhalatione*). 1. Ato ou efeito de inalar. 2. *Med.* Absorção pelas vias respiratórias dos vapores de substâncias medicamentosas.
Inalador, adj. e s. m. Que, ou aquilo que serve para fazer inalações.
Inalante, adj. m. e f. Que inala. S. m. *Med.* Substância própria para inalações.
Inalar, v. Tr. dir. 1. Absorver por aspiração. 2. Receber, assimilar.
Inalbuminado, adj. Que não tem albumina.
Inaliável, adj. m. e f. Que não se pode aliar.
Inalienabilidade, s. f. Qualidade de inalienável.
Inalienação, s. f. Estado daquilo que não se alienou.
Inalienado, adj. Que não se alienou.
Inalienar, v. Tr. dir. Tornar inalienável.
Inalienável, adj. m. e f. Que não se pode alienar.
Inalterabilidade, s. f. Qualidade de inalterável.
Inalterado, adj. 1. Não alterado. 2. Constante.
Inalterável, adj. m. e f. 1. Que não se pode alterar. 2. Impassível, imperturbável.
Inamável, adj. m. e f. 1. Que não é amável. 2. Descortês.
Inambu, s. m. e f. Nome comum a várias espécies de aves da família dos Tinamídeos; inamu, inhambu, nambu e poranga. Voz: *pia.*
Inambuaçu, s. m. e f. *Ornit.* Ave tinamídea *(Tinamus tao tao).*
Inamissibilidade, s. f. Qualidade de inamissível.
Inamissível, adj. m. e f. Não sujeito a perder-se.
Inamolgável, adj. m. e f. Não amolgável.
Inamovibilidade, s. f. Qualidade de inamovível.
Inamovível, adj. m. e f. 1. Que não pode ser removido; irremovível. 2. Que não pode ser destituído.
Inane, adj. m. e f. 1. Vazio, oco. 2. Frívolo, fútil, vão.
Inanição, s. f. 1. Estado de inane; vacuidade. 2. Grande fraqueza por falta de alimento.
Inanidade, s. f. Qualidade de inane; futilidade.
Inanimado, adj. 1. Que não tem ânimo. 2. Que não tem viva-

cidade. 3. Que está sem sentidos; desfalecido. 4. Falto de expressão, de ação.

Inânime, adj. m. e f. V. *inanimado.*

Inanir, v. Tr. dir. e pron. *P. us.* Reduzir(-se) ao estado de inanição. — Conjuga-se como *banir.*

Inantéreo, adj. *Bot.* Que não tem anteras.

Inapelável, adj. m. e f. De que não se pode apelar.

Inapetência, s. f. Falta de apetite; anorexia.

Inaplicabilidade, s. f. Estado ou qualidade de inaplicável.

Inaplicado, adj. 1. Que não tem aplicação. 2. Vadio.

Inaplicável, adj. m. e f. 1. Que não é aplicável, que não tem aplicação. 2. Que não vem ao caso.

Inapreciável, adj. m. e f. 1. Que não pode ser apreciado. 2. Cujo preço ou valor é superior à estimativa; incalculável.

Inaproveitável, adj. m. e f. Não aproveitável.

Inaptidão, s. f. 1. Falta de aptidão; inabilidade. 2. Falta de inteligência; estupidez.

Inapto, adj. Sem aptidão; incapacitado, inadequado.

-inar, suf. O mesmo que *inhar: calcinar, empanzinar, encanzinar.*

Inarmonia, s. f. Falta de harmonia; desarmonia.

Inarmônico, adj. Sem harmonia; anarmônico.

Inarmonioso, adj. Inarmônico.

Inarrável, adj. m. e f. Que não se pode narrar; inenarrável.

Inarrecadável, adj. m. e f. Que não pode ser arrecadado.

Inarticulado, adj. 1. Que não é articulado, que não se articulou claramente. 2. Mal pronunciado.

Inarticulável, adj. Que não se pode articular.

Inassiduidade *(u-i),* s. f. Falta de assiduidade.

Inassimilável, adj. m. e f. Que não se pode assimilar.

Inassinável, adj. m. e f. Que não se pode assinar, marcar ou determinar.

Inatacável, adj. m. e f. Que não se pode atacar ou contestar; incontestável.

Inatendível, adj. m. f. Que não pode ou não merece ser atendido.

Inatingível, adj. m. e f. Não atingível.

Inatividade, s. f. 1. Qualidade de inativo. 2. Falta de atividade; inércia. 3. Situação de funcionários afastados do serviço ativo.

Inativo, adj. 1. Que não está em atividade. 2. Aposentado (empregado público ou de empresa).

Inato, adj. Que nasceu com o indivíduo; congênito.

Inaturável, adj. m. e f. Não aturável; insuportável.

Inaudito *(dí),* adj. 1. Que nunca se ouviu dizer. 2. Espantoso, fantástico.

Inaudível, adj. m. e f. Que não se pode ouvir.

Inauferível, adj. m. e f. 1. Que não pode ser tirado. 2. De que não se pode privar alguém. 3. Inerente.

Inauguração, s. f. 1. Ato de inaugurar. 2. Solenidade com que se inaugura um estabelecimento, uma instituição.

Inaugural, adj. m. e f. 1. Relativo a inauguração. 2. Inicial.

Inaugurar, v. 1. Tr. dir. Colocar, expor pela primeira vez à vista ou ao uso do público. 2. Tr. dir. e pron. Começar, iniciar(-se). 3. Tr. dir. Consagrar, dedicar.

Inautenticidade, s. f. Falta de autenticidade.

Inautêntico, adj. Não autêntico.

Inavegabilidade, s. f. Qualidade de inavegável.

Inavegável, adj. m. e f. Que não pode ser navegado.

Inca, adj. m. e f. Relativo aos Incas, casta dominante do Peru, na época da conquista espanhola. S. m. e f. Indígena da raça dos Incas. S. m. 1. Título dos soberanos do Peru, cuja dinastia os conquistadores espanhóis destruíram. 2. O idioma dos Incas.

Incabível, adj. m. e f. Que não tem cabimento; inaceitável.

Incaico, adj. Relativo aos Incas.

Incalcinável, adj. m. e f. Não calcinável.

Incalculável, adj. m. e f. 1. Não calculável. 2. Muito considerável, muito numeroso.

Incandescência, s. f. Estado de incandescente.

Incandescente, adj. m. e f. Que está em brasa; ardente.

Incandescer, v. Tr. dir. e intr. 1. Tornar(-se) candente, pôr(-se) em brasa. 2. *Fig.* Exaltar(-se).

Incansável, adj. m. e f. Que não se cansa; ativo, laborioso.

Incapacidade, s. f. Falta de capacidade; inaptidão.

Incapacitar, v. Tr. dir. e pron. Tornar(-se) incapaz; inabilitar(-se).

Incapacitável, adj. m. e f. Que não se pode capacitar.

Incapaz, adj. m. e f. 1. Que não é capaz. 2. Ignorante. 3. Sem capacidade legal (privado, pela lei, de certas funções). Sup. abs. sint.: *incapacíssimo.*

Inçar, v. (l. *indiciare*). 1. Intr. Desenvolver-se, propagar-se em grande quantidade (diz-se dos animais e dos vegetais). 2. Tr. dir. e pron. Encher(-se), cobrir(-se).

Incaracterístico, adj. Não característico; confundível, vulgar.

Incardinar, v. Tr. dir. Aceitar (uma diocese), canonicamente, clérigo de outra.

Incásico, adj. Relativo à dinastia dos incas.

Incasto, adj. Que não é casto; impudico.

Incauto, adj. 1. Que não é cauto. 2. Crédulo, ingênuo. 3. Imprudente.

Incender, v. 1. Tr. dir. e pron. Acender(-se), inflamar(-se). 2. Tr. dir. Afoguear, ruborizar. 3. Tr. dir. Animar, incitar. 4. Pron. Abrasar-se, exaltar-se. 5. Pron. Propagar-se.

Incendiar, v. 1. Tr. dir. Pôr fogo a. 2. Pron. Abrasar-se, arder. 3. Tr. dir. *Fig.* Fazer brilhar como chamas de incêndio. 4. Tr. dir. Afoguear, avermelhar. 5. Tr. dir. *Fig.* Estimular, excitar. 6. Pron. *Fig.* Exaltar-se, inflamar-se.

Incendiário, adj. 1. Que comunica fogo a alguma coisa. 2. Que excita os ânimos. S. m. 1. Aquele que incendeia. 2. Revolucionário, exaltado.

Incendimento, s. m. Ação ou efeito de incender(-se).

Incêndio, s. m. 1. Ato ou efeito de incendiar. 2. Fogo que lavra com intensidade. 3. Conflagração, guerra. 4. Entusiasmo.

Incensação, s. f. Ato ou efeito de incensar.

Incensadela, s. f. V. *Incensação.*

Incensador, adj. e s. m. 1. Que, ou o que incensa. 2. Bajulador.

Incensar, v. Tr. dir. 1. Queimar incenso diante de (altar ou pessoa). 2. Defumar, perfumar. 3. Iludir com lisonjas; adular, bajular.

Incensário, s. m. V. *incensório.*

Incenso, s. m. 1. Material (como resinas ou madeiras) usado para produzir um cheiro aromático quando queimado. 2. Louvor exagerado, adulação, turiferação.

Incensório, s. m. Utensílio para incensar; turíbulo.

Incensurável, adj. m. e f. 1. Não censurável. 2. Correto, impoluto.

Incentivar, v. Tr. dir. Dar incentivos a.

Incentivo, adj. Que incentiva, que excita. S. m. 1. Aquilo que incentiva, que estimula; estímulo.

Incerimonioso, adj. Não cerimonioso.

Incerteza, s. f. Falta de certeza; hesitação, dúvida.

Incerto, adj. (l. *incertu*). 1. Que não é certo. 2. Duvidoso. 3. Hesitante, indeciso. 4. Indeterminado, irresoluto. S. m. O que não é certo.

Incessante, adj. m. e f. 1. Que não cessa; contínuo. 2. Assíduo, constante.

Incesto *(é),* s. m. União sexual entre parentes (consangüíneos ou afins).

Incestuoso, adj. 1. Relativo a incesto. 2. Que cometeu incesto. 3. Que provém de incesto.

Inchação, s. f. (l. *inflatione*). 1. Ato ou efeito de inchar. 2. Tumor, edema. 3. *Fam.* Vaidade, arrogância.

Inchaço, s. m. Inchação.

Inchado, adj. 1. Que tem inchação. 2. Cheio de si; enfatuado, afetado.

Inchamento, s. m. V. *inchação.*

Inchar, v. (l. *inflare*). 1. Tr. dir. e pron. Avolumar(-se), intumescer(-se). 2. Tr. dir., intr. e pron. Aumentar(-se) o volume. 3. Tr. dir. *Fig.* Tornar enfático; afetar. 4. Tr. dir., intr. e pron. *Fig.* Desvanecer(-se), ensoberbecer(-se).

Incicatrizável, adj. m. e f. Não cicatrizável.

Incidência, s. f. 1. Qualidade do que é incidente. 2. Ato de incidir. 3. *Dir.* Fato pelo qual o indivíduo está sujeito a pagar o imposto.

Incidentado, adj. Cheio, cortado de incidentes.
Incidental, adj. m. e f. 1. Relativo a incidente. 2. Episódico.
Incidente, adj. m. e f. 1. Que incide, que sobrevém. 2. *Gram.* Na antiga nomenclatura gramatical, dizia-se da oração adjetiva explicativa. S. m. 1. Circunstância acidental; episódio.
Incidir, v. (l. *incidere*). 1. Tr. ind. Cair sobre. 2. Tr. ind. Incorrer. 3. Tr. ind. Recair, pesar.
Incineração, s. f. Ato ou efeito de incinerar.
Incinerar, v. Tr. dir. e pron. Reduzir(-se) a cinzas.
Incipiente, adj. m. e f. Que está no começo; principiante.
Incircunciso, adj. e s. m. Que, ou o que não foi circuncidado.
Incircunscrito, adj. Que não é circunscrito.
Incisão, s. f. (l. *incisione*). 1. Corte, golpe com instrumento cortante. 2. *Cir.* Seção da pele ou das partes moles.
Incisivo, adj. 1. Que corta. 2. Diz-se do estilo conciso, cortante e enérgico. 3. Eficaz. 4. *Anat.* Relativo aos quatro dentes situados entre os dois caninos. S. m. Cada um desses dentes.
Inciso, adj. 1. Ferido com gume de instrumento cortante. 2. *Bot.* Aplica-se à folha ou pétala que se apresenta cortada profunda e desigualmente. S. m. *Gram.* Frase que interrompe o sentido de outra.
Incisor, adj. Incisório. S. m. Aquele ou aquilo que corta.
Incisório, adj. Que corta; incisivo, incisor.
Incisura, s. f. V. *incisão.*
Incitabilidade, s. f. Qualidade de incitável.
Incitação, s. f. 1. Ato ou efeito de incitar(-se); estímulo. 2. *Med.* Excitação.
Incitamento, s. m. V. *incitação.*
Incitante, adj. m. e f. Que incita; próprio para incitar.
Incitar, v. 1. Tr. dir. Impelir, mover, instigar. 2. Tr. dir. e pron. Estimular(-se). 3. Tr. dir. Desafiar, provocar.
Incitativo, adj. V. *incitante.*
Incitável, adj. m. e f. Que pode ser incitado.
Incivil, adj. m. e f. 1. Não civil; descortês. 2. Contrário ao Direito Civil.
Incivilidade, s. f. 1. Qualidade de incivil; 2. Ato ou expressão incivil; grosseria.
Incivilizado, adj. Que não é civilizado; selvagem.
Incivilizável, adj. m. e f. Não civilizável.
Inclassificável, adj. m. e f. 1. Que não pode ser classificado. 2. Que está em confusão; desordenado. 3. Digno de censura, de reprovação.
Inclemência, s. f. 1. Qualidade ou caráter de inclemente. 2. Falta de clemência; dureza, rigor.
Inclemente, adj. m. e f. 1. Que não é clemente. 2. Áspero, desagradável, rigoroso, severo.
Inclinação, s. f. (l. *inclinatione*). 1. Ato ou efeito de inclinar. 2. Desvio da direção perpendicular. 3. Mesura, reverência. 4. Pendor, propensão, índole.
Inclinado, adj. 1. Desviado da direção vertical. 2. Propenso, tendente.
Inclinar, v. 1. Tr. dir. Dar declive ou obliqüidade a. 2. Tr. dir. e pron. Fazer mesura, abaixar(-se), curvar(-se). 3. Pron. Submeter-se, sujeitar-se. 4. Tr. dir. Tornar propenso; predispor. 5. Tr. ind. e pron. Mostrar-se favorável; propender, tender. 6. Tr. dir. e pron. Tornar(-se) afeiçoado.
Ínclito, adj. Egrégio, ilustre, celebrado.
Incluir, v. (l. *includere*). 1. Tr. dir. Encerrar, fechar dentro de. 2. Tr. dir. Inserir, introduzir. 3. Tr. dir. Abranger, compreender. 4. Tr. dir. Conter em si; envolver, implicar. 5. Pron. Encerrar-se, conter-se.
Inclusão, s. f. 1. Ato ou efeito de incluir. 2. Penetração de uma coisa em outra. Antôn.: *exclusão.*
Inclusivo, adj. Que inclui, abrange, compreende.
Incluso, adj. Incluído, compreendido.
Inço, s. m. Ervas daninhas que medram entre as plantas cultivadas.
Incoação, s. f. (l. *inchoatione*). *Filos.* Começo.
Incoado, adj. (l. *inchoatu*). Começado.
Incoagulável, adj. m. e f. Não coagulável.
Incoativo, adj. 1. Que começa. 2. *Gram.* Diz-se dos verbos que denotam começo de ação ou de uma ação progressiva: *escurecer, florescer.*
Incôe, adj. V. *inconho.*
Incoercibilidade, s. f. Qualidade de incoercível.
Incoercível, adj. m. e f. 1. Que não é coercível, que não se pode conter, deter. 2. Que não se pode coibir; irreprimível.
Incoerência, s. f. 1. Falta de coerência. 2. Qualidade de incoerente. 3. Fala, idéia incoerente.
Incoerente, adj. m. e f. 1. Falta de ordem, harmonia; desconexo. 2. Ilógico, contraditório.
Incogitável, adj. m. e f. Não cogitável; incalculável.
Incógnita, s. f. 1. *Mat.* Grandeza cujo valor se procura. 2. Aquilo que é desconhecido e que se procura saber.
Incógnito, adj. Que não é conhecido; ignoto, desconhecido.
Incognoscível, adj. m. e f. Que não pode ser conhecido.
Íncola, s. m. e f. *Poét.* Morador, habitante.
Incolor, adj. m. e f. 1. Sem cor; descolorido. 2. Sem atrativo; insípido. 3. Sem cor política.
Incólume, adj. m. e f. 1. Livre de perigo; são e salvo. 2. Bem conservado; intato.
Incolumidade, s. f. 1. Estado ou qualidade de incólume.
Incombustibilidade, s. f. Qualidade de incombustível.
Incombustível, adj. m. e f. Não combustível.
Incombusto, adj. Que não foi queimado.
Incomensurabilidade, s. f. Qualidade de incomensurável.
Incomensurável, adj. m. e f. 1. Não comensurável; imensurável. 2. *Mat.* Sem medida comum com outra grandeza.
Incomodador, adj. e s. m. Que, ou o que incomoda.
Incomodante, adj. m. e f. Incômodo.
Incomodar, v. 1. Tr. dir. Dar incômodo a; importunar, inquietar, molestar. 2. Pron. Apoquentar-se; molestar-se.
Incomodativo, adj. Que causa incômodo.
Incomodidade, s. f. 1. Qualidade de incômodo. 2. Falta de comodidade.
Incômodo, adj. Que não é cômodo; desconfortável. S. m. 1. Aborrecimento, importunação. 2. Doença passageira.
Incomparabilidade, s. f. Qualidade de incomparável.
Incomparável, adj. m. e f. 1. Que não admite comparação. 2. Que está acima de qualquer comparação.
Incompassível, adj. m. e f. Que não sente compaixão.
Incompatibilidade, s. f. Qualidade de incompatível.
Incompatibilizar, v. Tr. dir. e pron. Tornar(-se) incompatível.
Incompatível, adj. m. e f. 1. Que não é compatível, que não pode existir juntamente com outro ou outrem. 2. Que não se pode harmonizar; incombinável. 3. Diz-se de cargos ou funções que não podem ser desempenhados ao mesmo tempo pela mesma pessoa.
Incompensado, adj. Não compensado.
Incompensável, adj. m. e f. Que não se pode compensar.
Incompetência, s. f. 1. Falta de competência. 2. Inabilidade.
Incompetente, adj. m. e f. 1. Que não é competente. 2. Inidôneo, inábil.
Incompleto, adj. Não completo; não acabado, truncado.
Incomplexidade *(cs)*, s. f. Qualidade de incomplexo.
Incomplexo *(cs)*, adj. Que não é complexo; simples.
Incomportável, adj. m. e f. Não comportável. 2. Intolerável, insuportável.
Incompreendido, adj. e s. m. Que, ou o que não é bem compreendido, avaliado ou julgado.
Incompreensão, s. f. Falta de compreensão.
Incompreensibilidade, s. f. Qualidade de incompreensível.
Incompreensível, adj. m. e f. 1. Que não pode ser compreendido; enigmático. 2. Que é muito difícil de perceber ou de explicar.
Incompressibilidade, s. f. Qualidade de incompressível.
Incompressível, adj. m. e f. Que não se pode comprimir.
Incomprimido, adj. Que não é comprimido.
Incompto, adj. 1. Sem adorno nem artifício. 2. Feito sem arte.
Incomum, adj. m. e f. Que é fora do comum.
Incomunicabilidade, s. f. Qualidade de incomunicável.
Incomunicável, adj. m. e f. 1. Que não é comunicável, que não pode ser comunicado. 2. Que não apresenta comunicação. 3. Insociável, intratável.

Incomutabilidade, s. f. Qualidade de incomutável.
Incomutável, adj. m. e f. Não comutável.
Inconcebível, adj. m. e f. 1. Que não se pode conceber. 2. Surpreendente, incompreensível.
Inconcessível, adj. m. e f. Que não pode ser concedido.
Inconcesso, adj. Não concedido; proibido.
Inconciliação, s. f. Falta de conciliação.
Inconciliável, adj. m. e f. Que não se pode conciliar; incompatível, inconcordável.
Inconcludente, adj. m. e f. Que não é concludente.
Inconcluso, adj. Não concluído; inacabado.
Inconcordável, adj. m. e f. Inconciliável.
Inconcusso, adj. 1. Não abalado; firme, sólido. 2. Incontestável, irrecusável, irrefragável.
Incondicionado, adj. Incondicional.
Incondicional, adj. m. e f. Não sujeito a condições; incondicionado.
Incondicionalidade, s. f. Qualidade de incondicional.
Incondicionalismo, s. m. Submissão incondicional a alguém.
Incôndito, adj. Não organizado; confuso, desordenado.
Inconexão *(cs)*, s. f. Falta de conexão; desconexão.
Inconexo *(cs)*, adj. Que não tem conexão; desconexo.
Inconfessado, adj. Que não se confessou; oculto.
Inconfessável, adj. m. e f. Que não se pode confessar.
Inconfesso, adj. Que não é confesso; que não confessou.
Inconfidência, s. f. 1. Falta de fidelidade. 2. Revelação de segredo confiado.
Inconfidente, adj. m. e f. 1. Que revela os segredos que lhe confiaram. 2. Que se acha envolvido em inconfidência.
Inconformação, s. f. Falta de conformação, de resignação.
Inconformismo, s. m. Procedimento ou modo de ser daquele que não se conforma.
Inconfundível, adj. m. e f. Que não pode ser confundido.
Incongelável, m. e f. Que não se pode congelar.
Incongruência, s. f. 1. Qualidade de incongruente. 2. Ato de incongruente.
Incongruente, adj. m. e f. Que não é congruente, que não condiz, que não convém; incompatível, impróprio.
Incongruidade *(u-i)*, s. f. Incongruência.
Incôngruo, adj. V. *incongruente.*
Inconho, adj. *Pop.* Diz-se do fruto pegado a outro; incõe.
Inconivente, adj. m. e f. Não conivente.
Inconjugável, adj. m. e f. Que não é conjugável.
Inconquistabilidade, s. f. Qualidade de inconquistável.
Inconquistado, adj. Que não foi conquistado.
Inconquistável, adj. m. e f. Que não pode ser conquistado.
Inconsciência, s. f. 1. Estado ou qualidade de inconsciente. 2. Falta de consciência; irresponsabilidade.
Inconsciencioso, adj. Não consciencioso; inescrupuloso.
Inconsciente, adj. m. e f. 1. Que não é consciente; incônscio. 2. Que age sem reflexão. 3. Que escapa à consciência. S. m. *Psicol.* A parte da nossa vida da qual não temos consciência; subconsciente.
Incônscio, adj. V. *inconsciente.*
Inconseqüência, s. f. 1. Falta de conseqüência; incongruência. 2. Inconexão, Desconexão. 3. Ilação que não se contém nas premissas.
Inconseqüente, adj. m. e f. 1. Em que há inconseqüência. 2. Inconsiderado. 3. Contraditório.
Inconsideração, s. f. 1. Falta de consideração; desconsideração. 2. Precipitação, leviandade.
Inconsiderado, adj. Que não considera, não pondera; imprudente, precipitado.
Inconsistência, s. f. 1. Qualidade de inconsistente. 2. Falta de consistência. 3. Falta de base.
Inconsistente, adj. m. e f. Que não é consistente; sem consistência, estabilidade ou firmeza. 2. Inconstante. 3. Inconseqüente. 4. Incerto.
Inconsolado, adj. Sem consolação.
Inconsolável, adj. m. e f. Que não é consolável.
Inconsonância, s. f. Falta de consonância.
Inconsonante, adj. m. e f. Sem consonância.
Inconspícuo, adj. 1. Que não é conspícuo. 2. Que não é facilmente perceptível.
Inconstância, s. f. 1. Falta de constância. 2. Instabilidade, versatilidade, volubilidade.
Inconstante, adj. m. e f. 1. Não constante; volúvel. 2. Mudável. 3. Infiel, leviano.
Inconstitucional, adj. m. e f. Em desacordo com a constituição do Estado.
Inconstitucionalidade, s. f. Qualidade de inconstitucional.
Inconsulto, adj. 1. Que não foi consultado. 2. Impensado, irrefletido.
Inconsumível, adj. m. e f. Que não pode ser consumido.
Inconsunto, adj. Não consumido; inteiro, completo.
Inconsútil, adj. m. e f. 1. Sem costuras. 2. De uma só peça; inteiriço.
Incontaminado, adj. Isento de contaminação.
Incontável, adj. m. e f. Que não se pode contar; inumerável.
Incontentável, adj. m. e f. Não contentável.
Incontestabilidade, s. f. Qualidade de incontestável.
Incontestado, adj. Não contestado; inconteste.
Incontestável, adj. m. e f. Não contestável; indiscutível.
Inconteste, adj. V. *incontestado.*
Incontido, adj. Que não se pode conter; irreprimido.
Incontinência; s. f. 1. Falta de continência. 2. Qualidade de incontinente. 3. *Med.* Incapacidade de reter os produtos de excreção.
Incontinente, adj. m. e f. 1. Que não tem continência. 2. Imoderado. S. m. e f. Pessoa incontinente.
Incontinenti, adv. latino. Imediatamente; sem demora; sem interrupção; sem intervalo.
Incontinuidade *(u-i)*, s. f. Falta de continuidade; descontinuidade.
Incontínuo, adj. Não contínuo; descontínuo.
Incontrastável, adj. m. e f. 1. Irrespondível. 2. Irrevogável.
Incontrolável, adj. m. e f. Que não se pode controlar; irreprimível, irrefreável.
Incontroverso, adj. Não controverso; incontestado.
Incontrovertível, adj. m. e f. Não controvertível.
Inconveniência, s. f. 1. Falta de conveniência. 2. Estado ou qualidade de inconveniente. 3. Ato, modos ou dito inconvenientes.
Inconveniente, adj. m. e f. 1. Que não é conveniente; impróprio. 2. Que não guarda as conveniências; incorreto, indecente. S. m. 1. Desvantagem, prejuízo. 2. Perigo.
Inconversível, adj. m. e f. V. *inconvertível.*
Inconvertível, adj. m. e f. Que não se pode converter.
Incorporação, s. f. Ato ou efeito de incorporar(-se).
Incorporador, adj. e s. m. Que, ou aquele que incorpora.
Incorporar, v. 1. Tr. dir. Dar corpo ou forma corpórea a. 2. Tr. dir. Admitir em corporação. 3. Pron. Entrar a fazer parte de uma corporação. 4. Tr. dir. e pron. Reunir(-se), juntar(-se).
Incorporeidade, s. f. Quantidade de incorpóreo.
Incorpóreo, adj. Que não tem corpo; imaterial, impalpável.
Incorreção, s. f. 1. Falta de correção. 2. Qualidade de incorreto. 3. Ato, atitude incorreta.
Incorrer, v. (1. *incurrere*). Tr. ind. 1. Ficar incluído, comprometido; incidir em. 2. Ficar sujeito à aplicação de.
Incorreto, adj. 1. Que não está correto; que não foi corrigido. 2. Não correto; deselegante, indigno.
Incorrigibilidade, s. f. Qualidade de incorrigível.
Incorrigível, adj. m. e f. 1. Impossível de corrigir. 2. Reincidente no erro ou no crime.
Incorruptibilidade, s. f. Qualidade de incorruptível.
Incorruptível, adj. m. e f. 1. Insuscetível de corrupção. 2. Que não se deixa subornar; íntegro, reto.
Incorrupto, adj. 1. Que não se corrompeu. 2. Que não se deixou subornar. Var.: *incorruto.*
Incredibilidade, s. f. Qualidade de incrível.
Incredulidade, s. f. 1. Falta de credulidade, de religião. 2. Qualidade de incrédulo.
Incrédulo, adj. Que não crê; descrente, ímpio.
Incrementar, v. Tr. dir. Dar incremento a; aumentar.

Incremento, s. m. 1. Ato de crescer, de aumentar. 2. Desenvolvimento.
Increpação, s. f. Ato ou efeito de increpar.
Increpador, adj. e s. m. Que, ou o que increpa.
Increpar, v. Tr. dir. 1. Acusar, argüir, censurar. 2. Repreender severamente.
Incréu, s. m. Incrédulo. Fem.: *incréia.*
Incriado, adj. Não criado.
Incriminação, s. f. Ato ou efeito de incriminar.
Incriminar, v. Tr. dir. 1. Atribuir um crime a; acusar. 2. Considerar como crime.
Incriticável, adj. m. e f. 1. Que não é criticável. 2. Superior a todas as críticas.
Incrível, adj. m. e f. 1. Que não é crível; inacreditável. 2. Extraordinário, inexplicável. 3. Excêntrico, singular. S. m. O que é difícil de acreditar.
Incruento, adj. Em que não se derramou sangue.
Incrustação, s. f. 1. Ato ou efeito de incrustar(-se). 2. *Geol.* Crosta de matéria sólida depositada por dissolução numa rocha matriz.
Incrustador, adj. V. *incrustante.* S. m. Aquele que faz incrustações ou embutidos.
Incrustante, adj. m. e f. Que tem a propriedade de incrustar os corpos com uma crosta, formada geralmente de carbonato de cálcio.
Incrustar, v. 1. Tr. dir. e pron. Cobrir(-se) de crosta. 2. Tr. dir. Ornar com incrustações. 3. Tr. dir. Embutir, marchetar, tauxiar. 4. Pron. Fixar-se, implantar-se fortemente.
Incubação, s. f. 1. *Zool.* Ato ou efeito de incubar. 2. Preparação, elaboração. 3. *Med.* Tempo que decorre entre a contração de doença infecciosa e sua manifestação.
Incubador, adj. Que serve para incubar.
Incubadora, s. f. 1. *Med.* Aparelho cuja temperatura é controlável, destinado a manter recém-nascidos prematuros ou muito fracos. 2. Aparelho para incubação artificial; chocadeira.
Incubar, v. 1. Tr. dir. e intr. Chocar (ovos), natural ou artificialmente. 2. Tr. dir. Ter em estado latente.
Íncubo, adj. 1. Que se deita sobre algo. Antôn.: *súcubo.* S. m. Segundo uma antiga superstição, demônio masculino que abusava das mulheres durante o sono.
Inculcador, adj. e s. m. Que, ou aquele que inculca.
Inculcar, v. 1. Tr. dir. Recomendar elogiosamente. 2. Tr. dir. Dar a entender; manifestar. 3. Tr. dir. Repetir muitas vezes para imprimir no espírito. 4. Tr. dir. e pron. Insinuar(-se) ou impor(-se).
Inculpabilidade, s. f. Falta de culpabilidade.
Inculpação, s. f. 1. Ato ou efeito de inculpar. 2. Estado de quem é inculpado.
Inculpado, adj. Isento de culpa; inocente.
Inculpar, v. 1. Tr. dir. Atribuir culpa a (alguém); censurar; acusar de, incriminar. 2. Pron. Confessar-se culpado.
Inculpável, adj. m. e f. Que não se pode culpar.
Inculposo, adj. Em que não há culpa.
Incultivável, adj. m. e f. Não cultivável; improdutivo.
Inculto, adj. 1. Não cultivado; agreste. 2. Sem cultura intelectual; ignorante, rude.
Incultura, s. f. Falta de cultura, de ilustração.
Incumbência, s. f. 1. Ato ou efeito de incumbir(-se). 2. Encargo.
Incumbir, v. 1. Tr. dir. Dar incumbência, encargo a; encarregar. 2. Pron. Encarregar-se. 3. Tr. ind. Estar a cargo, ser da obrigação ou do dever; caber, competir.
Incunábulo, s. m. Obra impressa, que data da origem da imprensa até ao ano de 1500.
Incurabilidade, s. f. Estado de incurável.
Incurável, adj. m. e f. Que não tem cura; irremediável.
Incúria, s. f. Falta de cuidado; desleixo, negligência.
Incurioso, adj. 1. Que não é curioso. 2. Indolente, negligente.
Incursão, s. f. 1. Investir em terra estranha. 2. Invasão militar.
Incurso, Adj. 1. Que incorre, que se acha comprometido (nalguma culpa, penalidade etc.). 2. Abrangido por uma disposição legal.
Incutir, v. (l. *incutere*). Tr. dir. 1. Fazer penetrar no espírito de; infundir. 2. Inspirar, sugerir.
Inda, adv. Ainda.
Indagação, s. f. 1. Ato ou efeito de indagar. 2. Devassa, investigação, pesquisa.
Indagador, adj. e s. m. Que, ou o que indaga.
Indagar, v. 1. Tr. dir. Buscar saber; investigar, pesquisar. 2. Tr. dir. Esquadrinhar, explorar. 3. Tr. ind. e intr. Fazer indagações, proceder a averiguações.
Indaiá, s. m. *Bot.* Nome de diversas palmeiras americanas, também chamadas *anajá* e *inajá.* Var.: *andaiá.*
Indébito, adj. 1. Que não é devido. 2. Imerecido.
Indecência, s. f. 1. Falta de decência. 2. Ato ou dito indecente.
Indecente, adj. m. e f. Contrário à decência; indecoroso, inconveniente. S. m. e f. Pessoa que não é decente.
Indecifrável, adj. m. e f. Que não pode ser decifrado.
Indecisão, s. f. Estado ou qualidade de indeciso.
Indeciso, adj. 1. Que não está decidido. 2. Hesitante, irresoluto. 3. Frouxo, tênue. 4. Duvidoso, incerto.
Indeclarável, adj. Que não se pode declarar.
Indeclinabilidade, s. f. Qualidade de indeclinável.
Indeclinável, adj. m. e f. 1. *Gram.* Diz-se das palavras que não se flexionam por declinação. 2. Que não se pode recusar; irrecusável.
Indecoro *(ô)*, s. m. 1. Falta de decoro. 2. Ato indecoroso.
Indecoroso, adj. Não decoroso; indecente, infame, vergonhoso.
Indefectibilidade, s. f. Qualidade de indefectível.
Indefectível, adj. m. e f. 1. Que não falha; infalível, certo. 2. Que não se destrói; imperecível.
Indefensável, adj. m. e f. Que não tem defesa; não defensável.
Indefenso, adj. 1. Que não é defendido; indefeso. 2. Desarmado, fraco.
Indeferido, adj. 1. Que não teve despacho, ou o teve contrário ao que se requereu. 2. Desatendido.
Indeferimento, s. m. Ato ou efeito de indeferir.
Indeferir, v. Tr. dir. 1. Despachar desfavoravelmente, não deferir. 2. Desatender a.
Indeferível, adj. m. e f. Que não pode ou não deve ser deferido.
Indefeso *(ê)*, adj. V. *indefenso.*
Indefesso *(é)*, adj. Não cansado; incansável.
Indefinido, adj. 1. Não definido; indeterminado, incerto, vago. 2. *Gram.* Diz-se do artigo ou pronome que não determina com precisão nem a qualidade nem a quantidade dos seres.
Indefinito, adj. V. *indefinido.*
Indefinível, adj. m. e f. Que não se pode definir.
Indeiscência *(e-i)*, s. f. *Bot.* Propriedade de indeiscente.
Indeiscente *(e-i)*, adj. m. e f. *Bot.* Diz-se dos frutos que não se abrem espontaneamente para libertar as sementes.
Indelebilidade, s. f. Quantidade de indelével.
Indelével, adj. m. e f. Que não se pode delir; que não se dissipa; que não desaparece; indestrutível.
Indelicadeza, s. f. 1. Falta de delicadeza. 2. Ação ou palavra indelicada.
Indelicado, adj. Não delicado; grosseiro, incivil.
Indelineável, adj. m. e f. Que não se pode delinear.
Indemissível, adj. m. e f. Não demissível.
Indemonstrável, adj. m. e f. Não demonstrável.
Indene, adj. m. e f. Que não sofreu dano; ileso, incólume.
Indenidade, s. f. Qualidade ou estado de indene.
Indenização, s. f. Ato ou efeito de indenizar(-se).
Indenizador, adj. e s. m. Que, ou aquele que indeniza.
Indenizar, v. 1. Tr. dir. Dar indenização ou reparação a; compensar. 2. Pron. Receber indenização ou compensação.
Indenizável, adj. m. e f. Que pode ser indenizado.
Independência, s. f. Estado, condição ou qualidade de independente.
Independente, adj. m. e f. Que não depende de ninguém ou de nada; autônomo, livre.
Indescritível, adj. m. e f. 1. Que não se pode descrever. 2. Espantoso.

Indesculpável, adj. m. e f. Que não admite desculpa; inescusável.
Indesejável, adj. m. e f. Não desejável. S. m. Diz-se do estrangeiro expulso de um país onde residia, ou estava de passagem, por incompatibilidades políticas.
Indestrutibilidade, s. f. Qualidade de indestrutível.
Indestrutível, adj. m. e f. 1. Não destrutível. 2. Inabalável.
Indeterminação, s. f. Qualidade de indeterminado.
Indeterminado, adj. 1. Não determinado; não fixo. 2. Indefinido, indistinto. 3. Irresoluto, hesitante.
Indeterminar, v. Tr. dir. Tornar indeterminado.
Indeterminável, adj. m. e f. Não determinável; indefinível.
Indeterminismo, s. m. *Filos.* Doutrina segundo a qual o homem possui o livre arbítrio.
Indevido, adj. 1. Não devido; imerecido. 2. Inconveniente, impróprio.
Índex *(cs),* s. m. 1. Índice de livro. 2. Dedo indicador. 3. Catálogo dos livros condenados pela Igreja. Pl.: *índices.*
Indexação (*cs*), s. f. 1. Ato ou efeito de indexar. 2. *Econ.* Reajuste de determinado valor em função de índice cuja variação pode ser determinada.
Indexar (*cs*), v. Tr. dir. 1. Fazer índices para livros ou pôr em ordem alfabética palavras ou frases para auxiliar a localização de informações. 2. *Econ.* Fazer a indexação de.
Indez *(ê),* s. m. Ovo que se coloca no ninho para servir de chama à galinha. Var.: *endez.*
Indiada, s. f. Grupo de índios.
Indianismo, s. m. 1. Costume dos indianos ou dos índios. 2. Palavra ou locução hindu, introduzida noutra língua. 3. Ciência da língua e da civilização hindus. 4. A literatura inspirada em temas da vida dos índios americanos.
Indianista, adj. m. e f. Relativo ao indianismo (acep. 4). S. m. e f. Pessoa que cultiva o indianismo literário.
Indiano, adj. Relativo à Índia; hindu. S. m. Habitante ou natural da Índia; hindu.
Indicação, s. f. Ato ou efeito de indicar.
Indicado, adj. (p. de *indicar*). 1. Que se indicou ou apontou. 2. Apropriado, conveniente. S. m. *Dir.* Indicatório.
Indicador, adj. Que indica. S. m. 1. Aquele que indica. 2. Livro de indicações; guia. 3. Dedo da mão situado entre o médio e o polegar; índex.
Indicante, adj. m. e f. Que indica.
Indicar, v. Tr. dir. 1. Mostrar com o dedo ou por meio de algum sinal; apontar. 2. Designar, sugerir. 3. Significar. 4. Prescrever, receitar.
Indicativo, adj. Que indica. S. m. 1. Sinal, indício. 2. *Gram.* Modo em que os verbos exprimem com independência e positivamente o estado ou a ação que significam.
Indicção, s. f. 1. Prescrição. 2. Convocação de uma assembléia eclesiástica para um dia determinado.
Índice, s. m. 1. Tabela allfabética dos nomes das pessoas, nomes geográficos, acontecimentos etc., com a indicação de sua localização no texto. 2. *Mat.* Indicação numérica que serve para caracterizar uma grandeza. 3. Aquilo que denota qualidade: O jogo apresentou bom *í.* tecnico.
Indiciado, adj. Notado por indícios. S. m. *Dir.* Indivíduo que, num processo criminal, é considerado ou declarado criminoso, para ser pronunciado e julgado.
Indiciador, adj. e s. m. Que, ou aquele que dá indícios, que indica.
Indiciar, v. Tr. dir. 1. Dar indícios de; entremostrar. 2. Denunciar, acusar.
Indício, s. m. Sinal aparente que revela alguma coisa de uma maneira muito provável.
Índico, adj. Indiano.
Indiferença, s. f. (1. *indifferentia*). 1. Qualidade de indiferente. 2. Desatenção, frieza. 3. Desinteresse, negligência, apatia.
Indiferente, adj. m. e f. 1. Que manifesta indiferença. 2. Que não é bom nem mau.
Indiferentismo, s. m. Sistema dos que são indiferentes em religião, política, filosofia.
Indiferentista, adj. e s., m. e f. Que, ou pessoa que segue o sistema do indiferentismo.
Indifusível, adj. m. e f. Que não é difusível.
Indígena, s. m. e f. Pessoa natural do país em que habita. Adj. m. e f. Originário ou próprio do país onde habita.
Indigência, s. f. 1. Falta das coisas mais necessárias à vida. 2. Os indigentes. 3. Pobreza extrema.
Indigente, adj. m. e f. Extremamente pobre. S. m. e f. Pessoa que vive em extrema miséria.
Indigerível, adj. m. e f. Não digerível.
Indigestão, s. f. Pertubação momentânea das funções digestivas, particularmente das do estômago.
Indigestar, v. Intr. e pron. Ser acometido de indigestão.
Indigesto, adj. 1. Que produz indigestão. 2. Que é de difícil digestão. 3. Enfadonho.
Indígete, s. m. 1. Herói. 2. Homem divinizado.
Indigitar, v. Tr. dir. 1. Indicar com o dedo; apontar. 2. Indicar, mostrar. 3. Assinalar, designar.
Indignação, s. f. Sentimento de cólera, de repulsa ante uma ação vergonhosa, injuriosa, injusta etc.
Indignado, adj. Que sente indignação.
Indignar, v. 1. Tr. dir. Causar indignação a; indispor, revoltar. 2. Pron. Sentir indignação, irar-se, revoltar-se.
Indignidade, s. f. 1. Qualidade de indigno. 2. Ação, procedimento, idéia indigna.
Indigno, adj. 1. Diz-se de pessoa ou ato que inspira indignação. 2. Diz-se de pessoa que não é digna, que não merece.
Índigo, s. m. Corante que serve para tingir de azul; anil.
Indigófera, s. f. *Bot.* Gênero *(indigofera)* de ervas da família das Leguminosas, que compreende as anileiras.
Indiligência, s. f. Falta de diligência.
Indiligente, adj. m. e f. Que não é diligente; negligente.
Índio[1], s. m. (de *Índia,* n. p.). 1. Indiano. 2. Aborígine da América.
Índio[2], s. m. *Quím.* Elemento metálico de símbolo In, número atômico 49 e massa atômica 114,76.
Indireta, s. f. Alusão pérfida, feita disfarçadamente.
Indireto, adj. 1. Que não é direto, que não segue a linha reta. 2. Oblíquo. 3. Dissimulado. 4. *Gram.* Qualificativo do complemento verbal preposicionado.
Indirigível, adj. m. e f. Que não se pode dirigir.
Indiscernível, adj. m. e f. Que não se pode discernir.
Indisciplina, s. f. Ato ou dito contrário à disciplina; desobediência, desordem, rebelião.
Indisciplinabilidade, s. f. Qualidade de indisciplinável.
Indisciplinado, adj. 1. Que não tem disciplina. 2. Insubordinado, dissidente.
Indisciplinar, v. 1. Tr. dir. Promover a indisciplina de. 2. Pron. Ficar ou tornar-se indisciplinado.
Indisciplinável, adj. m. e f. Não disciplinável.
Indiscreto, adj. 1. Que não é discreto. 2. Leviano. 3. Inconfidente. 4. Tagarela, linguarudo.
Indiscrição, s. f. 1. Qualidade de indiscreto. 2. Falta de discrição. 3. Ato ou dito indiscreto.
Indiscriminado. adj. Não discriminado; indistinto.
Indiscriminável, adj. m. e f. Não discriminável.
Indiscutibilidade, s. f. Qualidade de indiscutível.
Indiscutível, adj. m. e f. Não discutível; incontestável.
Indisfarçável, adj. m. e f. Não disfarçável.
Indispensabilidade, s. f. Qualidade de indispensável.
Indispensável, adj. m. e f. Absolutamente necessário.
Indisponibilidade, s. f. Qualidade de indisponível.
Indisponível, adj. m. e f. De que não se pode dispor.
Indispor, v. 1. Tr. dir. Alterar a disposição de. 2. Tr. dir. Causar indisposição física em. 3. Tr. dir. e pron.. Inimistar(-se), malquistar(-se).
Indisposição, s. f. 1. Ligeira perturbação na saúde. 2. Desavença, zanga.
Indisposto, adj. Que sofre indisposição.
Indisputabilidade, s. f. Qualidade de indisputável.
Indisputado, adj. Não disputado; incontroverso.
Indisputável, adj. m. e f. Que não se pode disputar; incontestável, inquestionável.
Indissimulável, adj. m. e f. Que não se pode dissimular.
Indissolubilidade, s. f. Qualidade de indissolúvel.

Indissolução, s. f. Estado daquilo que não é dissolvido.
Indissolúvel, adj. m. e f. Que não se pode dissolver.
Indistinção, s. f. Qualidade de indistinto; indeterminação.
Indistinguível, adj. m. e f. Não distinguível.
Indistinto, adj. Falto de nitidez; vago, obscuro, confuso.
Inditoso, adj. Desditoso.
Índium, s. m. *Quím.* V. *índio*[2].
Individuação, s. f. 1. Ato ou efeito de individuar. 2. Caráter individual.
Individuador, adj. e s. m. Que, ou o que individua.
Individual, adj. m. e f. Relativo ou pertencente a um só indivíduo; pessoal.
Individualidade, s. f. 1. O que constitui o indivíduo. 2. Personalidade, pessoa.
Individualismo, s. m. Teoria que faz prevalecer o direito individual sobre o coletivo.
Individualista, s. m. e f. Pessoa sectária do individualismo.
Individualização, s. f. Ato ou efeito de individualizar(-se).
Individualizar, v. 1. Tr. dir. Considerar individualmente; particularizar. 2. Tr. dir. e pron. Tornar(-se) individual; caracterizar(-se), distinguir(-se).
Indivíduo, adj. Que não se divide; indiviso. S. m. 1. Ser humano considerado como unidade isolada, oposto à coletividade, ao grupo. 2. Homem indeterminado de quem se fala com desprezo. 3. *Biol.* Ser particular de cada espécie.
Indivisão, s. f. 1. Falta de divisão. 2. Qualidade de indiviso.
Indivisibilidade, s. f. Qualidade de indivisível.
Indivisível, adj. m. e f. Que não é divisível, que não se pode separar ou dividir. S. m. Partícula mínima.
Indiviso, adj. 1. Que não é dividido. 2. Que pertence simultaneamente a vários indivíduos. 3. Que possui bens indivisos.
Indizível, adj. m. e f. 1. Que não se pode dizer ou exprimir. 2. Extraordinário.
indo-, elem. de comp. Significa *relativo à Índia ou aos hindus*: *indo-europeu, indo-germânico*.
Indócil, adj. m. e f. 1. Que não é dócil; incorrigível, indomável. 2. Pouco meigo.
Indocilidade, s. f. Qualidade de indócil.
Indo-europeu, adj. 1. Que se refere à Índia e à Europa. 2. Diz-se da grande família de línguas que se estende por quase toda a Europa e parte da Ásia, particularmente o Irã e parte da Índia. A essa família pertencem grandes línguas culturais, como o sânscrito, o grego e o latim. S. m. Indivíduo pertecente à família indo-européia.
Indo-germânico, adj. 1. Que se refere aos hindus e aos germanos. 2. Indo-europeu, na terminologia dos filólogos germânicos. S. m. V. *indo-europeu*.
Índole, s. f. 1. Caráter. 2. Disposição, gênio. 3. Temperamento. 4. Tendência especial.
Indolência, s. f. 1. Qualidade de indolente. 2. Preguiça. 3. Negligência. 4. Insensibilidade, apatia.
Indolente, adj. m. e f. 1. Que é insensível à dor. 2. Negligente, apático, desleixado, descuidado. 3. Sem atividade; ocioso.
Indolor, adj. m. e f. 1. Que não dói. 2. Que não causa dor.
Indomado, adj. 1. Que não está domado ou domesticado. 2. Indomável, indômito.
Indomável, adj. m. e f. 1. Que não é domável. 2. Invencível, inconquistável.
Indomesticado, adj. Que não é domesticado; bravio.
Indomesticável, adj. m. e f. 1. Que não se pode domesticar. 2. Selvagem, bravio, indomável.
Indômito, adj. 1. Indomado. 2. Que não é vencido. 3. Arrogante, altivo, soberbo.
Indonésio, adj. Relativo à Indonésia. S. m. Indivíduo dos indonésios. S. m. pl. Conjunto de povos do arquipélago sul-asiático.
Indouto, adj. 1. Que não é douto, que não é erudito. 2. Ignorante. 3. Inepto.
Indubitado, adj. 1. Sobre que não há dúvida. 2. Incontestável.
Indubitável, adj. m. e f. 1. Que não pode ser posto em dúvida. 2. Incontestável.
Indução, s. f. 1. Ato ou efeito de induzir. 2. Raciocínio em que, de fatos particulares se tira uma conclusão genérica. 3. *Eletr.* Formação ou variação de um campo elétrico ou magnético, pela criação ou variação de outro campo elétrico ou magnético vizinho.
Indúcias, s. f. pl. (l. *indutiae*). 1. *Dir.* Antiga moratória concedida pelos credores aos seus devedores, mediante concordata. 2. Dilação. 3. Trégua.
Indúctil, adj. m. e f. Que não é dúctil.
Inductilidade, s. f. Falta de ductilidade.
Indulgência, s. f. 1. Qualidade de indulgente. 2. Clemência. 3. Condescendência, tolerância. 4. *Teol.* Remissão total ou parcial das penas relativas aos pecados. 5. Perdão.
Indulgenciar, v. Tr. dir. 1. Tratar com indulgência. 2. Indultar, perdoar.
Indulgente, adj. m. e f. 1. Que revela indulgência. 2. Que tem disposição para desculpar ou perdoar. 3. Clemente. 4. Tolerante.
Indultado, adj. Que obteve indulto. S. m. Indivíduo a quem foi concedido indulto.
Indultar, v. Tr. dir. 1. Dar indulto a. 2. Perdoar ou atenuar a pena que foi imposta a.
Indultário, adj. Que goza de indulto.
Indulto, s. m. 1. Redução ou comutação de pena. 2. *Dir.* Concessão de graça. 3. Perdão, remissão.
Indumentária, s. f. 1. História do vestuário. 2. Arte do vestuário. 3. Sistema do vestuário em relação a certas épocas ou povos. 4. Traje.
Indumentário, adj. Relativo a vestuário.
Indumento, s. m. 1. Vestuário. 2. *Bot.* Revestimento de pêlos na superfície de certos órgãos.
Induplicado, adj. *Bot.* Que tem as bordas dobradas para dentro.
Indúsia, s. f. *Bot.* V. *indúsio*.
Indúsio, s. m. 1. Túnica que as damas romanas usavam sob o vestido. 2. *Bot.* Projeção da epiderme foliar dos fetos.
Indústria, s. f. 1. Conjunto de artes de produção, em oposição à agricultura e ao comércio. 2. Arte, ofício, profissão mecânica ou mercantil. 3. Aptidão ou destreza com que se executa um trabalho manual. 4. Engenho. 5. Invenção.
Industriador, adj. e s. m. Que, ou o que industria.
Industrial, adj. m. e f. 1. Relativo à indústria. 2. Que procede da indústria. 3. Que se ocupa da indústria. S. m. e f. Pessoa que tem ou exerce uma indústria qualquer.
Industrialismo, s. m. 1. Sistema em que se considera a indústria como principal fim da sociedade. 2. Gosto exclusivo da indústria.
Industrialista, adj. m. e f. Relativo ao industrialismo. S. m. e f. Pessoa partidária do industrialismo.
Industrialização, s. f. Ato ou efeito de industrializar(-se).
Industrializar, v. 1. Tr. dir. Dar caráter de industrial a, tornar industrial. 2. Pron. Tornar-se industrial.
Industriar, v. 1. Tr. dir. Tornar lucrativo por meio de indústria. 2. Tr. dir. Dispor os meios de obter a. 3. Tr. dir. e pron. Adestrar(-se), exercitar(-se).
Industriário, adj. e s. m. Que, ou o que trabalha em qualquer indústria como empregado.
Industrioso, adj. 1. Que exerce indústria. 2. Hábil. 3. Executado com arte. 4. Astuto.
Indutância, s. f. *Eletr.* Propriedade de um circuito elétrico pela qual neste é induzida uma força eletromotriz pela variação da intensidade da corrente.
Indutar, v. Tr. dir. 1. Guarnecer. 2. Cobrir. 3. Revestir.
Indutivo, adj. 1. Que procede por indução. 2. Que leva à indução. 3. Relativo à indução.
Induto, s. m. V. *indumento*.
Indutor, adj. 1. Que induz. 2. *Fís.* Que produz indução. 3. Que instiga ou sugere. S. m. 1. Aquele que induz. 2. *Anat.* Músculo sobre o qual assenta o nervo motor doutro músculo. 3. *Fís.* Imã ou corrente que provoca a indução. 4. Corpo que provoca os fenômenos de indução.
Indúvia, s. f. *Bot.* Parte do invólucro floral, que se conserva e acompanha o desenvolvimento da flor e fruto.
Induviado, adj. *Bot.* Guarnecido de indúvias.

Induvial, adj. m. e f. Relativo ou pertecente à indúvia.
Induzidor, adj. e s. m. Que, ou o que induz.
Induzimento, s. m. Ato ou efeito de induzir.
Induzir, v. (l. *inducere*). 1. Tr. dir. Persuadir à prática de alguma coisa; aconselhar, instigar. 2. Tr. dir. Causar, incutir, inspirar. 3. Tr. dir. e intr. Inferir, concluir.
Inebriante, adj. m. e f. Que inebria.
Inebriar, v. Tr. dir. e pron. 1. Embebedar(-se), embriagar(-se). 2. Deliciar(-se), embevecer(-se), extasiar(-se).
Inédia, s. f. Abstenção total de alimentos.
Ineditismo, s. m. Qualidade de inédito.
Inédito, adj. 1. Que não foi publicado ou impresso. 2. Fora do comum, nunca visto, original. S. m. Obra ainda não publicada.
Inefabilidade, s. f. Qualidade de inefável.
Inefável, adj. m. e. f. Que não se pode exprimir por palavras.
Ineficácia, s. f. 1. Qualidade daquilo que é ineficaz. 2. Falta de eficácia.
Ineficaz, adj. m. e f. Não eficaz; inútil, inconveniente. Sup. abs. sint.: *ineficacíssimo.*
Ineficiente, adj. m. e f. Que não é eficiente; ineficaz.
Inegável, adj. m. e f. Que não se pode negar; evidente, claro, incontestável.
Inegociável, adj. m. e f. Não negociável.
Inelegância, s. f. 1. Qualidade de inelegante. 2. Falta de elegância.
Inelegante, adj. m. e f. 1. Que não é elegante. 2. Desairoso. 3. Sem distinção.
Inelegibilidade, s. f. Qualidade de inelegível.
Inelegível, adj. m. e f. Que não é elegível.
Inelutável, adj. m. e f. 1. Com que se luta em vão. 2. Invencível, irresistível. 3. Inevitável.
Inembrionado, adj. *Bot.* Sem embrião.
Inenarrável, adj. m. e f. Inarrável.
Inépcia, s. f. 1. Falta de aptidão. 2. Inabilidade, incapacidade. 3. Escassez de inteligência. 4. Ato ou dito absurdo.
Ineptidão, s. f. V. *inépcia.*
Inepto, adj. 1. Que não é apto. 2. Que não é inteligente. 3. Sem jeito. 4. Incapaz.
Ineqüivalve, adj. m. e f. *Zool.* Que não tem valvas iguais.
Inequívoco, adj. 1. Em que não há equívoco. 2. Evidente, claro.
Inércia, s. f. 1. *Fís.* Propriedade que têm os corpos de não modificar por si próprios o seu estado de repouso ou de movimento. 2. Falta de ação. 3. Preguiça, indolência.
Inerência, s. f. Qualidade inerente.
Inerente, adj. m. e f. 1. Ligado estruturalmente. 2. Que por natureza é inseparável de alguma coisa.
Inerme, adj. m. e f. 1. Desarmado. 2. Sem meios de defesa.
Inerrância, s. f. Qualidade de inerrante.
Inerrante, adj. m. e f. 1. Que não é errante. 2. Que é fixo. 3. Que não pode errar.
Inerte, adj. m. e f. 1. Que tem inércia. 2. Que produz inércia. 3. Que não é dotado de atividade.
Inervação, s. f. 1. Ato ou efeito de inervar. 2. *Anat.* Distribuição dos nervos pelos órgãos e regiões do corpo. 3. Atividade dos elementos nervosos. 4. *Bot.* Disposição das nervuras da folha.
Inervar, v. Tr. dir. 1. *Biol.* Suprir de nervos. 2. *Biol.* Incitar, estimular (parte, músculo, órgão) à ação. Cfr. *enervar.*
Inérveo, adj. *Bot.* Desprovido de nervura.
Inescrupuloso, adj. Que não tem escrúpulos.
Inescrutabilidade, s. f. Qualidade de inescrutável.
Inescrutável, adj. m. e f. 1. Que não se pode indagar. 2. Impenetrável, imperscrutável.
Inescusável, adj. m. e f. 1. Que não se pode escusar. 2. Indesculpável. 3. Indispensável.
Inesgotável, adj. m. e f. 1. Que não se pode esgotar. 2. Muito abundante.
Inesperado, adj. 1. Que não é esperado. 2. Imprevisto. 3. Inopinado, repentino.
Inesquecível, adj. m. e f. Que não se pode esquecer.
Inestimável, adj. m. e f. 1. Que não se pode estimar ou avaliar. 2. Que tem valor enorme, incalculável.
Inevidência, s. f. 1. Qualidade de inevidente. 2. Falta de evidência.
Inevidente, adj. m. e f. Que não é evidente.
Inevitável, adj. m. e f. Não evitável; fatal.
Inexatidão, s. f. 1. Falta de exatidão. 2. Falta de pontualidade. 3. Coisa inexata, erro.
Inexato, adj. Que não é exato; errado.
Inexaurível, adj. m. e f. 1. Que não é exaurível. 2. Inesgotável.
Inexecutável, adj. m. e f. V. *Inexeqüível.*
Inexeqüível, adj. m. e f. Que não se pode executar.
Inexistência, s. f. 1. Falta de existência. 2. Carência.
Inexistente, adj. m. e f. Que não existe.
Inexorabilidade, s. f. Qualidade de inexorável.
Inexorável, adj. m. e f. 1. Que não cede. 2. Que não se move à compaixão. 3. Austero, imparcial.
Inexperiência, s. f. Qualidade de quem é inexperiente.
Inexperiente, adj. m. e f. 1. Que não é experiente. 2. Ingênuo.
Inexpiado, adj. Que não foi expiado.
Inexpiável, adj. m. e f. Que não se pode expiar.
Inexplicável, adj. m. e f. 1. Insuscetível de explicação. 2. Estranho, incompreensível, singular.
Inexplorado, adj. Que ainda não foi explorado.
Inexplorável, adj. m. e f. Que não se pode explorar.
Inexpressável, adj. m. e. f. V. *inexprimível.*
Inexpressivo, adj. Que não é expressivo.
Inexprimível, adj. m. e f. 1. Que não é exprimível. 2. Indizível, inefável.
Inexpugnabilidade, s. f. Qualidade de inexpugnável.
Inexpugnável, adj. m. e f. 1. Que não é expugnável, que não pode ser conquistado. 2. Inconquistável, invencível.
Inextensível, adj. m. e f. Que não é extensível.
Inextenso, adj. 1. Que não é extenso. 2. Sem extensão.
Inexterminável, adj. m. e f. Que não se pode exterminar.
Inextinguibilidade, s. f. Qualidade de inextinguível.
Inextinguível, adj. m. e f. Não extinguível.
Inextinto, adj. Que não está extinto, que ainda subsiste; inapagado.
Inextirpável, adj. m. e f. Que não se pode extirpar.
Inextricabilidade, s. f. Qualidade de inextricável.
Inextricável, adj. m. e f. 1. Impossível de desatar; enredado, emaranhado. 2. Que não se pode desembaraçar. Var.: *inextrincável.*
Infactível, adj. m. e f. 1. Não factível. 2. Irrealizável, inexeqüível. Var.: *infatível.*
Infalibilidade, s. f. 1. Qualidade de infalível. 2. Qualidade, privilégio de não poder errar em matéria de fé e de moral.
Infalível, adj. m. e f. 1. Que não é falível. 2. Que não pode falhar. 3. Que não pode errar em matéria de fé. 4. Inevitável. 5. Fatal.
Infamação, s. f. 1. Ato ou efeito de infamar. 2. Difamação.
Infamador, adj. e s. m. Que, ou o que infama.
Infamante, adj. m. e f. 1. Que infama. 2. Que envolve infâmias.
Infamar, v. 1. Tr. dir. e intr. Atribuir infâmias. 2. Tr. dir. Manchar a honra ou a reputação de; desacreditar, difamar. 3. Pron. Desacreditar-se, desonrar-se.
Infamatório, adj. V. *infamante.*
Infame, adj. m. e f. 1. Que tem má fama. 2. Infamado, desacreditado. 3. Vil, abjeto. 4. Torpe.
Infâmia, s. f. 1. Ato ou dito infame. 2. Ação vergonhosa. 3. Perda da fama ou do crédito. 4. Vergonha, torpeza.
Infância, s. f. 1. Período da vida, no ser humano, que vai desde o nascimento até a adolescência; meninice. 2. As crianças em geral. 3. Primeiro período da existência de uma sociedade, instituição etc.
Infando, adj. 1. Abominável. 2. Cruel. 3. Indigno de se dizer.
Infanta, s. f. 1. Fem. de *infante.* 2. Princesa. 3. Filha de rei que não é a herdeira da coroa (em Portugal e Espanha).
Infantado, s. m. (de *infante*[1]). Terras ou rendas pertencentes a um infante.

Infantaria, s. f. *Mil.* Parte do exército que faz serviço a pé.
Infante[1], adj. m. e f. 1. Pertencente ou relativo à puerícia; infantil. 2. Que está na infância. S. m. Filho dos reis de Portugal ou da Espanha, mas não herdeiro da coroa.
Infante[2], s. m. (ital. *fante*). Soldado de infantaria; peão.
Infanticida, adj. e s., m. e f. Que, ou pessoa que cometeu infanticídio.
Infanticídio, s. m. Assassínio de uma criança, principalmente recém-nascida.
Infantil, adj. m. e f. 1. Que diz respeito a crianças. 2. Próprio de crianças. 3. Ingênuo, inocente.
Infantilidade, s. f. 1. Qualidade de infantil. 2. Ato ou dito próprios de criança.
Infantilismo, s. m. *Med.* Persistência anormal dos caracteres da infância na idade adulta.
Infantilizar, v. 1. Tr. dir. Dar feição infantil a. 2. Pron. Tornar-se infantil.
Infatigabilidade, s. f. Qualidade de infatigável.
Infatigável, adj. m. e f. 1. Que não é fatigável, que não se cansa. 2. Desvelado. 3. Zeloso.
Infausto, adj. m. e f. 1. Que não é fausto. 2. Infeliz. 3. Aziago, de mau agouro.
Infecção, s. f. 1. Ato ou efeito de infeccionar(-se). 2. *Med.* Ação exercida no organismo por agentes patogênicos: bactérias, vírus, fungos e protozoários. 3. Corrupção, contágio moral. Var.: *infeção.*
Infeccionado, adj. 1. Que sofreu infecção. 2. Contaminado, contagiado. Var.: *infecionado.*
Infeccionar, v. Tr. dir. 1. Provocar infecção em; contaminar. 2. *Fig.* Corromper, perverter. Var.: *infecionar* e *inficionar.*
Infeccioso, adj. *Med.* 1. Que produz infecção. 2. Que resulta de infecção. Var.: *infecioso.*
Infecundidade, s. f. Estado ou qualidade de infecundo; esterilidade.
Infecundo, adj. Que não é fecundo; estéril.
Infelicidade, s. f. 1. Falta de felicidade. 2. Desdita, desgraça, desventura, infortúnio.
Infelicitador, adj. e s. m. Que, ou o que infelicita.
Infelicitar, v. 1. Tr. dir. e pron. Tornar(-se) infeliz. 2. Tr. dir. Deflorar.
Infeliz, adj. m. e f. 1. Desafortunado, desditoso, desgraçado, infausto. 2. Desastrado. 3. Que teve mau êxito. S. m. e f. Pessoa desgraçada, mal-aventurada. Sup. abs. sint.: *infelicíssimo.*
Infenso, adj. 1. Adverso, contrário, inimigo. 2. Irado, irritado.
Inferência, s. f. 1. Ato ou efeito de inferir. 2. Conseqüência, dedução, ilação, indução.
Inferior, adj. m. e f. 1. Que está abaixo ou para baixo. 2. Que é de categoria subordinada a outro. 3. Que tem pouco valor. S. m. Aquele que está abaixo de outro em categoria ou dignidade, ou vale menos.
Inferioridade, s. f. 1. Estado ou qualidade de inferior. 2. Desvantagem.
Inferiorizar, v. 1. Tr. dir. e pron. Tornar(-se) inferior. 2. Tr. dir. *Fig.* Rebaixar, abater, diminuir.
Inferir, v. (l. **inferre*). Tr. dir. Deduzir por meio de raciocínio, tirar por conclusão ou conseqüência. — Conjuga-se como *aderir.*
Infermentescível, adj. m. e f. Que não é fermentável.
Infernal, adj. m. e f. 1. Pertencente ou relativo ao inferno. 2. Horrendo, terrível. 3. Furioso. 4. Exagerado. 5. Atroz. 6. Desordenado, tumultuoso. 7. Atormentador, horripilante.
Infernalidade, s. f. Qualidade de infernal.
Infernar, v. 1. Tr. dir. Meter no inferno. 2. Tr. dir. Atormentar infernalmente. 3. Pron. Afligir-se, desesperar-se.
Inferneira, s. f. 1. Barulho, algazarra, confusão, tumulto. 2. Gente em tumulto.
Inferninho, s. m. *Pop.* Boate reles.
Infernizar, v. V. *infernar.*
Inferno, s. m. 1. *Mit. gr.* e *rom.* Lugar subterrâneo em que habitavam as almas dos mortos. 2. Segundo o cristianismo, lugar destinado ao suplício das almas dos condenados e onde habitam os demônios. 3. Os demônios. 4. Tormento, martírio atroz. 5. Desordem. — *I. verde:* a floresta amazônica.
Ínfero[1], adj. 1. V. *inferior.* 2. *Bot.* Diz-se do ovário, quando inserido em plano inferior ao das pétalas e estames. S. m. Inferno.
ínfero-[2], elem. de comp. Significa *inferior, abaixo: ínfero-anterior.*
Ínfero-anterior, adj. m. e f. Que fica abaixo e na parte anterior.
Inferovariado, adj. *Bot.* Que tem ovário ínfero.
Infértil, adj. m. e f. 1. Que não é fértil; estéril, infecundo. 2. Que não produz quanto se esperava.
Infertilidade, s. f. Qualidade de infértil.
Infertilizar, v. 1. Tr. dir. Tornar infértil, improdutivo. 2. Intr. Esterilizar-se.
Infestação, s. f. 1. Ato ou efeito de infestar. 2. *Med.* Penetração de parasitos macroscópicos no organismo humano, em oposição à *infecção,* que é causada por microrganismos.
Infestador, adj. e s. m. Que, ou o que infesta.
Infestante, adj. m. e f. Que infesta.
Infestar, v. Tr. dir. 1. Assolar, devastar (campos, costas, mares); freqüentar com incursões. 2. Causar muito dano a. 3. Existir em grande quantidade em.
Infesto, adj. 1. Adverso, contrário, inimigo. 2. Nocivo, pernicioso, prejudicial. 3. Molesto.
Infetante, adj. m. e f. Que infeta ou infecciona. Var.: *infectante.*
Infetar, v. V. *infeccionar.* Var.: *infectar.*
Infeto, adj. 1. Que tem infecção. 2. Pestilento. 3. Que lança mau cheiro. 4. Contra a moral; repugnante. Var.: *infecto.*
Infetuoso, adj. Que produz infecção. Var.: *infectuoso.*
Infibulação, s. f. Ato de reunir, por meio de um anel, os grandes lábios ou o prepúcio, para evitar a cópula.
Infibulador, adj. Que serve para a infibulação. S. m. O que pratica a infibulação.
Infibular, v. Tr. dir. 1. Ligar por meio de anel, fivela, costura ou colchete. 2. Praticar a infibulação em.
Infidelidade, s. f. 1. Falta de fidelidade. 2. Qualidade de infiel. 3. Traição. 4. Falta de exatidão ou de verdade. 5. Falta de crença religiosa. 6. *Dir.* Transgressão da fé matrimonial, ou do dever de fidelidade, comum aos cônjuges.
Infiel, adj. m. e. f. 1. Que não é fiel. 2. Desleal. 3. Traidor. 4. Pérfido. 5. Que carece de exatidão. S. m. e f. 1. Pessoa infiel. 2. Pessoa que não professa a fé tida como verdadeira. Sup. abs. sint.: *infidelíssimo.*
Infiltração, s. f. 1. Ato ou efeito de infiltrar. 2. Penetração lenta e insensível. 3. *Med.* Derrame dum líquido entre os elementos anatômicos. 4. Adoção ou difusão de idéias ou sistemas.
Infiltrador, adj. Que infiltra.
Infiltrar, v. 1. Tr. dir. Penetrar como através de um filtro. 2. Pron. Penetrar através de. 3. Tr. dir. Fazer penetrar. 4. Tr. dir. e pron. *Fig.* Insinuar(-se), introduzir(-se) lentamente. 5. Pron. Embeber-se, impregnar-se.
Ínfimo, adj. 1. O mais baixo. 2. Que ocupa o último lugar. 3. Inferior.
Infindável, adj. m. e f. Que não finda; permanente.
Infindo, adj. Que não finda; infinito.
Infinidade, s. f. 1. Qualidade do que é infinito. 2. Grande quantidade; abundância.
Infinitésima, s. f. (de *infinitésimo*). *Mat.* Parte infinitamente pequena.
Infinitesimal, adj. m. e. f. *Mat.* Que se refere a infinitésimos.
Infinitésimo, adj. (de *infinito*). *Mat.* Que é infinitamente pequeno. S. m. *Mat.* Toda quantidade pequena que tende para zero.
Infinitivo, adj. *Gram.* Qualificativo da forma nominal dos verbos que exprime o estado ou ação sem designar número nem pessoa, caracterizada pela terminação conforme a conjugação (-ar, -er, -ir). S. m. *Gram.* Essa forma nominal.
Infinito, adj. 1. Que não é finito, que não tem limites, nem medida. 2. Sem fim, eterno. 3. Muito grande em extenção,

em duração, em intensidade. 4. Inumerável. 5. *Gram.* V. *infinitivo.* S. m. O que não tem limites; o absoluto.

Infirmar, v. Tr. dir. 1. Tirar a força a; enfraquecer. 2. *Dir.* Anular, revogar.

Infirmativo, adj. Que tem o poder de infirmar.

Infixidez (*cs*), s. f. 1. Falta de fixidez. 2. Inconstância. 3. Inconsistência.

Infixo (*cs*), s. m. Afixo no interior da palavra: *animal-z-inho, ave-z-inha.*

Inflação, s. f. 1. Ato ou efeito de inflar. 2. Soberba, vaidade. 3. *Econ. Polít.* Emissão excessiva de papel-moeda, provocando a redução do valor real de moeda em relação a determinado padrão monetário estável. 4. Aumento dos níveis de preços.

Inflacionar, v. 1. Tr. dir. Promover inflação (em um país). 2. Intr. Emitir grandes quantidades de papel-moeda, ocasionando a sua desvalorização.

Inflacionário, adj. Que promove a inflação.

Inflacionista, adj. m. e f. Relativo ao inflacionismo. S. m. e f. Pessoa partidária do inflacionismo.

Inflado, adj. 1. Que se inflou ou inchou. 2. Orgulhoso, soberbo, vaidoso.

Inflamação, s. f. 1. Ação ou efeito de inflamar(-se). 2. *Med.* Reação local do organismo contra micróbios, que se caracteriza pela vermelhidão, dor, calor etc. da parte infetada.

Inflamado, adj. 1. Que tem inflamação. 2. Aceso em chamas, esbraseado. 3. Exaltado, afogueado.

Inflamador, adj. e. s. m. Que, ou o que inflama.

Inflamar, v. 1. Tr. dir. e pron. Acender(-se), incendiar(-se). 2. Tr. dir. *Med.* Causar inflamação em. 3. Pron. *Med.* Criar inflamação. 4. Pron. Encher-se de ardor, exaltar-se.

Inflamativo, adj. Que inflama.

Inflamatório, adj. 1. Inflamativo. 2. *Med.* Relativo a inflamação.

Inflamável, adj. m. e f. Que se inflama facilmente. S. m. Substância inflamável.

Inflar, v. (l. *inflare*). 1. Tr. dir. Encher de ar ou de gás. 2. Tr. dir., intr. e pron. Enfunar(-se), intumescer(-se). 3. Tr. dir. e pron. Tornar(-se) orgulhoso.

Inflatório, adj. Que produz inflação.

Inflectir, v. (l. *inflectere*). 1. Tr. dir. Curvar, dobrar, inclinar. 2. Tr. dir., tr. ind. e pron. Desviar(-se), dobrar(-se), torcer(-se). 3. Tr. ind. Incidir. Var.: *infletir.*

Inflexão (*cs*), s. f. 1. Ato ou efeito de inflectir. 2. Ponto em que uma linha ou um raio luminoso sofrem mudança de direção; difração. 3. Mudança de acento ou de tom na voz.

Inflexibilidade (*cs*), s. f. Qualidade de inflexível.

Inflexível (*cs*), adj. m. e f. 1. Que não é flexível. 2. Implacável. 3. Inexorável. 4. Indiferente. 5. Impassível.

Inflexivo (*cs*), adj. *Gram.* Que não tem flexões gramaticais.

Inflição, s. f. Ato ou efeito de infligir.

Infligir, v. Tr. dir. Aplicar, cominar (castigo, pena).

Inflorescência, s. f. *Bot.* Modo de desenvolvimento e arranjo das flores sobre a haste.

Influência, s. f. 1. Ato ou efeito de influir. 2. Ação que uma pessoa ou coisa exerce sobre outra. 3. Prestígio, preponderância. 4. Autoridade moral.

Influenciar, v. Tr. dir. e tr. ind. Exercer influência sobre.

Influente, adj. e s., m. e f. Que, ou pessoa que influi.

Influenza, s. f. (ital. *influenza*). Gripe.

Influição (*u-i*), s. f. 1. Ato ou efeito de influir. 2. Influência.

Influído, adj. 1. Que se influiu. 2. Entusiasmado, satisfeito, animado. 3. Namorador.

Influir, v. 1. Tr. dir. Fazer correr, fluir para dentro de. 2. Tr. dir. Fazer penetrar em. 3. Tr. dir. Comunicar, incutir, inspirar. 4. Tr. ind. e intr. Exercer influência. 5. Pron. Enlevar-se, entusiasmar-se. 6. Tr. ind. Concorrer.

Influxo (*cs*), s. m. 1. Ato ou efeito de influir. 2. Afluência, grande cópia. 3. Preamar.

In-fólio, adj. *Tip.* Diz-se do formato que tem a folha de impressão dobrada em duas. S. m. Livro com esse formato.

Informação, s. f. 1. Ato ou efeito de informar(-se). 2. Transmissão de notícias. 3. Comunicação. 4. Instrução, ensinamento. 5. Paracer técnico de repartição ou funcionário.

Informador, adj. e s. m. V. *informante.*

Informal, adj. m. e f. Que não é formal, sem formalidades.

Informante, adj. e s., m. e f. Que, ou pessoa que informa.

Informar, v. 1. Tr. dir. e intr. Dar informe ou parecer sobre. 2. Tr. dir. Dar informação a, dar conhecimento ou notícias a; avisar. 3. Tr. dir. Contar, participar. 4. Pron. Tomar conhecimento de; inteirar-se.

Informática, s. f. (de *informação*). Ciência do tratamento automático da informação, considerada esta como suporte dos conhecimentos e comunicações.

Informe[1], adj. m. e f. 1. Sem forma determinada. 2. Grosseiro, tosco. 3. Agigantado, colossal, disforme.

Informe[2], s. m. 1. Informação. 2. Parecer a respeito de alguém ou de alguma coisa. 3. Averiguações.

Infortificável, adj. m. e f. Que não se pode fortificar.

Infortuna, s. f. 1. Desfortuna. 2. *Astrol.* Aparição de um astro a que os astrólogos atribuem influência funesta.

Infortunado, adj. Desventurado, infeliz.

Infortunar, v. Tr. dir. Causar infortúnio a, tornar infeliz.

Infortúnio, s. m. 1. Calamidade. 2. Desventura, infelicidade.

Infortunística, s. f. Parte da Medicina Legal e da legislação trabalhista que trata dos riscos industriais, acidentais do trabalho e moléstias profissionais.

infra-, pref. (l. *infra*). Significa: *abaixo, embaixo, em lugar inferior: infra-escrito, infra-estrutura.*

Infração, s. f. 1. Ato de infringir. 2. Transgressão, violação. Var.: *infracção.*

Infra-escrito, adj. Escrito abaixo, ou depois daquilo de que se trata.

Infra-estrutura, s. f. 1. Parte inferior de uma estrutura. 2. *Sociol.* Segundo o marxismo, divisão da sociedade em forças produtivas e relações de produção. 3. *Econ. Polít.* Base e condições indispensáveis a uma economia avançada.

Infrangível, adj. m. e f. Que não se pode quebrar.

Infra-oitava, s. f. *Ecles.* Dias compreendidos entre o dia da festa e a sua oitava.

Infrato, adj. *Poét.* 1. Quebrado. 2. Quebrantado, desfalecido, abatido. Var.: *infracto.*

Infrator, s. m. Pessoa que infringe. Var.: *infractor.*

Infravermelho, adj. e s. m. Diz-se do, ou o raio que fica aquém do vermelho e que não se vê na decomposição da luz solar pelo prisma. Adj. 1. Que contém esse raio.

Infrene, adj. m. e f. 1. Sem freio. 2. Desordenado (sentido moral). 3. Descomedido.

Infringência, s. f. Ato ou efeito de infringir.

Infringir, v. Tr. dir. Transgredir, violar (leis, ordens, tratados).

Infringível, adj. m. e f. Que se pode infringir.

Infrutescência, s. f. *Bot.* Conjunto frutífero resultante de várias flores cujos ovários se desenvolvem unidos entre si.

Infrutífero, adj. 1. Que não produz fruto. 2. Frustrado. 3. Que não dá resultado.

Infrutuoso, adj. 1. Que não dá fruto; estéril. 2. Baldado, infrutífero, inútil.

Infundado, adj. Que não é fundado; sem fundamento ou razão de ser.

Infundibuliforme, adj. m. e f. Que tem forma de funil.

Infundíbulo, s. m. 1. Funil. 2. *Anat.* Órgão ou parte de órgão que tem a forma de funil.

Infundir, v. 1. Tr. dir. Derramar, entornar ou lançar (líquido) em algum vaso. 2. Tr. dir. *Quím.* e *Farm.* Pôr de infusão. 3. Tr. dir. e pron. Introduzir(-se). 4. Tr. dir. Insuflar.

Infusão, s. f. 1. Ato ou efeito de infundir(-se). 2. *Farm.* Conservação temporária de uma substância em líquido, para dela se extraírem princípios medicamentosos. 3. Maceração famacêutica.

Infuso, adj. 1. Infundido, derramado, vertido. 2. Posto de infusão. 3. Diz-se dos conhecimentos ou virtudes que uma pessoa possui, sem necessidade de esforços para os obter. S. m. *Quím.* e *Farm.* Produto medicamentoso de uma infusão.

Infusório, adj. e s. m. Protozoário da classe dos Infusórios; ciliado.
Infustamento, s. m. Cheiro peculiar das vasilhas de vinho.
Infusura, s. f. (de *infuso*). *Vet.* Inchaço dos cascos dos animais, seguido geralmente de fluxão de humores.
Ingá, s. m. (do tupi). *Bot.* Fruto do gênero *Inga*, da família das Leguminosas.
Ingazeira, s. f. *Bot.* Árvore da família das Leguminosas, que produz o ingá.
Ingazeiro, s. m. *Bot.* V. *ingazeira.*
Ingênito, adj. Que nasceu com o indivíduo; congênito, inato.
Ingente, adj. m. e f. 1. Grande, desmedido. 2. Estrondoso, muito forte, retumbante.
Ingênua, s. f. Atriz que desempenha papéis caracterizados pela ingenuidade e juventude.
Ingenuidade (*u-i*), s. f. 1. Qualidade de ingênuo. 2. Simplicidade extrema. 3. Ato ou dito ingênuo.
Ingênuo, adj. 1. Inocente, natural. 2. Simples. S. m. 1. Pessoa ingênua. 2. Filho de escrava nascido depois da lei da emancipação.
Ingerência, s. f. 1. Ato ou efeito de ingerir(-se). 2. Influência. 3. Intervenção.
Ingerir, v. 1. Tr. dir. e pron. Introduzir. 2. Tr. dir. Passar da boca ao estômago; engolir.
Ingestão, s. f. 1. Ato ou efeito de ingerir. 2. Deglutição.
Inglês, adj. De, pertentence ou relativo à Inglaterra. S. m. 1. O natural ou habitante da Inglaterra. 2. A língua dos ingleses. Pl.: *ingleses* (*ê*). Fem.: *inglesa* (*ê*). Fem. pl.: *inglesas* (*ê*).
Inglesada, s. f. 1. Quantidade de ingleses. 2. Os ingleses. 3. Modo, dito de ingleses.
Inglório, adj. 1. Em que não há glória. 2. Que não dá glória. 3. Modesto, obscuro.
Ingluvial, adj. m. e f. Relativo ou pertencente a inglúvias.
Inglúvias, s. f. pl. (l. *ingluvies*). *Zool.* 1. Região compreendida entre os ramos da maxila e a laringe dos mamíferos. 2. Papo das aves.
Inglúvio, s. m. V. *inglúvias.*
Ingovernável, adj. m. e f. 1. Que não se pode governar. 2. Insubmisso.
Ingratidão, s. f. (l. *ingratitudine*). 1. Qualidade de ingrato. 2. Falta de gratidão.
Ingrato, adj. 1. Que não mostra reconhecimento. 2. Desagradável, displicente. S. m. Indivíduo desagradecido.
Ingrediente, s. m. Substância que faz parte de um medicamento, ou de uma iguaria etc.
Íngreme, adj. m. e f. 1. Que tem grande declive. 2. Árduo, difícil, trabalhoso. 3. Que é difícil de subir.
Ingresia, s. f. 1. Barulho, berreiro, vozearia. 2. Linguagem arrevesada e ininteligível.
Ingressar, v. Tr. ind. Fazer ingresso, entrar.
Ingresso, s. m. 1. Ato de ingressar. 2. Entrada. 3. Início. 4. Bilhete de entrada em teatro, cinema, baile etc.
Íngua, s. f. (l. *inguina*). *Med.* Ingurgitamento dos gânglios linfáticos da virilha, axila etc.; adenite, bubão.
Inguinal, adj. m. e f. Pertencente ou relativo à virilha.
Ingurgitação, s. f. Ato ou efeito de ingurgitar.
Ingurgitamento, s. m. 1. Ingurgitação. 2. *Med.* Obstrução de um vaso ou canal excretor glandular; enfarte.
Ingurgitar, v. 1. Tr. dir. Engolir sofregamente. 2. Tr. dir. Obstruir. 3. Intr. e pron. Adquirir ingurgitamento. 4. Pron. Atolar-se, chafurdar.
-inha, suf. Forma substantivos femininos com idéia de diminutivo: *caminha.*
Inhambu, s. m. Inambu.
Inhame, s. m. *Bot.* Nome comum a várias plantas da família das Aráceas, de tubérculos ou rizomas comestíveis, originárias da Ásia e encontradas também nas Américas.
-inhar, suf. (*inho + ar*). Forma verbos com sentido freqüentativo: *abespinhar, espezinhar, esquadrinhar.*
-inho, suf. Exprime diminuição: *livrinho, velhinho.*
Inibição, s. f. 1. Ato ou efeito de inibir(-se). 2. Estado ou condição de pessoa inibida. 3. *Psicol.* Resistência íntima a certos atos ou sentimentos.
Inibir, v. Tr. dir. 1. Proibir. 2. Embaraçar, estorvar, impedir.
Inibitivo, adj. V. *Inibitório.*
Inibitório, adj. Que inibe; inibidor.
Iniciação, s. f. 1. Ato ou efeito de iniciar(-se). 2. Ação de começar. 3. Cerimônia pela qual se inicia alguém nos mistérios de alguma religião ou doutrina.
Iniciado, adj. 1. Principiado, começado. 2. Que foi admitido à iniciação. S. m. Neófito de uma seita ou ordem.
Iniciador, adj. e s. m. Que, ou o que inicia.
Inicial, adj. m. e f. 1. Que inicia ou começa. 2. Do início, do começo ou princípio. S. f. 1. Primeira letra de uma palavra. 2. *Tip.* Letra grande, ornamentada ou não, que se costuma colocar no começo de capítulos e outras divisões maiores de livros. 3. *Dir.* A petição que inaugura a ação.
Iniciar, v. 1. Tr. dir. Começar, principiar. 2. Tr. dir. Instruir em alguma arte, ciência ou religião. 3. Pron. Adquirir as primeiras noções de qualquer matéria.
Iniciativa, s. f. 1. Qualidade de quem é o primeiro a propor ou empreender alguma coisa. 2. Ação, empreendimento.
Iniciativo, adj. 1. V. *inicial.* 2. Que tem o caráter de iniciativa.
Iniciatório, adj. Relativo a iniciação.
Início, s. m. 1. Princípio, começo. 2. Estréia, inauguração. 3. Exórdio.
Inidôneo, adj. Que não é idôneo.
Iniludível, adj. m. e f. Que não admite dúvidas.
Inimaginável, adj. m. e f. Que não se pode imaginar.
Inimigo, adj. 1. Que não é amigo. 2. Adverso, contrário, hostil. Sup. abs. sint.: *inimicíssimo.* S. m. 1. Pessoa que tem inimizade a alguém. 2. Nação, tropa, gente com quem se está em guerra. 3. O diabo, o demônio.
Inimitável, adj. m. e f. Que não se pode imitar.
Inimizade, s. f. 1. Falta de amizade. 2. Aversão, malquerença.
Inimizar, v. Tr. dir., intr. e pron. Tornar(-se) inimigo, malquistar(-se); interromper as relações pessoais com alguém.
Ininteligível, adj. m. e f. 1. Que não é inteligível; incompreensível. 2. Obscuro, misterioso.
Ininterrupção, s. f. 1. Falta de interrupção. 2. Continuidade, seqüência.
Ininterrupto, adj. Sem interrupção, duradouro.
Ínio, s. m. (gr. *inion*). *Anat.* Vértice da protuberância occipital externa.
Iniódimo, s. m. *Terat.* Ser que se compõe de dois indivíduos ligados pela nuca.
Ínion, s. m. V. *ínio.*
Iniqüidade, s. f. 1. Falta de eqüidade. 2. Qualidade de iníquo.
Iníquo, adj. 1. Que ofende a eqüidade, a retidão. 2. Injusto.
Injeção, s. f. (1. *injectione*). 1. Ato ou efeito de injetar. 2. Líquido que se injeta. 3. *Med.* Introdução, em tecido ou órgão, de líquido medicamentoso. 4. Introdução de combustível em motor ou de vapor em caldeira.
Injetar, v. 1. Tr. dir. Introduzir um líquido numa cavidade do corpo, nos músculos etc., por meio de injeção. 2. Tr. dir. e pron. Encher(-se) de líquidos injetados.
Injetor, adj. 1. Que injeta. 2. Que serve para injeções. S. m. Aparelho para injetar líquidos.
Injucundo, adj. Não jucundo; desagradável.
Injunção, s. f. 1. Ato ou efeito de injungir. 2. Obrigação imposta; imposição. 3. Pressão das circunstâncias.
Injungir, v. Tr. dir. 1. Impor a obrigação de. 2. Ordenar formalmente. — Comjuga-se como *jungir.*
Injuntivo, adj. Imperativo, obrigatório.
Injúria, s. f. 1. Ação ou efeito de injuriar. 2. Afronta, agravo, insulto, ofensa, ultraje. 3. Aquilo que é contra o direito.
Injuriador, adj. e s. m. Que, ou o que injuria.
Injuriar, v. 1. Tr. dir. Fazer injúria a; insultar, ofender. 2. Tr. dir. Desacreditar, desonrar, vexar. 3. Pron. Dedignar-se, ter como desdouro. 4. Tr. dir. Causar dano ou estrago.
Injurídico, adj. Que não é jurídico; ilegal.
Injurioso, adj. 1. Em que há injúria. 2. Ofensivo, afrontoso.
Injustiça, s. f. 1. Falta de justiça. 2. Ação injusta.
Injustificável, adj. m. e f. Que não se pode justificar.

Injusto, adj. 1. Que não é justo. 2. Desarrazoado, sem fundamento. S. m. Aquele que não é justo.
ino-¹, elem. de comp. (gr. *is, inos*). Significa *fibra: inocarpo.*
-ino², suf. (l. *inu*). Designativo de *diminuição, pertença, relação: cerebrino, serpentino.*
-ino³, suf. *Quím.* Indica tripla ligação: *quinino.*
Inobediência, s. f. Falta de obediência.
Inobediente, adj. m. e f. Desobediente.
Inobliterável, adj. m. e f. Que não se pode obliterar.
Inobservado, adj. 1. Que não é observado. 2. Que não se observa. 3. Nunca visto.
Inobservância, s. f. 1. Falta de observância. 2. Falta de cumprimento.
Inobservante, adj. m. e f. Que não observa; que não cumpre.
Inobservável, adj. m. e f. Que não se pode observar, ou cumprir.
Inocência, s. f. 1. Qualidade de inocente. 2. Falta de culpa. 3. Singeleza, ingenuidade. 4. Estado de pureza, castidade.
Inocentar, v. 1. Tr. dir. e pron. Considerar(-se) ou tornar(-se) inocente. 2. Tr. dir. Desculpar.
Inocente, adj. m. e f. 1. Que não é culpado. 2. Que não causa mal; inofensivo. 3. Isento de malícia. 4. Singelo, ingênuo. 5. Idiota, imbecil. S. m. e f. Pessoa que tem inocência.
Inocuidade (*u-i*), s. f. Qualidade de inócuo.
Inoculação, s. f. *Med.* Ato ou efeito de inocular.
Inocular, v. Tr. dir. e pron. 1. Introduzir(-se) por inoculação. 2. *Fig.* Transmitir(-se), propagar(-se), disseminar(-se).
Inócuo, adj. Que não é nocivo, que não faz dano; inofensivo.
Inodoro (*dó*), adj. Que não tem odor, sem cheiro.
Inofensivo, adj. 1. Que não ofende, que não é ofensivo. 2. Que não faz mal.
Inoficioso, adj. 1. Que não é oficioso. 2. Que prejudica, sem razão conhecida; nocivo.
Inolvidável, adj. m. e f. 1. Que não se olvida. 2. Digno de ser lembrado.
Inominado, adj. 1. Que não tem nome. 2. Que não foi designado.
Inominável, adj. m. e f. 1. Que não se pode designar por um nome. 2. Baixo, revoltante, vil.
Inoperante, adj. m. e f. 1. Que não opera. 2. Que não é abonatório. 3. Que não concorre para um juízo ou resultado.
Inoperável, adj. m. e f. *Med.* Que não pode ser operado.
Inópia, s. f. 1. Carência, indigência, míngua. 2. Pobreza.
Inopinado, adj. Que não é esperado; repentino, imprevisto, súbito. S. m. *Ret.* Suspensão.
Inoportunidade, s. f. 1. Falta de oportunidade. 2. Qualidade de inoportuno.
Inoportuno, adj. 1. Que não é oportuno. 2. Que vem em tempo inconveniente.
Inorgânico, adj. 1. Composto de matéria que não é vegetal nem animal; mineral. 2. Que forma o mundo inanimado ou a ele pertence. 3. Que é ou contém uma substância química que não é orgânica.
Inorganizado, adj. 1. Que não é organizado. 2. Inorgânico.
Inospitaleiro, adj. Que não é hospitaleiro, que é desfavorável a estrangeiros, que os não recebe.
Inospitalidade, s. f. Falta de hospitalidade, mau acolhimento.
Inóspito, adj. 1. Que não recebe com hospitalidade. 2. Que não agasalha. 3. Impróprio para ser habitado; bravio.
Inovação, s. f. 1. Ato ou efeito de inovar. 2. Novidade.
Inovador, adj. e s. m. Que, ou o que inova.
Inovar, v. Tr. dir. 1. Fazer inovações, introduzir novidades em. 2. Tornar novo; renovar.
Inox (*cs*), adj. Forma reduzida de *inoxidável.*
Inoxidável (*cs*), adj. Que não é oxidável; inox.
Inóxio (*cs*), adj. Inócuo.
Inquebrantável, adj. m. e f. 1. Que não se pode quebrantar. 2. Rijo, sólido. 3. Inflexível.
Inquerir, v. Tr. dir. Apertar a carga dos animais; arrochar.
Inquérito (*ké*), s. m. 1. Ato ou efeito de inquirir. 2. Interrogatório. 3. Sindicância. 4. Devassa.
Inquestionável (*kes*), adj. m. e f. 1. Que não é questionável. 2. Inconcusso, indiscutível.
Inquietação, s. f. 1. Falta de quietação. 2. Agitação.
Inquietador, adj. e s. m. Que, ou o que causa inquietação.
Inquietante, adj. m. e f. Inquietador.
Inquietar, v. 1. Tr. dir. Causar inquietação a, tornar inquieto. 2. Tr. dir. Pôr em agitação. 3. Tr. dir. e pron. Tirar o sossego a; perturbar. 4. Tr. dir. e pron. Alvorotar(-se), amotinar(-se), excitar(-se).
Inquieto, adj. 1. Que não está quieto. 2. Agitado, oscilante. 3. Apreensivo. 4. Perturbado.
Inquietude, s. f. V. *inquietação.*
Inquilinato, s. m. 1. Estado de quem reside em casa alugada. 2. Os inquilinos.
Inquilino, s. m. Aquele que reside em casa alugada.
Inquinação, s. f. 1. Ato ou efeito de inquinar. 2. Mancha.
Inquinar, v. Tr. dir. 1. Manchar, corromper, poluir, sujar. 2. Infetar. 3. *Dir.* Requerer a nulidade de um feito.
Inquirição, s. f. 1. Ação de inquirir. 2. Averiguação, interrogatório judicial, inquérito, investigação.
Inquiridor, adj. Que inquire. S. m. O que inquire.
Inquirimento, s. m. V. *inquirição.*
Inquirir, v. 1. Tr. dir. e tr. ind. Indagar, perguntar; pedir informações sobre, pesquisar. 2. Tr. dir. Interrogar judicialmente (testemunhas). 3. Intr. Tomar informações.
Inquisição, s. f. 1. V. *inquirição.* 2. *Hist.* Antigo tribunal eclesiástico, também conhecido por *Santo Ofício,* instituído para punir os crimes contra a fé católica.
Inquisidor, s. m. Juiz do tribunal da Inquisição; membro do Santo Ofício.
Inquisitorial, adj. m. e f. 1. Relativo à Inquisição ou aos inquisidores. 2. Relativo a inquérito. 3. Severo. 4. Desumano.
Insaciabilidade, s. f. Qualidade de insaciável.
Insaciado, adj. Que não está saciado.
Insaciável, adj. m. e f. 1. Que não é saciável, que não se sacia, que não se farta ou não se satisfaz. 2. Ávido, sôfrego.
Insalivação, s. f. 1. Ato ou efeito de insalivar. 2. *Med.* Impregnação dos alimentos pela saliva.
Insalivar, v. Tr. dir. Impregnar de saliva (os alimentos).
Insalubre, adj. m. e f. Que não é salubre, que não é saudável; doentio. Sup. abs. sint.: *insalubérrimo, insalubríssimo.*
Insalubridade, s. f. Caráter ou qualidade de insalubre.
Insalutífero, adj. V. *insalubre.*
Insanabilidade, s. f. Qualidade de insanável.
Insanável, adj. m. e f. 1. Que não é sanável; incurável. 2. Que não se pode emendar ou suprir. 3. Irremediável.
Insânia, s. f. 1. Demência, doidice, loucura. 2. Falta de siso.
Insanidade, s. f. 1. Qualidade de insano. 2. Demência. 3. Falta de juízo.
Insano, adj. 1. Demente, doido. 2. Tolo, insensato. 3. Custoso, excessivo: Trabalho *insano.*
Insaponificável, adj. Que não se pode saponificar.
Insaturável, adj. m. e f. 1. *Quím.* Que não é saturável. 2. Que não se pode fartar; insaciável.
Insciência, s. f. 1. Falta de ciência, falta de saber. 2. Qualidade de insciente. 3. Imperícia.
Insciente, adj. m. e f. 1. Que não é ciente, que não sabe. 2. Ignorante, inepto.
Ínscio, adj. V. *insciente.*
Inscrever, v. (l. *inscribere*). 1. Tr. dir. Escrever sobre, gravar, insculpir (inscrição ou letreiro). 2. Tr. dir. e pron. Assentar, escrever ou fazer escrever em lista, registro etc. 3. Tr. dir. *Geom.* Traçar uma figura dentro de outra. 4. Pron. Matricular-se.
Inscrição, s. f. 1. Ato ou efeito de inscrever. 2. O que está inscrito. 3. Matrícula. 4. Título de dívida pública perpétua.
Inscritível, adj. m. e f. Que pode inscrever-se ou ser inscrito.
Inscrito, adj. (l. *inscriptu*). 1. Escrito sobre. 2. Gravado, insculpido. 3. Que se inscreveu em registro ou lista. 4. *Geom.* Diz-se do ângulo com o vértice na circunferência.
Insculpir, v. Tr. dir. 1. Esculpir em; gravar, entalhar. 2. Inscrever. — Conjuga-se como *abolir.*
Insculptor, s. m. O que insculpe, grava ou entalha.
Insecável¹, adj. m. e f. (l. *insecabile*). Que não se pode cortar; que é indivisível.

Insecável², adj. m. e f. (*in + secável*). Que não pode secar, que não se esgota.
Inseduzível, adj. m. e f. 1. Que não é seduzível, que não se deixa seduzir. 2. Incorruptível.
Insegurança, s. f. 1. Falta de segurança. 2. Qualidade de inseguro.
Inseguridade, s. f. V. *insegurança*.
Inseguro, adj. Que não é seguro, falto de segurança.
Inseminação, s. f. 1. Ato de inseminar; fecundação artificial. 2. Fecundação do óvulo.
Inseminar, v. Tr. dir. Fecundar artificialmente a.
Insensatez, s. f. 1. Qualidade de insensato. 2. Ato ou dito de pessoa insensata.
Insensato, adj. 1. Que não é sensato, falto de senso. 2. Contrário ao bom senso e à razão.
Insensibilidade, s. f. 1. Falta de sensibilidade. 2. Qualidade de insensível. 3. Apatia, inação.
Insensibilização, s. f. Ato ou efeito de insensibilizar.
Insensibilizar, v. Tr. e pron. Tornar(-se) insensível; anestesiar.
Insentitivo, adj. *P. us.* Que não é sensitivo.
Insensível, adj. m. e f. 1. Que não é sensível, privado de sensibilidade. 2. Indiferente. 3. Impassível.
Inseparabilidade, s. f. Qualidade de inseparável.
Inseparável, adj. m. e f. 1. Que não é separável. 2. Que anda, está ou existe juntamente com outrem.
Insepulto, adj. Que não é sepulto, não sepultado.
Inserção, s. f. 1. Ato ou efeito de inserir. 2. Lugar onde alguma coisa se fixa.
Inserir, v. 1. Tr. dir. Cravar, fazer entrar, introduzir. 2. Tr. dir. Publicar: Vamos *inserir* um *anúncio no* jornal. 3. Pron. Entranhar-se, fixar-se. — Conjuga-se como *aderir*.
Inserto, adj. (p. irr. de *inserir*). Que se inseriu, inserido.
Inservível, adj. m. e f. Que não é servível; imprestável.
Insetário, s. m. Instalação onde se conservam, vivos, insetos, para fins de exposição ou estudo.
Inseticida, adj. m. e f. Que destrói ou mata insetos. S. m. Preparado para matar insetos.
Inseticídio, s. m. Morte que se dá a um inseto.
Insetífugo, adj. Que afugenta os insetos. S. m. Repelente de insetos.
Insétil, adj. m. e f. Que não se divide; indivisível. Var.: *inséctil*.
Insetívoro, adj. Que come insetos. S. m. *Zool.* Animal que come insetos ou deles se alimenta. S. m. pl. Ordem (*Insectivora*) de mamíferos que compreende as toupeiras, os musaranhos, os ouriços-cacheiros etc.
Inseto, s. m. *Zool.* Animal da classe dos Insetos. Col.: *bando, miríade, nuvem*. S. m. pl. *Entom.* Classe (*Insecta*) de artrópodes, que compreende animais, em sua forma adulta, de corpo formado por uma série de segmentos: *cabeça, tórax* e *abdome*.
Insetologia, s. f. *Zool.* Ramo da Zoologia que estuda os insetos; Entomologia.
Insetológico, adj. Que se refere à insetologia.
Insetologista, s. m. e f. Pessoa versada em insetologia; entomologista, entomólogo.
Insexual (*cs*), adj. m. e f. Avesso às tendências naturais do sexo.
Insexualidade (*cs*), s. f. Caráter ou qualidade de insexual.
Insídia, s. f. 1. Cilada. 2. Emboscada. 3. Perfília. 4. Intriga. 5. Estratagema.
Insidiador, adj. e s. m. Que, ou o que arma insídias.
Insidiar, v. Tr. dir. 1. Armar insídias a, preparar ciladas a. 2. *Fig.* Procurar seduzir ou corromper.
Insidioso, adj. 1. Que usa armar insídias. 2. Traiçoeiro.
Insigne, adj. m. e f. 1. Célebre, eminente, famoso. 2. Extraordinário, incrível.
Insígnia, s. f. 1. Sinal distintivo. 2. Emblema. 3. Medalha de irmandade; venera. 4. Bandeira, estandarte.
Insignificância, s. f. 1. Qualidade de insignificante. 2. Quantidade não apreciável, sem valor. 3. Bagatela, ninharia.
Insignificante, adj. m. e f. 1. Que nada significa. 2. Que não tem valor; reles. S. m. e f. Pessoa sem importância.
Insignificativo, adj. Que não é significativo.
Insimular, v. Tr. dir. Denunciar, acusar falsa ou injustamente a.
Insinceridade, s. f. Falta de sinceridade.
Insincero, adj. Que não é sincero.
Insinuação, s. f. 1. Ato ou efeito de insinuar ou insinuar-se. 2. Aquilo que se insinua ou se dá a perceber. 3. Sugestão. 4. Lembrança. 5. Admoestação. 6. Advertência. 7. Remoque. 8. Acusação direta ou disfarçada.
Insinuador, adj. e s. m. Que, ou o que insinua ou se insinua.
Insinuante, adj. m. e f. 1. Que se insinua. 2. Persuasivo. 3. Simpático. 4. Agradável, amável.
Insinuar, v. (l. *insinuare*). 1. Tr. dir. Fazer entrar no coração, introduzir no ânimo. 2. Tr. dir. Dar a entender com arte, de modo indireto. 3. Tr. dir. Incutir. 4. Pron. Granjear o agrado, tornar-se simpático.
Insinuativo, adj. V. *insinuante*.
Insipidez, s. f. 1. Qualidade de insípido. 2. Sensaboria. 3. Monotonia.
Insípido, adj. 1. Sem sabor. 2. Insosso, insulso. 3. Desenxabido, sem graça.
Insipiência, s. f. 1. Qualidade de insipiente. 2. Falta de senso; insensatez. 3. Imprudência.
Insipiente, adj. m. e f. 1. Que não é sapiente. 2. Ignorante. 3. Insensato. 4. Imprudente.
Insistência, s. f. 1. Ato de insistir. 2. Contumácia, teimosia.
Insistente, adj. m. e f. 1. Que insiste. 2. Importuno. 3. Obstinado, teimoso.
Insistir, v. Tr. ind. e intr. 1. Instar, perseverar no que diz ou pergunta. 2. Porfiar, teimar, ter pertinácia.
Ínsito, adj. 1. Inerente, inato. 2. Congênito. 3. Inserido.
Insóbrio, adj. Falto de sobriedade.
Insociabilidade, s. f. Qualidade de insociável.
Insocial, adj. m. e f. Que não é social; estranho à vida da sociedade.
Insociável, adj. m. e f. 1. Que não é sociável, que não vive em sociedade. 2. Que não é tratável ou lhano. 3. Misantropo.
Insofismável, adj. m. e f. Que não se pode negar ou obscurecer por meio de sofisma; claro, patente.
Insofrido, adj. 1. Pouco sofredor, impaciente no sofrimento. 2. Que não se pode conter; inquieto. 3. Indomável.
Insofrimento, s. m. 1. Estado de insofrido. 2. Falta de paciência; impaciência.
Insofrível, adj. m. e f. 1. Que não é sofrível; insuportável, intolerável. 2. Inquieto, indomável.
Insolação, s. f. 1. Ação de expor ao sol. 2. *Med.* Mal causado pela demorada exposição ao sol ardente.
Insolar, v. 1. Tr. dir. Expor ou secar ao sol. 2. Tr. dir. Tornar doente pela ação do sol. 3. Pron. Encher-se de sol; secar-se.
Insolência, s. f. 1. Qualidade de insolente. 2. Ato ou palavra insolente. 3. Palavras injuriosas. 4. Desaforo, atrevimento.
Insolente, adj. m. e f. 1. O mesmo que *insólito*. 2. Desaforado, atrevido, grosseiro. S. m. e f. Pessoa insolente.
Insolidariedade, s. f. Falta de solidariedade.
Insólito, adj. 1. Que não é habitual. 2. Estranho. 3. Incrível.
Insolubilidade, s. f. Qualidade de insolúvel.
Insolubilizar, v. Tr. dir. Tornar insolúvel.
Insolúvel, adj. m. e f. 1. *Quím.* Que não se pode dissolver. 2. Que não se pode resolver. 3. Indissolúvel.
Insolvabilidade, s. f. V. *insolvência*.
Insolvável, adj. V. *insolvente*.
Insolvência, s. f. Qualidade de insolvente. 2. Falência.
Insolvente, adj. m. e. f. Diz-se da pessoa que não tem meios para pagar o que deve. S. m. e f. Essa pessoa.
Insolvível, adj. m. e f. Que não pode ser pago.
Insondabilidade, s. f. Qualidade de insondável.
Insondado, adj. 1. Que não é sondado; ainda não estudado. 2. Desconhecido.
Insondável, adj. m. e f. 1. Que não é sondável, a que não se pode achar fundo. 2. Incompreensível, inexplicável.
Insone, adj. m. e f. *Poét.* Que não tem sono.
Insônia, s. f. 1. Falta de sono. 2. Dificuldade de dormir; vigília; anipnia.
Insonolência, s. f. V. *insônia*.

Insonoro (*nó*), adj. 1. Que não tem som, que não dá som algum. 2. Desarmonioso. 3. Pouco harmonioso.
Insonte, adj. m. e f. *Poét.* 1. Inócuo. 2. Que não tem culpa; inocente.
Insopitável, adj. m. e f. Que não é sopitável, que não se pode adormentar.
Insossar, v. Tr. dir. Tornar insosso.
Insosso *(ô)*, adj. (1. *insulsu*). Que tem pouco sal.
Inspeção, s. f. (1. *inspectione*). 1. Ação de ver, de olhar, de observar. 2. Exame, vistoria. 3. Cargo de inspetor.
Inspecionar, v. Tr. dir. 1. Fazer inspeção sobre, vigiar. 2. Examinar, observar, revistar, vistoriar.
Inspetor, adj. (1. *inspectore*). Que inspeciona. S. m. O que vê, observa, fiscaliza ou inspeciona.
Inspetoria, s. f. 1. Cargo ou dignidade de inspetor. 2. Repartição que tem a seu cargo inspecionar.
Inspiração, s. f. 1. Ato ou efeito de inspirar ou de ser inspirado. 2. Coisa inspirada. 3. Idéia repentina e espontânea.
Inspirador, adj. 1. Que causa inspiração. 2. *Med.* Que contribui para a inspiração. S. m. Aquele que inspira ou sugere.
Inspirar, v. 1. Tr. dir. *Med.* Introduzir o ar atmosférico nos pulmões por meio dos movimentos do tórax. 2. Tr. dir. Causar inspiração ou estro a. 3. Pron. Receber inspiração, sentir-se inspirado. 4. Tr. dir. Iluminar o espírito de.
Inspirativo, adj. 1. Que inspira. 2. Que causa inspiração.
Inspiratório, adj. 1. Que inspira, próprio para a inspiração. 2. Que leva o ar aos pulmões.
Inspirável, adj. m. e f. Que pode ser inspirado.
Instabilidade, s. f. 1. Qualidade de instável. 2. Falta de estabilidade. 3. Falta de permanência.
Instalação, s. f. 1. Ato ou efeito de instalar. 2. Disposição dos objetos no lugar apropriado. 3. Conjunto de aparelhos ou peças que compõem determinada unidade: *I.* elétrica.
Instalador, adj. e s. m. Que, ou o que instala.
Instalar, v. 1. Tr. dir. e pron. Dispor para funcionar; inaugurar; estabelecer(-se). 2. Tr. dir. e pron. Acomodar(-se), alojar(-se). 3. Pron. Tomar posse: *Instalou-se no* governo.
Instaminado, adj. *Bot.* Desprovido de estames.
Instância, s. f. 1. Ato ou efeito de instar. 2. Qualidade de instante. 3. Pedido urgente e repetido. 4. Insistência, pertinácia. 5. Foro, jurisdição. 6. *Dir.* Competência quanto aos juízes e tribunais. 7. *Dir.* Grau de jurisdição, hierarquia judiciária.
Instantaneidade, s. f. Qualidade de instantâneo.
Instantâneo, adj. 1. Que sucede num instante; rápido, súbito. 2. Que se produz repentinamente: Morte *instantânea.* S. m. *Fot.* Fotografia cuja exposição é rapidíssima.
Instante, adj. m. e f. 1. Que está iminente. 2. Em que há empenho. 3. Afincado, pertinaz, veemente. 4. Inadiável, urgente. S. m. 1. Espaço de um segundo. 2. Espaço pequeníssimo de tempo. 3. Momento muito breve.
Instar, v. 1. Tr. dir. Pedir, rogar ou solicitar com instância a. 2. Tr. ind. Insistir com. 3. Intr. Estar iminente. 4. Intr. Urgir. 5. Tr. ind. Questionar, treplicar.
Instauração, s. f. 1. Ato ou efeito de instaurar. 2. Estabelecimento, inauguração, início.
Instaurador, adj. e s. m. Que ou o que instaura.
Instaurar, v. Tr. dir. 1. Estabelecer, formar, fundar, inaugurar. 2. Formar. 3. Renovar, restaurar.
Instável, adj. 1. Que não é estável, que não tem segurança, que não tem condições de permanência. 2. Que não está firme. 3. Inconstante, volúvel. 4. Móvel, movediço.
Instigação, s. f. 1. Ato ou efeito de instigar. 2. Estímulo, incitamento. 3. Sugestão.
Instigador, adj. e s. m. Que, ou aquele que instiga.
Instigar, v. Tr. dir. Animar, estimular, incitar, induzir.
Instilação, s. f. 1. Ato de instilar. 2. Infiltração, gota a gota. 3. Insinuação, persuasão.
Instilar, v. Tr. dir. 1. Deitar ou introduzir gota a gota. 2. Induzir, ininuar, insuflar.
Instintividade, s. f. Qualidade de instintivo.
Instintivo, adj. 1. Que se faz por isso instinto. 2. Que deriva do instinto. 3. Espontâneo, impensado, natural.
Instinto, s. m. 1. Estímulo ou impulso natural, involuntário, pelo qual homens e animais executam certos atos sem conhecer o fim ou o porquê desses atos. 2. Aptidão inata.
Institucional, adj. Que diz respeito a uma instituição.
Instituição (*u-i*), s. f. 1. Ato ou efeito de instituir. 2. Instituto. S. f. pl. Leis fundamentais de uma sociedade política.
Instituidor, (*u-i*), adj. e s. m. Que, ou o que institui.
Instituir, v. Tr. dir. 1. Criar, estabelecer, fundar. 2. Declarar, nomear. 3. Doutrinar, educar, instruir. 4. Disciplinar.
Institutas, s. f. pl. Livro elementar de Direito Romano mandado copiar pelo Imperador Justiniano.
Instituto, s. m. 1. Coisa instituída. 2. Regulamentação. 3. Norma, regime, regra. 4. Desígnio, intento. 5. Constituição de uma ordem religiosa. 6. Corporação literária, científica ou artística. 7. Título de alguns estabelecimentos de instrução.
Instrução, s. f. 1. Ação de instruir. 2. Ensino, lição, preceito instrutivo. 3. Explicação ou esclarecimentos dados para uso especial. 4. Educação intelectual.
Instruir, v. 1. Tr. dir. Dar instrução a; doutrinar, ensinar. 2. Pron. Receber instrução, tornar-se instruído ou sabedor. 3. Tr. dir. Adestrar. 4. Tr. dir. Informar. 5. Tr. dir. Comprovar com documentos ou testemunhas.
Instrumentação, s. f. 1. Ato ou efeito de instrumentar. 2. *Mús.* Arte de exprimir a música por meio de instrumentos.
Instrumental, adj. m. e f. 1. Que serve de instrumento. 2. Que se executa com instrumento. S. m. Conjunto de instrumentos de qualquer ofício.
Instrumentar, v. Tr. dir. *Mús.* 1. Escrever para cada instrumento a parte que lhe pertence. 2. Escrever e dispor (na partitura), segundo as regras da instrumentação.
Instrumentista, s. m. e f. Pessoa que toca alguns instrumentos ou compõe música instrumental.
Instrumento, s. m. 1. Aparelho, objeto ou utensílio que serve para executar uma obra ou levar a efeito uma operação. 2. Todo meio de conseguir um fim, de chegar a um resultado. 3. *Dir.* Título escrito para fazer valer algum direito.
Instrutivo, adj. 1. Próprio para instruir. 2. Que contém ensinamento.
Instrutor, adj. e s. m. 1. Que, ou aquele que dá instruções ou ensino. 2. Aplica-se ao juiz que instrui um processo.
Instrutura, s. f. 1. Estrutura, arquitetura. 2. Construção.
Insuave, adj. m. e f. Que não é suave.
Insubmergível, adj. m. e f. Que não é submergível.
Insubmersível, adj. m. e f. V. *insubmergível.*
Insubmissão, s. f. 1. Qualidade de insubmisso. 2. Falta de submissão.
Insubmisso, adj. 1. Não submisso. 2. Independente. 3. Ativo. S. m. Cidadão, selecionado e designado para incorporação, que não se apresenta onde devia e dentro do prazo que lhe foi fixado.
Insubordinação, s. f. 1. Sublevação, ato de indisciplina. 2. Tentativa de subversão. 3. Revolta.
Insubordinado, adj. e s. m. Que, ou aquele que faltou à subordinação e à disciplina.
Insubordinar, v. 1. Tr. dir. Causar insubordinação de, tornar insubordinado. 2. Pron. Cometer insubordinação.
Insubordinável, adj. m. e. f. 1. Que não se pode subordinar. 2. Indócil, incorrigível, rebelde.
Insubornável, adj. m. e f. 1. Que não se pode subornar. 2. Incorruptível, íntegro.
Insubsistência, s. f. 1. Qualidade de insubsistente. 2. Falta de fundamento ou valor.
Insubsistente, adj. m. e f. 1. Não subsistente. 2. Sem fundamento ou valor.
Insubstituível, adj. m. e f. Que não se pode substituir.
Insucesso, s. m. (fr. *insuccès*). 1. Mau resultado; falta de bom êxito, falta de eficácia. 2. Abortamento.
Insueto, adj. Desacostumado, insólito, não usado.
Insuficiência, s. f. 1. Falta de suficiência. 2. Qualidade de insuficiente. 3. Inaptidão, incapacidade, incompetência.
Insuficiente, adj. m. e f. 1. Que não é suficiente, que não é bastante. 2. Incapaz, incompetente, inepto.

Insuflação, s. f. Ação de insuflar, de soprar.
Insuflador, adj. 1. Que insufla. 2. Atiçador, insinuador. S. m. *Med.* Aparelho que serve para insuflar.
Insuflar, v. Tr. dir. 1. Encher de ar, tornar túrgido assoprando. 2. Introduzir por meio de sopro. 3. Aplicar ou introduzir por meio do insuflador. 4. Incutir, inspirar.
Ínsula, s. f. 1. *Poét.* Ilha. 2. *Anat.* Grupo de pequenas circunvoluções cerebrais no fundo da cisura de Sílvio.
Insulação, s. f. Ato ou efeito de insular.
Insulamento, s. m. Ato ou efeito de insular; insulação.
Insulano, adj. Que pertence ou se refere a ilha. S. m. Habitante ou natural de uma ilha.
Insular[1], adj. m. e f. 1. O mesmo que *insulano.* 2. Diz-se da fauna característica das ilhas.
Insular[2], v. 1. Tr. dir. e pron. Ilhar(-se), isolar(-se). 2. Tr. dir. Impedir a passagem da eletricidade de um corpo a outro.
Insularidade, s. f. 1. Caráter de ser ilha. 2. Isolamento pelo fato de ser ilha.
Insulcado, adj. Não sulcado.
Insulina, s. f. *Biol.* e *Med.* Hormônio pancreático proteínico, segregado pelas ilhotas de Langerhans.
Insulso, adj. 1. O mesmo que *insosso.* 2. Que não tem graça.
Insultado, adj. 1. Que recebeu insulto. 2. Injuriado, afrontado.
Insultador, adj. 1. Que insulta. 2. Que envolve injúrias. S. m. Aquele que insulta.
Insultar, v. Tr. dir. 1. Dirigir insultos a; afrontar, ultrajar. 2. Acometer, atacar com violência, danificar.
Insulto, s. m. 1. Injúria violenta. 2. Afronta, ultraje. 3. Ofensa, por atos ou palavras.
Insultuoso, adj. Que encerra insulto; insultante.
Insumo, s. m. *Econ. Polít.* Soma de todas as despesas (matéria-prima, horas trabalhadas, amortização etc.) que ocorrem na obtenção de um produto industrializado ou semi-industrializado.
Insuperável, adj. m. e f. Que não é superável, que não se pode exceder, que não se pode vencer.
Insuportável, adj. m. e f. Que não é suportável; intoleravel, muito incômodo ou molesto.
Insuprível, adj. m. e f. 1. Que não pode ser suprido. 2. Que não tem remédio.
Insurdescência, s. f. Estado do que é surdo; surdez.
Insurgente, adj. m. e f. Que se insurge ou insurgiu. S. m. e f. Pessoa sublevada.
Insurgir, v. 1. Tr. dir. e pron. Amotinar(-se), revoltar(-se), sublevar(-se).
Insurrecionado, adj. Insurgido, revoltado. S. m. Homem sublevado ou amotinado.
Insurrecional, adj. 1. Próprio de insurreição. 2. Que tem caráter de insurreição.
Insurrecionado, adj. Insurgido, revoltado. S. m. Homem sublevado ou amotinado.
Insurrecional, adj. m. e f. 1. Próprio de insurreição. 2. Que tem caráter de insurreição.
Insurrecionar, v. V. *insurgir.*
Insurreição, s. f. 1. Ato ou efeito de se insurgir; sublevação, revolta. 2. Oposição ou reação vigorosa.
Insurreto, adj. e s. m. Que, ou aquele que se insurgiu ou se rebelou.
Insuspeição, s. f. Falta de suspeição.
Insuspeito, adj. 1. Que não é suspeito. 2. Imparcial.
Insustentável, adj. m. e f. 1. Que não é sustentável. 2. Que não tem fundamento. 3. Que não pode subsistir.
Intangibilidade, s. f. Qualidade de intangível.
Intangível, adj. m. e f. 1. Que não é tangível. 2. Em que não pode tocar. 3. Que não se pode apalpar.
Intanha, s. f. O mesmo que *untanha.*
Intato, adj. 1. Não tocado, íntegro, ileso, inteiro, completo, perfeito. 2. Impoluto, puro, virgem. Var.: *intacto.*
Íntegra, s. f. (de *íntegro*). 1. Contexto completo. 2. Totalidade. *Na í.*: por inteiro.
Integração, s. f. 1. Ato ou processo de integrar; incorporação, complemento. 2. *Mat.* Ato de calcular uma integral.
Integral, adj. m. e f. 1. Inteiro, total. 2. Diz-se de um cálculo que é o inverso do diferencial.
Integrante, adj. m. e f. 1. Que integra, que completa. 2. Que constitui corpo simples ou composto. 3. Necessário. 4. *Gram.* Diz-se da conjunção subordinativa, substantiva. S. f. Essa conjunção.
Integrar, v. (l. *integrare*). 1. Tr. dir. e pron. Tornar(-se) inteiro, completar(-se). 2. Tr. dir. *Mat.* Determinar a integral de quantidade diferencial.
Integrável, adj. m. e f. *Mat.* Capaz de ser integrado (como uma equação diferencial).
Integridade, s. f. 1. Qualidade do que é íntegro. 2. Inteireza moral, retidão, imparcialidade. 4. Inocência. 5. Virgindade.
Íntegro, adj. 1. Inteiro, completo. 2. Reto, incorruptível. 3. Pundonoroso. Sup. abs. sint.: *integérrimo* e *integríssimo.*
Inteirar, v. 1. Tr. dir. Tornar inteiro ou completo. 2. Tr. dir. Acabar, completar, terminar. 3. Tr. dir. Dar perfeita notícia a; informar; certificar, cientificar. 4. Pron. Ficar ciente, informar-se, tornar-se sabedor.
Inteireza, s. f. 1. Integridade física e moral. 2. Honra.
Inteiriçar, v. Tr. dir. e pron. Tornar(-se) inteiriço ou hirto; entesar(-se).
Inteiriço, adj. 1. De uma só peça. 2. Hirto, inflexível, teso.
Inteiro, adj. (l. *integru*). 1 Que tem todas as suas partes. 2. Que tem toda a sua extensão. 3. Completo. 4. Que não sófreu diminuição, que não foi modificado. 5. Incorruptível, reto. S. m. *Mat.* Número em que não há frações.
Intelecção, s. f. Ato de entender ou de perceber.
Intelectivo, adj. 1. Relativo ao intelecto. 2. Dotado de inteligência.
Intelecto, s. m. 1. Entendimento, inteligência. 2. Faculdade de compreender.
Intelectual, adj. m. e f. Pertencente ou relativo à inteligência. S. m. e f. 1. Pessoa estudiosa. 2. Pessoa culta.
Intelectualidade, s. f. V. *intelecto.*
Intelectualismo, s. m. 1. Domínio abusivo dos intelectuais. 2. *Filos.* Doutrina que sustenta que tudo no universo, incluindo os sentimentos e a vontade, se pode reduzir a elementos intelectuais.
Intelectualista, adj. m. e f. Que se refere ao intelectualismo. S. m. e f. Pessoa partidária do intelectualismo.
Intelectualizar, v. Tr. dir. e pron. Elevar(-se) à categoria das coisas intelectuais.
Inteligência, s. f. 1. Faculdade de entender, pensar, raciocinar e interpretar; entendimento, intelecto. 2. Compreenção, conhecimento profundo. 3. Pessoa de grande esfera intelectual. 5. Conluio, ajuste, combinação.
Inteligente, adj. m. e f. 1. Que tem inteligência. 2. Hábil, sagaz.
Inteligibilidade, s. f. Qualidade de inteligível.
Inteligível, adj. m. e f. 1. Que se pode entender. 2. Claro, perceptível. 3. *Filos.* Que pertence ao domínio da inteligência.
Intemente, adj. m. e f. 1. Que não é temente, que não teme, intimorato. 2. Corajoso, valente.
Intemerato, adj. 1. Incorruptível, íntegro. 2. Puro, sem mácula.
Intemperado, adj. 1. Que não tem temperança. 2. Desconhecido, imoderado.
Intemperança, s. f. 1. Falta de temperança. 2. Descomedimento, imoderação.
Intemperante, adj. m. e f. 1. Que não é sóbrio. 2. Descomedido, imoderado.
Intempérie, s. f. 1. Mau tempo. 2. Desarranjo ou irregularidade das condições climatéricas.
Intempestividade, s. f. Qualidade de intempestivo.
Intempestivo, adj. 1. Que vem em tempo inconveniente. 2. Fora do tempo azado; inoportuno. 3. Inopinado, súbito.
Intenção, s. f. (l. *intentione*). 1. O próprio fim a que se visa. 2. Intento, pensamento, propósito. 3. Pensamento secreto e reservado. 4. Vontade, desejo. Cfr. *intensão.*
Intencionado, adj. Em que há certa intenção. Quase sempre antecedido dos advérbios *bem* ou *mal*: Indivíduo *bem* ou *mal-intencionado.*

Intencional, adj. m. e f. 1. Feito com intenção. 2. Relativo a intenção. 3. Propositado.

Intencionalismo, s. m. *Psicol.* Teoria fenomenológica escolástica que sustenta que a intenção é a qualidade característica dos atos psíquicos.

Intendência, s. f. 1. Direção ou cargo de intendente. 2. Repartição em que o intendente exerce as suas funções.

Intendente, adj. m. e f. Que intende. S. m. e f. 1. Pessoa que dirige ou administra alguma coisa. 2. *Ant.* Prefeito.

Intender, v. O mesmo que *superintender.*

Intensão, s. f. 1. Intensidade. 2. Aumento de tensão. Cfr. *intenção.*

Intensidade, s. f. 1. Qualidade do que é intenso. 2. Grau elevado. 3. Grau de força com que o som se produz.

Intensificação, s. f. Ato ou efeito de intensificar.

Intensificar, v. Tr. dir. e pron. Tornar(-se) intensivo.

Intensivo, adj. 1. Que tem intensidade. 2. Que acumula esforços. 3. Em que se acumulam esforços ou meios.

Intenso, adj. 1. Em que há muita tensão. 2. Que se manifesta em alto grau. 3. Forte, enérgico, veemente.

Intentar, v. (1. *intentare*). Tr. dir. 1. Ter o intento de; planear, projetar, tentar. 2. *Dir.* Formular ou propor em juízo.

Intento, s. m. 1. Tenção, intenção. 2. Plano, propósito.

Intentona, s. f. 1. *Pop.* Plano insensato, intento, insano. 2. Conluio de motim ou revolta.

inter-, pref. (l. *inter*). Significa *entre, dentro de, no meio de: interanular, interarticular.*

Interamnense, adj. m. e f. 1. Que vive entre rios. 2. Relativo à região entre Douro e Minho.

Interanular, adj. (*inter + anular*). Situado entre anéis.

Interarticular, adj. m. e f. (*inter + articular*). *Anat.* 1. Que está entre a articulação de dois ossos contíguos. 2. Entre dois segmentos.

Intercadência, s. f. 1. Interrupção curta ou perturbação nos movimentos. 2. Intercorrência. 3. *Med.* Enfraquecimento intermitente do pulso arterial.

Intercadente, adj. m. e f. 1. Interrupto. 2. *Med.* Diz-se do pulso arterial, irregular e desigual.

Intercalação, s. f. 1. Ato ou efeito de intercalar; intussuscepção. 2. Adição que se faz de um dia no ano bissexto.

Intercalar[1], adj. m. e f. 1. Que se intercala, ou se intercalou. 2. Adicional, suplementar.

Intercalar[2], v. Tr. dir. e pron. Inserir(-se), interpor(-se), introduzir(-se), pôr(-se) de permeio.

Intercâmbio, s. m. 1. Troca, permuta, relações de Estado para Estado. 2. *Dir.* Relações bancárias, comerciais etc.

Interceder, v. 1. Tr. ind. Pedir, rogar por outrem ou por alguma coisa. 2. Tr. dir. e intr. Ser intermediário a favor de alguém; intervir.

Intercelular, adj. m. e f. *Biol.* Situado entre células.

Intercepção, s. f. V. *interceptação.*

Interceptação, s. f. Ato ou efeito de interceptar; interrupção.

Interceptar, v. Tr. dir. 1. Pôr obstáculo entre ou no meio de. 2. Apoderar-se por surpresa de, fazer parar.

Intercessão, s. f. (1. *intercessio*). 1. Ato ou efeito de interceder. 2. Mediação, intervenção, interferência. 3. Petição a favor de outrem. Cfr. *interseção.*

Intercolonial, adj. m. e f. Feito de colônia para colônia.

Intercolunar, adj. m. e f. Que se refere ao intercolúnio.

Intercolúnio, s. m. *Arquit.* Espaço entre colunas; entrecolúnio.

Intercomunicação, s. f. Comunicação recíproca entre dois pontos.

Intercomunicar, v. 1. Tr. dir. Abrir ou possibilitar passagem de um a outro lugar. 2. Pron. Comunicar-se mutuamente.

Intercondral, adj. m. e f. *Anat.* Que fica entre as cartilagens costais.

Intercontinental, adj. m. e f. 1. Situado entre continentes. 2. Que se faz de continente para continente. 3. Que se refere a dois ou mais continentes.

Intercorrência, s. f. 1. Ação ou efeito de sobreviver ou de se meter em permeio. 2. Ocorrência que interrompe.

Intercorrente, adj. m. e f. 1. Metido de permeio. 2. Que corre nos intervalos. 3. Que desliza de permeio.

Intercostal, adj. m. e f. 1. *Anat.* Que está situado entre as costelas. 2. *Bot.* Situado entre as nervuras das folhas.

Intercurso, s. m. Comunicação, encontro, trato.

Intercutâneo, adj. *Anat.* Situado entre a pele e a carne; subcutâneo.

Interdependência, s. f. Caráter ou estado de interdependente.

Interdição, s. f. 1. Ato ou efeito de interdizer. 2. Proibição.

Interdigital, adj. m. e f. Situado entre os dedos.

Interditar, v. Tr. dir. Pronunciar interdito contra; proibir, tornar interdito: *Interditar a entrada.*

Interdito, adj. 1. Proibido. 2. Proibido de exercer as funções do seu ministério. 3. *Dir.* Privado juridicamente da livre disposição dos seus bens e da sua pessoa. 4. *Dir.* Privado de certos direitos em virtude de sentença judicial.

Interdizer, v. (l. *interdicere*). Tr. dir. 1. Proibir, impedir: *Interdizer inovações.* 2. Privar (alguém) da administração da sua pessoa e bens. 3. Interditar.

Interessado, adj. e s. m. 1. Que, ou o que tem interesse. 2. Que, ou o que espera vantagens. 3. Que, ou o que participa nos lucros.

Interessante, adj. m. e f. 1. Que interessa, que atrai a atenção. 2. Importante, simpático. 3. Diz-se de mulher grávida.

Interessar, v. 1. Tr. ind. Ser interessante, proveitoso, útil. 2. Tr. ind. Auferir lucro ou proveito, tirar utilidade. 3. Pron. Tomar interesse. 4. Tr. dir. Dar parte nos lucros a. 5. Pron. Associar-se com alguém num negócio.

Interesse, s. m. 1. Conveniência, lucro, proveito, vantagem ou utilidade que alguém encontra em alguma coisa. 2. Juro de um capital depositidado. 3. Atrativo, simpatia.

Interesseiro, adj. Que só age com mira no interesse. S. m. Aquele que atende só ao próprio interesse.

Interestadual, adj. m. e f. 1. Que diz respeito às relações entre os Estados da República. 2. Feito de Estado para Estado.

Interferência, s. f. 1. Intervenção. 2. Qualidade de interferente. 3. *Fís.* Encontro de dois sistemas de ondas.

Interferente, adj. m. e f. 1. Que interfere. 2. Relativo a interferência.

Interferir, v. (ingl. *interfere,* do fr. ant. *s'entreférir*). 1. Tr. ind. Intervir: *Interferir nos* negócios públicos. Intr. *Fís.* Produzir interferência. — Conjuga-se como *aderir.*

Interfixo (*cs*), adj. Diz-se da alavanca cujo ponto de apoio fica entre a potência e a resistência.

Interfoliáceo, adj. *Bot.* Diz-se das flores que nascem entre duas folhas do mesmo nó.

Interfoliar[1], adj. m. e f. *Bot.* Qualifica a parte do vegetal situada entre duas folhas.

Interfoliar[2], v. Tr. dir. *P. us.* Pôr entrefolhas em.

Interfone, s. m. Aparelho especial para intercomunicações, formado por microfone e alto-falante.

Interglaciário, adj. *Geol.* Situado entre dois períodos glaciários.

Interglobular, adj. m. e f. Que está entre glóbulos.

Interim, s. m. 1. Tempo intermédio. 2. Qualidade de interino. *Neste í.*: entrementes, neste comenos.

Interinidade, s. f. 1. Qualidade de interino. 2. Situação de interino. 3. Interinado.

Interino, adj. 1. Provisório. 2. Não efetivo. 3. Passageiro.

Interinsular, adj. m. e f. 1. Que se refere às relações entre várias ilhas. 2. Que se verifica de ilha para ilha.

Interior, adj. m. e f. 1. Que está dentro. 2. Interno. 3. Íntimo, particular, privado. 4. Concernente à alma, à natureza moral. S. m. 1. A parte interna. 2. Parte central de um país.

Interiorano, adj. Referente ao, ou procedente do interior.

Interioridade, s. f. Estado ou qualidade do que é interior.

Interjacente, adj. m. e f. 1. Situado entre outras coisas. 2. Interposto.

Interjecional, adj. m. e f. *Gram.* 1. Que tem o caráter de interjeição. 2. Que diz respeito à interjeição.

Interjeição, s. f. *Gram.* Palavra ou voz que exprime de modo enérgico e conciso, emoções súbitas da alma.

Interjetivo, adj. *Gram.* 1. Expresso por interjeição. 2. Que tem natureza de interjeição.

Interlinear, adj. m. e f. Que diz respeito a entrelinhas.

Interlobular, adj. m. e f. Situado entre os lóbulos dum órgão.
Interlocução, s. f. 1. Conversação, diálogo. 2. Interrupção do discurso pela fala de novos interlocutores.
Interlocutor, s. m. 1. Pessoa que fala com outra. 2. Indivíduo incumbido por outros de falar em nome de todos.
Interlocutória, s. f. *Dir.* Despacho interlocutório.
Interlocutório, adj. *Dir.* Proferido no decurso de um pleito. S. m. Despacho proferido no decurso de um pleito.
Interlope, adj. m. e f. V. *entrelopo.*
Interlúdio, s. m. *Mús.* Trecho que se intercala entre as diversas partes de uma longa composição.
Interlunar, adj. m. e f. Que se refere ao interlúnio.
Interlúnio, s. m. Tempo durante o qual a Lua não é visível.
Intermaxilar (*cs*), adj. m. e f. Situado entre os ossos das maxilas.
Intermediar, v. (*intermédio + ar*). V. *entremear.*
Intermediário, adj. 1. Que está de permeio. 2. Que intervém. 3. Medianeiro. S. m. Agente de negócios; corretor.
Intermédio, adj. 1. Que está de permeio; interposto. 2. Que está entre, no meio. S. m. 1. O que estabelece comunicação entre duas coisas ou pessoas. 2. Mediação.
Interminável, adj. m. e f. 1. Que não termina. 2. Inacabável, infindo. 3. Que se prolonga. 4. Que dura muito.
Intérmino, adj. *Poét.* O mesmo que *interminável.*
Intermitência, s. f. 1. Qualidade de intermitente; descontinuação. 2. Interrupção momentânea. 3. *Med.* Manifestação característica de certas moléstias por acessos intervalados.
Intermitente, adj. m. e f. 1. Que intermite. 2. Não contínuo. 3. Interrompido a espaços. 4. Que pára por intervalos.
Intermitir, v. Intr. 1. Ter intermitências; manifestar-se por acessos irregulares com intervalos. 2. Cessar, interromper-se por algum tempo.
Intermundial, adj. m. e f. 1. Que diz respeito a intermúndio. 2. Situado entre dois mundos ou continentes.
Intermúndio, s. m. 1. Espaço entre os mundos ou entre os corpos celestes. 2. Ermo, solidão.
Intermural, adj. m. e f. Que está entre muros.
Intermuscular, adj. m. e f. Situado entre os músculos.
Internação, s. f. Ato ou efeito de internar.
Internacional, adj. m. e f. 1. Relativo às relações entre nações. 2. Que se faz entre nações. S. f. Associação de operários de diversas nações em luta para a defesa de suas reivindicações.
Internacionalidade, s. f. Qualidade de internacional.
Internacionalismo, s. m. 1. Estado das relações internacionais. 2. Doutrina, idéias ou princípios que consistem em suprimir as fronteiras, destruindo a noção da pátria.
Internacionalista, adj. m. e f. Que se refere ao internacionalismo. S. m. e f. Pessoa sectária do internacionalismo.
Internacionalização, s. f. Ato ou efeito de internacionalizar.
Internacionalizar, v. Tr. dir. e pron. Tornar(-se) internacional, tornar(-se) comum a várias nações.
Internado, adj. 1. Metido para o interior. 2. Com residência fixa no interior. 3. Que se internou em colégio ou hospital.
Internamento, s. m. V. *Internação.*
Internar, v. 1. Tr. dir. e pron. Introduzir(-se), pôr(-se) dentro, tornar(-se) interno. 2. Tr. dir. Obrigar alguém a residir no interior de um país, em localidade de onde lhe será proibido ausentar-se. 3. Pron. Engolfar-se, entranhar-se.
Internato, s. m. (de *internar*). 1. Moradia e sustento dados aos alunos de um colégio, aos asilados de um asilo etc. 2. Conjunto dos alunos internos.
Interno, adj. 1. De dentro. 2. Diz-se do aluno que reside no colégio. 3. Diz-se do remédio injetado ou tomado por via oral. S. m. Aluno residente no colégio.
Internódio, s. m. *Bot.* Espaço compreendido entre dois nós do colmo; entrenó.
Internúncio, s. m. 1. Mensageiro. 2. Representante diplomático da Santa Sé, nos países em que ela não tem núncio.
Interoceânico, adj. 1. Que liga oceanos: Canal *interoceânico.* 2. Que está entre oceanos.
Interocular, adj. m. e f. Situado entre os olhos.
Interoposição, s. f. Situação de objetos entrelaçados e opostos uns aos outros.
Interparietal, adj. m. e f. Situado entre os ossos parietais.
Interpartidário, adj. Que se efetua entre partidos.
Interpeciolar, adj. m. e f. *Bot.* Posição das estípulas das Rubiáceas entre os pecíolos das folhas do mesmo nó.
Interpelação, s. f. 1. Ato ou efeito de interpelar. 2. Ação de interpelar um ministro no parlamento.
Interpelado, adj. e s. m. Que, ou aquele que recebeu interpelação.
Interpelador, adj. e s. m. Que, ou aquele que interpela.
Interpelante, adj. e s., m. e f. V. *interpelador.*
Interpelar, v. Tr. dir. 1. Dirigir a palavra a (alguém) para perguntar alguma coisa. 2. Interromper quem fala, perturbar por súbito apelo. 3. *Dir.* Intimar. 4. Pedir no parlamento explicações a um ministro.
Interpenetração, s. f. 1. Ato de interpenetrar, penetração recíproca.
Interpenetrar, v. Pron. Penetrar-se reciprocamente.
Interpeninsular, adj. m. e f. Que está entre penínsulas.
Interplanetário, adj. Que se situa, se faz, ou acontece entre planetas, a considerável distância de cada um deles.
Interpolação, s. f. 1. Ato ou efeito de interpolar. 2. Alteração do texto, pela inserção de palavras ou frases. 3. *Mat.* Intercalação, numa série de números ou observações, de termos determinados pelo cálculo.
Interpolador, adj. e s. m. Que, ou aquele que interpola.
Interpolar[1], v. Tr. dir. 1. Inserir, intercalar, introduzir num texto (palavras ou frases). 2. Alterar, completar, esclarecer (um texto), pela intercalação de palavras ou frases que lhe são estranhas. 3. *Mat.* Fazer a interpolação em.
Interpolar[2], adj. m. e f. *Fís.* Que está entre os pólos de uma pilha.
Interpontuação, s. f. Série de pontos usados no discurso para marcar a reticência ou supressão de parte do texto.
Interpor, v. (l. *interponere*). 1. Tr. dir. e pron. Colocar(-se), pôr(-se) entre; meter(-se) de permeio. 2. Tr. dir. Fazer intervir. 3. Tr. dir. Opor, contrapor.
Interporto, s. m. Porto situado entre aquele de que sai a embarcação e aquele a que ela se destina.
Interposição, s. f. 1. Ato ou efeito de interpor ou interpor-se. 2. O que se interpôs. 3. Intervenção.
Interpotente, adj. m. e f. *Mec.* Diz-se da alavanca que tem a potência entre a resistência e o ponto de apoio.
Interprender, v. 1. V. *empreender.* 2. Tr. dir. Acometer, assaltar.
Interpresa, s. f. 1. Empreendimento. 2. Assalto.
Interpretação, s. f. 1. Ato ou efeito de interpretar. 2. Modo de interpretar. 3. Tradução, versão. 4. Explicação. 5. Modo como atores desenpenham os seus papéis.
Interpretador, adj. e s. m. V. *interpretante.*
Interpretante, adj. e s., m. e f. Que, ou pessoa que interpreta.
Interpretar, v. Tr. dir. 1. Aclarar, explicar o sentido de. 2. Tirar de (alguma coisa) uma indução ou presságio. 3. Ajuizar da intenção. 4. Traduzir de uma língua para outra.
Interpretativo, adj. 1. Que contém interpretação. 2. V. *interpretável.*
Interpretável, adj. m. e f. Que pode ser interpretado.
Intérprete, s. m. e f. 1. Pessoa que interpreta. 2. Pessoa que traduz a outrem, na língua que este fala, o que foi dito ou escrito por outra pessoa em língua diferente. 3. Tradutor. 4. O que interpreta uma obra de arte.
Interregno, s. m. 1. Tempo entre dois reinados. 2. Interrupção do exercício de autoridade.
Inter-resistente, adj. *Mec.* Diz-se da alavanca que tem a resistência entre a potência e o ponto de apoio.
Intérrito, adj. Que não tem medo; destemido, intrépido.
Interrogação, s. f. 1. Ato ou efeito de interrogar; pergunta. 2. Interrogatório. 3. Ponto de interrogação.
Interrogador, adj. e s. m. Que, ou o que interroga.
Interrogante, adj. e s., m. e f. V. *interrogador.*
Interrogar, v. 1. Tr. dir. Fazer perguntas, proceder a interrogatório. 2. Tr. dir. Examinar, propor questões a. 3. Tr. dir. Investigar. 4. Pron. Consultar-se, examinar-se.

Interrogativo, adj. 1. Próprio para interrogar. 2. Que interroga. 3. Que indica interrogação.
Interrogatório, adj. V. *interrogativo.* S. m. 1. Ato de interrogar. 2. Conjunto de perguntas que o magistrado dirige ao réu e as respostas deste. 3. Auto dessas perguntas e respostas.
Interromper, v. 1. Tr. dir. Fazer cessar por algum tempo. 2. Tr. dir. Cortar ou romper a continuidade de. 3. Tr. dir. Suspender. 4. Pron. Cessar ou parar momentaneamente. 5. Tr. dir. Desligar (uma corrente de qualquer fluido).
Interrupção, s. f. 1. Ato ou efeito de interromper. 2. Aquilo que interrompe. 3. O lugar que se interrompeu.
Interrupto, adj. Interrompido, suspenso.
Interruptor, adj. e s. m. Que, ou o que interrompe, ou causa interrupção. S. m. Chave elétrica; comutador.
Interseção, s. f. 1. Ato de cortar pelo meio. 2. Corte. 3. *Geom.* Ponto em que se cruzam duas linhas ou superfícies. Var.: *intersecção.*
Interserir, v. Tr. dir. Pôr de permeio; inserir.
Intersindical, adj. m. e f. Que se realiza entre sindicatos.
Intersticial, adj. m. e f. 1. Que pertence ou se refere aos interstícios. 2. Situado nos interstícios.
Interstício, s. m. 1. Espaço ou intervalo entre moléculas, células etc. 2. *Anat.* Espaço que separa dois órgãos contíguos.
Intertrigem, s. f. *Med.* Afecção cutânea nas partes do corpo que se atritam; assadura, intertrigo.
Intertropical, adj. m. e f. *Geogr.* 1. Situado entre os trópicos. 2. Diz-se da zona zoogeográfica marítima situada entre os trópicos.
Interurbano, adj. Que se realiza entre cidades. S. m. Comunicação telefônica entre duas cidades.
Interutricular, adj. m. e f. *Hist. Nat.* Que está situado ou nasce entre os utrículos ou células vegetais.
Intervalar[1], v. 1. Tr. dir. Abrir intervalos em. 2. Tr. dir. Dispor com intervalos. 3. Tr. dir. Alternar, entremear. 4. Tr. dir. *Tip.* Abrir na composição espaços mais largos que os normais. 5. Pron. Separar-se com intervalos.
Intervalar[2], adj. m. e f. Que está num intervalo.
Intervalo, s. m. 1. Distância em tempo ou espaço entre duas referências. 2. *Mús.* Distância ou altura entre duas notas musicais. 3. Distância que separa dois fatos no tempo. 4. Espaço de tempo entre duas épocas, entre dois fatos, entre as partes de um espetáculo etc. 5. Intercadência.
Intervenção, s. f. 1. Ato ou efeito de intervir. 2. *Med.* Operação. 3. Intercessão, mediação. 4. Ação direta do governo federal em um Estado da Federação.
Interventivo, adj. Que diz respeito a intervenção.
Interventor, adj. Que intervém. S. m. 1. Mediador, medianeiro. 2. Aquele que assume o governo de um Estado como representante do presidente da República. 3. Aquele que intervém no pagamento duma letra de câmbio.
Interversão, s. f. 1. Ato de interverter. 2. Inversão, transtorno da ordem natural ou habitual.
Intervertebral, adj. m. e f. Situado entre as vértebras.
Interverter, v. O mesmo que *inverter.*
Intervindo, adj. Que interveio.
Intervir, v. 1. Tr. ind. Ser ou estar presente; assistir. 2. Intr. Suceder inesperadamente. 3. Tr. ind. e intr. Interpor a sua autoridade, os seus bons ofícios. 4. Tr. ind. Tomar parte voluntariamente; ingerir-se. 5. Tr. ind. *Polít.* Fazer entrar tropas num país estrangeiro. — Conjuga-se como *vir.*
Intervocal, adj. m. e f. Que está entre vogais.
Intervocálico, adj. V. *intervocal.*
Intestado, adj. Que não fez testamento ou cujo testamento é nulo ou ilegal.
Intestável, adj. m. e f. Que não pode testar; que não pode fazer testamento.
Intestinal, adj. m. e f. 1. *Med.* Que pertence ou se refere aos intestinos. 2. Que vive nos intestinos.
Intestino, adj. 1. Interior, interno, íntimo. 2. Doméstico, nacional. 3. Que está muito dentro, muito interior. S. m. 1. *Anat.* Parte do tubo digestivo que se estende desde o estômago até ao ânus.
Intimação, s. f. 1. Ato de intimar. 2. *Dir.* Ato pelo qual se dá ciência às partes de despacho, de sentença ou de qualquer outro ato praticado no curso da ação. 3. *Pop.* Ostentação, bazófia.
Intimador, adj. e s. m. Que, ou o que intima.
Intimar, v. Tr. dir. 1. Fazer ciente de; noticiar, notificar. 2. Fazer notificação jurídica a. 3. Citar para dia certo. 4. Insultar, provocar para briga. 5. *Pop.* Contar vantagem, proeza.
Intimativa, s. f. 1. Afirmação enérgica e expressiva. 2. Frase com força de intimação. 3. Energia, arrogância.
Intimativo, adj. 1. Próprio para intimar. 2. Enérgico.
Intimidação, s. f. Ato ou efeito de intimidar.
Intimidade, s. f. 1. Qualidade de íntimo. 2. Amizade íntima, relações íntimas. 3. Familiaridade.
Intimidador, adj. e s. m. Que, ou aquele que intimida.
Intimidar, v. 1. Tr. dir. Tornar tímido. 2. Tr. dir. Assustar, apavorar. 3. Pron. Atemorizar-se.
Íntimo, adj. 1. Muito de dentro, profundo. 2. Da alma, do coração. 3. Doméstico, familiar. S. m. 1. A parte mais interna; o âmago. 2. Grande amigo, amigão.
Intimorato, adj. Que não é timorato; destemido, valente.
Intina, s. f. *Bot.* Membrana interna do grão de pólen.
Intinção, s. f. (l. *intinctione*). *Liturg.* Ato de lançar no vinho consagrado parte da hóstia.
Intitulação, s. f. 1. Ato de intitular. 2. Designação de um título.
Intitular, v. 1. Tr. dir. Dar título a. 2. Tr. dir. Chamar, denominar. 3. Pron. Ter por título, tomar o título de.
Intolerância, s. f. 1. Falta de tolerância. 2. Qualidade de intolerante.
Intolerante, adj. m. e f. 1. Diz-se de quem não é tolerante. 2. Que revela falta de tolerância. S. m. e f. Pessoa sectária do intolerantismo.
Intolerantismo, s. m. Sistema dos que não admitem opiniões ou crenças opostas às suas.
Intolerável, adj. m. e f. 1. Não tolerável. 2. Insuportável.
Intonso, adj. Hirsuto, não aparado, não tosquiado; cabeludo.
Intorção, s. f. 1. *Bot.* Direção que as plantas tomam, diversa da natural. 2. *Med.* Torção para dentro.
Intoxicação (*cs*), s. f. 1. Ato ou efeito de intoxicar. 2. *Med.* Introdução de uma substância tóxica no organismo.
Intoxicar (*cs*), v. 1. Tr. dir. Impregnar de substância tóxica a; envenenar. 2. Pron. Ingerir uma substância tóxica.
intra-, pref. (l. *intra*). Designativo de *dentro, para dentro: intra-aracnóideo, intra-auricular.*
Intra-aracnóideo, adj. *Anat.* Situado dentro da aracnóide.
Intra-auricular, adj. m. e f. *Anat.* Que se refere ao interior da aurícula.
Intracelular, adj. m. e f. Situado dentro da célula.
Intracraniano, adj. Que está no interior do crânio.
Intradilatado, adj. *Bot.* Dilatado por dentro.
Intraduzível, adj. m. e f. 1. Que não se pode traduzir. 2. Que é de difícil explicação ou interpretação. 3. Inexprimível.
Intrafegável, adj. m. e f. 1. Que não é trafegável. 2. Intransitável.
Intragável, adj. m. e f. Que não se pode tragar. 2. Intolerável.
Intramedular, adj. m. e f. Situado dentro da medula.
Intramuscular, adj. m. e f. 1. Situado no interior dos músculos. 2. Diz-se da injeção aplicada no músculo.
Intranqüilidade, s. f. Falta de tranqüilidade.
Intransferível, adj. m. e f. Que não se pode tranferir.
Intransigência (*zi*), s. f. 1. Falta de transigência. 2. Austeridade de caráter. 3. Rigor na observância dos princípios.
Intransigente (*zi*), adj. e s., m. e f. Que, ou pessoa que não transige. 2. Que, ou pessoa rigorosa nos princípios.
Intransitável (*zi*), adj. m. e f. 1. Que não é transitável, por onde não se pode passar. 2. Cujo trânsito é proibido.
Intransitivo (*zi*), adj. 1. Diz-se do verbo que exprime ação, a qual não passa do sujeito para um objeto: Eu *ando.* O pássaro *voa.* 2. Intransmissível.
Intransmissível, adj. m. e f. Que não é transmissível, que não se pode ou não se deve transmitir para outrem.
Intransponível, adj. m. e f. Que não pode ser transposto.
Intransportável, adj. m. e f. Que não pode ser transportado.

Intra-ocular, adj. m. e f. *Anat.* Situado no interior do olho.

Intrapeciolar, adj. m. e f. *Bot.* Diz-se das estípulas colocadas entre o pecíolo e o eixo.

Intrapulmonar, adj. m. e f. *Anat.* Situado no interior dos pulmões.

Intrário, adj. *Bot.* Qualifica o embrião quando embebido no albume.

Intratável, adj. m. e f. 1. Que não é tratável, que não se pode tratar. 2. Orgulhoso, soberbo. 3. Insociável.

Intravascular, adj. m. e f. *Biol.* Que está ou se realiza no interior dos vasos sangüíneos.

Intravenoso, adj. Que se realiza ou verifica no interior das veias: Injeção *intravenosa.*

Intrêmulo, adj. 1. Que não é trêmulo. 2. Destemido, intrépido.

Intrepidez, s. f. 1. Qualidade de intrépido. 2. Falta de temor; ânimo, coragem, denodo. 3. Ousadia.

Intrépido, adj. 1. Que não trepida. 2. Que não tem medo. 3. Animoso, impassível, destemido.

Intricado, adj. 1. Embaraçado, emaranhado, enredado. 2. Obscuro, confuso. Var.: *intrincado.*

Intricar, v. 1. Tr. dir. Tornar obscuro a; embaraçar, enredar, confundir. 2. Pron. Embaraçar-se, enredar-se. Var.: *intrincar.*

Intriga, s. f. 1. Enredo secreto, maquinação para obter qualquer vantagem ou prejudicar alguém. 2. Cilada. 3. Traição. 4. Bisbilhotice. 5. *Lit.* Enredo de uma peça literária.

Intrigado, adj. Em que há intriga. S. m. Inimigo, desafeto.

Intrigalhada, s. f. 1. Intriga complicada. 2. Enredos, mexericos.

Intrigante, adj. e s., m. e f. Que, ou pessoa que intriga; enredador.

Intrigar, v. 1. Intr. Fazer intrigas. 2. Tr. dir. Enredar, envolver em mexericos. 3. Tr. dir. e intr. Incitar a curiosidade.

Intriguista, adj. e s., m. e f. V. *intrigante.*

Intrincar, v. V. *intricar.*

Intrínseco, adj. 1. Que está no interior de uma coisa e lhe é próprio ou essencial. 2. Diz-se do valor que os objetos possuem independente de qualquer convenção. 3. Íntimo, inerente.

Introdução, s. f. 1. Ato ou efeito de introduzir. 2. Importação. 3. Pequeno trecho que se antepõe à exposição temática de uma peça musical. 4. Parte inicial de um livro.

Introdutivo, adj. Que serve de introdução ou de começo.

Introdutor, adj. Que introduz. S. m. 1. Indivíduo que introduz ou apresenta alguém. 2. O que primeiro introduz alguma coisa em um país.

Introdutório, adj. V. *introdutivo.*

Introduzir, v. (l. *introducere*). 1. Tr. dir. Enfiar, meter dentro de. 2. Tr. dir. Fazer entrar, levar para dentro. 3. Pron. Entrar, penetrar. 4. Pron. Imiscuir-se, intrometer-se.

Intróito, s. m. (l. *introitu*). 1. Entrada, começo, princípio. 2. *Liturg.* Prece com que se inicia a missa.

Intrometer, v. 1. Tr. dir. Fazer entrar, intercalar, introduzir. 2. Pron. Entremeter-se, ingerir-se. 3. Pron. Contender.

Intrometido, adj. e s. m. Que, ou o que se intromete.

Intrometimento, s. m. V. *intromissão.*

Intromissão, s. f. Ato ou efeito de intrometer ou intrometer-se.

Introrso, adj. 1. Que se volta para dentro. 2. *Bot.* Que se dirige de fora para dentro. 3. *Bot.* Diz-se especialmente da antera que tem a face voltada para o eixo da flor.

Introspecção, s. f. (l. *introspectione*). *Psicol.* 1. Descrição da experiência pessoal em termos de elementos e atitudes. 2. Observação, por uma determinada pessoa, de seus próprios processos mentais. Var.: *introspeção.*

Introspectivo, adj. 1. Relativo à introspecção. 2. Em que há introspecção. Var.: *introspetivo.*

Introversão, s. f. 1. Ato ou efeito de introverter-se. 2. *Psicol.* Atitude ou tipo de personalidade em que os interesses se dirigem sobretudo para as experiências íntimas da pessoa.

Introvertido, adj. 1. Voltado para dentro. 2. Absorto, concentrado.

Intrujão, adj. e s. m. Que, ou aquele que intruja.

Intrujar, v. 1. Tr. dir. Burlar, enganar, lograr. 2. Pron. Burlar-se, enganar-se. 3. Negociar com objetos roubados.

Intrujice, s. f. 1. Ato de intrujar. 2. Ardil para intrujar.

Intrusão, s. f. (l. *intrusu*). 1. Ação de se introduzir, sem direito ou por violência. 2. Entrada ilegal sem convite. 3. Usurpação, posse ilegal.

Intrusivo, adj. 1. Que resulta de intrusão. 2. Em que há intrusão. 3. *Geol.* Diz-se da rocha que penetra entre outras.

Intruso, adj. 1. Que entrou ilegalmente, ou sem ser chamado. 2. Metediço, intrometido. S. m. 1. Indivíduo intruso. 2. Nome vulgar do jaspe-cinzento.

Intubação, s. f. *Med.* Inserção de um tubo, especialmente na laringe através da glote, para dar passagem ao ar.

Intuição (*u-i*), s. f. (l. *intuitione*). 1. Conhecimento imediato e claro, sem recorrer ao raciocínio. 2. Pressentimento. 3. *Teol.* Visão beatífica. 4. *Filos.* Conhecimento claro, direto, imediato e espontâneo da verdade.

Intuitivismo (*u-i*), s. m. *Filos.* 1. Prática da intuição. 2. Tendência de espírito daquele que é intuitivo.

Intuitivo (*u-i*), adj. 1. Dotado de intuição. 2. Relativo à intuição. 3. Que se percebe facilmente. 4. Evidente, incontestável.

Intuito (*túi*), s. m. (l. *intuitu*). 1. Escopo, fim. 2. Aquilo que se tem em vista; plano, propósito.

Intumescência, s. f. 1. Ação de intumescer; inchação. 2. Estado túmido. 3. Aumento, crescimento.

Intumescente, adj. m. e f. Que começa a crescer, a inchar.

Intumescer, v. Tr. dir., intr. e pron. 1. Tornar(-se) túmido, inchar(-se), avolumar(-se). 2. *Fig.* Envaidecer(-se), ensoberbecer(-se).

Intuscepção, s. f. (l. *intus + susceptione*). V. *intussuscepção.*

Intuspecção, s. f. (l. *intus + spectione*). 1. Observação íntima do próprio observador. 2. Conhecimento de si mesmo; introspecção. Var.: *intuspeção.*

Intuspectivo, adj. Que se refere à intuspecção. Var.: *intuspetivo.*

Intussuscepção, s. f. (l. *intus + susceptione*). 1. *Biol.* Introdução, num corpo organizado, de um suco, uma substância, que serve para sua nutrição e desenvolvimento. 2. *Hist. Nat.* Modo de crescimento dos organismos vivos, que consiste na agregação, de dentro para fora, isto é, por transformação e incorporação das substâncias, ao contrário do que se observa no crescimento dos minerais; intuscepção.

Inúbia, s. f. *Poét.* Trombeta de guerra dos índios tupis-guaranis.

Inúbil, adj. m. e f. Que não é núbil, que não pode casar-se.

Inulina, s. f. Polissacarídeo, semelhante ao amido, contido nos rizomas e raízes de muitas plantas compostas.

Inulto, adj. Que não se vingou; que não teve desforra.

Inultrapassável, adj. m. e f. Que não se pode ultrapassar.

Inumação, s. f. Ato de inumar.

Inumanidade, s. f. Qualidade de inumano; desumanidade.

Inumano, adj. Falto de humanidade; desumano.

Inumar, v. Tr. dir. Enterrar (cadáveres), sepultar. Antôn.: *exumar.*

Inumerabilidade, s. f. Qualidade ou quantidade de inumerável.

Inúmero, adj. O mesmo que *inumerável.* Empregado, em regra, no plural.

Inundação, s. f. 1. Ato ou efeito de inundar ou de ser inundado. 2. Grande cheia de águas que transbordam do rio, alagando as terras próximas.

Inundado, adj. 1. O que sofreu inundação. 2. Alagado por inundação. S. m. Indivíduo prejudicado por inundação.

Inundante, adj. m. e f. Que inunda, que alaga.

Inundar, v. 1. Tr. dir. e pron. Alagar(-se), cobrir(-se) de água que transborda. 2. Tr. dir. Banhar, molhar, umedecer.

Inundável, adj. m. e f. Que se pode inundar.

Inupto, adj. Que não é casado; solteiro, celibatário.

Inusitado, adj. 1. Que não é usado. 2. Estranho. 3. Extraordinário, esquisito.

Inútil, adj. 1. Que não tem utilidade. 2. Frustrado, estéril. 3. Vão. 4. Desnecessário. 5. Sem préstimo.
Inutilidade, s. f. 1. Qualidade de inútil. 2. Falta de utilidade. 3. Incapacidade. 4. Coisa sem préstimo.
Inutilizar, v. 1. Tr. dir. e pron. Tornar(-se) inútil. 2. Tr. dir. Baldar, frustrar.
Inutilizável, adj. m. e f. Que não se pode utilizar.
Invadeável, adj. m. e f. Que não é vadeável.
Invadir, v. Tr. dir. 1. Entrar à força em. 2. Assumir indevidamente ou por violência; usurpar. 3. Alastrar-se, espalhar-se por. 4. Avassalar, dominar, tomar.
Invaginação, s. f. 1. *Bot.* Prolongamento à maneira de bainha. 2. *Med.* Acidente grave que consiste em uma lâmina de tecido dobrar-se sobre si mesma no interior de outro tecido; intussescepção.
Invaginante, adj. m. e f. 1. *Bot.* Qualifica a folha cuja bainha, muito desenvolvida, envolve o entrenó. 2. *Med.* Diz-se da ansa intestinal obstruída pela introdução da que lhe fica contígua.
Invaginar, v. 1. Tr. dir. Ligar mediante invaginação. 2. Pron. Sofrer invaginação.
Invalescer, v. Intr. *P. us.* Adquirir forças; fortalecer-se, tornar-se vigoroso.
Invalidação, s. f. Ato ou efeito de invalidar.
Invalidade, s. f. Falta de validade.
Invalidar, v. Tr. dir. 1. Tornar inválido ou nulo. 2. Tirar o crédito ou a importância a.
Invalidez, s. f. 1. Caráter ou estado de inválido. 2. Invalidade.
Inválido, adj. 1. Fraco, débil, enfermo. 2. Incapaz para o trabalho. 3. Que não é válido, que não tem valor; nulo. 4. Inutilizado, sem validade. S. m. Indivíduo que, por doença ou velhice, é incapaz para o trabalho.
Invariabilidade, s. f. Qualidade de invariável.
Invariável, adj. m. e f. 1. Que não é variável. 2. Constante. 3. Inalterável. 4. *Gram.* Diz-se da palavra que não flexiona.
Invasão, s. f. 1. Ato ou efeito de invadir. 2. Entrada violenta, incursão, ingresso hostil. 3. *Med.* Irrupção duma epidemia. 4. *Med.* Início de qualquer doença.
Invasivo, adj. 1. Que se refere a invasão. 2. Agressivo, hostil.
Invasor, adj. e s. m. Que, ou o que invade ou conquista.
Invectiva, s. f. 1. Ataque injurioso e violento. 2. Objurgatória.
Invectivador, adj. e s. m. Que, ou o que invectiva.
Invectivar, v. 1. Tr. dir. Dizer ou lançar invectivas contra alguém; atacar, censurar. 2. Tr. ind. Increpar, injuriar.
Invectivo, adj. 1. Injurioso. 2. Agressivo.
Inveja, s. f. (l. *invidia*). 1. Desgosto, ódio ou pesar por prosperidade ou alegria de outrem. 2. Cobiça.
Invejar, v. Tr. dir. 1. Ter inveja de; presenciar com desgosto e despeito o bem-estar alheio. 2. Cobiçar.
Invejável, adj. m. e f. 1. Que se pode invejar. 2. Digno de muito apreço. 3. De muito valor.
Invejoso, adj. e s. m. Que, ou o que tem inveja.
Invenção, s. f. 1. Ato ou efeito de inventar. 2. Coisa inventada; invento. 3. Criação ou sugestão de suposta realidade. 4. Achado, descobrimento. 5. Astúcia. 6. Manha, engano.
Invencibilidade, s. f. Qualidade de invencível.
Invencionar, v. Tr. dir. Adornar com artifício.
Invencionice, s. f. 1. Ato ou dito invencioneiro. 2. Enredo.
Invencível, adj. m. e f. 1. Que não pode ser vencido; insuperável. 2. Que não se pode eliminar ou fazer desaparecer; irremediável. 3. Que não se pode dominar; inconquistável.
Invendável, adj. m. e f. V. *invendível.*
Invendível, adj. m. e f. Que não se pode vender.
Inventar, v. Tr. dir. 1. Criar na imaginação, idear, ser o primeiro a ter a idéia de. 2. Excogitar, idear. 3. Tramar, urdir. 4. Espalhar ou contar falsamente.
Inventariação, s. f. Ato de inventariar.
Inventariante, adj. e s., m. e f. Que, ou pessoa que inventaria. S. m. e f. Pessoa que, mediante compromisso legal, tomado por termo nos respectivos autos, procede ao inventário dos bens deixados por pessoa falecida.
Inventariar, v. Tr. dir. 1. Fazer o inventário de; arrolar. 2. Descrever minuciosamente.
Inventário, s. m. 1. Catálogo, registro, rol dos bens deixados por alguém que morreu ou dos de pessoa viva em caso de seqüestro etc. 2. Documento em que se acham inscritos e descritos esses bens. 3. Avaliação de mercadorias; balanço. 4. Longa enumeração. 5. Descrição pormenorizada.
Inventiva, s. f. 1. Imaginação. 2. Invento.
Inventividade, s. f. Qualidade de inventivo.
Inventivo, adj. 1. Dotado de invenção, em que há engenho. 2. Concernente a invenção.
Invento, s. m. O mesmo que *invenção.*
Inventor, adj. Que inventa. S. m. 1. Pessoa que inventa, que tem talento para inventar. 2. O que acha coisa perdida.
Inverídico, adj. Que não é verídico.
Inverificável, adj. m. e f. Que não é verificável, que não pode ser verificado, ou que dificilmente se verifica.
Invernação, s. f. Ato ou efeito de invernar (gado).
Invernada, s. f. 1. Duração do tempo invernoso; inverno rigoroso, invernia. 2. Lugar de engorda para o gado.
Invernador, s. m. Fazendeiro que inverna animais.
Invernagem, s. f. Ato de invernar.
Invernal, adj. m. e f. Relativo ao inverno; hibernal.
Invernar, v. 1. Tr. ind. Passar o inverno fora da terra, à procura de condições mais favoráveis. 2. Tr. dir. Recolher (gado) a uma invernada. 3. Intr. Colocar em invernada.
Invernia, s. f. 1. Inverno rigoroso. 2. Tempo chuvoso e frio como o do inverno.
Invernista, s. m. Proprietário de invernada.
Inverno, s. m. (1. *hibernu*). 1. Uma das quatro estações do ano, entre o outono e a primavera; no hemisfério sul vai de 21 de junho a 23 de setembro. 2. *Por ext.* Tempo chuvoso e frio. 3. *Fig.* Velhice.
Invernoso, adj. 1. Próprio do inverno. 2. Relativo ao inverno. 3. Chuvoso e frio.
Inverossímil, adj. m. e f. e s. m. Que, ou o que não é verossímil; que, ou o que não tem verossimilhança; inacreditável.
Inverossimilhança, s. f. 1. Falta de verossimilhança; improbabilidade. 2. Coisa inverossímil.
Inversa, s. f. *Lóg.* Proposição de termos invertidos.
Inversão, s. f. (1. *inversione*). 1. Ato ou efeito de inverter. 2. Reviramento para fora. 3. *Gram.* Disposição das palavras contrária à ordem lógica. 4. Ato homossexual. 5. Emprego de capital, numa empresa, com fim especulativo ou em empréstimos a juros.
Inversivo, adj. 1. Em que há inversão. 2. Designativo das linguas que usam de inversão.
Inverso, adj. 1. Ordenado em sentido oposto; invertido. 2. Voltado de cima para baixo ou de trás para diante. 3. Contrário. S. m. O contrário, o oposto.
Invertebrado, adj. *Zool.* Diz-se do animal que não tem vértebras. S. m. Esse animal.
Inverter, v. 1. Tr. dir. e pron. Virar(-se), voltar(-se) em sentido oposto ao natural; trocar a ordem de colocação. 2. Tr. dir. Alterar, mudar, trocar, transtornar. 3. Tr. dir. Empregar (capitais) em.
Invertina, s. f. *Quím.* Enzima capaz de fazer a inversão da sacarose; invertase, sucrase.
Invés, s. m. (b. 1. *inverse*). Avesso, o lado oposto. — *Ao invés:* ao contrário.
Investida, s. f. 1. Ato de investir; arremetida, ímpeto. 2. Ensaio, tentativa.
Investidura, s. f. 1. Ato de dar ou tomar posse. 2. Posse. 3. Cerimônia de posse em um cargo ou dignidade.
Investigação, s. f. Ato ou efeito de investigar; inquérito.
Investigador, adj. Que investiga. S. m. 1. O que investiga. 2. Funcionário da polícia secreta.
Investigante, adj. m. e f. Que investiga.
Investigar, v. Tr. dir. 1. Fazer investigações acerca de. 2. Seguir os vestígios de. 3. Indagar, inquirir, pesquisar.
Investigável, adj. m. e f. Que pode ser investigado.
Investimento, s. m. 1. Ato ou efeito de investir. 2. *Econ.* Aplicação de capitais.
Investir, v. 1. Tr. dir. Dar posse ou investidura a, revestir de poder ou autoridade. 2. Pron. Tomar posse de, empossar-

se. 3. Tr. dir. Empregar, inverter (capitais). 4. Tr. dir. Acometer, atacar. 5. Tr. ind., intr. e pron. Arremeter.

Inveterado, adj. 1. Que se inveterou. 2. Enraizado pela idade ou pela duração; fortificado. 3. Muito antigo. 4. Crônico.

Inveterar, v. Tr. dir. e pron. 1. Arraigar(-se), introduzir(-se) nos hábitos; tornar-se crônicos. 2. Tornar(-se) velho, antigo.

Inviabilidade, s. f. Qualidade de inviável.

Inviável, adj. m. e f. Que não é viável.

Invicto, adj. 1. Que nunca foi vencido. 2. Invencível. 3. *Esp.* Que ainda não foi vencido.

Invídia, s. f. (1. *invidia*). *Poét.* V. *inveja.*

Invigilância, s. f. Falta de vigilância.

Invigilante, adj. m. e f. Que não é vigilante.

Ínvio, adj. 1. Impérvio, intransitável. 2. Em que não há caminho.

Inviolabilidade, s. f. Qualidade de inviolável.

Inviolado, adj. Que não é violado; ileso, imaculado, íntegro, puro.

Inviolável, adj. m. e f. 1. Que não pode ou não deve ser violado. 2. Privilegiado.

Inviolentado, adj. 1. Que não é violentado. 2. Que procede voluntariamente.

Inviscerar, v. Tr. dir. Introduzir nas vísceras; entranhar.

Invisibilidade, s. f. Qualidade de invisível.

Invisível, adj. m. e f. 1. Que não se vê, que não pode ser apreciado pelo sentido da visão. 2. Que não se deixa ver, que não aparece. S. m. O que não se vê.

Inviso, adj. *Poét.* 1. Que não é visto. 2. Invejado. 3. Odiado.

Invitar, v. Tr. dir. 1. Convidar. 2. Invocar.

Invitatório, adj. Convidativo. S. m. *Liturg.* Antífona que se diz no princípio de matinas.

Invite, s. m. Ato de convidar; convite.

Invito, adj. 1. Que procede contra a própria vontade. 2. Constrangido, forçado, violentado.

Invocação, s. f. 1. Ato ou efeito de invocar. 2. Chamamento em auxílio, pedindo socorro. 3. Alegação, exposição de fatos, razões e argumentos.

Invocador, adj. e s. m. Que, ou o que invoca.

Invocar, v. Tr. dir. 1. Chamar, implorar o auxílio ou a proteção de. 2. Pedir, suplicar. 3. Alegar, citar a favor. 4. Recorrer a. 5. Evocar, conjurar. 6. *Pop.* Irritar a.

Invocativo, adj. 1. Que invoca. 2. Próprio para invocar. 3. Que encerra invocação.

Invocatória, s. f. V. *invocação.*

Invocatório, adj. V. *invocativo.*

Invocável, adj. m. e f. Que pode ser invocado.

Involução, s. f. 1. Ato ou efeito de envolver ou dobrar. 2. Qualidade ou estado de estar envolvido. 3. *Bot.* Enrolamento das bordas foliares para a face ventral. Antôn.: *evolução.*

Involucelado, adj. *Bot.* Provido de involucelo.

Involucelo, s. m. *Bot.* Invólucro parcial de uma flor ou de um conjunto de flores.

Involucral, adj. m. e f. *Bot.* Relativo, pertencente ou semelhante a um invólucro.

Involucriforme, adj. m. e f. *Bot.* Com forma de invólucro.

Invólucro, s. m. 1. Revestimento. 2. Aquilo que envolve, cobre ou reveste; envoltório. 3. Embrulho. 4. *Bot.* Proteção constituída por brácteas na base de uma inflorescência. 5. *Zool.* Revestimento externo de uma célula, de um órgão.

Involuntário, adj. Que não é voluntário, contrário à vontade ou indepedente dela.

Involutório, s. m. O mesmo que *envoltório.*

Involutoso, adj. *Bot.* Com os bordos enrolados para dentro; involuto.

Invulgar, adj. m. e f. Que não é vulgar; raro.

Invulnerabilidade, s. f. Qualidade de invulnerável.

Invulnerado, adj. 1. Que não está ferido. 2. Intacto.

Invulnerável, adj. m. e f. 1. Que não é vulnerável, que não pode ser ferido. 2. Inatacável. 3. Imaculado, impoluto.

Iodar, v. 1. Cobrir de iodo. 2. Misturar com iodo.

Iodato, s. m. *Quím.* Sal resultante da reação do ácido iódico sobre um metal ou outro metalóide.

Iode *(ó)*, s. m. V. *iodo.*

Iodeto *(ê)*, s. m. *Quím.* Nome genérico dos sais do ácido iodídrico e dos compostos de iodo com os corpos simples.

Iódico, adj. *Quím.* Diz-se de um ácido, sólido, oxigenado, cristalino, HIO_3, formado por oxidação do iodo (como pela reação, a quente, com ácido nítrico).

Iodismo, s. m. *Med.* Intoxicação crônica pelo iodo ou por seus derivados.

Iodo, s. m. *Quím.* Elemento univalente ou polivalente não-metálico, pertencente aos halogêneos, que se obtém comumente em forma de cristais cinza-escuros brilhantes, pesados, volatilizáveis em vapores violeta. Símbolo I, número atômico 53 e massa atômica 126,91.

Iodofórmio, s. m. *Quím.* Composto volátil cristalino amarelo, CHI_3, de cheiro persistente, penetrante. Tem largo uso como curativo anti-séptico.

Iodureto, s. m. O mesmo que *iodeto.*

Ioga, s. f. (sânsc. *yodga*). Sistema místico-filosófico da Índia, o qual procura, mediante determinados exercícios, o domínio do espírito sobre a matéria e a união com a divindade.

Iogue, adj. m. e f. Relativo à ioga. S. m. e f. Pessoa que pratica a ioga.

Iogurte, s. m. (turco *yoghurt*). Coalhada de leite à qual se misturam os fermentos *Lactobacillus bulgaricus* e *Lactobacillus yoghurt.*

Ioiô[1] *(iô-iô)*, s. m. Brinquedo que consiste em dois discos, unidos no centro por um eixo fixo, no qual se amarra um cordel. Enrolado este no eixo, o brinquedo é atirado e forma um movimento giratório de vaivém.

Ioiô[2], s. m. Tratamento que os escravos davam aos senhores. Var.: *nhonhô.* Fem.: *iaiá.*

Iole, s. f. (fr. *yole*). Canoa estreita, leve e rápida de uso nos desportos aquáticos.

Íon, s. m. (gr. *ion*). *Fís.* Partícula com carga elétrica positiva ou negativa, do tamanho de um átomo ou molécula, que resulta da perda ou ganho de um ou mais elétrons por um átomo ou molécula neutros, ou da dissociação eletrolítica de moléculas em soluções em razão da variação de temperatura; iônio, ionte.

Iônico, adj. e s. m. O mesmo que *jônico.*

Iônio, s. m. *Fís.* 1. Isótopo radioativo natural de tório, de massa 230, símbolo Th^{230} ou IO. 2. V. *íon.*

Ionização, s. f. 1. Decomposição de uma substância em solução em seus íons constituintes. 2. Condição de ser ionizado. 3. Aceleração de elétrons que produz gás condutor.

Ionizar, v. *Quím.* 1. Tr. dir. Decompor total ou parcialmente em íons. 2. Intr. Ser decomposto em íons.

Ionoma, s. f. *Quím.* Cada uma de duas cetonas isoméricas líquidas, untuosas $C_{13}H_{20}O$, com forte cheiro de violeta, encontradas no óleo do arbusto *Boronia megastigma.*

Ionosfera, s. f. *Fís.* Camada da alta atmosfera, de 50 a 200km da Terra, contendo partículas livres carregadas eletricamente, por meio das quais as radioondas são transmitidas a grandes distâncias em torno da Terra.

Ioruba, s. m. *Lingüíst.* Língua dos iorubas, a qual pertence ao grupo nígero-cameruniano. S. m. pl. *Etnol.* Povo negro de larga disseminação, possuidor de instituições políticas bastante desenvolvidas e aptidões comerciais apreciáveis.

Iorubano, adj. Relativo ou pertencente ao ioruba ou aos iorubas. S. m. Indivíduo dos iorubas.

Iota, s. m. Nome da nona letra que, no alfabeto grego, corresponde ao nosso *i.*

Iotacismo, s. m. *Gram.* 1. Tendência para o emprego da letra *i* ou do som *i* no léxico de uma língua. 2. Confusão do *i* com o *j.*

Ipê, s. m. *Bot.* Nome comum a diversas árvores da família das Bignoniáceas, que fornecem madeira resistente e dura.

Ipeca, s. f. *Bot.* Forma abreviada de *ipecacuanha.*

Ipecacuanha, s. f. (do tupi). *Bot.* Planta medicinal rubiácea *(Cephaelis ipecacuanha)* da América tropical.

Ipoméia, s. f. *Bot.* Gênero *(Ipomoea)* da família das Convolvuláceas, constituído de plantas herbáceas sarmentosas, com flores vistosas, campanuladas. Inclui a batata-doce.

Ipsilo, s. m. *Quím.* Cloreto de etilo puro.

Ipsilon, s. m. V. *ipsilo.*

Ipueira, s. f. (tupi *y-poera*). Lago formado pelo transbordamento dos rios em lugares baixos.

Ipuruna, s. f. Fécula extraída do tecido celular do tronco do murici.

Ir, v. (l. *ire*). 1. Intr. Deslocar-se, mover-se, passar ou transitar de um lado ou de um lugar para outro. 2. Intr. Mover-se por impulso imprimido. 3. Intr. e pron. Andar, caminhar, marchar. 4. Tr. ind. Encaminhar-se: *Foi à* cidade. 5. Intr. Partir, retirar-se. 6. Tr. ind. Viajar para algum lugar com tenção de não se demorar nele. 7. Tr. ind. e pron. Seguir viagem para alguma localidade, tencionando fixar residência ou permanecer lá por longo tempo. 8. Tr. ind. e pron. Seguir na companhia de alguém: Joãozinho *foi* (ou *foi-se*) *com* os primos. 9. Pron. Recorrer a; implorar o auxílio de. Conjugação irregular: ind. pres.: *Vou, vais, vai, vamos, ides, vão.* Imperf.: *ia, ias* etc. Perf.: *fui, foste* (ô) etc. Mais-que-perfeito.: *fora (ô), foras (ô), fora (ô)* etc. Fut. do pres.: *irei, irás* etc. Fut. do pret.: *iria, irias* etc. Imperat.: *vai, ide.* Suj. pres.: *vá, vás* etc. Impert.: *fosse (ô), fosses (ô)* etc. Fut.: *for (ô), fores (ô)* etc. Inf. pess.: *ir, ires* etc. Inf. impess.: *ir.* Gerúnd.: *indo.* Part.: *ido.*

Ira, s. f. (l. *ira*). 1. Cólera, raiva contra alguém. 2. Indignação. 3. Desejo de vingança.

Irá, s. m. *Entom.* Espécie de abelha que faz ninho no chão.

Iracúndia, s. f. 1. Ira excessiva. 2. Disposição habitual para se encolerizar.

Irado, adj. Tomado de ira, agastado, colérico, enraivecido.

Iraniano, adj. 1. Relativo ao Irã; irânico. 2. Natural do Irã; irânico. S. m. Habitante ou natural do Irã.

Iraquiano, adj. Pertencente ou relativo ao Iraque. S. m. Habitante ou natural do Iraque.

Irar, v. 1. Tr. dir. Causar ira a, agastar, irritar. 2. Pron. Encher-se de ira, encolerizar-se.

Irara, s. f. *Zool.* Mamífero carnívoro mustelídeo, de corpo baixo, pêlo longo e pardo (*Tayra barbara*).

Irascibilidade, s. f. 1. Qualidade de irascível. 2. Irritabilidade. 3. Estado de irritação.

Irascível, adj. m. e f. 1. Propenso à irritação. 2. Irritável.

Iratauá, s. m. *Ornit.* Nome vulgar de dois pássaros da família dos Icterídeos: *Gymnomystax mexicanus* e *Angelaius icterocephalus.*

Iratiense, adj. m. e f. Relativo a Irati, cidade e município do Pa S. m. e f. Pessoa natural desse município.

Iratim, s. m. (guar. *irati*). *Entom.* Espécie de abelha meliponídea que fabrica muita cera, e cujo mel é doce no verão e amargo no inverno. Var.: *irati* e *iraxim.*

Irerê, s. m. e f. *Ornit.* Ave da família dos Anatídeos (*Dendrocygna viduata*); marreca-do-pará, marreca-apaí.

Iriante, adj. m. e f. V. *irisante.*

Iriar, v. V. *irisar.*

Iriártea, s. f. *Bot.* Gênero (*Iriartea*) de pequenas palmeiras, de cuja copa pendem longas raízes acessórias.

Iriceca, s. f. *Ictiol.* Peixe marinho, da família dos Silurídeos (*Tachysurus nuchalis*); irideca.

Iricurana, s. f. *Bot.* Planta da família das Euforbiáceas (*Alchornea iricurana*).

Iridáceas, s. f. pl. *Bot.* Família (*Iridaceae*) de ervas perenes, da ordem das Liliales, com folhas ensiformes, flores em racemos ou panículas. S. f. Espécime das Iridáceas.

Iridáceo, adj. *Bot.* Relativo à família das Iridáceas.

Iridectomia, s. f. *Cir.* Excisão total ou parcial da íris.

Iridectopia, s. f. *Med.* Posição anormal da íris.

Iridemia, s. f. *Med.* Congestão da íris.

Iridescente, adj. m. e f. Que reflete as cores do arco-íris.

Irídico, adj. Que se refere ao irídio.

Iridífero, adj. Que contém irídio.

Irídio, s. m. *Quím.* Elemento metálico, do grupo da platina, principalmente trivalente e tetravalente, branco-prateado, muito pesado, duro, quebradiço. Símbolo Ir, número atômico 77 e massa atômica 193,1.

Iridite, s. f. *Med.* O mesmo que *irite.*

Iridoplegia, s. f. *Med.* Paralisia da íris.

Iridoplégico, adj. Que diz respeito à iridoplegia.

Iridotomia, s. f. *Cir.* Incisão na íris.

Íris, s. m. e f., sing. e pl. (gr. *iris*). 1. V. *arco-íris.* 2. *Anat.* Membrana circular, retrátil, que ocupa o centro anterior do globo ocular, situada entre a córnea e a parte anterior do cristalino e provida de um orifício, a pupila.

Irisação, s. f. (*irisar* + *ção*). Ato ou efeito de irisar.

Irisado, adj. (p. de *irisar*). Iriado.

Irisante, adj. m. e f. Que irisa; iriante.

Irisar, v. (*íris* + *ar*). Tr. dir. e pron. Matizar(-se), revestir(-se) com as cores do arco-íris.

Irite, s. f. *Med.* Inflamação da íris.

Iritinga, s. f. *Ictiol.* Bagre pequeno, cinzento, da família dos Silurídeos (*Tachysurus proops*).

Iriz, s. m. Doença peculiar ao cafeeiro.

Irizar, v. Intr. Ser atacado de iriz (o cafeeiro).

Irlandês, adj. Que pertence ou se refere à Irlanda. S. m. 1. Habitante ou natural da Irlanda. 2. Língua céltica, falada em parte da Irlanda. Pl.: *irlandeses* (ê). Fem.: *irlandesa* (ê).

Irmã, s. f. (l. *germana*). 1. Fem. de *irmão.* 2. Freira sem nenhum cargo superior. 3. Freira, religiosa.

Irmanar, v. Tr. dir. e pron. 1. Tornar(-se) irmão, afeiçoar(-se) fraternalmente. 2. Ajuntar(-se), emparelhar(-se), igualar(-se), unir(-se).

Irmandade, s. f. (l. *germanitate*). 1. Confraternidade, intimidade. 2. Associação, confraria, liga.

Irmão, s. m. (l. *germanu*). 1. Filho do mesmo pai e da mesma mãe, ou só do mesmo pai ou só da mesma mãe. 2. Cada um dos membros duma confraria. 3. Frade que não exercia cargos superiores. 4. Membro da maçonaria. 5. Amigo inseparável. 6. Correligionário.

Iró, s. m. O mesmo que *eiró.*

Ironia, s. f. (gr. *eironeia*). 1. *Ret.* Figura com que se diz o contrário do que as palavras significam. 2. Dito irônico. 3. Ar ou gesto irônico. 4. Zombaria insultuosa; sarcasmo.

Irônico, adj. 1. Que encerra ironia. 2. Sarcástico, zombeteiro.

Ironista, s. m. e f. Pessoa que usa freqüentemente a ironia.

Ironizar, v. 1. Tr. dir. Tornar irônico. 2. Intr. Usar de ironia.

Iroquês, adj. Pertencente aos iroqueses, povo indígena norte-americano. S. m. 1. Indígena desse povo. 2. Idioma dos iroqueses.

Irós, s. f. O mesmo que *eiró.* Pl.: *iroses.*

Iroso, adj. 1. Cheio de ira. 2. Propenso à ira. 3. Tempetuoso.

Irra!, interj. Exprime desprezo, repulsão, raiva.

Irracional, adj. m. e f. 1. Que não é racional, oposto à razão. 2. Que não raciocina. 3. *Mat.* Diz-se da quantidade cuja relação com a unidade não se pode exprimir em números. S. m. Animal que não tem a faculdade do raciocínio; bruto.

Irracionalidade, s. f. 1. Falta de raciocínio. 2. Qualidade de irracional.

Irracionalismo, s. m. 1. Teoria que nega à razão humana a primazia que o racionalismo lhe dá. 2. Qualidade de irracional.

Irradiação, s. f. 1. Ação de irradiar, difusão ou emissão de raios luminosos em todas as direções. 2. *Fís.* Emissão de energia radiante (como calor). 3. Transmissão de programas de rádio.

Irradiador, adj. Que irradia. S. m. Qualquer aparelho que irradia luz, calor etc.

Irradiante, adj. m. e f. 1. Que irradia. 2. Que emite raios luminosos ou caloríficos.

Irradiar, v. 1. Tr. dir. Emitir, espargir, lançar de si (raios luminosos ou caloríficos). 2. Intr. Expedir, lançar raios. 3. Tr. dir. Espalhar, propagar. 4. Tr. ind. e pron. Difundir-se, espalhar-se, propagar-se. 5. Tr. dir. Divulgar, publicar, transmitir pelo rádio.

Irré, s. m. *Ornit.* Pássaro tiranídeo (*Myiarchus australis*); também chamado *papa-moscas.*

Irreal, adj. m. e f. 1. Sem existência real. 2. Imaginário.

Irrealizável, adj. m. e f. Que não se pode realizar.

Irreclamável, adj. m. e f. Que não pode ou não deve ser reclamado.

Irreconciliado, adj. Que não é reconciliado.

Irreconciliável, adj. m. e f. Que não se pode reconciliar.
Irreconhecível, adj. m. e f. 1. Que não é reconhecível. 2. Muito alterado pelo uso.
Irrecorrível, adj. m. e f. *Dir.* De que não se pode recorrer.
Irrecuperável, adj. m. e f. Que não se pode recuperar.
Irrecusável, adj. m. e f. 1. Que não pode ou não deve ser recusado ou negado. 2. Incontestável.
Irredentismo, s. m. (ital. *irredentismo*). *Hist.* Movimento nacional italiano que, baseado na nacionalidade, pretendia recuperar territórios tomados por outras nações.
Irredento, adj. Não redimido, não resgatado.
Irredimível, adj. m. e f. Que não se pode remir.
Irredutibilidade, s. f. Qualidade de irredutível.
Irredutível, adj. m. e f. 1. Irreduzível. 2. Firme, perseverante. 3. *Med.* Que não se pode obrigar a voltar ao local primitivo e normal: Fratura *irredutível*. 4. *Mat.* Diz-se de fração ordinária ou decimal cujos termos são primos entre si.
Irreduzível, adj. m. e f. 1. Que não pode ser reduzido ou diminuído. 2. Que não pode ser submetido ou vencido.
Irreelegível, adj. m. e f. Que não pode ser reeleito.
Irrefletido, adj. 1. Que não reflete. 2. Que revela falta de reflexão. 3. Que não pondera.
Irreflexão (*cs*), s. f. 1. Falta de reflexão. 2. Falta de prudência. 3. Precipitação.
Irreflexivo (*cs*), adj. O mesmo que *irrefletido*.
Irreflexo (*cs*), adj. 1. Que não faz reflexo. 2. V. *irrefletido*.
Irreformável, adj. m. e f. Que não se pode reformar ou emendar.
Irrefragável, adj. m. e f. 1. Incontestável. 2. Irrecusável.
Irrefrangível, adj. m. e f. Que não se pode refranger ou refratar.
Irrefreável, adj. m. e f. 1. Que não se pode refrear. 2. Irreprimível. 3. Indomável.
Irrefutabilidade, s. f. Qualidade de irrefutável.
Irrefutável, adj. m. e f. 1. Que não se pode refutar. 2. Irrecusável. 3. Evidente.
Irregenerado, adj. 1. Que não é regenerado. 2. Impertinente.
Irregenerável, adj. m. e f. 1. Que não se pode regenerar. 2. Incorrigível.
Irregular, adj. m. e f. 1. Que não é regular, que não obedece às regras. 2. Contrário à regra. 3. Oposto à justiça ou à lei. 4. *Gram.* Diz-se das palavras que se afastam do seu respectivo paradigma.
Irregularidade, s. f. 1. Falta de regularidade. 2. Condição de irregular. 3. Falta, erro.
Irreligião, s. f. 1. Falta de religião. 2. Impiedade. 3. Ateísmo.
Irreligiosidade, s. f. 1. Qualidade de irreligioso. 2. Falta de religião.
Irreligioso, adj. 1. Que não é religioso. 2. Ímpio. 3. Ateu.
Irremeável, adj. m. e f. 1. Por onde não se pode tornar a passar. 2. Irregressível.
Irremediável, adj. m. e f. 1. Para que não pode haver remédio ou alívio. 2. Que não tem remédio, que é incurável. 3. Irrecusável.
Irremissibilidade, s. f. Qualidade de irremissível.
Irremissível, adj. m. e f. 1. Que não é remissível; imperdoável. 2. Infalível, necessário, fatal.
Irremitente, adj. m. e f. Que não é remitente, que não afrouxa, que não diminui.
Irremível, adj. m. e f. Que não pode ser remido.
Irremovível, adj. m. e f. 1. Que não é removível. 2. Inevitável. 3. Irremediável.
Irremunerado, adj. 1. Que não foi remunerado. 2. Que não tem remuneração.
Irremunerável, adj. m. e f. Que não se pode remunerar, que é superior a qualquer remuneração.
Irreparabilidade, s. f. Qualidade de irreparável.
Irreparável, adj. m. e f. 1. Que não se pode reparar. 2. Irremediável. 3. Irrecuperável.
Irrepartível, adj. m. e f. 1. Que não se pode repartir. 2. Indivisível.
Irreplicável, adj. m. e f. 1. A que não se pode replicar. 2. Que não admite réplica.
Irrepreensibilidade, s. f. Qualidade de irrepreensível.
Irrepreensível, adj. m. e f. 1. Que não pode ser repreendido. 2. Correto. 3. Perfeito. 4. Imaculado.
Irreprimível, adj. m. e f. Que não se pode reprimir, dominar ou recalcar.
Irreprochável, adj. m. e f. 1. Que não merece reproche ou censura. 2. Impecável, imaculável.
Irrequieto, adj. 1. Que não tem descanso. 2. Buliçoso, turbulento. 3. Agitado. 4. Revolto.
Irresignável, adj. m. e f. 1. Que não pode ser resignado ou renunciado. 2. Que não tem resignação, que não se conforma.
Irresistência, s. f. 1. Falta de resistência. 2. Qualidade de irresistente.
Irresistente, adj. m. e f. Que não resiste, que não tem resistência.
Irresistibilidade, s. f. Qualidade de irresistível.
Irresistível, adj. m. e f. 1. A que não se pode resistir. 2. Que seduz. 3. Invencível. 5. Fatal.
Irresolução, s. f. 1. Qualidade de irresoluto. 2. Hesitação. 3. Indecisão.
Irresoluto, adj. 1. Não resoluto, falto de resolução. 2. Hesitante. 3. Indeciso.
Irresolúvel, adj. m. e f. 1. Não resolúvel. 2. Insolúvel. 3. Irredutível. 4. Que não se resolve.
Irrespirabilidade, s. f. 1. Qualidade de irrespirável. 2. Impossibilidade de respirar.
Irrespirável, adj. m. e f. Que não se pode respirar, que é impróprio para a respiração.
Irrespondível, adj. m. e f. 1. Não respondível. 2. Irrefutável, irreplicável.
Irresponsabilidade, s. f. Qualidade de irresponsável.
Irresponsabilizar, v. Tr. dir. Tornar irresponsável.
Irrestringível, adj. m. e f. Não restringível, que não se pode restringir.
Irrestrito, adj. Não restrito, que não tem limites.
Irretorquível, adj. m. e f. 1. A que não se pode retorquir. 2. Irrefutável, irrespondível.
Irretratável, adj. m. e f. 1. Que não é retratável. 2. Irrevogável.
Irretroatividade, s. f. Qualidade do que não é retroativo.
Irreverência, s. f. 1. Qualidade de irreverente. 2. Falta de reverência. 3. Ato de irreverente.
Irreverencioso, adj. 1. Não reverencioso. 2. Desatencioso, incivil.
Irreverente, adj. m. e f. 1. Irreverencioso. 2. Incivil. 3. Irrespeitoso.
Irrevocabilidade, s. f. V. *irrevogabilidade*.
Irrevocável, adj. m. e f. V. *irrevogável*.
Irrevogabilidade, s. f. Qualidade de irrevogável. Var.: *irrevocabilidade*.
Irrevogável, adj. m. e f. Não revogável, que não se pode anular. Var.: *irrevocável*.
Irrigação, s. f. 1. Ato de irrigar. 2. *Agr.* Rega artificial. 3. *Med.* Aplicação terapêutica de um líquido sob pressão nas cavidades do organismo. 4. V. *clister*.
Irrigador, adj. Que irriga. S. m. 1. Regador. 2. Vaso para regar. 3. *Med.* Aparelho próprio para fazer irrigações.
Irrigar, v. Tr. dir. 1. *Agr.* Regar por meios artificiais, com regos ou aspersão com jatos de água encanada. 2. *Med.* Aplicar irrigações em.
Irrigatório, adj. Próprio para irrigar.
Irrigável, adj. m. e f. Que se pode irrigar.
Irrisão, s. f. 1. Ato de zombar. 2. Mofa, zombaria com desprezo. 3. Objeto de escárnio.
Irrisório, adj. 1. Que envolve irrisão. 2. Que provoca riso ou motejo.
Irritabilidade, s. f. (l. *irritabilitate*). 1. Qualidade de irritável. 2. Propensão para se irritar. 3. *Biol.* Propriedade dos tecidos vivos, de reagir às mudanças exteriores.
Irritação, s. f. 1. Ato ou efeito de irritar ou irritar-se. 2. Agastamento, enfado, exacerbação. 3. Reação da matéria viva contra as influências exteriores.
Irritador, adj. e s. m. Que, ou aquele que irrita.

Irritamento, s. m. V. *irritação.*

Irritante, adj. m. e f. 1. Que irrita, que excita a cólera. 2. Que estimula. S. m. Aquilo que produz irritação.

Irritar, v. 1. Tr. dir. Tornar irado, encolerizar, exasperar. 2. Pron. Encolerizar-se, exasperar-se, irar-se. 3. Tr. dir. e pron. Agravar, exacerbar. 4. Tr. dir. Produzir irritação em.

Irritativo, adj. Que tem a propriedade de irritar; irritante.

Irritável, adj. m. e f. Que se irrita facilmente; irascível.

Irrivalizável, adj. m. e f. 1. Não rivalizável, impossível de rivalizar. 2. Inigualável.

Irrogação, s. f. Ato ou efeito de irrogar.

Irrogar, v. Tr. dir. 1. Estigmatizar ou infamar com a nota de. 2. Impor, infligir. 3. Fazer recair sobre (alguém); atribuir.

Irromper, v. 1. Tr. ind. e intr. Entrar arrebatadamente, com ímpeto, com violência. 2. Tr. ind. Aparecer, brotar, surgir de repente. 3. Intr. Intervir.

Irroração, s. f. Ato ou efeito de irrorar.

Irrorar, v. Tr. dir. e pron. Aspergir(-se), borrifar(-se), orvalhar(-se).

Irrupção, s. f. 1. Ato ou efeito de irromper. 2. Invasão súbita e impetuosa. 3. Invasão das águas do mar, de um rio etc.

Irruptivo, adj. 1. Que produz irrupção. 2. Que tem características ou forma de irrupção.

Isabel, adj. m. e f. (fr. *isabelle*). De cor entre branco e amarelo. S. f. Variedade de videira americana cultivada no Brasil.

Isagoge, s. f. *P. us.* 1. Antelóquio, introdução, proêmio. 2. Rudimentos.

Isagógico, adj. Que diz respeito à isagoge.

Ísate, s. f. V. *isatis.*

Isatidáceo, adj. *Bot.* Relativo ou pertencente a plantas da família das Crucíferas do gênero Ísatis. Var.: *isatídeo.*

Ísatis, s. m. e f. *Bot.* 1. Gênero (*Ísatis*) da família das Crucíferas, constituído de ervas com folhas inteiras, pequenas flores amarelas e vagem oblonga. 2. Planta desse gênero.

Isca, s. f. (1. *esca*). 1. Tudo aquilo que, podendo servir de alimento aos peixes, se emprega nos aparelhos de pesca para os atrair. 2. Atrativo, chamariz, engodo, negaça.
Morder a i.: deixar-se seduzir ou lograr.

Isca!, interj. Voz com que se estimulam os cães.

Iscar, v. (l. *escare*). Tr. dir. 1. Pôr isca em. 2. Engodar a. 3. Açular (cães). 4. Untar. 5. Atiçar, provocar: *Iscar lume.*

Iscnofonia, s. f. *Med.* Debilidade da voz que dificulta a pronúncia de certos fonemas.

Iscurético, adj. *Med.* Que alivia a iscúria. S. m. Medicamento iscurético.

Iscúria, s. f. *Med.* Retenção da urina. Var.: *iscuria.*

Isenção, s. f. (1. *exemptione*). 1. Ato de eximir. 2. Ato de esquivar-se. 3. Altivez. 4. Privação, renúncia. 5. Abnegação. 6. Nobreza de caráter. 7. Estado ou condição do que é isento.

Isentar, v. 1. Tr. dir. Tornar isento, desobrigar, eximir. 2. Pron. Eximir-se.

Isento, adj. (l. *exemptu*). 1. Desobrigado, dispensado, livre. 2. Que é imparcial, a despeito dos seus interesses. 3. Incorruptível.

Islã, s. m. (ár. *islam*). V. *islame.*

Islame, s m. Conjunto dos países muçulmanos.

Islâmico, adj. V *islamítico.*

Islamismo, s. m. (*islame + ismo*). A religião muçulmana.

Islamita, s. m. e f. Pessoa que segue o islamismo.

Islamítico, adj. Que se refere ao islamismo ou aos islamitas; islâmico.

Islandês, adj. 1. Que pertence ou se refere à Islândia. 2. Habitante ou natural da Islândia. S. m. 1. O natural da Islândia. 2. Idioma falado na Islândia.

Ismaeliano, s. m. Sectário do ismaelismo.

Ismaelismo, s. m. Seita muçulmana formada no século VIII.

Ismaelita, adj. m. e f. Relativo a Ismael, filho do patriarca bíblico Abraão, ou aos ismaelitas. S. m. e f. 1. Pessoa descendente de Ismael. 2. Designação dada também aos árabes, os quais pretendem, também, descender todos de Ismael. S. m. pl. Povo que, descendendo de Ismael, participava de sangue egípcio e de sangue israelita.

Ismaelítico, adj. Concernente ao ismaelismo ou aos ismaelitas.

iso-, pref. (gr. *isos*). Significa *o mesmo* e exprime *igualdade: isobárico, isócrono.*

Isoace (*cs*), adj. V. *isoáxico.*

Isoáxico (*cs*), adj. *Crist.* Diz-se dos cristais que têm eixos iguais.

Isobafia, s. f. (*iso* + gr. *baphein* + *ia*). Estado de um corpo que só reflete uma cor.

Isóbare, adj. m. e f. *Meteor.* V. *isobárico.* S. f. Linha isobárica. S. m. *Quím.* Cada um de dois ou mais átomos que têm a mesma massa atômica mas números atômicos diferentes.

Isobárico, adj. 1. *Meteor.* Que tem pressão atmosférica igual: Pontos *isobáricos.* 2. *Meteor.* Que liga pontos na atmosfera com pressão atmosférica igual: Linha *isobárica.* 3. *Quím.* Relativo ou pertencente a um isóbare. Sinôn.: *isóbare* e *isobarométrico.*

Isocarpo, adj. (*iso* + *carpo*[2]). *Bot.* Diz-se das plantas em que as divisões do fruto e as do perianto são em número igual.

Isoclinal, adj. m. e f. 1. Relativo ou pertencente a igual inclinação; isóclino. 2. Que se inclina na mesma direção; isoclínico. 3. *Geol.* V. *dobra isoclinal.*

Isóclino, adj. (*iso* + *clino*). 1. Relativo a igualdade de inclinação. 2. Que tem ou indica igualdade de inclinação. 3. Que tem a mesma inclinação magnética. Var.: *isoclino.*

Isoclítico, adj. *Estat.* Diz-se de uma curva de freqüência que admite um centro ou um eixo de simetria.

Isócolo, adj. (*iso* + gr. *kolon*). *Ret.* Diz-se do período cujos membros são mais ou menos iguais em extensão. S. m. Figura de harmonia que consiste no emprego desse período.

Isocólon, adj. e s. m. V. *isócolo.*

Isocromático, adj. 1. Que tem coloração uniforme. 2. Relativo à isocromia.

Isocromia, s. f. V. *litocromia.*

Isocrômico, adj. V. *isocromático.*

Isócrono, adj. (gr. *isochronos*). Que se executa ao mesmo tempo ou em tempos iguais.

Isodátilo, adj. *Zool.* Diz-se do animal que tem os dedos iguais. Var.: *isodáctilo.*

Isodinâmico, adj. *Fís.* Que tem a mesma força ou intensidade.

Isodonte, adj. m. e f. (*iso* + *odonte*). *Zool.* Diz-se da dentição em que os dentes são todos iguais ou semelhantes.

Isoédrico, adj. *Miner.* Que tem faces iguais ou semelhantes.

Isofilo, adj. *Bot.* Diz-se da planta com folhas iguais.

Isófono, adj. Que tem a voz igual à de outrem ou igual timbre de voz. Var.: *isofono* (mais correta).

Isogamia, s. f. *Biol.* Reprodução com gametas iguais.

Isógino, adj. *Bot.* Diz-se das flores cujos carpelos e pétalas são em número igual.

Isógono, adj. Que tem ângulos iguais.

Isografia, s. f. Reprodução exata de letra manuscrita; facsímile.

Isográfico, adj. Que se refere à isografia.

Isolação, s. f. O mesmo que *isolamento.*

Isolado, adj. 1. Que se isolou. 2. Só, solitário.

Isolador, adj. 1. Que isola. 2. Que interrompe ou dificulta a comunicação da eletricidade. S. m. Material que isola.

Isolamento, s. m. 1. Ato de isolar. 2. Lugar onde se está isolado. 3. Sala ou hospital destinado aos doentes portadores de moléstias contagiosas.

Isolante, adj. m. e f. 1. Que isola. 2. Diz-se dos corpos ou materiais que são maus condutores de eletricidade, calor ou som. S. m. Material que isola; material usado na isolação.

Isolar, v. (ital. *isolare*). 1. Tr. dir. Separar com impossibilidade de comunicação, tornar incomunicável ou solitário. 2. Pron. Afastar-se do convívio social, pôr-se em isolamento. 3. *Fís.* Separar um material condutor de outros, por meio de corpos não condutores.

Isólogo, adj. 1. Que tem composição análoga. 2. *Quím.* Diz-se da série que compreende todas as séries homólogas ou grupo de carbonetos.

Isômere, adj. e s., m. e f. (gr. *isomeres*). 1. Que, ou o que é formado de partes semelhantes. 2. *Quím.* Que, ou o que tem a mesma composição e propriedades diferentes. 3. *Bot.* Diz-se

do, ou o verticilo floral de qualquer natureza com número igual de peças.
Isomeria, s. f. V. *isomerismo.*
Isomérico, adj. Que se refere ao isomerismo.
Isômeris, adj. e s., m. e f., sing. e pl. V. *isômere.*
Isomerismo, s. m. Qualidade dos corpos isômeres.
Isômero, adj. V. *isômere.*
Isométrico, adj. 1. Que tem isometria. 2. *Med.* Não isotônico.
Isomorfismo, s. m. 1. *Cristal.* Propriedade que têm certas substâncias, quimicamente diferentes, de cristalizarem no mesmo sistema. 2. *Biol.* Semelhança entre indivíduos de espécies ou raças diferentes.
Isomorfo, adj. 1. Com a mesma forma. 2. *Geol.* Que tem a mesma forma cristalina.
Isonomia, s. f. 1. *Miner.* Fato de a formação de diferentes cristais ser regida pela mesma lei. 2. Igualdade perante a lei.
Isônomo, adj. *Miner.* Designativo dos cristais que cristalizam segundo as mesmas leis.
Isopata, s. m. e f. Pessoa que pratica isopatia. Var.: *isópata.*
Isopatia, s. f. 1. Tratamento das doenças por meios semelhantes às causas que as produzem. 2. Doutrina que admite ser o poder da terapêutica igual ao das causas patogênicas.
Isoperimétrico, adj. (*iso* + *perímetro* + *ico*). *Mat.* Que tem perímetro igual.
Isopétalo, adj. *Bot.* Cujas pétalas são iguais.
Isópode, adj. m. e f. *Zool.* 1. Que tem patas iguais ou semelhantes. 2. Relativo ou pertencente aos Isópodes. S. m. Crustáceo da ordem dos Isópodes. S. m. pl. Ordem (*Isopoda*) de crustáceos, de corpo achatado, com patas iguais.
Isóptero, adj. *Entom.* 1. Que tem as asas iguais ou semelhantes. 2. Relativo ou pertencente aos Isópteros. S. m. Inseto da ordem dos Isópteros. S. m. pl. Ordem (*Isoptera*) de insetos de vida social altamente organizada, como os cupins.
Isoquímeno, adj. *Meteor.* Diz-se da linha que, em uma carta, liga os lugares de temperatura média igual no inverno.
Isóscele, adj. m. e f. *Geom.* Diz-se do triângulo que tem dois lados iguais.
Isósceles, adj. m. e f., sing. e pl. V. *isóscele.*
Isosférico, adj. Que tem esfera igual.
Isosmia, s. f. Confusão de cheiros.
Isosmose, s. f. *Fís.* Equilíbrio de soluções em que há a mesma pressão osmótica.
Isosporado, adj. *Bot.* Com uma só qualidade de espórios.
Isostêmone, adj. m. e f. *Bot.* Que tem estames e pétalas em número igual.
Isotérmico, adj. 1. Relativo ou pertencente a, ou caracterizado por igualdade de temperatura. 2. *Meteor.* Diz-se da linha que liga todos os pontos em que a temperatura média de um dado período é a mesma: Linha *isotérmica.* Var.: *isotermo.*
Isótero, adj. *Meteor.* Designativo da linha que liga os pontos da Terra onde a temperatura média é a mesma no estio.
Isotonia, s. f. 1. *Fís.* Igualdade de pressão osmótica entre duas soluções. 2. Resistência uniforme de partes ou elementos a outras influências. 3. *Gram.* Identidade de acentuação prosódica.
Isotônico, adj. 1. Que apresenta isotonia. 2. *Med.* Que tem tonicidade ou tensão uniforme.
Isótopo, S. m. *Fís.* e *Quím.* Cada uma de duas ou mais espécies de átomos do mesmo elemento, que têm o mesmo número atômico e ocupam a mesma posição na tabela periódica.
Isótropo, adj. *Fís.* Diz-se do corpo que, em todas as direções, apresenta as mesmas propriedades ópticas.
Isqueiro, s. m. 1. Pequeno aparelho, munido de um pavio umedecido de gasolina, que se inflama ao contato de faíscas extraídas por atrito entre o fuzil e a pederneira.
Isquemia, s. f. *Med.* Suspensão ou deficiência da circulação do sangue que irriga um órgão.
Isquêmico, adj. 1. Referente à isquemia. 2. Que faz parar o movimento do sangue nos vasos orgânicos.
Isquiagra, s. f. *Med.* Dor fixa no trajeto do nervo ciático.
Isquial, adj. m. e f. Que se refere ao ísquio.
Isquialgia, s. f. Dor na anca; isquioneuralgia.
Isquiático, adj. *Anat.* Pertencente ou relativo ao ísquio, à bacia, aos quadris, à anca; isquial, isquíaco.
Ísquio, s. m. (gr. *iskhion*). *Anat.* Parte inferior e posterior do osso ilíaco; ísquion.
Ísquion, s. m. (gr. *iskhion*). V. *ísquio.*
Israel, s. m. Designação coletiva dos israelitas.
Israelense, adj. m. e f. Relativo ou pertencente ao Estado de Israel. S. m. e f. Pessoa natural desse Estado.
Israelita, adj. m. e f. Que diz respeito aos israelitas; hebreu, judeu. S. m. e f. Pessoa pertencente ao povo de Israel.
Israelítico, adj. Que se refere aos israelitas.
Isso, pron. dem. (l. *ipsu*). 1. Essa coisa, essas coisas; esse objeto, esses objetos. 2. *Pej.* Essa pessoa. Interj. Indica aprovação.
Ístmico, adj. Relativo ou semelhante a istmo.
Istmo, s. m. (gr. *isthmos*). 1. *Geogr.* Faixa estreita de terra que liga uma península a um continente ou duas porções de um continente. 2. *Anat.* Canal ou passagem estreita que une cavidades ou porções de órgãos.
Isto, pron. dem. (l. *istud*). 1. Esta coisa, estas coisas, este objeto, estes objetos. 2. *Pej.* Esta pessoa.
itá-, pref. (do tupi-guar.). Forma termos brasileiros com o significado de *pedra, metal* etc.: *itaúba, itapitanga.* S. f. Pedra, rochedo.
Itaberaba, s. f. Literalmente *pedra reluzente,* termo tupi que, no tempo das bandeiras, designava minas lendárias.
Itabirito, s. m. *Miner.* Rocha metamórfica, xistosa, que se associa em proporção mais ou menos elevada à hematita.
Itacolumito, s. m. *Miner.* Quartzito do Brasil, de cor clara, constituído por pequenos e finos grãos de quartzo, de ferro micáceo, talco e clorito.
Itacuã, s. m. (guar. *itá* + *cuã*). Certa pedra amarelada com que se alisam as louças de barro feitas à mão.
Itacuruba, s. f. Terreno pedregoso e cheio de seixos miúdos.
Itaimbé, s. m. (do tupi). 1. Despenhadeiro. 2. Pico ou monte agudo e escarpado.
Itaipava, s. f. Recife que atravessa um rio de lado a lado.
Italianidade, s. f. 1. Caráter ou qualidade de italiano. 2. Estado daquilo que pertence à Itália.
Italianismo, s. m. 1. Exagerado afeto a coisas italianas. 2. Imitação afetada da língua ou dos costumes italianos. 3. Maneira de falar peculiar à língua italiana. 4. Palavra que, procedente do italiano, entrou noutra língua.
Italianização, s. f. Ação ou efeito de italianizar.
Italianizar, v. 1. Tr. dir. Tornar italiano, dar feição italiana a. 2. Pron. Tomar hábitos ou costumes italianos.
Italiano, adj. Que pertence ou se refere à Itália. S. m. 1. O natural da Itália. 2. Língua falada na Itália.
Italianófilo, adj. e s. m. 1. Que, ou o que é amigo dos italianos. 2. Apreciador das idéias ou costumes italianos.
Italianófobo, adj. e s. m. 1. Que, ou quem tem horror aos italianos. 2. Que, ou quem tem aversão às coisas da Itália.
Itálico, adj. (l. *italicu*). 1. Que se refere à Itália. 2. *Tip.* Diz-se do tipo um pouco inclinado para a direita e que imita a letra manuscrita. S. m. O tipo itálico; grifo. S. m. pl. Povo pré-histórico da Itália, originário da Europa central.
Italiota, adj. Relativo aos italiotas, designação das primitivas populações da Itália (latinos, úmbrios, samnitas). S. m. e f. Pessoa desses povos.
Ítalo, adj. (l. *italu*). 1. Que se refere à Itália. 2. Latino, romano, italiano. S. m. Habitante ou natural da Itália.
Italófilo, adj. e s. m. O mesmo que *italianófilo.*
Italófobo, adj. e s. m. V. *italianófobo.*
Itamaca, s. f. Rede usada por indígenas do alto Amazonas.
Itambé, s. m. 1. O mesmo que *itaimbé.* 2. *Bot.* Nome vulgar da iridácea *Trimeza juncifolia.*
Itamotinga, s. f. Variedade de pedra brilhante que se acha num dos confluentes do Rio Arinos.
Itaoca, s. f. (do tupi-guar.). Caverna, furna, lapa.
Itapeba, s. f. (tupi-guar. *itapeb*). V. *itapeva.*
Itapecerica, s. f. (tupi *itapeb* + *cirica*). Monte granítico, de encosta ou declive escorregadio.

Itapema, s. f. *Ornit.* Ave accipitrídea (*Elanoides forficatus*); tapema.

Itapeva, s. f. Laje de pedra; pedral liso. Var.: *itapeba.*

Itapiranga, s. m. Nome dado às conchas cor-de-rosa.

Itapiúna, s. f. (do tupi-guar.). *Bot.* Árvore brasileira da família das Voquisiáceas (*Callistene major*).

Itapuá, s. m. Arpão curto com ponta de ferro que se usa na pesca da tartaruga, do pirarucu etc.

Itaquatiara, s. f. Gravura, inscrição rupestre ou pintura em rochedos e paredes de cavernas.

Itararé, s. m. (do tupi). Curso subterrâneo de um rio, através de rochas calcárias; grunado.

Itaúna, s. f. *Geol.* Nome dado em algumas regiões às pedras pretas (como basalto, diorito etc.).

Itê, adj. m. e f. (do tupi-guar.: *feio, mau*). 1. Que não tem sabor; insípido. 2. Adstringente (fruta).

Item, adv. latino. 1. Também, outrossim. 2. Igualmente, da mesma forma. Empregado em contas e enumerações. S. m. 1. Cada um dos artigos ou argumentos de um requerimento, de um contrato ou qualquer outra exposição escrita. 2. Artigo, parcela, verba. — *Itens*: alegações, causas.

Iteração, s. f. Ato de iterar ou repetir.

Iterar, v. (l. *iterare*). Tr. dir. O mesmo que *repetir.*

Iterativo, adj. (l. *iterativu*). 1. Próprio para iterar. 2. *Gram.* Freqüentativo. 3. Feito ou repetido muitas vezes.

Iterável, adj. m. e f. Que se pode iterar.

Itérbio, s. m. *Quím.* Elemento metálico do grupo das terras raras, de símbolo Yb, número atômico 70 e massa atômica 173,04.

Itinerante, adj. m. e f. 1. Que jornadeia de lugar para lugar. 2. Que percorre itinerários. S. m. e f. Pessoa itinerante.

Itinerário, adj. 1. Relativo a caminhos. 2. Diz-se das medidas de distância. S. m. Caminho a percorrer.

Itororó, s. m. Pequena cachoeira ou salto.

Ítrico, adj. Relativo ao ítrio.

Ítrio, s. m. *Quím.* Elemento metálico trivalente, comumente incluído entre os metais das terras raras. Símbolo Y, número atômico 39, e massa atômica 88,92.

Itu, s. m. *Bot.* 1. Árvore brasileira (*Dallium divaricatum*), da família das Cesalpiniáceas. 2. O mesmo que *pau-ferro.*

Itupava, s. f. Pequena queda de água; corredeira.

Itupeva, s. f. V. *itupava.*

Iúca, s. f. *Bot.* 1. Gênero (*Yucca*) da família das Liliáceas, constituído de plantas americanas, às vezes arborescentes, com longas folhas pontiagudas, de margem fibrosa rígida, e cáudice lenhoso. 2. Planta desse gênero.

Iuçá (*i-u*), s. m. (tupi *juçara*). 1. Comichão, frieira. 2. Cócegas.

Iugoslavo (*i-u*), adj. Pertencente ou relativo à Iugoslavia. S. m. Natural ou habitante da Iugoslávia.

Ivirapema, s. f. Maça com que os indígenas matavam os prisioneiros; tacape.

Ivirapeme, s. m. V. *ivirapema.*

Ixômetro (*cs*), s. m. Aparelho para medir a viscosidade dos líquidos e seu valor lubrificante. Var.: *ixodômetro.*

Ixoscopia (*cs*), s. f. V. *radioscopia.*

Izal, s. m. Substância anti-séptica, do gênero da creolina.

Izar¹, s. m. (ár. *izar*). 1. Pano com que os peregrinos muçulmanos cingem o corpo da cintura até aos joelhos. 2. Vestuário de algodão, usado pelas mulheres muçulmanas das classes baixas.

-izar², suf. (gr. *izein*, pelo l. *izare*). Forma verbos que indicam idéia de *assemelhar, conformar, converter, tornar: animalizar, fraternizar.*

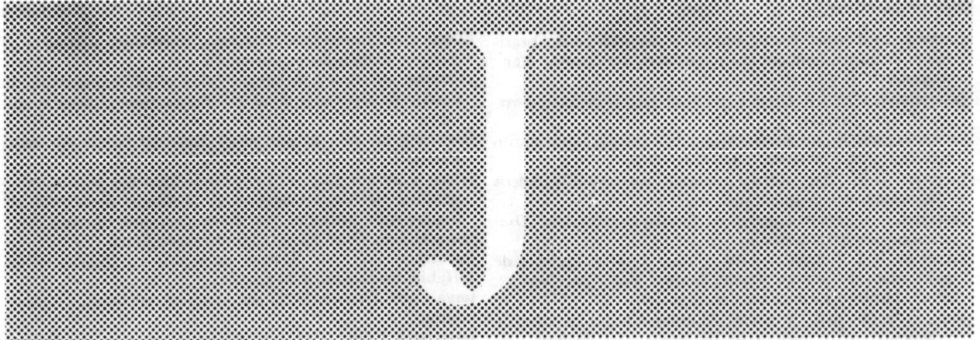

J (*jota*), Símbolo da décima letra do nosso alfabeto. Consoante constritiva, palatal, sonora, que, na simbolização dos vocábulos, mantém inalterado seu valor fonético. Num. Indica o décimo objeto ou fato de uma série primária: Estante *j*.

Já, adv. (l. *jam*). 1. Agora, neste instante, neste momento. 2. Logo, imediatamente. 3. Desde logo, então. 4. Sem demora, sem detença. 5. Nesse tempo: O prado *já* florido apresentava um belo aspecto. 6. Antecipadamente, de antemão. Conj. Alternativa (repetida em princípio de duas ou mais orações consecutivas vale por *ora* ... *ora, quer* ... *quer*): *Já* chora, *já* se ri, *já* se enfurece (Camões).

Jabá, s. m. 1. Carne seca. 2. V. *charque*. 3. Roupa de casimira surrada. 4. *Gír.* Comida de quartel. S. f. *Ornit.* Gralha, também chamada *japu*.

Jaborandi, s. m. 1. *Bot.* Planta rutácea, de folha pinada, que produz a pilocarpina.

Jabota, s. f. *Zool.* Fêmea do jabuti.

Jabu, s. m. Garoupa pequena.

Jaburu, s. m. 1. *Ornit.* Ave ciconídea de grande porte que vive em lagos e pântanos; jabiru, tuiuiú. Voz: *grita*. 2. Indivíduo feio, esquisito, tristonho.

Jabuti, s. m. 1. *Zool.* Réptil da ordem dos Quelônios (*Testudo tabulata*), que é uma tartaruga terrestre, de cabeça e patas retráteis e pescoço rugoso. 2. Engenho rudimentar para o descaroçamento do algodão. Fem.: *jabota*. Var. (acepção 2): *jabutim*.

Jabuticaba, s. f. (do tupi). 1. Fruto da jabuticabeira. 2. O mesmo que *jabuticabeira*. 3. Crioula nova e solteira. Sinôn. pop.: *fruita*.

Jabuticabal, s. m. Bosque de jabuticabeiras.

Jabuticabeira, s. f. *Bot.* Nome comum a várias plantas da família das Mirtáceas, como a *Myrciaria jabuticaba*, cujos frutos são bagas pretas comestíveis, muito apreciados.

Jaca, s. f. (malaiala *chaka*). O fruto da jaqueira.

Jacá, s. m. (tupi *aiacá*). Cesto de taquara ou de cipó.

Jaça, s. f. Substância heterogênea em pedras preciosas. 2. Falha, mancha, mácula.

Jacamim, s. m. (do tupi). *Ornit.* Nome comum a diversas aves da ordem dos Gruiformes, todas elas pertencentes ao gênero Psófia. Voz: *esturra*.

Jaçanã, s. f. *Ornit.* Ave caradriiforme (*Jacana jacana*), comum nos nossos açudes e brejos, de cor castanha, bico alongado e amarelo; piaçoca, japiaçoca.

Jacanarana, s. f. *Herp.* Réptil ofídio da família dos Colubrídeos.

Jacapá, s. f. *Ornit.* Pássaro conirrostro brasileiro (*Tanagra jacapa*), também chamado *pipira*.

Jacarandá, s. m. *Bot.* Árvore bignoniácea, com folhas pinadas, flores paniculadas azuis e madeira muito apreciada.

Jacaratiá, s. m. *Bot.* V. *jaracatiá*.

Jacaré, s. m. (do tupi). 1. *Zool.* Nome comum às espécies de crocodilos que ocorrem no Brasil, todos pertencentes à família dos Aligatorídeos. 2. *Bot.* Árvore da família das Leguminosas.

Jacareí, s. m. *Bot.* Planta ramnácea brasileira (*Gouania apendiculata*).

Jacaretinga, s. m. Espécie de jacaré (*Paleosucus palpebrosus*), pequeno, que ocorre em todo o Brasil.

Jacatirão, s. m. *Bot.* Árvore melastomácea (*Miconia candolleana*), abundante nas matas da costa brasileira.

Jacente, adj. m. e f. 1. Que jaz. 2. Que está situado. 3. Diz-se da herança que, por falta de herdeiros, passa para o Estado.

Jaci, s. m. 1. *Bot.* Espécie de palmeira (*Scheelea wallisii*). 2. A Lua, entre os índios brasileiros.

Jacina, s. f. *Entom.* V. *libélula*.

Jacinto, s. m. 1. *Bot.* Gênero (*Hyacinthus*) da família das Liliáceas, constituído de ervas bulbosas com flores em racemos terminais. 2. *Miner.* Zircão transparente, vermelho ou castanho, às vezes usado como pedra preciosa; jargão.

Jacitara, s. f. *Bot.* Nome comum a diversas palmeiras do gênero Desmonco, na maioria brasileiras da Amazônia.

Jacobéia, s. f. 1. Fem. de *jacobeu*. 2. *Bot.* Planta composta (*Senecio jacoboea*). 3. Seita de jacobeus.

Jacobeu, adj. e s. m. 1. Diz-se do, ou o partidário de uma seita de fanáticos de Portugal. 2. *Fig.* Hipócrita.

Jacobina, s. f. Terra coberta de mato espinhoso e baixo, a qual não serve para a lavoura.

Jacobinismo, s. m. 1. Doutrina ou partido dos jacobinos. 2. Radicalismo exaltado. 3. Xenofobia.

Jacobino, adj. e s. m. (fr. *jacobin*). 1. Diz-se do, ou o que era membro da mais importante associação política durante a Revolução Francesa de 1789. 2. Diz-se do, ou o que é demagogo turbulento; radical violento. 3. Xenófobo.

Jacobita, adj. m. e f. 1. Relativo ou pertencente aos partidários dos Stuarts, após a abdicação de Jaime II do trono da Inglaterra em 1688. 2. Relativo ou pertencente a uma seita religiosa organizada no século VI por Jacó Baradeo, bispo de Edessa. S. m. e f. 1. Partidário dos Stuarts após 1688. 2. Membro da seita jacobita.

Já-começa, s. m. *Fam.* Coceira, comichão, sarna.

Jacruaru, s. m. *Zool.* Réptil da família dos Teiídeos; jacuruaru.

Jactação, s. f. *Med.* Agitação desordenada do corpo ocasionada por perturbação nervosa ou doença aguda. Var.: *jatação*.

Jactância, s. f. (l. *jactantia*). 1. Bazófia, ostentação, vanglória 2. Arrogância. 3. Atitude presunçosa. Var.: *jatância*.

Jactanciosidade, s. f. Caráter ou qualidade de jactancioso. Var.: *jatanciosidade*.

Jactancioso, adj. Que tem jactância. Var.: *jatancioso*.

Jactar, v. (l. *jactare*). Pron. 1. Gloriar-se, ufanar-se, vangloriar-se. 2. Bazofiar, ter jactância. Var.: *jatar*.

Jacto, s. m. V. *jato*.

Jacu, s. m. (tupi *yacu*). *Ornit.* Nome comum a várias espécies de aves da família dos Cracídeos. Voz: *grasna*.

Jacuba, s. f. Mingau preparado com água, leite ou cachaça, farinha de mandioca e açúcar ou mel.

Jacucaca, s. m. *Ornit.* Ave sul-americana, espécie de jacu (*Penelope jacucaca*).

Jacuguaçu, s. m. *Ornit.* Ave da família dos Cracídeos, espécie de jacu (*Penelope obscura*).

Jaculação, s. f. (l. *jaculatione*). 1. Ação de jacular. 2. Arremesso, tiro. 3. Distância vencida pelo tiro.

Jaculatória, s. f. Oração curta e fervorosa que se diz nas novenas e outras devoções.

Jacundá, s. m. *Ictiol.* Nome comum a diversos peixes brasileiros ciclídeos, também chamados *guenza* e *joaninha*. Var.: *nhacundá*.

Jacupemba, s. m. e f. *Ornit.* Espécie de jacu (*Penelope superciliaris*). Var.: *jacupema*.

Jacupiranguito, s. m. Rocha magmática intrusa, com muito ferro e augita, e, às vezes, também nefelina.

Jacurutu, s. m. *Ornit.* Coruja sul-americana dos Estrigídeos (*Bubo virginianus nacurutu*); jucurutu.

Jacuruxi, s. m. *Herp.* Lagarto da família do Teiídeos (*Dracaena guianensis*); jacarerana.

Jacutinga, s. f. 1. *Ornit.* Nome comum a várias espécies de galiformes do gênero Pipile, família dos Cracídeos. 2. *Miner.* Itabirito aurífero em decomposição.

Jade, s. m. (fr. *jade*). 1. *Miner.* Aluminossilicato de cálcio e magnésio, que é uma pedra ornamental muito dura, variando, na cor, de esbranquiçada a verde-escura; pedra-jade. 2. A cor verde do jade.

Jadeíta, s. f. Mineral monoclínico que consiste essencialmente em um aluminossilicato de sódio.

Jaez, s. m. (ár. *yehez*). 1. Arreamento e adorno para bestas. 2. Espécie, índole, modo, qualidade.

Jafético, adj. 1. Relativo a Jafé ou aos seus descendentes. 2. Diz-se de uma raça que, em tempos muito remotos, povoara os planaltos da Ásia ocidental. 3. Antiga designação dos povos de raça caucásica e das línguas do grupo caucásico.

Jaga, s. f. (ing. *jag*). 1. Orifício por onde se escoa a água da embarcação de pesca. 2. Batoque que tapa esse orifício.

Jagoirana, s. f. *Bot.* Árvore leguminosa do Brasil, também chamada *juerana*.

Jaguapé, s. m. *Zool.* V. *irara*.

Jaguapeba, s. m. (tupi *jaguar* + *peba*). Variedade de cães domésticos, de pernas curtas. Var.: *jaguapeva*.

Jaguapeva, s. m. V. *jaguapeba*. Adj. m. e f. Diz-se dos animais e dos indivíduos desbriados.

Jaguapoca, s. m. Cão sem raça, pouco maior que um jaguapeba; vira-lata.

Jaguar, s. m. (do tupi). *Zool.* Nome que também se dá à onça-pintada.

Jaguara, s. m. *Zool.* 1. Nome que alguns naturalistas deram ao jaguar. 2. Cão ordinário; gente vagabunda; animal vagaroso, lerdo.

Jaguaraíva, s. m. Cachorro que não serve para a caça.

Jaguaramuru, s. m. *Bot.* Planta borraginácea (*Cordia grandifolia*).

Jaguarariense, adj. m. e f. Relativo a Jaguarari, cidade e município da Bahia. S. m. e f. Pessoa natural desse município.

Jaguaré, s. m. *Zool.* V. *cangambá*.

Jaguareçá, s. m. *Ictiol.* Peixe do mar, da família dos Holocentrídeos (*Holocentrus ascensionis*); jaguaruçá, jaguariçá.

Jaguaretê, s. m. V. *jaguar*.

Jaguarundi, s. m. (do tupi-guar.). *Zool.* Carnívoro felídeo (*Felis yaguarundi*).

Jaguatirica, s. f. *Zool.* Grande gato selvagem (*Felis pardalis*), que habita a América; também chamado *gato-do-mato-grande* e *maracajá*.

Jagunçada, s. f. Porção de jagunços; jagunçaria.

Jagunçaria, s. f. (*jagunço* + *aria*). V. *jagunçada*.

Jagunço, s. m. 1. Cangaceiro, sertanejo aguerrido e valente. 2. Capanga, guarda-costas, valentão. 3. Chuço.

Jaibradeira, s. f. Ferramenta semelhante a um graminho, com que os tanoeiros abrem o jaibro das aduelas.

Jaibro, s. m. 1. Sulco próximo às extremidades das aduelas dos barris, pipas etc., no qual se encaixa o testo. 2. Depressão longitudinal das ombreiras das portas e janelas, na qual estas se alojam.

Jalapa, s. f. (mexic. *jalapa*). 1. *Bot.* Planta convolvulácea de origem mexicana (*Exogonium jalapa*), cujas raízes e resinas são usadas como purgante drástico em forma de pó ou tintura. 2. *Bot.* Nome comum a várias outras plantas convolvuláceas, da América tropical, com propriedades idênticas. 3. *Pop.* Pessoa enjoada, que ninguém suporta; purgante.

Jalapão, s. m. (de *jalapa*). *Bot.* Tiú.

Jaleco, s. m. (turco *jelek*). 1. Casaco semelhante à jaqueta. 2. Fardeta. 3. Alcunha de português.

Jalesense, adj. m. e f. Relativo a Jales, cidade e município do Estado de São Paulo. S. m. e f. Pessoa natural desse município.

Jalne, adj. m. e f. (fr. ant. *jalne*). Amarelo da cor do ouro; gualdo.

Jalofo, s. m. (de *Jalof*, n. p.). 1. Indivíduo dos jalofos, tribo gentílica da África ocidental. 2. O idioma dessa tribo. 3. Sujeito rude, grosseiro. Adj. Rude, grosseiro, bárbaro.

Jamacaí, s. m. *Ornit.* Pássaro insetívoro do Brasil.

Jamaicano, adj. Que pertence ou se refere à Jamaica. S. m. Habitante ou natural da Jamaica.

Jamais, adv. (*já* + *mais*). Em tempo algum, em tempo nenhum, nunca.

Jamanta, s. f. *Ictiol.* Cada uma das grandes arraias dos gêneros Manta e Móbula, que pode atingir 6m de largura e pesar uma tonelada. Também chamada, *arraia-jamanta* e *arraia-manta*. S. m. 1. *Gír.* Pessoa grandalhona e desengonçada. 2. *Pop.* Carro-reboque de grandes dimensões.

Jamaru, s. m. *Bot.* Planta cucurbitácea de que se faz uma espécie de vasilha para água (*Cucurbita idolatrica*).

Jamba, s. f. *Arquit.* Lado ou peça vertical, geralmente em forma de coluna, de qualquer abertura em uma parede, para porta, janela etc., e que ajuda a sustentar o dintel ou outra trave que suporta o muro sobrejacente.

Jambé, s. m. 1. Iguaria preparada com o fruto do caruru. 2. Iguaria de carne de porco com hortaliças.

Jambeiro, s. m. *Bot.* 1. Árvore da família das Melastomáceas (*Loreya strigosa*), nativa no Mato Grosso. 2. Nome comumente dado às várias espécies de jambos.

Jâmbico, adj. (1. *jambicu*). 1. Que se refere ao jambo[1]. 2. Composto de jambos[1].

Jambo[1], s. m. (gr. *iambos*). *Metrif.* 1. Na poesia grega e latina, pé métrico de duas sílabas, a primeira breve e a segunda longa. 2. O verso composto desses pés.

Jambo[2], s. m. (hind. *jambu*). *Bot.* 1. Jambeiro. 2. Fruto do jambeiro. 3. Nome comum a três plantas mirtáceas, produtoras do apreciado fruto desse nome.

Jambu, s. m. *Bot.* 1. Planta alimentícia do Brasil, de propriedades antiescorbúticas (*Spilanthes oleracea*). 2. Planta da família das Compostas (*Wulffia stenoglossa*).

Jamburana, s. f. *Bot.* Planta piperácea (*Piper tuberculatum*).

Jamegão, s. m. *Pop.* Assinatura, firma, rubrica.

Jamelão, s. m. *Bot.* Árvore asiática, da família das Mirtáceas (*Eugenia jambolana*); jambolão.

Jananaíra, s. m. *Folc.* Nome de um espírito, na mitologia amazônica.

Janatuba, s. f. *Bot.* Planta meliácea (*Guarea pendula*).

Janaúba, s. f. *Bot.* Árvore apocinácea das selvas do Brasil (*Plumeria drastica*).

Janauíra, s. m. 1. *Zool.* Cachorro-do-mato (*Speothos venatus*); januaíra, vinagre.

Jandaia, s. f. *Ornit.* Nome comum a vários periquitos de coloração geral amarela, com o dorso verde de extensão variável, como a jandaia-do-amazonas, o periquito-rei e a jandaia-do-nordeste. Voz: *chalra, grasna, grita, taramela*.

Jandaíra, s. f. *Entom.* Espécie de abelha do Brasil, de cor avermelhado-escura (*Melipona seminigra*).

Jandiá, s. m. *Ictiol.* O mesmo que *jundiá*.

Janeiro, s. m. (1. *januariu*). 1. Primeiro mês do ano civil. 2. *Pop.* Cio dos gatos. S. m. pl. Anos de idade: Quase não pode com o peso dos seus 90 *janeiros*.

Janela, s. f. (1. v. *ianuella*, dim. de *ianua*). 1. Abertura nas paredes dos edifícios, para deixar passar a luz e o ar. 2. Caixilho de madeira, ferro etc., com que se fecha essa abertura. 3. *Fam.* Abertura, buraco ou rasgão na roupa ou no calçado. 4. *Geol.* Abertura no solo, causada pela erosão, por onde se percebe o substrato de camadas mais antigas. 5. *Gír. estudantil.* Aula vaga. S. f. pl. *Pop.* Os olhos.

Janelar, v. Intr. *Fam.* Estar habitualmente à janela.

Janeleira, s. f. 1. Mulher que gosta demasiadamente de estar à janela. 2. Namoradeira.

Janeleiro, adj. e s. m. (de *janela*). Que, ou indivíduo que gosta muito de estar à janela.

Jangada, s. f. (malaiala *changadam?*). Embarcação rasa, espécie de plataforma composta de corpos flutuantes de qualquer espécie, geralmente madeiros, ligados entre si por meio de cavilhas ou cordas de fibras especiais, destinada sobretudo à pesca; usada também como meio de transporte.

Jangadeira, s. f. *Bot.* V. *pente-de-macaco.*

Jangadeiro, s. m. (*jangada + eiro*). 1. Patrão ou proprietário de jangada. 2. Piloto ou tripulante de uma jangada. 3. Jangada de pesca, com mastro e vela.

Jângal, s. m. (ingl. *jungle*). Selva; floresta.

Janicefalia, s. f. *Terat.* Conformação de janicéfalo.

Janicéfalo, s. m. *Terat.* Ser de duas cabeças, com as faces em sentido oposto; janícipe, janicípite.

Janízaro, s. m. (turco *jenicheri*, pelo ital. *giannizzero*). 1. Soldado de um corpo de infantaria turca que existiu entre os séculos XVI e XIX e que era constituído de escravos, de filhos de súditos cristãos, tomados como tributo, e de conscritos. 2. Guarda-costas ou satélite de um tirano. S. m. pl. Tropas ou força militar empregadas violentamente contra o povo.

Janota, adj. (fr. *Janot,* tipo cômico criado no séc. XVIII). 1. Vestido com apuro. 2. Elegante, muito enfeitado, peralta. S. m. 1. Casquilho, peralta. 2. Corpete do vestido.

Janotada, s. f. 1. Reunião de janotas. 2. O mesmo que *janotice.*

Janotar, v. Intr. V. *janotear.*

Janotear, v. (*janota+ear*). Intr. Ser janota, mostrar-se casquilho, trajar com demasiaso apuro: Ele gosta de *janotear.*

Janotice, s. f. (*janota+ice*). Ato ou qualidade de janota.

Janotismo, s. m. (*janota+ismo*). 1. Excessivo rigor ou luxo no trajar. 2. Garridismo, janotice.

Jansenismo, s. m. (de *Jansen,* n. p. *+ismo*). Doutrina de Cornélio Jansen sôbre a graça e a predestinação.

Jansenista, adj. m. e f. Pertencente ou relativo ao jansenismo. S. m. e f. Pessoa sectária do jansenismo.

Janta, s. f. *Pop.* 1. Ato de jantar. 2. Jantar.

Jantar, v. (1. *jentare*). 1. Intr. Comer o jantar. 2. Tr. dir. Comer na ocasião do jantar: *Jantar sanduíches.* S. m. 1. Uma das principais refeições do dia; a que se faz geralmente à noite. 2. Conjunto de pratos que entra nessa refeição.

Jantarão, s. m. *Fam.* Grande jantar, opíparo jantar.

Jaó, s. m. e f. *Ornit.* Nome de duas aves tinamídeas do gênero *Crypturellus: Crypturellus noctivagus* e *C. undulatus.*

Japacanim, s. m. *Ornit.* Pássaro da família dos Mimídeos, do tamanho do sabiá (*Donacobius atricapillus*).

Japanim, s. m. *Bot.* Árvore leguminosa-mimosácea (*Parkia oppositifolia*), da Amazônia.

Japão, adj. e s. m. *Pop.* V. *japonês.* S. m. 1. Porcelana fabricada no Japão. 2. Nome de uma espécie de papel. Pl. *japões;* fem.: *japoa (ô).*

Japecanga, s. f. *Bot.* Nome dado a diversas ervas da família das Liliáceas, particularmente às espécies *Smilax medica* e *S. officinalis,* também conhecidas por *salsaparrilha.*

Japeraçaba, s. f. *Bot.* Palmeira (*Attalea funifera*).

Japi, s. m. *Ornit.* V. *xexéu.*

Japicaí, s. m. Preparação de certas folhas vegetais com que se atordoam os peixes, para os apanhar.

Japona, s. f. *Pop.* Espécie de jaquetão ou camisola.

Japonês, adj. Que pertence ou se refere ao Japão; nipônico. S. m. 1. Habitante ou natural do Japão; nipônico. 2. A língua do Japão.

Japonesar, v. (*Japão,* n. p. *+izar*). V. *japonizar.*

Japônico, adj. Que diz respeito ao Japão ou aos japoneses.

Japonizar, v. Tr. dir. 1. Dar feição, caráter ou hábitos japoneses a. 2. Cozer novamente (porcelana) para dar-lhe aparência de porcelana japonesa.

Japu, s. m. (tupi *yapu*). *Ornit.* Grande pássaro icterídeo *(Ostinops decumanus maculosus),* que faz o ninho em forma de longa bolsa, pendurada dos ramos das árvores.

Japuçá, s. m. *Zool.* Nome comum a vários pequenos macacos cebídeos sul-americanos do gênero Calicebo.

Japuí, s. m. *Ornit.* Pássaro icterídeo que imita a voz de outras aves e faz o ninho em forma de bolsa alongada; japim.

Japuruxita, s. m. *Zool.* Caracol de concha cônica enrolada em espiral.

Jaqueira, s. f. *Bot.* Árvore da família das Moráceas *(Artocarpus integrifolia),* que produz a jaca.

Jaqueiral, s. m. Lugar ocupado por jaqueiras.

Jaqueta *(ê),* s. f. (fr. *jaquette*). 1. Casaco curto, sem abas, justo na cintura. 2. *Odont.* Em prótese, cobertura de um dente com fins de reforço, ou estéticos. S. m. Indivíduo obstinado em velhos hábitos e modos de vida.

Jaquetão, s. m. Paletó trespassado, de quatro ou seis botões.

Jaquiranabóia, s. f. *Entom.* Nome comum a vários insetos homópteros, grandes, entre os quais a espécie *Fulgora laternaria,* outrora *Laternaria phosphorea,* é a mais conhecida. Vars.: *jequitiranabóia, jiquitiranabóia, jitiranabóia* e *tirambóia.*

Jará, s. f. e m. *Bot.* Espécie de palmeira (*Leopoldina pulchra*); chamada também *jaraiúba* e *jaraiúva.*

Jaracambeva, s. f. *Herp.* Boipeva.

Jaracatiá, s. m. *Bot.* 1. Árvore da família das Caricáceas (*Jacaratia dodecaphylla*), que produz frutos comestíveis; o suco leitoso tem propriedades purgativas e vermífugas; mamão-bravo, mamão-do-mato, mamota, ibirube. 2. O mesmo que *mamoeirinho.* Var.: *jacaratiá.*

Jaraguá, s. m. *Bot.* Gramínea alta, de forragem; capim-jaraguá (*Andropogon rufus*).

Jaramataia, s. f. *Bot.* Planta verbenácea (*Vitex cymosa*).

Jarana, s. f. *Bot.* Planta lecitidácea da flora brasileira (*Eschweilera jarana*).

Jaraqui, s. m. 1. *Ictiol.* Peixe de água doce (*Prochilodus taeniatus*), talvez o mais conhecido no baixo Amazonas. 2. *Ictiol.* Certo peixe do Rio Uruguai (*Prochilodus lineatus*). 3. Bebida feita do suco da mandioca.

Jararaca, s. f. 1. *Herp.* Denominação comum a várias espécies de cobras venenosas do gênero Botrops. 2. *Pop.* Mulher má, geniosa. 3. Porteira de varas.

Jararacuçu, s. m. *Herp.* Espécie de cobra venenosa (*Bothrops jararacussu*), encontradiça nas zonas baixas e alagadas.

Jarazal, s. m. Terreno em que abunda a palmeira jará.

Jarda, s. f. (ingl. *yard*). Medida inglesa de comprimento, equivalente a 914 mm.

Jardim, s. m. (fr. *jardin*). 1. Pedaço de terreno, geralmente cercado e adjacente a uma habitação, destinado ao cultivo de flores, plantas e árvores ornamentais. 2. Local ou região rica e bem cultivada. 3. *Náut.* Corredor da popa numa embarcação.

Jardinagem, s. f. 1. Arte de cultivar jardins. 2. Cultura de jardins.

Jardinar, v. 1. Tr. dir. Cultivar: *Jardinava* uns *canteiros* de violetas. 2. Intr. Entreter-se com ligeiros trabalhos de jardinagem ou de agricultura. 3. Intr. *Pop.* Passear, divagar.

Jardineira, s. f. 1. Mulher que trata de jardins. 2. Mesa, suporte ou recipiente ornamental, em sala ou varanda, para flores, plantas etc. 3. Antigo ônibus aberto lateralmente.

Jardineiro, s. m. (*jardim + eiro*). Aquele que trata de jardins ou sabe jardinagem.

Jardinista, s. m. e f. 1. Quem gosta muito de jardins ou de jardinagem. 2. Artista que desenha jardins.

Jaré, s. m. Dança feiticista dos negros da região de Lençóis e outros municípios baianos.

Jareré, s. m. Jereré.

Jareuá, s. f. *Bot.* Espécie de palmeira (*Cocos aequatorialis*).

Jargão[1]**,** s. m. (fr. *jargon*). 1. Linguagem ininteligível ou sem sentido. 2. Calão, gíria.

Jargão[2]**,** s. m. (ár. *zarkun*). *Miner.* V. *jacinto,* acepção 2.

Jaribara, s. f. 1. Ramagem de árvores abatidas, que fica presa a outras árvores e coberta de trepadeiras e epífitas. 2. Trecho de vegetação arbustiva ou herbácea à margem de um rio.

Jarina, s. f. *Bot.* Nome comum a duas espécies de palmeiras americanas (*Phytelephas macrocarpa* e *P. microcarpa*), que produzem cocos muito duros, usados para confeccionar botões; marfim vegetal.

Jaritacaca, s. f. O mesmo que *cangambá.* Var.: *jaratataca, jaritataca.*

Jaritataca, s. f. O mesmo que *jaritacaca.*

Jarivá, s. f. (do tupi). *Bot.* 1. Palmeira dos bosques do Brasil (*Astrocaryum acaule*); palmeira-iú, jeriva. 2. Palmito.

Jaroba, s. f. *Bot.* Planta bignoniácea (*Tanaecium jaroba*).

Jarra, s. f. (ár. *jarra*). 1. Vaso para conter flores ou para ornato. 2. *Náut.* Depósito de água potável. 3. Recipiente para servir água ou vinho à mesa.

Jarreta[1], s. m. e f. (de *jarra*). 1. Pessoa que se veste mal ou à antiga. 2. Pessoa velha, esquisita, ridícula.

Jarreta[2], s. f. O mesmo que *jarrete.*

Jarretar, v. (*jarrete + ar*). Tr. dir. 1. Cortar os jarretes a. 2. Amputar (algum membro). 3. Cancelar, cortar, suprimir. 4. Impossibilitar. 5. Aniquilar, destruir. Var.: *jarretear.*

Jarrete, s. m. (fr. *jarret*). 1. Tendão ou nervo da perna dos quadrúpedes. 2. Região posterior do joelho, oposta à rótula; curvejão, garrão. Var.: *jarreta.*

Jarreteira, s. f. (fr. *jarretière*). Nome antigo da liga com que as damas prendiam as meias na perna. — *Ordem da J.*: antiga ordem de cavalaria na Inglaterra, instituída por Eduardo III.

Jarro, s. m. (de *jarra*). Vaso mais ou menos alto e bojudo, com asa e bico, próprio para conter água.

Jasmim, s. m. 1. *Bot.* Gênero (*Jasminum*) de arbustos e trepadeiras lenhosas, da família das Oleáceas, notáveis por suas flores fragrantes; jasmineiro. 2. Planta desse gênero. 3. A flor dessas plantas.

Jasmináceo, adj. *Bot.* Relativo a jasmim; jasmíneo.

Jasmineiro, s. m. Jasmim.

Jasmíneo, adj. 1. Relativo a jasmim. 2. Jasmináceo.

Jaspe, s. m. *Miner.* Quartzo opaco criptocristalino, de uma ou várias cores, como vermelho, castanho, verde, amarelo.

Jaspear, v. (*jaspe + ear*). Tr. dir. Dar a cor ou a aparência do jaspe a.

Jataí[1], s. m. *Bot.* Árvore cesalpiniácea (*Hymenaea stilbocarpa*), com cuja resina se fabrica verniz e cuja seiva é usada na medicina popular; jatobá.

Jataí[2], s. f. *Entom.* Espécie de abelha indígena, cujo mel é bastante apreciado (*Tetragonisca angustula*).

Jati, s. f. *Entom.* Abelha do Brasil, também chamada *abelha-mosquito, jataí-mosquito* (*Melipona mosquito*).

Jaticá, s. m. Arpão de comprida haste, usado na pesca da tartaruga.

Jato, s. m. (l. *jactu*). 1. Arremesso, impulso. 2. Emissão impetuosa de qualquer matéria, líquido ou fluido, de um orifício ou bocal. 3. Aquilo que está saindo impetuosamente de um orifício ou abertura: *Jato* de fumo; *jato* de água. Var.: *jacto.*
De j.: repentinamente.

Jatobá, s. m. *Bot.* O mesmo que *jataí[1].*

Jau, adj. e s. m. V. *javanês.*

Jaú, s. m. 1. *Ictiol.* Peixe pimelodídeo (*Paulicea lutkeni*), das bacias amazônica e paranaense. 2. *Constr.* Andaime suspenso por cabos, para pintar ou rebocar paredes externas.

Jauá, s. m. *Ornit.* Ave psitacídea (*Amazona rhodocorytha*).

Jauaraicica (*a-i*), s. f. (do tupi). 1. Espécie de resina ou breu de cor escura, empregada como betume. 2. *Bot.* Planta medicinal, de que se extrai aquela resina.

Jauarana, s. m. Nome do peixe-cachorro, quando bastante graúdo.

Jauari, s. m. *Bot.* Javari.

Jauarizal, s. m. Bosque de jauaris.

Jauense (*a-u*), adj. m. e f. Relativo a Jaú, cidade e município do Estado de São Paulo. S. m. e f. Pessoa natural desse município.

Jaula, s. f. (fr. *jaiole*, ou *geôle*). 1. Espécie de grande gaiola, com grades de ferro, para prender animais ferozes. 2. Gaiola. 3. *Por ext.* Cadeia.

Jaúna, adj. m. e f. *Etnol.* Relativo à tribo dos Jaúnas, índios das margens do Rio Apaporis. S. m. e f. Indígena dessa tribo.

Java, s. m. (de *Java*, n. p.). Qualidade de café procedente da Ilha de Java.

Javaé, adj. m. e f. Relativo à tribo dos Javaés, indígenas que habitam o interior da Ilha do Bananal. S. m. e f. Indígena dessa tribo.

Javali, s. m. (ár. *jabali*). *Zool.* Porco selvagem (*Sus scrofa*), que habita a Europa e o Sudeste da Ásia; porco-montês. Col.: *alcatéia, malhada, vara.* Voz: *grunhe.* Fem.: *javalina* e *gironda.*

Javanês, adj. Pertencente ou relativo a Java. S. m. 1. Habitante ou natural de Java. 2. Língua de Java; jau.

Javardo, s. m. 1. O mesmo que *javali.* 2. Indivíduo grosseiro; brutamontes. Adj. 1. Qualifica uma variedade de trigo rijo. 2. Imundo, nojento.

Javari, s. m. *Bot.* Espécie de palmeira brasiliense (*Astrocarium javari*); suas amêndoas, duras, fornecem um óleo comestível.

Javevó, adj. m. e f. 1. Diz-se da pessoa feia, de aspecto desagradável, mal-encarada, ou mal trajada. 2. Que tem gordura balofa. S. m. Farinha de milho grossa.

Javradeira, s. f. Instrumento com que se abrem javres.

Javrar, v. (*javre + ar*). Tr. dir. Abrir javres em.

Javre, s. m. (fr. *jable*). V. *jaibro.*

Jazer, v. (l. *jacere*). 1. Intr. Estar deitado (no solo ou no leito). 2. Intr. Estar morto ou como tal. 3. Intr. Estar quieto, imóvel. 4. Intr. Estar sepultado. 5. Tr. ind. Estar colocado, posto, situado. 6. Intr. *Dir.* Não estar repartido (bens, herança). 7. V. de lig. Continuar, permanecer. — Verbo regular, conjuga-se: *jazo, jazes, jaz* etc.; *jazi, jazeste, jazeu* etc.

Jazida, s. f. (de *jazer*). 1. Lugar onde alguém jaz. 2. Posição, postura, atitude de quem jaz. 3. Serenidade, quietação. 4. *Miner.* Depósito natural de minérios; mina; filão.

Jazigo, s. m. (de *jazer*). 1. Sepultura, túmulo. 2. Monumento funerário.

Jazz (*djéz*), s. m. (t. ingl.). *Mús.* Música norte-americana caracterizada por improvisação.

Jazz-band (*djéz-bând*), s. m. Conjunto orquestral que toca música de jazz.

Jê ou jé, adj. *Etnol.* Relativo aos Jês ou Jés, grupo etnográfico a que pertence a maior parte das tribos dos tapuias. S. m. e f. Indígena desse grupo. S. m. Língua sul-americana, que se supõe fusão do abanheenga com o aimará.

Jebaru, s. m. *Bot.* Árvore leguminosa-cesalpiniácea, medicinal (*Eperua purpurea*); iebaro.

Jebimba, s. f. Casa de tavolagem de baixa classe.

Jeca, s. m. Caipira. — *J.-tatu*: nome e símbolo do roceiro paulista, quando doente e desanimado.

Jecoral, adj. m. e f. Pertencente ou relativo ao fígado.

Jegue, s. m. Jumento.

Jeguedê, s. m. 1. Dança negra, de origem africana. 2. Dança de transes, do ritual feiticista.

Jeira, s. f. (l. *diaria*). 1. *Ant.* Medida agrária, que variava conforme o país. 2. *Ant.* Terreno lavrado em um dia por uma junta de bois. 3. Serviço de um jornaleiro em cada dia. 4. Faina, labutação, tarefa. 5. *Ant.* Foro ou serviço de lavoura gratuito, prestado pelo enfiteuta ao senhorio.

Jeito, s. m. (l. *jactu*). 1. Arranjo, conveniência. 2. Destreza, finura, habilidade. 3. Aptidão, disposição, propensão. 4. Maneira, modo. 5. Hábito. 6. Defeito. 7. Gesto. 8. Torcedura.

Jeitoso, adj. 1. Que tem jeito. 2. Habilidoso. 3. Que tem boa aparência ou gentileza. 4. Airoso, atraente, bem parecido, esbelto. 5. Que tem aplicação útil. Antôn.: *desajeitado.*

Jejá, s. f. *Entom.* Espécie de formiga (*Camponotus abdominalis*).

Jeju, s. m. *Ictiol.* Peixe caracinídeo, espécie de traíra (*Hoplerythrinus unitaeniatus*).

Jejuador, adj. e s. m. (l. *jejunatore*). 1. Que, ou aquele que jejua. 2. Que, ou aquele que gosta de jejuar, ou tem por hábito jejuar.

Jejuar, v. (l. *jejuare*). 1. Intr. Praticar o jejum. 2. Intr. Observar o jejum determinado por preceito eclesiástico. 3. Intr. Abster-se, ou ser privado de alguma coisa. 4. Tr. ind. Estar na ignorância de alguma coisa, não saber.

Jejum, s. m. (l. *jejunu*). 1. Abstinência ou redução de alimentos em certos dias por penitência ou por preceito eclesiástico. 2. Abstenção, privação.

Jejuno, adj. (l. *jejunu*). 1. Que está em jejum. 2. Vazio de idéias ou conhecimentos: *Jejuno* em Física. S. m. *Anat.* Parte do intestino delgado entre o duodeno e o íleo.

Jembê, s. m. Guisado de quiabo, ervas, lombo de porco salgado e angu.

Jemiá, adj. m. e f. *Etnol.* Relativo aos Jemiás, silvícolas amazonenses das margens do Juruá. S. m. e f. Indígena dessa tribo.

Jeneúna, s. f. *Bot.* Árvore leguminosa-cesalpiniácea (*Cassia leiandra*), também chamada *canafístula*.

Jenipapada, s. f. Doce de jenipapo cortado em pequenos pedaços e misturado, a frio, com açúcar.

Jenipaparana, s. f. *Bot.* Árvore lecitidácea (*Gustavia augusta*), cuja madeira branca exala cheiro fétido, quando úmida ou queimada; pau-fedorento.

Jenipapeiro, s. m. *Bot.* Árvore rubiácea (*Genipa americana*) da região setentrional da América do Sul e das Antilhas.

Jenipapo, s. m. (tupi *anipab*). 1. *Bot.* V. *jenipapeiro*. 2. Fruto do jenipapeiro. 3. Mancha escura na base da espinha das crianças, tida como sinal de mestiçagem.

Jenneriano, adj. Relativo a Jenner, médico inglês (1749-1823), que descobriu a vacina antivariólica.

Jenolim, s. m. 1. Cor amarelada, usada em pintura. 2. *Quím.* V. *litargírio*.

Jeová, s. m. Deus, segundo o Antigo Testamento; Javé, Eloim, Adonai.

Jeovismo, s. m. (*Jeová*, n. p. + *ismo*). 1. Culto de Jeová. 2. O mesmo que *judaísmo*.

Jeovista, adj. m. e f. Qualificativo que se dá a alguns textos do Pentateuco, nos quais Deus tem o nome de Jeová.

Jeque, s. m. Peça componente dos desvios nas estradas de ferro.

Jequi, s. m. Espécie de nassa, cesto de pesca, afunilado e oblongo, feito de taquaras flexíveis.

Jequiá, s. m. O mesmo que *jequi*.

Jequice, s. f. Ato ou dito próprio de jeca.

Jequirioba, s. f. *Bot.* Planta solanácea, medicinal (*Solanum jequirioba*).

Jequiriti, s. m. *Bot.* Erva trepadeira da família das Fabáceas (*Abrus precatorius*).

Jequitá, s. f. *Bot.* Planta palmácea (*Desmoncus rudentum*).

Jequitibá, s. m. (tupi). *Bot.* Grande árvore lecitidácea, cuja madeira é de valor e muito empregada em variadas obras (*Cariniana brasiliensis*).

Jequitiguaçu, s. m. *Bot.* Planta sapindácea (*Sapindus divaricatus*).

Jequitiranabóia, s. f. V. *jaquiranabóia*.

Jerapoca, s. f. *Ictiol.* O mesmo que *jeripoca*.

Jerarquia, s. f. (*hiero* + *arqui* + *ia*). V. *hierarquia*.

Jeratataca, s. f. *Bot.* Manacá.

Jereba, s. m. 1. Cavalgadura ruim, magra e fraca. 2. Indivíduo desajeitado e gingão.

Jerematala, s. f. V. *jirimate*.

Jeremiada, s. f. (de *jeremiar*). 1. Lamúria ou queixa importuna e vã. 2. Tirada dolorosa.

Jeremiar, v. (*Jeremias*, n. p. + *ar*). 1. Intr. Lamuriar, lastimar, queixar. 2. Tr. dir Contar ou proferir entre lamúrias.

Jereré, s. m. (do tupi). 1. Chuvisco, garoa. 2. Rede cônica de pescar, presa num aro circular, adaptado a uma longa vara; puçá, landuá. 3. *Gír.* Lepra. 4. *Gír.* Sarna, coceira.

Jeribá, s. m. *Bot.* V. *jerivá*.

Jeribita, s. f. *Pop.* Cachaça.

Jericada, s. f. 1. Porção de jericos; burricada. 2. Parvoíce.

Jerico, s. m. *Fam.* Asno, burrico, jumento.

Jerimbamba, s. f. Conflito que ocasiona mortes.

Jerimum, s. m. (tupi *yurumum*). Fruto do jerimunzeiro; abóbora. Var.: *jerimu* e *jirimu*.

Jerimunzeiro, s. m. Aboboreira. Var.: *jerimuzeiro*.

Jeritataca, s. f. Cangambá. Var.: *jeriticaca*.

Jerivá, s. m. 1. *Bot.* Planta da família das Palmáceas (*Coccos romanzoffiana*). 2. Fruto dessa planta. Var.: *jeribá*.

Jerivazal, s. m. Terreno ocupado por muitos jerivás.

Jerivazeiro, s. m. *Bot.* O mesmo que *jerivá*. Var.: *jeribazeiro*.

Jeróglifo, s. m. (*hiero* + *glifo*). V. *hieróglifo*.

Jeropiga, s. f. 1. Vinho ordinário. 2. Licor alcoólico feito com mosto, açúcar e aguardente.

Jerosolimita, adj. e. s., m. e f. V. *hierosolimita*.

Jerosolimitano, adj. V. *hierosolimitano*.

Jérsei, s. m. (do ingl. *Jersey*, n. p.). 1. Espécie de tecido de malhas de algodão, lã ou seda. 2. Raça de gado bovino leiteiro, originário da Ilha de Jersey.

Jesuíta, adj. (de *Jesu*, n. p.). Referente aos jesuítas. S. m. Membro da Companhia de Jesus, fundada por Santo Inácio de Loiola.

Jesuítico, adj. 1. Relativo ou pertencente aos jesuítas ou aos seus princípios e modos de proceder. 2. Próprio de jesuítas. 3. *Pej.* Fanático. 4. *Pej.* Astucioso, sagaz.

Jesuitismo (*u-i*), s. m. 1. Sistema, doutrina, princípios e modo de proceder dos jesuítas. 2. Argumento capcioso, sofisma. 3. Fanatismo.

Jetaicica (*a-i*), s. f. Goma aromática extraída de várias leguminosas.

Jetão, s. m. (fr. *jeton*). 1. Pequena ficha usada para determinar a remuneração de cada membro de algumas associações. 2. *Polít.* Subsídio concedido a parlamentares por comparecerem a sessões extraordinárias.

Jetatura, s. f. (ital. *gettatura*). 1. Mau-olhado. 2. Caiporismo.

Jetica, s. f. Batata-doce.

Jeticuçu, s. m. *Bot.* Planta convolvulácea do Brasil (*Ipomoea hederacea*).

Jia, s. f. *Zool.* 1. V. *rã*. 2. *Pop.* Objeto furtado.

Jibóia, s. f. (tupi *ji-bóia*). *Herp.* Grande serpente não venenosa (*Constrictor constrictor*), que atinge a 5m de comprimento e se alimenta de roedores.

Jiboiar, v. Intr. 1. *Fam.* Digerir como jibóia, digerir uma refeição copiosa em repouso. 2. Descrever curvas, ziguezagues; serpear, serpentear.

Jiçara, s. f. *Bot.* V. *juçara*.

Jiga, s. f. (ingl. *jig*). Antiga dança popular, muito animada.

Jigajoga, s. f. 1. Antigo jogo de cartas entre quatro parceiros. 2. Jogo de cabra-cega. 3. Coisa transitória ou pouco estável.

Jiló, s. m. 1. Fruto de jiloeiro. 2. V. *jiloeiro*.

Jiloeiro, s. m. (*jiló* + *eiro*). *Bot.* Planta solanácea hortense (*Solanum melongena* ou *S. ovigerum*), muito cultivada por seu fruto comestível, considerado benéfico para a digestão.

Jinga, adj. m. e f. *Etnol.* Relativo aos jingas, tribo de raça conguesa. S. m. e f. Pessoa dessa tribo.

Jingle, s. m. Palavra inglesa, usada em propaganda, com o significado de anúncio musicado em rádio ou televisão.

Jingoto (*ô*), s. m. Vara fina e flexível; vergasta.

Jinjibirra, s. f. 1. Cerveja de gengibre. 2. Bebida refrigerante, feita de gengibre, frutos, açúcar, ácido tartárico, fermento de pão e água. 3. *Pop.* Cachaça.

Jinriquixá, s. m. (jap. *jinrikisha*). Veículo muito leve, de duas rodas, geralmente de um só lugar, puxado por um homem e usado no Extremo-Oriente, para o transporte de pessoas.

Jinsão, s. m. *Bot.* Planta araliácea (*Aralia quinquefolia*).

Jipe, s. m. (ingl. *jeep*). Automóvel pequeno, a princípio fabricado para fins militares, com tração nas quatro rodas.

Jiqui, s. m. V. *jequi*.

Jiquitaia, s. f. (tupi *juquitaia*). 1. Pimenta vermelha em pó, que se emprega no preparo de qualquer tempero picante. 2. Molho em que vai essa pimenta. 3. *Entom.* Nome de uma formiga pequena e vermelha.

Jiquitiranabóia, s. f. *Zool.* V. *jaquiranabóia*.

Jirau, s. m. (tupi). 1. Armação feita de varas e troncos, para servir de espera, na caça de ceva, ou para dormida no mato. 2. Cama de varas. 3. Estrado sobre forquilhas, dentro de casa, que serve para guardar objetos vários. 4. Estrado que serve de assento aos passageiros de uma jangada.

Jiribana, s. f. Espécie de laço, trançado de finas tiras de couro.

Jiribanda, s. f. *Pop.* Descompostura, sarabanda.

Jirigote, adj. m. e f. Embusteiro, trampolineiro, velhaco.

Jirimate, s. m. *Bot.* Planta verbenácea medicinal (*Vitex gardneriana*); jerematala. Var.: *jirimato*.

Jiritana, s. f. Variedade de feijão.

Jirote, s. m. *Gír.* Indivíduo vagabundo, tunante, vadio.

Jiti, s. f. *Entom.* Pequena abelha silvestre.

Jitirana, s. f. *Bot.* Planta convolvulácea (*Aryreia alagoana*).

Jitiranabóia, s. f. *Zool.* V. *jaquiranabóia.*

Jito[1], s. m. 1. Tubo que conduz o metal em fusão para um molde. 2. Porção residual de metal que enche este tubo.

Jito[2], adj. Muito pequeno; miúdo.

Jiu-jitsu, s. m. (jap. *jujutsu*). 1. Antiga arte japonesa de autodefesa sem armas. 2. Sistema de educação física, de origem japonesa; judô. Var.: *jujutsu.*

Joalharia, s. f. 1. Arte, profissão de joalheiro. 2. Estabelecimento de joalheiro. 3. Os objetos que o joalheiro vende.

Joalheiro, s. m. (fr. *joaillier*). 1. Fabricante ou vendedor de jóias. 2. Engastador de pedras preciosas.

Joalheria, s. f. V. *joalharia.*

Joanete (*ê*), s. m. 1. *Anat.* Saliência na articulação do primeiro osso do metatarso com a falange correspondente do dedo grande do pé, causada por inflamação crônica da bolsa membranosa. 2. *Vet.* Saliência da palma do casco dos eqüídeos, no lugar dos quartos, ocasionada por excrescências do osso do pé. 3. *Náut.* Vela imediatamente superior à gávea e na mesma direção.

Joaninha, s. f. 1. Nome vulgar dos coleópteros coccinelídeos, também chamados *vaquinha.* 2. *Ictiol.* Peixe ciclídeo (*Crenicichla lacustris*) de água doce.

Joanino, adj. (de *Joane,* n. p.). 1. Relativo a João ou Joana. 2. Pertencente ou relativo a São João. 3. Relativo ao tempo de D. João III de Portugal.

João-de-barro, s. m. *Ornit.* Ave da família dos Furnariídeos (*Furnarius rufus rufus*), que faz ninho com barro; forneiro, barreiro, oleiro, pedreiro, maria-de-barro, amassa-barro. Var.: *joão-barreiro.* Pl.: *joões-de-barro.*

João-ninguém, s. m. *Pop.* 1. Homem insignificante, indivíduo sem valor. 2. Sujeito à-toa. Pl.: *joões-ninguém.*

Joça, s. f. *Gír.* 1. Coisa que não se pode precisamente definir. 2. Coisa desajeitada, sem pés nem cabeça. 3. Coisa sem importância. 4. Coisa ruim.

Joçá, s. m. Lanugem picante da cana-de-açúcar e outras gramíneas.

Joco-sério, adj. Jocoso e sério ao mesmo tempo; meio jocoso, meio sério. Fem.: *joco-séria*; pl.: *joco-sérios.*

Jocosidade, s. f. 1. Qualidade de jocoso. 2. Ato ou dito gracioso. 3. Graça, gracejo.

Jocoso, adj. (l. *jocosu*). 1. Alegre, gracioso. 2. Que provoca o riso, trocista.

Joeira, s. f. (de *joio?*). 1. Peneira, usada para separar o trigo da moinha. 2. Crivo, ciranda. 3. V. *joeiramento.* 4. Ação de separar do bom aquilo que é mau e inútil.

Joeiramento, s. m. Ação de joeirar.

Joeirar, v. (*joeira + ar*). Tr. dir. 1. Passar (o trigo) pela joeira. 2. Passar pelo crivo; cirandar. 3. Averiguar miudamente; escolher, selecionar: *Joeirar doutrinas.*

Joeireiro, s. m. 1. O que faz ou vende joeiras; peneireiro. 2. Aquele que joeira.

Joelhada, s. f. Pancada com um joelho ou com ambos.

Joelhar, s. f. (*joelho + ar*). O mesmo que *ajoelhar.*

Joelheira, s. f. (*joelho + eira*). 1. Parte da armadura ou da roupa que cobre o joelho. 2. Tudo que se prende sobre os joelhos para os resguardar. 3. *Esp.* Peça acolchoada para proteger os joelhos do goleiro nas quedas e quando ele pratica defesa de bolas baixas que o obrigam a ajoelhar-se.

Joelho (*ê*), s. m. (ant. *geolho,* do l. *genuclu*). 1. *Anat.* Articulação ou região da articulação do fêmur com a tíbia e o perônio. 2. *Zool.* Articulação nas pernas traseiras dos vertebrados, homóloga com o joelho do homem. 3. Articulação especial entre diversas peças móveis de aparelhos ou máquinas. 4. *Mec.* V. *cotovelo.*

Joelhudo, adj. Que tem joelhos grossos. S. m. Certa gramínea forrageira.

Jogada, s. f. 1. Ato de jogar. 2. Lance de jogo.

Jogado, adj. 1. Que se jogou. 2. Prostrado, inerte. 3. Que se arriscou ao jogo.

Jogador, adj. e s. m. 1. Que, ou o que joga. 2. Que, ou o que tem a paixão ou o vício do jogo. 3. Osso do peito, de galinha, com que se joga à sorte.

Jogar, v. (l. *jocari*). 1. Tr. dir. Arriscar ao jogo. 2. Tr. ind. e intr. Fazer apostas em jogo. 3. Tr. dir. Manejar com destreza. 4. Tr. dir. Arremessar, atirar, sacudir. 5. Pron. Arremessar-se, atirar-se. 6. Intr. *Náut.* Arfar, balançar-se.

Jogata, s. f. Partida de jogo.

Jogatina, s. f. 1. Jogata. 2. Hábito ou vício de jogo.

Jogo, s. m. (l. *jocu*). 1. Brincadeira, divertimento, folguedo. 2. Passatempo, em que de ordinário se arrisca dinheiro, ou outra coisa. 3. Divertimento ou exercício de crianças, em que elas fazem prova da sua habilidade, destreza ou astúcia. 4. Maneira de jogar. 5. Conjunto de regras a observar, quando se joga. 6. Vício de jogar. 7. Cada uma das partidas em que se divide um certame. 8. Aposta. 9. Especulação de bolsa. 10. *Mec.* Espaço livre entre duas peças, tais como eixo e mancal, ou êmbolo e cilindro; folga, interstício, lúz.

Jogral, s. m. (provençal *joglar,* do l. *joculare*). 1. Bobo, farsista, truão. 2. *Ant.* Músico que, por salário, tocava em festas populares, cantava ou recitava, tomando parte nos divertimentos. 3. Coro polifônico. Fem.: *jogralesa.*

Jogralesca (*ê*), s. f. Cantiga de jogral.

Jogralesco (*ê*), adj. 1. Referente a jogral. 2. Próprio de jogral.

Jogralidade, s. f. 1. Qualidade de jogral. 2. O mesmo que *jogralice.*

Joguete, s. m. (de *jogo*). 1. Brincadeira, divertimento. 2. Ludíbrio, mofa, troça, zombaria. 3. Aquele ou aquilo que é objeto de ludíbrio ou zombaria.

Joguetear, v. 1. Intr. Gracejar. 2. Tr. ind. Esgrimir, brincando.

Jóia, s. f. (fr. ant. *joie,* do l. *gaudia*). 1. Objeto de adorno, de matéria preciosa ou imitante. 2. Artefato de grande valor artístico. 3. Taxa de admissão em associação.

Joio, s. m. 1. *Bot.* Planta anual, gramínea, que infesta as searas (*Lolium temulentum*). 2. Semente dessa planta. 3. Coisa má que, misturada com as boas, as prejudica e deprecia.
Separar o j. do trigo: separar os bons dos maus; separar o que é bom do que não presta.

Jongar, v. Intr. Dançar o jongo.

Jongo, s. m. *Folc.* Dança de roda dos escravos afro-negros, executada ao redor de instrumentos musicais.

Jongueiro, s. m. Freqüentador de jongos.

Jônico, adj. 1. Concernente à antiga Jônia. 2. Designativo da terceira das cinco ordens de arquitetura. S. m. 1. Dialeto dos jônios. 2. Verso grego ou latino, composto de pés jônios. Var.: *iônico.*

Jóquei, s. m. (ingl. *jockey*). Indivíduo cuja profissão é montar cavalos nas corridas. Fem.: *joqueta.*

Jordanense, adj. m. e f. Relativo a Campos do Jordão, cidade e município do Estado de São Paulo. S. m. e f. Pessoa natural desse município.

Jorna, s. f. (l. *diurna*). *Pop.* Jornal, diária, salário.

Jornada, s. f. (provençal *jornada*). 1. Marcha ou percurso que se faz num dia. 2. Viagem por terra. 3. Empresa militar; expedição. 4. *Folc.* Divisão das comédias e autos pastoris.

Jornadear, v. (*jornada + ear*). 1. Intr. Andar de jornada, fazer jornada. 2. Tr. ind. Dirigir-se, jornadeando.

Jornal, s. m. (l. *diurnale*). 1. Paga de um dia de trabalho. 2. Salário, que o trabalhador ganha cada dia. 3. Folha diária, gazeta, qualquer periódico. 4. Livro em que se faz diariamente qualquer registro. — *J. falado*: programa noticioso de rádio ou televisão.

Jornaleco, s. m. *Pej.* Jornal mal redigido.

Jornaleiro, adj. Que se faz dia a dia; diário. S. m. 1. Trabalhador a quem se paga jornal. 2. *Pej.* O mesmo que *jornalista.* 3. Entregador ou vendedor de jornais.

Jornalismo, s. m. (de *jornal*). 1. A imprensa periódica. 2. Profissão de jornalista. 3. Os jornais.

Jornalista, s. m. e f. (de *jornal*). 1. Pessoa que por hábito ou profissão escreve em jornal. 2. Pessoa que dirige um jornal; publicista.

Jornalístico, adj. Que diz respeito a jornalista ou ao jornalismo.

Jorra (*ô*), s. f. (cast. *sorra*). 1. Escórias de ferro que se separam nas forjas. 2. Breu para vasilhas de barro.

Jorramento, s. m. 1. Jorro. 2. Inclinação de um muro, formando bojo.

Jorrão, s. m. 1. Espécie de grade semelhante a um leito de carro, para aplanar a terra. 2. Zorra.

Jorrar[1], v. (*jorro + ar*). 1. Tr. ind. e intr. Sair em jorro, manar com força; rebentar. 2. Tr. dir. Deitar ou lançar em jorro, fazer sair com ímpeto. 3. Tr. dir. Emitir, lançar de si. 4. Intr. Fazer saliência convexa (jorramento).

Jorrar[2], v. (*jorra + ar*). Tr. dir. Besuntar com jorra: *Jorrar um pote.*

Jorro (*ô*), s. m. 1. Saída impetuosa de um líquido. 2. Esguicho, jato forte. 3. Fluência. 4. *Ant.* Alambor.

Jota[1], s. m. Nome da letra *J, j.* Pl.: *jotas* ou *jj.*

Jota[2], s. f. *Mús.* Canto e dança espanhola em compasso ternário.

Joule (*ju*), s. m. *Fís.* Unidade prática de calor ou trabalho, equivalente à energia produzida em 1 segundo por uma corrente de 1 ampère que passa através de uma resistência de 1 ohm; corresponde a 10^7 ergs ou a 0,102 de quilogrâmetro. Símbolo: J. — *Efeito j, Eletr.*: aquecimento em um condutor devido à passagem de corrente nesse condutor.

Jovem, adj. m. e f. (l. *juvene*). 1. Juvenil, moço, novo. 2. Que está nos primeiros tempos de existência. 3. Que ainda tem a graça e o vigor da juventude. S. m. e f. Pessoa moça. Sup. abs. sint.: *juveníssimo.*

Jovial, adj. m. e f. (l. *joviale*). 1. Alegre, chistoso, engraçado. 2. Faceto, folgazão, prazenteiro. 3. Que gosta de rir e de fazer rir.

Jovialidade, s. f. 1. Qualidade de jovial. 2. Bom humor. 3. Dito alegre.

Juá, s. m. Fruto do juazeiro; juaz.

Juazeiro, s. m. *Bot.* 1. Planta da família das Ramnáceas (*Zizyphus joazeiro*), que produz drupas amareladas comestíveis, de gosto doce acidulado. 2. O mesmo que *grão-de-galo* (*Zizyphus undulata*).

Juba, s. f. (l. *juba*). 1. A crina do leão. 2. Coma abundante e crespa.

Jubado, adj. Que tem juba.

Jubaí, s. m. *Bot.* V. *tamarineira.*

Jubilação, s. f. 1. Ato de jubilar. 2. Júbilo. 3. Aposentadoria honrosa de um serviço oficial.

Jubilar[1], adj. m. e f. Que diz respeito a jubileu ou a um aniversário solene.

Jubilar[2], v. (l. *jubilare*). 1. Tr. dir. Encher de júbilo. 2. Intr. Encher-se de júbilo, sentir júbilo, ter grande alegria. 3. Tr. dir. Conceder jubilação a; aposentar. 4. Pron. Aposentar-se, obter a jubilação. 5. Tr. dir. Recusar nova matrícula nas instituições de ensino superior oficiais ao aluno reprovado nos exames finais em dois anos consecutivos. Antôn. (acepções 1 e 2): *entristecer.*

Jubileu, s. m. (l. *jubilaeu*). 1. Indulgência plenária que o papa concede em certas solenidades. 2. Aniversário solene.

Júbilo, s. m. 1. Grande alegria ou contentamento. 2. Regozijo. Antôn.: *tristeza.*

Jubiloso, adj. 1. Cheio de júbilo. 2. Em que há júbilo ou grande alegria. 3. Festivo.

Jucá, s. m. *Bot.* Árvore leguminosa-cesalpiniácea (*Caesalpinea ferrea*), também chamada *pau-ferro.*

Juçana, s. f. (do tupi-guar.). Armadilha ou laço para apanhar pássaros.

Juçara, s. f. *Bot.* Palmeira comum nas matas brasileiras, tropicais e subtropicais (*Euterpe edulis*), de estipe delgado e alto, cuja parte terminal é comestível; açaí, palmito.

Juçaral, s. m. Bosque de juçaras.

Juciri, s. m. *Bot.* Erva da família das Solanáceas (*Solanum juciri*).

Jucuna, adj. m. e f. *Etnol.* Relativo aos Jucunas, tribo indígena que habita à margem esquerda do Japurá e pertence à família Aruaque. S. m. e f. Indígena dessa tribo.

Jucundidade, s. f. Qualidade de jucundo; prazer, contentamento.

Jucundo, adj. 1. Alegre. 2. Agradável. 3. Prazenteiro.

Jucurutu, s. m. (do tupi-guar.). *Ornit.* O mesmo que *jacurutu.*

Judaico, adj. Que se refere aos judeus.

Judaísmo, s. m. 1. Religião dos judeus. 2. Conjunto das pessoas que prefessam essa religião.

Judaizante (*a-i*), adj. e s., m. e f. Que, ou quem judaíza.

Judaizar (*a-i*), v. (l. *judaizare*). 1. Intr. Observar, total ou parcialmente, as leis e ritos judaicos. 2. Tr. dir. Interpretar judaicamente. 3. Tr. dir. Emprestar com grande usura.

Judas, s. m. sing. e pl. (de *Judas*, n. p.). 1. O mesmo que *traidor.* 2. Amigo falso. 3. Boneco ou estafermo que se queima no sábado de Aleluia. 4. Indivíduo mal trajado.

Onde j. perdeu as botas: em lugar remoto, ou desconhecido.

Judeu, adj. (l. *judaeu*). Que diz respeito à Judéia ou aos judeus; hebreu, israelita. S. m. 1. O natural da Judéia. 2. O que descende dos antigos habitantes da Judéia. 3. O que segue o judaísmo. 4. Qualquer pessoa da raça hebréia. 5. Pessoa natural do Estado de Israel; israelense. 6. Espécie de bolo de milho. 7. Espécie de virado ou tutu de feijão. 8. *Zool.* Macaco da Amazônia; cuxiú. Fem.: *judia.* — *J. errante*: diz-se do indivíduo que viaja muito.

Judia, s. f. 1. Fem. de *judeu.* 2. Espécie de capa mourisca, um tanto curta e adornada. 3. *Ictiol.* Peixe labrídeo da Bahia (*Coris julis*), também chamado *canário.*

Judiação, s. f. 1. Ato de judiar. 2. Malvadeza, maus tratos. 3. Escárnio, mofa.

Judiar, v. 1. Intr. O mesmo que *judaizar.* 2. Tr. ind. Apoquentar, atormentar. 3. Tr. ind. Fazer judiaria, maltratar. 4. Tr. ind. Escarnecer, mofar, zombar.

Judiaria, s. f. (de *judiar*). 1. Grande porção de judeus. 2. Arruamento ou bairro de judeus; gueto. 3. Maus tratos, judiação. 4. Apoquentação, chacota, pirraça.

Judicativo, adj. (l. *judicatu*). 1. Que tem a faculdade de julgar ou de sentenciar. 2. Sentencioso.

Judicatório, adj. 1. Que diz respeito a julgamento. 2. Que é próprio para julgar.

Judicatura, s. f. 1. Cargo ou dignidade de juiz. 2. *Dir.* Exercício da função de juiz; duração desse exercício. 3. Poder de julgar. 4. Poder judiciário. 5. Tribunal.

Judicial, adj. m. e f. Concernente aos tribunais ou à justiça; forense.

Judiciar, v. Tr. ind. Decidir judicialmente.

Judiciário, adj. O mesmo que *forense* e *judicial.*

Judicioso, adj. 1. Que tem juízo e prudência. 2. Que procede com acerto. 3. Feito com sensatez; sensato. 4. Que indica bom senso. 5. Sentencioso.

Judô, s. m. Modalidade esportiva de jiu-jitsu.

Jugada, s. f. (l. *jugata*). 1. Terreno que uma junta de bois pode lavrar num dia; jeira. 2. Antigo tributo, que recaía em terras lavradias.

Jugador, s. m. Instrumento de ferro para abater carneiros no matadouro.

Jugar, v. Tr. dir. Abater (reses), por seção da medula espinhal.

Jugo[1], s. m. (l. *jugu*). 1. Barra de madeira, pela qual dois animais são unidos pelo pescoço ou cabeça, para o trabalho; canga. 2. Junta de bois. 3. *Ant.* Dispositivo curvo colocado ao pescoço dos vencidos. 4. Sujeição, opressão.

Jugo[2], s. m. (l. *jugulu*). Ato ou processo de jugar.

Jugoslavo, adj. e s. m. V. *iugoslavo.*

Jugular[1], adj. m. e f. Que pertence ou se refere à garganta ou ao pescoço. S. f. *Anat.* Nome de quatro veias duplas do pescoço: jugulares externas, internas, anteriores e posteriores.

Jugular[2], v. (l. *jugulare*). Tr. dir. 1. Debelar, extinguir (uma revolta, uma epidemia). 2. Degolar, decapitar. 3. Assassinar.

Juiz (*u-i*), s. m. (l. *judice*). 1. O que tem autoridade e poder para julgar e sentenciar. 2. Membro do poder judicial. 3. Membro de um júri. 4. Árbitro, julgador. Pl.: *juízes.*

Juiza, s. f. 1. Fem. de *juiz.* 2. Mulher que exerce as funções de juiz. 3. Mulher que dirige certas festividades de igreja.

Juizado (*u-i*), s. m. Cargo de juiz.

Juiz-forano, adj. Relativo a Juiz de Fora, cidade e município de Minas Gerais. S. m. O natural desse município. Sinôn.: *juiz-forense.* Pl.: *juiz-foranos.*

Juízo, s. m. (l. *judiciu*). 1. Faculdade intelectual que compara e julga. 2. Apreciação, conceito. 3. Opinião, voto, parecer. 4. *Lóg.* Ato de entendimento pelo qual se afirma a conveniência ou desconveniência de duas idéias. 5. Sensatez, siso, tino. 6. Ato de julgar; julgamento. 7. Foro ou tribunal em que se julgam e sentenciam pleitos, litígios e demandas.

Jujuba, s. f. (gr. *zizuphon*). 1. *Bot.* Arbusto ramnáceo (*Zizyphus jujuba*). 2. Fruto desse arbusto. 3. Suco ou pasta desse fruto.

Jujutsu, s. m. V. *jiu-jitsu.*

Julepo, s. m. (ár. *juleb* ou *julabe*). 1. O mesmo que *poção.* 2. Bebida calmante que tem por base um xarope.

Julgado, adj. 1. Condenado ou absolvido por sentença, sentenciado. 2. Adjudicado, reputado. 3. Decidido pelo juiz ou tribunal. S. m. Sentença pronunciada pelo juiz.

Julgador, adj. e s. m. 1. Que, ou o que julga. 2. Que, ou aquele que aprecia: Mau *julgador* dos próprios atos.

Julgamento, s. m. 1. Ato ou efeito de julgar. 2. Sentença judicial. 3. Decisão. 4. Apreciação, exame.

Julgar, v. (l. *judicare*). 1. Tr. dir. Decidir, resolver como juiz ou como árbitro, lavrar ou pronunciar sentenças. 2. Tr. dir. e intr. Pronunciar uma sentença. 3. Tr. dir. Apreciar, avaliar, formar juízo a respeito de. 4. Tr. ind. Formar juízo crítico acerca de; avaliar. 5. Tr. ind. Formar conceito sobre alguém ou alguma coisa. 6. Pron. Apreciar os próprios pensamentos, palavras e obras: Você *se julga* com muita severidade. 7. Tr. dir. Entender, imaginar, supor. 8. Tr. dir. e pron. Considerar(-se), entender(-se), reputar(-se), ter(-se) por.

Julho, s. m. (l. *juliu*). O sétimo mês do ano civil.

Juliana, adj. e s. f. Diz-se da, ou a sopa preparada com várias espécies de legumes cortados em pedaços pequenos. S. f. *Ictiol.* Peixe gadídeo (*Molua elongata*).

Juliano, adj. (l. *julianu*). 1. Que diz respeito a Júlio César ou à reforma cronológica que ele mandou fazer: Calendário *juliano.* 2. Aplica-se à era que data dessa reforma. 3. Diz-se do ano de exatamente 365 dias e 6 horas adotado no calendário juliano.

Juma, adj. m. e f. *Etnol.* Relativo aos Jumas, indígenas brasileiros da região do Amazonas. S. m. e f. Indígena dessa tribo.

Jumbeba, s. f. *Bot.* V. *jurumbeba.*

Jumentada, s. f. 1. Porção de jumentos. 2. Asneira, tolice.

Jumental, adj. m. e f. Referente a jumento; asinino.

Jumento, s. m. (l. *jumentu*). *Zootécn.* Produto híbrido resultante do cruzamento do asno (*Equus asinus*) com a égua (*Equuus caballus*); burro.

Junça, s. f. *Bot.* Planta da família das Ciperáceas (*Cyperus esculentus*).

Juncáceas, s. f. pl. *Bot.* Família (*Juncaceae*), largamente distribuída, da ordem das Liliales, que compreende gramíneas com perianto paleáceo e fruto capsular. S. f. Espécime dessa família.

Juncáceo, adj. *Bot.* Relativo às Juncáceas.

Juncada, s. f. (de *junco*). 1. Grande número de juncos. 2. Pancada com junco.

Juncal, s. m. Terreno onde crescem juncos.

Junção, s. f. (l. *junctione*). 1. Ato ou efeito de juntar. 2. Lugar ou ponto em que duas ou mais coisas coincidem ou se juntam; junta, união, ligação. 3. Reunião. Antôn. (acep. 1): *separação.*

Juncar, v. (*junco + ar*). Tr. dir. 1. Cobrir de juncos. 2. Alastrar, cobrir. 3. Espalhar-se ou estar espalhado em grande quantidade sobre.

Junco[1], s. m. 1. *Bot.* Gênero típico da família das Juncáceas (*Juncus*). 2. Planta desse gênero.

Junco[2], s. m. (malaio-javanês *jung*). Embarcação a vela, usada no Oriente.

Jundiá, s. m. (do tupi). 1. *Bot.* Planta labiada, também chamada *meladinha-falsa.* 2. *Ictiol.* Nome comum a diversos peixes de água doce, pimelodídeos do gênero Râmdia.

Jundu, s. m. Vegetação rasteira da costa, própria dos areais das praias. Var.: *nhundu.*

Jungir, v. (l. *jungere*). Tr. dir. 1. Ligar, por meio de jugo ou canga, subjugar. 2. Atar, prender, unir. 3. Submeter. — Por ser defectivo, não se conjuga na 1ª pess. do sing. do pres. do ind. e, conseqüentemente, em todo o pres. do subj.

Junho, s. m. (l. *juniu*). Sexto mês do ano civil.

Júnior, adj. (l. *junior*). Mais moço. (Usa-se depois do nome de uma pessoa, para distingui-la de outra, mais velha, da mesma família, que tenha o mesmo nome). S. m. *Esp.* Designativo dos que pertencem à turma dos concorrentes mais moços. Antôn.: *sênior.* Pl.: *juniores.*

Juniperáceo, adj. *Bot.* Que se refere ou é semelhante ao junípero.

Junípero, s. m. *Bot.* 1. Gênero (*Juniperus*) da família das Cupressáceas, constituído de arbustos ou árvores sempre verdes. 2. Planta desse gênero, especialmente o zimbro.

Junqueira, s. f. 1. O mesmo que *juncal.* 2. *Bot.* Planta convolvulácea do Brasil. S. m. Raça brasileira de gado vacum, forte e corpulenta.

Junquilho, s. m. (cast. *junquillo*). 1. *Bot.* Planta amarilidácea, bulbosa e aromática (*Narcissus jonquilla*). 2. A flor dessa planta.

Junta, s. f. (de *junto*). 1. Ponto ou lugar de junção de objetos contíguos; junção, união. 2. *Anat.* e *Zool.* Parte, ou mecanismo da parte onde dois ossos se ligam, de modo a permitir o movimento de um ou dos dois; articulação. 3. Conferência médica. 4. Parelha de bois.

Juntada, s. f. *Dir.* Termo de junção, em processo forense.

Juntar, v. 1. Tr. dir. e tr. ind. Ajuntar. 2. Tr. dir. Aproximar, pôr junto de. 3. Tr. dir. Coser, ligando as peças superiores do calçado. 4. Pron. Associar-se, unir-se. 5. Pron. Vir ou seguir-se sucessivamente. 6. Pron. *Pop.* Amigar-se, amasiar-se. Antôn. (acepção 1): *separar.*

Junteira, s. f. (de *junta*). 1. *Bot.* Planta comelinácea (*Cartonema anomala*). 2. Espécie de plaina para abrir juntas nas beiras de tábuas; juntoura.

Junto, adj. 1. Posto em contato; chegado, unido. 2. Reunido. 3. Adido: Embaixador brasileiro *junto* ao Vaticano. 4. Chegado, contíguo, muito próximo. Antôn. (acepções 1, 2 e 4): *separado.* Adv. 1. Ao pé, ao lado. 2. Juntamente.

Juntoura, s. f. 1. Pedra que vai de uma à outra face da parede, ou que ressai para se embeber noutra parede contígua. 2. O mesmo que **junteira,** acepção 2.

Juntura, s. f. 1. Junção, junta. 2. Articulação. 3. Ligação. 4. Linha de união. 5. União.

Juó, s. m. *Ornit.* Ave tinamiforme (*Cripturellus undulatus*) do Oeste de Mato Grosso; jaó.

Jupati, s. m. *Bot.* Palmeira acaule (*Raphia taedigera*), ou de tronco de apenas dois metros.

Jupiá, s. m. Redemoinho ou voragem nas águas de um rio.

Jupindá, s. m. *Bot.* Unha-de-gato.

Júpiter, s. m. 1. *Astr.* O maior dos planetas do sistema solar, que gira entre Marte e Saturno. Possui 12 satélites. 2. *Mit.* O pai dos deuses, filho de Saturno.

Jupiteriano, adj. (de *Júpiter,* n. p.). 1. Relativo a Júpiter. 2. *Poét.* Que tem caráter dominador; altivo, imperioso, olímpico.

Jupuá, adj. m. e f. *Etnol.* Relativo aos Jupuás, índios das margens do Apaporis, no Brasil. S. m. e f. Indígena dessa tribo.

Juqueiraçu, s. m. *Bot.* Árvore leguminosa do Pará (*Adenanthera thyrsosa*).

Juqui, adj. m. e f. *Etnol.* Relativo aos Juquis, indígenas brasileiros das margens do Rio Madeira, no Estado do Amazonas. S. m. e f. Indígena dessa tribo.

Juquiá, s. m. 1. V. *jequi.* Var.: *jequiá.*

Juquiraí, s. m. Tempero de pimenta moída com sal, empregado pelos indígenas.

Juquiri, s. m. *Bot.* 1. V. *sensitiva,* acepção 1. 2. Planta leguminosa-papilionácea (*Machærium aristulatum*).

Jurado, adj. (l. *juratu*). 1. Solenemente declarado. 2. Protestado com juramento. 3. Ameaçado. 4. Declarado inconciliável: Inimigo *jurado.* S. m. Membro do tribunal do júri; juiz de fato. Col.: *conselho* (quando em sessão).

Jurador, adj. e s. m. Que, ou aquele que jura, ou tem por hábito jurar. Fem.: *juradeira.*

Juramentado, adj. V. *ajuramentado.*
Juramentar, v. V. *ajuramentar.*
Juramento, s. m. 1. Ato de jurar. 2. Afirmação ou negação explícita de alguma coisa, tomando a Deus por testemunha ou invocando coisa sagrada.
Jurar, v. (l. *jurare*). 1. Tr. dir. Afiançar, afirmar, assegurar, declarar ou prometer sob juramento. 2. Tr. ind. Dar, prestar ou proferir juramento. 3. Tr. dir. Reconhecer mediante juramento. 4. Pron. Trocar juramentos: *Juravam-se* os dois sua eterna fidelidade (Machado de Assis).
Jurássico, adj. e s. m. (de *Jura,* n. p.). *Geol.* Diz-se do, ou o período da Era Mesozóica, entre o Cretáceo e o Triásico.
Jurema, s. f. (tupi *yu-r-ema*). *Bot.* Árvore leguminosa-mimosácea brasileira (*Acacia jurema*), cuja casca tem propriedades adstringentes e narcóticas.
Juremal, s. m. Bosque de juremas.
Júri, s. m. (ingl. *jury*). 1. Tribunal, presidido por um juiz de direito, composto de 21 cidadãos, dentre os quais são sorteados 7 para o conselho de sentença. Servem como juízes de fato no julgamento de um crime. 2. Conjunto dos cidadãos que podem ser jurados. 3. Comissão encarregada de julgar o mérito de alguém ou de alguma coisa.
Jurídico, adj. (l. *juridicu*). 1. Concernente ao Direito. 2. Conforme às ciências do Direito ou aos seus preceitos.
Jurisconsulto, s. m. Advogado perito na ciência do Direito e especializado em dar pareceres sobre questões jurídicas; jurisperito, jurista.
Jurisdição, s. f. 1. *Dir.* Poder, direito ou autoridade legal para ouvir e determinar uma causa ou causas, considerados em geral ou com referência a um caso particular. 2. Poder legal para interpretar e ministrar a lei. 3. Autoridade de um poder soberano de governar e legislar. 4. Território a que se estende esta autoridade.
Jurisdicional, adj. Pertencente à jurisdição ou a ela relativo.
Jurisperito, adj. Afeito à jurisprudência. S. m. Jurisconsulto, legisperito.
Jurisprudência, s. f. 1. Ciência do Direito e da Legislação. 2. Maneira especial de interpretar e aplicar as leis.
Jurista[1], s. m. e f. *(juro+ista).* 1. Quem empresta dinheiro a juro. 2. Quem possui títulos de dívida pública e recebe os respectivos juros.
Jurista[2], s. m. e f. (l. *jure*). 1. O mesmo que *jurisconsulto, jurisperito* e *legisperito.* 2. Estudante de Faculdade de Direito.
Juriti, s. f. *Ornit.* V. *juruti.*
Juro, s. m. (l. *jure*). 1. Taxa percentual incidente sobre um valor ou quantia, numa unidade de tempo determinado. 2. Remuneração que uma pessoa recebe pela aplicação do seu capital; interesse, rendimento de dinheiro emprestado. 3. *Fam.* Recompensa.
Jurovoca, s. f. *Bot.* Árvore teácea *(Laplacea semiserrata).*
Juruaçu, s. m. *Ornit.* Ave psitacídea *(Amazona farinosa),* também chamada *juru, ajuru, ajuruaçu, moleiro.*
Jurubeba, s. f. *Bot.* Nome dado a várias espécies de arbustos brasileiros, da família das Solanáceas, particularmente à espécie *Solanum paniculatum,* cujas raízes são usadas na medicina popular.
Jurubebal, s. m. Moita de jurubebas.
Jurujuba, s. f. *Bot.* Planta verbenácea (*Verbena camoedrifolia*); camaradinha.
Jurumbeba, s. f. (do tupi *ururumbeba*). *Bot.* Planta cactácea *(Opuntia brasiliensis).*
Juruna, adj. m. e f. *Etnol.* Relativo aos Jurunas, tribo indígena, do Rio Xingu. S. m. e f. Indígena dessa tribo.
Juruparã, s. f. Seta ervada.
Jurupari, s. m. 1. *Zool.* Espécie de macaco *(Chrysochrix sciurea).* 2. *Ictiol.* Peixe ciclídeo fluvial *(Geophagus dœmon).* 3. *Bot.* Planta leguminosa-cesalpiniácea (*Eperua* sp). 4. O mesmo que *urupari.* 5. *Folc.* Demônio, espírito mau, também chamado *jeropari.*
Jurupiranga, s. f. *Ictiol.* Bagre avermelhado (*Selenaspis luniscuti*) dos rios brasileiros.
Jurupixuna, s. m. *Zool.* V. *jurupari.*
Jurupoca, s. f. *Ictiol.* Peixe silurídeo (*Hemisorubim platyrhynchus*), de água doce.
Jururá, s. f. (tupi-guar.). *Zool.* Nome que os indígenas da Amazônia davam à tartaruga fêmea. Var.: *jurará.*
Jururu, adj. m. e f. (do tupi). Acabrunhado, macambúzio, melancólico, tristonho. Vars.: *jaruru* e *juruju.*
Jurutê, s. m. *Bot.* Planta borraginácea (*Cordia obscura*); capitão-do-campo.
Juruti, s. f. (tupi *yuru-ty*). *Ornit.* Nome comum dado a diversas espécies de aves da família dos Columbídeos, onde se incluem pombos e rolas. Voz.: *arrular, arrulhar, soluçar* e *turturinar.* Vars.: *juriti* e *jeruti.*
Jurutipiranga, s. f. *Ornit.* Ave columbídea *(Geotrygon montana),* também chamada *juruti-vermelha* e *pomba-cabocla.*
Juruva, s. f. *Ornit.* Nome popular de certas aves coraciiformes da família dos Momotídeos; também chamadas *jeruva, jiriba, siriú, siriúva, hudu.*
Juruviara, s. f. *Ornit.* Pequeno pássaro canoro, da família dos Vireonídeos *(Vireo olivaceus chivi).*
Jus, s. m. (l. *jus*). 1. Direito derivado da lei natural ou escrita. 2. Direito, objetiva ou subjetivamente considerado.
Fazer jus a: merecer.
Jusante, s. f. (fr. *jusante*). 1. Baixa-mar, refluxo da maré. 2. Lado de um curso de água oposto ao das nascentes. Antôn.: *montante.*
A jusante: para o lado da foz; para o lado de baixo.
Justa[1], s. f. (provençal *josta*). 1. Competição ou esporte marcial, na Idade Média, em que dois cavaleiros ou partidos de cavaleiros combatiam à lança por um prêmio; torneio. 2. Duelo. 3. Qualquer combate. 4. Questão, pendência. 5. O mesmo que *prisão.* 6. *Gír.* Central de polícia; justiça.
justa-[2], elem. de comp. (l. *juxta*). Exprime a idéia de *junto de: justaposição, justarticular.*
Justador, adj. e s. m. 1. Que, ou o que entra em justa ou ajuste. 2. Competidor, rival.
Justafluvial, adj. m. e f. *(justa[2]+fluvial).* Situado nas margens de um rio; marginal.
Justalinear, adj. m. e f. (*justa[2]+linear*). Designativo da tradução em que o texto de cada linha vem traduzido na linha imediata, ou numa linha correspondente, ao lado.
Justapor, v. *(justa[2]+pôr).* 1. Tr. dir. Pôr junto, pôr ao pé de; aproximar, sobrepor. 2. Pron. Pôr-se em contigüidade; unir-se.
Justaposição, s. f. 1. Ato ou efeito de justapor. 2. Aposição. 3. Agregação sucessiva de novas moléculas ao núcleo primitivo, nos corpos inorgânicos. 4. *Gram.* Processo de composição vocabular, pelo qual cada um dos elementos componentes da palavra mantém sua integridade gráfica e prosódica. Designação abandonada pela N.G.B.
Justar[1], v. (provençal *jostar*). 1. Intr. Entrar em justa. 2. Tr. dir. Esgrimir. 3. Intr. Disputar a alguém alguma coisa.
Justar[2], v. *Pop.* Tr. dir. 1. Ajustar. 2. Acertar: *Justava* as *contas* semanalmente.
Justeza, s. f. (l. *justitia*), 1. Qualidade daquilo que é justo. 2. Exatidão, precisão. 3. Conveniência, propriedade. 4. Afinação rigorosa.
Justiça, s. f. (l. *justitia*). 1. Virtude que consiste em dar ou deixar a cada um o que por direito lhe pertence. 2. Conformidade com o direito. 3. Direito, razão fundada nas leis. 4. Jurisdição, alçada. 5. Tribunais, magistrados e todas as pessoas encarregadas de aplicar as leis. 6. Autoridade judicial. 7. *Rel.* Estado de graça; retidão da alma que a graça vivifica; inocência primitiva, antes do pecado do primeiro homem.
Justiçado, adj. e s. m. Que, ou o que foi supliciado, executado.
Justiçar, v. Tr. dir. 1. Punir com pena de morte. 2. Castigar.
Justiceiro, adj. 1. Rigorosamente justo, imparcial. 2. Severo, implacável. 3. Íntegro, incorruptível.
Justificação, s. f. (l. *justificatione*). 1. Ato ou efeito de justificar ou de justificar-se. 2. Coisa que justifica ou serve para justificar. 3. Causa, desculpa, fundamento, razão. 4. *Teol.* Restituição à graça divina; elevação do homem, do estado de pe-

cado (injustiça) ao estado de graça (justiça), como relação justa com Deus.

Justificador, adj. (1. *justificatore*). *Teol.* Que torna justo interiormente. Adj. e s. m. Que, ou o que justifica ou apresenta justificação. S. m. Aquele que requer uma justificação em juízo.

Justificante, adj. m. e f. V. *justificador*. 2. *Dir.* Diz-se daquele que requer uma justificação.

Justificar, v. (1. *justificare*). 1. Tr. dir. Declarar justo, demonstrar ou reconhecer a inocência de, descarregar da culpa imputada. 2. Tr. dir. *Teol.* Reabilitar, declarar justo, inocente; absolver. 3. Pron. Demonstrar a boa razão do seu procedimento, provar a sua inocência; reabilitar-se. 4. Tr. dir. Provar judicialmente por meio de justificação. 5. Tr. dir. Desculpar. 6. Tr. dir. Explicar com razões plausíveis. 7. Pron. Provar que é.

Justificável, adj. m. e f. Que se pode justificar.

Justilho, s. m. (cast. *justillo*). Corpete, espartilho, espécie de colete muito justo.

Justo, adj. (1. *justu*). 1. Conforme à justiça, à razão e ao direito. 2. Reto, imparcial, íntegro. 3. Exato, preciso. 4. *Dir.* Legítimo. 5. Que tem fundamento; fundado. 6. Merecido: Pena *justa*. 7. Que ajusta bem, que se adapta perfeitamente. 8. Ajustado. 9. Estreito, apertado, cingido. S. m. 1. Homem virtuoso, que observa exatamente as leis da moral ou da religião. 2. O que é conforme à justiça. 3. *Gír.* Chefe de polícia. Adv. Exatamente, justamente.

Justura, s. f. 1. Ato de justar ou ajustar. 2. Forma que o ferrador dá à ferradura, para ajustá-la convenientemente ao casco.

Juta, s. f. (bengali *jhuto*, de origem sânscrita). 1. *Bot.* Planta tiliácea, de fibras têxteis *(Corchorus capsularis)*. 2. A fibra dessa planta.

Jutaí, s. m. *Bot.* Nome comum a diversas árvores leguminosas-cesalpiniáceas.

Jutairana *(a-i)*, s. m. *Bot.* Nome comum a quatro árvores leguminosas-mimosáceas (*Cynometra spruceana, Cynometra bauhiniœfolia, Crudia parivoa* e *Crudia pubescens*).

Jutaúba, s. f. *Bot.* Árvore meliácea *(Guarea pendula)*, de boa madeira para construções.

Jutuaúba, s. f. *Bot.* V. *jutaúba*.

Jutubarana, s. f. *Ictiol.* 1. Dourado de rio. 2. O mesmo que *tabarana*.

Juuna, s. f. (do tupi-guar.). *Bot.* Arbusto solanáceo *(Solanum juripeba)*.

Juva, s. m. *Ictiol.* Peixe carangídeo marinho; palombeta.

Juvenais, s. m. pl. (1. *juvenales*). Jogos instituídos por Nero, que se celebravam em Roma, em honra da juventude.

Juvenalesco, adj. 1. Pertinente a Juvenal (escritor latino, aproximadamente 60-140), ou ao seu estilo. 2. Satírico.

Juvenaliano, adj. V. *juvenalesco*.

Juvêncio, adj. *Poét.* Que torna juvenil.

Juvenê, s. m. *Bot.* Árvore rutácea do Sul do Brasil (gênero *Xanthoxylum*); juvevê.

Juvenescer, v. O mesmo que *rejuvenescer*.

Juvenescimento, s. m. O mesmo que *rejuvenescimento*.

Juvenil, adj. m. e f. 1. Que diz respeito à juventude. 2. Próprio da idade jovem. 3. Moço. Antôn.: *senil*.

Juvenília, s. f. As obras ou escritos da mocidade de um autor.

Juvenilidade, s. f. (1. *juvenilitate*). 1. Qualidade de juvenil. 2. Juventude, mocidade.

Juvenilismo, s. m. *Med.* Persistência de certos característicos juvenis na vida de adulto; atraso na evolução orgânica; infantilismo.

Juventa, s. f. (1. *juventa*). V. *juventude*.

Juventude, s. f. 1. Período da vida entre a infância e a idade adulta; adolescência. 2. A gente moça, mocidade. Antôn.: *velhice*.

Juvevê, s. m. Juvenê.

Júvia, s. f. *Bot.* Castanheiro-do-pará.

Juvira, s. m. *Ictiol.* Peixe-espada.

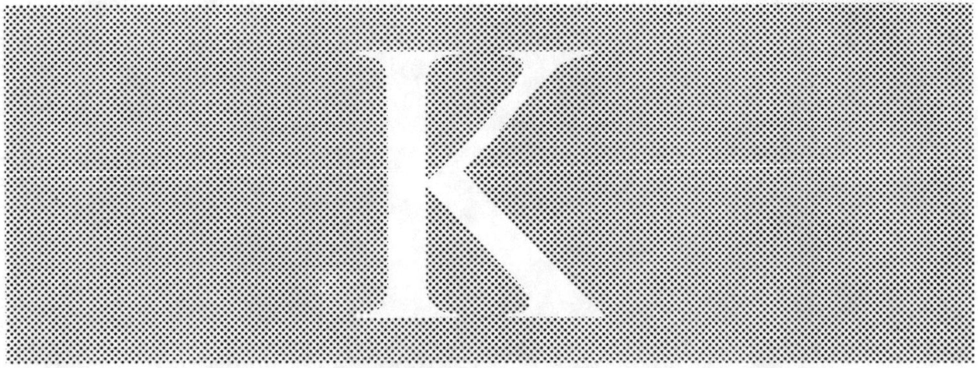

K (*cá* ou *capa*), 1. Símbolo da letra oriunda do alfabeto fenício (*kaph*), adotada pelos gregos (*kapa*) e depois pelos romanos (*capa*). Atualmente não faz parte do alfabeto português; emprega-se em abreviaturas, em termos técnicos de uso internacional e em palavras derivadas eruditamente de nomes próprios estrangeiros. 2. Símbolo de *constante* em relações matemáticas (maiúscula).

Kaiser, s. m. (de *Kaiser*, n. p.). Designação alemã de imperador, derivada do latim *Cæsar* (césar) através do grego e do gótico. Fem.: *kaiserina*.

Kamikaze, s. m. (t. jap.). 1. Avião carregado de explosivos, empregado pelos japoneses na Segunda Guerra Mundial, para provocar choque suicida num alvo, principalmente navio de guerra dos aliados. 2. Membro de um corpo aéreo de assalto japonês, que pilotava esses aviões.

Kantiano, adj. (de *Kant*, n. p.). Que se refere a Kant ou à sua doutrina.

Kantismo, s. m. (de *Kant*, n. p.). Sistema de Emmanuel Kant (1724-1804), filósofo alemão.

Kelvin, s. m. *Fís*. Intervalo unitário de temperatura na escala absoluta de temperatura; grau Kelvin, grau absoluto. Símbolo: K.

Képler, adj. (de *Kepler*, n. p.). A quarta mancha da Lua.

Kepleriano, adj. (de *Kepler*, n. p.). Que se refere a Johannes Kepler (1571-1630), astrônomo alemão.

Kibutz, s. m. (hebr. *qibbus*). Fazenda ou colônia coletiva em Israel, cuja organização se baseia na cooperação voluntária e gratuita dos co-proprietários contra garantia da subsistência para as famílias cooperadoras. Pl.: *kibutzim*.

Kirie, s. m. (gr. *kurios*). 1. Parte da missa em que três vezes se invoca a Deus: Senhor, tem piedade (*quirieléison*). 2. Música sobre essas palavras.

Kit, s. m. (t. ingl.). Caixa ou estojo contendo materiais diversos, como utensílios ou petrechos, peças, ferramentas etc.

Know-how (*nôu-ráu*), s. m. (t. ingl.). 1. Designa os conhecimentos técnicos, culturais e administrativos. 2. Habilidade.

Kodachrome, s. m. Nome comercial de filmes especiais para fotografias em cores.

Koji, s. m. (jap. *koji*). Fermento japonês de arroz, inoculado com espórios do fungo *Aspergillus oryzae*, no qual se pode desenvolver um micélio. 2. Enzima preparada de koji, semelhante à diástase de malte.

Kremlin, s. m. (de *Kremlin*, n. p.). 1. Cidadela, fortaleza entre os povos eslavos. 2. Antiga fortaleza em Moscou, outrora residência dos czares e, hoje, sede do governo soviético. 3. Governo soviético.

Ku-Klux-Klan, s. m. Sociedade secreta, ultra-reacionária, do Sul dos Estados Unidos, fundada em Pulaski, no Tennessee, em 1865, destinada a manter a supremacia dos brancos sobre os cidadãos de raça negra e, mais tarde, sobre os judeus e católicos.

Kulturkampf, s. m. (t. alem.). *Polít*. Conflito entre o governo civil e as autoridades eclesiásticas, desencadeado na Alemanha por Bismarck, especialmente por causa do controle da educação e nomeação de dignitários.

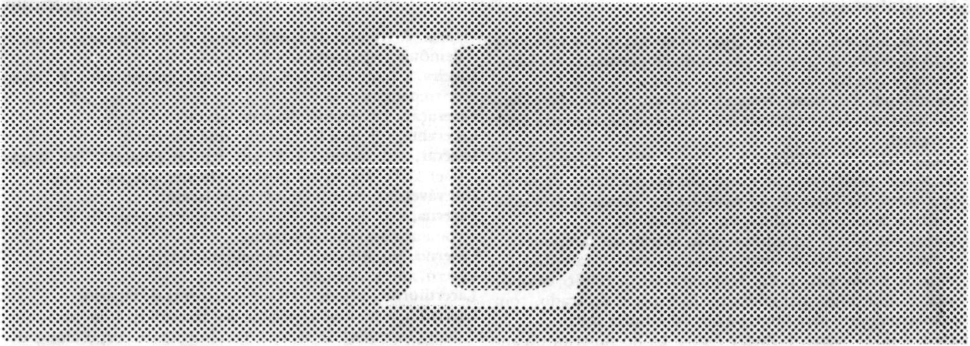

L *(ele),* Símbolo da undécima letra do alfabeto português. Consoante constritiva, lateral, sonora. Num. Undécimo, numa série indicada pelas letras do alfabeto.

L, num. Símbolo numérico que vale 50 na numeração romana.

La, pron. (1. *illa*). Fem. de *lo,* forma arcaica do pron. pess. oblíquo da 3ª pess., ainda hoje usada depois de formas verbais terminadas em *r, s* ou *z,* depois dos pronomes *nos* e *vos* e do adv. *eis.*

Lá¹, s. m. (ital. *la*). *Mús.* 1. Sexta nota da escala musical. 2. Sinal que representa esta nota. 3. Nome vulgar da segunda corda nos violinos e da prima nas violetas, violoncelos e rabecões.

Lá², adv. (1. *illac*). 1. Ali, naquele lugar. 2. Algures, entre eles, naquele país. 3. Àquele ou para aquele lugar. 4. Aí, nesse lugar. 5. Ao longe ou para longe. 6. Nesse tempo: Daqui até *lá* terão demolido o templo.

Lã, s. f. (l. *lana*). 1. Pêlo animal, especialmente de ovelhas e carneiros. 2. Fazenda ou tecido feito desse pêlo. 3. *Bot.* Lanugem de certas plantas. 4. Carapinha. 5. Algodão em rama, no sertão de Pernambuco e dos Estados vizinhos. S. f. pl. 1. Tecidos de lã. 2. Artigos de lã.

Labaça¹, s. f. (1. **lapathia*). *Bot.* Arbusto da família das Poligonáceas *(Rumex crispus),* de raízes e folhas comestíveis.

Labaça², s. f. Suplemento de madeira que se prega nas faces das cavernas dos barcos e navios, para receber o tabuado que nele se coloca.

Labaçal, s. m. Terreno onde crescem labaças.

Labaçol, s. m. *Bot.* Variedade de labaça.

Laba-laba, s. f. *Bot.* Árvore voquisiácea (*Qualea rosea*). Pl.: *labas-labas.*

Labão, s. m. Homem de armas, na China antiga.

Labareda, s. f. (cast. *llamarada*). 1. Grande chama, língua de fogo. 2. Intensidade, vivacidade. 3. A maior força de um sentimento; paixão, fogo, ardor. 4. Impetuosidade. S. m. *Pop.* Homem azafamado. Var.: *lavareda.*

Lábaro, s. m. 1. Estandarte romano ao tempo do Império. 2. Bandeira, estandarte, pendão.

Labelado, adj. 1. Em forma de lábio. 2. Dividido em lábios.

Labelo, s. m. (1. *labellu*). 1. Pequeno lábio. 2. *Zool.* Bordo revirado da concha de certos moluscos. 3. *Entom.* Diminuto lobo situado abaixo do labro dos insetos.

Labéu, s. m. (1. **labellu,* de *labes*). Desdouro, desonra, mancha infamante.

Lábia, s. f. 1. Falas melífluas para embair alguém, ou captar agrado ou favores: verbosidade; loquacidade. 2. Astúcia, manha, esperteza.

Labiadas, s. f. pl. *Bot.* Família *(Labiatae)* de ervas, arbustos e raramente árvores, na maioria aromáticas, da ordem das Polemoniales. S. f. Espécime dessa família.

Labiado, adj. 1. Que tem lábios. 2. *Biol.* Semelhante a lábio em estrutura ou função. 3. Que tem margens grossas e carnudas. 4. *Bot.* Cuja corola tubular ou cálice tem limbo dividido em duas partes desiguais. S. m. pl. *Zool.* Animais de lábios alongados, grossos ou de cor diferente da do resto do corpo.

Labial, adj. m. e f. 1. Que diz respeito ou pertence aos lábios: Músculo *labial.* 2. *Gram.* Que se pronuncia com os lábios, como as consoantes *p, b* etc. S. f. Fonema ou letra labial.

Labializar, v. Tr. dir. 1. *Gram.* Tornar labial um fonema vizinho. 2. Pronunciar com os lábios.

Lábil, adj. m. e f. 1. *Poét.* Propenso a escorregar, errar ou cair. 2. Transitório. 3. *Quím., Fís., Geol.* Instável. 4. *Biol.* Diz-se de célula de capacidade reprodutora permanente. 5. *Psicol.* Instável nas emoções ou no comportamento.

Lábio, s. m. (1. *labiu*). 1. *Anat.* Cada uma das duas bordas móveis que contornam a abertura bucal; beiço. 2. Parte ou objeto que se assemelha a lábio. S. m. pl. 1. A boca. 2. Linguagem, falas, palavras. 3. *Cir.* As duas extremidades de uma ferida simples. 4. *Bot.* Os dois lóbulos de uma corola labiada.

Labiodental, adj. m. e f. *Gram.* Diz-se das consoantes *f* e *v* , que se pronunciam pela fricção do lábio inferior na arcada dentária superior.

Labionasal, adj. m. e f. *Gram.* Diz-se do fonema *m,* por ser pronunciado com os lábios e com ressonância nasal.

Labioso¹, adj. *(lábia+oso).* Que que tem ou em que há lábia; astucioso, manhoso.

Labioso², adj. *(lábio²+oso).* De lábios grandes; beiçudo.

Labiríntico, adj. (1. *labyrinthicu*). 1. Que diz respeito a labirinto. 2. Em forma de labirinto. 3. Confuso, enredado, intricado, tortuoso.

Labirintiforme, adj. m. e f. 1. Que tem forma de labirinto. 2. *Anat.* Diz-se de órgão ou parte do corpo com anfractuosidades estreitas e sinuosas.

Labirinto, s. m. (gr. *laburinthos*). 1. Edifício com divisões tão complicadas que é dificílimo achar-lhe a saída. 2. Coisa complicada, grande embaraço, meada de difícil desenredo. 3. *Anat.* Ouvido interno, constituído pela cóclea, vestíbulo e canais semicirculares.

Labor, s. m. (1. *labore*). Faina, lavor, trabalho, Pl.: *labores.*

Laboração, s. f. *(laborar+ção).* 1. Ato ou efeito de laborar. 2. Trabalho, usinagem.

Laborar, v. (1. *laborare*). 1. Tr. ind. e intr. Trabalhar, lidar. 2. Intr. Exercer o seu mister, fazer o seu efeito. 3. Tr. dir. Cultivar (a terra) com os instrumentos agrícolas.
L. em erro, em equívoco: errar de boa-fé; enganar-se.

Laboratorial, adj. m. e f. Que se refere a laboratório.

Laboratório, s. m. (1. *laboratoriu*). 1. Lugar de trabalho e investigação científica. 2. Oficina de químico ou de farmacêutico. 3. Lugar de grandes operações ou de transformações notáveis. 4. Parte de um forno de revérbero onde se efetuam as trocas de calor ou as reações químicas.

Laboratorista, s. m. e f. Quem trabalha em laboratório.

Laboriosidade, s. f. Qualidade de laborioso.

Laborioso, adj. (1. *laboriosu*). 1. Que labora, amigo de trabalhar. 2. Trabalhoso. 3. Industrioso, ativo, diligente, incansável: Funcionário *laborioso.* 4. Difícil, penoso: Parto *laborioso.* Antôn. (acepções 1, 2 e 3): *preguiçoso;* (acepção 4): *fácil, simples.*

Laborismo, s. m. *Polít.* Movimento operário inglês, fundado e organizado em bases ideológico-políticas, socialistas, reformistas, não marxistas e classistas, consubstanciado no atual Partido Trabalhista Inglês.

Laborista, adj. e s., m. e f. 1. Que, ou pessoa que se relaciona ao laborismo. 2. Que, ou pessoa que é partidária do laborismo, ou do Partido Trabalhista Inglês.

Laborterapia, s. f. *(labor+terapia). Med.* Tratamento de enfermidades nervosas e mentais pelo trabalho; terapêutica ocupacional.

Labradorita, s. f. *(Labrador,* n. p. *+ita). Miner.* Variedade de feldspato, pertencente ao grupo dos plagioclásios, de variadas cores, do marrom ao esverdeado, formada por uma mistura de anortita e albita. Var.: *lavradorita.*

Labrego *(ê),* adj. 1. *Pej.* Aplica-se ao aldeão ou camponês. 2. Grosseiro, malcriado, sem educação. Antôn. (acepção 2): *delicado, polido.* S. m. 1. *Pej.* Homem rústico, aldeão, camponês. 2. Indivíduo mal-educado. 3. Espécie de arado, com um varredouro, para limpar a terra das raízes soltas.

Labro, s. m. (1. *labru*). 1. *Zool.* e *Entom.* Lábio superior ou anterior de insetos e crustáceos e certos artrópodes, que consiste em uma só peça média ou aba, imediatamente em frente ou acima das mandíbulas. 2. *Zool.* Margem externa de uma concha gastrópode. 3. *Zool.* Lábio de um aracnídeo. 4. *Ictiol.* Gênero típico *(Labrus)* da família dos Labrídeos, que inclui peixes conhecidos no Brasil como *papagaio* e *peixe-rei.*

Labroso, adj. (1. *labrosu*). *Zool.* Designativo da concha univalve cuja abertura é espessa e revirada.

Labrosta, adj. m. e f. e s. m. Labrego, rústico. Var.: *labroste.*

Labroste, adj. m. e f. e s. m. V. *labrosta.*

Labrusco, adj. (l. *labruscu*). 1. Grosseiro. 2. Imbecil. 3. Agreste, inculto, silvestre.

Laburno, s. m. *Bot.* Planta ornamental (*Cytisus laburnum*), da família das Leguminosas.

Labuta, s. f. 1. V. *labutação.* 2. Faina, lida, trabalho.

Labutação, s. f. Ato ou efeito de labutar.

Labutar, v. (corr. do l. *laborare?*). 1. Tr. ind. Trabalhar intensamente e com perseverança; laborar, lutar. 2. Tr. ind. Esforçar-se; lidar, pugnar. 3. Intr. Funcionar com grande atividade.

Labuzar, v. V: *lambuzar.*

Laca, s. f. (ár. *lakh,* e este do persa). 1. Verniz da China, preto ou vermelho. 2. Resina ou fécula vermelha extraída das sementes de algumas plantas leguminosas.

Laçaço, s. m. Golpe dado com um açoite qualquer (laço, corda).

Laçada, s. f. 1. Nó corredio, laço que se desata facilmente. 2. *Náut.* Nó direito, dado no cabo. 3. *Gír.* Ardil, armadilha.

Laçador, adj. s. m. Diz-se de, ou quem maneja bem o laço.

Lacaiada, s. f. 1. Ajuntamento ou grupo de lacaios. 2. Os lacaios. 3. Ação ou dito próprio de lacaio.

Lacaiesco *(ê),* adj. 1. Que se refere a lacaio. 2. Próprio de lacaio.

Lacaio, adj. (cfr. com o cast. *lacayo*). Indecente, licencioso. S. m. 1. Criado que, com libré ou sem ela, acompanhava o amo em seus passeios ou viagens. 2. Homem sem dignidade. 3. Homem amouco, servil. 4. Quartzo cor de fumaça.

Lacão[1], adj. e s. m. O mesmo que *lacedemônio.*

lacão[2], s. m. *Ant.* Presunto; pernil de porco.

lacar, v. *(laca+ar).* Tr. dir. Revestir com laca.

laçar, v. *(laço+ar).* 1. Tr. dir. Capturar com laço. 2. Tr. dir. O mesmo que *enlaçar.* 3. Pron. Apertar-se com laço; enforcar-se. 4. Intr. Manejar o laço.

Lácar, s. m. *Ant.* Lacre.

Laçarada, s. f. Conjunto de laços para enfeite. Var.: *laçarotes.*

Laçaria, s. f. 1. Conjunto de laços ou de fitas enlaçadas. 2. *Arquit.* Laços entalhados. 3. *Arquit.* Ornamentos, esculpidos ou pintados, compostos de flores, frutos e outros objetos agrupados e presos por laços de fitas.

Laçarote, s. m. Laço vistoso. S. m. pl. Grande porção de laços ou enfeites espalhafatosos, laçarada.

Laçarrão, s. m. 1. Grande laço; lação. 2. Laço muito vistoso para enfeite.

Lacear, v. 1. Tr. dir. Enfeitar com laços. 2. Intr. *Pop.* Estirar, dar de si.

Lacedemônio, adj. 1. Que diz respeito à Lacedemônia ou Esparta. 2. Natural da Lacedemônia. S. m. O natural da Lacedemônia; espartano.

Laceira, s. f. (de *laço*). 1. Rama de cipós entrelaçados. 2. Festão de trepadeiras.

Laceração, s. f. Ato ou efeito de lacerar.

Lacerante, adj. m. e f. O mesmo que *dilacerante.*

Lacerar, v. (l. *lacerare*). 1. Tr. dir. e pron. Dilacerar(-se), rasgar (-se). 2. Tr. dir. Afligir profundamente, magoar, pungir.

Lacerável, adj. m. e f. Que se pode lacerar.

Lacerna, s. f. *Ant. rom.* Gabão de estofo espesso de lã, que os romanos usavam no inverno.

Lacerno, adj. Relativo ou semelhante a lacerna.

Lácero, adj. V. *lacerado.*

Lacertiforme, adj. m. e f. Que tem forma de lagarto.

Lacertílio, s. m. *Zool.* Espécime dos lacertílios. S. m. pl. Subordem *(Lacertilia)* de répteis, geralmente de corpo alongado, pequenas escamas, patas pentadátilas, que compreende os lagartos, varanos, gecos, iguanas e camaleões.

Lacertinos, s. m. pl. *Zool.* O mesmo que *Lacertílios.*

Lacetano, adj. Relativo à Lacetânia, território da Espanha Tarraconense, atuais províncias de Lérida e Barcelona. S. m. Habitante ou natural desse território.

Lacete *(ê),* s. m. (de *laço*). 1. Laço pequeno. 2. Curva e contracurva de uma estrada. 3. Parte da fechadura, por onde passa a lingüeta.

Lacínia, s. f. (1. *lacinia*). 1. Corte longo, irregular e estreito. 2. *Bot.* Segmento estreito de uma folha ou pétala profundamente recortada. 3. *Entom.* Uma das peças, achatada, lancetiforme, que compõe as maxilas dos insetos.

Laço, s. m. (1. v. **laceu,* 1. *laqueu*). 1. Nó corredio, que se desata com facilidade. 2. Laçada. 3. Armadilha de caça. 4. Corda de couro cru trançado, de 15 a 25 metros de comprimento, com uma argola corredia em uma das extremidades, usada para apanhar reses em campo aberto. 5. Estratagema, traição, trapaça. 6. Aliança, compromisso, liga. 7. União, prisão, vínculo.

Lacomancia, s. f. Suposta adivinhação por meio de dados.

Lacomante, s. m. e f. Quem pratica a lacomancia.

Lacônico, adj. Breve, conciso; dito ou escrito em poucas palavras, segundo o estilo dos habitantes da Lacônia. Antôn.: *longo, prolixo.*

Lacônio, adj. (l. *laconiu*). 1. O mesmo que *lacônico* (falando do estilo). 2. Referente à Lacônia. S. m. 1. O natural da Lacônia; espartano, lacedemônio. 2. *Lingüíst.* Dialeto da Lacônia.

Laconismo, s. m. (gr. *lakonismo).* 1. Modo lacônico de escrever ou falar. 2. *Lit.* Estilo lacônico; concisão, brevidade. Antôn.: *prolixidade.*

Laconizar, v. (gr. *lakonizein*). 1. Tr. dir. Expor em estilo lacônico; sintetizar: *Laconizou a narrativa.* 2. Intr. Falar laconicamente.

Lacrador, adj. Que lacra. S. m. O encarregado de lacrar garrafas, nos armazéns de vinho.

Lacraia, s. f. 1. Lacrau pequeno. 2. O mesmo que *centopéia.* 3. Espécie de canoa. 4. O mesmo que *tamarutaca.*

Lacrar, v. Tr. dir. 1. Aplicar lacre em, fechar com lacre: *Lacrar uma carta.* 2. Colocar e autenticar, por meio de um selo de chumbo, a chapa numérica de identificação de automóveis.

Lacre, s. m. (de *laca*). 1. Substância resinosa misturada com outra corante e que se usa para garantir a inviolabilidade do fecho em cartas, garrafas, pacotes etc. 2. Nome vulgar do jaspe vermelho.

Lacreada, s. f. Ornato feito com esmalte, pintura ou verniz de laca.

Lacrear, v. *(lacre+ear).* Tr. dir. 1. Dar cor de lacre a. 2. Ornar com lacre ou cores de lacre.

Lacrimação, s. f. Derramamento de lágrimas.

Lacrimal, adj. m. e f. 1. Relativo às lágrimas. 2. Relativo ou pertecente aos órgãos que segregam as lágrimas. 3. Situado perto desses órgãos. S. f. Pequena nascente de água. S. m. Pequeno osso no interior da órbita dos mamíferos; ungüe.

Lacrimante, adj. m. e f. O mesmo que *lacrimoso.*

Lacrimar, v. Intr. *Poét.* O mesmo que *chorar.*

Lacrimatório, adj. 1. Relativo a lágrimas; lacrimal. 2. Que causa secreção de lágrimas. S. m. Vaso de vidro que se colocava nas sepulturas romanas e que se supunha guardar as lágrimas dos visitantes. Var.: *lagrimatório.*

Lacrimável, adj. m. e f. *Des.* Lamentável, lastimável.

Lacrimejante, adj. m. e f. Que lacrimeja.

Lacrimejar, v. (1. *lacrima+ejar*). O mesmo que *lagrimejar.*

Lacrimogêneo, adj. Que provoca lágrimas, que faz chorar.

Lacrimoso, adj. 1. Que chora. 2. Lastimoso. 3. Aflito. Antôns.: *sorridente, risonho.*

Lacrimotomia, s. f. *Cir.* Incisão na glândula, no saco ou no ducto nasolacrimais.

Lactação, s. f. 1. Ato ou efeito de lactar. 2. Secreção e excreção do leite.

Lactante, adj. m. e f. 1. Que lacta. 2. Que dá ou produz leite. S. f. Mulher que amamenta. S. m. e f. V. *Lactente.*

Lactar, v. (1. *lactare*). 1. Tr. dir. Aleitar, amamentar. 2. Intr. Mamar. Antôns.: *ablactar, desmamar.*

Lactário, adj. (1. *lactariu*). 1. Que segrega leite ou suco leitoso. 2. Que diz respeito ao leite ou à amamentação. S. m. Estabelecimento onde se fornece leite gratuito às crianças pobres.

Lactase, s. f. *Quím.* Enzima intestinal que desdobra a lactose em glicose e galactose.

Lactato, s. m. (1. *lacte*). *Quím.* Nome genérico dos sais ou ésteres dos ácidos lácticos.

Lactente, adj. e s., m. e f. (1. *lactente*). Que, ou quem ainda mama; criança de peito; lactante.

Lácteo, adj. (1. *lacteu*) 1. Que se refere ao leite. 2. Com aspecto de leite; leitoso. 3. Que tem ou produz leite. Var.: *láteo.*

Lactescência, s. f. 1. Qualidade dos líquidos lactescentes. 2. Semelhança com o leite. Var.: *latescência.*

Lactescente, adj. m. e f. 1. Que segrega leite. 2. *Bot.* Que segrega um suco leitoso ou látex. 3. Que tem aspecto de leite.

Lacticínio, s. m. 1. Preparado alimentício feito com leite ou em que entra o leite como elemento principal. 2. Tudo que se relaciona com a indústria do leite. Var.: *laticínio.*

Lacticinoso, adj. Lácteo, lactescente, leitoso.

Láctico, adj. 1. Relativo ao leite. 2. *Quím.* Diz-se do ácido láctico ($C_3H_6O_3$), empregado na tintura de tecidos.

Lacticolor, adj. m. e f. Da cor do leite.

Lactífago, adj. 1. Que se alimenta principal ou exclusivamente de leite. 2. Que gosta muito de leite; galactófago.

Lactífero, adj. 1. *Anat.* Diz-se dos canalículos que conduzem o leite aos mamilos; galactóforo. 2. Que produz leite, suco leitoso ou látex.

Lactífugo, adj. Que faz secar o leite às mulheres. S. m. *Med.* Agente que detém a secreção do leite.

Lactígeno, adj. Que produz ou segrega leite; galactagogo.

Lactômetro, s. m. Instrumento para medir a densidade ou peso específico do leite; galactômetro.

Lactose, s. f. *Quím.* Açúcar dissacáride, dextrogiro $C_{12}H_{22}O_{11}$, presente no leite.

Lactucário, s. m. *Farm.* Suco leitoso do caule de diversas espécies de alfaces, usado como hipnótico e sedativo.

Lacuna, s. f. (1. *lacuna*). 1. Espaço vazio, ou em branco, onde normalmente não devia existir; falha, vazio, omissão, hiato. 2. Pequena abertura, cavidade ou depressão. 3. *Biol.* Espaço intercelular. 4. *Anat.* Cavidade óssea, seio.

Lacunar, adj. m. e f. 1. Relativo a lacuna. 2. Que tem lacunas; lacunoso.

Lacunari, s. m. *Ictiol.* Peixe ciclídeo; tucunaré.

Lacunário, s. m. *Arquit.* 1. Vazio entre as vigas cruzadas de um teto. 2. Caixotão.

Lacunoso, adj. V. *Lacunar.*

Lacustre, adj. m. e f. 1. Que pertence ou se refere a um lago. 2. Que vive ou cresce nos lagos ou lagoas, ou à beira deles: Planta *lacustre.* 3. Que está sobre um lago. S. m. pl. Povos que viviam em habitações sobre lagos.

Lada, s. f. (de *lado*). 1. Faixa de rio navegável e paralela à margem. 2. Pequena corrente de água.

Ladainha *(a-i),* s. f. (1. *litania*). 1. Série de curtas invocações em honra de Deus, da Virgem ou dos santos. 2. Enumeração ou relação fastidiosa, lengalenga. 3. Discurso longo e fastidioso.

Ladairo, s. m. Procissão votiva de penitência.

Ladanífero, adj. Que produz ládano.

Ládano, s. m. 1. *Bot.* V. *esteva*[2]. 2. Oleorresina mole, que se extrai do xisto de Creta.

Ladeamento, s. m. Ato de ladear.

Ladear, v. *(lado+ear).* 1. Tr. dir. Acompanhar, indo ao lado. 2. Tr. dir. Correr em paralelo a. 3. Tr. dir. Atacar de lado; flanquear. 4. Tr. dir. Contornar. 5. Tr. dir. Fugir a, não tratar diretamente, tergiversar acerca de. 6. Intr. *Equit.* Andar para os lados, andar de través (o cavalo).

Ladeira, s. f. 1. Declive, encosta, inclinação de terreno. 2. Designação de via pública em forte declive. 3. Inclinação, tendência.

Ladeirento, adj. 1. Em que há ladeira; declivoso, íngreme. 2. Em que há muitas ladeiras: Zona *ladeirenta.*

Ladeiro, adj. 1. Que está ao lado. 2. Que pende para o lado. 3. Diz-se de um prato pouco fundo. S. m. O mesmo que *ladeira.*

Ladeiroso, adj. V. *ladeirento.*

Ladino, adj. (1. *latinu*). 1. Ardiloso, astuto, finório, manhoso. 2. Genuíno, puro. S. m. 1. Mestiço ou negro que aprendia e sabia qualquer ofício ou arte. 2. *Lingüíst.* V. *judeu-espanhol.*

Lado, s. m. (1. *latu*). 1. Parte direita ou esquerda do corpo do homem ou dos animais. 2. Parte direita ou esquerda do corpo humano compreendida entre a espádua e as ancas: Uma dor no *lado.* 3. Flanco, ilharga. 4. Superfície ou parte de superfície direita ou esquerda de um objeto. 5. Porção externa de uma coisa voltada para certa direção: *Lado* de cima. 6. Cada uma das superfícies de um objeto de pouca espessura. 7. *Geom.* Qualquer das faces de um sólido.

Ladra, adj. e s. f. (de *ladro*). Fem. de *ladrão.* S. f. Mulher que furta ou rouba.

Ladrado, s. m. 1. *Pop.* Ladrido, latido. 2. Maledicência.

Ladrador, adj. e s. m. (1. *latratore*). Que, ou o que ladra.

Ladrão, adj. e s. m. (1. *latrone*). 1. Que, ou aquele que furta ou rouba. 2. Que, ou aquele que de qualquer maneira fraudulenta se apodera do alheio; defraudador, espoliador, esbulhador, despojador. 3. Maroto, tratante. S. m. 1. Cano ou orifício das caixas de água por onde se escoa o excedente do líquido; tubo de descarga. 2. Vaso onde se recolhe o líquido que excede de um recipiente. 3. Broto que, nas plantas, nasce abaixo do enxerto. 4. Rebento vegetal que prejudica o desenvolvimento da planta. Fem.: *ladra, ladrona, ladroa;* aum.: *ladravão, ladravaz, ladroaço, ladronaço.*

Ladrar, v. (1. *latrare*). 1. Intr. Dar ladridos ou latidos (o cão). 2. Intr. *Pop.* Gritar esganiçando-se. 3. Intr. Gritar em vão. 4. Tr. dir. Proferir com violência: *Ladrar maldições, pragas* etc.

Ladravaz, s. m. (de *ladrão*). 1. Grande ladrão. 2. Grande patife; ladravão.

Ladriço, s. m. Corda com que se prende ao travão o pé do cavalo.

Ladrido, s. m. O mesmo que *latido.*

Ladrilhado, adj. Revestido ou pavimentado de ladrilhos.

Ladrilhador, adj. e s. m. Que, ou o que ladrilha; assentador de ladrilhos.

Ladrilhar, v. 1. Tr. dir. Revestir ou pavimentar com ladrilhos; colocar, assentar ladrilhos. 2. Intr. Exercer o ofício de ladrilheiro ou ladrilhador.

Ladrilheiro, s. m. (*ladrilho + eiro*). 1. Indivíduo que fabrica ou que vende ladrilhos. 2. Profissional que assenta ladrilhos.

Ladrilho, s. m. (l. *latericulu*). 1. Peça de barro cozido, para pavimentos. 2. Aquilo que tem forma ou aparência de ladrilho. 3. Variedade de bolos secos. — *L. hidráulico*: ladrilho de cimento, feito na prensa hidráulica. *L. vidrado*: ladrilho com a face externa vidrada.

Ladro[1], adj. e s. m. (l. *latro*). 1. Que, ou o que é ladrão. 2. Diz-se da, ou a variedade de piolho (*Pediculus pubis*), vulgarmente denominado *chato.*

Ladro[2], s. m. (de *ladrar*). O mesmo que *ladrido* e *latido.*

Ladroaço, s. m. Grande ladrão; ladravaz.

Ladroagem, s. f. (de *ladrão*[1]). 1. Vício de roubar. 2. Ladroeira, ladroíce. 3. A classe dos ladrões.

Ladroar, v. O mesmo que *roubar*.

Ladroeira, s. f. 1. Ato ou efeito de roubar; roubo. 2. Esconderijo de ladrões. 3. Extorsão. 4. Descaminho de valores.

Ladroeirar, v. Intr. Fazer ladroeira.

Ladroeiro, s. m. *Agr.* Rebento que prejudica o desenvolvimento da planta.

Ladroíce, s. f. V. *ladroeira*.

Lagamar, s. m. (*lago* + *mar*). 1. *Náut.* Lugar onde, em qualquer tempo, se pode fundear com toda a segurança. 2. Lagoa de água salgada. 3. Cova no fundo de um rio ou do mar. 4. Pego.

Lagão, s. m. Embarcação indiana, espécie de galera.

Lagar, s. m. (de *lago*). 1. Espécie de tanque no qual se espremem e reduzem a líquido certos frutos. 2. Estabelecimento com a aparelhagem necessária a esse trabalho.

Lagarada, s. f. 1. Quantidade de frutos que se deita de uma vez no lagar. 2. Conteúdo do lagar, a massa e o mosto.

Lagaragem, s. f. (de *lagar*). 1. Conjunto das operações no lagar com as uvas, azeitonas etc. 2. Maquia paga ao dono do lagar, pela moedura de azeitonas ou de uvas.

Lagareiro, adj. Que se refere a lagar. S. m. 1. Indivíduo que trabalha em lagares. 2. Dono de lagar.

Lagariça, s. f. Pequeno lagar.

Lagariço, adj. 1. Próprio de lagar. 2. Que diz respeito a lagar. S. m. Vaso onde se espremem frutos.

Lagarta, s. f. (de *lagarto*). 1. *Zool.* Larva dos insetos lepidópteros ou borboletas. 2. *Mec.* Cada uma das esteiras sem-fim de placas de ferro articuladas, que exercem a função de rodas em tratores pesados e tanques de guerra.

Lagartear, v. Intr. 1. Pôr-se ao sol, como o lagarto, para aquecer-se. 2. Tomar (a montaria) o andar lagarteado, também chamado *andadura*.

Lagarteiro, adj. (de *lagarto*). *Pop.* Astuto, manhoso, mentiroso.

Lagartixa, s. f. (der. de *lagarto*; conforme o cast. *lagartija*). 1. *Zool.* Nome comum de pequenos lacertílios da família dos Geconídeos, que costumam andar pelas paredes, caçando insetos; sardanisca. 2. *Gír. mil.* Divisa. 3. Pessoa magra e feia. 4. Mulher magra e de porte flexível.

Lagarto, s. m. (l. v. **lacartu* por *lacertu*). 1. *Zool.* Denominação comum dada aos répteis da subordem dos Lacertílios, como o teiú. 2. Corte de carne retirada da parte posterior da coxa do boi. 3. Barriga da perna. 4. O bíceps.

Lagena, s. f. (l. *lagena*). 1. Vaso de barro com asas. 2. *Zool.* Excrescência arredondada do sáculo, no ponto terminal da cóclea.

Lageniforme, adj. m. e f. Que se assemelha a uma garrafa, bilha ou cabaça.

Lagênula, s. f. 1. Pequena lagena. 2. *Bot.* Trepadeira da Cochinchina, cujo fruto parece uma pequena garrafa.

Lago, s. m. (l. *lacu*). 1. *Geogr.* Porção de água cercada de terras. 2. Tanque de jardim. 3. Grande porção de líquido derramado no chão; poça.

Lagoa, s. f. (l. *lacuna*). 1. Pequeno lago. 2. Porção de águas estagnadas ou pantanosas. 3. Charco, pântano, paul.

Lagocéfalo, adj. *Zool.* Que tem focinho como o da lebre, isto é, com o lábio superior fendido.

Lagoeiro, s. m. Água de chuva depositada em depressões de terreno.

Lagópode, adj. e. s., m. e f. *Zool.* Que, ou o que tem patas semelhantes às da lebre.

Lagosta (*ô*), s. f. *Zool.* Nome comum a vários crustáceos decápodes macruros, marinhos, da família dos Palinurídeos.

Lagostim, s. m. *Zool.* 1. Nome comum a vários crustáceos decápodes macruros, marinhos, que lembram as lagostas, mas sem as longas antenas daquelas. 2. *Pop.* Pequena lagosta.

Lágrima, s. f. (l. *lacrima*). 1. *Anat.* Gota do líquido segregado pelas glândulas lacrimais. 2. Gota ou pingo de qualquer líquido. 3. *Arquit.* Ornato em forma de lágrimas. 4. Suco destilado por várias árvores e plantas. 5. Resina ou goma que aparece no tronco de algumas árvores. 6. Pequena porção.

Lagrimação, s. f. Lacrimação.

Lagrimal, adj. m. e f. V. *lacrimal*. S. m. Pequena nascente de água.

Lagrimante, adj. m. e f. Lacrimante.

Lagrimar, v. Intr. *Poét.* Deitar lágrimas; chorar.

Lagrimejar, v. Intr. 1. Deitar algumas lágrimas; choramingar. 2. Gotejar, pingar. Var.: *lacrimejar*.

Lagrimoso, adj. Lacrimoso.

Laguna, s. f. (ital. *laguna*). 1. Canal ou braço de mar pouco profundo entre ilhas ou entre bancos de areia. 2. Espraiamento ou expansão de rio.

Lai, s. m. (fr. *lai*, do irl. *laid*). Pequeno poema medieval, narrativo ou lírico.

Laia, s. f. *Pop.* Casta, qualidade, feitio, espécie, raça, jaez.

Laical, adj. m. e f. 1. Próprio de leigo. 2. Relativo a leigo. 3. Que não se refere à classe eclesiástica; secular: Ensino *laical*.

Laicalismo, s. m. 1. Atribuições estranhas ao poder eclesiástico; secularismo. 2. Procedimento laical.

Laicidade, s. f. Qualidade de laico.

Laicificar, v. V. *laicizar*.

Laicismo, s. m. Rejeição do clericalismo, isto é, da influência do clero na vida pública; secularismo anticlerical.

Laicização, s. f. Ato de laicizar.

Laicizar, v. (l. *laicu*). Tr. dir. 1. Subtrair à influência religiosa ou eclesiástica (organização do Estado, programas escolares etc.). 2. Tirar o caráter religioso a.

Laico, adj. (l. *laicu*, gr. *laikos*). 1. V. *leigo*. 2. Secular, por oposição a eclesiástico: Ensino *laico*.

Lais, s. m. *Náut.* Ponta da verga. Pl.: *laises*.

Laitu, s. m. *Ictiol.* Peixe siluriforme pimelodídeo da Amazônia.

Laivar, v. (*laivo* + *ar*). Tr. dir. 1. Pôr laivos em. 2. Sujar, besuntar.

Laivo, s. m. 1. Mancha, nódoa, pinta. S. m. pl. 1. Vestígios, mostras. 2. Ligeiras noções; rudimentos.

Lajão, s. m. Laje grande.

Laje, s. f. (l. hispânico *lagena*, do céltico?). 1. Pedra de superfície plana, de pouca espessura, que serve para cobrir pavimentos, sepulturas etc. 2. Qualquer pedra lisa, chata e larga, de grandes dimensões. 3. *Constr.* Bloco de concreto armado, formando um piso, especialmente cada um dos que separam os andares de um prédio. Var.: *laja, lájea* e *lajem*.

Lajeado, adj. (de *lajear*). Coberto de lajes. S. m. Pavimento coberto de lajes; lajedo, lajeiro.

Lajeador, adj. e s. m. Que, ou aquele que lajeia; assentador de lajes.

Lajeamento, s. m. 1. Ato ou efeito de lajear. 2. Pavimento coberto de lajes; lajeado.

Lajear, v. 1. Tr. dir. Cobrir com lajes, assentar lajes; fazer o pavimento de: *Lajear passeios*. 2. Pron. Cobrir-se de lajes.

Lajedo (*ê*), s. m. 1. Lugar onde há muitas lajes. 2. Piso revestido de lajes. 3. Laje muito extensa.

Lajeiro, s. m. (de *laje*). 1. Afloramento de granito e quartzo, mais ou menos extenso. 2. Lajeado.

Lajem, s. f. 1. O mesmo que *laje*. 2. Trecho de rio obstruído por grande quantidade de pedras.

Lajeola, s. f. Pequena laje.

Lajeoso, adj. Em que há lajes.

Lama[1], s. f. (l. *lama*). 1. Mistura de terra, ou argila, e água; lodo. 2. Labéu. 3. Miséria. S. m. *Pop.* Homem fraco, sem energia. S. f. pl. Lodo ou sedimentos de nascentes minerais, empregados na cura de algumas doenças (gota etc.).

Lama[2], s. f. (fr. *lama*). V. *lhama*.

Lama[3], s. m. (tibetano *blama*, com o *b* mudo). Sacerdote do lamaísmo. — *Grão-lama*: chefe do lamaísmo.

Lamaçal, s. m. (de *lama*[1]). 1. Lugar em que há muita lama. 2. Atoleiro, lameiro, lodaçal. 3. Coisa sórdida, desprezível.

Lamaceiro, s. m. V. *lamaçal*.

Lamacento, adj. (de *lamaçal*). 1. Semelhante à lama. 2. Em que há muita lama; lodoso. 3. Que se refere a lama; mole como a lama.

Lamaico, adj. (l. *lama*[3]). Que diz respeito ao lamaísmo.

Lamaísmo, s. m. (*lama*[3] + *ismo*). Forma do budismo no Tibete, Mongólia e China do Norte, caracterizada pela presença de elementos ritualísticos e de práticas xamanísticas.

Lamaísta, s. m. e f. (*lama*[3] + *ista*). Pessoa sectária do lamaísmo.

Lâmane, adj. m. e f. Que se refere aos lâmanes, casta indiana, que se dedica ao transporte de mercadorias em bois.

Lamarão, s. m. (de *lama*[1]). 1. Grande lamaçal. 2. Lodo que a baixa-mar deixa a descoberto.

Lamarckismo, s. m. *Biol.* Teoria de Lamarck, segundo a qual a variação das espécies se daria pelo desenvolvimento ou atrofia de órgãos.

Lamartiniano, adj. 1. Relativo ao escritor e político francês Alphonse Marie Louis de Prat de Lamartine (1790-1869). 2. Que tem a feição literária das obras de Lamartine: Lirismo *lamartiniano*.

Lamartinista, s. m. e. f. 1. Pessoa que procura imitar o gênero literário de Lamartine. 2. Pessoa que aprecia as obras desse poeta.

Lamba, s. f. *Pop.* Forma abreviada de *lambança*.

Lambada, s. f. *Pop.* 1. Chicotada ou pancada em objeto flexível; lapada. 2. Paulada. 3. Sova, tunda.

Lambaio, s. m. 1. Criado ou servente de ínfima espécie. 2. Vassoura de embira usada nos engenhos de bengüê, para limpar a espuma do açúcar nas bordas das tachas de cozer.

Lambança, s. f. 1. *Pop.* Coisa que se pode lamber ou comer. 2. Pândega em que há comes e bebes. 3. Agrado, fingimento. 4. Mangação. 5. Mentira, patranha. 6. Intriga.

Lambancear, v. Intr. 1. Fazer lambança. 2. Conversar demais. 3. Intrigar.

Lambanceiro, adj. e s. m. Diz-se do, ou o indivíduo que faz ou gosta de lambança.

Lambão, adj. e s. m. (do radical de *lamber*). 1. Que, ou o que se lambuza ao comer. 2. Que, ou o que é guloso, lambareiro, glutão, comilão. 3. Que, ou o que faz mal o seu serviço ou a sua arte. 4. Tolo, palerma. S. m. O que anda maltrapilho e sujo; porcalhão, imundo.

Lambar, v. Tr. dir. Chicotear, vergastar.

Lambarão, adj. Lambuzão, sujo.

Lambarar, v. (de *lambareiro*). Intr. Comer lambarices, gostar de lambarices.

Lambaraz, s. m. V. *lambareiro*.

Lambareiro, adj. e s. m. 1. Que, ou o que gosta de lambarices ou gulodices. 2. Que, ou o que é chocalheiro, enredadeiro, mexeriqueiro. 3. Guloso. S. m. 1. *Náut.* Cabo limitado de um lado por um sapatilho e do outro por um gato. 2. *Náut.* Talha destinada a pôr as âncoras na posição horizontal.

Lambari, s. m. (tupi-guar. *araberi*). 1. *Ictiol.* Nome de diversas espécies de peixes fluviais da família dos Caracídeos; matupiri, piaba. 2. Serrote de lâmina muito estreita.

Lambarice, s. f. (de *lambareiro*). 1. Qualidade de quem é lambareiro. 2. Gulodice.

Lambaz, adj. m. e f. e s. m. (de *lamber*). *Pop.* Que, ou o que é lambão, ou glutão. S. m. *Náut.* Vassoura de cordas ou de trapos que serve para lavar e enxugar qualquer parte do navio.

Lambazar, v. Tr. dir. *Náut.* Enxugar ou varrer com o lambaz.

Lambda, s. m. (gr. *lambda*). Undécima letra do alfabeto grego, correspondente ao *l*. 2. *Anat.* Ponto de união das suturas sagital e lambdóidea, no crânio.

Lambdacismo, s. m. (de *lambda*). 1. Pronúncia viciosa, que consiste em trocar o *r* por outra letra, mormente pelo *l*, como em *planto* e *colda*, em vez de *pranto* e *corda*. 2. Emprego freqüente de palavras com o fonema *l*.

Lambedeira, adj. e s. f. Fem. de *lambedor*. S. f. *Pop.* Faca comprida e pontiaguda, usada no Nordeste.

Lambedice, s. f. *Fam.* Guloseima, petisco.

Lambedor, adj. e s. m. 1. Que, ou o que lambe. 2. Adulador, bajulador. S. m. 1. Terreno salgado e alagadiço, onde os animais sequiosos por sal vão lamber a terra. 2. *Farm.* Loque.

Lambedura, s. f. V. *lambidela*.

Lambeiro, adj. e s. m. 1. Que, ou aquele que lambe. 2. V. *lambareiro*.

Lambel, s. m. (fr. *lambel*). 1. Pano listrado, com que se cobriam bancos. 2. Lençaria de pano listrado. 3. *Heráld.* Cotica de brasão.

Lambe-olhos, s. m. sing. e pl. *Entom.* Nome popular de certas mosquinhas do gênero Hipelates que costumam pousar no canto dos olhos.

Lamber, v. (l. *lambere*). Tr. dir. 1. Passar a língua sobre. 2. Devorar, comer sofregamente. 3. Tocar, atingir de leve. 4. Polir, aperfeiçoar. 5. Pron. Dar sinais de alegria: *Lambia-se* todo com a notícia alvissareira.

Lambe-sapo, s. m. Pequena abelha silvestre (*Trigonisca duckei*). Pl.: *lambe-sapos*.

Lambição, s. f. 1. Ato de lamber; lambeção. 2. Adulação, bajulação.

Lambida, s. f. 1. Lambidela. 2. Espécie de bisca (jogo).

Lambidela, s. f. 1. Ato ou efeito de lamber; lambedura, lambida. 2. Lisonja. 3. Gorjeta. 4. Pechincha.

Lambido, adj. 1. Qualifica a obra de arte polida ou retocada em excesso. 2. Desgracioso, delambido. 3. Descarado, imprudente.

Lambiscador, adj. e s. m. (*lambiscar* + *dor*). Que, ou aquele que gosta de lambiscar.

Lambiscar, v. (*lambisco* + *ar*). Intr. *Pop.* 1. Comer pouco, debicar. 2. De vez em quando comer qualquer coisinha.

Lambiscaria, s. f. 1. Ação de lambiscar. 2. Gulodice.

Lambisco, s. m. (de *lamber*). *Pop.* 1. Pequena porção de comida. 2. Pequena quantidade, pouca coisa.

Lambisgóia, s. f. 1. Mulher delambida ou intrometida; mexeriqueira. 2. Menina afetada, presumida, vaidosa. 3. Pessoa fraca, que pouco pode ou sabe fazer.

Lambisqueiro, adj. e s. m. (de *lambisco*). Que, ou aquele que debica; guloso.

Lamborada, s. f. Pancada com chicote ou instrumento de açoite.

Lambrequinado, adj. Ornado de lambrequins.

Lambrequins, s. m. pl. (fr. *lambrequim*). 1. *Heráld.* Ornatos que descem do elmo sobre o escudo de armas. 2. Antiga cobertura do elmo. 3. *Arquit.* Ornamento de madeira ou folha de metal, recortado para enfeitar teto de pavilhão, tenda etc.

Lambreta, s. f. Nome comercial de pequena motocicleta, originalmente fabricada na Itália.

Lambril, s. m. O mesmo que *lambrim*.

Lambrim, s. m. *Pop.* V. *lambris*.

Lambris, s. m. pl. (fr. *lambris*). Revestimento de estuque, madeira ou mármore nas paredes ou teto de uma sala; almofadado.

Lambrisamento, s. m. Ação de lambrisar.

Lambrisar, v. Tr. dir. Revestir de lambris (sala, apartamento).

Lambuçar, v. Intr. O mesmo que *lambuzar*.

Lambujar, v. Intr. *Pop.* Andar à lambujem; lambarar.

Lambujeiro, adj. e s. m. 1. Que, ou aquele que lambuja. 2. Glutão, guloso.

Lambujem, s. f. (de *lamber*). 1. Resto de comida que fica nos pratos. 2. Vantagem que um jogador concede ao parceiro, em jogo ou aposta. 3. Pequeno lucro, que serve de engodo a alguém. 4. Gratificação, luvas. 5. Gulodice, guloseima. 6. Ato de comer guloseimas.

Lambuzada, s. f. (de *lambuzar*): *Pop.* 1. Lambidela, lambedura. 2. Coisa que suja. 3. Besuntadela.

Lambuzadela, s. f. 1. Ato ou efeito de lambuzar. 2. Mancha de comida ou bebida. 3. Laivos, ligeiras noções. 4. Lambidela.

Lambuzão, adj. Aplica-se ao indivíduo pouco asseado ou desleixado no vestir.

Lambuzar, v. (de *lamber*). 1. Tr. dir. Engordurar, pôr nódoas de gordura em. 2. Tr. dir. Emporcalhar, sujar. 3. Pron. Sujar-se (principalmente com comida). Var.: *enlambuzar*, *alambuzar*.

Lamecha, adj. e s. m. Baboso, apaixonado, namorador, ridículo.

Lameira, s. f. (de *lama*[1]). O mesmo que *lameiro*.

Lameirão, s. m. Grande lameiro; lamaçal, lodaçal, pântano.

Lameiro, s. m. (*lama + eiro*). 1. Lugar em que há muita lama; atoleiro, pântano. 2. Terra encharcada, pantanosa, que produz pastagem abundante; prado. 3. Cavalo de corrida, que é mais veloz quando a pista está molhada ou lamacenta.

Lamela, s. f. (l. *lamella*). 1. Pequena lâmina. 2. Folha, placa ou camada delgada. 3. *Biol.* Qualquer estrutura, órgão ou parte em forma de pequena lâmina ou escama. 4. *Bot.* Lâmina da face inferior do chapéu de um agárico.

Lamelação, s. f. Ato ou efeito de lamelar.

Lamelado, adj. Provido ou composto de lamelas; separado em lamelas.

Lamelar[1], adj. m. e f. 1. Formado de lamelas. 2. Provido de lamelas. 3. Separável em delgadas lâminas.

Lamelar[2], v. (*lamela + ar*). 1. Tr. dir. Guarnecer com lamelas ou lâminas. 2. Tr. dir. Dividir ou dispor em lâminas ou finas camadas. 3. Intr. Ser ou estar dividido em lâminas.

lameli-, elem. de comp. (l. *lamella*). Exprime a idéia de *lâmina* ou *lamela*: *lamelibrânquio*.

Lamelibrânquio, adj. *Ictiol.* 1. Designativo dos peixes que têm brânquias em forma de lâminas circulares. 2. Relativo ou pertencente aos Lamelibrânquios. S. m. Molusco da classe dos Lamelibrânquios. S. m. pl. Classe (*Lamellibranchia*) de moluscos, de corpo simétrico, protegidos por uma concha bivalve, com as brânquias dispostas em séries de pequenas lamelas, e que se caracterizam pela cabeça indistinta do corpo. Sinôn.: *Acéfalos, Bivalves* e *Pelecípodes*.

Lameliforme, adj. m. e f. Em forma de lamela.

Lamelirrostro (*ô*), adj. (*lameli + rostro*[2]). *Ornit.* Diz-se da ave cujo bico é guarnecido de lâminas córneas, transversais.

Lamentação, s. f. (l. *lamentatione*). 1. Ato ou efeito de lamentar. 2. Clamor, queixa. 3. Expressão de mágoa. 4. Canto fúnebre; elegia.

Lamentador, adj. e s. m. (l. *lamentatore*). Que, ou o que lamenta ou lastima.

Lamentar, v. (l. *lamentare*). 1. Tr. dir. Exprimir doridamente, manifestar dor ou pesar por causa de, prantear. 2. Tr. dir. Afligir-se ou magoar-se em razão de. 3. Pron. Lastimar-se.

Lamentável, adj. m. e f. 1. Digno de ser lamentado, ou lastimado. 2. Digno de dó. 3. Que encerra lamentação.

Lamento, s. m. 1. O mesmo que *lamentação*. 2. Clamor, queixa. 3. Pranto, choro.

Lamentoso, adj. 1. Que se refere a lamento. 2. Que tem o caráter de lamentação. 3. Lamentável.

Lâmia, s. f. (l. *lamia*). *Mit. gr.* Monstro devorador de crianças, com cabeça e peito de mulher e corpo de serpente.

Lâmina, s. f. (l. *lamina*). 1. Chapa de metal delgada. 2. Tira delgada de qualquer substância. 3. Fragmento de qualquer substância, chato e delgado. 4. A parte cortante, constituída de uma chapa de aço estreita e delgada, provida de gume ou dentes, de alguns instrumentos e ferramentas. 5. Placa de vidro, porta-objeto de microscópio. 6. Gilete.

Laminação, s. f. 1. Ato ou efeito de laminar ou reduzir o metal a lâmina. 2. Estabelecimento metalúrgico onde se reduzem blocos de metal a lâminas delgadas.

Laminador, adj. e s. m. (*lâmina + dor*). 1. Que, ou o que lamina. 2. Que, ou o que trabalha em máquina de laminação. S. m. Operário laminador.

Laminagem, s. f. V. *laminação*.

Laminar[1], adj. m. e f. 1. O mesmo que *lameliforme*. 2. Que tem lâminas ou textura laminar. 3. *Bot.* Com lâminas inclinadas em diferentes direções.

Laminar[2], v. Tr. dir. 1. Reduzir (o metal) a lâminas com o auxílio do laminador. 2. Chapear.

Laminária, s. f. *Bot.* Gênero (*Laminaria*) típico da família das Laminariáceas, que compreende principalmente algas marinhas perenes.

Laminectomia, s. f. *Cir.* Ressecção de uma ou mais lâminas vertebrais.

Laminoso, adj. 1. O mesmo que *laminar*. 2. *Anat.* Designativo do tecido celular.

Lamínula, s. f. 1. Pequena lâmina. 2. Lâmina de vidro muito fino, usada para exames microscópicos.

Lamiré, s. m. 1. Nome vulgar do diapasão. 2. Sinal para alguma coisa começar.

Lamismo, s. m. V. *lamaísmo*.

Lamista, s. m. e f. V. *lamaísta*.

Lamoja, s. f. (de *lama*[1]). Barrela de barro e água.

Lamoso, adj. O mesmo que *lamacento*.

Lampa, s. f. (de *lâmpada*). 1. *Pop.* O mesmo que *lâmpada*. 2. Seda da China.

Lâmpada, s. f. (gr. *lampas, ados*, pelo l.). 1. Utensílio que contém torcida e combustível para iluminar. 2. Ampola de vidro com filamento metálico, incandescido por corrente elétrica. 3. Válvula de rádio ou de outros aparelhos eletrônicos. 4. Clarão, claridade.

Lampadário, s. m. Espécie de candelabro ou lustre, com várias lâmpadas.

Lampadeiro, s. m. 1. Fabricante de lâmpadas. 2. Haste que serve de suporte a lâmpada ou lâmpadas.

Lampadejar, v. Intr. 1. Bruxulear. 2. Espargir luz. 3. Brilhar, fulgir, cintilar (a espada).

Lampana, s. f. *Pop.* 1. Intrujice, mentira, peta. 2. Bofetada.

Lamparina, s. f. (conforme o cast. *lámpara*). 1. Pequena lâmpada. 2. Pequeno disco atravessado por um pavio, colocado no óleo para se obter luz mortiça. 3. Recipiente de vidro ou lata, contendo querosene, munido de um pavio, para iluminar. 4. *Pop.* Bofetada.

Lampascópio, s. m. (gr. *lampas + scopo + io*). Espécie de lanterna mágica.

Lampeiro, adj. 1. *Bot.* O mesmo que *lampo*. 2. Metediço. 3. Espevitado. 4. Apressado, lesto. 5. Que procura levar as lampas a outrem. 6. *Gír.* Ligeiro, esperto, garboso. 7. Muito contente.

Lampejante, adj. m. e f. Que lampeja.

Lampejar, v. (*lampo*, regressivo de *relâmpago + ejar*). 1. Intr. Brilhar como o relâmpago; coruscar, reluzir. 2. Tr. dir. Emitir, irradiar.

Lampejo, s. m. 1. Ação ou efeito de lampejar. 2. Clarão. 3. Pálido reflexo. 4. Manifestação rápida e brilhante de uma idéia.

Lampião, s. m. (ital. *lampione*, pelo f.). Grande lanterna portátil ou fixa em teto, esquina ou parede.

Lampinho, adj. e s. m. (conforme o cast. *lampiño*). Que, ou o que não tem barba; imberbe. Antôn.: *barbado*.

Lampírede, s. f. *Entom.* Gênero (*Lampyris*) típico da família dos Lampirídeos, que compreende os pirilampos comuns europeus.

Lampo, adj. Que vem cedo; temporão.

Lampreia, s. f. (l. med. *lampreta*). *Ictiol.* Peixe ciclóstomo, de corpo alongado e boca circular (*Petromyzon marinus*).

Lamprômetro, s. m. *Fís.* Instrumento com que se mede a intensidade da luz.

Lamúria, s. f. 1. Jeremiada, lamentação, queixa. 2. Súplica de mendigo. 3. Súplica lamurienta e importuna.

Lamuriante, adj. m. e f. 1. Que tem caráter de lamúria. 2. Lamentoso, lamuriento. 3. Que faz lamúria.

Lamuriar, v. Intr. Fazer lamúria, lastimar-se, prantear-se. 2. Tr. dir. Dizer entre lamúrias; lastimar.

Lana-caprina, s. f. (l. *lana caprina*). Bagatela, insignificância, pouca monta: Questão de *lana-caprina*.

Lanada, s. f. *Mil.* Instrumento para limpar o interior das peças, formado por uma haste que tem na extremidade um revestimento de peles de ovelha.

Lanar, adj. m. e f. 1. Relativo a lã. 2. Lanífero, lanígero.

Lança, s. f. (l. *lancea*). 1. Arma ofensiva de arremesso, composta de uma haste com uma lâmina pontiaguda na extremidade. 2. *Agr.* Pau roliço que atravessa o mourão com que se empam as videiras. 3. *Náut.* Antena cujos extremos se fixam, um no pé e outro no calcês de um mastro. 4. Varal de carruagem. 5. *Mec.* Braço de guindaste.

Lança-bombas, s. m., sing. e pl. Dispositivo para desprender as bombas, nos aviões de bombardeio.

Lança-chamas, s. m. sing. e pl. *Mil.* Aparelho para lançar, contra o inimigo, jatos de combustível líquido inflamado.

Lançada, s. f. 1. Golpe de lança. 2. Ferimento causado por lança.

Lançadeira, s. f. 1. Peça do tear, em forma de naveta, que contém uma bobina (canela), em que se enrola o fio da trama, e com a qual o tecelão faz correr o fio da trama entre os da urdidura. 2. Peça análoga nas máquinas de costura; naveta.

Lançadiço, adj. *Pop.* Próprio para se deitar fora; desprezível, imprestável.

Lançado, adj. 1. Que se lançou, que lançaram. 2. Arremessado, atirado, projetado. 3. Muito bem recebido na sociedade. S. m. Aquilo que se vomitou.

Lançador, adj. Que lança. S. m. 1. Aquele que oferece em leilões. 2. Louvado que toma parte no lançamento de uma contribuição. 3. *Pop.* O mesmo que *lançarote.* 4. Guerreiro armado de lança; lanceiro.

Lançadura, s. f. 1. Ato ou efeito de lançar. 2. Forma de uma coisa estar lançada.

Lançamento, s. m. 1. Ato de lançar. 2. Conjunto de operações na organização dos mapas dos contribuintes. 3. *Arquit.* Assentamento de pedra fundamental de um edifício. 4. *Com.* Ação de escriturar uma verba em livros de escrituração comercial. 5. *Com.* A própria verba escriturada. 6. Primeira apresentação de livro, filme ou de um artista.

Lança-perfume, s. m. Bisnaga de vidro ou metálica, usada no carnaval, para esguicho de éter perfumado.

Lançar, v. (b. l. *lanceare*). 1. Tr. dir. Arremessar, atirar com força, impelir, soltar da mão com ímpeto. 2. Tr. dir. Arrojar. 3. Pron. Arremessar-se, precipitar-se. 4. Pron. Abalançar-se, arriscar-se, avançar. 5. Pron. Desaguar. 6. Tr. dir. Despejar, entornar. 7. Tr. dir. e intr. Vomitar. 8. Tr. dir. Afastar para longe, expulsar. 9. Tr. dir. Enterrar, sepultar. 10. Tr. dir. Derramar, emitir. 11. Tr. dir. Declarar, exprimir, proferir. 12. Tr. dir. Escriturar, fazer lançamento de. 13. Tr. dir. Pôr em voga. 14. Tr. dir. Editar, publicar. 15. Tr. dir. Atribuir, imputar. 16. Pron. Entregar-se por completo.

Lançarote, s. m. Tratador de cavalo de padreação.

Lancastriano, adj. Que se refere a Lancastre, na Inglaterra. Adj. e s. m. Natural de Lancastre. S. m. Partidário da casa real de Lancastre, na história da Inglaterra.

Lança-torpedos, s. m. sing. e pl. Aparelho instalado a bordo de navios de guerra, principalmente submarinos, para disparar torpedos.

Lance, s. m. 1. Ato ou efeito de lançar. 2. Ocasião, conjuntura. 3. Risco, perigo. 4. Vicissitude. 5. Acontecimento. 6. Impulso. 7. Feito, rasgo, façanha. 8. Fato notável ou difícil. 9. Oferta verbal de preço pela coisa apregoada em leilão ou hasta pública. 10. Licitação. 11. Ato de mover uma peça em jogo de tabuleiro, de jogar os dados sobre a mesa, num jogo de dados, de jogar uma carta nos jogos de vaza etc.; jogada. 12. *Esp.* Intervenção difícil ou hábil de um ou mais dos participantes de um jogo esportivo; jogada.

Lanceador, s. m. (*lancear + dor*). Aquele que lanceia.

Lancear, v. (*lança + ear*). 1. Tr. dir. Ferir com lança. 2. Tr. dir. Afligir, atormentar, alancear. 3. Intr. Pescar com rede de arrasto.

Lanceiro, s. m. (*lança + eiro*). 1. Fabricante de lanças. 2. Panóplia. 3. Cabide de lanças. 4. Soldado com lança. S. m. pl. 1. Regimento de soldados com lança. 2. Espécie de quadrilha dançante.

Lanceolado, adj. (l. *lanceolatu*). Que tem forma de ferro de lança: Folha *lanceolada.*

Lanceolar, adj. m. e f. O mesmo que *lanceolado.*

Lanceta (*ê*), s. f. (fr. *lancette*). 1. *Cir.* Instrumento pontiagudo com dois gumes, usado para praticar sangrias, abrir abscessos etc. 2. Cutelo com que se abatem reses nos matadouros.

Lancetada, s. f. 1. Ato ou efeito de lancetar. 2. Golpe dado com lanceta. 3. *Pop.* Dor mais ou menos aguda, fina; pontada.

Lancetar, v. (*lanceta + ar*). Tr. dir. 1. Cortar, abrir com lanceta. 2. Pungir, cruciar.

Lancha, s. f. (malaio *lânchar?*). 1. Pequena embarcação auxiliar da pesca marítima. 2. Pequena embarcação movida a motor. 3. Barco maior que o bote, empregado no transporte de cargas. 4. *Pop.* Pé.

Lanchada, s. f. 1. Carga de uma lancha. 2. Bofetada.

Lanchão, s. m. (de *lancha*). Barco semelhante à lancha, mas de maiores dimensões.

Lanchar, v. (*lanche + ar*). 1. Tr. dir. Comer (alguma coisa) como lanche. 2. Intr. Comer um lanche.

Lanche, s. m. (ingl. *lunch*). Pequena refeição entre o almoço e o jantar; merenda.

Lancil, s. m. (de *lançar*). Pedra de cantaria, longa e estreita, usada na pavimentação.

Lancinante, adj. m. e f. 1. Que lancina. 2. Aflitivo, pungente.

Lancinar, v. (l. *lancinare*). Tr. dir. Golpear, afligir, pungir, torturar a.

Lanço, s. m. 1. Ação ou efeito de lançar. 2. Oferta de preço em leilão. 3. Parte de uma escada compreendida entre dois patamares. 4. Correnteza de casas. 5. Seção de muro, fosso, estrada. 6. Comprimento, extensão. 7. *Arquit.* e *Constr.* Extensão de uma fachada; quadrela. 8. Relance de olhos. 9. Vômito.

Landau, s. m. (de *Landau*, cidade da Alemanha). Carruagem de quatro rodas, cuja capota, em forma de fole, se pode levantar ou baixar à vontade; landô.

Lande[1], s. f. (l. *glande*). *Bot.* Fruto do sobreiro; bolota, glande.

Lande[2], s. f. Designação privativa de extensas charnecas da França.

Landeira, s. f. (de *lande*). Montado de sobreiros.

Landgrave, s. m. (al. *Landgraf*). Antes de 1806, conde ou príncipe alemão de certa jurisdição territorial. Fem.: *landgravina* e *landgrava.*

Landi, s. m. *Bot.* Árvore gutiferácea (*Calophyllum brasiliense*); jacareúba.

Landô, s. m. (fr. *landau*). *Gal.* V. *landau.*

Langanho, s. m. 1. Coisa pegajosa. 2. Carne de má qualidade; muxiba. 3. Hidromedusa muito temida pelos pescadores das lagoas por causa dos seus filamentos urticantes.

Langor, s. m. (l. *languore*). Languidez.

Langoroso, adj. 1. Possuído de langor, lânguido. 2. Enervado, fraco.

Langua (*ú*), s. f. *Geol.* Terreno pantanoso, plano e sem árvores, de formação recente, na África Oriental.

Langue, adj. m. e f. *P. us.* Lânguido.

Languente, adj. m. e f. *P. us.* Lânguido.

Languento, adj. *Pop.* 1. Achacado, doentio, enfermiço. 2. Piegas.

Languescente, adj. m. e f. Que languesce.

Languescer, v. Intr. V. *elanguescer.*

Languidez, s. f. (*lânguido + ez*). 1. Estado de lânguido. 2. Estado de quem está muito fraco ou doente. 3. Doçura, brandura.

Lânguido, adj. (l. *languidu*). 1. Que tem languidez. 2. Sem forças; abatido, frouxo. 3. Doce, brando. 4. Voluptuoso.

Languinhento, adj. *Pop.* 1. Fraco, sem vigor. 2. Pegajoso, peganhento. 3. Mole e úmido: A lesma é *languinhenta.*

Languir, v. Intr. V. *elanguescer.* — Usa-se somente nas formas em que a vogal da terminação for *e* ou *i*: *langue, languimos* etc.

Lanhadeira, s. f. *Gír.* Espada.

Lanhante, adj. m. e f. Que lanha.

Lanhar, v. (l. *laniare*). Tr. dir. 1. Abrir cortes em, ferir, maltratar. 2. Mortificar. 3. Alterar, deturpar, estropiar.

Lanho, s. m. (de *lanhar*). 1. Corte praticado com qualquer lâmina, ou com as esporas. 2. Lardo ou carne cortada em tiras.

lani-, elem. de comp. (l. *lana*). Exprime a idéia de *lã, lanugem: lanífero.*

Laniádeo, adj. *Ornit.* Que parece com a pega-parda.

Lanífero, adj. (*lani + fero*[1]). 1. Que tem lã ou lanugem; lanígero. 2. *Bot.* Revestido de formações semelhantes à lã.

Lanifício, s. m. (l. *lanificiu*). 1. Manufatura de lãs. 2. Obra ou tecido de lã.

Lanígero, adj. (l. *lanigeru*). *V.* lanífero.

Lanolina, s. f. *Quím.* 1. Gordura de lã, refinada, para uso principalmente em pomadas e cosméticos. 2. Massa untuosa, pegajosa, amarela, absorvível pela pele, contendo água emulsionada.

Lanosidade, s. f. (l. *lanositate*). Qualidade de lanoso.

Lanoso, adj. 1. Que tem lã. 2. Semelhante a lã. 3. Relativo a lã. 4. *Bot.* Diz-se do tomento semelhante à lã formada por pêlos compridos e crespos.

Lansquenê, s. m. (m. alt. al. *Landsknecht*). 1. Jogo de azar, semelhante ao trinta-e-um. 2. Antigo soldado de infantaria.

Lansquenete (*ê*), s. m. V. *lansquenê*.

Lantanídeo, s. m. *Quím.* Qualquer elemento da série dos lantanídeos, símbolo Ln, números de 57 a 71.

Lantânio, s. m. *Quím.* Elemento metálico branco, mole, maleável, trivalente, que se embaça prontamente ao ar úmido e forma compostos incolores; ocorre em minerais de terras raras e é comumente incluído nas terras raras. Símbolo La, número atômico 57, massa atômica 138,91.

Lanterna, s. f. (l. *lanterna*). 1. Lâmpada portátil, cilíndrica ou globular, revestida de material transparente, para proteger uma luz de vela, querosene etc., contra o vento e a chuva. 2. Farol. 3. Lâmpada elétrica portátil, a pilhas. 4. Farolete de veículo automóvel.

Lanterneiro[1], s. m. (*lanterna + eiro*). 1. Aquele que faz lanternas. 2. O que está encarregado de limpar e acender lanternas e lampiões. 3. O que leva lanterna em procissão. 4. Faroleiro.

Lanterneiro[2], s. m. Trabalhador especializado em recompor partes amassadas de carroçaria de automóveis; funileiro.

Lanterneta (*ê*), s. f. 1. *Mil., ant.* Projétil que contém metralha. 2. *Gír.* Lanterna furta-fogo.

Lanterninha, s. f. Pequena lanterna. S. m. e f. *Gír. esp.* Competidor que está ou ficou no último posto. S. m. Indicador de lugar, nos cinemas; vaga-lume.

Lantim, s. m. *Bot.* O mesmo que *landi*.

Lanudo, adj. Lanoso. S. m. Homem rico.

Lanugem, s. f. 1. Penugem que cobre o feto humano e o de alguns animais. 2. Buço. 3. *Bot.* Pêlos de folhas ou frutos.

Lanugento, adj. Em que há lanugem.

Lanuginoso, adj. 1. *Bot.* Que tem lanugem. 2. Que se assemelha à lanugem ou ao algodão.

Lanzudo, adj. (de *lã*). 1. Lanoso, lanudo. 2. Grosseiro, mal-educado. S. m. Indivíduo grosseiro, sem educação.

Laociano, adj. Relativo ao, ou natural de Laos, país do Sudeste da Ásia.

Lapa, s. f. (pré-românico **lappa?*). 1. Grande pedra ou laje que, ressaindo de um rochedo, forma um abrigo para pessoas ou animais. 2. Cavidade em rochedo.

Lapáceo, adj. (l. *lappaceu*). *Bot.* Diz-se da bráctea que se curva em ponta de anzol.

Lapada, s. f. 1. Bofetada. 2. Lambada.

Lapantana, adj. m. e f. Diz-se da pessoa simplória ou idiota. S. m. e f. Essa pessoa.

Lapão[1], adj. Relativo ou pertencente aos lapões; lapônio. S. m. Língua ugro-fínica falada pelos lapões; lapônio. S. m. pl. Povo do Norte da Escandinávia, Finlândia e da Península Cola, na Rússia boreal, e raça mongolóide, baixa estatura e braquicefalia acentuada; lapônios.

Lapão[2], s. m. (de *lapa*). 1. Lapa grande. 2. Lasca de pedra em parede de alvenaria.

Laparão[1], s. m. *Med.* e *Vet.* Inflamação dos gânglios e vasos linfáticos, particularmente a que caracteriza o mormo; linfangite, linfadenite. Var.: *lamparão*.

Laparão[2], s. m. *Zool.* Lapa grande.

Láparo, s. m. (l. *lepore*). *Zool.* 1. Filhote de lebre ou de coelho. 2. Lebre macho com menos de três meses de idade.

Laparotomia, s. f. *Cir.* Abertura na cavidade abdominal.

Laparotomizar, v. Tr. dir. Efetuar a laparotomia em.

Lapedo (*ê*), s. m. Lugar onde existem muitas lapas ou grutas.

Lapela, s. f. Parte que, nos quartos dianteiros e superiores de paletós ou casacos, está voltada para fora.

Lapiana, s. f. 1. Grande faca, facão. 2. Faca de ponta. (Alusão à origem do tipo, a cidade da Lapa, Paraná).

Lápida, s. f. V. *lápide*.

Lapidação, s. f. 1. Ato ou efeito de lapidar; polimento, desbaste. 2. Oficina onde se lapidam pedras. 3. Antigo suplício que consistia em apedrejar o criminoso. 4. Aperfeiçoamento; educação.

Lapidar[1], adj. m. e f. 1. Que concerne a lápide. 2. Aberto ou gravado em lápide. 3. Perfeito. 4. Artístico. 5. Conciso, sucinto: Estilo *lapidar*.

Lapidar[2], v. (l. *lapidare*). Tr. dir. 1. Talhar, facetar, polir, aperfeiçoar (a pedra preciosa). 2. Desbastar, polir. 3. Tornar perfeito. 4. Dar boa educação a. 5. Matar a pedradas; apedrejar.

Lapidaria, s. f. (de *lapidar[2]*). 1. Estabelecimento ou oficina de lapidário. 2. Arte de lapidar pedras preciosas.

Lapidária, s. f. (de *lapidário*). Ciência que se ocupa das inscrições lapidares antigas.

Lapidário, adj. (l. *lapidariu*). 1. Que se refere a inscrições lapidares. 2. Diz-se de alguns insetos que se abrigam entre pedras. S. m. 1. Artífice que lapida pedras preciosas; lapidador, joalheiro. 2. O que vende pedras preciosas. 3. Instrumento para polir peças de relojoaria.

Lápide, s. f. 1. Pedra com inscrição para comemorar qualquer acontecimento. 2. Lousa tumular. Var.: *lápida*.

Lapídeo, adj. 1. Duro como a pedra. 2. Da natureza da pedra.

Lapidescente, adj. m. e f. Que se petrifica.

Lapidícola, adj. m. e f. Diz-se dos animais que vivem entre pedras ou nas fendas dos rochedos.

Lapidificação, s. f. Ato ou efeito de lapidificar; petrificação.

Lapidificar, v. Tr. dir. e pron. Petrificar(-se).

Lapidífico, adj. Próprio para lapidificar.

Lapidoso, adj. 1. Em que há muitas pedras; pedregoso, pedroso.

Lapijar, v. (de *lápis*). Intr. Fazer traços ou riscos com o lápis.

Lapiloso, adj. *Bot.* Designativo do fruto que apresenta corpos muito duros no mesocarpo.

Lapinha, s. f. 1. Pequena lapa. 2. *Pop.* Presepe ou nicho que se arma para a festa do Natal.

Lápis, s. m. sing. e pl. 1. Cilindro delgado de grafita, giz colorido, ardósia etc., encerrado em um bastonete de madeira, próprio para escrever ou desenhar. 2. Cilindro de qualquer material próprio para escrever ou desenhar: *Lápis* de carvão. 3. *Farm.* Bastãozinho de qualquer substância de uso tópico.

Lapisada, s. f. Traço dado com lápis.

Lapiseira, s. f. 1. Utensílio para escrever, que consiste em um cilindro de metal, baquelite ou matéria plástica, com grafita, da qual se faz projetar pequena ponta para fora por meio de uma mola. 2. Porta-lápis. 3. Estojo para guardar lápis.

Lapônio[1], adj. e s. m. V. *lapão[1]*.

Lapônio[2], adj. Diz-se do indivíduo grosseiro, lapuz, labrego. S. m. Esse indivíduo.

Lapso, s. m. (l. *lapsu*). 1. Ato de decorrer (o tempo). 2. Decurso do tempo. 3. Culpa, erro, falta. 4. Descuido, engano involuntário. Adj. 1. Caído, decaído. 2. Incurso em erro ou culpa.

Lapúrdio, adj. e s. m. O mesmo que *lapuz*.

Lapuz, adj. m. e f. Diz-se do indivíduo grosseiro, rude, labrego, lapônio. S. m. Esse indivíduo. Antôns.: *fino, educado, polido*.

Laqueação, s. f. Ato ou efeito de laquear.

Laquear[1], v. (l. *laqueare*). Tr. dir. Estrangular, garrotear, ligar (veia cortada ou ferida).

Laquear[2], v. (*laca + ear*). Tr. dir. 1. Cobrir com laca. 2. Pintar (móveis) com tinta esmalte.

Laquear[3], s. m. Dossel de leito; sobreceú.

Laqueário, s. m. *Antig. rom.* Gladiador que usava como arma um laço para impedir os movimentos do adversário.

Laqueca, s. f. (ár. *al. akika*). Pedra lustrosa e alaranjada ou avermelhada, do Oriente.
Laquista, adj. m. e f. (ingl. *lakist*). Diz-se de uma escola poética inglesa, cujos membros habitavam ou freqüentavam a região dos lagos no Noroeste da Inglaterra. S. m. e f. Membro dessa escola.
Lar, s. m. 1. Lugar na cozinha em que se acende o fogo; lareira; fogão. 2. Torrão natal; pátria. 3. Casa de habitação. 4. Família. S. m. pl. Nome dos deuses familiares e protetores do lar doméstico, entre os romanos e etruscos.
Laracha, s. f. *Pop.* Chalaça, dito picante, motejo, zombaria. S. m. Indivíduo que diz facécias ou pretende ser gracioso.
Larada, s. f. (de *lar*). 1. Cinza ou borralho do lar. 2. Família ou pessoas que cercam toda a lareira. 3. Mancha de líquido entornado; nódoa. 4. Serão à lareira.
Laranja, s. f. (ár. *naranya*, do persa *narang*). 1. Fruto da laranjeira. 2. Pessoa ingênua ou insignificante. Adj. m. e f. Alaranjado.
Laranjada, s. f. 1. Grande porção de laranjas. 2. Doce pastoso de laranja. 3. Bebida feita com suco de laranja, açúcar e água. 4. Arremesso de laranja.
Laranjal, s. m. Plantação de laranjeiras.
Laranjarana, s. f. *Bot.* Árvore rizoforácea (*Cassipourea guyanensis*).
Laranjeira, s. f. *Bot.* Nome comum a diversas espécies de árvores frutíferas, da família das Rutáceas, particularmente do gênero Citro, cujos frutos se denominam *laranjas*.
Laranjo, adj. 1. Que é cor de laranja. 2. Diz-se do boi cor de laranja.
Larapiar, v. Tr. dir. e intr. Furtar, surripiar.
Larápio, s. m. (l. *L. A. R. Appius?*). *Pop.* Aquele que tem o hábito de furtar; gatuno, ratoneiro.
Larário, s. m. 1. Capela em que os antigos guardavam os deuses lares. 2. O lar. 3. O seio da família.
Lardáceo, adj. Que se assemelha a lardo ou toicinho.
Lardeadeira, s. f. Agulha própria para lardear.
Lardear, v. Tr. dir. 1. *Cul.* Entremear (um pedaço de carne) com talhadinhas de toicinho. 2. Entressachar, entremear.
Lardiforme, adj. m. e f. Que se assemelha ao lardo; lardáceo.
Lardívoro, adj. Que come toicinho.
Lardo, s. m. 1. Toicinho, mormente em tiras ou talhadinhas, para entremear com peças de carne. 2. Condimento, ornato.
Lareira, s. f. (de *lar*). 1. Laje em que se acende o fogo. 2. Pavimento ou chão em que se acende o fogo para aquecimento de um aposento.
Lareiro, adj. Relativo a lar ou a lareira.
Larga, s. f. (de *largo*). 1. Ato ou efeito de largar, de deixar. 2. Largueza, liberdade, folga. 3. Espécie de gancho de ferro, com que se prende ao banco de carpinteiro ou marceneiro a madeira em que se trabalha. 4. Amplidão.
Largada, s. f. 1. Ato de largar; partida, saída. 2. Facécia. 3. Ato de partir, na carreira; arrancada.
Largado, adj (p. de *largar*). 1. Folgado, indômito. 2. Abandonado, desprezado. 3. Diz-se do cavalo que, sendo manso, há muito tempo não é montado. 4. Turbulento, incorrigível.
Largar, v. 1. Tr. dir. Soltar, deixar cair (o que se tem preso na mão). 2. Tr. dir. Deixar fugir; libertar. 3. Pron. Escapar-se, soltar-se. 4. Tr. dir. Abandonar, deixar. 5. Tr. dir. Conceder. 6. Tr. ind. e intr. Fazer-se ao mar (o navio).
Largífluo, adj. *Poét.* Que corre em abundância.
Largo, adj. 1. Extenso de lado a lado. 2. Amplo, espaçoso, grande. 3. Diz-se do vestuário que não está justo ao corpo. 4. Generoso, liberal. 5. Duradouro. 6. Minucioso, prolixo. 7. Numeroso. 8. Desenvolvido. 9. Longo. S. m. 1. Praça urbana. 2. O alto mar. Adv. 1. Com largueza, largamente. 2. Com generosidade. 3. *Mús.* Com andamento lento.
Largueador, adj. e s. m. Que, ou o que largueia.
Larguear, v. 1. Tr. dir. Despender largamente. 2. Intr. Prodigalizar. 3. Intr. Alargar.
Largueza, s. f. 1. Qualidade de largo; largura. 2. Liberalidade (em dar); generosidade.
Largura, s. f. 1. Qualidade de largo. 2. Distância de lado a lado de uma superfície ou volume; dimensão transversal.
Larício, s. m. *Bot.* 1. Gênero (*Larix*) de árvores, da família das Pináceas, das zonas temperadas. 2. Planta desse gênero.
Larídeo, adj. *Ornit.* Relativo aos Larídeos.
Larídeos, s. m. pl. *Ornit.* Família (*Laridae*) de aves caradriiformes, de asas longas e pontudas, que compreendem as gaivotas e gaivinas.
Laringe, s. f. e m. *Anat.* Órgão da fonação, situado entre a faringe e a traquéia.
Laringite, s. f. *Med.* Inflamação aguda ou crônica da laringe.
Laringografia, s. f. *Med.* 1. Descrição da laringe. 2. Exame radiográfico da laringe.
Laringologia, s. f. *Med.* 1. Tratado acerca da laringe. 2. Ramo da Medicina que se ocupa das doenças da laringe.
Laringologista, s. m. e f. *Med.* Especialista em laringologia.
Laringoplegia, s. f. *Med.* Paralisia da laringe.
Laringoscopia, s. f. *Med.* Exame do interior da laringe por meio de laringoscópio.
Laringoscópio, s. m. *Med.* Instrumento para o exame ocular do interior da laringe.
Laringostenose, s. f. *Med.* Estenose da laringe.
Laringóstomo, adj. *Zool.* Diz-se do animal articulado cuja boca é uma espécie de tromba formada pelo esôfago.
Laringotomia, s. f. *Cir.* Incisão da laringe, para aliviar a respiração ou extrair um corpo estranho ou tumor.
Laroz, s. m. *Arquit.* Barrote que sustenta a tacaniça.
Larva, s. f. *Zool.* Fase imatura, mas com vida independente, de certos insetos, anfíbios e peixes.
Larvado, adj. 1. Disfarçado, oculto. 2. *Fam.* Que é doido, mas tem intervalos de lucidez.
Larval, adj. m. e f. 1. Da natureza da larva. 2. Que se refere a larvas. 3. Em estado de larva.
Lasanha, s. f. (ital. *lasagna*). *Cul.* Tiras largas de massa de farinha de trigo, para fazer macarronada ou sopa.
Lasca, s. f. 1. Estilhaço ou fragmento de madeira, pedra ou metal. 2. Cavaco. 3. Pequena fatia. 4. Espécie de jogo de azar.
Lascado, adj. 1. Partido em lascas. 2. Quebrado, fendido, rachado.
Lascar, v. 1. Tr. dir. Tirar lascas de. 2. Intr. e pron. Abrir-se, fender-se em lascas. 3. Intr. *Náut.* Arrear o cabo.
Lascívia, s. f. 1. Caráter ou qualidade de lascivo. 2. Luxúria. 3. Propensão para a lubricidade. 4. *Med.* Satiríase.
Lascivo, adj. 1. Que provoca lascívia. 2. Libidinoso, licencioso, sensual. 3. Brincalhão, travesso.
Laser (*lêiser*), s. m. (t. ingl.). Acrônimo de ***Light Amplification by Stimulated Emission of Radiation***: Amplificação da luz pela emissão estimulada de radiação. *Fís.* Fonte de luz desenvolvida do maser, para a produção de um feixe de luz acromática, muito condensado, de intensidade luminosa muito grande. Var.: *lêiser.*
Lassar, v. (*lasso* + *ar*). Tr. dir. Tornar lasso.
Lassear, v. V. *lassar.*
Lasseiro, adj. Lasso, frouxo.
Lassidão, s. f. (l. *lassitudine*). 1. Estado de lasso. 2. Cansaço, fadiga. 3. Prostração de forças; astenia. 4. Desgosto, enfastiamento, tédio.
Lassitude, s. f. O mesmo que *lassidão.*
Lasso, adj. 1. Fatigado, cansado. 2. Dissoluto, enervado, gasto. 3. Bambo, relaxado, frouxo.
Lástima, s. f. 1. Ato ou efeito de lastimar. 2. Compaixão. 3. Aquilo que merece compaixão. 4. Miséria, infortúnio.
Lastimador, adj. e s. m. Que, ou o que lastima.
Lastimar, v. (l. v. *blastemare*). 1. Tr. dir. Deplorar, lamentar. 2. Pron. Lamentar-se, queixar-se. 3. Tr. dir. Afligir, causar dor a. 4. Tr. dir. Apiedar-se de, compadecer-se de, ter pena de.
Lastimável, adj. m. e f. 1. Que é digno de lástima. 2. Deplorável, lamentável. 3. Que merece compaixão.
Lastimoso (*ô*), adj. 1. Que se lastima, choroso. 2. Que envolve lamentação. 3. Que causa dó; lamentoso, deplorável. 4. Lastimável.

Lastração, s. f. Ato ou efeito de lastrar; lastragem.
Lastrador, adj. e s. m. Que, ou aquele que lastra.
Lastragem, s. f. V. *lastração.*
Lastramento, s. m. V. *lastração.*
Lastrar, v. 1. Tr. dir. Carregar com lastro, pôr lastro em (navio, aeróstato). 2. Tr. dir. Tornar mais firme, aumentando o peso. 3. Tr. dir. Espalhar lastro em (leito de estrada de ferro). 4. Intr. Propagar-se: O mau exemplo *lastra* rapidamente.
Lastreamento, s. m. V. *lastração.*
Lastrear, v. V. *lastrar.*
Lastro, s. m. (hol. *last,* através do fr.?). 1. *Náut.* Qualquer material pesado posto no porão de um navio para dar-lhe estabilidade. 2. Pedra britada que reveste o leito das ferrovias. 3. O ouro que garante a circulação de papel-moeda em um país.
Lata, s. f. (l. med. *latta,* do celta ou germ.). 1. Folha de ferro estanhado; folha-de-flandres. 2. Recipiente de folha-de-flandres para uso doméstico e industrial. 3. Cada uma das varas transversais da parreira. 4. Ripa. 5. *Pop.* Cara, rosto.
Latada, s. f. 1. Pancada com lata. 2. Parreira. 3. Grade de varas para sustentar videiras ou outras plantas trepadeiras.
Latagão, s. m. *Fam.* Homem novo, robusto e alto. Fem.: *latagona.*
Latâneo, adj. *Ant.* Lateral.
Latão, s. m. (de *lata*). 1. Liga de cobre e zinco, com teor de cobre de 55 a 90%, maleável e dúctil. 2. Recipiente próprio para remessa de leite às usinas.
Lataria, s. f. 1. Grande quantidade de latas ou de utensílios de lata. 2. Alimentos enlatados. 3. Carroçaria de automóvel.
Latear, v. Tr. dir. Enfeitar ou guarnecer com ornatos de lata ou latão.
Lategada, s. f. Pancada ou açoite com látego.
Látego, s. m. (do cast. *látigo*). 1. Açoite ou chicote de cordas ou correias; azorrague. 2. Tira de couro com a qual se aperta a barrigueira aos arreios; lático. 3. Corda da cilha da sobrecarga.
Latejante, adj. m. e f. Que lateja.
Latejar, v. (freq. de *latir, later*). Intr. 1. *Med.* Pulsar. 2. Ter movimento pulsativo (tumor etc.). 3. Palpitar: *Latejava*-me o coração. 4. Arquejar.
Latejo (*ê*), s. m. 1. Ação ou efeito de latejar. 2. Pulsação. 3. Grande agitação, zoada, confusão de vozes.
Latência, s. f. 1. Propriedade de estar latente. 2. Caráter do que é latente.
Latente, adj. m. e f. 1. Que não se vê, que está oculto. 2. Dissimulado. 3. Subentendido. Antôns.: *claro, manifesto.*
Later[1], v. (l. *latere*). Intr. *Ant.* Estar latente, oculto.
Later[2], v. V. *latejar.*
Lateral, adj. m. e f. 1. Relativo ao lado. 2. Situado ao lado. 3. Que constitui lado. 4. Transversal. 5. *Bot.* Qualifica a inserção de qualquer órgão lateralmente feita sobre o principal. 6. *Gram.* Diz-se da consoante que se profere quando o ar se projeta pelas partes laterais da boca, em conseqüência de se achar a ponta ou o dorso da língua apoiado ao palato: *l* (lado).
Lateranense, adj. (l. *lateranu*). 1. Relativo ao palácio de Latrão, em Roma. 2. Que diz respeito aos Concílios de Latrão.
Laterício, adj. Que tem a cor vermelha do tijolo.
Laterita, s. f. (l. *later + ita*). *Geol.* Solo infértil vermelho, das regiões tropicais, que é um produto residual da decomposição de rocha, com alto teor de óxido de ferro e de hidróxido de alumínio.
Látex (*cs*), s. m. *Bot.* Suco leitoso de certas plantas, principalmente das seringueiras, do qual se fabrica a borracha. Var.: *látice.*
Latíbulo, s. m. Esconderijo, retiro.
Laticífero, adj. Que contém, conduz ou segrega látex: Células *laticíferas.*
Laticínio, s. m. V. *lacticínio.*
Laticlávio, s. m. Aquele que usava o laticlavo.
Laticlavo, s. m. *Antig. rom.* Uma das duas ou as duas faixas largas de púrpura, usadas por senadores e outros altos dignitários.
Laticolo, adj. Que tem pescoço largo.
Laticórneo, adj. *Zool.* Que tem cornos ou antenas largas.
Latido, s. m. 1. Ato ou efeito de latir. 2. A voz do cão. 3. Remorso. 4. *Pop.* Palavras vãs.
Latifloro, adj. Que tem flores largas.
Latifólio, adj. *Bot.* Que tem folhas largas.
Latifundiário, adj. Relativo a latifúndio. S. m. Proprietário de latifúndio.
Latifúndio, s. m. (l. *latifundiu*). Propriedade rural de grande extensão, cuja maior parte aproveitável não é aplicada à cultura ou utilizada em exploração econômica. Antôn.: *minifúndio.*
Latílabro, adj. *Zool.* Que tem lábios largos e grossos.
Latim, s. m. (l. *latine*). 1. A língua do grupo indo-europeu, falada antigamente no Lácio e, pois, em Roma. 2. O estudo dessa língua. 3. Coisa de difícil compreensão. — *L. vulgar*: latim popular, base das línguas neolatinas modernas.
Latímano, adj. Que tem mãos largas.
Latinada, s. f. (de *latino*). 1. Erro na pronúncia do latim ou no emprego das suas regras. 2. Palavras ou discurso na língua latina.
Latinar, v. Intr. Falar, escrever ou traduzir latim.
Latinice, s. f. Presunção de saber latim.
Latinidade, s. f. 1. A língua latina. 2. Rigorosa construção gramatical em latim. 3. Uso da língua ou do estilo latino. 4. Caráter ou característica dos povos de raça latina. 5. Conjunto dos povos de raça latina ou de língua neolatina.
Latinismo, s. m. 1. Construção imitante à da língua latina. 2. Palavra ou locução peculiar à língua latina.
Latinista, s. m. e f. Pessoa versada na língua e literatura latina.
Latinizante, adj. e s., m. e f. 1. Que, ou quem latiniza. 2. Que, ou quem, vivendo num país em que se pratica o rito grego, segue o culto da Igreja latina.
Latinizar, v. 1. Tr. dir. Dar forma latina a; dar inflexão latina a. 2. Intr. Falar latim; usar de expressões latinas ou de latinismos.
Latino, adj. 1. Pertencente ou relativo ao Lácio. 2. Relativo aos latinos. 3. Escrito ou pronunciado em latim. 4. Que se refere à Igreja Católica do Ocidente. 5. Diz-se do barco que tem velas latinas (triangulares). S. m. 1. Natural do Lácio. 2. Pessoa que pertence a uma das nações neolatinas. 3. Latinista. 4. Vela latina. 5. Católico do Ocidente.
Latino-americano, adj. 1. Relativo ou pertencente a qualquer uma das nações ou países americanos cuja língua oficial é uma das neolatinas. 2. Relativo à parte da América onde se situam esses países. Adj. e s. m. Que, ou o que é natural de algum desses países. Pl.: *latino-americanos.*
Latinório, adj. (de *latim*). Escrito em mau latim. S. m. 1. Mau latim. 2. Latim eclesiástico. 3. Citação despropositada ou má tradução de latim.
Latípede, adj. m. e f. *Zool.* Que tem pés largos.
Latipene, adj. m. e f. *Ornit.* Que tem as penas largas.
Latir, v. (l. *glattire*). Intr. 1. Dar ou soltar latidos (o cão); ladrar. 2. Gritar. 3. Palpitar, latejar. (Normalmente só se conjuga nas terceiras pessoas).
Latirismo, s. m. *Med.* Intoxicação produzida pela ingestão de sementes de plantas do gênero Látiro, caracterizada por sintomas de paraplegia espasmódica.
Latirrostro (*ó*), adj. e s. m. *Ornit.* Que, ou o que tem o bico achatado e largo.
Latitude, s. f. (l. *latitudine*). 1. Qualidade do que é lato; extensão, largueza. 2. *Geogr.* Distância do equador a um lugar da Terra, quer no hemisfério norte (latitude norte), quer no hemisfério sul (latitude sul), medida em graus sobre o meridiano desse lugar. 3. Desenvolvimento. 4. Amplitude. 5. Clima.
Latitudinário, adj. 1. Amplo, amplificado, extensivo. 2. Que dá margem. 3. Tolerante quanto a variações de doutrina ou opinião.
Lato, adj. 1. Amplo, dilatado, largo. 2. Extensivo: Sentido *lato.* Antôn.: *restrito.*

Latoaria, s. f. 1. Oficina, ofício de latoeiro. 2. Loja onde se vendem objetos de lata. 3. Funilaria.

Latoeiro, s. m. (de *latão*). 1. Indivíduo que trabalha em lata ou latão; funileiro. 2. Vendedor de artigos de folha-de-flandres.

Latria, s. f. (gr. *latreia*). Culto de adoração devido a Deus.

Latrocinar, v. Tr. dir. Cometer latrocínio contra.

Latrocínio, s. m. 1. Homicídio com o objetivo de roubo, ou roubo à mão armada.

Lauda, s. f. 1. Cada um dos lados de uma folha de papel. 2. Página de livro escrito ou em branco.

Laudabilidade, s. f. Qualidade do que é digno de louvor.

Laudanizado, adj. 1. Que contém láudano. 2. Preparado com láudano.

Laudanizar, v. Tr. dir. 1. *Farm.* Preparar, misturar com láudano. 2. Adormentar, desvanecer (sofrimento). 3. Narcotizar.

Láudano, s. m. Tintura de ópio.

Laudatício, adj. V. *laudatório.*

Laudativo, adj. V. *laudatório.*

Laudatório, adj. 1. Que diz respeito a louvor. 2. Que louva. 3. Que contém louvor.

Laudável, adj. m. e f. 1. V. *louvável.* 2. *Med.* Diz-se do pus, linfa ou sangue de bom aspecto. Antôn. (acepção 1): *repreensível.*

Laúde, s. m. (ár. *al-ud*). Embarcação empregada na pesca do atum.

Laudel, s. m. Antiga vestidura militar, acolchoada ou revestida de couro ou lâminas de metal, própria para preservar dos golpes das espadas.

Laudêmio, s. m. *Dir. ant.* Compensação que o enfiteuta alienante pagava ao senhorio direto da coisa aforada, pela sua renúncia ao direito de opção na transferência do domínio útil.

Laudes, s. f. pl. Hora canônica que se segue às matinas.

Laudéu, adj. m. e f. *Etnol.* Relativo aos Laudéus, tribo de aborígines que dominou em Mato Grosso. S. m. Indígena dessa tribo.

Laudo, s. m. Escrito em que um perito ou um árbitro emite seu parecer e responde a todos os quesitos que lhe foram propostos pelo juiz e pelas partes interessadas; arbítrio.

Laulau, s. m. *Ictiol.* Nome popular de um bagre da Amazônia (*Ageneiosus davalla*).

Lauráceas, s. f. pl. *Bot.* Família (*Lauraceae*) de arbustos e árvores, com folhas lanceoladas, cornáceas, cheias de óleo volátil. S. f. Espécime dessa família.

Lauráceo, adj. *Bot.* Relativo às Lauráceas ou ao louro (planta).

Láurea, s. f. 1. *Ant.* Coroa de louros, com que se premiavam os poetas; laurel. 2. Galardão, prêmio. 3. Grau acadêmico.

Laurear, v. Tr. dir. 1. Cingir ou coroar de louros. 2. Galardoar por mérito literário ou artístico. 3. Adornar, enfeitar. 4. Aplaudir, festejar.

Laurel, s. m. (provençal ant. *laurier,* pelo cast.?). 1. Láurea, louro, coroa de louros. 2. Galardão, prêmio. 3. Homenagem, elogio, louvor.

Laurência, s. f. *Bot.* 1. Gênero (*Laurencia*), da família das Rodomeláceas, que compreende algas vermelhas coriáceas. 2. Alga desse gênero.

Laurenciano, adj. V. *laurentino*[1].

Laurêncio, s. m. *Quím.* Elemento radioativo de curta duração. Símbolo Lw, número atômico 103, massa atômica 257.

Laurentino[1], adj. 1. Que se refere a S. Lourenço. 2. *Geol.* Pertencente a uma série de granitos ou gnaisses graníticos do terreno arcaico da região do Rio São Lourenço, no Canadá. S. m. *Geol.* Essa série.

Laurentino[2], adj. V. *láureo.*

Láureo, adj. 1. Referente a louros. 2. Composto de louros.

Lauréola, s. f. (l. *laureola*). 1. Laurel, auréola. 2. *Bot.* Nome de algumas plantas.

Láurico, adj. *Quím.* Diz-se de um ácido graxo, cristalino, $CH_3(CH_2)_{10}COOH$, que ocorre em forma de seus ésteres de glicerina nas bagas do loureiro europeu (*Laurus nobilis*).

Lauricomo, adj. *Poét.* Coroado de louros.

Laurífero, adj. *Poét.* 1. O mesmo que *lauricomo.* 2. Que tem ou produz louros.

Laurifólio, adj. Cujas folhas são semelhantes às do loureiro.

Laurígero, adj. O mesmo que *laurífero.*

Laurino, adj. V. *láureo.*

Laurita, s. f. *Miner.* Mineral (RuS_2) que consiste em sulfureto de rutênio, ferroso-escuro, que ocorre em diminutos cristais ou grãos.

Lausperene, s. m. (1. *laus+perenne*). Exposição permanente do Santíssimo Sacramento.

Lauto, adj. 1. Abundante, opíparo. 2. Ostentoso, magnificente. Antôns.: *modesto, sóbrio.*

Lava, s. f. (ital. *lava*). 1. Rocha em fusão, expelida pelos vulcões. 2. A matéria que sai dos vulcões solidificada pelo esfriamento. 3. Torrente, enxurrada. 4. Chama, língua de fogo.

Lavabo, s. m. 1. Oração que o sacerdote católico profere durante a celebração da missa, lavando os dedos. 2. Ato de o sacerdote lavar os dedos ao dizer essa oração. 3. Taça que se coloca na mesa para lavar as pontas dos dedos, durante ou no fim das refeições. 4. Bacia fixa, com ou sem água corrente, para lavar o rosto e as mãos; lavatório.

Lavação, s. f. (l. *lavatione*). Ato ou efeito de lavar.

Lavada, s. f. 1. Rede de pesca, que se arrasta pelo fundo para a terra. 2. *Gír. esp.* Derrota por grande diferença de pontos.

Lavadaria, s. f. *Des.* V. *lavanderia.*

Lavadeira, s. f. 1. Mulher cujo ofício é lavar roupa; lavandeira. 2. Máquina de lavar roupas. 3. Libélula.

Lavadeiro, adj. Que lava. S. m. 1. Homem que se emprega em lavar roupa. 2. Fossa para depósito de águas pluviais.

Lavadela, s. f. 1. Lavagem ligeira. 2. Lavação. 3. Pequena descompostura.

Lava-dente, s. m. *Pop.* 1. Cachaça. 2. Beberete, pingola.

Lavadiço, adj. *P. us.* 1. Que gosta de se lavar. 2. Que anda muito lavado.

Lavado, adj. (p. de *lavar*). 1. Limpo por lavagem. 2. Banhado. 3. Muito molhado, encharcado. 4. *Pint.* Dissolvido em água (tinta).

Lavador, adj. e s. m. Que, ou o que lava.

Lavadouro, s. m. 1. Local ou tanque que serve para a lavagem da roupa. 2. Lugar destinado exclusivamente à lavagem de qualquer coisa. Var.: *lavadoiro.*

Lavadura, s. f. 1. Ato de lavar. 2. Água em que se lavou louça e panelas; lavagem.

Lavagem, s. f. 1. Ato de lavar. 2. Água com restos de comida para porcos. 3. *Miner.* Separação por meio de água do minério, tirando-lhe as escórias. 4. Clister.

Lavamento, s. m. Ato ou efeito de lavar; lavadura.

Lavandaria, s. f. *P. us.* V. *lavanderia.*

Lavandeira, s. f. V. *lavadeira.*

Lavandeiro, s. m. V. *lavadeiro.*

Lavanderia, s. f. (fr. *lavanderie*). 1. Estabelecimento onde se lavam e passam roupas de cama e mesa. 2. A parte da casa, hotel etc., onde a roupa é lavada e passada a ferro.

Lavandisca, s. f. *Ant.* Lavadeira.

Lava-pés, s. m. sing. e pl. 1. Cerimônia litúrgica com que na quinta-feira santa se comemora o fato de Jesus ter lavado os pés a seus discípulos. 2. *Entom.* Pequena formiga (*Solenopsis geminata*), onívora, ferozmente picadora e de ferroada muito dolorosa, também chamada *formiga-de-fogo* e *formiga-lava-pés.*

Lava-pratos, s. m.. sing. e pl. *Bot.* Arbusto leguminoso-cesalpiniáceo (*Cassia quinquangulata*).

Lavar, v. 1. Tr. dir. Limpar banhando, tirar com água as impurezas de. 2. Pron. Banhar-se em água, para se limpar. 3. Tr. dir. *Pint.* Dissolver em água (as cores), para purificar e temperar. 4. Tr. dir. Expurgar, purificar. 5. Pron. Reabilitar-se. 6. Tr. dir. Vingar injúria.

Lavatório, s. m. (l. *lavatoriu*). 1. Ato de lavar. 2. Purificação, limpeza. 3. Móvel ou utensílio que sustenta uma bacia e jarro de água para lavagem do rosto e das mãos. 4. Bacia fixa ou pia, com água corrente.

Lavável, adj. m. e f. Que se pode lavar.

Laverca, s. f. (gót. *laerka*). *Ornit.* Nome vulgar dos pássaros conirrostros como a calhandra e a cotovia.

Lavor, s. m. (l. *labore*). 1. Trabalho manual; labor. 2. Qualquer ocupação intelectual. 3. Obra de agulha, feita por desenho. 4. Ornato em relevo; lavrado. 5. Cristalização superficial nas salinas.

Lavorar, v. (l. *laborare*). Tr. dir. 1. Fazer lavores em. 2. O mesmo que *lavrar*.

Lavoso, adj. 1. Que se refere a lava. 2. Que tem a natureza da lava dos vulcões.

Lavoura, s. f. (l. v. **laboria?*). 1. Amanho e cultivo das terras; lavra. 2. Agricultura. 3. Propriedade lavrada e cultivada. 5. Os lavradores ou agricultores. Var.: *lavoira*.

Lavra, s. f. (de *lavrar*). 1. Ato de lavrar; lavrada. 2. Lavoura. 3. Lugar e exploração de jazidas; mineração. 4. Autoria, composição, invenção: Poesias da sua *lavra*. S. f. pl. Leiras, terras lavradias.

Lavradeira, s. f. 1. Mulher de lavrador. 2. Mulher que lavra. 3. Mulher que faz renda ou lavores de agulha.

Lavradeiro, adj. Diz-se do animal que trabalha na lavoura.

Lavradio, adj. Diz-se do terreno próprio para ser lavrado; arável. S. m. Ato de lavrar, lavoura.

Lavrado, adj. 1. Que se lavrou. 2. Ornado de lavores. 3. Aparelhado, desbastado. 4. Arado. 5. Escrito (sentença, termo, escritura, ata etc.). S. m. 1. Lavor de agulha; bordado. 2. Terra lavrada. 3. Terreno de cascalho, outrora revolvido para a lavra do ouro de aluvião. 4. Jóia de ouro maciço. S. m. pl. Contas de ouro, que formam colar.

Lavrador, adj. Que lavra. S. m. 1. Aquele que tem propriedade agrícola; agricultor. 2. O que trabalha em lavoura. 3. Proprietário de salinas.

Lavradorita, s. f. V. *labradorita*.

Lavragem, s. f. 1. Ato ou efeito de lavrar. 2. Lavoura, cultivo e amanho das terras.

Lavramento, s. m. 1. Ato de lavrar. 2. Feitio ou cunhagem (das moedas).

Lavrante, adj. m. e f. Que lavra. S. m. Ourives que trabalha em ouro ou prata.

Lavrar, v. (l. *laborare*). 1. Tr. dir. Amanhar, cultivar (as terras), remexer com arado ou charrua. 2. Tr. dir. Fazer lavrados em; cinzelar. 3. Tr. dir. Desenhar em bordado; bordar. 4. Tr. dir. Ornar com trabalhos em relevo. 5. Tr. dir. Desbastar, talhar (pedras). 6. Tr. dir. Aplainar, preparar (a madeira). 7. Tr. dir. Explorar (jazidas de minérios). 8. Tr. dir. Cunhar. 9. Tr. dir. Exarar por escrito; escrever, redigir.

Lavratura, s. f. Ato de lavrar (uma ata, um documento).

Laxação, s. f. (l. *laxatione*). 1. Ato ou efeito de laxar. 2. Frouxidão, lassidão. 3. Atenuação, minoração.

Laxante, adj. m. e f. Que laxa, que afrouxa. S. m. *Med.* Purgante brando.

Laxar, v. Tr. dir. 1. Tornar frouxo, relaxar. 2. Desimpedir. 3. Atenuar, aliviar.

Laxativo, adj. e s. m. O mesmo que *laxante*.

Laxidão, s. f. V. *lassidão*.

Laxifloro (*cs*), adj. Com as flores muito separadas.

Laxismo, s. m. *Teol.* Doutrina que restringe excessivamente a obrigação moral.

Laxo, adj. 1. Alargado, frouxo, bambo, largo. 2. Desimpedido.

Layout (*lêi-aut*), s. m. (t. ingl.). V. *leiaute*.

Lazão, adj. O mesmo que *alazão*. Fem.: *lazã*.

Lazarar, v. Tr. dir. 1. Tornar lázaro, leproso. 2. Contaminar, empestar.

Lazarento[1], adj. e s. m. (de *lázaro*). 1. Que, ou aquele que tem pústulas ou chagas. 2. Leproso.

Lazarento[2], adj. O mesmo que *lazeirento*.

Lazareto (*ê*), s. m. (ital. *lazzaretto*). 1. Hospital de isolamento para pessoas portadoras de moléstias contagiosas. 2. Hospital para lazarentos.

Lazaria, s. f. *Vet.* Epizootia dos suínos.

Lazarina, s. f. (de *Lázaro*, n. p.). Espingarda de cano longo e fino, de carregar pela boca; pica-pau.

Lazarista, s. m. e f. Membro da congregação religiosa, fundada em 1625 por São Vicente de Paulo para a formação de missionários, e cuja sede inicial se chamara anteriormente *Priorado de São Lázaro*.

Lázaro, s. m. 1. O que está atacado de lepra; leproso, morfético. 2. O que está coberto de chagas.

Lazarone, s. m. (ital. *lazzarone*). 1. Mendigo de Nápoles. 2. Madraço, vadio, ocioso.

Lazeira, s. f. 1. Miséria, desgraça, calamidade. 2. Fome. 3. Lepra. 4. Preguiça, indolência.

Lazeirento, adj. Que tem lazeira.

Lazer (*ê*), s. m. (l. *licere*). Tempo livre, vagar, ócio.

Lazulita, s. f. Mineral monoclínico, azul, fosfato básico de alumínio, ferro e magnésio.

Lazurita, s. f. *Miner.* Silicato de sódio, alumínio e enxofre.

Lé, s. m. Usado na loc. *lé com lé, cré com cré*: cada qual com um da sua igualha.

Leal[1], adj. m. e f. 1. Conforme às leis da probidade e da honra. 2. Digno, honesto. 3. Franco, sincero. 4. Fiel. Antôn. (acepção 3): *hipócrita*.

Leal[2], s. m. Moeda portuguesa de dez réis do tempo de D. João I.

Lealdação, s. f. 1. Ato de lealdar. 2. Verificação alfandegária.

Lealdade, s. f. 1. Qualidade de leal; fidelidade. 2. Ação leal. Antôn.: *hipocrisia*.

Lealdado, adj. 1. Manifestado na alfândega. 2. Verificado, inspecionado. 3. Muito limpo (açúcar).

Lealdador, adj. Que lealda. S. m. O que verifica ou inspeciona.

Lealdamento, s. m. Ação de lealdar; lealdação.

Lealdar, v. 1. Tr. dir. Manifestar na alfândega (bagagem ou mercadorias). 2. Tr. dir. Verificar, inspecionar. 3. Intr. Agir de modo leal.

Lealdoso, adj. *Ant.* Leal.

Leão, s. m. (l. *leone*). 1. *Zool.* Mamífero carnívoro felídeo (*Felis leo*) próprio da África e do Sul da Ásia, animal feroz por excelência, de hábitos de caçador noturno, robustíssimo e terrivelmente agressivo. Col.: *alcatéia*. Voz: *brama, brame, ruge, urra*. 2. Homem intratável, ríspido. 3. Homem ousado, valente. 4. Homem namorador, que alardeia conquistas amorosas. 5. *Astr.* Constelação e o quinto signo do zodíaco. Fem.: *leoa*; dim. irr.: *leãozete, leônculo*.

Leãozete (*ê*), s. m. Pequeno leão.

Lebracho, s. m. *Pop.* O macho da lebre, ainda novo.

Lebrada, s. f. *Pop.* Espécie de guisado de lebre.

Lebrão, s. m. *Pop.* O macho da lebre.

Lebre, s. f. (l. *lepore*). 1. *Zool.* Nome comum às espécies de roedores da família dos Leporídeos (*Lepus europaeus*). Voz: *chia, guincha*. 2. *Astr.* Constelação do hemisfério austral.

Lebré, s. m. O mesmo que *lebrel* ou *lebréu*.

Lebreiro, adj. Que caça ou agarra lebres.

Lebrel, s. m. V. *lebréu*.

Lebréu, s. m. (de *lebre*). Cão apropriado para a caça das lebres; galgo.

Lecionar, v. 1. Intr. Ensinar, dedicar-se ao magistério. 2. Tr. dir. Dar lições a; dar lições de. 3. Pron. Tomar lições de, estudar com: As duas jovens *lecionam-se com* o dicionarista.

Lecionário, s. m. Livro de coro que contém a vida de santos.

Lecionista, s. m. e f. Pessoa que leciona como professor ou professora particular.

Lecitidáceas, s. f. pl. *Bot.* Família (*Lecythidaceae*) de árvores, com grandes folhas, flores hermafroditas e grandes frutos. S. f. Espécime dessa família.

Lecitidáceo, adj. *Bot.* Relativo às Lecitidáceas.

Lecitina, s. f. *Biol.* Cada uma das várias substâncias fosforadas encontradas no cérebro e na medula dos animais.

Leco[1], adj. Caipora, desamparado, fraco.

Leco[2], s. m. *Ant.* Servo, lacaio.

Lecre, s. m. *Ornit.* Pássaro tiranídeo (*Onychorhyncus swainsoni*).

Lectícola, adj. m. e f. Que habita nos leitos (percevejo). Var.: *letícola*.

Lectocéfalo, adj. e s. m. Que, ou o que tem cabeça pequena.

Ledice, s. f. 1. Qualidade de ledo. 2. Alegria, contentamento, júbilo. S. f. pl. Facécias, galantarias.

Ledo (*ê*), adj. (l. *lœtu*). Alegre, contente, jubiloso. Fem.: *leda* (*ê*); fem. pl.: *ledas* (*ê*).

Ledor, adj. e s. m. (l. *lectore*). Que, ou o que lê; que, ou o que tem o hábito de ler; leitor.

Legação, s. f. (l. *legatione*). 1. Ato de legar. 2. Representação diplomática, inferior à embaixada. 3. Residência de um diplomata estrangeiro. 4. Repartição dirigida por um diplomata estrangeiro. 5. Tempo que dura uma legacia. 6. Missão que o ministro desempenha.

Legacia, s. f. 1. Dignidade ou cargo de um legado. 2. Território assistido por um legado.

Legado[1], s. m. (l. *legatu*). Doação feita por testamento a quem não é herdeiro necessário.

Legado[2], adj. e s. m. (l. *legatu*). 1. Que, ou o que é encarregado de qualquer missão diplomática. 2. Que tem a função de embaixador extraordinário da Santa Sé.

Legal, adj. m. e f. 1. Conforme à lei. 2. Relativo à lei. 3. Prescrito pela lei. 4. *Pop.* Como deve ser. 5. Certo, regular, em ordem.

Legalidade, s. f. Caráter ou qualidade do que é legal.

Legalista, adj. m. e f. Relativo à lei. S. m. e f. Pessoa que, em épocas revolucionárias, apóia o governo legal.

Legalização, s. f. Ação ou efeito de legalizar.

Legalizar, v. Tr. dir. 1. Tornar legal; dar força de lei a. 2. Autenticar, legitimar.

Legar, v. (l. *legare*). Tr. dir. 1. Enviar (alguém) como legado. 2. Deixar em testamento. 3. Transmitir.

Legatário, s. m. O que é contemplado por legado testamentário.

Legatório, adj. 1. Concernente a legado. 2. Que envolve legado.

Legenda, s. f. (l. *legenda*). 1. Pequeno texto, geralmente descritivo ou explicativo, que se coloca logo abaixo das ilustrações, fotografias ou imagens cinematográficas. 2. Letreiro, dístico, rótulo. 3. *Des.* Lenda.

Legendário, adj. 1. Que se refere a legenda. 2. Que é da natureza das lendas; lendário. S. m. 1. Autor de legendas. 2. Coleção de vidas de santos.

Legião, s. f. (l. *legione*). 1. Divisão principal do exército romano composta de 10 coortes.

Legiferar, v. *Fam.* Legislar.

Legífero, s. m. Aquele que faz leis, que legisla; legislador.

Legionário, adj. Que pertence ou se refere a uma legião. S. m. Soldado de uma legião.

Legislação, s. f. 1. Parte do Direito que se ocupa especialmente do estudo dos atos legislativos. 2. Direito de fazer leis. 3. Ato de legislar, de fazer leis. 4. O conjunto das leis de um país.

Legislador, adj. 1. Que legisla. 2. Que explica as leis. S. m. 1. Aquele que legisla ou elabora leis. 2. Membro de uma câmara legislativa.

Legislar, v. 1. Intr. Fazer ou decretar as leis para um determinado país ou para um determinado assunto. 2. Tr. dir. Ordenar ou preceituar por lei. 3. Tr. ind. Estabelecer ou decretar leis.

Legislativo, adj. 1. Que diz respeito à legislação. 2. Relativo ao poder de legislar. 3. Que faz, a quem cabe fazer as leis. S. m. O poder, a câmara ou câmaras que fazem as leis.

Legislatório, adj. 1. Que obriga como lei. 2. Relativo a legislação; legislativo.

Legislatura, s. f. (de *legislar*). 1. Conjunto de poderes incumbidos da feitura das leis. 2. Reunião de deputados e senadores em assembléias. 3. Prazo no qual se exerce o mandato de uma assembléia legislativa.

Legislável, adj. m. e f. Que se pode legislar ou transformar em lei.

Legismo, s. m. 1. Império, influência da lei. 2. Procedimento de legista.

Legisperito, s. m. Perito em leis; legista.

Legista, s. m. e f. 1. Pessoa que conhece a fundo as leis; legisperito, jurisconsulto. 2. O mesmo que *médico legista.*

Legítima, s. f. 1. Porção de bens que a lei reserva aos herdeiros em linha reta, descendentes e ascendentes. 2. Uma das divisões da salina.

Legitimação, s. f. (l. *legitimatione*). Ato ou efeito de legitimar.

Legitimado, adj. Tornado legítimo. S. m. Filho natural que passa à condição de legítimo pelo matrimônio dos pais.

Legitimador, adj. e s. m. Que, ou aquele que legitima.

Legitimar, v. (l. *legitimare*). 1. Tr. dir. Tornar legítimo para os efeitos legais. 2. Tr. dir. Reconhecer como autêntico (poderes, títulos ou posse de alguma coisa). 3. Tr. dir. Habilitar como legítimo (um filho). 4. Pron. Habilitar-se como filho legítimo de alguém.

Legitimidade, s. f. 1. Caráter, estado ou qualidade do que é legítimo. 2. Condição daquele ou daquilo que se legitimou. 3. Direito de suceder a um monarca pelo princípio da primogenitura ou pela exclusão legal do primogênito. 4. Genuinidade. 5. Legalidade. 6. Retidão.

Legitimismo, s. m. Opinião ou partido dos legitimistas.

Legitimista, adj. m. e f. Que diz respeito a legitimidade. Adj. e s., m. e f. Que, ou quem defende o princípio da dinastia legítima.

Legítimo, adj. 1. Fundado no direito ou na razão. 2. Que tem força de lei. 3. Válido perante a lei. 4. Verdadeiro. 5. Concludente. 6. Genuíno, puro. 7. Autêntico. 8. Diz-se do filho que procede do matrimônio.

Legível, adj. m. e f. 1. Que pode ler-se. 2. Escrito em caracteres nítidos, bem visíveis e distintos.

Legra, s. f. (l. *ligula*). *Cir.* 1. Instrumento empregado na legradura. 2. Instrumento com que se observam as fraturas do crânio.

Legração, s. f. *Cir.* Ato de legrar.

Legradura, s. f. (*legrar* + *dura*). *Cir.* 1. Operação de raspar ou limpar ossos cariados ou fraturados. 2. O mesmo que *legração.*

Legrar, v. Tr. dir. *Cir.* Operar ou examinar com legra: *Legrar uma fratura.*

Légua, s. f. (b. l. *leuca*, de origem céltica). 1. Antiga medida de extensão, variável segundo os países. No Brasil tem de 6.000 a 6.600 metros. 2. *Fam.* Distância considerável.

Leguleio, s. m. 1. Aquele que observa servilmente a letra da lei. 2. Chicaneiro, rábula.

Legume, s. m. 1. Fruto seco monocarpelar, de deiscência mista, característico das leguminosas. 2. Vagem. 3. Planta ou parte da planta que serve para a alimentação humana; hortaliça, verdura. 4. Qualquer cereal.

Legumina, s. f. *Quím.* Globulina, que é uma componente característica das sementes de muitas leguminosas; caseína vegetal.

Leguminário, adj. Que se refere a legume.

Leguminiforme, adj. m. e f. *Bot.* Diz-se do órgão que lembra mais ou menos um legume.

Leguminívoro, adj. Que se nutre de legumes.

Leguminosa, adj. *Bot.* 1. Fem. de *leguminoso.* 2. Diz-se de planta que frutifica em vagens.

Leguminosas, s. f. pl. *Bot.* Família (*Leguminosae*) muito grande de plantas dicotiledôneas, da ordem das Rosales, que compreende ervas, arbustos, árvores e trepadeiras, em geral com flores muito irregulares e fruto que é um legume; suas raízes comumente possuem nódulos que contêm bactérias fixadoras de nitrogênio. S. f. Espécime dessa família.

Leguminoso, adj. *Bot.* 1. Relativo, pertencente ou semelhante aos legumes. 2. Relativo ou pertencente à família das Leguminosas. 3. Que frutifica em vagens.

Legumista, s. m. e f. (de *legume*). 1. Que trata especialmente de plantas leguminosas. 2. Vegetariano.

Lei, s. f. (l. *lege*). 1. Preceito emanado da autoridade soberana. 2. Prescrição do poder legislativo. 3. Regra ou norma de vida. 4. Relação constante e necessária entre fenômenos ou entre causas e efeitos. 5. Obrigação imposta. 6. Preceito ou norma de direito, moral etc. 7. Religião fundada sobre um livro. 8. Boa qualidade: Madeira de *lei.* — *Lei de imprensa*: aquela que regula as liberdades concedidas aos cidadãos quanto à manifestação de suas idéias perante a opinião pública, para o que estabelece limites da razão e da moral, em defesa da sociedade. *Lei de meios*: a do orçamento do Estado. *Lei de talião*: desforra igual à ofensa.

Leiautar, v. Tr. dir. Fazer leiaute de.

Leiaute, s. m. (ingl. *layout*). *Propag.* 1. Esboço de um anúncio, com determinação da colocação do texto e das ilustrações, de sorte que fiquem destacados certos elementos e que despertem o interesse do leitor; layout. 2. Esboço bem-acabado de uma obra; layout.

Leiautista, s. m. e f. Pessoa que executa leiaute.

Leicenço, s. m. Fleimão, furúnculo.

Leigaço, s. m. Muito leigo ou estranho a certos conhecimentos; ignorantão.

Leigal, adj. m. e f. Relativo aos leigos; laical.

Leigar, v. Tr. dir. e pron. *Ant.* Laicizar(-se), tornar(-se) leigo.

Leigo, adj. (gr. *laikos*, pelo l.). 1. Diz-se daquele que não tem ordens sacras; laical. 2. Pessoa que ignora um assunto. S. m. Aquele que não tem ordens sacras.

Leiguice, s. f. Ato ou dito de leigo, acepção 2.

Leilão, s. m. (ár. *al.-alam?*). 1. Venda pública de objetos a quem oferece maior lanço, efetuada sob pregão de leiloeiro matriculado. 2. Almoeda, hasta pública.

Leiloar, v. Tr. dir. 1. Pôr em leilão. 2. Apregoar em leilão.

Leiloeiro, s. m. (*leilão* + *eiro*). 1. O que organiza leilões. 2. Pregoeiro em leilões.

Leira, s. f. (l. *glarea?*). 1. Sulco em terra arada, para plantio. 2. Canteiro estreito e longo. 3. Disposição linear de qualquer material, numa superfície ou no solo.

Leirão, s. m. Leira bem elevada e contínua no sentido longitudinal, aproveitada para o plantio de tubérculos.

Leirar, v. Tr. dir. 1. Dividir em leiras (o terreno). 2. Formar leiras, lavrando.

Lêiser, s. m. V. *laser*.

Leishmânia (*laich*), s. f. *Zool.* 1. Gênero (*Leishmania*) de protozoários flagelados que inclui espécies causadoras de sérias enfermidades no homem. 2. Protozoário desse gênero.

Leishmaniose (*laich*), s. f. (*leishmânia* + *ose*). *Med.* Designação das doenças causadas por leishmânias.

Leitado, adj. Que tem ou cria suco leitoso.

Leitão, s. m. (de *leite*). 1. Porco quando ainda é amamentado; bacorinho. 2. Porco, já não amamentado, mas ainda pequeno; bácoro. Col.: *leitegada* (quando nascidos do mesmo parto). Voz: *bocoreja, caincha, grunhe*. Fem.: *leitoa (ô)*.

Leitar[1], adj. m. e f. 1. Que se refere ao leite. 2. Da cor de leite.

Leitar[2], v. (*leite* + *ar*). Intr. Criar leite ou suco leitoso.

Leitaria, s. f. V. *leiteria*.

Leite, s. m. (l. *lacte*). 1. Líquido branco, opaco, segregado pelas glândulas mamárias da fêmea dos mamíferos. 2. Tudo o que se assemelha a esse líquido. 3. Suco branco de alguns vegetais. 4. Tudo o que parece leite: *Leite* de coco. 5. *Farm.* Preparado líquido destinado a amaciar, refrescar ou limpar a pele: *Leite* de rosas.

Leitegada, s. f. Conjunto de leitões nascidos de um só parto.

Leiteira, s. f. 1. Vasilha que serve para trazer o leite à mesa. 2. Mulher que vende leite.

Leiteiro, adj. 1. Que produz leite: Gado *leiteiro*. 2. Próprio para conter leite: Vaso *leiteiro*. S. m. 1. Aquele que vende ou entrega leite. 2. *Bot.* Árvore apocinácea (*Tabernæmontana affinis*).

Leitelho (*ê*), s. m. 1. Leite desengordurado e ácido, próprio para crianças pequenas. 2. Líquido que sobra quando se bate nata para fazer manteiga.

Leitento, adj. 1. O mesmo que *lácteo* e *leitoso*. 2. Que segrega líquido semelhante a leite.

Leiteria, s. f. 1. Depósito de leite ou estabelecimento onde ele é vendido. 2. *Gír.* Sorte constante. Var.: *leitaria*.

Leito, s. m. (l. *lectu*). 1. Armação de ferro ou madeira, com estrado ou sem ele; cama. 2. Tudo aquilo sobre que se pode descansar o corpo. 3. Suporte, assento, base. 4. Armação, quadro, caixilho, chassi. 5. Camada. 6. Substrução, substrutura. 7. Faixa de terreno ocupado por rodovia. 8. Corpo da via-férrea em que assentam os dormentes e trilhos. 9. Depressão de terreno em que correm águas de rio ou regato. 10. Matrimônio.

Leitoa (*ô*), s. f. Fêmea do leitão; bacorinha.

Leitoada, s. f. 1. V. *leitegada*. 2. Refeição que tem por única ou principal iguaria leitões assados.

Leitoado, adj. Anafado, ancho, gordo, nédio como leitão.

Leitor, s. m. (l. *lectore*). 1. Aquele que lê; ledor. 2. Pessoa que, nas casas editoras, teatros etc. lê as obras remetidas pelos autores e dá parecer a respeito delas. 3. Pessoa que, nas casas religiosas, lê durante as refeições da comunidade.

Leitorado, s. m. 1. Cargo, ou grau de leitor. 2. Duração da leitura. Var.: *leitorado*. 3. *Liturg. ant.* O segundo grau das ordens menores. 4. Totalidade dos leitores habituais de uma publicação periódica.

Leitoso, adj. (l. *lactosu*). 1. Que se refere a leite. 2. Que tem a cor ou a consistência do leite; lácteo. 3. Lactescente.

Leitura, s. f. 1. Ação ou efeito de ler. 2. Arte de ler. 3. Aquilo que se lê. 4. *Tip.* Ato de ler provas para descobrir e corrigir os erros de composição.

Leiva, s. f. (l. v. **glebea*, de *gleba*). 1. Terra elevada em forma linear; leira. 2. Sulco do arado. 3. Sulco lavrado. 4. Gleba.

Leixão, s. m. 1. Pedra alta e isolada, na costa marítima. 2. Ilhota.

Leixa-pren, s. m. (*leixar* + *pren*, de *prende*). *Ant.* Forma de poesia que se caracterizava pela repetição da mesma palavra ou fórmula, do último verso de uma estrofe no primeiro da seguinte.

Lema, s. m. (gr. *lemma*, pelo l.). 1. *Lóg.* Premissa. 2. *Mat.* Proposição subsidiária usada na demonstração de outra proposição. 3. Argumento, tema. 4. Regra ou norma de procedimento. 5. Emblema, divisa. 6. Sentença. 7. O mesmo que *slogan*.

Lemático, adj. 1. Pertencente ou relativo ao lema. 2. Que tem o caráter de lema.

Lembradiço, adj. e s. m. Que, ou o que tem boa memória.

Lembrado, adj. 1. O mesmo que *lembradiço*. 2. Memorável. 3. Que se conservou na memória. 4. Que deixou de si memória.

Lembrador, adj. e s. m. Que, ou aquele que lembra ou serve para lembrar ou faz lembrar ou traz à memória.

Lembrança, s. f. 1. Ato ou efeito de lembrar. 2. Coisa própria para ajudar a memória. 3. Memória. 4. Recordação que a memória conserva por certo tempo. 5. A faculdade da memória. 6. Presente, mimo, brinde. Antôn. (acepção 1): *esquecimento*. S. f. pl. Cumprimentos, recordações, expressões de amizade.

Lembrar, v. (l. *memorare*). 1. Tr. dir. Trazer à memória; recordar. 2. Tr. ind. Vir à idéia, tornar-se recordado. 3. Pron. Recordar-se, ter lembrança de. 4. Tr. dir. Fazer vir à memória por analogia ou semelhança. 5. Tr. dir. Advertir, notar. 6. Tr. dir. Sugerir. 7. Tr. dir. Recomendar.

Lembrete (*ê*), s. m. 1. Papel com apontamentos. 2. *Fam.* Censura, leve castigo.

Leme, s. m. (b. l. *limo*). 1. *Aeron.* e *Náut.* Peça ou estrutura plana de madeira ou metal, adaptada à parte posterior de embarcações ou aeroplanos, destinada a dirigi-los. 2. Direção. 3. Guia. 4. Governança. 5. Ferro de dobradiça que se embebe no vão da fêmea e sobre o qual joga a porta ou janela.

Lemna, s. f. *Bot.* Gênero (*Lemna*) de plantas aquáticas, tipo da família Lemnáceas, que se caracterizam por frondes providas de uma só raiz. Inclui uma lentilha-d'água.

Lemnáceas, s. f. pl. *Bot.* Família (*Lemnaceae*) de plantas aquáticas, da ordem das Arales, com uma só fronde, chata ou engrossada, raiz ou raízes submersas, e uma ou duas folhas nuas acima da superfície. S. f. Espécime dessa família.

Lemnáceo, adj. *Bot.* Relativo ou pertencente à família das Lemnáceas.

Lemniscata, s. f. (l. *lemniscata*). Curva geométrica em forma de 8, semelhante a um laço de fita.

Lemniscato, s. m. (l. *lemniscatu*). V. *lemniscata*.

Lemnisco, s. m. (l. *lemniscu*). 1. Cada um dos dois sinais ÷ e ⁒, que, em velhos manuscritos ou edições de clássicos, indicam, no primeiro caso, passagens ou palavras da Sagrada Escritura mal traduzidas e, no segundo, transposições. 2.

Fitas que pendiam das palmas e coroas destinadas aos vencedores. 3. *Biol.* Faixa de fibras sensórias de cada lado dos pedúnculos cerebrais.

Lemosim, adj. V. *limusino.*

Lemural, adj. m. e f. Referente aos lêmures.

Lêmure, s. m. *Zool.* 1. Gênero (*Lemur*) típico da família dos Lemurídeos. 2. Nome comum a numerosos mamíferos arbóreos, na maioria noturnos, outrora largamente espalhados, mas hoje em grande parte confinados a Madagáscar. S. m. pl. 1. *Antig. rom.* Espíritos noturnos, almas dos mortos. 2. Fantasmas, duendes, sombras.

Lemuriano, adj. (de *lêmure*). 1. Relativo ou semelhante ao lêmure. 2. Relativo a, ou natural de Lemúria, continente que se supõe ter existido ao sul da Ásia. S. m. *Zool.* O mesmo que *lêmure.*

Lena[1], s. f. (l. *lena*). Alcoviteira.

Lena[2], s. f. (l. *laena*). 1. Vestuário que os flâmines usavam sobre a toga. 2. Manto de inverno que usavam os romanos mais distintos.

Lençaria, s. f. 1. Estabelecimento em que se fabricam ou se vendem lenços. 2. Grande quantidade de lenços.

Lenço, s. m. (l. *linteu*). 1. Pequeno pano quadrangular, usado para assoar ou resguardar a cabeça. 2. *Marc.* Cada um dos lados das gavetas. 3. *Pop.* Mesentério.

Lençol, s. m. (l. *linteolu*). 1. Cada uma das peças de pano, sendo uma para forrar o colchão, e outra para servir de coberta. 2. Extensão larga e plana que lembra lençol. 3. Mortalha. — *L. de água* ou *l. freático*: depósito natural de água no subsolo.

Estar em maus lençóis: estar numa situação difícil ou arriscada.

Lenda, s. f. (l. *legenda*). 1. Tradição popular. 2. Narrativa transmitida pela tradição, de eventos cuja autenticidade não se pode provar. 3. História fantástica, imaginosa. 4. Mentira, patranha.

Lendário, adj. 1. Que diz respeito a lenda ou com ela se relaciona. 2. De quem todos falam. 3. Que só existe na imaginação. 4. Fantástico.

Lêndea, s. f. (l. v. **lendina*, do l. *lende*). Nome vulgar e popular do ovo de piolho-da-cabeça.

Lendeaço, s. m. 1. Grande quantidade de lêndeas. 2. Cabeleira cheia de lêndeas.

Lendeoso, adj. Que tem lêndeas.

Lene, adj. m. e f. *Poét.* Brando, macio, suave.

Lenéias, s. f. pl. (gr. *lenaia*). Festas em honra de Baco (Leneu) na antiga Grécia.

Lêneo, adj. (l. *lenaeu*). *Poét.* Pertencente ou relativo a Baco.

Lengalenga, s. f. *Pop.* Narrativa enfadonha e monótona.

Lenha, s. f. (l. *ligna*, pl. de *lignu*). Tronco ou ramada de madeira cortados para queimar. 2. *Pop.* Pancadaria, sova. 3. *Gír.* Bengala.

Entrar na l.: apanhar, ser surrado.

Lenhador, adj. e s. m. 1. Que, ou aquele que colhe ou corta lenha. 2. Que, ou aquele que racha lenha; rachador de lenha; lenheiro.

Lenhar, v. Intr. 1. Colher ou cortar lenha. 2. *Pop.* Negar (a arma) fogo: A garrucha *lenhou.*

Lenheiro, s. m. (l. *lignariu*). 1. V. *lenhador.* 2. Negociante de lenha. 3. Lugar onde se corta e empilha a lenha cortada.

Lenhificar, v. O mesmo que *lignificar.*

Lenho, s. m. (l. *lignu*). 1. *Bot.* Principal tecido sustentador das plantas e condutor de líquido do caule e das raízes às folhas; xilema. 2. Ramo da árvore; pernada. 3. Madeiro, tronco. 4. *Poét.* Navio, embarcação. — *L. da cruz* ou *santo l.*: a cruz de Cristo.

Lenhoso, adj. (l. *lignosu*). *Bot.* 1. Que tem a natureza, o aspecto e a consistência do lenho ou madeira. 2. Diz-se do tecido cuja parede celular se lignificou. 3. Diz-se das plantas em que a maior parte dos tecidos é lignificada, em oposição às plantas herbáceas. S. m. *Bot.* Substância formadora da organização dos vegetais.

Lenidade, s. f. Brandura, mansidão, suavidade. Antôns.: *rigor, severidade, aspereza.*

Leniência, s. f. (de *leniente*). V. *lenidade.*

Leniente, adj. m. e f. e s. m. V. *lenitivo.*

Lenificar, v. O mesmo que *lenir.*

Lenimentar, v. V. *lenir.*

Lenimento, s. m. 1. Aquilo que suaviza, abranda, acalma, mitiga; lenitivo. 2. Emoliente. 3. Remédio para acalmar dores; sedativo.

Leninismo, s. m. 1. Doutrina social de Lenine. 2. Regime fundado nessa doutrina, implantado na Rússia. 3. Bolchevismo.

Leninista, adj. m. e f. Relativo ao leninismo. S. m. e f. Pessoa partidária do leninismo.

Lenir, v. (l. *lenire*). Tr. dir. Abrandar, aliviar, mitigar, tornar suave: *Lenir* um *sofrimento.* — Conjuga-se como *falir.* Antôn.: *exacerbar.*

Lenitivo, adj. 1. *Med.* Que serve para amolecer, abrandar ou mitigar. 2. Que suaviza, consola, acalma. S. m. 1. Medicamento que tem propriedades levemente laxativas. 2. Lenimento. 3. Alívio, consolação.

Lenocínio, s. m. Crime que consiste em explorar, provocar ou facilitar a prostituição.

Lentar, v. (*lento + ar*). 1. Tr. dir. Tornar lento ou úmido. 2. Intr. Tornar-se um tanto úmido. 3. Intr. Transpirar um pouco.

Lente[1], s. f. (l. *lente*). 1. *Fís.* Corpo de vidro ou outra substância análoga, convexo ou côncavo, usado em instrumentos ópticos. 2. *Anat.* Cristalino.

Lente[2], adj. m. e f. (l. *legente*). Que lê. S. m. e f. 1. Quem lê. 2. Professor ou professora de escola superior ou de escola secundária.

Lenteiro, s. m. (de *lento*). 1. Terra úmida, onde cresce erva. 2. Lameiro, lodaçal, pântano, tremedal.

Lentejar, v. 1. Tr. dir. e pron. Tornar(-se) úmido; refrescar(-se). 2. Tr. ind. e intr. Transudar.

Lentejoula, s. f. Pequeno disco metálico com orifício no centro, que serve para ornamentar vestidos etc. Var.: *lentejoila.*

Lentejoular, v. (*lentejoula + ar*). Tr. dir. 1. Ornar com lentejoulas. 2. Fazer brilhar, cintilar. Var.: *lentejoilar.*

Lentescente, adj. m. e f. 1. Viscoso, pegajoso. 2. Úmido.

Lentescer, v. V. *lentar.*

Lenteza, s. f. *P. us.* V. *lentidão.*

Lentibulariáceas, s. f. pl. *Bot.* Família (*Lentibulariaceae*) de ervas aquáticas ou paludosas, insetívoras, com flores irregulares e frutos capsulares. S. f. Espécime dessa família.

Lentibulariáceo, adj. *Bot.* Relativo ou pertencente à família das Lentibulariáceas.

Lenticela, s. f. *Bot.* Cada um dos poros corticais nos caules de plantas lenhosas por onde penetra o ar nos tecidos subjacentes.

Lentícula, s. f. 1. Pequena lente. 2. V. *lenticela.*

Lenticular, adj. m. e f. 1. Em forma de lente; lentiforme. 2. Em forma de lentilha. 3. *Anat.* Diz-se de um dos ossinhos do ouvido dos mamíferos. S. m. Instrumento para furar o casco dos animais.

Lentidão, s. f. 1. Estado ou qualidade de lento. 2. Demora, vagar. 3. Ligeira umidade; lentura. Antôns. (acepções 1 e 2): *rapidez, ligeireza.*

Lentiforme, adj. m. e f. Que tem forma de lente; lenticular.

Lentigem, s. f. Pigmentação circunscrita da pele; sarda.

Lentiginoso, adj. Coberto de lentigens ou sardas; sardento.

Lentigo, s. m. V. *lentigem.*

Lentígrado, adj. Que anda lentamente.

Lentilha, s. f. (l. *lenticula*). 1. *Bot.* Pequena erva cultivada, da família das Leguminosas (*Lens esculenta*), de folhas penadas e vagens com sementes altamente nutritivas. 2. A semente dessa planta.

Lentilhoso, adj. 1. Abundante em lentilhas. 2. Semeado de lentilhas.

Lentiscal, s. m. Terreno povoado de lentiscos.

Lentisco, s. m. *Bot.* Árvore da família das Anacardiáceas (*Pistacia lentiscus*).

Lentisqueira, s. f. 1. *Bot.* O mesmo que *lentisco.* 2. O mesmo que *lentiscal.*

Lento, adj. (l. *lentu*). 1. Que se move com vagar, sem pressa; vagaroso. 2. Preguiçoso. Adv. *Mús.* Mais devagar que o adágio.

Lentor (*ô*), s. m. *Des.* O mesmo que *lentidão.*

Lentura, s. f. 1. O mesmo que *lentidão.* 2. Orvalho, relento.

Leoa (*ô*), s. f. (de *leão*). 1. Fêmea do leão. 2. Mulher de mau gênio. 3. Mulher garrida.

Leonado, adj. Leonino.

Leônculo, s. m. Pequeno leão.

Leoneira, s. f. 1. Caverna onde se acoitam leões. 2. Jaula para leões.

Leonês, adj. (cast. *León*, n. p.). Que diz respeito à cidade de Leão ou ao antigo reino de Leão, na Espanha. S. m. Habitante ou natural de Leão.

Leônico, adj. Que se refere a leão; leonino.

Leonino, adj. (l. *leoninu*). 1. Próprio do leão. 2. Que diz respeito ou se assemelha ao leão. 3. Desleal, pérfido.

Leontíase, s. f. (gr. *leontiasis*). *Med.* 1. Hipertrofia bilateral e simétrica dos ossos da face e do crânio, conduzindo a uma expressão facial leonina. 2. A facies leonina dos leprosos.

Leopardo, s. m. (l. *leopardu*). 1. *Zool.* Mamífero, carnívoro, felídeo (*Panthera pardus*), próprio da África e da Ásia meridional. Voz: *brama, brame, ruge.* 2. Leão do escudo da Inglaterra. 3. *Por ext.* A nação inglesa.

Lepicena, s. f. *Bot.* Gluma exterior das espiguetas das gramíneas.

lépido-[1], elem. de comp. (gr. *lepis, idos*). Designativo de *escama: lepidocarpo.*

Lépido[2], adj. (l. *lepidu*). 1. *Pop.* Lesto, ligeiro. 2. Jovial. 3. Risonho. 4. De bom humor. 5. Gracioso. 6. Mofador, motejador.

Lepidocarpo, adj. e s. m. (*lépido*[1] + *carpo*[2]). *Bot.* Que, ou o que tem frutos escamosos. Var.: *lepidocárpico.*

Lepidócero, adj. (*lépido*[1] + *cero*[2]). *Entom.* Diz-se dos insetos que possuem escamas nas antenas.

Lepidodendro, s. m. *Paleont.* Gênero (*Lepidodendron*) de árvores fósseis, com folhas esguias ou subaladas, e frutificação que se assemelha aos licopódios.

Lepidóideo, adj. Escamoso, ou de aspecto escamoso.

Lepidólito, s. m. *Miner.* Mineral de composição tipicamente variada, que ocorre em massas cor-de-rosa, constituídas de pequenas escamas. Var.: *lepidólita.*

Lepidóptero, adj. *Entom.* 1. Que tem asas escamosas. 2. Relativo ou pertencente aos Lepidópteros. S. m. Inseto da ordem dos Lepidópteros.

Lepidopterologia, s. f. *Zool.* Parte da entomologia que trata dos lepidópteros.

Lepidopterológico, adj. Que se refere à lepidopterologia.

Lepidopterologista, s. m. e f. Pessoa versada em lepidopterologia.

Leporídeo, adj. *Zool.* Relativo ou pertencente aos Leporídeos. S. m. Animal da família dos Leporídeos. S. m. pl. Família (*Leporidae*) que abrange as lebres e os coelhos.

Leporino, adj. 1. Que se refere à lebre. 2. Que lembra a lebre: Lábio *leporino.*

Lepra, s. f. (gr. *lepra*, pelo l.). *Med.* 1. V. *hanseníase.* 2. Impureza que os metais adquirem, quando recobertos de terra.

lepro-, elem. de comp. (gr. *lepra*). Exprime a idéia de *lepra*: *leprologia.*

Leprologia, s. f. (*lepro* + *logo*[2] + *ia*). Conjunto dos conhecimentos e estudos relativos à lepra e sua cura.

Leprologista, s. m. e f. Especialista em leprologia; leprólogo.

Leprólogo, s. m. (*lepro* + *logo*[2]). O mesmo que *leprologista.*

Leproma, s. m. *Med.* Tumor nodular que é uma lesão característica da lepra.

Leprosaria, s. f. V. *leprosário.*

Leprosário, s. m. Hospital onde são isolados e tratados os hansenianos; gafaria.

Leproso, adj. 1. V. *hanseniano.* 2. Contaminado de vícios; corrupto.

Leptocúrtico, adj. *Estat.* Diz-se da curva de freqüência menos achatada que a curva de Gauss (curva campanular adotada como ponto de referência).

Leptodonte, adj. m. e f. *Anat.* e *Zool.* Que tem dentes miúdos.

Leptofilo, adj. *Bot.* Que tem folhas delgadas.

Leptologia, s. f. 1. Modo de discorrer minuciosamente. 2. Discurso delicado, sutil; estilo fino, culto.

Leptoma, s. m. *Bot.* O floema rudimentar das Criptogâmicas.

Leptoprosopo (*zó*), adj. *Antrop.* Que tem o rosto estreito e alongado.

Leptorrino, adj. e s. m. *Antrop.* e *Zool.* Que, ou o que tem nariz comprido e estreito. Antôn.: *platirrino.*

Leptossômico, adj. *Antrop.* e *Zool.* Que tem tipo corporal esbelto e leve.

Leque, s. m. (chin. *Lieu Khieu*, nome das Ilhas Léquias (Riukiu). 1. Abano com varetas, cobertas de papel ou pano, que se abre e fecha facilmente. 2. Curva de uma escada.

Ler, v. (l. *legere*). 1. Tr. dir. Conhecer, interpretar por meio da leitura. 2. Intr. Conhecer as letras do alfabeto e saber juntá-las em palavras. 3. Tr. dir. e intr. Pronunciar ou recitar em voz alta o que está escrito. 4. Tr. dir. Estudar, vendo o que está escrito. 5. Tr. dir. Decifrar ou interpretar bem o sentido de.

Lerca, s. f. *Pop.* Vaca muito magra. S. f. pl. Pelancas.

Lerdaço, adj. *Pop.* Pacóvio, parvo, pateta.

Lerdeador, adj. e s. m. 1. Que, ou o que lerdeia. 2. Descansado, pachorrento, vagaroso.

Lerdear, v. Intr. 1. Agir com lerdeza; demorar, atuar vagarosamente. 2. Ficar lerdo.

Lerdeza, s. f. Qualidade de lerdo.

Lerdice, s. f. V. *lerdeza.*

Lerdo, adj. (cast. *lerdo?*). 1. De ação lenta: memória, pessoa etc. 2. Acanhado. 3. Estúpido. 4. Grosseiro. 5. Pesado. Antôns. (acepção 1): *lesto, esperto.*

Léria, s. f. Falácia, lábia, lengalenga. S. m. Sujeito palrador, mas imprestável; palerma. Var.: *leréia.*

Lés[1], s. m. Usa-se na expressão *de lés a lés*, que significa *de um lado ao outro, de uma à outra banda.*

Lés[2], abrev. O mesmo que *leste.*

Lesado, adj. 1. Que sofreu lesão; ferido. 2. Danificado, prejudicado.

Lesa-majestade, s. f. Ofensa à majestade, a membro da casa reinante ou ao supremo poder da nação: Crime de *lesa-majestade.*

Lesante, adj. e s., m. e f. (de *lesar*). Que, ou quem lesa; lesador.

Lesão, s. f. (l. *laesione*). 1. Ato ou efeito de lesar. 2. Dano, prejuízo. 3. Danificação. 4. Pancada, contusão. 5. Violação de um direito. 6. Ofensa na reputação de alguém.

Lesa-pátria, s. f. Crime ou atentado contra a pátria.

Lesar, v. (l. v. **laesare*, freq. de *laedere*). 1. Tr. dir. Causar lesão a; molestar, ofender fisicamente: Aquela queda *lesou-o.* 2. Tr. dir. Ofender a reputação, o crédito ou os interesses de: A concorrência desleal *lesara* o *negociante.* 3. Pron. Causar lesão a si mesmo; prejudicar-se. 4. Intr. Tornar-se pateta ou idiota.

Lesbiano, adj. Diz-se da mulher homossexual.

Lésbio, s. m. O natural de Lesbos.

Lesco-lesco, s. m. O afã cotidiano (alusão ao esfregar da lavadeira).

Lesivo, adj. 1. Que lesa. 2. Que causa lesão.

Lesma (*ê*), s. f. 1. *Zool.* Nome vulgar de certos moluscos gastrópodes, terrestres, cujo corpo é desprovido de concha. 2. *Zool.* Turbelário terrestre. 3. *Gír.* Pessoa indolente.

Lesmar, v. Intr. 1. Andar ou fazer algo vagarosamente. 2. Ficar parado sem fazer nada.

Lés-nordeste, s. m. Direção entre nordeste e leste.

Leso (*é*), adj. (l. *laesu*). 1. Contuso, ferido, ofendido, violado. 2. Apalermado, atoleimado. 3. Tolhido. 4. Paralítico. 5. Sem dinheiro nenhum.

Lés-sueste, s. m. (*leste* + *sueste*). 1. V. *és-sueste.* 2. Vento de entre leste e sueste.

Leste, s. m. (fr. *l'est*). 1. O mesmo que *este.* 2. Vento que sopra do lado do nascente. Abrev.: *E.* Antôns.: *oeste, ocidente.*

Lesto (*é*), adj. 1. Ativo, expedito, esperto, diligente. 2. Ágil de movimentos, desembaraçado. 3. Decidido, pronto. 4. Lampeiro. 5. Ligeiro, veloz, lépido.

Letal, adj. m. e f. 1. Que diz respeito à morte, mortal; mortífero, letífero. 2. Lúgubre. 3. Fatídico.

Letalidade, s. f. 1. Qualidade de letal. 2. Mortalidade. 3. Conjunto de óbitos.

Letão, adj. Que se refere à Letônia, república do Báltico, que faz parte da U.R.S.S. S. m. 1. Habitante ou natural da Letônia. 2. Idioma dos letões.

Letargia, s. f. (l. *lethargia*). 1. *Med.* Sonolência mórbida. 2. Estado de sono profundo observado em algumas doenças.

Letargiar, v. Tr. dir. Causar letargia a.

Letárgico, adj. 1. Que diz respeito à letargia. 2. Atacado de letargia; apático, indiferente. 3. Dormente; sonolento. 4. Indolente, preguiçoso. S. m. Aquele que caiu em letargia.

Letargo, s. m. 1. Letargia. 2. Torpor; sono profundo, modorra. 3. Esquecimento. 4. Incerteza.

Leteu, adj. *Poét.* 1. Que se refere ao Letes, rio do Hades. 2. Infernal. Fem.: *letéia.*

Letícia, s. f. (l. *laetitia*). 1. *Poét.* Ledice, alegria. 2. Pequeno planeta, descoberto em 1856.

Lético, adj. 1. Que se refere aos letões ou à Letônia. 2. Relativo a um ramo lingüístico indo-europeu, distinto do eslavo, que inclui o letão, o lituano e o antigo prussiano. S. m. Idioma letão.

Letífero, adj. O mesmo que *letal* e *mortífero.*

Letificante, adj. m. e f. Que letifica; letífico[2].

Letificar, v. O mesmo que *alegrar.*

Letífico[1], adj. *Poét.* O mesmo que *letal.*

Letífico[2], adj. *Poét.* Que letifica ou produz alegria.

Letivo, adj. Que diz respeito a lições ou ao regime escolar: Ano *letivo.*

Letomania, s. f. Mania do suicídio.

Letomaníaco, adj. e s. m. Que, ou o que padece de letomania.

Letra (*ê*), s. f. (l. *littera*). 1. Cada um dos símbolos gráficos com que se representam os fonemas ou sons articulados de um idioma. 2. Escrita, caligrafia. 3. *Tip.* Tipo de impressão; caráter. 4. Sentido literal. 5. Versos que são acompanhados por música ou toada. 6. Inscrição, letreiro. 7. Algarismo. S. f. pl. Conjunto dos conhecimentos adquiridos pelos estudos literários, propriamente ditos. — *L. de câmbio*: ordem de pagamento com valor, vencimento e praça de pagamento explícitos; cambial. *L. do Tesouro*: título emitido pelo Governo Federal, vencendo taxas de juro convencionais e correção monetária. *L. imobiliária*: título de promessa de pagamento emitido pelo Banco Nacional de Habitação ou por sociedade de crédito mobiliário.

Ao pé da l.: pontualmente, rigorosamente, literalmente.

Letradete (*ê*), adj. m. e f. *Pej.* Um tanto letrado.

Letradice, s. f. *Pej.* Presunção de letrado.

Letrado, adj. e s. m. (l. *litteratu*). 1. Que, ou o que é versado em letras ou literatura; literato. 2. Sábio, erudito.

Letrear, v. V. *deletrear.*

Letreiro, s. m. 1. Inscrição, legenda, rótulo. 2. Tabuleta, placa com anúncio.

Letrilha, s. f. *P. us.* 1. Pequena poesia para canto. 2. Coplas.

Letrista, s. m. e f. 1. Desenhista especializado em desenhar letras e letreiros de propaganda. 2. Pessoa que faz letra para ser musicada ou para composição musical já existente.

Léu, s. m. *Pop.* 1. Ócio, vagar. 2. Ensejo, ocasião.

Ao léu: à toa; à vontade; nu, descoberto: Com a cabeça ao *léu.*

Leucacanto, s. m. *Bot.* Nome antigo do *pilriteiro.*

Leucanto, adj. *Bot.* Que produz flores brancas.

Leucemia, s. f. *Med.* Doença caracterizada por um aumento do número de leucócitos, existência de leucoblastos no sangue; leucocitemia.

Leucina, s. f. *Biol.* e *Quím.* Aminoácido cristalino formado pela digestão pancreática ou desagregação hidrolítica de proteína e encontrado normalmente no baço e pâncreas, em vários tecidos e na urina em caso de doença.

Leucita, s. f. *Miner.* Mineral branco ou cinzento, $KAlSi_2O_6$, que é um aluminossilicato de potássio.

Leucítico, adj. (*leucita + ico*). *Miner.* Pertencente a, ou que contém leucita.

Leucitito, s. m. *Miner.* Rocha basáltica composta principalmente de leucita e augita.

leuco-, elem. de comp. (gr. *leukos*). Exprime a idéia de *branco: leucocarpo, leucócito.*

Leucocarpo, adj. (*leuco + carpo*[2]). *Bot.* Que dá frutos brancos.

Leucocéfalo, adj. (*leuco + céfalo*). *Zool.* Que tem a cabeça branca.

Leucocitário, adj. Que se refere a leucócito.

Leucócito, s. m. *Biol.* Célula nucleada, incolor, do sangue dos vertebrados; glóbulo branco.

Leucocitose, s. f. *Med.* Aumento excessivo do número de leucócitos no sangue, especialmente nas doenças infecciosas; hiperleucocitose.

Leucócomo, adj. (gr. *leukokomos*). 1. Que tem cabelos brancos. 2. *Bot.* Que tem folhas brancas.

Leucodonte, adj. m. e f. *Zool.* Que tem os dentes brancos.

Leucoma, s. m. (gr. *leukoma*). *Med.* Opacidade láctea cicatricial na córnea; albugem.

Leucomaína, s. f. Designação genérica dos alcalóides formados nos tecidos dos animais vivos.

Leuconiquia, s. f. 1. *Med.* Descoloração das unhas que se observa sob várias ações patológicas. 2. Manchas esbranquiçadas das unhas.

Leucopatia, s. f. *Med.* Albinismo.

Leucopático, adj. Que se refere à leucopatia.

Leucopenia, s. f. *Med.* Diminuição do número dos leucócitos do sangue; leucitopenia.

Leucopênico, adj. Que diz respeito à leucopenia.

Leucoplasia, s. f. *Med.* Formação de manchas brancas na membrana mucosa da cavidade bucal ou dos órgãos genitais.

Leucópode, adj. m. e f. 1. *Zool.* Que tem os pés brancos. 2. *Bot.* Qualifica um cogumelo provido de pé branco.

Leuquemia, s. f. Leucemia.

Leuquêmico, adj. Afetado de leucemia; leucêmico.

Lev, s. m. Unidade monetária básica da Bulgária, subdividida em 100 estotincas. Símbolo LV.

Leva, s. f. 1. Ato de levantar a âncora para navegar. 2. Grupo, rancho, magote. 3. Quantidade de pessoas levadas ou trazidas por vez em um transporte ou condução. 4. Alistamento ou recrutamento de tropas.

Levação, s. f. 1. Tumor maligno. 2. Inchaço. 3. Bubão, íngua. 4. Altitude. 5. Elevação, altura.

Levada, s. f. (de *levar*). 1. Ato ou efeito de levar. 2. Torrente para regar plantas ou mover engenhos. 3. O mesmo que *açude.* 4. Elevação de terreno, colina.

Leva-dente, s. m. *Pop.* 1. Mordedura. 2. Repreensão.

Levadia, s. f. Agitação das ondas marinhas.

Levadiça, s. f. Ponte que se pode levantar ou baixar; ponte levadiça.

Levadiço, adj. 1. Que se pode levantar e abaixar facilmente. 2. Móvel, movediço.

Levadinho, adj. *Pop.* Expressão de realce, por *levado: Levadinho* da breca.

Levadio, adj. Designativo do telhado formado de telhas soltas.

Levado, adj. (de *levar*). 1. Buliçoso, vivo. 2. Azougado, pândego, travesso.

Levador, adj. e s. m. Que, ou aquele que leva.

Levadoura, s. f. 1. Alavanca que regula a altura das mós nos moinhos. 2. Embarcação com aparelhos para tirar carga de outra. Var.: *levadoira.*

Leva-e-traz, s. m. e f., sing. e pl. Pessoa mexeriqueira, intrigante, que gosta de levar e trazer enredos.

Levantada, s. f. 1. Ato de levantar. 2. Ato de levantar-se da cama.

Levantadiço, adj. 1. Que dificilmente se subordina; insubordinado. 2. Irrequieto, turbulento. 3. Leviano.

Levantado, adj. 1. Que se levantou. 2. Revoltado, sublevado, amotinado. 3. Estróina, doidivanas. 4. Elevado, nobre, sublime.

Levantador, adj. Que levanta, que excita, que amotina ou revolta. S. m. 1. *Anat.* Músculo com que se levanta alguma parte do corpo; elevador. 2. Instrumento cirúrgico, com o qual se levantam do cérebro fragmentos de ossos fraturados.

Levantadura, s. f. V. *levantamento.*

Levantamento, s. m. 1. Ato de levantar ou de lavantar-se. 2. Insurreição, rebelião, revolta. 3. Elevação, acréscimo, reforçamento. 4. Estatística. 5. Suspensão, anulação, revogação.

Levantante, adj. m. e f. *Heráld.* Representado em pé.

Levantar[1], v. (de *levante*). 1. Tr. dir. e pron. Alçar(-se), erguer (-se), pôr(-se) de pé (o que estava deitado, de joelhos ou sentado). 2. Intr. e pron. Altear-se, erguer-se: O mar começa a *levantar* (ou *levantar-se*) (Séguier). 3. Tr. dir. Arvorar, hastear. 4. Tr. dir. Apanhar, erguer do chão. 5. Tr. dir. Edificar, erigir. 6. Tr. dir. Dar mais altura a. 7. Pron. Aparecer (um astro) sobre o horizonte. 8. Tr. dir. Ajudar a erguer-se da cama; acordar. 9. Intr. e pron. Sair da cama. 10. Tr. dir. Dirigir para o alto (o olhar, os olhos). 11. Tr. dir. Aumentar, subir (o preço de). 12. Tr. dir. Tirar de situação precária. 13. Tr. dir. Promover, suscitar. 14. Tr. dir. Aventar, lembrar, propor. 15. Tr. dir. Assacar (aleives, calúnias etc.). 16. Tr. dir. Amotinar, sublevar, revoltar. 17. Pron. Insurgir-se, rebelar-se, revoltar-se. 18. Tr. dir. Entusiasmar, excitar. 19. Pron. Manifestar-se, protestando. 20. Tr. dir. Arrecadar, cobrar. 21. Tr. dir. Receber, retirar. 22. Tr. dir. Encerrar, terminar: *Levantar a sessão.*

Levantar[2], s. m. 1. Ato de levantar ou levantar-se. 2. Levantada.

Levante, s. m. 1. Ato de levantar. 2. Levantamento. 3. Este, oriente, nascente. 4. Território dos países banhados pelo Mediterrâneo do lado do Oriente. 5. Forte vento do leste, peculiar ao Mediterrâneo. 6. Motim. 7. Ato de fazer sair a caça do lugar onde se acolhe.

Levântico, adj. V. *levantino.*

Levantino, adj. Que pertence ou se refere ao Levante e aos países do Levante. S. m. Habitante desses países.

Levanto, s. m. Ato de levantar a caça.

Levar, v. (l. *levare*). 1. Tr. dir. Conduzir algo consigo de um lugar para outro. 2. Tr. dir. Afastar, retirar. 3. Tr. dir. Arrastar, puxar. 4. Tr. dir. Conduzir, guiar. 5. Tr. ind. Dar acesso. 6. Pron. *Náut.* Deixar o porto, pôr-se ao largo, seguir viagem. 7. Tr. dir. Colimar, visar a. 8. Tr. dir. Estender, fazer chegar. 9. Tr. dir. Ser portador de, transmitir. 10. Tr. dir. Arrastar ou persuadir à prática de alguma ação; induzir. 11. Tr. dir. Apagar, delir. 12. Tr. dir. Apanhar, receber, sofrer (colisão, pancada, surra). 13. Tr. dir. Dar cabo de; matar. 14. Tr. dir. Consumir, passar (falando do tempo). 15. Tr. dir. Viver. 16. Tr. dir. Empregar, gastar. 17. Tr. dir. Auferir, perceber. 18. Tr. dir. Usar, trazer, vestir. 19. Tr. dir. Ter capacidade para; comportar: Este ônibus pode *levar* oitenta *passageiros.*

Leve, adj. m. e f. 1. Que pesa pouco. 2. Que não é grave, que não é perigoso. 3. Que não é importante. 4. Delicado, ameno, brando. 5. Simples, superficial. 6. Airoso na forma. 7. Ágil, ligeiro. 8. Aliviado, desoprimido.

Levedação, s. f. Ato ou efeito de levedar.

Levedar, v. 1. Tr. dir. Fazer fermentar, tornar lêvedo. 2. Intr. Tornar-se lêvedo, crescer (massa de pão).

Lêvedo, adj. 1. Fermentado. 2. Aumentado de volume, crescido, afofado (diz-se da massa fermentada). S. m. *Bot.* Qualquer cogumelo responsável pela fermentação alcoólica.

Levedura, s. f. Fermento.

Leveza, s. f. 1. Qualidade de leve. 2. Leviandade. 3. Superficialidade. 4. Falta de reflexão.

Leviandade, s. f. 1. Qualidade de leviano. 2. Imprudência. 3. Pouco siso. 4. Falta de tino ou de reflexão. Antôn.: *ponderação.*

Leviano, adj. (de *leve*). 1. Que tem pouco siso. 2. Irrefletido. 3. Imprudente. 4. Inconsciente. 5. Precipitado. 6. Inconsiderado. 7. Insensato. 8. Que não tem seriedade. 9. Que tem pequena carga.

Leviatã, s. m. 1. Grande animal aquático, referido em passagens poéticas da Bíblia.

Levidade, s. f. 1. Leveza. 2. Agilidade, destreza.

Levidão, s. f. (de *leve*). *P. us.* 1. O mesmo que *leveza.* 2. Leviandade. 3. Ligeireza.

Levigação, s. f. Ato de levigar.

Levigar, v. (l. *levigare*). Tr. dir. Reduzir a pó uma substância, dissolvendo-a num líquido, que em seguida a deixa precipitar.

Levípede, adj. m. e f. *Poét.* 1. De pé leve. 2. Presto no andar.

Levirrostro (*ó*), adj. *Zool.* Que tem o bico leve e oco.

Levita, s. m. (l. *levita,* de *Levi*). 1. Membro da tribo de Levi, entre os hebreus. 2. Sacerdote hebreu; após 622 a.C., apenas os do templo de Jerusalém. 3. *Rel. Catól.* Diácono, subdiácono. 4. Sacerdote árabe.

Levitação, s. f. Ato de levitar-se.

Levitar, v. (l. *levare*). Pron. Erguer-se alguém ou alguma coisa no espaço sem apoio visível.

Levítico, adj. Relativo aos levitas. S. m., n. p. Terceiro livro do Pentateuco, que contém as leis relativas ao exercício do culto, confiado aos levitas.

Levogiro, adj. 1. Que gira para a esquerda. 2. *Fís.* Que desvia para a esquerda o plano de polarização da luz; levo-rotatório.

Levulose, s. f. *Quím.* Açúcar levogiro, encontrado no mel e na maioria dos frutos doces.

Lexical (*cs*), adj. m. e f. 1. Que diz respeito ao léxico. 2. Que se refere aos vocábulos de um idioma.

Léxico[1] (*cs*), s. m. 1. Conjunto das palavras de que dispõe um idioma. 2. Dicionário abreviado. 3. Dicionário, de formas raras e difíceis; glossário. 4. Dicionário de línguas clássicas antigas. 5. Vocabulário.

léxico[2], elem. de comp. Exprime a idéia de *léxico, dicionário: lexicógrafo, lexicologia.*

Lexicografar (*cs*), v. Tr. dir. Incluir em léxico; dicionarizar.

Lexicografia (*cs*), s. f. (*léxico*[2] + *grafo* + *ia*). 1. Arte, processo ou ocupação de fazer léxico ou dicionário. 2. Arte ou prática de definir palavras.

Lexicográfico (*cs*), adj. Que pertence ou se refere à lexicografia.

Lexicógrafo (*cs*), s. m. (*léxico*[2] + *grafo*). 1. O que é versado em lexicografia, ou se entrega ao seu estudo. 2. Autor de dicionários; dicionarista.

Lexicologia (*cs*), s. f. (*léxico*[2] + *logo*[2] + *ia*). 1. *Gram.* Ciência das palavras quanto à sua formação, derivação, etimologia e significado.

Lexicológico (*cs*), adj. Que se refere à lexicologia.

Lexicólogo (*cs*), s. m. (*léxico*[2] + *logo*[2]). Quem se dedica à lexicologia; dicionarista.

Léxicon (*cs*), s. m. V. *léxico.*

Lezíria, s. f. (ár. *al-jazair*). Terra alagadiça ao longo de um rio.

Lhama[1], s. f. (cast. *llama*). Tecido de fio de prata ou de ouro, ou de cobre prateado ou dourado.

Lhama[2], s. f. (quíchua *lhama*). *Zool.* Ruminante camelídeo (*Lama glama*) que ocorre no Peru, Bolívia e Noroeste da Argentina.

Lhaneza, s. f. 1. Qualidade de lhano. 2. Afabilidade. 3. Simplicidade, naturalidade. 4. Franqueza, sinceridade, candura. Antôns.: *afetação, fingimento.*

Lhano, adj. (cast. *llano*). 1. Sincero, franco, cândido. 2. Despretensioso. 3. Amável. Antôns.: *afetado, rebuscado.* S. m. pl. Extensas planícies de vegetação herbácea, na América do Sul.

Lhanura, s. f. 1. *Des.* Lhaneza. 2. Planura.

Lhe, pron. pessoal oblíquo, de ambos os gêneros, da 3ª pessoa do sing. Pl.: *lhes.*

Lho, contr. do pron. pessoal *lhe* com o pron. pessoal ou demonstrativo *o.*

Li, s. m. Medida itinerária chinesa, que equivale a cerca de 576 metros.

Liaça, s. f. (de *liar*). 1. Feixe. 2. Feixe de palha usado na embalagem de vidros.

Liação, s. f. Ato ou efeito de liar; liame.

Liadouro, s. m. Pedra que de uma parede ressai para ligar essa parede a outra. Var.: *liadoiro.*

Liamba, s. f. Maconha.

Liame, s. m. (l. *ligamen*). 1. Ato ou efeito de liar. 2. Aquilo que liga uma coisa a outra; ligação. 3. *Constr.* Cal amassada, ou barro, com que se ligam pedras ou tijolos.

Liana, s. f. (fr. *liane*). *Bot.* 1. Cipó. 2. Nome genérico das trepadeiras lenhosas.

Liança, s. f. (de *liar*). 1. Aliança. 2. União. 3. Atadura, ligadura.

Liar, v. (l. *ligare*). O mesmo que *ligar*.

Libação, s. f. (l. *libatione*). 1. Ato de libar ou beber. 2. Cerimônia religiosa entre os pagãos, que consistia em provar vinho ou outro líquido e entorná-lo no chão ou sobre a ara do sacrifício, em honra de uma divindade. S. f. pl. Copos de vinho, tomados por prazer ou para se fazerem brindes etc. Vars.: *libame, libamento*.

Libanês, adj. Pertencente ou relativo ao Líbano. S. m. Habitante ou natural do Líbano. Pl.: *libaneses* (*ê*). Fem.: *libanesa* (*ê*).

Libar, v. (l. *libare*). 1. Intr. Fazer libações em honra de algum deus ou divindade. 2. Tr. dir. Beber. 3. Tr. dir. Chupar. 4. Tr. dir. Experimentar, gozar.

Libelar, v. (*libelo* + *ar*). Tr. ind. Formar o libelo de acusação judicial, sentença etc.

Libelinha, s. f. *Entom.* V. *libélula*.

Libelista, s. m. e f. 1. Pessoa que faz libelo. 2. *Dir.* Quem formula acusações; libelário.

Libelo (*ê*), s. m. (l. *libellu*). 1. *Dir.* Exposição articulada do que se pretende provar contra um réu. 2. Artigo ou escrito que envolve acusação a alguém.

Libélula, s. f. *Entom.* Denominação dos insetos da ordem dos Odonatos, caracterizados por longo e fino abdome, tórax forte, dois grandes olhos facetados e salientes, quatro asas transparentes; lavadeira, lava-bunda, cavalo-de-judeu.

Libente, adj. m. e f. 1. Que faz qualquer coisa de boa vontade; prestimoso, obsequiador. 2. Afável, amável. Sup. abs. sint.: *libentíssimo*.

Líber, s. m. (l. *liber*). *Bot.* Tecido vascular condutor da seiva elaborada; entrecasca, floema.

Liberação, s. f. 1. Ação ou efeito de liberar. 2. Extinção, quitação de dívida ou compromisso. 3. Libertação de ônus ou encargo.

Liberal, adj. m. e f. 1. Dadivoso, franco, generoso. 2. Amigo da liberdade política e civil. 3. Próprio de homem livre. 4. Que tem idéias avançadas sobre a vida social. 5. Tolerante, indulgente. 6. Diz-se de profissões de nível superior, como magistério, medicina etc. S. m. e f. Pessoa partidária do liberalismo.

Liberalão, s. m. *Pej.* O que alardeia ridiculamente de liberal.

Liberalidade, s. f. 1. Qualidade de liberal. 2. Disposição para dar; generosidade. 3. Disposição para tolerar ou aceitar idéias liberais. Antôn. (acepção 2): *avareza*.

Liberalismo, s. m. 1. Conjunto de teorias e princípios liberais. 2. Doutrina que procura restringir as atribuições do Estado em benefício da iniciativa particular.

Liberalista, adj. m. e f. Que se refere ao liberalismo. S. m. e f. Pessoa partidária do liberalismo.

Liberalizar, v. 1. Tr. dir. Dar com liberalidade, prodigalizar. 2. Pron. Tornar-se liberal.

Liberar, v. Tr. dir. 1. Tornar livre, libertar. 2. Desobrigar. 3. Excluir de tabelas ou limites obrigatórios de preços ou de racionamento. 4. Livrar de restrições (câmbio etc.). 5. Liquidar uma dívida.

Liberativo, adj. 1. Que libera ou liberta. 2. Que desobriga.

Liberatório, adj. 1. Que diz respeito a libertação ou liberdade. 2. Que libera de uma dívida, de um compromisso, de uma obrigação.

Liberdade, s. f. 1. Estado de pessoa livre e isenta de restrição externa ou coação física ou moral. 2. Condição do ser que não vive em cativeiro. 3. Condição de pessoa não sujeita a escravidão ou servidão. 4. Independência, autonomia. 5. Ousadia. 6. Permissão. 7. Imunidade. S. f. pl. 1. Regalias, franquias, imunidades, privilégios concedidos aos cidadãos pela constituição do país ou de que goza um país, uma divisão dele, uma instituição etc. 2. Familiaridade importuna; atrevimento, confiança: Tomar *liberdades* com alguém.

Liberiano[1], adj. Que se refere à Libéria ou lhe pertence. S. m. Habitante ou natural da Libéria.

Liberiano[2], adj. (de *líber*). Que pertence ou se refere ao líber.

Libertação, s. f. Ato de libertar ou libertar-se.

Libertador, adj. e s. m. Que, ou aquele que liberta, que dá liberdade ou torna livre.

Libertamento, s. m. V. *libertação*.

Libertar, v. 1. Tr. dir. Dar liberdade a, restituir à liberdade. 2. Pron. Pôr-se em liberdade, tornar-se livre. 3. Tr. dir. Aliviar, desobrigar, tornar quite. 4. Tr. dir. Descarregar, desobstruir. Antôns. (acepção 1): *prender, escravizar*.

Libertário, adj. e s. m. Que, ou o que é partidário da liberdade.

Liberticida, adj. e s., m. e f. Que, ou pessoa que destrói ou procura destruir as liberdades ou imunidades de um país.

Liberticídio, s. m. Destruição da liberdade política de um país.

Libertista, adj. e s., m. e f. Que, ou pessoa que é partidária da doutrina do livre arbítrio.

Liberto, adj. 1. Posto em liberdade; solto. 2. Dizia-se do escravo que se libertou. 3. Desoprimido. S. m. Escravo posto em liberdade.

Líbico, adj. Que pertence ou se refere à Líbia. S. m. 1. Habitante ou natural da Líbia. 2. Língua berbere falada na região da antiga Líbia.

Libidibi, s. m. 1. *Bot.* Árvore leguminosa (*Caesalpinia coriaria*), da América tropical. 2. Bebida extraída dessa planta.

Libido, s. f. *Psicol.* 1. Desejo sexual. 2. Energia psíquica que, segundo Freud, provém do instinto sexual e determina toda a conduta da vida do homem.

Líbio, adj. e s. m. V. *líbico*.

Líbito, s. m. 1. Arbítrio. 2. Aquilo que apraz; talante.

Libra, s. f. (l. *libra*). 1. Medida inglesa de peso de 16 onças, equivalente a 453,592g. 2. O mesmo que *arrátel*. 3. Antiga moeda portuguesa. 4. Moeda de ouro inglesa; libra esterlina. 5. Sétimo signo do zodíaco, representado pela balança.

Libração, s. f. (l. *libratione*). 1. Ato ou efeito de librar. 2. *Astr.* Movimento oscilatório, real ou aparente, de um astro.

Librar, v. 1. Tr. dir. Pôr em equilíbrio; equilibrar. 2. Pron. Sustentar-se no ar; pairar. 3. Tr. dir. e pron. Fundamentar (-se).

Libré, s. f. (fr. *livrée*). 1. Uniforme de criados, em casas nobres. 2. *Hum.* Farda, uniforme. 3. Vestuário. 4. Aparência, aspecto exterior.

Libretista, s. m. e f. Quem escreve libreto.

Libreto (*ê*), s. m. (ital. *libretto*). 1. Texto de uma ópera. 2. Texto dramático para ser musicado.

Liburno, s. m. *Antig. rom.* Escravo que transportava a cadeirinha ou liteira de pessoas nobres ou ricas.

Liça, s. f. (fr. *lice*). 1. Lugar destinado a justas, torneios etc. 2. Briga, combate, luta. 3. Lugar em que se debatem questões importantes. Var.: *lice*.

Licanço, s. m. *Herp.* Denominação comum a diversos répteis lacertílios, como a cobra-de-vidro do Brasil (*Ophiodes striatus*) e a de Portugal (*Anguis fragilis*). Var.: *licranço*.

Licantropia, s. f. Alienação mental em que o doente se julga transformado em lobo; licomania.

Licantropo (*ô*), s. m. 1. Alienado que padece de licantropia. 2. Lobisomem.

Lição, s. f. (l. *lectione*). 1. Exposição de matéria escolar feita pelo professor aos alunos; preleção. 2. Aquilo que é aprendido pelo aluno, ou o exercício que para isso faça.

Lice, s. f. O mesmo que *liça*.

Liceal, adj. m. e f. Que se refere a liceu: Ensino *liceal*. S. m. e f. Aluno(a) de liceu.

Licença, s. f. (l. *licentia*). 1. Autorização dada a alguém para fazer ou deixar de fazer alguma coisa; permissão. 2. Documento que comprova essa autorização. 3. Vida dissoluta. 4. Liberdade. — *L. poética*: liberdade que toma o poeta de alterar as normas da gramática ou da poética.

Licenciado, adj. 1. Que tem licença. 2. Que se licenciou. 3.

Despedido, dispensado do serviço S. m. Aquele que tem o grau de licenciatura.

Licenciamento, s. m. 1. Ato ou efeito de licenciar ou de se licenciar. 2. Licenciatura.

Licenciar, v. 1. Tr. dir. Dar licença a. 2. Tr. dir. Isentar temporariamente do serviço (empregados, criados, militares etc.). 3. Pron. Concluir um curso superior, tomar o grau de licenciado. 4. Pron. Tomar licença ou liberdades contra regras ou preceitos estabelecidos.

Licenciatura, s. f. 1. V. *licenciamento.* 2. Grau universitário, em alguns países, entre o de bacharel e o de doutor. 3. Grau ou título universitário dos professores do ensino secundário.

Licenciosidade, s. f. Qualidade de licencioso.

Licenciável, adj. Capaz de ser licenciado ou de obter licença.

Licencioso, adj. 1. Que abusa da liberdade; desregrado, desordenado. 2. Contrário aos bons costumes; ofensivo ao pudor; libertino, lascivo.

Liceu, s. m. 1. *Hist.* Escola filosófica de Aristóteles. 2. Estabelecimento oficial ou particular de instrução secundária ou de ensino profissional.

Liciatório, s. m. Pente de tear.

Lício, s. m. *Bot.* Gênero (*Lycium*) de arbustos ou árvores, da família das Solanáceas, com folhas simples e flores tubuliformes campanuladas.

Licitação, s. f. Ato de licitar.

Licitante, adj. e s., m. e f. Que, ou pessoa que licita.

Licitar, v. (l. *licitari*). 1. Intr. Oferecer uma quantia no ato de arrematação, adjudicação, hasta pública ou partilha judicial. 2. Tr. dir. Pôr em leilão: *Licitar a massa* falida. 3. Tr. dir. Cobrir (o lanço) em praça pública ou partilha judicial.

Lícito, adj. 1. Conforme à lei. 2. Permitido pelo direito. S. m. Aquilo que é permitido, aquilo que é justo. Antôn.: *ilícito.*

Licnóbio, s. m. (l. *lychnobiu*). Aquele que trabalha à noite, que vive à luz de lâmpadas.

Licnomancia, s. f. Adivinhação ou predição por meio de lâmpadas ou brandões.

Licnomante, s. m. e f. Pessoa que pratica a licnomancia.

Licnuco, s. m. (l. *lychnuchu*). *Antig. rom.* Espécie de lampadário ou castiçal de vários braços.

Liço, s. m. (l. *liciu*). Cada um dos fios entre dois liçaróis, através dos quais passa a urdidura de tear.

Licopodiáceas, s. f. *Bot.* Família (*Lycopodiaceae*) de plantas caracterizadas por folhas sem lígulas, estróbilos variamente arredondados e reprodução isosporada. S. f. Espécime dessa família.

Licopodiáceo, adj. *Bot.* Relativo à família das Licopodiáceas.

Licopódio, s. m. 1. *Bot.* Gênero (*Lycopodium*) de plantas eretas ou rasteiras, com folhas uninervadas sempre verdes, que é o tipo da família das Licopodiáceas. 2. *Bot.* Planta desse gênero ou da família das Licopodiáceas. 3. Pó fino, amarelado, altamente inflamável, de licopódio.

Licor, s. m. (l. *liquore*). 1. Bebida alcoólica de sobremesa, aromatizada e geralmente açucarada. 2. *Poét.* Qualquer líquido. 3. *Farm.* Designação de vários medicamentos que contêm álcool.

Licoreira, s. f. V. *licoreiro.*

Licoreiro, s. m. Utensílio de mesa, com um recipiente e copos para licor.

Licorista, s. m. e f. 1. Fabricante ou vendedor de licores. 2. Especialista no fabrico de licores.

Licorne, s. m. (corr. de *unicorne*). 1. Animal fabuloso semelhante a um cavalo e com um chifre no meio da testa. 2. *Astr.* Constelação do hemisfério austral.

Licoroso, adj. 1. Que tem propriedades de licor. 2. Aromático e fortemente alcoólico: Vinho *licoroso.*

Lictor, s. m. *Antig. rom.* Oficial que levava os fasces como insígnia do seu ofício e cuja incumbência, além de prender e punir criminosos, era abrir caminho aos magistrados. Var.: *litor.*

Lictório, adj. 1. Próprio de lictor. 2. Relativo a lictor. Var.: *litório.*

Licuri, s. m. V. *aricuri.*

Licurizal, s. m. Bosque de licuris.

Licurizeiro, s. m. *Bot.* V. *aricuri.*

Lida, s. f. 1. Ato ou efeito de lidar. 2. Trabalho, faina, luta.

Lidador, adj. e s. m. 1. Que, ou aquele que lida; batalhador, guerreiro. 2. Que, ou aquele que trabalha afanosamente; lutador.

Lidar, v. (*lide + ar*). 1. Tr. ind. e intr. Batalhar, combater, pelejar. 2. Tr. ind. e intr. Trabalhar afanosamente; esforçar-se.

Lide, s. f. (l. *lite*). 1. O mesmo que *lida.* 2. Questão judicial. 3. Questão. 4. Luta, contenda, duelo. 5. Toureio.

Líder, s. m. (ingl. *leader*). 1. Chefe, guia. 2. Tipo representativo de um grupo. 3. Chefe de um partido político.

Liderança, s. f. Função de líder.

Liderar, v. (*líder + ar*). Tr. dir. Dirigir como líder; chefiar: Há muito que ele *liderava a empresa.*

Lidimar, v. Tr. dir. Tornar lídimo, legitimar.

Lídimo, adj. Autêntico, genuíno; legítimo.

Lídio, adj. (l. *lydiu*). Que se refere à Lídia. S. m. Habitante ou natural da Lídia. Var.: *lido.*

Lidita, s. f. (ingl. *lyddite*). Explosivo forte, constituído essencialmente pelo ácido pícrico fundido; melinita. Var.: *lidite.*

Lido[1], adj. (p. de *ler*). 1. Que se leu. 2. Erudito, sabedor: Homem *lido.*

Lido[2], s. m. Servo de categoria superior, nas tribos germânicas da Idade Média.

Lienal, adj. m. e f. *Anat.* Relativo ou pertencente ao baço; esplênico.

Lienite, s. f. *Med.* Esplenite.

Liga, s. f. (l. med. *liga*). 1. Ato ou efeito de ligar. 2. *Metal.* Substância composta de dois ou mais metais intimamente misturados e unidos, geralmente por fusão. 3. Coligação, aliança. 4. Pacto. 5. Fita, geralmente elástica, com a qual se prende a meia à perna. S. m. e f. *Gír.* Amigo íntimo; companheiro, chapa.

Ligação, s. f. (l. *ligatione*). 1. Ato ou efeito de ligar. 2. Junção, união. 3. Conexão. 4. Coerência. 5. Laço, vínculo, relação entre pessoas. 6. Convívio sexual; amasio, concubinato. *Verbo de l.*: o que une o sujeito ao predicativo: João *parece* satisfeito.

Ligadura, s. f. (l. *ligatura*). 1. O mesmo que *ligação.* 2. Faixa, atadura. 3. *Mús.* Curva que indica ligação de notas; ligação.

Ligame, s. m. 1. Ligação, nexo. 2. Conexão. 3. Laço, união, vínculo. 4. Impedimento matrimonial. Var.: *ligâmen;* pl. *ligâmenes* e *ligamens.*

Ligamento, s. m. 1. Ação ou efeito de ligar; liga, ligação, ligadura. 2. Tudo que serve para atar ou ligar uma coisa ou parte dela a outra. 3. *Anat.* Faixa de tecido fibroso que liga entre si ossos articulados ou suporta vísceras nos seus devidos lugares.

Ligamentoso, adj. 1. Relativo ou pertencente a ligamento. 2. Que forma ligamento ou é formado dele. 3. *Bot.* Torcido à maneira de cordas.

Ligar, v. 1. Tr. dir. Fazer laço ou nó em; atar, fixar, prender. 2. Tr. dir. Fazer aderir; pegar, cimentar. 3. Tr. dir. Pôr em comunicação. 4. Tr. dir. Unir, prender. 5. Tr. dir. e pron. Unir(-se) por vínculos morais e afetivos. 6. Tr. ind. Dar importância, atenção, fazer caso. 7. Tr. dir. *Eletr.* Pôr em circuito, pôr em funcionamento: *Ligar o motor, a luz, o rádio* etc. 8. *Metal.* Misturar com outro metal ou metais, por fusão; aliar.

Ligeira, s. f. 1. Cabo de manobra que na jangada ou canoa de embono serve para sustentar a verga no balanço. 2. Espécie de chicote com que os vaqueiros açoitam os cavalos.

Ligeireza, s. f. 1. Qualidade de ligeiro. 2. Rapidez, leveza. 3. Celeridade, agilidade. 4. Brevidade. 5. Leviandade. S. f. pl. Prestidigitação.

Ligeirias, s. f. pl. Dichotes, gracejos, chocarrices.

Ligeirice, s. f. Ligeireza.

Ligeiro, adj. (fr. *léger*, do l. v. **leviariu*). 1. Leve. 2. Rápido, veloz. 3. Presto de movimentos; ágil. 4. Vago: *Ligeiras* aparências. 5. Esperto. 6. Desonesto em negócios; tratante. Adv. Ligeiramente, às pressas.

Lígio, adj. (fr. *lige*, pelo l. med. *ligiu*). No regime feudal, dizia-se do indivíduo que, tendo recebido terras do soberano ficava assim obrigado a servi-lo, na paz e na guerra. S. m. Esse indivíduo.

Lígneo, adj. Lenhoso.

ligni-, elem. de comp. (l. *lignu*). Exprime a idéia de *madeira, lenho: ligniforme, lignívoro.*

Legnícola, adj. m. e f. Que vive na madeira ou lenho.

Lignificação, s. f. Ação ou efeito de lignificar-se (tecido vegetal em madeira).

Lignificar, v. (*ligni + ficar*[2]). Pron. 1. Tornar-se lenhoso; formar lenho ou madeira (falando-se dos vegetais). 2. Tomar a aparência de madeira.

Ligniforme, adj. m. e f. (*ligni + forme*). Que tem a natureza ou aparência de madeira.

Lignina, s. f. *Bot.* e *Quím.* Substância ou mistura de substâncias carbonadas que constitui a parte essencial do tecido lenhoso.

Lignita, s. f. (*ligni + ita*). Carvão fóssil, compacto ou terroso, menos escuro e mais recente que a hulha. Conserva a textura dos vegetais dos quais se originou. Var.: *linhita.*

Lignívoro, adj. (*ligni + voro*). Que rói e devora a madeira. S. m. V. *xilófago.*

Lígula, s. f. 1. *Entom.* Conjunto dos dois pares de lobos da parte distal do lábio dos insetos. 2. *Bot.* Excrescência na região de inserção do limbo na bainha (folhas das gramíneas). 3. *Anat.* Faixa de substância branca perto da borda lateral do quarto ventrículo. 5. *Med.* Tipo de verme intestinal.

Liguláceo, adj. Que se assemelha à lígula ou é relativo a ela.

Ligulado, adj. *Bot.* 1. Diz-se de certas corolas de plantas compostas. 2. Que tem lígulas; ligulífero, liguloso.

Ligulífero, adj. V. *ligulado.*

Liguliflоro, adj. Que tem flores liguladas ou em forma de lingüeta.

Liguliforme, adj. m. e f. *Bot.* Com forma de lígula.

Liguloso, adj. *Bot.* O mesmo que *ligulado.*

Lígure, adj. m. e f. 1. Que se relaciona ou pertence à Ligúria. 2. Que é natural ou habitante da Ligúria. S. m. pl. Povo da Itália antiga, que habitava a Ligúria, região correspondente ao Piemonte, a Gênova e territórios vizinhos.

Lila, s. f. (de *Lille*, n. p.). Tecido de lã, fino e lustroso, fabricado na cidade de Lille, França.

Lilá, s. m. e adj. m. e f. V. *lilás.*

Lilás, s. m. (persa *lilak*). 1. *Bot.* Arbusto da família das Oleáceas (*Syringa vulgaris*), originário da Pérsia. 2. A flor ou o perfume da flor do lilás. Adj. m. e f. Arroxeado, como a flor do lilás. Var.: *lilá.* Pl.: *lilases.*

Liliáceas, s. f. pl. *Bot.* Família (*Liliaceae*) da ordem Liliales, que compreende plantas de caules geralmente subterrâneos, bulbos ou rizomas. Tipificadas pelo lírio, incluem outras espécies, como a cebola e o alho. S. f. Espécime dessa família.

Liliáceo, adj. *Bot.* 1. Relativo ou pertencente às Liliáceas. 2. Relativo ou semelhante ao lírio.

Lilifloro, adj. Que tem flores semelhantes às do lírio.

Liliforme, adj. m. e f. *Bot.* Com forma de lírio.

Liliputiano, adj. (ingl. *liliputian*, de *Lilliput*, n. p.). 1. Que se refere a Lilliput, país imaginário do romance de Swift (Viagens de Gulliver), cujos habitantes tinham apenas seis polegadas de altura. 2. Muito pequeno. 3. Insignificante. S. m. *Pej.* Homem pequeno, anão.

Lima[1], s. f. (l. *lima*). 1. *Mec.* Instrumento de aço temperado, com arestas ou fileiras de dentes cortantes estendendo-se diagonalmente através das superfícies, usado para desbastar e alisar metais e outros materiais. 2. Aquilo que serve para polir ou aperfeiçoar. 3. Tudo o que gasta ou corrói.

Lima[2], s. f. (ár. *lima*). 1. Fruto da limeira. 2. Limeira.

Limacídeo, adj. *Zool.* 1. Que se assemelha ou se refere à lesma. 2. Relativo ou pertencente aos Limacídeos. S. m. Molusco da família dos Limacídeos. S. m. pl. Família (*Limacidae*) de moluscos gastrópodes, cuja concha é reduzida a uma casca achatada, fina e oculta sob o manto. Inclui as lesmas típicas.

Limador, adj. e s. m. Que, ou aquele que lima ou aperfeiçoa. S. m. Máquina própria para limar; torno limador.

Limadura, s. f. 1. Ato ou efeito de limar. 2. Aperfeiçoamento. S. f. pl. Limalhas.

Limagem, s. f. 1. O mesmo que *limadura.* 2. Tempo que se gasta em limar.

Limalha, s. f. 1. Partículas que se separam de um corpo que se lima. 2. Metal pulverizado por meio de limagem.

Limão, s. m. (ár. *laimun*). 1. Fruto do limoeiro. 2. Variedade de maçã. 3. V. *iratim.* — *L.-cravo*: espécie de limão (*Citrus limon*), muito parecido com a laranja-cravo. *L.-do-mato*: a) árvore rubiácea (*Basanacantha spinosa*); b) árvore borragínácea, também chamada *café-do-mato* (*Cordia coffeoides*); c) o fruto dessas árvores. *L.-francês*: árvore rutácea (*Triphasia aurantiola*). *L.-galego*: a) árvore rutácea (*Citrus limonum*); b) o fruto da mesma árvore.

Limãorana, s. f. *Bot.* 1. Árvore morácea (*Chlorophora tinctoria*). 2. Planta rubiácea (*Randia armata*). — *L.-da-várzea*: planta rubiácea (*Chomelia anisomeris*).

Limãozinho, s. m. *Bot.* 1. Pequeno limão. 2. Arbusto espinhoso poligaláceo ornamental (*Acanthocladus brasiliensis*). 3. Planta rubiácea (*Machœnia spinosa*).

Limar[1], v. (l. *limare*). Tr. dir. 1. Desbastar, raspar ou polir com lima. 2. Corroer, gastar. 3. Aperfeiçoar. 4. Habituar ao trato social; civilizar.

Limar[2], v. (*limo + ar*). Tr. dir. Esfregar (a vela da jangada) com limo para a preservar da água salgada. 2. Intr. Correr sem interrupção pelos lameiros (a água).

Limatão, s. m. (cast. *limatón*). 1. Lima grande, quadrada ou redonda. 2. Lima redonda, de seção decrescente para a ponta.

Límbico, adj. Relativo ao limbo.

Limbífero, adj. Que tem limbo ou rebordo colorido.

Limbo, s. m. (l. *limbu*). 1. Fímbria, zona. 2. Rebordo exterior. 3. *Bot.* Expansão membranosa que, a partir do pecíolo, constitui a folha. 4. *Bot.* A parte livre e expandida das sépalas e das pétalas. 5. Círculo de bordo graduado. 6. Arco de transferidor. 7. *Teol. catól.* Lugar para onde foram as almas dos justos falecidos antes de Cristo e para onde vão as almas das crianças mortas sem batismo. São privadas da visão beatífica, mas não sofrem outras penas.

Limeira, s. f. *Bot.* 1. Árvore rutácea (*Citrus medica limetta*). 2. Planta rutácea (*Citrus dulcis*), que produz a lima ou o limão-doce.

Limenho, adj. Relativo a Lima, capital do Peru. S. m. O habitante ou natural de Lima.

Limiar, s. m. (l. *liminare*). 1. Parte inferior de uma porta ou portal; soleira. 2. Portal, entrada. 3. Começo, princípio. 4. *Fís., Fisiol.* e *Psicol.* Ponto a partir do qual um efeito ou fenômeno começa a produzir-se.

Limiforme, adj. m. e f. Que tem a aspereza da lima.

Liminar, adj. m. e f. 1. Relativo ou pertencente ao limiar. 2. Posto à entrada. 3. Preliminar. 4. *Dir.* Diz-se de providência tomada pelo juiz, no início do processo.

Limitação, s. f. 1. Ato ou efeito de limitar ou de limitar-se. 2. Restrição, redução.

Limitante, adj. e s., m. e f. Que, ou pessoa ou coisa que limita.

Limitar, v. (l. *limitare*). 1. Tr. dir. Servir de limite a. 2. Tr. ind. e pron. Confinar. 3. Tr. dir. Diminuir, reduzir, restringir. 4. Pron. Consistir unicamente em, não ultrapassar certos e determinados limites. 5. Pron. Dar-se por satisfeito em; contentar-se. 6. Pron. Seguir estritamente certa prescrição.

Limitativo, adj. Que limita, que serve de limite.

Limite, s. m. (l. *limite*). 1. Linha ou ponto divisório; linha de demarcação. 2. Fronteira natural que separa um país de outro. 3. Marco. 4. Extremo, fim, termo. 5. *Mat.* Grandeza constante, de que uma variável se pode aproximar indefinidamente, sem atingi-la jamais.

Limítrofe, adj. m. e f. 1. Contíguo à fronteira de uma região. 2. Que serve de limite comum.

Limnantáceas, s. f. pl. *Bot.* Família (*Limnanthaceae*) de ervas aquáticas ou paludosas, da ordem das Geraniales. S. f. Espécime dessa família.

Limnantáceo, adj. Que se refere às Limnantáceas.

Limnímetro, s. m. O mesmo que *limnômetro.*

Limnófilo, adj. *Zool.* Que gosta de viver em água estagnada.

Limnografia, s. f. *Hidrogr.* Descrição dos lagos e lagoas.

Limnologia, s. f. Estudo científico das águas dos lagos e lagoas, quanto às suas condições físicas e ecológicas.

Limnologista, s. m. e f. O mesmo que *limnólogo.*

Limnólogo, s. m. O que se dedica à limnologia.

Limnômetro, s. m. Aparelho com que se mede o nível dos lagos.

Limo[1], s. m. (l. *limu*). 1. *Bot.* Alga filamentosa de água doce ou salgada. 2. Barro, lama, lodo, vasa. 3. Muco que reveste o corpo dos peixes.

limo-[2], elem. de comp. (gr. *limos*). Exprime a idéia de *fome: limoctonia.*

Limoal, s. m. (*limão + al*). Pomar de limoeiros.

Limoctonia, s. f. (*limo[2] + ctono + ia*). Morte pela fome, por inanição.

Limoeiro, s. m. (*limão + eiro*). *Bot.* 1. Planta rutácea, que produz o limão (*Citrus limonia*). 2. Planta borraginácea (*Mertencia utilis*).

Limonada, s. f. (*limão + ada*). 1. Bebida refrigerante preparada com suco de limão ou ácido cítrico ou essência de limão e água açucarada. 2. Qualquer refrigerante acidulado e adoçado.

Limonadeiro, s. m. Fabricante ou vendedor de limonadas.

Limonita, s. f. *Miner.* Hidróxido de ferro, importante minério de ferro que ocorre nas formas estalactítica, mamilar ou terrosa, de cor castanho-escura ou em forma de pó castanho-amarelado.

Limosidade, s. f. 1. Porção de limos. 2. Qualidade de limoso.

Limoso, adj. (*limo[1] + oso*). Que tem limo.

Limote, s. m. Lima cuja seção transversal é um triângulo eqüilatero; lima triangular.

Limpa, s. f. (de *limpar*). 1. Ato de limpar; limpeza. 2. Monda, poda; alimpa. 3. Lugar desprovido de vegetação em charneca; clareira.

Limpa-campo, s. f. *Herp.* Nome popular da *muçurana* (*Pseudoboa cloelia*), cobra caçadora de cobras venenosas. Pl.: *limpa-campos.*

Limpação, s. f. O mesmo que *limpadela.*

Limpadeira, s. f. O mesmo que *alimpadeira.*

Limpadela, s. f. 1. Ato ou efeito de limpar. 2. Pequena limpeza; limpeza superficial. Vars.: *limpação, limpadura, limpamento.*

Limpado, adj. Que se limpou. S. m. Terreno limpo de mato.

Limpador, adj. Que limpa; alimpador. S. m. 1. Homem que limpa. 2. Instrumento de limpar. 3. Máquina de joeirar e limpar o trigo.

Limpadura, s. f. 1. Ação de limpar. 2. Resíduo do que se limpa. S. f. pl. O que sobeja da comida nos pratos.

Limpa-mato, s. f. *Herp.* O mesmo que *limpa-campo.* Pl.: *limpa-matos.*

Limpamento, s. m. Ação ou efeito de limpar; limpadela.

Limpa-pasto, s. f. 1. *Herp.* O mesmo que *limpa-campo.* 2. Purgante violento de andá-açu. Pl.: *limpa-pastos.*

Limpa-penas, s. m. sing. e pl. Utensílio para limpar a tinta das penas de escrever.

Limpa-pés, s. m. sing. e pl. Grade de ferro que se põe à porta da casa para limpar o calçado antes de entrar.

Limpa-pratos, s. m. sing. e pl. 1. *Fam.* Comilão. 2. Lavador de pratos.

Limpar, v. (*limpo + ar*). 1. Tr. dir. Tornar limpo, asseado, tirando as sujidades de. 2. Tr. dir. Curar; purificar. 3. Tr. dir. Tirar o pó ou as nódoas de. 4. Tr. dir. e pron. Enxugar(-se). 5. Tr. dir. Comer todo o conteúdo de, nada deixando. 6. Intr. Desanuviar-se. 7. Tr. dir. Podar. 8. Tr. dir. *Agric.* Mondar, sachar. 9. Tr. dir. Roubar, tirar.

Limpa-trilhos, s. m. sing. e pl. 1. Armação forte, inclinada, à frente das locomotivas, para remover obstáculos sobre os trilhos. 2. *Pop.* Arcada dentária prógnata.

Limpa-viola, s. f. *Bot.* Planta composta (*Clibadium rotundifolium*). Pl.: *limpa-violas.*

Limpeza, s. f. 1. Ação ou efeito de limpar. 2. Qualidade de limpo, ou de asseado; asseio. 3. Coisa limpa e asseada. 4. Depuração. 5. *Fam.* Perfeição. 6. Castidade, pureza.

Limpidez, s. f. 1. Qualidade de límpido. 2. Nitidez. 3. Transparência. 4. Ingenuidade.

Límpido, adj. 1. Nítido. 2. Puro. 3. Polido. 4. Transparente, claro, diáfano. 5. Desanuviado. 6. Sonoro. 7. Viçoso. 8. Ingênuo.

Limpo, adj. (l. *limpidu*). 1. Que não está sujo. 2. Que não tem mistura de substâncias estranhas. 3. Nítido, puro. 4. Isento. 5. Bem feito. 6. *Pop.* Que não tem dinheiro. 7. Claro, evidente. 8. Desanuviado, claro: Céu *limpo.* 9. Que nada praticou de mal; honesto. 10. *Agric.* Livre de ervas daninhas. Antôn. (acepção 1): *sujo.* S. m. Lugar aberto no mato; clareira. Adv. Com limpeza; limpamente.

Limusine, s. f. (fr. *limousine*). Automóvel fechado, tipo cupê, porém envidraçado lateralmente.

Limusino, adj. (fr. *limousin*). Relativo a, ou natural de Limoges ou da antiga província do Limusino, França. S. m. 1. O habitante ou natural de Limoges. 2. O dialeto falado naquela província francesa.

Lináceas, s. f. pl. *Bot.* Família (*Linaceae*) da ordem das Geraniales, constituída por ervas, arbustos ou árvores, largamente distribuídos. Inclui o linho. S. f. Espécime dessa família.

Lináceo, adj. *Bot.* 1. Que se assemelha ao linho. 2. Que é da família das Lináceas.

Linária, s. f. *Bot.* 1. Gênero (*Linaria*) de ervas e subarbustos, da família das Escrofulariáceas. 2. Planta desse gênero.

Lince, s. m. (gr. *lugks*, pelo l.). *Zool.* Mamífero carnívoro felídeo, do gênero Linx, por cuja vista penetrante dele diziam os antigos que enxergava através das paredes. 2. *Fig.* Pessoa perspicaz, inteligente.

Linchador, adj. e s. m. Que, ou aquele que lincha.

Linchamento, s. m. Ato de linchar.

Linchar, v. (de *Lynch*, n. p. + *ar*). Tr. dir. Executar um criminoso, segundo o método de Lynch, sem processo.

Linda, s. f. 1. Estrema, raia, limite, linde. 2. Baliza, marco.

Linda-flor, s. f. *Bot.* 1. Planta brasileira da família das Carduáceas (*Coreopsis tinctoria*). 2. A flor dessa planta. Pl.: *lindas-flores.*

Lindar, v. (l. *limitare*). 1. Tr. dir. Pôr lindas ou balizas em; demarcar. 2. Tr. ind. Confinar, vizinhar: O templo *lindava com* o cinema.

Lindeira, s. f. *Arquit.* 1. Ombreira da porta. 2. Verga superior de porta ou janela.

Lindeiro, adj. 1. Que se refere a linda ou limite. 2. Limítrofe.

Lindeza, s. f. 1. Qualidade de lindo. 2. Coisa linda. 3. Perfeição, primor. Antôn. (acepção 1): *fealdade.*

Lindo, adj. 1. Belo, formoso. 2. Garboso, elegante. 3. Delicado, primoroso. 4. Aprazível, agradável.

Lindura, s. f. Lindeza.

Lineal, adj. m. e f. O mesmo que *linear.*

Lineamento, s. m. 1. Ato de traçar uma linha. 2. Contorno. S. m. pl. 1. Primeiras linhas de quadro, edifício, obra de arte etc. 2. Perfil. 3. Feições ou linhas do rosto. 4. Debuxo, delineamento.

Linear, adj. m. e f. 1. Que diz respeito a linhas. 2. Feito com linhas geométricas. 3. Referente às medidas de comprimento. 4. *Mat.* Que envolve uma só dimensão. 5. *Mat.* Diz-se da equação do primeiro grau. 6. *Mat.* Diz-se da função em que a variável dependente depende de um polinômio do primeiro grau.

Líneo, adj. *Poét.* Relativo ao linho.

Lineolar, adj. m. e f. *Bot.* Qualifica órgãos em que se notam linhas ou quem têm a aparência de linha ou traço.

Linfa, s. f. (l. *lympha*). 1. *Biol.* Líquido coagulável amarelo-claro, transparente, ou opalino, de reação alcalina, que contém corpúsculos incolores (leucócitos) e que circula nos vasos linfáticos e nos espaços intercelulares. 2. Humor aquoso das plantas. 3. *Poét.* Água.

Linfagogo (*ô*), adj. e s. m. Que, ou agente que promove a produção de linfa.

Linfangioma, s. m. *Med.* Tumor congênito causado por dilatação e neoformação excessiva de vasos linfáticos.

Linfangite, s. f. *Med.* e *Vet.* Inflamação dos vasos linfáticos.

Linfático, adj. 1. Relativo à linfa. 2. Em que há linfa. 3. Atacado de linfatismo. 4. Diz-se dos vasos por onde circula a linfa que representa a defesa contra a invasão microbiana. S. m. Indivíduo que tem temperamento linfático.

Linfatismo, s. m. *Med.* 1. Estado mórbido causado pela produção ou pelo crescimento excessivo de tecido linfático e que resulta em desenvolvimento retardado, diminuição da vitalidade e, às vezes, na morte. 2. Temperamento linfático.

Linfócito, s. m. *Biol.* Variedade de leucócitos do sangue produzidos no tecido linfóide.

Linfóide, adj. Que se assemelha ou pertence à linfa ou aos gânglios linfáticos.

Linfoma, s. m. *Med.* Tumor constituído de tecido linfóide.

Linforragia, s. f. *Med.* Derramamento da linfa causado pela rotura de algum vaso linfático.

Linfossarcoma, s. m. *Med.* Neoplasma maligno do tecido linfóide, constituído pela proliferação de linfócitos atípicos.

Linfotomia, s. f. *Cir.* Corte dos vasos linfáticos.

Linga, s. f. Laço de corda, que, cingindo um fardo, se prende a uma roldana para o levantar; eslinga.

Lingada, s. f. Objetos que se lingam de uma vez.

Lingar, v. (*linga* + *ar*). Tr. dir. 1. Cingir de linga. 2. Içar por meio de linga; eslingar.

Lingote, s. m. (fr. *lingot*). Barra de metal fundido. S. m. pl. *Tip.* Regretas de metal, fundidas em diversos corpos.

Lingoteira, s. f. (fr. *lingotière*). *Metal.* Molde para fundir lingotes.

Língua, s. f. (l. *lingua*). 1. *Anat.* Órgão oblongo, achatado, musculoso e móvel, da cavidade bucal e que é o órgão principal da deglutição, do gosto e, no homem, da articulação das palavras. 2. Idioma, linguagem, fala. 3. Estilo. 4. Expressão. 5. Sistema de sinais apropriados a uma notação. 6. Lingüeta ou fiel da balança. 7. *Entom.* Tromba ou sugadouro dos insetos lepidópteros. 9. *Bot.* Nome comum a várias plantas. 10. Presunção, prosápia. 11. Nome de qualquer objeto que tenha semelhança com o órgão anatômico. S. m. Intérprete. — *L. aderente*: a que adere por pregas de membrana mucosa aos lados e ao soalho da boca. *L.-de-boi*: planta da família das Labiadas; búgula. *L.-de-cão*: cinoglossa. *L.-de-mulata*: peixe do Brasil (*Symphurus plagusia*). *L.-de-palmo*: a) a língua do maldizente; b) o próprio maldizente. *L.-de-teju*: nome de uma planta flacurtiácea (*Casearia sylvestris*). *L.-de-trapos*: a) criança que ainda não sabe falar; b) pessoa incapaz de guardar segredos; c) pessoa confusa no falar. *L.-de-tucano*: a) planta umbelífera (*Eryngium lingua tucani*); b) planta da flora brasileira (*Trichomanes vittaria*). *L.-de-vaca*: a) planta composta (*Chaptalia nutans*); planta borraginácea (*Anchusa italica*). *L. d'oc*: língua românica, de entre o Loire e os Pireneus; provençal. *L. d'oil*: dialeto românico, do Norte da França. *L. extinta*: a totalmente desaparecida e de que não resta um documento sequer. *L. geral*: língua baseada no tupi-guarani e usada nos primeiros tempos da colonização no Brasil, como língua franca por índios, negros e brancos. *L. morta*: a que já não é falada por nação ou povo algum, sendo conhecida apenas por documentos escritos. *L. românica*: a língua provençal ou o romance. *L. travada*: cada um dos falares tapuios da língua geral. *L. védica*: a em que estão escritos os Vedas; o sânscrito. *L.-viperina*: pessoa que leva a vida a dizer mal de tudo e de todos. *L. viva*: a que é falada por qualquer povo ou nação. *L. vulgar*: o mesmo que *língua viva*.

Linguado, adj. *Heráld.* Designativo do animal que, no campo do escudo, apresenta a língua coberta de esmalte diferente. S. m. 1. *Tip.* Tira de papel em que se escreve o original. 2. Lâmina comprida de metal. 3. *Pop.* Grande língua. 4. Barra de ferro gusa; lingote. 5. *Ictiol.* Nome vulgar de vários peixes marinhos das famílias Soleídeos e Botídeos (pleuronectídeos), também chamados *arumaçá, aramaçá, tapa*. – *L.-de-areia*: peixe soleídeo do Brasil (*Syacium papillosum*). *L.-verdadeiro*: nome de certo linguado (*Paralichthys brasiliensis*).

Linguafone, s. m. Fonógrafo para ensinar a pronúncia de línguas estrangeiras. Var.: *linguafono*.

Linguagem, s. f. (*língua* + *agem*). 1. Faculdade de expressão audível e articulada de homem, produzida pela ação da língua e dos órgãos vocais adjacentes; fala. 2. Conjunto de sinais falados (glótica), escritos (gráfica) ou gesticulados (mímica), de que se serve o homem para exprimir suas idéias e sentimentos. 3. Qualquer meio que sirva para exprimir sensações ou idéias. 4. A voz dos animais.

Linguajar, v. (de *linguagem*). Intr. Dar à língua; falar. S. m. 1. Modo de falar; linguagem, dialeto: O *linguajar* das crianças. 2. Linguagem popular.

Lingual, adj. m. e f. 1. Que pertence ou se refere à língua: Nervo *lingual*. 2. *Gram.* Diz-se do fonema formado com auxílio da língua.

Linguará, s. m. Intérprete dos índios, perante os brancos e vice-versa. Var.: *linguaral*.

Linguarado, adj. e s. m. *P. us.* O mesmo que *linguareiro*.

Linguarão, adj. e s. m. O mesmo que *linguareiro*. Fem.: *linguarona*.

Linguarar, v. (de *língua*). *Pop.* 1. Intr. Fazer mexericos, maledicência. 2. Tr. ind. Falar mal de.

Linguaraz, adj. e s., m. e f. (de *língua*). V. *linguareiro*.

Linguareiro, adj. (de *língua*). Falador, indiscreto. S. m. 1. Falador, tagarela. 2. Chocalheiro, mexeriqueiro.

Linguarudo, adj. e s. m. *Pop.* Linguareiro. S. m. Molusco gastrópode marinho (*Liutricula auricularia*).

Lingüeirão[1], s. m. (corr. de *longueirão*). 1. *Zool.* Molusco acéfalo de concha bivalve (*Orbiculoidea lamellosus*). 2. *Ictiol.* Pequeno peixe marinho.

Lingüeirão[2], s. m. Língua grande.

Lingüeta (*ê*), s. f. (*língua* + *eta*). 1. Pequena língua. 2. Coisa que se assemelha a uma pequena língua. 3. Peça da fechadura que, movida pela chave, entra através da chapatesta na cavidade da ombreira ou peça oposta. 4. *Mús.* Peça delgada e chata com que se abrem e fecham os orifícios de alguns instrumentos musicais. 5. Fiel de balança. 6. Rampa de cais para embarque e desembarque de carga e passageiros. 7. A ponta de cabedal que num sapato fica sobre o peito do pé.

Lingüiça, s. f. (l. *longanicia*). 1. Enchido de carne de porco em tripa delgada. 2. Aquilo que é longo e estreito. S. f. e m. Pessoa magra.

Lingüífero, adj. 1. Que tem língua. 2. Que tem órgãos em forma de língua.

Lingüiforme, adj. m. e f. Que tem a forma de língua.

Lingüista, s. m. e f. Pessoa versada no estudo das línguas ou da lingüística.

Lingüística, s. f. 1. Estudo das línguas nas suas mútuas relações e nos seus princípios, leis fonéticas e semânticas, morfologia, raízes etc. 2. V. *glotologia*.

Lingüístico, adj. Relativo à lingüista ou à lingüística.

Lingulado, adj. Que tem a forma de pequena língua.

Linguodental, adj. m. e f. *Gram.* Diz-se da consoante oclusiva em cuja pronúncia se encosta a língua aos dentes. Var.: *lingüidental*.

Linguopalatal, adj. *Gram.* Diz-se do som articulado que se pronuncia encostando a língua ao céu da boca. Var.: *lingüipalatal*.

Linha, s. f. (l. *linea*). 1. Fio de linho, de algodão, de seda etc., torcido e preparado para os trabalhos de costura. 2. Barbante, cordel, guita. 3. O linhol do sapateiro. 4. Fio ou par de fios metálicos que liga uma estação telegráfica ou telefônica com outra; o sistema todo desses fios. 5. Série de palavras escritas na mesma direção ou impressas através de uma página ou coluna. 6. *Bel.-art.* Traço. 7. Cada um dos traços horizontais de que se compõe a imagem de televisão. 8. Grande viga transversa, ou cumeeira. 9. *Geom.* Interseção de dois planos. 10. Traço na palma da mão. 11. *Mús.* Cada um dos traços horizontais que formam a pauta. 12. *Arit.* Duodécima parte da polegada. 13. Marca que se vê por transparência em certos papéis. 14. Curso ou direção seguidos por qualquer coisa em movimento ou considerada em movimento; percurso, via, rota, estrada. 15. *Fam.* Compostura exigida pela posição social; aprumo. 16. *Esgr.* Espaço compreendido entre os corpos dos dois adversários. S. f. pl. Bilhete, carta etc. — *L. aérea, Av.*: a) rota aérea; b) *Eletr.*: condutor suspenso no ar, por postes. *L. alva, Anat.*: linha fibrosa que se estende do apêndice xifóide à sínfise do púbis. *L. branca*: a) *Tip.*: linha fundida sem caracteres de impressão; b) *Tip.*: o claro, no papel, dessa linha. *L.-d'água*: marca que se vê por transparência em certos papéis. *L. de prumo*: a) cordel com peso cônico de chumbo ou latão em uma das extremidades, usado para determinar a direção vertical; b) essa própria direção; c) linha chumbada para medir profundidades. *L. perpendicular, Geom.*: a que, caindo sobre outra ou sobre uma superfície, forma com ela dois ângulos retos. *L. reta, Geom.*: a menor distância entre dois pontos.

Linhaça, s. f. *Bot.* A semente do linho.

Linhada, s. f. 1. Lance de anzol. 2. Espiadela. 3. Namoro à distância.

Linhagem[1], s. f. (de *linha*). 1. Genealogia. 2. Linha de parentesco; ascendência, estirpe, casta, raça. 3. Condição social.

Linhagem[2], s. f. (de *linho*). 1. Tecido grosso de linho. 2. Tela para enfardagem; serapilheira.

Linhagista, s. m. e f. (*linhagem*[1] + *ista*). Pessoa que se dedica a pesquisas genealógicas; genealogista.

Linhal, s. m. Campo semeado de linho.

Linheira, s. f. Mulher que prepara e vende linho ou linhas.

Linheiro[1], adj. 1. Que tem linha; fino, esbelto, delgado. 2. Que não é torto; reto: Árvore *linheira*. 3. Homem que negocia em linhas.

Linheiro[2], s. m. 1. Homem que prepara o linho ou nele negocia. 2. *Bot.* O mesmo que *linho*.

Linhita, s. f. V. *lignita*.

Linho, s. m. (l. *linu*). 1. *Bot.* Planta da família das Lináceas, particularmente a espécie *Linum usitatissimum*, de que se extrai o óleo de linhaça. 2. As fibras dessa planta, limpas e preparadas para a fiação. 3. Tecido de linho.

Linhol, s. m. Fio untado de cerol ou embebido em pez, usado pelos sapateiros e também para coser lona e vários outros materiais.

Linhoso, adj. 1. Que é da natureza do linho. 2. Que se assemelha ao linho.

Linhote, s. m. Trave que vai de uma parede a outra, para as segurar.

Linifício, s. m. 1. Arte de trabalhar em obras de linho. 2. Artefato de linho.

Linígero, adj. *Poét.* Que tem linho ou anda vestido de linho.

Linimento, s. m. (l. *linimentu*). *Farm.* Preparado líquido ou pastoso, que se aplica em fricções, contra dores musculares etc.

Linneano, adj. Que se refere a Linneu, ilustre naturalista sueco (1707-1778), ou ao sistema de classificação botânica por ele estabelecido.

Linografia, s. f. *Tip.* Impressão em tela ou estofo por meios fotomecânicos.

Linóleo, s. m. Espécie de tapete ou cobertura do soalho, impermeável, feito de tecido de juta, revestido em um lado de uma mistura de óleo de linhaça solidificado, gomas, pó de cortiça ou madeira e corantes.

Linotipista, s. m. e f. *Tip.* Compositor que trabalha com linotipo.

Linotipo, s. f. (ingl. *linotype*, por *line of type*). *Tip.* Máquina que compõe e funde linhas em bloco, de uma liga de chumbo, estanho e antimônio, com o auxílio de matrizes reunidas mediante operação de um teclado.

Lio, s. m. (de *liar*). 1. Atilho, cordão. 2. Feixe, molho.

Liocarpo, adj. *Bot.* Que tem frutos lisos.

Liocéfalo, adj. e s. m. Que, ou o que tem cabeça lisa.

Liócoma, s. f. Cabeleira lisa.

Liócomo, adj. *Antrop.* Diz-se dos indivíduos que possuem os cabelos lisos; liótrico.

Liodermo, adj. Que tem a pele lisa, sem papilas ou rugas.

Liofilizado, adj. Que sofreu o processo de liofilização.

Liofilizar, v. Tr. dir. Produzir desidratação (de tecido, sangue, soro ou outra substância) por meio de congelação brusca e, a seguir, alta pressão em vácuo.

Liofilo, adj. *Bot.* Que tem folhas lisas.

Lióñlo, adj. Diz-se das substâncias liofilizadas que têm forte afinidade entre a fase dispersa e o líquido em que se dispersam.

Liomioma, s. m. *Med.* Mioma composto de fibras musculares lisas.

Lionês, adj. (fr. *Lyon*, n. p.). Que se refere a Lião (França). S. m. 1. Habitante ou natural de Lião. 2. Dialeto falado nos arredores da cidade de Lião. Pl.: *lioneses* (*ê*). Fem.: *lionesa* (*ê*).

Liópode, adj. m. e f. *Zool.* Que tem a planta do pé lisa.

Liospermo, adj. *Bot.* Que tem sementes lisas e brilhantes.

Liótrico, adj. *Zool.* Que tem pêlos acamados, lisos; liócomo.

Lioz, adj. (fr. ant. *liois*). *Miner.* Diz-se de uma pedra calcária, branca e dura, que serve para estatuária e cantaria. S. f. Essa pedra.

Liparocele, s. f. *Med.* 1. Tumor sebáceo no escroto. 2. Hérnia que contém material gorduroso.

Lípase, s. f. *Quím.* Cada uma de uma classe de enzimas que aceleram a hidrólise ou síntese das gorduras ou a decomposição das lipoproteínas. Var.: *lipase*.

Lipemania, s. f. *Med.* Forma de loucura que torna o doente muito triste e melancólico.

Lipemia, s. f. *Med.* Presença anormal de gordura no sangue.

Lipograma, s. m. (gr. *lipogrammatos*). Composição literária em que o autor se abstém de usar determinadas letras do alfabeto.

Lipogramático, adj. Que diz respeito a lipograma.

Lipogramatista, s. m. e f. Pessoa que se entretém com lipogramas ou os compõe.

Lipóide, adj. m. e f. Que é semelhante à gordura. S. m. Substância lipóide.

Lipoma, s. m. *Med.* Tumor arredondado formado por células gordurosas e que pode aparecer em qualquer ponto do organismo debaixo da pele; adipoma.

Lipomatose, s. f. *Med.* Deposição anormal de gordura nos tecidos, em forma de acumulações adiposas subcutâneas.

Lipomatoso, adj. Que é da natureza do lipoma.

Liposo, adj. Que tem gordura.

Lipossolúvel, adj. m. e f. Diz-se das substâncias solúveis em gorduras.

Lipotimia, s. f. (gr. *leipothumia*). *Med.* Perda temporária da consciência; desfalecimento, desmaio, vertigem.

Lipúria, s. f. *Med.* Presença de gorduras na urina; adiposúria. Var.: *lipuria*.

Liquação, s. f. (l. *liquatione*). Processo de separar, por calor adequado, uma substância menos fusível de outra mais fusível a que esteja ligada.

Liquefação, s. f. 1. Ação de liquefazer. 2. Estado daquilo que se tornou líquido. 3. Passagem de um sólido ao estado líquido pelo calor; fusão. 4. Passagem de um gás ao estado líquido por pressão; condensação.

Liquefativo, adj. Pertencente a liquefação, ou que a produz.

Liquefazer, v. (l. *liquefacere*). Tr. dir. e pron. Tornar(-se) líquido; derreter(-se), fundir(-se): *Liquefazer frutas* (no liquidificador). A neve *liquefazia-se*. Var.: *liquidificar*.

Liquefeito, adj. (p. de *liquefazer*). 1. Tornado líquido. 2. Derretido, fundido.

Líquen, s. m. (gr. *leichen*, pelo l.). 1. *Bot.* Talófita terrestre formada pela simbiose de um fungo com uma espécie de alga. 2. *Med.* Dermatose crônica constituída por pápulas sólidas e avermelhadas. — *L.-da-islândia*: líquen (*Cetraria islandica*) das regiões árticas. Pl.: *liquens* e *líquenes*.

Liquenografia, s. f. *Bot.* 1. Estudo descritivo dos liquens. 2. Tratado sobre os liquens.

Liquenográfico, adj. Que diz respeito à liquenografia.

Liques, s. m. sing. e pl. O cinco de ouros, numa variedade de jogo do truque.

Liquescer, v. O mesmo que *liquefazer*. Var.: *liqüescer*.

Liquidação, s. f. 1. Ato ou efeito de liquidar. 2. Meio pelo qual uma sociedade mercantil dissolvida dispõe do seu patrimônio, realizando o ajuste final de suas contas e distribuindo entre os sócios o ativo líquido ou os prejuízos que se verificarem. 3. Extermínio, destruição, aniquilação. Var.: *liqüidação*.

Liquidador, adj. e s. m. Que, ou aquele que liquida. Var.: *liqüidador*.

Liquidar, v. 1. Tr. dir. *Com.* Fazer a liquidação de. 2. Intr. *Com.* Vender gêneros a preços reduzidos; queimar. 3. Tr. dir. Apurar, ajustar (contas). 4. Tr. dir. Resolver dúvida ou questão, tirar a limpo. 5. Tr. dir. Aniquilar, destruir, matar. 6. Tr. dir. Assassinar. 7. Tr. dir. Efetuar a liquidação de (uma sociedade mercantil). Var.: *liqüidar*.

Liquidatário, adj. Que liquida; liquidador. S. m. *Dir.* Mandatário escolhido por eleição, em assembléia de credores, para receber e administrar a massa falida, durante o período de sua liquidação. Var.: *liqüidatário*.

Liquidável, adj. m. e f. Que se pode liquidar. Var.: *liqüidável*.

Liquidez, s. f. Qualidade ou estado daquilo que é líquido. Var.: *liqüidez*.

Liquidificação, s. f. Ato de liquidificar; liquefação. Var.: *liqüidificação*.

Liquidificador, adj. Que liquidifica. S. m. Aparelho elétrico que liquidifica frutas, legumes etc. Var.: *liqüidificador*.

Liquidificante, adj. m. e f. Que liquidifica ou promove a liquidificação; liquidificador. Var.: *liqüidificante*.

Liquidificável, adj. m. e f. Que se pode liquidificar. Var.: *liqüidificável*.

Líquido, adj. 1. Que flui ou corre, tendendo sempre a nivelar-se e a tomar a forma do vaso que o contém. 2. Xaroposo, viscoso. 3. Ajustado, apurado, liquidado, verificado. 4. *Com.* Livre de descontos; livre de despesas. 5. Disponível, não empatado: Dinheiro *líquido*. 6. Com o peso da embalagem deduzido: Peso *líquido*. 7. *Gram.* Designativo das consoantes que se combinam facilmente com outras, como o *l* e o *r*. S. m. 1. Corpo líquido. 2. Bebida ou alimento líquido. 3. Humor orgânico. Var.: *líqüido*.

Lira¹, s. f. (gr. *lura*, pelo l.). 1. *Mús.* Antigo instrumento de cordas com o formato de um U. 2. Inspiração poética. 3. *Ornit.* Ave cuja cauda apresenta a forma de lira.

Lira², s. f. (ital. *lira*). Unidade monetária da Itália, dividida em centésimos. Símbolo L.

Lirado, adj. (*lira¹* + *ado*). 1. Que tem, ou sugere a forma de lira. 2. *Bot.* Designativo da folha penatilobada, cujo lóbulo superior tem a forma de lira.

Lirial, adj. m. e f. Que tem a cor ou a pureza do lírio. S. m. Terreno onde crescem lírios.

Lírica, s. f. (de *lírico*). 1. A poesia do gênero lírico. 2. Coleção de poemas líricos.

Lírico, adj. (gr. *lurikos*). 1. Relativo à lira (instrumento). 2. Diz-se do gênero poético em que o poeta canta as próprias emoções. 3. Que diz respeito à ópera. S. m. Poeta que cultiva a poesia lírica.

Liriforme, adj. m. e f. (*lira¹* + *forme*). Em forma de lira.

Lírio, s. m. (l. *liliu*). 1. *Bot.* Planta ornamental da família das Liliáceas (*Lilium candidum*), com belas flores aromáticas. 2. *Ictiol.* Variedade de peixe-espada (*Trichiurus lepturus*).

Lirióide, adj. m. e f. O mesmo que *liliforme*.

Lirismo, s. m. 1. Entusiasmo, inspiração do poeta lírico. 2. Feição da obra literária inspirada, à maneira da poesia lírica. 3. Calor, entusiasmo.

Lirista, s. m. e f. 1. Tocador de lira. 2. Poeta lírico. 3. Poetastro, poeta banal, sem valor.

Lis, s. m. (fr. *lis*). Lírio, especialmente em Heráldica.

Lisboês, adj. e s. m. V. *lisboeta*.

Lisboeta, adj. m. e f. 1. Relativo a Lisboa. 2. Próprio de Lisboa. 3. Natural de Lisboa. S. m. e f. Habitante ou natural de Lisboa.

Lisbonense, adj. e s., m. e f. V. *lisboeta*.

Lise, s. f. (gr. *lusis*). *Med.* Desaparecimento lento e gradual dos sintomas de uma doença.

Lisérgico, adj. *Quím.* Diz-se do ácido de fórmula molecular $C_{16}H_{16}N_2O_2$, extraído do esporão do centeio, altamente alucinógeno.

Lisina, s. f. *Quím.* Aminoácido básico cristalino que é obtido na forma dextrogira por hidrólise de muitas proteínas (do sangue, por ex.), essencial à nutrição humana e de animais.

Lísio, adj. *Quím.* Que resulta de uma dissolução química.

Liso, adj. 1. Que tem superfície plana e sem asperezas. 2. Corredio, macio. 3. Que não tem pregas nem ornatos. 4. Franco, lhano. 5. *Gír.* Sem dinheiro, pronto.

Lisol, s. m. *Farm.* Desinfetante que consiste numa solução emulsificada marrom contendo cresóis.

Lisonja, s. f. (prov. *lauzenja*, pelo cast.). 1. Ação ou efeito de lisonjear. 2. Louvor fingido. 3. Mimo, afago. 4. Adulação.

Lisonjaria, s. f. 1. Ação ou hábito de lisonjear. 2. Palavras lisonjeiras. Var.: *lisonjeria*.

Lisonjeador, adj. e s. m. Que, ou aquele que lisonjeia, que satisfaz o amor-próprio de outrem; adulador, cortesão.

Lisonjear, v. 1. Tr. dir. Elogiar com excesso e afetação; adular, bajular, incensar. 2. Pron. Deleitar-se, honrar-se com as atenções ou lisonjas que outrem lhe dispensa. 3. Tr. dir. Agradar a, deleitar, satisfazer. 4. Pron. Sentir prazer ou orgulho por; desvanecer-se: Quase cheguei a *lisonjear-me de* ser tão popular.

Lisonjeiro, adj. e s. m. O mesmo que *lisonjeador*.

Lissa, s. f. (gr. *lussa*). 1. Cordel vertical, no tear ordinário. 2. *Med.* Raiva, hidrofobia.

Lissencéfalo, adj. *Med.* Que tem cérebro com circunvoluções pouco desenvolvidas ou sem nenhuma.

Lissótrico, adj. Que tem cabelo liso ou corredio; liócomo.

Lista, s. f. (germ. *lista*). 1. Catálogo, relação, rol. 2. Listra, risca, estria, raia. 3. Tira comprida e estreita de pano ou papel. 4. Relação de nomes de pessoas ou coisas. 5. Cédula de votação. 6. Cardápio, menu.

Listão, adj. (de *lista*). Diz-se dos bovinos cuja pelagem, ao longo do espinhaço, é de cor diferente da do resto do corpo. S. m. 1. Lista grande; faixa, banda. 2. Régua de carpinteiro.

Listel, s. m. (ital. *listella*). *Arquit.* 1. Moldura que acompanha outra maior ou separa as caneluras de uma coluna. 2. Filete.

Listra, s. f. Risca num tecido, de cor diferente da deste.

Listrado, adj. 1. Que se listrou. 2. Entremeado, entressachado de listras. 3. Riscado.

Listrar, v. Tr. dir. 1. Entremear ou ornar de listras. 2. Manchar, pintalgar.

Lisura, s. f. 1. Qualidade de liso. 2. Macieza, suavidade. 3. Planura. 4. Lhaneza. 5. Franqueza, sinceridade. 6. *Gír.* Falta de dinheiro; pindaíba.

Litagogo (*ô*), adj. *Med.* Que expele cálculos. S. m. Remédio que expele cálculos.

Litania, s. f. O mesmo que *ladainha*.

Litargírio, s. m. *Quím.* Monóxido de chumbo obtido pela fusão do chumbo a elevada temperatura.

Liteira, s. f. (l. *lectaria*). Veículo que consiste em uma espécie de cadeira fechada, suspensa por dois varais e carregada por dois homens ou atrelada a dois animais, um à frente e outro atrás.

Liteireiro, s. m. Indivíduo que conduz ou guia uma liteira.

Literal, adj. m. e f. 1. Que acompanha rigorosamente a letra dos textos. 2. Rigoroso, formal. 3. Restrito. 4. Claro, evidente, terminante.

Literário, adj. 1. Que diz respeito a letras ou à literatura. 2. Que tem valor aceitável na literatura.

Literatação, s. f. Conhecimento ou prática social transmitidos através da escrita e da palavra escrita; esforço social de difundir essa prática.

Literataço, s. m. (de *literato*). *Pej.* Pretenso literato.

Literatado, adj. e s. m. Que, ou o que tem literatação; que, ou o que é versado em literatura.

Literatagem, s. f. (de *literato*). *Pej.* 1. A classe dos literatos. 2. Os pretensos literatos.

Literateiro, s. m. *Pej.* O mesmo que *literataço* ou *literatelho*.

Literatejar, v. Intr. *Pej.* 1. Escrever obras literárias sem valor. 2. Ser literato ridículo.

Literatelho (*ê*), s. m. *Pej.* Literato de fôlego curto, literato reles.

Literatice, s. f. 1. Literatura pataqueira, ridícula. 2. Qualidade do literato sem cotação.

Literatiço, s. m. (de *literato*). *Pej.* O mesmo que *literatelho.* Adj. Mediocremente letrado.

Literatiqueiro, s. m. *Pej.* V. *literatelho.*

Literatismo, s. m. 1. Mania de ser literato. 2. Literatice.

Literato, adj. Letrado. S. m. O que é versado em assuntos literários; homem inclinado às letras; escritor.

Literatura, s. f. (l. *litteratura*). 1. Arte de compor escritos, em prosa ou em verso, de acordo com princípios teóricos ou práticos. 2. O exercício dessa arte ou da eloqüência e poesia. 3. O conjunto das obras literárias de um agregado social, ou em dada linguagem, ou referidas a determinado assunto: *Literatura* infantil, *literatura* científica, *literatura* de propaganda ou publicitária. 4. A história das obras literárias do espírito humano. 5. O conjunto dos homens distintos nas letras. — *L. amena*: literatura recreativa; beletrística. *L. de cordel*: a de pouco ou nenhum valor literário, como a das brochuras penduradas em cordel nas bancas dos jornaleiros. *L. de ficção*: o romance e o conto (também se diz simplemente *ficção*). *L. oral*: Conjunto de manifestações culturais transmitidas oralmente. Faz parte do folclore.

Litíase, s. f. (gr. *lithiasis*). *Med.* Formação de cálculos e concreções, especialmente nas vias biliares e urinárias.

Lítico, adj. 1. Relativo, feito de, ou semelhante a pedra. 2. *Quím.* Relativo ou pertencente a lítio.

Litigante, adj. m. e f. 1. Que litiga. 2. Relativo a litígio. S. m. e f. Pessoa que litiga ou sustenta litígio no foro.

Litigar, v. (l. *litigare*). 1. Tr. ind. Ter litígio, demanda, questão. 2. Intr. Pleitear, questionar em juizo. 3. Intr. Representar as partes em juizo. 4. Tr. ind. Entrar em luta; lidar, pelejar.

Litigável, adj. m. e f. Contestável, demandável, discutível; litigioso.

Litígio, s. m. (l. *litigiu*). 1. Demanda judicial. 2. Questão, alteração, contenda.

Litigioso, adj. 1. Que diz respeito a litígio. 2. Que é objeto de litígio. 3. Que pode estar em litígio; litigável. 4. Que é amigo de demandas.

Litina, s. f. *Quím.* Hidróxido de lítio.

Lítio, s. m. *Quím.* Elemento leve branco-prateado, univalente, do grupo dos metais alcalinos. Símbolo Li, peso específico 0,55, número atômico 3 e massa atômica 6,940.

Litispendência, s. f. Tempo que dura um processo em justiça.

Litocarpo, s. m. Fruto fóssil.

Litóclase, s. f. *Geol.* Fratura natural de rocha.

Litoclasia, s. f. V. *litoclastia.*

Litoclastia, s. f. *Cir.* Redução dos cálculos da bexiga a fragmentos; litotripsia.

Litoclasto, s. m. *Cir.* Instrumento empregado na litoclastia.

Litocola, s. f. Betume usado para prender pedras preciosas a serem lapidadas.

Litocromia, s. f. 1. Arte de pintura em pedra. 2. *Tip.* Oleogravura. 3. Quadro obtido por esse processo.

Litocrômico, adj. Que se refere à litocromia.

Litocromista, s. m. e f. Pessoa que trabalha em litocromia.

Litófago, adj. *Zool.* 1. Que ingere pedras ou saibro. 2. Que perfura a rocha para nela se alojar.

Litófilo, adj. *Bot.* e *Zool.* Que cresce ou vive nos rochedos ou lugares pedregosos.

Litogenesia, s. f. *Geol.* Estudo das leis que presidem a formação das pedras.

Litoglifia, s. f. (gr. *lithogluphia*). Arte de gravar sobre pedra.

Litoglífico, adj. Que se refere à litoglifia.

Litografar, v. Tr. dir. 1. Imprimir de acordo com os processos litográficos. 2. *Fig.* Fixar, estereotipar.

Litografia, s. f. 1. Arte ou processo de produzir um desenho, caracteres etc. em uma pedra plana, e por meio desta reproduzi-los em papel. 2. Qualquer processo, baseado no mesmo princípio, em que se usem placas de zinco, alumínio etc., em vez de pedra. 3. Folha ou estampa impressa litograficamente. 4. Oficina litográfica.

Litográfico, adj. Que se refere à litografia.

Litógrafo, s. m. Artífice especializado em litografia.

Litóide, adj. m. e f. Que tem natureza ou aparência de pedra.

Litólatra, s. m. e f. Pessoa que adora a pedra.

Litolatria, s. f. Culto ou adoração de pedra.

Litólise, s. f. Dissolução de cálculos ou pedras.

Litologia, s. f. 1. Ciência que tem por objeto a formação das rochas sedimentares, sua constituição e distribuição pelo globo terrestre. 2. *Med.* Ramo da Medicina que estuda os cálculos.

Litológico, adj. Relativo à litologia.

Litologista, s. m. e f. *Geol.* e *Med.* Especialista que se dedica à litologia.

Litólogo, s. m. Aquele que é perito em litologia.

Litomancia, s. f. Suposta adivinhação dos antigos por meio de pedras ou talismãs de pedras.

Litopédio, s. m. *Med.* Feto morto e calcificado no útero.

Litoral, adj. m. e f. 1. Que se refere à beira-mar; litorâneo. 2. Diz-se da fauna litorânea. S. m. 1. Região costeira, beira-mar. 2. Conjunto de costas de um mar, de um país.

Litorâneo, adj. (l. *litoraneu*). V. *litoral.*

Litorina, s. f. O mesmo (e mais usado) que *auto-motriz.*

Litosfera, s. f. *Geol.* A parte sólida da Terra; crosta terrestre.

Litospermo, adj. *Bot.* Que tem sementes ou frutos duros, semelhantes a pedras.

Litotes, s. f. sing. e pl. (gr. *litotes*, de *litos*). *Ret.* Figura que consiste em atenuar a expressão do pensamento pela negação do contrário do que se quer afirmar: *Ela já não é moça*, por *ela já é velha.*

Litotomia, s. f. *Cir.* Remoção de um cálculo da bexiga por incisão desta; cistotomia, talha.

Litotomista, s. m. e f. Quem pratica a litotomia.

Litotrícia, s. f. V. *litotripsia.*

Litotripsia, s. f. *Cir.* Esmagamento de um cálculo na bexiga, para que possa ser eliminado pela urina.

Litóxilo (*cs*), s. m. *Hist. Nat.* Vegetal petrificado.

Litráceas, s. f. pl. *Bot.* Família (*Lythraceae*) da ordem das Mirtales, constituída de ervas, arbustos e árvores. S. f. Espécime dessa família.

Litráceo, adj. *Bot.* Relativo ou pertencente à família das Litráceas.

Litro[1], s. m. (fr. *litre*). 1. Unidade das medidas de capacidade, correspondente ao volume de um decímetro cúbico. 2. Medida (vaso) ou garrafa para um decímetro cúbico.

Litro[2], s. m. *Bot.* Gênero (*Lythrum*) típico da família das Litráceas, constituído de ervas e arbustos.

Lituano, adj. Relativo ou característico da Lituânia, dos seus habitantes ou da sua língua. S. m. 1. Habitante ou natural da Lituânia. 2. Língua desse país.

Litura, s. f. (l. *litura*). Parte rasurada ou riscada, e portanto ilegível, numa escritura; rasura.

Liturgia, s. f. (gr. *leitourgia*). Ordem das cerimônias e preces de que se compõe o serviço divino.

Litúrgico, adj. Que se refere à liturgia.

Liturgista, s. m. e f. Pessoa versada em liturgia.

Lividez, s. f. (*lívido + ez*). Estado ou qualidade de lívido.

Lívido, adj. 1. Extremamente pálido. 2. Que tem cor cadavérica. 3. Cor de chumbo; plúmbeo. 4. Sem vida; frio.

Livor, s. m. Lividez. S. m. pl. Manchas de cor azul-negra que se observam nos cadáveres.

Livrador, adj. e s. m. (*livrar + dor*). Que, ou o que livra. S. m. Libertador.

Livralhada, s. f. *Fam.* Montão de livros.

Livramento, s. m. 1. Ação ou efeito de livrar ou livrar-se. 2. Soltura de pessoa que se achava presa.

Livrança, s. f. (de *livrar*). 1. Livramento. 2. Ordem para pagamento, feita por escrito.

Livrar, v. (l. *liberare*). 1. Tr. dir. Dar liberdade a, tornar livre. 2. Pron. Tornar-se livre; libertar-se. 3. Tr. dir. Salvar. 4. Tr. dir. Defender, preservar de. 5. Tr. dir. Tirar de uma posição difícil; desembaraçar.

Livraria, s. f. 1. Reunião de livros dispostos ordenadamente; biblioteca. 2. Grande quantidade de livros. 3. Estabelecimento de venda de livros.

Livre, adj. (l. *liberu*). 1. Que goza de liberdade pessoal. 2. Pertencente ou reservado aos que gozam de liberdade pessoal: Trabalho *livre*. 3. Que é caracterizado por, ou existe sob um regime de liberdade civil: Eleições *livres*. 4. Que não é proibido. 5. Espontâneo. 6. Absolvido: O acusado saiu *livre*. 7. Posto em liberdade. 8. Aberto, desembaraçado, desimpedido, franqueado. 9. Não encerrado entre paredes: Trabalhar ao ar *livre*. 10. Licencioso, descomedido: Linguagem *livre*, maneiras *livres*. Sup. abs. sint.: *livríssimo* e *libérrimo*. Adv. À vontade, em liberdade, livremente.

Livre-arbítrio, s. m. *Filos.* Faculdade do homem de determinar-se a si mesmo. Pl.: *livre-arbítrios*.

Livre-câmbio, s. m. Comércio entre nações, não sujeito a restrições ou direitos aduaneiros; liberdade de comércio. Pl.: *livres-câmbios*.

Livre-cambismo, s. m. Sistema ou opiniões dos que preconizam o livre-câmbio. Pl.: *livres-cambismos*.

Livre-cambista, s. m. e f. Pessoa partidária do livre-cambismo. Pl.: *livre-cambistas*.

Livreco, s. m. 1. *Pej.* Pequeno livro. 2. Livro sem valor.

Livre-cultismo, s. m. Sistema ou doutrina da liberdade dos cultos. Pl.: *livre-cultismos*.

Livre-cultista, s. m. e f. Pessoa partidária do livre-cultismo.

Livreiro, s. m. *(livro+eiro)*. Negociante de livros. Adj. Que se refere a livros: Comércio *livreiro*.

Livre-pensador, s. m. Aquele que forma as suas opiniões independentemente de autoridades ou tradição, especialmente em questões de religião. Pl.: *livres-pensadores*.

Livresco *(ê)*, adj. 1. Que se refere a livro. 2. Adquirido por leitura mal assimilada: Erudição *livresca*.

Livrete *(ê)*, s. m. *(livro+ete)*. 1. Livro pequeno; folheto. 2. O mesmo que *caderneta*.

Livreto *(ê)*, s. m. O mesmo que *libreto*.

Livre-troca, s. f. V. *livre-câmbio*. Pl.: *livres-trocas*.

Livrilho, s. m. 1. *Bot.* A parte interior da casca das plantas formada por vários folhetos sobrepostos. 2. Livrinho de mortalhas de cigarros.

Livro, s. m. 1. Publicação impressa que consiste em uma reunião de páginas ou cadernos de papel com textos impressos, costurados entre si. 2. Divisão de uma obra literária. 3. Registro em que o comerciante assenta suas operações. 4. Folhoso. — *L. branco* (*amarelo, azul* etc.): relatório oficial sobre questões governamentais, encadernado em branco (ou amarelo, ou azul etc.).

Livrório, s. m. *Pej.* Livro grande e fútil; cartapácio.

Lixa, s. f. (Cfr. com o cast. *lija*). 1. Papel ou pano coberto com material abrasivo para desgastar ou alisar metais e madeira. 2. Denominação de algumas espécies de peixes, cuja pele seca e áspera serve para polir.

Lixador, adj. Que lixa. S. m. 1. Aquele que lixa. 2. Máquina de serraria para lixar e polir.

Lixar, v. 1. Tr. dir. Desgastar, raspar ou polir com lixa. 2. Pron. *Gír.* Indignar-se, amolar-se.

Lixeira[1], s. f. 1. Nome vulgar de certas plantas, de folhas ou cascas ásperas. 2. *Bot.* Simbaíba.

Lixeira[2], s. f. 1. Depósito de lixo. 2. Montão de lixo.

Lixeiro, s. m. Empregado de empresa ou repartição encarregado de limpeza pública, que recolhe e conduz o lixo.

Lixívia, s. f. (l. *lixivia*). 1. Barrela. 2. *Quím.* Solução alcalina à base de soda com carbonato de sódio.

Lixiviação, s. f. 1. Ato ou efeito de lixiviar. 2. *Quím.* Operação que consiste em fazer passar um solvente através de um material pulverizado (como cinzas ou resíduos), para separar dele os constituintes solúveis; percolação.

Lixiviador, s. m. Aparelho para lixiviar.

Lixiviar, v. *(lixívia+ar)*. Tr. dir. 1. Branquear (a roupa) por meio de lixívia; pôr na barrela. 2. Praticar a lixiviação em.

Lixo, s. m. (1. **lixu*, pelo arc. *lixa?*). 1. Aquilo que se varre para tornar limpo um local. 2. Resíduos de cozinha. 3. Imundície, sujidade. 4. Escória, ralé. 5. Cisco.

Lixoso, adj. *(lixo+oso)*. 1. Que tem lixo. 2. Sujo, imundo.

Lizar, v. Tr. dir. Voltar, num banho de tinta, qualquer tecido ou meada.

Lo, pron. subst. Usado depois das formas verbais terminadas em *r, s* ou *z*, determinando a queda dessas consoantes e servindo de objeto direto: Enganá-*lo*, condu-*lo*; depois dos pronomes *nos* e *vos*: No-*lo*, vo-*lo*; depois do adv. *eis*: Ei-*lo*. Flex.: *la, los, las*.

Ló, s. m. (hol. médio *lof*). *Náut.* 1. O lado de onde vem o vento. 2. O lado do navio virado para o vento. 3. Tecido fino como escumilha. 4. Pão-de-ló.

Loa *(ô)*, s. f. (do arc. *loar=louvar*). 1. Qualquer discurso laudativo; apologia. 2. Prólogo de uma representação dramática. 3. *Pop.* Parlenda: 4. *Pop.* Peta, mentira. S. f. pl. Hinos, cânticos em louvor dos santos; elogios.

Loango, s. m. 1. *Ictiol.* Surubim. 2. Designação vulgar de uma raça bovina.

Loasa, s. f. *Bot.* 1. Gênero *(Loasa)* de ervas eretas, arbustivas, de pêlos urticantes, da família das Loasáceas. 2. Planta ou flor desse gênero.

Loasáceas, s. f. pl. *Bot.* Família (*Loasaceae*) de plantas herbáceas, às vezes trepadeiras, eriçadas de pêlos.

Loasáceo, adj. Que se refere às Loasáceas.

Loba[1], *(ó)*, s. f. *Vet.* Tumor carbunculoso, na região da espádua; antecoração, lobão.

Loba[2] *(ô)*, s. f. (1. *lupa*). Fêmea do lobo.

Lobado, adj. Dividido em lobos ou lóbulos; lobulado.

Lobal, adj. m. e f. 1. Que se refere a lobo. 2. Sangüinário. 3. Voraz.

Lobão, s. m. (de *lobo*). O mesmo que *loba*[1].

Lobaz, s. m. Grande lobo.

Lobby (*lóbi*), s. m. (t. ingl.). Polít. Pessoas ou reunião de pessoas que, originalmente nas salas de espera do Congresso, procuram, junto a legisladores, influenciá-los para obter medidas favoráveis para si ou para grupos que representam.

Lobecão, s. m. Produto do cruzamento de lobo e do cão.

Lobeiro, adj. 1. Designativo de certas formas do trigo duro (*Triticum durum*). 2. Relativo a lobo; lobal. 3. Semelhante a lobo. S. m. Caçador de lobos.

Lobélia, *Bot.* Planta da família das Lobeliáceas, de corola tubular fendida.

Lobeliáceas, s. f. pl. *Bot.* Família *(Lobeliaceace)* da ordem das Campanuladas, que compreende ervas, arbustos e árvores, à qual pertence o gênero Lobélia. S. f. Espécime dessa família.

Lobelina, s. f. *Quím.* Alcalóide venenoso cristalino, $C_{22}H_{27}NO_2$, extraído da Lobelia inflata.

Lobélio, s. m. *Arquit.* Segmento de círculo, inscrito em certas ogivas, formando festão ou uma folha traçada por vários círculos que se interceptam.

Lobinho[1], s. m. 1. Pequeno lobo. 2. Categoria de escoteiros destinada a crianças de menos de dez anos.

Lobinho[2], s. m. Ateroma.

Lobismo, s. m. Aquilo que é praticado pelos lobistas; a prática do *lobby*.

Lobista, s. m. e f. Pessoa que se dá à prática do *lobby*.

Lobisomem, s. m. (de *lupus+ex homine*). *Folc.* Homem que se transforma temporariamente em lobo.

Lobo[1] *(ó)*, s. m. (gr. *lobos*). 1. Projeção ou divisão de forma arredondada. 2. *Anat.* Projeção mais ou menos arredondada de um orgão ou de uma parte.

Lobo[2], *(ô)*, s. m (1. *lupu*). 1. *Zool.* Mamífero canídeo, selvagem e carnívoro *(Canis lupus)*, do tamanho de um cão grande. Col.: *alcatéia*. Voz: *uiva, ulula*. 2. *Zool.* O mesmo que *guará*[2]. 3. Indivíduo cruel, de maus instintos, sanguinário. Aum.: *Lobaz*. Dim. irregular: *lobacho* e *lobato* (referem-se às acepções 1 e 2). — *L.-do-mar*: a) *Ictiol.*: peixe percóide (*Dicentrarchus labrax*); b) cada uma das focas dos gêneros Zalofo, do Pacífico, e Otária, sul-americana.

Lobolobo *(ô)*, s. m. *Bot.* Planta da família das Vitáceas *(Conohoria lobolobo)*.

Lôbrego, adj. (1. *lubricu?*). 1. Medonho. 2. Escuro, sombrio, negro. 3. Cavernoso. 4. Triste. 5. Assustador. 6. Soturno.

Lobrigador, adj. e s. m. Que, ou o que lobriga.

Lobrigar, v. (1. *lucubrare?*). Tr. dir. 1. Ver a custo, entrever ao longe. 2. Ver casualmente. 3. Notar, perceber.

Lobulado, adj. (de *lóbulo*). Dividido em lobos; lobado, lobular.

Lobular, adj. m. e f. 1. Semelhante a lóbulo. 2. Relativo a lóbulos. 3. Lobado, lobulado.

Lóbulo, s. m. 1. Pequeno lobo. 2. *Anat.* Subdivisão de lobo; particularmente, cada uma das pequenas massas de tecidos de que vários órgãos (como o fígado) são compostos. 3. *Bot.* Profunda divisão nas folhas e nas flores.

Lobuloso, adj. 1. *Bot.* Dividido em lóbulos. 2. Em que há lóbulos.

Loca, s. f. 1. Esconderijo de peixe sob uma pedra. 2. Abrigo de animais não muito grandes; toca. 3. Gruta pequena, lapa.

Locação, s. f. 1. Ação ou efeito de locar. 2. Aluguel, arrendamento. 3. Colocação, instalação.

Locador, s. m. 1. Aquele que dá de aluguel ou arrendamento. 2. Pessoa que cede a coisa, ou presta serviço, por contrato de locação.

Local, adj. m. e f. 1. Pertencente ou relativo a determinado lugar. 2. *Med.* Circunscrito, limitado a determinada região. S. m. Localidade, lugar, sítio relativo a um acontecimento, a um fato: *Local* do crime. S. f. Notícia dada por um periódico relativa à localidade em que se publica.

Localidade, s. f. (1. *localitate*). 1. Espaço determinado ou limitado. 2. Lugar. 3. Povoação. 4. Sítio.

Localismo, s. m. 1. Paixão pelos interesses locais. 2. Bairrismo. 3. *Lingüíst.* Regionalismo.

Localista, adj. m. e f. 1. Que diz respeito a lugar determinado; local. 2. Regionalista. S. m. e f. Pessoa que redige a seção noticiosa de um jornal.

Localização, s. f. *(localizar+ção).* 1. Ato ou efeito de localizar. 2. Lugar determinado. 3. *Med.* Determinação da posição exata, num só órgão ou parte do corpo, de objeto estranho, de uma lesão ou uma infecção.

Localizar, v. *(local+izar).* 1. Tr. dir. Determinar, fixar o lugar de: *Localizar* um *avião.* 2. Pron. Situar-se em determinado lugar. 3. Tr. dir. Atribuir a sede a.

Locanda, s. f. 1. Pequena loja; tenda. 2. Baiúca, taberna.

Locandeiro, s. m. 1. Homem que tem locanda. 2. Locatário, arrendatário.

Loção, s. f. (1. *lotione*). 1. *Obsol.* Ablução, lavagem de parte do corpo. 2. *Med.* Preparado líquido para lavagens externas. 3. Preparado líquido perfumado para os cabelos ou para o rosto após o barbear.

Locar, v. (1. *locare*). Tr. dir. 1. Dar de aluguel ou de arrendamento. 2. Marcar com estacas (o sítio de uma construção ou o eixo de uma estrada). 3. Localizar.

Locatário, s. m. 1. O que toma alguma coisa de aluguel ou algum prédio de arrendamento. 2. Arrendatário, inquilino.

Locativo, adj. 1. Que diz respeito à locação. 2. Que resulta de locação. 3. *Gram.* Relativo a lugar. S. m. *Gram.* Caso que, em várias línguas indo-européias, exprime relação de lugar.

Lockout (*locáut*), s. m. (t. ingl.). União de patrões, que, em resposta à ameaça de greve de seus empregados, fecham as portas de suas fábricas ou estabelecimentos comerciais.

Loco[1], s. m. (gr. *lokhos*). Unidade fundamental da falange macedônia, que consistia em uma fila de 16 homens.

Loco[2], s. m. (1. *locu*). 1. *Biol.* Local dos cromossomos homólogos em que se situa um gene, ou seus alelos. 2. Hilo do grão de amilo.

Loco[3] *(ô),* s. m. Carne guisada com milho, alimento usado em Mato Grosso.

Locomobilidade, s. f. Propriedade de poder mover-se, de deslocar-se.

Locomoção, s. f. Ato ou efeito de transportar ou de se transportar de um lugar para outro.

Locomotiva, s. f. Veículo automóvel para tração de vagões nas vias férreas.

Locomotividade, s. f. Capacidade de locomoção, inerente aos animais.

Locomotivo, adj. Relativo à locomoção.

Locomotor, adj. 1. Relativo ou pertecente à locomoção. 2. Que opera a locomoção. Fem.: *locomotora* e *locomotriz.*

Locomóvel, adj. m. e f. Que pode locomover-se. S. f. Máquina a vapor montada sobre rodas.

Locomover, v. Pron. Deslocar-se, sair de um ponto para outro.

Locução, s. f. 1. Modo de falar; elocução, linguagem. 2. Expressão. 3. Frase ou grupo de palavras que equivale a uma palavra, p. ex.: *estrada de ferro.* 4. *Mús.* Válvula na parte superior do órgão. 5. *Radiotécn.* A fala ao microfone.

Loculado, adj. *Bot.* Dividido em lóculos.

Loculamento, s. m. V. *lóculo.*

Locular, adj. m. e f. *Bot.* Que possui lóculos ou compartimentos, separados por septos.

Loculicida, adj. m. e f. *Bot.* 1. Que se abre no meio dos carpelos ao longo da nervura mediana. 2. Diz-se da deiscência ao longo da sutura dorsal de um carpelo ou lóculo.

Lóculo, s. m. (1. *loculu*). 1. Pequena câmara ou cavidade. 2. *Zool.* e *Bot.* Cavidade ou compartimento separado de outro por um septo.

Loculoso, adj. Que tem lóculos.

Locupletar, v. Tr. dir. e pron. 1. Enriquecer(-se), tornar(-se) rico. 2. Encher(-se) demasiadamente; fartar(-se), saciar(-se).

Locus *(ó),* s. m. (t. latino). V. *loco*[2].

Locusta[1], s. f. *Entom.* Gênero *(Locusta)* de gafanhotos de antenas curtas.

Locusta[2], s. f. *Bot.* Espigueta dos cereais.

Locustário, adj. Que se assemelha à locusta[1] (gafanhoto).

Locutor, s. m. 1. Aquele que fala em público por ofício. 2. Profissional de telecomunicação que transmite programas de rádio ou de televisão.

Locutório, s. m. Sala ou lugar, separados ou não por grades, em mosteiros, prisões etc., destinados à conversação com visitantes; parlatório.

Lodaçal, s. m. 1. Lugar onde há muito lodo; atoleiro, lamaçal. 2. Lugar aviltante. 3. *Fig.* Vida desregrada.

Lodacento, adj. Lodoso.

Lódão, s. m. (gr. *lodos*). *Bot.* Nome de diversas variedades do gênero Loto.

Lodeira, s. f. Lodeiro.

Lodeiro, s. m. Lugar onde há muito lodo.

Lodícula, s. f. *Bot.* Cada uma das duas escamas membranosas na base da flor das gramíneas.

Lodo[1], s. m. *Bot.* O mesmo que *lódão.*

Lodo[2] *(ô),* s. m. (1. *lulu*). 1. Depósito formado de terra, matéria orgânica e areia no fundo dos mares, rios e lagos; lama, vasa. 2. Degradação, baixeza.

Lodoso, adj. 1. Que tem lodo. 2. Enlameado, sujo. S. m. *Gír.* Ourives.

Loendro, s. m. (b. 1. *lorandru*). *Bot.* Espirradeira.

Loess, s. m. (al. *löss*). *Geol.* Depósito não estratificado, composto de finas partículas de quartzo, argila, mica, cal e limonita; provém do transporte, pelo vento, de poeiras desérticas ou vulcânicas, ou que sofreram glaciação. Produz geralmente solos de grande fertilidade.

Lofócomo, adj. e s. m. *Antrop. obs.* Que, ou o que tem a cabeleira eriçada em forma de penacho.

Logânia, s. f. *Bot.* Gênero *(Logania)* típico da família das Loganiáceas, constituído de ervas e arbustos da Austrália e da Nova Zelândia.

Loganiáceas, s. f. pl. *Bot.* Família *(Loganiaceae)* da ordem das Gencianales, constituída de ervas, arbustos e árvores, caracterizadas por folhas estipuladas, opostas, e ovário súpero, bilocular. Inclui a noz-vômica. S. f. Espécime dessa família.

Loganiáceo, adj. *Bot.* Relativo ou pertencente à família das Loganiáceas.

Logarítmico, adj. Que diz respeito a logaritmo: Tábua *logarítmica.*

Logaritmo, s. m. *(logo*[2] *+ aritmo). Mat.* Expoente da potência a que é necessário elevar um número constante denominado *base,* para obter um número dado, chamado *antilogaritmo.* – *L. decimal* ou *l. vulgar:* o logaritmo usual que tem por base a dezena. *L. neperiano* ou *l. natural:* o que tem por base 2,718.281.8.

Lógica, s. f. Parte da filosofia que estuda as leis do raciocínio.

Logicar, v. Intr. *Fam.* 1. Discorrer logicamente. 2. Alardear conhecimentos de lógica.

Lógico, adj. 1. Que se refere à lógica. 2. Conforme às regras da lógica. 3. Coerente, racional, conseqüente, discursivo, teórico. S. m. Aquele que estuda lógica ou é versado nesta ciência.

Logista, s. m. e f. Pessoa versada em logística.

Logística, s. f. 1. *Ant.* Aritmética aplicada. 2. *Ant.* Álgebra elementar. 3. *Ant.* Lógica simbólica. 4. *Mil.* Ciência militar que trata do alojamento, equipamento e transporte de tropas, produção, distribuição, manutenção e transporte de material e de outras atividades não combatentes relacionadas.

Logo[1], adv. (1. *loco*). 1. Imediatamente, sem demora. 2. Após, depois, em seguida, no lugar imediato a outro na série. 3. Daqui a pouco, dentro em pouco, em breve. Conj. Por conseguinte, por conseqüência, por isso, portanto: Penso, *logo* existo.

logo-[2] ou **-logo,** elem. de comp. (gr. *logos*). Exprime a idéia de *palavra, estudo: logomania, epílogo, psicólogo.*

Logografia, s. f. Estenografia.

Logógrafo, s. m. *(logo[2] + grafo).* 1. Pessoa especializada em logografia. 2. *Antig. gr.* Escritos, em prosa, da literatura grega, especialmente dos cronistas e historiadores. 3. *Filol.* Autor de um glossário.

Logogrífico, adj. *(logo[2] + grifo[3] + ico).* Relativo a logogrifo.

Logogrifo, s. m. *(logo[2] + grifo[3]).* 1. Charada formulada por combinações com letras de uma palavra insinuada pelo conceito, de modo que resulte uma série de palavras que é preciso adivinhar para se chegar à solução final. 2. Coisa obscura, enigmática.

Logomaquia, s. f. 1. Disputa de palavras ou sobre palavras; discussão inútil. 2. Confusão de palavras contraditórias.

Logomáquico, adj. Que se refere à logomaquia.

Logorréia, s. f. *(logo[2] + réia).* 1. Fluxo de palavras. 2. *Pej.* Loquacidade excessiva; verborragia.

Logortopedia, s. f. Estudo e tratamento dos defeitos da fala; logopedia.

Logos, s. m. 1. Na filosofia de Platão, a razão como manifestação ou emanação do ser supremo. 2. *Teol.* O verbo de Deus, Cristo, segunda pessoa da Santíssima Trindade.

Logosofia, s. f. *(logo[2] + sofia[1]). Filos.* Ciência moderna, que se propõe a "estudar o homem pelo próprio homem", isto é, induzi-lo a examinar e conhecer o seu íntimo, seus sentimentos, seus desejos e suas necessidades.

Logotecnia, s. f. Ciência ou arte da significação e emprego das palavras.

Logração, s. f. 1. Ato ou efeito de lograr; logro. 2. Engano acintoso; burla.

Lograđor, adj. e s. m. *(lograr + dor).* Que, ou aquele que logra; burlador, trapaceiro.

Logradouro, s. m. 1. O que pode ser logrado ou usufruído. 2. Rua, praça ou jardim, de livre acesso a todos. 3. Pastagem pública para os gados de uma região. Var.: *logradoiro.*

Logramento, s. m. Ato de lograr.

Logrão, s. m. (de *lograr).* 1. Indivíduo interesseiro, ganancioso. 2. Homem que logra; burlador, intrujão.

Lograr, v. (1. *lucrare*). 1. Tr. dir. Desfrutar, fruir, gozar, obter, possuir. 2. Tr. dir. e pron. Tirar lucro, auferir vantagens; aproveitar(-se). 3. Tr. dir. Alcançar, conseguir. 4. Tr. dir. Burlar, enganar, iludir, intrujar.

Lograttivo, adj. Que logra; trapaceiro.

Logreiro, adj. (de *logro*). 1. Que logra ou burla. 2. Que faz cair em engano. 3. Manhoso.

Logro *(ô),* s. m. (1. *lucru*). 1. Ato ou efeito de lograr. 2. Engano propositado contra alguém. 3. Burla. 4. Engano jocoso; partida, peça. 5. Desfrute, posse. 6. Preço excessivo.

Loja, s. f. (fr. *loge*). 1. Estabelecimento para venda de mercadorias ao público. 2. Pavimento térreo de qualquer prédio. 3. *Bot.* Denominação dada a cada cavidade da antera de um estame em que estão os grãos do pólen. 4. *Bot.* Cada cavidade do ovário de uma flor; lóculo. 5. V. *Loja maçônica.* – *L. de miudezas:* casa de negócio onde se vendem mercadorias pequenas de pouco valor; armarinho. *L. de modas:* casa em que se vende roupa de senhoras. *L. maçônica:* a) local de reunião da maçonaria; b) conjunto dos membros de uma seção local da maçonaria.

Lojeca, s. f. (de *loja*). *Pej.* 1. Pequena loja. 2. Locanda.

Lojista, s. m. e f. Pessoa que tem loja de comércio.

Loliginídeo, adj. *Zool.* Relativo ou pertecente aos Loliginídeos. S. m. pl. Família *(Loliginidae)* de moluscos alongados e cilíndricos de membros parcialmente retráteis.

Lólio, s. m. *Bot.* V. *joio.*

Lomba, s. f. 1. Cumeeira de telhado. 2. Dorso de monte, serra ou outra qualquer elevação do terreno. 3. Montículo de areia ou terra, natural ou formado pelo vento. 4. Ladeira. 5. Preguiça, indolência.

Lombada, s. f. 1. Lomba prolongada,lomba de serra. 2. Dorso do boi. 3. Parte da encadernação que cobre o dorso do livro e segura as capas.

Lombar, adj. m. e f. Que pertence ou se refere ao lombo: Dor *lombar.*

Lombardo[1], adj. Relativo à Lombardia (Itália). S. m. 1. Habitante ou natural da Lombardia. 2. A língua dos lombardos.

Lombardo[2], adj. Diz-se do touro negro com o lombo acastanhado.

Lombear, v. Pron. Torcer o lombo quando é montado (o cavalo meio arisco).

Lombeira, s. f. 1. Quebrantamento de forças. 2. Moleza do corpo. 3. Preguiça.

Lombeiro, adj. Lombar. S. m. Couro ou pele do lombo de certos animais.

Lombelo *(ê),* s. m. (de *lombo*). Músculo que se insere na coluna vertebral do gado bovino.

Lombiar, v. Tr. dir. Ferir (a sela) o lombo de. Cfr. *lombear.*

Lombilho, s. m. 1. Parte principal dos arreios que pode substituir a sela comum, o selim e o serigote. 2. Pequena sela.

Lombinho, s. m. 1. Músculo do gado suíno, que corresponde ao lombelo dos bovinos. 2. Carne muito tenra da região lombar da rês. 3. Assado dessa carne.

Lombo, s. m. (1. *lumbu*). 1. Parte do animal situada de cada lado e ao longo da espinha dorsal. 2. Carne dessa parte. 3. *Pop.* A região lombar. 4. *Pop.* Costas, dorso. 5. Lombada de livro.

Lombrical, adj. m. e f. Relativo ou semelhante a uma lombriga. 2. Diz-se de 4 músculos pequenos e fusiformes, flexores da primeira falange.

Lombricito, s. m. Petrificação com a forma de lombriga.

Lombricóide, adj. m. e f. Que se assemelha à lombriga. S. m. Lombriga.

Lombricose, s. f. *Med.* Estado patológico originado pelas lombrigas, nos homens e nos animais.

Lombriga, s. f. *Zool.* Nome vulgar do nematelminto *Ascaris lombricoides,* parasito do intestino delgado do homem.

Lombrigueira, s. f. *Bot.* Planta venenosa e antelmíntica da família das Loganiáceas *(Spigelia anthelmintia).*

Lombrigueiro, s. m. *Farm.* Medicamento contra lombrigas; vermífugo.

Lombrosiano, adj. 1. Que se refere a Lombroso, criminalista italiano (1835-1909) ou às suas teorias. 2. Diz-se do indivíduo que apresenta traços fisionômicos de criminoso, segungo as teorias de Lombroso.

Lombudo, adj. Que tem bons ou grandes lombos.

Lomentáceo, adj. *Bot.* 1. Provido de lomentos. 2. Diz-se dos frutos ou folhas das leguminosas, cortados por articulações de espaço a espaço.

Lomento, s. m. *Bot.* Vagem que se divide por septos transversais em tantos falsos aquênios quantas as sementes.

Lona, s. f. (fr. *Olonne,* n. p.). 1. Tecido grosso e forte de que se fazem toldos, sapatos, velas de navios etc. 2. *Hum.* Léria, palanfrório. 3. *Autom.* Revestimento especial de peças que funcionam fortemente atritadas.
Estar na última l.: estar na miséria; estar imprestável.

Londrino, adj. Que pertence ou se refere a Londres (Inglaterra). S. m. O natural de Londres.

Longa, s. f. (de *longo*). 1. A silaba ou a vogal longa. 2. Em versificação latina, a sílaba longa. 3. *Mús. P. us.* Figura que vale duas breves.

Longada, s. f. *Des.* 1. Afastamento. 2. Jornada.
De l.: por longo tempo, com delonga, demoradamente.

Longal, adj. m. e f. Alongado, comprido.

Longana, s. f. *Bot.* Planta sapindácea (*Euphoria longana*), originária da Índia.

Longânime, adj. m. e f. 1. Que tem grandeza de ânimo, benigno, complacente, indulgente. 2. Corajoso. 3. Generoso. 4. Paciente, resignado.

Longanimidade, s. f. Qualidade de longânime.

Longarina, s. f. (de *longo*). 1. Barra longitudinal. 2. *Constr.* e *Eng.* Viga longitudinal de ponte. 3. Cada uma das peças maiores do chassi de automóvel, caminhão ou vagão ferroviário; longerão, longirão.

Longe, adv. (l. *longe*). A grande distância, no espaço ou no tempo. Adj. m. e f. Afastado, distante, remoto. S. m. pl. 1. A parte de um quadro, que forma o fundo e destaca os objetos afastados dos que se acham no primeiro plano. 2. Tempos passados, eras remotas. 3. Leve imitação ou semelhança. 4. Laivos, vislumbres, vestígios, indícios. Interj. Designa aversão ou ordem de afastamento. — *De l.*: de grande distância; de muito. *De l. a l.* ou *l. em l.*: com grandes intervalos de tempo ou espaço.

Longevidade, s. f. 1. Longa duração de vida. 2. Qualidade de quem é longevo. 3. Tempo que duram as espécies nas épocas geológicas.

Longevo (*é*), adj. *Poét.* 1. Que dura muito. 2. Que tem muita idade; macróbio. 3. Duradouro.

longi-, elem. de comp. (l. *longu*). Exprime a idéia de *longo*: *longicaule, longimetria.*

Longicaule, adj. m. e f. (*longi + caule*). *Bot.* Com caule longo.

Longicórneo, adj. (*longi + córneo*). 1. *Zool.* e *Entom.* De cornos ou antenas compridos. 2. *Entom.* Relativo ou pertencente aos Cerambicídeos. S. m. Cada um de vários besouros da família dos Cerambicídeos.

Longilobado, adj. *Bot.* Dividido em lóbulos alongados.

Longímano, adj. *Zool.* Que tem mãos longas.

Longimetria, s. f. (*longi + metro*[2] *+ ia*). *Geom.* Arte de medir grandes distâncias.

Longínquo, adj. (l. *longinquu*). 1. Que vem de longe. 2. Afastado, distante, remoto. 3. Porvindouro. Antôn.: *propínquo.*

Longipalpo, adj. *Zool.* Que possui palpos longos.

Longípede, adj. m. e f. *Zool.* Que tem pés compridos.

Longipene, adj. m. e f. (*longi + pene*). *Ornit.* 1. Que tem penas compridas. 2. Que tem asas longas. S. m. pl. Designação geral das aves de asas desenvolvidas e que têm grande capacidade de vôo.

Longipétalo, adj. (*longi + pétalo*[2]). *Bot.* Que tem pétalas longas.

Longirrostro (*ô*), adj. (*longi + rostro*). 1. *Ornit.* De bico longo. 2. *Zool.* De trompa alongada.

Longitarso, adj. (*longi + tarso*[2]). *Anat.* e *Zool.* Que tem tarsos longos.

Longitroante, adj. m. e f. (*longi + troante*). 1. Que troa ao longe. 2. Que reboa ou ecoa por muito tempo.

Longitude, s. f. (l. *longitudine*, pelo fr.?). 1. Extensão em linha reta. 2. *Geogr.* Distância ao longo do equador entre o meridiano 0 (o de Greenwich) e o meridiano do lugar considerado, medida em graus, minutos e segundos.

Longitudinal, adj. m. e f. 1. Relativo à longitude. 2. Tomado no sentido da maior dimensão. 3. Colocado ao comprido ou no sentido do eixo principal.

Longo, adj. 1. Extenso, no sentido do comprimento; comprido. 2. Que dura muito; duradouro. 3. *Gram.* Diz-se da sílaba ou vogal cuja pronúncia demora mais que a da sílaba ou vogal breve. Adj. pl. Muitos, inúmeros.
Ao l. de.: por toda a extensão longitudinal de.

Longobardo, adj. e s. m. Lombardo[1].

Long-play (*lon'plei*), s. m. (t. ingl.). Disco fonográfico, de baixa rotação, que permite mais tempo de gravação — a 45 ou 33 1/3 rpm. Abrev.: LP.

Longrina, s. f. (fr. *longrine*). V. *longarina.*

Longueirão, adj. Muito longo. S. m. *Zool.* O mesmo que *lingüeirão*[1].

Longuidão, s. f. *P. us.* 1. Qualidade de longo; longura. 2. Comprimento.

Longura, s. f. (de *longo*). 1. Longuidão. 2. Delonga, demora.

Lonjura, s. f. (de *longe*). *Pop.* Grande distância.

Lontra, s. f. (l. *lutra?*). *Zool.* Mamífero mustelídeo aquático, cuja pele é muito apreciada. Voz: *assobia, chia, guincha.* 2. A pele desse animal.

Loquacidade, s. f. 1. Qualidade de loquaz. 2. Hábito de falar muito, tagarelice. 3. Eloqüência.

Loquaz, adj. m. e f. 1. Falador, tagarela. 2. Eloqüente, fluente no falar. 3. Indiscreto. Sup. abs. sint.: *loquacíssimo.*

Loque, s. m. (ár. *look*). *Farm.* Medicamento xaroposo à base de gomas e amêndoas, usado contra afecções das vias respiratórias; lambedor, eletuário.

Loqüela, s. f. 1. Fala, linguagem. 2. Eloqüência, facilidade em falar; loquacidade.

Loquete (*ê*), s. m. (fr. *loquet*). Cadeado, ferrolho, fecho.

Lora, s. f. *Bot.* Parte do talo de certos liquens.

Lorantáceas, s. f. pl. *Bot.* Família (*Loranthaceae*) de parasitas ou arbustos tropicais, que sugam as plantas hospedeiras por suas raízes haustórias. S. f. Planta dessa família.

Lorantáceo, adj. *Bot.* Relativo às Lorantáceas.

Lorário, s. m. (l. *lorariu*, de *lorum*). *Antig. rom.* Escravo encarregado de azorragar outros escravos.

Lorde, s. m. (ingl. *lord*). 1. Título da alta nobreza na Inglaterra. 2. Membro da câmara alta do parlamento inglês. 3. *Pop.* Indivíduo rico, que vive com ostentação. Adj. m. e f. *Pop.* Próprio de lorde; magnificente, rico, ostentatório.

Lordose, s. f. (gr. *lordosis*). *Med.* Curvatura anormal, com convexidade para diante, da coluna vertebral.

Lordótico, adj. Que diz respeito à lordose.

Loreno, adj. Relativo a Lorena (França). S. m. 1. Natural ou habitante da Lorena. 2. Dialeto da Lorena.

Lorica, s. f. (l. *lorica*). 1. *Bot.* Tegumento externo das sementes. 2. *Zool.* Carapaça rígida que protege o corpo de alguns animais.

Loriga, s. f. 1. *Antig. rom.* Couraça. 2. Vestimenta militar da Idade Média, composta de gibão de couro revestido de placas de ferro.

Lornhão, s. m. (fr. *lorgnon*). Luneta com cabo, usada especialmente por senhoras. Var.: *lornhom.*

Loro, s. m. (l. *loru*). 1. Correia dupla que sustenta o estribo. 2. Parte da cabeça das aves entre a base do bico e os olhos.

Lorota, s. f. 1. Conversa fiada. 2. Mentira, patranha, treta. 3. Bazófia, gabolice.

Lorotagem, s. f. Embustes, mentiras, pabulagens.

Lorotar, v. Intr. 1. Dizer lorotas, mentir. 2. Praticar pabulagens ou embustes.

Loroteiro, adj. e s. m. 1. Que, ou o que conta lorotas, mentiroso. 2. Embusteiro. 3. Jactancioso.

Lorpa (*ô*), adj. e s., m. e f. 1. Que, ou pessoa que é imbecil, parva, pateta. 2. Que, ou pessoa que é boçal, grosseira, estúpida.

Lorpice, s. f. 1. Qualidade de lorpa. 2. Ação de lorpa.

Losango, s. m. (fr. *losange*). *Geom.* Quadrilátero de quatro lados iguais e ângulos opostos iguais; rombo.

Losna, s. f. (l. *aloxinu*, pelo cast. ant. *alosna*). *Bot.* Nome comum a várias plantas compostas, uma das quais é o absinto.

Lota, s. f. (de *lotar*). 1. Venda de peixe, em leilão. 2. Lugar em que se leiloa o peixe. 3. Porção de peixe leiloado de uma vez. 4. Lugar onde se orça o imposto do pescado.

Lotação, s. f. (*lotar + ção*). 1. Ato ou efeito de lotar. 2. Orçamento; avaliação. 3. Cômputo dos proventos totais de um cargo ou emprego público. 4. *Náut.* Cômputo da capacidade que um navio tem para carga. 5. Número de passageiros que um veículo pode transportar. 6. Carro que transporta passageiros num percurso determinado a uma tarifa fixa. 7. Conjunto de lugares que as pessoas podem ocupar em determinado recinto. 8. Número de servidores públicos que compõem uma repartição. 9. Beneficiamento de um vinho por meio de mistura com outros melhores.

Lotador, s. m. 1. Aquele que lota. 2. Aquele que faz lotes em avaliação.

Lotar, v. (*lote* + *ar*). Tr. dir. 1. V. *lotear*. 2. Calcular a capacidade de (uma embarcação). 3. Determinar o número de passageiros que (um veículo) pode transportar. 4. Misturar (vinho, café etc.), com outro ou outros, transmitindo-lhe as qualidade destes.

Lotaria, s. f. V. *loteria*.

Lote, s. m. (fr. *lot*). 1. Cada uma das porções de um todo que se distribui entre várias pessoas; quinhão, parcela. 2. Conjunto de objetos leiloados de uma vez. 3. Grupo de pessoas; magote, rancho. 4. Cada uma das partes de um terreno loteado. 5. Grupo de dez animais cargueiros.

Loteamento, s. m. Ato ou efeito de lotear.

Lotear, v. Tr. dir. Dividir em lotes: *Lotear um terreno*.

Loteca, s. f. *Neol.* Designação popular da Loteria Esportiva.

Loteria, s. f. (fr. *loterie*, do holandês). 1. Jogo de azar em que os prêmios sorteados correspondem a bilhetes numerados. 2. Rifa. 3. Coisa ou negócio que depende de acaso. — *L. esportiva*: loteria que distribui prêmios aos acertadores do resultado de determinados jogos de futebol.

Lotérico, adj. Relativo a loteria.

Loto[1], s. m. *Bot.* 1. Denominação comum às plantas da família das Ninfeáceas. 2. A flor de cada uma dessas plantas.

Loto[2] (*ô*), s. m. (ital. *lotto*). 1. Jogo de azar formado por seis cartões numerados de 1 a 90 e pedras com a mesma numeração. Ganha quem consegue cobrir uma carreira horizontal de 5 números; víspora. 2. O conjunto dos objetos e utensílios empregados nesse jogo.

Lótus, s. m. sing. e pl. O mesmo que *lódão*.

Louça, s. f. (l. *lautia?*). 1. Objetos de cerâmica. 2. Artefato de porcelana, barro ou substâncias análogas, para serviço de mesa, de cozinha etc.

Louçainha (*a-í*), s. f. 1. Traje excessivamente ataviado. 2. Objeto garrido. 3. Garridice. 4. Adorno, enfeite, ornato.

Louçainho (*a-i*), adj. (de *loução*). 1. Ornado de louçainhas. 2. Que tem louçania.

Louçania, s. f. 1. Qualidade de loução; garbo, garridice. 2. Elegância. 3. Adornos, enfeites.

Loução, adj. (l. **lautianu*). 1. Louçainho. 2. Garrido, enfeitado. 3. Elegante, garboso, gentil, vistoso. Fem.: *louçã*. Pl.: *louçãos*.

Louçaria, s. f. 1. Conjunto ou grande quantidade de louças. 2. Estabelecimento onde se vende louça. Var.: *loiçaria*.

Louceira, s. f. 1. Mulher que fabrica ou vende louça. 2. Guarda-louça. Var.: *loiceira*.

Louceiro, s. m. 1. Fabricante ou vendedor de louça. 2. Guarda-louça. Var.: *loiceiro*.

Louco, adj. 1. Que perdeu a razão, alienado, doido. 2. Arrebatado, imoderado, imprudente, temerário. 3. Alegre, brincalhão, folgazão, galhofeiro. S. m. 1. Indivíduo que perdeu a razão. 2. Indivíduo extravagante, desatinado.

Loucura, s. f. 1. Estado de quem é louco. 2. *Med.* Desarranjo mental; demência; psicose. 3. Ato próprio de louco. 4. Insensatez. 5. Aventura insensata. 6. Grande extravagância.

Louquice, s. f. Loucura.

Loura, s. f. (de *louro*[1]). 1. Mulher de cabelo louro. 2. *Fam.* Libra esterlina. Var.: *loira*.

Louraça, s. m. e f. 1. Pessoa bonacheirona, simplória. 2. *Fam.* Pessoa que tem o cabelo muito louro. Var.: *loiraça*.

Lourecer, v. Lourejar. Var.: *loirecer*.

Loureiral, s. m. Bosque de loureiros. Var.: *loireiral*.

Loureiro, s. m. *Bot.* Arbusto arbóreo (*Laurus nobilis*), cujas folhas são muito empregadas em culinária, e são também o símbolo da vitória. Var.: *loireiro*.

Lourejante, adj. m. e f. Que loureja. Var.: *loirejante*.

Lourejar, v. Tr. dir. e intr. Tornar(-se) louro, amarelecer(-se). Var.: *loirejar*.

Louro[1], adj. (l. *lauru*). De cor média entre o dourado e o castanho claro; flavo, fulvo. S. m. Indivíduo que tem o cabelo louro. Var.: *loiro*.

Louro[2], s. m. (l. *lauru*). *Bot.* 1. Loureiro. 2. Folhas de loureiro. 3. Nome de várias plantas lauráceas do Brasil. S. m. pl. Triunfos, glórias, honras, lauréis.

Louro[3], s. m. (caribe *roro*, pelo cast.). *Pop.* Papagaio. Var.: *loiro*.

Lousa, s. f. 1. Pedra chata. 2. Ardósia. 3. Laje. 4. Lápide rasa, sobre a sepultura. 5. Sepultura. 6. Lâmina de ardósia enquadrada em madeira para nela se escrever ou desenhar; quadro-negro. Var.: *loisa*.

Louva-a-deus, s. m. sing. e pl. Nome vulgar dos insetos da ordem dos Mantódeos, família dos Mantídeos.

Louvação, s. f. 1. Ato ou efeito de louvar. 2. *Pop.* Cântico em louvor dos santos. 3. Avaliação feita por louvado.

Louvado, adj. 1. Que foi objeto de louvor. 2. Abençoado, bendito. S. m. 1. Árbitro, avaliador, perito, nomeado para avaliar bens móveis e imóveis.

Louvador, adj. e s. m. Que, ou o que louva.

Louvamento, s. m. Louvação.

Louvaminha, s. f. Louvor excessivo e afetado; adulação, lisonja.

Louvaminhar, v. Tr. dir. Dirigir louvaminhas a; adular, lisonjear.

Louvaminheiro, adj. e s. m. Que, ou o que tem o hábito de louvaminhar; adulador.

Louvar, v. (l. *laudare*). 1. Tr. dir. Dirigir louvores a; elogiar, enaltecer, gabar. 2. Tr. dir. Aprovar, confirmar com elogio (um ato praticado por outrem). 3. Pron. Elogiar-se, gabar-se, jactar-se, vangloriar-se. 4. Pron. Aceitar, aprovar, perfilhar a opinião ou o parecer de alguém. 5. Tr. dir. Avaliar, decidir por meio de laudo: *Louvar bens, heranças* etc.

Louvável, adj. m. e f. 1. Digno de louvor. 2. Que se deve louvar. Sup. abs. sint.: *louvabilíssimo*.

Louveira, s. f. *Bot.* Árvore leguminosa (*Cyclolobium glaucenni*) de madeira muito pesada com cerne castanho-escuro.

Louvor, s. m. 1. Ato de louvar. 2. Aplauso, elogio, encômio. 3. Glorificação. Antôns.: *censura, crítica*.

Lovelace, s. m. (de *Lovelace*, n. p.). 1. Namorador galante. 2. Sedutor de mulheres.

Lovelaciano, adj. 1. Próprio de lovelace. 2. Que se refere a lovelace.

loxo- (*cs*), elem. de comp. (gr. *loxos*). Exprime a idéia de *oblíquo, angular*: *luxodromia*.

Loxocosmo (*cs*), s. m. (*loxo* + *cosmo*[2]). Instrumento para demonstrar como a inclinação do eixo da Terra faz variar a duração dos dias de uma estação a outra.

Loxodromia (*cs*), s. f. 1. Curva traçada na superfície de uma esfera e que corta todos os meridianos sob o mesmo ângulo agudo ou obtuso. 2. *Náut.* Linha de navegação que corta todos os meridianos sob o mesmo ângulo agudo ou obtuso.

Loxodrômico (*cs*), adj. Que se refere à loxodromia.

Loxodromismo (*cs*), s. m. 1. Movimento em direção oblíqua. 2. Movimento no sentido de uma linha loxodrômica.

Loyola, s. m. (de *Loyola*, n. p.). *Pej.* Jesuíta.

Loyolista, adj. e s. m. 1. Que, ou pessoa que é partidária de Santo Inácio de Loyola. 2. Que, ou o que se refere à Ordem dos Jesuítas.

Lu, s. m. *Quím.* Símbolo do lutécio.

Lua, s. f. (l. *luna*). 1. Corpo celeste, satélite da Terra, a cuja volta descreve uma órbita elíptica em cerca de 27 dias, 7 horas e 43 minutos, iluminando de noite com a luz recebida do Sol e refletida. 2. Satélite de qualquer outro planeta. 3. Espaço de um mês. 4. O crescente ou meia-lua. 5. Parte dianteira e arqueada da sela. 6. *Pop.* Cio dos animais. 7. Designação de vários objetos ou coisas que se assemelham ao disco da Lua ou ao crescente. 8. *Pop.* Menstruação. 9. Mau humor, neurastenia. — *L.-de-mel*: a) o primeiro mês que se segue ao do matrimônio; b) os primeiros tempos venturosos de alguma coisa, de relações etc.

Andar na Lua: estar distraído.

Luar, s. m. 1. A luz solar refletida pela Lua. 2. A claridade que se espalha sobre a Terra.

Luarento, adj. 1. Iluminado pelo luar. 2. Em que há luar; enluarado.

Lubambeiro, adj. *Pop.* 1. Desordeiro. 2. Mexeriqueiro, intrigante.

Lubambo, s. m. *Pop.* 1. Desordem, barulho. 2. Mexerico, intriga.

Lubricar, v. Tr. dir. 1. Tornar lúbrico; tornar escorregadio; lubrificar. 2. Laxar (o ventre) com um medicamento.

Lubricidade, s. f. 1. Qualidade de lúbrico, estado do que é escorregadio. 2. *Fig.* Tendência para a sexualidade; lascívia, luxúria.

Lúbrico, adj. 1. Escorregadio, liso, úmido. 2. *Fig.* Lascivo, luxurioso, sensual.

Lubrificação, s. f. Ato ou efeito de lubrificar.

Lubrificante, adj. m. e f. Que lubrifica. S. m. *Mec.* Substância que serve para lubrificar.

Lubrificar, v. Tr. dir. e pron. 1. Tornar(-se) lúbrico ou escorregadio. 2. Untar(-se) com substância oleosa, para atenuar o atrito. 3. Umedecer(-se).

Lucanário, s. m. *Arquit.* Intervalo de duas vigas, numa construção.

Lucarna, s. f. (fr. *lucarne*). 1. Janela vertical em um telhado, para clarear um sótão ou água-furtada. 2. Estrutura, geralmente em forma de empena ou frontão, que contém essa janela. 3. Trapeira.

Lucerna, s. f. 1. Pequena luz. 2. *Ant.* Lucarna, clarabóia.

Lucescente, adj. m. e f. *Poét.* 1. Que começa a luzir ou brilhar. 2. Que se mostra brilhante.

Lucidar, v. Tr. dir. 1. Calcar ou reproduzir(um desenho) contra a luz e sobre um vidro. 2. Passar para papel vegetal um desenho, sotoposto.

Lucidez, s. f. 1. Qualidade ou estado de ser lúcido. 2. Brilho, claridade. 3, Clareza, perceptibilidade, nitidez. 4. Precisão de idéia, compreensão rápida. Antôn. (acepções 2, 3 e 4): *obscuridade.*

Lúcido, adj. 1. Que luz ou resplandece. 2. Polido, luzido. 3. Claro, diáfano, transparente. 4. Que tem clareza e penetração de inteligência.

Lúcifer, s. m. 1. Nome que os romanos deram ao planeta Vênus. 2. Diabo, Satanás.

Luciferário, s. m. Indivíduo que, numa procissão, leva lanterna.

Luciferiano, adj. O mesmo que *luciferino.*

Luciférico, adj. O mesmo que *luciferino.*

Luciferino, adj. Que diz respeito a Lúcifer; diabólico.

Lucífero, adj. *Poét.* Que dá ou traz luz.

Lucífugo, adj. 1. Que foge da luz. 2. Noctívago. 3. *Entom.* Diz-se de insetos que vivem em galerias.

Lucilação, s. f. Ato de lucilar.

Lucilante, adj. m. e f. Que lucila; cintilante.

Lucilar, v. (l. *luce*). Intr. Brilhar com escassa intensidade; luzir, tremeluzir.

Luciluzir, v. Intr. Lucilar, luzir a espaços como o pirilampo; tremeluzir.

Lucímetro, s. m. Instrumento para medir a intensidade da luz; fotômetro.

Lucina, s. f. *Poét.* A Lua.

Lucipotente, adj. m. e f. *Poét.* Que espalha luz intensa, que ilumina tudo.

Lucivelo (*é*), s. m. Quebra-luz. Var.: *lucivéu.*

Lucrar, v. (l. *lucrari*). Tr. dir. 1. Auferir lucro, proveito, vantagem. 2. Tr. ind. e intr. Tirar lucro de. 3. Tr. dir. Conseguir, lograr. 4. Tr. dir. Desfrutar, gozar. Antôn.: *perder.*

Lucrativo, adj. 1. Que dá lucro; proveitoso, vantajoso, útil. 2. Que se adquire gratuitamente.

Lucro, s. m. 1. Interesse, proveito que se tira de uma operação comercial, industrial etc. 2. Ganho, depois de descontadas as despesas; ganho líquido. 3. Proveito, utilidade, vantagem. Antôn.: *prejuízo.*

Lucroso, adj. O mesmo que *lucrativo.*

Luctífero, adj. 1. Que causa luto ou calamidade. 2. Desastroso, funesto. Var.: *lutífero.*

Luctíssono, adj. *Poét.* Que soa lugubremente. Var.: *lutíssono.*

Lucubração, s. f. 1. Ato de lucubrar. 2. Trabalho intelectual noturno; vigília. 3. Estudo laborioso e aturado. 4. Esforço literário. 5. Produto de trabalho intelectual.

Lucubrar, v. 1. Intr. Dedicar-se a longos trabalhos intelectuais. 2. Intr. Trabalhar ou estudar, à luz, de noite. 3. Tr. dir. Expender esforços intelectuais em trabalho literário ou científico. 4. Tr. dir. Estudar ou aprender, com trabalho dedicado e assíduo.

Lúcula, s. f. *Astr.* Nome que se dá a cada uma das pequenas nuvens brilhantes, na superfície do Sol.

Luculento, adj. 1. *Poét.* Brilhante, resplandescente, luzente. 2. Lúcido, transparente.

Luculiano, adj. 1. Que diz respeito a luculo. 2. Próprio de um luculo. 3. Magnificente, opíparo (jantar ou banquete).

Luculo, s. m. (l. *Lucullus*, n. p). Homem rico, que dá lautos banquetes, exibindo o seu luxo e a sua opulência.

Lucuma, s. f. *Bot.* Gênero (*Lucuma*) de árvores ou arbustos sapotáceos. Inclui o abieiro.

Ludâmbulo, s. m. *Neol.* Turista.

Ludião, s. m. (l. *ludione*). *Fís.* Aparelho que serve para demonstrar praticamente o princípio de Arquimedes.

Ludibriante, adj. m. e f. Que ludibria.

Ludibriar, v. 1. Tr. ind. Tratar com ludíbrio, zombar de. 2. Tr. dir. Enganar, iludir.

Ludíbrio, s. m. 1. Ato de ludibriar alguém; escárnio, zombaria. 2. Desprezo. 3. Engano.

Ludibrioso, adj. 1. Em que há ludíbrio. 2. Que dirige ludíbrios a alguém; escarnecedor, zombeteiro.

Lúdico, adj. Que se refere a jogos e brinquedos ou aos jogos públicos dos antigos.

Lúdicro, adj. Ridículo, divertido.

Ludo, s. m. *P. us.* 1. Espécie de jogo de tabuleiro, em que se usam dados. 2. Luta de atletas.

Ludro, adj. (l. *luridu?*). 1. Sujo, churdo (diz-se da lã, antes de preparada). 2. Turvo (diz-se do líquido).

Ludroso, adj. Ludro.

Lues (*lú-ès*), s. f. sing. e pl. (l. *lues*). *P. us.* V. *sífilis.*

Luético, adj. *Med.* Que se refere a lues; sifilítico.

Lufa, s. f. (ingl. *loof*). 1. Lufada, ventania. 2. Afã, azáfama. 3. Vela de navio. 4. Contração dessa vela sob a ação do vento.

Lufada, s. f. Rajada de vento com caráter violento mas intermitente.

Lufa-lufa, s. f. *Pop.* 1. Azáfama, pressa. 2. Atividade apressada e atabalhoada.

Lufar, v. Intr. 1. Soprar com força (o vento). 2. Ofegar.

Lugar, s. m. (l. *locale*). 1. Espaço, independentemente do que possa conter. 2. Espaço ocupado por um corpo. 3. Sítio onde está qualquer coisa. 4. Ponto no espaço, a que corresponde um astro. 5. Posição relativa numa escala. 6. Região, povoado, pequena aldeia. 7. Localidade, cidade. 8. Residência. 9. Local, sítio. 10. Ponto conveniente ou próprio para alguma coisa (no espaço ou em terra). 11. Posto, posição ou sítio onde se exerce qualquer função ou mister. 12. Circunstâncias especiais, situação de uma pessoa. 13. Passagem particular de um livro. 14. Posição social. 15. Posição que uma pessoa ocupa por direito, nomeação etc. 16. Cargo, posto, emprego, colocação, posição. 17. Folga, lazer, tempo, vagar. 18. Ensejo, motivo. 19. Espaço ou assento para uma pessoa em teatro, transporte coletivo etc. — *L. comum*: idéia já muito batida; trivialidade.

Lugarejo, s. m. Pequeno lugar; casal, aldeola.

Lugar-tenente, s. m. Aquele que provisoriamente desempenha as funções de outrem. Pl.: *lugares-tenentes.* Var.: *locotenente.*

Lugdunense, adj. e s., m. e f. V. *lionês.*

Lugente, adj. m. e f. 1. Lastimoso. 2. Plangente. 3. Lúgubre.

Lugre[1], s. m. *Ornit.* Pássaro conirrostro europeu (*Carduelis spinus*); tentilhão.

Lugre[2], s. m. (ingl. *lugger*). Navio mercante, com dois ou três mastros.

Lúgubre, adj. m. e f. 1. Relativo a luto. 2. Que é sinal de luto. 3. Fúnebre. 4. Soturno, taciturno, triste. 5. Escuro, medonho, sombrio.

Lugubridade, s. f. Qualidade de lúgubre.

Luís, s. m. 1. Antiga moeda de ouro francesa, que valia 24 libras. 2. Moeda francesa que valia vinte francos (até 1828).

Lula, s. f. *Zool.* Molusco cefalópode marinho, da família dos Loliginídeos (*Loligo brasiliensis*); calamar, siba.

Lumaquela, s. f. (ital. *lumachella*). Rocha calcária ou mármore que contém fragmentos de conchas e outros fósseis, ainda visíveis.

Lumaréu, s. m. (de *lume*). 1. Lume forte, com grande chama. 2. Fogacho, fogueira, labareda.

Lumbago, s. m. *Med.* Dor intensa na região lombar.

Lumbrical, adj. m. e f. Relativo a lombriga; lombrical.

Lumbricário, adj. V. *lombrical.*

Lumbricida, adj. m. e f. Que mata lombrigas; anti-helmíntico. S. m. *Farm.* Remédio que destrói lombrigas.

Lume, s. m. 1. Fogo. 2. Fogueira. 3. Luz. 4. Clarão, fulgor. 5. Fonte de luz artificial com círio, vela, candeia, tocha etc. 6. *Fig.* Ilustração, guia, doutrina. 7. Esperteza natural, penetração. 8. *Pop.* Fósforo. S. m. pl. *Poét.* Os olhos. — *L. da vista*: a luz dos olhos.

Lumeeira, s. f. 1. Castiçal, lampadário. 2. Clarabóia, fresta em parede. 3. Bandeira de porta. 4. *Pop.* Pirilampo.

Lumeeiro, s. m. 1. Luminar, luzeiro. 2. *Constr.* Fresta para deixar entrar luz e ar. 3. *Pop.* Pirilampo.

Lúmen, s. m. 1. *Anat.* e *Zool.* Seção transversal do espaço livre dentro de um órgão tubular. 2. *Fís.* Unidade de fluxo luminoso. Símbolo: 1m. Pl.: *lumens. P.us*: *lúmenes.*

Lume-pronto, s. m. *Des.* Antigo fósforo de madeira e enxofre.

Luminar, adj. m. e f. Que dá ou espalha luz. S. m. 1. *Poét.* Astro. 2. Pessoa muito douta.

Luminária, s. f. 1. Candeia, lamparina, lanterna pequena. 2. Tudo que alumia. 3. Pessoa muito douta; erudito, sábio.

Luminescência, s. f. 1. V. *luminosidade.* 2. *Fís.* Emissão de luz sem elevação de temperatura, por processos mecânicos, químicos, elétricos, como pela fosforescência, fluorescência etc.

Luminescente, adj. m. e f. *Fís.* 1. Caracterizado por ou pertencente a luminescência. 2. Que apresenta ou produz luminescência.

Luminosidade, s. f. 1. Qualidade de luminoso. 2. *Astr.* Quantidade de luz emitida por uma estrela, comparada com a do Sol.

Luminoso, adj. 1. Que emite ou reflete luz. 2. Brilhante, luzente. 3. Em que há luz; iluminado. 4. Evidente. 5. *Fig.* Que compreende com facilidade; perspicaz. 6. Que expõe com muita clareza. S. m. Anúncio luminoso.

Lunação, s. f. (l. *lunatione*). Espaço entre duas luas novas consecutivas.

Lunar, adj. m. e f. 1. Que pertence ou se refere à Lua. 2. Medido pela revolução da Lua: Ano *lunar.* S. m. Mancha pigmentada em forma de crescente, observada na pele.

Lunário, s. m. Calendário em que o tempo é computado por luas.

Lunático, adj. 1. Influenciado pela Lua; aluado. 2. Maníaco. S. m. O que tem manias, caprichos ou excentricidades.

Lundu, s. m. *Folc.* 1. Espécie de batuque africano. 2. Canto ou música dessa dança. 3. Canção solista, em geral de caráter cômico. Var.: *lundum.*

Luneta (*ê*), s. f. (fr. *Lunette*). 1. Lente montada em armação para auxiliar a vista; monóculo. 2. Parte da custódia em que se fixa a hóstia. 3. Óculo de longo alcance; telescópio. 4. *Constr.* Janela ou abertura, oval ou redonda. 5. Parte da guilhotina onde se assenta o pescoço do condenado. S. f. pl. Óculos.

Lunícola, adj. e s., m. e f. Suposto habitante da Lua; selenita.

Luniforme, adj. m. e f. Que tem forma de meia-lua.

Lunissolar, adj. m. e f. Pertencente a, ou dependente das relações mútuas ou da ação simultânea da Lua e do Sol.

Lúnula, s. f. 1. *P. us.* Satélite de um planeta. 2. Objeto em forma de meia-lua. 3. *Anat.* Mancha esbranquiçada, em forma de meia-lua, na base da unha. 4. O mesmo que *luneta*, acepção 2.

Lunulado, adj. 1. Luniforme. 2. Em que há lúnula: Unhas *lunuladas.*

Lunular, adj. m. e f. V. *lunulado.*

Lupa, s. f. (fr. *loupe*). 1. Lente de vidro que serve para aumentar pequenos objetos. 2. *Vet.* Tumor mole no joelho dos quadrúpedes.

Lupanga, s. f. Pequena espada usada pelos cafres.

Lupercais, s. f. pl. (l. *lupercalia*). *Antig. rom.* Festas celebradas a 15 de fevereiro em honra de Luperco (um dos nomes de Pã).

Luperco, s. m. Sacerdote de Pã, entre os romanos.

Lúpia, s. f. *Med.* O mesmo que *lobinho*[2].

Lupinastro, s. m. *Bot.* Variedade de trevo.

Lupinismo, s. m. Latirismo.

Lupino[1], adj. 1. Que diz respeito a lobo. 2. Próprio do lobo.

Lupino[2], s. m. *Bot.* Tremoço.

Lupinose, s. f. *Vet.* e *Med.* Doença atribuída a envenenamento por ingestão de sementes do tremoceiro.

Lupinotoxina (*cs*), s. f. *Quím.* Princípio aromático venenoso de tremoços.

Lupo, s. m. (1. *lupus*). *Med.* Cada uma de várias moléstias que se caracterizam por lesões da pele. — *L. eritematoso*: inflamação superficial da pele, caracterizada por manchas discóides com bordas elevadas, avermelhadas, e centros deprimidos, cobertas com escamas ou crostas. Var.: *lúpus.*

Lupulina, s. f. 1. *Bot.* e *Farm.* Pó resinoso, amarelo, dos estróbilos do lúpulo, sedativo e estomacal. 2. Espécie de lúpulo (*Medicago mupulina*).

Lúpulo, s. m. 1. *Bot.* Erva volúvel, da família das Moráceas (*Humulus lupulus*). 2. Condimento amargoso extraído das inflorescências do lúpulo para dar gosto à cerveja.

Lúpus, s. m. sing. e pl. *Med.* V. *lupo.*

Lura, s. f. 1. Toca de certos animais, especialmente de coelhos. 2. Qualquer buraco; cova.

Lurar, v. (*lura* + *ar*). 1. Tr. dir. Fazer luras em. 2. Tr. dir. Esburacar. 3. Pron. Meter-se em lura. 4. Pron. Encher-se de luras, esburacar-se.

Lúrido, adj. 1. Lívido, pálido. 2. Sombrio, tenebroso.

Lusco, adj. 1. Estrábico, zarolho. 2. Que tem um só olho, ou vê só de um olho. 3. Cego.

Lusco-fusco, s. m. 1. A hora do crepúsculo, o anoitecer. 2. O dilúculo. 3. Meia claridade, meia-tinta.

Lusíada, adj. e s., m. e f. O mesmo que *lusitano* e *português.* S. f. pl. 1. Os descendentes dos antigos lusos. 2. Fastos heróicos dos lusos. — *Os Lusíadas:* poema épico de Luís de Camões (1524-1580).

Lusitanismo, s. m. (*lusitano* + *ismo*). 1. Costume próprio de lusitanos ou portugueses. 2. Locução vernácula própria de Portugal. 3. Modalidade prosódica, morfológica ou sintática de uso em Portugal mas não no Brasil. Var.: *lusismo.*

Lusitanista, adj. m. e f. 1. Relativo ao lusitanismo. 2. Lusitanólogo.

Lusitano, adj. (1. *lusitano*). 1. Que diz respeito à Lusitânia ou aos seus habitantes. 2. Que se refere a Portugal ou aos portugueses; lusitânico. S. m. 1. Habitante ou natural da Lusitânia. 2. Português.

Luso, adj. e s. m. (de *Luso*, n. p.). O mesmo que *lusitano.*

Lusófilo, adj. e s. m. Que, ou quem é amigo de Portugal, dos portugueses e das coisas portuguessas.

Lusófobo, adj. e s. m. Que, ou o que tem aversão por Portugal ou pelos portugueses.

Lustração, s. f. 1. Ato ou efeito de lustrar. 2. Lavagem, purificação. 3. Aspersão lustral de um recém-nascido.

Lustradela, s. f. Ato ou efeito de dar lustre; polidura.

Lustrador, adj. e s. m. Que, ou o que lustra, que dá brilho.

Lustral, adj. m. e f. 1. Próprio para lustrar ou para purificar. 2. Qualificativo da água sagrada dos antigos conseguida pela imersão em água comum de um tição ardente, tirado da pira de sacrifícios. 3. *Ant.* Que se realizava de cincc em cinco anos.

Lustrar, v. 1. Tr. dir. Dar lustre, brilho ou polimento; engraxar, envernizar. 2. Tr. dir. Limpar, purificar. 3. Intr. Brilhar, luzir, resplandecer. 4. Tr. dir. Esclarecer, ilustrar, instruir. 5. Tr. dir. Examinar, percorrer, visitar. 6. Tr. dir. Acetinar, calandrar.

Lustre, s. m. (ital. *lustro*). 1. Brilho de um objeto engraxado, envernizado ou polido. 2. Brilho intenso. 3. Candelabro de vários braços suspenso do teto. 4. Brilhantismo, primor, esplendor. 5. Honra, glória, fama.

Lustrilho, adj. Que é lustroso, que tem lustre; lustrino. S. m. Tecido de lã, um tanto lustroso.

Lustrina, s. f. Tecido lustroso para forro.

Lustrino, adj. 1. Lustroso. 2. Qualificativo de lã estambrada e luzente.

lustro[1], s. m. (l. *lustru*). 1. Período de cinco anos; qüinqüênio.

lustro[2], s. m. (de *lustrar*). 1. Polimento. 2. Lustre, brilho.

lustroso, adj. 1. Em que há lustro ou brilho. 2. Luzidio, reluzente. 3. *Fig.* Ilustre, notável.

luta, s. f. (1. *lucta*). 1. Combate entre duas ou mais pessoas, com armas ou sem elas, com intenção de subjugar, pôr em fuga ou matar. 2. Pugna entre forças armadas; batalha.3. *Esp.* Luta livre. 4. Conflito entre partidos políticos. 5. Empenho, esforço, lida. — *L. livre:* luta entre dois atletas, na qual se permitem quaisquer golpes.

lutador, adj. Que luta. S. m. 1. Atleta que participa de uma luta. 2. Pessoa esforçada.

lutar, v. (1. *luctari*). 1. Tr. ind. e intr. Travar luta. 2. Tr. ind. Combater, lidar, pelejar, pugnar. 3. Tr. ind. e intr. Despender as forças, esforçar-se muito, trabalhar com afinco. 4. Tr. ind. Arrostar, enfrentar, ter sobre si. 5. Tr. ind. Resistir. 6. Tr. ind. e intr. Altercar, disputar, competir.

lutécio, s. m. *Quím.* Elemento métalico trivalente do grupo das terras raras. Símbolo Lu, numero atômico 71, massa atômica 174,97.

Luteicórneo, adj. *Zool.* Que tem cornos ou antenas amarelas.

Lúteo, adj. Designativo de cada um de vários matizes de amarelo, do amarelo-claro ao amarelo-esverdeado. — *Corpo l., Biol.*: massa no ovário, formada pelo folículo de Graaf após a expulsão do óvulo; corpo amarelo.

Luteranismo, s. m. Doutrinas religiosas professadas por Martinho Lutero (1483-1546); protestantismo.

Luterano, adj. 1. Relativo a Lutero ou às suas doutrinas. 2. Seguidor da doutrina de Lutero ou da Igreja Luterana. S. m. Seguidor do luteranismo ou membro da Igreja Luterana.

Luto[1], s. m. (1. *luctu*). 1. Sentimento de pesar ou tristeza pela morte de alguém. 2. Tristeza profunda causada por grande calamidade; dor, mágoa, aflição. 3. Crepes, panos pretos com que se forram a câmara ardente, a casa ou a igreja por ocasião do falecimento de uma pessoa. 4. Vestes escuras que a família e amigos da pessoa falecida usam durante certo tempo como sinal do seu pesar ou tristeza. 5. Tempo que dura o uso dessas vestes.

Trazer l. nas unhas: estar com elas sujas, orladas de negro.

Luto[2], s. m. (1. *lutu*). Massa para vedar juntas ou fendas.

Lutulência, s. f. Qualidade de lutulento.

Lutento, adj. Lodoso.

Lutuoso, adj. 1. Coberto de luto. 2. Fúnebre. 3. Lúgubre.

Luva, s. f. (gót. *lofa*). 1. Peça de vestuário com que se cobre a mão para resguardá-la do frio ou por adorno, e da qual apresenta a configuração exata. 2. Objeto semelhante, de couro, borracha, amianto etc., muitas vezes sem separação para os dedos, usado em certos trabalhos ou atividades para proteger a mão: *Luva* de boxe. 3. Ferragem de reforço, que envolve uma sambladura. 4. *Mec.* Peça tubular que é enfiada sobre outra peça (um eixo rotante, por ex.). 5. *Mec.* Peça tubular com duas roscas internas e opostas, própria para ligar dois canos, dois ferros etc. pelas suas extremidades. S. f. pl. 1. Gratificação especial, recompensa que se dá a alguém, às vezes ocultamente, por fora do negócio em que interveio decisivamente, ou por qualquer favor.

Luvaria, s. f. 1. Fábrica de luvas. 2. Estabelecimento em que se vendem luvas.

Luveiro, s. m. Fabricante ou vendedor de luvas.

Luvista, s. m. e f. V. *luveiro.*

Luxação, s. f. Saída da extremidade de um osso para fora da sua cavidade articular; desconjuntamento de uma articulação.

Luxar[1], v. (1. *luxare*). Tr. dir. *Med.* Desarticular, desconjuntar, deslocar, fazer sair um osso da sua cavidade.

Luxar[2], v. (de *luxo*). Intr. 1. Ostentar luxo. 2. Trajar com luxo. 3. Fazer luxo, negar por afetação.

Luxaria, s. f. Luxo excessivo, superfluidade.

Luxemburguês, adj. 1. Que diz respeito ao Luxemburgo. 2. Natural do Luxemburgo. S. m. Habitante ou natural do Luxemburgo. Pl.: *luxemburgueses*. Fem.: *luxemburguesa* (*ê*).

Luxento, adj. 1. Cheio de luxo, exigências e melindres. 2. Cerimonioso. 3. Que faz luxo.

Luxo, s. m. (1. *luxu*). 1. Magnificência, ostentação, suntuosidade. 2. Pompa. 3. Tudo que apresenta mais riqueza de execução do que é necessário para sua utilidade. 5. O que é supérfluo. 6. Aquilo que apresenta especial conforto. 7. Capricho, extravagância, fantasia. 8. Viço, vigor. 9. Esplendor. 10. Dengue, melindre. 11 Afetação, negação afetada, recusa fingida.

Luxuosidade, s. f. Qualidade de luxuoso.

Luxuoso, adj. 1. Que ostenta luxo. 2. Esplêndido, magnificente, ostentoso.

Luxúria, s. f. (1. *luxuria*). 1. Exuberância de seiva, viço dos vegetais. 2. Cio. 3. Corrupção de costumes, lascívia, sensualidade.

Luxuriante, adj. m. e f. 1. Exuberante, rico em seiva, viçoso. 2. Luxurioso. 3. Diz-se da planta que apresenta mais folhas e flores do que de costume.

Luxuriar, v. 1. Intr. Entregar-se à luxúria, praticar atos de libertinagem. 2. Tr. dir. Estimular à luxúria. 3. Intr. Desenvolver-se, viçar pomposa e graciosamente.

Luxurioso, adj. 1. Dado à luxúria, lascivo, sensual, dissoluto, impudico. 2. Exuberante, viçoso.

Luz, s. f. (1. *luce*). 1. Agente que torna as coisas visíveis ou produz a iluminação. 2. Forma de energia radiante que, transmitida de um corpo luminoso, ao olho, age sobre os órgãos de visão. 3. A sensação assim produzida. 4. Forma semelhante de energia radiante, como os raios ultravioleta, que não afeta a retina. 5. Iluminação, claridade, radiação luminosa provinda de qualquer substância em ignição. 6. A própria fonte de claridade, quando acesa, como vela, lâmpada, farol etc. 7. A iluminação da Terra, produzida pelo Sol; luz solar, luz do dia ou luz natural. 8. Brilho, fulgor. 9. Iluminação mental ou espiritual; esclarecimento, explicação, ilustração. 10. Saber, ciência, erudição. 11. Certeza manifesta, evidência, verdade. 12. O que esclarece a alma. 13. *Pint.* Os pontos em que num quadro o artista imitou a luz. 14. Diâmetro interno de um cano. S. f. pl.: A ciência, o progresso.

Luzeiro, s. m. 1. Coisa que emite luz, brilho, clarão. 2. Astro, estrela. 3. Homem ilustre, luminar. S. m. pl. *Pop.* Os olhos.

luze-luze, s. m. *Pop.* O mesmo que *pirilampo*. Pl.: *luze-luzes*.

Luzente, adj. m. e f. Que luz ou brilha. S. m. *Gír.* Pedra preciosa.

luzerna[1], s. f. (1. *lucerna*). Grande luz, clarão.

luzerna[2], s. f. (ingl. *lucerna*). *Bot.* Nome comum a várias plantas leguminosas.

luzerneira, s. f. Lugar onde crescem luzernas; alfafal.

luzetro, s. m. V. *maleiteira.*

luzidio, adj. 1. Luminoso, resplandecente. 2. Brilhante, polido, refulgente.

luzido, adj. 1. Esplendoroso. 2. Pomposo, vistoso. 3. *Fig.* Ilustre.

luziluzir, v. Intr. Brilhar com intermitências, como os pirilampos; tremeluzir.

luzimento, s. m. 1. Ato ou efeito de luzir. 2. Esplendor, fausto, ostentação.

lúzio, s. m. Espécie de embarcação da Índia.

luzio, s. m. (de *luz*). *Gír.* 1. Lampião. 2. Olho.

Luzir, v. (1. *luzire*, por *lucere*). 1. Intr. Emitir luz, espalhar ou irradiar luz. 2. Intr. Brilhar. 4. Tr. dir. Fazer brilhar, irradiar. — Unipessoal no sentido próprio; no figurado, conjuga-se em todas as pessoas: Não *luzo* pela riqueza. *Luzimos* por Cristo.

M (*eme*). Símbolo da décima segunda letra do alfabeto português. Num. Duodécimo, numa série indicada pelas letras do alfabeto. Em algarismos romanos vale 1.000 e, incimado por um traço horizontal, 1.000.000.

Ma, combinação dos pronomes *me* e *a*.

Má, adj. Fem. de *mau*.

Maarâni, s. f. Mulher do grão-rajá, na Índia.

Mabaça, adj. e s., m. e f. Aderente a outro (homem, animal ou fruto); gêmeo. Em fruto, também se diz *filipe*. Var.: *babaça*.

Mabóia, s. m. *Bot.* Planta caparidácea brasileira, medicinal (*Morrissonia americana*). Var.: *maboiá*.

Maca, s. f. (taino *hamaca*, pelo cast.). 1. Espécie de padiola, que serve para conduzir doentes. 2. Cama de lona para descanso dos marinheiros a bordo. 3. Saco de couro em que se leva roupa e que se amarra à garupa em viagem.

Maça, s. f. (l. v. **mattea*). 1. Pau pesado, mais grosso em uma das extremidades, antigamente usado como arma. 2. Clava. 3. Instrumento de maçar linho. 4. Espécie de pilão cilíndrico usado no serviço de calceteiro.

Maçã, s. f. (l. *mattiana*). 1. Fruto da macieira. 2. Qualquer objeto que tenha aproximadamente o feitio da maçã: *M.* do rosto. 3. Maçaneta da sela. 4. Variedade de cana-de-açúcar. 5. Variedade de banana.

Macabra, adj. f. (fr. *macabre*). Qualificativo de certa dança em que se figurava a morte levando à força pessoas de todas as idades e condições.

Macabro, adj. 1. Que se refere à dança macabra. 2. Que a faz lembrar. 3. Fúnebre. 4. Afeiçoado a coisas tristes.

Macaca, s. f. 1. *Zool.* Fêmea do macaco. 2. Mulher feia. 3. *Pop.* Caiporismo, má sorte. 4. Chicote de cabo curto e grosso com que se açoitam os animais de carga.

Macacada, s. f. 1. Bando de macacos; macacalhada. 2. Ato ou gesto de macaco. 3. *Gír.* Pessoal, companheiros, turma.

Macacal, adj. m. e f. Que se refere a macaco; simiesco.

Macacalhada, s. f. V. *macacada*.

Macacão, s. m. (de *macaco*). 1. Indivíduo finório, solerte, velhaco. 2. Sujeito feio e grotesco. 3. Vestimenta inteiriça usada por operários.

Macacaria, s. f. 1. Porção de macacos. 2. Macaquice.

Macacaúba, s. f. *Bot.* Nome de duas árvores leguminosas: *M.-da-terra-firme* (*Platymiscium duckei*) e *M.-da-várzea* (*Platymiscium ulei*).

Macaco, s. m. 1. *Zool.* Nome comum a todos os símios ou primatas antropóides, exceto o homem. Col.: *bando, capela*. Voz: *assobia, guincha, cuincha*. 2. Aquele que imita as ações dos outros. 3. Indivíduo muito feio. 4. Máquina para levantar grandes pesos. Adj. 1. Astucioso, finório. 2. Desproporcionado, feio. 3. Desgraçado. 4. Macacal, simiesco. — *Vá pentear macacos!*: frase que se diz a uma pessoa que esteja importunando.

Macacoa, s. f. *Gír.* Achaque, doença pouco importante.

Macacu, s. m. *Bot.* Nome comum a algumas árvores tintórias.

Maçada, s. f. 1. Pancada com maça ou maço. 2. Sova. 3. Pesca com tarrafa. 4. Trapaça no jogo. 5. Atividade fastidiosa.

Macadame, s. m. (de *Mac Adam*, n. p.). 1. Processo de pavimentação de ruas ou estradas, por meio de uma camada de pedra britada, aglutinada e comprimida. 2. Estrada ou rua pavimentada por esse processo. 3. O material usado nesse processo.

Macadamização, s. f. Ato ou efeito de macadamizar.

Macadamizar, v. Tr. dir. Pavimentar pelo processo de macadame.

Maçadiço, adj. 1. Que facilmente se maça. 2. Malhadiço.

Maçador, adj. 1. Que maça. 2. Malhadiço. S. m. 1. Aquele que maça ou dá maçada. 2. Indivíduo importuno.

Maçadura, s. f. 1. O mesmo que *maçada*. 2. Vestígio de pancadas no corpo. 3. Maçagem.

Maçagem, s. f. Ato de maçar o linho.

Macaia, s. f. 1. Tabaco de má qualidade; macaio. 2. Coisa ruim.

Macaio, adj. Gasto, imprestável, ruim. S. m. O mesmo que *macaia*.

Macaísta, adj. m. e f. Relativo a, ou natural de Macau. S. m. e f. Habitante ou natural de Macau.

Macamã, s. m. Preto fugido; quilombola.

Maçambará, s. m. *Bot.* Certa gramínea do Brasil (*Andropogon halepense*); também chamada *arroz-bravo, capim-maçambará, peripomonga* e *sorgo-de-alepo*.

Macambira, s. f. *Bot.* Planta da família das Bromeliáceas (*Bromelia laciniosa*), encontrada nas regiões mais quentes e secas das caatingas brasileiras.

Macambiral, s. m. Terreno onde crescem macambiras.

Macambuziar, v. Intr. e pron. Tornar-se macambúzio.

Macambuzice, s. f. 1. Caráter ou qualidade de macambúzio. 2. O mesmo que *macambuzismo*.

Macambúzio, adj. *Pop.* Carrancudo, sorumbático, tristonho.

Macambuzismo, s. m. Melancolia, tristeza habitual.

Macaná, s. m. Espécie de maça ou clava usada por selvagens.

Maçaneta, s. f. 1. Remate esférico ou piramidal, para ornamento de certos objetos. 2. Bola ou alavanca destinada a fazer funcionar o trinco de portas ou janelas. 3. Baqueta do bombo.

Maçanetar, v. Tr. dir. 1. Dar forma de maçaneta a. 2. Rematar com maçaneta.

Maçanilha, s. f. (cast. *mazanilla*). Pequena maçã.

Maçante, adj. m. e f. (de *maçar*). Que maça, ou incomoda.

Maçã¹, s. m. (de *maço*). Maço grande.

Mação², s. m. (fr. *maçon*). V. *maçom*. Pl.: *mações*.

Maçapão, s. m. (cfr. cast. *mazapán*). Bolo de farinha de trigo com ovos e amêndoas. Pl.: *maçapães*.

Macaqueação, s. f. 1. Ato ou efeito de macaquear. 2. Macaquice.

Macaqueador, adj. e s. m. 1. Que, ou o que macaqueia. 2. Caçoador.

Macaquear, v. Tr. dir. 1. Arremedar como o fazem os macacos. 2. Imitar ridiculamente.

Macaqueiro, adj. Que se refere a macaco. S. m. *Bot.* Árvore da família das Meliáceas (*Guarea trichilioides*), de grande porte, que fornece madeira dura e aromática.

Macaquice, s. f. 1. Ato ou efeito de macaquear; momice. 2. Carinho interesseiro, lisonja.

Maçar, v. 1. Tr. dir. Bater com maça ou maço. 2. Tr. dir. Dar pancadaria, bater, pisar com pau ou outro instrumento.

3. Tr. dir. *Fig.* Aborrecer, enfadar, importunar. 4. Intr. Ser maçador.

Maçarandiba, s. f. *Bot.* Gênero de plantas mirtáceas brasileiras.

Maçaranduba, s. f. *Bot.* Árvore da família das Sapotáceas, produtora de madeira de lei.

Maçarandubeira, s. f. O mesmo que *maçaranduba.*

Macaréu, s. m. Grande vaga que, na foz dalguns rios, anuncia o começo da preamar. Var.: *macaré.*

Maçaricão, s. m. *Ornit.* V. *maçarico.*

Maçarico, s. m. 1. *Ornit.* Denominação comum dada no Brasil a várias espécies de aves da ordem dos Caradriiformes. 2. Lamparina de pressão usada por funileiros.

Maçaroca, s. f. (ár. *ma'sura* + germ. *rocco*). 1. Porção de fio torcido e enrolado no fuso. 2. Espiga de milho. 3. Rolo de cabelos em forma de espiga. 4. Molho, feixe.

Maçaroco, s. m. Anel de cabelo encrespado a ferro; permanente.

Maçaroqueira, s. f. Máquina que se usa em vez do fuso, para fazer maçarocas.

Macarrão, s. m. (ital. *maccherone*). 1. Massa de farinha de trigo em diversos feitios, mormente de canudinhos, para sopa e outros preparados culinários. 2. Canudos empregados como isoladores de fios elétricos. 3. *Náut.* Gola de metal fixa ao convés sob o cilindro ou tambor da roda do leme, por onde passam os galdropes.

Macarronada, s. f. Preparado culinário, cujo principal elemento é o macarrão.

Macarrônea, s. f. (ital. *maccheronèa*). Composição literária no gênero macarrônico.

Macarroneiro, s. m. Aquele que fabrica ou vende macarrão ou massas análogas.

Macarronete (*ê*), s. m. Macarrão delgado.

Macarrônico, adj. 1. Escrito em estilo irônico, com o adicionamento burlesco de termos latinos ou de outra língua. 2. Mal falado (qualquer idioma).

Macarronismo, s. m. Estilo ou gênero macarrônico.

Macau, s. m. 1. Raça porcina doméstica. 2. *Ornit.* Ave psitacídea (*Ara macau*), também chamada *araracanga.*

Macaxeira, s. f. *Bot.* Mandioca. Var.: *macaxera.*

Macaxeiral, s. m. Plantação ou roça de macaxeiras. Var.: *macaxeral.*

Macaxera, s. f. 1. *Folc.* Divindade dos caminhos, que guia os viajantes. 2. V. *macaxeira.*

Macedônia, s. f. (fr. *macédoine*). 1. Iguaria feita de vários legumes ou frutos. 2. Amálgama de assuntos ou gêneros na mesma composição literária.

Macedônico, adj. Que se refere à Macedônia ou aos seus habitantes.

Macedônio, adj. 1. Que diz respeito à Macedônia. 2. Natural da Macedônia. S. m. Habitante ou natural da Macedônia.

Macega, s. f. 1. Erva daninha, infestante das searas. 2. Campo natural, cujo capim, muito amadurecido, está grosso e fibroso.

Macegal, s. m. Terreno em que crescem macegas.

Macegoso, adj. Maceguento.

Maceguento, adj. Diz-se do campo abundante em macega.

Maceió, s. m. Lagoeiro que, por efeito das marés ou da água pluvial, se forma no litoral.

Maceira, s. f. Embarcação de pesca, em forma de tabuleiro, tripulada por dois homens. Cfr. *masseira.*

Maceiro, s. m. Bedel que, em certas cerimônias civis ou religiosas, levava a maça; porta-maça.

Macela, s. f. *Bot.* Camomila.

Macelão, s. m. *Bot.* Amaranto.

Maceração, s. f. 1. Ato ou efeito de macerar. 2. Mortificação do corpo com cilícios, disciplinas, jejuns etc. 3. *Anat.* Operação que consiste na imersão de uma peça anatômica em um líquido, para despojá-la dos tecidos moles ou torná-los transparentes.

Macerado, adj. 1. Que sofreu maceração. 2. Mortificado. 3. Macilento. 4. Aflito, desgostoso. S. m. *Farm.* Procuto resultante da maceração.

Maceramento, s. m. V. *maceração.*

Macerar, v. 1. Tr. dir. Submeter (uma substância sólida) à maceração. 2. Tr. dir. Mortificar, sujeitar (o corpo) a cilícios, disciplinas, jejuns etc. 3. Tr. dir. Conservar (uma substância) num líquido para extrair-lhe o suco. 4. Intr. Produzir maceração.

Macéria, s. f. Obra de alvenaria, sem argamassa.

Macérrimo, adj. Sup. abs. sint. erud. de *magro.* Magérrimo.

Maceta[1] (*ê*), s. f. 1. Maça de ferro com que os pedreiros e escultores batem no cinzel. 2. *Pint.* Pedra cilíndrica de base chata e muito lisa, própria para moer e desfazer as tintas. 3. Maça para tocar o bombo.

Maceta[2] (*ê*), s. f. *Ant.* Escarradeira; cuspideira.

Macete, (*ê*), s. m. 1. Maço pequeno. 2. *Pop.* Chave de solução para charada ou situação cujos termos se desconhecem.

Machacaz, adj. m. e f. Diz-se do indivíduo finório, espertalhão. S. m. 1. Indivíduo corpulento e desajeitado. 2. Homem rico e influente.

Machada, s. f. Machado pequeno, de cabo curto.

Machadada, s. f. Golpe de machado ou machada.

Machadar, v. 1. Intr. 1. Dar golpes de machado ou machada. 2. Trabalhar com machado ou machada.

Machadeiro, s. m. 1. Fabricante ou vendedor de machados ou machadas. 2. Aquele que derruba árvores.

Machadiano, adj. Relativo ou pertencente a Machado de Assis, escritor brasileiro (1839-1908). Adj. e s. m. Que, ou o que é admirador de Machado de Assis, ou grande conhecedor de sua obra.

Machadinha, s. f. Machada pequena.

Machadinho, s. m. 1. Sinal feito na orelha do gado e que imita um machado. 2. *Pop.* Seringueiro.

Machado, s. m. (l. **marc(u)latu,* por *marculu*). 1. Instrumento cortante e encabado, para rachar lenha, aparelhar madeira etc. 2. Nome de uma tartaruga do Tocantins.

Machador, s. m. Empregado que abre, a machado, o corpo dos suínos abatidos.

Machão, s. m. (de *macho*). 1. Macho grande. 2. Homem que exibe qualidades ou atitudes de valente, corajoso, resoluto.

Machear, v. Tr. dir. 1. Dobrar em machos (artefatos de costura). 2. *Carp.* Encaixar uma peça de madeira numa chanfradura ou fenda de (outra peça). 3. Ter coito com (diz-se dos machos dos animais).

Machete (*ê*), s. m. (cast. *machete*). 1. Grande faca. 2. Sabre de artilheiro, com dois gumes. 3. Descante popular.

Machial, s. m. (cast. *machial?*). Terreno inculto.

Macho, s. m. (l. *masculu*). 1. *Zool.* Qualquer animal ou indivíduo do sexo masculino; mu ou mulo. 2. Ferramenta de aço, com que se abrem roscas dentro de um orifício. 3. *Mec.* Peça que encaixa na fêmea da dobradiça, rosca ou gonzo. Adj. 1. Que é do sexo masculino. 2. Forte, robusto, varonil. Aum.: *machão, macharrão.*

Machuca, s. f. O mesmo que *machucação.*

Machucação, s. f. Ato ou efeito de machucar.

Machucador, adj. e s. m. Que, ou o que machuca.

Machucadura, s. f. 1. O mesmo que *machucação.* 2. Contusão, pisadura.

Machucão, s. m. Machucação, machucadura, contusão.

Machucar, v. 1. Tr. dir. e pron. Amolgar(-se), esmagar(-se (um corpo) com a dureza ou o peso de outro. 2. Tr. dir. Amachucar, amarfanhar, amarrotar. 3. Tr. dir. Debulhar, descascar. 4. Tr. dir. e pron. Magoar(-se), ferir(-se). 5. Tr. dir. Triturar, pisar.

Machucho, adj. e s. m. 1. Diz-se de, ou o indivíduo rico ou influente. 2. Diz-se de, ou o indivíduo astuto, finório.

Maciço, adj. (cast. *macizo?*) 1. Que não é oco; compacto. 2. Cerrado, espesso. 3. Sólido. 4. Inabalável. S. m. 1. Obra de alvenaria destinada a suportar os arcos de uma ponte, um pedestal etc. 2. *Geol.* Conjunto de montanhas agrupadas em torno de um ponto culminante.

Macieira, s. f. (por *maçã* + *eira*). *Bot.* Árvore da família das Rosáceas (*Malus silvestris*), cujo fruto é a maçã.

Maciez, s. f. V. *macieza.*

Macieza, s. f. Qualidade de macio.

Macilência, s. f. Aspecto de quem ou do que é macilento; magreza, palidez.

Macilento, adj. 1. Magro e pálido. 2. Amortecido. 3. Sem brilho.

Macio, adj. 1. Brando ao tacto, sem asperezas. 2. Agradável, aprazível. 3. Suave, fofo. 4. Liso, plano. Sup. abs. sint.: *maciíssimo.*

Maciota, s. f. 1. Macieza. 2. Descanso. 3. Lábia. *Na m.*: sossegadamente.

Macis, s. m. (fr. *macis*). 1. Arilo da noz-moscada. 2. Óleo que dele se extrai.

Macla, s. f. (fr. *macle*). *Geol.* Agrupamento regular de cristais homomorfos da mesma espécie, ocupando cada um posição invertida relativamente aos indivíduos seus vizinhos.

Maço, s. m. (de *maça*). 1. Instrumento de madeira rija, com o feitio de um cone truncado, enfiado num cabo grosso. 2. Instrumento de madeira encabado para uso de carpinteiros, escultores etc. 3. Conjunto de coisas embaladas no mesmo invólucro.

Maçom, s. m. (fr. *maçon*). Iniciado na maçonaria; pedreiro-livre. Var.: *mação.*

Maçonaria, s. f. (fr. *maçonerie*). Associação filantrópica secreta, que usa como símbolos os instrumentos do pedreiro e do arquiteto.

Maconha, s. f. *Bot.* Variedade de cânhamo (*Cannabis sativa*), cujas folhas têm propriedades narcóticas; também chamada *diamba, dirígio* ou *dirijo, fumo-brabo, fumo-de-angola, liamba, panga* e *soruma.*

Maconheiro, s. m. 1. Viciado em maconha. 2. Vendedor de maconha.

Maçônico, adj. (de *maçom*). Relativo ou pertencente à maçonaria.

Macouba, s. f. (de *Macouba*, n. p.). Variedade de tabaco, cujo cheiro faz lembrar o das rosas.

Macramé, s. m. 1. Variedade de passamanaria feita de cordão trançado e com nós. 2. Fio próprio para bordados, crochês e filés.

Macranto, adj. *Bot.* Que tem flores grandes.

Má-criação, s. f. 1. Ato ou dito incivil. 2. Grosseria, incivilidade.

macro-, elem. de comp. (gr. *makros*). Encerra a idéia de *grande*: *macrocefalia, macromelia.*

Macrobia, s. f. Estado de macróbio; longa vida, longevidade.

Macróbio, adj. (gr. *makrobios*). 1. Que vive muito tempo. 2. Longevo. 3. Que tem idade muito avançada.

Macrobiótica, s. f. *Med.* 1. Conjunto de regras de higiene e alimentação concernentes ao prolongamento da vida, tornando-a mais saudável. 2. Regime alimentar baseado em cereais, legumes, frutos e óleos vegetais. 3. Alimentação natural.

Macrocefalia, s. f. *Terat.* Monstruoso desenvolvimento da cabeça ou de uma parte dela.

Macrocéfalo, adj. e s. m. Que, ou o que tem cabeça excessivamente desenvolvida.

Macrocerco, adj. *Zool.* Diz-se do animal vertebrado que tem cauda longa.

Macrócero, adj. *Zool.* Que tem antenas ou cornos muito compridos.

Macrócomo, adj. (*macro* + gr. *kome*). *Zool.* Que tem cabelos ou filamentos muito longos.

Macrocosmo, s. m. O grande mundo (o universo), em oposição ao microcosmo (o homem), segundo a Escolástica.

Macrodátilo, adj. 1. Cujos dedos são muito compridos. 2. Que tem prolongamentos em forma de dedos. Var.: *macrodáctilo.*

Macrofilo, adj. *Bot.* Que tem folhas grandes.

Macrogameta, s. m. *Biol.* Célula sexuada feminina (óvulo dos animais e oosfera dos vegetais).

Macrogastria, s. f. *Med.* Dilatação do estômago.

Macroglosso, adj. Cuja língua é muito volumosa ou muito longa.

Macrólofo, adj. *Zool.* Diz-se do animal que tem grande penacho na cabeça.

Macrologia, s. f. Difusão de palavras ou de estilo; prolixidade.

Macropétalo, adj. *Bot.* Com pétalas grandes.

Macropia, s. f. V. *macropsia.*

Macrópode, adj. m. e f. Que tem pés, barbatanas ou pedúnculos muito longos.

Macropomo, adj. Que tem grandes opérculos.

Macroprosopia, s. f. *Terat.* Anormalidade que consiste no excessivo desenvolvimento da face.

Macropsia, s. f. *Med.* Perturbação visual, em que os objetos aparecem maiores do que na realidade são; macropia.

Macróptero, adj. 1. *Zool.* Que tem grandes asas, ou grandes apêndices alares. 2. *Ictiol.* Que tem grandes barbatanas.

Macrorrinco, adj. *Zool.* Diz-se do animal que tem bico ou focinho comprido.

Macrorrizo, adj. *Bot.* Que tem grandes raízes.

Macróscio, adj. *Geogr.* Designativo dos habitantes do globo que, recebendo muito obliquamente os raios solares, projetam grande sombra ao meio-dia.

Macroscópico, adj. 1. Que se refere à observação de coisas grandes. 2. Visível a olho nu, sem o auxílio do microscópio. Antôn.: *miscroscópico.*

Macrossomatia, s. f. *Terat.* Deformidade congênita caracterizada pela excessiva grandeza ou grossura de todo o corpo.

Macróstico, adj. Escrito em linhas muito longas.

Macrostilo, adj. *Bot.* Dotado de estiletes compridos.

Macrotársico, adj. *Zool.* Diz-se do animal que tem os tarsos compridos.

Macruro, adj. *Zool.* 1. Que tem cauda comprida. 2. Pertencente ou relativo aos macruros. S. m. Espécime dos macruros.

Macucau, s. m. *Ornit.* Ave tinamídea (*Crypturellus undulatus yapura*).

Macuco, s. m. (tupi *macucu*). *Ornit.* Ave brasileira, tinamídea (*Tinamus solitarius*). Voz: *pia.*

Macucu, s. m. 1. *Bot.* Denominação comum a diversas árvores rosáceas (*Licania glabra, Licania elata, Hirtella eriandra, Couepia divaricata* e *Parinarium barbatum*). 2. *Bot.* Denominação de duas árvores leguminosas-cesalpiniáceas (*Aldina heterophylla* e *Aldina latifolia*).

Macucurana, s. f. *Bot.* Planta rosácea da flora centro e sul-americana (*Hirtella americana*).

Maçudo, adj. 1. Em forma de maça; compacto, pesado. 2. Indigesto, maçador, monótono (autor ou discurso).

Mácula, s. f. 1. Macha, nódoa. 2. Deslustre, desonra, infâmia, labéu. 3. Estigma, ferrete. 4. *Bot.* Fosseta areolada das coníferas. S. f. pl. *Astr.* Pontos escuros no disco solar ou lunar.

Maculado, adj. 1. Manchado, enodoado, sujo. 2. Infamado. 3. *Bot.* Diz-se das folhas que têm manchas irregulares.

Maculador, adj. 1. Que macula; que causa manchas. 2. Que desacredita, desdoura, infama.

Macular, v. 1. Tr. dir. Pôr mácula, mancha ou nódoa em. 2. Tr. dir. Desdourar, deslustrar, enxovalhar, infamar. 3. Pron. Deslustrar-se, incorrendo em faltas que desonram.

Maculável, adj. m. e f. 1. Que se pode macular, enodoar ou sujar. 2. Que pode incorrer em culpas ou defeitos; falível.

Maculiforme, adj. m. e f. Em forma de mancha.

Maculirrostro (*ô*), adj. *Ornit.* Diz-se da ave que tem o bico malhado.

Macuma, s. f. Mucama.

Macumã[1], s. m. Pequeno palmito que se usa como tempero culinário.

Macumã[2], adj. m. e f. *Etnol.* Relativo aos Macumãs, indígenas das margens do Apaporis.

Macumba, s. f. (t. africano). 1. Sincretismo religioso afro-brasileiro, derivado do candomblé, com elementos africanos e influência cristã. 2. Instrumento musical de percussão, dos negros.

Macumbeiro, adj. e s. m. Que, ou o que pratica a macumba.

Macuna, adj. m. e f. *Etnol.* Relativo aos Macunas, indígenas das margens do Apaporis. S. m. e f. Indígena dessa tribo.

Macunaíma, s. f. *Folc.* Tipo mitológico ameríndio, de costumes amorais, que assume formas diversas.

Macuni, adj. m. e f. *Etnol.* Relativo aos Macunis, índios maxacalis de Minas Gerais. S. m. e f. Indígena dessa tribo.

Macuquinho, s. m. *Ornit.* Pássaro clamador, da família dos Furnariídeos (*Lochnias nematura nematura*).
Macuru, s. m. Balanço constituído por duas talas, onde se põem as crianças, que, com o movimento natural das pernas pendentes, fazem balouçar o aparelho sem perigo de queda.
Macuxi, adj. m. e f. *Etnol.* Relativo aos Macuxis, índios tapuias. S. m. e f. Indígena dessa tribo.
Madagascarense, adj. m. e f. 1. Pertencente ou relativo a Madagáscar. 2. Natural de Madagáscar. Sinôn.: *malgaxe.*
Madalena, s. f. (de *Madalena,* n. p.). *Pop.* Mulher chorosa e arrependida dos seus pecados.
Madama, s. f. (fr. *madame*). 1. Senhora. 2. *Pop.* Esposa. 3. Dona de casa, patroa.
Madamismo, s. m. *Fam.* As senhoras.
Madapolão, s. m. (de *Madapolão,* n. p.). Tecido branco e consistente, de lã ou algodão.
Madefação, s. f. (l. **madefactione*). Ato de madeficar.
Madeficar, v. (l. *made-,* radical de *madere* + *-ficar*). Tr. dir. *Farm.* Umedecer, amolecer (uma substância) para a preparação de um medicamento.
Madeira[1], s. f. (l. *materia*). 1. Substância sólida, constituída de fibras e vasos condutores da seiva bruta, que compõe a parte principal do tronco, dos ramos e das raízes, na maioria das plantas. 2. *Pop.* Pau, bengala, cacete. 3. Nome que os seringueiros dão à árvore da borracha.
Madeira[2], s. m. (de *Madeira,* n. p.). Vinho generoso da Ilha da Madeira.
Madeiramento, s. m. 1. Porção de madeira. 2. Armação de madeira.
Madeirar, v. 1. Tr. dir. Pôr madeira em. 2. Tr. ind. Assentar a armação de madeira. 3. Intr. Trabalhar em madeira.
Madeireiro, s. m. 1. Comerciante de madeiras. 2. O que trabalha em obras grosseiras de madeira; carpinteiro. 3. Cortador de madeira nas matas. Adj. Relativo ao comércio ou indústria de madeiras.
Madeirense, adj. m. e f. Relativo à Ilha da Madeira. 2. Natural da Ilha da Madeira. S. m. e f. Habitante ou natural da Ilha da Madeira.
Madeiro, s. m. (de *madeira[1]*). 1. Peça ou tronco grosso de madeira; lenho. 2. Cruz.
Madeixa, s. f. (gr. *mataxa* ou *metaxa,* pelo l.). 1. Pequena meada. 2. Porção de fios de seda, lã etc. 3. Porção de cabelos da cabeça.
Madgiar, adj. e s., m. e f. Magiar.
Madidez, s. f. Estado de mádido.
Mádido, adj. Encharcado, orvalhado, umedecido.
Madona, s. f. (ital. *madonna*). Imagem, estatueta ou pintura que representa a Virgem Santíssima.
Madorna, s. f. *Pop.* Modorra.
Madorra, s. f. Modorra.
Madraçaria, s. f. 1. Ociosidade. 2. Vida de madraço.
Madraceador, adj. e s. m. Que, ou o que madraceia.
Madracear, v. Intr. Levar vida de madraço; mandriar, vadiar.
Madraceirão, adj. e s. m. Grande madraço.
Madracice, s. f. Qualidade de madraço; madraçaria.
Madraço, adj. e s. m. Indolente, preguiçoso; mandrião.
Madrasta, s. f. (l. **matrasta*). 1. A mulher casada, em relação aos filhos que seu marido teve de núpcias anteriores. 2. Mãe que maltrata os filhos. Adj. f. 1. Avara, ingrata, pouco carinhosa. 2. Diz-se do que traz dissabores e tristezas.
Madre, s. f. (l. *matre*). 1. Nome comum a todas as religiosas professas. 2. Título que se dá, nos conventos, à religiosa professa que é ou foi superiora. 3. Governanta ou diretora de um asilo, hospital ou recolhimento. 4. *Ant.* Mãe (nesta acepção usa-se ainda nas locuções *Madre de Deus* e *Santa Madre Igreja*). 5. Útero, matriz.
Madrepérola, s. f. 1. Substância iridescente, nacarada, que se encontra na superfície interna da concha de grande número de moluscos; nácar. 2. Objeto feito dessa substância.
Madrépora, s. f. *Zool.* Cada um de vários corais pétreos, construtores de recifes, da ordem dos Madreporários, dos mares tropicais.
Madreporário, adj. *Zool.* Relativo ou pertencente aos Madreporários. S. m. Espécime da ordem dos Madreporários.
Madrepórico, adj. 1. Que se refere a madrépora. 2. Formado de madréporas.
Madreporífero, adj. Que produz ou tem madréporas.
Madreporiforme, adj. m. e f. Com forma ou aspecto de madrépora.
Madreporita, s. f. 1. *Zool.* Placa dorsal perfurada dos equinodermos. 2. *Paleont.* Madrépora fóssil.
Madressilva, s. f. (l. med. *matrisilva?*). *Bot.* Nome dado a várias trepadeiras lenhosas ornamentais, da família das Caprifoliáceas, particularmente às espécies *Lonicera caprifolium, L. flexuosa, L. glauca* e *L. contorta.*
Madria, s. f. (por *mandria,* do l. *mandra*). Ondas revoltas, encapeladas.
Madrigal, s. m. (ital. *madrigale*). 1. Composição poética delicada e graciosa que celebra principalmente a formosura e as graças femininas. 2. Galanteio. 3. Música coral, com ou sem acompanhamento.
Madrigalesco (*ê*), adj. Referente a, ou que tem caráter de madrigal.
Madrigalista, adj. e s., m. e f. 1. Que, ou o que se refere a madrigal. 2. Autor ou autora de madrigais.
Madrigalizar, v. Intr. Fazer madrigais.
Madrigaz, s. m. (por **magrigaz,* de *magro*). Homem escaveirado e feio.
Madrileno, adj. (cast. *madrileño*). 1. Que pertence ou se refere à cidade de Madri. 2. Natural de Madri. S. m. Habitante ou natural de Madri.
Madrilense, adj. e s., m. e f. O mesmo que *madrileno.*
Madrinha, s. f. (l. med. *madrina*). 1. Mulher que serve de testemunha em batizados, crismas e casamentos, relativamente à pessoa que se batiza, casa ou crisma. 2. Protetora. 3. Mulher que dá o nome a uma coisa. 4. Animal, geralmente provido de guizo, que serve de guia a uma tropa ou tropilha.
Madrugada, s. f. 1. Ato de madrugar. 2. Alvorada, aurora. 3. Começo. 4. Precocidade.
Madrugador, adj. e s. m. Que, ou aquele que tem o hábito de madrugar. 2. Que, ou aquele que é diligente ou antecede outrem em qualquer ação.
Madrugar, v. (l. **maturicare*). 1. Intr. Erguer-se da cama muito cedo; matinar. 2. Intr. Ser dos primeiros a aparecer em qualquer parte. 3. Intr. Praticar algum ato antes do tempo. 4. Tr. dir. Manifestar-se, revelar-se muito cedo.
Maduração, s. f. (l. *maturatione*). Ato ou efeito de amadurecer; maturação.
Madurador, adj. Que faz amadurecer.
Madurar, v. (l. *maturare*). 1. Tr. dir. Fazer amadurecer, sazonar, tornar maduro. 2. Intr. Amadurecer. 3. Intr. Adquirir prudência ou juízo. 4. Intr. *Pop.* Supurar.
Madurecer, v. Intr. Amadurecer.
Madureiro, s. m. Lugar onde se põem as frutas para acabarem de amadurecer.
Madurez, s. f. V. *madureza.*
Madureza, s. f. 1. Estado ou qualidade de maduro. 2. Estado das coisas chegadas ao seu completo desenvolvimento. 3. Circunspeção, prudência. 4. A idade madura. — *Exame de m.*: conjunto de provas para adolescentes ou adultos cujos resultados suprem legalmente os de cursos regulares de primeiro e segundo ciclo.
Maduro, adj. (l. *maturu*). 1. Diz-se do fruto sazonado. 2. Que atingiu a madureza; amadurecido. 3. Experimentado. 4. Circunspecto, sábio. 5. Refletido, prudente. 6. Em estado de produzir o resultado que se espera (negócio ou pretensão). 7. *Med.* Diz-se do abscesso que está prestes a rebentar.
Mãe, s. f. (forma estropiada de *madre*). 1. Mulher, ou fêmea de animal que teve um ou mais filhos. 2. *Dir.* Ascendente feminino em primeiro grau. 3. Causa ou origem de alguma coisa. 4. Mulher generosa, que dispensa cuidados maternais.
Mãe-d'água, s. f. Espécie de sereia dos rios e lagos; iara.
Maestria, s. f. Perícia; mestria.
Maestrina, s. f. (ital. *maestrina*). Fem. de *maestrino.*

Maestrino, s. m. (ital. *maestrino*). Compositor de música ligeira.
Maestro, s. m. (ital. *maestro*). 1. Compositor de música. 2. Regente de orquestra ou orfeão. Fem.: *maestra*.
Mafamético, adj. Que se refere aos mouros.
Mafarrico, s. m. *Pop*. O diabo.
Má-fé, s. f. Intenção dolosa.
Máfia, s. f. (ital. *Maffia*). 1. Forma de delinqüência, organizada na Sicília por membros constituídos em sociedade secreta. 2. Associação de malfeitores.
Mafioso, s. m. Membro da máfia.
Mafomista, s. m. e f. (*Mafoma*, n. p. + *ista*). Pessoa sectária de Mafoma ou Maomé; maometano.
Maganão, adj. e s. m. Que, ou aquele que pratica maganices; magano. Fem.: *magana*.
Maganeira, s. f. O mesmo que *maganice*.
Maganeiro, s. m. O mesmo que *maganice*.
Maganice, s. f. Ato ou dito de magano; brincadeira, jovialidade.
Magano, adj. Alegre, malicioso, travesso. S. m. Indivíduo de baixa condição.
Magarefe, s. m. Aquele que, nos matadouros, mata e esfola reses.
Magari, adj. m. e f. *Etnol*. Relativo aos Magaris, tribo extinta do alto Amazonas. S. m. e f. Indígena dessa tribo.
Magazine, s. m. (t. ingl.). 1. Publicação periódica, geralmente ilustrada, que trata de variados assuntos. 2. Casa comercial com numerosos tipos de artigos à venda. 3. Casa de artigos de modas. 4. *Tip*. Depósito de matrizes nas máquinas de compor.
Magdaleão, s. m. *Farm*. Medicamento enrolado em cilindro.
Magérrimo, adj. Sup. abs. sint. de *magro*.
Magia, s. f. (gr. *mageia*). 1. Religião dos magos. 2. Ciência e arte em que se pretende empregar conscientemente poderes invisíveis para obter efeitos visíveis. 3. Conjunto de práticas ocultas, por meio das quais (sobretudo nas sociedades primitivas) se pretende atuar sobre a natureza. 4. Encanto que exercem nos sentidos, ou no espírito, as belas-artes, a poesia, as paixões; fascinação. 5. Prestígio.
Magiar, adj. m. e f. 1. Que pertence ou se refere à Hungria ou aos húngaros. 2. Natural da Hungria. S. m. e f. Habitante ou natural da Hungria. S. m. Língua dos húngaros; húngaro.
Mágica, s. f. (gr. *magike*, pelo l.). 1. Magia. 2. Maga. 3. Deslumbramento, encanto, fascinação.
Magicar, v. 1. Intr. e tr. ind. Andar apreensivo; cismar. 2. Tr. dir. Pensar, ruminar.
Mágico, adj. 1. Que pertence ou se refere à magia. 2. Dotado de poder sobrenatural. 3. Encantador, extraordinário, inefável, maravilhoso, sobrenatural. S. m. Indivíduo que sabe e pratica a magia.
Magismo, s. m. (de *mago*). 1. Prática da magia. 2. Religião e sistema dos magos.
Magistério, s. m. 1. Ofício de professor. 2. O exercício desse ofício; professorado. 3. A classe dos professores, o professorado.
Magistrado, s. m. 1. Empregado público que, na esfera administrativa ou judicial, exerce autoridade delegada pela nação ou pelo poder central. 2. Epíteto dos juízes.
Magistral, adj. m. e f. 1. Que pertence ou se refere ao mestre. 2. Irrepreensível, perfeito. S. m. O cônego que tinha nas sés o encargo de ensinar teologia e gramática.
Magistralidade, s. f. 1. Qualidade de magistral; tom magistral. 2. *Pej*. Pedantismo, presunção.
Magistrando, s. m. Candidato a mestre.
Magistratura, s. f. 1. Dignidade ou funções de magistrado. 2. Duração dessas funções. 3. Classe dos magistrados.
Magma, s. m. 1. *Ant*. Sedimento. 2. Mistura de matéria mineral ou orgânica em estado de pasta fina. 3. *Geol*. Matéria pastosa, espessa, ígnea, de origem profunda, cuja consolidação dá origem às rochas ígneas ou magmáticas. 4. Lava esfriada.
Magmático, adj. Que se refere ao magma.
Magna-carta, s. f. 1. Carta constitucional concedida aos ingleses por João I em 1215. 2. A constituição de um país.
Magnanimidade, s. f. 1. Qualidade de magnânimo; grandeza de coração. 2. Ação própria de pessoa magnânima.
Magnâmico, adj. 1. Que tem grandeza de alma; generoso, liberal. 2. Nobre, elevado.
Magnata, s. m. (b. 1. *magnate*). 1. Pessoa ilustre e influente, grande potentado. 2. Grande da nobreza, na Polônia e na Hungria. Var.: *magnate*.
magnésia, s. f. *Quím*. O óxido de magnésio, sólido, branco e cristalino, usado como refratário e em medicina.
Magnesiano, adj. Relativo à magnésia ou ao magnésio.
Magnésico, adj. O mesmo que *magnesiano*.
Magnésio, s. m. Elemento metálico, branco-prateado, leve. Símbolo Mg, número atômico 12, massa atômica 24,32.
Magnesita, s. f. V. *magnesito*.
Magnesito, s. m. *Quím*. Trissilicato de magnésio hidratado, vulgarmente conhecido por *espuma-do-mar*, que se encontra nos terrenos calcários.
Magnete, s. m. (gr. *magnes, etos*, pelo l.). 1. Nome primitivo de uma variedade de magnetita ou de ferro magnético, que tem a propriedade de atrair o ferro e vários outros metais; ímã. 2. Peça de ferro ou de aço magnetizada, com a propriedade de atrair o ferro e outros metais.
Magnético, adj. (gr. *magnetikos*). 1. Relativo ao magnete ou ao magnetismo. 2. Que tem a propriedade do magnete; imantado. 3. Que exerce influência profunda; atraente, encantador, sedutor.
Magnetismo, s. m. 1. Propriedade que alguns corpos metálicos têm de atrair e reter outros metais e orientar a agulha magnética na direção norte-sul. 2. Propriedade de atrair; atração, encanto, sedução.
Magnetita, s. f. Minério de óxido natural de ferro magnético; pedra-ímã.
Magnetização, s. f. Ato ou efeito de magnetizar.
Magnetizador, adj. e s. m. 1. Que, ou o que magnetiza. 2. Que pratica o magnetismo; hipnotizador.
Magnetizar, v. Tr. dir. 1. Comunicar o magnetismo a. 2. Influenciar a vontade de; atrair, encantar.
Magneto[1], s. m. (abrev. de *magneto-elétrico*). 1. Gerador elétrico que fornece a tensão necessária para que salte a faísca no motor. 2. Magnete.
magneto-[2], elem. de comp. Encerra a idéia de *magnete, ímã*: *magnetogenia*.
Magnetogenia, s. f. Estudo da produção dos fenômenos magnéticos.
Magnetologia, s. f. Tratado sobre os ímãs e suas propriedades.
Magnetômetro, s. m. Agulha magnética que gira levemente sobre um pivô e se emprega para medir um campo ou momento magnéticos.
magni-, elem. de comp. (l. *magnu*). Exprime a idéia de *grande*: *magniloqüência*.
Magnificação, s. f. Ato ou efeito de magnificar; exaltação, glorificação.
Magnificar, v. 1. Tr. dir. Ampliar, engrandecer com louvores; exaltar, glorificar. 2. Pron. Engrandecer-se, mostrar-se magnífico. 3. Tr. dir. *Fís*. Aumentar as dimensões; ampliar.
Magnificatório, adj. Que magnifica.
magnificência, s. f. Qualidade de magnificente. 2. Fausto, luxo, ostentação, pompa, suntuosidade.
Magnificente, adj. m. e f. 1. Grandioso, suntuoso. 2. Generoso, liberal. Sup. abs. sint.: *magnificentíssimo*.
Magnífico, adj. 1. Ostentoso, pomposo, suntuoso. 2. Excelente, muito bom. 3. Que procede com magnificência, liberalidade, ostentação. Sup. abs. sint.: *magnificentíssimo*.
Magniloqüência, s. f. 1. Qualidade de magníloquo. 2. Linguagem pomposa, sublime. 3. Eloqüência exagerada e pedante.
Magníloquo *(co)*, adj. Eloqüente. Sup. abs. sint.: *magniloqüentíssimo*.
Magnitude, s. f. 1. Qualidade de magno; grandeza. 2. Importância. 3. *Astr*. Grandeza aparente de um astro.
Magno, adj. *Poét*. 1. Grande. 2. Importante.

Magnoleira, s. f. *Bot.* Magnólia.

Magnólia, s. f. *Bot.* 1. Planta da família das Magnoliáceas, cuja espécie principal é a *Magnolia grandiflora,* de belíssimas flores. 2. A flor dessa planta.

Magnoliáceas, s. f. pl. *Bot.* Família da ordem das Ranales, com flores hermafroditas, estames dispostos em espiral e numerosos pistilos simples.

Magnoliáceo, adj. *Bot.* Relativo ou semelhante às Magnoliáceas.

Mago, s. m. (gr. *magos,* pelo l.). 1. *Ant.* Sacerdote dos medos e persas. 2. Aquele que se presume saber como desenvolver e empregar conscientemente os poderes mágicos. 3. Feiticeiro. 4. Cada um dos sábios que foram a Belém adorar o recém-nascido menino Jesus.

Mágoa, s. f. (l. *macula*). 1. *P. us.* Mancha ou nódoa proveniente de contusão. 2. Desgosto, pesar, tristeza.

Magoar, v. (l. *maculare*). 1. Tr. dir. Contundir, ferir, pisar. 2. Tr. dir. e pron. Afligir(-se), contristar(-se). 3. Tr. dir. Melindrar(-se), ofender(-se). 4. Pron. Sentir dores por efeito de alguma contusão.

Magoativo, adj. Que causa ou produz mágoa.

Magote, s. m. 1. Grupo de pessoas; multidão, rancho. 2. Grande ajuntamento de coisas; acervo, montão.

Magrelo, adj. e s. m. Magricela.

Magrete *(ê),* adj. m. e f. *Fam.* Um tanto magro; magrote, magruço.

magreza, s. f. Estado ou qualidade de magro.

Magricela, adj. e s., m. e f. (de *magro*). Pessoa magra e descorada.

Magriço, s. m. (de *Magriço,* n. p.). 1. Homem muito magro. 2. Paladino das damas. 3. Defensor ridículo de coisas fúteis.

Magrizela, adj. e s., m. e f. V. *magricela.*

Magro, adj. (l. *macru*). 1. Que tem falta de tecido adiposo, que tem poucas carnes. 2. Árido, improdutivo (terreno). 3. Diz-se do tempo ou dos dias de abstinência. Aum.: *magricela.* Sup. abs. sint.: *macérrimo* e *magríssimo.*

Magruço, adj. V. *magrete.*

Maguari, s. m. (tupi *mbaeguari*). *Ornit.* Ave ciconiforme da família dos Ardeídeos.

Magusto, s. m. 1. Fogueira para assar castanhas. 2. Castanha assada em fogueira.

Maia[1], s. f. (l. *maja*). Mulher que se enfeita com mau gosto.

Maia[2], adj. m. e f. *Etnol.* Relativo aos maias, povo indígena da Guatemala e Sul do México. S. m. e f. Indígena desse povo.

Maiá, s. m. *Bot.* Planta sapotácea *(Chromolucuma rubriflora).*

Maiêutica, s. f. 1. *Pedag.* Uma das formas pedagógicas do método socrático, que consiste em multiplicar as perguntas a fim de obter, por indução dos casos particulares e concretos, um conceito geral do objeto em estudo. 2. *Ginec.* Arte de partejar; obstetrícia.

Mainça, s. f. (l. **manitia,* de *manu*). 1. Mão cheia, 2. Remate inferior do fuso.

Mainel, s. m. Corrimão. Pl.: *mainéis.*

Maio, s. m. Quinto mês do ano civil. Adj. Que diz respeito a maio.

Maiô, s. m. (fr. *maillot*). Vestimenta feita de malha de lã, de lastex, de algodão etc., que molda perfeitamente o corpo e é usada por banhistas, atletas e dançarinos.

Maiólica, s. f. (ital. *maiolica*). Majólica.

Maionese, s. f. (fr. *mayonnaise*). Espécie de molho frio, feito de azeite, vinagre, sal, pimenta, mostarda e ovos batidos.

Maior, adj. m. e f. 1. Comparativo sintético de *grande.* 2. Que excede outro em duração, espaço, intensidade, número ou tamanho. 3. Mais importante. 4. Que completou a idade legal (21 anos) para poder gerir sua pessoa e bens. S. m. e f. Quem já atingiu a maioridade.

Maioral, s. m. e f. (de *maior*). 1. Cabeça, chefe. 2. O maior de todos (os animais de um rebanho). 3. Manda-chuva.

Maioria, s. f. 1. A maior parte, o maior número. 2. A parte ou partido mais numeroso que numa assembléia legislativa apóia o governo. 3. *Dir.* A parte maior dos sufrágios numa votação. Antôn.: *minoria.*

Maioridade, s. f. 1. Idade em que se entra legalmente no gozo de todos os direitos civis; emancipação. 2. Completo desenvolvimento de uma sociedade.

Maiorista, s. m. e f. 1. Partidário da antecipação da maioridade do Imperador D. Pedro II. 2. Partidário do sistema eleitoral baseado na maioria dos votos.

Maiorquino, adj. (de *Maiorca,* n. p.). 1. Que se refere a Maiorca, nas Baleares. 2. Natural de Maiorca. S. m. 1. Habitante ou natural de Maiorca. 2. Dialeto da Maiorca.

Mair *(a-í),* s. m. Nome que os indígenas brasileiros davam aos franceses.

Mairatá, s. m. Um dos gênios da teogonia tupi.

Mais, adv. (l. *magis*). 1. Designativo de aumento, grandeza ou comparação. 2. Em grau superior, em maior quantidade. 3. Além disso, também. 4. Outra vez, outras vezes. 5. Antes, com preferência. Adj. m. e f., sing. e pl. Em maior quantidade; maior. S. m. 1. O conjunto das outras coisas, o resto. 2. A maior porção, o maior número. — *A mais*: além do devido ou do necessário. *De mais a mais*: além de tudo, além disso. *Mais ou menos*: com maior ou menor força, de modo indefinido.

Maisena *(a-i),* s. f. Produto industrial, constituído por amido de milho, com que se fazem mingaus, pudins, cremes etc.

Maisquerer, v. Tr. dir. Querer mais a, preferir, ter predileção por.

Mais-valia, s. f. *Econ. Polít.* Segundo Karl Marx, diferença existente entre o valor produzido pelo trabalho do operário e a remuneração que lhe é paga.

Maitá, s. f. *Ornit.* O mesmo que *maitaca.*

Maitaca, s. f. (tupi *mbae-taca*). *Ornit.* Nome comum a várias aves da família dos Psitacídeos, que são papagaios pequenos, muito espertos e palradores. Voz: *chalra, chalreia, palra.*

Maiuíra, s. f. *Ictiol.* Amoré.

Maiuruna, adj. m. e f. Pertencente ou relativo à tribo dos maiurunas. S. m. e f. Indivíduo dessa tribo.

Maiúscula, s. f. Letra maiúscula. Antôn.: *minúscula.*

Maiúsculo, adj. 1. Diz-se das letras com que começamos a escrever um período ou um nome próprio. 2. Grande, importante. Antôn.: *minúsculo.*

Majestade, s. f. 1. Aparência de grandeza, aspecto solene, magnificência, sublimidade. 2. Poder real. 3. Título honorífico dos soberanos e suas esposas. 4. Grandeza que incute respeito.

Majestático, adj. 1. Que diz respeito à majestade ou poder supremo. 2. Majestoso. 3. *Gram.* Qualificativo do plural pelo singular (*nós* por *eu*).

Majestoso, adj. 1. Que tem majestade. 2. Suntuoso, grandioso, imponente.

Majólica, s. f. (ital. *maiolica*). Nome que se deu na Itália à louça esmaltada originária de Majorca, nas Baleares. Var.: *maiólica.*

Major, s. m. 1. *Mil.* Oficial do Exército, de posto imediatamente inferior ao de tenente-coronel e imediatamente superior ao de capitão. Fem.: *majora.* 2. *Ornit.* Ave hirundinídea (*Phaeoprogne tapera*).

Majoração, s. f. Ato ou efeito de majorar; aumento, acréscimo.

Majorar, v. Tr. dir. Aumentar.

Majoria, s. f. Dignidade ou posto de major.

Majoritário, adj. Que se refere à maioria. — *Partido m.*: o que conta com a maioria dos eleitores.

Majuba, s. f. *Bot.* Planta campanulácea (*Sphenoclea zeylanica*).

Majuruna, adj. m. e f. *Etnol.* Relativo aos Majurunas, indígenas do Rio Javari. S. m. e f. Indígena dessa tribo. Var.: *maeruma, maiuruna, maxuruna.*

Mal[1], s. m. (l. *malu*). 1. Tudo o que se opõe ao bem, tudo o que prejudica, fere ou incomoda, tudo o que se desvia do que é honesto e moral. 2. Calamidade, infortúnio, desgraça. 3. Dano ou prejuízo, na pessoa ou fazenda. 4. Qualquer estado mórbido, como a lepra, a raiva, a tuberculose etc.

Mal[2], adv. (l. *male*). 1. Não bem, de modo diferente do que devia ser. 2. Apenas, com dificuldade, custosamente. 3. Contra o direito e a justiça, ilegalmente. 4. Contra o que deve ser. 5. Contra a moral. 6. Erradamente. 7. Com desumanidade, cruelmente, rudemente. 8. Em desavença. 9. Pouco. 10. Muito doente. Conj. Apenas, logo que.

Mala, s. f. (fr. *malle*). 1. Espécie de caixa de madeira revestida de couro, lona ou outra substância, para transporte de roupas e outros objetos em viagem. 2. Saco de couro ou pano, geralmente fechado com cadeado, para transportar correspondência; mala postal.

Malabar, adj. m. e f. Que diz respeito à costa ocidental da Índia ou ao povo que a habita. S. m. 1. Habitante ou natural do Malabar, Índia. 2. Idioma da costa do Malabar. 3. Gado bovino resultante do cruzamento de touros zebus com vacas nacionais.

Malabarismo, s. m. 1. Equilibrismo difícil. 2. Coisa engenhosa. 3. Habilidade de pensamento e ação em situação difícil.

Malabarista, s. m. e f. Pessoa que faz malabarismos.

Mal-acabado, adj. 1. Mal composto, mal arranjado. 2. Qualifica indivíduo esquipático, malfeito de corpo.

Malacacheta (*ê*), s. f. Mica.

Malacênico, adj. *Geol.* Designativo de um dos terrenos da série cenozóica.

Malacia, s. f. (gr. *malakia*). 1. Debilidade, desalento. 2. Perversão do apetite. 3. Calmaria.

málaco-, elem. de comp. (gr. *malakos*). Encerra a idéia de *mole*: *malacopterígio*.

Malacodermo, adj. *Zool.* Que tem pele mole.

Malacologia, s. f. Parte da Zoologia que trata dos moluscos ou animais de corpo mole.

Malacopterígio, adj. *Ictiol.* Diz-se de peixes que têm barbatanas moles. S. m. pl. Divisão (*Malacopterygii*) extensiva de peixes teleósteos que têm barbatanas com raios moles e ramificados.

Malacostráceo, adj. *Zool.* 1. De carapaça mole. 2. Relativo ou pertencente aos Malacostráceos. S. m. Crustáceo da subclasse dos Malacostráceos.

Malacozoário, adj. *Zool.* Diz-se do animal que não tem membros e cuja pele é mole e toda contrátil. S. m. Nome dado aos moluscos por Blainville.

Maladia, s. f. *Ant.* Doença.

Malafaia, s. f. *Bot.* Planta ocnácea da Amazônia (*Cespedezia spathulata*).

Málaga, s. m. Vinho oriundo de Málaga (Espanha).

Malagma, s. m. Cataplasma.

Mal-agradecido, adj. e s. m. Que, ou o que não agradece favores recebidos; ingrato.

Malaguenha, s. f. (cast. *malagueña*, de *Málaga*). Certa canção e dança popular espanhola.

Malaguenho, adj. (cast. *malagueño*, de *Málaga*). 1. Que pertence ou se refere a Málaga, cidade espanhola. 2. Natural de Málaga. S. m. Habitante ou natural de Málaga. Vars.: *malaguês* e *malacitano* (esta, forma erud., p. us.).

Malagueta (*ê*), s. f. 1. Pau em que se enrola o fio dos papagaios de papel. 2. Cada um dos cabos salientes da roda do leme. 3. Espécie de pimenta, muito ardida, da família das Solanáceas (*Capsicum fructescens*); pimenta-malagueta.

Malaiala, s. m. Língua falada no Malabar (Índia) pelo grupo mais destacado da família drávida.

Malaio, adj. Que se refere à Malásia ou aos malaios. S. m. 1. Idioma da Malásia. 2. Natural ou habitante da Malásia.

Mal-ajambrado, adj. 1. Diz-se do indivíduo desengonçado, esquipático, de aparência desagradável. 2. Mal vestido, mal posto. Pl.: *mal-ajambrados*.

Mal-amanhado, adj. 1. Mal arranjado. 2. Mal vestido. 3. Desajeitado, tosco. Pl.: *mal-amanhados*.

Malampança, s. f. Manampança.

Malandança, s. f. *Ant.* Desgraça, infortúnio.

Malandante, adj. m. e f. *P. us.* O mesmo que *desditoso, infeliz*.

Malandragem, s. f. 1. Ato ou dito de malandro. 2. Malandrice. 3. Súcia de malandros.

Malandrar, v. V. *malandrear*.

Malandrear, v. Intr. Levar vida de malandro; mandriar, preguiçar.

Malandres, s. m. pl. (ital. *malandre*). Ferimento transversal na prega do joelho de uma cavalgadura.

Malandréu, s. m. Malandro.

Malandrice, s. f. Qualidade, ação, vida de malandro.

Malandrim, s. m. (ital. *malandrino*). *Pop.* 1. Pequeno malandro. 2. Vadio. 3. Gatuno.

Malandrino, adj. *Pop.* 1. Relativo a malandrim. 2. Que tem hábitos ou modos de malandrim. S. m. Malandrim.

Malandro, adj. Madraço, preguiçoso. S. m. 1. Vadio. 2. Gatuno. 3. Patife, tratante. Col.: *bando, corja, farândola, matula, súcia, turba*.

Mala-posta, s. f. *Ant.* Diligência que trazia as malas do correio.

Malaqueiro, adj. e s. m. Malaquês.

Malaquês, adj. Que pertence ou se refere a Malaca (parte sul da Ásia).

Malaquista, s. m. e f. Habitante ou natural de Malaca.

Malaquita, s. f. (gr. *malakhites*). Pedra mineral, que é um carbonato básico de cobre, de cor verde-malva, usada em obras de ourivesaria.

Malar[1], s. m. Osso que forma a proeminência mais saliente da face. Adj. m. e f. 1. Relativo ou pertencente aos lados da face ou da cabeça. 2. Designativo do osso malar.

Malar[2], v. Intr. Errar no jogo da pelota.

Malária, s. f. (l. *mala aria* = maus ares). *Med.* Denominação de uma doença que se caracteriza por febre intermitente e renitente; os antigos acreditavam que esta enfermidade provinha do ar contaminado que emanava de águas palustres e daí o nome de "mala aria". Os agentes causadores da malária são espécies de esporozoários do gênero Plasmódio.

Malárico, adj. Relativo à malária.

Malariologia, s. f. *Med.* Parte da Medicina em que se estuda a malária.

Malariologista, s. m. e f. Pessoa que se dedica à malariologia.

Malarioterapia, s. f. *Med.* Inoculação do agente da malária com fins terapêuticos.

Mal-assada, s. f. 1. *Farm.* Cataplasma que se prepara com plantas medicinais. 2. Ovos mexidos e fritos ao mesmo tempo. 3. Carne frita em frigideira.

Mal-assombrado, adj. Diz-se das casas e dos lugares, em que, segundo a crença popular, aparecem duendes ou almas do outro mundo. Pl.: *mal-assombrados*.

Mal-aventurado, adj. Desafortunado, mal-afortunado.

Mal-avindo, adj. Que anda em desavença; desavindo, malquistado.

Malaxação (*cs*), s. f. 1. Ato de malaxar. 2. Massagem especial para amaciar os tecidos.

Malaxadeira (*cs*), s. f. Aparelho para malaxar certas substâncias (argamassa, manteiga etc.).

Malaxador (*cs*), adj. Que malaxa. S. m. Malaxadeira.

Malaxar (*cs*), v. Tr. dir. 1. Amassar ou mexer muito (uma substância), para amolecer. 2. Mexer ou bater muito (uma substância), para tornar compacta. 3. Dar massagem em. 4. Fatigar.

Malbaratador, adj. e s. m. Que, ou aquele que malbarata.

Malbaratar, v. Tr. dir. 1. Vender com prejuízo. 2. Desperdiçar, dissipar, empregar mal.

Malbarato, s. m. 1. Venda por preço muito baixo, venda que deixa prejuízo. 2. Menosprezo. 3. Dilapidação, dissipação.

Malcasado, adj. 1. Que não se dá bem com a consorte. 2. Que casou com pessoa de condição inferior.

Malcomido, adj. 1. Falto de alimento. 2. Magro por insuficiência de alimentação.

Malcriado, adj. 1. Mal-educado. 2. Descortês, indelicado, grosseiro.

Maldade, s. f. (l. *malitate*). 1. Qualidade de mau. 2. Ação ruim. 3. Iniqüidade, crueldade. Antôn.: *bondade*.

Maldar, v. 1. Tr. ind. e intr. Fazer mau juízo. 2. Tr. dir., tr. ind. e intr. Maldizer.

Maldição, s. f. (l. *maledictione*). 1. Ato ou efeito de amaldiçoar. 2. Imprecação, praga. 3. Desgraça, fatalidade.

Maldiçoar, v. Amaldiçoar.

Maldita, s. f. *Pop.* 1. Designação popular de doenças impressionantes (erisipela, lepra etc.). 2. Impigem rebelde. 3. Pústula maligna.

Maldito, adj. (l. *maledictu*). 1. Amaldiçoado. 2. Que exerce influência nefasta ou sinistra. 3. Que tem muito má índole; cruel, perverso. 4. Aborrecido, enfadonho, molesto.

Malditoso, adj. Desditoso, infeliz.

Maldizente, adj. e s., m. e f. (l. *maledicente*). Que, ou pessoa que tem má língua, ou diz mal dos outros; difamador. Sinôn.: *maledicente*. Sup. abs. sint.: *maledicentíssimo*.

Maldizer, v. (l. *maledicere*). 1. Tr. ind. e intr. Dizer mal (de alguém ou de alguma coisa). 2. Tr. dir. Amaldiçoar, blasfemar, praguejar contra. 3. Tr. ind. Lastimar-se, queixar-se.

Maldoso, adj. (forma haplológica de **maldadoso*). 1. Que tem maldade. 2. Que tem má índole. 3. Que toma as palavras e atos dos outros em mau sentido; malicioso.

Malê, adj. m. e f. *Etnol.* Relativo aos malês, muçulmanos brasileiros procedentes da África de que há pequenos núcleos no Rio de Janeiro e na Bahia. S. m. e f. Pessoa desse grupo étnico.

Maleabilidade, s. f. 1. Qualidade de maleável. 2. Flexibilidade. 3. Plasticidade de um metal em virtude da qual ele pode ser reduzido a lâminas. 4. Brandura, docilidade.

Maleáceo, adj. Que se assemelha ao martelo.

Malear, v. Tr. dir. 1. Distender metais com martelo, transformá-los em lâminas. 2. Martelar. 3. *Fig.* Tornar dócil, flexível; suavizar.

Maleável, adj. m. e f. 1. Que se pode malear ou malhar; dúctil. 2. Que tem elasticidade; flexível. 3. Obediente, dócil.

Maledicência, s. f. 1. Qualidade de maledicente. 2. Ato ou efeito de dizer mal; murmuração.

Maledicente, adj. e s., m. e f. Maldizente.

Mal-educado, adj. 1. Sem educação. 2. Descortês, incivil, indelicado, grosseiro.

Maleficência, s. f. 1. Qualidade de maléfico. 2. Disposição para praticar o mal. Antôn. (acepção 1): *beneficência*.

Maleficiar, v. Tr. dir. 1. Fazer mal a; danificar, prejudicar. 2. Enfeitiçar.

Malefício, s. m. 1. Ato de maleficiar. 2. Dano, prejuízo. 3. Feitiçaria, sortilégio.

Maléfico, adj. 1. Malévolo, prejudicial. 2. Que tem má índole. 3. Mal intencionado. Sup. abs. sint.: *maleficentíssimo*.

malei-, elem. de comp. (l. *malleu*). Encerra a idéia de *martelo*: *maleiforme*.

Maleiforme, adj. m. e f. Que tem forma de martelo ou malho.

Maleiro, s. m. Aquele que fabrica ou vende malas.

Maleita, s. f. (l. *maledicta*). Febre intermitente; malária, sezão.

Maleitas, s. f. pl. Maleita.

Maleiteira, s. f. *Bot.* Nome comum a algumas plantas da família das Euforbiáceas, caracterizadas por látex branco, cáustico, raízes com propriedades purgativas e folhas de largo uso na medicina popular.

Maleitoso, adj. 1. Doente com maleita. 2. Atreito a maleita. 3. Que produz maleita.

Mal-encarado, adj. 1. Que tem má cara; carrancudo. 2. Que revela maus instintos.

Mal-entendido, adj. 1. Que entende mal. 2. Mal apreciado, mal interpretado. S. m. Equívoco. 2. Altercação. Pl.: *mal-entendidos*.

Maleolar, adj. m. e f. Relativo aos maléolos.

Maléolo, s. m. *Anat.* Cada uma das duas saliências nas extremidades inferiores da tíbia e do perônio. Var.: *maléola*.

Mal-estar, s. m. 1. Pequena alteração na saúde. 2. Indisposição física ou moral. 3. Situação incômoda ou molesta. 4. Constrangimento, embaraço. Pl.: *mal-estares*.

Maleta (*ê*), s. f. Mala pequena.

Malevolência, s. f. Qualidade de malevolente. Antôn.: *benevolência*.

Malevolente, adj. m. e f. V. *malévolo*. Antôn.: *benevolente*.

Malévolo, adj. 1. Que quer mal a alguém. 2. Que tem má vontade contra alguém. 3. Pernicioso, maléfico. S. m. Indivíduo malévolo. Antôn.: *benévolo*. Sup. abs. sint.: *malevolentíssimo*.

Malfadado, adj. e s. m. (p. de *malfadar*). Que, ou aquele que tem mau fado ou má sorte.

Malfadar, v. Tr. dir. 1. Predizer, prognosticar má sorte a. 2. Causar a desgraça de. 3. Deitar a perder.

Malfalante, adj. m. e f. O mesmo que *maledicente* e *maldizente*.

Malfazejo (*ê*), adj. (de *malfazer*). 1. Que se apraz em fazer mal. 2. Danoso, maléfico, pernicioso.

Malfazer, v. Tr. ind. e intr. Causar prejuízo, fazer mal a. — Conjuga-se como *fazer*, porém é pouco usado, exceto no gerúndio e no infinitivo. Antôn.: *bem-fazer*.

Malfeito, adj. 1. Feito sem perfeição, mal executado. 2. Imerecido, injusto. 3. Maldoso, mau. S. m. 1. Malfeitoria. 2. Bruxaria.

Malfeitor, adj. e s. m. (l. *malefactore*). Que, ou o que comete atos condenáveis; criminoso, facínora. Col.: *bando, quadrilha, turbamulta, canalha, choldra, corja, hoste, joldra, malta, matilha, matula, pandilha, seqüela, súcia, tropa*.

Malfeitoria, s. f. 1. Ato de malfeitor. 2. Malefício. 3. Crime, delito.

Malferir, v. (*mal* (no sentido de *muito*) + *ferir*). Tr. dir. 1. Ferir gravemente, ferir de morte. 2. Tornar renhido, cruento; encarniçar. — Conjuga-se como *ferir*.

Malga, s. f. (l. **madiga*, metát. de *mágida?*). Tigela vidrada, para sopa.

Malgastar, v. Tr. dir. Gastar mal; desbaratar, desperdiçar, esbanjar.

Malgaxe, adj. m. e f. 1. Que se refere a Madagáscar, ou aos seus habitantes. S. m. e f. 1. Habitante ou natural dessa ilha. 2. Língua falada em Madagáscar. Var.: *malgaxo*.

Malgovernar, v. Tr. dir. 1. Fazer má administração governamental. 2. Governar mal, desperdiçar.

Malgrado, prep. Apesar de; não obstante. S. m. Mau grado, má vontade.

Malha[1], s. f. (fr. *maille*, do l. *macula*). 1. Cada uma das voltas ou nós formados pelo fio de seda, lã, linha ou qualquer fibra têxtil, quando entrançados ou tecidos por certos processos. 2. Trabalho feito de malha. 3. *Náut.* Nó corredio, no qual o cabo corre através de uma alça formada por um chicote dobrado. 4. Mancha na pele dos animais.

Malha[2], s. f. (de *malhar*). 1. Ato de malhar. 2. Castigo corporal; sova, surra, tunda.

Malha[3], s. f. (l. *magalia*). Cabana, choça.

Malha[4], s. f. (b. l. *medalea*). Disco metálico para arremesso à distância contra um marco de madeira no chamado *jogo de malhas*.

Malhada[1], s. f. (de *malha[3]*). 1. Cabana de pastores. 2. Curral de gado. 3. Rebanho de ovelhas. 4. Baixada úmida, onde a vegetação se assemelha à dos agrestes, com predominância de palmeiras.

Malhada[2], s. f. (de *malha[1]*). Enredo, trama.

Malhada[3], s. f. (de *malha[2]*). 1. Ato de malhar. 2. Pancada com malho. 3. Lugar em que se malha.

Malhadeiro, adj. 1. Estúpido, falto de inteligência, grosseiro, tosco. 2. Malhadiço. S. m. 2. Instrumento com que se malha. 2. Aquele em que todos batem. 3. Aquele que é alvo de motejos.

Malhado[1], adj. (de *malha[1]*). Diz-se do animal que tem malhas ou manchas.

Malhado[2], adj. (de *malhar[1]*). Que está na malhada[1], que está em descanso.

Malhador, adj. (l. *malleatore*). 1. Que malha. 2. Que é dado a bater em qualquer pessoa. 3. Que gosta de zombar dos outros. S. m. 1. Aquele que malha ou que debulha cereais com mangual. 2. Lugar habitual onde o gado solto se deita para ruminar e descansar.

Malhadouro, s. m. Lugar onde se malham cereais. Var.: *malhadoiro*.

Malhal, s. m. Travessa de madeira do lagar.

Malhão[1], s. m. 1. Tiro por alto, no jogo da bola. 2. Bola com que se faz esse tiro.

Malhão[2], s. m. Certa música e dança popular portuguesa.

Malhar[1], v. 1. Tr. dir. Bater com malho, martelo ou objeto idêntico. 2. Tr. dir. e tr. ind. Bater, dar pancadas, espancar. 3. Tr. dir. Escarnecer, mofar, zombar de. 4. Tr. ind. Falar mal de; censurar, criticar. 5. Tr. dir. Debulhar (cereais) na eira.

Malhar², v. (de *malha¹*). 1. Intr. Estar na malhada, abrigar-se de soalheira (falando do gado). 2. Tr. dir. Reunir (o gado) em determinado ponto.

Malharia, s. f. (*malha¹* + *aria*). 1. Indústria de artigos (peças de roupa) de malha. 2. Prédio onde funciona essa indústria.

Malheirão, s. m. (de *malhar*). Certo jogo de rapazes.

Malhetar, v. Tr. dir. 1. Fazer malhetes em. 2. Encaixar uma peça em outra.

Malhete, s. m. 1. Pequeno malho. 2. Encaixe que se faz nas extremidades de duas tábuas para se adaptarem perfeitamente.

Malho, s. m. (l. *malleu*). 1. Grande martelo de ferro ou de pau, sem unhas e sem orelhas. 2. Maço de calceteiro. 3. Matraca.

Malhoada, s. f. *Pop.* Conluio, enredo, tramóia.

Mal-humorado, adj. 1. Que tem mau-humor. 2. Achacado, enfermiço. 3. Aborrecido, amuado, intratável, zangado.

mali-¹, elem. de comp. (l. *malu*). Encerra a idéia de *maça: maliforme*.

mali-², elem. de comp. (l. *malu*). Exprime a idéia de *mal, doença, prejuízo: malífero*.

Malícia, s. f. 1. Propensão para o mal. 2. Interpretação maliciosa. 3. Astúcia, esperteza, empregadas com intenção de prejudicar alguém. 4. Dissimulação, dolo, velhacaria.

Maliciador, adj. Malicioso.

Maliciar, v. 1. Tr. dir. Pôr malícia em, interpretar maliciosamente. 2. Tr. dir. Suspeitar. 3. Tr. ind. Fazer mau juízo de.

Maliciosidade, s. f. Qualidade de malicioso.

Malicioso, adj. 1. Que tem ou revela malícia. 2. Finório, sagaz. 3. Travesso. 4. Mordaz.

Málico, adj. *Quím.* Diz-se de um ácido cristalino que é encontrado em estado natural em algumas frutas verdes, em vinhos e folhas de tabaco.

Malífero, adj. (*mali²* + *fero¹*). 1. Que causa mal ou dano. 2. Insalubre.

Maliforme, adj. m. e f. (*mali¹* + *forme*). *Bot.* Com forma de maçã.

Maligna, s. f. *Pop.* Nome genérico de qualquer febre de mau caráter (tifo, tuberculose etc.).

Malignar, v. 1. Tr. dir. Tornar maligno. 2. Tr. dir. Corromper, perverter, viciar. 3. Intr. Agravar-se, recrudescer (falando de uma doença).

Malignidade, s. f. Qualidade ou caráter de maligno.

Maligno, adj. 1. Que tem propensão para o mal. 2. Malicioso. 3. Funesto. 4. Muito mau. Antôn.: *benigno*. S. m. O diabo. — *Tumor m.*: aquele que cresce rapidamente, infiltrando os tecidos sãos, sendo geralmente letal.

Malina, s. f.(l. *maligna*). 1. Águas-vivas das marés. 2. Febre de mau caráter.

Má-língua, adj. e s., m. e f. Diz-se da, ou a pessoa que fala mal de tudo e de todos. S. f. 1. Maledicência. 2. Vício de dizer mal de pessoas ou coisas. Pl.: *más-línguas*.

Mal-intencionado, adj. e s. m. Que, ou aquele que tem más intenções ou má índole.

Malmequer, s. m. (*mal* + *me* + *quer*). *Bot.* Erva da família das Carduáceas (*Calendula officinalis*).

Malnascido, adj. 1. Malfadado. 2. De baixa estirpe. 3. De má índole.

Maloca, s. f. (do araucano *malocan*). 1. Habitação de indígenas da América. 2. Bando de silvícolas do Brasil. 3. Aldeia de índios. 4. Grupo de pessoas que não inspiram confiança. 5. Casa pobre, de favela. 6. Favela.

Malocado, adj. e s. m. (de *malocar*). Diz-se do, ou o índio que vive aldeado.

Malocar, v. Tr. dir. Aldear (índios).

Malogrado, adj. 1. Que se malogrou. 2. Que não teve o fim desejado.

Malograr, v. 1. Tr. dir. Estragar, inutilizar. 2. Tr. dir. e pron. Frustrar(-se), gorar; não ir avante, não vingar. 3. Pron. Morrer na flor da idade.

Malogro, s. m. (de *malograr*). 1. Efeito de malograr-se. 2. Frustração. 3. Revés.

Maloio, s. m. Aldeão, campônio.

Mal-olhado, adj. 1. Que não é bem visto, bem aceito; malvisto. 2. Aborrecido, detestado, odiado. — Cfr. *mau-olhado*.

Malotão, s. m. (de *malote*). 1. Mala grande. 2. Pacote ou trouxa grande.

Malote, s. m. 1. Mala pequena. 2. Oleado, em que o soldado enrola o capote. 3. Serviço organizado de transporte regular para correspondência e pequenos valores.

Malparado, adj. (p. de *malparar*). 1. Que corre o perigo de perder-se. 2. Pouco seguro.

Malparar, v. Tr. dir. Arriscar, aventurar, sujeitar a mau destino.

Malpighiáceas, s. f. pl. *Bot.* Família (*Malpighiaceae*) da ordem das Geraniales, constituída na grande maioria de cipós escandentes, e de ervas, arbustos ou árvores tropicais.

Malpighiáceo, adj. *Bot.* Que pertence ou se refere às Malpighiáceas.

Malpropício, adj. 1. Desfavorável. 2. Impróprio. 3. Pouco adequado.

Malquerença, s. f. (de *malquerer*). 1. Qualidade de malquerente. 2. Animadversão. 3. Malevolência.

Malquerente, adj. m. e f. 1. Que quer mal a outrem; que é inimigo de. 2. Malévolo.

Malquerer, v. Tr. dir. 1. Querer mal a. 2. Ser inimigo de. 3. Aborrecer, detestar. — Conjuga-se como *querer*. Particípio regular: *mal-querido*; irregular: *malquisto*. S. m. Aversão; inimizade.

Malquistar, v. 1. Tr. dir. e pron. Tornar(-se) malquisto, indispor(-se), inimizar(-se). 2. Intr. Causar mal-querenças.

Malquisto, adj. 1. Que não é querido. 2. Que adquiriu inimigos. 3. Antipático, odiado. 4. Que ganhou má fama. Antôn.: *benquisto*.

Malroupido, adj. e s. m. Mal trajado, maltrapilho, mal vestido.

Malsão, adj. 1. Convalescente, mal curado. 2. Doentio, insalubre, nocivo à saúde. 3. Mal-intencionado, maléfico.

Malsim, adj. m. e f. (hebr. *malxin*). 1. Que malsina, que descobre o que se queria encobrir, que denuncia. 2. Que calunia. S. m. 1. Denunciante, espião. 2. Fiscal alfandegário.

Malsinação, s. f. Ato ou efeito de malsinar.

Malsinar¹, v. (*malsim* + *ar*). Tr. dir. 1. Denunciar, na qualidade de malsim. 2. Delatar, descobrir, (o que se queria ocultar). 3. Torcer o sentido de.

Malsinar², v. (*mal* + *sina* + *ar*). Tr. dir. 1. Dar sina má a. 2. Augurar mau fim a.

Malsoante, adj. m. e f. 1. Que soa mal. 2. Áspero ao ouvido. 3. Sem eufonia. 4. Indecente.

Malsofrido, adj. 1. Insofrido. 2. Que não sabe sofrer, que não tem paciência, que não é resignado.

Malsonante, adj. m. e f. Malsoante.

Malsorteado, adj. Que não tem boa sorte; desventuroso, infeliz.

Malta¹, s. f. 1. Grupo de pessoas de baixa condição. 2. Malandragem, súcia. 3. Rancho de trabalhadores que se transporta de um para outro lugar. 4. Vida airada.

Malta², s. f. (l. *maltha*). Substância escura viscosa, intermédia entre o petróleo e o asfalto.

Maltagem, s. f. Ato de maltar; preparação do malte.

Maltar, v. Tr. dir. Converter (a cevada) em malte.

Malte, s. m. (ingl. *malt*). Cevada que se germinou e secou, para aplicação industrial, principalmente na fabricação de cervejas.

Maltês¹, adj. (*Malta*, n. p. + *ês*). 1. Que diz respeito a Malta, ou à ordem militar de Malta. 2. Natural de Malta. 3. Designativo de gato cinzento. S. m. 1. Habitante ou natural de Malta. 2. Cavaleiro da ordem de Malta. 3. Língua de Malta. 4. Raça de cães.

Maltês², s. m. Trabalhador que vive em maltas, sem domicílio certo.

Maltesia, s. f. (*maltês²* + *ia*). Rancho de malteses.

Malthusianismo, s. m. Doutrina de Malthus (1766-1834), sociólogo e economista inglês, o qual defendeu a restrição da espécie humana por motivos de ordem econômica e em defesa da própria humanidade.

Malthusiano, adj. Pertencente ou relativo a Malthus ou à sua doutrina. S. m. Sectário do sistema de Malthus.

Maltose, s. f. *Quím.* Açúcar dissacáride cristalino que se obtém pela decomposição enzimática do amido.

Maltrapilho, adj. e s. m. Que, ou aquele que anda mal vestido ou esfarrapado. Col.: *farândola, grupo.*

Maltratar, v. Tr. dir. 1. Tratar mal, tratar com dureza ou violência; bater, espancar. 2. Dar mau acolhimento a, receber mal. 3. Lesar fisicamente. 4. Danificar, estragar, destruir.

Maltreito, adj. *Ant.* Maltratado, ferido.

Maltrido, adj. *Ant.* V. *maltreito.*

Malucar, v. 1. Intr. Dizer ou praticar maluquices. 2. Intr. Andar pensativo ou cismático. 3. Tr. ind. Discorrer ou cismar como maluco em.

Maluco, adj. Adoidado, extravagante. S. m. 1. Doido, mentecapto. 2. Aquele que parece doido. 3. Indivíduo apalermado. 4. Extravagante. 5. Doidivanas.

Malungo, s. m. 1. Irmão colaço. 2. Camarada, companheiro. 3. Título que reciprocamente se davam os negros que no mesmo navio saíam da África.

Maluquear, v. Malucar.

Maluqueira, s. f. 1. Doença ou estado de maluco. 2. Maluquice. 3. Idéia maluca. 4. Cisma.

Maluquice, s. f. 1. Ato ou dito próprio de maluco. 2. Cisma, maluqueira.

Mal-usar, v. Tr. dir. 1. Usar mal. 2. Abusar.

Malva, s. f. *Bot.* Erva medicinal da família das Malváceas (*Malva silvestris*), cujas folhas e flores encerram mucilagem.

Malváceas, s. f. pl. *Bot.* Família (*Malvaceae*) da ordem das Malvales, constituída por ervas, arbustos e árvores. Inclui plantas economicamente importantes como o algodão, a papoula, o quiabo.

Malváceo, adj. 1. Que se refere ou se assemelha à malva. 2. *Bot.* Relativo às Malváceas.

Malvadez, s. f. Ato ou qualidade de malvado; perversidade.

Malvadeza, s. f. V. *malvadez.*

Malvado, adj. e s. m. (l. *malifatiu*, pelo provençal ant. *malvat* + *ado?*). 1. Que, ou o que pratica atos cruéis, ou é capaz de os praticar. 2. Perverso.

Malvaísco, s. m. *Bot.* Nome comum a várias plantas malváceas.

Malvar, s. m. Lugar onde crescem malvas.

Malvasia, s. f. 1. Qualidade de uva muito doce e odorífera, originária da Grécia. 2. Vinho branco e generoso feito dessa uva.

Malventuroso, adj. e s. m. Mal-aventurado, desventurado.

Malversação, s. f. 1. Dilapidação de dinheiro ou bens no exercício de um cargo. 2. Má administração. Var.: *malversão.*

Malversador, adj. e s. m. Que, ou o que malversa.

Malversar, v. Tr. dir. 1. Fazer má administração de; dilapidar. 2. Desviar fundos do fim a que se destinam.

Malvisto, adj. 1. Desacreditado. 2. Que tem má fama. 3. Antipático, odiado.

Malvo, s. m. Fibras têxteis de certas árvores.

Mama, s. f. (l. *mamma*). 1. Órgão glandular para secreção do leite, na mulher e nas fêmeas dos mamíferos. 2. *Fam.* O leite que as crianças sugam do seio da mãe ou da ama. 3. O tempo da amamentação.

Mamã, s. f. (onomatopéico infantil de *mã... mã = mãe mãe*). 1. O mesmo que *mãe*, na linguagem das criancinhas. 2. Ama de leite.

Mamada, s. f. Mamadura.

Mamadeira, s. f. 1. Instrumento que se aplica sobre o bico do peito da mulher, para lhe extrair o leite. 2. Garrafinha com chupeta, para amamentar artificialmente crianças.

Mamado, adj. 1. *Fam.* Desapontado, desiludido, embaraçado. 2. Atraiçoado, enganado. 3. *Gír.* Embriagado.

Mamadura, s. f. 1. Ato de mamar. 2. Tempo que dura a amamentação.

Mamãe, s. f. 1. O mesmo que *mamã.* 2. Tratamento carinhoso que se dá às mães.

Mamaiacu, s. m. *Ictiol.* Peixe teleósteo da família dos Tetrodontídeos (*Colomesus psittacus*).

Mamangá, s. f. *Bot.* Arbusto leguminoso-cesalpiniáceo (*Cassia quinqueangulata*), também chamado *fedegoso-grande.*

Mamangaba ou **mamangava,** s. f. (do tupi-guar.). Mangangá.

Mamão[1], adj. 1. Que ainda mama. 2. Que mama muito. Fem.: *mamona.* S. m. Rebento que rouba a seiva do tronco principal; ladrão.

Mamão[2], s. m. Fruto do mamoeiro.

Mamar, v. (b. l. *mammare*). 1. Intr. Sugar o leite da mama. 2. Tr. dir. Aprender ou adquirir na infância. 3. Tr. dir. Chupar (o leite) da mama ou teta. 4. Tr. dir. Apanhar, extorquir, obter. 5. Tr. dir. *Pop.* Enganar, ludibriar.

Mamário, adj. Relativo às mamas.

Mamarracho, s. m. 1. Pintura ou escultura defeituosa. 2. O autor de tal pintura ou escultura; mau pintor; pinta-monos.

Mamata, s. f. 1. Empresa ou negócio, público ou particular, em que políticos e funcionários protegidos auferem lucros ilícitos. 2. Ladroeira, comilança, roubalheira, marmelada.

Mambaré, adj. m. e f. *Etnol.* Relativo aos Mambarés, indígenas de Mato Grosso. S. m. e f. Indígena dessa tribo.

Mambembe, adj. m. e f. De pouquíssimo valor, imprestável, ordinário. (Especialmente aplicado a companhias teatrais medíocres que percorrem o interior dos Estados.) S. m. Lugar afastado e desagradável.

Mambo, s. m. Música e dança originária da América Central.

Mamelão, s. m. (fr. *mamelon*). Eminência ou cume arredondado; mamilão.

Mameluco[1], s. m. 1. Filho de índio com branco. 2. Mestiço de branco com curiboca.

Mameluco[2], s. m. (ár. *mamluk*). Soldado de uma tropa turco-egípcia constituída primitivamente de escravos, mas que depois dominou o Egito.

Mamífero, adj. *Zool.* 1. Que tem mamas. 2. Relativo ou pertencente aos Mamíferos. S. m. Vertebrado da classe dos Mamíferos. S. m. pl. Classe (*Mammalia*), mais elevada dos Vertebrados que compreende o homem e todos os outros animais que alimentam a sua prole com leite.

Mamiforme, adj. m. e f. Que tem forma de mama.

Mamilão, s. m. 1. Bico de seio, grande. 2. Eminência de forma arredondada; montículo.

Mamilar[1], s. m. Espartilho, faixa ou lenço, com que as mulheres resguardam os seios.

Mamilar[2], adj. m. e f. 1. Que se refere à mamila. 2. Em forma de mamila.

Mamilho, s. m. Proeminência de metal na superfície interna das bocas-de-fogo.

Mamilo, s. m. 1. Aquilo que tem a forma de mamilo. 2. Bico do peito. 3. Eixo floral.

Maminha, s. f. 1. Mama pequena. 2. Bico do peito. 3. A mama do homem.

Mamoeiro, s. m. *Bot.* Planta da família das Caricáceas (*Carica papaya*), cujo fruto, o mamão, é muito apreciado.

Mamona, s. f. 1. Semente do mamoneiro. 2. O mesmo que *mamoneiro.*

Mamoneira, s. f. V. *mamoneiro.*

Mamoneiro, s. m. *Bot.* Arbusto da família das Euforbiáceas (*Ricinus communis*), também conhecido por *mamona, mamono, mamoneira, carrapateira, carrapateiro, rícino* etc.

Mamorana, s. f. *Bot.* Árvore bombacácea (*Bombax spruceana*), originária da Amazônia.

Mamote, s. m. 1. Criança que ainda mama. 2. Bezerro já crescido mas que ainda mama. Fem.: *mamota.* Var.: *mamarrote.*

Mamparra, s. f. 1. Súcia de pândegos ou vadios. 2. Simulação de trabalho; preguiça. S. f. pl. Evasivas, subterfúgios.

Mamparrar, v. Intr. O mesmo que *mamparrear.*

Mamparreação, s. f. Ato ou efeito de mamparrear; vadiagem.

Mamparreador, adj. e s. m. Que, ou o que mamparreia.

Mamparrear, v. Intr. 1. Formar mamparra, vadiar em súcia. 2. Lerdear, mangar, perder tempo. 3. Usar de evasivas, de subterfúgios; contemporizar.

Mamparreiro, adj. e s. m. Que, ou aquele que mamparreia.
Mamposta, s. f. (*mão + posta*). 1. Ato de prender ou levar alguém à cadeia. 2. *Ant.* Tropas de soldados de reserva.
Mamposteiro, s. m. *Ant.* 1. Pessoa encarregada de substituir outra em cargo, função ou negócio. 2. Aquele que recebia esmolas para cativos.
Mamuri, s. m. Matrinxão.
Mamute, s. m. *Paleont.* Elefante fóssil que viveu no período quaternário.
Mana[1], s. f. (de *mano*). *Fam.* Irmã.
Mana[2], s. f. Segundo os melanésios, conjunto de forças sobrenaturais, provenientes dos espíritos e que atuam sobre uma pessoa ou um objeto.
Maná, s. m. (l. *manna*, aramaico *mana*, hebr. *man*). 1. Alimento que, segundo a Bíblia, Deus mandou em forma de chuva aos israelitas, para os alimentar no deserto. 2. Tudo o que é deleitoso e suave. 3. *Bot.* Arbusto da família das Tamaricáceas (*Tamarix gallica*), que exsuda uma mucilagem comestível, doce.
Manacá, s. m. (do tupi). *Bot.* Nome dado a vários arbustos ou pequenas árvores, da família das Solanáceas, particularmente às espécies *Brunfelsia hoopeana* e *B. australis*.
Manacarana, s. f. *Bot.* Planta violácea (*Papayrola grandiflora*).
Manada, s. f. (l. *mannata*, de *manus*). Rebanho de gado grosso.
Manadeiro, s. m. Manancial.
Manadio, adj. 1. Que se refere a manada. 2. Que anda em manada.
Manaíba, s. f. 1. Tolete do caule de aipim ou mandioca que se corta para plantio. 2. Muda de mandioca.
Manajeiro, s. m. 1. Maioral, capataz. 2. Marnoto.
Manajó, adj. m. e f. *Etnol.* Que se refere à tribo dos Manajós, oriundos dos Tupinambás, do Maranhão. S. m. e f. Indígena dessa tribo.
Manalvo, adj. Diz-se do animal que tem manchas alvas nas patas dianteiras.
Manampança, s. f. Beiju espesso feito de massa de mandioca e temperado com açúcar e erva-doce. Var.: *malambança*.
Manancial, s. m. (cast. *manantial*). 1. Nascente de água. 2. Origem ou fonte abundante. 3. Celeiro inesgotável. 4. Gozo perene e duradouro. Adj. m. e f. Que mana ou corre incessantemente.
Manapuçá, s. m. *Bot.* Árvore da família das Melastomáceas.
Manápula, s. f. (corr. de *manopla*). *Pop.* Mão grande e mal feita.
Manaquim, s. m. *Ornit.* Nome comum de pássaros americanos da família dos Piprídeos.
Manar, v. 1. Tr. dir. Deitar de si abundantemente (algum líquido), verter permanentemente. 2. Tr. ind. e intr. Brotar, correr, fluir com abundância. 3. Tr. dir. *Fig.* Criar, dar origem a, produzir. 4. Tr. ind. Emanar, proceder, provir.
Manata, s. m. *Pop.* 1. Figurão, magnata. 2. Casquilho, janota.
Manatídeo, adj. *Zool.* Relativo ou pertencente aos Manatídeos. S. m. Espécime dos Manatídeos.
Manau, adj. m. e f. *Etnol.* Relativo aos Manaus, indígenas do Estado do Amazonas. S. m. e f. Indígena dessa tribo.
Manauê, s. m. Espécie de bolo feito de fubá de milho e mel. Var.: *manuê*.
Manauense, adj. m. e f. Relativo a Manaus, cidade, município e capital do Estado do Amazonas. S. m. e f. Pessoa natural desse município.
Mancada, s. f. 1. Erro; lapso. 2. *Gír.* Rata.
Mancal, s. m. 1. Peça de ferro ou de bronze, sobre a qual se apóia um eixo girante e que lhe permite o movimento com um mínimo de atrito. 2. Fundamento, base, acerto.
Mancar[1], v. (de *manco*). 1. Intr. Coxear, manquejar. 2. Tr. dir. Tornar manco.
Mancar[2], v. (fr. *manquer*). Intr. 1. *Ant.* Fazer falta; faltar. 2. Falhar, em relação a compromisso.
Mancebia, s. f. 1. Estado de quem vive amancebado. 2. Vida dissoluta. 3. *Ant.* Os moços.
Mancebo (*ê*), s. m. (l. *mancipiu*). 1. *Des.* Jovem, moço, rapaz. 2. Indivíduo que vive em mancebia. 3. Cabide para pendurar roupa. Adj. Que está na juventude.
Mancenilha, s. f. (cast. *manzanilla*). Árvore da família das Euforbiáceas (*Hippomane mancinella*). Var.: *mançanilha* e *mancinela*.
Mancenilheira, s. f. Mancenilha. Var.: *mançanilheira*.
Mancha, s. f. (l. **mancla*, por *macula*). 1. Laivo, mácula, nódoa. 2. Malha. 3. Defeito, imperfeição. 4. Cama do javali. 5. Doença que ataca o fumo. 6. Mancha gráfica. — *M. gráfica*: área ocupada pelo texto nas páginas de um livro, por oposição ao espaço das margens; mancha.
Manchado, adj. 1. Enodoado. 2. Desacreditado.
Manchão, s. m. 1. Mancha grande. 2. Mancha no terreno, onde jaz enterrado o diamante de aluvião. 3. *Pop.* Remendo que os automobilistas improvisam nos pneumáticos estragados.
Manchar, v. 1. Tr. dir. Pôr mancha em; enodoar. 2. Tr. dir. e pron. *Fig.* Denegrir, infamar, poluir.
Manchear, v. Tr. dir. Provocar a fermentação de (cacau).
Manchego (*ê*), adj. (cast. *manchego*, de *Mancha*, n. p.). 1. Relativo à Mancha, Espanha. 2. Diz-se de D. Quixote, herói de Cervantes. 3. Diz-se de uma variedade de seguidilha, dança popular espanhola.
Mancheia, s. f. (de *mão + cheia*). Porção de coisas. — *Às mancheias*: à farta, prodigamente.
Manchete (*é*), s. f. (fr. *manchette*). 1. Título de notícia sensacional, impresso em caracteres grandes, na parte superior do rosto do jornal. 2. O título principal numa edição de jornal.
Manchil, s. m. (ár. *manjil*). 1. Faca ou cutelo de carniceiro. 2. Antiga arma de guerra.
Manchu, adj. m. e f. Que pertence ou se refere à Manchúria. S. m. e f. Habitante ou natural da Manchúria. S. m. Língua tungúsia, falada na Manchúria. Var.: *mandchu*.
-mancia, suf. Exprime adivinhação: *quiromancia*.
Mancinela, s. f. Mancenilha.
Mancípio, s. m. 1. *Ant.* Escravo. 2. Indivíduo ou coisa dependente.
Manco, adj. 1. Diz-se da pessoa ou do animal que manqueja ou a que falta a extremidade de um membro, ou que não se pode servir dele. 2. Defeituoso, imperfeito, por falta de alguma parte necessária. 3. Duro de inteligência, tapado, ignorante. 4. Lento, vagaroso, tardio. S. m. Pessoa manca.
Mancomunação, s. f. Ato ou efeito de mancomunar(-se).
Mancomunado, adj. Conluiado, concertado.
Mancomunar, v. (*mão + comum + ar*). Tr. dir e pron. Ajustar(-se), combinar(-se), conluiar(-se).
Mancornar, v. (*mão + corno*). Tr. dir. e intr. Agarrar o touro pelas hastes e derrubá-lo.
Manda, s. f. (de *mandar*). 1. Sinal de referência que remete o leitor para outro ponto. 2. *Ant.* Legado.
Mandaçaia, s. f. (t. tupi). *Entom.* Abelha meliponídea que produz excelente mel (*Melipona anthioides*). Var.: *manaçaia* e *amanaçaia*.
Mandacaru, s. m. *Bot.* Planta arborescente, da família das Cactáceas (*Cactus peruviana*), do Peru e do Brasil, que vegeta principalmente no Nordeste.
Mandachuva, s. m. e f. 1. Indivíduo importante, influente; magnata. 2. Chefe político.
Mandada, s. f. Ato de distribuir as cartas entre os parceiros do jogo.
Mandadeiro, adj. 1. Que diz respeito a mandado ou ordem. S. m. Indivíduo que cumpre mandados, ou leva mensagens.
Mandado, adj. 1. Que mandaram. 2. Que recebeu ordem. S. m. 1. Ato de mandar. 2. Determinação escrita mandada de superior a inferior. 3. Ordem ou despacho escrito de autoridade judicial ou administrativa. 4. Recado, incumbência.
Mandaguari, s. f. *Entom.* Abelha meliponídea (*Scaptotrigona postica*).
Mandamento, s. m. 1. Ato ou efeito de mandar. 2. Mandado, ordem. 3. Voz de comando. 4. Cada um dos preceitos que constituem o Decálogo. 5. Preceito da Igreja.
Mandante, adj. e s., m. e f. 1. Que, ou quem manda. 2. Que, ou quem subordina ou rege. 3. Que, ou quem outorga mandato.

Mandão, s. m. 1. Aquele que manda com arrogância. 2. Déspota. Fem.: *mandona.*

Mandapuçá, s. m. *Bot.* Planta da família das Melastomáceas (*Mouriria pusa*).

Mandar, v. 1. Tr. dir. Dar ordens a, exigir de. 2. Tr. ind. e intr. Exercer autoridade; dominar, governar. 3. Tr. dir. Determinar, preceituar, prescrever. 4. Tr. dir. Enviar, remeter. 5. Tr. dir. Delegar, enviar. 6. Tr. dir. Arremessar, atirar.

Mandaravé, s. f. *Bot.* Arbusto da família das Leguminosas (*Calliandra tweediei*), cultivado como ornamental.

Mandarim, s. m. (malaio *mantari*). 1. Alto funcionário da China, da Malásia e do Anam. 2. *Fig.* Mandachuva. Var.: *mandarino.* Fem.: *mandarina.*

Mandarina, s. f. Mulher de mandarim.

Mandarinado, s. m. V. *mandarinato.*

Mandarinato, s. m. 1. Dignidade ou funções de mandarim. 2. A classe dos mandarins ou dos mandachuvas.

Mandarová, s. m. Marandová.

Mandatário, s. m. 1. Aquele que recebe mandato ou procuração de outrem. 2. Executor de mandados. 3. Delegado, procurador, representante.

Mandato, s. m. 1. Autorização ou procuração que alguém confere a outrem para, em seu nome, praticar certos atos. 2. Delegação. 3. Poderes que os eleitos conferem aos deputados, senadores e vereadores para os representar. 4. Preceito ou ordem de superior para inferior.

Mandauaca, adj. m. e f. *Etnol.* Relativo à tribo aruaque dos Mandauacas, do Rio Baria (bacia do Rio Negro). S. m. e f. Indígena dessa tribo.

Mandchu, adj. m. e f. Manchu.

Mandê, adj. e s., m. e f. Diz-se da, ou a raça de negros, também chamada *mandinga.*

Mandi, s. m. (do tupi). *Ictiol.* Denominação comum aos peixes de água doce, siluróides da família dos Pimelodídeos. — *M.-chorão*: espécime assim chamado por emitir ruído parecido ao choro quando é agarrado.

Mandiba, s. f. Espécie de mandioca. Var.: *mandiva.*

Mandíbula, s. f. 1. *Anat.* e *Zool.* Maxila inferior do homem ou dos quadrúpedes; queixada. 2. *Por ext.*: Qualquer das duas maxilas. 3. *Ornit.* Cada uma das duas partes do bico dos pássaros. 4. *Entom.* Cada uma das duas peças móveis e duras que ladeiam a boca de certos insetos.

Mandibular, adj. m. e f. Pertencente ou relativo à mandíbula.

Mandiguaru, s. m. *Ictiol.* Peixe silurídeo (*Pimelodus ornatus*); também chamado *mandipinima.*

Mandigüera, s. m. Denominação dada aos leitõezinhos que nascem enfezados, motivo pelo qual os bons criadores os suprimem desde logo, para vingarem melhor os outros mais robustos. Var.: *mandicuera.*

Mandil, s. m. (ár. *mandil*). 1. Avental grosseiro de cozinheiros ou criados. 2. Pano grosseiro ou trapo com que se limpa qualquer coisa.

Mandileiro, s. m. Mandrião.

Mandinga, adj. e s., m. e f. 1. Diz-se de uma raça de negros cruzada com elementos berbere-etiópicos e que sofreram a influência maometana. 2. Língua do grupo nigero-senegalês, muito espalhada na África ocidental. S. f. 1. Feitiçaria, sortilégio. 2. Dificuldade que parece provocada por arte mágica.

Mandingar, v. Tr. dir. Fazer mandinga a; enfeitiçar.

Mandingaria, s. f. Prática de feitiçaria.

Mandingueiro, s. m. 1. Indivíduo que faz mandingas; bruxo, feiticeiro. 2. *Pop.* Nome que também dão ao *uirapuru*, atribuindo virtudes sobrenaturais a seu cadáver.

Mandinguento, adj. V. *mandingueiro.*

Mandioca, s. f. (tupi-guar. *mandiog*). 1. *Bot.* Arbusto herbáceo da família das Euforbiáceas (*Manihot utilissima*), largamente utilizado na alimentação; manduba, aipim, macaxeira. 2. A raiz dessa planta.

Mandiocal, s. m. Terreno plantado de mandioca.

Mandioqueira, s. f. *Bot.* Planta da família das Araliáceas (*Didymopanax morototoni*).

Mandioquinha, s. f. *Bot.* Erva da família das Umbelíferas (*Arracacia xanthorrhiza*) que produz raízes tuberosas, amarelas, muito apreciadas na alimentação humana.

Manditinga, s. m. *Ictiol.* Designação genérica dos mandis de couro branco.

Mandiva, s. f. Mandiba.

Mando, s. m. (de *mandar*). 1. Ato ou poder de mandar. 2. Ordem, mandado. 3. Arbítrio.

Mandola, s. f. Mandora.

Mandolim, s. m. Bandolim.

Mandonismo, s. m. Costume e abuso de mandar; prepotência, tirania.

Mandora, s. f. (ital. *mandora,* do l. *pandura*). Antigo instrumento de cordas, semelhante ao alaúde. Var.: *mandola.*

Mandorová, s. m. Marandová.

Mandraca, s. f. 1. Feitiço, bruxaria. 2. Beberagem de feitiçaria.

Mandrágora, s. f. *Bot.* Gênero de plantas da família das Solanáceas, muito usadas em feitiçaria antigamente.

Mandrana, s. m. e f. Pessoa que mandria ou madraceia.

Mândria, s. f. *Fam.* Qualidade de mandrião; mandriice.

Mandrianar, v. Intr. Mandriar.

Mandrião, adj. e s. m. Indolente, madraço, preguiçoso. Fem.: *mandriona.* S. m. Casaco ou roupão curto e ligeiro, para uso doméstico.

Mandriar, v. Intr. Levar vida de mandrião; madracear.

Mandriice, s. f. Mândria.

Mandril[1], s. m. 1. *Mec.* Eixo ou fuso de máquina-ferramenta, geralmente pontudo, que é inserido em um orifício numa peça a ser trabalhada, para segurá-la durante a usinação. 2. *Cir.* Haste que serve para dar resistência às sondas flexíveis e guiá-las.

Mandril[2], s. m. *Zool.* Macaco cinocéfalo (*Mandrillus sphinx*), da África ocidental e Costa da Guiné.

Mandrilagem, s. f. Ato de mandrilar.

Mandrilar, v. Tr. dir. Alisar com mandril.

Mandu, adj. e s., m. e f. *Pop.* Imbecil, pacóvio, tolo.

Mandubi, s. m. *Bot.* 1. Amendoim. 2. Planta leguminosa (*Glycina subterranea*).

Mandubiguaçu, s. m. *Bot.* Planta da família das Euforbiáceas.

Mandubirana, s. f. Planta leguminosa-papilionácea (*Meibomia axillaris*); amendoeirana.

Manducar, v. Tr. dir. e intr. Comer, mastigar.

Manduco, s. m. Manequim de grandes maxilas e grandes dentes, usado em certas solenidades e em certas comédias, antigamente.

Manduri, s. m. *Entom.* Abelha meliponídea silvestre (*Melipona marginata*). Var.: *mandurim.*

Mandurim, s. m. V. *manduri.*

Manduruva, s. f. *Entom.* Marandová.

Manduvira, s. f. *Bot.* Nome de duas plantas brasileiras da família das Papilionáceas: manduvira-grande (*Crotalaria paulina*) e manduvira-pequena (*Crotalaria vitellina*).

Mané, s. m. (corr. de *Manuel*). Sujeito desleixado, indolente, inepto, palerma.

Maneabilidade, s. f. 1. Qualidade ou estado de maneável ou manejável. 2. *Mil.* Exercício militar em que a tropa procede ao reconhecimento do terreno e executa nele manobras.

Manear[1], v. (*man,* por *mão + ear*). Tr. dir. Manejar.

Manear[2], v. (*maneia + ar*). Tr. dir. Pear ou prender (animal) com maneia, corda ou laço.

Maneável, adj. m. e f. 1. Fácil de manear. 2. Que não emperra (falando-se de uma porta). 3. Dúctil, maleável. 4. Dócil, lhano.

Maneia, s. f. (cast. *manea*). Guasca que serve para prender o cavalo pelas mãos, a fim de que este não corra.

Maneio, s. m. 1. *P. us.* Ato ou efeito de manejar. 2. Trabalho manual. 3. Laboração. 4. Administração. 5. Ganho, lucro, proveito.

Maneira, s. f. (l. *manuaria*). 1. Feitio ou modo de ser de uma coisa. 2. Feição, modo, uso. 3. Habilidade, jeito, arte. 4. Circunstância, condição. 5. *Bel-Art.* Modo característico de operar de cada artista. S. f. pl. Afabilidade, boa educação, lhaneza de trato.

Maneirar, v. Intr. 1. Ser ou mostrar-se maneiroso. 2. *Gír.* Agüentar, disfarçar, retardar.

Maneirismo, s. m. Estilo dos pintores ou autores maneiristas.

Maneirista, Adj. e s., m. e f. 1. Diz-se de, ou pessoa que tem modos estudados ou afetados, na fala e nos gestos. 2. Diz-se de, ou aquele que, nas suas obras, não varia de estilo.

Maneiro, adj. (1. *manuariu*). 1. De manejo fácil. 2. Portátil, manual. 3. Que exige pouco esforço; leve. 4. Ágil.

Maneiroso, adj. Que tem boas maneiras; amável, delicado.

Manejar, v. (ital. *maneggiare*). 1. Tr. dir. Empregar com o auxílio das mãos. 2. Tr. dir. Dirigir, governar com as mãos. 3. Tr. dir. Empunhar, brandir. 4. Tr. dir. Lidar com. 5. Tr. dir. Exercer, desempenhar, ter conhecimento de (uma arte ou disciplina).

Manejo *(ê),* s. m. 1. Ato de manejar. 2. Exercício manual. 3. Gerência, administração, direção. 4. Arte de domar ou de ensinar cavalos.

Manelo, s. m. 1. Punhado de coisas que cabem na mão. 2. Manejo. 3. Manípulo.

Manente, adj. m. e f. Permanente.

Manequim, s. m. 1. Boneco que representa uma figura humana e serve para estudos artísticos ou científicos ou para assentar trabalhos de costura. 2. Pessoa que se deixa governar e dominar pelas opiniões dos outros; autômato. 3. Medida para roupas feitas.

Manes, s. m. pl. 1. As almas dos mortos consideradas como divindades, entre os romanos. 2. *Por ext.* As almas, os espíritos.

Maneta *(ê),* adj. e s., m. e f. Que, ou pessoa que tem falta de um braço ou uma das mãos. S. m. Cabo de puxar a rede do xaréu.

Maneteneri, adj. m. e f. *Etnol.* Relativo aos Maneteneris, índios brasileiros que habitam o Rio Juruá. S. m. e f. Indígena dessa tribo.

Manfarrico, s. m. *Pop.* Diabo.

Manga[1], s. f. (1. *manica*). 1. Parte do vestuário que cobre o braço, cingindo-o. 2. Mangueira de bomba. 3. Filtro afunilado, para filtrar líquidos. 4. Ajuntamento, grupo, turma. 5. Tromba-d'água. 6. Parte do eixo de um veículo que fica dentro da caixa de graxa.

Manga[2], s. f. (tamul *mankay*). Fruta da mangueira.

Manga[3], s. f. 1. Pastagem cercada, para cavalos e bois. 2. Ramal da estrada de seringueiras. 3. Cercas divergentes a partir da porta do curral, para nele facilitar a entrada do gado.

Mangaba, s. f. (do tupi). Fruto da mangabeira.

Mangabal, s. m. Terreno onde crescem mangabeiras.

Mangabar, v. Intr. Extrair o látex da mangabeira.

Mangabarana, s. f. *Bot.* Árvore sapotácea *(Sideroxylon* spec).

Mangabeira, s. f. *Bot.* Pequena árvore da família das Apocináceas *(Hancornia speciosa),* comum nas restingas e cerrados brasileiros.

Mangabeiro, s. m. O que se ocupa de extração do látex da mangabeira.

Mangação, s. f. 1. Ato de mangar. 2. Caçoada, motejo, troça.

Mangador, adj. e s. m. Que, ou o que manga ou gosta de mangar.

Mangagá, adj. m. e f. Muito grande, enorme. Var.: *mangangá.*

Mangal[1], s. m. Manguezal.

Mangal[2], s. m. Plantação de mangueiras.

Mangalaça, s. f. 1. Vadiagem. 2. Mancebia.

Mangalaço, adj. Biltre, patife, tunante, vadio.

Manga-larga, adj. e s. m. Diz-se de, ou cavalo de certa raça apurada no Brasil. Pl.: *mangas- largas.*

Manganês, s. m. (fr. *manganèse*). *Quím.* Elemento metálico branco-acinzentado, ordinariamente duro e quebradiço, usado em diversas ligas. Símbolo Mn, número atômico 25, massa atômica 54,93.

Mangangá, adj. m. e f. (do tupi). Mangagá. S. m. 1. *Ictiol.* Nome de três peixes marinhos, do gênero Escorpena *(Scorpaena brasiliensis, S. grandicornis* e *S. plumieri).* 2. *Entom.* Designação usual para as abelhas sociais ou solitárias de grande porte, que compreende numerosas espécies das famílias dos Bombídeos, Xilocopídeos, Melectídeos e outras.

Mangânico, adj. 1. Que se refere ao manganês. 2. Que contém manganês.

Manganífero, adj. Que tem ou produz manganês.

Manganilha, s. f. (cast. *manganilla*). Artimanha, logro, prestidigitação.

mangano-, elem. de comp. Expressa a idéia de *manganês: manganocalcita.*

Manganocalcita, s. f. *Miner.* 1. Rodocrosita que contém cálcio. 2. Calcita que contém manganês.

Manganoso, adj. *Quím.* Diz-se dos compostos de manganês bivalente.

Mangão[1], adj. e s. m. Que, ou o que manga muito.

Mangão[2], s. m. Manga muito larga.

Mangar, v. 1. Tr. ind. e intr. Fazer mangação, motejar, zombar; escarnecer com aparência de seriedade. 2. Tr. ind. Enganar, iludir, impingir petas.

Mangarito, s. m. *Bot.* Nome comum a várias plantas da família das Aráceas, entre as quais se destacam as espécies *Xanthosoma sagittifolium* e *X. violaceus.* São também conhecidas pelo nome de *mangará-mirim.* Var.: *mangaraíto.*

Mango, s. m. (1. *manicu*). 1. A parte mais comprida do mangual. 2. Designação faceta do cruzeiro (dinheiro).

Mangona, s. f. *Pop.* Preguiça, indolência. S. m. 1. Indivíduo preguiçoso. 2. O mesmo que *mangonga,* acepção 2.

Mangonar, v. Intr. *Pop.* Fazer mangona; mandriar, ter preguiça , vadiar. Var.: *mangolar* e *mangonear.*

Mangonear, v. V. *mangonar.*

Mangonga, s. m. 1. *Pop.* Homem grande, gigante. 2. *Ictiol.* Espécie de tubarão *(Carcharias taurus)* que alcança 2 m de comprimento; mangona.

Mangostão, s. m. (do malaio *mangistan*). 1. *Bot.* Árvore gutífera da Índia e da Malásia *(Garcinia mangostana).* 2. Fruto dessa árvore. Var.: *mangusta, mangustã* e *mangostã.*

Mangote, s. m. 1. Pequena rede de pesca. 2. *Tecn.* Mangueira curta, geralmente de borracha vulcanizada, para quaisquer fins.

Mangra, s. f. (cast. *mangla*). Doença de gramíneas causada por excessiva umidade do ar ou pelo orvalho.

Mangrado, adj. 1. Atacado de mangra. 2. Definhado, seco (fruto).

Mangrar, v. 1. Tr. dir. Produzir mangra em (trigo). 2. Tr. dir. Impedir que as frutas medrem ou vinguem. 3. Intr. e pron. Ficar com mangra, não vingar. 4. Intr. e pron. *Fig.* Malograr-se, perder-se, tornar-se inútil.

Mangual, s. m. (1. *manuale*). 1. Instrumento de malhar cereais, constituído por duas varas, unidas por uma correia. 2. Correia com que se açoitam os animais; relho.

Mangualada, s. f. 1. Golpe ou pancada com mangual. 2. Salto da cobra.

Manguapa, adj. m. e f. Diz-se do cavalo de boa andadura.

Mangura, s. f. 1. Vara em que se levam aves domésticas atadas pelos pés e nela enfiadas. 2. Vara grande de bater feijão. 3. Bengalão. 4. Espécie de bastão para auxiliar a marcha em terreno escorregadio.

Manguarão, s. m. (de *manguara*). Homem alto e magro.

Manguari, s. m. Homem corpulento e muito alto.

Mangue, s. m. 1. Terreno pantanoso das margens das lagoas, portos, desaguadouros dos rios, onde, em geral, vegeta o *mangue* (planta). 2. Floresta junto às praias e às fozes dos rios. 3. *Bot.* Nome comum a vários arbustos ou pequenas árvores, pertencentes a diversas famílias, que vegetam de preferência nos mangues.

Mangueira[1], s. f. *Bot.* Árvore frutífera, de grande porte, da família das Anacardiáceas *(Mangifera indica),* cultivada por seu fruto delicioso, a manga.

Mangueira[2], s. f. Tubo de lona ou de borracha para a condução de líquidos ou de ar.

Mangueiral, s. m. Lugar onde crescem mangueiras.

Mangueirão, s. m. Curral muito grande para animais.

Mangueiro, s. m. Cilindro de madeira que as engomadeiras usam para passar a manga dos vestidos.

Manguerana, s. f. *Bot.* Árvore gutífera *(Tovomita brasiliensis).*

Manguezal, s. m. Terreno em que crescem mangues.

Manguito[1], s. m. 1. Pequena manga, para enfeite ou resguardo dos punhos. 2. Designação antiga do regalo de peles.

Manguito[2], s. m. Pequena manga (fruta).

Mangusto, s. m. *Zool.* Mamífero carnívoro que se alimenta de cobras.

Manha, s. f. (1. v. **mania*, de *manus?*). 1. Astúcia, finura. 2. Destreza, habilidade, jeito, arte. 3. Mau costume, mau sestro. 4. Balda, defeito. 5. Choro de criança, sem motivo. S. f. pl. Costumes, hábitos.

Manhã, s. f. (1. **maneana*). 1. Tempo que vai do nascer do Sol ao meio-dia. 2. O alvorecer, o amanhecer. 3. Começo, princípio. 4. A primeira parte de um período de tempo.

Manhãzinha, s. f. Princípio da manhã; madrugada.

Manho, adj. Aparvalhado, tonto, pateta.

Manhosidade, s. f. Qualidade de manhoso.

Manhoso, adj. 1. Que tem manha ou manhas. 2. Revelador de manha. 3. Feito com manha. 4. Hábil, sagaz.

mani-, elem. de comp. (1. *manu*). Exprime a idéia de *mão: maniforme*.

Mania[1], s. f. 1. *Med.* Desordem mental caracterizada por grande atividade psicomotora, excitação, exaltação e instabilidade da atenção. 2. Esquisitice, excentricidade.

-mania[2], elem. de comp. Exprime a idéia de *preocupação obsessiva: cleptomania*.

Maníaco, adj. e s. m. 1. Que, ou o que tem mania ou manias. 2. Obcecado por alguma coisa. 3. Excêntrico, esquisito.

Maniatar, v. Tr. dir. 1. Atar as mãos de. 2. Algemar, prender. 3. *Fig.* Constranger, tolher, tirar a liberdade a. Var.: *manietar*.

Maniçoba, s. f. (do tupi). 1. *Bot.* Árvore da família das Euforbiáceas *(Manihot glaziovi)*, que fornece látex para um tipo de borracha pouco inferior à da seringueira. 2. *Cul.* Guisado com folhas ou grelos de mandioca, carne de vaca e cabeça de porco, mocotó e peixe.

Maniçobal, s. m. Terreno onde crescem maniçobas.

Maniçobeira, s. f. O mesmo que *maniçoba*.

Maniçobeiro, s. m. Aquele que extrai o látex da maniçoba.

Manicômio, s. m. Hospital de doentes mentais.

Manicora, s. f. *Arquit.* Ornato que representa um animal com tronco globoso e cabeça e cauda de serpente.

Manicórdio, s. m. *Mús.* Instrumento de cordas percutidas com martelos e com teclado.

Manícula, s. f. 1. Membro anterior do mamífero. 2. Instrumento em forma de meia luva, de que se servem os correeiros e sapateiros. 3. Manivela.

Manicuro, s. m. (fr. *manicure*). Profissional que trata das mãos dos seus clientes, aparando, polindo e esmaltando-lhes as unhas. Fem.: *manicura*.

Manicurto, adj. 1. Que tem mãos curtas. 2. Mesquinho, sovina.

Manidestro *(ê)*, adj. Diz-se de quem se serve da mão direita, ou é mais hábil com ela. Var.: *mandestro*.

Manietar, v. Tr. dir. Maniatar.

Manifestação, s. f. 1. Ato ou efeito de manifestar(-se). 2. Expressão, revelação. 3. Expressão pública de opiniões ou sentimentos coletivos.

Manifestador, adj. e s. m. Que, ou o que manifesta, ou entra em uma manifestação.

Manifestar, v. 1. Tr. dir. Tornar manifesto, patente, público, notório. 2. Tr. dir. Mostrar, revelar. 3. Pron. Dar-se a conhecer, revelar-se, traduzir-se. 4. Pron. Exprimir-se, expandir-se, mostrar opinião.

Manifesto, adj. Claro, evidente, público, notório. S. m. 1. Declaração pública de uma corrente literária, de um partido religioso etc. 2. Documento escrito que expõe uma declaração.

Maniflautista, s. m. e f. Pessoa que, com as mãos, imita os sons da flauta.

Maniforme, adj. m. e f. Que tem forma de mão.

Manigância, s. f. (fr. *manigance*). 1. *Fam.* Prestidigitação. 2. Manobra secreta. 3. Artes diabólicas. 4. Bruxaria.

Manigânciar, v. Intr. Fazer manigâncias ou bruxedos.

Manilha[1], s. f. (cat. *manilla*, pelo cast.?). 1. Argola com que alguns povos adornam os braços e os tornozelos. 2. Anel ou elo de cadeia. 3. Tubo de barro vidrado, usado em canalizações.

Manilha[2], s. m. (por *manila*, de *Manila*, n. p.). Variedade de tabaco.

Manilhar, v. Tr, dir. 1. Adornar com manilhas. 2. Canalizar (a água) com manilhas (tubos).

Manilheiro, s. m. Aquele que fabrica manilhas..

Manilúvio, s. m. Banho quente às mãos.

Manimbé, s. m. (do tupi.). *Ornit.* Ave da família dos Fringilídeos.

Maninelo *(ê)*, adj. e s. m. 1. Diz-se do, ou o indivíduo efeminado. 2. Histrião. 3. Idiota.

Maninhar, v. Tr. dir. Deixar maninho (um terreno).

Maninhez, s. f. Estado ou qualidade de maninho.

Maninho, adj. (1. v. **manninu*, de *mannus*). 1. Estéril, infecundo. 2. Não aproveitado pela cultura. 3. Bravo, silvestre. S. m. pl. Diz-se dos, ou os bens de morto que não deixou filhos.

Manino, adj. Diminuto.

Maniota, s. f. Peia com que se prendem as patas dos animais.

Manipanso, s. m. 1. Fetiche africano. 2. *Hum.* Indivíduo muito gordo.

Manipresto, adj. Destro, prestímano.

Manipuçá, s. m. *Bot.* 1. Árvore da família das Melastomáceas. 2. Fruto dessa árvore.

Manipulação, s. f. Ato ou efeito de manipular.

Manipulador, s. m. 1. Aquele que manipula. 2. Instrumento com que o telegrafista transmite os sinais telegráficos.

Manipular[1], v. Tr. dir. 1. Preparar (alguma coisa) com a mão. 2. Preparar (medicamento) com corpos simples. 3. Engendrar, forjar. 4. Organizar.

Manipular[2], adj. m. e f. Que se refere ao manípulo romano. S. m. Soldado romano que pertencia a um manípulo.

Manípulo, s. m. 1. O que a mão abranger. 2. Haste coroada de sinais simbólicos que servia de bandeira às tropas romanas. 3. *Liturg.* Pequena estola usada pelos padres no braço esquerdo.

Maniqueísmo, s. m. 1. Religião sincretista gnóstica, fundada por Maniou Maniqueo (século III), na Pérsia, segundo a qual o universo é criação de dois princípios que se combatem: o bem, ou Deus, e o mal, ou o diabo. 2. Toda doutrina fundada nos dois princípios opostos do bem e do mal.

Maniqueísta, adj. e s., m. e f. Diz-se da, ou a pessoa sectária do maniqueísmo.

Maniquete *(ê)*, s. m. Renda que guarnece a manga das alvas dos padres.

Maniqueu, adj. e s. m. Relativo ou pertencente ao maniqueísmo ou aos maniqueus; maniqueísta.

Manirroto *(ô)*, adj. Mão-furada, grande gastador, perdulário. Fem.: *manirrota (ô)*.

Manistérgio, s. m. Manustérgio.

Manita, adj. e s., m. e f. Maneta. S. f. Mão pequena, mãozinha.

Manitó, s. m. (algonquino *manitou*). Uma das divindades dos índios norte-americanos. Vars.: *manitô* e *manitu*.

Manitoísmo, s. m. Culto do manitó, Var.: *manituísmo*.

Manitsauá, adj. m. e f. *Etnol.* Realtivo aos Manitsauás, indígenas do Rio Manitsauá-Mirim, afluente do Xingu. S. m. e f. Indígena dessa tribo.

Manitu, s. m. V. *manitó*.

Manituísmo, s. m. V. *manitoísmo*.

Manivela, s. f. (fr. *manivelle*). *Mec.* Parte de um eixo curvado em ângulo reto ou braço fixado em ângulos retos à extremidade de um eixo, para transmitir rotação a este ou receber dele um movimento circular.

Manivelar, v. Intr. 1. Dar à manivela. 2. Agenciar.

Manivérsia, s. f. Fraude, patifaria, tratantada.

Manja[1], s. f. Folguedo infantil.

Manja[2], s. f. (de *manjar*). 1. *Fam.* Ato de comer. 2. Comida, refeição.

Manjado, adj. *Pop.* Que é perfeitamente conhecido: Pessoa *manjada*.

Manjar¹, v. (cat. ant. ou provençal *manjar*). Tr. dir. 1. *P. us.* Comer. 2. Conhecer. 3. *Gír.* Entender, compreender.

Manjar², s. m. 1. Qualquer substância alimentar. 2. Iguaria delicada e apetitosa 3. Aquilo que pode deleitar, fortalecer ou vigorar o espírito.

Manjedoura, s. f. Tabuleiro em que se deita comida aos animais estabulados. Var.: *manjedoira*.

Manjericão, s. m. *Bot.* Nome comum da *alfavaca (Ocimum basilicum)*.

Manjerico, s. m. *Pop.* Manjericão.

Manjerioba, s. f. *Bot.* Arbusto brasileiro da família das Cesalpiniáceas (*Cassia corymbosa*), muito decorativo para jardins.

Manjerona¹, s. f. *Bot.* Planta da família das Labiadas (*Origanum majorana*), muito cultivada em hortas e jardins.

Manjerona², adj. m. e f. *Etnol.* Relativo aos Manjeronas, indígenas brasileiros da região do Amazonas. S. m. e f. Indígena dessa tribo.

Manjola, s. f. Mangual.

Manjuba, s. f. *Ictiol.* Nome popular de vários peixes marinhos teleósteos, entre os quais a *Anchoviella januaria* é a espécie comestível mais comum. Var.: *manjuva*.

Mano¹, s. m. (forma truncada do cast. *hermano*). 1. Irmão. 2. Cunhado. 3. *Fam.* Amigo, vizinho. Adj. Muito amigo, íntimo, inseparável.

Mano², s. f. Mão. — Muito usada na expressão *mano a mano*: com intimidade; familiarmente.

mano-³, elem. de comp. (gr. *manos*). Expressa a idéia de *pouco denso, raro, disperso: manômetro*.

Manobra, s. f. (adaptação do fr. *manoeuvre*). 1. Ato ou maneira de pôr em ação um aparelho. 2. Destreza, indústria engenhosa no obrar. 3. Prestidigitação. 4. Ardil, trama astuciosa. S. f. pl. Exercícios das Forças Armadas.

Manobrar, v. (adaptação do fr. *manoeuvrer*). 1. Tr. dir. Pôr em movimento, realizar as operações necessárias e adequadas às circunstâncias. 2. Tr. dir. Agenciar, dirigir, governar. 3. Intr. Levar a efeito evoluções militares ou náuticas.

Manobreiro, s. m. 1. O que dirige ou faz manobras. 2. Livro ou arte que trata de manobras. 3. O encarregado das manobras nas linhas férreas.

Manobrista, s. m. e f. Profissional que realiza as manobras das embarcações; manobreiro.

Manoca, s. f. Molho de cinco ou seis folhas de tabaco, assim dispostas para a seca.

Manojo, s. m. Feixe ou molho que se pode abarcar com a mão.

Manolho (*ô*), s. m. (l. **manupulu*). Manojo.

Manômetro, s. m. *Fís.* Instrumento para medir pressões.

Manopé, s. m. *Bot.* Árvore da família das Leguminosas (*Parkia discolor*).

Manopla, s. f. (l. *manupulu*, por *manipulu?*). 1. Luva de ferro das antigas armaduras. 2. Chicote de cocheiro.

Manquecer, v. Intr. Ficar ou tornar-se manco.

Manqueira, s. f. 1. Ação de manquejar. 2. Defeito de manco. 3. Defeito, senão, vício. 5. Carbúnculo sintomático.

Manquejante, adj. m. e f. Que manqueja.

Manquejar, v. 1. Tr. ind. e intr. Estar manco, coxear. 2. Tr. ind. e intr. Ser defeituoso, ter falhas. 3. Tr. ind. Carecer, faltar.

Manquetear, v. V. *manquejar*.

Manquitó, adj. e s., m. e f. *Pop.* Coxo, manco.

Manquitola, adj. m. e f. Manquitó.

Manquitolar, v. O mesmo que *manquejar*.

Mansão, s. f. 1. Morada. 2. Residência de consideráveis dimensões e requintado luxo.

Mansarda, s. f. (fr. *mansarde*, de *Mansard*, n. p.). 1. Água-furtada, trapeira. 2. Morada miserável.

Mansarrão, adj. e s. m. 1. Que, ou o que é muito manso ou sossegado. 2. Que, ou o que tem muita pachorra; pachorrento. Fem.: *mansarrona*.

Mansidão, s. f. (l. *mansuetudo*). 1. Qualidade de manso. 2. Serenidade. 3. Índole pacífica. 4. Brandura ou lentidão nas palavras ou na voz.

Manso, adj. (l. v. *mansu*, regressivo de *mansuetu*). 1. Que tem mansidão, brando de gênio. 2. Plácido, sossegado, tranqüilo. 3. Que não faz ruído; leve. 4. Melhorado pela cultura (planta); cultivado. Sup. abs. sint.: *mansíssimo, mansuetíssimo*.

Mansuetude, s. f. Mansidão.

Manta, s. f. 1. Cobertor. 2. Pano de lã ou de algodão, semelhante a um cobertor, que se usa para agasalho. 3. Pano de lã que se põe debaixo do selim das cavalgaduras. 4. Peça de seda, de lã ou de outro tecido, que os homens enrolam ao pescoço, para servir de abrigo. 5. Lenço de abafar. 6. Rego largo cavado na terra para bacelos. 7. Grande pedaço de carne ou peixe, exposto ao sol. 8. Cardume, bando.

Mantar, v. Tr. dir. Cavar (a terra) em mantas, para plantação de bacelos.

Mantear, v. 1. Tr. dir. Pôr alguém sobre uma manta segura pelas quatro pontas, e fazê-lo saltar ao ar, sacudindo-a com força. 2. Tr. dir. Chamar (o touro) com a manta ou capa. 3. Tr. dir. Arreliar, importunar. 4. Tr. dir. Trapacear. 5. Intr. Lavourar a terra, fazendo mantas.

Mantearia, s. f. 1. Ofício de manteeiro. 2. Lugar em que se guardam mantéis.

Mantedor, s. m. Mantenedor.

Manteeiro, s. m. (de *mantel*). Empregado a quem estavam entregues os mantéis da casa real.

Manteiga, s. f. 1. Substância gordurosa e alimentícia que se extrai do leite de vaca. 2. Substância gordurosa de diversos vegetais. 3. Nome antigo de certos cloretos metálicos. 4. Variedade de feijão. 5. *Pop.* Lábia, lisonja. — *M. de cacau*: óleo concreto que se extrai das bagas do cacau. *M.-derretida*: a) criança chorona; b) pessoa demasiado sensível.

Manteigoso, adj. 1. Que tem muita manteiga. 2. Que tem sabor de manteiga. 3. Gorduroso.

Manteigueira, s. f. Vaso em que se serve a manteiga.

Manteigueiro, adj. *Fam.* Que é muito amigo de manteiga. S. m. O que fabrica ou vende manteiga.

Manteiguento, adj. Manteigoso.

Manteiro, s. m. O que fabrica ou vende mantas.

Mantel, s. m. Toalha de mesa ou de altar.

Mantelado, adj. *Heráld.* 1. Que tem manteler. 2. Diz-se do escudo dividido em três partes.

Manteler, s. m. *Heráld.* Figura formada por duas linhas curvas, semelhando dois meios escudos opostos.

Mantelete (*ê*), s. m. 1. Vestidura eclesiástica para trazer por cima do roquete. 2. Capa curta, de feitio vário, para as mulheres usarem por cima do vestido, em vez de xale. 3. *Mil.* Parapeito adiante das tropas que cercam uma praça.

Mantém, s. m. Mantel.

Mantença, s. f. (de *manter*). 1. Aquilo que mantém ou sustenta; alimento, sustento. 2. Gasto que se faz com a conservação de alguma coisa. 3. Conservação, defesa.

Mantenedor, adj. e s. m. 1. Que, ou aquele que mantém ou sustenta. 2. Defensor, campeão. S. m. *Ant.* Cavaleiro principal nos torneios.

Manter, v. (l. v. *manutenere*). 1. Tr. dir. Prover do que é necessário à subsistência; sustentar. 2. Tr. dir. Fornecer a (alguém) o necessário para as suas despesas. 3. Pron. Alimentar-se, sustentar-se. 4. Tr. dir. Conservar, sustentar. 5. Pron. Conservar-se, permanecer. 6. Tr. dir. Defender, respeitar. 7. Tr. dir. Fazer permanecer em.

Mantéu, s. m. (fr. ant. *manteau*). 1. Capa com colarinho, usada por frades. 2. Colarinho encanudado, ou com abas pendentes. 3. Saia lisa, sem pregas.

Manteúdo, adj. (l. v. *manutenutu*). 1. *Ant.* Mantido. 2. Designativo do boi ou cavalo que se mantém robusto, embora em serviço duro e parca alimentação.

Mântica, s. f. Pequeno saco; alforje.

Manticostumes, s. m. sing. e pl. Aquilo que mantém os costumes ou as tradições.

Mantídeo, adj. *Entom.* Relativo ou pertencente aos Mantídeos. S. m. Inseto da família dos Mantídeos. S. m. pl. Família (*Mantidae*) de insetos predadores, cujo espécime principal é o louva-a-deus.

Mantilha, s. f. (cast. *mantilla*). 1. Manta para proteção dos ombros e da cabeça. 2. Véu fino usado pelas mulheres.

Mantimento, s. m. 1. Aquilo que mantém. 2. Alimento, víveres. 3. O que se despende com a conservação de alguma coisa; manutenção. S. m. pl. Gêneros alimentícios. Col.: *sortimento, provisão;* (quando em saco, em alforje): *matula, farnel;* (quando em cômodo especial): *despensa.*

Mantissa, s. f. *Mat.* Parte decimal de um logaritmo e de outros números.

Manto, s. m. 1. Hábito usado por algumas religiosas. 2. Grande véu preto que as senhoras da nobreza usavam em ocasião de luto. 3. Tudo que cobre ou encobre. 4. Pretexto, disfarce. 5. Escuridão, trevas. 6. *Zool.* Dobra do tegumento que envolve o corpo dos moluscos.

Mantô, s. m. (fr. *manteau*). 1. Espécie de manto que as mulheres usam por cima de outro vestuário, como agasalho. 2. Casaco comprido feminino.

Mantol, s. m. V. *mantô.*

Mantopaque, s. m. *Ictiol.* Peixe de rio (*Pinirampus pirinampu*); também conhecido por barbado.

Mantuano, adj. 1. Que se refere a Mântua. 2. Natural de Mântua. S. m. O habitante ou natural de Mântua.

Manual, adj. m. e f. 1. Que diz respeito à mão. 2. Feito a mão. 3. De fácil manuseio ou de simples execução. S. m. Livro pequeno e portátil, contendo o resumo de alguma ciência ou arte; compêndio.

Manubial, adj. m. e f. Relativo aos despojos do inimigo.

Manúbrio, s. m. 1. *Anat.* Apófise inferior do martelo. 2. *Anat.* Parte superior do esterno. 3. *Zool.* Órgão axial pendente no meio da face côncava ou ventral das medusas.

Manudução, s. f. Ato de guiar pela mão.

Manuê, s. m. Bolo de milho ou de mandioca.

Manuelino, adj. (de *Manuel*, n. p.). 1. Que diz respeito a D. Manuel I de Portugal, ou à sua época. 2. *Arquit.* Diz-se de um estilo arquitetônico português, surgido na época dos descobrimentos marítimos.

Manufator, adj. Que se refere a manufatura. S. m. O que manufatura; fabricante.

Manufatura, s. f. 1. Trabalho executado a mão. 2. Obra feita a mão. 3. Estabelecimento industrial que fabrica seus produtos em grande quantidade. 4. Produto desse estabelecimento.

Manufaturar, v. Tr. dir. 1. Produzir por meio do trabalho manual. 2. Fabricar, fazer.

Manufatureiro, adj. Que se refere a manufatura.

Manumissão, s. f. Ato ou efeito de manumitir; libertação de escravos; alforria.

Manumisso, s. m. Escravo que recebeu alforria.

Manumissor, adj. e s. m. Que, ou aquele que dá alforria.

Manumitente, adj. m. e f. Manumissor.

Manumitir, v. Tr. dir. Dar alforria a; libertar.

Manuscrever, v. Tr. dir. Escrever a mão.

Manuscrito, adj. Escrito a mão. S. m. 1. Obra escrita a mão. 2. Originais de uma obra.

Manuseação, s. f. Manuseio.

Manuseamento, s. m. Manuseio.

Manusear, v. Tr. dir. 1. Mover com a mão; manejar. 2. Amarrotar, enxovalhar. 3. Folhear: *M. o livro.*

Manuseio, s. m. Ato de manusear.

Manustérgio, s. m. *Liturg.* Pequena toalha com que o celebrante enxuga as mãos durante a missa. Var.: *manutérgio* e *manistérgio.*

Manutenção, s. f. 1. Ato ou efeito de manter(-se). 2. Sustento. 3. Dispêndio com a conservação de uma coisa. 4. Conjunto de revisões e operações normais na conservação de um veículo em uso.

Manutenir, v. 1. Tr. dir. e pron. Manter(-se), conservar(-se), sustentar(-se). 2. Tr. dir. *Dir.* Conceder mandado de manutenção a.

Manutenível, adj. m. e f. Que se pode manter.

Manutérgio, s. m. Manustérgio.

Manzanza, adj. e s., m. e f. Mazanza.

Manzanzar, v. Intr. Mazanzar.

Manzape, s. m. 1. Pau ou chicote com que se castiga alguém. 2. Pênis. 3. Bolo de farinha de mandioca ou de milho. 4. Bolo mal feito.

Manzari, s. m. Cacho de cocos.

Manzorra (*ó*), s. f. Mão grande; manápula.

Mão, s. f. (l. *manu*). 1. *Anat.* Extremidade dos membros superiores do homem, e que serve para a apreensão dos objetos e exercício do tacto. Aum.: *manápula, manzorra, mãozorra.* 2. Membros dianteiros dos quadrúpedes. 3. Extremidade dos membros superiores dos quadrúmanos. 4. Garra do falcão ou da ave de rapina. 5. Posse, domínio. 6. Autoridade, poder. 7. Lanço inteiro que se joga de cada vez que se dão as cartas. 8. O primeiro a jogar. 9. *Reg.* (Nordeste). Alavanca de madeira que se introduz nos alvéolos transversais do fuso do arrocho, e com a qual se imprime ao mesmo fuso o movimento rotativo. 10. Filamento ou gavinha das plantas trepadeiras. 11. Camada de tinta ou de cal que se dá sobre alguma superfície; demão. 12. *Náut.* A haste mais curta de um madeiro angular. 13. Parte por onde se empunha um instrumento ou utensílio. 14. Carda miúda e aparelhada com que se cardam os panos. 15. Cada um dos sentidos do trânsito nas ruas e estradas. 16. Lado direito de quem segue a pé ou vai guiando um veículo. 17. O que pode caber na mão, ou tomar-se sem esforço com ela. 18. Pequeno feixe. 19. Destreza manual. 20. Ponteiro de relógio. 21. Quantidade igual a cinco unidades. 22. Auxílio, ajuda. 23. Medida sertaneja para venda do milho não debulhado. 24. *Tip.* A vigésima parte da resma. — *Mão-aberta*: pessoa em cujas mãos não pára dinheiro; esbanjador, gastador. *Mão amiga*: benfeitor ou benfeitora; protetor ou protetora. *Mão-boba*: a do homem que se finge descuidado, enquanto, por meio dela, procura contactos sensuais com alguém. *Mão certa*: a que não erra o golpe. *Mão certeira*: o mesmo que *mão certa. Mão cheia*: boa qualidade, excelência: Artista de *mão cheia. Mão-curta*: cervídeo do Brasil (*Mazama rufina*). *Mão da curva, Náut.*: haste mais curta de todo madeiro que forma ângulo. *Mão de barca*: cabo que prende ao barco a rede sardinheira. *Mão-de-branco*: planta amarilidácea ornamental (*Alstroemeria amazonica*). *Mão-de-cabelo, Folc.*: mito paulista (Botucatu), que consiste numa mulher alta e magra, vestida de branco, que, em lugar dos dedos da mão, tem cabelos macios que passa no rosto dos que estão com insônia ou gostam de dormir tarde. *Mão-de-defunto*: o mesmo que *mão-de-finado. Mão de ferro*: opressão; potência tirânica. *Mão-de-ferro*: instrumento de horticultor, espécie de ancinho de dentes longos, curvos e em diversos planos. *Mão-de-finado*: a) pessoa que sempre perde em negócios; b) pessoa a quem tudo corre mal; c) pessoa avarenta e sovina. *Mão-de-gato*: a) cor artificial para pintar o rosto; b) planta conarácea (*Connarus erianthus*). *Mão-de-judas*: apagador que se usa na igreja na semana santa. *Mão de macaco*: mão chata, em que se atrofiaram as massas musculares tênar e hipotênar. *Mão-de-obra*: a) trabalho manual, de que resulta um produto; b) custo da execução de uma obra; c) os operários que fazem um trabalho. *Mão-de-onça*: a) planta da flora brasileira (*Marantha noctiflora*); b) árvore marcgraviácea (*Marcgravia coriacea*). *Mão de papel*: mão, acepção 24. *Mão de pilão*: peça de madeira, com que se tritura qualquer coisa no pilão. *Mão de vaca*: canela e falanges do gado bovino, com as respectivas carnes; mocotó. *Mão-do-canto*: escala na música. *Mão do estai, Náut.*: o chicote por onde o estai se atesa. *M. do regador*: crivo, ralo. *Mão-escassa*: pessoa que não é liberal. *Mão expedita*: a que escreve com desembaraço e rapidamente. *Mão firme*: a que não treme em qualquer operação, ou ao escrever. *Mão-francesa*: braço ou cantoneira, para sustentação de beirais de telhados, caixas-d'água etc. *Mão-furada*: indivíduo perdulário; mão-aberta. *Mão-leve*: indivíduo que não hesita em dar tapas; gatuno. *Mão-mole*: indivíduo fracalhão. *Mão-morta*: estado dos bens inalienáveis, como são os das comunidades religiosas, hospitais etc. *Mão-pelada*: a) o mesmo que *guaxinim*; b) *Folc.*: animal fantástico do fabulário de Minas Gerais, espécie de lobo avermelhado como bezerro novo, tendo uma pata dianteira encolhida e pelada. *Mão-pendente*: oferta para suborno; peita. *Mão-perdida-da-baralha*: acaso, bambúrrio, coisa imprevista ou inesperada. *Mão-posta*: acordo, combinação; prevenção. *Mão-quadra*: mão aberta ou estendida. *Mãos-atadas*: a) pessoa acanhada e perplexa; b) pessoa avarenta. *Mãos-dadas, Heráld.*: duas mãos direitas que se apertam. *Mãos-de-anéis*: mãos delicadas. *Mãos-de-fada*: mãos de mulher habilidosa em trabalhos de costura e bordados. *Mãos-largas*: pessoa generosa, liberal. *Mãos limpas*: desinteresse ou integridade no exercício ou na administração de algum cargo. *Mãos postas*: mãos erguidas, palma com palma, para orar ou suplicar. *Mãos-rotas*: o mesmo que *mão-furada*. *Nãos-supinas*: mãos com as palmas voltadas para cima ou para o ar. *Mão-travessa*: medida equivalente à largura da mão com os dedos unidos.

Maometano, adj. Que se refere a Maomé ou a sua seita. Adj. e s. m. Diz-se do, ou o sectário da religião de Maomé.

Maomético, adj. O mesmo que *maometano*.

Maometismo, s. m. Religião fundada por Maomé (570-652); islamismo, muçulmanismo.

Maori, adj. m. e f. *Etnol.* Relativo aos Maoris, povo da Nova Zelândia, de raça polinésia. S. m. Língua austronésia dos maoris. S. m. e f. Pessoa dessa raça de indígenas.

Mãozada, s. f. 1. *Pop.* Grande aperto de mão. 2. Porção de coisas que se abrangem com uma das mãos.

Mãozudo, adj. *Pop.* Que tem mãos grandes e mal feitas.

Mapa, s. m. (l. *mappa*). 1. Representação plana e reduzida de um setor da superfície terrestre. 2. Carta geográfica ou celeste. Col. (quando ordenados num volume): *atlas;* (quando selecionados): *mapoteca*. 3. Lista, catálogo, relação, quadro sinóptico.

Mapa-múndi, s. m. O que representa toda a superfície da Terra, em dois hemisférios. Pl.: *mapas-múndi*.

Mapanai, adj. m. e f. *Etnol.* Relativo aos Mapanais, silvícolas das margens do Rio Içana. S. m. e f. Indígena dessa tribo.

Mapará, s. m. *Ictiol.* Peixe silurídeo de rio (*Hypophthalmus edentatus*).

Maparajuba, s. f. *Bot.* Nome de duas árvores sapotáceas (*Mimusops maparajuba* e *Mimusops paraensis*), de grande porte, que ocorrem no Amazonas.

Mapareíba, s. f. *Bot.* Árvore da família das Rizoforáceas.

Mapati, s. m. *Bot.* Planta morácea (*Pourouma cecropiaefolia*).

Mapear, v. Tr. dir. Distribuir sobre uma superfície plana os contornos geográficos de determinada região.

Maperoá, s. m. *Bot.* Árvore esterculiácea (*Basiloxylon brasiliensis*).

Mapidiã, adj. m. e f. *Etnol.* Relativo aos Mapidiãs, indígenas aruaques. S. m. e f. Indígena dessa tribo.

Mapixi, s. m. *Bot.* Planta mirtácea do Brasil (*Myrcia lanceolata*).

Mapoão, s. m. *Bot.* Planta venenosa, com cujo suco os índios ervam as flechas.

Mapoteca, s. f. Coleção de mapas e cartas.

Mapotecário, s. m. O que tem sob sua guarda uma mapoteca.

Mapuá[1], s. f. *Bot.* Planta ciclantácea (*Cyclanthus bipartitus*).

Mapuá[2], adj. m. e f. Relativo aos Mapuás, aborígines que habitaram no Pará. S. m. e f. Indígena dessa tribo.

Mapuche, s. m. Nome que se dá aos araucanos.

Mapurá, s. m. Mapará.

Maqueta (*ê*), s. f. V. *maquete*.

Maquete (*é*), s. f. (fr. *maquette*). 1. Esboço em pequena escala em três dimensões, de estátua ou qualquer obra de escultura, modelado em barro, cera, ou outro material. 2. Protótipo de pequenas dimensões; modelo reduzido.

Maqui, s. m. 1. Terreno coberto de urzes e arbustos, onde costumam esconder-se os bandidos, na Córsega. 2. Por extensão, o próprio bandido corso. Var.: *maquis*.

Maquia[1], s. f. (ár. *makila*). 1. Porção que os moleiros e os lagareiros arrecadam, como remuneração estipulada, do grão ou da azeitona que lhes dão para moer. 2. Medida para maquiar.

-maquia[2], elem. de comp. (gr. *makhia*). Exprime a idéia de *combate, luta, esforço: tauromaquia*.

Maquiador, adj. e s. m. Que, ou o que maquia.

Maquiadura, s. f. Ato de maquiar.

Maquiagem, s. f. Maquilagem.

Maquiar, v. 1. Tr. dir. Medir com maquia. 2. Tr. dir. Desfalcar, subtrair parte de. 3. Intr. Cobrar a maquia em moinhos e lagares. 4. Tr. dir. Maquilar.

Maquiavélico, adj. 1. Que se assemelha ou se refere ao maquiavelismo. 2. Ardiloso, astuto, velhaco.

Maquiavelismo, s. m. (ital. *Machiavelli*, n. p.). 1. Sistema do político florentino Nicolau Bernardo Maquiavel (1469-1527), baseado na astúcia e má-fé. 2. Perfídia, procedimento astucioso, velhacaria.

Maquiavelista, adj. e s., m. e f. Que, ou quem segue a doutrina de Maquiavel.

Maquiavelizar, v. 1. Intr. Proceder de modo maquiavélico. 2. Tr. dir. Tornar maquiavélico.

Maquiçaba, s. m. *Zool.* O mesmo que *coatá*.

Maquidum, s. m. Pequena cadeira; banco.

Maquidura, s. f. Maquidum.

Maquilador, adj. Que maquila. S. m. Profissional que, nos teatros, estúdios de cinema ou televisão, é encarregado da maquilagem dos atores. Var.: *maquiador*.

Maquilagem, s. f. (fr. *maquillage*). Ato ou efeito de maquilar ou maquilar-se. Var.: *maquiagem*.

Maquilar, v. (fr. *maquiller*). 1. Tr. dir. Pintar o rosto de (alguém). 2. Pron. Pintar o próprio rosto. 3. Pron. Usar cosméticos.

Máquina, s. f. (l. *machina*). 1. Aparelho ou instrumento destinado a produzir, dirigir ou comunicar uma força, ou aproveitar a ação de um agente natural. Col.: *maquinaria, maquinismo*. 2. Aparelho ou veículo motor ou locomotor. 3. Qualquer instrumento ou ferramenta que se empregue na indústria. 4. Pessoa sem iniciativa e sem energia, que só faz alguma coisa por hábito ou rotina. 5. Grande quantidade. — *M.-ferramenta*: máquina para trabalhar madeira, metais ou outro material sólido, conformando-os por meio de desbaste, tal como em um torno, fresa, plana etc., ou mediante recorte ou outro meio; máquina operatriz.

Maquinação, s. f. 1. Ato ou efeito de maquinar. 2. Conluio, enredo, trama.

Maquinador, adj. e s. m. Que, ou o que maquina ou faz maquinações.

Maquinal, adj. m. e f. 1. Que diz respeito a máquinas. 2. Que é executado sem intervenção da vontade; automático, espontâneo, inconsciente.

Maquinar, v. 1. Tr. dir. Arquitetar em segredo, planejar ocultamente (alguma coisa). 2. Tr. ind. Conspirar. 3. Tr. dir. Intentar, projetar.

Maquinaria, s. f. 1. Conjunto de máquinas. 2. Arte de construir máquinas.

Maquineta (*ê*), s. f. 1. Pequena máquina. 2. Redoma enfeitada, que contém uma imagem de santo.

Maquinismo, s. m. 1. Conjunto das peças de uma máquina. 2. Conjunto de máquinas. 3. Emprego de máquinas. 4. Arte de maquinista. 5. Aparelho, instrumento.

Maquinista, s. m. e f. 1. Pessoa que inventa, constrói ou dirige máquinas. 2. Encarregado do cenário ou das decorações no teatro. 3. O que controla e dirige uma locomotiva.

Mar[1], s. m. 1. Grande massa e extensão de água salgada que cobre a maior parte da superfície do globo terráqueo. Ruído: *brama, brame, marulha, muge, rebrama, ronca*. 2. Porção definida dessa extensão. 3. Grande quantidade de qualquer coisa, principalmente líquido. 4. Abismo, imensidão. — *Mar alto*: ponto do mar donde não se avista terra, e que se encontra fora do domínio de qualquer estado internacional. *Mar territorial*: faixa do mar adjacente, regulada por lei. No Brasil, é de 200 milhas ao largo.

Mar[2], s. m. (do siríaco). Título dos bispos maronitas de origem siríaca.

Mará[1], s. m. Vara para impelir a embarcação, ou para amarrá-la, ou para lhe retesar a vela.

Mará[2], s. f. *Zool.* Mamífero roedor (*Dolichotis patagonum patagonum*), que ocorre nos pampas argentinos.

Marabá, s. m. Mestiço de índio e branco.

Marabitana, adj. m. e f. *Etnol.* Relativo aos Marabitanas, índios do Brasil, nas margens do Rio Negro. S. m. e f. Indígena dessa tribo.

Marabu, s. m. (fr. *marabout*, do árabe). 1. Religioso muçulmano, de vida ascética e contemplativa. 2. *Ornit.* Ave africana ciconiforme (*Leptoptilos crumenifer*). S. m. pl. Enfeites de penas de marabu.

Marabuto, s. m. (fr. *marabout*). 1. Templo onde o marabu faz serviço. 2. Marabu (acep. 1).

Maracá, s. m. 1. Chocalho que serve de brinquedo às crianças. 2. Cabaça seca em que os indígenas metem pedras ou frutos e agitam nas festas, na feitiçaria e na guerra.

Maracanã, s. f. *Ornit.* Denominação popular dada a aves psitaciformes, de pequeno porte, entre as quais a *Ara maracana* e *Ara manilata*.

Maracatu, s. m. 1. Dança de origem africana, em que se executam passos e sapateados, ao som de violas, flautas, cuícas, chocalhos, pandeiros etc., com acompanhamento de canto. 2. Música popular brasileira inspirada nessa dança.

Marachão, s. m. 1. Dique. 2. Restinga.

Maracotão, s. m. (aragonês *maracotón*). Fruto do maracoteiro.

Maracoteiro, s. m. Pessegueiro durázio, enxertado em marmeleiro.

Maracujá, s. m. (do tupi). 1. *Bot.* Nome comum a várias trepadeiras sublenhosas, sul-americanas, mais comumente classificadas com o nome de *Passiflora edulis*; também chamadas *maracujazeiro*. 2. Fruto dessas plantas, comestível, porém mais empregado para refrescos.

Maracujazeiro, s. m. *Bot.* O mesmo que *maracujá*, acepção 1.

Maragogipe, adj. e s. m. Diz-se de, ou uma variedade de café.

Marajá[1], s. m. (sânsc. *maharaja*). Título dos príncipes da Índia. Fem.: *marani*.

Marajá[2], s. m. *Bot.* Nome de duas palmeiras brasileiras, *Bactris major* e *B. concina*, das regiões alagadiças do Amazonas.

Marajatina, s. f. Bosque de marajás.

Marajoara, adj. m. e f. Que pertence ou se refere à Ilha de Marajó (Pará). S. m. e f. Habitante ou natural de Marajó. S. m. Vento nordeste que sopra sobre a Ilha de Marajó.

Marambaia, s. m. *Gír.* 1. Marinheiro namorador. 2. Marítimo que prefere viver em terra a estar embarcado.

Marambaiar, v. Intr. *Gír. marítima.* Proceder e viver como marambaia.

Marandová, s. m. 1. *Entom.* Lagarta de certos lepidópteros, em geral de grande porte, que não tem o corpo peludo. 2. Indivíduo de mau gênio. Vars.: *mandarová* e *mandorová*.

Maranduba, s. f. História de guerra ou de viagem. Var.: *maranduva*.

Maranha, s. f. (cfr. o cast. *maraña*). 1. Fibras ou fios enredados. 2. Teia de lã, antes de apisoada. 3. Astúcia, esperteza. 4. Negócio intrincado. 5. Ação de furtar-se ao trabalho; malandragem. 6. Fantasia, mentira.

Maranhão[1], s. m. 1. Terras baixas e pantanosas. 2. *Ictiol.* Variedade de tainha.

Maranhão[2], s. m. *P. us.* Maranhense.

Maranhar, v. Emaranhar.

Maranhense, adj. m. e f. 1. Que pertence ou se refere ao Estado do Maranhão. 2. Natural desse Estado. S. m. e f. Habitante ou natural do Estado do Maranhão.

Maranho, s. m. 1. Iguaria feita de miúdos de carneiro, com arroz, bocados de galinha etc. 2. Molho de tripas.

Maranhoso, adj. Diz-se de terreno alagado.

Marani, s. f. Mulher de marajá.

Marantáceas, s. f. pl. *Bot.* Família (*Marantaceae*) constituída de ervas monocotiledôneas perenes, que têm saliências na junção do pecíolo com a pétala folhosa. S. f. Espécime dessa família.

Marantáceo, adj. Pertencente ou relativo às Marantáceas.

Marapajuba, s. f. *Bot.* Árvore sapotácea (*Mimusops paraensis*).

Marapinima, s. f. *Bot.* Árvore da região amazônica.

Marapitana, adj. m. e f. Marabitana.

Marapuama, s. f. *Bot.*. Erva acantácea medicinal do Brasil. Var.: *marapuana, mirapuana* e *murapuana*.

Marapuana, s. f. V. *marapuama*.

Marasca, s. f. (ital. *marasca*, por *amarasca*). Variedade de cereja amargosa, de que se fabrica o marasquino.

Marasmar, v. 1. Tr. dir. Causar marasmo a. 2. Intr. e pron. Cair em marasmo.

Marasmático, adj. Que tem marasmo; apático.

Marasmo, s. m. (gr. *marasmos*). 1. *Med.* Enfraquecimento lento e progressivo, especialmente nas crianças. 2. Fraqueza e magreza excessivas. 3. Apatia profunda. 4. Enfraquecimento das forças morais.

Marasmódico, adj. Marasmático.

Marasquino, s. m. (ital. *maraschino*). Licor que se prepara com marascas. Var.: *marrasquino*.

Marata, adj. m. e f. Relativo aos maratas, habitantes de uma parte da Índia. S. m. 1. Pessoa pertencente a esse povo. 2. O idioma falado por esse povo.

Maratiáceas, s. f. pl. *Bot.* Família (*Marattiaceae*) de fetos, cujas espécies ainda existentes apresentam grandes folhas com muitas estípulas.

Maratiáceo, adj. Pertencente ou relativo à família das Maratiáceas.

Maratimba, s. m. e f. Caipira.

Maratona, s. f. *Esp.* 1. Corrida pedestre de $42^1/_2$ quilômetros, distância de Maratona a Atenas, com que os gregos comemoravam o dia do soldado de Maratona. 2. Corrida pedestre de longo percurso. 3. Competição esportiva, lúdica ou intelectual.

Maratro, s. m. Funcho.

Marauá, adj. m. e f. *Etnol.* Relativo aos Marauás, indígenas do Norte do Brasil. S. m. e f. Indígena dessa tribo.

Maraunita (*a-u*), s. f. *Geol.* Turfa terciária, de cor clara, muito rica em matérias voláteis. Também chamada *turfa de Maraú*.

Maravalhas, s. f. pl. 1. Aparas de madeira; acendalhas. 2. Bagatelas.

Maravedi, s. m. (ár. *marabiti*). Antiga moeda gótica, usada em Portugal e Espanha. Var.: *maravedil* e *maravidi*.

Maravidi, s. m. V. *maravedi*.

Maravedil, s. m. V. *maravedi*.

Maravilha, s. f. (l. *mirabilia*). 1. Coisa que provoca admiração por sua beleza ou grandeza. 2. Objeto de rara perfeição. 3. Coisa excelente. 4. Designação de um preparado medicinal com mil e uma aplicações; cura-tudo, panacéia. 5. *Bot.* Nome comum às plantas da família das Nictagináceas, cujas espécies principais são a *Mirabilis jalapa* e *Mirabilis dichotoma*.

Maravilhador, adj. e s. m. Que, ou o que maravilha ou causa admiração.

Maravilhamento, s. m. Ato ou efeito de maravilhar(-se).

Maravilhar, v. 1. Tr. dir. Causar maravilha a, encher de admiração e enlevo; encantar. 2. Pron. Encher-se de admiração, pasmo, espanto. 3. Intr. Causar maravilha ou admiração.

Maravilhoso, adj. 1. Que maravilha ou causa admiração. 2. Fora do comum; admirável, prodigioso, surpreendente. S. m. Aquilo que encerra maravilha.

Maraximbé, s. m. *Bot.* Árvore icacinácea (*Emmotum fagifolium*).

Marca, s. f. (germ. *marka*). 1. Ato ou efeito de marcar. 2. Carimbo. 3. Grau, categoria, jaez. 4. Letra, nome ou emblema feito em uma peça. 5. Nódoa deixada no corpo por uma pancada. 6. Vestígio deixado na pele por uma doença. 7. Estigma, ferrete. 8. O sinal impresso a fogo no corpo do animal. 9. Indicação, nota. 10. Limite, fronteira. 11. Cunho, caráter.

Marcação, s. f. Ato ou efeito de marcar.

Marcado, adj. (p. de *marcar*). 1. Que tem marca ou algum sinal distintivo; distinto. 2. Combinado, determinado. 3. Portador de alguma qualidade física ou moral, boa ou má.

Marcador, adj. e s. m. Que, ou o que marca. S. m. 1. Indivíduo que aquece os ferros e os leva para se marcar o gado. 2. *Esp.* Tabuleta onde se marcam os gols que vão sendo conquistados; placar. 3. Jogador que marca o adversário.

Marçagão, s. m. Designação do mês de março, quando o tempo é áspero e inclemente.

Marçalino, adj. Que diz respeito a março.

Marçano, s. m. (por *merçano*, do l. *merce*). 1. Aprendiz de caixeiro. 2. Aprendiz, principiante.

Marcante, adj. m. e f. 1. Que marca. 2. Expressivo, pronunciado. 3. Digno de nota; notável.

Marca-pés, s. m. sing. e pl. Barro com que se purifica o açúcar.

Marcar, v. Tr. dir. 1. Pôr marca ou sinal em. 2. Assinalar, assentar, determinar. 3. Assinalar no tempo, na História. 4. Indicar, mostrar. 5. Indicar o andamento ou execução de. 6. Contundir, ferir. 7. *Esp.* Vigiar. 8. Assinalar o gado com ferro em brasa; ferretear.

Marcassita, s. f. (ár. *marcaxita*). *Miner.* Mineral ortorrômbico, sulfeto de ferro.

Marcela, s. f. *Pop.* Macela.

Marcenaria, s. f. 1. Oficina de marceneiro. 2. Arte ou obra de marceneiro.

Marceneiro, s. m. Artífice qualificado no trabalho da madeira.

Marcescência, s. f. Estado ou qualidade de marcescente.

Marcescente, adj. m. e f. 1. Que murcha. 2. *Bot.* Diz-se da corola e do cálice que persistem após a fecundação da flor.

Marcescível, adj. m. e f. Suscetível de murchar.

Marcha, s. f. (fr. *marche*). 1. Ação ou efeito de marchar; maneira de andar em geral. 2. Cadência com que um corpo de tropa caminha. 3. Curso regular. 4. Modo de proceder. 5. Modo de andar de alguns animais de montaria.

Marchador, adj. Diz-se do cavalo de passo largo e compassado.

Marchantaria, s. f. Negócio ou profissão de marchante. Var.: *marchanteria.*

Marchante, s. m. 1. Aquele que negocia em gado para açougues. 2. *Gír.* Aquele que sustenta uma amante. 3. *Gír.* Aquele que paga as despesas; coronel.

Marchar, v. (fr. *marcher*). 1. Tr. dir. e intr. Andar, caminhar em cadência militar. 2. Tr. ind. Progredir. 3. Intr. Seguir os seus trâmites. 4. Intr. Encaminhar-se para bom êxito.

Marche-marche, s. m. *Mil.* O mais rápido passo da tropa. Interj. Voz para a execução desse passo.

Marcheta, s. f. 1. Lugar do manto, onde se pregam as fitas. 2. Marchete.

Marchetado, adj. 1. Imitante a marchetaria. 2. Matizado. S. m. Objeto de madeira ou de outro material em que se incrustaram pedaços de madeira, pedra, madrepérola, marfim etc.

Marchetar, v. Tr. dir. 1. Fazer obra de marchetaria. 2. Embutir, tauxiar. 3. *Fig.* Matizar, colorir. 4. *Fig.* Realçar, ilustrar.

Marchetaria, s. f. 1. Arte de marchetar. 2. Obra de embutidos.

Marchete *(ê),* s. m. Cada uma das peças que se marchetam ou embutem.

Marcheteiro, s. m. Oficial de marchetaria.

Marcial, adj. m. e f. 1. Que diz respeito à guerra; bélico, belicoso. 2. Que se refere a militares ou a guerreiros. — *Lei m.*: lei que autoriza a aplicação da força armada em certos casos.

Marcializar, v. Tr. dir. Tornar marcial; aguerrir, militarizar.

Marciano, adj. Que diz respeito ao planeta Marte. S. m. O hipotético habitante de Marte.

Marciático, adj. Marciano.

Márcido, adj. 1. Que não tem vigor ou viço; murcho. 2. Flácido, frouxo.

Márcio, adj. Marcial.

Marco[1], s. m. (de *marca*). 1. Baliza. 2. Fronteira. 3. Limite. 4. Sinal de demarcação. 5. Parte fixa das portas e janelas que guarnece o vão.

Marco[2], s. m. (al. *Mark*). Unidade monetária da República Federal Alemã e da República Democrática Alemã.

Março, s. m. Terceiro mês do ano civil.

Marcomano, adj. Relativo aos marcomanos, povo suevo da antiga Germânia. S. m. Indivíduo desse povo.

Maré, s. f. (fr. *marée*). 1. Fluxo e refluxo periódico das águas do mar que, duas vezes por dia, se elevam e se abaixam. 2. Ensejo, oportunidade. 3. Tendência, disposição.

Mareação, s. f. Ato ou efeito de marear; mareagem.

Mareado, adj. 1. Que se mareou; governado. 2. Oxidado pela maresia. 3. Que está com enjôo de mar.

Mareagem, s. f. 1. Mareação. 2. Conjunto dos aparelhos que imprimem movimento ao navio. 3. Direção que o navio segue.

Mareante, adj. e s., m. e f. Que, ou o que mareia. S. m. Marinheiro, navegante.

Marear, v. 1. Tr. dir. Dirigir, governar (o navio). 2. Pron. Orientar-se (no mar). 3. Intr. Navegar, viajar embarcado. 4. Intr. Enjoar a bordo. 5. Tr. dir. Deslustrar. 6. Tr. dir. Embaciar.

Marechal, s. m. (fr. *maréchal*). 1. *Mil.* O mais alto posto da hierarquia do Exército imediatamente superior ao de general-de-exército. Corresponde a almirante, na Marinha; e a marechal-do-ar, na Aeronáutica. 2. Chefe supremo do exército em caso de guerra. Fem.: *marechala.*

Marechalado, s. m. V. *marechalato.*

Marechalato, s. m. Posto ou dignidade de marechal. Var.: *marechalado.*

Maregrafista, s. m. Funcionário encarregado do marégrafo.

Marégrafo, s. m. Instrumento que registra automaticamente as variações do nível do mar em determinado ponto.

Mareiro, adj. 1. Diz-se do vento que sopra do mar. 2. Propício à navegação. S. m. Vento do mar.

Marejada, s. f. Leve agitação de ondas; marulho.

Marejar, v. 1. Intr. Ressumar (um líquido) pelos poros. 2. Tr. dir. Verter. 3. Intr. Borbulhar. 4. Pron. Cobrir-se, encher-se (de lágrimas). 5. Tr. ind. Destilar, gotejar.

Marel, adj. e s. m. Diz-se do, ou o animal destinado à padreação; padreador.

Marema, s. f. (ital. *maremma*). Nome dado aos pântanos do litoral da Itália.

Maremático, adj. 1. Que diz respeito às maremas. 2. Propício às febres das maremas.

Marêmetro, s. m. Marégrafo.

Maremoto, s. m. Tremor do mar.

Mareografista, s. m. e f. Maregrafista.

Mareógrafo, s. m. Marégrafo.

Mareômetro, s. m. Marêmetro.

Maresia, s. f. (de *maré*). 1. Odor típico que exala a vasa do mar. 2. O grande movimento das marés; marejada, marulhada.

Mareta *(ê),* s. f. (ital. *maretta*). 1. Pequena onda. 2. Onda dos rios.

Marfado, adj. 1. Ofendido, zangado, amuado. 2. Hidrófobo.

Marfar, v. 1. Tr. dir. Causar desgosto a. 2. Tr. dir. e pron. Amuar(-se), enfadar(-se). 3. Tr. dir. e pron. Ofender(-se), enfurecer(-se).

Marfim, s. m. (ár. *azm-al-fil*). 1. Substância óssea que constitui, na sua maior espessura, os dentes dos mamíferos. 2. Dentes do elefante e de outros animais. 3. Obra de marfim.

Marfinizar, v. Tr. dir. Dar aparência de marfim a. 2. Pron. Tomar aspecto de marfim.

Marga, s. f. Calcário argiloso, ou argila com maior ou menor teor em calcário.

Margagem, s. f. Ato ou efeito de margar.

Margar, v. Tr. dir. Adubar ou corrigir com marga (um terreno).

Margarida, s. f. (gr. *margarites,* pelo 1.). 1. *Bot.* Nome comum a diversas ervas carduáceas. 2. A flor dessas plantas.

Margarina, s. f. *Quím.* Produto alimentício empregado como substituto da manteiga e que consiste na mistura de palmitina e estearina, extraídas de gorduras animais e vegetais.

Margarita, s. f. 1. Pérola de grande valor. 2. Crustáceo que produz pérolas. 3. *Miner.* Mineral em que predominam os silicatos de cálcio e de alumínio.

Margaritáceo, adj. 1. *Zool.* Designativo dos moluscos que produzem pérolas. 2. Com brilho nacarado.

Margaritífero, adj. Que produz pérolas.

Margeação, s. f. Ato ou efeito de margear.

Margeante, adj. m. e f. Que margeia, que vai pela margem.

Margear, v. Tr. dir. 1. Ir ou seguir pela margem de. 2. Caminhar ao lado ou ao longo de. 3. Guarnecer as margens de. 4. Fazer margem em. 5. Pôr (papel) na máquina de imprimir.

Margem, s. f. (1. *margine*). 1. Beira, riba, terreno que ladeia um rio ou corrente de água. 2. Praia, litoral. 3. Cercadura, fimbria, orla. 4. Espaços sem letras de cada um dos lados de uma obra impressa ou manuscrita. 5. Leira de terra lavrada e compreendida entre dois sulcos. 6. Espaço livre de tempo ou de lugar. 7. Tolerância. 8. Ensejo, faculdade.

Marginado, adj. 1. Em que há margem. 2. Ladeado. 3. Escrito na margem de livro ou de manuscrito.

Marginador, adj. Que margina. S. m. 1. Aquele que põe as folhas de papel na máquina de imprimir. 2. Aparelho automático que preenche as mesmas funções. 3. Dispositivo para fixar o espaço conveniente para a margem, nas máquinas de escrever.

Marginal, adj. m. e f. 1. Pertencente ou relativo a margem. 2. Que segue a margem. 3. Escrito na margem. S m. 1. *Sociol.* Homem marginal. 2. Indivíduo mais ou menos delinqüente ou anormal, que vive à margem das normas éticas.

Marginalidade, s. f. *Sociol.* Condição de pessoa marginal.

Marginalizar, v. Tr. dir. e pron. *Sociol.* Tornar(-se) alguém marginal.

Marginar, v. Tr. dir. 1. Margear. 2. Anotar à margem (livro ou folha). 3. Fixar o espaço da margem.

Marginário, adj. *Bot.* Designativo dos septos constituídos pelo bordo das válvulas que entram no interior do pericárpio.

Marginatura, s. f. *Bot.* Estado do órgão vegetal que é marginário.

Marginiforme, adj. m. e f. Que se assemelha a uma cercadura.

Margoso, adj. 1. Que contém marga. 2. Que se assemelha à marga.

Margrave, s. m. (al. *Markgraf*). Título que, na Alemanha, tinham os chefes das províncias fronteiriças, e que se conservou em alguns principados alemães. Fem.: *margravina.*

Margraviato, s. m. 1. Cargo ou dignidade de margrave. 2. Território sob a jurisdição de um margrave. Var.: *margraviado.*

Margueira, s. f. Lugar onde há marga.

Margueiro, s. m. Trabalhador que ajunta ou transporta marga.

Mari, s. m. *Bot.* Planta icacinácea *(Poraqueiba paraensis).*

Marial, adj. m. e f. (de *Maria,* n. p.). Que diz respeito à Virgem Maria; mariano.

Marialva, adj. m. e f. Que se refere às regras de cavalgar à gineta, estabelecidas pelo Marquês de Marialva. S. m. Bom cavaleiro.

Marianeira, s. f. *Bot.* Planta solanácea *(Aureliana lucida).*

Mariangu, s. m. *Ornit.* Curiango.

Marianinha, s. f. 1. *Ornit.* Ave psitacídea *(Pionites leucogaster).* 2. *Bot.* Andaca.

Marianismo, s. m. Culto à Virgem Maria, promovido pela Igreja Católica.

Marianita, adj. e s., m. e f. Marista.

Mariano, adj. Que diz respeito à Virgem Maria ou ao seu culto. S. m. Frade da ordem dos marianos.

Mariaté, adj. m. e f. *Etnol.* Relativo aos Mariatés, índios aruaques do Rio Içá e do Japurá. S. m. e f. Indígena dessa tribo.

Mariato, s. m. (de *Marryat,* n. p.). Conjunto de bandeiras e galhardetes, usados como sistema de sinais na marinha.

Maria-vai-com-as-outras, s. m. e f., sing. e pl. Pessoa destituída de vontade e opinião própria, que se deixa levar pelos outros.

Maribondo, s. m. Marimbondo.

Maricagem, s. f. Ação ou modos de maricas.

Maricão, s. m. Maricas.

Maricas, s. m. sing. e pl. 1. Homem que se ocupa de trabalhos próprios de mulheres. 2. Homem efeminado. 3. Cachimbo em que se fuma a maconha. Adj. *Fam.* Designativo do homem que tem medo de tudo.

Maricaua, s. m. *Bot.* Planta solanácea *(Datura insignis),* também chamada *toé.*

Maridagem, s. f. Maridança.

Maridança, s. f. Ato ou efeito de maridar. 2. Vida de casados. 3. Boa harmonia entre duas ou mais coisas.

Maridar, v. 1. Tr. dir., tr. ind. e pron. Casar(-se), unir(-se) em casamento (com referência a uma mulher). 2. Tr. dir. *Fig.* Enlaçar, unir. 3. Pron. *Fig.* Enlaçar-se, enrolar-se.

Marido, s. m. Homem casado em relação à esposa; cônjuge do sexo masculino.

Marimacho, s. m. Mulher com aspecto ou modos de homem; virago.

Marimari, s. m. (do tupi). *Bot.* Nome de duas árvores leguminosas-cesalpiniáceas, *Cassia leiandra* e *C. moschata.*

Marimba, s. f. (t. quimbundo). 1. Espécie de tambor cafreal. 2. Instrumento musical, composto de lâminas de vidro ou de metal, graduadas em escala, e que se percutem com baquetas.

Marimbá, s. m. *Ictiol.* Peixe marinho, da família dos Esparídeos (*Diplodus argenteus*).

Marimbar[1], v. (*marimbo + ar*). 1. Intr. Ganhar o jogo do marimbo. 2. Intr. *Pop.* Burlar, enganar, lograr.

Marimbar[2], v. (*marimba + ar*). Intr. Tocar marimba.

Marimbau, s. m. Berimbau.

Marimbo, s. m. Jogo de cartas, em que a dama de espadas é o trunfo de maior valor.

Marimbondo, s. m. (quimbundo *marimbondo*). 1. *Entom.* Nome comum a várias espécies de vespas dotadas de aguilhão inoculador de veneno. 2. Alcunha dada pelos portugueses aos brasileiros ao tempo da independência. 3. *Folc.* Dança jocosa do Brasil central.

Marimonda, s. f. *Zool.* Nome dado no Amazonas ao símio *Ateles belzebuth.*

Marinas, s. f. pl. As plantas marinhas.

Maringá, adj. m. e f. 1. Diz-se do boi cujo pêlo é claro e salpintado de negro. 2. Diz-se da cabra malhada de branco e preto.

Marinha, s. f. 1. Ciência ou arte de navegar. 2. Serviço de marinheiros. 3. Órgão integrante das Forças Armadas, constituído pelo conjunto dos navios de guerra e das forças navais de terra, que se destinam à defesa da nação. 4. Beira-mar, praia. 5. Administração marítima.

Marinhagem, s. f. 1. Arte de navegar. 2. Pessoal de bordo para manobra do navio. 3. Conjunto de marinheiros; maruja.

Marinhar, v. 1. Intr. Dirigir, manobrar, governar navios. 2. Tr. ind. Prover (navios) de marinhagem.

Marinharesco, adj. Que se refere à marinha; marinheiresco.

Marinharia, s. f. *Náut.* Prática de marinhagem.

Marinheiresco, adj. 1. Próprio de marinheiro. 2. Que se refere a marinheiro.

Marinheiro, adj. 1. Que pertence ou se refere à marinhagem. 2. Que é amigo do mar e da vida marítima. S. m. 1. Homem do mar. 2. Aquele que serve na marinha. Col.: *equipagem, marinhagem, maruja, companha, tripulação, chusma.* 3. Indivíduo que conhece a arte de governar um navio. 4. Grão de arroz com casca que se encontra no arroz já cozido.

Marinho, adj. 1. Pertencente ou relativo ao mar. 2. Que procede do mar; marítimo.

Marinismo, s. m. (*Marini,* n. p. + *ismo*). Forma de estilo alambicada e conceituosa adotada na Itália pelo poeta Marini, no século XVII.

Marinista[1], s. m. e f. Pessoa sectária do marinismo.

Marinista[2], s. m. e f. Pintor de marinas.

Marino, adj. Marinho.

Mariola[1], adj. m. e f. De mau caráter, patife. S. m. 1. Moço de fretes. 2. Homem de recados. 3. Biltre, patife, tratante, velhaco.

Mariola[2], s. f. Pequeno tijolo de doce de banana, envolto em papel.

Mariolada, s. f. 1. Bando de mariolas. 2. Ato ou dito de mariola.

Mariolagem, s. f. Mariolada.

Mariolar, v. (*mariola[1] + ar*). Intr. 1. Fazer o serviço de mariola. 2. Levar vida de malandro; vadiar.

Marionete, s. f. (fr. *marionette*). Bonifrate, títere que se faz mover por cordões.

Mariposa, s. f. (cast. *mariposa*). 1. *Entom.* Denominação comum aos lepidópteros noturnos. 2. Jóia ou ornato, de feitio de mariposa.

Mariposar, v. Intr. Adejar como mariposa; borboletear; mariposear.

Mariquita, s. f. 1. *Ictiol.* Nome de dois peixes marinhos, da família dos Serranídeos (*Callidulus flaviventris* e *Eudulus auriga*). 2. *Entom.* Variedade de borboleta (*Heliconius eucrates*). 3. *Ornit.* Pequeno pássaro, da família dos Parulídeos (*Parula pitiayumi*).

Maririçó, s. m. *Bot.* Planta iridácea medicinal (*Lansbergia cathartica*).

Mariscador, s. m. 1. Aquele que marisca. 2. Aquele que sabe caçar e pescar.

Mariscar, v. 1. Tr. dir. e intr. Apanhar, colher mariscos. 2. Intr. Comer, debicar aqui e acolá. 3. Intr. Catar, comer mariscos, peixinhos, insetos. 4. Intr. Pesquisar diamantes nos restos de cascalhos abandonados na cata.

Marisco, s. m. 1. Nome genérico dos crustáceos e moluscos comestíveis, como as lagostas, os camarões, porém mais restritamente os mexilhões. 2. Espécie de gato bravo. 3. Utensílio em forma de garra ou colher denteada, com que se despolpa o coco partido em duas metades.

Marisma, s. f. Terreno alagadiço, à beira-mar.

Marisqueira, s. f. *Ictiol.* Peixe de mar, também chamado *corvina* (*Micropogon furnieri*).

Marisqueiro, adj. e s. m. Que, ou o que marisca, ou gosta de mariscos.

Marista, adj. m. e f. Relativo aos maristas, congregação religiosa, fundada em Bordéus, em 1816, sob o nome de Sociedade de Maria. S. m. e f. Membro dessa congregação.

Maritaca, s. f. *Ornit.* Maitaca.

Marital, adj. m. e f. 1. Relativo a marido. 2. Relativo a matrimônio; conjugal. Var.: *maridal.*

Mariticida, s. f. Mulher que mata o marido.

Mariticídio, s. m. Crime da mulher que mata o marido.

Marítimo, adj. 1. Marinho. 2. Que vive no mar ou à beira-mar. 3. Próximo do mar. 4. Que se entrega especialmente à navegação por mar. 5. Naval. S. m. Homem do mar; marinheiro.

Marizeira, s. f. *Bot.* Planta leguminosa-papilionácea (*Geoffraea superba*).

Marketing (*márquetin*), s. m. (t. ingl.). *Econ.* Conjunto de operações executadas por uma empresa envolvendo a vida do produto, desde a planificação de sua produção até o momento em que é adquirido pelo consumidor; mercadologia.

Marlota, s. f. (ár. *malluta*). Capote curto com capuz, usado entre os mouros.

Marlotar, v. Tr. dir. 1. Dar aparência rugosa a. 2. Amarrotar, enxovalhar.

Marma, s. f. (cast. *merma*). Chapa lisa de ferro, para arredondar o vidro, nas fábricas.

Marmanjão, s. m. Grande marmanjo, velhaco.

Marmanjo, adj. e s. m. *Pop.* Diz-se do, ou indivíduo que é mariola, velhaco. S. m. 1. Rapaz corpulento. 2. Homem feito.

Marmelada, s. f. 1. Doce de marmelo, mais ou menos consistente e sem calda. 2. *Pop.* Vantagem, pechincha. 3. *Esp. Gír.* Conluio prévio e desonesto para que um jogo ou competição termine com um resultado, favorável àquele a quem convém sair vencedor. 4. Roubalheira, trapaça.

Marmeleiral, s. m. Plantação de marmeleiros.

Marmeleiro, s. m. Árvore rosácea (*Cydonia oblonga*), que produz o marmelo.

Marmelo, s. m. (l. *melimelu*). 1. Fruto do marmeleiro, ácido e adstringente, muito empregado no preparo da marmelada. 2. Marmeleiro.

Marmita, s. f. (fr. *marmite*). 1. Panela de lata ou de outro metal e com tampa. 2. Lata do rancho militar. 3. Conjunto de vasilhas que se adaptam umas nas outras e servem para transportar comida.

Marmiteiro, s. m. 1. Entregador de marmitas em domicílios, levando a comida fornecida por pensões. 2. *Pop.* Operário que leva o almoço em marmita.

Marmoraria, s. f. Oficina de marmorista.

Marmorário, adj. Marmóreo. S. m. Marmorista.

Mármore, s. m. (l. *marmor*). 1. Pedra calcária de muito variadas cores, dura, suscetível de polimento e que se emprega em arquitetura e estatuária. 2. Estátua ou monumento dessa pedra. 3. Aquilo que é frio, insensível, ou branco como o mármore. 4. Dureza de coração.

Marmorear, v. Tr. dir. 1. Dar aspecto de mármore a. 2. Revestir de mármore. 3. Marmorizar.

Marmoreira, s. f. Pedreira de mármore.

Marmoreiro, s. m. Marmorista.

Marmóreo, adj. 1. Que se assemelha ou se refere ao mármore. 2. Feito de mármore. 3. Que tem a brancura ou a insensibilidade do mármore.

Marmorista, s. m. e f. 1. Operário qualificado que trabalha o mármore. 2. Artista que faz esculturas em mármore.

Marmorização, s. f. 1. Ato ou efeito de marmorizar. 2. Transformação de calcário em mármore. 3. *Med.* Estado de um órgão, que, na sua superfície externa, apresenta veias ou fios.

Marmorizar, v. Tr. dir. 1. Transformar em mármore. 2. Dar aspecto de mármore a. 3. *Tip.* Imitar a superfície do mármore no papel ou no corte de um livro.

Marmota, s. f. Pequeno quadrúpede roedor (*Marmota marmota*).

Marna, s. f. *Gal.* Marga.

Marnel, s. m. Terreno coberto de água; paul.

Marnota, s. f. 1. Terreno que pode ser alagado pela água do mar ou de um rio. 2. Lugar da salina onde se junta a água para o fabrico do sal.

Marnoteiro, s. m. Marnoto.

Marnoto (*ô*), s. m. (de *marnota*). Trabalhador das salinas.

Maro, s. m. *Bot.* Planta labiada, medicinal (*Teucrium marum*).

Marola, s. f. 1. Onda violenta; vagalhão. 2. Escarcéu, banzeiro.

Marolo (*ô*), s. m. *Bot.* Planta anonácea (*Anona rodriguesii*).

Maroma, s. f. (cast. *maroma*, do ár. *mabruma*). 1. Corda grossa. 2. Corda sobre que se exibem funâmbulos ou arlequins.

Maromba, s. f. (var. de *maroma*). 1. Vara com que os funâmbulos ou arlequins mantêm o equilíbrio sobre a maroma. 2. Situação ou posição crítica. 3. Esperteza, malandragem.

Marombeiro, adj. Que lisonjeia ou adula, com manha ou por interesse.

Marombista, adj. e s., m. e f. 1. Diz-se da, ou a pessoa que costuma furtar-se a compromissos. 2. Oportunista.

Maronita, adj. m. e f. (de *Maron*, n. p.). Relativo aos maronitas, católicos do rito sírio. S. m. e f. Pessoa desse grupo católico.

Marosca, s. f. 1. *Pop.* Ardil, enredo, trapaça. 2. *Gír.* Mentira.

Marotagem, s. f. 1. Maroteira. 2. Bando de marotos.

Marotear, v. Intr. 1. Fazer maroteiras. 2. Levar vida de maroto.

Maroteira, s. f. 1. Ato ou dito de maroto. 2. Qualidade de maroto; marotagem. 3. Velhacaria, patifaria.

Maroto (*ô*), adj. 1. Malicioso, brejeiro. 2. Lúbrico, sensual. 3. Folgazão. 4. Patife, velhaco. 5. Malcriado. S. m. 1. Homem de baixa extração; marau, patife, tratante. 2. Alcunha dos portugueses, a partir da época da Independência.

Marouço, s. m. (de *mar*). Mar encapelado. S. m. pl. Ondas grandes e encapeladas. Var.: *maroiço.*

Marquês, s. m. (l. med. *marchense*). Título nobiliárquico imediatamente inferior ao de duque e imediatamente superior ao de conde.

Marquesa, s. f. 1. Fem. de *marquês.* 2. Mulher ou viúva de marquês. 3. Senhora que tem marquesado. 4. Leito largo de madeira. 5. Marquise.

Marquesado, s. m. 1. Cargo ou dignidade de marquês. 2. *Ant.* Domínio e solar de um marquês ou marquesa.

Marquesinha, s. f. 1. *Mil.* Toldo que abriga a tenda dos oficiais em campanha. 2. Sombrinha outrora usada pelas senhoras.

Marquise, s. f. (t. francês). Cobertura saliente, destinada a servir de abrigo.

Marra, s. f. 1. Parte do instrumento cortante, oposta ao gume. 2. Enxadinha para capinar. 3. Rego fundo aberto ao lado da estrada ou do caminho. 4. Claro ou clareira em vinhedos e olivais. 5. Certo jogo de rapazes.
Na m.: à força.

Marrã, s. f. 1. Porca nova, que deixou de mamar. 2. Carne de porco fresca.

Marraco, s. m. Enxadão.

Marrada, s. f. Ato de marrar.

Marrafa[1], s. f. (*Maraffi*, n. p.). 1. Crescente de cabelo riçado caído para a testa. 2. Cada uma das partes em que se divide o cabelo por meio de um risco longitudinal. 3. Pente ornamental de uso no toucado das mulheres.

Marrafa[2], s. f. *Folc.* Modalidade do fandango.

Marralhar, v. 1. Tr. ind. Insistir, procurar persuadir, teimar. 2. Intr. Ser marralheiro.

Marralheiro, adj. (cast. *marrullero*). 1. Que marralha. 2. Que usa de astúcias para iludir.

Marralhice, s. f. 1. Ato de marralhar. 2. Astúcia, manha.

Marrão[1], adj. Bravio, selvagem.

Marrão[2], s. m. (ár. *mahram?*). Pequeno porco desmamado. Pl.: *marrões* e *marrãos*.

Marrão[3], s. m. (de *marrar*). 1. Martelo pesado, para quebrar pedra principalmente. 2. Malho.

Marrar, v. 1. Intr. Bater com o marrão. 2. Intr. Bater com o corno; dar marrada. 3. Intr. *Pop.* Arremeter e bater com a cabeça. 4. Tr. ind. Encontrar-se de frente com alguma coisa.

Marraxo, s. m. *Ictiol.* Grande peixe marinho (*Eulamia lamia*), que chega a atingir quase quatro metros de comprimento.

Marreca, s. f. 1. Fêmea do marreco. 2. *Ornit.* Nome comum a diversas aves anatídeas.

Marrecão, s. m. *Ornit.* Nome de duas aves da família dos Anatídeos: *Neochen jubata* e *Netta peposaca*.

Marrecapeba, s. f. *Ornit.* Ave anatídea (*Dendrocygna bicolor bicolor*).

Marreco, s. m. 1. *Ornit.* Nome comum a aves palmípedes, da família dos Anatídeos, semelhantes ao pato, porém menores que ele. Voz: *grasna, grasne, grassita*. 2. Indivíduo corcunda.

Marrequém-de-igapó, s. f. *Ornit.* Ave psitacídea (*Pyrrhura picta amazonum*).

Marrequinha, s. f. *Ornit.* Ave anatídea (*Oxyura dominica*).

Marrequinho-do-campo, s. m. *Ornit.* Ave anatídea (*Anas versicolor*).

Marreta (*ê*), s. f. 1. Pequeno marrão. 2. Cacete grosso. 3. Malho. S. m. e f. *Gír.* Negocista, picareta.

Marretada, s. f. 1. Pancada com marreta. 2. Bordoada forte.

Marretar, v. Tr. dir. 1. Bater com marreta em. 2. Desbaratar. 3. Espancar. 4. Falar mal de. 5. *Gír.* Realizar apressadamente um trabalho; não lhe dar o devido acabamento.

Marreteiro, s. m. 1. Operário que trabalha com a marreta. 2. Trapaceiro, vigarista. 3. Vendedor ambulante.

Marroada[1], s. f. Manada ou vara de marrões.

Marroada[2], s. f. Pancada com marrão; marretada.

Marroaz[1], s. m. Embarcação asiática.

Marroaz[2], adj. m. e f. Obstinado, teimoso.

Marrom, adj. m. e f. e s. m. (fr. *marron*). Castanho.

Marroquim, s. m. (ár. *marroqui*). Pele curtida de bode ou cabra, tingida do lado da flor, e já preparada para artefatos.

Marroquinar, v. Tr. dir. Transformar em marroquim.

Marroquino, adj. De, pertencente ou relativo a Marrocos. S. m. Habitante ou natural de Marrocos.

Marroteiro, s. m. (corr. de *marnoteiro*). Capataz dos marnotos; marnoteiro.

Marroxo, s. m. *Pop.* 1. Coto de vela. 2. Rebotalho, refugo, resto.

Marruá, s. m. 1. Touro. 2. Novilho por domesticar. 3. Indivíduo que se deixa enganar facilmente. 4. Calouro, inexperiente, neófito.

Marruco, s. m. Boi ou touro destinado à reprodução.

Marrueiro, s. m. Domador de touros ou marruás.

Marrufo, s. m. 1. Frade leigo. 2. Maroto, patife.

Marselhês, adj. De, pertencente ou relativo a Marselha. S. m. O habitante ou natural de Marselha.

Marselhesa, s. f. Hino nacional francês.

Marsileáceas, s. f. pl. *Bot.* Família (*Marsileaceae*) que compreende fetos rastejantes, muitas vezes usados como plantas aquáticas.

Marsileáceo, adj. *Bot.* Relativo ou pertencente à família das Marsileáceas.

Marsupial, adj. m. e f. 1. Em forma de bolsa. 2. *Zool.* Que tem órgão em forma de bolsa. S. m. *Zool.* Espécime dos Marsupiais. S. m. pl. Ordem (*Marsupialia*) de mamíferos sem placenta, ou dotados de placenta rudimentar.

Marsupialização, s. f. *Cir.* Sutura das paredes de um cisto abdominal, de modo que, aberto o cisto, forma-se uma bolsa, como a dos marsupiais.

Marsúpio, s. m. *Zool.* Bolsa situada na região inguinal dos marsupiais.

Marta, s. f. (fr. *marte*, de origem germânica). 1. *Zool.* Carnívoro mustelídeo (*Mustela martes*) que é muito procurado por sua pele fina e valiosa. 2. A pele desse animal.

Marte, s. m. 1. Deus da guerra, na mitologia grega e latina. 2. *Astr.* Planeta, cuja revolução em torno do Sol dura 687 dias e cuja órbita é exterior à da Terra e interior à de Júpiter. 3. Guerra. 4. Homem guerreiro.

Martelada, s. f. 1. Pancada com martelo. 2. Ruído semelhante ao da pancada do martelo.

Martelador, adj. e s. m. 1. Que, ou aquele que martela. 2. Maçador, importuno.

Martelagem, s. f. Ato de martelar.

Martelar, v. 1. Tr. dir. Bater com martelo em. 2. Intr. Dar marteladas. 3. Tr. ind. e intr. Insistir, teimar. 4. Tr. dir. Afligir, oprimir, importunar. 5. Tr. dir. Repetir muitas vezes, para aprender ou decorar.

Martelete (*ê*), s. m. 1. Pequeno martelo. 2. Espora mourisca.

Martelinho, s. m. 1. Dim. de *martelo*. 2. *Gír.* Copo de meio quartilho.

Martelo, s. m. (l. v. *martellu*). 1. Instrumento de ferro, de cabo de madeira e destinado a bater, pregar ou quebrar. Ruído: *malhar*. 2. Peça do piano para percutir as cordas. 3. *Anat.* O maior dos três ossículos auditivos. 4. Peça que no relógio dá as horas e os quartos. 5. Aquele que procura exterminar um mal. 6. Larva do mosquito transmissor da febre amarela. 7. Pessoa importuna.

Martim-pescador, s. m. *Ornit.* Nome comum a certas aves ribeirinhas, coraciformes, da família dos Alcedinídeos. Vivem junto aos rios e lagos e se alimentam quase exclusivamente de peixes.

Martinete (*ê*), s. m. (fr. *martinet*). 1. Martelo grande, movido por água ou vapor, cuja finalidade é bater instrumentos de ferro ou aço a frio, nas indústrias metalúrgicas. 2. O martelo do piano. 3. O ponteiro do relógio de sol. 4. Penacho das penas que os grous mudam. 5. Penacho de qualquer ave. 6. Flor amarantácea, roxa, aveludada. 7. *Ornit.* Nome comum a diversas aves apodiformes, parecidas com as andorinhas.

Martiniáceas, s. f. pl. *Bot.* Família (*Martyniaceae*) de plantas dicotiledôneas.

Martiniáceo, adj. *Bot.* Relativo ou pertencente à família das Martiniáceas.

Martinismo, s. m. *Filos.* Sistema místico, baseado na cabala judaica.

Mártir, s. m. e f. (gr. *martus, uros*, pelo l.). 1. Pessoa que sofreu tormentos ou a morte, pela fé cristã. 2. Pessoa que sofre por sustentar as suas crenças ou as suas opiniões. 3. Pessoa que sofre muito. 4. Pessoa que é vítima de maus tratos.

Martírio, s. m. 1. Sofrimento ou suplício de mártir. 2. Tormento ou grande sofrimento. 3. *Bot.* Planta passiflorácea (*Passiflora coerulea*).

Martirizar, v. 1. Tr. dir. Fazer sofrer o martírio, tornar mártir. 2. Tr. dir. Afligir, atormentar, fazer sofrer muito. 3. Pron. Apoquentar-se, atormentar-se.

martiro-, elem. de comp. (gr. *martus, uros*). Encerra a idéia de *mártir*: *martirológio*.

Martirológio, s. m. Lista de mártires, com a respectiva história do seu martírio.

Martirologista, s. m. e f. Quem escreve martirológios.

Martita, s. f. *Miner*. Hematita que ocorre na cor preta de ferro, isométrica pseudomorfa da magnetita.

Maruá, adj. m. e f. *Etnol*. Relativo aos Maruás, indígenas do Norte do Brasil. S. m. e f. Indígena dos Maruás.

Marufle, s. m. (fr. *maroufle*). Cola muito forte usada por pintores, para reforçar uma tela com outra ou para aplicar a mesma tela sobre madeira ou parede.

Marufo, s. m. *Pop*. Bebida fermentada extraída da seiva açucarada do bordão, muito apreciada pelos indígenas africanos.

Maruí, s. m. V. *maruim*.

Maruim (*u-im*), s. m. *Entom*. Denominação popular dada aos dípteros nematóceros que se criam em terrenos pantanosos.

Maruja, s. f. Tripulação do navio; marinhagem.

Marujada, s. f. 1. Gente do mar. 2. Multidão de marujos.

Marujo, s. m. (de *mar*). 1. Marinheiro. 2. *Náut*. Ferramenta de calafate.

Marulhada, s. f. Marulho.

Marulhar, v. 1. Intr. e pron. Agitar-se com violência (o mar). 2. Intr. Imitar o marulho das ondas.

Marulheiro, adj. Diz-se do vento que produz marulho.

Marulho, s. m. (de *mar*). 1. Agitação das ondas do mar. 2. Agitação, barulho, confusão, tumulto. 3. Enjôo do mar.

Marulhoso, adj. Em que há marulho; inquieto, picado, revolto.

Marupá, s. m. *Bot*. 1. Árvore de grande porte, da família das Simarubáceas (*Simaruba amara*), das matas virgens, da Amazônia até Pernambuco.

Marupapiranga, s. f. *Bot*. Planta iridácea (*Eleutherine bulbosa*).

Marxismo (*cs*), s. m. *Filos*. Sistema doutrinário social-filosófico do socialista alemão Karl Marx (1818-1883).

Marxista (*cs*), adj. m. e f. Que diz respeito ao marxismo. Adj. e s., m. e f. Sequaz do marxismo.

Marzão, s. m. *Pop*. 1. Mar agitado. 2. O grande mar. 3. Grande massa de água.

Marzoco (*ô*), s. m. (ital. *marzocco*). Bobo, bufão, truão.

Mas[1], conj. (l. *magis*). Indicativa de oposição ou restrição. S. m. 1. Dificuldade, estorvo, objeção, obstáculo. 2. Defeito, senão. — *Mas também*: opõe-se a *não só* e funciona como conjunção aditiva. *Nem mas nem meio mas*: expressão de quem não admite desculpas ou controvérsias.

Mas[2], contr. do pron. pess. *me* com o pron. pess. *as*.

Masacará, adj. m. e f. *Etnol*. Relativo aos Masacarás, índios das proximidades de Juazeiro. S. m. e f. Indígena dos Masacarás.

Mascador, adj. e s. m. Que, ou aquele que masca.

Mascar, v. (l. *masticare*). 1. Tr. dir. Mastigar sem engolir. 2. Tr. dir. Remoer, ruminar. 3. Tr. dir. Falar por meias palavras; dizer, pronunciar obscuramente. 4. Tr. dir. Meditar, refletir, fazer planos. 5. Tr. dir. *Fam*. Insinuar.

Máscara, s. f. (ár. *maskhara*). 1. Artefato que representa uma cara ou parte dela, e que se põe no rosto, para disfarçar a pessoa que o põe. 2. Molde que se tira do rosto de um cadáver. 3. Disfarce, falsa aparência. 4. Cobertura com que se resguarda o rosto, na esgrima, na guerra ou na limpeza de colméias. 5. Varanda, alpendre. 6. Peça de couro com que se tapa a vista às reses bravias, obrigando-as a somente verem de soslaio e a andarem devagar. 7. *Fot*. Recorte de material opaco com que se cobre a parte do original a ser fotografado para impressão, e que não deve aparecer na reprodução.

Mascarada, s. f. 1. Grupo de pessoas com máscara. 2. Festa em que entram pessoas mascaradas.

Mascarado, adj. 1. Que está com máscara. 2. Disfarçado. 3. Designativo de cavalo ou boi que tem cara branca. 4. *Mil*. Designativo de bateria composta de canhões ocultos no mato. S. m. 1. Indivíduo mascarado. 2. *Gír. esp*. Jogador hábil, mas convencido, que não procura esforçar-se.

Mascarão, s. m. Ornato de pedra, em forma de máscara.

Mascarar, v. 1. Tr. dir. Pôr máscara em. 2. Tr. dir. e pron. Disfarçar(-se) com máscara ou traje de mascarado. 3. Tr. dir. Disfarçar, dissimular. 4. Tr. dir. Encobrir, ocultar. 5. Pron. Disfarçar-se, assumir falsa aparência.

Mascarilha, s. f. (cast. *mascarilla*). Máscara que só cobre parte do rosto.

Mascarino, adj. *Bot*. Designativo das flores e corolas que apresentam o aspecto de máscara.

Mascarra, s. f. 1. Mancha na pele, feita com carvão, tinta etc. 2. Sujidade. 3. Estigma, infâmia, labéu.

Mascarrar, v. Tr. dir. 1. Sujar com mascarras; emporcalhar. 2. Pintar ou escrever mal. 3. *P. us*. Macular, desacreditar.

Mascataria, s. f. Profissão de mascate.

Mascate, s. m. 1. Vendedor ambulante de objetos manufaturados, panos, jóias etc. 2. Alcunha depreciativa, dada antigamente aos portugueses do Recife pelos brasileiros de Olinda, donde se originou o nome à *Guerra dos Mascates*, iniciada em 1710, em Pernambuco, entre os dois povos.

Mascateação, s. f. 1. Ato de mascatear. 2. Profissão de mascate.

Mascatear, v. 1. Intr. Exercer a profissão de mascate. 2. Tr. dir. Vender (mercadorias) pelas ruas.

Mascavado, adj. 1. Designativo do açúcar não refinado. 2. Adulterado, falsificado. 3. Incompreensível.

Mascavar, v. Tr. dir. 1. Separar e juntar (o açúcar de pior qualidade). 2. Adulterar, falsificar. 3. Servir-se de linguagem impura ou incorreta, falando ou escrevendo.

Mascavinho, s. m. Açúcar um pouco mais claro que o mascavado ou mascavo.

Mascavo, adj. O mesmo que *mascavado* (açúcar). S. m. Ato de mascavar.

Mascotar, v. Tr. dir. 1. Pisar com mascoto. 2. Mascar, mastigar.

Mascote, s. f. (fr. *mascotte*). 1. *Pop*. Pessoa, animal ou coisa que, segundo se crê, dá sorte, ou traz felicidade; amuleto, talismã. 2. *Bot*. Planta cucurbitácea (*Guarania malacophylla*).

Mascoto (*ô*), s. m. (fr. *massicot*). Grande martelo, usado nas fábricas de moeda.

Masculifloro, adj. *Bot*. Que tem flores masculinas.

Masculinidade, s. f. 1. Qualidade de masculino ou másculo. 2. Virilidade.

Masculinizar, v. 1. Tr. dir. Atribuir gênero masculino a. 2. Tr. dir. Dar forma ou aparência masculina a. 3. Pron. Tornar-se masculino; adquirir aparências e hábitos masculinos.

Masculino, adj. 1. Que pertence ou se refere ao sexo do varão ou dos animais machos. 2. Próprio de homem, varonil. 3. *Gram*. Qualificativo do gênero dos nomes que designam entes masculinos ou objetos considerados como tais. 4. *Gram*. Diz-se das palavras ou nomes que, pela terminação e concordância, designam seres masculinos ou que como tais se consideram.

Másculo, adj. 1. Relativo ao homem ou a animal macho. 2. Viril, enérgico.

Masdeísmo, s. m. (avéstico *Mazda*). Religião dos persas antigos, cuja divindade suprema era Aúra Masda. Admitia dois princípios — o do bem e o do mal — e venerava o fogo; zoroastrismo.

Masdeísta, adj. m. e f. Referente ao madeísmo. S. m. e f. Sequaz do masdeísmo.

Maser (*mêiser*), s. m. (t. ingl.). Acrônimo de *Microwave Amplification by Simulated Emission*: Microondas amplificadas por emissão estimulada de radiação. *Fís*. Dispositivo capaz de amplificar ou gerar radiação em radiofreqüência. Var.: *mêiser*.

Masmarro, s. m. 1. Fradalhão, frade interesseiro. 2. Ermitão de hábito talar. 3. Marmanjo, velhaco.

Masmorra, s. f. (ár. *matmura*). 1. Cárcere subterrâneo. 2. Lugar isolado, sombrio e triste.

Masoquismo, s. m. 1. Perversão sexual, em que o indivíduo anormal só satisfaz o desejo erótico quando sofre violências físicas ou psíquicas. 2. *Por ext*. Prazer que se sente com o próprio sofrimento.

Masoquista, s. m. e f. Que tem a perversão do masoquismo.

Massa, s. f. 1. Farinha misturada com água ou outro líquido, formando pasta. 2. Substância mole, pastosa ou pulverizada. 3. O todo cujas partes são da mesma natureza. 4. Corpo informe. 5. O maior número ou a totalidade. 6. A multidão, o povo, reunião de muita gente. 7. *Fís.* Quantidade de matéria que forma um corpo. 8. Fundo ou pecúlio de uma sociedade ou coletividade. 9. Conjunto de uma obra de arquitetura. 10. *Pint.* As partes de um quadro que apresentam grandes luzes ou grandes sombras. 11. *Fís.* Medida quantitativa da inércia de um corpo, ou seja, sua resistência à aceleração. 12. *Sociol.* Conjunto de indivíduos não delimitado pelas classificações tradicionais (família, classe), mas definido por um objetivo visado por certas atividades. S. f. 1. Ajuntamento de gente. 2. A população. 3. O povo.

Massacrar, v. (fr. *massacrer*). Tr. dir. 1. Matar em massa e cruelmente; chacinar. 2. *Fig.* Aborrecer, maçar, mormente com conversa enfadonha.

Massacre, s. m. (fr. *massacre*). 1. Ato de massacrar. 2. Carnificina, morticínio cruel. 3. Grande matança de animais.

Massadeira, s. f. Máquina para preparar a massa do pão.

Massagada, s. f. *Pop.* Confusão, miscelânea, salsada.

Massagear, v. Tr. dir. Fazer massagens em.

Massagem, s. f. (fr. *massage*, de *masser*, este do ár.). Fricção ou compressão do corpo ou parte dele, para modificar a circulação ou obter vantagens terapêuticas.

Massagista, s. m. e f. Pessoa que faz massagens.

Massame, s. m. 1. Lastro dos poços e cisternas formado de pedra e argamassa. 2. Cordame de navio.

Massamorda (*ó*), s. f. 1. Comida mal feita. 2. Mixórdia, salsada.

Massapé (Sul) ou **massapê** (Norte), s. m. Terra argilosa, geralmente preta, dos Estados da Bahia e Sergipe, formada pela decomposição de calcários cretáceos e muito boa para a cultura da cana-de-açúcar.

Massaroco (*ô*), s. m. Porção de fermento com que se leveda o pão.

Masseira, s. f. 1. Grande tabuleiro, em que se amassa a farinha para o fabrico do pão. 2. Tabuleiro onde se faz a argamassa.

Masseiro, s. m. 1. O preparador da massa nas padarias. 2. Ajudante de pedreiro, que prepara a argamassa.

Masseter (*tér*), s. m. (gr. *masseter*). *Anat.* Músculo que, juntamente com outros, põe em movimento a maxila na mastigação.

Masseterino, adj. (fr. *masseterin*). Relativo ou pertencente ao masseter.

Massificação, s. f. 1. Ato ou efeito de massificar. 2. Característica das sociedades desenvolvidas, para as quais o nível de vida tende a assumir valores padronizados.

Massificar, v. Tr. dir. Levar a um mesmo nível uniforme.

Massoca, s. f. Produto farináceo que se extrai da massa de mandioca, passada pelo tipiti.

Massorá, s. f. (hebr. *massorah*). Trabalho crítico sobre a grafia e a leitura correta da Bíblia hebraica, feito por doutores judeus.

Massoreta (*ê*), s. m. Cada um dos colaboradores da massorá.

Massudo, adj. 1. Que tem aspecto de massa. 2. Cheio, compacto, encorpado. 3. Grosseiro, pesado.

Mastaréu, s. m. (fr. ant. *masterel*). *Náut.* Cada um dos mastros suplementares.

Mástica, s. f. *P. us.* Mástique.

Masticatório, s. m. Mastigatório.

Mastigação, s. f. Ato ou efeito de mastigar.

Mastigado, adj. 1. Que foi submetido à mastigação. 2. *Pop.* Preparado cuidadosamente; ruminado. 3. Mal articulado entre os dentes; pronunciado confusamente.

Mastigadouro, s. m. Freio que não impede a mastigação do animal. Var.: *mastigadoiro*.

Mastigar, v. 1. Tr. dir. e intr. Triturar com os dentes. 2. Tr. dir. e intr. Comer. 3. Tr. dir. e intr. Pronunciar de modo pouco claro, resmungar. 4. Tr. dir. Examinar, ponderar, ruminar. 5. Tr. dir. Repetir, repisar (palavras).

Mastigatório, adj. Que diz respeito à mastigação. S. m. Remédio que se mastiga, para ativar a salivação ou perfumar a boca.

Mastigóforo, adj. Pertencente ou relativo à classe dos Mastigóforos. S. m. Espécime dessa classe.

Mastigóforos, s. m. pl. Classe de protozoários providos de flagelos.

Mastim, s. m. (fr. ant. *mastin*). 1. Cão para guarda de gado. 2. Cão que ladra muito. 3. Agente policial. 4. Pessoa que tem má língua.

Mástique, s. m. (l. *mastiche*, do gr.). Resina da almécega.

Mastite, s. f. *Med.* Inflamação das glândulas mamárias, em geral causada por infecção.

masto-, elem. de comp. (gr. *mastos*). Exprime a idéia de *mama, mamilo: mastodinia, mastodonte*.

Mastodinia, s. f. *Med.* Dor nas glândulas mamárias.

Mastodonte, s. m. 1. *Paleont.* Proboscídeo fóssil, que apareceu no Oligoceno e se extinguiu no Pleistoceno tardio. 2. *Pop.* Pessoa muito corpulenta. Fem. (acepção 2): *mastodonta*.

Mastóide, adj. m. e f. Que tem forma de mama; mastóideo.

Mastóideo, adj. Mastóide.

Mastoidite, s. f. *Med.* Inflamação da apófise mastóide.

Mastoquino, s. m. (fr. *mastoquin*). Navalha curta, usada pelos marujos.

Mastozoário, adj. e s. m. *Zool.* Mamífero.

Mastozoologia, s. f. Tratado a respeito dos mamíferos.

Mastozoológico, adj. Relativo à mastozoologia.

Mastozoólogo, s. m. Zoólogo especialista em mamíferos.

Mastozoótico, adj. *Paleont.* Designativo do terreno que contém restos fósseis de mamíferos.

Mastreação, s. f. *Náut.* 1. Ato ou efeito de mastrear. 2. Conjunto de mastros de uma embarcação.

Mastrear, v. Tr. dir. Guarnecer (navios) com mastros.

Mastro, s. m. (ant. *masto*, do fr. ant. *mast*). 1. *Náut.* Tronco comprido e vertical, que serve para sustentar as velas do navio. Col. (quando na mesma embarcação): *mastreação*; (quando considerados juntamente com as vergas, remos etc.): *palamenta*. 2. Pau em que se hasteia a bandeira. 3. Pau comprido, fincado no chão verticalmente, para uso de ginastas.

Mastruço, s. m. *Bot.* Nome comum a várias plantas da família das Crucíferas, particularmente a espécie *Lepidium sativum*, erva anual de origem asiática. Vars.: *mastruz* e *mentruz*.

Mastruz, s. m. *Bot.* Mastruço.

Masturbação, s. f. Ato de masturbar(-se).

Masturbar, v. Tr. dir. e pron. Provocar com a mão ou com objetos adequados o gozo venéreo em.

Mata, s. f. 1. Extenso terreno coberto de árvores silvestres. 2. Bosque, selva, floresta. 3. Grande porção de hastes ou de objetos análogos. — *M. virgem*: mata natural e primitiva, ainda não explorada.

Mata-bicho, s. m. 1. Gole de qualquer bebida alcoólica. 2. *Pop.* Cachaça. Pl.: *mata-bichos*.

Mata-borrão, s. m. 1. Papel chupão com que se seca a escrita. 2. *Gír.* Ébrio inveterado. Pl.: *mata-borrões*.

Mata-burro, s. m. Fosso escavado na boca dos cortes ou das porteiras, coberto de traves espaçadas, para vedar a passagem de animais. Pl.: *mata-burros*.

Mata-cachorro, s. m. 1. 1. Alcunha de soldado de polícia. 2. Pessoa que, nos circos de cavalinhos, estende tapetes e prepara o picadeiro para as diferentes cenas de um espetáculo. 3. *Bot.* Árvore simarubácea (*Simarouba versicolor*). Pl.: *mata-cachorros*.

Matacalado, s. m. *Bot.* Arbusto amazônico da família das Flacurtiáceas (*Patrisia acuminata*).

Matacão, s. m. 1. Pequena pedra. 2. Grande fatia, naco, pedaço. 3. Suíça (talhe de barba). 4. Bloco grande, de rocha maciça.

Mata-cão, s. m. *Bot.* Planta ranunculácea venenosa. Pl.: *mata-cães*.

Mata-cavalo, s. m. 1. *Bot.* Planta da família das Solanáceas (*Solanum ciliatum*) que produz frutos de cor amarela, considerados venenosos para os cavalos e gado em geral. 2. *Pop.* Vespão. Pl.: *mata-cavalos*.

Mata-cobra, s. m. Porrete; cacete. Pl.: *mata-cobras.*

Matado[1], adj. 1. Malfeito, mal acabado. 2. Ruim, sem valia.

Matado[2], adj. Que apresenta mataduras (animal de serviço).

Matador, adj. Que causa ou que causou a morte. S. m. 1. Aquele que mata ou matou. 2. Indivíduo enfadonho, impertinente, importuno. 3. Toureiro a quem cabe matar o touro. S. m. pl. Meios necessários para atingir certos fins.

Matadouro, s. m. 1. Lugar destinado à matança de reses para o consumo público. 2. Carnificina, massacre. 3. Lugar muito insalubre. Var.: *matadoiro.*

Matadura, s. f. 1. Ferida no corpo de animal de serviço, causada pelo roçar dos arreios. 2. Defeito moral.

Mata-fome, s. f. *Bot.* 1. Nome de duas plantas da família das Sapindáceas, *Paullinia pinnata* e *P. elegans.* 2. Árvore da família das Eretiáceas (*Cordia sellowiana*), que dá frutos amarelos suculentos, comestíveis.

Matagal, s. m. (de *mata*). 1. Terreno coberto de plantas bravas. 2. Bosque espesso. 3. Conjunto de coisas densas ou eriçadas.

Mata-gato, s. m. *Ictiol.* Peixe fluvial (*Brycon falcatus*). Pl.: *mata-gatos.*

Matagoso, adj. Diz-se de terreno coberto de plantas silvestres.

Mata-junta, s. f. *Constr.* Fasquia que se usa para vedar juntas entre tábuas, caixilhos etc. Pl.: *mata-juntas.*

Matalotado, adj. Provido de matalotagem.

Matalotagem, s. f. (fr. *matelotage*). 1. Provisão de mantimentos de um navio ou de uma praça sitiada. 2. Marinhagem, equipagem. 3. Montão de coisas confusas. 4. Roupa, utensílios e comida que o sertanejo carrega em viagem; bagagem.

Matalote, s. m. (fr. *matelot*). 1. Marinheiro. 2. Navio que serve de baliza a outro. 3. Companheiro em viagem de mar. 4. Companheiro em serviço.

Matamatá, s. m. (t. tupi). 1. *Zool.* Curiosa tartaruga da região amazônica (*Chelys fimbriata*), tem a cabeça triangular terminando em bico. 2. *Bot.* Nome comum a três árvores brasileiras lecitidáceas: *Eschweilera truncata, E. matamata* e *E. amara.*

Matame, s. m. 1. Recortes angulares na extremidade de panos bordados: lenços, toalhas etc. 2. Carne que, depois da esfola, fica pegada ao couro. Var.: *mataime.*

Mata-mosquito, s. m. Funcionário dos serviços de saúde pública encarregado das desinfecções e destruição dos focos de larvas de mosquitos. Pl.: *mata-mosquitos.*

Mata-mouros, s. m. sing. e pl. Fanfarrão, ferrabraz, valentão. Var.: *mata-moiros* e *mata-mouro.*

Matanavi, adj. m. e f. *Etnol.* Relativo aos Matanavis, indígenas das proximidades do Rio Castanha, da bacia do alto Madeira. S. m. e f. Indígena dessa tribo.

Matança, s. f. 1. Ato de matar. 2. Abatimento de reses para consumo. 3. Assassínio de várias pessoas simultaneamente. 4. Carnificina.

Mata-negro, s. f. Variedade de mandioca. Pl.: *mata-negros.*

Matão, s. m. 1. 1. Mato alto e cerrado. 2. Jóquei que fecha os competidores nas curvas, apertando-os contra as cercas. 3. *Bot.* Casta de arroz.

Mata-olho, s. m. *Bot.* 1. Planta euforbiácea (*Pachystroma ilicifolium*). 2. Planta da família das Sapotáceas (*Pouteria gardneriana*). Pl.: *mata-olhos.*

Mata-pasto, s. m. *Bot.* Arbusto leguminoso-cesalpiniáceo (*Cassia ornithopoides*), de casca medicinal. Pl.: *mata-pastos.*

Mata-pau, s. m. *Bot.* 1. Planta morácea (*Coussapoa schotii*), também chamada *fruteira.* 2. Planta da família das Bombacáceas (*Spirotheca rivieri*), que se enrosca em outras plantas estrangulando-as. Pl.: *mata-paus.*

Mata-piolhos, s. m. sing. e pl. *Pop.* O dedo polegar. Var.: *mata-piolho.*

Matar, v. 1. Tr. dir. Dar morte violenta a; assassinar. 2. Tr. dir. Causar a morte a. 3. Intr. Privar da vida. 4. Pron. Suicidar-se. 5. Intr. Abater reses para o consumo público. 6. Tr. dir. Causar sofrimento físico a, prejudicar a saúde de. 7. Pron. Sacrificar-se. 8. Tr. dir. Extinguir, saciar. 9. Tr. dir. *Pop.* Decifrar, descobrir. 10. Tr. dir. Fazer murchar ou secar. 11. *Gír.* Deixar de comparecer a (aula).

Matarana, s. f. 1. *Bot.* Planta zingiberácea (*Renealmia sylvestris*). 2. Maça de pau rijo, esquinada na parte mais grossa e aguçada na outra extremidade. Var.: *matatarana.*

Mata-ratos, adj. m. e f., sing. e pl. Próprio para matar ratos. S. m. sing. e pl. 1. Veneno para matar ratos. 2. *Pop.* Cigarro ou charuto de tabaco de má qualidade. 3. *Pop.* Vinho ordinário. Var.: *mata-rato.*

Matari, s. m. *Bot.* Fruto silvestre do Brasil.

Mataria, s. f. Grande extensão de mata; matagal.

Mata-sanos, s. m. sing. e pl. (cast. *matasanos*). 1. Curandeiro. 2. Médico inábil. Var.: *mata-sano.*

Matassa, s. f. 1. Seda antes de fiada. 2. Seda crua.

Matataúba, s. f. *Bot.* Árvore silvestre, de que se faz carvão (*Cecropia palmata*); sambacuim.

Mate[1], s. m. (ár. *mat.*). 1. Lance decisivo no jogo de xadrez; xeque-mate. 2. Ponto de meia, em que de uma vez se apanham duas malhas.

Mate[2], s. m. (quichua *mati,* pelo cast.). 1. O mesmo que *erva-mate.* 2. As folhas dessa árvore, secas e picadas. 3. A bebida resultante da infusão dessas folhas.

Mate[3], adj. m. e f., sing. e pl. (fr. *mat*). 1. Embaciado, fosco. 2. Diz-se da pintura fosca, não polida.

Mateiro[1], adj. 1. Que vive no mato. 2. Que anda no mato. S. m. 1. Guarda de matas. 2. Homem hábil em orientar-se no mato e nas funções peculiares a esse meio. 3. *Zool.* Veado que vive nas florestas (*Mazama americana*).

Mateiro[2], s. m. Aquele que cultiva ou explora erva-mate.

Matejar, v. Intr. 1. Andar no mato. 2. Cortar lenha no mato.

Matemática, s. f. (gr. *mathematike*). Ciência que trata das medidas, propriedades e relações de quantidades e grandezas e que inclui a Aritmética, a Álgebra, a Geometria, a Trigonometria etc.

Matemático, adj. (gr. *mathematikos*). 1. Relativo à Matemática. 2. Rigorosamente exato. S. m. O que é versado em Matemática.

Mateologia, s. f. (gr. *mataiologia*). Estudo inútil de assuntos que o entendimento humano não alcança.

Mateológico, adj. Pertencente ou relativo à mateologia.

Mateologista, s. m. e f. Pessoa que se dedica à mateologia.

Mateotecnia, s. f. (gr. *mataiotechnia*). Ciência fantástica, inútil.

Matéria, s. f. 1. Aquilo de que os corpos físicos são compostos. 2. *Fís.* Aquilo que ocupa o espaço; o conteúdo em contraposição à forma. 3. Substância específica. 4. Substância excretada por um corpo vivo. 5. Substância física ou corpórea, em geral sólida, líquida ou gasosa. 6. *Filos.* A substância primordial indeterminada que, quando recebe uma forma, se torna um fenômeno ou objeto. 7. Material preparado ou selecionado para qualquer fim. 8. Aquilo de que trata um livro, discurso, ação jurídica etc. 9. *Tip.* Texto ou original. — *M.-prima*: matéria bruta ou pouco elaborada com que se fabrica alguma coisa.

Material, adj. m. e f. 1. Que pertence ou se refere à matéria. 2. Formado de matéria. 3. Que é oposto ao espiritual, que só se refere ao corpo. 4. Pesado, maciço. 5. Sensual. S. m. 1. Conjunto de tudo o que entra na composição de alguma obra; petrechos. 2. Os utensílios de uma escola ou de qualquer outro estabelecimento. 3. Mobiliário.

Materialão, adj. e s. m. Diz-se do indivíduo grosseiramente materialista; bestial.

Materialeira, s. f. *Hum.* 1. Coisa material ou grosseira. 2. Ato ou dito sem espírito.

Materialidade, s. f. 1. Qualidade do que é material. 2. Circunstância material que constitui um fato, abstraindo-se os motivos. 3. Sentimentos baixos; estupidez, grosseria.

Materialismo, s. m. 1. *Filos.* Sistema dos que julgam que, no universo, tudo é matéria, não havendo substância imaterial. 2. Tendência para tudo que é material, vulgar, grosseiro.

Materialista, adj. m. e f. Relativo ao materialismo. Adj. e s., m. e f. 1. Diz-se da, ou a pessoa que é partidária do materialismo. 2. Que, ou pessoa que só procura a satisfação dos sentidos.

Materialização, s. f. Ato ou efeito de materializar.

Materializar, v. (*material + izar*). 1. Tr. dir. Considerar como material o que é imaterial. 2. Tr. dir. Tornar material; dar aparência objetiva a. 3. Tr. dir. e pron. Tornar(-se) materialista. 4. Tr. dir. e pron. Embrutecer(-se), tornar(-se) boçal, bronco.

Matério-espiritual, adj. m. e f. Meio material, meio espiritual.

Maternal, adj. m. e f. 1. O mesmo que *materno*. 2. Diz-se do grau inicial da escolarização, que recebe crianças do pré-primário.

Maternidade, s. f. 1. Estado ou qualidade de mãe. 2. *Dir.* Relação de parentesco, que liga a mãe ao seu filho. 3. Tratamento que se dá às madres (religiosas). 4. Estabelecimento hospitalar para mulheres parturientes.

Materno, adj. (l. *maternu*). 1. Inerente, pertencente ou relativo à mãe; maternal. 2. Que procede da mãe. 3. Afetuoso ou carinhoso, como a mãe. 4. Do lado da mãe: Herança *materna*. 5. Relativo ao país natal: Língua *materna*.

Matesiologia, s. f. Ciência do ensino em geral.

Maticar, v. Intr. Dar sinal, latindo (o cão que vai na pista da caça).

Matidez, s. f. Qualidade do som abafado, obscuro, surdo, na escala semiótica.

Matilha, s. f. 1. Grupo de cães de caça. 2. Corja, malta, súcia. 3. Bando de maldizentes.

Matinada, s. f. 1. Madrugada. 2. Ato de madrugar. 3. Canto de matinas. 4. Festa ou espetáculo matinal. 5. Vozearia, berreiro, clamor. Adj. m. e f. e s. m. 1. Contador de rodelas; palrador, patranheiro. 2. Adoidado, espeloteado.

Matinal, adj. m. e f. 1. Que pertence ou se refere à manhã. 2. Madrugador. 3. *Bot.* Diz-se da flor que se abre pela manhã.

Matinar, v. 1. Tr. dir. Fazer acordar de manhã. 2. Intr. Acordar e levantar-se muito cedo. 3. Intr. Cantar matinas. 4. Tr. dir. Adestrar; procurar ensinar ou convencer por todas as formas. 5. Tr. ind. Aferrar o pensamento num determinado assunto; imaginar, matutar em.

Matinas, s. f. pl. Primeira parte da reza do ofício divino.

Matinê, s. f. (fr. *matinée*). 1. Espetáculo, festa, sessão cinematográfica, que se realiza antes do anoitecer; vesperal. 2. Traje que as mulheres usam em casa; bata.

Matineiro, adj. e s. m. *Ant.* Dizia-se do, ou o livro pelo qual se rezavam as matinas. S. m. pl. Confraria que canta as matinas.

Matirão, s. m. *Ornit.* Ave ardeídea (*Nyctanassa violacea cayannensis*); sabacu, dorminhoco.

Matiz, s. m. (de *matizar?*). 1. Combinação de cores diversas, nas pinturas, nos bordados, nos tecidos etc. 2. Cor viva, mimosa ou delicada. 3. Gradação de cor. 4. Colorido de estilo. 5. Diferença delicada entre coisas do mesmo gênero. 6. Opinião política.

Matização, s. f. Ato ou efeito de matizar.

Matizar, v. 1. Tr. dir. Dar cores diversas a. 2. Tr. dir. Graduar, variar (cores). 3. Pron. Ostentar cores variadas. 4. Tr. dir. Adornar, enfeitar.

Mato, s. m. (de *mata*). 1. Terreno inculto, coberto de grandes árvores. 2. Plantas agrestes de pequenas dimensões (capão, moita, tojos etc.). 3. O meio rural, em contraposição à cidade. — *M. bom*: mato cuja vegetação robusta revela a fertilidade do terreno. *M. ralo*: mato cujo terreno é pobre em humos, sendo pois impróprio para a cultura; caíva; catanduva.

Estar ou *ficar no m. sem cachorro*: ver-se em apuros, em situação difícil, embaraçosa, sem auxílio de ninguém, o mesmo que *estar* ou *ficar na várzea sem cachorro*. *Ser m.*: existir em abundância: Doença aqui é *mato*.

Mato-grossense, adj. m. e f. Relativo ao Estado de Mato Grosso e à cidade e município de Mato Grosso, nesse Estado. S. m. e f. Pessoa natural desses lugares, ou somente do primeiro.

Matombo ou **matomo,** s. m. Cova em que se planta, de estaca, a mandioca; matumbo.

Matoso, adj. 1. Coberto de mato. 2. Em que há mato.

Matraca, s. f. (ár. *matraqa*). 1. Instrumento formado por uma tábua, à qual se prendem peças móveis de metal. Agitada, produz estalos sucessivos; serve de auxiliar a vendedores ambulantes e substitui o sino durante a semana santa. 2. Troça, motejo. 3. Pessoa tagarela. 4. *Ornit.* Pássaro formicariídeo (*Batara cinerea*).

Matracar, v. Intr. 1. Fazer soar uma matraca. 2. Bater repetidamente a uma porta. 3. Instar em alguma coisa. 4. Tagarelar.

Matracolejante, adj. m. e f. Que matracoleja.

Matraqueado, adj. 1. Apupado, escarnecido, vaiado. 2. Experimentado, matreiro.

Matraqueador, adj. e s. m. Que, ou aquele que matraqueia.

Matraquear, v. 1. Intr. Agitar matracas. 2. Intr. Fazer ruído semelhante ao de matracas. 3. Tr. dir. Apupar, vaiar.

Matraz, s. m. (fr. *matras*). Balão de vidro, geralmente de fundo chato, usado em operações químicas.

Matreiro, adj. 1. Astuto, muito experiente. 2. Diz-se do animal arisco que com dificuldade consente vir à mangueira.

Matriarcado, s. m. Tipo de sociedade em que a mulher transmite o nome aos filhos e exerce autoridade preponderante na família.

Matriarcal, adj. m. e f. Relativo ao matriarcado.

Matricária, s. f. *Bot.* Gênero (*Matricaria*) de ervas da família das Compostas, ao qual pertencem as camomilas.

Matricida, adj. e s., m. e f. Que, ou quem cometeu matricídio.

Matricídio, s. m. Ato de quem mata sua própria mãe.

Matrícula, s. f. 1. Ato de matricular. 2. Taxa paga por quem se inscreve como aluno de uma escola. 3. Inscrição em registro oficial ou particular a fim de legalizar o exercício de certas profissões. 4. Inscrição em uma escola.

Matriculado, adj. 1. Inscrito na matrícula. 2. Experiente, tarimbado.

Matricular, v. 1. Tr. dir. e pron. Inscrever(-se) nos registros de matrícula. 2. Pron. Alistar-se, inscrever-se.

Matrilinear, adj. m. e f. *Etnol.* Que se refere à sucessão por linha materna.

Matrilocal, adj. m. e f. *Etnol.* Que diz respeito à instituição segundo a qual o marido, pelo casamento, é obrigado a seguir a esposa, indo residir onde ela resida.

Matrimonial, adj. m. e f. Que diz respeito a matrimônio.

Matrimoniar, v. Casar.

Matrimônio, s. m. O mesmo que *casamento*.

Matrinxão, s. m. *Ictiol.* Nome comum a cinco espécies de peixes caracinídeos, fluviais, semelhantes à piracanjuba. Var.: *matrinxã*.

Mátrio, adj. Que diz respeito à mãe: *Mátrio* poder.

Matritense, adj. O mesmo que *madrileno*.

Matriz, s. f. (l. *matrice*). 1. *Anat.* e *Zool.* Órgão musculoso feminino, oco, piriforme, onde se desenvolve o feto; útero. 2. Lugar onde alguma coisa se gera ou cria. 3. Aquilo que gera. 4. Fonte, manancial. 5. Molde em que se funde uma peça metálica. 6. Igreja (católica) principal de uma localidade. 7. *Mat.* Número complexo cujos termos, agrupados em quadro retangular, permitem operações algébricas, aplicáveis sobretudo à teoria do átomo. 8. *Dir.* Estabelecimento principal, de uma firma comercial ou industrial. Adj. m. e f. 1. Que dá origem. 2. Superior, principal, primordial. 3. Diz-se da igreja que tem jurisdição sobre outras da mesma paróquia. 4. Diz-se de uma língua de que se formaram outras. 5. Diz-se da principal casa comercial de uma organização. 6. Diz-se da cidade que é capital.

Matroca, s. f. Na loc. *à matroca*: ao acaso, sem ordem nem cuidado.

Matrona, s. f. 1. Mulher respeitável. 2. *Fam.* Mulher idosa e corpulenta. 3. Dama, na antiga Roma.

Matronaça, s. f. *Fam.* O mesmo que *mulherão*.

Matronal, adj. m. e f. 1. Que se refere a matrona. 2. Próprio de matrona.

Matula[1], s. f. Comida, provisões alimentícias para viagem.

Matula[2], s. f. Corja, malta, súcia.

Matulagem, s. f. 1. Súcia de vadios. 2. Os vadios. 3. Vida de vadio; vadiagem.

Matulão, s. m. (de *matula*[2]). 1. Indivíduo corpulento. 2. Rapagão. 3. Doidivanas, estróina.

Matungo, s. m. Cavalo ruim, velho e inútil.

Matupiri, s. m. *Ictiol.* Peixe caracinídeo do Rio Amazonas (*Tetragonopterus chalceus*).

Maturação, s. f. 1. Ato de maturar. 2. Progresso sucessivo para a maturidade.

Maturado, adj. 1. Amadurecido, sazonado. 2. *Fig.* Experiente.

Maturar, v. 1. Tr. dir., intr. e pron. Amadurecer(-se), sazonar(-se). 2. Intr. e pron. Tornar-se circunspecto. 3. Intr. Supurar.

Maturativo, adj. *Med.* Que auxilia ou promove a maturação ou a supuração. S. m. Agente supurativo.

Maturescência, s. f. Estado ou qualidade do que amadurece.

Maturidade, s. f. (l. *maturitate*). 1. O mesmo que *madureza*. 2. Idade madura. 3. Perfeição.

Maturu, s. m. Vaso de barro para fabricação de óleo de peixe.

Matusalém, s. m. (de *Matusalém*, n. p.). *Fam.* Homem que chegou a idade muito avançada; macróbio.

Matusalêmico, adj. (de *Matusalém*, n. p.). Longevo.

Matutagem[1], s. f. O mesmo que *matalotagem*.

Matutagem[2], s. f. Matutice.

Matutar, v. *(matuto + ar)*. *Pop.* 1. Intr. Cogitar, meditar, refletir. 2. Tr. dir. Cismar, parafusar, pensar em. 3. Tr. dir. Planejar, intentar, pretender.

Matutice, s. f. Atos ou modos de matuto.

Matutinal, adj. m. e f. O mesmo que *matutino*.

Matutinário, s. m. O mesmo que *matineiro*.

Matutino, adj. 1. Que se refere à manhã. 2. Que aparece de manhã. 3. Que acontece de manhã. 4. Madrugador. S. m. Jornal que aparece de manhã.

Matuto, adj. e s. m. (de *mato*). Que, ou o que vive no mato. Adj. 1. Acanhado, desconfiado, tímido. 2. Desequilibrado, idiota, maníaco. 3. *Fam.* Finório, manhoso, matreiro. S. m. 1. Provinciano. 2. Roceiro. 3. Indivíduo ignorante.

Mau, adj. (l. *malu*). 1. Que não é de boa qualidade. 2. Que exprime maldade. 3. Nocivo, prejudicial. 4. Contrário à justiça, à razão, à virtude, ao dever. 5. Que não cumpre seus deveres. 6. De maus costumes, perverso. 7. Diz-se do estado de coisa deteriorada ou que já não presta. S. m. 1. O mal. 2. Indivíduo de má índole, perverso. Interj. Dedemonstra descontentamento ou reprovação. Fem : *má;* sup. abs. sint.: *malíssimo*. — *Mau-caráter*: pessoa velhaca, de ruim comportamento em seus compromissos. Pl.: *maus-caracteres*.

Maú, s. m. *Ornit.* Ave cotingídea, grande, da região amazônica (*Perissocephalus tricolor*).

Mauari, s. m. *Ornit.* Ave pernalta (*Ardea cocoi*).

Maúba, s. f. *Bot.* Árvore laurácea (*Clinostemon mahuba*), silvestre, do Pará.

Mauê, adj. m. e f. *Etnol.* Relativo aos Maués, indígenas que habitam o Rio Tapajós. S. m. e f. Indígena dessa tribo.

Maújo, s. m. Instrumento de calafate, com que se tira estopa das fendas.

Maunça, s. f. (l. **manutia*, de *manus*). 1. Mão-cheia, punhado. 2. Pequeno feixe que se pode abranger com a mão. 3. Parte do fuso que gira na mão.

Mau-olhado, s. m. Qualidade que a crendice popular atribui a certas pessoas de causarem desgraças àquelas para quem olham.

Mauriense, adj. m. e f. O mesmo que *mourisco*.

Mauritânia, s. f. *Bot.* Planta cariofilácea (*Dianthus barbatus*).

Mauro, adj. e s. m. *Poét.* O mesmo que *mouro*.

Mausoléu, s. m. (gr. *mausoleion*, pelo l.). 1. Sepulcro de Mausolo, rei da Cária (Ásia Menor) de 377 a 353 a.C.; foi considerado uma das sete maravilhas do mundo antigo. 2. Sepulcro suntuoso.

Maviosidade, s. f. 1. Qualidade de mavioso. 2. Sonoridade.

Mavioso, adj. 1. Benigno, afável, afetuoso, compassivo, terno. 2. Agradável aos sentidos, enternecedor, suave. 2. Brando, delicado, mimoso.

Mavórcio, adj. (l. *mavortiu*). *Poét.* 1. Que diz respeito a Marte. 2. Bélico, belicoso, aguerrido.

Mavórtico, adj. O mesmo que *mavórcio*.

Maxambomba, s. f. 1. Caminho de ferro. 2. Veículo velho ou tosco. 3. Pesado carro movido a vapor que se usou em Porto Alegre, durante pouco tempo. 4. *Pop.* O tronco humano.

Máxi (*cs*), s. f. Forma reduzida de *maxidesvalorização*.

Maxidesvalorização (*cs*), s. f. *Econ.* Desvalorização elevada da moeda, efetivada de uma só vez; máxi.

Maxicote, s. m. Argamassa feita de areia, cal, terra e água.

Maxila (*cs*), s. f. (l. *maxilla*). 1. *Anat.* Cada uma das duas partes do rosto constituídas pelos maxilares e o tecido mole sobrejacente. 2. *Zool.* Cada uma do primeiro ou segundo par das partes bucais, posteriores, às mandíbulas, em insetos, miriápodes, crustáceos e artrópodes.

Maxilar (*cs*), adj. m. e f. Que pertence ou se refere à maxila, ao maxilar ou ao queixo; mandibular. S. m. *Zool.* Cada uma de duas estruturas complexas, ósseas ou cartilaginosas, na maioria dos vertebrados, que circundam a boca.

Maxilite (*cs*), s. f. *Med.* Inflamação das maxilas.

Maxiloso (*cs*), adj. De maxilas desenvolvidas.

Máxima (*ss*), s. f. 1. Axioma, brocardo, conceito. 2. Sentença moral. 3. Princípio geralmente admitido em qualquer arte ou ciência. 4. Nota musical, com o valor de oito semibreves.

Maximalismo (*ss*), s. m. Bolchevismo, comunismo.

Maximalista (*ss*), adj. e s., m. e f. Que, ou pessoa que é sequaz do maximalismo; bolchevista.

Maximário (*ss*), s. m. Coleção de máximas.

Máxime (*csime*), adj. lat. Especialmente, mormente, principalmente.

Máximo (*ss*), adj. (l. *maximu*). 1. Sup. abs. sint. de *grande*. 2. Maior que todos, que está acima de todos; excelso, sumo. 3. Absoluto, rigoroso. Antôn. (acepção 1): *mínimo*. S. m. 1. Aquilo que é maior, mais intenso. 2. O mais alto grau de uma quantidade variável. 3. O limite extremo; o apogeu.

Maxixar, v. (*maxixe[1] + ar*). Intr. Dançar o maxixe.

Maxixe[1], s. m. 1. Dança popular, requebrada e viva. 2. Música para essa dança.

Maxixe[2], s. m. (t. quimbundo). Fruto do maxixeiro[2].

Maxixeiro[1], adj. e s. m. (*maxixe[1] + eiro*). Que, ou o que dança ou gosta de dançar o maxixe.

Maxixeiro[2], s. m. (*Maxixe[2] + eiro*). *Bot.* Planta cucurbitácea (*Cucumis anguria*), que produz o maxixe.

Maxubi, adj. m. e f. *Etnol.* Relativo aos Maxubis, índios da bacia do Guaporé. S. m. e f. Indígena dos Maxubis.

Mazagrã, s. m. Café frio, servido em copo de porcelana, com água, limão e açúcar.

Mazanza, adj. e s., m. e f. Diz-se da, ou a pessoa apalermada, indolente, preguiçosa, relaxada.

Mazanzar, v. (*mazanza + ar*). Intr. 1. Proceder como mazanza. 2. Demorar na execução de um serviço. 3. Ficar atoleimado.

Mazela, s. f. (l. v. **macella*, por *macula*). 1. Chaga, ferida, matadura. 2. *Fam.* Enfermidade. 3. Labéu, mancha na reputação.

Mazelar, v. (*mazela + ar*). 1. Tr. dir. Causar mazela a; chagar, ferir. 2. Tr. dir. *Fam.* Aborrecer, magoar, molestar. 3. Tr. dir. Desacreditar, difamar, macular, poluir. 4. Pron. Doer-se, amargurar-se.

Mazelento, adj. 1. Que tem mazelas. 2. Achacado, chaguento. 3. Defeituoso.

Mazombo, adj. Concentrado, macambúzio, mal-humorado, sorumbático, tristonho. S. m. *Anat.* Filho de europeus, nascido no Brasil colonial.

Mazorca, s. f. Anarquia, desordem, sedição, tumulto.

Mazorqueiro, adj. e s. m. Que, ou o que promove mazorcas.

Mazorral, adj. m. e f. Grosseiro, incivil. Antôns.: *polido, cortês*.

Mazorro (*ô*), adj. 1. O mesmo que *mazorral*. 2. Preguiçoso. 3. Sorumbático. S. m. Indivíduo mazorral.

Mazurca, s. f. (fr. *mazurka*, de origem polonesa). 1. Dança polonesa, a três tempos, misto da valsa e da polca. 2. Música para essa dança.

Mazute, s. m. Resíduo de petróleo, que pode ser usado como óleo combustível.

Me, pron. pess. (l. *me*). 1. A mim. 2. Para mim. 3. Em meu interesse. 4. Substitui elegantemente o possessivo e corresponde a *meu, de mim*: Puxou-*me* o cabelo.

Mê, s. m. Designação, dispensável, da letra *m*. Pl.: *mês* ou *mm*.

Meação, s. f. (*mear + ção*). 1. Ato ou efeito de mear. 2. Direito de co-propriedade entre dois vizinhos sobre um ou mais objetos. 3. Divisão de uma parede ou muro em duas partes, pertencendo cada uma a proprietário diferente. 4. *Dir.* Metade da herança que cabe ao cônjuge sobrevivente no regime de comunhão de bens.

Meada, s. f. (de *meio*). 1. Porção de fios dobados. 2. Enredo, intriga, mexerico, negócio complicado.

Meadeira, s. f. (*meada + eira*). Máquina de fazer meadas.

Meado, adj. (de *mear*). 1. Chegado ao meio. 2. Diz-se do pão feito com duas farinhas em partes iguais. S. m. O meio.

Mealha, s. f. (l. v. **medialia?*). 1. O mesmo que *migalha*. 2. Antiga moeda de cobre, de valor de meio ceitil.

Mealheiro, adj. (*mealha + eiro*). 1. Que consta de mealhas. 2. Que dá pouco lucro ou pequeno interesse. S. m. 1. Conjunto de mealhas. 2. Caixinha ou pequeno cofre onde se vai guardando dinheiro que se deseja economizar. 3. Economias, pecúlio.

Meandrar, v. (*meandro + ar*). Intr. 1. Formar meandros. 2. Mover-se sinuosamente; cobrejar.

Meândrico, adj. *P. us.* 1. Em que há meandros. 2. Difícil de compreender; emaranhado, sinuoso. Antôns.: *simples, claro.*

Meandro, s. m. (de *Meandro*, n. p.). 1. Sinuosidade, curva. 2. Caminho sinuoso. 3. Circunlocução, perífrase, rodeio. 4. Enredo, intriga.

Meante, adj. m. e f. 1. *Pop.* Dividido ao meio. 2. Que vai em meio.

Meão, adj. (l. *medianu*). 1. Que ocupa posição intermediária; médio. 2. Nem grande nem pequeno. 3. Medíocre. S. m. 1. Peça central do tampo das vasilhas. 2. Peça central da roda do carro de bois. Fem.: *meã*; pl.: *meãos.*

Mear, v. (de *meio*). 1. Tr. dir. Dividir ao meio. 2. Tr. dir. Levar ao meio, ter pronta metade de (qualquer trabalho). 3. Intr. e pron. Chegar ao meio.

Meato, s. m. 1. Pequeno canal. 2. Orifício externo de um canal. 3. Caminho. 4. Interstícios entre muitas células vegetais.

Meatotomia, s. f. *Cir.* Incisão em um meato, especialmente no meato uretral, para alargá-lo.

Meca, s. f. (ár. *Makka*). 1. *Pop.* Fim, objetivo. 2. Lugar para onde afluem pessoas, por motivos específicos: A *meca* dos cientistas.

Por ceca e m.: por toda parte.

Mecânica, s. f. (l. *mechanica*). 1. Ciência que trata das leis do movimento e do equilíbrio, bem como da aplicação destas à construção e emprego das máquinas. 2. Obra ou tratado a respeito dessa ciência. 3. O conjunto das leis do movimento e do equilíbrio. 4. Aplicação dos princípios de uma ciência ou arte. 5. O conjunto das máquinas de um estabelecimento industrial. 6. Combinação de peças com o fim de produzir ou transmitir movimentos: A *mecânica* da bicicleta.

Mecanicismo, s. m. 1. Teoria segundo a qual os fenômenos existentes nos seres vivos são mecanicamente determinados e de natureza físico-química. 2. *Med.* Explicação biológica dos fenômenos vitais pelas leis mecânicas.

Mecanicista, s. m. e f. 1. Pessoa que, profissionalmente, se ocupa dos estudos da mecânica. 2. Partidário ou partidária do mecanicismo.

Mecânico, adj. (l. *mechanicu*). 1. Pertencente ou relativo à mecânica. 2. Que requer o trabalho das mãos ou das máquinas. 3. Que não age quimicamente, mas segundo as leis do movimento. 4. Que se faz sem vontade ou reflexão; maquinal, automático. S. m. 1. Aquele que é versado em mecânica. 2. Operário encarregado da limpeza, conserto e conservação das máquinas.

Mecanismo, s. m. (l. *mechanismu*). 1. Disposição das partes que constituem uma máquina, um aparelho etc. 2. Maquinismo. 3. Combinação de órgãos ou partes de órgãos para funcionarem conjuntamente. 4. *Fís.* Teoria científica que explica os fenômenos físicos pelo movimento.

Mecanização, s. f. 1. Ato ou efeito de mecanizar. 2. Emprego generalizado da máquina para substituir o esforço humano na indústria, na ciência etc.

Mecanizar, v. Tr. dir. 1. Dispor, organizar mecanicamente. 2. Tornar maquinal, reduzir a simples movimentação mecânica.

mecano-, elem. de comp. (gr. *mekhane*). Exprime a idéia de *máquina, trabalho mecânico, movimento, massagem: mecanologia, mecanoterapia.*

Mecanoterapia, s. f. (*mecano + terapia*). *Med.* Tratamento das doenças por meio de massagem ou de ginástica, ou pelo emprego de aparelhos mecânicos.

Mecanoterápico, adj. Que se refere à mecanoterapia.

Meças, s. f. pl. Ato de medir; avaliação, confronto, medição. *Pedir m. a*: a) exigir explicações a; b) julgar-se superior a; c) não temer confronto com; d) disputar a primazia.

Mecê, pron. (de *vossemecê*). O mesmo que *vossemecê* e *você*.

Mecenas, s. m. sing. e pl. (de *Mecenas*, n. p.). Protetor das letras ou dos letrados e sábios.

Mecha, s. f. (fr. *mèche*). 1. Torcida ou pavio. 2. Tira de papel ou de pano embebida em enxofre e que se usa principalmente para defumar pipas ou tonéis. 3. Tufo de cabelo, mais ou menos separado do resto. 4. Estopim, rastilho. 5. Gaze introduzida numa ferida, para facilitar a saída do pus; dreno.

Mechagem, s. f. (*mechar + agem*). Ato ou efeito de mechar.

Mechar, v. (*mecha + ar*). Tr. dir. 1. Defumar com o fumo da mecha. 2. Introduzir mecha em. 3. Atear fogo a, com mecha.

Mechoacão, s. m. *Bot.* Planta convolvulácea purgativa, do México (*Convolvulus mechoacana*).

Meco, adj. e s. m. (gr. *moikhos*, pelo l.). 1. *Pop.* Indivíduo, sujeito, libertino, tipo. 2. Atrevido, intrometido. 3. Espertalhão, maganão.

Mecônio, s. m. (gr. *mekonion*). 1. Primeira evacuação dos recém-nascidos. 2. Suco das papoulas.

Mecópode, adj. m. e f. Que tem pés compridos.

Meda[1] (*ê*), s. f. (l. *meta*). 1. Montão de feixes de palha, trigo etc., dispostos em forma cônica. 2. Acumulação de coisas da mesma espécie.

Meda[2] (*ê*), adj. e s. m. O mesmo que *medo*[1].

Medalha, s. f. (ital. *medaglia*). 1. Chapa metálica, geralmente redonda ou oval, com emblema, efígie ou inscrição. 2. Peça semelhante à precedente com a efígie de Nossa Senhora ou dos santos. 3. Prêmio concedido em concursos artísticos ou em competições esportivas. 4. Insígnia de ordem militar ou de confraria; condecoração, venera.

Medalhão, s. m. (*medalha + ão*). 1. Medalha grande. 2. Pequena caixa metálica, achatada, circular, oval ou oblonga, com tampa geralmente de vidro, onde se guarda uma recordação (cabelo, retrato etc.). 3. *Arquit.* Baixo-relevo oval ou circular. 4. *Pop.* Homem importante; figurão. 5. Indivíduo sem valor real, elevado a posições importantes pelo dinheiro ou influências diversas.

Medalhar, v. (*medalha + ar*). Tr. dir. 1. Honrar com medalha, em recompensa de algum mérito ou ação benemérita. 2. Gravar em medalha.

Medalhário, s. m. O mesmo que *medalheiro*.

Medalheiro, s. m. (*medalha + eiro*). 1. Móvel onde se guardam medalhas, metodicamente dispostas. 2. Coleção de medalhas. 3. Fabricante ou vendedor de medalhas.

Medalhista, s. m. e f. 1. Colecionador de medalhas. 2. Indivíduo versado no estudo de medalhas.

Medão, s. m. (*medo*[3] *+ ão*). Grande medo.

Médão, s. m. (cast. *médano*). Monte de areia ao longo da costa; duna.

Medeixes, s. m. pl. (*me + deixes*, de *deixar*). 1. Desdéns fingidos. 2. *Fam.* Esquivanças.

Mede-palmos, s. m. sing. e pl. *Entom.* Nome dado às lagartas de mariposas da família dos Geometrídeos, que se locomovem como a medir palmos, por serem desprovidas de patas nos segmentos médios do corpo.

Media, (pron. *mídia*), s. f. (do ingl. *mass media*). V. *mídia*.

Média, s. f. (de *médio*). 1. Quociente da divisão de uma soma pelo número das parcelas. 2. Valor médio. 3. Coisa ou quantidade que representa o meio entre muitas coisas. 4. Xícara (tamanho comum) de café com leite. 5. Quantidade mínima de pontos ou valores que se deve alcançar em exame ou concurso para conseguir aprovação ou admissão. 6. Cálculo que se obtém ao tirar a média do conjunto, do total: A *média* da temperatura. 7. *Estat.* Número obtido de maneira que todas as observações de uma mesma série estatística sejam introduzidas no cálculo do mesmo modo. S. f. sing. e pl. Forma usual da palavra *médium* referente à mulher, quando esta desempenha a respectiva função. — *M. aritmética,* a) *simples*: quociente da divisão de uma soma pelo número das parcelas; b) *ponderada*: quociente da divisão, pela soma dos pesos, da soma dos produtos de cada número dado pelo seu peso respectivo. *M. geométrica*: raiz de índice *n* extraída do produto de *n* fatores.

Mediação, s. f. (l. *mediatione*). 1. Ato ou efeito de mediar. 2. Intercessão. 3. *Astr.* Instante de culminação de um astro. 4. Corretagem, agenciamento. 5. *Dir.* Intervenção pacífica em conflitos internacionais pela sugestão de uma solução às partes litigantes. 6. *Rel. Cat.* Interferência de Maria e dos santos junto a Deus e a Cristo, em favor dos homens.

Mediador, adj. e s. m. (l. *mediatore*). 1. Que, ou o que intervém; medianeiro. 2. Árbitro.

Medial, adj. m. e f. 1. Colocado no meio. 2. *Gram.* Qualifica a letra situada no meio da palavra. 3. *Anat.* Diz-se daquilo que é interno ou central, dentro de um órgão ou do corpo. S. f. *Gram.* Letra medial.

Mediana, s. f. *Geom.* 1. Reta que une um vértice do triângulo ao meio do lado oposto. 2. No retângulo, segmento que une os meios de dois lados opostos. 3. *Estat.* Ponto central em uma série de valores dispostos por ordem de magnitude.

Medianeiro, adj. e s. m. Mediador.

Mediania, s. f. 1. Qualidade de mediano. 2. Termo médio. 3. Meio termo entre a riqueza e a pobreza.

Medianiz, s. f. Espaço em branco, entre duas linhas ou duas páginas impressas, junto à costura.

Mediano, adj. 1. Colocado no meio; meão. 2. Medíocre. 3. Pertencente à classe média.

Mediante, adj. m. e f. Que medeia. S. f. *Mús.* Terceira nota acima da tônica. S m. Tempo decorrido entre dois fatos ou duas épocas. Prep. Por meio de, com auxílio de, por intervenção de.

Mediar, v. 1. Tr. dir. Mear. 2. Tr. ind. Ficar entre dois pontos, no espaço, ou duas épocas, no tempo. 3. Tr. dir. Tratar como mediador. 4. Tr. ind. Pertencer à média (classe, posto, graduação). — Conjuga-se como *odiar*.

Mediastinite, s. f. *Med.* Inflamação do tecido celular do mediastino.

Mediastino, s. m. 1. *Anat.* Cada um dos dois espaços que entre si deixam as duas pleuras adiante da coluna vertebral e atrás do esterno. 2. *Bot.* Septo que separa em duas partes o fruto das crucíferas. Adj. Que pertence ou se refere ao mediastino. — *M. anterior*: o situado atrás do esterno. *M. médio*: o que encerra o coração e as vísceras do peito. *M. posterior*: o situado diante da coluna vertebral. *M. superior*: o situado acima do pericárdio.

Mediatário, adj. e s. m. Mediador.

Mediato, adj. 1. Que está em relação com uma coisa por intermédio de uma terceira; indireto. 2. Que comporta algum intermediário. Antôn.: *imediato*.

Mediatriz, s. f. 1. Fem. de *mediador*. 2. *Geom.* Perpendicular ao meio do segmento de uma reta.

Médica[1], s. f. Fem. de *médico*: mulher formada em medicina.

Médica[2], s. f. *Bot.* Alfafa (*Medicago sativa*); luzerna.

Medicação, s. f. 1. Ato de medicar. 2. Emprego de remédios. 3. Terapêutica.

Medical, adj. m. e f. 1. Próprio de médico. 2. Que diz respeito a médico.

Medicamentação, s. f. Ato de medicamentar; medicação.

Medicamentar, v. Medicar.

Medicamento, s. m. Qualquer substância ou meio que se prescreve como remédio.

Medicamentoso, adj. Que tem propriedades medicinais.

Medição, s. f. 1. Ato ou efeito de medir; medida. 2. *Constr.* Conjunto das medidas para o levantamento de uma planta.

Medicar, v. 1. Tr. dir. Aplicar medicamentos a, tratar com remédios. 2. Intr. Exercer a Medicina. 3. Pron. Tomar medicamentos.

Medicastro, s. m. *Pej.* 1. Charlatão, curandeiro. 2. Médico pedante.

Medicativo, adj. Medicamentoso, terapêutico.

Medicatriz, adj. Que tem a natureza de medicamento; que tem propriedades terapêuticas.

Medicável, adj. m. e f. Que pode ser medicado, que pode ser sujeito a tratamento médico.

Medicina, s. f. 1. Arte e ciência de curar e prevenir as doenças. 2. Cada um dos sistemas (alopatia, homeopatia, medicina natural) empregados para debelar as doenças. 3. Qualquer medicamento. 4. A profissão de médico. 5. Aquilo que remedeia um mal; socorro, auxílio. 6. *Gír.* Aviso, conselho. — *M. astronáutica*: a que se dedica ao estudo dos problemas médicos, biológicos e psicológicos ligados à exploração do espaço cósmico e às viagens interplanetárias. *M. legal*: aplicação da medicina aos casos de processo civil e criminal que por ela podem ser esclarecidos. *M. operatória*: a cirurgia.

Medicinal, adj. m. e f. 1. Que se refere à medicina. 2. Que cura, que se aplica contra doenças.

Medicinar, v. O mesmo que *medicar*.

Medicineiro, s. m. *Bot.* Arbusto euforbiáceo medicinal (*Jatropha officinalis*); pinhão-de-purga.

Médico[1], adj. (l. *medicu*). 1. Que pertence ou se refere à Medicina; medicinal. 2. Que tem por assunto a Medicina. S. m. 1. O que exerce ou pode exercer legalmente a Medicina; clínico. 2. Tudo que pode conservar ou restituir a saúde.

Médico[2], adj. (de *medo*). Que se refere à Média ou aos medos.

Medida, s. f. (l. *metita*). 1. Grandeza determinada que serve de padrão para avaliar outras do mesmo gênero. 2. A quantidade contida numa medida. 3. Ação de medir; medição. 4. O resultado da medição. 5. Bitola, grau. 6. Proporção que há entre duas ou mais coisas. 7. Número de sílabas de um verso. 8. *Mús.* Tempo em que se divide a música; compasso.

Medidagem, s. f. (de *medir*). 1. Trabalho de medir. 2. O que se paga por este trabalho. 3. Parte de um objeto medido que pertence ao medidor.

Medidor, adj. e s. m. Que, ou aquele que mede. S. m. Instrumento destinado a tomar medidas.

Medieval, adj. m. e f. Pertencente ou relativo à Idade Média; medievo.

Medievalismo, s. m. 1. A civilização medieval. 2. Amor às coisas da Idade Média. 3. Estudo que se ocupa da Idade Média. Var.: *medievismo*.

Medievalista, adj. m. e f. Que diz respeito ao medievalismo; medievalista. S. m. e f. Pessoa versada em assuntos da Idade Média.

Medievismo, s. m. Medievalismo.

Medievista, adj. m. e f. O mesmo que *medievalista*.

Medievo, adj. (l. *mediu + aevu*). O mesmo que *medieval*.

Medimarímetro, s. m. Instrumento que registra o nível médio do mar.

Médio, adj. (l. *mediu*). 1. Que está no meio, entre dois extremos. 2. Que separa duas coisas. 3. Que exprime o meio termo. 4. Que ocupa o meio termo entre duas grandezas desiguais. 5. Que se calcula tirando a média. 6. *Mús.* Que exprime o registro de sons entre o grave e o agudo. S. m. 1. O mesmo que *meio*. 2. No futebol, jogador que se coloca na linha entre a dos atacantes e os zagueiros.

Mediocracia, s. f. Predomínio social das classes médias; burguesia.

Medíocre, adj. 1. Médio ou mediano. 2. Meão. 3. Que está entre bom e mau. 4. Que está entre pequeno e grande. 5. Ordinário, sofrível, vulgar. S. m. Aquele que tem pouco talento, ou pouco merecimento.

Mediocridade, s. f. 1. Estado ou qualidade de medíocre. 2. Falta de mérito, vulgaridade. 3. Pessoa ou coisa medíocre.

Medir, v. (l. v. **metire*, por *metiri*). 1. Tr. dir. Avaliar ou determinar a medida, extensão ou grandeza de. 2. Tr. dir. Ter a extensão de, ter como medida. 3. Tr. dir. e pron. Avaliar

(-se), calcular(-se). 4. Tr. dir. Considerar, ponderar. 5. Tr. dir. Olhar com intenção provocante. 6. Tr. dir. Contar as sílabas de; examinar a quantidade de (verso). 7. Tr. dir. Adequar, ajustar, proporcionar, regular. 8. Pron. Bater-se, combater com (alguém); competir. — Conjuga-se como *pedir*.

Meditabundo, adj. 1. Que medita. 2. Melancólico.

Meditação, s. f. 1. Ato ou efeito de meditar; reflexão. 2. Oração mental. 3. Contemplação religiosa. S. f. pl. Pensamentos, estudos, reflexões.

Meditador, adj. e s. m. (l. *meditatore*). Que, ou o que medita, ou é dado à meditação.

Meditar, v. (l. *meditari*). 1. Tr. ind. e intr. Fazer meditação, pensar maduramente, refletir muito. 2. Tr. dir. Pensar sobre, sujeitar a exame interior. 3. Tr. dir. Considerar, estudar, ponderar. 4. Tr. dir. Combinar, intentar, projetar.

Meditativo, adj. 1. Propenso à meditação. 2. Meditabundo. 3. Que tem a expressão de quem medita.

Meditável, adj. m. e f. 1. Que merece ser meditado. 2. Considerável.

Mediterrâneo, adj. 1. Diz-se do mar situado entre terras. 2. Que diz respeito ao Mediterrâneo ou aos países que ele banha. S. m. Mar interior.

Mediterrânico, adj. 1. Pertencente ou relativo ao Mediterrâneo. 2. Banhado pelo Mediterrâneo.

Médium, s. m. e f. *Espir.* Pessoa capaz de estabelecer relações entre os vivos e os espíritos dos mortos.

Mediunato (*i-u*), s. m. *Espir.* Missão que o médium deve cumprir na Terra.

Mediúnico, adj. *Espir.* 1. Relativo a médium. 2. Dotado de mediunidade.

Mediunidade (*i-u*), s. f. *Espir.* Qualidade de médium.

Medível, adj. m. e f. Que pode ser medido.

Medo[1] (*ê*), adj. (l. *medu*). Que pertence ou se refere à Média. Adj. e s. m. Habitante ou natural da Média.

Medo[2] (*ê*), s. m. Monte de areias acumuladas pelo vento à beira-mar; duna.

Medo[3] (*ê*), s. m. (l. *metu*). 1. Perturbação resultante da idéia de um perigo real ou aparente. 2. Apreensão. 3. Receio de ofender, de causar algum mal, de ser desagradável.

Medonho, adj. (de *medo*[3]). 1. Que mete medo. 2. Funesto. 3. Hediondo, horrendo.

Medra, s. f. Ato ou efeito de medrar; medrança.

Medrança, s. f. (de *medrar*). 1. Ato de crescer ou medrar; medra, medrio. 2. Estado daquilo que está medrando ou crescendo; desenvolvimento.

Medrar, v. 1. Tr. dir. Fazer crescer, desenvolver. 2. Tr. dir. Incrementar, aumentar, fazer progredir. 3. Intr. Crescer, desenvolver-se, vegetar. 4. Intr. Adiantar-se, prosperar. 5. Intr. Avolumar-se, aumentar, crescer. Antôn.: *definhar*.

Medrincas, s. m. e f. *Fam.* Indivíduo que tem medo de qualquer coisa. Var.: *medrica e medricas*.

Medronhal, s. m. (*medronho + al*). Terreno onde crescem medronheiros.

Medronheiro, s. m. (*medronho + eiro*). *Bot.* Árvore ericácea européia (*Arbustus unedo*), de folhagem perene e de fruto semelhante ao morango.

Medronho, s. m. Fruto do medronheiro. Adj. Qualifica um parafuso que tem a forma do medronho.

Medroso, adj. (arc. *medoroso*). 1. Que tem medo. 2. Acanhado, de pouco ânimo, tímido. 3. Que facilmente se assusta. 4. Amedrontado, dominado pelo pavor. Antôns. (acepções de 1 a 4): *animoso, valente*.

Medula, s. f. (l. *medulla*). 1. *Anat.* Substância que enche o interior dos ossos longos; tutano. 2. *Bot.* Substância mole que ocupa o eixo cilíndrico do caule e das raízes, desaparecendo nos caules ocos ou fistulosos. 3. *Med.* Parte do sistema nervoso central, alojada no canal raquidiano (medula espinhal). 4. O que há de melhor em alguma coisa; o essencial. 5. A parte mais íntima. — *M. ad-renal*: porção interna, histologicamente distinta, de uma glândula ad-renal, caracterizada pela presença de células cromafínicas, que secretam o hormônio adrenalina. *M.-espinhal*: cordão de tecido nervoso que ocupa a coluna vertebral. *M.-óssea*: substância mole que se encontra no interior dos ossos.

Medular, adj. m. e f. 1. Que pertence ou se refere à medula. 2. Da natureza da medula. 3. Que contém a medula. 4. Essencial.

Meduloso, adj. 1. Que tem medula ou canal medular. 2. Que tem o aspecto ou a natureza da medula; medular.

Medusa, s. f. 1. *Zool.* Forma sexuada e campanuliforme, dos celenterados hidrozoários e cifozoários. 2. *Mit.* Uma das três Górgonas. 3. Mulher feia.

Medusário, adj. Semelhante à medusa.

Medúseo, adj. 1. Relativo ou semelhante a medusa. 2. Que causa horror; medonho.

Meeiro, adj. 1. Que tem de ser dividido ao meio. 2. Que se divide em quinhões iguais. 3. Aplica-se ao cavalo cuja marcha é média. S. m. Lavrador que planta a meias com o dono do terreno.

Mefistofélico, adj. (de *Mefistófeles*, n. p.). 1. Próprio de Mefistófeles. 2. Diabólico, satânico. 3. Sarcástico.

Mefítico, adj. 1. Que exala miasmas. 2. Fétido, podre. 3. Insalubre, pestilencial.

Mefitismo, s. m. 1. Qualidade de mefítico. 2. Doença ou estado mórbido, causado por exalações mefíticas. 3. Impaludismo.

Mega-, elem. de comp. (gr. *megas*). O mesmo que *mégalo*.

Megaciclo, s. m. *Fís.* V. *megahertz*.

Megacolo, s. m. *Med.* Aumento anormal do cólon.

Megaesôfago, s. m. *Med.* Grande dilatação do esôfago, quer congênita, quer provocada por um espasmo do cárdia.

Megafone, s. m. Porta-voz. Var.: *megafono*.

Megahertz, s. m. *Fís.* Unidade de medida de freqüência igual a 1 milhão de hertz; megaciclo. Símbolo: MHz

Megalanto, adj. (*mégalo + anto*). *Bot.* Que tem flores grandes.

Megalegoria, s. f. Estilo enfático, magnificente, pomposo.

Megalino, s. m. O mesmo que *megálio*.

Megálio, s. m. (gr. *megaleion*). *Ant.* Delicioso perfume feito de óleo de avelã-da-índia, ou de bálsamo de cana-da-arábia.

Megalítico, adj. 1. Diz-se dos monumentos pré-históricos feitos de grandes pedras. 2. Diz-se dos monumentos atribuídos aos druidas (dólmenes etc.).

mégalo-, elem. de comp. (gr. *megas, megalos*). Encerra a idéia de *grande*: *megalocefalia*.

Megalocefalia, s. f. Qualidade de megalocéfalo.

Megalocéfalo, adj. (*mégalo + céfalo*). Que tem cabeça grande demais; macrocéfalo.

Megalógono, adj. *Miner.* Designativo dos cristais cujas faces formam entre si ângulos muito obtusos.

Megalografia, s. f. 1. Arte de pintar ou desenhar fatos grandiosos. 2. Desenho ou pintura desses fatos.

Megalomania, s. f. (*mégalo + mania*). 1. Delírio de grandeza. 2. Mania pelas coisas grandes ou grandiosas, ou de fazer coisas grandes ou grandiosas.

Megalopia, s. f. *Med.* Macropsia.

Megalóporo, adj. (*mégalo + poro*). *Zool.* Que tem grandes poros.

Megalosplenia, s. f. (*mégalo + espleno + ia*). *Med.* O mesmo que *esplenomegalia*.

Megalossauro, s. m. (*mégalo + sauro*[2]). 1. *Paleont.* Espécie de grande lagarto fóssil. 2. *Herp.* Lagarto de grandes proporções.

Megâmetro, s. m. (*mega + metro*[2]). 1. Medida de um milhão de metros. 2. Instrumento para determinar longitudes marítimas, pela medida das distâncias angulares entre os astros.

Megascópico, adj. 1. Que diz respeito ao megascópio. 2. Visível a olho nu.

Megascópio, s. m. (*mega + scopo + io*). Espécie de lanterna mágica que projeta imagens ampliadas.

Megatério, s. m. *Paleont.* Gênero (*Megatherium*) de mamíferos fósseis, da mesma ordem das preguiças, que continha espécies americanas com mais de 5m de comprimento.

Megera, s. f. (de *Megera*, n. p.). 1. Uma das três fúrias. 2. Mulher de mau gênio, cruel, perversa.

Megistocéfalo, adj. e s. m. *Terat.* Que, ou o que tem índices cefálicos anormalmente desenvolvidos.

Meia, s. f. 1. Fem. de *meio.* 2. Peça de malha que cobre o pé e parte da perna. 3. O próprio ponto de malha com que se fabrica a meia. 4. Qualquer peça de vestuário, feita com ponto de malha. 5. *Agric.* Sistema de parceria entre agricultores em que o arrendatário entrega a metade da colheita ao proprietário das terras.
A meias: ao meio; em duas partes iguais. *Pé-de-meia*: dinheiro economizado aos poucos.

Meia-água, s. f. Telhado de um só plano. Pl.: *meias-águas.*

Meia-cana, s. f. 1. Moldura côncava, arredondada na parte inferior, do feitio de cana fendida. 2. Lima longitudinalmente semicircular.

Meia-cara, s. m. e f. 1. Indivíduo sem importância. 2. Escravo que era importado por contrabando, quando já proibido o tráfico. Pl.: *meias-caras.*

Meia-direita, s. f. *Esp.* Posição do futebolista que, na linha dianteira, fica entre o centroavante e o extrema-direita. S. m. Jogador que atua nessa posição. Pl.: *meias-direitas.*

Meia-esquadria, s. f. 1. A metade da esquadria. 2. Linha que divide ao meio um ângulo reto. Pl.: *meias-esquadrias.*

Meia-esquerda, s. f. *Esp.* Posição do futebolista que, na linha dianteira, fica entre o centroavante e o extrema-esquerda. S. m. Jogador que atua nessa posição. Pl.: *meias-esquerdas.*

Meia-idade, s. f. 1. A idade dos trinta aos cinqüenta anos aproximadamente. 2. A Idade Média. Pl.: *meias-idades.*

Meia-laranja, s. f. 1. Lugar em forma de semicírculo. 2. Colina baixa, arredondada. 3. Escotilha que dá passagem às antecâmaras dos navios. Pl.: *meias-laranjas.*

Meia-lona, s. f. 1. Tecido grosseiro de que se fazem velas de navio. 2. Tecido grosso de linho cru.

Meia-lua, s. f. 1. Fase da Lua em que ela se apresenta como um semicírculo luminoso; crescente; minguante. 2. Tudo o que tem forma de semicírculo.

Meia-nau, s. f. Linha da popa à proa, eqüidistante das duas amuradas. Pl.: *meias-naus.*

Meia-noite, s. f. 1. Momento que divide a noite em duas partes iguais; hora zero ou as 24 horas do dia civil. 2. Ceia na noite do Natal, depois da missa do galo. Pl.: *meias-noites.* Var.: *meia-noute.*

Meia-pataca, s. f. *Ornit.* Ave cuculídea; alma-de-gato.

Meia-rédea, s. f. 1. Andamento da montaria, mais rápido do que o trote e menos do que a carreira. 2. Viagem apressada. Pl.: *meias-rédeas.*

Meia-rotunda, s. f. Construção semicircular por dentro e por fora. Pl.: *meias-rotundas.*

Meias, s. f. pl. (de *meio*). Contrato ou sociedade, em que se dividem em partes iguais as perdas ou os lucros por duas partes contratantes.

Meia-tinta, s. f. 1. Graduação de cores. 2. Tonalidade de cor entre a luz e a sombra. 3. Dissimulação, disfarce. Pl.: *meias-tintas.*

Meia-vida, s. f. *Fís.* Tempo que deve decorrer para que, em certo momento, metade dos átomos de uma substância radioativa se desintegrem.

Meigo, adj. (gr. *magikos*, pelo l.). 1. Amorável, carinhoso, terno. 2. Bondoso. 3. Suave.

Meiguice, s. f. (*meigo + ice*). 1. Qualidade de meigo. 2. Carinho, ternura. 3. Amabilidade, bondade.

Meijoada, s. f. V. *ameijoada*[2], acepção 3.

Meimendro, s. m. *Bot.* Nome de duas plantas solanáceas do gênero Hiosciamo, denominadas, respectivamente, *meimendro-branco* e *meimendro-negro.*

Meiminho, adj. e s. m. O mesmo que *mindinho.*

Meinácu, adj. m. e f. Relativo aos Meinácus, tribo aruaque das cabeceiras do Xingu. S. m. e f. Indígena dessa tribo.

Meio, adj. (l. *mediu*). 1. Que indica metade de um todo. 2. Médio, intermédio. S. m. 1. Ponto médio, ponto eqüidistante dos extremos. 2. *Sociol.* Totalidade dos fatores externos suscetíveis de influírem sobre a vida biológica, social ou cultural de um indivíduo ou grupo. 3. Intermediário. 4. O que dá passagem ou serventia, ou serve de comunicação. 5. Plano, partido ou expediente que se adota para conseguir um fim. 6. Segundo e terceiro termos de uma proporção. 7. Certa andadura das cavalgaduras, entre a meia-marcha e o esquipado. S. m. pl. 1. Bens de fortuna; haveres, recursos pecuniários. 2. Poder natural de uma pessoa, na ordem física ou intelectual: Menino de poucos *meios.* Adv. 1. Por metade. 2. Quase, com pouca diferença. 3. Um pouco, um tanto, não inteiramente.

Meio-busto, s. m. Efígie ou escultura, em que só se apresenta a cabeça e o pescoço. Pl.: *meios-bustos.*

Meio-corpo, s. m. A metade superior de uma figura humana, desde a cintura. Pl.: *meios-corpos.*

Meio-dia, s. m. (*meio + dia*). 1. Momento em que o Sol cruza o meridiano do lugar; o momento que divide o dia ao meio; a hora em que o Sol está no ponto mais alto do seu curso diurno; as 12 horas. 2. Metade de um dia útil. 3. O ponto cardeal oposto ao Norte: o Sul. 4. Os países meridionais. Pl.: *meios-dias.*

Meio-fio, s. m. 1. Fileira de pedras de cantaria que serve de remate à calçada da rua. 2. *Carp.* Chanfradura no batente da porta ou em caixilhos. 3. *Náut.* Anteparo que, no porão, vai da popa à proa, para equilibrar a carga. Pl.: *meios-fios.*

Meio-relevo, s. m. Figura ou ornato, que representa só meio vulto ressaindo do fundo. Pl.: *meios-relevos.*

Meiose, s. f. *Biol.* V. *miose.*

Meio-soprano, s. m. Timbre de voz feminina entre o soprano e o contralto. S. m. e f. Pessoa que tem essa voz. Pl.: *meios-sopranos.*

Meio-termo, s. m. 1. Termo médio entre dois extremos. 2. Comedimento. 3. Ecletismo. Pl.: *meios-termos.*

Meio-tom, s. m. 1. *Mús.* Intervalo que equivale à metade de um tom. 2. Fotografia ou desenho em claros e escuros, com as nuanças suavizadas. Pl.: *meios-tons.*

Meirinhado, s. m. 1. Cargo ou ofício de meirinho. 2. Duração desse cargo. 3. Jurisdição dos antigos magistrados chamados *meirinhos.*

Meirinho, s. m. (l. *majorinu*). 1. Antigo magistrado real que governava uma comarca ou um território. 2. Antigo empregado judicial, correspondente ao moderno oficial de justiça; beleguim. 3. *Zool.* Pequena aranha salticídea (*Menemerus bivittatus*). Adj. 1. Diz-se do gado lanígero que, no verão, pasta nas montanhas, e no inverno, na planície. 2. Diz-se da lã desse gado.

Meiru-de-preto, s. m. *Bot.* Planta anonácea brasileira (*Guatteria scariosa*). Pl.: *meirus-de-preto.*

Mêiser, s. m. V. *maser.*

Mel, s. m. (l. *mel*). 1. Substância preparada pelas abelhas melíficas à custa do néctar que recolhem de certas flores, pela transformação da sacarose em glucose e levulose e sua posterior concentração, e de que elas se alimentam durante o inverno. 2. Calda de açúcar destilada das formas nos respectivos engenhos. 3. Grande doçura, extrema suavidade. Pl.: *méis* e *meles.* — *M. cabaú*: o mesmo que *mel de tanque. M. de furo*: o que nos bangüês escorre do furo das formas de açúcar. *M. de pau*: mel que certas abelhas costumam depositar nos buracos das árvores. *M. de. tanque*: líquido viscoso que fica da cristalização do açúcar; melaço.

Mela, s. f. (l. v. *magella por macula?*). 1. Doença de certos vegetais, que não os deixa medrar e lhes torna pecos os frutos. 2. Caquexia, envelhecimento, ruína física. 3. Calva parcial. 4. Lacuna em branco numa escritura. 5. Campo talado pela seca.

Melaceiro, s. m. Aquele que fabrica ou vende melaço.

Melaço, s. m. 1. Líquido viscoso formado pelo resíduo da refinação do açúcar. 2. Qualquer substância muito doce.

Melado[1], adj. (p. de *melar*[1]). 1. Adoçado com mel. 2. Da cor do mel. S. m. 1. Calda grossa e escura feita de rapadura ou de cana-de-açúcar, e que se usa como sobremesa. 2. O mesmo que *mel de engenho.* 3. Variedade de capim. 4. *Gír.* Sangue.

Melado[2], adj. 1. Peco, chocho. 2. Atacado de mela. 3. Que tem calva parcial.

Melador, s. m. O que colhe mel nas matas.

Meladura, s. f. (*melar*[1] *+ dura*). Caldeirada de sumo de cana-de-açúcar.

Melafólio, s. m. *Bot.* O mesmo que *acanto*[1].

Melambo, s. m. *Bot.* 1. Árvore magnoliácea medicinal (*Drimys winteri*). 2. Casca resinosa e amarga dessa árvore.

Melanagogo, adj. e s. m. *Med. ant.* Dizia-se do medicamento que, conforme se supunha, teria a propriedade de fazer expelir os humores negros ou a atrabílis.

Melananto, adj. *Bot.* Que tem flores negras.

Melança, s. f. Colheita de mel.

Melancia, s. f. (por *balancia,* sob o influxo de *melão*). 1. *Bot.* Planta trepadeira (*Citrullus vulgaris*), da família das Cucurbitáceas, de fruto adocicado e refrescante. 2. Fruto dessa planta, grande, de casca verde-clara ou verde-escura, o interior vermelho ou esbranquiçado.

Melancial, s. m. 1. Terreno onde crescem melancias. 2. Plantação de melancias.

Melancieira, s. f. 1. *Bot.* O mesmo que *melancia* (acepção 1). 2. Mulher que vende melancias.

Melancolia, s. f. (gr. *melankholia*). 1. Psicose maníaco-depressiva. 2. Tristeza vaga e persistente. 3. *Pop.* O mesmo que *vitiligem.*

Melancólico, adj. (gr. *melankholikos*). 1. Que sofre de melancolia. 2. Abatido, desconsolado, triste. 3. Que infunde melancolia. Antôns.: *alegre, expansivo.*

Melancolizar, v. 1. Tr. dir. Tornar melancólico. 2. Intr. e pron. Ficar melancólico.

Melanésio, adj. 1. *Etnol.* Que pertence ou se refere às raças negras da Oceânia. 2. *Lingüíst.* Que se refere às línguas melanésias. S. m. 1. Grupo que abrange algumas centenas de línguas faladas na Melanésia e ilhas vizinhas. 2. Selvagem da Melanésia.

Melangástreo, adj. Que tem o ventre negro.

Melania, s. f. Qualidade daquilo que é sombrio ou escuro.

Melânia, s. f. Espécie de tecido ondeado, de lã ou seda, próprio para decorações.

Melanina, s. f. *Biol.* Cada um de vários pigmentos marrom-escuros ou pretos de estruturas animais ou vegetais (tais como pele, pêlo, coróide ou batata crua, quando exposta ao ar). Var.: *melaína.*

Melanismo, s. m. *Biol.* Fenômeno que consiste num aumento de produção do pigmento negro (melanina) com o conseqüente escurecimento da pele e do pêlo dos mamíferos, assim como das penas das aves.

Melanita, s. f. (*mélano* + *ita*). *Miner.* Variedade preta de andradita.

mélano-, elem. de comp. (gr. *melas, melanos*). Exprime a idéia de *preto, negro, escuro: melanocarpo, melanocéfalo.* Var.: *mela-* e *melan-.*

Melanocarpo, adj. (*mélano* + *carpo*[2]). *Bot.* Que dá frutos negros.

Melanocéfalo, adj. (*mélano* + *céfalo*). *Zool.* Que tem cabeça negra.

Melanócero, adj. (*mélano* + *cero*[2]). *Zool.* Diz-se do animal que tem negros os cornos ou as antenas.

Melanocrático, adj. *Geol.* Diz-se das rochas magmáticas que têm constituintes minerais predominantemente escuros.

Melanodermia, s. f. *Med.* Coloração negra da pele devida a uma acumulação do pigmento melânico na camada profunda da epiderme.

Melanoftalmo, adj. (*mélano* + *oftalmo*). 1. Que tem olhos negros. 2. Que tem manchas rodeadas de um círculo negro, semelhando um olho.

Melanografita, s. f. (*mélano* + *grafita*). *Miner.* Pedra que apresenta riscos escuros, semelhando desenhos.

Melanoma, s. m. (*mélano* + *oma*). *Med.* Tumor que assume cor escura em razão da proliferação de células ricas em melanina.

Melanope, adj. (*mélano* + *ope*). *Zool.* Que tem olhos negros.

Melanóptero, adj. (*mélano* + *ptero*). *Zool.* Que tem asas ou élitros negros.

Melanose, s. f. 1. *Med.* Obscurecimento de certos tecidos orgânicos devido a depósito abundante de melanina. 2. Doença dos frutos, folhas e órgãos verdes de várias plantas do gênero Citro, devida ao fungo *Phomopsis citri.* 3. Doença criptogâmica, que ataca as videiras americanas.

Melanospermo, adj. (*mélano* + *espermo*). *Bot.* Que tem sementes negras.

Melanóstomo, adj. *Zool.* Que tem a boca fortemente pigmentada de escuro.

Melanótico, adj. e s. m. 1. Que, ou o que tem melanose. 2. Que, ou o que tem caráter de melanose.

Melanótrico, adj. Que tem cabelos escuros.

Melanoxanto, adj. Que é amarelo e negro.

Melantáceo, adj. Que se refere ou se assemelha a melanto.

Melantéria, s. f. 1. Espécie de greda, com que se tingia de negro o calçado. 2. Espécie de pez, usado por cordoeiros, entre os antigos.

Malanterita, s. f. *Miner.* Sulfato hidratado natural de ferro.

Melanúria, s. f. *Med.* Emissão de urina preta ou escura, devida à presença de melaninas. Var.: *melanuria.*

Melanuro, adj. *Zool.* Diz-se do animal que tem cauda negra.

Melão, s. m. (l. *melone*). 1. Fruto do meloeiro. 2. O mesmo que *meloeiro.*

Melar[1], v. (de *mel*). 1. Tr. dir. Adoçar, untar ou cobrir com mel. 2. Tr. dir. Dar cor de mel a. 3. Intr. Fazer mel (a colméia). 4. Intr. Ficar melado. 5. Pron. Sujar-se de mel ou de qualquer substância oleosa. 6. Intr. *Pop.* Ir procurar no mato o mel das abelhas.

Melar[2], v. (*mela* + *ar*). 1. Intr. Ter mela, ficar melado. 2. Tr. dir. Produzir mela em. 3. Pron. Embebedar-se.

Melasmo, s. m. (gr. *melas*). *Med.* Melanodermia.

Melastoma, s. m. *Bot.* Gênero (*Melastoma*) típico da família das Melastomáceas, que compreende ervas asiáticas com folhas coriáceas e grandes flores roxas, com várias anteras desiguais.

Melastomáceas, s. f. pl. *Bot.* Família (*Melastomaceae*) da ordem das Mirtales, que compreende plantas tropicais. S. f. Espécime dessa família. Var.: *Melastomatáceas.*

Melastomáceo, adj. *Bot.* Relativo ou pertencente à família das Melastomáceas.

Melatrofia, s. f. *Med.* Atrofia de um membro.

Melcatrefe, adj. e s. m. *Pop.* V. *mequetrefe.*

Melcochado, s. m. Seda furta-cor.

Meleca, s. f. *Gír.* 1. Catarro seco das fossas nasais. 2. O mesmo que *joça.*

Meleira, s. f. 1. Imundície. 2. Sujeira produzida por mel. 3. Colméia de abelha silvestre.

Meleiro, s. m. 1. Aquele que vende mel. 2. Tirador de mel.

Melena[1], s. f. (cast. *melena*). 1. Cabelo comprido; guedelha. 2. Cabelo solto e desgrenhado. 3. Parte de crina do cavalo que pende da cabeça sobre a fronte.

Melena[2], s. f. (gr. *melaina*, fem. de *melas*). *Med.* 1. Vômito negro. 2. Fezes negras, devidas a hemorragia no tubo digestivo.

Melenudo, adj. (*melena*[1] + *udo*). 1. Que tem grandes melenas. 2. Cabeludo, guedelhudo.

Méleo, adj. (l. *melleu*). *Poét.* Doce, melífluo.

Melgueira, s. f. (de *mel*). 1. Cortiço com favos de mel. 2. Dinheiro que se junta às ocultas. 3. *Pop.* Pechincha. 4. Gozo tranqüilo.

Melhor, adj. m. e f. 1. Comparativo sintético de *bom.* 2. Superior a outro em bondade ou em qualidade. 3. *Fam.* Menos mal de saúde ou de situação. S. m. 1. Aquele ou aquilo que é preferível, que tem melhor qualidade que qualquer outra coisa. 2. Aquilo que é sensato ou acertado. Adv. 1. Mais bem. 2. De modo mais perfeito. 3. Com mais justiça ou verdade. 4. Com mais apreço. Interj. Designativa de indiferença ou de satisfação pela cessação de qualquer dúvida, importunação etc.

Levar a m.: ter vantagem; sair vencedor.

Melhora, s. f. (de *melhorar*). Ato ou efeito de melhorar; melhoria. S. f. pl. 1. Melhoramentos ou vantagens de qualquer espécie. 2. Diminuição de doença; alívio.

Melhorado, adj. (l. *melioratu*). 1. Tornado melhor, corrigido, aperfeiçoado. 2. Mais valioso.

Melhorador, adj. e s. m. Que, ou o que melhora ou introduz melhoramentos.

Melhoramento, s. m. 1. Ação ou efeito de melhorar; melhora, melhoria. 2. Benfeitoria ou benefício. 3. Adiantamento, aumento. 4. Progresso para o bem.

Melhorar, v. (*melhor* + *ar*). 1. Tr. dir. e pron. Tornar(-se) melhor ou superior. 2. Tr. dir. Tornar mais próspero. 3. Tr. dir. Diminuir a doença, restituir a saúde a. 4. Intr. Sentir melhoras ou alívio na doença. 5. Tr. dir. Aperfeiçoar, reformar, reparar. 6. Tr. ind. e intr. Passar a condição mais próspera. 7. Intr. Abonançar-se, serenar (o mau tempo). Antôn.: *piorar*.

Melhoria, s. f. (*melhor* + *ia*). 1. Transição para melhor estado ou condição. 2. Superioridade, vantagem. 3. Diminuição de doenças. 4. Melhoramento material.

Meliáceas, s. f. pl. *Bot.* Família (*Meliaceae*) da ordem Geraniales, que compreende plantas arbóreas ou arbustivas, sempre verdes, fornecedoras de madeira muito valiosa. Inclui várias espécies de cedros. S. f. Espécime dessa família.

Meliáceo, adj. *Bot.* Relativo ou pertencente à família das Meliáceas.

Meliana, adj. Diz-se de uma qualidade de terra, usada pelos pintores para a conservação das cores das tintas nos quadros. S. f. Essa terra.

Meliantáceas, s. f. pl. *Bot.* Família (*Melianthaceae*) da ordem das Sapindales, constituída de árvores e arbustos africanos, com folhas estipuladas e flores irregulares. S. f. Espécime dessa família.

Meliantáceo, adj. *Bot.* Relativo ou pertencente à família das Meliantáceas.

Meliante, s. m. (cast. *maleante*). 1. Malandro, vadio. 2. Libertino. 3. Patife.

Melicéris, s. f. sing. e pl. (gr. *melikeris*). *Med.* Tumor formado por um líquido amarelado e que tem a consistência do mel. Var.: *melicéride*.

Melícia, s. f. (de *mel*). Morcela doce com amêndoas.

Mélico[1], adj. (gr. *melikos*). 1. Melodioso, suave. 2. Harmonioso. 3. Musical.

Mélico[2], adj. (de *mel*). 1. Que se refere a mel. 2. Doce, méleo.

Melieiro, adj. (de *mel*). 1. Carinhoso, meigo. 2. Labioso. 3. Lisonjeiro por interesse.

Melífero, adj. Que produz mel.

Melificação, s. f. Ato ou efeito de melificar.

Melificador, s. m. Vaso em que se aquecem os favos, para se desprender o mel.

Melificar, v. (l. *mellificare*). 1. Intr. Fabricar mel (diz-se das abelhas). 2. Tr. dir. Converter em mel. 3. Tr. dir. Adoçar com mel. 4. Tr. dir. Tornar doce como mel.

Melífico, adj. 1. O mesmo que *melífero*. 2. Que diz respeito a mel. 3. Cuja natureza é idêntica à do mel. 4. Doce, suave.

Melifluidade (*u-i*), s. f. Qualidade de melífluo; suavidade.

Melífluo, adj. 1. Que corre como o mel. 2. Que destila mel. 3. Muito doce. 4. Suave. 5. Harmonioso. 6. De voz doce.

Melindrar, v. (*melindre* + *ar*). 1. Tr. dir. Afetar o melindre de, tornar melindroso ou suscetível. 2. Tr. dir. e pron. Escandalizar(-se), magoar(-se), ofender(-se).

Melindre, s. m. (cast. *melindre*). 1. Facilidade em amuar. 2. Delicadeza afetada ou natural no trato. 3. Recato, mimo, pudor. 4. Escrúpulo. 5. Bolo em que entra mel. 6. *Bot.* Espargo. S. m. pl. Espécie de trouxas feitas de gemas de ovos, batidas com açúcar e farinha.

Melindrice, s. f. V. *melindrismo*.

Melindrismo, s. m. (*melindre* + *ismo*). Qualidade de quem se melindra facilmente.

Melindrosa, s. f. 1. Moça faceira, elegante. 2. Moça afetada, exagerada nos modos e no vestir.

Melindroso, adj. 1. Que tem melindre. 2. Escrupuloso. 3. Afetado, efeminado. 4. Isento de malícia; inocente. 5. Delicado, pouco vigoroso. 6. Mimoso. 7. Arriscado, difícil, perigoso.

Melinita, s. f. Explosivo de grande potência que se emprega no carregamento de granadas.

Meliorativo, adj. V. *melhorativo*.

Meliorismo, s. m. Doutrina intermediária entre o otimismo e o pessimismo, e que sustenta que o mundo é suscetível de melhorar.

Melipona, s. f. *Entom.* Gênero (*Melipona*) que abrange as abelhas silvestres de nossa fauna; algumas espécies produzem mel aromático e saboroso, outras, de muito má qualidade.

Melissa, s. f. *Bot.* 1. Gênero (*Melissa*) de plantas das Labiadas, de caule ereto, folhas ovais e rugosas, pequenas flores axilares, cor-de-rosa. 2. Qualquer planta desse gênero, como a erva-cidreira. — *Água de m.*: essência em forma de alcoolato, usada na indústria farmacêutica e em licores.

Melissugo, adj. Que suga o néctar das flores.

Melito, s. m. *Farm.* Designação genérica dos preparados farmacêuticos, em que entra mel.

Meliturgia, s. f. A indústria das abelhas; preparação do mel.

Melitúria, s. f. *Med.* Diabete açucarada; glicosúria. Var.: *melituria*.

Melívoro, adj. Que se alimenta de mel; melífago.

Meloa, s. f. 1. Pequeno melão arredondado. 2. Grande melão. Adj. Designativo de uma abóbora grande, do feitio do melão.

Meloal, s. m. 1. Plantio de meloeiros. 2. Terreno onde crescem meloeiros.

Melodia, s. f. (gr. *melodia*). 1. Sucessão de sons, de que resulta um canto regular e agradável. 2. Sucessão agradável de sons, formando o fraseado musical. 3. Peça musical, suave, para uma só voz ou para um coro unissono. 4. Ária. 5. Qualidade de um canto agradável. 6. Suavidade no cantar, falar ou escrever. 7. Aquilo que é agradável ao ouvido. — *M. acompanhada*: processo de acompanhar por meio de harmonias uma melodia solista.

Melodiar, v. 1. Tr. dir. e pron. Tornar(-se) melodioso. 2. Intr. Cantar ou tocar melodiosamente.

Melódica, s. f. 1. Parte da música que trata da melodia. 2. Instrumento musical, cujos sons são produzidos pelo atrito de uma ponta de metal sobre um cilindro de aço.

Melódico, adj. 1. Que se refere à melodia. 2. Melodioso.

Melodioso, adj. 1. Que tem melodia. 2. Agradável ao ouvido; harmonioso. Antôn.: *desarmonioso*.

Melodista, s. m. e f. Quem faz melodias; compositor ou compositora de melodias.

Melodizar, v. O mesmo que *melodiar*.

Melodrama, s. m. 1. Espécie de drama em que, com recursos vulgares, se procura manter a emoção do auditório. 2. *Ant.* Drama, em que o diálogo era interrompido por música instrumental.

Melodramático, adj. 1. Que diz respeito a melodrama. 2. Que tem características de melodrama.

Meloeiro, s. m. *Bot.* Planta cucurbitácea hortense (*Cucumis melo*), também chamada *melão*.

Melófilo, adj. Que é grande apreciador de música.

Melofônio, s. m. *Mús.* Instrumento de sopro, do feitio de uma viola.

Melografia, s. f. 1. Arte da melodia. 2. Ato ou arte de escrever música ou melodias.

Melógrafo, s. m. 1. Aquele que exerce a melografia. 2. Instrumento que registra os sons do piano ou do órgão.

Melomania, s. f. Mania musical, exagerada paixão pela música.

Melomaníaco, adj. e s. m. Que, ou o que tem excessiva paixão pela música.

Melômele, s. m. V. *melômelo*.

Melomelia, s. f. *Terat.* Qualidade de melômelo.

Melômelo, s. m. *Terat.* Ser que tem membros acessórios implantados nos membros normais. Var.: *melômele*.

Melonídeo, adj. *Bot.* Designativo do fruto que provém de muitos ovários ligados com o cálice.

Meloniforme, adj. m. e f. *Bot.* Que tem forma de melão.

Melopéia, s. f. (gr. *melopoia*). 1. Arte de fazer acompanhamentos musicais. 2. Peça musical ou toada que serve de acompanhamento a um recitativo. 3. Toada doce. 4. Declamação agradável ao ouvido.

Meloplastia, s. f. *Cir.* Reconstituição plástica da face humana.

Melosa, s. f. Praga que dá nas laranjeiras.

Melose, s. f. *Cir.* Exploração feita com a sonda.

Melosidade, s. f. (*meloso* + *dade*). Qualidade de meloso.

Meloso, adj. 1. Que contém mel. 2. Cheio de mel. 3. Semelhante ao mel; doce. 4. Melífluo. S. m. Variedade de capim, também chamado *catingueiro.*
Melote, s. m. Pele de carneiro com a lã.
Melquetrefe, s. m. V. *mequetrefe.*
Melra, s. f. O mesmo que *mélroa.*
Melro, s. m. (1. *merulu*). *Ornit.* Pássaro europeu da família dos Turdídeos *(Turdus merula)*, de plumagem negra, bico amarelo e canto melodioso. Fem.: *melra* e *mélroa.*
Mélroa, s. f. Fêmea do melro; melra.
Melúria, s. f. (1. *melle*). *Pop.* Qualidade de melífluo, suavidade. S. m. e f. *Pop.* Pessoa dissimulada, melieira.
Membeca, adj. m. e f. Brando, mole, tenro. S. f. *Bot.* 1. O mesmo que *capim-membeca.* 2. Canarana-rasteira.
Membi, s. m. 1. *Bot.* Planta leguminosa-cesalpiniácea *(Cassia apoucouita)*. 2. *Bot.* V. *muirapaxiúba.* 3. Inúbia feita de osso da tíbia de caça ou de tíbia humana.
Membrado, adj. (de *membro*). *Heráld.* Diz-se da ave que se representa no escudo com pernas de esmalte diferente do do corpo.
Membrana, s. f. (1. *membrana*). 1. Tecido tênue, flexível, de cor esbranquiçada, que envolve alguns órgãos e se destina a absorver, exalar ou segregar certos fluidos. 2. *Bot.* Película que reveste certos órgãos finos e delicados. 3. Película. 4. Pele, couro. 5. Placa vibratória de alto-falantes, telefones, microfones, etc. — *M. sinovial:* a que forra as cavidades articulares, envolve os tendões e se interpõe entre a pele e certas saliências ósseas.
Membranáceo, adj. (1. *membranaceu*). *Bot.* Que tem forma ou consistência de membrana.
Membraniforme, adj. m. e f. Que tem forma de membrana.
Membranoso, adj. Que tem membrana, ou natureza de membrana.
Membrânula, s. f. *Bot.* Pequena membrana. 2. Fina estrutura, formada pela fusão de pequenos cílios.
Membro, s. m. (1. *membru*). 1. *Zool.* Parte do corpo dos vertebrados que serve à locomoção ou apreensão. 2. Pessoa que faz parte de uma corporação, associação ou família. 3. Vogal de júri. 4. O pênis. 5. Parte de um todo reunida com ele.
Membrudo, adj. 1. Que tem membros grandes e fortes. 2. Vigoroso.
Membrura, s. f. 1. Caráter ou qualidade de membrudo. 2. Conjunto dos membros de um indivíduo.
Memento, s. m. (latim=*lembra-te*). 1. Cada uma das duas preces do cânon da missa: *Memento* dos vivos e *memento* dos mortos. 2. Lembrete.
Memorando, adj. (1. *memorandu*). Digno de memória, memorável. S. m. 1. Livrinho de lembranças. 2. Participação ou aviso por escrito. 3. Nota diplomática de uma nação para outra, sobre o estado de uma questão.
Memorar, v. Tr. dir. 1. Trazer à memória, tornar lembrado, recordar. 2. Comemorar.
Memorativo, adj. Que traz à memória; comemorativo.
Memorável, adj. m. e f. 1. Digno de ficar na mémoria. 2. Notável, célebre.
Memória, s. f. (1. *memoria*). 1. Faculdade de conservar ou readquirir idéias ou imagens. 2. Lembrança, reminiscência. 3. Monumento para comemorar os feitos de alguma pessoa ilustre, ou algum sucesso notável. 4. Apontamento para lembrança. 5. Memorial. 6. Dissertação científica ou literária, para uma academia ou para publicação na imprensa. 7. Aquilo que serve de lembrança; vestígio. S. f. pl. Narrações escritas por testemunhas pessoais.
Memorial, adj. m. e f. 1. Que traz à memória. 2. O mesmo que *memorável.* S. m. 1. Livrinho de lembranças. 2. Petição em que se faz referência a um pedido já feito.
Memorialista, s. m. e f. Quem escreve memórias.
Memorião, s. m. *Fam.* Boa memória.
Memoriar, v. Tr. dir. 1. Reduzir a memória ou relação. 2. Fazer, escrever memória acerca de.
Memorioso, adj. De excelente memória.
Memorista, s. m. e f. Pessoa que escreve memórias ou dissertações acadêmicas.
Memorizar, v. Tr. dir. 1. Reter na memória. 2. Conservar a memória de; recordar-se.
Memoroso, adj. Memorável.
Menagem, s. f. (aférese de *homenagem*). 1. *Ant.* Homenagem. 2. Prisão em sítio franco, sob palavra do prisioneiro.
Menálio, adj. *Poét.* Bucólico, pastoril.
Menarca, s. f. *Fisiol.* Aparecimento do mênstruo.
Menção, s. f. 1. Ato de mencionar ou citar. 2. Atitude, gestos de quem se dispõe a praticar um ato. 3. Inscrição. 4. *Dir.* Referência, no corpo de um ato escrito, a uma circunstância, ou a outro ato, ou fato estranho que com ele tem correlação.
Menchevique, adj. m. e f. Designativo (desde 1903) de um partido político russo, revolucionário moderado, que se contrapunha ao bolchevismo radical e desejava a aplicação de um programa mínimo, e que por isso mesmo se chamava também *minimalista* e *minoritário.* S. m. e f. Membro desse partido. Antôn.: *bolchevique* e *maximalista.*
Mencheviquismo, s. m. 1. Sistema dos mencheviques. 2. Prática desse sistema.
Menchevismo, s. m. V. *mencheviquismo.*
Mencionar, v. Tr. dir. 1. Fazer menção de; citar. 2. Expor, narrar, referir.
Mendace, adj. m. e f. O mesmo que *mendaz.*
Mendacidade, s. f. Qualidade de mendaz.
Mendáculo, s. m. Labéu na reputação, mancha. Var.: *mendácula.*
Mendaz, adj. m. e f. Mentiroso, falso. Sup. abs. sint.: *mendacíssimo.*
Mendelévio, s. m. *Quím.* Elemento químico radioativo produzido artificialmente pelo bombardeio de einstênio com partículas alfa de alta energia. Símbolo Md ou Mv, número atômico 101, massa atômica 256.
Mendelismo, s.m. *Biol.* 1. Doutrina formulada por Gregor Johann Mendel (1822-1884), botânico austríaco, em que se explicam os fenômenos de hereditariedade dos caracteres dos organismos, pelo jogo de fatores determinantes desses caracteres existentes nas células sexuais dos progenitores e transmitidos aos descendentes no ato da fecundação, segundo leis determinadas. 2. As leis de Mendel.
Mendicância, s. f. 1. Ato de mendigar. 2. Condição de quem vive de esmolas. 3. Mendicidade.
Mendicante, adj. e s., m. e f. 1. Que, ou quem mendiga. 2. Diz-se das, ou as ordens religiosas que fazem voto de pobreza e vivem apenas de esmolas.
Mendicidade, s. f. 1. Ato de mendigar. 2. Qualidade de ser mendigo. 3. Os mendigos.
Mendigação, s. f. Ato de mendigar
Mendigar, v. 1. Intr. Entregar-se à mendicidade, ser mendigo, viver de esmolas. 2. Tr. dir. Pedir por esmola; esmolar. 3. Tr. dir. Ganhar com dificuldade (os meios de subsistência). 4. Tr. dir. Pedir, pleitear com humildade ou servilmente.
Mendigaria, s. f. *Ant.* V. *mendicidade.*
Mendigo, s. m. Indivíduo que vive de pedir esmolas; pedinte.
Mendo, adj. *Etnol.* Relativo aos Mendos, indígenas do Norte do Brasil. S. m. e f. Indígena dessa tribo.
Mendubi, s. m. V. *amendoim.*
Mendubim, s. m. V. *amendoim.*
Mendubirana, s. f. *Bot.* Planta leguminosa (*Cassia diphylla*).
Menduí, s. m. V. *mendubi.*
Meneador, adj. e s. m. Que, ou o que meneia; que se move de um lado para outro.
Meneamento, s. m. Ato ou efeito de menear; meneio.
Menear, v. (var. de *manear*). 1. Tr. dir. Manejar, mover de um lado para outro. 2. Tr. dir. *P. us.* Manusear. 3. Pron. Mexer-se, mover-se, oscilar. 4. Pron. Saracotear-se, balançar o corpo em movimentos laterais.
Meneável, adj. m. e f. 1. Que se pode menear. 2. Brando, dócil, flexível. Antôn.: *inflexível.*
Menecma, s. m. Indivíduo que tem grande semelhança física com outro; sósia.
Meneio, s. m. 1. Ato de menear ou de menear-se; meneamento. 2. Balanço, oscilação. 3. Aceno. 4. Gesto, ademã.

5. Ardil, astúcia para conseguir algum fim; manejo. 6. Custeamento, mão-de-obra, preparo.

Menestrel, s. m. (fr. *ménestrel*). 1. Poeta da época medieval. 2. Poeta e cantor. 3. Músico ambulante, ou ao serviço de um senhor medieval.

Menicaca, s. m. e f. *Pop.* Pessoa ridiculamente pretensiosa, muito perfumada e cheia de cosméticos, de figura burlesca, risível. Var.: *menicacas.*

Meniém, adj. m. e f. *Etnol.* Relativo aos Meniéns, indígenas do Rio Jequitinhonha, pertencentes à família lingüística camacã. S. m. e f. Indígena dessa tribo.

Menina, s. f. 1. Fem. de *menino.* 2. Criança do sexo feminino. 3. Mulher nova e solteira. 4. Tratamento carinhoso ou familiar que se dá às pessoas do sexo feminino, novas ou adultas. Adj. Diz-se de uma variedade de abóbora. — *M. do olho:* pupila do olho. *M.-dos-olhos:* criatura muito mimada ou protegida.

Menineiro, adj. 1. Que tem aparência de menino; ameninado. 2. Pueril. 3. Que gosta de crianças ou é muito carinhoso para com elas.

Meninge, s. f. (gr. *menigx, iggos). Anat.* Cada uma das três membranas (dura-máter, aracnóide e pia-máter) que envolvem o aparelho cerebrospinal.

Meningite, s. f. *Med.* 1. Inflamação das meninges, máxime da aracnóide e da pia-máter. 2. Doença em que ocorre inflamação das meninges e que é causada por microrganismos (como meningococos, bacilo da tuberculose etc.).

Meningocele, s. f. *Med.* Hérnia das meninges para o exterior do crânio ou da coluna vertebral, formando um cisto cheio de líquido cerebrospinal.

Meningococo, s. m. Bactéria (*Neisseria meningitidis*) causadora dos meningites cerebrospinais.

Meningose, s. f. *Anat.* União de dois ossos por meio de ligadas meningites cerebrospinais.

Meninice, s. f. Idade ou qualidade de quem é menino; puerícia. S. f. pl. Ações, modos ou palavras de menino.

Menino, s. m. 1. Criança do sexo masculino. 2. Pessoa inexperiente, sem prática das coisas do mundo. 3. Tratamento afetuoso entre parentes ou amigos, mesmo que sejam adultos. 4. *Iron.* Espertalhão, melro. — *M.-prodígio:*criança com pendores intelectuais ou artísticos excepcionais para a sua idade.

Meninório, s. m. 1. Grupo ou reunião de meninos. 2. *Pej.* Criançola.

Meninote, s. m. (de *menino*). Rapazote, mocinho. Fem.: *meninota.*

Menir, s. m. (célt. *men + hir*). Grande pedra, fixa verticalmente no solo e considerada monumento megalítico.

Menisco, s. m. 1. Fibrocartilagem articular em forma de crescente. 2. *Fís.* Vidro lenticular côncavo de um lado e convexo do outro. 3. *Fís.* A curvatura que apresenta a superfície livre de uma coluna líquida contida em tubo capilar e que varia segundo a natureza do mesmo líquido. 4. *Geom.* Figura composta de uma parte côncava e de outra convexa.

Meniscóide, adj. m. e f. Que tem forma de menisco.

Menispermáceas, s. f. pl. *Bot.* Família *(Menispermaceae)* de plantas que compreende trepadeiras herbáceas ou lenhosas. S. f. Espécime dessa família.

Menispermáceo, adj. *Bot.* Pertencente ou relativo às Menispermáceas.

Menológio, s. m. (1. *menologiu*). 1. Descrição ou tratado dos meses entre os diferentes povos. 2. Catálogo dos mártires, na Igreja grega.

Menopausa, s. f. 1. *Fisiol.* Cessação definitiva do catamênio ou regras menstruais da mulher. 2. Idade crítica da mulher.

Menor, adj. m. e f. 1. Comparativo de *pequeno;* mais pequeno. 2. Inferior em graduação. 3. Mínimo. 4. Diz-se da pessoa que ainda não atingiu a maioridade. S. m. e f. Pessoa que ainda não chegou à maioridade. S. f. *Lóg.* A segunda premissa de um silogismo. S. m. pl. 1. Os descendentes. 2. Minúcias.

Menoridade, s. f. 1. Estado da pessoa que ainda não atingiu 21 anos. 2. A parte menor de um todo. 3. *P. us.* Minoria. Antôn.: *maioridade.*

Menorista, s. m. *Ecles. ant.* Clérigo de ordens menores.

Menorizar, v. Pron. Decrescer pouco a pouco.

Menorragia, s. f. *Med.* Fluxo menstrual muito abundante.

Menorrágico, adj. Que diz respeito à menorragia.

Menorréia, s. f. *Med.* Fluxo menstrual.

Menos, adv. (1. *minus*). 1. Em menor número, em menor quantidade. 2. Em menor grau, com menor intensidade. Antôn.: *mais.* Adj. m. e f. 1. Comparativo de *pouco;* inferior em quantidade ou em valor. 2. Inferior em condição ou posição. 3. Assume por vezes feição de superlativo e apresenta então a significação de *mínimo.* Antôn.: *mais.* S. m. 1. Aquilo que tem a menor importância; o mais baixo; o mínimo. 2. *Mat.* Traço horizontal, indicativo de uma subtração ou de uma quantidade negativa. Prep. 1. À exceção de, fora, exceto. 2. Com subtração de. Pron. indef. Menor número ou quantidade: Esse clube tem 500 sócios: o nosso, *menos.*

Menoscabador, adj. e s. m. Que, ou o que menoscaba.

Menoscabar, v. Tr. dir. 1. Reduzir a menos; tornar imperfeito; deixar incompleto. 2. Depreciar, desacreditar, desdourar, fazer pouco caso de. Antôns. (acepção 2): *louvar, exaltar.*

Menoscabo, s. m. 1. Ato ou efeito de menoscabar. 2. Depreciação. 3. Desdém, desprezo. Antôns. (acepção 2): *elogio, louvor.*

Menospreçamento, s. m. O mesmo que *menosprezo.*

Menospreçar, v. Tr. dir. O mesmo que *menosprezar.*

Menosprezador, adj. e s. m. Que, ou o que menospreza.

Menosprezar, v. Tr. dir. 1. Depreciar, desprezar, ter em pouca conta: *Menosprezou o chefe.* Desdenhar, não fazer caso de.

Menosprezível, adj. m. e f. Digno de desprezo; desprezível.

Menosprezo *(ê),* s. m. Ação ou efeito de menosprezar; menospreçamento, menospreço. Antôns.: *consideração, acatamento.*

Mensageiro, adj. e s. m. 1. Que, ou o que leva mensagem. 2. Que, ou o que anuncia ou prenuncia. S. m. 1. Aquele que faz presságio. 2. Aquilo que envolve presságio.

Mensagem, s. f. (fr. *message*). 1. Recado ou notícia verbal ou escrita. 2. Felicitação ou discurso laudatório dirigido por escrito a uma autoridade. 3. Discurso escrito enviado pelo presidente da república ao parlamento. 4. Comunicação oficial entre as câmaras legislativas ou entre os poderes legislativo e executivo. 5. Sermão, prédica evangélica. 6. O significado íntimo e profundo de uma obra filosófica ou literária. 7. *Espir.* Recepção, pelo médium, de uma comunicação dos espíritos.

Mensal, adj. m. e f. 1. Que se refere a mês. 2. Que dura um mês. 3. Que se realiza de mês em mês.

Mansalidade, s. f. Quantia que se paga ou recebe por mês; mesada.

Mensalista, adj. e s., m. e f. 1. Diz-se da, ou a pessoa que recebe remuneração calculada por mês. 2. *Dir.* Diz-se da, ou a pessoa que é servidor extranumerário.

Mensário[1], adj. (1. *mensariu*). Que diz respeito a mesa ou ao que se come à mesa.

Mensário[2], s. m. (1. *mense*). Periódico que se publica uma vez por mês.

Menstruação, s. f. 1 Ato ou efeito de menstruar; mênstruo. 2. Duração do fluxo menstrual.

Mensura, s. f. *Des.* 1. Medida. 2. Compasso musical.

Mensurabilidade, s. f. Qualidade de mensurável.

Mensuração, s. f. *Des.* Ato de medir.

Mensurador, adj. e s. m. Que, ou aquele que mensura. S. m. Funcionário que faz a medição e identificação dos criminosos, nos postos antropométricos.

Mensurar, v. Tr. dir. 1. Determinar a medida de; medir. 2. Ter por medida.

Mensurável, adj. m. e f. Que se pode medir

Menta, s. f. *Bot.* 1. Gênero *(Mentha)* da família das Labiadas, constituído pelas hortelãs-pimentas. 2. Planta desse gênero *(Mentha piperita),* a hortelã-pimenta, de que se extrai o mentol.

Mentado, adj. Lembrado, recordado.

Mentagra, s. f. *Med.* Doença dos folículos pilosos, localizada no queixo.

Mental, adj. m. e f. 1. Que diz respeito à mente; intelectual. 2. Que se faz de cor. 3. Espiritual: Oração *mental.*

Mentalidade, s. f. 1. Qualidade de mental. 2. Estado de espírito. 3. Estado psicológico. 4. A mente. 5. Movimento intelectual. 6. Maneira individual de pensar e de julgar.

Mentastro, s. m. *Bot.* Planta labiada, medicinal *(Mentha rotundifolia)*, espécie de hortelã silvestre. Var.: *mentastre.*

Mente[1], s. f. 1. Faculdade de conhecer, inteligência, poder intelectual do espírito. 2. Entendimento, alma, espírito. 3. Disposição para fazer alguma coisa. 4. Idéia, resolução. 5. Concepção, imaginação. 6. Intenção, intuito, plano, tenção.

-mente[2], suf. Forma advérbios que indicam modo, às vezes tempo ou lugar: *amorosamente, generosamente, atualmente, interiormente.*

Mentecapto, adj. Que perdeu o uso da razão; alienado, idiota, néscio.

Mentideiro, adj. *Ant.* Falaz. S. m. Lugar onde se propalam boatos.

Mentido, adj. 1. Falso, fingido. 2. Ilusório, vão.

Mentir, v. 1. Tr. ind. e intr. Dizer mentiras, negar o que se sabe ser verdade, proferir como verdadeiro o que é falso. 2. Tr. dir. Proferir mentira. 3. Tr. ind. e intr. Induzir em erro, ser causa de engano. 4. Tr. dir. Errar.

Mentira, s. f. 1. Ato de mentir; afirmação contrária à verdade, engano propositado. 2. Hábito de mentir. 3. Engano da alma, engano dos sentidos, falsa persuasão, juízo falso. 4. Erro, ilusão, vaidade. 5. Fábula, ficção. Antôns. (acepções 1, 3 e 4): *verdade;* (acepção 5): *realidade.*

Mentirola, s. f. Mentira inofensiva.

Mentiroso, adj. 1. Que mente ou costuma dizer mentiras. 2. Falso, oposto à verdade. 3. Que não é o que parece; aparente. 4. Enganador, falaz. Antôns.: *verdadeiro, verídico.* S. m. Aquele que mente, ou costuma dizer mentiras.

Mento[1], s. m. 1. *Anat.* Parte anterior e inferior da face; queixo. 2. *Zool.* Proeminência carnuda por baixo do lábio inferior dos animais. 3. *Entom.* Placa média do lábio de um inseto. 4. *Arquit.* Cimalha.

-mento[2], suf. (1. *mentu*). Formador de substantivos deverbais que indicam *ação* ou *efeito: adensamento, aportuguesamento.*

Mentol, s. m. *(menta + ol). Quím.* Alcool terpenóide secundário, $C_{10}H_{19}OH$, conhecido em 12 formas opticamente isoméricas. Usado em medicina e algumas indústrias.

Mentolado, adj. Preparado com mentol.

Mentor, s. m. (de *Mentor,* n. p.). Pessoa que aconselha, ensina ou guia.

Mentorear, v. Tr. dir. Servir de mentor a.

Mentraste, s. m. *Bot.* O mesmo que *mentrasto.*

Mentrasto, s. m. *Bot.* V. *mentastro.*

Mequém, adj. m. e f. *Etnol.* Relativo aos Mequéns, tribo de índios das margens do Rio Mequém, ao norte de Mato Grosso, no Brasil. S. m. e f. Indígena dessa tribo.

Mequetrefe, adj. e s. m. (cast. *mequetrefe*). Diz-se do, ou indivíduo que se mete onde não é chamado; metediço.

Mera, s. f. Líquido oleoso e medicamentoso que provém da destilação do zimbro.

Merca, s. f. *Pop.* Ação de mercar, comprar. 2. Aquilo que se mercou ou comprou.

Mercadejar, v. 1. Tr. ind. e intr. Comerciar, comprar e vender; ser mercador ou negociante. 2. Tr. dir. Fazer transação com. 3. Tr. ind. Traficar.

Mercadinho, s. m. 1. Pequeno mercado. 2. Pequeno estabelecimento onde se vendem cereais, frutas, verduras etc.

Mercado, s. m. 1. Lugar público, onde se compram mercadorias postas à venda. 2. Ponto onde se faz o principal comércio de certos artigos. 3. Centro de comércio. 4. O comércio. — M. aberto: a) v. *open market;* b) termo específico para definir operação financeira; c) câmbio paralelo.

Mercadologia, s. f. *P. us.* V. *marketing.*

Mercadológico, adj. Que se refere à mercadologia.

Mercador, s. m. (1. *mercatore*). 1. Aquele que merca, para vender a retalho. 2. Negociante.

Mercadoria, s. f. 1. Aquilo que é objeto de compra ou venda. 2. Aquilo que se comprou e que se expõe à venda.

Mercancia, s. f. 1. Ação de mercanciar. 2. Mercadoria. 3. Negócio. 4. Tráfico.

Mercanciar, v. O mesmo que *mercadejar.*

Mercante, adj. m. e f. Do comércio, ou relativo ao movimento comercial. S. m. Mercador.

Mercantil, adj. m. e f. 1. Que se refere a mercadores ou a mercadorias. 2. Que pratica o comércio. 3. Ambicioso, cobiçoso, interesseiro. — *Escrituração m.:* a que devem fazer as casas de comércio segundo as normas da lei.

Mercantilagem, s. f. Mercantilismo.

Mercantilice, s. f. 1. *Pej.* Ação mercantil. 2. Mercantilismo.

Mercantilidade, s. f. Qualidade de mercantil.

Mercantilismo, s. m. 1. Tendência para subordinar tudo ao comércio, ao ganho, ao interesse. 2. *Econ. Polít.* Doutrina consolidada no século XVIII, segundo a qual a riqueza e o poder de um país consistiam na posse de metais preciosos.

Mercar, v. (1. *mercari*). Tr. dir. 1. Comprar para revender. 2. Adquirir, comprando por dinheiro. 3. Apregoar para vender. 4. Adquirir, alcançar, conseguir com esforço, trabalho ou sacrifício.

Mercável, adj. m. e f. Que se pode mercar, comerciável.

Mercê, s. f. (1. *mercede*). 1. Paga, retribuição de trabalho, soldada. 2. Nomeação para emprego público. 3. Concessão de título honorífico. 4. Benefício, favor, graça. 5. Benignidade, bom acolhimento, favor, indulgência. 6. Graça, indulto. 7. Perdão, remissão de culpa. 8 Arbítrio, capricho. *À mercê de alguém:* ao arbítrio de, ao capricho de alguém. *M. de Deus:* por graça, por favor de Deus.

Mercearia, s. f. 1. Comércio de pouco valor. 2. Loja onde se faz este comércio. 3. Loja de gêneros alimentícios e quaisquer especiarias. 4. Profissão de merceeiro. S. f. pl. Gêneros alimentícios.

Merceeiro, s. m. Dono de mercearia; tendeiro.

Mercenário, adj. e s. m. 1. Que, ou o que serve ou trabalha por um preço ou salário ajustado. 2. Que, ou o que trabalha apenas por interesse; interesseiro. S. m. Soldado que, por dinheiro, serve a um governo estrangeiro.

Mercenarismo, s. m. Espírito mercenário ou interesseiro.

Merceologia, s. f. *Com.* Parte da ciência comercial que trata da compra e venda, em comércio de mercadorias.

Mercerização, s. f. 1. Ato ou efeito de mercerizar. 2. *Quím.* Processo de tratar fios ou tecidos de algodão pela soda cáustica, para os tornar lustrosos, resistentes e mais sensíveis aos corantes.

Mercerizar, v. Tr. dir. Submeter à mercerização.

Merchandising (*merchandáisin*), s. m. (t. ingl.). *Propag.* Aparição de um produto, serviço ou marca, de forma não declarada durante um programa de televisão ou rádio, filme, etc.

Mercurial[1], adj. m. e f. 1. Que se refere ao mercúrio. 2. Composto de mercúrio; em que há mercúrio. S. m. 1. Medicamento em que entra o mercúrio. 2. *Fam.* Reprimenda.

Mercurial[2], s. f. *Bot.* Planta euforbiácea (*Mercurialis annua*); urtiga-morta.

Mercurialismo, s. m. *Med.* Qualquer alteração mórbida provocada pelo abuso de remédios mercuriais; hidrargirismo.

Mercúrico, adj. *Quím.* 1. Designativo do segundo óxido de mercúrio. 2. Designativo de um composto de mercúrio derivado desse óxido.

Mercúrio, s. m. (1. *Mercuriu*). 1. *Quím.* Elemento metálico, pesado, branco-prateado, líquido e venenoso, encontrado no cinábrio e no calomelano. Símbolo Hg, número atômico 80, massa atômica 200,61. 2. *Farm.* Preparação em que entra essa substância. 3. *Astr.* O planeta mais próximo do Sol. 4. *Mit.* Deus do comércio, correspondente a Hermes, dos gregos, mensageiro dos deuses.

Mercurocromo, s. m. *Quím.* e *Farm.* Composto mercurial cristalino, verde-iridescente, $C_{20}H_8Br_2HgNa_2O_6$ produzido de fluoresceína e acetato mercúrico, de aplicação tópica como anti-séptico e germicida, na solução vermelha com

fluorescência amarelo-esverdeada. Var.: *mercúrio-cromo*.
Mercuroterapia, s. f. (*mercúrio + terapia*). *Med.* Terapêutica que utiliza vários sais de mercúrio.
Merda, s. f. (l. *merda*). *Ch.* 1. Excremento. 2. Porcaria, sujidade. 3. Coisa sem valor. S. m. *Ch.* Sujeito sem préstimo. Interj. *Ch.* Indica repulsão ou desprezo.
Merecedor, adj. Que merece; digno.
Merecer, v. 1. Tr. dir. Ser digno de. 2. Tr. dir. Tornar-se merecedor de. 3. Tr. dir. Ser credor de, ter direito a. 4. Tr. dir. e intr. Valer.
Merecido, adj. Que se mereceu; devido, justo. S. m. Boa ou má recompensa que alguém recebeu.
Merecimento, s. m. 1. Qualidade que torna alguém digno de prêmio ou castigo. 2. Condições ou requisitos que tornam uma pessoa digna de apreço. 3. Importância, preço, valor.
Merencório, adj. Melancólico, sorumbático, triste.
Merenda, s. f. 1. Refeição leve, geralmente entre o almoço e o jantar. 2. O que se merenda. 3. Lanche que as crianças levam para comer na escola. 4. O que se leva em farnel para comer no campo ou em viagem.
Merendar, v. 1. Tr. dir. Comer à hora da merenda. 2. Intr. Comer a merenda.
Merendeira, s. f. Mulher que prepara merendas nas cantinas escolares. 2. Essa função ou cargo nas escolas públicas.
Merendeiro, adj. 1. Diz-se do pão pequeno ou bolo destinado a merenda. 2. Diz-se do cesto em que se leva a merenda. S. m. 1. Cesto em que vai a merenda. 2. Pessoa habituada a merendar. 3. Pedaço de barro, com que se faz cada telha.
Merendiba, s. f. *Bot.* Planta combretácea silvestre (*Terminalia brasiliensis*). Var.: *merindiba*.
Merengue, s. m. 1. Mistura de claras de ovo com açúcar. 2. Bolo que tem sua superfície formada por uma casca dessa mistura. Var.: *merenque*.
Merequém, s. m. *Ornit.* Ave psitacídea do Nordeste brasileiro (*Aratinga cactorum*).
Mererê, s. m. *Ictiol.* O mesmo que *morerê*.
Mereré, s. m. 1. Lansquenê. 2. *Por ext.* Qualquer jogo.
Mergulhador, adj. e s. m. Que, ou o que mergulha. S. m. 1. Homem que trabalha debaixo de água. 2. Pescador de pérolas. 3. *Ornit.* Mergulhão.
Mergulhante, adj. m. e f. Que mergulha.
Mergulhão, s. m. 1. Grande mergulho. 2. *Ornit.* Nome comum a várias aves aquáticas, de diferentes famílias, capazes de mergulhar e permanecer submersas por algum tempo. 3. *Agr.* V. *mergulhia*.
Mergulhar, v. 1. Tr. dir. Imergir na água ou em outro líquido. 2. Tr. dir. Meter debaixo de qualquer substância. 3. Tr. dir. *Agr.* Meter na terra (o mergulhão). 4. Tr. dir. Cravar profundamente. 5. Tr. ind., intr. e pron. Afundar-se, meter-se debaixo dágua. 6. Tr. ind. e pron. *Fig.* Entranhar-se, engolfar-se, absorver-se.
Mergulhia, s. f. 1. *Agr.* Processo de introduzir na terra vara de vide ou de outra planta, para obter-se a multiplicação da planta. 2. A vara que assim se mergulha.
Mergulho, s. m. 1. Ação de mergulhar. 2. *Ornit.* O mesmo que *mergulhão*. 3. *Agr.* O mesmo que *mergulhia*. 4. *Geol.* Ângulo formado por uma camada, dique ou fratura com o plano do horizonte, tomado perpendicularmente à sua interseção; inclinação. 5. *Aeron.* Vôo de descida íngreme, com ou sem força de motor; vôo picado, vôo a pique, picada.
Mericarpo, s. m. *Bot.* Parte de um fruto, separada naturalmente no sentido longitudinal e contendo uma única semente. Var.: *mericárpio*.
Mericismo, s. m. *Med.* Doença psíquica rara em que os alimentos voltam à boca; ruminação.
Mericologia, s. f. Tratado a respeito dos ruminantes.
Meridiana, s. f. (de *meridiano*). 1. Linha reta de interseção do plano do meridiano com o plano do horizonte. 2. Linha traçada sobre uma superfície de revolução, no plano de um meridiano. 3. Relógio de sol. 4. *Pop.* Sesta.
Meridiano, adj. 1. Pertencente ou relativo ao meridiano. 2. Que se refere ao meio-dia. 3. Diz-se da luneta com que se fazem observações meridianas. 4. Diz-se da altura de um astro acima do horizonte, na sua passagem no meridiano. 5. Diz-se da sombra que um objeto projeta ao meio-dia. S. m. 1. *Geogr.* Qualquer círculo máximo da Terra que passe pelos pólos e corte o equador em ângulos retos. 2. *Geom.* Plano que passa pelo eixo de uma superfície de revolução. 3. *Astr.* Círculo máximo da esfera celeste que passa pelos pólos celestes e pelo zênite e nadir do ponto de observação.
Merídio, adj. 1. Que diz respeito ao meio-dia. 2. O mesmo que *meridional*.
Meridional, adj. m. e f. 1. Do lado do Sul; austral. 2. Próprio das regiões do Sul. S. m. Habitante ou natural de país ou região do Sul.
Meridotalo, s. m. *Bot.* Distância que separa os nós das plantas ou as inserções das folhas de um mesmo ramo; entrenó.
Merinaque, s. m. (cast. *meriñaque*). Saia enfunada por arcos ou varas flexíveis; saia-balão.
Merino, adj. Que diz respeito a certa raça de carneiros; meirinho. S. m. 1. Espécie de carneiro de lã muito fina. 2. Tecido dessa lã. Var.: *merinó*.
Merinó, adj. e s. m. V. *merino*.
Merisma, s. m. (gr. *merisma*). Divisão de um assunto em partes distintas.
Merismático, adj. *Biol.* 1. Diz-se da divisão de células em que há divisórias separando umas das outras as novas células. 2. Formado pelo meristema.
Meristema, s. m. *Bot.* Tecido formativo das plantas, capazes de divisões em número indefinido, produzindo células que permanecem meristemáticas e outras que sofrem diferenciação e produzem vários tecidos e órgãos da planta.
Meriti, s. m. *Bot.* O mesmo que *muriti*.
Meritíssimo, adj. 1. De grande mérito, muito digno. 2. Tratamento dado aos juízes de Direito.
Mérito, s. m. 1. O mesmo que *merecimento*. 2. Valor moral ou intelectual. 3.Aptidão, capacidade, superioridade.
Meritório, adj. Que merece prêmio ou louvor. Antôns.: *indigno, condenável*.
Merlão, s. m. (fr. *merlon*). Parte do parapeito entre duas seteiras de uma fortaleza.
Merleta, s. f. *Heráld.* Ave desenhada de perfil, sem bico e sem pés.
Merlim, s. m. (gr. *merlin*). 1. Qualquer tecido ralo e engomado, como a tarlatana. 2. Fibras entrançadas que formam os cabos de navios. 3. Machado para cortar lenha. 4. Espertalhão.
Mero[1], adj. (l. *meru*). 1. Simples. 2. Genuíno, sem mistura.
Mero[2], s. m. *Ictiol.* Grande peixe marinho, da família dos Serranídeos (*Promicrops itaiara*).
Merocele, s. f. *Med.* Hérnia crural.
Merócrino, adj. *Biol.* 1. Diz-se de secreção que é descarregada sem dano maior para as células secretoras. 2. Que é produzido por uma glândula merócrina. Antôn.: *holócrino*.
Merologia, s. f. 1. Tratado dos princípios elementares de qualquer ciência. 2. Tratado em que só parte de um assunto é versada.
Merovíngio, adj. (de *Meroveu*, n. p.). Que pertence ou se refere à primeira dinastia francesa, fundada por Meroveu, rei franco.
Merrime, adj. m. e f. *Etnol.* Relativo aos Merrimes, índios jês do Maranhão. S. m. e f. Indígena dessa tribo.
Mertiolato, s. m. *Farm.* Nome comercial de um composto mercurial orgânico, cristalino, de cor creme, $C_9H_9HgNaO_2S$, usado em medicina como anti-séptico e germicida e também como preservativo biológico.
Meru, s. m. *Zool.* Espécie de veado, na África oriental e na Ásia (*Rusa aristotelis*).
Merua, s. f. *Bot.* Planta rubiácea (*Spermococe longifolia*).
Meruquiá, s. f. *Bot.* Gramínea da região amazônica (*Eragostis vahlii*).
Meruxinga, s. f. *Entom.* Espécie de mosca pequena.
Mês, s. m. (l. *mense*). 1. Cada uma das doze divisões do ano solar. 2. Espaço de 30 dias. 3. Mênstruo. 4. Preço combinado por mês de trabalho, de aluguel, de pensão; mensalidade. – *M. lunar*: tempo em que a Lua faz uma revolução com-

pleta ao redor da Terra. *M. solar*: tempo em que o Sol percorre cada signo do zodíaco.

Mesa (*ê*), s. f. (l. *mensa*). 1. Móvel que, além de outras aplicações, serve para sobre ele se porem as iguarias, na ocasião da refeição, e se executarem ou prepararem certos trabalhos artísticos ou mecânicos. 2. Qualquer superfície lisa e horizontal. 3. Modo como se vive relativamente à comida; passadio. 4. Conjunto do presidente e secretários de uma assembléia. 5. Conjunto das pessoas que dirigem uma associação. — *M.-redonda*: reunião de pessoas que, em pé de igualdade, discutem ou deliberam sobre assuntos importantes.

Mesada, s. f. (de *mês*). Quantia que se recebe ou paga em cada mês; mensalidade.

Mesaraico, adj. (gr. *mesaraion*). Mesentérico.

Mesário, s. m. 1. Membro da mesa de uma confraria, corporação etc. 2. Cada uma das pessoas que constituem a mesa eleitoral e presidem à votação.

Mesatocefalia, s. f. Qualidade de mesatocéfalo.

Mesatocéfalo, adj. *Antrop.* Qualificativo do crânio que, pelas suas características, ocupa o meio termo entre o dolicocéfalo e o braquicéfalo.

Mescla, s. f. (de *mesclar*). 1. *Pint.* Tinta ou cor formada pela união de tintas variegadas. 2. Tecido feito com fios de diversas cores. 3. Agrupamento de pessoas, animais ou coisas diversas. 4. Coisa mesclada. 5. Mistura, impurezas. 6. *Bot.* Árvore burserácea (*Protum icicariba*).

Mesclado, adj. 1. Misturado. 2. Variegado. 3. Mestiço.

Mesclar, v. (l. v. **misculare*). 1. Tr. dir. e pron. Misturar(-se), amalgamar(-se), unir(-se), incorporar(-se). 2. Tr. dir. Entremear, intercalar. 3. Tr. dir. Misturar (o sangue) pelo casamento de pessoas de raças diversas. 4. Pron. Entrar ou tomar parte.

Mesencéfalo, s. m. *Anat.* Parte média do encéfalo, constituída pelos corpos quadrigêmeos e pedúnculos cerebrais.

Mesentérico, adj. 1. Pertencente ou relativo ao mesentério. 2. Que afeta o mesentério.

Mesentério, s. m. *Anat.* Membrana serosa, prolongamento do peritônio, que sustenta os intestinos.

Mesenterite, s. f. *Méd.* Inflamação do mesentério.

Meseta (*ê*), s. f. (de *mesa*). *Geogr.* Pequeno planalto.

Mesial, adj. m. e f. *Anat.* Que diz respeito à linha mediana de um órgão.

Mesinha, s. f. Mesa pequena. Cfr. *mezinha*.

Mesmeriano, adj. Que diz respeito ao mesmerismo. S. m. Sectário do mesmerismo.

Mesmerismo, s. m. (*Mesmer*, n. p. + *ismo*). Doutrina de Friedrich Anton Mesmer, médico alemão (1734-1815), acerca do magnetismo animal; também chamada *magnetismo animal*. 2. Tratamento de doenças pelo magnetismo.

Mesmerista, s. m. e f. (*Mesmer*, n. p. + *ista*). Pessoa partidária do mesmerismo.

Mesmice, s. f. 1. Falta de variedade. 2. Qualidade de quem é o mesmo que outro em tudo. Var.: *mesmidade*.

Mesmíssimo, adj. 1. Sup. fam. de *mesmo*. 2. Absolutamente igual, que é perfeitamente o mesmo.

Mesmo, adj. e. pron. (l. **metipsimu*). 1. Não outro, o próprio. 2. Exatamente igual. 3. Análogo, parecido, semelhante. S. m. 1. A mesma coisa. 2. Aquilo que é indiferente. 3. Indivíduo que não apresenta mudança no caráter ou na aparência. Adv. 1. Exatamente, justamente. 2. Ainda, até.

Mesnada, s. f. *Ant.* Tropa mercenária.

Mesnadaria, s. f. *Ant.* O soldo que recebia o mesnadeiro.

Mesnadeiro, s. m. *Ant.* 1. Soldado de mesnada. 2. Chefe de mesnada.

Meso[1], s. m. (gr. *mesos*). *Anat.* Ligamento que vai do peritônio a alguma víscera.

meso-[2], elem. de comp. (gr. *mesos*). Exprime a idéia de *médio, meio: mesocarpo, mesocéfalo*.

Mesocárpico, adj. Referente a mesocarpo.

Mesocarpo, s. m. (*meso*[2] + *carpo*[2]). 1. *Bot.* Parte média do pericarpo, a qual forma o sarcocarpo, nos frutos carnudos. 2. *Bot.* Miolo do fruto.

Mesocefalia, s. f. (*meso*[2] + *céfalo* + *ia*). Estado de quem é mesocéfalo.

Mesocéfalo, adj. (*meso*[2] + *céfalo*). Diz-se da pessoa que tem o índice cefálico entre 76 e 80.9, intermediário entre os braquicéfalos e os dolicocéfalos. S. m. Indivíduo mesocéfalo.

Mesóclise, s. f. (*meso*[2] + gr. *klisis*). *Gram.* Intercalação do pronome pessoal oblíquo átono no verbo, nos futuros do presente e do pretérito; tmese: *dir-me-ão, louvar-te-ia*.

Mesocracia, s. f. (*meso*[2] + *cracia*). Governo ou influência das classes médias, ou da burguesia.

Mesocrânio, s. m. (*meso*[2] + *crânio*). O meio do crânio.

Mesocrático, adj. Que se refere à mesocracia.

Mesocuneiforme, adj. m. e f. (*meso*[2] + *cuneiforme*). *Anat.* Designativo do osso cuneiforme intermédio.

Mesocúrtico, adj. *Estat.* Designativo de uma curva de freqüência cujo traçado corresponde ao da curva de Gauss, ou normal.

Mesoderma, s. m. (*meso*[2] + *derma*). 1. *Biol.* Folheto médio situado entre o ectoderma e o endoderma; mesoblasto. 2. *Bot.* Parte da casca entre a camada tuberosa e o invólucro herbáceo. Var.: *mesoderme*.

Mesodiscal, adj. (*meso*[2] + *disco* + *al*). *Bot.* Diz-se da inserção dos estames, quando estes estão na face superior do disco.

Mesofalange, s. f. (*meso*[2] + *falange*). *Anat.* Peça média do dedo; falanginha.

Mesofilo, adj. (*meso*[2] + *filo*[2]). *Bot.* Com folhas de tamanho médio.

Mesófito, s. m. (*meso*[2] + *fito*[2]). *Bot.* 1. Planta de exigências intermédias quanto à luz e à umidade. 2. Linha divisória entre a haste e a raiz da planta.

Mesófrio, s. m. (gr. *mesophruon*). *Anat.* Parte da face que fica entre as sobrancelhas.

Mesogástrio, s. m. (*meso*[2] + *gastro*[1] + *io*). *Anat.* Porção do abdome, entre as regiões epigástrica e hipogástrica. Var.: *mesogastro*.

Mesolábio, s. m. *Geom.* Antigo instrumento para achar mecanicamente duas médias proporcionais, que não se podiam achar geometricamente.

Mesolítico, adj. (*meso*[2] + *lito*[1] + *ico*). Designativo do período pré-histórico, em que se usaram ao mesmo tempo instrumentos de pedra polida e de pedra lascada.

Mesolóbulo, s. m. (*meso*[2] + *lóbulo*). *Anat.* Parte que liga os dois hemisférios do cérebro, também chamada *corpo caloso*.

Mesologia, s. f. (*meso*[2] + *logo*[2] + *ia*). Parte da Biologia que trata das influências recíprocas dos organismos e do meio em que estes vivem; bionomia.

Mesológico, adj. (*meso*[2] + *logo*[2] + *ico*). Que diz respeito à mesologia.

Mesoméria, s. f. *Anat.* Parte do corpo situada entre as coxas.

Méson, s. m. *Fís.* Partícula nuclear instável, observada primeiramente nos raios cósmicos, que tem uma massa tipicamente intermédia entre a do elétron e a do próton, podendo ser neutra ou carregada positiva ou negativamente.

Mesonefro, s. m. *Embr.* Aparelho intermédio dos órgãos renais embrionários de vertebrados, que são os órgãos excretores do embrião e persistem como rins definitivos em peixes e anfíbios.

Mesopotâmia, s. f. (*meso*[2] + *pótamo* + *ia*). Região que fica entre rios.

Mesorrino, adj. e. s. m. (*meso*[2] + *rino*). *Antrop.* Que, ou o que tem o nariz médio, entre o leptorrino e platirrino. S. m. *Ornit.* Região do bico das aves compreendida entre os orifícios nasais; mesorrínio.

Mesotênar, s. m. (*meso*[2] + *tênar*). *Anat.* Músculo que faz aproximar da palma da mão o dedo polegar.

Mesotórax (*cs*), s. m. sing. e pl. (*meso*[2] + *tórax*). 1. *Entom.* Parte média do tórax dos insetos, ou segundo segmento do tórax. 2. *Anat.* Parte média do peito.

Mesozóico, adj. (*meso*[2] + *zóico*). *Geol.* Diz-se da era geológica secundária que compreende os períodos cretáceo, jurássico e triásico, na qual se desenvolveram os répteis. S. m. 1. Essa era. 2. Sistema de rochas que caracteriza essa era.

Mesquinhar, v. (*mesquinho* + *ar*). 1. Tr. dir. Não conceder;

negar por mesquinhez. 2. Tr. dir. Regatear. 3. Intr. Julgar-se mesquinho ou infeliz. 4. Intr. Mostrar-se ressabiado, procurar fugir de qualquer assunto ou de qualquer coisa.

Mesquinharia, s. f. Mesquinhez.

Mesquinhez (*ê*), s. f. 1. Qualidade de mesquinho. 2. Avareza, sovinice. 3. Ação mesquinha. 4. Desdita, infelicidade. Antons. (acepções 1, 2 e 3): *generosidade, liberalidade.*

Mesquinho, adj. (ár. *miskin*). 1. Escasso de recursos, pobre, oprimido pela necessidade e privações. 2. De aparência acanhada, insignificante. S. m. Indivíduo mesquinho.

Mesquita, s. f. (ár. *mesjid*). Templo maometano.

Messe, s. f. 1. Seara madura. 2. Ceifa. 3. Aquisição, ganho. 4. Conquista. 5. Conversão de almas.

Messiado, s. m. (de *Messias,* n. p.). Missão ou funções do Messias.

Messias, s. m. sing. e pl. (l. *messias*). 1. O redentor prometido no Antigo Testamento e que os cristãos reconhecem e adoram em Jesus Cristo. 2. Pessoa esperada ansiosamente. 3. Reformador social.

Messidor, s. m. (fr. *messidor*). Décimo mês do calendário da primeira República Francesa (de 20 de junho a 19 de julho).

Mestiçagem, s. f. 1. Ato ou efeito de mestiçar-se. 2. Cruzamento de raças ou de espécies. 3. Conjunto de mestiços.

Mestiçamento, s. m. V. *mestiçagem.*

Mestiçar, v. (*mestiço + ar*). Tr. dir. e pron. Cruzar(em-se) raças diferentes, ou indivíduos da mesma raça com os de outra, para produzir mestiços.

Mestiço, adj. e s. m. (l. **mixticiu,* de *mixtus*). Diz-se do, ou o indivíduo proveniente do cruzamento de raças diferentes. S. m. *Ictiol.* Espécie de surubim (*Platynematichthys punctulatus*); caravatai.

Mesto, adj. (l. *moestu*). *Poét.* 1. Triste. 2. Que causa tristeza. Antôns.: *alegre, prazenteiro.*

Mestra, s. f. (l. *magistra*). Mulher que ensina; professora. Adj. Principal: Viga *mestra.* S. f. pl. Cones de terra que se deixam nos aterros como testemunhas para cálculo posterior da terra escavada.

Mestraço, s. m. (de *mestre*). *Iron.* Aquele que sabe muito de seu ofício; mestre hábil.

Mestrado, s. m. 1. Dignidade ou funções de mestre. 2. Dignidade de mestre, numa ordem militar. 3. Exercício dessa dignidade. 4. Conjunto de mestres.

Mestral, adj. m. e f. (l. *magistrale*). Que diz respeito a mestrado.

Mestrança, s. f. 1. Agregado dos mestres de um arsenal, reunidos para uma inspeção ou vistoria. 2. Arsenal em que ficam os materiais necessários para o aparelho das embarcações. 3. *Pop.* Conjunto dos melhores chefes ou indivíduos mais qualificados de qualquer corporação, arte, indústria etc.

Mestrão, s. m. *Pop.* O mesmo que *mestraço.*

Mestre, s. m. (l. *magistru*). 1. O mesmo que *professor.* 2. Aquele que é versado em uma arte ou ciência. 3. Aquele que ensina uma arte ou ciência. 4. Tudo o de que se tira lição. 5. Chefe ou iniciador de uma escola de pintura. 2. Artífice que dirige outros oficiais, ou trabalha por conta própria. 7. Chefe de oficina. Adj. 1. Que está em posição superior a. 2. Diz-se do que comanda. 3. Exímio, perito.

Mestrear, v. 1. Intr. Fazer de mestre; falar como mestre. 2. Tr. dir. Doutrinar, educar, ensinar.

Mestre-cuca, s. m. *Pop.* Cozinheiro.

Mestre-de-armas, s. m. O que ensina esgrima.

Mestre-escola, s. m. Professor de ensino primário.

Mestre-sala, s. m. 1. Funcionário real que dirigia o cerimonial no paço. 2. Dirigente de um baile público.

Mestria, s. f. 1. Profundo conhecimento de qualquer matéria; perícia. 2. Categoria ou título de mestre.

Mesura, s. f. 1. Reverência que se faz, cumprimentando. 2. Pequena medida, tamanho reduzido.

Mesurado, adj. 1. Cortês, polido, que faz mesuras; mesureiro. 2. Reverenciado. 3. Comedido.

Mesurar, 1. Tr. dir. Fazer mesuras a. 2. Pron. Comedir-se, haver-se com moderação.

Mesureiro, adj. 1. Amigo de fazer mesuras, cerimonioso. 2. Adulador, servil.

Mesurice, s. f. 1. Qualidade de mesureiro. 2. Lisonja, servilismo. 3. Cumprimentos afetados.

Meta¹, s. f. (l. *meta*). 1. Alvo, mira. 2. Objetivo visado por alguém. 3. Baliza, barreira, limite. 4. *Futebol.* Arco, cidadela, gol. 5. Arena. 6. Poste ou sinal que indica ponto de chegada em algumas competições esportivas.

meta-², pref. (gr. *meta*). Exprime a idéia de *depois de, sucessão: metacromatismo.*

Metábole, s. f. *Ret.* 1. Repetição de uma idéia em termos diferentes. 2. Repetição de palavras já ditas, mas em ordem diferente.

Metabólico, adj. 1. *Ret.* Em que há metábole ou metabolismo. 2. *Fisiol.* Diz-se das substâncias alimentícias em suas transformações dentro do organismo.

Metabolismo, s. m. (gr. *metabole*). 1. *Fisiol.* Conjunto de fenômenos de elaboração de energia e de destruição da matéria viva (protoplasma) com libertação de energia da constituição química da matéria viva, respectivamente à custa dos alimentos incorporados na célula, e com produção das substâncias que dela saem. 2. Conjunto dos processos físicos e químicos pelos quais se mantém a vida no organismo. — *M. basal* ou *básico*: Quantidade de calor por metro quadrado da superfície do corpo de uma pessoa em jejum.

Metábolo, adj. *Entom.* Diz-se dos insetos que sofrem metamorfoses.

Metabologia, s. f. *Med.* Parte da Medicina que estuda os distúrbios do metabolismo.

Metabologista, s. m. e f. *Med.* Especialista em metabologia.

Metacárpico, adj. *Anat.* Relativo ou pertencente ao metacarpo.

Metacarpo, s. m. (*meta² + carpo*). *Anat.* Parte da mão, entre o carpo e os dedos.

Metacentro, s. m. (*meta² + centro*). *Fís.* Ponto de interseção da vertical que passa através do centro de flutuação de um corpo flutuante com a vertical que passa através do novo centro de flutuação, quando o corpo é inclinado por menos que seja.

Metacismo, s. m. Amiudada repetição da letra *m.*

Metacrítica, s. f. Crítica de uma crítica.

Metacromatismo, s. m. (*meta² + cromatismo*). *Med.* e *Zool.* Mudança de cor nos pêlos, penas ou pele dos animais, conforme a idade ou diversas condições mórbidas.

Metacronismo, s. m. (*meta² + crono + ismo*). Erro de data, que se comete quando se coloca um acontecimento em data posterior à verdadeira.

Metade, s. f. (l. *medietate*). 1. Cada uma das duas partes iguais em que se divide um todo. 2. *Arit.* Quociente da divisão de um número por dois.

Metafalange, s. f. (*meta² + falange*). *Anat.* Peça distal do dedo; falangeta.

Metáfase, s. f. *Biol.* Fase da mitose caracterizada pela divisão longitudinal dos cromossomos que formam a placa equatorial.

Metafísica, s. f. (l. med. *metaphysica*). 1. Ciência do supra-sensível. 2. Parte da Filosofia que estuda a essência dos seres. 3. Inventário sistemático de todos os conhecimentos provenientes da razão pura. 4. Conhecimento geral e abstrato. 5. Sutileza ou transcendência no discorrer.

Metafisicar, v. (*metafísico + ar*). 1. Tr. dir. Dar caráter metafísico a. 2. Intr. Falar, escrever de modo nebuloso e abstrato.

Metafísico, adj. (gr. *metaphysikos*). 1. Pertencente ou relativo à metafísica. 2. Transcendente. 3. Difícil de compreender; nebuloso, sutil. S. m. 1. Indivíduo versado em metafísica. 2. Indivíduo incompreensível pela nebulosidade de suas teorias.

Metafonia, s. f. (*meta² + fono + ia*). *Gram.* Alteração do timbre de uma vogal tônica por assimilação à vogal átona final. Compare-se *novo* (l. *novum*) e *novos* (l. *novos*).

Metafônico, adj. Que diz respeito à metafonia.

Metáfora, s. f. (gr. *metaphora*). *Ret.* Emprego de uma palavra em sentido diferente do próprio por analogia ou semelhança: Esta cantora é um *rouxinol* (a analogia está na maviosidade).

Metafórico, adj. 1. Que se refere a metáfora. 2. Figurado. 3. Em que abundam metáforas.

Metaforista, s. m. e f. Quem emprega metáforas. S. m. pl. Aqueles que sustentavam ser metáfora o dogma da presença real de Cristo na eucaristia.

Metaforizar, v. (*metáfora + izar*). Tr. dir. Exprimir por metáforas: *Metaforizar conceitos*.

Metáfrase, s. f. (gr. *metaphrasis*). 1. Interpretação ou tradução de uma frase figurada ou de uma passagem difícil em termos mais simples. 2. Paráfrase.

Metafrasta, s. m. e f. (gr. *metaphrastes*). Aquele que faz metáfrases, interpretador ou tradutor literal.

Metafrástico, adj. (gr. *metaphrastikos*). 1. Que diz respeito a metáfrase. 2. Interpretado ou traduzido literalmente.

Metagênese, s. f. (*meta² + gênese*). *Biol.* Alternância regular de geração sexuada e assexuada.

Metagenético, adj. Que se refere à metagênese.

Metageometria, s. f. Parte da Geometria (não euclidiana) que estuda os espaços de três dimensões.

Metagoge, s. f. (gr. *metagoge*). *Ret.* Atribuição de sentimentos a coisas inanimadas.

Metagrama, s. m. *Gram.* Metaplasmo.

Metajurídico, adj. *Dir.* Diz-se de condições jurídicas excepcionais que dificilmente se podem analisar com os recursos convencionais da jurisprudência.

Metal, s. m. (l. *metallu*). Substância simples, boa condutora de calor e eletricidade, dúctil, maleável e dotada de brilho. 2. Dinheiro. 3. Timbre da voz. S. m. pl. 1. Instrumentos musicais de latão. 2. Utensílios de cozinha.

Metalepse, s. f. (gr. *metalepsis*). 1. *Ret.* Variedade de metonímia, pela qual os antecedentes dão a conhecer os conseqüentes e vice-versa ou, pelo sinal, a coisa significada. Ex.: para indicarmos que é *verão* dizemos que *canta a cigarra*; em vez de *morto* dizemos *chorado*; etc. 2. *Quím.* O mesmo que *metalepsia*.

Metalepsia, s. f. (*metalepse + ia*). *Quím.* Teoria das substituições. Var.: *metalepse*.

Metaléptico, adj. 1. Que se refere à metalepsia. 2. Em que há metalepse.

Metalescência, s. f. Propriedade dos corpos metalescentes.

Metalescente, adj. m. e f. Cuja superfície apresenta brilho ou reflexo metálico.

Metalicidade, s. f. 1. Qualidade de metálico. 2. As propriedades que caracterizam um metal.

Metálico, adj. (gr. *metallikos*). 1. Que diz respeito a metal. 2. Que é um metal: Elemento *metálico*. 3. De metal. 4. Que se assemelha a metal. 5. Sonoro como os metais. S. m. Dinheiro em metal sonante.

Metalífero, adj. Que contém metal: Terrenos *metalíferos*.

Metalificação, s. f. 1. Formação natural dos metais na terra. 2. Ato ou efeito de reduzir um corpo ao estado metálico.

Metaliforme, adj. m. e f. Que tem o aspecto de metal.

Metalino, adj. De cor ou de aspecto metálico; metálico.

Metalista, s. m. e f. 1. Pessoa perita em metalurgia. 2. Engenheiro de minas.

Metalização, s. f. Ato ou efeito de metalizar.

Metalizante, adj. m. e f. Que metaliza.

Metalizar, v. 1. Tr. dir. Dar brilho metálico ou aparência metálica a. 2. Tr. dir. Revestir de ligeira camada de metal a superfície de. 3. Tr. dir. Tornar puro (um metal). 4. Tr. dir. Converter, reduzir a metal (o dinheiro circulante). 5. Pron. Transformar-se em metal.

metalo-, elem. de comp. (gr. *metallon*). Exprime a idéia de *metal*: *metalografia, metalóide*.

Metalografia, s. f. (*metalo + grafia²*). 1. Descrição dos metais. 2. Ciência que estuda a estrutura dos metais.

Metalográfico, adj. Que se refere à metalografia.

Metalógrafo, s. m. (*metalo + grafo*). Aquele que se dedica à metalografia.

Metalóide, adj. m. e f. Que, pelas suas propriedades ou brilho, se assemelha a um metal. S. m. *Quím.* Denominação genérica dos corpos simples que não são metais e que se distinguem destes por serem maus condutores do calor e da eletricidade (oxigênio, bromo, iodo etc.).

Metalóidico, adj. *Quím.* Da natureza do metalóide.

Metaloterapia, s. f. (*metalo + terapia*). *Med.* Método terapêutico pela aplicação de certas placas metálicas sobre a pele, ou pela ingestão de pós ou sais metálicos.

Metalurgia, s. f. (gr. *metallourgia*). 1. Arte de extrair os metais e de os manipular industrialmente. 2. O estudo das técnicas dessa arte: Curso de *metalurgia*.

Metalúrgico, adj. Que diz respeito à metalurgia. S. m. O mesmo que *metalurgista*.

Metalurgista, s. m. e f. Pessoa que se ocupa em metalurgia.

Metameria, s. f. 1. Qualidade de metâmero. 2. Segmentação em metâmeros. 3. *Quím.* Forma de isomeria em que os compostos apresentam o mesmo peso molecular.

Metâmero, adj. *Quím.* Que apresenta metameria. S. m. *Biol.* Cada uma das partes do corpo que se dispõem ao longo do eixo deste e que, inicial ou permanentemente, é homóloga das outras partes, como os anéis dos metazoários.

Metamórfico, adj. 1. Que se refere às metamorfoses dos insetos. 2. Que provém de formas típicas. 3. *Geol.* Que pertence ou se refere a rochas que sofreram metamorfismo.

Metamorfismo, s. m. 1. O mesmo que *metamorfose*. 2. Faculdade de transformação; alteração, mudança, transformação. 3. *Geol.* Alteração na constituição da rocha, comumente efetuada por energia mecânica (pressão e movimento), calor ou água.

Metamorfose, s. f. 1. Mudança de forma física ou moral. 2. Mudança, transformação. 3. *Zool.* Mudança de forma e estrutura, pela qual passam certos animais, como os insetos, do estado larvar para a fase adulta. 4. *Bot.* Modificação das folhas em peças florais ou de umas peças florais em outras.

Metamorfosear, v. 1. Tr. dir. Mudar a forma de, transformar. 2. Pron. Transformar-se, disfarçar-se.

Metanal, s. m. *Quím.* Formaldeído.

Metânefro, s. m. (*meta² + nefro*). Terceiro aparelho urinário ou rim definitivo do embrião.

Metano, s. m. (*met*, de *metilene + ano*). *Quím.* Hidrocarboneto formado pela combinação de um átomo de carbono e quatro de hidrogênio (CH^4); gás incolor e inodoro que, quando combinado com o ar, forma um produto altamente explosivo; gás dos pântanos, grisu.

Metaplasmo, s. m. (gr. *metaplasmos*). *Gram.* Nome comum a todas as figuras que acrescentam, suprimem, permutam ou transpõem fonemas nas palavras: *perla = pérola, imigo = inimigo*. O mesmo que *metagrama*. Var.: *metaplasma*.

Metaplástico, adj. (*meta² + plasto + ico*). 1. Que diz respeito a metaplasmo e metaplasma. 2. Em que há metaplasmo.

Metapsíquica, s. f. V. *parapsicologia*.

Metara, s. f. O mesmo que *batoque*.

Metástase, s. f. 1. *Med.* Transferência de um agente mórbido, tal como células ou bactérias, do sítio original a outro órgão ou parte não diretamente ligada a ele. 2. *Med.* Tumor secundário, em qualquer parte do organismo, sendo a sua origem um tumor maligno primário, situado noutra parte.

Metastático, adj. Relativo à metástase.

Metasterno, s. m. (*meta² + esterno*). 1. *Anat.* Extremidade superior do esterno. 2. *Entom.* Esterno do metatórax dos insetos.

Metatársico, adj. (*metatarso + ico*). *Anat.* Relativo ou pertencente ao metatarso. S. m. Cada um dos cinco ossos compridos do metatarso; osso metatársico. Vars.: *metatarsiano* e *metatarsal*.

Metatarso, s. m. 1. Região do esqueleto do pé constituída pelos cinco ossos metatársicos, e que corresponde ao metacarpo, da mão. 2. *Entom.* Nos insetos, primeiro artículo dos tarsos.

Metátese, s. f. 1. *Gram.* Transposição de sons numa palavra, como em *sempre*, do lat. *semper*. 2. *Lóg.* Transposição dos termos de um raciocínio.

Metatético, adj. Que se refere a metátese. 2. Em que há metátese.

Metatipia, s. f. (*meta*² + *tipo*¹ + *ia*). Mudança de tipo em a natureza vegetal ou animal.

Metátomo, s. m. (*meta*² + *tomo*²). *Arquit.* Espaço entre dois dentículos de uma cornija.

Metazoário, adj. (*meta*² + *zoário*). 1. *Geol.* Posterior à aparição dos animais; metazóico. 2. *Zool.* Relativo ou pertencente aos Metazoários. S. m. Espécime dos Metazoários. S. m. pl. Sub-reino (*Metazoa*) do reino animal que compreende os seres constituídos por numerosas células, agrupadas em tecidos especializados.

Metazóico, adj. (*meta*² + *zóico*). O mesmo que *metazoário*.

Meteco, s. m. (gr. *metoikos*). 1. Nome que se dava ao estrangeiro em Atenas. 2. Estrangeiro domiciliado num país.

Metediço, adj. (de *meter*). 1. Que se mete onde não é chamado. 2. Bisbilhoteiro, intrometido, importuno.

Metempsicose, s. f. 1. Teoria que admite a transmigração da alma de um corpo para outro. 2. Passagem da alma de um corpo para outro.

Meteórico, adj. 1. Que se refere a meteoro. 2. Produzido por meteoros. 3. Que depende do estado atmosférico.

Meteorismo, s. m. (gr. *meteorismos*). *Med.* Ruídos típicos do abdome distenso, por acumulação de gases no intestino.

Meteorito, s. m. (*meteoro* + *ito*). 1. Fragmento de rocha, metal ou metal e rocha, caídos do espaço sideral. 2. Pequeno corpo que se move fora da atmosfera, nos espaços intercósmicos, mas que pode ser atraído pela Terra.

Meteorizar, v. 1. Tr. dir. e pron. Tornar(-se) inchado (o ventre) por gases intestinais. 2. Tr. dir. Fazer passar do estado sólido ao gasoso; sublimar.

Meteoro¹**,** s. m. (gr. *meteoros*). 1. *Fís.* Qualquer fenômeno atmosférico. 2. Personagem cuja carreira é deslumbrante mas de curta duração. 3. Estrela cadente.

meteoro-²**,** elem. de comp. (gr. *meteoros*). Exprime a idéia de *meteoro*: *meteorografia*.

Meteorografia, s. f. (*meteoro* + *grafia*²). Registro automático e simultâneo de elementos meteorológicos, mediante o meteorógrafo.

Meteorográfico, adj. (*meteorógrafo* + *ico*). Relativo ou pertencente à meteorografia ou ao meteorógrafo.

Meteorógrafo, s. m. (*meteoro* + *grafo*). Aparelho para o registro automático e simultâneo de vários fenômenos meteorológicos.

Meteorólito, s. m. (*meteoro*² + *lito*¹). Aerólito.

Meteorologia, s. f. (*meteoro*² + *logo*² + *ia*). Ciência que trata dos fenômenos atmosféricos, como variações de temperatura, umidade etc.

Meteorológico, adj. (*meteoro*² + *logo*² + *ico*). Que se refere à meteorologia.

Meteorologista, s. m. e f. (*meteoro*² + *logo*² + *ista*). Pessoa versada em meteorologia.

Meteoronomia, s. f. (*meteoro*² + *nomo*³ + *ia*). Investigação das leis dos meteoros.

Meteoroscópio, s. m. (*meteoro*² + *scopo* + *io*). Instrumento para observações meteorológicas.

Meter, v. (l. *mittere*). 1. Tr. dir. Fazer que entre, introduzir (uma coisa em outra). 2. Tr. dir. Colocar, pôr. 3. Pron. Entrar, penetrar, introduzir-se. 4. Intr. *Náut.* Entrar demasiado pela água (navio, embarcação). 5. Pron. Esconder-se, encafuar-se. 6. Pron. Desaguar, desembocar, entrar (no mar, num rio). 7. Pron. Ingerir-se, intrometer-se. 8. Pron. *Fig.* Afundar-se, submergir-se.

Meticulosidade, s. f. Qualidade de meticuloso.

Meticuloso, adj. 1. Que se prende com minúcias; minucioso, cauteloso. 2. Medroso, receoso, tímido.

Metido, adj. 1. Que se meteu; introduzido. 2. Apertado, entalado. 3. Abelhudo. 4. Que se faz passar por pessoa importante.

Metilo, s. m. *Quím.* Radical alcooílico, CH_3—, derivado de metano pela remoção de um átomo de hidrogênio.

Metim, s. m. Cetineta, ou algodão que se emprega em forros de vestuários.

Metionina, s. f. *Quím.* Aminoácido essencial cristalino, $C_5H_{11}O_2NS$, que ocorre como constituinte de muitas proteínas, importante fonte de enxofre na dietética.

Metódico, adj. 1. Que se refere a método. 2. Em que há método. 3. Circunspecto, comedido, cuidadoso.

Metodismo, s. m. (*método* + *ismo*). 1. Classificação metódica; método. 2. *Hist. rel.* Denominação protestante, originada na Igreja Anglicana e fundada no século XVIII por John Wesley.

Metodista, s. m. e f. (*método* + *ista*). 1. Membro do metodismo. 2. Aquele que segue rigorosamente certo método; metódico, rotineiro.

Metodizar, v. (*método* + *izar*). Tr. dir. Tornar metódico; ordenar, regularizar.

Método¹**,** s. m. (l. *methodu*). 1. Conjunto dos meios dispostos convenientemente para alcançar um fim. 2. Ordem ou sistema que se segue no estudo ou no ensino de qualquer disciplina. 3. Maneira sistemática de dispor as matérias de um livro. 4. Maneira de fazer as coisas; modo de proceder. 5. *Mat.* Conjunto de regras para resolver problemas análogos. 6. Classificação ou distribuição sistemática dos diversos seres, segundo os caracteres ou semelhanças que apresentam.

método-²**,** elem. de comp. (gr. *methodos*). Exprime a idéia de *método*: *metodologia*.

Metodologia, s. f. (*método*² + *logo*² + *ia*). 1. Estudo científico dos métodos. 2. Arte de guiar o espírito na investigação da verdade. 3. *Filos.* Parte da Lógica que se ocupa dos métodos do raciocínio.

Metodológico, adj. (*método*² + *logo*² + *ico*). Que diz respeito à metodologia.

Metomania, s. f. *Med.* Irresistível desejo de bebidas espirituosas ou fermentadas.

Metonímia, s. f. *Ret.* Alteração do sentido natural das palavras pelo emprego da causa pelo efeito: Apresento-lhe meu *trabalho* (livro); do continente pelo conteúdo: Tal era sua fome que ele comeu dois *pratos*; do lugar pelo produto: Serviram um velho *bordéus* (vinho de Bordéus); do abstrato pelo concreto: Não se menospreze *a realeza* (o rei); do sinal pela coisa significada: Levaram longe a *cruz* (a religião) etc., ou vice-versa, isto é, o emprego dessas expressões em sentido inverso.

Metonímico, adj. 1. Que diz respeito à metonímia. 2. Que encerra metonímia.

Metonomásia, s. f. (gr. *metonomasia*). Disfarce ou mudança de um nome, por meio de tradução, geralmente latina, como se um indivíduo chamado *Carvalho*, assinasse *Quercus*.

Métopa, s. f. (l. *metopa*). *Arquit.* Intervalo quadrado, entre os tríglifos do friso dórico. Var.: *métope*.

Metopagia, s. f. V. *metopopagia*.

Metópio, s. m. *Anat.* Ponto situado na linha média da fronte, entre as duas bossas frontais.

métopo-, elem. de comp. (gr. *metopon*). Exprime a idéia de *fronte*: *metopodinia*.

Metopopagia, s. f. (*métopo* + *pago*³ + *ia*). *Terat.* Estado ou qualidade de metopópago.

Metopópago, adj. (*métopo* + *pago*³). *Terat.* Diz-se do ser formado por dois indivíduos unidos pela fronte. S. m. Esse ser.

Metragem, s. f. 1. Medição em metros. 2. Número de metros; quantidade de metros.

Metralha, s. f. (fr. *mitraille*). 1. Balas de ferro. 2. Pedaços de ferro, cacos etc., com que se carregam ordinariamente projéteis ocos. 3. Grande porção, conjunto de coisas; miscelânea. 4. Conjunto de recursos tendentes ao mesmo fim. 5. *Constr.* Fragmentos de tijolos ou pedra usados para encher o espaço entre os tijolos que formam o paramento das paredes grossas.

Metralhada, s. f. Tiro de metralha.

Metralhador, adj. e s. m. Que, ou o que metralha.

Metralhadora, s. f. (de *metralhador*). Arma de fogo automática que despeja em um instante grande número de projéteis semelhantes aos do fuzil.

Metralhar, v. (*metralha* + *ar*). Tr. dir. Ferir ou atacar com tiros de metralha: *Metralhar* um *avião*.

Métrica, s. f. (gr. *metron*). 1. Arte de medir versos e que estuda os elementos de que eles são constituídos. 2. A estrutura de um verso em relação à medida.

Métrico, adj. (gr. *metrikos*). 1. Que pertence ou se refere ao metro ou à metrificação. 2. Posto em verso. 3. Diz-se do sistema de pesos e medidas que tem por base o metro.

Metrificação, s. f. Ato ou efeito de metrificar.

Metrificador, adj. e s. m. Que, ou o que metrifica; versejador.

Metrificar, v. (*metro*[2] + *ficar*[2]). 1. Tr. dir. Pôr em verso, reduzir a verso. 2. Intr. Versejar. 3. Intr. Estar conforme à métrica.

Metro[1], s. m. (gr. *metron*). 1. Unidade de comprimento, adotada como base do sistema métrico decimal em 1791, calculada como a décima milionésima parte de um quarto do meridiano terrestre. 2. Lei ou medida a que se sujeita um verso. 3. Forma rítmica de uma obra poética. 4. Verso. 5. Objeto que serve para medir e tem o comprimento de um metro. — *M. cúbico*: a) unidade fundamental das medidas de volume; b) volume de um cubo cujas arestas têm um metro de comprimento. *M. quadrado*: a) unidade fundamental das medidas de superfície; b) área de um quadrado cujos lados têm um metro de comprimento.

metro-[2], elem. de comp. (gr. *metron*). Significa *medida: metrografia*[1], *termômetro*.

metro-[3], elem. de comp. (gr. *metra*). Exprime a idéia de *útero: metromania, metrorragia*.

Metrô, s. m. Sistema de transporte urbano de passageiros, quase exclusivamente por vias subterrâneas.

Metrografia[1], s. f. (*metro*[2] + *grafia*[2]). Tratado dos pesos e medidas.

Metrografia[2], s. f. (*metro*[3] + *grafia*[2]). *Med.* Tratado acerca do útero e respectivas doenças.

Metrologia, s. f. (*metro*[2] + *logo*[2] + *ia*). Conhecimento dos pesos e medidas, suas bases e suas técnicas.

Metrológico, adj. (*metro*[2] + *logo*[2] + *ico*). Que diz respeito à metrologia.

Metrologista, s. m. e f. (*metro*[2] + *logo*[2] + *ista*). 1. Pessoa versada em metrologia. 2. Quem faz investigações metrológicas.

Metromania[1], s. f. Mania de versejar.

Metromania[2], s. f. (*metro*[3] + *mania*). *Med.* Furor uterino.

Metrônomo, s. m. (*metro*[2] + *nomo*[3]). Instrumento para medir o tempo e indicar um ritmo.

Metrópole, s. f. 1. Cidade capital de um Estado ou de uma arquidiocese. 2. Qualquer nação relativamente às suas colônias. 3. A igreja arquiepiscopal em relação às outras que dela dependem. 4. Centro de civilização ou comércio.

Metropolita, s. m. Prelado metropolitano.

Metropolitano, adj. Que pertence ou se refere à metrópole. S. m. 1. Prelado de metrópole em relação aos prelados seus sufragâneos. 2. V. *metrô*.

Metroptose, s. f. (*metro*[3] + *ptose*). *Med.* Queda ou descida do útero.

Metro-quilograma-força, s. m. *Fís.* Momento de uma força cuja intensidade é igual a 1 quilograma-força e cujo braço de alavanca em relação ao ponto ou ao eixo considerado é igual a 1m. Símbolo: mkg.

Metrorragia, s. f. (*metro*[3] + *ragia*). *Med.* Hemorragia uterina.

Metrorrágico, adj. (*metro*[3] + *ragia* + *ico*). Que diz respeito à metrorragia.

Metrorréia[1], s. f. *Pej.* Facilidade de produção, fertilidade de versejador.

Metrorréia[2], s. f. (*metro*[3] + *réia*). *Med.* Corrimento uterino.

Metuendo, adj. (l. *metuendu*). *Poét.* Que mete medo; terrível, medonho.

Meu, pron. pess. (l. *meu*). 1. Designativo de coisa que pertence à pessoa que fala. 2. Que me pertence ou me diz respeito. 3. Esse, aquele, o tal (indicando pessoa de quem já tínhamos falado). 4. Usa-se como expressão de afeto, significando *caro, querido*. 5. Que convém, que interessa, que serve: Aqui tomo o *meu* bonde. Fem.: *minha*.

Mexediço, adj. Que amiúde se mexe; inquieto, movediço.

Mexedor, adj. e s. m. 1. Que, ou o que mexe. 2. Que, ou o que faz intrigas. S. m. 1. Objeto com que se mexe. 2. Intriguista.

Mexedura, s. f. 1. Ato ou efeito de mexer. 2. Mistura, miscelânea. 3. Enredo, mexerico.

Mexer, v. (l. *miscere*). 1. Tr. dir. Dar movimento a, agitar. 2. Pron. Mover-se, agitar-se. 3. Tr. dir. Deslocar. 4. Pron. Sair do seu lugar ou posição. 5. Tr. dir. Agitar o conteúdo de; vascolejar. 6. Tr. ind. Bulir, tocar. 7. Tr. dir. Confundir, misturar, revolver. 8. Intr. e pron. Esforçar-se por conseguir, virar-se.

Mexerica, s. f. O mesmo que *tangerineira* e *bergamota*.

Mexericada, s. f. 1. Série de mexericos. 2. O mesmo que *mexerico*.

Mexericar, v. (de *mexer*). 1. Intr. Fazer mexericos ou intrigas. 2. Tr. dir. Intrigar. 3. Tr. dir. e pron. Contar (alguma coisa) malevolamente em segredo. 4. Pron. Descobrir-se por si, revelar-se.

Mexerico, s. m. 1. Ato de mexericar; mexericada. 2. Bisbilhotice, enredo, intriga.

Mexeriqueira, s. f. (de *mexeriqueiro*). 1. Mulher que faz mexericos; bisbilhoteira. 2. O mesmo que *mexerica*. 3. *Ornit.* Ave caradriídea (*Hoploxypterus cayanus*).

Mexeriqueiro, adj. e s. m. Que, ou o que mexerica, ou tem o hábito de mexericar; intriguista.

Mexerucar, v. Tr. dir. *Pop.* Estar sempre a mexer em.

Mexerufada, s. f. 1. *Pop.* Mixórdia. 2. Garrafada de remédio. 3. Comida de porcos.

Mexicana, s. f. (de *mexicano*). Moeda de prata, do México.

Mexicano, adj. Que pertence ou se refere ao México. Adj. e s. m. Habitante ou natural do México. S. m. Idioma falado pelos primitivos habitantes do México.

Mexida, s. f. 1. Ato de mexer. 2. Intriga. 3. Confusão, desordem, mixórdia, rebuliço. 4. Discórdia.

Mexido, adj. 1. Que se mexeu. 2. Agitado, revolvido. 3. Inquieto. 4. Tocado. S. m. 1. Denominação que se dá ao feijão, ou à carne picada que se prepara em panela, mexendo-se com farinha de mandioca ou de milho. 2. Espécie de farofa feita com feijão, torresmo e verdura.

Mexilhão[1], s. m. *Zool.* Nome vulgar de vários moluscos lamelibrânquios comestíveis. No Brasil as principais espécies de mexilhões pertencem aos gêneros Mitilo e Modíolo.

Mexilhão[2], adj. e s. m. (de *mexer*). 1. Que, ou o que mexe em tudo. 2. Travesso, traquinas. S. m. Metediço.

Mexilhar, v. Intr. Mexerucar.

Mexilho, s. m. (de *mexer*). Barra de ferro, que prende a aiveca ao teiró do arado, regulando-lhes o maior ou menor afastamento.

Mexoalho, s. m. Monte de caranguejos ou plantas marinhas em putrefação, para adubos de terrenos.

Mexonada, s. f. Movimento confuso de coisas desordenadas; mexida.

Mezanelo, s. m. (ital. *mezzanello*). Tijolo requeimado ou vidrado, que se emprega em pavimentação, cercadura de canteiros, degraus etc.

Mezanino, s. m. (ital. *mezzanino*). *Constr.* 1. Andar pouco elevado, entre dois andares altos. 2. Janela desse andar. 3. Janela de porão de edifício.

Mezena, s. f. (ital. *mezzana*). *Náut.* Vela que se enverga na carangueja do mastro da ré.

Mezinha (*è*), s. f. (l. *medicina*). 1. Clister. 2. *Pop.* Remédio caseiro.

Mezinhar, v. (*mezinha* + *ar*). O mesmo que *amezinhar*.

Mi[1], s. m. 1. Terceira nota musical da escala de *dó*. 2. Sinal representativo dessa nota.

Mi[2], pron. pess. Forma antiga de *mim*.

Miada, s. f. 1. Ato de miar. 2. O miar de muitos gatos.

Miadela, s. f. (*miar* + *dela*). O mesmo que *miado*.

Miado, s. m. (de *miar*). 1. Ato de miar. 2. A voz do gato.

Miador, adj. e s. m. Diz-se do gato que mia muito.

Miadura, s. f. Miadas repetidas.

Mialgia, s. f. (*mio*[3] + *algo*[4] + *ia*). *Med.* Dor nos músculos.

Miar, v. (de *miau*). Intr. 1. Dar, soltar miados. 2. *Fig.* Gritar.

Miasma, s. m. (gr. *miasma*). 1. Emanação mefítica proveniente de matérias pútridas ou de moléstias contagiosas. 2. Pestilência. 3. Mal-estar, incômodo.

Miasmático, adj. 1. Que exala miasmas. 2. Em que há miasmas. 3. Resultante de miasmas.

Miau[1], s. m. *Onom.* 1. *Fam.* A voz do gato. 2. *Inf.* O gato.

Miau[2], s. m. (chin. *miao*). Pagode ou templo chinês.

Mica[1], s. f. (l. *mica*). 1. Pequeno bocado. 2. Migalha, pequena porção.

Mica[2], s. f. *Miner.* Cada um de um grupo de minerais que cristalizam em formas monoclínicas. São silicatos cuja coloração varia de incolor, marron-pálido á amarelo-esverdeado, encontrados em rochas ígneas e metamórficas; malacacheta.

Micáceo, adj. (de *mica*[2]). 1. Em que há mica. 2. Que tem a aparência de mica, ou é da natureza dela.

Micado, s. m. (jap. *mikado*). 1. *Ant.* Título da suprema autoridade religiosa no Japão. 2. Título do imperador do Japão; goxo.

Micageiro, adj. Que tem hábito de fazer micagens.

Micagem, s. f. 1. Careta própria de mico. 2. Gestos ridículos, sinais com as mãos, trejeito.

Miçanga, s. f. (cafre *mi* + *sanga*). 1. Contas variegadas e miúdas de massa vitrificada. 2. Ornato feito com essas contas. 3. Pequenos enfeites. 4. Bagatelas, coisas miúdas. 5. *Tip.* Variedade de tipo muito miúdo.

Micante, adj. m. e f. *Poét.* Brilhante.

Micaxisto, s. m. (*mica*[2] + *xisto*). *Miner.* Espécie de rocha folheada, composta essencialmente de quartzo e mica.

Micção, s. f. Ato de urinar.

Micélio, s. m. *Bot.* Parte filamentosa, vegetativa, do talo de qualquer fungo.

miceto-, elem. de comp. (gr. *mukes, etos*). Exprime a idéia de *cogumelo: micetografia, micetologia.*

Micetografia, s. f. (*miceto* + *grafia*[2]). *Bot.* Descrição ou história dos cogumelos; micografia.

Micetologia, s. f. V. *micologia.*

Micetológico, adj. Que diz respeito à micetologia.

Micha, s. f. (fr. *miche*) 1. Fatia de pão de farinhas diversas e misturadas. 2. *Gír.* Gazua. 3. *Gír.* Nota falsa.

Micho, s. m. (fr. *miche*). 1. O mesmo que *micha.* 2. *Gír.* Indivíduo sem dinheiro. 3. *Gír.* Desprovido de valor.

Michole, s. m. *Ictiol.* Peixe marinho, da família dos Serranídeos (*Diplectrum radiale*); margarida.

Mico[1], s. m. 1. *Zool.* Espécie de sagüi, também chamado *nico.* 2. Pessoa de aspecto grotesco.
Destripar o m., Pop.: vomitar.

mico-[2], elem. de comp. (gr. *mukes*). Encerra a idéia de *cogumelo: micoderma, micologia.*

Micoderma, s. m. *Bacter.* 1. Gênero (*Mycoderma*) de microrganismos, que se reproduzem vegetativamente na presença de ar, criando espuma na superfície de soluções alcoólicas, como vinho e cerveja. 2. Fermento desse gênero.

Micologia, s. f. (*mico*[2] + *logo*[2] + *ia*). *Bot.* Tratado acerca dos cogumelos; micetologia.

Micológico, adj. (*micologia* + *ico*). Que diz respeito à micologia.

Micólogo, s. m. (*mico*[2] + *logo*[2]). Aquele que trata de micologia ou é versado nesta ciência.

Micose, s. f. *mico*[2] + *ose*). 1. *Med.* Doença produzida por fungos. 2. Excrescência fungosa da pele. 3. Princípio açucarado da cravagem-do-centeio.

Micótico, adj. (gr. *mukes*). *Med.* 1. Relativo a micose. 2. Que é causado por fungos ou cogumelos.

Micra, s. m. *Des.* Plural de *mícron.*

Micracústico, adj. (*micro*[2] + *acústico*). Designativo dos instrumentos que reforçam os sons.

Micranto, adj. (*micro*[2] + *anto*). *Bot.* Que tem flores pequenas. Antôn.: *macranto.*

Micro-[1], pref. (gr. *mikron*). Anteposto ao nome de uma unidade de medida, forma o nome de uma unidade com um milhão de vezes menor que a primeira: *micrometro.* Símbolo: μ.

Micro-[2], elem. de comp. (gr. *mikros*). Designativo de *pequenês: microbiologia, microcefalia.*

Micro[3], s. m. Forma reduzida de *microcomputador.*

Microbial, adj. m. e f. Que se refere a micróbio.

Microbiano, adj. O mesmo que *microbial.*

Microbicida, adj. e s., m. e f. (*micróbio* + *cida*). Que, ou aquilo que serve para destruir micróbios.

Micróbio, s. m. (*micro*[2] + *bio*). *Biol.* Ser unicelular, animal ou vegetal, com dimensões microscópicas; bacilo, bactéria.

Microbiologia, s. f. (*micro*[2] + *bio* + *logo*[2] + *ia*). Estudo ou tratado sobre os micróbios.

Microbiológico, adj. (*micro*[2] + *bio* + *logo*[2] + *ico*). Relativo à microbiologia.

Microbiologista, s. m. e f. (*microbiologia* + *ista*). Tratadista de microbiologia; microbiólogo, microbista.

Microcefalia, s. f. (*micro*[2] + *céfalo* + *ia*). 1. Qualidade de microcéfalo. 2. Idiotismo proveniente da pequenez do cérebro; estupidez; nanocefalia. Antôn.: *macrocefalia.*

Microcefálico, adj. (*microcefalia* + *ico*). Que se refere à microcefalia.

Microcéfalo, adj. e s. m. (*micro*[2] + *céfalo*). 1. Que, ou aquele que tem a cabeça pequena ou a massa encefálica muito diminuta. 2. *Bot.* Diz-se da planta que tem flores reunidas em pequenos capítulos. 3. Idiota. 4. Que, ou aquele que é pouco inteligente.

Micrócero, adj. (*micro*[2] + *cero*[2]). *Zool.* Que tem cornos ou antenas curtas. Antôn.: *macrócero.*

Micrococo, s. m. *Bacter.* 1. Gênero (*Micrococcus*) de bactérias esféricas, tipo da família das Micrococáceas. 2. Bactéria desse gênero. 3. Qualquer bactéria.

Microcomputador, s. m. *Inform.* Computador de pequeno porte, geralmente de mesa, composto por um único circuito integrado; micro[3].

Microcósmico, adj. Que se refere ao microcosmo.

Microcosmo, s. m. 1. Pequeno mundo. 2. Universo dos pequenos seres. 3. O homem, como resumo do universo.

Microcosmologia, s. f. (*microcosmo* + *logo*[2] *ia*). Descrição ou estudo do corpo humano.

Microdátilo, adj. e s. m. (*micro*[2] + *dátilo*[2]). 1. *Zool.* Que, ou o que tem dedos curtos. 2. *Terat.* Que apresenta microdatilia. Antôn.: *macrodátilo.* Var.: *microdáctilo.*

Microdonte, adj. e s., m. e f. (*micro*[2] + *odonte*). Que, ou o que tem os dentes pequenos.

Microfilme, s. m. Filme de documentos e livros em tamanho reduzido.

Microfilo, adj. (*micro*[2] + *filo*[2]). *Bot.* Diz-se das plantas que têm folhas pequenas.

Micrófita, s. f. (*micro*[2] + *fito*[2]). Vegetal microscópico unicelular.

Microfítico, adj. (*micrófita* + *ico*). Que se refere às micrófitas.

Microflora, s. f. *Bot.* A parte da flora constituída pelos vegetais microscópicos.

Microfone, s. m. *Fís.* Conversor elétrico de vibrações acústicas (ondas sonoras) em oscilações de tensão, ampliando-as ou transmitindo-as. Var.: *microfono.*

Microfonia, s. f. (*micro*[2] + *fono* + *ia*). 1. *Med.* Fraqueza da voz. 2. *Rádio.* Reflexão de um som agudo e contínuo sobre o microfone, tendo saído deste.

Micrófono, adj. (*micro*[2] + *fono*). 1. Que tem voz fraca. 2. Que torna fraco um som. S. m. Instrumento com que se apreciam os sons fracos.

Microfotografia, s. f. 1. Fotografia feita através do microscópio. 2. Fotografia em escala reduzidíssima.

Microftalmo, adj. (*micro*[2] + *oftalmo*). Que tem o globo ocular muito pequeno.

Microglosso, adj. (*micro*[2] + *glosso*). *Med.* Que tem língua pequena. Antôn.: *macroglosso.*

Micrógnato, adj. (*micro*[2] + *gnato*). *Zool.* Que tem maxilar inferior pequeno.

Micrografia, s. f. (*micro*[2] + *grafia*[2]). 1. Descrição dos objetos examinados ao microscópio. 2. Reprodução gráfica de imagem de um objeto ou parte de um objeto, formada por um microscópio.

Microlepidóptero, s. m. (*micro*[2] + *lepidóptero*). *Entom.* Designação de mariposas geralmente de pequeno tamanho.

Microlítico, adj. (*micrólito* + *ico*). *Miner.* Que se refere ao micrólito.

Micrólito, s. m. *(micro² + lito¹). Miner.* Forma de cristal, microscópica e prismatóide, que ocorre nas rochas ígneas.

Micrologia, s. f. *(micro² + logo² + ia).* 1. Tratado a respeito dos corpos microscópicos. 2. Discurso sem colorido ou frouxo.

Micrológico, adj. *(micrologia + ico).* Que diz respeito à micrologia.

Micrólogo, s. m. *(micro² + logo²).* 1. Indivíduo versado em micrologia. 2. Indivíduo que dá muita importância a bagatelas. 3. Pequeno discurso.

Micrômato, adj. *(micro² +* gr. *oma, atos). Zool.* Diz-se dos invertebrados que têm olhos pequenos.

Micrômego, s. m. Instrumento matemático de 15 graus, para medir terras.

Micromelia, s. f. *(micro² + melo⁴ + ia). Terat.* Mal-formação congênita, consistindo em extrema pequenez dos membros.

Micrômelo, s. m. O que apresenta micromelia.

Micrômero, adj. *(micro² + mero³).* Que é delgado em todos os membros e apêndices.

Micrometria, s. f. 1. Emprego do micrômetro. 2. Arte de usar o micrômetro. 3. Determinação de pequenas dimensões.

Micrometro, s. m. (*micro¹ + metro²*). A milionésima parte do metro; mícron.

Micrômetro, s. m. *(micro² + metro²).* 1. Aparelho para medir a grandeza dos objetos vistos pelo microscópio. 2. Aparelho para medir pequenas dimensões.

Micromicete, s. m. *(micro² + micete). Bot.* Fungo, especialmente o que produz a levedura das bebidas alcoólicas.

Micromilímetro, s. m. Milésima parte do milímetro; milimicro.

Mícron, s. m. V. *micrometro.* Pl. *des.*: *micra.*

Micronemo, adj. *(micro + nemo¹). Zool.* Que tem tentáculos muito pequenos.

Microôhmetro, s. m. Unidade de medida da resistência elétrica, equivalente a 1 milionésimo de ohm.

Microonda, s. f. *Fís.* Onda eletromagnética de comprimento compreendido entre 1 milímetro e 1 metro, cuja freqüência oscila entre 300 e 300.000 MHz.

Microônibus, s. m. Onibus pequeno, com capacidade de 15 a 20 passageiros.

Micropétalo, adj. *Bot.* Que tem pétalas pequenas.

Micrópilo, s. m. 1. *Bot.* Abertura do óvulo, ora um simples poro, ora um canalículo (c. micropilar), pelo qual entram os gametas masculinos. 2. *Zool.* Abertura ou aberturas dos ovos de invólucro resistente, por onde entra o espermatozóide, na fecundação.

Micróporo, adj. *(micro² + poro).* Que tem poros excessivamente pequenos.

Micropsia, s. f. *(micro² + opso + ia). Oftalm.* Alteração nos órgãos visuais que faz ver os objetos menores do que são.

Micropsiquia, s. f. *(micro² + psique + ia).* 1. Pusilanimidade. 2. Debilidade de espírito.

Micropterígio, adj. *(micro² + ptérigo + io). Ictiol.* Que tem pequenas barbatanas.

Micróptero, adj. *(micro² + ptero). Zool.* Diz-se do animal que tem pequenas asas ou barbatanas.

Microrganismo, s. m. *(micro² + organismo).* Organismo, animal ou vegetal, de dimensões microscópicas.

Microrradiografia, s. f. Radiografia de objetos microscópicos.

Microscopia, s. f. 1. Arte de usar o microscópio. 2. Observação pelo microscópio. 3. Conjunto dos estudos microscópicos.

Microscópico, adj. 1. Que se refere ao microscópio. 2. Que só pode ser visto com o auxílio de microscópio. 3. Feito com o auxílio de microscópio. 4. Pequeníssimo.

Microscópio, s. m. *(micro² + scopo + io).* 1.1. *Fís.* Instrumento óptico que amplia muitas vezes a imagem de objetos minúsculos, permitindo que sejam observados visualmente. 2. Tudo o que aumenta as coisas abstratas, intelectuais ou morais.

Microscopista, s. m. e f. *(microscópio + ista).* Quem se ocupa de observações microscópicas.

Microsficto, adj. (gr. *mikrosphuktos). Med.* Que tem o pulso débil.

Microsmático, adj. Com o sentido do olfato pouco desenvolvido.

Microspermo, adj. *Bot.* Que tem sementes pequenas.

Microspório, s. m. *(micro² + espório).* 1. *Bot.* Cada um dos espórios de plantas heterósporas que dão origem a gametófitos masculinos. 2. *Zool.* A menor das duas formas de espórios produzidos por vários protozoários. Var.: *micrósporo.*

Microssomatia, s. f. *(micro² + sômato + ia). Terat.* Excessiva pequenez de todo o corpo. Antôn.: *macrossomatia.*

Microssomático, adj. 1. Que se refere à microssomatia. 2. Em que há microssomatia. Antôn.: *macrossomático.*

Microssomia, s. f. *(micro² + somo + ia).*) mesmo que *microssomatia.*

Microssomo, adj. *(micro² + somo). Terat.* Que tem o corpo muito pequeno; microssomático. S. m. *Biol.* Cada um dos elementos finamente granulados do protoplasma.

Micróstomo, adj. *(micro² + estomo). Zool.* Que tem boca ou abertura muito pequena.

Micrótomo, s. m. *(micro² + tomo²).* Instrumento para fazer seções ou lâminas muito delgadas de tecidos, destinadas a serem observadas ao microscópio.

Microvolt, s. m. *(micro¹ + volt). Fís.* Unidade de medida da diferença de potencial, equivalente a 1 milionésimo de volt. Símbolo: *μ* V.

Microwatt, s. m. *(micro¹ + watt). Fís.* Unidade de potência, equivalente a 1 milionésimo de watt. Símbolo: *μ W.*

Microzoário, s. m. *(micro² zoário).* Microrganismo animal.

Micruro, adj. *(micro² + uro³). Zool.* De cauda pequena. S. m. Gênero *(Micrurus)* de pequenas cobras peçonhentas, da família dos Elapídeos.

Micterismo, s. m. (gr. *mukterismos).* 1. Ato de fazer caretas. 2. Carranca, má catadura. 3. Zombaria.

Micuim *(u-im),* s. m. *Zool.* Nome dado às formas jovens do carrapato-estrela *(Amblyomma cajennense)* e a outras espécies, cuja forma adulta é de minúsculo tamanho.

Micurê, s. m. O mesmo que *gambá.*

Mídia, s. f. (do ingl. *mass media*). *Propaganda.* 1. Veiculo ou meio de divulgação da ação publicitária. 2. Seção ou departamento de uma agência de propaganda, que faz as recomendações, estudos, distribuições de anúncios e contato com os veículos (jornais, revistas, rádio, televisão etc.). 3. Numa agência de propaganda, pessoa encarregada da ligação com os veículos e da compra de espaço (eventualmente de tempo) para inserção ou transmissão de anúncios.

Midríase, s. f. (gr. *mudriasis). Med.* 1. Paralisia da íris. 2. Aumento dos diâmetros da pupila.

Mielencefálico, adj. Que diz respeito ao mielencéfalo.

Mielencéfalo, s. m. *(mielo + encéfalo). Anat.* Parte posterior da medula alongada que difere por estrutura mais fina do cordão espinhal com que se continua.

Mielina, s. f. *(mielo + ina). Anat.* Substância lipídica semitransparente que envolve algumas fibras nervosas.

Mielite, s. f. *(mielo + ite). Med.* Inflamação da medula espinhal.

mielo-, elem. de comp. (gr. *muelos*). Contém a idéia de *medula: mielocele, mielócito, mielóide.*

Mielócito, s. m. *(mielo + cito). Biol.* 1. Forma imatura do granulócito. Derivada do mieloblasto, é um constituinte normal da medula óssea, mas aparece no sangue circulante nas leucemias (mielocitemia). 2. Qualquer célula da substância cinzenta do sistema nervoso.

Mielóide, adj. m. e f. *(mielo + óide).* 1. Que diz respeito à medula dos ossos. 2. Que se parece com a medula dos ossos. 3. Que é constituído por células formadas na medula óssea: Leucemia *mielóide.* S. m. *Biol.* Célula geradora dos elementos figurados do sangue, como os granulócitos e eritrócitos.

Mieloma, s. m. *(mielo + oma). Med.* Tumor primário da medula óssea, formado por cada uma das células dessa medula (como mielócitos e células do plasma), e que envolve medulas de diferentes ossos ao mesmo tempo.

Mielomalacia, s. f. *(mielo + malacia). Med.* Amolecimento da medula espinhal.

Mielossarcoma, s. m. *(mielo + sarcoma). Med.* Mieloma.

Miga, s. f. (1. *mica*). 1. Migalha. 2. Pedaço de pão. 3. Espécie de búzio. S. f. pl. Sopa de pão; açorda.

Migalha, s. f. *(miga + alha)*. 1. Pequeno fragmento de pão, de bolos ou outro alimento farináceo. 2. Pequena porção. 3. Aquilo que é supérfluo ou a que não se liga importância por ser insignificante. S. f. pl. Sobras, sobejos.

Migalhar, v. Esmigalhar.

Migalheiro, adj. e s. m. Que, ou o que se ocupa com bagatelas.

Migalhice, s. f. Insignificância.

Migalho, s. m. 1. Migalha. 2. Pequeno bocado.

Migar, v. Tr. dir. 1. Partir em migalhas; reduzir a bocadinhos. 2. Esfarelar (pão) para sopas.

Migração, s. f. (1. *migratione*). 1. *Sociol.* Ato de passar de um país para outro (falando-se de um povo ou grande multidão de gente). 2. Viagens periódicas ou irregulares que fazem certas espécies de animais (andorinhas, codornizes, gafanhotos).

Migrante, adj. m. e f. Relativo ou pertencente aos seres ou or-organismos que mudam de habitat, região ou lugar. S. m. e f. 1. Pessoa que se muda para outra região. 2. *Zool.* Animal que se muda de um habitat para outro.

Migrar, v. (1. *migrare)*. Intr. 1. Passar de uma região para outra. 2. *Zool.* Passar periodicamente de uma região ou clima a outro, para procurar alimentação ou para procriar.

Migratório, adj. Que diz respeito a migração.

Miguelismo, s. m. 1. Os miguelistas. 2. Partido político de D. Miguel de Bragança; absolutismo.

Miguelista, s. m. Partidário do Rei D. Miguel, em Portugal; absolutista.

Miguim, s. m. *Ornit.* Ave tiranídea *(Pyrocephalus rubinus)*, de dorso pardo, o alto da cabeça e a parte inferior vermelho-vivos.

Miíase, s. f. *(miio + ase)*. *Med.* Moléstia causada pela larva de várias espécies de moscas.

miiocéfalo, s. m. *Med.* Pequena tumefação escura, na íris, com a forma de uma cabeça de mosca.

Miiodopsia, s. f. *Med.* Perturbação visual que dá a impressão da passagem, diante dos olhos, de pequenos pontos escuros como cabeças de moscas.

Miiologia, s. f. *Entom.* Descrição das moscas ou tratado a respeito delas.

Miiológico, adj. Que diz respeito à miiologia.

Miite, s. f. *(mio*[3] *+ ite)*. *Med.* Inflamação de um músculo.

Mijuí, s. m. *Entom.* Pequena abelha preta.

Mil, num. (1. *mille*). 1. Dez vezes cem, um milhar. 2. Em número indeterminado; muitos, inúmeros, sem conta.

Milagre, s. m. (1. *miraculu*). 1. Fato que se atribui a uma causa sobrenatural. 2. *Teol.* Algo de difícil e insólito, que ultrapassa o poder da natureza e a previsão dos espectadores (Santo Tomás). 3. Coisa admirável pela sua grandeza ou perfeição; maravilha. 4. Fato que, pela raridade, causa grande admiração. 5. Intervenção sobrenatural. 6. Efeito cuja causa escapa à razão humana. 7. *Pop.* Ex-voto.

Milagreiro, adj. e s. m. 1. Que, ou o que pratica milagres, ou se inculta como tal. 2. Que, ou aquele que crê facilmente em milagre.

Milagrosa, s. f. 1. Variedade de mandioca. 2. *Gír. escolar.* Palmatória.

Milagroso, adj. 1. Que faz milagres. 2. Tido na conta de fazedor de milagres. 3. Extraordinário, inexplicável, maravilhoso.

Milanês, adj. Que pertence ou se refere a Milão. Adj. e s. m. Habitante ou natural de Milão.

Míldio, s. m. (ingl. *milde*). *Bot.* 1. Nome genérico de diversas doenças causadas por fungos em algumas plantas como a videira e a batateira. 2. Fungo causador dessa doença. Var.: *mildiú.*

Milefólio, s. m. (1. *millefoliu*). *Bot.* Planta composta *(Achillea millefolium);* também chamada *mil-em-rama* , *mil-folhas* ou *milfolhada.*

Milenário, adj. 1. Que diz respeito ao milhar. 2. Que contém mil. 3. Que tem mil anos; milenar. S. m. Espaço de mil anos.

Milênio, s. m. (1. *mille + annu*). Espaço de mil anos.

Milésima, num. Diz-se da última coisa numa série de mil. S. f. Cada uma das mil partes iguais em que se divide um todo.

Milésimo, num. O mesmo que *milésima.* S. m. Um ano civil determinado: O *milésimo* em que estamos.

Milésio, adj. (1. *milesiu*). Que diz respeito a Mileto (antiga cidade da Ásia Menor). Adj. e s. m. Habitante ou natural de Mileto.

Mil-flores, s. m. sing. e pl. Essência de muitas espécies de flores. Adj. Diz-se do cavalo que tem o pêlo mesclado de branco e vermelho.

Milfurada, s. f. *Bot.* Planta hipericácea *(Hypericum perforatum).*

Milha, s. f. (1. *millia*). 1. Medida itinerária usada em vários países, com valor variável. 2. Antiga medida itinerária brasileira equivalente a 2.200 metros. 3. Medida itinerária inglesa equivalente a 1.609 metros.

Milhã, s. f. (de *milho*). Nome vulgar de várias ervas daninhas e de alguns capins forrageiros.

Milhafre, s. m. *Ornit.* Denominação dada em Portugal a várias espécies de aves de rapina diurnas, a mais comum das quais é *Milvus milvus.* Voz: *crocita, grasna.*

Milhagem, s. f. Contagem das milhas.

milhal, s. m. *(milho + al)*. O mesmo que *milharal* e *milheiral.*

Milhano, s. m. *Ornit.* Milhafre.

Milhão[1]**,** num. e s. m. (ital. *milione*). 1. Mil vezes mil. 2. Número muito considerável, mas indeterminado.

Milhão[2]**,** s. m. (de *milho*). Milho graúdo.

Milhar[1]**,** num. e s. m. (1. *milliariu*). 1. Quantidade que abrange dez centenas ou mil unidades. 2. Casa imediata à das centenas. 3. Final de quatro algarismos na loteria. 4. Grande número.

Milhar[2]**,** s. m. (de *milho*). Milharal.

Milhar[3]**,** v. Tr. dir. Dar milho a; amilhar.

Milharada, s. f. (b. 1. *miliarata*). 1. Grande porção de espigas de milho. 2. O mesmo que *milharal.*

Milharal, s. m. (de *milho*). Terreno coberto de pés de milho.

Milharas, s. f. pl. (de *milho*). Grainha das ovas dos peixes, do interior dos figos etc. Var.: *milheras.*

Milharoz, s. m. *Ornit.* V. *abelheiro.* Pl.: *milharozes.*

Milhear, adj. m. e f. O mesmo que *miliar.*

Milheiral, s. m. *(milheiro + al)*. Milharal.

Milheiro[1]**,** num. e s. m. (1. *milliariu*). O mesmo que *milhar*[1].

Milheiro[2]**,** s. m. (de *milho*). 1. Planta do milho. 2. Cana dessa planta.

Milhento, adj. e s. m. Designação burlesca ou infantil de número superior a mil.

Milhete *(ê)*, s. m. Variedade de milho, de grão muito miúdo.

Milho, s. m. (1. *miliu*). 1. *Bot.* Planta gramínea anual *(Zea mays)*, oriunda da América do Sul. 2. Grão ou semente da mesma planta. 3. Qualquer quantidade de grãos dessa planta. 4. *Pop.* Dinheiro. Adj. Diz-se da palha e da farinha de milho.

mili-, pref. Indica, no sitema métrico, a milésima parte da quantidade a que se junta.

Miliampère, s. m. *(mili + ampère)*. *Fís.* Unidade de intensidade elétrica, equivalente a um milésimo do ampère. Símbolo: *mA.*

Miliamperímetro, s. m. V. *miliamperômetro.*

Miliamperômetro, s. m. *Fís.* Aparelho que mede a intensidade de corrente da ordem do miliampère.

Miliar, adj. m. e f. 1. Em forma de grão de milho. 2. Diz-se do animal que tem pequeníssimas dimensões.

Miliare, s. m. *(mili + are)*. Milésima parte do are.

Miliário[1]**,** adj. (l. miliariu). 1. Que diz respeito a milhas. 2. Que marca distâncias itinerárias. 3. Que assinala data memorável.

Miliário[2]**,** adj. O mesmo que *miliar.*

Milibar, s. m. *Fís.* Unidade de medida de pressão, equivalente à milésima parte de 1 bar. Símbolo: *mbar.*

Milícia, s. f. (1. *militia*). 1. Carreira, disciplina, vida militar.

2. A arte ou exercício da guerra. 3. A força militar de um país.

Miliciano, adj. Que se refere a milícia. S. m. Soldado de milícias.

Miligrado, s. m. *(mili + grado). Geom.* Unidade de ângulo, milésima parte do grado.

Miligrama, s. m. *(mili + grama²)*, Milésima parte do grama.

Mililitro, s. m. *(mili + litro).* Milésima parte do litro.

Milímetro, s. m. *(mili + metro).* Milésima parte do metro.

Milimícron, s. m. *(mili + mícron). Fís.* Unidade de comprimento, equivalente à milésima parte de 1 mícron. Símbolo: m μ. Var.: *milimicro.*

Milionário, adj. e s. m. (ital. *milione + ário¹*). Que, ou aquele que possui milhões. S. m. Indivíduo muito rico.

Milionésima, s. f. Cada uma de um milhão de partes iguais em que se divide um todo.

Milionésimo, num. (ital. *milione = milhão).* 1. Que numa série numérica ou de coisas é o número 1 milhão. 2. Cada uma de um milhão de partes iguais em que qualquer coisa foi dividida ou é divisível. S. m. 1. O número 1 milhão em uma série numérica ou de coisas. 2. O quociente de uma unidade dividida por 1 milhão.

Milionocracia, s. f. *Neol.* O mesmo que *plutocracia.*

Milípede, adj. m. e f. Que tem muitos pés. S. m. *Zool.* Miriápode.

milistere, s. m. *(mili + estere).* Milésima parte de um estere. Var.: *milistéreo.*

Militança, s. f. (de *militar*). *Pop.* 1. Qualidade de militante. 2. A profissão militar. 3. Os militares.

Militante, adj. m. e f. 1. Que milita. 2. Que está em exercício. 3. *Teol.* Que pertence à milícia de Jesus Cristo. 4. Agressivamente ativo por uma causa: Comunista *militante.*

Militar¹, adj. (1. *militare).* 1. Que diz respeito à guerra, à milícia, às tropas. 2. Que se baseia na força ou nos costumes militares. 3. Determinado pelas leis da guerra. 4. Pertencente ao exército (em contraposição a *civil*). 5. Próprio de quem segue a carreira das armas. S. m. Aquele que pertence ao exército; soldado.

Militar², v. (1. *militare*). 1. Tr. dir. Servir no exército. 2. Tr. ind. Estar filiado a um partido, seguindo-lhe e defendendo-lhe as idéias. 3. Tr. ind. Seguir qualquer carreira em que se defendem idéias ou doutrinas. 4. Tr. ind. Professar uma doutrina ou seita. 5. Tr. ind. Pugnar pró ou contra. 6. Tr. ind. Combater, lutar, fazer guerra. 7. Tr. ind. Estar em oposição.

Militarismo, s. m. 1. Predomínio dos militares no governo de uma nação. 2. A milícia.

Militarização, s. f. Ato ou efeito de militarizar.

Militarizar, v. *(militar + izar).* 1. Tr. dir. Dar feição militar a, organizar militarmente. 2. Pron. Preparar-se militarmente.

Mílite, s. m. *Poét.* Soldado.

mílito-, elem. de comp. (1. *milite*). Encerra a idéia de *soldado, militar: militofobia.*

Militofobia, s. f. *(mílito + fobo + ia).* Aversão, ódio à vida militar ou aos militares.

Milivolt, s. m. *(mili + volt).* Unidade de tensão elétrica, equivalente à milésima parte do volt.

Milorde, s. m. (ingl. *mylord).* 1. Tratamento que se dá aos lordes ou pares da Inglaterra. 2. *Hum.* Que tem aparência de rico e nobre. 3. Figurão. 4. Homem opulento.

Mil-réis, s. m. sing. e pl. Unidade do sistema monetário brasileiro, hoje substituída pelo cruzeiro.

Miltônia, s. f. *Bot.* 1. Gênero *(Miltonia)* de plantas orquidáceas da América tropical. 2. Orquídea ou flor desse gênero.

Mílvio, s. m. (1. *milviu*). *Poét.* Milhafre, milhano.

Mim, pron. pess. (1. *mi,* abrev. de *mihi*). Variação do pron. *eu,* sempre regida de preposição: a *mim,* para *mim,* por *mim.*

Mimar¹, v. *(mimo² + ar).* Tr. dir. Dizer ou fazer por mímica, representar por gestos: *Mimar* as *idéias.*

Mimar², v. *(mimo¹ + ar).* Tr. dir. Amimar.

Mimeógrafo, s. m. Aparelho de impressão, com que se reproduzem cópias de páginas escritas ou de desenhos.

Mimese, s. f. (gr. *mimesis*). 1. *Ret.* Figura em que o orador imita a voz ou o gesto de outrem. 2. *Med.* Simulação de doença.

Mimetismo, s. m. 1. Capacidade que têm certos animais e plantas de adaptar-se à cor do ambiente ou de outros seres ou objetos, para passarem despercebidos de seus inimigos ou vítimas. 2. Mania de imitação. 3. Disfarce.

Mímica, s. f. (de *mímico*). 1. Arte ou ato de exprimir o pensamento por meio de gestos, expressão fisionômica etc. 2. Gesticulação.

Mimicar, v. *(mímica + ar).* Mimar¹.

Mímico, adj. (gr. *mimikos*). Que se refere à mímica ou à gesticulação: Linguagem *mímica.* Adj. e s. m. Que, ou o que usa de linguagem gesticulada. S. m. Artista que interpreta cenas mudas.

Mimo¹, s. m. (1. *mimu*). 1. Presente delicado. 2. Gesto ou expressão carinhosa com que se trata alguém. 3. Coisa encantadora pela beleza e harmonia das formas. 4. Delicadeza, distinção, primor.

Mimo², s. m. (1. *mimu*). 1. Representação burlesca. 2. Pequeno drama familiar, no dialeto siracusano. 3. Ator mímico.

mimo-³, elem. de comp. (gr. *mimos*). Encerra a idéia de *mimo, mímica, imitação: mimografia, mimologia.*

Mimodrama, s. m. *(mimo³ + drama).* Ação dramática representada sob a forma de pantomima.

Mimografia, s. f. *(mimo³ + grafia²).* Tratado a respeito da mímica ou dos mimos².

Mimográfico, adj. Que se refere à mimografia.

Mimologia, s. f. *(mimo³ + logo² + ia).* 1. Imitação da pronúncia, do tom ou do modo de falar de uma pessoa. 2. Onomatopéia. 3. Estudo ou tratado das regras da mímica.

Mimológico, adj. 1. Que se refere à mimologia. 2. Onomatopéico.

Mimologismo, s. m. *(mimo³ + logo² + ismo).* Palavra formada por mimologia; onomatopéia.

Mimosa, s. f. *Bot.* 1. Gênero *(Mimosa)* de árvores, arbustos e ervas, da família das Leguminosas, das regiões tropicais. 2. Nome vulgar de uma espécie de acácia, muito apreciada pelas suas flores *(Acacia mimosa).*

Mimosáceas, s. f. pl. *Bot.* Família *(Mimosaceae)* de árvores e arbustos, raramente ervas, da ordem das Ranales, que são comumente incluídas na família das Leguminosas. S. f. Espécime dessa família.

Mimosáceo, adj. *Bot.* Relativo ou pertencente à família das Mimosáceas.

Mimosear, v. 1. Tr. dir. Tratar com mimo. 2. Tr. dir. Dar presentes a; obsequiar. 3. Pron. Injuriar-se.

Mimoso, adj. *(mimo¹ + oso).* 1. Habituado a mimo ou meiguice. 2. Melindroso, sensível. 3. Delicado. 4. Carinhoso, meigo, suave. 5. Fino, excelente. 6. Diz-se do fubá muito fino. S. m. 1. Aquele que é favorecido ou feliz. 2. *Fam.* Chapéu alto ou fino.

Mina, s. f. (célt. *mina*). 1. Cavidade ou veio natural na terra, de minérios, combustíveis ou água economicamente exploráveis. 2. Cavidade cheia de explosivos destinada a destruir o que está em cima. 3. Nascente de água . 4. Fonte de informações.

Minador, adj. e s. m. Que, ou o que mina; mineiro.

Minadouro, s. m. *(minar + douro).* Nascente de um ribeiro ou córrego; olho-d'água. Var.: *minadoiro.*

Minar, v. *(mina¹ + ar).* 1. Tr. dir. Cavar, abrir galerias subterrâneas, para extrair metais, líquidos etc. 2. Tr. dir. Pôr, espalhar minas (cargas explosivas) em. 3. Tr. dir. Desarraigar, solapar. 4. Tr. dir. Fazer tremer o que estava firme; abalar, aluir. 5. Tr. dir. Arruinar pouco a pouco; deteriorar. 6. Intr. Verter aos poucos. 7. Tr. dir. Alastrar-se, propagar-se destruidoramente por baixo de. 8. Tr. dir. Prejudicar ocultamente. 9. Tr. dir. Afligir, atormentar.

Minarete, s. m. (fr. *minaret*). Torre de mesquita, de onde o almuadem anuncia aos muçulmanos a hora da prece.

Minaz, adj. m. e f. *Poét.* 1. Que ameaça; ameaçador. 2. Arrogante. Sup. abs. sint.: *minacíssimo.*

Mindinho, adj. e s. m. (l. v. **minutinu,* de *minutu + inu*). *Pop.* e *inf.* Diz-se do, ou o dedo mínimo.

Mineira, s. f. (de *mineiro¹*). Terreno rico em minério.
Mineirada, s. f. 1. Porção de mineiros. 2. Ato ou dito de mineiro.
Mineiro¹, adj. (*mina¹ + eiro*). Que diz respeito a mina. S. m. Aquele que trabalha em minas.
Mineiro², adj. Que se refere ao Estado de Minas Gerais. Adj. e s. m. Diz-se do, ou o natural de Minas Gerais.
Mineração, s. f. 1. Exploração ou trabalho das minas. 2. Purificação do minério.
Mineral, adj. m. e f. Relativo ou pertencente aos minerais. S. m. Elemento ou composto químico, homogêneo, que resulta de processos inorgânicos da natureza e que tem composição química ou série de composições. — *M. acessório*: o que não caracteriza a rocha. *M. essencial*: mineral cuja presença ou ausência afeta a classificação da rocha. *M. secundário*: mineral originado de outros preexistentes (primários).
Mineralização, s. f. 1. Ato ou efeito de mineralizar. 2. Estado de ser mineralizado. 3. Deposição de sais inorgânicos nas paredes das células.
Mineralizador, adj. e s. m. 1. Que, ou o que mineraliza. 2. Que, ou o que transforma uma substância em mineral, formando com ele uma combinação.
Mineralizar, v. 1. Tr. dir. Fazer passar do estado de metal ao de mineral. 2. Intr. Procurar minerais na terra. 3. Tr. dir. Modificar (a água) pela adição de substâncias minerais.
Mineralizável, adj. m. e f. Diz-se das substâncias suscetíveis de serem transformadas em minerais.
Mineralogia, s. f. (*mineral + logo² + ia*). Parte da História Natural, que trata dos minerais.
Mineralógico, adj. Que se refere à mineralogia.
Mineralogista, s. m. e f. Pessoa versada em mineralogia.
Mineralurgia, s. f. (*mineral + urgia*). Arte de aplicar os metais à indústria.
Mineralúrgico, adj. Que diz respeito à mineralurgia.
Minerar, v. 1. Tr. dir. Explorar (minas). 2. Tr. dir. Extrair de mina. 3. Intr. Trabalhar na exploração de minas.
Minério, s. m. 1. O mineral tal como se extrai da mina. 2. Qualquer substância metalífera.
mínero-, elem. de comp. Encerra a idéia de *mineral*: *minerografia*.
Minerografia, s. f. (*mínero + grafia²*). Descrição dos minerais.
Minerográfico, adj. Que se refere à minerografia.
Minerógrafo, s. m. (*mínero + grafo*). Aquele que é versado em minerografia.
Minerva, s. f. (de *Minerva*, n. p.). 1. Deusa do paganismo greco-romano, que presidia às artes e às ciências. 2. *Tip.* Pequena máquina de impressão.
Minerval¹, adj. m. e f. Que diz respeito a Minerva.
Minerval², s. m. Retribuição que, em alguns países, os alunos externos pagam aos professores.
Minestra, s. f. 1. Artifício ou jeito empregado para obter certas coisas. 2. *Gír.* Mulher de gatuno. 3. V. *ministra²*.
Minestre, s. m. Indivíduo hábil nos meios que usa, para conseguir uma coisa.
Mingacho, s. m. Cabaço com água, em que os pescadores conservam vivos, por algum tempo, os peixes de água doce.
Mingau, s. m. (tupi *mingau*). 1. Papas de farinha de trigo, milho, mandioca etc. 2. Coisa muito mexida ou aguada. 3. Lamaçal, lodo.
Mingu, s. m. *Bot.* Árvore brasileira, de que se tira boa madeira para obras de marchetaria.
Míngua, s. f. (de *minguar*). 1. Diminuição. 2. Perda, quebra. 2. Carência, escassez, falta do necessário, penúria. 4. Defeito. Antôns. (acepção 3): *fartura*.
Minguado, adj. 1. Diminuto. 2. Escasso.
Minguamento, s. m. Ato ou efeito de minguar; diminuição, quebra.
Minguante, adj. m. e f. 1. Que míngua. 2. Diz-se do último quarto da Lua. S. m. 1. Quarto minguante. 2. Decadência, diminuição, quebra.
Minguar, v. (l. v. *minuare*, por *minuere*). 1. Intr. Tornar-se menor; decrescer, diminuir. 2. Intr. Escassear, faltar. 3. Tr. ind. Decair, declinar. 4. Tr. dir. Amesquinhar, apoucar, menoscabar. — Conjugação, pres. ind.: *mínguo, mínguas, míngua, minguamos, minguais, mínguam*. Pres. sub.: *mingüe, mingües* etc.
Minguinho, adj. e s. m. *Fam.* V. *mindinho*.
Minha, pron. poss. (l. *mea*, através de **mĩa*). Fem. de *meu*.
Minhoca, s. f. *Zool.* Verme anelídeo oligoqueto que vive subterraneamente em lugares úmidos (*Pheretima hawaiana*). S. f. pl. Crendices, superstições; manias.
Minhocaçu, s. m. 1. *Zool.* Denominação popular das minhocas de tamanho grande, como a *Rhinodrilus fafner*. Var.: *minhocuçu*.
Minhocão, s. m. 1. Grande minhoca. 2. *Zool.* Denominação vulgar, imprópria, de certos anfíbios ápodes que vivem mergulhados na terra; espécie brasileira muito conhecida é o *Siphonops annulatus*.
Minhoteira, s. f. Pequena ponte de madeira.
Minhoto, adj. Que diz respeito ao Minho. Adj. e. s. m. Diz-se do, ou o natural do Minho.
Mini-, elem. de comp. (l. *minium*). Exprime a idéia de *mínimo*: *minifúndio, minissaia*.
Míni, s. f. 1. Forma reduzida de *minidesvalorização*. 2. Minissaia.
Minianto, adj. *Bot.* Espécie de trevo aquático (*Trifolium fibrinum*).
Miniatura, s. f. 1. Letra vermelha traçada com mínio e com que se iniciavam os capítulos dos antigos manuscritos. 2. Gênero de pintura em ponto pequeno. 3. Objeto de arte, de pequena dimensão. 4. Pessoa pequena e graciosa.
Miniaturar, v. Tr. dir. 1. Pintar em miniatura. 2. Descrever minuciosamente.
Miniaturista, adj. e s., m. e f. (*miniatura + ista*). Que, ou pessoa que faz miniaturas.
Minidesvalorização, s. f. *Econ.* Desvalorização muito pequena, mínima; míni.
Minifúndio, s. m. Propriedade agrícola de reduzida extensão. Antôn.: *latifúndio*.
Mínima, s. f. (de *mínimo*). 1. Valor mais baixo observado num fenômeno determinado, durante um período dado. 2. *Mús.* Nota nusical de valor igual à metade da semibreve.
Minimalismo, s. m. Sistema dos minimalistas.
Minimalista, s. m. e f. V. *menchevique*.
Minimizar, v. (*mínimo + izar*). Tr. dir. 1. Reduzir ao número, grau ou extensão menor possível. 2. Estimar no menor possível número ou proporção. 3. Depreciar.
Mínimo, adj. Que é o menor; que está no grau mais baixo. S. m. 1. A menor porção de uma coisa. 2. Religioso da ordem de São Francisco de Paula. 3. Dedo mínimo. — *M. múltiplo comum*: o menor dos múltiplos comuns a dois ou mais números.
Mínio, s. m. (l. *miniu*). *Quím.* Nome vulgar do deutóxido de chumbo; vermelhão, vermelho-de-paris, vermelho-de-saturno. — *M. nativo*: o chumbo carbonatado dos mineralogistas.
Minissaia, s. f. Saia de reduzida extensão; míni.
Ministerial, adj. m. e f. 1. Que pertence ou se refere a ministério. 2. Que emana dos ministros. Adj. e s. m. Partidário de um ministério.
Ministerialismo, s. m. (*ministerial + ismo*). Opinião ou sistema dos que defendem incondicionalmente os ministros ou o governo.
Ministério, s. m. 1. O conjunto dos ministros que formam um gabinete governamental. 2. Parte da administração dos negócios do Estado, atribuída a cada ministro. 3. Edifício e repartições em que funciona esse serviço público. 4. Cargo, função. 5. O exercício de um cargo, de uma função. 6. Ocupação, ofício, profissão manual. — *M. público*: magistratura que vela pela manutenção da ordem pública e execução e aplicação das leis.
Ministra¹, s. f. (l. *ministra*). 1. *Fam.* Mulher de ministro ou de embaixador. 2. Roda por onde se passava a comida da cozinha para os refeitórios dos conventos.

Ministra[2], s. f. (ital. *minestra*). Espécie de sopa italiana.
Ministraço, s. m. (*ministro + aço*). *Pop.* e *pej.* Ministro, magistrado.
Ministrador, adj. e. s. m. Que, ou o que ministra.
Ministral, adj. m. e f. Que diz respeito a ministro.
Ministrante, adj. e s., m. e f. 1. Que, ou pessoa que ministra. 2. Que, ou pessoa que serve ou exerce algum cargo ou ofício. 3. Ajudante.
Ministrar, v. 1. Tr. dir. Dar, fornecer, prestar. 2. Tr. dir. Apresentar, servir. 3. Tr. dir. Administrar, conferir. 4. Intr. Atuar como ministro; desempenhar as funções de ministro.
Ministraria, s. f. *Des.* Cargo de ministro.
Ministrículo, s. m. *Pej.* Ministro insignificante.
Ministro, s. m. (l. *ministru*). 1. Aquele que tem um cargo ou está incumbido de uma função. 2. Chefe da legação de um país. 3. Graduação correspondente a esse cargo. 4. Auxiliar. 5. Medianeiro. 6. *Ecles.* Diácono e subdiácono, nas missas cantadas. 7. Clérigo protestante, pastor. 8. Nome que se dá aos juízes da Corte Suprema, do Supremo Tribunal Militar, do Tribunal de Contas etc. 9. *Ornit.* Pássaro da família dos Fringilídeos (*Passerina cynea*). — *M. de Estado*: membro de um gabinete ou ministério; secretário de Estado.
Minoração, s. f. Ato ou efeito de minorar; atenuação, diminuição.
Minorar, v. Tr. dir. 1. Tornar menor, diminuir. 2. Abrandar, suavizar. 3. Aliviar, atenuar.
Minorativo, adj. 1. Que minora. 2. Suave (diz-se de purgantes). S. m. Laxante.
Minoria, s. f. (l. *minore + ia*). 1. Inferioridade em número. 2. A parte menos numerosa de uma corporação deliberativa (por contraposição a *maioria*).
Minoridade, s. f. O mesmo que *menoridade*.
Minoritário, adj. 1. Que diz respeito à minoria. 2. Diz-se do partido que obtém a minoria dos votos. Antôn.: *majoritário*.
Minotauro, s. m. 1. *Mit.* Monstro fabuloso, com corpo de homem e cabeça de touro. 2. *Pej.* Aquele cuja esposa lhe é infiel.
Minuano[1], s. m. Vento muito frio e seco do sudoeste, que, no Sul do Brasil, se manifesta em meses de inverno e, eventualmente, no fim do outono e começo da primavera. É indício de bom tempo.
Minuano[2], adj. *Etnol.* Que diz respeito aos Minuanos, antiga tribo de índios do Brasil, nas margens da Lagoa dos Patos. S. m. Indígena dessa tribo.
Minúcia, s. f. (l. *minutia*). 1. Coisa muito miúda. 2. Bagatela, insignificância. 3. Minudência, particularidade, pormenor.
Minucioso, adj. 1. Que se ocupa com minúcias. 2. Narrado com todos os pormenores; circunstanciado. 3. Feito com todo o escrúpulo e atenção.
Minudência, s. f. (cast. *menudencia*). 1. Minúcia. 2. Observação escrupulosa, exame atento.
Minudencioso, adj. Em que há minudências; minucioso.
Minudente, adj. m. e f. O mesmo que *minudencioso*.
Minuendo, adj. Que vai-se diminuindo. S. m. *Arit.* O mesmo que *diminuendo*.
Minueto (*ê*), s. m. (fr. *menuet*). 1. Dança francesa, de compasso ternário, originária do Poitou. 2. Música que acompanhava essa dança. Var.: *minuete*.
Minuir, v. (l. *minuere*). O mesmo que *diminuir*.
Minúscula, s. f. Letra minúscula. Antôn.: *maiúscula*.
Minúsculo, adj. 1. Muito pequeno. 2. De pouco valor, insignificante. 3. Diz-se das letras pequenas, por oposição a *maiúsculas* ou *capitais*.
Minuta, s. f. 1. Primeira redação escrita de um documento oficial; rascunho. 2. Desenho traçado geometricamente à vista do terreno, no levantamento de uma planta. 3. Nos restaurantes, refeição, prato que se prepara no momento, no minuto.
Minutador, adj. e s. m. Que, ou aquele que minuta.
Minutar, v. Tr. dir. 1. Ditar ou fazer a minuta de. 2. *Cinema.* Avaliar previamente a duração de um filme em minutos na base do roteiro.
Minuto, adj. Diminuto, muito pequeno. S. m. 1. Sexagésima parte da hora. 2. Centésima parte do grau ou da hora, no sistema centígrado. 3. *Astr.*, *Geogr.* e *Geom.* Sexagésima parte do grau. 4. Curto lapso de tempo; instante, momento.
Mio[1], s. m. *Onom.* Miadela, voz do gato.
mio-[2], elem. de comp. (gr. *meion*). 1. Exprime a idéia de *menos*, *menor*: *mioceno*. 2. Significa *decréscimo*, *contração*: *miocárdio*.
mio-[3], elem. de comp. (gr. *mus*, *uos*). Exprime a idéia de *músculo*: *miologia*, *miomalacia*.
Miocárdio, s. m. (*mio[3] + cardio*). *Anat.* A parte muscular do coração.
Miocardite, s. f. (*miocárdio + ite*). *Med.* Inflamação do miocárdio.
Miocardose, s. f. *Med.* Designação genérica dos processos degenerativos que acometem o coração.
Miocele, s. f. (*mio[3] + cele*). *Med.* Tumor muscular.
Mioceno, adj. (*mio[2] + ceno[5]*). *Geol.* Relativo à época do Terciário que precede o Plioceno e segue ao Oligoceno. S. m. Essa época.
Miodinia, s. f. (*mio[3] + ódino + ia*). *Med.* O mesmo que *mialgia*.
Miografia, s. f. (*mio[3] + grafia[2]*). 1. *Anat.* Descrição dos músculos. 2. Diagrama obtido pelo miógrafo; miograma.
Miográfico, adj. Que diz respeito à miografia.
Miógrafo, s. m. (*mio[3] + grafo*). 1. Instrumento que mostra graficamente a contração dos músculos. 2. Aquele que se dedica à miografia.
Mióide, adj. m. e f. 1. Semelhante ao músculo. 2. *Med.* Designativo do tumor constituído por tecido muscular liso.
Miolada, s. f. 1. *Pop.* Miolos. 2. Preparação culinária com miolos.
Mioleira, s. f. 1. *Pop.* Miolos. 2. *Pop.* Cabeça. 3. Juízo, tino.
Miolema, s. m. *Anat.* Bainha da fibra muscular.
Miolo (*ô*), s. m. (l. **medullu*, calcado em *medulla*). 1. Parte do pão que fica entre as côdeas. 2. Parte interior de certos frutos de casca rija ou espessa. 3. Medula, tutano. 4. Cérebro, massa encefálica. 5. Bestunto, juízo, razão. 6. Parte interior.
Miologia, s. f. (*mio[3] + logo[2] + ia*). *Anat.* Estudo dos músculos; miografia.
Miológico, adj. (*miologia + ico*). Que diz respeito à miologia.
Mioloso, adj. (*miolo + oso*). 1. Que abunda em miolo. 2. Designativo do vegetal abundante em medula.
Mioma, s. m. (*mio[3] + oma*). *Med.* Tumor constituído por tecido muscular principalmente.
Miomalacia, s. f. (*mio[3] + malacia*). *Med.* Amolecimento dos músculos.
Míope, adj. e s., m. e f. (gr. *muops*, *opos*). 1. Que, ou quem sofre miopia. 2. Diz-se da, ou a pessoa pouco inteligente ou pouco perspicaz.
Miopia, s. f. (gr. *muopia*). 1. *Med.* Anormalidade visual que só permite ver os objetos a pequena distância do olho; vista curta. 2. Falta de inteligência.
Miopraxia (*cs*), s. f. (*mio[2]* + gr. *praxis + ia*). *Med.* Diminuição da capacidade funcional de um órgão em conseqüência de qualquer lesão ou de inatividade prolongada.
Miose[1], s. f. (*mio[3] + ose*). 1. *Med.* Contração permanente da pupila. 2. *Gram.* Exagerada concisão de estilo.
Miose[2], s. f. (gr. *meiosis*). *Biol.* Mitose em que os núcleos dos gametas em estado de maturação sofrem duas divisões sucessivas, mas os seus cromossomos só numa delas se dividem longitudinalmente, separando-se, na outra, o número *2n* em dois grupos de *n*, constituindo cada um destes um novo núcleo do gameta maduro.
Miosite, s. f. *Med.* V. *miite*.
Miosótis, s. f. e m., sing. e pl. *Bot.* 1. Gênero (*Myosotis*) de ervas da família das Borragináceas, com flores racemosas de corola com forma de salva ou tubo, lobos arredondados e pequenas nozes ligadas pela base. 2. Planta desse gênero (*Myosotis palustris*) de flores miúdas, muito delicadas, azulclaras.
Miótico[1], adj. Que diz respeito à miose[1]. S. m. *Med.* Agente que causa contração da pupila do olho.
Miótico[2], adj. Que diz respeito à miose[2].
Miotomia, s. f. (*mio[3] + tomo[2] + ia*). *Med.* Seção ou dissecação dos músculos.

Miotômico, adj. (*miotomia + ico*). Que se refere à miotomia.
Miquelete (*ê*), s. m. 1. Antigo bandoleiro espanhol das fronteiras da Catalunha e Aragão. 2. Soldado da guarda dos governadores das províncias de Espanha. S. m. pl. Bandeirolas; indícios.
Mira, s. f. (de *mirar*). 1. Ato de mirar. 2. Peça que, em certos instrumentos e nas armas de fogo, serve para dirigir a vista nas pontarias. 3. Pontaria. 4. Fim, intenção, interesse, intuito, vista.
Mirabanda, s. f. Espécie de moscardo brasileiro.
Mirabela, s. f. (fr. *mirabelle*). *Bot.* Nome vulgar da quenopodiácea *Chenopodium scoparia.*
Mirabolante, adj. m. e f. *Pej.* Que dá muito na vista, ridiculamente vistoso; espalhafatoso.
Miracídio, s. m. *Zool.* Larva ciliada que, no ciclo evolutivo dos trematódeos, para se desenvolver, penetra em um hospedeiro intermediário, geralmente um gastrópode de água doce.
Miraculoso, adj. Milagroso.
Miradouro, s. m. Ponto elevado, donde se descobre largo horizonte; mirante. Var.: *miradoiro.*
Miragaia, s. f. V. *miraguaia.*
Miragem, s. f. (*mirar + agem*). 1. Efeito da refração que, nos desertos arenosos, faz ver na atmosfera a imagem invertida de objetos muito distantes, como cidades, oásis etc. 2. Engano dos sentidos, ilusão.
Miraguaia, s. f. *Ictiol.* Peixe marinho cienídeo (*Pogonias chromis*); possui numerosos barbalhos e um ferrão antes da nadadeira anal; piraúna. V. *burriquete.*
Miralmuminim, s. m. (ár. *amir almuminim*). Califa, ou chefe de crentes, entre os muçulmanos.
Miranha, adj. m. e f. *Etnol.* Relativo aos Miranhas, índios selvagens das margens do Japurá, no Brasil. S. m. e f. Indígena dos Miranhas.
Mirante, s. m. (de *mirar*). 1. Ponto superior de um edifício, donde se avista largo horizonte. 2. Construção no pico de um morro, para observação meteorológica. S. m. pl. *Pop.* Os olhos.
Mirão, s. m. (talvez do cast. *mirón*). 1. Aquele que mira, que observa. 2. Espectador do jogo.
Mira-olho, s. m. Variedade de pêssego. Adj. Apetitoso, de bom aspecto. Pl.: *mira-olhos,*
Mirar, v. (l. *mirari*). 1. Tr. dir. Fitar a vista em; encarar. 2. Pron. Contemplar-se, ver-se a um espelho ou coisa equivalente. 3. Tr. dir. Espreitar, observar. 4. Pron. Refletir-se. 5. Tr. dir. e intr. Dirigir a pontaria para, tomar como alvo. 6. Tr. ind. Ter em vista, visar a. 7. Pron. Tirar ensinamento ou lição de. 8. Pron. Comprazer-se, deleitar-se, rever-se. 9. Tr. dir. Estudar, observar atentamente.
Miri, s. f. *Bot.* Planta sapotácea da flora brasiliense (*Bumelia nigra*). S. m. Papagaio da região amazônica.
míria-, pref. (gr. *murias*). Exprime a idéia de *dez mil, muito numeroso: miriâmetro.*
Miríada, s. f. V. *miríade.*
Miríade, s. f. 1. Número de dez mil unidades. 2. Quantidade indefinida e muito grande.
Miriagrama, s. m. (*míria + grama*[1]). Peso de dez mil gramas; dez quilogramas.
Mirialitro, s. m. (*míria + litro*). Medida ou capacidade de dez mil litros.
Miriâmetro, s. m. (*míria + metro*). Medida itinerária equivalente a dez mil metros.
Miriápode, adj. m. e f. (*míria + pode*). 1. Que tem grande número de pernas. 2. *Zool.* Relativo ou pertencente aos Miriápodes. S. m. Artrópode dos Miriápodes. S. m. pl. Denominação antiga de um grupo (*Miriapoda*) de artrópodes, atualmente subdividido em duas classes: a dos Diplópodes e a dos Quilópodes. Vars.: *miriápodo* e *mirióprode.*
Miriare, s. m. (*míria + are*). Superfície com dez mil ares, ou um quilômetro quadrado.
Miriastere, s. m. V. *miriastéreo.*
Miriastéreo, s. m. Medida igual a dez mil estéreos. Var.: *miriastere.*
Miriavolt, s. m. *Eletr.* Medida de tensão elétrica, equivalente a dez mil volts.
Miriawatt, s. m. *Eletr.* Medida de potencial elétrico, equivalente a dez mil watts.
Miricales, s. f. pl. *Bot.* Ordem (*Myricales*) de plantas dicotiledôneas, constituída de ervas e arbustos do Velho Mundo.
Mirificar, v. (l. *mirificare*). Tr. dir. 1. Tornar mirífico. 2. Causar admiração ou espanto a.
Mirífico, adj. 1. Admirável, maravilhoso, portentoso. 2. Magnífico, perfeito.
Mirim[1], s. f. (do tupi). 1. *Bot.* O mesmo que *miri.* 2. *Entom.* Abelha meliponídea pequena, geralmente espécie do gênero Plebéia.
mirim[2], suf. Designativo de *pequeno.*
Mirindiba, s. f. *Bot.* Árvore litrácea (*Laffoensia glyptocarpa*).
Mirinzal, s. m. Lugar onde há mirim ou miri em abundância.
mírio-, elem. de comp. (gr. *murioi*). O mesmo que *míria: mirioftalmo.*
Mirioftalmo, adj. (*mírio + oftalmo*). *Zool.* Designativo do animal que tem grande número de olhos.
Miriópode, adj. m. e f. e s. m. V. *miriápode.*
Miriquiná, s. m. *Zool.* Nome comum a várias espécies de macacos noturnos do gênero Aotes (*Aotes infulatus, A. trivirgatus, A. roberti*).
Mirística, s. f. *Bot.* Gênero (*Myristica*) de árvores tropicais, tipo da família das Miristicáceas. Inclui a noz-moscada.
Miristicáceas, s. f. pl. *Bot.* Família (*Myristicaceae*) de árvores da ordem das Ranales, com flores unissexuadas, estames monadelfos e sementes ariladas. S. f. Espécime dessa família.
mírmeco-, elem. de comp. (gr. *murmex, ekos*). Encerra a idéia de *formiga: mirmecófago.*
Mirmecófago, adj. (*mírmeco + fago*). *Zool.* Que se alimenta de formigas. S. m. Gênero (*Myrmecophaga*) de tamanduás sul-americanos, tipo da família dos Mirmecofagídeos.
Mirmecófilo, adj. (*mírmeco + filo*[3]). Que vive com as formigas.
Mirmidão, s. m. (gr. *murmidon*). 1. Ajudante de cozinheiro; bicho de cozinha. 2. Companheiro.
Mirolho, s. m. (*mirar + olho*). Aquele que tem boa pontaria no jogo de gude.
Mirone, s. m. 1. *Fam.* Espectador. 2. V. *mirão.*
Mironga, s. f. 1. Altercação, briga, desinteligência. 2. Doutrina da macumba. 3. Segredo.
Mirra, s. f. (gr. *murrha*, pelo l.). 1. *Bot.* Planta burserácea (*Commiphora abyssinica*). 2. *Quím.* A resina extraída dessa planta. 3. Mulher feia e magra. S. m. e f. 1. *Fam.* Magricela. 2. Pessoa mesquinha, avarenta.
Mirrado, adj. 1. Murcho, seco. 2. Definhado, magro, ressequido.
Mirrar, v. (*mirra + ar*). 1. Tr. dir. Preparar com mirra. 2. Tr. dir. Tornar definhado, magro, seco. 3. Intr. e pron. Perder o viço, secar-se, tornar-se ressequido. 4. Tr. dir. Fazer definhar, tirar pouco a pouco as forças a. 5. Pron. Perder a energia, a força, o vigor. 6. Intr. e pron. Ficar reduzido à magreza extrema; definhar-se. Antôns. (acepções 2 e 3): *viçar, medrar.*
Mírreo, adj. (l. *myrrheu*). Perfumado de mirra.
Mirríneo, adj. O mesmo que *mírreo.*
Mirrol, s. m. (de *mirra*). Óleo essencial da mirra, amarelo e xaroposo.
Mirsina, s. f. *Bot.* Gênero (*Myrsine*) típico da família das Mirsináceas, que inclui a capororoca.
Mirsináceas, s. f. pl. *Bot.* Família (*Myrinaceae*) de árvores e arbustos tropicais, da ordem Primulales, que têm folhas alternas glandulares, flores tetrâmeras, brancas ou cor-de-rosa, e fruto unicelular, indeiscente. S. f. Espécime dessa família.
Mirsináceo, adj. *Bot.* Relativo ou pertencente à família das Mirsináceas.
Mirtáceas, s. f. pl. *Bot.* Família (*Myrtaceae*) de árvores e arbustos, caracterizados por numerosos estames, flores cimosas com ovário ínfero e folhas opostas, estipuladas, que fornecem um óleo fragrante. S. f. Espécime dessa família.

Mirtáceo, adj. *Bot.* 1. Relativo à família das Mirtáceas. 2. Que se assemelha ao mirto.

Mirtal, s. m. V. *mirtedo.*

Mirtedo (*ê*), s. m. (l. *Myrtetu*). Lugar onde crescem mirtos; mirtal.

Mírteo, adj. (l. *myrteu*). 1. Que diz respeito a mirto. 2. Feito de mirto. 3. Em que cresce o mirto.

Mirtiforme, adj. m. e f. Que tem forma de folhas de mirto.

Mirto, s. m. *Bot.* 1. Gênero (*Myrtus*) de árvores e arbustos da família das Mirtáceas. 2. Planta desse gênero.

Mirtóide, adj. m. e f. V. *mirtóideo.*

Mirtóideo, adj. (*mirto* + *óideo*). Que se assemelha ao mirto.

Mirtoso, adj. (l. *myrtosu*). Em que há mirto, que tem mirto.

Miruim, s. m. *Entom.* O mesmo que *maruim.*

Misantropia, s. f. (gr. *misanthropia*). 1. Qualidade de misantropo. 2. *Pop.* Melancolia. Antôn.: *filantropia.*

Misantrópico, adj. 1. Que se refere à misantropia. 2. Que tem caráter de misantropo.

Misantropo (*ô*), adj. (gr. *misanthropos*). 1. O mesmo que *misantrópico.* 2. Atacado de misantropia. S. m. 1. Indivíduo que tem aversão aos homens, que evita a sociedade. 2. *Pop.* Indivíduo melancólico.

Míscaro, s. m. *Bot.* Espécie de cogumelo que nasce geralmente nos pinheirais, amarelo e comestível.

Miscelânea, s. f. 1. Reunião de escritos sobre diversos temas de um só autor ou de vários. 2. Compilação de escritos de vários gêneros literários. 3. Mistura de várias coisas; mixórdia, mistifório.

Miscibilidade, s. f. Qualidade de miscível.

Miscigenação, s. f. *Zool.* Reprodução por conjugação de indivíduos de raças ou, mesmo, espécies diferentes.

Miscível, adj. m. e f. Que se pode misturar.

Miscrar, v. O mesmo que *mesclar.*

Miseração, s. f. (l. *miseratione*). V. *comiseração.*

Miserando, adj. Digno de comiseração; deplorável, lastimável.

Miserar, v. Tr. dir. Tornar mísero; desgraçar.

Miserável, adj. m. e f. (l. *miserabile*). 1. Miserando. 2. Abjeto, desprezível. 3. Pobre, sem recursos. 4. Mesquinho, sem valor. 5. Malvado, perverso. Sup. abs. sint.: *miserabilíssimo.* S. m. e f. 1. Pessoa infeliz, desgraçada. 2. Quem está na miséria. 3. Pessoa vil, infame, canalha.

Miséria, s. f. 1. Estado de miserável. 2. Falta de recursos, penúria, pobreza extrema. 3. Estado indecoroso, indigno, vergonhoso. 4. Coisa que inspira lástima. 5. Avareza, economia sórdida, mesquinhez. 6. Porção diminuta de qualquer coisa; bagatela, insignificância.
Chorar suas m.: lamentar sua triste vida. *Fazer m., Gír.*: praticar atos extraordinários.

Misericórdia, s. f. 1. Pena causada pela miséria alheia; comiseração. 2. Graça ou perdão. 3. Punhal com que antigamente os cavaleiros matavam o adversário depois de derrubado, se ele não pedia misericórdia. Interj. Apelo de quem pede compaixão ou socorro.

Misericordioso, adj. Que usa de misericórdia; compassivo, piedoso. S. m. Aquele que tem misericórdia.

Mísero, adj. 1. Que está na miséria; desgraçado, infeliz. 2. Avarento, mesquinho. Sup. abs. sint.: *misérrimo.* S. m. Aquele que é desditoso, infeliz.

miso- ou **mis-,** elem. de comp. (gr. *mis, sos,* de *misein*). Exprime a idéia de *odiar, hostilizar: misofobia, misógamo.*

Misofobia, s. f. (*miso* + *fobo* + *ia*). *Med.* Horror mórbido do contato com certos objetos, por medo de contaminação.

Misófobo, s. m. (*miso* + *fobo*). Aquele que tem misofobia.

Misogamia, s. f. Estado ou qualidade de misógamo.

Misógamo, adj. e s. m. (*miso* + *gamo*[2]). Que, ou aquele que tem horror ao casamento.

Misologia, s. f. (*miso* + *logo* + *ia*). Horror ao raciocínio, às ciências e às palavras.

Misoneísmo, s. m. (*miso* + *neo* + *ismo*). Aversão sistemática às inovações, a toda transformação do estado atual; neofobia. Antôn.: *filoneísmo.*

Misoneísta, adj. e s., m. e f. Que, ou quem tem misoneísmo. Antôn.: *filoneísta.*

Mispíquel, s. m. (al. *Misspickel*). *Miner.* Mineral ortorrômbico, sulfoarseniato de ferro; arsenopirita.

Missa, s. f. (l. *missa*). *Ecles.* 1. Cerimônia eucarística, com que a Igreja Católica comemora o sacrifício de Jesus Cristo pela humanidade. 2. Música composta para uma missa de festa. — *M. campal*: missa rezada em altar armado ao ar livre. *M. cantada*: a) missa celebrada com solenidade e canto; b) música especialmente composta para essa missa. *M. capitular*: missa diária e obrigatória nas catedrais e nas igrejas que têm cabido. *M. conventual*: missa a que assiste toda a comunidade dos conventos. *M. das almas*: a) primeira missa antes de o Sol nascer; b) a que o celebrante diz pelos defuntos. *M. pontifical*: missa cantada solene em que o celebrante é o papa ou um bispo. *M. de réquiem*: a que o celebrante diz pelas almas, ou para encomendar a alma de um defunto. *M. do Natal*: a primeira missa, logo depois da meia-noite de 24 de dezembro; também chamada *missa do galo.* *M. dos pré-santificados*: cerimônia religiosa de sexta-feira santa, assim chamada antes da reforma litúrgica. *M. rezada*: a que se diz sem canto. *M. solene*: missa cantada em que o celebrante é auxiliado pelo diácono e subdiácono.

Missado, adj. Que tem ordens de presbítero.

Missal, s. m. (b. l. *missale*). 1. Livro que contém as missas que os sacerdotes celebram durante o ano. 2. Variedade de caracteres tipográficos.

Missão, s. f. (l. *missione*). 1. Ato de mandar. 2. Comissão, encargo, incumbência. 3. Comissão diplomática. 4. Delegação divina conferida num intuito religioso. 5. Sermão doutrinal. 6. Os missionários. 7. A pregação dos missionários. 8. Estabelecimento de missionários.

Missar, v. Intr. *Fam.* Dizer ou ouvir missa.

Misseiro, adj. e s. m. Que, ou o que é muito devoto de missas.

Míssil, adj. m. e f. Que serve para ser arremessado. S. m. *Astronáut.* 1. Objeto arremessado ao espaço. 2. Arma autopropulsionada ou autoprojetada e dirigida em toda ou parte de sua trajetória.

Missionar, v. (l. *missione* + *ar*). 1. Intr. Fazer missões; pregar. 2. Tr. dir. Catequizar; pregar a fé a.

Missionário, s. m. 1. Aquele que missiona, pregador de missões. 2. Propagandista de uma idéia.

Missioneiro, adj. (l. *missione* + *eiro*). Que diz respeito a missões. Adj. e s. m. Designativo do habitante, indígena ou natural, das regiões onde se estabeleceram as antigas missões jesuíticas.

Missiva, s. f. (de *missivo*). 1. Carta ou epístola. 2. Bilhete que se manda a alguém.

Missivista, s. m. e f. (*missiva* + *ista*). 1. Pessoa que leva missivas. 2. Quem escreve missivas.

Missivo, adj. (l. *missu* + *ivo*). 1. Que se expede ou se remete. 2. Que se arremessa ou se despede.

Missúri, s. m. (ingl. *Missouri,* n. p.). Variedade de tabaco, procedente de Missúri, nos Estados Unidos da América do Norte.

Mistagogia, s. f. Iniciação nos mistérios de uma religião.

Mistagogo, s. m. 1. Sacerdote que iniciava nos mistérios da religião. 2. Guia, iniciador, mentor.

Mistela, s. f. (de *misto*). 1. Bebida feita de vinho, água, açúcar e canela. 2. *Pop.* Comida ou bebida malfeita e desagradável, em que entram vários ingredientes.

Mister (*é*), s. m. 1. Emprego, ocupação. 2. Serviço, trabalho. 3. Urgência, necessidade. 4. Aquilo que é forçoso.

Mistério, s. m. (gr. *musterion*). 1. Arcano ou segredo religioso. 2. Cada uma das verdades da religião cristã, impenetráveis à razão humana e impostas como artigo de fé. 3. Tudo quanto a razão não pode explicar ou compreender. 4. Coisa oculta, de que ninguém tem conhecimento.

Misterioso, adj. 1. Em que há mistérios; desconhecido, enigmático, inexplicável. 2. Em que há confusão, falta de clareza, obscuridade. S. m. 1. O que encerra mistério. 2. Indivíduo enigmático.

misti-, elem. de comp. (l. *mistu*). Encerra a idéia de *misto: mistilíneo, mistinérveo.*

Mística, s. f. 1. Tratado a respeito das coisas divinas ou espirituais. 2. O mesmo que *misticismo.* 3. Ciência e arte do mistério.

Misticidade, s. f. 1. Qualidade de místico. 2. O mesmo que *misticismo.*

Misticismo, s. m. 1. *Filos.* Crença religiosa ou filosófica dos místicos, que admitem comunicações ocultas entre os homens e a divindade. 2. Aptidão ou tendência para crer no sobrenatural. 3. Devoção religiosa; vida contemplativa.

Místico[1], adj. (gr. *mustikos*). 1. Que diz respeito à vida espiritual. 2. Dado à vida contemplativa e espiritual. 3. Misterioso, alegórico, figurado. 4. *Pop.* Bom, são, perfeito. 5. *Pop.* Gostoso, saboroso. 6. *Pop.* Bem arranjado, catita. S. m. 1. O que professa o misticismo. 2. O que se dá à vida contemplativa, espiritual.

Místico[2], adj. (*misto* + *ico*). *Pop.* 1. Misto, misturado. 2. Que faz parte de uma miscelânea.

Mistificação, s. f. 1. Ato ou efeito de mistificar. 2. Coisa enganadora ou vã.

Mistificado, adj. Embaído, burlado.

Mistificador, adj. e s. m. Que, ou o que mistifica.

Mistificar, v. Tr. dir. 1. Abusar da credulidade de. 2. Burlar, embair, enganar, lograr, ludibriar.

Mistifório, s. m. 1. Confusão de coisas ou pessoas. 2. Miscelânea, salsada.

Mistilíneo, adj. *Geom.* Formado em parte por linhas curvas e em parte por linhas retas.

Mistinérveo, adj. (*misti* + *nérveo*). *Bot.* Qualificativo das folhas em que as nervuras se dirigem para vários sentidos.

Misto, adj. (l. *mixtu*). 1. Resultante da mistura de elementos de natureza diversa. 2. Que consta de parte inteira e parte fracionária. 3. Diz-se do trem que transporta passageiros e mercadorias. 4. *Esp.* Diz-se de equipe composta de atletas profissionais e amadores. 5. Diz-se do colégio em que estudam, juntos, alunos e alunas. S. m. 1. Conjunto, mistura, composto. 2. Trem misto.

Mistral, s. m. 1. Colégio que aceita alunos de ambos os sexos. 2. Vento frio e seco, que sopra violentamente do norte sobre a região do Sueste da França.

Mistura, s. f. (l. *mixtura*). 1. Ação ou efeito de misturar; composto de coisas misturadas. 2. Agrupamento de pessoas de diferentes camadas sociais. 3. Mescla ou adição de substância estranha. 4. *Fís.* e *Quím.* União em proporções indefinidas, e sem combinação química, de corpos que conservam as suas propriedades específicas. 5. *Fís.* e *Quím.* Corpo assim preparado. 6. Cruzamento de seres, raças e até espécies diferentes. 7. Peixe miúdo e sem classificação para o comércio.

Misturada, s. f. 1. Miscelânea, mistifório, salsada. 2. Moça morena, entre cabocla e mulata.

Misturado, adj. 1. Que está confusamente ajuntado a outras coisas; misto. 2. Adicionado.

Misturador, adj. e s. m. Que, ou aquele que mistura. S. m. Máquina empregada para fazer misturas.

Misturar, v. 1. Tr. dir. e pron. Juntar, baralhar, confundir. 2. Pron. Aliar-se, vir ou aparecer ao mesmo tempo. 3. Tr. dir. Cruzar, unir (seres de castas, raças ou espécies diferentes). 4. Tr. dir. Reunir (pessoas diversas). 5. Pron. Ingerir-se, intrometer-se. 6. Pron. *Pop.* Lutar.

Misturável, adj. m. e f. Que pode ser misturado.

Mísula, s. f. (ital. *mensola*? l. *mensula*). 1. Ornato estreito na parte inferior e largo na superior, saliente numa parede para suporte de arco de abóbada, cornija, púlpito, vaso etc. 2. *Náut.* Curva em que, nos navios de alto bordo, assenta a varanda da popa. Var.: *mênsola* e *mênsula.*

Mitene, s. f. (fr. *mitaine*). Luva que apenas cobre o metacarpo, deixando livres os dedos.

miti-, elem. de comp. (gr. *muthos*). Exprime a idéia de *mito, fábula: mitificar.*

Mítico, adj. (gr. *muthikos*). Que diz respeito aos mitos, ou é da natureza deles; fabuloso.

Mitificação, s. f. Ato de mitificar.

Mitificar, v. (*miti* + *ficar*[2]). Tr. dir. Converter em mito; tornar mítico.

Mitigação, s. f. (l. *mitigatione*). Ato ou efeito de mitigar.

Mitigador, adj. e s. m. Que, ou o que mitiga.

Mitigar, v. (l. *mitigare*). 1. Tr. dir. Amansar, tornar brando. 2. Tr. dir. Adoçar, aliviar, suavizar. 3. Tr. dir. Acalmar, atenuar, diminuir. 4. Pron. Acalmar-se, tornar-se mais brando.

Mitigativo, adj. Próprio para mitigar.

Mitigável, adj. m. e f. Suscetível de mitigação.

Mitismo, s. m. Ciência dos mitos; mitologia.

Mito[1], s. m. (gr. *muthos*). 1. Fábula que relata a história dos deuses, semideuses e heróis da Antiguidade pagã. 2. Interpretação primitiva e ingênua do mundo e de sua origem. 3. Coisa inacreditável. 4. Enigma. 5. Utopia. 6. Pessoa ou coisa incompreensível.

mito-[2], elem. de comp. (gr. *mithos*). Exprime a idéia de *mito, fábula, mentira: mitografia.*

Mitografia, s. f. (*mito*[2] + *grafia*[2]). 1. Descrição dos mitos. 2. Exposição de fábulas antigas. 3. Mitologia.

Mitográfico, adj. Que se refere à mitografia.

Mitógrafo, s. m. (*mito*[2] + *grafo*). O que escreve a respeito dos mitos.

Mitologia, s. f. (gr. *muthologiai*). 1. Descrição geral dos mitos; mitismo. 2. Estudo dos mitos. 3. História dos mistérios, cerimônias e culto com que os pagãos reverenciavam os seus deuses e heróis.

Mitológico, adj. Que diz respeito à mitologia.

Mitólogo, s. m. (*mito*[2] + *logo*). Pessoa versada em mitologia; mitologista.

Mitomania, s. f. (*mito*[2] + *mania*). *Med.* Tendência para a mentira, a fabulação e a simulação.

Mitomaníaco, adj. Que tem mitomania.

Mitômano, s. m. Pessoa que padece de mitomania.

Mitônimo, s. m. (*mito*[2] + *ônimo*). Nome de mito da mitologia clássica ou de qualquer outra.

Mitose, s. f. (*mito*[3] + *ose*). *Biol.* Divisão celular indireta pela diferenciação dos cromossomos e sua distribuição em duas partes iguais. Sinôn.: *cariocinese, cariomitose* e *citodiérese.*

Mitra, s. f. (gr. *mitra*). 1. Cobertura para a cabeça, entre diversos povos da Ásia, usada por mulheres e também por homens efeminados na Grécia e em Roma, na Antiguidade. 2. Insígnia eclesiástica que põem na cabeça em certas cerimônias ou funções sagradas os bispos, arcebispos e cardeais. 3. O poder espiritual do papa. 4. Dignidade ou jurisdição de um bispo, arcebispo ou patriarca. 5. Carapuça que se colocava na cabeça dos condenados pela Inquisição.

Mitrado, adj. 1. Que usa ou tem direito de usar mitra. 2. Diz-se de alguns animais que têm na cabeça um ornato natural, semelhante a uma mitra. 3. *Gír.* Astuto, experimentado, velhaco.

Mitral, adj. m. e f. (de *mitra*). 1. O mesmo que *mitriforme.* 2. *Anat.* Diz-se da válvula que fecha o orifício auriculoventricular esquerdo; também chamada *válvula bicúspide.*

mitri-, elem. de comp. (l. *mitra*). Exprime a idéia de *mitra: mitriforme.*

Mitridatismo, s. m. (*Mitridates*, n. p. + *ismo*). *Med.* Imunização contra substâncias tóxicas, minerais ou orgânicas, adquirida pela absorção delas em doses gradualmente aumentadas. (Segundo a lenda, essa imunização foi conseguida por Mitridates, antigo rei do Ponto).

Mitridatizar, v. 1. Tr. dir. Tornar imune. 2. Pron. Imunizar-se de envenenamentos.

Mitriforme, adj. m. e f. (*mitri* + *forme*). Com forma de mitra; mitral.

Mitu, s. m. *Ornit.* V. *mutum.*

Miúça, s. f. (l. *minutia*). 1. Criação miúda. 2. Miuçalha. 3. Gado caprino e ovelhum. Var.: *miunça.*

Miuçalha (*i-u*), s. f. 1. Conjunto de coisas miúdas. 2. Pequena porção. 3. Pequeno fragmento. 4. O mesmo que *miúça.* 5. Bando de crianças.

Miudear (*i-u*), v. (*miúdo* + *ear*). Tr. dir. 1. Narrar ou referir minuciosamente. 2. Esmiuçar.

Miudeza (*i-u*), s. f. (*miúdo* + *eza*). 1. Qualidade de miúdo. 2. Delicadeza, pequenez. 3. Rigor de observação. 4. Minuciosidade. 5. Mesquinharia. S. f. pl. 1. Minúcias, pormenores. 2. Bagatelas, insignificâncias. 3. Vísceras das aves e outros animais. 4. Carnes que se vendem a retalhos, pelas ruas.

Miudinho (*i-u*), s. m. 1. Dim. de *miúdo*. 2. *Folc.* Antiga dança de sala com passo curto e dengoso.

Miúdo, adj. (l. *minutu*). 1. De pequenas dimensões, diminuto, muito pequeno. 2. Amiudado, freqüente. 3. Delicado. 4. *Pop.* Mesquinho, sovina. Antôn. (acepção 1): *graúdo*. S. m. 1. *Equit.* O mesmo que *travadouro*. 2. Fedelho. S. m. pl. 1. Vísceras das reses, das aves e de outros animais. 2. Insignificância. 3. Dinheiro em moedas de pouco valor.

Miunça (*i-un*), s. f. (l. *minutia*). *Pop.* V. *miúça*.

Miúro, adj. (*mio*³ + *uro*³). *Med.* Diz-se do pulso que se vai tornando gradualmente mais fraco.

Miúva, s. f. *Bot.* Planta melastomácea, medicinal, da flora brasileira.

Miva, s. f. *Farm.* Espécie de geléia, em que entra sumo de frutos e suco de carne.

Mixa (*cs*), s. f. (gr. *muxa*). *Ornit.* Parte do bico das aves, formada pela fusão dos dois ramos da mandíbula.

Mixagem (*cs*), s. f. (do ingl. *mix* + *agem*). *Cinema.* Operação que consiste em mesclar, numa só faixa sonora, os sons de várias outras faixas de diálogos, música e ruídos.

Mixedema (*cs*), s. m. (*mixo*² + *edema*). *Med.* Doença causada por insuficiência tireóidea, caracterizada por torpor intelectual, lentidão dos movimentos e da palavra, baixa temperatura corporal etc.

Mixila, s. f. *Zool.* O mesmo que *tamanduá*.

Mixo¹, adj. 1. Apoucado, insignificante. 2. Sem valor, imprestável.

mixo-² (*cs*), elem. de comp. (gr. *muxa*). Exprime a idéia de *muco, limo, lodo*: *mixoma*.

Mixoma (*cs*), s. m. (*mixo*² + *oma*). *Med.* Tumor formado por tecido mucoso.

Mixórdia, s. f. *Pop.* 1. Produto falsificado por mistura fraudulenta. 2. Comida malfeita, repugnante. 3. Zurrapa. 4. Coisas anarquicamente dispostas ou arrumadas.

Mixorne, s. m. *Ictiol.* Nome vulgar do peixe *Crenicichla lacustris*, do Brasil.

Mizocéfalo, adj. *Terat.* Que tem a cabeça em forma de ventosa ou sugadouro.

Mnemônica, s. f. 1. Arte de facilitar as operações da memória. 2. Meio auxiliar para decorar aquilo que é difícil de reter.

Mnemônico, adj. (gr. *mnemonikos*). 1. Que se refere à mnemônica ou à memória. 2. Que ajuda a memória. 3. Que facilmente se grava na memória. 4. Conforme aos preceitos da mnemônica.

Mnemonização, s. f. (*mnemonizar* + *ção*). Ato de mnemonizar.

Mnemonizar, v. Tr. dir. Tornar mnemônico, tornar fácil de fixar na memória.

Mnemonizável, adj. (*mnemonizar* + *vel*). Que se pode mnemonizar, ou fixar facilmente na memória.

Mnemotecnia, s. f. (*mnemo* + *tecno* + *ia*). Arte de educar e desenvolver a memória.

Mnemotécnico, adj. (*mnemotecnia* + *ico*). Que diz respeito à mnemotecnia.

Mo, 1. Contração dos pron. pess. compl. *me* e *o*. 2. Contração do pron. pess. compl. *me* com o pron. dem. neutro *o*.

Mó¹, s. f. (l. *mola*). 1. Pedra de moinho ou de lagar, que tritura e mói o grão dos cereais e a azeitona. 2. Pedra de amolar.

Mó², s. f. (l. *mole*). 1. Grande massa. 2. Grande quantidade. 3. Grande ajuntamento.

Moagem, s. f. 1. Ato de moer. 2. O que se pode moer de cada vez. 3. Indústria de moageiro.

Móbil, adj. m. e f. 1. O mesmo que *móvel*. 2. Caracterizado por extrema fluidez, como o mercúrio. S. m. Causa, razão, motor.

Mobilador, adj. e s. m. (*mobilar* + *dor*). Que, ou aquele que mobila.

Mobilar, v. (*móbil* + *ar*). V. *mobiliar*.

Mobilhar, v. V. *mobiliar*.

Mobília, s. f. Conjunto dos móveis que adornam ou guarnecem uma casa, um escritório etc.

Mobiliar, v. Tr. dir. Guarnecer com mobília; fornecer móveis para: *Mobiliar* um *apartamento*. Var.: *mobilar* e *mobilhar*. — Conjugação, pres. ind.: *mobílio, mobílias, mobília, mobiliamos, mobiliais, mobíliam*.

Mobiliaria, s. f. 1. Porção de móveis. 2. Indústria de mobílias.

Mobiliário, adj. (*mobília* + *ário*). 1. Que se refere a mobília ou a bens móveis. 2. Que tem a natureza de bens móveis. 3. Que trata de bens móveis. 4. Aplica-se ao herdeiro que apenas herda bens móveis. S. m. 1. O mesmo que *mobília*. 2. Operário que trabalha em mobílias.

Mobilidade, s. f. (l. *mobilitate*). 1. Propriedade do que é móvel ou do que obedece às leis do movimento. 2. *Sociol.* Deslocamento de indivíduos, grupos ou elementos culturais no espaço social. 3. Movimento comunicado por uma força qualquer. 4. Falta de estabilidade, de firmeza; inconstância.

Mobilização, s. f. Ato ou efeito de mobilizar.

Mobilizar, v. (*móbil* + *izar*). Tr. dir. 1. Dar movimento a; pôr em movimento, em atuação. 2. *Mil.* Fazer passar (tropas) do estado de paz para o de guerra. 3. Pôr em circulação (capitais, fundos ou títulos).

Mobilizável, adj. m. e f. Que se pode mobilizar.

Mobralense, adj. Pertinente ao Mobral — Movimento Brasileiro de Alfabetização.

Mobralista, adj. e s. m. e f. Diz-se da, ou a pessoa que opera no Mobral.

Moca¹, s. f. 1. Traição. 2. Zombaria. 3. Peta.

Moca², s. f. *Pop.* Maça, clava, cacete.

Moca³, s. m. (de *Moca*, n. p.). 1. Variedade de café superior, originário da Arábia. 2. *Por ext.* Café.

Moça, s. f. 1. Fem. de *moço*. 2. Mulher ainda jovem; rapariga. 3. *Pop.* Mulher virgem. 4. *Pop.* Mulher que já teve o primeiro catamênio. 5. O mesmo que *amásia*. Dim.: *mocinha* e *moçoila*; aum.: *mocetona*.

Mocada¹, s. f. Pancada com moca².

Mocada², s. f. 1. Disparate. 2. Traição. 3. Zombaria.

Mocamau, s. m. O mesmo que *mocambeiro*.

Mocambeiro, adj. 1. Que mora em mocambo. 2. Aplica-se ao gado que se esconde no mato. S. m. 1. Escravo fugitivo ou refugiado em mocambo. 2. Malfeitor que se refugiava em mocambo.

Moçambicano, adj. Que diz respeito a Moçambique. S. m. Habitante ou natural de Moçambique.

Mocambo, s. m. (quimbundo *mu* + *kambu*). 1. Couto em que os escravos se recolhiam, quando fugiam para o mato. 2. Cabana no mato. 3. Cerrado ou moita, onde se esconde o gado nos sertões. 4. Abrigo de quem vigia a lavoura.

Mocanquice, s. f. (*mocanco* + *ice*). *Fam.* 1. Carícia afetada ou interesseira. 2. Lábia. 3. Momice.

Moção, s. f. (l. *motione*). 1. Ato ou efeito de mover. 2. Impulso que determina o movimento. 3. Abalo, comoção. 4. Inspiração divina. 5. Apresentação de um assunto, para ser discutido em assembléia.

Mocar, v. (*moca*¹ + *ar*). Tr. dir. Dar com moca em; espancar com moca. 2. Enganar, iludir, trair.

Moçar, s. m. 1. Acervo de pedras. 2. Casa em ruínas. 3. Pardieiro.

Moçárabe, adj. e s., m. e f. (ár. *musta'rib*). 1. Diz-se do, ou o cristão da Espanha, que vivia entre os mouros, adotando muitos dos seus costumes. 2. Descendente de cristãos da Espanha, que viviam entre os mouros. 3. Dialeto românico falado pelos moçárabes. Vars.: *mosárabe* e *mozárabe*.

Moças-e-velhas, s. f. pl. *Bot.* Planta composta (*Zinnia elegans*); também chamada *zínia*.

Mocetão, s. m. (de *moço*). Mancebo robusto e de boa apresentação; rapagão. Fem.: *mocetona*.

Mocetona, s. f. 1. Fem. de *mocetão*. 2. Moça robusta e bem parecida ou formosa.

Mochar, v. (*mocho* + *ar*). Tr. dir. Tornar mocho, cortar um membro ou os chifres a.

Mocheta, s. f. *Arquit.* Filete, listel numa coluna com caneluras.

Mochila, s. f. (cast. *mochila*). 1. Espécie de saco em que os soldados transportam os artigos de vestuário, em viagem. 2. Saco próprio para viagem.

Mocho, adj. 1. Diz-se do animal a que faltam os chifres. 2. Diz-se do navio desmastreado. 3. Diz-se da árvore que não tem ramos. 4. Qualifica certa espécie de trigo mole. S. m. 1. *Ornit.* Nome comum a várias aves da família dos Estrigídeos; são corujas que têm região auricular grande, maior que o olho, e ouvido provido de opérculo. Voz: *chirria, crocita, pia, sussurra, ulula.* 2. Indivíduo tristonho.

Mociço, adj. *Pop.* O mesmo que *maciço.*

Mocidade, s. f. 1. Estado ou idade de moço; juventude. 2. O frescor e o verdor próprio das pessoas novas. 3. Os moços.

Mocinho, s. m. 1. Dim. de *moço.* 2. Herói de um filme de aventura (na linguagem das crianças). 3. *Gír.* Delegado de polícia.

Mocitaíba, s. f. *Bot.* Árvore brasileira da família das Cesalpiniáceas (*Zollernia ilicifolia*), com flores cor-de-rosa em racemos axilares. Var.: *moçutaíba.*

Mocó, s. m. (tupi *mo-coó*). 1. O mesmo que *capanga* (saco ou bolsa). 2. *Zool.* Animal roedor da família dos Caviídeos (*Kerodon rupestris*), semelhante ao preá, mas um pouco maior. 3. Variedade de algodão de fibras longas e sedosas.

Mocô, s. m. Amuleto, feitiço.

Moço (*ô*), adj. (l. *musteu*). 1. Novo em idade; que está na idade juvenil; jovem. 2. Que ainda não parece velho. 3. Imprudente, inexperiente. S. m. Jovem, mancebo, rapaz.

Mocoa, s. f. Resina de uma árvore americana, de que os indígenas preparam um verniz imitante ao charão.

Moçoila, s. f. (de *moça*). Dim. de *moça.* Mocinha airosa, raparigata.

Mocotó, s. m. (tupi *mbó-cotó*). 1. Extremidade dos membros anteriores ou posteriores dos animais quadrúpedes. 2. *Bot.* Planta acantácea silvestre (*Elytroria alagoana*). 3. Espécie de sapo. 4. *Pop.* O braço ou a perna. 5. Prato que se prepara com as cartilagens e tendões das pernas de bois ou porcos; também chamado *mão-de-vaca.*

Mocotozada, s. f. (de *mocotó*). O mesmo que *mocotó,* acepção 5.

Moda, s. f. (fr. *mode*). 1. Uso corrente. 2. Forma atual do vestuário. 2. Fantasia, gosto ou maneira como cada um faz as coisas. 4. Cantiga, ária, modinha. 5. *Estat.* O valor mais freqüente numa série de observações. S. f. pl. Artigos de vestuário para senhoras e crianças.

Modal, adj. m. e f. (de *modo*). 1. Que diz respeito à modalidade. 2. Que se refere aos modos de substância. 3. Que diz respeito ao modo particular de ser, de fazer alguma coisa. 4. *Gram.* Qualifica as orações que encerram condição ou restrição (qualificativo não considerado pela N. G. B.). 5. *Mat.* Diz-se da ordenada máxima num sistema gráfico de coordenadas.

Modalidade, s. f. (de *modal*). 1. *Filos.* Propriedade que tem a substância de ter modos. 2. *Filos.* Caráter do juízo segundo o valor da afirmação: assertivo, apodíctico, problemático. 3. Cada aspecto ou diversa feição das coisas. 4. *Mús.* Modo em que está escrito um trecho.

Modelação, s. f. 1. Ato ou arte de modelar. 2. Obra de modelador.

Modelador, adj. e s. m. Que, ou o que modela.

Modelagem, s. f. (*modelar + agem*). 1. Operação de modelar; modelação. 2. *Bel.-art.* Operação pela qual o escultor, o estatuário executa em gesso, barro ou qualquer substância maleável a sua obra, para depois ser fundida. 3. *Metal.* Conjunto de processos e meios usados na feitura de modelos.

Modelar[1], v. (*modelo + ar*). 1. Tr. dir. Fazer o modelo ou o molde de. 2. Tr. dir. *Pint.* Imitar com muita exatidão o relevo ou os contornos de. 3. Tr. dir. Amoldar. 4. Tr. dir. Ajustar-se a, cobrir ou envolver, unir-se bem a, deixando ver a forma do conteúdo. 5. Tr. dir. e pron. Tomar como modelo. 6. Tr. dir: Delinear, regular, traçar intelectualmente.

Modelar[2], adj. m. e f. Que serve de modelo; exemplar.

Modelo, s. m. (ital. *modello*). 1. Desenho ou imagem que representa o que se pretende reproduzir, desenhando, pintando ou esculpindo. 2. Tudo o que serve para ser imitado. 3. O mesmo que *modelo-vivo.* 4. Representação, em pequena escala, de um objeto que se pretende executar em ponto grande. 5. Aquele a quem se procura imitar nas ações e maneiras. 6. Pessoa exemplar. 7. Empregada de casa de modas que põe os vestidos para exibi-los à clientela. 8. Vestido, capa, chapéu etc., que é criação de uma grande casa de modas.

Moderação, s. f. (l. *moderatione*). 1. Ato ou efeito de moderar. 2. Afrouxamento, diminuição, minoração, redução. 3. Comedimento, compostura, procedimento circunspecto, prudência. 4. Mediania, mediocridade. Antôn. (acepção 3): *imoderação.*

Moderado, adj. (l. *moderatu*). 1. Medíocre em quantidade ou qualidade. 2. Que guarda o meio-termo entre os extremos. 3. Que está nas devidas proporções: Tamanho *moderado.* 4. Que tem comedimento, moderação ou prudência. 5. Não exagerado, não excessivo, razoável. 6. Temperado, suave, benigno: Clima *moderado.* Antôn. (acepções 1 a 5): *imoderado.*

Moderador, adj. e s. m. (l. *moderatore*). Que, ou o que modera ou pode moderar. 2. Que, ou o que dirige, governa, ou rege com prudência, com moderação. 3. Que, ou o que modifica, abranda ou atenua. S. m. 1. Buraco aberto no tubo de um fole para regular a força do vento. 2. *Mec.* Aparelho usado para regular o movimento de uma máquina, acelerando o motor ou aumentando o atrito, conforme a necessidade. 3. *Fís.* Substância, como grafita, deutério em água pesada, ou berílio, usada para diminuir a velocidade dos nêutrons em um reator atômico.

Moderante, adj. m. e f. Que modera.

Moderantismo, s. m. 1. Qualidade, ato ou sistema de ser moderado em opiniões ou procedimento. 2. Idéias moderadas em política.

Moderar, v. (l. *moderari*). 1. Tr. dir. Diminuir, modificar, tornar menos intenso. 2. Tr. dir. Conter, moderar, reprimir, suster. 3. Pron. Evitar exageros ou excessos, ter mão em si, tornar-se comedido, prudente. 4. Tr. dir. Fazer guardar as justas proporções, evitando extremos; regular, regrar. 5. Tr. dir. Dirigir, reger. 6. Tr. dir. Pôr no meio termo, entre os extremos.

Moderativo, adj. 1. Que modera ou pode moderar. 2. Moderável.

Moderável, adj. m. e f. 1. Suscetível de ser moderado. 2. O mesmo que *moderativo.*

Modernice, s. f. 1. Uso afetado ou exagerado de coisas novas. 2. Preferência aferrada por coisas modernas.

Modernismo, s. m. (*moderno + ismo*). 1. O mesmo que *modernice.* 2. Movimento surgido no seio das religiões cristãs, que pretendia aplicar na exegese bíblica a crítica histórica, científica e filosófica. Foi condenado pelo Papa São Pio X. 3. Denominação genérica de vários movimentos literários, e artísticos: futurismo, cubismo, expressionismo, dadaísmo, surrealismo etc. 4. *Lit.* Especificamente, movimento literário brasileiro iniciado na Semana de Arte Moderna, em 1922. 5. Neologismo.

Modernista, adj. e s., m. e f. 1. Que, ou quem tem aferro às coisas modernas. 2. Que, ou quem usa afetada ou exageradamente de coisas novas. 3. Sequaz do modernismo.

Modernização, s. f. Ato de modernizar.

Modernizar, v. Tr. dir. e pron. Tornar(-se) moderno, pôr(-se) ao gosto moderno, adaptar(-se) à moda.

Moderno, adj. 1. Dos tempos mais próximos de nós; recente. 2. Dos nossos dias; atual, hodierno, presente. 3. Que está em moda. 4. Que existe há pouco tempo. Antôn.: *antigo.* S. m. O que é moderno, ou no gosto moderno. S. m. Pl. Os que vivem na época atual.

Modéstia, s. f. 1. Ausência de vaidade ou de luxo. 2. Comedimento, humildade, simplicidade no modo de se apresentar, de falar de si etc. 3. Desambição, simplicidade. 4. Mediania, mediocridade. Antôns. (acepção 1): *vaidade, luxo;* (acep. 2): *imodéstia.*

Modesto, adj. 1. Que tem ou revela modéstia. 2. Que pensa ou fala de si sem orgulho. 3. Comedido, moderado, sem exagero. 4. Que indica poucos haveres. 5. Grave, pudico. 6. Quieto, tranqüilo. 7. Parco, sóbrio. Antôns. (acepções 1, 2 e 3): *imodesto;* (acepção 4): *vaidoso, faustoso.*

Modicar, v. *(módico + ar).* Tr. dir. Tornar módico; limitar, moderar, refrear: *Modicar os gastos.*

Modicidade, s. f. (1. *modicitate*). Qualidade de módico.

Módico, adj. 1. De pequenas proporções; exíguo, insignificante. 2. Econômico. 3. Modesto. Sup. abs. sint.: *modicíssimo.*

Modificação, s. f. 1. Ato ou efeito de modificar. 2. Alteração numa coisa sem lhe alterar a essência. 3. *Biol.* Variação não hereditária, provocada diretamente pelas condições ecológicas.

Modificador, adj. e s. m. Que, ou aquele que modifica.

Modificar, v. 1. Tr. dir. Mudar a forma ou a qualidade de. 2. Tr. dir. e pron. *Gram.* Alterar, ampliando ou restringindo, o sentido de. 3. Tr. dir. Alterar, mudar, transformar. 4. Tr. dir. e pron. Moderar(-se), refrear(-se), restringir(-se). 5. Tr. dir. Corrigir, emendar. 6. Pron. *Biol.* Sofrer, experimentar modificações.

Modilhão, s. m. (ital. *modiglione*). *Arquit.* Ornato em forma de S invertido, entre os florões da cornija.

Modilhar[1], v. (de *modo*). Tr. dir. e intr. Modificar, mudar, variar.

Modilhar[2], v. *(modilho + ar).* Intr. Cantar modilhos.

Modilho, adj. (de *moda*). Exagerado na observância das modas. S. m. Cantiga, modinha, música ligeira.

Modinatura, s. f. (ital. *modanatura*). *Arquit.* Conjunto das molduras de uma construção, segundo o caráter das ordens arquitetônicas.

Modinha, s. f. 1. Dim. de *moda* (acepção 3). 2. Canção brasileira sentimental ou triste, de gênero tradicional. 3. O mesmo que *modilho.* 4. Música ligeira.

Modíolo, s. m. (1. *modiolu*). 1. *Constr.* Espaço entre os modilhões. 2. *Biol.* Eixo central cônico da cóclea do ouvido interno.

Modismo, s. m. *(modo + ismo).* Modo de falar privativo de uma língua, admitido pelo uso, mas que parece contrário às regras gramaticais da mesma língua; idiotismo.

Modista, s. f. *(moda + ista).* Mulher que, profissionalmente, faz ou dirige a feitura de vestuários de senhoras e crianças. S. m. e f. Pessoa que canta modas.

Modo, s. m. (1. *modu*). 1. Forma ou maneira de ser ou manifestar-se uma coisa. 2. Maneira ou forma particular de fazer as coisas, ou de falar. 3. Forma, método. 4. Disposição de espírito das pessoas. 5. Jeito, habilidade, destreza. 6. Maneira de vestir; moda. 7. *Filos.* As diferentes maneiras de ação ou de existência de uma mesma substância. 8. *Mús.* Ordenação dos sons na escala diatônica. 9. *Gram.* Variações que os verbos tomam e pelas quais eles exprimem as diversas maneiras por que se realizam os fatos por eles expressos. *M. de ser*: forma especial da existência dos seres. *M. de vida:* emprego, ocupação, profissão. *M. imperativo, Gram.:* o que exprime ordem, pedido, conselho, exortação ou súplica. *M. indicativo, Gram.:* o que enuncia a ação de maneira positiva e categórica, quer o pensamento seja afirmativo, quer interrogativo, quer negativo. *M. infinitivo, Gram.:* forma que compartilha das funções do nome. *M. maior. Mús.:* aquele em que a terça e a sexta acima da tônica são maiores. *M. menor, Mús.:* aquele em que a terça e a sexta acima da tônica são menores. *M. subjuntivo, Gram.:* o que enuncia o fato de maneira incerta ou duvidosa, subordinando-o a outra ação. *M. definidos, Gram.:* modos pessoais.

Modorra, s. f. 1. Grande vontade mórbida de dormir. 2. Doença que ataca o gado lanígero, ocasionada pela excessiva abundância de sangue. 3. Prostração mórbida. 4. Sonolência. Var.: *madorna e modorna.*

Modorral, adj. m. e f. *(modorra + al).* Que causa modorra.

Modorrar, v. *(modorra + ar).* 1. Tr. dir. Causar modorra a; produzir sonolência em. 2. Intr. Estar ou cair em modorra. 3. Intr. *Fig.* Tornar-se apático, indolente, passivo, moralmente frouxo. Var.: *madorrar.*

Modorrento, adj. *(modorra + ento).* 1. Que tem modorra. 2. Apático, preguiçoso, sonolento.

Modorro *(ô)*, adj. O mesmo que *modorrento.*

Modulação, s. f. 1. Ato ou efeito de modular. 2. *Mús.* Passagem de uma tonalidade a outra. 3. Inflexão suave da voz, do canto. 5. Melodia, suavidade. 6. *Gram.* Cada um dos diferentes valores que podem ser dados às vogais. 7. *Radiotéc.* Variação de uma característica (como amplitude, freqüência ou fase) da onda condutora de um sinal, na telegrafia, tefelonia, rádio e televisão.

Modulador, adj. (1. *modulatore*). 1. Que modula. 2. *Radiotéc.* Dispositivo eletrônico em que um sinal é modulado.

Modular[1], v. (1. *modulari*). 1. Tr. dir. Cantar ou tocar, com variadas inflexões da voz, de acordo com as regras da harmonia. 2. Tr. dir. Cantar, dizer ou recitar, dando à voz melodiosas inflexões. 3. Intr. Cantar harmoniosamente.

Modular[2], adj. m. e f. 1. Que diz respeito ao módulo. 2. Diz-se da arquitetura que empregava módulos.

Módulo[1], adj. (de *modular*). Que tem harmonia, que dá à voz ou ao canto inflexões melodiosas.

Módulo[2], s. m. (1. *modulu*). 1. *Arquit.* Medida que se usa para as proporções nos corpos arquitetônicos. 2. Relação entre magnitudes matemáticas ou técnicas. 3. *Mat.* Relação entre logaritmos naturais e de Briggs. 4. Modulação. 5. *Agr.* Quantidade de água, em litros e por segundo, que se utiliza na irrigação. 6. *Agric.* Área mínima, com viabilidade econômica, estabelecida pelo governo, para efeito da reforma agrária. 7. *Astronáut.* Cada uma das partes autônomas e dotadas de sistemas de vôo próprios de que se compõe uma astronave.

Moeda, s. f. (1. *moneta*). 1. Peça, geralmente de metal, cunhada por autoridade soberana e representativa do valor dos objetos que por ele se trocam; dinheiro. 2. Estabelecimento oficial onde se fabrica moeda. 3. Tudo a que moral ou intelectualmente se liga algum valor. — *M. corrente:* a que tem curso legal no país. *M. divisionária:* moeda que representa fração da moeda principal.

Moedagem, s. f. 1. Arte de fabricar moeda. 2. Cunhagem ou fabricação de moeda. 3. O que se paga por essa cunhagem ou fabricação.

Moedeira, s. f. (de *moer*). 1. Instrumento de moer o esmalte. 2. Trabalho fatigante. 3. Cansaço, fadiga. 4. *Pop.* Dor surda e prolongada.

Moedeiro, s. m. *(moeda + eiro).* 1. O que fabrica moeda, ou trabalha na fabricação dela.

Moedela, s. f. Ato de moer com pancadas; sova, tunda.

Moedor, adj. e s. m. 1. Que, ou aquele que mói. 2. Que, ou aquele que é impertinente. S. m. Aparelho de moer ou triturar.

Moedura, s. f. 1. Ato ou efeito de moer; moagem. 2. Porção de grãos, que se mói de uma vez.

Moega, s. f. 1. Peça de moinho, por onde cai o grão na calha; canoura. 2. Um dos depósitos do trapiche.

Moela *(o-é)*, s. f. (de *moer*). Segundo estômago das aves que, sobretudo nas granívoras, apresenta paredes musculares grossas e rígidas.

Moenda, s. f. (1. *molenda*). 1. Mó de moinho ou peça que serve para moer ou pisar. 2. Moinho. 3. Mecanismo para esmagar e espremer a cana-de-açúcar nos engenhos ou usinas de açúcar. Var.: *moenga e moengo.*

Moendeiro, s. m. (1. *molendariu*). 1. Dono de moenda. 2. Aquele que trabalha em moenda. 3. Trabalhador que deita as canas na moenda, nos engenhos de bangüê.

Moente, adj. m. e f. (de *moer*). Que mói. S. m. Cavilha que gira dentro de um furo circular.

Moenza, s. f. *Bot.* Árvore silvestre, que fornece boa madeira para tamancos e canoas.

Moer, v. (1. *molere*). 1. Tr. dir. Pisar, triturar, reduzir a pó. 2. Tr. dir. Extrair, por meio de prensa, o suco de. 3. Intr. Estar a trabalhar (o engenho, o moinho). 4. Tr. dir. Mastigar, ruminar. 5. Tr. dir. Repetir, repisar muitas vezes. 6. Tr. dir. Repassar muitas vezes no espírito (idéia, pensamento). 7. Tr. dir. Derrear, pisar, sovar. 8. Tr. dir. e pron. Cansar(-se), fatigar(-se). 9. Tr. dir. Importunar, maçar, ralar. 10. Pron. Afligir-se, atormentar-se.

Mofa, s. f. (de *mofar*). Escárnio, motejo, zombaria.

Mofador, adj. *(mofar[2] + dor)*. Que, ou o que mofa.

Mofar[1], v. *(mofo + ar)*. 1. Tr. dir. Cobrir, encher de mofo. 2. Intr. Criar mofo. 3. Intr. *Gír.* Ficar esperando sem ter solução daquilo que se deseja.

Mofar[2], v. (voz onomatopéica). 1. Tr. ind. e intr. Fazer mofa; escarnecer, motejar, zombar. 2. Tr. dir. Fazer mofa de.

Mofatra, s. f. (ár. *mukhatra*). 1. Transação fraudulenta. 2. Burla, trapaça.

Mofatrão, s. m. Indivíduo que pratica mofatras.

Mofento[1], adj. *(mofo + ento)*. Que tem mofo; bolorento.

Mofento[2], adj. 1. Mofador. 2. Funesto, mofino. 3. S. m. *Pop.* O diabo.

Mofeta *(ê)*, s. f. (do ital.). *Geol.* Emanação de bióxido de carbono a temperatura ordinária, nas regiões vulcânicas.

Mofina, s. f. (de *mofino*). 1. Infelicidade, má sorte. 2. Mulher infeliz. 3. Mulher acanhada, tacanha. 4. Mulher de mau gênio. 5. *Pop.* Ancilostomíase; amarelão. 6. Artigo anônimo e difamatório. 7. Avareza. 8. *Pop.* O baço.

Mofineiro, s. m. *(mofina + eiro)*. Autor de artigos mofinos, isto é, anônimos e difamatórios.

Mofineza *(ê)*, s. f. *(mofina + eza)*. Qualidade de mofino; mesquinheza.

Mofino, adj. (ár. *muhim?*). 1. Desditoso, infeliz. 2. Acanhado. 3. Turbulento. 4. Importuno. 5. Avarento. 6. Covarde. 7. Adoentado, indisposto. S. m. 1. Aquele que é mofino. 2. *Pop.* O diabo.

Mofo *(ô)*, s. m. (al. *Muffr*). Vegetação criptogâmica, desenvolvida sobre objetos úmidos e vulgarmente conhecida por *bolor;* bafio.
Criar m.: ficar velho. *Não criar m.:* estar sempre em movimento; não parar.

Mofumbal, s. m. *(mofumbo + al)*. 1. Lugar onde crescem mofumbos. 2. Esconderijo, lugar escuso.

Mofumbo, s. m. 1. *Bot.* Planta leguminosa do Brasil *(Viborgia polygaliformis)*. 2. Lugar habitual de repouso do gado ou esconderijo eventual de animais. 4. Lugar escuso.

Mofungo, s. m. *Bot.* Planta amarantácea do Brasil (*Chamissoa rubrocaulina*).

Moganga, adj. Designativo de uma variedade de abóbora. S. f. Essa abóbora.

Mogangar, v. Intr. Fazer trejeitos, mogangas.

Mogangas, s. f. pl. 1. Trejeitos, momices, caretas. 2. Carícias, blandícias.

Mogangueiro, adj. e s. m. (corr. de *moquenqueiro*). Que, ou aquele que faz moganguices; mocanqueiro.

Moganguento, adj. e s. m. O mesmo que *mogangueiro*.

Moganguice, s. f. (ár. *gónj*). O mesmo que *moquenquice*.

Moganguista, adj. e s., m. e f. *(mogango + ista)*. Que, ou pessoa que faz mogangos ou trejeitos.

mogi-, elem. de comp. (gr. *mogis*). Expressa a idéia de *com dificuldade; mogigrafia*.

Mogiganga, s. f. 1. Bailado cômico, em que os figurantes se apresentam mascarados de animais. 2. Momices, trejeitos.

Mogigrafia, s. f. *(mogi + grafia[2])*. *Med.* Dificuldade ou impossibilidade de escrever, vulgarmente conhecida por *cãibra dos escritores*.

Mogilalismo, s. m. *(mogi + lalo + ismo)*. 1. Dificuldade na articulação das palavras. 2. Vício prosódico ou gaguez ao pronunciar o *p* e o *b*.

Mogno, s. m. 1. *Bot.* Árvore meliácea da América tropical, especialmente das Antilhas *(Swietenia mahogani)*, de madeira dura, marrom-avermelhada, muito apreciada para marcenaria de luxo. 2. Madeira dessa árvore. Var.: *mógono*.

Mógol, adj. e s. m. O mesmo que *mongol* (em se tratando especialmente da soberania mongólica, na Índia setentrional). Var.: *mogor* ou *mogore*.

Mogorim, adj. *Bot.* Variedade de rosa do Brasil, branca e de perfume muito agradável.

Moicano *(o-i)*, adj. *Etnol.* Relativo aos moicanos, tribo de índios algonquianos dos Estados Unidos. S. m. Índio dessa tribo.

Moído, adj. (p. de *moer*). 1. Cansado, fatigado. 2. Importunado, maçado. 3. Aplica-se a carne ou peixe em começo de putrefação.

Moimento[1], s. m. (l. *monimentu*). *Ant.* 1. Monumento em honra de alguém. 2. Monumento fúnebre; mausoléu.

Moimento[2] *(o-i)*, s. m. *(moer + mento)*. 1. O mesmo que *moedura*. 2. Abatimento de forças, prostração.

Moinha *(o-i)*, s. f. (de *moer*). 1. Fragmentos miúdos de palha que ficam depois da debulha dos cereais. 2. Pó a que se reduz qualquer coisa seca ou triturada. 3. Repetição enfadonha de atos ou de palavras. 4. *Fam.* Dor de dentes, fraca, mas persistente. 5. Chuva miudinha e persistente.

Moinho, s. m. (l. *molinu*). 1. Engenho ou máquina de moer grãos, ou de triturar determinadas substâncias. 2. Casa onde está instalado esse engenho ou máquina. 3. Indivíduo que come muito e depressa.

Moio, s m. (l. *modiu*). Antiga medida de capacidade, equivalente a 60 alqueires ou 828 litros.

Moita, s. f. Grupo espesso de plantas arborescentes e de pouca altura. Interj. Designativa de que nada se respondeu ou se moveu. Var.: *mouta*.

Moitão, s. m. *Mec.* Dispositivo que consiste em uma caixa de madeira ou metal contendo uma ou mais roldanas, provido de um gancho ou olhal pelos quais pode ser fixado; é usado para transmitir força ou alterar a direção de um movimento.

Mol, s. m. O mesmo que *molécula-grama*.

Mola[1], s. f. (ital. *molla*) 1. Peça metálica ou de outra substância, destinada a imprimir movimento ou dar resistência a outra peça. 2. Tudo o que promove um movimento. 3. Incitamento, impulso. S. f. pl. Articulações. — *M. real:* a) a que dá à máquina o primeiro movimento; b) o principal incentivo dos nossos atos.
Azeitar as m., Pop.: dançar.

Mola[2], s. f. (l. *mola*). 1. *Med.* Tumor da placenta, que dá a esta, por sua transformação em vesículas, o aspecto de cacho de uva. 2. Bolo de farinha de trigo usado nos sacrifícios da antiga Roma.

Molada, s. f. (l. *mola*). 1. Porção de tinta que se mói de cada vez. 2. Água contida na caixa do rebolo de amolar.

Molagem, s. f. (de *mola[1]*). Vantagem gratuita (só se usa na loc. adv. *de molagem* = à custa alheia; gratuitamente).

Molambo, s. m. 1. Farrapo, rodilha. 2. Vestido velho ou esfarrapado. 3. Indivíduo fraco, sem caráter.

Molambudo, adj. e s. m. *(molambo + udo)*. Esfarrapado, roto; molambento.

Molangueirão, adj. e s. m. *Pop.* Diz-se do, ou o indivíduo frouxo, mole, indolente, preguiçoso, sem energia. Var.: *molanqueirão*.

Molar[1], adj. m. e f. (l. *molare*). 1. Que diz respeito a mó. 2. Próprio para moer ou triturar. Adj. e s. m. Diz-se dos, ou os dentes de coroa com superfície larga, adaptada à trituração, que ficam situados depois dos caninos.

Molar[2], adj. m. e f. *(mol + ar)*. *Fís.* e *Quím.* 1. Relativo ou pertencente a uma massa de matéria, abstraindo as propriedades ou os movimentos das suas moléculas ou átomos. 2. Relativo ou pertencente a, ou que contém um mol ou moléculas. 3. Que contém 1 mol de soluto em 1 litro de solução.

molari-, elem. de comp. (l. *molare*). Expressa a idéia de *dente molar: molariforme*.

Molariforme, adj. m. e f. 1. Em forma de dente molar. 2. *Bot.* Diz-se de certos cogumelos cuja superfície se cobre de uma espécie de dentes.

Molarinha, s. f. *Bot.* O mesmo que *fumária* (erva).

Molasso, s. m. (fr. *molasse*). *Miner.* Rocha composta de calcário, areia e argila. S. m. pl. *Zool.* Vermes intestinais que têm o corpo formado de uma substância gelatinosa, branda e transparente.

Moldação, s. f. Ato ou efeito de moldar.

Moldado, adj. 1. Talhado ou feito por molde. 2. Modelado. S. m. Obra de moldura.

Moldador, adj. e s. m. (de *moldar*). Que, ou aquele que faz moldes para fundição. S. m. Instrumento de entalhador para ornar as molduras em madeira rija.

Moldagem, s. f. 1. O mesmo que *moldação*. 2. Modelagem. 3. Certo gênero de escultura. 4. *Geol.* Impressões deixadas pelos fósseis no terreno.

Moldar, v. *(molde + ar)*. 1. Tr. dir. Ajustar ao molde; formar o molde de. 2. Tr. dir. Vazar no molde o metal derretido; fundir. 3. Tr. dir. Criar ou produzir; dar forma ou contornos a; formar. 4. Tr. dir. e pron. Adaptar(-se), afeiçoar(-se), conformar(-se). 5. Pron. Dirigir-se, regular-se, seguir o exemplo.

Moldávia, s. f. (de *Moldávia*, n. p.). *Bot.* Planta labiada, espécie de erva-cidreira.

Molde, s. m. (cast. *molde*). 1. Forma oca para o vazamento de metais, gesso, cera, massa de pastelaria etc. 2. Modelo pelo qual se talha alguma coisa. 3. *Tip.* Caixa de matriz para fundição de tipos. 4. Exemplar, modelo.

Moldura, s. f. (forma haplológica de *moldadura*). 1. Decoração em volta de. 2. Ornato saliente destinado a acentuar determinadas partes em obras de arquitetura ou de marcenaria. 3. Caixilho de madeira ou de outra substância, para guarnecer quadros, espelhos, estampas etc.

Molduragem, s. f. 1. Ato de moldurar. 2. Conjunto das molduras, em uma peça arquitetônica. 3. Contorno, cercadura.

Moldurar, v. Tr. dir. 1. Guarnecer ou ornar de moldura. 2. O mesmo que *emoldurar*.

Moldureiro, s. m. 1. Fabricante de molduras. 2. Aquele que guarnece com molduras.

Mole[1], adj. m. e f. 1. Que cede à menor pressão sem se desfazer, que não resiste à compressão; brando, flácido. 2. Indolente, preguiçoso, vagaroso. 3. Fácil de fazer, de obter. 4. *Pint.* Frouxo, sem colorido, sem expressão. Antôns. (acepção 1): *duro, rijo.*

Mole[2], s. f. (l. *mole*). 1. Massa ou volume muito grande. 2. Grande porção. 3. Construção gigantesca e maciça. 4. Multidão numerosa e compacta.

Molear, v. Tr. dir. Tornar mole ou frouxo: *Molear o corpo.*

Moleca, s. f. Menina negra, negrinha.

Molecada, s. f. 1. Bando de moleques. 2. O mesmo que *molecagem.*

Molecagem, s. f. 1. Ação própria de moleque; molequice. 2. Ato censurável.

Molecar, v. *(moleque + ar)*. Intr. Agir ou divertir-se como moleque.

Molecote, s. m. Pequeno moleque.

Molécula, s. f. (l. *molecula*). 1. *Fís.* e *Quím.* Agrupamento definido e ordenado de átomos, eletricamente neutro; é a menor partícula dos compostos ou dos elementos simples, que é quimicamente idêntica à substância de que faz parte. 2. Pequeníssima parte de um todo. — *M.-grama:* peso em gramas de uma substância pura, igual numericamente ao peso molecular dessa substância.

Molecular, adj. m. e f. 1. Que tem moléculas. 2. Que pertence ou se refere às moléculas.

Moledo, s. m. *Geol.* Rocha em decomposição, que toma a forma de calhaus ou saibro grosso.

Moleira[1], s. f. *(mole[1] + eira)*. 1. *Fam.* Fontanela correspondente à sutura coronal nas crianças. 2. Abóbada craniana. 3. *Fam.* Juízo, cérebro. 4. *Pop.* Indolência, preguiça.

Moleira[2], s. f. 1. Mulher de moleiro. 2. Mulher que trabalha em moinho.

Moleirão, adj. e s. m. (de *mole[1]*). O mesmo que *molengão*. Fem.: *moleirona.*

Moleiro, s. m. (l. *molinariu*). 1. Dono de moinho. 2. Aquele que trabalha em moagem. 3. *Ornit.* V. *juruaçu*. 4. *Ornit.* O mesmo que *mandrião.*

Moleja, s. f. 1. Glândula carnosa que se forma na parte inferior do pescoço do gado vacum. 2. Excremento de aves. 3. *Pop.* O pâncreas nas reses.

Molejo, s. m. Jogo das molas de um veículo.

Molenga, adj. e s., m. e f. (de *mole*). 1. Diz-se da, ou a pessoa muito mole, indolente, preguiçosa. 2. Diz-se da, ou a pessoa acanhada, apática.

Molengão, adj. e s. m. (de *mole*). Diz-se do, ou o indivíduo muito molenga. Fem.: *molengona.*

Molengar, v. *(molenga + ar)*. Intr. 1. Andar molengamente. 2. Ser molengo.

Molengo, adj. e s. m. (de *molenga*). Diz-se do, ou o indivíduo indolente, preguiçoso; molenga.

Molengue, adj. e s., m. e f. O mesmo que *molenga.*

Moleque[1], s. m. (quimbundo *moleque*). 1. Rapaz preto, negrinho. 2. Menino travesso. 3. Indivíduo sem gravidade ou sem palavra. 4. Canalha. 5. *Ictiol.* Peixe silurídeo; surubim. Adj. Divertido, engraçado, pilhérico. Fem.: *moleca.*

Moleque[2], s. f. Ímã de separar do ouro em pó as partículas de ferro.

Molequear, v. *(moleque[1] + ear)*. Intr. V. *molecar.*

Molestador, adj. e s. m. *(molestar + dor)*. Que, ou aquele que molesta.

Molestamento, s. m. *(molestar + mento[2])*. Ação ou efeito de molestar; amolação, incômodo.

Molestar, v. (l. *molestare*). 1. Tr. dir. Afetar, atacar (falando-se de moléstia). 2. Tr. dir. Magoar, maltratar. 3. Tr. dir. Oprimir. 4. Tr. dir. Contundir, maltratar, pisar. 5. Tr. dir. Causar dano ou prejuízo a. 6. Tr. dir. Inquietar, tirar o sossego a. 7. Tr. dir. Enfadar, incomodar, importunar. 8. Tr. dir. e pron. Melindrar(-se), ofender(-se). 9. Tr. dir. Causar desgosto ou pena a.

Moléstia, s. f. 1. Achaque, doença, enfermidade. 2. Incômodo físico ou moral; inquietação; mal-estar. 3. *Pop.* Hidrofobia, lepra e qualquer doença de caráter grave ou impressionante.

Molesto, adj. 1. Que causa incômodo; que enfada. 2. Árduo, trabalhoso. 3. Nocivo, prejudicial. 4. Que prejudica a saúde.

Moleta (*ê*), s. f. (l. *mola*). 1. Pedra de mármore, em que se moem tintas. 2. *Heráld.* Figura em forma de estrela e vazada no centro.

Moleza (*ê*), s. f. *(mole[1] + eza)*. 1. Qualidade de mole. 2. Falta de ânimo, pulsilanimidade. 3. Inconstância de caráter. 4. Exagerada indulgência. 5. *Pop.* Ação qualquer, ou trabalho fácil. Antôns. (acepção 1): *dureza, rijeza;* (acepção 2): *ânimo;* (acepção 3): *firmeza.*

Molha, s. f. O mesmo que *molhadela.*

Molhada, s. f. 1. Molho que se leva nos braços. 2. Grande molho ou feixe. 3. Porção de molhos.

Molhadela, s. f. *(molhar + dela[2])*. 1. Ação ou efeito de molhar; molha, molhadura. 2. Chuva que se apanha repentinamente.

Molhado, adj. 1. Umedecido com qualquer líquido. 2. Embriagado. S. m. Lugar umedecido por um líquido que nele caiu ou se entornou. S. m. pl. Vinho, azeite e outros líquidos que se vendem nas casas de comestíveis: Armazém de secos e *molhados.*

Molhadura, s. f. *(molhar + dura[1])*. 1. O mesmo que *molhadela.* 2. *Pop.* Gratificação, gorjeta.

Molhamento, s. m. *(molhar + mento)*. 1. Ação ou efeito de molhar. 2. Ação ou efeito de mergulhar.

Molhança, s. f. Molho em grande quantidade.

Molhar, v. (l. v. *molliare*, por *mollire*). 1. Tr. dir. Embeber em líquido. 2. Tr. dir. Banhar, repassar de líquidos. 3. Pron. Cobrir-se de qualquer líquido, deitar sobre si algum líquido. 4. Pron. Encher-se de lágrimas. 5. Pron. Babar-se ou urinar no próprio corpo ou na roupa. Antôns. (acepções 1 e 2): *enxugar, secar.*

Molhe, s. m. (cat. *molh*). Paredão que avança pelo mar adentro, à entrada de um porto, para quebrar o ímpeto do mar e servir de abrigo a navios.

Molheira, s. f. Vaso para servir molhos. Var.: *molheiro.*

Molhe-molhe, s. m. Chuva miúda, chuvisco.

Molho[1] (*ó*), s. m. (l. v. **manuclu*, por *manupulu*). 1. Braçado, paveia. 2. Pequeno feixe: *Molho* de chaves. 3. Mancheia.

Molho[2] (*ô*), s. m. (de *molhar*). 1. Espécie de caldo em que se refogam iguarias ou que se junta a elas para serem servidas.

2. Água ou qualquer outro líquido, em que se imerge alguma substância, para a amolecer ou para lhe tirar o sal. Pl.: *molhos* (*ô*).

Moliana¹, s. f. *Bot.* Planta voquisiácea (*Silvertia convallariaedora*), também chamada *colher-de-vaqueiro.*

Moliana², s. f. *Pop.* Repreensão, sarabanda, usado somente na expressão: *Cantar a m. a*: repreender.

Molibdênio, s. m. *Quím.* Elemento metálico polivalente, dificilmente fusível, que se parece com o cromo e o tungstênio em muitas propriedades. Símbolo Mo, número atômico 42, massa atômica 95,95.

Molição, s. f. (l. *molitione*). Grande esforço para conseguir um fim.

Molícia, s. f. (l. *mollitia*). O mesmo que *moleza.* Var.: *molície.*

Moliço, s. m. 1. Espécie de mato pouco áspero. 2. Colmo para cobertura de choupanas. 3. Limos e outras plantas aquáticas, empregados como adubo.

Molificação, s. f. (*molificar* + *ção*). 1. Ato ou efeito de molificar. 2. Qualidade do que molifica.

Molificante, adj. m. e f. Que molifica.

Molificar, v. (l. *mollificare*). Tr. dir. 1. Tornar mole, amolecer. 2. Tirar o ânimo, o vigor a; esmorecer. 3. Aplacar, suavizar. 4. Amansar. Antôns. (acepções 1 e 2): *endurecer, enrijecer.*

Molificativo, adj. Que amolece, emoliente.

Molificável, adj. m. e f. Suscetível de se molificar.

Molime, s. f. (l. *molimen*). 1. O mesmo que *molição.* 2. *Mec.* Força impulsiva de um corpo em movimento. 3. Aquilo que impulsiona.

Molinete (*ê*), s. m. (fr. *moulinet*). 1. Espécie de cabrestante, para sustentar a âncora, em navios pequenos. 2. O mesmo que *carretilha.* 3. Ventilador colocado em uma vidraça. 4. Movimento giratório rápido que se faz com uma espada, um pau etc., em torno do corpo. 5. Aparelho de medir a velocidade de uma corrente. 6. Espécie de torniquete, constituído por dois paus cruzados sobre um eixo vertical; borboleta. 7. Cruzamento de paus que giravam sobre um pião, para impedir que, pelas portas das antigas fortalezas, se entrasse de tropel. 8. Passe de muleta, que o toureiro executa, apoiando-se nos calcanhares e dando uma volta rápida diante do touro.

Molinha, s. f. (de *molinhar²*). 1. Ato de molinhar; molhe-molhe.

Molinhar¹, v. (l. *molina*). 1. Tr. dir. Moer seguidamente e em pequenas quantidades. 2. Intr. Funcionar (o moinho).

Molinhar², v. Intr. Chuviscar.

Molinheira, s. f. (de *molinheiro*). 1. Grande moinho. 2. Molinha persistente.

Molinheiro, s. m. (l. *molinariu*). Chuvisco.

Molinhoso, adj. (*molinha²* + *oso*). Em que há ou cai molinha: Tarde *molinhosa.*

Molinilho, s. m. (cast. *molinillo*). 1. Moinho pequeno ou manual, com que se obtém um esfarelamento máximo. 2. Disco dentado, com que se bate o chocolate.

Molinismo, s. m. Doutrina fundada por Luís Molina, jesuíta espanhol, sobre o acordo do livre arbítrio com a graça e a presciência divina.

Molinosismo, s. m. Doutrina quietista, fundada pelo teólogo espanhol Miguel de Molinos, para quem a virtude consistia no aniquilamento da vontade; quietismo.

Molinote, s. m. 1. Moenda de cana-de-açúcar. 2. Cabrestante usado nos engenhos de açúcar, para os fazer trabalhar por meio de animais.

Molípede, adj. m. e f. *Zool.* Que tem pés moles ou brandos.

Molo, s. m. *Ant.* Carregação de navio.

Molosso, s. m. 1. Pessoa vigorosa e turbulenta. 2. Espécie de cão do país dos molossos, que se empregava na caça e na guarda do gado.

Molugem, s. f. (l. *mollugine*). *Bot.* Solda².

Molulo, s. m. *Bot.* 1. Arbusto africano do gênero Vernônia, de casca amarga e medicinal. 2. Planta carduácea (*Piptocarpha macropoda*).

Molungo, s. m. *Bot.* Mulungo.

Molúria, s. f. (de *mole¹*). 1. Moleza. 2. O mesmo que *relento.* S. m. *Pop.* Homem acanhado, sorna.

Molusco, s. m. (l. *molluscu*). 1. *Zool.* Animal pertencente ao filo dos Moluscos. 2. Pessoa, animal ou coisa mole, pateta. S. m. pl. *Zool.* Ramo ou filo (*Mollusca*) constituído por animais invertebrados, de corpo mole, protegido por concha calcária bivalve (ostras), ou univalve (caramujos).

Momaná, adj. m. e f. *Etnol.* Relativo aos Momanás, tribo de índios do Pará. S. m. e f. Indígena dessa tribo.

Mombaca, s. f. Fruto acre, que serve para tempero culinário.

Momentâneo, adj. 1. Que dura apenas um momento; instantâneo, muito breve. 2. Transitório. Antôn.: *duradouro.*

Momento¹, s. m. (l. *momentu*). 1. Mínimo espaço em que o tempo se divide. 2. Curtíssimo espaço de tempo. 3. A ocasião precisa em que sucedem ou se dão certas e determinadas circunstâncias. 4. Tempo ou ocasião em que alguma coisa se faz ou acontece. 5. Ocasião azada, oportunidade. 6. Lance, circunstância. 7. Importância, urgência. 8. Consideração, valor.

Momento², adj. (*momo* + *ento*). Que faz momices.

Momentoso, adj. (*momento* + *oso*). 1. Grave, ou de grande importância no momento. 2. Vultoso, aparatoso.

Momice, s. f. (*momo* + *ice*). 1. Careta, gesto ridículo, trejeito. 2. Disfarce, hipocrisia.

Momo, s. m. (de *Momo*, n. p.). 1. Momice. 2. Representação mímica. 3. Farsa satírica. 4. Ator dessa farsa. 5. Escárnio.

Mona, s. f. 1. Fêmea do mono. 2. Boneca de trapos. 3. *Pop.* Bebedeira, carraspana. 4. *Fam.* Amuo.

Monacal, adj. m. e f. Que diz respeito a monge ou à vida dos conventos.

Monacanto, adj. (*mono³* + *acanto*). *Zool.* Que apresenta uma fileira singela de espinhos ambulacrais.

Monacato, s. m. (l. *monachu* + *ato*). 1. Estado ou vida monacal. 2. Instituição monástica; monaquismo.

Mônada, s. f. V. *mônade.*

Monada, s. f. (de *mono¹*). 1. Porção de monos. 2. Coisas de monos. 3. Macaquices, trejeitos.

Monadário, adj. 1. Que diz respeito a mônade. 2. Pequeno como as mônades.

Mônade, s. f. (gr. *monas, ados*). 1. Primeiro elemento simples e animado do ser substancial (Leibniz). 2. Substância ativa e individual, de natureza psíquica ou abstrata, que constitui todos os seres (Leibniz). Var.: *mônada.*

Monadelfia, s. f. (*mono³* + *adelfo²* + *ia*). *Bot.* Estado de monadelfo.

Monadelfo, adj. (*mono³* + *adelfo²*). *Bot.* Diz-se dos estames reunidos em um só feixe.

Monadismo, s. m. (*mônade* + *ismo*). 1. *Filos.* Sistema que considera o Universo um conjunto de mônades. 2. Doutrina de Leibniz acerca das mônades.

Monadista, adj. m. e f. (*mônade* + *ista*). Que diz respeito ao sistema das mônades. S. m. e f. Sequaz do monadismo.

Monadologia, s. f. (*mônade* + *logo²* + *ia*). *Filos.* Sistema de Leibniz a respeito das mônades.

Monadológico, adj. (*monadologia* + *ico*). Que se refere à monadologia.

Monândrico, adj. *Bot.* O mesmo que *monandro.*

Monandro, adj. (*mono³* + *andro*). *Bot.* 1. Com um só estame. 2. Com um só anterídio.

Monantero, adj. (*mono³* + *antero*). *Bot.* Que tem uma só antera.

Monanto, adj. (*mono³* + *anto*). *Bot.* 1. Com uma só flor. 2. Com flores solitárias.

Monantropia, s. f. (*mono³* + *antropo* + *ia*). Sistema antropológico que considera o gênero humano procedente de uma só raça. Antôn.: *poliantropia.*

Monarca, s. m. (l. *monarcha*). 1. Soberano de uma monarquia. 2. Pessoa ou coisa que domina em certa área ou em certo gênero. 3. Gaúcho que anda com garbo ou que monta bem a cavalo. Adj. 1. Muito grande. 2. Intumescido de vaidade, orgulhoso.

Monarquia, s. f. (l. *monarchia*). 1. Forma de governo em que o poder supremo está nas mãos de um monarca. 2. Estado governado por um monarca.

Monárquico, adj. (l. *monarchicu*). Que diz respeito a monarca ou a monarquia. S. m. O mesmo que *monarquista*.

Monarquismo, s. m. (*monarca + ismo*). Sistema político dos monarquistas.

Monarquista, s. m. e f. (*monarca + ista*). Pessoa partidária da monarquia ou do sistema monárquico.

Monástico, adj. Monacal.

Monatômico, adj. *Quím.* 1. Que tem na molécula um só átomo. 2. Univalente. 3. Que tem um átomo ou radical substituível.

Monaxífero (*cs*), adj. 1. *Bot.* Designativo da inflorescência que apresenta um só disco. 2. *Miner.* Diz-se do mineral que tem apenas um eixo.

Monazita, s. f. *Miner.* Mineral de cor marrom-amarela e avermelhada, cujos cristais pertencem ao sistema monoclínico. Quimicamente, é um fosfato de cério com percentual variável de elementos das terras raras. As principais jazidas ocorrem no Brasil e na Índia.

Monazítico, adj. 1. Que diz respeito a monazita. 2. Que tem monazita.

Monção, s. f. (ár. *mausim*). 1. Tempo favorável à navegação. 2. Ensejo, boa oportunidade. S. f. pl. 1. Ventos periódicos, cuja direção média varia ou mesmo se inverte nas estações extremas. 2. Época das chuvas em que não navegam embarcações de vela. 3. Antigas bandeiras ou expedições que partiam em exploração pelo interior, descendo e subindo rios das capitanias de S. Paulo e Mato Grosso, nos séculos XVIII e XIX.

Moncar, v. (*monco + ar*). Intr. O mesmo que *assoar-se*.

Monchão, s. m. Nas zonas diamantíferas, veio da terra firme, onde se encontram depósitos de diamantes.

Monco, s. m. (l. v. *muecu*, por *mucu*, com prolação da nasal). Humor espesso segregado pela mucosa do nariz; muco nasal, ranho. — *M. de peru*: excrescência carnosa que se estende sobre o bico desse galináceo.

Moncoso, adj. (*monco + oso*). 1. Cheio de moncos. 2. Que segrega muito monco; ranhoso. 3. Desprezível, imundo, sórdido. S. m. *Gír.* Lenço de assoar.

Monda, s. f. (de *mondar*). 1. Ato de mondar. 2. Tempo próprio para mondar. 3. *Fig.* Emenda.

Mondadeiro, s. m. (*mondar + deiro*). Homem que monda ou trabalha nas mondas.

Mondador, adj. e s. m. (l. *mundatore*). Que, ou aquele que monda. S. m. Utensílio para mondar.

Mondadura, s. f. (*mondar + dura*). 1. Monda. 2. Erva mondada.

Mondar, v. (l. *mundare*). 1. Tr. dir. e pron. Limpar(-se) de ervas daninhas. 2. Tr. dir. Cortar os ramos secos ou supérfluos de (árvores etc.). 3. Tr. dir. Limpar, expurgar do que é nocivo ou supérfluo. 4. Tr. dir. Corrigir, emendar. 5. Intr. Praticar a monda.

Mondonga, s. f. Mulher desmazelada e imunda.

Mondongo, s. m. 1. Indivíduo desmazelado e sujo. 2. Intestinos miúdos de alguns animais. 3. Pântano, várzea lamacenta, geralmente coberta de plantas palustres.

Mondongueiro, s. m. (*mondongo + eiro*). 1. Vendedor de mondongos; fressureiro. 2. Indivíduo que se ocupa em misteres grosseiros.

Mondrongo, s. m. 1. *Pej.* Alcunha de português. 2. Indivíduo disforme, monstrengo. 3. Inchaço. 4. Homem preguiçoso. 5. Quisto sebáceo.

Monecia, s. f. *Bot.* Coexistência de flores masculinas e femininas na mesma planta.

Monegasco, adj. Que diz respeito a Mônaco. Adj. e s. m. Habitante ou natural de Mônaco.

Monera, s. f. V. *monere*.

Monere, s. f. (gr. *moneres*). *Hist. Nat.* Organismo unicelular hipotético, semelhante à ameba, mas desprovido de núcleo. Sua existência foi afirmada por Haeckel, mas cientificamente mal posta porque se baseou numa observação incompleta dele sobre as fases de maturação ovular. Var.: *monera*.

Monésia, s. f. 1. O mesmo que *buranhém*. 2. Casca medicinal do buranhém.

Moneta (*ê*), s. f. (b. l. *moneta*). *Náut.* Pequena vela ou tira de pano, que se põe por baixo dos papa-figos, para aproveitar o bom tempo.

Monetário, adj. (l. *monetariu*). Que se refere a moeda. S. m. 1. Coleção de moedas. 2. Livro com gravuras de moedas. 3. Numismata.

Monete (*ê*), s. m. 1. Farripa, guedelha de pessoa que tem pouco cabelo. 2. Espécie de caracol de cabelo, para compor o penteado das damas. 3. O penteado das senhoras.

Monetizar, v. (fr. *monétiser*). Tr. dir. O mesmo que *amoedar*.

Monge, s. m. 1. Religioso que vive em mosteiro. 2. *Pop.* homem pouco sociável; misantropo. 3. *Ornit.* V. *rendeira*[3]. Fem.: *monja*.

Mongil, adj. m. e f. Próprio de monge. S. m. 1. Hábito de monja. 2. Túnica talar para mulheres.

Mongoió, adj. m. e f. *Etnol.* Relativo ao Mongoiós, tribo de aborígenes da Bahia. S. m. e f. Indígena dessa tribo.

Mongol, adj. m. e f. (persa *mugol*). O mesmo que *mongólico*. Adj. e s., m. e f. Habitante ou natural da Mongólia. S. m. Um dos dialetos do grupo altaico.

Mongólico, adj. 1. Que se refere à Mongólia ou aos mongóis. 2. Que pertence ou se refere à raça amarela; mongol.

Mongolismo, s. m. 1. *Med.* Idiotia produzida por desordens do timo. 2. Religião dos mongóis.

Mongolóide, adj. m. e f. (*mongol + óide*). 1. Próprio da raça mongol. 2. Que se assemelha ao tipo da raça mongol. 3. *Med.* Que sofre de mongolismo.

Monguba, s. f. (tupi-guar.). *Bot.* 1. O mesmo que *mongubeira*. 2. O fruto dessa árvore.

Mongubeira, s. f. *Bot.* Árvore bombacácea, espécie de paineira (*Bombax monguba*), que ocorre na Amazônia.

Monha, s. f. (cast. *moña*). 1. Manequim de cabeleireiro ou de modista. 2. Roseta usada por toureiros na parte posterior da cabeça. 3. Laço de fitas com que se enfeita o pescoço dos touros, nas corridas. 4. Espantalho para afugentar aves das plantações.

Monho, s. m. (cast. *moño*). 1. Rolo de cabelo natural. 2. Pequeno chinó de senhoras. 3. Laço de fita, com que as senhoras enfeitam ou prendem o cabelo.

Mônica, s. f. Variedade de mandioca.

monili-, elem. de comp. (l. *monile*). Expressa a idéia de *colar, rosário*: *moniliforme*.

Monilíase, s. f. *Med.* Infecção aguda ou subaguda da pele e mucosas, causada pelo fungo *Candida albicans*.

Moniliforme, adj. m. e f. (*monili + forme*). 1. *Bot.* e *Zool.* Constrito em intervalos regulares, tomando o aspecto de rosário, ou colar. 2. Semelhante a um rosário.

Monímia, s. f. *Bot.* Gênero (*Monimia*) típico da família das Monimiáceas, constituído de arbustos com folhas opostas e pequenas flores diclinas.

Monimiáceas, s. f. pl. *Bot.* Família (*Monimiaceae*) da ordem Ranales, constituída de árvores e arbustos da América tropical, sempre verdes, com folhas opostas e flores inconspícuas, geralmente unissexuadas. S. f. Espécime dessa família.

Monimiáceo, adj. *Bot.* Relativo ou pertencente à família das Monimiáceas.

Monir, v. (l. *monere*). Tr. dir. *Ant.* 1. Avisar para vir depor sobre a matéria de uma monitória. 2. O mesmo que *admoestar*. — Verbo defectivo, não se conjuga nas formas em que ao *n* se seguiriam as vogais *o* e *a*.

Monismo, s. m. (*mono*[3] *+ ismo*). 1. *Filos.* Sistema que pretende reduzir o Universo a um único domínio, o da substância cujos atributos inseparáveis são a matéria e a energia. 2. Doutrina segundo a qual tudo o que existe se reduziria a uma entidade primordial permanente, infinitamente fecundada. 3. Qualquer das doutrinas que negam a dualidade do espírito e da matéria.

Monístico, adj. Que diz respeito ao monismo.

Monitor, s. m. (l. *monitore*). 1. Aquele que admoesta, adverte ou dirige. 2. O que numa escola toma conta de uma classe de alunos, para os dirigir no estudo; decurião, prefeito. 3. Espécie de navio de guerra. 4. Aparelho comum de televisão, instalado para controle das transmissões em qualquer ponto da estação emissora.

Monitória, s. f. (l. *monitoria*). 1. Aviso judicial que intima o público a ir declarar o que souber a respeito de um crime. 2. Advertência, aviso. 3. *Fam.* Repreensão.

Monjoleiro, s. m. (*monjolo + eiro*). 1. Aquele que toma conta do monjolo. 2. Dono ou construtor de monjolos.

Monjolo (*ô*), s. m. 1. Engenho primitivo, movido por água e destinado a pilar o milho e o primeiro que se aplicou ao descascamento do café. 2. Bezerro pequeno, antes de nascidos os chifres; mujolo.

Mono[1], s. m. Macaco, bugio. 2. Boneco de trapos. 3. Pessoa feia, deselegante, estúpida, inútil. 4. Pessoa macambúzia, tristonha. 5. *Pop.* Logro, engano, fraude. 6. *Ornit.* O mesmo que *rendeira*[3]. Adj. 1. Concernente aos macacos. 2. Macambúzio, sensaborão.

mono-[2], elem. de comp. (gr. *monos*). Expressa a idéia de: *um, unidade, singular, único: monoplano, monólogo, monofobia.*

Monobafia, s. f. (*mono*[2] + gr. *baphein + ia*). Estado daquilo que apresenta uma só cor.

Monobásico, adj. (*mono*[2] + *básico*). 1. *Quím.* Diz-se dos ácidos que só contêm um átomo de hidrogênio substituível. 2. *Quím.* Designativo dos sais que só contêm um grupo hidroxilo ionizável.

Monoblepsia, s. f. (*mono*[2] + *blepso + ia*). *Med.* 1. Doença em que o paciente só vê fechando um dos olhos. 2. Cegueira para as cores, em que o paciente só distingue uma.

Monobloco, s. m. (*mono*[2] + *bloco*). Parte de uma máquina ou de um instrumento fundido numa só peça metálica.

Monocarpelar, adj. m. e f. (*mono*[2] + *carpelar*). *Bot.* Que só tem uma carpela.

Monocarpiano, adj. O mesmo que *monocárpico*.

Monocárpico, adj. (*monocarpo + ico*). *Bot.* Que dá flor e fruto por uma vez apenas.

Monocarpo, adj. (*mono*[2] + *carpo*[2]). Que tem um fruto apenas.

Monocásio, s. m. *Bot.* Inflorescência cimosa em que do eixo principal parte um só ramo, o mesmo acontecendo a este a às demais ramificações; cima unípara.

Monocefalia, s. f. *Terat.* Qualidade de monocéfalo.

Monocéfalo, adj. (*mono*[2] + *céfalo*). 1. *Terat.* Diz-se dos seres que, nascidos com os corpos intimamente ligados, têm só uma cabeça. 2. *Bot.* Diz-se do vegetal cuja inflorescência apresenta um capítulo somente. S. m. Ser monocéfalo.

Monocelular, adj. m. e f. (*mono*[2] + *celular*). *Hist. Nat.* Diz-se do organismo rudimentar constituído por uma só célula.

Monócero, adj. (*mono*[2] + *cero*[2]). 1. *Zool.* Que tem um só corno ou antena. 2. *Bot.* Que tem um só prolongamento, em forma de corno.

Monoceronte, s. m. (gr. *monokeros*). Unicórnio.

Monociclo, s. m. (*mono*[2] + *ciclo*). Velocípede de uma só roda, usado apenas por acrobatas.

Monoclamídeo, adj. (*mono*[2] + *clamídeo*). *Bot.* 1. Que tem o perianto com um só verticilo, como a bonina. 2. Que tem cálice, mas não corola; apétalo.

Monoclínico, adj. (*mono*[2] + *clínico*). *Crist.* Que tem uma interseção oblíqua dos eixos.

Monoclino, adj. (*mono*[2] + *clino*). *Bot.* Diz-se do vegetal que tem flores hermafroditas. Antôn.: *diclino.*

Monocórdio, s. m. Instrumento musical de uma só corda. Var.: *monocordo.*

Monocotilar, adj. m. e f. (*mono*[2] + *cótilo + ar*). *Zool.* Diz-se do animal que tem uma só tromba ou sugadouro.

Monocotiledôneas, s. f. pl. *Bot.* Subclasse (*Monocotyledoneae*) da classe das Angiospermas, cujo embrião tem um só cotilédone. Inclui algumas plantas arborescentes, como as palmeiras, exceto as que vivem em estado herbáceo. S. f. Espécime dessa subclasse.

Monocotiledôneo, adj. *Bot.* 1. Que tem um só cotilédone. 2. Relativo ou pertencente a, ou característico das Monocotiledôneas.

Monocromático, adj. (*mono*[2] + *cromático*). 1. Pintado com uma só cor; monocromo. 2. *Fís.* Diz-se da luz que espalha raios de uma só cor.

Monocrômico, adj. Monocromático.

Monocromo, adj. (*mono*[2] + *cromo*). Que tem só uma cor; monocromático. S. m. 1. O que tem uma só cor. 2. Monotonia.

Monóculo, adj. (*mono*[2] + *óculo*). Que tem um só olho. S. m. Luneta de um vidro só.

Monodátilo, adj. (*mono*[2] + *dátilo*[2]). Que tem um dedo só. Var.: *monodáctilo.*

Monodelfo, adj. (*mono*[2] + gr. *delphus*). *Hist. Nat.* Diz-se dos mamíferos que têm um útero simples. Os filhos, ao saírem da cavidade uterina, já apresentam completo estado de desenvolvimento (por oposição ao que sucede com os didelfos).

Monodia, s. f. 1. Monólogo, nas antigas tragédias. 2. Canção plangente, a uma só voz, sem acompanhamento. Antôn.: *polifonia.*

Monodiar, v. Intr. 1. Cantar monodias. 2. Cantar à maneira de monodia.

Monódico, adj. Que se refere à monodia.

Monodonte, adj. m. e f. (*mono*[2] + *odonte*). Que tem um só dente.

Monofilo, adj. (*mono*[2] + *filo*[2]). *Bot.* 1. Com uma só folha. 2. Gamopétalo.

Monofisismo, s. m. Doutrina dos que admitiam uma só natureza em Jesus Cristo.

Monofisista, adj. e s., m. e f. Que, ou quem é sequaz do monofisismo.

Monófito, adj. (*mono*[2] + *fito*[2]). *Bot.* Diz-se do gênero que abrange uma só espécie.

Monofobia, s. f. (*mono*[2] + *fobo + ia*). *Med.* Medo mórbido à solidão.

Monófobo, adj. e s. m. (*mono*[2] + *fobo*). Que, ou o que tem monofobia.

Monoftalmo, adj. (*mono*[2] + *oftalmo*). *Terat.* Que nasce com um só olho.

Monogamia, s. f. Estado conjugal em que um homem desposa uma única mulher ou uma mulher um só marido.

Monogâmico, adj. Que diz respeito à monogamia.

Monogamista, adj. e s., m. e f. Diz-se da pessoa partidária da monogamia no estado conjugal.

Monógamo, adj. 1. Diz-se do marido que tem só uma esposa. 2. Diz-se do animal que se acasala com uma só fêmea. 3. *Bot.* Diz-se da planta cujas flores têm o mesmo sexo. 4. *Quím.* Diz-se dos corpos cujas combinações se realizam na relação de um só equivalente dos corpos que se unem.

Monogástrico, adj. (*mono*[2] + *gastro + ico*). *Zool.* Que tem um estômago só.

Monogenético, adj. *Zool.* Diz-se dos seres que se reproduzem assexuadamente.

Monogenia, s. f. *Biol.* Reprodução assexuada pela qual o corpo organizado cria partes que dele se destacam, formando novos indivíduos.

Monogênico, adj. Que se refere à monogenia.

Monogênio, adj. *Zool.* Diz-se dos animais que, embora de gêneros diferentes, apresentam tal semelhança, que parecem do mesmo gênero.

Monogenismo, s. m. *Antrop.* Teoria que considera todas as raças humanas descendentes de um tipo único. — *M. lingüístico*: teoria que considera todas as línguas originárias de uma única língua.

Monogenista, adj. e s., m. e f. Sequaz do monogenismo.

Monógino, adj. (*mono*[2] + *gino*). *Bot.* Que tem um só pistilo.

Monografar, v. (*monógrafo + ar*). Tr. dir. Fazer a monografia de: *Monografar* uma *descoberta* científica.

Monografia, s. f. Trabalho escrito, pormenorizado, sobre tema restrito.

Monográfico, adj. Que se refere à monografia.

Monógrafo, adj. (gr. *monographos*). Que trata de um só objeto. S. m. Autor de monografia.

Monograma, s. m. (*mono*[2] + *grama*[4]). Entrelaçamento das letras iniciais do nome de uma pessoa.

Monogramático, adj. Que diz respeito a monograma.

Monogramo, adj. 1. *Pint.* Diz-se do trabalho composto só de linhas ou contornos. 2. *Filos.* Imaterial, impalpável.

Monóico, adj. *Bot.* Que apresenta órgãos sexuais masculinos e femininos no mesmo indivíduo; monécio.

Monoideísmo, s. m. *Psicol.* Estado do espírito ocupado por uma idéia única e que tende irresistivelmente à sua realização.

Monoilo, adj. *Zool.* Cujo corpo é formado de uma só massa homogênea; monilo.

Monolépide, adj. m. e f. (*mono*[2] + *lépido*[1]). *Zool.* Com uma só escama. Var.: *monolépido.*

Monolítico, adj. 1. Que diz respeito a monólito. 2. Que se assemelha a um monólito.

Monólito, adj. (gr. *monolithos*). Formado de uma só pedra. S. m. 1. Pedra de grandes dimensões. 2. Obra ou monumento de uma só pedra.

Monologar, v. (*monólogo* + *ar*). 1. Intr. Recitar monólogo. 2. Intr. Falar consigo próprio. 3. Tr. dir. Dizer só para si.

Monólogo, s. m. (gr. *monologos*). 1. Discurso de uma pessoa que fala consigo mesma; solilóquio. 2. Peça teatral ou cena, em que aparece e fala um só ator.

Monomania, s. f. (*mono*[2] + *mania*). 1. *Med.* Loucura ou mania, caracterizada por o enfermo se concentrar totalmente em uma idéia. 2. *P. ext.* Obsessão; mania exclusiva.

Monomaníaco, adj. e s. m. Que, ou o que tem monomania.

Monomaquia, s. f. (gr. *monomakhia*). *Dir. ant.* Na Idade Média, combate singular, que constituía prova judiciária por intermédio do duelo entre dois homens.

Monomeria, s. f. *Biol.* Não segmentação do corpo.

Monomérico, adj. 1. *Anat.* Derivado de um só segmento. 2. *Anat.* Que pertence a um só segmento. 3. *Zool.* Formado de uma só peça ou segmento.

Monômero, adj. *Entom.* Diz-se dos insetos cujos tarsos têm uma articulação apenas.

Monometalismo, s. m. Sistema monetário que só admite um metal, o ouro, como padrão legal.

Monométrico, adj. 1. Que diz respeito ao monômetro. 2. *Metrif.* Formado de versos de uma só medida: Poema *monométrico.*

Monômetro, adj. (*mono*[2] + *metro*[2]). O mesmo que *monométrico.* S. m. Poema com apenas uma espécie de versos.

Monômio, s. m. (*mono*[2] + *nomo*[3]). *Mat.* Quantidade algébrica, entre cujas partes não há interposição de sinal de adição ou de subtração.

Mononeuro, adj. (*mono*[2] + *neuro*). *Zool.* Que tem um só sistema nervoso.

Monoperiantado, adj. *Bot.* Com um só verticilo constituindo o perianto.

Monopétalo, adj. (*mono*[2] + *pétalo*[2]). *Bot.* 1. Com uma só pétala. 2. Diz-se de corola cujas pétalas são soldadas entre si; simpétalo, gamopétalo.

Monoplano, adj. (*mono*[2] + *plano*). Que tem um só plano. S. m. *Aeron.* Aeronave com um só plano de sustentação.

Monoplástico, adj. Construído com uma só peça.

Monoplegia, s. f. (*mono*[2] + *plego* + *ia*). *Med.* Paralisia de um só membro ou grupo muscular.

Monopneumone, adj. m. e f. *Biol.* Que só tem um pulmão ou apenas um saco pulmonar.

Monópode, adj. m. e f. *Zool.* Que tem um só pé.

Monopodia, s. f. 1. *Zool.* Qualidade de monópode. 2. *Terat.* Anomalia caracterizada pela existência de apenas um pé.

Monopódio, s. m. 1. Mesa com um só pé. 2. *Bot.* Tronco do qual partem todos os ramos laterais principais.

Monopólio, s. m. 1. Domínio completo do mercado, geralmente pela união de várias empresas em cartéis ou trustes. 2. Privilégio dado pelo governo a alguém, para poder, sem competidor, explorar uma indústria ou vender algum gênero especial.

Monopolista, s. m. e f. 1. Pessoa que monopoliza. 2. Pessoa que tem monopólio.

Monopolização, s. f. Ato ou efeito de monopolizar.

Monopolizador, adj. e s. m. Que, ou aquele que monopoliza.

Monopolizar, v. (*monopólio* + *izar*). Tr. dir. 1. Fazer manopólio de; abarcar, açambarcar. 2. Explorar abusivamente, vendendo sem competidor. 3. Possuir ou tomar exclusivamente para si.

Monopse, adj. m. e f. Que tem só um olho; monoftalmo, monope. Var.: *monopso.*

Monóptero, adj. 1. *Ictiol.* e *Ornit.* Com uma só barbatana ou uma só asa. 2. *Constr.* Sustentado por uma só ordem de colunas, sem paredes.

Monorrefringente, adj. m. e f. *Fís.* Que só produz uma refração simples; unirrefringente.

Monorrimo, adj. *Lit.* Diz-se da composição cujos versos têm a mesma rima. S. m. Composição poética em que os versos têm a mesma rima.

Monospermo, adj. 1. *Bot.* Diz-se do fruto que só contém uma semente. 2. Que é fecundado por um só espermatozóide.

Monósporo, adj. (*mono*[2] + *esporo*). 1. *Bot.* Com um só espório.

Monossacáride, s. m. (*mono*[2] + *sacáride*). *Quím.* Cada um de uma classe de açúcares simples, que consistem em um carboidrato não hidrolisável, de fórmula geral CH_2O; são classificados de acordo com o número de átomos de carbono na cadeia em diose, triose, tetrose, pentose, hexose e heptose.

Monossépalo, adj. *Bot.* 1. O mesmo que *monofilo.* 2. Com uma sépala só. 3. Com todas as sépalas unidas em uma só peça.

Monosseriado, adj. Que tem uma série só.

Monossilábico, adj. 1. Formado de uma só sílaba. 2. Formado de palavras que constam de uma só sílaba.

Monossílabo, adj. O mesmo que *monossilábico.* S. m. Palavra monossilábica.

Monossitia, s. f. Hábito de tomar apenas uma refeição por dia.

Monossomo, adj. *Terat.* Diz-se de dois seres anômalos fundidos em um só corpo.

Monóstico, adj. (gr. *monostikhos*). 1. Formado de um só verso. 2. *Biol.* Disposto em uma só fileira. S. m. Epigrama ou inscrição de um só verso.

Monostigmatia, s. f. *Bot.* Conjunto ou estado das plantas cujas flores têm um só estigma.

Monostilo, adj. *Bot.* Diz-se do ovário que tem um só estilete. S. m. *Arquit.* Coluna com um só fuste.

Monóstrofe, s. f. Composição poética de uma só estrofe.

Monóstrofo, adj. Que consta de uma só estrofe.

Monotálamo, adj. *Zool.* Diz-se das conchas providas de uma só cavidade.

Monotéico, adj. Que diz respeito ao monoteísmo.

Monoteísmo, s. m. Doutrina que admite um só Deus.

Monoteísta, adj. e s., m. e f. (*mono*[2] + *teísta*). Sequaz do monoteísmo. Adj. m. e f. Que se refere ao monoteísmo.

Monoteístico, adj. O mesmo que *monotéico.*

Monotipo, s. m. 1. *Tip.* Máquina de compor, que funde automaticamente caracteres tipográficos de uma matriz ou molde e reúne os caracteres fundidos um ao lado do outro em linhas justificadas, prontas para impressão. 2. *Náut.* Embarcação de esporte a vela.

Monótipo, s. m. (*mono*[2] + *tipo*[2]). *Biol.* 1. Espécie ou gênero que constitui, por si só, um gênero ou família. 2. Espécime único sobre o qual se baseia a descrição de uma espécie.

Monótiro, adj. *Zool.* Designativo das conchas que têm só uma valva.

Monotongação, s. f. *Gram.* Redução fonética do ditongo a uma simples vogal, como pouca (*pôca*), deixa (*dêxa*).

Monotongo, s. m. (gr. *monophthongos*). *Gram.* 1. Grupo de duas vogais em que uma é muda, como em *guerra, quinta.* 2. Vogal resultante da redução de um ditongo, por exemplo: o *o* de orelha (l. *auricula*, que deu **oricla*).

Monotonia, s. f. 1. Qualidade de monótono, uniformidade de tom. 2. Falta de variação. 3. *Pint.* Ausência de gradações nos tons. 4. Sensaboria, insipidez. Antôns. (acepções 1 e 2) *variedade, diversidade.*

Monótono, adj. (l. *monotonu*). 1. Em que há monotonia. 2. Que está quase sempre no mesmo tom. 3. Sem variação. 4. Uniforme em excesso. 5. Enfadonho. 6. Sensabor. Antôn. (acepções 1 a 4): *variado.*

Monotrêmatos, s. m. pl. *Zool.* Ordem (*Monotremata*) de mamíferos ovíparos, dotados de glândulas mamárias, mas sem mamilo, escorrendo o leite através da pele, que os filhotes mamam chupando um tufo de pêlos aglutinados; as espécies desta ordem, só existentes na fauna australiana, como o ornitorrinco, apresentam bico córneo, parecido com o de um pato, e possuem cloaca. Var.: *Monotremos*.

Monotremo, adj. (*mono*[2] + gr. *trema*). *Zool.* Que tem uma só abertura para todas as excreções. S. m. Mamífero da ordem dos Monotrêmatos. S. m. pl. Monotrêmatos. Var.: *monotreme*.

Monovalente, adj. m. e f. *Quím.* Que tem valência equivalente a 1; univalente.

Monóxido (*cs*), s. m. (*mono*[2] + *óxido*). *Quím.* Óxido que contém um átomo de oxigênio na molécula.

Monóxilo (*cs*), adj. (gr. *monoxulos*). 1. Formado de uma só peça de madeira. S. m. Barco inteiriço, de uma só peça; piroga.

Monoxó, adj. m. e f. *Etnol.* Relativo aos Monoxós, indígenas de Minas Gerais. S. m. e f. Indígena dessa tribo.

Monozoicidade, s. f. (*monozóico* + *dade*). Qualidade de monozóico.

Monozóico, adj. (*mono*[2] + *zóico*). Diz-se dos animais que vivem isolados.

Monquilho, s. m. (de *monco*). 1. Moléstia do gado lanígero. 2. Doença de cães; esgana.

Monroísmo, s. m. (*Monroe*, n. p. + *ismo*). Doutrina dos que não admitem a intervenção de nações não americanas em assuntos políticos da América.

Monsenhor, s. m. (ital. *monsignore*). 1. Título honorífico concedido pelo papa aos seus camareiros, a alguns prelados e a alguns eclesiásticos. 2. *Bot.* O mesmo que *crisântemo*.

Monsenhorado, s. m. Dignidade de monsenhor; monsenhoria.

Monstera, s. f. *Bot.* Gênero (*Monstera*) da família das Aráceas, constituído de trepadeiras com folhas grandes, perfuradas, e frutos comestíveis, fragrantes. Inclui a banana-do-brejo.

Monstrengo, s. m. O mesmo que *mostrengo*.

Monstro, s. m. (l. *monstru*). 1. *Med.* e *Vet.* Feto, humano ou animal, malformado ou com excesso ou deficiência de partes; monstruosidade, teratismo. 2. Ser de conformação extravagante, imaginado pela mitologia. 3. Animal ou coisa de grandeza desmedida. 4. Pessoa cruel, desumana, perversa. 5. Pessoa ou coisa muito feia, horrorosa. 6. Portento, prodígio, assombro. Adj. Muito grande.

Monstruosidade, s. f. 1. Qualidade de monstruoso. 2. O mesmo que *monstro*. 3. Coisa descomunal, extraordinária. 4. Coisa abominável.

Monstruoso, adj. (l. *monstruosu*). 1. Que tem qualidade ou natureza de monstro. 2. Que é contrário à ordem regular da natureza. 3. De grandeza extraordinária. 4. Que excede quanto se devia esperar. 5. Muito feio, repulsivo. 6. Que excede tudo que se possa imaginar de mau.

Monta, s. f. (de *montar*). 1. Soma total de uma conta. 2. Estimação, importe, custo, preço ou valor de uma coisa.

Montada, s. f. 1. Ato de montar. 2. Cavalgadura montada. 3. Elevação nas cambas do freio. 4. Uma pessoa com outra a cavaleiro.

Montado, adj. 1. Posto sobre a cavalgadura. 2. Colocado à maneira de cavaleiro. 3. Provido do necessário; equipado, guarnecido, arranjado.

Montagem, s. f. 1. Ato ou efeito de montar. 2. Ação de dispor todas as partes de um conjunto para que possa efetuar o trabalho a que está destinado. 3. Em cinematografia, operação técnico-estética que consiste em criar ritmo e despertar emoção por meio da combinação estudada de trechos de filmes de conteúdo e extensão diversos.

Montanha, s. f. 1. Monte elevado e de base extensa. 2. Série de montes. Col.: *cadeia, serra*. 3. Grande altura ou elevação de alguma coisa. 4. Grande volume. — *M.-russa*: a) divertimento que consiste numa série de vagonetas que deslizam sobre contínuos e súbitos aclives e declives, em grande velocidade, proporcionando emoções violentas às pessoas que nelas estão; b) doce de diversos cremes, tendo por cima certa porção de suspiro ou merengue em forma de cone.

Montanhês, adj. 1. Que se refere ou pertence a montanha. 2. Montanhoso. Adj. e s. m. 1. Que, ou aquele que vive nas montanhas. 2. Que, ou aquilo que é próprio dos habitantes da montanha. Fem.: *montanhesa*. – *Estado m., povo m.*: o Estado e o povo de Minas Gerais.

Montanhesco, adj. Que diz respeito a montanha.

Montanhoso, adj. 1. Que tem muitas montanhas. 2. Volumoso. Antôn. (acepção 1): *plano*.

Montanismo, s. m. (*Montano*, n. p. + *ismo*). Doutrina ou seita do século II, fundada por Montano, que afirmava estar próxima a vinda do Espírito Santo à Igreja e a descida da Jerusalém celeste.

Montanística, s. f. Tratado a respeito da extração e fusão dos metais.

Montano, adj. 1. Montanhês. 2. Montanhoso. 3. Rude.

Montante, adj. m. e f. Que se eleva; que sobe. S. m. 1. Grande espada antiga que se brandia com ambas as mãos. 2. Haste vertical do estéreo. 3. Importe, soma. 4. A enchente da maré; preamar. 5. O lado da nascente, em relação ao rio. 6. Cada uma das partes em que se encaixam os degraus de uma escada.

Montão, s. m. Acumulação desordenada, acervo de coisas dispostas sem ordem e em forma de monte; grande porção.

Montar, v. (l. v. **montare*). 1. Tr. dir., tr. ind., intr. e pron. Pôr(-se) sobre (uma cavalgadura); cavalgar. 2. Tr. dir. Dispor, preparar para entrar em funcionamento. 3. Tr. dir. Pôr em cena. 4. Tr. dir. Abrir, organizar (estabelecimento comercial, fábrica, indústria). 5. Tr. dir. Prover do necessário. 6. Tr. dir. Avaliar, estimar, orçar. 7. Tr. ind. Atingir uma determinada importância, chegar a. 8. Tr. dir. Engastar.

Montaraz, adj. m. e f. Montanhesco, silvestre. S. m. 1. Guarda de matas. 2. Maioral de gados.

Montaria[1], s. f. (de *monte*). 1. Lugar onde se corre caça grossa. 2. A caça que aí corre. 3. O mesmo que *monteada*. 4. Ofício de monteiro. 5. Arte da caça. 6. Perseguição feita por muita gente a alguém.

Montaria[2], s. f. (de *montar*). 1. Provisão de cavalos para o exército; remonta. 2. O mesmo que *cavalgadura*. 3. Canoa ligeira, de um só madeiro; monóxilo. 4. Sela usada pelas mulheres. 5. Saia comprida que as mulheres usam quando montam.

Monte, s. m. (l. *monte*). 1. Grande elevação de terreno acima do solo circunjacente. 2. Terra alta com arvoredos, matos, pastos etc. 3. Quantidade de quaisquer coisas em forma de monte. 4. Grande volume. 5. A massa dos bens da herança. 6. Porção de bens móveis e imóveis que em um inventário cabe em partilha a cada herança. 7. O bolo ou coleção das entradas de cada parceiro no jogo. 8. Parte da palma da mão junto da raiz dos dedos onde os tecidos moles se apresentam mais elevados. 9. Grupo, ajuntamento. 10. Terra coberta de mato ou de arvoredo e sem cultura alguma. 11. Lugarejo com limitado número de casas. S. m. pl. Cordilheira.

Monteada, s. f. 1. Caçada nos montes; montaria[1]. 2. Busca de caça grossa.

Monteador, adj. e s. m. (*montear* + *dor*). Que, ou aquele que caça nos montes; monteiro.

Montear[1], v. 1. Tr. dir. Caçar nos montes. 2. Tr. dir. Caçar em. 3. Tr. dir. Amontoar. 4. Intr. Andar à caça pelos montes.

Montear[2], v. (*montéia* + *ar*). Tr. dir. Fazer a montéia de.

Montéia, s. f. (fr. *montée*). 1. Esboço de uma construção, com as respectivas elevações. 2. Área ocupada por um edifício.

Monteira, s. f. (de *monte*). 1. Caçadora de monte. 2. Barrete ou carapuça de montanhês. 3. *Gír.* Prisão.

Monteiria, s. f. (de *monteiro*). 1. Cargo de monteiro. 2. Quinhão na multa imposta pelos monteiros aos que iam caçar às coutadas.

Monteiro, adj. (*monte* + *eiro*). Próprio para montear. S. m. Aquele que caça nos montes. 2. Guarda de mata; couteiro.

Montenegrino, adj. Que diz respeito a Montenegro. Adj. e s. m. Habitante ou natural de Montenegro.

Montepio, s. m. 1. Seguro de vida instituído pelo Estado ou por alguma associação, em virtude do qual aquele, ou esta, se obriga a dar à família do contribuinte certa pensão mensal. 2. A instituição para isso organizada: *Montepio* dos Empregados Municipais. 3. Pensão paga por essa instituição.

Montês, adj. 1. Que cresce ou vive nos montes. 2. Bravio, rústico, montanhesco. Fem.: *montesa.*

Montesino, adj. (*montês + ino*). Montanhês, montês, silvestre. Var.: *montesinho.*

Montevideano, adj. Que diz respeito a Montevidéu. Adj. e s. m. Habitante ou natural de Montevidéu.

monti-, elem. de comp. (l. *monte*). Expressa a idéia de *monte: montícola.*

Montícola, adj. e s., m. e f. (l. *monticola*). Que, ou o que vive nos montes (pessoa ou animal).

Montículo, s. m. 1. Pequeno monte. 2. V. *cômoro* e *outeiro.* 3. *Anat.* Lobo dorsal médio do cerebelo.

Montígeno, adj. Produzido nos montes.

Montívago, adj. Que vagueia pelos montes.

Montoeira, s. f. (de *montão*). 1. Grande quantidade. 2. Aglomeração de pedras soltas em antigas catas. 3. O mesmo que *montureira.*

Montra, s. f. (fr. *montre*). 1. Mostruário ou vitrina de estabelecimento comercial. 2. *Gír.* Janela de prisão.

Montureira, s. f. (de *monturo*). 1. Grande monturo. 2. Esterqueira, estrumeira. 3. O mesmo que *montoeira.*

Montureiro, s. m. (*monturo + eiro*). 1. Indivíduo que revolve monturos à procura de quaisquer objetos de que possa tirar proveito; garidaieiro, trapeiro.

Monturo, s. m. (*monti + uro*). 1. Monte de lixo ou de esterco. 2. Montão de coisas repugnantes ou vis. 3. Lugar onde se depositam dejeções ou imundícies.

Monumental, adj. m. e f. 1. Que se refere a monumento. 2. Grandioso, magnífico. 3. Enorme; extraordinário. Antôns. (acepção 2): *vulgar, insignificante.*

Monumento, s. m. (l. *monumentu*). 1. Obra de arte levantada em honra de alguém, ou para comemorar algum acontecimento notável. 2. Mausoléu. 3. Obra intelectual ou material digna de passar à posteridade. 4. Lembrança, recordação.

Moquear, v. (de *moquém*). Tr. dir. 1. Secar (carne) no moquém. 2. Sapecar (a carne), para não se danificar. 3. Assar em moquém. 4. Assar ligeiramente (o peixe), para tirar o pitu ou conservar. 5. Matar.

Moqueca, s. f. (guar. *moque-mboqué*). 1. Guisado de peixe ou marisco, temperado com azeite-de-dendê, coco e pimenta. 2. Enfiada de peixes miúdos. 3. Peixe moqueado envolto em folhas.

Moquém, s. m. (guar. *mocaẽ*). 1. Grelha alta, em que se moqueia a carne. 2. Utensílio com que se assa alguma coisa; grelha.

Moquenca, s. f. Guisado de carne de vaca, com vinagre, alho, pimenta etc.

Moquenco, adj. e s. m. (cast. *macuenco*). *Pop.* 1. Que, ou aquele que faz moquenquices. 2. Diz-se do, ou o indivíduo indolente, preguiçoso.

Moquenquice, s. f. (*moquenco + ice*). 1. Lábia, momice. 2. Indolência, preguiça.

Mor[1], adj. m. e f. Contração de *maior* (usada em linguagem poética e em palavras).

Mor[2], s. m. *Geol.* Conjunto de camadas superpostas de humo, muito ricas em matéria orgânica e que formam um tapete sobre o solo natural.

Mora, s. f. (l. *mora*). 1. Demora, detença. 2. Atraso no pagamento de um título de crédito. 3. Prorrogação de prazo de pagamento.

Morábito, s. m. (ár. *murabit*). Asceta maometano; morabuto.

Moráceas, s. f. pl. *Bot.* Família (*Moraceae*) da ordem Urticales, que compreende árvores ou arbustos com seiva leitosa e pequenas flores diclinas. S. f. Espécime dessa família.

Moráceo, adj. *Bot.* Relativo ou pertencente à família das Moráceas.

Morada, s. f. (de *morar*). 1. Lugar onde se mora, casa de habitação; domicílio, residência. 2. Lugar onde existe habitualmente uma certa e determinada coisa. 3. Estada, permanência, residência.

Moradia, s. f. O mesmo que *morada.*

Morado, adj. (de *mora = amora*). Da cor da amora.

Morador, adj. Que mora. S. m. 1. Aquele que mora. 2. Habitante, vizinho. 3. Inquilino. 4. Serviçal residente em propriedade rural.

Moral, adj. m. e f. 1. Relativo à moralidade, aos bons costumes. 2. Que procede conforme à honestidade e à justiça, que tem bons costumes. 3. Diz-se de tudo que é decente, educativo e instrutivo. S. f. 1. Parte da Filosofia que trata dos atos humanos, dos bons costumes e dos deveres do homem em sociedade e perante os de sua classe. 2. As leis da honestidade e do pudor. S. m. 1. Conjunto das nossas faculdades morais. 2. Disposição do espírito, energia para suportar as dificuldades, os perigos; ânimo. 3. Tudo o que diz respeito ao espírito ou à inteligência (por oposição ao que é material).

Moralidade, s. f. (l. *moralitate*). 1. Qualidade do que é moral, conformidade de uma ação ou doutrina com os preceitos da moral sã. 2. Caráter moral das pessoas, conduta regular. 3. Moral pública; pudor. 4. Sentido moral contido num conto, numa fábula.

Moralismo, s. m. (*moral + ismo*). 1. Sistema filosófico, que se ocupa exclusivamente da moral. 2. Tendência para omitir o elemento religioso na moral.

Moralista, adj. e s., m. e f. (*moral + ista*). 1. Que, ou quem escreve sobre moral. 2. Que, ou quem preconiza preceitos morais.

Moralização, s. f. Ato ou efeito de moralizar.

Moralizador, adj. e s. m. (*moralizar + dor*). Que, ou o que moraliza, ou contribui para os bons costumes. Adj. 1. Que encerra ou preconiza doutrinas sãs. 2. Que dá bons exemplos.

Moralizar, v. (*moral + izar*). 1. Tr. dir. Tornar moral, corrigir os costumes de, infundir idéias sãs em. 2. Tr. ind. Fazer reflexões morais. 3. Tr. dir. Apontar a doutrina moral contida em. 4. Tr. dir. Interpretar em sentido moral.

Moranga, s. f. Variedade de abóbora (*Cucurbita maxima*).

Morangal, s. m. (de *morango*). Terreno plantado de morangueiros.

Morango, s. m. (l. **moranicu*, de *mora?*). 1. Fruto do morangueiro. 2. Morangueiro.

Morangueiro, s. m. (*morango + eiro*). 1. *Bot.* Planta rosácea (*Fragaria vesca*) nativa da Europa, de que procedem todas as variedades cultivadas, melhoradas por hibridação. 2. Vendedor de morangos.

Morar, v. (l. *morari*). 1. Tr. ind. Assistir, habitar, residir em. 2. Intr. Viver. 3. Tr. ind. Achar-se, encontrar-se, existir, permanecer. 4. Tr. dir. *Ant.* Ter residência em.

Moratória, s. f. Prorrogação de prazo que o credor concede ao devedor para o pagamento de uma dívida. — *M. unilateral*: aquela decretada pelo país devedor sem anuência dos credores.

Moratório, adj. Que concede dilação para pagamento de uma dívida; dilatório.

Morávio, adj. (de *Morávia*, n. p.). 1. Que pertence ou se refere à Morávia. 2. Que pertence à seita dos morávios. Adj. e s. m. Habitante ou natural da Morávia. S. m. Membro dos morávios, versão do séc. XVIII do antigo movimento dos "Irmãos Boêmios".

morbi-, elem. de comp. (l. *morbu*). Expressa a idéia de *doença: morbíparo.*

Morbidade, s. f. (de *mórbido*). 1. Relação entre sãos e doentes. 2. Relação entre o número de casos de moléstias e o número de habitantes em dado lugar e momento.

Morbidez (*ê*), s. f. 1. Estado de mórbido. 2. Enfraquecimento mórbido. 3. Languidez. 4. Delicadeza ou suavidade nas cores de um retrato ou nas linhas de uma escultura.

Mórbido, adj. 1. Que pertence ou se refere a doença. 2. Doente, enfermo. 3. Que causa doença, ou que é efeito dela; doentio. 4. Que entorpece. 5. Diz-se de uma pintura ou escultura delicada ou suave.

Morbígeno, adj. O mesmo que *mórbido.*
Morbígero, adj. O mesmo que *mórbido.*
Morbíparo, adj. (*morbi + paro*[2]). Que produz doenças; morbífico.
Morbo, s. m. (l. *morbu*). Estado patológico; doença, enfermidade.
Morcegar, v. 1. Tr. dir. *Fig.* Sugar como morcego; explorar, tirar partido de. 2. Intr. Subir ou descer de um veículo em movimento.
Morcego (*ê*), s. m. (l. *mure + caecu*). 1. *Zool.* Mamífero voador noturno, da ordem dos Quirópteros, família dos Vespertilionídeos. Voz: *farfalha, trissa.* 2. *Hum.* Pessoa que só de noite sai de casa. 3. Espécie de papagaio de papel. 4. Garoto que anda seguro aos balaústres ou portinholas, nos bondes ou trens. 5. *Pej.* Alcunha de soldado de polícia. 6. Haste do tear que fixa as varetas empregadas para dividir os fios pares dos ímpares.
Morcegueira, s. f. *Bot.* Árvore leguminosa (*Andira inermis; Andira retusa*).
Mordaça, s. f. 1. Objeto com que se tapa a boca de alguém, para que não fale nem grite. 2. Açamo. 3. Repressão da liberdade de falar ou de escrever. 4. Soco nos queixos.
Mordacidade, s. f. 1. Qualidade de mordaz. 2. Sabor acre. 3. Propriedade de corrosivo. 4. Maledicência. 5. Crítica severa ou injusta.
Mordaz, adj. m. e f. 1. Que morde. 2. Corrosivo. 3. Picante. 4. Maledicente. 5. Pungente, satírico.
Mordedor, adj. e s. m. 1. Que, ou o que morde. 2. *Pop.* Que, ou o que vive de pedir dinheiro emprestado a amigos e conhecidos.
Mordedura, s. f. 1. Ato ou efeito de morder; dentada. 2. Ferida, sinal ou vestígio de dentada. 3. Impressão dolorosa. 4. Ação de mordente sobre a chapa metálica preparada, nas partes abertas pelo gravador.
Morde-e-assopra, s. m. e f., sing. e pl. *Pop.* Pessoa hipócrita e malévola.
Mordente, adj. m. e f. 1. Que morde. 2. Corrosivo. 3. Incisivo, penetrante (som). 4. Excitante, provocador. 5. Mordaz. 6. Que age como mordente (por ex. em tingidura). S. m. 1. Causticidade. 2. Preparação química que serve para fixar um corante dentro de uma substância ou sobre ela, formando composto insolúvel. 3. Preparação usada por pintores para fixar as tintas. 4. *Mús.* Ornamento melódico, que consiste na mudança rápida para uma segunda, abaixo da nota real. 5. *Tip.* Régua metálica, de que se servem os tipógrafos para regular a composição, evitando saltos de linha. 6. Peça interna do mandril, que fixa brocas, verrumas e puas, de diversos calibres.
Morder, v. (1. *mordere*). 1. Tr. dir. Apertar, comprimir ou ferir com os dentes. 2. Intr. Cravar os dentes; dar dentadas. 3. Tr. dir. e tr. ind. Dar dentadas em. 4. Pron. Dar dentadas em si próprio. 5. Pron. *Fig.* Possuir-se de um sentimento condenável. 6. Tr. dir. *Fig.* Afligir, atormentar, pungir, torturar. 7. Tr. dir. Crestar, tostar. 8. Tr. dir. Corroer. 9. Tr. dir. Ferir ou picar com órgãos especiais (diz- de cobra, marimbondo, aranha etc.). 10. Intr. Causar ardor, ou prurido, ou comichão. 11. Tr. dir. Pisar (o trigo) para reduzir a farinha. 12. Tr. dir. Criticar com malevolência ou caluniar. 13. Tr. dir. *Pop.* Pedir dinheiro emprestado a.
Mordexim, s. m. (cocani *modxi*). *Med.* Cólera-morbo.
Mordicação, s. f. (1. *mordicatione*). 1. Ato ou efeito de mordicar. 2. Sensação desagradável que os líquidos acres ou corrosivos produzem no corpo. 3. Formigamento interior.
Mordicante, adj. m. e f. Que mordica; que produz mordicação.
Mordicar, v. (b. 1. *mordicare*). Tr. dir. 1. Morder de leve e repetidas vezes. 2. Picar, pungir, estimular. Var.: *mordiscar.*
Mordicativo, adj. O mesmo que *mordicante.*
Mordida, s. f. 1. Mordedura. 2. *Pop.* Bocado de alimento que se tira numa dentada.
Mordidela, s. f. O mesmo que *mordedura.*
Mordido, adj. 1. Apertado ou ferido com os dentes. 2. Embriagado, ébrio.
Mordimento, s. m. 1. Mordedura. 2. Remorso.
Mordiscar, v. O mesmo que *mordicar.*
Mordomado, s. m. 1. O mesmo que *mordomia.* 2. Duração da mordomia.
Mordomar, v. (*mordomo + ar*). Mordomizar.
Mordomia, s. f. 1. Cargo ou função do mordomo. 2. *Pop.* Conjunto de facilidades ou vantagens excessivas de que alguém desfruta em decorrência do cargo que ocupa. 3. *Pop.* Bem-estar, conforto, regalia.
Mordomizar, v. (*mordomo + izar*). 1. Tr. dir. Administrar, dirigir como mordomo. 2. Intr. Exercer as funções ou o cargo de mordomo.
Mordomo, s. m. (1. *maiore domu*). 1. Administrador de uma casa ou de um estabelecimento. 2. Aquele que administra bens de confrarias ou irmandades. 3. O que toma parte na direção de uma festa de igreja.
Moréia[1], s. f. Grupo de feixes de trigo ou de outro cereal, formando montão de forma cônica; meda.
Moréia[2], s. f. (gr. *muraina*). *Zool.* Peixe marinho da família dos Murenídeos, cujas espécies têm o corpo serpentiforme e nadadeira dorsal envolvendo a cauda e grande parte do ventre; caramuru.
Moreira, s. f. 1. *Bot.* Planta morácea (*Bogassa guyanensis*). 2. *Pop.* O mesmo que *amoreira.*
Moreiredo (*ê*), s. m. Lugar onde crescem amoreiras.
Morena[1], s. f. 1. Mulher trigueira. 2. Espécie de dança acompanhada de canto. 3. Moça; moça do campo.
Morena[2], s. f. (fr. *moraine*) *Geol.* Detritos rochosos transportados pelas geleiras.
Morenado, adj. *Poét.* Que se tornou moreno; amorenado.
Moreno, adj. e s. m. (cast. *moreno*). 1. Que, ou aquele que tem cor trigueira. 2. Diz-se do, ou o indivíduo de raça branca que tem cabelos negros ou escuros.
Morerê, s. m. *Ictiol.* Peixe da família dos Ciclídeos; mererê.
Morféia, s. f. V. *hanseníase.*
Morfema, s. f. (gr. *morphe + ema,* de *fonema*). Elemento lingüístico que exprime as relações entre as idéias e compreende afixos e desinências.
Morfético[1], adj. e s. m. Que, ou aquele que tem morféia; hanseniano.
Morfético[2], adj. 1. Referente a Morfeu. 2. Relativo ao sono.
Morfina, s. f. (fr. *morphine*). *Quím.* Base amarga cristalina narcótica, que forma hábito, $C_{17}H_{19}NO_3$; é usado em medicina na forma de sal solúvel, principalmente como analgésico e sedativo.
Morfinismo, s. m. 1. Abuso da morfina como calmante ou como excitante. 2. Conjunto de fenômenos resultantes desse abuso.
Morfinizar, v. 1. Tr. dir. Aplicar morfina a. 2. Pron. Usar ou abusar da morfina. 3. Pron. Contrair o vício da morfinomania.
morfino-, elem. de comp. Exprime a idéia de *morfina: morfinomania.*
Morfinomania, s. f. (*morfino + mania*). Hábito mórbido de usar a morfina ou seus derivados; vício da morfina.
Morfinomaníaco, adj. e s. m. O mesmo que *morfinômano.*
Morfinômano, adj. e s. m. Que, ou o que toma muita morfina e não pode passar sem ela; morfinomaníaco.
morfo-, elem. de comp. Exprime a idéia de *forma: morfogenia, morfologia.*
Morfogenia, s. f. (*morfo + geno + ia*). *Biol.* Conjunto de leis que presidem à produção da forma; disposição que as moléculas tomam na composição de um corpo.
Morfogênico, adj. Que diz respeito à morfogenia.
Morfologia, s. f. (*morfo + logo*[2] *+ ia*). 1. Tratado das formas e das figuras. 2. *Biol.* Estudo das formas de que a matéria pode revestir-se nos seres organizados. 3. Descrição dessas formas. 4. *Gram.* Estudo da formação e da estrutura, da flexão e da classificação das palavras. 5. *Anat.* Estudo da forma e posição dos diferentes órgãos do corpo e das relações que eles guardam entre si.
Morfológico, adj. Que se refere à morfologia.

Morfologista, s. m. e f. Que se ocupa cientificamente de morfologia.

Morfólogo, s. m. *(morfo + logo²).* Indivíduo versado em morfologia; morfologista.

Morfose, s. f. (gr. *morphosis*). 1. Ato de tomar forma. 2. Ato de formar ou de dar forma.

Morfozoário, s. m. *(morfo + zoário). Biol.* Todo animal cuja forma está bem determinada.

Morgada, s. f. 1. Esposa ou viúva de morgado. 2. Senhora de bens que constituem um morgadio.

Morgadio, adj. Que diz respeito a morgado. S. m. 1. Qualidade de morgado. 2. Bens de morgado.

Morgado, adj. (1. med. **maioricatu*). Farto, rico. S. m. 1. Certos bens vinculados, que não se podiam dividir nem alienar, e que por morte do possuidor passavam ao filho primogênito. 2. O possuidor ou herdeiro desses bens. 3. O filho primogênito de família em que havia bens vinculados. 4. O primogênito de qualquer família. 5. O filho único. 6. Coisa que dá muito bons lucros.

Morganático, adj. (1. med. *morganaticu,* formado sobre *morgan (geba),* de origem germânica). 1. Designativo do casamento de um príncipe com uma mulher de condição inferior, e em que a esposa ou os filhos não adquirem nem os títulos, nem as propriedades do marido ou pai. 2. Diz-se da esposa ou filhos desse casamento.

Moribundo, adj. e s. m. (1. *moribundu*). Que, ou aquele que está quase a morrer; agonizante.

Morigeração, s. f. Ato ou efeito de morigerar.

Morigerado, adj. 1. Que tem bons costumes; boa educação 2. Comedido, moderado.

Morigerante, adj. Que serve para morigerar.

Morigerar, v. (1. *morigerari*). 1. Tr. dir. Comedir, moderar os atos, os costumes de. 2. Intr. Edificar, instruir, educar moralmente. 3. Pron. Granjear bons costumes; comedir-se, moderar-se.

Morígero, adj. *Poét.* Morigerado.

Morim, s. m. (malaio *muri?*). Pano branco e fino de algodão.

Morinda, s. f. *Bot.* 1.Gênero *(Morinda)* da família das Rubiáceas, constituído de árvores e arbustos da Índia tropical. 2. Planta desse gênero.

Moringa¹, s. f. Bilha para água. Sinôn.: *quartinha.*

Moringa², s. f. *Bot.* 1. Gênero *(Moringa)* da família das Moringáceas, constituído de árvores da África e da Índia. 2. Qualquer planta desse gênero.

Moringáceas, s. f. pl. *Bot.* Família *(Moringaceae)* da ordem das Readales, coextensiva com o gênero Moringa. S. f. Espécime dessa família.

Moringáceo, adj. *Bot.* Relativo ou pertencente à família das Moringáceas.

Moringue, s. m. V. *moringa¹.*

mório-, elem. de comp. (gr. *morion*). Encerra a idéia de *parte, parcela: morioplastia.*

Morioplastia, s. f. *(mório + plasto + ia). Cir.* Substituição de qualquer parte de um órgão.

Morivene, adj. m. e f. *Etnol.* Relativo aos Morivenes, indígenas aruaques do Rio Içana. S. m. e f. Indígena dessa tribo.

Mormaceira, s. f. Estado do tempo quente e úmido.

Mormacento, adj. 1. Que se assemelha ao mormo. 2. Diz-se do tempo quente e úmido.

Mormaço, s. m. Calor, quentura, mormaceira.

Mormente, adv. Sobretudo; principalmente; maiormente.

Mormo *(ô),* s. m. (1. *morbu*). Doença infecciosa do gado cavalar e asinino, que ocasiona inflamação da membrana pituitária, com corrimento de pus pelas vias nasais.

Mórmon, s. m. Sectário do mormonismo. Var.: *mórmone.* Pl.: *mórmons* ou *mórmones.*

Mormonismo, s. m. Seita religiosa, social e cooperativista, fundada em 1830 por Joseph Smith, em Salt Lake City, Estados Unidos. Os mórmons praticavam a poligamia, que foi abolida desde 1887 pela lei americana.

Mornar, v. 1. Tr. dir. O mesmo que *amornar.* 2. Intr. Demorar, não ser expedito.

Mornidão, s. f. (de *morno*). 1. Estado de morno; tepidez. 2. Frouxidão, tibieza.

Morno *(ô),* adj. 1. Pouco quente; tépido. 2. Sem energia, frouxo. 3. Sereno, tranqüilo. 4. Insípido, monótono. Antôns. (acepção 3): *ativo, agitado.*

Moroba, s. f. *Ictiol.* Peixe fluvial, espécie de traíra *(Erythrinus unitæniatus).*

Mororó, s. m. 1. *Bot.* Árvore leguminosa-cesalpiniácea *(Bauhinia forficata);* unha-de-boi. 2. *Ictiol.* Peixe murenídeo; mirorό.

Morosidade, s. f. Qualidade do que é moroso; lentidão. Antôns.: *pressa, prontidão.*

Moroso, adj. (1. *morosu*). 1. Demorado, lento, tardio, vagaroso. 2. Que demora a fazer. 3. Difícil de fazer; prolongado.

Morototó, s. m. *Bot.* Planta araliácea *(Didymopanax morototoni);* marupá.

Morra!, interj. (de *morrer*). Exprime desagrado, reprovação; ódio ou vingança. Antôn.: *viva!*

Morraca, s. f. (de *morrão*). Isca feita de trapos, para acender o fogo.

Morraça, s. f. 1. O estrume vegetal dos pântanos e terras lamacentas. 2. *Pop.* Vinho ou bebida de má qualidade.

Morrada, s. f. *(morro + ada).* Grande quantidade de morros.

Morrão, s. m. 1. Extremidade da mecha ou da torcida depois de carbonizada. 2. Pedaço de corda breada, com que se dava fogo às peças. 3. Grão que apodrece na espiga antes da maturação.

Morraria, s. f. Série de morros.

Morrediço, adj. 1. Que está a morrer. 2. Que está a findar. 3. Amortecido, mortiço.

Morredouro, adj. (1. *morituru*). 1. Morrediço. 2. Decrépito. 3. Transitório, frágil. 4. Mortal. S. m. Lugar doentio ou miasmático, em que há muitos óbitos. Var.: *morredoiro.*

Morremorrer, v. Intr. Morrer lentamente.

Morrente, adj m. e f. Que está morrendo; morrediço, moribundo

Morrer, v. (1. v. **morere,* pelo depoente *mori*). 1. Tr. ind. e intr. Cessar de viver, extinguirem-se as funções vitais de; falecer: *Morreu de* pneumonia. A certeza de *morrer.* 2. Tr. dir. Passar, sofrer (morte): *Morrer morte* honrosa. 3. Tr. ind. e pron. Sofrer muito, ter dores físicas e morais: *Morria de* dor de dente. *Morria-se de* saudades da pátria. 4. Tr. ind. e intr. Cessar, extinguir-se: A democracia *morre com* os desgovernos. Amor verdadeiro não *morre.* 5. Intr. Afrouxar lentamente; desaparecer: Já o sol *morria* (Când. de Figueiredo). 6. Tr. dir. Ficar inacabado, interrompido ou suspenso. 7. Intr. Acabar, findar, terminar. 8. Tr. ind. Cessar de correr ou de ter movimento: As ondas *morrem na* praia (Coelho Neto, *ap.* Laud. Freire). 9. Intr. Estiolar-se, não medrar. 10. Intr. Parecer ou tornar-se menos vivo. 11. Intr. Perder a energia, a vivacidade, o vigor. 12. Intr. Cair no esquecimento. 13. Tr. ind. Desaparecer sem ser revelado. 14. Tr. ind. Desaguar ou desembocar em. 15. Tr. ind. Gostar muito de, ter grande afeição a: *Morria por* Marília. 16. Tr. ind. Desejar ardentemente: *Morriam por* saber quem era ela. 17. Tr. ind. Cair num logro, deixar-se iludir, sofrendo as conseqüências disso. 18. Tr. ind. Pagar a conta de que outros participam. 19. V. de lig. Finar, falecer em certo estado ou condição: Não queria *morrer solteira!* Vivera e *morrera cristão.*

Morrião¹, s. m. (cast. *morrión*). Antigo capacete sem viseira, com tope enfeitado.

Morrião², s. m. (fr. *mourion,* variante de *mouron*). *Bot.* Nome comum às plantas do gênero Anagális, particularmente da *Anagallis arvensis,* de flores escarlates, que se fecham no tempo chuvoso. *M.-dos-passarinhos:* planta da família das Cariofiláceas *(Stellaria media),* comum na Europa, cujas folhas são usadas como alimento de aves de gaiola.

Morrinha, s. f. 1. Sarna do gado; gafeira. 2. *Pop.* Ligeira enfermidade. 3. Mau cheiro, exalado por pessoa ou animal; catinga, bodum. 4. Tristeza, melancolia. 5. Mal-estar do corpo que produz preguiça, moleza, lassidão. 6. Restos de uma doença; febrícula, torpor.

Morrinhento, adj. *Pop.* 1. Que tem morrinha. 2. Achacadiço, enfraquecido, morredouro. 3. Diz-se de coisa prolongada, maçante. 4. Diz-se do tempo que se apresenta com chuviscos insistentes.

Morrinhoso, adj. O mesmo que *morrinhento*.

Morro, s. m. (cast. *morro*). 1. Monte de pouca altura; oiteiro. 2. Pedreira.

Morrote, s. m. Pequeno morro.

Morsa[1], s. f. *Zool.* Nome comum a dois grandes mamíferos carnívoros pinípedes, da família dos Odobenídeos, que ocorrem nos mares árticos, cujo peso pode ultrapassar uma tonelada.

Morsa[2], s. f. *Mec.* Dispositivo, fixado à bancada, para segurar ou apertar peças a serem trabalhadas; torno de bancada; torninho.

Morsegão, s. m. (de *morsegar*). 1. Bocado que se arranca com os dentes. 2. Dentada. 3. Beliscão.

Morsegar, v. (1. *morsicare*). Tr. dir. 1. O mesmo que *mordicar*. 2. Fazer mossa em.

Morso, s. m. (1. *morsu*). 1. *Poét.* O mesmo que *mordedura*. 2. Bocal do freio.

Morsolo, s. m. Qualquer pastilha medicamentosa.

Morta-cor, s. f. V. *morte-cor*.

Mortadela, s. f. (ital. *mortadella*). Espécie de grande salame.

Mortagem, s. f. (de *morto*). *Carp.* Chanfradura, na extremidade de uma peça de madeira, para receber o topo de outra peça.

Mortal, adj. m. e f. 1. Que está sujeito à morte. 2. Passageiro, transitório. 3. Moribundo, morrediço. 4. Que causa a morte. 5. Que produz grande aflição ou tormento. 6. Capital, profundo. 7. Encarniçado, figadal. 8. Cruel. S. m. pl. A humanidade, os viventes.

Mortalha, s. f. (1. *mortualia*). 1. Vestidura que envolve o cadáver que vai ser sepultado. 2. No cigarro, papel ou palha que envolve o fumo. 3. Vestidura branca, talar, que certos penitentes levam nas procissões.

Mortalidade, s. f. (1. *mortalitate*). 1. Qualidade de mortal. 2. Obituário. 3. Mortandade, carnificina. 4. Conjunto de mortes ocorridas num espaço de tempo.

Mortandade, s. f. 1. Grande número de mortes. 2. Mortalidade. 3. Matança, carnificina.

Morte, s. f. (1. *morte*). 1. Ato ou fato de morrer. 2. Fim da vida animal ou vegetal; termo da existência. 3. Pena capital. 4. Destruição, perdição. 5. Pesar profundo. 6. Fim, termo. *M. civil:* perda de todos os direitos e regalias civis. *M. da alma:* estado da alma perdida pelo pecado. *M. eterna, Teol.:* a do pecador condenado por toda a eternidade. *M. moral:* perda de todos os sentimentos de honra.
De má m.: de má índole; mau. *De m.:* a) mortal: Ódio *de morte;* b) danado, terrível, insuportável.

Morte-cor, s. f. As primeiras cores, geralmente pouco vivas, que os pintores dão aos seus quadros. Var.: *morta-cor*.

Morteirada, s. f. 1. Tiro de morteiro. 2. Série de tiros de morteiro. 3. Pancada com a cabeça. 4. Pancada.

Morteiro, s. m. (1. *mortariu*). 1. Canhão curto e grosso. 2. Pequena peça pirotécnica, que se carrega com pólvora, para dar tiros ou fazer explosão festiva. 3. Almofariz.

Morte-lúz, s. f. O mesmo que *morte-cor*.

morti-, elem. de comp. (1. *mortu*). Expressa a idéia de *morto: mortiço*.

Morticínio, s. m. (1. *morticiniu*). Matança, mortandade.

Mortiço, adj. *(morti + iço)*. 1. Que está a morrer; morrediço. 2. Prestes a apagar-se. 3. Desanimado. 4. Desmaiado.

Mortífero, adj. Que causa a morte; letal, mortal.

Mortificação, s. f. 1. Ato ou efeito de mortificar. 2. Aflição, tormento. 3. Domínio, repressão de certos sentidos.

Mortificado, adj. 1. Que se mortificou; castigado, flagelado. 2. Muito apoquentado; muito contrariado. 3. Atormentado.

Mortificador, adj. e s. m. Que, ou o que mortifica.

Mortificante, adj. m. e f. Que mortifica.

Mortificar, v. (1. *mortificare*). 1. Tr. dir. Enfraquecer ou extinguir a vitalidade de (alguma parte do corpo). 2. Tr. dir. e pron. Macerar(-se) (o corpo) com jejuns e penitências. 3. Tr. dir. e pron. Afligir(-se), apoquentar(-se), atormentar(-se). 4. Tr. dir. Destruir, reprimir. 5. Tr. dir. Apagar, desvanecer, dissipar.

Mortificativo, adj. O mesmo que *mortificante*.

Morto, adj. (1. *mortuu*). 1. Que morreu; defunto, falecido. 2. Que deixou de existir. 3. Diz-se dos vegetais murchos, secos e sem vida. 4. Diz-se da língua que já não é falada. 5. Insensível ou indiferente a qualquer sentimento. S. m. 1. Aquele que morreu. 2. Cadáver humano.

Mortório, s. m. 1. Enterro, funeral, préstito fúnebre. 2. Sítio da seara em que a sementeira não chegou a germinar. 3. Desuso, esquecimento.

Mortualha, s. f. 1. Grande número de cadáveres. 2. Funeral.

Mortuárias, s. f. pl. 1. O mesmo que *mortulhas*. 2. Catacumbas, sepulturas, ossários.

Mortuário, adj. Que se refere à morte ou aos mortos; fúnebre.

Mortulhas, s. f. pl. Parte que, dos bens de um defunto, se pagava à Igreja.

Mortuório, s. m. (1. *mortuu*). Exéquias, funeral.

Morubixaba, s. m. (tupi *morybyxaba*). 1. *Etnol.* Cacique ou chefe de tribo indígena brasileira. 2. *Folc.* O mestre da dança dos caboclinhos, bailado típico nordestino. 3. *Gír.* Chefe, patrão.

Mórula[1], s. f. Pequena demora ou espera.

Mórula[2], s. f. *Biol.* Primeira forma do embrião após a segmentação do óvulo fecundado, constituída por uma massa globular sólida de células, cuja superfície tem o aspecto de uma amora.

Mosaico[1], s. m. (ital. *mosaico*). 1. Desenho feito com embutidos de pedras de várias cores. 2. Pavimento feito de ladrilhos variegados. 3. Arte de fazer obras desse gênero. 4. Qualquer obra do artefato composto de partes visivelmente distintas. 5. Miscelânea. 6. Nome comum a várias doenças virulentas de plantas, caracterizadas especialmente pelo mosqueado verde-claro e verde-escuro das folhas. Adj. Feito de mosaico ou com ele parecido.

Mosaico[2], adj. Que pertence ou se refere a Moisés.

Mosaísmo, s. m. Doutrina de Moisés; moiseísmo.

Mosaísta[1], adj. e s., m. e f. Que, ou pessoa que trabalha em obras de mosaico.

Mosaísta[2], s. m. e f. Pessoa que segue o mosaísmo; moiseísta.

Mosca (ô), s. f. (l. *musca*). 1. *Entom.* Inseto díptero cujo tipo é a mosca doméstica (*Musca domestica*), e cujas espécies são numerosíssimas. Col.: *moscaria, mosquedo.* Voz: *zine, zoa, zumbe, zune.* 2. Pessoa importuna. 3. Pinta artificial no rosto. 4. Tufo de cabelos que alguns homens deixam crescer isolado do resto da barba, por baixo do lábio inferior. 5. Remate de costura que une entre si duas peças contíguas. 6. Parasita, importuno, curioso. 7. Ponto ou círculo negro colocado no centro de um alvo. 8. Artifício, de penas ou ouropel, com que se guarnece um anzol, usado como isca na pesca.
— *M.-atordoada*: pessoa estonteada e desajeitada para qualquer coisa. *M.-branca*: coisa difícil de encontrar, coisa rara. *M.-de-madeira*: mosca cujas larvas são brocas do tronco de certas árvores. As espécies pertencem ao gênero Pantoftalmo.

Moscada[1], s. f. Grande quantidade de moscas.

Moscada[2], s. f. Fruto da moscadeira; noz-moscada.

Moscadeira, s. f. *Bot.* Árvore miristicácea (*Myristica fragrans*), que produz a noz-moscada.

Moscadeiro, s. m. Utensílio para enxotar moscas.

Moscado, adj. (l. med. *muscatu*). Almiscarado, de perfume agradável, oloroso.

Moscão, s. m. 1. Grande mosca, moscardo. 2. Pessoa sonsa.

Moscar, v. (*mosca + ar*). Intr. e pron. 1. Fugir das moscas, como o gado. 2. Desaparecer da presença de alguém; sumir-se: Ao ver o soldado, o malandro *moscou* (ou: *moscou-se*). Conjugação: ind. pres.: *musco, muscas, musca, moscamos, moscais, muscam*; subj. pres.: *musque, musques, musque, mosquemos, mosqueis, musquem.*

Moscardo, s. m. (de *mosca*). 1. Moscão, tavão. 2. *Gír.* Sopapo, bofetão.

Moscaria, s. f. *Fam.* O mesmo que *mosquedo*.

Moscatel, adj. m. e f. (cast. *mascatell*). Diz-se da, ou a variedade de uva muito doce e aromática e de que há várias espécies. S. m. Diz-se do vinho dessa uva.

Mosco[1], adj. *Etnol.* Relativo aos moscos, povo oriental que habitava entre o Cáspio e o Mar Negro. S. m. Indivíduo desse povo.

Mosco[2] (*ô*), s. m. Mosca pequena; mosquito.

Moscóvia, s. f. (de *Moscóvia*, n. p.). Couro preparado na Rússia. Var.: *mascóvia*.

Moscovita, adj. m. e f. 1. Que pertence ou se refere a Moscou. 2. *Por ext.* O mesmo que *russo*. S. m. e f. 1. O habitante ou natural de Moscou. 2. *Por ext.* O mesmo que *russo*. S. f. *Miner.* V. *muscovita*.

Moslém, s. m. (ár. *moslim*). O mesmo que *muçulmano*. Var.: *mosleme*.

Moslêmico, adj. (*moslém* + *ico*). Que diz respeito aos muçulmanos.

Moslemita, s. m. e f. (de *moslém*). Renegado cristão que abraçou o maometismo.

Moslim, s. m. O mesmo que *moslém*.

Mosqueado, adj. 1. Sarapintado. 2. Que tem malhas escuras.

Mosquear, v. (*mosca* + *ear*). 1. Tr. dir. Salpicar de manchas ou pintas: O moleque *mosqueou a parede*. 2. Intr. Mover (o animal) a cauda para afastar as moscas. 3. Intr. Percorrer as ruas (o motorista) em busca de freguês; mariscar.

Mosquedo (*ê*), s. m. Grande quantidade de moscas; moscaria.

Mosqueiro, s. m. 1. Lugar cheio de moscas. 2. Armadilha para apanhar moscas. 3. Frege-moscas.

Mosqueta, s. f. (cast. *mosqueta*). 1. *Bot.* Rosa branca, de cheiro almiscarado (*Rosa semper virens*, ou *Rosa moschata*). 2. O mesmo que *bogari*.

Mosquetaço, s. m. Tiro de mosquete.

Mosquetada, s. f. 1. Mosquetaço. 2. Ferida causada por tiro de mosquete.

Mosquetão, s. m. (de *mosca*). 1. Peça metálica para prender os relógios de bolso. 2. Pequeno fuzil.

Mosquetaria, s. f. 1. Grande número de mosquetes, de mosqueteiros, ou de tiros de mosquete. 2. Descarga de muitos mosquetes.

Mosquete (*ê*), s. m. (it. *moschetto*). *Ant.* Espingarda de infantaria, introduzida no século XVI, predecessora da espingarda moderna.

Mosquetear, v. 1. Tr. dir. Disparar tiros de mosquete contra. 2. Intr. Dar tiros de mosquete.

Mosqueteiro, s. m. Soldado armado de mosquete.

Mosquitada, s. f. Grande número de mosquitos; mosquitame.

Mosquitador, s. m. Negociante de pequenos diamantes, chamados *mosquitos*.

Mosquiteiro, s. m. (*mosquito* + *eiro*). 1. Cortinado ou rede que resguarda dos mosquitos; mosqueiro. 2. *Bot.* Árvore leguminosa (*Machaerium angustifolium*); sete-casacas.

Mosquitinho, s. m. (*mosquito* + *inho*). 1. Dim. de *mosquito*. 2. *Entom.* Pequena abelha (*Paratrigona lineata*), que nidifica no solo; jataí-da-terra.

Mosquito, s. m. (cast. *mosquito*). 1. *Entom.* Denominação genérica dos insetos dípteros, de pequeno tamanho, da subordem dos Nematóceros. 2. Anzol de dimensão minúscula para a pesca de peixes pequenos. 3. Diamante pequeno. 4. Bicha de rabear. 5. Pequeno busca-pé sem bomba. S. m. pl. Índios da América Central. — *M.-das-galhas*: nome comum a numerosas diminutas moscas dípteras da família dos Cecidomiídeos, a maioria das quais causam a formação de galhas em várias plantas. *M.-do-mangue*: o mesmo que *maruim*. *M.-pólvora*: o mesmo que *maruim*.

Mossa, s. f. (l. *morsa*). 1. Vestígio de uma pancada ou pressão forte; amolgadela, amolgadura. 2. Entalho, rebaixo ou cavidade na madeira, no fio de uma lâmina ou em qualquer superfície. 3. Abalo, impressão moral.

Mossegar, v. O mesmo que *morsegar*.

Mossoroca, s. f. Feixe, molho, punhado; maçaroca.

Mostaço, s. m. Grande quantidade de mosto.

Mostárabe, adj. e s., m. e f. O mesmo que *moçárabe*.

Mostarda, s. f. (de *mosto*). 1. Semente da mostardeira. 2. Mostardeira. 3. Farinha de semente de mostardeira. 4. Molho que se prepara com essa farinha. S. m. Chumbo fino.

Mostardal, s. m. (*mostarda* + *al*). Terreno onde vicejam mostardeiras.

Mostardeira, s. f. 1. *Bot.* Nome comum às plantas que produzem mostarda, particularmente a espécie *Brassica hirta*, de gosto e cheiro picantes, característicos; mostarda, mostarda-branca. 2. Vaso em que se serve o molho de mostarda.

Mostardeiro, s. m. 1. O mesmo que *mostardeira* (vaso). 2. Cultivador ou vendedor de mostarda.

Mosteiro, s. m. (l. *monasteriu*). Casa onde vivem em comunidade monges ou monjas; cenóbio, convento.

mosti-, elem. de comp. (l. *mustu*). Expressa a idéia de *mosto*: *mostífero*.

Mostífero, adj. (*mosti* + *fero*[1]). 1. Que produz mosto. 2. Em que há mosto.

Mosto, s. m. (l. *mustu*). 1. Sumo da uva, antes de se completar a fermentação. 2. Suco, em fermentação, de qualquer fruta que contenha açúcar. 3. Enxame de abelhas.

Mostra, s. f. (de. *mostrar*). 1. Ato ou efeito de mostrar. 2. Manifestação, sinal. 3. Exibição. 4. Aparência, aspecto, exterioridade. 5. Exemplar, modelo, tipo. S. f. pl. Aparências, atos exteriores, gestos, manifestações, sinal.

Mostrador, adj. e s. m. 1. Que, ou o que mostra, revela, manifesta. 2. Diz-se do dedo indicador. S. m. 1. Quadrante do relógio onde estão marcadas as horas e os minutos. 2. Mostruário.

Mostrar, v. (l. *monstrare*). 1. Tr. dir. Exibir, expor à vista, fazer ver. 2. Tr. dir. Dar sinal de; denotar, manifestar, significar. 3. Tr. dir. Apontar, indicar, notar. 4. Pron. Dar-se a conhecer; manifestar-se, revelar-se. 5. Tr. dir. Aparentar, fingir, simular. 6. Pron. Dar a conhecer ou revelar uma qualidade. 7. Pron. Aparecer, deixar-se ver, expor-se às vistas de. 8. Pron. *Pop.* Exibir-se, pôr-se em evidência vaidosamente.

Mostrengo, s. m. (por *monstrengo*, de *monstro*). 1. Pessoa desajeitada, gorda e feia; estafermo. 2. Pessoa ociosa ou inútil. 3. O que não serve para nada.

Mostruário, s. m. 1. Lugar ou móvel em que se expõem mercadorias ao público; mostrador, vitrina. 2. Conjunto dessas mercadorias.

Mota, s. f. 1. Aterro à beira de um rio, para resguardar de inundações os campos ou lugares marginais. 2. Terra amontoada em volta do tronco da árvore, para resguardar do calor as raízes.

Motacu, s. f. *Bot.* Nome vulgar da palmeira *Attalea princeps*.

Mote, s. m. (provençal *mot*). 1. Pensamento expresso em versos, para ser glosado. 2. Epígrafe. 3. Assunto, motivo, para desenvolver. 4. Motejo.

Motejador, adj. e s. m. (*motejar* + *dor*). Que, ou o que moteja; trocista, irônico.

Motejar[1], v. (*motejo* + *ar*). 1. Tr. ind. e intr. Dizer motejos; gracejar. 2. Tr. dir. Fazer motejo; troçar. 3. Tr. dir. Censurar, criticar, lançar em rosto.

Motejar[2], v. (*mote* + *ejar*). Intr. 1. Fazer motes. 2. Dar mote para glosas.

Motejo (*ê*), s. m. (de *motejar*). 1. Dito picante, gracejo, zombaria. 2. Censura.

Motel, s. m. Hospedaria de beira de estrada, destinada a motoristas e viajantes em trânsito.

Motete (*ê*), s. m. (provençal *motete*). 1. Dito engraçado ou satírico; motejo. 2. Forma de composição musical dos séculos XII-XVII. 3. Canto polifônico religioso. 4. Trecho de música religiosa com letra. 5. Composição poética, para ser cantada.

Motilidade, s. f. (adaptação do ingl. *motility*, der. do l. **motile*, de *motu*). *Biol.* Faculdade de mover-se espontaneamente.

Motim, s. m. (fr. ant. *mutin*). 1. Distúrbio popular, movimento sedicioso da multidão. 2. Estrondo, fragor.

Motivação, s. f. (*motivar* + *ção*). 1. Ato de motivar. 2. Exposição de motivos. 3. *Psicol.* Espécie de energia psicológica ou tensão que põe em movimento o organismo humano.

Motivado, adj. 1. Causado, ocasionado. 2. Fundamentado.

Motivador, adj. e s. m. Que, ou aquele que motiva, ou dá causa; causador.

Motivar, v. (*motivo + ar*). Tr. dir. 1. Expor os motivos, ou explicar as razões de; fundamentar. 2. Dar motivo a, ocasionar, ser causa de. 3. Tr. dir. e pron. Despertar o interesse por (aula, conferência, exposição).

Motivo, adj. 1. Que move ou serve para mover; movente, motor. 2. Que é princípio ou origem de alguma coisa. S. m. 1. Causa, razão. 2. Escopo. 3. *Psicol.* Fator de impulsão e direção do comportamento animal ou humano. 4. *Mús.* Pequena frase musical que constitui o tema de uma composição.

Moto[1], s. m. (de *mote*). 1. Divisa de cavaleiros antigos. 2. Sinal que um artista põe na sua obra, para a autenticar.

Moto[2], s. m. (l. *motu*). 1. Movimento, giro. 2. Andamento musical, mais ou menos rápido.

Moto[3], s. f. Abrev. de *motocicleta*.

moto-[4], elem. de comp. (l. *motu*). Exprime a idéia de *movimento, motor: motociclo*.

Motoca, s. f. *Gír.* Motocicleta.

Motocicleta, s. f. (*moto*[4] + *ciclo*[2] + *eta*[2]). Veículo, semelhante à bicicleta, mas bem mais reforçado que esta e movido por motor de explosão.

Motociclista, s. m. e f. Pessoa que conduz uma motocicleta.

Motociclo, s. m. (*moto*[4] + *ciclo*[2]). O mesmo que *motocicleta*.

Motogodile, s. f. (*moto*[4] + fr. *godille*). Canoa com pequeno motor a gasolina na popa.

Motoqueiro, adj. e s. m. *Gír.* Diz-se do, ou o que anda de motocicleta.

Motor, adj. (l. *motore*). 1. Que faz mover. 2. Causante ou determinante. 3. Relativo ou pertencente a movimento muscular ou que o envolve. Fem.: *motora* e *motriz*. S. m. 1. Pessoa ou coisa que dá impulso ou imprime movimento. 2. O que aconselha, instiga ou persuade a fazer qualquer coisa.

Motoreiro, s. m. O mesmo que *motorneiro*.

Motório, adj. Que tem movimento.

Motorista, s. m. e f. 1. Pessoa que dirige um veículo motorizado. 2. Pessoa que dirige um automóvel.

Motorneiro, s. m. 1. Aquele que dirige um motor. 2. O que dirige o bonde.

Motoro, s. m. Arraia dos grandes rios brasileiros (*Paratrygon motoro*); arraia-grande; a.-boi; a.-boró.

Motricidade, s. f. 1. Qualidade da força motriz. 2. Propriedade que certas células nervosas possuem de determinar a contração muscular.

Motriz, adj. f. e s. f. 1. Fem. de *motor*. 2. Diz-se da, ou a força que dá movimento.

Moucarrão, adj. Muito mouco; completamente surdo. Fem.: *moucarrona*.

Mouchão, s. m. Ilhota que se forma em meio de um rio, ou à beira-mar.

Mouco, adj. e s. m. (l. *Malchu*, n. p.?). 1. Que, ou aquele que não ouve nada; surdo. 2. Que, ou aquele que não tem o sentido do ouvido muito apurado. Aum.: *moucarrão*.

Mouquice, s. f. 1. Estado ou afecção do mouco. 2. O defeito de ser mouco.

Mouquidão, s. f. O mesmo que *mouquice*.

Moura, s. f. *Bot.* Erva da família das Solanáceas (*Solanum nigrum*) com propriedades sedativas, narcóticas e tóxicas em dose elevada; erva-moura.

Mourama, s. f. Terra de mouros. 2. Grande porção de mouros. 3. Os mouros. Var.: *moirama*.

Mourão, s. m. (cfr. com o cast. *morón*). 1. Estaca grossa fincada ao chão à qual se prendem varas horizontais, nas estacadas. 2. Grosso toro a que se amarram reses e outras criações. 3. Poste mais grosso fincado entre os esticadores de cerca de arame. Var.: *moirão*.

Mourar, v. (*mouro + ar*). Intr. 1. Tornar-se mouro. 2. Praticar o culto islâmico. 3. Proceder ou vestir-se como os mouros. Var.: *moirar*.

Mouraria, s. f. Bairro onde viviam mouros. Var.: *moiraria*.

Mourejado, adj. Obtido à custa de labores e sacrifícios.

Mourejar, v. (*mouro + ejar*). Tr. ind. e intr. Trabalhar como um mouro, isto é, trabalhar muito, sem descanso, lutar pela vida. Var.: *moirejar*.

Mouresco, adj. (*mouro + esco*). 1. Que se refere aos mouros. 2. Que é da mourama. 3. Que se acomoda aos costumes dos mouros. S. m. pl. Ornatos de ourivesaria. Var.: *moiresco*.

Mourisca, s. f. *Folc.* Dança outrora praticada no Brasil, idêntica à de Portugal, de onde é originária. É alusiva à luta entre cristãos e mouros.

Mourisco, adj. 1. Mouresco, mouro. 2. *Tip.* Diz-se de um estilo de encadernação. S. m. 1. Variedade de trigo rijo. 2. Indivíduo mouro. S. m. pl. V. *mourescos*.

Mourisma, s. f. (cast. *morisma*). 1. Os mouros. 2. Terra de mouros. 3. Religião dos mouros. Var.: *moirisma*.

Mourizar, v. (*mouro + izar*). 1. Tr. dir. e pron. Tornar(-se) mouro. Var.: *moirizar*.

Mouro, adj. (l. *mauru*). 1. Que diz respeito aos mouros; mourisco. 2. Não batizado. 3. Designativo do cavalo escuro mesclado de branco. S. m. 1. O mesmo que *muçulmano* e *sarraceno*. 2. Natural da antiga Mauritânia (África ocidental). 3. Indivíduo que trabalha muito, que se afadiga. 4. Um dos partidos nos torneios populares das cavalhadas. Var.: *moiro*.

Movediço, adj. (*mover + diço*). 1. Que facilmente se move. 2. Pouco firme. 3. Que tem pouca estabilidade. 4. Portátil. 5. Inconstante, volúvel. Antôns. (acepções 1, 2, 3 e 5): *firme, estável*.

Movedor, adj. e s. m. (*mover + dor*). Que, ou aquele que move; motor.

Móvel, adj. m. e f. 1. Que se pode mover; que não está fixo; móbil, movediço. 2. Inconstante, variável, volúvel. S. m. 1. Causa motriz; motor. 2. Causa de qualquer ação. 3. Qualquer peça de mobiliário; traste. 4. Motivo especial, material ou moral, que impele alguém a praticar certo ato; móbil. S. m. pl. Todos os objetos materiais que não são bens imóveis e todos os direitos a eles inerentes.

Movelaria, s. f. Estabelecimento onde se vendem móveis.

Moveleiro, s. m. Fabricante ou vendedor de móveis.

Movente, adj. m. e f. 1. Que move ou que se move. 2. *Dir.* Diz-se dos bens móveis.

Mover, v. (l. *movere*). 1. Tr. dir. Dar ou imprimir movimento a; pôr em movimento. 2. Tr. dir. Realizar movimentos com; mexer. 3. Pron. Pôr-se em movimento, mexer-se de um para outro lado. 4. Tr. dir. Fazer sair do lugar; afastar, deslocar. 5. Tr. dir. Menear. 6. Pron. Andar, caminhar. 7. Pron. Agitar-se, bulir, oscilar. 8. Tr. dir. Induzir, instigar, persuadir à prática de. 9. Tr. dir. Concitar, estimular, promover. 10. Pron. Determinar-se, resolver-se a fazer alguma coisa. 11. Tr. dir. Intentar. 12. Tr. dir., intr. e pron. Causar comoção; comover(-se).

Movido, adj. 1. Impelido, induzido. 2. Enfezado, raquítico.

Movimentação, s. f. Ato de movimentar; movimento.

Movimentar, v. (*movimento + ar*). 1. Tr. dir. Dar movimento ou animação a. 2. Tr. dir. e pron. Mover(-se), pôr(-se) em movimento.

Movimento, s. m. (l. *movimentu*). 1. Ato de mover ou de se mover. 2. Mudança de lugar ou de posição; deslocação. 3. Impulso da paixão que se eleva na alma. 4. *Astr.* Marcha real ou aparente dos corpos celestes. 5. Variante em certas quantidades. 6. Agitação política. 7. Agitação produzida por uma multidão que se move em diferentes sentidos.

Movível, adj. m. e f. Que se pode mover; móvel.

Moxa (*cs*), s. f. (do jap. *mogusa*). *Med.* Mecha de cotão ou de algodão, que os povos orientais aplicam acesa para cauterizar feridas.

Moxama, s. f. (ár. *muxamma*). 1. Peixe seco e salgado. 2. Tira seca de lombo de atum.

Moxamar, v. Tr. dir. Secar (peixe) ao fumo.

Moxameiro, s. m. (*moxama + eiro*). 1. Indivíduo que prepara ou vende moxama. 2. Lugar onde se prepara a moxama.

Moxinifada, s. f. (ár. *mohxi*). 1. Miscelânea, mistifório, salsada. 2. *Hum.* Preparado farmacêutico constituído pela mistura de várias substâncias.

Mozabita, adj. m. e f. *Etnol.* Relativo aos mozabitas, raça mesclada de turcos e mouros, que vive na região meridional da antiga Berberia. S. m. e f. Pessoa dos mozabitas.

Mozeta, s. f. (ital. *mozetta*). Murça de cônego ou de prelado.

Mu, s. m. (l. *mulu*). O mesmo que *mulo* e *macho*.

Muamba, s. f. 1. Negócio ilícito. 2. Velhacaria, fraude, roubo. 3. Compra e venda de objetos furtados. 4. Contrabando, especialmente o praticado no mar. 5. Patranha.

Muambeiro, s. m. 1. Homem fraudulento, velhaco. 2. Indivíduo que negocia ilicitamente em objetos furtados.

Muar, adj. m. e f. Que é da raça dos mus. S. m. Besta muar; mulo ou mula.

Mubu, s. m. O mesmo que *inúbia*.

Mucama, s. f. (quimbundo *mukama*). Escrava preta e de estimação, escolhida para ajudar nos serviços caseiros ou para acompanhar pessoas da família ou para servir de ama-de-leite. Var.: *mucamba*.

Muçambê, s. m. *Bot.* Pequeno arbusto da família das Caparidáceas (*Cleome heptaphylla*). Var.: *muçambê*.

Mucedíneo, adj. Que se refere a bolor.

Muchacha, s. f. *Fam.* 1. Moça nova. 2. Rapariga.

Muchacharia, s. f. (de *muchacho*). *Fam.* Grande número de rapazes ou de moças.

Muchacho, s. m. (cast. *muchacho*). 1. Moço, rapaz. 2. Suporte em que descansa o cabeçalho do carro, quando este está parado.

Muchão, s. m. (l. *mustione*). *Entom.* Espécie de mosquito dos lugares úmidos, especialmente os lagares e adegas; trombeteiro.

Mucilagem, s. f. (l. *mucilagine*). 1. *Bot.* Substância viscosa obtida de várias plantas e que aumenta de volume na água sem se dissolver.

Mucilaginoso, adj. 1. Designativo das plantas que têm mucilagem. 2. Que participa da natureza da mucilagem.

Mucina, s. f. Mucopolissacáride que constitui o principal componente do muco.

Mucíparo, adj. Que produz muco.

Mucívoro, adj. Que se alimenta de mucosidades.

Muco, s. m. (l. *mucu*). 1. Qualquer humor viscoso, segregado de membranas mucosas. 2. Umidade das mucosas do nariz; mucosidade nasal; monco.

Mucol, s. m. *Farm.* Mucilagem considerada como excipiente.

Mucor, s. m. *Bot.* Gênero (*Mucor*) típico da família das Mucoráceas.

Mucoráceas, s. f. pl. *Bot.* Família (*Mucoraceae*) de fungos, na maioria saprofíticos, da ordem Mucorales, que têm micélio ramificado, bem desenvolvido, desprovido de septos, e inclui muitos bolores. S. f. Espécime dessa família.

Mucosa, s. f. (de *mucoso*). *Anat.* Tecido espitelial que forra certas cavidades do corpo e que segrega muco; também chamado *membrana mucosa* e *túnica mucosa*.

Mucosidade, s. f. 1. Qualidade ou estado do que é mucoso. 2. *Med.* Excessiva produção de muco.

Mucoso, adj. 1. *Anat.* Que produz ou segrega muco. 2. Que é da natureza do muco. 3. Que pertence ou se refere a mucosidades. 4. Diz-se da febre que acompanha a irritação das mucosas.

Mucro, s. m. 1. *Anat.* Apêndice xifóide do esterno. 2. *Bot.* Aresta curta e aguda de certos órgãos vegetais. 4. Qualquer apêndice pontiagudo. Var.: *múcron*.

Mucronado, adj. 1. Provido de mucro. 2. *Bot.* Diz-se do órgão vegetal terminado em ponta aguda e direita.

Muçu, s. m. V. *muçum*.

Mucudo, adj. (de *muque*). *Pop.* Que é musculoso; que tem muita força.

Mucuíba, s. f. *Bot.* Árvore brasileira, de cujo fruto os índios extraem um óleo medicinal que empregam para curar várias moléstias.

Mucuim (*u-im*), s. m. O mesmo que *micuim*.

Mucujê, s. m. (do tupi). 1. *Bot.* Árvore apocinácea (*Couma rigida*). 2. Fruto dessa árvore, semelhante à maçã, comestível.

Muçulmanismo, s. m. (*muçulmano* + *ismo*). A religião muçulmana; islamismo.

Muçulmano, adj. (persa *musulmân*, pelo fr.). Que se refere ao muçulmanismo. S. m. Sectário do muçulmanismo.

Muçum, s. m. (tupi *mbuçu*). *Ictiol.* Peixe do Brasil (*Symbranchus marmoratus*), de água doce, desprovido de nadadeiras pares, escamas e bexiga natatória. Na falta de água, cava um buraco no barro e aí permanece até que as águas da chuva apareçam; peixe-cobra. Var.: *muçu*.

Mucumbagem, s. f. 1. Trastes velhos ou estragados; cacaréus. 2. Coisa sem valia.

Mucuna, s. f. 1. *Bot.* Gênero (*Mucuna*) de ervas e trepadeiras lenhosas, da família das Leguminosas. 2. *Bot.* Planta desse gênero, particularmente a espécie *Mucuna urens*, de vagens com pêlos urticantes, e nome também de plantas semelhantes de outros gêneros. Var.: *mucunã*.

Muçunga, s. m. Beliscão.

Muçungão, s. m. O mesmo que *muçunga*.

Mucungo, s. m. O mesmo que *mutamba*.

Mucura, s. f. (tupi). 1. *Bot.* Planta fitolacácea (*Petiveria alliacea*). 2. Prisão, enxovia. S. m. *Zool.* O mesmo que *gambá*.

Muçurana, s. f. (do tupi). 1. *Herp.* Cobra da família dos Boigídeos (*Pseudobos cloelia*), considerada inofensiva por ser opistóglifa; é uma cobra útil, pois devora cobras venenosas; também chamada *limpa-campo, cobra-preta, mamadeira, boiru*. 2. Corda com que os indígenas atavam os prisioneiros.

Muçurango, s. m. *Ictiol.* V. *amoréia*.

Mucuraxixica, s. f. *Zool.* Nome popular brasileiro dado a um pequeno marsupial (*Philander philander*); cuíca.

Mucuri, s. m. O mesmo que *jará*. Adj. m. e f. *Etnol.* Relativo aos Mucuris, indígenas brasileiros que habitavam o Estado de Minas Gerais. S. m. Indígena dessa tribo.

Mucutaia, s. f. *Bot.* Árvore laurácea (*Nectandra canescens*); caneleira-do-mato.

Muda[1], s. f. (de *mudar*). 1. Ato ou efeito de mudar ou mudar-se. 2. Renovação das penas, do pêlo, da pele etc., por que passam alguns animais. 3. Troca de animais cansados por descansados, em viagens longas. 4. *Agr.* Planta tirada do viveiro para plantação definitiva. 5. Roupa para troca.

Muda[2], s. f. 1. Fem. de *mudo*. 2. Mulher privada de falar, por defeito orgânico. 3. Mulher calada ou taciturna. 4. *Gír.* A consciência.

Mudadiço, adj. O mesmo que *mudável*.

Mudado, adj. 1. Modificado, diferente. 2. Transportado. 3. Deslocado.

Mudador, adj. e s. m. Que, ou o que muda ou causa mudança. S. m. Lugar onde se trocam os cavalos cansados pelos descansados.

Mudança, s. f. 1. Ação ou efeito de mudar. 2. Os móveis que se mudam. 3. Alteração, modificação, variação. 4. Substituição. 5. *Mec.* O mesmo que *câmbio*.

Mudar, v. (l. *mutare*). 1. Tr. dir. Deslocar, dispor de outro modo, remover para outro lugar. 2. Tr. dir. Desviar. 3. Tr. dir. Substituir. 4. Tr. dir., tr. ind., intr. e pron. Instalar(-se), transferir(-se) para outro prédio, local ou cidade. 5. Tr. ind. e intr. Tomar outra forma. 6. Tr. ind. Sofrer alteração, modificação. 7. Tr. ind. Estar na muda (certos animais).

Mudável, adj. m. e f. (l. *mutabile*). 1. Suscetível de ser mudado, sujeito a mudança. 2. Volúvel.

Mudéjar, s. m. (ár. *mudejjen*, pelo cast.). *Arquit.* Ornato de linhas retas entrelaçadas em forma de figuras geométricas. S. m. pl. Mouros da Espanha, avassalados pelos cristãos, sem mudar de religião. Adj. m. e f. 1. Que diz respeito aos mudéjares; mourisco. 2. Feito ao gosto mourisco.

Mudez, s. f. (*mudo* + *ez*). 1. Estado ou qualidade de quem é mudo. 2. Incapacidade para a palavra articulada. 3. Quietação, serenidade, silêncio. 4. Privação voluntária de falar.

Mudo, adj. (l. *mutu*). 1. Diz-se de quem, por defeito orgânico, está privado do uso da fala. 2. Calado voluntariamente. 3. Sombrio, taciturno. 4. *Gram.* Diz-se da letra ou sílaba que se escreve, mas não se pronuncia. S. m. 1. Indivíduo que se acha privado da faculdade de falar. 2. Espécie de jogo popular.

Muezim, s. m. O mesmo que *almuadem*.

Mufla, s. f. (fr. *moufle*). 1. Ornato em forma de focinho de animal. 2. Caixa, nas instalações elétricas.

Mufti, s. m. (ár. *mufti*). Chefe religioso muçulmano, a quem compete resolver em última instância as controvérsias de ordem civil e religiosa.

Mugido, s. m. (de *mugir*). 1. Voz dos bovídeos, especialmente da vaca. 2. Som que se assemelha a essa voz.

Mugir, v. (l. *mugire*). 1. Intr. Dar, soltar mugidos (o bovídeo). 2. Intr. Bramir, soltar gritos semelhantes a mugidos. 3. Intr. Bramir, fazer grande estrondo, soprar fortemente (o mar, o vento etc.). 4. Tr. dir. Dar, emitir, soltar à maneira de mugido. — Em sentido próprio só se emprega nas terceiras pessoas; figuradamente, em todas: Não *mujas*, intimou o assaltante.

Mugunzá, s. m. V. *mungunzá*.

Mui (*ũ*), adv. Forma apocopada de *muito*, que só se emprega antes de adjetivos e advérbios que começam por consoante.

Muiracatiara, s. f. *Bot.* Árvore anacardiácea da Amazônia (*Astronium lecointei*) de madeira sedosa, dura.

Muiracaua, s. f. *Bot.* Planta rutácea (*Rhabdodendron paniculatum*).

Muiracurucaua, s. f. *Bot.* Árvore amazônica de madeira rígida, pardo-avermelhada.

Muiracutaca, s. f. *Bot.* Árvore leguminosa-cesalpiniácea (*Swartzia acuminata*).

Muirajuba, s. f. *Bot.* Árvore leguminosa-cesalpiniácea da flora amazônica (*Apuleia molaris*); muiraruíra, muiratauá.

Muirajuçara, s. f. *Bot.* Árvore apocinácea (*Aspidosperma duckei*) da Amazônia, que fornece madeira classificada como peroba.

Muirapaxiúba, s. f. *Bot.* Árvore leguminosa-cesalpiniácea (*Cassia adiantifolia*) da Amazônia, muito ornamental por sua folhagem elegante e flores numerosas; membi, pau-preto.

Muirapinima, s. f. *Bot.* Árvore morácea da região amazônica (*Brosimun guianense*); pau-tartaruga.

Muirapixi, s. m. *Bot.* Árvore sapotácea, de frutos comestíveis (*Lucuna parviflora*).

Muirapizuna, s. f. *Bot.* Planta leguminosa (*Cassia scleroxylon*).

Muirapuama, s. m. *Bot.* Nome de três plantas olacáceas (*Liriosma ovata, Ptychopetalum olacoides* e *Ptychopetalum uncinatum*, todas usadas na medicina popular.

Muirapucu, s. m. *Bot.* Planta flacurtiácea (*Laetia corymbulosa*).

Muiraquatiara, s. f. *Bot.* Muiracatiara.

Muiratinga, s. f. *Bot.* Árvore morácea equatorial (*Olmediopere-bea sclerophylla*).

Muiraúba, s. f. *Bot.* Árvore melastomácea da flora amazônica (*Mouriria plasschaerti*).

Muiraximbé, s. f. *Bot.* Árvore icacinácea amazônica (*Emmotum fagifolium*).

Muísca, adj. m. e f. Relativo ou pertencente aos muíscas. S. m. e f. 1. Indivíduo dos muíscas, indígenas de Nova Granada, no séc. XVI. 2. Língua falada por esses indígenas; chibcha.

Muito (*ũ*), adj. (l. *multu*). 1. Que é em grande número ou em abundância. 2. Demasiado, excessivo. 3. Diz-se da grande intensidade das sensações que o nosso espírito recebe, da grande veemência dos afetos etc. 4. Usa-se freqüentemente no singular: a) para indicar coleção: *muita* banana, por *muitas* bananas; *muito* remédio, por *muitos* remédios; b) para reforçar a idéia do substantivo: Sou *muito* homem para isso. Adv. 1. Excessivamente, profundamente. 2. Abundantemente, em grande quantidade. 3. Com grande intensidade ou força. S. m. Grande porção, grande quantidade: Sabemos o *muito* que ele vale. S. m. pl. A maior parte; a maioria.

Muito bem!, loc. interj. Exprime contentamento, satisfação ou aplauso.

Muiúna, s. m. Redemoinho produzido no Amazonas e seus afluentes ocidentais pela ação da água na curvatura das margens, por ocasião das enchentes, tornando-se o rio infranqueável.

Mujique, s. m. Camponês russo.

Mula[1], s. f. (l. *mula*). 1. *Zootéc.* Fêmea do mulo, híbrido resultante do cruzamento de cavalo com asna ou de asno com égua. 2. *Pop.* Pessoa ruim, que tem manhas nocivas. 3. *Pop.* Adenite inguinal, de origem venérea.

Mula[2], s. f. Monte de sal, em forma de prisma triangular e terminado por dois meios cones.

Muladar, s. m. 1. Lugar onde se vão enterrar animais mortos. 2. Monturo, esterqueira. 3. Tudo que suja ou enodoa.

Muladeiro, s. m. Condutor ou guarda de mulas; almocreve, arreeiro.

Mulata, s. f. 1. Fem. de *mulato*; mulher mestiça das raças branca e negra. 2. O mesmo que *guaiúba*. 3. *Ictiol.* Peixe da família dos Lutjanídeos, também conhecido no Rio de Janeiro por *cioba*. 4. *Pop.* Café com farinha. Adj. Qualificativo de uma variedade de batata-doce, roxa, preferida especialmente para assar.

Mulataria, s. f. Bando de mulatos.

Mulateiro, s. m. Jumento de cobrição de éguas para a produção de muares.

Mulatinha, s. f. 1. Dim. de *mulata*. 2. *Entom.* Abelha meliponídea (*Trigona basalis*), também chamada *mombuca-loura*.

Mulatinho, s. m. 1. Dim. de *mulato*. 2. Variedade de feijão. 3. *Bot.* Planta rubiácea (*Rudgea dahlgrennii*).

Mulato, s. m. (de *mulo*). 1. Mestiço das raças branca e negra. 2. Aquele que é escuro ou trigueiro. 3. O mesmo que *mu* ou *mulo*.

Mulembá, s. m. Designação dada à gameleira-branca, enquanto se apresenta em estado de apifitia (*Ficus doliaria*).

Muleta (*ê*), s. f. (cast. *muleta*). 1. Bordão com uma travessa na extremidade superior, que serve de apoio aos coxos ou tolhidos das pernas. 2. Aquilo que moralmente serve de apoio, arrimo ou argumento. 3. Amparo. 4. Pau em que o toureiro suspende a capa com que chama o touro nas sortes de morte.

Muletada, s. f. (de *muleta*). Pancada com muleta.

Muleteiro, s. m. (cast. *muletero*). Tratador de mulas; arreeiro.

Mulher, s. f. (l. *mulher*). 1. Fem. de *homem*. 2. Esposa. 3. Pessoa adulta do sexo feminino (opõe-se a *menina* ou *rapariga*). 4. Mulher da plebe ou das classes inferiores (por oposição a *senhora* ou *dama*). 5. Homem efeminado, mulherengo. Aum.: *mulheraça, mulherão, mulherona*.

Mulheraça, s. f. Mulher alta e corpulenta; mulherão.

Mulherada, s. f. Grande número de mulheres.

Mulherame, s. m. O mesmo que *mulherada*.

Mulherão, s. m. O mesmo que *mulheraça*.

Mulherengo, adj. e s. m. 1. Que, ou o que é apaixonado por mulheres. 2. Que, ou o que se ocupa em misteres próprios de mulheres. 3. Maricas.

Mulherico, adj. (de *mulher*). 1. Efeminado. 2. Covarde, fraco. Antôns.: *másculo, viril*.

Mulheril, adj. m. e f. 1. Que pertence ou se refere a mulher. 2. Mulherengo.

Mulherinha, s. f. *Fam.* 1. Dim. de *mulher*. 2. Mulher de má nota. 2. Bisbilhoteira, mexeriqueira.

Mulherio, s. m. *Pop.* 1. As mulheres. 2. Grande número de mulheres.

Mulherona, s. f. Mulheraça.

Muliado, adj. (de *mula*[1]). 1. Anômalo, híbrido, monstruoso. 2. Oposto ao que deve ser, ao que é conveniente.

Mulo, s. m. (l. *mulu*). Macho ou mu.

Mulso, s. m. (l. *mulsu*). O mesmo que *hidromel*. Var.: *mulsa*.

Multa, s. f. 1. Ato ou efeito de multar; coima, pena pecuniária a quem infringe leis ou regulamentos. 2. Condenação, pena.

Multangular, adj. m. e f. (*multi + angular*). *Mat.* Diz-se da figura que tem mais de quatro ângulos.

Multar, v. (l. *mulctare*). Tr. dir. 1. Aplicar multa a. 2. *Fig.* Condenar.

multi-, pref. (l. *multu*). Designativo de *muito, muitas vezes: multangular, multiaceso*.

Multiaceso, adj. Muitas vezes aceso; que tem muitas luzes.

Multiaxífero (*cs*), adj. (*multi + axífero*). *Bot.* Que tem muitos eixos.

Multicapsular, adj. m. e f. (*multi + capsular*). *Bot.* Designativo do fruto que tem muitas cápsulas.

Multicaudo, adj. *Bot.* Que tem muitos prolongamentos em forma de cauda.

Multicaule, adj. m. e f. (*multi + caule*). *Bot.* Designativo da planta de cuja raiz saem muitos caules.

Multicelular, adj. m. e f. (*multi + celular*). *Bot.* Que tem muitas células. Antôn.: *unicelular.*

Multicolor, adj. m. e f. (*multi + color*). Que tem muitas cores; policromo.

Multicolorir, v. Tr. dir. Dar cores diversas a, tornar multicor.

Multicor, adj. (*multi + cor*). O mesmo que *multicolor.*

Multidão, s. f. (l. *multitudine*). 1. Aglomeração ou grande ajuntamento de pessoas ou de coisas. 2. O povo, o populacho. 3. Grande número. 4. Abundância, cópia, profusão.

Multifário, adj. 1. De grande variedade. 2. De várias espécies. 3. De vários modos.

Multífido, adj. Fendido em muitas partes; multifendido.

Multifloro, adj. Que tem ou produz muitas flores.

Multífluo, adj. Que flui ou corre com abundância.

Multifoliado, adj. (*multi + foliado*). *Bot.* Que tem muitos folíolos ou folhas.

Multiforme, adj. m. e f. 1. Que tem muitas formas ou aspectos; polimorfo. 2. Que se manifesta de várias maneiras.

Multifuro, adj. Que tem muitos furos.

Multígeno, adj. (l. *multigenu*). Que abrange muitos gêneros ou espécies.

Multilátero, adj. *Mat.* Diz-se da figura que tem mais de quatro lados.

Multilobado, adj. (*multi + lobado*). Dividido em muitos lóbulos.

Multilocular, adj. m. e f. (*multi + locular*). 1. Que apresenta muitos lóculos. 2. Aplica-se aos cistos cujo saco pode formar várias lojas.

Multíloquo (*co*), adj. Que fala muito; loquaz, verboso.

Multilustroso, adj. (*multi + lustroso*). Que tem muito brilho.

Multimâmio, adj. (*multi + mama + io*). *Zool.* Que tem mais de duas mamas ou tetas.

Multimilenário, adj. Que tem muitos milênios.

Multimilionário, adj. e s. m. (*multi + milionário*). Que, ou aquele que é muitas vezes milionário; que é muitíssimo rico.

Multímodo, adj. (l. *multimodu*). 1. Que se faz ou se apresenta de diversos modos. 2. Multifário, multiforme.

Multinacional, adj. Que é do interesse de mais de uma nação.

Multinérveo, adj. (*multi + nérveo*). *Bot.* Diz-se das folhas que têm muitas nervuras.

Multinucleado, adj. *Biol.* Diz-se da célula que tem muitos núcleos.

Multinuclear, adj. m. e f. Com muitos núcleos.

Multiparidade, s. f. Qualidade de multíparo.

Multíparo, adj. 1. Diz-se de fêmea que tem vários filhos de uma vez. 2. Relativo à mulher que já teve vários partos. 3. *Bot.* Que se divide em vários ramos (falando-se de cimeira).

Multipartido, adj. *Bot.* Diz-se do órgão vegetal dividido em grande número de tiras.

Multípede, adj. m. e f. Que tem muitos pés.

Multipétalo, adj. (*multi + pétalo*[2]). O mesmo que *polipétalo.*

Multíplex, adj. Relativo a um sistema de transmissão de vários sinais ou mensagens simultaneamente no mesmo circuito (em telefonia ou telegrafia, por ex.) ou no mesmo canal (rádio ou televisão). S. m. Sistema multíplex, principalmente de telegrafia.

Multiplicação, s. f. (l. *multiplicatione*). 1. Ato ou efeito de multiplicar. 2. Reprodução. 3. Operação aritmética, que consiste em repetir um número chamado *multiplicando,* tantas vezes quantas são as unidades de outro, chamado *multiplicador,* para achar um terceiro que representa o produto dos dois. Antôn. (acepção 3): *divisão.*

Multiplicador, adj. Que multiplica. S. m. 1. *Arit.* Número que designa quantas vezes se há de tomar outro como parcela. 2. Vidro ou espelho que dá simultaneamente muitas imagens do mesmo objeto.

Multiplicando, s. m. Fator de que, na multiplicação, se forma o produto.

Multiplicar, v. 1. Tr. dir. *Arit.* Repetir (um número) tantas vezes quantas são as unidades de (outro). 2. Intr. *Arit.* Efetuar a operação da multiplicação. 3. Tr. dir. Aumentar o número de; apresentar ou produzir em grande quantidade. 4. Intr. e pron. Crescer em número; prolificar, propagar-se. 5. Pron. Desenvolver extraordinária atividade.

Multiplicativo, adj. Que multiplica ou serve para multiplicar.

Multiplicável, adj. m. e f. Que pode ser multiplicado.

Multíplice, adj. m. e f. 1. Que não é único. 2. Copioso. 3. Que se manifesta de vários modos. 4. Variado, complexo. Antons. (acepção 1): *singular*; (acepção 4): *simples.*

Multiplicidade, s. f. 1. Qualidade de múltiplice. 2. Grande número, superabundância.

Múltiplo, adj. 1. Que não é simples ou único. 2. *Arit.* Diz-se do número que contém outro duas ou mais vezes exatamente. 3. *Geom.* Diz-se do ponto comum onde passam muitos ramos de uma só curva. S. m. 1. Número múltiplo. 2. Reprodução seriada, de obra de arte.

Multipolar, adj. m. e f. (*multi + polar*). 1. *Eletr.* Que tem mais de dois pólos. 2. *Zool.* Diz-se da célula nervosa que tem vários prolongamentos.

Multipontuado, adj. (*multi + pontuado*). Que tem muitos pontos ou manchas; mosqueado.

Multisciente, adj. m. e f. Que sabe muitas coisas; muito erudito.

Multíscio, adj. (l. *multisciu*). V. *multisciente.*

Multissecular, adj. m. e f. (*multi + secular*). Que tem muitos séculos; muito antigo.

Multíssono, adj. Que produz muitos ou variados sons.

Multiungulado, adj. (*multi + ungulado*). *Zool.* Designativo do animal que tem mais de dois cascos em cada pé.

Multívago, adj. 1. Que vagueia por muitas partes; errante, vagabundo. 2. Que anda sempre.

Multivalve, adj. m. e f. (*multi + valva*). Que tem muitas valvas.

Multivalvular, adj. m. e f. (*multi + válvula + ar*). *Bot.* Que tem muitas válvulas.

Multívio, adj. Atravessado ou servido por muitos caminhos.

Multívolo, adj. Que deseja muitas coisas ao mesmo tempo; ambicioso, exigente.

Mulundu, s. m. Dança de negros.

Mulungu, s. m. 1. *Bot.* Nome comum de várias árvores papilionáceas, particularmente das espécies: *Erythrina reticulata, E. mulungu* e *E. xinguensis.* 2. Ídolo africano que era venerado pelos negros nas macumbas.

Mumbaca, s. f. *Bot.* 1. Espécie de palmeira (*Astrocaryum mumbaca*). 2. Espécie de rede que se pendura na linha do caniço, em lugar do anzol, e que se usa principalmente para apanhar caranguejos.

Mumbuca, s. f. (do tupi). *Entom.* Nome popular das abelhas da subfamília dos Meliponíneos; mombuca.

Múmia, s. f. (ár. *mumyia,* der. de *mum*). 1. Cadáver dessecado, embalsamado ou não. 2. Cadáver embalsamado pelos antigos egípcios e descoberto nas sepulturas do Egito. 3. Pessoa muito magra ou descarnada. 4. Indivíduo sem energia.

Mumificação, s. f. 1. Ato ou efeito de mumificar. 2. Estado de múmia ou de mumificado. 3. Estado de dessecamento a que chegam frutas e outras partes aquosas de plantas.

Mumificador, adj. e s. m. Que, ou o que mumifica.

Mumificar, v. (*múmia + ficar*[2]). 1. Tr. dir., intr. e pron. Transformar(-se) em múmia. 2. Intr. e pron. Tornar-se excessivamente magro. 3. Intr. e pron. Atrofiar-se intelectualmente.

Mumificável, adj. m. e f. Que pode mumificar-se.

Mundanal, adj. m. e f. O mesmo que *mundano.*

Mundanalidade, s. f. V. *mundanidade.*

Mundanidade, s. f. (*mundano + dade*). 1. Caráter ou qualidade do que é mundano. 2. Tudo que se refere ao mundo, que não é espiritual; materialidade. 3. Tendência para os gozos materiais. 4. Vida desregrada.

Mundanismo, s. m. (*mundano + ismo*). 1. Vida mundana. 2. Hábito ou sistema dos que só procuram prazeres materiais.

Mundanizar, v. (*mundano + izar*). Tr. dir. 1. Tornar mundano: *Mundanizar a Igreja.* 2. Tirar o caráter religioso a: *Mundanizar o ensino.*

Mundano, adj. (l. *mundanu*). 1. Que pertence ou se refere ao

mundo (encarado este pelo lado material e transitório). 2. Dado aos prazeres, aos gozos do mundo; muito afeiçoado aos gozos materiais. Antôn. (acepção 2): *espiritual*.
Mundão, s. m. (de *mundo*). 1. Grande extensão de terras. 2. Grande quantidade de pessoas, animais ou coisas.
Mundaréu, s. m. 1. Mundo grande. 2. V. *mundão*.
Mundaú, s. m. *Bot.* Euforbiácea do Brasil (*Cicca inflata*), também chamada *cabuim* e *carrapato-do-mato*.
Mundéu, s. m. (tupi *mondé*). 1. Grande quantidade. 2. Região, lugar. 3. Grande tanque de paredes de pedra, lajeado, onde se depositam as areias auríferas trazidas pela água. 4. Armadilha construída de modo que um peso cai sobre a caça e a mata ou aleija. 5. Qualquer casa ou coisa que ameaça ruir.
Mundial, adj. m. e f. Que diz respeito ao mundo, ao maior número de seus países; universal, geral: Congresso *mundial*.
Mundícia, s. f. (l. *munditia*). 1. Qualidade de quem gosta de asseio. 2. Asseio, limpeza. 3. Decência. Vars.: *mundice* e *mundície*.
Mundificação, s. f. Ato ou efeito de mundificar.
Mundificante, adj. m. e f. 1. Que desobstrui; que limpa; que purifica. 2. *Cir.* Abstergente, emoliente.
Mundificar, v. 1. Tr. dir. e pron. Expurgar(-se), limpar(-se), purificar(-se). 2. Tr. dir. *Cir.* Absterger, desobstruir, limpar.
Mundificativo, adj. Mundificante.
Mundividência, s. f. Concepção ou visão do mundo.
Mundo, s. m. (l. *mundu*). 1. Conjunto de espaço, corpos e seres que a vista humana pode abranger. 2. Conjunto dos astros a que o Sol serve de centro. 3. O universo inteiro. 4. A parte do universo habitada pelos homens. 5. Cada planeta considerado como sendo habitado. 6. Cada um dos dois grandes continentes: o antigo e o novo. 7. Esfera armilar. 8. A humanidade, o gênero humano, os homens em geral. 9. A maioria da gente. 10. Opinião pública: Pouco se me dá do que diga o *mundo*. 11. Categoria, classe social. 12. A vida secular. 13. A vida mundana. 14. Grande quantidade de pessoas, de coisas etc.; multidão. 15. Lugar ou casa espaçosa. Adj. Asseado, polido, purificado, puro. S. m. pl. 1. Lugares. 2. Os diversos planos sob os quais se considera o universo.
Achar que o m. vai acabar: desbragar-se no que faz. *Cair no m.*: desaparecer; fugir. *Desde que o m. é m.*: desde os mais remotos tempos. *Do outro m.*: colossal, extraordinário, notabilíssimo. *Enquanto o m. for m.*: durante todo o tempo, por toda a vida.
Mundurucu, adj. m. e f. *Etnol.* Relativo aos Mundurucus, índios do Pará, na margem esquerda do Tapajós. S. m. e f. Indígena dessa tribo.
Mungida, s. f. (de *mungir*). O mesmo que *mungidura*.
Mungidura, s. f. (*mungir* + *dura*). 1. Ação de mungir. 2. Porção de leite mungido.
Mungir, v. (l. *mulgere*). Tr. dir. 1. Extrair (o leite) das tetas de; ordenhar. 2. Explorar, espremer, despejar: *Munja* bem as *algibeiras*. — Conjuga-se como *ungir*.
Munguba, s. f. *Bot.* Mungubeira.
Mungubarana, s. f. *Bot.* Árvore da família das Bombacáceas (*Bombax paraensis*).
Mungubeira, s. f. *Bot.* Árvore da família das Bombacáceas (*Mombax munguba*), que ocorre na Amazônia.
Mungunzá, s. m. *Cul.* Mingau de milho branco com leite de coco ou de vaca, temperado com sal e açúcar. Conhecido por *canjica* ou *curau*, no Centro e no Sul. Var.: *mugunzá* e *munguzá*.
Munhão, s. m. (cast. *muñóin*). 1. *Mil.* Eixo que a peça de artilharia tem a meio do comprimento e que encaixa nas munheiras, para se levantar ou abaixar, segundo a conveniência da pontaria. 2. *Mec.* V. *manga*, acep. 6.
Munheca, s. f. (cast. *muñeca*). 1. Ponto de junção da mão com o braço; pulso. 2. *Pop.* Folha do feto quando começa a desenvolver-se, tomando a forma de báculo.
Munhecar, v. Tr. dir. *Gír.* Agarrar, pegar.
Munheira, s. f. (de *munhão*). Encaixe em que se assenta o munhão.
Munhoneira, s. f. V. *munheira*.
Munição, s. f. (l. *munitione*). 1. Fortificação de uma praça. 2. Provisão de boca e de outros petrechos necessários a um exército ou para a defesa de uma praça de guerra. 3. Cartuchos, projéteis. 4. Chumbo miúdo de atirar aos pássaros.
Municiador, adj. e s. m. (de *munição*). Que, ou quem municia. S. m. Livro em que se escritura o movimento diário da guarnição militar.
Municiar, v. Tr. dir. Abastecer, prover de munições: *Municiar* um *batalhão*.
Munício, s. m. 1. *Pop.* Pão que é distribuído aos soldados. 2. Gado que acompanha tropas em marcha para alimento destas. 3. Víveres que o tropeiro leva consigo para as necessidades da viagem.
Municionamento, s. m. Ação ou efeito de municionar; municiamento.
Municionar, v. V. *municiar*.
Municionário, s. m. O encarregado de fornecer ou prover de munições.
Municipal, adj. m. e f. Pertencente ou relativo ao município ou à municipalidade. S. m. Teatro mantido pela municipalidade.
Municipalidade, s. f. 1. Câmara municipal, prefeitura, vereação. 2. Edifício onde os vereadores exercem as suas funções. 3. Circunscrição de terreno que forma um município.
Municipalismo, s. m. 1. Sistema político que pretende a maior autonomia possível para os municípios. 2. Sistema de administração que atende especialmente à organização e prerrogativas dos municípios. 3. Descentralização da administração pública, em favor dos municípios.
Munícipe, adj. e s., m. e f. 1. Diz-se dos, ou cada um dos cidadãos de um município. 2. Diz-se da, ou a pessoa que goza dos direitos do município.
Município, s. m. 1. Circunscrição territorial administrada nos seus próprios interesses por um prefeito, que executa as leis emanadas do corpo de vereadores eleitos pelo povo. 2. Os habitantes dessa circunscrição.
Munificência, s. f. Ato ou qualidade de munificente; generosidade, liberalidade. Antôn.: *mesquinhez*.
Munificente, adj. m. e f. 1. Generoso, liberal, magnânimo. 2. Bizarro.
Munífico, adj. Munificente. Superl. absoluto sintético: *munificentíssimo*.
Munir, v. (l. *munire*). 1. Tr. dir. e pron. Abastecer de munições; prover do necessário para a defesa ou o combate. 2. Tr. dir. Acautelar, resguardar. 3. Pron. Armar-se, prevenir-se. — Conjuga-se por *abolir*.
Munupiú, s. m. *Bot.* Planta euforbiácea brasileira (*Sapium euphorbium*).
Múnus, s. m. sing. e pl. 1. Emprego, encargo. 2. Funções que um indivíduo exerce obrigatoriamente.
Munzuá, s. m. Covo de bambu, cana-brava ou taquara, para prender camarões nos rios.
Muque, s. m. 1. Bíceps braquial. 2. Músculo. 3. Força muscular. 4. Força, valor.
A m.: à força física; com violência.
Muquirana, s. f. 1. *Entom.* Piolho do corpo ou da roupa (*Pediculus humanus humanus*). 2. Mosca que atormenta as pessoas e animais. 3. Imundície, sujeira. S. m. e f. Sovina. Var.: *mucurana*.
Mura, adj. m. e f. *Etnol.* Relativo aos Muras, índios brasileiros que habitam na bacia do Madeira. S. m. e f. Indígena dessa tribo.
Muraçanga, s. f. 1. Pedaço de madeira usado para bater a roupa. 2. Pau de bater algodão. 3. Cacete com que o jangadeiro mata o peixe; buraçanga.
Murada, s. f. Fiada de malhas em toda a largura da rede.
Muradal, s. m. Montão de caliça, entulho ou coisas análogas; monturo.
Murador, adj. e s. m. Diz-se do, ou o gato que é bom caçador de ratos.
Murajuba, s. f. 1. *Ornit.* Papagaio da região do Amazonas. 2. *Bot.* Árvore leguminosa (*Apuleia moralis*).

Mural, adj. m. e f. 1. Que se refere a muro ou parede. 2. Que cresce nos muros. S. m. 1. Muro, baluarte. 2. *Pint.* Quadro pintado diretamente num muro ou parede.

Muralha, s. f. (ital. *muraglia*). 1. Forte muro defensivo de uma fortaleza ou praça de armas. 2. Muro ou parede de grande espessura e altura. 3. *Por. ext.* Tudo o que se opõe a um desígnio ou à execução de alguma coisa.

Muramento, s. m. 1. Ação ou efeito de murar. 2. O mesmo que *muralha.*

Murar[1], v. (*muro + ar*). 1. Tr. dir. Fechar com muro ou muros. 2. Tr. dir. Servir de muro a. 3. Tr. dir. e pron. Defender(-se) contra assaltos; fortificar(-se). 4. Tr. dir. e pron. Acautelar (-se), prevenir(-se), revestir(-se).

Murar[2], v. (l. *mure + ar*). 1. Tr. dir. Espreitar (ratos) para os caçar (o gato). 2. Intr. Caçar ratos.

Murça[1], s. f. Espécie de cabeção de cor, que os bispos e os cônegos usam por cima da sobrepeliz.

Murça[2], s. f. Lima com serrilha ou picado fino.

Murceiro, s. m. (*murça*[2] *+ eiro*). Aquele que fabrica ou vende murças.

Murcha, s. f. (de *murchar*). 1. Ação ou efeito de murchar. 2. *Bot.* Perda de turgescência dos tecidos foliares e das partes suculentas dos ramos das plantas.

Murchar, v. (*murcho + ar*). 1. Tr. dir. Pôr ou tornar murcho. 2. Intr. e pron. Perder o viço, a beleza, a cor ou o brilho. 3. Tr. dir. Tirar a energia, o vigor, a viveza a. 4. Intr. e pron. Arrefecer, perder a energia, a veemência (afeto, sentimento). 5. Intr. e pron. Perder a alegria, a vivacidade; definhar.

Murchecer, v. O mesmo que *emurchecer* e *murchar.*

Murchidão, s. f. (de *murcho*). Estado de murcho.

Murcho, adj. 1. Que perdeu o viço, a cor ou a beleza. 2. Que perdeu a força, a energia ou a animação. 3. Abatido, pensativo, triste, Antôn. (acepção 1): *viçoso.*

Murchoso, adj. *Bot.* O mesmo que *marcescente.*

Mureira, s. f. (de *muro*). Montão de estrume, ordinariamente ao pé de um muro; estrumeira.

Muremuré, s. m. V. *murmuré.*

Mureru, s. m. *Bot.* Designação comum a aguapés (plantas aquáticas), principalmente à espécie *Cabomba aquatica,* de látex leitoso que contém ácido oxálico; também chamada *mururé-redondinho* e *mururé-d'-água.*

Mureta, s. f. (de *muro*). Pequeno muro, muro baixo.

Murganho, s. m. *Zool.* Nome dado em Portugal a um mamífero insetívoro; musaranho.

Murianha, s. f. V. *beruanha.* Var.: *murinhanha.*

Muriático, adj. O mesmo que *clorídrico.*

Muriato, s. m. (l. *muria*). *Quím.* Sal do ácido muriático.

Murici, s. m. (tupi). *Bot.* 1. Arbusto da família das Malpighiáceas *(Byrsonima crassifolia)* da América tropical. 2. Fruto dessa planta.

Muricizal, s. m. Terreno onde há muitos muricis.

Muricizeiro, s. m. *Bot.* Murici.

Murídeo, adj. *Zool.* 1. Que se assemelha ou diz respeito ao rato. 2. Relativo ou pertecente aos Murídeos. S. m. Mamífero roedor da família dos Murídeos. S. m. pl. Família *(Muridae)* de roedores, do Velho Mundo, atualmente cosmopolita, que abrange camundongos e ratos.

Murinhanha, s. f. V. *murianha.*

Murino, adj. 1. Que se refere a ratos. 2. Cinzento, com sombreado amarelo.

Muriqui, s. m. *Zool.* O maior macaco do Brasil *(Brachyteles arachnoides),* também chamado *mono* e *mono-carvoeiro.* Vars.: *buriqui, miriqui* e *muriquina.*

Muriquina, s. f. *Zool.* O mesmo que *muriqui.*

Muriti, s. m. *Bot.* V. *buriti.* Var.: *meriti, miriti* e *muritim.*

Muritim, s. m. O mesmo que *muriti.*

Muritinzal, s. m. V. *muritizal.*

Muritizal, s. m. O mesmo que *buritizal.* Var.: *muritinzal.*

Murmulhante, adj. m. e f. Que murmulha.

Murmulhar, v. Intr. Produzir murmulho, ramalhar (a árvore), rumorejar.

Murmulho, s. m. 1. Murmúrio das ondas, sussurro das águas correntes. 2. Ramalhar das árvores.

Múrmur, s. m. (l. *murmur*). V. *múrmure.*

Murmuração, s. f. 1. Ato de murmurar; murmúrio. 2. Maledicência.

Murmurador, adj. *(murmurar + dor).* Que produz murmúrio. Adj. e s. m. Que, ou aquele que diz mal do próximo; que, ou aquele que é difamador.

Murmurante, adj. m. e f. 1. Que produz murmúrio. 2. Que murmura.

Murmurar, v. (l. *murmurare*). 1. Intr. Produzir murmúrio, sussurar. 2. Tr. dir. Emitir ou produzir (um som frouxo ou leve). 3. Tr. dir. Dizer em voz baixa, segredar. 4. Intr. Lastimar-se, queixar-se em voz baixa, resmungar. 5. Tr. ind. Apontar faltas, criticar censurando, falar contra alguém ou alguma coisa.

Murmurativo, adj. 1. O mesmo que *murmurante.* 2. Que envolve murmuração.

Múrmure, s. m. *P. us.* 1. O mesmo que *murmúrio.* 2. Sussurro. 2. Sussuro das ondas ou da água corrente. Var.: *múrmur.*

Murmuré, s. m. Instrumento músico dos índios do Brasil, feito de ossos de defunto. Var.: *muremuré* e *murumuré.*

Murmurejar, v. *(múrmure + ejar).* Intr. Produzir murmúrio; murmulhar, rumorejar, sussurrar.

Murmurinhar, v. *(murmurinho + ar).* Intr. Produzir murmurinho, sussuro ou ruído brando (as folhas).

Murmurinho, s. m. 1. Sussuro de muitas pessoas falando ao mesmo tempo; burburinho. 2. Ruído brando das águas, das folhas etc. 3. Som confuso, murmúrio.

Murmúrio, s. m. 1. Som confuso, sussuro da água corrente; a viração que agita as folhas das árvores etc. 2. Rumor surdo de muitas vozes juntas. 3. Som confuso de vozes baixas, que mal se ouvem. 4. Queixa. 5. Cochicho. 6. Ato de murmurar.

Múrmuro, adj. *Poét.* O mesmo que *murmurante.* S. m. O mesmo que *murmúrio.*

Murmuroso, adj. 1. Quem murmura muito; que faz murmurinho. 2. O mesmo que *múrmuro.*

Muro[1], s. m. (l. *muru*). 1. Parede forte que veda ou protege um recinto ou separa um lugar de outro. 2. Murada. 3. Defesa, proteção. 4. Lugar cerrado, para resguardar colméias.

Muro[2], s. m. *Des.* Rato.

Murra, s. f. Mancha que a aproximação do fogo produz na pele.

Murraça, s. f. *Pop.* Murro dado com força; murro forte.

Murro, s. m. Pancada com a mão fechada; soco. Aum.: *murraça.*

Murta, s. f. (l. *murta*). *Bot.* Planta ornamental da família das Mirtáceas *(Myrtus communis),* cultivada principalmente nos países europeus, para confecções de grinaldas de noivas. Var.: *mirta.*

Murtal, s. m. Terreno onde há murtas.

Murteira, s. f. Murta.

Murteiro, s. m. *Bot.* Árvore melastomácea *(Mouriria guianensis);* crioula.

Murtinho, s. m. Baga de murta.

Muru, s. m. *Bot.* Planta canácea *(Canna aurantiaca).*

Murua, s. f. Nome de uma dança dos índios taulipangues.

Muruanha, s. f. V. *beruanha.*

Muruchi, s. m. Planta malpighiácea (*Banisteria dispar*).

Muruci, s. m. O mesmo que *murici.*

Murucututu, s. m. *Ornit.* Ave da família dos Estrigídeos; corujão, mocho-mateiro.

Murugem, s. f. (l. *mure*). *Bot.* Planta borraginácea *(Myosotis intermedia).* Var.: *morugem.*

Muruí, s. m. Variedade de arroz.

Murumuré, s. m. V. *murmuré.*

Murumuru, s. m. *Bot.* Palmeira da Amazônia, muito abundante *(Astrocaryum murumuru).*

Murumuruzal, s. m. Lugar onde há murumurus.

Murumuxaua, s. m. O mesmo que *morubixaba.*

Murundu, s. m. (quimbundo *mu + lund).* 1. Montão de coisas misturadas. 2. Montículo. 3. Atilho grosso. 4. Embrulho.

5. Corpo estranho e volumoso, posto em qualquer coisa ou pessoa. Var.: *murundum*.

Murungu, s. m. *Bot.* V. *mulungu*.

Murupita, s. f. *Bot.* Nome de diversas árvores euforbiáceas do Amazonas (*Sapium biglandulum, S. lanceolatum; S. marmieri* e *S. curupita*); carapitã, bicho-de-pau.

Mururé, s. m. (tupi). *Bot.* Nome de duas árvores moráceas (*Brosimopsis acutifolia* e *B. obovata*). Var.: *moruré*.

Mururu[1], s. m. *Bot.* Planta urticácea do Brasil (*Bichetea officinalis*), de madeira boa para estacas, resistentes à umidade.

Mururu[2], s. m. 1. Enxaqueca. 2. Moléstia intermitente. 3. Achaque.

Muruti, s. m. Fruto do murutizeiro; buriti.

Murutizeiro, s. m. O mesmo que *buritizeiro*.

Murutucu, s. m. 1. *Ornit.* Pica-pau da região amazônica (*Piculus chrysochlorus paraensis*). 2. Nome que se dá a qualquer coruja.

Muruxaua, s. m., contr. de *murumuxaua*.

Murzelo, adj. e s. m. Que, ou o que tem cor de amora (falando-se de cavalo).

Musa[1], s. f. (gr. *mousa*). 1. *Mit.* Cada uma das nove deusas que presidiam às ciências e às artes. 2. Suposta divindade ou gênio que inspira a poesia. 3. Faculdade de fazer versos; estro. 4. Tudo o que pode inspirar um poeta. 5. Gênio de cada poeta. 6. A literatura poética; a poesia.

Musa[2], s. f. *Bot.* Gênero (*Musa*) típico da família das Musáceas, que inclui as bananeiras.

Musáceas, s. f. pl. *Bot.* Família (*Musaceae*) de árvores e ervas arborescentes, da ordem das Musales, que têm flores agrupadas, subtendidas por brácteas espatáceas, perianto de duas séries petalóides, cinco anteras com um estaminódio, e fruto carnoso ou capsular. S. f. Espécime dessa família.

Musal, adj. m. e f. Que diz respeito a musas.

Muscardina, s. f. Doença do bicho-da-seda provocada por um fungo imperfeito do gênero Botrítis.

Muscardínico, adj. 1. Atacado de muscardina. 2. Que se refere à muscardina.

Muscari, s. m. *Bot.* 1. Gênero (*Muscari*) da família das Liliáceas, constituído por ervas bulbosas do Velho Mundo. 2. Erva desse gênero.

Muscarina, s. f. *Quím.* Base quaternária amoniacal, $C_8H_{19}NO_3$, princípio tóxico do cogumelo *Amanita muscaria*.

musci-, elem. de comp. O mesmo que *musco*.

Muscícola, adj. (*musci + cola[3]*). Que vive ou vegeta nos musgos.

Muscíneas, s. f. pl. *Bot.* O mesmo que *Briófitas*.

Muscíneo, adj. (l. *muscu*). Que se assemelha ou se refere aos musgos.

Muscívoro, adj. Que se nutre de moscas.

musco-, elem. de comp. (l. *muscu*). Exprime a idéia de *musgo*: *muscófilo*.

Muscófilo, adj. (*musco + filo[3]*). *Bot.* Designativo da planta que se dá bem no meio dos musgos.

Muscoso, adj. O mesmo que *musgoso* e *musguento*.

Muscovita, s. f. *Miner.* Mineral monoclínico do grupo das micas, que é um silicato de alumínio e potássio. Var.: *moscovita*.

Musculação, s. f. 1. Conjunto das ações musculares. 2. Exercício dos músculos.

Musculado, adj. 1. Provido de músculos. 2. Que tem músculos bem desenvolvidos.

Muscular, adj. m. e f. 1. Que diz respeito aos músculos. 2. Próprio dos músculos.

Musculatura, s. f. 1. *Anat.* Disposição e arranjo dos músculos no corpo do animal. 2. Conjunto dos músculos do corpo humano. 3. Força muscular.

Musculina, s. f. (de *músculo*). 1. Preparação de carne crua de vaca, sem gordura. 2. *Quím.* Substância que só se obtém do tecido muscular.

Músculo, s. m. (l. *musculu*). 1. *Anat.* Massa de fibras contrácteis de função motora; órgão fibroso contráctil destinado a operar movimentos, sob a influência da vontade ou de uma excitação orgânica ou mecânica. 2. Energia, força, rijeza.

Musculosidade, s. f. 1. Qualidade de musculoso. 2. Musculatura.

Musculoso, adj. 1. Que tem a natureza dos músculos. 2. Que tem músculos fortes e desenvolvidos. 3. Forte, robusto, vigoroso.

Museu, s. m. (gr. *mouseion*). 1. Coleção de objetos de arte, cultura, Ciências Naturais, Etnologia, História, Técnica etc. 2. Lugar destinado ao estudo e principalmente à reunião desses objetos. 3. Casa que contém muitas obras de arte. 4. Reunião de musas.

Musgo, s. m. (l. *muscu*). *Bot.* 1. Planta da classe dos Musgos. 2. Cada uma de várias plantas mais ou menos semelhantes a musgo, na aparência ou hábito de crescimento (muitas vezes em combinação, como musgo-da-islândia, musgo-marinho etc.).

Musgoso, adj. 1. Coberto de musgo. 2. Que produz musgo. 3. Que se assemelha ao musgo.

Música, s. f. (l. *musica*). 1. Arte e técnica de combinar sons de maneira agradável ao ouvido. 2. Composição musical. 3. Execução de qualquer peça musical. 4. Conjunto ou corporação de músicos. 5. Coleção de papéis ou livros em que estão escritas as composições musicais. 6. Qualquer conjunto de sons. 7. Som agradável; harmonia. 8. Gorjeio. 9. Suavidade, ternura, doçura. 10. *Fam.* Choro, manha. — *M. clássica:* a) música escrita por compositores que se caracterizam pelo classicismo; b) música de acordo com predeterminada forma de arte; música fina; c) música que não é do gênero popular. *M. coral:* música cantada ou executada por um coro. *M. de câmara:* peça composta para poucos instrumentos ou vozes. *M. de fundo:* música que acompanha o diálogo ou a ação de uma fita de cinema ou drama de rádio ou televisão. *M. folclórica:* a que é anônima, de transmissão oral, antiga, na maioria, e que constitui o patrimônio comum do povo de uma determinada região. *M. popular:* a que tem larga difusão entre o povo através do rádio, do disco e da televisão.

Musical, adj. m. e f. 1. Que diz respeito à música. 2. Em que se canta ou toca música. 3. Harmonioso, melodioso.

Musicar, v. (*música + ar*). 1. Tr. dir. Compor música para uma letra. 2. Intr. Tocar instrumento músico. 3. Intr. Cantar, trautear.

Musicata, s. f. *Fam.* 1. Fanfarra, filarmônica. 2. Execução de uma peça musical. 3. Serenata, tocata.

Musicista, s. m. e f. 1. Pessoa que aprecia a música. 2. Pessoa versada em assuntos musicais.

Músico[1], adj. 1. Pertencente ou relativo à musica; musical. 2. Agradável ao ouvido; harmonioso, melodioso. 3. *Gír.* Indivíduo espertalhão que sabe enganar o próximo; vigarista. S. m. 1. Aquele que sabe música. 2. Aquele que exerce a arte da música. 3. Membro de uma banda, filarmônica ou orquestra.

músico[2], elem. de comp. Expressa a idéia de *música: musicografia, musicomania*.

Musicografia, s. f. 1. Tratado a respeito da música. 2. Arte de escrever música.

Musicógrafo, s. m. (*músico[2] + grafo*). 1. Aquele que compõe música. 2. Aquele que escreve sobre arte musical. 3. Instrumento com que se escreve música.

Musicologia, s. f. (*músico[2] + logo[2] + ia*). 1. Investigação da origem, história e datas das composições e documentos musicais. 2. Tratado sobre música.

Musicólogo, adj. (*músico[2] + logo[2]*). 1. Indivíduo versado na arte musical. 2. Aquele que literariamente se ocupa de música.

Musicomania, s. f. (*músico[2] + mania*). 1. Tendência mórbida caracterizada por excessiva paixão pela música. 2. Paixão pela música.

Musicômano, adj. e s. m. Que, ou aquele que tem musicomania.

Musiquear, v. (*músico[2] + ear*). O mesmo que *musicar*.

Musiqueta (*ê*) s. f. 1. Trecho de música de pouco ou nenhum valor. 2. Música reles.

Musiquim, s. m. 1. Músico reles. 2. Músico ambulante.

Musmê, s. f. O mesmo que *mussumê*.

Musselina, s. f. (fr. *mousseline*). 1. Tecido fino, leve e transparente, próprio para vestidos de senhoras. 2. Estofo de lã ou seda, muito leve.

Mussitação, s. f. 1. Movimento automático dos lábios, produzindo som confuso como quem fala entre os dentes. 2. Dificuldade em articular.

Mussitar, v. Intr. *Ant.* Falar por entre os dentes; cochichar, murmurar.

Mussumê, s. f. Rapariga, mulher jovem (no Japão). Var.: *mussumé* e *musmê*.

Mustelídeo, adj. *Zool.* 1. Que se assemelha ou se refere à doninha. 2. Relativo ou pertencente aos Mustelídeos. S. m. Mamífero da família dos Mustelídeos. S. m. pl. Família *(Mustelidae)* de mamíferos carnívoros, que compreende os cangambás, a irara, o furão e as lontras.

Mutabilidade, s. f. Qualidade de mudável; inconstância, instabilidade, versatilidade, volubilidade.

Mutação, s. f. (1. *mutatione*). 1. Ato ou efeito de mudar. 2. Mudança ou alteração, física ou moral. 3. Substituição. 4. *Biol.* Variação hereditária, súbita e espontânea, em um indivíduo geneticamente puro. As mutações na natureza consideram-se base da aparição biogenética de novas raças e espécies.

Mutacismo, s. m. (gr. *mutakismos*). Abusiva iteração da letra *m* em muitas palavras da mesma frase.

Mutamba, s. f. *Bot.* Árvore da família das Esterculiáceas (*Guazuma ulmifolia*), de flores amareladas inconspícuas, madeira leve e sementes que produzem óleo aromático.

Mutambo, s. m. V. *mutamba.*

Mutatório, adj. 1. Que muda. 2. Que serve para operar mudança.

Mutável, adj. m. e f. O mesmo que *mudável.*

Mutelina, s. f. (de *Mutel,* n. p.). *Bot.* Planta umbelífera (*Meum mutellina*).

Mútico, adj. *Zool.* Diz-se dos animais articulados que não têm espinhos.

Mutilação, s. f. (*mutilar + ção*). 1. Ato ou efeito de mutilar. 2. Estrago de um monumento por destruição de uma de suas partes. 3. Dano, corrupção.

Mutilado, adj. e s. m. 1. Que, ou aquele que foi privado de algum membro ou parte do corpo. 2. Que sofreu dano, estrago (um monumento).

Mutilador, adj. e s. m. Que, ou o que mutila.

Mutilar, v. (l. *mutilare*). 1. Tr. dir. Cortar, decepar, retalhar qualquer parte exterior do corpo de. 2. Tr. dir. Cortar (algum membro do corpo). 3. Tr. dir. Cortar ou destruir parte de; truncar. 4. Tr. dir. Cortar os ramos de. 5. Pron. Realizar em si próprio qualquer mutilação. 6. Intr. Realizar mutilações. 7. Tr. dir. Amesquinhar, diminuir o merecimento de.

Mutirão, s. m. Ajutório.

Mutismo, s. m. 1. Qualidade de mudo; mudez. 2. Estado de quem não pode ou não quer exprimir o seu pensamento.

Mútua, s. f. Sociedade de auxílios ou socorros mútuos.

Mutuã, adj. m. e f. *Etnol.* Relativo aos Mutuãs, indígenas caraíbas do Rio Jamundá. S. m. e f. Indígena dessa tribo.

Mutuação, s. f. 1. Ato ou efeito de mutuar. 2. Permutação, troca. 3. Ato de dar ou tomar emprestado; empréstimo.

Mutualidade, s. f. 1. Estado ou qualidade do que é mútuo ou recíproco. 2. Permutação. 3. Reciprocidade.

Mutualismo, s. m. 1. Sistema especial de instituições de previdência. 2. *Biol.* Forma de simbiose de que ambos os simbiontes, ou associados, tiram vantagem; comensalismo.

Mutualista, adj. m. e f. Que diz respeito a mutualismo. S. m. e f. Pessoa que faz parte de uma companhia de seguros ou de socorros mútuos.

Mutuante, adj. m. e f. Que mutua. S. m. e f. 1. Cedente de um empréstimo. 2. Pessoa que dá qualquer coisa em mútuo.

Mutuar, v. (l. *mutuari*). 1. Tr. dir. Dar ou receber por empréstimo: *Mutuar dinheiro, mutuar livros.* 2. Tr. dir. e pron. Trocar entre si, permutar.

Mutuário, s. m. (l. *mutuariu*). 1. Aquele que recebe alguma coisa por mútuo; tomador de um empréstimo. 2. Associado de uma mútua; mutualista. 3. Aquele que paga prestação da casa própria ao Sistema Nacional de Habitação.

Mutuca, s. f. (tupi). *Entom.* Denominação popular pela qual se designam as moscas da família dos Tabanídeos, insetos sugadores de sangue, que dão ferroadas momentaneamente dolorosas; em Portugal, chamam-se *tavões.* S. m. 1. Remador auxiliar das baleeiras. 2. Indivíduo importuno, maçador, rabugento. Adj. Diz-se do galo de briga, surrado e medroso, utilizado para atiçar a combatividade dos outros.

Mutucacaba, s. f. *Entom.* Qualquer vespídeo do gênero *Parachartegus.*

Mútulo, s. m. (l. *mutulu*). *Arquit.* Modilhão quadrado, em cornija de ordem dórica.

Mutum, s. m. (tupi). *Ornit.* Nome de diversas aves galináceas silvestres, de mata virgem, do Brasil, de carne muito saborosa, pertencentes à família dos Cracídeos. Voz: *canta, geme, pia.*

Mútuo, adj. (l. *mutuu*). 1. Que se faz reciprocamente entre duas ou mais pessoas; recíproco. 2. Que se permuta entre duas ou mais pessoas. S. m. 1. Empréstimo. 2. Permutação, reciprocidade. 3. *Dir.* Empréstimo de coisa que deve ser restituída no mesmo gênero, quantidade e qualidade.

Mututi, s. m. *Bot.* Árvore leguminosa-papilionácea da região do Amazonas (*Pterocarpus draco*), também chamada *tinteira.*

Muxarabiê, s. m. Balcão mourisco resguardado, à altura da janela, por grade de madeira de onde se pode ver sem ser visto.

Muxiba, s. f. 1. Carne magra; pelanca. 2. Pessoa magra, velha e feia. 3. *Gír.* Seios flácidos de mulher. 4. Coisa ruim. 5. Pessoa sovina.

Muxibento, adj. Cheio de muxibas ou pelancas.

Muxinga, s. f. (quimbundo *muxinga*). 1. Sova, tunda. 2. Azorrague, chicote, vergalho.

Muxirão, s. m. (do tupi). V. *ajutório.*

Muxoxar, v. Intr. Acariciar, dar beijos. Var.: *muxoxear.*

Muxoxear, v. V. *muxoxar.*

Muxoxo, s. m. (quimbundo *muxoxu*). 1. Beijo, carícia. 2. Estalo com a língua aplicada ao palato, para indicar contrariedade ou desdém. 3. *Bot.* Arbusto de Angola, da família das Euforbiáceas (*Sapium mannianum*); também chamado *sapato-do-diabo.*

N *(ene),* Símbolo da décima terceira letra do alfabeto português, consoante linguodental, nasal, sonora. É mero sinal nasalizador, em fim de sílaba, como em *consoante, faringe, intento.* Num. Décimo terceiro numa série indicada pelas letras do alfabeto.

Na, 1. Combinação de *em* (prep.) + *a* (art.). 2. Pron., fem. de *no,* depois de sílaba nasal: Convidam-*na.*

Nababesco *(ê),* adj. Próprio de nababo.

Nababia, s.f. 1. Dignidade de nababo. 2. Área jurisdicional do nababo.

Nababo, s. m. (hind. *navab* do ár. *nuwab*). 1. Vice-rei nomeado pelo grão-mogol. 2. Indivíduo muito rico; aquele que vive na opulência e no fausto. 3. Príncipe ou governador de província na Índia muçulmana.

Nabada, s.f. 1. Doce ou guisado de cabeças de nabo. 2. Roda formada pelos quatro braços da fateixa.

Nabal, s. m. Terreno cultivado de nabos.

Nabiça, s.f. 1. Nabo ainda pouco desenvolvido. 2. Variedade de nabo, de que se aproveitam as folhas.

Nabiçal, s.m. Terreno semeado de nabiças.

nabo, s.m. 1. *Bot.* Planta crucífera, cuja raiz carnuda se emprega como alimento *(Brassica napus).* 2. Raiz dessa planta. 3. *Hum.* Indivíduo ignorante e estúpido.

Comprar nabos em saco: a) aceitar uma coisa sem examiná-la; b) fazer um negócio às escuras, sem prévio estudo.

Naca, s.f. V. *nacada.*

Nacada, s.f. 1. Grande naco. 2. Pedaço.

Nação, s.f. (l. *natione*). 1. Conjunto dos indivíduos que habitam o mesmo território, falam a mesma língua, têm os mesmos costumes e obedecem à mesma lei, geralmente da mesma raça. Col. (quando unidas para o mesmo fim): *Aliança, coligação, confederação, federação, liga, união.* 2. País. 3. O povo de um país. 4. O governo do país; o Estado. 5. A pátria, o país natal. 6. Raça, origem, casta. S. f. pl. *Bíblia.* Os gentios, os pagãos.

Nácar, s.m. (ár. *naqar?*). 1. Substância branca, brilhante e irisada, que reveste interiormente grande número de conchas; madrepérola. 2. Cor de carmim, cor-de-rosa. Pl.: *nácares.*

Nacarado, adj. 1. Que se nacarou. 2. Que tem a cor e o brilho do nácar; nacarino.

Nacarar, v. Tr. dir. 1. Dar aspecto ou cor de nácar a. 2. Cobrir de nácar. 3. Tornar acarminado, róseo.

Nacarino, adj. V. *nacarado.*

Nacela, s.f. 1. *Arquit.* Moldura côncava na base de uma coluna; escócia. 2. *Av.* Parte do avião na qual está o assento do piloto.

Nacional, adj. m. e f. 1. Da, ou relativo a uma nação. 2. Diz-se dos órgãos políticos ou administrativos do governo federal: Parlamento *N.*

Nacionalidade, s.f. 1. Qualidade ou condição de nacional; naturalidade. 2. Conjunto dos caracteres que distinguem uma nação. 3. Nação.

Nacionalismo, s.m. 1. Preferência acentuada por tudo o que é próprio da nação a que se pertence. 2. Patriotismo. 3. Política de nacionalização de todas as atividades de um país.

Nacionalista, adj. m. e f. 1. Que se refere á independência e aos interesses nacionais. 2. Patriótico. S. m. e f. Pessoa partidária do nacionalismo.

Nacionalização, s.f. Ato ou efeito de nacionalizar.

Nacionalizar, v. Tr. dir. e pron. Tornar(-se) nacional; aclimar (-se), naturalizar(-se).

Nacional-socialismo, s.m. V. *nazismo.*

Naco, s.m. Grande pedaço de qualquer coisa (especialmente que se coma); nacada.

Nada, pron. (l. *nata*). Nenhuma coisa. S. m. 1. A não existência; o que não existe. 2. Coisa nenhuma. 3. Nenhum valor. 4. Coisa vã, nula. 5. Alguma coisa; um pouco. 6. Bagatela, nonada. Adv. 1. De modo nenhum; não. 2. Usa-se às vezes com a partícula *não,* para reforçar uma negativa.

Nadadeira, s.f. 1. Barbatana dos peixes. 2. Cada um dos órgãos exteriores de locomoção dos cetáceos e de alguns anfíbios.

Nadador, adj. 1. Que nada ou sabe nadar. 2. Que serve para nadar. S. m. Aquele que nada.

Nadadura, s.f. Ato ou efeito de nadar.

Nadante, adj. m. e f. 1. Que nada. 2. Flutuante.

Nadar, v. (l. *natare*). 1. Intr. Sustentar-se e mover-se à superfície da água. 2. Intr. Conhecer os preceitos e a prática da natação. 3. Intr. Boiar, flutuar. 4. Tr. ind. Estar coberto de um líquido; estar molhado de, estar escorrendo. 5. Tr. ind. Engolfar-se agradavelmente. 6. Tr. ind. Ter em abundância.

Nádega, s.f. (l. v. *natica*). 1. Parte carnosa superior e traseira das coxas. 2. Parte carnuda, por baixo e atrás da garupa das cavalgaduras. S. f. pl. 1. O assento. 2. *Pop.* O traseiro.

Nadegada, s.f. Pancada nas nádegas ou com elas; nalgada.

Nadegudo, adj. De nádegas muito desenvolvidas.

Nadegueiro, adj. 1. Relativo a nádegas. 2. Situado nas nádegas.

Nadinha, s.m. 1. Quase nada. 2. Pequena porção de qualquer coisa. 3. Bagatela; nonada, ninharia. 4. Pretexto.

Nadir, s.m. (ár. *nazir*). 1. Ponto da abóbada celeste oposto ao zênite. 2. Ponto mais baixo de qualquer coisa. 3. Tempo ou lugar onde ocorre a maior depressão.

Nadível, adj. m. e f. Que pode ser atravessado a nado.

Nado[1]**,** adj. (l. *natu*). Nascido.

Nado[2]**,** s.m. (de *nadar*). 1. Ato de nadar. 2. Espaço que se nadou, ou se pode nadar de uma vez.

Náfego, adj. Diz-se do animal que tem um quadril menor que o outro. S. m. *Vet.* Fratura do ílio do quadrúpede, a qual lhe torna desiguais os quadris. Var.: *náfico* e *náufico.*

Nafta, s. f. *Quím.* Cada uma de várias misturas hidrocarbonadas líquidas voláteis, freqüentemente inflamáveis, usadas principalmente como solventes e diluentes e como matéria-prima para conversão em gasolina.

Naftaleno, s. m. *Quím.* Hidrocarboneto cristalino aromático de odor característico, que é o componente mais abundante do alcatrão de hulha.

Naftalina, s.f. *Quím.* Hidrocarboneto odorífero, extraído do alcatrão da hulha, de grande importância industrial.

Naftol, s. m. *Quím.* Cada um de dois derivados cristalinos anti-sépticos de naftaleno, encontrados no alcatrão de hulha e preparados por fusão alcalina.

Nagã, s.m. Tipo de revólver grande e de cano longo.

Nagô, adj. Diz-se de uma casta de negros do grupo sudanês. S. m. Essa casta.

Náiada, s. f. *P. us.* V. *náiade.*

Náiade, s.f. 1. *Mit.* Divindade que presidia às fontes e rios; ninfa das águas. 2. *Bot.* Planta najadácea *(Najas guadalupensis).* 3. *Entom.* Ninfa aquática dos insetos hemimetabólicos. S. f. pl. *Zool.* Tribo *(Naiades)* de moluscos, que inclui os mexilhões de água doce. Var.: *náiada.*

Naiádeo, adj. Que se assemelha ou se refere à náiade (planta).

Náilon, s.m. (ingl. *nylon*). Cada um dos numerosos materiais sintéticos, consistindo em poliamidas, em forma de fibras, filamentos, fios de seda ou folhas, de largo uso na indústria têxtil.

Naipar, v. Tr. ind. e intr. Jogar as cartas de um só naipe.

Naipe, s.m. (ár. *naib*). 1. Sinal gráfico pelo qual se distingue cada um dos quatro grupos de cartas, de um baralho. 2. Cada um desses grupos. 3. Espécie, condição, qualidade, igualha. 4. Cada um dos grupos de instrumentos em que geralmente se divide a orquestra. 5. *Gír.* Dinheiro.

Naire, s.m. (malaia *náyar*). 1. Militar nobre entre os hindus do Malabar. 2. Adestrador de elefantes.

Naja, s.f. *Herp.* 1. Gênero *(Naja)* de serpentes muito venenosas, da África e da Ásia, que, quando excitadas, expandem a pele do pescoço em forma de um largo capuz, pelo movimento das costelas dianteiras. 2. Qualquer serpente desse gênero.

Najá, s.f. *Bot.* V. *anajá.*

Nalga, s.f. Nádega.

Nambi, adj. m. e f. 1. Que tem só uma orelha, ou que não tem nenhuma. 2. Diz-se do cavalo que tem orelha caída. 3. Suru. S.m. Orelha.

Nambu, s.m. 1. *Pop.* Inhame. 2. *Ornit.* Inambu.

Namoração, s.f. Ato de namorar, namoro.

Namorada, s.f. Moça ou mulher que alguém namora ou galanteia; conversada. Adj. Que se enamorou; apaixonada.

Namoradeira, adj. f. Amiga de namorar. S.f. Moça ou mulher que gosta de namorar ou de ser galanteada.

Namoradeiro, adj. e s.m. Que, ou o que faz ou aceita galanteios facilmente; namorador.

Namoradiço, adj. e s.m. V. *namoradeiro.*

Namorado, adj. 1. Que se namorou ou enamorou. 2. Apaixonado, brando, amoroso. S.m. 1. Aquele que sente amores ou corresponde a amores. 2. *Ictiol.* Nome comum de um peixe marinho *(Pseudopercis numida).*

Namorador, adj. e s.m. V. *namoradeiro.*

Namorar, v. 1. Tr. dir. Esforçar-se para conseguir o amor de; cortejar, galantear. 2. Tr. dir. Atrair, cativar, inspirar amor a, seduzir. 3. Intr. Andar em galanteios. 4. Pron. Tornar-se enamorado; afeiçoar-se, apaixonar-se. 5. Pron. Agradar-se, ficar encantado. 6. Tr. dir. Desejar possuir; cobiçar. 7. Tr. dir. Fitar (alguma coisa) com afeto e insistência.

Namoricar, v. 1. Tr. dir. Namorar por passatempo; namorar levianamente. 2. Intr. Ter vários namoricos.

Namorice, s.f. *P. us.* V. *namorico.*

Namorico, s.m. Namoro por mero gracejo; inclinação passageira; leve afeição.

Namoriscar, v. V. *namoricar.*

Namorisco, s.m. V. *namorico.*

Namoro, s.m. 1. Ato de namorar. 2. Galanteio. 3. O namorado ou a namorada.

Nana, s.f. (ital. *Nanna*). 1. Ato de nanar. 2. Canto para acalentar. 3. Sono de criança.

Nanar, v. Intr. *Inf.* Dormir.

Nanauí, s.f. Bebida fermentada que os índios preparavam com o ananás.

Nancíbea, s.f. *Bot.* Planta rubiácea brasileira *(Manettia cordifolia).*

Nandaia, s.f. *Ornit.* V. *jandaia.*

Nani, s.m. 1. *Bot.* O anani. 2. Resina dessa árvore.

Nanico, adj. 1. Pequeno de corpo; que tem figura de anão. 2. Acanhado, apoucado.

Naniquice, s.f. Nanismo.

Naniquismo, s.m. Nanismo.

Nanismo, s.m. Conjunto de caracteres que os anões apresentam; naniquice, naniquismo.

Nanja, adv. *(não + já). Pop.* e *ant.* Não, nunca.

nano-, elem. de comp. (gr. *nanos*). Exprime a idéia de *anão: nanocéfalo.*

Nanocefalia, s.f. *Terat.* Condição de nanocéfalo; microcefalia.

Nanocefálico, adj. Relativo à nanocefalia ou a nanocéfalo.

Nanocéfalo, adj. e s.m. *Terat.* Que, ou aquele que apresenta cabeça anormalmente pequena; microcéfalo.

Nanocormia, s.f. *Terat.* Pequenez anômala do tronco humano.

Nanomelia, s.f. *Terat.* Pequenez anômala dos membros do corpo humano.

Nanquim, s.m. (de *Nanquim,* n.p.). 1. Tecido de algodão, amarelo-claro, originariamente fabricado em Nanquim. 2. Matéria corante preta, preparada com negro-de-fumo coloidal e empregada especialmente para desenhos, aquarelas etc.; também chamada *tinta Nanquim.* Adj. Diz-se da cor amarelada, semelhante à do tecido do mesmo nome.

Nanzuque, s.m. Certo tecido fino de algodão.

Não, adv. (l. *non*). 1. Expressão de negação. Antôn.: *sim.* 2. De contrário. 3. Anteposto a substantivos, adjetivos ou verbos, exprime ausência, privação da substância, qualidade ou ação expressa pela palavra que se lhe segue. O *não*-eu, o *não*-ser. Interj. Basta! S.m. Negativa, recusa, repulsa.

Não-eu, s.m. *Filos.* Conjunto dos objetos distintos do eu; o mundo externo.

Não-euclidiano, adj. *Geom.* Diz-se das demonstrações que partem da negação do postulado das paralelas de Euclides, geômetra grego.

Não-me-deixes, s.m. sing. e pl. *Bot.* Planta composta *(Senecio elegans).*

Não-me-toques, s.m., sing. e pl. Arbusto da família das Compostas *(Chuquiragua spinescens),* com espinhos muito aguçados e reunidos em grupos.

Não-te-esqueças-de-mim, s.m. sing. e pl. *Bot.* Miosótis.

Napáceo, adj. *Bot.* Designativo das raízes que têm forma de cabeça de nabo.

Napalm, s.m. Agente gelificante que consiste numa mistura de sabões de alumínio e é usado na gelatinização de gasolina, especialmente em bombas incendiárias e lança-chamas.

Napéias, s.f. pl. 1. Ninfas dos bosques e dos prados; dríades. 2. Designação dada por Martius à região florística brasileira em que estão compreendidos os terrenos dos bosques de araucárias (pinheiro-do-paraná) do Sul do Brasil.

Napeiro, adj. 1. Indolente, inerte. 2. Dorminhoco.

Napelo *(ê),* s.m. Acônito.

napi-, elem. de comp. (l. *napu*). Exprime a idéia de *nabo: napiforme.*

Napiforme, adj. m. e f. Que tem forma de cabeça de nabo; napáceo.

Napoleão, s.m. Moeda francesa de ouro, com a efígie de Napoleão e o valor de vinte francos.

Napoleônico, adj. Relativo a Napoleão Bonaparte (1769-1821), ou ao seu sistema político e militar.

Napoleonismo, s.m. 1. Partido político de Napoleão Bonaparte; bonapartismo. 2. Dedicação à família ou à política dos Napoleões.

Napoleonista, adj. m. e f. Relativo ao napoleonismo. S. m. e f. Pessoa sectária do napoleonismo.

Napolês, adj. e s.m. *Des.* Napolitano. Fem.: *napolesa.*

Napolitano, adj. Que pertence ou se refere à Nápoles, Itália. S.m. Habitante ou natural de Nápoles.

Naquele, combinação da prep. *em* com o pronome demonstrativo *aquele.*

Naqueloutro, combinação da prep. *em* com o pronome demonstrativo *aqueloutro.*

Naquilo, combinação da prep. *em* com o pronome demonstrativo *aquilo.*

Nara, s.m. O inferno dos malês.

Narandiba, s.f. *P. us.* Laranjal.

Narcafto, s. m. *Farm.* Casca aromática da árvore do incenso.

Narceína, s.f. *Quím.* Alcalóide amargo cristalino narcótico, extraído do ópio.

Narceja *(ê),* s.f. *Ornit.* Ave da arribação, da família dos Escolopacídeos *(Capella paraguaiae paraguaiae)*; agachada, agachadeira, bico-rasteiro, corta-vento, minjolinho.

Narcejão, s.m. *Ornit.* Ave da família dos Escolopacídeos *(Capella undulata gigantea)*; água-só, galinhola.

Narcisamento, s.m. Ato ou efeito de narcisar-se.

Narcisar, v. Pron. 1. Rever-se (em espelho ou em qualquer outra coisa que reflita a imagem) como o Narciso da fábula. 2. Desvanecer-se de si. 3. Enfeitar-se com desvanecidos extremos.

Narcisismo, s.m. 1. Mania dos que se narcisam. 2. Em psicanálise, designa o estado em que a libido é dirigida ao próprio ego.

Narciso, s.m. 1. *Bot.* Gênero *(Narcissus)* de ervas bulbosas do Velho Mundo, da família das Amarilidáceas. 2. *Bot.* Qualquer planta desse gênero, particularmente a espécie *Narcissus poeticus,* cujas flores têm uma pequena coroa. 3. *Bot.* Flor dessa planta. 4. Homem adamado, vaidoso de si mesmo.

Narcisóide, adj. m. e f. *Bot.* Que se assemelha ao narciso. S. f. pl. As diferentes espécies de narcisos. Var.: *narcissóide.*

narco-, elem. de comp. (gr. *narke*). Exprime a idéia de *sono: narcose.*

Narcose, s.f. Sonolência causada pela ação de um narcótico.

Narcótico, adj. 1. Que produz narcose. 2. Que entorpece ou faz adormecer. S. m. Substância que paralisa as funções do cérebro, e cujo uso prolongado vicia.

Narcotina, s.f. *Quím.* Alcalóide cristalino, extraído do ópio, e que possui propriedades antispasmódicas mas não narcóticas.

Narcotismo, s.m. *Med.* Conjunto dos efeitos produzidos por narcóticos.

Narcotização, s.f. Ato ou efeito de narcotizar.

Narcotizador, adj. Narcotizante.

Narcotizante, adj. m. e f. Que narcotiza.

Narcotizar, v. Tr. dir. 1. Aplicar narcótico a. 2. Misturar narcótico em. 3. *Fig.* Causar tédio a; aborrecer, enfadar.

Nardino, adj. Que diz respeito a nardo.

Nardo, s.m. 1. *Bot.* Gênero *(Nardus)* de gramíneas que têm espiguetas em espiga unilateral e cada espigueta com apenas uma flor. 2. *Bot.* Planta desse gênero, particularmente a espécie *Nardus stricta,* européia, de raiz aromática. 3. Perfume extraído dessa raiz.

Narguilé, s.m. Cachimbo turco, com fornilho, tubo longo e um vaso cheio de água perfumada que o fumo atravessa antes de chegar à boca. Var.: *narguilhé.*

Narguilhé, s.m. V. *narguilé.*

Narícula, s.f. Cada uma das duas fossas nasais; narina. S.f. pl. As ventas, o nariz.

Narigada, s.f. Pancada com o nariz.

Nariganga, adj. m. e f. *Fam.* Narigão.

Narigão, s.m. Nariz muito grande. Adj. e s.m. Narigudo. Fem.: *narigona.*

Narigudo, adj. e s.m. Que, ou o que tem nariz grande; narigão.

Narina, s.f. V. *narícula.*

Nariz, s.m. (l. *naris*). 1. Parte saliente do rosto, entre a testa e a boca, e onde reside o sentido da olfação. Aum.: *nariganga, narigão.* 2. As ventas, ou qualquer outra parte do nariz. 3. Focinho dos animais. 4. Parte dianteira do avião. 5. Ferrolho a que está ligado o lacete da ferradura. 6. Pega ou botão, que sai do meio da lingüeta do ferrolho. 7. Olfato, faro. 8. Sagacidade, tino. 9. *Gír.* Qualquer pessoa. S. m. pl. As ventas; o rosto. — *N.-de-cera*: exórdio estudado para se aplicar a todo e qualquer discurso que se tenha de fazer.

Narração, s.f. 1. Ato ou efeito de narrar. 2. Exposição verbal ou escrita de um ou mais fatos.

Narrado, adj. Que se narrou. S.m. Aquilo que se narrou; narração.

Narrador, adj. e s.m. Que, ou o que narra.

Narrar, v. Tr. dir. 1. Contar, expor, relatar. 2. Descrever, verbalmente ou por escrito; historiar.

Narrativa, s.f. Narração. 2. O modo de narrar. 3. Conto, história.

Narrativo, adj. 1. Relativo à narração. 2. Que tem caráter de narração.

Nasal, adj. m. e f. 1. Que pertence ou se refere ao nariz. 2. Diz-se do som, da letra ou da sílaba cuja emissão ou pronúncia é modificada pelo nariz. 3. Fanhoso. S.f. *Gram.* Som modificado pelo nariz. S. m. *Anat.* Cada um dos dois ossos que formam a cana do nariz.

Nasalação, s.f. Ato ou efeito de nasalar; nasalização.

Nasalar, v. Tr. dir. Tornar nasal, pronunciar com som nasal; nasalizar.

Nasalidade, s.f. *(nasal + dade).* Qualidade de nasal.

Nasalização, s.f. V. *nasalação.*

Nasalizar, v. V. *nasalar.*

Nascediço, adj. Que vai nascendo: Planta *nascediça.*

Nascedouro, s.m. 1. Lugar onde se nasce. 2. Orifício do útero. Var.: *nascedoiro.*

Nascença, s.f. 1. Nascimento. 2. Origem, princípio.

Nascente, adj. m. e f. 1. Que nasce. 2. Que começa. S. f. Lugar onde começa uma corrente de água; fonte, mina, manancial. S. m. Lado onde nasce o Sol; este, leste, levante, oriente.

Nascer, v. (l. v. **nascere,* por *nasci*). 1. Intr. Começar a ter vida exterior; vir à luz, sair do ovo ou do ventre materno. 2. Tr. ind. Vir por geração; descender. 3. Tr. ind. Proceder, provir, derivar. 4. V. de lig. Vir ao mundo com certas qualidades especiais: O verdadeiro místico já *nasce místico.* 5. Intr. Brotar da terra; germinar. 6. Tr. ind. Ter começo ou origem. 7. Intr. Começar a surgir, aparentemente, no horizonte (diz-se dos astros ou do dia).

Nascida, s.f. *Pop.* Abscesso, furúnculo, tumor.

Nascidiço, adj. Nativo, natural.

Nascido, adj. Que nasceu; dado à luz.

Nascimento, s.m. 1. Ato de nascer; nascença. 2. Aparecimento, começo, origem, princípio.

Nascituro, adj. e s. m. 1. Que, ou aquele que há de nascer. 2. Diz-se dos, ou os seres concebidos, mas ainda não dados à luz.

Nascível, adj. m. e f. Que pode nascer.

nasi-, elem. de comp. (l. *nasu*). Encerra a idéia de *nariz: nasicórneo.*

Nasicórneo, adj. *Zool.* Com saliência córnea sobre o nariz.

naso-, elem. de comp. (l. *nasu*). Exprime a idéia de *nariz: nasofaringe.*

Nasofaringe, s.f. *Anat.* Parte superior da faringe, situada por detrás das fossas nasais.

Nassa, s.f. Cesto de pescar, de forma afunilada, feito geralmente de vime.

Nassada, s.f. 1. Grande porção de nassas. 2. Porção de peixes apanhada pela nassa.

Nastro, s.m. 1. Fita estreita de algodão, linho ou outro fio; fitilho. 2. Trena.

Nata, s.f. 1. Camada que se forma à superfície do leite; creme. 2. A melhor parte de qualquer coisa, o que há de melhor; a fina flor, o escol.

Natação, s.f. 1. Ato de nadar. 2. Arte de nadar. 3. Sistema de locomoção próprio dos animais aquáticos.

Natadeira, s.f. Vasilha em que se separa a nata do leite.

Natado, adj. Coberto de nata ou de nateiro.

Natal, adj. m. e f. 1. Relativo ao nascimento. 2. Pátrio: Terra *natal.* S. m. 1. Dia do nascimento. 2. Dia ou época em que se comemora o nascimento de Jesus Cristo.

Natalício, adj. Relativo ao dia do nascimento.

Natalidade, s.f. Conjunto de ocorrências de nascimentos em determinado período de tempo.

Natalino, adj. Relativo ao Natal ou às festas do Natal.

Natátil, adj. m. e f. Que sobrenada, ou pode flutuar à tona da água.

Natatório, adj. 1. Relativo à natação. 2. Que serve para nadar. S. m. 1. Lugar próprio para nadar. 2. Aquário.

Nateirado, adj. 1. Coberto de nata. 2. Coberto de nateiro.
Nateiro, s.m. 1. Lodo proveniente de enxurradas. 2. Camada de lodo que inunda um terreno, fertilizando.
Natento, adj. 1. V. *nateirado*. 2. Fértil, fecundo.
nati-, elem. de comp. (l. *natu*). Exprime a idéia de *nascido, nativo, natural: natimorto*.
Natimorto, s.m. Aquele que nasceu morto.
Natio, s.m. Terreno em que há vegetação, sem cultura prévia.
Natividade, s.f. Nascimento (especialmente o de Cristo, ou da Virgem Maria, ou dos santos).
Nativismo, s.m. 1. Qualidade de nativista; aversão a estrangeiros. 2. *Filos*. Teoria das idéias inatas, independente da experiência empírica.
Nativista, adj. m. e f. 1. Relativo aos indígenas. 2. Favorável aos indígenas. 3. Contrário, infenso a estrangeiros. S. m. e f. Pessoa que defendia os indígenas e apaixonadamente detestava os portugueses.
Nativo, adj. 1. Produzido pela natureza; natural. 2. Próprio do lugar onde nasce. 3. Congênito. 4. Que não é estrangeiro. 5. Não afetado; simples. 6. Diz-se de planta que vegeta espontaneamente nos campos. 7. *Miner*. Diz-se dos metais e metalóides encontrados livremente na natureza.
Nato, adj. 1. Nado, nascido. 2. Congênito, natural.
Natrão, s.m. (ár. *natrun*). V. *natro*[1].
Nátrio, s.m. *Quím*. Antiga designação do sódio.
Natro[1], s. m. (regressivo de *natrão?*). *Quím*. Carbonato hidratado natural de sódio; natrão.
natro-[2], elem. de comp. Expressa a idéia de *sódio* ou *carbonato de sódio: natrômetro*.
Natrômetro, s.m. Instrumento com que se mede a quantidade de carbonato de sódio existente em produtos comerciais.
Natura, s.f. *Arc*. e *poét*. V. *natureza*.
Natural, adj. m. e f. 1. Que pertence ou se refere à natureza. 2. Produzido pela natureza, ou de acordo com suas leis. 3. Que segue a ordem regular das coisas. 4. Não contrafeito, não estudado; desafetado. 5. Acomodado, apropriado, consoante. 6. Originário, oriundo. 7. Diz-se das ciências que tratam da natureza e das suas produções. 8. *Mús*. Diz-se do tom que não é modificado por acidente. 9. Diz-se do homem primitivo, não civilizado. 10, *Gram*. Diz-se da ordem direta. S. m. 1. Indígena. 2. Pessoa nascida em: O *natural* da Bahia. 3. A realidade, o original. 4. Índole, caráter.
Naturaleza *(ê)*, s.f. *Ant*. Natureza.
Naturalidade, s.f. 1. Qualidade ou caráter de natural. 2. Estado ou modo de ser conforme a natureza. 3. Simplicidade, singeleza. 4. Local de nascimento.
Naturalismo, s.m. 1. Estado do que é produzido pela natureza. 2. Doutrina filosófica e religiosa dos que reconhecem em tudo apenas obra da natureza, independente de qualquer intervenção sobrenatural. 3. *Bel-art*. e *Lit*. Reprodução fiel da natureza.
Naturalista, adj. m. e f. 1. Relativo ao naturalismo. 2. Partidário do naturalismo. S. m. e f. 1. Pessoa que se ocupa das ciências naturais. 2. Pessoa partidária do naturalismo.
Naturalístico, adj. Relativo aos naturalistas ou aos seus estudos.
Naturalização, s.f. 1. Ato pelo qual se conferem a estrangeiros direitos reconhecidos aos nacionais. 2. Ato de aclimar-se. 3. Introdução, numa língua, de vocábulos ou locuções de outra língua.
Naturalizado, adj. e s.m. Que, ou aquele que, sendo estrangeiro, se naturalizou e adquiriu direitos de nacional.
Naturalizando, s.m. O estrangeiro que está tratando de ser naturalizado.
Naturalizar, v. 1. Tr. dir. Conceder (a um estrangeiro) os direitos dos cidadãos de um país. 2. Pron. Tornar-se cidadão de um país estrangeiro; nacionalizar-se. 3. Tr. dir. Tornar nacional; nacionalizar. 4. Tr. dir. Adotar como nativo ou vernáculo: *N.* uma *palavra*. 5. Tr. dir. Aclimar (animal ou planta) em país estrangeiro.
Naturalizável, adj. m. e f. Em condições de ser naturalizado.
Naturalmente!, interj. Certamente!, está claro!.
Naturança, s.f. *Ant*. Participação de herdeiros nos bens de instituição religiosa.
Natureza *(ê)*, s.f. 1. Conjunto das leis que presidem à existência das coisas e à sucessão dos seres. 2. Força ativa que estabeleceu e conserva a ordem natural de quanto existe. 3. Conjunto de todas as coisas criadas; o universo. 4. Aquilo que constitui um ser em geral, criado ou incriado. 5. Essência ou condição própria de um ser ou de uma coisa. 6. Constituição de um corpo. 7. Caráter, feitio moral, temperamento. 8. *Biol*. Conjunto dos seres que se encontram na Terra.
Naturismo, s.m. V. *naturalismo*.
Naturista, adj. e s., m. e f. Diz-se da, ou a pessoa que é partidária do naturismo.
Nau, s.f. 1. *Ant*. Grande embarcação de guerra ou mercante. 2. Qualquer navio ou embarcação. 3. A tripulação, a equipagem ou marinhagem de uma nau.
Náuatle, s.m. 1. Indivíduo dos náuatles, nome das tribos da família lingüística uto-asteca do México. 2. Asteca.
Naufragante, adj. e s., m. e f. Que, ou quem naufraga.
Naufragar, v. (l. *naufragare*). 1. Intr. Ir ao fundo (o navio); soçobrar. 2. Intr. Sofrer naufrágio (os tripulantes). 3. Intr. Desaparecer, extinguir-se. 4. Tr. ind. e intr. Falhar, fracassar, malograr. 5. Tr. dir. Causar naufrágio a, fazer naufragar.
Naufrágio, s.m. 1. Perda total ou parcial do navio que se submerge. 2. Grande desgraça no mar. 3. Destroço, ruína, prejuízo. 4. Decadência, queda moral.
Náufrago, adj. 1. Que naufragou ou padeceu naufrágio; naufragado. 2. Procedente de naufrágio. S.m. 1. Indivíduo que naufragou. 2. Indivíduo infeliz, decadente, arruinado.
Naufragoso, adj. 1. Que causa ou pode causar naufrágios. 2. Perigoso.
Náumaco, s.m. (l. *naumachu*). Soldado naumaquiário.
Naumaquia, s.f. Combate naval simulado, usado pelos gregos e pelos romanos.
Naumaquiário, adj. Relativo a naumaquia; naumáquico.
Naumáquico, adj. Naumaquiário.
Naupatia, s.f. *Med*. Enjôo de mar.
Naupático, adj. Que se refere à naupatia.
Náuplio, s.m. *Zool*. Primeira forma larvar de grande número de crustáceos.
Nauscopia, s.f. Arte de empregar o nauscópio.
Nauscópico, adj. Que diz respeito à nauscopia.
Nauscópio, s.m. Instrumento para avistar da terra navios a grande distância ou vice-versa.
Náusea, s.f. 1. Enjôo ou ânsia, produzida pelo balanço do navio. 2. Ânsia, acompanhada de vômito. 3. Vontade de vomitar. 4. Sentimento de repulsão; nojo, repugnância.
Nauseabundo, adj. 1. Que causa náuseas. 2. Nojento, repugnante.
Nauseado, adj. Que tem náuseas, que está indisposto, como quem vai vomitar.
Nauseante, adj. m. e f. V. *nauseabundo*.
Nausear, v. 1. Tr. dir. e intr. Provocar, produzir náuseas. 2. Intr. e pron. Ter náuseas. 3. Tr. dir. Causar fastio, nojo, tédio a.
Nauseativo, adj. V. *nauseabundo*.
Nauseento, adj. 1. Que facilmente sente náuseas. 2. Nauseabundo.
Nauseoso, adj. V. *nauseabundo*.
Nauta, s.m. Marinheiro, navegante.
Náutica, s.f. Ciência ou arte de navegar.
Náutico, adj. Relativo à navegação.
Nautilídeo, adj. V. *nautilóide*.
Nautilite, s.m. *Des*. Náutilo fóssil.
Náutilo, s.m. 1. *Zool*. Gênero (*Nautilus*) de moluscos cefalópodes, com quatro brânquias e concha univalve, plurilocular. 2. Qualquer molusco desse gênero. 3. Navio submarino.
Nautilóide, adj. m. e f. Relativo ou semelhante ao náutilo (molusco); nautilídeo.

nauto-, elem. de comp. (gr. *nautes*). Exprime a idéia de *nauta, navegação: nautógrafo*.

Nautografia, s.f. Descrição dos aparelhos dos navios e das respectivas manobras.

Nautográfico, adj. Que diz respeito à nautografia.

Nautógrafo, s.m. Aquele que trata de nautografia.

Nava, s.f. *P. us.* Planície cercada de montanhas.

Naval, adj. m. e f. 1. Relativo a assuntos de navegação. 2. Diz-se da batalha entre navios.

Navalha, s.f. (l. *novacula*). 1. Instrumento de lâmina de aço cortante, a qual se articula com o cabo e nele se esconde. 2. *Tip.* Lâmina utilizada na guilhotina para o corte do papel. 3. Língua maldizente. 4. Frio intenso. S. f. e m. *Pop.* Motorista inábil, barbeiro.

Navalhada, s.f. Golpe de navalha.

Navalhão, s.m. 1. Grande navalha. 2. Cada uma das lâminas de aço, ligadas à cabeça da broca, na máquina de brocar canhões.

Navalhar, v. Tr. dir. Golpear com navalha.

Navalhista, s.m. e f. 1. Quem dá navalhadas; faquista. 2. Quem usa navalha como arma ou é destro nela.

Navarco, s. m. *Poét.* Comandante de uma nau de guerra ou de uma frota, na antiga Grécia. Var.: *navarca*.

Navarquia, s.f. Título ou dignidade de navarco.

Navarra, s.f. *Taur.* Sorte executada com o capote, que se tira rapidamente por baixo do focinho do touro, dando o toureiro um giro sobre os calcanhares e ficando em posição de repetir a cena.

Navarrês, adj. e s. m. V. *navarro*.

Navarro, adj. Relativo a Navarra (Espanha). S. m. 1. Habitante ou natural de Navarra. 2. Dialeto de Navarra.

Nave, s.f. 1. *Poét.* V. *navio*. 2. Parte interior da igreja, desde a entrada até ao santuário. 3. Espaço longitudinal, entre fileiras de colunas, que sustentam a abóbada de uma igreja. 4. Templo.

Navegabilidade, s.f. Qualidade de navegável.

Navegação, s.f. (l. *navigatione*). 1. Ato ou efeito de navegar. 2. Percurso habitual que faz uma embarcação, sobre ou sob a superfície das águas, ou uma aeronave, de um porto ou de um aeroporto a outro. 3. Comércio marítimo. 4. Viagem por mar. 5. Arte de navegar; náutica.

Navegado, adj. 1. Que se navegou. 2. Cruzado por navios. 3. Percorrido por navegantes.

Navegador, adj. 1. Que navega. 2. Que sabe navegar. 3. Habituado a navegar. S. m. 1. Aquele que navega. 2. Marinheiro hábil na direção de um navio.

Navegante, adj. e s., m. e f. Que, ou quem navega.

Navegar, v. (l. *navigare*). 1. Tr. ind. e intr. Viajar pelo mar ou pelos grandes rios. 2. Tr. dir. Atravessar, cruzar, percorrer o oceano ou o espaço. 3. Intr. Dirigir um navio no mar. 4. Intr. Prosperar numa empresa.

Navegável, adj. m. e f. Que pode ser navegado.

Naveta *(ê)*, s.f. 1. *Ant.* Nau ou embarcação pequena. 2. Pequeno vaso em forma de nau, em que, nas festas de igreja, se guarda ou se serve o incenso para os turíbulos. 3. Lançadeira de máquinas de costura.

navi-, elem. de comp. (l. *nave*). Expressa idéia de *navio: naviforme*.

Naviarra, s.f. *Ant.* Grande embarcação.

Navícula, s. f. Órgão ou peça em forma de navio.

Navicular, adj. m. e f. 1. Relativo a navícula. 2. Naviforme.

Naviforme, adj. m. e f. Em forma de navio; navicular.

Navífrago, adj. *Poét.* Que despedaça navios.

Navígero, adj. *Poét.* Navegável.

Navio, s.m. (l. *navigiu*). Embarcação de dimensões próprias de acordo com o tipo de navegação (marítima, fluvial, lacustre), que pode navegar sobre ou sob a superfície das águas, acionada pelo vento, por vapor, pela eletricidade ou por qualquer outra força motriz. Col.: *esquadra* (navios de guerra), *frota* (navios mercantes), *comboio* (navios de transporte). Aum.: *naviarra*.

Ficar a ver navios: ficar logrado; não obter o que pretendia.

Nazareno, adj. Relativo a Nazaré (cidade de Israel na Galiléia). S.m. 1. Habitante ou natural de Nazaré. 2. Jesus Cristo.

Nazáreo, adj. e s.m. *P. us.* Nazareno.

Nazi, adj. e s., m. e f. (abreviatura do al. *Nationalsozialistisch*). V. *nazista*.

Nazismo, s.m. Partido e doutrina do movimento nacional-socialista alemão chefiado por Hitler.

Nazista, adj. m. e f. Que diz respeito ao nazismo. S. m. e f. Sequaz do partido nacional-socialista chefiado por Hitler.

Nê, s.m. *P. us.* Ene; nome da letra *n*. Pl.: *nês* ou *nn*.

Neandertalense, adj. m. e f. 1. Relativo a Neandertal (Alemanha). 2. Que se refere ao tipo humano do qual em 1856 se encontrou um crânio numa gruta de Neandertal.

Neártica, s.f. Região zoogeográfica que compreende toda a América do Norte, exceto o Norte do México.

Neblina, s.f. 1. Névoa densa e rasteira; nevoeiro. 2. Sombra, trevas. Var.: *nebrina*.

Nebri, adj. Diz-se do falcão adestrado para a caça. S.m. Esse falcão.

Nebrina, s.f. V. *neblina*.

Nebulento, adj. V. *nevoento*.

Nebulosa, s.f. 1. Cada uma das numerosas imensas massas de poeiras ou gases, altamente rarefeitos, que apresentam o aspecto de uma mancha láctea. 2. Universo em formação.

Nebulosidade, s.f. 1. Estado ou qualidade de nebuloso. 2. Nuvem leve. 3. Falta de clareza.

Nebuloso, adj. 1. Coberto de nuvens ou névoa; nubiloso. 2. Sem transparência; opaco, sombreado, turvo. 3. Confuso, enigmático, ininteligível, obscuro. 4. Obscurecido pela distância ou pelo tempo.

Neca, s.f. *Gír.* Nada.

Necear, v. Intr. Dizer ou praticar necedades; disparatar, dizer tolices.

Necedade, s.f. 1. Disparate, sandice. 2. Estupidez, ignorância crassa; nescidade.

Necessário, adj. 1. Que não pode deixar de ser ou de se fazer. 2. Que é de absoluta necessidade. 3. Essencial, indispensável. 4. Inevitável. 5. Subsistente por si mesmo (oposto a *contingente*). 6. Preciso, conveniente. 7. Oportuno, proveitoso, útil. S.m. O indispensável, o que é preciso.

Necessidade, s.f. 1. Aquilo que é absolutamente necessário. 2. Precisão instante e urgente; aperto, apuro. 3. Pobreza, míngua, miséria.

Necessitado, adj. e s.m. Que, ou o que é pobre, miserável, indigente.

Necessitar, v. 1. Tr. dir. e tr. ind. Ter necessidade de. 2. Intr. Padecer necessidades, ter privações. 3. Tr. dir. Tor..ar necessário ou indispensável. 4. Tr. dir. Exigir, reclamar.

necro-, elem. de comp. (gr. *nekros*). Exprime a idéia de *morte, cadáver: necrófago, necrófobo*.

Necrobiose, s.f. *Med.* Conjunto de processos que conduzem à atrofia progressiva e à morte de um órgão.

Necrobiótico, adj. Que diz respeito à necrobiose.

Necrodulia, s.f. Culto dos mortos.

Necrofagia, s.f. Qualidade de necrófago.

Necrófago, adj. e s.m. Que, ou aquele que se alimenta de animais mortos ou de substâncias em decomposição.

Necrofobia, s.f. *Med.* Medo mórbido de cadáveres.

Necrófobo, adj. e s.m. Que, ou aquele que tem necrofobia.

Necrólatra, s.m. e f. Pessoa que adora os mortos.

Necrolatria, s.f. Culto dos mortos.

Necrolátrico, adj. Que diz respeito à necrolatria.

Necrologia, s.f. 1. Relação de pessoas falecidas. 2. Necrológio.

Necrológico, adj. Que se refere a necrologia ou necrológio.

Necrológio, s.m. 1. V. *necrologia*. 2. Elogio fúnebre. 3. Notícia fúnebre.

Necrologista, s.m. e f. Pessoa que escreve necrológios; necrólogo.

Necrólogo, s.m. V. *necrologista*.

Necromancia, s.f. Pretensa arte de adivinhar pela invocação dos mortos.

Necromante, adj. e s., m. e f. Que, ou pessoa que pratica a necromancia; nigromante.

Necromântico, adj. Relativo à necromancia.
Necrópole, s.f. Cidade dos mortos; cemitério.
Necropsia, s.f. V. *autópsia.*
Necrópsico, adj. Que diz respeito à necropsia.
Necrosar, v. 1. Tr. dir. Produzir a necrose em. 2. Pron. Gangrenar-se, decompor-se.
Necroscopia, s.f. Exame ou dissecação de cadáveres.
Necrose, s.f. *Med.* Morte de um tecido ou de um órgão, quando ainda fazendo parte do organismo vivo.
Necrotério, s.m. Lugar onde se expõem os cadáveres que vão ser autopsiados, ou identificados.
Néctar, s.m. 1. *Mit.* Bebida dos deuses. 2. Líquido açucarado, segregado pelo nectário. 3. *Por ext.* Qualquer bebida saborosa. 4. *Fig.* Delícia. Pl.: *néctares.*
Nectáreo, adj. Relativo ou semelhante ao néctar.
Nectarífero, adj. Que produz néctar.
Nectário, s.m. *Bot.* Órgão glandular da flor, que segrega o néctar, de que as abelhas fazem o mel.
Néctico, adj. Que tem a propriedade de flutuar na água.
Necto, s.m. *Biol.* Conjunto de animais nadadores marítimos, que se movem independentemente do movimento das águas. Var.: *nécton.*
Nectópode, adj. m. e f. Que tem os pés achatados e membranosos, próprios para nadar.
Nediez, s.f. 1. Qualidade de nédio. 2. Aspecto lustroso, proveniente da gordura.
Nédio, adj. (l. *nitidu*). 1. Luzidio. 2. De pele lustrosa.
Neerlandês, adj. Relativo à Neerlândia ou aos Países-Baixos (Holanda). S.m. Habitante ou natural dos Países-Baixos; holandês.
Nefando, adj. 1. Indigno de se nomear; abominável, execrável. 2. Sacrílego, ímpio.
Nefário, adj. Nefando.
Nefas, s.m. Aquilo que é ilegítimo; ilícito. Antôn.: *fas.*
Por fas ou por nefas: por meios lícitos ou ilícitos; a torto e a direito.
Nefasto, adj. 1. Que é de mau agouro. 2. Que causa desgraça. 3. Danoso, funesto. Antôn.: *fasto.*
Nefelibata, adj. e s., m. e f. 1. Que, ou pessoa que anda ou vive nas nuvens. 2. Que, ou literato excêntrico, que desconhece ou despreza os processos conhecidos e o bom senso literário. 3. *Pej.* Que, ou pessoa que não atende aos fatos da vida positiva.
Nefelibático, adj. Que diz respeito a nefelibata.
Nefelibatismo, s.m. Qualidade ou atitude de nefelibata.
Nefelina, s.f. V. *nefelita.*
Nefélio, s.m. *Oftalm.* Pequena mancha na camada exterior da córnea, a qual deixa passar a luz como através de uma nuvem; nubécula, belida.
Nefelita, s.f. *Miner.* Silicato natural de sódio, potássio e alumínio.
nefelo-, elem. de comp. (gr. *nephele*). Expressa a idéia de *nuvem: nefelóide.*
Nefelóide, adj. m. e f. Que se assemelha a nuvem.
nefo-, elem. de comp. (gr. *nephos*). Exprime a idéia de *nuvem: nefoscópio.*
Nefoscópio, s.m. *Meteor.* Aparelho destinado a determinar a velocidade do vento, pela observação do movimento das nuvens.
Nefralgia, s.f. *Med.* Dor nos rins.
Nefrálgico, adj. Relativo à nefralgia.
Nefrídio, s.m. *Anat.* 1. Órgão excretor do embrião. 2. Tubo embrionário que se transforma em rim.
Nefrite, s.f. *Med.* Inflamação nos rins.
Nefrítico, adj. 1. Relativo aos rins. 2. Que sofre de nefrite. S.m. O que sofre de nefrite.
nefro-, elem. de comp. (gr. *nephros*). Expressa a idéia de *rim: nefrocele.*
Nefrocele, s.f. *Med.* Hérnia do rim.
Nefroflegmasia, s.f. *Med.* Inflamação dos rins; nefrite.
Nefroflegmático, adj. Relativo à nefroflegmasia.
Nefróide, adj. m. e f. Com forma de rim; reniforme.
Nefrolitíase, s.f. *Med.* Litíase renal.
Nefrolítico, adj. Que diz respeito ao nefrólito.
Nefrólito, s.m. *Med.* Cálculo que se forma nos rins.
Nefrolitotomia, s.f. *Cir.* Abertura do rim para extrair algum cálculo.
Nefrolitotômico, adj. Relativo à nefrolitotomia.
Nefrologia, s.f. *Med.* Tratado acerca dos rins.
Nefrológico, adj. Relativo à nefrologia.
Nefrologista, s.m. e f. Especialista das doenças dos rins; nefrólogo.
Nefrólogo, s. m. Nefrologista.
Nefropatia, s.f. *Med.* Designação genérica de qualquer doença dos rins.
Nefropiose, s.f. *Med.* Supuração renal.
Nefroplegia, s.f. Paralisia dos rins.
Nefrorragia, s.f. *Med.* Hemorragia de origem renal.
Nefrose, s.f. *Med.* Doença renal caracterizada por degenerescência dos canalículos renais.
Nefrotomia, s.f. *Cir.* Incisão cirúrgica do rim.
Nefrotômico, adj. Que se refere à nefrotomia.
Nega, s.f. 1. Negação; inaptidão. 2. Recusa.
Negabelha (*ê*), s. f. *Bot.* Planta medicinal crucífera (*Cochlearia armoraria*).
Negaça, s.f. 1. Procura, aproximação, com dissimulação. 2. Atrativo, convite, sedução. 3. Engano, logro, mostra ilusória. 4. Provocação. 5. Recusa, nega.
Negação, s.f. 1. Ato de negar. 2. Falta de vocação, de aptidão; inaptidão. 3. Carência, falta.
Negaceador, adj. e s.m. Que, ou o que negaceia; negaceiro.
Negacear, v. 1. Tr. dir. Atrair, seduzir por meio de negação. 2. Tr. dir. Negar, recusar. 3. Tr. dir. Enganar. 4. Intr. Fazer negaças.
Negaceiro, adj. e s.m. V. *negaceador.*
Negador, adj. e s.m. Que, ou o que nega.
Negalho, s.m. (l. * *ligaculum,* por dissimilação *l-l* > n-l). 1. Pequena porção de linhas para coser; cadeixo. 2. Atilho, cordel, para atar. 3. Coisa pequena. 4. Indivíduo de pequena estatura.
Negamento, s.m. *P. us.* Negação.
Negar, v. 1. Tr. dir. e intr. Afirmar que não; enunciar uma negativa. 2. Tr. dir. Não admitir a existência de; contestar. 3. Tr. dir. Denegar, indeferir, recusar. 4. Tr. dir. Não reconhecer. 5. Tr. dir. Abandonar, largar, repudiar. 6. Tr. dir. Desmentir. 7. Tr. dir. Proibir, vedar. 8. Pron. Renunciar à vontade própria. 9. Pron. *Jogo.* Não deitar carta do naipe jogado, tendo-a. 10. Tr. dir. Não realizar a função que lhe é peculiar: A arma *negou fogo.*
Negativa, s.f. 1. Negação. 2. Proposição com que se nega alguma coisa. 3. Palavra que exprime negação.
Negatividade, s.f. *Fís.* Estado de um corpo que revela eletrização negativa.
Negativismo, s.m. Espírito de negação sistemática.
Negativista, adj. m. e f. Que se refere ao negativismo. S. m. e f. Pessoa que mostra negativismo.
Negativo, adj. (l. *negativu*). 1. Que contém ou exprime negação. 2. Proibitivo. 3. Contrário. 4. Contraproducente. 5. Suspensivo, restritivo. 6. Que exprime ausência ou falta. 7. Nulo. 8. *Fís.* Diz-se da eletricidade desenvolvida em corpos resinosos. 9. *Mat.* Diz-se de uma quantidade menor que zero. S.m. 1. *Fot.* Chapa ou película fotográfica em que os claros e escuros aparecem invertidos em relação ao original. 2. *Pop.* Não.
Negatório, adj. Que nega.
Negatoscópio, s.m. *Med.* Aparelho de iluminação destinado a facilitar o exame dos negativos radiográficos.
Negável, adj. m. e f. Que pode ser negado.
Negligência, s.f. Descuido, desleixo. 2. Incúria, preguiça. 3. Desatenção, menosprezo.
Negligenciar, v. Tr. dir. Tratar com negligência; não dar atenção; descurar, desleixar.
Negligente, adj. m. e f. 1. Que tem negligência. 2. Lânguido, preguiçoso.
Negociação, s.f. 1. Ato ou efeito de negociar; negócio. 2. En-

tendimento entre agentes autorizados de duas ou mais nações.

Negociador, adj. e s.m. Que, ou aquele que negocia. S.m. Agente diplomático ou ministro encarregado de uma negociação junto ao governo de um Estado.

Negociante, s.m. e f. 1. Pessoa que trata de negócios. 2. Pessoa que exerce o comércio; comerciante. 3. Interesseiro. Fem.: *negocianta.*

Negociar, v. (l. *negotiari*). 1. Tr. ind. e intr. Fazer negócio; comerciar, traficar. 2. Tr. dir. Comprar ou vender. 3. Tr. dir. Celebrar, concluir (tratado ou contrato). 4. Tr. dir. Promover o andamento ou a conclusão de; ajustar, contratar. — Verbo regular, conjuga-se: *negocio, negocias,* etc.

Negociarrão, s.m. *Fam.* Negócio muito lucrativo; grande negócio.

Negociata, s.f. 1. Negócio fraudulento, ou em que há logro ou trapaça. 2. Negócio suspeito.

Negociável, adj. m. e f. 1. Que se pode negociar; comprável ou vendível. 2. Diz-se do título de crédito que pode ser descontado ou endossado.

Negócio, s.m. 1. Comércio, tráfico, transação comercial. Aum.: *negociarrão, negocião.* 2. Contrato, ajuste. 3. Qualquer casa comercial. 4. Empresa. 5. Questão pendente; pendência. 6. *Pop.* Coisa, objeto. 7. *Pop.* Qualquer coisa cujo nome não ocorre no momento. — *N. da China*: o que é muito lucrativo ou vantajoso. *N. de comadres*: intrigas. *N. de compadres*: negócio em que intervém o favor em vez da justiça. *N. de ocasião*: bom negócio ou boa oferta. *N. de pai para filho*: negócio em que a vantagem é considerada excessiva para a parte a quem se oferece.

Negocioso, adj. 1. Que trata de muitos negócios. 2. Ativo, muito ocupado. 3. Cuidadoso.

Negocista, adj. e s., m. e f. Que, ou pessoa que se mete em negócios equívocos ou gosta de negociatas.

Negra *(ê)*, s.f. (l. *nigra*). 1. Mulher de cor preta. 2. Escrava. 3. A partida decisiva que desempata as anteriores.

Negrada, s.f. 1. Grande número de negros; negraria. 2. *Pop.* Pessoal, gente.

Negral, adj. m. e f. 1. De cor negra. 2. Tirante a negro.

Negralhada, s.f. V. *negrada* e *negraria.*

Negralhão, s.m. *Pop.* Negro corpulento; negraço. Fem.: *negralhona.*

Negraria, s.f. Negrada.

Negregado, adj. (l. *nigricatu*). 1. Desgraçado, infausto, mofino. 2. Trabalhoso.

Negregoso, adj. Muito negro.

Negreiro, adj. 1. Que diz respeito a negros. 2. Dizia-se do navio que fazia tráfico de escravos.

Negrejante, adj. m. e f. Que negreja.

Negrejar, v. Intr. 1. Fazer-se ou tornar-se negro. 2. Mostrar-se lutuoso e triste. 3. Aparecer, revelar-se, desagradável ou ameaçadoramente.

Negridão, s.f. V. *negrura.*

Negrilho, s.m. Negro de pouca idade. S.m. pl. Vidrilhos pretos.

Negrinha, s.f. Certa planta herbácea que nasce nos trigais.

Negrinho, adj. Diz-se de uma variedade de chouriço.

Negrita, s.f. *Tip.* Negrito.

Negrito, s.m. *Tip.* Tipo mais grosso que o comum dos tipos e que se emprega no texto para pôr em destaque alguma parte dele.

Negritude, s.f. Conceituação global dos valores culturais das raças negras (desenvolvida por Leopold Senghor).

Negro, adj. (l. *nigru*). 1. Que recebe a luz e não a reflete; preto. 2. Escuro. 3. Sombrio. 4. Denegrido, requeimado do tempo, do sol. 5. Lutuoso; fúnebre. 6. Que causa sombra; que traz escuridão. 7. Tenebroso, caliginoso. 8. Tempestuoso. S.m. 1. Indivíduo de raça negra; preto. 2. Escravo. 3. Homem que trabalha muito 4. *Poét.* Escuridão, trevas. — *N.-de-fumo*: fuligem produzida pela combustão dos resíduos do pez, do alcatrão e outras resinas; pó-de-sapato.

Negrófilo, adj. e s.m. 1. Que, ou aquele que gosta dos negros. 2. Partidário da equiparação dos negros às outras raças.

Negróide, adj. m. e f. Que se parece com os negros. S. m. e f. Pessoa parecida com as da raça negra.

Negror, s.m. 1. V. *negrura.* 2. Escuridão densa.

Negrote, s.m. 1. Negro novo. 2. Rapazinho.

Negrume, s.m. 1. V. *negror* e *negrura.* 2. As trevas. 3. Nevoeiro espesso; cerração. 4. Tristeza, melancolia.

Negrura, s.f. 1. A cor negra. 2. Qualidade de negro. 3. Escuridão. 4. Mácula, erro, crime.

Negus *(gús)*, s.m. Título do soberano da Abissínia. Pl.: *neguses.*

Nele *(ê)*, contr. Combinação da prep. *em* com o pronome *ele.*

Nelore, adj. e s., m. e f. Diz-se da, ou a raça de gado zebu originária da região da Índia desse nome, de pouco leite, mas apreciada para serviço e produção de carne.

Nem, conj. (l. *nec.*). 1. Conjunção aditiva: e não, também não. 2. Conjunção alternativa, quando repetida. Adv. de negação: *Nem* (não) sabe. — *Nem que,* loc. conj. concessiva. *Que nem,* loc. conj. comparativa.

Nematelminto, s.m. (*nêmato* + *helminto*). *Zool.* Espécime dos Nematelmintos. S.m. pl. Filo ou ramo (*Nemathelminthes*) de vermes parasitas de corpo alongado, cilíndrico. Vars.: *nematelminte e nematelmíntio.*

nemato-, elem. de comp. (gr. *nema, atos*). Expressa a idéia de *fio: nematocisto.*

Nematócero, adj. *Entom.* Com antenas filiformes e alongadas. S. m. pl. Subordem (*Nematocera*) de insetos da ordem dos Dípteros, que inclui espécies com antenas filiformes, comumente chamadas de *mosquitos.*

Nematocisto, s.m. *Zool.* Vesícula que se encontra no interior de células especializadas (cnidoblastos) dos celenterados, contendo um líquido urticante.

Nematóide, adj. m. e f. *Zool.* 1. Alongado e fino como um fio. 2. Relativo aos Nematóides. S. m. pl. Classe *(Nematoidea)* muito importante do ramo dos Nematelmintos, pois nela se incluem os mais comuns parasitos do intestino humano, tais como a lombriga, os ancilóstomos, as filárias, além de espécies destruidoras de plantas úteis. Var.: *nematóideo.*

Nematomicete, ou **nematomiceto,** s. m. *Bot.* Cogumelo filamentoso.

Nembo, s. m. *Constr.* Maciço, entre vãos, em obra de pedreiro.

Nemeu, adj. 1. Relativo a Neméia (Peloponeso, Grécia antiga). 2. *Poét.* Diz-se dos jogos instituídos por Hércules e celebrados pelos habitantes de Neméia.

nemo-, elem. de comp. (gr. *nema*). Exprime a idéia de *fio: nemoblasto.*

Nemoblasto, s.m. *Bot.* Embrião filiforme.

Nemólito, s.m. Rocha arborizada.

Nemoral, adj. m. e f. 1. Que diz respeito a bosque. 2. Que existe nos bosques.

Nemoroso, adj. 1. Cheio de bosques. 2. Sombreado de árvores.

Nena, s.f. *Fam.* V. *boneca.*

Nenê, s.m. *Fam.* Criancinha, criança recém-nascida ou de poucos meses. Var.: *neném.*

Neném, s.m. 1. V. *nenê.* 2. Qualquer criança.

Nenhengatu, s.m. V. *nheengatu.*

Nenho, adj. Muito acanhado; pateta, palerma.

Nenhum, pron. (*nem* + *um*). 1. Nem um. 2. Qualquer (no segundo membro de uma comparação): O amor de mãe é maior que o de *nenhum* outro ser humano. 3. Nulo: Assunto de *nenhuma* importância. 4. Ninguém: *Nenhum* teve hombridade bastante naquela conjuntura.

Nenhures, adv. *P. us.* Em nenhuma parte.

Nênia, s.f. 1. Canto fúnebre. 2. Canto plangente.

Nenúfar, s.m. *Bot.* Designação dada a certas plantas aquáticas ninfeáceas.

neo-, pref. (gr. *neos*). Expressa a idéia de *novo: neofobia.*

Neocaledônio, adj. Relativo a Nova Caledônia, Melanésia. S. m. Habitante ou natural da Nova Caledônia.

Neocatolicismo, s.m. Conjunto de princípios que visa a aproximar o catolicismo das idéias modernas de progresso e liberdade.

Neocéltico, adj. Designativo das línguas vivas derivadas das célticas.

Neocomiano, adj. e s.m. *Geol.* Designativo da, ou a camada inferior e mais antiga do terreno cretáceo.

Neocriticismo, s.m. *Filos.* Doutrina renovada do *kantismo.*

Neodímio, s.m. *Quím.* Elemento metálico trivalente, do grupo das terras raras, de símbolo Nd, número atômico 60, massa atômica 144,27.

Neo-escolástica, s.f. Doutrina que procura a conciliação entre o tomismo e a filosofia moderna; neotomismo.

Neófito, s.m. 1. O que está para receber ou acabou de receber o batismo. 2. O converso ou prosélito novo. 3. O recém-admitido numa corporação. 4. Nome dado pelos cristãos primitivos aos que acabavam de abraçar o cristianismo.

Neofobia, s.f. Aversão a todo progresso, a todas as inovações; misoneísmo.

Neoformação, s.f. Formação de tecido novo em substituição do que se destruiu.

Neografia, s.f. Ortografia nova.

Neográfico, adj. Que diz respeito à neografia.

Neógrafo, adj. e s.m. Que, ou aquele que admite ou pratica uma ortografia nova.

Neogrego, adj. Que se refere à Grécia moderna.

Neojurássico, adj. e s.m. *Geol.* Diz-se do, ou o andar superior do sistema jurássico.

Neokantismo, s.m. *Filos.* Renovação e desenvolvimento do sistema filosófico de Kant como reação às especulações de Fichte, Hegel e Schelling.

Neolatino, adj. 1. Diz-se das línguas modernas derivadas do latim. 2. Diz-se das nações cuja língua ou civilização procede da latina.

Neoliberalismo, s.m. Corpo de doutrina que admite a intervenção do Estado para equilibrar os interesses sociais com os interesses privados, no jogo econômico-político.

Neolítica, s.f. *Geol.* Segundo período da Idade da Pedra; Idade da Pedra Polida.

Neolítico, adj. Relativo à Idade da Pedra Polida.

Neologia, s.f. Emprego de vocábulos novos ou de novas acepções.

Neológico, Que se refere à neologia.

Neologismo, s.m. 1. Palavra criada na própria língua ou adaptada de outra. 2. Palavra antiga tomada com sentido novo. 3. Doutrina nova. Antôn.: *arcaísmo.*

Neologista, adj. e s., m. e f. Que, ou quem emprega neologismos.

Neomênia, s.f. *Ant.* Lua nova. S. f. pl. *Ant.* Festas que se celebravam em cada novilúnio.

Néon, s. m. O mesmo que *neônio.* Var.: *neon.*

Neônio, s.m. *Quím.* Elemento gasoso inerte, que ocorre no ar na porcentagem de 2 milésimos por volume. Símbolo Ne, número atômico 10, massa atômica 20,183. Vars.: *néon e neon.*

Neoplasia, s.f. *Med.* Neoplasma.

Neoplasma, s.m. *Med.* Designação genérica para qualquer tumor; neoplasia.

Neoplastia, s.f. *Biol. e Cir.* Restauração natural ou suscitada de tecidos orgânicos destruídos.

Neoplástico, adj. Que diz respeito à neoplastia.

Neoplatônico, adj. Relativo ao neoplatonismo.

Neoplatonismo, s.m. Doutrina dos que incorporavam ao antigo platonismo elementos místicos de procedência oriental. Floresceu em Alexandria nos séculos III e IV e teve como principais expoentes: Plotino, Porfírio e Jâmbico.

Neorama, s.m. Espécie de panorama, representativo do interior de um edifício.

Neotérico, adj. Que introduz novas doutrinas.

Neotomismo, s. m. Doutrina filosófica contemporânea que procura conciliar os ensinamentos do tomismo com as exigências da ciência moderna.

Neotrópica, s.f. *Zool.* Região zoogeográfica que abrange a América do Sul, a América Central, as Antilhas e o México, ao sul do Rio Grande.

Neotropical, adj. m. e f. Relativo à neotrópica.

Neotrópico, adj. V. *neotropical.*

Neozelandês, adj. Relativo à Nova Zelândia, domínio britânico autônomo, perto da Austrália. Adj. e s.m. Habitante ou natural dessas ilhas.

Neozóico, adj. e s.m. *Geol.* Diz-se do, ou o período que se estende da Era Mesozóica até hoje.

Nepentáceas, s. f. pl. *Bot.* Família (*Nepenthaceae*) de plantas, coextensiva com o gênero Nepentes. S. f. Espécime dessa família.

Nepentáceo, adj. *Bot.* Relativo à família das Nepentáceas.

Nepente, s.m. Bebida mágica, remédio contra a tristeza, de que se falava na Antiguidade.

Nepentes, s.m. *Bot.* Gênero (*Nepenthes*) de plantas trepadeiras, insetívoras, da Malásia, que constituem a família das Nepentáceas, cujas flores têm a nervura média prolongada em gavinha e ápice expandido em ascídio.

Nepote, s.m. 1. Sobrinho do papa. 2. Conselheiro ou valido do papa. 3. Favorito, valido.

Nepotismo, s.m. 1. Excessiva influência que os sobrinhos e outros parentes dos papas exerceram na administração eclesiástica. 2. Favoritismo de certos governantes aos seus parentes e familiares; parentelismo.

Nequícia, s. f. Crueldade, maldade, perversidade.

Nereida, s.f. 1. Filha de Nereu, deus marinho. 2. Cada uma das ninfas do mar. Var.: *nereide.*

Nereide, s.f. V. *nereida.*

Neres, adv. *Pop.* Nada. - *N. de n.*: nada absolutamente. Var.: *néris.*

Neroniano, adj. 1. Que diz respeito a Nero, imperador romano. 2. Próprio de Nero.

Nervação, s.f. *Bot. e Entom.* Conjunto e distribuição das nervuras nas folhas ou nas asas dos insetos.

Nervado, adj. 1. Que tem nervuras. 2. Feito de tiras de couro.

Nerval, adj. m. e f. 1. V. *nervino.* 2. *Bot.* Aplica-se à gavinha colocada no prolongamento da nervura mediana de uma folha.

Nérveo, adj. V. *nerval* e *nervino.*

Nervino, adj. 1. Relativo a, ou próprio de nervos; nerval, nérveo. 2. Que tem ação sobre os nervos. S.m. Medicamento nervino.

Nervo *(ê)*, s.m. 1. *Anat.* Filamento de comunicação do cérebro e da medula espinal com a periferia do corpo e destinado a transmitir sensações e incitações motoras. 2. *Zool.* Órgão de sensação e movimento dos animais. 3. *Pop.* Ligamento, tendão. 4. Energia, robustez, vigor corporal. 5. Parte essencial, ou mais vigorosa e sã de qualquer coisa. 6. Motor principal. 7. *Bot.* Veios paralelos que, nas folhas, se estendem da base até ao ápice. 8. *Arquit.* Molduras que atravessam as abóbadas góticas e que separam os pendentes ou penachos.

Nervosidade, s.f. 1. Estado ou qualidade de nervoso. 2. Nervosismo. 3. Energia nervosa.

Nervosismo, s.m. 1. Doença caracterizada por perturbações do sistema nervoso. 2. Irritação, agitação.

Nervoso, adj. 1. Relativo aos nervos. 2. Que tem nervos. 3. Que sofre de nervosismo. 4. Enérgico, robusto, vigoroso. 5. *Bot.* Diz-se das folhas de nervuras muito salientes. S.m. Nervosismo.

Nervudo, adj. 1. Que tem nervos e tendões grossos e salientes. 2. Musculoso, robusto, vigoroso.

Nervura, s.f. 1. *Bot.* Cada uma das fibras ou veios salientes, na superfície das folhas e das pétalas. 2. *Entom.* Estrutura tubuliforme, de natureza córnea, que se estende pelas asas membranosas dos insetos, mantendo-as rígidas durante o vôo. 3. *Tip.* Saliência transversal das lombadas dos livros encadernados. 4. *Arquit.* Linha ou moldura saliente, que separa os panos de uma abóbada. 5. *Arquit.* Moldura redonda sobre o contorno das mísulas.

Nescidade, s.f. Forma erudita de *necedade.*

Néscio, adj. 1. Que não sabe; ignaro, ignorante. 2. Estúpido, irresponsável. S.m. Indivíduo ignorante, inepto, irresponsável.

Nesga *(ê)*, s.f. 1. Peça triangular de pano que se cose entre as folhas de uma peça de vestuário para lhe dar mais folga. 2. Pequena porção de qualquer espaço. 3. Pequeno espaço de terreno entre extensões mais dilatadas.
Nesografia, s.f. Descrição física das ilhas.
Nesográfico, adj. Relativo à nesografia.
Nêspera, s.f. Fruto da nespereira.
Nespereira, s.f. *Bot.* Árvore rosácea frutífera (*Mespilus germanica*), entre nós comumente chamada *ameixeira.*
Nesse *(ê)*, combinação da prep. *em* com o pronome demonstrativo *esse.*
Nessoutro, combinação da prep. *em* e *essoutro.*
Neste *(ê)*, combinação da prep. *em* com o pronome demonstrativo *este.*
Nestor, s.m. Velho experiente, judicioso, moderado, por alusão a Nestor, rei de Pilos, o mais velho dos príncipes gregos que sitiaram Tróia.
Nestorianismo, s.m. Seita dos que, no século V, sustentavam que se devia distinguir em Jesus Cristo duas pessoas, assim como se distinguem duas naturezas: a divina e a humana.
Nestoriano, adj. Relativo ao nestorianismo. S.m. Sectário do nestorianismo.
Nestoutro, contração da prep. *em* e *estoutro.*
Neta, s.f. Filha de filho ou de filha relativamente aos pais destes.
Neto[1], s.m. Filho de filho ou de filha relativamente aos pais destes. S. m. pl. Descendentes, vindouros.
Neto[2], adj. (fr. *net*). *Des.* 1. Nítido, limpo. 2. Liso.
Netuniano, adj. 1. Que se refere ao oceano. 2. *Geol.* Designativo especial dos terrenos cuja origem se deve a depósitos formados pelas águas do mar.
Netunino, adj. V. *netuniano.*
Netúnio[1], adj. V. *netuniano.*
Netúnio[2], s.m. *Quím.* Elemento metálico radioativo da série dos actinídeos, semelhante quimicamente ao urânio. Símbolo Np, número atômico 93, massa atômica 239.
Netuno, s.m. 1. *Mit.* Divindade que presidia ao mar (chamada Posídon pelos gregos). 2. *Astr.* Planeta do nosso sistema solar, descoberto em 1846. 3. *Poét.* O mar.
Neuma, s.m. No cantochão, parte da frase que se emite de um só fôlego. 2. Sinal que, na música antiga, não indicava nem a altura exata nem a duração do som, mas apenas onde a voz deveria elevar-se ou baixar-se.
Neural, adj. m. e f. 1. Que diz respeito a nervos. 2. Próprio dos nervos.
Neuralgia, s.f. *Med.* Dor viva no trajeto de um nervo e das suas ramificações, sem alteração aparente das partes doloridas.
Neurálgico, adj. Relativo à neuralgia.
Neurastenia, s.f. *Med.* 1. Neurose caracterizada por astenia, cefaléia ou irritabilidade. 2. *Pop.* Mau humor com irritabilidade fácil.
Neurastênico, adj. Que se refere à neurastenia. Adj. e s.m. Que, ou aquele que padece neurastenia.
Nêurico, adj. Que diz respeito a nervos ou ao sistema nervoso.
Neurilema, s.m. *Anat.* Membrana celular muito delgada que reveste exteriormente cada fibra nervosa; nevrilema.
Neurilidade, s.f. Capacidade, inerente às fibras nervosas, de transmitir os estímulos.
Neurite, s.f. *Med.* Inflamação de um nervo. Var.: *nervite* e *nevrite.*
Neurítico, adj. e s.m. Relativo a neurite; nevrítico.
neur(-o), elem. de comp. (gr. *neuron*). Designativo de *nervo* ou *relativo a nervos: neurologia.*
Neurocirurgia, s.f. Cirurgia praticada nos centros nervosos.
Neurocirurgião, s.m. Cirurgião que pratica a neurocirurgia.
Neurofisiologia,s.f. Fisiologia do sistema nervoso.
Neurogênese, s.f. *Biol.* Formação de tecido nervoso.
Neurogenia, s.f. *Anat.* Estudo da formação dos nervos. Var.: *nevrogenia.*
Neurogênico, adj. Relativo à neurogenia. Var.: *nevrogênico.*
Neurografia, s.f. Descrição dos nervos. Var.: *nevrografia.*
Neurográfico, adj. Relativo à neurografia. Var.: *nevrográfico.*
Neurologia, s.f. Parte da Medicina que estuda as doenças do sistema nervoso. Var.: *nevrologia.*
Neurológico, adj. Relativo à neurologia. Var.: *nevrológico.*
Neurologista, s.m. e f. Pessoa que se ocupa de neurologia. Var.: *nevrologista.*
Neuroma, s.m. *Med.* Tumor constituído de células e fibras nervosas. Var.: *nevroma.*
Neurônico, adj. Que diz respeito aos neurônios.
Neurônio, s.m. *Anat.* Célula nervosa com seus prolongamentos. Var.: *neurone.*
Neuroparalisia, s.f. *Med.* Paralisia determinada por lesão de uma parte do tecido nervoso.
Neuroparalítico, adj. Que se refere à neuroparalisia.
Neuropata, adj. e s., m. e f. Que, ou pessoa que sofre de neuropatia. Var.: *neurópata.*
Neuropatia, s.f. *Med.* Nome genérico dado às doenças nervosas.
Neuropático, adj. Que diz respeito à neuropatia.
Neuropatologia, s.f. *Med.* Tratado sobre as doenças nervosas. Var.: *nevropatologia.*
Neuropatológico, adj. Relativo à neuropatologia.
Neurópira, s.f. *Med.* Febre de origem nervosa.
Neuróptero, adj. *Entom.* Diz-se do inseto cujas asas são transparentes e atravessadas por nervuras cruzadas em rede.
Neurose, s.f. *Med.* Designação geral dada a qualquer doença nervosa, sem lesão aparente.
Neurótico, adj. Que se refere a neurose. S. m. Indivíduo que padece neurose. Var.: *nevrótico.*
Neurotomia, s. f. *Cir.* Corte de um nervo. Var.: *nevrotomia.*
Neurótrico, adj. *Bot.* Designativo das folhas cujas nervuras são peludas e aveludadas.
Neutral, adj. m. e f. 1. Neutro. 2. Que não se declara nem por um nem por outro; imparcial. 3. Indiferente.
Neutralidade, s.f. 1. Estado ou qualidade de neutral. 2. Indiferença. 3. Abstenção. 4. *Dir.* Situação de um país que não toma parte nas hostilidades existentes entre outras nações beligerantes.
Neutralização, s.f. Ato ou efeito de neutralizar(-se).
Neutralizar, v. 1. Tr. dir. Declarar neutro: *N.* uma *cidade,* um *território* etc. 2. Tr. dir. e pron. Anular(-se), inutilizar(-se): Um veneno *neutraliza outro. Neutralizou-se* a oposição. 3. Tr. dir. e pron. *Quím.* Tornar(-se) neutro (ácidos, álcalis, etc.).
Neutrino, s.m. *Fís.* Partícula elementar, não carregada, que tem massa menor do que a do elétron, em cerca de um décimo.
Neutro, adj. 1. Que não dá adesão a nenhuma das partes litigantes; neutral. 2. *Eletr.* Diz-se dos corpos que não apresentam nenhum fenômeno elétrico. 3. *Quím.* Nem ácido nem alcalino. 4. *Gram.* Diz-se, em certas línguas, de um terceiro gênero, que não é nem masculino nem feminino. 5. *Gram.* Que pertence a esse gênero. 6. *Gram.* Diz-se do verbo que não exprime ação, mas estado ou fenômeno, como *viver, anoitecer,* não sendo ativo nem passivo. S.m. O gênero neutro.
Neutrófilo, adj. *Biol.* Que tem afinidade com os corantes neutros.
Nêutron, s. m. *Fís.* Partícula elementar, não carregada, que tem massa quase igual à do próton e se encontra em todos os núcleos atômicos conhecidos, com exceção do núcleo de hidrogênio. Var.: *neutrônio.*
Neutropenia, s.f.*Med.* Agranulocitose.
Nevada, s.f. 1. Formação ou queda de neve. 2. A neve que cai de uma vez.
Nevado, adj. 1. Coberto de neve. 2. Alvo como a neve. 3. Branqueado. 4. Frio como a neve; frígido.
Nevar, v. 1. Tr. dir. Cobrir de neve. 2. Tr. dir. Tornar branco como a neve. 3. Intr. Cair neve. 4. Intr. Produzir neve. 5. Tr. dir. Esfriar por meio de neve. 6. Intr. e pron. Tornar-se alvo como a neve; branquejar.
Nevasca, s.f. Nevada acompanhada de tempestade.
Neve, s.f. (l. *nive*). 1. Vapor de água atmosférica, congelado

em cristais, que cai em flocos brancos. 2. Extrema brancura. 3. Frio intenso. 4. Cãs.

Nêveda, s.f. *Bot.* Erva de cheiro forte (*Nepeta cataria*), outrora usada como remédio caseiro.

Neviscar, v. Intr. Nevar em pequena quantidade.

Nevo, s.m. (l. *noevu*). *Med.* Deformidade circunscrita da epiderme, geralmente congênita.

Névoa, s. f. (1. *nebula*). 1. Vapor aquoso e denso, que sobe para a atmosfera. 2. *Pop.* Belida. 3. Falta de clareza; obscuridade. 4. Aquilo que dificulta a compreensão de um objeto.

Nevoaça, s. f. Nevoeiro.

Nevoado, adj. Enevoado.

Nevoar, v. Pron. Cobrir-se de névoa; obscurecer-se; toldar-se; enevoar-se.

Nevoeiro, s. m. 1. Névoa densa, rente ao chão. 2. Obscuridade cerrada.

Nevoento, adj. 1. V. *enevoado.* 2. Ininteligível, obscuro, pouco compreensível.

Nevoso, adj. Abundante em neve; nevado, nevoento.

Nevralgia, s. f. V. *neuralgia.*

Nevrálgico, adj. V. *neurálgico.*

Nevrilema, s. m. V. *neurilema.*

Nevrite, s. f. V. *neurite.*

Nevrítico, adj. V. *neurítico.*

Nevrogenia, s. f. V. *neurogenia.*

Nevrogênico, adj. V. *neurogênico.*

Nevrografia, s. f. V. *neurografia.*

Nevrógrafo, s. m. V. *neurógrafo.*

Nevrologia, s. f. V. *neurologia.*

Newton (*niu*), s. f. *Fís.* Unidade de medida de força do sistema de unidades internacional, definida como a força que imprime a um corpo, de massa igual a 1 quilograma, uma aceleração igual a 1 metro por segundo, na direção da força. Símbolo: N.

Newtoniano (*niu*), adj. Relativo a Isaac Newton, cientista inglês (1642-1727), ou próprio dele.

Nexo (*cs*), s. m. 1. Conexão, ligação, união, vínculo. 2. Coerência.

Nhá, s. f. *Pop.* e *fam.* Forma reduzida de *sinhá* em próclise; *nhá mãe!*

Nhaca, s. f. O mesmo que inhaca[1], acepção 3.

Nhacundá, s. f. V. *jacundá.*

Nhambi, s. m. *Bot.* Planta umbelífera (*Eryngium foetidum*).

Nhambibororoca, s. m. *Zool.* Cervídeo de Mato Grosso (*Nanelaphus nambi; Cervus nanus*).

Nhambu, s. m. 1. *Bot.* O mesmo que *jambu.* 2. *Ornit.* O mesmo que *inambu.*

Nhamburana, s. f. *Bot.* Planta composta (*Cotula piper*).

Nhandaia, s. f. *Ornit.* V. *jandaia.*

Nhandi, s. m. *Bot.* Planta piperácea (*Piper caudatum*); pimenta-dos índios.

Nhandiá, s. m. V. *jundiá.*

Nhandiroba, s. f. *Bot.* Andiroba.

Nhandu, s. m. 1. V. *ema.* 2. *Bot.* V. *nhandi.*

Nhanduguaçu, s. m. *Ornit.* Ema.

Nhanhá, s. f. V. *nhanhã.*

Nhanhã, s. f. *Fam.* Tratamento dado às meninas e às moças; iaiá. Var.: *nanã.*

Nhanica, s. f. *Bot.* Árvore mirtácea do Brasil (*Eugenia nhanica*).

Nhanjaçanã, s. f. V. *jaçanã.*

Nhenhenhém, s. m. Falatório interminável; resmungo.

Nhô, s. m. *Pop.* O mesmo que *nhor*(= senhor).

Nhoque, s. m. (ital. *gnocchi*). Massa alimentícia feita de farinha de trigo, batata, ovos e queijo, cortada em fragmentos arredondados.

Nhor, s. m. *Pop.* Abrev. de *senhor.* — *Nhor não:* não, senhor. *Nhor sim:* sim, senhor.

Ni, s. m. Décima terceira letra do alfabeto grego, que corresponde ao nosso *n.*

Nica, s. f. (corr. do l. *nihil*). *Fam.* 1. Bagatela. 2. Impertinência pueril. 3. *P. us.* Trapaça.

Nicar, v. (de *depenicar*). 1. Tr. dir. Picar com bico (falando de aves). 2. Tr. dir. *Pop.* Picar com o bico de um pião (outro pião).

Nicho, s. m. 1. Cavidade aberta numa parede para a colocação de uma imagem etc. 2. Divisão em estante ou armário. 3. Habitação pequena e retirada; retiro. 4. *Fam.* Sinecura.

Nicociana, s. f. Nome que a princípio se deu ao tabaco.

Nicociâneo, adj. *Bot.* Relativo ou semelhante à nicociana.

Nicol, s. m. *Fís.* Prisma constituído por um romboedro de espato-de-islândia, usado para polarização da luz.

Nicótico, adj. Relativo ao tabaco; nicotínico.

Nicotina, s. f. *Quím.* Alcalóide básico líquido, que constitui o mais ativo princípio do tabaco.

Nicotino, adj. Próprio do tabaco.

Nicotismo, s. m. *Med.* Intoxicação crônica pela nicotina.

Nictação, s. f. Ato de pestanejar sob impressão de luz intensa.

Nictagináceas, s. f. pl. *Bot.* Família (*Nyctaginaceae*) de ervas, alguns arbustos e árvores, na maioria americanos, que têm flores apétalas com invólucro simulando um cálice e fruto encerrado pela base persistente do perianto.

Nictagináceo, adj. *Bot.* Relativo à família das Nictagináceas.

Nictalope, s. m. e f. Pessoa que não vê durante o dia e que só distingue os objetos quando escurece ou anoitece. Adj. m. e f. Que vê bem à noite. Antôn.: *hemeralópico.*

Nictalopia, s. f. *Med.* Afecção ou estado de nictalope.

Nictalópico, adj. Que se refere à nictalopia.

Nictêmero, s. m. Espaço de tempo, que compreende dia e noite, isto é, 24 horas.

Nictitante, adj. m. e f. 1. Que pisca. 2. Diz-se da terceira pálpebra que se desloca como uma cortina diante do olho das aves, dos gatos etc.

nicto-, elem. de comp. (gr. *nux, nuktos*). Exprime a idéia de *noite: nictografia.*

Nictobata, s. m. e f. Noctâmbulo. Var.: *nictóbata.*

Nictofobia, s. f. *Med.* Medo doentio da noite.

Nictografia, s. f. Arte de escrever às escuras ou sem ver o que se escreve.

Nictúria, s. f. *Med.* Volume urinário maior durante a noite que durante o dia.

Nicuri, s. m. *Bot.* Planta palmácea (*Cocos coronata*).

Nidícola, adj. m. e f. Que vive no ninho algum tempo depois de nascer.

Nidificação, s. f. Ato de nidificar.

Nidificar, v. Intr. Fazer o ninho.

Nidífugo, adj. Que abandona o ninho logo depois de nascer.

Nidor, s. m. Mau hálito proveniente de certas perturbações digestivas.

Nidoroso, adj. Que exala mau hálito; que cheira a podre ou a ovos chocos.

Nietzschiano, adj. Que diz respeito a Frederico Nietzsche, filósofo alemão (1844-1900), ou a sua doutrina.

Nietzschista, s. m. e f. Sequaz da filosofia de Nietzsche, filósofo alemão.

Nigela, s. f. (fr. *nielle*). Ornamento que se grava numa obra de ourivesaria com uma espécie de esmalte preto.

Nigelador, s. m. Artífice que nigela.

Nigelagem, s. f. Arte de nigelar.

Nigelar, v. Tr. dir. Ornar com esmalte preto.

Nigérrimo, adj. (l. *nigerrimu*). 1. Sup. abs. sint. de *negro.* 2. Muito negro.

nigri-, elem. de comp. (l. *nigru*). Expressa a idéia de *negro, preto, escuro: nigrípede, nigirrostro.*

Nigrícia, s. f. Terra de negros.

Nigricórneo, adj. *Zool.* Que tem chifres ou antenas negras.

Nigrípede, adj. m. e. f. *Zool.* Que tem pés negros ou escuros.

Nigripene, adj. m. e. f. *Zool.* Que tem asas ou élitros negros.

Nigrirrostro (*ó*), adj. *Zool.* Que tem bico ou tromba escuros.

Nigromancia, s. f. V. *necromancia.*

Nigromante, s. m. e f. V. *necromante.*

Nigromântico, adj. V. *necromântico.*

Nígua, s. f. *Pop* Bicho-de-pé.

Niilismo, s. m. 1. Redução a nada; aniquilamento. 2. Seita anarquista russa, que preconizava a destruição da ordem social estabelecida, sem se ocupar de a substituir por outra. 3. Descrença absoluta.

Niilista, adj. e s., m. e f. Que, ou quem segue o niilismo.

Nílico, adj. V. *nilótico*.

Nilótico, adj. Que se refere ao Nilo ou aos povos marginais deste rio; nílico.

Nimbar, v. Tr. dir. Cercar de nimbo ou de auréola; aureolar.

Nimbífero, adj. *Poét.* Que traz chuva.

Nimbo, s. m. 1. *Meteor.* Grande nuvem carregada e pardacenta, que se desfaz em chuva ou neve persistente. 2. Auréola.

Nimboso, adj. Coberto de nimbos; chuvoso.

Nimiedade, s. f. Qualidade de nímio.

Nímio, adj. Demasiado, excessivo, superabundante.

Nina[1], s. f. Arruela.

Nina[2], s. f. *Fam.* Menina.

Ninar, v. 1. Tr. dir. Acalentar, fazer adormecer. 2. Intr. Dormir (a criança). 3. Pron. Não fazer caso; desdenhar.

Ninfa, s. f. 1. *Mit. gr. e rom.* Divindade inferior dos rios, dos bosques, dos montes etc. 2. *Fig.* Mulher formosa e jovem. 3. *Entom.* Nome que se dá às formas jovens dos insetos de metamorfose incompleta, hemimetabólicos.

Ninfeáceas, s. f. pl. *Bot.* Família *(Nymphaeaceae)* de plantas aquáticas, que têm folhas de haste longa, freqüentemente peltadas, grandes flores com 3 a 5 sépalas.

Ninfeáceo, adj. *Bot.* Relativo às Ninfeáceas.

Ninfeu, adj. 1. Que se refere às ninfas. 2. Próprio das ninfas.

ninfo-, elem. de comp. (gr. *numphe*). Exprime a idéia de *ninfa*: ninfóide.

Ninfóide, adj. m. e f. Em forma de ninfa.

Ninfomania, s. f. *Med.* Exagero dos desejos sexuais na mulher.

Ninfose, s. f. *Zool.* Passagem ao estado de ninfa ou pupa (nos insetos de metamorfose completa).

Ningrimanço, s. m. Instrumento de lavrar as marinhas.

Ninguém, pron. (l. *nec quem*). Nenhuma pessoa.

Ninhada, s. f. 1. Os ovos ou as avezinhas existentes em um ninho. 2. Os filhos que nascem de uma só vez da fêmea do animal. 3. *Fam.* Filharada. 4. Viveiro, sementeira. 5. Cóio, valhacouto.

Ninhal, s. m. Revoada de pássaros.

Ninharia, s. f. (cast. *niñeria*). Bagatela, coisa sem valor, insignificância; nica.

Ninhego *(ê)*, adj. Que foi tirado do ninho.

Ninho, s. m. (l. *nidu*). 1. Vivenda construída pelas aves, por certos insetos e por certos peixes para a postura dos ovos e criação dos filhotes. 2. Lugar onde se recolhem e dormem os animais. 3. Esconderijo, retiro. 4. Lugar de abrigo. 5. Toca. 6. Covil, valhacouto de maus. 7. A pátria. 8. A casa paterna. 9. *Pop.* Cama, casa. 10. *Geol.* Pequena cavidade cheia de pequeninos cristais ou de outras incrustações, nas rochas. — *N. de metralhadoras*: trincheira onde, em um combate, se abrigam diversas metralhadoras. *N. de ratos*: aglomerado, miscelânea de coisas várias que para nada servem. *N. paterno*: a) a casa de nossos pais; b) a pátria.

Ninivita, adj. m. e. f. Relativo a Nínive (Ásia antiga). S. m. e f. Habitante ou natural de Nínive.

Nióbico, adj. *Quím.* Relativo ao nióbio.

Nióbio, s. m. *Quím.* Elemento metálico da cor de platina cinza, de símbolo Nb, número atômico 41, massa atômica 92,91.

Niple, s. m. (ingl. *nipple*). *Mec.* Pedaço curto de cano com rosca externa nas duas extremidades, para ligação de canos.

Nipônico, adj. e s. m. V. *japonês*.

Níquel, s. m. 1. *Quím.* Elemento metálico branco-prateado, usado principalmente em ligas. Símbolo Ni, número atômico 28, massa atômica 58,69. 2. *Pop.* Qualquer moeda; dinheiro miúdo.

Niquelagem, s. f. Ato de niquelar.

Niquelar, v. Tr. dir. 1. Cobrir ou guarnecer de níquel. 2. Dar aparência de níquel a.

Niquelífero, adj. Que contém níquel.

Niquelita, s. f. *Miner.* Arseniato de níquel natural, o principal minério do níquel.

Niquento, adj. *Pop.* 1. Que se preocupa com nicas ou bagatelas. 2. Impertinente, rabugento.

Niquice, s. f. Qualidade de niquento.

Nirvana, s. m. 1. Extinção das ilusões, desejos e paixões, como o ódio, a ira etc. É o alvo da piedade budista, que liberta das excessivas reencarnações. 2. Apatia, inércia.

Nisei, adj. e s., m. e f. V. *nissei*..

Nissei, adj. e s., m. e f. Que, ou pessoa que é filha de japoneses, nascida no Brasil.

Nisso, comb. da prep. *em* com o pronome demonstrativo *isso*.

Nistagmo, s. m. *Med.* 1. Oscilação rápida e involuntária do globo ocular ao redor do seu eixo horizontal ou vertical. 2. Trêmulo espasmódico das pálpebras.

Nisto, comb. da prep. *em* com o pronome demonstrativo *isto*.

Nitente[1], adj. (l. *nitente*, de *níteo*). 1. Que resplandece, que brilha. 2. Luzidio.

Nitente[2], adj. m. e f. (l. *nitente*, de *nitor*). Que se esforça; resistente.

Niteroiense *(òi)*, adj. m. e f. Que diz respeito a Niterói, cidade e município do Estado do Rio de Janeiro. S. m. e f. Pessoa natural de Niterói.

Nitescência, s. f. Brilho, claridade, esplendor.

Nitidez, s. f. 1. Qualidade de nítido. 2. Clareza, limpidez. 3. Asseio. 4. Brilho, fulgor. Var.: *nitideza*.

nitidi-, elem. de comp. (l. *nitidu*). Expressa a idéia de *brilhante, fulgente: nitidifloro*.

Nitidifloro, adj. *Bot.* Que tem flores brilhantes.

Nítido, adj. 1. Que brilha; brilhante, fulgente. 2. Límpido. 3. Limpo, asseado. 4. Dotado de clareza.

Nitrado, adj. Que contém nitro.

Nitratação, s. f. Impregnação de elementos anatômicos pelo nitrato de prata.

Nitrato, s. m. *Quím.* Sal ou éster do ácido nítrico.

Nitreira, s. f. Lugar onde se forma o nitro; salitral.

Nítrico, adj. *Quím.* Diz-se de um ácido em estado líquido, límpido, incolor, fumegante, muito cáustico e corrosivo, que dissolve todos os metais, menos o ouro e a platina.

Nitrido, s. m. Ato de nitrir; rincho.

Nitridor, adj. e s. m. Que, ou animal que nitre, relincha ou rincha.

Nitrificação, s. f. Ato ou efeito de nitrificar (-se).

Nitrificador, adj. Nitrificante.

Nitrificante, adj. m. e f. 1. Que nitrifica; nitrificador. 2. Diz-se das bactérias que transformam o nitrogênio atmosférico em nitritos e nitratos, sendo estes assimiláveis pelas plantas.

Nitrificar, v. 1. Tr. dir. Transformar (o amoníaco ou os sais amoniacais) em nitros e depois em nitratos. 2. Tr. dir. Cobrir de nitro. 3. Pron. Converter-se em nitro.

Nitrir, v. Intr. Relinchar ou rinchar. (Verbo defectivo unipessoal). S. m. Ato de rinchar; nitrido.

Nitrito, s. m. *Quím.* Sal resultante da combinação do ácido nitroso com uma base; azotito.

Nitro[1], s. m. *Quím.* Nitrato de potássio cristalino; salitre.

nitro-[2], elem. de comp. (l. *nitru*). Exprime a idéia de *nitrogênio, ácido nítrico, composto nitrogenado: nitroglicerina, nitrocelulose*.

Nitrobenzeno, s. m. *Quím.* Substância que se obtém pela nitratação do benzeno.

Nitrocelulose, s. f. *Quím.* Celulose tratada com uma mistura de ácido nítrico e ácido sulfúrico e que a reduz a um estado de pasta, tal como a que se emprega na fabricação do papel.

Nitrogenado, adj. 1. Que contém nitrogênio. 2. Combinado com o nitrogênio.

Nitrogênio, s. m. *Quím.* Elemento comumente não-metálico, que, em forma livre, é normalmente um gás incolor, inodoro, insípido, insolúvel, inerte, constituindo 78% da atmosfera por volume. Símbolo N, número atômico 7, massa atômica 14,008; azoto.

Nitroglicerina, s. f. *Quím.* Líquido oleoso, que se emprega na fabricação da dinamite; detona por ação de choque ou elevação da temperatura.

Nitrômetro, s. m. Dispositivo destinado a determinar a quan-

tidade de nitrogênio ou de seus compostos, contida numa substância.

Nitrosidade, s. f. Qualidade de nitroso.

Nitroso, adj. 1. V. *nitrado* e *salitroso*. 2. *Quím.* Diz-se do anidrido e do ácido compostos de oxigênio e nitrogênio trivalente.

Niveal, adj. m. e f. 1. Que se refere ao inverno. 2. Que vive na neve. 3. Que floresce no inverno.

Nível, s. m. (l. v. *libellu*, pelo cat. *nivell?*). 1. Instrumento que serve para verificar a diferença de altura entre dois pontos ou para averiguar se um plano está horizontal. 2. Igualha. 3. Grau. 4. Regra, norma. 5. Estado, situação, altura. 6. *Agric.* Enleivamento ou corte feito no terreno, para plantio e/ou proteção contra erosão. — *N. de vida, Sociol.*: situação média de um grupo ou camada social no que diz respeito à maneira de satisfazer as necessidades básicas da vida. *Ao n.*: à mesma altura.

Nivelação, s. f. V. *nivelamento*.

Nivelador, adj. e s. m. Que, ou o que nivela. S. m. Implemento de terraplenagem.

Nivelamento, s. m. Ação ou efeito de nivelar; nivelação.

Nivelar, v. 1. Tr. dir. Situar um plano em posição horizontal; aplanar. 2. Tr. dir. Medir as diferenças de altura entre dois pontos determinados do terreno, empregando instrumentos de nivelação (telêmetros com retículo e quadrantes de nivelação): *N.* o *solo* 3. Tr. dir. e pron. Pôr(-se) ao mesmo nível; equiparar(-se), igualar(-se). 4. Tr. dir. Graduar, proporcionar. 6. Tr. dir. Arrasar, destruir.

Níveo, adj. 1. Relativo à neve. 2. Alvo como a neve.

Nivoso, adj. *Poét.* Coberto de neve; em que há neve; nevoso. S. m. Quarto mês do calendário da primeira República Francesa (21-XII a 19-I).

No[1], comb. da prep. *em* com o art. def. *o*.

No[2], pron. subst. Forma do pronome *lo*, por assimilação, em seguida a verbos terminados em nasal: louvam-*no*, querem-*no*. Flex.: *na, nos, nas*.

No[3], pron. Forma de *nos* antes de *lo, la, los, las: no-lo, no-las*.

Nó, s. m. (l. *nodu*). 1. Laço feito de corda ou de coisa semelhante, cujas extremidades passam uma pela outra, apertando-se. 2. Ornato em forma de nó. 3. Articulação das falanges dos dedos. 4. *Bot.* Nível do caule em que se insere uma folha. 5. Parte mais apertada e rija na substância da madeira, correspondente à inserção dos ramos. 6. *Fís.* Ponto de um corpo vibrante onde a amplitude vibratória é nula. 7. Ponto essencial e difícil. 8. Intriga ou enredo de um drama, de um romance. 9. Embaraço, estorvo. 10. *Astr.* Os dois pontos opostos em que o plano da eclíptica é cortado pela órbita de um corpo celeste. 11. Enlace, vínculo moral. 12. *Náut.* Milha marítima. — *Nó cego*: nó difícil, ou que não se pode desatar. *Nó górdio*: a) nó que não se pode desatar; b) grande dificuldade, busílis.

Noa (*ô*), s. f. (l. *nona*). *Liturg.* Hora do ofício divino, entre a sexta e as vésperas.

Nobélio, s. m. *Quím.* Elemento de símbolo No, número atômico 102, transurânico, artificial, radioativo.

Nobiliário, adj. Relativo à nobreza. S. m. Nobiliarquia.

Nobiliarista, s. m. e f. 1. Pessoa versada em nobiliários. 2. Autor ou autora de nobiliários.

Nobiliarquia, s. f. 1. Tratado ou livro que contém as origens e tradições de famílias nobres. 2. Arte que trata dos apelidos, armas, brasões etc., da nobreza. 3. A nobreza; os nobres.

Nobiliárquico, adj. Relativo à nobiliarquia.

Nobilitação, s. f. Ato ou efeito de nobilitar(-se).

Nobilitante, adj. m. e f. Que nobilita.

Nobilitar, v. 1. Tr. dir. Conceder, outorgar foros e privilégios de nobreza a. 2. Tr. dir. e pron. Enobrecer(-se), engrandecer(-se).

Nobre, adj. m. e f. (l. *nobile*). 1. De descendência ilustre. 2. Que tem títulos nobiliárquicos. 3. Que é próprio da nobrèza. 4. Alto, elevado, magnífico. 5. Majestoso. 6. Distinto, ilustre, notável. 7. Generoso, magnânimo, longânime. S. m. Indivíduo nobre.

Nobreza, s. f. 1. Qualidade de nobre; distinção; excelência; mérito. 2. Fidalguia herdada ou doada pelo soberano. 3. A classe dos nobres. 4. Generosidade, magnanimidade. 5. Austeridade, gravidade, majestade.

Noção, s. f. (l. *notione*). 1, Conhecimento ou idéia que se tem de uma coisa. 2. Conhecimento elementar.

Nocaute, s. m. (ingl. *knock-out*). *Esp.* No boxe, incidente no qual o contendor, que é jogado ao solo pelo adversário, não consegue levantar-se dentro de 10 segundos.

Nocente, adj. m. e f. Nocivo.

Nochatro, s. m. (ár. *nuxadir*). Sal amoníaco.

Nocional, adj. m. e f. 1. Relativo a noção. 2. Que tem o caráter de noção.

Nocividade, s. f. Qualidade de nocivo.

Nocivo, adj. Que causa dano, que prejudica, nocente.

Noctambulação, s. f. 1. Ato de andar de noite. 2. Ato de sonâmbulo.

Noctambulismo, s. m. Estado ou qualidade de noctâmbulo.

Noctâmbulo, adj. Que anda de noite; noctívago. S. m. Sonâmbulo.

nocti-, elem. de comp. (l. *nocte*). Expressa a idéia de *noite: noctífero, noctifloro*.

Nocticolor, adj. m. e f. Da cor da noite; escuro.

Noctífero, adj. *Poét.* Que espalha trevas; que produz sombras; noctígeno.

Noctifloro, adj. *Bot.* Diz-se das plantas cujas flores se abrem ao anoitecer e se fecham de manhã.

Noctígeno, adj. V. *noctífero*.

Noctilúcio, adj. V. *noctiluco*.

Noctiluco, adj. Diz-se dos corpos que brilham de noite; fosforescente. S. m. Protozoário fosforecente dos que formam a ardentia marítima.

Noctiluz, s. m. *P. us.* Pirilampo.

Noctívago, adj. *Poét.* Que anda ou vagueia de noite; noctâmbulo.

Noctívolo, adj. Que voa de noite.

Nocuidade, (*u-i*), s. f. *P. us.* V. *nocividade*.

Noda, s. f. (l. *nota*). *Ant.* e *pop.* V. *nódoa*.

Nodal, adj. m. e f. Que se refere a nó ou nós.

nodi-, elem. de comp. (l. *nodu*). Expressa a idéia de *nó: nodicórneo*.

Nodicórneo, adj. *Zool.* Que tem antenas nodosas.

Nodifloro, adj. *Bot.* Qualificativo das plantas cujas flores nascem dos nós.

Nódio, s. m. (de *Nodim*, n.p.). Metal que se assemelha ao alumínio, sendo porém mais leve e brilhante que este.

Nodo, s. m. 1. *Med.* Tumor duro, em volta da articulação dos ossos. 2. Parte proeminente de certos ossos. 3. *Astr.* Ponto de interseção da eclíptica com a órbita de um planeta. 4. *Fís.* Ponto de interferência das ondas diretas com as ondas refletivas, em um movimento vibratório.

Nódia, s. f. (l. *notula*). 1. Sinal deixado por um corpo ou substância que suja; mancha. 2. *Med.* Mancha na pele, deixada por uma contusão; equimose. 3. Mácula. 4. Deslustre. 5. Afronta, ignomínia.

Nodoar, v. V. *enodoar*.

Nodosidade, s. f. Estado ou qualidade de nodoso.

Nodoso, adj. 1. Em que há nós ou saliências. 2. Avolumado, proeminente.

Nodular, adj. m. e f. Que diz respeito a nódulo.

Nódulo, s. m. 1. Nó pequeno. 2. Pequena eminência em forma de nó. 3. *Anat.* Massa sólida de tecido que pode ser percebida pela palpação. 4. *Anat.* Pequena nodosidade da extremidade anterior do vérmis inferior do cerebelo. 5. *Geol.* Concreções de diferente natureza contidas em certos terrenos.

Noduloso, adj. Que tem nódulos.

Noete (*ê*), s. m. (fr. *nouet*). Rodízio, em que convergem as varetas do guarda-chuva.

Nogada, s. f. (l. **nucata*). 1. Flor da nogueira. 2. Molho em que entram nozes pisadas. 3. Doce de nozes.

Nogal, s. m. Nogueiral.

Nogueira, s. f. Árvore européia, juglandácea (*Julglans regia*), cujos frutos, as conhecidas nozes de Natal, são muito apreciados. 2. Madeira dessa árvore.

Nogueirado, adj. Tirante à cor da madeira da nogueira.

Nogueiral, s. m. Plantio de nogueiras.

Noitada, s. f. 1. Espaço de uma noite. 2. Insônia, vigília. 3. Divertimento ou folia que dura toda a noite. 4. Trabalho durante a noite. Var.: *noutada.*

Noite, s. f. (l. *nocte*). 1. Período de tempo compreendido entre as dezoito horas — ocasião em que o Sol está abaixo do horizonte e em que finda o dia legal ou judicial — e as seis horas do dia seguinte. 2. Escuridão, trevas. 3. Noitada. 4. Cegueira. 5. Ignorância. 6. Sofrimento, tristeza.

Noitibó, s. m. *Ornit.* 1. Bacurau. 2. Pessoa que vive isolada ou que apenas aparece de noite.

Noitinha, s. f. O fim da tarde, o crepúsculo vespertino, o anoitecer.

Noiva, s. f. 1. Mulher que está para casar. 2. Mulher recém-casada.

Noivado, s. m. 1. Compromisso de casamento entre futuros esposos. 2. Período em que alguém é noivo. 3. A festa do noivado. 4. Casamento. 5. A festa do casamento.

Noivar, v. 1. Intr. Celebrar noivado. 2. Intr. Passar a lua-de-mel. 3. Intr. Cortejar ou galantear a pessoa com que se ajustou noivado. 4. Tr. ind. Ficar noivo(a)..

Noivinha, s. f. *Ornit.* Ave tiranídea *(Xolmis irupero).*

Noivo, s. m. (l. v. *noviu*). 1. Aquele que está para casar. 2. O recém-casado. S. m. pl. Homem e mulher que têm ajustado o seu casamento, ou que se casaram há pouco.

Nojado, adj. Anojado.

Nojento, adj. 1. Que causa nojo; repugnante. 2. *Fam.* Que facilmente se enjoa.

Nojo *(ô),* s. m. 1. Enjôo, náusea. 2. Asco, repugnância, repulsa. 3. Mágoa, pesar, tristeza. 4. Tédio, aborrecimento. 5. Luto.

Nojoso, adj. 1. Nojento. 2. Desgostoso, pesaroso.

Nolição, s. f. Ato ou efeito de não querer. Antôn.: *volição.*

No-lo, loc. pron. Pronome pessoal *nos* e pronome pessoal *lo:* Este livro era deles, mas eles deram-*no-lo.*

Noma, s. m. *Med.* Estomatite gangrenosa.

Nômada, adj. m. e f. e s. m. V. *nômade.*

Nômade, adj. m. e f. Diz-se das tribos e raças humanas que não têm sede fixa e vagueiam errantes e sem cultura. S. m. O que não tem residência fixa; vagabundo. S. m. pl. Povos pastores sem residência fixa. Var.: *nômada.*

Nomadismo, s. m. Sistema de vida dos nômades.

Nomancia, s. f. Arte de adivinhar por meio das letras de um nome próprio; onomatomancia.

Nomântico, adj. Que diz respeito à nomancia.

Nomarca, s. m. 1. Governador de um nomo, no antigo Egito. 2. Governador de nomarquia, na Grécia moderna.

Nomarcado, s. m. Governo, funções ou dignidade de nomarca.

Nomarquia, s. f. 1. Dignidade de nomarca. 2. Divisão administrativa, na Grécia, também chamada *nomo.* 3. Governo de um nomo.

Nome, s. m. (l. *nomen*). 1. Palavra com que se designa e distingue qualquer pessoa, animal ou coisa, bem como ação, estado ou qualidade. 2. Denominação, designação, qualificação. 3. Título, honra. 4. Alcunha, apelido, cognome. 5. Nomeada, reputação, fama. 6. *Gram.* Palavra com que se designa ou qualifica uma pessoa ou coisa, especialmente o substantivo. 7. Nome de família; sobrenome. 8. Qualificação injuriosa. — *N. próprio*: o que designa individualmente os seres e que se aplica especialmente a pessoas, nações, povoações, montes, mares, rios etc.

Nomeação, s. f. (l. *nominatione*). 1. Ato ou efeito de nomear. 2. Direito de nomear. 3. Ato de nomear ou designar alguém para cargo ou emprego.

Nomeada, s. f. Reputação, fama, celebridade.

Nomeado, adj. 1. Designado pelo nome. 2. Que recebeu nomeação para exercer função pública.

Nomeador, adj. e s. m. Que, ou o que nomeia.

Nomear, v. (l. *nominare*). 1. Tr. dir. Designar pelo nome, proferir o nome de. 2. Pron. Proferir o próprio nome. 3. Pron. Dar-se a si mesmo um nome ou qualificativo; intitular-se. 4. Tr. dir. Designar, indicar para exercício de (cargo ou emprego).

Nomenclador, adj. Que nomeia ou classifica. S. m. O que se dedica à nomenclatura ou classificação das ciências.

Nomenclar, v. V. *nomenclaturar.*

Nomenclatura, s. f. 1. Conjunto de termos de uso consagrado numa ciência ou arte; terminologia. 2. Vocabulário de nomes. 3. Lista, catálogo.

Nomenclaturar, v. Tr. dir. Fazer a nomenclatura de.

Nômina, s. f. 1. Oração escrita ou relíquia guardada numa bolsinha. 2. Essa bolsinha. 3. Prego dourado em arreios de animais de carga.

Nominação, s. f. (l. *nominatione*). *Ret.* Figura com que se dá nome a uma coisa que não o tem.

Nominal, adj. m. e f. 1. Que se refere a nome. 2. Que só existe em nome; que não é real. 3. *Gram.* Diz-se do predicado representado por um verbo de ligação e o predicativo do sujeito: Eu *sou professor.* Tú *estás doente.* Eles *parecem bons. Quantos somos nós?*

Nominalismo, s. m. *Filos.* Doutrina que não considera as espécies existentes, senão por seus nomes, ou segundo o uso deles.

Nominalista, adj. m. e f. Relativo ao nominalismo. S. m. e f. Pessoa que professa o nominalismo.

Nominata, s. f. Lista de nomes.

Nominativo, adj. 1. Que tem nome, ou que denomina. 2. Diz-se do título em que se menciona o nome do proprietário, por oposição a *título ao portador.* S. m. *Gram.* Caso que, nas línguas que têm declinação, designa o sujeito ou o seu nome predicativo.

Nomo[1], s. m. *(gr. nomo,* pelo 1. *nomos).* Espécie de distrito ou província do antigo Egito. 2. O mesmo que *nomarcado,* entre os gregos modernos.

Nomo[2], s. m. (gr. *nomos,* pelo l. *nomu*). Melodia-tipo a que na Antiguidade se atribuía influência mágica, moral ou simplesmente eficiência ritual.

nomo-[3], elem. de comp. (gr. *nomos*). Exprime a idéia de *lei, regra, norma: nomografia, nomologia; parte, divisão: quadrinômio.*

Nomografia, s. f. 1. Ciência das leis e da sua interpretação. 2. Tratado a respeito das leis. 3. *Mat.* Conjunto de métodos que permite substituir os cálculos numéricos pela leitura de nomogramas.

Nomograma, s. m. Designação dada aos ábacos com que se resolvem graficamente determinados problemas.

Nomologia, s. f. Estudo das leis que regem os fenômenos naturais.

Nomológico, adj. Relativo à nomologia.

Nona, s. f. (l. *nona*). 1. *Metrif.* Estrofe de nove versos. 2. Uma das horas em que entre os romanos era dividido o dia e que correspondia às três horas da tarde. 3. *Mús.* Intervalo de nove graus (uma oitava e mais um tom ou semitom). S. f. pl. O sétimo e o quinto dia antes dos idos, no antigo calendário romano.

Nonada, s. f. Coisa de pouca monta e valia; ninharia.

Nonagenário, adj. Diz-se da pessoa que já fez noventa anos. S. m. Essa pessoa.

Nonagésimo, num. Que ocupa o último lugar numa série de noventa. S. m. A nonagésima parte.

Nones, adj. e s. m. *Ant.* V. *nunes.*

Nongentésimo, num. V. *noningentésimo.*

Nonilhão, num. 1. Número, 1.000 octilhões, representado por 1 seguido de 30 zeros, ou mais comumente, pela respectiva potência de dez, 10^{30}. 2. Na Inglaterra e Alemanha, 1 milhão de octilhões, 10^{54}

Noningentésimo, num. Que ocupa o último lugar numa série de 900; nongentésimo.

Nônio, s. m. 1. Instrumento de matemática, para medir as frações de uma divisão, numa escala graduada. 2. Escala desse instrumento.

Nonipétalo, adj. *Bot.* Que tem nove pétalas.

Nono, num. Que ocupa o último lugar numa série de nove.

Nônuplo, num. Nove vezes mais; que é nove vezes equivalente a outro.

Noo-, elem. de comp. (gr. *noos*). Expressa a idéia de *inteligência, espírito, razão: noologia.*

Noologia, s. f. Estudo do espírito humano pelas idéias; psicologia racional.

Noológico, adj. Relativo à noologia.

Nopal, s. m. *Bot.* Cacto *(Nopalea coccinellifera)* empregado na criação de cochonilhas.

Noque, s. m. V. *anoque.*

Nora[1], s. f. (l. *nura*). A esposa do filho em relação aos pais dele.

Nora[2], s. f. (ár. *na'ura*). 1. Engenho de tirar água de poços, cisternas etc. 2. Poço de onde se tira água por meio de um engenho.

Norça, s. f. Andar, guarda, vergada (falando de árvores ou de matas).

Nordestal, adj. m. e f. 1. Que provém do nordeste. 2. Que está no nordeste.

Nordeste, adj. m. e f. Que diz respeito ao nordeste. S. m. 1. Ponto colateral da rosa-dos-ventos que fica entre norte e leste. (Abrev.: N. E). 2. Vento que sopra desse ponto. 3. Região situada do lado desse ponto. 4. Região constituída pelos Estados do Maranhão, Piauí, Ceará, Rio Grande do Norte, Paraíba, Pernambuco, Alagoas e Sergipe.

Nordestear, v. Intr. 1. Navegar para o lado do nordeste. 2. Inclinar-se para nordeste (a agulha magnética).

Nordésteo, adj. Nordeste.

Nordestino, adj. Relativo ao Nordeste brasileiro. S. m. O natural do Nordeste brasileiro.

Nórdico, adj. 1. Relativo aos países do Norte da Europa (Dinamarca, Suécia e Noruega). Diz-se da língua dos povos escandinavos; norreno. S. m. Habitante ou natural da Escandinávia.

Nórico, adj. Relativo à Nórica, antiga província romana, que correspondia aproximadamente à Áustria atual. S. m. Habitante ou natural da Nórica.

Norma, s. f. 1. Preceito, regra, teor. 2. Exemplo, modelo. 3. Regra de procedimento, teor de vida.

Normal, adj. m. e f. 1. Conforme à norma; regular. 2. Exemplar, modelar. 3. *Geom.* Perpendicular. 4. *Geom.* Diz-se da linha perpendicular à tangente de uma curva. S. f. *Geom.* A linha normal.

Normalidade, s. f. Estado ou qualidade de normal.

Normalista, adj. e s. m. e f. *Pedag. ant.* Que, ou pessoa que fizera o curso da escola normal.

Normalização, s. f. Ato ou efeito de normalizar(-se).

Normalizar, v. 1. Tr. dir. Tornar normal; regularizar. 2. Pron. Reentrar na ordem; voltar à normalidade.

Normando, adj. 1. Relativo à Normandia. 2. Que provém da Normandia. 3. Diz-se de um estilo arquitetônico caracterizado pelo emprego do arco semicircular, colunas redondas e grande variedade de ornamentos, entre os quais se destaca o ziguezague. S. m. 1. Habitante ou natural da Normandia. 2. Língua dos normandos.

Normativo, adj. Que serve de norma; que tem qualidade ou força de norma.

normo-, elem. de comp. (gr. *normos*). Expressa a idéia de *normal: normógrafo.*

Normógrafo, s. m. *Desenho.* Aparelho formado por lâminas de celulóide, em que são vazadas as letras do alfabeto para servirem de molde no traçado de legendas e letreiros.

Nor-nordeste, s. m. 1. Ponto subcolateral da rosa-dos-ventos que fica entre o norte e o nordeste. (Abrev.: N.NE.). 2. Vento que sopra do lado desse ponto.

Nor-noroeste, s. m. 1. Ponto subcolateral da rosa-dos-ventos que fica entre o norte e o noroeste. (Abrev.: N. NW. ou N.NO.). 2. Vento que sopra desse ponto.

Noroeste, s. m. *(norte + oeste).* 1. Ponto colateral da rosa-dos-ventos que fica entre o norte e o oeste. (Abrev.: NW. ou NO.). 2. Vento que sopra desse ponto. Adj. Relativo ao noroeste.

Noroestear, v. Intr. 1. Navegar ou seguir para o noroeste. 2. Inclinar-se para o noroeste (a agulha magnética).

Norreno, adj. V. *nórdico.*

Nortada, s. f. Vento do norte, áspero e frio.

Norte, s. m. 1. Um dos quatro pontos cardeais da rosa-dos ventos. 2. Ponto cardeal que fica em frente do observador que tem a sua direita o nascente. (Abrev.: N.). 3. Regiões que ficam para o lado do norte. 4. Vento que sopra dessas regiões. 5. O pólo ártico. 6. Os países setentrionais. 7. A parte mais setentrional de um país. 8. Direção conhecida; guia, rumo. Adj. m. e f. Que procede do norte ou a ele se refere.

Perder o n.: ficar sem direção, desorientado.

Norteador, adj. Que norteia.

Norteamento, s. m. Ato ou efeito de nortear(-se); norteio.

Norte-americanizar, v. *(norte-americano + izar).* Tr. dir. Dar feição norte-americana a.

Norte-americano, adj. Relativo aos Estados Unidos da América. S. m. O habitante ou natural dos Estados Unidos da América. Sin.: *americano, estadunidense* e *ianque.* Pl.: *norte-americanos.*

Nortear, v. 1. Tr. dir. Dirigir ou encaminhar para o norte. 2. Tr. dir. Dirigir, guiar, orientar. 3. Pron. Guiar-se, orientar-se.

Norteio, s. m. Norteamento.

Nortista, adj. m. e f. Que pertence ou se refere aos Estados brasileiros do Norte, a partir da Bahia para cima, especialmente a região que compreende os Estados do Pará e Amazonas. S. m. e f. Pessoa natural de algum desses Estados.

Norueguês, adj. Relativo à Noruega. S. m. 1. Habitante ou natural da Noruega. 2. Idioma desse país.

Nos[1], pron. (l. *nos*). Forma proclítica, mesoclítica e enclítica do pronome *nós,* que serve de objeto direto ou indireto do verbo. (Substitui elegantemente o possessivo e corresponde a *nosso, de nós:* Rejeitaram-*nos* o parecer).

Nos[2], comb. da prep. *em* com o art. def. pl. *os.*

Nos[3], pron. Forma de *os* depois de sílaba nasalada.

Nós, pron. (l. *nos*). Designa a primeira pessoa do plural de ambos os gêneros e serve de sujeito ou regime de preposições.

Nosco *(ô),* pron. (l. v. *noscum* por *nobiscum*). Flexão de *nós,* sempre precedida da preposição *com: Conosco.*

noso-, elem. de comp. (gr. *nosos*). Expressa a idéia de *doença: nosofobia, nosografia.*

Nosocomial, adj. m. e f. Relativo a nosocômio.

Nosocômio, s. m. Hospital.

Nosofobia, s. f. *Med.* Medo de adoecer que leva a pessoa a tratar-se de doenças que não tem.

Nosófobo, s. m. Aquele que tem nosofobia.

Nosogenia, s. f. *Med.* 1. Desenvolvimento das doenças. 2. Estudo desse desenvolvimento.

Nosogênico, adj. Relativo à nosogenia.

Nosografia, s. f. Descrição ou classificação das doenças.

Nosologia, s. f. *Med.* Parte da Medicina que classifica as doenças segundo certos critérios.

Nosológico, adj. Relativo à nosologia.

Nosologista, s. m. e f. Pessoa que se ocupa de nosologia; nosólogo.

Nosólogo, s. m. V. *nosologista.*

Nosomania, s. f. *Med.* Monomania que faz o indivíduo crer que sofre tal ou tal doença, sem que realmente a tenha.

Nosomaníaco, adj. e s. m. Que, ou aquele que sofre nosomania.

Nosso, pron. possessivo (l. *nostru*). 1. Que nos pertence, ou nos diz respeito. 2. Próprio ou natural da terra onde nascemos. S. m. pl. Os nossos amigos, companheiros, parentes, patrícios etc.

Nostalgia, s. f. Tristeza e abatimento mais ou menos profundos causados pelo afastamento de lugares, pessoas ou coisas que se amam e pelo desejo de as tornar a ver.

Nostálgico, adj. Em que há nostalgia. Adj. e s. m. Que, ou aquele que sofre nostalgia.

Nota, s. f. (l. *nota*). 1. Marca para assinalar algo. 2. Apontamento para fazer lembrar alguma coisa. 3. Exposição sucinta; comunicação breve. 4. Observação, reparo. 5. Defeito, pecha, erro. 6. Registro das escrituras dos tabeliães. 7. Papel que representa moeda. Col.: *bolada, maço, pacote*. 8. *Com.* Relação das mercadorias que o freguês adquire, com designação da quantidade, espécie e preço. 9. *Mús.* Sinal representativo de um som e da sua duração. 10. *Mús.* O som figurado por esse sinal. 11. Comunicação escrita e oficial trocada entre dois ministros de diferentes países. 12. Comunicação escrita sobre serviços públicos e proveniente de repartições do Estado. 13. *Pop.* Dinheiro.

Notabilidade, s. f. 1. Qualidade de notável. 2. Pessoa notável.

Notabilizar, v. Tr. dir. e pron. Tornar(-se) notável, afamado; destacar(-se), evidenciar(-se).

Notação, s. f. (l. *notatione*). Ato ou efeito de notar. 2. Sistema de representação ou designação convencional. 3. Conjunto de sinais com que se faz essa representação ou designação. 4. *Gram.* Sinal que modifica os sons das letras, como os acentos, o til, a cedilha.

Notado, adj. 1. Observado. 2. Anotado. 3. Notável.

Notador, adj. e s. m. Que, ou aquele que nota.

Notalgia, s. f. *Med.* Dor na região dorsal, sem fenômenos inflamatórios.

Notar, v. Tr. dir. 1. Anotar. 2. Pôr nota, marca ou sinal em. 3. Fazer rascunho; minutar. 4. Registrar (o tabelião) no livro de notas. 5. Representar por caracteres gráficos. 6. Atentar, reparar em, observar. 7. Fazer referência a; mencionar. 8. Advertir, censurar. 9. Estranhar. 10. Tr. ind. Acusar, tachar de.

Notariado, s. m. Cargo ou ofício de notário ou de tabelião.

Notarial, adj. m. e f. Relativo a notário.

Notário, s. m. Escrivão público; tabelião.

Notável, adj. m. e f. (l. *notabile*). 1. Digno de nota. 2. Digno de apreço ou de louvor. 3. Considerável, extraordinário. 4. Ilustre, insigne. 5. Eminente pela posição social. Sup. abs. sint.: *notabilíssimo*.

Notícia, s. f. (l. *notitia*). 1. Conhecimento, informação. 2. Nova, novidade. 3. Escrito de pouca extensão sobre um assunto qualquer. 4. Resumo de um acontecimento. 5. Memória, lembrança. 6. Nota, observação, apontamento.

Noticiador, adj. e s. m. Que, ou aquele que noticia; informador.

Noticiar, v. Tr. dir. 1. Dar notícia de; anunciar, comunicar. 2. Tornar conhecido; divulgar.

Noticiário, s. m. 1. Resenha de notícias. 2. Seção de um jornal, destinada à publicação de notícias.

Noticiarismo, s. m. 1. A classe dos redatores de notícias ou noticiaristas. 2. A função do noticiarista.

Noticiarista, s. m. e f. 1. Pessoa que dá notícias. 2. Pessoa que redige notícias.

Noticioso, adj. 1. Em que há muitas notícias. 2. Que sabe ou dá notícias. S. m. *Neol.* Programa de rádio e de televisão com notícias recentes.

Notificação, s. f. 1. Ato de notificar. 2. *Dir.* Ordem judicial para que se faça ou não faça alguma coisa. 3. *Dir.* Documentação que contém essa ordem.

Notificante, adj. m. e f. Notificativo.

Notificar, v. Tr. dir. 1. Dar conhecimento de; comunicar, noticiar, participar. 2. Comunicar solenemente, de acordo com as formalidades da lei ou do estilo.

Notificativo, adj. Que notifica; notificante.

Notificatório, adj. Que serve para notificar.

Noto[1], adj. (l. *nòtu*). *Poét.* Manifesto, notório, patente, sabido.

noto-[2], elem. de comp. (gr. *notos*). Exprime a idéia de *dorso, costas: notocórdio*.

Notocórdio, s. m. *Zool.* Corda dorsal, de substância fibrosa, precursora da formação da coluna vertebral dos Vertebrados, em cujas formas embrionárias ela geralmente se encontra.

Notomielite, s. f. *Med.* Inflamação da medula dorsal.

Notoriedade, s. f. Estado ou qualidade de notório; publicidade.

Notório, adj. Sabido de todos ou de muitos; público.

Nótula, s. f. 1. Pequena nota. 2. Ligeiro comentário.

Noturnal, adj. m. e f. Noturno.

Noturno, adj. 1. Relativo à noite. 2. Que anda de noite. 3. Que aparece ou se realiza de noite. Antôn.: *diurno*. S. m. 1. *Liturg.* Parte do ofício divino composta de 3 salmos e 3 lições. 2. *Mús.* Composição para orquestra ou para piano, de caráter terno ou melancólico. 3. Trem de passageiros que corre à noite.

Noutrem, comb. da prep. *em* com o pronome indefinido *outrem*.

Noutro, comb. da prep. *em* com o pronome indefinido *outro*.

Noutrora, comb. da prep. *em* com o adv. *outrora*.

Nova, s. f. Notícia, novidade.

Novação, s. f. Inovação.

Novador, adj. e s. m. (l. *novatore*). 1. Inovador. 2. Que, ou o que dá novidades.

Novato, adj. 1. Aprendiz, imperito. 2. Inexperiente, ingênuo. S. m. 1. Aprendiz, calouro, noviço, principiante. 2. Indivíduo inexperiente, ingênuo. 3. Aluno do primeiro ano de qualquer faculdade.

Nove, num (l. *novem*). 1. Oito mais um. 2. Nono. S. m. 1. O algarismo desse nome. 2. Carta de jogar que tem nove pontos.

Novecentos, num *(nove + cento)*. Nove vezes cem.

Novedio, adj. De poucos anos; novo. S. m. Rebento, vergôntea.

Novel *(é)*, adj. m e f. 1. Novo. 2. Novato, principiante. 3. Inexperiente.

Novela, s. f. 1. Composição literária do gênero do romance, porém mais curta que este e mais desenvolvida que o conto. 2. Enredo, intriga, patranha.

Novelar, v. Intr. Escrever novelas.

Noveleiro[1], adj. e s. m. *(novela + eiro)*. 1. Que, ou aquele que escreve novelas. 2. Que, ou o que gosta de dar notícias.

Noveleiro[2], s. m. (l. *novellu + eiro*). Vergôntea que nasce ao pé do tronco da árvore; novedio.

Novelesco *(ê)*, adj. 1. Próprio de novela. 2. Que se assemelha a novela.

Noveleta *(ê)*, s. f. *Mús.* Composição breve, de caráter romântico ou fantástico, sem delineamentos especiais de forma.

Novelista, adj. e s., m. e f. Que, ou quem gosta de dar notícias. S. m. e f. 1. Quem escreve novelas. 2. Quem conta novelas.

Novelo, s. m. (b. l. *globellu*). 1. Bola de fio enrolado sobre si mesmo. 2. Enredo. — *N.-da-china*: hortênsia.

Novembrada, s. f. Sedição nativista, ocorrida no Recife em novembro de 1831.

Novembro, s. m. Décimo primeiro mês do ano civil.

Novena, s. f. 1. Série de nove dias. 2. Atos religiosos durante nove dias consecutivos; cada um desses atos. 3. Grupo de nove coisas ou pessoas. 4. Castigo aplicado aos escravos, o qual consistia em açoites nove dias seguidos.

Novenal, adj. m. e f. Que diz respeito a novena.

Novenário, s. m. Livro de novenas.

Novênio, s. m. Espaço de nove anos.

Novenlobado, adj. *Bot.* Que tem nove lóbulos.

Noveno, num. 1. Diz-se do nono dia de uma doença. 2. *P. us.* V. *nono*.

Noventa, num. Nove vezes dez.

Noventão, adj. e s. m. *Pop.* Que, ou o que tem noventa anos de idade.

novi-, pref. (l. *novu*). Exprime a idéia de *novo: novilúnio*.

Noviciado, s. m. 1. Tempo de preparação que fazem no convento as pessoas que vão professar. 2. Provas a que são sujeitos os que pretendem professar. 3. Parte do convento destinada aos noviços ou noviças; noviciaria. 4. Aprendizagem, tirocínio.

Noviciar, v. 1. Intr. Praticar o noviciado. 2. Tr. ind. Fazer os primeiros exercícios; estrear-se, iniciar-se em.

Noviciaria, s. f. Noviciado, acep. 3.

Noviciário, adj. Que se refere a noviço.

Noviço, adj. (l. *noviciu*). Inexperiente, novato. S. m. 1. Homem que se prepara para professar numa ordem religiosa. 2. Aprendiz, novato, principiante.

Novidade, s. f. 1. Qualidade de novo. 2. Aquilo que é novo. 3. Fato que não é habitual. 4. Primeira informação de algum fato. 5. Inovação. 6. Dificuldade, embaraço. S. f. pl. Artigos característicos da última moda.

Novidadeiro, s. m. 1. Amigo de dar novidades. 2. Intriguista, mexeriqueiro.

Novilatino, adj. V. *neolatino.*

Novilha, s. f. Vaca nova; bezerra.

Novilho, s. m. Boi ainda novo; garrote.

Novilunar, adj. m. e f. Relativo ao novilúnio.

Novilúnio, s. m. 1. Lua nova. 2. O tempo da lua nova.

Novíssimo, adj. 1. Sup. abs. sint. de *novo;* muito novo. 2. Último. S. m. pl. Últimas coisas que, segundo o catolicismo, estão reservadas a cada um que sai desta vida (morte, juízo, inferno e paraíso).

Novo, adj. 1. Que existe há pouco tempo. 2. Que tem pouco uso. 3. Moço, jovem. 4. Moderno. 5. Original, diferente, estranho. 6. Visto ou ouvido pela primeira vez. 7. Inexperiente. 8. Emendado, reformado. S. m. O que é recente. S. m. pl. Os jovens; a gente nova.

De novo: novamente; segunda vez. ***Pagar o novo e o velho:*** ser castigado por culpas recentes e antigas.

Novocaína, s. f. Anestésico atóxico, sem efeito narcótico, usado principalmente para anestesia local.

Nóxio, *(cs),* adj. (l. *noxiu*). Nocivo.

Noz, s. f. (l. *nuce*). 1. *Bot.* Fruto da nogueira. 2. Qualquer fruto seco, indeiscente, com uma só semente. — *N.-moscada:* a) árvore miristicácea (*Myristica fragrans*), cujo fruto tem aroma muito agradável, lembrando o do almíscar; b) fruto dessa árvore. *N.-vômica:* a) árvore apocinácea (*Strychnos nux-vomica*); b) o fruto desta árvore, do qual se extrai a estricnina.

Nu, adj. (l. *nudu*). 1. Não vestido; despido. 2. Descalço (diz-se dos pés). 3. Descoberto. 4. Desfolhado. 5. Desataviado, desguarnecido, desordenado. 6. Carecente, destituído, privado. 7. Falto de adorno ou enfeite natural. 8. Desarmado, desprotegido, grosseiro, tosco. 9. Patente, sincero. 10. Desafetado. 11. Sem vegetação. 12. Desembainhado (falando de espada). S. m. 1. Nudez (em belas-artes). 2. *Arquit.* Porção de muro ou parede lisa, sem moldura ou ressalto saliente.

A olho nu: sem auxílio de lentes. *Nu e cru:* sem disfarce; tal como é.

Nuança, s. f. (fr. *nuance*). 1. Gradação de cores; matiz, entretom. 2. Diferença aplicada entre coisas do mesmo gênero. 3. *Mús.* Grau de força ou doçura que convém dar aos sons.

Nuaruaque, adj. e s., m. e f. V. *aruaque.*

Nubécula, s.f. *Med.* V. *nefélio.*

Nubente, adj. m. e f. Que é noivo ou noiva. S. m. e f. Pessoa que está para casar.

nubi-, elem. de comp. (l. *nube*). Exprime a idéia de *nuvem: nubífugo, nubífero.*

Nubícogo, adj. *Poét.* Que ajunta nuvens.

Nubífero, adj. *Poét.* Que traz ou produz nuvens.

Nubífugo, adj. *Poét.* Que desfaz ou espalha nuvens.

Nubígeno, adj. Que provém das nuvens.

Núbil, adj. m. e f. Que está em idade de casar; casadouro.

Nubilar, s. m. Coberta onde se recolhem os cereais quando se receia chuva.

Nubilidade, s. f. Qualidade de núbil; qualidade de casadouro.

Nubiloso, adj. Nebuloso.

Núbio, adj. Relativo à Núbia (África Oriental). S. m. O habitante ou natural da Núbia.

Nubívago, adj. 1. Que anda pelas nuvens; nefelibata. 2. Elevado, sublime.

Nublado, adj. 1. Coberto ou toldado de nuvens. 2. Obscuro. 3. Preocupado, sombrio, triste.

Nublar, v. (l. *nubilare*). 1. Tr. dir. e pron. Anuviar(-se), escurecer(-se), cobrir(-se) ou toldar(-se) de nuvens. 2. Tr. dir. e pron. Entristecer(-se). 3. Pron. Embaciar-se, turvar-se.

Nubloso, adj. Nublado.

Nuca, s. f. Parte superior do pescoço, sobre a vértebra chamada *atlas.*

Nucal, adj. m. e f. Que se refere à nuca.

Nução, s. f. (l. *nutu*). 1. Anuência, assentimento. 2. Arbítrio, talante.

Nucela, s. f. Noz pequena; núcula.

nuci-, elem. de comp. (l. *nuce*). Exprime a idéia de *noz: nuciforme.*

Nuciforme, adj. m. e f. Semelhante à noz.

Nucífrago, adj. Que quebra nozes.

Nucívoro, adj Que se alimenta de nozes.

Nucleação, s f. 1. Ato e efeito de nuclear. 2. *Meteor.* Ato de tratar uma nuvem com partículas sólidas, tais como cristais de gelo ou iodeto de prata, a fim de produzir precipitação pluviométrica.

Nucleal, adj. m. e f. V. *nuclear.*

Nuclear[1], adj. m. e f. Que se refere a núcleo; nucleal.

Nuclear[2], v. 1. Pron. *Biol.* Formar-se em núcleo no interior da célula. 2. Tr. dir. Dispor em núcleos.

Nucleário, adj. *Bot.* Referente ao núcleo de fruto.

Núcleo, s. m. 1. *Biol.* Massa esferóide complexa, essencial à vida das células, e encontrada na quase totalidade das células dos seres vivos. 2. Miolo da noz, da amêndoa, do pinhão, de um caroço. 3. Parte central de um todo, parte central do átomo; centro. 4. O ponto principal, a parte essencial de uma coisa. 5. O melhor de qualquer coisa; escol, flor, nata. 6. Empório, a sede principal. — *N. atômico:* região central do átomo, onde se acha concentrada a carga positiva. Dim. irr.: *nucléolo.*

Nucléolo, s. m. 1. Pequeno núcleo. 2. Massa arredondada que se observa no interior do núcleo e independente dos cromossomos.

Núcula, s. f. 1. *Bot.* Pequena noz. 2. *Bot.* Qualquer fruto seco indeiscente.

Nuculâneo, adj. *Bot.* Diz-se do fruto em que há muitas sementes distintas, como a nêspera.

Nuculano, s. m. *Bot.* Fruto que tem núculas em lóculos ligados ou livres.

Nucular, adj. m. e f. *Bot.* 1. Que se refere a noz. 2. Que encerra uma noz.

Nuculoso, adj. *Bot.* Que contém pequenas nozes.

Nudação, s. f. 1. Ato ou efeito de desnudar(-se). 2. Estado de nudez.

Nudez, s. f. 1. Estado de nu; desnudez. 2. Ausência de vestuário. 3. Estado das plantas ou ramos a que caíram as folhas. 4. Ausência de ornatos, de vegetação etc. 5. Privação. 6. Simplicidade.

Nudeza, s. f. V. *nudez.*

nudi-, elem. de comp. (l. *nudu*). Exprime a idéia de *nu: nudibrânquio.*

Nudibrânquio, adj. *Zool.* 1. Diz-se dos animais que têm descobertas as brânquias. 2. Relativo aos Nudibrânquios. S. m. pl. Subordem *(Nudibranchia)* de moluscos gastrópodes opistobrânquios, que compreende espécies com brânquias descobertas, pois não possuem concha.

Nudicaule, adj. m. e f. *Bot.* De caule sem folhas.

Nudípede, adj. m. e f. Que tem os pés nus.

Nudismo, s. m. Tipo de culto e interesse compartilhados por pessoas que, por razões estéticas, higiênicas e outras, preconizam viver, passear e praticar esportes, em estado de completa nudez.

Nudista, s. m. e f. Pessoa que pratica o nudismo.

Nuditarso, adj. Que tem os tarsos nus.

Nudiúsculo, adj. *Bot.* Quase nu.

Nuelo, adj. (de *nu*). 1. Recém-nascido. 2. Implume.

Nuga, s. f. Bagatela, insignificância, ninharia (mais us. no pl.).

Nugá, s. f. Massa em que entram amêndoas e caramelo ou mel.

Nugação, s. f. Argumento ridículo; frivolidade.

Nugacidade, s. f. 1. Frivolidade, futilidade; nuga. 2. Afeição a coisas frívolas. 3. Quimera.

Nugativo, adj. Em que há nuga; frívolo, fútil, ridículo.

Nugatório, adj. V. *nugativo.*

nuli-, elem. de comp. (l. *nullu*). Expressa a idéia de *nulo: nulinerve*.

Nulidade, s. f. 1. Qualidade de nulo; falta de alguma condição essencial; falta de validade. 2. Falta de mérito, de talento; incapacidade completa. 3. Pessoa insignificante, sem nenhum mérito. 4. Coisa vã; frivolidade, inanidade.

Nulificação, s. f. Ato ou efeito de nulificar.

Nulificante, adj. m. e f. Que nulifica ou anula.

Nulificar, v. Tr. dir. Anular.

Nulinerve, adj. *Bot.* Diz-se das folhas que não têm nervuras.

Nulo, adj. 1. Nenhum. 2. Que não é válido. 3. Sem efeito ou valor. 4. Ineficaz. 5. Frívolo. 6. Vão. 7. Inerte. 8. Inepto; sem mérito.

Num, comb. da prep. *em* com o art. ind. *um*.

Numária, s. f. V. *numismática*.

Numário, adj. Relativo à numária; numismático.

Numbela, s. f. *Ornit.* Espécie de tordo *(Crateropus melanops)*.

Nume, s. m. 1. Divindade mitológica. 2. Divindade. 3. Divindade do paganismo. 4. Gênio, inspiração. – *N. tutelar:* espírito protetor.

Númeno, s. m. *Filos.* 1. A coisa inteligível, por oposição à *realidade sensível;* objeto da razão. 2. Realidade absoluta.

Numeração, s. f. (l. *numeratione*). 1. Ato ou efeito de numerar. 2. *Arit.* Conjunto de princípios e artifícios empregados para a representação dos números. 3. Série de números que distinguem as páginas de livros etc. 4. *Tip.* Algarismos de qualquer espécie. — *N. decimal:* sistema de numeração em que dez unidades de uma ordem formam uma unidade de ordem imediatamente superior.

Numerado, adj. 1. Indicado por números. 2. Posto em ordem numérica.

Numerador, adj. e s. m. Que, ou o que numera. S. m. 1. *Arit.* Termo de uma fração ordinária, que fica sobre o denominador, ambos separados por um traço horizontal; indica quantas partes se tomaram das partes iguais em que se dividiu a unidade. 2. Instrumento para numerar.

Numeral, adj. m. e f. 1. Relativo a número. 2. Indicativo de um número. S. m. *Gram.* O nome numeral. — *N. cardinal:* o que exprime quantidade absoluta: *2, 9, 27*. *N. fracionário:* o que designa quantidade fracionária: *meio, terço, quarto*. *N. multiplicativo:* o que indica quantidade multiplicativa: *duplo, triplo, quádruplo*. *N. ordinal:* o que exprime ordem ou série: *primeiro, segundo, terceiro, quarto*.

Numerar, v. Tr. dir. 1. Indicar, distinguir por meio de números; dispor por ordem numérica. 2. Calcular, verificar o número, a quantidade. 3. Contar, incluir.

Numerário, adj. Relativo a dinheiro. S. m. 1. Dinheiro efetivo. 2. Moeda cunhada.

Numerável, adj. m. e f. Que pode ser numerado.

Numéria, s. f. *Entom.* Gênero *(Numeria)* de lepidópteros noturnos, da família dos Geometrídeos.

Numérico, adj. 1. Que se refere a número. 2. Que indica número. 3. Numeral.

Número, s. m. 1. Expressão da quantidade. 2. Coleção de unidades ou de partes da unidade. 3. *Mat.* Relação entre qualquer quantidade e uma outra tomada como termo de comparação. 4. Conta certa. 5. Quantidade, abundância, cópia. 6. Multidão. 7. Cada uma das folhas ou fascículos de uma obra que se publique por partes. 8. Classe, categoria, rol, série. 9. Exemplar de uma publicação periódica. 10. Algarismo ou conjunto de algarismos dispostos um ao lado do outro, usados em sorteios: Deu o número *0105* no primeiro prêmio. 11. Bilhete de loteria. 12. *Gram.* Propriedade que possuem as palavras variáveis de indicar, pela sua terminação, o singular e o plural. 13. *Poét.* e *Lit.* A harmonia, a cadência artificial das palavras e das frases da oração. 14. Cada um dos quadros ou cenas de um espetáculo teatral de variedades. S. m. pl. Quarto livro de Moisés, assim chamado porque em seus primeiros capítulos se fazem vários censos das tribos de Israel. – *N. abstrato:* aquele de que não está indicada a natureza da unidade que serviu de comparação. *N. arábico:* o que é expresso por algarismos arábicos. *N. atômico:* número inteiro que caracteriza cada elemento químico indicando a quantidade de elétrons existentes em cada um dos seus átomos. *N. áureo:* o que indica a ordem do ano no ciclo lunar. *N. cardinal:* cada um dos números inteiros considerados abstratamente. *N. complexo:* o que é expresso por diferentes espécies de unidades, ligadas por uma relação conhecida. *N. concreto:* aquele que indica a espécie das unidades de que é formado. *N. decimal:* número fracionário ou fração cujo denominador é dez ou uma potência de dez. *N. fracionário:* o que é constituído por frações da unidade; número quebrado. *N. ímpar:* o que não é divisível por dois. *N. incomensurável:* o que não pode ser avaliado. *N. incomplexo:* aquele que só contém unidades da mesma espécie. *N. inteiro:* o que contém a unidade certo número de vezes. *N. irracional:* toda expressão decimal não periódica formada de um número infinito de algarismos. *N. misto:* o que é formado de parte inteira e parte fracionária. *N. ordinal:* aquele que exprime idéias de ordem ou sucessão, como *segundo, terceiro, quarto* etc. *N. par:* o que é divisível por dois. *N. perfeito:* aquele que é igual à soma das suas partes alíquotas. *N. quadrado:* produto de dois fatores iguais; quadrado. *N. quebrado:* número fracionário. *N. romano:* o que é expresso por algarismos romanos. *N. singular, Gram.*: flexão nominal ou verbal própria para indicar uma só pessoa ou coisa.

Numerosidade, s. f. 1. Qualidade de numeroso. 2. Grande número.

Numeroso, adj. 1. Em grande número. 2. Abundante, copioso. 3. *Lit.* Cadenciado, harmonioso: Verso *numeroso*.

Númida, adj. m. e f. Relativo à Numídia (África); numídico. S. m. e f. Habitante ou natural da Numídia.

Numídico, adj. Númida.

Numinoso, adj. Segundo a filosofia da religião de Rudolf Otto, aplica-se ao estado religioso da alma inspirado pelas qualidades transcendentais da divindade.

Numisma, s. f. Moeda cunhada.

Numismata, s. m. e f. Pessoa versada em numismática.

Numismática, s. f. Estudo sobre moedas e medalhas de todos os tempos e países; numária, numulária.

Numismático, adj. Relativo à numismática; numário.

numismato-, elem. de comp. (gr. *nomisma, atos*). Exprime a idéia de *moeda, medalha: numismatografia*.

Numismatografia, s. f. 1. Descrição e história de moedas e medalhas. 2. Tratado numismático.

Numismatográfico, adj. Relativo à numismatografia.

Numismatógrafo, s. m. Aquele que é versado em numismatografia.

Numismatoteca, s. f. Lugar destinado à guarda de material numismático.

Numulária, s. f. V. *numismática*.

Nunca, adv. (l. *nunquam*). 1. Em tempo algum; jamais: *Nunca* o vi. 2. Em algum tempo (nas frases interrogativas): Quem viu *nunca* homem assim?

Núncia, s. f. 1. Anunciadora. 2. Precursora.

Nunciativo, adj. Em que há notícia ou participação de alguma coisa.

Nunciatura, s. f. 1. Cargo ou dignidade de núncio. 2. Residência de núncio. 4. Tribunal eclesiástico sujeito ao núncio.

Núncio, s. m. (l. *nuntiu*). 1. Anunciador, mensageiro. 2. Precursor; prenúncio. 3. Embaixador do papa junto de um governo estrangeiro.

Nuncupação, s. f. (l. *nuncupatione*). *Dir.* Ato pelo qual o testador nomeia verbalmente os legatários.

Nuncupativo, adj. Feito de viva voz (falando de testamento).

Nuncupatório, adj. Que contém dedicatória.

Nunes, adj. (cor. de *nones*). Diz-se do número ímpar. S. m. O número ímpar.

Nupcial, adj. m. e f. Relativo a núpcias.

Núpcias, s. f. pl. (l. *nuptias*). 1. Casamento e respectivos festejos; boda. 2. Esponsais.

Nupérrimo, adj. (l. *nuperrimu*). *P. us.* 1. Recentíssimo. 2. Sucedido há muito pouco tempo.

Nuquear, v. Tr. dir. Abater (o gado) por meio da punção bulbar.

Nutação, s. f. 1. Oscilação do eixo de um astro em torno de sua posição média. 2. *Bot.* Propriedade que têm certas flores de seguir o movimento aparente do Sol. 3. Tontura de cabeça. 4. Meneio de cabeça; nuto.

Nutante, adj. m. e f. 1. Que nuta. 2. Vacilante.

Nutar, v. Intr. 1. Oscilar. 2. Vacilar.

Nutatório, adj. Em que há nutação.

Nuto, s. m. Ato de menear a cabeça, quando se aprova ou consente.

Nutrição, s. f. (l. *nutritione*). 1. Ato ou efeito de nutrir(-se). 2. Conjunto de fenômenos biológicos que contribuem para a alimentação.

Nutrício, adj. V. *nutritivo.*

Nutricional, adj. m. e f. Relativo à nutrição ou ao nutricionismo.

Nutricionismo, s. m. Estudo e investigação sistemática dos problemas da nutrição.

Nutricionista, adj. m. e f. 1. Que diz respeito ao nutricionismo. 2. Que se ocupa do nutricionismo.

Nutrido, adj. 1. Alimentado. 2. Gordo, robusto.

Nutridor, adj. e s. m. Que, ou o que nutre.

Nutriente, adj. m. e f. V. *nutritivo.*

Nutrimental, adj. m. e f. Próprio para nutrir; nutritivo.

Nutrimento, s. m. 1. Alimentação. 2. Sustento.

Nutrir, v. 1. Tr. dir. e pron. Alimentar(-se), sustentar(-se). 2. Tr. dir. Ministrar recursos a. 3. Tr. dir. e pron. Desenvolver(-se), educar(-se), instruir(-se). 4. Tr. dir. Incrementar, promover. 5. Tr. dir. Guardar, manter intimamente; sentir. 6. Intr. Conservar-se, persistir.

Nutritício, adj. 1. Que nutre. 2. Que se refere à mãe ou ama-de-leite.

Nutritivo, adj. 1. Que serve para nutrir; que nutre; nutriente. 2. Que exerce as funções de nutrição. 3. Que diz respeito à nutrição.

Nutriz, s. f. (l. *nutrice*). *Poét.* 1. Ama-de-leite. 2. A mulher que amamenta. Adj. f. Que alimenta.

Nuvem, s. f. (l. **nubine?* por *nube*). 1. Massa de vapores de água condensados na atmosfera em gotículas, com formas e cores variadas. 2. Porção de fumaça ou pó que se eleva no ar. 3. Obscuridade, negrume. 4. Grande multidão, grande quantidade de coisas em movimento: *Nuvem* de soldados, *nuvem* de lanças. 5. Coisa obscura que estorva a visão: *Nuvem* de fumaça, *nuvem* de pó. 6. Dificuldade que embaraça a compreensão. 7. Contrariedade, pesar. 8. Ar de tristeza, tom de melancolia: Cobria-lhe o rosto uma *nuvem* de pesar. 9. O que perturba a serenidade ou a boa harmonia: Entre ele e ela não houve jamais uma *nuvem.*

Nuvioso, adj. Nublado.

Nylon *(náilon),* s. m. V. *náilon.*

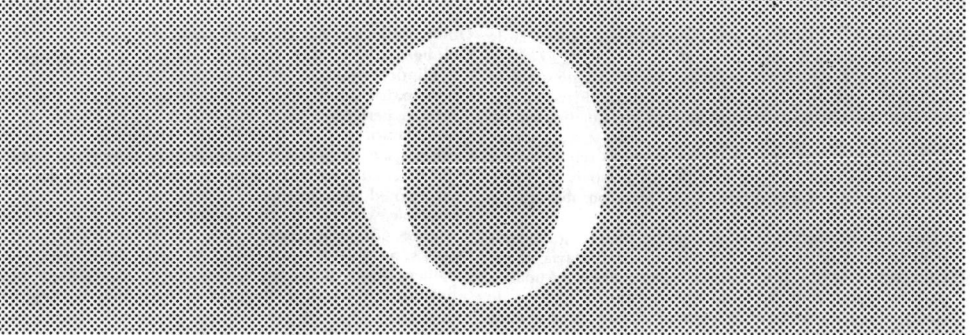

O (*ó*), s. m. 1. Décima quarta letra e quarta vogal do alfabeto português. Tem quatro sons: 1) aberto (av*ó*); 2) fechado (h*o*je); 3) surdo (lix*o*); 4) nasal (compra, conde, põe). É vogal básica dos ditongos *oi, ói, ou, õe: boi, jóia, ouro, põe*. Entra na composição de vários ditongos crescentes: *níveo, lírio, páscoa, fátuo*. 2. Minúsculo e colocado à direita e ao alto de um número, exprime que esse número é ordinal, ou designa grau ou graus: Artigo 4º da lei...; 360° graus. 3. *Arit.* Sinal numérico de *zero*. Num. Numa série indicada pelas letras do alfabeto, corresponde ao décimo quarto lugar.

O, art. def. (arc. *lo*, do l. *illu*). Determina substantivo masculino singular.

O, pron. Variação átona do pronome *ele*, forma de objeto direto: Convidei-*o*.

O, pron. demonstrativo equivalente a: 1) *aquele*; 2) *aquilo*, quando se refere a coisas; 3) *isso* (neutro), com referência a um adjetivo ou a um sentido: Os maus nem sempre *o* são. Serás tão feliz quanto *o* desejo.

O, partícula expletiva. Antes de *que*, nas interrogações e exclamações: *O* que é a vida? *O* quê!

Ó, interj. Exprime invocação ou chamamento: *Ó* menino, chame seu pai. Var.: *ô*.

Oacauã, s. f. *Ornit.* V. *acauã*.

Oanaçu, s. m. *Bot.* Planta palmácea do Brasil (*Attalea spectabilis*).

Oaristo, s. m. 1. Fala entre marido e mulher. 2. Colóquio terno, entretenimento íntimo.

Oasiano, adj. Que diz respeito a oásis; oásico. S. m. Habitante de um oásis.

Oásico, adj. V. *oasiano*.

Oásis, s. m. sing. e pl. 1. Terreno fértil e coberto de vegetação no meio de um deserto. 2. Lugar ou coisa agradável no meio de outros que não o são. 3. Prazer entre muitos desgostos.

ob-, pref. (l. *ob*). Designa geralmente *oposição* ou *inversão*: *obcônico*.

Oba[1], s. f. Cada uma das seis divisões de cada antiga tribo ateniense.

Oba[2], s. f. V. *sobrepeliz*.

Oba[3], (*ó*), interj. O mesmo que *opa!*

Obatalá, s. m. *Folc.* Orixalá.

Obcecação, s. f. (l. *obcaecatione*). Ato ou efeito de obcecar(-se).

Obcecado, adj. 1. Pertinaz no erro. 2. Com a inteligência obscurecida.

Obcecar, v. 1. Tr. dir. *Ant.* Tornar cego. 2. Tr. dir. *Fig.* Cegar, obscurecer o entendimento de. 3. Tr. dir. Induzir a erro ou a persistir nele.

Obcláveo, adj. *Bot.* Com forma de clava invertida.

Obcônico, adj. Com a forma de um cone invertido.

Obcordado, adj. Obcordiforme.

Obcordiforme, adj. m. e f. Cordiforme com a parte mais larga em cima.

Obcorrente, adj. m. e f. *Bot.* Diz-se dos septos que dividem os frutos em compartimentos.

Obdentado, adj. *Bot.* De borda dentada, com os dentes inclinados com as pontas dirigidas para a base.

Obdiplostêmone, adj. m. e f. *Bot.* Que tem dois verticilos, dos quais o exterior é oposto às pétalas.

Obducto, adj. *Poét.* e *des.* Coberto, oculto, tapado.

Obduração, s. f. 1. Ato ou efeito de obdurar(-se). 2. Obcecação, obstinação, pertinácia. 3. Endurecimento.

Obdurar, v. 1. Tr. dir. e pron. 1. Tornar(-se) duro, empedernido. 2. Tornar(-se) obstinado, pertinaz.

Obeba, s. m. V. *oveva*.

Obedecer, v. 1. Tr. ind. e intr. Submeter-se à vontade, cumprir as ordens de. 2. Tr. ind. Estar sob a autoridade de; ficar sujeito a. 3. Tr. ind. Submeter a vontade a alguma coisa. 4. Tr. ind. Cumprir, observar. 5. Tr. ind. Estar ou ficar sujeito a uma força ou influência; ceder. 6. Tr. ind. Deixar-se governar ou conduzir por. 7. Pron. Ceder à consciência, seguir os ditames da razão ou os impulsos do coração. (Na voz passiva, entretanto, é construção modernamente admitida: A ordem foi *obedecida* (E. C. Pereira).

Obediência, s. f. 1. Ato ou efeito de obedecer. 2. Submissão à autoridade legítima; sujeição. 3. Aquiescência, docilidade.

Obediente, adj. m. e f. Que obedece; submisso, dócil, humilde.

Obélio, s. m. *Anat.* Ponto na sutura sagital onde ela é cruzada por uma linha que liga os forames parietais. Var.: *obélion*.

Obeliscal, adj. m. e f. 1. Que diz respeito a obelisco. 2. Semelhante a obelisco.

Obelisco, s. m. 1. Monumento em forma de pilar, geralmente monolítico, de seção quadrada decrescente para cima, com ápice piramidal. 2. Qualquer objeto alto e alongado.

Óbelo, s. m. Sinal (— ou ÷) com que os antigos copistas marcavam as passagens erradas ou adulteradas de um escrito, para emendarem em nova cópia.

Oberado, adj. 1. Carregado de dívidas; endividado. 2. Onerado com despesas obrigatórias e falto de meios.

Oberar, v. Tr. dir. Onerar com dívidas.

Obesidade, s. f. 1. Qualidade de obeso. 2. Acumulação excessiva de gordura no corpo; pimelose.

Obeso (*ê*), adj. 1. Que tem obesidade. 2. Muito gordo.

Obfirmado, adj. 1. Muito firme. 2. Contumaz, obstinado.

Obfirmar, v. Tr. ind. *Des.* 1. Estar muito firme em. 2. Ser contumaz; obstinar-se em.

Óbice, s. m. Impedimento, obstáculo, estorvo.

Óbito, s. m. Falecimento; morte de alguém; passamento.

Obituário, adj. Relativo a óbito. S. m. 1. Registro dos óbitos. 2. Relação de óbitos; mortalidade.

Objeção, s. f. (l. *objectione*). 1. Ato ou efeito de objetar. 2. Oposição.

Objetar, v. 1. Tr. dir. e tr. ind. Fazer objeção; opor-se a. 2. Tr. ind. Apresentar como objeção. 3. Tr. dir. Exprobrar, lançar em rosto.

Objetiva, s. f. *Fís.* Vidro ou lente de um instrumento óptico destinado a ser voltado para o objeto que se quer observar.

Objetivação, s. f. Ato ou efeito de objetivar.

Objetivar, v. Tr. dir. 1. Tornar objetivo; considerar como objetivo; modernizar. 2. Ter; pretender por fim: *O.* a *aposentadoria*.

Objetividade, s. f. Qualidade de objetivo.

Objetivismo, s. m. *Filos.* Doutrina que afirma a existência de normas objetivas, de validade geral.

Objetivo, adj. 1. Que diz respeito ao objeto. 2. Que se refere ao mundo exterior. 3. *Filos.* Diz-se da idéia ou de tudo o que se refere aos objetos exteriores ao espírito; que proveio do objeto; que provém das sensações (opõe-se a *subjetivo*). 5. Que expõe, investiga ou critica as coisas sem procurar relacioná-las com os seus sentimentos pessoais. 6. *Gram.* Designativo do objeto direto. S. m. Meta ou alvo que se quer atingir.

Objeto, s. m. (l. *objectu*). 1. Tudo que se oferece aos nossos sentidos ou à nossa alma. 2. Coisa material: Havia na estante vários *objetos*. Col.: *bateria, trem* (quando agrupados para o mesmo fim). 3. Tudo que constitui a matéria de ciências ou artes. 4. Assunto, matéria. 5. Fim a que se mira ou que se tem em vista. — *O. direto, Gram.*: termo que completa a significação dos verbos transitivos diretos. *O. indireto, Gram.*: complemento exigido pelos verbos transitivos indiretos. *Objetos de primeira necessidade*: coisas sem as quais não se pode passar (alimentos, instrumentos do ofício, roupa etc.).

Objurgação, s. f. Ato de objurgar; censura veemente, repreensão violenta; objurgatória.

Objurgado, adj. 1. Repreendido severamente. 2. Invectivado.

Objurgar, v. 1. Tr. ind. Fazer censuras; invectivar. 2. Tr. dir. Argüir, censurar, exprobrar, repreender com veemência.

Objurgatória, s. f. V. *objurgação.*

Objurgatório, adj. 1. Que diz respeito a objurgação. 2. Que envolve objurgação.

Oblação, s. f. (l. *oblatione*). 1. Oferenda à divindade ou aos santos. 2. Parte da missa, entre o final do evangelho ou o credo e a consagração. 3. Dádiva, oferta.

Obladagem, s. f. *Ant.* Oblata.

Oblanceolado, adj. *Bot.* Em forma de ponta de lança invertida.

Oblata, s. f. 1. Tudo que se oferece a Deus ou aos santos, na igreja. 2. Qualquer oferta piedosa.

Oblato, s. m. *Ant.* Leigo que se oferecia para serviço de uma comunidade religiosa.

Obligulado, adj. 1. *Bot.* Diz-se da coroa de flores que se divide internamente em duas lingüetas. 2. Diz-se da flor que tem corolas com essa divisão.

Obliguliflóreo, adj. *Bot.* Que tem flores de corola obligulada.

Obliguliforme, adj. m. e f. Que se assemelha a corola obligulada.

Oblíqua, s. f. *Geom.* Reta que forma com outra, ou com uma superfície, ângulo agudo ou obtuso.

Obliquângulo, adj. *Geom.* Diz-se de uma figura geométrica que não tem ângulo reto.

Obliquar, v. Intr. 1. Caminhar obliquamente, de través. 2. Proceder com dissimulação. — Conjugação, pres. do ind.: *obliquo* (*ú*), *obliquas* (*ú*) etc. Pres. subj.: *obliqúe, obliqúes*, etc.

Obliqüidade, s. f. 1. Qualidade de oblíquo. 2. Posição oblíqua. 3. Tergiversação, evasiva.

Oblíquo, adj. 1. Inclinado sobre uma superfície. 2. Que vai de lado, de soslaio; de través. 3. *Geom.* Diz-se do sólido cujo eixo não é perpendicular à base. 4. Sinuoso, tortuoso. 4. *Gram.* Qualificativo de caso que não seja o nominativo nem o vocativo, aplicado por extensão a pronome em caso oblíquo. 5. Diz-se do passo ou marcha em diagonal.

Obliteração, s. f. Ato ou efeito de obliterar.

Obliterado, adj. 1. Esquecido, apagado, extinto. 2. *Anat.* Obstruído.

Obliterar, v. 1. Tr. dir. Fazer desaparecer pouco a pouco, mas deixando alguns vestígios; destruir com o uso; expungir, suprimir. 2. Tr. dir. Fazer esquecer. 3. Pron. Apagar-se o que estava escrito. 4. Tr. dir. Obscurecer. 5. Tr. dir. *Med.* Fechar, tapar (canal ou cavidade), obstruir. 6. Pron. Extinguir-se, ficar esquecido.

Oblívio, s. m. Esquecimento, olvido.

oblongi-, elem. de comp. (l. *oblongu*). Exprime a idéia de *oblongo*: *oblongifólio.*

Oblongifólio, adj. *Bot.* Cujas folhas são oblongas.

Oblongo, adj. 1. Mais comprido do que largo; alongado. 2. Elíptico, oval.

Obnóxio, (*cs*), adj. 1. Que se submete ao castigo. 2. Funesto, nefasto, perigoso.

Obnubilação, s. f. 1. *Med.* Estado vertiginoso em que os objetos são vistos como através de uma nuvem por distúrbio da circulação no encéfalo. 2. Obscurecimento das sensações ou do pensamento.

Obnubilar, v. 1. Tr. dir. Obscurecer, esconder. 2. Pron. Enevoar-se, pôr-se em trevas.

Oboé, s. m. *Mús.* 1. Instrumento de sopro, de madeira, com palheta dupla, de timbre semelhante ao do clarinete, mas ligeiramente nasal. 2. Registro de harmônio. 3. Registro de órgão.

Oboísta, s. m. e f. Pessoa que toca oboé.

Óbolo, s. m. 1. Pequena moeda da antiga Grécia. 2. Pequeno donativo ou esmola.

Oboval, adj. m. e f. *Bot.* Oval invertido, com o pólo mais estreito para baixo (nas folhas, no ponto de inserção do limbo ao pecíolo).

Obóveo, adj. V. *oboval.*

Obovóide, adj. m. e f. V. *oboval.*

Obra, s. f. (l. *opera*). 1. Coisa feita ou produzida por um agente. 2. Resultado de uma ação ou trabalho. 3. Ação, feito. 4. Manobra, operação, trabalho. 5. Edifício em construção. 6. Composição ou trabalho artístico ou literário. 7. Conjunto das produções de um escritor ou artista. 8. Construção. 9. Evacuação por efeito de purgante; excremento. S. f. pl. Ações, atos humanos. — *O. acabada*: obra perfeita, obra-prima. *O. de arte*: a) aquedutos, pontes, túneis, viadutos etc.; b) artefato primoroso, artístico, bem delineado e bem executado. *O. de carregação*: coisa feita à pressa; coisa mal acabada, imperfeita. *O. de misericórdia*: ação caridosa; benefício; esmola. *O. de talha*: escultura em madeira, metal ou marfim. *O. espúria*: obra não executada pelo autor a quem se atribui. *O.-mestra*: a melhor obra de um autor; obra-prima. *O.pia*: fundação beneficente ou religiosa. *O. póstuma*: obra publicada após a morte do autor. *O.-prima*: a) obra que é das primeiras no seu gênero; b) a melhor obra de um autor. *O. pública, Dir.*: toda aquela que a administração pública executa. *Obras de Santa Engrácia*: coisa que leva muito tempo a ser feita, que parece não ter fim (também se usa no singular). *O. mortas, Náut.*: a parte do casco do navio acima da linha de água. *O. vivas, Náut.*: parte imersa do casco do navio.

Obrador, adj. e s. m. Que, ou o que obra; obreiro.

Obragem, s. f. 1. Ato de construir. 2. Obra, execução, lavor de artista.

Obrar, v. (l. *operari*). 1. Tr. dir. Converter em obra; executar, realizar. 2. Tr. ind. e intr. Executar qualquer trabalho, praticar qualquer ação. 3. Tr. dir. Maquinar. 4. Tr. ind. Labutar, lidar, trabalhar. 5. Intr. *Pop.* Defecar, evacuar.

Obreia, s. f. 1. Folha de massa, de que se fazem as partículas para a comunhão. 2. Pequena folha de massa, para fechar cartas e pegar papéis.

Obreira, s. f. 1. Operária. 2. Abelha operária.

Obreiro, adj. (l. *operariu*). 1. Que trabalha. S. m. Aquele que se ocupa, lida ou trabalha em qualquer obra de arte ou em qualquer arte ou ofício.

Ob-repção, s. f. Ato de obter qualquer coisa ardilosamente; astúcia, dolo. Pl.: *ob-repções.*

Ob-reptício, adj. Obtido por ob-repção; ardiloso, doloso, fraudulento. Pl.: *ob-reptícios.*

Obriga, s. f. *P. us.* V. *obrigação.*

Obrigação, s. f. (l. *obligatione*). 1. Imposição, preceito. 2. Dever, encargo, compromisso. 3. Ofício, emprego. 4. Benefício, favor. 5. Dívida, hipoteca. 6. Título de dívida. 7. *Pop.* A família. 8. *Pop.* Esposa ou amásia. 9. *Gír.* Candomblé.

Obrigacionário, s. m. *P. us.* V. *obrigacionista.*

Obrigacionista, s. m. e f. Pessoa que possui títulos chamados *obrigações*; obrigacionário, obrigatário.

Obrigado, adj. 1. Imposto por lei. 2. Necessário, forçado.

3. Agradecido, grato, reconhecido. Interj. Fórmula de agradecimento por serviço ou favores recebidos; agradecido.
Obrigar, v. (l. *obligare*). 1. Tr. dir. Impor a obrigação de. 2. Tr. dir. Forçar, constranger. 3. Tr. dir. Ligar por contrato. 4. Tr. dir. Estimular, impelir, incitar, mover. 5. Pron. Afiançar, responsabilizar-se. 6. Pron. Ficar por fiador; responsabilizar-se pelos atos de alguém. 7. Pron. Contrair alguma obrigação; prometer cumprir; sujeitar-se a alguma condição. 8. Tr. dir. Cativar, penhorar, prender, mediante reconhecimento ou afeição. 9. Tr. dir. Curvar ou esticar demais.
Obrigatário, s. m. V. *obrigacionista.*
Obrigatório, adj. 1. Que envolve obrigação; que tem o poder ou força de obrigar. 2. Forçoso, inevitável. 3. Imposto por lei.
Ob-rogação, s. f. Ato ou efeito de ob-rogar.
Ob-rogar, v. (l. *obrogare*). Intr. *Dir.* Fazer contrapor-se ou contrapor-se uma lei a outra.
Obscenidade, s. f. 1. Caráter ou qualidade de obsceno. 2. Ato, dito ou coisa obscena.
Obsceno, adj. 1. Atentatório do pudor. 2. Diz-se de quem profere ou escreve obscenidades.
Obscurante, adj. m. e f. Que obscurece. S. m. e f. Obscurantista.
Obscurantismo, s. m. 1. Estado do que se encontra na escuridão. 2. Estado de completa ignorância. 3. Oposição sistemática a todo o progresso intelectual ou material.
Obscurantista, s. m. e f. Que, ou quem segue as idéias do obscurantismo.
Obscurantizar, v. Tr. dir. Levar ao estado de obscurantismo.
Obscurecer, v. 1. Tr. dir., intr. e pron. Tornar(-se) obscuro; diminuir(-se) a claridade de; apagar(-se). 2. Tr. dir., intr. e pron. Tornar(-se) pouco explícito, pouco inteligível; confundir(-se), baralhar(-se). 3. Tr. dir., intr. e pron. *Fig.* Anuviar(-se), entristecer(-se). 4. Tr. dir. Perturbar, toldar. 5. Tr. dir. Avantajar-se a, suplantar; deixar na obscuridade, fazer esquecer.
Obscurecido, adj. 1. Que se obscureceu. 2. Em que há pouca ou nenhuma luz. 3. Deslumbrado, ofuscado. 4. Despercebido, esquecido.
Obscurecimento, s. m. Escassez ou ausência de luz; escuridão.
Obscureza, s. f. *P. us.* Obscuridade.
Obscuridade, s. f. (l. *obscuritate*). 1. Estado de obscuro. 2. Falta de clareza nas idéias, nas expressões, no estilo. 3. Falta de luz; escuridão. 4. Condição ou origem humilde. 5. Vida retirada.
Obscuro, adj. 1. Que não tem luz; sombrio, tenebroso. 2. Falto de brilho; pouco claro. 3. Pouco inteligível; confuso, enigmático. 4. Pouco conhecido. 5. Indistinto, mal definido, vago. 6. Retirado.
Obsecração, s. f. (l. *obsecratione*). 1. Ato de obsecrar; súplica fervorosa e humilde. 2. Palavras com que se obsecra.
Obsecrar, v. Tr. dir. *Des.* Pedir humildemente; rogar com instância; suplicar.
Obsedante, adj. m. e f. Que obseda.
Obsedar, v. (fr. *obséder*). Tr. dir. 1. Preocupar constantemente. 2. Importunar com assiduidade.
Obsediante, adj. m. e f. V. *obsedante.*
Obsediar, v. *obsedar.*
Obseqüente, adj. m. e f. 1. Dócil, obediente. 2. Favorável. 3. Obsequiador. 4. Condescendente.
Obsequiador (*zê*), adj. e s. m. Que, ou o que gosta de obsequiar.
Obsequiar (*ze*), v. Tr. dir. 1. Fazer obséquio, prestar serviços a. 2. Presentear. 3. Tratar com afabilidade e agrado. Verbo regular, conjuga-se: *obsequio, obsequias, obsequia* etc.
Obséquias (*zé*), s. f. pl. *Ant.* Exéquias.
Obséquio (*zé*), s. m. 1. Ato de obsequiar. 2. Favor, benefício, benevolência.
Obsequiosidade (*zé*), s. f. Qualidade de obsequioso; benevolência, trato afável.
Obsequioso (*zê*), adj. 1. Que faz obséquios. 2. Serviçal. 3. Amável, benévolo.
Observação, s. f. 1. Ato ou efeito de observar(-se). 2. Cumprimento, observância, prática. 3. Exame, reparo. 4. Nota, reflexão explicativa. 5. Censura leve; reprimenda, admoestação.
Observador, adj. 1. Que observa. 2. Respeitador, cumpridor. 3. Crítico, censor. S. m. Aquele que observa. — *O. meteorológico*: o que é encarregado de um posto ou estação meteorológica.
Observância, s. f. 1. Execução, observação, prática, uso. 2. Cumprimento rigoroso da regra religiosa ou monástica.
Observante, adj. m. e f. 1. Que observa. 2. Obediente. 3. Fiel. 4. Militante. S. m. e f. Pessoa que observa. S. m. Frade de uma ordem franciscana.
Observar, v. 1. Tr. dir. Cumprir ou praticar o que é prescrito por alguma lei ou obrigação moral; guardar, obedecer a. 2. Tr. dir. Estudar, examinar, olhar com atenção, pesquisar minuciosamente. 3. Tr. dir. Notar, ver. 4. Tr. dir. Chamar a atenção de alguém para, fazer notar, fazer ver; advertir. 5. Pron. Ser circunspecto, vigiar as suas próprias ações ou palavras. 6. Tr. dir. Seguir secretamente as ações ou os movimentos de; espiar. 7. Tr. dir. Censurar de leve.
Observatório, s. m. 1. Observação. 2. Mirante. 3. Edifício onde se fazem observações astronômicas e meteorológicas.
Observável, adj. m. e f. Que merece ser observado.
Obsessão, s. f. 1. Impertinência excessiva. 2. Preocupação constante; idéia fixa.
Obsessivo, adj. 1. Que causa, ou em que há obsessão; obsessor.
Obsesso, adj. Importunado, atormentado. S. m. Indivíduo que se supõe atormentado por obsessão diabólica.
Obsessor, adj. Que causa obsessão; obsessivo. S. m. Aquele que causa obsessão.
Obsidente, adj. Obsessivo. S. m. e f. Pessoa que cerca ou sitia.
Obsidiana, s. f. *Geol.* Rocha constituída de material vítreo vulcânico, de que se faziam instrumentos cortantes e espelhos.
Obsidiar, v. (l. *obsidiari*). Tr. dir. 1. Cercar, sitiar. 2. Estar ao redor de; rodear. 3. Espiar os atos ou a vida de. 4. Atormentar, preocupando continuamente.
Obsidional, adj. m. e f. 1. Relativo a assédio ou cerco. 2. Relativo à arte de cercar ou defender uma praça.
Obsoletar, v. Tr. dir. Tornar obsoleto.
Obsoletismo, s. m. Qualidade ou caráter de obsoleto.
Obsoleto (*é*), adj. Caído em desuso; antiquado, arcaico.
Obstacularizar, v. Tr. dir. Criar obstáculos a; dificultar, impedir.
Obstáculo, s. m. 1. Tudo que obsta a alguma coisa; embaraço, estorvo, impedimento. 2. Barreira.
Obstância, s. f. Obstáculo, dificuldade, impedimento.
Obstante, adj. m. e f. Que obsta.
Não o.: apesar de; apesar disso.
Obstar, v. 1. Tr. ind. Fazer oposição; contrariar. 2. Tr. dir. e tr. ind. Causar embaraço ou estorvo a; impedir; obstaculizar.
Obstativo, adj. Obstante.
Obstetra, s. m. e f. Médico ou médica que se dedica à obstetrícia.
Obstétrica, s. f. V. *obstetrícia.*
Obstetrícia, s. f. Parte da Medicina que se ocupa dos partos; obstétrica, tocologia.
Obstetrício, adj. Relativo aos partos.
Obstétrico, adj. Relativo à obstetrícia ou aos partos.
Obstetriz, s. f. *P. us.* Parteira.
Obsticidade, s. f. *Med.* Inclinação da cabeça para um dos ombros, devida a reumatismo.
Obstinação, s. f. 1. Firmeza, pertinácia, tenacidade. 2. Teima, birra.
Obstinado, adj. 1. Firme, pertinaz, teimoso. 2. Inflexível.
Obstinar, v. 1. Tr. dir. Tornar obstinado. 2. Pron. Insistir em (algo mau ou errado). 3. Pron. Aferrar-se a alguma idéia; porfiar, teimar.

Obstipação, s. f. *Med.* Prisão de ventre habitual.

Obstringir, v. Tr. dir. 1. *Med.* Apertar com força; estancar. 2. Comprimir, imprensar. — Conjuga-se como *urgir.*

Obstrito, adj. Constrangido, obrigado.

Obstrução, s. f. (l. *obstructione*). 1. Ato ou efeito de obstruir. 2. *Med.* Entupimento, obturação. 3. *Med.* Embaraço nos vasos ou canais de um corpo animado. 4. *Polít.* Oposição propositada. 5. Obstrucionismo.

Obstrucionismo, s. m. *Polít.* Embaraço sistemático da minoria aos trabalhos parlamentares; obstrução.

Obstrucionista, adj. e s., m. e f. Que, ou quem pratica o obstrucionismo.

Obstruir, v. (l. *obstruere*). 1. Tr. dir. Causar obstrução em; embaraçar, entupir. 2. Pron. Ficar obstruído. 3. Tr. dir. Não deixar realizar; estorvar, impedir. — Conjuga-se como *instruir.*

Obstrutivo, adj. Que obstrui ou que serve para obstruir.

Obstrutor, adj. e s. m. Que, ou o que obstrui.

Obstupefação, s. f. Estado de quem se acha obstupefato; estupefação.

Obstupefato, adj. Pasmado, estupefato.

Obstúpido, adj. Atônito, estupefato, pasmado.

Obtemperação, s. f. Ato ou efeito de obtemperar.

Obtemperar, v. 1. Tr. dir. Dizer em resposta, ponderar, com modéstia e assentimento. 2. Tr. ind. e intr. Aquiescer, obedecer, submeter-se, sujeitar-se.

Obtenção, s. f. Ato ou efeito de obter.

Obtenível, adj. m. e f. Que se pode obter.

Obtentor, adj. e s. m. Que, ou o que obtém.

Obter, v. (l. *obtinere*). Tr. dir. 1. Alcançar, conseguir (coisa desejada ou pedida). 2. Conseguir, lograr. 3. Adquirir, conquistar, granjear. Conjuga-se como *ter.*

Obtestação, s. f. Ato de obtestar.

Obtestar, v. (l. *obtestari*). Tr. dir. 1. Tomar por testemunha. 2. Rogar, suplicar a (Deus, os santos etc.). 3. Desafiar, provocar, reptar.

Obtundente, adj. m. e f. Que obtunde.

Obtundir, v. Tr. dir. 1. Contundir. 2. *Fisiol.* Abrandar (a acrimônia dos humores). 3. Tornar obtuso.

Obturação, s. f. 1. Ação ou efeito de obturar. 2. *Cir.* Preenchimento de uma cavidade óssea patológica. 3. *Odont.* Obstrução de cavidade dentária cariada.

Obturador, adj. Que obtura. S. m. Objeto que serve para obturar.

Obturar, v. Tr. dir. 1. Fechar por obturação. 2. Entupir, obstruir, tapar, fechar.

Obtusângulo, adj. *Geom.* Diz-se do triângulo que tem um ângulo obtuso.

Obtusão, s. f. 1. Qualidade de obtuso. 2. Ausência de sensibilidade.

obtusi-, elem. de comp. (l. *obtusu*). Exprime a idéia de *obtuso: obtusífido.*

Obtusidade, s. f. Qualidade de obtuso.

Obtusífido, adj. *Bot.* Repartido em segmentos obtusos.

Obtusifoliado, adj. V. *obtusifólio.*

Obtusifólio, adj. *Bot.* Cujas folhas são obtusadas.

Obtusilobulado, adj. *Bot.* Dividido em lóbulos obtusos.

Obtusirrostro (*ó*), adj. *Ornit.* Que tem a cabeça obtusa e achatada para diante, ou cujo bico é obtuso.

Obtuso, adj. 1. Que não é aguçado ou agudo; que não é bicudo; arredondado, rombo. 2. Estúpido, rude. 3. *Geom.* Designativo do ângulo que tem mais de 90 graus.

Obumbração, s. f. 1. Ato ou efeito de obumbrar(-se). 2. Sombra, trevas. 3. Cegueira de espírito.

Obumbrado, adj. Coberto de sombra; anuviado, toldado.

Obumbramento, s. m. Obumbração.

Obumbrar, v. 1. Tr. dir. e pron. Ensombrar(-se), escurecer (-se), cobrir(-se) de trevas. 2. Tr. dir. *Fig.* Tornar pouco acessível à compreensão, ao entendimento; velar, ocultar. 3. Pron. Diminuir de intensidade: apagar-se. 4. Pron. Cobrir-se, tapar-se.

Obus, s. m. *Mil.* 1. Peça de artilharia, parecida com um morteiro comprido. 2. Bomba ou granada lançada pelo obus.

Obuseiro, adj. *Mil.* 1. Diz-se do canhão que pode atirar projéteis ocos. 2. Diz-se do navio armado com obuses.

Obvenção, s. f. (l. *obventione*). 1. Lucro ou receita eventual. 2. Antigo imposto eclesiástico.

Obviar, v. 1. Tr. dir. e tr. ind. Atalhar, desviar, remediar. 2. Tr. ind. Opor-se, obstar, resistir. — Conjugação: *obvio, obvias, obvia* etc.

Obviável, adj. m. e f. Que pode ser obviado; remediável.

Óbvio, adj. 1. Claro, intuitivo, manifesto, patente. 2. Fácil de compreender.

Obvir, v. (l. *obvenire*). Tr. ind. Advir, caber, vir a, pertencer a (mais usado em linguagem jurídica). — Conjuga-se como *vir.*

Oca[1], s. f. (cast. *oca*). Certo jogo, também chamado *jogo-da-glória.*

Oca[2], s. f. *Pop.* V. *ocre.*

Oca[3], s. f. *Bot.* Planta herbácea oxalidácea (*Oxalis tuberosa*).

Ocapi, s. m. *Zool.* Mamífero ungulado do Congo (África) (*Okapia johnstoni*), de tipo intermediário entre a girafa e o antílope.

Ocar, v. Tr. dir. Tornar oco; escavar, esvaziar.

Ocara, s. f. Praça ou centro da taba.

Ocarina, s. f. *Mús.* Instrumento de sopro, feito de barro, de sons semelhantes aos da flauta.

Ocarinista, s. m. e f. 1. Fabricante ou vendedor de ocarinas. 2. Quem toca ocarina.

Ocaruçu, s. m. 1. Aum. de *ocara.* 2. Terreiro grande.

Ocasião, s. f. (l. *occasione*). 1. Conjuntura de tempo, lugar e acidentes, próprios para a realização de alguma coisa. 2. Circunstância, ocorrência em geral. 3. Causa, ensejo, oportunidade.

Ocasional, adj. m. e f. Acidental, casual, eventual, fortuito.

Ocasionalismo, s. m. *Filos.* Sistema imaginado pelos sectários de Descartes, segundo o qual os movimentos materiais assim como a ação da alma sobre o corpo não são causados diretamente uns pelos outros, mas se ajustam e dependem diretamente da vontade divina.

Ocasionar, v. 1. Tr. dir. Dar ocasião a, ser motivo de; causar, originar. 2. Tr. dir. Oferecer, proporcionar. 3. Pron. Advir, originar-se.

Ocaso, s. m. (l. *occasu*). 1. O pôr do Sol; o desaparecimento de qualquer astro no horizonte. 2. Ocidente, poente. 3. Decadência, declínio, ruína. 4. Fim, final, termo. 5. Morte.

Occipício, s. m. *Anat.* Parte ínfero-posterior da cabeça. Vars.: *occipúcio, occiput.*

Occipital, adj. m. e f. *Anat.* 1. Relativo ao occipício. 2. Diz-se de um osso que constitui a parede ínfero-posterior do crânio. S. m. *Anat.* O osso occipital; occipício.

Occipúcio, s. m. *Anat.* V. *occipício.*

Oceâneo, adj. V. *oceânico.*

Oceânico, adj. 1. Relativo ao oceano ou à Oceânia. 2. Do oceano. 3. Que vive no oceano.

Oceânides, s. f. pl. *Mit.* Ninfas do mar, filhas de Oceano e Tétis.

Oceano, s. m. 1. Extensão de água salgada que rodeia os continentes e cobre a maior parte da Terra. 2. Mar. 3. Cada uma das três grandes divisões da parte líquida da superfície da Terra: Atlântico, Índico e Pacífico. 4. Vasta extensão de água. 5. Grande extensão. 6. Meio onde se encontram tempestades ou perigos.

Oceanografia, s. f. Descrição dos oceanos, dos seres que os povoam e dos seus produtos.

Oceanográfico, adj. Relativo à oceanografia.

Oceanógrafo, s. m. Aquele que é versado em oceanografia.

Ocelado, adj. Que tem ocelos; oculado, oculoso, océleo, ocelífero.

Océleo, adj. *Zool.* Ocelado.

oceli-, elem. de comp. (l. *ocellu*). Exprime a idéia de *ocelo, olhinho; ocelífero.*

Ocelífero, adj. *Bot.* Ocelado.

Ocelo, s. m. 1. Olhinho. 2. Olho simples dos artrópodes, também chamado *estema.* 3. Cada uma das pintas arredondadas e variegadas, semelhantes a olhos, que matizam asas, penas, folhas etc.

Ocidental, adj. m. e f. 1. Situado para o lado do ocidente. 2. Relativo ao ocidente. 3. Habitante das regiões do ocidente. Antôn.: *oriental.*

Ocidentalizar, v. Tr. dir. Dar o caráter, o aspecto, a civilização do Ocidente da Europa a.

Ocidente, s. m. 1. Parte do globo ou de uma região que fica para o lado onde se põe o Sol. 2. Lado do horizonte onde o Sol se põe; poente.

Ocíduo, adj. *Poét.* 1. Que se põe. 2. Ocidental.

Ócimo, s. m. *Bot.* Gênero (*Ocimum*) de mentas, da família das Labiadas, encontradas principalmente em climas quentes. Inclui o manjericão.

Ócio, s. m. (l. *otiu*). 1. Descanso, folga do trabalho. 2. Tempo que dura essa folga. 3. Lazer, vagar. 4. Ociosidade. 5. Mandriice, preguiça. 6. Repouso.

Ociosidade, s. f. Estado ou qualidade de ocioso.

Ocioso, adj. (l. *otiosu*). Que está na ociosidade; que não tem que fazer; que não trabalha.

Ocisão, s. f. (l. *occisione*). *Des.* Ato de matar; assassínio, assassinato.

Ocisivo, adj. *Des.* Que mata.

oclo-, elem. de comp. (gr. *okhlos*). Exprime a idéia de *povo, multidão, turba: oclocracia.*

Oclocracia, s. f. *Sociol.* Sistema de governo em que predominam as classes populares.

Oclocrático, adj. Que se refere à oclocracia.

Oclusão, s. f. (l. *occlusione*). 1. Ato de fechar. 2. *Med.* Obliteração de uma abertura natural do organismo. — *O. intestinal*: doença em que se suspendem as evacuações fecais.

Oclusivo, adj. Que produz oclusão.

Ocluso, adj. Em que há oclusão; fechado.

Ocnáceas, s. f. pl. *Bot.* Família (*Ochnaceae*) de plantas, da ordem das Parietales, que têm folhas grossas, lustrosas, nervadas paralelamente, e flores paniculadas com longas anteras.

Ocnáceo, adj. *Bot.* Relativo à família das Ocnáceas.

-oco[1] (*ô*), suf. *Pop.* e *fam.* Forma adjetivos e substantivos: *bicharoco, dorminhoco.*

Oco[2] (*ô*), adj. 1. Em que não há medula ou miolo. 2. Vão, vazio. 3. Escavado. 4. Frívolo, insignificante: Palavras *ocas.* 5. Insensato, sem juízo. S. m. Lugar oco, escavado.

Ocorrência, s. f. 1. Acontecimento, sucesso. 2. Circunstância, encontro, ocasião. 3. *Geol.* Modo por que se apresentam os minerais e rochas.

Ocorrente, adj. m. e f. Que ocorre.

Ocorrer, v. (l. *ocurrere*). 1. Tr. ind. Vir ao encontro de; afluir, aparecer, sobrevir. 2. Tr. ind. Vir à memória ou ao pensamento. 3. Tr. ind. e intr. Acontecer, suceder. 4. Tr. ind. Acudir, prevenir, remediar.

Ocra, s. f. V. *ocre.*

Ocráceo, adj. Ocreado.

Ocre, s. m. Argila colorida por óxido de ferro, usada em pintura.

Ócrea, s. f. *Bot.* Estípula tubular ou fusão de um par de estípulas opostas que formam um tubo que envolve o caule ou gomo terminal.

Ocreáceo, adj. Ocreado.

Ocreado, adj. Tirante a ocra; ocreáceo, ocráceo.

Ocricórneo, adj. *Zool.* Que tem antenas amarelas.

ocro-, elem. de comp. (gr. *okhros*). Expressa a idéia de *amarelo, pálido: ocrocéfalo.*

Ocrocéfalo, adj. *Zool.* Que tem cabeça amarela.

Ocrópode, adj. m. e f. *Zool.* Que tem pés amarelados.

Ocróptero, adj. *Zool.* Que tem asas amareladas.

Octã, adj. (l. *octo*). *Med.* Diz-se da febre que se repete de oito em oito dias. S. f. Essa febre.

Octaédrico, adj. 1. Relativo a octaedro. 2. Octaedriforme.

Octaedriforme, adj. m. e f. Que tem forma de octaedro.

Octaedrita, s. f. *Miner.* Bióxido de titânio, um dos satélites do diamante.

Octaedro, s. m. *Geom.* Sólido de oito faces.

Octaetéride, s. f. Período de oito anos.

Octandro, adj. *Bot.* Com oito estames, livres entre si.

Octangular, adj. m. e f. V. *octogonal.*

Octantero, adj. *Bot.* Que tem oito anteras.

Octateuco, s. m. Os oito primeiros livros do Antigo Testamento.

Octilhão, num. e s. m. (l. *octo*). Número, 1.000 setilhões, representado por 1 seguido de 27 zeros ou, mais comumente, pela respectiva potência de dez, 10^{27}. Na Inglaterra e Alemanha, um milhão de setilhões, 10^{48}. Var.: *octilião.*

Octingentésimo, num. 1. Que numa série de 800 ocupa o último lugar. 2. Ordinal correspondente a oitocentos. Var.: *octogentésimo.*

octo-, pref. (l. *octo*). Exprime a idéia de *oito*: *octodátilo.*

Octocórneo, adj. Que tem oito cornos.

Octodátilo, adj. *Zool.* Que tem oito dedos. Var.: *octodáctilo.*

Octogenário, adj. e s. m. Que, ou o que já fez 80 anos.

Octogentésimo, num. V. *octingentésimo.*

Octogésimo, num. 1. Que numa série de oitenta ocupa o último lugar. 2. Ordinal correspondente a oitenta.

Octógino, adj. *Bot.* Com oito pistilos.

Octogonal, adj. m. e f. *Geom.* 1. Que tem oito ângulos. 2. Cuja base é um octógono.

Octógono, adj. Octogonal. S. m. 1. *Geom.* Polígono de oito ângulos. 2. *Constr. mil.* Construção em forma de octógono.

Octolépide, adj. m. e f. *Bot.* Que tem oito escamas.

Octolobulado, adj. *Bot.* Com oito lóbulos.

Octonado, adj. Disposto em grupos de oito.

Octonário, adj. e s. m. Diz-se do, ou o verso que tem oito pés.

Octópode, adj. m. e f. *Zool.* 1. Com oito pés ou tentáculos. 2. Relativo aos Octópodes. S. m. pl. Ordem (*Octopoda*) de moluscos cefalópodes, que têm oito tentáculos com ventosas sésseis.

Octossilábico, adj. V. *octossílabo.*

Octossílabo, adj. Que tem oito sílabas. S. m. Verso ou vocábulo de oito sílabas.

Octostêmone, adj. m. e f. *Bot.* Com oito estames.

Octuplicar, v. Tr. dir. *P. us.* Multiplicar por oito.

Óctuplo, num. Que contém oito vezes uma quantidade. S. m. Quantidade oito vezes maior que outra.

Oculação, s. f. Ato de enxertar numa árvore um olho de outra.

Oculado, adj. 1. Que tem olhos. 2. Ocelado.

Ocular, adj. m. e f. 1. Relativo ao olho ou à vista: Moléstia *o.* 2. Presencial: Testemunha *o.* S. f. Nos instrumentos ópticos, a lente ou sistema de lentes próxima do olho do observador.

oculi-, elem. de comp. (l. *oculu*). Significa *olho*: *oculífero, oculiforme.*

Oculífero, adj. *Zool.* Que tem ou apresenta um olho.

Oculiforme, adj. m. e f. Que tem forma de olho.

Oculista, s. m. e f. 1. Oftalmologista. 2. Quem fabrica ou vende óculos.

Oculística, s. f. Oftalmologia.

Óculo, s. m. 1. Instrumento armado de lentes que aumentam os objetos distantes do observador, permitindo-lhe distingui-los com toda a clareza. 2. Buraco redondo na parede, para dar passagem ao ar ou à luz. S. m. pl. Conjunto de duas lentes para compensar defeitos visuais, montado em armação própria com duas hastes que se prendem às orelhas.

Oculoso, adj. V. *ocelado.*

Oculozigomático, adj. Que se refere ao olho e à apófise zigomática.

Ocultação, s. f. 1. Ato ou efeito de ocultar(-se). 2. *Astr.* Passagem de um astro por detrás de outro, de diâmetro maior, que o oculta ao observador.

Ocultar, v. 1. Tr. dir. Não deixar ver ou não contar; encobrir, esconder. 2. Tr. dir. Guardar, sonegar. 3. Tr. dir. Disfarçar, dissimular. 4. Pron. Esconder-se.

Ocultas, s. f. pl. Usa-se na loc. adv. *às ocultas*, que significa às escondidas, à socapa, de modo oculto.

Ocultismo, s. m. 1. Estudo das coisas e fenômenos para os quais as leis naturais ainda não deram explicação. 2. Conjunto de sistemas filosóficos e artes misteriosas baseadas em conhecimentos secretos.

Ocultista, adj. m. e f. Relativo ao ocultismo. S. m. e f. Pessoa que se dedica ao ocultismo.

Oculto, adj. 1. Encoberto, escondido. 2. Desconhecido. 3. Invisível. 4. Misterioso, sobrenatural. 5. *Filos.* Diz-se das causas que não podem ser conhecidas em si mesmas mas somente por seus efeitos.

Ocupação, s. f. (l. *occupatione*). 1. Ato de ocupar, ou de se apoderar de qualquer coisa. 2. *Dir.* Posse de uma coisa com direito ou sem ele. 3. Emprego, modo de vida, ofício, profissão, serviço, trabalho.

Ocupado, adj. 1. Que se ocupou. 2. De que se tomou posse.

Ocupador, adj. e s. m. V. *ocupante.*

Ocupante, adj. e s., m. e f. Que, ou quem ocupa.

Ocupar, v. 1. Tr. dir. Apoderar-se de; tornar-se dono de; tomar posse de. 2. Tr. dir. Tomar assento em. 3. Tr. dir. Assenhorear-se de; dominar. 4. Tr. dir. Conquistar, granjear, obter. 5. Tr. dir. Estabelecer-se por ocupação militar em (uma praça, um forte ou um país). 6. Tr. dir. Cobrir todo o espaço de; encher; tomar (lugar no espaço) 7. Tr. dir. Tomar o lugar de. 8. Tr. dir. Atrair, fixar, prender; ser assunto ou objeto de. 9. Pron. Aplicar a atenção, desenvolver a atividade em. 10. Pron. Consumir ou gastar o tempo com. 11. Tr. dir. Dar ocupação ou trabalho a; incumbir de.

Odalisca, s. f. 1. Escrava a serviço das mulheres do harém. 2. Mulher do harém do sultão. 3. Mulher morena e bonita.

Ode, s. f. 1. Composição poética dividida em estrofes simétricas. 2. Primitivamente, composição poética para ser cantada.

Odeão, s. m. Na antiga Grécia, espécie de teatro coberto destinado a audições de poetas e músicos. Var.: *odéon.*

Odiar, v. 1. Tr. dir. Ter ódio a. 2. Tr. dir. Abominar, aborrecer profundamente; sentir aversão ou repugnância por. 3. Tr. dir. Indispor, intrigar, inimizar. 4. Pron. Ter, sentir raiva de si mesmo. 5. Pron. Detestar-se reciprocamente. Conjugação: *odeio, odeias, odeia; odiamos, odiais, odeiam* etc.

Odiento, adj. 1. Que tem ódio. 2. Rancoroso. 3. Que revela ódio.

odino-, elem. de comp. (gr. *odune*). Expressa a idéia de *dor: odinofagia.*

Odinofagia, s. f. *Med.* Deglutição dolorosa.

Ódio, s. m. 1. Rancor profundo e duradouro que se sente por alguém. 2. Aversão, raiva, rancor. 3. Antipatia.

Odiosidade, s. f. 1. Qualidade de odioso. 2. Aversão, ódio.

Odioso, adj. 1. Digno de ódio. 2. Detestável, execrável. S. m. 1. Aquilo que provoca o ódio. 2. V. *odiosidade.*

Odisséia, s. f. 1. Nome de um poema de Homero que narra as aventuras de Ulisses (Odisseu, no grego). 2. Viagem cheia de aventuras. 3. Narração de aventuras extraordinárias.

Odita, s. f. Variedade de mica, de cor pardo-amarelada.

Odonato, s. m. *Entom.* Espécime dos insetos da ordem dos Odonatos. S. m. pl. Ordem (*Odonata*) de insetos que compreende as libélulas distribuídas em dois grupos, considerados subordens: a dos Anisópteros e a dos Zigópteros.

Odontagra, s. f. *Med.* Dor reumática nos dentes.

Odontalgia, s. f. *Med.* Dor de dentes; odontodinia.

Odontálgico, adj. *Med.* Relativo à odontalgia.

-odonte, elem. de comp. O mesmo que *odonto-.*

Odontíase, s. f. *Med.* 1. Dentição. 2. Conjunto de fenômenos produzidos pelo desenvolvimento dos germes dentários.

Odontite, s. f. *Med.* Inflamação da polpa dentária.

odonto-, elem. de comp. (gr. *odous, odontos*). Expressa a idéia de *dente: odontogenia.*

Odontocetos, s. m. pl. *Ictiol.* Subordem (*Odontoceti*) de cetáceos providos de dentes e sem barbatanas, que compreende o cachalote e os golfinhos.

Odontodinia, s. f. *Med.* V. *odontalgia.*

Odontogenia, s. f. *Fisiol.* 1. Desenvolvimento ou formação dos dentes. 2. Parte da Fisiologia que trata da maneira por que se desenvolvem os dentes.

Odontografia, s. f. *Med.* Tratado acerca dos dentes.

Odontográfico, adj. *Med.* Relativo à odontografia.

Odontóide, adj. m. e f. Com forma de dente.

Odontóideo, adj. V. *odontóide.*

Odontolando, s. m. Formando ou graduando em odontologia.

Odontólite, s. m. Depósito calcário que se forma nos dentes; tártaro.

Odontolitíase, s. f. *Med.* Formação do tártaro nos dentes.

Odontologia, s. f. Parte da Medicina que estuda as afecções dentárias.

Odontológico, adj. *Med.* Relativo à odontologia.

Odontologista, s. m. e f. Especialista em odontologia; odontólogo.

Odontólogo, s. m. V. *odontologista.*

Odontoma, s. m. *Med.* Tumor pela proliferação de tecidos dentários.

Odontorragia, s. f. *Med.* Hemorragia no alvéolo de um dente.

Odontóstomo, adj. *Zool.* Diz-se de moluscos que têm as maxilas armadas de dentes.

Odor, s. m. Cheiro, aroma, fragrância, perfume.

Odorante, adj. m. e f. Que exala odor; cheiroso, aromático, perfumado, odorífero, odorífico, odoroso, oloroso, olente.

Odorar, v. Intr. *Ant.* 1. Exalar odor ou cheiro. 2. Ter aroma ou perfume.

odori-, elem. de comp. (l. *odore*). Exprime a idéia de *odor, aroma, perfume: odorífico, odorifumante.*

Odorífero, adj. Odorante.

Odorífico, adj. Odorante.

Odorifumante, adj. m. e f. *Poét.* Que exala fumo cheiroso.

Odre (*ô*), s. m. (l. *utre*). 1. Saco de couro, geralmente de animal caprídeo, destinado ao transporte de líquidos. 2. Pessoa gorda. 3. *Pop.* Beberrão.

Odreiro, s. m. Aquele que fabrica ou vende odres.

Oeirana, s. f. *Bot.* 1. Árvore salicácea (*Salix martiana*). 2. Planta euforbiácea da flora brasileira (*Alchornea castaneaefolia*).

Oersted, s. m. *Fís.* Unidade do sistema CGS, que serve para medir a intensidade do campo magnético.

Oés-noroeste, s. m. 1. Ponto do horizonte entre o noroeste e o oeste. 2. Vento que sopra desse ponto.

Oés-sudoeste, s. m. 1. Ponto no horizonte entre o oeste e o sudoeste. 2. Vento que sopra desse ponto.

Oeste, s. m. 1. Ponto cardeal situado do lado onde o Sol se põe. Antôn.: *leste.* 2. Região ou país situado a oeste. 3. Parte do horizonte onde o Sol parece pôr-se; poente, ocidente. 4. Vento que sopra procedendo dessa direção.

Ofegante, adj. m. e f. 1. Que está ofegando. 2. Ansioso, anelante, ávido.

Ofegar, v. (l. *offocare*). 1. Tr. ind. e intr. Respirar com dificuldade ou com ruído por causa de fadiga; arquejar. 2. Intr. Produzir ruído semelhante a ofego.

Ofego (*ê*), s. m. 1. Respiração difícil ou ruidosa. 2. Canseira, exaustão.

Ofegoso, adj. V. *ofegante.*

Ofeguento, adj. V. *ofegante.*

Ofender, v. 1. Tr. dir. e pron. Ferir(-se), lesar(-se), machucar (-se). 2. Tr. dir. Ferir na dignidade, no amor-próprio; melindrar, ultrajar. 3. Pron. Ficar ofendido, considerar-se insultado. 4. Tr. dir. Desacatar, transgredir, violar. 5. Tr. dir. Pecar contra. 6. Pron. Escandalizar-se. 7. Tr. dir. Aborrecer, desagradar.

Ofendículo, s. m. 1. Objeto que faz tropeçar. 2. Pequeno obstáculo; empecilho.

Ofendido, adj. Que sofreu ofensa. S. m. Aquele que sofreu ofensa.

Ofensa, s. f. 1. Lesão de fato ou por palavras; agravo, injúria, ultraje. 2. *Teol.* Pecado considerado como um ultraje a Deus. 3. Transgressão de norma, regra ou preceito de alguma arte ou doutrina. 4. Mágoa ou ressentimento da pessoa ofendida.

Ofensiva, s. f. (de *ofensivo*). 1. Ato ou situação de quem ataca; ataque. 2. Iniciativa no ataque.

Ofensivo, adj. (*ofenso+ivo*). 1. Que ofende (física ou moralmente). 2. Que ataca. 3. Agressivo, lesivo, prejudicial.
Ofenso, adj. (l. *offensu*). V. *ofendido.*
Ofensor, adj. e s. m. Que, ou aquele que ofende.
Oferecedor, adj. e s. m. Que, ou o que oferece; oferente.
Oferecer, v. (l. v. **offerescere*, inc. de *offerre*). 1. Tr. dir. Apresentar ou propor, como dádiva ou empréstimo. 2. Tr. dir. Dar como oferta, mimo ou presente. 3. Tr. dir. Apresentar, expor, submeter. 4. Tr. dir. *Rel.* Apresentar como expiação. 5. Pron. Prestar-se ou propor-se a fazer alguma coisa, ou a um sacrifício. 6. Tr. dir. Dar, facultar, proporcionar. 7. Tr. dir. Dedicar. 8. Tr. dir. Consagrar, imolar. 9. Tr. dir. Pôr à disposição ou ao serviço de. 10. Pron. Arriscar-se, expor-se.
Oferecimento, s. m. 1. Ação ou efeito de oferecer(-se). 2. Expressão da vontade de servir, de ser útil ou agradável. 3. Dedicatória.
Oferenda, s. f. 1. Aquilo que se oferece. 2. Oblata, oferta.
Oferendar, v. Tr. dir. Fazer oferenda de; ofertar.
Oferente, adj. e s., m. e f. Oferecedor.
Oferta, s. f. 1. Ação de oferecer(-se); oferecimento. 2. Oblação, oferenda. 3. Retribuição de certos atos litúrgicos. 4. Dádiva. 5. Promessa. 6. *Com.* Produto exposto a preço menor, como atrativo à freguesia.
Ofertar, v. 1. Tr. dir. Apresentar, dar como oferta. 2. Tr. dir. Oferecer. 3. Pron. Dar-se, oferecer-se.
Ofertório, s. m. 1. Parte da missa que compreende as orações e ritos que o celebrante recita e faz ao oferecer o pão e o vinho. 2. Ato de angariar ofertas para festas de igrejas ou por alma dos defuntos.
Office-boy (*ófiç-bói*), s. m. (t. inglês). Menino que, em um escritório, faz pequenas tarefas de rua e internas; moço de escritório.
Off-line (*óf-láine*), adj. (t. ingl.). *Inform.* Diz-se do estado em que se encontra o equipamento quando este não está conectado à rede ou circuito.
offset, s. m. (t. inglês). *Tip.* Moderno processo de impressão litográfica, em que a imagem, gravada numa folha de metal flexível, geralmente zinco ou alumínio, é transferida para o papel por intermédio de um cilindro de borracha.
ofi-, elem. de com. (gr. *ophis*). O mesmo que *ofio-*: *ofiase.*
Ofiase, s. f. *Med.* Espécie de alopecia, em que os cabelos caem por partes.
Oficalcita, s. f. *Geol.* Rocha calcária avermelhada, misturada com silicato de magnésio.
Oficiador, adj. e s. m. 1. Que, ou aquele que oficia. 2. Oficiante.
Oficial, adj. m. e f. 1. Proposto por autoridade ou dela emanado. 2. Que emana do Governo. 3. Revestido de todas as formalidades; solene. S. m. 1. Pessoa que conhece bem o seu ofício. 2. Pessoa que vive de um ofício ou que serve qualquer cargo a título de ofício. 3. *Mil.* Militar de posição hierárquica superior à de subtenente, no Exército; e à de suboficial, na Marinha e na Aeronáutica. 4. Empregado inferior, judicial ou administrativo, a quem cabe fazer citações, intimações etc. Fem.: *oficiala.*
Oficialato, s. m. Cargo, dignidade ou patente de oficial.
Oficialidade, s. f. 1. Conjunto dos oficiais das forças armadas ou de uma parte destas. 2. Classe dos oficiais.
Oficialismo, s. m. *Pej.* 1. Os funcionários públicos. 2. As rodas oficiais governamentais.
Oficialização, s. f. Ato ou efeito de oficializar, de submeter à orientação do Estado.
Oficializador, adj. e s. m. Que, ou o que oficializa.
Oficializar, v. Tr. dir. Tornar oficial; dar caráter oficial a.
Oficiante, adj. e s., m. e f. *Rel.* Que, ou pessoa que oficia ou preside ao ofício divino.
Oficiar, v. 1. Intr. *Rel.* Celebrar o ofício religioso. 2. Tr. ind. Dirigir, endereçar um ofício a (alguém).
Oficina, s. f. 1. Lugar onde se exerce um ofício. 2. Lugar onde se fazem consertos de quaisquer aparelhos. 3. Dependência de igreja etc., destinada a refeitório, despensa ou cozinha.
Oficinal, adj. m. e f. 1. Relativo a, ou próprio de oficina. 2. *Farm.* Diz-se do medicamento que se encontra já preparado nas farmácias.
Ofício, s. m. 1. Cargo ou emprego. 2. Qualquer arte manual ou mecânica. 3. Dever especial; obrigação natural. 4. Encargo, incumbência, papel. 5. *Liturg.* As horas canônicas. 6. *Dir.* Participação em forma de carta expedida pelas autoridades, sobre assunto de serviço público ou particular. S. m. pl. Diligência, intervenção. — *O. divino*: a missa. *Sem o. nem benefício*: diz-se de pessoa sem ocupação, que nada tem que fazer.
Oficiosidade, s. f. Caráter ou qualidade de oficioso.
Oficioso, adj. 1. Obsequiador, prestável, serviçal. 2. *Teol.* Aplica-se à mentira que se diz para ser agradável ou para prestar serviço a alguém, sem prejudicar terceiro. 3. *Dir.* Diz-se do advogado que não tem procuração do réu para o defender, mas é incumbido da defesa pelo presidente do tribunal. 4. Diz-se do jornal que, sem caráter oficial, recebe a inspiração do Governo.
Oficlide, s. m. *Mús.* Instrumento metálico, de sopro, com chaves e de feitio sinuoso como o de uma serpente, hoje quase em desuso.
Ofídico, adj. 1. Relativo a, ou próprio de serpente.
Ofídio, adj. Semelhante a uma serpente. S. m. Serpente. S. m. pl. Subordem (*Ophidia*) de répteis que compreende todas as serpentes.
Ofidismo, s. m. 1. Estudo do veneno dos ofídios. 2. Efeitos desse veneno.
ofio-, elem. de comp. (gr. *ophis*). Exprime a idéia de *serpente*: *ofiófago, ofiografia.*
Ofiocéfalo, adj. *Zool.* De cabeça triangular, semelhante à das cobras.
Ofiofagia, s. f. Hábito de alimentar-se de serpentes.
Ofiófago, adj. e s. m. Que, ou o que se sustenta de serpentes.
Ofioglossáceas, s. f. pl. *Bot.* Família (*Ophioglossaceae*) de fetos, mais ou menos suculentos.
Ofioglossáceo, adj. *Bot.* Relativo à família das Ofioglossáceas.
Ofiografia, s. f. *Herp.* Estudo e descrição das serpentes.
Ofiográfico, adj. Que pertence ou se refere à ofiografia.
Ofióide, adj. m. e f. V. *ofióideo.*
Ofióideo, adj. Que é semelhante à serpente.
Ofiólatra, s. m. e f. Pessoa que pratica a ofiolatria.
Ofiolatria, s. f. Adoração de serpentes.
Ofiólita, s. f. *Geol.* Variedade de rocha composta, cuja base é o talco ou a serpentina. Var.: *ofiólito.*
Ofiolítico, adj. *Miner.* Diz-se dos terrenos ou formações geológicas em que há ofiólitas.
Ofiologia, s. f. Estudo ou tratado acerca das serpentes.
Ofiológico, adj. Relativo à ofiologia.
Ofiologista, s. m. e f. Pessoa que se ocupa de ofiologia.
Ofiomancia, s. f. Arte de adivinhar pela observação de serpentes.
Ofiomante, s. m. e f. Quem se dedica à ofiomancia.
Ofiomântico, adj. Que diz respeito à ofiomancia.
Ofiomórfico, adj. V. *ofiomorfo.*
Ofiomorfo, adj. Com aspecto de serpente.
Ofítico, adj. Que diz respeito a ofito.
Ofito, s. m. *Geol.* Nome dado por geólogos a rochas de diferente composição, principalmente as porfiróides esverdeadas, com cristais de feldspato.
Ofiúco, s. m. *Astr. ant.* Serpentário.
Ofiuróide, adj. *Zool.* Relativo aos Ofiuróides. S. m. pl. Classe (*Ophiuroidea*) do filo dos Equinodermos, que compreende animais marinhos semelhantes às estrelas-do-mar, das quais se distinguem pelos braços esguios, flexíveis, nitidamente destacados do disco ventral.
Ofiuróideo, adj. e s. m. V. *ofiuróide.*
Ófrio, s. m. *Antrop.* Ponto craniométrico, situado entre as duas sobrancelhas. Var.: *ófrion.*
Ófrion, s. m. V. *ófrio.*
Oftalgia, s. f. Dor nos olhos; oftalmalgia.
Oftalmalgia, s. f. V. *oftalgia.*

Oftalmia, s. f. *Med.* Nome genérico de diversas enfermidades dos olhos, especialmente as conjuntivites graves.

Oftálmico, adj. *Med.* 1. Relativo à oftalmia. 2. Que se refere ao olho. 3. Aplicável contra a oftalmia. S. m. Medicamento contra a oftalmia.

oftalmo-, elem. de comp. (gr. *ophthalmos*). Exprime a idéia de *olho, vista: oftalmologia.*

Oftalmodinia, s. f. *Med.* V. *oftalmalgia.*

Oftalmografia, s. f. *Med.* Estudo e descrição do olho.

Oftalmologia, s. f. *Med.* Ramo da ciência médica que trata do estudo dos olhos e das suas doenças.

Oftalmológico, adj. *Med.* Relativo à oftalmologia.

Oftalmologista, s. m. e f. Especialista em oftalmologia.

Oftalmomalacia, s. f. *Med.* Amolecimento mórbido do globo ocular.

Oftalmômetro, s. m. *Med.* Instrumento com que se medem as curvaturas da superfície refringente do globo ocular.

Oftalmopatia, s. f. *Med.* Qualquer doença dos olhos.

Oftalmoplegia, s. f. *Med.* Paralisia dos músculos do olho.

Oftalmoplégico, adj. *Med.* Relativo à oftalmoplegia.

Oftalmorragia, s. f. *Med.* Hemorragia na conjuntiva ocular.

Oftalmoscópio, s. m. *Med.* Instrumento para examinar o interior do olho.

Oftalmóstato, s. m. *Cir.* Instrumento para manter abertas as pálpebras.

Oftalmoteca, s. f. *Entom.* Parte do corpo da crisálida que cobre os olhos do inseto.

Oftalmoterapia, s. f. *Med.* Terapêutica das doenças dos olhos; oftalmoterapêutica.

Oftalmotomia, s. f. *Cir.* Incisão do globo ocular.

Oftalmotorrinolaringologista, s. m. e f. *Med.* Especialista em moléstias dos olhos, ouvidos, nariz e garganta.

Oftalmoxistro (*cs*), s. m. *Med.* Instrumento, espécie de pincel, para limpar ou raspar a superfície do olho.

Ofuscação, s. f. Ato ou efeito de ofuscar(-se); ofuscamento.

Ofuscamento, s. m. V. *ofuscação.*

Ofuscar, v. 1. Tr. dir. Tornar fusco; encobrir, obscurecer, ocultar. 2. Tr. dir., intr. e pron. Deslumbrar(-se), tornar (-se) turvo. 3. Tr. dir. *Fig.* Fazer sombra a; empanar, suplantar. 4. Tr. dir. e intr. Encantar extraordinariamente; deslumbrar. 5. Pron. Empanar-se, desprestigiar-se, desvalorizar-se. 6. Tr. dir. Encobrir, esconder. 7. Pron. Toldar-se, obscurecer-se.

Ogano, adv. (l. *hoc anno*). *Ant.* Neste ano.

Ogervão, s. m. *Bot.* O mesmo que *gervão.* — *O.-de-folha-estreita*: planta acantácea (*Elytraria linifolia*).

Ogiva, s. f. (fr. *ogive*). *Arquit.* Figura formada pelo cruzamento de dois arcos iguais que se cortam na parte superior. Dim.: *ogiveta.*

Ogival, adj. m. e f. 1. Relativo a ogiva. 2. Em forma de ogiva.

Ogiveta, s. f. Pequena ogiva.

Ogó, s. m. Mineral formado por grânulos de zirconita misturada com monazita, que lhe empresta uma coloração amarela semelhante à do ouro.

Ogre (*ô*), s. m. *Fam.* Bicho-papão, ente fantástico. Var.: *ogro.*

Ogum, s. m. *Folc.* Filho de Iemanjá; orixá poderoso, lutador, guerreiro; divindade prestigiosa nas macumbas do Rio de Janeiro e nos candomblés baianos.

Oh!, interj. Exprime alegria, contrariedade, desejo, dor, espanto, indignação, saudade, surpresa.

Ohm (*ome*), s. m. (de *Ohm*, n.p.). *Fís.* Unidade prática de resistência elétrica. Corresponde à resistência de um condutor que é percorrido por uma corrente de 1 ampère quando suas extremidades apresentam a queda do potencial de 1 volt. Pl.: *ohms.* Símbolo: Ω.

Oi!, inter. Exprime espanto; resposta ao apelo do nome.

Oiça[1], s. f. (fr. *heusse*). Chavelha que prende o tamoeiro à canga. Var.: *ouça.*

Oiça[2], s. f. (de *oiço*, de ouvir). *Fam.* Ouvido; o sentido da audição. Var.: *ouça.*

-óide, suf. (gr. *eidos*). Denota forma, semelhança: *asteróide, esferóide.*

-óideo, suf. V. *óide.*

Oídio, s. m. *Bot.* Gênero (*Oidium*) de fungos imperfeitos, que inclui numerosas espécies prejudiciais à videira.

Oitante, s. m. 1. Oitava parte do círculo; arco de 45 graus. 2. Distância de 45 graus entre o Sol e outro astro. 3. Instrumento náutico para medir alturas e distâncias.

Oitão, s. m. *Constr.* Parede lateral de uma casa, erguida sobre a linha divisória do lote. Var.: *outão.*

Oitava, s. f. 1. Cada uma das oito partes iguais de um todo. 2. Antigo peso correspondente à oitava parte da onça ou 3,586g. 3. *Liturg.* Espaço dos oito dias que se seguem a uma festa religiosa. 4. *Mús.* Intervalo entre duas notas do mesmo nome, subindo ou descendo o tom. 5. *Metrif.* Estrofe de oito versos.

Oitavado, adj. Que tem oito faces ou quinas; octogonal.

Oitavão, adj. e s. m. Que, ou o que tem um oitavo de sangue negro; octorum, octoruno. Fem.: *oitavona.*

Oitavar, v. Tr. dir. 1. Tornar oitavado. 2. Dividir em oito partes iguais. 3. *Mús.* Dividir em oitavas. 4. *Mús.* Tocar na oitava superior.

Oitava-rima, s. f. *Metrif.* Estância de oito versos decassílabos, em que o 1º rima com o 3º e o 5º; o 2º com o 4º e o 6º; e o 7º com o 8º.

Oitavário, s. m. Oitava, acep. 3.

Oitavo, num. (l. *octavu*). Último, em uma série de oito. S. m. Cada uma das oito partes iguais em que se divide um todo.

Oitchi, s. m. *Bot.* Planta miricácea (*Myrica oitchi*).

Oiteira, s. f. *Bot.* Árvore leguminosa (*Plathymenia reticulata*).

Oitenta, num. (l. *octoginta*). Dez vezes oito. S. m. O último numa série de oitenta.

Oitentão, num. e s. m. Octogenário. Fem.: *oitentona.*

Oiti, s. m. *Bot.* Denominação de várias plantas moráceas; oitizeiro.

Oiticica, s. f. *Bot.* 1. Árvore rosácea (*Licania rigida*). 2. Árvore morácea (*Clarisia nitida*).

Oiticoró, s. m. *Bot.* Nome de duas plantas rosáceas (*Couepia rufa* e *Moquilea salzmannii*).

Oitiva, s. f. Ouvido, audição. Var.: *outiva.*

De o.: de cor, de ouvir dizer.

Oito, num. (l. *octo*). 1. Sete mais um. 2. Oitavo. S. m. 1. Algarismo que representa esse número. 2. Carta de jogar e pedra de dominó, que têm oito pontos. 3. Aquilo que ocupa o último lugar numa série de oito.

Nem o. nem oitenta: absolutamente nada. *Ou o. ou oitenta*: ou tudo ou nada.

Oitocentésimo, num. V. *octingentésimo.*

Oitocentos, num. (*oito + cento*). Oito vezes cem.

Ojá, s. m. Fetiche dos candomblés, que consta de uma faixa ornada de búzios e contas.

Ojeriza, s. f. Má vontade contra alguém; antipatia a uma pessoa ou coisa.

-ol, suf. Forma substantivos masculinos derivados de nomes e que indicam *uso* e *serventia* (*cerol, urinol*) ou *aumentativo* (*lençol*).

Ola[1], s. f. 1. Folha de palmeira, preparada para nela se escrever. 2. Lâmina de ouro que imita folha de palma.

-ola[2], suf. diminutivo. Forma substantivos femininos: *artería, auréola, glorìola.*

-ola[3], suf. (l. *ella* ou *ula*). Forma substantivos com idéia diminutiva ou depreciativa: *camisola, rapazola.*

Olá!, interj. (*ó + lá*). Serve para chamar, para saudar, e também exprime admiração ou espanto.

Olacáceas, s. f. pl. *Bot.* Família (*Olacaceae*) de árvores ou arbustos tropicais.

Olacáceo, adj. *Bot.* Relativo à família das Olacáceas.

Olaeira, s. f. *Bot.* V. *olaia.*

Olaia, s. f. *Bot.* Árvore leguminosa (*Cercis siliquastrum*); olaeira.

Olaria, s. f. Fábrica de louça de barro, manilhas, telhas e tijolos.

Olé, interj. 1. Exprime afirmação. 2. O mesmo que *olá!*

Oleáceas, s. f. pl. *Bot.* Família (*Oleaceae*) de dicotiledôneas, constituída de árvores ou arbustos trepadores, a que pertencem a oliveira e o jasmim.

Oleáceo, adj. Que pertence à família das Oleáceas.

Oleado, adj. Que tem óleo. S. m. Pano tornado impermeável por uma camada de verniz ou de outra substância análoga; encerado.

Oleagíneo, adj. 1. Relativo à oliveira. 2. V. *oleaginoso.*

Oleaginoso, adj. 1. Que contém óleo. 2. Que é da natureza do óleo.

Oleandro, s. m. *Bot.* V. *espirradeira.*

Olear, v. Tr. dir. 1. Untar com óleo. 2. Impregnar de uma substância oleosa.

Olearia, s. f. Fábrica de óleos.

Olecrânio, s. m. *Anat.* Grande apófise da extremidade superior do cúbito, no cotovelo. Var.: *olécrano.*

Oleento, adj. V. *oleoso.*

olei-, (*e-*), elem. de comp. (l. *oleu*). Exprime a idéia de *óleo: oleicultura.*

Oléico, adj. *Quím.* Diz-se de um ácido graxo, insaturado, encontrado em gorduras e óleos gordurosos.

Oleícola, adj. m. e f. Relativo à cultura da oliveira.

Oleicultor (*e-i*), s. m. Aquele que se dedica à oleicultura.

Oleicultura (*e-i*), s. f. 1. Cultura das oliveiras. 2. Indústria do fabrico, tratamento e conservação do azeite.

Oleídeo, adj. Relativo ou semelhante ao azeite.

Oleífero, adj. V. *oleificante.*

Oleificante (*e-i*), adj. m. e f. Que produz óleo; oleífero.

Oleifoliado (*e-i*), adj. *Bot.* Cujas folhas se assemelham às da oliveira.

Oleígeno, adj. Que produz líquido semelhante ao óleo.

Oleína, s. f. *Quím.* Éster de glicerina encontrado nos óleos vegetais.

Oleiro, s. m. Aquele que trabalha em olaria.

Olenário, adj. (l. erud. *olenare*). *Bot.* Que cheira a óleo.

Olência, s. f. Qualidade de olente.

Olente, adj. m. e f. Odorante.

Óleo¹, s. m. 1. Líquido gorduroso e comestível que se extrai do fruto da oliveira, do caroço do algodão, do amendoim etc. 2. *Quím.* Nome dado a substâncias gordurosas, líquidas sob temperatura normal, de origem mineral, animal ou vegetal, empregadas nas mais variadas finalidades, como sejam: lubrificação, combustão, iluminação etc. — *O. de fígado de bacalhau*: óleo obtido de fígados frescos de *Gadua morrhua* e outras espécies do gênero Gadua. *O. de linhaça*: óleo extraído da semente do linho. *O. de mamona*: o mesmo que *óleo de rícino. O. de rícino*: óleo das sementes de rícino (*Ricinus communis*) usado como purgante. *O. Diesel*: óleo combustível, próprio para motores Diesel. *Santos o.*: os que se usam na Igreja Católica para a crisma, a extrema-unção e outras cerimônias.

óleo-², elem. de comp. (l. *oleu*). Expressa a idéia de *óleo: oleografia.*

Oleoduto, s. m. Linha de grandes tubos, equipados com bombas, para a condução do petróleo e seus derivados a grandes distâncias.

Oleografia, s. f. 1. Processo de cromolitografia, que imita a pintura a óleo. 2. Quadro feito por este processo.

Oleográfico, adj. Relativo à oleografia.

Oleogravura, s. f. 1. Processo de reprodução, pela gravura, de um quadro pintado a óleo. 2. A estampa obtida por esse processo.

Oleol, s. m. Qualquer óleo vegetal.

Oleolado, s. m. V. *oleolato.*

Oleolatado, s. m. *Farm.* Medicamento composto de óleos essenciais.

Oleolato, s. m. *Farm.* 1. Óleo essencial. 2. Óleo medicinal, obtido por infusão ou decocção.

Oleólico, adj. *Farm.* Designativo do medicamento que tem por excipiente o óleo ou o azeite.

Oleômetro, s. m. Aparelho com que se mede a densidade dos óleos.

Oleosidade, s. f. Qualidade de oleoso.

Oleoso, adj. Que tem óleo; gorduroso, untuoso.

Oleráceo, adj. *Bot.* 1. Relativo a legumes. 2. Que diz respeito aos vegetais que servem de alimento.

Olericultor, adj. e s. m. Que, ou o que se dedica à olericultura.

Olericultura, s. f. Cultura de legumes.

Olfação, s. f. 1. Exercício do olfato. 2. Ato de cheirar.

Olfativo, adj. Relativo ao, ou próprio do olfato.

Olfato, s. m. (l. *olfactu*). 1. Sentido pelo qual se percebem os odores. 2. Cheiro, faro.

Olga, s. f. (b. l. *olica*). Courela, leira.

Olha (*ô*), s. f. 1. Comida, preparada com legumes e carnes substanciosas. 2. Gordura de caldo; caldo gordo.

Olhada, s. f. V. *olhadela.*

Olhadela, s. f. *Pop.* Ato de olhar de cada vez; lance de olhos.

Olhado, adj. Visto. S. m. V. *mau-olhado.*

Olhador, adj. e s. m. Que, ou aquele que olha.

Olhadura, s. f. V. *olhadela.*

Olhal, s. m. Vão entre os pilares de pontes ou arcadas.

Olhalvo, adj. Diz-se do animal que tem os olhos cercados de malhas brancas ou que, erguendo a cabeça, põe os olhos em alvo.

Olha-podrida, s. f. 1. Prato da culinária espanhola, que consiste numa mistura de carnes, legumes e temperos, cozinhados durante muito tempo. 2. Miscelânea de coisas muito diversas. (Também se usa a forma reduzida *podrida*). Pl.: *olhas-podridas.*

Olhar, v. (l. *adoculare*). 1. Tr. dir. e tr. ind. Fixar os olhos em; contemplar, fitar, mirar. 2. Pron. Mirar-se, ver-se. 3. Tr. dir. e tr. ind. Estar em face ou em frente de. 4. Tr. dir. Estudar, examinar, observar, pesquisar, sondar. 5. Tr. dir. e tr. ind. Atender a; considerar, ponderar. 6. Tr. dir. e tr. ind. Cuidar de, velar, interessar-se por, proteger. 7. Pron. Encarar-se, fitar-se mutuamente. 8. Tr. dir. Considerar, julgar, reputar. S. m. 1. Aspecto dos olhos. 2. Olho.

Olheiras, s. f. pl. Círculo pálido, lívido, cinza-azulado, em torno dos olhos, devido a cansaço, insônia ou sofrimento, físico ou moral.

Olheiro, s. m. 1. Pessoa que olha ou vigia certos trabalhos. 2. O que tem a seu cargo tomar nota do que vê; informador. 3. Nome que se dá às aberturas dos buracos dos formigueiros. 4. Nascente de água; cachão.

Olhento, adj. Que tem olhos, poros ou cavidades semelhantes a olhos: Queijo *o.*

Olhete (*ê*), s. m. 1. Pequeno olho ou abertura. 2. *Anat.* Depressão em forma de olho, nas articulações dos braços e das pernas. 3. *Ictiol.* Peixe marinho, da família dos Carangídeos (*Seriola carolinensis*); arabaiana.

olhi-, elem. de comp. (de *olho*). Expressa a idéia de *olho*: *olhibranco, olhinegro.*

Olhiagudo, adj. De olhar penetrante.

Olhibranco, adj. Olhalvo.

Olhimanco, adj. e s. m. Que, ou aquele que é torto dos olhos, ou a quem falta um olho.

Olhinegro (*ê*), adj. Que tem olhos negros.

Olhipreto (*ê*), adj. V. *olhinegro.*

Olhirridente, adj. m. e f. De olhar alegre, ridente.

Olhitouro, adj. *Des.* Que tem olhar de touro. Var.: *olhitoiro.*

Olhizaino, adj. e s. m. Torto da vista; vesgo; zanaga.

Olhizarco, adj. 1. De olhos azul-claros. 2. Diz-se do cavalo que tem cada olho de uma cor.

Olho, s. m. (l. *oculu*). 1. *Anat.* Órgão da visão, par e simétrico, formado pelos globos oculares e seus anexos. 2. Olhar, vista. 3. Esforço da alma aplicado a um objeto; atenção. 4. Cuidado, vigilância. 5. Buraco ou furo onde se enfiam linhas ou fios. 6. Aro de ferramenta por onde se enfia o cabo. 7. *Tip.* Folha que precede a folha de rosto e contém apenas o título da obra; também chamada *falsa folha de rosto, ante-rosto* ou *falso frontispício.* 8. *Arquit.* Abertura redonda ou oval, nos tetos ou paredes dos edifícios, para lhes dar claridade. 9. *Bot.* Broto dos bolbos e tubérculos. — *O. da rua*: lugar indeterminado para onde se manda alguém que se quer expulsar. *O.-d'água*: ponto donde rebenta uma nascente; fonte natural perene. *O. de águia*: vista muito penetrante. *O.-de-boi*: a) janela redonda ou oval; b) *Náut.*: buraco na parte anterior do navio por onde passam os cabos; c) *Astr.*: meteoro luminoso que aparece ordinariamente pela manhã no horizonte, e indica mau tempo; d) arbusto leguminoso trepador do Brasil, também chamado *mucunã-do-mato*; e) árvore sapindácea (*Cardiospermum integerrimum*); f) peixe marinho, carangídeo (*Seriola lallandi*); g) selo postal brasileiro cujo desenho lembra um olho e que pertence à série mais antiga do Brasil, emitido em 1843. *O-de-cabra*: a) planta leguminosa (*Ormosia minor*); b) selo postal do Brasil, menor que o olho-de-boi, pertencente à segunda série de emissão, feita em 1845. *O.-de-cão*: peixe marinho (*Priacanthus arenatus*). *O-de-céu*: peixe do litoral cearense. *O.-de-gato*, a) *Miner.*: o mesmo que *ônix*; b) *Miner.*: quartzo com agulhas de amianto; c) pequeno refletor (como, por ex., uma lente grossa, revestida atrás com metal polido), usado especialmente em sinais ao longo de estradas de rodagem e colocado de modo a refletir feixes de luz de faróis de automóveis; d) *Bot.*: o mesmo que *bonduque*. *O.-de-perdiz*: calo redondo, nos dedos dos pés. *O.-de-pombo*: planta leguminosa do Brasil (*Rhynchosia phaseoloides*). *O.-de--vidro*: a) peixe carangídeo (*Seriola dumerili*); b) espécie de abelha, que faz o seu ninho debaixo da terra. *O. gordo, Pop.*: mau-olhado. *O. mágico, Eletr.*: expressão usada popularmente para designar a válvula de sintonização usada nos receptores modernos. *O.-mecânico*; no turfe, equipamento eletrônico que registra a passagem dos parelheiros pelo disco final. *O. nu*: olho desarmado, isto é, não auxiliado com qualquer instrumento óptico. *O. roxo*: espécie de mandioca de raiz comprida. *O. vivo*: agudeza de espírito; esperteza, percepção. *O. vivo!*, interj. Serve para alertar alguém quanto às intenções de outrem.

Olhudo, adj. Que tem olhos grandes. S. m. *Ictiol.* Peixe percídeo (*Promatomus telescopus*).

Olíbano, s. m. 1. Goma-resina; espécie de incenso. 2. *Bot.* Árvore burserácea que produz essa goma (*Boswellia carteri*).

Olifante, s. m. *Ant.* Trombeta feita de dente de elefante, usada na Idade Média.

Oligarca, s. m. e f. 1. Pessoa partidária da oligarquia. 2. Membro de uma oligarquia.

Oligarquia, s. f. 1. Governo de poucas pessoas. 2. Predomínio de uma facção ou grupo na direção dos negócios públicos.

Oligárquico, adj. 1. Relativo à oligarquia. 2. Que tem a feição de oligarquia.

Oligisto, s. m. *Miner.* V. *hematita.*

oligo-, elem. de comp. (gr. *oligos*). Encerra a idéia de *pouco, diminuto: oligoblênia.*

Oligoblênia, s. f. *Med.* Falta de secreção mucosa. Var.: *oligoblenia.*

Oligoblênico, adj. *Med.* Que se refere à oligoblênia.

Oligoceno, adj. *Geol.* Diz-se da terceira época do Período Terciário, a qual sucedeu ao Eoceno e antecedeu ao Mioceno. S. m. Essa época.

Oligoclásio, s. m. *Miner.* Mineral composto de alumina, cal, magnésia, peróxido de ferro, potassa, sílica e soda. Var.: *oligoclaso, oligoclasita, oligoclase* e *oligoclasito.*

Oligocolia, s. f. *Med.* Secreção biliar escassa.

Oligocracia, s. f. *Pej.* Aristocracia pouco numerosa.

Oligocrático, adj. Que se refere à oligocracia.

Oligócrono, adj. Que vive ou subsiste por pouco tempo.

Oligocronômetro, s. m. Instrumento com que se medem pequenas frações de tempo.

Oligodacria, s. f. *Med.* Secreção lacrimal pouco abundante.

Oligoemia, s. f. *Med.* Anemia.

Oligofilo, adj. *Bot.* Com poucas folhas.

Oligofrenia, s. f. *Med. Psiq.* Termo que designa todos os graus de fraqueza mental, desde a debilidade à idiotia.

Oligopionia, s. f. *Med.* Falta de gordura; magreza.

Oligopsiquia, s. f. Oligofrenia.

Oligoquetos, s. m. pl. *Zool.* Classe (*Oligochaeta*) de anelídeos que abrange animais hermafroditas, com poucas cerdas nos lados do corpo. As formas mais comuns de Oligoquetos são as minhocas.

Oligoquilia, s. f. *Med.* Falta de suco nutritivo.

Oligoquilo, adj. e s. m. Diz-se de, ou substância alimentar pouco nutritiva.

Oligospermo, adj. *Bot.* Com poucas sementes.

Oligossialia, s. f. *Med.* Secreção escassa de saliva.

Oligostêmone, adj. m. e f. *Bot.* Com poucos estames, em número menor que o de pétalas.

Oligotriquia, s. f. *Med.* Escassez de pêlos, natural ou mórbida.

Oligotrofia, s. f. *Med.* Diminuição da nutrição do organismo.

Oliguresia, s. f. V. *oligúria.*

Oligúria, s. f. *Med.* Diminuição da quantidade de urina. Var.: *oliguria.*

Oligúrico, adj. *Med.* Relativo à oligúria. S. m. Aquele que padece oligúria.

Olimpíada, s. f. 1. Os jogos olímpicos gregos. 2. Período de quatro anos, que mediava entre duas celebrações consecutivas dos jogos olímpicos.

Olimpiano, adj. Olímpico. S. m. Habitante do Olimpo.

Olímpico, adj. 1. Relativo ao Olimpo. 2. Originário do Olimpo. 3. Celeste, divino. 4. Majestoso. 5. Relativo às olimpíadas. 6. Que participa ou participou dos jogos olímpicos.

Olimpo, s. m. *Poét.* 1. Morada dos deuses, segundo a crença dos antigos gregos. 2. Conjunto das divindades que moravam no Olimpo. 3. Céu.

Oliniáceas, s. f. pl. *Bot.* Família (*Oliniaceae*) de plantas africanas com folhas coriáceas opostas.

Oliniáceo, adj. *Bot.* Relativo à família das Oliniáceas.

Olisiponense, adj. m. e f. Relativo a Lisboa.

Oliva, s. f. (l. *oliva*). 1. *Poét.* Azeitona. 2. *Bot.* Oliveira. S. m. Cor de azeitona. S. f. pl. 1. *Arquit.* Ornatos em forma de azeitona. 2. As regiões laterais da goela ou garganta do cavalo; parótidas do cavalo.

Oliváceo, adj. Da cor da azeitona; verde-escuro.

Olival, s. m. Terreno plantado de oliveiras; oliveiral, olivedo.

Olivar, adj. m. e f. Em forma de oliva ou azeitona; olivário, oliviforme.

Olivário, adj. V. *olivar.*

Olivedo (ê), s. m. 1. V. *olival.* 2. Porção de olivais.

Oliveira, s. f. (l. *olivaria*). *Bot.* Árvore que serve de tipo às Oleáceas e cujo fruto é a azeitona (*Olea europaea*).

Oliveiral, s. m. V. *olival.*

Olivel, s. m. *Antig.* V. *nível.* Var.: *livel.*

Olíveo, adj. *Poét.* Relativo à oliveira.

olivi-, elem. de comp. (l. *oliva*). Exprime a idéia de *oliva: olivicultura.*

Olivicultor, s. m. Aquele que se dedica à olivicultura.

Olivicultura, s. f. Oleicultura.

Olivina, s. f. *Miner.* Mineral que consiste num silicato de magnésio e ferro. É usada na fabricação de refratários; olivita.

Olmedal, s. m. (*olmedo + al*). Terreno plantado de olmos; olmedo.

Olmedo, s. m. V. *olmedal.*

Olmeira, s. f. *Bot.* V. *ulmária.*

Olmeiro, s. m. *Bot.* Árvore que serve de tipo às Ulmáceas (*Ulmus campestris*); olmo.

Olmo, s. m. V. *olmeiro.*

Olor, s. m. (l. *olore*). *Poét.* 1. Cheiro agradável; aroma, fragrância, perfume. 2. Odor.

Oloroso, adj. *Poet.* Odorante.

Olvidar, v. 1. Tr. dir. e pron. Esquecer(-se) de, perder de memória. 2. Tr. dir. Desaprender.

Olvido, s. m. 1. Ato ou efeito de olvidar(-se); esquecimento. 2. *Poét.* Descanso, repouso.

-oma, elem. de comp. Exprime a idéia de: a) *tumefação, tumor: rizoma, carcinoma;* b) *conjunto* ou *generalização de um conceito: filoma, omacefalia.*

Omacefalia, s. f. *Terat.* Anormalidade que consiste na falta de braços e má conformação da cabeça.

Omacefálico, adj. Relativo à omacefalia.

Omacéfalo, s. m. *Terat.* Ser que apresenta omacefalia.

Omagra, s. f. *Med.* Gota da espádua.

Omalgia, s. f. *Med.* Dor no ombro.

omalo-, elem. de comp. (gr. *omalos*). Expressa a idéia de *unido, plano, chato, igual: omalópode*.
Omalópode, adj. m. e f. *Zool.* Que tem pés chatos.
Omartrocacia, s. f. *Med.* Processo carioso que ataca a articulação da espádua.
Ombrear, v. 1. Tr. dir. Pôr ao ombro. 2. Tr. ind. e pron. Pôr-se ombro a ombro com. 3. Tr. ind. e pron. Equiparar-se, igualar-se; pôr-se em paralelo com.
Ombreira, s. f. 1. Parte do vestuário, correspondente aos ombros. 2. Cada uma das peças verticais das portas e janelas que sustentam as padieiras. 3. Entrada.
Ombro, s. m. (l. *umeru*). 1. Região escapular correspondente às extremidades superiores do úmero e da omoplata; espádua. 2. Força. 3. Esforço.
Encolher os o.: mostrar indiferença ou resignação. *Olhar* ou *tratar alguém por cima do o.*: significar-lhe desdém ou desprezo.
Ômega, s. m. 1. Última letra do alfabeto grego. 2. Fim, termo. Var.: *omega*. Antôn.: *alfa*.
Omeleta (*ê*), s. f. V. *omelete*.
Omelete (*é*), s. f. (Forma a que se dá preferência no Brasil, em vez de omeleta). Fritada de ovos batidos.
Omento, s. m. *Anat.* Epíploo.
Ominar, v. Tr. dir. Agourar, pressagiar.
Ominoso, adj. Agourento, funesto, nefasto.
Omissão, s. f. (l. *omissione*). 1. Ato ou efeito de omitir(-se). 2. Aquilo que se omitiu; falta, lacuna. 3. Preterição.
Omisso, adj. 1. Em que há falta ou esquecimento. 2. Descuidado, negligente.
Omitir, v. (l. *omittere*). Tr. dir. 1. Deixar de fazer ou dizer alguma coisa; não mencionar, deixar no esquecimento, de propósito ou não. 2. Descuidar, desleixar, neglicenciar.
omo-[1], elem. de comp. (gr. *omos*). Expressa a idéia de *ombro: omoplata*.
omo-[2], elem. de comp. (gr. *omos*). Exprime a idéia de *cru: omófago*.
Omocótila, s. f. *Anat.* Cavidade da omoplata, onde se articula a cabeça do úmero.
Omófago, adj. e s. m. Que, ou o que se alimenta de carne crua.
Omoplata, s. f. *Anat.* Osso largo e triangular, situado na parte posterior do ombro.
Onagráceas, s. f. pl. *Bot.* Família (*Onagraceae*) largamente distribuída de ervas e arbustos, com folhas opostas, muitas vezes cruzadas, com ou sem estípulas.
Onagráceo, adj. *Bot.* Relativo à família das Onagráceas.
Onagre, s. m. O mesmo que *onagro*, acep. 3.
Onagro, s. m. 1. *Zool.* Burro selvagem da Ásia Menor, considerado uma raça de *Equus hemionus*. 2. Burro. 3. Antiga máquina de guerra, com que se lançavam pedras.
Onanismo, s. m. 1. Coito incompleto para evitar a fecundação. 2. Vício da masturbação.
Onça[1], s. f. (l. *uncia*). 1. Peso brasileiro antigo, equivalente à décima sexta parte do arrátel. 2. Medida de peso inglesa, equivalente a 28,349 gramas.
Onça[2], s. f. (fr. *once*). *Zool.* Nome comum a três felídeos americanos: *onça-parda* (*Felis concolor*); *onça-pintada* (*Panthera onça*) e *onça-preta*: forma melânica da própria onça-pintada, na qual as malhas castanhas ficam escondidas por densa pilosidade preta. Voz: *brama, brame, esturra, mia, uiva, urra*. Adj. e s., m. e f. 1. Diz-se da, ou a pessoa valente, destemida, invencível. 2. Diz-se da, ou a pessoa muito feia. 3. Forte, grande.
Onceiro, s. m. Cão adestrado para caçar onça.
Onco-, elem. de comp. (gr. *ogkos*). Exprime a idéia de tumor: *oncotomia*.
Oncotomia, s. f. *Cir.* Incisão de um tumor.
Oncotômico, adj. Relativo à oncotomia.
Onda, s. f. (l. *unda*). 1. Porção de água do mar, lago ou rio que se eleva e se desloca; vaga. Col.: *marouço* (ondas grandes). Ruído: *bate, brame, estronda, murmura*. 2. *Poét.* O mar; as águas do mar. 3. Grande abundância, grande afluência. 4. Grande agitação; ímpeto, tropel. 5. Movimento ondulatório; ondulação. 6. *Fís.* Linhas ou superfícies concêntricas que se produzem numa massa fluida quando um dos pontos desta recebeu um impulso. 7. Embrulhada, enredo. — *O. hertzianas, Radiotécn.*: designação de todas as ondas eletromagnéticas incluídas entre as audiofreqüências mais altas e os raios de aquecimento infra-vermelhos.
Ir na o.: deixar-se lograr, não resistir; ser enganado por ingenuidade ou boa fé.
Ondada, s. f. 1. Quantidade de ondas. 2. Afluência.
Onde, adv. (l. *unde*). 1. Em que lugar, no lugar em que, no qual lugar. 2. Usa-se interrogativamente para exprimir: *em que parte? em que sítio? em que lugar?*: *Onde* está a felicidade? 3. Emprega-se algumas vezes com antecedente elíptico: Cada qual vai por *onde* quer. — *De o. a o.* ou *de.o. em o.*: aqui e ali; de espaço; de tempos a tempos. *O. quer que*: em qualquer lugar em que, em qualquer parte em que. Pron. Em que.
Ondeado, adj. 1. Que tem ondas. 2. Disposto em curvas, à maneira de ondas. S. m. Coisa que apresenta a forma de ondas.
Ondeante, adj. m. e f. Que ondeia; que ondula; ondeado, ondulado, ondulante, ondulatório, onduloso, undante, undoso.
Ondear, v. 1. Intr. Fazer ondas ou ondulações. 2. Intr. Mover-se em oscilações; tremular. 3. Intr. Propagar-se, transmitir-se em ondas. 4. Intr. Fazer curvas; serpear. 5. Tr. dir. Agitar como ondas. 6. Tr. dir. Dar a aparência de ondas a, tornar ondeado.
Ondina, s. f. *Mit.* Gênio das águas, segundo as mitologias germânica e escandinava.
Ondômetro, s. m. Transformador térmico, usado nas antenas, para medir, diretamente em metros, o comprimento de uma onda irradiada.
Ondulação, s. f. 1. Movimento das ondas. 2. Movimento parecido com o das ondas. 3. Seqüência de elevações e depressões de uma superfície.
Ondulado, adj. Ondeado.
Ondulante, adj. m. e f. V. *ondeante*.
Ondular, v. V. *ondear*.
Ondulatório, adj. Que tem ou forma ondulação; ondeante.
Onduloso, adj. Ondeante.
Onerado, adj. 1. Sujeito a ônus. 2. Gravado, sobrecarregado.
Onerar, v. 1. Tr. dir. Impor ônus a; sujeitar a ônus; gravar, sobrecarregar. 2. Pron. Sujeitar-se a ônus. 3. Tr. ind. Impor dever ou obrigação humilhantes.
Onerosidade, s. f. 1. Qualidade de oneroso. 2. Encargo.
Oneroso, adj. 1. Que impõe ônus; grave, pesado. 2. De que resultam despesas. 3. Molesto, vexatório.
Onfacita, s. f. *Miner.* Pedra preciosa, variedade de augita, verde-escura, transparente.
Onfalite, s. f. *Med.* Inflamação do umbigo.
onfalo-, elem. de comp. (gr. *omphalos*). Expressa a idéia de *umbigo: onfalite*.
Onfalocele, s. f. *Med.* Hérnia umbilical.
Onfalocélico, adj. *Med.* Relativo à onfalocele.
Onfalofima, s. f. *Med.* Tumor no umbigo.
Onfaloflebite, s. f. *Med.* Inflamação das veias do umbigo.
Onfalóide, adj. m. e f. Que tem forma de umbigo.
Onfalomesentérico, adj. *Anat.* Relativo ao umbigo e ao mesentério.
Onfalópsico, s. m. Sectário do quietismo, que, contemplando e fixando o umbigo, acreditava comunicar-se com a divindade e ver aquilo que ele chamava *luz do Tabor*.
Onfalóptico, adj. *Fís.* Diz-se do cristal óptico convexo de ambas as faces.
Onfalorragia, s. f. *Med.* Hemorragia pelo umbigo, especialmente nos recém-nascidos.
Onfalorrágico, adj. *Med.* Relativo à onfalorragia.
Onfalosito, s. m. *Terat.* Ser que tem apenas alguns órgãos e que morre, assim que se rompe o cordão umbilical.
Onfalotomia, s. f. *Med.* Corte do cordão umbilical.
Onfalotômico, adj. *Med.* Relativo à onfalotomia.

Onglete (*ê*), s. m. (fr. *onglet*). Espécie de pequeno buril de gravadores e serralheiros.

-onho, suf. Forma alguns adjetivos que designam qualidade: *enfadonho, medonho, risonho, tristonho.*

oni-, elem. comp. (l. *omni*). Exprime a idéia de *tudo* ou *todos*: *onímodo.*

Ônibus, s. m. sing. e pl. (l. *omnibus*). Grande veículo para transporte (urbano e interurbano) de muitos passageiros, com itinerário preestabelecido; auto-ônibus.

ônico-, elem. de comp. (gr. *onux, ukhos*). Exprime a idéia de *unha: onicofagia.*

Onicofagia, s. f. Vício de roer as unhas.

Onicóforo, s. m. *Zool.* Espécime da ordem dos Onicóforos. S. m. pl. Ordem (*Onychophora*) de artrópodes que compreende pequenos animais invertebrados, alongados, terrestres, de pele aveludada.

Onicografia, s. f. *Med.* 1. Descrição das unhas. 2. Tratado acerca das unhas.

Onicoma, s. m. *Med.* Tumor na raiz da unha.

Onicopatia, s. f. *Med.* Designação geral das moléstias das unhas.

Onicoptose, s. f. *Med.* Queda das unhas, proveniente de certas infecções.

Onidirecional, adj. m. e f. *Tec.* Diz-se da antena ou da onda aptas a emitir ou a captar em, ou de qualquer direção.

Oniforme, adj. m. e f. Que tem ou pode ter todas as formas.

Onímodo, adj. 1. Que abrange todos os modos ou gêneros. 2. Que não tem limites, ilimitado.

Oniomania, s. f. Idéia fixa e impulsiva para fazer compras.

Oniomaníaco, adj. Relativo à oniomania.

Oniômano, adj. e s. m. Que, ou o que tem oniomania.

Oniparente, adj. m. e f. *Poét.* Que cria tudo; que produz tudo.

Onipotência, s. f. 1. Qualidade de onipotente; poder ilimitado. 2. Poder absoluto.

Onipotente, adj. m. e f. Que pode tudo; todo-poderoso. S. m. Deus.

Onírico, adj. Relativo a, ou próprio de sonhos.

Onirismo, s. m. *Med.* Estado de espírito em que este, em vigília, se absorve em sonhos, fantasias ou idéias quiméricas.

oniro-, elem. de comp. (gr. *oneiros*). Encerra a idéia de *sonho: oniromancia.*

Oniromancia, s. f. Adivinhação por meio dos sonhos; brizomancia.

Oniromante, s. m. e f. Pessoa que pratica a oniromancia.

Onisciência, s. f. Qualidade de onisciente.

Onisciente, adj. m. e f. Que sabe tudo. S. m. Deus.

Onívoro, adj. Que come de tudo.

Ônix (*cs*), s. m. sing. e pl. *Miner.* 1. Variedade de ágata semitransparente, que apresenta camadas paralelas de diferentes cores. 2. Mármore fino, com camadas policrômicas.

Onixe (*cs*), s. m. *Med.* Inflamação da derme ungueal; ocorre comumente nos casos de unhas encravadas.

On-line (*on-láine*), adj. (t. ingl.). *Inform.* Diz-se do estado em que se encontra o equipamento quando este efetua a transmissão diretamente por linha.

Onofrita, s. f. *Miner.* Mineral que tem o aspecto de cobre pardacento.

Onomástica, s. f. *Gram.* Conjunto ou relação de antropônimos e topônimos de uma língua.

Onomástico, adj. Relativo aos nomes próprios.

onomato-, elem. de comp. (gr. *onoma, atos*). Expressa o sentido de *nome,* de *idéia*: *onomatomancia.*

Onomatomancia, s. f. Adivinhação fundada no nome da pessoa.

Onomatomania, s. f. *Med.* Obsessão que consiste em procurar um vocábulo ou em evitar uma expressão cuja pronúncia aflige.

Onomatopéia, s. f. *Gram.* Vocábulo cuja pronúncia lembra o som da coisa significada: *tilintar, tin-tim, tintinar; cacarejar, cocoricar, pipilar.*

Onomatopéico, adj. Em que há onomatopéia.

Onomatópose, s. f. Nome disfarçado; pseudônimo.

Ontem, adv. (l. *ad nocte*). 1. No dia anterior ao de hoje. 2. Nos tempos passados. 3. Época recente: Ainda *ontem* era paupérrimo. S. m. O passado: O *ontem* de sua vida foi difícil.

onto-, elem. de comp. (gr. *on, ontos*). Exprime a idéia de *ser, ente, indivíduo: ontogênese, ontologia.*

Ontogênese, s. f. *Biol.* Série de transformações sofridas por um ser desde a sua geração até ao completo desenvolvimento.

Ontogenético, adj. *Biol.* Que se refere à ontogênese.

Ontogenia, s. f. *Biol.* V. *ontogênese.*

Ontogênico, adj. *Biol.* Relativo à ontogenia.

Ontogonia, s. f. *Biol.* História da formação e produção dos seres organizados sobre a Terra.

Ontogônico, adj. *Biol.* Que diz respeito à ontogonia.

Ontologia, s. f. 1. Ciência do ser em geral. 2. *Filos.* Parte da metafísica que estuda o ser em geral e suas propriedades transcendentais.

Ontológico, adj. Relativo à ontologia.

Ontologismo, s. m. 1. Doutrina dos que aceitam a ontologia. 2. Emprego dos processos ontológicos de raciocínio filosófico.

Ontologista, s. m. e f. Pessoa versada em ontologia.

Ônus, s. m., sing. e pl. 1. Aquilo que pesa; carga, peso. 2. Encargo, obrigação, responsabilidade. 3. Imposto gravoso ou pesado.

Onusto, adj. 1. Carregado, sobrecarregado. 2. Cheio, repleto.

Onze, num. (l. *undecim*). 1. Dez mais um. 2. Décimo primeiro. S. m. 1. O que numa série de onze ocupa o último lugar.

Onzena, s. f. 1. Juro de onze por cento. 2. Juro exorbitante, usura. 3. *Des.* Porção de onze objetos.

Onzenar, v. 1. Intr. Cobrar grandes juros de quantia emprestada; praticar a usura. 2. Tr. dir. Lucrar (mais que o justo). 3. Intr. Intrigar, mexericar.

Onzenário, adj. Relativo à onzena. Adj. e s. m. Usurário.

Onzeneiro, adj. e s. m. 1. Onzenário. 2. Intrigante, mexeriqueiro.

Onzenice, s. f. Bisbilhotice, intriga, mexerico.

Onzeno, num. (de *onze*). *P. us.* V. *undécimo.*

oo-, elem. de comp. (gr. *oon*). Expressa a idéia de *óvulo, ovo: oogônio.*

Oócito, s. m. *Biol.* Oogônio que ainda não completou seu processo de maturação.

Ooforite, s. f. *Med.* Inflamação dos ovários; ovarite.

Ooforossalpingectomia, s. f. *Cir.* Ablação do ovário e da trompa de Falópio.

Oogamia, s. f. *Biol.* Conjugação de duas células sexuais muito diferentes, uma volumosa e imóvel (*óvulo*), outra pequena e móvel (*espermatozóide*), que fertiliza a primeira; anisogamia.

Oogônio, s. m. *Bot.* Órgão vegetal de estrutura simples, no qual se diferencia a célula reprodutora feminina ou oosfera.

Oolítico, adj. 1. Relativo a oólito. 2. Que é da natureza do oólito.

Oólito, s. m. *Miner.* Pequena concreção esférica ou elipsóide, formada pela deposição de camadas sucessivas de certas substâncias minerais em redor de um núcleo.

Oologia, s. f. *Biol.* Descrição do ovo, sob o ponto de vista da geração; ovologia.

Oológico, adj. *Biol.* Que se refere à oologia.

Oosfera, s. f. *Bot.* Gameta feminino dos vegetais.

Oospório, s. m. *Bot.* Espório protegido por parede densa e resultante da conjugação sexual heterogâmica.

Opa, s. f. 1. Espécie de capa sem mangas, usada em atos solenes pelas confrarias religiosas. 2. *Gír.* Bebedeira, pândega, troça.

Opacidade, s. f. 1. Qualidade de opaco. 2. Lugar sombrio. 3. Sombra densa.

Opaco, adj. 1. Que não é transparente. 2. Obscuro, sombrio. 3. Turvo.

Opado, adj. Balofo, intumescido; inchado.

Opala, s. f. 1. *Miner.* Pedra quartzosa, de cor azulada e leitosa, mas que, conforme a incidência de raios luminosos, apresenta cores vivas e variadas. 2. Espécie de tecido de algodão.

Opalescência, s. f. Propriedade de certas pedras preciosas de apresentarem um aspecto leitoso que parece provir do seu interior.

Opalescente, adj. m. e f. 1. Que apresenta opalescência. 2. Opalino.

Opalino, adj. 1. Que apresenta reflexos irisados como os da opala. 2. Que tem cor azulada e leitosa como a da opala; opalescente.

Opalizar, v. 1. Tr. dir. Dar cor ou reflexos de opala a. 2. Pron. Assumir a cor ou aspecto da opala.

Opar, v. Tr. dir., intr. e pron. Tornar(-se) intumescido.

Opção, s. f. (l. *optione*). 1. Ato, direito ou faculdade de optar. 2. Preferência. 3. Livre escolha. 4. Documento escrito como caução ou promessa de uma transação.

Opcional, adj. m. e f. Que pode ser objeto de opção.

Open (*ôpen*), s. m. (t. ingl.). *Fin.* Forma reduzida de *open market*.

Open market (*ôpen márket*), s. m. (t. ingl.). *Fin.* Operação financeira efetuada pelo investidor, com prazo prefixado e variável; open, mercado aberto.

Ópera, s. f. *Mús.* 1. Peça lírica em que entram o canto, acompanhamentos de orquestra, algumas vezes a dança, e geralmente sem diálogo falado. 2. Gênero constituído por esse tipo de composição. 3. Teatro onde se cantam óperas; teatro lírico. — *Ó.-bufa*: espécie de ópera cômica, mas que se distingue desta pela introdução, em cena, de personagens burlescas, de tipos facetos ou patuscos, e por música mais ligeira ou excessivamente cômica. *Ó.-cômica*: a em que o canto alterna com a letra ou com os diálogos falados.

Operação, s. f. (l. *operatione*). 1. Ato ou efeito de operar. 2. Conjunto dos meios para a consecução de um resultado. 3. *Com.* Qualquer transação comercial. 4. *Mat.* Série de cálculos pelos quais se transforma uma entidade em outra. 5. *Mil.* Manobra ou combate militar. 6. *Med.* Realização de qualquer tratamento médico por meio de cirurgia; intervenção cirúrgica. — *O. unívoca, Mat.*: a que tem um só resultado. *O. aritméticas*: a adição, a subtração, multiplicação, divisão, potenciação e radiciação.

Operacional, adj. m. e f. 1. Relativo a operação. 2. Pronto para funcionar. 3. Que está em condições de realizar operações.

Operacionismo, s. m. *Lóg.* Teoria segundo a qual o sentido de uma proposição resulta de uma série de operações lógicas.

Operado, adj. e s. m. Que, ou pessoa que sofreu uma operação cirúrgica.

Operador, adj. Que, aquele ou aquilo que opera. S. m. 1. *Med.* Cirurgião. 2. Encarregado da filmagem nos estúdios cinematográficos. 3. Aquele que, na cabina de um cinema, dirige a projeção dos filmes na tela.

Operante, adj. m. e f. Que opera, que produz; operativo, operatório, operoso.

Operar, v. 1. Tr. dir. Executar, produzir, realizar (qualquer efeito). 2. Tr. ind. e intr. Fazer quaisquer operações; agir, atuar, trabalhar. 3. Pron. Realizar-se, suceder. 4. Intr. Entrar em atividade ou funcionamento. 5. Intr. Praticar operações cirúrgicas. 6. Intr. Produzir efeito. 7. Tr. dir. Fazer (uma operação matemática, química ou farmacêutica). 8. Tr. dir. Submeter a uma operação cirúrgica.

Operariado, s. m. A classe dos operários.

Operário, s. m. Aquele que exerce uma arte ou ofício, percebendo salário; artesão, artífice. Adj. 1. Que diz respeito ao trabalho ou aos operários. 2. Que trabalha manualmente.

Operativo, adj. Operante.

Operatório, adj. 1. Relativo a operações. 2. Operante.

Operatriz, adj. e s. f. Fem. de *operador*.

Operável, adj. m. e f. Que pode ser operado.

Operculado, adj. 1. Provido de opérculos; opercular, operculífero. 2. Fechado por opérculo.

Opercular, adj. m. e f. Operculado.

Operculiforme, adj. m. e f. Que tem forma de opérculo.

Opérculo, s. m. 1. Peça ou dispositivo que fecha uma cavidade ou o extremo de um conduto. 2. *Zool.* Substância córnea ou calcária, que tapa, mais ou menos, a abertura das conchas univalves. 3. Tampa de turíbulo.

Opereta (*ê*), s. f. Pequena ópera, de música leve e cujo entrecho geralmente tem feição cômica.

Operosidade, s. f. Qualidade de operoso; laboriosidade, produtividade.

Operoso, adj. 1. Que opera; que produz ou causa efeito; produtivo. 2. Laborioso, difícil.

Opiáceo, adj. 1. Relativo ao ópio. 2. Opiado.

Opiado, adj. Preparado com ópio; que contém ópio.

Opiar, v. Tr. dir. Preparar ou misturar com ópio.

Opiato, s. m. *Farm.* Medicamento em que entra ópio.

Opifício, s. m. Trabalho de opífice; fabricação, fabrico.

Opilação, s. f. (*opilar + ção*). *Med.* 1. Ato ou efeito de opilar (-se). 2. Obstrução. 3. V. *amarelão* e *ancilostomíase*.

Opilado, adj. e s. m. *Med.* Que, ou o que está doente de ancilostomíase.

Opilar, v. 1. Tr. dir. Causar opilação ou obstrução a (o fígado e outros órgãos). 2. Pron. Tornar-se opilado.

Opiliáceas, s. f. pl. *Bot.* Família (*Opiliaceae*) de árvores e trepadeiras lenhosas tropicais.

Opiliáceo, adj. *Bot.* Relativo à família das Opiliáceas.

Opimo, adj. 1. Abundante, fecundo, fértil, rico. 2. Excelente.

Opinante, adj. e s. m. e f. Que, ou quem opina.

Opinar, v. 1. Tr. ind. Emitir opinião; expor o que se pensa. 2. Tr. dir. Entender, julgar, ser de opinião. 3. Intr. Dar voto ou parecer.

Opinativo, adj. 1. Dependente de opinião. 2. Discutível, duvidoso, incerto.

Opinável, adj. m. e f. 1. Sobre que se pode opinar. 2. Sujeito a diversas opiniões. 3. Baseado em conjeturas.

Opinião, s. f. (l. *opinione*). 1. Maneira de opinar; modo de ver pessoal; parecer, voto emitido ou manifestado sobre certo assunto. 2. Asserção sem fundamento; presunção. 3. Conceito, reputação. 4. Capricho, teimosia.

Opiniático, adj. 1. Aferrado à sua opinião; contumaz, teimoso. 2. Orgulhoso, presunçoso, vaidoso.

Opinioso, adj. V. *opiniático*.

Ópio[1], s. m. 1. Suco espesso que se extrai das cápsulas de diversas papoulas, especialmente da *Papaver somniferum*. 2. Aquilo que causa entorpecimento moral.

ópio-[2], elem. de comp. (gr. *opion*). Expressa a idéia de *ópio*: *opiofagia*.

Opiofagia, s. f. Qualidade de opiófago.

Opiófago, adj. e s. m. Que, ou aquele que come ópio.

Opiomania, s. f. Vício de fumar ou mascar ópio.

Opiomaníaco, adj. e s. m. Opiômano.

Opiômano, adj. e s. m. Que, ou aquele que tem o vício do ópio; opiomaníaco.

Opíparo, adj. Faustoso, aparatoso, magnificente, abundante, lauto.

Opístio, s. m. *Anat.* Ponto mediano da borda posterior do buraco occipital. Var.: *opístion*.

opisto-, elem. de comp. (gr. *opisthen*). Exprime a idéia de *atrás, posteriormente*: *opistobrânquio*.

Opistobrânquio, adj. *Zool.* Diz-se dos moluscos nos quais as brânquias se acham na região posterior do corpo, depois do coração.

Opistocifose, s. f. *Med.* Curvatura da espinha dorsal para trás.

Opistódomo, s. m. *Ant. gr.* Pórtico ou vestíbulo de um templo, na parte posterior.

Opistogástrico, adj. *Anat.* Situado por detrás do estômago.

Opistóglifa, adj. f. *Herp.* Diz-se das serpentes que têm o dente inoculador de veneno situado no fundo da boca, na porção posterior do maxilar superior. Var.: *opistoglifa*.

Opistografia, s. f. Estado ou qualidade de opistógrafo.

Opistógrafo, adj. Que está escrito de ambos os lados. S. m. Folha ou documento escrito de ambos os lados.

Opistotônico, adj. *Med.* Relativo ao opistótono.

Opistótono, s. m. *Med.* Contração espasmódica em que a cabeça e os calcanhares se dobram para trás.
Oplon, s. m. Escudo, oval, da antiga infantaria grega.
opo-[1], elem. de comp. (gr. *ops, opos*). Exprime a idéia de *olho, rosto: opocefalia.*
opo-[2], elem. de comp. (gr. *opos*). Expressa a idéia de *suco: opoterapia.*
Opocefalia, s. f. *Terat.* Conformação de opocéfalo.
Opocéfalo, s. m. *Terat.* Ser sem boca, de maxilas atrofiadas e orelhas juntas debaixo da cabeça.
Opoente, adj. e s., m. e f. V. *oponente.*
Oponente, adj. m. e f. Que se opõe; contrário, oposto, opositor, opoente. S. m. e f. *Dir.* Pessoa que interpõe oposição em juízo.
Opopânace, s. m. 1. *Bot.* Gênero (*Opopanax*) de plantas da família das Umbelíferas das regiões quentes da Europa e da Ásia. 2. Goma-resina extraída da espécie *Opopanax chironium.* 3. Perfume fabricado com essa goma-resina.
Opor, v. (l. *opponere*). 1. Tr. dir. Pôr diante de, como impedimento. 2. Tr. dir. Apresentar em oposição; objetar, impugnar. 3. Pron. Fazer oposição; resistir, ser contrário a.
Oportunidade, s. f. 1. Qualidade de oportuno. 2. Ocasião favorável; ensejo. 3. Conveniência.
Oportunismo, s. m. 1. *Polít.* Tendência a sacrificar os princípios, para transigir com as circunstâncias e acomodar-se a elas. 2. Habilidade em procurar ocasiões oportunas para bons lances, em certos jogos esportivos.
Oportunista, adj. m. e f. Relativo ao oportunismo. Adj. e s. m. e f. 1. Que, ou quem aproveita as oportunidades. 2. Que, ou pessoa que é partidária do oportunismo.
Oportuno, adj. 1. Que vem a tempo ou a propósito. 2. Apropriado, cômodo. 3. Conveniente, favorável. 4. Feito a propósito.
Oposição, s. f. (l. *oppositione*). 1. Ação de opor ou de opor-se. 2. Dificuldade, impedimento, obstáculo. 3. Posição de uma coisa em frente de outra. 4. Contraste entre duas coisas contrárias. 5. *Ret.* Espécie de antítese, pela qual se reúnem duas idéias ou duas expressões que parecem contraditórias. 6. *Astr.* Situação, relativa à Terra, de dois corpos celestes, quando suas longitudes diferem de 180 graus, ou quando se acham em posições diametralmente opostas. 7. Partidos políticos contrários ao governo.
Oposicionismo, s. m. 1. Oposição sistemática. 2. Facção política que combate o governo.
Oposicionista, adj. e s., m. e f. Que, ou quem faz oposição ao governo.
opositi-, elem. de comp. (l. *oppositu*). Exprime a idéia de *oposto: opositiflor.*
Opositifloro, adj. *Bot.* Com flores em pedúnculos opostos.
Opositor, adj. Que se opõe. S. m. Concorrente, candidato.
Oposto, adj. 1. Colocado em frente; fronteiro. 2. Contrário, inverso. 3. Contraditório. S. m. Coisa oposta, coisa diretamente contrária.
Opoterapia, s. f. *Med.* Tratamento por meio de extratos de glândulas ou de órgãos de animais.
Opressão, s. f. 1. Ato ou efeito de oprimir. 2. Estado de quem ou daquilo que se acha oprimido. 3. Abatimento de forças; prostração. 4. Tirania exercida contra outrem. 5. Vexame. 6. Dificuldade de respirar; sufocação.
Opressivo, adj. Opressor.
Opresso, adj. Oprimido.
Opressor, adj. e s. m. Que, ou o que oprime; opressivo, oprimente.
Oprimente, adj. m. e f. Opressor.
Oprimido, adj. Que sofre opressão; vexado, humilhado. S. m. Indivíduo oprimido.
Oprimir, v. (l. *opprimere*). 1. Tr. dir. Exercer pressão sobre; apertar excessivamente. 2. Tr. dir. e intr. Dominar, vexar com autoritarismo e violência; tiranizar. 3. Tr. dir. Afligir; atormentar, molestar. 4. Tr. dir. Reduzir a nada; esmagar, extinguir. 5. Tr. dir. Onerar.
Opróbrio, s. m. 1. Abjeção extrema. 2. Ignomínia, desonra. 3. Afronta, vergonha. 4. Infâmia, injúria.
Oprobrioso, adj. 1. Que envolve opróbrio. 2. Que causa opróbrio. 3. Extremamente infamante.
Opsonina, s. f. *Med.* Substância presente no soro do sangue, que auxilia os fagócitos na destruição das bactérias.
Optar, v. 1. Tr. ind. e intr. Escolher, decidir-se por; preferir (uma coisa entre duas ou mais). 2. Tr. dir. Escolher, preferir. 3. Intr. *Dir.* Exercer o direito de opção.
Optativo, adj. Que envolve ou exprime desejo.
Óptica, s. f. *Fís.* 1. Parte da Física que estuda as leis relativas às radiações luminosas e aos fenômenos da visão. 2. Estabelecimento que fabrica ou vende instrumentos ópticos, especialmente óculos. Var.: *ótica.*
Opticidade, s. f. Qualidade de óptico.
Opticista, s. m. e f. Pessoa versada em óptica, ou que nela se ocupa.
Óptico, adj. 1. Relativo à óptica, ou à vista. 2. *Fisiol.* Relativo aos órgãos e à função da vista: Nervo *ó.* S. m. 1. Especialista em óptica. 2. Fabricante de instrumentos de óptica. Var.: *ótico* (que não deve ser confundida com o homógrafo *ótico,* referente ao ouvido).
Optimacia, s. f. 1. Conjunto ou reunião de optimates. 2. Os optimates. 3. A aristocracia.
Optimates, s. m. pl. 1. Os grandes de uma nação; magnatas. 2. Partido da nobreza, entre os antigos romanos.
opto-, elem. de comp. (cfr. o v. gr. *optein*). Expressa a idéia de *olhar, ver: optômetro.*
Optômetro, s. m. *Med.* Instrumento para avaliar os limites da visão e o grau de astigmatismo dos olhos.
Opugnação, s. f. Ato ou efeito de opugnar; assalto, ataque.
Opugnador, adj. e s. m. Que, ou o que opugna; beligerante, combatente.
Opugnar, v. Tr. dir. 1. Acometer, atacar, investir, pugnar contra. 2. Combater, impugnar, refutar oralmente ou por escrito.
Opulência, s. f. 1. Abundância de bens. 2. Grande riqueza. 3. Grande abundância. 4. Fausto, magnificência. 5. Grande desenvolvimento de formas; corpulência.
Opulentar, v. Tr. dir. e pron. 1. Tornar(-se) abundante, copioso; engrandecer(-se), tornar(-se) opulento. 2. Enriquecer(-se).
Opulento, adj. 1. Que está na opulência, que é muito rico. 2. Abundante, copioso. 3. Grande, magnífico, soberbo. 4. Faustoso, pomposo. 5. Muito desenvolvido; encorpado.
Opúncia, s. f. *Bot.* Gênero (*Opuntia*) largamente distribuído de cactos espinhosos, com frutos polposos, comestíveis.
Opus (*ópus*), s. m. (t. latino). *Mús.* Obra. Pl.: *opera.*
Opuscular, adj. m. e f. Relativo a opúsculo.
Opúsculo, s. m. Pequeno livro; folheto.
Ora[1], adv. (l. *ad hora(m)*). Agora, atualmente, nesta ocasião, presentemente. Conj. 1. Coordenativa consecutiva. Liga orações, exprimindo apenas uma transição de pensamento ou continuação do discurso e equivalendo a *pois bem, entretanto, demais, além disso.* 2. Coordenativa alternativa ou disjuntiva, conectivo de duas orações que exprimem idéias alternadas e equivalente a *ou....., ou.....; já ....., já.....; quer....., quer.....; não só....., mas também.....; umas vezes....., outras vezes.....* . 3. Partícula expletiva: *Ora* vamos, confessa a verdade. 5. Interj. Exprime dúvida, impaciência, menosprezo etc.: *Ora!* Pensei que falavas sério.
Ora[2], s. m. Medida grega de comprimento.
Oração, s. f. (l. *oratione*). 1. *Gram.* Conjunto de palavras que expressam um pensamento completo. 2. *Ret.* Obra de eloqüência para ser pronunciada em público. 3. Discurso, sermão. 4. *Liturg.* Elevação da alma a Deus. 5. *Liturg.* Invocação dirigida a Deus ou aos santos; prece.
Oracional, adj. m. e f. *Gram.* Relativo à oração ou proposição.
Oracular[1], adj. m. e f. 1. Relativo a oráculo. 2. Próprio de oráculo.
Oracular[2], v. Tr. dir. e intr. Falar como oráculo; doutrinar.
Oráculo, s. m. 1. Resposta dada por uma divindade a quem a consultava. 2. A própria divindade que respondia. 3. Lugar onde se davam os oráculos. 4. Palavra inspirada e infalível. 5. Pessoa cujo conselho tem grande autoridade.

Orada, s. f. 1. *Pop.* Lugar aonde se vai orar. 2. V. *ermida.*

Orador, s. m. (l. *oratore*). 1. Aquele que ora ou discursa em público. 2. Aquele que tem o dom da eloqüência; que fala bem; tribuno.

Orago, s. m. 1. Santo a que é dedicado um templo, capela ou povoação; padroeiro. 2. Invocação. 3. Oráculo.

Oral, adj. m. e f. 1. Relativo à boca; verbal, vocal. 2. Transmitido de boca em boca: Tradição *oral.* 3. Feito de viva voz: Exame *oral.*

Oralidade, s. f. Qualidade de oral.

-orama, elem. de comp. (gr. *orama*). Exprime a idéia de *espetáculo, vista: panorama.*

Orangista, adj. m. e f. Relativo a Orange, na África do Sul. S. m. e f. Pessoa natural de Orange. S. m. Partidário de Guilherme III, rei da Inglaterra, antes Príncipe de Orange, nome de uma casa principesca holandesa, oposto ao partido católico que sustentava Jaime II.

Orangotango, s. m. 1. *Zool.* Macaco antropomorfo (*Pongo pygmaeus*) de Sumatra e Bornéu. 2. *Pop.* Pessoa feia e desengonçada.

Orar, v. 1. Intr. Falar em público; falar em tom oratório; proferir discursos ou sermões. 2. Tr. ind. Dirigir oração, rezar a.

Orate, s. m. Idiota, louco.

Oratória, s. f. Arte de orar ou falar em público; a eloqüência do foro, do púlpito ou das assembléias.

Oratoriano, adj. Da congregação do Oratório. S. m. Membro dessa congregação.

Oratório, adj. 1. Relativo à oratória. 2. Próprio de orador. S. m. Nicho ou armário que contém imagens de santos. 2. *Mús.* Espécie de drama musical executado pelos cantores e orquestra nas grandes solenidades religiosas em concertos solenes. 3. Antiga congregação religiosa anexa a uma paróquia e composta preferentemente de jovens. 4. Capela doméstica.

Orbe, s. m. (l. *orbe*). 1. Esfera, globo. 2. Mundo. 3. Qualquer corpo celeste. — *O. terráqueo* ou *terrestre*: a Terra.

orbi-, elem. de comp. (l. *orbe*). Expressa a idéia de *mundo, orbe, universo: orbícola.*

Orbícola, adj. m. e f. Que viaja por todo o orbe, por toda parte; cosmopolita.

Orbicular, adj. m. e f. 1. Em forma de orbe; esférico, globular. 2. Em forma de disco; circular. 3. Que contorna alguma coisa. 4. *Anat.* Diz-se dos músculos que servem, por contração, para fechar certos orifícios. S. m. O músculo orbicular.

Órbita, s. f. 1. *Astr.* Caminho percorrido por um astro, em seu movimento de translação, através do espaço celeste. 2. Esfera de ação. 3. *Anat.* Cavidade óssea, em que está o globo do olho. 4. Pele em torno do olho das aves.

Orbitário, adj. Relativo à órbita do olho.

Orbitelo, adj. *Zool.* Diz-se de aranhas que constroem sua teia em círculos mais ou menos concêntricos.

Orca, s. f. Vaso de barro, do feitio de uma ânfora, porém menor.

Orça, s. f. 1. Ato de orçar ou calcular. 2. *Náut.* Bolina.

Orçamental, adj. m. e f. Relativo a orçamento; orçamentário.

Orçamentário, adj. V. *orçamental.*

Orçamento, s. m. 1. Ação ou efeito de orçar. 2. Cálculo dos gastos a fazer com a realização de qualquer obra. 3. Cálculo prévio da receita e despesa.

Orçar[1], v. 1. Tr. dir. Fazer o orçamento de; calcular, computar, estimar. 2. Tr. ind. Ter ou ser aproximadamente: *Orçava* o garoto *por* seus 11 anos. 3. Tr. ind. Aproximar-se de, tocar os limites de.

Orçar[2], v. (de *orça*). Intr. *Náut.* Ir à orça ou a bolina; aproximar-se o mais possível do vento.

Orco, s. m. 1. *Poét.* Região dos mortos. 2. O inferno.

Ordeiro, adj. e s. m. Amigo da ordem; conservador

Ordem, s. f. (l. *ordine*). 1. Boa disposição das coisas, cada uma no lugar que lhe corresponde; disposição das coisas cujo arranjo se subordina a um princípio útil, agradável ou harmonioso. 2. Lugar ou categoria que ocupam entre si as pessoas ou as obras. 3. Natureza, modo de ser, espécie. 4. Série. 5. Classe ou hierarquia de cidadãos. 6. Maneira, modo, disposição. 7. Espécie de classe de honra instituída por um soberano ou autoridade suprema para recompensar o mérito pessoal. 8. *Teol.* Cada uma das classes, coros ou hierarquias em que se dividem os anjos. 9. *Hist. Nat.* Reunião de famílias afins; subdivisão da classe. 10. Classe de pessoas que exercem determinada profissão e estão legalmente sujeitadas a determinados princípios regulamentares: *Ordem* dos advogados. 11. Lei relativa a um assunto particular. 12. Categoria, classe, posição, qualidade; estado particular, mérito distintivo. 13. Mandado de um superior; prescrição; vontade autoritária. 14. Lei, ação, influência decisiva. 15. Companhia de pessoas que fazem voto de viver sob a autoridade de certas regras e de certos chefes espirituais. 16. Arranjo de uma casa, de um jardim etc. 17. Confraria composta de seculares não sujeitos a voto. 18. *Teol.* Sacramento que, conferido pelo bispo, dá o poder de exercer as funções eclesiásticas. 19. *Com.* Endosso de uma letra de câmbio.

Ordenação, s. f. (l. *ordinatione*). 1. Ato ou efeito de ordenar. 2. Mandado, ordem ou vontade superior. 3. Ordem; arrumação, arranjo; boa disposição. 4. *Liturg.* Ação de ordenar ou conferir as ordens eclesiásticas.

Ordenada, s. f. *Mat.* Uma das coordenadas que, no sistema cartesiano, definem a posição de um ponto num plano ou no espaço.

Ordenado, adj. 1. Posto em ordem. 2. Que tem ordem. 3. Metódico. S. m. Vencimento fixo; salário.

Ordenador, adj. e s. m. Que, ou o que ordena.

Ordenamento, s. m. 1. Ordenação. 2. Conjunto de preceitos ou métodos para o tratamento e exploração de matas.

Ordenança, s. f. 1. *Mil.* Regulamento militar. 2. *Mil.* Praça às ordens de uma autoridade militar ou de uma repartição.

Ordenar, v. 1. Tr. dir. e pron. Colocar(-se), dispor(-se) em ordem; organizar(-se). 2. Tr. dir., tr. ind. e intr. Dar ordem, determinar, mandar que se faça algo. 3. Tr. dir. Conferir as ordens eclesiásticas a; consagrar para um ofício religioso a. 4. Pron. Tomar ordens sacras.

Ordenável, adj. m. e f. Que pode ser ordenado.

Ordenha, s. f. Ação ou efeito de ordenhar.

Ordenhar, v. 1. Tr. dir. Comprimir manualmente a teta de (um animal) para extrair leite. 2. Intr. Praticar a ordenha.

Ordinal, adj. m. e f. *Gram.* Diz-se dos numerais que designam o lugar ou posição numa série numérica (*primeiro, segundo* etc.).

Ordinando, adj. e s. m. Que, ou aquele que se prepara para receber ordens sacras.

Ordinária, s. f. 1. Despesa diária, mensal ou anual. 2. Pensão alimentícia.

Ordinário, adj. 1. Que está na ordem das coisas habituais; comum, habitual, useiro, vulgar. 2. Costumado, normal, regular. 3. Freqüente; igual ao maior número. 4. Medíocre, pouco saliente. 5. De pouco preço, de qualidade média ou inferior. 6. Que tem maneiras pouco polidas; grosseiro, mal-educado. 7. Ruim. 8. Reles, sem caráter. 9. *Mil.* Diz-se do passo normal de marcha. S. m. 1. O que é habitual. 2. Música em passo ordinário. 3. *Dir. canônico.* Bispo, prelado; juiz eclesiástico; vigário geral. Interj. *Mil.* Voz de comando para que as tropas marchem a passo ordinário.

De o.: ordinariamente; por via de regra.

Ordinarismo, s. m. Procedimento de quem é ordinário; falta de brio, de caráter.

Oréade, s. f. *Mit.* Ninfa das montanhas. S. f. pl. *Bot.* Uma das cinco divisões da flora do Brasil, a qual, segundo Martius, compreende toda a região campestre.

Orégão, s. m. *Bot.* Planta labiada (*Origanum virens*), usada como tempero. Pl.: *orégãos.* Var.: *orígano.*

Orelha (*ê*), s. f. (l. v. *oricla*, por *auricla*). 1. *Anat.* Cada um dos dois órgãos externos do aparelho auditivo, situados em cada um dos lados da cabeça. 2. O órgão da audição; ouvido. 3. *Arquit.* A hélice do capitel coríntio. 4. *Carp.* Corte ou chanfro na extremidade de escoras, vigas etc., para as ligar a outra peça. 5. A parte fendida do martelo, oposta à cabeça, e que serve para arrancar ou endireitar pregos. 6. Parte da sobrecapa ou da capa de certos livros brochados, que se dobra para dentro, sendo também chamada *aba* ou *asa* (deturpação de *ourela*).

Orelhado, adj. Que tem orelhas; auriculado.

Orelhão, s. m. 1. Puxão de orelhas. 2. *Med.* Parotidite. 3. Parte do tear, nas fábricas de seda. 4. Cabina de telefone público cuja forma lembra, grosso modo, um pavilhão auricular.

Orelheira, s. f. Orelhas de um animal, especialmente de porco.

Orelhudo, adj. 1. *Pop.* Que tem orelhas grandes. 2. *Fig.* Estúpido, teimoso. S. m. 1. *Pop.* Burro. 2. *Zool.* Morcego.

Orélia, s. f. *Bot.* Planta apocinácea (*Allamanda cathartica*); alamanda.

oreo-, elem. de comp. (gr. *oros, oreos*). V. *oro-*.

Oreografia, s. f. V. *orografia*.

Oreógrafo, s. m. V. *orógrafo*.

orexi- (*cs*), elem. de comp. (gr. *orexis*). Expressa a idéia de *apetite, desejo: orexia*.

Orexia (*cs*), s. f. *Med.* Bulimia. Antôn.: *anorexia*.

Orfaico, adj. V. *orféico*.

Orfanar, v. Tr. dir. 1. Tornar órfão; lançar na orfandade. 2. Despojar, privar.

Orfanato, s. m. 1. Asilo para órfãos. 2. V. *orfandade*. 3. Abandono, desamparo.

Orfandade, s. f. (l. *orphanitate*). 1. Estado de órfão. 2. Os órfãos. 3. Abandono, desamparo, privação.

orfano-, elem. de comp. (gr. *orphanos*). Expressa a idéia de *órfão: orfanologia*.

Orfanologia, s. f. Parte da ciência jurídica que trata dos órfãos.

Orfanológico, adj. Relativo à orfanologia.

Órfão, adj. 1. Que perdeu os pais ou um deles. 2. Privado. 3. Vazio. 4. Que perdeu um protetor, ou quem lhe era querido. S. m. Aquele que ficou órfão. Fem.: *órfã*; pl.: *órfãos*.

Orfeão, s. m. (fr. *orphéon*). *Mús.* 1. Escola de canto. 2. Sociedade cujos membros se dedicam ao canto coral. 3. Pequeno instrumento de cordas e teclas.

Orfêico, adj. *Mús.* Relativo à música; orfaico.

Orfeônico, adj. 1. Relativo a orfeão. 2. Próprio para orfeão.

Orfeonista, s. m. e f. Membro de um orfeão.

Órficas, s. f. pl. Festas que, nas confrarias órficas, eram celebradas em honra de Baco.

Órfico, adj. 1. Relativo a Orfeu. 2. Diz-se dos dogmas, mistérios e princípios filosóficos atribuídos a Orfeu.

Organdi, s. m. Tecido de algodão leve e transparente, com um preparo especial que lhe dá certa consistência.

Organeiro, s. m. Fabricante de órgãos.

Organicismo, s. m. 1. *Filos.* Teoria pela qual a vida resulta da organização biológica. 2. *Sociol.* Teoria que realça a analogia entre a sociedade e um organismo vivo, buscando aplicar aos fatos sociais as leis e teorias biológicas.

Orgânico, adj. (l. *organicu*). 1. *Biol.* Relativo aos órgãos. 2. *Med.* Que ataca os órgãos. 3. Fundamental. 4. Arraigado profundamente.

Organismo, s. m. 1. Corpo organizado, que tem existência autônoma. 2. *Fisiol.* Disposição dos órgãos nos seres vivos. 3. Constituição orgânica, compleição. 4. *Dir.* Corporação ou instituição pública.

Organista, s. m. e f. Pessoa que toca órgão.

Organito, s. m. *Biol.* Nome dado a corpos de feitio regular, incapazes de se reproduzir, como núcleos celulares, centrossomos, glóbulos do sangue ou do pus, grânulos de amido, espermatozóides etc.

Organização, s. f. 1. Ato ou efeito de organizar(-se). 2. Disposição física do corpo humano; organismo.

Organizado, adj. 1. Constituído de órgãos. 2. Ordenado, disposto com método.

Organizador, adj. e s. m. Que, ou aquele que organiza.

Organizar, v. 1. Tr. dir. Criar, preparar e dispor convenientemente as partes de um organismo. 2. Tr. dir. Dispor para funcionar; estabelecer com base. 3. Pron. Constituir-se, formar-se. 4. Tr. dir. Arranjar, ordenar, preparar.

Organizável, adj. m. e f. Que pode ser organizado.

organo-, elem. de comp. (gr. *organon*). Sugere a idéia de *instrumento, órgão, função orgânica: organogenesia*.

Organogenesia, s. f. *Biol.* Descrição do desenvolvimento dos órgãos, a partir do embrião.

Organogenético, adj. Relativo à organogenesia. Var.: *organogenésico*.

Organogenia, s. f. V. *organogenesia*.

Organogênico, adj. V. *organogenético*.

Organografia, s. f. *Biol.* Estudo dos órgãos de um ser organizado.

Organográfico, adj. Relativo à organografia.

Organograma, s. m. Esquema de qualquer organização ou serviço, no qual se assinalam as disposições e inter-relações de suas unidades constitutivas, o limite de suas atribuições etc.

Organoléptico, adj. Diz-se de cada uma das propriedades com que os corpos impressionam os sentidos e o organismo. Var.: *organolético*.

Organometálico, adj. *Quím.* Que resulta da combinação de um radical orgânico com um metal.

Organometalóidico, adj. *Quím.* Diz-se da combinação do metalóide com um radical orgânico.

Organopatia, s. f. *Med.* Qualquer moléstia dos órgãos em geral.

Organoplastia, s. f. *Cir.* Modificação artificial da forma dos órgãos.

Organoplástico, adj. Relativo à organoplastia.

Organoscopia, s. f. Observação dos órgãos de um indivíduo, para dela se tirarem conclusões relativas à índole, às inclinações, paixões etc.

Organoscópico, adj. Relativo à organoscopia.

Organsim, s. m. (fr. *organsin*). O primeiro fio de seda que se põe no tear, para formar urdidura.

Organsinar, v. Tr. dir. Tecer em rodas apropriadas, no tear (fios de seda bruta), para formar o organsim.

Órgão, s. m. 1. Parte ou estrutura de um organismo ou corpo vivo, adaptada a uma determinada função. Col. (quando concorrem para uma mesma função): *aparelho, sistema*. 2. *Mec.* Cada uma das partes de um mecanismo que exerce uma função especial. 3. *Mús.* O mais antigo dos instrumentos de teclado (hoje geralmente elétrico); produz os sons por meio de tubos cujas colunas de ar se põem em vibração por meio de foles. 4. Pessoa ou coisa através da qual se divulgam informações, opiniões etc. 5. Jornal, gazeta. Pl.: *órgãos*.

Orgasmo, s. m. Grau máximo de excitação na cópula carnal, com satisfação do desejo venéreo.

Orgia, s. f. 1. Bacanal, festim licencioso. 2. Desordem, tumulto. 3. Desperdício, excesso, profusão: *Orgia* de cores, *orgia* orçamentária.

Orgíaco, adj. 1. Relativo a orgia. 2. Com caráter de orgia.

Orgulhar, v. 1. Tr. dir. Causar orgulho a; produzir ufania em. 2. Pron. Sentir orgulho, gloriar-se, ufanar-se.

Orgulho, s. m. 1. Conceito muito elevado que alguém faz de si mesmo; altivez, brio. 2. Amor-próprio exagerado. 3. Empáfia, soberba. 4. Aquilo de que se tem orgulho.

Orgulhoso, adj. 1. Que tem orgulho; ativo, brioso. 2. Bazófio, soberbo. S. m. Aquele que tem orgulho.

ori-, elem. de comp. (l. *ore*). Exprime a idéia de *boca: oriforme*.

Oricalco, s. m. Denominação dada pelos gregos, umas vezes ao cobre puro, outras ao latão, cobre e zinco, e outras ainda ao bronze, cobre e estanho; também chamado *auricalco*.

Orientação, s. f. 1. Ato ou arte de orientar(-se). 2. Direção, guia, regra.

Orientador, adj. e s. m. Que, ou aquele que orienta; guia, diretor.

Oriental, adj. m. e f. 1. Relativo ao Oriente. 2. Que está do lado do oriente. 3. Próprio do oriente. 4. Uruguaio. S. m. e f. 1. Quem é ou foi do Oriente ou da Ásia. 2. Habitante ou natural do Uruguai. S. m. pl. Os povos da Ásia.

Orientalidade, s. f. Qualidade do que é oriental.

Orientalismo, s. m. Conhecimento dos costumes, línguas e civilização dos povos orientais.

Orientalista, s. m. e f. Pessoa versada no conhecimento das línguas, literaturas e história do Oriente.

Orientar, v. 1. Tr. dir. Determinar os pontos cardeais em; marcar por meio de orientação. 2. Tr. dir. Ajustar ou adaptar à direção dos pontos cardeais. 3. Pron. Reconhecer a posição dos pontos cardeais, para se guiar no caminho. 4. Tr. dir. Indicar o rumo de. 5. Tr. dir. Dirigir, encaminhar, guiar, nortear. 6. Pron. Dirigir-se. 7. Pron. Examinar cuidadosamente os diferentes aspectos de uma questão.

Oriente, s. m. 1. Ponto do céu onde o Sol nos aparece quando nasce; leste, este, levante, nascente. 2. *Geogr.* Países ou regiões que ficam do lado onde aparece o Sol. 3. Os povos que habitam estes países. 4. O lado direito de uma carta ou mapa geográfico.

Orifício, s. m. 1. Entrada estreita. 2. Pequena abertura. 3. Pequeno buraco. 4. *Biol.* Abertura de um tubo, ducto, cavidade etc.

Oriforme, adj. m. e f. Que tem forma de boca.

Origem, s. f. 1. Primeira causa determinante; começo, princípio. 2. Procedência. 3. Nascimento, proveniência.

Origenista, adj. m. e f. Relativo às doutrinas de Orígenes (teólogo de Alexandria, no séc. III). S. m. e f. Pessoa que professa as doutrinas de Orígenes.

Original, adj. m. e f. 1. Relativo a origem. 2. Que tem o cunho da origem. 3. Que não é copiado nem reproduzido. 4. Que tem caráter próprio. 5. Que não tem semelhante; esquisito, extraordinário. 6. Bizarro, excêntrico, extravagante, singular. S. m. 1. *Tip.* Texto manuscrito ou datilografado, destinado à composição. 2. Escrito ou desenho primitivos dos quais se tiram cópias. 3. Tipo, modelo, padrão que inspirou imitações. 4. Pessoa excêntrica.

Originalidade, s. f. Qualidade de original.

Originar, v. 1. Tr. dir. Dar origem ou princípio a; ser causa de. 2. Pron. Ter origem; derivar-se, ser proveniente.

Originário, adj. 1. Que tem a sua origem em; oriundo, proveniente. 2. Conservado desde a sua origem; primitivo.

Originista, s. m. e f. V. *origenista.*

Orilha, s. f. 1. Filete em volta de uma obra de ourivesaria. 2. Borda, orla.

-ório, suf. Forma substantivos ou adjetivos que indicam: a) *excesso* ou *quantidade: latinório, palavrório, simplório;* b) *reunião* de pessoas ou coisas para determinado fim: *cartório, laboratório;* c) *qualidade: amatório.*

Órion, s. m. *Astr.* Constelação do hemisfério austral.

Oriundo, adj. Originário, procedente, proveniente, natural.

Orixá, s. m. *Folc.* Divindade secundária da religião dos iorubas.

Orixalá, s. m. *Folc.* O maior dos orixás; a maior divindade dos candomblés; Obatalá.

orizi-, elem. de comp. (l. *oryza*). O mesmo que *orizo: orizicultura.*

Orizicultor, adj. e s. m. Que, ou o que se dedica à orizicultura.

Orizicultura, s. f. Cultura do arroz.

Orizívoro, adj. *Zool.* Que se alimenta de arroz.

orizo-, elem. de comp. (gr. *oruza*). Expressa a idéia de *arroz: orizófago.*

Orizófago, adj. Diz-se de quem se alimenta de arroz.

Orizóideo, adj. *Bot.* Que tem a aparência do arroz.

Orla, s. f. (l. v. **orula*). 1. Borda ou extremidade das saias ou vestidos; cercadura, fímbrias. 2. Bordo, rebordo. 3. Tira, faixa, debrum. 4. Rebordo de uma cratera. 5. Margem, beira. 6. *Arquit.* Filete sob o ornato oval de um capitel.

Orladura, s. f. 1. Ato ou efeito de orlar. 2. Orla.

Orlar, v. Tr. dir. 1. Guarnecer com orla ou cercadura; ornar em roda. 2. Debruar, embainhar. 3. Estar situado à orla de.

Orleã, s. f. Tecido leve, de lã e de algodão ou seda.

Ornador, adj. e s. m. Que, ou o que orna; ornamentista.

Ornamentação, s. f. 1. Ato ou efeito de ornamentar(-se). 2. Arte de dispor ornamentos ou ornatos.

Ornamental, adj. m. e f. 1. Relativo a ornamentos. 2. Próprio para ornamentar.

Ornamentar, v. 1. Tr. dir. Guarnecer de ornamentos; ornar. 2. Pron. Adornar-se, enfeitar-se.

Ornamentista, s. m. e f. Pessoa que ornamenta, que faz ornatos ou ornamentações; ornamentador, ornador.

Ornamento, s. m. 1. Ornamentação. 2. Aquilo que ornamenta; ornato, adorno.

Ornar, v. 1. Tr. dir. e pron. Guarnecer(-se) com ornatos; ornamentar(-se). 2. Tr. dir. Ser o ornato de; embelezar.

Ornato, s. m. Tudo o que serve para ornar; adorno, enfeite, ornamento.

Ornear, v. Intr. *Onomat.* Ornejar, zurrar (diz-se do burro).

Ornejador, adj. e s. m. Que, ou animal que orneja.

Ornejar, v. Intr. V. *ornear.*

Ornejo (*ê*), s. m. V. *zurro.*

Ornis, s. m. Espécie de musselina indiana.

ornito-, elem. de comp. (gr. *ornis, ithos*). Expressa a idéia de *pássaro, ave: ornitófilo.*

Ornitóbio, s. m. *Entom.* Gênero (*Ornithobia*) de insetos dípteros que vivem sobre o corpo de mamíferos cervídeos, sugando-lhes o sangue.

Ornitocéfalo, s. m. *Bot.* Gênero (*Ornithocephalus*) de orquídeas.

Ornitodelfo, adj. e s. m. V. *monotremo.*

Ornitófilo, adj. e s. m. Que, ou aquele que por prazer se dedica à ornitologia. S. m. *Bot.* Designação da planta que é polinizada pelos pássaros.

Ornitofonia, s. f. Imitação do canto das aves.

Ornitóideo, adj. Que tem semelhança com ave.

Ornitologia, s. f. Tratado acerca das aves.

Ornitológico, adj. Relativo à ornitologia.

Ornitologista, s. m. e f. Pessoa versada em ornitologia; ornitólogo.

Ornitólogo, s. m. V. *ornitologista.*

Ornitomancia, s. f. Adivinhação por meio do canto ou do vôo das aves.

Ornitomante, s. m. e f. Quem se dedica à ornitomancia.

Ornitomântico, adj. Relativo à ornitomancia.

Ornitomizo, adj. e s. m. *Entom.* Diz-se do, ou o inseto que suga o sangue das aves.

Ornitorrinco, adj. *Zool.* Que tem bico semelhante ao das aves. S. m. Gênero (*Ornithorhynchus*) constituído de mamíferos ovíparos, que inclui apenas uma espécie, o *Ornithorhynchus platypus*, do Sul e Oeste da Austrália e da Tasmânia, com 50cm de comprimento.

Ornitoscopia, s. f. Observação das aves, para prever o futuro.

Ornitoscópico, adj. Relativo à ornitoscopia.

Ornitóscopo, s. m. Indivíduo que pratica a ornitoscopia.

Ornitotomia, s. f. Dissecação das aves.

Ornitotrofia, s. f. Arte de criar as aves.

oro-, elem. de comp. (gr. *oros*). Expressa a idéia de *montanha: orogenia, orografia.*

Orogenia, s. f. *Geol.* Conjunto de fenômenos que levam à formação de montanhas; orognosia, orologia.

Orogênico, adj. 1. Relativo à orogenia. 2. *Geol.* Diz-se dos movimentos que produzem o relevo da crosta terrestre; orognóstico, orológico.

Orognosia, s. f. V. *orogenia.*

Orognóstico, adj. V. *orogênico.*

Orografia, s. f. *Geogr.* Descrição das montanhas. Var.: *oreografia.*

Orográfico, adj. Relativo à orografia. Var.: *oreográfico.*

Orógrafo, s. m. Tratadista de orografia. Var.: *oreógrafo.*

Orologia, s. f. V. *orogenia.*

Orológico, adj. Relativo à orologia; orogênico.

Orosfera, s. f. Litosfera.

Orosférico, adj. Relativo à orosfera.

Orquestra, s. f. *Mús.* 1. Conjunto de músicos que executam um concerto, uma peça ou acompanham uma pessoa que canta. 2. Lugar destinado aos músicos de um teatro, de um baile, de uma festa etc. 3. Parte do teatro grego, na qual o coro executava as suas evoluções.

Orquestração, s. f. *Mús.* Ato, arte ou efeito de orquestrar.

Orquestral, adj. m. e f. *Mús.* Relativo a orquestra.

Orquestrar, v. 1. *Mús.* Tr. dir. Compor as diferentes partes de uma peça musical para ser executada por orquestra; instrumentar. 2. Tr. dir. e pron. *Fig.* Combinar(-se), harmonizar(-se).

Orquidáceas, s. f. pl. *Bot.* Família (*Orchidaceae*) de monocotiledôneas, herbáceas, perenes, freqüentemente cultivadas por suas flores de grande beleza.

Orquidáceo, adj. *Bot.* Relativo à família das Orquidáceas.

Orquidário, s. m. Viveiro de orquídeas.

Orquídea, s. f. *Bot.* Designação atribuída às flores e plantas da família das Orquidáceas.

-orro, suf. aumentativo: *beatorro, velhorro.*

Ortita, s. f. *Miner.* Silicato hidratado de alumínio, cálcio e ferro.

Ortivo, adj. Que nasce; nascente.

Orto[1], s. m. (l. *ortu*). 1. *Astr.* Nascimento de um astro. 2. *Poét.* Nascimento, origem.

orto-[2], elem. de comp. (gr. *orthos*). Expressa a idéia de *direito, reto, exato: ortodoxo, ortogonal, ortografia.*

Ortoclásio, s. m. *Miner.* Variedade de feldspato; ortósio.

Ortocolo, s. m. *Med.* Rigidez de uma articulação, impedindo que se movam as peças articuladas. Var.: *ortocólon.*

Ortocromático, adj. *Fot.* 1. Diz-se do material igualmente sensível a todas as cores. 2. Diz-se da emulsão fotográfica sensível a todas as cores com exceção do vermelho. Var.: *ortocrômico.*

Ortodátilo, adj. *Zool.* Que tem os dedos direitos. Var.: *ortodáctilo.*

Ortodonte, adj. m. e f. Que tem os dentes direitos.

Ortodontia, s. f. Parte da Odontologia que visa à prevenção e correção das irregularidades dos dentes. Var.: *ortodoncia.*

Ortodoxia (*cs*), s. f. Qualidade de ortodoxo. Antôn.: *heterodoxia.*

Ortodoxo (*cs*), adj. Conforme com a doutrina religiosa tida como verdadeira. Antôn.: *heterodoxo.*

Ortodromia, s. f. 1. *Geogr.* e *Náut.* Arco de círculo máximo do globo terrestre, que, em navegação, constitui o caminho mais curto entre dois pontos. 2. *Topogr.* A distância mais curta; o traçado reto.

Ortodrômico, adj. Relativo à ortodromia.

Ortoépia, s. f. 1. Pronúncia correta. 2. *Gram.* Parte da gramática que ensina a bem pronunciar as palavras. Var.: *ortoepia.*

Ortoépico, adj. Relativo à ortoépia.

Ortofonia, s. f. Arte de corrigir os vícios de pronúncia.

Ortognatia, s. f. Qualidade do crânio que apresenta uma proeminência pequena da face.

Ortógnato, adj. e s. m. Diz-se do, ou o indivíduo que apresenta ortognatia.

Ortogonal, adj. m. e f. *Geom.* Que forma ângulos retos.

Ortografar, v. Tr. dir. e intr. 1. Escrever de acordo com as regras ortográficas. 2. Grafar.

Ortografia, s. f. 1. Escrita correta. 2. Parte da Gramática que ensina a escrever corretamente. 3. Maneira de escrever as palavras. 4. *Geom.* Projeção ortogonal. 5. *Arquit.* Representação geométrica de um edifício. — *O. fonética:* a que representa as palavras empregando só as letras correspondentes aos sons.

Ortográfico, adj. Relativo à ortografia.

Ortolexia (*cs*), s. f. Expressão correta; boa dicção.

Ortometria, s. f. Arte de medir com exatidão.

Ortopedia, s. f. *Med.* Arte de prevenir ou corrigir as deformidades do corpo.

Ortopédico, adj. Relativo à ortopedia.

Ortopnéia, s. f. *Med.* Impossibilidade de respirar a não ser com o tórax ereto.

Ortóptero, adj. *Entom.* 1. Diz-se do inseto que tem asas com nervuras longitudinais. 2. Relativo aos Ortópteros. S. m. pl. Ordem (*Orthoptera*) de insetos que tem como principais representantes os gafanhotos e os grilos.

Ortorrômbico, adj. *Miner.* Diz-se do prisma reto, cuja base é um losango.

Ortósio, s. m. V. *ortoclásio.*

Orvalhada, s. f. 1. Orvalho matinal. 2. Formação de orvalho.

Orvalhar, v. 1. Tr. dir. e pron. Cobrir(-se) de orvalho; umedecer(-se), molhar(-se). 2. Intr. Cair orvalho. 3. Tr. dir. Aspergir, borrifar com gotas de qualquer líquido. 4. Tr. dir. Alegrar, afagar.

Orvalho, s. m. (l. v. **roraliu?*). 1. Pequeninas gotas que, por condensação do vapor de água ambiente, se depositam à superfície dos objetos, à noite ou de madrugada. 2. Chuva miudinha.

Orvalhoso, adj. 1. Em que há orvalho. 2. Cheio de orvalho.

Oscilação, s. f. (l. *oscillatione*). 1. Ato ou efeito de oscilar. 2. Movimento de vaivém. 3. *Fig.* Estado de incerteza; hesitação, perplexidade.

Oscilante, adj. m. e f. Que oscila; oscilatório.

Oscilar, v. 1. Intr. Mover-se alternadamente de um para outro lado. 2. Tr. ind. Fazer vaivém entre duas coisas ou posições. 3. Tr. ind. e intr. Hesitar, vacilar.

Oscilatório, adj. Oscilante.

Oscilógrafo, s. m. *Fís.* Aparelho que registra as oscilações das correntes alternadas.

Óscinos, s. m. pl. *Ornit.* Subordem (*Oscines*) muito grande da ordem dos Passeriformes, constituída pelas aves canoras típicas, que têm um aparelho vocal especializado, com quatro ou cinco pares de músculos siringeais.

Oscitação, s. f. *Med.* Ato de oscitar; bocejo.

Oscitar, v. Intr. Bocejar.

Osco, adj. Relativo aos oscos, povo antiqüíssimo, de estirpe pelágica, da Campânia, Itália. S. m. 1. Indivíduo desse povo. 2. Idioma dos oscos.

Osculação, s. f. (l. *osculatione*). 1. Ato ou efeito de oscular. 2. *Geom.* Contato de duas curvas; cruzamento de dois ramos da mesma curva.

Osculador, adj. Que oscula. S. m. Aquele que oscula.

Oscular, v. Tr. dir. 1. Dar ósculo em; beijar. 2. Acalentar, afagar.

Osculatório, adj. Relativo a ósculo. S. m. 1. Relicário. 2. Porta-paz.

Ósculo, s. m. Beijo. 2. Beijo de paz e amizade. 3. *Zool.* Abertura de saída do aparelho irrigador das esponjas.

-ose, suf. (gr. *-osis*). 1. Forma substantivos femininos que exprimem *ação: osmose.* 2. Denota estado mórbido crônico: *ancilostomose, clorose.* 3. *Quím.* Caracteriza a função de *açúcar: glicose, sacarose.*

Osfresia, s. f. 1. Sensibilidade olfativa muito desenvolvida. 2. Faculdade de sentir facilmente os cheiros.

Osfrésico, adj. Relativo à osfresia.

Osga[1], s. f. (ár. *usga*). *Zool.* Réptil sáurio, que em geral habita esconderijos sombrios (*Platydactilus mauritanicus*).

Osga[2], s. f. *Pop.* Aversão entranhada.

Osmandi, s. m. *Lingüíst.* Língua oficial dos turcos; o turco.

Osmanli, s. m. Membro da última dinastia turca, fundada por Osmã I. S. m. pl. Os turcos.

Ósmico, adj. *Quím.* Relativo aos sais e a um dos óxidos do ósmio.

Ósmio, s. m. *Quím.* Elemento metálico polivalente, de ponto de fusão alto, 2.700°C. Símbolo Os, número atômico 76, massa atômica 190,2.

-osmo-[1], elem. de comp. (gr. *osme*). Expressa a idéia de *cheiro: osmologia.*

osmo-[2], elem. de comp. (gr. *osmos*). Exprime a idéia de *impulso, movimento: osmose.*

Osmologia, s. f. Tratado a respeito dos aromas.

Osmológico, adj. Relativo à osmologia.

Osmômetro, s. m. *Fís.* Aparelho que serve para medir a intensidade de pressão osmótica.

Osmose, s. f. *Fís.* Fenômeno que se produz quando dois líquidos, de desigual concentração, separados por parede mais ou menos porosa, a atravessam e se misturam.

Osmótico, adj. Relativo à osmose.
Osmundáceas, s. f. pl. *Bot.* Família (*Osmundaceae*) de fetos com rizomas rastejantes.
Osmundáceo, adj. *Bot.* Relativo à família das Osmundáceas.
-oso, suf. (l. *osu*). 1. Forma adjetivos que denotam *abundância, plenitude* ou *simples qualidade: montuoso, caloso, pegajoso.* 2. *Quím.* Denota o grau de oxidação minina de um metalóide ou metal: *cloroso, ferroso.*
Ossada, s. f. 1. Grande porção de ossos; ossaria. 2. Os ossos de um cadáver; esqueleto. 3. Destroços, restos. 4. Variedade de silex, satélite do diamante. 5. *Pop.* O corpo humano. *Dar a o., Pop.:* morrer.
Ossamenta, s. f. Armação óssea de animal morto; esqueleto.
Ossaria, s. f. 1. Ossada. 2. Ossuário.
Ossatura, s. f. 1. Ossos de animal. 2. Arcabouço, estrutura.
Osseína, s. f. *Quím.* e *Biol.* Substância azotada que, nos animais, entra na formação dos ossos e das cartilagens e que, pela fervura, dá a gelatina; osteína.
Ósseo, adj. 1. Referente a osso. 2. Da natureza do osso. 3. Formado por ossos.
ossi-, elem. de comp. (l. *ossu*). Expressa a idéia de *osso: ossívoro.*
Ossiânico, adj. 1. Referente às poesias atribuídas a Ossian, pseudônimo de Mac-Pherson, poeta escocês do séc. XVIII. 2. Com o caráter dessas poesias.
Ossicos, s. m. pl. (de *osso*). Ossos que dividem as ventas das bestas.
Ossiculado, adj. Que tem ossículos.
Ossículo, s. m. Osso pequeno. S. m. pl. Cada um dos ossinhos do ouvido interno.
Ossificação, s. f. 1. Ato ou efeito de ossificar(-se). 2. Formação de ossos ou do sistema ósseo.
Ossificar, v. Tr. dir. e pron. 1. Transformar(-se) em osso. 2. *Fig.* Tornar(-se) duro como osso.
Ossifluente, adj. m. e f. *Med.* Diz-se do abscesso que, numa articulação, se forma à custa da decomposição dos ossos.
Ossiforme, adj. m. e f. Com forma de osso.
Ossívoro, adj. 1. Que come ossos. 2. *Med.* Que ataca ou carcome a substância dos ossos.
Osso (*ô*), s. m. 1. *Anat.* Cada um dos elementos sólidos e calcificados que formam o esqueleto dos vertebrados. 2. Fragmento ou componente desse arcabouço. 3. *Pop.* A parte difícil de um empreendimento. 4. Dificuldade. 5. *Pop.* Emprego. 6. *Pop.* Mulher, amante ou namorada. 7. *Pop.* Cliente ou freguês que não paga. S. m. pl. 1. Restos mortais. 2. *Fam.* As mãos. Adj. *Pop.* Valentão.
Ossuário, s. m. 1. V. *ossário.* 2. Sepultura comum de muitos cadáveres.
Ossudo, adj. Que tem ossos grandes ou muito salientes.
Ostaga, s. f. *Náut.* Cabo grosso que sustenta as vergas em seus moitões.
Ostealgia, s. f. *Med.* Dor nos ossos; osteodinia.
Osteálgico, adj. *Med.* Relativo à ostealgia.
Osteína, s. f. Osseína.
Osteíte, s. f. *Med.* Inflamação do tecido ósseo.
Ostensível, adj. m. e f. V. *ostensivo.*
Ostensivo, adj. 1. Que se pode mostrar. 2. Próprio para ser visto. 3. Evidente, patente.
Ostensor, adj. e s. m. Que, ou o que mostra ou ostenta.
Ostensório, adj. V. *ostensivo.* S. m. Custódia onde se ostenta a hóstia consagrada.
Ostentação, s. f. 1. Ato ou efeito de ostentar(-se). 2. Alarde, exibição vaidosa, vanglória. 3. Aparato, luxo, magnificência, pompa.
Ostentador, adj. e s. m. 1. Que, ou aquele que ostenta. 2. Que, ou o que fala com ostentação.
Ostentar, v. 1. Pron. Fazer ostentação; mostrar-se com alarde e vanglória. 2. Tr. dir. Exibir com ostentação, mostrar com alarde, pompear. 3. Tr. dir. Deixar ver, mostrar naturalmente. 4. Pron. Mostrar-se com ostentação. 5. Tr. dir. Exibir, mostrar com legítimo orgulho.
Ostentativo, adj. Ostensivo.
Ostentoso, adj. 1. Feito com ostentação. 2. Aparatoso, esplêndido, monumental, pomposo, soberbo.
ósteo-, elem. de comp. (gr. *osteon*). Expressa a idéia de *osso: osteologia.*
Osteoblasto, s. m. *Biol.* Célula embrionária do tecido ósseo.
Osteodermo, adj. 1. Que tem a pele muito endurecida. 2. Diz-se dos peixes cuja pele é coberta de placas ósseas.
Osteodinia, s. f. *Med.* V. *ostealgia.*
Osteogênese, s. f. V. *osteogenia.*
Osteogenia, s. f. *Biol.* Estudo da formação dos ossos no embrião; osteogênese.
Osteogênico, adj. *Biol.* Relativo à osteogenia.
Osteografia, s. f. *Anat.* Descrição ou tratado acerca dos ossos.
Osteográfico, adj. *Anat.* Relativo à osteografia.
Osteólito, s. m. *Miner.* Osso fóssil; osso petrificado.
Osteologia, s. f. *Anat.* Tratado acerca dos ossos.
Osteológico, adj. Relativo à osteologia.
Osteologista, s. m. e f. Pessoa versada em osteologia; osteólogo.
Osteólogo, s. m. V. *osteologista.*
Osteoma, s. m. *Med.* Tumor composto de tecido ósseo.
Osteomalacia, s. f. *Med.* Moléstia resultante do amolecimento geral do esqueleto.
Osteômero, s. m. *Zool.* Parte óssea do metâmero.
Osteometria, s. f. *Antrop.* Medição dos ossos nos estudos antropológicos.
Osteomielite, s. f. *Med.* Inflamação da medula dos ossos.
Osteonecrose, s. f. *Med.* Destruição, gangrena dos ossos.
Osteopatia, s. f. *Med.* Nome genérico das doenças dos ossos.
Osteoplastia, s. f. *Cir.* Reparação da parte destruída de um tecido ósseo.
Osteoplástico, adj. *Cir.* Relativo à osteoplastia.
Osteose, s. f. *Med.* Calcificação.
Osteossarcoma, s. m. *Med.* Sarcoma do tecido ósseo.
Osteotomia, s. f. *Cir.* Dissecação de um ou mais ossos, geralmente para corrigir deformidades.
Osteozoário, adj. e s. m. *Zool.* Diz-se do, ou o animal vertebrado.
Ostiariato, s. m. *Teol. ant.* 1. A primeira das quatro ordens menores. 2. Cargo de ostiário.
Ostiário, s. m. 1. *Teol. ant.* Clérigo que recebia a ordem do ostiariato. 2. *Ant.* Aquele que abria e fechava as portas dos templos e guardava os objetos do culto.
Ostiolado, adj. *Bot.* Que tem ostíolos.
Ostíolo, s. m. *Bot.* Pequena abertura ou orifício.
Ostra (*ô*), s. f. (l. *ostrea*). 1. *Zool.* Nome comum às espécies de moluscos bivalves, principalmente das que são comestíveis. 2. *Gír.* Pessoa que está sempre junto de outra. 3. Assento preso à parede dos anfiteatros, nas casas de espetáculos. 4. Escarro grosso.
Ostráceo, adj. Que se refere ou se assemelha à ostra.
Ostracismo, s. m. 1. Desterro, por meio de votação secreta, a que os atenienses condenavam os cidadãos cuja presença consideravam perigosa. 2. Exclusão, isolamento, proscrição.
Ostracista, s. m. e f. Pessoa partidária do ostracismo.
Ostracite, s. f. Ostra fóssil.
ostraco-, elem. de comp. (gr. *ostrakon*). Exprime a idéia de *concha: ostracologia.*
Ostracódeos, s. m. pl. *Zool.* Subclasse (*Ostracoda*) de microcrustáceos, constituída por espécies que apresentam o corpo protegido por uma carapaça calcária bivalve.
Ostracologia, s. f. *Hist. Nat.* Tratado acerca das conchas.
Ostraria, s. f. Grande quantidade de ostras.
ostrei- (*e-i*), elem. de comp. (l. *ostrea*). Exprime a idéia de *ostra: ostreicultura.*
Ostreicultor (*e-i*), s. m. Aquele que se dedica à ostreicultura. Var.: *ostricultor.*
Ostreicultura (*e-i*), s. f. Criação de ostras. Var.: *ostricultura.*
Ostreídeo, adj. *Zool.* Relativo aos Ostreídeos. S. m. pl. Família (*Ostreidae*) de moluscos bivalves, que inclui as ostras comuns comestíveis.
Ostreína, s. f. Substância especial que se extrai das ostras.
Ostreira, s. f. 1. Viveiro de ostras. 2. Mulher que vende ostras.
Ostreiro, adj. e s. m. Diz-se do, ou o homem que vende ostras.

Ostricultor, s. m. V. *ostreicultor.*
Ostricultura, s. f. V. *ostreicultura.*
Ostrífero, adj. Que produz ostras.
Ostrino, adj. Da cor ou da natureza da púrpura.
Ostro, s. m. V. *púrpura.*
Ostrogodo (*ô*), adj. *Etnol.* Relativo aos ostrogodos, ou godos do leste. S. m. Habitante ou natural da Gótia oriental.
Ota! (*ó*), interj. Designativa de admiração.
Otalgia, s. f. *Med.* Dor de ouvidos; otodinia.
Otálgico, adj. *Med.* Relativo à otalgia.
Otário, s. m. *Pop.* Indivíduo ingênuo, tolo, que facilmente se deixa enganar.
-ote, suf. Forma substantivos masculinos com valor diminutivo, geralmente depreciativo ou burlesco: *brejeirote, malandrote, rapazote.*
Ótica, s. f. V. *óptica.*
Ótico[1], adj. Relativo ao ouvido ou à região auditiva. Cfr. *óptico.*
Ótico[2], adj. e s. m. V. *óptico.*
Otimismo, s. m. 1. Disposição, natural ou adquirida, para julgar tudo o melhor possível. 2. *Filos.* Sistema dos que consideram este mundo o melhor dos mundos possíveis. Var.: *optimismo.*
Otimista, adj. m. e f. 1. Relativo ao otimismo. 2. Que tem otimismo. S. m. e f. Pessoa que tem otimismo. Antôn.: *pessimista.*
Otimização, s. f. Ato ou efeito de otimizar.
Otimizar, v. Tr. dir. 1. Aproveitar ao máximo a capacidade de alguém ou de alguma coisa. 2. *Estatís.* Utilizar ao máximo determinado recurso (humano, físico e financeiro). 3. Tornar ótimo.
Ótimo, adj. (l. *optimu*). Sup. abs. sint. de *bom*; muito bom; excelente; o melhor possível. Antôn.: *péssimo.* S. m. Aquilo que há ou pode haver de melhor ou de muito bom.
Otite, s. f. *Med.* Inflamação do ouvido.
oto-, elem. de comp. (gr. *ous, otos*). Expressa a idéia de *ouvido, orelha: otologia.*
Otodinia, s. f. *Med.* V. *otalgia.*
Otologia, s. f. Parte da Medicina que se ocupa do ouvido e de suas doenças.
Otológico, adj. Relativo à otologia.
Otomana, s. f. 1. Espécie de sofá largo e sem costas. 2. Certo tecido para vestidos de senhora.
Otomano, adj. Relativo à Turquia ou aos seus sultões. Adj. e s. m. Habitante ou natural da Turquia; turco.
Otorrinolaringologia, s. f. *Med.* Estudo e tratamento das doenças do ouvido, nariz e garganta.
Otorrinolaringológico, adj. *Med.* Relativo à otorrinolaringologia.
Otorrinolaringologista, s. m. *Med.* Especialista em otorrinolaringologia.
Otose, s. f. *Med.* Afecção crônica, não inflamatória, do ouvido.
Ou, conj. (l. *aut*). 1. Une palavras ou orações que exprimem idéias alternadas: *Ou* vai, *ou* fica sem dinheiro. 2. Nas interrogações exprime um estado de hesitação ou incerteza: Deverei prestar exame, *ou* não? 3. Conjunção explicativa: equivalente a *de outra maneira, isto é, por outra forma ou modo*: Edificar, *ou* construir, uma casa.
Ouça[1], s. f. Chavelha que se atravessa na ponta do timão. Var.: *oiça.*
Ouça[2], s. f. (de *ouço*). Ouvido; orelha. Var.: *oiça.*
-oura, suf. Forma substantivos femininos: *juntoura, lavoura, rasoura.* Var.: *oira.*
Ourela, s. f. 1. Margem. 2. Cercadura, guarnição, orla. 3. V. *orelha* (acep. 6).
Ourelo (*ê*), s. m. Fita de pano grosso; tira, ourela.
Ouriçar, v. 1. Intr. e pron. Tornar-se ereto, eriçado como os pêlos do ouriço. 2. Pron. Apresentar-se eriçado ou áspero, com pontas ou saliências agudas.
Ouriço, s. m. (l. *hericiu*). 1. *Bot.* Invólucro espinhoso e externo de alguns frutos, como a castanha, o pinhão, a noz etc. 2. *Zool.* Nome comum a certos mamíferos que têm o corpo recoberto de espinhos rígidos e eriçados.
Ouricuri, s. m. *Bot.* V. *aricuri.*
Ouringue, s. m. *Náut.* V. *arinque.*
Ourinque, s. m. *Náut.* V. *arinque.*
Ourives, s. m. sing. e pl. (l. *aurifice*). Fabricante ou vendedor de artefatos de ouro.
Ourivesaria, s. f. 1. Estabelecimento, loja ou oficina de ourives. 2. Arte de ourives.
Ouro, s. m. (l. *auru*). 1. Elemento de símbolo Au, número atômico 79, massa atômica 196, 967; metal precioso, de cor amarela e brilhante, de que se cunham as moedas de maior valor e se fabricam certas jóias. 2. Dinheiro. 3. Qualquer artefato deste metal. 4. Riqueza, opulência. 5. Cor amarela e muito brilhante. S. m. pl. Naipe vermelho das cartas de jogar, no qual os pontos têm a figura de um quadrilátero. Var.: *oiro.*
Ouropel, s. m. 1. Lâmina fina de latão, que imita ouro; ouro falso; pechisbeque. 2. Falso brilho. 3. Aparência enganadora. 4. Estilo que encobre a pobreza de idéias ou idéias falsas. Var.: *oiropel.*
Ouro-pretano, adj. Relativo a Ouro Preto, cidade e município de Minas Gerais. S. m. O natural desse município. Sinôn.: *ouro-pretense.*
Ousadia, s. f. 1. Qualidade de ousado; coragem, galhardia. 2. Arrojo, atrevimento, audácia.
Ousado, adj. 1. Audaz, corajoso. 2. Arrojado, atrevido.
Ousar, v. (l. **ausare*, freq. de *audere*). 1. Tr. dir. Atrever-se a; ter bastante ousadia ou coragem para. 2. Tr. dir., tr. ind. e intr. Decidir-se a; empreender, tentar com audácia e coragem: *O.* uma *viagem* interplanetária.
Ousio, s. m. V. *ousadia.*
Outar, v. V. *joeirar.*
Outdoor (*autdór*), s. m. (t. ingl.). 1. Propaganda colocada ao ar livre, como painel, cartaz, letreiro, placa etc., que se caracteriza por forte apelo visual. 2. Cartaz de grandes dimensões colocado às margens de vias públicas.
Outeirista, s. m. Aquele que glosava nos outeiros conventuais. Var.: *oiteirista.*
Outeiro, s. m. (l. *altariu*). 1. Monte pouco elevado; colina. 2. Festa que outrora se realizava no pátio dos conventos, e em que os poetas glosavam motes dados pelas freiras. Var.: *oiteiro.*
Outo, s. m. (de *outar*). *Agr.* Limpaduras que ficam na joeira depois de joeirados os cereais.
Outonada, s. f. 1. Temporada do outono. 2. Colheita que se faz no outono.
Outonal, adj. m. e f. Próprio do outono, ou relativo a ele; autunal, outoniço.
Outonar, v. 1. Tr. dir. Cavar (terras) e regar com as primeiras águas do outono; alqueivar. 2. Intr. Brotar no outono.
Outonear, v. Tr. ind. Passar o outono em.
Outoniço, adj. 1. Outonal. 2. Que está no outono da vida.
Outono, s. m. (l. *autumnu*). 1. Estação do ano que precede o inverno e que no hemisfério norte vai de 22 de setembro a 21 de dezembro e no hemisfério sul de 21 de março a 21 de junho. 2. O tempo da colheita. 3. Decadência, declínio, ocaso.
Outorga, s. f. Ato ou efeito de outorgar.
Outorgante, adj. e s., m. e f. Que, ou pessoa que outorga.
Outorgar, v. 1. Tr. dir. e tr. ind. Aprovar, concordar com, consentir em. 2. Tr. dir. *Dir.* Declarar ou dizer por escritura pública. 3. Tr. ind. *Dir.* Intervir como parte interessada. 4. Tr. dir. Conceder.
Outrem, pron. (de *outro*). Outra pessoa; outras pessoas.
Outro, pron. (l. *alteru*). 1. Que não é o mesmo; diferente, diverso. 2. Mais um; novo, segundo. 3. Imediato, seguinte, ulterior. 4. Restante.
Outrora, adj. Antigamente, noutro tempo.
Outrossim, adv. Bem assim; igualmente; também.
Outubro, s. m. (l. *octobre*). Décimo mês do ano.
Ouverture (*uvertiure*), s. f. (t. *francês*). *Mús.* Introdução orquestral de ópera lírica, ou sinfonia de abertura; protofonia.

Ouvido, s. m. (l. *auditu*). 1. *Anat.* Órgão e sentido da audição; orelha. 2. Orifício por onde se comunicava o fogo à pólvora nas primitivas armas de fogo. 3. Orifício coberto com chave, nos instrumentos de palheta. 4. *Mús.* Abertura no tampo dos instrumentos de música, por onde se transmitem os sons à caixa de ressonância. 5. Facilidade em fixar na memória peças musicais ou em distinguir faltas de afinação. *De o.*: só pelo que ouviu; sem conhecimentos positivos.

Ouvidor, s. m. 1. V. *ouvinte*. 2. Magistrado adjunto a certas repartições públicas. 3. No Brasil colonial, o juiz posto pelos donatários em suas terras.

Ouvidoria, s. f. Cargo de ouvidor.

Ouviela, s. f. Vala para escoamento de águas.

Ouvinte, adj. e s., m. e f. 1. Que, ou quem ouve um discurso, preleção, radioemissão etc. Col.: *auditório*. 2. Estudante que freqüenta uma aula sem estar matriculado.

Ouvir, v. (l. *audire*). 1. Tr. dir. Entender, perceber pelo sentido do ouvido. 2. Intr. Ter o sentido da audição. 3. Tr. dir. Dar ouvidos às palavras de. 4. Intr. Dar ouvidos, escutar, prestar atenção. 5. Tr. dir. Dar audiência a. 6. Tr. dir. Escutar o discurso, a pregação, a conferência de. 7. Tr. dir. Tomar conhecimento de. 8. Intr. Levar uma repreensão; sofrer uma descompostura; ser acusado na presença. 9. Tr. dir. Receber o depoimento de; inquirir.

Ova, s. f. O ovário dos peixes. *Uma ova!*: exclamação de incredulidade, repulsa, protesto, contradita, violência.

Ovação[1], s. f. (l. *ovatione*). Aclamação pública feita a alguém; honras entusiásticas feitas a alguém.

Ovação[2], s. f. (*ovar[1]* + *ção*). O conjunto dos ovos dos peixes.

Ovacionar, v. Tr. dir. Fazer ovação a; aclamar em público.

Ovado, adj. V. *oval*. S. m. *Arquit.* Moldura principal do capitel dórico.

Oval, adj. 1. Em forma de ovo; oviforme, ovóide. 2. *Geom.* Diz-se de toda curva fechada e alongada. 3. *Geom.* Diz-se dos planos terminados pela curva deste gênero. S. f. 1. *Geom.* Curva com a forma de seção longitudinal de um ovo. 2. Figura oval plana ou sólida.

Ovalar, v. Tr. dir. Dar forma oval a.

Óvalo, s. m. (ital. *òvalo*). *Arquit.* Ornato oval.

Óvano, s. m. V. *óvalo*.

Ovante, adj. m. e f. Triunfante, vitorioso.

Ovar, v. Intr. 1. Pôr ovos. 2. Criar ovos ou ovas.

Ovariano, adj. *Anat.* Relativo ao ovário; ovárico.

Ovárico, adj. V. *ovariano*.

Ovariectomia, s. f. *Cir.* Extirpação do ovário.

Ovário[1], s. m. (l. *ovariu*). 1. *Anat.* Órgãos dos animais ovíparos, onde se formam os ovos. 2. *Bot.* Parte dilatada dos carpelos, onde se formam os óvulos.

ovário-[2], elem. de comp. Exprime a idéia de *ovário: ovariotomia.*

Ovariocele, s. f. *Med.* Tumor no ovário.

Ovariotomia, s. f. *Cir.* Incisão do ovário.

Ovarismo, s. m. *Biol.* Doutrina biológica que atribui a origem de todos os seres organizados ao desenvolvimento de um ovo.

Ovarista, adj. e s., m. e f. Diz-se da, ou a pessoa que é partidária do ovarismo.

Oveiro[1], s. m. Ovário das aves.

Oveiro[2], s. m. Vasilha de servir ovos à mesa.

Ovelha, s. f. (l. *òvicula*). 1. Fêmea do carneiro. Voz: *bala, berra, barrega, berrega*. Col.: *rebanho, grei, chafardel, malhada, oviário*; (quando dão leite): *alavão*; (quando ainda não deram cria nem estão prenhes): *alfeire*. 2. O paroquiano ou o diocesano relativamente ao seu pastor espiritual.

Ovelheiro, adj. 1. Diz-se do cão criado junto do rebanho e que o guarda e protege. S. m. Pastor de ovelhas.

Ovelhum, adj. Relativo a ovelhas, carneiros e cordeiros, ou próprio deles; ovino.

Ovém, s. m. *Náut.* Cada um dos cabos que agüentam os mastros para a borda.

Óveo, adj. (l. *ovu*). 1. V. *oval*. 2. Que contém ovos.

Over (*ôver*), s. m. (t. ingl.). *Fin.* Forma reduzida de *overnight*.

Overdose (*ô*), s. f. (t. ingl.). Superdose, dose excessiva, em especial de ingestão de tóxicos.

Overloque, s. f. (ingl. *overlock*). Máquina de costura, semi-industrial ou industrial, que costura, chuleia e corta o excedente do tecido ao mesmo tempo.

Overloquista, s. m. e f. Pessoa que trabalha com a overloque.

Overnight (*ôvernait*), s. m. (t. ingl.). *Fin.* Operação financeira efetuada pelo investidor no mercado aberto, com prazo de um dia; over.

Oveva, s. f. *Ictiol.* Pequeno peixe cienídeo (*Larimus breviceps*); obeba, ubeba, pirucaia.

ovi-, elem. de comp. (l. *ovu*). Expressa a idéia de *ovo: oviforme, ovívoro.*

Oviário, s. m. 1. V. *ovil*. 2. Rebanho de ovelhas.

Ovidiano, adj. *Lit.* Relativo ao poeta romano Ovídio, às suas obras ou a seu estilo.

Oviducto, s. m. 1. *Zool.* Canal que se inicia no ovário e pelo qual os ovos são levados para o exterior. 2. *Anat.* Trompa de Falópio. Var.: *oviduto.*

Oviforme, adj. m. e f. Oval.

Ovil, s. m. 1. Curral de ovelhas. 2. Aprisco, redil.

Ovino, adj. Ovelhum. S. m. Exemplar de gado ovelhum.

Ovinocultor, s. m. Aquele que cria ovelhas.

Ovinocultura, s. f. Criação de ovelhas.

Oviparidade, s. f. Qualidade de ovíparo; oviparismo.

Oviparismo, s. m. *Hist. Nat.* Oviparidade.

Ovíparo, adj. *Zool.* Que põe ovos; que se reproduz por ovos. S. m. Animal ovíparo.

Ovipositor, s. m. *Entom.* Órgão abdominal dos insetos formado pelos apêndices, bastante modificados, dos três últimos segmentos, sendo por intermédio dele que se realizam as desovas.

Ovissaco, s. m. *Anat.* Um dos corpúsculos esféricos que há no ovário da mulher e que encerram os óvulos; vesícula de De Graaf.

Ovívoro, adj. Que se alimenta de ovos.

Ovo[1], s. m. (l. *ovu*). 1. *Hist. Nat.* Célula reprodutora feminina dos animais; macrogameta. 2. *Biol.* Rudimento de um novo ser organizado, que é o primeiro produto do concurso dos dois sexos e em que deve desenvolver-se o feto. 3. *Ornit.* O ovo das aves. Col. (quando postos durante certo número de dias): *postura*; (quando no ninho): *ninhada*. 4. Germe, origem, princípio. S. m. pl. *Ch.* Testículos. Fem.: *ova*; pl.: *ovos* (*ó*); dim.: *ovinho* e *óvulo*.

ovo-[2], elem. de comp. O mesmo que *ovi-:ovologia.*

Ovóide, adj. m. e f. Oval.

Ovologia, s. f. Oologia.

Ovológico, adj. Oológico.

Ovovivíparo, adj. e s. m. Diz-se do, ou o animal que põe ovos já com embrião desenvolvido, após incubação no próprio interior do organismo materno.

Ovulação, s. f. *Fisiol.* Processo de formação e desprendimento do óvulo maduro do folículo de De Graaf.

Ovulado, adj. Que tem óvulos.

Ovular, adj. m. e f. 1. Que se assemelha a um ovo de galinha. 2. Relativo ao óvulo.

óvuli-, elem. de comp. (de *óvulo*). Exprime a idéia de *óvulo: ovuliforme.*

Ovuliforme, adj. m. e f. Em forma de óvulo.

Óvulo, s. m. 1. Pequeno ovo. 2. *Biol.* Célula sexual feminina. 3. *Bot.* Corpúsculo ovóide que se converte em semente. 4. *Geom.* Curva que se obtém pela junção de uma semicircunferência com uma semi-oval.

Oxácido (*cs*), s. m. *Quím.* Designação genérica dos ácidos que contêm oxigênio. Var.: *oxiácido.*

Oxalá!, interj. Designativa de desejo: Deus o queira!

Oxalato (*cs*), s. m. *Quím.* Sal do ácido oxálico.

Oxálico (*cs*), adj. *Quím.* Designativo de um ácido existente em várias plantas oxalidáceas.

Oxalidáceas (*cs*), s. f. pl. *Bot.* Família (*Oxalidaceae*) de ervas ou raramente árvores, largamente distribuídas, representadas pelo trevo, ou azedinha, e pela caramboleira.

Oxalidáceo (*cs*), adj. *Bot.* Relativo à família das Oxalidáceas.

Oxalúria (*cs*), s. f. *Med.* Presença de quantidade excessiva de ácido oxálico ou de oxalatos na urina. Var.: *oxaluria.*

Oxalúrico (*cs*), adj. Relativo à oxalúria. S. m. Indivíduo que padece oxalúria.

oxi- (*cs*), elem. de comp. (gr. *oxus*). Expressa: 1) a idéia de *agudo, ácido, rápido: oxicéfalo, oxígala, oxítono*; 2) *oxigênio: oxiazóico.*

Oxiácido (*cs*), s. m. *Quím.* Oxácido.

Oxibrácteo (cs), adj. *Bot.* Cujas brácteas são agudas.

Oxibutírico (*cs*), adj. *Quím.* Diz-se de um ácido existente nalgumas urinas diabéticas e que reduz os sais de cobre.

Oxicedro (*cs*), s. m. *Bot.*. Árvore conífera do Sul da Europa, espécie de zimbro (*Juniperus oxycedrus*).

Oxicrato (*cs*), s. m. *Quím.* Mistura de vinagre e água, em determinada proporção.

Oxidabilidade (*cs*), s. f. *Quím.* Qualidade de oxidável.

Oxidação (*cs*), s. f. *Quím.* 1. Ato ou efeito de oxidar ou oxidar-se; oxigenação. 2. Estado de oxidado.

Oxidante (*cs*), adj. m. e f. *Quím.* Que oxida. S. m. *Quím.* Substância que produz oxidação.

Oxidar (*cs*), v. Tr. dir. e pron. 1. Converter(-se) em óxido; combinar(-se) com o oxigênio. 2. Enferrujar(-se): A umidade *oxidou* os *talheres. Oxidaram-se* as peças metálicas.

Oxidase (*cs*), s. f. *Quím.* Cada uma de várias enzimas que catalisam a oxidação e que, portanto, desempenham papel importante nos processos biológicos da oxidação e da redução. Var.: *oxídase.*

Oxidável, (*cs*), adj. m. e f. Suscetível de oxidar-se.

Óxido (*cs*), s. m. *Quím.* Corpo neutro ou alcalino composto de oxigênio e de um metal ou metalóide.

Oxidrilo (*cs*), s. m. *Quím.* Radical formado por um átomo de oxigênio e um de hidrogênio; hidroxilo. Var.: *oxidrila.*

Oxidulado (*cs*), adj. Levemente oxidado.

Oxigenação (*cs*), s. f. *Quím.* Ato ou efeito de oxigenar(-se); oxidação.

Oxigenado, adj. 1. Que contém oxigênio: Água *oxigenada.* 2. Que foi tratado por água oxigenada: Cabelos *oxigenados.*

Oxigenar (*cs*), v. 1. Tr. dir. e pron. *Quím.* Combinar(-se) com o oxigênio; oxidar(-se). 2. Tr. dir. Tingir por meio do oxigênio: *O. os cabelos.* 3. Tr. dir. Avigorar, fortalecer.

Oxigênio (*cs*), s. m. *Quím.* Elemento não-metálico, que é normalmente um gás incolor, inodoro, insípido, o mais abundante dos elementos sobre a Terra. Símbolo O, número atômico 8, massa atômica 16.

Oxigenoterapia (*cs*), s. f. *Med.* Aplicação médica do oxigênio, feita por inalação, cateterismo, intubação, injeção subcutânea, ou mediante tenda na qual se coloca o paciente.

Oxigeusia (*cs*), s. f. Desenvolvimento anormal do sentido do gosto.

Oxigono (*cs*), adj. *Zool.* Anguloso (falando de conchas). S. m. *Geom.* Triângulo acutângulo.

Oxilito (*cs*), s. m. *Quím.* Mistura de peróxido de sódio com um pouco de sal de cobre que, em contato com a água, produz oxigênio.

Oximel (*cs*), s. m. Mistura de vinagre, água e mel; acetomel.

Oximetria (*cs*), s. f. *Quím.* Acidimetria.

Oxiopia (*cs*), s. f. *Med.* Vista muito aguda ou penetrante; faculdade de ver a grande distância.

Oxítono (*cs*), adj. *Gram.* Qualificativo do vocábulo acentuado na última sílaba; também se diz *agudo.* S. m. Vocábulo oxítono.

Oxiúris (*cs*), s. m. *Zool.* Gênero (*Oxyuris*) de nematóides parasíticos, que têm cauda comprida, esguia, e um bulbo faríngeal bem desenvolvido.

Oxiúro (*cs*), s. m. *Zool.* Qualquer verme do gênero Oxiúris ou de um gênero relacionado.

Oxiurose (*csi-u*), s. f. *Med.* Doença causada por oxiúros; oxiuríase.

Oxum, s. m. *Folc.* Uma das esposas de Xangô, cujo fetiche é o seixo rolado, e, como orixá feminino, também o espelho.

Ozena, s. f. *Med.* Ulceração das membranas mucosas das fossas nasais que exala cheiro repugnante; rinite atrófica.

Ozênico, adj. *Med.* Relativo à ozena.

Ozenoso, adj. e s. m. *Med.* Que, ou aquele que sofre de ozena.

ozo-, elem. de comp. (gr. *ozein*). Expressa a idéia de *cheirar: ozocerita.*

Ozocerita, s. f. *Miner.* Mineral céreo que é uma mistura de hidrocarbonetos, com pequenas quantidades de substâncias oxigenadas.

Ozone, s. m. *Quím.* V. *ozônio.*

Ozônide, s. m. *Quím.* Nome genérico dos produtos de adição do ozônio com substâncias providas de dupla ligação. Var.: *ozonídio e ozonide.*

Ozônio, s. m. *Quím.* Gás ligeiramente azulado, de cheiro aliáceo, cuja molécula é constituída por três átomos de oxigênio, e que se desenvolve sob a influência das descargas elétricas. Var.: *ozona e ozone.*

Ozonização, s. f. *Quím.* Ato de ozonizar.

Ozonizador, s. m. Aparelho para produzir ozônio.

Ozonizar, v. Tr. dir. *Quím.* 1. Impregnar de ozônio. 2. Transformar em ozônio (o oxigênio).

ozono-, elem. de comp. (gr. *ozein*). Expressa a idéia de *ozônio: ozonometria.*

Ozonometria, s. f. *Quím.* Emprego do ozonômetro.

Ozonométrico, adj. Relativo à ozonometria.

Ozonômetro, s. m. *Quím.* Aparelho para medir o ozônio contido num gás.

Ozonoscópico, adj. *Quím.* Que permite observar a presença do ozônio.

Ozostomia, s. f. *Med.* Hálito fétido; mau hálito.

Ozostômico, adj. *Med.* Relativo à ozostomia.

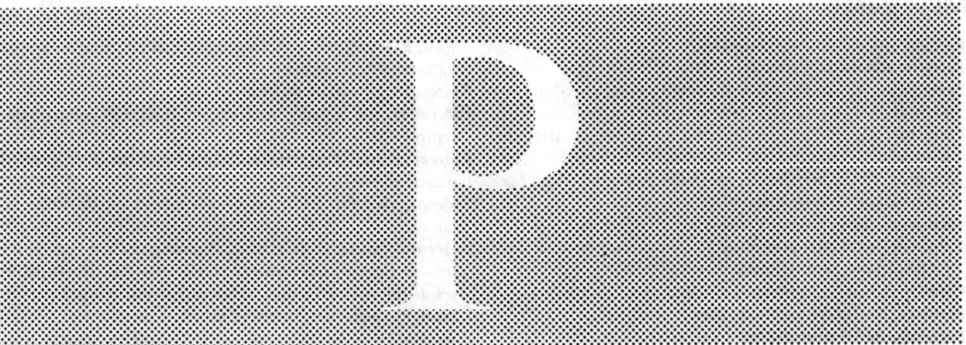

P *(pê)*, Símbolo da décima quinta letra do alfabeto português; consoante bilabial, oclusiva, surda. Num. Numa série indicada pelas letras do alfabeto, corresponde ao décimo quinto lugar.

Pá[1], s. f. (l. *pala*). 1. Utensílio que consiste geralmente em uma chapa de madeira ou ferro, presa a um cabo, usado em trabalhos agrícolas, de construção etc. 2. A parte mais larga e carnuda da perna das reses. 3. Qualquer objeto relativamente largo e achatado ao qual se prende uma haste mais ou menos longa: *pá* de um remo, *pá* de um moinho etc.

Pá![2], interj. Exprime popularmente o som da queda de um corpo duro ou o choque de dois corpos.

Pã, s. m. *Mit. gr.* Deus dos pastores. Var.: *Pan.*

Pabulagem, s. f. 1. Embuste, mentira. 2. Fatuidade, orgulho. 3. Pedantismo. 4. Fanfarronada, gabolice.

Pabular, v. 1. Tr. dir. e intr. Contar grandezas, vangloriar-se. 2. Tr. ind. Desdenhar de, com pretensa superioridade.

Pábulo, s. m. 1. *Ant.* Pasto, sustento. 2. Assunto, motivo para escárnio ou maledicência. Adj. Gabarola, impostor, pedante, prosa.

Paca[1], s. f. (tupi). *Zool.* Nome comum de um roedor (*Cuniculus paca*) de cor bruna; sua carne é muito apreciada. Voz: *assobia.* Adj. e s. m. Ingênuo, tolo, inexperiente.

Paca[2], s. f. (b. l. *paccu*). Fardo pequeno; pacote.

Pacamão, s. m. *Ictiol.* Nome popular de dois peixes fluviais pertencentes a grupos distintos, ambos, porém, apresentam corpo abrutalhado, feio, boca enorme e barbilhões curtos: um, batracoidídeo, é da Amazônia *(Batrachoides surinamensis)*, o outro, pimelodídeo, é do Rio São Francisco *(Lophiosilurus alexandri)*; apacamã, apacamão.

Pacapeua, s. f. *Bot.* Árvore leguminosa-cesalpiniácea *(Swartzia racemosa)*. Var.: *patapeua.*

Pacará, s. m. Cesta redonda feita com palha de palmeira e em várias cores.

Pacarana, s. f. *Zool.* Mamífero roedor *(Dinomys branickii)*, muito semelhante à paca.

Pacari, s. m. *Bot.* Arbusto litráceo *(Lafoensia densiflora)*.

Pacato, adj. 1. Amigo da paz, pacífico. 2. Sossegado. S. m. Indivíduo tranqüilo, calmo.

Pacau, s. m. 1. Certo jogo de cartas, usado na fronteira. 2. Pessoa a que falta um dedo. 3. *Gír.* Cigarro de maconha.

Pacavira, s. f. *Bot.* Planta musácea têxtil *(Heliconia pendula)*.

Paceiro, adj. e s. m. Que, ou o que freqüenta o paço do rei; cortesão, palaciano.

Pachecada, s. f. Pachequice.

Pachecal, adj. m. e f. Semelhante a, ou próprio de Pacheco, personagem ridícula, símbolo da mediocridade satisfeita e pomposa, criada por Eça de Queirós, na sua "Correspondência de Fradique Mendes".

Pachequice, s. f. Atitude, pomposidade oca, mediocridade que fazem lembrar Pacheco (v. *pachecal*).

Pachola, adj. m. e f. *Gír.* 1. Cheio de si; orgulhoso, vaidoso. 2. Pretensiosamente apurado no trajar. S. m. e f. Pessoa mandriona, preguiçosa, indolente.

Pacholar, v. *Gír.* Intr. Viver como pachola; enfeitar-se, divertir-se.

Pacholice, s. f. *Gír.* Ação, qualidade ou dito de pachola.

Pachorra *(ô)*, s. f. 1. Lentidão, vagareza. 2. Paciência.

Pachorrento, adj. 1. Dotado de pachorra. 2. Feito com pachorra.

Pachouchada, s. f. 1. Dito néscio; tolice, asneira. 2. Palavrão.

Paciência, s. f. (l. *patientia*). 1. Qualidade de paciente. 2. Virtude de quem suporta males e incômodos sem queixumes nem revolta. 3. Nome que se dá a vários entretenimentos com cartas de baralho. 4. *Bot.* Planta poligonácea *(Rumex patientia)*; labaça. — *Paciência!*: interjeição com que se exorta a essa virtude.

Pacientar, v. Intr. Ter paciência, mostrar-se paciente.

Paciente, adj. m. e f. 1. Que tem paciência. 2. Feito com paciência. S. m. e f. 1. Pessoa que espera com calma, que persevera com ânimo sereno. 2. Pessoa que está sob cuidados médicos. 3. Pessoa que padece; doente. S. m. *Gram.* Aquele que recebe a ação praticada por um agente.

Pacificação, s. f. Ato ou efeito de pacificar(-se).

Pacificador, adj. e s. m. Que, ou o que pacifica.

Pacificar, v. 1. Tr. dir. Restituir a paz; apaziguar, conciliar. 2. Tr. dir. Sossegar, tranqüilizar. 3. Pron. Voltar à paz, tranquilizar-se. 4. Tr. dir. Tirar do estado agressivo a tribo indígena.

Pacificidade, s. f. Qualidade de pacífico.

Pacífico, adj. 1. Amigo da paz. 2. Que é aceito sem disputa ou contestação: Ponto *p.* 3. Relativo ou pertencente ao Oceano Pacífico. Sup. abs. sint.: *pacificentíssimo.*

Pacifismo, s. m. Sistema dos que propugam pela paz mundial e pelo desarmamento das nações.

Pacifista, adj. e s., m. e f. Pessoa partidária do pacifismo.

Paco, s. m. *Gír.* Pacote de papéis velhos que simulam notas do Tesouro, em geral cobertos por uma nota verdadeira, usado no conto-do-vigário.

Paço, s. m. (l. *palatiu*). 1. Palácio real ou episcopal. 2. A corte; os cortesãos.

Pacoba, s. f. Fruto da pacobeira. Var.: *pacova.*

Pacobeira, s. f. *Bot.* Bananeira grande *(Musa paradisiaca)* do Norte do Brasil. Var.: *pacoveira.*

Pacoca, s. f. Lugar agitado e revolto num rio, abaixo das cachoeiras.

Paçoca, s. f. 1. Carne assada e desfiada, pilada com farinha de milho. 2. Amendoim torrado e pilado com farinha e açúcar. 3. Confusão, salsada, mistura.

Paco-catinga, s. m. *Bot.* Planta zingiberácea *(Costus pisonis)*.

Pacolé, s. m. *Bot.* Espécie de algodoeiro.

Paco-paco, s. m. *Bot.* Planta malvácea *(Wissadula hernandioides* ou *Wissadula spicata)*.

Pacote, s. m. 1. Embrulho, pequeno fardo. 2. Série de medidas econômicas, expedidas de uma só vez, geralmente tomadas através de decretos-leis. 3. Programa completo, série ou conjunto de programas vendidos em lotes para televisão ou rádio.

Pacotilha, s. f. 1. Porção de mercadorias que cada passageiro ou tripulante pode embarcar livre de frete. 2. Artefato grosseiro, mal acabado.

Pacotilheiro, s. m. Que faz ou vende pacotilhas.

Pacova, s. f. V. *pacoba.* 2. Imbira.

Pacová, s. f. *Bot.* Planta zingiberácea *(Alpinia aromatica)*.

Pacoveira, s. f. *Bot.* V. *pacobeira.*

Pacóvio, adj. e s. m. Tolo, simplório.
Pactário, adj. e s. m. Pactuante.
Pacto, s. m. Ajuste, contrato, convenção entre duas ou mais pessoas.
Pactuante, adj. e s., m. e f. Que, ou quem pactua; pactário, pactuário.
Pactuar, v. 1. Tr. dir. Ajustar, contratar. 2. Tr. ind. Fazer pacto. 3. Tr. ind. Transigir.
Pactuário, s. m. Aquele que pactua.
Pacu, s. m. *Ictiol.* Nome comum a vários peixes de água doce da família dos Serrasalmídeos.
Pacuã, s. m. *Bot.* Certa planta medicinal do alto Amazonas.
Pacuçu, s. m. *Zool.* O macho da paca.
Pacuera, s.m. Fressura de boi, carneiro ou porco.
Bater a p.: acabar-se, morrer.
Pacuguaçu, s. m. *Ictiol.* Espécie de pacu *(Calossoma bidens).*
Pacurina, s. f. *Bot.* Planta composta *(Pacourina edulis)*, medicinal.
Pacutinga, s. f. *Ictiol.* Espécie de pacu *(Myloplus discoideus).*
Pada, s. f. (l. **panata*). 1. Pão pequeno, de farinha ordinária. 2. Pequena coisa, pequena porção.
Padaria, s. f. 1. Estabelecimento onde se fabrica ou vende pão, bolachas etc. 2. *Ch.* As nádegas.
Padecedor, adj. e s. m. Que, ou o que padece.
Padecente, adj. m. e f. Que padece; padecedor. S. m. e f. 1. Pessoa que padece; padecedor. 2. Pessoa que vai sofrer a pena de morte; paciente.
Padecer, v. (l. v. * *patescere*). 1. Tr. dir. Ser atormentado, afligido, martirizado por. 2. Tr. dir. Agüentar, suportar. 3. Tr. ind. Sofrer dores físicas ou morais. 4. Intr. Estar ou ser doente. 5. Tr. dir. Admitir, consentir, permitir.
Padecimento, s.m. 1. Ato ou efeito de padecer. 2. Sofrimento, dor. 3. Doença, enfermidade.
Padeiro, s.m. 1. Fabricante ou vendedor de pão. 2. Aquele que entrega pão a domicílio.
Padejador, adj. e s.m. Que, ou o que padeja.
Padejar[1], v. (de *pá*[1]). Tr. dir. 1. Revolver com a pá: *Padejar cereais.* 2. Atirar (o pão ou grão) ao ar com a pá a fim de o limpar na eira.
Padejar[2], v. Intr. Fabricar pão, exercer o ofício de padeiro.
Padejo[1], s.m. Ato de padejar[1].
Padejo[2], s.m. Ofício de padeiro.
Padelo, s.m. 1. Tacho de barro. 2. Testo para tapar a panela.
Padieira, s.f. Verga de porta ou janela (especialmente de madeira).
Padiola, s.f. Espécie de tabuleiro retangular, com quatro varais, destinado para transporte.
Padioleiro, s.m. Cada um dos que carregam uma padiola.
Padixá, s.m. Sultão ou imperador dos turcos.
Padralhada, s.f. *Pej.* 1. Grande número de padres; padraria. 2. O clero.
Padrão[1], s.m. (l. *patronu*). 1. Modelo oficial de pesos e medidas. 2. Modelo. 3. Desenho de estamparia. 4. Título autêntico.
Padrão[2], s.m. (por *pedrão*). 1. Monumento de pedra que os portugueses erigiam em terras de sua descoberta. 2. Monumento monolítico; marco.
Padrar, v. Pron. *Fam.* Fazer-se padre; tomar ordens.
Padraria, s.f. V. *padralhada.*
Padrasto, s.m. Indivíduo em relação aos filhos que teve sua mulher em matrimônio anterior. Fem.: *madrasta.*
Padre, s.m. (l. *patre*). 1. Sacerdote secular ou regular. Col.: (em geral): *clero, clerezia;* (quando subordinados à hierarquia da Igreja): *clero secular;* (quando subordinados a regras especiais de uma ordem, congregação, companhia): *clero regular.* 2. Presbítero. - *P. Eterno:* Deus pai, a primeira pessoa da Santíssima Trindade.
Padreação, s.f. Ato de padrear.
Padreador, adj. e s.m. Diz-se do, ou o animal que padreia; reprodutor.
Padrear, v. Intr. Procriar, reproduzir-se (o cavalo, o burro e outros animais).
Padreco, s.m. *Pej.* Padre de pouco mérito ou de baixa estatura.
Padre-nosso, s.m. 1. Oração dominical que Cristo ensinou a seus discípulos; pai-nosso. 2. Cada uma das contas maiores de um rosário, a qual indica que se reze a oração dominical. Pl.: *padre-nossos* e *padres-nossos.*
Ensinar o p.-n ao vigário: pretender ensinar a alguém coisa que ele sabe perfeitamente.
Padresco, adj. *Pej.* 1. Próprio de padre. 2. Relativo a padre.
Padrice, s.f. *Pej.* Qualidade ou ato de padre.
Padrim, s.m. *Pop.* Padrinho.
Padrinho, s.m. (l. *patrinu*). 1. Testemunha de batismo, casamento ou duelo. 2. O que acompanha o doutorando na colação de grau. 3. Protetor, patrono.
Padroado, s.m. (l. *patronatu*). 1. Direito de protetor, adquirido por quem funda ou dota uma igreja. 2. Direito de conferir benefícios eclesiásticos.
Padroeiro, adj. e s.m. 1. Que, ou o que possui o direito do padroado. S. m. 1. Defensor, patrono, protetor. 2. Orago.
Padrófobo, s.m. Inimigo dos padres.
Padronização, s.f. Ato ou efeito de padronizar.
Padronizar, v. Tr. dir. 1. Servir de padrão, de modelo a. 2. Produzir mercadorias em série, ou estabelecer normas de serviço, segundo determinado modelo ou método.
Paduano, adj. e s.m. Patavino.
Paga, s.f. 1. Pagamento. 2. Recompensa, retribuição.
Pagador, adj. e s.m. Que, ou o que paga, ou faz pagamentos.
Pagadoria, s.f. Lugar ou repartição pública onde se fazem pagamentos.
Pagadouro, adj. *Ant.* Pagável. Var.: *pagadoiro.*
Pagamento, s.m. 1. Ato ou efeito de pagar(-se); paga, pago. 2. O que se dá em troca de um serviço; remuneração, estipêndio. 3. Prestação, cota.
Paganal, adj. m. e f. 1. Referente a, ou próprio de pagãos. 2. Referente a aldeões.
Paganismo, s.m. 1. Sistema religioso em que se adoram muitos deuses. 2. Os pagãos.
Paganização, s.f. Ato ou efeito de paganizar.
Paganizador, adj. e s.m. Que, ou o que paganiza.
Paganizar, v. 1. Tr. dir. Tornar pagão, descristianizar. 2. Intr. Pensar ou proceder como pagão.
Pagante, adj. e s., m. e f. Que, ou pessoa que paga.
Pagão, adj. (l. *paganu*). 1. Relativo a, ou próprio de pagão. 2. Diz-se do indivíduo que não foi batizado. 3. Diz-se das religiões nas quais não se adota o batismo. S. m. 1. Adepto de qualquer religião que não adota o batismo. 2. Indivíduo que não foi batizado. Fem.: *pagã.* Pl.: *pagãos.*
Pagar, v. (l. *pacare*). 1. Tr. dir. Satisfazer (uma dívida, um compromisso, um trabalho etc.). 2. Tr. dir. Satisfazer o preço ou valor de. 3. Tr. dir. e tr. ind. Gratificar, recompensar, remunerar. 4. Tr. dir., tr. ind. e intr. Sofrer as conseqüências de algum dano ou mal praticado; expiar. 5. Tr. dir. Compensar. 6. Tr. ind. Embolsar alguém do que lhe é devido; satisfazer a paga estipulada. 7. Tr. dir. Retribuir. 8. Pron. Indenizar-se.
Pagável, adj. m. e f. Que pode ou deve ser pago.
Página, s.f. 1. Cada face de uma folha de papel, de perga-

minho, de uma planta etc. 2. Assunto, passagem, trecho de uma obra. 3. Período ou fato notável numa biografia ou na história de um povo, nação ou da humanidade. - *P. de rosto:* frontispício. *P. em branco:* aquela em que não há nada escrito. *P. sangrada:* a que pertence a uma publicação, incluindo as margens laterais que cercam o espaço comumente utilizado ou espaço útil. *P. suja:* aquela em que há erro ou incorreções.

Paginação, s.f. 1. Ordem numérica das páginas de um volume escrito. 2. *Tip.* Ato de paginar.

Paginador, s.m. *Tip.* O oficial que organiza as páginas de livros, revistas ou jornais.

Paginar, v. Tr. dir. e intr. Organizar em páginas, em seqüência numérica, a composição de um livro ou jornal.

Pago, adj. 1. Entregue para pagamento. 2. Remunerado. 3. Vingado. S.m. Paga.

Pagode, s.m. 1. Templo pagão entre certos povos asiáticos. 2. *Pop.* Divertimento, bambochata, pândega. 3. *Pop.* Debique, mangação, zombaria.

Pagodear, v. Tr. ind. e intr. 1. Levar vida de estróina, pandegar. 2. Motejar, zombar.

Pagodeira, s.f. *Pop.* Divertimento, pagode.

Pagodista, s.m. e f. *Pop.* Pessoa estróina, que gosta de pagodes ou pândegas.

Pai, s.m. (l. *patre*). 1. Homem que gerou um ou mais filhos em relação a estes; genitor; homem colocado no primeiro grau da linha ascendente de parentesco. 2. Animal macho que gerou outro. 3. Benfeitor, protetor. 4. Criador, fundador. 5. Cacique. - *Pai da mentira:* o diabo. *Pai da pátria, Pop.* deputado ou senador, numa república; par do reino, numa monarquia. *Pai-de-família:* chefe da casa ou do grupo doméstico, haja ou não filhos. *Pai-de-mel:* abelha silvestre. *Pai-de-santo:* chefe de terreiro, guia, sacerdote, nas macumbas. *Pai-de-terreiro:* o mesmo que *pai-de-santo. Pai-de-todos, Pop.:* o dedo polegar. *Pai-dos-burros, Gír.:* o dicionário. *Pai-nosso:* o mesmo que *padre-nosso.*

Paiê, s.m. 1. V. *pajé.* 2. Vocativo infantil de *pai.*

Paina *(ãi),* s.f. (*malaiala panni*). Conjunto de fibras sedosas, semelhantes às do algodão, que envolvem as sementes de várias plantas.

Paiça, s.f. A palha e a farinha do painço.

Painçada, s.f. Porção de painço.

Painço, s.m. 1. *Bot.* Planta gramínea (*Setaria italica*). 2. O grão dessa planta. 3. Milho miúdo.

Paineira, s.f. *Bot.* Árvore bombacácea (*Chorisia speciosa*), estimada pela paina que produz e pela beleza e abundância de suas flores.

Painel, s.m. (provençal *panel*). 1. Pintura feita sobre tela, madeira, etc.; quadro, retábulo. 2. *Arquit.* Almofada nas vergas de janelas e portas. 3. *Fig.* Cena, espetáculo.

Paio, s.m. (de *Paio,* n.p.). 1. Carne de porco ensacada em tripa de intestino grosso. 2. *Gír.* Indivíduo toleirão, excessivamente crédulo.

Paiol, s.m. (l. *paniolu*). 1. Depósito de pólvora, munições e outros apetrechos de guerra. 2. Armazém em que se depositam produtos da lavoura. 3. Tulha de milho ou de outros cereais. 4. *Náut.* Compartimento grande, em navios, para arrecadação de bagagens, mercadorias etc. Pl.: *paióis.*

Paioleiro, s.m. Guarda de paiol.

Pairar, v. (provençal *pairar,* do l. *pariare?*). 1. Tr. ind. e intr. Sustentar-se (uma ave) no ar, de asas abertas e aparentemente sem agitá-las. 2. Tr. ind. e intr. Estar iminente, ameaçar. 3. Tr. ind. Estar sobranceiro; abranger, dominar do alto. 4. Tr. ind. Aflorar, aparecer à superfície.

País, s.m. (fr. *pays*). 1. Região, terra. 2. A nação em que se nasceu, a pátria. 3. Território habitado por um grande conjunto de famílias, que constituem determinada nação.

Paisagem, s.f. (fr. *paysage*). 1. Extensão de território que se abrange num lance de vista. 2. Desenho, quadro que representa um lugar campestre.

Paisagista, s.m. e f. Pessoa que pinta ou descreve paisagens.

Paisagística, s.f. A arte do paisagista.

Paisana, s.f. Traje de paisano (usado na loc. adv. *à paisana*).

Paisano, adj. e s.m. 1. Que, ou o que não é militar. 2. Compatriota, conterrâneo, patrício.

Paiurá, s.m. *Bot.* V. *pajurá.*

Paixão, s.f. (l. *passione*). 1. Sentimento forte, como o amor, o ódio etc. 2. Movimento impetuoso da alma para o bem ou para o mal. 3. Mais comumente paixão designa amor, atração de um sexo pelo outro. 4. Gosto muito vivo, acentuada predileção por alguma coisa. 5. A coisa, o objeto dessa predileção. 6. Parcialidade, prevenção pró ou contra alguma coisa. 7. Desgosto, mágoa, sofrimento prolongado. 8. Os tormentos padecidos por Cristo ou pelos mártires.

Paixoneta *(ê),* s.f. *Fam.* Pequena paixão; amorico.

Paixonite, s.f. *Pop.* Inclinação amorosa.

Pajé, s.m. 1. Entre os indígenas, misto de feiticeiro, médico, profeta e sacerdote. 2. *Pop.* Mandachuva. 3. Benzedor, curandeiro.

Pajeada, s.f. 1. Porção de pajens. 2. A classe dos pajens; os pajens.

Pajear, v. O mesmo (e mais usado) que *apajear.*

Pajelança, s.f. 1. Arte de curar. 2. Bruxaria.

Pajem, s.m. (fr. *page*). 1. Na Idade Média, mancebo da nobreza que acompanhava um príncipe, um fidalgo, ou uma dama, para prestar-lhes certos serviços e iniciar-se na carreira das armas. 2. Nas touradas, cavaleiro que transmite ordens. 3. Em navios de guerra, marinheiro que cuida da limpeza. S.f. Ama-seca.

Pajuari, s.m. Certa bebida excitante usada pelos indígenas.

Pajurá, s.m. *Bot.* Planta rosácea (*Parinarium montanum*); paiurá.

Pajurarana, s.f. *Bot.* Planta rosácea (*Licania parinarioides*).

Pala¹, s.f. 1. Engaste de pedra preciosa, ou de anel. 2. Peça que guarnece a parte inferior e dianteira da barretina, quepe ou boné militar etc. 3. Anteparo para resguardar os olhos do excesso de claridade. 4. Parte do sapato em que assenta a fivela, ou da polaina, que cobre o pé. 5. Cartão guarnecido de pano branco, com que o sacerdote cobre o cálice. 6. Parte móvel de uma cartucheira, para cobrir os cartuchos. 7. *Pop.* Engano, mentira, patranha, peta. 8. Parte do vestuário, que guarnece a gola ou colarinho.

Pala², s.f. (l. *palla*). 1. Capa ou manto comprido, usado outrora pelas matronas romanas. 2. Vestuário de cauda, dos atores trágicos. 3. Poncho leve, de bordas franjadas. *Abrir a p.:* correr, fugir.

Palacete, s.m. 1. Pequeno palácio. 2. *Pop.* Residência suntuosa, grande.

Palacianismo, s.m. Qualidade ou hábitos de palaciano.

Palaciano, adj. 1. Relativo a palácio. 2. Próprio de quem vive na corte; aristocrático. 3. Cortês, delicado. S.m. Cortesão, áulico.

Palácio, s.m. 1. Casa de rei ou de família nobre. 2. Casa grande e aparatosa. 3. Edifício majestoso.

Paladar, s.m. 1. Céu da boca; palato. 2. Sentido do gosto, gustação.

Paladim, s.m. V. *paladino¹.*

Paladínico, adj. 1. Relativo a paladino. 2. Próprio de paladino. 3. Esforçado, temerário.

Paladino¹, (l. med. *palatinu*). 1. Cada um dos principais cavaleiros que acompanhavam Carlos Magno à guerra. 2. Cavaleiro andante. 3. Homem corajoso e cavalheiroso.

Paladino², adj. (cast. *paladino*). *Ant.* Comum, notório, vulgar.

Paládio[1], s.m. 1. Estátua de Palas, venerada em Tróia, como penhor da sua conservação. 2. Garantia, proteção, salvaguarda.

Paládio[2], s.m. *Quím.* Elemento metálico branco-prateado, da família da platina, semelhante a ela, e que não se embaça à temperatura ordinária. Símbolo Pd, número atômico 46, massa atômica 106,7.

Palafita, s.f. 1. Estacaria que sustenta as habitações lacustres. 2. Nome dado a essas habitações.

Palafrém, s.m. *Ant.* 1. Cavalo que os reis e os nobres montavam ao entrar nas cidades. 2. Cavalo elegante e bem adestrado, destinado especialmente a senhoras.

Palafreneiro, s.m. Moço que tratava do palafrém, ou o conduzia à mão.

Palagonita, s.f. Silicato hidratado de alumínio, ferro, cálcio e magnésio, amorfo, encontrável nos terrenos vulcânicos de Palagônia (Sicília).

Palagonito, s.m. *Miner.* Tufo semelhante ao arenito, constituído de numerosos grãos de palagonita.

Palamenta, s.f. 1. Conjunto de mastros, vergas, croques, remos, ancorotes etc., de uma embarcação pequena. 2. Conjunto dos objetos necessários ao serviço de uma boca-de-fogo.

Pálamo, s.m. *Ornit.* Membrana entre os dedos de algumas aves, mamíferos e répteis.

Palanca, s. f. 1. Estacaria coberta de terra, para fortificação. 2. Estaca.

Palanco, s.m. *Náut.* Corda para içar as velas.

Palanfrório, s.m. Palavreado oco.

Palangana, s.f. 1. Tabuleiro em que se levam os assados à mesa. 2. Grande tigela.

Palanque, s.m. 1. Estrado de madeira com degraus, para espectadores ao ar livre. 2. Poste ou esteio de cerca.

Palanqueta, s.f. *Ant.* Barra de ferro, terminada por duas bolas fixas, que se empregava como projétil, nos combates navais.

Palanquim, s.m. Espécie de liteira, usada na Índia e na China.

Palatal, adj. m. e f. Relativo ao palato; palatinal, palatino.

Palatalização, s.f. Ação ou efeito de palatalizar.

Palatalizar, v. Tr. dir. *Gram.* Tornar palatal (som), como no caso de *olho*.

Palatinado, s.m. 1. Dignidade de palatino. 2. Região dominada por um palatino.

Palatinal, adj. m. e f. V. *palatal.*

Palatino[1], adj. (l. *palatinu*). 1. Relativo ao Monte Palatino. 2. Dizia-se de um nobre encarregado de qualquer serviço no palácio de um soberano, ou de um nobre cuja residência tivesse o título de palácio. S.m. 1. Governador de uma província da Polônia. 2. Príncipe ou senhor que tinha palácio e administrava justiça.

Palatino[2], adj. V. *palatal.* S.m. *Anat.* Designação de dois pequenos ossos situados na parte posterior das fossas nasais.

Palatite, s.f. *Med.* Inflamação da mucosa do palato.

Palatização, s.f. V. *palatalização.*

Palatizar, v. Tr. dir. V. *palatalizar.*

Palato, s.m. 1. Sentido do gosto; paladar. 2, Céu da boca.

Palatofaríngeo, adj. Relativo ao palato e à faringe.

Palatolabial, adj. m. e f. *Anat.* Relativo ao palato e aos lábios.

Palatolingual, adj. m. e f. Relativo ao palato e à língua; linguodental.

Palatoplastia, s.f. *Cir.* Operação que tem por fim restaurar uma parte destruída do palato.

Pálavi, s.m. Idioma dos persas, na Idade Média.

Palavra, s.f. (gr. *parabole*, pelo l.). 1. Conjunto de sons articulados, de uma ou mais sílabas, com uma significação. Considerada em seu aspecto material, tem por sinônimo *vocábulo;* quanto à significação, *termo.* Col.: *dicionário, elucidário, léxico, vocabulário* (dispostas ordenadamente e explicadas); (quando proferidas sem nexo): *palavrório.* 2. Vocábulo representado graficamente. 3. Faculdade de expressar as idéias por meio da voz. 4. Afirmação, asserto, doutrina. 5. Discurso, oração. S. f. pl. Promessas vagas: Isso são *palavras!*.

Palavração, s.f. Método de ensinar a ler palavra por palavra.

Palavrada, s.f. Palavra grosseira ou obscena.

Palavrão, s.m. 1. Palavra grande, de pronúncia difícil. 2. Palavrada, obscenidade. 3. Termo empolado.

Palavreado, s.m. 1. Lábia, loquacidade. 2. Reunião de palavras sem muito nexo, ou importância; palavrório, palanfrório.

Palavreador, adj. e s.m. Que, ou o que palavreia.

Palavrear, v. Intr. Falar muito, falar futilmente; tagarelar.

Palavrório, s.m. *Pej.* V. *palavreado.*

Palavroso, adj. 1. Prolixo em palavras; loquaz, verboso. 2. Que tem muita palavra.

Palco, s.m. 1. Estrado, tablado. 2. Lugar, no teatro, onde os atores representam. 3. Lugar onde sucede algo dramático; cenário.

Paleáceo, adj. *Bot.* 1. Que é da natureza da palha. 2. Diz-se dos órgãos vegetais providos de palha.

Paleantropologia, s.f. Antropologia do homem primitivo.

Paleantropológico, adj. Relativo à paleantropologia.

Palear, v. (l. *palam*). Tr. dir. *Ant.* 1. V. *propalar.* 2. V. *tagarelar.* 3. Ataviar, vestir. Cfr. com *paliar.*

Palearqueologia, s.f. Estudo arqueológico dos objetos pertencentes aos homens pré-históricos.

Palearqueológico, adj. Relativo à palearqueologia.

Paleártico, adj. Diz-se das regiões zoológicas compreendidas pela Europa, Ásia até o Himalaia, e África setentrional, até o Saara.

Paleetnologia, s.f. Ciência que estuda as raças humanas pré-históricas.

Paleetnológico, adj. Relativo à paleetnologia.

Paleetnólogo, s.m. O que é versado em paleetnologia.

palei-, elem. de comp. (l. *palea*). Exprime a idéia de palha: *paleiforme.*

Paleiforme, adj. m. e f. Semelhante à palha.

páleo-, elem. de comp. (gr. *palaios*). Designativo de *antigo: paleobotânica.*

Paleobotânica, s.f. Estudo dos vegetais fósseis.

Paleoceno, adj. *Geol.* Relativo à época mais antiga do Período Terciário. S.m. Essa época.

Paleofitologia, s.f. Tratado das plantas fósseis.

Paleofitólogo, s.m. Especialista em paleofitologia.

Paleogêneo, adj. *Geol.* Diz-se dos primeiros depósitos terciários.

Paleogeografia, s.f. Estudo da configuração da superfície terrestre nas eras pré-históricas.

Paleografia, s.f. Arte de decifrar escritos antigos, especialmente diplomas manuscritos da Idade Média.

Paleográfico, adj. Relativo à paleografia.

Paleógrafo, s.m. 1. Especialista em paleografia. 2. Livro escolar para se aprender a ler a letra manuscrita.

Paléola, s.f. *Bot.* 1. Cada uma das pequenas escamas que cercam a flor das gramíneas. 2. Apêndice de clinanto.

Paleolífero, adj. *Bot.* Que tem paléolas.

Paleolítico, adj. Relativo ao primeiro período da Idade da Pedra. S.m. *Geol.* Período mais antigo da Idade da Pedra, também denominado da *Pedra Lascada.*

Paleologia, s.f. Estudo das línguas antigas.

Paleólogo, adj. e s.m. Que, ou o que conhece línguas antigas.

Paleontologia, s.f. Estudo das espécies desaparecidas, baseado nos fósseis.

Paleontológico, adj. Relativo à paleontologia.

Paleontólogo, s.m. Especialista em paleontologia.

Paleotério, s.m. *Paleont.* Gênero (*Palaeotherium*) de mamíferos perissodátilos do Eoceno e Mioceno, da Europa e da América do Norte.

Paleotípico, adj. Relativo a paleótipo.

Paleótipo, s.m. Documento escrito, cuja grafia lhe demonstra a antiguidade.
Paleozóico, adj. *Geol.* Diz-se da era que se segue ao Proterozóico. S.m. Essa era.
Paleozoologia, s.f. Estudo acerca dos animais fósseis.
Paleozoológico, adj. Relativo à paleozoologia.
Paleozoologista, s.m. e f. Tratadista de paleozoologia.
Palerma, adj. e s., m. e f. Que, ou quem é idiota, imbecil, parvo, tolo.
Palermar, v. Intr. Proceder ou discorrer como palerma.
Palermice, s.f. Qualidade, ato ou dito de palerma.
Palescência, s.f. Falta de cor, palidez.
Palestesia, s.f. *Med.* Sensibilidade às vibrações.
Palestino, adj. Relativo à Palestina (Ásia). S. m. Habitante ou natural da Palestina.
Palestra, s.f. 1. Cavaco, conversa. 2. Conferência ou discussão sobre tema cultural. 3. *Ant.* Local para exercícios ginásticos na Grécia e em Roma.
Palestrador, adj. e s.m. Que, ou aquele que palestra.
Palestrante, s.m. e f. Pessoa que palestra.
Palestrar, v. Tr. ind. e intr. Conversar, estar de palestra. Var.: *palestrear.*
Palestrear, v. V. *palestrar.*
Paleta *(ê),* s.f. 1. Chapa de madeira ou louça, em geral ovalada, com um orifício para enfiar-se o polegar, sobre a qual os pintores dispõem e combinam as tintas; palheta.
Paletó, s.m. (fr. *paletot*). Casaco curto que se veste diretamente sobre a camisa ou colete.
Palha, s.f. (*l. palea*). 1. Haste seca das gramíneas, livre dos grãos, usada na alimentação dos animais domésticos e com diversos empregos industriais. 2. Paveia, porção dessas hastes. 3. Junco seco de que se entretecem assentos de cadeiras etc. 4. Bagatela, insignificância. 5. Folha fina da palha de milho, em que se enrola o fumo do cigarro.
Palhabote, s.m. *Náut.* Barco de dois mastros muito juntos e vela triangular.
Palhaboteiro, s.m. Tripulante de palhabote.
Palhaçada, s.f. 1. Ato ou dito próprio de palhaço. 2. Cena burlesca. 3. Grupo de palhaços.
Palhacarga, s.f. Variedade de junça.
Palhaço, adj. Vestido ou feito de palha. S.m. 1. Artista de circo que diverte o público com pilhérias e momices. 2. Pessoa que, por atos ou palavras, faz os outros rirem. 3. *Gír.* Pessoa fácil de ser enganada.
Palhada, s.f. Mistura de palha e de farelo para alimento dos animais.
Palhagem, s.f. Montão de palha.
Palhal, s.m. Casa coberta de colmo; palhoça.
Palharesco, adj. De palha.
Palhegal, s.m. Lugar onde há muita palha.
Palheirão, s.m. Palheiro grande.
Palheireiro, s.m. 1. Vendedor de palha. 2. O que faz assentos de palha para cadeiras, bancos etc.
Palheiro, s.m. 1. Depósito de palha. 2. *Pop.* Casa de habitação ordinária; palhoça.
Palhento, adj. Em que há muita palha.
Palheta, s.f. 1. *Mús.* Pequena lâmina de metal ou madeira que, em certos instrumentos de sopro, produz as várias vibrações do som. 2. *Constr.* Cada uma das lâminas de madeira que formam as venezianas, favorecendo a ventilação.
Palhetão, s.m. 1. Parte da chave que aciona a lingüeta da fechadura; palhete. 2. Palheta grande, ou coisa parecida.
Palhetar, v. 1. Tr. ind. Desfrutar, chacotear. 2. Intr. Conversar zombando.
Palhete, adj. 1. Da cor da palha. 2. Pouco carregado na cor (vinho). S.m. V. *palhetão.*
Palhiço, s.m. Palha moída; colmo; palha miúda. Adj. Feito de palha.
Palhinha, s.f. 1. Fragmento de palha. 2. Palha com que se forram assentos e encostos de cadeiras.
Palhoça, s.f. Casa coberta de palha; palhal, palheiro, palhota.
Palhota, s.f. V. *palhoça.*
Palhote, s.m. V. *palhoça.*
Páli, s.m. 1. Língua morta do grupo indo-irânico, aparentada ao sânscrito, em que estão os escritos sagrados do budismo do Ceilão. 2. Cânon budista.
Paliação, s.f. Ato de paliar.
Paliador, adj. e s.m. Que, ou aquele que palia.
Paliar, v. (l. *palliare*). 1. Tr. dir. Disfarçar, encobrir com falsa aparência. 2. Tr. dir. Aliviar, atenuar. 3. Intr. Remediar provisoriamente. 4. Tr. dir. Entreter, prolongar. Cfr. *palear.*
Paliativo, adj. Que serve para paliar. S.m. 1. Medicamento que tem eficácia apenas momentânea. 2. Algo que somente atenua um mal ou procrastina uma crise.
Paliçada, s.f. 1. Estacada defensiva. 2. Arena, liça para lutas e torneios.
Palidez, s.f. Estado ou qualidade de pálido; palor, palência, palescência.
Pálido, adj. 1. Descorado, amarelado (pessoa). 2. Desbotado, frouxo, tênue (luz, cores). 3. Sem animação, sem colorido (discurso, sorriso).
Palificação, s.f. Ato de palificar.
Palificar, v. Tr. dir. Segurar com estacas.
Palilho, s.m. Rolo em que os tintureiros enfiam as meadas a enxugar.
Palilogia, s.f. *Ret.* Repetição de uma idéia ou palavra.
Palimpséstico, adj. Relativo a palimpsesto.
Palimpsesto, s.m. Papiro ou pergaminho cujo texto primitivo foi raspado, para dar lugar a outro.
palin-, elem. de comp. (gr. *palin*). Exprime a idéia de *novamente, outra vez, de volta: palindromia.*
Palindromia, s.f. *Med.* Recidiva ou recaída de uma doença.
Palíndromo, adj. e s.m. Diz-se de verso ou frase que tem o mesmo sentido da esquerda para a direita ou ao contrário.
Palingenesia, s.f. 1. Retorno à vida. 2. Regeneração ou reparação de uma parte perdida.
Palingenésico, adj. Relativo à palingenesia.
Palinódia, s.f. Poema em que são retratados (desdritos) sentimentos anteriormente expressos noutro poema.
Palinódico, adj. Relativo à palinódia.
Palinodista, s.m. e f. 1. Quem faz palinódias. 2. Que se desdiz.
Palinuro, s.m. *Poét.* Piloto, guia.
Pálio, s.m. 1. *Ant.* Manto, capa. 2. Sobrecéu portátil, sustido por varas, usado em cortejos, para cobrir a pessoa festejada, ou em procissões, para cobrir a imagem do Senhor morto ou o sacerdote que leva a custódia.
Paliobrânquio, adj. *Zool.* Que tem as brânquias cobertas de uma membrana carnuda.
Palitar, v. 1. Tr. dir. Limpar com palito; esgaravatar. 2. Intr. Limpar ou esgaravatar os dentes.
Paliteira, s.f. *Bot.* Planta umbelífera (*Ammi visnaga*); bisnaga-das-searas.
Paliteiro, s.m. 1. Vendedor ou fabricante de palitos. 2. Estojo de palitos.
Palito, s.m. Hastezinha pontiaguda, em geral de madeira, para esgaravatar os dentes.
Paliúro, s.m. *Bot.* Gênero (*Paliurus*) de arbustos espinhosos eurásios, da família das Ramnáceas.
Palma, s.f. 1. *Bot.* Folha e ramo de palmeira. 2. *Bot.* A palmeira. 3. V. *palma da mão.* 4. Triunfo, vitória. S.f. pl. Aplau-

so que se exprime batendo as palmas das mãos uma na outra. Ruído: *estalam, estrepitam, estrugem, soam, vibram.* - *P.-branca:* palmeira (*Polyandrococcos caudescens*). *P. da mão:* face interna da mão entre os dedos e o pulso. *P.-de-santa-rita:* o mesmo que *gladíolo.*

Palmáceas, s.f. pl. *Bot.* Família (*Palmaceae*) de plantas que compreendem as palmeiras, as quais comumente têm tronco colunar alto, desprovido de câmbio e portanto incapaz de ramificações secundárias, e que sustém uma copa de grandes folhas com pecíolos resistentes, às vezes espinhosos, cujas bases o envolvem.

Palmáceo, adj. *Bot.* Relativo à família das Palmáceas.

Palmada, s.f. Pancada com a palma da mão.

Palmar[1], adj. m. e f. 1. Relativo à palma da mão. 2. Evidente, grande (diz-se de um erro).

Palmar[2], s.m. Palmeiral.

Palmares, s.m. pl. 1. Designação de uma região geobotânica do Norte do Brasil, constituída por vastas zonas em cuja vegetação predominam palmeiras (babaçu, carnaúba etc.). 2. Grande agrupamento de negros fugidos ao cativeiro, em Pernambuco, durante a guerra holandesa, e estabelecidos no interior de Alagoas, onde formaram uma república, chefiada por Ganga Zumbi; após muitas lutas, foram destroçados por Domingos Jorge Velho.

palmati-, elem. de comp. (l. *palmatu*). Significa *dividido em dedos, como a palma da mão: palmatifloro.*

Palmatífido, adj. *Bot.* Diz-se da folha e, excepcionalmente, de outro órgão vegetal, quando as suas divisões se prolongam até o meio do limbo, dando-lhe aspecto de palma.

Palmatifloro, adj. *Bot.* Que tem corola em forma de palma.

Palmatifoliado, adj. *Bot.* Que tem folhas em forma de palma.

Palmatiforme, adj. m. e f. *Bot.* Cujas folhas aparentam forma de palma.

Palmatilobado, adj. *Bot.* Que tem lóbulos na superfície.

Palmatinérveo, adj. *Bot.* Que tem nervuras à semelhança dos dedos da mão.

Palmatipartido, adj. *Bot.* Diz-se do órgão vegetal cujas divisões chegam até a base.

Palmatoada, s.f. Pancada de palmatória.

Palmatoar, v. Tr. dir. Dar palmatoadas em; castigar com palmatória.

Palmatória, s.f. Pequena peça circular de madeira com orifícios e provida de cabo, a qual servia nas escolas para castigar as crianças, batendo-lhes com ela na palma das mãos; também lhe chamavam *férula, menina-de-cinco-olhos, santa-luzia* e *santa-vitória.*

Palmatoriar, v. Tr. dir. V. *palmatoar.*

Palmeador, adj. e s.m. Que, ou aquele que palmeia terra; excursionista, explorador, viajante.

Palmear, v. 1. Tr. dir. Aplaudir, bater palmas a. 2. Intr. Aplaudir batendo palmas. 3. Tr. dir. Desmanchar (o fumo) na palma da mão. 4. Tr. dir. *Náut.* Impelir (um barco) com a mão. 5. Tr. dir. Empalmar. 6. Tr. dir. e intr. Palmilhar, percorrer a pé.

Palmeira, s.f. *Bot.* Designação comum a todas as plantas palmáceas, também conhecidas por *coqueiros* e *palmas.*

Palmeiral, s.m. Bosque de palmeiras; palmar.

Palmeirim, s.m. *Ant.* Estrangeiro, peregrino; palmeiro.

Palmeiro, s. m. Palmeirim.

Pálmer, s.m. *Fís.* Instrumento para medida de pequenas espessuras, baseado no parafuso micrométrico. Pl.: *pálmeres.*

Palmeta *(ê),* s.f. 1. *Mil.* Cunha com que se faz levantar ou abaixar a culatra da peça. 2. Espátula para estender emplastros. 3. Calço de ferro, em feitio de palma, o qual, introduzido nas frinchas abertas pelo guio, auxilia este na abertura das pedras. 4. Palmilha de sapato. 5. *Carp.* Pequena cunha de madeira.

palmi-, elem. de comp. (l. *palma*). Exprime a idéia de *palma* ou *palmeira: palmiforme.*

Palmífero, adj. 1. Que produz palmeiras. 2. Abundante em palmeiras.

Palmiforme, adj. m. e f. Semelhante à palma.

Palmilha, s. f. 1. Revestimento interior da sola do calçado, sobre que assenta o pé; palmeta, soleta. 2. Parte da meia sobre que assenta o pé. 3. Tecido antigo.

Palmilhadeira, s.f. Mulher que palmilha meias.

Palmilhar, v. 1. Tr. dir. Pôr palmilhas em. 2. Tr. dir. Percorrer a pé. 3. Tr. dir. Calcar com os pés, andando. 4. Intr. Andar a pé.

Palminervado, adj. *Bot.* Em que, com a nervura principal, partem do pecíolo outras nervuras, divergentes como os dedos de uma ave; palminérveo.

Palminérveo, adj. *Bot.* V. *palminervado.*

Palminhas, s.f. pl. Usado nas locuções verbais *dar palminhas* (emprega-se com crianças e significa *bater palmas*) e *trazer nas palminhas* (tratar muito bem, com muito carinho).

Palmípede, adj. m. e f. *Zool.* Que tem os dedos dos pés unidos por membrana.

Palmira, s.f. *Bot.* Planta palmácea (*Borassus flabellifer*).

Palmital, s.m. Terreno onde crescem palmitos; pindobal.

Palmítico, adj. *Quím.* Diz-se de um ácido graxo encontrado no óleo de palma, manteiga, sebo e na maioria dos óleos gordos.

Palmitina, s.f. *Quím.* Éster palmítico da glicerina.

Palmitiqueira, s.f. V. *palmito* (planta).

Palmito, s.m. 1. Folha ou ramo de palmeira. 2. Miolo comestível da parte terminal do caule das palmeiras, de agradável sabor. 3. *Bot.* Uma das espécies de palmeira (*Oreodexea sangena*).

Palmo, s.m. 1. Extensão da ponta do polegar à do mínimo, estando a mão bem aberta. 2. Medida de 0,22m. *Não enxergar um p. adiante do nariz:* ser muito ignorante ou desprovido de inteligência.

Palmoura, s.f. (de *palma*). Pé das aves palmípedes. Var.: *palmoira.*

Palomba, s.f. *Náut.* Fio usado em vários trabalhos de marinheiro.

Palombadura, s.f.*Náut.* Costura feita em velas, toldos etc. com palomba.

Palombar, v. Tr. dir. *Náut.* Coser (velas) com palomba.

Palor *(ô),* s.m. *Poét.* Palidez.

Palpação, s.f. 1. Ato de palpar; apalpação. 2. *Med.* Investigação pelo tato.

Palpadela, s.f. Apalpadela.

Palpar, v. V. *apalpar.*

Palpável, adj. m. e f. Que se pode palpar.

Pálpebra, s.f. *Anat.* Membrana móvel que cobre externamente o olho.

Palpebrado, adj. Que tem pálpebras.

Palpebral, adj. m. e f. Relativo à pálpebra.

Palpebrite, s.f. Inflamação dos tecidos da pálpebra; blefarite.

Palpitação, s. f. 1. Ato de palpitar. 2. *Med.* Movimento desordenado em alguma parte do corpo.

Palpitante, adj. m. e f. 1. Que palpita. 2. Que apresenta vestígios de vida. 3. Muito recente e de grande oportunidade.

Palpitar, v. 1. Tr. ind. e intr. Ter palpitações; bater, pulsar. 2. Intr. Comover-se, sobressaltar-se. 3. Tr. ind. e intr. Agitar-se, ondular. 4. Tr. ind. Manifestar-se como pressentimento. 5. Tr. dir. Supor. 6. Intr. Dar palpites.

Palpite, s.m. 1. Palpitação. 2. Pressentimento. 3. Intuição de ganho (no jogo). 4. *Gír.* Opinião de intrometido.

Palpiteiro, adj. e s.m. Que, ou o que gosta de dar palpites.

Palpo, s.m. *Zool.* 1. Apêndice do maxilar e do lábio dos insetos e dos crustáceos. 2. Segundo par de apêndices dos aracnídeos.

Em palpos de aranha (na linguagem popular só se ouve *em papos*): azafamado, em apuros, em sérias dificuldades.

Palra, s.f. *Pop.* Conversação, loquacidade, tagarelice.

Palradeiro, adj. (*palrar + deiro*). V. *palreiro.*

Palrador, adj. e s.m. Que, ou aquele que palra; tagarela.

Palrar, v. 1. Intr. Articular sons desprovidos de sentido. 2. Intr. Falar excessivamente; tagarelar. 3. Intr. Palestrar. 4. Tr. dir. Dizer, proferir.

Palratório, s. m. 1. Locutório. 2. Conversa, falatório.

Pálrea, s. f. V. *palra.*

Palrear, v. V. *palrar.*

Palreiro, adj. Que palra; palrador, palradeiro, tagarela.

Palrice, s.f. Ato ou efeito de palrar.

Paludamento, s.m. (l. *paludamentu*). Manto branco ou purpúreo, usado pelos generais e depois pelos imperadores da Roma antiga.

Palude, s.m. *Ant.* Pântano.

paludi-, elem. de comp. (l. *palude*). Exprime a idéia de *lagoa, paul: paludícola.*

Paludial, adj. m. e f. Relativo a, ou próprio de pauis.

Paludícola, adj. m. e f. Que vive em charcos e lagoas.

Paludismo, s.m. V. *impaludismo* ou *malária.*

Paludoso, adj. Em que há pauis; pantanoso.

Palurdice, s.f. Ato, dito ou qualidade de palúrdio; patetice.

Palúrdio, adj. e s.m. Idiota, lorpa, pacóvio.

Palustre, adj. m. e f. 1. Relativo a pauis. 2. Paludoso. - *Febre p.:* denominação antiga da malária.

Pamonã, s.m. Comida feita de farinha de mandioca ou de milho, feijão, carne ou peixe. Adj. Abobado, tolo.

Pamonha, s.f. Papa de milho verde ralado, cozida envolta na palha do próprio milho ou em folhas verdes de bananeira; pode levar açúcar, leite ou manteiga. Adj. e s., m. e f. 1. Pessoa desajeitada, indolente, mole, preguiçosa. 2. Bobo, toleirão. 3. Malfeito de corpo (falando de pessoas).

Pampa, s.m. Planície muito extensa, coberta de vegetação rasteira, na região meridional da América do Sul. Adj. Diz-se do animal de cor branca e preta, ou branca e vermelha, em manchas grandes.

Pâmpano, s.m. 1. Haste de videira, coberta de folhas. 2. *Ictiol.* Galhudo.

Pampanoso, adj. Que tem pâmpanos; cheio de pâmpanos.

Pampeiro, s.m. 1. Vento forte que sopra do sudoeste, vindo dos pampas argentinos. 2. *Pop.* Briga.

Pampiano, adj. Relativo aos pampas. S.m. Habitante dos pampas.

Pampilho, s.m. 1. Garrocha terminada em aguilhão. 2. *Bot.* Nome comum a várias plantas compostas.

Pampíneo, adj. Relativo a pâmpano; pampanoso.

Pamprodátilo, adj. *Ornit.* Que tem os quatro dedos para diante. Var.: *pamprodáctilo.*

Pampsiquismo, s.m. *Filos.* Doutrina segundo a qual tudo o que existe possui natureza espiritual.

pan-, elem. de comp. (gr. *pan*). Designa *todo* ou *tudo* e equivale a *panto: pan-americanismo.*

Panabásio, s.m. Mineral composto essencialmente de cobre, antimônio e enxofre.

Panacéia, s.f. 1. Remédio para todos os males. 2. Preparado farmacêutico que possui certas propriedades gerais.

Panadura, s.f. Eixo da moenda de cana-de-açúcar.

Panal[1], s.m. 1. Pano em que se estende ou envolve alguma coisa. 2. Vela de moinho.

Panal[2], s.m. 1. *Náut.* Rolo de madeira que se coloca sob a quilha dos barcos para impeli-los da praia para o mar. 2. Tapume de tábuas que resguarda a mó de cereais.

Panamá, s.m. 1. Chapéu muito flexível, tecido com a fibra de bóbonax, arbusto da América Central. 2. Administração ruinosa de uma companhia, cujos administradores procuram locupletar-se à custa dos acionistas.

Panamenho, adj. e s.m. V. *panamense.*

Panamense, adj. m. e f. Relativo ao Panamá. S.m. e f. Habitante do Panamá; panamenho.

Pan-americanismo, s.m. Doutrina que preconiza a união política e a solidariedade de todos os países da América.

Pan-americano, adj. Relativo a todas as nações da América.

Panaria, s.f. Celeiro, tulha.

Panarício, s.m. *Med.* Infecção aguda dos dedos, qualquer que seja o germe causador.

Panário, s.m. V. *panascal.*

Panariz, s.m. V. *panarício.*

Panascal, s.m. 1. Terreno onde cresce panasco. 2. V. *panasqueiro.*

Panasco, s.m. 1. *Bot.* Erva umbelífera (*Pastinaca silvestris*), que serve para pastos. 2. Qualquer erva de pasto.

Panasqueiro, adj. e s.m. Diz-se do, ou o indivíduo de modos ou vestuário grosseiros. S.m. Panasco.

Panatenéias, s.f. pl. Festas em honra de Palas Atena, na Grécia antiga.

Panca, s.f. Alavanca de madeira.

Andar ou ver-se em pancas: andar muito azafamado, ver-se em dificuldades.

Pança, s.f. (l. *pantice*). 1. Primeira cavidade do estômago dos ruminantes; rume. 2. *Pop.* Barriga grande.

Pancada, s.f. 1. Choque que um corpo dá e recebe no instante em que se encontra com outro. 2. Som de um sino, de um relógio. 3. Bordoada, paulada. 4. Pulsação. 5. *Pop.* Mania, telha. 6. Chuva repentina, forte e passageira. Adj. m. e f. *Pop.* Amalucado.

Pancadaria, s.f. 1. Muitas pancadas; surra. 2. Desordem em que há muitas pancadas. 3. *Mús. hum.* Conjunto de instrumentos de pancada, em bandas, filarmônicas ou orquestras.

Panclastite, s. f. *Quím.* Explosivo líquido constituído por uma mistura de peróxido de nitrogênio e um líquido combustível.

Pancrácio, s. m. *Pop.* Idiota, pateta, simplório.

Pâncreas, s. m. sing. e pl. *Anat.* e *Fisiol.* Glândula abdominal que exerce dupla função: segrega o suco pancreático, lançado no duodeno, e funciona como glândula endócrina, formando insulina, que regula o nível de glicose no sangue e o metabolismo dos glicídios.

Pancreatalgia, s. f. *Med.* Dor no pâncreas.

Pancreatectomia, s. f. *Cir.* Extirpação do pâncreas.

Pancreático, adj. *Med.* 1. Relativo ao pâncreas. 2. Segregado pelo pâncreas.

Pancreatina, s. f. *Quím.* Extrato de pâncreas que tem ação digestiva sobre os alimentos orgânicos.

Pancreatite, s. f. *Med.* Inflamação do pâncreas.

pancreato-, elem. de comp. (gr. *pagkreas, atos*). Exprime a idéia de *pâncreas: pancreatalgia.*

Pançudo, adj. e s. m. 1. *Pop.* Que, ou aquele que tem pança volumosa; barrigudo. 2. *Pop.* Que, ou aquele que vive à custa de outrem; parasita.

Panda, s. m. *Zool.* Nome vulgar de dois mamíferos carnívoros da família dos Procionídeos: o panda pequeno (*Ailurus ful-*

gens) do Himalaia e o panda grande *(Ailuropus melanoleucus)* do Tibete.

Pandáceas, s. f. pl. *Bot.* Família *(Pandaceae)* de árvores, de frutos ricos em tanino e sementes de que se extrai óleo comestível.

Pandáceo, adj. *Bot.* Relativo à família das Pandáceas.

Pandanáceas, s. f. pl. *Bot.* Família *(Pandanaceae)* de plantas arborescentes, que têm folhas rígidas e pequenas flores dióicas sem perianto.

Pandanáceo, adj. *Bot.* Relativo à família das Pandanáceas.

Pandarecos, s. m. pl. *Pop.* Cacos, estilhas, frangalhos.

Pandecta, s. f. Espécie de caracteres tipográficos.

Pandectas, s. f. pl. Sinopse das decisões dos antigos jurisconsultos, às quais Justiniano, imperador romano do Oriente (cerca de 483-565), deu força de lei.

Pandectista, s. m. e f. 1. Quem comenta as Pandectas. 2. Pessoa que cumpria a doutrina das Pandectas.

Pândega, s. f. *Pop.* 1. Festa ruidosa, com comes e bebes. 2. Estroinice, patuscada. 3. Vadiagem alegre e ruidosa.

Pandegar, v. Intr. *Pop.* Andar em pândegas; farrear.

Pândego, adj. *Pop.* 1. Que é dado a pândegas. 2. Alegre, engraçado, caçoísta. S. m. Indivíduo pândego.

Pandeireiro, s. m. 1. Fabricante de pandeiros. 2. Tocador de pandeiro.

Pandeireta, s. f. Pequeno pandeiro.

Pandeiro, s. m. Instrumento musical, espécie de tambor pequeno e raso, com uma só pele, rodeado de guizos e que se tange com a mão, com os cotovelos etc. Ruído: *rufa.*

Pandemia, s. f. Epidemia generalizada.

Pandêmico, adj. Que tem o caráter de pandemia.

Pandemônio, s. m. 1. Conluio de indivíduos para fazer mal ou armar desordens. 2. Balbúrdia, tumulto.

Pandilha, s. f. 1. *Ant.* Conluio entre vários indivíduos para enganar alguém. 2. Quadrilha de malfeitores.

Pandilheiro, s. m. O que faz parte de uma pandilha; gatuno, vadio.

Pandinamismo, s. m. *Filos.* Doutrina que proclama a atividade constante de tudo.

Pando, adj. 1. Cheio, enfunado, inflado. 2. Largo. 3. Aberto e enfunado.

Pandora, s. f. *Mús.* Instrumento musical, que é o baixo da mandolina e tem dezenove cordas metálicas.

Pandorga, s. f. 1. *Pop.* Música desafinada e sem compasso. 2. Mulher obesa.

Panduriforme, adj. m. e f. *Bot.* Diz-se da folha que apresenta feitio de viola.

Pane, s. f. Parada, por defeito, do motor de avião, automóvel, motocicleta etc.

Panegirical, adj. m. e f. Relativo a, ou que contém panegírico.

Panegírico, s. m. 1. Discurso em louvor de alguém. 2. Elogio pomposo. Adj. Laudatório.

Panegirista, s. m. e f. Pessoa que faz penegírico(s).

Paneiro, s. m. Cesto de cipó com asas.

Panejamento, s. m. Ato ou efeito de panejar.

Panejar, v. 1. Tr. dir. Pintar ou representar vestes. 2. Tr. dir. Dispor de certo modo as roupagens de (uma estátua, uma figura).

Panela, s. f. 1. Vasilha de barro ou metal para cozer alimentos. 2. O conteúdo dessa vasilha. 3. V. *panelinha* (acep. 2). 4. Cavidade subterrânea em formigueiro, onde as formigas depositam as larvas. 5. Redemoinho, sorvedouro nos rios. 6. *Gír.* Grande cárie dentária.

Panelada, s. f. 1. A quantidade de alguma coisa que uma panela pode conter. 2. Grande quantidade de panelas. 3. Pancada com panela.

Panelinha, s. f. 1. Panela pequena. 2. *Pej.* Grupo de políticos, de literatos etc., que se unem para mútuo auxílio ou mútuo elogio.

Pan-eslavismo, s. m. Doutrina política que prega a reunião de todos os eslavos num só Estado.

Pan-eslavista, adj. m. e f. Relativo ao pan-eslavismo. S. m. e f. Pessoa partidária do pan-eslavismo.

Panfletário, adj. 1. Relativo a panfleto. 2. Violento no dizer. S. m. Autor de panfletos; panfletista.

Panfletista, s. m. e f. Panfletário.

Panfleto *(ê),* s. m. Folheto ou pequeno livro, especialmente sobre assuntos políticos, em estilo violento.

Pangaio, s. m. Pequena embarcação asiática.

Pangaré, adj. Diz-se de cavalo ou muar cujo pêlo é vermelho-escuro ou algo amarelado, como que desbotado no focinho, na barriga e nas virilhas. S. m. Cavalo com essas características.

Pangermanismo, s. m. Doutrina política que tende a unir todas as populações de raça germânica num só Estado.

Pangermanista, adj. e s., m. e f. Que, ou pessoa que é partidária do pangermanismo.

Panglossiano, adj. 1. Relativo ao Dr. Pangloss, personagem de "Cândido", romance satírico de Voltaire, escritor francês (1694-1778). 2. Que é idêntico ao otimismo do Dr. Pangloss.

Pan-helênico, adj. Relativo ao pan-helenismo.

Pan-helenismo, s. m. Doutrina política que preconiza a união de todos os gregos numa só nacionalidade ou Estado.

pani-, elem. de comp. (l. *pane*). Significa *pão, cereais: panífero.*

Pânico, adj. Que assusta sem motivo. S. m. Susto ou pavor repentino, muitas vezes infundado.

Paniconografia, s. f. Gravura em relevo sobre zinco; fotozincografia.

Panícula, s. f. *Bot.* Inflorescência composta e de natureza variada, em cacho ou em espiga.

Paniculado, adj. *Bot.* 1. Disposto em panícula. 2. Panicular.

Panicular, adj. m. e f. Que tem forma de panícula; paniculiforme, paniculado.

panículi-, elem. de comp. (l. *panicula*). Exprime a idéia de *panícula: paniculiforme.*

Paniculiforme, adj. m. e f. *Bot.* Panicular.

Paniculite, s. f. *Med.* Inflamação do panículo adiposo.

Panículo, s. m. *Anat.* Camada delgada de um tecido. — *P. adiposo:* camada subcutânea de tecido gorduroso.

Panífero, adj. *Poét.* Que produz cereais.

Panificação, s. f. 1. Fabricação de pão. 2. Padaria.

Panificador, s. m. Fabricante de pão.

Panificar, v. Tr. dir. Transformar em pão (a farinha).

Panificável, adj. m. e f. Que pode ser panificado; de que se pode fazer pão.

Paniguado, adj. V. *apaniguado.*

Panléxico *(cs),* s. m. *P. us.* Dicionário.

Panlogismo, s. m. *Filos.* Doutrina segundo a qual o Universo é regido pelas leis da Lógica.

Pano, s. m. 1. Tecido de algodão, lã, linho etc. 2. Velas do navio. 3. Cada uma das porções de tecido cosidas umas às outras para formar um todo: Saia de *quatro panos.* 4. *Med.* Manchas no rosto ou no corpo, produzidas por certos estados fisiológicos ou patológicos.

Panoftalmite, s. f. *Med.* Inflamação generalizada do olho, incluído o tecido orbitário.

Panóplia, s. f. 1. Armadura de um cavaleiro na Idade Média. 2. Escudo em que se colocam diversas armas e que adorna paredes. 3. Casa de armas.

Panorama, s. m. 1. Grande quadro circular, disposto de modo que o espectador, colocado no centro, vê os objetos representados como se estivesse sobre uma altura, dominando todo o horizonte em volta. 2. Paisagem. 3. Grande extensão que se avista de uma eminência.

Panorâmico, adj. Relativo a panorama ou a paisagens.

Panorógrafo, s. m. Instrumento com que se obtém rapidamente numa superfície plana o desenvolvimento de uma perspectiva circular.

Panqueca *(é)*, s. f. Doce que consiste em folhas de massa, feitas de farinha de trigo, leite, ovos etc., intercaladas de pedaços de frutas, geléia etc.

Panspermia, s. f. Doutrina segundo a qual os germes dos seres organizados acham-se espalhados por toda parte, apenas aguardando que circunstâncias favoráveis lhes promovam o desenvolvimento.

Panspérmico, adj. Relativo à panspermia.

Panspermista, adj. e s. m. e f. Que, ou pessoa que é partidária da panspermia.

Pantafaçudo, adj. 1. Bochechudo. 2. Grotesco, ridículo.

Pantagruélico, adj. 1. Que lembra Pantagruel, personagem glutão de Rabelais, escritor francês do século XVI. 2. Digno de Pantagruel. 3. Relativo a grandes comezainas.

Pantagruelismo, s. m. Filosofia dos que cuidam unicamente dos gozos materiais.

Pantagruelista, adj. e s. m. e f. Que, ou pessoa que é partidária do pantagruelismo.

Pantalha, s. f. Quebra-luz, abajour.

Pantana, s. f. *Fam.* Ruína, dissipação de haveres. *Dar em p.:* dar em nada, arruinar-se, fracassar.

Pantanal, s. m. 1. Grande pântano. 2. Zona do Estado de Mato Grosso, na baixada por onde corre o Rio Paraguai.

Pântano, s. m. Porção de terreno, junto às margens dos pequenos e grandes cursos dágua, coberto de vegetação e uma delgada camada de águas paradas; atoleiro, lodaçal, paul.

Pantanoso, adj. Que tem pântanos; alagadiço.

Panteão, s. m. 1. Templo, de forma redonda, ainda existente em Roma, que os antigos dedicaram a todos os deuses. 2. Edifício consagrado à memória de homens ilustres e onde se guardam as suas cinzas. 3. *Fig.* Conjunto de homens ilustres e cérebres. 4. Conjunto de deuses de uma mitologia.

Panteísmo, s. m. Sistema filosófico que identifica Deus com o mundo.

Panteísta, adj. e s. m. e f. Que, ou pessoa que é partidária do panteísmo.

Pantera, s. f. 1. *Zool.* Gênero *(Panthera)* de carnívoros felídeos no qual se inclui a onça-pintada *(panthera onça)*. Voz: *mia, ronca, rosna, ruge.* Col.: *alcatéia.* 2. *Fig.* Pessoa cruel ou iracunda.

panto-, elem. de comp. (gr. *pas, pantos*). Exprime a idéia de *tudo, todos: pantofagia, pantofobia.*

Pantofagia, s. f. Hábito ou qualidade de pantófago.

Pantófago, adj. 1. Que come de tudo, indistintamente. 2. Que come muito.

Pantofobia, s. f. Medo de tudo; fobia completa.

Pantófobo, s. m. Aquele que sofre pantofobia.

Pantografia, s. f. Arte ou maneira de se servir do pantógrafo.

Pantográfico, adj. Relativo à pantografia.

Pantógrafo, s. m. Instrumento de hastes articuladas com que se copiam mecanicamente desenhos e gravuras.

Pantólogo, s. m. O que sabe tudo; enciclopedista.

Pantômetro, s. m. Instrumento que serve para determinar os ângulos de um triângulo e traçar linhas perpendiculares.

Pantomima, s. f. 1. Arte ou ação de exprimir idéias ou sentimentos por meio de gestos. 2. Representação teatral, mormente no final de espetáculos circenses, em que os atores só se exprimem por gestos. 3. Embuste, logro. Var.: *pantomina.*

Pantomimar, v. 1. Intr. Fazer pantomimas. 2. Tr. dir. Enganar, lograr alguém.

Pantomimeiro, s. m. O que pantomima; mímico.

Pantomímico, adj. Relativo a pantomima.

Pantopolista, adj. m. e f. Relativo a todas as cidades ou a todas as terras; cosmopolita.

Pantóptero, adj. *Ictiol.* Diz-se dos peixes que têm todas as barbatanas, menos as ventrais.

Pantufa, s. f. V. *pantufo.*

Pantufo, s. m. 1. Chinelo de estofo encorpado, para agasalho; pantufa. 2. *Pop.* Homem gordo ou barrigudo.

Pantum, s. m. Espécie de poesia malaia, em quadras.

Panturra, s. f. 1. *Pop.* Pança, barriga grande. 2. Prosápia, soberba, vaidade.

Panturrilha, s. f. *Pop.* Barriga da perna.

Pão, s. m. (l. *pane*). 1. Alimento feito de farinha, especialmente de trigo, amassada e cozida no forno. 2. A planta ou o grão do trigo, do milho ou do centeio. 3. O sustento diário. 4. Meios de subsistência. 5. Alimento essencial, fundamental. 6. Massa mais ou menos densa e arredondada de certas substâncias: *Pão* de argila, *pão* de cera etc. 7. *Pop.* Pessoa muito boa, ou muito bonita: Fulano é um *pão.* Pl.: *pães.* — *Pão-de-ló:* bolo muito fofo de farinha de trigo, ovos e açúcar.

Pão-durismo, s. m. *Pop.* Qualidade ou ação de pão-duro; avareza, sovinice. Pl.: *pão-durismos.*

Pão-duro, s. m. *Pop.* Avaro, sovina. Pl.: *pães-duros.*.

Papa[1], s. m. O chefe da Igreja Católica. Fem.: *papisa* (v. este verbete) e *papesa.*

Papa[2], s. f. (l. *pappa*). 1. Farinha cozida em água ou leite. 2. Qualquer substância mole, desfeita quando cozida.

Papá, s. m. Em linguagem infantil, designa papai e, também, qualquer alimento.

Papa-arroz, s. m. *Ornit.* Nome popular de várias espécies de pássaros da família dos Fringilídeos. Pl.: *papa-arrozes.*

Papa-capim, s. m. *Ornit.* Nome pelo qual são conhecidas várias aves granívoras, da família dos Fringilídeos. Pl.: *papa-capins.*

Papada, s. f. Acumulação de gordura nas faces e no pescoço.

Papado, s. m. 1. Dignidade de papa. 2. Tempo durante o qual um papa exerce essa dignidade.

Papagaiar, v. V. *papaguear.*

Papagaio, s. m. 1. *Ornit.* Em geral, qualquer ave psitaciforme, famosa pela facilidade com que imita a voz humana. Voz: *fala, chalra, chalreia, grazina, palra, palreia, taramela, tartareia.* 2. *Fig.* Pessoa que repete de memória o que ouve ou lê sem, no entanto, compreender. 3. *Folc.* Nome comum às várias formas de um brinquedo de crianças que consiste numa armação leve feita de varetas e forrada com papel, e que os meninos soltam ao vento, por meio de um fio longo.

Papagueador, adj. e s. m. Que, ou o que papagueia.

Papaguear, v. 1. Tr. dir. Repetir como papagaio, sem entender o sentido. 2. Intr. Falar sem nexo. 3. Tr. ind. Conversar demais; tagarelar com.

Papai, s. m. Pai, papá; tratamento que os filhos dão ao pai.

Papaia, s. f. Mamão.

Papaieira, s. f. *Bot.* Mamoeiro.

Papaína, s. f. *Farm.* Fermento proteolítico, solúvel, extraído do látex do mamoeiro.

Papa-jantares, s. m. e f., sing. e pl. Pessoa habituada a comer em casas alheias ou viver à custa de outrem; parasita.

Papal, adj. m. e f. Do, relativo ou pertencente ao papa; papalino.

Papalino, adj. V. *papal.* S. m. Soldado do papa.

Papalvice, s. f. Ato, dito ou qualidade de papalvo.

Papalvo, s. m. Indivíduo simplório, pateta.

Papa-moscas, s. m. sing. e pl. 1. *Zool.* Designação de vários animais que se nutrem de moscas. 2. *Zool.* Pequena aranha que, sem construir teia, caça moscas apenas com sua agilidade. S. m. e f., sing. e pl. Pessoa lorpa, simplória.

Papança, s. f. *Fam.* 1. Coisa de papar; comestíveis. 2. Comezaina.

Papão, s. m. 1. Ser imaginário com que se mete medo às crianças. Sinôn.: *bicho-papão, bitu, coca, cuca, manjaléu, papa-gente, tutu.* 2. Coisa ou pessoa com que se pretende atemorizar alguém.

Papa-ova, s. f. V. *papa-ovo.*

Papa-ovas, s. f. sing. e pl. V. *papa-ovo.*

Papa-ovo, s. m. *Herp.* Nome comum de duas cobras colubrídeas áglifas: *Drymarchon corais,* também chamada *papa-pintos,* e *Chironius fuscus,* da Amazônia. Pl.: *papa-ovos.*

Papa-pinto, s. f. *Herp.* Nome de duas serpentes colubrídeas áglifas, também chamadas de *papa-ovos.* Pl. *papa-pintos.*

Papar, v. Tr. dir. e intr. 1. *Inf.* Comer. 2. *Pop.* Ganhar com facilidade ou fartamente. 3. Extorquir.

Paparicar, v. Tr. dir. Comer (alguma coisa) aos poucos; lambiscar.

Paparrotada, s. f. 1. Ato ou dito de paparrotão; bazófia. 2. Comida de porcos; lavagem. 3. Comida mal feita.

Paparrotagem, s. f. V. *paparrotada.*

Paparrotão, adj. Jactancioso, vaidoso, sem mérito. S. m. *Fam.* Impostor, parlapatão.

Paparrotear, v. Tr. dir. e intr. Alardear, dizer com paparrotice; bazofiar.

Paparrotice, s. f. *Fam.* Ato ou dito de paparrotão; bazófia, impostura.

Papa-terra, s. m. 1. *Bot.* Nome de três plantas rubiáceas. 2. *Ictiol.* Peixe cianídeo *(Menticirrhus americanus)*; embetara. S. m. e f. Pessoa dada à geofagia. Pl.: *papa-terras.*

Papável, adj. 1. Diz-se do cardeal que tem probabilidade de ser eleito papa. 2. Diz-se de todo aquele que tem probabilidade de ser escolhido para determinada posição.

Papa-vento, s. m. Camaleão. Pl.: *papa-ventos.*

Papaveráceas, s. f. pl. *Bot.* Família *(Papaveraceae)* de ervas ou arbustos, de seiva leitosa, às vezes colorida, flores regulares com sépalas caducas e estames hipóginos, e por fruto uma cápsula.

Papaveráceo, adj. *Bot.* Relativo à família das Papaveráceas.

Papaverina, s. f. *Quím.* Um dos alcalóides do ópio, cristalino, incolor.

Papazana, s. f. Comezaina.

Papear, v. 1. Intr. *Pop.* Falar muito, bater papo. 2. Tr. ind. Conversar muito com. 3. Intr. Chilrear, gorjear.

Papeira, s. f. 1. Pele pendente do pescoço dos bovinos. 2. Caxumba.

Papeiro[1], s. m. (de *papa[2] + eiro*). Vaso para cozer papas ou migas.

Papeiro[2], adj. *(papo[1] + eiro).* Que tem papeira.

Papel, s. m. 1. Folha seca e fina, preparada com elementos fibrosos de origem vegetal, e que serve para diversos fins: escrever, imprimir, embrulhar etc. Col. (quando com folhas ligadas): *caderno*; (cinco cadernos): *mão*; (vinte mãos): *resma*; (dez resmas): *bala*; (quando no mesmo liame): *maço.* 2. Documento escrito ou impresso, 3. Parte que um ator desempenha no espetáculo. 4. A personagem representada pelo ator. 5. Atribuições, funções. 6. Atos que se praticam; maneira de proceder. 7. Tudo o que representa dinheiro sonante: bônus, cheque, letras de câmbio etc. S. m. pl. Nome genérico de passaportes e outros documentos relativos a pessoas. — *P. almaço:* papel grosso, branco ou azulado que se utiliza para documentos, requerimentos etc. *P.-arroz:* planta araliácea *(Tetrapanax papyriferum). P.-moeda:* papel com um valor representativo, determinado e marcado pelo governo para servir de moeda.

Papelada, s. f. 1. Grande porção de papéis. 2. Conjunto de documentos.

Papelagem, s. f. V. *papelada.*

Papelão, s. m. 1. Papel encorpado e forte, para caixas e embalagens diversas, capas de livros etc. 2. Paspalhão, toleirão. 3. *Pop.* Procedimento vergonhoso; fiasco.

Papelaria, s. f. Estabelecimento onde se vende papel e artigos de escritório.

Papeleira, s. f. Mesa com tampa inclinada e com gavetas para guardar papéis.

Papeleiro, adj. Relativo à fabricação de papel. S. m. 1. Aquele que trabalha no fabrico de papel. 2. Proprietário de papelaria.

Papelejo *(ê)*, s. m. Papel sem importância; papelucho.

Papeleta *(ê)*, s. f. 1. Papel avulso. 2. Anúncio, cartaz. 3. Impresso que se coloca na guarda da cama dos enfermos, nos hospitais, com observações do médico e dos enfermeiros.

Papelico, s. m. 1. Papel de pouca importância. 2. Escrito de escasso valor.

Papeliço, s. m. Pequeno embrulho de papel.

Papelinho, s. m. Papel pequeno.

Papelismo, s. m. Sistema financeiro que faz abundantes emissões de papel-moeda.

Papelista, adj. m. e f. 1. Que é adepto do papelismo; inflacionista. 2. *Pop.* Fingido, manhoso. S. m. e f. 1. Pessoa que trata de papéis ou investiga documentos antigos. 3. Pessoa adepta do papelismo. 4. Arquivista.

Papelocracia, s. f. Regime ou sistema de papelada; burocracia.

Papelório, s. m. 1. Papel sem importância. 2. Montão de papéis. 3. Fiasco, papelão.

Papelote, s. m. Papel sem importância. S. m. pl. Pedaços de papel, em que as mulheres enrolam o cabelo, para o encrespar ou frisar.

Papelucho, s. m. 1. Papel sem importância. 2. Pedaço de papel.

Papila, s. f. 1. *Anat.* Pequena saliência na pele ou numa mucosa, mormente na língua (papilas gustativas). 2. *Bot.* Protuberância cônica em diversos órgãos vegetais.

Papilar, adj. m. e f. 1. Relativo a papilas. 2. Que tem papilas ou semelhança com elas.

Papilho, s. m. *Bot.* Apêndice plumoso do fruto e da semente de várias plantas.

Papilhoso, adj. Que tem papilhos.

papili-, elem. de comp. (l. *papilla*). Significa *papila: papiliforme.*

Papiliforme, adj. m. e f. Que tem forma de papila.

Papilionáceas, s. f. pl. *Bot.* Subfamília *(Papilionaceae)* das Leguminosas, constituída de ervas, arbustos ou árvores, caracterizadas pela corola dialiopétala em forma de borboleta, donde lhes vem o nome.

Papilionáceo, adj. 1. Relativo ou semelhante à borboleta. 2. *Bot.* Relativo à família das Papilionáceas.

Papilionídeo, adj. *Entom.* Relativo aos Papilionídeos. S. m. pl. Família *(Papilionidae)* de grandes lepidópteros diurnos que apresentam as asas posteriores sinuosas na margem.

Papiloma, s. m. *Med.* 1. Tumor da pele ou das mucosas, caracterizado pela hipertrofia das papilas. 2. Nome genérico de verrugas, calos, pólipos, condilomas, vegetações etc.

Papilomatose, s. f. *Med.* Estado mórbido causado pelo desenvolvimento de papilomas.

Papilorretinite, s. f. *Oftalm.* Inflamação das papilas ópticas e da retina.

Papiráceo, adj. Semelhante ao papel ou ao papiro.

Papíreo, adj. Relativo ao papiro.

papiri-, elem. de comp. (gr. *papuros*). Significa *papel, papiro: papirífero.*

Papirífero, adj. Diz-se das plantas cuja casca serve ou pode servir para a fabricação de papiro.

Papiro, s. m. 1. *Bot.* Planta ciperácea *(Cyperus papyrus)*, cujo caule, formado de películas concêntricas sobrepostas, servia outrora, após certa preparação, para nele se escrever. 2. Folha para escrever, feita com papiro. 3. Manuscrito antigo, feito de papiro.

Papisa, s. f. Fem. de *papa.*

Papismo, s. m. 1. Influência dos papas. 2. Nome com que os protestantes designavam a Igreja Católica.

Papista, adj. e s., m. e f. 1. Pessoa partidária da supremacia do papa. 2. Católico, na expressão dos protestantes.

Papo[1], s. m. (de *papa[2]*). 1. Bolsa que existe nas aves, formada

por uma dilatação do esôfago, na qual os alimentos permanecem algum tempo, antes de passarem à moela. 2. Bócio, papeira. 3. *Pop.* Estômago. 4. Parte do vestuário, em geral formando tufo ou grandes pregas, e que cobre o peito. 5. Bolso ou fole em roupa malfeita. 6. *Pop.* Gabolice, jactância. 7. *Pop.* Conversação. — *P. furado, Gír.*: conversa fiada, conversa mole.
Bater p.: conversar fiado, papear.
Papo², s. m. (gr. *pappos*). *Bot.* Excrescência em forma de penacho, sobreposta a certas sementes, depois de passada a florescência.
Papoila, s. f. V. *papoula.*
Papoula, s. f. *Bot.* Planta da família das Papaveráceas *(Papaver rhoeas)* de seiva leitosa, de que se extrai o ópio. 2. A flor desta planta.
Papua, adj. m. e f. *Etnol.* Relativo aos papuas, negros da Oceânia espalhados na Nova Guiné, Novas Hébridas, Fidji etc. S. m. 1. Grupo heterogêneo de línguas faladas nessas regiões. 2. Qualquer língua desse grupo.
Papudo, adj. 1. Que tem papo grande. 2. Que tem papos ou pregas. 3. Arredondado, saliente. 4. Que tem papo, conversação agradável. S. m. Indivíduo jactancioso.
Pápula, s. f. *Med.* Borbulha vermelha, sem pus nem serosidade, que se forma na pele.
Papuloso, adj. Que tem pápula(s).
Paquê, s. m. *Tip.* Qualquer conjunto de composição tipográfica para ser paginada ou estereotipada.
Paquebote, s. m. *Ant.* Barco que transportava correspondência; paquete.
Paqueiro, adj. e s. m. Diz-se do cão adestrado na caça de pacas.
Paquera, s. f. *Gír.* Namoro.
Paqueração, s. f. *Gír.* Ato de paquerar.
Paquerador, adj. e s. m *Gír.* Que, ou aquele que paquera. Fem.: *paqueradeira.*
Paquerar, v. *Gír.* Tr. dir. Olhar, observar ou sondar uma pessoa sobre a possibilidade de namorá-la.
Paquete, s. m. Navio a vapor que transporta passageiros, mercadorias e correspondência.
Paqueteiro, s. m. Embarcadiço dos paquetes do Rio São Francisco.
páqui-, elem. de comp. (gr. *pakhus*). Significa *espesso, grosso: paquiblefarose.*
Paquiblefarose, s. f. *Med.* Espessidão do tecido das pálpebras.
Paquicefalia, s. f. *Med.* Espessidão das paredes do crânio.
Paquiderme, adj. *Zool.* Que tem pele espessa. S. m. pl. Grupo *(Pachydermata)* artificial de mamíferos não ruminantes, ungulados, com pele grossa. Inclui os elefantes, hipopótamos, rinocerontes, tapires, cavalos e suídeos em geral.
Paquidérmico, adj. 1. Relativo aos paquidermes. 2. De pele grossa e dura como a dos paquidermes.
Paquifilo, adj. *Bot.* Que tem folhas espessas.
Paquigástrico, adj. *Zool.* Que tem o ventre muito grosso.
Paquimeningite, s. f. *Med.* Inflamação da dura-máter.
Paquímetro, s. m. *Fís.* Instrumento empregado para medir pequenas espessuras.
Paquipleuris, s. f. *Med.* Inflamação com espessamento dos folhetos da pleura.
Paquirrino, adj. e s. m. Que, ou o que tem nariz grosso.
Paquítrico, adj. *Zool.* Que tem pêlo espesso.
Par, adj. m. e f. (l. *pare*). 1. Igual, semelhante: Beleza sem *par.* 2. Que se pode dividir exatamente por dois. S. m. 1. O conjunto de duas pessoas do mesmo ou de diferente sexo. 2. O macho e a fêmea, em certas aves. 3. Na dança, as duas pessoas que dançam juntas. 4. Conjunto de duas coisas semelhantes, que em geral não servem uma sem a outra. 5. Membro da Câmara dos Lordes, na Inglaterra.
Para¹, prep. (l. *per + ad*). Designativa de direção, fim, destino, lugar, proporcionalidade, tempo etc.
para-², elem. de comp. (gr. *para*). Significa proximidade: *parágrafo, paraninfo;* semelhança de aspecto: *paratifóide;* defeito, vício: *paramnésia;* transgressão: *paradoxo;* estado mórbido: *paranóia;* forma abortiva: *paracarpo.*
para-³, elem. de comp. *Quím.* Exprime a idéia de *isomérico com, polimérico com,* ou de outra maneira *estreitamente ligado com: parabenzina.*
Parábase, s. f. Na comédia grega, parte em que o autor falava em seu próprio nome aos espectadores, expondo as suas opiniões ao público.
Parabéns, s. m. pl. Congratulações, felicitações.
Parabenzina, s. f. *Quím.* Carboneto obtido na destilação do alcatrão de hulha.
Parablasto, s. m. *Embr.* A camada média dos folhetos embrionários.
Parábola, s. f. 1. *Geom.* Curva plana, cujos pontos são eqüidistantes de um ponto fixo (foco) e de uma reta fixa (diretriz) ou curva resultante de uma seção feita num cone por um plano paralelo à geratriz. 2. Narração alegórica que contém algum preceito moral.
Parabólico, adj. 1. Relativo ou semelhante a parábola. 2. Encurvado como uma parábola.
Parabolismo, s. m. Qualidade ou caráter de parabólico.
Paraboloide, adj. m. e f. Que tem forma de parábola geométrica. S. m. *Geom.* Superfície gerada por uma parábola que se move sobre outra, cujo plano é perpendicular ao da parábola móvel.
Pára-brisa, s. m. Vidro colocado à dianteira de um veículo para proteger da chuva, pó ou vento. Pl.: *pára-brisas.*
Paracelsismo, s. m. Doutrina de Paracelso (Phillippus Aureolus Theophrastus Bombast de Hohenheim Paracelsus), médico suíço (1493-1541), que atacou o sistema médico de Galeno e deu aos medicamentos minerais uma importância que antes não tinham.
Paracelsista, adj. e s. m. e f. Diz-se da, ou a pessoa partidária do paracelsismo.
Paracentese, s. f. *Cir.* Operação que consiste em praticar uma punção numa cavidade cheia de líquido, para o fazer evacuar.
Pára-choque, s. m. Qualquer dispositivo destinado a amortecer choques. Pl.: *pára-choques.*
Paracianogênio, s. m. *Quím.* Substância sólida e negra, polímere do cianogênio.
Paráclase, s. f. *Geol.* Falha ou fratura de rochas, por escorregamento.
Paracleto *(é)*, s. m. 1. *Teol.* Espírito Santo. 2. Mentor, defensor.
Paraclorofenol, s. m. *Quím.* Um dos três isômeres do clorofenol, que é o fenol com um átomo de cloro.
Paracmástico, adj. *Med.* Que começa a diminuir (falando-se de doença).
Paracorola, s. f. *Bot.* Espécie de pequena corola, situada no meio da corola propriamente dita.
Paracusia, s. f. *Med.* Zumbidos nos ouvidos.
Paracuuba, s. f. *Bot.* Árvore leguminosa-cesalpiniácea *(Dimorphandra paraensis).*
Parada, s. f. *(parar + ada).* 1. Ato ou efeito de parar. 2. Lugar onde se pára, especialmente os pontos de bonde, ônibus, trem etc. 3. Demora, pausa. 4. Quantia que se aposta de cada vez no jogo. 5. Reunião ou passagem de tropas para revista ou exercício. 6. *Esgr.* Ato de se defender de um golpe. 7. Aventura. 8. Empresa ou situação arriscada.
Paradátilo, s. m. *Zool.* Parte lateral dos dedos das aves. Var.: *paradáctilo.*
Paradeiro, s. m. Lugar onde alguma pessoa ou coisa está, ou pára ou vai parar.
Paradigma, s. m. 1. Modelo, protótipo. 2. *Gram.* Conjunto de formas de uma palavra variável que servem de modelo para as demais do mesmo grupo mórfico.
Paradigmal, adj. m. e f. Relativo a paradigma.
Paradisíaco, adj. Relativo ao paraíso ou próprio dele; celeste, divino, edênico, paradísico.
Paradísico, adj. V. *paradisíaco.*
Parado, adj. 1. Sem movimento. 2. Fito, fixo.
Paradoxal *(cs)*, adj. m. e f. Que contém paradoxo.
Paradoxar *(cs)*, v. Intr. Dizer ou sustentar um paradoxo.

Paradoxo *(cs)*, s. m. Opinião contrária à comum; contra-senso, contradição.

Paraense, adj. m. e f. Relativo ao Estado do Pará. S. m. e f. Pessoa natural desse Estado.

Paraestatal, adj. V. *parestatal*.

Parafernais, adj. e s. f. pl. *Dir.* Designativo dos, ou os bens que não são dotais e que a mulher leva para o casamento, podendo gozá-los ou administrá-los independentemente.

Parafina, s. f. *Quím.* Substância sólida e branca que encerra hidrocarbonetos saturados e não-saturados, proveniente do resíduo da destilação do petróleo.

Parafinar, v. Tr. dir. 1. Converter em parafina. 2. Misturar com parafina.

Paráfise, s. f. *Bot.* Filamento estéril que se encontra no interior do peritécio de fungos e de musgos.

Parafonia, s. f. Defeito da voz, que consiste em um timbre desagradável.

Paráfrase, s. f. 1. Explicação mais desenvolvida de um texto, conservando-se as idéias originais. 2. Tradução livre.

Parafrasear, v. Tr. dir. 1. Fazer a paráfrase de; explicar desenvolvendo. 2. Traduzir livremente.

Parafrasta, s. m. e f. Autor ou autora de paráfrases.

Parafusador, adj. e s. m. Que, ou o que parafusa.

Parafusar, v. 1. Tr. dir. Apertar, fixar por meio de parafuso. 2. Tr. ind. Ter a idéia fixa nalguma coisa. 3. Intr. Meditar, refletir.

Parafuso, s. m. 1. Peça cilíndrica de ferro, aço etc., sulcada em espiral na face externa e destinada a entrar noutra peça chamada *porca*, também sulcada, porém na face interna, de modo que os sulcos correspondem às saliências do parafuso. 2. *Fam.* Cabeça que está sempre a imaginar. 3. *Aeron.* Acrobacia ou acidente em que o avião desce, verticalmente, girando em torno do seu eixo longitudinal.

Paragem, s. f. 1. Ato de parar. 2. Lugar onde se pára. 3. Parte do mar próximo à terra e acessível à navegação.

Parageusia, s. f. *Med.* Perversão do sentido do gosto.

Paragoge, s. f. *Gram.* Adição de letra ou sílaba no fim de uma palavra: *Mártire* em vez de *mártir*; epítese.

Paragógico, adj. *Gram.* 1. Em que há paragoge. 2. Que se junta no fim de uma palavra.

Paragrafar, v. Tr. dir. Dividir em parágrafos.

Paragrafia, s. f. *Med.* Perturbação da linguagem escrita, que consiste na confusão de palavras.

Parágrafo, s. m. 1. Pequena parte ou seção de discurso, capítulo etc., que forma sentido completo. 2. Alínea. 3. Sinal de pontuação (§) que separa seções distintas de leis, artigos etc.

Paragramatismo, s. m. Aliteração.

Paraguaio, adj. Relativo ao Paraguai ou natural dele. S. m. Indivíduo natural do Paraguai.

Paraibano *(a-i)*, adj. Relativo ao Estado da Paraíba. S. m. O natural desse Estado.

Paraíso, s. m. (l. *paradisu*). 1. *Teol.* Éden, lugar onde, segundo a Bíblia, Deus pôs Adão e Eva depois de criados. 2. Lugar muito aprazível. 3. *Teol.* Céu, bem-aventurança.

Paraláctico, adj. Relativo à paralaxe. Var.: *paralático*.

Paralalia, s. f. *Med.* 1. Defeito da voz. 2. Desaparecimento temporário ou permanente da faculdade de falar.

Pára-lama, s. m. Peça metálica que cobre a roda de veículos, especialmente automóveis, para deter o respingo da lama.

Paralampsia, s. f. *Med.* Mancha branca na córnea.

Paralaxe *(cs)*, s. f. *Astr.* Ângulo formado pelas duas direções em que se observa uma determinada estrela como seria vista do centro da Terra ou como é vista de um ponto da sua superfície.

Paraldeído, s. m. *Quím.* Trímero do aldeído etílico, sendo este último o ácido acético parcialmente reduzido.

Paralela, s. f. *Geom.* Linha ou superfície eqüidistante de outra em toda a extensão.

Paralelepipedal, adj. m. e f. 1. Relativo a paralelepípedo. 2. Que tem forma de paralelepípedo.

Paralelepípedo, s. m. 1. *Geom.* Sólido limitado por seis paralelogramos, dos quais os opostos são iguais e paralelos. 2. Pedra dessa forma, empregada no calçamento das ruas; macaco. — *P. oblíquo:* aquele em que as arestas laterais não são perpendiculares às bases. *P. reto:* aquele em que as arestas laterais são perpendiculares às bases.

Paralélico, adj. Que apresenta paralelismo.

Paralelismo, s. m. 1. Estado do que é paralelo. 2. Correspondência ou simetria entre duas coisas. 3. Repetição de idéias de estrofe em estrofe. — *P. psicofísico:* doutrina de Spinoza, filósofo holandês (1622-1677), do paralelismo entre os fenômenos psíquicos e os fenômenos nervosos.

Paralelística, s. f. *Lit.* Cantiga de amigo em que se repete, com ligeiras alterações, a mesma idéia, em estrofes de dois versos, em número par, seguidas de um estribilho.

Paralelo, adj. *Geom.* 1. Designa linhas ou superfícies que conservam sempre a mesma distância uma das outras em toda a sua extensão. 2. Que marcha a par de outro ou progride na mesma proporção. 3. Análogo, semelhante. S. m. 1. *Cosm.* Cada um dos círculos menores paralelos ao equador. 2. Comparação, confronto, cotejo.

Paralelogrâmico, adj. Que tem forma de paralelogramo.

Paralelogramo, s m. *Geom.* Quadrilátero cujos lados opostos são iguais e paralelos dois a dois.

Parálio, adj. Próximo ao mar; marítimo.

Paralipômenos, s. m. pl. 1. Parte do Velho Testamento mais conhecida por Crônicas, em suplemento aos livros dos Reis. 2. Suplemento a qualquer obra literária.

Paralipse, s. f. *Ret.* Figura pela qual se fixa a atenção num objeto, fingindo que não se quer cuidar dele.

Paralisação, s. f. 1. Ato ou efeito de paralisar(-se). 2. Interrupção. 3. Suspensão.

Paralisar, v. 1. Tr. dir. Tornar paralítico; entorpecer. 2. Tr. dir. Enfraquecer, entravar, neutralizar, suspender. 3. Intr. e pron. Estacionar, interromper-se.

Paralisia, s. f. *Med.* 1. Privação completa ou diminuição considerável da sensibilidade ou do movimento voluntário ou, mesmo, de ambas essas coisas, limitada a um órgão ou generalizada. 2. Entorpecimento, marasmo.

Paralítico, adj. e s. m. Que, ou o que sofre de paralisia.

Paralogismo, s. m. *Lóg.* Falso raciocínio, não estabelecido de má-fé como no sofismo.

Paramagnético, adj. Diz-se das substâncias que, sob a ação de um campo magnético, adquirem imantação da mesma maneira que o ferro, mas de modo bem menos intenso.

Paramagnetismo, s. m. *Fís.* Propriedade de paramagnético.

Paramentado, adj. 1. Revestido com paramentos. 2. Adornado, enfeitado.

Paramentar, v. Tr. dir. e pron. 1. Vestir(-se), ornar(-se) com paramentos. 2. Adornar(-se), enfeitar(-se).

Paramento, s.m. Adorno, enfeite, ornato. S.m. pl. Os ornamentos usados pelo clero nas funções sagradas.

Paramétrico, adj. Relativo ao parâmetro.

Paramétrio, s.m. *Anat.* Tecido fibroso, frouxo, que cerca parcialmente o útero.

Parametrite, s.f. *Med.* Inflamação do paramétrio.

Parâmetro, s.m. *Mat.* Numa expressão ou equação, letra distinta da variável, cujo valor numérico pode ser fixado arbitrariamente.

Paramilitar, adj. Diz-se de organizações particulares de cidadãos, armados e fardados especialmente, sem contudo pertencerem às forças militares regulares.

Paramimia, s.f. *Med.* Perturbação da mímica, em que os gestos não correspondem às idéias e sentimentos que o doente pretende exprimir.

Paramnésia, s.f. *Med.* 1. Distúrbios da memória, em que se relembram as palavras, porém fora de sua significação exata. 2. Perturbação da percepção, pela qual o paciente tem a impressão de já haver vivido um estado de consciência global que, na realidade, é novo. Var.: *paramnesia*.

Páramo, s.m. 1. Campos das altas montanhas andinas. 2. Planície deserta. 3. O firmamento.

Paramorfismo, s.m. *Miner.* Transformação de um mineral em outro, sem mudança de composição química; alomorfismo.

Paranaense, adj. m. e f. Relativo ao Estado do Paraná. S.m. e f. Pessoa natural desse Estado.
Paranéico, adj. V. *paranóico.*
Parangonagem, s. f. Ato ou efeito de parangonar.
Parangonar, v. Tr. dir. *Tip.* Alinhar tipos de corpo maior, junto a outros de corpo menor, na mesma linha. 2. Posicionar blocos de texto em páginas vis-à-vis, a fim de que eles fiquem alinhados na parte superior, um com relação ao outro.
Paraninfar, v. Tr. dir. Ser paraninfo em casamento, batismo ou colação de grau; apadrinhar.
Paraninfo, s.m. 1. Antigamente, entre os gregos, amigo do noivo, que ia com este buscar a noiva. 2. Padrinho ou testemunha de casamento, batismo e formatura escolar.
Paranóia, s.f. *Med.* Psicose caracterizada por um conceito exagerado de si mesmo e idéias de perseguição, reivindicação e grandeza, que se desenvolvem progressivamente, sem alucinações. Var.: *paranéia.*
Paranóico, adj. Relativo à paranóia. S.m. O que sofre de paranóia. Var.: *paranéico.*
Parapeito, s.m. 1. Parede ou resguardo que se eleva à altura do peito ou pouco menos, à borda de terraços, pontes, galerias, janelas etc. 2. Parte superior de uma trincheira de fortificação para resguardar os defensores que podiam atirar por cima dela.
Parapétalo, adj. *Bot.* Diz-se das partes de uma corola, quando são mais ou menos semelhantes às pétalas, mas situadas mais ao centro, como no heléboro.
Paraplegia, s.f. *Med.* Paralisia dos membros inferiores.
Paraplégico, adj. Relativo à paraplegia. S.m. O que sofre de paraplegia.
Parapleurisia, s.f. *Med.* Falsa pleurisia.
Paraplexia *(cs),* s.f. *Med.* Designação que às vezes se dá à paraplegia e à paralisia.
Parapsicologia, s.f. Estudo de certos fenômenos psíquicos de natureza especial e ditos ocultos (telepatia, previsão etc.); metapsíquica.
Pára-quedas, s.m. sing. e pl. *Aeron.* Aparelho mais pesado do que o ar, que permite efetuar descidas na atmosfera, com velocidade moderada, pela resistência que o ar oferece ao seu movimento.
Pára-quedismo, s.m. 1. Emprego sistemático do pára-quedas. 2. *Esp.* Desporto dos saltos com pára-quedas.
Pára-quedista, s.m. e f. Pessoa especializada em saltos em pára-quedas.
Parar, v. 1. Tr. ind., intr. e pron. Cessar de andar, de falar, de mover-se. Tr. dir. Impedir de andar, de prosseguir numa ação.
Pára-raios, s.m. sin. e pl. Aparelho, formado principalmente de uma haste metálica, destinado a atrair à terra as descargas elétricas da atmosfera.
Parartrema, s.m. *Med.* Luxação incompleta.
Parasceve, s.f. 1. Sexta-feira, entre os judeus; dia em que se preparavam para celebrar o sábado. 2. Sexta-feira santa, na liturgia católica.
Parasita, adj. e s.m. Parasito. S.f. *Bot.* Nome comum de plantas e flores orquidáceas, embora não sejam elas parasitos.
Parasitar, v. 1. Intr. Viver como parasito. 2. Tr. dir. Explorar, viver à custa de. 3. Tr. dir. Nutrir-se (o animal ou o vegetal) do sangue ou da seiva de outro.
Parasitário, adj. 1. Relativo a parasito. 2. Que tem as propriedades de parasito.
Parasiticida, adj. m. e f. e s.m. Que, ou o que destrói os parasitos.
Parasitífero, adj. Que tem ou alimenta parasitos.
Parasitismo, s.m. 1. Estado ou qualidade de parasito. 2. Hábitos ou vida de parasito.
Parasito[1], adj. 1. Que nasce ou cresce em outros corpos organizados. 2. Que vive à custa alheia. S.m. 1. *Zool.* Animal que se alimenta do sangue de outro. 2. *Bot.* Vegetal que se nutre da seiva de outro. 3. Indivíduo que não trabalha, que vive à custa alheia. Var.: *parasita.*
parasito[2], elem. de comp. (gr. *parasito*). Expressa a idéia de *parasito: parasitologia.*
Parasitologia, s.f. *Biol.* e *Med.* Estudo científico dos parasitos.
Parasitológico, adj. Relativo à parasitologia.
Pára-sol, s.m. V. *guarda-sol* e *guarda-chuva.* Pl.: *pára-sóis.*
Parasselene, s.m. V. *parasselênio.*
Parasselênio, s.m. Círculo luminoso que às vezes se observa em volta da Lua.
Parassífilis, s.f. sin. e pl. *Med.* Nome dado a afecções não sifilíticas, mas devidas indiretamente à influência da sífilis.
Parassimpático, s. m. *Anat.* Uma das partes em que se divide o sistema nervoso símpatico.
Parassintético, adj. *Gram.* Diz-se dos termos compostos reduzidos a um só vocábulo.
Parastaminia, s. f. *Bot.* Estado dos estames abortados, ou dos órgãos que, parecendo estames, não exercem as funções destes.
Parastilo, s.m. *Bot.* Órgão que parece pistilo mas não exerce as funções deste.
Paratarso, s.m. *Ornit.* Parte lateral do tarso das aves.
Parati, s.m. 1. Nome da cachaça fabricada em Parati, Estado do Rio. 2. Qualquer cachaça.
Paratifo, s. m. *Med.* Afecção semelhante à febre tifóide, mas de prognóstico mais benigno.
Paratireóide, adj. e s. f. *Anat.* Diz-se de, ou cada uma das glândulas endócrinas, situadas ao lado da tireóide, habitualmente em número de quatro, e cujo hormônio regula o metabolismo do cálcio.
Paratropa, s.f. *Mil.* Tropa de pára-quedistas.
Paravante, s.m. *Náut.* Parte do navio compreendida entre a proa e o mastro grande.
Parável, adj. m. e f. Fácil de conseguir.
Pára-vento, s. m. V. *guarda-vento.* Pl.: *pára-ventos.*
Parca, s.f. *Mit.* 1. Cada uma das três deusas (Cloto, Láquesis e Átropos) que fiavam, dobravam e cortavam o fio da vida. 2. A morte.
Parceirada, s.f. Conjunto de parceiros.
Parceiro, adj. (l. *partiariu*). Par, parelho, semelhante. S.m. 1. O que tem parceria. 2. Sócio. 3. Pessoa com quem se joga. 4. Companheiro. 5. *Pop.* Espertalhão, finório.
Parcel, s.m. Baixio, escolho, recife.
Parcela, s.f. (l. **particella*). 1. Pequena parte de alguma coisa. 2. Fragmento. 3. Verba. 4. *Arit.* Cada um dos números que se somam.
Parcelado[1], adj. (p. de *parcelar*). 1. Que se parcelou. 2. Diz-se dos exames preparatórios para escolas superiores feitos separadamente, por disciplina.
Parcelado[2], adj. (*parcel + ado*). Que tem parcéis.
Parcelamento, s.m. Ato, efeito ou maneira de parcelar[1].
Parcelar[1], v. (*parcela + ar*). Tr. dir. Dividir em parcelas.
Parcelar[2], adj. m. e f. 1. Dividido em parcelas. 2. Feito por parcelas.
Parceria, s. f. Reunião de pessoas por interesse comum; sociedade, companhia.
Parcha, s.f. Casulo em que o bicho-da-seda morreu de doença.
Parcial, adj. m. e f. (l. *partiale*). 1. Que é parte de um todo. 2. Que, num litígio, é favorável a uma das partes.
Parcialidade, s.f. 1. Qualidade de parcial; parcialismo. 2. Facção, partido. 3. Tendenciosidade.
Parcialismo, s.m. V. *parcialidade.*
Parcimônia, s.f. Ato de poupar; economia.
Parcimonioso, adj. Parco.
Parco, adj. 1. Que economiza ou poupa. 2. Frugal. 3. De pouca monta; escasso. Sup. abs. sint.: *parcíssimo.*
Pardacento, adj. Tirante a pardo; pardaço; pardento, pardilho, pardusco.
Pardaço, adj. V. *pardacento.*
Pardal, s. m. 1. *Ornit.* Pequeno pássaro conirrostro (*Passer domesticus domesticus*). Voz: *chia, chilreia, pipila.* Fem.: *pardaloca, pardoca.* 2. *Gír.* Espião policial.
Pardalada, s.f. Grande porção de pardais.
Pardaloca, s.f. A fêmea do pardal; pardoca.
Pardavasco, adj. Diz-se da pessoa de cor carregada; amulatado. S.m. Essa pessoa.

Pardento, adj. V. *pardacento.*
Pardieiro, s.m. Casa velha e em ruínas.
Pardilho, adj. Pardacento. S. m. *Des.* Espécie de pano pardo.
Pardo, adj. 1. De cor entre branco e preto. 2. Branco-sujo. 3. *Bot.* Marrom castanho: Algas *pardas.* S.m. Mulato.
Pardoca, s.f. V. *pardaloca.*
Pardusco, adj. V. *pardacento.*
Párea, s.f. Régua com que se mede a altura de pipas e tonéis.
Parear[1], v. (*párea + ear*). Tr. dir. Medir ou aferir (pipas etc.) com a párea.
Parear[2], v. (*par + ear*). Tr. dir. Colocar a par; emparelhar.
Páreas, s.f. pl. *Anat.* Tudo o que se elimina do útero após a expulsão do feto: placenta, membranas e cordão umbilical; secundinas.
Parecença, s.f. Qualidade de parecido; semelhança.
Parecente, adj. m. e f. Parecido, semelhante.
Parecer[1], v. 1. V. de lig. Ter parecença ou semelhança com alguém ou alguma coisa: Cão que *parece lobo.* 2. V. de lig. Ter certa aparência. 3. Pron. Assemelhar-se.
Parecer[2], s.m. 1. Aparência, aspecto geral, feição. 2. Opinião.
Parecido, adj. Que se parece; que tem semelhança.
Paréctase, s.f. *Gram.* Adjunção de elementos fônicos intermédios para tornar eufônica uma palavra.
Paredão, s.m. 1. Grande parede. 2. Muro alto e muito espesso; muralha.
Parede (*ê*), s.f. (l. *pariete*). 1. *Constr.* Obra geralmente de tijolo e argamassa com que se fecham externamente os edifícios, bem como se formam suas divisões internas.
Paredismo, s.m. Sistema de greves ou paredes organizadas.
Paredista, adj. e s.m. e f. Grevista.
Paregoria, s.f. *Med.* Qualidade de paregórico.
Paregórico, adj. *Med.* Que suaviza ou acalma dores; calmante.
Parelha (*ê*), s.f. 1. Par (em referência a animais, especialmente cavalares e muares). 2. *Fam.* Pessoa, animal ou coisa semelhante a outra.
Parelheiro, adj. Diz-se do cavalo de corrida. S.m. *Turfe.* Cavalo inscrito num páreo.
Parelho (*ê*), adj. (l. *pariculu*). 1. Semelhante ou igual. 2. Da mesma parelha. S.m. Roupa de homem (calça e paletó).
Parélio, s.m. *Meteor.* Imagem do Sol, refletida numa nuvem.
Parêmbole, s.f. *Gram.* Espécie de parêntese, em que o sentido da frase incidente tem relação com o assunto da frase principal.
Parêmia, s.f. 1. Curta alegoria. 2. Provérbio.
paremio-, elem. de comp. (gr. *paroimia*). Exprime a idéia de *provérbio: paremiologia.*
Paremiógrafo, s.m. Autor ou colecionador de provérbios.
Paremiologia, s.f. Tratado acerca de provérbios.
Parencéfalo, s.m. *Anat.* Cerebelo.
Parencefalocele, s.f. *Med.* Hérnia do parencéfalo.
Parênese, s.f. Discurso moral; exortação.
Parenética, s.f. 1. Eloqüência sagrada. 2. Coleção de discursos morais.
Parenético, adj. Relativo à parênese.
Parênquima, s.m. 1. *Anat.* Tecido formado de células diferenciadas e dotado de função especial: *P.* pulmonar. 2. *Bot.* Tecido vivo, adulto, não especializado, dos vegetais superiores.
Parenquimatoso, adj. Relativo ao parênquima.
Parenta, s.f. Flexão feminina de *parente.*
Parentalha, s.f. Parentela.
Parente, adj. Que pertence à mesma família. S. m. Indivíduo que, em relação a outros, pertence à mesma família.
Parentela, s.f. O conjunto dos parentes; parentalha.
Parentelismo, s. m. Prática social segundo a qual os administradores e pessoas influentes protegem especialmente seus parentes e afins por meio de empregos ou favores; nepotismo.
Parenteral, adj. m. e f. *Med.* Que se processa ou existe fora do tubo gastrintestinal; parentérico.
Parentérico, adj. *Med.* V. *parenteral.*
Parentesco (*ê*), s.m. 1. Qualidade de parente. 2. Laço de consangüinidade ou afinidade que une várias pessoas.
Parêntese, s.m. 1. Frase intercalada num período, porém formando sentido à parte. 2. Cada um dos dois sinais de pontuação ( ) que encerram frases dessa espécie.
Parêntesis, s.m. sing. e pl. Forma alatinada de *parêntese.*
Parentético, adj. 1. Relativo a parêntese. 2. Expresso em parêntese.
Páreo, s.m. (de *par*). 1. Corrida a cavalo entre diversos competidores. 2. O prêmio dessa corrida.
Parequema, s.m. *Gram.* Defeito de linguagem que consiste em começar uma palavra com sílaba igual ou muito semelhante à última sílaba da palavra anterior: *Gado doentio, pato tonto, coxa chata.*
Paresia, s.f. *Med.* Paralisia incompleta de nervo ou músculo que não perdeu inteiramente a sensibilidade e o movimento.
Parestatal, adj. Diz-se da autarquia, entidade ou empresa de caráter autárquico, em cuja organização e administração intervém o Estado. Var.: *paraestatal.*
Parestesia, s.f. *Med.* Desordem nervosa caracterizada por sensações geralmente não dolorosas, tais como as dormências, os formigamentos etc.
Parga, s.f. Acervo de trigo e de palha arrumado de maneira a resguardar o grão das intempéries.
Pargasita, s.f. Espécie de anfibólio, cujo sistema de cristalização é o monoclínico.
pari-, elem. de comp. Exprime a idéia de *par: pariforme.*
Pária, s.m. 1. Indivíduo sem casta, na sociedade indiana. 2. *Por ext.* Pessoa excluída da sociedade.
Pariato, s.m. Dignidade de par do reino, na Inglaterra.
Parição, s.f. Ato de parir; parto (referindo-se a animais).
Paridade, s. f. Qualidade de par ou igual; igualdade.
Parietal, adj. m. e f. *Anat.* e *Zool.* Diz-se dos diferentes órgãos anatômicos que estão em relação com a parede de uma cavidade: Pleura *p.* S.m. Osso par, chato, triangular, situado de cada lado das paredes súpero-laterais do crânio.
Parietário, adj. 1. Que cresce nas paredes. 2. Parietal.
Pariforme, adj. m. e f. Que tem forma igual.
Paripenada, adj. f. *Bot.* Diz-se da folha composta cujos folíolos são ligados aos pares.
Parir, v. (l. *parere*). Tr. dir. e intr. Dar à luz, expelir do útero (falando-se de fêmea vivípara, inclusive a mulher, em relação ao ser que conceber).
Parisianismo, s.m. Hábitos, maneiras, particularidades etc. próprios dos parisienses.
Parisiense, adj. m. e f. Relativo a Paris, capital da França. S.m. e f. Habitante ou natural de Paris.
Parissílabo, adj. *Gram.* Diz-se dos substantivos e adjetivos latinos que têm tantas sílabas no nominativo como no genitivo.
Parlamentação, s.f. Ato ou efeito de parlamentar.
Parlamentar[1], adj. m. e f. Relativo ao parlamento. S.m. e f. Membro de um parlamento.
Parlamentar[2], v. Tr. dir. e intr. Fazer ou aceitar propostas sobre negócios de guerra, entre arraiais ou forças contrárias. 2. Tr. ind. Entrar em negociações; conferenciar.
Parlamentário, adj. Que parlamenta ou é próprio para parlamentar. S.m. Aquele que parlamenta.
Parlamentarismo, s.m. Regime político em que os ministros de Estado são responsáveis perante o parlamento.
Parlamentarista, adj. m. e f. Relativo ao parlamentarismo. S.m. e f. Partidário do parlamentarismo.
Parlamento, s.m. 1. *Dir.* Câmara legislativa nos países constitucionais. 2. Congresso Nacional.
Parlapatão, adj. e s.m. Diz-se do, ou o homem embusteiro, impostor, vaidoso. Fem.: *parlapatona.*
Parlapatear, v. 1. Intr. Proceder como parlapatão. 2. Tr. dir. e intr. Alardear com impostura; bazofiar.
Parlapatice, s.f. Modos, atos ou ditos de parlapatão.
Parlapatório, s.m. Falatório, verborragia.
Parlatório, s.m. 1. Locutório. 2. Conversa, falatório.
Parlenda, s.f. V. *parlenga.*
Parlenga, s.f. 1. Bacharelice, palavreado. 2. Discussão, rixa. Var.: *parlenda, perlenda* e *perlenga.*
Parmesão, adj. 1. Relativo a Parma, cidade e ducado italia-

nos. 2. Diz-se de um queijo fabricado, a princípio, na região de Parma, com leite desnatado e açafrão. S.m. O natural ou habitante de Parma. Fem.: *parmesã.*

Parnasianismo, s.m. *Poét.* Corrente ou doutrina literária dos parnasianos.

Parnasiano, adj. 1. Pertencente ao Parnaso ou habitante dele. 2. Diz-se dos sectários de uma corrente poética, que procura especialmente a delicadeza e a perfeição da forma. S.m. Poeta filiado a essa escola.

Parnaso, s.m. 1. Montanha da Fócida (Grécia antiga), consagrada a Apolo e às Musas. 2. A poesia. 3. Os poetas, coletivamente.

-paro, elem. de comp. (l. *parere*). Expressa a idéia de *nascimento, geração: ovíparo.*

Pároco, s.m. Sacerdote que tem a seu cargo uma paróquia; cura, vigário.

Paródia, s.f. 1. Imitação burlesca de uma obra literária. 2. *Por ext.* Imitação burlesca.

Parodiar, v. Tr. dir. Imitar burlescamente. 2. Imitar, arremedar.

Parodista, s.m. e f. Pessoa que faz paródias.

Parola, s.f. 1. Palanfrório, palavras ocas. 2. Loquacidade.

Parolador, adj. e s.m. V. *paroleiro.*

Parolagem, s.f. Ato de parolar; parolamento.

Parolamento, s.m. V. *parolagem.*

Parolar, v. Tr. ind. e intr. Dizer parolas; falar muito.

Parolear, v. V. *parolar.*

Paroleiro, adj. e s.m. Que, ou aquele que diz parolas; parolador.

Parolice, s.f. 1. Qualidade de paroleiro. 2. Ato de parolar.

Paronímia, s.f. Qualidade de parônimo.

Paronímico, adj. V. *parônimo.*

Parônimo, adj. *Gram.* Diz-se das palavras de significação diferente, mas de forma parecida, semelhante: *Emergir* (vir à tona) e *imergir* (mergulhar). S.m. Palavra parônima.

Paroníquia, s.f. *Med.* Panarício.

Paronomásia, s.f. 1. *Ret.* Uso de palavras semelhantes no som, mas diferentes no sentido. 2. *Gram.* Semelhança entre palavras de diferentes línguas, indicativa de origem comum. Var.: *paranomásia.*

Paropsia, s.f. *Med.* Designação genérica dos defeitos da visão.

Paróptico, adj. *Fís.* Fora do alcance visual. Var.: *parótico.*

Paróquia, s.f. Território sobre o qual se estende a jurisdição espiritual de um pároco.

Paroquial, adj. m. e f. Relativo ou pertencente à paróquia ou ao pároco.

Paroquiano, adj. e s.m. Que, ou aquele que habita numa paróquia.

Paroquiar, v. 1. Tr. dir. Administrar como pároco. 2. Intr. Exercer funções de pároco.

Parosmia, s.f. *Med.* Perversão do olfato.

Parótico, adj. *Anat.* Que está perto da orelha.

Parótida, s.f. *Anat.* Cada uma das glândulas salivares situadas abaixo e por diante das orelhas. Var.: *parótide.*

Parótide, s.f. V. *parótida.*

Parotídeo, adj. Relativo à parótida.

Parotidite, s.f. *Med.* Inflamação das parótidas, vulgarmente conhecida por *caxumba.*

Paroxísmico, (*cs*), adj. Relativo a paroxismo; paroxístico.

Paroxismo (*cs*), s.m. *Med.* A maior intensidade de um acesso, dor etc.

Paroxístico (*cs*), adj. V. *paroxísmico.*

Paroxítono, adj. *Gram.* Diz-se do vocábulo que tem o acento tônico na penúltima sílaba. S.m. Esse vocábulo.

Parque, s.m. (fr. *parc*). 1. Terreno mais ou menos extenso, com muitas árvores, destinado a passeios, exposições, ou ambos ao mesmo tempo. 2. Lugar em que se guardam munições de guerra, petrechos de artilharia etc.

Parquete, s.m. Revestimento de pisos, feito de tacos de madeira que, dispostos de certa forma, constituem desenhos.

Parquímetro, s.m. Pequeno poste com mecanismo para medir o tempo durante o qual os automóveis ficam estacionados.

Parra, s.f. Folha de videira; pâmpano.

Parrado, adj. Disposto em latada.

Parreira, s.f. *Bot.* Cepa cujos ramos se estendem em latada; videira.

Parreiral, s.m. Série de parreiras.

Parrésia, s.f. *Ret.* 1. Atrevimento oratório. 2. Afirmação arrojada.

Parricida, adj. m. e f. Que praticou o parricídio. S.m. e f. Pessoa que praticou o parricídio.

Parricídio, s.m. Homicídio praticado contra seu próprio pai.

Parrudo, adj. 1. Rasteiro como as parras. 2. Baixo e grosso.

Parse, adj. m. e f. Diz-se do sectário de Zoroastro. S. m. Língua falada na Pérsia durante os últimos reis sassânidas.

Parsec, s. m. (de *para*laxe + ingl. *sec*ond). *Astr.* Unidade de medida para o espaço interestelar, igual a uma distância que tem uma paralaxe heliocêntrica de 1 segundo ou a 206.265 vezes o raio da órbita da Terra, ou a 3,26 anos-luz ou a 30,8 trilhões de quilômetros.

Parsismo, s.m. Religião e costumes dos parses.

Parte, s.f. 1. Porção de um todo. 2. Divisão de uma obra. 3. Fração. 4. *Mús.* O que cada voz ou instrumento deve executar numa peça. 5. Papel em que está escrito o que cabe a cada ator numa peça. 6. *Dir.* Litigante, quer como autor, quer como réu. 7. *Dir.* Pessoa com quem outra está em contestação. 8. *Dir.* Cada uma das porções em que é dividida uma herança; quinhão. 9. Causa, partido. 10. Sítio, lugar. 11. Comunicação verbal ou escrita; participação. 12. *Dir.* Comunicação ou queixa, verbal ou escrita, feita a autoridade competente. S.f. pl. 1. Órgãos genitais externos de ambos os sexos. 2. Pretextos, subterfúgios. 3. Melindres. *À p.*: em separado.

Parteira, s.f. Mulher, formada ou não, que assiste partos.

Parteiro, adj. Diz-se de médico especialista em obstetrícia. S.m. Médico obstetra.

Partejamento, s.m. Ato de partejar; partejo.

Partejar, v. Tr. dir. Servir de parteiro ou parteira a.

Partejo (*ê*), s.m. Partejamento.

parteno-, elem. de comp. (gr. *parthenos*). Exprime a idéia de *virgem: partenogênese.*

Partenogênese, s.f. *Biol.* Modo de reprodução dos seres vivos no qual o ovo se desenvolve sem ter sido fecundado por um espermatozóide; reprodução unissexuada.

Partição, s.f. Ato de partir, de dividir.

Participação, s.f. Ato ou efeito de participar.

Participador, adj. e s.m. Participante.

Participante, adj. e s., m. e f. Que, ou pessoa que participa; participador.

Participar, v. 1. Tr. dir. Comunicar, fazer saber, informar. 2. Tr. ind. Ter ou tomar parte em.

Participável, adj. m. e f. Que pode ser participado.

Partícipe, adj. e s., m. e f. Que toma parte em; participante.

Participial, adj. m. e f. *Gram.* Relativo ao particípio.

Particípio, s.m. *Gram.* Forma nominal que participa da natureza do verbo e da do adjetivo e indica passividade.

Pártico, adj. Relativo aos partos, antigo povo asiático.

Partícula, s.f. 1. Pequena parte. 2. *Liturg.* Hóstia pequena, que se dá aos comungantes. 3. *Gram.* Qualquer palavra invariável, especialmente as monossilábicas. - *P. de realce,* ou *p. expletiva:* a que, empregada para dar realce ou eufonia, pode ser tirada sem prejuízo do sentido.

Particular, adj. m. e f. 1. Pertencente somente a certas pessoas ou coisas; próprio, específico. 2. Especial, excepcional.

Particularidade, s. f. 1. Especialidade. 2. Pormenor.

Particularização, s.f. Ato ou efeito de particularizar.

Particularizar, v. Tr. dir. 1. Referir minuciosamente. 2. Fazer distinção ou menção especial de.

Partida, s.f. 1. Ato de partir; saída. 2. *Com.* Porção maior ou menor de mercadorias recebidas ou expedidas. 3. Reunião de pessoas amigas para se distraírem; sarau. 4. Competição de jogo ou esporte entre duas pessoas ou dois grupos.

Partidário, adj. Relativo a partido. S. m. Aquele que é membro de um partido. Col.: *facção, partido, torcida.*

Partidarismo, s.m. Paixão partidária; proselitismo.

Partido, adj. 1. Dividido em partes. 2. Quebrado. S. m. 1. Associação de pessoas que têm as mesmas idéias e seguem o mesmo sistema ou doutrina política. 2. Proveito, vantagem. 3. Vantagem dada em jogo.

Partidor, adj. Que faz partilhas. S. m. 1. Aquele que faz partilhas. 2. Funcionário judicial que faz o cálculo das partilhas.

Partilha, s.f. (l. *particula*). 1. Repartição dos bens de uma herança. 2. Divisão de lucros; divisão de qualquer outra coisa; repartição. 3. Apanágio, atributo.

Partilhar, v. 1. Tr. dir. Dividir em partes; repartir. 2. Tr. dir. e tr. ind. Participar de; compartilhar. 3. Tr. dir. Fazer partilha amigável ou judicial de.

Partimento, s.m. 1. *Des.* Ato de partir; saída. 2. Divisão.

Partir, v. (l. *partiri*). 1. Tr. dir. Dividir em partes. 2. Tr. dir. e pron. Fazer(-se) em pedaços; quebrar(-se). 3. Tr. ind. e intr. Pôr-se a caminho, retirar-se, sair, seguir viagem.

Partitivo, adj. 1. Que reparte. 2. *Gram.* Que limita a significação de uma palavra.

Partitura, s.f. *Mús.* Conjunto das partes de uma peça musical sinfônica.

Partível, adj. m. e f. Que pode ser partido.

Parto[1], s.m. (l. *partu*). 1. Ato ou efeito de parir; parição. 2. Ato de dar à luz uma criança. 3. *Por ext.* Produto, invenção.

Parto[2], adj. Relativo aos partos; pártico. S. m. pl. Antigo povo da Ásia, habitante da Pártia, atual região do Coraçã, no Irã.

Parturição, s.f. Parto natural.

Parturiente, adj. e s.f. Diz-se da, ou a mulher ou qualquer fêmea que está prestes a parir ou pariu há pouco.

Parúlide, s.f. *Med.* Abscesso nas gengivas.

Parusia, s.f. *Teol.* 1. No cristianismo primitivo, retorno de Cristo aguardado como próximo. 2. A segunda vinda de Cristo. Var.: *parúsia.*

Parva, s.f. 1. Ligeira refeição antes do almoço ou em vez dele. 2. Pequena quantia em dinheiro.

Parvalhão, s. m. Grande parvo.

Parvalhice, s.f. Ação ou dito de parvo; parvoíce.

Parvidade, s.f. 1. Pequenez. 2. Qualidade de parvo.

Parvo, adj. 1. Pequeno. 2. Idiota, tolo. S. m. Indivíduo atoleimado. Fem.: *parva* e *párvoa.* Aum.: *parvalhão, parvoalho* e *parvoeirão.*

Párvoa, adj. e s.f. Fem. de *parvo.*

Parvoalho, s.m. Grande parvo; parvalhão.

Parvoeirão, s.m. Homem muito parvo. Fem.: *parvoeirona.*

Parvoejar, v. Intr. Falar ou proceder como parvo.

Parvoíce, s.f. 1. Ato ou dito de parvo. 2. Qualidade ou estado de parvo. 3. Demência.

Parvulez, s.f. 1. Infantilidade. 2. Idade infantil. 3. Parvoíce.

Parvuleza, s.f. V. *parvulez.*

Párvulo, adj. Pequenino. S. m. *Des.* Criança.

Pascacice, s.f. Ato, dito ou qualidade de pascácio.

Pascácio, s.m. *Pop.* Homem muito simplório; lorpa, tolo.

Pascal, adj. m. e f. Relativo à Páscoa.

Pascentar, v. V. *apascentar.*

Pascer, v. 1. Tr. dir. e intr. Pastar. 2. Tr. dir. Fazer pastar. 3. Intr. e pron. Andar pastando, apascentar-se. 4. Tr. dir., tr. ind. e pron. Deliciar(-se), recrear(-se).

Pascigo, s. m. *Poét.* Pastagem.

Páscoa, s. f. 1. Festa anual dos judeus, comemorativa de sua saída do Egito. 2. Festa anual dos cristãos, comemorativa da ressureição de Cristo.

Pascoal, adj. m. e f. V. *pascal.*

Pascoela, s. f. 1. Semana que se segue à Páscoa. 2. Domingo imediato ao da Páscoa.

pasi-, elem. de comp. (gr. *pas*). Exprime a idéia de *universal: pasigrafia.*

Pasigrafia, s. f. 1. Escrita universal. 2. Taquigrafia.

Pasigráfico, adj. Relativo à pasigrafia.

Pasmaceira, s. f. *Pop.* 1. Pasmo estúpido, admiração parva. 2. Vida ou situação sem fatos interessantes.

Pasmado, adj. 1. Espantado, surpreendido. 2. Apalermado, inexpressivo.

Pasmar, v. 1. Tr. dir. Causar pasmo ou admiração a; deslumbrar. 2. Tr. ind., intr. e pron. Ficar pasmado, admirar-se profundamente.

Pasmo, s. m. Assombro, espanto, grande admiração.

Pasmoso, adj. Que produz pasmo; assombroso, admirável.

Paspalhão, adj. e s. m. Parvo, tolo. Fem.: *paspalhona.*

Paspalhice, s. f. Ato ou dito próprio de paspalhão.

Paspalho, s. m. 1. Paspalhão. 2. Pessoa inútil; espantalho.

Pasquim, s. m. 1. Sátira afixada em lugar público. 2. Jornal ou folheto difamador.

Pasquinada, s. f. 1. Pasquim. 2. Crítica mordaz em pasquim.

Pasquinagem, s. f. Difamação por escrito, em papéis avulsos, como pasquins, jornais, manifestos etc.

Pasquinar, v. 1. Tr. dir. Satirizar (alguém) por meio de pasquins. 2. Intr. Fazer pasquins. Var.: *pasquinear.*

Pasquineiro, adj. Que escreve pasquins. S. m. Autor de pasquim; difamador.

Passa, s. f. Fruta seca, principalmente a uva.

Passada, s. f. 1. Cada alternação dos pés, no andar; passo. 2. Ida rápida a algum lugar. S. f. pl. Diligências, esforços.

Passadeira, s. f. 1. Alpondras. 2. Anel por onde passa a gravata ou fita ou cordão.

Passadiço, adj. Passageiro, transitório. S. m. 1. Corredor ou galeria de comunicação; passagem. 2. *Náut.* Ponte, na parte superior do navio, em que permanecem o comandante, o oficial de quarto e o homem do leme. 3. Passeio lateral das ruas.

Passadio, s. m. Alimentação diária.

Passadismo, s. m. Culto do passado.

Passadista, adj. m. e f. Relativo ao passado ou ao passadismo. S. m. e f. 1. Pessoa que cultua o passado. 2. Pessoa adepta do passadismo.

Passado, adj. 1. Decorrido, findo. 2. Que passou de tempo; velho. 3. Diz-se do fruto que começa a apodrecer..

Passador, adj. Que passa ou faz passar. S. m. *Pop.* Coador.

Passadouro, s. m. 1. Lugar por onde se passa. 2. Ponto de passagem; comunicação. Var.: *passadoiro.*

Passageiro, adj. 1. Que passa depressa, que dura pouco; transitório, efêmero. 2. De pouca importância. S. m. O que vai de passagem em qualquer veículo de transporte; viajante.

Passagem, s. f. 1. Ato ou efeito de passar(-se). 2. Lugar por onde se passa. 3. O preço pago por quem viaja como passageiro. 4. A papeleta ou cartãozinho que comprova o direito de viajar em qualquer veículo. 5. Trecho de autor ou obra citada. 6. Acontecimento, caso, episódio.

Passal, s. m. Terreno cultivado, anexo e pertencente à residência de um pároco ou prelado.

Passamanar, v. Tr. dir. Guarnecer de passamanes; apassamanar.

Passamanaria, s. f. 1. Arte, indústria, obra ou comércio de passamanes. 2. Ofício ou estabelecimento de passamanes.

Passamaneiro, s. m. Fabricante ou vendedor de passamanes.

Passamanes, s. m. pl. (fr. *passements*). Fitas, galões, cordões ou tecidos entretecidos a prata, ouro ou seda.

Passamento, s. m. Falecimento, morte.

Passa-moleque, s. m. 1. Deslealdade, perfídia. 2. Logro. Pl.: *passa-moleques.*

Passante, adj. m. e f. Que passa ou que excede.

Passa-pé, s. m. (fr. *passe-pied*). Dança antiga, em compasso de 3 por 4 ou 3 por 8 ($^3/_4$ ou $^3/_8$), algo semelhante ao minueto, porém mais viva. Pl.: *passa-pés.*

Passaporte, s. m. (fr. *passe-port*). 1. Documento oficial que autoriza alguém a deixar o país e que serve como identidade para os que viajam. 2. *Fam.* Licença franca e ampla.

Passar, v. 1. Tr. dir. Atravessar, transpor. 2. Tr. ind. e intr. Transitar. 3. Tr. ind. Entrar, introduzir-se. 4. Pron. Mudar de partido ou de opiniões; bandear-se. 5. Tr. ind. Ocupar sucessivamente. 6. Tr. ind. Exceder, ir além. 7. Tr. ind. e intr. Ser aprovado em exame. 8. Tr. dir. Transmitir de mão para mão. 9. Intr. e pron. Decorrer (o tempo).

Passarada, s. f. 1. Porção de pássaros. 2. Os pássaros em geral.

Passarão, s. m. Pássaro grande.

Passaredo (*ê*), s. m. V. *passarada.*

Passarela, s. f. (fr. *passarelle*). 1. Espécie de palco, estreito e

comprido, onde candidatas a concursos de beleza e modelos desfilam. 2. Espécie de ponte estreita, para trânsito de pedestres.
Passarinha, s. f. O baço de qualquer animal.
Passarinhada, s. f. 1. V. *passarada.* 2. Recuo que a montaria dá quando se assusta.
Passarinhagem, s. f. Caça de pássaros.
Passarinhão, s. m. Susto do cavalo quando montado; passarinhada.
Passarinhar, v. Intr. 1. Caçar pássaros. 2. Vadiar. 3. Assustar-se (a cavalgadura).
Passarinheiro, s. m. 1. Caçador, criador ou vendedor de pássaros. 2. Animal assustadiço, quando montado.
Passarinho, s. m. Pequeno pássaro. Col.: *nuvem; bando.* Voz: *apita, assobia, canta, chalra, chalreia, chia, chichia, chilra, chilreia, chirreia, dobra, estribilha, galra, galreia, garre, garrula, gazeia, gazila, gazilha, gorjeia, graniza, grita, modula, papia, palra, pia, pipia, pipila, pipita, ralha, redobra, regorjeia, soa, suspira, taralha, tine, tintina, tintla, tintila, trila, trina, ulula, vozeia.*
Pássaro, s. m. Ave da ordem dos Passeriformes.
Passarola, s. f. Ave grande.
Passarolo (*ô*), s. m. Pássaro grande.
Passatempo, s. m. Entretenimento ou ocupação ligeira e agradável.
Passavante, s. m. Oficial da casa real, antigamente incumbido de anunciar paz ou guerra.
Passável, adj. m. e f. Sofrível, tolerável.
Passe, s. m. 1. Licença, permissão. 2. Licença para ir de um lugar a outro. 3. Bilhete de trânsito por vezes gratuito ou com abatimento, concedido por empresa de transporte coletivo. 4. *Taur.* Ato de passar um touro à capa. 5. No futebol, no basquetebol e em outros jogos, ação de o jogador passar a bola ao companheiro de equipe mais bem colocado. 6. *Esp.* Transferência de contrato de um atleta para outro clube. S. m. pl. *Espir.* Ato de passar as mãos repetidas vezes por diante ou por cima de pessoa que se pretende curar pela força mediúnica. Interj. *Fam.* Está bem! Seja! Estou de acordo!
Passeador, adj. e s. m. Que, ou o que passeia muito.
Passeadouro, s. m. 1. Lugar em que se passeia. 2. Ação freqüente de passear. Var.: *passeadoiro.*
Passeante, adj. e s., m. e f. 1. Que, ou quem passeia. 2. Que, ou pessoa que se entrega à vadiagem.
Passear, v. 1. Tr. ind. e intr. Percorrer certa extensão de caminho a pé, a cavalo etc. 2. Tr. dir. Levar a passeio. 3. Tr. dir. Percorrer em passeio ou vagarosamente. 4. Tr. ind. Jornadear por divertimento.
Passeata, s. f. 1. Pequeno passeio. 2. Marcha coletiva, feita em sinal de protesto, regozijo ou reivindicação.
Passeio, s. m. 1. Ato ou efeito de passear. 2. Lugar (jardim, parque, praça) onde se passeia. 3. Parte lateral e um pouco elevada de algumas ruas, destinada ao trânsito de quem anda a pé; calçada.
Passeira, s. f. 1. Lugar onde se secam frutas. 2. Sítio em que se guardam passas.
Passeiro, adj. 1. Que anda a passo, devagar. 2. Vagaroso, negligente.
Passento, adj. Designa qualquer substância, sobretudo papel, que um líquido repassa facilmente.
Passe-partout (*paç-partú*). s. m. (loc. fr.). Peça de metal adaptável às seringas de injeção e que permite a aplicação de agulhas de vários calibres.
Passe-passe, s. m. *Pop.* V. *prestidigitação.* Pl.: *passes-passes* ou *passe-passes.*
Passeriformes, s. m. pl. *Ornit.* Ordem (*Passeriformes*) de aves que compreende numerosas espécies distribuídas atualmente em 70 famílias; em geral, são aves de pequeno porte e dotadas de capacidade canora. Cabe às aves desta ordem, estritamente, a designação portuguesa de *pássaro.*
Passibilidade, s. f. Qualidade de passível ou passivo.
Passiflora, s. f. *Bot.* Gênero (*Passiflora*) constituído de trepadeiras com gavinhas de suporte. Inclui os maracujás.
Passifloráceas, s. f. pl. *Bot.* Família (*Passifloraceae*) que tem por tipo o gênero Passiflora.
Passifloráceo, adj. *Bot.* Relativo ao gênero Passiflora ou à família das Passifloráceas.
Passiflóreo, adj. *Bot.* V. *passifloráceo.*
Passilargo, adj. Que dá passos largos.
Passim, adv. latino. A cada passo, aqui e ali (usa-se em citações de obras).
Passinho, s. m. Passo curto, pequeno.
Passional, adj. m. e f. 1. Relativo a paixão. 2. Motivado pela paixão. S. m. Livro que contém as partes dos quatro Evangelhos em que se narra a paixão de Cristo; passionário e passioneiro.
Passionário, s. m. V. *passional.*
Passioneiro, s. m. V. *passional.*
Passista, adj. m. e f. Que dança o frevo. S. m. e f. Pessoa que faz o passo no Carnaval.
Passiva, s. f. *Gram.* A voz passiva dos verbos.
Passivar, v. Tr. dir. 1. *Gram.* Dar significação ou forma passiva (a um verbo). 2. *Fig.* Tornar indiferente.
Passível, adj. m. e f. 1. Sujeito a sensações de sofrimento, de alegria etc. 2. Que deve sofrer, que fica sujeito a.
Passividade, s. f. 1. Qualidade de passivo. 2. *Filos.* Qualidade ou estado de paciente.
Passivo, adj. 1. Que sofre ou recebe uma ação ou impressão. 2. Que não age nem reage; indiferente, inerte. 3. *Gram.* Diz-se do verbo cuja ação é recebida ou sofrida pelo respectivo sujeito. 4. *Gram.* Qualificativo da voz verbal em que o sujeito sofre a ação. S. m. *Com.* Conjunto das dívidas, encargos e obrigações de uma empresa.
Passo¹, s. m. (l. *passu*). 1. Ato de avançar ou recuar um pé para andar. 2. Andamento, modo de andar. 3. O andamento mais lento do cavalo. 4. Espaço que vai de um a outro pé, quando se anda regularmente. 5. *Coreog.* Cada uma das diferentes posições do pé na dança. 6. *Mil.* As diferentes maneiras de marchar das tropas. 7. Trecho de um autor ou de uma obra citada. 8. Medida antiga de comprimento equivalente a 0,65m. 9. Conjuntura, situação. 10. Passagem estreita e difícil em valado ou monte. 11. Lugar por onde se pode atravessar um rio, arroio, valo, cerca etc. 13. Ato, resolução: *P.* acertado, mau *p.* 14. Depósito de pau-brasil ou de açúcar, no período colonial. S. m. pl. Diligências, providências.
A p.: lentamente, sem ruído. *Marcar p.*: não progredir; permanecer na mesma posição.
Passo², adj. (de *passar*). *Des.* O mesmo que *passado, seco* (em referência a fruta).
Pasta, s. f. 1. Porção de massa achatada. 2. Porção de metal fundido e ainda não trabalhado. 3. Espécie de carteira de papelão, couro etc. para acondicionar papéis, desenhos etc. 4. Cargo de ministro de Estado; ministério.
Pastagem, s. f. 1. Lugar com vegetação própria para o gado pastar; pasto. 2. Essa vegetação.
Pastar, v. 1. Tr. ind. e intr. Comer erva não ceifada; pascer, apascentar-se. 2. Tr. dir. Fazer nutrir-se em pasto. 3. Tr. dir. Comer a erva que existe em. 4. Tr. ind. e intr. Comprazer-se, deliciar-se, nutrir-se.
Pastaria, s. f. Pastagem farta.
Pastel, s. m. 1. Massa de farinha de trigo, recheada de carne, queijo, palmito etc., assada ou frita. 2. *Tip.* Caracteres misturados e confundidos. 3. Pessoa excessivamente branda e indolente. 4. Processo de desenhar ou pintar com lápis de cores especiais. 5. Pintura ou desenho por esse processo.
Pastelão, s. m. 1. Grande pastel. 2. Empadão. 3. Sujeito moleirão, pamonha.
Pastelaria, s. f. Estabelecimento onde se fabricam e vendem pastéis.
Pastelista, s. m. e f. Pessoa que desenha ou pinta pelo processo de pastel.
Pasteurização, s. f. Ato ou efeito de pasteurizar.
Pasteurizadeira, s. f. Pasteurizador.
Pasteurizador, s. m. Aparelho de pasteurizar.

Pasteurizar, v. Tr. dir. Esterilizar (o leite etc.) pelo calor, aquecendo-o e depois esfriando-o rapidamente.

Pastichar, v. 1. Intr. Fazer um pasticho. 2. Tr. dir. Fazer pasticho de.

Pasticho, s. m. (fr. *pastiche*). 1. Imitação ruim de uma obra literária ou artística. 2. Espécie de representação lírica com uma miscelânea de árias, duetos etc., tirados de várias óperas, a fim de reunir num só espetáculo números de êxito seguro.

Pastifício, s. m. Fábrica de massas alimentícias.

Pastilha, s. f. *Farm.* Pasta de açúcar com uma essência ou um medicamento.

Pastilheiro, s. m. Vaso de madeira ou metal, para preparo de pastilhas.

Pastinha, s. f. 1. Pequena pasta. 2. Porção de cabelos que cai sobre a testa, em certos penteados.

Pastio, s. m. Terreno em que há pastagem; pasto.

Pasto, s. m. 1. Erva para alimento do gado; pastagem. 2. Alimento, comida. 3. Alimento espiritual. 4. Regozijo, satisfação. 5. Assunto, tema.

Pastor, adj. Que pastoreia: Povos *pastores*. S. m. 1. Guardador de gado. 2. Sacerdote protestante. 3. Reprodutor eqüino; garanhão.

Pastoral, adj. m. e f. 1. Relativo a pastor; pastoril. 2. Próprio dos pastores espirituais. S. f. 1. Carta-circular dirigida por um bispo aos padres e aos fiéis da sua diocese. 2. Composição poética do gênero pastoril; écloga. 3. Composição instrumental ou vocal, de caráter idílico, na qual a parte cantante reproduz o som e as melodias da cornamusa dos pastores. 4. Forma de representação dramática, de argumento lendário ou pastoral, que teve origem na Itália e preparou a criação da ópera.

Pastorar, v. V. *pastorear.*

Pastoreação, s. f. Ato de pastorear.

Pastoreador, s. m. 1. Aquele que pastoreia o gado. 2. Lugar onde se pastoreia.

Pastorear, v. Tr. dir. 1. Guiar ao pasto. 2. Guardar durante o pasto. 3. Governar eclesiasticamente.

Pastoreio, s. m. 1. Ação de pastorear. 2. Vida ou profissão de pastor. 3. Indústria pastoril.

Pastorela, s. f. Antigo diálogo pastoril, figurado entre uma pastora e um cavaleiro.

Pastorício, adj. Relativo a pastores ou à indústria pastoril.

Pastoril, adj. m. e f. 1. Relativo a pastor ou à vida de pastor. 2. Próprio de pastor. 3. Bucólico, campesino, rústico. S. m. Folguedo popular consistindo em pequenas representações dramáticas com danças e cantos, realizadas diante do presépio, na época natalina; pastorinhas.

Pastorinhas, s. f. p. V. *pastoril.*

Pastoso, adj. 1. Que está em pasta, muito espesso. 2. Viscoso, pegajoso. 3. *Fig.* Diz-se da voz arrastada e pouco clara.

Pastrano, adj. e s. m. Diz-se de, ou homem grosseiro, rústico.

Pata¹, s. f. Fêmea do pato.

Pata², s. f. 1. Pé ou mão dos animais. 2. *Pej.* Pé grande; pé. 3. *Náut.* Extremidade achatada, mais ou menos triangular, dos braços da âncora.

Pata³, s. f. *Ictiol.* Tubarão dos mares quentes (*Sphyrna tiburo*); panã.

Pataca, s. f. 1. Antiga moeda brasileira, de prata, que valia 320 réis. 2. Quantia equivalente a essa moeda. 3. Dinheiro, riqueza. 4. V. *patavina.* 5. *Ictiol.* Certo peixe do mar.

Patacão, s. m. 1. Moeda de cobre, portuguesa, do valor de 40 réis, e que passou depois a chamar-se *pataco*. 2. Moeda antiga, brasileira, de prata, que valia 2$000 (2.000 réis). 3. Relógio de algibeira muito grande; cebolão.

Patacho, s. m. Embarcação mercante, ligeira, de dois mastros.

Pata-choca, s. m. 1. Servente de sacristia. 2. *Pop.* Carro pesado. 3. Soldado da antiga Guarda Nacional. S. f. 1. Mulher gorda e indolente. 2. A fêmea do guaiamu.

Pataco, s. m. 1. Patacão. 2. Homem estúpido.

Patacoada, s. f. 1. Disparate. 2. Chocarrice. 3. Mentira, peta. 4. Ostentação ridícula.

Patacudo, adj. Cheio de patacos; endinheirado.

Patada, s. f. 1. Pancada com a pata. 2. Ação tola ou indigna. 3. Ingratidão.

Patagão, adj. Patagônio. Fem.: *patagã.*

Patágio, s. m. *Zool.* Membrana que forma as asas do morcego.

Patagônio, adj. De, ou pertencente ou relativo à Patagônia (Argentina). S. m. O natural ou habitante da Patagônia. Sin.: *patagão.*

Pataluco, s. m. *Bot.* Planta ranunculácea (*Ranunculus sceleratus*).

Patamar, s. m. 1. Espaço mais ou menos largo no topo de uma escada ou de um lanço de escadas. 2. Espaço livre em frente ao alvado para facilitar a entrada das abelhas na colméia.

Patamaz, adj. e s. m. *Pop.* 1. Que, ou o que afeta santidade. 2. Parvoeirão.

Patão, s. m. 1. *Ornit.* Grande marreco (*Mergus octosetaceus*), também chamado *mergulhador*. 2. *Pop.* Tamanco rústico.

Pataqueiro, adj. *Fam.* 1. Que se vende a pataco. 2. Diz-se do jogo em que os participantes só arriscam pouco dinheiro. 3. Muito barato, ordinário. S. m. 1. Homem rico. 2. Aquele que anda pelas feiras, fazendo compras. 3. *Gír.* Ator reles.

Pataqüera, s. f. *Bot.* Nome comum a duas plantas escrofulariáceas: *Conobea scoparioides* e *C. aquatica.* S. m. *Ictiol.* Peixinho barrigudo (*Pristignathus martii*), de água salobra.

Pataquinha, s. f. *Ornit.* Variedade de pomba.

Patarata, s. f. Ostentação ridícula, mentira jactanciosa. Adj. e s., m. e f. 1. Que, ou quem diz pataratas. 2. Que, ou quem é afetado, pretencioso.

Pataratear, v. Intr. 1. Dizer pataratas; bazofiar. 2. Ser patarata, vaidoso.

Patarateiro, adj. e s. m. Que, ou o que diz pataratas.

Pataratice, s. f. Ato ou dito de patarateiro; pataratismo.

Pataratismo, s. m. 1. V. *pataratice.* 2. Os pataratas.

Pataréu, s. m. *P. us.* Pequeno patamar.

Patarrás, s. m. *Náut.* Calabre grosso que segura os mastros ao costado do navio.

Patativa, s. f. 1. *Ornit.* Pássaro fringilídeo (*Sporophylla plumbea plumbea*), de cor cinzenta, plumagem fina e canto mavioso. Voz.: *canta, soluça.* 2. *Fig.* Pessoa faladora. 3. *Fig.* Cantor de voz maviosa.

Patauá, s. m. *Bot.* Planta palmácea (*Oenocarpus bataua*).

Patavina, s. f. Coisa nenhuma, nada.

Patavino, adj. Relativo a Pádua (Itália). S. m. O natural ou habitante de Pádua; paduano.

Patchuli, s. m. 1. *Bot.* Planta labiada (*Pogostemon patchouly*). 2. Perfume extraído dessa planta.

Pate, adj. m. e f. e s. m. V. *patel.*

Patê, s. m. (fr. *pâté*). Massa de carne, fígado, peixe etc., que em geral se come fria.

Pateada, s. f. Ato de patear; pateadura.

Pateadura, s. f. V. *pateada.*

Patear¹, v. (*pata + ear*). 1. Intr. Bater com as patas. 2. Tr. dir. e intr. Bater com os pés em sinal de desagrado e reprovação.

Patear², v. (corr. de *pactear*). Intr. 1. Dar-se por vencido, sucumbir. 2. Fracassar, malograr.

Patego, adj. e s. m. *Pop.* Que, ou o que é lorpa, pateta.

Pateguice, s. f. *Pop.* 1. Qualidade de patego. 2. Ato ou dito de patego.

Pateiro, s. m. 1. Criador ou guardador de patos. 2. *Ant.* Frade leigo encarregado da copa de um convento. 3. Cão de caça ensinado a trazer aves caídas na água.

Patejar, v. *P. us.* Intr. V. *patinhar.*

Patel, adj. e s. m. No jogo de xadrez, diz-se da, ou situação em que um dos reis, sem estar em xeque, não se pode mover e o seu partido também não dispõe de peça que possa mover-se, terminando-se por empate a partida.

Patela, s. f. 1. *Anat.* Rótula do joelho. 2. *Zool.* Segmento da pata de alguns aracnídeos, entre o fêmur e a tíbia.

Patelha (*ê*), s. f. *Náut.* 1. Parte inferior do leme. 2. Parte da quilha sobre que ele se move.

Patena, s. f. *Liturg.* Pequeno vaso sagrado, circular, que serve para cobrir o cálice e receber a hóstia.

Pátena, s. f. V. *patena.*

Patente, adj. m. e f. 1. Aberto, acessível, franco. 2. Claro, manifesto, evidente. S. f. 1. Carta oficial de concessão de um título, posto ou privilégio.

Patentear, v. 1. Tr. dir. Fazer, tornar patente; abrir, franquear, mostrar. 2. Tr. dir. Tornar claro e evidente. 3. Pron. Tornar-se evidente. 4. Tr. dir. Registrar com patente de invenção.

Patera, s. f. Espécie de escápula, mais ou menos ornamental, da qual pendem as braçadeiras das cortinas.

Pátera, s. f. *Ant.* Taça metálica, que os romanos usavam nos sacrifícios.

Paterino, s. m. Membro de uma antiga seita que só admitia o padre-nosso como oração.

Paternal, adj. m. e f. 1. Próprio de pai. 2. Como de pai.

Paternalismo, s. m. 1. Regime da autoridade do pai. 2. Sistema social de relações paternais entre chefe e subordinados, como se fossem estes uma família tutelada por aquele.

Paternidade, s. f. 1. Qualidade de pai. 2. Título que muitas vezes se dá aos religiosos. 3. Qualidade de autor: A *p.* de uma obra.

Paterno, adj. 1. Relativo, pertencente ou inerente ao pai; paternal. 2. Terno e solícito como um pai. 3. Relativo à casa onde nascemos ou à nossa pátria.

Patesca (*ê*), s. f. *Náut.* Peça do poleame, com uma só roldana, por onde corre a driça do mastro grande. Adj. f. Diz-se da roda que é inteiriça.

Patesco (*ê*), adj. *Gír.* Marinheiro inexperiente.

Pateta, adj. e s., m. e f. Diz-se da, ou a pessoa tola, maluca.

Patetar, v. V. *patetear.*

Patetear, v. Tr. dir. e intr. Fazer ou dizer patetices.

Patetice, s. f. Ato ou dito de pateta.

Patético, adj. Que comove, que enternece. S. m. O que comove, o que fala ao coração.

Pati, s. m. *Ictiol.* Peixe pimelodídeo (*Luciopimelodus pati*), de água doce.

Patibular, adj. m. e f. 1. Relativo a patíbulo. 2. Que tem aspecto de criminoso. 3. Que traz à idéia o crime ou o remorso.

Patíbulo, s. m. 1. Estrado onde se aplica a pena capital. 2. Cada um dos instrumentos de execução da pena capital: forca, guilhotina, cadeira elétrica etc.

Pático, adj. *Poét.* 1. Que se presta à devassidão. 2. Libertino, libidinoso.

Patifão, s. m. Grande patife. Fem.: *patifona.*

Patifaria, s. f. Ato de patife; maroteira, velhacada.

Patife, adj. e s. m. 1. Que, ou o que é desavergonhado, maroto, velhaco. 2. Que, ou o que é débil, tímido, covarde. Fem.: *patifa.*

Patiguá, s. m. Cesto de palha em que os indígenas guardam as redes.

Patilha, s. f. 1. Fio achatado de prata ou ouro. 2. Parte posterior e um pouco elevada do selim. 3. Peça da bicicleta que assenta sobre a roda e a impede de mover-se.

Patim[1], s. m. Pequeno patamar.

Patim[2], s. m. (fr. *patin*). Calçado que tem por baixo uma lâmina vertical para deslizar sobre o gelo, ou rodinhas para rodar sobre cimento.

Pátina, s. f. 1. Oxidação das tintas pela ação do tempo e sua transformação gradual pela ação da luz. 2. Camada verde ou esverdeada de carbonato de cobre, que se forma sobre estátuas, medalhas de bronze etc., alterando-as.

Patinação, s. f. V. *patinagem.*

Patinador, adj. e s. m. Que, ou o que patina.

Patinagem, s. f. Ato ou exercício de patinar; patinação.

Patinar, v. Intr. Deslizar sobre patins.

Patinhar, v. 1. Intr. Agitar a água como fazem os patos. 2. Tr. ind. e intr. Bater na água, noutro líquido etc.

Patinho, s. m. 1. Dim. de *pato.* 2. Pateta, tolo. 3. Carne da perna traseira do boi em sua parte interna.

Pátio, s. m. 1. Recinto térreo no interior de uma casa ou anexo a ela. 2. Espaço descoberto que em muitos edifícios vai desde a entrada externa até à construção principal; átrio, vestíbulo. 3. Adro.

Patioba, s. f. *Bot.* Espécie de palmeira *(Geonoma platycaule).*

Patível, adj. m. e f. Que se pode sofrer; tolerável.

Pato[1], s. m. 1. *Ornit.* Nome comum de aves aquáticas palmípedes lamelirrostras, pertencentes na maioria ao gênero Anas. Voz: *grasna, grassita.* 2. *Pop.* Idiota, parvo, tolo. 3. Mau jogador de jogo de azar.

pato-[2], elem. de comp. (gr. *páthos*). Exprime a idéia de *doença: patologia.*

Patoá, s. m. (fr. *patois*). Fala ou dialeto francês, usado por uma camada socialmente inferior da população.

Patofobia, s. f. *Med.* Medo mórbido às doenças.

Patogênese, s. f. V. *patogenia.*

Patogenesia, s. f. V. *patogenia.*

Patogenético, adj. Patogênico.

Patogenia, s. f. *Med.* Parte da Patologia que estuda a origem das doenças. Vars.: *patogênese, patogenesia.*

Patogênico, adj. *Med.* 1. Relativo à patogenia; patógeno. 2. Que provoca doença.

Patógeno, adj. V. *patogênico.*

Patognomonia, s. f. *Med.* Parte da Patologia que trata dos diagnósticos das doenças.

Patognomônico, adj. *Med.* Relativo aos sinais próprios e constantes de cada doença.

Patola, s. f. 1. *Zool.* A pata preensora dos caranguejos, siris etc. 2. *Náut.* Peça larga e retangular de ferro, que retém um dos fuzis da amarra. 3. *Pop.* A mão.

Patologia, s. f. *Med.* Ciência que estuda a origem, os sintomas e a natureza das doenças.

Patológico, adj. Relativo à patologia.

Patologista, s. m. e f. Especialista em patologia.

Patorá, s. m. *Bot.* Certa gramínea forrageira.

Patos, s. m. sing. e pl. O patético expresso na fala, em escritos, acontecimentos etc.

Patota, s. f. Batota.

Patotada, s. f. 1. Grande patota. 2. Série de patotas.

Patoteiro, s. m. V. *batoteiro.*

Patranha, s. f. 1. História mentirosa. 2. Grande peta.

Patranhada, s. f. 1. Porção de patranhas. 2. Narração mentirosa.

Patranheiro, adj. e s. m. Que, ou o que diz patranhas.

Patrão, s. m. (l. *patronu*). 1. Chefe ou proprietário de empresa, fábrica, oficina, fazenda etc. 2. *Esp.* Comandante de barco de regatas. 3. O dono da casa, em relação aos criados. 4. Patrono, protetor. 5. *Pop.* Pai. Fem.: *patroa (ô).*

Patrazana, s. m. *Pop.* 1. Qualquer sujeito. 2. Homem gordo e bonacheirão.

Pátria, s. f. 1. País em que se nasceu, e ao qual se pertence como cidadão. 2. Parte de um país em que alguém nasceu; terra natal.

Patriarca, s. m. 1. Chefe de família entre os antigos. 2. Prelado de algumas dioceses importantes. 3. Chefe da Igreja Grega. 4. Nome dado aos primeiros fundadores de algumas ordens religiosas. 5. Velho venerando.

Patriarcado, s. m. 1. Dignidade ou jurisdição de patriarca. 2. Diocese dirigida por um patriarca.

Patriarcal, adj. m. e f. 1. Relativo a patriarca ou patriarcado. 2. Diz-se da administração em forma de patriarcado. 3. Respeitável, venerando. 4. Bondoso, pacífico. S. f. Igreja onde o patriarca tem cadeira; sé patriarcal.

Patriciado, s. m. 1. *Antig.* Entre os romanos, estado ou condição de patrício. 2. A classe nobre; a aristocracia, a nobreza.

Patriciato, s. m. V. *patriciado.*

Patrício, adj. 1. *Antig.* Relativo à classe aristocrática romana. 2. Aristocrático, nobre. S. m. 1. *Antig.* Indivíduo da classe dos nobres, em Roma. 2. O que nasceu na mesma pátria ou localidade.

Patrilinear, adj. m. e f. Relativo à sucessão por linha paterna.

Patrilocal, adj. m. e f. Relativo à patrilocalidade.

Patrilocalidade, s. f. *Etnol.* e *Sociol.* Regime matrimonial segundo o qual a esposa é obrigada a seguir o marido, passando a morar no local onde ele mora.

Patrimoniado, adj. Que tem, ou que recebeu patrimônio.

Patrimonial, adj. m. e f. Relativo a patrimônio.

Patrimônio, s. m. 1. Herança paterna. 2. Bens de família. 3.

Bens necessários à sustentação de um eclesiástico. 4. Quaisquer bens materiais ou morais, pertencentes a uma pessoa, instituição ou coletividade.

Pátrio, adj. 1. Relativo à pátria. 2. Relativo aos pais.

Patriota, s. m. e f. 1. Pessoa que ama a sua pátria e procura servi-la. 2. Compatriota, patrício.

Patriotada, s. f. 1. Alarde de patriotismo. 2. O conjunto dos patriotas (acep. 2). 3. Rebelião infrutífera.

Patrioteiro, adj. e s. m. *Pej.* Que, ou aquele que alardeia patriotismo.

Patriotice, s. f. *Pej.* 1. Mania patriótica. 2. Falso patriotismo.

Patriótico, adj. 1. Relativo a patriota. 2. Que revela amor à pátria.

Patriotismo, s. m. 1. Amor da pátria. 2. Qualidade de patriota.

Patrística, s. f. V. *patrologia.*

Patrizar, v. Intr. *Ant.* Servir à pátria, ser bom patriota.

patro-, elem. de comp. (1. *patre*). Significa *pai, padre: patrologia.*

Patroa *(ô),* s. f. 1. Mulher do patrão. 2. Dona de casa. 3. Ama, em relação aos criados. 4. *Pop.* Esposa.

Patrocinador, adj. e s. m. Que, ou aquele que patrocina. S. m. O anunciante por conta de quem é transmitido um programa de rádio ou televisão.

Patrocinar, v. Tr. dir. Dar patrocínio a.

Patrocínio, s. m. 1. Amparo, auxílio, proteção. 2. Custeio de programa de rádio, televisão etc.

Patrologia, s. f. 1. Estudo da vida e das obras dos Padres da Igreja. 2. Coleção dos seus escritos.

Patrona, s. f. 1. Padroeira, protetora. 2. Cartucheira.

Patronal, adj. m. e f. 1. Relativo a patrão. 2. Próprio de patrão. 3. Relativo à classe dos patrões.

Patronato, s. m. 1. Autoridade ou qualidade de patrão. 2. Padroado, patrocínio. 3. Estabelecimento onde se abrigam e educam menores. Var.: *padronado.*

Patronear, v. 1. Tr. dir. Servir de patrono a; patrocinar. 2. Tr. dir. Dirigir como patrão. 3. Intr. Tomar ares de patrão.

Patronímico, adj. 1. Relativo a pai, especialmente em se tratando de nomes de família. 2. Derivado do nome do pai (sobrenome). S. m. *Gram.* 1. Sobrenome derivado do nome do pai. 2. Nome que designa uma linhagem.

Patrono, s. m. 1. Defensor. 2. Padroeiro. 3. Advogado, em relação a seus constituintes. 4. *Ant.* Senhor, em relação aos seus clientes e libertos, em Roma.

Patrulha, s. f. (fr. *patrouille*). 1. Patrulhamento. 2. *Mil.* Ronda de soldados.

Patrulhamento, s. m. Ato ou efeito de patrulhar; patrulha.

Patrulhar, v. 1. Tr. dir. Guarnecer ou vigiar com patrulha. 2. Intr. Fazer ronda em patrulha.

Patuá, s. m. 1. V. *patiguá.* 2. Saco de couro ou de pano, que se leva a tiracolo; bolsa de caça, patrona. 3. Bentinho.

Patudo, adj. 1. Que tem patas grandes. 2. Pesado.

Pátulo, adj. *Poét.* Franqueado, patente.

Paturi, s. m. Nome vulgar da marrequinha *Oxyura dominica.* Var.: *paturé.*

Patuscada, s. f. *Pop.* Ajuntamento de pessoas, reunidas para comer e beber; pândega.

Patuscar, v. Intr. Andar em patuscadas; pandegar.

Patusco, adj. e s. m. *Pop.* 1. Que, ou aquele que gosta de patuscadas. 2. Brincalhão. 3. Extravagante. 4. Ridículo.

Pau, s. m. (1. *palu*). 1. Qualquer madeira. 2. Pedaço de madeira. 3. Bordão, cacete, cajado. 4. Nome dado a peças de madeira cilíndricas, ou não: *Pau* de vassoura, *pau* de cerca. Col. (quando fincados e unidos em trincheira): *lastida, paliçada.* 5. *Náut.* Nome dado genericamente a muitas peças de madeira que fazem parte do arcabouço do navio. 6. Castigo corporal. 7. *Pop.* Pessoa alta e magra. 8. *Pop.* Nota ou moeda de 1 cruzeiro. S. m. pl. Naipe preto das cartas de jogar, cujas pontas são em forma de trevo. Adj. m. e f. Cacete, enfadonho, importuno. — *Pau-a-pique:* cerca feita de madeira vertical lado a lado, sem intervalo. *Pau-brasil:* árvore leguminosa *(Caesalpinia echinata),* de madeira com cerne vermelho, manchado de escuro, utilizada em tinturaria e, por sua abundância nas matas litorâneas, principal artigo de exportação no século XVI; dela proveio o nome do país; brasil, ibirapitanga, muirapiranga, pau-de-pernambuco, pau-rosado e sapão. *Pau-d'água: Pop.:* beberrão. *A dar com pau:* em grande quantidade, com fartura. *Dar por paus e por pedras:* praticar desatinos, delirar. *Jogar com pau de dois bicos:* defender ao mesmo tempo duas idéias opostas, para agradar aos contendores. *Levar pau:* ser reprovado em exame escolar. *Meter o pau:* a) dar uma sova de pau; b) censurar; falar mal de; c) reprovar em exame escolar; d) esbanjar, gastar. *Mostrar* (a alguém) *com quantos paus se faz uma canoa:* mostrar as conseqüências dos maus atos de alguém. *Pegar no pau furado:* a) ser sorteado para o Exército; b) ir lutar numa guerra. *Ser pau para toda obra:* servir para tudo, prestar-se a tudo.

pauci-, elem. de comp. (1. *paucu*). Exprime a idéia de *pouco: pauciflоro.*

Pauciflоro, adj. *Bot.* Que apresenta poucas flores.

Paucirradiado, adj. *Bot.* Diz-se das flores compostas, quando têm pequeno número de raios.

Paucisseriado, adj. *Bot.* Dividido em poucas séries.

Paul *(a-úl),* s. m. Pântano.

Paulada, s. f. Pancada com pau; cacetada.

Paulama, s. f. 1. Grande quantidade de paus. 2. Lenha ou madeira que atravanca as roçadas depois da queima; coivara.

Paulatino, adj. 1. Feito pouco a pouco, devagar. 2. Moroso, vagaroso.

Paulicéia, s. f. Palavra que designa São Paulo e suas coisas (capital do Estado homônimo).

Paulificação, s. f. Aborrecimento, caceteação.

Paulificante, adj. m. e f. Maçante.

Paulificar, v. Tr. dir. e Intr. Importunar, maçar.

Paulina, s. f. 1. Breve de excomunhão cominatória. 2. *Fam.* Praga.

Paulista, adj. m. e f. 1. Relativo ao Estado de S. Paulo. 2. Excessivamente desconfiado. S. m. e f. Pessoa natural ou habitante do Estado de S. Paulo.

Paulistano, adj. Relativo a São Paulo, cidade, município e capital do Estado de São Paulo. S. m. O natural ou habitante dessa cidade.

Pauperismo, s. m. 1. Miséria, penúria, pobreza. 2. Estado permanente de indigência, numa parte da população de um país.

Paupérrimo, adj. Sup. (irregular) abs. sint. de *pobre;* pobríssimo.

Pausa, s. f. 1. Interrupção temporária de uma ação. 2. Lentidão, vagar. 3. *Mús.* Sinal que indica a parada momentânea dos sons. 4. *Constr.* Intervalo das vigas de um madeiramento.

Pausado, adj. 1. Feito com pausa; vagaroso. 2. Pronunciado pausadamente.

Pausagem, s. f. *Constr.* Madeiramento cujas vigas deixam entre si intervalos ou pausas.

Pausar, v. 1. Intr. Fazer pausa. 2. Tr. dir. Demorar, pousar. 3. Tr. dir. Tornar cadenciado, lento.

Pauta[1], s. f. (1. *pacta*). 1. Folha impressa com linhas paralelas que se põe debaixo do papel de cartas para que as linhas escritas fiquem direitas. 2. *Mús.* As cinco linhas paralelas onde se escrevem as notas e sinais; pentagrama. 3. Lista, relação, rol. 4. Tarifa alfandegária.

Pauta[2], s. f. *Pop.* Pacto.

Pautado, adj. 1. Riscado com traços paralelos. 2. Arrolado, relacionado. 3. Metódico, moderado.

Pautal, adj. m. e f. 1. Relativo a pauta. 2. Consignado na pauta, principalmente das alfândegas.

Pautar, v. 1. Tr. dir. Traçar, riscar à maneira de pauta. 2. Tr. dir. Pôr em pauta; arrolar, relacionar. 3. Tr. dir. e pron. Ajustar(-se), modelar(-se), regular(-se). 4. Tr. dir. Moderar.

Pauteação, s. f. Ato ou efeito de pautear.

Pautear, v. Intr. *Pop.* Tagarelar.

Pauzama, s. f. *Pop.* Grande quantidade de paus, pedaços de madeira e tábuas.

Pauzinhos, s. m. pl. *Fam.* Intrigas, mexericos.

Pavacaré, s. m. *Zool.* Molusco marinho gastrópode *(Lintricula auricularia),* também chamado *betu.*

Pavana, s. f. 1. Dança antiga, de origem espanhola, de caráter grave e movimentos lentos, em voga nos salões europeus nos séculos XVI e XVII. 2. Música que acompanhava essa dança. 3. *Pop.* Descompostura. 4. Palmatória.

Pavão, s. m. *Ornit.* 1. Grande ave da família dos Fasianídeos *(Pavo cristatus vulgaris),* que se distingue por sua cauda e bela plumagem. Voz.: *pupila.* 2. Indivíduo muito vaidoso. Fem.: *pavoa (ô).*

Paveia, s. f. 1. Gavela de palha ou feno ceifado, antes de se atar em molhos. 2. Montículo de mato roçado.

Pavês, s. m. 1. Escudo grande e largo. 2. *Náut.* Armação de madeira, para resguardo da tripulação de um navio. Pl.: *paveses (ê).*

Pavesada, s. f. Resguardo feito de paveses.

Pavesado, adj. Guarnecido de paveses.

Pavesadura, s. f. V. *pavesada.*

Pavesar, v. V. *empavesar.*

Pávido, adj. 1. Que tem pavor. 2. Assombrado, assustado. 3. Medroso.

Pavilhão, s. m. 1. Habitação portátil; pequena edificação geralmente de madeira e de construção rápida e ligeira. 2. Barraca, tenda. 3. Construção umas vezes isolada, outras vezes ao meio ou aos lados do corpo principal de um edifício. 4. *Anat.* A parte exterior e cartilaginosa da orelha. 5. *Mús.* Extremidade mais larga e aberta de alguns instrumentos de sopro. 6. Bandeira, estandarte. 7. Símbolo marítimo de uma nacionalidade. 8. Poder marítimo de uma nação. 9. Caramanchão. 10. Sobrecéu da cama. 11. Cortinado do sacrário.

Pavimentação, s. f. Ato ou efeito de pavimentar.

Pavimentar, v. Tr. dir. Fazer pavimento em.

Pavimento, s. m. 1. Revestimento do chão com cimento, para trânsito de pedestres ou de veículos. 2. Cada um dos andares de um edifício; andar.

Pavio, s. m. 1. Torcida de vela, candeia ou lampião. 2. Rolo de cera que envolve uma torcida.

Pavó, s. m. *Ornit.* Pássaro contingídeo *(Pyroderus scutatus scutatus).* Var.: *pavô* e *paó.*

Pavoa (ô), s. f. *Ornit.* A fêmea do pavão.

Pavoã, s. f. *Bot.* Planta aquática pontederiácea *(Eichhornia paniculata).*

Pavonáceo, adj. Que tem cor de violeta.

Pavonaço, adj. *P. us.* V. *pavonáceo.*

Pavonada, s. f. 1. Ato de o pavão abrir a cauda em leque. 2. Jactância, ostentação, vaidade.

Pavonear, v. 1. Tr. dir. e pron. Enfeitar(-se) vistosamente. 2. Pron. Exibir-se com ostentação. 3. Tr. dir. Mostrar com vaidade; ostentar.

Pavor, s. m. Grande susto; terror.

Pavoroso, adj. Que causa pavor; horroroso, medonho.

Pavuna, s. f. Vale fundo e escarpado.

Paxá, s. m. Título dos governantes de províncias turcas.

Paxalato, s. m. Governo ou território da jurisdição de um paxá.

Paxaxo, s. m. *Pop.* Pé largo.

Pax-vóbis *(cs),* s. m., sing. e pl. (l. *pax vobis*). Indivíduo simplório e de boa paz.

Paz, s. f. (l. *pace*). 1. Estado de um país que não está em guerra; tranqüilidade pública. 2. Repouso, silêncio. 3. Tranqüilidade da alma. 4. União, concórdia nas famílias. 5. Sossego. — *Paz-de-alma:* pessoa bonacheirona, inofensiva, pacífica.

Pazada, s. f. 1. Pá cheia. 2. O que se pode conter numa pá. 3. Pancada com a pá.

Pazear, v. Tr. dir. Estabelecer paz ou harmonia.

Paziguar, v. V. *apaziguar.*

Pé, s. m. (l. *pede*). 1. *Anat.* Parte que se articula com a extremidade inferior da perna; órgão de locomoção dos animais, qualquer que seja sua estrutura. 2. Medida inglesa de comprimento que se divide em 12 polegadas e equivale aproximadamente a 0,3048 m. 3. Parte por onde se pega ou segura alguma coisa. 4. A parte de um objeto sobre a qual ele assenta. 5. Parte da cama oposta à cabeceira. 6. *Náut.* A ponta da corda com que se vira a vela. 7. *Zool.* Proeminência carnuda sob o ventre dos gastrópodes e com a qual eles se arrastam. 8. *Bot.* Uma árvore ou planta completa. 9. O parceiro que, no jogo, distribui as cartas. 10. Ensejo, motivo, razão, pretexto. 11. *Carp.* Peça da frente de um degrau. 12. *Arquit.* Pilar. 13. Estado de um negócio, de uma empresa. 14. *Metrif.* Parte do verso composta de duas até quatro sílabas longas ou breves. 15. Parte inferior de qualquer objeto; pedestal, base, suporte. 16. Haste da planta. 17. Pedúnculo de flor. 18. A base, a raiz ou a fralda de uma colina: *Pé* de serra. 19. *Tip.* A parte inferior de livro, lombada, chapa tipográfica, página ou tabela. — *Pé-d'água:* chuvarada, aguaceiro. *Pé-de-altar:* rendimento que o pároco obtém dos casamentos, batizados etc. *Pé de anjo, Pop.:* pé grande. *Pé-de-boi:* a) homem muito trabalhador; pessoa assídua ao serviço; b) indivíduo aferrado a costumes antigos e que é adverso às novidades. Pl.: *pés-de-boi. Pé-de-cabra:* alavanca de ferro, bifurcada, principalmente para arrombar portas. *Pé-de-chumbo:* a) alcunha dos portugueses em Pernambuco, ao tempo das agitações políticas de 1817 a 1824; b) planta labiada *(Salvia splendens). Pé-de-galinha:* a) rugas no canto externo dos olhos; b) nome comum a várias gramíneas. *Pe-de-gato:* planta composta *(Gnaphalium dioicum). Pé de meia:* uma meia (de um par). *Pé-de-meia:* pecúlio, mealheiro, economia. *Pé-de-moleque:* a) bolo de farinha de mandioca; b) doce de açúcar ou rapadura com fragmentos de amendoim; c) calçamento de rua, feito com pedras de formato irregular. *Pé-direito, Arquit.:* altura de um pavimento medida desde o soalho ao teto. *Pé-frio, Pop.:* pessoa infeliz em jogo ou negócios e cujo caiporismo contagia os outros; sujeito azarado. *Pé-no-chão:* pessoa pobre que nem sapato pode comprar. *Pé-rapado:* indivíduo de baixa condição; proletário; biltre. *Pé torto, Med.:* deformidade congênita do pé, na qual a parte dianteira do pé é torcida em qualquer de várias direções; talipo.

Abrir no pé: fugir. *Ao pé da letra:* literalmente. *Ao pé de:* junto de, perto de, nas imediações. *A pé:* sobre os pés; usando os pés (por oposição a *a cavalo, de ônibus* etc.). *Apertar o pé:* apressar o passo. *Assentar pé:* firmar-se. *Bater o pé:* recalcitrar, teimar. *Com pés de lã* ou *em pés de lã*: sorrateiramente. *Entrar com o pé direito:* ter boa sorte (numa carreira, empresa ou negócio). *Ir num pé e voltar noutro:* não se demorar. *Meter os pés pelas mãos:* a) atrapalhar-se, desorientar-se; b) dizer ou praticar disparates. *Negar de pés juntos:* insistir na negativa, negar terminantemente. *Passar o pé adiante da mão:* desmandar-se; exceder-se em liberdades. *Sem pés nem cabeça:* despropositado; disparatado. *Ter pé:* andar muito. *Tirar o pé da lama* ou *do lodo:* sair de uma situação difícil ou inferior: melhorar de posição. *Tomar pé:* a) tocar com os pés o fundo da água; b) conseguir base para.

Pê, s. m. Nome da letra *p* ou *P*. Pl.: *pês* ou *pp.*

Peã, s. m. *Antig. gr.* 1. Hino em honra de Apolo. 2. Cântico de guerra, de triunfo.

Peaça, s. f. Correia com que se prende o boi à canga pelos chifres; corneira. Var.: *pearça.*

Peador, s. m. V. *peadouro.*

Peadouro, s. m. Lugar onde se peiam as cavalgaduras. Var.: *peadoiro.*

Peagem, s. f. (fr. *péage*). *Ant.* Imposto que se pagava pela passagem por uma ponte etc.; portagem. Cfr. *pedágio.*

Peal, s. m. Escarpim.

Peanha, s. f. (l. *pedanea*). Pequeno pedestal, onde assenta uma imagem, uma cruz etc.

Peanho, s. m. (l. *pedaneu*). *Náut.* Quilha e parte inferior de um navio.

Peão, s. m. (l. *pedone*). 1. Homem que anda a pé. 2. Soldado de infantaria. 3. Empregado de campo, nas fazendas. 4. Indivíduo que se emprega nos trabalhos de roça com vencimentos diários ou mensais. 5. *Por ext.* Plebeu. 6. Cada uma das pequenas peças do xadrez que se colocam na frente. Fem.: *peona* ou *peoa;* pl.: *peões* ou *peães.*

Pear, v. Tr. dir. 1. Prender com peia. 2. *Fig.* Embaraçar, impedir, pôr obstáculos a.
Pearça, s. f. V. *peaça.*
Peba, adj. m. e f. Palavra de origem tupi, que significa *alongado, chato.* S. m. Tatu de cabeça achatada, que costuma violar as sepulturas.
Pebrina, s. f. Doença epidêmica do bicho-da-seda.
Peça, s. f. (gaulês **pettia*). 1. Parte de um todo. 2. Pedaço. 3. *Mec.* Cada uma das partes de um motor, máquina, mecanismo etc. 4. Pedra ou figura em jogo de tabuleiros; tábula. 5. Cada uma das cartas no jogo de vaza. 6. Jóia. 7. Quarto ou divisão de uma casa. 8. Porção de pano como sai da fábrica. 9. Boca de fogo; canhão. 10. Composição dramática para ser representada no teatro. 11. *Dir.* Documento que faz parte de qualquer processo. 12. Obra musical. 13. Qualquer obra executada por trabalho manual ou mecânico. 14. *Heráld.* Cada uma das figuras do escudo. 15. Engano, logro. 16. *Fig.* Pessoa dissimulada, maliciosa, má. 17. Móvel. Col. (quando destinadas à mesa): *baixela, serviço*; (quando artigos comerciáveis, em volume para transporte): *fardo, magote;* (de artilharia): *bateria;* (de roupa): *trouxa;* (literárias): *antologia, florilégio, seleta, silva, crestomatia, coletânea, miscelânea.*
Pecadilho, s. m. 1. Pecado leve. 2. Pequeno defeito.
Pecado, s. m. 1. Transgressão de qualquer preceito ou regra. 2. Culpa, defeito, falta, vício. Dim. irr.: *pecadilho.*
Pecador, adj. e s. m. 1. Que, ou o que peca. 2. Penitente. 3. Que, ou aquele que tem certos defeitos ou vícios. Aum.: *pecadoraço.*
Pecadoraço, s. m. Aum. de *pecador,* grande pecador.
Pecaminoso, adj. 1. Cheio de pecados. 2. Em que há pecado. 3. Que é da natureza do pecado.
Pecante, adj. e s., m. e f. 1. Que, ou quem peca por hábito; pecador. 2. Que, ou quem tem baldas ou defeitos.
Pecapara, s. f. *Ornit.* 1. Ave aquática da família dos Podicipedídeos *(Podiceps speciosus).* 2. Ave palmípede gruiforme *(Heliornis fulica).*
Pecar[1], v. (l. *peccare*). 1. Intr. Cometer pecados; transgredir lei ou preceito religioso. 2. Tr. ind. e intr. Cometer qualquer falta. 3. Tr. ind. Ser defeituoso ou censurável.
Pecar[2], v. *(peco + ar).* Intr. e pron. Tornar-se peco.
Pecari, s. m. *Zool.* V. *caititu.*
Pecável, adj. m. e f. Suscetível de pecar.
Pecha, s. f. Balda, defeito, mau costume.
Pechblenda, s. f. *Miner.* V. *uraninita.*
Pechincha, s. f. *Pop.* 1. Lucro inesperado; bom négocio. 2. Coisa comprada a preço muito reduzido. 3. Grande conveniência.
Pechinchar, v. 1. Tr. dir. e intr. Receber vantagens ou lucros inesperados ou imerecidos. 2. Tr. dir. Alcançar, lucrar, obter. 3. Tr. dir. Comprar muito barato. 4. Tr. ind. e intr. Pedir redução no preço.
Pechincheiro, adj. e s. m. Que, ou aquele que pechincha, ou procura pechinchas.
Pechiringar, v. Intr. 1. Dar as coisas com mesquinhez. 2. Arriscar pouco dinheiro no jogo.
Pechisbeque, s. m. Liga de cobre e zinco, de cor semelhante ao ouro; ouro falso.
Pechoso, adj. 1. Que tem pecha; defeituoso. 2. Que põe pecha a tudo; caturra.
pecilo-, elem. de comp. (gr. *poikilos*). Expressa a idéia de *variado, diverso: pecilocromático.*
Pecilocromático, adj. *Biol.* Pintado de várias cores; variegado, matizado; pecilocrômico.
Peciolação, s. f. *Bot.* Estado das flores que têm pecíolos.
Pecioláceo, adj. *Bot.* Designativo dos botões cujas escamas são formadas de pecíolos abortados.
Peciolado, adj. *Bot.* Provido de pecíolo; peciolar.
Peciolar, adj. m. e f. *Bot.* 1. Relativo a, ou que tem a forma de pecíolo. 2. Peciolado.
Pecioleano, adj. *Bot.* Designativo dos órgãos que provêm da degeneração do pecíolo.
Pecíolo, s. m. (l. *petiolu*). *Bot.* Porção delgada da folha, que prende o limbo à bainha ou ao caule; pé da folha.
Peciolular, adj. m. e f. *Bot.* Designativo das estípulas que, nas flores compostas, se inserem sobre os peciólulos.
Peciólulo, s. m. *Bot.* Peciolo dos foliolos das folhas compostas.
Peco *(ê)*, adj. 1. Que não medrou, que definhou, chocho. 2. Bronco, néscio, parvo. S. m. 1. Definhamento. 2. Doença dos vegetais, que os faz definhar.
Peçonha, s. f. 1. Secreção venenosa de alguns animais. 2. Veneno. 3. Malícia. 4. Maldade, perversidade.
Peçonhento, adj. Que tem peçonha; pérfido, intrigante, venenoso.
Pecorear, v. Intr. *Ant.* Passar a noite ao relento, no campo.
Péctico, adj. *Quím.* Designativo das substâncias a que se deve a consistência das geléias vegetais.
Pectina, s. f. *Quím.* Produto aglutinante e solúvel na água, existente no tecido das plantas.
Pectíneo, adj. Em forma de pente.
pectini-, elem. de comp. (l. *pectine*). Exprime a idéia de *pente: pectinibrânquio.*
Pectinibrânquio, adj. *Ictiol.* Que tem brânquias em forma de pente.
Pectinicórneo, adj. *Zool.* Cujos cornos ou antenas têm forma de pente.
Pectoral, adj. m. e f. e s. m. V. *peitoral.*
pectori-, elem. de comp. (l. *pectore*). Exprime a idéia de *peito: pectoriloquia.*
Pectoriloquia, s. f. *Med.* Estado mórbido, em que a voz do doente parece partir diretamente do peito.
Pectoríloquo *(co)*, adj. Que apresenta o fenômeno da pectoriloquia.
Pecuária, s. f. Criação de gado.
Pecuário, adj. Relativo à pecuária e ao gado em geral. S. m. Criador ou tratador de gado.
Pecuárista, s. m. e f. Quem se dedica à pecuária ou é versado nela; pecuário.
Peculador, s. m. Aquele que comete peculato.
Peculatário, s. m. Funcionário acusado de peculato.
Peculato, s. m. *Dir.* Crime que consiste na subtração ou desvio, por abuso de confiança, de dinheiro público ou de coisa móvel apreciável, para proveito próprio ou alheio, por funcionário público que os administra ou guarda.
Peculiar, adj. m. e f. 1. Que diz respeito a pecúlio. 2. Especial, privativo, próprio de uma pessoa ou coisa.
Peculiaridade, s. f. Qualidade de peculiar; particularidade.
Pecúlio, s. m. 1. Reserva de dinheiro disponível que uma pessoa acumula aos poucos, como resultado de seu trabalho e economia. 2. Reserva de dinheiro. 3. Bens, patrimônio.
Pecúnia, s. f. Dinheiro.
Pecuniário, adj. 1. Relativo a dinheiro. 2. Representado por dinheiro.
Pecunioso, adj. Endinheirado, opulento, rico.
Pedaço, s. m. (l. v. *pitaciu,* por *pittaciu*). 1. Bocado, fragmento, porção. 2. Naco. 3. Trecho, passagem. 4. Pequeno espaço de tempo. 5. *Pop.* Mulher bonita e bem-feita de corpo; peixão.
Pedágio, s. m. 1. *Ant.* Tributo de passagem por uma ponte; passagem. 2. Taxa que se paga a uma autarquia, para se ter o direito à passagem por uma estrada. 3. Posto fiscal, localizado nas estradas, encarregado de cobrar essa taxa.
Pedagogia, s. f. 1. Estudo teórico ou prático das questões da educação. 2. Arte de instruir, ensinar ou educar as crianças. 3. Conjunto das idéias de um educador prático ou teorista em educação.
Pedagógico, adj. Relativo ou conforme à pedagogia.
Pedagogismo, s. m. 1. Sistema ou processo dos pedagogistas e pedagogos. 2. Métodos pedagógicos.
Pedagogista, s. m. e f. Pessoa que trata de pedagogia; teórico em pedagogia; pedagogo.
Pedagogo *(ô)*, s. m. 1. Aquele que exerce a pedagogia. 2. Prático de educação. 3. *Pej.* Indivíduo que se arroga o direito de censurar os outros.
Pedal, s. m. 1. Peça de certas máquinas ou aparelhos (automóvel, máquina de costura etc.), na qual se assenta o pé,

para lhes imprimir movimento, ou para os travar. 2. Peça de bicicleta, na qual se assenta o pé a fim de impulsioná-la. 3. Cada uma das teclas que, na parte inferior dos órgãos, se movem com o pé. 4. O conjunto dessas teclas. 5. *Mús.* Figura de harmonia pela qual se prolonga um ou mais sons por dois, três ou mais compassos e até por toda uma peça musical.

Pedalada, s. f. Impulso dado ao pedal.

Pedalar, v. 1. Tr. dir. Acionar, mover o pedal de. 2. Intr. Mover os pedais de qualquer máquina. 3. Intr. Andar de bicicleta ou de velocípede.

Pedaleiro, s. m. Conjunto dos pedais das bicicletas e velocípedes, inclusive todo o maquinismo que lhes diz respeito.

pedali-, elem. de comp. (l. *pedale*). Expressa a idéia de *pé, pedal: pedalinérveo.*

Pedaliáceas, s. f. pl. *Bot.* Família (*Pedaliaceae*) constituída de ervas tropicais pilosas.

Pedaliáceo, adj. *Bot.* Relativo às Pedaliáceas.

Pedalinérveo, adj. *Bot.* Diz-se das folhas em que a base do limbo lança duas nervuras principais, muito divergentes, tendo cada uma nervuras secundárias, paralelas entre si e perpendiculares às principais.

Pedâneo, adj. *Ant.* Designativo dos juízes que, nas localidades menos importantes, julgavam de pé.

Pedantaria, s. f. V. *pedantismo.*

Pedante, adj. m. e f. 1. Pretensioso ou vaidoso no falar, ou na maneira de se apresentar. 2. Que revela pretensão ou vaidade: Linguagem *p.* S. m. e f. Pessoa que faz ostentação de conhecimentos superiores aos que possui.

Pedantear, v. Tr. dir., tr. ind. e intr. Alardear ciência ou autoridade que não possui; fazer-se pedante.

Pedantesco (*ê*), adj. 1. Que encerra ou revela pedantismo. 2. Próprio de pedante. 3. Afetado.

Pedantice, s. f. Pedantismo.

Pedantismo, s. m. Ato ou modos de pedante; pedantaria, pedantice.

Pedantocracia, s. f. Governo ou influência do pedantismo ou das mediocridades ambiciosas.

Pedantocrático, adj. Relativo à pedantocracia.

Pedarquia, s. f. *Iron.* Governo de crianças.

Pedárquico, adj. Relativo à pedarquia.

Pedauca, s. f. Estátua de mulher, com pés de pata, existente nalguns monumentos da Idade Média, e que representa a Rainha Berta, mãe de Carlos Magno, segundo se dizia.

-pede, elem. de comp. O mesmo que *podo: bípede.*

Pederasta, s. m. Indivíduo que tem o vício da pederastia.

Pederastia, s. f. Sodomia entre homens; homossexualismo masculino.

Pedernal, adj. m. e f. Relativo a pedra; pétreo. S. m. 1. V. *pederneira.* 2. Veio de pederneira. 3. Rocha viva.

Pederneira, s. f. Pedra muito dura que, ferida pelo fuzil, produz fogo; pedra-de-fogo, pedernal, sílex.

Pedestal, s. m. 1. Peça que sustenta uma estátua, uma coluna etc.; peanha. 2. *Arquit.* Base de uma coluna; plinto. 3. *Fig.* Que serve para elevar, para pôr em evidência.

Pedestre, adj. m. e f. 1. Que anda ou está a pé. 2. Designativo da estátua que representa um homem a pé. 3. Humilde. S. m. e f. Pessoa que anda a pé.

Pedestrianismo, s. m. Costume ou esporte de fazer grandes marchas a pé.

pédi-, elem. de comp. (l. *pede*). Expressa a idéia de *pé: pediforme.*

Pediatra, s. m. e f. Especialista em pediatria.

Pediatria, s. f. *Med.* Disciplina médica que se ocupa com a saúde e as moléstias das crianças.

Pedicelado, adj. *Bot.* Que tem pedicelo.

Pedicelo, s. m. *Bot.* Divisão extrema de um pedúnculo ramificado.

Pedicélulo, s. m. *Bot.* Suporte filiforme do ovário de certas compostas.

Pediculado, adj. *Bot.* e *Anat.* Ligado a, ou por pedículo.

Pedículo, s. m. *Bot.* 1. Suporte de qualquer órgão vegetal. 2. Pé dos cogumelos.

Pedicuro, s. m. Homem cuja profissão é tratar dos pés, livrando-os de calos e calosidades, aparando, polindo e esmaltando-lhes as unhas etc. Fem.: *pedicura* e *pedicure.*

Pedido, s. m. 1. Ato de pedir; petição, solicitação. 2. Aquilo que se pediu. 3. Encomenda.

Pedidor, adj. e s. m. *P. us.* Que, ou aquele que pede; pedinte.

Pediforme, adj. m. e f. Com forma de pé.

Pedigree (*pèdigri*), s. m. (t. inglês). Linhagem, árvore genealógica, principalmente de cachorros ou cavalos.

Pedilúvio, s. m. Banho aos pés.

Pedímano, adj. *Zool.* Designativo do mamífero que se utiliza dos membros anteriores como de mãos.

Pedimento, s. m. Petição, súplica.

Pedincha, s. f. Ato de pedinchar. Adj. e s., m. e f. Pedinchão.

Pedinchão, adj. e s. m. Que, ou aquele que pedincha; pedintão. Fem.: *pedinchona.*

Pedinchar, v. Tr. dir. e intr. Pedir com impertinência ou lamúria; pedir muito.

Pedincharia, s. f. V. *pedinchice.*

Pedinchice, s. f. 1. Hábito de pedinchar. 2: Ato de pedinchar continuamente; pedincharia.

Pedintaria, s. f. Os pedintes; mendicidade.

Pedinte, adj. e s., m. e f. Que, ou pessoa que pede ou mendiga. Fem.: *pedinta.*

Pediônomo, adj. *Zool.* Que vive nas planícies.

Pedioso, adj. Pertencente ou relativo ao pé.

Pedipalpo, s. m. *Zool.* 1. Apêndice bucal dos Aracnídeos. 2. Espécime dos pedipalpos. S. m. pl. Ordem (*Pedipalpi*) de aracnídeos que compreende as espécies de palpos muito desenvolvidos.

Pedir, v. (l. v. **petire*, por *petere*). 1. Tr. dir. Rogar que conceda; solicitar. 2. Tr. dir. e intr. Implorar, suplicar. 3. Intr. Orar, rogar a Deus. 4. Tr. dir. Requerer. 5. Tr. dir. Estabelecer, estipular, exigir como preço. 6. Tr. ind. Solicitar autorização, licença ou permissão. 7. Tr. dir. Exigir, reclamar. 8. Tr. dir. Apetecer, querer. 9. Tr. dir. Ter necessidade de; demandar. Conjugação: Pres. ind.: *peço, pedes, pede, pedimos, pedis, pedem.* Imper.: *pede, peça, peçamos, pedi, peçam.* Pres. sub.: *peça, peças, peça, peçamos, peçais, peçam.*

Peditório, s. m. 1. Ato de pedir a várias pessoas, para fins beneficentes ou religiosos. 2. Pedido importuno e repetido.

pedo-¹, elem. de comp. (gr. *pais, paidos*). Expressa a idéia de *criança: pedotrofia.*

pedo-², elem. de comp. (gr. *pedon*). Significa *solo: pedologia².*

Pedófilo, adj. *P. us.* Amigo de crianças.

Pedologia¹, s. f. (*pedo¹* + *logo²* + *ia*). Estudo sistemático da vida e do desenvolvimento das crianças; inclui o estudo biológico, psicológico e social da infância.

Pedologia², s. f. (*pedo²* + *logo²* + *ia*). Ciência que estuda os solos.

Pedológico¹, adj. Relativo à pedologia¹.

Pedológico², adj. Que diz respeito à pedologia².

Pedômetro, s. m. V. *podômetro.*

Pedotrofia, s. f. *Med.* Parte da higiene, que trata do regime alimentar das crianças e especialmente da sua educação física.

Pedótrofo, s. m. *Med.* Aquele que ensina ou pratica a pedotrofia.

Pedra, s. f. 1. Mineral da natureza das rochas, duro e sólido. 2. Rocha, rochedo. 3. Qualquer fragmento de rocha. 4. *Med.* Concreção que se forma nos rins, na bexiga etc.; cálculo. 5. Lápide de sepulcro. 6. Granizo, saraiva. 7. Peça de jogo de tabuleiro. 8. Quadro-negro. — *P. angular*: a fundamental, que faz ângulo de um edifício. *P. curuba*: espécie de granito friável, escuro, empregado em construções. *P.-d'água*: diamante falso. *P.-da-lua, Miner.*: silicato de alumínio e potássio, puro ou quase puro; adulária. *P. de afiar*: fragmento de rocha natural, ou bloco de material abrasivo que se usa para amolar ferramentas; pedra de amolar, pedra de lei, rebolo. *P.-de-águia*: v. *aetita. P. de amolar*: v. *pedra de afiar. P. de ara*: pedra sagrada do altar. *P.-de-fogo*: v. *pederneira. P.-de-raio*: nome vulgar de algumas pedras polidas da Idade Neolítica e do aerólito. *P.-de-santana*: pirita decomposta, satélite do diamante. *P. de toque*: a) pedra preta e muito dura, para avaliar a pureza do ouro e da prata, que nela se atritam; b) meio de avaliar; c) jaspe. *P. filosofal*: a) pedra que, segundo os alquimistas da Idade Média, seria capaz de transformar ou converter qualquer metal em ouro; b) coisa preciosa, mas difícil de achar ou de realizar-se. *P. lascada*: pedra quebrada em forma de cunha, de que se serviam os homens do Período Paleolítico. *P.-olar*: variedade de talco, semelhante à esteatita. *P. polida*: pedra trabalhada que serviu para fabricação de armas e utensílios no Período Neolítico. *P.-pomes*: rocha vulcânica, porosa e leve, que serve para limpar ou polir. *P. preciosa*: designação dos minerais preciosos pela sua raridade, pela beleza da sua cor e da forma cristalina. *P.-sabão*: v. *esteatita*. *P.-ume*: a) sulfato de alumina e potassa; b) planta mirtácea, medicinal (*Myrcia sphaerocarpa*).

Pedrada, s. f. 1. Arremesso de pedra. 2. Pancada ou ferimento com pedra arremessada. 3. *Fig.* Insulto, ofensa.

Pedrado, adj. 1. Empedrado. 2. Salpicado de preto e branco.

Pedral, adj. m. e f. Referente a pedra. S. m. Amontoado de massas rochosas, que embaraçam a navegação.

Pedranceira, s. f. Montão de pedras.

Pedraria, s. f. 1. Porção de pedras de cantaria. 2. Quantidade de pedras preciosas; jóias.

Pedregal, s. m. Lugar em que abundam pedras.

Pedregoso, adj. Em que há muitas pedras; pedrento, pedreguento, pedroso.

Pedreguento, adj. V. *pedregoso*.

Pedregulho, s. m. 1. Grande pedra; penedo. 2. Lugar onde há muitas pedras miúdas. 3. *Constr.* Pedras miúdas, seixos, retirados do leito dos rios, empregados no preparo de concreto.

Pedreira, s. f. Lugar ou rocha donde se extraem pedras.

Pedreirinho, s. m. *Ornit.* Espécie de andorinha (*Riparia riparia*) que procria nas regiões setentrionais.

Pedreiro[1], s. m. 1. Aquele que executa trabalhos em alvenaria (tijolo e pedra). 2. *Pop.* Ímpio, incrédulo. — *P.-livre*: o mesmo que *maçom*.

Pedreiro[2], s. m. *Ornit.* O mesmo que *andorinhão*.

Pedreiro[3], s. m. V. *gaivão[1]*.

Pedrento, adj. Pedregoso.

Pedrês, adj. m. e f. Sarapintado de preto e branco.

Pedrinha, s. f. Pequena pedra.

Pedrisco, s. m. Saraiva miúda.

Pedro-botelho, s. m. Diabo. Var.: *pero-botelho*.

Pedroso, adj. 1. Pedregoso. 2. Pétreo.

Pedrouço, s. m. Montão de pedras. Var.: *pedroiço*.

Pedunculado, adj. *Bot.* Provido de pedúnculo.

Peduncular, adj. m. e f. *Bot.* Relativo a pedúnculo.

Pedúnculo, s. m. 1. *Bot.* Haste de sustentação da flor ou fruto. 2. *Zool.* Suporte de qualquer órgão animal. 3. *Med.* e *Anat.* Nome de vários prolongamentos que existem no encéfalo. 4. *Biol.* Faixa de fibras nervosas, a reunir partes diferentes do encéfalo.

Pedunculoso, adj. 1. Provido de pedúnculo; pedunculado. 2. Que tem pedúnculo alongado.

Peeira, s. f. *Vet.* Ulceração da pele, entre as unhas, no gado bovino.

Peeiro, s. m. V. *peadouro*.

Pega[1], s. f. (de *pegar*). 1. Ação de pegar. 2. Ato de segurar com as mãos a rês nas touradas ou em serviço. 3. Ponto por onde se pega, como a asa, o cabo etc. 4. Recrutamento forçado. 5. Azo. 6. Solidificação do cimento, gesso, estuque etc. S. m. 1. Discussão acalorada. 2. Desavença, desordem. 3. Braga de ferro com que se prendiam os pés dos escravos fugitivos.

Pega[2] (*ê*), s. f. (l. *pica*). 1. *Ornit.* Pássaro grande da família dos Corvídeos (*Corvus pica*), que ocorre na Europa. Voz: *palra*. 2. *Náut.* Peça de madeira que cobre a cabeça dos mastros. 3. *Pop.* Mulher que fala muito.

Pegada[1], s. f. (*pegar* + *ada*). *Esp.* Lance em que, no futebol, o arqueiro faz uma defesa, apanhando a bola nas mãos.

Pegada[2] (*è*), s. f. (l. v. **pedicata*). Vestígio que o pé deixa impresso no solo; passo.

Pegadiço, adj. 1. Que se pega facilmente; pegativo. 2. Contagioso, pegativo, pegajoso.

Pegadilha, s. f. 1. Desavença. 2. Discussão acalorada. 3. Pretexto para briga ou contenda.

Pegado, adj. 1. Que se pegou; preso, unido, colado. 2. Contíguo, junto, próximo, vizinho.

Pegador, adj. e s. m. Que, ou o que pega. S. m. 1. V. *esconde-esconde*. 2. *Esp.* Em boxe, lutador que bate duro.

Pegadouro, s. m. Parte por onde se pega num objeto ou utensílio; cabo. Var.: *pegadoiro*.

Pegajoso, adj. V. *pegadiço*.

Pegamassa, s. f. Bardana.

Pegamasso, s. m. 1. Massa de grudar. 2. *Fam.* Indivíduo maçador, cacete.

Pegão[1], s. m. (de *pegar*). Emplastro de pez, muito adesivo, e que se aplica sobre os quadris de animais derreados.

Pegão[2] (*ê*), s. m. (de *pé*). 1. Grande pilar ou suporte de alvenaria. 2. Grande pé-de-vento; redemoinho.

Pega-pega, s. m. 1. *Bot.* V. *carrapicho*. 2. *Pop.* Conflito, rolo; pega. Pl.: *pegas-pegas* ou *pega-pegas*.

Pegar, v. (l. *picare*). 1. Tr. dir. Colar, grudar, unir: *P. selos*. 2. Tr. ind. e intr. Agarrar, prender, segurar, tomar com a mão. 3. Tr. ind., intr. e pron. Agarrar-se, fixar-se. 4. Intr. Colar-se, ficar aderente. 5. Tr. ind. Ser contíguo. 6. Pron. Ser importuno ou maçador. 7. Pron. Brigar, contender. 8. Tr. ind. e intr. Criar raízes. 9. Tr. dir. Surpreender. 10. Tr. dir. Apanhar, contrair. 11. Intr. Generalizar-se: Se a moda *pega*... 12. Tr. ind. Começar: *Pegou a* falar e não parava mais.

Pega-rapaz, s. m. Cacho de cabelo pendente sobre a testa, ou junto às orelhas. Pl.: *pega-rapazes*.

Pegas (*ê*), s. m. sing. e pl. (de *Pegas*, n. p.). *Fam.* Advogado chicaneiro; rábula.

Pégaso, s. m. 1. *Mit.* Cavalo alado que fez nascer a fonte de Hipocrene. 2. *Astr.* Constelação boreal.

Pegativo, adj. Pegadiço; contagioso.

Pegmatito, s. m. *Geol.* Rocha feldspática de cor clara e textura granular.

pegmato-, elem. de comp. (gr. *pegma, atos*). Expressa a idéia de *coisa fixa*; *pegmatito*.

Pego[1], s. m. (l. *pelagu*). 1. O ponto mais fundo de um lago, rio etc.: pélago. 2. Abismo, voragem.

Pego[2] (*ê*), adj. Part. irr. de pegar; pegado.

Pegomancia, s. f. Adivinhação que se faz observando o movimento das águas das fontes.

Pegomante, s. m. e f. Quem pratica a pegomancia.

Pegomântico, adj. Relativo à pegomancia.

Pegueiro, s. m. Fabricante ou vendedor de pez.

Pegural, adj. m. e f. De pegureiro ou pastor; pastoril.

Pegureiro, adj. V. *pastoril*. S. m. 1. Guardador de gado; pastor, zagal. 2. Cão de caça; cão de gado.

Peia, s. f. (l. *pedica*). 1. Corda ou correia para amarrar os pés dos animais, impedindo-os de andar. 2. *Fig.* Embaraço, impedimento, obstáculo. 3. Chicote, correia.

Peita, s. f. *Ant.* 1. Tributo que pagavam os que não eram fidalgos. 2. Dádiva ou promessa, com o fim de subornar. 3. Suborno.

Peitada, s. f. 1. Empurrão ou pancada com o peito. 2. Pancada no peito.

Peitar, v. Tr. dir. 1. Subornar com peitas; corromper com dádivas. 2. *Ant.* Pagar; satisfazer.

Peitavento, adv. Com o peito contra o vento.

Peiteira, s. f. Peça dos arreios que vai do peito do cavalo à cabeça do arreio.

Peiteiro, adj. e s. m. Que, ou aquele que peita. S. m. *Ant.* Aquele que pagava o tributo da peita.

Peitilho, s. m. 1. Aquilo que reveste o peito. 2. Parte de certas roupas, fixa ou removível, que cobre o peito.

Peito, s. m. (l. *pectu*). 1. Parte do tronco, do pescoço ao abdome, a qual contém os pulmões e o coração. 2. Porção anterior e externa dessa parte do corpo. 3. Seio, mama. 4. Úbere. 5. Peitilho. 6. Os órgãos respiratórios: Doença do *p*. 7.

Voz. 8. Alma, espírito. 9. Ânimo, magnanimidade, valor. 10. Peitoril. — *P. aberto*: coração franco e sincero. *P.-de-peru*: sanduíche de mortadela. *P. do pé*: parte superior do pé; dorso do pé.
A p.: com boa vontade; com decisão; com empenho. *A p. descoberto*: corajosa e francamente. *Abrir o p.*: a) revelar com toda a franqueza os sentimentos; b) cantar. *Bater no p.*: demonstrar arrependimento. *Do p.*: íntimo; querido; do coração; do íntimo da alma. *Esquentar o p.*: tomar bebida alcoólica; embriagar-se. *Lavar o p.*: desabafar. *Meter os p.*: atirar-se resolutamente a uma empresa. *Molhar o p.*: o mesmo que *esquentar o peito*. *P. a peito*.: agarradamente, braço a braço. *Pôr p. a*: enfrentar; meter ombros a; procurar levar a cabo. *Tomar a p.*: a) empenhar-se em; b) interessar-se muito por; c) tomar a sério.

Peitogueira, s. f. *Ant.* Tosse; rouquidão.

Peitoral, adj. m. e f. (l. *pectorale*). 1. Relativo ao peito. 2. Que faz bem ao peito; fortificante. S. m. 1. *Farm.* Medicamento contra doenças do peito. 2. Parte externa e anterior do peito da cavalgadura.

Peitoril, s. m. 1. Parapeito. 2. Pedra liminar saliente da boca dos fornos de pão.

Peitudo, adj. Que tem peito grande e forte. S. m. Homem de coragem; valentão.

Peituga, s. f. (de *peito*). *Ant.* Músculos do peito das aves.

Peixada, s. f. 1. Fritada de peixe. 2. Grande porção de peixe cozido.

Peixaria, s. f. Estabelecimento onde se vende peixe.

Peixe, s. m. (l. *pisce*). *Ictiol.* Animal vertebrado, aquático, com os membros transformados em barbatanas e com respiração branquial. Col. (em geral e quando na água): *cardume*; (quando miúdo): *boana*; (em depósito de água, para criar): *aquário*; (em fieira): *cambada, espicha, enfiada*; (à tona): *banco, manta*. Voz: *ronca*.
Como o p. na água: à vontade, no seu elemento. *Não ter nada com o p.*: estar inteiramente alheio ao assunto de que se trata.

Peixeira, s. f. 1. Mulher que vende peixe. 2. Faca grande. 3. Travessa em que se serve o peixe.

Peixeiro, s. m. Aquele que vende peixe.

Peixota, s. f. 1. Pescada. 2. Posta de peixe.

Peixote, s. m. Peixe entre miúdo e grosso.

Peja (*ê*), s. f. Ato de pejar.

Pejado, adj. 1. Que se pejou; carregado, cheio. 2. Que tem pejo; acanhado, envergonhado, pejoso.

Pejamento, s. m. 1. Ação ou efeito de pejar(-se). 2. Atravancamento, embaraço, estorvo.

Pejar, v. 1. Tr. dir. Carregar, encher. 2. Tr. dir. e pron. Embaraçar(-se), estorvar(-se). 3. Intr. Tornar-se grávida (tanto a mulher como a fêmea dos irracionais). 4. Pron. Corar, envergonhar-se, ter pejo.

Pejo (*ê*), s. m. 1. Pudor, acanhamento, vergonha. 2. Estorvo, impedimento.

Pejorar, v. Tr. dir. Aviltar, depreciar, rebaixar.

Pejorativo, adj. *Gram.* Diz-se da palavra empregada em sentido torpe, obsceno ou simplesmente desagradável; depreciativo.

Pejoso, adj. *Des.* Que tem pejo; acanhado, envergonhado, tímido.

Pela, Combinação da prep. *per* (ant.) e do art. *la* (ant.), com o valor do *por a*.

Péla[1], s. f. (l. *pila*). 1. Bola própria para o jogo do mesmo nome. 2. Nome desse jogo, que muito se parece com o tênis. 3. Bola que no jogo se impele com a raqueta. 4. *Fig.* Joguete, ludíbrio.

Pêla[2], s. f. (de *pele?*). 1. Cada camada de cortiça nos sobreiros. 2. Ato de pelar[1].

Pelada[1], s. f. (*pelar + ada*). *Med.* Dermatose que ataca o couro cabeludo, fazendo cair os pêlos por zonas arredondadas.

Pelada[2], s. f. *Esp.* 1. Partida sem importância, de futebol, como as que os garotos jogam em campo improvisado. 2. Partida mal jogada ou de pouca importância.

Pelado[1], adj. (p. de *pelar*[2]). 1. A que se tirou o pêlo. 2. Sem pêlo. 3. Calvo. 4. *Fam.* Finório.

Pelado[2], adj. (p. de *pelar*[1]). 1. A que se tirou a pele. 2. Pobre, sem dinheiro. 3. Nu, despido.

Pelador[1], adj. e s. m. Que, ou o que péla, ou tira o pêlo.

Pelador[2], adj. e s. m. Que, ou aquele que péla ou tira a pele.

Peladura[1], s. f. 1. Ato de pelar[1]. 2. Susto, sobressalto.

Peladura[2], s. f. (*pela*[2] *+ dura*). 1. Ato ou efeito de pelar[2]. 2. Calvície.

Pelagem, s. f. O pêlo dos animais; pelame.

Pelágia, s. f. *Zool.* Gênero (*Pelagia*) de celenterados cifozoários que ocorrem no Atlântico; as medusas de algumas espécies são luminescentes.

Pelagianismo, s. m. Doutrina dissidente do frade Pelágio, segundo a qual não existe pecado original, nem necessidade da graça divina para a salvação.

Pelágico, adj. 1. Relativo ao pélago; oceânico, pelágio. 2. Que ocorre nos mares.

Pelágio, adj. *P. us.* V. *pelágico*.

Pélago[1], s. m. (gr. *pelagos*, pelo l.). 1. Mar alto; oceano. 2. *Fig.* Abismo, profundidade.

pélago-[2], elem. de comp. Expressa a idéia de *mar, oceano*: *pelagoscopia*.

Pelagoscopia, s. f. Observação do fundo dos mares.

Pelagoscópico, adj. Relativo à pelagoscopia.

Pelagoscópio, s. m. Instrumento para observar o fundo dos mares.

Pelagra, s. f. *Med.* Avitaminose caracterizada por eritema das partes descobertas, seguido de graves alterações na membrana mucosa do canal digestivo, a que sucedem perturbações psíquicas e a morte.

Pelagroso, adj. Relativo à pelagra. S. m. O doente de pelagra.

Pelame, s. m. 1. V. *pelagem*. 2. Porção de peles; courama. 3. A pele dos animais.

Pelanca, s. f. 1. Pele caída e mole. 2. Carne magra e engelhada. Var.: *pelanga, pelhança* e *pelharanca*. S. m. *Gír.* Repórter antigo, já de pele enrugada.

Pelar[1], v. (*pele + ar*). 1. Tr. dir. Tirar a pele ou a casca de; descascar. 2. Pron. Ficar sem pele. 3. Tr. dir. Tirar os haveres de, deixando sem nada. 4. Pron. Gostar muito de.

Pelar[2], v. (*pêlo + ar*). Tr. dir. Tirar o pêlo a: *P. o cão*.

Pelargônio, s. m. *Bot.* 1. Gênero (*Pelargonium*) de ervas do Sul da África, da família das Geraniáceas, com flores vistosas. 2. Planta desse gênero, especialmente as cultivadas.

Pelaria, s. f. 1. Pelame. 2. Indústria do preparo de peles; peleria. 3. Peleteria. Sin.: *peletaria, peleteria*.

Pelásgico, adj. Relativo aos pelasgos ou ao seu tempo.

Pelasgo, s. m. *Etnol.* Indivíduo dos pelasgos, povo primitivo da Grécia e da Itália.

Pele, s. f. (l. *pelle*). 1. Membrana que reveste exteriormente o corpo do homem e o de muitos animais; couro. 2. Couro separado do corpo dos animais. 3. *Fam.* A própria pessoa; o corpo. 4. Invólucro de certos frutos e legumes; casca. — *P.-anserina*: o mesmo que *pele-de-galinha*. *P.-de-galinha, Med.*: estado de pele humana caracterizado por numerosas pequenas elevações, produzidas pela ereção das papilas, que lhe dão a aparência da pele de uma galinha ou ganso depenados. É causado por doença ou fisiologicamente por frio, medo etc.

Pelecípode, s. m. *Zool.* O mesmo que *lamelibrânquio*.

Pelega (*ê*), s. f. *Pop.* Cédula de papel-moeda.

Pelego (*ê*), s. m. 1. Pele de carneiro com a lã, usada sobre a montaria, para amaciar o assento. 2. Político influente, títere do imperialismo. 3. Alcunha dos que disfarçadamente trabalham contra os interesses dos sindicalizados.

Peleiro, s. m. Aquele que prepara ou vende peles.

Peleja (*ê*), s. f. 1. Ato de pelejar; combate. 2. Briga, contenda, ralhos. 3. *Pop.* Luta pela vida, ou por algo.

Pelejador, adj. e s. m. 1. Que, ou aquele que peleja. 2. Bulhento, desordeiro.

Pelejar, v. (de *pêlo?*). 1. Tr. ind. e intr. Batalhar, combater, lutar, pugnar. 2. Tr. dir. Travar (combate, luta etc.). 3. Tr.

ind. e intr. Defender, sustentar (doutrinas, idéias) falando ou escrevendo. 4. Intr. Insistir, teimar.

Pelerine, s. f. Pequeno manto de senhora que só cobre parte das costas e do peito.

Peletaria, s. f. V. *peleteria.*

Pélete, s. m. (ingl. *pellet*). 1. Pequena porção de qualquer matéria alimentar, como por exemplo resíduos da extração de óleo comestível, prensados em forma de pequenos cilindros ou esferas. 2. *Metal.* Grão de minério britado para facilitar o processamento.

Peleteria, s. f. (fr. *pelleterie*). Estabelecimento onde se fabricam artigos de pele ou se vendem peles e peliças.

Peletização, s. f. *Metal.* Ação ou processo de peletizar.

Peletizar, v. Tr. dir. *Metal.* Transformar (minério) em péletes.

Pele-vermelha, s. m. e f. *Etnol.* Indígena dos peles-vermelhas, denominação genérica dada às tribos aborígines da América do Norte. Adj. m. e f. Relativo aos peles-vermelhas.

Pelhanca, s. f. *Pop.* V. *pelanca.*

Pelhancaria, s. f. Grande número de pelhancas.

Pelica, s. f. Pele fina, curtida e preparada para calçados, luvas etc.

Peliça, s. f. (l. *pellicea*). Cobertura ou vestimenta, feita ou forrada de peles finas e macias.

Pelicanídeo, adj. *Ornit.* Relativo aos Pelicanídeos. S. m. pl. Família (*Pelecanidae*) de aves que habitam rios, lagoas e as águas de beira-mar. Var.: *Pelecanídeos.*

Pelicano, s. m. 1. *Ornit.* Gênero (*Pelecanus*) de grandes aves aquáticas pelicanídeas. 2. *Ornit.* Ave desse gênero. 3. *Cir.* Antigo instrumento de extrair dentes. 4. Antiga peça de artilharia. Var.: *Pelecano.*

Película, s. f. 1. Pele delgada e fina. 2. Epiderme. 3. Folha delgada de gelatina sensibilizada, que se usa em fotografia e cinematografia. 4. Filme cinematográfico.

Pelicular, adj. m. e f. *Bot.* Diz-se do perisperma formado de uma lâmina delgada, como o das labiadas.

Pelintra, adj. m. e f. 1. Aplica-se a pessoa pobre ou mal trajada, mas pretensiosa. 2. Esfarrapado, maltrapilho. 3. Bem trajado e afetado. S. m. e f. 1. Pessoa pobre ou mal vestida, mas com pretensões de figurar. 2. Pessoa finória, dada a conquistas amorosas e à boa vida. Sin.: *pilantra.*

Pelintrão, s. m. *Pop.* Grande pelintra. Fem.: *pelintrona.*

Pelintrar, v. Tr. dir. Reduzir à condição de pelintra.

Pelintrice, s. f. Ação ou estado de pelintra; pelintrismo.

Pelintrismo, s. m. V. *pelintrice.*

Peliqueiro, s. m. Aquele que prepara ou vende pelicas.

Pelítico, adj. *Geol.* Designativo das rochas cujos grãos são indistintos a olhos desarmados, porque resultam do endurecimento de massas lodosas.

Pelitrapo, s. m. *P. us.* Maltrapilho.

Pelo[1], combinação. 1. *Per,* prep. ant. + *o,* art. def.: *Pelo* mundo, *pela* porta, *pelos* cantos, *pelas* ruas. 2. *Per,* prep. ant. + *o,* pron. dem.: Trabalhou muito nos últimos dias, *pelo* que teve folga hoje. 3. *Per,* prep. ant. + *o,* pron. pess.: *Pelo* não ajudar a memória (*por o* não ajudar...).

pelo-[2], elem. de comp. (gr. *pelos*). Expressa a idéia de *lodo, lama, argila: pelomancia.*

Pêlo, s. m. (l. *pilu*). 1. Produção filiforme à superfície da pele dos animais e em algumas partes do corpo humano. 2. O conjunto dessa produção que cobre o corpo de um animal. 3. Lanugem dos frutos e das plantas.

A p.: a propósito. *Em p.*: condição caracterizada no fato de montar-se numa cavalgadura sem sela; nu.

Pelomancia, s. f. Adivinhação por meio da lama.

Pelomante, s. m. e f. Pessoa que pratica a pelomancia.

Pelomântico, adj. Relativo à pelomancia.

Peloria, s. f. *Bot.* Anormalidade vegetal, por alteração de forma: de zigomorfa uma flor se transforma em actinomorfa.

Peloso, adj. Que tem muito pêlo; peludo.

Pelota, s. f. 1. Péla pequena. 2. Bola de ferro ou de metal. 3. *Cir.* Instrumento ou parte de instrumento para compressões. 4. *Cir.* Almofada na funda hernial. 5. Almofada para alisar chapéus depois de engomados. 6. A bola de futebol. 7. Pequena bola de barro endurecido que se usa como projétil de bodoque e estilingue.

Pelotaço, s. m. *Gír.* Chute eficiente, no futebol.

Pelotada, s. f. V. *pelotaço.*

Pelotão, s. m. 1. Pelota (1 e 2) grande. 2. *Mil.* Cada uma das três partes em que se divide uma companhia de fuzileiros. 3. Multidão.

Pelotar, s. m. V. *pelotário.*

Pelotário, s. m. Jogador de pelota; pelotar.

Pelote[1], s. m. (de *pêlo*). *Ant.* Espécie de casaco sem mangas, que os homens vestiam sobre o gibão e por baixo do tabardo.

Pelote[2], s. m. (de *péla*). 1. Bolota de barro endurecido ao fogo. 2. Pequena porção arredondada de qualquer substância mole, como cera, barro etc.

Pelotear, v. Tr. dir. Açoitar, maltratar.

Peloteiro, s. m. Fabricante ou vendedor de pelotas.

Pelotica, s. f. 1. Bolinha com que os pelotiqueiros fazem habilidades. 2. Prestidigitação.

Pelotilha, s. f. Dim. de *pelota[2].*

Pelotiqueiro, s. m. Indivíduo que faz peloticas; prestidigitador, saltimbanco.

Pelourada, s. f. Tiro de pelouro. Var.: *peloirada.*

Pelourinho, s. m. Coluna ou armação de madeira levantada em lugar público, junto da qual se expunham e castigavam os criminosos. Var.: *peloirinho.*

Pelouro, s. m. (b. l. *piloriu?* ou de *péla?*). 1. *Ant.* Bola de cera em que o eleitor punha um papel com seu voto. 2. Bala de metal, que se empregava em algumas peças de artilharia. S. m. pl. Certo jogo de rapazes. Var.: *peloiro.*

Pelta, s. f. Pequeno escudo de madeira ou vime, coberto de couro e em forma de crescente, usado outrora pelos trácios e outros povos.

Peltado, adj. *Bot.* Diz-se das folhas circulares com o pecíolo inserido no meio do disco.

pelti-, elem. de comp. (l. *pelta*). Expressa a idéia de *pelta, escudo: peltiforme.*

Peltiforme, adj. m. e f. *Bot.* Em forma de pelta ou de pequeno escudo.

Pelúcia, s. f. (de *pêlo*). Tecido de lã, seda etc., aveludado e felpudo de um lado.

Peludo, adj. 1. Que tem muito pêlo. 2. Coberto de pêlo. 3. *Fig.* Bisonho, desconfiado, tímido. 4. *Gír.* Que tem muita sorte. 5. Diz-se do animal que não é de boa raça.

Pelugem, s. f. Conjunto de pêlos.

Peluginoso, adj. (*pelugem* + *oso*). Que tem pelugem ou pêlos.

Pelve, s. f. *Anat.* Cavidade óssea formada pela união dos ossos ilíacos com o sacro e o cóccix; a bacia. — *P. renal*: bacinete.

pelvi-, elem. de comp. (l. *pelve*). Expressa a idéia de *bacia, taça: pelviforme.*

Pélvico, adj. Relativo à pelve.

Pelviforme, adj. m. e f. Em forma de bacia ou taça.

Pelvimetria, s. f. *Ginec.* Medição dos diâmetros da pelve.

Pelvímetro, s. m. Instrumento com que se pratica a pelvimetria.

Pélvis, s. f., sing. e pl. V. *pelve.*

Pena[1], s. f. (l. *penna*). 1. Órgão que cobre o corpo das aves, constituído de um tubo, haste e barbas; pluma. Col.: *plumagem.* 2. Tubo de pluma outrora preparado para com ele se escrever. 3. Pequena peça de metal etc., em forma de bico, que, adaptada a uma caneta, serve para escrever; cálamo. Ruído: *range, ringe, rilha.* 4. O trabalho de escrita. 5. Os letrados e escritores. 6. Autor, escritor. 7. Parte espalmada da bigorna. 8. *Náut.* Parte da vela latina, que se fixa no penol do caranguejo. — *P.-d'água*: veio, nas partilhas de água, cuja grossura é igual à de uma pena de pato.

Pena[2], s. f. (l. *poena*). 1. Castigo, punição. 2. *Dir.* Modo de repressão, pelo poder público, à violação da ordem social. 3. Aflição, cuidado, sofrimento. 4. Compaixão, dó, piedade. — *P. capital*: pena de morte.

Pena[3], s. f. *Ant.* Penha.

Penação, s. f. Ato de penar.

Penáceo, adj. *Bot.* e *Zool.* Semelhante a uma pena.

Penacheiro, s. m. *Bot.* Planta mirtácea (*Callistemon lophantum*).

Penacho, s. m. 1. Conjunto de penas, com que se adornam chapéus, capacetes etc. 2. Crista. 3. *Fam.* Governo, mando. 4. *Arquit.* Porção triangular da abóbada que ajuda a sustentar a volta de uma cúpula.

Penada, s. f. 1. Traço feito com pena. 2. Tinta que a pena comporta. 3. Palavras escritas com uma penada. 4. Voto, opinião. 5. *Bot.* Folha composta em que os folíolos se dispõem à semelhança de uma pena de ave.

Penado[1], adj. (*pena + ado*). Que tem penas; emplumado.

Penado[2], adj. (p. de *penar*). Que está penando; padecente.

Penagris, s. m. (*pena[1] + gris*). Penugem parda.

Penal, adj. m. e f. *Dir.* 1. Relativo a penas judiciais. 2. Que impõe penas. S. m. V. *pênalti*.

Penalidade, s. f. 1. Conjunto ou sistema de penas que a lei impõe. 2. Natureza da pena. 3. Pena, castigo. 4. *Esp.* Punição de falta cometida num jogo, por meio de chute ou condição que favoreça a parte que sofreu a infração.

Penalizar, v. 1. Tr. dir. Causar pena ou dó a; pungir. 2. Pron. Sentir grande pena. 3. Tr. dir. Sobrecarregar de modo penoso.

Penalogia, s. f. *Dir.* Parte da ciência criminal que estuda especialmente a sanção penal como meio de defesa, preservação ou reação do grupo social.

Penalógico, adj. Relativo à penalogia.

Penalogista, s. m. e f. Especialista em penalogia.

Penálogo, s. m. V. *penalogista*.

Pênalti, s. m. (do ing.). Em futebol, infração praticada por um jogador dentro da grande área de seu próprio clube e punida com a penalidade máxima; penal.

Penamar, adj. f. Diz-se da pérola de pouco lustre.

Penanguba, s. f. *Bot.* Árvore leguminosa (*Machaerium pedicellatum*).

Penante, s. m. *Gír.* Chapéu alto.

Penar, v. 1. Tr. ind. e intr. Sofrer pena, dor, aflição, pesar, tormento. 2. Tr. dir. Causar pena ou dor a; desgostar. 3. Tr. dir. Padecer, sofrer. 4. Tr. dir. Fazer padecer ou sofrer; torturar. 5. Pron. Afligir-se, contristar-se: *Penava-se com* a ingratidão dos alunos. 6. Tr. dir. Expiar, purgar.

Penates, s. m. pl. 1. Deuses domésticos dos pagãos. 2. A casa paterna; a família, o lar.

penati-, elem. de comp. (l. *pennatu*). Exprime a idéia de *pinulado, emplumado: penatilobado*.

Penatífido, adj. *Bot.* Diz-se das folhas que têm recortes pouco fundos e dispostos à maneira dos folíolos das folhas pinuladas.

Penatilobado, adj. *Bot.* Diz-se das folhas que, tendo nervuras pinuladas, são divididas em muitos lóbulos, cuja profundidade é variável.

Penca, s. f. 1. *Bot.* Esgalho de flores ou frutos. 2. *Pop.* Nariz grande. 3. Cada um dos grupos frutíferos dos cachos de banana. 4. Grande quantidade. 5. *Folc.* V. *balangandã*.

Pencudo, adj. *Fam.* Narigudo.

Pendanga, s. f. 1. Ocupação acessória. 2. Coisa de que se usa continuamente para diferentes fins.

Pendão, s. m. (cast. *pendón?*). 1. Bandeira, estandarte. 2. *Bot.* Inflorescência masculina do milho. 3. Divisa, emblema, símbolo de um partido, de uma causa.

Pendência, s. f. 1. Briga, conflito, contenda, desavença. 2. *Dir.* Tempo durante o qual uma questão judicial está correndo ou pendente de recurso ou sentença.

Pendenciador, adj. e s. m. Brigão, rixoso.

Pendenciar, v. Tr. ind. e intr. *P. us.* Ter pendência ou conflito; alterar, brigar.

Pendenga, s. f. (alter. de *pendência*). 1. Pendência. 2. Briga, conflito, bate-boca. 3. Disputa, querela, questão.

Pendente, adj. m. e f. 1. Que pende; pendurado, suspenso. 2. Inclinado. 3. Ainda não colhido, que está na árvore: Frutos *pendentes*. 4. Dependente. 5. Que não está ainda resolvido. 6. Iminente.

Pender, v. 1. Tr. ind. Estar pendurado ou suspenso. 2. Tr. ind. e intr. Estar ou ficar em posição inclinada; descair, inclinar-se. 3. Tr. dir. Fazer inclinar. 4. Tr. ind. e intr. Estar para cair, descer ou se desprender do alto. 6. Pron. Encostar-se ou inclinar-se sobre (alguma coisa ou pessoa).

Pendericalho, s. m. V. *penduricalho*.

Pendoado, adj. Aplica-se ao milho que deitou pendão; apendoado.

Pendoar, v. Intr. V. *apendoar*.

Pendor, s. m. 1. Declive, vertente. 2. Obliqüidade. 3. Inclinação, tendência. 4. Carga, peso.

Pêndula, s. f. 1. Relógio de pêndulo. 2. *Pop.* Pêndulo.

Pendular[1], adj. m. e f. 1. Relativo a pêndulo. 2. Oscilante.

Pendular[2], v. 1. Tr. dir. Mover como pêndulo. 2. Intr. Oscilar, mover-se como pêndulo.

penduli-, elem. de comp. (l. **pendulu*). Expressa a idéia de *pendente, inclinado para baixo: pendulifloro, pendulifoliado*.

Pendulifloro, adj. *Bot.* Diz-se das plantas que têm as flores pendentes.

Pendulifoliado, adj. *Bot.* Diz-se das plantas que têm as folhas pendentes.

Pêndulo, adj. Pendente. S. m. 1. Corpo pesado, suspenso de um ponto fixo que oscila livremente num movimento de vaivém. 2. Coisa que se faz ou sucede com intervalos regulares. 3. Disco metálico preso à extremidade de uma haste que oscila isocronamente, e comunica e regula o movimento do mecanismo do relógio.

Pendura, s. f. 1. Ato de pendurar(-se). 2. Coisa pendurada. 3. *Pop.* Pessoa que penhora ou pendura algo na Caixa Econômica.
Estar na p., Gír.: estar sem dinheiro.

Pendurado, adj. 1. Preso a certa altura sem tocar o chão. 2. *Pop.* Endividado.

Pendural, s. m. *Constr.* Pequena viga, que desce do vértice da asna.

Pendurar, v. (l. *pendulare*). 1. Tr. dir. Suspender e fixar a certa altura do chão. 2. Pron. Estar suspenso, dependurado ou pendente. 3. Tr. dir. Fitar, fixar: *Penduramos* os *olhos no* magnífico panorama. 4. Tr. dir. *Pop.* Empenhar, pôr no prego.

Penduricalho, s. m. 1. Coisa pendurada para adorno; berloque, pingente. 2. *Hum.* Condecoração. Var.: *pendericalho, penderucalho* e *pendurelho*.

pene[1]-, elem. de comp. (l. *pene*). Exprime a idéia de *quase: peneplanície*.

-pene[2], elem. de comp. O mesmo que *peni[2]: planipene*.

Peneáceas, s. f. pl. *Bot.* Família (*Penaeaceae*) que compreende arbustos sempre verdes, semelhantes a urzes.

Peneáceo, adj. *Bot.* Relativo à família das Peneáceas.

Penedia, s. f. 1. Reunião de penedos. 2. Fraguedo, rocha.

Penedio, s. m. V. *penedia*.

Penedo (*ê*), s. m. Grande rocha; fraga, rochedo.

Penego (*ê*), s. m. *Ant.* Travesseiro ou almofada com enchimento de penas.

Peneira, s. f. 1. Objeto circular de madeira com o fundo em trama de arame fino, seda, crina ou taquara, por onde passa a farinha ou outra substância moída. 2. Joeira, crivo. 3. Tela metálica transversalmente colocada na chaminé da locomotiva, para impedir a saída das faíscas. 4. Aparelho próprio para apanhar camarão. 5. *Gír.* Fome ou sede. 6. Chuva miúda.

Peneiração, s. f. Ato ou trabalho de peneirar; peneiramento, peneirada.

Peneirada, s. f. 1. Peneiração. 2. Aquilo que se peneira de cada vez.

Peneirador, adj. e s. m. Que, ou aquele que peneira.

Peneiramento, s. m. 1. Peneiração. 2. *Sociol.* Distribuição e redistribuição seletivas de homens e elementos culturais no espaço social e geográfico.

Peneirar, v. 1. Tr. dir. Fazer passar pela peneira. 2. Tr. dir. Deixar passar à semelhança de peneira. 3. Intr. e. pron. Mover-se como quem peneira, bamboleando. 4. Intr. Gingar para confundir o antagonista, na capoeiragem. 5. Pron. Sacudir-se todo (o potro que está sendo domado), saindo aos corcovos e pinotes. 6. Intr. *Pop.* Correr. 7. Intr. Chover miúdo; chuviscar.

Peneireiro, s. m. 1. Fabricante ou vendedor de peneiras. 2. Aquele que trabalha com peneira.
Peneiro, s. m. (l. *panariu*). Aparelho próprio para peneirar a farinha nas padarias.
Penejar, v. Tr. dir. Escrever ou desenhar a pena.
Penela, s. f. (de *pena*[3]). Pequena penha; outeiro.
Peneplanície, s. f. *Geol.* Superfície quase plana formada pela erosão.
Penetra, adj. e s., m. e f. 1. *Pop.* Que, ou pessoa que é petulante. 2. *Gír.* Que, ou pessoa que entra onde não é chamada, que vai a diversões sem pagar, como cinemas, bailes etc.
Penetrabilidade, s. f. Qualidade de penetrável.
Penetração, s. f. 1. Ato ou efeito de penetrar. 2. Facilidade de compreensão; perspicácia, sagacidade.
Penetrador, adj. V. *penetrante.*
Penetrais, s. m. pl. A parte mais íntima; o interior.
Penetrante, adj. m. e f. 1. Que penetra. 2. Pungente. 3. Profundo, intenso. 4. *Fig.* Fino, inteligente, sagaz.
Penetrar, v. 1. Tr. dir. Passar para dentro de; transpor, invadir. 2. Tr. ind. e intr. Entrar, introduzir-se. 3. Tr. dir. Chegar ao íntimo de; repassar. 4. Tr. ind. Ser admitido. 5. Tr. dir. Passar através de. 6. Tr. dir. Chegar a perceber ou compreender. 7. Tr. ind. Entender, perceber, tomar conhecimento. 8. Tr. ind. Ter ingerência.
Penetrativo, adj. V. *penetrante.*
Penetrável, adj. m. e f. Que pode ser penetrado.
Pênfigo, s. m. *Med.* Moléstia de pele, em que aparecem bolhas de volume variável; fogo-selvagem.
Penha, s. f. Fraga, penhasco, rocha. Dim. irr.: *penela.*
Penhascal, s. m. V. *penhasqueira.*
Penhasco, s. m. Penha grande e elevada; grande rochedo.
Penhascoso, adj. Abundante em penhascos.
Penhasqueira, s. f. Série de penhascos; penhascal.
Penhor, s. m. (l. *pignore*). 1. *Dir.* Direito real sobre coisa alheia, em geral móvel, que a vincula a uma dívida, como garantia do pagamento desta. 2. A coisa móvel que constitui essa garantia. 3. Garantia, prova, segurança.
Penhora, s. f. *Dir.* 1. Execução judicial para pagamento de quantia certa e das custas do respectivo processo. 2. Apreensão dos bens do devedor, por mandado judicial, para pagamento da execução e custas.
Penhorado, adj. 1. Tomado em penhor. 2. *Fig.* Muito agradecido, muito grato.
Penhorar, v. 1. Tr. dir. Efetuar a penhora de, fazer penhora em. 2. Tr. dir. Afiançar, garantir. 3. Tr. dir. Exigir por obrigação; impor. 4. Tr. dir. Dar causa à gratidão de; tornar agradecido. 5. Pron. Mostrar-se grato ou reconhecido.
Pêni, s. m. (ingl. *penny*). Moeda inglesa equivalente à duodécima parte do xelim.
peni-[1], elem. de comp. (l. *poena*). Exprime a idéia de *pena, castigo: penificar.*
peni-[2], elem. de comp. (l. *penna*). Expressa a idéia de *pena, pluma: peniforme, penígero.*
-penia, elem. de comp. (gr. *penia*). Indica a idéia de *pobreza, indigência: leucopenia, leucocitopenia.*
Penicilina, s. f. *Med.* Antibiótico proveniente de culturas de cogumelos do gênero Penicílio, especialmente *Penicillium notatum*; descoberto por Fleming em 1929, porém divulgado, na terapêutica e no comércio, somente em 1941.
Penico, s. m. *Fam.* Vaso para urinas e dejeções; urinol; bacio, bispote.
Pênico, adj. e s. m. V. *púnico.*
Penífero, adj. V. *penígero.*
Penificar, v. Tr. dir. *Ant.* Impor pena a; castigar.
Peniforme, adj. m. e f. Que tem forma de pena.
Penígero, adj. Que tem penas; penífero.
Penina, s. f. Mineral monoclínico do grupo das cloritas, em que prevalece o silicato hidratado natural de alumínio e magnésio.
Peninervado, adj. *Bot.* Diz-se da folha cuja nervura principal se ramifica em nervuras secundárias, dispostas como as barbas de uma pena de ave; peninérveo.
Peninérveo, adj. V. *peninervado.*
Peninita, s. f. *Miner.* V. *penina.*
Península, s. f. *Geogr.* Porção de terra cercada de água e ligada ao continente por um só lado.
Peninsular, adj. m. e f. Relativo a uma península ou aos seus habitantes. S. m. e f. Pessoa que habita numa península ou dela é natural (aplica-se especialmente a pessoa da Península Ibérica).
Penipotente, adj. m. e f. *Poét.* Que tem grande vigor nas asas; que voa muito.
Pênis, s. m. sing. e pl. *Anat.* Membro viril da geração; órgão genital masculino. Var.: *pene.*
Peniscar, v. Intr. Comer pouco; lambiscar.
Penisco, s. m. (l. *pinu*). *Bot.* 1. Semente de pinheiro-bravo. 2. Porção de pinho miúdo.
Penisqueiro, adj. Que penisca.
Penitência, s. f. (l. *poenitentia*). 1. Arrependimento de haver ofendido a Deus. 2. Pena imposta pelo confessor. 3. Um dos sete sacramentos da Igreja. 4. Ato que uma pessoa se impõe para expiação de seus pecados. 5. Castigo. 6. Incômodo.
Penitencial, adj. m. e f. Relativo a penitência. S. m. Ritual das penitências.
Penitenciar, v. 1. Tr. dir. Impor penitência a. 2. Pron. Arrepender-se; castigar-se por falta cometida.
Penitenciaria, s. f. Tribunal pontifício ao qual são submetidos os casos reservados ao papa.
Penitenciária, s. f. Presídio especial a que se recolhem os condenados à pena de reclusão.
Penitenciário, adj. 1. Relativo a penitência; penitencial. 2. Relativo ao sistema de penitenciária. S. m. 1. Cardeal que preside à penitenciaria pontifícia. 2. Indivíduo que cumpre pena em uma penitenciária. 3. Aquele que impõe penitência.
Penitencieiro, s. m. Cardeal, membro da penitenciaria.
Penitente, adj. e s., m. e f. 1. Que, ou quem faz penitência. 2. Que, ou quem se arrepende. 3. Que, ou quem faz confissão de seus pecados ao sacerdote.
Penny, s. m. (t. ingl.). V. *pêni.*
Peno, adj. e s. m. Cartaginês.
Penol, s. m. *Náut.* A extremidade livre da carangueja. Pl.: *penóis.*
Penosa, s. f. *Gír.* Galinha (especialmente magra).
Penoso, adj. 1. Que causa pena; doloroso, incômodo. 2. Difícil, fatigante.
Pensabundo, adj. Pensativo.
Pensador[1], adj. e s. m. *(pensar*[1] *+ dor).* Que, ou o que pensa, reflete.
Pensador[2], adj. e s. m. (*pensar*[2] *+ dor*). Que, ou o que põe pensos.
Pensadura, s. f. 1. Ação de pensar, de colocar pensos em uma criança. 2. As roupas com que a vestem.
Pensamentar, v. *Des.* V. *pensar.*
Pensamentear, v. Intr. Entregar-se a pensamentos; pensar.
Pensamento[1], s. m. 1. Ato ou faculdade de pensar. 2. Ato do espírito ou operação da inteligência. 3. Fantasia, imaginação. 4. Idéia. 5. Alma, espírito. 6. Conceito, moralidade (de um apólogo, epigrama, ou sátira); a intenção de um autor.
Pensamento[2], s. m. *Ant.* Arrecada, com filigrana de ouro.
Pensante, adj. m. e f. Que pensa; que faz uso da razão.
Pensão, s. f. 1. Renda anual ou mensal, paga, vitaliciamente ou por certo tempo. 2. Foro. 3. Quantia que se paga pela educação e sustento de um aluno no colégio. 4. Pequeno hotel, geralmente familiar. 5. Quantia mensal que se paga nesse pequeno hotel. 6. Fornecimento regular de comida em domicílio. 7. Encargo, obrigação, ônus.
Pensar[1], v. (l. *pensare,* freq. de *pendere*). 1. Intr. Combinar idéias, formar pensamentos. 2. Tr. ind. Meditar, refletir em. 3. Intr. Ser de tal ou qual parecer. 4. Tr. dir. Julgar, supor. 5. Intr. Raciocinar. 6. Tr. ind. Estar preocupado, ter cuidado. S. m. 1. Pensamento. 2. Opinião. 3. Prudência, tino.
Pensar[2], v. *(penso*[1] *+ ar).* Tr. dir. 1. Pôr penso em; aplicar

curativo. 2. Cuidar, alimentar, tratar convenientemente (um animal).

Pensativo, adj. 1. Absorto em algum pensamento; meditabundo. 2. Preocupado.

Pênsil, adj. m. e f. 1. Suspenso. 2. Construído sobre abóbadas ou colunas.

Pensionar, v. Tr. dir. 1. Dar ou impor pensão a. 2. Impor cargo ou pensão. 3. Sobrecarregar com trabalhos.

Pensionário, adj. Relativo a pensão. Adj. e s. m. Pensionista.

Pensionato, s. m. 1. Internato, patronato. 2. Casa que recebe pensionistas.

Pensioneiro, adj. Que paga pensão.

Pensionista, adj. e s., m. e f. (1. *pensione + ista)*. 1. Que, ou quem recebe pensão, especialmente do Estado. 2. Estudante a quem o Estado paga pensão. 3. Que, ou quem mora em pensão. 4. Que, ou quem paga pensão.

Penso[1], s. m. (1. *pensu*). 1. Curativo. 2. Conjunto dos medicamentos e objetos acessórios aplicados sobre uma ferida. 3. Tratamento de crianças ou animais, relativo a sustento, limpeza, curativo etc. 4. Ração para gado.

Penso[2], adj. (1. *pensu*). Pendido, inclinado ou de mau jeito.

penta-, elem. de comp. (gr. *pente*). Exprime a idéia de *cinco: pentágono.*

Pentacarpelar, adj. m. e f. *Bot.* Diz-se do fruto ou do ovário constituído de cinco carpelos.

pentacarpo, adj. V. *pentacarpelar.*

Pentacórdio, s. m. *Mús.* Instrumento de cinco cordas. Var.: *pentacordo.*

Pentacótomo, adj. *Bot.* Que se divide em cinco partes.

Pentadátilo, adj. 1. *Zool.* Que tem cinco dedos. 2. *Bot.* Diz-se da folha que tem cinco divisões. Var.: *pentadáctilo.*

Pentadecágono, adj. *Geom.* Que tem quinze ângulos e quinze lados.

Pentadelfo, adj. *Bot.* Com estames numerosos, reunidos em cinco feixes.

Pentaedro, s. m. *Geom.* Poliedro que tem cinco faces.

Pentagonal, adj. m. e f. 1. Relativo a pentágono. 2. Que tem cinco lados.

Pentágono, s. m. *Geom.* Polígono de cinco lados e cinco ângulos.

Pentagrafia, s. f. Arte de aplicar o pentágrafo.

Pentágrafo, s. m. Instrumento com que se podem copiar desenhos.

Pentagrama, s. m. 1. *Mús.* Conjunto de cinco linhas paralelas, sobre as quais se escrevem as notas musicais. 2. Figura simbólica ou mágica de cinco letras ou sinais. 3. Estrela de cinco pontas, símbolo do microcosmo.

Pentaídrico, adj. *Quím.* 1. Que contém cinco vezes mais hidrogênio que outro corpo. 2. Que contém radicais oxidrilos.

Pentâmero, adj. 1. *Bot.* e *Zool.* Que tem cinco divisões ou artículos. 2. *Anat.* Dividido em cinco partes iguais. S. m. 1. *Quím.* Substância cuja massa molecular é o quíntuplo da de outra. 2. *Entom.* Espécime dos Pentâmeros. S. m. pl. Divisão *(Pentamera)* dos Coleópteros que têm tarsos com cinco ligações.

Pentâmetro, adj. *Metrif.* Diz-se do verso grego ou latino que tem cinco pés.

Pentandro, adj. *Bot.* Que tem cinco estames.

Pentangular, adj. m. e f. Que tem cinco ângulos.

Pentapétalo, adj. *Bot.* Com cinco pétalas.

Pentápole, s. f. *Geogr. ant.* Território que abrangia cinco cidades.

Pentarca, s. m. Membro de uma pentarquia.

Pentarcado, s. m. Dignidade ou funções de pentarca.

Pentarquia, s. f. Governo exercido por cinco chefes.

Pentaspermo, adj. *Bot.* Diz-se do fruto que contém cinco sementes.

Pentassílabo, adj. e s. m. Que, ou o vocábulo, ou verso que tem cinco sílabas.

Pentastilo, s. m. *Arquit.* Edifício ou pórtico que tem no frontispício cinco colunas.

Pentateuco, s. m. Nome coletivo dos cinco primeiros livros da Bíblia.

Pentatleta, s. m. Atleta que toma parte em um pentatlo.

Pentatlo, s. m. (gr. *pentathlon*). 1. *Antig.* Entre os gregos, o conjunto de cinco exercícios atléticos: *corrida, arremesso do disco, salto, lançamento do dardo* e *luta.* 2. Competição atlética atual em que cada concorrente participa de cinco modalidades desportivas: equitação, esgrima, tiro, natação e corrida.

Pentavalente, adj. m. e f. *Quím.* Que tem cinco valências livres.

Pente, s. m. (1. *pectine*). 1. Instrumento dentado com que se alisam ou seguram os cabelos. 2. Utensílio para limpar bordados de ponto alto. 3. Instrumento usado pelos cardadores para preparar a lã. 4. Peça onde se encaixam as balas das armas automáticas. 5. Caixilho com aberturas perpendiculares, por onde passam os fios de uma teia. 6. *Zool.* Cada uma das placas natatórias ciliadas de um ctenóforo. S. m. pl. Órgãos ventrais dos escorpiões, situados logo atrás das patas. — *P-de-macaco:* a) planta tiliácea da flora brasileira *(Apeiba tibourbou);* b) planta bignoniácea *(Pithecoctenium echinatum). P.-dos-bichos:* v. *pente-fino. P.-fino:* a) pente pequeno, de dentes cerrados e finos, próprio para tirar piolhos ou limpar a cabeça de caspa etc.; b) indivíduo que procura os mínimos defeitos no que examina ou furta tudo o que acha.

Penteação, s. f. Ato ou efeito de pentear(-se); penteadura.

Penteadeira, s. f. Mesinha com grande espelho onde as mulheres se penteiam e se pintam.

Penteadela, s. f. Ação ou efeito de pentear ligeiramente ou à pressa.

Penteado, s. m. Compostura dos cabelos; toucado.

Penteador, adj. Que penteia. S. m. Roupão ou toalha, que se põe nos ombros de quem se penteia ou corta o cabelo.

Penteadura, s. f. Penteação.

Pentear, v. 1. Tr. dir. Alisar, compor, desembaraçar ou limpar com o pente (os cabelos). 2. Pron. Alisar, compor, desembaraçar ou limpar os próprios cabelos. 3. Pron. Aspirar, preparar-se: *Pentear-se* para a aposentadoria.

Pentecoste, s. m. Festa dos cristãos, em memória da descida do Espírito Santo sobre os apóstolos, celebrada no qüinquagésimo dia depois da Páscoa. Var.: *pentecostes.*

Penteeiro, s. m. Fabricante ou vendedor de pentes.

Pentélico, adj. Aplica-se ao mármore do Monte Pentélico, perto de Atenas, muito apreciado pelos escultores. S. m. Esse mármore.

Penudo, adj. V. *penígero.*

Penugem, s. f. 1. Penas muito finas e macias ou pêlos que revestem a parte inferior do corpo das aves. 2. As penas, pêlos ou cabelos que primeiro nascem. 3. Pêlo macio e curto. 4. Buço. 5. Lanugem de certos frutos, folhas etc. 6. Frouxel.

Penugento, adj. Cheio ou coberto de penugem.

Pênula, s. f. *Ant.* Manto, capa.

Penúltimo, adj. Que precede imediatamente o último.

Penumbra, s. f. 1. Sombra incompleta; ponto de transição da luz para a sombra. 2. Meia-luz. 3. *Bel-art.* Gradação de luz para a sombra. 4. *Fig.* Insulamento, retraimento.

Penumbrar, v. Tr. dir. Produzir penumbra em.

Penumbroso, adj. Em que há penumbra.

Penúria, s. f. 1. Privação do necessário. 2. Miséria extrema; pobreza.

Penurioso, adj. 1. Em que há penúria. 2. Que a sofre.

Peona, s. f. Fem. de *peão.* Var.: *peoa.*

Peonada, s. f. Peonagem.

Peonagem, s. f. Grande número de pêoes; peonada.

Peônia, s. f. *Bot.* 1. Gênero *(Paeonia)* constituído de ervas perenes com raízes tuberosas. 2. Planta desse gênero.

Peperômia, s. f. *Bot.* 1. Gênero *(Peperomia)* de ervas trepadeiras suculentas, freqüentemente cultivadas por suas vistosas folhas, variegadas. 2. Planta desse gênero.

Pepeva, s. f. *Herp.* Boipeva.

Pepinal, s. m. Plantação de pepinos; pepineira.

Pepinar, v. 1. Tr. dir. e intr. Comer aos poucos, devagarinho. 2. Tr. dir. Cortar em pedacinhos; picar.

Pepineira, s. f. 1. Pepinal. 2. *Pop.* Viveiro, mina. 3. Pechincha.

4. Fonte de proveitos sem grande trabalho. 5. Pândega, patuscada.

Pepineiro, s. m. *Bot.* Cucurbitácea que produz o pepino *(Cucumis sativus);* pepino.

Pepino, s. m. *Bot.* 1. Fruto de pepineiro. 2. V. *pepineiro.*

Pepita, s. f. *Miner.* Grão ou palheta de metal nativo, especialmente ouro.

Peplo, s. m. *Antig.* Túnica de mulher, sem mangas, presa ao ombro por fivela.

Peponídeo, adj. e s. m. *Bot.* Diz-se do, ou o fruto que tem mesocarpo volumoso e carnudo, e grande cavidade cheia de placentas com muitas sementes. É peculiar às cucurbitáceas.

Pepônio, s. m. Peponídeo.

Pepsia, s. f. O conjunto dos fenômenos da digestão.

Pepsina, s. f. *Fisiol.* Enzima proteolítica obtida da mucosa estomacal do porco que atua sobre as proteínas, hidrolisando-as em proteases e peptonas.

Péptico, adj. *Med.* Que auxilia a digestão dos alimentos.

Peptizante, adj. m. e f. *Quím.* Diz-se da ação que contraria a coagulação de um sol.

Peptizar, v. Tr. dir. *Quím.* Transformar um sol em gel pela adição de certas substâncias, tais como os eletrólitos.

pepto-, elem. de comp. (gr. *pepsis,* por *peptikos*). Exprime a idéia de *cozido,* em particular o *alimento digerido* e a *produção de pepsina: peptonúria.*

Peptona, s. f. *Fisiol.* Produto da digestão gástrica das substâncias azotadas ou albuminóides, resultante da reação da pepsina com proteínas.

Peptonúria, s. f. *Med.* Presença de peptona na urina.

Pequena, s. f. *Pop.* 1. Moça. 2. Namorada.

Pequenada, s. f. 1. Porção de crianças. 2. Conjunto de filhos pequenos; filharada.

Pequenez, s. f. 1. Qualidade de pequeno. 2. Exigüidade, tamanho diminuto. 3. Infância, meninice. 4. *Fig.* Baixeza, mesquinhez. 5. *Fig.* Humildade.

Pequeneza, s. f. V. *pequenez.*

Pequenice, s. f. *(pequeno + ice).* Ninharia, pequice.

Pequenino, adj. 1. Muito pequeno. 2. Muito criança. S. m. Menino; criancinha do sexo masculino.

Pequenito, adj. e s. m. V. *pequenino.*

Pequenitote, adj. e s. m. Muito pequenino.

Pequeno, adj. 1. De exígua extensão. 2. De pouco volume. 3. De baixa estatura. 4. Muito novo; criança: Quando eu era *p.* 5. De pouca importância, de pouco valor. 6. Apoucado, acanhado. Comparativo de inferioridade: *menor* ou *mais pequeno* (esta segunda forma está caindo em desuso). Sup. abs. sint.: *pequeníssimo* e *mínimo.* S. m. 1. Menino, criança, rapaz. 2. Namorado.

Pequenote, adj. Um tanto pequeno. S. m. Rapaz, rapazola.

Pequerrucho, adj. Muito pequeno. S. m. Menino, criança.

Pequetito, adj. Pequenino.

Pequi, s. m. 1. *Bot.* Árvore cariocariácea *(Caryocar brasiliensis)* também conhecida por *pequiá.* 2. *Bot.* Fruto dessa árvore.

Pequiá, s. m. *Bot.* V. *pequi.*

Pequiagra, s. f. *Med.* Dor de gota, que se fixou no cotovelo.

Pequice, s. f. 1. Ato ou dito de indivíduo peco; frioleira, sandice, tolice. 2. Birra, caturrice.

Pequinês, adj. 1. Relativo a Pequim (China). 2. Diz-se de uma raça de cãozinhos felpudos, e de uma raça de patos. S. m. Habitante ou natural de Pequim.

Pequizeiro, s. m. *Bot.* V. *pequi,* acep. 1.

Per[1], prep. (l. *per*). *Ant.* V. *por.* – *De per si:* cada um por sua vez.

per[2]-, pref. (l. *per*). Exprime: 1) *intensidade* ou *aumento: perlongar;* 2) a *maior quantidade* do elemento eletronegativo que pode entrar em uma combinação química: *perclorato.*

Pera, prep. (l. *per + ad*). *Ant.* V. *para*[1].

Pêra, s. f. 1. Fruto da pereira. 2. Tipo de interruptor de corrente elétrica, que tem a forma da fruta de mesmo nome. 3. Porção de barba que se deixa crescer no queixo. Pl.: *peras* (*ê*).

Perada, s. f. Doce de pêra, em pasta. 2. Vinho de peras.

Peragração, s. f. *Astr.* Revolução de um astro em torno de um ponto zodiacal.

Peragratório, adj. Próprio para percorrer.

Peraíba, s. f. *Ictiol.* Piraíba.

Peral, adj. m. e f. Relativo ou semelhante a pêra. S. m. Pomar de pereiras.

Peralta, s. m. e f. 1. Pessoa afetada nos modos e no vestir; casquilho, janota, peralvilho. 2. Criança travessa, traquinas. Adj. m. e f. Diz-se da criança travessa, traquinas.

Peraltar, v. V. *peraltear.*

Peraltear, v. Intr. Levar vida de peralta; peraltar.

Peraltice, s. f. Ação ou qualidade de peralta.

Peraltismo, s. m. 1. V. *peraltice.* 2. Os peraltas.

Peralvilhar, v. Intr. Ser ou mostrar-se peralvilho.

Peralvilhice, s. f. Peraltice.

Peralvilho, s. m. Peralta, janota.

Perambeira, s. f. Abismo, precipício.

Perambulação, s. f. Ação de perambular.

Perambular, v. Tr. ind. e intr. Passear a pé; vaguear, vagar.

Perambulatório, adj. Relativo a perambulação.

Perante, prep. *(per + ante).* Ante; diante de; na presença de.

Perau, s. m. 1. *Hidrogr.* Linha inferior da margem, onde começa o leito do rio, e que a maré cobre e descobre. 2. Pego. 3. Precipício, barranco de grande altura; itaimbé.

Perca[1], s. f. *Ictiol.* Peixe de água doce europeu, algo pequeno e de barbatanas espinhosas *(Perca fluviatilis).*

Perca[2], s. f. *Pop.* 1. V. *perda.* 2. Prejuízo, dano.

Percal, s. m. Pano de algodão, fino e liso.

Percalço, s. m. 1. Ganho, lucro. 2. Vantagem eventual, fortuita. 3. Proventos. 4. *Fam.* Contrariedade, ossos do ofício, transtorno.

Percale, s. m. V. *percal.*

Percalina, s. f. Tecido de algodão, forte e lustroso, usado principalmente pelos encadernadores para cobrir capas.

Perceber, v. (l. *percipere*). 1. Tr. dir. Adquirir conhecimento de, por meio dos sentidos. 2. Tr. dir. e intr. Abranger com a inteligência; compreender, entender. 3. Tr. dir. Enxergar, divisar. 4. Tr. dir. Ouvir. 5. Tr. dir. Receber (direitos, estipêndios, frutos, honorários, ordenados, rendimentos).

Percebimento, s. m. Ato de perceber.

Percebível, adj. m. e f. Perceptível.

Percentagem, s. f. 1. Porção de um valor dado que se determina sabendo-se o quanto corresponde a cada 100 unidades. 2. Taxa de juros, de comissão etc., sobre um capital de 100 unidades. Var.: *porcentagem.*

Percepção, s. f. (l. *perceptione*). Ato, efeito ou faculdade de perceber.

Perceptibilidade, s. f. 1. Faculdade de perceber. 2. Qualidade de perceptível.

Perceptível, adj. m. e f. Que se pode perceber.

Perceptivo, adj. 1. Que tem a faculdade de perceber. 2. Relativo à percepção.

Percevejo[1] *(ê),* s. m. *Entom.* Inseto hemíptero *(Cimex lectularius),* sugador de sangue, de cheiro repugnante, que infesta habitações humanas onde faltam higiene e limpeza.

Percevejo[2], *(ê),* s. m. Pequena tacha de cabeça em forma de disco, que serve para fixar o papel de desenho sobre a prancheta; tacha.

Percha[1], s. f. 1. Vara comprida para trabalhos de ginastas. 2. *Náut.* Cada uma das molduras que servem de ornato à proa do navio.

Percha[2], s. f. O mesmo que *guta-percha.*

Percherão, adj. 1. Que pertence ou se refere à região francesa de Perche. 2. Diz-se de certa raça de cavalos de grande peso, próprios para tração. S. m. O natural de Perche (França). Fem.: *percherã.*

Perclorato, s. m. *Quím.* Qualquer sal do ácido perclórico.

Percloreto *(ê),* s. m. *Quím.* Denominação dos cloretos correspondentes à valência máxima do metal.

Perclórico, adj. *Quím.* Diz-se de um ácido fortemente oxidante, que é um líquido incolor, fumegante, explodindo em contato com substâncias orgânicas como celulose, papel etc.

Percluso, adj. *Med.* Impossibilitado parcial ou totalmente de exercer as funções da locomoção.

Percóide, adj. m. e f. *Ictiol.* Que se assemelha à perca[1].

Percolação, s. f. (1. *percolatione*). 1. Passagem lenta de um líquido através de um meio filtrante. 2. Método de extração ou purificação por meio de filtros.

Percorrer, v. (1. *percurrere*). 1. Tr. dir. Correr ou visitar em toda a extensão ou em todos os sentidos. 2. Tr. dir. Passar ao longo ou através de. 3. Tr. dir. Passar ligeiramente a vista sobre alguma coisa. 4. Tr. dir. Esquadrinhar, explorar, investigar.

Percuciente, adj. m. e f. 1. Que percute ou fere. 2. Agudo, penetrante, profundo.

Percurso, s. m. 1. Ação ou efeito de percorrer. 2. Espaço percorrido. 3. Movimento. 4. Roteiro.

Percussão, s. f. 1. Ato ou efeito de percutir. 2. Choque, embate de dois corpos.

Percussor, adj. e s. m. Que, ou o que percute. S. m. Peça das armas de fogo, em forma de agulha, que percute a espoleta do cartucho, para fazer explodir a carga de pólvora; percutor.

Percutâneo, adj. *Med.* Diz-se do medicamento que se aplica sobre a pele intata.

Percutidor, adj. e s. m. V. *percussor.*

Percutir, v. (1. *percutere*). 1. Tr. dir. Bater, ferir. 2. Tr. ind. Repercutir.

Perda *(ê),* s. f. (1. *perdita*). 1. Ato ou efeito de perder. 2. Privação de uma coisa que se possuía. 3. Desaparecimento, extravio. 4. Dano, prejuízo. 5. Morte.

Perdão, s. m. 1. Remissão de uma culpa, dívida ou pena. 2. Indulgência. 3. Desculpa. Interj. Voz com que se pede desculpa.

Perde-ganha, s. m. Jogo em que ganha o primeiro que perde e faz menos pontos.

Perder, v. 1. Tr. dir. Ficar sem a posse de, sem a propriedade de, sem o domínio de. 2. Tr. dir. Sofrer afrouxamento, atenuação ou quebra de. 3. Tr. dir. e intr. Sofrer dano, detrimento, perda ou prejuízo em. 4. Tr. dir. Ter mau êxito em. 5. Pron. Desorientar-se, errar o caminho, transviar-se. 6. Tr. dir. Empregar sem proveito; desperdiçar. 7. Pron. Não vingar. 8. Tr. dir. e intr. Ficar vencido em; pagar ao concorrente ou parceiro que ganhou. 9. Tr. dir. Não chegar a tempo para. 10. Tr. dir. Deixar fugir, desperdiçar. 11. Pron. Desaparecer. 12. Pron. Extinguir-se (som ou rumor). 13. Tr. dir. Ficar separado pela morte de. 14. Pron. Baralhar-se, confundir-se. 15. Pron. Ficar absorvido ou preocupado. 16. Tr. dir. Levar à perdição; desgraçar. 17. Pron. Desgraçar-se. 18. Tr. dir. e pron. Desviar da prática do bem; corromper(-se). 19. Tr. dir. Deixar fugir, não aproveitar. Conj.: Irregular na 1.ª pessoa do sing. do pres. do indic. e, conseqüentemente, em todo o pres. do subj.: *perca, percas, perca, percamos, percais, percam.*

Perdição, s. f. (1. *perditione*). 1. Ato ou efeito de perder(-se). 2. Desgraça, ruína. 3. Desonra. 4. Imoralidade. 5. Irreligiosidade.

Perdíceo, adj. *Ornit.* Relativo ou semelhante à perdiz.

Perdida, s. f. 1. V. *perda.* 2. Meretriz.

Perdidiço, adj. Muito sujeito a perder-se.

Perdido, adj. 1. Desaparecido, disperso, sumido. 2. Cujo estado é irremediável. 3. Naufragado. 4. Extraviado, transviado. 5. Louco de amor. 6. Devasso, imoral. S. m. O que se perdeu ou está sumido.

Perdidoso, adj. *Ant.* 1. Prejudicial. 2. Que sofreu perda.

Perdigão, s. m. 1. O macho da perdiz. 2. *Ornit.* Espécie de codorna *(Taoniscus nanus).* 3. *Ornit.* Ave ralídea *(Micropygia schomburgkii).*

Perdigotar, v. Intr. *Pop.* Deitar perdigotos, ou salpicos de saliva, ao falar.

Perdigoteiro, adj. e s. m. *Pop.* Que, ou o que lança perdigotos quando fala.

Perdigoto, s. m. 1. *Ornit.* Perdiz nova, ou filhote de perdiz. 2. *Pop.* Salpico de saliva.

Perdigueiro, adj. Diz-se do cão próprio para a caça de perdizes. S. m. Esse cão.

Perdimento, s. m. *P. us.* V. *perdição.*

Perdita, adv. *(per + dita). Ant.* Porventura.

Perdível, adj. m. e f. 1. Que se pode perder. 2. De lucro incerto.

Perdiz, s. f. *Ornit.* Ave de caça, cujas espécies, na Europa, pertencem ao gênero Pérdix da ordem dos Galiformes; no Brasil, chamam de *perdiz* uma ave *(Rhynchotus rufescens)* que pertence à ordem dos Tinamiformes. Voz.: *pia.*

Perdoador, adj. e s. m. Que, ou aquele que facilmente perdoa.

Perdoar, v. (1. *perdonare*). 1. Tr. ind. e intr. Conceder perdão a. 2. Tr. dir. Absorver, remitir (culpa, dívida, pena etc.); desculpar. 3. Pron. Poupar-se.

Perdoável, adj. m. e f. Suscetível de perdão.

Perdulário, adj. e s. m. Que, ou o que gasta em excesso; dissipador, gastador, pródigo.

Perduração, s. f. 1. Ato de perdurar. 2. Grande duração.

Perdurar, v. 1. Tr. ind. e intr. Durar muito. 2. Intr. Continuar a ser ou existir.

Perdurável, adj. m. e f. Capaz de durar muito; duradouro; perpétuo.

Pereba, s. f. *Med.* 1. Pequena ferida. 2. Sarna. 3. Ferida de mau caráter, de crosta dura e espessa. Vars.: *pereva, bereba, bereva.*

Perebento, adj. Que tem perebas, feridento.

Perecedor, adj. 1. Que há de perecer. 2. Findável, morredouro, mortal.

Perecedouro, adj. Perecedor. Var.: *perecedoiro.*

Perecer, v. Intr. 1. Deixar de ser ou de existir; ter fim. 2. Morrer (prematura ou violentamente).

Perecimento, s. m. 1. Ação de perecer. 2. Acabamento, extinção. 3. Definhamento, esgotamento.

Perecível, adj. m. e f. 1. Sujeito a perecer; perecedor. 2. Que se pode estragar; frágil.

Peregrinação, s. f. 1. Ato de peregrinar. 2. Romaria a lugares santos.

Peregrinador, adj. e s. m. V. *peregrinante.*

Peregrinante, adj. e s., m. e f. Que, ou pessoa que peregrina; peregrinador.

Peregrinar, v. 1. Tr. dir. Andar em peregrinação por. 2. Tr. ind. e intr. Ir em romaria.

Peregrinismo, s. m. 1. *Gram.* Emprego de palavra ou expressão estranha ao idioma vernáculo; barbarismo, estrangeirismo. 2. Raridade, excelência.

Peregrino, adj. e s. m. 1. Que, ou aquele que sai ou anda em peregrinação; romeiro. Col.: *caravana, romaria, romagem.* 2. Estrangeiro, estranho. Adj. Excelente, excepcional, extraordinário, raro.

Pereira, s. f. *Bot.* Denominação comum a várias árvores frutíferas da família das rosáceas, sendo a *Pyris communis* a mais conhecida.

Pereiral, s. m. Pomar de pereiras; peral.

Pereiro, s. m. *Bot.* Variedade de macieira, de fruto oblongo e doce.

Perempção, s. f. *Dir.* Espécie de prescrição em um processo.

Perempto, adj. *Dir.* Extinto por perempção.

Peremptório, adj. 1. Que perime. 2. Decisivo, terminante.

Perenal, adj. m. e f. Perene.

Perene, adj. m. e f. 1. Que dura muitos anos. 2. Que não tem fim; eterno, perpétuo. 3. Incessante, ininterrupto.

Perenidade, s. f. Qualidade de perene.

Perenizar, v. Tr. dir. Tornar perene.

Perequeté, adj. m. e f. *Pop.* Faceiro, elegante, emperiquitado. Var.: *prequeté.*

Perereca, s. f. *Zool.* Nome popular de pequenos anfíbios anuros da família dos Hilídeos, arborícolas, semelhantes às rãs, porém menores. Adj. m. e f. 1. Buliçoso, inquieto. 2. Que pula; saltitante. 3. Pequenino.

Pererecar, v. Intr. 1. Andar de um lado para outro. 2. Ficar desnorteado. 3. Dar saltos ou pulos (bola, pião etc.).

Perereco, s. m. 1. Briga, conflito, rolo. 2. *Gír.* Dança desenfreada do maxixe.

Pererento, adj. 1. Salpicado de pintas brancas. 2. Pedrês.
Perfazer, v. Tr. dir. 1. Concluir, terminar. 2. Completar o número de. Conjuga-se como *fazer*.
Perfazimento, s. m. Ação ou efeito de perfazer.
Perfectibilidade, s. f. Qualidade de perfectível.
Perfectível, adj. m. e f. Suscetível de aperfeiçoamento.
Perfectivo, adj. 1. Que perfaz. 2. Que mostra perfeição.
Perfeição, s. f. 1. Acabamento perfeito; execução completa. 2. Bondade ou excelência, no mais alto grau. 3. Primor, mestria, requinte. 4. Correção. 5. Pureza.
Perfeiçoar, v. V. *aperfeiçoar*.
Perfeito, adj. 1. Em que não há defeito; que só tem qualidades boas. 2. Cabal, completo, rematado, total. 3. *Gram.* Diz-se do tempo verbal que se refere a uma ação ou estado já de todo passado.
Perficiente, adj. m. e f. Completo, perfeito.
Perfidia, s. f. 1. Ação ou qualidade de pérfido. 2. Ação pérfida; deslealdade, falsidade, traição.
Pérfido, adj. 1. Que falta à fé jurada. 2. Desleal, infiel, traidor.
Perfil, s. m. 1. Contorno ou delineamento do rosto de uma pessoa, visto de lado. 2. Delineamento de um objeto visto de um dos seus lados. 3. *Arquit.* Seção perpendicular de um edifício, para melhor se lhe ver a disposição interior. 4. *Geol.* Corte que deixa ver a disposição e a natureza das camadas dos terrenos. 5. *Mil.* Ato de alinhar, de perfilar tropas. 6. Pequeno escrito em que se salientam os traços característicos de uma pessoa.
Perfilar, v. Tr. dir. 1. Traçar o perfil de. 2. Apresentar de perfil. 3. *Mil.* Pôr em linha (soldados).
Perfilhação, s. f. 1. Ato ou efeito de perfilhar. 2. *Dir.* Adoção.
Perfilhador, adj. e s. m. Que, ou aquele que perfilha.
Perfilhamento, s. m. V. *perfilhação*.
Perfilhar, v. Tr. dir. 1. *Dir.* Reconhecer legalmente como filho bastardo. 2. Adotar, defender.
Perfluxo (*cs*), s. m. Fluxo abundante de humores.
Perfolhado, adj. *Bot.* Diz-se de duas folhas soldadas na base, de modo que o caule parece atravessá-las.
Perfolheação, s. f. *Bot.* Ato ou efeito de se tornar perfolhado.
Perfoliação, s. f. V. *perfolheação*.
Perfoliado, adj. V. *perfolhado*.
Performance (*fór*), s. f. (t. ingl.). 1. Realização, feito, façanha. 2. Capacidade de mecanismo, automóvel etc., de dar o resultado desejado; eficiência.
Perfulgência, s. f. Qualidade de perfulgente.
Perfulgente, adj. m. e f. Que brilha muito, que resplandece.
Perfumado, adj. Que tem ou exala perfume; perfumoso.
Perfumador, adj. Que perfuma. S. m. Vaso em que se queimam substâncias aromáticas.
Perfumar, v. 1. Tr. dir. Esparzir perfume em ou sobre; impregnar de aroma. 2. Pron. Pôr perfume em si mesmo.
Perfumaria, s. f. 1. Fábrica ou loja de perfumes. 2. Conjunto de perfumes. 3. Perfume.
Perfume, s. m. 1. Emanação agradável ao olfato, que exalam certos corpos, especialmente as flores; aroma. 2. *Fig.* Deleite, doçura, suavidade, unção.
Perfumista, s. m. e f. Pessoa que fabrica ou vende perfumes.
Perfumoso, adj. Que exala perfume; aromático, odorífero, perfumado.
Perfunctório, adj. 1. Que se pratica sem fim útil, ou apenas em cumprimento de uma obrigação. 2. Superficial, ligeiro. Var.: *perfuntório*.
Perfuração, s. f. Ato ou efeito de perfurar.
Perfurador, adj. Que perfura; perfurante. S. m. Aquilo que perfura, ou é próprio para perfurar.
Perfuradora, s. f. Máquina para perfurar rochas, o solo, abrir galerias, túneis etc.; perfuratriz.
Perfurante, adj. m. e f. Perfurador.
Perfurar, v. (l. *perforare*). Tr. dir. Fazer furo ou furos em; penetrar.
Perfuratriz, s. f. *Mec.* Máquina que serve para perfurar; perfuradora.
Pergamináceo, adj. Que tem o aspecto de pergaminho; pergaminháceo.
Pergaminháceo, adj. V. *pergamináceo*.
Pergaminharia, s. f. Comércio ou indústria de pergaminheiro.
Pergaminheiro, s. m. Aquele que prepara ou vende pergaminho.
Pergaminho, s. m. 1. Pele de carneiro, ovelha ou cordeiro, preparada com alume, para nela se escreverem coisas que se quer conservar por muito tempo. 2. Antigo códice escrito sobre esse material. 3. Diploma de curso superior. S. m. pl. Títulos de nobreza.
Pérgula, s. f. Abrigo ou caramanchão nos jardins, feito de madeira ou alvenaria, servindo de suporte a trepadeiras.
Pergunta, s. f. 1. Palavra ou frase com que se interroga; interrogação. 2. Inquirição, quesito. — *P. de algibeira*: questão difícil que alguém traz preparada para fazer a pessoa desprevenida.
Perguntador, adj. e s. m. 1. Que, ou o que pergunta. 2. Curioso; indagador.
Perguntante, adj. e s., m. e f. V. *perguntador*.
Perguntar, v. 1. Tr. dir. Fazer perguntas a; inquirir, interrogar. 2. Intr. Fazer perguntas. 3. Tr. dir. Procurar saber; indagar, investigar. 4. Tr. dir. Propor uma questão e pedir a solução dela.
peri-¹, elem. de comp. (gr. *peri*). Exprime a idéia de *à roda, ao redor*: *pericárdio*.
Peri², s. m. Espécie de gênio benfazejo da mitologia persa.
Peri³, s. m. 1. Sulco causado pelo escoamento das águas em declive.
Periândrico, adj. *Bot.* Que cerca os estames.
Periantado, adj. *Bot.* Que tem perianto.
Perianto, s. m. *Bot.* O conjunto dos invólucros protetores da flor.
Períbolo, s. m. *Arquit.* Recinto que fica entre um edifício e o muro que o cerca.
Pericardiário, adj. *Anat.* Que se forma no pericárdio.
Pericardino, adj. *Anat.* Relativo ao pericárdio.
Pericárdio, s. m. *Anat.* Membrana serosa que envolve o coração.
Pericardite, s. f. *Med.* Inflamação do pericárdio.
Pericarpial, adj. m. e f. *Bot.* Que se forma no pericarpo.
Pericárpico, adj. *Bot.* Relativo ao pericarpo.
Pericarpo, s. m. *Bot.* Parte do fruto que resulta do desenvolvimento das paredes do ovário. Var.: *pericárpio*.
Pericêntrico, adj. Que se situa ao redor de um centro.
Perícia, s. f. (l. *peritia*). 1. Qualidade de perito. 2. Destreza, habilidade, proficiência. 3. *Dir.* Exame de caráter técnico e especializado.
Pericial, adj. m. e f. Relativo a perícia.
Periciclo, s. m. *Bot.* Estrato ou estratos celulares externos do cilindro central, entre os pequenos feixes condutores e o endoderma, tanto na raiz, como no talo.
Pericistite, s. f. *Med.* Inflamação dos tecidos que envolvem a bexiga.
Periclíniforme, adj. m. e f. *Bot.* Em forma de periclino.
Periclinita, s. f. *Miner.* Variedade branca de albita.
Periclino, s. m. *Bot.* Conjunto de brácteas imbricadas que formam o invólucro do capítulo das compostas.
Periclitante, adj. m. e f. Que periclita; que corre perigo.
Periclitar, v. Tr. ind. e intr. Correr perigo; estar em perigo.
Pericondrite, s. f. *Med.* Inflamação do pericondro.
Pericondro, s. m. *Anat.* Membrana que envolve as cartilagens. Var.: *pericôndrio*.
Pericrânio, s. m. *Anat.* Periósteo da superfície externa do crânio.
Periculosidade, s. f. 1. Qualidade ou estado de ser perigoso. 2. *Dir.* Condição daquele ou daquilo que constitui perigo perante as leis.
Perídio, s. m. *Bot.* Invólucro limitante de um esporângio.
Peridiscal, adj. m. e f. *Bot.* Diz-se da inserção dos estames, à volta da base de um disco.
Peridotito, s. m. *Miner.* Rocha primitiva granular, em que prepondera o peridoto.
Peridoto, s. m. *Miner. P. us.* Olivina.

Perídromo, s. m. *Arquit.* Espaço coberto, em torno de um edifício.

Perieco, s. m. Denominação do habitante do globo terrestre que, em relação a outro, vive à mesma latitude mas a uma longitude de 180°.

Periélio, s. m. *Astr.* Ponto da órbita de um planeta em que ele está mais próximo do Sol. Antôn.: *afélio.*

Periergia, s. f. Exagerado apuro de linguagem.

Periferia, s. f. 1. *Geom.* Contorno de uma figura curvilínea. 2. Circunferência. 3. Superfície de um sólido.

Periférico, adj. 1. Relativo à periferia. 2. Situado na periferia. 3. *Bot.* Diz-se do perisperma, quando envolve e oculta o embrião.

Perífrase, s. f. Circunlóquio.

Perifrasear, v. 1. Intr. Usar de perífrases. 2. Tr. dir. Expor mediante perífrase.

Perifrástico, adj. 1. Relativo à perífrase. 2. Expresso por perífrase.

Perigador, adj. *P. us.* Que ameaça, ou em que há perigo.

Perigalho, s. m. 1. Pele da barba ou do pescoço, descaída por magreza ou velhice; pelanca. 2. *Náut.* Cabo para levantar o centro de um toldo.

Perigar, Tr. ind. e intr. Periclitar.

Perigeu, s. m. *Astr.* Ponto da órbita de um planeta ou da Lua, ou de um satélite artificial, em que é mínima sua distância à Terra. Antôn.: *apogeu.*

Periginia, s. f. *Bot.* Disposição ou estado de perígino.

Perígino, adj. *Bot.* Diz-se dos estames inseridos em torno do ovário, quando o receptáculo é profundo.

Perigo, s. m. 1. Situação que prenuncia um mal para alguém ou para alguma coisa. 2. Risco, inconveniente. 3. *Pop.* Mulher sedutora. 4. *Pop.* Homem conquistador.

Perigônio, s. m. *Bot.* Invólucro imediato dos órgãos sexuais das flores, cujo cálice e corola estão soldados em toda a extensão. (As peças do perigônio chamam-se *tépalas*). Var.: *perígono.*

Perigoso, adj. 1. Em que há perigo; arriscado. 2. Que causa ou ameaça perigo.

Perígrafo, s. m. *Anat.* Inserção tendinosa dos músculos retos e do abdome.

Perigual, adv. *Ant.* Por igual, igualmente.

Perilha, s. f. Ornato em forma de pêra.

Perlinfa, s. f. *Anat.* Líquido, no ouvido interno, que separa o labirinto ósseo do membranoso.

Perilo, s. m. Remate piramidal, muito agudo.

Perimetria, s. f. *Geom.* Medida do perímetro.

Perimétrico, adj. *Geom.* Relativo ao perímetro.

Perímetro, s. m. *Geom.* 1. Contorno que limita uma figura plana. 2. Soma dos lados de um polígono. 3. Circunferência.

Perimir, v. Tr. dir. Causar a perempção de; pôr termo a (ação ou instância judicial).

Perimísio, s. m. *Anat.* Tecido conjuntivo que envolve os feixes de fibras musculares e se continua nos tendões.

Perinatal, adj. m. e f. *Med.* Diz-se do período, das condições e das coisas que ocorrem imediatamente antes e depois do parto.

Períneo, s. m. *Anat.* Região situada entre o ânus e os órgãos sexuais.

Perineuro, s. m. *Anat.* Bainha de um pequeno feixe nervoso.

Periodicidade, s. f. Qualidade de periódico.

Periodicista, s. m. e f. *P. us.* Periodista.

Periódico, adj. 1. Relativo a período. 2. Que acontece com intervalos regulares. 3. Diz-se da obra ou publicação que sai à luz em época fixa. 4. *Bot.* Que manifesta certos e determinados fenômenos a horas fixas e determinadas. 5. *Arit.* Diz-se da fração decimal na qual os mesmos algarismos se reproduzem indefinidamente e na mesma ordem, quer logo depois da vírgula, quer a partir de certa ordem. S. m. Jornal que aparece em intervalos iguais.

Periodiqueiro, adj. e s. m. e f. Periodista.

Periodiquista, s. m. e f. Periodista.

Periodismo, s. m. 1. Estado daquilo que está sujeito a movimentos periódicos. 2. Jornalismo.

Periodista, s. m. e f. Pessoa que escreve em periódicos; periodicista.

Periodização, s. f. Ato ou efeito de periodizar.

Periodizar, v. Tr. dir. 1. Dividir em períodos. 2. Expor por períodos.

Período, s. m. 1. Tempo decorrido entre dois fatos ou épocas. 2. Divisão cronológica: *P.* histórico, *p.* geológico etc. 3. *Arit.* A parte de uma fração periódica que se reproduz indefinidamente e na mesma ordem. 4. *Gram.* Frase composta de muitos membros, cuja reunião forma um sentido completo e independente. 5. *Mús.* Frase musical, cujos membros, agrupados em ritmos, formam sentido completo.

Periodontite, s. f. *Med.* Inflamação da membrana que cerca o dente.

Perioftalmia, s. f. *Med.* Inflamação dos tecidos que circundam os olhos.

Perioftálmico, adj. *Anat.* Relativo à região que rodeia o olho.

Periórbita, s. f. *Anat.* Periósteo que forra a cavidade orbitária.

Periosteal, adj. m. e f. *Anat.* Relativo ao periósteo.

Periosteíte, s. f. *Med.* V. *periostite.*

Periósteo, s. m. *Anat.* Membrana que envolve os ossos.

Periosteófito, s. m. *Med.* Formação óssea a partir do periósteo.

Periosteotomia, s. f. *Cir.* Incisão do periósteo.

Periostite, s. f. *Med.* Inflamação do periósteo.

Periostose, s. f. Periostite.

Perióstraco, s. m. *Zool.* Epiderme das conchas.

Periovular, adj. m. e f. *Anat.* Que cerca o óvulo.

Peripatético, adj. Que diz respeito à filosofia aristotélica. S. m. Sectário da doutrina de Aristóteles.

Peripatetismo, s. m. Aristotelismo.

Peripécia, s. f. 1. *Poét.* Acontecimento num poema, numa peça teatral etc., que muda a face das coisas. 2. *Fam.* Caso estranho e imprevisto.

Peripiema, s. m. *Med.* Supuração em torno de um órgão.

Périplo, s. m. 1. Navegação em volta de um continente. 2. Descrição de uma viagem desse gênero.

Peripneumonia, s. f. *Med.* Inflamação do pulmão.

Peripneumônico, adj. *Med.* Relativo à peripneumonia. Adj. e s. m. Que, ou aquele que sofre peripneumonia.

Periproctite, s. f. *Med.* Inflamação dos tecidos que rodeiam o reto.

Períptero, s. m. *Arquit.* Edifício cercado exteriormente por colunas isoladas. Var.: *periptério.*

Periquitar, v. Intr. *Fam.* Andar com os pés voltados para dentro.

Periquiteira, s. f. *Bot.* Nome de duas árvores coclospermáceas (*Cochlospermum insigne* e *C. orinocense*).

Periquito[1]**,** s. m. *Ornit.* Nome comum a diversas aves da família dos Psitacídeos, cujo tamanho é sempre menor que o dos papagaios.

Periquito[2]**,** s. m. Nó ou laço que se faz com o próprio cabelo na cabeça das crianças.

Perìscios, s. m. pl. *Geogr.* Habitantes das zonas glaciais, cuja sombra, no decorrer de um dia, se projeta sucessivamente para todos os pontos do horizonte.

Periscópico, adj. 1. Relativo ao periscópio. 2. *Fís.* Designativo da lente que tem uma face plana ou côncava e a outra, convexa.

Periscópio, s. m. Instrumento óptico que permite ver por cima de um obstáculo, empregado principalmente nos submarinos.

Perisperma, s. m. *Bot.* Fina membrana envolvente, produzida pelo resto não absorvido da nucela, que fica em redor do embrião e do endosperma de uma semente.

Perispermado, adj. *Bot.* Designativo das amêndoas ou grãos que têm perisperma.

Perispérmico, adj. *Bot.* Relativo ao perisperma.

Perispírito, s. m. *Espir.* Invólucro semimaterial, correspondente ao corpo astral dos ocultistas, intermediário entre o corpo e o espírito, não destrutível pela morte e agente dos fenômenos espíritas, magnéticos, telepáticos ou miraculosos.

Perisporângio, s. m. *Bot.* Membrana que envolve os esporângios dos fetos.

Perissístole, s. f. *Fisiol.* Intervalo entre a diástole e a sístole.

perisso-, elem. de comp. (gr. *perissos*). Exprime a idéia de *ímpar, diverso, desigual, abundante: perissodátilo, perissologia.*

Perissodátilo, adj. *Zool.* Que tem número ímpar de dedos. S. m. Espécime dos Perissodátilos. S. m. pl. Ordem (*Perissodactyla*) de mamíferos que abrange os ungulados, geralmente de grande tamanho, cujas patas apóiam no solo número ímpar de dedos, predominando sempre o mediano, como nos cavalos, nas zebras, nos rinocerontes e nas antas. Var.: *perissodáctilo.*

Perissologia, s. f. *Ret.* Repetição, em termos diversos, de um pensamento já expresso.

Peristalse, s. f. V. *peristaltismo.*

Peristáltico, adj. *Fisiol.* Relativo ao peristaltismo.

Peristaltismo, s. m. *Fisiol.* Contração sucessiva das fibras circulares da túnica musculosa do esôfago, do estômago e do intestino, realizado de cima para baixo, para fazer passar o bolo alimentar etc.

Perístase, s. f. Assunto completo de um discurso, com todas as suas minúcias.

Peristilo, s. m. Galeria formada de colunas isoladas, à volta de um edifício ou à frente dele.

Perístoma, s. m. V. *perístomo.*

Peristomado, adj. *Bot.* Com perístomo.

Perístomo, s. m. 1. *Entom.* Cavidade da cabeça da mosca, onde se recolhe a tromba. 2. *Bot.* Guarnição filamentosa, à volta do orifício da urna dos musgos. 3. *Zool.* Espessura de uma concha univalve, na direção de sua abertura. Vars.: *perístoma* e *peristômio.*

Peritécio, s. m. *Bot.* Corpo frutífero dos cogumelos.

Peritiflite, s. f. *Med.* Inflamação do peritônio cecal.

Perito, adj. Experiente, hábil, prático, sabedor, versado. S. m. 1. Aquele que é prático ou sabedor em determinados assuntos. 2. Aquele que é judicialmente nomeado para exame ou vistoria.

Peritoneal, adj. m. e f. *Anat.* Relativo ao peritônio.

Peritoneu, s. m. V. *peritônio.*

Peritônio, s. m. *Anat.* Membrana serosa que reveste interiormente o abdome.

Peritonite, s. f. *Med.* Inflamação do peritônio.

Perituro, adj. 1. Perecível, perecedouro. 2. Que há de perecer.

Perjurar, v. 1. Tr. dir. Abjurar. 2. Tr. ind. e intr. Jurar falso. 3. Intr. Quebrar o juramento, faltar à promessa; atraiçoar.

Perjúrio, s. m. 1. Ato de perjurar. 2. Juramento falso.

Perjuro, adj. e s. m. Que, ou o que perjura.

Perla, s. f. *Ant.* e *Pop.* Pérola.

Perlar, v. V. *emperlar.*

Perlasso, s. m. Denominação comercial das potassas mais puras e mais brancas.

Perlavar, Tr. dir. Lavar por completo; limpar.

Perleúdo, adj. *Pej.* Muito lido, muito sabedor.

Perlífero, adj. Que produz pérolas; perolífero.

Perlimpimpim, s. m. *Pop.* Usado na loc.: *pó de perlimpimpim*: pó de efeitos maravilhosos.

Perliquitete (*ê*), adj. *Pop.* Espevitado, presumido.

Perlonga, s. f. *Des.* Demora fraudulenta; delonga, adiamento.

Perlongar, v. Tr. dir. 1. Ir ou estar ao longo de; costear. 2. *Ant.* Adiar, demorar, procrastinar.

Perlongo, s. m. 1. Telhado em declive. 2. Cada uma das faces do perlongo.

Perlustração, s. f. Ato de perlustrar.

Perlustrador, adj. e s. m. Que, ou aquele que perlustra.

Perlustrar, v. Tr. dir. 1. Percorrer com os olhos, examinando, observando diligentemente. 2. Girar, percorrer.

Perluxidade (*cs*), s. f. Qualidade de perluxo.

Perluxo (*cs*), adj. *Pop.* Prolixo, difuso, supérfluo.

Permanecente, adj. m. e f. Que permanece; duradouro, estável.

Permanecer, v. 1. V. de lig. Continuar sendo: A mancha do crime *permanece indelével.* 2. Tr. ind. e intr. Ficar demoradamente; conservar-se, durar. 3. Tr. ind. Persistir.

Permanência, s. f. 1. Ato de permanecer. 2. Estado ou qualidade de permanente. 3. Constância, perseverança.

Permanente, adj. m. e f. 1. Que permanece; permanecente, constante, ininterrupto. 2. Definitivo. S. f. Ondulação artificial do cabelo, mais ou menos duradoura.

Permanganato, s. m. *Quím.* Sal do ácido permangânico.

Permangânico, adj. *Quím.* Diz-se de um ácido forte, instável, de cor roxa, que oxida energicamente soluções aquosas.

Permeabilidade, s. f. Qualidade de permeável.

Permear, v. 1. Tr. dir. Fazer passar pelo meio; entremear. 2. Tr. ind. Estar de permeio; interpor-se.

Permeável, adj. m. e f. Diz-se dos corpos que deixam passar através de seus poros outros corpos tais como fluidos, líquidos, gases.

Permeio, adv. (*per + meio*). *P. us.* No meio.

De p.: à mistura; através; dentro.

Permiano, adj. *Geol.* 1. Designativo do último período da Era Paleozóica e seu sistema, seguindo-se ao Carbonífero. 2. Designativo do terreno pertencente a esse período e sistema. S. m. *Geol.* 1. Esse período. 2. *Filol.* Língua uralo-altaica, pertencente ao grupo ugro-finlandês.

Permissão, s. f. 1. Ato de permitir; consentimento, licença. 2. *Ret.* Figura, em que se deixa aos ouvintes ou adversários a decisão de alguma coisa.

Permissível, adj. m. e f. Que pode ser permitido; admissível, lícito, tolerável.

Permissivo, adj. 1. Que dá permissão; tolerante. 2. Que envolve permissão.

Permistão, s. f. Mistura, confusão.

Permisto, adj. Muito misturado; amalgamado; confundido.

Permitir, v. 1. Tr. dir. Dar permissão ou licença para; consentir. 2. Tr. dir. Autorizar a fazer uso de. 3. Tr. dir. Admitir, tolerar. 4. Tr. dir. Dar lugar, dar ocasião a. 5. Pron. Tomar a liberdade de.

Permocarbonífero, s. m. *Geol.* Designação que se dá às formações permiana e carbonífera, grupando-as em um só sistema.

Permuta, s. f. 1. Troca. 2. Câmbio. 3. Substituição. 4. Transposição.

Permutabilidade, s. f. Qualidade de permutável.

Permutação, s. f. 1. Ato ou efeito de permutar; substituição, troca. 2. *Mat.* Passagem de determinada ordem de sucessão de *m* elementos dados a outra ordem de sucessão dos mesmos elementos.

Permutador, adj. e s. m. Que, ou o que permuta.

Permutar, v. Tr. dir. Trocar, dar reciprocamente.

Permutável, adj. m. e f. Que pode ser permutado.

Perna, s. f. 1. *Anat.* Cada um dos membros locomotores do homem e dos animais. 2. Parte dos membros inferiores, que vai do joelho ao pé. 3. Cada uma das hastes do compasso. 4. Ramo, ramificação. 5. Haste das letras maiúsculas. 6. Denominação de várias peças de suporte. 7. *Constr.* Cada um dos lados da asna. 8. Cada uma das duas partes das calças que cobrem as pernas.

Com uma p. às costas: com grande facilidade. *Dar à p.*: a) andar depressa; b) dançar. *Dar às pernas*: fugir. *Fazer uma p.*: a) tomar o lugar de parceiro no jogo; b) entrar numa negociação ou num conluio. *Passar a p.*: levar vantagem; ludibriar.

Pernaça, s. f. *Pop.* Perna gorda; pername.

Pernada, s. f. 1. Passada larga. 2. Caminhada longa, fatigante ou inútil. 3. *Fam.* Coice, pontapé. 4. Pequeno braço de rio. 5. *Náut.* Peça saliente de madeira. 6. Ramo grosso de árvore.

Pernalta, s. f. *Ornit.* Espécime das Pernaltas (classificação antiga, hoje abandonada), aves caracterizadas por terem os tarsos muito compridos.

Pernalteiro, adj. Pernalto.

Pernalto, adj. Que tem pernas altas; pernalteiro, pernaltudo.

Pernaltudo, adj. V. *pernalto.*

Pernambucana, s. f. Faca de ponta; lambedeira.

Pernambucano, adj. Relativo a Pernambuco. S. m. O habitante ou natural de Pernambuco.

Pername, s. m. *Pop.* Pernão.

Pernão[1], adj. (de *per*, por *par + não*). Corruptela de *parnão*.

Pernão[2], s. m. (*perna + ão*). Perna grossa; pernaça, pername.

Pernear, v. Intr. 1. V. *espernear*. 2. Dar pulos; saltar.

Pernegudo, adj. Pernilongo.

Perneira, s. f. *Vet.* Doença que ataca as pernas do gado bovino. S. f. pl. Peças de couro do vestuário masculino, destinadas a proteger as pernas entre o joelho e o pé; são usadas por soldados e campeiros.

Pernejar, v. V. *pernear*.

Perneta (*ê*), s. f. Perna pequena. S. m. e f. Pessoa a quem falta uma perna, ou que tem uma delas defeituosa.

Pernetear, v. Intr. Bater muito com as patas.

perni-, elem. de comp. (l. *perna*). Expressa a idéia de *perna*: *pernibambo*.

Pernibambo, adj. Cujas pernas são bambas.

Pernície, s. f. 1. Destruição, estrago. 2. Prejuízo.

Pernicioso, adj. Mau, nocivo, perigoso, ruinoso.

Pernicurto, adj. Que tem pernas curtas. Antôn.: *pernilongo*, *pernigrande*.

Pernigrande, adj. m. e f. Pernilongo. Antôn.: *pernicurto*.

Pernil, s. m. 1. Perna magra. 2. Parte da perna traseira do porco e doutros animais.

Pernilongo, adj. Que tem pernas longas. Antôn.: *pernicurto*. S. m. 1. *Ornit.* V. *maçaricão*. 2. *Entom.* Nome comum que em geral se dá aos mosquitos culicídeos, sugadores de sangue; carapanã, muriçoca.

Perno, s. m. *Mec.* Pequeno eixo cilíndrico de vários mecanismos; cavilha, pino.

Pernoita, s. f. V. *pernoitamento*. Var.: *pernouta*.

Pernoitamento, s. m. Ato ou efeito de pernoitar; pernoita, pernoite. Var.: *pernoutamento*.

Pernoitar, v. (l. *pernoctare*). Tr. ind. e intr. Ficar durante a noite; passar a noite. Var.: *pernoutar*.

Pernoite, s. m. V. *pernoitamento*. Var.: *pernoute*.

Pernosticidade, s. f. V. *pernosticismo*.

Pernosticismo, s. m. Qualidade de pernóstico; pernosticidade.

Pernóstico, adj. *Pop.* Petulante, pretensioso. Var.: *pronóstico*.

Pernudo, adj. Que tem grandes pernas.

Pero (*ê*), s. m. Nome que os índios deram aos portugueses, nos primeiros tempos da colonização. Var.: *peró*.

Peroba, s. f. 1. *Bot.* Nome de várias árvores apocináceas cuja madeira serve para construção. 2. *Pop.* Cacete, bengala. Adj. 1. *Pop.* Duro. 2. Importuno, maçador. Var.: *perova*.

Perobal, s. m. Lugar onde abundam as perobas.

Perobeira, s. f. V. *peroba*. Var.: *peroveira*.

Perobinha, s. f. *Bot.* Planta leguminosa, medicinal (*Sweetia elegans*).

Pérola, s. f. (ant. *perla*, do ital. *perla*). 1. Concreção calcária anormal, em forma de glóbulo branco-anacarado, que se forma no interior das conchas de alguns moluscos bivalves. 2. *Fig.* Pessoa de excelentes qualidades. 3. Gota límpida. 4. Lágrima. 5. Camarinha de orvalho. Adj. m. e f. Que tem a cor da pérola.

Perolar, v. Tr. dir. Ornar de pérolas; emperlar.

Peroleira, s. f. Vasilha para azeitonas.

Perolífero, adj. Perlífero.

Perolino, adj. De pérola.

Perolizar, v. Tr. dir. Dar cor ou aspecto de pérola a.

Peroneal, adj. m. e f. *Anat.* Relativo ao perônio.

Perônio, s. m. *Anat.* Osso comprido e delgado, situado na parte externa da perna, junto à tíbia; fíbula. Var.: *peroneu*.

Peronismo, s. m. Política ou tipo de governo instituído por Juán Perón, da Argentina.

Peroração, s. f. (l. *peroratione*). 1. *Ret.* Parte final de um discurso; conclusão, epílogo. 2. *Mús.* Última parte de uma sinfonia.

Perorador, adj. e s. m. 1. Que, ou aquele que perora. 2. Orador.

Perorar, v. *Ret.* 1. Intr. Fazer a peroração de um discurso, concluindo-o. 2. Tr. ind. e intr. Discorrer pretensiosamente; falar com afetação.

Peroxidar (*cs*), v. Tr. dir. Oxidar no mais alto grau.

Peróxido (*cs*), s. m. *Quím.* Designação genérica dos óxidos que encerram mais oxigênio do que o óxido normal.

Perpassar, v. 1. Tr. dir. Passar além de. 2. Intr. Passar, seguir uma direção. 3. Tr. ind. Passar junto ou ao longo de. 4. Tr. ind. e intr. Roçar de leve. 5. Tr. dir. Fazer correr ou roçar. 6. Intr. Decorrer.

Perpassável, adj. m. e f. 1. Que se pode passar. 2. Admissível, desculpável, tolerável.

Perpendicular, adj. m. e f. *Geom.* Diz-se da reta que forma ângulos adjacentes iguais com outra ou com as que, pertencendo a um mesmo plano, passam pelo ponto em que ela intercepta esse plano. S. f. Linha perpendicular, também chamada *normal*.

Perpendicularidade, s. f. Qualidade ou posição de perpendicular.

Perpendículo, s. m. Fio de prumo.

Perpetração, s. f. Ato ou efeito de perpetrar.

Perpetrador, adj. e s. m. Que, ou aquele que perpetra.

Perpetrar, v. Tr. dir. Cometer, praticar (ato condenável, crime, delito).

Perpétua, s. f. *Bot.* 1. Nome de várias plantas compostas. 2. As flores dessas plantas.

Perpetuação, s. f. Ato ou efeito de perpetuar(-se); perpetuamento.

Perpetuador, adj. e s. m. Que, ou o que perpetua.

Perpetuamento, s. m. V. *perpetuação*.

Perpetuar, v. 1. Tr. dir. Tornar perpétuo. 2. Tr. dir. Propagar. 3. Pron. Eternizar-se. 4. Pron. Transmitir-se de geração a geração. 5. Pron. Suceder-se (uma geração, uma raça).

Perpetuidade (*u-i*), s. f. 1. Qualidade de perpétuo. 2. Duração perpétua.

Perpétuo, adj. 1. Que dura sempre; eterno. 2. Que não cessa nunca; contínuo. 3. Inalterável. 4. Vitalício.

Perpianho, s. m. *Constr.* Pedra que tem toda a largura da parede, aparelhada em todas as faces.

Perplexidade (*cs*), s. f. Qualidade de perplexo; perplexidez, perplexão.

Perplexidez (*cs*), s. f. V. *perplexidade*.

Perplexo (*cs*), adj. 1. Indeciso, duvidoso, hesitante. 2. Espantado, admirado, atônito.

Perponte, s. m. *Ant.* Gibão acolchoado, outrora usado por guerreiros; perponto.

Perponto, s. m. V. *perponte*.

Perquirição, s. f. Ato de perquirir; perquisição.

Perquiridor, adj. e s. m. Que, ou aquele que perquire; perquisidor.

Perquirir, v. (l. *perquirere*). Tr. dir. Indagar, inquirir, investigar escrupulosamente.

Perquiritório, adj. Diz-se do que perquire: Documento *perquiritório*.

Perquisição, s. f. V. *perquirição*.

Perquisidor, adj. Perquiridor.

Perquisitivo, adj. Relativo a perquisição.

Perra (*ê*), s. f. *Des.* Cadela (acep. 1).

Perraria, s. f. Perrice; desfeita, pirraça.

Perrengar, v. V. *perrenguear*.

Perrengue, adj. m. e f. 1. *Pop.* Alquebrado, adoentado, desalentado, fraco, frouxo. 2. Covarde, medroso. 3. Ruim, imprestável. 4. Birrento. S. m. e f. Pessoa ou animal perrengue.

Perrenguear, v. Intr. 1. Mostrar-se perrengue. 2. Andar adoentado, enfraquecido. Var.: *perrengar*.

Perrice, s. f. *Pop.* 1. Caturrice, pertinácia, teimosia. 2. Mau humor infantil. 3. Acinte, pirraça.

Perro (*ê*), s. m. 1. Cão. 2. Homem vil; canalha, tratante. Adj. (deverbal de *emperrar*). Cujo movimento é impedido ou dificultado (por causa da fricção, por ex.).

Persa, adj. m. e f. Relativo à Pérsia (hoje Irã). S. m. e f. Habitante ou natural da Pérsia. S. m. A língua dos persas. Sinôn.: *pérseo*, *persiano*, *pérsico* e *pérsio*.

Perscrutação, s. f. Ato ou efeito de perscrutar.
Perscrutador, adj. e s. m. Que, ou o que perscruta.
Perscrutar, v. Tr. dir. Averiguar minuciosamente; indagar, investigar, sondar.
Perscrutável, adj. m. e f. Que pode ser perscrutado.
Persecução, s. f. V. *perseguição.*
Persecutório, adj. 1. Que envolve persecução. 2. *Dir.* Diz-se da ação intentada contra alguém por estar de posse de alguma coisa.
Perseguição, s. f. 1. Ato ou efeito de perseguir; persecução. 2. Tratamento injusto e cruel, dispensado a determinado grupo social.
Perseguidor, adj. e s. m. Que, ou aquele que persegue.
Perseguir, v. (l. *persequi*). Tr. dir. 1. Seguir de perto; correr no encalço de; acossar. 2. Aborrecer, incomodar, importunar. 3. Vexar com insistência; atormentar. 4. Castigar, condenar, punir. Conjuga-se como *seguir.*
Perseidade, s. f. *Filos. escol.* Qualidade daquilo que existe de per si.
Persentir, v. Tr. dir. Sentir profundamente. Conjuga-se como *sentir.*
Pérseo, adj. V. *persa.*
Persevão, s. m. Tábua interior do coche, onde o passageiro apóia os pés.
Perseverança, s. f. Qualidade ou procedimento de perseverante; constância, firmeza, pertinácia.
Perseverante, adj. m. e f. Que persevera.
Perseverar, v. 1. Tr. ind. Conservar-se firme, constante. 2. Intr. Continuar, durar.
Persiana, s. f. Espécie de cortina de lâminas delgadas, móveis e horizontais, que se põe nas janelas ou sacadas, para garantir o arejamento sem que entre sol, ou fique devassado o interior da casa.
Persiano, adj. e s. m. V. *persa.*
Persicária, s. f. *Bot.* Planta poligonácea (*Polygonum persicaria*).
Pérsico, adj. e s. m. V. *persa.*
Persigal, s. m. 1. Curral. 2. Pocilga, chiqueiro. 3. Vara de porcos.
Persignação, s. f. Ato de persignar-se.
Persignar, v. Pron. Benzer-se, fazendo três cruzes com o dedo polegar da mão direita, uma na testa, outra na boca e a outra no peito.
Pérsio, adj. e s. m. V. *persa.*
Persistência, s. f. 1. Ato de persistir; constância, firmeza, perseverança. 2. Qualidade de persistente.
Persistente, adj. m. e f. Que persiste; contumaz, perseverante, teimoso.
Persistir, v. 1. Tr. ind. e intr. Insistir, perseverar. 2. Intr. Continuar, conservar-se. 3. Intr. Durar, perdurar, existir. 4. V. de lig. Permanecer: A situação *persiste inalterável.*
Persolver, v. Tr. dir. Pagar ou solver integralmente; desobrigar-se de.
Personagem, s. m. e f. 1. Pessoa ilustre, importante, notável. 2. Figura dramática. 3. Pessoa que figura em narração, poema ou acontecimento.
Personalidade, s. f. 1. Qualidade de pessoal. 2. Caráter essencial e exclusivo de uma pessoa. 3. Aquilo que a distingue de outra. 4. Personagem. 5. *Psicol.* Individualidade consciente; pessoa.
Personalismo, s. m. 1. Qualidade de pessoal. 2. Conduta daquele que refere tudo a si próprio. 3. Doutrina filosófica que representa a personalidade humana como o valor fundamental. 4. Doutrina filosófica segundo a qual a realidade fundamental do universo é pessoal. 5. Sistema político que se baseia na personalidade dinâmica do seu líder.
Personalíssimo, adj. Sup. abs. sint. de *pessoal.*
Personalização, s. f. Ato ou efeito de personalizar.
Personalizado, adj. Diz-se de documento que traz impresso o nome do usuário.
Personalizar, v. 1. Tr. dir. V. *personificar.* 2. Tr. dir. Indicar, nomear ou mencionar a pessoa de. 3. Intr. Fazer alusões injuriosas.
Personária, s. f. *Ant.* 1. Procuração bastante. 2. Representação pessoal.
Personato, adj. (l. *personatu*). Aplicava-se às comédias cujos atores se apresentavam, em cena, mascarados.
Personificação, s. f. 1. Ato ou efeito de personificar. 2. Pessoa que representa uma idéia. 3. *Ret.* Prosopopéia.
Personificar, v. 1. Tr. dir. Atribuir dotes e qualidade pessoais a. 2. Tr. dir. Exprimir por um tipo; realizar ou representar na figura de uma pessoa. 3. Tr. dir. Ser a personificação, o modelo ou o tipo de. 4. Pron. Realizar-se ou representar-se numa pessoa.
Perspéctico, adj. Relativo a perspectiva. Var.: *perspético.*
Perspectiva, s. f. 1. Arte de figurar, no desenho ou pintura, as diversas distâncias e proporção que têm entre si os objetos vistos à distância. 2. Pintura que representa jardins ou edificações em distância. 3. Panorama. 4. Aparência, miragem. 5. Probabilidade. Var.: *perspetiva.*
Em p.: esperado, no futuro.
Perspectivação, s. f. Ato ou efeito de perspectivar. Var.: *perspetivação.*
Perspectivar, v. Tr. dir. Pôr em perspectiva. Var.: *perspetivar.*
Perspectivismo, s. m. *Filos.* Doutrina de Friedrich Nietzsche, filósofo alemão (1844-1900), segundo a qual o conhecimento é relativo às necessidades vitais do homem. Var.: *perspetivismo.*
Perspectivo, adj. V. *perspéctico.* Var.: *perspetivo.*
Perspicácia, s. f. Qualidade de perspicaz; agudeza de espírito, penetração.
Perspicaz, adj. m. e f. 1. Que tem agudeza e penetração de vista. 2. *Fig.* Que tem agudeza de espírito; sagaz, talentoso. Sup. abs. sint.: *perspicacíssimo.*
Perspicuidade (*u-i*), s. f. Qualidade de perspícuo.
Perspícuo, adj. 1. Que se pode ver nitidamente; claro, evidente, manifesto. 2. Perspicaz.
Perspiração, s. f. Ato ou efeito de perspirar.
Perspirar, v. Intr. *Med.* Transpirar insensivelmente em toda a superfície.
Perspiratório, adj. *Med.* Que resulta da perspiração.
Perstrição, s. f. *Med.* Aplicação de ligaduras muito apertadas.
Persuadição, s. f. *P. us.* V. *persuasão.*
Persuadimento, s. m. V. *persuasão.*
Persuadir, v. 1. Tr. dir. e intr. Levar à persuasão ou à convicção. 2. Tr. dir. Levar ou induzir a fazer, a aceitar ou a crer; aconselhar. 3. Pron. Acreditar, convencer-se, cuidar, julgar. 4. Pron. Admitir como verdadeiro, aceitar como certo.
Persuadível, adj. m. e f. Que pode ser persuadido facilmente.
Persuasão, s. f. 1. Ato ou efeito de persuadir(-se). 2. Convicção, crença.
Persuasiva, s. f. Faculdade ou habilidade de persuadir.
Persuasível, adj. m. e f. V. *persuasivo.*
Persuasivo, adj. Que persuade; persuasível, persuasório, persuasor.
Persuasor, adj. e s. m. Persuasivo.
Persuasória, s. f. Razão que persuade.
Persuasório, adj. V. *persuasivo.*
Pertença, s. f. 1. Aquilo que faz parte de alguma coisa. 2. Atribuição. 3. Domínio. 4. Acessório. 5. Pertence.
Pertence, s. m. 1. V. *pertença.* 2. *Dir.* Declaração, em certos títulos, pela qual se designa a pessoa a quem se transmite a propriedade deles. S. m. pl. Bens ou objetos de alguém.
Pertencente, adj. m. e f. 1. Que pertence a alguém ou a alguma coisa. 2. Pertinente, relativo.
Pertencer, v. Tr. ind. 1. Ser propriedade de. 2. Fazer parte de. 3. Ser concernente ou relativo. 4. Ser atributivo ou próprio de. 5. Ser da competência ou obrigação de. 6. Ser devido ou merecido.
Pértiga, s. f. Lança da carroça, ou cabeçalho da carreta; pírtiga.
Pértigo, s. m. V. *pértiga.*
Pertinácia, s. f. Qualidade de pertinaz.
Pertinaz, adj. m. e f. (l. *pertinace*). 1. Muito tenaz. 2. Obstinado, teimoso. 3. Persistente. Sup. abs. sint.: *pertinacíssimo.*

Pertinência, s. f. 1. *Des.* V. *pertença.* 2. Qualidade ou condição de pertinente.

Pertinente, adj. m. e f. 1. Pertencente, concernente. 2. Próprio, apropositado.

Pertinho, adv. *Pop.* Muito perto.

Perto, adv. A pequena distância, ao pé; junto, próximo. Adj. m. e f. Que está a pequena distância; próximo. S. m. pl. Qualidades que se vêem ao perto.
P. de: a pouca distância de; em tempo próximo de; a ponto de; em risco de; quase.

Pertransido (*zi*), adj. Atravessado de lado a lado.

Perturbação, s. f. 1. Ato ou efeito de perturbar(-se). 2. Estado de quem se acha perturbado. 3. Perplexidade, hesitação, embaraço. 4. Transtorno, desordem. 5. Tontura, vertigem. 6. *Fís.* Modificação das condições físicas de um meio contínuo.

Perturbador, adj. e s. m. Que, ou aquele que perturba; perturbativo, perturbatório.

Perturbar, v. 1. Tr. dir. Causar perturbação a. 2. Tr. dir. Causar abalo no espírito. 3. Pron. Perder a serenidade de espírito. 4. Pron. Atarantar-se, atrapalhar-se. 5. Tr. dir. Criar desordem em. 6. Tr. dir. Atrapalhar, confundir, embaraçar. 7. Tr. dir. Intimidar. 8. Tr. dir. e pron. Confundir(-se), envergonhar(-se).

Perturbativo, adj. V. *perturbador.*

Perturbatório, adj. V. *perturbador.*

Perturbável, adj. m. e f. Que se pode perturbar.

Pertuso, adj. *Bot.* Diz-se da folha que tem algumas perfurações.

Peru, s. m. 1. *Ornit.* Grande ave galinácea da América setentrional e central (*Meleagris gallopavo*). Voz: *garre, glugluleja, glugineja, gorgoleja, grugruleja, grulha, grugrulha, gruguleja.* 2. Namorado ridículo. 3. Indivíduo enfatuado, presumido, vaidoso. 4. Grande embarcação de carga, com um só mastro e em forma de canoa. 5. No futebol, frango.

Perua, s. f. 1. Fêmea do peru. 2. Caminhoneta.

Peruano, adj. Relativo à República do Peru ou aos seus habitantes. S. m. Habitante ou natural do Peru. Var.: *peruviano.*

Peruar, v. 1. Tr. dir. Cortejar, requestar. 2. Tr. dir. e intr. Assistir a (jogo de cartas). 3. Tr. dir. Observar, rodear, ver.

Peruca, s. f. Cabeleira postiça.

Pérula, s. f. *Bot.* 1. Escama do gomo axilar. 2. Projeção da flor das orquídeas.

Peruruca, s. f. Variedade de milho.

Peruviano, adj. e s. m. V. *peruano.*

Pervagante, adj. m. e f. Que pervaga.

Pervagar, v. Tr. dir. Atravessar, cruzar, percorrer em vários sentidos.

Pervencer, v. Tr. dir. *Ant.* Vencer completamente.

Perversão, s. f. 1. Ato ou efeito de perverter(-se). 2. Corrupção, depravação.

Perversidade, s. f. 1. Qualidade de perverso. 2. Índole má ou ferina; fereza, malvadeza. 3. Ação perversa.

Perversivo, adj. Pervertedor.

Perverso, adj. 1. Que revela perversão. 2. Que tem muito má índole; malvado, traiçoeiro. S. m. Indivíduo perverso.

Perversor, adj. e s. m. V. *pervertedor.*

Pervertedor, adj. e s. m. Que, ou aquele que perverte; perversivo, perversor.

Perverter, v. 1. Tr. dir. e pron. Tornar(-se) perverso; corromper(-se), danar(-se), depravar(-se). 2. Tr. dir. Corromper, desmoralizar. 3. Pron. Depravar-se, desmoralizar-se. 4. Tr. dir. Desnaturar, desvirtuar. 5. Tr. dir. Alterar, desarranjar, transformar.

Pervertido, adj. 1. Que se perverteu. 2. Corrupto, depravado, desmoralizado.

Pervicácia, s. f. *Des.* Qualidade de pervicaz.

Pervicaz, adj. m. e f. *Des.* Pertinaz.

Pervígil, adj. e s., m. e f. Que, ou pessoa que não dorme.

Pervigília, s. f. Grande vigília.

Pervinca, s. f. *Bot.* Congorça.

Pervinco, s. m. *Ant.* Parente muito próximo.

Pérvio, adj. 1. Que dá passagem; transitável. 2. Franco, patente.

Perxina, s. f. *Arquit.* Porção de abóbada triangular que faz parte de uma abóbada em forma de meia laranja, reforçando-a.

Pesa-ácido, s. m. *Fís.* Areômetro para líquidos, mais densos que a água. Pl.: *pesa-ácidos.*

Pesa-cartas, s. m. sing. e pl. Pequena balança que indica o peso das cartas.

Pesada, s. f. Aquilo que se pesa de cada vez.

Pesadão, adj. 1. Muito pesado. 2. Molangueiro, vagaroso. Fem.: *pesadona.*

Pesadelo (*ê*), s. m. 1. Sonho aflitivo com sensação opressiva; sonho mau. 2. Letargo, marasmo. 3. *Fig.* Pessoa, coisa ou pensamento que importuna, molesta ou preocupa de maneira desagradável.

Pesado, adj. (p. de *pesar*). 1. Que tem muito peso. 2. *Quím.* Diz-se do isótopo que tem ou é um átomo de massa maior do que o normal: Carbono 13, carbono 14, são ambos carbonos *pesados.* 3. Lento, vagaroso. 4. Difícil, trabalhoso. 5. *Pop.* Difícil de digerir. 6. *Pop.* Azarado, caipora, infeliz, sem sorte. 7. Grosseiro, ofensivo: Anedota *pesada.*

Pesador, adj. e s. m. Que, ou o que pesa. S. m. O que serve para pesar ou para se calcular o peso de alguma coisa.

Pesadume, s. m. 1. Peso, carga. 2. Azedume. 3. Má vontade. 4. Desgosto, pesar, tristeza.

Pesagem, s. f. 1. Ato ou operação de pesar. 2. Lugar onde se pesam os concorrentes, em competições desportivas.

Pesa-leite, s. m. Lactômetro. Pl.: *pesa-leites.*

Pesa-licores, s. m. sing. e pl. Alcoômetro.

Pêsame, s. m. V. *pêsames.*

Pêsames, s. m. pl. Expressão de pesar pelo falecimento de alguém ou por algum infortúnio; condolências.

Pesar[1], s. m. (l. *pensare*). Desgosto, sentimento, tristeza.

Pesar[2], v. (l. *pensare*). 1. Tr. dir. Determinar o peso de; pôr na balança para verificar o peso. 2. Tr. dir. Ter o peso de. 3. Intr. Ter certo peso: A prata *pesa* menos que o ouro. 4. Tr. ind. e intr. Exercer pressão, fazer peso. 5. Tr. ind. Sobrecarregar com o peso. 6. Pron. Pôr-se na balança, para verificar o seu próprio peso. 7. Intr. Causar incômodo. 8. Tr. dir. Examinar atentamente; ponderar. 9. Tr. ind. Causar arrependimento ou remorso: *Pesa-me* havê-lo ofendido. 10. Tr. ind. Ser de digestão difícil: O pimentão *pesa*-me *no* estômago. Conjugação: Com o sentido de *verificar o peso* etc.: pres. do indic.: *peso, pesas* etc.: pres. do subj.: *pese, peses* etc.: na acepção de *causar mágoa, arrependimento* (empregado só nas terceiras pessoas): pres. do indic.: *pesa* (*ê*); pres. do subj.: *pese* (*ê*) ou *pês.*

Pesaroso, adj. 1. Que tem pesar. 2. Em que há pesar. 3. Arrependido, contrito.

Pesca, s. f. 1. Ação ou arte de pescar. 2. Aquilo que se pescou. 3. Ação de tirar da água alguma coisa. 4. *Fig.* Investigação, procura. 5. Arte e indústria de pescadores.

Pescada, s. f. *Ictiol.* Peixe marinho, da família dos Cienídeos (*Cynoscion steindachneri*).

Pescadaria, s. f. Lugar onde se vende peixe.

Pescadinha, s. f. *Ictiol.* Peixe marinho, da família dos Cienídeos (*Cynoscion leiarchus*).

Pescado, s. m. 1. Aquilo que se pesca. 2. Qualquer peixe.

Pescador, adj. (l. *piscatore*). 1. Que pesca. 2. Próprio para pescar. 3. Relativo à pesca. S. m. 1. Aquele que pesca. 2. Peixeiro.

Pesca-em-pé, s. m. sing. e pl. *Ornit.* Maçarico.

Pescanço, s. m. *Fam.* O ato de espreitar o jogo de um parceiro.

Pescar, v. (l. v. **piscare* por *piscari*). 1. Tr. dir. Apanhar na água (peixe) com anzol etc. 2. Intr. Ocupar-se de pesca. 3. Tr. dir. Colher na água tal como se apanha o peixe: *P. pérolas.* 4. Tr. dir. *Pop.* Apanhar, colher ardilosamente, surpreender em flagrante. 5. Tr. dir. Averiguar descobrir; perscrutar, sondar. 6. Tr. ind. *Pop.* Ter idéia ou noções acerca de; compreender, perceber. 7. Tr. dir. Ver de relance. 8. Intr. *Pop.*

Cochilar, sentado, erguendo de vez em quando subitamente a cabeça, derreada pelo sono.

Pescaria, s. f. 1. Pesca. 2. Indústria da pesca. 3. Grande quantidade de peixe.

Pescoçada, s. f. V. *pescoção.*

Pescoção, s. m. 1. *Pop.* Pancada no pescoço, especialmente dada com a mão aberta; pescoçada. 2. Tapona, tabefe.

Pescoceiro, adj. 1. Diz-se do cavalo que, laçado pelo pescoço, não obedece à ação do laço. 2. Caloteiro, mau pagador, velhaco.

Pescocinho, s. m. Debrum branco, de tirar e pôr, nas lobas e batinas.

Pescoço (*ô*), s. m. 1. Parte do corpo que une a cabeça ao tronco. 2. Garganta, colo. 3. Cachaço, 4. Gargalo.

Pescoçudo, adj. Que tem pescoço grosso.

Pesebre, s. m. Lugar que cada cavalgadura tem na manjedoura; baia.

Peseta (*ê*), s. f. 1. Moeda espanhola de prata ou, atualmente, de uma liga de cobre e alumínio. 2. Unidade monetária da Espanha, subdividida em 100 cêntimos.

Pesga (*ê*), s. f. Ação de pesgar.

Pesgar, v. Tr. dir. Barrar interiormente com pez (as vasilhas de barro próprias para a fermentação das uvas).

Pesilita, s. f. *Miner.* Óxido natural de manganês, variedade de braunita.

Peso, s. m. (l. *pensu*). 1. *Fís.* Resultado da ação da força da gravidade sobre as diversas partes de um corpo. 2. Pressão exercida por um corpo sobre o obstáculo que se opõe diretamente à sua queda. 3. Pedaço de ferro ou outro metal aferido, empregado como padrão nas balanças. 4. Grande pedra do lagar, ligada à viga pelo fuso. 5. Carga, incômodo, opressão. 6. Importância, consideração. 7. Força. 8. Encargo, ônus. 9. Unidade monetária de várias nações hispano-americanas. 10. Categoria de certos esportistas, tais como lutadores de boxe, halterofilistas etc. 11. *Esp.* Esfera metálica de arremesso. — *P. atômico, Quím.*: peso correspondente ao átomo de qualquer corpo simples, comparado ao átomo de hidrogênio tomado como unidade. *P. molecular, Quím.*: soma dos pesos atômicos de todos os átomos que compõem a molécula.

Pespegar, v. Tr. dir. 1. *Fam.* Impingir. 2. Assentar, aplicar; dar com violência.

Pespego (*ê*), s. m. *Fam.* Embaraço, empecilho, estorvo.

Pespontar, v. 1. Tr. dir. Coser a pesponto; dar pesponto em; apespontar. 2. Tr. ind. Presumir; timbrar.

Pesponteado, adj. 1. Cosido a pesponto. 2. Feito com todo o apuro.

Pespontear, v. V. *pespontar.*

Pesponto, s. m. Ponto de costura como o que se obtém à máquina.

Pesqueira, s. f. 1. Lugar onde há armações de pesca. 2. Armação de pesca.

Pesqueiro, s. m. 1. Lugar onde se pesca. 2. Fio com aselha numa extremidade e anzol na outra. 3. Lugar onde os peixes se abrigam, comem ou vivem. Adj. 1. Próprio para pescar. 2. Relativo à pesca.

Pesquisa, s. f. Ação ou efeito de pesquisar; busca, indagação, inquirição, investigação.

Pesquisador, adj. e s. m. Que, ou o que pesquisa.

Pesquisar, v. 1. Tr. dir. Buscar com diligência; indagar, inquirir, investigar. 2. Tr. dir. Informar-se acerca de. 3. Intr. Fazer pesquisas.

Pessegada, s. f. Doce de pêssegos.

Pessegal, s. m. Pomar de pessegueiros.

Pêssego, s. m. Fruto do pessegueiro.

Pessegueiro, s. m. *Bot.* Árvore rosácea, cujo fruto é o pêssego (*Prunus persica*).

Pessimismo, s. m. Tendência das pessoas que, por índole ou reflexão, são levadas a considerar tudo como um mal.

Pessimista, adj. m. e f. Relativo ao pessimismo ou aos pessimistas. S. m. e f. Sequaz do pessimismo.

Péssimo, adj. (l. *pessimu*). Sup. abs. sint. irregular de *mau.*

Pessoa, s. f. (l. *persona*). 1. Criatura humana; homem, mulher. Col.: *chusma, massa, mole, multidão, pinha, patuléia, poviléu, povo; comissão* (designadas para certa missão); *família* (da mesma casa); *magote, massa, patuléia, poviléu, ralé* (reles); *equipagem, tripulação* (de serviço em avião ou navio). 2. Personagem. 3. Individualidade. 4. *Dir.* Toda entidade natural ou moral com capacidade para ser sujeito ativo ou passivo de direito, na ordem civil. 5. *Gram.* Cada uma das diversas formas que assume o verbo na sua conjugação para expressar quem fala (*1ª pessoa*), aquele a quem se fala (*2ª pessoa*) e aquele de quem se fala (*3ª pessoa*).
Em p.: pessoalmente.

Pessoal, adj. m. e f. 1. Relativo à pessoa. 2. Que é proprio e particular de cada pessoa. 3. Exclusivo de certa pessoa; individual. 4. *Gram.* Diz-se dos pronomes que representam as pessoas gramaticais. Sup. abs. sint.: *pessoalíssimo* e *personalíssimo.* S. m. 1. Conjunto das pessoas que trabalham num serviço ou num estabelecimento. 2. O povo, a gente.

Pessoalidade, s. f. Personalidade.

Pessoalizar, v. V. *personificar.*

Pessoalizável, adj. m. e f. Que se pode pessoalizar.

Pestana, s. f. 1. Cada cabelo dos que guarnecem as bordas das pálpebras; celha, cílio. 2. *Bot.* Vegetação arbórea à margem dos rios. 3. Tira cosida a uma peça de vestuário, e que, tendo casas, serve para abotoar sem que os botões apareçam. 4. *Mús.* Posição do dedo indicador nos instrumentos de corda, como o violão, a viola etc., na qual as cordas são presas com esse dedo aplicado em sentido transversal sobre o braço do instrumento.
Queimar as p.: estudar muito. *Fazer ou tirar uma p.*: cochilar, tirar uma soneca.

Pestanejar, v. Intr. 1. Mover as pestanas; abrir e fechar os olhos. 2. Mover as pálpebras com sono. 3. Tremeluzir (falando das estrelas).

Pestanejo (*ê*), s. m. Ato de pestanejar.

Pestanudo, adj. Que tem pestanas grandes e bastas.

Pestapagem, s. f. Ato ou efeito de pestapar.

Pestapar, v. Tr. dir. Executar pestape de.

Pestape, s. m. (ingl. *paste-up*). 1. *Art. gráf.* Montagem de um trabalho gráfico (texto, ilustrações etc.) pronta para ser fotografada e reproduzida. 2. *Por ext.* Aquele que executa o pestape.

Peste, s. f. 1. *Med.* Doença contagiosa, epidêmica, muitas vezes mortal. 2. Tudo o que corrompe física e moralmente. 3. Coisa funesta ou perniciosa. 4. Pessoa má ou rabugenta. 5. Abundância excessiva de qualquer coisa danosa. 6. Fedor, mau cheiro.

Pestear, v. 1. V. *empestar.* 2. Intr. Ser atacado de peste (falando de animais).

pésti-, elem. de comp. (l. *peste*). Expressa a idéia de *peste: pestífero.*

Pesticida, s. m. Termo impróprio para designar *praguicida.*

Pestífero, adj. 1. Que produz peste; pestilento. 2. Que corrompe; pernicioso. S. m. Doente acometido de peste.

Pestilença, s. f. *Ant.* Pestilência.

Pestilência, s. f. 1. Peste. 2. Mal contagioso.

Pestilencial, adj. m. e f. Pestilento.

Pestilente, adj. m. e f. V. *pestilento.*

Pestilento, adj. 1. Que tem o caráter de, próprio de, ou que lembra a peste; pestilente, pestilencial.

Pestilo, s. m. Aldraba, fecho, tranqueta.

Pestoso, adj. e s. m. Doente de peste, especialmente de peste bubônica.

Peta, s. f. 1. Mentira, patranha. 2. Orelha do sacho. 3. *Vet.* Mancha no olho do cavalo. 4. Machadinha nas costas do podão.

Pétala, s. f. *Bot.* Cada uma das partes distintas da corola.

Petalado, adj. *Bot.* Que tem uma ou mais pétalas.

Petalhada, s. f. Porção de petas; mentirada.

pétali-, elem. de comp. (l. *petalu*). Expressa a idéia de *pétala: petaliforme.*

Petaliforme, adj. m. e f. *Bot.* Em forma de pétala; petalino, petalóide.

Petalino, adj. *Bot.* 1. Relativo a pétala. 2. Petaliforme.
Petálio, s. m. *Farm. ant.* Ungüento de folhas de nardo.
Petalismo, s. m. *Antig.* Ostracismo estabelecido em Siracusa, assim denominado porque os votos eram inscritos em folhas de oliveira.
Petalita, s. f. *Miner.* Silicato natural de alumínio, com 1,4 a 2,26 de lítio.
pétalo-, elem. de comp. (gr. *petalon*). Exprime idéia de *pétala, folha, placa, lâmina: petalomania.*
Petalóide, adj. m. e f. *Bot.* Petaliforme.
Petalomania, s. f. *Bot.* Tendência de certas partes da flor para tomar o aspecto e a consistência de uma corola.
Petar, v. Intr. V. *petear.*
Petardar, v. V. *petardear.*
Petardear, v. Tr. dir. Fazer saltar com petardos. Var.: *petardar.*
Petardeiro, s. m. O que faz ou aplica petardos.
Petardo, s. m. 1. Engenho explosivo, portátil, que se aplica para fazer saltar um obstáculo por explosão. 2. Bomba. 3. Máquina infernal. 4. No futebol, chute violento.
Petaurista, s. m. e f. *Antig. gr. e rom.* Equilibrista ou funâmbulo.
Petauro, s. m. *Antig. gr. e rom.* Tablado de acrobatas.
Petear, v. Intr. Dizer petas; petar.
Peteca, s. f. 1. Brinquedo feito de couro e penas e que se joga ao ar com a palma das mãos. 2. Joguete de escárnio.
Petecada, s. f. 1. Pancada com peteca. 2. Jogada com peteca.
Petecar, v. Tr. dir. Ornar com exagero e mau gosto.
Petegar, v. Tr. dir. Cortar com a peta do podão.
Peteiro, adj. e s. m. Que, ou aquele que diz petas; mentiroso, patranheiro.
Peteleca, s. f. Bofetada com as costas da mão.
Peteleco, s. m. *Pop.* Pancada com a ponta dos dedos, dada em geral nas orelhas.
Petequear, v. Intr. Jogar a peteca.
Petequial, adj. m. e f. *Med.* 1. Relativo a petéquias. 2. Que tem petéquias.
Petéquias, s. f. pl. *Med.* Hemorragias cutâneas semelhantes a picadas de pulga.
Petição[1], s. f. 1. Ato de pedir. 2. Pedido por escrito; requerimento. — *P. de princípio:* erro de raciocínio, o qual consiste em dar como fundamento de uma proposição a demonstrar a mesma proposição sob outras palavras.
Petição[2], s. m. Petiço corpulento. Fem.: *petiçona.*
Peticego, adj. e s. m. Que, ou aquele que tem vista curta.
Peticionar, v. Intr. Fazer petição.
Peticionário, s. m. 1. Aquele que faz petição. 2. *Dir.* Aquele que intenta demanda em juízo.
Petiço, adj. e s. m. Diz-se do, ou o cavalo ou muar de pernas curtas, mas de corpo robusto, em oposição a *pequira.*
Petiçote, s. m. Petiço de pequeno porte.
Petigris, s. m. *Zool.* Variedade de esquilo de cor cinzenta.
Petimetre, adj. e s. m. 1. Janota ridículo; peralta, peralvilho. 2. Pedante, pretensioso.
Petinga, s. f. 1. *Ictiol.* Sardinha miúda *(Clupea sprattus).* 2. Peixe miúdo, que se emprega como isca.
Petinho, s. m. *Ornit.* Pássaro dentirrostro *(Turdus iliacus).*
Petintal, s. m. 1. Despenseiro que servia outrora a bordo das galés. 2. Fabricante de embarcações. 3. Calafate.
Petipé, s. m. 1. Escala ou régua com divisões, usada por arquitetos. 2. Escala de reduções, em mapas e cartas.
Petisca, s. f. Jogo de rapazes, que consiste em atirar pedras a uma moeda colocada no chão, ganhando-a o que lhe acertar.
Petiscador, adj. e s. m. Que, ou aquele que gosta de petiscar; lambiscador.
Petiscar, v. 1. Tr. dir. e intr. Comer um pouco, para provar. 2. Tr. dir. e tr. ind. Ter conhecimentos rudimentares ou superficiais.
Petisco, s. m. 1. Comida muito saborosa. 2. *Ant.* Fuzil com que se feria lume na pederneira. 3. *Fam.* Pessoa ridícula.
Petisqueira, s. f. *Pop.* Aquilo que se petisca; pitéu.
Petisquice, s. f. *Fam.* Qualidade de petisco (acep. 3).
Petisseco *(ê),* adj. *Pop.* Entanguido, murcho, peco.
Petitinga, s. f. *Ictiol.* V. *petinga.*
Petitório, adj. 1. Relativo a pedido ou petição. 2. *Dir.* Diz-se da ação em que se pleiteia o reconhecimento da propriedade ou de outro direito real.
Petiz, adj. *Fam.* Pequeno. S. m. Menino, criança pequena. Fem.: *petiza.*
Petizada, s. f. *Fam.* 1. Reunião de petizes. 2. Os petizes.
Peto[1], adj. Um pouco estrábico.
Peto[2], s. m. *Ornit.* Denominação usada em Portugal para designar as espécies européias de aves que, no Brasil, são conhecidas como *pica-paus.*
Peto[3], adj. (de *petar*[2]). Impertinente, maçante.
Petrarquesco *(ê),* adj. Relativo a Petrarca, ou ao seu gênero literário.
Petrarquismo, s. m. Imitação da maneira poética de Francesco Petrarca, poeta e humanista italiano (1304-1374).
Petrarquista, adj. e s. m. e f. Que, ou pessoa que é adepta da maneira poética de Petrarca.
Petrechar, v. V. *apetrechar.*
Petrechos *(ê),* s. m. pl. 1. Instrumentos, munições e utensílios de guerra. 2. Objetos e utensílios necessários para a execução de qualquer coisa. Var.: *apetrechos.*
Petreco, s. m. Indivíduo sem profissão.
Petrel, s. m. *Ornit.* Cada uma de numerosas aves palmípedes marinhas, procelariiformes.
Pétreo, adj. 1. De pedra; petroso. 2. Com natureza ou resistência da pedra; petroso. 3. Desumano, insensível.
petri-, elem. de comp. (l. *petra*). Expressa a idéia de *pedra: petrificar.*
Petrificação, s. f. 1. Ato ou efeito de petrificar(-se). 2. Processo de substituição dos constituintes orgânicos por minerais; mineralização.
Petrificador, adj. Que petrifica; petrífico.
Petrificar, v. 1. Tr. dir. e pron. Tornar(-se) em pedra. 2. Tr. dir. e pron. Tornar(-se) imóvel como a pedra, de pasmo, estupefação ou terror. 3. Tr. dir. Empedernir.
Petrífico, adj. Petrificador.
Petrina, s. f. *Ant.* 1. Peito, seio. 2. Cintura. 3. Cinto com fivelas.
petro-, elem. de comp. (gr. *petra*). Expressa a idéia de *pedra: petrografia.*
Petrognosia, s. f. Parte de História Natural que trata das rochas.
Petrografia, s. f. *Geol.* Parte da Geologia que tem por objeto o estudo da constituição, textura, coesão, estrutura, gênese e evolução das rochas.
Petrográfico, adj. Relativo à petrografia.
Petrolaria, s. f. Refinaria de petróleo.
Petroleiro, adj. Relativo a petróleo. S. m. 1. Aquele que emprega petróleo como meio de destruição. 2. Revolucionário, extremista. 3. Navio especial para transporte de petróleo.
Petróleo, s. m. Substância líquida mineral, mistura de hidrocarbonetos, que se encontra em rochas sedimentares, formando depósitos de grande extensão.
Petrolífero, adj. Que contém ou produz petróleo.
Petrologia, s. f. *Geol.* Ramo da Geologia que se ocupa com o estudo da formação, evolução e desaparecimento das rochas.
Petrológico, adj. Relativo à petrologia.
Petrópolis, s. m. sing. e pl. *Gír.* Bengalão; bengala grossa.
Petropolitano, adj. Relativo a Petrópolis, cidade e município do Rio de Janeiro. S. m. O natural desse município.
Petroso, adj. V. *pétreo.*
Petulância, s. f. Qualidade, atos ou modos de petulante.
Petulante, adj. m. e f. 1. Imodesto, ousado. 2. Desavergonhado, insolente. 3. Impetuoso, vivo.
Petum, s. m. V. *petume.*
Petume, s. m. Nome tupi do tabaco. Var.: *petum.*
Petúnia, s. f. *Bot.* Planta solanácea *(Petunia violecea),* cultivada por suas grandes flores ornamentais.
Peucédano, s. m. *Bot.* Erva umbelífera *(Peucedanum officinale),* de uso medicinal.

Peúga, s. f. *Ant.* 1. Meia curta; coturno. 2. Sapato.

Peugada *(e-u),* s. f. *Ant.* V. *pegada*[2].

Pevide, s. f. 1. *Bot.* Semente pequena e achatada de diversos frutos carnudos, como o melão, a abóbora etc. 2. Massa de farinha, própria para sopa e que tem a forma de pevide de abóbora. 3. Defeito de pronúncia que consiste em não poder pronunciar o *r*. 4. Extremidade carbonizada de pavio ou torcida; morrão.

Pevidoso, adj. Que tem pevide.

Pevitada, s. f. Porção de pevides (acepção 1) pisadas e diluídas em água.

Pexote, s. m. *Pop.* 1. Indivíduo que joga mal. 2. Inexperiente, novato. 3. Ignorante.

Pez *(ê),* s. m. (1. *pice*). 1. Secreção resinosa do pinheiro e de várias árvores coníferas. 2. Alcatrão, breu, piche. — *Pez mineral:* betume.

Pezenho, adj. Da cor do pez. Var.: *pezanho.*

Pezizáceas, s. f. pl. *Bot.* Família *(Pezizaceae)* de fungos copados com apotécios sésseis.

Pezizáceo, adj. Relativo à família das Pezizáceas.

Pezudo, adj. Que tem pés grandes.

Pezunho, s. m. 1. O pé do porco; chispe. 2. *Hum.* Pé grande e mal conformado.

Pi, s. m. Décima sexta letra do alfabeto grego (π), correspondente ao *P* português.

Pia, s. f. (1. *pila*). 1. Pedra cavada para receber líquidos. 2. Bacia de louça ou de ferro esmaltado de forma retangular, fixada junto à parede da cozinha, geralmente com água encanada, destinada a lavar pratos, talheres etc. 3. *Náut.* Carlinga. — *P. batismal:* grande vaso de pedra, em que se põe água, para servir nos batismos.

Piá, s. m. Menino; guri.

Piã, s. m. *Med.* Bouba.

Piaba, s. f. *Ictiol.* Nome comum a vários peixes caracídeos de água doce.

Piabanha, s. f. *Ictiol.* Peixe fluvial caracídeo *(Leporinus striatus).*

Piabar, v. Intr. *Gír.* Jogar com muita cautela, arriscando pequenas quantias.

Piabinha, s. f. *Ictiol.* Pequeno peixe de água doce *(Brycon striatus).*

Piabuçu, s. m. *Ictiol.* Nome dado no Sul a certas espécies de piaba mais desenvolvidas que as comuns.

Piaçá, s. f. V. *piaçaba.*

Piaçaba, s. f. 1. *Bot.* Fibra de duas palmeiras, de que se fazem vassouras, cordas etc. 2. *Bot.* Essas palmeiras *(Attalea funifera e Leopoldinia piassaba).* 3. Vassoura feita dessa fibra. Var.: *piaçá* e *piaçava.*

Piaçabal, s. m. Terreno onde vicejam piaçabas. Var.: *piaçaval.*

Piaçabarana, s. f. *Bot.* Espécie de palmeira *(Barcella odora).*

Pia-cobra, s. m. *Ornit.* Passarinho compsotlipídeo *(Geothlypis aequinoctialis velata).*

Piaçoca, s. f. V. *jaçanã.*

Piacular, adj. m. e f. *Ant.*Expiatório.

Piáculo, s. m. *Ant.* 1. Sacrifício expiatório. 2. Crime, delito.

Piada, s. f. 1. Pieira, pio. 2. *Pop.* Dito engraçado e picante.

Piadê, s. m. (persa *piadeh*). Pequeno caíque usado nos Dardanelos.

Piadeira, s. f. *Ornit.* Irerê.

Piadinha, s. f. *Pop.* Pequena piada; picuinha.

Piadista, adj. e s., m. e f. *Pop.* Que, ou pessoa que tem o hábito de dizer piadas.

Piado, s. m. 1. Pio. 2. Pieira.

piaga, s. m. (tupi). *Poét.* Pajé.

Pia-máter, s. f. *Anat.* A membrana mais interna das três que envolvem o aparelho cerebrospinal. Pl.: *pias-máter.*

Piampara, s. f. V. *piapara.*

Piançar, v. Tr. ind. Desejar ardentemente; ansiar.

Pianino, s. m. *Mús.* Piano de armário, de pequenas dimensões.

Pianíssimo, adv. (t. ital.). *Mús.* Muito piano[2].

Pianista, s. m. e f. Pessoa que sabe tocar piano.

Pianística, s. f. Arte de tocar piano.

Pianístico, adj. Relativo a piano ou a pianista.

Piano[1], s. m. *Mús.* 1. Instrumento composto de uma grande caixa sonora, com um sistema especial de cordas e teclado. 2. Pianista de uma orquestra. — *P. de armário:* piano cujas cordas e tábua de harmonia estão colocadas verticalmente. *P. de cauda:* piano cujas cordas e tábua de harmonia estão colocadas horizontalmente. *P.-de-cuia:* instrumento musical de percussão, espécie de chocalho, oriundo da África, usado nos candomblés.

Piano[2], adv. (t. ital.). *Mús.* Sem grande vibração de som; docemente, suavemente.

Pianoforte, s. m. (t. ital.). *Ant.* Piano.

Pianola, s. f. *Mús.* Piano que se toca mecanicamente por meio de um aparelho pneumático.

Pião, s. m. Brinquedo em forma de pêra, com uma ponta de ferro na parte afilada, com que os rapazes jogam, enrolando-lhe uma fieira e desenrolando-a rapidamente, para o fazer girar no chão. Ruído: *ró-ró, ronca, zune.*

Piapara, s. f. *Ictiol.* Peixe fluvial *(Leporinus piapara),* abundante no Rio Paraíba do Sul.

Piar[1], v. 1. Intr. Dar pios (ave). 2. Tr. dir. Emitir, piando.

Piar[2], v. *Gír.* 1. Intr. Beber vinho. 2. Tr. dir. Beber (qualquer líquido alcoólico).

Piara, s. f. 1. Bando de animais domésticos. 2. Multidão de gente.

Piaremia, s. f. *Med.* Presença de gordura em emulsão no sangue.

Piastra, s. f. Moeda de prata corrente em vários países e com valores diversos.

Piau, s. m. *Ictiol.* Nome comum a vários peixes de água doce, especialmente do *Leporinus piau,* também chamado *piau-verdadeiro.*

Piauiense *(au-i),* adj. m. e f. Relativo ao Estado do Piauí. S. m. e. f. Habitante ou natural desse Estado.

Piava, s. f. V. *piaba.*

Piazada, s. f. Grande número de piás.

Piazote, s. m. Piá mais crescido.

Picaço, adj. Diz-se do cavalo preto com a cara, ou a cara e os pés, de cor branca.

Picaçu, s. m. (tupi). Pomba legítima.

Picada[1], s. f. *(picar + ada).* 1. Ação ou efeito de picar(-se). 2. Ferida com objeto pontiagudo. 3. Mordedura de cobra ou perfuração que certos insetos fazem com seus estiletes. 4. Bicada. 5. *Pop.* Dor aguda e rápida. 6. Passagem, estreita ou larga, aberta no mato, a golpes de facão.

Picada[2] s. f. *(pico + ada).* 1. Cume do monte; pico. 2. *Aeron.* Mergulho.

Picadão, s. m. Grande picada (acep. 6).

Picadeira, s. f. 1. Ferro de picar as mós; picareta. 2. Pequeno martelo de pedreiro, com bico.

Picadeiro, s. m. 1. Lugar onde se fazem exercícios de equitação e se adestram cavalos. 2. *Náut.* Cada uma das peças em que assenta a quilha do navio em construção. 3. Cepo sobre que os tanoeiros encurvam as aduelas.

Picadela, s. f. Picada ligeira.

Picadinho, adj. *Des.* Que facilmente se melindra. S. m. Guisado de carne em pedacinhos, ou moída.

Picado, adj. 1. Cheio de picadas. 2. Marcado com pintas ou sinais. 3. Diz-se do mar quando agitado ou encapelado. 4. Ligeiramente azedo (diz-se de bebidas). S. m. 1. Aspereza de uma superfície picada. 2. Recorte na extremidade de certas peças de vestuário. 3. Iguaria com carne cortada em pequenos pedaços. 4. *Mús.* Trecho que se executa separando os sons ligeiramente.

Picador, adj. e s. m. Que, ou o que pica. S. m. 1. Aquele que ensina equitação. 2. Aquele que abre picadas. 3. Alicate de cortar ou furar os bilhetes dos passageiros em estradas de ferro.

Picadura, s. f. V. *picada*[1].

Picamento, s. m. Ação de picar(-se)

Pica-milho, s. m. 1. Aquele que come muita broa; broeiro. 2. Sujeito ordinário. Pl.: *pica-milhos.*

Picante, adj. m. e f. 1. Que pica. 2. Que excita o paladar. 3.

Malicioso, mordaz: Dito *p.* S. m. Aquilo que estimula o apetite.

Picão, s. m. 1. Martelo pontiagudo dos dois lados para picar pedra. 2. V. *picadeira.* 3. Ferro pontiagudo de cautério. 4. O ferrão da aguilhada. 5. *Bot.* Planta composta (*Bidens pilosus*), cujas sementes se prendem ao pêlo dos animais e na roupa.

Picãozeiro, s. m. Terreno onde há muito picão (planta).

Pica-pau, s. m. *Ornit.* Nome vulgar das aves trepadoras da família dos Picídeos; pinica-pau, ipecu. Voz.: *estridula, restridula.* Pl.: *pica-paus.*

Pica-peixe, s. m. 1. *Ornit.* Martim-pescador. 2. *Náut.* Pontalete de madeira que desce da pega do gurupés. Pl.: *pica-peixes.*

Pica-ponto, s. m. Espécie de sovela.

Picar, v. 1. Tr. dir. Dar picadas em; ferir ou furar com instrumento pontiagudo. 2. Pron. Ferir-se com objeto pontiagudo. 3. Tr. dir. Aguilhoar. 4. Tr. dir. Morder (o inseto). 5. Intr. Morder na isca. 6. Tr. dir. Bicar. 7. Tr. dir. *Mús.* Articular (as notas), separando um pouco. 8. *Cul.* Cortar em pequenos fragmentos. 9. Intr. Apresentar gosto irritante (comida ou bebida). 10. Tr. dir. Estimular, excitar, provocar. 11. Pron. Tornar-se revolto; agitar-se, enfurecer-se. 12. Intr. *Aeron.* Mergulhar.

Picardia, s. f. 1. Ação de pícaro. 2. Desfeita. 3. Pirraça acintosa.

Picareta *(ê),* s. f. 1. Ferramenta constituída de uma parte de ferro, de duas pontas, e um cabo de madeira, destinada a escavar terra e arrancar pedras; alvião. Adj. e s., m. e f. *Propaganda.* Diz-se de, ou pessoa inescrupulosa, cavadora de anúncios.

Picaria, s. f. 1. Arte de equitação. 2. Picadeiro.

Pícaro, adj. 1. Ardiloso, astuto, patife. 2. Burlesco, vil. 3. Esperto, finório.

Picaroto *(ô),* s. m. Cimo, cume, vértice.

Piçarra, s. f. *Geol.* 1. Rocha sedimentar argilosa estratificada, altamente endurecida. 2. Xisto cujas folhas são mecanicamente separáveis. 3. Pedreira, penedia.

Piçarral, s. m. Lugar onde há piçarra.

Picatoste, s. m. *Cul.* Picado de carne de carneiro, ovos e pão ralado.

Píceo, adj. 1. Que se assemelha ao pez. 2. Que é da natureza do pez. 3. Que produz pez.

Pichação, s. f. Ato ou efeito de pichar; pichamento.

Pichador, s. m. Aquele que picha.

Pichamento, s. m. V. *pichação.*

Pichar, v. Tr. dir. 1. Aplicar piche em; pintar com piche. 2. *Pop.* Untar.

Piche, s. m. (ingl. *pitch*). *Quím.* Resíduo da destilação fracionada de diversos alcatrões, principalmente do de hulha; pez.

Pichel, s. m. Vasilha antiga, para tirar vinho das pipas ou tonéis; picho.

Pichelaria, s. f. Oficina, ofício ou obra de picheleiro.

Picheleiro, s. m. Fabricante ou vendedor de pichéis ou obras de estanho e folha-de-flandres.

Picho, s. m. V. *pichel.*

Pichorra[1] *(ô),* s. f. 1. Pichel com bico. 2. *Pop.* Egua.

Pichorra[2] *(ô),* s. f. Lassidão, preguiça.

pici-, elem. de comp. (l. *pice*). Exprime a idéia de *pez: piciforme.*

Piciforme, adj. m. e f. Que se assemelha ao pez.

Pick-up (*picáp*), s m. (t. ingl.). 1. Toca-discos. 2. Caminhonete.

Picles, s. m. pl. (ingl. *pikles*). *Cul.* Mistura de verduras conservadas em vinagre.

Pícnico, adj. *Antrop.* Designativo do tipo humano de estatura baixa e reforçada, de formas arredondadas e de membros curtos, correspondente ao caráter ciclotímico.

Picnídio, s. m. *Bot.* Espécie de esporângio de certos cogumelos.

picno-, elem. de comp. (gr. *puknos*). Expressa a idéia de *espesso, condensado, grosso, apertado: picnometria.*

Picnometria, s. f. *Fís.* Técnica de determinar densidades.

Picnômetro, s. m. *Fís.* Instrumento para medir a densidade de sólidos ou líquidos.

Picnostilo, s. m. *Arquit.* 1. Pequeno intercolúnio. 2. Edifício com espaços intercolunares pequenos.

Pico[1], s. m. (de *picar*). 1. Cimo agudo de um monte. 2. Ponta aguda; bico. 3. Espinho, acúleo. 4. Acidez, pique, sabor picante. 5. Ponto mais alto da incidência, num serviço: *Pico* de produção.

Pico[2], adv. *Pop.* Pequena fração (precedido sempre da conj. *e): Quatro horas e pico ...*

Picola, s. f. Picão pequeno destinado a dar acabamento final em pedras preparadas com picão comum.

Picolé, s. m. Sorvete solidificado em uma das extremidades de um pauzinho que lhe serve de cabo.

Picoso, adj. Que tem picos. 2. Terminado em pico ou cume. 3. Que pica; picante.

Picota, s. f. 1. Pau a prumo que se usava como pelourinho. 2. Haste do êmbolo de bomba.

Picotado, adj. Em que há picote. S. m. V. *picotagem.*

Picotagem, s. f. Ação ou efeito de picotar.

Picotar, v. (de *picar*). Tr. dir. 1. Fazer picotes em. 2. Inutilizar (bilhetes de passagem ou ingresso) perfurando-os com o picador.

Picote[1], s. m. (cast. *picote*). V. *picoto*[1].

Picote[2], s. m. (fr. *picot*, de *pic*). 1. Certo ponto de rendaria, usado em rendas leves e finas. 2. Seqüência de pequenos furos ou cortes, muito unidos, que, em folhas de papel, impresso ou não, como selos postais, talões etc., têm por fim facilitar o seu corte manual.

Picotilho, s. m. Pano picoto, menos grosso que o usual.

Picoto, adj. Diz-se de um pano grosseiro de lã; picote[1]. S. m. Esse pano. Pl.: *picotos (ô).*

Pícrico, adj. *Quím.* Diz-se de um ácido forte, cristalino, amarelo, de gosto amargo, tóxico, explosivo; também chamado *ácido carbazótico.*

Pictografia, s. f. Escritura primitiva ideográfica, em que as idéias são expressas por meio de cenas ou objetos desenhados.

Pictográfico, adj. Relativo à pictografia.

Pictorial, adj. m. e f. V. *pictórico.*

Pictórico, adj. Relativo à pintura; pictorial, pictural.

Pictural, adj. m. e f. V. *pictórico.*

Picuá, s. m. (guar. *apiquá*). 1. Mala de tecido grosso, em que se leva roupa ou comida, em viagem. 2. Peça cilíndrica e oca de chifre ou gomo de taquara, em que os mineiros guardam diamantes. 3. Cesto, samburá.

Picuar, v. Tr. dir. Entesourar; guardar em picuá.

Picuinha *(u-i),* s. f. 1. Os primeiros pios da ave. 2. Alusão picante, chiste, remoque.

Picumã, s. m. 1. Fuligem. 2. Teias de aranha enegrecidas pela fuligem.

Pidão, adj. e s. m. Que, ou aquele que pede muito; pedinchão. Fem.: *pidona.*

Pidonho, adj. e s. m. V. *pidão.*

Piedade, s. f. (l. *pietate*). 1. Amor e respeito às coisas religiosas; devoção, religiosidade. 2. Compaixão pelos sofrimentos alheios; pena, dó.

Piedoso, adj. (l. *pietosu*). Que revela ou tem piedade.

Piegas, adj. e s., m. e f., sing. e pl. *Pop.* 1. Que, ou pessoa que se embaraça com ninharias. 2. Que, ou pessoa que é ridícula.

Pieguice, s. f. 1. Ação ou dito de piegas. 2. Qualidade de piegas. 3. Excessiva sentimentalidade.

Pieira, s. f. (de *piar*[1]). Ruído que ocorre em respiração difícil de um enfermo.

Pielite, s. f. *Med.* Inflamação do bacinete.

Piemia, s. f. *Med.* Septicemia com diversos focos de supuração.

piemontês, adj. Relativo ao Piemonte (Itália). S. m. 1. Habitante ou natural do Piemonte. 2. Dialeto italiano, falado pelos piemonteses.

Piemontita, s. f. *Miner.* Variedade de epídoto magnesífero.

Piérides, s. f. pl. *Mit. gr.* As musas.

Piério, adj. *Poét.* Concernente às musas ou à poesia.

Pierrete, s. f. (fr. *pierrette*). Mulher fantasiada de pierrô.

Pierrô, s. m. (fr. *pierrot*). 1. Personagem sentimental da antiga comédia italiana, que passou para o antigo teatro francês. 2. Indivíduo vestido como esse personagem: Fantasiar-se de *pierrô*.

Pietismo, s. m. Movimento de afervoramento religioso na Igreja Luterana, no século XVII.

Pietista, s. m. e f. Sequaz do pietismo.

Piezeletricidade, s. f. *Fís.* Conjunto de fenômenos caracterizados pela aparição de cargas elétricas na superfície de certos cristais submetidos a tração ou compressão mecânicas.

Piezo-, elem. de comp. (gr. *piezein*). Expressa a idéia de *apertar, comprimir: piezeletricidade, piezômetro.*

Piezômetro, s. m. *Fís.* Instrumento para medir a compressibilidade de um líquido sob pressão variante.

Pífano, s. m. V. *pífaro.*

Pífaro, s. m. 1. Instrumento popular e pastoril, semelhante a uma flauta, mas sem chaves. 2. Aquele que o toca. Var.: *pífano.*

Pífio, adj. *Pop.* Sem importância; reles, vil.

Pigarra, s. f. *Vet.* Doença das galinhas; gago, gosma.

Pigarrar, v. Intr. V. *pigarrear.*

Pigarrear, v. Intr. Ter pigarro; tossir com pigarro.

Pigarrento, adj. 1. Que tem pigarro. 2. Que pode causar pigarro.

Pigarro, s. m. Embaraço na garganta, causado por aderência de mucosidades.

Pigarroso, adj. 1. V. *pigarrento.* 2. Que revela pigarro. 3. Causado por pigarro.

Pigídio, s. m. *Zool.* Tergito do último segmento abdominal dos artrópodes.

Pigmentação, s. f. 1. Formação normal ou patológica do pigmento nas células, tecidos, órgãos ou organismos. 2. Coloração produzida por um pigmento.

Pigmentado, adj. Que tem pigmento.

Pigmentar, v. Tr. dir. 1. Dar a cor da pele a. 2. Dar cor a; cobrir.

Pigmentário, adj. De, ou relativo a pigmento.

Pigmento, s. m. Nome dado a substâncias coradas de natureza diversa, na maioria protéicas, que dão coloração aos tecidos vegetais ou animais que as contêm.

Pigmeu, adj. e s. m. (gr. *pugmaios*). 1. Que, ou o que é de pequeníssima estatura; anão. 2. Que, ou o que é de talento ou cultura insignificante. Fem.: *pigméia.*

Pignoratício, adj. *Dir.* 1. Relativo a penhor. 2. Diz-se do credor garantido com penhor.

Pigostílio, s. m. *Zool.* O cóccix das aves.

Piina, s. m. *Med.* Proteína encontrada no pus.

Pijama, s. m. e f. Vestuário, usado por ambos os sexos, composto de casaco e calças folgadas, próprio para dormir.

Pilado, adj. 1. Esmagado com o pilão. 2. Descascado. 3. Diz-se das castanhas descascadas e secas.

Pilador, adj. e s. m. Que, ou o que pila.

Pilantra, s. m. *Pop.* Corruptela de *pelintra.*

Pilão, s. m. 1. Peso cursor com que se equilibra a balança romana. 2. Maço de madeira calçado de ferro, para pisar. 3. Pão de açúcar de figura cônica. 4. Grande almofariz, de madeira rija, com uma ou duas bocas, onde se descasca arroz, café, ou se tritura milho etc., batendo com a mão de pilão.

Pilar[1], s. m. 1. *Arquit.* Simples coluna, que sustenta uma construção. 2. Arrimo, segurança, apoio.

Pilar[2], v. (l. *pilare*). Tr. dir. 1. Esmagar no pilão. 2. Descascar. 3. Descascar para secar (castanhas).

Pilarete *(ê)*, s. m. Pequeno pilar.

Pilarte, s. m. Antiga moeda portuguesa, de prata.

Pilastra, s. f. Pilar de quatro faces, em geral aderente por uma delas a uma edificação ou parede.

Pileca, s. f. *Pop.* Cavalgadura pequena, magra e ordinária.

Píleo, s. m. (l. *pileu*). 1. Barrete episcopal. 2. *Antig.* Barrete de feltro, que os romanos usavam nas saturnais e noutras solenidades. 3. *Bot.* Estrutura em forma de umbrela, dos cogumelos-de-chapéu.

Pileque, s. m. Argola de borracha.

Pilha[1], s. f. (l. *pila* ou cast. *pilla*). 1. Porção de coisas dispostas umas sobre as outras. 2. *Eletr.* Aparelho que transforma em corrente elétrica a energia desenvolvida em uma reação *química.* Col.: *bateria.* 3. *Fig.* Indivíduo irritado, nervoso.

Pilha[2], s. f. (de *pilhar*). 1. Pilhagem. 2. Certo jogo de cartas ou dados.

Pilhagem, s. f. 1. Ato ou efeito de pilhar; pilha. 2. Roubo, saque, principalmente por tropas consquistadoras.

Pilhante, adj. e s., m. e f. Que, ou pessoa que pilha; gatuno.

Pilhar, v. (ital. *pigliare*). 1. Tr. dir. Agarrar, pegar, deitar mãos a. 2. Tr. dir. Roubar à mão armada; saquear. 3. Tr. dir. Encontrar, surpreender. 4. Tr. dir. Alcançar, conseguir, obter. 5. Pron. Achar-se inesperadamente em determinada situação.

Pilheira, s. f. 1. Lugar onde há coisas empilhadas. 2. Lugar anexo à lareira, no qual se juntam as cinzas.

Pilheiro, s. m. Lugar onde se juntam águas para qualquer serviço.

Pilhéria, s. f. *Pop.* Chiste, piada.

Pilheriador, adj. e s. m. Que, ou aquele que é dado a pilheriar.

Pilheriar, v. Tr. ind. e intr. Dizer pilhérias.

Pilhérico, adj. 1. Engraçado, espirituoso. 2. Que diz ou faz pilhérias. 3. Irônico, zombeteiro.

Pilheta *(ê)*, s. f. Espécie de selha; gamela.

pili-, elem. de comp. (l. *pilu*). Exprime a idéia de *pêlo: pilífero, pilípede.*

Pilífero, adj. *Bot.* Que tem pêlos.

Piliforme, adj. m. e f. Que tem forma de pêlo.

Pilípede, adj. m. e f. Que tem pêlos nos pés.

Pilo, s. m. *Antig.* Espécie de dardo, usado entre os romanos.

Piloada, s. f. Pancada com o pilão.

Pilone, s. m. Porta monumental dos templos egípcios, em forma de pirâmide truncada. Var.: *pilão* e *pilono.*

Pilono, s. m. V. *pilone.*

Pilórico, adj. Relativo ao piloro.

Piloro, s. m. *Anat.* Orifício de comunicação do estômago com o duodeno.

Pilorriza, s. f. *Bot.* Coifa da raiz. Var.: *pileorriza.*

Pilosidade, s. f. Qualidade de piloso.

Pilosismo, s. m. Desenvolvimento anormal de pêlos, num ponto em que geralmente escasseiam ou não existem.

Piloso, adj. Que tem pêlos.

Pilota, s. f. *Pop.* 1. Cansaço ou estafa por ter andado muito. 2. Derrota. 3. Perda, prejuízo. 4. Crítica severa.

Pilotagem, s. f. Arte, profissão ou serviços de piloto.

Pilotar, v. 1. Tr. dir. Dirigir como piloto. 2. Intr. Exercer as funções de piloto. 3. Tr. dir. *Fig.* Servir de guia a.

Pilotear[1], v. *(piloto + ear).* V. *pilotar.*

Pilotear[2], v. *(pilota + ear).* Tr. dir. *Fam.* 1. Dar pilota em. 2. Vencer moralmente, acompanhando a vitória com motejos.

Piloti, s. m. (do fr. *pilot*). Cada uma das colunas que sustentam a edificação, deixando livre o pavimento térreo.

Piloto, s. m. 1. Aquele que regula, a bordo, a direção de um navio ou de uma aeronave. 2. Imediato do capitão, nos navios mercantes. 3. Aquele que dirige um navio, na entrada ou saída dos portos. 4. *Fig.* Guia, diretor. 5. *Ictiol.* Pequeno peixe carangídeo *(Naucrates ductor),* que costuma andar adiante dos tubarões. 6. Pessoa que não tem um dos olhos. 7. Bico de gás de aquecedor que acende os demais bicos, depois que estiver circulando água pela serpentina. Adj. Diz-se de uma realização em dimensões reduzidas, para experimentação ou melhor adaptação de certos processos tecnológicos: *usina-piloto, projeto-piloto, laboratório-piloto.*

Pílula, s. f. 1. *Farm.* Preparação farmacêutica de consistência firme e forma globular, destinada a engolir-se inteira. 2. Coisa desagradável ou difícil de suportar. 3. *Pop.* Engano, logro.

Pilulador, s. m. Instrumento para dividir em pílulas a massa pilular.

Pilular, adj. 1. Que tem forma ou natureza de pílula. 2. Que se pode dividir em pílulas.

Piluleiro, s. m. 1. Vaso ou utensílio em que se preparam pílulas. 2. Fabricante de pílulas.

pimelo-, elem. de comp. (gr. *pimele*). Exprime a idéia de *gordura: pimelose.*

Pimelose, s. f. *Med.* Obesidade.

Pimenta, s. f. 1. *Bot.* Nome de várias plantas piperáceas e solanáceas; pimenteira. 2. Fruto destas plantas. 3. Insinuação maliciosa; malícia. 4. *Pop.* Pessoa geniosa. 5. Pessoa viva, ardente, irrequieta (aplica-se principalmente às mulheres). 6. *Hum.* Erotismo.

Pimental, s. m. Lugar onde há pimenteiras.

Pimentão, s. m. *Bot.* 1. Planta solanácea *(Capsicum annuum).* 2. Fruto dessa planta.

Pimenteira, s. f. 1. *Bot.* Planta piperácea, que produz a pimenta. 2. Vaso em que se serve a pimenta; pimenteiro.

Pimenteiro, s. m. *P. us.* Vaso em que se serve a pimenta; pimenteira.

Pimpão, adj. 1. Jactancioso. 2. Janota. 3. Que afeta valentia. Fem.: *pimpona.*

Pimpar, v. 1. Intr. Passar vida larga e divertida. 2. Tr. ind. Fazer ostentação.

Pimpilim, s. m. Pimenta longa.

Pimpolhar, v. Tr. dir. Ter pimpolho ou rebento; proliferar.

Pimpolho, s. m. 1. Renovo da videira; sarmento. 2. Rebento, vergôntea. 3. Criança pequena. 4. Criança robusta. Pl.: *pimpolhos (ô).*

Pimponar, v. Intr. Mostrar-se pimpão; pimpar. Var.: *pimponear.*

Pimponear, v. Intr. V. *pimponar.*

Pimponete *(ê),* s. m. *Fam.* Janota ridículo.

Pimponice, s. f. Ação ou modos de pimpão; fanfarrice.

Pina, s. f. Cada uma das partes curvas que formam a circunferência da roda de um veículo; cambota.

Pinaça, s. f. 1. *Des.* Barco estreito e pequeno. 2. Corda com que se levanta o cepo de certos engenhos.

Pináceas, s. f. pl. *Bot.* Família *(Pinaceae)* de plantas coniformes, constituída de espécies de madeira finamente fibrosa, que é, muitas vezes, de grande valor econômico. Não ocorrem no Brasil.

Pináceo, adj. *Bot.* Relativo à família das Pináceas.

Pinacoteca, s. f. (1. *pinacotheca*). 1. Coleção de quadros de pintura. 2. Museu de pintura.

Pináculo, s. m. 1. O ponto mais elevado de um edifício; píncaro. 2. Cume. 3. O mais alto grau; auge.

Pinázio, s. m. Cada uma das fasquias que, nos caixilhos das portas ou janelas, servem para segurar os vidros.

Pinça, s. f. (cast. *pinza*). 1. Pequena tenaz. 2. *Náut.* Barra de ferro em forma de S, que se aplica a serviço da bomba, a bordo. 3. Parte ínfero-anterior do casco do cavalo. 4. Parte da ferradura, que corresponde a essa parte do casco.

Pinção, s. m. *Náut.* Pinçote.

Pinçar, v. Tr. dir. Prender, segurar, apertar com pinça.

Pincaro, s. m. V. *pináculo.*

Pincel, s. m. 1. Utensílio constituído de um tufo de pêlos, preso fortemente a um cabo, e destinado à aplicação de tintas, vernizes etc. 2. Utensílio semelhante, para ensaboar o rosto a fim de barbear-se. 3. A pintura. 4. Maneira de pintar. 5. O próprio pintor em relação às suas obras.

Pincelada, s. f. Traço ou toque de pincel.

Pincelar, v. Tr. dir. 1. Aplicar o pincel em. 2. Pintar com pincel.

Pinceleiro, s. m. 1. Fabricante ou vendedor de pincéis. 2. Vaso onde se lavam pincéis.

Pincha, s. f. 1. Galheta. 2. Jogo de botão.

Pincha-cisco, s. m. *Ornit.* Pássaro brasileiro furnariídeo *(Sclerurus scansor).* Pl.: *pincha-ciscos.*

Pinchar, v. 1. Intr. *Fam.* Dar pinchos; pular, saltar. 2. Tr. dir. *Pop.* Atirar, arremessar. 3. Pron. Atirar-se, saltar, pular.

Pincho[1], s. m. (de *pinchar*). 1. Cabriola, pulo, salto. 2. Jogo semelhante à malha.

Pincho[2], s. m. 1. Pequeno pé-de-cabra. 2. *Gír.* Alfinete de gravata. 3. Rufião.

Pindá, s. m. 1. Nome que os indígenas do Norte do Brasil dão ao anzol. 2. *Zool.* Nome comum a muitas espécies de equinodermos, vulgarmente chamados *ouriços-do-mar.*

Pindaíba, s. f. (tupi). 1. *Bot.* Árvore anonácea dos lugares úmidos *(Rolinia emarginata).* 2. Corda feita de palha de coqueiro; embira. 3. *Pop.* Falta de dinheiro.

Pindaibal *(a-i),* s. m. Terreno de pindaíbas.

Pindárico, adj. 1. Relativo a Píndaro, poeta lírico grego (secs. IV - V a.C.), ou próprio dele. 2. Imitante à maneira poética de Píndaro. 3. *Fam.* Ótimo.

Pindarismo, s. m. Imitação do gênero poético de Píndaro.

Pindarista, adj. m. e f. 1. Relativo ao pindarismo. 2. Louvaminheiro. S. m. e f. Pessoa que fala em estilo bombástico.

Pindarizar, v. 1. Intr. Poetar como Píndaro. 2. Tr. dir. Louvar exageradamente.

Pindoba, s. f. *Bot.* Palmeira elegante, cujas folhas servem para a cobertura dos ranchos. *(Attalea humilis).*

Pindopeua, s. f. Parede chata lateral feita de palmas, nas tapagens de pesca.

Pindorama, s. m. 1. Região ou país das palmeiras. 2. Nome dado ao Brasil pelos pampianos.

Pineal, adj. m. e f. 1. Em forma de pinha. 2. Píneo.

Píneo, adj. *Poét.* 1. Relativo ao pinheiro; pineal. 2. De pinho.

Pinga, s. f. (de *pingar*). 1. Gota. 2. *Pop.* Gole, trago. 3. *Pop.* Vinho. 4. *Pop.* Qualquer bebida alcoólica, sobretudo aguardente.

Pingadeira, s. f. 1. Ato de pingar. 2. Série de pingos. 3. Coisa que pinga. 4. Vaso onde se recolhe o líquido que escorre da carne, ao assar. 5. *Pop.* Negócio de rendimento fraco mas contínuo. 6. Despesa contínua.

Pingadouro, s. m. *Arquit.* Saliência de uma cornija para impedir que a água da chuva escorra pela parede abaixo.

Pingar, v. 1. Intr. Cair ou escorrer aos pingos. 2. Intr. Deixar cair de si um líquido aos pingos; gotejar. 3. Intr. Chover brandamente; começar a chover. 4. Tr. dir. Deitar pingos em. 5. Tr. dir. Deitar ou verter aos pingos.

Pingente, s. m. 1. Objeto que pende. 2. Brinco de orelha. 3. Berloque. 4. *Pop.* Passageiro que vai no estribo de uma viatura.

Pingo[1], s. m. (l. *pingue*). Cavalo bom, vistoso e corredor.

Pingo[2], s. m. (de *pingar*). 1. Gota, pinga. 2. Íntima porção. 3. Mucosidade nasal. 4. Pequena porção de solda com que os latoeiros tapam os orifícios de vasilhas usadas.

Pingoso, adj. Que pinga; que deixa cair pingos.

Pinguço, adj. e s. m. Cachaceiro.

Pingue, adj. m. e f. (l. *pingue*). 1. Gordo. 2. Fértil, produtivo, rendoso. 3. Que dá bom lucro.

Pingueiro, adj. e s. m. Cachaceiro.

Pinguel, s. m. Peça por onde se desarma uma armadilha.

Pinguela, s. f. 1. Tronco ou viga que, atravessada sobre um rio, serve de ponte. 2. Gancho com que se armam ratoeiras. 3. Pauzinho com que se arma o laço para apanhar aves.

Pingue-pongue, s. m. (ingl. *ping-pong*). Modalidade de tênis de mesa. Pl.: *pingue-pongues.*

Pingüim, s. m. 1. *Ornit.* Denominação vulgar dada às aves da ordem dos Esfenisciformes, que vivem em bandos nas regiões geladas do hemisfério austral. 2. *Bot.* Planta bromeliácea *(Bromelia pinguim).*

Pinguinho, s. m. Pequeníssima quantidade, poucochinho; coisa insignificante.

Pinha, s. f. (1. *pinea*). 1. Aglomeração das sementes do pinheiro. 2. *Pop.* e *hum.* A cabeça. 3. Aglomeração de coisas ou de pessoas muito juntas e unidas. 4. *Náut.* Nós especiais na ponta dos cabos.

Pinhal, s. m. Mata de pinheiros; pinheiral.

Pinhão, s. m. 1. Semente do pinheiro. 2. *Mec.* Roda dentada do diferencial de automóveis.

Pinhé, s. m. (palavra onomatopéica). *Ornit.* O mesmo que *caracará-tinga.*

Pinheira, s. f. *Bot.* Árvore anonácea (*Duguetia bracteosa*), que produz a pinha ou fruta-do-conde.

Pinheiral, s. m. Pinhal.

Pinheirinho, s. m. *Bot.* Nome de duas árvores podocarpáceas (*Podocarpus lambertii* e *P. sellowii*).

Pinheiro, s. m. *Bot.* Cada uma das numerosas espécies de árvores dos gêneros *Pinus* e *Araucaria,* entre nós representadas pelo pinheiro-brasileiro. Adj. Aplica-se à rês que têm os chifres direitos.

Pinhiforme, adj. m. e f. Em forma de pinha; piniforme.

Pinho, s. m. 1. Madeira do pinheiro. 2. Pinheiro. 3. *Pop.* Viola, violão.

Pinhoada, s. f. Confeito ou pasta comestível, feita de mel e pinhões.

Pinhoela, s. f. *Ant.* Tecido de seda, com círculos aveludados.

Pinhola, s. f. 1. Canzil. 2. Cangalho.

pini-[1], elem. de comp. (l. *pinu*). Expressa a idéia de *pinheiro, pinha: piniforme.*

pini-[2], elem. de comp. (l. *pinna*). Expressa a idéia de *pluma, pena, barbatana: pinípede.*

Pinicada, s. f. 1. Ato ou efeito de pinicar. 2. Pinicão.

Pinicão, s. m. *Pop.* Beliscão; pinicada.

Pinicar, v. Tr. dir. 1. Ferir com o bico; bicar, picar. 2. Dar belisco ou beliscão em; beliscar. 3. Fincar as esporas em; esporear. 4. Piscar.

Pinico, adj. Bico, ponta aguda. Cfr. com *penico.*

Pinífero, adj. *Poét.* V. *pinígero.*

Piniforme[1], adj. m. e f. V. *pinhiforme.*

Piniforme[2], adj. m. e f. (*pini[2]* + *forme*). Em forma de pena ou barbatana.

Pinígero, adj. *Poét.* 1. Que tem pinheiros. 2. Que produz pinheiros.

Pinípede, adj. m. e f. *Zool.* 1. Que tem os pés em forma de barbatana. 2. Relativo aos Pinípedes. S. m. pl. Subordem (*Pinnipedia*) de mamíferos aquáticos carnívoros, à qual pertencem todas as focas e morsas.

Pino[1], s. m. (l. *pinu*). 1. O ponto mais alto do Sol em seu movimento aparente; zênite. 2. Ponto culminante; auge.

Pino[2], s. m. (ingl. *pin*). 1. *Ant.* Prego de pinho usado pelos sapateiros. 2. *Odont.* Haste metálica para fixar pivôs ou incrustações. 3. *Mec.* Haste metálica que articula ou firma duas ou mais peças. 4. Peça que une as asas da dobradiça, servindo-lhes de eixo.

Pinóia, s. f. 1. *Pop.* Coisa sem préstimo. 2. *Gír.* Mulher elegante e de costumes fáceis. 3. Mau negócio. 4. Coisa ordinária, sem valor.

Pinote, s. m. Salto que a cavalgadura dá, corcoveando. 2. Pulo, pirueta.

Pinotear, v. Intr. Dar pinotes; espinotear.

Pinta[1], s. f. (de *pintar*). 1. Pequena mancha; nódoa; sarda. 2. *Pop.* Aparência, fisionomia. 3. Amostra de jazida aurífera. 4. *Gír.* Sinal, indício, aspecto.

Pinta[2], s. f. *Ornit.* A fêmea do pinto.

Pintado, adj. 1. Que levou tinta; colorido. 2. Descrito com exatidão. 3. Representado. 4. Cheio de pintas; mosqueado. 5. *Fam.* Muito parecido; idêntico.

Pintagol, s. m. *Ornit.* Mestiço de pintassilgo com canário (fêmea). Var.: *pintagóide.*

Pintainho (*a-i*), s. m. Pinto ainda novo; pintinho.

Pintalegrado, adj. Muito enfeitado; vestido com afetação.

Pintalgado, adj. Sarapintado, mesclado, variegado.

Pintalgar, v. Tr. dir. e pron. Pintar(-se) de cores variegadas; sarapintar(-se).

Pinta-monos, s. m. e f., sing. e pl. *Fam.* Pintor ordinário; mau pintor.

Pintão, s. m. Pinto crescido. Fem.: *pintona.*

Pintar, v. 1. Tr. dir. Cobrir com tinta; dar cor a; colorir. 2. Tr. dir. Executar ou representar por meio da pintura. 3. Intr. Começar a colorir-se. 4. Tr. dir. Descrever fielmente. 5. Pron. Aplicar tintas ou cremes no rosto. 6. Intr. Começar a ter cabelos brancos. 7. Intr. Exceder-se em diversões; pandegar.

Pintarroxo, s. m. *Ornit.* Pássaro da família dos Fringilídeos (*Carduelis cannabina*); milheiro. Voz: *cantar, gorjear, trinar.*

Pintassilgo, s. m. *Ornit.* Pássaro fringilídeo de cor verde e amarela, cabeça negra nos machos (*Spinus magellanicus ictericus*), muito apreciado pelo seu canto. Voz: *cantar, dobrar, modular, trilar.*

Pinto, s. m. (l. **pinctu,* por *pictu*). 1. Frangote, franguinho. Voz: *pia, pipia, pipila.* 2. *Gír.* Criança. 3. *Ictiol.* Espécie de cação; pintadinho, gata (*Catullus haeckeli*). 4. *Pop.* O pênis. — *P.-d'água:* frango-d'água.

Pintor, s. m. 1. Indivíduo que sabe pintar ou exerce a arte da pintura. 2. Escritor que representa com exatidão e colorido o que descreve.

Pintura, s. f. (l. v. **pinctura,* por *pictura*). 1. Arte de pintar. 2. Profissão de pintar. 3. Obra executada por pintor; quadro. 4. Descrição minuciosa. 5. Pessoa ou coisa muito bonita e perfeita. 6. Cor aplicada a um objeto. 7. Embelezamento do rosto por meio de pós e cosméticos.

Pinturesco (*ê*), adj. e s. m. V. *pitoresco.*

Pínula, s. f. 1. *Bot.* Cada um dos folíolos ou divisões das folhas compostas. 2. *Topogr.* Cada uma das peças laminares que, situadas nos extremos da alidade, servem para fazer alinhamentos.

Pinulado, adj. *Bot.* Que apresenta pínulas.

Pio[1], s. m. (de *piar*). 1. Ação de piar. 2. Voz de algumas aves. 3. Instrumento ou assobio que imita o canto das aves.

Pio[2], adj. (l. *piu*). 1. Que revela piedade ou caridade; piedoso. 2. Devoto, religioso. Sup. abs. sint.: *piíssimo* e *pientíssimo.*

Pio[3], s. m. Pia grande, em que se pisam uvas.

pio-[4], elem. de comp. (gr. *puon*). Expressa a idéia de *pus, purulento: piodermite.*

Piodermite, s. f. *Med.* Dermatose caracterizada por pústulas.

Pioemia, s. f. V. *piemia.*

Piogênico, adj. Que gera pus.

Piógeno, adj. (*pio[4]* + *geno*). V. *piogênico.*

Piolhada, s. f. Grande porção de piolhos; piolheira, piolharia, piolhama.

Piolhama, s. f. V. *piolhada.*

Piolhar, v. Intr. Criar piolhos.

Piolharia, s. f. 1. V. *piolhada.* 2. Pobreza extrema.

Piolheira, s. f. 1. Piolhada. 2. Habitação imunda. 3. Conjunto de coisas imundas ou miseráveis. 4. *Pop.* Negócio de pouca monta.

Piolhento, adj. 1. Que tem piolhos; piolhoso. 2. Muito sujo; imundo.

Piolho, s. m. 1. *Entom.* Inseto ectoparasita, sugador de sangue de vertebrados, inclusive o homem. 2. *Bot.* Árvore flacurtiácea (*Casearia parvifolia*). 3. Prego miúdo, usado por sapateiros.

Piolhoso, adj. V. *piolhento.*

Pioneirismo, s. m. Caráter ou qualidade de pioneiro.

Pioneiro, s. m. 1. Aquele que primeiro abre ou descobre caminho através de uma região mal conhecida. 2. Explorador de sertões. 3. Precursor.

Pior, adj. m. e f. (l. *peiore*). Comparativo irregular de *mau.* S. m. 1. Aquele ou aquilo que, sob determinado aspecto, é inferior a tudo mais. Adv. Compar. irreg. de *mal*; mais mal; de modo mais imperfeito. Antôn.: *melhor.*

Piora, s. f. Ação ou efeito de piorar; pioramento, pioria.

Pioramento, s. m. V. *piora.*

Piorar, v. 1. Tr. dir. Mudar para pior. 2. Intr. Tornar-se ou pôr-se pior. 3. Intr. Agravar-se; passar a pior estado.

Pioria, s. f. 1. O fato de ser pior. 2. Piora.

Piorno (*ô*), s. m. *Bot.* Giesta brava, de suco amargo.

Pioró, s. m. *Ornit.* Pássaro traupídeo (*Pyrrhocoma ruficeps*).

Piorra (*ô*), s. f. Pião pequeno; pitorra.

Piorréia, s. f. *Med.* Afecção crônica supurativa dos alvéolos dentários.

Piós, s. m. Correia que se ata aos pés das aves de altanaria. Pl.: *pioses.*

Pipa, s. f. 1. Grande vasilha de madeira, bojuda, para vinho e outros líquidos. 2. Quantidade de 21 a 25 almudes. 3. Tipo de cachimbo. 4. *Pop.* Pessoa gorda e baixa. 5. *Pop.* Beberrão. 6. Espécie de papagaio de papel. 7. *Zool.* Anfíbio (sapo) anuro (*Pipa pipa*) da região amazônica.

Pipal, s. m. *Bot.* Figueira (*Ficus religiosa*) da Índia, notável por seu grande tamanho e longevidade.

Piparote, s. m. Pancada com a ponta do dedo médio dobrado e apoiado contra a face interna do polegar e despedido com força; peteleco.

Piperáceas, s. f. pl. *Bot.* Família (*Piperaceae*) de plantas tropicais com folhagem aromática.

Piperáceo, adj. *Bot.* 1. Relativo à pimenteira. 2. Relativo às Piperáceas.

Piperazina, s. f. *Quím.* Base cristalina heterocíclica, obtida comumente pela ação de amônia sobre dicloreto de etileno.

Piperina, s. f. *Quím.* Alcalóide que se encontra em certas piperáceas (*Piper nigrum* e *P. longum*), empregado no fabrico de inseticidas.

Pipeta (*ê*), s. f. 1. Tubo para transvasar pequenas quantidades de líquidos. 2. Bomba das adegas. 3. Tubo graduado, para medir ou tirar certa quantidade de líquido, usado em análises químicas.

Pipi[1], s. m. *Bot.* Planta fitolacácea (*Pitiveria alliacea*).

Pipi[2], s. m. (onom.). *Inf.* Qualquer ave, especialmente galinácea. Interj. Usada para chamar os galináceos.

Pipia, s. f. (de *pipiar*). 1. Espécie de assobio feito geralmente da cana do trigo ou da cevada. 2. *Ornit.* Certa ave brasileira.

Pipiar, v. (l. *pipiare*). V. *pipilar*.

Pipilante, adj. m. e f. Que pipila.

Pipilar, v. Intr. 1. Piar (a ave); pipitar, pipiar. 2. Produzir som semelhante à voz das aves.

Pipilo, s. m. V. *pipio*.

Pípio, s. m. Ato de pipiar; pipilo, pipito.

Pipiri, s. m. *Bot.* Planta ciperácea que vegeta nos pântanos (*Rhynchospora storea*).

Pipirioca, s. f. *Bot.* Erva ciperácea (*Ciperus sanguineo-fuscus*).

Pipitar, v. Intr. Piar, pipilar (falando das aves).

Pipito, s. m. V. *pipio*.

Pipo, s. m. 1. Pequena pipa; barril. 2. Tubo por onde se extrai o líquido contido em certas vasilhas.

Pipoca, s. f. 1. Tipo de milho que, levado ao fogo com gordura, rebenta, aumentando de volume. 2. Verruga ou pequeno tumor da pele.

Pipocar, v. Intr. 1. Rebentar, estalar ou saltar como pipoca. 2. Ferver em borbotões.

Pipoqueiro, s. m. Vendedor de pipocas.

Pipote, s. m. Pequena pipa.

Pique[1], s. m. (célt. *pic*). 1. Espécie de lança antiga, terminada em ponta. 2. Sabor picante; pico.

Pique[2], s. m. (de *picar*). 1. Ato de picar o tabaco, nas fábricas de cigarros e charutos. 2. Abertura de emergência na mata, para se ir a certo lugar, mas sem caráter de via permanente. 3. Pirraça, prevenção. 4. Brinquedo infantil, em que uma criança tem de pegar alguma das outras, antes que estas cheguem a um ponto determinado. 5. *Esp.* Em futebol, disparada rápida do jogador com a bola.
A p.: a prumo, verticalmente. *A p. de*: a ponto de; em risco de; quase. *De* ou *por p.*: por teimosia; propositadamente. *Ir a p.*: afundar-se (o navio); arruinar-se. *Meter a p.*: afundar (embarcação).

Piqueiro[1], s. m. (de *pique*[1] + *eiro*). *Ant.* Homem armado de pique (lança).

Piqueiro[2], s. m. (de *picar*). *Taur.* Aquele que pica touros com vara curta.

Piquenique, s. m. (ingl. *picnic*). Pequena excursão festiva no campo, geralmente entre pessoas de diversas famílias, ou de uma sociedade, levando cada um suas próprias provisões; convescote.

Piqueta, s. f. Estaca de madeira que se crava no chão, para demarcar terreno; piquete.

Piquetagem, s. f. Ato ou efeito de piquetar.

Piquetar, v. Tr. dir. Cravar piquetas em.

Piquete, s. m. (fr. *piquet*). 1. Pequeno corpo de tropa que forma guarda avançada. 2. Conjunto de soldados a cavalo, encarregados de uma guarda de honra etc. 3. Turma de trabalhadores a quem compete certo serviço por turno. 4. Pessoa que, a cada passo, está sendo ocupada por outra para trabalho. 5. Tarefa de todos os dias; trabalho habitual. 6. V. *piqueta*.

Pira[1], s. f. 1. Fogueira em que os antigos incineravam cadáveres. 2. *Fig.* Crisol, prova. 3. Vaso em que arde um fogo simbólico.

Pira[2], s. m. Usado na expressão: *Dar o p.*: fugir, safar-se.

Piracema, s. f. 1. Migração anual dos peixes rio acima, na época da desova. 2. Rumor que fazem os peixes, subindo para a nascente do rio, nessa época. 3. Cardume ambulante de peixes.

Piracicaba, s. f. Lugar que, por acidente natural no leito dos rios, como queda-d'água, não permite a passagem dos peixes, sendo por isso favorável à pesca.

Pirajá, s. m. Aguaceiro repentino e curto, acompanhado de ventania, freqüente na costa da Bahia e nos Estados nordestinos.

Pirambeira, s. f. Perambeira.

Piramidal, adj. m. e f. 1. Em forma de pirâmide. 2. *Fig.* Colossal, extraordinário.

Pirâmide, s. f. 1. *Geom.* Corpo de base poligonal e superfícies laterais triangulares que têm um ponto comum chamado *vértice da pirâmide*. 2. Denominação dada aos grandes monumentos de base retangular e de quatro faces triangulares, terminados superiormente em ponta.

Piramido[1], s. m. *Quím.* e *Med.* Substância orgânica antipirética e analgésica; piramidona.

piramido-[2], elem. de comp. (gr: *puramis, idos*). Expressa a idéia de *pirâmide: piramidografia*.

Piramidografia, s. f. Descrição de pirâmides.

Piramidona, s. f. V. *piramido*.

Piranga[1], adj. m. e f. Vermelho. S. m. Barro vermelho.

Piranga[2], adj. e s., m. e f. *Pop.* Diz-se do, ou o indivíduo reles, pelintra. S. f. *Pop.* Falta de dinheiro; pindaíba.

Pirangueiro[1], adj. e s. m. (*piranga*[1] + *eiro*). Diz-se do, ou o pescador apaixonado, que vive sempre à beira dos rios ou das lagoas de anzol à mão.

Pirangueiro[2], adj. (de *piranga*[2] + *eiro*). Desprezível, reles, ridículo.

Piranha, s. f. *Ictiol.* Nome de vários peixes de escama, fluviais, carnívoros, da família dos Caracinídeos.

Pirão, s. m. Qualquer alimento farináceo apresentado na forma de pasta grossa.

Piraquara, s. m. e f. Alcunha com que se designam os moradores das margens do Rio Paraíba do Sul.

Pirar, v. Intr. e pron. *Pop.* Retirar-se à socapa; fugir, safar-se.

Pirarucu, s. m. *Ictiol.* Grande peixe da família dos Osteoglossídeos (*Arapaima gigas*), de água doce, que habita os Rios Amazonas, Tocantins e Araguaia.

Pirata, s. m. 1. Indivíduo que pratica a pirataria; ladrão do mar. 2. *Por ext.* Ladrão. 3. Indivíduo conquistador, sedutor. 4. Tratante, malandro.

Piratagem, s. f. 1. Ação de piratear. 2. Roubo feito por piratas.

Pirataria, s. f. 1. *Dir.* Assalto criminoso, no alto mar ou na costa, praticado pela tripulação ou passageiros de um navio armado, de existência clandestina, contra outro navio, para se apoderar de sua carga, bens, equipagem ou passageiros. 2. *Por ext.* Extorsão, roubo.

Piratear, v. 1. Intr. Exercer a pirataria. 2. Tr. dir. Roubar como os piratas.

Pirático, adj. Relativo a pirata, ou próprio de pirata.

Piratiningano, adj. Paulistano.

Pireliômetro, s. m. *Fís.* Aparelho com que se pode medir a energia calorífica recebida do Sol.

Pirenaico, adj. Relativo aos Pireneus.

pireno-, elem. de comp. (gr. *puren, enos*). Exprime a idéia de *grão de fruto, semente, caroço, núcleo: pirenóide*.

Pirenóide, adj. m. e f. Semelhante a um caroço.

Pires, s. m. sing. e pl. Pratinho sobre o qual se coloca a xícara.

Pirético, adj. Febril.

Píreto, s. m. *Bot.* Planta iridácea (*Ferraria purgans*).

pireto-, elem. de comp. (gr. *puretos*). Expressa a idéia de *calor, febre: piretologia*.

Piretologia, s. f. *Med.* Estudo ou tratado sobre as febres.

Piretológico, adj. Relativo à piretologia.

Piretoterapia, s. f. *Med.* Tratamento por meio de elevação da temperatura do doente.

Pirex (*cs*), s. m. *Tec.* Designação comercial e industrial de um tipo de vidro, caracterizado pela sua resistência a elevadas temperaturas.

Pirexia (*cs*), s. f. *Med.* Acesso febril; febre.

piri-, elem. de comp. (l. *piru*). Exprime a idéia de *pêra: piriforme.*

Pirífora, s. f. *P. us.* V. *pirilampo.*

Piriforme, adj. m. e f. Em forma de pêra.

Pirilampear, v. Intr. Brilhar como pirilampo.

Pirilampejar, v. V. *pirilampear.*

Pirilâmpico, adj. Que tem luz como o pirilampo; fosforescente.

Pirilampo, s. m. *Entom.* Nome comum aos besouros da família dos Lampirídeos, insetos capazes de emitirem luminescência, produzida por vesículas especiais situadas no ápice do abdome; vaga-lume.

Piririca, adj. m. e f. 1. Áspero como lixa. 2. Sirigaita, perereca. S. f. 1. Trecho de rio ligeiramente encachoeirado; pequena corredeira. 2. Ondulação à superfície da água, produzida pelos peixes.

Piriricar, v. 1. Intr. Ondular (a superfície da água do rio). 2. *Fig.* Enrugar a testa; zangar-se. 3. Tr. dir. Comover, tocar.

Pirita, s. f. *Miner.* Bissulfeto natural de ferro, de lustre metálico e cor amarelo-pálida.

Piritífero, adj. Que contém pirita; piritoso.

Piritiforme, adj. m. e f. Que tem a forma de pirita.

Piritoso, adj. V. *piritífero.*

piro-, elem. de comp. (gr. *pur, puros*). Exprime a idéia de *fogo: pirofobia, pirogênese.*

Pirobalística, s. f. Arte de calcular o alcance das armas de fogo.

Piroca, adj. m. e f. 1. Calvo, careca, pelado. 2. Avarento, sovina.

Pirocar, v. 1. Intr. Perder a casca, a pele ou o cabelo. 2. Tr. dir. Descascar, esfolar.

Pirofobia, s. f. *Med.* Pavor doentio ao fogo.

Piróforo, adj. *Quím.* Inflamável. S. m. Substância que se inflama facilmente.

Piroga, s. f. Embarcação comprida, estreita e veloz, usada a remo ou a vela por indígenas da África e da América.

Pirogalato, s. m. *Quím.* Sal do ácido pirogálico.

Pirogálico, adj. *Quím.* Diz-se de um ácido resultante do aquecimento do ácido gálico; pirogalol.

Pirogalol, s. m. *Quím.* V. *pirogálico.*

Pirogenação, s. f. Reação obtida com auxílio do fogo.

Pirogênese, s. f. *Fís.* Produção de calor.

Pirogênico, adj. Produzido pelo calor ou pela ação dele.

Pirogravura, s. f. Arte de gravar com ponta incandescente.

Pirólatra, s. m. e f. Quem pratica a pirolatria.

Pirolatria, s. f. Adoração do fogo.

Pirologia, s. f. Tratado sobre o fogo.

Piromancia, s. f. Adivinhação pelo fogo.

Piromante, s. m. e f. Pessoa que pratica a piromancia.

Piromântico, adj. Relativo à piromancia.

Pirometria, s. f. Processo de medir as altas temperaturas.

Pirométrico, adj. Relativo à pirometria.

Pirômetro, s. m. Instrumento com que se pratica a pirometria.

Pironomia, s. f. *Quím.* Regularização da temperatura nas operações químicas.

Pironômico, adj. Relativo à pironomia.

Piropo, s. m. 1. A cor do fogo. 2. Liga de quatro partes de cobre e uma de ouro, usada pelos antigos. 3. *Miner.* Mineral monométrico, composto essencialmente de silicato de alumínio e magnésio, espécie de granada.

Pirosca, s. f. Gude.

Piróscafo, s. m. Primitivo nome do barco de vapor.

Piroscópio, s. m. *Fís.* Instrumento que, regulado para determinado grau de temperatura, indica que a temperatura atingiu esse grau.

Pirose, s. f. *Med.* Sensação de ardor ou calor, do estômago até à garganta; azia.

Pirosfera, s. f. Nome dado outrora ao núcleo da Terra, suposto em fusão.

Pirotecnia, s. f. 1. Arte de empregar o fogo. 2. Arte de preparar fogos de artifício.

Pirotécnica, s. f. V. *pirotecnia.*

Pirotécnico, adj. Relativo à pirotecnia. S. m. Fabricante de fogos de artifício.

Pirótico, adj. Que cauteriza. S. m. Medicamento para cauterizar.

Piroxênio (*cs*), s. m. *Miner.* Denominação comum a uma família de minerais de composição variável. São silicatos de magnésio, cálcio e ferro, com ou sem óxido de alumínio e óxido de ferro.

Piroxila, s. f. Algodão-pólvora.

Pirraça, s. f. 1. Coisa feita com a intenção de contrariar ou magoar alguém; acinte. 2. Desfeita.

Pirraçar, v. Tr. dir. Fazer pirraça a.

Pirraceiro, adj. e s. m. V. *pirracento.*

Pirracento, adj. e s. m. Que, ou aquele que é dado a fazer pirraças.

Pirralhada, s. f. Conjunto de pirralhos; criançada, pequenada.

Pirralho, s. m. 1. Menino pequeno; criança, guri. 2. Indivíduo de baixa estatura.

Pírrica, s. f. *Antig. gr.* Dança guerreira realizada com as armas na mão.

Pirríquio, s. m. *Metrif.* Pé de verso grego ou latino, composto de duas sílabas breves.

Pirronice, s. f. 1. Qualidade, ato, atitude de pirrônico. 2. Desconfiança sistemática. 3. Obstinação acintosa.

Pirrônico, adj. 1. Que segue a doutrina do pirronismo. 2. Que duvida de tudo. 3. *Fam.* Rabugento, teimoso.

Pirronismo, s. m. 1. *Filos.* Doutrina de Pirro de Elis, filósofo céptico grego (350-270 a. C.), que tinha por base duvidar de tudo; cepticismo. 2. Hábito de duvidar de tudo. 3. *Fam.* Rabugice, teimosia.

Pírtiga, s. f. (l. *pertica*). 1. Vara, varapau. 2. Cabeçalho de carro. Var.: *pértiga.*

Pírtigo, s. m. Parte mais curta e móvel do mangual.

Piruá, s. m. Grão de milho que não rebenta quando se prepara a pipoca.

Pirueta, s. f. 1. Giro sobre um dos pés. 2. Volta dada pelo cavalo sobre uma das patas. 3. Pulo, cabriola.

Piruetar, v. Intr. 1. Fazer piruetas. 2. Cabriolar, saltar.

Pirulito, s. m. 1. Espécie de caramelo cônico, solidificado na extremidade de um palito. 2. *Fig.* Pessoa muito magra.

Pisa, s. f. 1. Ação de pisar. 2. *Fam.* Sova, tunda.

Pisada, s. f. 1. Pegada, rasto. 2. Pisadela.

Pisadela, s. f. Ação ou efeito de pisar; pisada, pisão.

Pisador, adj. e s. m. Que, ou o que pisa.

Pisadura, s. f. 1. Vestígio de pisada. 2. Contusão, equimose. 3. Ferida no lombo dos animais de sela; matadura.

Pisa-flores, s. m. sing. e pl. *Pop.* Homem presumido, adamado, afetado no andar; pisa-verdes, salta-pocinhas.

Pisa-mansinho, adj. Diz-se do indivíduo sonso, manhoso.

Pisano, adj. Relativo à cidade de Pisa (Itália). S. m. Habitante ou natural de Pisa.

Pisão, s. m. 1. Máquina em que se aperta e bate o pano, para o tornar mais consistente e tapado. 2. *Náut.* Pinçote. 3. Pisadela.

Pisar, v. (l. *pinsare*). 1. Tr. dir. e tr. ind. Pôr o pé ou os pés sobre. 2. Tr. ind. e intr. Pôr os pés no chão; andar, caminhar. 3. Tr. dir. Calcar, esmagar com os pés. 4. Tr. dir. Entrar ou ter entrada em. 5. Tr. dir. Magoar com pancadas; contundir. 6. Tr. dir. Amassar, esmagar, macerar, moer. 7. Intr. Mover-se sobre o palco, ao representar.

Pisa-verdes, s. m. sing. e pl. Pisa-flores.

Pisca[1], s. f. (cast. *pizca*). 1. Coisa mínima. 2. Grãozinho. 3. Pó. 4. Fagulha.

Pisca[2], interj. Empregada para açular os cães.

Piscação, s. f. 1. Ação repetida de piscar. 2. *Des.* V. *piscadela.*

Piscadela, s. f. 1. Ação de piscar. 2. Sinal que se faz piscando.
Piscamento, s. m. V. *piscadela.*
Pisca-pisca, s. m. e f. *Fam.* Quem tem o cacoete de piscar constantemente. S. m. 1. Farol que acende e apaga amiúde na sinalização do trânsito. 2. Farolete que indica mudança de direção do veículo em marcha. Pl.: *pisca-piscas.*
Piscar, v. 1. Tr. dir. e intr. Fechar e abrir rapidamente (os olhos). 2. Tr. dir. Dar sinal a, piscando os olhos.
Piscatória, s. f. Composição poética em que aparecem pescadores ou homens do mar.
Piscatório, adj. Relativo à pesca ou aos pescadores.
Pisceo, adj. Relativo a peixe.
Pisces, s. m. pl. *Astr.* Duodécimo signo do zodíaco, representado por dois peixes.
pisci-, elem. de comp. (l. *pisce*). Exprime a idéia de *peixe: piscicultura, piscívoro.*
Piscicultor, s. m. Aquele que se dedica à piscicultura.
Piscicultura, s. f. Arte de criar e multiplicar os peixes.
Pisciforme, adj. m. e f. Que tem forma de peixe.
Piscina, s. f. 1. *Ant.* Reservatório de água onde se criavam peixes. 2. Tanque de água para bebedouro do gado ou lavagem de roupa. 3. Tanque artificial para natação. 4. Pia batismal. 5. O sacramento da penitência.
Piscinal, adj. m. e f. Que vive em piscina.
Piscívoro, adj. Que se alimenta de peixes.
Pisco, adj. 1. Que pisca os olhos. 2. Entreaberto (olho).
Piscoso, adj. Abundante em peixes.
pisi-, elem. de comp. (l. *pisu*). Exprime a idéia de *ervilha: pisiforme.*
Pisiforme, adj. m. e f. Que tem a forma e o tamanho da ervilha.
Piso[1], s. m. (de *pisar*). 1. Modo de pisar. 2. Lugar em que se anda; chão. 3. Andar de um edifício: pavimento. 4. A face superior dos degraus. 5. *Ant.* Propina que as freiras pagavam, ao entrar no convento.
piso-[2], elem. de comp. (gr. *pison*). Exprime a idéia de *ervilha: pisólito.*
Pisoador, s. m. Aquele ou aquilo que pisoa; pisoeiro.
Pisoagem, s. f. V. *pisoamento.*
Pisoamento, s. m. Ato de pisoar; pisoagem.
Pisoar, v. V. *apisoar.*
Pisoeiro, s. m. V. *pisoador.*
Pisolítico, adj. *Geol.* 1. Relativo a pisólito. 2. Que tem os característicos do pisólito.
Pisólito, s. m. 1. Concreção pisiforme do tamanho de uma ervilha. 2. Rocha calcária formada por tais concreções.
Pisotear, v. Tr. dir. 1. Calcar com os pés; espezinhar. 2. Humilhar.
Pisoteio, s. m. Ação de pisotear.
Pisqueiro, adj. Que pisca os olhos.
Pissasfalto, s. m. Variedade de betume semifluido; malta[2] ou pez mineral.
Pissitar, v. (l. *pissitare*). Soltar a voz (o estorninho). S. m. A voz ou grito dessa ave.
Pista, s. f. 1. Rasto que o homem ou os animais deixam no terreno em que passam. 2. Pegada, vestígio. 3. Encalço, procura. 4. *Esp.* Terreno em que correm competidores. 5. Lugar onde se apresentam exercícios de equitação; picadeiro. 6. Parte do hipódromo sobre a qual correm os cavalos. 7. Pavimento para patinar, bailar ou realizar exibições esportivas. 8. Faixa de rodagem nos aeroportos, para operações de decolagem e aterragem. 9. Leito pavimentado das estradas de rodagem. 10. Ranhura ou anel em que correm as esferas ou rolos de um rolamento.
Pistacha, s. f. V. *pistácia.*
Pistacheiro, s. m. V. *pistácia,* acepção 2.
Pistacho, s. m. V. *pistácia,* acepção 2.
Pistácia, s. f. *Bot.* 1. Gênero (*Pistacia*) de arbustos e árvores anacardiáceas com frutos secos ou polposos e sementes oleosas. 2. Árvore desse gênero (*Pistacia vera*), cujas sementes verdes são usadas em culinária e confeitaria. 3. Fruto dessa planta.
Pistão, s. m. 1. V. *êmbolo.* 2. *Mús.* Certo instrumento de sopro.
Pistilado, adj. Provido de pistilo.
Pistilar, adj. m. e f. *Bot.* Relativo ao pistilo.
Pistilo, s. m. *Bot.* Unidade do gineceu composta de ovário, estilete e estigma.
Pistiloso, adj. Que tem pistilo.
Pistola[1], s. f. (tcheco *pistal*). 1. Arma de fogo curta e leve. 2. Canudo de fogo de artifício que dispara glóbulos luminosos.
Pistola[2], s. f. (fr. *pistole*). 1. Antiga moeda de ouro da Espanha, equivalente a dois escudos espanhóis. 2. Nome dado a várias antigas moedas de ouro da Europa.
Pistolaço, s. m. V. *pistolada.*
Pistolada, s. f. Tiro de pistola.
Pistolão, s. m. 1. Espécie de fogo de artifício. 2. Recomendação de pessoa influente; empenho, cunha. 3. Pessoa que faz essa recomendação.
Pistoleiro, s. m. 1. Cavalariano armado de pistola, no século XVI. 2. Bandido ou capanga, matador profissional.
Pistoleta (*ê*), s. f. 1. Pequena pistola. 2. Espécie de jogo de bisca, entre dois parceiros, jogando cada um com nove cartas.
Pita, s. f. 1. Fios da folha da piteira. 2. Trança feita com esses fios. 3. *Bot.* Piteira.
Pitada, s. f. 1. Porção de qualquer substância reduzida a pó que se pode pegar entre o dedo polegar e o indicador, especialmente rapé, sal etc. 2. Pequena porção de qualquer coisa.
Pitadear, v. 1. Intr. Tomar pitadas de rapé. 2. Tr. dir. Sorver pelo nariz. 3. Tr. dir. Acompanhar com pitada.
Pitador, s. m. Fumador, fumante. Fem.: *pitadora.*
Pitagórico, adj. Relativo a Pitágoras ou às suas doutrinas. S. m. Adepto do sistema filosófico de Pitágoras; pitagorista.
Pitagorismo, s. m. Doutrina de Pitágoras, filósofo e matemático grego (século VI a. C.).
Pitagorista, s. m. e f. Sequaz do pitagorismo.
Pitança, s. f. 1. *Ant.* Ração diária. 2. Iguaria extraordinária que se apresenta em dias de festa. 3. Pensão. 4. Esmola da missa. 5. O comer.
Pitanceiro, s. m. *Ant.* Distribuidor das rendas de um convento.
Pitanga[1], s. f. (tupi). *Bot.* 1. Fruto da pitangueira. 2. Pitangueira.
Pitanga[2], s. f. (do tupi). Palavra expletiva, que entra em várias locuções com a significação de *criança, menino.* S. m. Chorão, rezinguento.
Pitangueira, s. f. *Bot.* Planta mirtácea (*Eugenia uniflora*).
Pitão, s. m. V. *píton.*
Pitar, v. Tr. dir. e intr. Cachimbar, fumar.
Pitauá, s. m. *Ornit.* Bem-te-vi.
Pitecantropo (*trô*), s. m. *Paleont.* Ser pertencente a um grupo de primatas extintos, intermediário entre o homem e os antropóides.
piteco- ou **-piteco,** elem. de comp. (gr. *pithekos*). Exprime a idéia de *macaco: pitecantropo, antropopiteco.*
Pitecóide, adj. m. e f. Relativo ou semelhante aos símios.
Piteira[1], s. f. 1. *Bot.* Agave. 2. Aguardente de figos. 3. Bebedeira.
Piteira[2], s. f. (*pitar + eira*). Boquilha para cigarro ou charuto.
Piteireiro, adj. e s. m. *Pop.* Que, ou o que costuma embriagar-se; bêbedo.
Pitém, s. m. *Carp.* Pequena escavação ou entalhe numa viga, a fim de que o prego que terá de prendê-la entre mais fundo e a fixe melhor.
Pitéu, s. m. *Fam.* Iguaria saborosa; gulodice; petisco.
Pítia, s. f. *Ant. gr.* Sacerdotisa de Apolo, a qual pronunciava oráculos, em Delfos.
Pitiático, adj. Relativo ao pitiatismo.
Pitiatismo, s. m. *Med.* Manifestação patológica, de origem funcional, que pode ser engendrada, reproduzida e suprimida pela sugestão ou persuasão.
Pítico, adj. 1. Relativo a pítia. 2. Designativo dos jogos que em Delfos se celebravam em honra de Apolo, Latona e Diana.

Pitimbóia, s. f. Aparelho para auxiliar a pesca dos camarões.

Pitiríase, s. f. *Med.* Nome comum a várias doenças da pele, caracterizadas pela formação de escamas e descamação farelácea.

Pito[1], s. m. 1. Cachimbo. 2. Cigarro. 3. Tubo de borracha por onde se enche a bola de futebol.

Pito[2], s. m. Pequena repreensão.

Pitomba, s. f. *Bot.* 1. Fruto da pitombeira. 2. Pitombeira. 3. *Gír.* Tapa, bofetada. Var.: *pitombo.*

Pitombarana, s. f. *Bot.* Planta sapindácea (*Pseudima fructescens*).

Pitombeira, s. f. *Bot.* Árvore sapindácea e frutífera do Brasil (*Sapindus esculentus*). Var.: *pitomba.*

Pitombo, s. m. V. *pitomba.*

Píton, s. m. (gr. *Phuton,* n. p.). 1. *Mit.* Serpente monstruosa, morta a flechadas por Apolo. 2. *Herp.* Gênero (*Python*) de grandes serpentes distribuídas pela Ásia, África e Austrália. 3. Adivinho, nigromante, mago, feiticeiro.

Pitônico, adj. Que se refere a píton. (acep. 3); mágico, nigromântico.

Pitonisa, s. f. 1. Sacerdotisa de Apolo. 2. Mulher que vive de predizer o futuro; nigromante, profetisa. Var.: *pitonissa.*

Pitoresco (*ê*), adj. 1. Pictórico. 2. Próprio para ser pintado. 3. *Lit.* Picante, imaginoso, pinturesco, original. S. m. Aquilo que é pitoresco.

Pitorra (*ô*), s. f. Pião pequeno; piorra. S. m. e f. Pessoa baixa e gorda.

Pitosga, adj. m. e f. *Pop.* 1. Míope. 2. Que vê pouco. 3. Que pisca os olhos. S. m. e f. 1. Pessoa que vê pouco. 2. Pessoa que pisca constantemente os olhos.

Pitosporáceas, s. f. pl. *Bot.* Família (*Pittosporaceae*) de arbustos e árvores australianos, com flores regulares pentâmeras.

Pitosporáceo, adj. *Bot.* Relativo às Pitosporáceas.

Pitósporo, s. m. *Bot.* Arbusto ornamental da família das Pitosporáceas (*Pittosporum tobira*).

Pitu, s. m. *Zool.* Grande camarão de água doce (*Bithynis acanthurus*).

Pituá, s. m. Pequeno pincel de dourador, feito de sedas finas.

Pituí, s. m. V. *pituim.*

Pituim, s. m. Catinga de preto, suor mal cheiroso; bodum; pitium. Var.: *pituí.*

Pituíta, s. f. *Fisiol.* Humor branco e viscoso, segregado pelas membranas mucosas do nariz e dos brônquios.

Pituitária (*u-i*), s. f. *Anat.* Membrana mucosa, que reveste as fossas nasais; mucosa nasal.

Pituitário (*u-i*), adj. Relativo à pituíta ou que tem o caráter dela.

Pituitoso (*u-i*), adj. Cheio ou abundante de pituíta.

Pituitrina (*u-i*), s. f. Extrato do lóbulo posterior da pituitária (hipófise).

Pitumarana, s. f. *Bot.* Planta gencianácea do Brasil (*Lisianthus serratus*).

Pium (*i-úm*), s. m. *Entom.* Espécie de mosquito, muito miúdo e incômodo, da região do Purus; borrachudo. Var.: *pinhum.*

Piúna, s. f. Árvore silvestre, bignoniácea (*Tecoma araliacea*).

Piúria, s. f. *Med.* Emissão de urina purulenta. Var.: *piuria* (*i-u*).

Piverada, s. f. Guisado em que entra pimenta, azeite, sal, vinagre e alho.

Pivete, s. m. 1. Bastãozinho de substância aromática, que se queima para perfumar. 2. *Gír.* Menino larápio e companheiro de ladrões.

Piveteiro, s. m. Vaso em que se põe ou se queima o pivete.

Pivô, s. m. (fr. *pivot*). 1. Haste metálica destinada a fixar a coroa artificial à raiz de um dente; pino. 2. Dente artificial fixado com haste metálica à raiz. 3. Agente principal. 4. Base, sustentáculo.

Pivotante, adj. f. *Bot.* Diz-se da raiz que é prolongamento direto do caule; que é a principal, ou mestra, da planta.

Pixaim (*a-im*), adj. m. e f. Encarapinhado. S. m. V. *carapinha.* Var.: *pixainho.*

Píxide (*cs*), s. f. *Liturg.* Vaso em que se guardam as hóstias ou partículas consagradas.

Pixídio (*cs*), s. m. *Bot.* Cápsula que se abre por uma fenda transversal, desprendendo-se a parte superior como um opérculo.

Pixuna, s. f. 1. *Zool.* Camundongo selvagem (*Zygodontomys pixuna*). 2. *Bot.* Planta mirtácea (*Eugenia glomerata*). 3. *Bot.* Planta poligonácea (*Coccoloba pixuna*).

Pixurim, s. m. *Bot.* Árvore sul-americana da família das Lauráceas (*Nectandra puchury*), cujos cotilédones grossos, fortemente aromáticos, são usados como sucedâneo de noz-moscada.

Pizicato, s. m. *Mús.* Trecho que, num instrumento de corda, é tocado dedilhando a corda.

Pizza (*pitsa*), s. f. (palavra ital.). Iguaria feita com massa de farinha de trigo, azeite de oliva, anchovas, condimentos, queijo e tomates.

Pizzaria (*pitsaria*), s. f. Estabelecimento onde se preparam e servem pizzas.

Placa, s. f. 1. Folha de metal, vidro, celulóide, cortiça etc., mais ou menos resistente. 2. Chapa metálica com o número de licença de um automóvel ou outro veículo. 3. Suporte de um aparelho de iluminação, que se fixa na parede ou noutra superfície vertical. 4. *Eletr.* Cada uma das chapas de um condensador ou de um acumulador elétrico. 5. Reparo de morteiro. 6. *Pop.* Condecoração, venera.

Placabilidade, s. f. Qualidade de placável.

Placar[1], v. (l. *placare*). V. *aplacar.*

Placar[2], s. m. (fr. *placard*). 1. Quadro, às vezes com dispositivos eletrônicos, em que se marcam os pontos de uma competição esportiva. 2. O mesmo que *marcador,* acepção 2.

Placável, adj. m. e f. Que se pode aplacar.

Placenta, s. f. (l. *placenta*). 1. *Anat.* Órgão mole e esponjoso que se forma no interior do útero, no curso da gestação, e pelo qual se estabelece comunicação nutritiva entre o organismo materno e o feto por intermédio do cordão umbilical. 2. *Bot.* Parte do carpelo a que se prendem os óvulos.

Placentação, s. f. *Bot.* Modo pelo qual os óvulos estão presos à placenta.

Placentário, adj. 1. Relativo à placenta. 2. Provido de placenta. S. m. 1. *Bot.* Placenta longa e estreita, provida de muitos óvulos. 2. *Zool.* Mamífero no qual se desenvolve uma placenta.

Placidez, s. f. 1. Estado ou qualidade de plácido. 2. Serenidade, sossego, tranqüilidade.

Plácido, adj. 1. Sereno, tranqüilo. 2. Brando. 3. Pacífico.

Plácito, s. m. 1. Beneplácito, aprovação. 2. Promessa de vida casta feita pelos bispos. 3. Promessa. 4. Pacto.

placo-, elem. de comp. (gr. *plax, akos*). Exprime a idéia de *placa: placóide.*

Placóide, adj. m. e f. 1. Que tem aspecto de placa. 2. Discóide.

Plaga[1], s. f. (l. *plaga*). 1. Região, país. 2. Trato de terreno. 3. Praia.

Plaga[2], s. f. *Mús.* Antiga designação de um tom musical.

Plagal, adj. m. e f. *(plaga[2] + al). Mús.* Diz-se dos modos de cantochão que têm a nota tônica no 4.° grau da escala.

Plagiador, s. m. V. *plagiário.*

Plagiar, v. Tr. dir. Assinar ou apresentar como seu (trabalho literário ou científico). 2. Imitar, servil ou fraudulentamente.

Plagiário, s. m. Aquele que plagia; plagiador.

Plagiato, s. m. V. *plágio[1].*

Plágio[1], s. m. Ato ou efeito de plagiar; plagiato.

plágio-[2], elem. de comp. (gr. *plagios*). Exprime a idéia de *oblíquo: plagiocéfalo, plagióstomo.*

Plagiocéfalo, adj. Que tem a cabeça obliquamente inclinada.

Plagioclásio, s. m. *Miner.* Feldspato do grupo triclínico no qual as duas direções de clivagem proeminentes são oblíquas uma à outra e que compreende a anortita, a albita, bytownita, labradorita, andesina e oligoclase.

Plagióstomo, adj. *(plágio[2] +estomo). Zool.* Que tem a boca oblíqua ou transversal. S. m. *Ictiol.* Peixe da subclasse dos Plagióstomos. S. m. pl. Subclasse *(Plagiostomi)* de peixes de boca, em forma de *U* invertido. Compreende os tubarões, o anequim, o peixe-martelo e os cações.

Plaina *(ã),* s. f. (de *plana*). *Carp.* Ferramenta para alisar ou afeiçoar superfícies de madeira.

Plainete *(ê)*, s. m. Instrumento para cinzelar metais.
Plaino *(ã)*, adj. Plano. S. m. Planície, campina.
Plana, s. f. Categoria, classe.
Planador, adj. Que plana. S. m. *Av.* Aeroplano sem motor.
Planáltico, adj. 1. Relativo a planalto. 2. Que tem planaltos.
Planalto, s. m. Extensão da superfície do terreno, elevada sobre o nível do mar, quase sem acidentes.
Planar, v. Tr. ind. e intr. Voar em vôo planado; voar em planador.
Plancto, s. m. Conjunto de diminutos seres vivos, vegetais e animais (algas unicelulares, protozoários, entomostráceos, larvas etc.), que flutuam passivamente nas águas dos oceanos ou lagos.
Plâncton, s. m. V. *plancto.* Pl.: *plânctons e plânctones.*
Planear, v. Tr. dir. V. *planejar.*
Planejamento, s. m. 1. Ato ou efeito de planejar. 2. Função ou serviço de preparação do trabalho. 3. Plano de trabalho detalhado.
Planejar, v. Tr. dir. 1. Fazer o plano de; fazer planta de; projetar, traçar, planear. 2. Fazer tenção de; conjeturar, planear. 3. Fazer o planejamento de; elaborar um plano ou roteiro; planear.
Planeta[1] *(ê)*, s. f. (b. 1. *planeta*). Casula sacerdotal.
Planeta[2] *(ê)*, s. m. (gr. *planetes*). *Astr.* Astro desprovido de luz própria, que gravita em torno de uma estrela, particularmente o Sol, que é a única com a qual são diretamente observáveis os planetas.
Planetário, adj. *Astr.* Pertencente ou relativo a planetas. S. m. Instalação que permite representar numa cúpula análoga à abóbada celeste, o conjunto dos movimentos dos corpos celestes.
Planeza, s. f. 1. Estado ou qualidade de plano. 2. Planície.
Plangência, s. f. Estado ou qualidade de plangente.
Plangente, adj. m. e f. 1. Que chora. 2. Lastimoso, triste.
Planger, v. 1. Intr. *Des.* Chorar, lastimar-se. 2. Intr. Soar tristemente. 3. Tr. dir. Anunciar tristemente.
plani-, elem. de comp. (1. *planu*). Exprime a idéia de *plano, chato: planicórneo, planifólio, planisfério.*
Planície, s. f. Grande extensão de terras mais ou menos planas.
Planicórneo, adj. *Zool.* Que tem cornos achatados.
Planificação, s. f. Ato ou efeito de planificar; planejamento.
Planificar, v. Tr. dir. 1. Traçar ou desenhar num plano (os vários acidentes de uma perspectiva). 2. Desenvolver num plano (uma superfície curva). 3. Estabelecer planos para implantação ou execução de serviços.
Planifólio, adj. *Bot.* Que tem folhas planas.
Planiforme, adj. m. e f. De forma achatada.
Planimetria, s. f. Arte de medir superfícies planas.
Planímetro, s. m. Instrumento de medição para medir superfícies planas de forma irregular.
Planipene, adj. m. e f. *Zool.* Que tem penas ou asas planas.
Planisférico, adj. Relativo ao planisfério.
Planisfério, s. m. Mapa em que as duas metades do globo celeste ou terrestre estão representadas sobre uma superfície plana.
Plano, adj. 1. Diz-se de uma superfície tal, que toda a reta, que une dois quaisquer dos seus pontos, está inteiramente compreendida nessa superfície. 2. Em que não há desigualdades nem diferenças de nível; raso, liso. 3. Acessível, fácil. 4. Claro, patente. S. m. 1. Superfície plana. 2. Planta de uma cidade, de uma praça ou de um edifício. 3. *Bel-ar.* Arranjo ou disposição geral de uma obra. 4. Programa, projeto. 5. Desígnio, intenção.
Planqueta *(ê)*, s. f. (fr. *planchette*). Projétil constituído de duas malhas de ferro ligadas, que se empregava em combates navais para desmastrear navios.
Planta, s. f. 1. Qualquer vegetal. Col. (quando frutíferas): *pomar;* (quando legumes): *horta;* (quando novas, para transplante): *viveiro, alfobre, tabuleiro;* (quando de uma região): *flora;* (quando secas, para classificação): *herbário.* 2. Vegetal que não dá madeira. 3. Parte ventral do pé; sola do pé. *Constr.* Desenho que representa todas as particularidades de um edifício projetadas numa superfície horizontal.
Plantação, s. f. (1. *plantatione*). 1. Ato ou efeito de plantar; plantio. 2. Aquilo que se plantou. 3. Terreno plantado.
Plantador, adj. e s. m. Que, ou aquele que planta.
Plantagináceas, s. f. pl. *Bot.* Família *(Plantaginaceae)* de plantas herbáceas, com folhas de disposição espiralada.
Plantagináceo, adj. *Bot.* Relativo à família das Plantagináceas.
Plantão, s. m. (fr. *plantom*). 1. Serviço policial, distribuído diariamente a um soldado, dentro da respectiva caserna, companhia etc. 2. Serviço noturno em farmácias, hospitais, redações de jornais etc.
Plantar[1], adj. m. e f. (*planta* + *ar*). Relativo à planta do pé.
Plantar[2], v. (1. *plantare*). 1. Tr. dir. Meter no solo e cobrir com terra vegetal para criar raízes e crescer. 2. Tr. dir. Fincar no solo (estacas) para crescer. 3. Tr. dir. Semear, cultivar. 4. Tr. dir. Amanhar. 5. Tr. dir. Criar, estabelecer, fundar. 6. Pron. Colocar-se, conservar-se, estacionar. 7. Tr. dir. Introduzir no ânimo; incutir, insinuar.
Plantel, s. m. 1. *Zootéc.* Conjunto de animais de raça fina, selecionada. 2. *Esp.* Conjunto selecionado de jogadores.
planti-, elem. de comp. (1. *planta*). Exprime a idéia de *planta: plantígrado.*
Plantígrado, adj. Que anda sobre toda a superfície plantar. S. m. *Zool.* Espécime dos Plantígrados. S. m. pl. Grupo *(Plantigrada)* de mamíferos que andam sobre as plantas dos pés, como o urso.
Plantio, s. m. V. *plantação.*
Plantonista, s. m. e f. Pessoa encarregada de um plantão.
Plântula, s. f. *Bot.* Embrião vegetal que começa a desenvolver-se pelo ato da germinação.
Planura, s. f. 1. Planície. 2. Planalto.
Plaquê, s. m. (fr. *plaqué*). 1. Folha delgada de metal precioso, que reveste objetos ou ornatos de metal ordinário. 2. Metal, de pouco valor, que se emprega na fabricação de objetos de adorno imitando ouro.
Plaqueta *(ê)*, s. f. (fr. *plaquette*). 1. Placa pequena. 2. Volume impresso, de poucas páginas — *P. sangüínea, Anat.:* corpúsculo do sangue, de importância na hemóstase.
-plase, elem. de comp. (gr. *plasis*). Exprime a idéia de *formação, ato de modelar, ficção, invenção: metaplase.*
-plasia, elem. de com. O mesmo que *plase.*
Plasma, s. m. (gr. *plasma)* 1. *Fisiol.* Parte líquida do sangue, constituída do soro e do fibrinogênio, em que se encontram suspensos os glóbulos. 2. *Biol.* Protoplasma ou citoplasma. 3. *Miner.* Variedade de calcedônia, fracamente translúcida, de vários matizes de verde.
Plasmado, adj. Feito, modelado, constituído, organizado.
Plasmar, v. Tr. dir. Modelar em barro, gesso, etc.
Plásmase, s. f. (de *plasma*). *Med.* Trombina.
Plasmático, adj. Relativo ao plasma.
plasmo-, elem. de comp. (gr. *plasma*). Exprime a idéia de *plasma, citoplasma, protoplasma: plasmodesmo.*
Plasmodesmo, s. m. *Biol.* Conjunto de prolongamentos citoplásmicos que ligam as células entre si.
Plasmódio, s. m. *Biol.* Massa multinuclear de protoplasma, provida de motilidade, resultante de células primitivamente independentes.
Plástica, s. f. 1. Arte de plasmar. 2. *Cir.* Processo de reconstituir uma parte deformada do corpo humano. 3. Conformação geral do corpo humano.
Plasticidade, s. f. Qualidade ou estado do que é plástico.
Plasticina, s. f. V. *plastilina.*
Plasticizar, v. Tr. dir. 1. Tornar plástico, moldável. 2. Dar expressão plástica a; dar forma a.
Plástico, adj. 1. Relativo à plástica. 2. Que tem o poder ou a virtude de formar. 3. Suscetível de ser modelado com os dedos ou com instrumentos.
Plastídio, s. m. Qualquer órgão especializado da célula com exclusão do núcleo e do centrossomo, tal como o cloroplasto e o cromoplasto.
Plastificar, v. V. *plasticizar.*
Plastilina, s. f. *Escult.* Massa para modelar, que não endurece, feita de argila misturada com óleo ou cera. Var.: *plasticina.*

Plastrão, s. m. (fr. *plastron*). 1. Gravata larga. 2. Almofada de esgrimista. 3. Couraça. 4. *Zool.* Parte ventral da carapaça das tartarugas. 5. *Anat.* Esterno dos mamíferos com as cartilagens costais.

Plataforma, s. f. 1. Superfície plana, horizontal, mais alta que a área adjacente. 2. Parte elevada, à altura do estribo dos vagões, nas estações de estradas de ferro, para facilitar o embarque e desembarque dos passageiros. 3. Base permanente ou temporária para a montagem de canhões. 4. Terraço, eirado. 5. Vagão raso ou sem bordos. 6. *Geol.* Área plana da superfície terrestre sólida, acima ou abaixo da superfície do mar, que se eleva acima das áreas adjacentes e é geralmente menor que um planalto. 7. *Pop.* Simulacro, aparência. 8. Programa de governo. 9. Discurso solene em que o candidato expõe esse programa.

Platanáceas, s. f. pl. *Bot.* Família *(Platanaceae)* de árvores com grandes folhas palmadas. Compreende os olmos.

Platanáceo, adj. *Bot.* Relativo às Platanáceas.

Plátano, s. m. *Bot.* Árvore tipo das Platanáceas *(Platanus orientalis).*

Platéia, s. f. 1. Pavimento de uma sala de espetáculo entre o palco e os camarotes. 2. Conjunto dos espectadores que estão nesse lugar.

Platelminte, s. m. V. *platielminto.*

Platelminto, s. m. V. *platielminto.*

plati-, elem. de comp. (gr. *platus*). Exprime a idéia de *chato, plano, dilatado: platirrostro.*

Platibanda, s. f. (fr. *plate-bande*). 1. *Constr.* Grade ou muro que contorna a plataforma de um edifício. 2. *Arquit.* Moldura chata mais larga que saliente. 3. Bordadura de canteiros de jardins.

Platicarpo, s. m. *Bot.* Fruto achatado.

Platicefalia, s. f. Qualidade ou estado de platicéfalo.

Platicéfalo, adj. 1. Que tem cabeça chata. 2. Cuja parte superior é achatada.

Platicúrtico, adj. *Est.* Diz-se da curva de freqüência mais achatada que a curva de Gauss.

Platidátilo, adj. Que tem dedos achatados ou largos. Var.: *platidáctilo.*

Platielminte, s. m. V. *platielminto.*

Platielmíntio, s. m. V. *platielminto.*

Platielminto, s. m. *Zool.* Espécime dos Platielmintos. S. m. pl. Ramo *(Platyhelminthes)* de vermes achatados dorsoventralmente, hermafroditas. Vars.: *platelminte, platelminto, platielminte* e *platielmíntio.*

Platiglosso, adj. *Zool.* Que tem língua larga.

Platilobulado, adj. *Bot.* Que tem lóbulos ou segmentos largos.

Platina[1], s. f. *Quím.* Elemento metálico precioso, muito pesado. Símbolo Pt, número atômico 78, massa atômica 195,23.

Platina[2], s. f. (fr. *platine*). 1. Presilha ou pestana no ombro dos uniformes militares. 2. Peça chata para diversos usos ou instrumentos. 3. Parte superior da base do microscópio, sobre à qual se fixa a lâmina de vidro com o material a ser observado.

Platinado, s. m. 1. *Mec.* Contato que distribui a corrente na devida seqüência para as velas dos cilindros de motores a explosão. 2. *Eletr.* Ponto de contato.

Platinador, s. m. O que platina.

Platinagem, s. f. Ato ou operação de platinar.

Platinar, v. Tr. dir. 1. Revestir de uma casquinha de platina. 2. Branquear com uma liga de estanho e mercúrio.

Platineuro, adj. *Bot.* Cujas nervuras são largas.

Platino, adj. Relativo à região do Rio da Prata. S. m. O natural dessa região.

Platinotipia, s. f. Processo de impressão fotográfica em chapas revestidas de sais de platina.

Platípode, adj. m. e f. *Zool.* Que tem pés chatos. 2. *Bot.* Que tem o pedúnculo chato ou largo.

Platirrinia, s. f. Qualidade ou estado de platirrino.

Platirrino, adj. Que tem o nariz achatado. S. m. pl. Superfamília *(Platyrrhina)* de macacos do Novo Mundo, que se caracterizam, principalmente, pela presença de septo nasal largo e narinas voltadas para os lados.

Platirrostro *(ô)*, adj. *Zool.* De bico ou focinho largo.

Platispermo, s. m. *Bot.* Semente chata.

Platiúro, adj. *Zool.* Que tem cauda chata.

Platô, s. m. (fr. *plateau*) 1. Planalto. 2. *Autom.* Parte móvel do sistema de embreagem.

Platônico, adj. 1. Relativo a Platão ou à sua filosofia. 2. Desligado de interesses ou gozos materiais; ideal, casto: Amor *p.* 3. Sem efeito: Protesto *p.*

Platonismo, s. m. 1. Filosofia de Platão, fisósofo grego (428 ou 427-348 ou 347 a. C.). 2. Caráter ou qualidade do que é platônico.

Plausibilidade, s. f. Qualidade de plausível.

Plausível, adj. m. e f. Digno de aplauso. 2. Razoável, aceitável.

Plaustro, s. m. *Antig. rom.* e *Poét.* Carro descoberto.

Plebe, s. f. Classe de condição mais baixa da sociedade; povo, massa, populacho, ralé.

Plebeidade *(e-i)*, s. f. Qualidade de plebeu; plebeísmo.

Plebeísmo, s. m. 1. Plebeidade. 2. Modo, frase ou palavra peculiar à plebe.

Plebeizar *(e-i)*, v. Tr. dir. Tornar plebeu.

Plebeu, adj. Relativo à plebe. S. m. Indivíduo da plebe. Fem. *plebéia.*

Plebiscitário, adj. Relativo a plebiscito.

Plebiscito, s. m. 1. *Antig. rom.* Voto ou decreto passados em comício. 2. Voto do povo por *sim* ou *não.*

plecto-, elem. de comp. (gr. *plektos*). Exprime a idéia de *trançado, entrelaçado: plectógnato.*

Plectógnato, adj. *Ictiol.* Relativo aos Plectógnatos. S.m. pl. Ordem *(Plectognathi)* de peixes teleósteos, marinhos, que apresentam o corpo nu, mas não raro coberto de espinhos ou de placas ósseas. Estes peixes compreendem os baiacus, o peixe-lua, o peixe-porco e a taoca.

Plectro, s. m. 1. *Ant.* Pequena vara de marfim, com que se feriam as cordas da lira. 2. Gênio poético; poesia.

Plèiada, s. f. V. *plêiade.*

Plèiade, s. f. (gr. *pleias, ados*). 1. *Astr.* Cada uma das estrelas da constelação das Plêiades. 2. Grupo de pessoas ilustres ou de certa classe. S. f. pl. Grupo de estrelas na constelação do Touro, vulgarmente conhecido por *Sete-Estrelo.*

Pleiocásio, s. m. *Bot.* Inflorescência definida ou cimeira, cujo eixo principal, terminado por uma flor, é subdividido em ramos laterais.

Pleistoceno, adj. e s. m. *Geol.* V. *plistoceno.*

Pleiteador, adj. e s. m. Que, ou o que pleiteia; pleiteante.

Pleiteante, adj. e s. m. e f. V. *pleiteador.*

Pleitear, v. 1. Tr. dir. Demandar em juízo; litigar. 2. Tr. dir. Defender em pleito. 3. Tr. ind e intr. Ter pleito; discutir. 4. Tr. dir. Defender, sustentar em discussão. 5. Tr. dir. Participar de concurso para obter; concorrer.

Pleito, s. m. 1. Litígio. 2. Questão em juízo. 3. Demanda. 4. Discussão, lide, disputa.

Plenamente, adv. De modo pleno; inteiramente. S. m. Grau de aprovação em exames.

Plenário, adj. Pleno, inteiro, completo. S. m. 1. Tribunal ou assembléia, em que tomam parte nos trabalhos todos ou quase todos os membros que possuem direito de deliberação. 2. O conjunto desses membros. 3. Tribunal do júri.

pleni-, elem. de comp. (1. *plenu*). Exprime a idéia de *cheio, pleno: plenicórneo, plenirrostro.*

Plenicórneo, adj. *Zool.* Que tem os cornos maciços.

Plenificar, v. Tr. dir. Tornar pleno; preencher.

Plenilunar, adj. m. e f. Relativo a plenilúnio.

Plenilúnio, s. m. A Lua cheia.

Plenipotência, s. f. Pleno poder.

Plenipotenciário, adj. Que tem plenos poderes. S. m. *Dir.* Agente diplomático investido da missão de representar o governo de seu país junto do de potência estrangeira.

Plenirrostro *(ó)*, adj. *Zool.* Que tem o bico inteiro, isto é, nem denteado nem chanfrado.

Plenitude, s. f. Estado ou qualidade de pleno.

Pleno, adj. 1. Cheio, completo, inteiro. 2. Perfeito, total, absoluto. 3. Diz-se da sessão a que assistem todos os membros de uma assembléia, de um tribunal etc.

Pleonasmo, s. m. 1. *Gram.* Repetição, no falar ou no escrever, de idéias ou palavras que tenham o mesmo sentido, feita de forma consciente *(vi com meus próprios olhos)* ou não *(subi para cima)*. 2. Superfluidade, inutilidade.

Pleonástico, adj. Em que há pleonasmo; redundante.

Pleorama, s. m. Quadro movediço, que se desenrola aos olhos do espectador.

Pleroma, s. m. *Bot.* Tecido secundário novo que constitui o cilindro central das plantas.

Plerose, s. f. *Med.* Restauração das forças perdidas, depois de uma doença.

Plerótico, adj. *Med.* 1. Relativo à plerose. 2. Que servia para favorecer a regeneração dos tecidos nas chagas.

plesio-, elem. de comp. (gr. *plesion*). Exprime a idéia de *próximo, vizinho: plesiossauro.*

Plesiossauro, s. m. *Paleont.* Gênero *(Plesiosaurus)* de répteis marinhos do Mesozóico da Europa e da América do Norte, de pescoço muito longo, cabeça pequena e quatro membros desenvolvidos como nadadeiras para natação.

Plessometria, s. f. Emprego do plessômetro.

Plessométrico, adj. Relativo à plessometria.

Plessômetro s. m. *Med.* Instrumento com o qual se pratica a percussão mediata.

Pletora *(ó)*, s. f. 1. *Med.* Estado que se caracteriza por turgescência vascular e excesso de sangue. 2. *Bot.* Excesso de seiva, que dificulta a florescência e frutificação das plantas. 3. Qualquer superabundância indesejável.

Pletórico, adj. 1. Relativo a pletora. 2. Que tem pletora.

Pleura, s. f. *Anat.* Cada uma das membranas serosas que cobrem as paredes da cavidade torácica e a superfície dos pulmões.

Pleural, adj. m. e f. Relativo à pleura.

Pleuris, s. m. *Med.* Inflamação da pleura; pleurisia, pleurite.

Pleurisia, s. f. V. *pleuris.*

Pleurite, s. f. V. *pleuris.*

Pleurítico, adj. 1. Relativo à pleurisia. 2. Produzido pela pleurisia. S. m. Aquele que sofre de pleurisia.

pleuro-, elem. de comp. (gr. *pleura*). Exprime relação com a *pleura* ou com o *flanco; pleurocele.*

Pleurocele, s. f. *Med.* Hérnia de tecido pulmonar ou da pleura.

Pleurodinia, s. f. *Med.* Dor reumática nos músculos intercostais.

Pleurodínico, adj. Relativo à pleurodinia.

Pleurodonte, adj. m. e f. *Zool.* Diz-se dos dentes implantados não nos alvéolos, e sim soldados ao lado do maxilar.

Pleuronecto, s. m. *Ictiol.* Gênero *(Pleuronectes)* de peixes chatos, assimétricos.

Pleuropneumonia, s. f. *Med.* Pleuris complicada com pneumonia.

Plexo *(cs)*, s. m. (l. *plexu*). 1. *Anat.* Rede formada pelo entrelaçamento ou anastomose de muitas ramificações de nervos ou de quaisquer vasos sangüíneos. — *P. coróide:* prega altamente vascularizada da pia-máter, nos ventrículos cerebrais, que segrega o líquido cefalorraquidiano.

Plica, s. f. *Anat.* e *Zool.* 1. Dobra, ruga. 2. Sinalzinho em forma de acento agudo, que se põe por cima ou ao lado de letras a que se quer dar acentuação aguda, e que se usa também sobre letras algébricas.

Plicar, v. (l. *plicare*). Tr. dir. 1. Pôr plicas em. 2. Acentuar com plicas. 3. Dobrar, preguear.

Plicatura, s. f. Dobradura, dobragem, dobra, ruga.

Plinto, s. m. Base quadrangular de uma coluna, de um pedestal de estátua ou monumento.

plio-, elem. de comp. (gr. *pleion*). Exprime a idéia de *mais numeroso: plioceno.*

Plioceno, adj. *Geol.* Diz-se da quinta e última época do Período Terciário e que sucedeu ao Mioceno. S. m. Essa época.

Pliofilia, s. f. *Bot.* Aumento anormal do número de folíolos numa folha composta. Var.: *pleiofilia.*

Plissado, adj. Em que se fez plissê. S. m. Plissê.

Plissagem, s. f. Operação de plissar.

Plissar, v. Tr. dir. Fazer plissê ou plissado em.

Plissê, adj. e s. m. (fr. *plissê*). Série de pregas feitas num tecido que, graças à ação do calor, não se desmancham; plissado.

plisto-, elem. de comp. (gr. *pleistos*). Exprime a idéia de *o mais numeroso: plistoceno.*

Plistoceno, adj. *Geol.* Relativo ou pertencente à época mais antiga do Período Quaternário. S. m. Essa época. Var.: *pleistoceno.*

Pluma, s. f. 1. Pena de ave, especialmente as que se destinam a adorno. 2. Pena de escrever. 3. Flâmula. 4. *Náut.* Nome de diversos cabos náuticos. Adj. m. e f. 1. Diz-se do que pesa pouco, que é macio ou fofo: Cal *p.* 2. Diz-se do algodão descaroçado: Algodão *p.*

Plumaceiro, s. m. 1. Aquele que prepara ou vende plumas. 2. O que faz plumaços.

Plumacho, s. m. V. *plumaço.*

Plumaço, s. m. 1. Adorno de plumas para enfeitar cavalos etc. 2. *P. us.* Plumagem.

Plumagem, s. f. 1. Conjunto das penas de uma ave. 2. Penas para adorno.

Plumão, s. m. Penacho de plumas.

Plumar, v. Tr. dir. V. *emplumar.*

Plumário, s. m. *Antig. rom.* Bordador que, por meio de agulha, representava, em telas, várias figuras, especialmente aves.

Plumbagina, s. f. Substância mineral, escura, de que se fazem lápis; grafita.

Plumbagináceas, s. f. pl. *Bot.* Família *(Plumbaginaceae)* de plantas largamente distribuídas em regiões salobras, que têm folhas basais ou alternadas.

Plumbagináceo, adj. *Bot.* Relativo às Plumbagináceas.

Plumbaginoso, adj. Em que há chumbo.

Plumbato, adj. 1. Relativo a chumbo. 2. Designativo dos antigos diplomas que levam selo de chumbo.

Plumbear, v. Tr. dir. Dar aparência ou cor de chumbo a.

Plúmbeo, adj. 1. De chumbo. 2. Que tem a cor do chumbo. 3. Pesado como chumbo.

Plúmbico, adj. 1. Relativo ao chumbo. 2. Que contém chumbo.

Plumbífero, adj. Que contém chumbo.

Plumboso, adj. 1. Que tem chumbo. 2. *Quím.* Designativo de um dos óxidos de chumbo.

Plumeiro, s. m. Penacho.

Plúmeo, adj. *Poét.* 1. Relativo a plumas. 2. Que tem plumas; emplumado.

plumi-, elem. de comp. (l. *pluma*). Exprime a idéia de *pluma, pena: plumícolo.*

Plumícolo, adj. *Ornit.* Que tem plumas no pescoço.

Plumilha, s. f. 1. Pequena pluma para adorno. 2. Pequeno enfeite, semelhante a uma pluma.

Plumista, s. m. e f. 1. Negociante de plumas. 2. Quem prepara plumas.

Plumitivo, s. m. *Pej.* Jornalista.

Plumoso, adj. 1. Coberto de plumas. 2. Em forma de pluma.

Plúmula, s. f. 1. *Bot.* Gomo terminal de plântula, que dá origem ao caule e às folhas. 2. Pena pequena.

plúmuli-, elem. de comp. (l. *plumula*). Exprime a idéia de *pequena pluma, plúmula: plumuliforme.*

Plumuliforme, adj. m. e f. *Bot.* Em forma de plúmula ou pena.

Plural, adj. m. e f. *Gram.* Diz-se do número gramatical que designa mais de uma pessoa, animal ou coisa. S. m. Flexão nominal ou verbal que exprime, respectivamente, a existência de mais de um ser ou a prática da ação por mais de um ser.

Pluralidade, s. f. 1. O maior número; o geral. 2. Multiplicidade. 3. Grande número; multidão. 4. Qualidade atribuída a mais de uma pessoa ou coisa.

Pluralismo, s. m. *Filos.* Doutrina ou sistema que admite a coexistência de mais de um ou dois (monismo, dualismo) princípios ou substâncias últimas.

Pluralização, s. f. Ato ou efeito de pluralizar.

Pluralizar, v. Tr. dir. 1. Pôr no plural. 2. Usar no plural. 3. Aumentar em número; multiplicar.

pluri-, elem. de comp. (l. *plure*). Designativo de um número indeterminado, menor que o designado pelos prefixos *multi* e *poli*: *pluridentado*.

Pluriarticulado, adj. Que tem muitos artículos.

Pluricelular, adj. m. e f. *Bot.* 1. Que abrange várias células. 2. Constituído de muitas células.

Pluridentado, adj. *Zool.* Provido de muitos dentes.

Plurifloro, adj. *Bot.* Com muitas flores.

Plurilíngüe, adj. m. e f. 1. Relativo a diversas línguas. 2. Que fala diversos idiomas; poliglota.

Plurilobulado, adj. Com muitos lóbulos.

Plurilocular, adj. m. e f. *Bot.* Com muitos lóculos.

Plurinominal, adj. m. e f. Que tem muitos nomes.

Pluriovulado, adj. *Bot.* Que tem muitos óvulos.

Pluripartidarismo, s. m. *Polít.* Existência em um país de vários partidos.

Pluripartido, adj. *Bot.* Diz-se do cálice em que o número de divisões não se fixa.

Pluripétalo, adj. V. *polipétalo.*

Plurissecular, adj. m. e f. Multissecular.

Plurisseriado, adj. *Bot.* Disposto em várias séries.

Plurivalve, adj. m. e f. V. *multivalve.*

Plutão, s. m. 1. *Astr.* Planeta do sistema solar, descoberto em 1930. 2. *Poét.* O fogo.

Plutarco, s. m. Cronista de vidas ilustres; biógrafo, à semelhança de Plutarco, historiador e moralista grego (50-120).

Plúteo, s. m. *Antig. rom.* Parede baixa que fechava a parte inferior de um intercolúnio.

pluto-, elem. de comp. (gr. *ploutos*). Exprime a idéia de *riqueza: plutocracia.*

Plutocracia, s. f. 1. Influência preponderante dos ricos no governo de uma nação. 2. Classe dominante de homens ricos.

Plutocrata, s. m. e f. Pessoa influente pela sua riqueza.

Plutocrático, adj. Relativo a plutocrata ou à plutocracia.

Plutônico, adj. *Geol.* Diz-se das rochas eruptivas produzidas pela ação do fogo subterrâneo; ígneo.

Plutônio[1], adj. Relativo a Plutão, rei mitológico dos infernos.

Plutônio[2], s. m. *Quím.* Elemento metálico radiativo da série dos actinídeos, semelhante quimicamente ao urânio. Símbolo Pu, número atômico 94.

Plutonismo, s. m. *Geol.* Teoria segundo a qual as rochas ígneas são magma solidificado, originado a grande profundidade.

Plutonista, adj. e s., m. e f. Que, ou pessoa que é aderente do plutonismo.

Pluvial, adj. m. e f. 1. Relativo à chuva.; pluviátil. 2. Proveniente da chuva. S. m. *Ecles.* Capa de asperges.

Pluviátil, adj. m. e f. V. *pluvial.*

plúvio-, elem. de comp. (l. *pluviu*). Exprime a idéia de *chuva: pluviômetro.*

Pluviômetro, s. m. *Meteor.* Instrumento para medir a precipitação de chuva caída em dado lugar e em determinado tempo; udômetro.

Pluvioso[1], adj. (l. *pluviosu*). *Poét.* Chuvoso.

Pluvioso[2], s. m. (fr. *pluviôse*). Quinto mês do calendário da Revolução Francesa (de 20, 21 ou 22 de janeiro a 19, 20 ou 21 de fevereiro).

Pneu, s. m. Forma abrev. de *pneumático.*

Pneuma, s. m. *Med.* e *Filos. ant.* Princípio vital ou força causadora da respiração e do pulso, da qual depende a vida e cujo enfraquecimento causa as doenças.

Pneumática, s. f. Ramo da Física que trata dos gases sob o ponto de vista de seus movimentos.

Pneumático, adj. Relativo ao ar. S. m. Coberta externa, de borracha e tecido, da câmara-de-ar da roda de um veículo.

pnêumato-, elem. de comp. (gr. *pneuma, atos*). Exprime a idéia de *espírito, sopro, ar, gás, vapor: pneumatologia.*

Pneumatologia, s. f. *Med.* Tratado do ar, dos gases e de suas propriedades, principalmente terapêuticas.

Pneumatológico, adj. Relativo à pneumatologia.

Pneumatologista, s. m. e f. Quem se ocupa de pneumatologia; pneumatólogo.

Pneumatólogo, s. m. V. *pneumatologista.*

Pneumatose, s. f. *Med.* Estado mórbido pelo acúmulo de gás em alguma cavidade natural do organismo.

Pneumectomia, s. f. *Cir.* Excisão total ou parcial de um pulmão.

pneumo-, elem. de comp. (gr. *pneumon*). Exprime a idéia de ar: *pneumoderma; pulmão: pneumocele.*

Pneumobrânquio, adj. *Ictiol.* Diz-se dos peixes que respiram por brânquias e pulmões.

Pneumocele, s. f. *Med.* Hérnia do pulmão. Var.: *pneumatocele.*

Pneumococia, s. f. *Med.* Infecção do organismo por pneumococos.

Pneumococo *(có),* s. m. *Bacter.* Bactéria *(Diplococcus pneumoniae),* que produz a pneumonia aguda.

Pneumoconiose, s. f. *Med.* Doença dos pulmões, decorrente da inalação habitual de ar que contém em suspensão partículas minerais ou metálicas.

Pneumogástrico, adj. Comum ao pulmão e ao estômago.

Pneumólise, s. f. *Cir.* Separação do pulmão de aderências pleurais inflamatórias.

Pneumolitíase, s. f. *Med.* Doença caracterizada pela formação de concreções nos pulmões.

Pneumologia, s. f. *Med.* Tratado acerca dos pulmões.

Pneumológico, adj. Relativo à pneumologia.

Pneumonalgia, s. f. *Med.* Dor no pulmão.

Pneumonálgico, adj. Relativo à pneumonalgia.

pneumone- ou **pneumono-,** elem. de comp. (gr. *pneumon, onos*). Exprime a idéia de *pulmão: pneumonalgia.*

Pneumonia, s. f. *Med.* Inflamação do parênquima pulmonar. — *P. aguda:* doença infecciosa, aguda, do pulmão, produzida pela bactéria *Streptococcus pneumoniae.*

Pneumônico, adj. Relativo à pneumonia . S. m. Doente de pneumonia.

Pneumopericárdio, s. m. *Med.* Pneumatose no pericárdio.

Pneumoperitônio, s. m. *Med.* Derrame gasoso no peritônio.

Pneumopléctico, adj. Relativo à pneumoplegia. Var.: *pneumoplético.*

Pneumoplegia, s. f. *Med.* Paralisia do pulmão.

Pneumopleurisia, s. f. *Med.* Inflamação do pulmão e da pleura.

Pneumopleurítico, adj. Relativo à pneumopleurisia.

Pneumorragia, s. f. *Med.* Hemorragia pulmonar.

Pneumorrágico, adj. Relativo à pneumorragia.

Pneumotomia, s. f. *Cir.* Incisão do pulmão.

Pneumotômico, adj. Relativo à pneumotomia.

Pneumotórax *(cs),* s. m. sing. e pl. *Med.* Acumulação de ar ou gás na cavidade pleural. — *P. artificial* ou *terapêutico:* método de tratamento da tuberculose pulmonar pela introdução de ar na cavidade pleural.

Pó, s. m. (l. **pulu*, de **puluu* por *pulvis*). 1. Finíssimas partículas de terra seca ou de qualquer outra substância; poeira. 2. Substância constituída de partículas tenuíssimas de qualquer coisa sólida que se submeteu à moagem, trituração etc.: *Pó* de vidro, *pó* de café. 3. Polvilho. 4. Rapé. 5. Coisa sem valor. S. m. pl. Substância pulverizada de emprego medicinal ou industrial. — *Pó-de-arroz*: pó fino e perfumado, para o rosto. *Pó-de-faca:* pó de polir metais; trípole. *Pó-de-mico:* designativo das pilosidades urticantes de certas plantas. *Pó-de-sapato:* pó escuro fornecido pela fuligem ou pela combustão de certas substâncias (marfim etc.), que entra na composição da graxa e serve para diferentes usos; negro-de-fumo.

Moder o pó: a) cair por terra; b) morrer.

Poaia[1], s. f. 1. *Bot.* Ipecacuanha. 2. *Farm.* Nome genérico das raízes eméticas de várias plantas.

Poaia[2], adj. m. e f. Diz-se da pessoa sem graça, antipática.

Pobre, adj. m. e. f. (l. *paupere*). 1. Desprovido ou mal provido do necessário. 2. Que tem poucas posses. 3. Que tem pouco dinheiro. 4. Relativo à pobreza ou caracterizado por ela. 5. Que indica pobreza. 6. Pouco fértil, pouco produtivo. 7. De pouco valor, de baixo teor da substância ou qualidade característica: Carvão *p.* 8. Mal dotado, pouco favorecido. 9. Desprotegido, digno de compaixão; infeliz. Sup. abs. sint.: *pobríssimo* e *paupérrimo.* S. m. e f. 1. Pessoa pobre. 2. Mendigo, pedinte. Aum.: *pobretão*; dim. irr.: *pobrinho* e *pobrete.*

Pobretão, s. m. 1. Homem muito pobre. 2. Aquele que mendiga sem necessidade. Fem.: *pobretona.*

Pobrete (*ê*), adj. 1. Um tanto pobre. 2. Digno de compaixão. S. m. Homem digno de compaixão.

Pobreza, s. f. 1. Estado ou qualidade de pobre. 2. Estreiteza de posses, de haveres; falta de recursos; escassez. 3. Indigência, miséria, penúria. 4. Os pobres.

Poça (*ô*), s. f. 1. Cova natural e pouco funda com água. 2. Líquido derramado abundantemente no chão: Na rua havia uma *poça* de sangue. Interj. Designa espanto, irritação, repulsa, surpresa.

Poção¹, s. f. (1. *potione*). Medicamento líquido para se beber.

Poção², s. m. (*poço* + *ão*). Lugar mais fundo no leito de um igarapé, rio ou lago.

Poceiro, s. m. 1. Homem que cava poços. 2. Cesto em que se lava lã. 3. Grande cesto de vime; cabano.

Pocilga, s. f. 1. Curral de porcos; chiqueiro. 2. Casa imunda. 3. *Gír.* Espelunca.

Poço (*ô*), s. m. (1. *puteu*). 1. Cavidade aberta no solo que contém água. 2. Abertura feita para se descer a uma mina. 3. Perfuração que se faz no solo. 4. Abismo. 5. Aquilo que é profundo. 6. *Náut.* Parte de um navio semelhante a um poço: *P.* da bomba. Pl.: *poços* (*ó*).

poculi-, elem. de comp. (1. *poculu*). Exprime a idéia de *copo*: *poculiforme.*

Poculiforme, adj. m. e f. Em forma de copo.

Poda, s. f. 1. Ação ou efeito de podar; podadura. 2. Corte de ramos de plantas; podadura.

Podadeira, s. f. V. *podão.*

Podador, adj. e s. m. Que, ou o que poda. S. m. *Entom.* Nome vulgar do *Chalcodermus bondari,* pequeno coleóptero que poda as pontas dos galhos do algodoeiro.

Podadura, s. f. V. *poda.*

Podagra, s. f. *Med.* Gota nos pés.

Podagrária, s. f. *Bot.* Planta medicinal, que se aplicava contra a podagra.

Podágrico, adj. Relativo à podagra.

Podal, adj. m. e f. Relativo ao pé.

Podão, s. m. (de *podar*). 1. Ferramenta cortante, munida de cabo, utilizada para cortar ramos e pequenos galhos; tesoura de podar.

Podar, v. (1. *putare*). Tr. dir. 1. Cortar os ramos ou os braços inúteis de (árvores, videiras e outras plantas). 2. Cortar, desbastar.

-pode, elem. de comp. O mesmo que *podo*: *artrópode.*

Podengo, s. m. Cão próprio para a caça de coelhos.

Poder¹, v. (1. v. *potere,* calcado nas formas *potes, potui* etc.). 1. Tr. dir. Ter a faculdade ou possibilidade de. 2. Tr. dir. Ter autoridade, domínio ou influência para. 3. Intr. Ter força ou influência. 4. Tr. dir. Ter permissão ou autorização para. 5. Intr. Haver possibilidade; ser possível: Tudo *pode* acontecer. 6. Tr. dir. Usa-se interrogativamente para pedir a alguém que faça alguma coisa: *Pode-me dizer* onde é o mercado? Conjugação: Pres. ind.: posso, podes, pode, podemos etc. Perf. ind.: pude, pudeste, pôde, pudemos etc. Pres. sub.: possa, possas etc. Fut. subj.: puder, puderes etc.

Poder², s. m. 1. Faculdade, possibilidade. 2. Faculdade de impor obediência; autoridade, mando. 3. Império, soberania. 4. Posse, jurisdição, domínio, atribuição. 5. Governo de um Estado. 6. Forças militares. 7. Força ou influência. 8. Força física ou moral. 9. Eficácia, efeito, virtude. 10. Meios, recursos. 11. Capacidade de agir ou de produzir um efeito: *P.* aquisitivo. — *P. espiritual:* autoridade eclesiástica. *P. temporal:* a) autoridade civil; b) o poder dos papas como soberanos territoriais.

Poderio, s. m. 1. Grande poder. 2. Autoridade, domínio, poder.

Poderoso, adj. 1. Que tem poder ou poderio ou exerce o mando. 2. Capaz de produzir um efeito considerável. 3. Que demove. 4. Que tem grande poder ofensivo. S. m. pl. Indivíduos com grande influência. S. m. O Todo-Poderoso; Deus.

Podestade, s. f. Primeiro magistrado das cidades do Norte e do centro da Itália, na Idade Média.

Podicipedídeo, adj. *Ornit.* Relativo aos Podicipedídeos. S. m. pl. Família *(Podicipedidae)* de aves estritamente aquáticas e mergulhadoras. As espécies brasileiras recebem os nomes comuns de *mergulhão-caçador, mergulhão-grande, mergulhãozinho* e *pecapara.*

podo-, elem. de comp. (gr. *pous, podos*). Exprime a idéia de *pé: podobrânquio, podofalange, podômetro.*

Podoa (*ô*), s. f. V. *podadeira.*

Podobrânquia, s. f. *Zool.* Brânquia que se insere aparentemente no primeiro segmento das patas.

Pododátilo, s. m. *Anat.* Dedo do pé. Var.: *pododáctilo.*

Pododigital, adj. m. e f. *Anat.* Relativo aos dedos dos pés.

Podofalange, s. f. *Anat.* Falange dos dedos do pé.

Podofalangeta, *(ê),* s. f. *Anat.* Falangeta do pé.

Podofalanginha, s. f. *Anat.* Falanginha do pé.

Podometragem, s. f. Medição de distância percorrida, por meio do podômetro.

Podometrar, v. Tr. dir. Medir com o podômetro.

Podométrico, adj. Relativo ao podômetro.

Podômetro, s. m. Instrumento em forma de relógio que registra a distância percorrida por um pedestre. Var.: *pedômetro.*

Podosperma, s. m. *Bot.* Funículo da semente.

Podre *(ô),* adj. m. e f. (1. *putre*). 1. Em decomposição; corrupto, deteriorado, putrefato, pútrido. 2. *Fig.* Contaminado, pervertido. S. m. 1. Parte estragada de alguma coisa. 2. *Fig.* O lado fraco ou condenável. S. m. pl. 1. Defeitos, vícios. 2. Máculas.

Podredouro, s. m. 1. Lugar onde apodrecem quaisquer substâncias. 2. Lugar onde há muita podridão: monturo. Var.: *podredoiro.*

Podricalho, adj. 1. Molangueiro. 2. Pouco resistente. 3. Mandrião, preguiçoso. S. m. Coisa podre.

Podridão, s. f. 1. Estado de podre. 2. *Fig.* Corrupção moral; desmoralização, devassidão, vício.

Poduro, adj. *Entom.* Que tem um apêndice caudal desenvolvido em aparelho saltatório.

Poedeira, adj. e s. f. Diz-se da, ou a galinha que já põe, ou que põe muitos ovos.

Poedouro, s. m. 1. Conjunto de fios ou trapos que se metiam no tinteiro, para conservarem a tinta embebida neles. 2. Trapos embebidos em tintas, e de que se servem os pintores. Var.: *poedoiro.*

Poeira, s. f. (de *pó*). 1. Terra seca, pulverizada; pó. 2. *Fam.* Jactância, presunção, vaidade. Adj. m. e f. Que é irascível, zangado, mau, brigão, irritadiço. S. m. *Gír.* Cinema de categoria inferior.

Poeirada, s. f. 1. Grande quantidade de pó ou poeira. 2. Nuvem de pó.

Poeirento, adj. Cheio de poeira; coberto de pó; poento.

Poejo *(ê),* s. m. *Bot.* Planta labiada *(Mentha pulegium),* medicinal.

Poema, s. m. 1. Obra em verso. 2. Composição poética do gênero épico; epopéia. 3. Assunto ou coisa digna de ser cantada em verso.

Poemeto *(ê),* s. m. Poema curto.

Poente, adj. m. e f. 1. *Des.* Que põe. 2. Que se põe, diz-se do Sol quando está no ocaso. S. m. Pôr do Sol; ocaso.

Poento, adj. V. *poeirento.*

Poer, v. *Ant.* V. *pôr.*

Poesia, s. f. (gr. *poiesis* + *ia*). 1. Arte de escrever em verso. 2. Col. (quando antigas): *cancioneiro.* 3. Caráter do que desperta o sentimento do belo; inspiração.

Poeta, adj. e s. m. 1. Que, ou aquele que tem inspiração poética. 2. Que, ou aquele que se dedica à poesia. 3. Que, ou aquele que faz versos. 4. Que, ou aquele que devaneia ou têm caráter idealista. Fem.: *poetisa.*

Poetar, v. 1. Tr. dir. Cantar, descrever, exprimir em verso. 2. Intr. Fazer verso.

Poetastro, s. m. Mau poeta.

Poética, s. f. 1. Arte de fazer versos. 2. Teoria da versificação.

Poético, adj. 1. Relativo à poesia. 2. Próprio da poesia. 3. Que inspira.

Poetificar, v. V. *poetizar.*

Poetisa, s. f. Mulher que faz poesias.

Poetismo, s. m. Os poetas.

Poetização, s. f. Ato de poetizar.

Poetizar, v. 1. Tr. dir. Cantar em versos. 2. Tr. dir. Tornar poético. 3. Intr. Fazer versos; poetar.

Pogoníase, s. f. 1. Desenvolvimento de barba em uma mulher. 2. Crescimento excessivo da barba.

pogono-, elem. de comp. (gr. *pogon, onos*). Exprime a idéia de *barba, mento: pogonóforo.*

Pogonóforo, adj. *Zool.* Diz-se do animal que no focinho tem pêlos, à semelhança de barba.

Pogonópode, adj. m. e f. *Zool.* Com os pés cobertos de pêlos.

Poia, s. f. *Pop.* Mulher preguiçosa, pesadona.

Poiar, v. *Ant.* 1. Intr. Apoiar-se nalguma coisa para subir. 2. Intr. Subir a lugar elevado. 3. Tr. dir. Assentar, colocar.

Pois, conj. (1. *postea*). 1. Mas, contudo, todavia, porém. 2. Porque, visto que: Não podemos sair, *pois* a chuva não parou. 3. Logo, portanto (neste caso costuma ser pospositiva). 4. Ora, à vista disso. 5. Ainda mais, além disso. 6. Então: — Por que veio? — *Pois* o senhor não me chamou?

Poita, s. f. 1. Pedra ou peso que, na pesca, se usa para fazer parar o barco. 2. *Fig.* Pessoa apalermada, inerte. Var.: *pouta.*

Poitar, v. Intr. Segurar com poita.

Poja, s. f. *Náut.* 1. Parte inferior da vela do navio. 2. Corda com que se vira a vela.

Pojadouro, s. m. Parte interna e posterior da coxa do boi, onde a carne é de primeira qualidade; chã-de-dentro. Var.: *pojadoiro.*

Pojante, adj. m. e f. *Náut.* Que navega bem ou com vento favorável.

Pojar[1], v. (1. **podiare*). *Ant.* 1. Intr. Abicar, aportar, desembarcar. 2. Tr. dir. Fazer aportar.

Pojar[2], v. Tr. dir. Elevar, intumescer, enfunar.

Pojo *(ô),* s. m. (de *pojar[1]*). 1. Lugar onde se depõe alguma coisa; poial. 2. Lugar onde se desembarca.

Pola[1], *Ant.* Combinação da prep. *por* e do art. ou pron. dem. arcaico *la,* equivalente a *por a* e *pela.*

Pola[2] *(ô),* s. f. 1. Ramo que rebenta da raiz ou do pé da árvore. 2. Ramo inútil; ladrão.

Pola[3] *(ó),* s. f. (de *polé*). Pancadaria, surra, tunda.

Polaca[1], s. f. (de *polaco*). 1. Dança polonesa, de andamento moderado e caráter pomposo. 2. Música para essa dança.

Polaca[2], s. f. (cat. *pollaca*). *Náut.* 1. Embarcação do Mediterrâneo, com três mastros. 2. Vela que se emprega como estai do traquete.

polaci-, elem. de comp. (gr. *pollakis*). Exprime a idéia de *freqüentemente, muitas vezes: polaciúria.*

Polaciúria, s. f. *Med.* Emissão freqüente de urina. Var.: *polaciuria.*

Polaco, adj. e s. m. V. *polonês.*

Polaina, s. f. Peça, geralmente de couro ou de pano grosso, que cobre só a parte superior do pé, por cima do calçado, ou a parte da perna entre o pé e o joelho, por cima das calças.

Polar, adj. m. e f. *Geogr.* e *Fís.* 1. Relativo aos pólos. 2. Situado junto dos pólos. 3. Que fica na direção de um pólo.

Polaridade, s. f. Propriedade que tem o ímã e a agulha magnética de tomar a direção dos pólos.

Polarímetro, s. m. *Fís.* Instrumento para determinar a proporção da luz polarizada existente numa radiação luminosa.

Polarização, s. f. *Fís.* Estado, ou produção de um estado (por refração, dispersão etc.), em que a vibração de uma onda de luz ou outra radiação vibratória se efetua em um só plano (polarização linear ou plana) ou descreve círculos (polarização circular) ou elipses (polarização elíptica).

Polarizador, adj. Que polariza.

Polarizar, v. Tr. dir. Sujeitar à polarização.

Polarizável, adj. m. e f. Que se pode polarizar.

Polca[1], s. f. (tcheco *pulkha?*). 1. Dança animada a dois tempos, originária da Boêmia. 2. Música para essa dança.

Polca[2], s. f. *Pop.* Gripe.

Polcar, v. Intr. *Pop.* Dançar a polca.

Pôlder, s. m. Na Holanda, região baixa e pantanosa conquistada ao Mar do Norte. Pl.: *pôlderes.*

Poldra[1], s. f. 1. V. *pola[2]*. 2. Potranca.

Poldra[2], s. f. *Pop.* Polvo, quando novo.

Poldras, s. f. pl. V. *alpondras.*

Poldril, s. m. V. *potril.*

Poldro *(ô),* s. m. (l. **pulletru*). Cavalo novo; potro.

-pole, elem. de comp. O mesmo que *poli-[2]: metrópole.*

Polé, s. f. (1. v. **polidia?*). 1. Roldana. 2. Antigo instrumento de suplício.

Poleame, s. m. *(polé + ame). Náut.* Conjunto das polés e demais peças de madeira ou de ferro destinadas ao retorno dos cabos nos navios.

Poleeiro, s. m. Fabricante de poleame.

Polegada, s. f. (b. 1. *pollicata*). 1. Medida mais ou menos correspondente ao comprimento da falange distal do polegar. 2. Medida inglesa de comprimento equivalente a 0,0254m.

Polegar, adj. (1. *pollicare,* de *pollice*). 1. Diz-se do dedo mais curto e grosso da mão. 2. Diz-se do primeiro e mais grosso dedo do pé. S. m. 1. Qualquer um desses dedos. 2. Pequena vara de poda, com menos de quatro olhos.

Poleiro, s. m. (1. *pullariu*). 1. Vara que, no interior das gaiolas ou viveiros, serve para os pássaros ou as aves pousarem. 2. Posição elevada; autoridade.

Polem, s. m. V. *pólen.*

Polêmica, s. f. 1. Debate oral. 2. Controvérsia, questão.

Polemicar, v. Tr. ind. e intr. Travar polêmica; polemizar.

Polêmico, adj. Relativo a, ou próprio de polêmica.

Polemista, s. m. e f. Pessoa hábil em polêmicas ou propensa a polêmicas.

Polemizar, v. V. *polemicar.*

Polemoniáceas, s. f. pl. *Bot.* Família *(Polemoniaceae)* de plantas herbáceas com flores ornamentais azuis, violeta ou brancas.

Polemoniáceo, adj. Relativo às Polemoniáceas.

Pólen, s. m. (1. *pollen*). *Bot.* Pó fino, constituído por micrósporios, contido nos sacos polínicos da antera das plantas fanerogâmicas. Var.: *polem.* Pl.: *polens* e *pólenes.*

Polenta, s.f. Massa ou papa de fubá com água e sal, ou com manteiga e queijo.

Pole position *(póle posíchion),* s. f. (t. ingl.). *Autom.* O primeiro lugar na ordem de largada de uma corrida.

Polhastro, s. m. (cast. *pollastro*). 1. *Ant.* Frango grande. 2. Mocetão, rapagão. 3. Espertalhão.

poli-[1], elem. de comp. (gr. *polus*). Exprime a idéia de *número indefinido* e *elevado: policlínica.*

poli-[2], elem. de comp. (gr. *polis*). Exprime a idéia de *cidade: poliarca.* Var.: *-pole: cosmópole.*

polia[1], s. f. Moléstia das plantas crucíferas, causada pelo cogumelo *Cystopus candidus.*

polia[2], s. f. (fr. *poulie*). *Mec.* Roda de ferro ou de madeira, lisa ou sulcada em sua periferia, fixa num eixo rotatório e acionada por uma correia.

Poliacanto, adj. *Bot.* Que tem muitos espinhos.

Poliadelfia, s. f. *Bot.* Estado ou qualidade de poliadelfo.

Poliadelfo, adj. *Bot.* Que tem os estames reunidos pelos filamentos em três ou mais fascículos.

Poliamida, s. f. *Quím.* Composto caracterizado por mais de um grupo de amida, especialmente uma amida polimérica (como náilon, um polipéptido ou uma proteína).

Poliandra, adj. f. e s. f. 1. Diz-se da, ou a mulher que tem mais de um marido ao mesmo tempo. 2. *Bot.* Diz-se da, ou a flor que tem muitos estames.

Poliandria, s. f. 1. Matrimônio da mulher com diversos ho-

mens. 2. *Bot.* A existência de estames numerosos numa flor.
Poliândrico, adj. Relativo à poliandria.
Poliandro, adj. *Bot.* Que apresenta poliandria.
Poliantéia, s. f. *Arc.* Antologia, florilégio.
Polianto, adj. *Bot.* Com muitas flores.
Poliarquia, s. f. Governo exercido por muitos.
Poliartrite, s. f. *Med.* Artrite generalizada a várias articulações.
Policárpico, adj. *Bot.* Que dá flores e frutos por mais de uma vez.
Policarpo, adj. Que tem ou produz muitos frutos.
Policêntrico, adj. *Geom.* Que tem muitos centros: Espiral *policêntrica.*
Polichinelo, s. m. 1. Personagem das farsas napolitanas. 2. Boneco que representa essa personagem, corcunda nas costas e no peito; títere. 3. Indivíduo apalhaçado; palhaço.
Polícia, s. f. (gr. *politeia*). 1. Conjunto de leis e disposições que servem de garantia à segurança da coletividade. 2. Corporação governamental incumbida da aplicação dessas leis, ordem pública, prevenir e descobrir crimes e fazer respeitar e cumprir as leis. 3. Ordem ou segurança pública. 4. *Hig.* Fiscalização, inspeção ou profilaxia. S. m. Aquele que pertence à corporação da polícia; guarda policial.
Policiado, adj. Guardado pela polícia. 2. Civilizado, culto; Povo *p.* 3. Comedido, morigerado.
Policial, adj. m. e f. 1. Relativo à polícia. 2. Próprio da polícia. S. m. e f. Membro de uma corporação policial.
Policiamento, s. m. Ato ou efeito de policiar.
Policiar, v. Tr. dir. 1. Fiscalizar, regular ou manter em ordem, com o auxílio da polícia. 2. Guardar, proteger, por meio da polícia. 3. Civilizar. 4. Conter, refrear.
Policitação, s. f. Proposta de contrato ainda não aceita.
Policitemia, s. f. *Med.* Aumento anormal do número de glóbulos sangüíneos; eritremia.
Policladia, s. f. Existência de um número de ramos superior ao normal em determinada planta.
Policlínica, s. f. 1. Estabelecimento onde vários médicos especializados dão consultas. 2. Clínica exercida fora dos hospitais. 3. Departamento hospitalar, destinado ao tratamento de doentes externos.
Policlínico, s. m. Clínico que trata das doenças em geral, sem se especializar em nenhuma.
Policônico, adj. Que tem muitos cones.
Policórdio, s. m. V. *policordo.*
Policordo, s. m. *Mús.* Antigo instrumento musical que se tangia com um arco. Var.: *policórdio.*
Policresto, adj. 1. Próprio para muitos usos. 2. Que oferece muitas aplicações medicinais.
Policromia, s. f. 1. Estado de um corpo em que há muitas cores. 2. Conjunto de diferentes cores. 3. *Tip.* Estampa com mais de três cores.
Policromo, adj. Que apresenta muitas cores; multicolor, multicor.
Policultura, s. f. *Agr.* Cultura de vários produtos em determinada área.
Polidátilo, adj. e s. m. 1. Que tem muitos dedos. 2. *Terat.* Que tem mais dedos do que o normal. Var.: *polidáctilo.*
Polidez, s. f. 1. Qualidade de polido. 2. Boa educação, civilidade, delicadeza.
Polidipsia, s. f. *Med.* Sede excessiva.
Polido, adj. 1. Brilhante, luzidio. 2. Brunido, envernizado. 3. Civilizado, culto. 4. Cortês, delicado.
Polidor, adj. e s. m. Que, ou o que dá polimento; brunidor, lustrador.
Polidura, s. f. Ato ou efeito de polir; polimento.
Poliédrico, adj. Em forma de poliedro.
Poliedro, s. m. *Geom.* Sólido limitado por superfícies planas.
Poliéster, s. m. *Quím.* 1. Éster complexo formado por polimerização, usado no fabrico de fibras, resinas e plásticos. 2. Fibra de poliéster.
Polifagia, s. f. *Med.* Qualidade de polífago.
Polífago, adj. 1. *Zool.* Onívoro. 2. *Med.* Que tem fome canina.
Polifilia, s. f. *Bot.* Aumento anormal do número de folhas em um verticilo.
Polifilo, adj. *Bot.* Que apresenta polifilia.
Polífito, adj. *Bot.* 1. Relativo a muitas plantas. 2. Diz-se dos gêneros que compreendem muitas plantas.
Polifonia, s. f. 1. *Gram.* Qualidade dos caracteres polífonos. 2. *Mús.* Multiplicidade de sons. 3. *Mús.* Conjunto harmonioso de sons.
Polifônico, adj. 1. Relativo à polifonia. 2. Em que há polifonia.
Polígala, s. f. 1. *Bot.* Gênero *(Polygala)* que compreende arbustos e ervas das regiões temperadas e quentes. 2. *Bot.* Qualquer planta desse gênero. 3. *Farm.* Medicamento preparado com a raiz dessas plantas.
Poligaláceas, s. f. pl. *Bot.* Família *(Polygalaceae)* de plantas da ordem das Geraniales, que tem por tipo o gênero Polígala.
Poligaláceo, adj. *Bot.* Relativo às Poligaláceas.
Poligamia, s. f. Estado de polígamo. Antôn.: *monogamia.*
Poligâmico, adj. Relativo à poligamia. Antôn.: *monogâmico.*
Polígamo, adj. e s. m. 1. Que, ou aquele que tem mais de um cônjuge simultaneamente. 2. *Bot.* Diz-se das plantas que têm simultaneamente flores hermafroditas e unissexuais. Antôn.: *monógamo.*
Poligástrico, adj. *Zool.* Que tem mais de uma cavidade digestiva.
Polígeno, adj. Que produz muito.
Poliginia, s. f. 1. *Sociol.* Estado de um homem casado simultaneamente com mais de uma mulher. 2. *Bot.* Estado ou qualidade de polígino.
Polígino, adj. *Bot.* Que tem muitos pistilos em cada flor.
Poliglota, adj. m. e f. 1. Escrito em muitas línguas. 2. Que fala ou sabe muitas línguas. S. m. e f. Pessoa que sabe ou fala muitas línguas.
Poligonáceas, s. f. pl. *Bot.* Família *(Polygonaceae)* de dicotiledôneas, cujas espécies são ervas, arbustos ou árvores. Salienta-se no Brasil o ruibarbo.
Poligonáceo, adj. *Bot.* Relativo às Poligonáceas.
Poligonal, adj. m. e f. 1. Relativo ao polígono. 2. Que tem por base um polígono. 3. Que tem muitos ângulos.
Polígono, s. m. 1. *Geom.* Figura plana formada por uma linha poligonal fechada. 2. Objeto ou superfície poligonal ou aproximadamente poligonal: *P.* das secas. 3. Lugar destinado a experiências balísticas.
Poligrafia, s. f. 1. Qualidade de quem é polígrafo. 2. Conjunto de conhecimentos vários. 3. Coleção de obras diversas, científicas ou literárias.
Polígrafo, s. m. 1. O que escreve sobre assuntos diversos. 2. Máquina que produz muitas cópias simultâneas do mesmo escrito.
Polilépide, adj. m. e f. *Bot.* Que tem muitas escamas. Var.: *polilépido.*
Polímata, adj. e s., m. e f. Que, ou pessoa que é erudita em muitas ciências. Var.: *polímate.*
Polimatia, s. f. Cultura, erudição extensa e variada.
Polimático, adj. Relativo à polimatia.
Polimento, s. m. 1. Ato ou efeito de polir; polidura. 2. Couro lustroso, com que se fabricam calçados. 3. Aprimoramento.
Polímero, adj. *Quím.* Diz-se dos compostos cuja molécula é constituída pela associação de diversas moléculas de outro composto mais simples.
Polimorfia, s. f. V. *polimorfismo.*
Polimorfismo, s. m. 1. Propriedade ou estado do que é polimorfo. 2. *Biol.* Existência de uma espécie sob várias formas, independentemente das variações de sexo: abelhas, formigas, térmites. 3. *Miner.* Propriedade de cristalização em duas ou mais formas fundamentais.
Polimorfo, adj. 1. Que se apresenta sob formas diversas. 2. Que é sujeito a variar de forma.
Polineurite, s. f. *Med.* Neurite simultânea de diversos nervos periféricos. Var.: *polinevrite.*
Polineurítico, adj. Relativo à polineurite. Var.: *polinevrítico.*
pólini-, elem. de comp. (l. *polline*). Exprime a idéia de *pólen: polinífero.*
Polínico, adj. 1. Relativo a pólen. 2. Que contém pólen.

Polinífago, adj. *Zool.* Que se alimenta de pólen.
Polinífero, adj. *Bot.* Que contém pólen.
Polínio, s. m. *Bot.* Massa de pólen, que se encontra nas anteras das orquídeas e asclepiadáceas e que os insetos e os pássaros transportam, do que resulta a fecundação cruzada.
Polinização, s. f. Ato ou efeito de polinizar.
Polinizar, v. Tr. dir. Levar o pólen das anteras para o estigma da flor; praticar a polinização, natural ou artificialmente.
Polinômio, s. m. Expressão algébrica, composta de vários termos, separados pelos sinais + ou –.
Pólio[1], s. m. *Bot.* Planta labiada *(Teucrium polium).*
pólio-[2], elem. de comp. (gr. *polios*). Exprime a idéia de *branco, cinzento, grisalho: poliomielite.*
Poliomielite, s. f. *Med.* Inflamação da substância cinzenta da medula espinhal.
Poliônimo, adj. Que tem muitos nomes; conhecido por vários nomes.
Poliope, s. m. e f. *Med.* Pessoa que tem poliopia.
Poliopia, s. f. *Med.* Percepção patológica dos que vêem os objetos multiplicados.
Poliorama, s. m. Espécie de panorama, em que os quadros móveis, por penetração recíproca, mudam de contorno e se transfiguram aos olhos do observador.
Poliose, s. f. *Med.* Descoramento dos pêlos.
Polipeiro, s. m. 1. Colônia de pólipos. 2. Suporte calcário, arborescente, segregado pelos pólipos e sobre o qual eles vivem.
Polipétalo, adj. *Bot.* 1. Que tem muitas pétalas. 2. Que tem pétalas livres entre si.
Polipiforme, adj. m. e f. Em forma de pólipo.
Poliplóide, adj. m. e f. Multiforme em aparência ou arranjo.
Poliploidia, s. f. *Biol.* Condição de ser poliplóide.
Pólipo, s. m. 1. *Med.* Tumor benigno, geralmente pedunculado. 2. *Zool.* Nome dado ao indivíduo celenterado, isolado ou agrupado para formar com outros uma colônia.
Polipodiáceas, s. f. pl. *Bot.* Família *(Polypodiaceae)* muito extensa de fetos rizomatosos, muito freqüentes nas matas e nos muros.
Polipodiáceo, adj. *Bot.* Relativo às Polipodiáceas.
Poliporáceas, s. f. pl. *Bot.* Família *(Polyporaceae)* de cogumelos esporófitos, com corpos frutificantes estipitados ou sésseis.
Poliporáceo, adj. *Bot.* Relativo às Poliporáceas.
Poliposo, adj. Que tem a natureza do pólipo.
Poliqueta *(ê),* adj. *Zool.* Relativo aos Poliquetas. S. m. pl. Classe *(Polychaeta)* de vermes anelídeos marinhos, cujas espécies têm em cada lado do corpo pequenas projeções, chamadas *parápodes,* nas quais se implantam cerdas quitinosas.
Polir, v. (l. *polire*). 1. Tr. dir. Dar polimento a; brunir, tornar lustroso. 2. Tr. dir. Alisar, esmerilhar. 3. Tr. dir. Corrigir, retocar. 4. Pron. Tornar-se polido ou lustroso. 5. Tr. dir. e pron. Civilizar(-se), educar(-se). Pres. ind.: *pulo, pules, pule, polimos, polis, pulem.* Imper.: *pule, poli.* Pres. sub.: *pula, pulas, pula, pulamos, pulais, pulam.*
Polirrítmico, adj. *Mús.* 1. Que se compõe de vários ritmos. 2. Que tem o ritmo muito variado.
Polirrizo, adj. *Bot.* Com muitas raízes.
Polispérmico, adj. *Bot.* Provido de muitas sementes; polispermo.
Polispermo, adj. *Bot.* V. *polispérmico.*
Polísporo, adj. *Bot.* Que contém muitos espórios.
Polissacáride, s. m. *Quím.* Carboidrato decomponível por hidrólise em duas ou mais moléculas de monossacárides (como glicose) ou seus derivados.
Polissemia, s. f. *Gram.* Reunião de vários significados numa palavra, os quais se definem no contexto: O de *cabeça* grande é o *cabeça* da insurreição.
Polissialia, s. f. *Med.* Secreção abundante de saliva.
Polissilábico, adj. *Gram.* 1. Relativo ao polissílabo. 2. Diz-se do vocábulo que tem mais de três sílabas.
Polissílabo, adj. *Gram.* V. *polissilábico.* S. m. Vocábulo que tem mais de três sílabas.
Polissíndeto, s. m. *Gram.* Coordenação de palavras em que se repete uma conjunção mais vezes do que o exige a ordem gramatical: Temos braços e cérebros e terra e riquezas latentes. Var.: *polissíndeton.* Antôn.: *assíndeto.*
Polissíndeton, s. m. V. *polissíndeto.*
Politburo, s. m. O mais alto órgão executivo do Partido Comunista da U.R.S.S., eleito pelo Comitê Central e constituído por 11 membros.
Politeama, s. m. Teatro para vários gêneros de representações.
Politécnica, s. f. Escola politécnica.
Politécnico, adj. Relativo à instrução em muitas artes técnicas ou ciências aplicadas: Escola *p.*
Politéico, adj. Relativo à crença em muitos deuses; politeísta.
Politeísmo, s. m. Sistema religioso que admite muitas divindades; paganismo. Antôn. *monoteísmo.*
Politeísta, adj. m. e f. Politéico. S. m. e f. Pessoa que segue o politeísmo.
Política, s. f. 1. Arte ou ciência de governar. 2. Aplicação desta arte nos negócios internos da nação (política interna) ou nos negócios externos (política externa). 3. Prática ou profissão de conduzir negócios políticos. 4. Conjunto dos princípios ou opiniões políticas. 5. Astúcia, maquiavelismo. 6. Cerimônia, cortesia, urbanidade.
Politicagem, s. f. 1. Política ordinária, mesquinha e interesseira. 2. Súcia de maus políticos. Sin.: *politicalha, politicaria, politiquice, politiquismo.*
Politicalha, s. f. V. *politicagem.*
Politicalhão, s.m. *Pej.* O que faz politicalha. Fem.: *politicalhona.*
Politicalheiro, adj. Relativo à politicalha.
Politicalho, s. m. V. *politiqueiro.*
Politicante, adj. e s., m. e f. *Pej.* Politiqueiro.
Politicão, s. m. *Pop.* Grande político.
Politicar, v. Intr. 1. Tratar de política. 2. Falar sobre política.
Politicaria, s. f. V. *politicagem.*
Politicastro, s. m. V. *politiqueiro.*
Político, adj. 1. Que trata de política. 2. Relativo aos negócios públicos. 3. Que se ocupa de política. 4. Cortês, delicado. 5. Astuto. S. m. 1. Aquele que se ocupa de política. 2. Estadista.
Politicóide, adj. e s. m. V. *politiqueiro.*
Polítipo, adj. *Bot.* Diz-se do gênero que contém muitas espécies.
Politiqueiro, adj. e s. m. *Pej.* Diz-se de, ou indivíduo que se ocupa muito da política partidária, ou faz politicagem. Sin.: *politicalhão, politicalho, politicante, politicastro, politicóide, politiquete, politiquilho.*
Politiquete *(ê),* s. m. *Pej.* V. *politiqueiro.*
Politiquice, s. f. 1. Ato de politiqueiro. 2. Politicagem.
Politiquilho, s. m. V. *politiqueiro.*
Politomia, s. f. Divisão de um assunto, de uma classificação etc., em muitas partes.
Politômico, adj. Que se refere à politomia.
Politonalidade, s. f. *Mús.* Emprego simultâneo de duas ou mais tonalidades.
Politonar, v. Tr. dir. e intr. Cantar em vários tons.
Polítrico, adj. Que tem muitos pêlos.
Politrofia, s. f. *Med.* Nutrição excessiva.
Poliúria, s. f. *Med.* Secreção superabundante de urina. Var.: *poliuria.*
Poliúrico, adj. Relativo à poliúria.
Polivalente, adj. m. e f. *Quím.* Que tem mais de uma valência.
Políxeno *(cs),* s. m. *Miner.* Platina nativa.
Polizoicidade, s. f. Qualidade de polizóico.
Polizóico, adj. *Zool.* Diz-se dos animais que vivem em colônias.
Polmão, s. m. *Pop.* Fleimão, inchação, tumor.
Polme, s. m. Massa um tanto líquida.
Polmo *(ô),* s. m. Turvação produzida num líquido pela presença de corpúsculos estranhos.
Polo[1], contr. *(por + lo).* Antiga forma de *pelo.*

Polo² *(ô)*, s. m. (l. *pullu*). Falcão, açor ou gavião que ainda não tem um ano. Pl.: *polos (ô)*.

Pólo¹, s. m. (gr. *polos*). 1. *Geom.* Cada uma das extremidades do eixo de uma esfera. 2. *Geogr.* Cada uma das duas extremidades do eixo imaginário da Terra. 3. *Geogr.* Regiões que circundam essas extremidades. 4. Cada uma das duas extremidades de qualquer eixo ou linha. 5. Cada uma das extremidades opostas de um corpo ou órgão oval. 6. *Fís.* Cada um dos dois pontos opostos de um ímã ou corpo imantado. 7. *Eletr.* Cada um de dois terminais de uma pilha ou bateria. 8. O que dirige ou encaminha; norte, guia. Pl.: *pólos*.

Pólo², s. m. (tibetano *pulu*, pelo ingl.). Espécie de hóquei jogado a cavalo. Pl.: *pólos*.

Polorrafia, s. f. *Astr.* Descrição astronômica do céu.

Polonês, adj. Que se refere à Polônia. S. m. 1. O natural da Polônia. 2. Idioma que se fala na Polônia.

Polonesa *(ê)*, s. f. (fr. *polanaise*). 1. Mulher natural da Polônia. 2. Casaco para senhora, largo e comprido.

Polônio¹, adj. e s. m. V. *polonês*.

Polônio², s. m. *Quím.* Elemento metálico radioativo, quimicamente semelhante ao telúrio e ao bismuto. Símbolo Po, número atômico 84, massa atômica 210.

Polpa *(ô)*, s. f. (1. *pulpa*). 1. Carne, sem ossos nem gorduras. 2. *Bot.* Substância carnuda e macia que reveste as sementes de alguns frutos. 3. Importância, valimento pessoal.

Polpação, s. f. Ato de polpar.

Polpar, v. Tr. dir. Reduzir a polpa (qualquer substância vegetal).

Polposo, adj. Que tem muita polpa; carnudo, polpudo.

Polpudo, adj. 1. V. *polposo*. 2. Diz-se de negócio muito rendoso.

Poltrão, adj. e s. m. Que, ou o que não tem coragem; covarde, medroso. Fem.: *poltrona*.

Poltrona, s. f. 1. Cadeira de braços, geralmente estofada. 2. Sela com arções baixos. 3. Nos cinemas e teatros, cadeira de platéia.

Poltronaria, s. f. Procedimento ou qualidade de poltrão; poltronice.

Poltronear¹, v. Intr. Dar mostras de poltrão; proceder como poltrão.

Poltronear², v. Pron. Recostar-se em poltrona; repoltrear-se, refestelar-se.

Poltronice, s. f. Poltronaria.

Polução, s. f. 1. Poluição. 2. Emissão involuntária de esperma.

Poluição *(u-i)*, s. f. Ato ou efeito de poluir(-se).

Poluir, v. (1. *poluere*). 1. Tr. dir. Sujar, manchar, conspurcar. 2. Tr. dir. Desacreditar, deslustrar. 3. Tr. dir. e pron. Desonrar(-se), macular(-se), corromper(-se).

Poluível, adj. m. e f. Que se pode poluir.

Poluto, adj. 1. Manchado. 2. Corrompido.

Polvilhação, s. f. Ato ou efeito de polvilhar; polvilhamento.

Polvilhamento, s. m. V. *polvilhação*.

Polvilhar, v. Tr. dir. 1. Cobrir ou salpicar de pó; empoar. 2. Espalhar sobre; salpicar de (alguma substância em pó).

Polvilheiro, s. m. Fabricante de polvilho.

Polvilho, s. m. 1. Pó fino. 2. Pó muito fino obtido do resíduo da lavagem da mandioca ralada. 3. Tapioca ou goma. 4. Qualquer substância em pó, de aplicação medicamentosa, culinária etc.

Polvo *(ô)*, s. m. *Zool.* Nome comum aos moluscos cefalópodes dotados de oito tentáculos recobertos de ventosas.

Pólvora, s. f. 1. Nome genérico de vários explosivos, originariamente em forma de pó, mas agora em forma de grãos, placas, discos, cubos, cordas etc. 2. *Pop.* Espécie de mosquito miúdo; maruim.

Descobrir a p.: ter pressuposta originalidade.

Polvorada, s. f. 1. Explosão de pólvora. 2. Fumo de pólvora.

Polvorento, adj. Que se desfaz em pó.

Polvorim, s. m. 1. Pólvora de grão muito miúdo. 2. Pó que sai da pólvora. Var.: *polvarim*.

Polvorinho, s. m. Recipiente em que se leva pólvora para a caça. Var.: *polvarinho*.

Polvorosa, s. f. *Pop.* Grande atividade; azáfama, agitação.

Polvoroso, adj. Cheio de pó; poeirento, pulverulento.

Poma, s. f. 1. *Poét.* Seio de mulher; mama. 2. Qualquer esfera ou bola.

Pomada, s. f. 1. Preparado farmacêutico para uso externo, cujo veículo é uma matéria gorda, como a banha, a lanolina, a vaselina etc. 2. Mentira. 3. Vaidade, presunção.

Pomar, s. m. (1. *pomariu*). Terreno plantado de árvores frutíferas.

Pomareiro, adj. 1. Relativo a pomar. 2. Que sabe tratar de pomares. S. m. 1. Dono de pomar. 2. Guarda de pomar.

Pomba, s. f. (1. *palumba*). 1. Fêmea do pombo. 2. *Ornit.* Nome comum a várias aves da família dos Columbídeos. 3. Vasilha de cobre para caldo limpo de cana, nos engenhos de açúcar. 4. *Ch.* Vulva. Interj. Denota espanto ou zanga: *Pomba*, que sujeito feio; *pombas*, não me aborreça.

Pombinha, s. f. 1. Pequena pomba. 2. Carne das nádegas das reses.

Pombinho, adj. Diz-se de uma variedade de trigo.

Pombo, s. m. (1. *palumbu*). *Ornit.* Nome comum a numerosas aves da família dos Columbídeos. Voz.: *arrola, arrula, arrulha, geme, rula, rulha, suspira, turturilha, turturina*. Adj. Diz-se do cavalo branco. — *P.-correio:* variedade de pombo, empregado para levar comunicações e correspondência *(Columba livia tabellaria)*

Pomes, s. m. sing. e pl. V. *pedra-pomes*.

pomi-, elem. de comp. (1. *pomu*). Exprime a idéia de *pomo*: *pomicultura*.

Pomicultor, s. m. Aquele que se ocupa de pomicultura.

Pomicultura, s. f. Cultura das árvores frutíferas.

Pomífero, adj. Diz-se das árvores que dão pomos.

Pomo, s. m. 1. Fruto carnudo composto das paredes engrossadas do cálice adnato que envolve um ou mais carpelos, tal como a maçã, pêra, marmelo etc. 2. *Poét.* O seio da mulher. — *P.-de-adão:* eminência formada pela cartilagem tireóide, na parte anterior do pescoço do homem; gogó. *P. de discórdia:* aquilo que dá motivo a discórdia.

Pomologia, s. f. Estudo das árvores frutíferas.

Pomológico, adj. Relativo à pomologia.

Pomólogo, s. m. Indivíduo versado em pomologia.

Pomona, s. f. 1. *Poét.* O outono. 2. Deusa dos pomares.

Pompa, s. f. 1. Exibição de magnificência; aparato solene e suntuoso. 2. Grande luxo. 3. Bizarria.

Pompeante, adj. m. e f. Que pompeia.

Pompear, v. 1. Intr. Fazer ostentação de pompa. 2. Intr. Exibir magnificência, riqueza ou suntuosidade. 3. Tr. dir. Exibir com orgulho ou vaidade.

Pompom, s. m. (fr. *pompon*). 1. Bolinha ou tufo ornamental de fios de lã, seda etc.; borla esférica. 2. *Bot.* Planta labiada *(Leucos martinicensis)*; cordão-de-frade.

Pomposo, adj. Em que há pompa; que ostenta pompa.

Pômulo, s. m. Maçã do rosto.

Poncã, s. f. (jap. *ponkan*). Espécie de tangerina.

Ponche¹, s. m. (ingl. *punch*). Bebida preparada geralmente com vinho, aguardente ou rum, açúcar, sumo de limão, chá ou água.

Ponche², s. m. V. *poncho*.

Poncheira, s. f. Vasilha em que se faz ou serve o ponche¹.

Poncho, s. m. Capa grossa, arredondada e com pequena abertura no centro, por onde se enfia a cabeça.

Ponderabilidade, s. f. Qualidade de ponderável.

Ponderação, s. f. 1. Ato ou efeito de ponderar. 2. Reflexão. 3. Sisudez. 4. Importância.

Ponderado, adj. Que tem ou denota ponderação.

Ponderador, adj. e s. m. Que, ou o que pondera.

Ponderal, adj. m. e f. Relativo a peso.

Ponderar, v. 1. Tr. dir. Apreciar maduramente, examinar com atenção. 2. Tr. ind. e intr. Meditar, pensar, refletir. 3. Tr. dir. Alegar, expor, apresentando razões de peso.

Ponderativo, adj. Que faz ponderar.

Ponderável, adj. m. e f. 1. Digno de ponderação. 2. Que se pode ponderar. 3. Que se pode pesar.

Ponderoso, adj. 1. Digno de ponderação; notável. 2. Pesado, ponderável. 3. Importante. 4. Convincente.

Pônei, s. m. (ingl. *pony*). Cavalo muito pequeno (altura 1m a 1,45 m), ágil e fino, de várias raças.

Ponta, s. f. (l. *puncta*). 1. Extremidade aguçada e picante; bico: *P.* da espada. 2. Parte terminal e mais fina da extremidade aguçada de um objeto: *P.* do lápis. 3. A extremidade de um objeto oblongo oposta à base ou ao pé; cimo, vértice. 4. A parte saliente e em geral decrescente de qualquer coisa: *P.* do nariz. 5. Qualquer das extremidades de um objeto estreito e comprido. 6. Princípio ou fim de uma fila ou de uma série. 7. Ângulo, canto. 8. Resto de cigarro ou charuto fumados. 9. *Geogr.* Língua de terra que avança para o mar, sem ter grande altura sobre as águas. 10. Primeiro lugar nas corridas de cavalos. — *P. de linha:* fim ou estação terminal no fim de uma estrada de ferro. *P. direita*: o mesmo que *extrema-direita. P. dos trilhos*: o mesmo que *ponta de. linha. P.-esquerda*: o mesmo que *extrema-esquerda. Saber na p. da língua*: saber perfeitamente.

Pontada, s. f. 1. Golpe com ponta; pontoada, ponta. 2. Dor aguda e rápida.

Pontal, s. m. 1. Pontalete do lenho, serrado longitudinalmente. 2. *Geogr.* Ponta-de-terra compreendida entre a confluência de dois rios. 3. *Náut.* Altura da embarcação, entre a quilha e a primeira coberta. Adj. Diz-se de uma espécie de prego grande, de ferro forjado.

Pontaletar, v. Tr. dir. Segurar com pontaletes.

Pontalete, s. m. 1. Escora de madeira; espeque. 2. Forquilha, em que, nas procissões, descansa o braço dos andores.

Pontão[1], s. m. (*ponta + ão*). Escora, espeque.

Pontão[2], s. m. (*ponte + ão*). 1. Língua de mato que se adianta em meio do campo. 2. *Náut.* Barca chata que, por si ou com outras, forma passagem ou ponte.

Pontapé, s. m. 1. Pancada com a ponta do pé. 2. Ato de ingratidão. 3. Ofensa. 4. Contratempo. 5. Desastre, sinistro.

Pontapear, v. Tr. dir. Dar pontapés em.

Pontar, v. Intr. Servir de ponto em (peças teatrais).

Pontaria, s. f. 1. Ato de apontar. 2. Ato de assestar (boca de fogo) na direção da linha de mira. 3. Alvo.

Pontavante, s. f. *(ponte + avante). Náut.* Ponte ou anteparo na proa do navio.

Ponte, s. f. 1. Construção erigida sobre um curso dágua ou braço de mar, a fim de permitir a passagem de pedestres e viaturas. 2. *Náut.* Coberta ou sobrado do navio. 3. *Odont.* Conjunto de dentes artificiais que, por uma placa, se prendem a dois ou mais dentes naturais. Dim. irr.: *pontícula* e *pontilhão*.

Pontear[1], v. *(ponta + ear).* Tr. dir. e intr. Ir na ponta ou à frente do rebanho (falando de animais).

Pontear[2], v. *(ponto + ear).* Tr. dir. 1. Cobrir ou marcar com pontos. 2. Alinhavar, coser. 3. *Mús.* Dedilhar, tanger, tocar (instrumentos de corda).

Pontederiáceas, s. f. pl. *Bot.* Família *(Pontederiaceae)* de plantas aquáticas ou paludosas, que têm flores perfeitas, subtendidas por espatas foliformes.

Pontederiáceo, adj. *Bot.* Relativo às Pontederiáceas.

Ponteio, s. m. *Mús.* Ato ou efeito de pontear[2].

Ponteira, s. f. 1. Peça de metal que reveste a extremidade inferior das bengalas, guarda-chuvas, tacos de bilhar etc. 2. Extemidade postiça de algumas boquilhas, onde entra o charuto ou cigarro. 3. Fio ou cordão especial preso à extremidade dos relhos para produzir estalos.

Ponteiro, adj. Que está na ponta ou à frente. S. m. 1. O que está na ponta ou à frente. 2. Agulha de qualquer instrumento com mostrador; indicador. 3. Haste com que se aponta nos livros, quadros, murais etc. 4. *Escult.* Instrumento de canteiros e escultores para desbastar pedras. 5. Lâmina que serve para ferir as cordas de alguns instrumentos. 6. Agulha que nos mostradores dos relógios indica as horas, os minutos e os segundos.

Pontel, s. m. Espécie de ponteiro, para segurar o vidro, na caldeação.

ponti-, elem. de comp. (l. *ponte*). Exprime a idéia de *ponta* ou *ponte: pontiagudo.*

Pontiagudo, adj. Que termina em ponta aguçada.

Pontícula, s. f. Pequena ponte.

Pontificado, s. m. 1. Dignidade de pontífice ou papa. 2. Exercício do poder papal. 3. Tempo que dura o governo de um papa; papado.

Pontifical, adj. m. e f. Relativo ao pontífice, à dignidade de pontífice ou de bispo; papal, episcopal. 2. Próprio do pontífice. S. m. 1. Livro que contém os ritos a serem observados por pontífices ou bispos no exercício das suas funções. 2. *Liturg.* Capa comprida, que o bispo usa nos ofícios solenes.

Pontificante, adj. m. e f., e s.m. Que, ou o que pontifica.

Pontificar, v. 1. Intr. Oficiar em qualidade de pontífice; ser pontífice: Na sé, *pontifica* o arcebispo. 2. Tr. ind. e intr. Discorrer superiormente ou ditar leis nalgum assunto.

Pontífice, s. m. 1. Dignidade sacerdotal da antiga Roma. 3. Desde o século V, título do papa. 3. Bispo, prelado. 4. Chefe de escola, seita ou sistema. – *P. romano:* o papa.

Pontifício, adj. 1. Relativo a pontífice. 2. Procedente ou próprio de pontífice.

Pontilha, s. f. 1. Ponta muito aguda. 2. Franja estreita e delgada, de ouro ou de prata; espiguilha.

Pontilhão, s. m. Pequena ponte.

Pontilhar, v. Tr. dir. 1. Marcar com pontinhos; pontear, pontoar. 2. Desenhar a pontos.

Pontilhoso, adj. 1. Que se ofende com facilidade. 2. Exigente em minúcias.

Pontinha, s. f. 1. Pequena ponta. 2. Pouca coisa; pequena porção. 3. Rixa, birra.

Pontinho, s. m. 1. Pequeno ponto. 2. Pequeno ponto de costura, especialmente o que se emprega nas luvas etc.

Pontino, adj. Relativo à extensa região pantanosa do antigo Lácio, a sudeste de Roma, ora saneada, e que constitui a comuna de Litória.

Ponto, s. m. (l. *punctu*). 1. Furo feito num tecido com agulha enfiada de linha, retrós etc., para coser. 2. Pedaço de linha compreendido entre dois furos da agulha no pano costurado. Col.: *apontoado.* 3. *Geom.* Elemento geométrico considerado sem dimensões, apenas com posição. 4. *Gram.* V. *ponto final.* 5. *Ort.* Sinal gráfico que se coloca sobre o *i* e sobre o *j* (minúsculos). 6. Bocadinho de adesivo que se aplica sobre uma ferida para unir a pele e estancar o sangue. 7. Menor unidade tipográfica equivalente a 0,375.9 mm. 8. Renda feita com agulha. 9. Valor convencional que se atribui às cartas do baralho em certos jogos. 10. *Náut.* Cálculo de latitude e de longitude que determina o lugar do globo em que se acha o navio. 11. *Mús.* Sinal que, colocado depois de uma nota, aumenta metade do seu valor. 12. Unidade de contagem em certos jogos, ou na avaliação do merecimento, entre várias pessoas que pretendem cargos ou situações. 13. Cada uma das pintas das cartas de jogar e das faces dos dados. 14. Cada um dos jogadores que apontam em certos jogos de azar. 15. Fim, termo. 16. Lugar, sítio fixo e determinado. 17. Cada uma das partes em que é dividida uma matéria de programa escolar. 18. Detalhe ou particularidade. 19. Matéria em discussão; assunto, questão. 20. Matéria de exame ou concurso tirada à sorte. 21. Questão ou assunto que carece ser esclarecido; dúvida. 22. Altura ou andamento de um negócio; momento, instante. 23. Grau de consistência que se dá à calda de açúcar e a certos doces. 24. Situação, estado, grau: *P.* de saturação. 25. Livro em que se marca a entrada e a saída dos empregados e operários, nas fábricas, repartições etc. 26. Pessoa que nos teatros diz as peças em voz baixa aos atores para não se enganarem durante a representação. — *P. culminante:* a) zênite; b) ponto mais elevado em relação a outros; c) o mais alto grau; auge. *P. de acumulação* (de um conjunto), *Mat.:* ponto em cuja vizinhança, por menor que ele seja, há pelo menos um ponto do conjunto. *P. de admiração:* sinal de pontuação (!) usado após uma interjeição ou uma frase exclamativa; ponto de exclamação. *P. de au-*

mentação: ponto que, colocado adiante de uma figura musical, exprime que ela aumenta em metade do seu valor. *P. de cadeia:* disposição especial nos bordados, em que os pontos têm a forma de elos de cadeia. *P. de espadana:* grau de consistência da calda de açúcar, que cai à maneira de fita ao ser levantada um uma espátula. *P. de exclamação:* v. *ponto de admiração. P. de interrogação:* sinal de pontuação (?) que se coloca no fim de uma oração para indicar pergunta direta. *P. de interseção:* lugar onde duas linhas se cortam. *P. de marca:* ponto feito com uma linha especial de várias cores, com o qual se marca roupa com iniciais imitando o bordado. *P. de vista:* a) aquele que o pintor escolha para pôr em perspectiva os objetos; b) lugar alto, de onde se descortina um largo horizonte; c) modo de considerar ou de entender um assunto ou uma questão. *P. e vírgula:* sinal de pontuação (;) que indica pausa mais forte que a vírgula e menos que o ponto final; indica separação de orações absolutas que têm certa extensão, sobretudo se tais orações possuem partes já separadas por vírgula. *P. final:* a) sinal de pontuação (.) que fecha o período; b) *Fig.:* termo, fim. *P. isolado, Mat.:* ponto de um conjunto numa certa vizinhança, na qual não há pontos dele.

Assinar o p.: inscrever o nome no livro de ponto. *De p. em branco:* com apuro, com esmero. *Não dar p. sem nó:* não fazer nada sem interesse; ser interesseiro. *Pôr os p. nos ii:* dizer tudo claramente, sem omitir nomes ou particularidades. *P. por p.:* minuciosamente. *Subir de p.:* aumentar, crescer.

Pontoada, s. f. Golpe com a ponta ou ponteira de um objeto.

Pontoar, v. V. *apontoar*[1].

Pontoneiro, s. m. (de *pontão*). Soldado da arma de engenharia, que trabalha na construção de pontes. 2. Construtor de pontões.

Pontoso, adj. *P. us.* Escrupuloso em pontos de honra; pundonoroso, honrado, brioso.

Pontuação, s. f. *Gram.* 1. Ato ou efeito de pontuar. 2. Arte de dividir, por meio de sinais gráficos, as partes do discurso, indicando pausas.

Pontuado, adj. 1. Marcado por pontos. 2. Em que se fez pontuação.

Pontual, adj. m. e f. 1. Exato no cumprimento das suas obrigações. 2. Feito com exatidão ou no prazo combinado. S. f. *Mat.* Série de pontos dispostos em linha reta.

Pontualidade, s. f. Qualidade de pontual.

Pontuar, v. 1. Tr. dir. *Gram.* Empregar os sinais de pontuação em (escrita). 2. Intr. Fazer uso da pontuação.

Pontudo, adj. 1. Em ponta. 2. Que tem ponta. 3. Cheio de pontas; escabroso, eriçado. 4. Agressivo.

Pop, adj. (abreviatura de *popular*). *Neol. Bel.-art.* Diz-se de uma estética primária procurada no objeto comum ou na sua utilização como matéria artística: Arte *pop.*

Popa[1], s. m. (l. *popa*). 1. *Antig. rom.* Sacerdote de categoria inferior que imolava as vítimas do holocausto e cuidava do fogo, dos vasos, de incenso etc.: vitimário.

Popa[2] *(ô),* s. f. (l. *puppe*). *Náut.* Parte posterior do navio. Antôn.: *proa.*

Popeiro, s. m. Piloto das canoas de rio.

Popelina, s. f. Tecido fino, de algodão, para vestuário de senhoras e camisas de homem.

Popocar, v. V. *pipocar.*

Popuca, adj. m. e f. De pouca resistência; frágil.

Populaça, s. f. V. *populacho.*

População, s. f. (l. *populatione*). 1. A totalidade dos indivíduos que habitam uma localidade, um país, um território, o mundo. 2. Conjunto dos indivíduos da mesma condição ou profissão em um lugar ou país: A *p.* escolar do Brasil. 3. *Biol.* Conjunto dos organismos animais ou vegetais, de dada categoria, de uma área particular. 4. Grande número de animais; bicharia.

Populacho, s. m. (l. **populaciu,* de *populu*). Ralé.

Popular, adj. m. e f. 1. Relativo ao povo; próprio do povo. 2. Comum, usual entre o povo: Linguagem *p.* 3. Que é do agrado do povo. 4. Democrático. S. m. Homem do povo. S. m. pl. Homens do povo; democratas. S. f. pl. Nos estádios desportivos, as acomodações de menor preço.

Popularidade, s. f. 1. Qualidade de popular. 2. Estima geral.

Popularismo, s. m. *Lit.* Escola poética, em voga na Espanha, que procura imitar as formas da poesia popular.

Popularização, s. f. Ato ou efeito de popularizar(-se).

Popularizador, adj. Diz-se daquele que populariza. S. m. Aquele que populariza; vulgarizador.

Popularizar, v. 1. Tr. dir. e pron. Tornar(-se) popular. 2. Tr. dir. Apresentar um assunto de forma inteligível aos leigos; vulgarizar, divulgar.

Populeão, s. m. *Farm. ant.* Ungüento em que entravam beladona, folhas de papoula etc.

Popúleo, adj. *Poét.* Relativo ao álamo ou choupo.

Populoso, adj. Muito povoado; que abunda em população.

Pôquer, s. m. (ingl. *poker*). Jogo de cartas, de origem norte-americana, para duas ou mais pessoas. Pl.: *pôqueres.*

Por, prep. (l. *pro*). Palavra que, quer empregada só, quer contraída com os artigos *o* (pelo) ou *a* (pela), designa, conforme a construção da respectiva frase, diversas relações, tais como: lugar, meio, causa, qualidade, modo, estado, preço, tempo etc. Cf. *pôr.*

Por entre: através de.

Pôr, v. (l. *ponere*). 1. Tr. dir. Colocar em (algum lugar). 2. Tr. dir. Assentar ou firmar no solo. 3. Tr. dir. Deitar, encostar, pousar, reclinar. 4. Tr. dir. e pron. Colocar(-se) em certa posição. 5. Tr. dir. Depor, largar, deixar. 6. Pron. Empoleirar-se, pousar (falando de aves). 7. Pron. Desaparecer, sumir-se no horizonte (um astro). 8. Tr. dir. Atribuir nome ou apelido a. 9. Intr. Expelir ovos. 10. Tr. dir. Usar habitualmente. 11. Tr. dir. Edificar, estabelecer, fundar, instituir. 12. Tr. dir. Confiar a uma empresa de crédito. 13. Tr. dir. Colocar (alguém) num emprego ou ofício. 14. Tr. dir. Fazer entrar; introduzir. 15. Tr. dir. Confiar, entregar. 16. Tr. dir. Apor o nome; assinar, subscrever. 17. Tr. dir. Lavrar o assentamento; registrar. 18. Tr. dir. e pron. Reduzir (-se) a um estado ou condição. 19. Pron. Concentrar-se. 20. Pron. Imaginar-se, supor-se: *Ponha-se no* meu lugar. 21. Tr. dir. Achar ou notar (censurando ou increpando). 22. Tr. dir. Arriscar em aposta ou jogo. 23. Pron. Começar, entreter-se, ocupar-se. 24. Tr. dir. Demitir, dispensar, exonerar. 25. Tr. dir. Espalhar, estender; passar: *Pôr manteiga no* pão. Conjugação: Ind. pres.: *ponho, pões, põe, pomos, pondes, põem.* Imp.: *punha, punhas* etc. Perf.: *pus, puseste, pôs* etc. M.-q-perf.: *pusera, puseras* etc. Fut.: *porei, porás* etc. Fut. do pret.: *poria, porias* etc. Imper.: *põe, ponde.* Subj. pres.: *ponha, ponhas* etc. Imp.: *pusesse, pusesses* etc. Fut.: *puser, puseres* etc. Ger.: *pondo.* P.: *posto.* Cf. *por.*

Porão, s. m. (arc. *prão,* do l. *planu*). 1. Parte inferior do navio, destinada a carga e provisões. 2. Parte de uma habitação, entre o solo e o soalho.

Poraquê, s. m. *Ictiol.* Nome comum da única espécie de peixe fluvial da família dos Eletroforídeos *(Electrophorus electricus),* dotado de notável capacidade de produzir descargas elétricas; peixe-elétrico.

Porca, s. f. 1. Fêmea do porco. 2. Mulher suja, desleixada. 3. Peça de metal perfurada, geralmente quadrada ou sextavada, com rosca interna, que se atarraxa na extremidade de um parafuso para apertar ou fixar qualquer coisa; fêmea de parafuso.

Porcada, s. f. *Pop.* 1. Grupo de porcos. 2. Trabalho mal feito; porcaria.

Porcalhão, adj. e s. m. 1. Que, ou o que trabalha mal; trapalhão. Fem.: *porcalhona.*

Porção, s. f. (l. *portione*). 1. Parte de alguma coisa, de um todo; fração, parcela. 2. Grande quantidade. 3. Quinhão. 4. Ração, dose. 5. Bocado. Dim. irr.: *porciúncula.*

Porcaria, s. f. 1. Ação ou estado do que é porco; porqueira. 2. Imundície, sujidade. 3. Obscenidade, palavrão. 4. Coisa mal feita.

Porcariço, s. m. Porqueiro.

Porcelana, s. f. 1. Material cerâmico fino, duro, mais ou menos translúcido, feito de caulim, quartzo e feldspato e usado principalmente para louça, isoladores elétricos e utensílios químicos. 2. Louça ou objeto de arte dessa substância.

Porcelanita, s. f. *Miner.* Rocha siliciosa, constituída por argila metamorfoseada e que se assemelha à porcelana ou à louça de barro, em textura e aparência.

Porcentagem, s. f. V. *percentagem.*

Porcino, adj. Relativo ao porco; suíno.

Porcionário, s. m. 1. Aquele que recebe uma porção, pensão ou renda. 2. Beneficiado de rendas eclesiásticas.

Porcionista, s. m. e f. Aluno ou aluna que paga a sua educação ou sustento.

Porciúncula, s. f. *Ant.* 1. Pequena porção. 2. Jubileu da Ordem de São Francisco. 3. O primeiro convento dessa ordem.

Porco *(ô),* s. m. 1. *Zool.* Denominação vulgar dada às diferentes raças domésticas de *Sus scrofa,* artiodátilo não ruminante da família dos Suídeos. Col.: *manada, piara, vara, vezeira.* Voz.: *arrua, cuincha, cuinha, grunhe, ronca, rosna, grita.*2. Homem sujo, imundo. 3. O diabo. Adj. 1. Sujo, imundo. 2. Indecente, torpe. 3. Que faz as coisas sem apuro; trapalhão. Fem.: *porca (ó).* Pl.: *porcos (ó).*

Porejar, v. 1. Intr. Sair pelos poros; brotar, sair. 2. Tr. dir. Exsudar pelos poros; ressumar.

Porém, conj. Denotativa de oposição, restrição ou diferença e equivale a *mas, contudo, todavia; apesar disso, não obstante.*

Porfia, s. f. (l. *perfidia).* 1. Contenda de palavras; discussão. 2. Pertinácia. 3. Obstinação, teima.

Porfiada, s. f. Cosedura que, por um fio passado nas malhas, une as testas das redes de pesca umas às outras.

Porfiado, adj. 1. Em que houve porfia. 2. Disputado, renhido.

Porfiador, adj. e s. m. Que, ou o que porfia; contumaz, teimoso.

Porfiar[1], v. *(porfia + ar).* 1. Tr. ind. e intr. Altercar, contender, disputar obstinadamente. 2. Tr. ind. Competir, rivalizar.

Porfiar[2], v. *(por + fio + ar).* Tr. dir. 1. Guarnecer com fio (cabo ou linha). 2. Coser (cabos ou tralhas) com um fio.

Porfioso, adj. 1. Em que há porfia. 2. Amigo de porfiar. 3. Constante, contínuo.

Porfírico, adj. *Geol.* Diz-se da textura da rocha magmática em que existem fenocristais disseminados em uma massa vítrea ou finamente cristalizada.

Porfirização, s. f. Ato ou efeito de porfirizar.

Porfirizar, v. Tr. dir. 1. Reduzir a pó fino (tintas etc.), por moagem sobre uma laje de pórfiro ou outra pedra dura. 2. Destruir. 3. Refutar.

Pórfiro, s. m. 1. *Geol.* Nome genérico de várias rochas eruptivas que contêm disseminados cristais macroscópicos de feldspato, ou quartzo.

Porfiróide, adj. m. e f. Porfírico.

pori-, elem. de comp. (l. *poru).* Exprime a idéia de *poro: poricida, porífero.*

Poricida, adj. m. e f. *Bot.* Que se abre por poros.

Porífero, adj. Dotado de poros.

Pormenor, s. m. Minúcia, minudência, particularidade.

Pormenorização, s. f. Ato ou efeito de pormenorizar.

Pormenorizar, v. Tr. dir. Expor os pormenores de; referir pormenorizadamente.

Pornéia, s. f. Libertinagem, devassidão.

porno-, elem. de comp. (gr. *porne).* Exprime a idéia de *prostituta: pornografia.*

Pornografia, s. f. 1. Arte ou literatura obscena. 2. Coleção de pinturas obscenas. 3. Caráter obsceno de uma publicação.

Pornográfico, adj. 1. Relativo à pornografia. 2. Em que há pornografia. 3. Que pratica pornografia.

Pornógrafo, s. m. 1. Aquele que trata de pornografia. 2. Aquele que descreve ou pinta coisas obscenas.

Poro[1], s. m. (1. *poru).* 1. Cada um dos pequeníssimos orifícios da pele. 2. Cada um dos numerosos e diminutos orifícios existentes nas membranas animais e, às vezes, nas vegetais.

poro-[2], elem. de comp. (gr. *poros).* Exprime a idéia de *poro, passagem, calosidade: porócito.*

Porócito, s. m. *Zool.* Célula epitelial pavimentosa e perfurada, do revestimento externo dos esporangiários.

Pororoca, s. f. Grande onda de maré alta que, com ruído estrondoso, sobe impetuosamente rio acima, principalmente no Amazonas, apresentando uma frente abrupta de considerável altura, e que depois de sua passagem forma ondas menores, os banzeiros, que se quebram violentamente nas praias; macaréu.

Pororocar, v. Intr. Produzir pororocas (o rio).

Porosidade, s. f. Qualidade de poroso.

Poroso, adj. Que tem poros.

Porquanto, conj. Por isso que, porque, visto que.

Porque, conj. 1. Em razão de, pelo motivo de, visto que. 2. A fim de que, para que.

Porquê, s. m. Causa, motivo, razão.

Porqueira, s. f. 1. Chiqueiro, pocilga. 2. Casa imunda. 3. Coisa nojenta, desprezível; porcaria.

Porqueiro, adj. 1. Relativo a porcos; suíno. 2. Diz-se de uma espécie de abóbora. 3. Diz-se de uma couve de caule alto. S. m. Guardador, tratador ou negociante de porcos.

Porquinho, s. m. Porco pequeno. — *P.-da-índia:* v. *cobaia.*

Porre, s. m. 1. *Pop.* Bebedeira. 2. Copo ou dose de cachaça.

Porretada, s. f. Pancada com porrete.

Porrete *(ê),* s. m. Cacete com uma das extremidades arredondada. 2. Coisa eficaz; remédio decisivo.

Porro *(ô),* adj. m. *Bot.* Designativo de certa espécie de alho-silvestre *(Allium porrum).*

Porta, s. f. Abertura na parede de um edifício, desde o nível do piso até uma altura conveniente, para permitir a entrada e a saída. Ruído: *bate, range, chia, guincha.* 2. Peça de madeira ou outro material que serve para fechar essa abertura. 3. Peça com que se fecham certos móveis, veículos etc. 4. Entrada, meio de acesso, admissão, participação ou gozo.

Arrombar uma p. aberta: fazer trabalho inútil. *Casado atrás da p.:* amancebado. *Dar com a p. na cara de alguém:* a) fechar a porta diante de alguém que está prestes a entrar; b) negar-se a receber. *Entre portas;* na soleira da porta; de portas adentro. *Por portas travessas:* por meios ocultos, indiretos, ilícitos. *Surdo como uma p.:* muito surdo.

porta-[2], pref. (de *portar).* Expressa a idéia de *aquele* ou *aquilo que conduz, contém, suporta* ou *segura : porta-aviões.*

Porta-aviões, s. m. sing. e pl. *Náut.* Navio de guerra com aviões.

Porta-bandeira, s. m. e f. Pessoa que leva a bandeira de uma corporação militar, colégio etc. Pl.: *porta-bandeiras.*

Porta-cabos, s. m. sing. e pl. Aparelho para levar cabos de socorro a náufragos.

Porta-cartas, s. m. sing. e pl. Bolsa de carteiro em que ele carrega cartas; carteira.

Porta-chapéus, s. m. sing. e pl. 1. Caixa para transportar chapéus; chapeleira. 2. Cabide para chapéus.

Porta-chaves, s. m. sing. e pl. Corrente em que se trazem as chaves; chaveiro.

Porta-cigarros, s. m. sing. e pl. Estojo em que se guardam cigarros; cigarreira.

Porta-cocheira, s. f. *Ant.* Portão de entrada de carros. Pl.: *portas-cocheiras.*

Porta-colo, s. m. Pasta de estudante. Pl.: *porta-colos.*

Portada, s. f. 1. Porta grande, geralmente ornamentada; portal, pórtico. 2. Fachada principal.

Portador, adj. (l. *portatore).* Diz-se de pessoa ou coisa que leva ou conduz. S. m. 1. V. *carregador.* 2. Pessoa que, em nome de outrem, leva a qualquer destino carta, encomenda etc. 3. Possuidor de título ou ação que hão de ser pagos a quem os apresente.

Porta-espada, s. m. *Mil.* Peça aparafusada ao selim para suspender e segurar a espada do cavalariano. Pl.: *porta-espadas.*

Porta-estandarte, s. m. e f. Pessoa que conduz o estandarte; porta-bandeira. Pl.: *porta-estandartes.*

Porta-frasco, s. m. Cordão em que o caçador pendura o polvorinho. Pl.: *porta-frascos.*

Porta-jóias, s. m. sing. e pl. Caixinha, ou pequeno vaso, em que se guardam jóias; guarda-jóias.

Portal, s. m. 1. Entrada principal de um edifício. 2. Portada.

Porta-lanterna, s. m. Suporte para lanterna preso à haste do garfo da roda dianteira, nas bicicletas. Pl.: *porta-lanternas.*

Porta-lápis, s. m. sing. e pl. Estojo para lápis; lapiseira.

Portaló, s. m. Lugar de um navio, por onde se entra, ou por onde se faz entrar ou sair a carga.

Porta-marmita, s. f. Caixa para transportar as marmitas do rancho para os soldados. Pl.: *porta-marmitas.*

Porta-mitra, s. m. *Ecles.* Aquele que, em certas solenidades, leva nas mãos a mitra do prelado. Pl.: *porta-mitras.*

Porta-níqueis, s. m. sing. e pl. Bolsinha para dinheiro em moedas, que se traz no bolso.

Portanto, conj. *(por + tanto).* Em vista disso, logo, por conseguinte, por isso.

Portão, s. m. 1. Porta grande; portada. 2. Porta de rua. 3. Barranco alto na região do Rio São Francisco.

Porta-paz, s. m. Pequeno quadro com uma cruz que se dá a beijar em certas missas. Pl.: *porta-pazes.*

Portar[1], v. (l. *portare*). 1. Tr. dir. Levar, conduzir. 2. Pron. Comportar-se, haver-se, proceder, tratar.

Portar[2], v. *(porto + ar).* Intr. *Ant.* Ir ter a determinado lugar; chegar.

Porta-rede, s. m. Embarcação que conduz a rede, na pesca de alto mar. Pl.: *porta-redes.*

Porta-relógio, s. m. Utensílio em que se acomoda o relógio, quando fora do bolso. Pl.: *porta-relógios.*

Portaria, s. f. 1. Porta principal do convento. 2. Átrio ou vestíbulo do convento. 3. Vestíbulo de estabelecimento, onde ordinariamente há uma pessoa encarregada de prestar informações, receber correspondência etc. 4. Documento assinado por um ministro em nome do chefe de Estado.

Porta-seios, s. m. sing. e pl. Sutiã.

Porta-sementes, s. f. sing. e pl. *Bot.* 1. Planta adrede cultivada para produção de sementes. 2. Árvore que se deixa de cortar, para se colherem sementes.

Portátil, adj. m. e f. 1. Que se pode transportar facilmente. 2. Que tem pequeno volume ou pouco peso.

Porta-toalhas, s. m. sing. e pl. Cabide ou peça especial para acomodar toalhas nos banheiros e lavatórios.

Porta-voz, s. m. 1. Instrumento, semelhante a uma trombeta, para reforçar a voz. 2. Pessoa que transmite as palavras ou as opiniões de outrem. Pl.: *porta-vozes.*

Porte, s. m. (l. *portare*). 1. Ato de levar ou trazer; condução, carga. 2. Preço de transporte; frete. 3. Preço da remessa de cartas, impressos ou pacotes pelo correio; franquia. 4. Modo de proceder; comportamento. 5. O aspecto físico de uma pessoa; postura do corpo. 6. Capacidade de um navio; tonelagem.

Portear, v. Tr. dir. Franquear ou selar devidamente (correspondência ou qualquer remessa postal).

Porteira, s. f. 1. Mulher encarregada da porta ou portaria. 2. Implemento de vedação ou de franquia de tráfego, instalado em propriedades rurais.

Porteiro, s. m. Homem encarregado de guardar a porta ou a portaria de uma casa ou estabelecimento; guarda-portão.

Portela, s. f. (l. *portella*). 1. Portal. 2. Ângulo ou cotovelo de estrada ou caminho. 3. Passagem estreita entre montes.

Portenho, adj. Relativo a Buenos Aires. S. m. Habitante ou natural dessa cidade; buenairense, bonaerense.

Portento, s. m. 1. Coisa ou sucesso maravilhoso; prodígio. 2. Pessoa de excepcional talento.

Portentoso, adj. 1. Que tem caráter de portento. 2. Extraordinário, insólito, raro. 3. Talentoso.

Pórtico, s. m. 1. Átrio espaçoso, com abóbada sustentada por colunas ou pilares. 2. Portada. 3. Entrada de edifício nobre ou de templo.

Portilho, s. m. Pequeno porto.

Portinhola, s. f. 1. Pequena porta de carruagem. 2. Pedaço de pano, que tapa a abertura de um bolso. 3. Braguilha. 4. *Náut.* Peça que tapa as canhoneiras dos navios.

Porto, s. m. 1. Pequena baía ou parte de grande extensão de água, que serve de abrigo e ancoradouro a navios, e está provida de facilidades de embarque e desembarque de passageiros e carga. 2. Qualquer lugar de abrigo, de refúgio ou de descanso.

Porto-alegrense, adj. m. e f. Relativo a Porto Alegre, capital e município do Rio Grande do Sul. S. m. e f. Pessoa natural desse município.

Porto-riquenho, adj. Relativo a Porto Rico (América Central). S. m. O natural de Porto Rico; porto-riquense.

Porto-riquense, adj. e s., m. e f. V. *porto-riquenho.*

Portuário, adj. Relativo a porto. S. m. 1. Aquele que trabalha no porto. 2. Funcionário de serviço portuário.

Portucha, s. f. *Náut.* Cada um dos ilhós por onde se enfiam os rizes num navio. Var.: *pertucha.*

Portuchar, v. Tr. dir. *Náut.* Encolher ou enrizar (a vela). Var.: *pertuchar.*

Portuchos, s. m. pl. Os orifícios da fieira dos ourives. Var.: *pertuchos.*

portuense, adj. m. e f. Relativo à cidade do Porto (Portugal). S. m. e f. Pessoa natural dessa cidade.

Português, adj. (l. *portucalense*). 1. Relativo a Portugal. 2. Natural de Portugal. 3. Próprio de Portugal. S. m. 1. Habitante ou natural de Portugal. 2. Língua falada pelos portugueses, pelos brasileiros e pelos habitantes das ex-províncias ultramarinas de Portugal.

Portuguesismo, s. m. 1. Palavra, locução ou frase própria do português europeu; lusismo, lusitanismo. 2. Modo de pensar ou sentir próprio de portugueses.

Portulacáceas, s. f. pl. *Bot.* Família *(Portulacaceae)* de ervas anuais com folhas suculentas de disposição espiralada.

Portucaláceo, adj. *Bot.* Relativo às Portulacáceas.

Portulano, s. m. Manual de navegação medieval, com descrição das costas e dos portos, ilustrado com mapas.

Portuoso, adj. Que tem muitos portos.

Poruca, s. f. Peneira para a escolha do café em grão.

Porunga, s. f. Vaso de couro, para líquidos.

Porventura, adv. Por acaso, talvez.

Porvindouro, adj. Que há de vir; futuro. S. m. pl. Os vindouros, os pósteros. Var.: *porvindoiro.*

Porvir, s. m. O tempo que está para vir; futuro.

pós-[1], elem. de comp. (l. *post*). Exprime a idéia de *depois: pós-data.*

pós[2], prep. (l. *post*). V. *após.*

Posar, v. Intr. Pôr-se em posição conveniente para se deixar fotografar ou pintar.

Pós-boca, s. f. O fundo da boca. Pl.: *pós-bocas.*

Poscefálico, adj. Relativo ao poscéfalo.

Poscéfalo, s. m. *Anat.* A parte posterior da cabeça.

Poscênio, s. m. Parte do teatro que fica atrás da cena ou do palco; bastidores.

Pós-data, s. f. Data de um documento, posterior à da sua redação. Antôn.: *antedata.* Pl.: *pós-datas.*

Pós-datar, v. Tr. dir. Pôr pós-data em. Antôn.: *antedatar.*

Pós-diluviano, adj. Posterior ao dilúvio. Antôn.: *antediluviano.* Pl.: *pós-diluvianos.*

Pós-dorsal, adj. m. e f. *Anat.* Situado atrás das costas. Pl.: *pós-dorsais.*

Pose *(ô)*, s. f. (fr. *pose*). 1. Posição ou atitude de pessoa presumida que quer dar na vista. 2. Ato de servir de modelo a um pintor ou escultor. 3. *Fot.* Fotografação com exposição de mais de um segundo de duração.

Pós-escrito, adj. (l. *postscriptu*). Escrito depois; escrito no fim. S. m. O que se acrescenta em uma carta depois da assinatura (abrev. P. S.). Pl.: *pós-escritos.*

Posfácio, s. m. Advertência no fim de um livro. Antôn.: *prefácio.*

Pós-glacial, adj. m. e f. *Geol.* Diz-se de uma das cinco fases do Período Pleistocênico. Pl.: *pós-glaciais.*

Posição, s. f. (l. *positione*). 1. Lugar onde está colocada uma pessoa ou coisa. 2. Disposição. 3. Situação econômica, moral, social etc. 4. Modo, jeito, maneira, atitude, postura. 5. Circunstâncias em que alguém se acha. 6. *Mil.* Área ou lugar ocupado por unidades de combate para ataque ou defesa.

Posicional, adj. m. e f. Relativo a posição.

Posicionar, v. Tr. dir. Pôr em posição.

Positivar, v. 1. Tr. dir. e pron. Tornar(-se) positivo. 2. Tr. dir. Dar fundamento ou apoio a; confirmar.

Positividade, s. f. Qualidade ou estado do que é positivo.

Positivismo, s. m. 1. *Filos.* Sistema criado por Augusto Comte, que se baseia nos fatos e na experiência, e que deriva do conjunto das ciências positivas, repelindo a metafísica e o sobrenatural. 2. Tendência para encarar a vida só pelo seu lado prático e útil.

Positivista, adj. m. e f. Relativo ao positivismo. S. m. e f. Aderente da filosofia positivista.

Positivo, adj. 1. Que se baseia em fatos e na experiência. 2. Afirmativo, decisivo, terminante. 3. Derivado da vontade e não da natureza. 4. *Eletr.* Diz-se da eletricidade que se desenvolve no vidro quando esfregado com um pedaço de estopa. 5. *Mat.* Diz-se da quantidade maior que zero. 6. *Mat.* Diz-se da quantidade algébrica precedida do sinal +. S. m. 1. O que é materialmente útil e proveitoso. 2. *Gram.* Grau em que o adjetivo exprime simplesmente a qualidade.

Pósitron, s. m. *Fís.* e *Quím.* Corpúsculo elementar com a mesma massa e magnitude de carga que o elétron, mas com a carga positiva; eletropositivo. Vars.: *pósitron* e *positrônio.*

Pós-meridiano, adj. Posterior ao meio-dia. Antôn.: *antemeridiano.* Pl.: *pósmeridianos.*

Posologia, s. f. Indicação da dose recomendada para o medicamento.

Posológico, adj. Relativo à posologia.

Pospasto, s. m. Sobremesa.

Pospelo *(ê),* s. m. Usa-se somente na loc. *a pospelo:* na direção contrária à do pêlo; ao arrepio.

Pós-perna, s. f. Parte superior da perna do animal, desde o curvilhão ao quadril.

Pospontar, v. V. *pespontar.*

Posponto, s. m. V. *pesponto.*

Pospor, v. (l. *postponere*). 1. Tr. dir. Pôr depois. 2. Tr. dir. Deixar para mais tarde; adiar, procrastinar. 3. Pron. Desprezar-se, não considerar.

Posposição, s. f. Ato ou efeito de pospor.

Pospositiva, s. f. *Gram.* Segundo fonema de um ditongo ou terceiro de um tritongo.

Pospositivo, adj. *Gram.* Diz-se das palavras que não vêm no princípio da oração mas depois de um ou mais termos desta.

Posposto, adj. 1. Que se pospôs; posto depois. 2. Omitido. 3. Postergado, desprezado.

Pós-romano, adj. Ulterior ao Império Romano ou à dominação dos romanos. Pl.: *pós-romanos.*

Possança, s. f. (de *posse*). 1. *P. us.* Força, poder. 2. *Geol.* Espessura de um estrato ou filão, medida perpendicularmente ao plano da estratificação.

Possante, adj. m. e f. Que tem possança; forte, robusto, vigoroso.

Posse, s. f. 1. Retenção ou fruição de uma coisa ou de um direito. 2. Estado de quem frui uma coisa, ou a tem em seu poder. S. f. pl. 1. Meios de vida; haveres, cabedais. 2. Alcance, aptidão, capacidade.

Posseiro, adj. e s. m. *Dir.* Que, ou aquele que se encontra na posse clandestina ou ilegítima de certa área de terras particulares, ou devolutas, com a intenção de dono.

Possessão, s. f. 1. País sem independência, que vive sob a autoridade e proteção de um Estado soberano; colônia, domínio. 2. V. *posse.* 3. Estado de quem está possesso.

Possessivo, adj. 1. Que indica posse. 2. *Gram.* Diz-se do pronome que indica posse.

Possesso, adj. Possuído do demônio; endemoninhado.

Possessor, adj. e s. m. Que, ou aquele que possui; possuidor. S. m. Entre os romanos, cada um dos colonos pelos quais se repartiam terras conquistadas.

Possessório, adj. 1. Relativo ou inerente à posse. 2. *Dir.* Diz-se do juízo onde se movem as ações de posse.

Possibilidade, s. f. Qualidade de possível. S. f. pl. Posses, haveres, rendimentos.

Possibilitar, v. Tr. dir. e pron. Tornar(-se) possível.

Possível, adj. m. e f. Que pode ser, existir, acontecer, fazer-se ou praticar-se. S. m. 1. Aquilo que pode ser, existir, acontecer, ser feito ou praticado. 2. Todo o empenho ou esforço: Fazer o *p.*

Possuidor *(u-i),* adj. Que possui; possuinte. S. m. Aquele que possui.

Possuinte *(u-ín),* adj. m. e f. Possuidor.

Possuir, v. (l. *possidere*). 1. Tr. dir. Ter a posse de, ter como propriedade, ter em seu poder. 2. Tr. dir. Desempenhar, desfrutar, exercer. 3. Tr. dir. Ter ao seu dispor. 4. Tr. dir. Conter, encerrar. 5. Tr. dir. Ser dotado de. 6. Tr. dir. Gozar. 7. Tr. dir. Ter o domínio de. 8. Tr. dir. Dominar, empolgar, senhorear. 9. Tr. dir. Desfrutar o amor de, ter cópula carnal com. 10. Pron. Deixar-se dominar.

Posta, s. f. (l. *posita*). 1. Pedaço ou talhada de carne, peixe, toicinho etc.; naco, fatia. 2. *Ant.* Estação para muda de parelhas de tiro de diligências. 3. Veículo de serviço público; correio. 4. Administração do correio. 5. *Pop.* Emprego público. 6. *Fam.* Emprego rendoso. 7. Indivíduo moleirão. — *P. restante:* menção que se coloca sobre os objetos de correspondência que se quer remeter ao guichê de uma agência.

Postal, adj. m. e f. Relativo ao correio. S. m. Cartão postal.

Postalista, s. m. e f. Funcionário ou funcionária da repartição dos correios e telégrafos.

Postar[1] v. *(posto + ar).* Tr. dir. e pron. Colocar(-se) (alguém) num lugar ou posto.

Postar[2], v. *(posta +ar).* Tr. dir. Pôr no correio.

Poste, s. m. 1. Peça comprida de madeira, ferro, concreto, fincada a prumo no solo, destinada a suportar fios de cerca, elétricos, telegráficos ou telefônicos, lâmpadas de iluminação etc. 2. Palanque de cerca. 3. Espécie de coluna, a que se prendiam os criminosos, expondo-os à ignomínia pública.

Postejar, v. Tr. dir. Partir em postas.

Postema, s. f. V. *apostema.*

Postemão, s. m. Navalha de alveitar, para abrir apostemas.

Póster, s. m. (ingl. *poster*). Impresso em forma de cartaz, de caráter não comercial.

Postergação, s. f. Ato ou efeito de postergar; postergamento.

Postergamento, s. m. V. *postergação.*

Postergar, v. Tr. dir. 1. Deixar para trás; deixar em atraso. 2. Pospor, transgredir, desprezar. 3. Passar por alto; omitir, preterir.

Posteridade, s. f. 1. Série de indivíduos provindos de um ancestral comum; descendência. 2. Gerações futuras; os vindouros. 3. Celebridade ou glorificação futura. 4. O tempo futuro.

Posterior, adj. m. e f.. 1. Que está ou vem depois; ulterior. 2. Situado atrás; que ficou atrás. Antôn.: *anterior.* S. m. *Pop.* As nádegas, o assento.

Posterioridade, s. f. Caráter do que é posterior.

Póstero[1], adj. (l. *posteru*). Futuro, porvindouro. S. m. pl. Gerações que hão de suceder à atual; vindouros.

póstero-[2], elem. de comp. Exprime a idéia de *posterioridade: póstero-exterior.*

Póstero-exterior, adj. m. e f. Situado atrás e na parte externa. Pl.: *póstero.-exteriores.*

Póstero-inferior, adj. m. e f. Situado atrás e na parte inferior. Pl.: *póstero-inferiores.*

Póstero-interior, adj. m. e f. Situado atrás e na parte interna. Pl.: *póstero-interiores.*

Póstero-superior, adj. m. e f. Situado atrás e na parte superior. Pl.: *póstero-superiores.*

Postiço, adj. 1. Acrescentado a uma obra já concluída. 2. Que se pode pôr ou tirar. 3. Colocado artificialmente. 4. Que não é natural.

Postigo, s. m. 1. Pequena porta. 2. Abertura quadrangular, em portas ou janelas, para olhar através delas sem abri-las. 3. *Náut.* Tampa de gateiras e vigias nos navios.

Postila, s. f. (l. *postilla*). V. *apostila.*

Postilar, v. V. *apostilar.*

Postilhão, s. m. (ital. *postiglione*). *Ant.* 1. Empregado do correio que transportava a cavalo correspondências ou notícias entre diversas localidades. 2. Mensageiro.

Postimária, s. f. (l. **postremaria*). Termo, fim.

Postimeiro, adj. V. *postremo.*

Posto, adj. (l. *postu*, por *positu.* – p. de *pôr*). 1. Que se pôs; colocado. 2. Apresentado. 3. Disposto. 4. Plantado. 5. Desaparecido (o Sol no ocaso). Conj. O mesmo que *posto que.* S. m. 1. Lugar que uma pessoa ou coisa ocupa com certa permanência. 2. Alojamento ou estação de tropas ou de guardas policiais. 3. Lugar que a cada um compete ocupar no desempenho de suas funções. 4. Cargo, dignidade, emprego. 5. Agência de um serviço público ou particular. — *P. meteorológico:* o que é provido de instrumentos com que se observam os fenômenos meteorológicos em determinado lugar ou região.

P. que: ainda que, se bem que, conquanto, embora, mesmo que.

Postônico, adj. *Gram.* Que está depois da vogal tônica de uma palavra.

Postremo, adj. Derradeiro, extremo, último.

Postres, s. m. pl. (cast. *postre*). *Ant.* V. *sobremesa.*

Postrídio, s. m. O dia seguinte.

Postulação, s. f. Ato de postular; solicitação.

Postulado, s. m. 1. Proposição que se admite sem demonstração. 2. Tempo de exercícios e provações que, nas comunidades religiosas, antecede o noviciado.

Postulante, adj. e s., m. e f. 1. Que, ou pessoa que postula. 2. Que, ou quem cumpre o postulado, acep. 2.

Postular, v. Tr. dir. 1. Pedir instantemente. 2. Suplicar. 3. *Dir.* Requerer, documentando a alegação.

Postumária, s. f. Os tempos que sobrevêm à morte de alguém.

Póstumo, adj. 1. Que nasceu depois da morte do pai. 2. Posterior à morte de alguém. 3. Diz-se de obra publicada após a morte do autor.

Postura, s. f. (l. *positura*). 1. Colocação, disposição, posição do corpo. 2. Atitude, porte. 3. Aspecto físico; estatura. 4. *Dir.* Toda deliberação, de caráter obrigatório, emanada do legislativo municipal. 5. Quantidade de ovos que uma ave põe durante certo tempo. S. f. pl. *Dir.* Conjunto de regras, codificadas, de direito municipal.

Pós-verbal, adj. m. e f. *Gram.* Deverbal. Pl.: *pós-verbais.*

Potâmides, s. f. pl. *Mit.* Ninfas dos rios.

Potamita, adj. m. e f. *(pótamo + ita).* Que vive nos rios.

pótamo- ou -pótamo, elem. de comp. (gr. *potamos*). Exprime a idéia de *rio: potamofobia, hipopótamo.*

Potamofobia, s. f. *Med.* Medo mórbido dos rios.

Potamófobo, s. m. Aquele que tem potamofobia.

Potamografia, s. f. Potamologia.

Potamologia, s. f. *Geogr.* Estudo dos rios; potamografia.

Potamológico, adj. Relativo à potamologia; potamográfico.

Potassa, s. f. Carbonato de potássio, especialmente o obtido em forma impura, pela lixiviação de cinzas de vegetais.

Potássio, s. m. *Quím.* Elemento metálico monovalente, do grupo dos metais alcalinos, mais reativo que o sódio. Símbolo K, número atômico 19, massa atômica 39,102.

Potável, adj. m. e f. Que se pode beber.

Pote, s. m. 1. Grande vaso de barro, para líquidos. 2. Cântaro. 3. Antiga medida de seis canadas. 4. *Hum.* Pessoa gorda e baixa.

Potéia, s. f. *Quím.* Preparação de óxido de estanho para polir espelhos e outros objetos.

Potência, s. f. 1. Qualidade de potente; poder, força, eficácia. 2. Robustez, vigor. 3. *Filos.* Aptidão para se realizar, ou capacidade para o ato; força ativa. 4. Poderio, autoridade, mando. 5. Nação soberana. 6. Personagem de grande autoridade e importância. 7. *Biol.* Vigor genésico; capacidade de o homem desempenhar o ato sexual. 8. Faculdade da alma. 9. *Fís.* Trabalho efetuado na unidade de tempo. 10. *Mat.* Produto de fatores iguais. 11. *Radiotécn.* Capacidade de alcance das emissoras, expressa em watts e quilowatts. — *P. de um ponto em relação a uma circunferência, Geom.:* produto dos segmentos que vão deste ponto aos pontos de interseção com a circunferência de uma secante qualquer tirada pelo ponto.

Potenciação, s. f. Elevação a potências.

Potencial, adj. m. e f. 1. Relativo a potência. 2. Virtual. S. m. 1. Força total dos meios disponíveis para certo fim: O *potencial* industrial do Brasil. 2. *Eletr.* Nível elétrico de um condutor em relação a um outro.

Potencialidade, s. f. Qualidade de potencial.

Potenciar, v. Tr. dir. *Mat.* Elevar a qualquer potência (uma quantidade).

Potentado, s. m. 1. Soberano de um Estado poderoso. 2. *Por ext.* Pessoa muito influente ou poderosa.

Potente, adj. m. e f. (l. *potente*). 1. Que tem potência ou poderio; que pode; poderoso. 2. Que tem a faculdade de fazer ou produzir. 3. Forte, rijo, rude, violento. 4. Que tem capacidade fisiológica para copular. 5. Que tem som forte.

Potentéia, adj. e s. f. *Heráld.* Diz-se da, ou a cruz vazada, cujas hastes são rematadas por figura quadrilonga.

Potentilha, s. f. *Bot.* Erva *(Potentilla reptans)* que vegeta em lugares úmidos; também chamada *cinco-em-rama.*

Poterna, s. f. Espécie de galeria subterrânea ou porta falsa para sair secretamente de uma praça fortificada.

Potestade, s. f. 1. Poder, potência, força. 2. A divindade, o poder supremo. S. f. pl. Os anjos da sexta hierarquia ou do sexto coro.

Potiche, s. m. Vaso de porcelana decorada, particularmente vaso da China ou do Japão.

Potoca, s. f. Mentira, patranha, peta.

Potocar, v. Intr. Contar potocas; mentir.

Potosino, adj. Relativo a Potosi, cidade boliviana. S. m. Habitante ou natural dessa cidade.

Potra *(ô),* s. f. 1. Hérnia intestinal; quebradura. 2. Doença dos vegetais, caracterizada por saliências nodosas na haste ou na raiz de algumas plantas hortenses.

Potranca, s. f. Égua com menos de dois anos.

Potrancada, s. f. Porção de potrancas.

Potreiro, s. m. 1. Negociante de potros ou de gado cavalar. 2. Pequeno campo fechado, com pasto e aguada, destinado a recolher animais, que ficam à mão, para serviços.

Potril, s. m. Alpendre ou sítio onde se recolhem potros para adestrar.

Potrilha, s. m. 1. Indivíduo potroso. 2. *Pej.* Bisbórria, pobre-diabo.

Potro *(ô),* s. m. (por *poltro,* do l. **pullitru*). 1. Cavalo novo, aos três anos aproximadamente. 2. Instrumento de tortura que consistia em uma espécie de cavalo de madeira; ecúleo.

Potroso, adj. Que tem potra (hérnia).

Pouco, pron. adj. (l. *paucu*). 1. Em pequena quantidade. 2. Escasso. Sup. abs. sint.: *pouquíssimo.* Adv. Não muito; insuficientemente. S. m. 1, Pequena quantidade. 2. Coisa de pequena importância ou valor; bagatela.

A. p. e p. ou *p. a p.:* com pequenos intervalos; de espaço a espaço; em pequenas quantidades; gradualmente; lentamente; sem muita demora. *Há p.:* pouco tempo atrás; agora mesmo. *Por p. mais de nada:* por ínfimo preço.

Poucochinho, adj. e adv. Muito pouco. S. m. Pequena quantidade.

Poupa, s. f. *Ornit.* Pássaro tenuirrostro, semelhante à pega *(Upupa epops).* Voz.: *arrulha, geme, rulha, turturina.*

Poupado, adj. Que não é gastador; econômico.

Poupador, adj. e s. m. 1. Que, ou o que poupa. 2. Que, ou o que é titular de uma caderneta de poupança.

Poupança, s. f. 1. Economia, parcimônia. 2. *Fam.* Economia exagerada; sovinice.

Poupar, v. (l. *palpare*). 1. Tr. dir. Despender com parcimônia, gastar moderadamente; economizar. 2. Tr. dir. Não sacrificar. 3. Tr. dir. Não fazer mal a; tratar com indulgência. 4. Tr. dir. Não castigar; não causar cansaço a. 5. Tr.

dir. Evitar. 6. Tr. dir. e pron. Esquivar(-se), eximir(-se), subtrair(-se).

Pouquidade, s. f. 1. Pequena porção ou número; pequenez. 2. Escassez, exigüidade; insignificância.

Pouquidão, s. f. V. *pouquidade.*

Pouquinho, s. m. Muito pouca coisa; quase nada.

Pousa, s. f. 1. Ato de pousar. 2. Lugar onde se pousa a carga para descansar. Var.: *poisa.*

Pousada, s. f. 1. Ação ou efeito de pousar. 2. Albergaria, estalagem, hospedaria. 3. Lugar que serve de pouso por uma noite. 4. Domicílio, morada, residência. 5. Choupana. Var.: *poisada.*

Pousadia, s. f. Pousada. Var.: *poisadia.*

Pousar, v. 1. Tr. dir. Pôr, assentar. 2. Tr. ind. e intr. Empoleirar-se. 3. Tr. ind. Aterrar. 4. Tr. ind., intr. e pron. Hospedar-se em casa onde possa pernoitar. 5. Tr. ind. Morar. 6. Tr. ind. e pron. Acolher-se, tomar lugar.

Pousio, adj. (de *pouso*). *Agr.* Inculto. S. m. 1. Estado de inculto. 2. Repouso periódico, de um ou mais anos, em que se deixam certas terras de semeadura para recuperarem a fertilidade. 2. Terreno cuja cultura se interrompeu para esse repouso. Var.: *poisio.*

Pouso, s. m. Lugar onde se pousa, onde alguma pessoa ou coisa está ou costuma estar. 2. Lugar onde se pernoita. 3. Rancho. 4. *Av.* Aterragem. 5. A mó interior, nas azenhas. S. m. pl. *Náut.* Descanso de madeira sobre que assenta a quilha do navio, quando está sendo construído. Var.: *poiso.*

Povaréu, s. m. 1. Grande multidão. 2. Ralé.

Poviléu, s. m. V. *povoléu.*

Povo, s. m. (l. *populu*). 1. Conjunto de pessoas que constituem uma tribo, raça ou nação: *P.* brasileiro. Col.; *aliança, coligação, confederação, liga.* 2. Conjunto de habitantes de um país, de uma região, cidade, vila ou aldeia. 3. Pequena povoação. 4. Grande número; quantidade. S. m. pl. As nações. Aum. pej.: *povaréu.* Dim. pej.: *poviléu* e *povoléu.*

Póvoa, s. f. Pequena povoação.

Povoação, s. f. (l. *populatione*). 1. Ato ou efeito de povoar. 2. Habitantes de uma região, cidade, vila ou aldeia. 3. Lugar povoado.

Povoado, s. m. Lugarejo ou pequeno lugar habitado.

Povoador, adj. e s. m. Que, ou o que povoa, ou funda uma povoação; colonizador; colono.

Povoamento, s. m. 1. Povoação. 2. Conjunto das árvores de um terreno, que constitui objeto de exploração ou de tratamento florestal.

Povoar, v. 1. Tr. dir. Formar povoação em; tornar povoado; colonizar. 2. Tr. dir. Disseminar animais ou vegetais em (algum lugar, para reprodução). 3. Tr. dir. Encher, enriquecer, ornar. 4. Tr. dir. e pron. Encher(-se) de coisas incorpóreas.

Povoléu, s. m. Plebe, populacho, ralé. Var.: *poviléu.*

Pozolana, s. f. Terra vulcânica avermelhada dos arredores de Pozzuoli (Itália), usada pelos antigos romanos como ingrediente de argamassa.

Pozolânico, adj. Relativo à pozolana.

Praça, s. f. (l. *platea*). 1. Lugar público e espaçoso; largo. 2. Área mercantil. 3. Conjunto das casas comerciais e bancárias de uma cidade. 4. Hasta pública; arrematação. 5. Alistamento militar. 6. *Pop.* Militar sem graduação ou patente. 6. Espaço de navio, reservado ao acondicionamento de cargas. 8. Fortaleza. 9. Alarde, ostentação. 10. Lugar povoado; cidade. S. m. *Pop.* Soldado. — *P. de pré*: militar que recebe o pré; militar sem graduação. *P. forte*: povoação fortificada; fortaleza.

Assentar ou sentar p.: alistar-se, fazer-se soldado. *Fazer p. de*: estadear; fazer alarde de.

Pracear, v. Tr. dir. Pôr em praça; leiloar.

Praceiro, adj. *Des.* 1. Relativo a praça. 2. Público.

Pracejar, v. Tr. dir. Fazer praça de; alardear, ostentar.

Praciano, adj. e s. m. 1. Que, ou o que mora na cidade, em oposição ao que mora no campo. 2. Que, ou o que é cortês ou de boas maneiras, mesmo que more no sertão.

Pracista, s. m. e f. 1. Vendedor de uma casa industrial ou comercial em determinada praça. 2. Pessoa do campo com alguma educação ou que tem freqüentado cidades.

Pradaria, s. f. 1. Série de prados. 2. Grande planície.

Prado, s. m. (l. *pratu*). 1. Terreno coberto de plantas herbáceas próprias para pastagem. 2. Campo relvoso. 3. Hipódromo.

Pradoso, adj. 1. Em que há prados. 2. Semelhante a prado.

Praga, s. f. (l. *plaga*). 1. Expressão com que se roga males contra alguém; imprecação, maldição. 2. O mal que se roga a alguém. 3. Calamidade, grande desgraça, flagelo. 4. Abundância de coisas nocivas ou desagradáveis. 5. Pessoa ou coisa importuna. 6. Designação geral dos insetos e moléstias que atacam os animais e as plantas. 7. Designação geral dos vegetais daninhos.

Pragal, s. m. Terreno árido, onde só crescem plantas bravias; caatinga.

Pragana, s. f. Barba de espigas de cereais.

Praganoso, adj. Que tem pragana.

Pragmática, s. f. 1. Conjunto de regras ou fórmulas que regulam as cerimônias oficiais ou religiosas. 2. Formalidade da boa sociedade; etiqueta.

Pragmático, adj. 1. Relativo à pragmática. 2. Conforme à pragmática; usual. 3. Realista, objetivo, prático.

Pragmatismo, s. m. Consideração das coisas de um ponto de vista prático.

Pragmatista, adj. m. e f. 1. Relativo ao pragmatismo. 2. Que tem o caráter do pragmatismo. S. m. e f. Sequaz do pragmatismo.

Praguedo *(ê)*, s. m. Grande quantidade de pragas.

Praguejado, adj. 1. Infestado de praga (terreno). 2. Enfezado. 3. Doentio.

Praguejador, s. m. Aquele que pragueja.

Praguejamento, s. m. Ação ou efeito de praguejar.

Praguejar, v. 1. Tr. ind. e intr. Dizer pragas; proferir imprecações contra. 2. Tr. ind. Dizer mal; difamar, amaldiçoar. 3. Tr. dir. Assolar, infestar.

Praguento, adj. 1. Que roga pragas. 2. Maldizente.

Praguicida, adj. e s. m. *Agric.* Diz-se do, ou o produto químico de ação polivalente no combate às pragas da lavoura; defensivo, pesticida.

Praia, s. f. (1. *plaga*). Beira levemente inclinada de um oceano, mar, lago, coberta de areia e confinante com as águas; litoral, beira-mar.

Praiano, adj. e s. m. Diz-se do, ou o habitante da praia ou litoral; praieiro.

Praieiro, s. m. 1. Praiano. 2. Rebelde da revolução pernambucana de 1848, conhecida como *Revolução Praieira.*

Plairial, s. m. Nono mês do calendário da primeira República Francesa (19 de maio a 18 de junho).

Prajá, s. m. Doce feito de melaço e ovos.

Pralina, s. f. (fr. *praline*). Amêndoa confeitada.

Prancha, s. f. (fr. *planche*). 1. Tábua grossa e larga; tabuão. 2. Tabuão que estabelece passagem de um barco para outro ou para terra. 3. *Maçon.* Circular que uma loja envia às outras. 4. *Gal.* Estampa. 5. *Pop.* Pé grande e espalmado; lancha. 6. Vagão ferroviário de bordas baixas, para transporte de cargas.

Pranchada, s. f. 1. Pancada com a prancha da espada ou do sabre, na sua maior largura. 2. *Ant.* Tampa de chumbo do ouvido da peça de artilharia.

Pranchão, s. m. Grande prancha, acep. 1.

Pranchar, v. 1. Tr. dir. Dar pranchadas em. 2. Intr. V. *pranchear.*

Pranchear, v. Intr. Cair de lado; estender-se ao comprido.

Prancheta *(ê)*, s. f. 1. Pequena prancha. 2. *Topogr.* Instrumento topográfico para levantamento de plantas. 3. V. *parche.*

Prândio, s. m. *Poét.* Refeição suntuosa e festiva.

Pranteador, adj. e s. m. Que, ou aquele que pranteia.

Prantear, v. 1. Tr. ind. e intr. Derramar lágrimas; chorar. 2. Tr. dir. Derramar pranto por (alguém ou alguma coisa); lastimar. 3. Pron. Chorar ou lastimar os próprios males; carpir-se.

Pranto, s. m. (1. *planctu*). 1. Choro, lágrimas, lamentação.

2. Antiga poesia elegíaca em que se lamentava a morte de pessoa ilustre.

Prasiodímio, s. m. *Quím.* Elemento metálico trivalente, do grupo das terras raras. Símbolo Pr, número atômico 59, massa atômica 140,907.

Prata, s. f. 1. *Quím.* Elemento metálico sonoro, dútil, muito maleável, capaz de polimento em alto grau, que tem a mais elevada condutividade térmica e elétrica de uma substância. Símbolo Ag, número atômico 47, massa atômica 107,88. 2. Moeda, baixelas etc., feitas com esse metal. – *P. de lei:* prata com os quilates marcados por lei.

Pratada, s. f. 1. Aquilo que um prato pode conter. 2. Prato cheio.

Pratalhada, s. f. *Fam.* Porção de comida que enche um prato. Var.: *pratarrada.*

Prataria[1], s. f. *(prato + aria).* Grande número de pratos.

Prataria[2], s. f. *(prata + aria).* 1. Conjunto de utensílios de prata. 2. Baixela de mesa, de prata.

Pratarraz, s. m. Prato grande; pratalhaz.

Pratázio, s. m. Pratarraz.

Prateação, s. f. Ato ou efeito de pratear.

Prateado, adj. 1. Folhado de prata ou coberto de uma solução de prata. 2. Branco e brilhante como a prata. S. m. A cor da prata.

Prateador, s. m. Aquele que prateia.

Pratear, v. Tr. dir. 1. Revestir de uma camada de prata. 2. Dar a cor e o brilho da prata a.

Prateira, s. f. Armário ou lugar onde se guardam objetos de prata.

Prateiro, s. m. *Des.* Fabricante ou vendedor de objetos de prata.

Pratel, s. m. Prato pequeno.

Prateleira, s. f. 1. Estante em que se colocam os pratos. 2. Cada uma das tábuas divisórias horizontais dentro de um guarda-louça, armário, estante etc. 3. Tábua fixa horizontalmente a uma parede, para se lhe porem objetos vários.

Prateleiro, s. m. *P. us.* Prateleira.

Pratense, adj. m. e f. Que nasce ou cresce nos prados.

prati-, elem. de comp. (l. *pratu*). Exprime a idéia de *prado: praticola.*

Prática, s. f. (l. *practica*). 1. Ato ou efeito de praticar. 2. Experiência nascida da repetição dos atos. 3. Maneira ordinária de agir; costume. 4. Realização de um dever moral e social. 5. Maneira de agir, de fazer certas coisas. 6. Pequeno sermão ou discurso feito por um sacerdote aos fiéis antes ou no intervalo da missa; exortação.

Praticabilidade, s. f. Qualidade de praticável.

Praticagem, s. f. *Náut.* Pilotagem especial de navios em zonas marítimas, fluviais ou lacustres de difícil acesso, e que por isso exige conhecimento particular da região.

Praticante, adj. e s., m. e f. Que, ou pessoa que pratica, ou se vai exercitando nalguma arte ou profissão.

Praticar, v. 1. Tr. dir. Levar a efeito; realizar. 2. Tr. dir. Obrar, perfazer. 3. Tr. dir. Exercer. 4. Tr. ind. e intr. Procurar adquirir prática ; fazer o tirocínio. 5. Tr. dir. Pôr em prática. 6. Tr. dir. Fazer prédica; pregar.

Praticável, adj. m. e f. 1. Que se pode praticar, capaz de ser posto em prática; exeqüível. 2. Utilizável.

Prático, adj. (l. *practicu*). 1. Relativo à prática ou ação. Antôn.: *teórico.* 2. Experiente, perito. 3. Que encara as coisa pelo lado positivo. 4. Funcional. S. m. 1. Homem experimentado. 2. O que exerce profissão liberal sem ser diplomado. 3. Piloto conhecedor de zonas marítimas ou fluviais, difíceis à navegação.

Pratícola, adj. m. e f. 1. Que vive nos prados. 2. Relativo à cultura dos prados.

Praticultura, s. f. 1. Cultura dos prados. 2. Parte da Agricultura que se ocupa de pastagens ou forragens.

Pratilheiro, s. m. *Mús.* Aquele que toca pratos numa orquestra ou banda.

Pratinho, s. m. 1. Pequeno prato. 2. Aquele que serve para objeto de motejo ou entretenimento; joguete.

Prato[1], s. m. (fr. *plat,* do l. *platu*). 1. Peça de louça, geralmente redonda e rasa, em que se come ou serve a comida. Col.: *baixela, serviço, prataria.* 2. Cada uma das iguarias que constituem uma refeição. 3. Cada uma das conchas da balança. 4. Peça de vários maquinismos, em forma de prato. 5. Alimentação. S. m. pl. Instrumento musical constituído por duas peças circulares de metal sonante. Aum.: *pratalhaz, pratarraz, pratázio;* dim. irr.: *pratel.*

Prato[2], adj. Chato: Queijo *p.*

Pravidade, s. f. Maldade, perversidade, ruindade.

Praxe, s. f. 1. O que habitualmente se pratica; uso estabelecido. 2. Pragmática; etiqueta.

Praxista, adj. m. e f. Que conhece ou segue as praxes. S. m. e f. Pessoa versada nas praxes do foro.

Prazentear, v. 1. Tr. dir. Adular, bajular. 2. Intr. Mostrar-se prazenteiro; gracejar.

Prazenteio, s. m. Ação de prazentear; adulação, bajulação, lisonja.

Prazenteiro, adj. Que revela prazer; alegre, jovial. 2. Afável, simpático, agradável.

Prazer[1], v. (l. *placere*). Tr. ind. Agradar, aprazer, comprazer. Conjugação: é verbo defectivo; só se conjuga nas terceiras pessoas; *praz, prazia, prouve, prouvera, prazerá, prazeria, praza, prouvesse, prouver.*

Prazer[2], s. m. 1. Alegria, contentamento, júbilo. 2. Deleite, gosto, satisfação, sensação agradável. 3. Boa vontade; agrado. 4. Distração, divertimento.

Prazeroso, adj. 1. Em que há prazer. 2. Alegre, jovial.

Prazimento, s. m. Aprazimento.

Prazo, s. m. (l. *placitu*). 1. Espaço de tempo convencionado, dentro do qual deve ser realizada alguma coisa. 2. *Dir.* Lapso de tempo dentro do qual se ordena, se faculta ou se proíbe a prática de um ato jurídico. 3. Intervalo.

pre-, pref. (l. *prae*). Exprime *antecedência, antecipação: preâmbulo, precaução; preferência, superioridade: predominância, preeminência; intensidade: prefulguração.*

pré, s. m. (fr. *prêt.*). O vencimento diário de um soldado.

Preá, s. m. *Zool.* Nome comum a várias espécies de pequenos roedores da família dos Cavídeos, semelhantes à cobaia.

Preaca, s. f. Açoite de couro cru, em tiras trançadas, para tanger animais; chicote.

Preacada, s. f. Golpe com preaca; chicotada.

Pré-adamita, adj. m. e f. Anterior a Adão. Pl.: *pré-adamitas.*

Prealegar, v. Tr. dir. Alegar antecipadamente.

Preamar, s. f. O ponto mais alto a que sobe a maré; maré-cheia. Antôn.: *baixa-mar.*

Preambular[1], adj. *(preâmbulo + ar).* 1. Relativo a preâmbulo. 2. Que serve ou tem forma de preâmbulo.

Preambular[2], v. Tr. dir. 1. Fazer o preâmbulo de: prefaciar, proemiar. 2. Ser o preâmbulo de.

Preâmbulo, s. m. 1. Prefácio. 2. Preliminar. 3. Parte preliminar em que se anuncia a promulgação de uma lei ou de um decreto.

Sem mais preâmbulos: sem delongas.

Pré-antepenúltimo, adj. Que antecede ao antepenúltimo. Pl.: *pré-antepenúltimos.*

Preanunciação, s. f. Ato de preanunciar.

Preanunciar, v. Tr. dir. Anunciar com antecedência; prenunciar.

Prear, v. (l. **praedare,* por *praedari*). 1. Tr. dir. Agarrar, aprisionar, prender, tomar. 2. Intr. Fazer presa; conquistar.

Prebenda, s. f. (l. *praebenda*). 1. *Ecles.* Distribuição pecuniária, geralmente irrisória, feita diariamente aos cônegos, presentes ao ofício divino nas catedrais. 2. Rendimento eclesiástico. 3. Emprego rendoso, mas de pouco trabalho; sinecura.

Prebendado, s. m. *Ecles.* Aquele que tem prebenda.

Prebendar, v. Tr. dir. Conferir prebenda a.

Prebendaria, s. f. Cargo de prebendeiro.

Prebendeiro, s. m. *Ant.* Aquele que arrematava as prebendas ou as rendas de um bispado.

Pré-cabraliano, adj. Anterior ao descobrimento do Brasil

por Pedro Álvares Cabral. Pl.: *pré-cabralianos*. Var.: *pré-cabralino*.
Precação, s. f. (l. *precatione*). Deprecação, súplica.
Precantar, v. *(pre + cantar)*. Tr. dir. Vaticinar em versos.
Precariedade, s. f. Qualidade de precário.
Precário, adj. 1. Que não é estável ou seguro. 2. Incerto, duvidoso. 3. Minguado, difícil. 4. Escasso. 5. Frágil, débil.
Preçário, s. m. Relação de preços.
Precatado, adj. Que mostra precaução; precavido, acautelado
Precatar, v. (l. *praecatu*). Tr. dir. e pron. Pôr(-se) de precaução; acautelar(-se) de, resguardar(-se).
Precatória, s. f. Documento pelo qual um órgão judicial solicita a outro a prática de ato processual que deve ser realizado nos limites de sua competência judicial.
Precatório, adj. Em que se pede algo; rogatório. S. m. Documento precatório.
Precaução, s. f. Cautela antecipada; prevenção.
Precaucionar, v. V. *precaver*.
Precautelar, v. V. *precaver*.
Precautório, adj. Que encerra precaução.
Precaver, v. (l. *praecavere*). 1. Tr. dir. Acautelar antecipadamente; precatar, prevenir. 2. Pron. Acautelar-se, premunir-se, prevenir-se para resistir a algum mal.
Prece, s. f. 1. Súplica mística; oração, reza. 2. Pedido instante; súplica.
Precedência, s. f. Qualidade ou condição de precedente; preferência, primazia.
Precedente, adj. m. e f. Que precede; antecedente. S. m. Fato ou circunstância, considerados em relação de anterioridade a outros de natureza igual ou semelhante.
Preceder, v. 1. Tr. dir. Estar adiante de. 2. Tr. dir. Ir adiante de. 3. Tr. dir. Vir antes de. 4. Tr. ind. e intr. Adiantar-se, antepor-se, ser anterior. 5. Tr. dir. Existir antes; viver numa época anterior. — O verbo *preceder* rege dativo ou acusativo: *preceder ao* dia, ou *preceder* o *dia* (Otoniel Mota).
Preceito, s. m. (l. *praeceptu*). 1. Ordem ou mandamento; prescrição. 2. Regra de proceder; norma. 3. Ensinamento, doutrina.
Preceituar, v. 1. Tr. dir. Estabelecer como preceito; prescrever. 2. Intr. Estabelecer preceitos; dar ordens, instruções.
Preceituário, s. m. 1. Coleção ou reunião de preceitos. 2. Conjunto de regras.
Precentor, s. m. 1. Diretor de orquestra entre os antigos. 2. Aquele que, entre os hebreus, cantava os salmos diante da arca.
Preceptivo, adj. (l. *praeceptivu*). 1. Que contém preceitos. 2. Que tem forma ou natureza de preceito.
Preceptor, s. m. (l. *praeceptore*). Aquele que dá preceitos; mentor, mestre.
Preceptoral, adj. m. e f. Próprio de preceptor.
Preceptoria, s. f. *Ant.* 1. Qualidade de mestre ou comendador de uma ordem militar. 2. Prebenda conferida a magistrados ou lentes.
Precessão, s. f. (l. *praecessione*). 1. Ato ou efeito de preceder; precedência. — *P. dos equinócios, Astr.*: avanço anual do instante do equinócio, produzido pela retrogração do ponto equinocial.
Precingir, v. (l. *praecingere*). Tr. dir. 1. Cingir, ligar com cinta. 2. Cercar, encerrar, estreitar.
Precinta, s. f. 1. Cinta, faixa. 2. Pano para cilhas. 3. *Náut.* Tira de lona para forrar cabos.
Precinto, s. m. Precinta.
Preciosidade, s. f. (l. *pretiositate*). 1. Qualidade de precioso. 2. Coisa preciosa; objeto muito estimável.
Preciosismo, s. m. 1. Requintada afetação no falar e no escrever, à maneira do que se usou na França no século XVII. 2. Expressão rebuscada, que se usa em detrimento da naturalidade.
Precioso, adj. (l. *pretiosu*). 1. De alto preço ou grande valor. 2. Importante, valiosíssimo. 3. Afetado, presumido.
Precipício, s. m. (l. *praecipitiu*). 1. Lugar muito íngreme; a face alcantilada de um penhasco; despenhadeiro. 2. Lugar profundo; abismo. 3. *Fig.* Grande perigo, perdição, ruína.
Precipitação, s. f. 1. Ato ou efeito de precipitar(-se). 2. Pressa irrefletida. 3. Grande pressa. 4. Irreflexão, inconsideração. 5. Total de água, proveniente da fusão da neve, do granizo, do nevoeiro: *P.* pluviométrica. 6. *Quím.* Formação de um precipitado.
Precipitado, adj. e s. m. Diz-se do, ou o que não reflete; apressado, imprudente, arrebatado. S. m. *Quím.* Substância insolúvel obtida pela reação de um reagente, que se separa de uma solução e se deposita no fundo do recipiente.
Precipitante, adj. m. e f. Que precipita. S. m. *Quím.* Reagente químico com que se obtém um precipitado.
Precipitar, v. 1. Tr. dir. e pron. Atirar(-se) ao precipício; despenhar(-se). 2. Pron. *Fig.* Lançar-se, atirar-se em. 3. Tr. dir. *Quím.* e *Fís.* Fazer separar-se como precipitado. 4. Pron. Cair impetuosamente. 5. Intr. e pron. *Quím.* Formar-se o precipitado de uma solução; separar-se de uma solução como precipitado. 6. Tr. dir. *Meteor.* Fazer condensar-se (umidade atmosférica, vapor etc.) e cair ou condensar-se. 7. Pron. *Meteor.* Condensar-se (a umidade atmosférica) e cair como chuva ou neve. 8. Tr. dir. Apressar muito; acelerar. 9. Pron. Lançar-se contra. 10. Pron. Proceder com precipitação, irrefletidamente. 11. Tr. dir. Acelerar, estugar.
Precípuo, adj. Essencial, principal.
Precisão, s. f. (l. *praecisione*). 1. Falta ou insuficiência de algo necessário ou útil. 2. Urgência, necessidade. 3. Rigor sóbrio de linguagem. 4. Caráter do que é nítido, exato. 5. Justeza, regularidade material.
Precisar, v. 1. Tr. dir. e tr. ind. Ter precisão ou necessidade de. 2. Intr. Ser necessário: Venha depois, não *preciso* agora. 3. Intr. Ser necessitado ou pobre. 4. Tr. dir. Calcular com exatidão. 5. Tr. dir. Indicar de modo preciso ou pormenorizado.
Preciso, adj. 1. Necessário. 2. Certo, exato, fixo. 3. Certeiro (tiro). 4. Claro, distinto. 5. Resumido, lacônico.
Precitado, adj. Citado anteriormente.
Precito, adj. e s. m. (l. *praescitu*). Condenado, maldito, réprobo.
Preclusão, s. f. *Fon.* Contato prévio de dois órgãos, para a produção de um fonema explosivo, como *b*, *p* etc.
Preço *(ê)*, s. m. (l. *pretiu*). 1. Valor em dinheiro de uma mercadoria ou de um trabalho; custo. 2. Avaliação em dinheiro ou em valor assimilável a dinheiro. 3. Castigo, punição, recompensa. 4. Consideração, importância, merecimento, valia.
Precoce, adj. m. e f. 1. Prematuro, antecipado, temporão. 2. Adiantado no desenvolvimento, especialmente no desenvolvimento mental.
Precocidade, s. f. Qualidade de precoce ou prematuro.
Precogitar, v. Intr. Cogitar antes; premeditar.
Precógnito, adj. Previamente conhecido; previsto.
Pré-colombiano, adj. Anterior a Cristóvão Colombo ou aos seus descobrimentos. Pl.: *pré-colombianos*.
Preconceber, v. Tr. dir. Conceber antecipadamente; idear ou planejar com antecipação.
Preconcebido, adj. 1. Concebido antecipadamente. 2. Concebido ou planeado levianamente, sem fundamento sério.
Preconceito, s. m. 1. Conceito ou opinião formados antes de ter os conhecimentos adequados. 2. Superstição, crendice.
Preconício, s. m. *P. us.* Reclamo, propaganda.
Preconização, s. f. 1. Ato ou efeito de preconizar. 2. Ato pelo qual um cardeal ou papa declara em pleno consistório que um eclesiástico nomeado pelo seu governo para um bispado ou benefício tem as qualidades requeridas em tal caso.
Preconizador, adj. e s. m. Que, ou aquele que preconiza.
Preconizar, v. Tr. dir. 1. Fazer a preconização de. 2. Recomendar com louvor. 3. Proclamar, anunciar, vulgarizar. 4. Aconselhar, recomendar.
Pré-consciente, s. m. *Psicol.* Imagem explicativa pela qual se admite como que uma antecâmara do consciente, na qual se situam idéias que em dado momento podem ser evocadas. Pl.: *pré-conscientes*.

Precordial, adj. m. e f. Relativo ao precórdio.

Precórdio, s. m. *Anat.* Região da parede torácica, situada sobre o coração.

Precursor, adj. e s. m. 1. Que, aquilo ou aquele que anuncia um sucesso ou a chegada de alguém. 2. Que vai adiante. S. m. Pessoa, coisa ou sucesso que é precursor.

Predador, adj. e s. m. *Zool.* Diz-se do, ou o animal que destrói outro violentamente.

Predatório, adj. 1. Relativo a roubos ou a piratas. 2. Diz-se especialmente dos navios e corsários.

Predecessor, s. m. Antecessor.

Predefinição, s. f. 1. Ato ou efeito de predefinir. 2. Predestinação. 3. Prognóstico.

Predefinir, v. Tr. dir. 1. Definir ou determinar com antecipação. 2. Predestinar. 3. Prognosticar.

Predestinação, s. f. 1. Ato ou efeito de predestinar. 2. *Teol.* Desígnio de Deus, pelo qual conduz os eleitos para a bem-aventurança eterna, por oposição à qualidade ou condição de precito.

Predestinado, adj. 1. Destinado de antemão; fadado. 2. Eleito de Deus. S. m. Aquele a quem Deus predestinou à bem-aventurança; santo.

Predestinar, v. Tr. dir. 1. Destinar antes. 2. *Teol.* Eleger (Deus) desde toda a eternidade para a bem-aventurança eterna ou para a realização de grandes coisas.

Predeterminação, s. f. Ato ou efeito de predeterminar.

Predeterminante, adj. m. e f. Que causa a predeterminação.

Predeterminar, v. Tr. dir. Determinar antecipadamente.

Predial, adj. m. e f. Relativo a prédio ou prédios.

Prédica, s. f. Pregação, sermão.

Predicação, s. f. 1. V. *prédica.* 2. *Gram.* Nexo existente entre o sujeito e o predicado.

Predicado, s. m. (l. *praedicatu*). 1. Qualidade característica. 2. Atributo, prenda, virtude. 3. *Gram.* Aquilo que se diz do sujeito.

Predicador, adj. e s. m. V. *predicante.*

Predical, adj. m. e f. Relativo a prédica, a sermão.

Predicamental, adj. m. e f. Relativo a predicamento.

Predicamentar, v. Tr. dir. *P. us.* Classificar, graduar.

Predicamento, s. m. 1. Categoria, graduação. 2. *Filos. ant.* Uma das dez classes a que Aristóteles reduziu todas as coisas.

Predicante, adj. m. e f. Que predica. S. m. Pregador protestante. S. m. e f. Pessoa que predica.

Predição, s. f. (l. *praedictione*). 1. Ato de predizer; prognóstico, vaticínio. 2. Coisa predita.

Predicar, v. 1. Intr. Pronunciar sermões; pregar. 2. Tr. dir. Aconselhar.

Predicativo, adj. e s. m. *Gram.* Diz-se do, ou o nome ou pronome que serve de atributo ao objeto ou ao sujeito e completa a significação do verbo.

Predicatório, adj. Encomiástico, lisonjeiro.

Predileção, s. f. 1. Gosto ou amizade preferente por alguma coisa, ou por alguém. 2. Afeição extremosa.

Predileto, adj. e s. m. Que, ou aquele que é querido com predileção.

Prédio, s. m. (l. *praediu*). 1. Propriedade imóvel, rural ou urbana. 2. Construção feita de material apropriado ao fim a que se destina e segundo as regras arquitetônicas.

Predisponência, s. f. Ação ou efeito de predispor; predisposição.

Predisponente, adj. m. e f. Que predispõe.

Predispor, v. Tr. dir. e pron. Dispor(-se) de antemão.

Predisposição, s. f. 1. Ato de predispor ou de se predispor. 2. Tendência, vocação.

Predito, adj. Dito ou citado anteriormente.

Predizer, v. (l. *praedicere*). Tr. dir. Dizer ou anunciar com antecedência o que vai acontecer; profetizar, prognosticar, vaticinar. Conjuga-se como *dizer.*

Predominação, s. f. Ato ou efeito de predominar; predominância, predomínio.

Predominador, adj. e s. m. Que, ou o que predomina.

Predominância, s. f. Qualidade de predominante; predominação, predomínio.

Predominante, adj. m. e f. 1. Que predomina. 2. *Gram.* Diz-se do acento mais forte de uma palavra.

Predominar, v. 1. Tr. ind. Exercer predomínio, ou ascendência. 2. Tr. ind. Ter superior influxo ou poder; prevalecer. 3. Tr. ind. Sobressair. 4. Tr. dir. Exercer domínio sobre; senhorear, sobrepujar.

Predomínio, s. m. 1. Domínio principal. 2. Predominação, preponderância, superioridade, supremacia.

Pré-eleitoral, adj. m. e f. Que antecede a eleição. Pl.: *pré-eleitorais.*

Preeminência, s. f. 1. Qualidade de preeminente. 2. Superioridade; primazia.

Preeminente, adj. m. e f. 1. Que tem preeminência; que ocupa lugar elevado. 2. Superior. Cfr. *proeminente.*

Preempção, s. f. (l. *praeemptione*). Direito de comprar antes de outrem.

Preencher, v. Tr. dir. 1. Encher completamente; atestar, rechear, ocupar, completar. 2. Desempenhar bem (cargo, emprego, função). 3. Satisfazer plenamente.

Preenchimento, s. m. Ato ou efeito de preencher.

Preensão, s. f. Ato de segurar, agarrar ou apanhar.

Preênsil, adj. m. e f. Que tem a faculdade de apanhar, agarrar.

Preestabelecer, v. Tr. dir. 1. Estabelecer, ordenar previamente. 2. Predispor.

Preestabelecido, adj. Estabelecido ou ordenado de antemão.

Preexcelência, s. f. Qualidade de preexcelente.

Preexcelente, adj. m. e f. Muito excelente; magnífico, superior a tudo.

Preexcelso, adj. Muito alto; sublime.

Preexistência, s. f. 1. Qualidade de preexistente. 2. *Teol.* Existência de Cristo no Céu antes da encarnação. 3. *Teol.* Existência das almas antes do nascimento.

Preexistente, adj. m. e f. Que preexiste.

Preexistir, v. Tr. ind. Existir anteriormente a outro; existir em tempo anterior.

Prefação, s. f. 1. Aquilo que se diz antes. 2. Prefácio.

Prefaciador, s. m. Aquele que prefacia.

Prefacial, adj. m. e f. 1. Relativo a prefácio. 2. Que serve de prefácio.

Prefaciar, v. Tr. dir. 1. Fazer o prefácio a (uma obra). 2. Escrever a introdução de.

Prefácio, s. m. (l. *praefatio*). 1. Palavras de esclarecimento, justificação ou apresentação, que precedem o texto de uma obra literária; prefação, preâmbulo, prólogo, proêmio, prolusão, prelúdio, preliminar, introdução, anteâmbulo, antelóquio, exórdio. Antôn.: *posfácio.* 2. *Liturg.* Parte da missa, que precede imediatamente o cânon.

Prefeito, s. m. (l. *praefectu*). 1. Chefe de prefeitura, no Império Romano. 2. Chefe do poder executivo nas municipalidades; prefeito municipal. 3. Superior de uma comunidade religiosa. 4. O que preside ao estudo e vigia os estudantes num colégio. Fem.: *prefeita.*

Prefeitura, s. f. (l. *praefectura*). 1. Divisão administrativa do Império Romano. 2. Cargo de prefeito. 3. Imóvel no qual se acham instalados os serviços da administração municipal.

Preferência, s. f. (l. *praeferentia*). 1. Ato ou efeito de preferir. 2. Predileção. 3. Manifestação de agrado, atenção ou distinção relativamente a alguém. 4. *Dir.* Direito de, preço por preço, haver certas coisas em primeiro lugar que outras pessoas.

Preferencial, adj. m. e f. Que tem preferência.

Preferente, adj. e s.. m. e f. Que, ou pessoa que prefere.

Preferido, adj. A que se deu preferência; escolhido, eleito.

Preferir, v. (l. **praeferere*, por *praeferre*). Tr. dir. 1. Dar primazia a; determinar-se por, ou em favor de. 2. Querer antes; escolher. 3. Ter preferência por; querer ou gostar mais.

Preferível, adj. m. e f. Que pode ou deve ser preferido.

Prefiguração, s. f. 1. Ato de prefigurar. 2. Representação de uma coisa que ainda está para existir ou acontecer.

Prefigurar, v. 1. Tr. dir. Figurar ou representar o que está por vir. 2. Tr. dir. Figurar imaginando; supor antecipadamente.3. Pron. Afigurar-se, parecer.

Prefinir, v. (l. *praefinire*). Tr. dir. 1. Definir, fixar, determinar de antemão. 2. Marcar o termo de; aprazar.

Prefixação *(cs)*, s. f. Ato ou efeito de prefixar.

Prefixal *(cs)*, adj. m. e f. Relativo a prefixo.

Prefixar *(cs)*, v. Tr. dir. Fixar com antecedência; prefinir.

Prefixo *(cs)*, adj. (l. *praefixu*). Fixado ou determinado antecipadamente. S. m. *Gram.* Elemento morfológico que se agrega antes de um radical ou tema para formar nova palavra.

Prefloração, s. f. *Bot.* Disposição das peças do perianto no botão.

Prefoliação, s. f. *Bot.* Arranjo das folhas nos gomos.

Prefulgente, adj. m. e f. Que prefulge.

Prefulgir, v. (l. *praefulgere*). Intr. 1. Ser o primeiro a fulgir. 2. Fulgir muito; resplandecer.

Prega, s. f. (l. *plica*). 1. Dobra que se faz num tecido, numa peça de vestuário; refego. 2. Ruga defeituosa, numa peça de vestuário. 3. Gelha. 4. Depressão de terreno.

Pregação[1], s. f. *(pregar*[1] *+ ção)*. 1. Ato de pregar; pregagem. 2. *Pop.* Fadiga.

Pregação[2], s. f. *(pregar*[3] *+ ção)*. 1. Prédica, sermão. 1. *Fam.* Admoestação, ralho, repreensão. 3. Discurso maçador.

Pregadeira, s. f. Almofadinha em que se pregam agulhas e alfinetes.

Pregado, adj. 1. Fixado com prego. 2. Esfalfado.

Pregador[1], adj. e s. m. *(pregar*[1] *+ dor)*. 1. Que, aquele ou aquilo que segura com prego ou pregos, pontos, cola. 2. Que, ou aquilo que abotoa.

Pregador[2], adj. e s. m. (l. *praedicatore*). Que, ou o que faz pregações. S. m. 1. Orador sagrado. 2 *Fam.* Aquele que ralha ou admoesta.

Pregadura, s. f. Conjunto dos pregos que seguram ou adornam uma peça; pregaria.

Pregagem, s. f. Ato ou efeito de pregar[1]; pregação[1].

Pregalhas, s. f. pl. (de *pregar*[3]). *Ant.* Preces, rogos, súplicas.

Pregalho, s. m. (de *pregar*[1]). *Náut.* Cabo que serve de adriça aos toldos.

Pregão, s. m. (l. *praecone*). 1. Ato de apregoar. 2. Divulgação. 3. Modo como os corretores de bolsa proclamam ofertas e propostas de negócios. S. m. pl. Proclamas de casamento.

Pregar[1], v. *(prego+ ar)*. 1. Tr. dir. Firmar, fixar com prego. 2. Tr. dir. Segurar, unir (com pontos de costura ou por outro meio). 3. Tr. dir. Introduzir à força; cravar (prego ou qualquer objeto pontiagudo). 4. Tr. dir. Fitar. 5. Pron. Conservar-se por muito tempo no mesmo lugar. 6. Intr. Interromper qualquer tarefa por cansaço; ficar exausto; dar o prego.

Pregar[2], v. (l. *praedicare*). 1. Tr. dir., tr. ind. e intr. Pronunciar sermões. 2. Intr. Propagar o cristianismo; evangelizar.3. Tr. dir. Fazer propaganda de, apregoando, proclamando, vulgarizando.

Pregaria, s. f. 1. Grande quantidade de pregos. 2. Fábrica de pregos. 3. Pregos para adorno de móveis.

Pré-glacial, adj. m. e f. *Geol.* Anterior ao Pleistoceno; aplica-se ao Plioceno, última divisão do Terciário. Pl.: *pré-glaciais.*

Prego, s. m. (ingl. *prick*). 1. Haste metálica delgada, pontiaguda em uma extremidade e geralmente com cabeça na outra, destinada a cravar-se em madeira etc. 2. Grande alfinete para enfeitar chapéu de senhora. 3. Broche, cravo. 4. *Fam.* e *Pop.* Casa de penhores. 5. Bebedeira. 6. *Pop.* Cansaço. — *P. caibral* ou *p. de galeota:* prego grande com que se fixam caibros ou madeira grossa.
Dar o p.: a) cansar-se; b) deixar de andar; c) considerar-se vencido; d) entregar-se.

Pregoamento, s. m. Ação de pregoar.

Pregoar, v. V. *apregoar.*

Pregoeiro, s. m. 1. Indivíduo que apregoa ou lança pregão. 2. Leiloeiro.

Pregresso, adj. Decorrido anteriormente.

Preguari, s. m. *Zool.* Molusco gastrópode, comestível, do Brasil *(Strombus pugilis).*

Pregueadeira, s. f. Utensílio de costureira, para fazer pregas; pregueador.

Pregueador, s. m. V. *pregueadeira.*

Preguear, v. Tr. dir. Fazer pregas em; franzir.

Pregueiro, adj. e s. m. Que, ou o que fabrica ou vende pregos.

Preguiça, s. f. (l. *pigritia*). 1. Pouca disposição para o trabalho; aversão ao trabalho; inação, mandriice. 2. Demora ou lentidão em fazer qualquer coisa; indolência, moleza; morosidade, negligência. 3. Pau a que estão pregadas as cangalhas da moega da atafona. 4. Corda que dirige o peso dos guindastes. 5. *Zool.* Mamífero desdentado da família dos Bradipodídeos *(Bradypus tridactylus)*, de que há algumas subespécies distribuídas no Brasil.

Preguiçar, v. 1. Intr. Dar-se à preguiça; mandriar, vadiar. 2. Intr. Espreguiçar-se. 3. Tr. dir. Fazer com preguiça.

Preguiceira, s. f. 1. Vida de preguiçoso. 2. V. *espreguiçadeira.* 3. *Bot.* Árvore sapotácea *(Barylucuma decussata).* S. f. pl. Rolo ou bola em que se embebem as barbelas das agulhas de meia, para não enferrujarem.

Preguiceiro, adj. 1. Preguiçoso. 2. Que convida ao sono. S. m. 1. Camilha para dormir à sesta; espreguiçadeira. 2. Banco de encosto; escabelo.

Preguiçosa, s. f. Espreguiçadeira

Preguiçoso, adj. e s. m. Que, ou aquele que revela ou tem preguiça; mandrião.

Pregustação, s. f. Ato de pregustar.

Pregustar, v. Intr. 1. Provar a comida ou a bebida antes de outrem. 2. Prelibar.

Pré-história, s. f. Parte da História que estuda os tempos anteriores aos documentos escritos. Pl.: *pré-histórias.*

Pré-histórico, adj. Pertencente ou relativo à pré-história. Pl.: *pré-históricos.*

Preia, s. f. (l. *praeda*). V. *presa.*

Preia-mar, s. f. V. *preamar.*

Pré-incaico, adj. Anterior à civilização incaica. Pl.: *pré-incaicos.*

Preitear, v. Tr. dir. Render preito a.

Preito, s. m. (l. *placitu*). 1. Testemunho de veneração, de respeito, de acatamento; homenagem. 2. Dependência, sujeição, vassalagem.

Prejudicado, adj. 1. Que sofreu prejuízo. 2. Lesado. 3. Inutilizado.

Prejudicador, adj. e s. m. Que, ou o que prejudica.

Prejudicar, v. 1. Tr. dir. Causar prejuízo ou dano a; lesar. 2. Intr. Ser danoso. 3. Tr. dir. Tirar ou diminuir o valor de. 4. Pron. Sofrer prejuízo.

Prejudicial, adj. m. e f. Que prejudica; lesivo, nocivo.

Prejuízo, s. m. 1. Ato ou efeito de prejudicar; dano. 2. Preconceito.

Prejulgar, v. Tr. dir. 1. Julgar com antecipação. 2. Avaliar previamente.

Prelação, s. f. Direito que assistia aos filhos de serem providos, com preferência a outrem, nos cargos de seus pais.

Prelacial, adj. m. e f. Relativo a prelado. 2. Próprio de prelado.

Prelada, s. f. Superiora de convento.

Preladia, s. f. V. *prelazia.*

Prelado, s. m. Título honorífico de certos dignitários da Igreja, como bispos, arcebispos etc. Col.: *sínodo.*

Prelatício, adj. Relativo a prelado ou a prelazia.

Prelatura, s. f. V. *prelazia.*

Prelazia, s. f. Cargo, dignidade ou jurisdição de prelado; prelatura, preladia.

Preleção, s. f. (l. *praelectione*). 1. Ato de prelecionar; lição. 2. Discurso ou conferência didática.

Prelecionador, adj. e s. m. Que, ou aquele que preleciona; preletor, professor.

Prelecionar, v. 1. Intr. Fazer preleções; discursar, discorrer. 2. Tr. dir. Fazer preleções a; lecionar. 3. Tr. dir. Dar lições acerca de. 4. Tr. ind. Discorrer.

Prelegado, s. m. Legado que deve ser entregue antes da partilha.

Preletor, s. m. Aquele que preleciona; explicador, professor.

Prelevar, v. (1. *praelevare*). 1. Tr. ind. Sobrelevar. 2. Tr. dir. Desculpar.

Prelibação, s. f. Ato ou efeito de prelibar.

Prelibador, adj. e s. m. Que, ou aquele que preliba.

Prelibar, v. Tr. dir. Libar com antecipação; antegostar, provar.

Preliminar, adj. m. e f. Que antecede o assunto ou objeto principal; prévio, preambular. S. m. O que precede o assunto ou objeto principal. S. m. pl. Negociações prévias. S. f. 1. *Esp.* Prova ou competição que se realiza antes da principal. 2. *Dir.* Condição prévia.

Prélio, s. m. Batalha, combate, luta, peleja.

Prelo, s. m. *Tip.* 1. Máquina primitiva de impressão manual. 2. Máquina tipográfica de impressão; prensa.

Pré-lógica, s. f. *Etnol.* Conjunto das noções lógicas ou pseudológicas que determina a mentalidade dos povos primitivos. Pl.: *pré-lógicas.*

Prelucidação, s. f. Elucidação prévia; esclarecimento preliminar.

Preludiar, v. 1. Tr. dir. Fazer o prelúdio de; predispor, prefaciar. 2. Tr. dir. Executar como prelúdio. 3. Intr. *Mús.* Ensaiar a voz ou um instrumento, antes de começar a cantar ou tocar.

Prelúdio, s. m. 1. Ato ou exercício prévio; primeiros passos; iniciação. 2. Introdução, preâmbulo, prefácio, prólogo. 3. O que anuncia, o que precede; prenúncio. 4. *Mús.* Introdução instrumental ou orquestral de uma obra musical, podendo ser absolutamente independente. 5. *Mús.* Ensaio da voz ou de um instrumento antes de cantar ou tocar. Antôn.: *poslúdio.*

Preluzir, v. Intr. 1. Brilhar muito; prefulgir. 2. Realçar-se, sobressair.

Prema, s. f. *Ant.* Ato ou efeito de premar; opressão, peia.

Premar, v. (alter. de *premer*). Tr. dir. *Ant.* Oprimir, vexar.

Prematuração, s. f. V. *prematuridade.*

Prematuridade, s. f. Qualidade ou condição de prematuro; precocidade, prematuração.

Prematuro, adj. 1. Que amadurece antes do tempo próprio; temporão. 2. Precoce.

Premedeira, s. f. Pedal do tear; peanha.

Premeditação, s. f. Ato ou efeito de premeditar.

Premeditar, v. Tr. dir. Meditar, planejar, resolver antecipadamente, com reflexão.

Premência, s. f. Qualidade de premente; urgência.

Premente, adj. m. e f. 1. Que faz pressão, que comprime. 2. Urgente.

Premer, v. Tr. dir. 1. Fazer pressão em. 2. Calcar. 3. Espremer. 4. Apertar. 5. Oprimir.

Premiado, adj. 1. Que obteve um ou mais de um prêmio. 2. Diz-se do bilhete de loteria ou rifa a que correspondem prêmios. S. m. Aquele que foi contemplado com um prêmio.

Premiador, adj. e s. m. Que, ou aquele que dá prêmio, que recompensa, que galardoa.

Premiar, v. (l. *praemiari*). Tr. dir. 1. Distinguir, recompensar com um prêmio a; galardoar, laurear. 2. Conferir, por sorteio, prêmio a.

Prêmio, s. m. (l. *praemiu*). 1. Galardão, recompensa. 2. Distinção conferida por certos trabalhos ou por certos méritos. 3. Juros, lucro. 4. Dinheiro ou objeto atribuído aos ganhadores de loterias, rifas, tômbolas etc.

Premir, v. (l. *premere*). V. *premer.*

Premissa, s. f. *Lóg.* Cada uma das duas proposições, a maior e a menor, de um silogismo, das quais se infere a conclusão. — *P. maior:* a que contém o termo maior, isto é, o predicado da conclusão. *P. menor:* a que contém o termo menor, isto é, o sujeito da conclusão.

Premoção, s. f. *Teol.* Ação ou inspiração divina, que influi na vontade das criaturas.

Pré-molar, adj. m. e f. *Anat.* Situado em frente de, ou que precede os dentes molares. Dente pré-molar. Pl.: *pré-molares.*

Premonitório, adj. 1. Que adverte com antecipação. 2. Que deve ser tomado como aviso.

Premonstratense, s. m. Membro de uma ordem de cônegos regulares, fundada em 1120 em Prémontré, França.

Premorso, adj. *Bot.* Diz-se das folhas chanfradas desigualmente, como se tivessem sido mordidas.

Premunir, v. 1. Pron. Munir-se antecipadamente; apetrecharse. 2. Tr. dir. Evitar, prevenir. 3. Tr. dir. Acautelar, precaver.

Pré-natal, adj. m. e f. Referente ao período anterior ao nascimento da criança. Pl.: *pré-natais.*

Prenda, s. f. (1. *praebenda*). 1. Objeto que só se dá como brinde; dádiva, presente. 2. Dote, predicado. 3. Aptidão, habilidade. 4. *Fam.* Pessoa ruim.

Prendado, adj. Que tem prendas ou qualidades apreciáveis.

Prendar, v. (l. *pignorare*). Tr. dir. 1. Dar prendas a; presentear. 2. Conferir qualidades, perfeições, talento; dotar.

Prender, v. 1. Tr. dir. Atar, ligar, amarrar. 2. Tr. dir. Firmar, fixar. 3. Tr. dir. Segurar. 4. Tr. dir. Apanhar, capturar. 5. Pron. Ficar preso ou seguro. 6. Pron. Enlear-se, firmar-se, fixar-se, unir-se. 7. Tr. dir. Tirar a liberdade a. 8. Tr. ind. Emperrar, pegar. 9. Tr. ind. Criar raízes; arraigar-se. 10. Tr. dir. Embaraçar, impedir, tolher. 11. Tr. dir. Atrair.

Prenha, adj. f. *Pop.* V. *prenhe.*

Prenhe, adj. m. e f. (1. **praegne,* por *praegnans*). 1. Diz-se da fêmea no período da gestação; pejada, grávida. 2. *Fig.* Cheio, pleno, repleto.

Prenhez, s. f. Estado de fêmea prenhe; gravidez.

Prenoção, s. f. (l. *praenotione*). 1. Noção prévia e imperfeita. 2. Preconceito.

Prenome, s. m. (l. *praenomen*). Nome particular que precede o da família; nome de batismo.

Prenominar, v. Tr. dir. 1. Dar a, ou pôr prenome em. 2. Designar pelo prenome.

Prenotar, v. Tr. dir. Notar (anotar) previamente.

Prensa, s. f. 1. Máquina composta essencialmente de duas peças, para comprimir, achatar ou espremer qualquer objeto ou substância que entre elas se coloque. 2. *Tip.* Máquina de impressão; prelo. 3. *Fot.* Caixilho de impressão.

Prensagem, s. f. Ato ou operação de prensar.

Prensar, v. Tr. dir. 1. Apertar, comprimir na prensa. 2. Achatar, esmagar, espremer.

Prenunciação, s. f. Ato ou efeito de prenunciar.

Prenunciador, adj. e s. m. Que, aquele ou aquilo que prenuncia.

Prenunciar, v. Tr. dir. Anunciar antecipadamente; predizer, vaticinar.

Prenunciativo, adj. Que prenuncia; que serve para prenunciar.

Prenúncio, s. m. (1. *praenuntiu*). Anúncio de coisa futura; prognóstico.

Preocupação, s. f. 1. Ato de preocupar ou de se preocupar. 2. Idéia fixa. 3. Inquietação resultante dessa idéia.

Pré-ocupante, adj. e s., m. e f. Que, ou pessoa que pré-ocupa. Pl.: *pré-ocupantes.*

Preocupar, v. (l. *preocupare*). 1. Tr. dir. Causar preocupação a; tornar apreensivo. 2. Tr. dir. Impressionar, inquietar. 3. Pron. Ter preocupação; impressionar-se, inquietar-se.

Pré-ocupar, v. Tr. dir. Ocupar antes ou antecipadamente.

Preopinante, adj. e s. m. e f. Que, ou pessoa que opina ou opinou antes de outrem.

Preopinar, v. Intr. 1. Opinar antes de outrem. 2. Emitir um parecer antes de outrem, discursando.

Preordenação, s. f. Ato ou efeito de preordenar.

Preordenar, v. Tr. dir. 1. Ordenar antecipadamente. 2. Predestinar.

Preparação, s. f. 1. Ato, efeito ou modo de preparar (-se). 2. Produto de operações farmacêuticas, culinárias ou químicas.

Preparador, adj. e s. m. 1. Que, ou aquele que prepara. 2. Assistente de professor de escola secundária ou superior, que tem a seu cargo preparar ou dispor o material necessário para lições práticas.

Preparar, v. 1. Tr. dir. e pron. Aparelhar(-se), aprontar(-se), dispor(-se) antecipadamente. 2. Pron. Arranjar-se, ataviar-se. 3. Tr. dir. Educar, habilitar. 4. Tr. dir. Predispor. 5. Tr. dir. Armar, dispor, maquinar. 6. Tr. dir. Estudar, meditar, memorizar. 7. Tr. dir. Dosar e combinar os ingredientes para um medicamento. 8. Tr. dir. Tratar (plantas, animais ou partes do corpo humano) a fim de conservar ao natural para fins de estudo.

Preparativo, adj. Preparatório. S. m. pl. Aprestos, preparação.

Preparatório, adj. 1. Que prepara; preparativo. 2. Próprio para preparar. 3. Preliminar. S. m. pl. *Des.* Estudos prévios para acesso a um curso superior.

Preparo, s. m. (de *preparar*). 1. Preparação. 2. Apresto. 3. Quantia depositada para pagamento das custas de um processo. 4. Cultura intelectual. S. m. pl. Miudezas necessárias para o acabamento de uma peça de vestuário.

Prepau, s. m. *Náut.* Peça de madeira, junto ao mastro, na qual se amarram as escoteiras da gávea.

Preponderância, s. f. 1. Qualidade de preponderante. 2. Predomínio, supremacia, hegemonia.

Preponderante, adj. m. e f. Que prepondera.

Preponderar, v. 1. Tr. ind. Ser mais pesado que. 2. Intr. Ser mais influente ou mais importante; predominar.

Preponente, adj. e s., m. e f. Que, ou pessoa que prepõe.

Prepor, v. (l. *praeponere*). Tr. dir. 1. Pôr adiante; antepor. 2. Preferir. 3. Escolher, nomear, designar.

Preposição, s. f. 1. Ato de prepor. 2. *Gram.* Palavra invariável que liga duas outras, exprimindo a relação que entre elas existe.

Preposicional, adj. m. e f. 1. Relativo a preposição. 2. Em que há preposição.

Prepositiva, s. f. *Gram.* Primeiro fonema de um ditongo ou de um tritongo.

Prepositivo, adj. 1. Que se põe em primeiro lugar. 2. *Gram.* Que diz respeito à preposição ou é da natureza dela.

Prepósito, s. m. 1. Intento, propósito, tenção. 2. *Ant.* Prelado de certas congregações religiosas.

Prepositura, s. f. *Ant.* Cargo ou dignidade de prepósito.

Preposteração, s. f. Ato ou efeito de preposterar.

Preposterar, v. Tr. dir. e pron. Inverter a ordem de; desordenar(-se), transpor(-se).

Preposteridade, s. f. Qualidade de prepóstero.

Prepóstero, adj. 1. Posto antes. 2. Invertido, transposto. 3. Oposto à boa ordem.

Preposto *(ô),* adj. (l. *praepositu*). 1. Posto antes. 2. Preferido. S. m. Indivíduo que dirige um serviço, um negócio, por delegação de pessoa competente; institor.

Prepotência, s. f. 1. Qualidade de prepotente. 2. Abuso do poder; opressão, tirania, despotismo.

Prepotente, adj. m. e f. 1. Muito poderoso ou influente. 2. Que abusa do seu poder ou autoridade; despótico, opressor, tirano.

Prepúcio, s. m. (l. *praeputiu*). *Anat.* Dobra de pele que cobre a glande do pênis.

Pré-rafaelismo, s. m. Doutrina e estilo dos pré-rafaelistas.

Pré-rafaelista, adj. m. e f. Relativo ao pré-rafaelismo. Adj. e s. m. e f. Sequaz do pré-rafaelismo. Pl.: *pré-rafaelistas.*

Pré-rafaelita, adj. m. e f. Anterior aos tempos de Rafael.

Pré-renascentista, adj. m. e f. Anterior à Renascença. S. m. e f. Artista ativo, antes da Renascença. Pl.: *pré-renascentistas.*

Pré-romano, adj. Anterior à dominação dos romanos. Pl.: *pré-romanos.*

Pré-romantismo, s. m. *Lit.* Movimento literário do século XVIII, que preparou a nova sensibilidade característica do romantismo. Pl.: *pré-romantismos.*

Prerrogativa, s. f. 1. Direito, inerente a um ofício ou posição, privilegiados. 2. Regalia. 3. Apanágio.

Presa *(e),* s. f. (l. *prensa* ou *prehensa*). 1. Ato de apresar ou apreender. 2. Objetos tomados ao inimigo. 3. Coisa usurpada ou violentamente apreendida; preia. 4. Aquilo de que o animal carniceiro se apodera para comer. 5. Garra de ave de rapina. 6. Dente canino saliente de certos animais; defesa, colmilho. 7. Solidificação, endurecimento, pega (de argamassa, cimento etc.).

Presador, adj. e s. m. *Ant.* Que, ou o que presa.

présbio-, elem. de comp. (gr. *presbus*). Exprime a idéia de *velho; presbiopia.*

Presbiopia, s. f. *Oftalm.* Incapacidade de distinguir bem os objetos próximos; presbitia, presbitismo.

Presbita, adj. m. e f. *Med.* Diz-se da vista ou da pessoa afetada de presbitia ou presbiopia.

Presbiterado, s. m. (l. *presbyteratu*). 1. *Ecles.* Ordem que confere o sacerdócio. 2. Dignidade de presbítero. Var.: *presbiterato.*

Presbiteral, adj. m. e f. Relativo a presbítero.

Presbiteranismo, s. m. V. *presbiterianismo.*

Presbiterano, adj. e s. m. V. *presbiteriano.*

Presbiterato, s. m. V. *presbiterado.*

Presbiterianismo, s. m. Denominação evangélica (protestante), oriunda do calvanismo, na qual o governo da Igreja, pelo sistema representativo, é exercido pelos presbíteros.

Presbiteriano, adj. Relativo ao presbiterianismo. S. m. Sectário do presbiterianismo.

Presbitério, s. m. (l. *presbyteriu*). 1. Parte da igreja reservada aos sacerdotes. 2. Residência de pároco. 3. Igreja paroquial. 4. Altar-mor.

Presbítero, s. m. (l. *presbyteru*). 1. Sacerdote, padre. 2. Entre os presbiterianos, membro eleito pela congregação para governá-la e instruí-la.

Presbitia, s. f. V. *presbiopia.*

Presbitismo, s. m. V. *presbiopia.*

Presciência, s. f. 1. Qualidade de presciente. 2. *Teol.* Atributo divino pelo qual Deus conhece o futuro. 3. Ciência inata, anterior ao estudo.

Presciente, adj. m. e f. 1. Que sabe com antecipação. 2. Que prevê o futuro; pressago. 3. Acautelado, previdente.

Prescindir, v. (l. *praescindere*). Tr. ind. 1. Separar mentalmente; abstrair. 2. Dispensar, passar sem, pôr de parte; renunciar.

Prescindível, adj. m. e f. De que se pode prescindir.

Prescrever, v. (l. *praescribere*). 1. Tr. dir. Ordenar, regular atencipada e explicitamente. 2. Tr. dir. Determinar, estabelecer, preceituar. 3. Tr. dir. *Med.* Indicar, receitar. 4. Tr. dir. Fixar, limitar, marcar. 5. Intr. Cair em desuso, 6. Intr. *Dir.* Ficar sem efeito por ter decorrido certo prazo legal.

Prescrição, s. f. (l. *praescriptione*). 1. Ato ou efeito de prescrever. 2. Ordem expressa. 3. Ditame, disposição, indicação, preceito. 4. *Dir.* Extinção de direito ou obrigação por não se ter exigido oportunamente o cumprimento dela.

Prescritível, adj. m. e f. 1. Que se pode prescrever ou ordenar. 2. *Dir.* Que é suscetível de prescrição.

Prescrito, adj. (l. *praescriptu*). 1. Ordenado explicitamente. 2. *Dir.* Que prescreveu.

Presença, s. f. (l. *praesentia*). 1. Fato de estar presente. 2. Existência, estado ou comparecimento de alguém num lugar determinado. 3. Existência de uma coisa em um dado lugar. 4. Aspecto da fisionomia. 5. Modos, porte. 6. Juízo, opinião, parecer, voto.

Presencial, adj. m. e f. 1. Referente a pessoa ou coisa que está presente. 2. Feito à vista de alguém. 3. Que estava presente: Testemunha *p.*

Presenciar, v. Tr. dir. 1. Estar presente a; assistir a. 2. Verificar por meio da observação; observar.

Presente, adj. m. e f. 1. Que existe ou sucede no momento de que se fala; atual. 2. Que assiste em pessoa: *P.* ao ato. 3. *Gram.* Diz-se do tempo que exprime ação que está sendo feita. S. m. 1. O tempo presente; o tempo atual. 2. *Gram.* Tempo que nos modos verbais exprime a idéia do momento em que se fala. 3. Brinde, dádiva.

Presenteador, adj. e s. m. Que, ou o que presenteia.

Presentear, v. Tr. dir. Dar presente a; brindar, mimosear, obsequiar.

Presepe, s. m. V. *presépio.*

Presepeiro, adj. Barulhento, fanfarrão. S. m. 1. Armador de presepes. 2. Indivíduo fanfarrão.

Presépio, s. m. (l. *praesepiu*). 1. Lugar onde se recolhe o gado; curral, estábulo. 2. Representação do local do nascimento de Cristo e das figuras que, segundo o Evangelho, estavam presentes ou acorreram depois, como os pastores.

Presepista, s. m. e f. Farsante que entrava nos autos do Natal.

Preservação, s. f. Ato ou efeito de preservar(-se).

Preservador, adj. e s. m. Que, ou aquele que preserva.

Preservar, v. Tr. dir. e pron. Pôr(-se) ao abrigo de algum mal, dano ou perigo futuro; defender(-se), resguardar(-se).

Preservativo, adj. Próprio para preservar. S. m. Aquilo que preserva.

Presidência, s. f. Ato de presidir. 2. Cargo ou dignidade de presidente. 3. O presidente. 4. Tempo durante o qual o presidente exerce suas funções. 5. O poder executivo nos países onde o chefe de Estado tem o título de presidente. 6. Lugar de honra a uma mesa.

Presidencial, adj. m. e f. 1. Pertencente ou relativo à presidência ou ao presidente. 2. Que provém do presidente.

Presidencialismo, s. m. Sistema de governo em que o ministério só depende da confiança do Presidente da República.

Presidencialista, adj. m. e f. 1. Relativo ao presidencialismo. 2. Em que domina o presidencialismo. S. m. e f. Pessoa partidária do presidencialismo.

Presidenta, s. f. 1. Esposa de um presidente. 2. Mulher que preside.

Presidentado, s. m. V. *presidência.*

Presidente, adj. e s., m. e f. Que, ou pessoa que preside. S. m. Título oficial do chefe do Poder Executivo e comandante de todas as forças armadas de um país. Fem.: *presidenta.*

Presidiar, v. Tr. dir. 1. Pôr presídio a. 2. Pôr guardas a; defender, reforçar.

Presidiário, adj. 1. Relativo a presídio. 2. Preso em presídio. S. m. Condenado que cumpre pena num presídio.

Presídio, s. m. 1. Ato de defender uma praça. 2. Guarnição de uma praça de guerra. 3. Praça de guerra. 4. Prisão militar. 5. Cadeia. 6. Pena de prisão que deve ser cumprida numa praça de guerra.

Presidir, v (l. *praesidere*). Tr. ind. e intr. Dirigir como presidente; exercer as funções de presidente; ocupar a presidência.

Presilha, s. f. Cordão ou tira de pano, couro cru ou outro material flexível, que tem numa extremidade uma casa, aselha ou fivela, para apertar ou prender.

Preso, adj. (p. irr. de *prender*). 1. Amarrado, atado, ligado. 2. Recluso em prisão; encarcerado. 3. Manietado. 4. *Pop.* Casado. S. m. Indivíduo encarcerado; prisioneiro. Col.: *leva* (em trânsito).

Pressa, s. f. 1. Ligeireza, rapidez, velocidade. 2. Necessidade de se apressar. 3. Azáfama. 4. Precipitação, irreflexão. 5. Urgência. 6. Impaciência. 7. Aflição, aperto.
À p. ou *às pressas:* apressadamente, precipitadamente, rapidamente.

Pressagiador, adj. e s. m. Que, ou o que pressagia.

Pressagiar, v. Tr. dir. 1. Anunciar por presságios. 2. Predizer, prognosticar. 3. Pressentir, prever.

Presságio, s. m. 1. Fato ou sinal por que se adivinha o futuro. 2. Indício de um acontecimento futuro.

Pressagioso, adj. Que encerra presságio.

Pressago, adj. Que pressagia; pressagioso.

Pressão, s. f. (l. *pressione*). 1. Ação ou efeito de premer, de comprimir, de apertar. 2. Influência ou força coativa; coação. 3. Tensão, força. S. m. Botão de metal para vestidos, cuecas e outros artigos, consistindo em duas peças que se fecham, uma encaixando-se na outra, por pressão.

Pressentido, adj. 1. Que se pressentiu. 2. Sentido antecipadamente; previsto. 3. De que se têm desconfianças. 4. Que se percebe com facilidade (rumor ou barulho).

Pressentimento, s. m. 1. Ato ou efeito de pressentir. 2. Sentimento antecipado; previsão, palpite.

Pressentir, v. Tr. dir. 1. Ter o pressentimento de; prever. 2. Ouvir, perceber, sentir ao longe ou antes de ver.

pressi-, elem. de comp. (l. *pressu*). Exprime a idéia de *comprimido: pressirrostro.*

Pressirrostro *(ó),* adj. *Zool.* Que tem o bico comprimido.

Pressupor, v. Tr. dir. 1. Supor antecipadamente; conjeturar. 2. Fazer supor; levar a entender.

Pressuposição, s. f. Ato ou efeito de pressupor; conjetura antecipada.

Pressuposto, adj. Que se pressupõe. S. m. Pressuposição, conjetura.

Pressuroso, adj. 1. Apressado; afanoso, azafamado. 2. Impaciente, irrequieto. 3. Ativo, diligente.

Prestação, s. f. (l. *praestatione*). 1. Ato ou efeito de prestar. 2. Contribuição a que alguém está obrigado; cota. 3. Pagamento a prazos sucessivos: Comprar a *p.* 4 Quantia que se deve pagar em cada prazo. S. m. *Pop.* Vendedor ambulante de mercadorias pelo sistema de prestações; prestamista.

Prestadio, adj. 1. Prestável, prestimoso, serviçal. 2. Obsequiador. 3. Proveitoso, útil.

Prestador, adj. e s. m. 1. Que, ou o que presta. 2. Que, ou o que realiza prestações.

Prestamento, s. m. Ato ou efeito de prestar.

Prestamista, s. m. e f. 1. Pessoa que dá dinheiro a juros. 2. Pessoa que possui títulos de dívida pública. 3. Pessoa que compra a prestações.

Prestante, adj. m. e f. 1. Prestadio. 2. Prestativo. 3. Excelente, insigne.

Prestar, v. (l. *praestare*). 1. Tr. ind. e intr. Ter préstimo; ser útil. 2. Pron. Ser adequado ou próprio. 3. Pron. Estar pronto e disposto. 4. Tr. dir. Pronunciar em ato solene. 5. Tr. dir. Apresentar, dar, exibir: *P. contas.* 6. Tr. dir. Fornecer, ministrar, oferecer: *P. informações.* 7. Tr. dir. Consagrar, dedicar, render: *P. culto a* Deus.

Prestativo, adj. Pronto para servir; prestadio, serviçal.

Prestável, adj. m. e f. 1. Que presta ou pode prestar. 2. Prestadio, prestante, serviçal.

Preste, adj. e adv. V. *prestes.*

Prestes, adj. m. e f., sing. e pl. (prov. *prest*). 1. Disposto, pronto. 2. Preparado. 3. Que se acha quase ou a ponto de; próximo. Adv. Depressa, prestemente, prontamente.

Presteza, s. f. 1. Qualidade do que é prestes. 2. Ligeireza, prontidão. 3. Obsequiosidade.

presti-, elem. de comp. (l. *praesto*). Exprime a idéia de *prestes, ligeiro: prestidigitação.*

Prestidigitação, s. f. Arte de prestidigitador.

Prestidigitador, s. m. Indivíduo hábil em provocar, pela destreza das mãos, ilusões tais como tirar objetos do ar, de uma cartola ou caixa vazia ou de fazer desaparecê-los sem que o espectador perceba como; escamoteador, ilusionista, prestímano.

Prestigiação, s. f. 1. Arte de prestigiador. 2. Ato de prestigiador; feitiçaria.

Prestigiador, s. m. Aquele que opera prestígios; feiticeiro.

Prestigiar, v. 1. Tr. dir. Dar prestígio a; tornar prestigioso. 2. Pron. Ganhar prestígio, adquiri-lo.

Prestígio, s. m. 1. Ilusão dos sentidos produzida por artifícios ou pretensas artes mágicas; prestidigitação. 2. Atração, fascinação. 3. Grande influência; importância social. 4. Consideração, respeito, crédito, reputação.

Prestigioso, adj. Cheio de prestígio; que exerce prestígio ou grande influência.

Prestimanear, v. Tr. dir. Adquirir, roubar ou subtrair às escondidas como prestímano.

Prestímano, s. m. V. *prestidigitador.*

Préstimo, s. m. Qualidade do que presta, ou é proveitoso; serventia, utilidade.

Prestimonial, adj. m. e f. Relativo a prestimônio.

Prestimônio, s. m. Pensão ou bens destinados à sustentação de um padre.

Prestimoso, adj. 1. Que tem préstimo. 2. Prestante, serviçal, obsequioso.

Prestíssimo, adv. *Mús.* Com grande rapidez (usado como indicação relativa ao andamento). S. m. Trecho executado com grande rapidez.

Préstite, s. m. Indivíduo que, entre os antigos romanos, presidia a certos atos solenes.

Préstito, s. m. 1. Grupo numeroso de pessoas em marcha. 2. Cortejo, procissão.

Presto[1], adj. (l. **praestu*, de *praesto*). Prestes, rápido, ligeiro.

Presto[2], adv. (l. *praesto*). Com presteza (diz-se de um andamento musical). S. m. Trecho musical escrito nesse andamento.

Presumido, adj. Afetado, vaidoso, presunçoso. S. m. Aquele que tem presunção ou vaidade.

Presumidor, adj. e s. m. Que, ou aquele que presume.

Presumir, v (l. *praesumere*). 1. Tr. dir. Conjeturar, entender, julgar segundo certas probabilidades. 2. Tr. dir. Imaginar, supor. 3. Tr. ind. e intr. Ter presunção ou vaidade, gloriar-se. 4. Tr. dir. Pressupor. 5. Tr. dir. Supor, suspeitar.

Presumível, adj. m. e f. Que se pode presumir.

Presunção, s. f. (l. *praesumptione*). 1. Ato ou efeito de presumir. 2. Suposição, suspeita. 3. Afetação, vaidade.

Presunçoso, adj. Que tem presunção; pretensioso.

Presunho, s. m. Parte do pé do porco, junto às unhas.

Presuntivo, adj. (l. *praesumptivu*). 1. Presumível, pressuposto. 2. Que se espera que seja. 3. *Dir.* Diz-se do herdeiro mais próximo da pessoa a quem, presumivelmente, deva suceder.

Presunto, s. m. Pernil, salgado e curado ao fumeiro.

Presúria, s. f. (1. bárb. *presura*). 1. Reivindicação ou reconquista à mão armada. 2. Açude, mota.

Preta *(ê)*, s. f. Mulher negra.

Pretalhada, s. f. 1. Grande porção de pretos. 2. Os pretos.

Pretalhão, s. m. Preto corpulento. Fem.: *pretalhona*.

Pretaria, s. f. V. *pretalhada*.

Pretejar, v. Intr. 1. Tornar-se preto; escurecer. 2. *Pop.* Tornar-se difícil.

Pretendedor, adj. e s. m. Que, ou aquele que pretende.

Pretendente, adj. m. e f. Que pretende alguma coisa. S. m. e f. 1. Pessoa que pretende alguma coisa ou aspira a alguma coisa; aspirante, candidato, requerente. 2. Pessoa que se julga com direito a alguma coisa. 3. Candidato ou candidata ao casamento.

Pretender, v. 1. Tr. dir. Desejar, querer; aspirar a. 2. Tr. dir. Ter intento de; tencionar. 3. Tr. dir. Reclamar como um direito. 4. Tr. dir. Requerer, solicitar. 5. Tr. dir e intr. Diligenciar, intentar. 6. Tr. dir. Alegar, pretextar. 7. Pron. Julgar-se; ter-se em conta.

Pretendida, s. f. 1. Noiva prometida. 2. Mulher requestada por um pretendente.

Pretensão, s. f. 1. Ato ou efeito de pretender. 2. Direito suposto. 3. Aspiração infundada. S. f. pl. Presunção, jactância, vaidade exagerada.

Pretensioso, adj. Que tem pretensões ou vaidade; afetado, impostor, soberbo.

Pretenso, adj. 1. Pretendido, suposto. 2. Que pretende ou supõe ser qualquer coisa.

preter-, elem. de comp. (l. *praeter*). Exprime a idéia de *além, excesso: preternatural.*

Preterição, s. f. 1. Ato ou efeito de preterir. 2. *Ret.* Figura pela qual se declara não querer falar de certa coisa, da qual, contudo, se fala por este meio.

Preterir, v. Tr. dir. 1. Ir além; ultrapassar. 2. Deixar de parte; não dar importância a; não fazer caso de. 3. Omitir. Conjugá-se como o verbo *aderir: pretiro, preteres, pretere, preterimos, preteris, preterem; preteria; preteri: preterirei; preteriria* etc.

Pretérito, adj. Que passou; passado. S. m. *Gram.* Tempo verbal que exprime ação passada ou estado anterior; passado.

Preterível, adj. m. e f. Que pode ser preterido.

Pretermissão, s. f. Ato ou efeito de pretermitir; preterição.

Pretermitir, v. V. *preterir*.

Preternatural, adj. m. e f. Sobrenatural

Pretexta *(ês)*, s. f. Toga branca, que usavam em Roma os mancebos das famílias patrícias.

Pretextar *(ês)*, v. Tr. dir. Alegar ou tomar como pretexto. Ind. pres.: *pretexto (ê), pretextas (ês), pretexta (ê)* etc.

Pretexto *(ês)*, s. m. Razão que se alega como desculpa.

Pretidão, s. f. 1. Qualidade de preto. 2. Cor negra carregada.

Pretinha, s. f. Dim. de *preta*.

Preto, adj. Diz-se da cor mais escura entre todas; negro. S. m. 1. Indivíduo da raça negra. 2. A cor negra.

Pretor, s. m. 1. *Ant.* Juiz de categoria inferior à de juiz de direito. 2. *Antig. rom.* Magistrado encarregado da administração de justiça.

Pretoria, s. f. 1. Jurisdição de pretor. 2. Lugar onde o pretor exercia suas funções.

Pretória, s. f. Sala, anexa aos conventos, na qual se julgavam pleitos.

Pretoriano, adj. 1. Relativo ao pretor. 2. Relativo à guarda dos imperadores, na antiga Roma. S. m. Soldado dessa guarda.

Pretório, adj. Relativo a pretor.

Prevalecente, adj. m. e f. Que prevalece.

Prevalecer, v. (l. *praevalescere*). 1. Tr. ind. e intr. Ter primazia; predominar, preponderar, sobressair. 2. Intr. Vencer em juízo. 3. Pron. Tirar partido; aproveitar-se, servir-se.

Prevalência, s. f. (l. *praevalentia*). Qualidade daquele ou daquilo que prevalece; superioridade.

Prevaricação, s. f. (l. *praevaricatione*). Ato ou efeito de prevaricar.

Prevaricador, adj. e s. m. Que, ou aquele que prevarica.

Prevaricar, v. 1. Intr. Faltar, por interesse ou má fe, aos deveres de seu cargo. 2. Intr. Abusar do exercício de suas funções, cometendo injustiças ou causando prejuízos. 3. Intr. Proceder mal; transgredir a moral, os bons costumes. 4. Intr. Quebrar a fidelidade conjugal; cometer adultério.

Prevenção, s. f. (l. *praeventione*). 1. Ato ou efeito de prevenir (-se). 2. Precaução, cautela. 3. Preconceito. 4. Disposição prévia.

Prevenido, adj. Acautelado, desconfiado, receoso.

Preveniente, adj. m. e f. 1. Que chega antes. 2. *Teol.* Diz-se da graça divina que nos induz à prática do bem.

Prevenir, v. 1. Tr. dir. Dispor com antecedência; preparar. 2. Chegar antes de; antecipar-se. 3. Tr. dir. Dizer ou fazer antecipadamente ou antes que outro diga ou faça. 4. Tr. dir. Avisar antecipadamente. 5. Tr. dir. Impedir que se execute ou que aconteça; evitar. 6. Tr. dir. Acautelar-se contra. 7. Pron. Dispor-se, precaver-se, preparar-se.

Preventivo, adj. e s. m. Que tem por fim acautelar e prevenir. S. m. Aquilo que previne, que evita.

Prevento, adj. Prevenido.

Preventório, s. m. Internato para filhos de tuberculoso ou leproso, para os criar fora do meio de contágio dessas doenças.

Prever, v. (l. *praevidere*). Tr. dir. 1. Conhecer com antecipação; antever. 2. Conjeturar, supor. 3. Profetizar, prognosticar: *P. o futuro.*

Previdência, s. f. Ato ou qualidade de previdente; antevidência. — *P. divina:* conhecimento certo que Deus tem do futuro.

Previdenciário, s. m. Funcionário de um instituto de previdência.

Previdente, adj. m. e f. 1. Que prevê ou antevê . 2. Acautelado, prudente; precavido, prevenido.

Prévio, adj. 1. Dito ou feito antes de outra coisa; antecipado. 2. Anterior, preliminar.

Previsão, s. f. (l. *praevisione*). 1. Ato ou efeito de prever; antevisão. 2. Presciência, prevenção.

Previsibilidade, s. f. Qualidade de previsível.

Previsível, adj. m. e f. Que se pode prever.

Previsor, adj. Previdente.

Previsto, adj. 1. Conjeturado, calculado. 2. Prenunciado, pressentido.

Previver, v. Intr. Sentir a existência futura.

Prezado, adj. Estimado, querido.

Prezador, adj. e s. m. Que, ou aquele que preza.

Prezar, v. (l. *pretiare*). 1. Tr. dir. Ter grande estima ou simpatia por; estimar. 2. Tr. dir. Ter em grande consideração. 3. Tr. dir. Respeitar. 4. Pron. Ser pundonoroso, ter dignidade. 5. Pron. Gloriar-se, jactar-se, timbrar: *Prezar-se de ser educado.*

Prezável, adj. m. e f. Digno de ser prezado.

Priapismo, s. m. 1. *Med.* Ereção do pênis, dolorosa e persistente, não acompanhada de desejo sexual. 2. Excitação sexual exagerada.

Príapo, s. m. Falo, pênis.

Prima, s. f. (de *primo*). 1. Fem. de *primo* (grau de parentesco). 2. *Mús.* A primeira e mais delgada corda de alguns instrumentos (cítara, guitarra, viola). 3. *Liturg. ant.* A primeira das horas canônicas, que se seguia a laudes.

Primacial, adj. m. e f. 1. Relativo a primaz ou a primazia. 2. Em que há primazia; que é de qualidade superior.

Primado, s. m. (l. *primatu*). 1. Primazia. 2. Preeminência, prioridade, superioridade, supremacia.

Prima-dona, s. f. (ital. *primadonna*). Cantora principal de uma ópera. Pl.: *prima-donas* ou *primas-donas.*

Primagem, s. f. (fr. *primage*). *Náut.* Gratificação paga ao capitão de um navio.

Primar, v. *(primo + ar).* Tr. ind. 1. Ser o primeiro; ter a primazia. 2. Mostrar-se notável.

Primário, adj. 1. Que está primeiro; que precede outro. 2. Diz-se do ensino do primeiro grau e de seus agentes: Professor *p.*; escola *primária.* 3. Fundamental, principal. 4. Acanhado, estreito, limitado, medíocre. 5. Diz-se do criminoso que cometeu somente um delito. S. m. O curso primário.

Primata, s. m. *Zool.* Espécime dos Primatas. S. m. pl. Ordem *(Primates)* de mamíferos que compreende os símios, lêmures e o homem, derivados provavelmente de ancestral comum. Var.: *primate.*

Primavera, s. f. (l. *primo vere*). 1. Estação do ano caracterizada pela renovada vegetação e que vai de 21 de março a 21 de junho no hemisfério norte e de 22 de setembro a 21 de dezembro no hemisfério sul. 2. *Poét.* Ano (referindo-se aos anos de uma pessoa jovem). 3. Juventude. — *P. da vida:* a juventude.

Primaveral, adj. m. e f. 1. Próprio da primavera. 2. Relativo à primavera; vernal, primaveril.

Primaverar, v. Tr. ind. e intr. Passar a primavera em; gozar a estação primaveral.

Primaveril, adj. m. e f. V. *primaveral.*

Primaz, adj. m. e f. (l. **primatiu*). Que tem a primazia; que ocupa o primeiro lugar. S. m. Prelado que tinha jurisdição sobre certo número de arcebispos e bispos, e que hoje só usufrui uma categoria superior à deles.

Primazia, s. f. (l. *primatia*). 1. Dignidade de primaz. 2. Superioridade, excelência. 3. Competência, rivalidade.

Primeira, s. f. Certo jogo de quatro cartas.

Primeiranista, s. m. e f. Estudante que cursa o primeiro ano de qualquer escola ou faculdade.

Primeiro, num. (l. *primariu*). 1. Que inicia uma série ou ordem: O *p.* dia do mês. 2. Que precede os outros em relação ao tempo, ao lugar ou à categoria. 3. Que é o mais importante, o mais notável entre todos da mesma espécie, classe, raça, nacionalidade etc.: Camões é o *p.* poeta português. 4. Que é o melhor: Café de *primeira* qualidade. 5. Essencial, fundamental, principal: Gêneros de *primeira* necessidade. 6. Primeiro a partir do lugar inferior; inicial, rudimentar. S. m. O que está em primeiro lugar (no espaço ou no tempo). Adv. 1. Antes. 2. Antes de tudo; com prioridade de tempo.

De p.: a princípio; antigamente, primitivamente.

Primevo, adj. (1. *primaevu*). 1. Relativo aos tempos primitivos. 2. Antigo, primitivo.

primi-, elem. de comp. (1. *primu*). Exprime a idéia de *primeiro, prioridade: primípara.*

Primicério, s. m. *Ant.* 1. Chantre. 2. O primeiro em qualquer dignidade.

Primícias, s. f. pl. 1. Os primeiros frutos colhidos. 2. Primeiras produções. 3. As primeiras produções do espírito. 4. Primeiros sentimentos; primeiros gozos. 5. Começos, prelúdios.

Primigênio, adj. O primeiro da sua espécie; primígeno.

Primígeno, adj. V. *primigênio.*

Primina, s. f. *Bot.* Tegumento externo do óvulo.

Primípara, adj. f. Diz-se da fêmea que teve ou vai ter o primeiro parto.

Primitiva, s. f. *Fam.* A origem, o princípio.

Primitivismo, s. m. 1. Qualidade de primitivo. 2. Procedimento primitivo. 3. Doutrina da bondade primitiva da natureza humana e da existência de uma idade áurea da humanidade, no estado primitivo. 4. *Bel.-art.* Imitação do estilo da arte ou de artistas primitivos. 5. Estilo de arte de povos primitivos, comumente caracterizado por vitalidade, audácia e distorção deliberada.

Primitivista, adj. m. e f. Relativo ao primitivismo. S. m. e f. Adepto do primitivismo, nas artes.

Primitivo, adj. 1. Que foi o primeiro. 2. Rude, rudimentar. 3. Diz-se dos povos ainda em estado natural; diz-se do homem das cavernas e do selvagem impérvio a qualquer tentativa de civilização. 4. Relativo aos primeiros tempos. 5. *Gram.* Diz-se da palavra de que outras se derivam. 6. *Gram.* Diz-se dos tempos verbais que servem para a formação de outros tempos. S. m. 1. Coisa ou pessoa primitivas. 2. *Bel.-art.* Primitivista.

primo[1], adj. 1. Primeiro. 2. Excelente. 3. Diz-se do número que só é divisível por si e pela unidade: Número *p.* 4. Diz-se de uma obra que é excelente ou a primeira no seu gênero: obra-*prima.* S. m. 1. Parentesco entre os filhos de irmão ou irmã. 2. Designação de qualquer parente sem outra designação especial.

Primo-[2], elem. de comp. O mesmo que *primi-: primoglacial.*

Primogênito, adj. e s. m. Que, ou aquele que nasceu antes dos outros; o mais velho.

Primogenitor, s. m. Pai do primogênito.

Primogenitura, s. f. Qualidade de primogênito.

Primoglacial, adj. m. e f. *Geol. ant.* Dizia-se de uma das cinco fases que constituem o Período Pleistoceno.

Primoponendo, adj. Que deve ser anteposto.

Primor, s. m. (l. *primore*). 1. Qualidade superior; excelência. 2. Delicadeza, beleza, encanto.

Primordial, adj. m. e f. 1. Relativo a primórdio. 2. Básico, principal, primeiro.

Primórdio, s. m. 1. O que se organiza primeiro. 2. Origem, princípio.

Prímula, s. f. *Bot.* Planta primulácea *(Primula officinalis),* também chamada *primavera.*

Primuláceas, s. f. pl. *Bot.* Família *(Primulaceae)* de ervas com flores perfeitas regulares, de corola decídua, redonda ou campanulada.

Primuláceo, adj. *Bot.* Relativo à família das Primuláceas.

Primulina, s. f. Corante amarelo extraído da prímula.

Princês, s. m. (de *princesa*). 1. Designação depreciativa ou irônica de príncipe. 2. Mascarado vestido de príncipe.

Princesa *(ê),* s. f. (b. l. *principissa*). 1. Esposa de príncipe. 2. Soberana de um principado. 3. A primeira ou a mais distinta na sua categoria.

Principado, s. m. (l. *principatu*). 1. Dignidade de príncipe ou princesa. 2. Território ou Estado governado por um príncipe ou princesa. S. m. pl. *Teol.* Um dos nove coros dos anjos.

Principal, adj. m. e f. 1. Que é o primeiro, o mais importante em um grupo. 2. Fundamental, essencial. 3. *Mús.* Diz-se da parte cantante de uma sinfonia. S. m. 1. Superior de comunidade religiosa. 2. O magnata; o chefe. 3. O capital de uma dívida (em contraposição aos juros).

Principalidade, s. f. Qualidade de principal.

Príncipe[1], s. m. 1. Membro ou filho de uma família real. 2. O filho primogênito do soberano. 3. Chefe reinante de um principado. 4. Título de nobreza em alguns países. 5. Título que em alguns países assume o consorte da rainha. 6. O primeiro ou o mais notável em mérito, em talento ou outras qualidades. — *P. consorte:* esposo de uma soberana reinante. *P. dos apóstolos:* S. Pedro. Fem.: *princesa.* Dim. irr. e pej.: *principelho* e *principículo.*

Príncipe², adj. m. e f. Diz-se da primeira edição ou da edição principal de uma obra; princeps.

Principelho *(ê)*, s. m. *Pej.* 1. Pequeno príncipe. 2. Príncipe ridículo ou de pouco mérito; principículo, principote.

Principesco *(ê)*, adj. 1. Relativo a príncipes. 2. Próprio de príncipes; opulento, ostentoso.

Principiador, adj. e s. m. Que, ou o que principia ou dá começo a alguma coisa.

Principiante, adj. m. e f. Que principia; que está no começo. S. m. e f. Pessoa que começa a exercitar-se ou a aprender alguma coisa.

Principiar, v. 1. Tr. dir. Dar princípio a. 2. Tr. ind. e intr. Ter início.

Principículo, s. m. V. *principelho*.

Princípio, s. m. 1. Momento em que uma coisa tem origem; começo. 2. Causa primária; razão, base. 3. Momento em que se faz alguma coisa pela primeira vez. 4. Regra, lei, preceito. 5. Ditame moral, sentença, máxima. 6. Teoria. 7. *Quím.* e *Farm.* Substância química que figura numa mistura. S. m. pl. 1. Os antecedentes. 2. As primeiras épocas da vida. 3. Doutrinas fundamentais ou opiniões predominantes.

Principote, s. m. *Pej.* V. *principelho*.

Prior, s. m. (l. *priore*). 1. *Ant.* Designação do pároco, em certas freguesias. 2. Superior de convento. 3. Dignitário das antigas ordens militares. Fem.: *priora* e *prioresa*.

Priorado, s. m. 1. Cargo ou dignidade de prior ou de prioresa. 2. Tempo que dura o priorado. Var.: *priorato*.

Prioral, adj. m. e f. Relativo a prior ou a priorado.

Priorato, s. m. V. *priorado*.

Prioresa *(ê)*, s. f. (l. *priorissa*). Superiora de convento, em algumas ordens religiosas; abadessa.

Prioridade, s. f. 1. Qualidade do que está em primeiro lugar. 2. Direito de falar primeiro ou de ser atendido em primeiro lugar.

Prioste, s. m. Antigo cobrador de rendimentos eclesiásticos.

Prisão, s. f. (l. *prensione*, por *prehensione*). 1. Ato ou efeito de prender; captura. 2. Cadeia. 3. Pena de detenção em cadeia. 4. Laço, vínculo (físico ou moral). 5. Tudo o que tira ou restringe a liberdade individual. 6. Embaraço, obstáculo. 7. Coisa que atrai e cativa o espírito, que o prende e desvia de qualquer outra influência. — *P. de ventre*: dificuldade em desonerar o ventre; constipação intestinal; obstipação. *P. preventiva*: prisão contra pessoa acusada de um delito, quando há indícios suficientes da autoria.

Priscilianismo, s. m. Doutrina de Prisciliano, herege hispânico do século IV, a qual continha vários conceitos do gnosticismo e do maniqueísmo.

Priscilianista, s. m. e f. Sequaz do priscilianismo.

Prisciliano, s. m. Priscilianista.

Prisco, adj. (l. *priscu*). *Poét.* 1. Antigo. 2. Relativo a tempos passados; prístino.

Prise, s. f. A terceira velocidade dos automóveis. 2. *Gír.* Dose ou pitada de cocaína.

Prisional, adj. m. e f. Relativo a prisão; carcerário.

Prisioneiro, s. m. 1. Indivíduo privado da liberdade. 2. Indivíduo encarcerado; preso. Col. (quando em conjunto); *leva;* (quando a caminho para o mesmo destino): *comboio*.

Prisma, s. m. 1. *Geom.* Poliedro limitado lateralmente por paralelogramos e superior e inferiormente por dois polígonos iguais e paralelos. 2. *Fís.* Sólido prismático de seção triangular, de vidro ou de cristal, que serve para decompor os raios luminosos. 3. Modo de ver ou considerar as coisas; ponto de vista.

Prismático, adj. 1. Em forma de prisma. 2. Relativo a prisma.

Prismatização, s. f. 1. Ato ou efeito de prismatizar. 2. Disposição em forma de prisma.

Prismatizado, adj. Disposto como prisma.

Prismatizar, v. Tr. dir. 1. Dispor em forma de prisma. 2. Dar a forma de prisma a.

Prismatóide, adj. m. e f. De forma semelhante à de um prisma.

Prítane, s. m. Em Atenas, cada um dos cinqüenta delegados das tribos ao Conselho dos Quinhentos.

Pritaneu, s. m. *Antig. gr.* Nos Estados e cidades da Grécia antiga, edifício público que abrigava o lar oficial da comunidade e que servia de sala de reuniões e refeitório aos prítanes e, especialmente em Atenas, para hospedar visitantes e cidadãos ilustres.

Privação, s. f. (l. *privatione*). Ato ou efeito de privar(-se).

Privacidade, s. f. Vida privada, vida íntima; isolamento, intimidade; privatividade.

Privado, adj. 1. Que não é público; particular. 2. Desprovido, falto. S. m. 1. Confidente. 2. Favorito, valido. 3. Áulico.

Privança, s. f. Estado de quem é privado (acep do s.).

Privar, v. 1. Tr. dir. Desapossar, despojar alguém de alguma coisa. 2. Tr. dir. e pron. Impedir(-se) de ter a posse ou gozo de alguma coisa ou de algum bem. 3. Pron. Abster-se de. 4. Tr. ind. Ter privança, convivência ou valimento com alguém.

Privatividade, s. f. (*privativo* + *dade*). 1. Qualidade, condição ou estado de privativo. 2. *P. us.* V. *privacidade*.

Privativo, adj. 1. Que exprime privação. 2. Próprio, particular, exclusivo.

Privilegiado, adj. 1. Que goza de privilégio. 2. Singularmente dotado; único. 3. Distinto, elevado, superior.

Privilegiar, v. 1. Tr. dir. Conceder privilégio ou privilégios a. 2. Tr. dir. Investir em um direito especial, imunidade, prerrogativa ou outro benefício peculiar. 3. Pron. Considerar-se ou tornar-se privilegiado.

Privilégio, s. m. 1. Direito, vantagem ou imunidades especiais gozadas por uma ou mais pessoas, além dos direitos comuns dos outros. 2. Direito, graça peculiar, prerrogativa.

Pró, adv. (l. *pro*). A favor, em defesa: Argumento *pró* e contra. S. m. Conveniência, proveito, vantagem: Os *prós* e os contras.

Proa *(ô)*, s. f. (1. *prora*). 1. *Náut.* A parte dianteira da embarcação. Antôn.: *popa*. 2. *Por ext.* A parte anterior de qualquer coisa. 3. Altivez, orgulho, presunção, soberba, vaidade. S. m. Aquele que rema na proa.

Proar, v. V. *aproar*.

Probabilidade, s. f. 1. Qualidade de provável. 2. Indício que deixa presumir a verdade ou a possibilidade de um fato; verossimilhança. 3. Evento, circunstância, ocorrência etc., provável. 4. *Teol.* Razão sobre que os moralistas fundamentam a doutrina do probabilismo. 5. Medida baseada na relação entre o número de casos favoráveis e o número total dos casos possíveis.

Probabilismo, s. m. (l. *probabile* + *ismo*). 1. Doutrina segundo a qual todo conhecimento só tem o caráter de probabilidade e não de certeza, visto que a verdade não pode ser conhecida. 2. *Teol.* Doutrina segundo a qual, em questões de moral, onde a certeza é impossível, qualquer norma de procedimento pode ser adotada, contanto que seja considerada provável por percepção clara dos princípios envolvidos ou por ser apoiada em algum doutor da Igreja.

Probabilista, adj. m. e f. Relativo ao probabilismo. S. m. e f. Pessoa partidária do probabilismo.

Probante, adj. m. e f. Que prova (em juízo).

Probático, adj. Designativo de uma piscina, em que se lavavam os animais destinados ao sacrifício no templo de Jerusalém.

Probatório, adj. 1. Relativo a prova. 2. Que contém prova; que serve de prova.

Probidade, s. f. 1. Qualidade de probo. 2. Integridade de caráter; retidão, honradez.

Problema, s. m. 1. Questão matemática proposta para ser resolvida. 2. Questão difícil, delicada, suscetível de diversas soluções. 3. Qualquer coisa de difícil explicação; mistério, enigma. 4. Dúvida, questão.

Problemático, adj. 1. Relativo a problema. 2. Incerto, duvidoso.

Problematizar, v. Tr. dir. Dar forma de problema a; tornar problemático.

Probo, adj. De caráter íntegro; honesto, justo, reto.

Probóscide, s. f. *Zool.* 1. Tromba de elefante. 2. Aparelho bucal dos insetos dípteros.

Proboscídeo, adj. *Zool.* Diz-se dos mamíferos que têm o nariz prolongado em forma de tromba, como o elefante. S. m. pl. Ordem *(Proboscidea)* de mamíferos providos de tromba, e que compreende o elefante e espécies relacionadas extintas.

Procacidade, s. f. (l. *procacitate*). Qualidade de procaz.

Procaz, adj. m. e f. (l. *procace*). Descarado, impudente, insolente, petulante. Sup. ab. sint.: *procacíssimo.*

Procedência, s. f. 1. Ato ou efeito de proceder. 2. Lugar donde procede alguém ou alguma coisa; origem, proveniência.

Procedente, adj. m. e f. 1. Que procede; proveniente, oriundo. 2. Concludente, conseqüente, lógico. 3. *Dir.* Com fundamento na prova aduzida.

Proceder[1], v. 1. Tr. ind. Derivar-se, originar-se, provir. 2. Tr. ind. Provir por geração; descender. 3. Tr. ind. Instaurar processo. 4. Intr. Ter seguimento; ir por diante; prosseguir. 5. Intr. Dirigir os seus atos; portar-se, comportar-se. 6. Intr. *Dir.* Ser concludente na prova. 7. Intr. Pôr em prática; agir, obrar. 8. Intr. *Dir.* Ter fundamento.

Proceder[2], s. m. 1. Procedimento, comportamento. 2. Modo de obrar; ações, atos.

Procedimento, s. m. 1. Ato ou efeito de proceder. 2. Modo de proceder; comportamento. 3. Processo, método.

Procela, s. f. 1. Tempestade marítima. 2. Grande agitação de ânimos.

Procelária, s. f. *Ornit.* Gênero *(Procellaria)* de aves marinhas no qual se incluem espécies comumente chamadas *fura-buxo* e *pomba-do-cabo.*

Proceloso, adj. 1. Relativo a procela. 2. Agitado por procela; tempestuoso. 3. Que traz procela.

Prócer, s. m. (l. *procere*). Homem importante em uma nação, classe, partido etc.; chefe, magnata. Var.: *prócere.*

Processador, adj. Que processa. S. m. 1. Aquele que processa. 2. *Inform.* Unidade funcional que interpreta e executa instruções num computador.

Processal, adj. m. e f. Relativo a processo; processivo.

Processamento, s. m. 1. Ato ou maneira de processar. — *P. de dados:* processamento de números estatísticos, resultados de medições etc., na ciência e na técnica, especialmente a transformação mecânica, elétrica ou eletrônica de tais informações em uma forma apropriada para o aproveitamento.

Processão, s. f. (l. *processione*). Na teologia católica, procedência do Filho do Pai e a do Espírito Santo de ambos, no mistério da Santíssima Trindade.

Processar, v. Tr. dir. 1. Instaurar processo contra; intentar ação judicial contra; fazer responder em juízo. 2. Verificar, conferir (algum documento) para poder ter validade ou efeito.

Processional, adj. m. e f. Relativo à procissão.

Processionário, s. m. Livro de rezas que se usa nas procissões.

Processo, s. m. 1. Ato de proceder ou de andar. 2. Maneira de operar, resolver ou ensinar; técnica. 3. *Dir.* Ação, demanda. 4. *Dir.* Conjunto das peças que servem à instrução do juízo; autos. 5. Conjunto dos papéis relativos a um negócio. 6. Série de fenômenos que apresentam certa unidade. 7. Conjunto de atos por que se realiza uma operação química, farmacêutica, industrial etc. 8. *Med.* Conjunto de fenômenos evolutivos de um estado mórbido.

Processologia, s. f. Estudo ou conhecimento dos processos que se utilizam numa arte ou numa ciência.

Processológico, adj. Relativo à processologia.

Processual, adj. m. e f. Relativo a processo judicial.

Processualística, s. f. Teoria do processo judicial.

Procidência, s. f. *Med.* Prolapso.

Procidente, adj. m. e f. Que se desloca ou cai para diante.

Procionídeo, adj. *Zool.* Relativo aos Procionídeos. S. m. pl. Família *(Procyonidae)* de mamíferos carnívoros, plantígrados.

Procissão, s. f. 1. Reunião ordenada de clero e fiéis que desfilam no interior de uma igreja ou pelas ruas em sinal de devoção. 2. Qualquer cortejo numeroso de pessoas que seguem umas atrás das outras.

Proclama, s. m. Pregão de casamento, lido na igreja; proclamação; banho.

Proclamação, s. f. 1. Ato ou efeito de proclamar. 2. Proclama.

Proclamador, adj. e s. m. Que, ou aquele que proclama.

Proclamar, v. 1. Tr. dir. Aclamar solenemente. 2. Tr. dir. Anunciar ou declarar pública e oficialmente. 3. Pron. Tomar publicamente o título de; arvorar-se em, fazer-se aclamar.

Próclise, s. f. *Gram.* Fenômeno fonético pelo qual os monossílabos átonos assumem a acentuação da palavra seguinte, à qual se incorporam: Sei *que vou* morrer, não sei a *hora.*

Proclítico, adj. *Gram.* Diz-se da palavra em próclise.

Proclive, adj. m. e f. Inclinado para diante.

Proclividade, s. f. Estado de proclive.

Procônsul, s. m. *Antig. rom.* Governador ou chefe militar de província.

Proconsulado, s. m. 1. Cargo de procônsul. 2. Tempo de exercício das funções desse magistrado.

Proconsular, adj. m. e f. 1. Relativo ao procônsul. 2. Próprio de procônsul.

Procrastinação, s. f. Ato ou efeito de procrastinar; adiamento, delonga.

Procrastinador, adj. e s. m. Que, ou aquele que procrastina.

Procrastinar, v. 1. Tr. dir. Deixar para outro dia; adiar, delongar, espaçar, protrair. 2. Intr. Usar de delongas.

Procriação, s. f. (l. *procreatione*). Ato ou efeito de procriar.

Procriador, adj. e s. m. Que, ou o que procria.

Procriar, v. (l. *procreare*). 1. Tr. dir. e intr. Dar existência, nascimento, origem a: gerar. 2. Tr. dir. Promover a germinação ou a multiplicação de (vegetais). 3. Intr. Lançar rebentos; abrolhar. 4. Tr. dir. Produzir.

Procumbir, v. (l. *procumbere*). Intr. 1. Cair para diante. 2. Estirar-se morto ou ferido. 3. Prosternar-se.

Procura, s. f. 1. Ato de procurar. 2. *Econ. polít.* Conjunto das produções ou dos serviços que se pedem no comércio ou na indústria.

Procuração, s. f. (l. *procuratione*). 1. Incumbência que uma pessoa dá a outra para tratar de certos negócios. 2. *Dir.* Documento em que legalmente se consigna essa incumbência.

Procuradeira, s. f. Mulher curiosa que gosta de procurar ou investigar.

Procurador, adj. Que procura. S. m. *Dir.* Pessoa que recebeu poderes de outrem para, em seu nome, praticar atos ou administrar interesses.

Procuradoria, s. f. 1. Cargo ou ofício de procurador. 2. Quantia que se paga ao procurador ou defensor. Var.: *procuratoria.*

Procurar, v. 1. Tr. dir. Fazer diligência por achar; buscar. 2. Tr. dir. Esforçar-se por alcançar ou conseguir. 3. Tr. dir. Diligenciar, esforçar-se por, tratar de. 4. Tr. dir. Analisar, examinar, indagar, investigar. 5. Tr. dir. Pretender, pedir, solicitar, requerer. 6. Tr. dir. Tentar. 7. Tr. dir. Dirigir-se a alguém para tratar de algum assunto. 8. Tr. dir. Esforçar-se por. 9. Intr. Advogar causa.

Procuratório, adj. Relativo a procuração ou a procurador.

Prodiagnóstico, s. m. Diagnóstico antecipado.

Prodição, s. f. 1. Traição. 2. Entrega de mulher para ato obsceno.

Prodigalidade, s. f. 1. Qualidade ou caráter de pródigo. 2. Ação de prodigalizar. 3. Ato ou efeito de gastar ruinosamente; esbanjamento, dissipação. 4. Profusão excessiva; superabundância.

Prodigalizador, adj. e s. m. Que, ou aquele que prodigaliza; pródigo.

Prodigalizar, v. Tr. dir. 1. Gastar excessiva ou ruinosamente; esbanjar, dissipar. 2. Não poupar; arriscar, expor. Var.: *prodigar.*

Prodigar, v. V. *prodigalizar.*

Prodígio, s. m. 1. Fenômeno extraordinário ou inexplicável; maravilha; milagre. 2. Pessoa de extraordinário talento; portento.

Prodigioso, adj. 1. Em que há prodígio; maravilhoso, miraculoso, sobrenatural. 2. Extraordinário.

Pródigo, adj. Que despende em excesso; dissipador, esbanjador, perdulário. S. m. Indivíduo pródigo. S. m. pl. *Constr. náut.* Peças de madeira que reforçam o costado e o fundo do navio.

Pródito, adj. 1. Atraiçoado. 2. Divulgado.

Proditor, s. m. Traidor.

Proditório, adj. Que encerra traição; traiçoeiro.

Prodrômico, adj. Relativo a pródromos.

Pródromo, s. m. 1. Espécie de prefácio. 2. Preâmbulo, preliminar. 3. *Med.* Sintoma premonitório de uma doença. S. m. pl. As primícias de escritor.

Produção, s. f. (l. *productione*). 1. Ato ou efeito de produzir; fabricação, manufatura; extração; geração. 2. Coisa produzida. 3. Realização.

Producente, adj. m. e f. 1. Que produz. 2. Lógico, concludente.

Produtibilidade, s. f. Qualidade de produtível ou produtivo.

Produtível, adj. m. e f. Que se pode produzir; produzível.

Produtividade, s. f. 1. Qualidade ou estado de produtivo. 2. Faculdade de produzir.

Produtivo, adj. 1. Que produz; fértil. 2. Rendoso, proveitoso.

Produto, s. m. (l. *productu*). 1. Aquilo que é produzido. 2. Resultado da produção. 3. Resultado do trabalho físico ou intelectual. 4. *Mat.* Resultado de uma multiplicação. 5. *Fisiol.* Substância que resulta de uma elaboração. 6. *Quím.* Resultado de uma reação.

Produtor, adj. (l. *productore*). 1. Que produz. S. m. 1. Aquele que produz. 2. Autor, elaborador.

Produzir, v. (l. *producere*). 1. Tr. dir. Dar existência; gerar; fornecer, dar. 2. Tr. dir. Fabricar, manufaturar. 3. Tr. dir. Criar pela imaginação; compor. 4. Tr. dir. Ter como conseqüência; causar, motivar. 5. Pron. Ser causado, ser originado. 6. Pron. Acontecer, dar-se, realizar-se.

Produzível, adj. m. e f. V. *produtível.*

Proeiro, s. m. Marinheiro que vigia, trabalha ou rema à proa.

Proejar, v. 1. Tr. ind. Navegar em certa direção; aproar. 2. Intr. Velejar, navegar.

Proembrião, s. m. *Biol.* Estrutura desenvolvida durante a segmentação do óvulo, após a fecundação, e que precede o embrião propriamente dito.

Proemial, adj. m. e f. Relativo a proêmio; preambular.

Proemiar, v. Tr. dir. Fazer proêmio a; prefaciar.

Proeminência, s. f. 1. Estado ou qualidade de proeminente. 2. Relevo, saliência. 3. Elevação do terreno.

Proeminente, adj. m. e f. 1. Que se alteia acima do que o circunda; alto. 2. Que sobressai, ressalta; saliente. 3. Superior, preeminente.

Proêmio, s. m. 1. Prefácio. 2. Princípio, origem.

Proeza, s. f. (fr. *prouesse*). 1. Ação de valor; façanha. 2. Ação pouco vulgar. 3. *Iron.* Procedimento digno de censura; escândalo.

Profanação, s. f. 1. Ato ou efeito de profanar; sacrilégio, profanidade. 2. Irreverência contra pessoa ou coisa digna de respeito. 3. Uso aviltante das coisas dignas de apreço.

Profanador, adj. e s. m. Que, ou aquele que profana as coisas dignas de respeito.

Profanar, v. Tr. dir. 1. Violar ou tratar com irreverência ou desprezo alguma coisa sagrada ou venerável. 2. Aviltar pelo uso profano, impróprio, indigno ou vulgar. 3. Macular, manchar, tornar impuro, desonrar. 4. Injuriar, ofender.

Profanidade, s. f. 1. Ato ou dito de profano. 2. Profanação.

Profano, adj. (l. *profanu*). 1. Que não é sagrado ou devotado a fins sagrados. 2. Não consagrado. 3. Contrário ao respeito devido à religião. 4. Não iniciado em certas idéias ou conhecimentos; leigo. S. m. Pessoa ou coisa profana.

Prófase, s. f. *Biol.* Primeira fase da cariocinese, que inclui todos os processos até a metáfase.

Profecia, s. f. (l. *prophetia*). 1. Predição do futuro feita por um profeta; oráculo, vaticínio. 2. Presságio, conjetura.

Profectício, adj. Diz-se dos bens que provêem da herança de ascendentes.

Proferir, v. Tr. dir. 1. Pronunciar, dizer. 2. Ler, decretar.

Professar, v. (l. **professare*, freq. de *profiteor*). 1. Tr. dir. Reconhecer ou confessar publicamente. 2. Tr. dir. Ter a convicção de. 3. Tr. dir. Pôr em prática. 4. Tr. dir Exercer uma profissão; dedicar-se a uma arte. 5. Tr. dir. Abraçar ou declarar-se devoto ou adepto de (uma doutrina, uma religião, uma seita, um partido). 6. Tr. ind. e intr. Proferir votos, ligando-se a uma doutrina, a uma ordem religiosa, a uma religião.

Professo, adj. Relativo a frades ou freiras.

Professor, s. m. 1. Homem que professa ou ensina uma ciência, uma arte ou uma língua; mestre. Col. (de grau primário ou secundário): *corpo docente;* (de faculdade): *congregação.* 2. O que professa publicamente as verdades religiosas.

Professora, s. f. Mulher que ensina ou exerce o professorado; mestra.

Professorado, s. m. 1. Cargo ou funções de professor. 2. Classe dos professores; os professores.

Professoral, adj. m. e f. Relativo a professor, a professora ou ao professorado.

Professorando, s. m. Aquele que está prestes a concluir o curso de professorado.

Professorar, v. 1. Intr. Exercer as funções de professor. 2. Tr. dir. Ensinar, lecionar.

Profesto, adj. Dizia-se do dia útil, entre os antigos romanos.

Profeta, s. m. (l. *propheta*). 1. Aquele que, entre os hebreus, anunciava e interpretava a vontade e os propósitos divinos e, ocasionalmente, predizia o futuro por inspiração divina. 2. Título dado a Maomé pelos muçulmanos. Fem.: *profetisa.*

Profético, adj. Relativo a profeta ou a profecia.

Profetismo, s. m. Doutrina religiosa, baseada nas profecias.

Profetista, adj. m. e f. 1. Relativo ao profetismo ou a profetas. 2. Que tem ares de profeta.

Profetizador, adj. e s. m. Que, ou aquele que profetiza.

Profetizar, v. (l. *prophetizare*). 1. Tr. dir. e tr. ind. Proferir profecias; predizer, prenunciar, vaticinar o futuro. 2. Tr. dir. Anunciar antecipadamente (por conjeturas ou por acaso). 3. Tr. dir. Adivinhar, descobrir.

Proficiência, s. f. 1. Qualidade de proficiente; competência, aptidão. 2. Proveito, vantagem.

Proficiente, adj. m. e f. 1. Que executa as coisas com proficiência; competente, conhecedor, destro, hábil. 3. Profícuo, vantajoso.

Proficuidade *(u-i),* s. f. Qualidade de profícuo; proficiência, utilidade, vantagem.

Profícuo, adj. Proveitoso, útil, vantajoso.

Profiláctico, adj. 1. Relativo à profilaxia. 2. Preservativo, preventivo. Var.: *profilático.*

Profilaxia *(cs),* s. f. 1. Parte da Medicina que trata das medidas preventivas contra as enfermidades. 2. Emprego dos meios para evitar as doenças.

Profissão, s. f. (l. *professione*). 1. Ato ou efeito de professar. 2. Solenidade na qual, acabado o noviciado, o noviço ou noviça se consagra à vida religiosa. 3. Declaração ou confissão pública. 4. Ocupação, emprego, que requer conhecimentos especiais; ofício. 5. Conjunto de pessoas que exercem a mesma ocupação especializada: Este artigo ofendeu toda a *p.*

Profissional, adj. m. e f. Relativo, próprio ou pertencente a profissão. S. m. e f. 1. Pessoa que exerce uma ocupação por ofício.

Profissionalismo, s. m. Carreira de profissionais.

Profitente, adj. m. e f. Que professa.

Profligação, s. f. 1. Ato ou efeito de profligar. 2. Derrocada; ruína.

Profligador, adj. e s. m. Que, ou o que profliga.

Profligar, v. Tr. dir. 1. Arrasar, destruir. 2. Derrotar, desbaratar. 3. Corromper, depravar. 4. Censurar, verberar, fustigar.

Profundador, adj. e s. m. Que, ou o que profunda.

Profundar, v. 1. Tr. dir. Tornar mais fundo; escavar. 2. Tr. dir. Estudar minuciosamente; investigar a fundo. 3. Tr. dir. Meter muito para dentro. 4. Tr. ind. Insinuar-se, entranhar-se em. 5. Pron. Tornar-se mais fundo.

Profundas, s. f. pl. *Pop.* 1. A parte mais funda; profundidade. 2. O inferno.

Profundez, s. f. V. *profundeza.*

Profundeza, s. f. V. *profundidade.*

Profundidade, s. f. 1. Qualidade de profundo. 2. Extensão considerada desde a superfície ou entrada até o fundo. 3. Grandeza extraordinária no seu gênero. 4. Caráter do que é difícil de compreender.

Profundo, adj. 1. Que se estende muito para baixo ou abaixo da superfície; muito fundo. 2. Que penetra muito. 3. Investigador, observador, perspicaz. 4. Que evidencia ou se caracteriza por grande erudição e discernimento. 6. Intenso, muito forte, íntimo: Dor *profunda.* 6. Que tem grande alcance. Que vem do íntimo. S. m. 1. O inferno. 2. O mar. Adv. Profundamente.

Profusão, s. f. (1. *profusione*). 1. Gasto excessivo. 2. Grande porção; superabundância; exuberância.

Profuso, adj. 1. Que se produz em grande quantidade; abundante, copioso. 2. Que espalha em abundância. 3. Prolixo, difuso.

Progênie, s. f. 1. Origem, procedência. 2. Geração, prole; progenitura.

Progênito, adj. e s. m. *Poét.* Que é procriado; descendente.

Progenitor, s. m. 1. Aquele que gera antes do pai; avô, ascendente. 2. Pai.

Progenitura, s. f. Progênie.

Prognatismo, s. m. *Med.* Projeção anormal das maxilas para a frente.

Prógnato, adj. e s. m. Que, ou aquele que tem as maxilas proeminentes.

Progne, s. f. *Poét.* 1. Andorinha. 2. A primavera.

Prognosticador, adj. e s. m. Que, ou aquele que prognostica.

Prognosticar, v. 1. Tr. dir. e intr. Estabelecer prognóstico de; predizer, baseando-se em sinais ou sintomas; agourar, pressagiar, profetizar, vaticinar. 2. Intr. *Med.* Fazer o prognóstico de uma doença.

Prognóstico, s. m. 1. Conjetura sobre o que deve acontecer. 2. *Med.* Parecer do médico acerca do seguimento e desfecho de uma doença. 3. Agouro, presságio.

Programa, s. m. (l. *programma*). 1. Delineamento ou explanação breve da ordem a ser seguida ou dos itens abrangidos em uma cerimônia, comemoração ou festa pública, competição esportiva ou outra qualquer função. 2. Plano detalhado sobre as matérias a ensinar. 3. Exposição resumida que um partido ou um indivíduo faz dos seus princípios e do caminho que se propõe seguir. 4. Recreação, divertimento previamente combinado. 5. Qualquer apresentação de audições ou espetáculos. 6. *Inform.* Seqüência de instruções codificadas de operações a serem executadas por um computador.

Programação, s. f. 1. Ato de estabelecer um programa. 2. O programa.

Programador, s. m. 1. Aquele que programa. 2. *Inform.* Pessoa que cria, projeta, escreve e testa programas de computador.

Progredimento, s. m. Progresso

Progredir, v. (l. **progredire,* por *progredi*). 1. Tr. ind. e intr. Ir em progresso; caminhar para diante; prosseguir, avançar. 2. Tr. ind. e intr. Fazer progressos; adiantar-se, desenvolver-se. 3. Intr. Ir aumentando. Conjuga-se como *agredir.*

Progressão, s. f. (l. *progressione*). 1. Ato ou efeito de progredir; progredimento, progresso. 2. Continuação, sucessão ininterrupta dos diversos estágios de um processo. 3. *Mat.* Sucessão de quantidades em que cada dois termos consecutivos variam entre si segundo uma razão constante.

Progressista, adj. m. e f. 1. Relativo ao progresso. 2. Favorável ao progresso. S. m. e f. Pessoa progressista.

Progressivo, adj. 1. Que progride. 2. Que encerra progressão. 3. Que se vai realizando gradualmente.

Progresso, s. m. 1. Marcha ou movimento para diante. 2. Curso, seguimento de uma ação de eventos, do tempo etc. 3. Adiantamento cultural gradativo da humanidade. 4. Melhoramento gradual das condições econômicas e culturais da humanidade, de uma nação ou comunidade. 5. Crescimento, aumento, desenvolvimento. 6. Vantagem obtida; bom êxito.

Pró-homem, s. m. Homem importante de uma época ou de um movimento social. Pl.: *pró-homens.*

Proibição *(o-i),* s. f. Ato ou efeito de proibir.

Proibicionismo *(o-i),* s. m. Prática de estabelecer preços proibitivos para mercadorias de importação.

Proibido *(o-i),* adj. 1. Defeso, interdito, vedado. 2. Cujo uso não é permitido pela lei.

Proibidor *(o-i),* adj. e s. m. Que, ou aquele que proíbe.

Proibir, v. (1. *prohibere*). 1. Tr. dir. Não permitir que se faça, ordenar que não se realize. 2. Tr. dir. Tornar defeso; vedar. 3. Tr. dir. Interdizer a representação, a publicação ou a venda de. 4. Pron. Ser proibido: *Proíbe-se colar cartazes.*

Proibitivo *(o-i),* adj. 1. Que proíbe; em que há proibição. 2. Que torna muito difícil a aquisição: Preços *proibitivos.*

Proibitório *(o-i),* adj. V. *proibitivo.*

Proiz, s. m. *Náut.* Cabo para amarrar embarcações à terra.

Projeção, s. f. (l. *projectione*). 1. Ato ou efeito de projetar(-se). 2. Arremesso, lanço. 3. Saliência, proeminência. 4. *Geom.* Figura que se obtém fazendo incidir sobre um plano perpendiculares tiradas de todas as extremidades das linhas de outra figura. 5. Método representativo da curvatura da Terra sobre um plano. 6. *Fig.* Importância, destaque.

Projetação, s. f. V. *projeção.*

Projetar, v. *(projeto + ar).* 1. Tr. dir. Atirar à distância, lançar longe; arremessar. 2. Pron. Arremessar-se, atirar-se, despenhar-se. 3. Tr. dir. Fazer a projeção de; planear. 4. Pron. Delinear-se, incidir, prolongar-se. 5. Tr. dir. *Geom.* Figurar ou representar por meio de projeções. 6. Tr. dir. Formar o projeto ou o desígnio; idear, planejar.

Projétil, adj. m. e f. Que se pode arremessar. S. m. 1. Corpo projetado ao espaço por uma força externa e que continua em movimento por sua própria inércia. 2. Objeto mortífero ou destruidor arremessado por boca-de-fogo ou outra arma ou meio; bala, granada, obus. Pl.: *projéteis.* Var.: *projetil,* pl.: *projetis.*

Projetista, s. m. e f. Profissional especialista em plantas ou projetos de engenharia de construção, industrial, naval etc.

Projeto, s. m. 1. Plano para a realização de um ato: desígnio, intenção. 2. Redação provisória de qualquer medida (estatuto, lei etc.). 3. *Constr.* Plano geral de edificação.

Projetor, s. m. Qualquer aparelho destinado a irradiar ao longe ondas luminosas, sonoras ou calolíferas.

Projetura, s. f. 1. *Constr.* Qualquer saliência externa da parede de um edifício. 2. *Bot.* Lâmina saliente que da origem de uma folha se prolonga sobre o tronco, de cima para baixo.

Prol, s. m. (1. *pro*). Lucro, proveito, vantagem.
De p.: de destaque. *Em p. de:* a favor de.

Prolação, s. f. 1. *Gram.* Ato ou efeito de proferir. 2. Prolongação do som. 3. Adiamento, delonga.

Prolapso, s. m. *Med.* Queda ou saída de um órgão ou de parte dele para fora do lugar normal; procidência.

Prole, s. f. 1. Descendência, geração, progênie. 2. Os filhos.

Prolegômenos, s. m. pl. 1. Introdução expositiva de uma obra. 2. Prefácio longo.

Prolepse, s. f. *Ret.* Figura pela qual se previnem objeções, fazendo-as antecipadamente a si mesmo e refutando-as logo depois.

Proléptico, adj. 1. Relativo a prolepse. 2. *Med.* Diz-se da doença periódica cujos acessos se repetem em intervalos cada vez mais curtos.

Proletariado, s. m. 1. Classe dos trabalhadores livres assalariados na sociedade técnica industrial (Karl Marx). 2. A classe dos indivíduos, em uma comunidade, que para seu sustento dependem do produto de trabalho regular ou ocasional; classe operária.

Proletário, s. m. 1. Na Roma antiga, cidadão pobre, pertencente à última classe do povo. 2. Homem pobre que vive do seu salário; operário. Adj. Relativo a, ou próprio de proletário.

Proletarização, s. f. 1. Ato ou efeito de proletarizar(-se). 2. *Sociol.* Processo social pelo qual indivíduos de camadas superiores descem ao estado ou nível do proletariado.

Prolfaças, s. m. pl. P. *us.* Parabéns.

proli-, elem. de comp. (l. *proles*). Exprime a idéia de *prole, germe. prolífero.*

Proliferação, s. f. 1. Ato de proliferar. 2. *Biol.* Multiplicação de uma célula por divisão. 3. Multiplicação, reprodução.

Proliferar, v. Intr. Ter prole ou geração; multiplicar-se, reproduzir-se; prolificar.

Prolífero, adj. V. *prolífico.*

Prolificação, s. f. Ato ou efeito de prolificar.

Prolificar, v. V. *proliferar.*

Prolificidade, s. f. Qualidade de prolífico.

Prolífico, adj. 1. Capaz de procriar, de gerar. 2. Que procria abundantemente: O coelho é animal *p.* 3. Fecundo, fértil, produtivo: Imaginação *prolífica.* Sup. abs. sint.: *prolificentíssimo.*

Prolígero, adj. Que contém germes.

Prolixidade (*cs*), s. f. (l. *prolixitate*). Qualidade de prolixo. Antôn.: *concisão.*

Prolixo (*cs*), adj. 1. *Obsol.* Demasiadamente longo. 2. Demasiadamente extenso ou demorado. 3. Sobejo, superabundante. 4. Enfadonho, fastidioso. Antôn.: *conciso.*

Prologar, v. Tr. dir. Preceder de prólogo; prefaciar.

Prólogo, s. m. 1. Parte introdutória ou prefácio de um discurso, poema, obra literária etc. 2. No teatro, discurso, geralmente em versos, dirigido à audiência por um ator, no começo do espetáculo.

Prolonga, s. f. Prolongação.

Prolongação, s. f. Ato ou efeito de prolongar(-se); prolongamento, prolonga.

Prolongado, adj. Que se prolonga; demorado, duradouro.

Prolongamento, s. m. 1. V. *prolongação.* 2. Continuação de uma coisa na mesma direção.

Prolongar, v. 1. Tr. dir. Tornar mais longo. 2. Tr. dir. Fazer durar mais tempo. 3. Tr. dir. Estender além do tempo estabelecido; prorrogar. 4. Pron. Continuar-se, estender-se. 5. Pron. Alongar-se, demorar-se, protrair-se.

Prolongo, s. m. Lanço do telhado, paralelo à frente ou à traseira de um edifício.

Proloquial, adj. m. e f. 1. Relativo a prolóquio. 2. Que encerra prolóquio. 3. Que se deduz de um prolóquio.

Prolóquio, s. m. Anexim, ditado, máxima, provérbio.

Prolusão, s. f. (l. *prolusione*). Prefácio.

Promanar, v. Tr. ind. Ser derivado ou procedente; derivar, provir.

Promécio, s. m. *Quím.* Elemento metálico do grupo das terras raras. Símbolo Pm, número atômico 61, massa atômica 147. Var.: *prométio.*

Promessa, s. f. (l. *promissa*). 1. Ato ou efeito de prometer. 2. Coisa prometida. 3. Oferta, dádiva. 4. Compromisso. 5. Voto.

Prometedor, adj. e s. m. 1. Que, ou o que promete. 2. Que, ou o que dá esperanças; esperançoso.

Prometer, v. (l. *promittere*). 1. Tr. dir. e intr. Obrigar-se verbalmente ou por escrito; comprometer-se. 2. Tr. dir. Fazer promessa de. 3. Tr. dir. Asseverar, certificar. 4. Tr. dir. Dar esperanças de. 5. Intr. Dar esperanças de bom futuro. 6. Intr. Dar sinais de boa ou má produção.

Prometida, s. f. V. *noiva.*

Prometido, adj. De que se fez promessa. S. m. 1. Aquilo que está prometido. 2. Noivo.

Prometimento, s. m. Ato de prometer; promessa.

Promiscuidade (*u-i*), s. f. 1. Qualidade de promíscuo. 2. Mistura desordenada; confusão.

Promiscuir, v. Pron. Confundir-se, misturar-se.

Promíscuo, adj. Misturado indiscriminadamente; confuso, indistinto.

Promissão, s. f. V. *promessa.*

Promissivo, adj. V. *promissório.*

Promissor, adj. e s. m. 1. Promitente. 2. Cheio de promessa; auspicioso, próspero.

Promissória, s. f. Título que representa uma quantia em depósito e no qual o depositário se confessa devedor dessa quantia.

Promissório, adj. 1. Relativo a promessa. 2. Que encerra promessa; promissivo.

Promitente, adj. e s., m. e f. Que, ou pessoa que promete; promissor.

Promoção[1], s. f. (l. *promotione*). 1. Ato ou efeito de promover. 2. Elevação a graduação, posto ou cargo superior.

Promoção[2], s. f. (ingl. *promotion*). Campanha de propaganda, impulso publicitário: *P.* de vendas.

Promontório, s. m. *Geogr.* Ponta de terra elevada que avança para o mar.

Promotor, adj. (l. *promotu*). Que promove, fomenta ou determina; promovedor. S. m. 1. O que promove, fomenta ou determina; promovedor. 2. Órgão da Justiça Pública encarregado da defesa da sociedade, bem como da sua segurança, respeito e decoro.

Promotoria, s. f. 1. Cargo ou ofício de promotor. 2. Repartição do promotor.

Promovedor, adj. e s. m. Promotor.

Promover, v. (l. *promovere*). 1. Tr. dir. Dar impulso a; favorecer o progresso de; fomentar; trabalhar a favor de. 2. Tr. dir. Ser a causa de; originar. 3. Tr. dir. Solicitar, propondo; requerer, propor. 4. Tr. dir. e pron. Elevar(-se) a (posto, emprego ou dignidade superior). 5. Tr. dir. Levar a efeito; realizar.

Promulgação, s. f. (l. *promulgatione*). 1. Ato ou efeito de promulgar. 2. Publicação de lei ou de decreto.

Promulgador, adj. e s. m. Que, ou o que promulga.

Promulgar, v. Tr. dir. 1. Fazer a promulgação de. 2. Ordenar a publicação de (lei). 3. Anunciar ao público; tornar público.

Pronação, s. f. (l. *pronare + ção*). 1. Rotação da mão, ficando a palma voltada para baixo. 2. Estado da mão nessa posição. 3. Posição de um doente deitado sobre o ventre.

Pronador, adj. Diz-se de cada um dos músculos que executam a pronação. S. m. Esse músculo.

Prono, adj. *Poét.* 1. Dobrado para diante. 2. Inclinado. 3. Disposto, propenso.

Pronome, s. m. (l. *pronomen*). *Gram.* Palavra usada em lugar de um substantivo ou nome para designar pessoas ou coisas antes nomeadas, podendo indicar-lhe a *pessoa gramatical.* — *P. adjetivo*: o que se junta a um substantivo. *P. oblíquo*: variação do pronome pessoal que exerce função complementar, isto é, que representa o complemento do verbo. *P. pessoal*: o que substitui simplesmente o nome: *eu, tu, ele, ela, nós, vós, eles, elas. P. relativo* ou *conjuntivo*: aquele que une o nome ou o pronome que ele substitui com o membro da frase que o segue: *que, quem, o qual, quanto, onde,* etc. *P. reto*: forma do pronome pessoal empregada como sujeito: *eu, tu, ele, ela, nós, vós, eles, elas. P. substantivo*: o que faz as vezes do substantivo.

Pronominado, adj. V. *pronominal.*

Pronominal, adj. m. e f. 1. Relativo ao pronome; pronominado. 2. Diz-se do verbo acompanhado de um pronome oblíquo da mesma pessoa que o sujeito.

Pronoto, s. m. *Entom.* Placa dorsal do protórax de um inseto.

Prontidão, s. f. 1. Qualidade do que é pronto. 2. Presteza, desembaraço, rápidez em decidir, agir, cumprir as suas obrigações. 3. Facilidade de compreensão ou de execução.

Prontificar, v. 1. Tr. dir. Aprontar. 2. Pron. Declarar-se ou mostrar-se pronto ou disposto para um trabalho ou encargo.

Pronto, adj. (l. *promptu*). 1. Imediato. 2. Que age sem demora; rápido. 3. Que não tarda; repentino, ligeiro, ágil, instantâneo. 4. Preparado para agir sem demora. 5. Ativo, diligente, expedito. 6. Acabado, concluído, terminado. 7. *Mil.* Desimpedido. 8. *Pop.* Sem dinheiro; muito pobre. Adv. Com prontidão; prontamente. Interj. Palavra de resposta a uma chamada nominal, para indicar que se está presente. *De pronto* ou *pronto:* prontamente.

Prontuário, s. m. (l. *promptuariu*). 1. Livro manual de indicações úteis. 2. Lugar onde se guardam objetos que podem ser necessários a qualquer momento. 3. Os antecedentes de uma pessoa. 4. Ficha policial que contém esses antecedentes.

Prônubo, adj. *Poét.* Que diz respeito ao noivo ou à noiva.

Pronúncia, s. f. 1. Ato ou modo de pronunciar; pronunciação. 2. *Dir.* Despacho do juiz indicando alguém como réu ou cúmplice de um crime.

Pronunciação, s. f. Pronúncia.

Pronunciamento, s. m. Ação de pronunciar-se coletivamente a favor ou contra qualquer medida, ordem ou governo; rebelião, revolta.

Pronunciar, v. (l. *pronuntiare*). 1. Tr. dir. Articular, proferir. 2. Tr. dir. Articular (as palavras de uma língua) mais ou menos em harmonia com a prosódia. 3. Tr. dir. Proferir, recitar. 4. Tr. dir. Decretar, publicar. 5. Pron. Emitir a sua opinião, manifestar o que pensa ou sente. 6. Pron. Insurgir-se, levantar-se. 7. Tr. dir. *Dir.* Dar despacho de pronúncia contra. 8. Intr. Articular bem: *P.* clara e distintamente.

Pronunciável, adj. m. e f. Que pode ser pronunciado.

Pronúncio, s. m. Eclesiástico suplente de um núncio.

Propagação, s. f. (l. *propagatione*). 1. Ato ou efeito de propagar(-se). 2. Desenvolvimento, proliferação. 3. Disseminação, difusão, divulgação.

Propagador, adj. Que propaga; propagativo. S. m. Aquele que propaga.

Propaganda, s. f. 1. Disseminação de idéias, informações, conhecimentos etc. 2.Sociedade que vulgariza certas doutrinas. 3. Publicidade.

Propagandista, s. m. e f. Pessoa que faz propaganda.

Propagar, v. 1. Tr. dir. Fazer multiplicar-se (animais, plantas). 2. Intr. e pron. Multiplicar-se, pulular. 3. Tr. dir. Difundir, espalhar. 4. Pron. Difundir-se, generalizar-se. 5. Pron. Alastrar-se, pegar-se por contágio. 6. Pron. Atravessar o espaço; transmitir-se. 7. Tr. dir. Pôr em voga; tornar do domínio público.

Propagativo, adj. Propagador.

Propagem, s. f. *Bot.* Vide de mergulhia.

Propágulo, s. m. *Bot.* 1. Órgão ou rebento destinado a assegurar a multiplicação de certos vegetais. 2. Estrutura de reprodução das algas pardas.

Propalar, v. Tr. dir. Fazer circular, tornar público; divulgar, espalhar.

Propanona, s. f. *Quím.* Acetona do comércio.

Proparoxítono *(cs),* adj. *Gram.* Qualificativo do vocábulo que tem o acento tônico na antepenúltima sílaba; esdrúxulo. S. m. Vocábulo proparoxítono.

Propatia, s. f. *Med.* Pródromos de uma doença.

Propedêutica, s. f. 1. Estudo ou instrução preparatória: *P.* médica. 2. Introdução ou prolegômenos de uma ciência.

Propedêutico, adj. 1. Que serve de introdução; preliminar. 2. Que prepara para receber ensino mais completo.

Propelir, v. (l. *propellere*). Tr. dir. Impelir para diante; arremessar. Conjuga-se como *compelir.*

Propendente, adj. m. e f. Que propende.

Propender, v. Tr. ind. 1. Ter inclinação, tendência para. 2. Estar inclinado ou inclinar-se para algum lado; pender.

Propensão, s. f. (l. *propensione*). 1. Ato ou efeito de propender. 2. Tendência, vocação.

Propenso, adj. 1. Inclinado, tendente. 2. Favorável, benévolo.

Propiciação, s. f. Ato ou efeito de propiciar.

Propiciador, adj. e s. m. Que, ou o que propicia.

Propiciar, v. (l. *propitiare*). Tr. dir. 1. Tornar propício, favorável; aplacar. 2. Deparar, proporcionar.

Propiciatório, adj. (l. *propitiatoriu*). Propiciador. S. m. 1. Cobertura de ouro da Arca Sagrada dos judeus. 2. Vaso sagrado em que se oferecem sacrifícios a Deus. 3. O que aplaca a ira divina; intercessão.

Propício, adj. (l. *propitiu*). 1. Que protege ou auxilia. 2. Favorável, favorecedor. 3. Adequado, apropriado, oportuno.

Propileu, s. m. (l. *propyloeu*). Pórtico monumental dos grandes santuários gregos.

Propina, s. f. Gratificação, gorjeta.

Propinação, s. f. Ato ou efeito de propinar.

Propinador, adj. e s. m. Que, ou o que propina.

Propinar, v. Tr. dir. Dar a beber a; ministrar.

Propinqüidade, s. f. Qualidade de propínquo; proximidade.

Propínquo, adj. (l. *propinquu*). Próximo, vizinho. S. m. pl. Os parentes.

Própio, adj. *Ant.* e *pop.* V. *próprio.*

Proplasma, s. m. Modelo de barro ou cera, para trabalhos de escultura; esboço.

Proplástica, s. f. Arte de modelar em barro.

Proplástico, adj. Relativo a obras em barro.

Própole, s. f. Substância resinosa segregada pelas abelhas e por elas usada para vedar as frestas do cortiço.

Proponente, adj. e s. m. e f. Que, ou pessoa que propõe.

Propor, v. (l. *proponere*). 1. Tr. dir. Apresentar para consideração. 2. Tr. dir. Expor, referir, relatar. 3. Tr. dir. Oferecer como alvitre; sugerir. 4. Tr. dir. Fazer o propósito de; prometer. 5. Pron. Ter em vista; ter intenção de. 6. Pron. Destinar-se a, dispor-se a. Conjuga-se como *pôr.*

Proporção, s. f. (l. *proportione*). 1. *Filos.* Conveniência das partes com o todo. 2. Relação das partes de um todo entre si ou entre cada uma delas e o todo; comparação. 3. Dimensão, extensão. 4. Intensidade. 5. *Quím.* Relação de quantidades entre si. 6. *Mat.* Igualdade entre duas ou mais razões. S. f. pl. 1. Dimensões. 2. Intensidade. 3. Importância.

Proporcionado, adj. Disposto regularmente; bem conformado, harmônico.

Proporcionador, adj. e s. m. Que, ou o que proporciona.

Proporcional, adj. m. e f. 1. Proporcionado, simétrico. 2. Relativo a uma proporção matemática.

Proporcionalidade, s. f. 1 Caráter ou qualidade de proporcional. 2. Teoria das grandezas proporcionais.

Proporcionar, v. 1. Tr. dir. Tornar proporcional; acomodar, adaptar, harmonizar. 2. Pron. Tornar-se proporcional; acomodar-se, adaptar-se, harmonizar-se. 3. Tr. dir. Dar, oferecer, prestar. 4. Pron. Vir em ocasição oportuna; apresentar-se, oferecer-se.

Proporcionável, adj. m. e f. Que se pode proporcionar.

Proposição, s. f. (l. *propositione*). 1. Ato ou efeito de propor. 2. *Gram.* Expressão de um ou mais pensamentos por meio de palavras; oração. 3. Asserção, máxima, sentença. 4. *Mat.* Teorema. 5. *Lóg.* Expressão em que se afirma ou se nega alguma coisa de um sujeito.

Propositado, adj. 1. Que revela propósito, intenção ou resolução prévia. 2. Acintoso, proposital.

Proposital, adj. m. e f. V. *propositado.*

Propósito, s. m. 1. Algo que se pretende fazer ou conseguir; intento, projeto, tenção. 2. Bom senso, juízo, prudência, tino.

A p.: a este respeito; oportunamente. *De p.:* por querer, de caso pensado.

Proposta, s. f. 1. Ato ou efeito de propor. 2. Coisa que se propõe.

Proposto *(ô),* adj. Que se propôs; que foi objeto de proposta. S. m. Indivíduo escolhido por outro para exercer em seu lugar certas funções.

Propriador, s. m. Aquele que trabalha em propriagens.

Propriagem, s. f. V. *apropriagem.*

Propriedade, s. f. (l. *proprietate*). 1. Qualidade de próprio. 2. Qualidade especial; caráter. 3. Bom emprego das palavras com relação ao que se quer exprimir. 4. O direito pelo qual uma coisa pertence a alguém. 5. Prédio rústico ou urbano; bens de raiz.

Proprietário, adj. e s. m. Que, ou o que tem propriedade de alguma coisa, que é senhor de bens.

Próprio, adj. 1. Que pertence exclusivamente a. 2. Peculiar, natural, carecterístico. 3. Oportuno, adequado. 4. Idêntico, exato, textual. 5. *Gram.* Não figurado. 6. *Gram.* Diz-se do nome ou substantivo designativo de pessoa ou lugar geográfico, antropônimo ou topônimo. S. m. 1. Caráter próprio; qualidade ou feição especial. 2. Mensageiro expresso.

proptoma, s. m. *Med.* Deslocamento para a frente; especialmente do globo ocular, na exoftalmia.

Propugnáculo, s. m. Lugar de defesa; baluarte, fortaleza.

Propugnador, adj. e s. m. Que, ou aquele que propugna.

Propugnar, v. 1. Tr. dir. Defender, combatendo. 2. Tr. ind. Lutar em defesa; sustentar luta física ou moral.

Propulsão, s. f. Ato ou efeito de propulsar.

Propulsar, v. Tr. dir. 1. Impelir para diante; rechaçar, repelir, repulsar. 2. Dar impulso enérgico a.

Propulsivo, adj. Propulsor.

Propulsor, adj. e s. m. 1. Que, aquele ou aquilo que imprime movimento de propulsão a. 2. Que, ou o que faz progredir ou avançar.

Proquestor, s. m. *Antig. rom.* Aquele que substituía o questor.

Proquestura, s. f. Dignidade ou funções de proquestor.

Prorrogar, v. (1. *prorogare*). Tr. dir. 1. Alongar, prolongar, protrair (prazo fixado). 2. Fazer durar além do prazo estabelecido. 3. Fazer continuar em exercício.

Prorrogativo, adj. Que prorroga ou serve para prorrogar.

Prorrogável, adj. m. e f. Que se pode prorrogar.

Prorromper, v. (1. *prorumpere*). 1. Tr. ind. e intr. Manifestar-se repentinamente; romper. 2. Tr. ind. Sair com ímpeto; irromper.

Prosa, s. f. 1. Forma de dizer ou de escrever sem sujeição a medida certa ou acentuação determinada. 2. Facilidade em falar. 3. Conversa, palestra. 4. *Pop.* Lábia. 5. Bazófia, empáfia, pretensão. Adj. Diz-se da pessoa pedante, loquaz, vaidosa, cheia de si.

Prosador, s. m. 1. Aquele que escreve em prosa. 2. Escritor que faz boa prosa.

Prosaico, adj. (1. *prosaicu*). 1. Relativo à prosa. 2. Trivial, vulgar. 3. Material, positivo. 4. Destituído de nobreza, sem elevação ou sublimidade.

Prosaísmo, s. m. 1. Qualidade de prosaico. 2. Falta de poesia nos versos.

Prosaísta, s. m. e f. *P. us.* Prosador.

Prosápia, s. f. 1. Ascendência, linhagem, progênie. 2. Bazófia.

Prosar, v. Intr. 1. Escrever em prosa. 2. *Pop.* Conversar, bater papo.

Proscênio, s. m. 1. A frente do palco. 2. Cena, palco.

Proscrever, v. (1. *proscribere*). Tr. dir. 1. Exilar por sentença ou voto escrito; desterrar. 2. Despedir, expulsar. 3. Abolir, extinguir. 4. Condenar, proibir.

Proscrição, s. f. (1. *proscriptione*). 1. Ato ou efeito de proscrever. 2. Desterro.

Proscrito, adj. 1. Que sofreu proscrição. 2. Banido, desterrado, exilado, expulso.

Proseador, adj. e s. m. Conversador, prosa.

Prosear, v. 1. Tr. ind. e intr. Conversar, falar muito, tagarelar. 2. Intr. Falar fiado; gabar-se, jactar-se.

Proselitismo, s. m. 1. Diligência ou zelo em fazer prosélitos. 2. O conjunto de prosélitos.

Prosélito, s. m. (1. *proselytu*). 1. Pagão que se converteu à religião de Israel. 2. Aquele que se converteu a uma religião diferente da que tinha. 3. Indivíduo que aderiu a uma doutrina, idéia ou sistema. 4. Partidário, sectário.

Prosênquima, s. m. *Bot.* Tecido celular, de paredes celulósicas, delgadas ou espessadas.

Prosista, s. m. V. *prosador.* Adj. e s., m. e f. 1. Diz-se da, ou a pessoa dada a prosa; palrador. 2. Diz-se do, ou o contador de lorotas; gracejador.

Prosódia, s. f. 1. *Gram.* Pronúncia correta das palavras, de acordo com a acentuação; ortoépia. 2. Parte da Gramática que se ocupa da pronúncia das palavras.

Prosódico, adj. Relativo à prosódia.

Prosonímia, s. f. Emprego de prosônimos.

Prosonímico, adj. Relativo à prosonímia.

Prosônimo, s. m. Designação dos cognomes e apodos em geral.

Prosonomásia, s. f. *Ret.* Figura que se baseia na semelhança das vozes.

Prosopalgia, s. f. *Med.* Neuralgia da face.

Prosopálgico, adj. Relativo à prosopalgia.

prosopo-, elem. de comp. (gr. *prosopon*). Exprime a idéia de *face, figura, pessoa: prosopografia.*

Prosopografia, s. f. 1. Descrição das feições do rosto. 2. Esboço de uma figura.

Prosopográfico, adj. Relativo à prosopografia.

Prosopopéia, s. f. 1. *Ret.* Figura pela qual se atribui qualidade ou sensibilidade humana a um ser inanimado e se fazem falar as pessoas ausentes e até os mortos. 2. Personificação. 3. Discurso empolado ou veemente.

Prospecção, s. f. *Geol.* Ato ou efeito de prospectar.

Prospectar, v. Tr. dir. Fazer sondagens ou ensaios em uma mina ou jazida de minérios para determinar o seu provável valor.

Prospectivo, adj. Que faz ver ao longe. Var.: *prospetivo.*

Prospecto, s. m. 1. Aspecto, vista. 2. Plano, traçado. 3. Programa que contém o plano, a descrição de uma obra, de um estabelecimento, de um negócio etc. Var.: *prospeto.*

Prosperar, v. 1. Intr. Tornar-se próspero; desenvolver-se auspiciosamente; ter bom êxito. 2. Tr. dir. Tornar próspero; melhorar.

Prosperidade, s. f. 1. Estado ou qualidade de próspero. 2. Situação próspera.

Próspero, adj. 1. Favorável, propício. 2. Afortunado, venturoso, feliz. Sup. abs. sint.: *prosperíssimo* e *prospérrimo.*

Prossecução, s. f. V. *prosseguimento.*

Prosseguidor, adj. e s. m. Que, ou aquele que prossegue.

Prosseguimento, s. m. Ato ou efeito de prosseguir; prossecução.

Prosseguir, v. (1. *prosequi*). 1. Tr. dir. Fazer seguir; levar por diante. 2. Tr. dir., tr. ind. e intr. Seguir avante; continuar, perseverar, persistir. 3. Tr. dir. e intr. Continuar, seguir (caminho ou vereda). 4. Tr. ind. e intr. Continuar falando; dizer em seguida.

Prostaférese, s. f. *Astr.* Diferença entre o movimento real e o movimento médio de um planeta.

Próstase, s. f. *Med.* Prepoderância de um humor sobre outro.

Próstata, s. f. *Anat.* e *Zool.* Glândula do sexo masculino, que circunda o colo da bexiga e a base da uretra.

Prostatalgia, s. f. *Med.* Dor na próstata.

Prostatectomia, s. f. *Med.* Ablação da próstata ou de parte dela.

Prostático, adj. Relativo à próstata.

Prostatite, s. f. *Med.* Inflamação da próstata.

Prosternação, s. f. Ato ou efeito de prosternar(-se); prosternamento.

Prosternamento, s. m. V. *prosternação.*

Prosternar, v. Tr. dir. e pron. Prostar(-se).

Próstese, s. f. Prótese.

Prostibular, adj. m. e f. 1. Relativo a prostíbulo. 2. Próprio de prostíbulo.

Prostíbulo, s. m. 1. Lugar de prostituição. 2. Alcoice, bordel, lupanar.

Prostilo, s. m. *Arquit.* 1. Edifício ou templo que só tem uma fila de colunas na fachada interior. 2. Vestíbulo formado por essas colunas.

Prostituição *(u-i),* s. f. 1. Ato ou efeito de prostituir(-se). 2. A vida das prostitutas. 3. O conjunto das prostitutas. 4. *Dir.* Comércio habitual ou profissional do amor sexual.

Prostituidor *(u-i),* adj. e s. m. Que, ou aquele que prostitui.

Prostituir, v. (1. *prostituere*). 1. Tr. dir. Levar à prostituição; corromper, tornar devasso. 2. Pron. Entregar-se à prostituição. 3. Tr. dir. Degradar, desonrar, tornar vil. 4. Pron. Aviltar-se, desonrar-se.

Prostituível, adj. m. e f. Suscetível de prostituir-se.

Prostituta, s. f. Mulher prostituída; mulher que se entrega à prostituição; meretriz, rameira.

Prostração, s. f. (1. *prostratione*). 1. Ato ou efeito de prostrar (-se). 2. Grande debilidade resultante de moléstia ou fadiga.
Prostrar, v. 1. Tr. dir. Fazer cair; lançar por terra; derribar. 2. Pron. Lançar-se de bruços por acatamento ou reverência; prosternar-se. 4. Tr. dir. Abater, subjugar, 5. Pron. Abaixar-se, curvar-se, humilhar-se. 6. Tr. dir. Abater, enfraquecer muito; extenuar.
Protactínio, s. m. *Quím.* Elemento radioativo metálico, de vida relativamente curta. Símbolo Pa, número atômico 91, massa atômica 231.
Protagonista, s. m. e f. 1. Principal personagem de uma peça dramática. 2. Pessoa que, de qualquer acontecimento, ocupa o primeiro lugar.
Prótalo, s. m. *Bot.* Pequena massa, geralmente delgada e carnuda, que se desenvolve dos espórios e na qual se formam anterídios e arquegônios.
Protandria, s. f. *Biol.* Estado nos sistemas hermafroditas caracterizado pelo desenvolvimento de órgãos masculinos ou maturação de seus produtos antes do aparecimento dos produtos femininos correspondentes, inibindo assim a autofertilização.
Protândrico, adj. V. *protandro.*
Protandro, adj. *Biol.* Que apresenta protandria; protândrico.
Protanopsia, s. f. *Med.* Impossibilidade de ver a cor vermelha.
Prótase, s. f. 1. *Gram.* Primeira parte de um período. Antôn.: *apódose.* 2. *Lóg.* Primeira proposição de uma demonstração. 3. *Lit.* Exposição do assunto de um drama.
Protático, adj. Relativo à prótase.
Proteção, s. f. (1. *protectione*). 1. Ato ou efeito de proteger(-se). 2. Abrigo, amparo, auxílio, socorro. 3. Cuidado que se toma na fortuna ou nos interesses de alguém. 4. *Econ. polít.* Auxílio, favor, privilégio concedido à indústria nacional. 5. Pessoa que protege.
Protecionismo, s. m. *Econ. polít.* Sistema de proteção da indústria ou do comércio nacional, concedendo-lhes o monopólio do mercado interno e onerando de taxas mais ou menos elevadas os produtos da indústria estrangeira.
Protecionista, adj. m. e f. Relativo ao protecionismo. S. m. e f. Pessoa partidária do protecionismo.
Protegedor, adj. e s. m. Protetor.
Proteger, v. Tr. dir. 1. Dar proteção a; socorrer. 2. Preservar de incômodos ou perigos; defender, garantir. 3. Ajudar, favorecer. 4. Abrigar, resguardar. 5. Apoiar, recomendar.
Protegido, adj. e s. m. Que, ou aquele que recebe proteção especial de alguém; favorito, valido.
Protéico, adj. 1. Relativo a proteínas ou à albumina. 2. Albuminóide.
Proteiforme, adj. m. e f. Que muda de forma freqüentemente.
Proteína, s. f. *Quím.* Cada uma das substâncias de elevada massa molecular, composta de carbono, hidrogênio e nitrogênio, e às vezes também enxofre e fósforo, e que são os elementos essenciais de todas as células dos seres vivos. São encontradas nos reinos vegetal e animal.
Proteinoterapia *(e-i),* s. f. *Med.* Tratamento das doenças pela introdução de doses maciças de proteínas no organismo.
Protelação, s. f. Ato ou efeito de protelar.
Protelador, adj. e s. m. Que, ou aquele que protela.
Protelar, v. Tr. dir. Adiar, demorar, procrastinar, prorrogar, protrair.
Protelatório, adj. Próprio para protelar.
Protender, v. Tr. dir. e pron. Estender(-se) para diante; alongar(-se).
Proterânteo, adj. *Bot.* Diz-se das plantas que florescem antes de aparecerem as folhas.
prótero-, elem. de comp. (gr. *proteros*). Exprime a idéia de *o primeiro, anterior: proteróglifa.*
Proteróglifa, adj. e s. f. *Herp.* Diz-se das, ou as serpentes peçonhentas que possuem dente inoculador de veneno situado na extremidade anterior do maxilar superior. Var.: *proteroglifa.*
Protérvia, s. f. Qualidade de protervo.
Protervo, adj. 1. Brutal. 2. Descarado, impudente, petulante, procaz.
Prótese, s. f. 1. *Gram.* Acréscimo de uma letra ou sílaba no começo do vocábulo, sem lhe alterar o sentido. 2. *Cir.* Substituição de um órgão ou parte dele por una peça artificial.
Protestação, s. f. Ato ou efeito de protestar; protesto.
Protestante, adj. m. e f. Relativo ao protestantismo. Adj. e s., m. e f. 1. Que, ou quem protesta. 2. Adepto do protestantismo. 3. Pessoa partidária da Reforma (luteranos, calvinistas, anglicanos etc.).
Protestantismo, s. m. 1. A religião dos protestantes. 2. Os protestantes.
Protestar, v. 1. Tr. dir. Afirmar categoricamente; prometer solenemente. 2. Tr. dir. Afirmar o intento de; obrigar-se a. 3. Tr. dir. Jurar, testemunhar. 4. Tr. ind. e intr. Reclamar, insurgir-se, levantar-se contra uma medida considerada ilegal ou inaceitável. 5. Tr. dir. Fazer o protesto de (título comercial) por falta de aceite ou de pagamento.
Protestativo, adj. Que protesta.
Protestatório, adj. 1. Que envolve protesto. 2. Que serve para protestar.
Protesto, s. m. 1. Protestação. 2. Propósito ou resolução inabalável. 3. *Dir.* Ato pelo qual se declara responsável por todas as despesas e prejuízos aquele que devia pagar uma letra de câmbio, nota promissória etc., e não o fez no vencimento.
Protético, adj. 1. Relativo à prótese. 2. Em que há prótese. S. m. Especialista em prótese dentária.
Protetor, adj. e s. m. Que, ou aquele que protege; protegedor.
Protetorado, s. m. 1. Situação de um Estado colocado sob a autoridade de outro, especialmente no que diz respeito à política externa. 2. Estado que se acha nessa situação.
Protetoral, adj. m. e f. Relativo a protetorado.
Protetório, adj. 1. Relativo a protetor. 2. Que protege.
Proteu, s. m. Indivíduo que facilmente muda de opinião ou sistema.
Prótio, s. m. *Quím.* Isótopo de hidrogênio leve, comum, de massa atômica 1.
Protista, s. m. *Biol.* Ser simples, com caracteres vegetais e animais comuns, cujo organismo é constituído por uma única célula.
proto-, elem. de comp. (gr. *protos*). Exprime a idéia de *primeiro, principal: protofonia, protomártir.*
Protocolar[1], adj. m. e f. 1. Relativo ao protocolo. 2. Em harmonia com o protocolo.
Protocolar[2], v. V. *protocolizar.*
Protocolo, s. m. 1. Registro dos atos públicos. 2. Registro das audiências, nos tribunais. 3. Registro de uma conferência ou deliberação diplomática. 4. Formulário que regula os atos públicos. 5. Convenção entre duas nações. 6. Cerimonial, formalidade.
Protofilo, s. m. *Bot.* A primeira folha de uma planta.
Protófitas, s. f. pl. *Bot.* V. *Protófitos.*
Protófitos, s. m. pl. *Bot. P. us.* Em algumas classificações, filo *(Protophyta)* de plantas, cuja organização é a mais simples (como as algas, os liquens, os fungos).
Protofonia, s. f. Introdução orquestral de ópera.
Proto-história, s. f. Primeiros tempos históricos; história primitiva. Pl.: *proto-histórias.*
Protomártir, s. m. O primeiro mártir.
Protomédico, s. m. O médico principal de qualquer organização.
Próton, s. m. *Fís.* e *Quím.* Partícula elementar idêntica ao núcleo do átomo de hidrogênio, que, junto com os nêutrons, é um constituinte do núcleo de todos os outros átomos e tem carga elétrica positiva numericamente igual à negativa de um elétron.
Protonauta, s. m. 1. O nauta principal. 2. Aquele que primeiro navegou por certas paragens marítimas.
Protonema, s. m. *Bot.* Corpo que, nas algas, resulta da evolução do espório (geralmente filamentoso).
Protonotariado, s. m. Cargo ou dignidade de protonotário.
Protonotário, s. m. 1. O principal notário dos imperadores romanos. 2. Antigo dignitário da cúria romana, também chamado *protonotário apostólico.*

Protopatia, s. f. *Med.* Conjunto de manifestações que precedem uma doença.

Protoplasma, s. m. *Biol.* Toda substância ou mistura de substâncias em que se manifesta a vida nas suas características de metabolismo, reprodução e irritabilidade.

Protoplasmático, adj. V. *protoplásmico.*

Protoplásmico, adj. Relativo ao protoplasma.

Protórax *(cs),* s. m. sing. e pl. *Entom.* Segmento do tórax dos insetos, que se segue imediatamente à cabeça.

Prototério, s. m. *Zool.* Espécime dos Prototérios. S. m. pl. Divisão *(Prototheria)* de mamíferos que compreende os aplacentários ovíparos. Sin.: *Monotremos.*

Prototípico, adj. 1. Relativo a protótipo. 2. Que tem o caráter de protótipo.

Protótipo, s. m. Primeiro tipo; primeiro exemplar; modelo.

Protóxido *(cs),* s. m. *Quím.* Cada um de uma série de óxidos, com exclusão dos subóxidos, que têm a proporção mais baixa de oxigênio.

Protozoário, s. m. *Zool.* Espécime dos Protozoários. S. m. pl. Sub-reino *(Protozoa)* do reino animal que compreende todos os seres constituídos por uma única célula.

Protozoologia, s. f. Parte da Zoologia que se ocupa dos protozoários.

Protraimento *(a-i),* s. m. Ação ou efeito de protrair; adiamento, delonga.

Protrair, v. (1. *protrahere*). 1. Tr. dir. Fazer ir para diante. 2. Tr. dir. Demorar, prolongar. 3. Tr. dir. Adiar, espaçar, protelar.

Protrusão, s. f. Anomalia que consiste na projeção de um órgão para a frente de sua posição normal.

Protruso, adj. 1. Relativo à protrusão. 2. Que apresenta protrusão.

Protuberância, s. f. 1. Eminência, saliência. 2. Coisa saliente. — *P. solares:* matéria gasosa, rosada ou avermelhada, que emerge da superfície do Sol, resultante das explosões no interior da massa solar.

Protuberante, adj. m. e f. Que tem protuberâncias, saliente.

Protutela, s. f. 1. Encargo ou funções de protutor. 2. Duração desse encargo.

Protutor, s. m. Aquele que, em lugar do tutor, ou com ele e com o conselho de família, exerce a tutela.

Prova, s. f. (1. *proba*). 1. *Filos.* Aquilo que serve para estabelecer uma verdade por verificação ou demonstração. 2. Testemunho. 3. Indício, mostra, sinal. 4. Competência, porfia. 5. Exame ou cada uma das partes dele. 6. Ensaio, experiência. 7. Provação, transe. 8. Ato de provar, de experimentar o sabor de uma substância alimentar. 9. Experiência para verificar se a roupa que está sendo feita assentará bem. 10. *Mat.* Operação pela qual se verifica a exatidão de um cálculo. 11. *Tip.* Impressão que se tira de uma composição tipográfica para verificar se contém erros e mandar emendá-los, se for o caso. 12. Competição entre esportistas, que consiste em corrida (a pé, de bicicleta, automóvel etc.), arremesso, salto etc., e na qual buscam classificação.

Provação, s. f. (1. *probatione*). 1. Ato ou efeito de provar. 2. Aperto, trabalhos. 3. Situação aflitiva.

Provado, adj. 1. Demonstrado. 2. Experimentado. 3. Sabido, reconhecido, incontestável.

Provador, adj. e s. m. Que, ou o que prova.

Provadura, s. f. 1. Ato de provar. 2. A porção de um líquido, que serve para se provar a qualidade deste.

Provança, s. f. *P. us.* Prova.

Provar, v. Tr. dir. 1. Demonstrar com provas (documentos, fatos, razões, testemunhas). 2. Dar testemunho de; tornar evidente; corroborar. 3. Submeter a prova. 4. Conhecer por experiência própria. 5. Experimentar. 6. Experimentar, vestindo. 7. Comer ou beber para verificar se é bom. 8. Comer ou beber pequena quantidade de.

Provará, s. m. *Dir.* Cada um dos itens do libelo, do arrazoado ou da petição judicial.

Provável, adj. m. e f. 1. Que se pode provar. 2. Que pode acontecer; plausível. Sup. abs. sint.: *probabilíssimo.*

Provecto, adj. 1. Adiantado, experimentado, muito sabedor. 2. Que tem progredido. 3. Avançado em anos.

Provedor, s. m. 1. O que provê. 2. Chefe de um estabelecimento pio.

Provedoria, s. f. Cargo, ofício ou jurisdição de provedor.

Proveito, s. m. (1. *profectu*). 1. Ganho, lucro. 2. Utilidade, vantagem.

Proveitoso, adj. Que dá proveito; que convém; proficuo, útil, vantajoso.

Provençal, adj. m. e f. Relativo à Provença (França), ou aos seus habitantes. S. m. e f. Habitante ou natural da Provença. S. m. Língua da Provença, de origem latina.

Provençalesco *(ê),* adj. Relativo à poesia ou aos poetas da Provença.

Provençalismo, s. m. Influência da literatura provençal.

Provençalista, adj. e s., m. e f. Que, ou quem é especialista na língua e literatura provençais.

Proveniência, s. f. 1. Lugar de onde alguma coisa provém. 2. Fonte, origem, procedência.

Proveniente, adj. m. e f. Que provém; oriundo, procedente.

Provento, s. m. 1. Ganho, lucro, proveito, rendimento. 2. Honorários.

Prover, v. (1. *providere*). 1. Tr. dir. Tomar providências a respeito de; dispor, ordenar, regular. 2. Tr. dir. Abastecer, fornecer, munir. 3. Pron. Abastecer-se, munir-se. 4. Tr. ind. Acudir, ocorrer, remediar. 5. Tr. dir. Dotar, ornar. 6. Tr. dir. Nomear para exercer um cargo ou emprego. Conjugação: Ind. pres.: *provejo, provês, provê, provemos, provedes* ou *proveis, provêem.* Imperf.: *provia, provias* etc. Perf.: *provi, proveste, proveu, provemos, provestes, proveram.* M.-q-perf.: *provera, proveras* etc. Fut.: *proverei, proverás* etc. Fut. do pretérito.: *proveria, proverias* etc. Imper.: *provê, provede* ou *provei.* Subj. pres.: *proveja, provejas, proveja, provejamos, provejais, provejam.* Imperf.: *provesse, provesses* etc. Fut.: *prover, proveres* etc. Ger.: *provendo.* Part.: *provido.*
P. de remédio: remediar.

Proverbial, adj. m. e f. 1. Relativo a provérbio. 2. Conhecido, notório, sabido.

Provérbio, s. m. 1. Máxima breve e popular; adágio, anexim, ditado, rifão. 2. Pequena comédia que tem por entrecho o desenvolvimento de um provérbio.

Proveta *(ê),* s. f. (fr. *éprouvette*). 1. Espécie de pequena redoma, para conter gases. 2. Tubo graduado para medição de líquidos. 3. Tubo de ensaio.

Providência, s. f. 1. *Teol.* Ação pela qual Deus conserva e governa o mundo, dirigindo todos os seres ao fim que se propôs. 2. O próprio Deus. 3. Acontecimento feliz. 4. Pessoa que ajuda, guarda ou protege.

Providencial, adj. m. e f. 1. Relativo à providência. 2. Que produziu os melhores e necessários resultados.

Providencialismo, s. m. *Filos.* Sistema que tudo atribui à ação da Providência Divina.

Providencialista, adj. e s., m. e f. Que, ou pessoa que é sequaz do providencialismo.

Providenciar, v. 1. Tr. dir. Acudir com medidas adequadas. 2. Tr. ind. e intr. Dar ou tomar providências.

Providente, adj. m. e f. 1. Que provê; próvido. 2. Providencial. 3. Acautelado, prudente.

Provido, adj. 1. Que tem abundância do que é necessário. 2. Cheio.

Próvido, adj. V. *providente.*

Provigário, s. m. Sacerdote investido nas funções de vigário.

Provimento, s. m. 1. Ato ou efeito de prover; provisão. 2. Despacho de petição ou requerimento. 3. Nomeação ou promoção de funcionário.

Província, s. f. 1. Divisão territorial posta sob a autoridade de um delegado do poder central (os atuais Estados do Brasil eram províncias ao tempo do Império). 2. Conjunto dos conventos e conventuais de uma ordem monástica dentro do mesmo país, governados pelo provincial e sujeitos ao geral da ordem. 3. Parte, divisão, ramo, seção.

Provincial, adj. m. e f. Pertencente ou relativo a província. S. m. O superior de certo número de casas religiosas.

Provincialado, s. m. Cargo de provincial. Var.: *provincialato.*
Provincialismo, s. m. V. *provincianismo.*
Provincianismo, s. m. 1. Palavra ou locução própria de uma ou mais províncias. 2. Acentuação ou pronúncia peculiar a uma província. 3. Hábitos, maneiras de província.
Provincianizar, v. Pron. Adquirir hábitos provincianos.
Provinciano, adj. Da província; que não é da capital. S. m. Habitante ou natural da província.
Provindo, adj. (de *provir*). Que proveio; derivado, oriundo, procedente.
Provir, v. (l. *provenire*). Tr. ind. 1. Vir de algum lugar. 2. Derivar, originar-se, proceder, resultar. 3. Advir, resultar.
Provisão, s. f. (l. *provisione*). 1. Ato ou efeito de prover. 2. Abastecimento de coisas necessárias ou proveitosas. 3. Abundância, cópia, exuberância de coisas destinadas ao uso futuro. 4. Documento oficial em que o governo confere cargo, dignidade, mercê, ofício, autoriza o exercício de uma profissão ou expede instruções.
Provisional, adj. m. e f. 1. Relativo a provisão. 2. Interino, provisório.
Provisor, adj. e s. m. Que, ou aquele que faz provisões.
Provisorado, s. m. V. *provisoria.*
Provisoria, s. f. Cargo ou funções de provisor; provisorado.
Provisório, adj. 1. Feito por provisão; provisional. 2. Interino, passageiro.
Provocação, s. f. 1. Ato ou efeito de provocar. 2. Desafio, insulto.
Provocador, adj. Provocante. S. m. Aquele que provoca.
Provocante, adj. m. e f. 1. Que provoca; provocador. 2. Que induz à irritação. 3. Que tenta, que seduz.
Provocar, v. 1. Tr. dir. Estimular, incitar. 2. Tr. dir. Chamar a combate, a duelo; desafiar. 3. Tr. dir. Irritar. 4. Tr. dir. Excitar, tentar. 5. Intr. Dirigir provocações.
Provocativo, adj. Provocante.
Provocatório, adj. Provocante.
Proxeneta (*cs...ê*), s. m. e f. Pessoa que faz profissão de intermediário em amores.
Proxenético, (*cs*), adj. Relativo a proxeneta.
Proxenetismo (*cs*), s. m. Profissão ou qualidade de proxeneta.
Proximal (*ss*), adj. m. e f. *Biol.* Diz-se da porção de um apêndice, animal ou vegetal, que fica mais próxima do ponto ao qual se liga.
Proximidade (*ss*), s. f. 1. Estado de próximo. 2. Pequena distância; adjacência, vizinhança. 3. Pequena demora; iminência. S. f. pl. Cercanias, arredores.
Próximo (*ss*), adj. 1. Que está perto (usa-se quanto a lugar, tempo, relações de parentesco). 2. Perto, vizinho. 3. Que não tarda. 4. Imediato, seguinte. S. m. 1. Cada pessoa em particular. 2. O conjunto de todos os homens. Adv. Perto, na vizinhança: Ele mora aqui *próximo.*
Prozóico, adj. *Geol.* Anterior ao aparecimento dos seres animados.
Prudência, s. f. 1. Virtude que nos leva a conhecer e praticar o que nos convém. 2. Cautela, precaução. 3. Circunspeção, tino. 4. Moderação. 5. Cordura.
Prudencial, adj. m. e f. Relativo à prudência.
Prudenciar, v. Intr. Proceder prudentemente.
Prudente, adj. m. e f. (l. *prudente*). 1. Que tem prudência. 2. Discreto. 3. Comedido, moderado. 4. Circunspecto, seguro. 5. Avisado, judicioso, sábio.
Prudhommesco (*ê*), adj. Próprio de Prudhomme, figura literária criada pelo romancista francês Henry Monnier (1803-1877), que simboliza o burguês medíocre, enfático, solene e satisfeito.
Pruído, s. m. V. *prurido.*
Pruína, s. f. *Bot.* Secreção cérea que cobre alguns frutos.
Pruinoso (*u-i*), adj. *Bot.* Coberto de pruína.
Pruir, v. V. *prurir.*
Prumada, s. f. Vertical da linha de prumo.
Prumar, v. Intr. *Náut.* Lançar o prumo para sondagem.
Prumo, s. m. (l. *plumbu*). 1. Instrumento de verificação da vertical. Compõe-se de um fio atado a um lastro pesado, em geral de chumbo, que o estica na vertical. 2. Escora, esteio. 3. Prudência, tino. 4. *Agr.* Garfo de enxerto. 5. Elegância.
A p.: verticalmente, perpendicularmente.
pruni-, elem. de comp. (l. *prunu*). Exprime a idéia de *ameixa: pruniforme.*
Pruniforme, adj. m. e f. Que tem forma de ameixa.
Prurido, s. m. (l. *pruritu*). 1. *Med.* Sensação indefinível que leva o indivíduo a coçar-se. 2. Impaciência, tentação. 3. Grande desejo.
Pruriente, adj. m. e f. Que causa prurido.
Prurigem, s. f. (l. *prurigine*). *Med.* Nome genérico das dermopatias que se caracterizam por comichão e pápulas pouco salientes.
Pruriginoso, adj. Em que há prurido.
Prurigo, s. m. (l. *prurigo*). V. *prurigem.*
Prurir, v. 1. Intr. Causar prurido; arder. 2. Tr. dir. Causar prurido ou comichão a. 3. Tr. dir. *Fig.* Estimular. 4. Intr. Estar inquieto, ansioso; ter grandes desejos. *Prurir* não se conjuga nas formas em que ao *r* da raiz seguiria *a* ou *o.*
Prussianização, s. f. Ato ou efeito de prussianizar(-se).
Prussianizar, v. Tr. dir. e pron. Tornar(-se) prussiano.
Prussiano, adj. Relativo à Prússia (Alemanha). S. m. Habitante ou natural da Prússia.
Prussiato, s. m. *Quím.* Designação genérica dos sais do ácido prússico.
Prússico, adj. *Quím.* Sin. de *cianídrico,* na locução *ácido prússico.*
Psamito, s. m. *Geol.* Designação genérica dos arenitos ou rochas sedimentares formadas de elementos finos, mas visíveis a olho nu.
psamo-, elem. de comp. (gr. *psamos*). Exprime a idéia de *areia: psamito, psamófilo.*
Psamófilo, adj. *Bot.* Que cresce na areia.
Pseca, s. f. V. *psécade.*
Psécade, s. f. Entre os antigos romanos, escrava que aromatizava e penteava as tranças da sua ama.
Psefito, s. m. *Geol.* Designação genérica das rochas granulosas constituídas de seixos e cascalho. Var.: *psefite.*
psefo-, elem. de comp. (gr. *psephos*). Exprime a idéia de *pedra, voto, sufrágio: psefógrafo.*
Psefógrafo, s. m. Máquina para registro e contagem de votos em assembléias eleitorais.
Pselismo, s. m. Nome genérico de qualquer defeito da fala.
Pseudartrose, s. f. *Med.* Articulação acidental, entre as duas extremidades de uma fratura.
Pseudestesia, s. f. *Med.* Sensação imaginária.
pseudo-, elem. de comp. (gr. *pseudes*). Exprime a idéia de *falso: pseudestesia, pseudofobia.*
Pseudodiamante, s. m. Pedra ordinária que imita pedra preciosa; diamante falso.
Pseudo-esfera, s. f. *Geom.* Superfície de curvatura constante e negativa, contrária, portanto, à esfera, que é de curvatura constante positiva. Pl.: *pseudo-esferas.*
Pseudofobia, s. f. *Med.* Medo mórbido de certas coisas que não causam dor nem molestam, mas apenas desgostam, como a agorafobia.
Pseudófobo, s. m. *Med.* Indivíduo que tem pseudofobia.
Pseudológico, adj. Falsamente lógico, ou que é lógico apenas na aparência.
Pseudomorfose, s. f. 1. *Miner.* Transformação da composição química do mineral sem alteração da forma cristalina primitiva. 2. *Fisiol.* Qualquer aumento anômalo de uma parte normal.
Pseudoneuróptero, s. m. *Entom.* Espécime dos Pseudoneurópteros. S. m. pl. Em algumas classificações, divisão (*Pseudoneuroptera*) de insetos com asas reticuladas como as dos Neurópteros, que passam por uma metamorfose incompleta.
Pseudonímia, s. f. Qualidade de pseudônimo.
Pseudonímico, adj. Relativo à pseudonímia.
Pseudônimo, adj. Que assina com um nome suposto. S. m. 1. Nome falso ou suposto. 2. Autor que escreve sob nome suposto.
Pseudópode, s. m. *Biol.* Projeção protoplásmica de certos or-

ganismos unicelulares, mediante a qual executam movimentos de locomoção, apreensão de alimentos etc.

Pseudosofia, s. f. Falsa sabedoria.

Pseudospermo, s. m. *Bot.* Qualquer fruto indeiscente que se assemelha a uma semente.

Pseudotopázio, s. m. *Miner.* Quartzo que se assemelha ao topázio.

Pseudozoário, adj. *Zool.* Diz-se de vegetal que apresenta alguma analogia com seres animais.

Psi, s. m. Vigésima terceira letra do alfabeto grego, correspondente ao nosso grupo *ps.*

Psicagogia, s. f. Evocação mágica das almas.

Psicagogo (*ó*), s. m. Aquele que pratica psicagogia.

Psicalgia, s. f. 1. Dor moral. 2. Amargura ingênita.

Psicálgico, adj. Relativo à psicalgia.

Psicanálise, s. f. 1. Análise da mente; separação da psique em seus elementos constitutivos. 2. *Psicol.* Sistema de psicologia e método de tratamento de desordens mentais e nervosas, criado e desenvolvido por Sigismundo Freud (1856-1939), psicólogo austríaco.

Psicanalista, s. m. e f. Pessoa versada em psicanálise.

Psicastenia, s. f. *Med.* 1. Fraqueza intelectual. 2. Tendência mórbida para hesitações e dúvidas.

Psicastênico, adj. e s. m. Que, ou o que sofre de psicastenia.

Psichê, s. m. (fr. *psyché*). Penteadeira (móvel).

psico-, elem. de comp. (gr. *psukhe*). Exprime a idéia de *alma, espírito: psicologia, psicanálise.*

Psicodélico, adj. *Neol.* 1. Aplica-se, originariamente, às drogas que provocam alucinações. 2. Qualifica as variadas sensações, especialmente visões coloridas, experimentadas pelas pessoas sob o efeito dessas drogas. 3. Referente a roupas muito coloridas e a filmes, bares, restaurantes etc., desde que sua decoração ou atmosfera lembre as alucinações causadas por essas drogas.

Psicodinâmico, adj. Relativo ao psicodinamismo.

Psicodinamismo, s. m. *Filos.* Doutrina segundo a qual todas as energias do Universo se reduzem a uma força única.

Psicofísico, adj. Relativo ao espírito e à matéria.

Psicofonia, s. f. *Espir.* Comunicação dos espíritos pela voz do médium.

Psicofônico, adj. Relativo à psicofonia.

Psicogênese, s. f. *Med.* Estudo da origem e da evolução das funções psíquicas; psicogenia.

Psicogenético, adj. Relativo à psicogênese.

Psicogenia, s. f. V. *psicogênese.*

Psicogênico, adj. Relativo à psicogenia.

Psicognosia, s. f. Conhecimento profundo das faculdades psíquicas.

Psicognósico, adj. Relativo à psicognosia; psicognóstico.

Psicognóstico, adj. V. *psicognósico.*

Psicografar, v. Tr. dir. *Espir.* Escrever (o médium) o que lhe dita um espírito.

Psicografia, s. f. 1. Descrição da mente e suas funções. 2. *Espir.* Escrita de um espírito pela mão do médium.

Psicográfico, adj. Relativo à psicografia.

Psicógrafo, s. m. 1. Pessoa versada em psicografia. 2. *Espir.* Médium que escreve sob a ação de um espírito.

Psicolepsia, s. f. *Med.* Estado de diminuição da tensão mental.

Psicologia, s. f. 1. Ciência que trata da mente e de fenômenos e atividades mentais. 2. Ciência do comportamento animal e humano em suas relações com o meio físico e social.

Psicológico, adj. Relativo à Psicologia.

Psicologismo, s. m. Forma de relativismo que concede à Psicologia a primazia entre as ciências filosóficas, absorvendo nela a Lógica e a Gnosiologia.

Psicologista, s. m. e f. Psicólogo.

Psicólogo, s. m. Especialista em Psicologia; psicologista.

Psicomancia, s. f. Pretensa arte de adivinhar pela evocação das almas dos defuntos.

Psicomante, s. m. e f. Pessoa que se dedica à psicomancia.

Psicometria, s. f. *Psicol.* Conjunto de processos e métodos de medida utilizados nos estudos de Psicologia.

Psicométrico, adj. Relativo à psicometria.

Psicopata, adj. e s., m. e f. Que, ou quem sofre doença mental.

Psicopatia, s. f. *Med.* Nome comum a todas as doenças mentais.

Psicopático, adj. Relativo à psicopatia e a psicopata.

Psicopatologia, s. f. *Med.* Estudo sobre as doenças mentais.

Psicopatológico, adj. Relativo à psicopatologia.

Psicopedagogia, s. f. Aplicação de conhecimentos da Psicologia às práticas educativas.

Psicopompo, s. m. *Mit.* Mágico que evocava as almas dos mortos.

Psicose, s. f. *Med.* Designação comum às doenças mentais.

Psicossociologia, s. f. Estudo da natureza e influência da sociedade nas funções psíquicas dos indivíduos.

Psicotecnia, s. f. V. *psicotécnica.*

Psicotécnica, s. f. *Psicol.* Disciplina que rege a aplicação dos dados da psicologia aos problemas humanos.

Psicotécnico, adj. Relativo à psicotécnica.

Psicoterapia, s. f. *Med.* Tratamento por métodos psicológicos.

Psicoterápico, adj. Relativo à psicoterapia.

psicro-, elem. de comp. (gr. *psukhros*). Exprime a idéia de *frio: psicroalgia.*

Psicroalgia, s. f. *Med.* Psicroestesia dolorosa.

Psicroestesia, s. f. Sensação de frio.

Psicrofobia, s. f. *Med.* Medo doentio do frio.

Psicrofóbico, adj. Relativo à psicrofobia.

Psicrometria, s. f. *Meteor.* Avaliação da quantidade de vapor de água contida na atmosfera.

Psicrométrico, adj. Relativo à psicrometria.

Psicrômetro, s. m. Instrumento com que se pratica a psicrometria.

Psicroterapia, s. f. *Med.* Método terapêutico que emprega o frio (aplicações de gelo, banhos etc.) para combater a febre.

Psicroterápico, adj. Relativo à psicroterapia.

Psilo[1], s. m. Domesticador de serpentes.

psilo-[2], elem. de comp. (gr. *psilos*). Exprime a idéia de *nu, descampado: psilomelanita.*

Psilomelanita, s. f. *Miner.* Hidrato de manganês amorfo, negro, um dos principais minérios do manganês.

Psique, s. f. A alma; o espírito; a mente.

Psiqueuterpia, s. f. *Espir.* Qualidade dos médiuns que tocam instrumentos influenciados por espíritos.

Psiquialgia, s. f. *Med.* Psicalgia.

Psiquiatra, s. m. e f. *Med.* Especialista em psiquiatria. Var.: *psiquiatro.*

Psiquiatria, s. f. Parte da Medicina que se ocupa das doenças mentais.

Psiquiátrico, adj. Relativo à psiquiatria.

Psíquico, adj. Relativo à psique, à alma ou ao psiquismo.

Psiquismo, s. m. *Med.* Conjunto das características psicológicas de um indivíduo.

Psit!, interj. V. *psiu!*

Psitacídeo, adj. *Ornit.* Relativo aos Psitacídeos. S. m. Ave da família dos Psitacídeos. S. m. pl. Família (*Psittacidae*), única, de aves da ordem dos Psitaciformes.

Psitaciformes, s. m. pl. *Ornit.* Ordem (*Psittaciformes*) de aves, constituída por espécies que apresentam bico robusto, tão longo quanto alto, língua carnuda e grossa, dois dedos medianos voltados para a frente, o 1º e o 4º dedos, para trás; há uma só família brasileira, a dos Psitacídeos, que compreende os papagaios, araras e periquitos.

Psitacismo, s. m. *Med.* Distúrbio que faz construir frases ocas, como o papagaio, que fixa e repete palavras cujo sentido ignora.

Psitacose, s. f. *Med.* Doença infecciosa dos papagaios, transmissível ao homem.

Psiu!, interj. (pal. *onomatopéica*). Para chamar ou para impor silêncio.

Psoas (*ó*), s. m. sing. e pl. *Anat.* e *Zool.* Cada um de dois músculos internos da região lombar, um maior e outro menor.

Psoíte, s. f. *Med.* Inflamação do psoas.

Psoríaco, adj. 1. Relativo à psoríase. 2. Que tem psoríase.

Psoríase, s. f. *Med.* Dermatose caracterizada principalmente pela formação de escamas secas e brancas, assentadas numa base eritematosa.

Ptármico, adj. Esternutatório.

pterido-, elem. de comp. (gr. *pteris, idos*). Exprime a idéia de *feto, alga: pteridófitas, pteridografia.*

Pteridófitas, s. f. pl. *Bot.* Divisão (*Pteridophyta*) de plantas vasculares, sem flores, que formam esporângios nas folhas, como os fetos, as cavalinhas etc.

Pteridografia, s. f. *Bot.* Estudo acerca dos fetos.

Pteridográfico, adj. Relativo à pteridografia.

Pterígio, s. m. *Med.* Afecção ocular, que se caracteriza pela formação de uma prega na conjuntiva, de forma triangular, com ápice voltado para a córnea, chegando a cobri-la.

ptérigo-, elem. de comp. (gr. *pterux, ugos*). Exprime a idéia de *apófise pterigóidea: pterigomaxilar.*

Pterigóide, adj. V. *pterigóideo.*

Pterigóideo, adj. *Anat.* e *Zool.* Relativo à região da parte inferior do osso esfenóide do crânio dos vertebrados. S. m. Elemento pterigóide, tal como músculo, nervo ou osso.

Pterigomaxilar (*cs*), adj. m. e f. *Anat.* Que se refere à apófise pterigóidea e ao queixo superior.

Pterigoto, s. m. *Entom.* Espécime da subclasse dos Pterigotos. S. m. pl. Subclasse (*Pterygota*) de insetos descendentes de ancestrais alados, que sofrem metamorfose completa ou incompleta.

Pterigrafia, s. f. V. *pteridografia.*

Pterigráfico, adj. Relativo à pterigrafia.

Ptério, s. m. *Anat.* Parte do crânio, geralmente em forma de H, na qual os ossos frontal, parietal e temporal se articulam com a asa correspondente do esfenóide. Var.: *ptérion.*

ptero- ou **-ptero,** elem. de comp. (gr. *pteron*). Exprime a idéia de *asa: pterodátilo, hemíptero.*

Pterocarpo, adj. *Bot.* Diz-se dos frutos que apresentam excrescências membranosas semelhantes a asas.

Pterodátilo, adj. *Zool.* Diz-se dos animais cujos dedos são ligados por uma membrana.

Pteróforo, adj. *Entom.* Provido de asas.

Pterógono, adj. *Bot.* Que tem ângulos membranosos.

Pteróide, adj. m. e f. *Bot.* Que se assemelha a uma asa. Var.: *pteróideo.*

Pterópode, adj. m. e f. *Zool.* Cujos pés têm feitio de barbatanas.

Pterossáurio, s. m. *Paleont.* Réptil da ordem dos Pterossáurios. S. m. pl. Ordem (*Pterosauria*) de répteis voadores existentes do Jurássico ao Cretáceo.

Ptialina, s. f. Enzima existente na saliva, que tem ação hidrolítica sobre o amido, transformando-o em maltose depois de o fazer passar pela forma de dextrina; ptialase.

Ptialismo, s. m. Salivação excessiva; sialismo.

Ptilose, s. f. *Med.* Afecção palpebral em que há queda dos cílios.

Ptolemaico, adj. Relativo aos diferentes homens célebres antigos de nome Ptolomeu, especialmente ao astrônomo e geógrafo grego Cláudio Ptolomeu.

Ptomaína, s. f. *Quím.* Alcalóide tóxico, produto da putrefação das albuminas animais e vegetais, encontrado a princípio nos cadáveres.

Ptose[1], s. f. *Med.* Afrouxamento ou imobilidade dos ligamentos que produz a queda dos órgãos.

-ptose[2] ou **ptose-**[2], elem. de comp. (gr. *ptosis*). Traduz a idéia de *caso, queda; ptoseonomia, iridoptose.*

Ptoseonomia, s. f. V. *campenomia.*

Pua, s. f. (l. **puga*, de *pungere*). 1. Ponta aguçada. 2. Haste terminada em bico. 3. Bico de verruma. 4. Instrumento para furar, movido por meio de um arco. 5. Haste da espora. 6. Intervalo entre os dentes do pente do tear. 7. *Pop.* Embriaguez.

Puba, adj. Mole, molengão. S. f. 1. Mandioca enterrada em lama ou posta na água para fermentar. 2. Apuro no trajar; janotismo.

Pubar, v. Tr. dir. Tornar puba (a mandioca).

Puberdade, s. f. Idade em que as pessoas adquirem aptidão para procriar.

Púbere, adj. m. e f. 1. Que chegou à puberdade. 2. Que começa a ter barba ou pêlos finos, que prenunciam a adolescência.

Pubescência, s. f. (l. *pubescentia*). 1. Estado de pubescente; puberdade. 2. *Bot.* Conjunto de pêlos finos, que cobrem a epiderme de certos frutos ou de certos órgãos.

Pubescente, adj. m. e f. 1. Coberto de pêlos finos, curtos e macios. 2. Púbere.

Pubescer, v. (l. *pubescere*). Intr. Chegar à puberdade; tornar-se púbere.

pubi-, elem. de comp. (l. *pubes*). Exprime a idéia de *púbis: pubicórneo.*

Pubiano, adj. V. *púbico.*

Púbico, adj. Pertencente ou relativo ao púbis.

Pubicórneo, adj. Cujos chifres são revestidos de pêlos.

Púbis, s. m. e f., sing. e pl. *Anat.* 1. Osso anterior da pelve; no homem consiste em dois ramos que divergem posteriormente. 2. Eminência triangular do abdome correspondente a esta parte, que se cobre de pêlos ao começar a puberdade. Var.: *pube.*

Publicação, s. f. (l. *publicatione*). 1. Ato ou efeito de publicar. 2. Obra publicada. 3. Trabalho literário, científico ou artístico, que se publica pela imprensa. 4. Livro, folheto.

Publicador, adj. e s. m. Que, ou o que faz uma publicação.

Pública-forma, s. f. Cópia de documento, feita por tabelião ou escrivão, diverso daquele que o redigira. Pl.: *públicas-formas.*

Publicano, s. m. 1. Cobrador de rendimentos públicos, entre os romanos. 2. *Pej.* Homem de negócio.

Publicar, v. Tr. dir. 1. Tornar público e notório. 2. Imprimir para a venda; editar.

Publicidade, s. f. 1. Estado ou qualidade de público. 2. Propaganda por anúncios, entrevistas, cartazes etc.

Publicismo, s. m. 1. Profissão de publicista. 2. Os publicistas.

Publicista, s. m. e f. Quem escreve sobre direito público ou sobre política.

Publicitário, adj. Relativo a publicidade. S. m. Profissional que trabalha em organizações de publicidade.

Público, adj. 1. Relativo a um povo ou ao povo. 2. Que serve para uso de todos. 3. Comum. 4. Relativo ao governo do país e suas relações com os cidadãos. 5. Notório, vulgar. Sup. abs. sint.: *publicíssimo.* S. m. 1. O povo em geral. 2. Assistência, auditório.

Publícola, s. m. Amigo do povo; democrata.

Puçá, s. m. Fruto do puçazeiro.

Púcaro, s. m. (l. *puculu*). 1. Vaso com asa para beber água ou para tirar líquidos de outros vasos maiores. 2. Qualquer vaso pequeno, com asa; caneca.

Puçazeiro, s. m. *Bot.* Pequena árvore da família das Apocináceas (*Rauvolfia bahiensis*).

Pucínia, s. f. *Bot.* Gênero (*Puccinia*) constituído de fungos parasíticos que incluem muitas formas destrutivas de plantas cultivadas.

Puço, s. m. Certo instrumento de pesca, de uso no Amazonas.

Pudendo, adj. 1. Ofensivo ao pudor; vergonhoso. 2. Que o pudor deve recatar.

Pudente, adj. m. e f. Pudico.

Pudera!, Interj. Claro!, está visto!, pois então!

Pudibundo, adj. Pudico.

Pudicícia, s. f. (l. *pudicitia*). 1. Qualidade de pudico. 2. Honra feminina. 3. Pudor. 4. Ação ou palavras que demonstram pudor.

Pudico, adj. 1. Que tem pudor; casto, recatado, pudibundo, pudente. 2. Que se envergonha; envergonhado, pudibundo.

Pudim, s. m. (ingl. *pudding*). *Cul.* Iguaria constituída por farinha, ovos e açúcar, cozida no forno, com ou sem recheio.

Pudor, s. m. (l. *pudore*). 1. Sentimento de pejo ou vergonha, produzido por atos ou coisas que firam a decência, a honestidade ou a modéstia. 2. Pejo, vergonha. 3. Pundonor, recato, seriedade.

Puelche, adj. m. e f. (araucano *puelche*). Relativo aos puelches,

tribo araucana que habitava a vertente oriental dos Andes e os pampas. S. m. O idioma dessa tribo.
púeri-, elem. de comp. (l. *puer, pueri*). Exprime a idéia de *criança: puericultura.*
Puerícia, s. f. (l. *pueritia*). Idade pueril; infância.
Puericultura, s. f. Conjunto de meios médico-sociais suscetíveis de promover o desenvolvimento físico e moral das crianças, desde o período da gestação até a puberdade.
Pueril, adj. m. e f. 1. Próprio de crianças. 2. Frívolo, fútil, ingênuo.
Puerilidade, s. f. 1. Qualidade de pueril. 2. Ato ou dito pueril. 3. Futilidade.
Puerilizar, v. Tr. dir. e pron. Tornar(-se) pueril.
Puérpera, adj. e s. f. Parturiente.
Puerperal, adj. m. e f. Relativo à puérpera ou ao parto.
Puf!, interj. *Onom.* de queda de algo fofo. Exprime cansaço, enfado etc.
Pufe, s. m. (fr. *pouf*). 1. Espécie de chumaço para entufar saias ou vestidos, sobre as ancas. 2. Espécie de banqueta de toucador. 3. Anúncio impudente.
Pufinídeo, adj. *Ornit.* Relativo aos Pufinídeos. S. m. pl. Família (*Puffinidae*) que compreende aves procelariiformes do hemisfério norte, mas algumas espécies migram e chegam até o Brasil.
Pufismo, s. m. Arte de propaganda impudente.
Púgil, adj. m. e f. (l. *pugile*). Dado a brigas. Sup. abs. sint.: *pugilíssimo, pugílimo.* S. m. Pugilista.
Pugilato, s. m. 1. Luta a punhos; luta a socos. 2. Discussão acalorada.
Pugilismo, s. m. 1. Hábitos de pugilista. 2. Esporte do pugilato; boxe.
Pugilista, s. m. e f. Pessoa que luta, segundo as regras do pugilismo; boxista.
Pugilo[1], s. m. (l. *pugillu*). 1. *P. us.* Porção de qualquer coisa. 2. Magote, grupo.
pugilo-[2], elem. de comp. Exprime a idéia de *punho: pugilômetro.*
Pugilômetro, s. m. Espécie de dinamômetro com que se avalia o impulso dado pelo punho.
Pugna, s. f. (l. *pugna*). 1. Ato de pugnar. 2. Briga, peleja, luta, combate.
Pugnacidade, s. f. Qualidade de pugnaz; tendência para a briga; animosidade.
Pugnador, adj. Pugnaz.
Pugnar, v. 1. Tr. ind. Combater, lutar, pelejar. 2. Tr. ind., intr. Empenhar-se em luta; travar combate. 3. Intr. Chocar-se, embater-se. 4. Intr. Discutir acaloradamente. 5. Tr. ind. Defender, sustentar.
Pugnaz, adj. m. e f. (l. *pugnace*). Que pugna; que tem tendências de brigão; brigador, polêmico, lutador, pugnador. Sup. abs. sint.: *pugnacíssimo.*
Puh!, interj. Designa choque, desprezo, queda.
Puideira (*u-i*), s. f. Pano, pele ou outra substância com que se fricciona o objeto que se quer puir.
Puir, v. (corr. de *polir*). Tr. dir. Alisar ou desgastar pela fricção. Conjuga-se como *abolir.*
Puíta, s. f. 1. V. *pouta.* 2. Corda de embira que, nas jangadas, se usa como amarra.
Puitar (*u-i*), v. Tr. dir. Fazer parar (a canoa) no meio do rio. Vars.: *poitar* ou *poutar.*
Pujança, s. f. (cast. *pujanza*). 1. Qualidade de pujante. 2. Força de vegetação. 3. Poderio, superioridade. 4. *Geol.* V. *possança.*
Pujante, adj. m. e f. 1. Que tem grande força; possante. 2. Que tem poderio; grandioso, magnificente. 3. Ativo, denodado.
Pujar, v. *P. us.* 1. Tr. dir. Superar, vencer. 2. Intr. Esforçar-se.
Pul, s. m. Nome de qualquer moeda de cobre, da Pérsia.
Pulação, s. f. Ato de pular.
Puladinho, s. m. Dança popular de origem africana, espécie de samba, caminhado, de passos calmos, simples e arrastados; picadinho.
Pulado, adj. Diz-se do fogo que é levado pelo vento, de um a outro ponto, nas queimadas.
Pulador, adj. Que pula; pulante.
Pulante, adj. m. e f. Pulador.
Pular, v. 1. Intr. Dar pulos; saltar. 2. Tr. dir. Transpor de um pulo. 3. Tr. ind. e intr. Aumentar rapidamente (em bens, em honras, em postos). 4. Intr. Crescer, desenvolver-se depressa.
Pulário, s. m. Entre os antigos romanos, zelador dos galos sagrados.
pulcri-, elem. de comp. (l. *pulchru*). Exprime a idéia de *bonito, belo: pulcrícomo.*
Pulcrícomo, adj. Que tem bonita cabeleira.
Pulcritude, s. f. *Poét.* Qualidade de pulcro.
Pulcro, adj. (l. *pulchru*). *Poét.* Elegante, formoso, gentil. Sup. abs. sint.: *pulquérrimo e pulcríssimo.*
Pule, s. f. (fr. *poule*). Bilhete de aposta em corridas de cavalos.
Pulga, s. f. (l. **pulica*, por *pulice*). Pequeno inseto áptero que se locomove aos saltos e se nutre sugando sangue do homem e de outros mamíferos.
Pulgão, s. m. (de *pulga*). Nome vulgar de diversos insetos homópteros que vivem permanentemente sobre vegetais.
Pulgo, s. m. *Hum.* O macho da pulga.
Pulguedo (*ê*), s. m. 1. Grande número de pulgas. 2. Lugar onde há muitas pulgas.
Pulguento, adj. Que tem muitas pulgas.
Pulha, adj. m. e f. (cast. *pula*). 1. Desprezível. 2. Desmazelado, relaxado. S. f. 1. Gracejo, partida. 2. Mentira. S. m. Indivíduo bandalho, sem brio, sem dignidade.
Pulhice, s. f. 1. Ação ou dito de pulha. 2. Vida miserável; pelintrice.
Pulmão, s. m. (l. *pulmone*). 1. *Anat.* Cada um dos dois órgãos respiratórios contidos no tórax. 2. Voz (considerada na sua intensidade); boa voz, voz forte. 3. *Pop.* Bofe.
Pulmonar, adj. m. e f. 1. *Anat.* Relativo aos pulmões. 2. Que tem pulmões.
Pulmonária, s. f. *Bot.* Líquen largamente distribuído (*Lobaria pulmonaria*), outrora usado no tratamento de bronquite.
Pulmotuberculose, s. f. Tuberculose dos pulmões.
Pulo, s. m. 1. Ato de pular; salto. 2. Pulsação violenta; agitação.
Pulôver, s. m. (ingl. *pull + over*). Colete de malha de lã, geralmente usado pelos homens sob o paletó.
Pulpite, s. f. *Med.* Inflamação da polpa dentária.
Púlpito, s. m. 1. Tribuna, na igreja, da qual o sacerdote prega aos fiéis. 2. *Fig.* A eloqüência sagrada; o conjunto dos pregadores. 3. Armação donde se penduram as torcidas para fazer velas.
Pulquérrimo, adj. (l. *pulcherrimu*). Sup. abs. sint. de *pulcro. Poét.* Muito pulcro, muito formoso.
Pulsação, s. f. (l. *pulsatione*). 1. Ato ou efeito de pulsar. 2. *Med.* Movimento de contração e dilatação do coração e das artérias.
Pulsar[1], v. (l. *pulsare*). 1. Tr. dir. *P. us.* Impelir, impulsionar. 2. Intr. Latejar, palpitar. 3. Intr. Anelar, arquejar. 4. Tr. dir. Ferir, tanger, tocar.
Pulsar[2], s. m. (do ingl. *pulsating star*). Fonte celeste de ondas de rádio, caracterizadas por intervalos curtos (de 0,33 a 3,5 segundos) entre os pulsos e por uniformidade da taxa de repetição dos pulsos.
Pulsátil, adj. m. e f. Que pulsa.
Pulsatila, s. f. *Bot.* Planta ranunculácea, espécie de anêmona medicinal (*Anemona pulsatilla*).
Pulsativo, adj. 1. Que faz pulsar. 2. Acompanhado de pulsações.
Pulsear, v. Intr. 1. Experimentar, medir com outrem a força do pulso, travando as mãos direitas e firmando os cotovelos sobre um ponto. 2. Dominar com vigor.
Pulseira, s. f. Objeto de adorno para os pulsos; bracelete.
pulsi-, elem. de comp. (l. *pulsu*). Exprime a idéia de *pulso, pulsação: pulsímetro.*
Pulsímetro, s. m. *Med.* Esfigmómetro.
Pulso, s. m. 1. Batimento arterial percebido pelo dedo ou registrado por aparelho apropriado, geralmente na região

inferior do antebraço, junto à mão. 2. *Por ext.* Essa região do antebraço. 3. *Fig.* Força, vigor.

Pulsógrafo, s. m. Esfigmômetro.

Pultáceo, adj. (l. *pultes*). *Med.* Semelhante a papas; que apresenta o aspecto de papas.

Pululância, s. f. Grande força vegetativa; pujança.

Pululante, adj. m. e f. Que pulula.

Pulular, v. 1. Tr. ind. Multiplicar-se rápida e abundantemente. 2. Intr. Existir em grande número. 3. Tr. ind. Irromper, surgir. 4. Tr. ind. e intr. Brotar, nascer, romper.

Pulveráceo, adj. Coberto de pó.

Pulvéreo, adj. *Poét.* 1. Com a natureza do pó. 2. Relativo a pó. 3. Reduzido a pó.

Pulverescência, s. f. *Bot.* Estado de uma superfície vegetal que parece coberta de pó ou de farinha.

Pulverização, s. f. Ato ou efeito de pulverizar(-se).

Pulverizador, adj. Que pulveriza. S. m. 1. Aquele que pulveriza. 2. Aparelho para pulverizar.

Pulverizar, v. 1. Tr. dir. e pron. Reduzir(-se) a pó. 2. Tr. dir. Cobrir de pó; polvilhar. 3. Tr. dir. Encher de qualquer coisa semelhante a pó. 4. Tr. dir. Fazer passar (um líquido) pelo pulverizador em forma de jato de gotas tenuíssimas. 5. Tr. dir. Reduzir a pequenos fragmentos. 6. Tr. dir. Desbaratar, rechaçar completamente. 7. Tr. dir. Destruir ou refutar completamente.

Pulveroso, adj. Coberto de pó; poeirento, pulverulento.

Pulverulência, s. f. Estado ou aspecto de pulverulento.

Pulverulento, adj. Pulveroso.

Pum, interj. Exprime o ruído de uma detonação ou de uma queda.

Puma, s. m. (quíchua *puma*). *Zool.* Grande mamífero felídeo (*Felis concolor*), encontrado nas Américas, também conhecido por *cuguar, suçuarana, leão-americano.*

Puna[1], s. f. 1. Planalto frio da Cordilheira dos Andes. 2. Mal-estar causado pela rarefação do ar nas grandes alturas dessa cordilheira.

Puna[2], s. f. Nome comum a duas árvores gutiferáceas de fibras têxteis (*Calophyllum inophylum* e *C. tomentosum*).

Punção, s. f. (l. *punctione*). 1. Ato ou efeito de pungir ou puncionar. 2. *Cir.* Operação que consiste em praticar abertura, por meio de um instrumento, numa cavidade cheia de líquido. S. m. 1. Instrumento pontiagudo para furar, gravar. 2. *Cir.* Estilete com cabo. 3. *Tip.* Lâmina de aço em que as letras estão gravadas em relevo, e com a qual se batem as matrizes que servem para fundir os caracteres tipográficos.

Punçar, v. V. *puncionar.*

Punceta (*ê*), s. f. Escopro com que se cortam lâminas de ferro.

Puncionar, v. Tr. dir. *Cir.* Abrir com o punção; punçar.

Punctiforme, adj. m. e f. Em forma de ponto. Var.: *puntiforme.*

Punctura, s. f. Picada com punção ou outro instrumento análogo. Var.: *puntura.*

Pundonor, s. m. Sentimento de dignidade; brio, decoro. 2. Zelo da própria reputação.

Pundonoroso, adj. 1. Que tem pundonor. 2. Brioso, denodado.

Punga, adj. m. e f. 1. Ruim (cavalo). 2. Imprestável; ordinário. 3. Que é o último a chegar (diz-se de um cavalo, nas corridas). S. m. 1. Indivíduo sem préstimo. 2. Cavalo ruim. 3. A vítima ou o produto do furto cometido pelo punguista. 4. O próprio punguista. S. f. *Gír.* Arte do punguista.

Pungente, adj. m. e f. 1. Que punge. 2. Aflitivo, doloroso, lancinante.

Pungidor, adj. Que punge. S. m. Aquele que punge, atormenta.

Pungimento, s. m. Ato ou efeito de pungir.

Pungir, v. (l. *pungere*). 1. Tr. dir. Ferir com instrumento pontiagudo. 2. Tr. dir. Estimular, incitar. 3. Tr. dir. Causar grande dor moral a. 4. Tr. dir. Irritar. 5. Tr. dir. Castigar, verberar. 6. Intr. Começar a nascer (a barba, a vegetação). Conjuga-se como *jungir.*

Pungitivo, adj. 1. Que punge; pungente. 2. Penetrante.

Punguear, v. Tr. dir. Furtar (carteira, relógio, jóias etc.) na via pública, em veículos, em lugares de ajuntamento de pessoas.

Punguista, s. m. e f. *Gír.* Pessoa que pungueia.

Punhada, s. f. Pancada com o punho; murro, soco.

Punhado, s. m. 1. Porção que se pode conter na mão fechada; mancheia. 2. Pequena quantidade, número reduzido.

Punhal, s. m. (l. **pognale*). 1. Arma branca, de lâmina curta e perfurante. 2. *Fig.* Tudo o que ofende profundamente.

Punhalada, s. f. 1. Golpe com punhal. 2. *Fig.* Golpe moral profundo.

Punho, s. m. (l. *pugnu*). 1. A mão fechada. 2. Parte de alguns instrumentos por onde se lhe pega; cabo. 3. Parte da manga que circunda o pulso. 4. A região do pulso. 5. Pequena corda ou cabo em forma de elo que segura as redes nos ganchos.

Punibilidade, s. f. Qualidade de punível.

Punicáceas, s. f. pl. *Bot.* Família (*Punicaceae*) de plantas nas quais o receptáculo entra na formação do fruto, como na romanzeira.

Punicáceo, adj. *Bot.* Relativo às Punicáceas.

Punição, s. f. Ato ou efeito de punir; pena, castigo.

Puníceo, adj. Da cor da romã; vermelho.

Púnico, adj. 1. Relativo a Cartago ou aos cartagineses. 2. Pérfido, traidor. S. m. 1. Habitante ou natural de Cartago. 2. O idioma dos cartagineses.

Punidor, adj. e s. m. Que, ou aquele que pune.

Punir[1], v. (l. *punire*). 1. Tr. dir. Aplicar punição a; castigar, reprimir. 2. Tr. dir. Servir de castigo a. 3. Pron. Infligir castigo ou pena a si próprio.

Punir[2], v. (do arc. *punar,* do l. *pugnare*). Tr. ind. Lutar em defesa; defender, pugnar.

Punitivo, adj. 1. Que pune. 2. Que envolve punição.

Punível, adj. m. e f. 1. Que se pode punir. 2. Que é digno de castigo.

Pupa, s. f. *Entom.* Estado quiescente entre a larva e a imago, nos insetos holometabólicos.

pupi-, elem. de comp. (l. *pupa*). Exprime a idéia de *menina, boneca, ninfa: pupíparo.*

Pupila, s. f. *Anat.* Abertura central da íris, que dá passagem aos raios luminosos, para chegarem ao cristalino e depois à retina; menina do olho.

Pupilagem, s. f. 1. Educação de pupilo ou pupila. 2. Tempo que demora essa educação.

Pupilar[1], v. (*pupilo + ar*). Pron. Haver-se como pupilo; subordinar-se.

Pupilar[2], v. (l. *pupillare*). Intr. Soltar grito (o pavão).

Pupilar[3], adj. m. e f. (*pupilo* ou *pupila + ar*). 1. Relativo a pupilo ou pupila. 2. *Anat.* Relativo à pupila do olho.

Pupilo, s. m. 1. Órfão que está sob tutela; menor. 2. Protegido, educando.

Pupíparo, adj. *Entom.* Designativo dos dípteros que expelem os filhotes já na fase de pupa. S. m. pl. Divisão (*Pupipara*) de insetos, cujas larvas nascem prontas para entrar no estado de pupa.

Pupunha, s. f. *Bot.* 1. Fruto da pupunheira. 2. V. *pupunheira.*

Pupunheira, s. f. *Bot.* Palmeira espinhosa do Norte (*Guilielma speciosa*).

Purê, s. m. (fr. *purée*). *Cul.* Iguaria pastosa, preparada com batatas, manteiga e leite.

Pureza, s. f. 1. Qualidade ou estado de puro. 2. Limpidez, nitidez. 3. Inocência, singeleza. 4. Castidade, virgindade. 5. Genuinidade. 6. Vernaculidade (na linguagem, no estilo).

Purga, s. f. *Bot.* Nome de várias plantas medicinais.

Purgação, s. f. (l. *purgatione*). 1. Ato ou efeito de purgar(-se). 2. Evacuação causada por um purgante. 3. Purificação. 4. *Pop.* Corrimento, gonorréia.

Purgador, adj. e s. m. Purgante.

Purgante, adj. m. e f. Que faz purgar; purgativo, purgatório, purgador. S. m. 1. *Farm.* Medicamento ou substância que faz limpar os intestinos; purgativo, purga. 2. *Pop.* Pessoa ou coisa enfadonha, tediosa, enjoada.

Purgar, v. 1. Tr. dir. Purificar, eliminando as impurezas ou matérias estranhas. 2. Tr. dir. Administrar uma purga. 3. Pron. Tomar um purgante. 4. Intr. *Med.* Expelir pus. 5. Tr. dir. Livrar do que é prejudicial; desembaraçar. 6. Tr. dir. Libertar de impurezas morais ou intelectuais; tornar puro. 7. Tr. dir. Apagar por penitência ou purificação; expiar.

Purgativo, adj. 1. Purgante. 2. Expiativo.

Purgatório, adj. V. *purgativo.* S. m. 1. *Teol.* Lugar ou estado em que as almas dos justos, incompletamente purificadas, acabam de pagar suas faltas. 2. Lugar onde se sofre.

puri-[1], elem. de comp. (l. *pure*). Exprime a idéia de *pus: puriforme.*

Puri[2], s. m. 1. Espécie de mandioca. 2. Mestiço de índio.

Puridade, s. f. *P. us.* Pureza.

À puridade: em segredo, em particular.

Purificação, s. f. 1. Ato ou efeito de purificar(-se). 2. Ablução litúrgica. 3. Festa da Igreja Católica, celebrada em 2 de fevereiro.

Purificador, adj. Que purifica; purificante, purificativo. S. m. 1. *Ant.* Vaso em que se enxaguava a boca e se lavavam as pontas dos dedos após as refeições. 2. Pano com que o sacerdote, na missa, limpa o cálice, depois de comungar; sanguinho.

Purificante, adj. m. e f. Purificador.

Purificar, v. 1. Tr. dir. Tornar puro. 2. Tr. dir. Limpar, purgar. 3. Tr. dir. Limpar de mácula. 4. Pron. Santificar-se.

Purificativo, adj. Purificador.

Purificatório, adj. Que serve para purificar.

Puriforme, adj. m. e f. *Med.* Que tem a aparência do pus.

Purina, s. f. *Quím.* Composto orgânico, proveniente do desdobramento de matérias albuminóides.

Purismo, s. m. *Gram.* Exagerado escrúpulo em observar com todo o rigor a pureza da língua na escrita ou na fala.

Purista, s. m. e f. Pessoa excessivamente escrupulosa quanto à pureza da linguagem.

Puritanismo, s. m. 1. Seita protestante, que prega e pratica princípios morais puros e rígidos. 2. Caráter da pessoa que alardeia grande rigidez de princípios.

Puritano, adj. Relativo ao puritanismo. S. m. 1. Sectário do puritanismo. 2. Indivíduo que alardeia grande austeridade.

Puro, adj. 1. Que não tem mistura ou impurezas. 2. Que não sofreu alteração; genuíno. 3. Límpido, transparente. 4. Sem mancha ou nódoa; imaculado. 5. Inocente, virginal. 6. Casto, virtuoso. 7. Incontestável, verdadeiro. 8. Correto, irrepreensível (falando da linguagem, do estilo). 9. Suave, mavioso. 10. Tranqüilo. 11. Exato, fiel.

Puro-sangue, adj. e s. m. e f. Diz-se do, ou o animal que representa uma raça fina, sem cruzamento de outra.

Púrpura, s. f. (l. *purpura*). 1. Corante vermelho-escuro que se extrai da cochonilha. 2. Cor vermelha. 3. Antigo tecido vermelho. 4. *Ant.* As vestimentas régias, que eram de púrpura. 5. A dignidade real; o trono. 6. A dignidade cardinalícia. 7. *Med.* Afecção que se caracteriza pelo aparecimento de pequenas manchas vermelhas formadas por extravasamento de sangue na espessura da pele. 8. *Zool.* Gênero (*Purpura*) de moluscos gastrópodes marinhos, muricídeos, o qual inclui algumas espécies que fornecem tinta cor de púrpura.

Purpurado, adj. 1. Tingido de púrpura. 2. Elevado à dignidade de cardeal. 3. Que está vestido de púrpuras.

Purpurar, v. Tr. dir. 1. Dar a cor de púrpura a; tingir de vermelho. 2. Vestir de púrpura. 3. Elevar à dignidade cardinalícia.

Purpúreo, adj. Da cor da púrpura; purpurino, púrpuro.

Purpurina, s. f. 1. Corante extraído da raiz da ruiva. 2. Pó metálico empregado em tipografia para as impressões a ouro e prata. 3. *Bot.* Planta melastomatácea (*Rhynchanthera serrulata*).

Purpurino, adj. V. *purpúreo.*

Púrpuro, adj. V. *purpúreo.*

Purulência, s. f. Qualidade de purulento.

Purulento, adj. 1. Que contém pus. 2. Que segrega pus. 3. Sórdido, infecto.

Purumã, s. m. *Bot.* Espécie de palmeira do Brasil (*Pourouma guianensis*).

Purupaqui, s. m. *Bot.* Planta leguminosa-papilionácea (*Crotalaria incana*).

Purupuru, s. m. *Med.* Dermatose caracterizada por manchas brancas.

Pururu, s. m. *Ornit.* Ave momotídea (*Baryphthengus ruficapillus*).

Pururuca, s. m. e f. Variedade de coco tenro. Adj. m. e f. 1. Duro, quebradiço. 2. Diz-se do coco já um pouco duro.

Pus, s. m. *Med.* Líquido patológico, de aspecto opaco, que se produz como conseqüência de uma inflamação, seguida de amolecimento e liquefação tecidual.

Pusilânime, adj. e s., m. e f. Que, ou pessoa que tem ânimo fraco; medroso, covarde.

Pusilanimidade, s. f. 1. Qualidade de pusilânime. 2. Fraqueza de ânimo; covardia, timidez.

Pústula, s. f. 1. *Med.* Pequeno tumor cutâneo que termina por supuração. 2. Chaga de mau caráter. 3. *Fig.* Corrupção, vício. 4. *Bot.* Pequena elevação ou saliência na haste ou folhas. 5. Indivíduo infame, de mau caráter. — *P. maligna*: o mesmo que *antraz* ou *carbúnculo.*

Pustulado, adj. e s. m. V. *pustulento.*

Pustulento, adj. e s. m. Que, ou o que tem pústulas; pustulado, pustuloso.

Pustuloso, adj. 1. V. *pustulento.* 2. Que se assemelha a pústula. 3. Caracterizado por pústulas.

Putativo, adj. Diz-se de tudo aquilo que tem aparência de legal ou se supõe verdadeiro, embora na realidade não o seja: Pai *p.*

Puteal, s. m. 1. Muro de pedra à roda de um poço. 2. Bocal de poço.

Putredinoso, adj. Em que há putrefação.

Putrefação, s. f. (l. *putrefactione*). 1. Decomposição das matérias orgânicas pela ação das enzimas microbianas. 2. Estado do que está putrefato; podridão. 3. Corrupção.

Putrefaciente, adj. m. e f. Que putrefaz; putrefativo, putrefatório.

Putrefativo, adj. V. *putrefaciente.*

Putrefato, adj. Que apodreceu; podre, pútrido.

Putrefatório, adj. V. *putrefaciente.*

Putrefazer, v. (l. *putrefacere*). 1. Tr. dir. Tornar podre; apodrecer, corromper. 2. Intr. e pron. Tornar-se podre (física ou moralmente); corromper-se, deteriorar-se.

Putrefeito, adj. V. *putrefato.*

Putrescência, s. f. Estado de putrescente.

Putrescente, adj. m. e f. Que começa a putrefazer-se; que está apodrecendo.

Putrescibilidade, s. f. Qualidade de putrescível.

Putrescível, adj. m. e f. Suscetível de apodrecer ou putrefazer-se.

putri-, elem. de comp. (l. *putre*). Exprime a idéia de *podre: putrificar.*

Pútrido, adj. 1. Podre, corrupto. 2. Infetuoso, pestilencial.

Putrificar, v. V. *putrefazer.*

Putumuju, s. m. *Bot.* Árvore leguminosa-papilionácea (*Platymiscium proecox*).

Puxa!, interj. Designativa de espanto ou impaciência.

Puxada, s. f. 1. Ação ou efeito de puxar. 2. Carta que um parceiro joga, ao principiar a mão. 3. Ação de levantar a rede nas pescarias. 4. Viagem longa e forçada. 5. Construção que prolonga o corpo central da casa; puxado.

Puxado, adj. 1. Esmerado no modo de vestir; apurado. 2. Apurado, concentrado (molho ou outra substância que vai ao lume). 3. *Fam.* Elevado no preço; caro. 4. Exaustivo (trabalho). S. m. Puxada (acep. 5).

Puxador, s. m. Peça por onde se puxa, para abrir gavetas, portinholas etc.

Puxadoura, s. f. Peça para puxar rebites; puxadeira. Var.: *puxadoira.*

Puxão, s. m. 1. Ato ou efeito de puxar com força; puxada. 2. Empuxão, esticão, repelão.

Puxa-puxa, s. f. Alféloa. Pl.: *Puxas-puxas* ou *puxa-puxas.*

Puxar, v. (l. *pulsare*). 1. Tr. dir. Atrair a si com força. 2. Tr. dir. Lançar mão de. 3. Tr. dir. Exercer tração em. 4. Tr. dir. Mover após de si; tirar, arrastar. 5. Tr. dir. Tirar com esforço; arrancar. 6. Tr. dir. Fazer esforços para arrancar. 7. Tr. dir. Esticar, estirar. 8. Tr. dir. Arrepelar. 9. Tr. dir. Sorver. 10. Tr. ind. Promover o adiantamento de alguém. 11. Tr. ind. Obrigar a fazer ou produzir mais do que pode ou costuma. 12. Tr. dir. e tr. ind. Herdar qualidades de, sair semelhante a, ter as taras hereditárias de. 13. Tr. dir. Provocar, suscitar. 14. Tr. ind. Fazer valer; pugnar. 15. Tr. dir. Encaminhar, promover. 16. Tr. ind. Fazer instâncias; exigir, obrigar. 17. Tr. dir. Começar, presidir a. 18. Tr. dir. Apurar. 19. Tr. dir. Apertar, estimular, incitar. 20. Tr. dir. Servir-se à mesa de (comida). 21. Tr. dir. Excitar ou promover o apetite de beber. 22. Tr. dir. Jogar de mão (uma carta). 23. Tr. dir. Transportar (coisas em grande quantidade).

Puxa-saco, s. m. e f. *Ch.* Bajulador vil, adulador. Pl.: *puxa-sacos.*

Puxavante, adj. m. e f. (*puxar + avante*). Que desperta vontade de beber; picante. S. m. 1. Instrumento de calafate, com que se tira a estopa velha das costuras da embarcação. 2. Instrumento de ferrador, semelhante a uma pá, com gume pela parte anterior, com que se apara o casco dos cavalos antes de serem ferrados. 3. *Fam.* Comida apimentada, que desperta o desejo de beber. 4. *Pop.* Puxão, empuxão. 5. *Mec.* Biela.

Puxavão, s. m. Grande puxão; empuxão.

Puxe!, interj. Vá embora!, suma-se!.

Puxeta (*ê*), s. f. *Esp.* No futebol, modo com que o jogador toca na bola e faz com que essa passe por cima de sua cabeça e caia atrás de si; puxada.

Puxirão, s. m. V. *muxirão.*

Puxirum, s. m. V. *muxirão.*

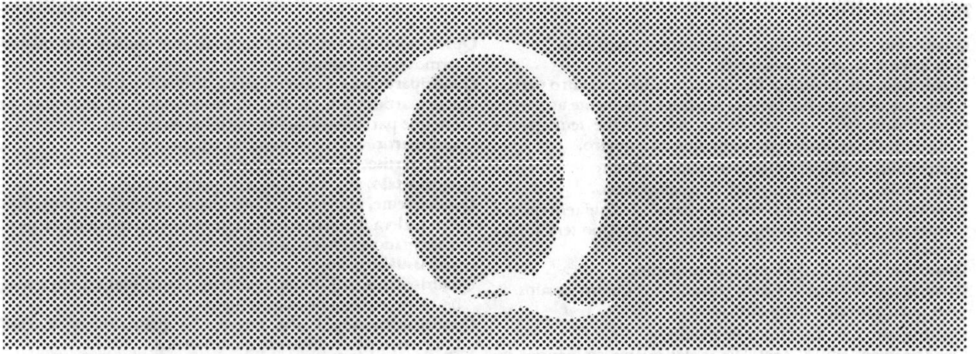

Q (*quê*), Símbolo da décima sexta letra do alfabeto português. Fonema oclusivo, velar, surdo. Só se emprega acompanhado de *u*, com o qual nunca forma sílaba sem o auxílio de outra vogal. Este *u* sempre será pronunciado antes de *a* ou *o*; antes de *e* ou *i*, ora será insonoro, formando dígrafo com o *q*, ora será pronunciado, formando ditongo crescente, casos em que receberá o trema indicativo de sua pronúncia. Num. Décimo sexto, quando se quer indicar uma ordem ou série pelas letras do alfabeto.

Quacre, s. m. (ingl. *quaker*, que treme). Membro de seita protestante, fundada no século XVII, por Jorge Fox (1624-1691). Professada sobretudo nos Estados Unidos e na Inglaterra. Var.: *quáquer* e *quáquero*.

Quaderna, s. f. (l. *qu aterna*). 1. Face do dado que apresenta quatro pontos; quadra. 2. *Heráld.* Parte central de brasões e escudos, dividida em quatro quartos, constituindo o campo em que se apresentavam os respectivos quartéis das armas da família, com os diversos símbolos; caderna.

Quadernado, adj. (*quaderna + ado*). *Bot.* Aplica-se às folhas ou flores que brotam nas hastes, quatro a quatro.

Quadernal, s. m. V. *cadernal*.

Quadra, s. f. (l. *quadra*). 1. Compartimento ou recinto quadrado. 2. O lado de um quadrado. 3. Medida de extensão, equivalente a 60 braças (132 metros). 4. Distância entre uma esquina e outra do mesmo lado da rua. 5. Quarteirão. 6. Cada uma das divisões quadradas de um jardim, cemitério etc. 7. Área demarcada de terreno para alguns jogos, como tênis, bola-ao-cesto etc. 8. Estrofe de quatro versos, ou quarteto. 9. *Fig.* Época, fase, idade, ocasião, razão, tempo.

Quadrado, adj. 1. *Geom.* Diz-se da figura que tem os quatro lados iguais e os ângulos retos. 2. Cúbico ou aproximadamente cúbico. 3. Diz-se da unidade de comprimento multiplicada por si mesma. 4. *Neol.* Que tem mentalidade pouco evoluída; retrógrado. S. m. 1. *Geom.* Quadrilátero de lados iguais e ângulos retos. 2. *Mat.* Segunda potência de um número. 3. Papagaio, barrilete.

Quadrador, adj. e s. m. 1. Que, ou o que quadra. 2. Que, ou o que faz quadros ou caixilhos.

Quadradura, s. f. V. *quadratura*.

Quadragenário, adj. e s. m. 1. Que, ou aquilo que se compõe de quarenta unidades. 2. Que, ou o que atingiu a casa dos quarenta anos; quarentão.

Quadragésima, s. f. 1. Espaço de quarenta dias. 2. *Ant.* V. *quaresma*. 3. Antigo imposto romano que correspondia a $2^1/_2$%.

Quadragesimal, adj. m. e f. Referente à quadragésima ou à quaresma.

Quadragésimo, num. Ordinal correspondente a 40. S. m. Um quarenta avos.

Quadrangulado, adj. V. *quadrangular*.

Quadrangular, adj. m. e f. Que tem quatro ângulos; quadrangulado.

Quadrângulo, s. m. Polígono de quatro ângulos.

Quadrantal, adj. m. e f. (*quadrante + al*). 1. Que tem forma cúbica, como o dado. 2. Relativo ao quadrante. 3. Que tem forma de quadrante.

Quadrante, s. m. (l. *quadrante*). 1. Quarta parte da circunferência, ou do círculo trigonométrico. 2. Mostrador do relógio de sol, ou o próprio relógio de sol. 3. Quarta parte da rosa-dos-ventos: *quadrante* norte, *quadrante* sul etc. S. m. pl. Regiões.

Quadrão, s. m. Forma de poesia popular, em oitava ou quadra dupla, com a rima na seguinte disposição: *aaabcccb*.

Quadrar, v. 1. Tr. dir. Dar forma quadrada a. 2. Tr. dir. *Mat.* Elevar ao quadrado. 3. Tr. ind. Calhar, ser próprio, ir bem, condizer. 4. Pron. Adaptar-se, ajustar-se.

Quadrático, adj. 1. Que se refere ao quadrado; de forma quadrada. 2. Designativo do sistema de cristalização em prismas retos de base quadrada.

Quadratim, s. m. *Tip.* Espaço tipográfico com largura igual ao M do corpo do tipo, e que habitualmente se emprega no começo das linhas da composição em que se deva iniciar parágrafo.

Quadratriz, adj. f. *Geom.* Que se refere à curva que serve para a resolução aproximada do problema da quadratura do círculo e da trisseção do ângulo. S. f. Essa curva.

Quadratura[1], s. f. 1. Ato ou efeito de quadrar. 2. Moldura. 3. *Geom.* Redução de alguma figura a um quadrado equivalente em superfície. 4. *Astr.* Posição de dois corpos celestes quando distam entre si 90°. Var.: *quadradura*.

Quadratura[2], s. f. (de *quadrar*). 1. Pintura de ornatos de arquitetura. 2. Pintura a fresco.

Quadraturista, s. m. e f. Pessoa que pinta quadraturas.

Quadrela, s. f. 1. *Arquit.* Lanço de qualquer edifício ou construção; muro, parede. 2. Quadrilha de 20 homens.

Quadrelo, s. m. *Ant.* Seta ou lança de corpo quadrangular, que se disparava com a besta.

quadri-, elem. de comp. (l. *quadri*, de *quatuor*). Designativo de *quatro* (correspondendo neste sentido a *tetra*), *quadrado* ou *quádruplo*: *quadrialado, quadriciclo*.

Quadrialado, adj. (*quadri + alado*). Que tem quatro asas.

Quadríceps, adj. *Anat.* Designativo do grande músculo extensor na frente da coxa. Var.: *quadricípede*.

Quadricipital, adj. m. e f. Relativo ao quadríceps.

Quadricolor, adj. m. e f. Que tem quatro cores.

Quadricórneo, adj. (*quadri + córneo*). *Zool.* Que tem quatro antenas ou cornos.

Quadrícula, s. f. (de *quadra*). 1. Pequena quadra. 2. Pequeno quadrado; quadradinho.

Quadriculado, adj. 1. Dividido em quadradinhos. 2. Pautado em quadrículos: Papel *quadriculado*.

Quadricular[1], v. Tr. dir. 1. Dar forma de quadrículos a. 2. Dividir em quadrículos.

Quadricular[2], adj. m. e f. V. *quadriculado*.

Quadrículo, s. m. Pequeno quadrado; quadradinho.

Quadricúspide, adj. m. e f. (*quadri + cúspide*). Que tem quatro cúspides.

Quadridentado, adj. Que tem quatro dentes ou partes a eles semelhantes.

Quadridigitado, adj. (*quadri + digitado*). *Zool.* Que tem quatro dedos ou digitações; tetradátilo.

Quadrienal, adj. m. e f. 1. Que compreende quatro anos. 2. Que aparece ou ocorre de quatro em quatro anos. 3. Relativo ao quadriênio.

Quadriênio, s. m. Período de quatro anos; quatriênio.

Quadrifendido, adj. V. *quadrífido.*

Quadrífido, adj. Dividido, fendido, cortado em quatro partes, sem que os cortes ou divisões separem totalmente as partes.

Quadriflóreo, adj. (*quadri + flóreo*). *Bot.* 1. Que tem quatro flores. 2. Cujas flores repontam, quatro a quatro.

Quadrifoliado, adj. *Bot.* Que tem quatro folíolos.

Quadrifólio, adj. (*quadri + fólio*[2]). V. *quadrifoliado.*

Quadriforme, adj. m. e f. (*quadri + forme*). 1. Que tem quatro aspectos, quanto à forma, arranjo etc. 2. Que tem forma quadrada.

Quadrifurcado, adj. Que tem quatro ramos.

Quadriga, s. f. *Antig.* 1. Carro puxado por quatro cavalos. 2. Os quatro cavalos assim atrelados.

Quadrigário, s. m. Condutor de quadriga.

Quadrigêmeo, adj. 1. *Anat.* Diz-se das quatro eminências ou tubérculos, dispostos aos pares na superfície dorsal do mesencéfalo. 2. Diz-se de quatro seres nascidos do mesmo parto.

Quadrigeminado, adj. *Bot.* Qualificativo dos órgãos vegetais nascidos em conjuntos de quatro.

Quadrigúmeo, adj. Que tem quatro gumes.

Quadrijugado, adj. *Bot.* Que tem quatro pares de folíolos opostos. Var.: *quadríjugo.*

Quadríjugo, adj. 1. V. *quadrijugado.* 2. *Poét.* Puxado por quatro cavalos.

Quadril, s. m. (cfr. com o cast. *cuadril*; por *hueso caderil?*). 1. Região lateral do corpo humano, desde a cintura até a articulação superior da coxa; anca. 2. No gado bovino, alcatra.

Quadrilateral, adj. m. e f. (*quadri + lateral*). Que tem quatro lados; quadrilátero.

Quadrilátero, adj. V. *quadrilateral.* S. m. 1. *Geom.* Figura plana de quatro lados. 2. Posição estratégica apoiada em quatro praças fortes.

Quadrilha, s. f. (cast. *cuadrilla*). 1. Grupo de quatro ou mais cavaleiros, no jogo de cavalhadas. 2. Esquadrilha, flotilha. 3. *Folc.* Contradança de salão de origem européia, aparecida no Brasil nos albores do séc. XIX, na qual tomam parte vários pares em número par. 4. *Folc.* Música própria para essa contradança. 5. Pequeno lote de cavalos de pêlos diferentes, que acompanha o animal madrinha. 6. Pequeno grupo de malfeitores associados, dirigidos por um chefe.

Quadrilheiro, adj. Próprio de quadrilha ou de salteador. S. m. 1. Membro de uma quadrilha de ladrões. 2. Soldado de quadrilha, figurante em cavalhada. 3. Encarregado de partilha dos despojos de guerra. 4. *Pej.* Beleguim, esbirro.

Quadrilobulado, adj. (*quadri + lobulado*). *Bot.* Que tem quatro lóbulos; quadrilobado.

Quadrilóbulo, s. m. (*quadri + lóbulo*). *Arquit.* Figura ornamental formada pela ligadura de quatro porções de arcos ogivais.

Quadriloculado, adj. Que tem quatro lóculos ou cavidades.

Quadrilocular, adj. m. e f. (*quadri + locular*). V. *quadriloculado.*

Quadrilongo, adj. Que tem quatro lados, paralelos dois a dois, sendo dois dos paralelos mais longos que os outros dois: Escova *quadrilonga.* S. m. Quadrilátero quadrilongo; retângulo.

Quadrilunulado, adj. Formado por quatro malhas em forma de lúnula ou crescente.

Quadrímano, adj. *Zool.* Que tem quatro tarsos dilatados em forma de mãos. S. m. Tal animal.

Quadrimestral, adj. m. e f. (*quadrimestre + al*). 1. Relativo a quadrimestre. 2. Que acontece ou se faz de quatro em quatro meses.

Quadrimestre, s. m. (l. *quadrimestre*). Período de quatro meses.

Quadrimosqueado, adj. *Hist. Nat.* Que tem quatro manchas.

Quadrimotor, adj. (*quadri + motor*). Que tem quatro motores. S. m. Avião de quatro motores.

Quadringentenário, s. m. Comemoração do quarto centenário de algum fato importante.

Quadringentésimo, num. Ordinal correspondente a quatrocentos. S. m. A quadringentésima parte de um todo.

Quadrinômio, s. m. *Álg.* Expressão que consiste em quatro termos ou monômios.

Quadripartição, s. f. Ato ou efeito de quadripartir.

Quadripartido, adj. 1. *Bot.* V. *quadrifendido* ou *quadrífido.* 2. Em que participam quatro partidos ou pessoas.

Quadripartir, v. Tr. dir. Repartir em quatro.

Quadripartito, adj. V. *quadripartido.*

Quadripétalo, adj. *Bot.* Que tem quatro pétalas.

Quadrirreme, adj. m. e f. Com quatro ordens de remos. S. f. *Ant.* Galera de quatro ordens de remos ou movida por quatro remadores em cada remo.

Quadrissilábico, adj. V. *quadrissílabo.*

Quadrissílabo, adj. *Gram.* Que tem quatro sílabas; tetrassílabo. S. m. Palavra de quatro sílabas.

Quadrissulco, adj. 1. *Bot.* Em que há quatro sulcos. 2. *Zool.* Que tem o pé dividido em quatro dedos.

Quadrivalve, adj. m. e f. Que tem quatro valvas.

Quadrivalvulado, adj. (*quadri + valvulado*). Que tem quatro válvulas.

Quadrívio, s. m. (l. *quadriviu*). 1. Ponto onde dois caminhos se cruzam; encruzilhada. 2. Ponto de convergência de quatro caminhos ou quatro ruas. 3. *Ant.* Conjunto de quatro disciplinas (aritmética, geometria, música e astronomia) consideradas essenciais na Idade Média.

Quadro, s. m. (l. *quadru*). 1. Espaço ou objeto quadrado ou retangular. 2. Pintura, desenho ou gravura executados em superfície plana. Col.: *coleção, galeria, pinacoteca.* 3. Disposição metódica de um conjunto de objetos ou de fatos para se apreciarem em globo. 4. Panorama ou paisagem. 5. Conjunto de objetos ou pessoas que, pela sua disposição ou estado, atraem a vista. 6. Representação animada de uma coisa ou acontecimento, a viva voz ou por escrito. 7. Quadro-negro. 8. *Apic.* Guarnição de madeira que protege os favos. 9. *Esp.* Equipe, time. 10. Conjunto de funcionários de uma repartição ou de uma empresa. 11. Armação de bicicleta ou motocicleta. — *Q.-negro*: superfície plana, de ardósia ou madeira, para cálculos e exercícios; pedra, quadro. *Q. sinóptico*: exposição sintética, que permite visão de conjunto de todas as partes de um assunto; sumário, sinopse.

Quadrúmano, adj. Que tem quatro mãos.

Quadrupedante, adj. m. e f. 1. Que anda em quatro pés. 2. Montado em quadrúpede. 3. Próprio de quadrúpede. 4. Relativo a quadrúpedes.

Quadrupedar, v. Intr. 1. Andar sobre quatro pés. 2. Montar em quadrúpede. 3. Fazer estrépito, como os quadrúpedes, ao andar.

Quadrúpede, adj. m. e f., e s. m. Que, ou o que tem quatro pés. S. m. *Fig.* Homem bruto, estúpido, tolo.

Quadruplicação, s. f. Ação ou efeito de quadruplicar.

Quadruplicar, v. 1. Intr. e pron. Tornar-se quatro vezes maior; desdobrar-se em quatro; ter atividade de quatro pessoas. 2. Tr. dir. Multiplicar por quatro.

Quádruplo, num. Múltiplo que significa quatro vezes mais. S. m. 1. Quantidade quatro vezes maior que outra. 2. Quadrigêmeo.

Quaiapá, s. m. *Bot.* Árvore da família das Flacurtiáceas (*Hylosma salzmanni*); espinho-de-judeu.

Qual, pron. (l. *quale*). 1. Que pessoa, que coisa. 2. De que natureza, de que qualidade. Conj. Como. Interj. Designa espanto, dúvida, incredulidade ou negação.

Qualidade, s. f. 1. Característica de uma coisa. 2. Modo de ser. 3. Disposição moral, caráter, temperamento. 4. *Filos.* Acidente que modifica a substância, sem lhe alterar a essência.

Qualificação, s. f. 1. Ato ou efeito de qualificar. 2. Anotação em documentos oficiais da identidade de alguém.

Qualificado, adj. 1. Que tem certa qualidade. 2. Que satisfaz a determinados requisitos.

Qualificador, adj. Que qualifica. S. m. Aquele que qualifica.

Qualificar, v. (l. med. *qualificare*). 1. Tr. dir. Atribuir qualidade a. 2. Tr. dir. Indicar a qualidade de; apreciar, avaliar, classificar, opinar a respeito de. 3. Tr. dir. Atribuir um título a;

enobrecer. 4. Tr. dir. e pron. Registrar(-se) como eleitor.
Qualificativo, adj. 1. Que qualifica ou exprime a qualidade de. 2. *Gram.* V. *adjetivo.* S. m. Palavra que exprime qualidade ou maneira de ser.
Qualificável, adj. m. e f. Que se pode qualificar.
Qualquer, adj. (*qual + quer*). Designativo de pessoa, objeto, lugar indeterminado; um, uma, algum, alguma, uns, umas, alguns, algumas. Pron. indef. Alguém. Pl.: *quaisquer.*
Quamanho, adj. *Des.* Quão grande; camanho.
Quando, adv. (l. *quando*). Em que época, em que ocasião, em que tempo. Conj. 1. Posto que. 2. Mas.
Quanta, s. m. pl. (pl. do l. erud. *quantum*). *Fís.* Quantidades elementares, nas quais, segundo a teoria do físico alemão Planck (1858-1947), devem considerar-se divididas certas grandezas tradicionalmente dadas como contínuas, tais como a luz e o tempo. O singular, gramaticalmente correto, deve ser: *um quantum.*
Quantia, s. f. (de *quanto*). 1. Soma, importância em dinheiro. 2. V. *quantidade.*
Quântica, s. f. *Mat.* Polinômio homogêneo com duas ou mais variáveis.
Quantidade, s. f. (l. *quantitate*). 1. Porção indefinida de qualquer coisa. 2. Porção ou número grande ou considerável; multidão. 3. *Mat.* Grandeza. 4. *Gram.* Valor das sílabas longas e breves. 5. *Mús.* Duração relativa das notas. 6. *Filos.* Acidente que torna a substância divisível em partes.
Quantificar, v. Tr. dir. 1. Exprimir em quantidade; tornar exprimível em quantidade. 2. Avaliar com precisão.
Quantioso, adj. 1. Muito numeroso. 2. Valioso. 3. Rico, opulento.
Quantitativo, adj. Relativo a; ou indicativo de quantidade.
Quanto, adj. Quão, que número de, que quantidade de. Pron. Que preço, que quantia, que quantidade, que número. Adv. Como, quão grandemente.
Quão, adj. (l. *quam*). 1. Quanto, como. 2. Emprega-se também como correlativo de *tão.*
Quapóia, s. f. *Bot.* Árvore gutiferácea (*Clusia insignis*).
Quá-quá-quá, interj. Imitativa de gargalhada.
Quarador, s. m. 1. V. *coradouro.* 2. *Fig.* Lugar sujeito à ação do Sol, onde se torna incômoda a permanência de pessoas ou animais.
Quarango, s. m. *Bot.* V. *quinaquina.*
Quarar, v. *Pop.* V. *corar,* acepção 2.
Quarenta, num. (l. *quadraginta*). 1. Denominação do número cardinal equivalente a quatro dezenas. 2. Quadragésimo. S. m. 1. Aquele ou aquilo que ocupa o último lugar numa série de quarenta. 2. Representação desse número em algarismos arábicos ou romanos.
Quarentão, adj. e s. m. *Pop.* Quadragenário. Fem.: *quarentona.*
Quarentena, s. f. (de *quarenta*). 1. Período de quarenta dias. 2. Período, originariamente de quarenta dias, de detenção ou isolamento, imposto a navios, pessoas ou animais procedentes de portos onde há doenças contagiosas. 3. Número de quarenta pessoas ou coisas. 4. Quaresma.
Quarentenar, v. (de *quarentena*). 1. Intr. Estar de quarentena (viajante suspeito de alguma doença contagiosa). 2. Tr. dir. Pôr em quarentena; sujeitar a quarentena.
Quarentenário, adj. 1. Que se refere a quarentena. 2. Que dura quarenta anos. Adj. e s. m. Que, ou aquele que está de quarentena. S. m. Passagem do quadragésimo aniversário.
Quarentia, s. f. Antigo tribunal de Veneza, constituído por quarenta magistrados.
Quareógrafo, s. m. Instrumento para desenhar perspectivas com exatidão; perspectógrafo.
Quaresma, s. f. (l. *quadragesima*). 1. *Liturg.* Período de quarenta dias, compreendido entre quarta-feira de Cinzas e domingo de Páscoa. 2. *Bot.* Espécie de coqueiro. 3. O fruto desse coqueiro. 4. *Bot.* V. *quaresmeira.* S. m. e f. *Pop.* Pessoa loroteira, mentirosa, potoqueira.
Quaresmal, adj. m. e f. Que se refere à quaresma.
Quaresmar, v. Intr. Observar os preceitos da Igreja relativos à quaresma.
Quaresmeira, s. f. *Bot.* Nome comum a vários arbustos melastomáceos brasileiros, do gênero *Tibouchina.*
Quariúba, s. f. *Bot.* Nome de quatro árvores voquisiáceas (*Vochysia ferruginea, V. obidiensis, V. eximia* e *V. maxima*). Var.: *quaruba.*
Quaró, s. m. *Bot.* Planta malpighiácea (*Galphimia brasiliensis*); resedá-amarelo, tintureira.
Quarta, s. f. 1. Cada uma das quatro partes em que se pode dividir um inteiro; um quarto. 2. A quarta parte de um alqueire. 3. Quartinha. 4. *Mús.* Intervalo entre quatro notas. 5. Quarta-feira.
Quartã, adj. Diz-se da febre intermitente, que se repete de quatro em quatro dias. S. f. Essa febre.
Quartado, adj. (*quarto + ado*). 1. Dividido em quatro. 2. Formado de quatro.
Quarta-doença, s. f. *Med.* Doença eruptiva de caracteres semelhantes aos da escarlatina, da rubéola e do sarampo; quarta-moléstia. — *Quarta-doença venérea*: doença inflamatória aguda da glande do pênis e da superfície oposta do prepúcio, caracterizada por ulcerações e às vezes gangrena; linfogranulomatose inguinal venérea. Pl.: *quartas-doenças.*
Quarta-feira, s. f. Quarto dia da semana, a contar de domingo. Adj. *Pop.* Imbecil, aparvoado, bobo. Pl.: *quartas-feiras.*
Quartaludo, adj. (de *quarto*). V. *quarteludo.*
Quarta-moléstia, s. f. V. *quarta-doença.* Pl.: *quartas-moléstias.*
Quartanário, s. m. (*quartã + ário*). Indivíduo que sofre de febre quartã.
Quartanista, s. m. e f. Estudante que freqüenta o quarto ano de um curso escolar qualquer.
Quartano, s. m. Antiga medida equivalente à quarta parte de um quarteiro.
Quartão, s. m. Medida de líquidos, que contém três canadas ou a quarta parte de um almude. Pl.: *quartãos.*
Quartar, v. (*quarta + ar*). Intr. Sair da linha, quando se está a esgrimir.
Quartário, s. m. Quarta-parte de qualquer medida entre os romanos, especialmente do sextário.
Quartau, s. m. (de *quarto*). 1. Cavalo pequeno e robusto; quartão. 2. Antiga peça de artilharia.
Quarteado, adj. Dividido em quatro peças ou cores ou desenhos. — *Bem q.*: diz-se do cavalo robusto, bem proporcionado de corpo e membros.
Quartear, v. Tr. dir. 1. Dividir em quatro partes iguais ou aproximadamente iguais. 2. Decorar com quatro cores diferentes. 3. *Taur.* Fazer quarteio: *Quartear um boi.* 4. Ajudar, a cavalo, a puxar ou desatolar (um carro), por meio de uma corda atada à cincha e presa pela outra extremidade à lança ou varais.
Quarteio, s. m. (de *quartear*). *Taur.* Quarto de volta dado pelo toureiro ao farpear um touro.
Quarteirão, s. m. (*quarteiro + ão*). 1. Quarta parte de cem. 2. Conjunto de casas fechadas por quatro ruas na divisão urbana; quadra. 3. Cada uma das quatro traves que amarram os cantos do teto da casa.
Quarteiro, s. m. 1. Criado de quarto. 2. Quarta parte de um moio.
Quartejar, v. V. *esquartejar.*
Quartel, s. m. (cat. *quarter*). 1. Quarta parte de um todo; quarto. 2. Imposto ou foro que se pagava todos os trimestres. 3. *Heráld.* Cada uma das quatro partes em que se divide o campo de um escudo ou brasão; quarteirão. 4. *Mil.* Edifício onde está aquartelado um regimento, batalhão ou destacamento. 5. Período, época. 6. *Náut.* Adicional para aumentar grossura e comprimento dos mastros e vergas, quando feitos de uma peça de madeira. — *Q.-general*: a) quartel; b) sede dos oficiais e do estado-maior.
Quartela, s. f. 1. *Zool.* Região entre o boleto e a coroa do casco. 2. *Arquit.* Peça de sustentação; calço.
Quartelada, s. f. 1. Movimento sedicioso nos quartéis. 2. Uma das partes componentes das redes, que formam os aparelhos simétricos de pesca.
Quartelismo, s. m. Influência dos militares; predomínio das forças armadas; militarismo.

Quarterão, adj. e s. m. Que, ou aquele que é filho de pais mestiços: quadrarão.

Quarteto *(ê)*, s. m. (ital. *quartetto*). 1. Estância ou estrofe de quatro versos; quadra. 2. *Mús.* Composição para quatro instrumentos ou quatro vozes. 3. Conjunto dos artistas que a executam. 4. Conjunto desses instrumentos ou vozes. 5. *Fam.* Reunião de quatro pessoas.

Quartilhada, s. f. *Pop.* Líquido contido numa medida de quartilho.

Quartilho, s. m. 1. Antiga medida para líquido, equivalente a 0,6655 de litro. 2. Quarta parte de uma canada.

Quartinha, s. f. (de *quarta*). Espécie de bilha de barro, para conter e refrescar a água; moringa, quarta.

Quartinheiro, s. m. Utensílio ou móvel, com orifícios nos quais se colocam as quartinhas ou moringas.

Quartinho, s. m. *(quarto + inho).* 1. Pequeno quarto; cubículo. 2. Privada de fossa, no quintal; casinha, latrina.

Quarto, num. Que ocupa o último lugar em uma série ou ordem de quatro. S. m. 1. Cada uma das quatro partes iguais em que foi dividido ou é divisível um inteiro. 2. Pessoa ou objeto que ocupa o lugar número quatro numa série. 3. Vasilha equivalente à quarta parte do tonel. 4. Mão e perna de uma rês até metade do lombo na altura e até metade da barriga na largura. 5. Cada quinze minutos ou cada quarta parte da hora. 6. Cômodo de dormir. 7. Cada quarta parte do dia ou da noite, em que se fazem as vigílias por soldados ou marinheiros escalados, enquanto os demais descansam ou fazem o serviço; plantão.

Quartodecimano, adj. Que diz respeito ao décimo quarto dia do mês judeu de Nisão. Adj. e s. m. Diz-se dos, ou os membros de um grupo de cristãos do II e III séculos, que celebram a Páscoa no décimo quarto dia da Lua depois do equinócio da primavera.

Quartola, s. f. Pequena pipa medindo um quarto do tonel.

Quartudo, adj. Que tem as ancas ou quartos bem desenvolvidos.

Quártzico, adj. 1. Composto de quartzo. 2. Em que há quartzo. 3. Abundante em quartzo; quartzífero. Var.: *quárcico.*

Quartzífero, adj. 1. Que contém quartzo. 2. Que abunda em quartzo; quártzico. Var.: *quarcífero.*

Quartzito, s. m. *(quartzo + ito[2]). Miner.* Rocha compacta ou cristalina de forma granulosa, cuja base é o quartzo. Var.: *quarcito.*

Quartzo, s. m. (al. *Quarz*). *Miner.* Sílica natural em que consistem, quase inteiramente, as areias e arenitos, e que entra com 10 a 15% na formação de muitas rochas, como, por exemplo, o granito e vários gnaisses.

Quartzoso, adj. 1. Relativo ao quartzo. 2. Que tem a natureza do quartzo. Var.: *quarçoso.*

Quaruba, s. f. V. *quariúba.*

Quase, adv. (l. *quasi*). 1. Perto, proximamente, no espaço e no tempo. 2. Com pouca diferença. 3. Pouco mais ou pouco menos. 4. Por um pouco que não.

Quasimodal, adj. m. e f. Que lembra a fealdade de Quasímodo, personagem de Vítor Hugo.

Quasímodo, s. m. (1. *quasi + modo*). 1. *Liturg. ant.* Domingo seguinte ao da Páscoa, também chamado *Domingo da Pascoela.* Com a reforma litúrgica de 1969, passou a denominar-se *2º domingo da Páscoa.* 2. Indivíduo quasimodal; monstrengo.

Quassação, s. f. *Farm.* Redução de cascas e raízes a fragmentos, para extração de seus princípios ativos.

Quássia, s. f. *Bot.* 1. Gênero *(Quassia)* de arbustos e árvores tropicais, da família das Simarubáceas, de folhas pinuladas e inflorescências escarlates. 2. O cerne da quássia-amargosa. 3. Droga obtida do cerne da quássia-amargosa e de outras árvores.

Quaternado, adj. 1. *Miner.* Cujas faces estão dispostas quatro a quatro. 2. *Bot.* Diz-se dos órgãos vegetais, dispostos em grupos de quatro no mesmo ponto de inserção.

Quaternário, adj. 1. Que consiste em quatro partes ou componentes. 2. Que tem quatro lados ou faces. 3. *Quím.* Que se compõe de quatro elementos ou corpos simples. 4. *Mús.* Diz-se do compasso de quatro tempos. 5. *Geol.* Diz-se da era geológica atual.

Quaternião, s. m. *Farm.* Bálsamo medicamentoso, composto de quatro símplices.

Quaternidade, s. f. Agrupamento de quatro pessoas ou coisas.

Quaterno, adj. Composto de quatro partes, elementos, coisas, modos etc.

Quati, s. m. (do tupi). *Zool.* Nome popular de mamíferos carnívoros *(Nasua nasua)* dotados de cauda felpuda e com pêlos de cor escura e clara, intercalados em anéis; habitam a América tropical.

Quatiara, s. f. *Herp.* Serpente peçonhenta, da família dos Crotalídeos *(Bothrops cotiara)*, cuja região dorsal é verde-olivácea; boicotiara, jararaca-preta.

Quatimirim, s. m. V. *caxinguelê.*

Quatimundé, s. m. V. *quatimundéu.*

Quatimundéu, s. m. *Zool.* Nome dado aos quatis velhos, que vivem afastados dos bandos.

Quatorze, num. 1. Treze mais um. 2. Décimo quarto: Luís *Quatorze.* S. m. 1. Número composto de treze mais uma unidade. 2. Grupo de algarismos ou letras que representa este número: 14 e XIV. 3. Indivíduo ou objeto que numa série ocupa o décimo quarto lugar. Var.: *catorze.*

Quatorzeno, num. Décimo quarto. Var.: *catorzeno.*

Quatragem, s. f. *(quatro + agem).* Antiga dança de Minas Gerais, com grupos de quatro formando rodas.

Quatralvo, adj. *(quatro + alvo).* Qualificativo dos animais que têm as patas brancas dos joelhos para baixo; calçado.

Quatriduano, adj. (1. *quatriduanu*). Que tem a duração de um quatríduo.

Quatríduo, s. m. (1. *quatriduu*). Período de quatro dias.

Quatrienal, adj. m. e f. Relativo a quatriênio.

Quatriênio, s. m. Período de quatro anos; quadriênio.

Quatrilhão, s. m. Número 1.000 trilhões. Var.: *quatrilião.*

Quatrim, s. m. (cast. *cuatrín*). Pequena moeda antiga, de pouco valor; ceitil.

Quatrinca, s. f. Quatro cartas do mesmo valor, embora de naipes diferentes, ou quatro cartas seguidas do mesmo naipe, no jogo.

Quatro, num. (1. *quattuor*). Três mais um. S. m. 1. Número composto de três mais uma unidade. 2. Algarismo ou letras que representam este número: 4 e IV. 3. Indivíduo ou objeto que numa série ocupa o quarto lugar. 4. Esse mesmo lugar.

Quatrocentismo, s. m. Estilo, gosto, expressão ou escola dos quatrocentistas.

Quatrocentista, adj. m. e f. Relativo ao quatrocentos (século XV). S. m. e f. 1. Artista, escritor ou escritora que pertence ao quatrocentos.

Quatrocentos, num. *(quatro + centos).* Quatro vezes cem. S. m. 1. O número 400. 2. O século quinze, especialmente referente à arte e literatura italiana desse período.

Quatrolho *(ô)*, adj. *(quatro + olho).* 1. Que tem as sobrancelhas brancas. 2. Diz-se do animal que tem um círculo claro em torno dos olhos.

Quatuorvirado, s. m. V. *quatuorvirato.*

Quatuorvirato, s. m. 1. Cargo ou dignidade de quatuórviro. 2. Duração desse cargo. 3. V. *quadrunvirato.* Var.: *quatuorvirado.*

Quatuórviro, s. m. *Anting. rom.* Título de diversos magistrados encarregados, quatro a quatro, de várias funções, entre as quais o serviço de viação pública; quadrúnviro.

Quaxinduba, s. f. *Bot.* V. *cuaxinguba.*

Quaxinguba, s. f. *Bot.* Árvore morácea *(Ficus anthelmintica).*

Que[1], pron. adj. Quanto, quão grande; qual.

Que[2], pron. interrog. subst. (l. *quid*). Qual coisa? quais coisas?

Que[3], pron. rel. (l. *qui*). 1. O qual, a qual, os quais, as quais. 2. O que, aquilo que.

Que[4], adv. Quão, de que modo: *Que* enganados estávamos!

Que[5], prep. De: Você terá *que* declarar tudo.

Que[6], conj. E; desde que; porque; para que; sem que; embora; como.
Que[7], partícula expletiva optativa.
Que[1], s. m. Alguma coisa, qualquer coisa, certa coisa.
Que[2], s. m. Nome da letra *Q*, *q*. Pl: *quês* ou *qq*.
Quê!, interj. Como! oh!: *Quê!* você por aqui?
Qüeba, adj. m. e f. Antigo, velho.
Quebra, s. f. (de *quebrar*). 1. Ação ou efeito de quebrar. 2. Fratura, ruptura, fragmentação. 3. Interrupção, rompimento. 4. Vinco, ruga, dobra ou prega. 5. Fralda, declive, rampa ou quebrada. 6. Desfalque, diminuição, falha, falta, perda. 7. Canto ou quina. 8. Mudança para pior. 9. Infração, transgressão, violação. 10. Falência. 11. Sobras. 12. Objeto ou mercadoria que se dá a mais, em compras vultosas, para agradar ao comprador.
Quebra-cabeça, s. m. *Pop*. 1. Coisa que preocupa ou inquieta uma pessoa. 2. Problema difícil; questão complicada. 3. Questão, problema, brinquedo ou artefato gráfico ou mecânico, que serve de passatempo apresentando dificuldades a serem resolvidas. Pl.: *quebra-cabeças*.
Quebrachal, s. m. Bosque de quebrachos.
Quebracho, s. m. *Bot*. Nome de diversas árvores de madeira dura da América do Sul.
Quebra-costela, s. m. *Fam*. Abraço forte. Pl.: *quebra-costelas*.
Quebrada, s. f. 1. Declive de monte; ladeira. 2. Recife por onde o mar entra, dando acesso a embarcações. 3. Depressão do terreno. 4. Sulco produzido por água do mar, que violentamente entrou em terra, ou por torrente das cheias; ravina.
Quebradeira, s. f. 1. Falta de forças; quebranto, quebreira. 2. Falta de dinheiro.
Quebradela, s. f. 1. Ação ou efeito de quebrar; quebra pequena. 2. Rachadela.
Quebradiço, adj. Que se quebra facilmente; frágil.
Quebrado, adj. 1. Que se quebrou; separado em dois ou mais pedaços; fragmentado, partido. 3. Interrompido, rompido. 3. Violado por transgressão; infringido. 4. *Com*. Que abriu falência. 5. Oprimido, abatido. 6. Exausto de forças. 7. Que sofre de hérnia. S. m. 1. Parte de uma unidade ou de um número inteiro. 2. *Arit*. Fração. 3. Indivíduo falido. S. m. pl. Dinheiro trocado.
Quebrador, adj. Que quebra. S. m. Aquele ou aquilo que quebra.
Quebradouro, s. m. Lugar da praia onde se dá a arrebentação das ondas, onde se quebram as ondas. Var.: *quebradoiro*.
Quebradura, s. f. 1. Quebra. 2. Hérnia.
Quebra-esquinas, s. m. sing. e pl. *Pop*. 1. Vadio, vagabundo. 2. Namorador.
Quebra-freio, adj. 1. Rebelde, renitente. 2. Turbulento, desordeiro, mau. S. m. Indivíduo valente e brigador. Pl.: *quebra-freios*.
Quebras-gelos, s. m. sing. e pl. *Náut*. Navio apropriado para abrir caminho nos mares gelados.
Quebra-largado, adj. 1. Desinibido, atrevido. 2. Destro, decidido, valente.
Quebralhão, adj. Diz-se de pessoa ou animal de má índole. S. m. Tal pessoa ou animal.
Quebra-luz, s. m. Abajur, pantalha ou globo. Pl.: *quebra-luzes*.
Quebra-machado, s. m. *Bot*. Denominação de duas árvores rutáceas (*Metrodorea nigra* e *Metrodorea pubescens*).
Quebra-mar, s. m. Molhe, ou outra construção, que recebe e rechaça o ímpeto das ondas ou das correntes. Pl.: *quebra-mares*.
Quebramento, s. m. Quebra, rompimento; quebreira.
Quebrança, s. f. O quebrar das ondas, quando batem de encontro aos rochedos.
Quebra-nozes, s. m. sing. e pl. 1. Instrumento metálico para partir nozes. 2. Nome de diversos pássaros corvídeos que se alimentam de nozes.
Quebrantado, adj. 1. Que se quebrantou; debilitado, abatido, extenuado, prostrado. 2. Prejudicado. 3. Que sofre de quebranto. 4. Atingido por revés.
Quebrantador, adj. e s. m. Que, ou o que quebranta.
Quebrantamento, s. m. 1. Ação ou efeito de quebrantar. 2. Fratura. 3. Violação, transgressão, desobediência. 4. Cansaço, fadiga, prostração.
Quebrantar, v. (de *quebrar*). 1. Tr. dir. Quebrar, ou pôr em estado próximo da quebra. 2. Tr. dir. Amansar, domar, vencer. 3. Tr. dir. Macerar, machucar. 4. Tr. dir. Diminuir o vigor ou tirar a energia de. 5. Pron. Perder as forças, perder o ânimo; debilitar-se, enfraquecer-se. 6. Tr. dir. Servir de lenitivo a; abrandar, suavizar. 7. Tr. dir. Infringir, transgredir, violar. 8. Pron. Sofrer a ação de quabranto.
Quabranto, s. m. *Folc*. 1. Suposto estado mórbido produzido pelo mau olhado de certas pessoas, nas crianças, nos animais, nas plantas e até nos alimentos; mau olhado. 2. Abatimento, desânimo, fadiga.
Quebra-pedra, s. f. *Bot*. Planta euforbiácea (*Phyllanthus corcovadensis*), à qual outrora se atribuía a propriedade de dissolver cálculos urinários.
Quebra-queixo, s. m. 1. Bebida excessivamente gelada. 2. Charuto grande e ordinário. 3. Puxa-Puxa. Pl.: *quebra-queixos*.
Quebra-quilos, s. m. sing. e pl. Partidário da sedição que em 1875 rebentou na Paraíba do Norte, contra a decretação de novos impostos provinciais e a lei que estabeleceu no Brasil o sistema métrico decimal adotado em 1862.
Quebrar, v. (l. *crepare*). 1. Tr. dir., intr. e pron. Separar(-se) em partes, violentamente (por efeito de queda ou pancada); reduzir(-se) a pedaços, fragmentar(-se), despedaçar(-se). 2. Intr. e pron. Partir-se, fender-se, rachar; romper-se, estalar. 3. Tr. dir. Fraturar. 4. Tr. dir. Fazer dobras em; vincar. 5. Intr. Desviar-se para; dobrar a esquina para. 6. Pron. Dobrar o corpo; requebrar-se, saracotear-se. 7. Intr. Dar quebra, faltar no peso ou na medida. 8. Intr. Refletir-se, refratar-se (a luz ou o som). 9. Tr. dir. Quebrantar, amansar, domar. 10. Tr. ind. Perder o impulso, diminuir a violência do ímpeto (as ondas, o mar, o vento etc.). 11. Tr. dir. Acabar com, destruir, fazer cessar, pôr termo a: *Quebrar* os *laços* ou *vínculos* de amizade. 12. Tr. ind. Cortar as relações com alguém. 13. Tr. dir. Infringir, violar. 14. Tr. dir. Faltar ao cumprimento de (palavra ou promessa). 15. Intr. Abrir falência; falir.
Quebra-rabicho, adj. Valente. S. m. Contenda, rolo, arruaça, desordem. Pl.: *quebra-rabichos*.
Quebreira, s. f. *Pop*. 1. Cansaço, fraqueza, prostração; moleza de corpo; languidez. 2. Falta de dinheiro; pindaíba, quebradeira.
Quebro, s. m. (de *quebrar*). 1. Meneio gracioso do corpo; requebro. 2. *Taur*. Movimento que o toureiro faz com a cintura para evitar a marrada.
Quecé ou **quecê**, s. m. V. *caxirenguengue*. Var.: *quicé* e *quicê*.
Quéchua, s. m. V. *quíchua*.
Queci-queci, s. m. *Ornit*. Ave psitacídea (*Aratinga solstitialis*), também denominada *quijuba*.
Queda, s. f. (l. v. **cadita?*). 1. Ação ou efeito de cair. 2. Movimento do corpo que cai; descida, caída. 3. Salto de água. 4. Desmoronamento, ruína. 5. Declive da montanha; inclinação. 6. Perdição moral; erro, pecado, culpa. 7. Pendor, propensão, vocação, tendência.
Quedar, v. (l. *quietare*). 1. Intr. e pron. Estar ou ficar quedo. 2. Intr. e pron. Parar, demorar-se num ponto ou sítio. 3. V. de ligação. Ficar, permanecer.
Quediva, s. m. (persa *khudiw*, de *khudiaw*). Título dos vice-reis turcos do Egito, de 1867 a 1914.
Quedo, adj. (l. *quietu*). 1. Sem movimento; quieto. 2. Suspenso, parado. 3. Tranqüilo. 4. Vagaroso, pausado.
Quefazer, s. m. (*que* + *fazer*). Ocupação, trabalho.
Quefir, s. m. (turco *kefyr*). 1. Tipo de coalhada feita com fermento selecionado. 2. Bebida gasosa fermentada, que os montanheses do Cáucaso preparam com leite desnatado e grãos-de-quefir; esses grãos são a mistura de uma bactéria (*Bacterium caucasicum*) e um fermento (*Saccharomyces kefir*).
Queijada, s. f. (*queijo* + *ada*). *Cul*. Pastel recheado de ovos, queijo, nata e açúcar.

Queijadeira, s. f. Mulher que faz ou vende queijadas.
Queijadeiro, adj. Referente à queijada. S. m. O que faz ou vende queijadas.
Queijadilho, s. m. *Bot.* Planta primulácea (*Primula grandiflora*).
Queijadinha, s. f. 1. Diminutivo de *queijada*; pequena queijada. 2. Doce de coco, queijo, ovos e açúcar.
Queijar, v. Intr. *Des.* Fazer queijo.
Queijaria, s. f. 1. Fabricação de queijos. 2. Lugar onde se fabricam queijos; queijeira.
Queijeira, s. f. 1. Fem. de *queijeiro*: mulher fabricante ou vendedora de queijos. 2. Casa onde se fabricam queijos.
Queijeiro, s. m. (*queijo + eiro*). 1. Fabricante ou vendedor de queijos. 2. V. *caipira*.
Queijo, s. m. (l. *caseu*). 1. Coalho de leite (com ou sem a nata), separado do soro e preparado de várias maneiras na forma de alimento nutritivo e durável. 2. Pedaço dessa substância de forma e tamanho definidos.
Queijoso, adj. Que tem a natureza do queijo; caseoso.
Queima, s. f. 1. Ação ou efeito de queimar. 2. Queimação, cremação, combustão. 3. Queimada nas matas, nos campos ou nas roças. 4. Efeito da geada sobre as plantas. 5. Liquidação a baixo preço de mercadorias em saldo ou de todo o estoque por motivo de liquidação de negócio.
Queimação, s. f. 1. Ação ou efeito de queimar; queima. 2. Enfadamento, impertinência. 3. Cremação, combustão. — *Q. no estômago*: azia.
Queimada, s. f. 1. Desbravamento pelo fogo de terreno coberto de mato. 2. Parte da floresta ou campo que se incendeia por casualidade ou propositadamente. 3. Terra calcinada para adubo. 4. Cardume de sardinhas. 5. Quentão.
Queimadeira, s. f. *Bot.* Planta euforbiácea (*Jatropha horrida*).
Queimadeiro, s. m. Lugar onde se queimavam os sentenciados à pena de fogo.
Queimado, adj. 1. Que se queimou; incendiado, carbonizado, torrado. 2. Bronzeado pela ação do calor ou do sol; escuro, tostado. 3. Que sofreu a ação da geada. 4. *Pop.* Abespinhado, zangado, encolerizado. S. m. 1. Cheiro próprio da comida que se esturrou; esturro. 2. Bala, rebuçado.
Queimador, adj. Caloroso, escaldante, fogoso: *Queimadoras* palavras. Adj. e s. m. Que, ou o que queima; incendiário.
Queimadura, s. f. 1. Ação ou efeito de queimar. 2. Lesão que se apresenta na parte do corpo, que foi queimada. 3. *Med.* Empola ou ferida resultante da ação do fogo.
Queimante, adj. m. e f. Que queima; acre, picante.
Queimar, v. (l. *cremare*). 1. Tr. dir. Consumir, destruir por meio de fogo; reduzir a cinzas; abrasar, carbonizar. 2. Tr. dir. e pron. Crestar(-se) muito, tostar(-se). 3. Pron. Requeimar-se ao sol; amorenar-se, tostar-se. 4. Intr. Produzir demasiado calor; escaldar, arder. 5. Intr. Estar demasiado quente, estar febril. 6. Intr. Produzir queimadura. 7. Pron. Sofrer queimadura. 8. Intr. e pron. Fundir-se: O fusível *queimou* (ou *queimou-se*). 9. Tr. dir. Liquidar ou vender por preço baixo: A loja está *queimando* todas as *mercadorias*. 10. Pron. Irritar-se, melindrar-se, zangar-se, dar-se por ofendido.
Queimo, s. m. Ardor ou sabor picante de algumas substâncias.
Queimor, s. m. V. *queimo*.
Queimoso, adj. 1. Que queima. 2. Acre, picante.
Queira, s. f. Lote de empregados ou escravos.
Queiro, adj. V. *queixeiro*.
Queixa, s. f. (de *queixar*). 1. Ação ou efeito de se queixar. 2. Descontentamento, aborrecimento. 3. Exposição de agravos ou injúrias a uma autoridade competente, para pedir reparação. 4. Causa de ressentimento.
Queixada, s. f. (*queixo + ada*). Maxila, especialmente a inferior. S. m. *Zool.* Mamífero artiodátilo não ruminante, da família dos Taiaçuídeos (*Tayassu pecari pecari*).
Queixal, adj. m. e f. (*queixo + al*). 1. Pertencente ou relativo ao queixo. Adj. e s. m. Diz-se do, ou o dente molar inferior.
Queixar, v. (l. v. *quassiare*, por *quassare*). Pron. 1. Proferir queixa; lamentar-se. 2. Manifestar desagrado ou ressentimento; lastimar-se. 3. Mostrar-se magoado ou ofendido. 4. Descrever os seus sofrimentos; expor os seus agravos ou motivos de desgosto.
Queixeiro, adj. m. Diz-se do dente do siso.
Queixo, s. m. (l. *capsu*). 1. Maxila dos animais vertebrados. 2. Maxila inferior; mento.
Queixoso, adj. 1. Em que há queixa. 2. Agravado, ofendido. 3. Plangente, sentido. Adj. e s. m. 1. Que, ou aquele que se queixa. 2. Que, ou aquele que é ofendido e queixa-se perante a autoridade.
Queixudo, adj. *Pop.* 1. Que tem o queixo grande ou maxila inferior muito desenvolvida. 2. Garganta, papudo, teimoso, gabola, megalomaníaco.
Queixume, s. m. 1. Queixa, lamentação, lamento, gemido. 2. Querela judicial.
Queixumeiro, adj. Que vive a lastimar-se; lamuriante. S. m. Pessoa que vive a lastimar-se.
Quejando, adj. (l. *quid genitu*). 1. Da mesma natureza ou qualidade. 2. Outro que tal, ou semelhante. S. m. Pessoa ou coisa da mesma natureza, espécie ou qualidade.
Quelha (*ê*), s. f. 1. Calha. 2. Rua estreita; viela, ruela.
queli-, elem. de comp. (gr. *khele*). Exprime a idéia de *pinça*: *quelífero*.
Quelícera, s. f. *Zool.* Apêndice pré-bucal dos Aracnídeos.
Quelidônia, s. f. *Bot.* Erva perene (*Chelidonium majus*), da família das Papaveráceas.
Quelífero, adj. (*queli + fero*[1]). Que tem quelas ou pinças; diz-se do apêndice terminado em pinça.
Quelípode, s. m. *Zool.* Pata de crustáceo decápode, terminada em pinça.
quelo-, elem. de comp. (gr. *khele*). Exprime idéia de *pinça*: *quelodonte*.
Quelodonte, adj. m. e f. Que tem dentes em forma de pinças.
Quelônio, adj. *Zool.* Relativo ou pertencente aos Quelônios. S. m. Tartaruga da ordem dos Quelônios. S. m. pl. Ordem (*Chelonia*) de répteis que compreende as tartarugas e os cágados.
Quelonite, s. f. (*quelono + ite*[2]). *Paleont.* Tartaruga fossilizada.
quelono-, elem. de comp. (gr. *khelone*). Exprime a idéia de *tartaruga*: *quelonófago, quelonografia*.
Quelonófago, adj. e s. m. (*quelono + fago*). Diz-se do, ou o que se alimenta de tartarugas.
Quelonografia, s. f. Estudo descritivo dos quelônios.
Quelonógrafo, s. m. (*quelono + grafo*). Aquele que se dedica especialmente à quelonografia.
Quem, pron. (l. *quem*). 1. (Relativo). Aquele que, aqueles que, a pessoa que, as pessoas que, o que, os que. 2. (Relativo). O qual, a qual, os quais, as quais. 3. (Indefinido). Alguém que, qualquer pessoa que. 4. (Indefinido). Um... outro, este... aquele.
Quembembe, s. m. Quebrada da serra; grotão, desfiladeiro, ravina.
Quemose, s. f. (gr. *khemosis*). *Med.* Espécie de conjuntivite; oftalmia com edema considerável da mucosa conjuntival.
Quem-te-vestiu, s. m. sing. e pl. *Ornit.* Passarinho da família dos Fringilídeos (*Poospiza nigro-rufa*).
Quenga, s. f. 1. Espécie de vasilha feita com metade da casca (endocarpo) vazia de um coco-da-baía. 2. Guisado de galinha com quiabos. 3. Meretriz. 4. Coisa imprestável e inútil.
Quengada, s. f. 1. Trapaça, esperteza. 2. Cabeçada, tolice. 3. Grupo de quengas ou prostitutas.
Quengo, s. m. 1. Espécie de concha com cabo, feita da metade da casca vazia do coco; quenga. 2. Cabeça. 3. Inteligência, talento.
Quenopodiáceas, s. f. pl. *Bot.* Família (*Chenopodiaceae*) da ordem das Cariofilales, que compreende plantas com flores inconspícuas, apétalas, esverdeadas, e fruto utricular. S. f. Espécime dessa família.
Quenopódio, s. m. *Bot.* 1. Gênero (*Chenopodium*) típico da família das Quenopodiáceas. 2. Planta desse gênero; anserina.
Quenquém, s. m. *Entom.* Denominação indígena das formigas

do gênero Acromírmex, cujo comportamento é semelhante ao das saúvas.

Quentão, s. m. (de *quente*). 1. Cachaça com gengibre, levada ao fogo. 2. Bebida quente, forte.

Quentar, v. V. *aquentar.*

Quente, adj. m. e f. (l. *calente*). 1. Que tem, produz ou transmite calor. 2. De alta temperatura; que dá sensação de calor. 3. Ardido, estimulante, picante, acre. 4. Ardente, cálido. 5. Ativo, vibrante. S. m. 1. Lugar quente. 2. A cama.

Quentura, s. f. 1. Estado de quente; calor. 2. Ardor febril.

Quepe, s. m. (fr. *képi*). Tipo de boné, com armação e pala, que faz parte de uniformes militares.

Queque, s. m. (ingl. *cake*). Bolo parecido com pão-de-ló, mais compacto, feito de manteiga, ovos e açúcar.

Quer... quer, conj. alter. (de *querer*). Ou... ou, já... já, seja... seja: Vem todos os dias, *quer* chova, *quer* faça sol. (Forma a loc. conj. *onde quer que* e a locução pron. *o que quer que*).

Qüera, adj. m. e f. Destemido, forte, valente. Sinôn.: *qüerudo.* Var.: *cuera.*

Queratite, s. f. V. *ceratite.*

Qüercina, s. f. (*qüerci* + *ina*). *Quím.* Substância cristalizada, que se extrai da casca do carvalho comum.

Querela, s. f. (l. *querela*). 1. Denúncia em juízo; libelo. 2. Demanda, ação, questão, pendência. 3. Debate, discussão.

Querelado, s. m. Contra quem se querelou; acusado.

Querelador, adj. e s. m. V. *querelante.*

Querelante, adj. e s., m. e f. Que, ou pessoa que querela; queixoso, denunciante; quereloso.

Querelar, v. 1. Tr. ind. Apresentar, promover querela; queixar-se de alguém em juízo ou perante os tribunais: *Querelar contra* alguém ou *querelar de* alguém. 2. Pron. Queixar-se, lamentar-se, lastimar-se: Essa criatura vive *querelando-se.*

Quereloso, adj. (l. *querelosu*). V. *querelante.*

Querena, s. f. (var. de *carena*). 1. Parte do casco do navio que fica submersa. 2. *Pop.* Direção, rumo.

Querenar, v. Tr. dir. 1. Virar ou pôr de querena (a embarcação), para consertar ou limpar. 2. Construir a querena de (uma embarcação).

Querença, s. f. 1. Ação ou efeito de querer. 2. Vontade (boa ou má) para com alguém. 3. V. *querência,* acepção 1. 4. V. *querência* acepção 2.

Querência, s. f. (cast. *querencia*). 1. Lugar onde um animal nasceu e se criou, e ao qual procura sempre voltar quando afastado. 2. Amor, paixão. Var.: *querença.*

Querençoso, adj. (*querença* + *oso*). 1. Que tem querença. 2. Voluntarioso. 3. Afetuoso, carinhoso.

Querendão, adj. e s. m. (de *querer*). 1. Diz-se do, ou o namorado afetuoso e jovial. 2. Diz-se da, ou a pessoa que facilmente se acostuma com outra. 3. Diz-se do, ou o animal, que de pronto se afeiçoa a novos donos e a novas querências.

Querente, adj. m. e f. (l. *quaerente*). Que quer ou deseja alguma coisa.

Querequexé, s. m. V. *reco-reco.*

Querer, v. (l. *quaerere*). 1. Tr. dir. Sentir vontade de; ter a intenção de: Magoei-a sem *o querer.* 2. Tr. dir. Almejar, ambicionar, anelar por, desejar. 3. Intr. Exprimir o ato psicológico e formal da vontade; mostrar decisão: *Querer* é poder. 4. Tr. dir. Diligenciar, intentar, trabalhar por: *Queriam implantar* a desordem. 5. Tr. dir. Determinar, exigir, mandar, ordenar: *Quero todos a postos* imediatamente. 6. Tr. dir. Condescender em; dispor-se ou prestar-se a: Não *o quis* aprovar, sem rigoroso exame. 7. Tr. dir. Pedir ou pretender como preço: *Quanto quer* pelo carro? 8. Tr. dir. Pretender: *Que quer* o senhor? 9. Tr. dir. e tr. ind. Gostar de alguém ou de alguma coisa; ter afeição a; amar: *Quero* muito nossa *pátria. Queria-lhe* muito, mas apenas como a uma irmã. 10. Tr. dir. Fazer o favor de, ter a bondade de; dignar-se: *Queiram levantar-se.* 11. Pron. Ter vontade de estar ou de viver em determinado lugar, em certa companhia ou de certo modo: Só *me quero* junto aos meus livros. 12. Tr. dir. Admitir, consentir, permitir, tolerar (com predicativo do objeto direto, formando o predicado verbo-nominal): Não *o quiseram* para *genro.* 13. Tr. dir. Necessitar de; requerer.

Querido, adj. e s. m. Diz-se do, ou o homem que é amado ou muito estimado (apelativo comum, usado pelas mulheres em relação ao marido).

Querimônia, s. f. *Ant.* Queixa, querela.

Querite, s. f. Composto de alcatrão, substâncias graxas e enxofre, usado como isolante.

Quermes, s. m. 1. *Entom.* Gênero (*Chermes*) de insetos homópteros, da família dos Coccídeos, cujas espécies são responsáveis pela formação de galhas sobre folhas e ramos dos carvalhos, extraindo-se delas um corante escarlate. 2. *Entom.* Inseto desse gênero. 3. Matéria corante escarlate, semelhante à cochonilha, extraída das galhas formadas por esses insetos.

Quermesse, s. f. (flamengo *kerkmisse,* pelo fr.). 1. Comemoração da inauguração de uma igreja. 2. Na Holanda, feira anual das paróquias. 3. Quadro que representa essa feira. 4. Grupo de barracas, ao ar livre, com leilão de prendas, jogos, rifas, comes e bebes.

Quernita, s. f. *Miner.* V. *quernito.*

Quernito, s. m. *Miner.* Borato natural hidratado de sódio, que ocorre em forma de cristais e na de massas compactas cliváveis, incolores ou brancas. Vars.: *quernita* e *quernite.*

Quero-mana, s. m. 1. Espécie de dança popular da roça. 2. Moda popular, acompanhada ao violão. Pl.: *quero-manas.*

Quero-quero, s. m. *Ornit.* Ave da família dos Caradriídeos (*Belonopterus chilensis lampronotus*); tero-tero, téu-téu, tetéu, teréu-teréu, terém-terém, espanta-boiada, chiqueira. Pl.: *quero-queros.*

Querosenagem, s. f. 1. Ação ou efeito de querosenar. 2. Tratamento agrícola por querosene.

Querosenar, v. Tr. dir. Fazer tratamento pelo querosene para extermínio de insetos nocivos: *Querosenar* o *pasto.*

Querosene, s. m. (ingl. *kerosene*). 1. Óleo de nafta, próprio para iluminação, que se obtém de substâncias betuminosas, especialmente do petróleo. 2. Petróleo. 3. Diamante de cor azul-leitosa. 4. *Bot.* Árvore laurácea (*Nectandra oleaephora*).

Quérquera, s. f. *Med.* Acesso de febre, com calafrios.

Querubim, s. m. (hebr. *k'rubim*). 1. *Teol.* Anjo da primeira hierarquia. Col.: *coro, falange, legião.* 2. Anjo. 3. *Pint., escul.* e *arquit.* Cabeça de criança com asas, representando anjo. 4. Criança formosa.

Querubínico, adj. Relativo a querubim.

Quérulo, adj. 1. Que se queixa; queixoso, plangente. 2. Diz-se do canto do sabiá.

Quesito, s. m. (l. *quaesitu*). 1. Questão proposta a alguém e à qual se pede resposta; problema. 2. Requisito. 3. *Dir.* Ponto constante de arrazoado ou libelo.

Quesitor, s. m. Entre os antigos romanos, juiz criminal.

Questa, s. f. *Des.* V. *queixa, queixume.*

Questão, s. f. (l. *quaestione*). 1. Assunto que se discute ou controverte; discussão, controvérsia. 2. Tese, assunto.

Questionador, adj. e s. m. Que, ou o que questiona.

Questionar, v. 1. Tr. dir., tr. ind. e intr. Fazer questão sobre; debater com ardor, discutir acaloradamente. 2. Tr. dir. Contestar em juízo.

Questionário, s. m. Conjunto ou série de quesitos ou problemas; rol de perguntas.

Questionável, adj. m. e f. Que se pode questionar.

Questiúncula, s. f. 1. Questão sem importância. 2. Controvérsia ou discussão sobre assunto fútil.

Questor, s. m. 1. Juiz criminal entre os romanos; quesitor. 2. Magistrado romano encarregado das finanças.

Questório, adj. Pertencente ou relativo à questão.

Questuário, adj. e s. m. (l. *quaestuariu*). 1. Que, ou o que é ambicioso. 2. Que, ou o que só visa ao lucro.

Questuoso, adj. Que dá interesses ou vantagens.

Questura, s. f. Cargo ou função de questor.

Quetópode, adj. *Zool.* Que tem pêlos nos pés.

Quetua, s. f. *Ornit.* Ave psitacídea (*Pyrrhura roseifrons*), também chamada *rupequeiro.*

Quiabeiro, s. m. *Bot.* Arbusto da família das Malváceas (*Hibiscus esculentus*), de flores amarelas e frutos capsulares alimentícios; quingombô.

Quiabento, s. m. *Bot.* Arbusto cactáceo (*Pereskia grandiflora*); cacto-rosa.

Quiabo, s. m. (quimbundo *kin + gombo*). *Bot.* 1. V. *quiabeiro.* 2. Fruto do quiabeiro, cônico, verde e peludo, comestível.

Quiáltera, s. f. *Mús.* Figura musical que consiste na inserção de três notas de igual valor, executadas no mesmo tempo em que o seriam duas da mesma figura.

Quiasma, s. m. (gr. *khiasma*). 1. Cruz em forma de X grego, ou cruz de Santo André, ou sinal de multiplicação, ou sinal de cruzamento; aposto à margem dos textos, indica a discordância com a passagem assim assinalada. 2. *Gram.* Construção anômala em que se misturam construções normais.

Quiastro, s. m. (gr. *khiazein*). Ligadura em forma de X, que se usava nas fraturas das pernas. Var.: *quiastra.*

Quiba, adj. m. e f. Diz-se do animal corpulento e forte.

Quibandar, v. Tr. dir. Agitar o quibando.

Quibando, s. m. Crivo de palha, tecido em paralelo e que serve para peneirar; peneira de junco.

Quibe, s. m. (ár. *kubbet*). Prato da culinária síria, constituído por carne moída, trigo integral e condimentos.

Quibebe, s. m. (quimbundo *kibembe*). 1. Iguaria ou papa feita de abóbora. 2. Prato preparado com cambuquira. Adj. Que apresenta a consistência do quibebe.

Quibombô, s. m. V. *quiabo.* Var.: *quibombó.*

Quibungo, s. m. (quimbundo *ki + bungu*). 1. Baile de pretos. 2. *Folc.* Papão negro, devorador de criança manhosa.

Quiçá, adv. (cast. *quizá*, ant. *quiçab(e)*, isto é, *qui sabe*). Talvez, porventura, quem sabe.

Quiçaba, s. f. Pote ou talha de barro; igaçaba.

Quiçaça, s. f. Terra árida, chão ruim, cuja característica dominante é uma vegetação xerófila, mato baixo e espinhoso, espécie de capoeira.

Quiçama, s. m. Pequeno cesto ou jacá.

Quiçamã, s. f. Variedade de cana-de-açúcar. S. m. Mingau de polvilho ou goma de mandioca.

Quiçamba, s. m. 1. Jacá de taquara, que serve para medir o milho em espiga. 2. Cesto.

Quiçameiro, s. m. Aquele que faz ou vende quiçamas.

Quicé, s. m. e f. (do tupi). 1. Faca pequena, ordinariamente velha e sem ponta. 2. Caxirenguengue. Var.: *quicê.*

Quichaça, s. f. Teimosia, impertinência.

Quichilangue, s. m. Insignificância, bagatela.

Quíchua, s. m. (quíchua *k'exua*). Antigo idioma americano, que ainda hoje se fala em grande parte do Peru. S. m. e f. *Etnol.* Indígena da tribo dos quíchuas, aborígenes do Peru. Adj. m. e f. Relativo aos quíchuas.

Quício, s. m. Gonzo de porta; dobradiça.

Quico, s. m. 1. *Fam.* Chapéu pequeno e ridículo. 2. *Pop.* Cabeça.

Qüid, s. m. (do latim). Alguma coisa, um quê.

Qüididade, s. f. 1. A essência ou qualidade essencial de uma coisa; o que uma coisa é em si. 2. *Filos.* Essência expressa pela definição.

Qüiditativo, adj. Relativo à qüididade.

Quiescente, adj. (l. *quiescente*). Que está em descanso.

Quietação, s. f. 1. Ato ou efeito de quietar. 2. Estado de repouso. 3. Ausência de movimento. 4. Calma, sossego.

Quietar, v. V. *aquietar.*

Quietarrão, adj. *Fam.* 1. Muito quieto. 2. Calado.

Quietismo, s. m. Sistema místico que defende a inutilidade do esforço humano e faz consistir a perfeição no amor de Deus e na contemplação inativa.

Quietista, adj. Que segue a doutrina do quietismo. S. m. e f. Sequaz do quietismo.

Quieto, adj. (l. *quietu*). 1. Que não se mexe; imóvel. 2. Tranqüilo, sereno. 3. Silencioso. 4. Dócil, pacífico.

Quietude, s. f. (l. *quietudine*). 1. Estado ou qualidade de quieto. 2. Paz. 3. Silêncio, calmaria.

Quijuba, s. m. *Ornit.* Ave psitacídea (*Aratinga solstitialis*); queci-queci. — *Q.-tuí*: periquito (*Aratinga guaruba*); guarajuba.

Quilatação, s. f. Ação ou efeito de quilatar.

Quilatar, v. V. *aquilatar.*

Quilate, s. m. (ár. *quirat*). 1. A maior perfeição do ouro e das pedras preciosas. 2. Peso igual a 200 miligramas; quilate métrico. 3. Superioridade, mérito, perfeição.

Quilateira, s. f. (*quilate + eira*). Espécie de peneira com que se avalia o quilate das pedras preciosas pelo volume destas.

Quilha[1], s. f. (fr. *quille*). 1. *Náut.* Parte inferior do casco do navio sobre a qual repousa toda a estrutura. 2. Querena. S. f. pl. Boliche.

Quilha[2], s. f. *Ictiol.* Cetáceo delfinídeo (*Orca gladiator*).

Quilhar, v. (*quilha*[1] *+ ar*). Tr. dir. Pôr a quilha em (navio).

Quilíade, s. f. 1. Um milhar. 2. Conjunto de coisas que se contam por milhares. Var.: *quilíada.*

Quiliarco, s. m. (gr. *khiliarkhos*). Chefe de quiliarquia.

Quiliare, s. m. (*quilo + are*). Medida agrária de mil ares.

Quiliarquia, s. f. Divisão de mil homens ou duas pentacosiarquias, na falange macedônica.

Quiliasmo, s. m. (gr. *khiliasmos*). 1. Doutrina segundo a qual os predestinados, depois do julgamento final, ficariam ainda mil anos na Terra, no gozo das maiores delícias; milenarismo. 2. Milênio.

Quiliasta, s. m. e f. (de *quílio*). Pessoa sectária do quiliasmo; milenarista.

Quilífero, adj. (*quilo*[1] *+ fero*). *Fisiol.* Diz-se dos vasos linfáticos que trazem às veias as substâncias nutritivas absorvidas do quilo.

Quilificação, s. f. *Fisiol.* Ato de quilificar; quilose.

Quilificar, v. Tr. dir. e pron. *Fisiol.* Transformar(-se) em quilo.

Quilificativo, adj. *Fisiol.* Que produz o quilo.

quílio-, elem. de comp. (gr. *khilioi*). Exprime a idéia de *mil: quiliógono.*

Quiliógono, s. m. (*quílio + gono*[1]). *Mat.* Polígono regular de mil lados.

Quilo[1], s. m. (gr. *khilos*). *Fisiol.* Produto da digestão, em forma líquida, na sua última fase; líquido esbranquiçado a que ficam reduzidos os alimentos na última fase da digestão.

Quilo[2], s. m. Abreviatura de quilograma; mil gramas.

quilo-[3], elem. de comp. (fr. *kilo*, do gr. *khilioi*). Designativo de *mil: quilograma, quilolitro.*

Quilociclo, s. m. *Fís.* V. *quilohertz.*

Quilograma, s. m. (*quilo*[3] *+ grama*[2]). Peso de mil gramas. (Abreviadamente: *kg*).

Quilogrâmetro, s. m. (*quilograma + metro*). *Fís.* Unidade de trabalho correspondente à energia capaz de elevar um corpo de um quilograma à altura de um metro, no espaço de um segundo. (Abreviadamente: *kgm*).

Quilohertz, s. m. *Fís.* Unidade de medida de freqüência igual a 1.000 hertz. Símbolo: kHz. Também se diz impropriamente *quilociclo.*

Quilolitro, s. m. (*quilo*[3] *+ litro*). Medida de mil litros. (Abreviadamente: *kl*).

Quilombo, s. m. (quimbundo *kilombo*). 1. Casa ou esconderijo no mato, onde se acoitavam os negros fugidos. 2. *Folc.* Folguedo, também chamado *toré* ou *torém*, usado durante o Natal, entre grupos que figuram escravos fugidos e índios que lutam pela posse de uma rainha indígena, terminando a função com a derrota dos negros, vendidos aos espectadores como escravos.

Quilombola, s. m. e f. (de *quilombo*). Escravo ou escrava refugiados em quilombos. Var.: *canhambola* e *canhambora.*

Quilometragem, s. f. 1. Medição feita por quilômetros. 2. Relação quilômetros-consumo, num veículo.

Quilometrar, v. Tr. dir. Medir em quilômetros; marcar por quilômetros: *Quilometrar* um *percurso.*

Quilométrico, adj. (*quilômetro + ico*). 1. Relativo ao quilômetro. 2. Que tem um quilômetro. 3. Que se mede por quilômetros. 4. Longo, extenso, comprido.

Quilômetro, s. m. 1. Comprimento de mil metros. 2. Medida itinerária que vale mil metros. (Abreviadamente: *km*).

Quiloplastia, s. f. *Cir.* Restauração cirúrgica dos lábios.

Quiloplástico, adj. Relativo à quiloplastia.

Quilópode, s. m. *Zool.* Espécime dos Quilópodes. S. m. pl. Classe (*Chilopoda*) de artrópodes que se caracterizam por terem apenas um par de pernas em cada segmento.

Quiloso, adj. *Fisiol.* Pertencente ou relativo ao quilo.

Quilovolt, s. m. *Eletr.* Medida de força eletromotriz equivalente a 1.000 volts. Símbolo: kV.

Quilowatt (*uót*), s. m. *Eletr.* Unidade de medida de potência ativa em circuitos elétricos de corrente alternada equivalente a 1.000 watts. Símbolo: kW.

Quilúria, s. f. (*quilo*[1] + *uro*[4] + *ia*). *Med.* Estado mórbido caracterizado pela presença de gordura na urina; uroquilia. Var.: *quiluria.*

Quimanga, s. f. (quimbundo *ki-manga?*). 1. Cabaça preparada para guardar pequenos objetos. 2. Vasilha de coco em que os jangadeiros levam a comida.

Quimano, s. m. V. *quipoqué.*

Quimbanda, s. m. e f. 1. Grão-sacerdote do culto banto, ao mesmo tempo médico, feiticeiro e adivinho. 2. Charlatão, curandeiro, mágico. 3. Feitiço. 4. Local de macumba; terreiro.

Quimbembe, adj. Pobremente vestido, sem recursos. S. m. Cabana, casa rústica, choupana, palhoça, rancho de palha. S. m. pl. 1. Trastes velhos e imprestáveis; cacaréus. 2. Pequenos objetos; amuletos, penduricalhos. 3. Quebrados da serra; grotões.

Quimbembé, s. m. Espécie de aluá.

Quimbembeques, s. m. pl. Amuletos, berloques, penduricalhos, que certas crianças trazem ao pescoço; quimbembes.

Quimbete (*ê*), s. m. Espécie de batuque ou dança de pretos.

Quimera, s. f. (gr. *khimaira*). 1. Monstro da mitologia grega, com cabeça de leão, corpo de cabra e cauda de dragão. 2. Criação absurda da imaginação; fantasia, utopia, sonho. 3. Coisa impossível, irrealizável: absurdo.

Quimérico, adj. 1. Que não é real; fantástico, imaginário, impossível. 2. Que toma a fantasia como realidade.

Quimerista, s. m. e f. Quem inventa quimeras; fantasista, utopista, sonhador.

Quimerizar, v. 1. Tr. dir. Supor quimericamente; imaginar. 2. Intr. Criar, inventar quimeras.

Quimiatra, s. m. e f. V. *quimiatro.*

Quimiatria, s. f. 1. *Med.* Sistema segundo o qual, no fim da Idade Média, se pretendia explicar pela Química todos os fenômenos fisiológicos; iatroquímica. 2. *Med.* Sistema terapêutico que emprega de preferência agentes químicos.

Quimiatro, s. m. (*quimia* + *iatro*). Médico adepto da quimiatria.

Química, s. f. (l. moderno *chimica*, der. do l. med. *chimia*; cfr. com *alquimia*). Ciência que estuda as propriedades das substâncias e as leis que regem as suas combinações e decomposições.

Químico, adj. Que se relaciona, que está conforme ou que pertence à química. S. m. Pessoa versada em química.

Quimificação, s. f. *Fisiol.* Elaboração do quimo.

Quimificar, v. Tr. dir. e pron. Transformar(-se) em quimo.

Quimiluminescência, s. f. *Quím.* Luz pálida que se produz nalgumas reações, e que só na obscuridade pode ser observada.

quimio-, elem. de comp. Expressa a idéia de *químico: quimiotaxia.*

Quimiotaxia (*cs*), s. f. (*quimio* + *taxo*[2] + *ia*). *Biol.* Reação das células ou dos organismos a estímulos químicos.

Quimismo, s. m. (*quimio* + *ismo*). 1. Conjunto dos fenômenos naturais e, especialmente, de fenômenos orgânicos, que se produzem por leis de que se ocupa a Química. 2. Tendência a reduzir os fatos biológicos a explicações da Química.

Quimitipia, s. f. (*quimio* + *tipo*[2] + *ia*). Processo de gravura química, que transforma em lâmina de alto-relevo a lâmina gravada em baixo-relevo, acomodando-a à impressão.

Quimo, s. m. (gr. *khumos*). *Fisiol.* O alimento, em parte digerido, que passa do estômago para o intestino delgado.

Quimono, s. m. (jap. *kimono*). 1. Roupão de origem asiática usado por pessoas de ambos os sexos. 2. Roupão comprido, largo, que se fecha trespassado e cingido por uma faixa.

Quimosina, s. f. *Quím.* Diástase do suco gástrico, que tem a propriedade de coagular o leite.

Quina[1], s. f. (de *esquina*). Aresta, canto, esquina.

Quina[2], s. f. (l. *quina*). 1. Carta de jogar, face do dado ou pedra do dominó, em que há cinco pontos. 2. Série horizontal de cinco números nos cartões do loto, víspora ou tômbola. 3. Cada um dos cinco escudos representados nas armas de Portugal.

Quina[3], s. f. *Bot.* Nome de várias plantas sul-americanas cuja casca tem propriedades febrífugas ou antitérmicas.

Quinado[1], adj. (*quina*[2] + *ado*). 1. Disposto em grupos de cinco. 2. Que forma um grupo de cinco. 3. *Bot.* Aplica-se ao pecíolo com cinco folhas.

Quinado[2], adj. (*quina*[3] + *ado*). 1. Que contém quina. 2. Preparado com quina. S. m. Vinho quinado.

Quinanga, s. f. Vasilha de madeira, em que os jangadeiros levam a comida.

Quinante, adj. m. e f. *Heráld.* Em que há quinas ou escudos gravados.

Quinar[1], v. (*quina*[1] + *ar*). Tr. dir. Lavrar em forma de canto; chanfrar, arestizar.

Quinar[2], v. (*quina*[2] + *ar*). Intr. No jogo do loto, fazer quina; ganhar no loto.

Quinar[3], v. (*quina*[3] + *ar*). Tr. dir. Preparar com quina[3].

Quinário[1], adj. (l. *quinariu*). 1. Que tem ou contém cinco. 2. Relativo a cinco. 3. Divisível por cinco. 4. *Mús.* Diz-se do compasso composto de cinco tempos.

Quinário[2], s. m. *Antig. rom.* Moeda de prata, equivalente a meio denário.

Quinau, s. m. (cast. *quinao*). 1. Ação ou efeito de corrigir; correção. 2. Sinal com que se marcam a um aluno erros numa prova. 3. Tento.

Quincálogo, s. m. (l. *quinque* + *logo*[2]). O conjunto dos cinco mandamentos da Igreja Católica.

Quincha, s. f. Cobertura de capim seco para carreta ou para casas.

Quinchador, adj. e s. m. 1. Que, ou aquele que faz quincha. 2. Que, ou aquele que cobre com quincha.

Quinchar, v. Tr. dir. Cobrir com quincha; fazer a quincha de.

Quincunce, s. m. (l. *quincunce*). 1. Grupo de cinco, em que quatro ocupam os ângulos de um retângulo, ficando um no centro. 2. *Agr.* Plantação de árvores, uma em cada canto e uma ao centro. 3. Jardim plantado dessa maneira.

Quincuncial, adj. m. e f. (de *quincunce*). 1. Disposto em quincunce. 2. *Bot.* Designativo da prefloração em que as peças do verticilo floral estão sobre uma espiral de duas voltas.

Qüindecágono, s. m. *Geom.* Polígono de quinze lados; pentadecágono.

Qüindecênviro, s. m. (l. *quindecimvir*). Cada um dos quinze magistrados romanos que se encarregavam do arquivo sibilino e da organização de certas cerimônias, como a das festas centenárias.

Qüindênio, s. m. (l. *quindeni*). 1. Em número de quinze; quinze. 2. V. *qüinqüênio* (impropriamente).

Quindim, s. m. 1. Dengue, donaire, graça. 2. Meiguice. 3. Enfeite, ornato pequeno. 4. Benzinho, amorzinho. 5. *Bot.* Planta leguminosa do Brasil. 6. Doce feito de gema de ovo, coco e açúcar.

Quineira, s. f. (*quina*[3] + *eira*). *Bot.* Árvore da quina; quina, quinaquina.

Qüingentaria, s. f. Entre os godos, corpo militar de quinhentos soldados.

Qüingentário, s. m. (l. *quingentariu*). Chefe ou comandante de qüingentaria.

Qüingentésimo (*zi*), num. Ordinal correspondente a quinhentos. S. m. Cada uma das quinhentas partes iguais em que a unidade pode ser dividida.

Quingombó, s. m. V. *quingombô.*

Quingombô, s. m. (quimbundo *kingombo*). V. *quiabeiro.* Var.: *quingombó.*

Quinquingu, s. m. 1. Serviço extraordinário a que os fazendeiros obrigavam os escravos durante parte da noite. 2. Intriga, mexerico. 3. Pequena cultura agrícola.

Quinhão, s. m. (l. *quinione*). 1. Parte que, na repartição ou divisão de um todo, toca a cada um. 2. A cota-parte que cada quinhoeiro tem direito a receber. 3. Destino, sorte.

Quinhentão, s. m. *Fam.* 1. Antiga moeda de 500 réis. 2. Antiga nota de 500 mil-réis. 3. Nota de 500 cruzeiros.

Quinhentismo, s. m. (*quinhentos + ismo*). 1. Escola ou corrente literária e artística do século XVI, também chamada *Renascença* ou dos *Quinhentos*. 2. Processo, estilo, gosto estético dessa escola.

Quinhentista, adj. m. e f. (*quinhentos + ista*). Pertencente ou relativo ao século XVI ou dos Quinhentos (de 1501 a 1600). S. m. e f. Escritor ou escritora do século XVI.

Quinhentos, num. (l. *quingentos*). Cinco centos ou cinco centenas; cinco vezes cem. S. m. 1. Algarismo romano (D) ou conjunto de algarismos arábicos (500) que representam cinco vezes cem. 2. Época literária e artística do séc. XVI; quinhentismo.

Quinhoar, v. (*quinhão + ar*). V. *aquinhoar*.

Quinhoeiro, adj. e s. m. (*quinhão + eiro*). 1. Que, ou o que recebe quinhão ou parcela. 2. Co-participante, sócio.

Quínico, adj. 1. Relativo à quina. 2. *Quím.* Diz-se de um ácido cristalino, obtido da casca de cinchona.

Quinina, s. f. (v. *quina*³ *+ ina*). *Quím.* 1. Alcalóide vegetal, extraído da casca da quina. 2. V. *quinino*.

Quinínico, adj. Relativo à quinina.

Quinino, s. m. Sulfato de quinina.

Quínio, s. m. (de *quina*³). *Quím.* Quinina antes de purificada; quinina bruta.

Quinismo, s. m. Zumbido nos ouvidos ou surdez temporária, devida ao uso exagerado da quinina.

Quino, s. m. V. *loto*.

Qüinquagenário, adj. Diz-se de quem completou cinqüenta anos. S. m. Essa pessoa.

Qüinquagésima, (*zi*), s. f. 1. Período de cinqüenta dias. 2. *Liturg. ant.* Domingo anterior ao primeiro domingo da quaresma.

Qüinquagésimo (*zi*), num. Ordinal correspondente a cinqüenta. S. m. Qüinquagésima parte de um todo.

qüinqüe-, elem. de comp. (l. *quinque*). Exprime a idéia de *cinco*: *qüinqüeangular*.

Qüinqüeangular, adj. m. e f. (*qüinqüe + angular*). Que tem cinco ângulos; qüinquangular.

Qüinqüecapsular, adj. m. e f. *Bot.* Com cinco cápsulas.

Qüinqüedentado, adj. Que termina em cinco dentes.

Qüinqüefoliado, adj. (*qüinqüe + foliado*). *Bot.* Que tem cinco folíolos ou cinco folhas.

Qüinqüenal, adj. m. e f. 1. Que dura cinco anos. 2. Que ocorre de cinco em cinco anos. S. m. Magistrado municipal romano, cujo cargo durava cinco anos.

Qüinqüênio, s. m. Período de cinco anos; lustro.

Qüinqüerreme, s. f. (l. *quinquerreme*). Nau com cinco ordens de remos ou com cinco remadores em cada remo. Adj. m. e f. Diz-se da embarcação assim preparada.

Qüinqüevalve, adj. m. e f. *Bot.* Que tem cinco valvas.

Qüinqüevalvular, adj. m. e f. Que tem cinco válvulas.

Qüinqüídio, s. m. (l. *quinquidie*). Período de cinco dias.

Quinquilharia, s. f. 1. Brinquedos de criança. 2. Fato, acontecimento, ou objeto sem valor. 3. Bagatela.

Quinquilheiro, s. m. (fr. *quincailler*). Fabricante ou vendedor de quinquilharia.

Quinquina, s. f. V. *quinaquina*.

Quinquió, s. m. *Bot.* Planta olacácea *(Aptandra spruceana)*; castanha-de-cutia.

Quinta¹, s. f. (l. *quintana*). 1. Pequena propriedade agrícola; granja, chácara. 2. Casa de campo com granja.

Quinta², s. f. Acesso de tosse.

Quinta³, s. f. (de *quinto*). 1. Número de cinco. 2. *Mús.* Intervalo de cinco notas musicais consecutivas. 3. Forma reduzida de *quinta-feira*.

Quintã, adj. f. (l. *quintana*). Diz-se da febre que sobrevém de cinco em cinco dias; quintana.

Quinta-coluna, s. m. e f. 1. Pessoa (estrangeira ou nacional) que age contra um país que a abriga. 2. Espião, traidor. S. f. A classe dos quinta-colunas. Pl.: *quinta-colunas*.

Quinta-colunismo, s. m. 1. A quinta-coluna. 2. O partido dos quinta-colunas. 3. Ação própria de quinta-coluna. Pl.: *quinta-colunismos*.

Quinta-colunista, adj. m. e f. 1. Relativo ao quinta-colunismo. S. m. e f. Pessoa pertencente ao quinta-colunismo. Pl.: *quinta-colunistas*.

Quintador, adj. e s. m. Que, ou aquele que quinta.

Quinta-essência, s. f. 1. Extrato retificado, refinado e apurado ao extremo. 2. A parte mais pura, mais delicada; excelente, sutil. 3. Requinte, auge, grau mais elevado. Pl.: *quinta-essências*.

Quinta-feira, s. f. Quinto dia da semana, começada no domingo. Pl.: *quintas-feiras*.

Quintal¹, s. m. 1. Terreno pequeno nos fundos de uma moradia. 2. Pequena quinta.

Quintal², s. m. Antiga medida de peso, de quatro arrobas — *Q. métrico:* cem quilogramas.

Quintalada, s. f. (*quintal*¹ *+ ada*). Conjunto de quintais.

Quintalão, s. m. (*quintal*¹ *+ ão*). Quintal grande.

Quintalejo (*ê*), s. m. (*quintal*¹ *+ ejo*). Pequeno quintal.

Quintanista, s. m. e f. *(quinto + ano + ista)*. Estudante do quinto ano do curso de uma escola qualquer.

Quintano, adj. 1. V. *quintã*. 2. Que acontece de cinco em cinco anos.

Quintão, s. m. *(quinta*³ *+ ão)*. *Mús.* Antigo instrumento semelhante ao violino, mas de cinco cordas.

Quintar, v. *(quinto + ar)*. Tr. dir. 1. Repartir por cinco. 2. Tirar a quinta parte de. 3. Tirar um de cada série de cinco.

Quinteiro, s. m. (*quinta*¹ *+ eiro*). O que guarda uma quinta ou trata da quinta; caseiro.

Quintessência, s. f. (fr. *quintessence*). V. *quinta-essência*.

Quinteto *(ê)*, s. m. (ital. *quinteto*). 1. V. *quintilha*. 2. *Mús.* Composição para cinco instrumentos ou vozes. 3. Conjunto de cinco instrumentos ou de cinco vozes.

Quintil, adj. m. (l. *quintile*). *Astr.* Diz-se de dois planetas que distam entre si a quinta parte do zodíaco.

Quintilha, s. f. *Metrif.* Estância ou estrofe de cinco versos, comumente em redondilha maior.

Quintilhão, num. e s. m. Número 1.000 quatrilhões, representado por 1 seguido de 18 zeros, ou pela respectiva potência de dez, 10_{18}. Var.: *quintilião*.

Quintilho, s. m. *Bot.* Planta solanácea *(Nicandra physaloides)*.

Quintalianismo, s. m. Conjunto de preceitos oratórios de Marcos Fábio Quintiliano (35-95).

Quintílio, s. m. *Farm.* Preparação de antimônio em pó.

Quinto, num. Ordinal correspondente a cinco. S. m. 1. A quinta parte. 2. *Hist.* Imposto de 20% que a coroa de Portugal cobrava das minas de ouro do Brasil. 3. Barril cuja capacidade corresponde à quinta parte de uma pipa. S. m. pl. *Hum.* 1. O inferno. 2. Lugar muito afastado e não bem localizado.

Quintuplicação, s. f. Ação ou efeito de quintuplicar, ou quintuplicar-se; multiplicação por cinco.

Quintuplicado, adj. 1. Que se quintuplicou. 2. Que é cinco vezes maior do que era. 3. Multiplicado por cinco.

Quintuplicador, adj. Que quintuplica. S. m. O que quintuplica.

Quintuplicar, v. 1. Tr. dir. Tornar cinco vezes maior. 2. Intr. e pron. Aumentar ou dobrar cinco vezes; tornar-se cinco vezes maior.

Quintuplicável, adj. m. e f. Que se pode quintuplicar.

Quíntuplo, num. 1. Que é cinco vezes maior. 2. Que é em número de cinco. 3. Qüinqüigêmeo. S. m. Número ou objeto que é cinco vezes maior que outro.

Quinze, num. (l. *quindecim*). 1. Quatorze mais um. 2. Décimo quinto. S. m. 1. O que numa série de quinze ocupa o último lugar. 2. O conjunto de algarismos arábicos ou romanos, representativo do número quinze: 15 e XV.

Quinzena, s. f. (de *quinze*). 1. Período de quinze dias. 2. Remuneração ou salário correspondente a esse tempo. 3. Renda que os lavradores pagam aos donos de engenho; corresponde a uma cada quinze arrobas de açúcar fabricado. 4. *Mús.* Registro de órgão, que duplica por duas oitavas as notas tocadas.

Quinzenal, adj. m. e f. 1. Pertencente ou relativo a uma quinzena. 2. Que se faz de quinze em quinze dias. 3. Diz-se do jornal, revista ou publicação que sai de quinze em quinze dias.

Quinzenário, s. m. Periódico quinzenal.

Quioiô *(i-oi),* s. m. *Bot.* Planta labiada *(Ocimum brasilicum).*

Quiosque, s. m. (turco *kioshki*). Pequeno pavilhão, em jardins, passeios ou praças, que serve para recreio ou para nele se exporem à venda jornais, revistas, bebidas, cigarros etc.

Quiosqueiro, s. m. Proprietário de quiosque.

Quipá, s. m. *Bot.* Planta cactácea (*Opuntia inamoena*); guibá.

Quipã, s. f. Doença da pele, que obriga a coçar; coceira.

Quipo, s. m. (do quíchua *quipu*). Conjunto de cordéis, de que se serviam os índios peruanos para calcular ou como código de correspondência, neles fazendo nós de vários tipos.

Quipoquê, s. m. Iguaria feita de feijão cozido com vários temperos; quimano.

Qüiproquó, s. m. (l. *qui + pro + quo*). 1. Equívoco, erro, tolice, engano, confusão. 2. Dito espirituoso resultante de um equívoco.

Quiquiqui, adj. e s. m. (t. onom.). Diz-se do, ou o indivíduo gago; tatibitate.

Quiquiriqui, s. m. (t. onom.). 1. Voz imitativa do galo ou frango; cocorocó. 2. *Fam.* Pessoa ou coisa insignificante; bagatela, quotiliquê. Var.: *quiqueriqui.*

Quiragra, s. f. *(quiro* + gr. *agra). Med. ant.* Gota que ataca as mãos. Adj. m. e f. Que sofre de gota nas mãos.

Quirana, s. f. (do tupi). 1. Espécie de grânulo que se forma no cabelo da pessoa que usa pomada. 2. Nó (no cabelo embaraçado). 3. Lêndea ou piolho; muquirana.

Quirera, s. f. (tupi *cucuera*). 1. O farelo mais grosso de qualquer substância moída ou pulverizada, que não passa na peneira. 2. Milho quebrado para pintos e pássaros. 3. Coisa ou fato sem importância. S. f. pl. Dinheiro miúdo; quantia pequena; trocados. Var.: *quirela.*

Quirerear, v. Tr. dir. Reduzir a quireras (o milho).

Quiri, s. m. 1. *Bot.* Planta borraginácea (*Cordia goeldiana*); frei-jorge. 2. *Bot.* Certa palmeira medicinal. Var.: *quirim.*

Quiriba, s. f. Nome dado pelos sertanejos aos habitantes da região baixa do Rio Pindaré.

Quiridota, s. f. Espécie de túnica de mangas compridas, usada pelas antigas mulheres gregas e romanas.

Quirim, s. m. V. *quiri.*

Quirina, s. f. *Ornit.* Ave ranfastídea *(Ramphastos tucanus);* tucano-do-peito-branco.

Quiriquiri, s. m. 1. *Ornit.* Ave de rapina falconídea *(Falco sparverius cearae).* 2. *Ictiol.* Peixe de água doce *(Platydoras costatus).*

Quiriri, s. m. (do tupi) Calada da noite; silêncio noturno. Adj. Deserto, silencioso, solitário.

Quiriru, s. m. *Ornit.* Ave cuculídea *(Octopteryx guira),* também chamada *alma-de-gato* e *anu-branco.*

Quirite, s. m. (l. *quirite*). 1. Primitivamente, sabino que se tinha fundido com os romanos. 2. Mais tarde, romano de estirpe antiga. 3. Posteriormente, cidadão romano de condição privada.

quiro-, elem. de comp. (gr. *kheir, kheiros*). Exprime a idéia de *mão, gesto: quiromancia, quironomia.*

Quirografário, adj. *Dir.* Que se baseia apenas num documento particular. S. m. Credor em virtude de documento particular.

Quirógrafo, s. m. 1. Breve pontifício não publicado. 2. Diploma.

Quirilogia, s. f. *(quiro + logo² + ia).* Arte de conversar por sinais feitos com os dedos.

Quirólogo, s. m. Pessoa versada em quirologia.

Quiromancia, s. f. (*quiro + mancia*). Arte de adivinhar o futuro das pessoas pelo exame das linhas da mão.

Quiromante, s. m. e f. (de *quirimancia*). Pessoa que pratica a quiromancia.

Quiromântico, adj. Relativo à quiromancia.

Quironomia, s. f. Arte de acomodar os gestos ao discurso.

Quironômico, adj. Relativo à quironomia.

Quirônomo, s. m. (*quiro + nomo³*). 1. Mestre de quironomia. 2. Aquele que pratica essa arte. 3. Prestidigitador.

Quiroplasto, s. m. Aparelho que se adapta ao teclado do piano e que serve para facilitar o movimento dos dedos.

Quiróptero, s. m. *Zool.* Espécime dos Quirópteros. S. m. pl. Ordem *(Chiroptera)* de mamíferos, cujos dedos dos membros anteriores são unidos entre si por uma membrana, tendo como principal representante o morcego. São geralmente noturnos e insetívoros; algumas espécies são hematófagas.

Quiroscopia, s. f. *(quiro + scopo + ia).* V. *quiromancia.*

Quisto¹, s. m. (gr. *kustos*). 1. *Biol.* Bexiga, saco ou vesícula. 2. *Med.* Vesícula fechada que se desenvolve em uma cavidade natural do corpo ou em uma estrutura anormal e contém matéria mórbida, fluida ou semifluida; cisto. 3. Agrupamento indesejável no seio de uma comunidade.

Quisto², adj. (l. *quaesitu*). *Arc.* Querido, desejado, amado. (Atualmente só se usa nos compostos *benquisto* e *malquisto*).

Quitação, s. f. *(quitar + ção).* 1. Ato ou efeito de quitar. 2. Ato pelo qual alguém se desobriga do que deve. 3. Declaração, escrita pelo credor, de que recebeu do devedor determinada quantia relativa a seu crédito; recibo.

Quitado, adj. V. *quite.*

Quitador, adj. e s. m. Que, ou aquele que quita.

Quitanda, s. f. (quimbundo *kitanda*). 1. Mercado, praça, lugar onde se compra e se vende. 2. Lojinha ambulante. 3. Lugar onde se vendem frutas, verduras, ovos etc.

Quitandar, v. *(quitanda + ar).* Intr. Fazer o ofício de quitandeiro.

Quitandeira, s. f. 1. Dona de quitanda. 2. Mulher grosseira, sem educação.

Quitandeiro, s. m. 1. Dono de quitanda. 2. Vendedor ambulante de frutas, hortaliças, aves, peixes etc.

Quitão, s. m. (gr. *khiton*). Túnica jônica e dórica, usada na Grécia antiga. Pl.: *quitões.*

Quitar, v. (b. l. *quietare*). 1. Tr. dir. Tornar quite; desobrigar de; remitir a dívida ou obrigação a. 2. Pron. Desquitar-se de; divorciar-se de. 3. Tr. dir. Evitar, poupar. 4. Tr. dir. Isentar, livrar.

Quite, adj. m. e f. (de *quitar*). 1. Livre de dívida ou de obrigação; desobrigado. 2. Desembaraçado, livre. 3. Desquitado, separado. 4. Vingado, desforrado. 5. Limpo. S. m. *Taur.* Ato de ludibriar a atenção do touro.

Quiti, s. m. Cacete; bengala.

Quitina, s. f. *Quím.* Matéria orgânica nitrogenada, constituinte dos tegumentos dos artrópodes.

Quitinete, s. f. (ingl. *kitchenette*). Pequena copa-cozinha, geralmente em apartamento.

Quitinoso, adj. Que tem quitina.

Quitoco *(ô),* s. m. *Bot.* Planta herbácea composta *(Pluchea quitoc),* do Brasil, também chamada *tabacarana.*

Quitólis, s. m., sing. e pl. Utensílio de chapeleiro, próprio para impelir até à base do chapéu o cordão circular que dará a medida da copa.

Quíton, s. m. (gr. *khiton*). V. *quitão.* Pl.: *quítons* e *quítones.*

Quitundo, s. m. *Bot.* Árvore anacardiácea da África *(Anaphrenium abyssineum).*

Quitungo, s. m. 1. Cesta pequena com tampa. 2. Casabre, choupana.

Quitute, s. m. (quimbundo *kituto*). 1. Comida apetitosa, iguaria delicada. 2. Carícia, delicadeza. 3. Menina bonita.

Quituteiro, adj. 1. Relativo a quitutes. 2. Que faz quitutes. S. m. Aquele que é perito em preparar quitutes.

Quixaba, s. f. *Bot.* 1. Fruto da quixabeira. 2. V. *quixabeira.*

Quixabeira, s. f. *Bot.* Árvore sapotácea frutífera *(Bumelia obtusifolia),* também denominada *quixaba.*

Quixó, s. m. Espécie de mundéu para apanhar mocós, preás e outros animais.

Quixotada, s. f. *(Quixote,* n. p. *+ ada).* Ato ridículo, com pretensões a cavalheiresco; bazófia, fanfarrice, fanfarronada.

Quixotesco *(ê),* adj. *(Quixote,* n. p. *+ esco).* Que se refere a quixotada.

Quixotice, s. f. *(Quixotice,* n. p. + *ice).* V. *quixotada.*

Quixotismo, s. m. *(Quixote,* n. p. + *ismo).* Cavalheirismo exagerado e ridículo.

Quizila, s. f. (quibundo *quijila).* 1. Ojeriza, antipatia, inimizade, zanga. 2. Aborrecimento, impaciência, mal-estar. 3. Pendência, rixa. Var.: *quijila* e *quizília.*

Quizilar, v. *(quizila + ar).* 1. Tr. dir. Causar quizila a; zangar, incomodar, aborrecer. 2. Intr. e pron. Zangar-se, incomodar-se, aborrecer-se. Vars.: *quiziliar* e *quijilar.*

Quizilento, adj. (de *quizila).* 1. Propenso à quizila. 2. Que causa quizila. Var.: *quijilento.*

Quizomba, s. m. Certa dança indígena, no Cuanza (Angola).

Quociente, s. m. *Arit.* Número que indica quantas vezes o divisor se contém no dividendo; resultado de uma divisão. Var.: *cociente.*

Quodore, s. m. (l. eclesiástico *quod ore).* 1. *Liturg.* Pequena quantidade de vinho que o celebrante toma depois da comunhão. 2. Remuneração pequena por serviços eventuais. 3. Pequena porção de vinho que se bebe num gole; codório.

Quorum *(ó),* s. m. (t. latino). Número indispensável para o funcionamento legal de uma assembléia ou reunião e para que esta possa deliberar.

Quota, s. f. (1. *quota).* V. *cota*[1]

Quotidade, s. f. (1. *quot + dade).* V. *cotidade.*

Quotidiano, adj. (1. *quotidianu).* V. *cotidiano.*

Quotiliquê, s. m. Coisa ou pessoa de pouco valor; bagatela, ninharia. Var.: *cutiliquê.*

Quotização, s. f. (*quotizar + ção).* V. *cotização.*

Quotizar, v. V. *cotizar.*

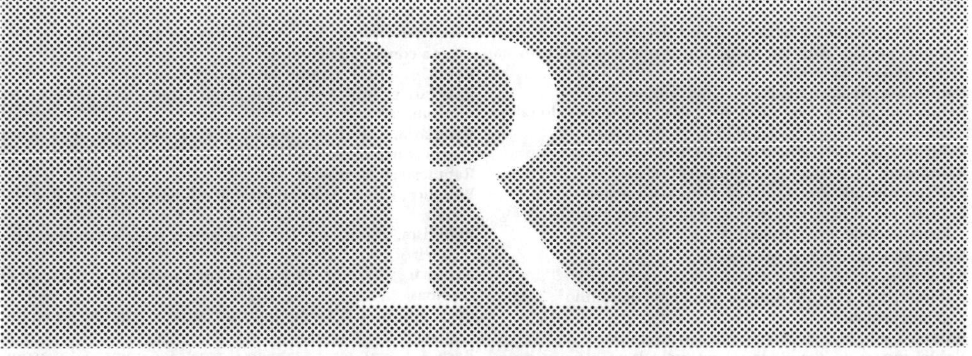

R (*erre*), Símbolo da décima sétima letra do alfabeto português e décima terceira das consoantes. Num. Indica o décimo sétimo numa série formada pelas letras do alfabeto.

Rã, s. f. (l. *rana*). *Zool.* Nome comum a vários anfíbios anuros, especialmente os da família dos Ranídeos.

Rabaça, s. f. 1. *Bot.* Planta umbelífera, aquática (*Helosciadium nodiflorum*). 2. Pessoa desajeitada.

Rabaçal, s. m. Terreno onde há abundantes rabaças.

Rabaçaria, s. f. *Pop.* Porção de frutas ordinárias.

Rabaceiro, adj. 1. Que gosta de qualquer fruta. 2. Que come fruta verde.

Rabacuada, s. f. 1. Gente reles; ralé. 2. Porção de coisas ordinárias.

Rabada, s. f. 1. V. *rabadela.* 2. A carne do rabo do boi ou da vaca. 3. *Cul.* Prato feito ao molho, com essa carne. 4. Trança de cabelo, com fita; rabicho. 5. O último, ou os últimos, numa corrida, fila etc.; rabeira.

Rabadão, s. m. 1. Criado rústico, encarregado de guardar gado miúdo. 2. Pastor, chefe de um grupo de pastores. Pl.: *rabadães.*

Rabadela, s. f. 1. Parte traseira do tronco das aves e mamíferos; rabada, rabadilha. 2. A porção do peixe que sobra da venda, aproveitada pelos pescadores.

Rabadilha, s. f. V. *rabadela,* acep. 1.

Rabado, adj. Que tem rabo ou cauda; caudato.

Rabalvo, adj. Que tem rabo branco; rabialvo. Antôn.: *rabipreto.*

Rabanada[1], s. f. Fatia de pão embebida em leite, ovos etc., que se frita em azeite, banha ou manteiga.

Rabanada[2], s. f. (em vez de *rabadada*). Pancada com o rabo ou cauda.

Rabanete (*ê*), s. m. *Bot.* Variedade de rábano, de raiz curta, napiforme e carnosa (*Raphanus sativus rotunda*).

Rábano, s. m. *Bot.* 1. Nome comum a diversas plantas crucíferas. 2. A raiz dessas plantas.

Rabão, adj. 1. Que tem o rabo curto ou cortado. 2. Que ficou curto. S. m. *Pop.* O diabo. Fem.: *rabona.*

Rábão, s. m. (l. *raphanu*). V. *rábano.* Pl.: *rábãos.*

Rabavento, adj. (*rabo + a + vento*). Diz-se do vôo da ave, e do avião, que voa com vento pela cauda.

Rabaz, adj. m. e f. (l. *rapace*). *P. us.* 1. Que arrebata. 2. Que tira com violência. S. m. *Ant.* Ladrão.

rabdo-, elem. de comp. (gr. *rabdos*). Exprime a idéia de *pauzinho, varinha: rabdologia, rabdomancia.*

Rabdócero, adj. *Zool.* Relativo aos Rabdóceros. S. m. pl. Ordem (*Rhabdocoera*) de pequenos platielmintos marinhos, de água doce e raramente terrestres, com intestino simples, não ramificado.

Rabdóide, adj. m. e f. Semelhante a uma varinha.

Rabdóideo, adj. V. *rabdóide.*

Rabdologia, s. f. Processo aritmético de ensinar ou fazer cálculos por meio de pauzinhos em que estão escritos os números simples.

Rabdológico, adj. Relativo à rabdologia.

Rabdomancia, s. f. Adivinhação com o auxílio de varinha mágica; rabdoscopia.

Rabdomante, s. m. e f. Quem pratica a rabdomancia.

Rabdomântico, adj. Relativo à rabdomancia.

Rabdomioma, s. m. *Med.* Mioma formado de fibras estriadas.

Rabdoscopia, s. f. V. *rabdomancia.*

Rabeador, adj. Que rabeia.

Rabeadura, s. f. Ato de rabear; rabeio.

Rabear, v. 1. Intr. Bulir, mexer com o rabo. 2. Intr. Caminhar sinuosamente, mover-se tortuosamente. 3. Tr. dir. Conduzir o arado ou charrua, pegando-o pela rabiça. 4. Intr. V. *rabejar,* acepção 2.

Rabeca, s. f. 1. *Mús.* Instrumento de quatro cordas, afinadas em quintas (sol, ré, lá, mi). 2. Peça do jogo de bilhar que serve de apoio ao braço, para impelir a bola, quando esta se acha em posição difícil; fancho. 3. *Náut.* Uma das velas latinas. 4. *Pop.* Enxerga de palha. 5. *Ictiol.* Peixe de água doce, siluriforme (*Platystacus cotylephorus*); cachorro. Var.: *rebeca.* S. m. Tocador de rabeca ou violino; violinista, rabequista.

Rabecada, s. f. 1. Ato de tocar rabeca. 2. *Pop.* Carraspana, repreensão. 3. Maledicência.

Rabecão, s. m. 1. *Mús.* Instrumento do feitio da rabeca, porém muito maior que esta; contrabaixo. 2. Aquele que toca este instrumento. 3. Carro fúnebre dos indigentes.

Rabeira, s. f. 1. Restos de grãos depois de joeirados. 2. Cauda do vestido. 3. Sujeira que fica na orla inferior do vestido. 4. Parte traseira de um veículo. 5. *P. us.* Rastro, vestígio. S. m. Rabada, acep. 5.

Rabejador, adj. e s. m. Que, ou o que rabeja.

Rabejar, v. 1. Tr. dir. *Taur.* Segurar pelo rabo (um touro). 2. Intr. Arrastar (o vestido) pelo chão, ao andar.

Rabelaisiano (*lai = lè*), adj. 1. Relativo a François Rabelais (1494 ou 1495-1553), célebre escritor francês. 2. Que imita a forma literária de Rabelais. 3. Libertino, devasso. 4. Picante.

Rabelo (*ê*), s. m. 1. Rabiça. 2. Corda para segurar a rabiça.

Rabequista, s. m. e f. Pessoa que toca rabeca.

rabi-[1], elem. de comp. (de *rabo*). Exprime a idéia de *rabo: rabialvo, rabilongo.*

Rabi[2], s. m. (hebr. *rabbi*). V. *rabino.*

Rabi[3], adj. m. e f. Rabicó.

Rábia, s. f. (l. *rabia,* em vez de *rabies*). V. *raiva.*

Rabialvo, adj. V. *rabalvo.*

Rabiar, v. Intr. 1. Assanhar-se, enfurecer-se, irritar-se. 2. Impacientar-se.

Rabiça, s. f. 1. Rabo ou cabo do arado, onde o lavrador pega quando lavra. 2. Saliência quase cônica na parte posterior das albardas.

Rabicano, adj. V. *rabicão.*

Rabicão, adj. Diz-se do cavalo que tem fios de cabelo branco na cauda. Fem.: *rabicã.* pl.: *rabicãos.*

Rabicha, s. f. Corrente ou tira de couro a que se suspendem os caldeirões sobre a trempe, nos ranchos ou habitações pobres.

Rabicho, s. m. 1. Trança de cabelo pendente da nuca. 2. Parte do arreio que passa por baixo da cauda e se prende à sela. 3. Reforço que se dá aos postes e aos mourões, consistindo em fios de arames ou finos cabos de aço, que se prendem á sua parte superior ligando-os a outro poste menor fincado solidamente na terra. 4. Cabo de almanjarra. 5. *Pop.* Amor, paixão. Adj. Diz-se do touro que não tem pêlo na extremidade da cauda.

Rábico, adj. Relativo à raiva ou à hidrofobia.

Rabicó, adj. m. e f. Sem rabo, ou que só tem o coto do rabo; rabi[3].

Rabicurto, adj. *Zool.* Que tem rabo curto.

Rábido, adj. (l. *rabidu*). Que tem raiva; raivoso.

Rabifurcado, adj. *Zool.* Que tem a cauda bifurcada.

Rabigo, adj. 1. Que está sempre a bulir com a cauda. 2. *Fig.* Esperto, diligente. 3. Buliçoso.

Rabilhão, s. m. *Ornit.* V. *matraca.*

Rabilongo, adj. *Zool.* Que tem cauda comprida.

Rabinice, s. f. 1. Ação, dito ou qualidade de rabino[2]. 2. Mau gênio, rabugice.

Rabínico, adj. Pertencente ou relativo aos rabinos.

Rabinismo, s. m. Atividade religiosa e cultural do judaísmo, após a destruição do templo de Jerusalém, em 70 d.C.

Rabino[1], s. m. *(rabi[2] + ino[2]).* 1. Doutor da lei judaica. 2. Sacerdote do culto judaico. Var.: *rabi.*

rabino[2], adj. *Fam.* 1. Buliçoso, travesso. 2. Rabugento.

Rabioso, adj. Raivoso.

Rabipreto *(ê),* adj. *Zool.* Que tem rabo preto. Antôn.: *rabalvo* e *rabialvo.*

Rabirruivo, adj. *Zool.* Que tem cauda arruivada.

Rabisca, s. f. V. *rabisco.*

Rabiscador, adj. Que rabisca; rabiscante. S. m. 1. Aquele que rabisca. 2. *Pej.* Mau escritor; escrevinhador.

Rabiscante, adj. m. e f. Rabiscador.

Rabiscar, v. 1. Tr. dir. e intr. Traçar rabiscos; entreter-se a fazer garatujas. 2. Tr. dir. Encher de rabiscos. 3. Intr. Escrever muito mal. 4. Intr. Escrever, desenhar ou pintar coisas sem valor.

Rabisco, s. m. Risco tortuoso feito com pena ou lápis; garatuja. S. m. pl. 1. Letras mal feitas. 2. Desenho ou pintura de pouca importância.

Rabisseco *(ê),* adj. Que não dá fruto; estéril.

Rabisteco, s. m. V. *rabistel.*

Rabistel, s. m. *Fam.* Nádegas de criança.

Rabo, s. m. (l. *rapu*). 1. Apêndice em prolongamento da extremidade inferior da coluna vertebral em muitos mamíferos; cauda. 2. Nos peixes, répteis e insetos, extremidade do corpo oposta à cabeça. 3. Tufo de penas que nasce do uropígio das aves. 4. *Pop.* As nádegas, o assento, o traseiro. 5. Cabo de certos instrumentos. — *R.-leva:* tira de trapo ou papel, que se coloca sub-repticiamente nas costas de alguém, como gracejo para torná-lo alvo de hilaridade.

Rabona, s. f. 1. *Hum.* Casaco curto; jaquetão. 2. *Gír. mil.* Mulher de soldado.

Rabonar, v. Tr. dir. Cortar o rabo ou sua ponta a (um animal).

Raboso, adj. Rabudo.

Rabotar, v. Tr. dir. Aplainar, limpar com o rabote.

Rabote, s. m. (fr. *rabot*). Grande plaina de carpinteiro. Var.: *rebote.*

Rabudo, adj. 1. Que tem grande rabo; raboso. 2. *Hum.* Diz-se do vestido de grande cauda. 3. *Pop.* Diabo.

Rabuge, s. f. V. *rabugem.*

Rabugeira, s. f. V. *rabugem.*

Rabugem, s. f. 1. Espécie de sarna dos cães e porcos; rabuge, rabugeira. 2. *Fig.* Impertinência, mau-humor. 3. Madeira revessa, de fibras desencontradas, difícil de lavrar. 4. *Bot.* Planta leguminosa-papilionácea *(Platymiscium floribundum).*

Rabugento, adj. 1. Que tem rabugem. 2. Impertinente, ranzinza, ranheta, rabuja.

Rabugice, s. f. Qualidade ou modos de rabugento; impertinência.

Rabuja, adj. e s., m. e f. *Fam.* V. *rabugento.*

Rabujado, adj. *Fam.* Dito com mau-humor, por entre dentes.

Rabujar, v. Intr. 1. Ter rabugice. 2. Mostrar mau-humor, ser impertinente. 3. Teimar e choramingar (a criança).

Rabujaria, s. f. *Des.* V. *rabugice.*

Rábula, s. m. 1. Advogado chicaneiro. 2. Aquele que advoga sem ser diplomado. 3. Indivíduo que fala muito, sem chegar a conclusão nenhuma.

Rabulão, s. m. 1. Grande rábula. 2. Fanfarrão.

Rabular, v. Intr. 1. Advogar como rábula. 2. Dizer ou fazer rabulices.

Rabularia, s. f. 1. V. *rabulice.* 2. Palavrório que nada prova nem conclui.

Rabulejar, v. V. *rabular.*

Rabulice, s. f. 1. Ação ou dito de rábula; chicana. 2. Rabularia.

Rabulista, adj. m. e f. Diz-se de pessoa dada a rabulice; chicaneiro.

Rabunar, v. Tr. dir. Preparar (a cortiça) com que se fazem as rolhas.

Raca, adj. m. e f. Termo injurioso siríaco, empregado na linguagem bíblica.

Raça, s. f. (ital. *razza* e este do l. *ratio*). 1. Conjunto dos ascendentes e descendentes de uma mesma família ou de um mesmo povo. 2. Estirpe, geração, origem. 3. O tronco comum, onde têm origem as várias classes de animais. 4. Boa raça: Cavalo de *r.* 5. Categoria, classe. 6. Greta no casco das bestas.

Ração, s. f. (l. *ratione*). Porção de alimento que se calcula necessária para o consumo diário ou para cada refeição de uma pessoa ou de um animal.

Racemado, adj. *Bot.* Que tem disposição em racemo ou cacho.

racemi-, elem. de comp. (l. *racemu*). Exprime a idéia de *cacho de uva: racemífero, racemifloro.*

Racêmico, adj. *Quím.* Diz-se dos isômeres que não desviam o plano de polarização da luz.

Racemífero, adj. *Poét.* Que tem ou produz cachos.

Racemifloro, adj. *Bot.* Com flores em racemos.

Racemiforme, adj. m. e f. Em forma de racemo.

Racemo, s. m. *Bot.* 1. Cacho de uvas. 2. Inflorescência indefinida que traz as flores pedunculadas, ao longo do eixo central indiviso. Var.: *racimo.*

Racemoso, adj. *Biol.* e *Bot.* 1. Em cacho. 2. Com aparência de cacho. Var.: *racimoso.*

Racha, s. f. 1. Fenda, greta. 2. Lasca ou fragmento que se separa pela fratura; estilhaço.

Rachadeira, s. f. Utensílio com qus se fendem os ramos onde se faz enxertia.

Rachado, adj. Que tem rachas. S. m. Certa dança indecente e plebéia.

Rachador, adj. Que, ou aquele que racha.

Rachadura, s. f. 1. Ato ou efeito de rachar(-se). 2. Racha.

Rachão, s. m. *(racha + ão).* 1. Trecho de rio entre paredes abruptas. 2. Grande lasca.

Rachar, v. 1. Tr. dir. Abrir fendas em: dividir no sentido do comprimento; abrir ao meio. 2. Tr. dir. Fender, dividir com violência. 3. Tr. dir. Gretar. 4. Intr. e pron. Fazer-se em estilhas; fragmentar-se; lascar-se. 5. Tr. dir. Repartir proporcionalmente. 6. Tr. dir. *Futebol. Gír.* Empatar.

Racial, adj. m. e f. 1. Próprio da raça. 2. Relativo à raça.

Racimo, s. m. Racemo.

Raciniano, adj. Relativo a Jean Racine (1639-1699), célebre poeta e prosador francês, ou ao seu estilo de tragédias.

Raciocinação, s. f. *P. us.* Raciocínio.

Raciocinador, adj. e s. m. Que, ou aquele que raciocina.

Raciocinar, v. 1. Intr. Fazer raciocínios; fazer uso da razão. 2. Tr. ind. Apresentar ou deduzir razões; discorrer sobre alguma coisa; ponderar; pensar. 3. Intr. Fazer cálculos.

Raciocinativo, adj. 1. Relativo ao raciocínio. 2. Que contém raciocínio.

Raciocínio, s. m. 1. Ato, faculdade ou maneira de raciocinar. 2. Operação intelectual discursiva, pela qual, da afirmação de uma, ou mais de uma proposição, passamos a afirmar outra em virtude de uma conexão necessária com as primeiras. 3. Encadeamento de argumentos. 4. Juízo.

Racionabilidade, s. f. 1. Qualidade de racional. 2. Raciocínio.

Racional, adj. m. e f. (l. *rationale*). 1. Que faz uso da razão. 2. Dotado da faculdade de raciocinar. 3. Conforme à razão.

S. m. 1. O ser pensante; o homem (por oposição a *irracional*). 2. Aquilo que é de razão.

Racionalidade, s. f. V. *racionabilidade.*

Racionalismo, s. m. *Filos.* Sistema filosófico, no qual a razão é considerada fonte de conhecimento, independente da experiência. 2. Crença na razão e na evidência das demonstrações.

Racionalista, adj. m. e f. Relativo ao racionalismo. S. m. e f. Sequaz do racionalismo.

Racionalização, s. f. Ato ou efeito de racionalizar.

Racionalizar, v. Tr. dir. 1. Tornar racional. 2. Tornar reflexivo; fazer meditar. 3. *Neol.* Tornar mais eficiente ou racional; (método de trabalho, organização econômica etc.).

Racionamento, s. m. 1. Ato ou efeito de racionar. 2. Limitação da quantidade de gêneros que cada pessoa ou família pode comprar ou receber.

Racionar, v. (1. *ratione + ar).* Tr. dir. 1. Dividir em rações; distribuir rações de. 2. Dar ração a (pessoas ou animais). 3. Impor oficialmente ração a.

Racionável, adj. m. e f. *P. us.* Razoável.

Racismo, s. m. 1. Teoria que afirma a superioridade de certas raças humanas sobre as demais. 2. Ação ou qualidade de indivíduo racista.

Racista, adj. m. e f. Relativo ao racismo. S. m. e f. Pessoa partidária do racismo.

Raçoar, v. V. *arraçoar.*

Raçoeiro, adj. Que dá ou recebe ração.

Racontar, v. (*raconto + ar*). Tr. dir. *Des.* Narrar.

Raconto, s. m. (ital. *raconto*). *Des.* Narração, narrativa, relato.

Radar, s. m. Equipamento que emprega ondas eletromagnéticas extracurtas, as quais, refletindo-se num obstáculo (avião, navio etc.) acusam a presença deste e permitem a sua localização.

Radiação, s. f. 1. Ato ou efeito de radiar. 2. Transmissão de energia através do espaço, em linha reta, à velocidade de até 300.000 km/s (por exemplo, de luz, de calor, de rádio, ou de corpúsculos livres, sempre que não se lhes oponham obstáculos).

Radiado, adj. 1. Disposto em raios. 2. Relativo aos radiados. S. m. pl. Grupo de animais metazoários com simetria radial.

Radiador, s. m. 1. Serpentina de calefação. 2. Órgão de refrigeração de um motor, no qual a água quente que provém deste cede suas calorias a uma corrente de ar.

Radial[1], adj. m. e f. *(rádio[2] + al). Anat.* Relativo, pertencente ou adjacente ao rádio (ósso).

Radial[2], adj. m. e f. *(rádio[6] + al).* Que emite raios. S. f. Avenida que, partindo do centro urbano, atinge a periferia em linha reta ou quase reta.

Radialista, s. m. e f. (*rádio[6] + ista*). Profissional do rádio, de qualquer categoria.

Radiância, s. f. Radiação.

Radiano, s. m. *(rádio[6] + ano[2]). Mat.* Unidade de ângulo, equivalente a um arco de circunferência que, retificado, é igual ao comprimento do raio.

Radiante, adj. m. e f. 1. Que radia. 2. Que brilha muito; fulgurante. 3. Irradiante. 4. Cheio de alegria.

Radiar, v. 1. Intr. Emitir raios de luz; cintilar, refulgir, resplandecer. 2. Tr. dir. Cercar de raios refulgentes; aureolar. 3. Tr. dir. Emitir radiosamente.

Radiário, s. m. *Zool.* V. *radiado.*

Radiatividade, s. f. V. *radioatividade.*

Radicação, s. f. Ato ou efeito de radicar.

Radicado, adj. 1. Enraizado. 2. Inveterado, entranhado.

Radical, adj. m. e f. 1. Relativo à raiz. 2. Fundamental, essencial. 3. Que pretende reformas absolutas em política. S. m. 1. *Gram.* A parte invariável de uma palavra. 2. *Mat.* Sinal que se coloca antes das quantidades a que se deve extrair alguma raiz.

Radicalismo, s. m. *Sociol.* Doutrina favorável a mudanças culturais e sociais que interessem a aspectos fundamentais da estrutura social existente.

Radicalista, adj. m. e f. Relativo ao radicalismo. S. m. e f. Sequaz do radicalismo.

Radicando, s. m. *Mat.* Quantidade que figura sob radical.

Radicante, adj. m. e f. Que radica.

Radicar, v. 1. Tr. dir. Arraigar, enraizar, infundir. 2. Pron. Arraigar-se, firmar-se. 3. Pron. Fixar definitivamente residência. 4. Pron. Confirmar-se, consolidar-se, estabelecer-se.

Radicela, s. f. Pequena raiz; radícula.

radici-, elem. de comp. (1. *radice*). Exprime a idéia de *raiz: radicícola, radicifloro.*

Radicícola, adj. m. e f. *Bot.* Diz-se dos parasitos que vivem na raiz das plantas.

Radicifloro, adj. *Bot.* Cujas flores brotam da raiz.

Radiciforme, adj. m. e f. *Bot.* Com aspecto de raiz.

Radicívoro, adj. Que se nutre de raízes.

Radícola, adj. m. e f. 1. Que vive ou aparece nas raízes de um vegetal. 2. V. *radicícola.*

Radicoso, adj. Que tem muitas raízes.

Radícula, s. f. 1. Pequena raiz; radicela. 2. *Bot.* Embrião da raiz. 3. Objeto semelhante a uma pequena raiz.

Radiculado, adj. Que tem raízes ou radículas.

Radicular, adj. m. e f. Relativo à raiz ou à radícula.

Radieletricidade, s. f. V. *radioeletricidade.*

Rádio[1], s. m. (1. *radiu*). *Anat.* Osso do antebraço, menor e mais fino que o cúbito.

rádio-[2], elem. de comp. Exprime a idéia de *rádio[1]*: *radiocárpico, radiocubital.*

Rádio[3], s. m. *Quím.* Elemento metálico branco, brilhante, alcalino-terroso, intensamente radioativo, quimicamente semelhante ao bário. Símbolo Ra, número atômico 88, massa atômica 226,05.

rádio-[4], elem. de comp. Exprime a idéia de *rádio[3]*: *radioatividade.*

Rádio[5], s. m. Aparelho receptor de ondas hertzianas, para captar sinais radiofônicos das estações de radiodifusão. S. f. Empresa de radiodifusão.

rádio-[6], elem. de comp. Exprime a idéia de *raio, rádio[5]*, *radiação: radiano, radiofonia, radiografia.*

Radioamador, s. m. (*rádio[6] + amador*). Aquele que possui ou opera uma estação particular de radiotelefonia.

Radioatividade, s. f. *(rádio[4] + atividade). Fís.* 1. Emissão invisível de energia (raios gama (γ) ou eletromagnéticos) e corpúsculos (raios alfa (α) e beta (β) pelos núcleos dos átomos de certos elementos químicos de elevado peso atômico. Pode ser natural (nas séries do urânio, tório e actínio) ou artificial (em outros 60 elementos), por bombardeio com núcleos de hélio ou neutrônios. 2. Fenômeno pelo qual certos corpos emitem raios invisíveis que podem impressionar as chapas fotográficas, excitar a condutibilidade elétrica aos gases etc. Var.: *radiatividade.*

Radioativo, adj. Que possui radioatividade. Var.: *radiativo.*

Radiocomunicação, s. f. *(rádio[5] + comunicação).* 1. Transmissão de sinais, sons ou imagens, por meio de ondas eletromagnéticas. 2. Radiodifusão.

Radiocondutor, s. m. Tubo de limalha de ferro empregado na telegrafia sem fios.

Radiocultura, s. f. *(rádio[6] + cultura).* 1. Conjunto dos processos de cultura das plantas, baseados na ação de certas radiações. 2. Difusão da cultura por meio da radiofonia.

Radiodermite, s. f. *Med.* Dermite proveniente da excessiva exposição da pele à ação dos raios X.

Radiodiagnóstico, s. m. *Med.* Diagnóstico por meio de radiografia e radioscopia.

Radiodifusão, s. f. (*rádio[5] + difusão*). 1. Emissão e transmissão de notícias, de programas culturais ou recreativos por meio da radiofonia, para recepção geral; radiocomunicação, rádio[5]. 2. Estação de radiodifusão.

Radioeletricidade, s. f. *Fís.* Parte da Física que estuda todas as aplicações das ondas hertzianas (telefonia sem fio, telegrafia sem fio). Var.: *radieletricidade.*

Radioestesia, s. f. *(rádio[6] + estesia).* Sensibilidade às radiações.

Radiofone, s. m. *(rádio[6] + fone[2]). Fís.* Aparelho que transforma a energia radiante em energia mecânica, sob a forma sonora. Var.: *radiofono.*

Radiofonia, s. f. (*rádio*[6] + *fone*[2] + *ia*). Conversão em som dos raios térmicos e luminosos das ondas hertzianas.
Radiofônico, adj. Relativo à radiofonia.
Radiofonização, s. f. Ato ou efeito de radiofonizar.
Radiofonizar, v. Tr. dir. Adaptar ou escrever (peças teatrais, romances, crônicas, notícias etc.) para os programas de rádio.
Radiofoto, s. f. V. *radiofotografia.*
Radiofotografia, s. f. (*rádio*[5] + *fotografia*). Fotografia transmitida à distância por meio das ondas hertzianas.
Radiofreqüência, s. f. *Radiotéc.* Freqüência de onda eletromagnética, intermediária entre as audiofreqüências e as freqüências infravermelhas.
Radiografar, v. (*rádio*[6] + *grafo* + *ar*). 1. Tr. dir. Fazer a radiografia de. 2. Tr. dir. Transmitir, comunicar pela radiotelegrafia. 3. Tr. ind. Comunicar-se pela radiotelegrafia.
Radiografia, s. f. (*rádio*[6] + *grafo* + *ia*). 1. Estudo dos raios luminosos. 2. Aplicação dos raios X (raios de Roentgen) à Medicina. 3. Reprodução fotográfica por intermédio dos raios X; roentgenfotografia.
Radiográfico, adj. Relativo à radiografia.
Radiograma, s. m. (*rádio*[6] + *grama*). Comunicação por meio da telegrafia sem fios.
Radioisótopo, s. m. *Fís.* Isótopo radioativo, obtido artificialmente de elemento não radioativo.
Radiola, s. f. Aparelho em que estão combinados um receptor de rádio e uma vitrola.
Radiolário, s. m. *Zool.* Espécime dos Radiolários. S. m. pl. Classe (*Radiolaria*) de protozoários marinhos, com pseudópodes, simples ou ramificados.
Radiologia, s. f. (*rádio*[6] + *logo*[2] + *ia*). 1. Estudo científico dos raios luminosos, principalmente dos raios X. 2. Aplicação dos raios X no diagnósticos (radiografia, radioscopia) e tratamento das doenças (radioterapia); radiografia, roentgenologia.
Radiológico, adj. Relativo à radiologia.
Radiologista, s. m. e f. Especialista em radiologia.
Radiometria, s. f. Aplicação ou emprego do radiômetro.
Radiômetro, s. m. (*rádio*[6] + *metro*[2]). 1. *Fís.* Instrumento para medir a intensidade dos raios luminosos e caloríficos. 2. Antigo instrumento náutico usado para se determinar a altura dos astros; balestilha.
Radiopaco, adj. Opaco para raios X. Var.: *radioopaco.*
Radiopatrulha, s. f. Serviço de vigilância da polícia, constituído de viaturas equipadas com radiotransmissor e receptor, a fim de chegarem rapidamente aos locais das ocorrências.
Radioscopia, s. f. (*rádio*[6] + *scopo* + *ia*). Exame de um corpo pela sua projeção em alvo iluminado pelos raios X.
Radioscópico, adj. Relativo à radioscopia.
Radioso, adj. 1. Que emite raios de luz. 2. Brilhante, rutilante. 3. Alegre, exultante, feliz.
Radiossonda, s. f. *Meteor.* Aeróstato dotado de aparelho radioemissor que envia, a estações instaladas em terra, informações meteorológicas sobre as altas camadas atmosféricas.
Radiotelefonia, s. f. *Fís.* Transmissão dos sons através do espaço por meio de ondas eletromagnéticas; telefonia sem fios. Abreviado: *rádio.*
Radiotelefônico, adj. Relativo à radiotelefonia.
Radiotelegrafia, s. f. (*rádio*[5] + *telegrafia*). Telegrafia sem fio.
Radiotelegráfico, adj. Relativo à radiotelegrafia.
Radiotelegrafista, s. m. e f. Operador ou operadora de radiotelegrafia.
Radioterapêutico[1], adj. Relativo à radioterapia[1].
Radioterapêutico[2], adj. Relativo à radioterapia[2].
Radioterapia[1], s. f. (*rádio*[6] + *terapia*). *Med.* Método de tratamento terapêutico pelos raios X.
Radioterapia[2], s. f. (*rádio*[4] + *terapia*). *Med.* Método de tratamento terapêutico pela aplicação de raios de rádio, de polônio, de cobalto 60 etc.
Radioterápico[1], adj. V. *radioterapêutico*[1].
Radioterápico[2], adj. V. *radioterapêutico*[2].
Radium (*rá*), s. m. V. *rádio*[3].
Radobar, v. V. *radubar.*
Radônio, s. m. *Quím.* 1. Elemento gasoso, pesado, radioativo, do grupo dos gases inertes. Símbolo Rn, número atômico 86, massa atômica 222.
Radubar, v. (fr. *rodouber*). Tr. dir. Consertar, reparar (navios).
Raer, v. (l. *radere*). Tr. dir. 1. Vassourar (o forno) depois de aquecido. 2. Puxar com o rodo (o sal) nas marinhas; rer.
Rafa[1], s. f. *Pop.* 1. Fome. 2. Miséria, penúria.
Rafa[2], s. f. *Náut. ant.* Maré forte.
Rafado, adj. 1. Que tem rafa; faminto. 2. Gasto pelo uso.
Rafaelesco (*ê*), adj. 1. Relativo ao grande arquiteto, escultor e pintor italiano Rafael Sanzio (1483-1520). 2. Com o estilo de Rafael. 3. Que lembra os tipos de Rafael.
Rafaméia, s. f. Camada social inferior; plebe.
Rafanidose, s. f. Castigo que os atenienses aplicavam aos adúlteros e que consistia na introdução de um nabo no ânus.
Rafar, v. Tr. dir. e pron. Coçar(-se), gastar(-se) pelo uso; ficar no fio.
Rafe[1], s. f. *Anat. e Bot.* Linha saliente que imita a costura: *Rafe* do escroto; *rafe* de uma semente.
Rafe[2], s. m. (ingl. *rough*). *Art. gráf.* Esboço preliminar de um texto ou desenho antes da execução do leiaute.
Rafeiro, adj. Diz-se de uma casta de cães próprios para a guarda de gado. S. m. Esse cão.
-rafia, elem. de. comp. Exprime a idéia de *sutura cirúrgica: rinorrafia.*
Ráfia[1], s. f. *Bot.* Gênero de palmeiras da África, Ásia e América (*Raphia*), cujas fibras têxteis, muito resistentes, têm inúmeras aplicações.
Ráfia[2], s. f. *Pop.* V. *rafa*[1].
Rafiar, v. Tr. dir. *Ant.* 1. Guarnecer ou entretecer de fios. 2. Acariciar, afagar, mimar.
Ráfide, s. f. Cristal muito alongado e fino, em forma de agulha, que se encontra nas células de alguns vegetais e animais.
rafigrafia, s. f. Sistema de escrita em relevo, por meio de pontos marcados com uma agulha, para uso dos cegos. Var.: *rafidografia.*
Rafigráfico, adj. Relativo à rafigrafia. Var.: *rafidográfico.*
Rafígrafo, s. m. Aparelho empregado para gravar em relevo os caracteres que constituem o alfabeto dos cegos. Var.: *rafidógrafo.*
Raflesiáceas, s. f. pl. *Bot.* Família (*Rafflesiaceae*) que compreende plantas parasíticas, acaules, com escamas imbricadas em lugar de folhas.
Raflesiáceo, adj. Relativo às Raflesiáceas.
Rágade, s. f. (l. *rhagade*). *Med.* Ulceração estreita e alongada.
-ragia, suf. *Med.* Emprega-se com a significação de *saída, fluxo violento,* ou *erupção: hemorragia, blenorragia.* O mesmo que *réia.*
Rágio, s. m. *Entom.* Gênero (*Rhagio*) que abrange espécies de moscas de corpo delicado.
Ragóide, adj. m. e f. Semelhante a um bago de uva. Var.: *ragóideo.*
Ragu, s. m. (fr. *ragoût*). Qualquer guisado ou ensopado.
Raia[1], s. f. (l. *radia?*). 1. Linha, risca, traço. 2. Linha da palma da mão. 3. Estria ou lista. 4. Pista de corridas de cavalos. 5. Limite de uma circunscrição territorial; fronteira.
Raia[2], s. f. *Ictiol.* V. *arraia.*
Raiado, adj. 1. Que tem raias, estrias, riscas ou ranhuras; estriado. 2. Entremeado, mesclado, rajado.
Raiano, adj. V. *arraiano.*
Raiar[1], v. (l. *radiare*). 1. Intr. Emitir raios luminosos; brilhar. 2. Tr. dir. Irradiar. 3. Intr. Surgir, manifestar-se. 4. Tr. ind. e intr. Cintilar, coruscar, reluzir. 5. Intr. Começar a aparecer, a despontar no horizonte.
Raiar[2], v. (*raia*[1] + *ar*). 1. Tr. dir. Traçar riscas ou raias em. 2. Tr. dir. Estriar o interior de (armas de fogo). 3. Tr. ind. Tocar as raias ou limites; aproximar-se.
Raigota (*a-i*), s. f. (de *raiz*). 1. Pequena raiz; radícula. 2. Espigão na base da unha.
Raigotoso (*a-i*), adj. 1. *Bot.* Que tem raigotas.
Raineta (*ê*), s. f. (fr. *rainette*). Perereca.
Rainha (*a-i*), s. f. (l. *regina*). 1. Soberana de uma nação. 2. A

esposa do rei. 3. A primeira entre outras. 4. Certa qualidade de ameixa, maçã e pêra. 5. A peça principal, depois do rei, no jogo de xadrez.

Raio, s. m. (l. *radiu*). 1. Linha que parte de um centro luminoso. 2. Descarga elétrica entre uma nuvem e a Terra. 3. Cada uma das peças que juntam o cubo do eixo com a circunferência da roda de um veículo. 4. *Geom.* Reta que, partindo do centro do círculo, vai terminar na circunferência; meio diâmetro de uma circunferência. 5. Tudo o que destrói ou causa ruína. 6. Pessoa muito esperta, muito viva. 7. Indício, sinal: Um *r.* de esperança.

Raiom, s. m. (ingl. *rayon*). Fibra artificial empregada na indústria têxtil. Var.: *raião.*

Raiva, s. f. (l. v. *rabia,* de *rabie*). 1. Doença infecciosa, especialmente dos cães, podendo transmitir-se por mordedura a outros animais e ao homem; hidrofobia. 2. Prurido que as crianças sentem nas gengivas no período da dentição. 3. Violento acesso de ira, com fúria e desespero. 4. Aversão, ódio.

Raivar, v. 1. Tr. ind. e intr. Encher-se de raiva; enraivecer-se, irar-se; estar ou ficar furioso. 2. Intr. Agitar-se com violência; sentir ânsias. 3. Tr. dir. Manifestar com exasperação. 4. Tr. ind. *Ant.* Estar ansioso, anelante por.

Raivecer, v. V. *raivar.*

Raivejar, v. V. *raivar.*

Raivento, adj. Que facilmente enraivece.

Raivoso, adj. 1. Cheio de raiva; rábido, raivento. 2. Diz-se do cão atacado de raiva.

Raiz *(a-i),* s. f. (l. *radice*). 1. Parte inferior da planta por onde ela se fixa no solo e tira a nutrição. 2. Parte inferior do dente que se encrava no alvéolo. 3. A parte escondida ou enterrada de qualquer objeto. 4. Parte inferior; base. 5. Prolongamento profundo de certos tumores. 6. Origem, princípio, germe. 7. *Gram.* Palavra primitiva de onde outras, derivadas, se formam. 8. *Mat.* O número que é elevado a certa potência.

Raizada *(a-i),* s. f. V. *raizame.*

Raizama *(a-i),* s. f. V. *raizame.*

Raizame *(a-i),* s. m. 1. Conjunto das raízes de uma planta. 2. Grande porção de raízes; raizada, raizama.

Raizeiro *(a-i),* s. m. Curandeiro que faz tratamentos com raízes cozidas.

Raja, s. f. (cast. *raja*). Estria, lista, raia.

Rajá, s. m. Príncipe ou potentado indiano.

Rajada[1], s. f. (cast. *rajar + ada*). 1. Vento impetuoso. 2. Rasgo de eloqüência. 3. Descarga de metralhadora.

Rajada[2], s. f. (de *rajado[1]*). Variedade de mandioca.

Rajado[1], adj. (p. de *rajar*). 1. Raiado, estriado. 2. Aplica-se aos animais malhados que têm manchas escuras.

Rajado[2], s. m. (*rajá + ado*). Reinado ou território de um rajá.

Rajaputro, s. m. Indivíduo dos rajaputros, raça nobre do Industão, dedicada à milícia. Sin.: *raiputo* e *reisbuto.* Adj. Relativo aos rajaputros.

Rajar, v. Tr. dir. 1. Fazer raias em; raiar, estriar, riscar. 2. Entremear, intervalar.

Rajo, s. m. Parte do pinheiro que se corta para lhe extrair a resina.

Rala[1], s. f. V. *rolão[1]*.

Rala[2], (fr. *râle*). Ruído anormal nas vias respiratórias ou no pulmão, causado por bronquite ou pneumonia; pieira, estertor; ralo.

Ralação, s. f. 1. Ato ou efeito de ralar(-se). 2. Amofinação, apoquentação, desgosto. Sin.: *raladura e raleira.*

Ralador, adj. Que rala. S. m. Utensílio doméstico que consiste geralmente numa lâmina recurvada e crivada de orifícios de rebordos levantados e cortantes, para reduzir a migalhas certos alimentos como queijo, pão etc.; ralo.

Raladura, s. f. 1. Fragmentos da substância passada pelo ralador. 2. Ralação.

Ralar, v. 1. Tr. dir. Fazer passar pelo ralador a fim de moer e triturar. 2. Tr. dir. e pron. Afligir(-se), amofinar(-se), atormentar(-se). 3. Tr. dir. Consumir, corroer.

Ralasso, adj. e s. m. *Pop.* Diz-se do, ou o indivíduo indolente, vagabundo.

Ralé, s. f. 1. Gente da camada inferior da sociedade; plebe, escória social, gentalha, gentinha, populacho, poviléu, vulgacho, vulgo, zé-povinho, zé-povo. 2. Qualquer animal, como presa das aves de rapina. 3. *Pop.* Coragem, valor.

Raleadura, s. f. Ato ou efeito de ralear(-se); raleamento.

Raleamento, s. m. V. *raleadura.*

Ralear, v. Tr. dir., intr. e pron. Tornar(-se) ralo, tornar(-se) menos compacto, menos espesso.

Raleira[1], s. f. *(ralo[2] + eira).* 1. Parte falha de uma sementeira em que as sementes não vingaram. 2. Carência, escassez.

Raleira[2], s. f. V. *ralação.*

Raleiro, s. m. V. *raleira[1]*.

Ralentando, adv. (ital. *rallentando*). *Mús.* Palavra com que se indica o retardamento do compasso.

Ralentar, v. Tr. dir., intr. e pron. V. *ralear.*

Ralhação, s. f. Ralho.

Ralhador, adj. Diz-se daquele que tem o hábito de ralhar; ralhão. S. m. Aquele que ralha.

Ralhão, adj. e s. m. V. *ralhador.* Fem.: *ralhona.*

Ralhar, v. (l. v. **ragulare?*). 1. Tr. ind. e intr. Repreender, admoestar. 2. Tr. ind. e intr. Desabafar a cólera com repreensões e ameaças vãs. 3. Tr. ind. Censurar, criticar.

Ralho, s. m. 1. Ato ou efeito de ralhar; ralhação. 2. Repreensão. 3. Discussão acalorada.

Ralo[1], s. m. (l. *rallu*). 1. V. *ralador.* 2. Folha de metal cheia de pequenos orifícios que se põe nas janelas, nas portas, no locutório dos conventos etc., para se ver de dentro sem ser visto ou falar sem comunicação direta; ralete. 3. Fundo da peneira; crivo. 4. Peça crivada que se põe nas pias, nos saguões e nos tanques, para impedir a passagem de detritos.

Ralo[2], adj. (l. *raru*). Pouco espesso; raro: Barba *rala.*

Ralo[3], s. m. V. *rala[2]*.

Rama[1], s. f. (de *ramo*). 1. Os ramos e folhagens das árvores ou de outro qualquer vegetal; ramada, ramagem. 2. Aparelho sobre que se estendem tecidos para secar.

Rama[2], s. f. (fr. *rame*). *Tip.* Caixilho retangular de ferro, dentro do qual se encerra a forma tipográfica, antes de levá-la à máquina impressora.

Ramada, s. f. (b. l. *ramata*). 1. Rama[1], acep. 1. 2. Cobertura de ramos para fazer sombra. 3. Abrigo, no campo, para o gado bovino. 4. Latada, parreira.

Ramadã, s. m. V. *ramadão.*

Ramadão, s. m. (ár. *ramadan*). Nono mês lunar muçulmano, consagrado ao jejum.

Ramado, adj. Que tem rama ou ramos.

Ramagem, s. f. *(ramo + agem).* 1. Rama[1], acep. 1. 2. Desenho de folhas e flores sobre um tecido.

Ramal, s. m. (l. *ramale*). 1. Conjunto de fios torcidos e trançados de que se fazem as cordas. 2. Ramificação de uma estrada ou caminho de ferro. 3. Borla de barrete. 4. Enfiada, fiada de pérolas, pinhões etc.

Ramalhada, s. f. Ato ou efeito de ramalhar. 2. Grande porção de ramos.

Ramalhar, v. *(ramalho + ar).* 1. Tr. dir. Fazer sussurrar os ramos de. 2. Intr. Murmurar, sussurrar com o vento (os ramos).

Ramalhete *(ê),* s. m. *(ramalho + ete).* 1. Pequeno feixe de flores naturais ou artificiais. 2. Pequeno ramo. 3. Conjunto de coisas seletas e de valor especial.

Ramalheteira, s. f. Mulher que faz ou vende ramalhetes.

Ramalho, s. m. Grande ramo cortado de árvore.

Ramalhoso, adj. V. *ramalhudo.*

Ramalhudo, adj. *(ramalho + udo).* 1. Que tem muita rama. 2. Que têm grandes pestanas. 3. Que tem mais palavras do que idéias. 4. Que ramalha.

Ramálias, s. f. pl. (l. *ramalia*). *Ant. rom.* Festa da agricultura e da vinha, em honra de Ariadne e Baco.

Ramaria, s. f. V. *rama[1]*, acep. 1.

Rameiro, adj. Diz-se da avezinha que anda de ramo em ramo para ensaiar o vôo. S. m. O que arremata aos contratadores um ou mais ramos de um contrato.

Ramento, s. m. (l. *ramentu*). 1. *Ant.* Partícula, fragmento. 2. *Bot.* Escama parda das folhas dos fetos.

Râmeo, adj. (l. *rameu*). *Bot.* Diz-se das flores, raízes etc. que nascem nos ramos das plantas.

Ramerrão, s. m. 1. Repetição monótona, enfadonha. 2. Uso constante; rotina.

rami-[1], elem. de comp. (l. *ramu*) Exprime a idéia de *ramo: ramiforme.*

Rami[2], s. m. 1. *Bot.* Nome de uma erva da Ásia oriental (*Boehmeria nivea*), largamente cultivada pelo valor comercial de suas fibras. 2. Fibra lustrosa, forte, dessa erva.

Ramificação, s. f. 1. Ato ou efeito de ramificar(-se). 2. Ramo. 3. Modo pelo qual os ramos se dispõem ou se formam.

Ramificado, adj. 1. Dividido em ramos. 2. Subdividido.

Ramificar, v. *(rami*[1] *+ficar*[2]*)*. Tr. dir. e pron. 1. Dividir(-se) em ramos, ramais ou partes. 2. Dividir(-se), subdividir(-se).

Ramifloro, adj. *Bot.* Diz-se das plantas cujas flores se produzem nos ramos.

Ramiforme, adj. m. e f. Em forma de ramo.

Ramilhete, s. m. (*ramilho + ete*). V. *ramalhete.*

Ramilho, s. m. Ramo pequeno; raminho.

Ramíparo, adj. *Bot.* Que produz ramos.

Ramnáceas, s. f. pl. *Bot.* Família (*Rhamnaceae*) da ordem Ramnales, constituída de ervas espinhosas e árvores, representadas no Brasil pelo juazeiro.

Ramnáceo, adj. Relativo às Ramnáceas.

Ramo, s. m. 1. Cada uma das partes que nascem do tronco ou caule e das quais brotam geralmente as folhas, as flores e os frutos. 2. Molho de flores ou folhagens. 3. Ramalhete. 4. Palma benta. 5. Ramal. 6. *Geneal.* Cada família que se constitui, partindo do mesmo tronco. 7. Atividade específica em qualquer trabalho ou profissão. 8. Lanço de urdideira. 9. *Dir.* Lote de coisas que são objeto de leilão. 10. Ataque de doença; acesso. 11. Qualquer ornato em forma de ramo. Dim. irr.: *ramalho, ramalhete, ramilhete, ramúsculo.*

Râmola, s. f. Conjunto de quadros de madeira ou de ferro, com escápulas, onde, nas fábricas de lanifícios, se estendem as peças de estofo para secarem ao sol.

Ramonadeira, s. f. Instrumento de ferro, espécie de grosa, para limpar peles.

Ramosidade, s. f. 1. Qualidade de ramoso. 2. Abundância de ramos.

Ramoso, adj. Cheio de ramos; ramudo.

Rampa, s. f. (fr. *rampe*). 1. Plano inclinado considerado no sentido da subida; aclive. Antôn.: *contra-rampa.* 2. Ladeira. 3. *Des.* Palco, ribalta.

Rampadouro, s. m. Encosta, flanco, vertente.

Rampante, adj. m. e f. (fr. *rampant*). *Heráld.* Designativo do quadrúpede que, no campo do escudo de armas, se ergue sobre as patas traseiras, sempre com a cabeça voltada para o lado direito.

Rampear, v. Tr. dir. Cortar em rampa (um terreno).

Ramudo, adj. Ramoso.

Ramúsculo, s. m. Pequeno ramo; raminho.

Rana[1], s. m. *Gír.* Ladrão do mar.

Rana[2], s. m. *Zool.* Gênero (*Rana*) quase cosmopolita de rãs, tipo da família dos Ranídeos.

Ranário, s. m. Lugar onde se criam rãs.

Rançado, adj. *P. us.* Que tem ranço; rançoso.

Rançar, v. Intr. Criar ranço; tornar-se rançoso.

Rancescer, v. V. *rançar.*

Ranchada, s. f. 1. Bando, magote de pessoas. 2. Rancho grande.

Rancharia, s. f. 1. Arranchamento. 2. Povoado pobre. Sin.: *rancheria* e *rancheiro.*

Rancheira, s. f. (cast. argentino *ranchera*). 1. Dança de origem moura que se estilizou na Argentina. 2. Música para essa dança.

Rancheiro, adj. Diz-se do homem caseiro que gosta de ficar no rancho. S. m. 1. Aquele que cuida do rancho ou da comida para os soldados. 2. Indivíduo encarregado de cuidar do rancho. 3. Morador de rancho.

Ranchel, s. m. Rancho pequeno.

Rancheria, s. f. V. *rancharia.*

Rancherio, s. m. V. *rancharia.*

Rancho, s. m. 1. Grupo de pessoas, reunidas para uma jornada ou passeio. 2. Magote de gente. 3. Refeição de marujos, soldados ou presos. 4. *Mil.* Refeitório dos soldados na caserna. 5. *Náut.* Alojamento ou refeitório dos marujos, na proa do barco. 6. Choça ou telheiro, à beira das estradas, para abrigo ou pernoite de viajantes. 7. Choça, que se faz nas roças, para descanso dos trabalhadores. 8. Habitação pobre; cabana, choupana. 9. Bloco carnavalesco.

Râncido, adj. V. *rançoso.*

Ranço, s. m. (l. *rancidu*). 1. Alteração que sofrem as substâncias gordas em contato com o ar, caracterizada por cheiro nauseante e mau sabor. 2. Bafio, mofo. 3. Velharia.

Rancor, s. m. 1. Ódio. 2. Grande aversão não manifestada.

Rancoroso, adj. 1. Cheio de rancor. 2. Odiento.

Rançoso, adj. 1. Que tem ranço. 2. Mofado, bolorento. 3. Diz-se do estilo antiquado, desenxabido e prolixo.

Ranfastídeo, adj. *Ornit.* Relativo aos Ranfastídeos. S. m. pl. Família (*Ramphastidae*) de aves piciformes, que compreende os tucanos e os araçaris.

ranfo-, elem. de comp. (gr. *rhamphos*). Exprime a idéia de *curvo, curvado: ranfoteca.*

Ranfoteca, s. f. *Ornit.* Tegumento córneo do bico das aves.

Rangedeira, s. f. Peça de couro ou de cortiça, que o sapateiro coloca entre a palmilha e a sola do calçado, para este ranger ao andar.

Rangedor, adj. Que range; rangente.

Rangente, adj. m. e f. V. *rangedor.*

Ranger, v. (l. *ringere*). 1. Tr. ind. e intr. Produzir um som áspero e penetrante como o de um objeto duro que roça sobre outro. 2. Tr. dir. e tr. ind. Mover os dentes uns contra os outros.

Rangido, s. m. Ato ou efeito de ranger.

Rangífer, s. m. *Zool.* Gênero (*Rangifer*) de mamíferos ruminantes, da família dos Cervídeos, que consiste nas renas, selvagens e domesticadas, e nos caribus.

Ranhar, v. Tr. dir. 1. V. *arranhar.* 2. Esgaravatar, revolver, ciscar (o solo).

Ranheta (*ê*), adj. m. e f. Diz-se de pessoa impertinente, rabujenta. S. m. e f. Essa pessoa.

Ranho, s. m. *Pop.* Muco.

Ranhoso, adj. Que tem ranho; moncoso.

Ranhura, s. f. (fr. *rainure*). 1. Entalhe ou encaixe feito na espessura de uma tábua no sentido longitudinal. 2. Fissura, racha, vão, fresta.

rani-[1], elem. de comp. (l. *rana*). Exprime a idéia de rã; *ranicultura.*

Rani[2], s. f. Mulher de rajá.

Ranicultura, s. f. Criação de rãs.

Ranídeo, adj. *Zool.* Relativo aos Ranídeos. S. m. pl. Família (*Ranidae*) de anfíbios anuros que inclui as rãs européias, espécies do gênero Rana; há no Brasil um único representante deste gênero, *Rana palmites*, que ocorre na região amazônica.

Ranilha, s. f. Saliência mole na planta do pé das cavalgaduras.

Ranino, adj. *Anat.* Designativo das veias e artérias do lado inferior da língua.

Ranu, s. m. *Bot.* Planta urticácea (*Urtica utilis*).

Rânula, s. f. *Med.* Tumor cístico subjacente à língua, devido à obstrução de algum ducto salivar das glândulas sublinguais ou submaxilares.

Ranunculáceas, s. f. pl. *Bot.* Família (*Ranunculaceae*) de plantas caracterizadas por seiva acre.

Ranunculáceo, adj. Relativo às ranunculáceas.

Ranzinza, adj. m. e f. *Pop.* Birrento, impertinente, teimoso, ranheta. S. m. e f. Pessoa ranzinza.

Ranzinzar, v. Intr. Ficar ou mostrar-se ranzinza.

Rapa, s. m. 1. Jogo que consiste numa espécie de pião com quatro faces iguais, tendo em cada uma das faces a inicial de uma palavra: R. (rapa), T. (tira), D. (deixa) e P. (põe). 2. *Fam.* Comilão. 3. Raspa.

Rapace, adj. m. e f. Que rouba; rapinante.

Rapáceo, adj. *Bot.* Que se parece com o rábano.

Rapacidade, s. f. 1. Qualidade de rapace. 2. Inclinação para roubar. 3. Hábito de roubar.

Rapadeira, s. f. 1. Utensílio com que se rapa. 2. Pequena pá de ferro para despregar a massa da masseira.

Rapadela, s. f. Ato ou efeito de rapar; rapadura.

Rapado, adj. 1. Que se rapou. 2. Cortado rente.

Rapador[1], adj. (*rapar + dor*). Que rapa. S. m. 1. Aquele ou aquilo que rapa. 2. O que trabalha com o rapão.

Rapador[2], s. m. (corr. de *rapadouro*). Campo em que o pasto foi meio consumido, ou tosado cerce pelo gado.

Rapadouro, s. m. Lugar sem pastagem para o gado. Var.: *rapadoiro.*

Rapadura, s. f. 1. Rapadela. 2. Açúcar mascavo solidificado em forma de pequenos tijolos.

Rapagão, s. m. Rapaz corpulento e robusto.

Rapante, adj. m. e f. 1. Que rapa. 2. *Heráld.* Diz-se dos animais que no brasão estão representados escavando o solo.

Rapão, s. m. (germ. *rapon*). 1. Utensílio de marnoto para rapar. 2. Indivíduo que ajunta lixo para estrumar. 3. Camada humífera das florestas ou matas; folhada, manta.

Rapapé, s. m. 1. *Pop.* Cumprimento exagerado que se faz arrastando o pé para trás. 2. Mesura, vênia afetada. 3. Bajulação. S. m. pl. Adulações.

Rapar, v. (gót. **hrapon*). 1. Tr. dir. Cortar cerce. 2. Tr. dir. Cortar à navalha o pêlo de; escanhoar. 3. Pron. Barbear-se, escanhoar-se. 4. Tr. dir. Roçar com os pés ou com as patas; escavar. 5. Tr. dir. Extorquir ardilosamente; furtar; rapinar; tirar com violência.

Rapariga, s. f. 1. Fem. de *rapaz.* 2. Mulher nova; moça. 3. Mulher no início da adolescência. 4. Moça do campo; moça rústica. Aum.: *raparigaça, raparigão, raparigona.*

Raparigaça, s. f. Rapariga robusta e airosa.

Raparigada, s. f. *Fam.* Grupo de raparigas.

Raparigão, s. m. V. *raparigaça.*

Raparigona, s. f. V. *raparigaça.*

Rapa-tachos, s. m. e f., sing. e pl. *Pop.* e *fam.* Pessoa que come demais, limpando as vasilhas, aproveitando tudo; comilão, esfomeado.

Rapaz[1], s. m. (l. *rapace?*). 1. Homem novo; moço, mancebo. 2. Homem no início da adolescência. Fem.: *rapariga*; aum.: *rapagão*; dim.: *rapazinho, rapazelho, rapazete, rapazito, rapazola, rapazote* ou *rapagote.*

Rapaz[2], adj. m. e f. (l. *rapace*). V. *rapace.*

Rapazelho (*ê*), s. m. *Pej.* Pequeno rapaz; menino; gaiato.

Rapazete (*ê*), s. m. V. *rapazelho.*

Rapaziada, s. f. 1. Bando de rapazes. 2. Ação ou dito próprio de rapaz. 3. Estroinice.

Rapazinho, s. m. 1. V. *menino.* 2. *Ornit.* Ave da ordem dos Caradriiformes (*Gallinago gallinago*).

Rapazio, s. m. Ajuntamento de rapazes.

Rapazola, s. m. 1. Rapaz já crescido. 2. Homem que procede como rapaz.

Rapazote, s. m. V. *rapazelho.*

Rapé, s. m. (fr. *râpé*). Tabaco em pó, para cheirar.

Rapeira, s. f. Adubo de terras, constituído por moluscos e plantas marinhas, que se apanham nas fendas dos rochedos; seba.

Rapezista, s. m. e f. Tomador habitual de rapé; tabaquista.

Rapidez, s. f. Brevidade, ligeireza, velocidade impetuosa.

Rápido, adj. 1. Que se move com muita velocidade; que em pouco tempo percorre grande extensão; veloz, ligeiro. 2. De curta duração; breve. 3. Instantâneo. S. m. 1. Comboio de andamento mais acelerado, só para passageiros, que só faz paradas em estações maiores. 2. Declive no leito fluvial; queda, corredeira. 3. Agência que se incumbe da entrega de cartas, pacotes etc., no perímetro urbano. Adv. Rapidamente, já: Temos de agir *rápido.*

Rapina, s. f. Ato ou efeito de rapinar; roubo violento.

Rapinador, adj. e s. m. V. *rapinante.*

Rapinagem, s. f. 1. Qualidade de rapinante. 2. Série de roubos. 3. Conjunto de objetos roubados.

Rapinante, adj. e s., m. e f. Que, ou pessoa que rapina; que tem o hábito de rapinar; rapinador.

Rapinar, 1. Tr. dir. Roubar, furtar, subtrair com violência. 2. Intr. Cometer rapinagem.

Rapineiro, adj. e s. m. Diz-se de, ou ave de rapina.

Rapistro, s. m. *Bot.* Espécie de rábano silvestre.

Rapôncio, s. m. *Bot.* V. *raponço.*

Raponço, s. m. (l. *rapa*). *Bot.* Nome de duas plantas campanuláceas: *Campanula rapunculus* e *Phyteuma spicatum.* Vars.: *rapôncio* e *rapúncio.*

Raposa, s. f. (corr. de *rabosa?*). 1. *Zool.* Nome comum de vários mamíferos, da família dos Canídeos, que ocorrem na Europa, mas particularmente da espécie *Vulpes vulpes.* 2. Pessoa astuta, fina e sagaz.

Raposada, s. f. *Pop.* Raposeira, acep. 2.

Raposar, v. (*raposa + ar*). Intr. Não ir à escola, fazer gazeta; cabular.

Raposear, v. Tr. dir. Reprovar em exame.

Raposeira, s. f. 1. Cova ou toca de raposa. 2. *Pop.* Sono tranqüilo, sossegado; raposada. 3. Bem-estar de quem se deita ao sol brando. 4. Bebedeira.

Raposeiro, adj. Raposino, vulpino. S. m. Indivíduo manhoso, astuto; raposa.

Raposia, s. f. Astúcia de raposa; raposice.

Raposice, s. f. V. *raposia.*

Raposinhar, v. Intr. Usar de astúcia ou manha.

Raposinho, s. m. 1. Raposo pequeno. 2. Mau cheiro, como o da raposa; catinga.

Raposino, adj. Relativo a raposa; vulpino.

Raposo, s. m. 1. *Zool.* Macho da raposa. 2. Indivíduo astucioso, manhoso, velhaco.

Rapsódia, s. f. 1. Trechos das epopéias gregas. 2. Cada um dos livros de Homero. 3. Trecho de uma composição poética. 4. *Mús.* Gênero de composição musical, cujos temas são motivos populares ou cantos tradicionais de um povo.

Rapsódico, adj. Pertencente ou relativo a rapsódia.

Rapsodista, s. m. e f. 1. Pessoa que compõe rapsódias. 2. Pessoa que faz compilação de poesias ou de quaisquer trechos literários; antologista.

Raptar, v. Tr. dir. 1. Praticar o crime de rapto na pessoa de. 2. Tirar à força; arrebatar.

Rapto, s. m. (l. *raptu*). 1. *Dir.* Crime, que consiste em arrebatar mulher honesta, mediante violência, grave ameaça ou fraude, para fim libidinoso. 2. Extorsão, furto, rapina, roubo. 3. Exaltação do espírito; êxtase. Adj. *Poét.* 1. Arrebatado, rápido. 2. Arroubado, extático.

Raptor, adj. e s. m. Que, ou aquele que rapta.

Raque, s. f. 1. *Anat.* Coluna vertebral; espinha dorsal. 2. *Bot.* Eixo principal de uma inflorescência. 3. *Bot.* Eixo principal de uma folha composta. 4. *Ornit.* Eixo maciço da pena, que forma, com as barbas, o vexilo.

Raqueano, adj. *Anat.* V. *raquiano*: Nervos *raqueanos.*

Raquel, s. f. *Bot.* Planta amarilidácea (*Amaryllis sarniensis*).

Raqueta (*ê*), s. f. (fr. *raquette*). 1. Espécie de pá oval, cuja palma é guarnecida de uma rede de cordas de tripa, com que se joga a péla, o tênis. 2. Palma de madeira leve e fina, para jogar-se o pingue-pongue ou o tênis de mesa. Var.: *raquete* (*ê*).

raqui-, elem. de comp. (gr. *rakhis*). Exprime a idéia de *raque, coluna vertebral: raquialgia.*

Raquialgia, s. f. *Med.* Dor aguda em algum ponto da coluna vertebral.

Raquianestesia, s. f. *Med.* Anestesia que se faz pela introdução do medicamento no canal raquiano.

Raquiano, adj. *Anat.* Relativo à espinha dorsal.

Raquidiano, adj. V. *raquiano.*

ráquio-, elem. de comp. (gr. *rakhis*). Exprime a idéia de *coluna vertebral: raquiocentese.*

Raquiocentese, s. f. *Med.* Punção do canal raquiano.

Ráquis, s. f. sing. e pl. V. *raque*[1].

Raquítico, adj. 1. Atacado de raquitismo. 2. Enfezado, franzino, pouco desenvolvido. S. m. 1. Indivíduo que tem raquitismo. 2. Indivíduo encolhido, magro.

Raquitismo, s. m. 1. *Med.* Processo patológico distrófico, infantil, devido à deficiência de cálcio e vitamina D e que ocasiona a curvatura da espinha dorsal, com estreitamento do tórax; profunda alteração, afrouxamento e desvio do sistema ósseo; desmesurado desenvolvimento do abdome e da cabeça, com atrofia dos pulmões e do coração etc. 2. *Bot.* Estiolamento. 3. Acanhamento, curteza ou mesquinhez das faculdades intelectuais ou do senso moral.

Rareamento, s. m. Ato ou efeito de rarear.

Rarear, v. 1. Tr. dir. Tornar raro ou pouco denso. 2. Tr. dir. Reduzir a pequeno número; diminuir. 3. Intr. Tornar-se raro ou menos numeroso.

Rarefação, s. f. Ato ou efeito de rarefazer(-se).

Rarefaciente, adj. m. e f. Que rarefaz; rarefativo.

Rarefatível, adj. m. e f. Que pode rarefazer-se.

Rarefativo, adj. V. *rarefaciente.*

Rarefato, adj. V. *rarefeito.*

Rarefator, adj. Que rarefaz. S. m. Aquilo ou o instrumento que serve para rarefazer.

Rarefazer, v. (l. *rarefacere*). 1. Tr. dir. Diminuir a densidade de; tornar menos denso ou menos espesso; dilatar. 2. Pron. Tornar-se menos denso ou menos espesso; dilatar-se. 3. Pron. Desaparecer, diluir-se, sublimar-se. 4. Pron. Tornar-se menos compacto ou menos numeroso. — Verbo irregular; conjuga-se como *fazer.*

Rarefeito, adj. 1. Que se rarefez. 2. Tornado menos denso, menos espesso.

Rareza, s. f. *P. us.* Raridade.

rari-, elem. de comp. (l. *raru*). Exprime a idéia de *raro: rarifloro.*

Raridade, s. f. (l. *raritate*). 1. Qualidade de raro. 2. Coisa que acontece raramente. 3. Objeto raro, precioso e pouco vulgar. Sin.: *rareza.*

Rarifloro, adj. *Bot.* Que tem poucas flores.

Rarípilo, adj. Que tem pêlos raros.

Raro, adj. 1. Pouco vulgar. 2. Que poucas vezes acontece. 3. Pouco abundante; pouco numeroso. 4. Pouco denso, pouco espesso; ralo. 5. Extraordinário, singular. Adv. Raramente, dificilmente.

Rás[1], s. m. O mesmo que *arrás.* Pl.: *rases.*

Rás[2], s. m. (ár. *ras*). Chefe etíope.

Rasa, s. f. (l. *rasa*). 1. Antiga medida de capacidade, que correspondia aproximadamente ao alqueire. 2. Rasoura. 3. O preço mais baixo. 4. *Dir.* Número determinado de linhas compreendidas numa página de ato judicial ou processual escrito, contendo cada uma delas, aproximadamente, a quantidade de letras exigida por lei.

Rasadura, s. f. Ato ou efeito de rasar(-se).

Rasante, adj. m. e f. Que rasa; que passa junto e paralelamente.

Rasar, v. 1. Tr. dir. Medir com a rasa. 2. Tr. dir. Tornar raso; encher até às bordas. 3. Tr. dir. Pôr ao nível; nivelar, igualar. 4. Pron. Encher-se, transbordar. 5. Tr. dir. Tocar de leve; roçar.

Rasca, s. f. 1. Rede de arrastar; rascada. 2. Pequena embarcação de dois mastros e velas latinas. 3. Parte do lucro; quinhão. 4. *Pop.* Bebedeira.

Rascada, s. f. 1. Rasca, acep. 1. 2. *Fam.* Apertos, dificuldade, enrascada.

Rascadeira, s. f. Raspadeira[1], acep. 1.

Rascador, s. m. Instrumento para rascar, usado pelos ourives, serralheiros etc.

Rascância, s. f. Qualidade do vinho rascante.

Rascante, adj. m. e f. 1. Que deixa travo na garganta; adstringente. 2. Diz-se de qualquer ruído áspero, que parece arranhar. S. m. Vinho rascante.

Rascão, s. m. (cast. *rascon*). 1. Vadio. 2. Uma das cordas da rede de pescar.

Rascar, v. (l. **rasicare*). 1. Tr. dir. Tirar fragmentos (da superfície de um corpo) com instrumento apropriado; raspar. 2. Tr. dir. Desbastar, lascar. 3. Intr. Deixar (o vinho, ou frutas verdes) certo travo na língua e na garganta. 4. Tr. dir. Arranhar. 5. Tr. dir. Incomodar, molestar, perturbar com som desagradável.

Rascolnismo, s. m. *Rel.* Crença das seitas russas que, em 1659, por não aceitarem a revisão das versões da Bíblia e a reforma da liturgia, se separaram da Igreja Grega.

Rascolnista, adj. m. e f. Relativo ao rascolnismo; rascolnita. S. m. e f. Sequaz do rascolnismo; rascolnita.

Rascolnita, adj. e s., m. e f. V. *rascolnista.*

Rascunhar, v. (de *rascar*). Tr. dir. 1. Fazer o rascunho de. 2. Traçar os contornos de; esboçar.

Rascunho, s. m. 1. Delineamento, esboço, bosquejo. 2. Minuta de qualquer escrito.

Raseiro, adj. 1. Achatado. 2. Que tem pouco fundo.

Rasgadela, s. f. Pequeno rasgão.

Rasgado, adj. 1. Esfarrapado, roto. 2. Despedaçado, fendido. 3. Espaçoso, largo, vasto. 4. Aflito, amargurado, dilacerado. 5. Diz-se dos olhos grandes, amendoados. S. m. Toque de viola, em que se arrastam as unhas pelas cordas sem pontear.

Rasgadura, s. f. V. *rasgamento.*

Rasgamento, s. m. 1. Ato ou efeito de rasgar(-se); rasgadura. 2. Rasgão.

Rasgão, s. m. Abertura em superfície que se rasgou; rasgamento, rasgadura, rasgo.

Rasgar, v. (l. *resecare*). 1. Tr. dir. Fazer rasgão ou rasgões em; abrir, romper. 2. Tr. dir. Ferir, golpear, lacerar; romper com violência. 3. Tr. dir. e pron. Fazer abertura em. 4. Pron. Dividir-se em fragmentos ou porções; fender-se, romper-se, separar-se. 5. Tr. dir. Dilacerar. 6. Tr. dir. Abrir, arar, cavar. 7. Tr. dir. Abrir, sulcar. 8. Pron. Cindir-se, desagregar-se, desarmonizar-se, desassociar-se, separar-se. 9. Tr. dir. Desfazer, dissipar. 10. Tr. dir. Desfazer, desmanchar, rescindir. 11. Pron. Dar-se a conhecer; patentear-se. 12. Pron. Afligir-se, atormentar-se. 13. Intr. Executar, à viola, o rasgado.

Rasgo, s. m. 1. Rasgão. 2. Traço, risco. 3. Ação nobre, exemplar. 4. Arroubo, ímpeto.

Raso, adj. 1. De superfície plana; liso. 2. Cortado rente; cérceo. 3. Pouco elevado do nível do solo; rasteiro, baixo. 4. Sem graduação. 5. Diz-se de qualquer recipiente cheio, ou ocupado por líquido até as bordas. 6. Sem lavores; liso. 7. Diz-se do ângulo que mede 180°. 8. Que tem pouca fundura. S. m. 1. Planície, campo. 2. Capoeira baixa, onde as árvores e arbustos se entrelaçam. 3. Tecido fino, de seda lustrosa, sem lavores.

Rasoura, s. f. 1. Cilindro de madeira com que se tira o cogulo às medidas. 2. Instrumento de marceneiro que serve para tirar as rebarbas à madeira; plaina. 3. Instrumento de talhador para tirar as asperezas da madeira. 4. Instrumento de gravador para polir o granulado da chapa. Var.: *rasoira.*

Rasourar, v. Tr. dir. 1. Nivelar com a rasoura. 2. Igualar, nivelar, rasar. Var.: *rasoirar.*

Raspa, s. f. 1. Aquilo que sai, raspando-se; apara, rasura. 2. Raspadeira.

Raspadeira[1], s. f. Espécie de pente de ferro, com cabo de madeira, usado para raspar o pêlo das cavalgaduras; raspador.

Raspadeira[2], s. f. *Bot.* Planta urticácea (*Ficus asperrima*).

Raspadela, s. f. V. *raspagem.*

Raspador, adj. Que raspa. S. m. 1. Aquele que raspa. 2. V. *raspadeira[1]*, acep. 1.

Raspadura, s. f. 1. Raspas. 2. Raspagem.

Raspagem, s. f. 1. Ato ou efeito de raspar; raspadela, raspadura. 2. Curetagem.

Raspança, s. f. Descompostura, repreensão.

Raspão, s. m. 1. Arranhadura, escoriação. 2. Pequeno ferimento produzido por atrito.

Raspar, v. (germ. **hraspon*). 1. Tr. dir. Tirar, com instrumento cortante, parte na superfície de um corpo. 2. Tr. dir. Produzir raspaduras de. 3. Tr. dir. Arranhar, roçar. 4. Tr. dir. Bater de raspão em; ferir de raspão. 5. Tr. ind. Atritar, arranhar, esfregar. 6. Tr. dir. Apagar. 7. Tr. dir. Alisar, pentear (o animal) com a raspadeira. 8. Pron. *Pop.* Fugir, retirar-se, esgueirar-se; sair apressadamente.

Raspilha, s. f. Ferramenta de tanoeiro própria para raspar aduelas.

Rasqueiro, adj. Difícil de conseguir, raro; vasqueiro.

Rasquetear, v. Tr. dir. Limpar com a rascadeira (o pêlo do cavalo).

Rastão, s. m. Vara ou ramo de vide que, na poda, se deixa estendido no chão.

Rastaqüera, adj. m. e f. Próprio de rastaqüera. S. m. e f. Pessoa recém-enriquecida, que procura chamar sobre si a atenção por seus gastos ou luxos ostentosos; novo-rico.

Rastaqüerar, v. Intr. Viver como rastaqüera.

Rastaqüerismo, s. m. 1. Vida ou costume de rastaqüera. 2. Dispêndio ostentoso, luxo descabido.

Rastear, v. (*rasto + ear*). Tr. dir. e intr. 1. Rastejar. 2. Ir no rasto de; procurar. 3. Farejar o rasto (o cão de caça).

Rasteira, s. f. (de *rasteiro*). *Pop.* 1. Golpe de capoeira com o pé; cambapé. 2. Ardil, chicana, embuste.

Rasteirinha, s. f. *Bot.* Planta malvácea do Brasil (*Sida procumbens*); violeta-do-pará.

Rasteiro, adj. (*rasto + eiro*). 1. Que se arrasta ou se estende pelo chão. 2. Que se levanta somente a pequena altura. 3. Humilde. 4. Abjeto, vil; muito baixo. S. m. *Bot.* Arbusto poligaláceo (*Cryptostomum multicaule*).

Rastejador, adj. Que rasteja; rastejante. S. m. Aquele que rasteja.

Rastejante, adj. m. e f. Rastejador. 2. Rasteiro.

Rastejar, v. 1. Tr. dir. Seguir (alguém ou algum animal) pelo rasto. 2. Tr. dir. Inquirir, investigar. 3. Tr. ind. Aproximar-se de, orçar por (falando de quantidade ou quantia). 4. Tr. dir. Palmilhar, percorrer, deixando rasto. 5. Intr. Arrastar-se (o réptil) sobre o ventre pelo chão. 6. Intr. Estender-se pelo chão (a planta). 7. Tr. ind. Viver em condição humilde ou baixa. 8. Intr. Ser subserviente, servil; rebaixar-se. 9. Intr. Não ter elevação nas idéias ou no estilo.

Rastejo (*ê*), s. m. Ação de rastejar.

Rastelar, v. Tr. dir. Limpar com rastelo (o linho); assedar. Var.: *restelar.*

Rastelo (*ê*), s. m. 1. Chapa com fileiras de dentes de ferro, por onde passa o linho para lhe tirar a estopa; sedeiro. 2. Instrumento agrícola com dentes de madeira ou de ferro, com que se aplaina a terra lavrada. Var.: *restelo.*

Rastilho, s. m. 1. Sulco ou tubo de pólvora, para comunicar fogo a alguma coisa. 2. Fio coberto de pólvora ou de outra substância, para o mesmo fim; cordão de pólvora. 3. Aquilo que serve de pretexto para o desenvolvimento de uma subversão da ordem.

Rasto, s. m. (l. *rastru*). 1. Vestígio da passagem de alguém ou de algum animal. 2. Indício, vestígio, sinal.

Rastreamento, s. m. 1. Ato ou efeito de rastrear. 2. *Astronáut.* Processo de acompanhar um míssil, uma espaçonave por meio de radar, rádio ou fotografia; rastreio.

Rastrear, v. Tr. dir. 1. Rastejar. 2. Calcular aproximadamente; quase acertar. 3. Limpar (a terra) com o rastrilho.

Rastreio, s. m. *Astronáut.* Rastreamento.

Rastrilho, s. m. Ancinho ou grade cujas pontas desmancham os torrões e ao mesmo tempo limpam a terra.

Rastro, s. m. Rasto.

Rasura, s. f. 1. Ato ou efeito de expungir letras ou palavras num papel ou documento. 2. Traço passado sobre aquilo que se escreveu. 3. Fragmentação de substâncias medicinais por meio de ralador ou outro instrumento.

Rasurar, v. Tr. dir. Fazer rasuras em; raspar ou riscar letras num documento, para alterar-lhe o texto.

Rata¹, s. f. (corr. do l. *errata*). 1. Ação importuna; gafe. 2. Fiasco, má figura. 3. Erro.

Rata², s. f. (de *rato*). 1. Fêmea do rato; ratazana. 2. *Pop.* Mulher muito fecunda.

Rata³, s. f. (l. *rata*). Palavra latina da locução *pro rata*, significando *rateio, proporção.*

Ratada, s. f. 1. Ninhada de ratos. 2. Conluio, fraude, maroteira.

Ratafia, s. f. (fr. *ratafia*). 1. Licor feito de aguardente, açúcar e substâncias aromáticas diversas. 2. *Farm.* Nome genérico dos licores alcoólicos, doces, aromáticos e sápidos de muitos vegetais.

Ratânia, s. f. *Bot.* Nome de duas plantas poligaláceas da América do Sul (*Krameria triandra* e *K. tomentosa*).

Ratão, s. m. 1. Rato grande. 2. *Ictiol.* Peixe plagióstomo (*Myliobatis aquila*). 3. Indivíduo extravagante, patusco. Fem.: *ratona.*

Rataplã, s. m. (t. onom.). Toque do tambor.

Ratar, v. Tr. dir. Roer, mordicar, à maneira de rato.

Rataria, s. f. 1. Grande número de ratos. 2. Os ratos.

Ratazana, s. f. 1. Rata². S. m. e f. *Pop.* 1. Pessoa ridícula, divertida. 2. Grande ladrão ou ladra.

Rateação, s. f. V. *rateio.*

Ratear¹, v. (*rata³ + ear*). Tr. dir. Repartir proporcionalmente.

Ratear², v. (*rata¹ + ear*). Intr. *Mec.* Falhar (um motor).

Rateio, s. m. 1. Ato ou efeito de ratear¹; rateação. 2. *Turfe.* Quantia que cabe a cada um dos apostadores que tenham acertado.

Rateiro, adj. e s. m. Diz-se do, ou o cão ou gato adextrado para dar caça aos ratos.

rati-, elem. de comp. (de *rato*). Exprime a idéia de *rato: raticida, ratívoro.*

Ratice, s. f. Ação ou dito de ratão, excentricidade.

Raticida, s. m. Veneno para matar ratos.

Ratificação, s. f. Ato ou efeito de ratificar.

Ratificado, adj. Que se ratificou; confirmado.

Ratificar, v. Tr. dir. 1. Tornar autêntica a aprovação de; validar. 2. Comprovar, confirmar, corroborar, consolidar.

Ratificável, adj. m. e f. Que pode ser ratificado.

Ratinhar, v. 1. Tr. dir. Regatear muito o preço de; pechinchar. 2. Intr. Economizar com avareza.

Ratinheiro, adj. Regateador, sovina.

Ratinho, s. m. 1. Pequeno rato. 2. *Fam.* Cada um dos primeiros dentes da criança.

Ratita, s. m. *Ornit.* Espécime dos Ratitas. S. m. pl. Subclasse (*Ratitae*) de aves que compreende as que têm o esterno sem quilha.

Ratívoro, adj. Que come ratos.

Rato¹, s. m. 1. *Zool.* Nome de numerosas espécies de mamíferos roedores, particularmente da família dos Murídeos, e aos animais que com eles se parecem. 2. Indivíduo que pratica furtos; ladrão.

Rato², adj. (l. *ratu*). Confirmado por obras; corroborado; ratificado.

Ratoeira, s. f. 1. Armadilha para apanhar ratos. 2. Ardil, cilada. 3. *Folc.* Dança regional do Estado de Santa Catarina.

Ratona, s. f. Mulher excêntrica, ridícula.

Ratoneiro, s. m. Ladrão que faz pequenos furtos.

Ratonice, s. f. Ação de ratoneiro.

rauci-, elem. de comp. (l. *raucu*). Exprime a idéia de *rouco, cavo: raucíssono.*

Raucíssono, adj. *Poét.* Que tem som rouco.

Ravina, s. f. (fr. *ravine*). 1. Curso de água que cai de lugar elevado. 2. Leito cavado por esse curso.

Ravióli, s. m. (ital. *ravioli*). Rodelas de massa de farinha de trigo, com recheio fino e saboroso.

Razão, s. f. (l. *ratione*). 1. O conjunto das faculdades anímicas que distinguem o homem dos outros animais. 2. O entendimento ou inteligência humana. 3. A faculdade de compreender as relações das coisas e de distinguir o verdadeiro do falso, o bem do mal; raciocínio, pensamento; opinião, julgamento, juízo. 4. *Mat.* A relação existente entre grandezas da mesma espécie. 5. Explicação, causa ou justificação de qualquer ato praticado; motivo. 6. Argumento, alegação, prova. 7. Proporção, comparação. 8. Percentagem, taxa de juros. S. m. *Com.* Livro onde se lança o resumo da escrituração do débito e do crédito. S. f. pl. 1. Questões, contendas, altercações. 2. Alegações, argumentos; justificação.

Razia, s. f. (ital. *razzia*, do ár.). 1. Assolação, devastação. 2. Assalto bélico com saque e destruição.

Razoado, adj. Razoável. S. m. V. *arrazoado.*
Razoamento, s. m. Ato ou efeito de razoar.
Razoar, v. (*razão + ar*). 1. Intr. Arrazoar, raciocinar. 2. Tr. ind. Discorrer sobre determinado assunto. 2. Tr. dir. Discutir. 3. Tr. dir. *Ant.* Advogar, defender.
Razoável, adj. m. e f. 1. Conforme à razão. 2. Sensato, moderado. 3. Aceitável, suficiente. 4. Justo, legítimo.
re-, pref. Indica *repetição: re*começar, *re*dizer; *ação retroativa: re*agir, *re*pelir; *reciprocidade, mutuação, troca: ré*plica, *re*stituir; *intensificação da ação: re*luzir, *re*brilhar.
Ré[1], s. f. (l. *rea*). *Dir.* 1. *Fem.* de *réu*. 2. Mulher acusada de um crime.
Ré[2], s. f. (l. *retro?*). 1. *Náut.* Espaço compreendido entre o mastro grande e a popa do navio. 2. Parte que fica atrás; retaguarda. 3. *Autom.* Marcha à ré. — *Marcha à ré*: a) andamento para trás; b) diz-se de um dispositivo mecânico dos veículos automóveis para esse efeito.
Ré[3], s. m. *Mús.* 1. Segunda nota da escala musical. 2. Sinal representativo desta nota. 3. Corda de alguns instrumentos, correspondente a essa nota.
Reabastecer, v. 1. Tr. dir. Tornar a abastecer. 2. Pron. Tornar a abastecer-se.
Reabastecimento, s. m. Ato ou efeito de reabastecer.
Reabertura, s. f. Ato ou efeito de reabrir(-se).
Reabilitação, s. f. 1. *Dir.* Ato ou efeito de reabilitar(-se). 2. Reaquisição de crédito ou estima.
Reabilitado, adj. Que se reabilitou.
Reabilitador, adj. e s. m. Que, ou o que reabilita.
Reabilitar, v. (*re + habilitar*). 1. Tr. dir. Restabelecer no estado anterior. 2. Tr. dir. Declarar inocente (o sentenciado). 3. Tr. dir. Restituir à estima pública, à estima de alguém. 4. Tr. dir. Regenerar moralmente. 5. Pron. Obter a sua reabilitação.
Reabitar, v. Tr. dir. Habitar novamente.
Reabrir, v. Tr. dir. e pron. Tornar a abrir(-se); abrir(-se) novamente.
Reabsorção, s. f. 1. Ato ou efeito de reabsorver. 2. Absorção de líquido normal ou patológico, derramado em uma das cavidades do organismo.
Reabsorver, v. Tr. dir. Tornar a absorver.
Reação, s. f. 1. Ato ou efeito de reagir. 2. Ação que resiste ou se opõe à outra; resistência. 3. *Fís.* Ação reflexa ou resistência que um corpo opõe pela sua inércia a outro que sobre ele atua, ou a uma força que o solicita. 4. *Fisiol.* Ação orgânica resultante do emprego de um estimulante. 5. *Psicol.* Resposta a um estímulo qualquer. 6. *Quím.* Processo pelo qual, da ação recíproca entre duas ou mais substâncias, se forma outra ou outras, de características diferentes. 7. *Polít.* Sistema político contrário à liberdade; absolutismo.
Reacender, v. 1. Tr. dir. Tornar a acender. 2. Tr. dir. Dar novo ardor a; reestimular; reanimar, reavivar. 3. Intr. e pron. Criar nova animação, novo entusiasmo; animar-se, desenvolver-se.
Reacionário, adj. Relativo ao partido da reação. 2. Contrário à liberdade individual e coletiva. S. m. Indivíduo reacionário.
Reacusar, v. Tr. dir. Acusar de novo; recriminar.
Readmissão, s. f. 1. Ato ou efeito de readmitir. 2. *Dir.* Reingresso ao serviço público de funcionário exonerado, sem direito a indenizações.
Readmitir, v. Tr. dir. Tornar a admitir.
Readquirir, v. Tr. dir. Tornar a adquirir.
Reafirmar, v. Tr. dir. Afirmar de novo.
Reagente, adj. m. e f. Que reage. S. m. Substância que provoca uma reação; reativo.
Reagir, v. (l. *reagere*). 1. Tr. ind. e intr. Exercer reação; opor a uma ação outra que a contrarie. 2. Tr. ind. e intr. Fazer oposição; lutar, resistir. 3. Intr. Demonstrar reação; insurgir-se contra; protestar. 4. Intr. *Quím.* Servir de reagente.
Reagradecer, v. Tr. dir. Agradecer de novo.
Reagravação, s. f. Ato ou efeito de reagravar(-se).
Reagravar, v. 1. Tr. dir. Tornar a agravar; exacerbar. 2. Intr. e pron. Agravar-se novamente.

Reajustamento, s. m. Ação ou efeito de reajustar; reajuste.
Reajustar, v. Tr. dir. e pron. Tornar a ajustar(-se).
Reajuste, s. m. Reajustamento.
Real[1], adj. m. e f. (l. medieval *reale*). Que existe de fato; verdadeiro. S. m. Tudo o que existe.
Real[2], adj. m. e f. (l. *regale*). Relativo ao rei, à realeza ou ao que é do rei; realengo, régio.
Real[3], s. m. 1. Antiga moeda portuguesa, que teve em diferentes épocas diferentes valores. 2. Antiga unidade convencional no sistema monetário do Brasil e de Portugal. Pl.: *réis.*
Realçar, v. 1. Tr. dir. Pôr em lugar elevado; pôr em evidência. 2. Pron. Elevar-se. 3. Tr. dir. *Pint.* Avivar (as cores). 4. Tr. dir. Fazer brilhar, fazer sobressair. 5. Tr. dir. Dar mais brilho, mais força, mais intensidade, mais valor a. 6. Tr. ind. Sobressair.
Realce, s. m. 1. Distinção, relevo. 2. Maior lustre ou brilho.
Realegrar, v. 1. Tr. dir. Alegrar muito; tornar a alegrar. 2. Pron. Readquirir alegria.
Realejo (*ê*), s. m. 1. Órgão mecânico portátil que se aciona com uma manivela. 2. *Ornit.* Pássaro troglodítideo (*Cyphorhinus arada*) da Amazônia.
Realengo, adj. (de *real*[2]). 1. Real, régio. 2. Sem dono; público.
Realeza[1], s. f. (*real*[1] *+ eza*). *P. us.* V. *realidade.*
Realeza[2], s. f. (*real*[2] *+ eza*). 1. Dignidade de rei. 2. Esplendor, magnificência, suntuosidade.
Realidade, s. f. (l. *realitate*). 1. Qualidade de real. 2. O que existe realmente.
Realismo[1], s. m. (*real*[1] *+ ismo*). 1. *Filos.* Sistema que se opõe ao nominalismo e segundo o qual as idéias gerais eram tidas como seres reais. 2. Sentido da realidade, disposição a vê-la tal como é, sem deformá-la interpretativamente. 3. Atitude prática, conjunto de normas para agir de acordo com os fatos. 4. Sensatez.
Realismo[2], s. m. (*real*[2] *+ ismo*). 1. Sistema político em que o chefe de Estado é rei; monarquismo. 2. Dedicação ao princípio monárquico.
Realista[1], adj. m. e f. (*real*[1] *+ ista*). Relativo ao realismo; realístico. S. m. e f. Pessoa sequaz do realismo, na filosofia, nas letras e nas artes.
Realista[2], adj. m. e f. (*real*[2] *+ ista*). Que é partidário do realismo[2].
Realístico, adj. Relativo ao realismo[1].
Realização, s. f. Ato ou efeito de realizar(-se).
Realizado, adj. 1. Que se realizou; efetuado, executado. 2. Que se realizou; que alcançou seu objetivo ou ideal.
Realizador, adj. Que realiza. S. m. Pessoa eficiente, com visão prática das coisas.
Realizar, v. (*real*[1] *+ izar*). 1. Tr. dir. Tornar real ou efetivo. 2. Tr. dir. Pôr em ação ou em prática; efetuar, efetivar. 3. Pron. Dar-se, acontecer, efetuar-se, ocorrer.
Realizável, adj. m. e f. Suscetível de se realizar.
Reamanhecer, v. Intr. 1. Tornar a amanhecer. 2. Rejuvenescer.
Reanimação, s. f. Ato ou efeito de reanimar(-se).
Reanimado, adj. 1. Que se reanimou. 2. Que readquiriu energia.
Reanimador, adj. Que reanima. S. m. Aquele ou aquilo que reanima.
Reanimar, v. 1. Tr. dir. Dar novo ânimo a, tornar a animar. 2. Tr. dir. Restabelecer as forças de; fortificar. 3. Tr. dir. Restituir o uso dos sentidos, o movimento, o vigor a. 4. Intr. e pron. Readquirir animação.
Reaparecer, v. Intr. Aparecer novamente.
Reaparecimento, s. m. Ato ou efeito de reaparecer; reaparição.
Reaparição, s. f. V. *reaparecimento.*
Reaproximação (*ss*), s. f. Ato de reaproximar(-se).
Reaproximar (*ss*), v. Tr. dir. e pron. Tornar a aproximar(-se).
Reascender, v. 1. Tr. dir. Fazer ascender de novo; tornar a elevar. 2. Intr. Ascender de novo.
Reassumir, v. Tr. dir. Assumir novamente, tomar novamente posse de.
Reassunção, s. f. Ato ou efeito de reassumir.

Reata, s. f. V. *arreata.* S. f. pl. V. *reataduras.*

Reataduras, s. f. pl. *Náut.* Chapas de ferro, braçadeiras ou voltas de corda com que se ligam as partes de um mastro, verga etc.

Reatamento, s. m. Ato ou efeito de reatar.

Reatância, s. f. *Fís.* A parte da impedância de um circuito de corrente alternada, decorrente da capacitância ou indutância, ou de ambas, e expressa em ohms.

Reatar, v. Tr. dir. 1. Atar de novo. 2. Continuar (aquilo que foi interrompido). 3. Restabelecer.

Reatividade, s. f. Qualidade de reativo.

Reativo, adj. Que reage. S. m. *Quím.* V. *reagente.*

Reato, s. m. (l. *reatu*). 1. Estado ou condição de réu. 2. *Teol.* Obrigação em que se fica de cumprir a penitência imposta pelo confessor.

Reator, adj. 1. Que reage. 2. Reacionário. S. m. Motor propulsor de reação no qual a energia térmica de combustão é transformada em energia cinética por expansão; jato. — *R. nuclear*: reator a pilha atômica.

Reaver, v. Tr. dir. Haver de novo; readquirir, recobrar, recuperar. Conjuga-se nos tempos e pessoas em que se conservar o *v* do seu primitivo *haver: reaverias, reaveis* etc.

Reaviar, v. 1. Tr. dir. Fazer reentrar na via ou caminho. 2. Pron. Orientar-se, guiar-se de novo.

Reavisar, v. Tr. dir. 1. Tornar a avisar; advertir segunda vez. 2. Tornar prudente.

Reaviso, s. m. Ação ou efeito de reavisar.

Reavivar, v. Tr. dir. 1. Avivar muito. 2. Tornar bem lembrado. 3. Estimular (a memória). 4. Reacender (o fogo).

Rebaixado, adj. 1. Que se rebaixou. 2. Desacreditado, infamado. 3. Desprezível, vil.

Rebaixador, s. m. 1. Aquele que rebaixa. 2. Instrumento com que os carpinteiros e marceneiros rebaixam os ângulos de madeira.

Rebaixamento, s. m. Ação ou efeito de rebaixar(-se); rebaixe, rebaixo.

Rebaixar, v. 1. Tr. dir. Tornar mais baixo. 2. Tr. dir. Fazer diminuir o valor das pessoas ou das coisas; aviltar. 3. Tr. dir. Desacreditar, infamar. 4. Intr. Diminuir na altura; abater-se. 5. Pron. Tornar-se mais baixo; abater-se, humilhar-se. 6. Pron. Praticar atos baixos e vis; aviltar-se, desacreditar-se.

Rebaixe, s. m. Rebaixamento.

Rebaixo, s. m. (de *rebaixar*). 1. Rebaixamento. 2. A parte rebaixada; depressão. 3. Vão de escada. 4. Inclinação no teto ou no telhado de uma casa.

Rebalçar, v. Intr. e pron. Estagnar-se (a água que corria e deixou de correr), formando balça ou balcedo; apresentar-se com aspecto de paul; tornar-se pantanoso.

Rebanhada, s. f. 1. Rebanho numeroso. 2. *Fig.* Multidão de pessoas.

Rebanhar, v. Tr. dir. V. *arrebanhar.*

Rebanhio, adj. Que anda em rebanho.

Rebanho, s. m. (l. *herbaneu*). 1. Porção de gado lanígero. 2. *Por ext.* Conjunto de outros animais guardados por um pastor. 3. Conjunto de fiéis de uma religião, em relação ao seu guia espiritual; grei, grêmio.

Rebar, v. Tr. dir. Encher (o vão de uma parede) com rebos.

Rebarba, s. f. 1. Dobra carnuda na parte inferior do rosto, que se observa nas pessoas muito gordas. 2. Asperezas que o buril produz em ambos os lados do traço, na gravura em metal. 3. Parte do engaste que se dobra sobre a pedra preciosa para a prender. 4. *Tip.* Intervalo entre duas linhas regulares. 5. Saliência.

Rebarbar, v. Tr. dir. Tirar as rebarbas de.

Rebarbativo, adj. Sem atração; antipático, rude, carrancudo, irritante, desagradável.

Rebate, s. m. 1. Ato ou efeito de rebater. 2. Acometimento repentino, assalto, ataque, incursão. 3. Sinal por meio de clamores, sino, tambor etc. 4. Estímulo, incitamento. 5. Ataque, escaramuça. 6. Desconfiança, pressentimento. 7. Ameaça, anúncio, prenúncio, notícia. 8. Desconto feito numa letra, ou num título de crédito quando se troca por dinheiro. — *R. falso*: falsa notícia.

Rebatedor, adj. e s. m. Que, ou o que rebate.

Rebater, v. Tr. dir. 1. Tornar a bater; bater muitas vezes. 2. Dobrar batendo; arrebitar. 3. Rechaçar, repelir. 4. *Futebol.* Impelir ou repelir (a bola) a esmo, sem direção. 5. Conter, refrear, reprimir. 6. Contestar, refutar, responder. 7. Desmentir, destruir. 8. Censurar, verberar. 9. Fazer retroceder. 10. Debelar. 11. Adiantar ou receber com desconto; descontar, pagar (qualquer papel de crédito). 12. Adiantar com ágio. 13. Trocar, com desconto, por dinheiro metálico (o papel-moeda ou uma espécie de moeda por outra).

Rebatida, s. f. 1. Rebatimento. 2. Desmentido, refutação.

Rebatido, adj. 1. Que se rebateu. 2. Muito batido; calcado. 3. Que se dobrou ou voltou; arrebitado. 4. Repelido. 5. Descontado, com ágio.

Rebatimento, s. m. Ação ou efeito de rebater; rebate, rebatida.

Rebatinha, s. f. 1. *Ant.* Coisa muito disputada. 2. Certo brinquedo infantil.

Rebatismo, s. m. Ato ou efeito de rebatizar.

Rebatizar, v. Tr. dir. e pron. Tornar a batizar(-se).

Rebato, s. m. Soleira da porta; degrau.

Rebeca, s. f. V. *rabeca.*

Rebelão, adj. 1. Diz-se do cavalo que não obedece ao freio. 2. Que não escuta a voz da razão; obstinado, teimoso. Fem.: *rebelona.*

Rebelar, v. 1. Tr. dir. Excitar à rebelião; fazer insurgir-se; tornar rebelde. 2. Tr. ind. e pron. Insurgir-se, revoltar-se.

Rebelde, adj. m. e f. (cast. *rebelde*, l. *rebelle*). 1. Que se revolta ou se insurge contra o governo ou contra a autoridade legitimamente constituída; insurgente, insurreto. 2. Indisciplinado, teimoso. 3. Selvagem, bravo, indomesticável, obstinado. 4. Difícil de curar ou de debelar (doença). 5. Árido, escabroso. S. m. e f. Pessoa rebelde.

Rebeldia, s. f. 1. Ato de rebelde; rebelião, revolta. 2. Qualidade de rebelde. 3. Oposição, resistência. 4. Pertinácia, teimosia.

Rebelião, s. f. 1. Ato ou efeito de rebelar-se. 2. Rebeldia.

Rebém, s. m. (fr. *raban*). Açoite com que eram castigados os forçados.

Rebencaço, s. m. V. *rebencada.*

Rebencada, s. f. Pancada com rebenque; rebencaço.

Rebenque, s. m. Pequeno chicote.

Rebenqueador, s. m. 1. Aquele que rebenqueia. 2. O que castiga com freqüência.

Rebenquear, v. Tr. dir. 1. Açoitar com o rebenque. 2. Maltratar, principalmente em amores.

Rebentação, s. f. Ato ou efeito de rebentar.

Rebentão, s. m. 1. Haste que nasce da raiz da planta e forma nova planta. 2. Descendente, filho.

Rebentar, v. (l. v. **repentare?*). 1. Intr. Estourar, explodir. 2. Intr. e pron. Quebrar-se com violência; despedaçar-se. 3. Tr. dir. Fazer estalar com grande ruído; romper. 4. Intr. Produzir estrépito súbito e violento; estrondear. 5. Intr. Soar com força. 6. Tr. ind. e intr. Desfazer-se em espuma; quebrar-se. 7. Tr. ind. e intr. Lançar gemas, rebentos ou renovos; desabrochar. 8. Intr. Brotar, germinar. 9. Intr. *Med.* Começar a deitar pus. 10. Tr. ind. e intr. Aparecer, manifestar-se com violência. 11. Tr. ind. Estar dominado de algum sentimento.

Rebentina, s. f. *Ant.* Furor súbito; raiva, ira.

Rebentinha, s. f. V. *rebentina.*

Rebento, s. m. 1. *Bot.* Gomo dos vegetais; renovo. 2. Produto. 3. *Fam.* Filho.

Rebentona, s. f. Negócio grave, que está em vias de se decidir.

Rebimbar, v. Intr. 1. Bater com violência, uma coisa na outra. 2. Repicar, no jogo de pôquer.

Rebimbo, s. m. Ato de rebimbar.

Rebique, s. m. V. *arrebique.*

Rebitagem, s. f. Ação ou efeito de rebitar; rebitamento.

Rebitamento, s. m. V. *rebitagem.*

Rebitar, v. Tr. dir. Ligar (chapas) por meio de arrebites.

Rebite, s. m. 1. *Mec.* Pequena haste de ferro com cabeça numa das extremidades, destinada a ser introduzida num furo, de tal modo que a outra extremidade sobressaia e possa ser batida para formar nova cabeça. 2. Dobra que se dá na ponta do prego, do outro lado da madeira para fixá-lo.

Rebo (*ê*), s. m. Pequena pedra tosca; calhau. Pl.: *rebos* (*ê*).

Reboante, adj. m. e f. Que reboa.

Reboar, v. Intr. Fazer eco; retumbar.

Rebocado[1], adj. (p. de *rebocar*[1]). Revestido de reboco.

Rebocado[2], adj. (p. de *rebocar*[2]). Levado a reboque.

Rebocador[1], adj. e s. m. (*rebocar*[2] + *dor*). Que, ou aquele que reboca, que reveste de reboco.

Rebocador[2], s. m. (*rebocar*[2] + *dor*). Embarcação que leva outra a reboque.

Rebocadura, s. f. (de *rebocar*[1]). Ato ou efeito de rebocar[1]; reboco, reboque.

Rebocar[1], v. (*reboco* + *ar*). Tr. dir. Cobrir de reboco.

Rebocar[2], v. (l. *remulcare*). 1. Tr. dir. Dar reboque a; levar a reboque; reboquear. 2. Seduzir e levar consigo (uma mulher fácil).

Reboco (*ô*), s. m. 1. Argamassa de cal e areia, ou cimento e areia, com que se revestem paredes. 2. Substância com que se reveste a superfície interna de um vaso para vedá-lo. Pl.: *rebocos* (*ô*).

Reboço (*ô*), s. m. Novo emboço. Pl.: *reboços* (*ô*).

Rebojo (*ô*), s. m. 1. Remoinho ou sorvedouro, formado nos rios pelo embate das correntezas com a massa das águas paradas. 2. Espiral formada pelo vento ao encontrar a resistência de um corpo que desvia a corrente aérea. 3. Espumarada que a água faz no mar e nos rios. Pl.: *rebojos* (*ô*).

Rebolada, s. f. 1. Grupo de árvores pequenas ou de vegetação baixa que se destaca num campo. 2. Grupo de árvores de uma mesma espécie, em uma floresta. 3. Touça, moita.

Rebolado, adj. Em que se rebola. S. m. Movimento dos quadris; saracoteado, saracoteio.

Rebolão, adj. e s. m. V. *fanfarrão.* S. m. Nome de certo carrapato.

Rebolar, v. 1. Tr. dir. Pôr em movimento, à maneira de bola. 2. Intr. e pron. Mover-se em torno de um centro; rolar sobre si mesmo. 3. Intr. e pron. Bambolear-se, menear-se, saracotear-se.

Rebolaria, s. f. Bravata, fanfarronada.

Rebolcar, v. 1. Tr. dir. Revolver virando; fazer mover à maneira de bola; fazer rolar. 2. Tr. dir. e pron. Precipitar(-se) do alto. 3. Tr. dir. Pôr de borco; virar de boca para baixo. 4. Pron. Chafurdar.

Reboldrosa, s. f. V. *rebordosa.*

Rebolear, v. (*re* + *bolear*). 1. Tr. dir. Dar movimento de rotação a (o laço ou as bolas), para os arremessar contra o animal que se vai laçar. 2. Pron. Mover-se para um e outro lado; saracotear-se.

Reboleira[1], s. f. 1. A parte mais densa, onde há menos claros, de um bosque, de um prado, de uma seara; arvoredo. 2. Rebolada.

Reboleira[2], s. f. (*rebolo* + *eira*). Lama que se acumula na caixa onde gira o rebolo.

Reboleiro, s. m. 1. V. *reboleira*[1]. 2. Chocalho grande.

Reboliço, adj. 1. Em forma de rebolo. 2. Que rebola. Cfr. com *rebuliço.*

Rebolir, v. 1. Intr. Andar muito depressa; agitar-se. 2. Pron. *Pop.* Mover rapidamente os quadris; rebolar-se, saracotear-se. 3. Tr. dir. Bambolear, gingar.

Rebolo (*ô*), s. m. 1. Pedra redonda que gira em torno de um eixo horizontal e serve para amolar facas, tesouras etc. 2. *Pop.* Cilindro. 3. Doença que ataca a oliveira e não lhe deixa vingar os frutos. 4. Pedra, pedaço de tijolo ou telha que se emprega como projétil. Pl.: *rebolos* (*ô*).

Rebolqueada, s. f. Ato de rebolquear-se (o cavalo).

Rebolquear, v. V. *rebolcar.*

Reboludo, adj. Grosso e arredondado.

Rebôo, s. m. Ato de reboar.

Reboque[1], s. m. *Pop.* V. *reboco.*

Reboque[2], s. m. (de *rebocar*[2]). 1. Ato ou efeito de rebocar. 2. Veículo sem tração própria, que se movimenta quando rebocado por outro. 3. Corda que liga um veículo ao que o reboca. 4. Ato de levar alguém atrás de si, subordinado. 5. *Autom.* Guincho.

Reboquear, v. V. *rebocar*[2].

Rebordagem, s. f. 1. Dano que as embarcações sofrem, quando abalroam com outras. 2. Indenização por esse prejuízo.

Rebordão, adj. (*re* + *bordão*). Bravio, silvestre (diz-se de plantas usadas para sebes vivas). Fem.: *rebordã.*

Rebordar, v. (*re* + *bordar*). Tr. dir. 1. Tornar a bordar. 2. Bordar demoradamente. 3. Alisar as arestas de (vidros polidos).

Rebordo (*ô*), s. m. Borda revirada. Pl.: *rebordos* (*ô*).

Rebordosa, s. f. 1. Admoestação, censura, reprimenda. 2. Situação desagradável, contingências difíceis. 3. Doença grave. 4. Reincidência de moléstia.

Reborquiada, s. f. V. *rebolqueada.*

Rebotalho, s. m. 1. Os restos que se desprezam de qualquer coisa. 2. Coisa reles; ordinária; refugo. 3. Indivíduo desprezível; escória.

Rebotar[1], v. (*re* + *boto* + *ar*). 1. Tr. dir. e pron. Embotar(-se), tornar(-se) boto. 2. Pron. *Ant.* Cansar-se, enfastiar-se.

Rebotar[2], v. (*re* + *botar*). Tr. dir. *P. us.* Repelir, repulsar.

Rebote, s. m. 1. V. *rabote.* 2. Salto ou ricochete de um corpo elástico depois de chocar-se com outro.

Rebraço, s. m. *Ant.* Parte da armadura que protegia o braço, do ombro ao cotovelo.

Rebramar, v. 1. Intr. Bramar intensamente. 2. Intr. Estrondear, ribombar, retumbar. 3. Intr. Clamar ou gritar colericamente. 4. Tr. dir. Fazer retumbar.

Rebramir, v. Intr. Bramir com intensidade; rebramar.

Rebrilhante, adj. m. e f. Que rebrilha; muito brilhante, refulgente.

Rebrilhar, v. Intr. 1. Brilhar com mais intensidade. 2. Brilhar muito; resplandecer.

Rebrilho, s. m. Brilho intenso.

Rebrotar, v. Intr. Brotar de novo.

Rebuçado, adj. 1. Coberto de rebuço; embuçado. 2. Disfarçado, dissimulado. S. m. 1. Açúcar queimado, em ponto vítreo; caramelo. 2. Aquilo que se faz ou diz com apuro.

Rebuçar, v. (de *buço*). 1. Tr. dir. Encobrir com rebuço. 2. Tr. dir. Cobrir, envolver, esconder, velar. 3. Pron. Cobrir ou velar parte da face; cobrir-se com rebuço. 4. Tr. dir. e pron. Velar(-se), disfarçar(-se), dissimular(-se), ocultar(-se).

Rebuchudo, adj. *Ant.* Rechonchudo, roliço.

Rebuço, s. m. 1. Parte da capa em que se esconde o rosto. 2. Falta de sinceridade; disfarce, dissimulação.

Rebuliçar, v. Intr. Estar em rebuliço; agitar-se, mexer-se.

Rebuliço, s. m. 1. Grande barulho; bulha. 2. Agitação. 3. Gente em alvoroço. Cfr. *reboliço.*

Rebulir, v. 1. Tr. dir. Tornar a bulir. 2. Tr. dir. Corrigir, retocar. 3. Tr. ind. Tornar a bulir ou tocar.

Rêbus, s. m. sing. e pl. (l. *rebus*). Logogrifo acompanhado de vinhetas ilustrativas.

Rebusca, s. f. Ação de rebuscar; rebusco.

Rebuscado, adj. 1. Que foi buscado ou procurado novamente. 2. Apurado com esmero excessivo; requintado.

Rebuscar, v. (*re* + *buscar*). 1. Tr. dir. Buscar novamente. 2. Tr. dir. Procurar com o máximo cuidado; respigar. 3. Tr. dir. Ataviar com primor, com excessivo requinte. 5. Pron. Conseguir por expedientes; arranjar-se, filar.

Rebusco, s. m. V. *rebusca.*

Rebusnar, v. (cast. *rebuznar*). Intr. *Des.* Zurrar.

Rebusno, s. m. Zurro.

Recacau, s. m. Balbúrdia, confusão, baderna, desordem.

Recachar[1], v. (*recacho* + *ar*). Tr. dir. Levantar com afetação, importância ou desprezo (os ombros).

Recachar[2], v. (*re* + *cacha* + *ar*). Intr. Responder a uma cilada com outra cilada.

Recacho, s. m. 1. Aprumo pretensioso; postura afetada ou elegante. 2. Gravidade ridícula. 3. Desabafo.

Recadeiro, adj. 1. Relativo a recados. 2. Que leva e traz recados. S. m. Recadista.

Recadista, s. m. e f. Pessoa que transmite recados.

Recado¹, s. m. (de *recadar*). 1. Aviso, mensagem, notícia, comunicação, geralmente verbal. 2. Satisfação ou cumprimento de encargo: Dar conta do *r.* 3. Censura, repreensão. S. m. pl. Cumprimentos, recomendações.

Recado², s. m. (l. *recautu*). V. *recato*.

Recaída, s. f. 1. Ato ou efeito de racair; recaimento. 2. Repetição ou agravamento de uma doença, antes de curado inteiramente o doente.

Recaidiço (*a-i*), adj. Que facilmente recai.

Recaimento (*a-i*), s. m. V. *recaída*.

Recair, v. 1. Intr. Tornar a cair. 2. Tr. ind. Retornar a um estado ou posição de que transitoriamente se saíra. 3. Tr. ind. Reincidir em culpa, erro etc. 4. Tr. ind. Incidir. 5. Tr. ind. e intr. Ser novamente atacado por uma doença que se julgava quase debelada. 6. Tr. ind. Pesar sobre.

Recalar, v. *Náut.* Intr. Buscar (o navio-negreiro) o lugar destinado a receber a carga.

Recalcado, adj. 1. Bem calcado. 2. Que sofre de recalque. 3. Concentrado, retido. 4. Diz-se do indivíduo que se esquiva ao trabalho ou a qualquer assunto. 5. Sobrecarregado.

Recalcador, adj. Que recalca. S. m. Instrumento com que, no processo da vinificação, se recalca a balsa.

Recalcamento, s. m. Ato ou efeito de recalcar; recalque.

Recalcar, v. Tr. dir. 1. Tornar a calcar; repisar. 2. Concentrar. 3. Abafar, refrear, reprimir. 4. Insistir em; repisar. 5. Impedir a expansão.

Recalcitração, s. f. Ato ou efeito de recalcitrar; recalcitrância.

Recalcitrância, s. f. 1. Qualidade de recalcitrante. 2. Recalcitração.

Recalcitrante, adj. m. e f. Que recalcitra; teimoso, obstinado.

Recalcitrar, v. 1. Intr. Resistir obstinadamente, não obedecendo. 2. Intr. Revoltar-se. 3. Intr. Escoicear (o animal). 4. Tr. ind. Teimar, obstinar-se em. 5. Tr. dir. Replicar indelicadamente.

Recalcular, v. (*re* + *calcular*). Tr. dir. 1. Calcular de novo. 2. Calcular cuidadosamente.

Recaldeação, s. f. Ato ou efeito de recaldear.

Recaldear, v. Tr. dir. 1. Tornar a caldear. 2. Caldear bem.

Recalmão, s. m. Intervalo de calmaria, nas grandes tempestades marítimas.

Recalque, s. m. 1. Recalcamento. 2. *Constr.* Rebaixamento da parede ou da terra depois de pronta a obra. 3. *Psicol.* Exclusão inconsciente, do campo da consciência, de certas idéias, sentimentos e desejos que o indivíduo não quisera admitir e que todavia continuam a fazer parte de sua vida psíquica, podendo dar origem a graves distúrbios.

Recamador, adj. Que recama. S. m. Bordador que faz recamos.

Recamar, v. 1. Tr. dir. Bordar a recamo, bordar em relevo. 2. Tr. dir. e pron. Ataviar, adornar.

Recâmara, s. f. 1. Câmara interior e recôndita. 2. Alfaias de serviço doméstico.

Recambiar, v. 1. Tr. dir. Fazer voltar ao ponto de partida; devolver, reenviar. 2. Tr. dir. *Com.* Devolver (um título de crédito) por falta de aceite ou de pagamento. 3. Intr. Dar uma volta completa com o corpo.

Recâmbio, s. m. 1. Ato ou efeito de recambiar. 2. Despesa feita com a devolução de uma letra.

Recambó, s. m. 1. Tempo que dura um jogo de vaza, até se atingir o número convencionado de mãos ou partidas. 2. Mudança de lugar ou de parceiros no fim das partidas.

Recamo, s. m. 1. Bordado em relevo. 2. Ornato, ornamento, adorno.

Recantação, s. f. Ato ou efeito de recantar.

Recantar, v. 1. Tr. dir. Cantar novamente. 2. Tr. dir. Cantar com afetação. 3. Intr. Cantar, prolongada e repetidamente. 4. Tr. dir. Retratar-se.

Recanto, s. m. 1. Canto escuro e recôndito. 2. Lugar aprazível ou confortável.

Recapitulação, s. f. Ato ou efeito de recapitular.

Recapitular, v. Tr. dir. 1. Repetir sumariamente; resumir, sintetizar. 2. Rememorar.

Recapturar, v. Tr. dir. Capturar novamente.

Recarga, s. f. Segunda investida; novo ataque.

Recargar, v. Tr. dir. *Taur.* Suster com a vara o ímpeto de (um touro).

Recasar, v. Tr. dir. e intr. Tornar a casar(-se).

Recatado, adj. 1. Que tem recato; casto, pudico. 2. Prudente, sensato. 3. Modesto.

Recatar, v. (*re* + ant. *catar*). 1. Tr. dir. Guardar com recato. 2. Tr. dir. Pôr em recato; acautelar, resguardar. 3. Pron. Portar-se com recato. 4. Pron. Resguardar-se. 5. Tr. dir. Ter em segredo; esconder.

Recativar, v. Tr. dir. Cativar ou prender de novo.

Recativo, adj. Diz-se do indivíduo que está muito cativo, ou moralmente subjugado ou sujeito. S. m. Esse indivíduo.

Recato, s. m. 1. Resguardo, precaução. 2. Honestidade, modéstia. 3. Lugar oculto. 4. Mistério, segredo.

Recauchutagem, s. f. Ato ou efeito de recauchutar; recapagem.

Recauchutar, v. (fr. *recaoutchouter*). Tr. dir. Reconstituir, a quente, com camadas de borracha, a parte gasta de (um pneumático); recapar.

Recavar, v. 1. Tr. dir. Cavar duas ou mais vezes. 2. Tr. dir. Procurar com afã em. 3. Tr. dir. Insistir em.

Recavém, s. m. Parte traseira do leito do carro ou da carroça.

Recear, v. (*re* + l. *celare*). 1. Tr. dir. Ter receio ou medo de; temer. 2. Tr. ind. e intr. Ter receio, ter apreensão. 3. Pron. Assustar-se, preocupar-se.

Recebedor, adj. Que recebe. S. m. 1. Aquele que recebe. 2. Funcionário incumbido da arrecadação de impostos.

Recebedoria, s. f. Repartição onde se recebem impostos.

Receber, v. (l. *recipere*). 1. Tr. dir. Aceitar, tomar (presente ou pagamento). 2. Tr. dir. Admitir. 3. Tr. dir. Cobrar. 4. Tr. dir. Entrar na posse de. 5. Tr. dir. Obter por remessa. 6. Tr. dir. Ser alvo de (homenagem, honras, sacrifícios etc.). 7. Tr. dir. Conseguir ou obter o gozo de. 8. Tr. dir. Obter por concessão legal, por despacho ou em virtude de um direito. 9. Tr. dir. Fazer bom ou mau acolhimento a. 10. Intr. Dar recepções ou audiências; acolher visitas. 11. Tr. dir. Ser vítima de; sofrer. 12. Pron. Casar-se.

Recebimento, s. m. Ato ou efeito de receber.

Receio, s. m. 1. Incerteza ou hesitação, acompanhada de temor. 2. Ansiedade, temor, apreensão.

Receita, s. f. (l. *recepta*). 1. Valor que é recebido, arrecadado ou apurado. 2. Conjunto dos rendimentos de um Estado, uma sociedade, um indivíduo. 3. Fórmula de prescrição médica. 4. Fórmula de qualquer produto industrial ou de preparado culinário. 5. Indicação relativa ao modo de proceder; conselho.

Receitante, adj. m. e f. Que receita.

Receitar, v. Tr. dir. 1. Passar receita de; prescrever como médico. 2. Tr. dir. Aconselhar.

Receitário, s. m. Lugar onde se guardam receitas.

Receituário, s. m. 1. Formulário de medicamentos. 2. Conjunto de receitas.

recém-¹, pref. (forma apocopada de *recente*). Designativo de *há pouco: récem-casado.*

Recém², adv. Recentemente; agora mesmo; ainda agora; quase neste instante.

Recém-casado, adj. Diz-se da pessoa que é casada há pouco tempo. S. m. Essa pessoa. Pl.: *recém-casados.*

Recém-falecido, adj. Diz-se do indivíduo falecido há pouco ou recentemente. S. m. Esse indivíduo. Pl.: *recém-falecidos.*

Recém-nascido, adj. Que nasceu há poucas horas ou poucos dias. S. m. Criança na primeira semana de vida. Pl.: *recém-nascidos.*

Recenar, v. Tr. dir. Dourar ou pratear novamente.

Recendência, s. f. Qualidade de recendente.

Recendente, adj. m. e f. Que recende; fragrante.

Recender, v. 1. Tr. dir., tr. ind. e intr. Exalar (cheiro muito ativo e agradável). 2. Intr. Cheirar forte e agradavelmente. 3. Tr. ind. e intr. Manifestar-se por aroma ou odor muito ativo.

Recensão, s. f. (l. *recensione*). 1. V. *recenseamento*. 2. Apreciação crítica de uma obra literária ou de um texto. 3. Lista, catá-

logo. 4. Comparação que se faz do texto de uma edição com o de edição anterior, ou com o manuscrito.
Recenseado, adj. e s. m. Diz-se do, ou o indivíduo cujo nome foi inscrito num recenseamento.
Recenseador, adj. e s. m. Que, ou aquele que recenseia.
Recenseamento, s. m. 1. Arrolamento ou inscrição de pessoas ou animais. 2 Censo.
Recensear, v. Tr. dir. 1. Proceder ao recenseamento de. 2. Incluir no recenseamento. 3. Arrolar, enumerar. 4. Examinar a exatidão ou defeito de; apreciar, considerar.
Recenseio, s. m. Ato ou efeito de recensear.
Recental, adj. e s. m. Diz-se do, ou o cordeiro de três para quatro meses.
Recente, adj. m. e f. 1. Que aconteceu há pouco tempo. 2. Que tem pouco tempo de existência.
Receoso, adj. Que tem receio; apreensivo, medroso.
Recepagem, s. f. *Agr.* Operação que consiste em cortar rente as plantas para que rebentem com mais força.
Recepção, s. f. (1. *receptione*). 1. Ato ou efeito de receber. 2. Cerimônias com que alguém é admitido numa corporação ou empossado num cargo. 3. Maneira de receber as pessoas; acolhimento. 4. Ato de receber em certos dias visitas ou cumprimentos. 5. Cerimonial com que se recebem convidados e amigos.
Recepcionar, v. 1. Intr. Dar recepções. 2. Tr. dir. Receber (alguém) em aeroporto, cais, estação etc.
Recepcionista, s. m. e f. Pessoa que tem a incumbência de receber os passageiros de aeronaves, os visitantes de uma empresa, os hóspedes de um hotel etc.
Recepisse *(sè),* s. m. (1. *recepisse*). *Com.* Escrito em que se declara ter recebido papéis, dinheiro etc.
Receptação, s. f. (1. *receptatione*). 1. Ato ou efeito de receptar. 2. *Dir.* Crime que consiste no fato de uma pessoa adquirir, receber ou ocultar, em proveito próprio ou alheio, coisa que sabe ter sido obtida por meio doloso ou fraudulento, ou induzir outrem a fazê-lo de boa-fé.
Receptacular, adj. m. e f. *Bot.* Relativo a, ou próprio de receptáculo.
Receptáculo, s. m. 1. Lugar onde se recebe e guarda alguma coisa; recipiente. 2. Abrigo, esconderijo, refúgio. 3. *Arquit.* Tanque aonde vão juntar-se as águas que vêm de diferentes pontos. 4. *Bot.* Porção dilatada do pedúnculo, onde se inserem os vários verticilos.
Receptador, adj. Que recepta. S. m. Aquele que recepta; receptor, recebedor.
Receptar, v. Tr. dir. 1. Dar receptáculo a. 2. Recolher, guardar, esconder (coisas furtadas por outrem).
Receptibilidade, s. f. Faculdade de receber impressões do mundo exterior.
Receptível, adj. m. e f. Que se pode receber; aceitável.
Receptividade, s. f. V. *receptibilidade.*
Receptivo, adj. 1. Que recebe ou é capaz de receber. 2. Sujeito à influência externa.
Receptor, adj. Que recebe; recebedor. S. m. 1. Recebedor. 2. Qualquer aparelho que recebe sinais luminosos, de rádio, elétricos etc.
Recessão, s. f. (1. *recessione*). 1. Ato ou efeito de retroceder, de se afastar; recuo. 2. Período de queda nas atividades econômicas.
Recessivo, adj. 1. Relativo à recessão. 2. *Genét.* Diz-se do caráter ou tara que, embora presente no híbrido, não se manifesta, oculto pelo dominante (mas pode manifestar-se numa das gerações seguintes). 3. Latente.
Recesso[1], s. m. (l. *recessu*). Lugar afastado e oculto; recanto, retiro.
Recesso[2], s. m. (ingl. *recess*). *Polít.* Intervalo, periodo de não-funcionamento de uma câmara legislativa.
Rechã, s. f. V. *planalto.*
Rechaçar, v. (cast. *rechazar*). Tr. dir. 1. Rebater, repelir. 2. Fazer retirar ou retroceder, opondo resistência. 3. Interromper com uma resposta grosseira ou com um gesto abrupto; replicar, refutar.
Rechaço, s. m. 1. Ato ou efeito de rechaçar. 2. Ricochete.
Recheado, adj. 1. Que tem recheio. 2. Muito cheio; repleto. S. m. V. *recheio.*
Recheadura, s. f. Ato de rechear; recheio.
Rechear, v. 1. Tr. dir. Encher com qualquer substância culinária. 2. Tr. dir. Encher completamente ou em abundância. 3. Tr. dir. Entremear ou guarnecer abundantemente. 4. Pron. Enriquecer-se, locupletar-se.
Rechega *(ê),* s. f. Operação que consiste em fender os troncos dos pinheiros no sentido longitudinal, para se aproveitar maior porção de resina.
Rechegar, v. Tr. dir. Mexer com rodos (os cristais de cloreto de sódio) em salinas.
Rechego *(ê),* s. m. 1. Lugar onde se esconde o caçador, para vigiar a caça. 2. Lugar esconso; abrigo. 3. Esconderijo, valhacouto.
Recheio, s. m. 1. Recheadura. 2. Aquilo que recheia. 3. Preparado culinário com que se enchem as aves e outros animais antes de irem ao forno. 4. Tudo o que se introduz na massa folhada dos pastéis, doces ou bolos.
Rechiar, v. Intr. Chiar muito e estrepitosamente.
Rechinante, adj. m. e f. Que rechina.
Rechinar, v. (onomatopéico?). 1. Intr. Produzir som semelhante ao da gordura quando cai sobre brasas; chiar. 2. Intr. Produzir som áspero e desagradável; ranger. 3. Intr. Silvar, cortando o ar.
Rechino, s. m. Ato de rechinar.
Rechonchudo, adj. *Fam.* Gorducho, roliço.
Reciário, s. m. (1. *retiariu*). Gladiador romano, armado de tridente e que levava uma rede com que procurava envolver o adversário.
Recibo, s. m. Declaração escrita e assinada de se ter recebido alguma coisa; comprovante.
Reciclagem, s. f. 1. *Eletr.* Alteração da ciclagem. 2. Atualização de conhecimentos. 3. Reaproveitamento de material usado.
Reciclar, v. Tr. dir. Fazer a reciclagem de.
Recidiva, s. f. 1. *Med.* Recaída na doença, de que já se entrava em convalescença. 2. Reincidência, recaída.
Recidivar, v. Intr. 1. *Med.* Fazer recidiva (a doença); reaparecer, recomeçar. 2. Ser recidivo.
Recidivo, adj. Que torna a aparecer; reincidente.
Recife, s. m. (ár. *rasif*). Rochedo ou grupo de rochedos nas proximidades da costa do mar e à flor da água.
Recifense, adj. m. e f. Relativo a Recife, capital e município de Pernambuco. S. m. e f. Pessoa natural dessa cidade ou município.
Recifoso, adj. Em que há recifes.
Recingir, v. Tr. dir. Cingir de novo.
Recinto, s. m. 1. Espaço fechado. 2. Espaço ou terreno murado. 3. Santuário. 4. Local.
Récipe, s. m. 1. Receita médica. 2. *Fam.* Repreensão.
Recipiendário, adj. Que tem algo a receber. S. m. 1. Aquele que tem algo a receber. 2. Aquele que é solenemente recebido numa agremiação.
Recipiente, adj. m. e f. Que recebe. S. m. 1. Vaso próprio para receber os produtos de uma operação química. 2. Campânula da máquina pneumática. 3. Qualquer tipo de vasilha etc., que pode conter qualquer coisa; receptáculo.
Reciprocação, s. f. (1. *reciprocatione*). 1. Ato ou efeito de reciprocar(-se). 2. Reciprocidade.
Reciprocar, v. 1. Tr. dir. Tornar recíproco; trocar mutuamente; mutuar. 2. Tr. dir. Ser recíproco de; substituir. 3. Pron. Alterar-se. 4. Pron. Corresponder-se.
Reciprocidade, s. f. Qualidade de recíproco; reciprocação.
Recíproco, adj. 1. Diz-se do ato ou influência que se realiza ou troca entre dois grupos. S. m. O inverso de um número.
Récita, s. f. 1. Espetáculo de declamação. 2. Representação teatral.
Recitação, s. f. Ato ou efeito de recitar.
Recitado, adj. Lido ou repetido em voz alta; declamado. S. m. Trecho recitado.
Recitador, adj. Que recita; recitante.
Recital, s. m. (ingl. *recital*). 1. Espetáculo de dição realizado

por um só artista. 2. *Mús.* Conserto em que atua um só executante. 3. Apresentação dos alunos de um mestre de música.
Recitante, adj. m. e f. 1. Que recita. 2. Diz-se da voz ou do instrumento que executam a sós um trecho musical. S. m. e f. Pessoa que recita.
Recitar, v. 1. Tr. dir. Dizer ou ler em voz alta e clara. 2. Tr. dir. Pronunciar, referir ou narrar declamando. 3. Tr. dir. *Mús.* Cantar ou executar (um recitativo). 4. Intr. Rezar, na igreja, em voz alta e acentuada.
Recitativo, adj. Próprio para ser recitado. S. m. 1. Composição poética para ser recitada com ou sem acompanhamento musical. 2. *Mús.* Melopéia sem medição exata, que, nas óperas modernas, substitui as partes que antigamente eram declamadas e que hoje ainda o são nas operetas e óperas cômicas. 3. Recital.
Reclamação, s. f. 1. Ato ou efeito de reclamar. 2. Exigência. 3. Protesto. 4. Reivindicação de direitos.
Reclamado, adj. Que foi objeto de reclamação. S. m. *Dir.* Pessoa contra quem se dirige uma ação judicial.
Reclamador, adj. e s. m. V. *reclamante.*
Reclamante, adj. m. e f. Que reclama. S. m. e f. 1. Pessoa que reclama ou propõe reclamação.
Reclamar, v. 1. Tr. ind. e intr. Exigir, reivindicar (direitos). 2. Tr. dir. Pedir, demandar. 3. Intr. Queixar-se, protestar. 4. Tr. dir. e tr. ind. Exigir, invocar. 5. Tr. dir. Chamar (uma ave) com o reclamo de outra.
Reclamável, adj. m. e f. Que pode ser reclamado.
Reclame, s. m. (fr. *réclame*). Anúncio comercial; propaganda.
Reclamo, s. m. 1. Reclamação. 2. Reclame, publicidade. 3. Instrumento com que o caçador imita o canto das aves para as atrair; chamariz. 4. *Náut.* Calço de madeira rija, com uma goivadura e que entra em um gorne, aberto no topo do mastro.
Reclinação, s. f. Ato ou efeito de reclinar(-se).
Reclinado, adj. 1. Meio deitado; recostado. 2. Dobrado sobre si mesmo; recurvado.
Reclinar, v. 1. Tr. dir. Desviar da posição vertical; inclinar. 2. Tr. dir. e pron. Deitar(-se), encostar(-se), inclinar(-se). 3. Pron. Deitar-se, descansar, pousar.
Reclinatório, s. m. Objeto próprio para alguém se reclinar.
Reclusão, s. f. 1. Ato ou efeito de encerrar(-se); encerramento. 2. Cárcere, prisão. 3. *Dir.* Pena rigorosa em virtude da qual o condenado é recolhido à penitenciária ou, na falta desta, à seção especial de prisão comum.
Recluso, adj. Que vive em clausura ou foi condenado à reclusão. S. m. Indivíduo recluso.
Recobramento, s. m. Ato ou efeito de recobrar(-se).
Recobrar, v. 1. Tr. dir. Tornar a receber (o que se perdera); recuperar. 2. Pron. Livrar-se de (coisa aflitiva ou molesta); reanimar-se, recuperar-se.
Recobrável, adj. m. e f. Que pode ser recobrado.
Recobrimento, s. m. 1. Ato ou efeito de recobrir(-se). 2. *Geol.* Superposição de dobras de terrenos mais antigos sobre os mais recentes.
Recobrir, v. 1. Tr. dir. Cobrir de novo. 2. Tr. dir. Cobrir bem. 3. Pron. Tornar a cobrir-se. 4. Pron. Cobrir-se bem.
Recobro *(ô)*, s. m. Ato ou efeito de recobrar(-se).
Recognição, s. f. Reconhecimento.
Recognitivo, adj. Que serve para reconhecer ou investigar uma coisa.
Recoitar, v. Tr. dir. Recozer (metais).
Recoito, adj. (l. *recoctu*). Recozido (metal). Var.: *recouto.*
Recoleto, adj. Relativo à ordem reformada de São Francisco ou de Santo Agostinho. S. m. Homem de vida austera.
Recolhedor, adj. Que recolhe. S. m. Aquele que sai ao campo, à procura dos cavalos, para os recolher ao curral.
Recolheito, adj. (l. *recollectu*). *Ant.* V. *recolhido.*
Recolhença, s. f. Ação de recolher os produtos agrícolas; colheita.
Recolher, v. (l. *recolligere*). 1. Tr. dir. Fazer a colheita de. 2. Tr. dir. Pôr ao abrigo de; guardar. 3. Tr. dir. Juntar, reunir (coisas dispersas). 4. Tr. dir. Apanhar, apreender. 5. Tr. dir. Tirar da circulação. 6. Tr. dir. Coligir; juntar. 7. Tr. dir. Angariar. 8. Tr. dir. Fazer a cobrança de; receber. 9. Tr. dir. e pron. Encolher(-se), retrair(-se). 10. Tr. dir. Caçar, ferrar (as velas). 11. Tr. dir. Dar acolhimento ou hospitalidade a. 12. Pron. Abrigar-se; refugiar-se. 13. Tr. dir., intr. e pron. Entrar depois de ter saído; voltar para casa. 14. Pron. Ir-se, retirar-se (para algum aposento). 15. Pron. Retirar-se do mundo. 16. Tr. dir. Prender, guardar. 17. Pron. Concentrar o espírito na meditação. 18. Pron. Pôr-se ao abrigo de.
Recolhida, s. f. 1. Recolhimento. 2. Retirada. 3. Mulher que vive reclusa num convento, embora não tenha feito votos.
Recolhido, adj. 1. Que se recolheu. 2. Que vive na clausura. 3. Pouco expansivo; concentrado.
Recolhimento, s. m. 1. Ato ou efeito de recolher(-se). 2. Lugar onde se recolhe alguém ou alguma coisa. 3. Modéstia, recato. 4. Abrigo, asilo. 5. Retiro espiritual. 6. Encerramento em prisão pública.
Recolho *(ô)*, s. m. 1. *P. us.* Recolhimento. 2. Respiração forte. 3. Respiração da baleia, expelindo água e produzindo um som característico.
Recomeçar, v. Tr. dir. e intr. Começar de novo.
Recomendação, s. f. 1. Ato ou efeito de recomendar(-se). 2. Qualidade de recomendável. 3. Advertência, conselho. 4. Apresentação. S. f. pl. 1. Cumprimentos. 2. Lembranças.
Recomendado, adj. Que é objeto de recomendação ou empenho S. m. Indivíduo recomendado.
Recomendar, v. 1. Tr. dir. Pedir o cuidado e a atenção para alguma pessoa ou coisa. 2. Tr. dir. Confiar o encargo de. 3. Tr. dir. Pedir instantemente. 4. Tr. dir. Aconselhar, animar, exortar a fazer. 5. Tr. dir. Indicar com boas informações. 6. Tr. dir Pedir proteção para. 7. Tr. dir. Tornar digno de acatamento ou de elogio. 8. Pron. Mostrar-se digno de recomendação. 9. Tr. dir. Apresentar, enviar ou transmitir cumprimentos.
Recomendatório, adj. Que recomenda ou serve para recomendar; que serve de empenho.
Recomendável, adj. m. e f. Digno de ser recomendado; estimável.
Recompensa, s. f. 1. Ato ou efeito de recompensar(-se). 2. Prêmio, galardão.
Recompensação, s. f. V. *recompensa.*
Recompensador, adj. Que recompensa. S. m. Aquele que recompensa.
Recompensar, v. 1. Tr. dir. Dar recompensa a; galardoar, premiar. 2. Tr. dir. Valer a pena de; compensar. 3. Pron. Indenizar-se, pagar-se.
Recompensável, adj. m. e f. Digno de recompensa.
Recompor, v. (l. *recomponere*). 1. Tr. dir. e pron. Tornar a compor(-se). 2. Tr. dir. Refazer, restabelecer, restaurar. 3. Tr. dir. Dar nova forma a; reorganizar. 4. Tr. dir. Dar nova disposição a; ordenar de novo. 5. Tr. dir. Reconstruir, rememorar. 6. Tr. dir. e pron. Congraçar(-se), harmonizar (-se).
Recomposição, s. f. 1. Ato ou efeito de recompor(-se). 2. Reconciliação. 3. Reconstrução, reorganização, restabelecimento.
Recôncavo, s. m. *(re + côncavo)*. 1. Cavidade funda; concavidade. 2. Antro, gruta. 3. Enseada. 4. Vale.
Reconcentração, s. f. Ato ou efeito de reconcentrar(-se).
Reconcentrado, adj. 1. Oculto na parte mais interior. 2. Pensativo.
Reconcentrar, v. 1. Tr. dir. Fazer convergir para um centro. 2. Tr. dir. Reunir em um ponto. 3. Tr. dir. Enfeixar. 4. Tr. dir. e pron. Fixar(-se) em um ponto (a atenção, o cuidado etc.). 5. Pron. Reunir(em)-se, concentrar(em)-se (as forças em um ponto). 6. Pron. Aumentar de forças; reforçar-se, tornar-se mais intenso. 7. Pron. Absorver-se completamente na meditação ou no estudo de alguma questão.
Reconciliação, s. f. (l. *reconciliatione*). 1. Ato ou efeito de reconciliar(-se). 2. Restabelecimento de relações, entre duas ou mais pessoas que andavam desavindas. 3. *Rel.* Confissão breve de pecados esquecidos na confissão anterior ou de

culpas leves. 4. Nova consagração de uma igreja que fora profanada e interditada.

Reconciliado, adj. 1. Que se reconciliou. 2. Diz-se do penitente que se confessou de pecados veniais ou imperfeições. S. m. Penitente reconciliado.

Reconciliador, adj. e s. m. Que, ou aquele que reconcilia.

Reconciliar, v. 1. Tr. dir. Fazer voltar à antiga amizade (aqueles que se malquistaram). 2. Pron. Fazer as pazes; congraçar-se. 3. Tr. dir. Pôr de acordo (coisas que parecem contrárias); conciliar. 4. Tr. dir. Absolver na confissão. 5. Pron. Confessar-se de faltas leves. 6. Tr. dir. Benzer igreja ou lugar sagrado que fora profanado ou violado.

Reconciliatório, adj. Que tem a virtude de reconciliar.

Reconciliável, adj. m. e f. Que se pode reconciliar.

Recondicionar, v. Tr. dir. Restaurar a boa condição de uma coisa (mediante consertos, substituição de partes desgastas ou estragadas etc.); reformar.

Recôndito, adj. 1. Escondido, oculto. 2. Desconhecido, ignorado. S. m. 1. Lugar oculto; esconso, recanto. 2. Âmago, íntimo, imo.

Reconditório, s. m. Lugar oculto.

Recondução, s. f. 1. Ato ou efeito de reconduzir. 2. Prosseguimento de um contrato nas condições em que se firmou.

Reconduzir, v. (1. *reconducere*). Tr. dir. 1. Conduzir de novo; remeter de volta ao lugar de onde veio; devolver, reenviar. 2. Tr. dir. Prover de novo, por eleição ou nomeação, para o desempenho do mesmo emprego; reeleger.

Reconfortante, adj. m. e f. Que reconforta. S. m. Alimento ou medicamento que reconforta.

Reconfortar, v. 1. Tr. dir. Dar novo vigor. 2. Tr. dir. Incutir novo ânimo.3. Pron. Os mesmos sentidos: *Reconfortara-se* com uma boa refeição. Indo à igreja e orando bastante, *reconfortou-se*.

Reconforto *(ô)*, s. m. Ato ou efeito de reconfortar(-se).

Recongraçar, v. Tr. dir., tr. ind. e intr. Reconciliar.

Reconhecer, v. (1. *recognoscere*). 1. Tr. dir. Conhecer de novo (o que se tinha conhecido noutro tempo). 2. Tr. dir. Identificar, distinguir por qualquer circunstância, modalidade ou faceta. 3. Tr. dir. Admitir, ter como bom, legítimo ou verdadeiro. 4. Tr. dir. Ficar convencido de; estar certo ou consciente de. 5. Tr. dir. Considerar como. 6. Pron. Declarar-se, confessar-se. 7. Tr. dir. Considerar como legal. 8. Tr. dir. Certificar por escrito que é autêntica e verdadeira (a assinatura ou firma de uma pessoa); autenticar, endossar. 9. Tr. dir. Declarar legitimamente estabelecido (um governo); aceitar. 10. Tr. dir. Mostrar-se agradecido por. 11. Tr. dir. Examinar, explorar, observar.

Reconhecido, adj. 1. Que se reconheceu. 2. Agradecido, obrigado.

Reconhecimento, s. m. 1. Ato ou efeito de reconhecer(-se); recognição. 2. Agradecimento, gratidão.

Reconhecível, adj. m. e f. Que se pode reconhecer.

Reconquista, s. f. 1. Ação ou efeito de reconquistar. 2. Aquilo que se reconquistou.

Reconquistar, v. Tr. dir. 1. Conquistar de novo; readquirir por conquista. 2. Consolidar, readquirir, recuperar.

Reconsideração, s. f. Ato ou efeito de reconsiderar.

Reconsiderar, v. Tr. dir. 1. Considerar ou ponderar de novo. 2. Tomar nova resolução.

Reconstituição *(u-i)*, s. f. Ato ou efeito de reconstituir.

Reconstituinte *(u-in)*, adj. m. e f. Que reconstitui. S. m. *Farm.* Medicamento próprio para restabelecer as forças do indivíduo doente ou fraco; tônico.

Reconstituir, v. Tr. dir. 1. Tornar a constituir; recompor, restabelecer. 2. Restaurar as forças de.

Reconstrução, s. f. 1. Ato ou efeito de reconstruir. 2. Prédio reconstruído.

Reconstruir, v. 1. Tr. dir. Tornar a construir. 2. Tr. dir. Formar de novo; reformar, reorganizar, reestruturar. 3. Intr. Fazer reconstruções. Conjuga-se como *construir*.

Recontagem, s. f. Ato ou operação de recontar; nova contagem.

Recontar, v. 1. Tr. dir. Tornar a contar; calcular de novo. 2. Tr. dir. Narrar, referir. 3. Pron. Contar-se, incluir-se.

Recontente, adj. m. e f. Muito contente.

Reconto[1], s. m. *(re + conto*[3]*)*. Conto de lança, no reverso da haste.

Reconto[2], s. m. (de *recontar*). Ato ou efeito de recontar.

Recontro, s. m. 1. Encontro de forças combatentes; embate. 2. Peleja de curta duração. 3. Encontro fortuito.

Reconvalescença, s. f. Ato de reconvalescer.

Reconvalescente, adj. e s. m. e f. Que, ou pessoa que reconvalesce.

Reconvalescer, v. Intr. Tornar a convalescer.

Reconvenção, s. f. 1. Ato ou efeito de reconvir. 2. *Dir.* Ação judicial ou processo em que o réu demanda o autor, no mesmo feito e juízo, por obrigação análoga ou relativa àquela por que é demandado. 3. Recriminação.

Reconvindo, adj. *Dir.* Diz-se do demandante contra quem o demandado requereu a reconvenção.

Reconvinte, adj. m. e. f. *Dir.* Diz-se do demandado (réu) que requereu reconvenção contra o demandante (autor).

Reconvir, v. Tr. dir. 1. *Dir.* Demandar o réu (ao autor da demanda) pela satisfação de encargos que tenha tomado e que atenuam a importância do litígio. 2. Recriminar, argüir (ao argüente) de culpas ou defeitos que este tenha e que tiram a importância da argüição por ele feita. Conjuga-se com *vir*.

Recopilação, s. f. Ato ou efeito de recopilar; resumo.

Recopilador, adj. e s. m. Que, ou aquele que recopila.

Recopilar, v. Tr. dir. 1. Abreviar, compendiar, resumir. 2. Juntar (extratos ou trechos de diferentes autores); recompilar).

Recordação, s. f. (1. *recordatione*). 1. Ato ou efeito de recordar (-se). 2. Reminiscência. 3. Objeto que relembra coisa ou pessoa.

Recordador, adj. e s. m. Que, ou aquele que recorda.

Recordar, v. 1. Tr. dir. Trazer à memória. 2. Pron. Lembrar-se. 3. Tr. dir. Fazer lembrar; ter analogia ou semelhança com; parecer. 4. Tr. ind. Lembrar.

Recordativo, adj. Que faz recordar; recordatório.

Recordatório, adj. V. *recordativo*.

Recorde, s. m. (ingl. *record*). *Esp.* 1. Ato desportivo, devidamente homologado, que supera tudo o que, no mesmo gênero, se fez anteriormente. 2. Proeza inaudita. 3. Ponto máximo.

Recordista, adj. e s. m. e f. Que, ou pessoa que bate um recorde.

Recordo *(ô)*, s. m. *P. us.* V. *recordação*.

Reco-reco, s. m. (pl. onomat.). *Folc.* Gomo de bambu com entalhos transversais, no qual se esfrega uma vara para produzir um ruído que serve de acompanhamento a danças e descantes. Pl.: *reco-recos*.

Recorrência, s. f. (1. *recurrentia*). 1. Ação de recorrer. 2. *Med.* Reaparecimento dos sintomas de uma moléstia, após sua remissão.

Recorrente, adj. m. e f. (1. *recurrente*). 1. Que recorre. 2. Que volta para sua origem ou que aparece depois de haver desaparecido. S. m. e f. *Dir.* Pessoa que recorre ou interpõe recurso de certa decisão judicial.

Recorrer, v. (1. *recurrere*). 1. Tr. dir. Correr de novo por; tornar a percorrer. 2. Tr. dir. Repassar na memória; evocar. 3. Tr. dir. Dirigir-se a alguém, pedindo-lhe auxílio, proteção, despacho, justiça. 4. Tr. ind. Fazer uso de, lançar mão de; empregar. 5. Tr. ind. e intr. Interpor recurso judicial ou administrativo. 6. Tr. ind. Apelar: *R. da* lei *para* as armas. 7. Tr. dir. Averiguar, esquadrinhar, investigar. 8. Tr. dir. *Tip.* Passar a composição de uma medida para outra, ou passar parte das letras para linha seguinte.

Recorrido, s. m. *Dir.* Aquele contra quem se interpõe recurso judicial.

Recorrível, adj. m. e f. De que se pode recorrer; passível de recurso.

Recortada, s. f. Recortado, acep. 2.

Recortado, adj. Cujas bordas apresentam ondulações ou recortes. S. m. 1. Recorte. 2. Modalidade de fandango, dos gaúchos; recortada.

Recortar, v. 1. Tr. dir. Cortar, acompanhando modelos ou talhando figuras diversas. 2. Tr. dir. Entremear, intervalar. 3. Tr. dir. e pron. Apresentar ou mostrar semelhança com os desenhos recortados.

Recorte[1], s. m. (de *recortar*). 1. Ato ou efeito de recortar(-se). 2. Lavor em obra de costura, em panos, em papéis, em plantas de jardim etc., como adorno ou enfeite. 3. Notícia, receita, artigo, anúncio etc., recortados de jornal ou revista.

Recorte[2], s. m. *(re + corte). Taur.* Ação em que o toureiro, achando-se junto ao touro, sai por caminho diferente, quando este abaixa a cabeça para marrar.

Recortilha, s. f. 1. Carretilha. 2. Instrumento com que se fazem recortes.

Recoser, v. Tr. dir. 1. Coser de novo. 2. Coser muitas vezes.

Recostar, v. *(re + costa + ar).* 1. Tr. dir. Encostar, inclinar, reclinar. 2. Pron. Pôr-se em posição de descanso, meio deitado; reclinar-se.

Recosto *(ô),* s. m. 1. Parte de um assento própria para alguém se recostar. 2. Reclinatório.

Recova, s. f. Ação de recovar; recovagem.

Récova, s. f. (ár. *rekba*). Récua.

Recovagem, s. f. 1. Carga ou serviço de recoveiros. 2. Empresa que se encarrega do transporte de bagagens, mercadorias etc. 3. Preço ou contrato desse transporte.

Recovar, v. 1. Tr. dir. Transportar de um lugar para outro, em récova (bagagens, cargas, mercadorias etc.). 2. Intr. Ter ofício de recoveiro.

Recoveira, s. f. *(recova + eira).* Pau que os peixeiros ambulantes trazem ao ombro e no qual penduram os cabazes do peixe.

Recoveiro, s. m. *(recovar + eiro).* Aquele que recova; que transporta mercadorias em récuas; tropeiro, arrieiro.

Recovo *(ô),* s. m. (l. *recubitu*). Ato de achar-se recostado sobre o cotovelo.

Recozer, v. Tr. dir. 1. Tornar a cozer (ao fogo). 2. Cozer muito; requeimar. 3. Submeter (um metal) novamente à ação do fogo. 4. Deixar esfriar vagarosamente (qualquer artefato de cerâmica ou vidro) logo após a sua fabricação.

Recozido, adj. Cozido de novo; muito cozido; recocto.

Recozimento, s. m. Ato ou efeito de recozer.

Recrava, s. f. Encaixe na cantaria de um portal para se embutir o caixilho.

Recravar, v. 1. Tr. dir. e pron. Cravar(-se) novamente. 2. Tr. dir. Cravar muito.

Recreação, s. f. (l. *recreatione*). Recreio.

Recrear, v. 1. Tr. dir. Proporcionar recreio a; divertir. 2. Pron. Sentir prazer ou satisfação. 3. Pron. Brincar, deleitar-se, divertir-se.

Recreativo, adj. 1. Próprio para recrear. 2. Que diverte ou dá prazer.

Recreio, s. m. 1. Divertimento, entretenimento, folguedo. 2. Lugar onde se recreia. 3. Coisas que recreiam.

Recrementício, adj. *Fisiol.* Diz-se das secreções que são de novo absorvidas, como a bílis, a saliva etc.

Recremento, s. m. (l. *recrementu*). Secreção recrementícia.

Recrescência, s. f. 1. Estado ou qualidade de recrescente. 2. Recrescimento.

Recrescente, adj. m. e f. Que recresce.

Recrescer, v. 1. Intr. Tornar a crescer; crescer novamente. 2. Tr. ind. e intr. Aumentar em número ou em intensidade; recrudescer. 3. Intr. Aumentar-se, reforçar-se. 4. Tr. ind. Sobrar, sobejar. 5. Intr. Sobrevir, ocorrer.

Recrescimento, s. m. Ato ou efeito de recrescer(-se); recrescência.

Recrestar, v. Tr. dir. Crestar muito; requeimar.

Recria, s. f. *(re + cria).* 1. V. *recriação.* 2. Período compreendido entre a desmama de um animal e sua utilização no trabalho.

Recriação, s. f. Ato ou efeito de recriar; recria.

Recriminação, s. f. 1. Ato ou efeito de recriminar. 2. Censura, exprobração.

Recriminador, adj. e s. m. Que, ou aquele que recrimina.

Recriminar, v. Tr. dir. 1. Responder com acusações às acusações de. 2. Censurar. 3. Inculpar.

Recriminatório, adj. Que contém recriminação.

Recru, adj. *(re + cru).* 1. Muito cru. 2. Mal recozido.

Recrudescência, s. f. 1. Qualidade de recrudescente. 2. Renovação com maior intensidade; recrudescimento.

Recrudescente, adj. m. e f. Que recrudesce.

Recrudescer, v. (l. *recrudescere*). 1. Tr. ind. e intr. Tornar-se mais intenso; aumentar, recrescer. 2. Intr. Agravar-se, exacerbar-se.

Recrudescimento, s. m. Ato ou efeito de recrudescer; recrudescência.

Recruta, s. f. 1. Grupo de indivíduos recrutados para o serviço militar. 2. A instrução do serviço militar que é dada aos recrutas. 3. Comitiva de peões que andam pelas estâncias, arrebanhando o gado de uma fazenda. 4. Porção de gado arrebanhado. S. m. 1. Soldado novo e bisonho que ainda não adquiriu toda a instrução militar. 2. Indivíduo admitido há pouco.

Recrutador, s. m. Peão que arrebanha animais dispersos ou perdidos.

Recrutamento, s. m. 1. Ato ou efeito de recrutar. 2. Conjunto de recrutas.

Recrutar, v. (fr. *recruter*). 1. Tr. dir. Alistar, arrolar (jovens) para o serviço militar. 2. Pron. Associar-se, unir-se a. 3. Tr. dir. Aliciar adeptos para uma associação. 4. Tr. dir. Arrebanhar (gado disperso ou perdido).

Recruzar, v. 1. Tr. dir. Tornar a cruzar. 2. Cruzar repetidamente.

Recruzetado, adj. *(re + cruzeta + ado).* 1. Provido de cruzetas. 2. *Heráld.* Diz-se da cruz que tem em cada uma das suas quatro pontas uma cruz pequena.

Récua, s. f. (var. de *récova*). 1. Conjunto de bestas de carga, geralmente presas umas às outras. 2. A carga que elas transportam. 3. Manada de cavalgaduras. 4. *Pej.* Caterva, súcia.

Recuada, s. f. V. *recuo.*

Recuar, v. *(re + cu + ar).* 1. Intr. Andar para trás, andar de costas. 2. Intr. Perder terreno (ao adversário). 3. Intr. Atrasar-se, retrogradar. 4. Intr. Intimidar-se, fugir. 5. Intr. Reconsiderar, desistir. 6. Intr. Ter idéias contrárias ao progresso. 7. Tr. dir. Colocar além da posição atual. 8. Tr. dir. Fazer andar para trás.

Recúbito, s. m. Posição de quem está recostado.

Recuidar, v. Tr. dir. 1. Cuidar ou pensar em. 2. Meditar profundamente em.

Récula, s. f. Récua; bando, súcia.

Recumbir, v. Tr. ind. Encostar-se, reclinar-se (*em* ou *sobre*).

Recunhar, v. Tr. dir. Tornar a cunhar.

Recuo, s. m. Ato ou efeito de recuar; recuada, recuamento.

Recuperação, s. f. Ato ou efeito de recuperar(-se).

Recuperar, v. 1. Tr. dir. Readquirir, recobrar (o perdido). 2. Pron. Restabelecer-se, restaurar-se. 3. Pron. Indenizar-se, ressarcir-se.

Recuperativo, adj. Recuperatório.

Recuperatório, adj. 1. Que tem a força de recuperar; recuperativo. 2. *Dir. ant.* Dizia-se do mandado judicial para que um ato voltasse ao primitivo estado.

Recuperável, adj. m. e f. Que se pode recuperar.

Recurso, s. m. 1. Ato ou efeito de recorrer. 2. Auxílio, proteção, socorro. 3. Meio, expediente. S. m. pl. 1. Bens materiais, dinheiro, haveres, fortuna. 2. Meios pecuniários.

Recurvado, adj. Curvo.

Recurvar, v. (l. *recurvare*). 1. Tr. dir. Curvar de novo. 2. Tr. dir. Curvar muito . 3. Tr. dir. e pron. Dobrar(-se), inclinar(-se).

Recurvo, adj. Torcido, dobrado, recurvado.

Recusa, s. f. Ato de recusar(-se); recusação, negativa.

Recusação, s. f. (l. *recusatione*). V. *recusa.*

Recusador, adj. e s. m. Que, ou o que recusa; recusante.

Recusante, adj. m. e f. Recusador.

Recusar, v. (l. *recusare*). 1. Tr. dir. Não aceitar, não admitir; rejeitar. 2. Tr. dir. Não conceder; não permitir; negar. 3.

Tr. dir: Não se prestar a; opor-se; resistir a. 4. Pron. Não querer; não se prestar; escusar-se. 6. Pron. *Dir.* Declarar-se incompetente. 7. Pron. Não obedecer.

Recusativo, adj. Que exprime recusa; recusatório.

Recusatório, adj. V. *recusativo.*

Recusável, adj. m. e f. Que pode ser recusado.

Reda, s. f. (l. *reda,* do céltico). *Ant.* Espécie de carro de viagem gaulês, de quatro rodas.

Redabe, s. m. Espécie de tambor usado pelos habitantes da Ilha de Sumatra.

Redação, s. f. (l. *redactione*). 1. Ato ou efeito de redigir. 2. Arte ou maneira de redigir. 3. Conjunto de redatores. 4. Lugar onde os redatores trabalham.

Redada, s. f. (*rede + ada*). 1. Ação de redar por uma vez. 2. Lanço de rede. 3. Ninhada de qualquer ave. 4. O conjunto dos filhotes nascidos de uma só vez.

Redar[1], v. (*rede + ar*). Tr. dir. Lançar (a rede).

Redar[2], v. (*re + dar*). Tr. dir. Tornar a dar.

Redar[3], v. Tr. dir. *Ant.* V. *redrar.*

Redargüição, s. f. (l. *redarguitione*). Ato ou efeito de redargüir; réplica.

Redargüidor, adj. e s. m. Que, ou aquele que redargúi.

Redargüir, v. (l. *redarguere*). 1. Tr. dir. Replicar, argumentando. 2. Tr. dir. Acusar, recriminar. 3. Tr. ind. Responder, revidar. — Conjuga-se como *argüir.*

Redator, s. m. (l. *redactore*). 1. Aquele que redige. 2. Aquele que escreve habitualmente para uma publicação periódica. 3. Aquele que revê ou corrige um texto literário, científico, artístico, jornalístico etc.

Rede (*ê*), s. f. (l. *rete*). 1. Aparelho de pesca de malhas mais ou menos largas, que deixam passar a água e retêm os peixes. 2. Tecido fino de malha, com que as mulheres envolvem o cabelo. 3. Tecido de arame, para resguardar as vidraças. 4. Leito balouçante, preso pelas duas extremidades, em geral nos portais ou em árvores. 5. Conjunto de cabos telefônicos ou elétricos de uma cidade. 6. Cilada, armadilha.

Rédea, s. f. (l. v. **retina*). 1. Corda ou correia, para guiar as cavalgaduras; brida. 2. Poder, direção. 3. Governo, lei. 4. Freio, segurança, firmeza.

Redeclarar, v. Tr. dir. Tornar a declarar.

Redeiro, s. m. 1. Fabricante de redes. 2. Pequena rede usada na pesca fluvial.

Redemoinhador (*o-i*), adj. Que redemoinha.

Redemoinhar (*o-i*), v. V. *remoinhar.*

Redemoinho (*o-i*), s. m. V. *remoinho.*

Redenção, s. f. (l. *redemptione*). 1. Ato ou efeito de remir. 2. *Ant.* Esmolas que se davam para remir os cativos. 3. *Teol.* O resgate do gênero humano por Jesus Cristo, sob o aspecto de libertação da escravidão do pecado.

Redenho, s. m. (de *rede*). 1. Aparelho de rede para a pesca do sargaço e de camarões. 2. Véu, dobra do peritônio dos animais, correspondente ao epíploo na anatomia humana.

Redente, s. m. (*re + dente*). Ressalto de intervalo em intervalo, como um degrau, na construção de um muro, sobre terreno inclinado para lhe conservar a mesma altura.

Redentor, adj. (l. *redemptore*). Que redime. S. m. 1. Aquele que redime. 2. Por antonomásia ou por excelência, Jesus Cristo.

Redentorista, s. m. Membro das ordens religiosas do Redentor ou da Mercê, ou de uma ordem fundada por Santo Afonso Maria de Liguori, em 1732, no reino de Nápoles, denominada Congregação do Santíssimo Redentor.

Redescender, v. (*re* + l. *descendere*). Tr. ind. e intr. Tornar a descer; redescer.

Redescer, v. V. *redescender.*

Redescontar, v. Tr. dir. Fazer redesconto de.

Redesconto, s. m. *Com.* Operação por meio da qual um banco desconta noutro, sob menor taxa de juros e mediante endosso, o título que ele havia descontado a um cliente.

Rédia, s. f. *Zool.* Forma intermediária dos trematódeos digenéticos; no transcurso do seu ciclo evolutivo ela se desenvolve no interior do esporocisto, dando origem às cercárias.

Redibição, s. f. Ato ou efeito de redibir.

Redibir, v. (l. *redhibere*). Tr. dir. *Dir.* Anular a venda de.

Redibitório, adj. *Dir.* Relativo à redibição.

Redigir, v. 1. Tr. dir. Escrever com ordem e método. 2. Tr. dir. Escrever (artigos, reportagens etc.) para a imprensa periódica. 3. Intr. Escrever, saber escrever: O rapaz *redige* bem.

Redil, s. m. (*rede + il?*). 1. Curral para recolha de gado, especialmente lanígero e caprino; aprisco. 2. *Fig.* Grêmio (especialmente da Igreja).

Redimir, v. (l. *redimere*). V. *remir.*

Redimível, adj. m. e f. Que pode ou deve ser redimido.

Redingote, s. m. (ingl. *reding + coat*). Casaco largo e comprido; sobrecasaca.

Redintegrar, v. V. *reintegrar.*

Redistribuir, v. Tr. dir. Tornar a distribuir.

Rédito, s. m. (l. *reditu*). 1. Ação de voltar. 2. Lucro, rendimento.

Rediviva, s. f. *Bot.* Planta crucífera (*Anastatica hierochuntina*); rosa-de-jericó.

Redivivo, adj. (l. *redivivu*). 1. Que retornou à vida; ressuscitado. 2. Rejuvenescido.

Redizer, v. (l. *redicere*). Tr. dir. 1. Tornar a dizer. 2. Dizer muitas vezes. 3. Repetir (o que foi dito por outro).

Redobrado, adj. 1. Dobrado mais uma vez. 2. Muito mais intenso; reforçado.

Redobramento, s. m. 1. Ato ou efeito de redobrar. 2. Aumento considerável. Sin.: *redobro.*

Redobrar, v. 1. Tr. dir. Dobrar novamente. 2. Tr. dir. Tornar quatro vezes maior; quadruplicar. 3. Tr. dir., tr. ind. e intr. Aumentar muito; intensificar. 4. Intr. *Med.* Recrudescer: A febre *redobrou.* 5. Intr. Soar novamente; dobrar, repicar. 6. Intr. Gorjear sonoramente; trinar.

Redobre, adj. m. e f. (*re + dobre*). 1. V. *redobrado.* 2. Astucioso, sagaz, velhaco. S. m. 1. Repetição de arcadas na rabeca, imitando trinado. 2. Gorjeio. 3. Astúcia, duplicidade, velhacaria.

Redobro (*ô*), s. m. 1. Redobramento. 2. Duas vezes o dobro; quádruplo.

Redolente, adj. m. e f. *Poét.* Que tem cheiro agradável; aromático.

Redoma, s. f. Campânula para resguardar do pó imagens, objetos de feitura delicada.

Redomão, adj. (cast. *redomón*). 1. Diz-se do cavalo que sofreu poucos repasses e por isso ainda não está bem manso. 2. Diz-se de objetos ou vestuários novos, ainda não bem adaptados ao corpo das pessoas. S. m. Cavalo redomão.

Redomonear, v. Tr. dir. Sujeitar (cavalo novo) a provas, para amansá-lo.

Redondear, v. Tr. dir. Tornar redondo; arredondar.

Redondel, s. m. Arena redonda, das praças de touros.

Redondela, s. f. *Pop.* Pequena roda; rodela.

Redondez, s. f. V. *redondeza.*

Redondeza, s. f. 1. Qualidade de redondo; redondez. 2. Qualquer região da esfera terrestre. 3. Cercanias, arrabaldes, vizinhança.

Redondil, adj. m. e f. *P. us.* Redondo.

Redondilha, s. f. (cast. *redondilla*). *Metrif.* Quadra de versos de cinco ou de sete sílabas.

Redondo, adj. (l. *rotundu*). 1. Que tem forma de círculo; circular. 2. Que tem forma de esfera; esférico. 3. Com forma curva, arredondada. 4. Cilíndrico. 5. Muito gordo; rechonchudo. S. m. *Tip.* Romano. Adv. Redondamente.

Redopiar, v. V. *rodopiar.*

Redopio, s. m. V. *rodopio.*

Redor, s. m. 1. Arrabalde. 2. Circuito, contorno (mais usado no plural). 3. Roda, volta.

Redor (*dôr*), s. m. Operário que, nas salinas, conduz a água para os viveiros e quebra a crosta salina.

Redouça, s. f. V. *retouça.* Var.: *redoiça.*

Redra, s. f. Ação ou efeito de redrar.

Redrar, v. (l. *reiterare?*). Tr. dir. Cavar de novo (as vinhas) para tirar a erva nociva.

Redução, s. f. (l. *reductione*). 1. Ato ou efeito de reduzir(-se); diminuição. 2. Abatimento, desconto no preço. 3. Cópia reduzida. 4. Ato de subjugar. 5. *Arit.* Conversão de uma quantidade em outra, equivalente. 6. *Cir.* Ato de fazer voltar ao seu lugar ossos deslocados ou fraturados. 7. *Quím.* Operação pela qual se extrai o oxigênio a um óxido metálico para obter o metal puro. Antôn. (desta acep.): *oxidação.*

Reducente, adj. m. e f. Redutor.

Redundância, s. f. 1. Qualidade de redundante. 2. Superfluidade de palavras.

Redundante, adj. m. e f. Que redunda; excessivo.

Redundar, v. 1. Intr. Sobejar, sobrar, superabundar. 2. Intr. Transbordar. 3. Tr. ind. Nascer, provir, resultar. 4. Tr. ind. Reverter em, ser causa de; converter-se, resultar.

Reduplicação, s. f. 1. Ato ou efeito de reduplicar. 2. *Ret.* Repetição de certas palavras que despertam interesse. 3. *Gram.* Repetição de uma sílaba, letra, etc.

Reduplicar, v. 1. Tr. dir. Duplicar outra vez; redobrar. 2. Tr. dir. Aumentar em grandeza, intensidade ou número. 3. Tr. dir. Repetir. 4. Intr. Redobrar.

Reduplicativo, adj. 1. Que envolve reduplicação. 2. *Gram.* Diz-se do prefixo que denota repetição, como *re*: *Re*ler, *re*ssoar. S. m. Esse prefixo.

Redutibilidade, s. f. Qualidade de redutível.

Redutível, adj. m. e f. 1. Que se pode reduzir. 2. *Mat.* Diz-se da fração ordinária cujos termos não são primos entre si.

Redutivo, adj. Que tem a propriedade de reduzir.

Reduto, s. m. 1. Recinto no interior de uma fortaleza para lhe prolongar a resistência. 2. Trincheira, abrigo. 3. Defesa.

Redutor, adj. (l. *reductore*). 1. Que reduz; reducente, redutivo. 2. *Quím.* Que tem a propriedade de reduzir um composto. S. m. Aquilo que reduz.

Reduzida, s. f. 1. *Mat.* Fração irredutível mais simples do que outra também irredutível, e que exprime o seu valor com certo grau de aproximação. 2. *Gram.* Oração subordinada, constituída por uma forma nominal do verbo. 3. *Mec.* Engrenagem especial de certos veículos automóveis, que diminui a velocidade mas aumenta a força de tração.

Reduzir, v. (l. *reducere*). 1. Tr. dir. e pron. Diminuir(-se), tornar(-se) menor. 2. Tr. dir. Diminuir, restringir. 3. Tr. dir. e pron. Abrandar(-se), afrouxar(-se), minorar(-se), mitigar (-se). 4. Tr. dir. Abreviar, compendiar, resumir. 5. Tr. dir. Apertar, estreitar, limitar, restringir. 6. Pron. Limitar-se, resumir-se. 7. Tr. dir. Tornar mais concentrado por meio da ebulição. 8. Tr. dir. *Mat.* Converter em termos mais simples; simplificar (uma fração). 9. Tr. dir. *Cir.* Repor no seu lugar (os ossos deslocados ou fraturados, ou as partes moles que formavam hérnias). 10. Tr. dir. *Quím.* Separar em suas partes componentes; desagregar. 11. Tr. dir. Transformar, converter: *R.* o *milho a* fubá.

Reduzível, adj. m. e f. V. *redutível.*

Reedição, s. f. 1. Ato de reeditar. 2. Nova edição.

Reedificação, s. f. Ato ou efeito de reedificar.

Reedificador, adj. e s. m. Que, ou aquele que reedifica.

Reedificar, v. Tr. dir. 1. Edificar pela segunda vez; reconstruir. 2. Reformar, restabelecer, restaurar.

Reeditar, v. Tr. dir. 1. Editar outra vez; publicar de novo. 2. Repetir, reproduzir.

Reeducação, s. f. Ato ou efeito de reeducar.

Reeducar, v. Tr. dir. 1. Tornar a educar. 2. Aperfeiçoar a educação de.

Reelectômetro, s. m. *Fís.* Aparelho para medir ou marcar a magnetização de uma agulha por meio de uma corrente voltaica. Var.: *reeletômetro.*

Reeleger, v. Tr. dir. e pron. Eleger(-se) outra vez.

Reelegível, adj. m. e f. Que pode ser reeleito.

Reeleição, s. f. Ato de reeleger.

Reeleito, adj. e s. m. Que, ou aquele que foi novamente eleito.

Reembarcar, v. Tr. dir. e intr. Tornar a embarcar.

Reembolsar, v. 1. Tr. dir. Tornar a embolsar; reaver (o desembolsado). 2. Pron. Estar ou ficar novamente de posse (do que se emprestou). 3. Tr. dir. Indenizar.

Reembolsável, adj. m. e f. Que pode ser reembolsado.

Reembolso, s. m. Ato ou efeito de reembolsar(-se). — *R. postal*: serviço oferecido pelo Correio, que permite a remessa de encomenda, que é paga e retirada pelo destinatário na agência postal de sua localidade.

Reemenda, s. f. Ato ou efeito de reemendar.

Reemendar, v. Tr. dir. Emendar novamente, uma ou mais vezes.

Reempossar, v. Tr. dir. Reintegrar na posse; tornar a empossar.

Reempregar, v. Tr. dir. Empregar de novo.

Reencarnação, s. f. Ato ou efeito de reencarnar(-se).

Reencarnar, v. Intr. e pron. Tornar a encarnar-se; reassumir (o espírito) a forma material.

Reencher, v. Tr. dir. Encher de novo.

Reenchimento, s. m. Ato ou efeito de reencher.

Reencontrar, v. Tr. dir. e pron. Tornar a encontrar(-se).

Reencontro, s. m. Ação ou efeito de reencontrar(-se).

Reengajamento, s. m. Ato ou efeito de reengajar-se.

Reengajar, v. Pron. Tornar a engajar-se.

Reenlaçar, v. Tr. dir. e pron. Tornar a enlaçar(-se).

Reentrância, s. f. 1. Qualidade de reentrante. 2. Ângulo ou curva para dentro.

Reentrante, adj. m. e f. Que reentra; que forma ângulo ou curva para dentro.

Reentrar, v. Tr. ind. 1. Tornar a entrar. 2. Voltar para casa; recolher-se.

Reenviar, v. Tr. dir. 1. Enviar de novo. 2. Devolver, recambiar.

Reenvidar, v. V. *revidar.*

Reerguer, v. Tr. dir. e pron. Tornar a erguer(-se).

Reescrever, v. Tr. dir. Escrever de novo. P. irr.: *reescrito.*

Reespumas, s. f. pl. Açúcar feito da espuma da primeira fervura da garapa.

Reestruturação, s. f. Ato ou efeito de reestruturar.

Reestruturar, v. Tr. dir. Dar nova estrutura a.

Reexame, s. m. Ato ou efeito de reexaminar; novo exame.

Reexaminar, v. Tr. dir. Examinar novamente.

Reexpedição, s. f. Ato ou efeito de reexpedir.

Reexpedir, v. Tr. dir. Expedir segunda vez.

Reexportação, s. f. Ato ou efeito de reexportar.

Reexportador, adj. e s. m. Que, ou aquele que reexporta.

Reexportar, v. Tr. dir. Tornar a exportar; reexpedir.

Refalsado, adj. Muito falso; desleal, fingido, hipócrita.

Refalsamento, s. m. 1. Ação de refalsar. 2. Qualidade de refalsado.

Refalsear, v. Tr. dir. Atraiçoar, enganar.

Refazedor, adj. e s. m. Que, ou aquele que refaz.

Refazer, v. 1. Tr. dir. Fazer de novo. 2. Tr. dir. Constituir ou formar de novo; reformar, reorganizar. 3. Tr. dir. Consertar, reparar. 4. Tr. dir. Corrigir, emendar. 5. Tr. dir. Reconstruir, reedificar. 6. Pron. Abastecer-se, fornecer-se de. 7. Tr. dir. Indenizar, repor, ressarcir. 8. Tr. dir. Dar novo vigor a; reforçar, restabelecer, restaurar. 9. Pron. Adquirir novo vigor; reparar as forças; restabelecer-se. 10. Tr. dir. Dar novo alento a; reanimar.

Refazimento, s. m. Ato ou efeito de refazer(-se).

Refece, adj. m. e f. (ár. *rakhis*). 1. Que tem maus sentimentos; infame, miserável, vil, ordinário. 2. Pobre. 3. *P. us.* Fácil. Adv. Por baixo preço.

Refecer, v. V. *arrefecer.*

Refectivo, adj. Confortativo, fortificante; refectório.

Refectório, adj. V. *refectivo.*

Refega, s. f. 1. V. *refrega.* 2. Furacão, pé-de-vento.

Refegado, adj. Que tem refegos; enrugado.

Refegar, v. Tr. dir. Fazer refegos em; enrugar, encarquilhar.

Refego (*ê*), s. m. 1. Prega no vestuário, para ornato e enfeite ou para o tornar mais curto. 2. Dobra. 3. Dobra na pele das pessoas; ruga.

Refeição, s. f. 1. Ato de refazer as forças; de alimentar-se. 2. Porção de alimentos que se tomam de cada vez a certas horas do dia.

Refeito, adj. (p. irr. de *refazer*). 1. Corrigido, emendado, restaurado. 2. Restabelecido. 3. Reposto no estado anterior.

Refeitoreiro, s. m. Aquele que cuida do refeitório.

Refeitório, s. m. (l. *refectoriu*). Sala de colégios, prisões, hospitais etc., onde são servidas refeições em comum.
Refém, s. m. Pessoa, praça etc., que fica em poder do inimigo para garantia de uma promessa ou tratado.
Refender, v. Tr. dir. 1. Fender novamente. 2. Fender em muitas partes. 3. Golpear, recortar. 4. Lavrar em relevo.
Refendimento, s. m. 1. Ato ou efeito de refender. 2. Trabalho de escultura em alto-relevo.
Referência, s. f. (l. *referentia*). 1. Ato ou efeito de referir; narração ou relação de algo. 2. Aquilo que se refere. 3. Relação de duas coisas entre si. 4. Alusão, menção, insinuação.
Referenda, s. f. Ação ou efeito de referendar.
Referendar, v. (l. *referendu* + *ar*). Tr. dir. 1. Assinar (despacho ou diploma) assumindo a responsabilidade; endossar, avalizar. 2. *Polít.* Assinar o ministro depois do chefe do Estado (decreto, documento, lei, para lhes tomar a responsabilidade e para que possam ter execução). 3. Aceitar a responsabilidade de (aquilo que já teve a aprovação de outrem), concorrendo para a sua realização.
Referendário, s. m. Aquele que referenda.
Referente, adj. m. e f. Que se refere; que diz respeito; respeitante, relativo, concernente.
Referimento, s. m. Ato ou efeito de referir, contar ou relatar.
Referir, v. (l. *referere*, corr. de *referre*). 1. Tr. dir. Contar, expor, narrar, relatar. 2. Tr. dir. Citar como alusão; aplicar, atribuir, imputar. 3. Pron. Aludir. 4. Pron. Dizer respeito a, pertencer a, ter referência ou relação com. 5. Pron. Reportar-se. 6. Tr. dir. Tomar para termo de comparação; comparar.
Refermentar, v. Intr. 1. Fermentar outra vez. 2. Fermentar muito.
Referto, adj. *P. us.* Abundante, muito cheio, pleno.
Refervente, adj. m. e f. 1. Que referve. 2. Que ferve muito.
Referver, v. 1. Tr. dir. e intr. Ferver de novo. 2. Tr. dir. e intr. Ferver muito. 3. Intr. Fazer bolhas; fazer cachão; borbulhar. 4. Intr. Fremir, rugir. 5. Intr. Alterar-se pela fermentação; fermentar. 6. Tr. ind. e intr. Exacerbar-se, inflamar-se. 7. Intr. Agitar-se, perturbar-se.
Refestelar, v. Pron. 1. Estirar-se ao comprido ou recostar-se; repimpar-se. 2. Comprazer-se. 3. *Ant.* Folgar, foliar.
Refestelo (*ê*), s. m. (de *festa*). 1. *Ant.* Festa, folia. 2. Estado de quem se refestela.
Refez, adj. m. e f. *Ant.* V. *refece.*
De r.: com facilidade; sem esforço.
Refiar, v. Tr. dir. 1. Tornar a fiar. 2. Dividir, serrando (uma tábua ou prancha) em folhas.
Refilador, adj. Que refila.
Refilão, adj. e s. m. Que, ou aquele que refila. Fem.: *refilona.*
Refilar, v. 1. Intr. Filar de novo (o cão). 2. Tr. ind. Morder (falando de cães) ou dispor-se para morder (no que o morde ou quer morder). 3. Intr. Reagir, recalcitrar. 4. Tr. dir. *Pop.* Redargüir, responder asperamente.
Refilhar, v. Intr. 1. Lançar refilhos ou rebentos. 2. Difundir-se, multiplicar-se. 3. Espalhar-se, generalizar-se.
Refilho, s. m. Rebento de certas plantas.
Refinação, s. f. 1. Ato ou efeito de refinar(-se); refinadura, refinamento, refino. 2. Usina onde se faz o trabalho de refinar; refinaria.
Refinador, adj. Que refina. S. m. Aparelho usado para a refinação da pasta de papel.
Refinadura, s. f. V. *refinação.*
Refinamento, s. m. 1. Refinação. 2. Excesso, requinte.
Refinar, v. 1. Tr. dir. Tornar mais fino; apurar. 2. Tr. dir. Separar de matéria estranha; livrar de impurezas ou ligas. 3. Tr. dir. *Metal.* Tratar ferro gusa num forno especial para remover o silício e outros elementos indesejáveis. 4. Tr. dir. Fabricar produtos de petróleo pela destilação do petróleo bruto. 5. Tr. dir. Tornar mais delicado, mais puro, mais requintado; aprimorar. 6. Tr. dir. Tornar mais vivo, mais intenso. 7. Tr. ind. e pron. Aperfeiçoar-se, esmerar-se, requintar-se.
Refinaria, s. f. Usina de refinamento; refinação.
Refincar, v. Tr. dir. Fincar com força.
Refino, s. m. V. *refinação.*
Reflada, s. f. Golpe ou pancada com refle.
Reflar, v. Tr. dir. Espancar ou ferir com o refle.
Refle, s. m. (ingl. *rifle*). Pequeno sabre usado por policiais.
Refletido, adj. 1. Que sofreu reflexão: Luz *refletida.* 2. Que procede com reflexão; circunspecto, grave, ponderado, sensato, prudente.
Refletidor, adj. e s. m. V. *refletor.*
Refletir, v. (l. *reflectere*). 1. Tr. dir. Fazer retroceder (um corpo elástico), desviando da direção anterior. 2. Tr. dir. e pron. Espelhar(-se), representar(-se), retratar(-se). 3. Tr. dir. Exprimir, revelar, traduzir. 4. Tr. dir. Repetir, ecoar. 5. Tr. dir. *Fís.* Desviar ou fazer retroceder segundo a lei da reflexão (os raios luminosos, caloríficos ou sonoros); retratar, defletir. 6. Tr. ind. e pron. Incidir, recair. 7. Tr. ind. e pron. Repercutir-se, transmitir-se. 8. Tr. dir. Considerar, pensar, ponderar. 9. Tr. ind. e intr. Pensar com madureza; reflexionar, raciocinar.
Refletivo, adj. Que reflete; ponderado, sensato.
Refletor, adj. Que reflete; refletidor. S. m. Aparelho destinado a refletir a luz; refletidor.
Reflexão (*cs*), s. f. (l. *reflexione*). 1. Ato ou efeito de refletir(-se). 2. *Psicol.* Ato em virtude do qual o pensamento se volta sobre si mesmo para examinar o seu próprio conteúdo. 3. Prudência, juízo, tino. 4. Ponderação, observação. 5. Retorno da luz ou do som.
Reflexibilidade (*cs*), s. f. Qualidade de reflexível.
Reflexionar, v. 1. Tr. ind. e intr. Fazer reflexões; refletir. 2. Tr. dir. Objetar, ponderar.
Reflexível (*cs*), adj. m. e f. *Fís.* Que se pode refletir.
Reflexivo (*cs*), adj. 1. Que reflete, que reflexiona, que medita. 2. *Gram.* Diz-se do verbo essencialmente pronominal.
Reflexo (*cs*), adj. 1. Que se faz por meio da reflexão; refletido. 2. Que se volta sobre si mesmo. 3. Indireto. 4. Diz-se do ato, movimento ou secreção, que se realiza involuntariamente em conseqüência de excitação nervosa exterior. S. m. 1. Efeito produzido pela luz refletida; revérbero. 2. Reflexão da luz, do calor, do som. 3. Reação, resposta. 4. *Psicol.* Reação natural, emocional ou orgânica, provocada por excitação interna ou externa.
Reflorescência, s. f. Qualidade de reflorescente.
Reflorescente, adj. m. e f. Que refloresce.
Reflorescer, v. (l. *reflorescere*). 1. Intr. Tornar a florescer; reflorir. 2. Intr. Reviver, reanimar-se. 3. Tr. dir. Fazer florescer. 4. Tr. dir. Reanimar, revigorar.
Reflorescido, adj. Que refloresceu; reflorido.
Reflorescimento, s. m. Ação ou efeito de reflorescer.
Reflorestamento, s. m. Ato ou efeito de reflorestar.
Reflorestar, v. Tr. dir. Plantar árvores para formar florestas.
Reflorido, adj. V. *reflorescido.*
Reflorir, v. V. *reflorescer.*
Refluente, adj. m. e f. Que reflui; réfluo.
Refluir, v. (l. *refluere*). 1. Intr. Fluir para trás; correr (um líquido, para o lugar donde veio). 2. Tr. ind. e intr. Voltar ao ponto de partida; retroceder. 3. Tr. ind. Chegar em quantidade; confluir. 4. Tr. ind. *Med.* Misturar-se: A bílis *refluiu para* o sangue.
Réfluo, adj. *P. us.* V. *refluente.*
Refluxo (*cs*), s. m. 1. Ato ou efeito de refluir. 2. Movimento da maré vazante. 3. Movimento contrário e sucessivo a outro.
Refocilamento, s. m. Ato ou efeito de refocilar(-se).
Refocilante, adj. m. e f. Que refocila.
Refocilar, v. 1. Tr. dir. Refazer, reforçar, reconstituir, restaurar. 2. Tr. dir. Dar descanso, folga ou recreio a. 3. Pron. Recobrar as forças; revigorar-se. 4. Pron. Restaurar-se das fadigas; recrear-se. 5. Pron. *Des.* Repoltrear-se, refestelar-se. 6. Pron. Espojar-se (o suíno) na terra ou na lama.
Refogado, s. m. Guisado com molho preparado com gordura, cebola e outros temperos.
Refogar, v. Tr. dir. 1. Passar em gordura a ferver (cebola, tomate e outros temperos). 2. Preparar com refogado.

Refolgar, v. (*refolgo* + *ar*). 1. Intr. Folgar muito; descansar bem. 2. Tr. dir. Resfolgar.

Refolgo (*ô*), s. m. (*re* + corr. de *fôlego*). Alívio, descanso.

Refolhado, adj. 1. Que tem refolhos. 2. Disfarçado, dissimulado.

Refolhamento, s. m. V. *refolho*.

Refolhar[1], v. (*re* + *folha* + *ar*). 1. Tr. dir. e pron. Envolver(-se) em folhas. 2. Pron. Esconder-se na vegetação. 3. Tr. dir. Disfarçar, dissimular, encobrir.

Refolhar[2], v. (*refolho* + *ar*). Tr. dir. Guarnecer de refolhos.

Refolho, s. m. 1. Folho sobre folho. 2. Dobra, prega. 3. Falta de sinceridade, hipocrisia, duplicidade.

Refolhudo, adj. Que tem folhagem nova, abundante; ramudo.

Reforçado, adj. 1. Que aumentou em forças; revigorado. 2. Que recebeu reforço. 3. Que tem força; robusto, forte.

Reforçar, v. 1. Tr. dir. Dar mais força ou intensidade a. 2. Tr. dir. e pron. Tornar(-se) mais forte, mais sólido, mais resistente. 3. Pron. Apoiar-se em.

Reforçativo, adj. Que serve para reforçar.

Reforço, s. m. 1. Ato ou efeito de reforçar. 2. Aumento de força. 3. Tropas auxiliares; socorro bélico. 4. Peça que se junta a outra para a tornar mais forte.

Reforma, s. f. 1. Ato ou efeito de reformar; reformação. 2. Forma nova. 3. Mudança, modificação. 4. Aposentadoria de militar. 5. Movimento religioso e político dos princípios do século XVI (1517) de que resultou o aparecimento das seitas protestantes.

Reformação, s. f. V. *reforma*.

Reformado, adj. Emendado, corrigido. S. m. Militar que obteve a sua reforma.

Reformador, adj. e s. m. Que, ou aquele que reforma.

Reformar, v. 1. Tr. dir. Tornar a formar; dar forma melhor e mais aperfeiçoada a. 2. Tr. dir. Mudar, no todo ou em parte; reorganizar, atualizar. 3. Tr. dir. Expurgar dos erros ou defeitos; corrigir, emendar, moralizar. 4. Pron. Corrigir-se, emendar-se. 5. Tr. dir. Dar reforma a (o funcionário público, civil ou militar). 6. Pron. Obter a reforma. 7. Tr. dir. Revisar e consertar totalmente.

Reformativo, adj. 1. Relativo a reforma. 2. Próprio para reformar.

Reformatório, adj. Que reforma. S. m. 1. Conjunto de preceitos instrutivos ou moralizadores. 2. Estabelecimento para reeducação de menores transviados.

Reformável, adj. m. e f. Que se pode reformar.

Reformista, adj. m. e f. Relativo a reforma. S. m. e f. Pessoa que preconiza reformas políticas e sociais.

Reformular, v. Tr. dir. Formular outra vez; submeter a nova formulação.

Refração, s. f. (l. *refractione*). 1. Ato ou efeito de refratar(-se). 2. *Fís*. Desvio que sofrem os raios de luz, do calor ou do som, ao passar de um meio para outro.

Refrangente, adj. m. e f. *Fís*. Que refrange; refrativo, refringente.

Refranger, v. V. *refratar*.

Refrangível, adj. m. e f. Que pode refranger-se.

Refranzear, v. (de *refrão*). Intr. *Des*. Dizer gracejos; gracejar.

Refrão, s. m. (fr. *refrain*). 1. Adágio, anexim, rifão. 2. Estribilho. Pl.: *refrãos* e *refrães*.

Refratar, v. 1. Tr. dir. Causar refração a; desviar ou quebrar a direção de (raios luminosos, caloríficos ou sonoros); refranger. 2. Pron. Desviar-se da sua primitiva direção (a luz, o calor, o som) ao passar de um meio para outro. 3. Pron. Refletir-se.

Refratário, adj. (l. *refractariu*). 1. Que recusa cumprir uma obrigação. 2. Rebelde à aceitação de uma idéia, de uma ordem ou de um costume. 3. Imune a certa doença. 4. Que resiste a alguma ação física ou química. 5. *Fís*. Que resiste à ação do calor. S. m. 1. Aquele que se subtrai ao serviço militar. 2. Material refratário.

Refrativo, adj. Que refrange; refrangente, refringente.

Refrato, adj. Que sofreu refração; que se refrangeu.

Refrator, adj. Que serve para refratar.

Refreado, adj. Reprimido, sofreado, moderado.

Refreador, adj. e s. m. Que, ou aquele que refreia.

Refreadouro, s. m. 1. *Des*. Freio. 2. *Fig*. Aquilo que refreia ou modera os maus instintos. Var.: *refreadoiro*.

Refreamento, s. m. Ato ou efeito de refrear(-se).

Refrear, v. 1. Tr. dir. Conter (o cavalo) com freio. 2. Tr. dir. Dominar, subjugar, vencer. 3. Tr. dir. e pron. Conter(-se), moderar(-se), reprimir(-se), suster(-se).

Refreável, adj. m. e f. Que se pode refrear.

Refrega, s. f. 1. Batalha, combate, luta, peleja, recontro. 2. Dificuldade.

Refregar, v. (l. *refricari*). Intr. Combater, pelejar; lutar.

Refreio, s. m. 1. Ação de refrear; refreamento. 2. Aquilo que se refreia.

Refrém, s. m. V. *refrão*.

Refrescamento, s. m. Ato ou efeito de refrescar(-se).

Refrescante, adj. m. e f. Que refresca.

Refrescar, v. 1. Tr. dir. Tornar mais fresco, ou menos quente; refrigerar. 2. Pron. Diminuir o calor do corpo por qualquer meio. 3. Intr. Baixar a temperatura; tornar-se mais fresco.

Refresco (*ê*), s. m. 1. Tudo o que serve para refrescar; refrigerante. 2. Alívio, refrigério. 3. Auxílio, reforço, socorro.

Refrigeração, s. f. Ato ou efeito de refrigerar(-se).

Refrigerador, adj. Refrigerante. S. m. Geladeira.

Refrigerante, adj. m. e f. Que refrigera; refrigerador, refrigerativo. S. m. Bebida própria para refrigerar; refresco.

Refrigerar, v. 1. Tr. dir. Tornar frio; esfriar. 2. Tr. dir. e pron. Refrescar(-se). 3. Tr. dir. Aliviar, consolar, suavizar. 4. Pron. Sentir-se aliviado, reconfortado.

Refrigerativo, adj. e s. m. V. *refrigerante*.

Refrigério, s. m. 1. Ato ou efeito de refrigerar(-se). 2. Bem-estar causado pela frescura. 3. Consolação, alívio.

Refringência, s. f. Qualidade de refringente.

Refringente, adj. m. e f. V. *refrangente*.

Refrulho, s. m. 1. Rumorejo, sussurro. 2. Ruído das sedas; frufru.

Refugado, adj. Posto de lado; desprezado.

Refugador, adj. Que refuga. S. m. 1. Aquele que refuga. 2. Local onde se refuga o gado para fazer a separação.

Refugar, v. 1. Tr. dir. Rejeitar por inútil ou imprestável. 2. Tr. dir. Esquivar-se a entrar em. 3. Intr. Recusar-se, refugir. 4. Tr. dir. Apartar, separar do bom (o mau ou medíocre).

Refugiado, adj. e s. m. Diz-se de, ou aquele que se refugiou.

Refugiar, v. (l. *refugere*). Pron. 1. Procurar refúgio; abrigar-se em lugar seguro; esconder-se. 2. Acolher-se, resguardar-se. 3. Procurar proteção.

Refúgio, s. m. 1. Lugar onde alguém se refugia para estar em segurança; abrigo, asilo. 2. Amparo, proteção.

Refugir, v. (l. *refugere*). 1. Intr. Tornar a fugir. 2. Intr. Recuar, retroceder. 3. Tr. dir. *P. us*. Desviar-se de; evitar. 4. Tr. ind. Esquivar-se, eximir-se.

Refugo, s. m. 1. Aquilo que foi refugado; rebotalho, resto. 2. Ação de refugar.

Refulgência, s. f. Qualidade de refulgente; resplendor.

Refulgente, adj. m. e f. Que refulge; resplandecente, luminoso.

Refulgir, v. 1. Tr. ind. e intr. Brilhar intensamente; resplandecer. 2. Intr. Distinguir-se muito; realçar, sobressair.

Refundar, v. Tr. dir. Tornar mais fundo; afundar, profundar.

Refundição, s. f. Ato ou efeito de refundir(-se).

Refundir, v. 1. Tr. dir. e pron. Fundir(-se) ou derreter(-se) de novo. 2. Tr. dir. Passar (líquidos) de um vaso para outro. 3. Tr. dir. Mudar a forma de; corrigir, emendar, refazer. 4. Intr. Concentrar-se, reunir-se. 5. Pron. Converter-se, transformar-se. 6. Pron. Desaparecer, sumir.

Refusar, v. Tr. dir. e intr. Recusar.

Refutação, s. f. Ato ou efeito de refutar.

Refutador, adj. e s. m. Que, ou aquele que refuta.

Refutar, v. Tr. dir. 1. Rebater (os argumentos ou objeções do adversário); contradizer. 2. Contestar as asserções de (um livro, um jornal, um autor). 3. Não concordar com; reprovar; ser contrário a. 4. Contrariar com provas; desmentir; negar.

Refutatório, adj. Que refuta ou serve para refutar.
Refutável, adj. m. e f. Que pode ser refutado.
Rega, s. f. Ação ou efeito de regar; regadura, regadio.
Rega-bofe, s. m. *Fam.* 1. Festa em que se come e bebe à farta. 2. Grande divertimento; folia, pândega. Pl.: *rega-bofes.*
Regaçar, v. V. *arregaçar.*
Regaço, s. m. 1. Dobra ou saco da saia ou roupa comprida, entre a cintura e os joelhos, quando a pessoa está sentada. 2. Bolsa formada pelo vestido, quando é apanhado à frente e com as extremidades presas na cintura. 3. Lugar onde se acha conforto e descanso. 4. Interior.
Regada, s. f. Propriedade rústica, banhada por curso de água.
Regadeira, s. f. 1. *Des.* Enxurrada. 2. Regueira.
Regadio, adj. Que se rega. S. m. Rega.
Regador, adj. Que rega. S. m. 1. Aquele que rega. 2. Vaso de folha, com um tubo lateral terminado em crivo, por onde sai a água com que se rega.
Regadura, s. f. Rega.
Regalado, adj. 1. Que se regalou. 2. Que gosta de regalos. 3. Farto, abundante. Adv. Com regalo, com mimo.
Regalador, adj. e s. m. Que, ou aquele que regala.
Regalão, adj. Que regala. S. m. 1. Aquele que regala; glutão. Fem.: *regalona.* 2. Ato ou efeito de regalar-se.
Regalar, v. (fr. *régaler?*). 1. Tr. dir. Causar regalo a; deleitar, deliciar. 2. Tr. dir. Dar graciosamente; brindar, presentear. 3. Pron. Tratar-se com regalo. 4. Tr. dir. Recrear, regozijar. 5. Pron. Sentir grande prazer.
Regalardoar, v. Tr. dir. Tornar a galardoar.
Regalengo, adj. e s. m. V. *reguengo.*
Regalia, s. f. 1. Direito próprio de rei. 2. Prerrogativa, privilégio.
Regalismo, s. m. Sistema político que sustentava o direito que tinham os reis de interferir na vida interna da Igreja.
Regalista, adj. m. e f. Relativo a regalismo. S. m. e f. 1. Pessoa que defende regalias. 2. Sequaz dos princípios políticos do regalismo.
Regalo, s. m. 1. Prazer, especialmente de mesa. 2. Presente ou mimo com que se brinda alguém. 3. *Ant.* Agasalho, geralmente de peles, para resguardar as mãos do frio. 4. Rede de braços.
Regalona, adj. f. (fem. de *regalão*). Que regala. S. f. Mulher que vive regaladamente; mulher ociosa.
Regalório, s. m. Grande regalo; pândega, farra.
Reganhar, v. Tr. dir. Tornar a ganhar; readquirir, reaver.
Regar, v. (l. *rigare*). Tr. dir. 1. Umedecer (a terra, as plantas) por irrigação. 2. Passar (um curso de água) através de; banhar. 3. *Fam.* Acompanhar (a comida) com bebidas.
Regata, s. f. Competição de velocidade para embarcações de pequeno porte.
Regatão, adj. 1. Que regata. 2. Que regateia muito. S. m. 1. Aquele que regateia. 2. Mercador que percorre os rios, parando nas povoações, para negociar.
Regatar, v. Tr. dir. Comprar e vender por miúdo.
Regateador, adj. e s. m. Que, ou aquele que regateia; regatão.
Regatear, v. 1. Tr. dir. Questionar sobre preço de; procurar obter por menos; pechinchar. 2. Tr. dir. Apoucar, depreciar, deprimir, diminuir. 3. Tr. dir. Dar, conceder com escassez, com reserva. 4. Intr. Altercar, discutir com modos grosseiros.
Regateio, s. m. Ação de regatear.
Regateira, s. f. 1. Mulher que regateia. 2. Mulher que vende víveres no mercado. 3. Mulher que se porta ou fala de modo grosseiro.
Regateiro, s. m. Homem que regateia.
Regateirona, s. f. Mulher muito regateira.
Regatia, s. f. Vida de regateira.
Regato, s. m. Curso de água de pouca extensão e volume; arroio, ribeiro.
Regedor, adj. Que rege. S. m. Autoridade administrativa de uma paróquia.
Regedoria, s. f. 1. Cargo ou função de regedor. 2. Repartição do regedor. 3. *Pej.* Governo ou política mesquinha.
Regeira, s. f. 1. *Náut.* Escora que sustenta um dos madeiros do fundo do navio quando este é lançado ao mar. 2. Corda de couro que se prende à cabeça do boi, passando uma volta pela orelha, para se guiarem as juntas.
Regelação, s. f. Fenômeno pelo qual o gelo, depois de fraturado, se reconsolida.
Regelado, adj. 1. Convertido em gelo; congelado. 2. Muito frio.
Regelador, adj. V. *regelante.*
Regelante, adj. m. e f. Que regela; regelador.
Regelar, v. V. *gelar* e *congelar.*
Regélido, adj. Excessivamente gélido; frigidíssimo.
Regelo (*ê*), s. m. 1. Ato ou efeito de regelar. 2. Frieza do coração; insensibilidade.
Regência, s. f. 1. Ato ou efeito de reger(-se). 2. Cargo ou funções de regente. 3. Governo interino de um Estado, mormente monárquico, por impedimento do soberano. 4. *Gram.* Relação de subordinação ou de dependência entre os termos de uma oração ou entre as orações de um período. 5. Período da História do Brasil (7-4-1831 a 23-7-1840) durante o qual o governo da nação esteve entregue a regentes.
Regencial, adj. m. e f. Relativo à regência (acep. 1 a 4), ou à Regência (acep. 5).
Regeneração, s. f. Ato ou efeito de regenerar(-se).
Regenerador, adj. Que regenera; regenerante. S. m. Aquele que regenera.
Regenerando, adj. Que está para ser regenerado.
Regenerante, adj. m. e f. Regenerador.
Regenerar, v. Tr. dir. e pron. 1. Tornar a gerar(-se); reproduzir(-se). 2. Corrigir(-se), reabilitar(-se).
Regenerativo, adj. Que pode regenerar.
Regenerável, adj. m. e f. Que pode regenerar-se.
Regente, adj. m. e f. Que rege, dirige ou governa; regedor. S. m. e f. 1. Pessoa que exerce regência. 2. Mestre que rege uma cadeira de ensino. 3. Aquele que dirige uma orquestra; maestro.
Reger, v. 1. Tr. dir. Administrar, dirigir, governar. 2. Tr. dir. Conduzir uma partitura; guiar a execução de (uma peça musical). 3. Tr. dir. Dirigir, guiar como regente. 4. Tr. dir. Exercer o mister de rei; dirigir, governar. 5. Pron. Dirigir-se, governar-se, regular-se. 6. Tr. dir. *Gram.* Ter por complemento; subordinar. 7. Tr. dir. *Gram.* Determinar a flexão de, nas línguas declinativas. 8. Tr. dir. Ser catedrático, ministrar o ensino de uma disciplina.
Regerar, v. Tornar a gerar; regenerar.
Regesto, s. m. (l. *res + gestu*). Coleção de documentos manuscritos relativos a negociações.
Régia, s. f. (l. *regia*). *Poét.* O palácio do rei.
Região, s. f. (l. *regione*). 1. Grande extensão de superfície terrestre. 2. Considerável extensão de território com características evidentes que o distinguem de outros territórios próximos. 3. *Anat.* Cada uma das partes ou seções em que se pode considerar dividido o nosso corpo: Dores na *região* do fígado. 4. *Mil.* Cada uma das circunscrições em que se divide o país.
Regicida, s. m. e f. Pessoa que mata um rei ou rainha.
Regicídio, s. m. Assassínio de rei ou rainha.
Regicidismo, s. m. Doutrina dos que preconizam o regicídio.
Regime[1], s. m. (l. *regimen*). 1. Maneira de reger. 2. Sistema político do governo de um país. 3. Direção, governo, regimento, regulamento. 4. Modo, processo, regra, sistema. 5. Modo de viver, de proceder. 6. *Gram.* Palavra que completa o sentido de outra, da qual depende; complemento.
Regime[2], s. m. *Bot.* Grande inflorescência, como a das palmeiras.
Regímen, s. m. V. *regime*[1]. Pl.: *regimens* e *regímenes.*
Regimental, adj. m. e f. Relativo ao regimento ou regulamento; regulamentar.
Regimentar, adj. m. e f. V. *regimental.*
Regimento, s. m. 1. Ato ou efeito de reger ou governar; direção, governo. 2. Conjunto de normas para o exercício de um cargo. 3. Parte regulamentar de uma lei, decreto etc.; regulamento. 4. Disciplina, regime. 5. *Mil.* Corpo de tropas

comandado, normalmente, por um coronel. 6. Grande número de pessoas.

Régio, adj. 1. Relativo ao rei; real. 2. Próprio de um rei. 3. Magnífico, suntuoso, pomposo.

Regional, adj. m. e f. Relativo a uma região; local.

Regionalismo, s. m. 1. Expressão social e política no sentido de defesa dos interesses de uma região. 2. Termo, locução ou costumes próprios de uma região ou regiões. 3. *Gram.* Traço lingüístico próprio de cada uma das regiões em que se fala determinada língua. 4. Corrente literária formada pelos escritores regionalistas.

Regionalista, adj. m. e f. Relativo ao regionalismo. S. m. e f. Pessoa adepta do regionalismo.

Regirar, v. 1. Tr. dir. Fazer girar novamente. 2. Tr. dir. Fazer mover em giros ou à roda. 3. Intr. Mover-se em giros.

Regiro, s. m. 1. Ato ou efeito de regirar. 2. Rodeio.

Registradora, s. f. Tipo de máquina comercial que serve para registrar as importâncias recebidas, emitindo ou não talões que podem valer como notas fiscais.

Registrar, v. 1. Tr. dir. e pron. Inscrever(-se); lançar(-se) por escrito em livro próprio. 2. Tr. dir. Transcrever em cartório ou repartição pública competente, a fim de que tenha autenticidade. 3. Tr. dir. Anotar, consignar por escrito. 4. Tr. dir. Inscrever (uma carta ou remessa postal) no seguro do correio. 5. Tr. dir. Assinalar. 6. Tr. dir. Marcar com regularidade (as observações meteorológicas; o consumo de água, de energia, de gás; o trabalho de uma máquina etc.). 7. Tr. dir. e pron. Arrolar(-se).

Registro, s. m. 1. Ato ou efeito de registrar. 2. Livro em branco, destinado à transcrição de documentos, contabilização de operações de comércio e financeiras etc. 3. Cópia textual de um documento em cartório, em repartição pública competente, em livro próprio, para lhe garantir autenticidade. 4. Repartição encarregada de registrar. 5. Papel em que consta que se registraram documentos, títulos, gêneros, objetos sujeitos a direitos etc. 6. Aparelho que regula a introdução do vapor na caixa de distribuição e no cilindro. 7. Torneira de fonte ou de repuxo. 8. Torneira ou válvula para parar ou regular o fluxo de um líquido através de um cano etc. 9. Aparelho que move os abafadores de um piano, ou harmônica. 10. *Mús.* Cada um dos puxadores pelos quais o organista abre ou fecha a entrada de ar para cada um desses grupos de tubos. 11. Seguro do correio. 12. Demarcação, assinalamento. 13. Rol, relação. 14. Ficha individual para determinada finalidade; prontuário.

Rego (*ê*), s. m. 1. Abertura ou sulco num terreno, natural ou artificial, para conduzir água. 2. Pequena vala, num campo cultivado, para escoamento das águas. 3. Riacho formado por águas pluviais. 4. Sulco aberto no terreno pelas rodas de um carro ou por um arado. 5. Risca que separa os cabelos da cabeça.

Regô, s. m. Pano enrolado, que as negras usam na cabeça, como adorno.

Regoar, v. Tr. dir. V. *arregoar.*

Regolfo (*ô*), s. m. 1. V. *turbina.* 2. Retorno ou retrocesso das águas deslocadas pela propulsão de uma embarcação. 3. Contracorrente junto à margem dos rios impetuosos. 4. Espécie de enseada entre dois cabos ou pontos de terra.

Regorjeado, adj. Semelhante a regorjeio; trinado.

Regorjear, v. 1. Intr. Gorjear muito; trinar. 2. Tr. dir. Emitir como gorjeio.

Regorjeio, s. m. Ato de regorjear; trino, trinado, gorjeio.

Regougante, adj. m. e f. Que regouga.

Regougar, v. 1. Intr. Emitir a voz (a raposa). 2. Tr. dir. Emitir em voz áspera como a da raposa. 3. Intr. Resmungar.

Regougo, s. m. A voz da raposa, ou qualquer voz de animal que a imite.

Regozijador, adj. Que causa regozijo.

Regozijar, v. 1. Tr. dir. Encher de regozijo a; alegrar muito. 2. Pron. Alegrar-se, congratular-se com.

Regozijo, s. m. Grande gozo; vivo contentamento ou prazer.

Regra, s. f. (l. *regula*). 1. Norma, preceito, princípio, método. 2. Máxima. 3. Ação, condição, qualidade, uso etc., que se admite como padrão comum; exemplo, modelo. 4. O que se acha determinado pela lei ou pelo uso. 5. Estatutos de certas ordens religiosas. 6. Boa ordem, economia, moderação. S. f. pl. *Pop.* Mênstruo..

Regrado, adj. 1. Riscado com a régua; pautado. 2. Moderado, metódico, sensato.

Regrante, adj. m. e f. Que regra.

Regrar, v. (l. *regulare*). 1. Tr. dir. Traçar linhas com auxílio da regra ou régua. 2. Tr. dir. Dispor em simetria (livros, móveis etc.); alinhar. 3. Tr. dir. e pron. Submeter(-se) a determinadas regras; guiar(-se), regular(-se), regulamentar (-se). 4. Tr. dir. Administrar, dirigir, governar. 5. Tr. dir. Moderar.

Regraxar, v. Tr. dir. Pintar a regraxo.

Regraxo, s. m. (*re + graxo*). Processo de pintura, em que um objeto dourado ou prateado é coberto de tinta transparente, para deixar ver a cor do ouro ou da prata.

Regredir, v. Intr. Não progredir; retroceder, retrogradar. Conjuga-se como *agredir.*

Regressão, s. f. (l. *regressione*). 1. Ato ou efeito de regressar, de voltar; retorno, regresso. 2. Ato ou efeito de regredir; retrocesso.

Regressar, v. 1. Tr. ind. e intr. Voltar ao ponto de partida; retornar. 2. Tr. dir. Fazer voltar.

Regressista, s. m. e f. Membro da facção política que desejava a volta de D. Pedro I para a fundação de um novo império no Norte do Brasil. Adj. Qualificativo dado a essa facção.

Regressivo, adj. 1. Que regressa, que retrograda; retroativo. 2. *Gram.* Diz-se da derivação que se faz subtraindo fonemas anteriores ao sufixo, como *aço* de *aceiro.*

Regresso, s. m. Ato ou efeito de regressar; volta, retorno.

Regreta (*ê*), s. f. *Tip.* Pequena régua de madeira que o tipógrafo utiliza para estabelecer a altura dos granéis ou das páginas.

Regrista, adj. m. e f. Diz-se da pessoa cheia de regras, de lorotas.

Régua, s. f. (l. *regula*). 1. Instrumento de madeira ou outro material, para traçar ou medir linhas retas. 2. Peça reta de madeira, para ornamentação e outros fins.

Regueira, s. f. 1. Rego onde a água se escoa. 2. Pequena corrente de água; regato. 3. Depressão lombar, correspondente à espinha dorsal; reigada. Sin.: *regueiro.*

Regueiro, s. m. V. *regueira.*

Reguengo, adj. Relativo a rei; realengo, régio, real.

Reguingar, v. Tr. dir., tr. ind. e intr. Responder, retrucar; objetar, rezingar.

Regulação, s. f. Ato ou efeito de regular(-se).

Regulado, adj. 1. Que se regulou. 2. Que se move com regularidade.

Regulador, adj. Que regula. S. m. *Tecn.* Acessório que se aplica a um aparelho, para tornar uniforme o seu rendimento ou ação.

Regulagem, s. f. Ato ou efeito de regular o trabalho de um instrumento, máquina, motor etc., mediante perfeito ajuste de suas peças.

Regulamentação, s. f. 1. Ato ou efeito de regulamentar. 2. Ato de redigir e publicar o conjunto de normas por que uma associação tem de se reger.

Regulamentar[1], adj. m. e f. Relativo a regulamento; regimentar, regulamentário.

Regulamentar[2], v. Tr. dir. Sujeitar a regulamento; regular, regularizar.

Regulamentário, adj. V. *regulamentar.*

Regulamento, s. m. 1. Ato ou efeito de regular. 2. Preceito, prescrição. 3. Conjunto de regras que orientam a vida de uma instituição; estatuto. 4. Disposição oficial que indica a maneira de pôr em execução uma lei ou decreto; regulamentação.

Regular[1], adj. m. e f. (l. *regulare*). 1. Relativo a regra. 2. Legal. 3. Disposto simetricamente. 4. Bem proporcionado; equilibrado: Feições *regulares.* 5. Que cumpre os seus deveres.

6. Certo, pontual. 7. Que está em meio-termo. S. m. O que é regular.

Regular², v. 1. Tr. dir. Sujeitar a regras; dirigir, regrar. 2. Tr. dir. Estabelecer regras para a execução de (lei, decreto etc.); regulamentar. 3. Tr. dir. Prescrever como regra ou norma. 4. Tr. dir. Regularizar ou tornar uniforme o movimento de. 5. Tr. dir. Presidir a; dirigir. 6. Pron. Dirigir-se, guiar-se. 7. Tr. dir. Estabelecer ordem, economia ou moderação em; regularizar. 8. Intr. Estar conforme; mover-se ou trabalhar convenientemente; funcionar normalmente. 9. Tr. dir. Comedir, conter, moderar, reprimir, suster. 10. Tr. dir. Aferir, comparar, confrontar. 11. Tr. ind. Orçar por, valer aproximadamente; equivaler. 12. Tr. dir. Estabelecer equilíbrio em: *R.* uma *balança*. 13. Intr. Valer: Hoje em dia, o que *regula* é o dinheiro.

Regularidade, s. f. Qualidade de regular.

Regularização, s. f. Ato ou efeito de regularizar(-se).

Regularizador, adj. Que regulariza. S. m. Aquele ou aquilo que regulariza.

Regularizar, v. 1. Tr. dir. Tornar regular. 2. Tr. dir. Pôr em ordem; normalizar. 3. Pron. Entrar na forma regular; normalizar-se.

Regulete (*ê*), s. m. Moldura estreita e plana, para separar folhas de portas.

Régulo, s. m. 1. Pequeno rei. 2. Soberano de um pequeno território. 3. Chefe de tribo bárbara ou semibárbara.

Regurgitação, s. f. Ato ou efeito de regurgitar; regurgitamento.

Regurgitamento, s. m. V. *regurgitação*.

Regurgitar, v. 1. Tr. dir. e. intr. Pôr para fora; expelir, lançar. 2. Intr. Sair (a sobra, o excesso). 3. Tr. ind. Estar cheio, transbordante; transbordar.

Rei, s. m. (l. *rege*). 1. Soberano de um reino; o chefe do Estado de um país monárquico; soberano de uma monarquia; monarca. 2. O marido ou o pai da rainha. 3. Pessoa que exerce um poder absoluto. 4. Indivíduo mais notável entre outros. 5. A peça principal do jogo de xadrez. 6. Uma das figuras das cartas de jogar. Fem.: *rainha*.

-réia, suf. (gr. *rhoia*). Exprime a idéia de *corrimento: blenorréia*.

Reicua, s. f. Instrumento com que os penteeiros aguçam os bicos dos pentes.

Reide, s. m. (ingl. *raid*). 1. Incursão rápida executada em território inimigo por uma tropa. 2. Longa excursão a pé, a cavalo, de automóvel, avião etc.

Reiforme, s. m. *Ornit*. Espécime dos Reiformes. S. m. pl. Ordem (*Rheiformes*) de aves que são intermédias, sob muitos aspectos, entre os avestruzes, os emus e os casuares, e que compreende as emas sul-americanas.

Reigada, s. f. Rego entre as nádegas de certos animais.

Reima, s. f. 1. V. *reuma*. 2. V. *almofeira*. 3. Mau gênio; rabugem, neurastenia.

Reimão, s. m. *Des*. Animal errante.

Reimoso, adj. 1. Que tem reima. 2. Que faz mal ao sangue. 3. Que produz coceiras. 4. De mau gênio; genioso, brigão.

Reimpressão (*e-im*), s. f. Ato ou efeito de reimprimir.

Reimpressor, adj. e s. m. Que, ou aquele que reimprime.

Reimprimir (*e-im*), v. Tr. dir. Imprimir novamente; fazer nova impressão de.

Reína, s. f. (l. b. *rheum + ina*). Substância amarela existente na raiz do ruibarbo.

Reinação, s. f. *Pop*. Arte, traquinagem, travessura; brincadeira, pândega, troça.

Reinadio, adj. e s. m. *Pop*. Que, ou o que é folgazão, pândego.

Reinado, s. m. 1. Governo de um rei. 2. Tempo em que alguém exerce preponderância. 3. Domínio, predomínio.

Reinador, adj. Que reina ou faz travessuras.

Reinante, adj. m. e f. 1. Que reina. 2. Que domina ou predomina. S. m. e f. O rei ou a rainha.

Reinar, v. (l. *regnare*). 1. Tr. ind. e intr. Governar na qualidade de rei ou rainha. 2. Tr. ind. e intr. Ter grande prestígio ou influência; dominar, imperar. 3. Tr. ind. e intr. Aparecer, patentear-se; tornar-se notável; sobressair. 4. Intr. Grassar. 5. Intr. Mexer nalguma coisa, fazer travessuras: Toda criança gosta de *reinar*. 6. Intr. Fazer troça, reinação.

Reincidência (*e-in*), s. f. 1. Ato ou efeito de reincidir. 2. Pertinácia, teimosia.

Reincidente (*e-in*), adj. m. e f. Que reincide; recidivo; vezeiro.

Reincidir (*e-in*), v. Tr. ind. e intr. Tornar a incidir; tornar a praticar (erro, delito, falta, qualquer ato reprovável); recair.

Reincorporar (*e-in*), v. Tr. dir. Tornar a incorporar.

Reinflamar (*e-in*), v. Tr. dir. e pron. Tornar a inflamar(-se).

Reinfundir (*e-in*), v. Tr. dir. Tornar a infundir.

Reiniciar (*e-i*), v. Tr. dir. Iniciar novamente; recomeçar.

Reinícola, adj. m. e f. Que habita, ou é natural do reino; reinol.

Reino, s. m. (l. *regnu*). 1. Estado cujo soberano é um rei ou uma rainha; reinado. 2. Os súditos do reino. 3. *Hist. Nat.* Cada uma das grandes divisões em que se agrupam os corpos da natureza: os minerais, os vegetais e os animais. 4. Conjunto de seres que apresentam caracteres comuns.

Reinol, adj. m. e f. Natural ou próprio do reino; reinícola.

Reinscrever (*e-ins*), v. Tr. dir. e pron. Inscrever(-se) novamente.

Reinstalar (*e-ins*), v. Tr. dir. e pron. Instalar(-se) novamente.

Reinstituir (*e-ins*), v. Tr. dir. Tornar a instituir.

Reintegração (*e-in*), s. f. Ato ou efeito de reintegrar(-se); reintegro.

Reintegrador (*e-in*), adj. e s. m. Que, ou aquele que reintegra.

Reintegrar (*e-in*), v. 1. Tr. dir. Tornar a integrar; restabelecer na posse de. 2. Pron. Obter a reintegração; ser novamente investido num cargo, dignidade ou título.

Reintegro (*e-in*), s. m. 1. Reintegração. 2. Prêmio de loteria, equivalente à importância que se jogou.

Reinvestir (*e-in*), v. Tr. dir. Tornar a investir.

Reinvidar (*e-in*), v. 1. Tr. dir. Invidar novamente. 2. Tr. dir. Revidar, replicar.

Reira, s. f. *Pop*. Dor nos rins; dor lombar.

Reisada, s. f. Folgança ou representação popular com que se festeja o dia de Reis; reisado; guerreiros.

Reisado, s. m. V. *reisada*.

Reiterar, v. Tr. dir. Fazer de novo; renovar, repetir.

Reiterativo, adj. Que reitera; que serve para reiterar.

Reiterável, adj. m. e f. Que se pode reiterar.

Reitor, s. m. (l. *rectore*). 1. Aquele que rege ou dirige; regente, regedor. 2. Principal diretor de certos estabelecimentos de ensino. 3. Superior de convento dos religiosos masculinos.

Reitorado, s. m. 1. Reitoria. 2. Período da reitoria.

Reitoria, s. f. 1. Cargo ou dignidade de reitor; reitorado. 2. Repartição de reitor.

Reiúna, adj. f. Diz-se de certa espingarda ou fuzil de cano curto (hoje em desuso). S. f. 1. Essa espingarda. 2. Botinas com elástico usadas pelos soldados.

Reiunada (*ei-u*), s. f. Grande número de cavalos reiúnos.

Reiunar (*ei-u*), v. Tr. dir. Cortar a ponta de uma das orelhas de (animal) para indicar que é reiúno.

Reiúno, adj. (de *rei*). 1. Fornecido pelo Estado, e especialmente pelo Exército, para fardamento dos soldados. 2. De baixa condição ou qualidade; desprezível, ordinário, ruim. S. m. 1. Animal ao qual falta a ponta de uma das orelhas. 2. Animal pertencente ao Estado.

Reivindicação, s. f. Ato ou efeito de reivindicar.

Reivindicador, adj. e s. m. Que, ou aquele que reivindica; reivindicante.

Reivindicante, adj. m. e f. Reivindicador.

Reivindicar, v. (l. *rem + vindicare*). Tr. dir. 1. Reclamar (o que é nosso, mas está em poder de outrem). 2. Intentar demanda para reaver (propriedade que está na posse de outrem).

Reivindicativo, adj. Que envolve reivindicação.

Reivindicável, adj. m. e f. Que se pode reivindicar.

Reixa, s. f. (cast. *reja*). 1. Pequena tábua. 2. Grade de janela; gelosia. 3. Barrinha de ferro.

Reixar, v. Intr. Rixar.

Reizete (*ê*), s. m. (de *rei*). *Pej*. Rei sem importância; régulo.

Rejeição, s. f. (l. *rejectione*). Ato ou efeito de rejeitar.

Rejeitar[1], v. (l. *rejectare*). Tr. dir. 1. Lançar fora; depor, largar. 2. Expelir, lançar de si; revessar, vomitar. 3. Não aceitar, não admitir; recusar. 4. Desaprovar. 5. Opor-se a; negar, recusar.
Rejeitar[2], v. *(rejeito + ar)*. Tr. dir. Cortar o rejeito ou jarrete a; jarretar.
Rejeitável, adj. m. e f. Que pode ser rejeitado.
Rejeito[1], s. m. (corr. de *jarrete*). *Pop.* V. *jarrete*.
Rejeito[2], s. m. (de *rejeitar*[1]). Ato ou efeito de rejeitar.
Rejubilação, s. f. 1. Ato ou efeito de rejubilar(-se). 2. Grande júbilo; rejúbilo.
Rejubilar, v. 1. Tr. dir. Encher de júbilo. 2. Tr. ind., intr. e pron. Alegrar-se muito, ter grande júbilo; folgar.
Rejúbilo, s. m. Rejubilação.
Rejuntamento, s. m. 1. Ato ou efeito de rejuntar. 2. Filete de argamassa com que se tomam as juntas dos tijolos nas paredes.
Rejuntar, v. Tr. dir. Fechar as juntas de tijolo ou pedras.
Rejurar, v. Tr. dir. Tornar a jurar, ou jurar repetidas vezes.
Rejuvenescer, v. 1. Tr. dir. Tornar jovem; remoçar. 2. Intr. e pron. Tornar-se ou parecer mais jovem.
Rejuvenescimento, s. m. Ato ou efeito de rejuvenescer(-se).
Rela[1], s. f. (arc. *raela*, do l. *ranella*, corr. de *ranula*). *Zool.* Batráquio da família dos Hilídeos *(Hyla arborea)*; é uma perereca existente na Europa.
Rela[2], s. f. Armadilha para pássaros; esparrela, arapuca.
Relação, s. f. (l. *relatione*). 1. Ato de relatar; relato. 2. Narração, descrição. 3. Analogia. 4. Dependência, referência. 5. *Mat.* Resultado da comparação entre duas quantidades comensuráveis; razão geométrica. 6. Tribunal judicial de segunda instância. 7. *Filos.* Acidente predicamental pelo qual se indica que um objeto é ordenado para outro. 8. *Gram.* Mútua referência dos termos da oração. S. m. pl. Convivência, freqüência social, trato entre pessoas; parentesco.
Relacionado, adj. 1. De que se fizeram relações; narrado, referido. 2. Que tem relações. 3. Que tem amizades, conhecimentos.
Relacionar, v. (l. *relatione + ar*). 1. Tr. dir. Fazer ou fornecer a relação de; arrolar, pôr em lista. 2. Tr. dir. Narrar, expor, descrever, referir. 3. Tr. dir. Comparar (coisas diferentes) para deduzir leis ou analogias. 4. Pron. Ter relação ou analogia; ligar-se. 5. Pron. Fazer relações, conseguir amizades, travar conhecimento.
Relacrar, v. Tr. dir. Tornar a lacrar.
Relamber, v. Tr. dir. Lamber de novo.
Relambório, adj. Desinteressante, insípido, sem graça.
Relampadear, v. V. *relampaguear*.
Relampadejante, adj. m. e f. V. *relampagueante*.
Relampadejar, v. V. *relampaguear*.
Relâmpago, s. m. *(re + l. lampare?)*. 1. Clarão vivo e rápido, proveniente de descarga elétrica entre duas nuvens ou entre uma nuvem e a terra. 2. Luz intensa que deslumbra; resplendor. 3. Aquilo que é rápido ou transitório.
Relampagueante, adj. m. e f. Que relampagueia; relampeante, relampadejante.
Relampaguear, v. 1. Intr. Produzir-se uma série de relâmpagos. 2. Intr. Brilhar momentaneamente; cintilar, faiscar, fulgurar. 3. Tr. dir. Mostrar como num relâmpago. 4. Tr. dir. Dirigir (olhares) com o brilho e a rapidez do relâmpago.
Relampear, v. V. *relampaguear*.
Relampejante, adj. m. e f. Relampagueante.
Relampejar, v. V. *relampaguear*.
Relançar, v. V. *relancear*.
Relance[1], s. m. 1. Ato ou efeito de relancear; lance. 2. Olhar rápido; lance de vista; vista de olhos.
Relance[2], s. m. *(re + lance)*. *Taur.* Lance improvisado que o toureiro executa em seguida ao primeiro.
Relancear, v. 1. Tr. dir. Dirigir de relance (a vista, os olhos). 2. Tr. dir. Olhar de relance.
Relancinho, s. m. Certo jogo de cartas, de origem norte-americana; cucamplê.
Relapsão, s. f. (l. *relapsione)*. 1. Ato de cair para trás. 2. Relapsia.
Relapsia, s. f. *(relapso + ia)*. Reincidência na culpa ou no erro; contumácia.
Relapso, adj. 1. Que reincide na culpa, no crime, no erro, no pecado. 2. Inveterado, reincidente, obstinado, contumaz.
Relar[1], v. Tr. dir. Ralar, apoquentar, importunar.
Relar[2], v. *(rela[1] + ar)*. Intr. Coaxar.
Relar[3], v. 1. Tr. dir. *Pop.* Tocar de leve em (alguma coisa); passar encostado a. 2. Intr. Jogar o ás de trunfo sobre o sete de trunfo, ganhando a partida, no jogo da bisca.
Relasso, adj. V. *relaxo*.
Relatar, v. Tr. dir. 1. Fazer o relato de; contar, expor, narrar, referir. 2. Incluir, mencionar, relacionar.
Relate, s. m. V. *relato*[1].
Relatividade, s. f. 1. Caráter, estado ou qualidade de relativo; relativismo. 2. *Fís.* Teoria segundo a qual o tempo e o espaço são grandezas inter-relativas.
Relativismo, s. m. *Filos.* Doutrina que se baseia na relatividade do conhecimento.
Relativo, adj. 1. Que serve para exprimir relação; concernente, referente, respeitante. 2. Contingente, acidental. 3. Julgado por proporção; proporcional. 4. *Gram.* Diz-se da oração subordinada ligada por pronome relativo, com preposição ou sem ela. 5. *Mús.* Tons maiores e menores que têm, na clave, o mesmo número de acidentes, diferenciados pelos nomes e pelos intervalos da escala.
Relato, s. m. Ato ou efeito de relatar; relação.
Relator, s. m. 1. Aquele que relata. 2. Aquele que escreve um relatório. 3. Aquele que refere ou narra; narrador. 4. Membro de um tribunal encarregado de relatar.
Relatório, s. m. 1. Exposição, relação, escrita ou oral. 2. Descrição minuciosa de fatos de administração pública ou de sociedade. 3. Parecer ou exposição dos fundamentos de um voto ou apreciação.
Relaxação, s. f. (l. *relaxatione*). 1. Ato ou efeito de relaxar(-se); relaxamento, relaxidão. 2. Relaxamento. 3. *Fisiol.* Distensão de fibras musculares. 4. Desregramento da vida e costumes; depravação, devassidão.
Relaxado, adj. 1. Bambo, distendido, frouxo. 2. Descuidado no cumprimento dos deveres; negligente, desmazelado. 3. Devasso, dissoluto, depravado. 4. *Pop.* Desleixado no vestir. S. m. Aquele que não cumpre os seus deveres; negligente, relapso.
Relaxador, adj. Que relaxa; relaxante.
Relaxamento, s. m. 1. V. *relaxação*. 2. Desleixo, desmazelo, desídia, negligência.
Relaxante, adj. m. e f. Relaxador.
Relaxar, v. 1. Tr. dir. e pron. Tornar(-se) laxo; afrouxar(-se), diminuir(-se) a força ou a tensão de (músculos, nervos etc.). 2. Pron. Repousar, descansar abandonando-se. 3. Tr. dir. Abrandar, afrouxar. 4. Tr. ind. Condescender, transigir. 5. Tr. ind. Afrouxar, enfraquecer. 6. Tr. dir. Dispensar da observância ou do cumprimento ou do pagamento de. 7. Pron. Afrouxar, desmazelar-se, enfraquecer-se (o ânimo); tornar-se frouxo no cumprimento das obrigações ou deveres. 8. Tr. dir. Corromper, depravar, perverter: *R. os costumes*. 9. Pron. Tornar-se dissoluto ou vicioso; desmoralizar-se, perverter-se.
Relaxe, s. m. 1. Relaxação. 2. Transferência de uma contribuição que não foi paga no prazo legal, para a cobrança executiva.
Relaxidão, s. f. V. *relaxamento*.
Relaxo, adj. V. *relaxado*. S. m. 1. Discurso em verso. 2. Dito burlesco ou fanfarrão.
Relé[1], s. f. *ralé*.
Relé[2], s. m. (ingl. *relay*). *Eletr.* Eletroímã que tem por função abrir ou fechar contatos elétricos, a fim de estabelecer ou interromper circuitos.
Relegar, v. Tr. dir. 1. Afastar de um lugar para outro; banir, desterrar, expatriar. 2. Afastar, rejeitar. 3. Internar numa colônia: *Relegaram* as *decaídas*. 4. Esquecer.
Releixar, v. Tr. dir. 1. Relaxar. 2. Dispensar.
Releixo[1], s. m. (cast. *relleix*). 1. Faixa de terra que acompanha

o muro. 2. Caminho estreito à beira de um fosso. 3. Gume de instrumento cortante.

Releixo[2], adj. Relapso, relaxado.

Relembrança, s. f. Ato ou efeito de relembrar; recordação.

Relembrar, v. Tr. dir. Tornar a lembrar; trazer outra vez à memória.

Relento, s. m. 1. Umidade atmosférica da noite; orvalho, garoa noturna. 2. Frouxidão ou moleza orgânica produzida pela umidade noturna.

Reler, v. Tr. dir. Tornar a ler; ler muitas vezes.

Reles, adj. m. e f., sing. e pl. (de *relé*[1]). 1. Ordinário, desprezível. 2. Sem valor; insignificante.

Relevado, adj. 1. Que forma relevo ou saliência. 2. Desculpado, perdoado.

Relevador, adj. e s. m. Que, ou aquele que releva.

Relevamento, s. m. 1. Ato ou efeito de relevar(-se). 2. Perdão, desculpa.

Relevância, s. f. 1. Qualidade de relevante. 2. Relevo. 3. Importância.

Relevante, adj. m. e f. 1. Que releva. 2. Proeminente, saliente. 3. De grande monta ou valor.

Relevar, v. 1. Tr. dir. Dar relevo a; fazer sobressair; tornar saliente. 2. Pron. Tornar-se saliente; distinguir-se, sobressair. 3. Tr. dir. Desculpar, dispensar, perdoar. 4. Tr. dir. Consentir, permitir. 5. Tr. dir. Aliviar, consolar. 6. Tr. ind. e intr. Ser conveniente, ser necessário; importar, interessar.

Relevável, adj. m. e f. Que pode ser relevado.

Relevo *(ê)*, s. m. 1. Relevamento. 2. Aresta, saliência, ressalto. 3. Trabalho arquitetônico ou lavor que sobressai. 4. Distinção, evidência, realce. 5. *Geogr.* Sistema de diferenças de nível terrestre: montanhas, vales, planícies etc.

Relha *(ê)*, s. f. (1. *regula*). 1. Parte do arado ou charrua que corta a terra. 2. Chapa de ferro que, na roda de carros de bois, segura o meão e as cambas.

Relhaço, s. m. Relhada.

Relhada, s. f. Pancada com relho.

Relhador, s. m. Relho muito comprido.

Relhar[1], v. *(relha + ar)*. Tr. dir. *Carp.* Pôr uma relha ou relhas em; segurar com relha.

Relhar[2], v. *(relho + ar)*. Tr. dir. Fustigar com o relho.

Relheira, s. f. *(relha + eira)*. Sulco feito pelas rodas do carro; relheiro, rego.

Relheiro, s. m. V. *relheira*.

Relho[1], adj. (forma sincopada de *revelho?*). *Pop.* Usada na loc. *velho* e *relho* com a significação de *velho* e *revelho*; muito velho.

Relho[2] *(ê)*, s. m. (de *relha*). Açoite de couro torcido.

Relhota, s. f. Relhote.

Relhote, s. m. Pequena relha; relhota.

Relicário, s. m. (por **reliquario,* de *relíquia*). 1. Recipiente onde se guardam relíquias. 2. Bolsinha com relíquias que, por devoção, alguns trazem ao pescoço.

Relicitar, v. Tr. dir. e intr. Licitar de novo.

Religar, v. 1. Tr. dir. Ligar novamente. 2. Ligar, atar bem.

Religião, s. f. (l. *religione*). 1. Serviço ou culto a Deus, ou a uma divindade qualquer, expresso por meio de ritos, preces e observância do que se considera mandamento divino. 2. Sentimento consciente de dependência ou submissão que liga a criatura humana ao Criador. 3. Crença ou doutrina religiosa; sistema dogmático e moral. 4. Veneração às coisas sagradas; crença, devoção, fé, piedade. 5. Tudo que é considerado obrigação moral ou dever sagrado e indeclinável. 6. Ordem ou congregação religiosa. 7. *Filos.* Reconhecimento prático de nossa dependência de Deus.

Religiosa, s. f. Mulher que se ligou por votos monásticos; freira.

Religiosidade, s. f. 1. Qualidade de religioso. 2. Sentimento de escrúpulos religiosos. 3. Disposição ou tendência religiosa.

Religioso, adj. 1. Relativo à religião: Ensino *r.* 2. Que tem religião. 3. Relativo a uma ordem monástica. S. m. 1. Aquele que professa uma religião. 2. O que fez votos, entrando para uma ordem, congregação ou instituto religioso.

Relimar, v. Tr. dir. 1. Tornar a limar. 2. Aperfeiçoar, apurar, polir.

Relinchão, adj. Alegre, folgazão, rizonho. Fem.: *relinchona*.

Relinchar, v. Intr. Rinchar. (Normalmente só se emprega nas terceiras pessoas).

Relincho, s. m. V. *rincho*.

Relíquia, s. f. (1. *reliquia*). 1. Corpo ou parte do corpo de algum santo, ou objeto que lhe pertenceu. 3. Coisa preciosa, rara ou antiga. 4. Resto, ruína (mais usado no plural). 5. Objeto de estimação. S. f. pl. Restos mortais respeitáveis.

Relógio, s. m. 1. Instrumento que marca as horas, os minutos etc. 2. Qualquer instrumento para medição e indicação do tempo. 3. Qualquer painel destinado a medições de consumo, velocidade, força etc.: *R.* de água. 4. *Fam.* Achaque permanente que ficou de uma doença. 5. *Ornit.* Pequeno pássaro da família dos Tiranídeos (*Todirostrum cinereum*).

Relojoaria, s. f. 1. Arte de relojoeiro. 2. Casa onde se fabricam, consertam ou vendem relógios. 3. Maquinismo de relógio.

Relojoeiro, s. m. 1. Fabricante ou vendedor de relógios. 2. O que conserta relógios.

Relumbrar, v. Intr. Resplandecer, reluzir, refulgir.

Relutação, s. f. Relutância.

Relutância, s. f. 1. Ato ou efeito de relutar; relutação. 2. Qualidade de relutante. 3. Resistência, oposição.

Relutante, adj. m. e f. Que reluta.

Relutar, v. (1. *reluctari*). Tr. ind. e intr. Lutar novamente; opor força; resistir.

Reluzente, adj. m. e f. Que reluz.

Reluzir, v. (1. *relucere*). Intr. Luzir muito; brilhar, cintilar.

Relva, s. f. 1. Camada de erva rasteira e fina, em geral gramíneas, que se desenvolve pelos campos. 2. Terreno coberto ou revestido desse erva.

Relvado, s. m. Terreno coberto ou revestido de relva; relva, relvedo.

Relvão, adj. Que pasta, que vive na relva. S. m. Terreno onde há relva crescida.

Relvar, v. 1. Tr. dir. e pron. Cobrir(-se) de relva; arrelvar(-se). 2. Intr. Relvejar.

Relvedo *(ê)*, s. m. V. *relvado*.

Relvejar, v. Intr. Cobrir-se ou mostrar-se coberto de relva; relvar.

Relvoso, adj. Em que há relva.

Remada, s.f. 1. Golpe com o remo. 2. Ato ou efeito de remar; voga, remadura.

Remado, adj. Provido de remos.

Remador, adj. Que rema. S. m. Aquele que rema; remeiro.

Remadura, s.f. V. *remada*.

Remanchador, s.m. Ferramenta de funileiro, própria para remanchar.

Remanchão, adj. *Pop.* Que remancha; pachorrento. Fem.: *remanchona*.

Remanchar[1], v. (cast. *remachar*). Tr. dir. Fazer borda com o maço no fundo de (bacias, panelas, etc.), sobre a bigorna.

Remanchar[2], v. (*remancho + ar*). Intr. *Pop.* Andar vagarosamente, demorar-se, retardar, ser pachorrento. Var.: *remanchear*.

Remanchear, v.V. *remanchar*[2].

Remancho, s.m. (der. de *remanso*). Indolência, pachorra.

Remandiola, s.f. *Pop.* Contratempo, viravolta.

Remanejamento, s.m. 1. Ato ou efeito de remanejar. 2. Transposição, transferência.

Remanejar, v. Tr. dir. 1. Tornar a manejar; reexaminar, emendando. 2. Transferir.

Remanescente, adj. m. e f. Que remanesce; que sobra. S.m. Resto, sobejo.

Remanescer, v. Intr. Ficar de sobra; restar, sobejar, sobrar.

Remangar, v. V. *arremangar*.

Remaniscar, v. Intr. Fazer movimento rápido e inesperado.

Remansado, adj. 1. Pachorrento, vagaroso. 2. Quieto, tranqüilo.

Remansar, v. V. *arremansar*.

Remansear, v. Intr. e pron. Estar ocioso, sossegado, tranqüilo; descansar, arremansar-se.

Remanso, s.m. 1. Porção de água estagnada ou que não tem movimento sensível; água parada. 2. Cessação de movimento; quietação. 3. Sossego, tranqüilidade.
Remansoso, adj. V. *remansado.*
Remar, v. 1. Tr. dir. Pôr em movimento, manobrando os remos; vogar. 2. Intr. Mover os remos para impulsionar a embarcação. 3. Tr. ind. Nadar. 4. Intr. Adejar, voar.
Remarcação, s.f. Ato ou efeito de remarcar.
Remarcar, v. Tr. dir. 1. Pôr marca nova em. 2. Dar novo preço a; modificar o preço de.
Remascar, v. Tr. dir. 1. Mascar de novo. 2. Remoer, reconsiderar.
Remastigar, v. Tr. dir. 1. Tornar a mastigar. 2. Mastigar bem, demoradamente.
Rematação, s.f. V. *arrematação.*
Rematado, adj. 1. Concluído, acabado. 2. Completo, total.
Rematador, adj. e s.m. Que, ou aquele que remata.
Rematar, v. 1. Tr. dir. Dar remate a; concluir, completar, arrematar. 2. Tr. ind., intr. e pron. Ter fim; acabar-se, terminar-se, findar-se. 3. Tr. dir. Coroar, encimar, fechar. 4. Tr. dir. Executar o ponto de remate em: *R. a costura.*
Remate, s.m. 1. Ato ou efeito de rematar; acabamento, conclusão, fim, término. 2. Aquilo que remata. 3. Adorno que finaliza uma peça arquitetônica. 4. O auge, o cúmulo, o extremo, o máximo grau, o ponto mais elevado.
Remedar, v. V. *arremedar.*
Remedeio, s.m. *Pop.* Aquilo que remedeia ou atenua uma falta, um mal.
Remediado, adj. Que tem alguns meios de fortuna; que tem o suficiente para atender aos seus gastos.
Remediador, adj. e s.m. Que, ou aquele que remedeia.
Remediar, v. 1. Tr. dir. Dar remédio a; curar ou minorar com remédio. 2. Tr. dir. Prover ou socorrer do que for preciso para atenuar dor física ou moral. 3. Tr. dir. Abastecer ou prover de quaisquer recursos. 4. Pron. Prover-se de remédio; prover-se de recursos suficientes para viver. 5. Tr. dir. Atalhar, atenuar; evitar, prevenir. 6. Tr. dir. Corrigir, emendar. 7. Tr. dir. Substituir, preencher (uma falta).
Remediável, adj. m. e f. Que pode ser remediado.
Remedição, s.f. Ato ou efeito de remedir.
Remédio, s. m. 1. Tudo o que serve para debelar ou atenuar um mal físico ou moral. 2. Medicamento para curar. 3. Expediente, meio, recurso, solução. 4. Auxílio, socorro. 5. Correção, emenda.
Remedir, v. Tr. dir. Tornar a medir.
Remedo, s. m. V. *arremedo.*
Remeirada, s. f. 1. Grupo de remeiros. 2. Os remeiros.
Remeiro, adj. Que obedece bem ao impulso dos remos. S. m. Aquele que rema; remador.
Remela, s. f. Secreção de cor amarelada ou esbranquiçada, que em geral se aglomera nos pontos lacrimais ou nos bordos da conjuntiva. Var.: *ramela.*
Remelado, adj. V. *remeloso*
Remelão¹, adj. Remeloso. Fem.: *remeloa.*
Remelão², adj. Diz-se do açúcar que fica como o mel, sem granulação.
Remelar, v. Intr. e pron. 1. Criar remela. 2. Tornar-se remelão (açúcar no engenho).
Remeleiro, adj. V. *remeloso.*
Remelento, adj. V. *remeloso.*
Remelexo (*ê*), s. m. Requebro, saracoteio.
Remelgado, adj. *Pop.* Que tem o rebordo da pálpebra revirado.
Remeloso, adj. Que tem ou cria remelas; remelento, remelado, remelão, remeleiro.
Rememoração, s. f. Ato ou efeito de rememorar.
Rememorar, v. Tr. dir. Tornar a memorar; relembrar, recordar.
Rememorativo, adj. Que rememora.
Rememorável, adj. m. e f. Digno de ser rememorado.
Remêmoro, adj. *Poét.* Que rememora; que se lembra.
Remendado, adj. 1. Que apresenta remendos. 2. Mosqueado, sarapintado.
Remendagem, s. f. Ato ou efeito de remendar.
Remendão, adj. Que faz remendos. S. m. Aquele que não é perfeito no seu trabalho. Fem.: *remendona.*
Remendar, v. Tr. dir. 1. Consertar com remendos. 2. Corrigir (uma expressão); emendar (a asneira que se disse ou fez).
Remendeira, s. f. Mulher que faz remendos; remendona.
Remendo, s. m. 1. Pedaço de pano com que se conserta uma parte do vestuário. 2. Peça de couro, metal etc. com que se conserta um objeto. 3. Malha, lista (na pele de alguns animais). 4. *Pop.* Emenda ou correção para disfarçar a asneira que se disse.
Remendona, s. f. (fem. de *remendão*). 1. V. *remendeira.* 2. Mulher inábil ou desajeitada.
Remenicar, v. Intr. Replicar, retorquir.
Remercear, v. Tr. dir. *Ant.* Agradecer.
Remerecedor, adj. Que remerece; muito merecedor.
Remerecer, v. Tr. dir. Merecer muito; merecer mais do que recebe.
Remergulhar, v. Tr. dir., tr. ind., intr. e pron. Tornar a mergulhar; meter(-se) novamente debaixo da água.
Remessa¹, s. f. (l. *remissa*). 1. Ação ou efeito de remeter. 2. Aquilo que foi remetido.
Remessa², s. f. (de *remessar*). Ação de remessar.
Remessar, v. Tr. dir. e pron. Arremessar(-se).
Remesso, s. m. 1. Arremesso. 2. Arma de arremesso.
Remetente, adj. e s., m. e f. Que, ou pessoa que remete.
Remeter, v. (l. *remittere*). 1. Tr. dir. Enviar, expedir, mandar. 2. Tr. dir. Confiar, recomendar. 3. Tr. dir. Entregar, expor, sujeitar. 4 Pron. Aquiescer, confiar-se, entregar-se, estar por. 5. Pron. Referir-se, reportar-se.
Remetida, s. f. V. *arremetida.*
Remetimento, s. m. V. *arremetida.*
Remexer, v. 1. Tr. dir. Mexer de novo. 2. Tr. dir. Misturar, mexendo. 3. Tr. dir. Agitar, mover, sacudir. 4. Intr. e pron. Estar inquieto e buliçoso; mover-se, agitar-se.
Remexido, adj. 1. Em que se remexeu; mexido novamente. 2. *Fam.* Irrequieto, traquinas, travesso.
remi-, elem. de comp. (l. *remu*). Exprime a idéia de *remo: remípede.*
Remição, s. f. 1. Ato ou efeito de remir. 2. Libertação, resgate.
Remido, adj. 1. Resgatado, libertado. 2. Desobrigado de qualquer compromisso; quitado.
Remidor, adj. e s. m. Redimidor, redentor.
Rêmige, adj. m. e f. (l. *remige*). Que rema; remador. S. f. 1. Cada uma das penas mais compridas das asas das aves, com que sustentam e dirigem o vôo; remígio, guias. 2. O bater das asas para voar; o vôo das aves.
Remígio, s. m. V. *rêmige.*
Remigração, s. f. Ação ou efeito de remigrar.
Remigrado, adj. Que remigrou.
Remigrar, v. Intr. Regressar ao ponto donde emigrou; repatriar-se.
Reminar, v. Pron. Rebelar-se, revoltar-se, arreminar-se.
Reminhol, s. m. Grande colher de cobre, com que se mexe o melaço nos engenhos.
Reminiscência, s. f. 1. A capacidade de reter (coisas) na memória. 2. Aquilo que fica de memória. 3. Lembrança vaga.
Remípede, adj. m. e f. *Zool.* Que tem os pés em forma de remos.
Remir, v. (l. *redimere*). 1. Tr. dir. Isentar, livrar. 2. Tr. dir. *Teol.* Livrar das penas do inferno. 3. Tr. dir. e pron. Libertar(-se) do cativeiro, pagando resgate; alforriar(-se), redimir(-se), resgatar(-se). — *Conjugação*: Só tem as formas em que ao *m* da raiz se segue a vogal *i.* As formas de que carece supremse com as do verbo *redimir.* Pres. ind.: *redimo, redimes, redime, remimos,* ou *redimimos, remis* ou *redimis, redimem.* Imper.: *redime tu, remi vós.* Pres. do sub.: *redima, redimas, redima; redimamos, redimais, redimam.*
Remirar, v. 1. Tr. dir. Tornar a mirar; mirar com insistência; observar muito atentamente. 2. Pron. Mirar-se repetidas vezes; rever-se com muita atenção.

Remissa, s. f. Importância que o parceiro do voltarete e outros jogos, quando perde, paga para o bolo.

Remissão, s. f. (l. *remissione*). 1. Ato ou efeito de remitir(-se); remitência. 2. Indulgência, misericórdia. 3. Expiação, perdão. 4. Falta de atividade ou de energia; frouxidão. 5. Ação de remeter, para ser entregue; remessa. 6. *Med.* Alívio temporário. 7. *Dir.* Perdão, liberação graciosa de uma dívida.

Remissível, adj. m. e f. Que pode ser remitido.

Remissivo, adj. 1. Que remete ou manda para outro lugar: Índice *r.* 2. Remissório.

Remisso, adj. 1. Descuidado, negligente. 2. Falto de energia, de atividade; indolente. 3. Vagaroso, lento.

Remissor, adj. V. *remissório.*

Remissório, adj. 1. Que remite. 2. Que contém remissão.

Remitarso, adj. *Zool.* Que tem os tarsos em forma de remo.

Remitência, s. f. 1. Remissão. 2. *Med.* Diminuição ou interrupção dos sintomas de uma doença.

Remitente, adj. m. e f. 1. Remissório. 2. *Med.* Que apresenta remitência.

Remitir, v. (l. *remittere*). 1. Tr. dir. Dar perdão de; perdoar, ter como perdoado. 2. Tr. dir. Dar-se como pago ou ressarcido de (uma dívida ou agravo). 3. Tr. dir. Devolver, restituir. 4. Tr. dir. Ceder, largar. 5. Tr. dir. Diminuir a intensidade de; abrandar, afrouxar. 6. Pron. Tornar-se menos intenso. 7. Tr. dir. Enfraquecer. 8. Intr. e pron. *Med.* Ter (a doença) remitências.

Remível, adj. m. e f. Que se pode remir.

Remo, s. m. Haste de madeira que vai achatando e alargando para o extremo inferior e que, funcionando como alavanca interfixa, serve para fazer andar as pequenas embarcações.

Remoalho, s. m. Bolo alimentício, que os ruminantes fazem voltar à boca para o remoerem.

Remoçado, adj. 1. Que remoçou, que rejuvenesceu. 2. Que adquiriu novo vigor; revigorado.

Remoçador, adj. Que remoça; remoçante. S. m. Aquilo que remoça.

Remoçante, adj. m. e f. V. *remoçador.*

Remoção, s. f. Ato ou efeito de remover.

Remocar, v. Tr. dir. Apreciar com remoques; dirigir remoques a; replicar com remoque.

Remoçar, v. 1. Tr. ind., intr. e pron. Tornar(-se) moço; rejuvenescer(-se). 2. Tr. dir. Dar aspecto de novo a: Limpeza e envernizamento *remoçaram* a *mobília.*

Remoçativo, adj. Remoçador.

Remodelação, s. f. Ato ou efeito de remodelar; remodelagem, remodelamento.

Remodelador, adj. e s. m. Que, aquele, ou aquilo que remodela.

Remodelagem, s. f. V. *remodelação.*

Remodelamento, s. m. V. *remodelação.*

Remodelar, v. Tr. dir. 1. Tornar a modelar. 2. Refazer com modificações profundas.

Remoedura, s. f. Ação de remoer(-se).

Remoela, s. f. (de *remoer*). 1. Acinte, pirraça. 2. Zombaria, troça.

Remoer, v. 1. Tr. dir. Tornar a moer. 2. Tr. dir. Tornar a mastigar; ruminar. 3. Tr. dir. e tr. ind. Repisar no espírito, refletir muito. 4. Tr. dir. Importunar, ralar. 5. Pron. Encher-se de raiva; afligir-se, amofinar-se.

Remoído, s. m. Subproduto da moagem do trigo.

Remoinhada (*o-i*), s. f. Ação de remoinhar.

Remoinhar, v. 1. Intr. Mover-se em círculos ou espirais. 2. Intr. Dar voltas; revolutear. 3. Tr. dir. Fazer girar.

Remoinho (*o-í*), s. m. 1. Ato ou efeito de remoinhar. 2. Movimento rápido e espiralado, causado pelo cruzamento de ondas ou ventos contrários. 3. Disposição dos fios do cabelo em espiral.

Remoinhoso (*o-i*), adj. Que faz remoinhos.

Remolada, s. f. (fr. *remoulade*). Molho que se serve com carnes frias, peixe ou camarões, feito de salsa, cebolinha, alho, azeite doce e sumo de limão.

Remolar, s. m. Aquele que fazia ou consertava remos.

Remolhar, v. Tr. dir. 1. Molhar de novo. 2. Molhar muito; embeber.

Remolho (*ô*), s. m. 1. Ação de remolhar. 2. *Fam.* Doença que obriga o doente a ficar de cama.

Remondar, v. Tr. dir. Tornar a mondar; limpar mondando.

Remonta, s. f. 1. Aquisição de novos cavalos para os serviços de cavalaria e artilharia. 2. O gado cavalar ou muar para uso dos regimentos. 3. O pessoal encarregado da sua aquisição. 4. *Pop.* Conserto, reforma.

Remontado, adj. 1. Colocado em lugar alto; alteado, elevado. 2. Afastado, remoto. 3. Em que houve remonta.

Remontar, v. (fr. *remonter*). 1. Tr. dir. Fazer remonta de (gado cavalar ou muar para o exército). 2. Tr. dir. Elevar, levantar muito. 3. Tr. ind. e pron. Elevar-se muito. 4. Tr. ind. Tornar a montar. 5. Tr. dir. Encimar. 6. Tr. dir. Adornar ou rematar a extremidade de. 7. Tr. dir. Consertar, remendar. 8. Tr. dir. Alfaiar, mobiliar. 9. Tr. ind. e pron. Ir buscar a data ou a origem. 10. Tr. ind. Volver atrás no passado.

Remonte, s. m. 1. Ação de remontar. 2. Lugar elevado. 3. Conserto na parte anterior do calçado. 4. Cabedal com que se faz esse conserto.

Remoque, s. m. 1. Insinuação trocista e indireta. 2. Dito picante; motejo.

Remoqueador, adj. e s. m. Que, ou aquele que remoqueia.

Remoquear, v. 1. Tr. dir. Ferir com remoques; dirigir remoques a. 2. Intr. Dizer remoques.

Remora, s. f. *Ant.* 1. Adiamento, dilação. 2. Impedimento, obstáculo.

Rêmora, s. f. *Ictiol.* Nome comum a vários peixes marinhos. Mais conhecidas são as espécies *Echeneis naucrates* e *Remora remora.* Têm eles sobre a cabeça um disco oval preênsil, de bordas espessas e contrácteis, com o qual aderem às embarcações ou em vários outros peixes, geralmente tubarões; piraquiba, peixe-piolho.

Remorado, adj. Demorado, retardado, remoroso.

Remorar, v. *P. us.* Tr. dir. Demorar, retardar.

Remordaz, adj. m. e f. Muito mordaz. Sup. abs. sint.: *remordacíssimo.*

Remorder, v. 1. Tr. dir. e tr. ind. Morder de novo; morder mais de uma vez. 2. Intr. Morder muito; esmordaçar. 3. Tr. dir. Afligir, torturar. 4. Pron. Morder em si repetidas vezes; morder-se muito. 5. Pron. Encolerizar-se, indignar-se. 6. Tr. dir. Produzir remorsos; afligir. 7. Tr. dir. e tr. ind. Falar em desabono de; deprimir. 8. Tr. ind. Insistir, repisar em. 9. Tr. dir. Ficar absorto em; parafusar, ruminar.

Remordimento, s. m. 1. Ato ou efeito de remorder(-se). 2. Remorso.

Remoroso, adj. V. *remorado.*

Remorso, s. m. 1. Aflição de consciência, por ato mau cometido; remordimento. 2. Arrependimento.

Remoto, adj. 1. Que aconteceu há muito tempo. 2. Afastado no espaço ou no tempo. 3. Longínguo, distante. 4. Muito afastado.

Remover, v. Tr. dir. 1. Tornar a mover. 2. Mudar ou passar de um lugar para outro. 3. Remexer. 4. Transferir. 5. Baldar, frustrar, superar. 6. Afastar de si, livrar-se de. 7. Fazer desaparecer; afastar.

Removimento, s. m. Ato ou efeito de remover; remoção.

Removível, adj. m. e f. Que se pode remover.

Remudar, v. Tr. dir. e tr. ind. Tornar a mudar.

Remugir, v. (l. *remugire*). 1. Intr. Tornar a mugir. 2. Intr. Mugir muitas vezes. 3. Intr. Rebramir. 4. Tr. dir. Pronunciar em imprecação.

Remuneração, s. f. (l. *remuneratione*). 1. Ato ou efeito de remunerar. 2. Paga por serviços prestados; ordenado, salário. 3. Galardão, prêmio, recompensa. 4. Honorários.

Remunerador, adj. e s. m. Que, ou aquele que remunera ou recompensa.

Remunerar, v. Tr. dir. Dar remuneração a; galardoar, gratificar, recompensar, satisfazer.

Remunerativo, adj. 1. Que remunera. 2. Próprio para remunerar. Sin.: *remuneratório* e *remuneroso.*

Remuneratório, adj. V. *remunerativo.*

Remuneroso, adj. V. *remunerativo.*

Remurmurar, v. Intr. 1. Tornar a murmurar. 2. Murmurar freqüentemente.

Remurmúrio, s. m. Ato ou efeito de remurmurar.

Rena, s. f. (fr. *renne*). *Zool.* Nome comum a vários cervídeos do gênero Rangífer, que habitam as partes boreais da Europa, Ásia e América. São domesticáveis e empregam-se, especialmente na Lapônia, para puxar trenós e como fonte de alimento.

Renal, adj. m. e f. (l. *renale*). 1. Relativo aos rins. 2. Que existe nos rins: Cálculo *r.*

Renanismo, s. m. *Filos.* Doutrina de Ernesto Renan (1823-1892), arqueólogo e historiador, literato, crítico e filósofo francês.

Renão, adv. (*re* + *não*). Absolutamente não (forma reforçada de *não*).

Renascença, s. f. 1. Ato ou efeito de renascer. 2. Vida nova. 3. Movimento literário, científico e artístico que despertou na Itália no século XV e que nesse século e no seguinte se difundiu pelos países da Europa; teve como característica principal a imitação dos modelos da civilização grega e latina. Adj. m. e f. Pertencente à época ou ao estilo da Renascença: Escultura *r.*

Renascente, adj. m. e f. Que renasce.

Renascentista, adj. m. e f. Relativo à, ou próprio da Renascença.

Renascer, v. (l. *renasci*). 1. Tr. ind. e intr. Tornar a nascer. 2. Intr. Adquirir nova vida, vigor ou atividade; renovar-se. 3. Intr. Remoçar, reviver. 4. Tr. ind. Reproduzir-se, reviver. 5. Intr. Dar (a planta) rebentos novos. 6. Tr. ind. e intr. Voltar, volver, ressurgir. 7. Intr. Surgir de novo; reaparecer. 8. Intr. Corrigir-se, reabilitar-se. 9. Intr. *Teol.* Voltar ao estado de graça.

Renascimento, s. m. V. *renascença.*

Renavegar, v. Tr. dir. Tornar a navegar.

Renda[1], s. f. (l. v. **rendita*). 1. Produto anual ou mensal de propriedades rurais ou urbanas, de bens móveis ou imóveis, de benefícios, capitais em giro, empregos, inscrições, pensões etc.; produto, receita, rendimento. 2. Preço de aluguel. 3. Rendimento depois de deduzidas as despesas materiais.

Renda[2], s. f. (germ. *renda?*). 1. Obra de malha feita com fio de linha, seda, ouro ou prata, que serve para guarnecer peças de vestuário, roupas de cama etc.

Rendado, adj. Guarnecido de rendas. S. m. 1. Guarnição de rendas. 2. Lavor que imita renda.

Rendar[1], v. (*renda[1]* + *ar*). 1. Tr. dir. Arrendar. 2. Intr. Pagar renda.

Rendar[2], v. (*renda[2]* + *ar*). Tr. dir. Guarnecer de rendas.

Rendaria, s. f. Arte, indústria ou comércio de rendas.

Rendável, adj. m. e f. V. *rentável.*

Rendedouro, adj. 1. Que rende ou produz. 2. Que promete renda ou produto. Var.: *rendedoiro.*

Rendeira[1], s. f. (*renda[1]* + *eira*). 1. Mulher de rendeiro[1]. 2. Mulher que cobrava rendas. 3. Mulher que arrenda ou aluga a outrem uma propriedade.

Rendeira[2], s. f. (*renda[2]* + *eira*). Mulher que faz ou vende rendas.

Rendeira[3], s. f. *Ornit.* Nome popular de algumas aves pipríd eas, o qual provém do ruído que elas fazem com as asas, semelhante ao dos bilros das tecedoras de rendas.

Rendeiro[1], s. m. (*renda[1]* + *eiro*). 1. Aquele que arrenda propriedades rústicas. 2. Aquele que dá propriedades a renda. 3. Cobrador de rendas.

Rendeiro[3], s. m. (*renda[2]* + *eiro*). Fabricante ou vendedor de rendas.

Rendengue, s. m. Parte do corpo entre a cintura e as virilhas.

Render, v. (l. v. *rendere*, por *reddere*). 1. Tr. dir. Fazer ceder ou capitular; vencer. 2. Tr. dir. e pron. Entregar(-se) por capitulação. 3. Pron. Ceder, entregar-se. 4. Tr. dir. Consagrar, prestar, tributar. 5. Tr. dir. e intr. Dar como produto ou lucro. 6. Tr. dir. Ficar no lugar de; substituir. 7. Tr. dir. Alquebrar, fatigar. 8. Intr. Ceder ao peso de; quebrar-se. 9. Intr. Ser atacado de hérnia ou quebradura.

Rendição, s. f. (l. *redditione*). Ação ou efeito de render(-se), de capitular; capitulação.

Rendido, adj. 1. Sem vontade própria; dominado, vencido. 2. Vencido de amor. 3. Herniado.

Rendidura, s. f. 1. Fenda em qualquer peça de madeira de um navio. 2. *Pop.* Hérnia.

Rendilha, s. f. Variedade de renda muito delicada: espiguilha.

Rendilhado, adj. 1. Que tem rendilha ou lavores semelhantes a rendilhas. 2. Finamente trabalhado e ornado.

Rendilhar, v. Tr. dir. 1. Adornar com rendilhas. 2. Adornar em forma de renda. 3. Recortar.

Redimento[1], s. m. 1. Ato ou efeito de render(-se). 2. O total das importâncias recebidas por determinados fatos de produção de bens. 3. Lucro, produto, renda. 4. *Pop.* Relaxação dos tecidos, dos músculos. 5. Deslocação ou luxação de osso. 6. Quebradura. S. m. pl. 1. Cumprimentos respeitosos. 2. Juros, lucros, proventos, receita.

Rendimento[2], s. m. 1. Ato ou efeito de dar, prestar, oferecer. 2. Resultado do trabalho de uma empresa ou serviço, em unidades de operação; eficiência: *R.* funcional. 3. Resultado médio do trabalho de um operário numa oficina ou fábrica; produtividade.

Rendoso, adj. Que rende muito; lucrativo.

Renegada, s. f. V. *arrenegada.*

Renegado, adj. Desprezado, repelido. S. m. 1. O que renegou ou abjurou das suas crenças religiosas. 2. O que renunciou à religião em que nasceu e foi educado. 3. O que passou de um partido para outro. 4. *Fam.* Malvado.

Renegador, adj. e s. m. Que, ou aquele que renega.

Renegar, v. (*re* + *negar*). Tr. dir. e tr. ind. 1. Abjurar (das suas crenças religiosas ou políticas). 2. Perder a fé em; descrer, negar. 3. Repudiar. 4. Repelir com desprezo; menosprezar. 5. Desmentir, trair. 6. Detestar, odiar. 7. Execrar. 8. Não fazer caso de; prescindir de.

Renete (*ê*), s. m. (fr. *rénette*). Instrumento de ferrador para aparar o casco dos animais; puxavante.

Rengalho, s. m. (*rengo[1]* + *alho*). 1. O tecido liso das rendas até ao lavor das bordas. 2. Rede sem lavor.

Rengo[1], s. m. (cast. *rengue*). Tecido transparente, próprio para bordados.

Rengo[2], s. m. (cast. *renco*). *Vet.* Epizootia que se caracteriza pela impossibilidade de movimentos dos quadris, tornando o animal inapto para o trabalho. Adj. Que manqueja de uma perna (cavalo ou pessoa).

Rengue, s. m. (cast. *rengue*). Rengo[1]

Renguear, v. (*rengo[2]* + *ear*). Intr. Tornar-se rengo; arrastar a perna caminhando (cavalo ou pessoa).

Rengueira, s. f. O defeito de renguear; manqueira.

Renhideiro, s. m. Rinha.

Renhido, adj. Disputado com pertinácia; porfiado, encarniçado.

Renhimento, s. m. Ato ou efeito de renhir.

Renhir, v. (cast. *reñir*). 1. Tr. dir. Disputar, pleitear. 2. Tr. dir. e tr. ind. Travar forte peleja com; combater. 3. Tr. ind. e intr. Discutir com violência; altercar, contender. — Verbo defectivo, que só se conjuga nas formas em que ao *h* se seguir a vogal *i.*

reni-, elem. de comp. (l. *rene*). Exprime a idéia de *rim: reniforme.*

Reniforme, adj. m. e f. Em forma de rim; nefróide.

Rênio, s. m. *Quím.* Elemento metálico raro, pesado, polivalente, quimicamente semelhante ao manganês. Símbolo Re, número atômico 75, massa atômica 186,31.

Renitência, s. f. Qualidade de renitente; obstinação, persistência, teimosia.

Renitente, adj. m. e f. Que renite; teimoso, obstinado, pertinaz, contumaz.

Renitir, v. (l. *reniti*). Intr. *P. us.* Mostrar-se contumaz; teimar.

Renomado, adj. Que goza de renome; renomeado.

Renome, s. m. 1. Bom nome. 2. Boa reputação. 3. Crédito.

Renomeado, adj. V. *renomado.*

Renova, s. f. Renovo.

Renovação, s. f. Ato ou efeito de renovar(-se); renovamento.

Renovador, adj. e s. m. Que, ou aquele que renova.

Renovamento, s. m. V. *renovação.*

Renovar, v. 1. Tr. dir. Tornar novo; dar aspecto de novo; modificar ou mudar para melhor. 2. Tr. dir. Substituir por coisa nova. 3. Tr. dir. Dar nova forma a: consertar. 4. Tr. dir. Restabelecer, restaurar. 5. Tr. dir. Tornar melhor em todos os respeitos; corrigir, reformar. 6. Tr. dir. Recomeçar. 7. Tr. dir. e pron. Repetir. 8. Tr. dir. Dar novas forças a; restaurar. 9. Pron. Rejuvenescer; revigorar-se. 10. Pron. Regenerar-se espiritualmente. 11. Tr. dir. Relembrar, reproduzir. 12. Intr. Deitar (o vegetal) renovos ou rebentos. 13. Intr. e pron. Reaparecer. 14. Tr. dir. Tornar a fazer.

Renovável, adj. m. e f. Que pode ser renovado.

Renovo (*ô*), s. m. 1. Ramo novo que brota da planta cortada ou podada; gomo, rebento, vergôntea. 2. Descendência, renova. Pl.: *renovos* (*ó*).

Renque, s. m. e f. (germ. *hring*). Disposição de pessoas ou coisas na mesma linha; alinhamento, fila, fileira, ala.

Renrém, s. m. *Fam.* Altercação contínua.

Rentabilidade, s. f. (fr. *rentabilité*). *Econ. polít.* 1. Grau de êxito econômico de uma empresa mercantil, em relação ao capital nela aplicado. 2. Aptidão para produzir lucros.

Rentar, v. (*rente + ar*). 1. Tr. ind. Dirigir galanteios a. 2. Tr. dir. Dirigir provocação a; fazer-se valentão com.

Rentável, adj. m. e f. Que propicia boa rentabilidade; produtivo, rendoso, rendável.

Rente, adj. m. e f. 1. Muito curto; cérceo. 2. Próximo, contíguo. Adv. Pelo pé, pela raiz; cerce.

Renteador, adj. e s. m. Que, ou aquele que renteia; galanteador.

Rentear, v. 1. Tr. dir. Cortar cerce ou rente. 2. Tr. dir. Passar rente a.

Renuente, adj. m. e f. 1. Que renui. 2. Que move a cabeça, num gesto negativo.

Renuído, s. m. Gesto negativo com a cabeça; renutação.

Renuir, v. (l. *renuere*). Tr. dir. Renunciar, rejeitar, recusar.

Renúncia, s. f. Ato ou efeito de renunciar; renunciação, renunciamento.

Renunciação, s. f. V. *renúncia.*

Renunciador, adj. e s. m. V. *renunciante.*

Renunciamento, s. m. V. *renúncia.*

Renunciante, adj. e s., m. e f. Diz-se da, ou a pessoa que renuncia.

Renunciar, v. (l. *renuntiare*). 1. Tr. dir. e tr. ind. Desistir (da posse ou exercício de um direito); abdicar, resignar. 2. Tr. dir. e tr. ind. Abandonar, deixar espontaneamente a posse de. 3. Tr. dir. e tr. ind. Recusar, rejeitar. 4. Tr. dir. e tr. ind. Abjurar de, renegar. — Em todas essas quatro acepções prevalesce, atualmente, a regência com objeto indireto.

Renunciatário, adj. *Dir.* Diz-se do indivíduo em cujo favor se efetua a renúncia.

Renunciatório, adj. Diz-se daquele que adquiriu a posse renunciada por outrem.

Renunciável, adj. m. e f. Que se pode renunciar.

Renutação, s. f. V. *renuído.*

Renutrir, 1. Tr. dir. Tornar a nutrir; dar nova nutrição a. 2. Intr. Adquirir nova nutrição.

Renxenxão, s. m. *Ornit.* Pássaro da família dos Icterídeos (*Scaphidura oryzivora*), que ocorre em quase toda a América do Sul; graúna, melro. Var.: *rexenxão.*

Renzilha, s. f. (cast. *rencilla*). *Pop.* V. *rezinga.*

reo-, elem. de comp. (gr. *rheos*). Exprime a idéia de *corrente: reóforo.*

Reocorda, s. f. *Fís.* Fio metálico que, num circuito, introduz resistências de importâncias diversas.

Reocupar, v. Tr. dir. Ocupar novamente; reconquistar; retomar.

Reóforo, s. m. *Fís.* Cada um dos fios metálicos que, numa pilha, conduzem a corrente elétrica.

Reômetro, s. m. *Fís.* V. *galvanômetro.*

Reordenação, s. f. Ato ou efeito de reordenar.

Reordenar, v. Tr. dir. 1. Tornar a ordenar. 2. *Liturg.* Conferir de novo as ordens a.

Reorganização, s. f. Ato ou efeito de reorganizar.

Reorganizador, adj. e s. m. Que, ou aquele que reorganiza.

Reorganizar, v. Tr. dir. 1. Tornar a organizar. 2. Melhorar, reformar.

Reostato, s. m. *Eletr.* Aparelho elétrico, manual ou automático, utilizado como resistência variável. Var.: *reóstato.*

Reótomo, s. m. *Fís.* Aparelho para deixar passar correntes contínuas muito rápidas, utilizado no estudo da fisiologia dos músculos.

Reotropismo, s. m. *Biol.* Tropismo positivo das raízes aquáticas sob a influência da corrente de água.

Repa (*ê*), s. f. *Pop.* Cabelo ralo e fino da cabeça ou da barba (é mais usado no plural).

Repagar, v. Tr. dir. *Pop.* 1. Pagar de novo. 2. Pagar bem.

Repandirrostro (*ó*), adj. *Ornit.* Que tem bico muito espalmado.

Repanhar, v. V. *arrepanhar.*

Reparação, s. f. 1. Ato ou efeito de reparar(-se). 2. Conserto, reforma, restauração. 3. Indenização. 4. Satisfação dada a pessoa ofendida.

Reparadeira, s. f. Mulher que repara em tudo; mulher bisbilhoteira.

Reparador, adj. e s. m. Que, ou aquele que repara, melhora, fortifica ou restabelece.

Reparar, v. 1. Tr. dir. Fazer reparo em; consertar, restaurar, refazer. 2. Tr. dir. Restabelecer, reconstituir; fortificar. 3. Tr. dir. Atenuar, disfarçar, minorar. 4. Tr. dir. Prevenir as conseqüências maléficas de; corrigir, remediar. 5. Tr. dir. Dar satisfação moral de. 6. Tr. dir., tr. ind. e intr. Prestar atenção em; notar, observar. 7. Tr. ind. Tomar cautela, tomar tento.

Reparatório, adj. Que envolve reparação.

Reparável, adj. m. e f. Que se pode reparar.

Reparo, s. m. 1. Reparação. 2. Exame, inspeção. 3. Censura, crítica. 4. Remédio, socorro. 5. Qualquer obra de defesa onde assenta a artilharia.

Repartição, s. f. 1. Ato ou efeito de repartir(-se). 2. Divisão, partilha, quinhão. 3. Seção de uma secretaria ou de uma diretoria-geral. 4. Qualquer secretaria onde se tratam negócios públicos ou dependentes de um ministério.

Repartideira, s. f. 1. Mulher que reparte. 2. Pequena vasilha de cobre com que se reparte o melado nas formas dos engenhos de açúcar.

Repartido, adj. 1. Dividido, distribuído. 2. Incerto, duvidoso, hesitante.

Repartidor, adj. Que reparte. S. m. Aquele que reparte.

Repartimento, s. m. 1. Compartimento, quarto. 2. Lugar reservado e separado de outros.

Repartir, v. 1. Tr. dir. Fazer em partes, dividir por grupos; distribuir. 2. Tr. dir. *Arit.* Dividir. 3. Pron. Dividir-se, ramificar-se. 4. Tr. dir. Dar em partilha ou por sorteio. 5. Pron. Ir por diferentes partes; espalhar-se. 6. Tr. dir. Aplicar, empregar.

Repartitivo, adj. Que serve para repartir.

Repartível, adj. m. e f. Que pode ser repartido.

Repassada, s. f. V. *repasse.*

Repassado, adj. Impregnado, embebido, cheio.

Repassador, s. m. Indivíduo que repassa (cavalos).

Repassage, s. f. *Bot.* Planta composta (*Picris echioides*).

Repassagem, s. f. (*repassar + agem*). V. *repasse.*

Repassar, v. 1. Tr. dir., tr. ind. e intr. Passar de novo. 2. Tr. dir. Estudar de novo; reexaminar. 3. Tr. dir. Desfiar as contas de. 4. Tr. dir. e pron. Embeber(-se), ensopar(-se). 5. Intr. Deixar-se atravessar de um líquido; embeber-se. 6. Intr. Ressumar; verter umidade. 7. Tr. dir. Fazer a última colheita ou catação de. 8. Tr. dir. Montar uma cavalgadura, após ser domada, a fim de verificar se ela obedece ao freio, ou se lhe restam ainda outros defeitos a serem corrigidos.

Repasse, s. m. 1. Ato de repassar, acep. 8. 2. Última colheita ou catação do algodão. 3. Catação dos frutos caídos de um cafezal.

Repasso, s. m. V. *repasse.*

Repastar, v. 1. Tr. dir. Apascentar de novo; tornar a levar ao pasto. 2. Tr. dir. Alimentar bem. 3. Intr. Comer abundante e regaladamente. 4. Tr. dir. e pron. Comprazer(-se), deliciar(-se), encantar(-se).

Repasto, s. m. 1. Abundância de pasto. 2. Alimentação copiosa.

Repatriação, s. f. Ato ou efeito de repatriar(-se).

Repatriador, adj. e s. m. Que, ou aquele que repatria.

Repatriar, v. 1. Tr. dir. Fazer regressar. 2. Pron. Regressar à pátria.

Repechar, v. 1. Tr. dir. Subir (um cerro, uma ladeira). 2. Intr. Elevar-se (o terreno); ter repecho.

Repecho (*ê*), s. m. 1. Terreno em aclive; subida. 2. Terreno cheio de altos e baixos.

Repedir, v. Tr. dir. 1. Tornar a pedir. 2. Pedir com insistência.

Repelão, s. m. 1. Encontrão, encontro violento. 2. Ataque, investida, assalto.

Repelar, v. V. *arrepelar.*

Repelência, s. f. Estado ou qualidade de repelente; repugnância.

Repelente, adj. m. e f. Que repele. S. m. Substância empregada para repelir insetos.

Repelido, adj. 1. Impelido para longe; rebatido, rechaçado. 2. Posto fora; expulso. S. m. Repelão.

Repelir, v. (l. *repellere*). 1. Tr. dir. Fazer retroceder; impelir para longe; rechaçar. 2. Tr. dir. Defender-se de; rebater. 3. Tr. dir. Afastar, desviar, fazer arredar. 4. Tr. dir. Não acolher; não permitir a aproximação de. 5. Tr. dir. Não admitir; rejeitar. Conjuga-se como *compelir.*

Repenicado, adj. 1. Vibrado com estridor. 2. *Fig.* Floreado com repiques ou toques agudos. S. m. Ato de repenicar; repenique.

Repenicar, v. 1. Tr. dir. Fazer dar sons agudos, percutindo objetos metálicos. 2. Intr. Produzir sons muito agudos e metálicos; vibrar com estridor.

Repenique, s. m. Repenicado.

Repensar, v. 1. Tr. dir. e tr. ind. Tornar a pensar em. 2. Intr. Pensar madura e detidamente; reconsiderar.

Repente, s. m. 1. Dito ou ato repentino e irrefletido. 2. Qualquer improviso.
De r.: de súbito; imprevistamente; repentinamente.

Repentino, adj. Imprevisto, inopinado, súbito.

Repentista, adj. m. e f. 1. Que faz ou diz coisas de repente. 2. Que improvisa. S. m. e f. Pessoa repentista.

Repercussão, s. f. Ato ou efeito de repercutir(-se).

Repercussivo, adj. Que serve para fazèr repercussão.

Repercutente, adj. m. e f. Que repercute.

Repercutir, v. (l. *repercutere*). 1. Tr. dir. Reproduzir (um som). 2. Tr. dir. Dar nova direção a. 3. Intr. e pron. Refletir-se, repetir-se, reproduzir-se (o som, a luz, o calor etc.). 4. Tr. ind. e pron. Transmitir seus efeitos; refletir-se.

Repergunta, s. f. 1. Ação de reperguntar. 2. Nova inquirição da testemunha pelo advogado da parte contrária.

Reperguntar, v. Tr. dir. Tornar a perguntar; fazer novas perguntas acerca de.

Repertório, s. m. 1. Índice de matérias metodicamente dispostas. 2. Compilação, coleção, conjunto. 3. Almanaque, calendário, folhinha. 4. Pessoa perita em certos assuntos. 5. Lista de obras dramáticas ou musicais, já executadas ou para executar. 6. A coleção das obras de um maestro ou de um autor dramático. 7. As músicas tocadas num concerto.

Repes, s. m. sing. e pl. (fr. *reps*). Tecido encorpado, de algodão, lã ou seda, para reposteiros, estofos de cadeiras etc.

Repesador, adj. e s. m. Que, ou aquele que repesa.

Repesar, v. Tr. dir. 1. Pesar novamente. 2. Examinar com atenção.

Repeso (*ê*), adj. *Ant.* Arrependido. S. m. Ato de repesar.

Repetência, s. f. 1. Repetição. 2. *Med. ant.* Derivação de humores no organismo.

Repetente, adj. m. e f. Repetidor. S. m. e f. Estudante que repete o ano que já tinha cursado.

Repetição, s. f. 1. Ato ou efeito de repetir(-se); repetência. 2. Reprodução do que outrem ou a própria pessoa disse ou fez. 3. *Ret.* Figura que se baseia na repetição de uma palavra ou de uma frase.

Repetido, adj. (p. de *repetir*). 1. Que se repetiu; que sucedeu ou se sucede de novo. 2. Dito, feito ou acontecido novamente.

Repetidor, adj. Que repete; repetente. S. m. 1. Aquele que repete. 2. Professor que repete ou explica lições por outro.

Repetir, v. (l. *repectere*). 1. Tr. dir. Dizer ou fazer de novo. 2. Intr. e pron. Dar-se ou suceder novamente. 3. Tr. dir. Tornar a cursar (uma disciplina ou um período letivo). 4. Tr. dir. Renovar. 5. Tr. dir. Refletir (a luz, as imagens etc.). 6. Tr. dir. Repercutir (um som). Conjuga-se como *aderir.*

Repicador, adj. e s. m. Que, ou aquele que repica.

Repicagem, s. f. Ato ou efeito de repicar; repique. 2. Transplantação (de plantas).

Repica-ponto, s. m. Excelência, perfeição.

Repicar, v. 1. Tr. dir. Picar de novo. 2. Tr. dir. Tanger repetidas vezes (sino ou campainha); repenicar. 3. Intr. Fazer demonstração de alegria com toque festivo; soar festivamente. 4. Intr. Haver repique (no jogo de bilhar). 5. Tr. dir. Transplantar (mudas de uma sementeira).

Repimpado, adj. 1. De barriga cheia; abarrotado, empanturrado, empanzinado. 2. Sentado a gosto; refestelado.

Repimpar, v. 1. Tr. dir. Abarrotar, fartar (a barriga). 2. Pron. Fartar-se, locupletar-se. 3. Intr. e pron. Recostar-se comodamente; refestelar-se.

Repinchar, v. Intr. Desviar-se aos saltos depois de pisado; ressaltar.

Repintar, v. 1. Tr. dir. Tornar a pintar; recobrir com tintas novas. 2. Tr. dir. Avivar as cores de; tornar mais visível e saliente. 3. Tr. dir. e pron. Copiar(-se), reproduzir(-se). 4. Intr. *Tip.* Sujar-se uma folha com a tinta da anterior.

Repique, s. m. 1. Repicagem. 2. Toque festivo dos sinos. 3. Alarma. 4. Choque de duas bolas, no bilhar.

Repiquetar, v. Tr. dir. Corrigir a piquetagem de.

Repiquete (*ê*), s. m. 1. V. *ladeira.* 2. Repique amiudado de sinos. 3. O rufar amiudado e apressado do tambor. 4. Recaída de moléstia. 5. Onda que desce das cabeceiras dos rios, com as primeiras chuvas que ali caem, sem que tenha chovido no resto do seu curso. 6. *Náut.* Bordo curto para ganhar mais um pouco de barlavento.

Repisa, s. f. Ato ou efeito de repisar.

Repisado, adj. 1. Que se repisou; pisado de novo. 2. Calcado com os pés. 3. Muito repetido: Assunto *r.*

Repisar, v. 1. Tr. dir. Tornar a pisar; calcar aos pés. 2. Tr. dir. e tr. ind. Repetir muitas vezes, falando e tornando a falar no mesmo assunto. 3. Pron. Repetir-se: Detestava *repisar-se.*

Replanta, s. f. Plantação das falhas de uma lavoura, principalmente da de café. 2. Qualquer planta que substitui outra.

Replantação, s. f. Ato ou efeito de replantar; replantio.

Replantar, v. Tr. dir. Tornar a plantar.

Replantio, s. m. V. *replantação.*

Replay (*riplei*), s. m. (t. ingl.). 1. Repetição de imagens durante uma transmissão ao vivo. 2. *Por. ext.* Repetição.

Repleção, s. f. Estado de repleto.

Repleno, adj. Muito cheio; repleto. S. m. V. *terrapleno.*

Repletar, v. *P. us.* Tr. dir. Tornar repleto; encher muito.

Repleto, adj. 1. Completamente cheio; repleno. 2. Abarrotado; enfartado.

Réplica, s. f. 1. Ação ou efeito de replicar; replicação. 2. O que se replica; contestação, objeção, refutação. 3. *Dir.* Resposta que, numa causa judicial, dá o autor, por si ou pelo seu advogado, àquilo que o réu contestou. 4. *Mús.* Ritornelo. 5. Exemplar de uma obra de arte que não é o original.

Replicação, s. f. V. *réplica.*

Replicador, adj. e s. m. Que, ou aquele que replica.

Replicar, v. 1. Tr. ind. e intr. Responder às objeções ou críticas de; contestar, impugnar, objetar. 2. Tr. dir. Dizer em réplica; responder, retorquir, retrucar. 3. Intr. Responder, quando se deve obedecer calado. 4. Tr. dir. e intr. Apresentar réplica; redargüir.

Repolegar, v. Tr. dir. Dobrar ou ornar com repolego; repolgar.

Repolego (*ê*), s. m. 1. Filete torcido, para ornato de certas peças. 2. Filete de massa ao redor de uma empada.

Repolgar, v. (contr. de *repolegar*). V. *repolegar*.

Repolhal, adj. m. e f. Relativo a repolho. S. m. Plantação de repolhos.

Repolhar, v. (l. *repullulare*). Intr. Ganhar o feitio de repolho.

Repolho (*ô*), s. m. (cast. *repollo*). 1. *Bot.* Espécie de couve, cujas folhas imbricadas se fecham em forma de globo (*Brassica oleracea capitata*). 2. *Pop.* Pessoa baixa e gorda.

Repolhudo, adj. 1. Que tem forma de repolho. 2. Gordo, rechonchudo, roliço.

Repoltrear, v. Pron. Sentar-se de modo confortável; poltronear-se, refestelar-se.

Reponta, s. f. 1. Ponta que aparece pela segunda vez ou de tempos a tempos; nova ponta. 2. Repetição de golpe com a ponta da espada ou da lança. 3. Início de subida da maré.

Repontão, adj. e s. m. Que, ou aquele que reponta, quando admoestado; resmungão, respondão. Fem.: *repontona*.

Repontar[1], v. (*re + ponta + ar*). 1. Tr. ind. e intr. Começar a aparecer novamente. 2. Intr. Começar a encher (a maré ou o rio). 3. Tr. ind. e intr. Responder mal ou com pouco respeito. 4. Tr. ind. Acometer, atacar, voltando-se para trás.

Repontar[2], v. (*re + ponto + ar*). Tr. dir. 1. Fazer refluir para certo ponto. 2. Enxotar (animais) em certa direção.

Reponte, s. m. (de *repontar*[2]). Ato de enxotar (animais).

Repontuar, v. Tr. dir. Pontuar de novo.

Repor, v. (*re + pôr*). 1. Tr. dir. Tornar a pôr; recolocar. 2. Tr. dir. Devolver, restituir. 3. Pron. Reconstituir-se, restabelecer-se.

Reportação, s. f. Ato ou efeito de reportar(-se); reportamento.

Reportado, adj. Moderado, direito, discreto.

Reportagem, s. f. (fr. *reportage*). 1. Ato de adquirir informações para os periódicos. 2. Noticiário desenvolvido sobre algum assunto. 3. O serviço prestado pelos repórteres nos periódicos em que colaboram. 4. As notícias que eles preparam para os periódicos. 5. A classe dos repórteres.

Reportamento, s. m. V. *reportação*.

Reportar[1], v. (l. *reportare*). 1. Tr. dir. Fazer voltar para trás; retrair, volver. 2. Pron. Aludir, referir-se a. 3. Tr. dir. Atribuir, dar como causa; referir. 4. Pron. Cair em si; comedir-se, sofrear-se.

Reportar[2], v. (*reporte + ar*). Intr. *Neol.* Fazer a operação bancária de reporte.

Reporte, s. f. (fr. *report*). Operação da Bolsa, pela qual o especulador, jogando na alta, readquire a termo os títulos que acaba de vender à vista.

Repórter, s. m. (ingl. *reporter*). Informador ou noticiarista dos periódicos, do rádio e da televisão. Pl.: *repórteres*.

Reposição, s. f. (l. *repositione*). Ato ou efeito de repor.

Repositório, adj. Próprio para guardar medicamentos. S. m. 1. Lugar onde se guardam coisas; depósito. 2. Coleção, repertório.

Reposta, s. f. (l. *reposita*). 1. V. *resposta*. 2. Quantia que se põe no jogo do voltarete.

Repostada, s. f. Resposta grosseira ou incivil; respostada.

Repostar, v. V. *replicar*.

Repostaria, s. f. *P. us.* 1. Dependência, destinada nos palácios para feitura de doces e licores. 2. Conjunto de objetos e pessoal da copa.

Reposte, s. m. *Ant.* 1. Casa para guardar móveis. 2. Os próprios móveis lá guardados.

Reposteiro, s. m. (l. medieval *repositariu*). 1. Cortinado que serve para substituir ou dissimular uma porta. 2. Cortina ou peça de estofo que pende das portas interiores da casa. 3. *Ant.* Criado da casa real que tinha a seu cargo correr cortinas ou estofos pendentes das portas.

Repotrear, v. V. *repoltrear*.

Repousar, v. (l. *repausare*). 1. Tr. dir. Pôr em estado de repouso; descansar. 2. Tr. ind. e intr. Estar ou ficar em repouso; ter descanso ou folga. 3. Tr. dir. Proporcionar alívio a; tranqüilizar. 4. Intr. Dormir. 5. Tr. ind. Assentar. 6. Tr. ind. Estar colocado ou estabelecido. 7. Tr. ind. e intr. Estar sepultado; jazer.

Repouso, s. m. 1. Ato ou efeito de repousar. 2. Cessação de movimento ou de trabalho. 3. Descanso, sossego, tranqüilidade.

Repovoar, v. 1. Tr. dir. Povoar novamente. 2. Pron. Povoar-se de novo.

Repreendedor, adj. e s. m. Que, ou aquele que repreende; repreensor.

Repreender, v. (l. *reprehendere*). 1. Tr. dir. Dar repreensão a; admoestar com energia; censurar; corrigir. 2. Tr. dir. Chamar a atenção de; advertir. 3. Pron. Censurar-se.

Repreensão, s. f. (l. *reprehensione*). 1. Ato ou efeito de repreender. 2. Admoestação, censura.

Repreensível, adj. m. e f. (l. *reprehensibile*). Que merece repreensão; censurável.

Repreensivo, adj. Que repreende ou envolve repreensão; repreensor.

Repreensor, adj. 1. Repreendedor. 2. Repreensivo.

Repregar, v. Tr. dir. 1. Tornar a pregar. 2. Segurar fortemente com pregos. 3. Adornar de pregaria.

Reprego, s. m. Ato ou efeito de repregar.

Represa (*ê*), s. f. 1. Represamento. 2. Obra de engenharia, feita para a acumulação de águas, para diversos fins. 3. Repressão, interrupção de um movimento. 4. Mísula, peanha. 5. Conserto nos alicerces de um muro. 6. *Náut.* Navio retomado ao inimigo.

Represado, adj. 1. Que não corre; estagnado. 2. Concentrado, reprimido. 3. Suspenso, retido.

Represador, adj. e s. m. Que, aquele ou aquilo que represa.

Represadura, s. f. Ato de represar; represamento.

Represália, s. f. Vingança, desforra violenta, retaliação.

Represamento, s. m. Ato ou efeito de represar; represa.

Represar, v. 1. Tr. dir. Fazer presa de; apoderar-se de. 2. Tr. dir. Fazer represa em; deter (o curso de água) com dique, paredão etc. 3. Tr. dir. Conter, fazer parar, reprimir, reter, suspender, suster. 4. Tr. dir. Estorvar, impedir. 5. Tr. dir. Atalhar, refrear, sofrear. 6. Tr. dir. Deter em prisão; enclausurar. 7. Pron. Acumular-se, depositar-se como em represa.

Representação, s. f. 1. Ato ou efeito de representar(-se). 2. Exibição em cena; récita. 3. Aparência de importância e distinção que requerem certos cargos de qualidade. 4. *Filos.* Ato pelo qual se faz ver um objeto presente ao espírito. 5. Conjunto dos membros das câmaras políticas de um país democrático representativo.

Representador, adj. e s. m. Que, ou aquele que representa; representante.

Representante, adj. m. e f. Que representa. S. m. e f. 1. Pessoa que representa outra. 2. Ministro plenipotenciário.

Representar, v. 1. Tr. dir. Ser a imagem de; parecer, aparentar, figurar. 2. Tr. dir. Reproduzir a imagem de; pintar, retratar. 3. Tr. dir. Significar, simbolizar. 4. Pron. Aparecer numa outra forma; figurar como emblema. 5. Pron. Apresentar-se, oferecer-se ao espírito. 6. Tr. ind. Dirigir uma representação. 7. Tr. dir. Ser ministro ou embaixador de. 8. Tr. dir. Ser mandatário ou procurador de. 9. Tr. dir. Apresentar-se no lugar de; fazer as vezes de; suprir a falta de. 10. Tr. dir. Exibir em teatro. 11. Tr. dir. Desempenhar em espetáculo público (um papel de peça teatral). 12. Desempenhar funções de ator.

Representativo, adj. 1. Que representa ou serve para representar. 2. Que envolve representação. 3. Formado de representantes.

Representável, adj. m. e f. Que pode ser representado.

Representear, v. Tr. dir. Presentear mutuamente.

Represo (*ê*), adj. (p. irr. de *represar*). 1. Novamente preso. 2. Represado.

Repressão, s. f. Ato ou efeito de reprimir(-se).

Repressivo, adj. Que serve para reprimir.

Repressor, adj. Que reprime; repressório. S. m. Aquele que reprime.

Repressório, adj. V. *repressor.*

Reprimenda, s. f. Repreensão, censura ou admoestação severa.

Reprimir, v. (l. *reprimere*). 1. Tr. dir. Suster a ação, o movimento de; conter, reter, moderar, coibir, refrear, represar. 2. Tr. dir. Impedir, proibir pela ameaça ou pelo castigo. 3. Tr. dir. e pron. Dominar(-se), não deixar manifestar(-se), sofrear(-se). 4. Tr. dir. Oprimir, vexar, violentar. 5. Tr. dir. Punir.

Reprimível, adj. m. e f. Que se pode reprimir.

Reprisar, v. Tr. dir. 1. Tornar a apresentar (espetáculos, filmes etc.). 2. Repetir.

Reprise, s. f. Ato ou efeito de reprisar; repetição.

Réprobo, adj. 1. Detestado, odiado. 2. Malvado. 3. *Teol.* Condenado por Deus às penas eternas; precito. S. m. Indivíduo réprobo.

Reprochar, v. (fr. *reprocher*). Tr. dir. Lançar em rosto; argüir, censurar, exprobrar, increpar.

Reproche, s. m. (fr. *reproche*). Repreensão.

Reprodução, s. f. 1. Ato ou efeito de reproduzir(-se). 2. Procriação de seres com as mesmas características dos seus progenitores. 3. Imitação fiel; cópia. 4. Retrato, fotografia.

Reprodutibilidade, s. f. Qualidade de reprodutível.

Reprodutível, adj. m. e f. V. *reproduzível.*

Reprodutivo, adj. Que reproduz ou se reproduz.

Reprodutor, adj. Que reproduz. S. m. 1. Aquele que reproduz. 2. Animal destinado à reprodução. Fem. irr.: *reprodutriz.*

Reproduzir, v. 1. Tr. dir. Tornar a produzir. 2. Tr. dir. Tornar a apresentar, exibir ou mostrar. 3. Tr. dir. Tornar a dizer ou a escrever. 4. Tr. dir. Descrever. 5. Tr. dir. Traduzir fielmente; copiar, imitar, retratar. 6. Pron. Perpetuar-se pela geração. 7. Pron. Renovar-se. 8. Pron. Multiplicar-se, repetir-se.

Reproduzível, adj. m. e f. Que se pode reproduzir; reprodutível.

Reprofundar, v. 1. Tr. dir. Tornar a profundar. 2. Tr. ind. Submergir-se, mergulhar.

Reprometer, v. Tr. dir. Tornar a prometer.

Repromissão, s. f. (l. *repromissione*). 1. Ato de reprometer. 2. Promessa recíproca.

Reprovação, s. f. 1. Ato ou efeito de reprovar. 2. Censura, crítica. 3. Repreensão. 4. Desprezo, desdém.

Reprovado, adj. 1. Censurado. 3. Rejeitado. 3. Inabilitado em exame.

Reprovador, adj. e s. m. Que, ou o que reprova; reprovativo.

Reprovar[1], v. (l. *reprobare*). Tr. dir. 1. Não aprovar; rejeitar, recusar. 2. Censurar severamente; condenar. 3. Não considerar o examinando como suficientemente habilitado. 4. *Rel.* Excluir da bem-aventurança (um pecador); condenar às penas eternas.

Reprovar[2], v. (*re + provar*). Tr. dir. Tornar a provar.

Reprovativo, adj. Reprovador.

Reprovável, adj. m. e f. Digno de reprovação.

Repruir, v. 1. Tr. dir. Causar prurido em. 2. Intr. Sentir comichão; ter cócegas. 3. Tr. dir. e intr. Excitar(-se), inflamar(-se). Var.: *reprurir.* — Verbo defectivo, só se conjuga nas formas em que a terminação começa com a vogal *i.*

Reprurir, v. V. *repruir.*

Reptação, s. f. (*reptar*[1] + *ção*). Repto.

Reptador, adj. (*reptar*[1] + *dor*). Que repta ou desafia. S. m. Aquele que repta. Sin.: *reptante*[1].

Reptante[1], adj. e s., m. e f. (de *reptar*[1]). V. *reptador.*

Reptante[2], adj. m. e f. (de *reptar*[2]). 1. Que repta, que anda de rastos; réptil. 2. *Bot.* Que se eleva a pouca altura. S. m. V. *réptil.* S. m. pl. *Zool.* Vasto grupo (*Reptantia*) de crustáceos decápodes, que compreende lagostas, caranguejos, o eremita-bernardo e formas relacionadas.

Reptar[1], v. (prov. *reptar*, do l. *reputare*). Tr. dir. 1. Lançar repto a; desafiar. 2. Estar em oposição a; opor-se a.

Reptar[2], v. (l. *reptare*). Intr. *Des.* 1. Andar de rastos; arrastar-se. 2. Rojar-se pelo chão.

Réptil, adj. m. e f. Que se arrasta. S. m. 1. *Herp.* Animal vertebrado que pertence à classe dos Répteis. 2. Pessoa de sentimentos baixos e repugnantes; pessoa bajuladora e vil. S. m. pl. Classe (*Reptilia*) de animais vertebrados que apresentam corpo revestido de escamas, placas córneas ou escudos ósseos de origem dérmica, quatro pernas, às vezes atrofiadas ou ausentes; compreende as tartarugas, os jacarés, os lagartos e as serpentes. Pl.: *répteis.* Var.: *reptil.* Pl.: *reptis.*

Repto, s. m. (de *reptar*[1]). 1. Ato ou efeito de reptar[1]; reptação. 2. Desafio, provocação, reptação.

República, s. f. (l. *re publica*). 1. A coisa pública. 2. O Estado no sentido geral, seja qual for a forma de governo. 3. Forma de governo em que o povo exerce a sua soberania por intermédio dos seus delegados e representantes e por tempo fixo. 4. O país assim governado. 5. Conjunto de estudantes que vivem na mesma casa. 6. Essa casa. 7. *Pej.* Coisa desordenada.

Republicanismo, s. m. 1. Qualidade de republicano. 2. Doutrina política partidária da república.

Republicanização, s. f. Ato ou efeito de republicanizar(-se).

Republicanizar, v. Tr. dir. e pron. Tornar(-se) republicano.

Republicano, adj. Relativo à república. S. m. 1. Membro de uma república. 2. Membro ou eleitor de um partido republicano.

Republicar, v. Tr. dir. Publicar novamente; reeditar.

Republicida, s. m. e f. Pessoa que pratica um republicídio.

Republicídio, s. m. Destruição de uma república.

Repúblico, adj. 1. Relativo aos interesses dos cidadãos. 2. Republicano. S. m. 1. Aquele que é zeloso do bem público. 2. Indivíduo republicano.

Republiqueta *(ê)*, s. f. *Pej.* 1. Pequena república. 2. República insignificante.

Repudiação, s. f. V. *repúdio.*

Repudiador, adj. e s. m. Repudiante.

Repudiante, adj. e s. m. e f. Que, ou quem repudia; repudiador.

Repudiar, v. Tr. dir. 1. Divorciar-se (o homem) da esposa. 2. *Dir.* Renunciar voluntariamente. 3. Arredar de si; rejeitar, repelir.

Repúdio, s. m. Ato ou efeito de repudiar.

Repugnador, adj. e s. m. Que, ou o que repugna; repugnante.

Repugnância, s. f. (l. *repugnantia*). 1. Qualidade de repugnante. 2. Asco ou aversão por alguém ou alguma coisa. 3. Nojo, repulsão. 4. Escrúpulo em proceder de certo modo. 5. Incompatibilidade.

Repugnante, adj. m. e f. 1. Que repugna; que causa náusea. 2. Asqueroso, repelente. 3. Que suscita indignação moral; repelente.

Repugnar, v. 1. Tr. dir. Reagir contra; contrariar, recusar, não aceitar. 2. Tr. ind. Não assentir; opor-se, resistir. 3. Tr. ind. Ser contrário, incompatível. 4. Tr. ind. e intr. Causar antipatia, aversão, nojo.

Repulsa, s. f. 1. Ato ou efeito de repelir; repulsão. 2. Sentimento de aversão, de relutância, de repugnância. 3. Oposição, objeção.

Repulsão, s. f. 1. Repulsa. 2. Força em virtude da qual certos corpos se repelem mutuamente.

Repulsar, v. Tr. dir. 1. Pôr distante; afastar, arredar. 2. Pôr em fuga; expulsar, repelir. 3. Opor-se a; recusar. 4. Reenviar, refletir, repercutir.

Repulsivo, adj. 1. Que causa repulsa. 2. Repelente.

Repulso, adj. (p. irr. de *repelir*). V. *repelido.* S. m. V. *repulsão.*

Repulsor, adj. Que repulsa.

Repulular, v. Intr. 1. Pulular ou rebentar de novo. 2. Brotar; em abundância; multiplicar-se.

Repurgação, s. f. Ato de repurgar; nova purgação.

Repurgar, v. Tr. dir. Tornar a purgar ou a limpar.

Repurificar, v. Tr. dir. 1. Tornar a purificar. 2. Purificar em alto grau.

Reputação, s. f. (l. *reputatione*). 1. Ato ou efeito de reputar(-se). 2. Fama, renome.

Reputar, v. 1. Tr. dir. Dar reputação ou bom nome a; ilustrar. 2. Tr. dir. Avaliar, estimar. 3. Tr. dir. e pron. Ter em conta; considerar, julgar.

Repuxão, s. m. 1. Repuxo. 2. Puxão violento.

Repuxar, v. 1. Tr. dir. Puxar para trás. 2. Tr. dir. e pron. Esticar(-se) muito, puxar(-se) com força. 3. Tr. dir. *Arquit.* Fazer ou pôr encosto a; encostar. 4. Intr. Fazer jato ou jorro, borbotar, sair em repuxo (qualquer líquido). 5. Intr. Retesar.

Repuxo, s. m. 1. Ato ou efeito de repuxar; repuxão. 2. Fonte, construída com finalidades ornamentais, que lança com força para cima um ou mais jatos de água. 3. *Arquit.* Arcobotante, botaréu, encosto. 4. Obra de suporte. 5. Ato de recuar; coice, recuo. 6. *Gír.* Situação perigosa, encargo pesado.

Requebém, s. m. V. *recavém.*

Requebrado, adj. Amoroso, lânguido. S. m. Movimento lânguido e lascivo.

Requebrador, adj. e s. m. 1. Que, ou aquele que requebra. 2. Namorador.

Requebrar, v. 1. Tr. dir. e pron. Menear(-se), mover(-se) com languidez ou afetação; saracotear(-se). 2. Tr. dir. Galantear, namorar. 3. Tr. dir. Dizer, dirigir languidamente, entre requebros. 4. Pron. Fazer requebros; saracotear-se.

Requebro *(ê),* s. m. 1. Ato ou efeito de requebrar(-se). 2. Inflexão lânguida da voz, dos olhos, ou do corpo. 3. Gesto amoroso. 6. *Mús.* Trinado. Pl.: *requebros (ê).*

Requeijão, s. m. Espécie de queijo feito de coalhada misturada com leite fresco, que se leva ao fogo para cozer.

Requeima, s. f. Ato ou efeito de requeimar(-se); requeimação.

Requeimação, s. f. V. *requeima.*

Requeimado, adj. 1. Muito queimado. 2. Tostado pelo sol. 3. Crestado. 4. Diz-se do pêlo (do gado bovino ou cavalar) que, sendo vermelho, deixa transparecer faixas denegridas.

Requeimar, v. 1. Tr. dir. Queimar muito. 2. Tr. dir. Tostar ao calor do fogo ou do sol. 3. Tr. dir. Tornar negro pela ação do fogo ou do sol; crestar, tisnar. 4. Pron. *Des.* Sentir fortemente sem o manifestar; ressentir-se. 5. Tr. dir. Produzir ardor ou sensação acre em; picar. 6. Intr. Ter sabor acre ou picante (falando das especiarias).

Requeime, s. m. V. *requeimo.*

Requeimo, s. m. Queimo.

Requentado, adj. 1. Aquentado novamente. 2. Diz-se do alimento que se aqueceu por mais de uma vez ou que esteve por muito tempo à ação do calor.

Requentão, s. m. Café com cachaça ou conhaque.

Requentar, v. 1. Tr. dir. Aquentar ou aquecer de novo; sujeitar excessivamente à ação do fogo. 2. Pron. Encher-se de fumo (os alimentos).

Requeredor, adj. e s. m. *P. us.* V. *requerente.*

Requerente, adj. e s. m. e f. Que, ou quem requer; requeredor.

Reque-reque, s. m. V.*reco-reco.*

Requerer, v. (1. *requirere*). 1. Tr. dir. Pedir, solicitar. 2. Tr. dir. Pedir, rogar, mediante requerimento, à autoridade ou pessoa em condições de conceder o que se pede. 3. Tr. dir. e pron. Precisar(-se), reclamar(-se), exigir(-se). 4. Tr. dir. Requestar, tentar namorar. 5. Tr. dir. Ser digno de, fazer jus à. 6. Intr. Fazer, dirigir petições. — Pres. ind.: *requeiro, requeres, requer; requeremos, requereis, requerem.* Pres. subj.: *requeira, requeiras, requeira; requeiramos, requeirais, requeiram.* É regular nas demais formas.

Requerimento, s. m. 1. Ato ou efeito de requerer. 2. Petição por escrito, segundo certas formas legais. 3. Qualquer petição escrita ou oral.

Requerível, adj. m. e f. Que se pode requerer.

Requesta, s. f. (fr. arc. *requeste*). 1. Ação de requestar. 2. Briga, contenda.

Requestador, adj. e s. m. Que, ou aquele que requesta.

Requestar, v. Tr. dir. 1. Empregar diligências para. 2. Desafiar para duelo. 3. Solicitar muitas vezes. 4. Procurar o amor e as boas graças de; galantear, namorar.

Requesto, s. m. *Ant.* V. *reqüesta.*

Réquiem, s. m. (1. *requiem*). 1. Repouso. 2. *Liturg.* Ofício que se faz pelos mortos: Missa de *réquiem.* 3. Cantochão ou música do ofício de defuntos.

Requieto, adj. Muito quieto; sossegado.

Requietório, s. m. Entre os antigos romanos, o sepulcro (considerado o lugar do eterno descanso).

Requietude, s. f. Estado de requieto.

Requife, s. m. 1. Fita estreita de passamanaria. 2. Guarnição estreita.

Requifife, s. m. 1. Adorno, enfeite. 2. Dengues, formalidades. (Usa-se mais no plural).

Requinta, s. f. *Mús.* 1. Espécie de clarinete pequeno e de sons agudos. 2. Viola ou guitarra mais pequena que as ordinárias e de sons agudos.

Requintado, adj. 1. Elevado ao mais alto grau. 2. Muito apurado. 3. Aprimorado, delicado, fino.

Requintar, v. 1. Tr. dir. Levar ao mais alto grau de apuro; aperfeiçoar ao máximo; dar requinte a; aprimorar. 2. Tr. ind., intr. e pron. Levar ao extremo; exagerar-se, exceder-se.

Requinte, s. m. 1. Ato ou efeito de requintar(-se). 2. Extremo de perfeição; esmero. 3. Excesso, friamente calculado.

Requintista, s. m. e f. Pessoa que toca requinta.

Requisição, s. f. Ato ou efeito de requisitar.

Requisitar, v. Tr. dir. Exigir em nome da lei; requerer, exigir.

Requisito, s. m. 1. Condição a que se deve satisfazer para que uma coisa fique legal e regular. 2. Exigência imprescindível para a consecução de certo fim.

Requisitório, adj. Que requisita; precatório, rogatório. S. m. *Dir.* Exposição dos motivos pelos quais o representante do Ministério Público acusa alguém judicialmente.

res-, pref. Expressa a idéia de *repetição: resguardar, resvalar.*

Rés, adj. m. e f. Raso, rente. Adv. Cerce.
Ao rés de: ao longo de, próximo de.

Rês, s. f. (ár. *ras*). Qualquer quadrúpede cuja carne seja própria para a alimentação do homem. Pl.: *reses (ê).*

Resbabosa, s. f. *Gír.* Faca, entre os facínoras.

Resbordo, s. m. *Náut.* 1. Abertura, na amurada, para dar lugar à boca do canhão. 2. Conjunto das pranchas que formam o princípio do costado do navio e encaixam nos entalhos da quilha.

Resbuto, s. m. V. *rajaputro.*

Rescaldado, adj. 1. Muito escaldado. 3. Experimentado, experiente.

Rescaldamento, s. m. Ato ou efeito de rescaldar.

Rescaldar, v. Tr. dir. 1. Tornar a escaldar. 2. Escaldar muito.

Rescaldeiro, s. m. 1. Prato com rescaldo. 2. Braseiro.

Rescaldo, s. m. 1. A cinza ou borralho que ainda conserva algumas brasas. 2. O calor refletido de uma fornalha ou de um incêndio. 3. Cinzas expelidas pelos vulcões. 4. Ato de deitar água nas cinzas de um incêndio. 5. Aparelho para conservar quentes as comidas; rescaldeiro.

Rescindir, v. (1. *rescindere*). Tr. dir. Anular, desfazer, dissolver, invalidar, quebrar.

Rescisão, s. f. (1. *rescisione*). 1. Anulação de um contrato. 2. Corte, rompimento.

Rescisório, adj. 1. Que comporta rescisão. 2. Que rescinde ou dá margem à rescisão.

Rescrever, v. V. *reescrever.*

Rescrição, s. f. (1. *rescriptione*). Ordem escrita para se pagar uma quantia.

Rescrito, s. m. 1. Deliberação, ordem, resolução de um soberano, por escrito. 2. Decisão papal em assuntos eclesiásticos.

Rés-do-chão, s. m. *Constr.* Pavimento de um edifício que fica no mesmo nível do terreno no qual foi feita a construção.

Resedá, s. m. *Bot.* Gênero *(Reseda)* de plantas da família das Resedáceas, que compreende plantas herbáceas de flores esbranquiçadas ou amareladas.

Resedáceas, s. f. pl. *Bot.* Família *(Resedaceae)* de ervas, na maioria mediterrâneas, cultivadas como ornamentais.

Resedáceo, adj. Relativo à família das Resedáceas.

Resedal, s. m. Lugar onde abundam resedás.

Resenha, s. f. 1. Ato ou efeito de resenhar. 2. Descrição minuciosa. 3. Contagem, conferência. 4. Notícia em que há certo número de nomes ou assuntos similares.

Resenhar, v. (l. *resignare*). Tr. dir. 1. Escrever minuciosamente. 2. Enumerar por partes.

Resenho, s. m. *(re* + l. *signu).* 1. Observação minuciosa dos sinais e caracteres principais dos cavalos. 2. Marca que se põe geralmente na perna esquerda do cavalo.

Reserva, s. f. 1. Ato ou efeito de reservar(-se); reservação. 2. O que se guarda ou poupa para casos imprevistos. 3. *Mil.* Corpo militar pronto a entrar em combate quando necessário o reforço das fileiras. 3. *Mil.* Situação dos soldados que, tendo já servido pelo tempo determinado na lei, ficam todavia sujeitos a ser chamados novamente ao serviço, em caso urgente. 4. Cercado para o gado, com boa pastagem e abundante aguada; reservo. 5. Circunspeção, discrição, recato, retraimento. 6. Dissimulação. S. m. 1. Indivíduo que substitui outro de função efetiva, em casos de impedimento; suplente. 2. *Esp.* No futebol, jogador que está na suplência do titular ou que o substitui no decorrer de uma partida.

Reservação, s. f. 1. Reserva. 2. *Dir.* Condição restritiva de uma doação ou dos seus efeitos.

Reservado, adj. 1. Em que há reservas. 2. Que reserva ódio a quem o ofendeu. 3. Calado, cauteloso, discreto. 4. Oculto. 5. Que sabe guardar segredo; confidencial. S. m. Em certos restaurantes ou bares, compartimento especial.

Reservador, adj. e s. m. Que, ou aquele que reserva.

Reservar, v. 1. Tr. dir. Pôr de reserva; fazer reserva de; conservar, guardar. 2. Tr. dir. Destinar, deixar. 3. Tr. dir. Guardar para si. 4. Tr. dir. Defender, livrar, preservar. 5. Pron. Ficar de reserva; guardar-se.

Reservativo, adj. Que envolve reserva.

Reservatório, adj. Próprio para reservar. S. m. 1. Lugar destinado a guardar qualquer coisa. 2. Depósito de água.

Reservista, s. m. *Mil.* Cidadão na situação de reserva.

Reservo *(ê),* s. m. V. *reserva,* acep. 4.

Resfolegadouro, s. m. 1. V. *respiradouro.* 2. Lugar por onde penetra o ar necessário à movimentação de certos maquinismos.

Resfolegar, v. *(res* + *fôlego* + *ar).* 1. Intr. Tomar fôlego; respirar. 2. Tr. ind. e intr. Descansar da fadiga. 3. Tr. dir. Expelir, golfar — Conjugação: Pres. ind.: *resfólego* ou *resfolgo, resfólegas* ou *resfolgas, resfólega* ou *resfolga; resfolegamos, resfolegais, resfólegam* ou *resfolgam.* Pres. subj.: *resfólegue* ou *resfolgue, resfólegues* ou *resfolgues, resfólegue* ou *resfolgue; resfoleguemos, resfolegueis, resfóleguem* ou *resfolguem.*

Resfôlego, s. m. Ato ou efeito de resfolegar. Var.: *resfolgo.*

Resfolgar, v. V. *resfolegar.*

Resfolgo *(ô),* s. m. V. *resfôlego.*

Resfriadeira, s. f. 1. Lugar onde se resfria o açúcar, nos engenhos. 2. Vaso grande de barro, onde se põe a água a esfriar.

Resfriado, adj. 1. Que tem resfriamento. 2. Que tem resfriado. S. m. 1. Resfriamento. 2. Relvado nos pastos, perto de cabeceiras, onde há umidade. 3. Estado gripal caracterizado por congestão das mucosas das vias respiratórias superiores.

Resfriadouro, s. m. Lugar ou objeto que produz resfriamento ou faz resfriar. Var.: *resfriadoiro.*

Resfriamento, s. m. 1. Ato ou efeito de resfriar(-se). 2. Diminuição de calor. 3. Estado mórbido causado pelo frio excessivo. 4. Aguamento (falando-se de animais). 5. Arrefecimento de carinho, de cordialidade etc.

Resfriar, v. 1. Tr. dir. Esfriar novamente. 2. Tr. dir. Submeter a grande abaixamento de temperatura; arrefecer muito. 3. Intr. e pron. Cessar de ter calor; tornar-se frio. 4. Intr. e pron. Apanhar um resfriamento. 5. Intr. e pron. Perder o calor ou o entusiasmo; desalentar-se, desanimar-se. 6. Tr. dir. Diminuir a atividade, o ardor ou o calor de.

Resgatador, adj. e s. m. Que, ou aquele que resgata.

Resgatar, v. (l. *re* + *excaptare*). 1. Tr. dir. e pron. Remir(-se) do cativeiro, pagando certa quantia ou dando presentes. 2. Tr. dir. Livrar do cativeiro. 3. Tr. dir. Conseguir por dinheiro a restituição de. 4. Tr. dir. Obter à custa de algum sacrifício. 5. Tr. dir. Cumprir, desempenhar, executar. 6. Tr. dir. Recuperar.

Resgatável, adj. m. e f. Que se pode resgatar.

Resgate, s. m. 1. Ação ou efeito de resgatar(-se). 2. Preço do resgate. 3. Quitação. 4. Libertação.

Resguardar, v. 1. Tr. dir. Guardar com cuidado. 2. Tr. dir. Pôr a salvo; abrigar, defender, livrar. 3. Tr. dir. Guardar com cautela e vigilância; preservar de danos e perigos. 4. Tr. dir. Servir de anteparo a; acobertar, cobrir. 5. Pron. Acautelar-se, defender-se. 6. Pron. Ter dieta ou resguardo. 7. Tr. dir. Vigiar. 8. Tr. dir. Observar.

Resguardo, s. m. 1. Ato ou efeito de resguardar(-se). 2. Tudo o que serve para livrar algo de perigo ou dano. 3. Agasalho. 4. Circunspeção, discrição, escrúpulo, reserva. 5. Decoro, pudor. 6. Período subseqüente ao parto.

Residência, s. f. (1. *residentia*). 1. Morada habitual em lugar determinado; domicílio. 3. Trecho de uma linha férrea sob a resposabilidade de um engenheiro responsável quer durante a construção quer para efeito de conservação depois de construída.

Residencial, adj. m. e f. 1. Em que há residências. 2. Destinado para residência.

Residente, adj. m. e f. Que reside ou mora num lugar. S. m. e f. Pessoa residente.

Residir, v. (1. *residere*). Tr. ind. 1. Ter domicílio ou residência em. 2. Ser, estar, existir. 3. Consistir.

Residual, adj. m. e f. 1. Relativo a resíduo. 2. Próprio de resíduo.

Residuário, adj. 1. V. *residual.* 2. Próprio de resíduo.

Resíduo, adj. Remanescente. S. m. 1. Aquilo que resta de qualquer substância; resto. 2. *Quím.* Radical. 3. Parte insolúvel depois da filtração. 4. Cinzas após ignição. 5. Substância que resta depois de uma operação química. 6. Fezes, borra, lia, sedimento.

Resignação, s. f. 1. Ato ou efeito de resignar(-se). 2. Demissão voluntária da graça recebida ou do cargo exercido; renúncia. 5. Sujeição paciente às amarguras da vida.

Resignado, adj. 1. Que tem resignação. 2. Que se conforma com a sua sorte.

Resignante, adj. m. e f. Resignatário.

Resignar, v. 1. Tr. dir. Demitir-se voluntariamente de; renunciar a. 2. Tr. dir. Desistir de um benefício ou cargo em favor de outrem. 3. Pron. Ter resignação; conformar-se; estar animoso no sofrimento.

Resignatário, adj. e s. m. Que, ou pessoa que resignou a um cargo, dignidade ou benefício; resignante.

Resignável, adj. m. e f. Que se pode resignar.

Resilição, s. f. *Dir.* Dissolução contratual, ainda em execução, por acordo das partes.

Resilir, v. (1. *resilire*). 1. Tr. dir. Rescindir. 2. Tr. ind. Escapulir, soltar-se. 3. Tr. ind. Voltar ao ponto de partida. 4. Tr. dir. Desfazer, romper (o contrato) de comum acordo.

Resina, s. f. 1. Matéria oleosa e inflamável que, por incisão, se extrai de certas árvores. 2. Substância análoga (almíscar, âmbar etc.) de origem animal. 3. *Gír.* Bebedeira.

Resinado, adj. Que tem resina.

Resinagem, s. f. 1. Ato ou efeito de resinar. 2. Extração de resina.

Resinar, v. Tr. dir. 1. Extrair a resina de. 2. Misturar com resina. 3. Aplicar resina a.

Resinento, adj. (de *resina*). V. *resinoso.*

resini-, elem. de comp. (1. *resina*). Exprime a idéia de *resina: resinífero.*

Resinífero, adj. Que produz resina; resinoso.

Resinificar, v. 1. Tr. dir. e pron. Transformar(-se) em resina. 2. Tr. dir. Dar aparência de resina a.

Resiniforme, adj. m. e f. Que tem aparência de resina.

Resinoso, adj. 1. V. *resinífero.* 2. Que tem resina; resinento. 3. Coberto de resina; resinento.

Resipiscência, s. f. (1. *resipiscentia*). *Teol.* Arrependimento de um pecado, com propósito de emenda.

Resistência, s. f. 1. Ato ou efeito de resistir. 2. Ânimo com que se suporta fadiga, fome etc. 3. Causa que se opõe ao movimento de um corpo. 4. Obstáculo que uma coisa opõe a outra que atua sobre ela. 5. Luta em defesa de; defesa. 6. Oposição, obstáculo. 6. *Eletr.* Propriedade dos condutores elétricos em se opor à passagem da corrente elétrica, consumindo parte de sua força eletromotriz, a qual é transformada em calor.

Resistente, adj. m. e f. 1. Que resiste; ou reage. 2. Sólido, firme, seguro, duradouro. 3. Obstinado, teimoso.

Resistir, v. 1. Tr. ind. Oferecer resistência a. 2. Tr. ind. Não ceder, não se dobrar; defender-se. 3. Tr. ind. Fazer face a (um poder superior); opor-se. 4. Tr. ind. e intr. Conservar-se firme e inabalável; não sucumbir. 5. Tr. ind. Não aceder; negar-se, recusar-se. 6. Tr. ind. Sofrer, suportar. 7. Tr. ind. e intr. Conservar-se, durar, subsistir. 8. Tr. dir. *Ant.* Oferecer resistência a.

Resistível, adj. m. e f. A que se pode resistir.

Resistividade, s. f. Caráter ou qualidade do que oferece resistência, acep. 6.

Resistor, s. m. *Eletrônica.* Peça que aumenta a resistência elétrica de um circuito.

Reslumbrar, v. Intr. Deixar passar a luz; transluzir, transparecer.

Resma *(ê),* s. f. (ár. *rizma*). Vinte mãos de papel, ou quinhentas folhas.

Resmelengo, adj. *Pop.* 1. Rabugento, teimoso. 2. Avaro, sovina.

Resmonear, v. V. *resmungar.*

Resmuda, s. f. *Pop.* Ordem oposta à que fora dada; mudança.

Resmungão, adj. e s. m. Que, ou aquele que resmunga. Fem.: *resmungona.*

Resmungar, v. (1. **remussicare*). 1. Tr. dir. Dizer por entre dentes e com mau humor. 2. Intr. Falar baixo e de mau humor.

Resmungo, s. m. Ato de resmungar.

Resmuninhar, v. *Pop.* V. *resmungar.*

Reso, s. m. *Zool.* Macaco da Índia *(Macacus rhesus).*

Resolução, s. f. (1. *resolutione*). 1. Ato ou efeito de resolver(-se). 2. Decisão, expediente, deliberação, propósito, desígnio. 3. Decisão de caráter; firmeza. 4. Ânimo forte; intrepidez. 5. Solução de uma questão, um problema. 6. Decreto. 7. *Med.* Desaparecimento de tumor ou inflamação sem intervenção cirúrgica. 8. *Mús.* Transformação da dissonância em consonância.

Resolutivo, adj. 1. Que resolve; resolvente. 2. Diz-se do medicamento que promove o desaparecimento de um tumor, sem supuração.

Resoluto, adj. 1. Desfeito, dissolvido. 2. Afoito, corajoso.

Resolutório, adj. Próprio para resolver.

Resolúvel, adj. m. e f. Resolvível.

Resolver, v. 1. Tr. dir. Fazer desaparecer aos poucos; dissolver. 2. Tr. dir. Separar os elementos constituintes de (um corpo); decompor. 3. Pron. Desfazer-se, reduzir-se, transformar-se. 4. Tr. dir. Desagregar, desunir, separar. 5. Pron. Desaparecer, extinguir-se, inutilizar-se. 6. Tr. dir. *Med.* Fazer desaparecer pouco a pouco (inchação, inflamação, tumor) sem supuração. 7. Tr. dir. Achar a solução de; esclarecer, explicar. 8. Tr. dir. Dar solução a. 9. Tr. dir., tr. ind. e intr. Decidir, deliberar, determinar. 10. Pron. Decidir-se, deliberar-se, determinar-se.

Resolvido, adj. 1. Assente, combinado, decidido. 2. Valente, corajoso, disposto a tudo.

Resolvível, adj. m. e f. Que se pode resolver; resolúvel.

Resorcina, s. f. V. *resorcinol.*

Resorcinol, s. m. *Quím.* Fenol cristalino, adocicado, que assume cor rósea ao ar, obtido de várias resinas.

Respaldar[1], v. (*re + espaldar*). Tr. dir. Tornar plano ou liso (um caminho, uma parede, um terreno).

Respaldar[2], s. m. (*re[1] + espaldar*). V. *espaldar[2].*

Respaldo, s. m. 1. Ato ou efeito de respaldar. 2. Encosto na parte traseira de algumas carruagens. 3. Banqueta de altar. 4. Apoio, de caráter político ou moral. 5. Calosidade no lombo da cavalgadura, causada pelo roçar da sela.

Respançar, v. Tr. dir. Apagar com a raspadeira (letras ou borrões); raspar.

Respe, s. m. *Pop.* Descompostura, repreensão azeda; récipe.

Respectivo, adj. 1. Relativo a cada um em particular ou em separado. 2. Competente, devido, pertencente, próprio, seu. Var.: *respetivo.*

Respeitabilidade, s. f. Qualidade de respeitável.

Respeitador, adj. e s. m. Que, ou aquele que respeita.

Respeitante, adj. m. e f. Que diz repeito; relativo, referente, concernente.

Respeitar, v. (1. *respectare*). 1. Tr. dir. Testemunhar respeito a; tratar com respeito. 2. Tr. dir. Ter em consideração; acatar. 3. Tr. dir. Tratar segundo os preceitos da moral ou da urbanidade. 4. Tr. dir. Cumprir, observar, seguir. 5. Tr. dir. Honrar, reverenciar. 6. Pron. Fazer-se respeitado; impor-se ao respeito dos outros. 7. Tr. ind. Dizer respeito; pertencer, tocar. 8. Tr. dir. Não causar dano a; poupar. 9. Tr. dir. Recear, temer.

Respeitável, adj. m. e f. 1. Digno de respeito. 2. Que tem grande importância; importante. 3. Formidável, terrível.

Respeito, s. m. (1. *respectu*). 1. Ato ou efeito de respeitar(-se). 2. Aspecto ou lado por onde se encara uma questão. 3. Apreço, consideração. 4. Acatamento, deferência. 5. Obediência, submissão. 6. Referência, relação. 7. Medo, temor.

Respeitoso, adj. 1. Que mostra respeito. 2. Que guarda respeito. 3. Relativo a respeito.

Respiga, s. f. Ato ou efeito de respigar; respigadura.

Respigadeira, adj. Que respiga. S. f. 1. Mulher que respiga. 2. *Carp.* Ferramenta ou máquina própria para preparar peças de encaixe.

Respigador, adj. e s. m. Que, ou aquele que respiga.

Respigadura, s. f. Respiga.

Respigão, s. m. Espigão que nasce junto à unha.

Respigar, v. 1. Tr. ind. e intr. Apanhar as espigas que ficaram no campo depois da ceifa. 2. Tr. dir. Colher aqui e além; coligir, compilar.

Respingador, adj. e s. m. Que, ou aquele que respinga; respingão.

Respingão, adj. e s. m. V. *respingador.* Fem.: *respingona.*

Respingar[1], v. (cast. *respingar*). Intr. 1. Responder grosseiramente; recalcitrar, rezingar. 2. Escoicear (a cavalgadura).

Respingar[2], v. *(res + pingo + ar).* Intr. 1. Deitar (a água ou qualquer outro líquido) borrifos ou pingos. 2. Soltar faíscas (um braseiro, uma fogueira); crepitar.

Respingo, s. m. (de *respingar[2]*). Ato ou efeito de respingar.

Respirabilidade, s. f. Qualidade de respirável.

Respiração, s. f. 1. Ato ou efeito de respirar. 2. *Fisiol.* Absorção do oxigênio e exalação do gás carbônico; duplo fenômeno da inspiração e da expiração. 3. Fôlego, bafo, hálito.

Respirador, adj. Que serve para a respiração. S. m. Aparelho para facilitar a respiração.

Respiradouro, s. m. Em certos aparelhos mecânicos, orifício que dá passagem aos vapores. Var.: *respiradoiro.*

Respiramento, s. m. Respiração.

Respirar, v. (1. *respirare*). 1. Intr. *Fisiol.* Exercer a função da respiração; receber e expelir, alternadamente, o ar por meio do movimento dos pulmões. 2. Tr. dir. *Fisiol.* Absorver ou expelir por meio da respiração. 3. Intr. Viver. 4. Intr. Conseguir alguns momentos de descanso em trabalhos, aflições, dificuldades etc. 5. Tr. dir. Deitar para fora; expelir. 6. Tr. dir. Exalar; ter cheiro de; cheirar a. 7. Tr. dir. Exprimir, revelar, patentear.

Respiratório, adj. 1. Relativo à respiração. 2. Que auxilia a respiração.

Respirável, adj. m. e f. Que se pode respirar.

Respiro, s. m. 1. V. *respiração.* 2. Descanso, folga. 3. Abertura nos fornos, para dar saída à fumaça.

Resplandecência, s. f. Ato ou efeito de resplandecer; resplendor.

Resplandecente, adj. m. e f. Que resplandece; resplendente, resplendoroso.

Resplandecer, v. 1. Tr. ind. e intr. Brilhar intensamente; rutilar. 2. Tr. dir. Refletir o resplendor ou brilho de. 3. Tr. ind.

e intr. Manifestar-se com esplendor; revelar-se com toda a claridade. 4. Tr. ind. Engrandecer-se, notabilizar-se.
Resplendecer, v. V. *resplandecer.*
Resplendência, s. f. Qualidade de resplendente.
Resplendente, adj. m. e f. Resplandecente.
Resplender, v. V. *resplandecer.*
Resplêndido, adj. Muito esplêndido.
Resplendor, s. m. 1. Resplandecência. 2. Brilho intenso; fulgor. 3. Auréola. 4. Celebridade, glória.
Resplendoroso, adj. Resplandecente.
Respondão, adj. Que costuma responder grosseiramente; repontão, respingão, rezingão. S. m. Aquele que responde muito e com más palavras; repontão, respingão, rezingão. Fem.: *respondona.*
Respondedor, adj. Que responde; respondente. S. m. Aquele que responde; respondão.
Respondência, s. f. 1. *Des.* V. *correspondência.* 2. Relações, trato.
Respondente, adj. m. e f. Respondedor. S. m. e f. *Dir.* Pessoa que depõe, sendo inquirida por artigos.
Responder, v. 1. Tr. dir. Dizer ou escrever em resposta. 2. Tr. ind. e intr. Dar resposta. 3. Tr. ind. Ser respondão. 4. Tr. ind. Aduzir argumentos contra. 5. Tr. ind. Pôr em contraposição. 6. Intr. Repetir a voz, o som. 7. Tr. ind. Ficar por fiador de alguém; responsabilizar-se por. 8. Tr. ind. Estar em harmonia; ser igual; condizer. 9. Tr. ind. Retribuir equivalentemente. 10 Tr. ind. Defrontar, opor-se. 11. Tr. ind. Estar defronte; opor-se.
Respondido, adj. Que teve resposta.
Responsabilidade, s. f. 1. Qualidade de responsável. 2. *Dir.* Obrigação geral de responder pelas conseqüências dos próprios atos ou pelas dos outros.
Responsabilizar, v. 1. Tr. dir. Imputar responsabilidade a. 2. Tr. dir. Tornar ou considerar responsável. 3. Pron. Tornar-se responsável pelos seus atos ou pelos de outrem.
Responsar, v. 1. Tr. dir. Rezar responsos por; sufragar com responsos. 2. Tr. dir. *Pop.* Rezar para o reaparecimento de (alguma coisa perdida). 3. Tr. dir. *Pop.* Falar mal de.
Reponsável, adj. m. e f. 1. Que assumiu ou tem responsabilidade; que não é irresponsável. 2. Que responde por atos próprios ou de outrem. 3. Que tem de dar contas dos seus atos públicos. 4. Culpado, causador.
Responsivo, adj. Que contém resposta.
Responso, s. m. 1. *Liturg.* Conjunto de palavras, geralmente tirado da Sagrada Escritura, e que se rezam ou cantam, por uma ou algumas vozes, alternadamente com o coro. 2. *Pop.* Oração a Santo Antônio para que apareçam as coisas perdidas. 3. *Fam.* Descompostura.
Responsório, s. m. Coleção de responsos.
Resposta, s. f. (arc. *reposta,* do l. *reposita*). 1. Ato ou efeito de responder. 2. Aquilo que se diz ou escreve para responder a uma pergunta; réplica. 3. O que decide, o que explica alguma coisa; solução. 4. Refutação (de um argumento). 5. Carta que se escreve para responder a outra. 6. *Esgr.* Golpe ou bote em troco ao do adversário.
Respostada, s. f. Resposta grosseira, incivil.
Resquício, s. m. 1. Resíduo ou fragmentos muito miúdos. 2. Vestígio.
Ressaber, v. 1. Tr. dir. Saber perfeitamente; saber muito. 2. Intr. Ter sabor muito pronunciado. 3. Tr. ind. Ter sabor que lembra outro.
Ressabiado, adj. 1. Que ressabia. 2. Desconfiado, matreiro, manhoso. 3. Desgostoso, melindrado.
Ressabiar, v. Intr. e pron. 1. Tomar ressaibo. 2. Ter manhas ou ser espantadiço (o animal). 3. Desgostar-se, melindrar-se, ressentir-se.
Ressabido, adj. 1. Que se sabe muito bem; muito sabido. 2. Que sabe muito; erudito. 3. Experimentado.
Ressábio, s. m. *Pop.* V. *ressaibo.*
Ressaca, s. f. 1. Fluxo e refluxo das ondas. 2. Porto formado pela maré cheia. 3. Cansaço, enfado após uma noite passada em claro. 4. *Pop.* Mal-estar no dia seguinte ao de uma bebedeira.
Ressacado[1], s. m. (p. de *ressacar[1]*). Aquele sobre quem se ressaca, se faz ressaque.
Ressacado[2], adj. (p. de *ressacar[2]*). Que está de ressaca; que passou a noite sem dormir por motivo de bebedeira.
Ressacar[1], v. (*re* + *sacar*). Tr. dir. Fazer ressaque de (letra de câmbio).
Ressacar[2], v. (*ressaca* + *ar*). Pron. Adquirir ressaca, ficar ressacado[2].
Ressaco, s. m. Clareira no meio do campo.
Ressaibo, s. m. (*re* + *saibo*). 1. Sabor proveniente de uma substância que aderiu ao vaso por onde se bebe ou come. 2. Sabor ou gosto ruim. 3. Ranço. 4. Ressentimento. 5. Indício. 6. Manha de besta.
Ressaio, s. m. Terreiro à beira de uma casa; rossio.
Ressair, v. (*re* + *sair*). Intr. 1. Tornar a sair. 2. Sair acima; estar saliente. 3. Distinguir-se, avultar.
Ressalgada, s. f. Pilha de carne ou de couro que se salga outra vez.
Ressalgar, v. Tr. dir. Salgar de novo.
Ressaltar, v. 1. Tr. ind. e intr. Dar muitos saltos. 2. Tr. dir. Dar vulto ou relevo a; relevar, destacar. 3. Tr. ind. e intr. Destacar-se; sobressair.
Ressalte, s. m. V. *ressalto.*
Ressaltear, v. Tr. dir. Tornar a saltear.
Ressalto, s. m. 1. Ação ou efeito de ressaltar. 2. *Arquit.* Proeminência, relevo, saliência. 3. Salto ou reflexo do corpo elástico depois de ter batido de encontro a uma superfície.
Ressalva, s. f. 1. Nota em que se corrige um erro que passou no texto. 2. Certidão de isenção do serviço militar. 3. Exceção, reserva. 4. Cláusula.
Ressalvar, v. 1. Tr. dir. Dar ou passar ressalva a. 2. Tr. dir. e pron. Acautelar(-se) ou segurar(-se) de dano, mal ou prejuízo; eximir(-se), livrar(-se). 3. Tr. dir. Validar mediante ressalva. 4. Tr. dir. Excetuar, reservar. 5. Pron. Desculpar-se, escusar-se.
Ressaque, s. m. (*re* + *saque*). *Dir.* Segunda letra de câmbio, pela qual o portador se embolsa sobre o sacador ou endossador de outra letra protestada.
Ressarcimento, s. m. Ato ou efeito de ressarcir(-se); compensação, indenização, reparação.
Ressarcir, v. Tr. dir. Compensar, satisfazer, indenizar.
Ressaudar (*a-u*), v. (l. *resalutare*). 1. Tr. dir. Tornar a saudar. 2. Tr. dir. e intr. Corresponder à saudação de alguém.
Ressecação, s. f. Ato ou efeito de ressecar(-se).
Resseção, s. f. *Cir.* Corte de uma parte de um órgão. Var.: *ressecção.*
Ressecar, v. 1. Tr. dir. Tornar a secar. 2. Pron. Tornar-se resseco; ressequir-se.
Resseco (*ê*), adj. Muito seco; seco em excesso.
Ressegar, v. Tr. dir. Tornar a segar.
Ressegurar, v. Tr. dir. Pôr novamente no seguro (mercadoria, prédio etc.).
Resseguro, adj. (*re* + *seguro*). 1. Novamente seguro. 2. Bem seguro; muito firme. S. m. Operação pela qual uma companhia de seguros divide com outra companhia uma parte do risco.
Resselar, v. Tr. dir. Tornar a selar.
Ressemeadura, s. f. Ato ou efeito de ressemear; nova semeadura.
Ressemear, v. Tr. dir. Tornar a semear.
Ressentido, adj. 1. Melindrado, ofendido. 2. Que se melindra facilmente. 3. *Pop.* Diz-se do fruto que começa a apodrecer.
Ressentimento, s. m. Ato ou efeito de ressentir(-se).
Ressentir, v. 1. Tr. dir. Tornar a sentir; sentir muito. 2. Pron. Mostrar-se ressentido; magoar-se, melindrar-se, ofender-se. 3. Pron. Advertir, dar fé. 4. Pron. Sentir os efeitos ou conseqüências de.
Ressequido, adj. 1. Que se ressequiu. 2. Desprovido de umidade. 3. Muito magro; mirrado.
Ressequir, Tr. dir. Tornar muito seco. (Só se conjuga nas formas em que ao "qu" da raiz segue a vogal *i*).
Resserenar, v. Intr. e pron. Tornar-se muito sereno; acalmar-se completamente.

Ressereno, adj. 1. Muito sereno. 2. Completamente calmo. 3. Que readquiriu tranqüilidade.
Resservir, v. Tr. dir. Tornar a servir.
Ressicar, v. *P. us.* 1. Tr. dir. Tornar resseco; ressequir. 2. Pron. Ressecar-se.
Ressoante, adj. m. e f. Que ressoa; ressonante, ressonador.
Ressoar, v. (l. *resonare*). 1. Tr. dir. Repetir o som de; tornar a soar. 2. Tr. ind. e intr. Soar com intensidade. 3. Intr. Ser sonoro.
Ressobrar, v. Intr. Sobrar muito.
Ressoldar, v. Tr. dir. 1. Soldar novamente. 2. Soldar bem.
Ressolhador, adj. 1. Que ressolha. 2. Sonador.
Ressolhar, v. Intr. 1. Respirar (o gado) com dificuldade quando anda. 2. Sofrer (o gado) certa doença dos olhos produzida pela ação do sol.
Ressolto (*ô*), adj. (l. *resolutu*). Dissolvido, desfeito.
Ressonadela, s. f. Ação de ressonar de leve ou por pouco tempo.
Ressonador, adj. Ressonante. S. m. Aquilo que ressona.
Ressonância, s. f. 1. Propriedade ou qualidade de ressonante. 2. Repercussão de sons. 3. *Fís.* Propriedade de aumentar a duração ou intensidade do som. 4. *Fís.* Propriedade que os corpos apresentam de transmitir ondas sonoras.
Ressonante, adj. m. e f. Que ressoa; ressoante.
Ressonar, v. 1. Intr. Ressoar. 2. Tr. dir. Fazer soar. 3. Intr. Respirar com regularidade durante o sono. 4. Intr. Dormir.
Ressono, s. m. 1. Ação de ressonar, ou ressoar. 2. Sono prolongado e/ou profundo.
Ressoprar, v. Tr. dir. Tornar a soprar.
Ressorção, s. f. (l. *resortione*). 1. Ato ou efeito de ressorver. 2. *Med.* Absorção interna.
Ressorver, v. (l. *resorbere*). Tr. dir. Tornar a sorver.
Ressuar, Intr. Suar muito.
Ressudar, v. V. *ressumar.*
Ressulcar, v. Tr. dir. 1. Sulcar novamente. 2. Sulcar repetidas vezes.
Ressumação, s. f. Ato ou efeito de ressumar.
Ressumar, v. (*re + sumo + ar*). 1. Tr. dir. Verter, gotejar, destilar, ressumbrar. 2. Tr. dir. Deixar transparecer; patentear, manifestar. 3. Intr. Dar passagem a um líquido; ressudar. 4. Tr. ind. Revelar-se, transparecer.
Ressumbrar, v. V. *ressumar.*
Ressunção, s. f. (l. *resumptione*). 1. Ato ou efeito de reassumir. 2. Nova exibição.
Ressupinação, s. f. Ato ou efeito de ressupinar.
Ressupinar, v. Tr. dir. e pron. Tornar(-se) ressupino.
Ressupino, adj. Voltado para cima; deitado de costas.
Ressurgido, adj. Que ressurgiu; ressuscitado.
Ressurgir, v. (l. *ressurgere*). 1. Tr. ind. e intr. Tornar à vida; ressuscitar, reviver. 2. Tr. ind. e intr. Manifestar-se de novo; reaparecer. 3. Intr. Prosperar de novo.
Ressurreição, s. f. (l. *resurrectione*). 1. Ato ou efeito de ressurgir, ressuscitar. 2. *Fam.* Cura surpreendente e inesperada. 3. Vida nova; renovação, restabelecimento. 4. Festa da Igreja Católica em que se celebra a ressurreição do Senhor Jesus Cristo.
Ressurtir, v. 1. Intr. Elevar-se com ímpeto, saltar para o alto com força. 2. Tr. ind. Aparecer, surgir.
Ressuscitador, adj. 1. Que ressuscita. 2. Que restaura ou renova. S. m. Aquele que ressuscita, restaura ou renova.
Ressuscitar, v. (l. *resuscitare*). 1. Tr. dir. Chamar outra vez à vida. 2. Tr. dir. Fazer ressurgir, fazer reviver; restaurar, restabelecer. 3. Intr. Voltar à vida; ressurgir, reaparecer. 4. Intr. Escapar de grande perigo ou restabelecer-se de grave doença. 5. Pron. Voltar à vida por um ato da própria vontade: Somente Cristo pôde *ressuscitar-se.*
Restabelecer, v. 1. Tr. dir. Estabelecer outra vez; restaurar ao antigo estado ou condição. 2. Tr. dir. Recuperar, reparar, restaurar. 3. Tr. dir. Fazer que volte a prevalescer, a existir. 4. Pron. Readquirir, recuperar (as forças, a saúde, a tranqüilidade etc.).
Restabelecido, adj. Que recuperou as forças ou a saúde.
Restabelecimento, s. m. 1. Ação ou efeito de restabelecer(-se). 2. Cura completa de uma enfermidade. 2. Recuperação, restauração.
Resta-boi, s. m. *Bot.* Planta leguminosa (*Onomis procurrens*). Pl.: *resta-bois.*
Restagnação, s. f. Estagnação.
Restampar, v. Tr. dir. Tornar a estampar; reestampar.
Restante, adj. m. e f. Que resta; remanescente. S. m. O resto; aquilo que resta.
Restar, v. 1. Tr. ind. e intr. Existir como resto ou remanescente. 2. Intr. Sobejar, sobrar. 3. Tr. ind. e intr. Sobreviver. 4. Tr. ind. e intr. Faltar para. 5. Intr. Permanecer, subsistir.
Restauração, s. f. 1. Ato ou efeito de restaurar(-se); restauro. 2. Reconstrução, restabelecimento. 3. Conserto, reparação. 4. O ato de reaver a independência ou nacionalidade perdidas. 5. *Polít.* Restabelecimento de antiga dinastia no trono que ela perdera.
Restaurador, adj. Que restaura; restaurante, restaurativo. S. m. 1. Aquele que restaura. 2. Aquele que restitui a um país a sua independência.
Restaurante[1], adj. m. e f. (de *restaurar*). 1. Restaurador. 2. Restaurativo.
Restaurante[2], s. m. (fr. *restaurant*). 1. Casa onde se servem refeições ao público, mediante pagamento. 2. Dependência de um hotel onde se servem refeições.
Restaurar, v. 1. Tr. dir. Instaurar de novo: *R.* um *império.* 2. Tr. dir. Repor no primitivo estado. 3. Pron. Restabelecer-se. 4. Tr. dir. Tornar a pôr em vigor; restabelecer. 5. Tr. dir. Dar novo esplendor a. 6. Tr. dir. Consertar, reparar, retocar. 7. Tr. dir. Restituir ao poder.
Restaurativo, adj. Que tem o poder de restaurar; restaurante.
Restaurável, adj. m. e f. Que se pode restaurar.
Restauro, s. m. Restauração.
Reste, s. m. Utensílio em que, no jogo do bilhar, se apóia o taco, quando as bolas estão muito distantes do jogador.
Restelar, v. Tr. dir. Rastelar: *R.* o *linho.*
Restelo, s. m. V. *rastelo.*
Resteva (*ê*), s. f V. *restolho.*
Réstia, s. f. (der. do l. *reste*). 1. Corda de junco entrançado. 2. Corda de caules entrelaçados: *R.* de alhos, de cebolas. 3. Feixe de luz.
Restiforme, adj. m. e f. Em forma de réstia.
Restilação, s. f. Ato ou efeito de restilar; restilo.
Restilada, s. f. Líquido residual da destilação da aguardente.
Restilar, v. (l. *restillare*). Tr. dir. Tornar a destilar.
Restilo, s. m. 1. Restilação. 2. Aguardente, cachaça de primeira qualidade.
Restinga, s. f. 1. Banco de areia ou de rocha no alto mar; baixio, escolho, recife. 2. Pequeno matagal, à margem de um ribeiro em terreno fértil. 3. Rebotalho de terras já lavradas. 4. Terra e vegetação que emerge do rio nas enchentes e inundações. 5. Estreita e longa mata que separa dois campos de pastagem. 6. Porção de terra arenosa entre uma lagoa e o mar.
Restingal, s. m. Lugar onde há uma série de restingas próximas umas das outras.
Restingão, s. m. Extenso caminho ladeado de matas.
Restingueiro, s. m. Caipira.
Restinguir, v. (l. *restinguere*). Tr. dir. Tornar a extinguir.
Restionáceas, s. f. *Bot.* Família (*Restionaceae*) de ervas monocotiledôneas, semelhantes a juncos.
Restionáceo, adj. Relativo às Restionáceas.
Restituição (*u-i*), s. f. (l. *restitutione*). 1. Ato ou efeito de restituir(-se). 2. Entrega daquilo que, por direito legítimo, pertence a outrem. 3. Entrega, indenização. 4. Reabilitação, reintegração.
Restituidor (*u-i*), adj. e s. m. Que, ou aquele que restitui.
Restituir, v. (l. *restituere*). 1. Tr. dir. Entregar (o que se tomou ou se possuía indevidamente); devolver. 2. Tr. dir. Restabelecer no estado anterior. 3. Pron. Recuperar o perdido; indenizar-se. 4. Tr. dir., tr. ind. e pron. Reempossar(-se), reintegrar(-se), restabelecer(-se).
Restituitório (*u-i*), adj. 1. Relativo a restituição. 2. Que envolve restituição.

Restituível, adj. m. e f. Que pode ou deve ser restituído.

Resto[1], s. m. (de *restar*). 1. O que fica ou resta: o mais, o restante. 2. O que sobeja; remanescente, saldo. 3. *Arit.* Número que sobra após a divisão de um número por outro não divisor exato daquele. 4. Resíduo.

Resto[2], s. m. V. *reste.*

Restolhada, s. f. 1. Grande quantidade de restolhos. 2. Ruído que faz aquele que passa por entre o restolho. 3. Grande barulheira; ruído.

Restolhal, s. m. Terreno onde há restolho.

Restolhar, v. 1. Intr. Rebuscar no restolho; procurar os restos. 2. Intr. Fazer ruído, ao passar por entre o restolho. 3. Intr. Fazer bulha ou ruído. 4. Tr. dir. Respigar.

Restolho (*ô*), s. m. 1. Parte inferior da cana de cereais que ficou enraizada depois da ceifa. 2. Restolhal. 3. Resíduos, restos, sobras.

Restribar, v. 1. Pron. Firmar-se bem nos estribos. 2. Pron. Estar firme; estar escorado. 3. Tr. ind. Resistir tenazmente; não ceder.

Restrição, s. f. (l. *restrictione*). 1. Ato ou efeito de restringir(-se). 2. Limitação ou condição restritiva.

Restringência, s. f. Qualidade de restringente.

Restringente, adj. m. e f. Restritivo. S. m. Medicamento que restringe partes relaxadas.

Restringir, v. 1. Tr. dir. Tornar mais estreito ou apertado; estreitar, apertar. 2. Tr. dir. *Gram.* Dar sentido restrito a (palavra ou frase). 3. Tr. dir. e pron. Diminuir(-se), encurtar(-se), limitar(-se). 4. Pron. Conter-se, moderar-se, refrear-se. 5. Tr. dir. *Med.* Conter dentro de certos limites.

Restringível, adj. m. e f. Que se pode restringir.

Restritiva, s. f. *Gram.* Proposição incidente que restringe o sentido de outra proposição ou palavra.

Restritivo, adj. (l. *restrictu*). Que restringe; limitativo, restringente.

Restrito, adj. 1. Limitado, reduzido. 2. Pequeno, diminuto.

Restrugir, v. 1. Intr. Estrugir de novo. 2. Intr. Estrugir com força; ecoar. 3. Tr. dir. Fazer estrugir; fazer retumbar.

Restucar, v. Tr. dir. 1. Tornar a estucar. 2. Estucar bem.

Resultado, s. m. 1. Ato ou efeito de resultar. 2. Conseqüência, efeito, produto; fim, termo. 3. Ganho, lucro. 4. *Mat.* Conclusão de uma operação matemática.

Resultante, adj. m. e f. Que resulta. S. f. *Mec.* 1. A força que resulta da aplicação de muitas forças a um ponto determinado. 2. Linha reta que representa essa força.

Resultar, v. 1. Tr. ind. Ser conseqüência ou efeito. 2. Tr. ind. Dimanar, proceder; nascer, provir. 3. Tr. ind. Dar em resultado. 4. Tr. ind. Redundar, reverter, tornar-se. 5. V. de lig. Ter certo resultado, vir a ser; sair: A diligência *resultou inútil.*

Resumidor, adj. e s. m. Que, ou aquele que resume.

Resumir, v. (l. *resumere*). 1. Tr. dir. Abranger em resumo; sintetizar, reunir. 2. Tr. dir. Fazer o resumo de; abreviar, recopilar. 3. Pron. Dizer ou escrever algo em breves palavras. 4. Tr. dir. Reduzir a menores proporções; limitar, restringir. 5. Tr. dir. Fazer consistir em; condensar. 6. Tr. dir. Concentrar. 7. Tr. dir. Representar ou simbolizar em ponto pequeno. 8. Pron. Consistir, encerrar-se, limitar-se.

Resumo, s. m. 1. Ato ou efeito de resumir(-se). 2. Condensação em poucas palavras do que foi dito ou escrito mais extensamente. 3. Compêndio, epítome, sinopse, sumário.

Resvaladeiro, s. m. V. *resvaladouro.*

Resvaladiço, adj. (de *resvalar*). 1. Por onde se resvala facilmente; escorregadio. 2. Íngreme. 3. Perigoso. S. m. Resvaladouro.

Resvaladio, adj. e s. m. V. *resvaladiço.*

Resvaladouro, s. m. (*resvalar + douro*). 1. Lugar por onde se resvala facilmente. 2. Declive, despenhadeiro, escorregadouro. 3. Aquilo que põe em perigo a reputação de alguém. 4. *Tip.* Parte dianteira da linotipo, acima do teclado, onde correm as matrizes, ao saírem do magazine para alcançar o componedor. Var.: *resvaladoiro.*

Resvaladura, s. f. 1. Ato ou efeito de resvalar; resvalo. 2. Vestígio no lugar onde se resvalou.

Resvalamento, s. m. V. *resvaladura.*

Resvalar, v. (*res + vale + ar*). 1. Tr. ind. e intr. Cair por um declive; deslizar, escorregar. 2. Tr. dir. Fazer escorregar ou cair. 3. Tr. ind. Passar rapidamente sobre; correr, deslizar. 4. Tr. dir. *Poét.* Fazer incidir. 5. Intr. Escapar-se, esquivar-se, fugir. 6. Intr. Passar insensivelmente. 7. Tr. ind. e intr. Começar a ser vicioso; relaxar-se.

Resvalo, s. m. 1. Resvaladura. 2. Declive.

Resvés, adj. m. e f. (l.. *rasu + versu*). 1. Cérceo, rente. 2. *Pop.* Exato, justo. Adv. *Pop.* Cerce, rente; à justa.

Reta, s. f. (de *reto*). 1. *Geom.* Linha que estabelece a mais curta distância entre dois pontos; linha reta. 2. Traço direto. 3. Lanço de estrada retilíneo.

Retábulo, s. m. Trabalho de arquitetura, de pedra ou madeira, contra o qual está apoiado o altar, ou que o encima (retábulos móveis) e que, outrora, era composto por cenas pintadas ou talhadas.

Retacado, adj. V. *retaco.*

Retaco, adj. Diz-se de indivíduo ou animal baixo e reforçado; atarracado, retacado.

Retaguarda, s. f. 1. *Mil.* Última companhia, esquadrão ou fila de um corpo de tropas; a parte oposta à vanguarda. 2. A parte posterior de qualquer lugar.

Retal, adj. m. e f. *Anat.* Relativo ao reto (intestino).

Retalhado, adj. 1. Que se retalhou. 2. Dividido em partes ou porções. 3. Golpeado. 4. Ferido com instrumento cortante; esfaqueado, rasgado.

Retalhadura, s. f. Ato ou efeito de retalhar.

Retalhar, v. 1. Tr. dir. Cortar em retalhos. 2. Tr. dir. Fazer retalhaduras em; ferir, golpear. 3. Tr. dir. Dividir, fracionar, separar. 5. Tr. dir. Causar mal a; magoar muito. 6. Tr. dir. Fazer perder a reputação ou o crédito. 7. Pron. Golpear-se, ferir-se.

Retalheiro, adj. e s. m. V. *retalhista.*

Retalhista, adj. m. e f. 1. Que vende a retalho. 2. Relativo ao comércio a retalho. S. m. e f. Vendedor a retalho.

Retalho, s. m. 1. Parte ou pedaço de uma coisa retalhada. 2. Resto de fazenda que, nas lojas, sobra de uma peça. 3. Parte de um todo; fração.

Retaliação, s. f. 1. Ato ou efeito de retaliar. 2. Imposição da pena de talião. 3. Represália.

Retaliado, adj. Que sofreu retaliação.

Retaliar, v. 1. Tr. dir. Tratar com represálias; desafrontar, desagravar. 2. Intr. Praticar retaliações.

Retama, s. f. (ár. *retama*). V. *giesta.*

Retambana, s. f. *Pop.* Descompostura.

Retame, adj. Diz-se do mel ou melaço levado ao ponto de açúcar.

Retanchar, v. Tr. dir. 1. Substituir (o bacelo) por outro. 2. Cortar cerce (uma vergôntea), para que a planta cresça com mais força.

Retanchoa (*ô*), s. f. Ato ou efeito de retanchar.

Retangular, adj. m. e f. Em forma de retângulo ou que se lhe assemelha.

Retângulo, adj. 1. Que tem ângulos retos. 2. Diz-se do triângulo que tem um ângulo reto ou do trapézio que tem dois. S. m. Paralelogramo com ângulos retos.

Retardação, s. f. Ato ou efeito de retardar; retardamento, retarde.

Retardado, adj. 1. Que se retardou; atrasado. 2. Adiado, procrastinado. 3. Diz-se do indivíduo cujo desenvolvimento mental está abaixo do normal, para sua idade. S. m. Esse indivíduo.

Retardador, adj. Que retarda; retardante, retardativo. S. m. Aquele, ou aquilo que retarda.

Retardamento, s. m. 1. V. *retardação.* 2. Estado ou condição de indivíduo retardado.

Retardante, adj. m. e f. Retardador.

Retardão, adj. 1. *Pop.* Pachorrento, pouco ativo. 2. Diz-se do cavalo teimoso. Fem.: *retardona.*

Retardar, v. 1. Tr. dir. Fazer chegar mais tarde. 2. Tr. dir. Tornar tardio; atrasar. 3. Tr. dir. Fazer tardo ou menos rápido: *R.* o crescimento. 4. Intr. e pron. Chegar tarde; atrasar-se.

5. Tr. dir. Adiar, diferir. 6. Intr. e pron. Andar devagar; caminhar lentamente.

Retardatário, adj. e s. m. 1. Que, ou aquele que está atrasado. 2. Que, ou aquele que chega tarde.

Retardativo, adj. 1. Retardador. 2. Retardio.

Retarde, s. m. V. *retardação.*

Retardio, adj. 1. Tardio, tardo, seródio. 2. Pouco ativo; pachorrento, retardativo.

Retardo, s. m. *Mús.* Prolongamento de um dos sons de um acorde no acorde seguinte.

Retelhação, s. f. Retelhamento.

Retelhadura, s. f. Retelhamento.

Retelhamento, s. m. Ato ou efeito de retelhar; retelhação, retelhadura.

Retelhar, v. Tr. dir. Tornar a telhar; cobrir de novas telhas.

Retém, s. m. 1. Ação ou efeito de reter; retenção. 2. Aquilo que se retém como reserva. 3. Soldados de piquete, em certos presídios. 4. Pessoa ou coisa que está de reserva para qualquer fim; coisa sobressalente.

Retemperar, v. 1. Tr. dir. Dar nova têmpera a; temperar de novo. 2. Tr. dir. Aperfeiçoar, apurar, melhorar. 3. Tr. dir. Fortificar, revigorar, robustecer. 4. Pron. Criar novas forças físicas ou morais; recuperar a esperança; avigorar-se.

Retenção, s. f. (l. *retentione*). 1. Ato ou efeito de reter(-se). 2. Delonga, demora, detenção. 3. Retentiva. 4. *Dir.* Cárcere privado. 5. *Med.* Acumulação de substâncias, de humores, que normalmente são evacuados.

Retinida, s. f. *Náut.* Cada um dos cabos que servem para agüentar temporariamente alguma peça a que estão ligados.

Retentiva, s. f. Faculdade humana pela qual se retêm na memória impressões recebidas; retenção.

Retentivo, adj. Retentor.

Retentor, adj. Que retém; retentivo. S. m. Aquele que retém.

Reter, v. (l. *retinere*). 1. Tr. dir. Manter indevidamente na sua posse (o que não lhe pertence). 2. Tr. dir. Não se desfazer de; guardar. 3. Tr. dir. Não deixar sair das mãos; segurar bem; ter firme. 4. Tr. dir. Manter em prisão, ter em cárcere privado. 5. Tr. dir. Amparar, segurar. 6. Tr. dir. Prender, represar: *Reter a água.* 7. Tr. dir. Não deixar sair, obrigar a permanecer; deter, impedir. 8. Pron. Deter-se em algum lugar; permanecer, quedar-se. 9. Tr. dir. Conservar na memória; ter de cor. 10. Pron. Não avançar; parar, suspender-se. 11. Tr. dir. e pron. Conter(-se), refrear(-se), reprimir(-se).

Retesado, adj. Que se retesou; tenso, hirto.

Retesar, v. Tr. dir. e pron. Tornar(-se) teso; enrijar(-se), esticar(-se).

Reteso (*ê*), adj. (l. *retensu*). Muito teso, muito tenso; esticado; hirto.

reti-[1], elem. de comp. (l. *rete*). Exprime a idéia de *rede; retiforme*[1].

reti-[2], elem. de comp. (l. *rectu*). Significa *reto, direito: retígrado, retinérveo.*

Reticência, s. f. Omissão daquilo que se devia ou podia dizer; silêncio voluntário. S. f. pl. Pontos (...) que, na escrita, indicam aquela omissão.

Reticente, adj. m. e f. Em que há reticência; reservado.

Rético, adj. Relativo ao rético. S. m. Língua românica, falada em três pequenas regiões distintas: nos Grisões (Suíça), na zona de Trento e no Friul (Norte e Nordeste da Itália, respectivamente).

Reticórneo, adj. *Zool.* Que tem as antenas retas.

Retícula, s. f. *Tip.* Chapa de vidro usada nos processos fotomecânicos, constituída por dois cristais finamente raiados com linhas paralelas e cimentados um contra o outro de modo a que elas se cruzem em ângulo reto. 3. O pontilhado ou divisão que essa chapa determina.

Reticulado, adj. (*retículo + ado*). 1. Em forma de rede; retiforme, reticular. 2. *Bot.* Com nervuras entrecruzadas, formando numerosas malhas ou células.

Reticular, adj. m. e f. Reticulado.

Retículo, s. m. 1. Redezinha, com que as mulheres prendem os cabelos. 2. *Bot.* Nervura que cerca a base das folhas. 3. Ocular de telescópio sobre a qual é estendida uma pequena rede de material muito fino, de maneira a dividir o campo de visão em pequenos quadrados iguais. 4. Segundo compartimento do estômago dos ruminantes.

Retidão, s. f. (l. *rectitudine*). 1. Qualidade de reto. 2. Legalidade, legitimidade. 3. Integridade de caráter. 4. Lisura de procedimento.

Retido, adj. 1. Que se retém; detido. 2. Refreado.

Retífica, s. f. (do ital.). *Pop.* 1. Retificação de motores de automóvel. 2. Oficina para esse fim. 3. V. *retificadora.*

Retificação, s. f. 1. Ato ou efeito de retificar(-se). 2. Redestilação de um líquido para o purificar.

Retificado, adj. 1. Expurgado de erros ou defeitos. 2. *Quím.* Novamente destilado (álcool); redestilado.

Retificador, adj. Que retifica; retificativo. S. m. 1. Aquele que retifica. 2. Aparelho para retificar líquidos. 3. *Eletr.* Aparelho destinado a transformar corrente alternada em contínua.

Retificar, v. 1. Tr. dir. Tornar reto; alinhar. 2. Tr. dir. *Geom.* Achar a grandeza linear de (uma curva). 3. Tr. dir. *Quím.* Redestilar um líquido para o purificar. 4. Tr. dir. e pron. Corrigir(-se), emendar(-se). 5. Tr. dir. *Mec.* Desempenar, endireitar, acertar (uma peça) no esmeril ou na retificadora. 6. Tr. dir. *Eletr.* Tornar uma corrente alternada em contínua.

Retificativo, adj. Retificador.

Retificável, adj. m. e f. Que se pode retificar.

Retiforme[1], adj. m. e f. (*reti*[1] *+ forme*). Em forma de rede.

Retiforme[2], adj. m. e f. (*reti*[2] *+ forme*). Que tem forma direita.

Retígrado, adj. (*reti*[2] *+ grado*[4]). *Zool.* Que anda ou se move em linha reta.

Retilíneo, adj. 1. Que está em linha reta. 2. *Geom.* Que segue a direção reta. 3. Formado de linhas retas. 4. Honesto, reto, rígido.

Retina, s. f. *Anat.* Membrana ocular interna, em que estão as células nervosas que recebem os estímulos luminosos, e onde se projetam as imagens produzidas pelo sistema óptico ocular.

Retináculo, s. m. *Bot.* 1. Corpúsculo glandular na extremidade inferior das massas polínicas das orquídeas. 2. Ligação da semente às paredes do fruto.

Retinérveo, adj. (*reti*[2] *+ nérveo*). *Bot.* Cujas nervuras são retas.

Retingir, v. Tr. dir. 1. Tornar a tingir. 2. Tingir bem. — Particípio: *retingido* e *retinto.*

Retiniano, adj. Relativo à retina; retínico.

Retínico, adj. V. *retiniano.*

Retininte, adj. m. e f. Que retine.

Retinir, v. (l. *retinnire*). 1. Intr. Emitir um som intenso, agudo e prolongado; tinir muito. 2. Intr. Ressoar. 3. Tr. dir. Fazer soar ou ecoar. 4. Intr. Causar uma impressão forte e veemente.

Retinite, s. f. *Med.* Inflamação de retina.

Retintim, s. m. 1. Ato ou efeito de retinir. 2. Som de objetos metálicos que se tocam.

Retinto, adj. (p. irr. de *retingir*). 1. Tinto de novo. 2. Muito carregado na cor.

Retípede, adj. m. e f. *Zool.* Que têm os tarsos revestidos de epiderme reticulada.

Retiração, s. f. 1. V. *retirada.* 2. *Tip.* Lado de papel que se imprime em segundo lugar.

Retirada, s. f. 1. Ato ou efeito de retirar(-se); retiração, retiro. 2. *Mil.* Marcha de tropas em fuga regular. 3. Manada de gado que, na ocasião de grandes secas, muda para outra fazenda, na mesma região. 4. *Com.* Importância em dinheiro que os sócios de uma empresa retiram para as suas despesas, quer ordinárias quer extraordinárias. 5. Emigração dos sertanejos que, no tempo das secas prolongadas, buscam lugares melhores.

Retirado, adj. 1. Que vive no isolamento; solitário. 2. Ermo, isolado, sem comunicações.

Retirante, s. m. e f. Pessoa que, durante as grandes secas, acossada pela penúria, emigra, isolada ou em grupo.

Retirar, v. 1. Tr. dir. Puxar para trás ou para si; tirar. 2. Tr. dir. Afastar, tirar. 3. Tr. dir. Levantar, recolher, tirar. 4. Tr. dir. Fazer sair de onde estava. 5. Tr. ind., intr. e pron. Afastar-se de um sítio; sair de onde estava; ausentar-se. 6. Tr. ind., intr. e pron. Afastar-se para evitar combate; bater em retirada; fugir. 7. Pron. Afastar-se do convívio social; partir para algum retiro ou lugar solitário. 8. Pron. Sair de uma companhia, empresa ou sociedade. 9. Tr. dir. Deixar de conceder; cassar, privar. 10. Tr. dir. Auferir, lucrar, obter.

Retireiro, s. m. Aquele que, num retiro, tem sob sua guarda determinado número de cabeças de gado.

Retiro, s. m. 1. Lugar remoto e afastado da conversação e vida social. 2. Lugar onde alguma coisa persiste; remanso. 3. Fazenda onde há gado só numa parte do ano. 4. Barraca na roça, onde se fizeram plantações. — *R. espiritual*: estágio num ambiente apropriado para meditação e oração.

Retirrostro (*ô*), adj. *Zool.* Que tem o bico direito.

Retite, s. f. (de *reto*). *Med.* Inflamação do reto.

Retitude, s. f. V. *retidão.*

Reto[1], adj. (l. *rectu*). 1. Sem curvatura nem flexões; direito. 2. A prumo; vertical. 3. Justo, verdadeiro. 4. Íntegro, imparcial, equânime. 5. De acordo com a justiça. 6. *Gram.* V. *pronome reto.* S. m. *Anat.* Última parte do intestino grosso.

reto-[2], elem. de comp. Exprime a idéia de *reto* (parte do intestino): *retoscopia.*

Retocador, adj. Que retoca. S. m. 1. Aquele que retoca. 2. Instrumento com que se tira a rebarba do ouro.

Retocar, v. (*re* + *tocar*). Tr. dir. 1. Tocar outra vez. 2. Dar retoques em; emendar, aperfeiçoar, aprimorar.

Retomar, v. Tr. dir. 1. Tornar a tomar. 2. Reconquistar. 3. Reaver, recobrar.

Retoque, s. m. 1. Ato ou efeito de retocar. 2. Correção numa obra, para a aperfeiçoar. 3. Última demão que se dá a uma obra de arte.

Retor, s. m. (l. *rhetore*). Mestre de retórica; retórico.

Retorcer, v. (l. *retorquere*). 1. Tr. dir. Tornar a torcer; torcer muitas vezes. 2. Tr. dir. Torcer para trás. 3. Pron. Tornar a torcer-se; torcer-se muito. 4. Tr. dir. Entortar, envergar. 5. Pron. Abusar de subterfúgios; inventar desculpas; procurar evasivas; tergiversar.

Retorcida, s. f. 1. Variedade de fandango. 2. Curva ou volta de estrada.

Retorcido, adj. 1. Novamente torcido. 2. Muito torcido. 3. Arrevesado, rebuscado.

Retórica, s. f. 1. Conjunto de regras relativas à eloqüência. 2. Livro que contém essas regras. 3. Exibição de meios oratórios. 4. Afetação de eloqüência.

Retoricar, v. Intr. Aplicar as normas da retórica.

Retórico, adj. (l. *rhetoricu*). 1. Relativo à retórica. 2. Que tem estilo empolado. 3. Que presume de bem falante. S. m. 1. Tratadista de retórica; retor. 2. Orador ou escritor de estilo retumbante.

Retornamento, s. m. V. *retorno.*

Retornança, s. f. *Des.* V. *retorno.*

Retornar, v. 1. Tr. ind. e intr. Voltar ao ponto de partida; tornar, regressar. 2. Tr. dir. Fazer voltar; restituir. 3. Tr. dir. Fazer voltar; tornar.

Retorno (*ô*), s. m. 1. Ato ou efeito de retornar, de regressar. 2. Nas rodovias, desvio próprio para retornar. 3. Troca de mercadorias. 4. Dádiva em compensação. 5. Volta de uma peça móvel ao seu ponto de origem.

Retorquir, v. (l. *retorquere*). 1. Tr. dir. Objetar, replicar, retrucar. 2. Tr. ind. e intr. Opor argumento a argumento; retrucar. 3. Tr. dir. Contrapor. — Não se usa na 1ª pess. do sing. do pres. do ind. e, portanto, em todo o pres. do subj. Var.: *retorqüir.*

Retorta, s. f. 1. A parte curva do báculo dos bispos. 2. Recipiente de vidro, grés ou porcelana, com gargalo curvo e voltado para baixo, empregado nos laboratórios químicos.

Retoscopia, s. f. *Med.* Exame do reto; proctoscopia.

Retoscópio, s. m. *Med.* Aparelho com que se pratica a retoscopia; proctoscópio.

Retouça, s. f. Corda suspensa pelas extremidades, muitas vezes com assento, em que as pessoas se balançam; balouço. Var.: *retoiça.*

Retoucar, v. 1. Tr. dir. e pron. Tornar a toucar(-se). 2. Tr. dir. Revestir superiormente.

Retouçar, v. Intr. e pron. 1. Brincar na retouça; balouçar-se. 2. Traquinar. 3. Espojar-se por brincadeira. Var.: *retoiçar.*

Retovado, adj. 1. Envolvido em retovo. 2. *Fig.* Falso, fingido, sonso.

Retovar, v. Tr. dir. Forrar ou revestir com retovo.

Retovo (*ô*), s. m. Couro com que se cobre ou reveste qualquer objeto.

Retração, s. f. (l. *retractione*). 1. Ato ou efeito de retrair(-se); retraimento. 2. Fenômeno que consiste na diminuição permanente do volume de um concreto, que se verifica por ocasião do seu endurecimento.

Retraçar, v. Tr. dir. 1. Tornar a traçar. 2. Reduzir a retraço.

Retraço, s. m. 1. Palha retraçada. 2. Sobejos da palha que se deu como ração às bestas. 3. Palha cortada miudamente. 4. Restos.

Retraído, adj. 1. Puxado para trás. 2. Calado ou acanhado no falar. 3. Que procede com reserva.

Retraimento (*a-i*), s. m. 1. Retração. 2. Procedimento reservado. 3. Acanhamento, timidez. 4. Diminuição de volume.

Retrair, v. (l. *retrahere*). 1. Tr. dir. Puxar a si; recolher, retirar. 2. Tr. dir. Fazer retroceder, fazer voltar atrás. 3. Pron. Recuar, retirar-se. 4. Tr. dir. Contrair, encolher. 5. Pron. Encolher-se. 6. Tr. dir. Não manifestar; ocultar, reprimir. 7. Pron. Concentrar-se, recolher-se em si. 8. Pron. Afastar-se, ausentar-se, isolar-se, livrar-se, recolher-se.

Retramar, v. Tr. dir. Tornar a tramar.

Retranca, s. f. 1. Correia do arreio do animal de varal que serve para o animal impedir, nas descidas, que a carroça rode depressa. 2. *Náut.* Uma das vergas do mastro de mezena. 3. Vara que se põe atrás das portas; tranca. 4. *Fam.* Limitação nas despesas; economia. 5. *Futebol.* Tática em que se mantém a maioria dos jogadores na defesa; ferrolho. 6. *Por ex.* Atitude defensiva, reservada, ante uma situação difícil.

Retrança, s. f. Copa densa de árvore.

Retransir (*z*), v. Tr. dir. e pron. Passar de lado a lado; penetrar, repassar, transpassar.

Retransmissor, adj. Diz-se do aparelho que retransmite automaticamente os sinais recebidos.

Retransmitir, v. Tr. dir. Tornar a transmitir.

Retrasado, adj. Diz-se de data imediatamente anterior à última.

Retratação, s. f. (l. *retractatione*). 1. Ato ou efeito de retratar-se ou desdizer-se. 2. Confissão de erro. 3. Declaração que desdiz outra feita antes.

Retratado[1], adj. (p. de *retratar*[1]). Fotografado, reproduzido pela pintura. 2. Espelhado, refletido. 3. Descrito com exatidão.

Retratado[2], adj. (p. de *retratar*[2]). Dado como não dito.

Retratador[1], adj. (*retratar*[1] + *dor*). Que retrata. S. m. Retratista.

Retratador[2], adj. e s. m. (*retratar*[2] + *dor*). Que, ou aquele que se retrata ou desdiz.

Retratador[3], adj. e s. m. (*retratar*[3] + *dor*). Que, ou aquele que torna a tratar de um assunto.

Retratar[1], v. (*retrato* + *ar*). 1. Tr. dir. Fazer o retrato de. 2. Tr. dir. Tirar a fotografia de; fotografar. 3. Pron. Traçar o perfil de si próprio. 4. Tr. dir. Reproduzir a imagem de. 5. Pron. Reproduzir a própria imagem em superfície polida; espelhar-se, refletir-se. 6. Pron. Desenhar-se, patentear-se. 7. Tr. dir. Descrever com perfeição; representar exatamente.

Retratar[2], v. (l. *retractare*). 1. Tr. dir. Confessar que errou. 2. Pron. Reconhecer o erro; desdizer-se.

Retratar[3], v. (*re* + *tratar*). Tr. dir. Tornar a tratar: *R. um assunto.*

Retrátil, adj. m. e f. 1. Que se pode retrair. 2. Que produz retração. Var.: *retráctil.*

Retratibilidade, s. f. Qualidade de retrátil.

Retratista, s. m. e f. Pessoa que faz retrato.

Retrativo, adj. V. *retrátil.*

Retrato[1], s. m. (ital. *rittrato*). 1. Imagem de uma pessoa, reproduzida pela fotografia, pela pintura ou pelo desenho; fotografia. 2. Cópia exata das feições de alguém. 3. Pessoa muito parecida com outra. 4. Caráter. 5. Descrição exata. 6. Cópia de alguma coisa. 7. Modelo, exemplo.

Retrato[2], s. m. (l. *retractu*). *Dir.* Resgate convencional; retrovenda.

Retravar, v. Tr. dir. 1. Travar outra vez. 2. Principiar de novo; recomeçar.

Retre, s. m. (fr. *rêtre*, do al. *reiter*). 1. Cavaleiro alemão a serviço da França, na Idade Média. 2. Soldado de cavalaria armado de pistola, a soldo de um chefe de guerra.

Retremer, v. 1. Intr. Tornar a tremer. 2. Tr. ind. e intr. Tremer muito.

Retreta (*ê*), s. f. (fr. *retraite*). 1. Toque de música, nas praças públicas, por bandas, geralmente militares. 2. Criada particular da rainha, ou de alguma princesa.

Retretista, adj. e s., m. e f. Diz-se do, ou o músico que toca em retreta.

Retribuição (*u-i*), s. f. (l. *retributione*). 1. Ato ou efeito de retribuir. 2. Remuneração. 3. Recompensa. 4. Prêmio. 5. Reconhecimento de favor recebido.

Retribuidor (*u-i*), adj. e s. m. Que, ou aquele que retribui.

Retribuir, v. (l. *retribuere*). Tr. dir. 1. Dar retribuição a; premiar, recompensar. 2. Compensar (sentimento, gesto). 3. Corresponder a.

Retrilhar, v. Tr. dir. 1. Trilhar novamente. 2. Repisar.

Retrincado, adj. Astuto, malicioso, dissimulado.

Retrincar, v. 1. Tr. dir. Trincar de novo ou repetidamente. 2. Intr. Dar mau sentido a; interpretar com malícia. 3. Intr. Murmurar.

Retriz, s. f. Cada uma das penas, de raque resistente, da cauda das aves, que orientam o vôo.

Retro[1], adv. (l. *retro*). 1. Atrás, para trás. 2. No tempo passado. S. m. A segunda página de uma folha (oposta à frente). Interj. Para trás!, para longe!

retro-[2], elem. de comp. (l. *retro*). Exprime a idéia de *atrás, para trás: retroativo, retrógrado.*

Retroação, s. f. 1. Ato de retroagir. 2. Efeito daquilo que é retroativo.

Retroagir, v. (l. *retroagere*). Tr. ind. e intr. Ter efeito sobre o passado; modificar o que está feito.

Retroar, v. Intr. 1. Troar novamente. 2. Troar com intensidade e demoradamente.

Retroatividade, s. f. Condição, estado ou qualidade de retroativo.

Retroativo, adj. 1. Relativo a coisas ou fatos passados. 2. Que modifica o que está feito. 3. Que afeta o passado.

Retrocarga, s. f. Ato ou efeito de carregar a arma pela culatra.

Retrocedente, adj. m. e f. Que retrocede. S. m. e f. Pessoa que faz retroceder.

Retroceder, v. 1. Tr. ind. e intr. Voltar para trás; recuar, retrogradar. 2. Tr. ind. Desviar-se, retirar-se. 3. Tr. ind. e intr. Desanimar, desistir de algum intuito. 4. Tr. dir. *Dir.* Ceder a outrem (um direito obtido por cessão).

Retrocedimento, s. m. V. *retrocesso.*

Retrocessão, s. f. 1. Retrocesso. 2. *Dir.* Ato pelo qual se cede o que se obteve por cessão. 3. *Med.* Mudança de lugar no organismo por um princípio morbífico.

Retrocessivo, adj. 1. Que faz retroceder. 2. Que produz retrocessão.

Retrocesso, s. m. 1. Ato ou efeito de retroceder; retrocessão, retrocedimento. 2. Retorno ao primitivo estado; reversão. 3. Retardamento. 4. Tecla em máquinas de escrever que faz retroceder o carro na direção horizontal, por um espaço.

Retrodatar, v. Tr. dir. Pôr data anterior em; antedatar.

Retroflexão (*cs*), s. f. Estado de retroflexo.

Retroflexo (*cs*), adj. Que se curva ou se dobra para trás.

Retrogradar, v. 1. Intr. Andar para trás; recuar, retroceder. 2. Intr. Deslocar-se ou proceder no sentido retrógrado. 3. Tr. dir. Fazer marchar em oposição ao progresso. 4. Intr. e pron. Parar no caminho do progresso; recuar. 5. Tr. ind. Recuar.

Retrógrado, adj. 1. Que retrograda. 2. Que é contrário ao progresso. S. m. Indivíduo retrógrado.

Retropulsão, s. f. Freamento por foguete de um veículo espacial. Consiste em ejetar os gases no sentido do movimento do veículo.

Retrorso, adj. Virado para baixo ou para a base.

Retrós, s. m. Conjunto de fios torcidos, de seda ou algodão, usado em costura. Pl.: *retroses.*

Retrosaria, s. f. 1. Grande quantidade de retroses. 2. Loja de retroseiro.

Retroseiro, s. m. Vendedor de retroses, objetos de seda, passamanes etc.

Retrospecção, s. f. Retrospecto. Var.: *retrospeção.*

Retrospectivo, adj. 1. Que se volta para o passado. 2. Relativo a coisas passadas. Var.: *retrospetivo.*

Retrospecto, s. m. 1. Observação ou exame das coisas ou fatos passados. 2. Lance de olhos para o passado. Var.: *retrospeto.* Sin.: *retrospecção.*

Retrosseguir, v. V. *retrogradar.*

Retrotrair, v. (*retro[2] + trahere*). 1. Tr. dir. Dar efeito retroativo a. 2. Tr. dir. Levar até o começo ou origem. 3. Intr. e pron. Retrair-se, recuar, retroceder.

Retrovenda, s. f. Venda mediante cláusula em contrato, que faculta ao vendedor o direito de recomprar em certo prazo, a coisa vendida, restituindo o preço mais as despesas feitas pelo comprador; retrovendição.

Retrovender, v. Tr. dir. *Dir.* Vender com cláusula de retrovenda.

Retrovendição, s. f. 1. Ato de retrovender. 2. Retrovenda.

Retroversão, s. f. 1. *Gram.* Exercício escolar que consiste em verter para a língua original um trecho que fora traduzido. 2. *Med.* Desvio de um órgão para trás.

Retroverter, v. Tr. dir. 1. *Gram.* Fazer a retroversão de. 2. Fazer voltar para trás; retrotrair.

Retrovisor, adj. Que dá uma visão do que está atrás: Espelho *retrovisor.*

Retrucar, v. (*re + trucar*). 1. Intr. *Jogo.* Reenvidar a quem nos trucou. 2. Tr. dir. e tr. ind. Replicar, retorquir, revidar. 3. Tr. dir. Objetar.

Retruque, s. m. 1. Ato ou efeito de retrucar. 2. Volta de uma bola de bilhar, chocando-se com a outra que a impeliu.

Retumbância, s. f. Qualidade de retumbante.

Retumbante, adj. m. e f. Que retumba.

Retumbar, v. (de um radical onomatopéico *tumb*). 1. Intr. Fazer estrondo; ribombar. 2. Intr. Ecoar, ressoar. 3. Tr. dir. Repercutir. 4. Tr. dir. Entoar fortemente.

Retumbo, s. m. Ato ou efeito de retumbar; retumbância.

Retundir, v. (l. *retundere*). Tr. dir. Moderar, reprimir, temperar: *R.* a *indignação.*

Returno, s. m. Segundo turno ou período nos jogos de campeonatos desportivos, com repetição das provas entre os mesmos concorrentes.

Retuso, adj. *Bot.* Com pequeno recorte apical muito aberto.

Réu, s. m. (l. *reu*). 1. Aquele que é demandado em juízo, por uma ação cível ou criminal; autor ou co-réu de crime ou delito. 2. Pessoa contra quem foi proposta a ação. Adj. Criminoso, culpado, malévolo. Fem.: *ré.*

Reuchliniano, adj. Designativo do sistema de pronunciar o grego, aplicando ao grego antigo a pronúncia do moderno, sistema este proposto pelo humanista alemão João Reuchlin (1455-1522). Var.: *reucliniano.*

Reuma, s. m. Fluxo de humores; catarro.

Reumatalgia, s. f. *Med.* Dor reumatismal.

Reumatálgico, adj. Relativo à reumatalgia.

Reumático, adj. 1. Relativo a reuma. 2. Reumatismal. 3. Atacado de reumatismo. S. m. Aquele que sofre de reumatismo.

Reumatismal, adj. m. e f. Relativo ao reumatismo; reumático.

Reumatismo, s. m. *Med.* Quadro patológico com sintomatologia dolorosa em músculos e articulações, sem febre nem caráter inflamatório.

reumato-, elem. de comp. (gr. *rheuma, atos*). Exprime a idéia de *reuma, reumatismo: reumatalgia.*

Reumoso, adj. Que tem reuma.

Reunião (*e-u*), s. f. 1. Ação ou efeito de reunir(-se). 2. Conjunto de pessoas que se agrupam para algum fim. 3. Agregação, agrupamento, junção.

Reunificar (*e-u*), v. Tr. dir. Tornar a unificar.

Reunir (*e-u*), v. 1. Tr. dir. Unir novamente (o que já fora unido e depois se separara). 2. Tr. dir. Aproximar, unir. 3. Tr. dir. Juntar (o que estava disperso). 4. Tr. dir. Estabelecer comunicação entre. 5. Pron. Ajuntar-se, unir-se. 6. Tr. dir. Convocar. 7. Tr. ind., intr. e pron. Agrupar-se. 8. Intr. e pron. Constituir-se (uma assembléia, uma corporação) para funcionar legalmente; ter sessão. 9. Tr. dir. Aliar. 10. Tr. dir. Conciliar, harmonizar. 11. Pron. Concorrer, contribuir. 12. Tr. dir. Anexar, unir.

Revacinação, s. f. Ato ou efeito de revacinar(-se).

Revacinar, v. Tr. dir. e pron. Tornar a vacinar(-se).

Revalidação, s. f. Ato ou efeito de revalidar.

Revalidar, v. Tr. dir. Tornar a validar.

Revanche, s. f. (fr. *revanche*). Desagravo, desforra, despique, vingança.

Revedor, s. m. Pequeno poço, onde a água mana aos poucos.

Revel, adj. m. e f. 1. Que se revolta; insurgente, rebelde. 2. Contumaz. 3. Pertinaz, rebelão. S. m. e f. 1. Pessoa rebelde ou esquiva. 2. *Dir.* Pessoa que não cumpre a citação que se lhe fez para comparecer em juízo.

Revelação, s. f. 1. Ato ou efeito de revelar(-se). 2. A própria coisa revelada. 3. Manifestação, prova, testemunho. 4. Declaração de coisa que estava em segredo. 5. *Teol.* Conjunto de verdades sobrenaturais manifestadas por Deus ao homem através da inspiração e iluminação ou pelo ensino oral, comunicado aos patriarcas, profetas, apóstolos e santos.

Revelador, adj. e s. m. 1. Que, ou aquele que revela. 2. *Fot.* Diz-se do, ou o banho que faz aparecer a imagem nas matrizes fotográficas.

Revelar, v. 1. Tr. dir. Tirar o véu a; descobrir, desvelar. 2. Tr. dir. Declarar, denunciar. 3. Tr. dir. Fazer reconhecer; indicar, mostrar, provar. 4. Pron. Dar-se a conhecer; declarar-se, manifestar-se, mostrar-se, patentear-se. 5. Tr. dir. *Fot.* Fazer aparecer no negativo a imagem. 6. Tr. dir. e pron. Fazer(-se) conhecer pela revelação ou inspiração divina.

Revelho (*ê*), adj. e s. m. Muito velho; macróbio.

Revelhusco, adj. 1. Um tanto velho. 2. Que se vai tornando maduro; durázio.

Revelia, s. f. Caráter ou estado de revel.

Revelim, s. m. Construção externa de duas faces, que formam ângulo saliente, para defesa de cortina, ponte etc., nas fortificações.

Revelir, v. 1. Tr. dir. Fazer derivar de uma para outra parte (humores do organismo). 2. Intr. Ressumar, transpirar.

Revência, s. f. Vale abaixo da barragem dos açudes.

Revenda, s. f. Ação ou efeito de revender; revendição.

Revendão, adj. 1. Que, habitualmente, compra para tornar a vender. 2. Vendilhão. Fem.: *revendona.*

Revendedor, adj. e s. m. Que, ou aquele que revende.

Revender, v. Tr. dir. Tornar a vender.

Revendição, s. f. V. *revenda.*

Revendilhão, adj. e s. m. V. *revendão.* Fem.: *revendilhona.*

Revendível, adj. m. e f. Que se pode revender.

Revenerar, v. Tr. dir. Venerar muito; reverenciar.

Rever[1], v. (*re + ver*). 1. Tr. dir. Tornar a ver; ver outra vez. 2. Tr. dir. Ver com atenção; examinar cuidadosamente. 3. Tr. dir. Fazer a revisão de; corrigir, emendar. 4. Tr. dir. Fazer a revisão judicial de. 5. Pron. Tornar a ver-se. 6. Pron. Espelhar-se; mirar-se. 7. Pron. Comprazer-se.

Rever[2], v. (l. *repere*). 1. Tr. dir. e intr. Deixar passar umidade; ressumar, transudar, verter. 2. Tr. dir. Deixar transparecer; demonstrar, revelar. 3. Intr. Tornar-se conhecido de todos; divulgar-se, manifestar-se. — Conjugação: Não tem a 1ª pess. do sing. do pres. do ind. e conseqüentemente nem o pres. do subj.

Reverberação, s. f. Ato ou efeito de reverberar; revérbero.

Reverberante, adj. m. e f. Que reverbera; reverberatório.

Reverberar, v. 1. Intr. Brilhar, em virtude da reflexão da luz; resplandecer. 2. Tr. dir., tr. ind. e pron. Refletir(-se) (luz ou calor).

Reverberatório, adj. V. *reverberante.*

Revérbero, s. m. 1. Reverberação. 2. Lâmina ou espelho que torna a luz mais intensa, concentrando-a. 3. *Poét.* Brilho, chama, resplendor. 4. Lampião de rua.

Reverdecer, v. (*re + verde + ecer*). 1. Tr. dir. Tornar verde; cobrir de verdura. 2. Intr. Cobrir-se de verdura; tornar-se verde. 3. Tr. dir. Dar a cor verde a. 4. Intr. Vicejar. 5. Tr. dir. Dar nova força ou vigor a. 6. Intr. Readquirir força e vigor; avigorar-se, fortificar-se. 7. Intr. e pron. Rejuvenescer, renascer. 8. Intr. Tomar novo incremento; renovar-se.

Reverdecimento, s. m. Ato ou efeito de reverdecer.

Reverdejar, v. Intr. Mostrar-se muito verde; verdejar muito.

Reverência, s. f. (l. *reverentia*). 1. Respeito às coisas sagradas. 2. Movimento do corpo com inclinação para a frente; mesura. 3. Tratamento dado aos sacerdotes. 4. Acatamento, respeito, veneração. 5. Atenção, consideração.

Reverenciador, adj. e s. m. Que, ou aquele que reverencia.

Reverencial, adj. m. e f. Relativo a reverência.

Reverenciar, v. Tr. dir. 1. Fazer reverência a; tratar com reverência; honrar. 2. Acatar, respeitar, venerar. — Pres. do ind.: *reverencio, reverencias, reverencia* etc.

Reverencioso, adj. 1. Que reverencia; reverenciador, reverente. 2. Em que há reverência; reverente.

Reverendíssima, s. f. (de *reverendíssimo*). Tratamento que se dá aos sacerdotes: Vossa *reverendíssima.*

Reverendíssimo, s. m. Título que se dá aos padres em geral.

Reverendo, adj. Que merece reverência. S. m. 1. Padre. 2. Pastor protestante.

Reverente, adj. m. e f. Reverencioso.

Reverificação, s. f. Ato ou efeito de reverificar.

Reverificador, adj. e s. m. Que, ou aquele que reverifica.

Reverificar, v. Tr. dir. Tornar a verificar; conferir, contraprovar, cotejar.

Reversal, adj. m. e f. 1. Que garante promessa anterior. 2. Diz-se de carta pela qual se faz uma concessão em troca de outra.

Reversão, s. f. (l. *reversione*). 1. Ato ou efeito de reverter. 2. Regresso ao estado primitivo. 3. Restituição ao primeiro dono. 4. Retorno do funcionário afastado do serviço público quando cessam os motivos do seu afastamento.

Reversar, v. V. *revessar* (vomitar).

Reversibilidade, s. f. Qualidade de reversível.

Reversível, adj. m. e f. 1. Capaz de ser revertido; revertível. 2. Que tem dois lados utilizáveis, muitas vezes com padrões ou cores diferentes. 3. *Dir.* Diz-se dos bens que devem, em certos casos, voltar ao proprietário que deles dispôs, ou de uma pensão que passa a outras pessoas por morte do titular. 4. Capaz de ter invertido o sentido do funcionamento: Motor *r.*

Reversivo, adj. Reversível.

Reverso, adj. 1. Que se opõe ao anverso ou à face principal; situado na face posterior. 2. De má índole; mau, pernicioso. 3. Diz-se da madeira cujas fibras não são direitas. 4. Revirado.

Reverter, v. Tr. ind. 1. Regressar, voltar ao ponto de partida. 2. Voltar para a posse de alguém. 3. Converter-se, redundar, tornar-se.

Revertível, adj. m. e f. Reversível.

Revés, s. m. (l. *reverse*). 1. Reverso. 2. Pancada com as costas da mão. 3. Golpe dado obliquamente. 4. Acidente desfavorável; vicissitude. 5. Desgraça, infortúnio.

Revessa, s. f. (l. *reversa*). 1. Contracorrente das águas próximas às margens do rio. 2. Corrente marítima que volta em sentido contrário. 3. Interseção de duas vertentes do telhado, formando ângulo reentrante.

Revessar, v. V. *arrevessar.*

Revestimento, s. m. 1. Ato ou efeito de revestir(-se). 2. Aquilo que reveste ou serve para revestir. 3. Camada de material, como argamassa, pedra etc., que se coloca sobre uma parede ou piso para consolidar ou apresentar melhor aspecto. 4. Capa, cobertura, invólucro, proteção.

Revestir, v. 1. Tr. dir. Tornar a vestir. 2. Tr. dir. Vestir (uma roupa por cima de outra). 3. Pron. Vestir traje de cerimônia; paramentar-se. 4. Tr. dir. Estender-se pela superfície de; cobrir, envolver. 5. Tr. dir. Cobrir com revestimento. 6. Tr. dir. Pôr uma espécie de forro ou capa externa, fortificando. 7. Tr. dir. Guarnecer. 8. Pron. Aparentar, imitar, reproduzir as qualidade de. 9. Tr. dir. Dar certa aparência ou aspecto; cobrir.

Revezador, adj. e s. m. Que, ou aquele que reveza; que substitui outro por sua vez ou turno.

Revezamento, s. m. Ato ou efeito de revezar(-se).

Revezar, v. (*re + vez + ar*). 1. Tr. dir. Substituir alternadamente. 2. Pron. Alternar com alguém, substituir-se por turno ou vez.

Revezo (*ê*), s. m. Pastagem para onde se muda o gado, a fim de que se crie novamente o pasto no lugar onde pastava.

Reviçar, v. 1. Intr. Tornar a viçar. 2. Tr. dir. Fazer viçar de novo.

Revidar, v. (de *reenvidar?*). 1. Tr. dir. *Jogo.* Envidar sobre o envite; reenvidar. 2. Tr. dir. Dar em resposta a. 3. Tr. ind. Vingar uma ofensa com outra maior. 4. Tr. ind. e intr. Contradizer, objetar. 5. Tr. dir. Replicar, retrucar.

Revide, s. m. Ato ou efeito de revidar.

Revigorar, v. 1. Tr. Dar novo vigor a; avigorar. 2. Intr. e pron. Readquirir o vigor; robustecer-se.

Revimento, s. m. Ato ou efeito de rever ou ressumar (um líquido).

Revinda, s. f. Ato de revir; regresso, volta.

Revindita, s. f. 1. Vingança de uma vingança. 2. Desafronta, desforra.

Revingar, v. 1. Tr. dir. Vingar de novo. 2. Intr. Tirar vingança de.

Revir, v. (1. *revenire).* Intr. Vir de novo; regressar.

Revira, s. f. Certo bailado reles.

Revirado, adj. Que se revirou; que sofreu reviramento. S. m. Farnel, matula, pamonã.

Reviramento, s. m. Ato ou efeito de revirar(-se).

Revirão, s. m. Vira traseira do calçado.

Revirar, v. 1. Tr. dir. Tornar a virar; voltar ao avesso. 2. Intr. Revolutear, revolver-se. 3. Pron. Virar-se novamente. 4. Tr. dir. Remexer. 5. Tr. dir. Pôr em desordem; transtornar. 6. Tr. ind. e pron. Tornar-se, voltar-se ou revoltar-se contra.

Reviravolta, s. f. 1. Ato ou efeito de revirar. 2. Volta sobre si mesmo; cambalhota, viravolta. 3. Mudança repentina.

Reviravoltear, v. Tr. dir. Fazer girar.

Revirete *(ê),* s. m. Dito picante; motejo, repostada.

Revisão, s. f. (1. *revisione*). 1. Ato ou efeito de rever[1]. 2. Exame minucioso e atento em nova leitura. 3. O trabalho empregado no estudo de uma obra, para a emendar, corrigir ou aperfeiçoar. 4. Correção de provas tipográficas. 5. Exame de uma lei com o fim de a modificar, revogar ou confirmar.

Revisar, v. Tr. dir. 1. Visar de novo. 2. *Tip.* Rever[1]. 3. Fazer a inspeção ou revisão de.

Revisionismo, s. m. Partido ou sistema dos que se batem pela revisão da constituição política do país.

Revisionista, adj. e s. m. e f. Que, ou pessoa que é partidária do revisionismo.

Revisor, adj. Que revê. S. m. 1. Aquele que revê provas tipográficas ou originais que se destinam à composição; revedor[2]. 2. Aquele que é encarregado de rever e conferir os bilhetes de passagem em estradas de ferro, em certos veículos.

Revisório, adj. Relativo a revisão.

Revista, s. f. (de *revisto*). 1. Ação ou efeito de revistar. 2. Nova inspeção; exame minucioso. 3. Inspeção de tropa, cavalos, material bélico etc. 4. Publicação periódica na forma de uma brochura mais ou menos extensa, com escritos dedicados a uma só matéria: *Revista de Biologia, Revista de Filosofia;* ou, de formato maior, com escritos variados e geralmente ilustrada; revista de atualidade, magazine. 7. *Teatro.* Qualquer espetáculo de variedades, com números musicais e outros, entre si ligados por um enredo cômico ou burlesco.

Revistar, v. Tr. dir. 1. Passar revista a. 2. Examinar, rever. 3. Dar varejo a; passar busca a. 4. Examinar (pessoas ou coisas).

Revisteiro, s. m. Escritor de revistas para o teatro.

Revisto, adj. 1. Que se reviu. 2. Corrigido, emendado.

Revivente, adj. m. e f. Que revive.

Reviver, v. 1. Intr. Tornar a viver; voltar à vida; ressuscitar. 2. Intr. Renascer, renovar-se. 3. Intr. Readquirir energia; renovar-se, revigorar-se. 4. Intr. Aparecer de novo; tomar novo impulso. 5. Tr. dir. Trazer à lembrança; recordar.

Revivescência, s. f. V. *revivescimento.*

Revivescer, v. Tr. dir. e intr. Reviver.

Revivescimento, s. m. Ato ou efeito de revivescer; revivescência.

Revivificar, v. 1. Tr. dir. e pron. Tornar a vivificar: dar nova vida, animação ou vigor a; reanimar(-se). 2. Tr. dir. *Teol.* Dar novo alento ou nova vida espiritual a.

Revivo, adj. 1. Que voltou à vida. 2 Que tem muita vida.

Revoada, s. f. 1. Ato ou efeito de revoar. 2. Bando de aves que revoam. 3. Ensejo, oportunidade.
Às revoadas: de espaço a espaço; de quando em quando; por vezes.

Revoar, v. Intr. 1. Tornar a voar. 2. Alar-se, pairar, voar alto. 3. Agitar-se; nascer.

Revocar, v. Tr. dir. 1. Chamar para trás; ordenar voltar. 2. Tornar a chamar, a evocar. 3. Fazer voltar; restituir. 4. Fazer sair; tirar. 5. Revogar.

Revocatório, adj. V. *revogatório.*

Revocável, adj. m. e f. Que se pode revocar.

Revogabilidade, s. f. Qualidade de revogável.

Revogação, s. f. 1. Ato ou efeito de revogar. 2. Anulação, extinção, invalidação.

Revogador, adj. Que revoga; revogante, revogatório. S. m. Aquele que revoga.

Revogante, adj. m. e f. Revogador.

Revogar, v. Tr. dir. Declarar ou tornar sem efeito; anular.

Revogatória, s. f. Documento que encerra a revogação.

Revogatório, adj. 1. Revogante. 2. Relativo a revogação. 2. Que contém revogação.

Revogável, adj. m. e f. Que pode ser revogado.

Revolcar, v. V. *rebolcar.*

Revolta, s. f. (fem. de *revolto*). 1. Ato ou efeito de revoltar(-se). 2. Levantamento, motim, rebelião contra a autoridade estabelecida; sedição, sublevação, insurreição. 3. Violenta perturbação moral. 4. Grande indignação.

Revoltado, adj. 1. Que se revoltou, que se rebelou; insubmisso, rebelde. 2. Que mostra indignação; indignado. S. m. Indivíduo revoltado.

Revoltador, adj. e s. m. Que, ou aquele que revolta.

Revoltante, adj. m. e f. Que revolta ou indigna; repugnante, repulsivo.

Revoltão, s. m. Movimento desordenado; revolta.

Revoltar[1], v. (*revolta + ar*). 1. Tr. dir. Incitar à revolta; agitar, amotinar, sublevar. 2. Pron. Insurgir-se, levantar-se contra a autoridade estabelecida ou contra o seu superior; revolucionar-se, sublevar-se. 3. Tr. dir. Perturbar moralmente; indignar, repugnar. 4. Pron. Agitar-se, tumultuar-se. 5. Pron. Encolerizar-se, indignar-se. 6. Intr. Causar indignação.

Revoltar[2], v. *(re + voltar).* Tr. ind. *Ant.* e *des.* Tornar a voltar; regressar.

Revoltear, v. 1. Tr. dir. Fazer dar muitas voltas; revirar, revolver. 2. Intr. e pron. Revolver-se. 3. Tr. dir. Dançar remexendo-se ou sarocoteando-se.

Revolto *(ô),* adj. (1. *revolutu*). 1. Curvo para baixo; dobrado, voltado. 2. Desgrenhado, encrespado. 3. Agitado, perturbado. 4. Posto em revolta. 5. Furioso, tempestuoso. 6. Que se manifesta por agitações e revoltas.

Revoltoso, adj. Revoltado, insurreto, rebelde.

Revolução, s. f. (1. *revolutione*). 1. Ato ou efeito de revolver(-se) ou revolucionar(-se). 2. Mudança violenta nas instituições políticas de uma nação. 3. Perturbação moral; indignação, agitação. 4. Transformação natural da superfície do globo. 5. Rotação em torno de um eixo imóvel. 6. Volta, rotação, giro. 7. Perturbação, agitação. 8. Desvio no modo de considerar assuntos relativos a um ramo qualquer do pensamento humano. 9. *Astr.* Tempo que um astro gasta para descrever o curso de sua órbita. 10. *Geom.* Movimento suposto de um plano em volta de um dos seus lados, para gerar um sólido.

Revolucionamento, s. m. Ato ou efeito de revolucionar(-se).

Revolucionar, v. 1. Tr. dir. Excitar, instigar, mover à revolução. 2. Pron. Entrar numa revolução; revoltar-se, sublevar-se. 3. Tr. dir. Provocar notável mudança em; transformar. 4. Tr. dir. Agitar moralmente. 5. Tr. dir. Pôr em rebuliço; agitar.

Revolucionário, adj. Relativo à revolução. S. m. 1. Aquele que toma parte numa revolução. 2. Aquele que propaga idéias novas. 3. Aquele que pretende uma nova ordem de coisas por meios violentos ou pela revolução. 4. Aquele que introduz novos processos numa arte, literatura, ciência ou indústria; inovador.

Revoluteante, adj. m. e f. Que revoluteia.

Revolutear, v. Intr. 1. Revolver, agitar-se, mover-se em vários sentidos. 2. Adejar, esvoaçar.

Revoluto, adj. Revolvido.

Revolvedor, adj. e s. m. Que, ou aquele que revolve.

Revolver, v. 1. Tr. dir. e tr. ind. Volver muitas vezes; misturar, remexer. 2. Tr. dir. Mover em giro. 3. Tr. dir. Mexer sem ordem. 4. Tr. dir. e pron. Revirar(-se), voltar(-se). 5. Pron. Agitar-se, mover-se desordenadamente. 6. Tr. dir. Examinar minuciosamente; esquadrinhar, investigar. 7. Tr. dir. Amotinar, indispor. 8. Intr. *Astr.* Mover-se ao redor de um corpo celeste; percorrer sua órbita; executar uma revolução; gravitar.

Revólver, s. m. (ingl. *revolver*). Arma de fogo portátil, de cano curto, cujas balas se alojam num tambor giratório, do qual são disparadas quando passam pela posição do cano.

Revolvido, adj. 1. Que se revolveu. 2. Agitado, remexido.

Revolvimento, s. m. Ato ou efeito de revolver(-se); revolução.

Revôo, s. m. Ato de revoar.

Révora, s. f. *P. us.* Tempo da puberdade.

Revulsão, s. f. (l. *revulsione*). *Med.* 1. Efeito dos medicamentos revulsivos. 2. Irritação local provocada com o fim de fazer cessar um estado congestivo ou inflamatório, numa outra parte do corpo.

Revulsar, v. Tr. dir. *Med.* Deslocar com revulsivos; exercer ação resulsiva em.

Revulsivo, adj. *Med.* Diz-se do medicamento que faz derivar uma inflamação, ou humores, de um ponto para outro do organismo. S. m. Medicamento revulsivo.

Revulsor, s. m. *Cir.* Instrumento munido de agulhas finas, que era apropriado para provocar a revulsão.

Revulsório, adj. Revulsivo.

-rexe, elem. de comp. (gr. *rexis*). Indica a idéia de *ruptura: plasmorrexe, onicorrexia.* Var.: *rexo* e *rexia.*

Rexenxão, s. m. *Ornit.* V. *renxenxão.*

-rexia, elem. de comp. V. *rexe.*

-rexo, elem. de comp. V. *rexe.*

Reza, s. f. 1. Ação ou efeito de rezar. 2. Oração ou série de orações, recitadas por dever, ou por livre vontade e devoção, em família ou na igreja.

Rezado, adj. 1. Que se rezou. 2. Muito comentado. 3. Dito em segredo.

Rezador, adj. Que reza. S. m. 1. Aquele que reza. 2. Curandeiro, benzedor.

Rezar, v. (l. *recitare*). 1. Tr. dir., tr. ind. e intr. Dizer ou proferir rezas; orar. 2. Tr. dir. Pronunciar as orações de. 3. Tr. dir. Fazer menção de (por escrito).

Rezina, adj. m. e f. *Pop.* Diz-se de pessoa teimosa, birrenta, ranzinza. S. m. e f. Essa pessoa.

Rezinga, s. f. *Pop.* Ato ou efeito de rezingar.

Rezingão, adj. e s. m. Que, ou aquele que rezinga; rezingueiro. Fem.: *rezingona.*

Rezingar, v. (onomatopéico). Tr. dir. e intr. *Pop.* 1. Dizer por entre dentes e de mau-humor; resmungar. 2. Fazer crítica; reclamar.

Rezingueiro, adj. e s. m. V. *rezingão.*

Rh, (abrev. de *rhesus*, nome científico de um macaco, no qual primeiramente foi descoberto o fator Rh). V. *fator Rh.* – *Rh-negativo:* o que não tem o fator Rh nas células vermelhas do sangue. *Rh-positivo:* o que contém o fator Rh nas células vermelhas do sangue.

Ri, s. m. Légua japonesa, equivalente a 3.927 m.

Ria, s. f. (de *rio*). 1. Braço de rio, próprio para a navegação. 2. Embocadura ou foz de um rio.

Riachão, s. m. Riacho grande.

Riacho, s. m. 1. Dim. de *rio.* 2. Rio pequeno; ribeiro.

Riamba, s. f. Maconha.

Riba, s. f. (l. *ripa*). 1. Margem elevada do rio; ribeira, arriba. 2. A parte mais elevada; cima.

Ribaçã, s. f. *Ornit.* Avoante.

Ribada, s. f. Riba (margem) extensa.

Ribaldaria, s. f. *Pop.* Ação ou dito próprio de ribaldo; patifaria.

Ribaldo, adj. e s. m. (fr. ant. *ribalt*). Patife, tratante, velhaco.

Ribalta, s. f. (ital. *ribalta*). Fileira ou série de luzes, na parte externa do palco, entre a orquestra e o pano de boca.

Ribamar, s. f. 1. Terreno à borda do mar. 2. Beira-mar.

Ribança, s. f. *Des.* Riba talhada a pique.

Ribanceira, s. f. *(ribança + eira).* 1. Penedia sobranceira a um rio. 2. Margem elevada de rio.

Ribeira, s. f. (l. *riparia*). 1. Massa de água que corre entre margens próximas, menos larga e profunda que um rio. 2. Terreno banhado por um rio. 3. Zona rural, compreendendo certo número de fazendas.

Ribeirada, s. f. 1. Corrente forte de ribeira. 2. Grande porção de líquido.

Ribeirão, s. m. 1. Ribeiro bastante largo. 2. Terreno apropriado para nele se lavrarem minas de diamantes.

Ribeirar, v. Tr. dir. 1. Marcar a ferro o lado esquerdo de (animais pertencentes a uma ribeira). 2. Beirar, rodear.

Ribeirinho, adj. 1. Que vive ou se encontra nos rios ou ribeiras. 2. Que mora nas adjacências dos rios; justafluvial, marginal. S. m. 1. Moço de recados. 2. Transportador de areia e entulho.

Ribeiro, s. m. (l. *ripariu*). Rio pequeno; arroio, riacho, regato.

Ribete *(ê)*, s. m. Cairel, debrum.

Ribombar, v. Intr. Estrondear, ressoar, retumbar. Var.: *rimbombar.*

Ribombo, s. m. Ação de ribombar. Var.: *rimbombo.*

Riça[1], adj. f. (de *riçar*). Diz-se da galinha de penas encrespadas.

Riça[2], (cast. *riza*). O pêlo que cai dos chapéus quando se escarduçam.

Ricaço, s. m. Homem muito rico.

Rica-dona, s. f. Esposa, filha ou herdeira de rico-homem.

Ricanho, adj. e s. m. Diz-se de, ou homem rico e avarento.

Riçar, v. *(riço + ar).* Tr. dir. Eriçar ou tornar riço; frisar; pôr (o cabelo) em anéis.

Richarte, adj. e s. m. *Des.* Dizia-se do, ou o indivíduo baixo, gordo e forte.

Rícino, s. m. 1. *Bot.* Gênero *(Ricinus)* de plantas da família das Euforbiáceas, a que pertence a mamona ou carrapateira. 2. Óleo extraído das sementes da mamona.

Rickéttsia, s. f. *Bacter.* 1. Gênero *(Rickettsia)*, que compreende microrganismos não filtráveis, com forma de bastonetes, que vivem intracelularmente em artrópodes hematófagos. Quando transmitidos ao homem pela mordedura de um hospedeiro artrópode causam várias doenças graves. 2. Espécime desse gênero.

Rickettsiose, s. f. *Med.* Qualquer moléstia provocada por microrganismos do gênero Rickéttsia.

Rico, adj. 1. Que possui muitos bens. 2. Fértil, produtivo. 3. Magnífico, opulento. 4. Diz-se da língua fecunda em vocábulos e locuções. S. m. Homem rico. Aum.: *ricaço, ricalhaço, ricalhão, ricalhaz.*

Riço, adj. (liga-se a *arriçar?*). Crespo, encrespado. S. m. 1.

Tecido de lã, seda ou veludo, com o pêlo crespo e curto. 2. Porção de cabelo enovelado com que as mulheres alteiam o penteado.

Ricochetar, v. Ricochetear.

Ricochete *(ê),* s. m. (fr. *ricochet*). 1. Salto que dá qualquer corpo ou projétil, depois de bater no chão ou noutro corpo. 2. Retrocesso. 3. *Fam.* Motejo, caçoada. 4. Ação produzida por outra.

Ricochetear, v. 1. Intr. Fazer ricochete. 2. Tr. ind. Dar, ir ter, saltar.

Rico-homem, s. m. *Ant.* Fidalgo ou grande de reino, que servia o rei na guerra, e usava como insígnia pendão e caldeira, para indicar que sustentava os outros.

Ricto, s. m. (1. *rictu*). 1. Contração labial ou facial. 2. Abertura da boca.

Rictus, s. m. V. *ricto.*

Ridente, adj. m. e f. 1. Que ri; sorridente. 2. Alegre, satisfeito. 3. Que viceja.

Ridicularia, s. f. 1. Ação, coisa ou expressão ridícula. 2. Bagatela, insignificância.

Ridicularizar, v. 1. Tr. dir. Meter a ridículo; escarnecer. 2. Pron. Fazer-se digno de escárnio; tornar-se ridículo.

Ridiculizar, v. Tr. dir. e pron. V. *ridicularizar.*

Ridículo, adj. 1. Digno de riso, de escárnio. 2. De pouco valor; insignificante. S. m. 1. Indivíduo ridículo. 2. O que há de ridículo em alguém ou em alguma coisa.

Rifa, s. f. Sorteio de objetos por meio de bilhetes numerados ou pela loteria.

Rifada, s. f. Série de cartas, de naipe igual.

Rifador, adj. e s. m. Que, ou aquele que faz rifa.

Rifão, s. m. Adágio, anexim, provérbio. Pl.: *rifões* e *rifães.*

Rifar[1], v. *(rifa[1] + ar).* Tr. dir. 1. Fazer rifa de; sortear por rifa. 2. *Ant. Gír.* Bifar, furtar.

Rifar[2], v. Intr. Rinchar (o cavalo) de mansinho.

Rifle, s. m. (ing. *rifle*). Espingarda de cano raiado, para dar movimento rotatório ao projétil.

Rigidez, s. f. 1. Qualidade de rígido; rigor, rijeza. 2. Severidade de princípios. 3. Falta de meiguice, de doçura; rudeza, aspereza.

Rígido, adj. 1. Pouco flexível; rijo. 2. Hirto, teso. 3. Austero, grave, rigoroso, severo.

Rigodão, s. m. (fr. *rigodon*). 1. Espécie de dança antiga. 2. Música para essa dança.

Rigor[1], s. m. 1. Demasiada tensão; inflexibilidade, rigidez. 2. Aspereza, dureza, ou severidade no gênio ou no trato. 3. Ato de severidade; crueldade. 4. Forma exata, rigorosa e precisa; sentido próprio (das palavras). 5. Intensidade do calor ou do frio. 6. Exatidão, pontualidade, precisão.

Rigor[2], s. m. Designativo dos rochedos que se encostam à terra firme e interrompem a linha arenosa do litoral.

Rigorismo, s. m. 1. Qualidade de rigoroso. 2. Grande severidade. 3. Moral severa.

Rigorista, adj. m. e f. 1. Em que há rigorismo. 2. Que usa de rigorismo. S. m. e f. Pessoa rigorista.

Rigoroso, adj. 1. Cheio de rigor; que mostra rigor; que procede com rigor; austero, rude, severo. 2. Exigente em excesso. 3. Cruel, desumano. 4. Difícil de suportar-se; áspero. 5. Feito com todo o rigor. 6. Exato, preciso. 7. Escrupuloso, minucioso.

Rijeza, s. f. Qualidade de rijo; rigidez, vigor.

Rijo, adj. (1. *rigidu*). 1. Que não se verga; rígido. 2. Áspero, duro, severo, teso. 3. Áspero de condição; severo. S. m. A força, a maior parte, o principal. Adv. Rijamente.

Ril, s. m. (ingl. *reel*). Antiga dança da Irlanda, popular no Brasil na primeira metade do século XIX.

Rilhador, adj. e s. m. Que, ou o que rilha.

Rilhadura, s. f. Ato ou efeito de rilhar.

Rilhar, v. Tr. dir. 1. Comer roendo (coisa dura); roer; trincar. 2. Ranger (os dentes). 3. Remoer no espírito.

Rilheira, s. f. Peça em que os ourives vazam metal fundido, para fazerem chapas.

Rim, s. m. (1. *rene*). *Anat.* Cada uma das duas vísceras glandulares que segregam a urina, situadas uma de cada lado da coluna vertebral, na região lombar. S. m. pl. 1. A parte inferior da região lombar. 2. *Med.* Vasilha em forma de rim, usada para curativos.

Rima[1], s. f. (provençal ant. *rima,* que se prende ao gr. *rhuthmos,* pelo 1.). 1. Correspondência de sons finais entre dois ou mais versos. 2. Uniformidade de som na terminação de duas ou mais palavras. 3. Palavra que rima com outra. S. m. pl. Versos. — *R. alternada*: aquela em que os versos rimam alternadamente. *R. emparelhada:* aquela em que os versos rimam dois a dois ou três a três seguidamente. *R. pobre*: aquela em que as palavras que rimam pertencem à mesma categoria gramatical. *R. rica*: aquela em que as palavras que rimam são de categoria gramatical diferente. *R. toante:* aquela em que a correspondência de sons se verifica entre as vogais, a partir da última vogal tônica.

Rima[2], s. f. (1. *rima*). Pequena abertura; fenda, greta.

Rima[3], s. f. (ár. *rizma*). 1. Ato ou efeito de arrimar(-se). 2. montão, ruma.

Rimador, adj. e s. m. Que, ou aquele que faz rimas; versejador.

Rimar, v. *(rima[1] + ar).* 1. Tr. dir. Tornar rimados (os versos) entre si. 2. Tr. dir. Escrever em versos rimados. 3. Tr. dir. Formar rima. 4. Intr. Compor versos rimados; versejar. 5. Tr. ind. Estar em harmonia; ser ou estar coerente.

Rimário, s. m. 1. Coleção de rimas. 2. Livro de rimas.

Rimático, adj. Relativo a rimas; rímico.

Rimbombar, v. V. *ribombar.*

Rimbombo, s. m. V. *ribombo.*

Rímico, adj. Rimático.

Rimoso, adj. Que tem rimas ou fendas; gretado.

Rímula, s. f. *Des.* Pequena abertura ou fenda.

Rinalgia, s. f. *Med.* Dor no nariz.

Rinálgico, adj. Relativo à rinalgia.

Rincão, s. m. (cast. *rincón*). 1. Lugar retirado; recanto. 2. Qualquer trecho da campanha gaúcha onde haja arroio, capões ou qualquer mancha de mato. 3. Lugarejo natal. 4. *Constr.* Calha formada pela convergência de dois panos de telhado.

Rinchada, s. f. *Pop.* Depreciativo de gargalhada.

Rinchão[1], adj. Que rincha muito. Fem.: *rinchona.*

Rinchão[2], s. m. *Bot.* 1. Planta verbenácea medicinal *(Stachytarpheta caiennensis).* 2. Planta crucífera *(Sisymbrium officinale).*

Rinchar, v. Intr. 1. Soltar rinchos (o cavalo ou a égua); nitrir, relinchar. 2. Ranger, ringir (o carro de bois).

Rinchavelhada, s. f. *Hum.* Gargalhada desentoada, risada destemperada.

Rincho, s. m. A voz do cavalo; nitrido, relincho.

rinco-, elem,. de comp. (gr. *rhugkhos*). Exprime a idéia de *bico, tromba: rincocéfalo, rincóforo.*

Rincobdélido, adj. *Zool.* Relativo aos Rincobdélidos. S. m. pl. Ordem *(Rhynchobdellidae)* de sanguessugas com probóscide protrátil, sem maxilares e com sangue incolor.

Rincocéfalo, adj. *Zool.* Que tem cabeça prolongada em forma de bico.

Rincóforo, adj. *Entom.* 1. Que tem bico, ou bico grande. 2. Relativo aos Rincóforos. S. m. pl. Vasto grupo *(Rhynchophora),* de coleópteros, que consiste nos gorgulhos de cabeça prolongada para a frente, de modo a formar focinho ou bico.

Rinconar, v. *(rincão + ar).* V. *arrincoar.*

Rinconista, s. m. e f. 1. Habitante de rincão. 2. Pessoa que guarda animais que pastam num rincão.

Ringir, v. (1. *ringi*). 1. Intr. Ranger. 2. Tr. dir. Fazer ranger; rilhar.

Ringue, s. m. (ingl. *ring*). Tablado elevado, cercado de cordas, onde se disputam lutas de boxe, jiujitsu, romana, luta livre e outras.

Rinha, s. f. (cast. *riña*). 1. Briga de galos. 2. Lugar onde se realizam tais brigas. 3. Briga, disputa.

Rinhadeiro, s. m. Rinha, acep. 2.

Rinhar, v. Intr. 1. Brigar (falando de galos). 2. Empenhar-se em luta; brigar.

Rinite, s. f. *Med.* Inflamação da mucosa nasal.

rino-, elem. de comp. (gr. *rhin, rhinos*). Exprime a idéia de *nariz: rinofonia.*

Rinoceronte, s. m. *Zool.* Mamífero perissodátilo de pele espessa e dura, com uma ou duas protuberâncias córneas sobre o focinho, respectivamente, *Rhinoceros unicornis* da Índia, Java e Malaca e *Diceros bicornis* da Eritréia. Somália e África meridional. Voz.: *brame, grunhe.*

Rinocerôntico, adj. Relativo a rinoceronte.

Rinofima, s. m. *Med.* Aumento das partes moles do nariz, que se apresenta violáceo e com veias varicosas.

Rinofonia, s. f. *Med.* Voz fanhosa ou nasal.

Rinologia, s. f. Estudo do nariz e do tratamento de suas doenças.

Rinoplastia, s. f. *Cir.* Operação restauradora ou plástica do nariz.

Rinoplástico, adj. Relativo à rinoplastia.

Rinoptia, s. f. *Med.* Estrabismo em que a pupila, desviando-se do eixo visual, se aproxima do nariz.

Rinorrafia, s. f. *Cir.* Sutura dos bordos de uma ferida do nariz.

Rinorragia, s. f. *Med.* Hemorragia nasal; epistaxe.

Rinorrágico, adj. Relativo à rinorragia.

Rinorréia, s. f. *Med.* Fluxo de mucosidades pelo nariz, sem inflamação.

Rinoscleroma, s. m. *Med.* Doença do nariz, caracterizada por nódulos duros e dolorosos à pressão.

Rinoscopia, s. f. *Med.* Exame das fossas nasais.

Rinostegnose, s. f. *Med.* Obstrução das fossas nasais.

Rinque, s. m. (ingl. *rink*). Recinto ou pista de patinação.

Rio, s. m. (l. *rivu*). 1. Corrente contínua de água, mais ou menos caudalosa, que deságua noutra, no mar ou num lago. 2. *Fig.* O que corre como um rio. 3. Grande massa de líquido. 4. Quantidade considerável de qualquer coisa.

Ripa, s. f. 1. Ripadura. 2. Tira de madeira comprida e estreita; sarrafo, fasquia.

Ripada, s. f. 1. Pancada com ripa. 2. Bordoada ou chicotada. 3. Descompostura.

Ripado, s. m. 1. Gradeado de ripas. 2. Pavilhão feito de ripas e destinado a abrigo de plantas.

Ripadura, s. f. Ato de ripar; ripagem, ripamento.

Ripagem, s. f. V. *ripadura.*

Ripamento, s. m. Ripadura.

Ripanço, s. m. 1. Instrumento de madeira que serve para separar a baganha do linho. 2. Utensílio de hortelão para raspar a terra e ajuntar as pedras. 3. Pequena cama ou sofá para dormir a sesta. 4. Descanso, pachorra. 5. Pessoa indolente. 6. *Pop.* Livro dos ofícios da Semana Santa.

Ripar, v. Tr. dir. 1. Vedar ou gradear com ripas (os caibros dos telhados). 2. Pregar ripas em. 3. Guarnecer como ripas. 4. Serrar, formando ripas. 5. Meter a ripa em; espancar. 6. Falar mal de; criticar.

Ripeiro[1], adj. *(ripa + eiro)*. De cuja madeira se fazem ripas ou sarrafos.

Ripeiro[2], s. m. *Bot.* Árvore lecitidácea *(Eschweilera polyantha)*, da Amazônia.

Ripiado, adj. Que tem rípios.

Ripícola, adj. m. e f. Que vive nas proximidades dos rios.

Ripídio, s. m. Cimeira unípara, escorpióide, na qual todas as ramificações se acham no plano que passa pelo eixo primário, como na palma-de-santa-rita.

Ripina, s. f. *Ornit.* Ave de rapina acipitrídea *(Harpagus bidentatus)*.

Rípio, s. m. 1. Pedrinha com que se enchem os vãos entre as pedras grandes numa construção ou parede; cascalho. 2. Palavra que entra no verso apenas para completar a medida.

Ripostar, v. (fr. *riposter*). 1. Intr. Repelir, no jogo da esgrima, a estocada com outra. 2. Tr. dir. Replicar, retrucar.

Ripuário, adj. Relativo aos Ripuários, tribos germânicas das margens do Reno e do Mosela, no século V.

Riqueza, s. f. 1. Qualidade de rico; abundância ou superabundância de bens de fortuna; abastança, fartura, opulência. 2. A classe dos ricos. 3. Abundância de ornamentos; esplendor.

Rir, v. (l. *ridere*). 1. Intr. e pron. Manifestar o riso; assumir expressão de alegria. 2. Intr. e pron. Ter um ar agradável, alegre; sorrir. 3. Tr. ind. e pron. Assumir uma expressão alegre, ter aspecto agradável. 4. Tr. ind. Mostrar afabilidade, aprazimento ou favor. 5. Tr. ind., intr. e pron. Dizer ou dirigir chalaças; escarnecer, gracejar, mofar, ridicularizar. 6. Tr. ind. e pron. Achar graça; desfrutar. Conj.: Pres. do ind.: *rio. ris, ri, rimos, rides, riem.* Imp.: *ri, ride.* Pres. do subj.: *ria, rias, ria, riamos, riais, riam.*

Risada, s. f. 1. Riso. 2. Manifestação sonora do riso; gargalhada. 3. Riso simultâneo de muitas pessoas.

Risão, adj. Que ri muito ou por qualquer motivo. Fem.: *risona.*

Risbordo, s. m. *Náut.* Portinhola aberta no costado do navio, ao nível da água, para introduzir objetos.

Risca, s. f. 1. Ação ou efeito de riscar; riscadura, riscamento, risco. 2. Listra. 3. Sulco nos cabelos que deixa ver a pele do crânio.

Riscado, adj. 1. Que se riscou. 2. Que tem riscos. 3. Meio ébrio; bicado. S. m. Pano de linho ou algodão, com listas de cor.

Riscador, adj. Que risca. S. m. 1. Aquele que risca. 2. Instrumento para riscar.

Riscadura, s. f. V. *risca.*

Riscamento, s. m. V. *risca.*

Riscar, v. 1. Tr. dir. Fazer riscos ou traços em. 2. Tr. dir. Encobrir com riscos; inutilizar por meio de riscos. 3. Tr. dir. Bosquejar, delinear, traçar. 4. Tr. dir. Pôr sinal em; determinar, marcar. 5. Tr. dir. Eliminar, excluir, suprimir. 6. Pron. Excluir-se a si próprio; demitir-se. 7. Intr. Ser excluído da amizade ou das relações de alguém. 8. Intr. Dirigir provocações; atrever-se. 9. Intr. Entrar em conflito com alguém; brigar.

Risco[1], s. m. (de *riscar*). 1. Traço feito a lápis, pena, pincel etc.; risca. 2. Planta para uma construção; debuxo, delineação. 3. Linha do horizonte visual. 4. *Gír.* Facada, navalhada.

Risco[2], s. m. (it. *rischio*). Possibilidade de perigo, incerto mas previsível, que ameaça de dano a pessoa ou a coisa.

Risibilidade, s. f. Qualidade de risível.

Risível, adj. m. e f. (l. *risibile*). 1. Digno de riso; que provoca riso; burlesco, cômico. 2. Aquilo que é ridículo.

Riso, s. m. 1. Ato ou efeito de rir; risada. 2. Alegria, satisfação. 3. Coisa ridícula.

Risonho, adj. 1. Que ri ou sorri. 2. Alegre, prazenteiro, satisfeito. 3. Próspero, feliz.

Risota, s. f. *Pop.* 1. Riso de escárnio. 2. Galhofa, zombaria.

Risote, adj. m. e f. Diz-se da pessoa que zomba de tudo, até das coisas respeitáveis.

Risoto *(ô)*, s. m. (ital. *risotto*). *Cul.* Prato italiano, que é uma mistura de arroz, manteiga e queijo parmesão ralado, com galinha ou camarão.

Rispidez, s. f. Qualidade de ríspido. Var.: *rispideza.*

Rispido, adj. (l. *hispidu*). 1. Áspero, desagradável ao ouvido. 2. Intratável, rude. 3. Severo.

Riste, s. m. (cast. *ristre*). Peça de ferro, em que se apóia ou firma a lança, quando o cavaleiro a leva horizontalmente, para investir.

Riteira, s. f. *Bot.* Árvore malpighiácea *(Burdachia prismatocarpa)*, do Amazonas.

Ritidoma, s. m. *Bot.* Camada seca, mais ou menos rugosa, que reveste os troncos grossos.

Ritmado, adj. Em que há ritmo; cadenciado.

Ritmar, v. Tr. dir. Dar ritmo a; tornar rítmico; cadenciar.

Rítmica, s. f. 1. Ciência ou arte dos ritmos. 2. *Mús.* Estudo da expressão musical em suas relações com o tempo. 3. Parte da antiga gramática, que estudava o ritmo dos versos gregos e latinos.

Rítmico, adj. 1. Relativo ao ritmo. 2. Que tem ritmo.

Ritmo, s. m. 1. Movimento ou ruído que ocorre com intervalos regulares. 2. *Mús.* Modalidade de compasso que caracteriza uma espécie de composição. 3. *Metrif.* Sucessão, com intervalos regulares, de sílabas acentuadas e de cesuras, de acordo com um determinado padrão métrico; cadência. 4. *Fís.* e *Mec.* Movimento com sucessão regular de elementos fortes e elementos fracos. 5. *Fisiol.* Proporção ou relação de intensidade entre as pulsações arteriais.

Ritmopéia, s. f. Parte da arte musical, poética ou oratória, relativa às leis do ritmo.

Rito, s. m. 1. Conjunto de cerimônias e regras de uma religião. 2. Culto, religião, seita. 3. Ordem ou conjunto de quaisquer cerimônias. 4. Sistema das fórmulas e práticas das organizações maçônicas.

Ritornelo, s. m. (ital. *ritornello*). 1. Estribilho. 2. *Mús.* Sinal colocado no final de cada parte de uma composição musical, para indicar que ela deve ser repetida.

Ritual, adj. m. e f. 1. Relativo aos ritos. S. m. 1. Livro que contém os ritos. 2. Cerimonial. 3. Conjunto das práticas consagradas pelo uso a observar; etiqueta, praxe, protocolo.

Ritualismo, s. m. Sistema coordenado dos ritos de uma religião.

Ritualista, s. m. e f. 1. Pessoa que trata ou escreve acerca dos ritos. 2. Pessoa que tem grande apego a cerimônias ou fórmulas.

Ritumba, s. f. Espécie de tambor africano, feito de tronco oco, tapado com uma pele numa das aberturas.

Rival, adj. m. e f. 1. Que rivaliza; competidor, concorrente. 2. Que deseja as mesmas vantagens que outrem. S. m. e f. 1. Pessoa rival. 2. Pessoa que disputa o amor de outra.

Rivalidade, s. f. 1. Qualidade de rival; competição, emulação. 2. Ciúmes.

Rivalizar, v. 1. Tr. ind. Ser rival; entrar em competição. 2. Tr. ind. e intr. Concorrer com alguém à posse da mesma pessoa ou coisa. 3. Tr. dir. Fazer entrar em rivalidade ou em competição. 4. Tr. dir. Ser rival de; procurar igualar. 5. Pron. Rivalizar reciprocamente; ter ciúme recíproco.

Rivalizável, adj. m. e f. 1. Que pode ter rival. 2. Que admite confronto.

Rivícola, adj. m. e f. *Bot.* Que vegeta à margem dos rios e riachos.

Rixa, s. f. 1. Disputa, briga, discórdia, desavença. 2. Desordem, motim, revolta.

Rixador, adj. e s. m. Que, ou aquele que rixa; brigão, desordeiro, rixoso.

Rixar, v. Intr. Provocar rixas; ter rixas com alguém; entrar em questões sangrentas; ser desordeiro.

Rixento, adj. V. *rixoso.*

Rixoso, adj. Que rixa; rixento, rixador.

Rizadura, s. f. Ato de rizar.

Rizagra, s. f. Instrumento com que se extraem raízes de dentes.

Rizanto, adj. *Bot.* Diz-se das plantas cujas flores ou pedúnculos parecem nascer da raiz.

Rizar, v. *Náut.* Tr. dir. Amarrar (parte do pano) com os rizes, em torno da verga para diminuir a superfície exposta ao vento.

Rizes, s. m. pl. (fr. *ris*). *Náut.* 1. Espécie de atacadores que, nas velas, se passam por um ilhós para as encurtar ou colher. 2. Ilhós por onde passam esses atacadores.

-rizi, elem. de comp. O mesmo que *orizi: rizicultura.*

Rizicultor, s. m. Cultivador de arroz; orizicultor.

Rizicultura, s. f. Cultura de arroz; orizicultura.

Rizina, s. f. *Bot.* Pequeno filamento celular, fixador de algas.

rizo-, elem. de comp. (gr. *rhiza*). Exprime a idéia de *raiz: rizofagia.*

Rizoblasto, s. m. *Bot.* Embrião com uma raiz apenas.

Rizocárpico, adj. *Bot.* Diz-se dos vegetais cujas partes subterrâneas emitem anualmente brotos aéreos.

Rizofagia, s. f. *(rizo + fago + ia).* Qualidade de rizófago.

Rizófago, adj. Que se nutre de raízes.

Rizofilo, adj. *Bot.* Diz-se do vegetal cujas folhas deitam raízes.

Rizófilo, adj. Que vive nas raízes; radicícola.

Rizoforáceas, s. f. pl. *Bot.* Família *(Rhizophoraceae)* de dicotiledôneas, constituída de plantas típicas dos manguezais que existem em torno do litoral. A espécie mais característica é o mangue-vermelho.

Rizoforáceo, adj. *Bot.* Relativo às Rizoforáceas.

Rizografia, s. f. Descrição ou tratado das raízes.

Rizográfico, adj. Relativo à rizografia.

Rizóide, adj. m. e f. *Biol.* Semelhante a uma raiz. S. m. Filamento unicelular, fixador de algas, musgos e liquens.

Rizólito, s. m. *Paleont.* Raiz fóssil.

Rizoma, s. m. (*rizo + oma*). *Bot.* Caule subterrâneo no todo ou em parte e de crescimento horizontal.

Rizomatoso, adj. 1. Provido de rizoma. 2. Semelhante a rizoma.

Rizomorfo, adj. *Bot.* Que tem forma de raiz.

Rizópode, adj. m. e f. *Zool.* Diz-se dos animais cujos pés se assemelham a raízes. S. m. pl. Sarcodíneos.

Rizóstomo, adj. *Zool.* Diz-se de certos animais que têm muitas bocas ou ventosas na extremidade de filamentos semelhantes a raízes.

Rizotaxia (*cs*), s. f. *Bot.* Disposição das radicelas sobre a raiz principal.

Rizotomia, s. f. Corte de raízes.

Rizotônico, adj. (*rizo + tônico*). *Gram.* Diz-se das formas verbais cujo acento tônico cai na raiz, por ex.: *escrêvo, escrêvem.* Antôn.: *arrizotônico.*

Rô, s. m. (gr. *rho*). Décima sétima letra do alfabeto grego e que corresponde ao nosso *r.*

Roaz, adj. m. e f. (l. **rodace?*). 1. Que rói; roedor. 2. Destruidor, voraz, devastador. Sup. abs. sint.: *roacíssimo.*

Robalete, (*ê*), s. m. 1. Robalo pequeno.

Robalinho, s. m. *Ictiol.* Peixe ciprinídeo (*Leucicus pyrenaicus*).

Robalo, s. m. *Ictiol.* Peixe teleósteo (*Centropomus undecimalis*).

Robissão, s. m. V. *sobrecasaca.*

Roble, s. m. Carvalho.

Robledo (*ê*), s. m. (l. *roboretu*). Mata de robles; carvalhal, roboredo.

Robô, s. m. (fr. *robot*). 1. Aparelho automático, com aspecto de boneco, capaz de executar diferentes tarefas, inclusive algumas geralmente feitas pelo homem. 2. Indivíduo que obedece mecanicamente; títere.

Roboração, s. f. Ato ou efeito de roborar.

Roborante, adj. m. e f. Que robora; roborativo.

Roborar, v. Tr. dir. 1. Dar força e firmeza a; fortalecer, fortificar, robustecer. 2. Dar, com novos argumentos e razões, força a; confirmar, corroborar.

Roborativo, adj. 1. Roborante. 2. Próprio para roborar.

Roboredo (*ê*), s. m. V. *robledo.*

Roborizar, v. V. *roborar.*

Robustecer, v. 1. Tr. dir. Tornar robusto; avigorar, fortalecer. 2. Tr. dir. Tornar mais firme; roborar. 3. Intr. e pron. Tornar-se robusto; avigorar-se. 4. Tr. dir. Confirmar, corroborar. 5. Intr. e pron. Engrandecer-se, glorificar-se.

Robustez, s. f. Qualidade de robusto; força, robustidão, robusteza.

Robusteza, s. f. V. *robustez.*

Robustidão, s. f. V. *robustez.*

Robusto, adj. 1. De constituição resistente; vigoroso. 2. Valente. 3. Sólido, grosso. 4. Intenso. 5. Firme, inabalável. 6. Influente, poderoso.

Roca[1], s. f. (gót. *rukka*). 1. Vara ou cana, bojuda numa das extremidades, onde se enrola a estriga ou outra substância têxtil que se quer fiar. 2. *Náut.* Peça com que se reforça um mastro fendido. 3. Armação de madeira das imagens dos santos. 4. Tiras estreitas que se usavam ao comprido nas mangas dos vestidos e separadas umas das outras para deixarem ver o estojo subjacente.

Roca[2], s. f. (cast. *roca,* l. *rocca*). Rocha.

Roça, s. f. 1. Roçadura. 2. O terreno roçado. 3. Terreno preparado para a lavoura, onde se planta milho, feijão etc. 4. Terreno plantado de mandioca. 5. O campo, em oposição à cidade.

Rocada, s. f. 1. Porção de linho ou de lã que se enrola na roca. 2. Golpe ou pancada com a roca.

Roçada, s. f. 1. Corte a foice das pequenas plantas que podem embaraçar o manejo do machado ao derrubar a mata. 2. O primeiro trabalho que se faz nos terrenos destinados a plantações. Sin.: *roçagem.*

Roçadela, s. f. Ação de roçar de leve; roçadura.

Rocado[1], adj. (*roca*[1] + *ado*). *P. us.* Que tem rocas (falando das mangas dos vestidos).

Rocado[2], adj. (*roca*[2] + *ado*). *P. us.* Que tem rocas ou rochedos. S. m. Penedia.

Roçado, s. m. 1. Terreno em que se roçou o mato para ser cultivado; roça. 2. Clareira entre o mato. 3. Terreno plantado de mandioca.

Roçador, adj. e s. m. Que, ou aquele que roça.

Roçadura, s. f. 1. Ato ou efeito de roçar(-se); roçamento; roça. 2. Atrito leve; roçadela.

Roçagante, adj. m. e f. Que roçaga.

Roçagar, v. 1. Intr. Roçar ou arrastar-se pelo chão. 2. Intr. Produzir um leve ruído, como o de um vestido de seda quando se arrasta pelo chão. 3. Tr. dir. Fazer arrastar-se pelo chão.

Roçagem, s. f. Roçada.

Rocal, adj. m. e f. (*roca*[2] + *al*). Duro como rocha. S. m. Colar de contas ou de pérolas; rocalha.

Rocalha, s. f. (cast. *rocalla*). 1. Conjunto de contas para rosário ou colar. 2. Rocal.

Rocambole, s. m. 1. Espécie de fandango bailado, em que há influência coreográfica da valsa. 2. Espécie de pão-de-ló enrolado, tendo de permeio fina camada de doce em pasta.

Rocambolesco (*ê*), adj. 1. Relativo ou semelhante às aventuras extraordinárias ou inverossímeis de Rocambole, personagem de um romance de Ponson du Terrail (1829-1871). 2. Cheio de peripécias e lances imprevistos; de enredo fantástico.

Roçamento, s. m. V. *roçadura.*

Rocar, v. (*roque* + *ar*). Intr. Fazer roque, no jogo de xadrez.

Roçar, v. (l. v. **ruptiare*). 1. Tr. dir. Cortar o mato com foice; cortar, derrubar. 2. Tr. dir. Deslizar por cima de; friccionar mansamente; tocar de leve. 3. Tr. dir. Coçar, esfregar. 4. Tr. dir. Gastar ou desgastar por meio de atrito. 5. Tr. dir., tr. ind. e pron. Passar junto, tocar de leve; resvalar.

Rocaz, adj. m. e f. Que se cria nas rochas; rochaz.

Rocedão, s. m. Fio com que o sapateiro ata o cabedal em volta das formas.

Rocega, s. f. *Náut.* 1. Ato de rocegar. 2. Cabo para rocegar. 3. Fragmento de vidro cortante.

Rocegar, v. (de *roçar?*). Tr. dir. *Náut.* Procurar com a rocega (âncoras ou coisas que se encontrem debaixo da água).

Roceira, s. f. Saúva.

Roceiro, adj. Diz-se do animal que penetra nas roças para nelas pastar. S. m. 1. Homem que roça. 2. Aquele que cultiva roças. 3. Homem que vive na roça; caipira. 4. Indivíduo rústico.

Roceiro-planta, s. m. *Ornit.* Nome pelo qual se conhece o *saci*, em Minas Gerais. Pl.: *roceiros-plantas* e *roceiros-planta.*

Rocha, s. f. (fr. *roche*). 1. *Geol.* Agregado natural, formado de um ou mais minerais, que constitui parte essencial da crosta terrestre. 2. Massa de pedra muito dura. 3. Penedo, penhasco, rochedo. 4. Coisa firme, inabalável.

Rochaz, adj. m. e f. Rocaz.

Rochedo (*ê*), s. m. 1. Rocha batida do mar. 2. Rocha escarpada à beira do mar. 3. Penhasco. 4. *Anat.* A parte mais dura do osso temporal, que contém o ouvido interno.

Rochoso, adj. Coberto ou formado de rochas.

Rociada, s. f. Ato ou efeito de rociar.

Rociar, v. (l. *roscidare*). 1. Intr. Cair rocio; orvalhar. 2. Tr. dir. Borrifar de rocio; aljofrar, orvalhar.

Rocim, s. m. Cavalo fraco, ou pequeno e magro; rocinante.

Rocinal, adj. m. e f. Próprio de rocim.

Rocinante, s. m. Rocim.

Rocinar, v. Tr. dir. Amansar bem o animal, tornando-o obediente ao freio.

Rocinha, s. f. 1. Pequena roça. 2. Pequena quinta; chácara.

Rocio, s. m. Orvalho (da noite).

Rocioso, adj. Que tem rocio; orvalhoso.

Rocló, s. m. (fr. *roquelaure*). Antigo capote com mangas e abotoado na frente.

Roço[1], s. m. Empáfia, orgulho, vaidade.

Roço[2] (*ô*), s. m. (de *roçar*). 1. Corte de pedra, acima do nível do pavimento. 2. Sulco aberto nas pedras, para cortar ou dividir.

Rococó, adj. m. e f. 1. Com muitos ornatos, mas sem estética. 2. Que é de mau gosto. 3. *Por ext.* Que está fora da moda ou se ressente do gosto antiquado. S. m. 1. Profusão de ornatos de mau gosto, especialmente em arquitetura. 2. Objeto ou uso antigo, que deixou de ser moda; velharia. 3. Estilo arquitetônico que esteve em moda na França e noutros países no século XVIII e consistia na profusão de ornatos e florões de mau gosto, em que predominava a afetação.

Roda, s. f. (l. *rota*). 1. *Mec.* Peça circular, de madeira ou metal, que gira em torno de um eixo, fixo ou móvel, destinada a vários fins, como locomoção de veículos, movimento de rotação em máquinas etc. 2. *Por ext.* Tudo aquilo que tem forma circular. 3. Círculo. 4. Amplidão em torno. 5. Giro. 6. Figura circular; disco. 7. Folguedo infantil, em que crianças, em círculo, de mãos dadas, giram na mesma direção ao compasso de cantigas características. 8. Suplício da roda. 9. Enfeite de renda em toda a largura dos vestidos. 10. Talhada mais ou menos redonda de certos frutos. 11. Grupo de pessoas em forma de círculo. 12. Grupo ou sociedade de pessoas; classe: Alta *roda.* 13. Decurso de tempo.

Rodada, s. f. 1. O giro completo de uma roda. 2. Queda do cavalo para a frente, quando vai a trote ou a galope. 3. Conjunto dos jogos de um campeonato ou torneio, marcados para o mesmo dia.

Rodado, adj. 1. Que tem roda ou rodas. 2. Decorrido. 3. Percorrido em automóvel: 2.000 km *rodados.* 4. Diz-se de algumas peças de vestuário que têm muita roda: Saia *rodada.* S. m. A roda do vestido.

Rodador, adj. Diz-se do cavalo que costuma rodar.

Rodagem, s. f. 1. Conjunto de rodas de um maquinismo. 2. Fábrica de rodas. 3. Ato de rodar (o veículo).

Rodágio, s. m. (de *roda*[1], segundo o modelo de *pedágio*). Taxa de passagem, que o Estado cobra para custeio das rodovias; pedágio.

Rodamoinho (*o-i*), s. m. V. *remoinho.*

Rodante, adj. m. e f. Que roda. S. m. 1. Cambão a que se junge o animal, nos engenhos de tirar água de cisterna ou poço. 2. *Gír.* Carro, veículo.

Rodapé, s. m. (*roda* + *pé*). 1. Espécie de cortinado que pende das beiras da cama até ao pavimento. 2. Barra ou faixa de madeira ou de mármore, ao longo da parte inferior das paredes e junto ao piso. 3. Composição que vai na parte inferior da página de um jornal, e que acompanha toda a sua largura. 4. Margem inferior da página de livro.

Roda-pisa, s. f. Barra que forra inferiormente as saias dos vestidos. Pl.: *roda-pisas.*

Rodaque, s. m. Certo casaco de homem, hoje em desuso.

Rodar[1], v. (*roda* + *ar*). 1. Tr. dir. Fazer mover-se sobre rodas. 2. Tr. dir. Fazer andar à roda. 3. Tr. dir. Correr ou percorrer em volta; rodear. 4. Intr. Fazer círculo ou roda. 5. Tr. ind. e intr. Mover-se em roda de um centro ou eixo; girar. 6. Tr. ind. Mover-se sobre si sem se deslocar; girar. 7. Tr. ind. e intr. Andar ou mover-se sobre rodas. 8. Tr. dir. Submeter ao suplício da roda. 9. Intr. Cair o cavalo com o cavaleiro indo a trote ou a galope. 10. Intr. Decorrer. 11. Intr. Ser infeliz em uma pretensão; fracassar. 12. Tr. dir. Colher cenas para o cinema; filmar.

Rodar[2], v. (*rodo*[1] + *ar*). 1. Tr. dir. Juntar com o rodo. 2. Intr. Trabalhar com o rodo.

Rodeador, adj. Que rodeia; rodeante. S. m. Lugar nos campos, onde os vaqueiros reúnem o gado para revista; rodeio.

Rodear, v. 1. Tr. dir. Andar em volta de; percorrer em giro. 2. Tr. dir. Acercar-se de, estar à roda de, fazer círculo próximo de; cercar. 3. Tr. dir. Cingir, circundar. 4. Tr. dir. Não ir direito a; ladear, tergiversar. 5. Tr. dir. Ligar-se a; acompanhar. 7. Pron. Cercar-se de; trazer para junto de si.

Rodeio, s. m. 1. Ato ou efeito de rodear(-se). 2. Giro em redor de alguma coisa. 3. Desculpa, subterfúgio. 4. Emprego de circunlóquios, ambages ou perífrases. 5. Meios que se empregam para conseguir indiretamente as coisas. 6. Competição esportiva de montaria com animais novos.

Rodeira, s. f. (*roda + eira*). 1. Mulher encarregada do serviço da roda nos conventos e hospícios. 2. Sulco deixado pelas rodas do carro; relheira. 3. Caminho próprio para o trânsito de carros.

Rodeiro, s. m. 1. Conjunto das duas rodas do carro e respectivo eixo. 2. Eixo de um carro.

Rodela, s. f. (b. l. *rotella*). 1. Pequena roda ou disco. 2. Escudo redondo. 3. Rótula (osso). 4. *Pop.* Mentira.

Rodeleiro, adj. Que tem rodela. S. m. Soldado armado de rodela.

Rodelo (*ê*), s. m. Remendo no calçado.

Rodesiano, adj. Relativo à Rodésia (África). S. m. Habitante ou natural da Rodésia.

Rodeta (*ê*), s. f. Pequena roda.

Rodete¹ (*ê*), s. m. Carrinho em que se doba o fio de seda.

Rodete² (*ê*), s. m. Pequeno rodo.

Rodício, s. m. Roseta terminal das disciplinas para flagelação.

Rodilha, s. f. 1. Esfregão ou trapo, para fazer limpeza nas cozinhas. 2. Rosca de pano em que se assenta a carga na cabeça. 3. Pessoa desprezível.

Rodilhão, s. m. 1. Rodilha grande. 2. Pequena roda, em zorras e carros de mão. 3. Peça de atafona.

Rodilhar, v. V. *enrodilhar.*

Rodilho, s. m. 1. Rodilha. 2. Trapo.

Rodilhudo, adj. Designativo do cavalo que tem nos machinhos e joelhos inchação crônica.

Rodinha, s. f. 1. Pequena roda. 2. Peça pirotécnica que gira quando se acende o rastilho de pólvora que circunda um disco de papelão.

Ródio, s. m. *Quím.* Elemento metálico branco, brilhante, do grupo da platina. Símbolo Rh, número atômico 45, massa atômica 102,905.

Rodízio, s. m. (l. v. **roticinu?*). 1. Pequena roda metálica que se fixa aos pés de alguns móveis, para que possam, rolando, ser movidos com facilidade. 2. Peça de moinho movido a água, que faz girar a mó fixa na extremidade superior. 3. Escala de trabalhos ou funções que devem executar funcionários ou trabalhadores, ao seu turno. 4. Combinação para frustrar uma lei ou um regulamento.

rodo-¹, elem. de comp. (gr. *rhodon*). Exprime a idéia de *rosa: rodologia, rodomel.*

-rodo², elem. de comp. (de *roda*). Significa *roda: rodopelo.*

Rodo³ (*ô*), s. m. (l. *rutru?*). 1. Utensílio de madeira que serve para ajuntar os cereais nos terreiros ou sal nas marinhas. 2. Utensílio de madeira, com forro de borracha, empregado em enxugar o convés, o piso ou o soalho.

Rododendro, s. m. *Bot.* 1. Gênero (*Rhododendron*) da família das Ericáceas, constituído de árvores ou arbustos, largamente cultivados. 2. Qualquer planta desse gênero, particularmente a espécie *Rhododendron indicum*, com flores campanuladas, também chamada *azálea.*

Rodogástreo, adj. *Entom.* Diz-se de inseto de ventre cor-de-rosa.

Rodografia, s. f. Descrição das rosas.

Rodográfico, adj. Relativo à rodografia.

Rodoleira, s. f. *Ictiol.* Espécie de piranha.

Rodolita, s. f. *Miner.* Variedade de granada rósea, empregada como gema.

Rodologia, s. f. *Bot.* Parte da Botânica que se ocupa das rosas.

Rodológico, adj. Relativo à rodologia.

Rodomel, s. m. *Farm.* Mel rosado.

Rodonita, s. f. *Miner.* Silicato de manganês, cristalino e cor-de-rosa.

Rodopelo (*ê*), s. m. Remoinho de pêlo nos animais.

Rodopiar, v. 1. Intr. Dar muitas voltas sobre si mesmo; girar muito. 2. Tr. ind. e intr. Andar ou correr, descrevendo círculos sobre círculos. Var.: *redopiar.*

Rodopio, s. m. Ato ou efeito de rodopiar.

Rodopsina, s. f. Pigmento proteínico fotossensível ao vermelho, existente nas células em bastonete da retina; púrpura visual.

Rodóptero, adj. *Entom.* Diz-se dos insetos que têm asas rosadas.

Rodospermo, adj. *Bot.* Que tem sementes róseas.

Rodóstomo, adj. *Zool.* Cuja boca é rosada.

Rodouça, s. f. V. *rodilha.* Var.: *rodoiça.*

Rodovalho, s. m. *Ictiol.* Linguado.

Rodovia, s. f. (*roda¹ + via* e influência de *ferrovia*). Estrada de rodagem, estrada para veículos.

Rodoviário, adj. Relativo a rodovia.

Rodura, s. f. (*rodo¹ + ura²*). 1. Ato ou efeito de rodar². 2. Porção que de cada vez se junta com o rodo.

Roedeira, s. f. Epizootia do gado bovino, que determina a queda dos chifres.

Roedeiro, s. m. Peça com que o caçador levanta o falcão depois de este haver comido.

Roedor, adj. 1. Que rói. 2. Relativo aos Roedores. S. m. pl. *Zool.* Ordem (*Rodentia*) de mamíferos ungüiculados que se caracterizam por terem um só par de incisivos e falta de caninos, e à qual pertencem os ratos, as lebres, os esquilos etc.

Roedura, s. f. 1. Ato ou efeito de roer. 2. Escoriação produzida por atrito.

Roel, s. m. *Heráld.* V. *arruela.*

Roentgen (*rêntguen*), s. m. *Fís.* 1. Unidade internacional dos raios Roentgen ou raios X. 2. Primeiro elemento de algumas palavras científicas, denotando a idéia de raios X.

Roentgendiagnóstico, *Med.* Diagnóstico por meio dos raios X.

Roentgenfotografia (*rêntguen*), s. f. Abreugrafia.

Roentgenologia (*rêntguen*), s. f. Estudo dos raios X e especialmente das suas aplicações diagnósticas e terapêuticas; radiologia.

Roentgenologista (*rêntguen*), s. m. e f. Especialista em roentgenologia; radiologista.

Roentgenoterapia (*rêntguen*), s. f. *Med.* Tratamento pelos raios X; radioterapia.

Roer, v. (l. *rodere*). 1. Tr. dir. e tr. ind. Cortar com os dentes. 2. Tr. dir. Devorar aos pouquinhos e de modo contínuo. 3. Tr. dir. e tr. ind. Fazer roedura em; magoar ou ulcerar com o atrito continuado. 4. Tr. dir. e tr. ind. Consumir, corroer, gastar. 5. Tr. dir. e tr. ind. Consumir pouco a pouco; destruir, ulcerar. 6. Tr. dir. e tr. ind. Debilitar, destruir, devorar, gastar. 7. Tr. dir. e tr. ind. Causar grande dor moral a; afligir, pungir. 8. Tr. ind. Andar preocupado com; pensar com insistência em; parafusar. 9. Tr. dir. Dizer mal de alguém; murmurar.

Rofo (*ô*), adj. (l. *rufu*). 1. Que tem a superfície áspera ou rugosa. 2. Fosco. S. m. Ruga, risco, sulco.

Rogação, s. f. (l. *rogatione*). V. *rogo.* S. f. pl. Preces públicas.

Rogado, adj. Diz-se de uma autoridade judicial a quem se dirigiu carta rogatória.

Fazer-se r.: v. em *fazer.*

Rogador, adj. Que roga; intercessor, mediador.

Rogal, adj. m. e f. Relativo à fogueira ou à pira em que se queimam cadáveres.

Rogar, v. 1. Tr. dir. e tr. ind. Pedir por favor ou graça. 2. Tr. ind. e intr. Pedir instantemente; suplicar. 3. Tr. dir. e tr. ind. Pedir, exortar, instar com rogos.

Rogativa, s. f. Rogo.

Rogativo, adj. Que roga; suplicante.

Rogatória, s. f. (de *rogatório*). 1. V. *rogativa.* 2. *Dir.* Solicitação feita por escrito a tribunais de um país estrangeiro, para que determinada ação corra lá os seus trâmites legais, até completa execução.

Rogatório, adj. Relativo a rogo ou a súplica.

Rogo (*ô*), s. m. 1. Ato ou efeito de rogar; rogação, rogativa, rogatória, pedido, petição, súplica. 2. Antigo tributo que equivalia ao que se chamava *jeira.* Pl.: *rogos* (*ô*).

Roído, adj. *Pop.* Bêbedo, embriagado.

Rojador, adj. e s. m. Que, ou aquele que roja ou se roja.

Rojão¹, s. m. (*rojar + ão*). 1. Rojo. 2. *Pop.* Toque de viola, arrastado ou rasgado.

Rojão², s. m. (cast. *rejón*). *Taur.* V. *garrocha.*

Rojão³, s. m. V. *foguete*. 2. Ruído que o foguete produz quando se eleva no ar. 3. Marcha mais ou menos forçada. 4. Trabalho exaustivo, contínuo. 5. Evolução de uma doença. 6. Modo de proceder.

Rojar, v. 1. Tr. dir. Levar ou trazer de rojo; arrastar pelo chão. 2. Tr. ind. e intr. Andar de rojo, arrastar-se, mover-se de rojo como réptil; rastejar. 3. Intr. Arrastar-se ou roçar pelo chão. 4. Tr. dir. e pron. Arremessar(-se), arrojar(-se), lançar(-se).

Rojo (*ô*), s. m. 1. Ação ou efeito de rojar(-se); rojão¹. 2. Som produzido por esse ato.

Rol, s. m. (fr. *rôle*). Lista, relação. Pl.: *róis*.

Rola (*ô*), s. f. (onomatopéico). Nome comum a várias aves da família dos Columbídeos, que são pequenas pombas, mas especialmente *Columbina talpaceti*.

Rolado, adj. Encrespado, encarneirado (falando do mar).

Rolador¹, s. m. (*rolar¹* + *dor*). Peça de mecanismo de tração elétrica.

Rolador², adj. (*rolar²* + *dor*). Que rola ou arrulha.

Rolagem, s. f. *Agr*. 1. Operação de esmiuçar com rolo os torrões. 2. Rolamento.

Rolamento, s. m. 1. Ato ou efeito de rolar¹; rolagem. 2. *Mec*. Conjunto de aros metálicos, em cujo interior estão esferas ou cilindros de aço, para facilitar o movimento de outra peça, ordinariamente um eixo giratório, oferecendo o mínimo de reação por atrito; rolimã.

Rolandiano, adj. *Anat*. V. *rolândico*.

Rolândico, adj. *Anat*. Diz-se do sulco que separa o lobo frontal do parietal, no cérebro humano e ao longo de cuja borda anterior estão os principais centros motores.

Rolante, adj. m. e f. (de *rolar¹*). 1. Que rola. 2. Que se move girando sobre si mesmo: Escada *rolante*.

Rolão¹, s. m. (*rolo* + *ão*). 1. Rolo de madeira de que se servem os canteiros e pedreiros para moverem com mais facilidade as pedras grandes. 2. *Náut*. Grande rolo ou vagalhão.

Rolão², s. m. (de *ralão*, de *rala*, por dissimilação). A parte mais grossa da farinha de trigo, mas superior ao farelo.

Rolão³, s. m. Rola cinzenta, de carne saborosa.

Rolão⁴, s. m. Minhocão (animal fantástico).

Rolar¹, v. (fr. *rouler*). 1. Tr. dir. Cortar em rolos ou toros. 2. Intr. Deslocar-se (um objeto) girando ou movendo-se sobre si mesmo. 3. Tr. ind., intr. e pron. Rojar-se pelo chão, dando voltas sobre si mesmo. 4. Tr. ind. e intr. Cair dando voltas sobre si mesmo. 5. Tr. dir. Fazer avançar girando ou dando voltas sobre si mesmo. 6. Intr. Encapelar-se; encarneirar-se (o mar). 7. Tr. ind. e intr. Ecoar, ressoar.

Rolar², v. (*rola* + *ar*). Intr. Soltar a voz (a rola); arrulhar.

Roldana, s. f. (cast. *roldana*). Disco circular girante com uma ranhura na sua periferia, sobre a qual passa um cabo, uma corda ou corrente.

Roldão, s. m. Barafunda, confusão, precipitação.

Roleira, s. f. Palmatória onde se põe o rolo ou pavio de cera.

Roleiro, adj. 1. Que rola (mar). 2. Que gira; giratório, rolante.

Roleta (*ê*), s. f. (fr. *roulette*). 1. Jogo de azar, que consiste numa roda girante com casas numeradas de 1 a 36 e em que o número premiado é indicado pela parada de uma bolinha numa dessas casas. 2. O aparelho que serve para esse jogo. 3. *Fam*. Boato falso.

Rolete (*ê*), s. m. (de *rolo¹*). 1. Pequeno rolo. 2. Instrumento de chapeleiro para enfortir ou endireitar o fundo dos chapéus. 3. Entrenó da cana. 4. Rodela de cana descascada para se chupar.

Rolha (*ô*), s. f. (l. *rotula*). 1. Peça oblonga, de cortiça ou de outra substância, para tapar a boca ou gargalo das garrafas, frascos etc. 2. *Pop*. Pessoa manhosa, patife, tratante. 3. Imposição de silêncio. 4. Censura à imprensa.

Rolhador, s. m. Aparelho ou utensílio para rolhar garrafas.

Rolhar, v. V. *arrolhar*.

Rolheiro, s. m. 1. O que faz rolhas. 2. O que trabalha em cortiça. 3. Molho de trigo ou centeio, atado pelo meio.

Rolho (*ô*), adj. (de *rolha*). *Pop*. Gordo, nédio, obeso.

Roliço, adj. (*rolo¹* + *iço*). 1. Em forma de rolo; cilíndrico. 2. Bem nutrido, gordo; de formas arredondadas.

Rolim, s. m. Espécie de embaixador ou emissário, entre os povos do Extremo Oriente.

Rolimã, s. m. V. *rolamento*, acep. 2.

Rolinha, s. f. 1. Pequena rola. 2. *Ornit*. Espécie de rola (*Columbina picui*). 3. Certa dança popular cantada.

Rolista, adj. e s., m. e f. Diz-se de, ou indivíduo que vive metido em rolos; brigão, desordeiro.

Rolo¹ (*ô*), s. m. (l. *rotulo*). 1. Qualquer objeto de forma cilíndrica um tanto alongada. 2. Cilindro de superfície lisa ou de superfície dentada, destinado a nivelar o solo, quebrar torrões etc. 3. *Tip*. Cilindro de massa especial para receber a tinta e que se aplica sobre os tipos. 4. Pequeno cilindro revestido de lã, próprio para pintar superfícies lisas. 5. Embrulho, pacote. 6. Porção de cabelos enrolados. 7. Vagalhão. 8. Remoinho. 9. Aglomeração de gente; multidão. 10. *Pop*. Tumulto em que se envolvem muitas pessoas; briga, barulho, conflito, desordem. 11. Cilindro revestido de borracha, usado em máquinas de escrever ou de calcular, sobre o qual se coloca o papel que vai receber a impressão dos tipos que sobre ele batem.

Rolo² (*ô*), s. m. O macho da rola.

Romã¹, s. f. (l. *romana*, isto é, *mala*). 1. Fruto da romãzeira. 2. V. *romãzeira*. 3. A parte mais grossa do mastro.

Roma², s. f. (de *romão*). *Ant*. Mulher natural de Roma.

Romagem, s. f. Romaria.

Romaica, s. f. (de *romaico*). Dança nacional dos modernos gregos.

Romaico, adj. Relativo aos gregos modernos ou à sua língua. S. m. O idioma dos gregos modernos, que é uma alteração do grego antigo.

Romana, s. f. (ár. *rommana*). Balança de braços desiguais com um cursor anexo ao braço maior; balança romana.

Romança, s. f. (ital. *romanza*). 1. Pequena canção de assunto histórico. 2. Fragmento musical, para canto, caracterizado pelo tom sentimental e melodioso.

Romance, s. m. (l. *romanice*). 1. *Ant*. Obra narrativa escrita em língua românica, em verso ou em prosa. 2. *Ant*. Tradução em vulgar; vernáculo, português. 3. Latim alterado que, durante a Idade Média, se firmou como língua popular de diversos países europeus. 4. *Lingüíst. Des*. O idioma provençal. 5. *Lit*. Narração, geralmente em prosa, de aventuras imaginárias, adrede inventadas e combinadas para interessarem os leitores. 6. Enredo de coisas falsas ou inacreditáveis. 7. Conto, fábula. 8. Urdidura fantástica do espírito; fantasia. 9. *Pop*. Caso amoroso.

Romancear, v. 1. Tr. dir. Narrar ou pôr em romance. 2. Intr. Criar coisas imaginárias e descrevê-las como reais; fantasiar. 3. Tr. dir. Dar forma agradável a.

Romanceiro, s. m. 1. Coleção de romances que andavam na tradição, isto é, na boca do povo. 2. Coleção de poesias ou canções populares de um país ou de uma região.

Romanche, adj. e s. m. Diz-se do, ou o dialeto rético do cantão de Grisões (Suíça).

Romancismo, s. m. 1. Caráter romântico. 2. Ficções ou descrições românticas.

Romancista, s. m. e f. Pessoa que escreve romances.

Romanesco (*ê*), adj. (fr. *romanesque*). 1. Que tem o caráter de romance; romântico. 2. Apaixonado, sonhador, devaneador. 3. Fabuloso, quimérico. S. m. Romancismo.

Romani, s. m. Língua dos ciganos da Europa Oriental.

Romania, s. f. *Bot*. 1. Certa árvore oriental (*Bonea macrophylla*). 2. Fruto dessa árvore.

Romània, s. f. *Filol*. Designação das terras onde se falam línguas derivadas do latim.

Românico, adj. 1. Diz-se das línguas que se formaram do latim vulgar. 2. Relativo a essas línguas. 3. Relativo a Roma ou aos romanos. 4. Diz-se das literaturas em que se manifestam os idiomas românicos. 5. Diz-se da arquitetura dos países latinos, muito em voga entre os séculos V e XII. S. m. 1. Conjunto das línguas românicas ou neolatinas (o italiano, o francês, o provençal, o português, o espanhol, o catalão, o romeno, o rético, o sardo e o dalmático, este último língua morta). 2. Arquitetura românica.

Romanista, s. m. e f. 1. Pessoa que se ocupa com erudição do direito, história, filologia e outras matérias pertencentes ou relativas à antiga civilização romana. 2. Pessoa que se especializou no estudo das línguas românicas, ou neolatinas.

Romanizar, v. Tr. dir. 1. Influenciar segundo o estilo romano. 2. Tornar romano. 3. Adaptar à índole das línguas românicas. 4. Escrever em caracteres romanos.

Romanizável, adj. m. e f. Suscetível de se romanizar.

Romano, adj. 1. De Roma. 2. Diz-se da escola de pintura fundada por Perugino. 3. Diz-se da Igreja Católica. S. m. 1. Habitante ou natural da Roma moderna. 2. Natural da Roma antiga. 3. *Lingüíst.* Língua romana.

Romanticismo, s. m. Romantismo.

Romântico, adj. (fr. *romantique*). 1. Relativo a romance. 2. Próprio de romance; fantasioso, fictício, imaginário. 3. Próprio para as cenas amorosas ou romanescas; poético. 4. Diz-se dos escritores e artistas que, no começo do século XIX, se afastaram das regras clássicas, denotando predominância da sensibilidade e da imaginação sobre a razão. S. m. 1. Aquilo que tem caráter romanesco. 2. Pessoa com ares românticos.

Romantismo, s. m. Qualidade e caráter de romântico, na literatura, nas belas-artes, na música e em outras manifestações intelectuais.

Romantizar, v. 1. Tr. dir. Narrar à maneira de romance. 2. Intr. Idear romances. 3. Tr. dir. Fantasiar, poetizar. 4. Pron. Dar-se ou assumir ares de romântico.

Romão, adj. (l. *romanu*). V. *românico*, acep. 5. S. m. *Ant.* Habitante de Roma ou súdito do rei de Roma.

Romãozinho, s. m. *Pop.* O diabo.

Romaria, s. f. 1. Peregrinação a algum lugar religioso. 2. Festa de arraial. 3. Reunião de pessoas em passeio ou visita a um determinado lugar. 4. Multidão.

Romãzeira, s. f. *Bot.* Planta punicácea (*Punica granatum*); romeira.

rombi-, elem. de comp. (l. *rhombu*). Exprime a idéia de *rombo*[1], *rombóide*: *rombiforme*.

Rômbico, adj. *Geom.* Que tem forma de rombo; rombiforme.

Rombifoliado, adj. Que tem folhas rombiformes; rombifólio.

Rombifólio, adj. Rombifoliado.

Rombiforme, adj. m. e f. V. *rômbico*.

Rombo[1], adj. 1. Que não é aguçado, agudo ou pontudo. 2. *Fig.* Estúpido, imbecil. S. m. V. *losango*.

rombo-[2], elem. de comp. (gr. *rhombos*). O mesmo que *rombi*.

Rombo[3], s. m. 1. Furo devido a rompimento; abertura, buraco, rotura. 2. Furo devido a rompimento violento; arrombamento. 3. *Pop.* Desfalque, prejuízo, perda.

Romboédrico, adj. 1. Em forma de romboedro. 2. Relativo ao romboedro.

Romboedro, s. m. *Geom.* Sólido cujas seis faces são losangos iguais.

Romboidal, adj. m. e f. Rombóide.

Rombóide, adj. m. e f. Que tem a forma de losango; romboidal.

Rombospermo, adj. *Bot.* Que tem sementes romboidais.

Rombudo, adj. 1. Muito rombo; mal aguçado ou mal aparado. 2. Estúpido, grosseiro, rude.

Romeira[1], s. f. 1. Mulher que faz parte de uma peregrinação ou romaria; peregrina. 2. Espécie de mantelete que apenas cobre os ombros; pelerine.

Romeira[2], s. f. (*romã*[1] + *eira*). V. *romãzeira*.

Romeiro, s. m. 1. Homem que faz parte de uma romaria; peregrino. 2. Propugnador de idéias novas ou grandes.

Romeno, adj. Relativo à Romênia. S. m. 1. Habitante ou natural da Romênia. 2. Língua neolatina, oficial na Romênia.

Rominhol, s. m. Grande concha de cobre presa na ponta de um pau, para tirar do tacho o melado quente.

Rompante, adj. m. e f. Rompente. S. m. 1. Altivez. 2. Fúria, ímpeto, impulso arrebatado. 3. Primeira aduela de um arco assentado sobre o capitel.

Rompão, s. m. Cada um dos dois rebordos das extremidades da ferradura.

Rompedeira, s. f. 1. Espécie de cunha encabada, com que se corta o ferro em brasa. 2. Punção de serralheiros para abrir furos estreitos e fundos.

Rompedor, adj. e s. m. Que, ou aquele que rompe.

Rompedura, s. f. 1. Rompimento. 2. Rasgão, rotura.

Rompe-gibão, s. m. *Bot.* Árvore sapotácea, comum nas catingas, de cujas pontas espinhosas lhe vem o nome (*Bumelia satorum*). Pl.: *rompe-gibões*.

Rompente, adj. m. e f. 1. Que rompe; investe ou assalta. 2. Altivo, arrogante; rompante. 3. *Heráld.* Em atitude de arremeter.

Romper[1], v. (l. *rumpere*). 1. Tr. dir. e pron. Fazer(-se) em pedaços; despedaçar(-se), dilacerar(-se), quebrar(-se). 2. Tr. dir. Sulcar a terra; arar, lavrar. 3. Tr. dir. Abrir à força; arrombar. 4. Tr. dir. Atravessar, furar, penetrar. 5. Tr. dir. e pron. Estragar(-se), rasgar(-se). 6. Pron. Abrir-se, fender-se. 7. Tr. dir. Abrir caminho através de; entrar ou penetrar com violência. 8. Tr. ind. Atravessar, penetrar. 9. Tr. dir. Cortar, interromper, suspender. 10. Pron. Cessar de repente; sofrer interrupção. 11. Tr. dir. Infringir, quebrantar, violar. 12. Tr. dir. Fazer conhecer o que era secreto. 13. Tr. dir. Dar começo a; principiar. 14. Tr. ind. e intr. Sair com ímpeto; prorromper, rebentar. 15. Intr. Nascer, surgir (a manhã, o dia, o sol). 16. Tr. ind. e intr. Cessar relações pessoais ou internacionais.

Romper[2], s. m. Rompimento, rompedura.

Rompe-saias, s. f. sing. e pl. *Bot.* Planta composta (*Helminthia echioides*).

Rompida, s. f. Saída em corrida de animais.

Rompimento, s. m. 1. Ato ou efeito de romper(-se); rompedura. 2. Quebra de relações pessoais ou internacionais.

Ronca, s. f. (de *roncar*). 1. Roncadura. 2. Peça em forma de fateixa para apanhar peixe grosso. 3. Ameaça de fanfarrão; bravata. 4. Bordão de gaita de foles. 5. *Gír.* Descompostura.

Roncadeira, s. f. Instrumento que consiste numa cabaça com membrana atravessada por um cordel encerado; correndo-se a mão sobre esse cordel, ouve-se um som rouco e áspero.

Roncador, adj. Que ronca; roncante. S. m. 1. Farronqueiro, vaidoso, jactancioso. 2. *Ictiol.* Designação de alguns peixes que emitem sons quando são retirados da água. 3. *Ictiol.* Peixe marinho, da família dos Hemulídeos (*Conodon nobilis*); coró, cororoque, ferreiro. 4. *Pop.* Cachoeira.

Roncadura, s. f. 1. Ato ou efeito de roncar; roncaria, ronca, ronco. 2. Bexiga cheia de ar, que rebenta com estrépito.

Roncante, adj. m. e f. Roncador.

Roncar, v. (l. *rhonchare*). 1. Intr. Respirar com ruído; ressonar. 2. Intr. Produzir som áspero, cavernoso e forte; estrondear, restrugir. 3. Tr. dir. e tr. ind. Dizer em tom de provocação; blasonar, bravatear.

Roncaria, s. f. 1. V. *roncadura*. 2. Fanfarrice.

Ronçaria, s. f. Qualidade de ronceiro.

Roncear, v. Intr. 1. Mover-se qualquer coisa ronceiramente. 2. Portar-se com desleixo; mandriar.

Ronceirice, s. f. V. *ronceirismo*.

Ronceirismo, s. m. 1. Qualidade ou hábito de ronceiro; indolência, ronceirice. 2. Aversão às idéias do progresso.

Ronceiro, adj. 1. Lento, pachorrento, vagaroso. 2. Que não é diligente; que não progride.

Roncha, s. f. Mancha arroxeada no corpo, produzida por hemorragia subcutânea.

Ronchar, v. Tr. dir. Fazer ronchas em (alguém).

Roncice, s. f. Costume ou propósito de roncear.

Ronco, s. m. 1. Ruído próprio de pessoa que ronca. 2. Roncadura. 3. O grunhir dos porcos; grunhido. 4. O ronrom do gato. 5. A voz de certos animais, como o leão. 6. Estrondo, fragor, ruído cavernoso, áspero e desagradável. 7. Regougo, som roufenho. 8. *Pop.* Bravata, fanfarronice.

Roncor, s. m. (de *ronco*). Ronco, ronqueira, ronquido.

Ronda, s. f. 1. *Mil.* Visita noturna aos diferentes postos de uma praça de guerra ou acampamento, para vigiar a ordem, e observar se guardas e sentinelas cumprem o seu dever. 2. Exame ou inspeção, acerca da boa ordem de alguma coisa. 3. Dança de roda. 4. Espécie de jogo de azar.

Rondante, adj. m. e f. Que ronda. S. m. e f. Pessoa que ronda.

Rondão, s. m. (provençal *rondon*). Roldão.

Rondar, v. 1. Tr. dir. e intr. Fazer ronda a (posto militar ou qualquer lugar). 2. Tr. dir. Andar ou passear à volta de. 3. Tr. dir. e tr. ind. Fiscalizar, inspecionar, vigiar.

Rondear, v. V. *rondar*.

Rondel, s. m. (fr. *rondel*). *Poét.* Composição de forma fixa, com duas rimas, e em que há duas quadras e uma quintilha.

Rondó, s. m. (fr. *rondeau*). 1. *Poét.* Composição que contém qualquer número de versos e cujo estribilho é constante. 2. *Mús.* Composição de movimento rápido, com a particularidade de o tempo principal nunca modular, mas ser representado na mesma tonalidade inicial do trecho. 3. *Mús.* Trécho com três partes compostas de um só período que acompanha poesia ou palavra cantadas e se caracteriza pela repetição do primeiro verso ou frase.

Ronha, s. f. (l. *aranea?*). 1. Sarna que ataca ovelhas e cavalos. 2. *Pop.* Astúcia, manha, velhacaria.

Ronhento, adj. V. *ronhoso*.

Ronhoso, adj. Que tem ronha; ronhento.

Ronquear, v. Tr. dir. Preparar em conserva (o atum).

Ronqueira, s. f. (*ronco* + *eira*). 1. Ruído próprio de uma respiração difícil; pieira, estertor. 2. Moléstia que ataca os pulmões do gado. 3. Cano de ferro, preso a uma tora de madeira e cheio de pólvora, o qual detona fortemente quando se lhe inflama a escorva.

Ronquejar, v. Tr. dir. Dar roncos; roncar.

Ronquenho, adj. Que tem ronqueira.

Ronquidão, s. f. V. *ronquido*.

Ronquido, s. m. (de *ronco*). Ruído causado pelo estreitamento da traquéia do cavalo, quando caminha muito ligeiro; ronquidão.

Ronrom, s. m. (t. onom.). Ruído contínuo, produzido pela traquéia do gato, geralmente quando está descansando ou satisfeito.

Ronronante, adj. m. e f. Que ronrona.

Ronronar, v. Intr. Fazer ronrom (voz do gato).

Ropalócero, adj. *Entom.* Relativo aos Ropalóceros. S. m. pl. Subordem (*Rhopalocera*) de lepidópteros que compreende borboletas de antenas com ápice intumescido.

Roque, s. m. (fr. ant. *roc?*). 1. *Ant.* Peça do jogo de xadrez (torre). 2. Movimento ou lance que consiste em encostar a torre ao rei, passando este para a casa contígua à torre, do lado oposto.

Roqueira, s. f. (*roca*[1] + *eira*). 1. Antigo canhão que atirava pelouros de pedra. 2. V. *ronqueira*, acep. 3. 3. *Ant.* Bacamarte.

Roqueirada, s. f. Tiro de roqueira.

Roqueiro[1], adj. (*roca*[1] + *eiro*). Relativo a roca. S. m. Aquele que faz rocas.

Roqueiro[2], adj. (*roca*[2] + *eiro*). 1. Relativo a roca ou rocha. 2. Que assenta sobre rochas. 3. Que, na sua constituição, se assemelha a rocha.

Roque-roque, s. m. Onomatopéia da ação de roer.

Roquete[1] (*ê*), s. m. 1. Sobrepeliz estreita com mangas, rendas e pregas. 2. Triângulo do escudo heráldico.

Roquete[2](*ê*), s. m. (de *roca*[1]). Roda com dentes recurvados que transmite movimento de rotação a uma broca.

Ror (*ô*), s. m. (aférese de *horror*). *Pop.* 1. Grande quantidade. 2. Multidão.

Rorante, adj. m. e f. (l. *rorante*). *Poét.* 1. Que orvalha. 2. Que tem orvalho; orvalhoso, rorífero.

Rorar, v. *Poét.* V. *rorejar*.

Rorejante, adj. m. e f. *Poét.* Que roreja.

Rorejar, v. *Poét.* 1. Tr. dir. Destilar gota a gota (orvalho, lágrimas). 2. Tr. dir. Banhar, borrifar, regar em miúdas gotas como o orvalho. 3. Intr. Brotar em gotas (qualquer líquido).

rori-, elem. de comp. (l. *rore*). Exprime a idéia de *orvalho*: *rorífero*.

Rórido, adj. (l. *roridu*). *Poét.* V. *róscido*.

Rorídula, s. f. *Bot.* Gênero (*Roridula*) que compreende subarbustos insetívoros, sul-africanos.

Rorífero, adj. *Poét.* Que tem orvalho; orvalhoso, rorante.

Rorífluo, adj. *Poét.* Donde flui orvalho.

Ró-ró, s. m. *Pop.* Onomatopéia do som do pião girando.

Rorocoré, s. m. *Ornit.* Pássaro cotingídeo (*Ampelion cucullatus*); corocotéu, corocoxó.

Rosa, s. f. 1. *Bot.* Flor da roseira. 2. Ornato com a forma dessa flor. 3. *Poét.* Mulher formosa. 4. *Mús.* Boca circular e ornamentada no tampo dos instrumentos de cordas de dedilhar. 5. *Bot.* Gênero (*Rosa*) típico da família das Rosáceas, constituído de arbustos eretos, na maioria espinhosos, largamente distribuídos nas regiões temperadas; têm folhas compostas e flores regulares, pentapétalas, vermelhas, brancas, róseas ou amarelas, com muitos estames. 6. Peça de latão ornada de lavores para dourar livros. Adj. m. e f., sing. e pl. Da cor da rosa comum; vermelho-pálido. S. m. Cor vermelho-clara: O *rosa* deste tecido agrada-me. S. f. pl. Alegria, bem-estar, contentamento, prazer, venturas. — *R.-de-jericó*: planta crucífera (*Anastatica hierochuntina*). *R.-de-ouro*: objeto de ouro em forma de rosa, que o papa benze no quarto domingo da Quaresma, levando-a em seguida em procissão. Outrora enviava-a como dádiva a alguma princesa católica insigne por suas virtudes; hoje em dia, é ofertada a algum santuário da Virgem. *R.-dos-ventos, Náut.*: a) mostrador com os trinta e dois raios que dividem a circunferência do horizonte e que representam outros tantos rumos ou ventos; b) *Por ext.*: o mostrador que tem apenas as dezesseis direções indicativas dos pontos cardeais, colaterais e subcolaterais.

Rosaça, s. f. V. *rosácea*.

Rosácea, s. f. (fr. *rosace*). Vidraça de cores, quase sempre circular, geralmente rendilhada e magnífica, em igrejas; rosa.

Rosáceas, s. f. pl. *Bot.* Família (*Rosaceae*) constituída por árvores, arbustos e ervas, com flores pentapétalas regulares, numerosos estames e frutos secos, às vezes em receptáculos polposos.

Rosáceo, adj. Relativo às Rosáceas.

Rosa-cruz, adj. m. e f. Rosa-cruzista. S. f. *Maçon.* Sétimo e último grau ou a quarta ordem do rito francês; tem por símbolos principais o pelicano (filantropia), a cruz (justiça e imortalidade) e a rosa (segredo). S. m. *Maçon.* Aquele que tem o grau da rosa-cruz.

Rosa-cruzista, adj. m. e f. Relativo à (ordem) rosa-cruz. S. m. e f. Sequaz da rosa-cruz; rosa-cruz.

Rosado, adj. (l. *rosatu*). 1. Cor-de-rosa. 2. Diz-se dessa cor. 3. *Farm.* Em que entra a essência de rosas: Mel *r.* S. m. Cor-de-rosa.

Rosal, s. m. Roseiral.

Rosalgar[1], s. m. (ár. *rehj-algar*) Nome vulgar do monossulfureto de arsênio (AsS); realgar.

Rosalgar[2], adj. m. e f. *Pop.* Diz-se da pessoa loura, muito ruiva.

Rosália[1], s. f. *Entom.* Gênero (*Rosalia*) de insetos coleópteros longicórneos.

Rosália[2], s. f. *Bot.* Trepadeira poligonácea (*Antigonum leptopus*); amor-agarradinho.

Rosar, v. 1. Tr. dir. Tornar cor-de-rosa. 2. Pron. Tornar-se cor-de-rosa; ruborizar-se. 3. Pron. Corar, envergonhar-se.

Rosário, s. m. 1. Devoção composta de 150 ave-marias, divididas em 15 dezenas, cada uma precedida de um padre-nosso. 2. *Pop.* O terço. 3. Sucessão, série, enfiada.

Rosbife, s. m. (ingl. *roast beef*). Pedaço de carne de vaca mal assada.

Rosca (*ô*), s. f. (pré-românico?). Sulco espiralado na parte interna das porcas ou na parte externa dos parafusos. 2. Espiral de objetos semelhantes ao parafuso, como verrumas, saca-rolhas etc. 3. Pão, geralmente doce, feito em forma de cilindro retorcido. 4. Cada uma das voltas da serpente enroscada. 5. Certo jogo popular. 6. *Pop.* Denominação dada às lagartas de mariposas que se enrolam ao serem tocadas. 7. Verme da terra que ataca as raízes de certas plantas. S. m. e f. 1. Pessoa manhosa. 2. Coisa ordinária.

Roscar, v. Tr. dir. 1. Fazer roscas em. 2. Aparafusar.

Róscido, adj. *Poét.* Coberto de rocio; rórido, orvalhado.

Rosear, v. Intr. V. *rosar.*

Roseira, s. f. (1. *rosaria*). *Bot.* Arbusto rosáceo, geralmente espinhoso, que dá rosas.

Roseiral, s. m. Plantio de roseiras; rosal.

Roseirista, s. m. e f. Quem se dedica à cultura de roseiras.

Roselha *(ê)*, s. f. *Bot.* Planta cistácea *(Cistus crispus).*

Roselita, s. f. *Miner.* Arseniato hidratado de cálcio, cobalto e magnésio.

Róseo, adj. 1. Pertencente ou relativo à rosa. 2. Próprio da rosa. 3. Cor-de-rosa; rosado. 4. Perfumado como a rosa.

Roséola, s. f. *Med.* Tipo de erupção cutânea eritematosa, que surge em vários estados mórbidos, formada por manchas rosadas lenticulares.

Roseta, s. f. 1. Pequena rosa. 2. Rodinha dentada da espora. 3. Roda dentada nos compassos, que serve para graduar as linhas. 4. Rodela de crochê. 5. Pontas de capim seco, depois de muito catado pelos animais. 6. Grama rasteira e espinhosa que dá em certos campos. 7. A roda dentada da espora.

Rosete *(ê)*, adj. Que tem a cor levemente rosada: Vinho *r.*

Rosetear, v. Tr. dir. Esporear (o cavalo) com as rosetas das esporas.

Roseteiro, adj. Diz-se do campo de má qualidade, cheio de rosetas. S. m. 1. Dono de chácara, cujos campos estão reduzidos a pontas secas de capim, chamadas *rosetas.* 2. Campo coberto de rosetas.

rosi-, elem. de comp. (1. *rosa*). Exprime a idéia de *rosa: rosigastro.*

Rosicler, adj. m. e f. Que tem cor róseo-palida (da rosa e da açucena). S. m. e f. Essa tonalidade de cor.

Rosigastro, adj. V. *rodogástreo.*

Rosilho, adj. Diz-se do cavalo que tem o pêlo avermelhado e branco.

Rosita, s. f. *Miner.* Silicato de alumina, de cor rosada.

Rosmaninhal, s. m. Terreno onde crescem rosmaninhos.

Rosnadela, s. f. Ato ou efeito de rosnar; rosnadura.

Rosnadura, s. f. Rosnadela.

Rosnar, v. (onomatopéico). 1. Tr. dir. e intr. Dizer em voz baixa, por entre dentes; murmurar, resmungar. 2. Tr. ind. e intr. Raivar (o cão ou o lobo) em voz baixa, mas agressiva, e mostrando os dentes. 3. Tr. dir. e tr. ind. Censurar alguém; falar mal, em segredo. 4. Pron. *Fig.* Correr como boato, dizer-se à socapa; constar. S. m. 1. Ato de rosnar. 2. A voz do cão, em tom baixo, mas ameaçador, arreganhando os dentes.

Rosnento, adj. Que rosna muito. 2. Resmungão.

Rosquilha, s. f. 1. Pequena rosca de pão. 2. Biscoito retorcido. Sin.: *rosquilho.*

Rosquilho, s. m. V. *rosquilha.*

Rossiniano, adj. Relativo a Rossini, célebre músico italiano (1792-1868), ou a sua maneira de compor.

Rossio, s. m. (do arc. *ressio*). 1. Praça pública. 2. Terreno que antigamente o povo roçava e usufruía em comum.

Rostelo, s. m. 1. *Zool.* Prolongamento em bico. 2. *Bot.* Saliência do estigma da flor das orquídeas.

Rostir, v. Tr. dir. 1. *Ant.* Bater nas faces de (alguém); maltratar. 2. Fazer atrito em; esfregar, roçar. 3. Moer, pisar. 4. *Gír.* Comer, mastigar.

Rosto *(ô)*, s. m. (1. *rostru*). 1. Parte anterior da cabeça; cara, faces. 2. Aparência, fisionomia, semblante, aspecto, presença. 3. Parte dianteira; frente, fronte. 4. A primeira página do livro, onde está o título e o nome do autor; frontispício.

Rostolho *(ô)*, s. m. Uma das pequenas peças do rosto da fechadura.

Rostrado, adj. 1. Que tem rostro. 2. *Zool.* Alongado em forma de bico. 3. *Zool.* Rostriforme.

Rostral, adj. m. e f. 1. Diz-se da antena inserida no rostro de alguns animais. 2. *Ant. rom.* Adornado de rostros. 3. Relativo ao rosto dos livros.

rostri-, elem. de comp. (1. *rostru*). Exprime a idéia de *rostro, bico: rostriforme.*

Rostricórneo, adj. *Zool.* Que tem a antena debaixo de uma ponta ou espécie de bico que prolonga a cabeça.

Rostriforme, adj. m. e f. Que tem forma de bico.

Rostrilho, s. m. Radícula da semente.

Rostro[1] *(ó)*, s. m. (1. *rostru*). 1. *Ornit.* Bico das aves. 2. Parte terminal da proa dos navios antigos. 3. *Ant. rom.* Tribuna ornada de proas de navios, em que falavam os oradores. 4. *Entom.* Denominação dada a um conjunto de peças que formam o aparelho bucal sugador dos insetos hemípteros e homópteros.

-rostro[2], elem. de comp. O mesmo que *rostri.*

Rota[1], s. f. (1. *rupta*). 1. Combate, peleja. 2. Desbarato de um exército.

Rota[2], s. f. (fr. ant. *rote,* hoje *route*). 1. Caminho marítimo ou aéreo; direção, rumo. 2. *Por ext.* Direção, caminho.

Rota[3], s. f. (1. *rota*). Tribunal que decide questões acerca de benefícios.

Rota[4], s. f. (malaio *rótan*). Cipó ou junco *(Calamus rotang)* de cujas fibras se fazem assentos de cadeiras, esteiras e velas de embarcação; rotim.

Rota[5], s. f. (celt. *rhotta*). *Mús. Ant.* Certo instrumento de cordas.

Rotação, s. f. (1. *rotatione*). 1. Ato ou efeito de rotar; movimento giratório; giro em voltas sucessivas. 2. *Astr.* Movimento executado por um astro em torno de seu próprio eixo.

Rotáceo, adj. *Bot.* Em forma de roda; rotiforme.

Rotacismo, s. m. Vício de pronúncia que consiste no abuso da consoante *r*, especialmente em vez do *l: carma,* por *calma.*

Rotador, adj. Que descreve rodas, voltas, giros; giratório. S. m. Músculo que faz girar sobre o seu eixo as partes a que se acha preso.

Rotante, adj. m. e f. Que roda ou gira; rotativo, rotatório.

Rotar, v. Intr. Andar à roda; descrever órbita; girar, rodar.

Rotariano, adj. Diz-se de qualquer membro do *Rotary Club,* associação filantrópica internacional, cujos sócios usam, como emblema, na lapela, uma roda dourada. S. m. Membro do *Rotary Club.*

Rotativa, s. f. Máquina impressora, dotada de alta velocidade, própria para publicações de grande tiragem.

Rotativismo, s. m. *Polít.* Sistema de alternância dos partidos no poder.

Rotativo, adj. 1. Que faz rodar. 2. Que transmite rotação.

Rotatório, adj. 1. Relativo a rotação. 2. Rotante.

Rotear[1], v. V. *arrotear.*

Rotear[2], v. *(rota*[1] *+ ear).* 1. Tr. dir. Dirigir, governar (uma embarcação). 2. Intr. Marear.

Rotearia, s. f. Trabalho de rotear[1] ou arrotear.

Roteiro, s m. *(rota*[2] *+ eiro).* 1. *Náut.* Livro em que se encontra a descrição das costas marítimas e de tudo que pode estorvar ou favorecer a navegação. 2. Norma, regulamento. 3. Conjunto de indicações orientadoras da vida. 4. Relação dos principais tópicos que devem ser abordados num trabalho escrito, numa discussão etc. 5. *Cinema.* Texto baseado no argumento, das cenas, diálogos e indicações técnicas de um filme.

Rotenona, s. f. *Quím.* Princípio essencial tóxico de diversos vegetais, de ação inseticida.

roti-, elem. de comp. (1. *rota*). Exprime a idéia de *roda: rotífero, rotiforme.*

Rotífero, adj. Que tem rodas. 2. *Zool.* Relativo aos Rotíferos. S. m. pl. Classe *(Rotifera)* de animais microscópicos, cosmopolitas, encontradiços em qualquer porção de água estagnada, ou não; têm na extremidade inferior do corpo um disco ciliado. A vibração dos cílios permite ao animal locomover-se.

Rotiforme, adj. m. e f. Em forma de roda; rotáceo.

Rotim, s. m. V. *rota*[4].

Rotina, s. f. (fr. *routine*). 1. Caminho habitualmente trilhado e sabido. 2. Uso geral. 3. Hábito de proceder sempre da mesma maneira, sem atender aos progressos.

Rotineira, s. f. V. *rotina.*

Rotineiro, adj. 1. Relativo á rotina. 2. Que segue a rotina. S. m. Indivíduo rotineiro.

roto-[1], elem. de comp. O mesmo que *roti: rotogravura.*

Roto[2] *(ô)*, adj. (l. *ruptu*). Que se rompeu. 2. Esburacado, rasgado; esfarrapado. S. m. Maltrapilho.

Rotogravura, s. f. *Tip.* 1. Processo de impressão que permite a tiragem de heliogravuras em uma rotativa especial. 2. Gravura impressa por esse sistema.

Rótula, s. f. *Anat.* Osso, em forma de disco, na parte anterior do joelho, na articulação da tíbia com o fêmur. 2. Gelosia.

Rotulação, s. f. Rotulagem.

Rotulado, adj. 1. Que tem rótula. 2. Semelhante a uma rótula.

Rotulagem, s. f. Ato de rotular; rotulação.

Rotular[1], v. *(rótulo + ar).* Tr. dir. 1. Pôr rótulo ou etiqueta em. 2. Servir de rótulo a.

Rotular[2], adj. m. e f. *(rótula + ar).* Rotuliano.

Rotuliano, adj. *(rótula + ano*[2]*).* Referente à rótula; rotular.

Rótulo, s. m. 1. Pequeno impresso que se coloca em frascos, garrafas, latas, caixas etc., para indicar o seu conteúdo. 2. Dístico, etiqueta, legenda, marca, letreiro. 3. Ralo ou grade em portas, janelas, confessionários, rodas de convento etc.

Rotunda, s. f. 1. *Arquit.* Edifício circular, que termina em cúpula arredondada. 2. Largo ou praça circular.

rotundi-, elem. de comp. (l. *rotundu*). Exprime a idéia de *redondo, arredondado: rotundifólio.*

Rotundicolo, adj. *Zool.* Que tem o pescoço redondo.

Rotundidade, s. f. 1. Qualidade de redondo; redondeza. 2. Gordura, obesidade, corpulência.

Rotundifólio, adj. *Bot.* Que tem folhas redondas.

Rotundiventre, adj. m. e f. *Zool.* Que tem o ventre arredondado.

Rotundo, adj. 1. Redondo. 2. Gordo, obeso; corpulento.

Rotura, s. f. Ruptura.

Roubalheira, s. f. 1. *Fam.* Roubo, considerável e escandaloso. 2. Furto de dinheiros ou valores pertencentes ao Estado. 3. *Pop.* Preço exagerado.

Roubar, v. (germ. *raubon*). 1. Tr. dir. e intr. Subtrair para si ou para outrem (coisa alheia móvel), furtivamente ou com violência. 2. Tr. dir. Despojar, privar de. 3. Tr. dir. Praticar roubo em. 4. Tr. dir. Raptar. 5. Tr. dir. Apossar-se fraudulentamente de. 6. Tr. dir. Apoderar-se ou assenhorear-se de. 7. Tr. dir. Imitar, plagiar. 8. Tr. dir. Privar de; tirar. 9. Tr. ind. e intr. Vender excessivamente caro. 10. Tr. ind. Não dar exatamente a qualidade ou quantidade devida: *R. na* medida.

Roubo, s. m. 1. Ação ou efeito de roubar. 2. Coisa roubada. 3. *Pop.* Preço exorbitante, exagerado.

Rouco, adj. (l. *raucu*). 1. Que tem rouquidão. 2. Que tem som áspero ou cavo.

Roufenhar, v. Intr. Ter voz roufenha.

Roufenho, adj. *Onom.* Que tem som anasalado; roufenho, rouquenho.

Round *(ráund)*, s. m. (t. ingl.). 1. No boxe, cada um dos tempos em que a luta é dividida; assalto. 2. *Por ext.* Rodada, fase de uma negociação.

Roupa, s. f. 1. Designação genérica das peças do vestuário. 2. Qualquer pano próprio para vestes, coberturas ou adornos. 3. Fato, traje. — *R.-de-franceses, Pop.:* coisa em que todos mexem, roubando ou queimando. *R. suja, Pop.:* discussão em que os contendores se acusam, acrimoniosamente, uns aos outros. *R.-velha:* comida preparada com as sobras.

Roupagem, s. f. 1. Conjunto de roupas; rouparia, vestes. 2. Representação artística das roupas ou vestuário. 3. Coisa vistosa e fútil; exterioridade, aparência.

Roupão, s. m. Peça de vestuário, comprida e larga, de uso doméstico; bata, chambre.

Roupar, v. V. *enroupar.*

Rouparia, s. f. 1. Porção de roupa. 2. Lugar onde se guardam roupas.

Roupeiro, adj. s. m. 1. Indivíduo encarregado de guardar a roupa de uma casa ou de uma comunidade. 2. Zelador dos uniformes dos clubes esportivos. 3. Guarda-roupa.

Roupeta *(ê)*, s. f. Batina. S. m. *Pej.* Padre.

Roupiquinha, s. m. Roupa modesta.

Rouquejar, v. 1. Intr. Emitir sons roucos; ter rouquidão. 2. Intr. Soar roucamente. 3. Tr. dir. e intr. Emitir rouquejando. 4. Intr. Produzir ronco; estrondear, troar. 5. Intr. Bramir, fremir, rugir.

Rouquenho, adj. Meio rouco; roufenho.

Rouquento, adj. V. *rouquenho.*

Rouquice, s. f. V. *rouquidão.*

Rouquidão, s. f. Alteração da voz que lhe faz mudar o timbre, a tonalidade, a altura, tornando-a áspera e pouco nítida.

Rouquido, s. m. Som rouco de respiração estertorosa de enfermo ou moribundo; ronco, rouqueira, rouquidão.

Rouxinol, s. m. 1. *Ornit.* Pássaro europeu, da família dos Turdídeos *(Luscinia megarhynca),* de canto melodioso. 2. *Fig.* Pessoa que canta muito bem.

Roxo *(ô)*, adj. (l. *russeu*). 1. De cor entre rubro e violáceo; da cor da violeta. 2. *Ant.* V. *vermelho.* 3. *Pop.* Desmedido, exagerado, intenso. 4. *Pop.* Ansioso, cobiçoso, sequioso. 5. *Fam.* Diz-se do namoro cheio de liberdades. S. m. A cor roxa.

Rua, s. f. (l. *ruga*). 1. Caminho público ladeado de casas ou muros, nas povoações (cidades, vilas etc.). 2. Espaço compreendido entre duas fileiras de qualquer plantação. 3. Os moradores de uma rua. 4. A plebe, o povo miúdo. Interj. Exprime despedida violenta e grosseira: fora daqui!, saia!, suma-se!

Ruaça, s. f. V. *arruaça.*

Ruador, adj. e s. m. Rueiro.

Ruamom, s. m. *Bot.* Cipó loganiáceo, tóxico *(Strychnos rouhamon).*

Ruano, adj. e s. m. V. *ruão*[1].

Ruante, adj. m. e f. Diz-se do pavão, quando faz roda com a cauda.

Ruão[1], adj. (gót. *raudan,* acusativo de *rauda?*). Diz-se do cavalo de pêlo claro e crinas amarelas.

Ruão[2], s. m. (de *rua*). Homem do povo; plebeu.

Ruão[3], s. m. (fr. *Rouen,* n. p.). Certo tecido de linho, que era fabricado em Ruão (França).

Rubefação, s. f. 1. Vermelhidão na superfície da pele, causada por rubefacientes. 3. *Geol.* Formação de delgada película ferruginosa pela oxidação do ferro contido nos minerais das rochas.

Rubefaciente, adj. m. e f. Rubificante. S. m. Preparado farmacêutico de uso externo para produzir rubefação.

Rubente, adj. m. e f. De cor vermelha; rúbido, rubicundo.

Rúbeo, adj. *P. us.* V. *rubro.*

Rubéola, s. f. *Med.* Doença eruptiva, muito contagiosa e epidêmica, distinta do sarampo; sarampo alemão.

Rubescente, adj. m. e f. Que rubesce; que se torna vermelho.

Rubescer, v. V. *enrubescer.*

rubi-[1], elem de comp. (l. *rubeu*). Exprime a idéia de *vermelho: rubificar.*

Rubi[2], s. m. 1. Pedra preciosa, transparente, de um vermelho vivo. 2. *Poét.* Cor vermelha muito pronunciada: Lábios de *rubi.*

Rubiáceas, s. f. pl. *Bot.* Família *(Rubiaceae),* constituída por ervas, arbustos e árvores tropicais. Inclui o cafeeiro.

Rubiáceo, adj. *Bot.* Relativo à família das Rubiáceas.

Rubião, s. m. Corante que se extrai da raiz da ruiva.

Rubicano, adj. Diz-se do cavalo alazão, baio ou negro, com pêlos brancos entremeados; rubicão.

Rubicão[1], adj. V. *rubicano.*

Rubicão[2], s. m. (de *Rubicão,* n. p.). Grande dificuldade; obstáculo temível.

Rubicundo, adj. Que tem cor vermelha; rubente.

Rubidez, s. f. V. *rubor.*

Rubídio, s. m. *Quím.* Elemento metálico mole, prateado, do grupo dos metais alcalinos. Símbolo Rb, número atômico 37, massa atômica 85,48.

Rúbido, adj. *Poét.* Rubro.

Rubificação, s. f. Ato ou efeito de rubificar.

Rubificante, adj. m. e f. Que rubifica; rubefaciente.

Rubificar, v. 1. Tr. dir. Tornar rubro; avermelhar, enrubescer. 2. Intr. e pron. Fazer-se rubro; corar, enrubescer-se.

Rubiginoso, adj. 1. Ferrugento. 2. Que tem cor de ferrugem.
Rubim, s. m. 1. V. *rubi*. 2. *Bot.* Erva medicinal, também chamada *cordão-de-frade*.
Rubinete *(ê)*, s. m. Rubim pequeno.
Rubitopázio, s. m. *Ornit.* Certo pássaro da Amazônia.
Rubixá, s. m. *Ornit.* Japu.
Rublo, s. m. (rus. *rubl*). Unidade monetária básica da U.R.S.S., subdividida em 100 copeques. Símbolo R ou rub.
Rubo, s. m. *Bot.* Sarça, silveira.
Rubor, s. m. (l. *rubore*). 1. Qualidade de rubro. 2. A cor vermelha muito viva; vermelhidão. 3. Modéstia. 4. Pejo, pudor.
Ruborização, s. f. Ato ou efeito de ruborizar(-se).
Ruborizar, v. 1. Tr. dir. Causar rubor a; tornar rubro. 2. Pron. Corar; envergonhar-se.
rubri-, elem. de comp. (l. *rubru*). Exprime a idéia de *vermelho: rubricolo, rubrifloro.*
Rubrica, s. f. 1. *Carp.* Almagra. 2. Títulos dos capítulos de Direito canônico e civil que, antigamente, eram impressos com tinta vermelha. 3. *Liturg.* Nota ou explicação, geralmente em vermelho, no texto do breviário ou missal, para dirigir os clérigos na recitação das orações e cerimônias litúrgicas. 4. Em obras teatrais, indicação do movimento dos artistas, composta geralmente em tipo menor. 5. Nota, observação. 6. Assinatura abreviada ou em cifra. 7. Firma, sinal.
Rubricador, adj. e s. m. Que, ou aquele que rubrica.
Rubricar, v. Tr. dir. 1. Pôr a rubrica em. 2. Assinar em breve; firmar.
Rubricista, s. m. e f. Especialista em rubricas.
Rubricolo, adj. *Zool.* Que tem pescoço vermelho.
Rubricórneo, adj. *Zool.* Que tem antenas vermelhas.
Rubrifloro, adj. *Bot.* Que dá flores vermelhas.
Rubrigástreo, adj. *Zool.* Que tem ventre vermelho; eritrogástreo.
Rubrípede, adj. m. e f. *Zool.* Que tem pés vermelhos.
Rubrirrostro *(ó)*, adj. *Zool.* Que tem bico vermelho.
Rubro, adj. 1. Vermelho cor de sangue. 1. Vermelho vivo; muito vermelho. 3. Corado.
Ruçar, v. 1. Tr. dir. Tornar ruço. 2. Intr. Tornar-se ruço. 3. Intr. Começar a encanecer; envelhecer.
Rucilho, adj. Diz-se do cavalo que tem o pêlo mesclado de vermelho, preto e branco.
Ruço, adj. (l. *ruscidu*). 1. De cor tirante a pardo; pardacento, pardaço. 2. Que tem cabelos brancos e pretos; grisalho. 3. Que perdeu a cor; desbotado. 4. *Pop.* Que tem cabelo castanho muito claro. S. m. Nevoeiro espesso.
Rude, adj. m. e f. 1. Não cultivado; inculto. 2. Áspero ao tato. 3. Grosseiro, penoso. 4. De caráter duro; ríspido, severo. 5. Difícil de cultivo moral ou intelectual; ignorante, incivil. 6. Desastrado, desajeitado.
Ruderal, adj. m. e f. *Bot.* Diz-se da planta que cresce, de preferência, ao redor das habitações humanas.
Rudez, s. f. V. *rudeza.*
Rudeza, s. f. 1. Estado ou qualidade de rude. 2. Descortesia, falta de polidez, grosseria. 3. Severidade no trato das pessoas; rispidez. 4. Desumanidade.
Rudimentar, adj. m. e f. 1. Relativo a rudimento. 2. Que tem o caráter de rudimento; elementar. 3. Em estado de desenvolvimento imperfeito.
Rudimento, s. m. 1. Elemento inicial. 2. As primeiras noções. 3. Órgão que não se desenvolveu com perfeição. S. m. pl. Os primeiros e elementares estudos de qualquer arte, ciência ou profissão.
Rudo, adj. *P. us.* V. *rude.*
Rueiro, adj. Relativo a rua. Adj. e s. m. Que, ou aquele que gosta de andar pelas ruas; arruador, ruador.
Ruela[1], s. f. Pequena rua; viela.
Ruela[2], s. f. V. *arruela.*
Rufador, adj. Que rufa. S. m. Aquele que rufa.
Rufar[1], v. (*rufo*[2] + *ar*). 1. Tr. dir. Tocar rufo em. 2. Tr. ind. e intr. Produzir ou tocar rufos.
Rufar[2], v. *(rufo*[3] *+ ar)*. Tr. dir. Fazer rufos, dobras ou pregas em.
rufi-, elem. de. comp. (l. *rufu*). Exprime a idéia de *vermelho: ruficarpo, ruficórneo.*
Rufianesco *(ê)*, adj. 1. Próprio de rufião. 2. Relativo à vida de rufião.
Rufião, s. m. 1. Indivíduo de mau caráter e sem dignidade, que vive a expensas de mulheres públicas, que simula e protege. 2. *Zootécn.* Garanhão. 3. Namorador, conquistador. Fem.: *rufiona;* pl.: *rufiães* e *rufiões.*
Rufiar, v. Intr. Praticar atos de rufião; levar vida de rufião.
Ruficarpo, adj. *Bot.* Que tem frutos vermelhos.
Ruficórneo, adj. *Zool.* Que tem antenas vermelhas; rubricórneo.
Rufigástreo, adj. *Zool.* Que tem ventre vermelho; rubrigástreo, eritrogástreo.
Rufinérveo, adj. *Zool.* Que tem nervos vermelhos.
Rúfio, s. m. *Pop.* V. *rufião.*
Rufipalpo, adj. *Zool.* Que tem palpos vermelhos.
Rufista, s. m. e f. Pessoa que rufa.
Rufitarso, adj. *Zool.* Que tem tarsos vermelhos.
Ruflar, v. (t. onomat.). 1. Tr. dir. Encrespar (as asas, as penas, levantar vôo). 2. Intr. Mover-se com rumor suave, à maneira das aves, quando esvoaçam. 3. Intr. Fazer o ruído brando e peculiar dos vestidos de seda ou tela engomada, quando se toca de leve, se dobra ou se enruga. 4. Tr. dir. Fazer tremular; agitar.
Rufo[1], adj. (l. *rufu*). *Poét.* 1. Vermelho. 2. Ruivo.
Rufo[2], s. m. (onomatopéico). 1. Toque rápido, cadenciado e trêmulo do tambor. 2. Som análogo ao toque do tambor.
Rufo[3], s. m. (ingl. *ruff*). Enfeite ou guarnição, para vestidos femininos, formado de uma tira de fazenda, franzida de ambos os lados.
Rufo[4], s. m. Lima, com serrilha ou picado grosso.
Ruga, s. f. 1. Prega ou dobra na pele; carquilha, gelha. 2. Dobra ou prega em qualquer superfície.
Rugar, v. V. *enrugar.*
Rúgbi, s. m. (ingl. *rugby*). Jogo semelhante ao futebol, porém realizado com as mãos, e no qual se defrontam dois quadros de 15 jogadores e para o qual usam uma bola ovóide.
Ruge, s. m. (fr. *rouge*). Cosmético, cuja cor varia entre o vermelho e o rosa, usado pelas mulheres para pintar as faces.
Ruge-ruge, s. m. (onomatopéico). 1. *Pop.* Som produzido por saias que roçam o chão; frufru. 2. Som produzido por qualquer coisa que range ou roça. 3. Atropelo, barulho, confusão, desordem. Pl.: *ruges-ruges* ou *ruge-ruges.*
Rugido, s. m. 1. A voz do leão; bramido. 2. Qualquer som cavernoso; frêmito, estridor.
Rugidor, adj. Que ruge; rugiente. S. m. O que ruge.
Rugiente, adj. m. e f. Rugidor.
Rugífero, adj. *Poét.* V. *rugoso.*
Rugir, v. 1. Intr. Soltar a voz (o leão); bramir, urrar. 2. Intr. Emitir rugido ou fragor. 3. Tr. dir. Proferir num rugido; bradar. 4. Intr. Causar estridor. 5. Intr. Ressoar. 6. Tr. dir. Arrastar ou roçar pelo chão, produzindo ruído; fazer ruge-ruge.
Rugitar, v. Intr. Fazer ruído; sussurrar, rugir.
Rugoso, adj. Que tem rugas; engelhado.
Ruibarbo, s. m. *Bot.* Nome de diversas plantas medicinais (família das Poligonáceas) especialmente *Rheum rhapanticum.*
Ruidar *(u-i)*, v. Intr. *P. us.* Produzir ruído.
Ruído, s. m. (l. *rugitu*). 1. Barulho produzido pela queda de um corpo. 2. Estrondo, fragor, rumor. 3. Fama, renome. 4. Boato. 5. Aparato, ostentação, pompa.
Ruidoso *(u-i)*, adj. 1. Que produz ruído. 2. Acompanhado de ruído. 3. Que produz sensação no público; espetaculoso, pomposo.
Ruim, *(u-ím)*, adj. m. e f. 1. Mau (física ou moralmente). 2. Destituído de mérito. 3. Que não serve para nada; que não tem valor. 4. Corrupto, estragado, podre. 5. Inferior, somenos. 6. Imoral. 7. Velhaco. 8. Funesto. 9. Nocivo, pernicioso. 10 Malvado, perverso.
Ruína, s. f. 1. Ato ou efeito de ruir. 2. Desmoronamento, destroço, destruição. 3. Restos de edifício desmoronado. 4. Aniquilamento, destruição, extermínio. 5. Perda da fortu-

na, da prosperidade, da felicidade, do crédito, de bens materiais ou morais. 6. Causa de destruição, de males, de prejuízos.

Ruinaria *(u-i)*, s. f. 1. Montão de ruínas. 2. Ruína.

Ruindade *(u-in)*, s. f. 1. Qualidade de ruim. 2. Ação de pessoa ruim; maldade.

Ruinoso *(u-i)*, adj. 1. Que está em ruína. 2. Que está prestes a arruinar-se. 3. Nocivo, prejudicial.

Ruir, v. (1. *ruere*). 1. Intr. Cair com fragor e impetuosidade; desmoronar-se. 2. Tr. ind. e intr. Despenhar-se, precipitar-se. — Não se conjuga na 1ª pess. do sing. do pres. do indic. e, por isso mesmo, em todo o pres. do subj.

Ruiva[1], s. f. *Bot.* Nome comum a várias rubiáceas (*Rubia splendens, Rubia tinctorum* etc.). — *R.-dos-tintureiros*: erva eurásia da família das Rubiáceas (*Rubia tinctorum*) com folhas verticiladas e flores pequenas paniculadas, amareladas, seguidas de bagas; também chamada *garança* e *granza*.

Ruiva[2], s. f. (de *ruivo*). 1. Mulher de cabelo ruivo. 2. O arrebol da manhã ou da tarde.

Ruivacento, adj. Um tanto ruivo.

Ruividão, s. f. *Des.* 1. Qualidade de ruivo. 2. Cor ruiva.

Ruivinha, s. f. Arbusto rubiáceo *(Relburnium hypocarpium)*.

Ruivo, adj. (l. *rubeu*). 1. Amarelo-avermelhado. 2. Louro-avermelhado. S. m. 1. Indivíduo de cabelo ruivo. 2. *Bot.* Planta gramínea *(Arista capillacea)*.

Rulo, s. m. V. *arrulho*.

Rum, s. m. (ingl. *rhum*). Aguardente que se obtém pela fermentação e destilação do melaço de cana-de-açúcar.

Ruma[1], s. f. (ár. *rizma*). Qualidade de coisas sobrepostas; montão, pilha, rima[3].

Ruma[2], interj. Voz com que os carreiros dirigem os bois.

Rumar, v. 1. Tr. dir. Pôr (a embarcação) no rumo desejado. 2. Tr. ind. Tomar rumo ou direção.

Rume[1], adj. m. e f. (hindustani-persa-árabe *rumi*). Relativo aos rumes, soldados turcos ou egípcios, filhos de cristãos, mas subtraídos, quando crianças, a seus pais e doutrinados no maometismo.

Rume[2], s. m. (l. *rumen*). Primeiro estômago dos ruminantes.

Rúmen, s. m. V. *rume*[2].

Ruminação, s. f. Ato ou efeito de ruminar.

Ruminadouro, s. m. V. *rume*[2]. Var.: *ruminadoiro*.

Ruminante, adj. m. e f. Que rumina. S. m. Espécime dos Ruminantes. S. m. pl. *Zool.* Subordem (*Ruminantia*) de mamíferos e quadrúpedes, cujo estômago é dividido em quatro partes, às vezes em três (pança, barrete, folhoso e coagulador), voltando o alimento à boca para ser novamente mastigado. São ruminantes a cabra, a girafa, o boi, o carneiro, o camelo, o veado etc.

Ruminar, v. (l. *ruminare*). 1. Tr. dir. Mastigar segunda vez; remoer (os alimentos que voltam do estômago à boca); rumiar. 2. Intr. Remascar os alimentos. 3. Tr. dir. *Fig.* Pensar muito a respeito de (algum plano, problema, projeto etc.); revolver no espírito.

Rumo, s. m. 1. Cada uma das trinta e duas divisões ou linhas da rosa-dos-ventos. 2. Direção de um navio. 3. Caminho. 4. Direção, orientação.

Rumor, s. m. 1. Murmúrio ou ruído de coisas que mudam de lugar. 2. Ruído surdo. 3. Murmúrio de vozes. 4. Notícia que corre de boca em boca; boato. 5. Fama.

Rumorejante, adj. m. e f. Que rumoreja.

Rumorejar, v. 1. Tr. ind. e intr. Produzir rumor contínuo; ciciar, sussurrar brandamente. 2. Tr. dir. Fazer ciciar ou sussurrar. 3. Intr. Correr boato, notícia; constar. 4. Tr. dir. Fazer espalhar-se.

Rumorejo (*ê*), s. m. Ato ou efeito de rumorejar.

Rumoroso, adj. Que causa rumor; ruidoso.

Runa[1], s. f. Seiva de pinheiro.

Runa[2], s. f. (irlandês *run*). Nome de caracteres que compunham alguns alfabetos dos mais antigos dos povos germânicos e escandinavos.

Rúnico, adj. 1. Pertencente ou relativo a runas. 2. Escrito em runas.

Rupestre, adj. m. e f. 1. Que vive nas pedras. 2. Inscrito ou desenhado nas rochas.

rupi-, elem. de comp. (l. *rupes*). Exprime a idéia de *rocha*: *rupícola*.

Rupia[1], s. f. (hindustani *rupiya*). Unidade do sistema monetário da Índia.

Rupia[2], s. f. (gr. *rhupos + ia*). *Med.* Ulceração cuja crosta é mais espessa nas bordas do que no centro.

Rúpia, s. f. *Bot.* Gênero (*Ruppia*) que compreende ervas marinhas submersas com hastes capilares, folhas delgadas alternas e flores monóicas destituídas de perianto.

Rupícola, adj. m. e f. *Ornit.* Que vive nas rochas e cavernas.

Rúptil, adj. m. e f. Que se pode romper; quebradiço. Pl.: *rúpteis*.

Ruptilidade, s. f. Estado ou qualidade de rúptil.

Ruptório, s. m. *Cir.* Instrumento de abrir fontanelas.

Ruptura, s. f. 1. Ato ou efeito de romper(-se); rompimento. 2. Abertura, buraco, fenda, greta. 3. Corte; interrupção. 4. Rompimento de relações sociais. 5. Violação ou infração de um contrato ou de um acordo. 6. *Med.* Hérnia, quebradura.

Rural, adj. m. e f. (l. *rurale*). 1. Relativo ao campo ou à vida agrícola; campestre. 2. Próprio do campo. 3. Campesino, camponês, rústico.

Ruralismo, s. m. 1. Emprego de cenas da vida rural em obras de arte. 2. Sistema de política agrária.

Ruralista, adj. e s., m. e f. 1. Diz-se do, ou o artista que nos seus trabalhos dá preferência à representação de cenas rurais. 2. Político agrário.

Rurícola, adj. m. e f. 1. Que vive no campo. 2. Que cultiva o campo; agricultor.

Rurígena, s. m. e f. Pessoa nascida no campo.

Rurografia, s. f. Tratado sobre os campos ou sua cultura; rusografia.

Rurográfico, adj. Relativo à rurografia; rusográfico.

Rurógrafo, s. m. Autor que escreve sobre rurografia.

Rusga, s. f. 1. Pequena desinteligência entre duas pessoas; barulho, briga, desordem, questão. 2. *Pop.* Batida policial aos desordeiros.

Rusgar, v. Intr. Fazer rusga; brigar, questionar.

Rusguento, adj. 1. Que vive metido em rusgas; briguento, desordeiro. 2. Que está sempre resmungando e mal satisfeito; implicante.

Rush (*rax*), s. m. (t. ingl.). 1. Afluência de veículos em grande escala. 2. Tráfego muito intenso na hora de entrada e saída do trabalho.

Rusma, s. f. (ár. *rusma*). *Farm.* Epilatório usado pelos orientais, em cuja composição entra principalmente cal virgem.

Rusografia, s. f. V. *rurografia*.

Rusográfico, adj. V. *rurográfico*.

Rusógrafo, s. m. V. *rurógrafo*.

Russiana, s. f. Certo jogo de bilhar que se joga com cinco bolas. S. f. pl. Antigas botas de couro dito da Rússia.

Russificação, s. f. Ato ou efeito de russificar.

Russificar, v. 1. Tr. dir. Dar caráter russo a. 2. Tr. dir. e pron. Tornar(-se) russo quanto ao idioma e quanto aos costumes. Sin.: *sovietizar*.

Rusilhonas, s. f. pl. Botas altas de montaria.

Russo, adj. Relativo à Rússia; soviético. S. m. 1. Habitante ou natural da Rússia. 2. O idioma dos russos.

Russófilo, adj. e s. m. Que, ou aquele que é amigo dos russos. Antôn.: *russófobo*.

Russófobo, adj. e s. m. Que, ou aquele que é inimigo dos russos. Antôn.: *russófilo*.

Rusticar, v. 1. Intr. Entregar-se a trabalhos campesinos. 2. Intr. Viver no campo. 3. Tr. dir. Talhar entre os ornatos em relevo (a pedra).

Rusticidade, s. f. (l. *rusticitate*). 1. Qualidade de rústico. 2. Descortesia, grosseria, indelicadeza; rudeza.

Rústico, adj. 1. Campestre. 2. Grosseiro, ignorante, impolido, incivil, malcriado, rude. 3. Inculto, sem arte. 4. *Bot.* e *Zool.* Diz-se dos vegetais e dos animais que resistem bem às intempéries. 5. Diz-se dos móveis toscos feitos por camponeses.

Rustidor, s. m. *Gír.* Esconderijo.

Rustir, v. Tr. dir. *Gír.* Lesar na partilha de furto ou roubo.

Rusto, s. m. *Gír.* 1. Ato de rustir. 2. Logro na partilha do furto.

Rutabaga, s. f. *Bot.* Nabo (*Brassica napobrassica*) com raiz amarelada, comumente muito comprida, usada como alimento humano e forragem; couve-nabo.

Rutáceas, s. f. pl. *Bot.* Família (*Rutaceae*) constituída de ervas, arbustos e árvores, com glândulas e cheiro forte, a que pertence a arruda.

Rutáceo, adj. Relativo à família das Rutáceas.

Rutênio, s. m. *Quím.* Elemento metálico raro, do grupo dos metais da platina, semelhante ao ósmio porém mais resistente à corrosão. Símbolo Ru, número atômico 44, massa atômica 101,7.

Ruteno, adj. *Etnol.* Relativo aos rutenos, povo eslavo espalhado pela Galícia, Hungria e Lituânia. S. m. Indivíduo desse povo.

Rutilação, s. f. 1. Ato de rutilar; rutilo. 2. Brilho intenso; resplendor; rutilância.

Rutilância, s. f. Qualidade de rutilante.

Rutilante, adj. m. e f. 1. Que rutila. 2. Muito brilhante; resplandecente, esplendoroso. Sin.: *rútilo.*

Rutilar, v. 1. Intr. Brilhar muito; chamejar, fuzilar, resplandecer. 2 Tr. dir. Tornar rútilo; fazer brilhar muito. 3. Tr. dir. Despedir, emitir.

Rutílio, s. m. Mineral tetragonal, bióxido de titânio; rutilo.

Rutilo[1], s. m. Rutilação.

Rutilo[2], s. m. V. *rutílio.*

Rútilo, adj. *Poét.* V. *rutilante.*

Rutina, s. f. *Quím.* Princípio antispasmódico, contido na arruda e noutras plantas, como a alcaparra, a rosa etc.

Ruvinhoso, adj. (l. *rubiginosu*). 1. Ferrugento. 2. Carunchoso. 3. Carcomido. 4. Mal-humorado. 5. Caprichoso. 6. Que nunca está satisfeito.

S (*ésse*), Símbolo da décima oitava letra do alfabeto português. Consoante constritiva, fricativa, alveolar, surda; tem som de z, quando intervocálico: ca*s*a, pe*s*ar; no final do prefixo *trans* seguido de vogal: *trans*ação, *trans*itivo; e em seguida ao prefixo *ob* em *obs*équio e derivados; quando dobrado, tem som de ç: pá*ss*aro, re*ss*alvar. Num. Numa série, indicada pelas letras do alfabeto, corresponde ao décimo oitavo lugar.

Sã, adj. Fem. de *são*[1].

Saá, s. m. O mesmo que *sauá*.

Saárico, adj. Relativo ao Saara, deserto do Norte da África.

Sabá, s. m. (hebr. *schabbat*). Assembléia de bruxos e bruxas, realizada segundo certas superstições medievais, anualmente, à meia-noite, sob a presidência de Satanás, para renovar a aliança com este e celebrar ritos e orgias.

Sabacu, s. m. *Ornit.* Ave da família dos Ardeídeos que vive em charcos e lagoas (*Nyctanassa violacea cayennensis*); matirão.

Sabadeador, adj. e s. m. Que, ou aquele que sabadeia.

Sabadear, v. Intr. Guardar o sábado à maneira dos judeus; sabatizar.

Sábado, s. m. 1. Sétimo dia da semana, posterior à sexta-feira e anterior ao domingo. 2. Dia de descanso e observância religiosa entre os judeus e algumas seitas cristãs.

Sabagante, s. m. *Pop.* Indivíduo, pessoa. Var.: *sabaquante*.

Sabão, s. m. (l. *sapone*). 1. Substância detergente, usada com água para lavar roupa, utensílios, superfícies etc., obtida pelo tratamento de uma gordura com um álcali e consistindo essencialmente nos sais de sódio ou potássio dos ácidos contidos na gordura. 2. Pedaço dessa substância solidificada. 3. *Quím.* Qualquer sal metálico de ácido derivado de gordura. 4. Descompostura, repreensão; sabonete. 5. Terra escorregadia.

Sabaquante, s. m. V. *sabagante*.

Sabático, adj. Relativo ao sábado; sabatino.

Sabatina, s. f. 1. Exercício escolar que antigamente se passava para o sábado, como recapitulação das matérias da semana. 2. Recapitulação de lições. 3. Reza do sábado. 4. Discussão, tese, questão. 5. *Ant.* Tese que os estudantes de Filosofia sustentavam no fim do primeiro ano de curso.

Sabatinar, v. 1. Tr. dir. Argüir como em sabatina. 2. Intr. Discutir miudamente ou com sofismação.

Sabatineiro, adj. 1. Relativo a sabatina. 2. Próprio de sabatina.

Sabatino, adj. 1. Relativo a sabatina. 2. Sabático.

Sabatismo, s. m. Observância estrita dos sábados entre os hebreus e algumas seitas cristãs.

Sabatizar, v. V. *sabadear*.

Sabável, adj. m. e f. Agradável ao paladar; gostoso, saboroso.

Sabedor, adj. 1. Que sabe muito; erudito, sábio. 2. Ciente de alguma coisa. S. m. Indivíduo sabedor; erudito.

Sabedoria, s. f. 1. Grande soma de conhecimentos; erudição, saber, ciência. 2. Qualidade de sábio. 3. Grande circunspeção e prudência; juízo, bom senso, razão, retidão. 4. *Teol.* Conhecimento inspirado das coisas divinas e humanas. 5. *Pop.* Qualidade de sabido; esperteza, astúcia, manha.

Sabeísmo, s. m. 1. Religião dos que adoravam os espíritos planetários. 2. Seita cristã dos sabeus. 3. Culto dos astros.

Sabeísta, adj. m. e f. Relativo ao sabeísmo. S. m. e f. Pessoa adepta do sabeísmo; sabeíta.

Sabeíta, adj. e s., m. e f. V. *sabeísta*.

Sabelianismo, s. m. Doutrina fundada por Sabélio, heresiarca do séc. III, que afirmou não serem o Pai, o Filho e o Espírito Santo senão três formas diferentes da manifestação do Deus uno.

Sabeliano, s. m. Sectário do sabelianismo.

Sabença, s. f. *Pop.* Sabedoria, erudição.

Sabendas, s. f. pl. (de *saber*). *Ant.* Usado na loc. adv. *a sabendas*: com prévio conhecimento; de caso pensado; de propósito.

Saber, v. (l. *sapere*). 1. Tr. dir. e tr. ind. Estar informado de, estar a par, ter conhecimento de; conhecer. 2. Tr. dir. Compreender ou perceber um fato, uma verdade. 3. Tr. dir. Ser capaz de distinguir ou de dizer. 4. Tr. dir. Ser versado em. 5. Tr. dir. e tr. ind. Estar habilitado para; ser capaz de; ter os conhecimentos especiais ou técnicos de. 6. Tr. dir. e tr. ind. Possuir amplos e enciclopédicos conhecimentos. 7. Tr. dir. Ter conhecimento prático de alguma coisa ou possuir habilidade nela: *S. taquigrafia. S. costura.* 8. Tr. dir. Ter de cor. 9. Tr. dir. Compreender, poder explicar. 10. Tr. dir. Pressupor, prever: *S. o futuro.* 11. Tr. dir. Ter a certeza ou a convicção de. 12. Tr. dir. Dá mais força à expressão imperativa, se vem com um infinitivo: *Saiba conter-se* (= contenha-se). (Pres. do ind.: *sei, sabes, sabe; sabemos, sabeis, sabem.* Pret. perfeito: *soube, soubeste, soube; soubemos, soubestes, souberam.* Mais-que-perf.: *soubera, souberas, soubera; soubéramos, soubéreis, souberam.* Pres. do sub.: *saiba, saibas, saiba; saibamos, saibais, saibam.* Imperf.: *soubesse, soubesses, soubesse; soubéssemos, soubésseis, soubessem.* Fut.: *souber, souberes, souber; soubermos, souberdes, souberem*). S. m. Soma de conhecimentos; ciência, erudição, ilustração, prática da vida.

Saberecar, v. Tr. dir. Chamuscar, sapecar, tostar.

Saberente, adj. e s., m. e f. Sabereta, sabichão.

Sabererecar, v. Tr. dir. V. *saberecar*.

Sabereta (*ê*), s. m. e f. *Pop.* Pessoa metida a saber tudo; saberente. Var.: *saberete*.

Saberete (*ê*), s. m. 1. *Pej.* Pouco saber. 2. Sabereta.

Sabe-tudo, s. m. e f., sing. e pl. *Fam.* Sabichão.

Sabeu, adj. 1. Relativo a Sabá, reino que floresceu na Arábia Feliz no milênio antes de Cristo. 2. Relativo à língua e ao alfabeto dos sabeus. S. m. 1. Habitante ou natural de Sabá. 3. Língua semítica dos povos de Sabá. Fem.: *sabéia*.

Sabiá, s. m. 1. *Ornit.* Designação mais comum dos pássaros da família dos Turdídeos; algumas espécies são muito apreciadas pelo seu canto. Embora a este gênero pertençam os verdadeiros sabiás, recebem também esse nome alguns pássaros das famílias dos Mimídeos, Fringilídeos, Traupídeos e Cotingídeos. Voz: *canta, gorjeia, modula, trina.* 2. Designação vulgar da inflamação dos cantos da boca; boqueira. 3. *Bot.* Planta leguminosa-mimosácea (*Mimosa caesalpinifolia*).

Sabichão, adj. *Fam.* e *Iron.* Diz-se do indivíduo que sabe muito ou que alardeia sabedoria. S. m. Esse indivíduo. Fem.: *sabichona e sabichã*.

Sabichar, v. Tr. dir. Indagar aqui e além; procurar saber.

Sabichoso, adj. Diz-se de quem se serve mal do seu saber.

Sabidas, s. f. pl. Usado na loc. adv. *às sabidas*: às claras, diante de toda a gente.

Sabido, adj. 1. Que se sabe; conhecido. 2. Astuto, prudente. 3. Esperto, velhaco. S. m. *Gír.* Gatuno proficiente na sua arte.

Sabina, s. f. *Bot.* Planta cucurbitácea da Índia (*Trichosanthes cucumerina*).

Sabino[1], adj. Diz-se do cavalo de pêlo branco mesclado de preto e vermelho.

Sabino[2], adj. (l. *sabinu*). Relativo aos sabinos. S. m. 1. Língua dos sabinos. 2. Indivíduo dos sabinos. S. m. pl. Antigo povo itálico, que habitava nos altos vales do Apenino médio e foi conquistado e incorporado por Roma em 290 a.C., aproximadamente.

Sábio, adj. (l. *sapidu*). 1. Diz-se do que sabe muito; erudito. 2. Que tem a faculdade de bem julgar. 3. Avisado, judicioso, prudente. Sup. abs. sint.: *sapientíssimo*. S. m. Homem de muita ciência ou sabedoria. 2. Homem prudente, avisado.

Sabitu, s. m. O macho da saúva.

Sabível, adj. m. e f. *P. us.* Que se pode saber.

Sable, s. m. *Heráld.* A cor negra, nos brasões.

Saboaria, s. f. 1. Fábrica de sabão. 2. Depósito de sabão. 3. Lugar onde se vende sabão.

Saboeira, s. f. 1. Mulher que vende sabão. 2. Saboneteira.

Saboeiro, s. m. Fabricante ou vendedor de sabão.

Saboga, s. f. (ár. *caboga*). *Ictiol.* V. *savelha.*

Saboneira, s. f. V. *saboneteira.*

Sabonete (*ê*), s. m. 1. Sabão fino e aromatizado. 2. *Pop.* Lembrete, repreensão, sabão.

Saboneteira, s. f. Utensílio para colocar sabonete em uso; saboneira, saboeira.

Sabongo, s. m. V. *sambongo.*

Sabor, s. m. (l. *sapore*). 1. Impressão que certas substâncias exercem sobre o sentido do gosto. 2. Propriedade em virtude da qual esses corpos produzem essa impressão. 3. Qualidade ou propriedade distintiva. 4. Espírito, graça, jocosidade, jovialidade. 5. Forma, teor. 6. Natureza, caráter.

Saborear, v. 1. Tr. dir. e intr. Comer ou beber vagarosamente, com gosto. 2. Tr. dir. Dar sabor ou gosto a; tornar saboroso. 3. Tr. dir. Causar prazer a. 4. Tr. dir. Tomar o sabor ou gosto de; deleitar-se em, com lentidão calculada e voluptuosa. 5. Pron. Deliciar-se, regozijar-se.

Saborido, adj. V. *saboroso.*

Saboroso, adj. 1. Que tem bom sabor; gostoso. 2. Agradável, deleitoso. Sin.: *saborido.*

Saborra (*ô*), s. f. V. *saburra.*

Sabotagem, s. f. (fr. *sabotage*). 1. Ato ou efeito de sabotar. 2. Destruição ou danificação propositada de material, instalações, maquinarias, ferramentas, ou interferência secreta na produção ou nos negócios de uma empresa.

Sabotar, v. Intr. Cometer o crime de sabotagem.

Sabraço, s. m. V. *sabrada.*

Sabrada, s. f. Golpe ou pancada com sabre; sabraço.

Sabre, s. m. (fr. *sabre*). 1. Arma branca, reta ou curva, que corta apenas de um lado. 2. Espada curta.

Sabrecar, v. V. *saberecar.*

Sabucar, v. V. *sabujar.*

Sabudo, adj. *Ant.* V. *sabido.*

Sabugado, adj. 1. Açoitado, surrado, espancado. 2. Alquebrado.

Sabugal, s. m. Terreno onde crescem sabugueiros.

Sabugar, v. Tr. dir. Surrar com açoite; espancar, bater.

Sabugo, s. m. (l. *sambucu*). 1. Tecido esponjoso e leve, que constitui a parte interior do caule e galhos de certas árvores, especialmente do sabugueiro. 2. Sabugueiro. 3. Parte interior e pouco dura dos chifres. 4. Medula de ossos de porco. 5. *Pec.* Parte da cauda, constituída pelas vértebras coccigianas. 6. Parte do dedo, a que adere a unha. 7. Espiga de milho sem os grãos.

Sabugueiro, s. m. *Bot.* Arbusto caprifoliáceo (*Sambucus nigra*).

Sabujar, v. Tr. dir. Adular, bajular.

Sabujice, s. f. Ação ou qualidade de sabujo; servilismo.

Sabujo, s. m. (l. bárb. *segusiu*). 1. Cão de caça grossa. 2. Homem servil.

Sabuloso, adj. Que contém areia; areento.

Saburá, s. m. Substância agridoce de cor amarela, alimento das abelhas, constituído por resíduos de pólen.

Saburra, s. f. 1. Crosta, geralmente esbranquiçada, que reveste a parte superior da língua em certas doenças. 2. Matérias que se supunha acumularem-se no estômago, em conseqüência das más digestões.

Saburrar, v. Tr. dir. Lastrar (o navio) para lhe dar equilíbrio.

Saburrento, adj. V. *saburroso.*

Saburroso, adj. Que tem saburra; saburrento.

Saca[1], s. f. (de *saco*). 1. Grande saco. 2. Bolsa. Dim. irr.: *sacola.*

Saca[2], s. f. (de *sacar*). 1. Ato ou efeito de sacar; sacadela. 2. Ato de exportar gêneros; saída, exportação. 3. A onda que avança para a praia.

Saca[3], s. f. *Zool.* Gato selvagem de Madagáscar.

Saca-balas, s. m. sing. e pl. Instrumento com que se extraem balas de armas de fogo.

Saca-bocado, s. m. 1. Alicate vazador para perfurar material como couro, papel, pano etc. 2. Instrumento para desbastar. Pl.: *saca-bocados.*

Saca-boi, s. m. V. *limpa-trilhos.* Pl.: *saca-bois.*

Saca-bucha, s. m. 1. V. *saca-trapo.* 2. Manha com que se consegue alguma coisa. Pl.: *saca-buchas.*

Sacabuxa, s. m. (fr. *saqueboute*). 1. *Mús.* Antigo instrumento, parecido com uma trompa. 2. *Mús.* Registro nos órgãos antigos. 3. *Náut.* Espécie de bomba.

Sacada[1], s. f. (*sácar + ada*). 1. Sacadela. 2. Imposto que antigamente pagavam os exportadores. 3. Balcão de janela ou porta, que ressalta do alinhamento da parede. 4. V. *galão* e *sacão* (de cavalo). 5. Puxão pelas rédeas; sofreamento.

Sacada[2], s. f. (*saco + ada*). 1. Aquilo que pode caber dentro de um saco. 2. V. *sacaria.*

Sacadela, s. f. Ato ou efeito de sacar de cada vez; puxão, sacada, sacalão.

Sacado, s. m. 1. *Dir.* e *Com.* Aquele contra quem se sacou uma letra de câmbio ou título equivalente. 2. Na Amazônia, lago marginal, onde os rios represam o excedente das suas cheias.

Sacador, adj. Que saca. S. m. *Dir.* e *Com.* 1. Aquele que saca. 2. Aquele que saca uma letra de câmbio ou título equivalente.

Saca-estrepe-da-mata, s. m. *Bot.* Planta melastomácea do Brasil (*Spennera aerifera*). Pl.: *saca-estrepes-da-mata.*

Saca-estrepe-de-campinas, s. m. *Bot.* Planta composta brasileira (*Echinops saca-estrepe*). Pl.: *saca-estrepes-de-campinas.*

Sacaí, s. m. V. *sacanga.*

Sacalão, s. m. 1. *Pop.* V. *sacadela.* 2. Sofreamento súbito da cavalgadura para fazê-la parar.

Saca-molas, s. m. sing. e pl. 1. Instrumento de arrancar dentes; boticão. 2. *Pej.* Mau dentista.

Sacana, adj. m. e f. 1. *Ch.* Diz-se da pessoa que masturba outra. 2. Diz-se da pessoa canalha, imoral, crápula, desprezível, sem caráter.

Saca-nabo, s. m. *Náut.* Gancho ou haste do êmbolo das bombas. Pl.: *saca-nabos.*

Sacanagem, s. f. 1. Ato, dito ou procedimento de sacana. 2. Bandalheira, imoralidade, safadeza. 3. Patifaria.

Sacanga, s. f. Galho seco, graveto, acendalha. Var.: *sacaí.*

Saçanga, s. f. Altercação, assuada, desordem.

Sacão, s. m. 1. Salto de uma cavalgadura, para sacudir o cavaleiro; sacada. 2. Empurrão, safanão.

Sacar, v. (*saco + ar*). 1. Tr. dir. Tirar para fora, à força e repentinamente; tirar a puxões. 2. Tr. ind. Arrancar de, ou puxar por (espada, lança etc.). 3. Tr. dir. Fazer correr ou sair. 4. Tr. dir. Conseguir, obter com esforço. 5. Tr. dir. Auferir, fruir, lucrar, tirar. 6. Tr. dir. Emitir, passar uma ordem de pagamento, escrita, sobre um devedor. 7. Tr. ind. e intr. Fazer saques. 8. Intr. e tr. dir. Dar o saque, no vôlei, no tênis. 9. Intr. *Pop.* Entender, atinar com, manjar.

sácari-, elem. de comp. (l. *sacharu*). Exprime a idéia de *açúcar: sacarífero, sacarificar.*

Sacaria, s. f. 1. Grande número de sacos ou sacas. 2. Indústria de sacos.

Sacarídeo, adj. Semelhante ao açúcar. S. m. 1. Nome genérico dos açúcares ou combinações de açúcares. 2. Carboidrato.

Sacarífero, adj. Que produz ou contém açúcar.

Sacarificação, s. f. Ato ou efeito de sacarificar.

Sacarificante, adj. m. e f. Que sacarifica.

Sacarificar, v. Tr. dir. e pron. Transformar(-se) em açúcar.

Sacarificável, adj. m. e f. Que se pode sacarificar.

Sacarímetro, s. m. Instrumento destinado à dosagem de açúcar em uma solução. Var.: *sacarômetro.*

Sacarina, s. f. Pó branco, cristalino, intensamente doce, mas sem valor nutritivo, usado como substituto de açúcar no tratamento da diabete e da obesidade.

Sacarino, adj. 1. Relativo ao açúcar. 2. Da natureza do açúcar. 3. Que contém açúcar. 4. Sacarívoro.

Sacarita, s. f. *Miner.* Variedade de andesita.

Sacarívoro, adj. Que se alimenta de açúcar.

sácaro-, elem. de comp. (gr. *sakcharon*). Exprime a idéia de *açúcar, sacarose: sacaróide, sacarologia.*

Sacaróide, adj. m. e f. *Miner.* De estrutura granulosa como o açúcar cristalizado.

Saca-rolha (*ô*), s. m. V. *saca-rolhas.*

Saca-rolhas (*ô*), s. m. sing. e pl. Instrumento para tirar as rolhas das garrafas. S. f. *Bot.* Nome comum a três arbustos esterculiáceos (*Helicteres mellifIua, H. ixora* e *H. sacarolha*).

Sacarologia, s. f. Estudo acerca do açúcar.

Sacarose, s. f. Açúcar comum, de cana ou beterraba.

Sacaroso, adj. Que é da natureza do açúcar.

Sacateira, s. f. *Ictiol.* Certa qualidade de tainha.

Saca-trapo, s. m. 1. Instrumento para tirar a bucha das armas de fogo. 2. *Pop.* Manha para obter alguma coisa. Pl.: *saca-trapos.*

Sacaubarana (*a-u*), s. f. *Bot.* Planta malpighiácea (*Plerandrium amarum*).

saceli-, elem. de comp. (l. *saccelu*). Exprime a idéia de *pequeno saco: saceliforme.*

Saceliforme, adj. m. e f. *Bot.* Que se assemelha a pequeno saco.

Sacelo[1], s. m. (l. *sacelu*). *Bot.* 1. Pericárpio monospérmico indeiscente, encerrado num cálice endurecido. 2. Fruto que irrompe irregularmente.

Sacelo[2], s. m. (l. *sacellu*). Pequena capela monumental em uma igreja.

Sacerdócio, s. m. (l. *sacerdotiu*). 1. Cargo, dignidade, funções de sacerdote. 2. *Ecles.* V. *presbiterado.* 3. A carreira eclesiástica. 4. Apostolado. 5. Mister nobre de qualquer classe de indivíduos. 6. Missão que se toma muito a sério, como uma coisa sagrada.

Sacerdotal, adj. m. e f. Relativo a sacerdote ou ao sacerdócio.

Sacerdotalismo, s. m. Influência predominante dos sacerdotes; clericalismo, teocracia.

Sacerdote, s. m. 1. *Hist. ant.* Aquele que, na religião pagã, oferecia os sacrifícios e as vítimas às divindades politeísticas. 2. *Ecles.* Clérigo que recebeu a ordem do presbiterado; padre, presbítero. 3. Aquele que se devota de alma e coração a uma causa. 4. Aquele que exerce com escrúpulo e impecável dignidade uma profissão honrosa e muito elevada. 5. Feiticeiro que dirige as sessões de catimbó. Fem.: *sacerdotisa.*

Sacerdotisa, s. f. (l. *sacerdotissa*). Mulher que, na sociedade idólatra e pagã, exercia as funções de sacerdote.

Sacha, s. f. V. *sachadura.*

Sachador, adj. Que sacha. S. m. 1. Aquele que sacha. 2. Sachola.

Sachadura, s. f. *Agr.* Ato ou efeito de sachar.

Sachar, v. Tr. dir. 1. Afofar, cavar (a terra) com o sacho. 2. Arrancar com o sacho as ervas daninhas a; capinar.

Sacho, s. m. (l. *sarculu*). *Agr.* Enxadinha, estreita e pontuda.

Sachola, s. f. Pequena enxada de boca larga; sachador.

Sacholada, s. f. Ferimento ou pancada com a sachola.

Sacholar, v. Tr. dir. 1. Cavar com a sachola. 2. Escavar. 3. Cavar superficialmente. 4. Ferir com sacho ou sachola.

Saci, s. m. 1. *Folc.* Entidade maléfica em muitas oportunidades, graciosa e zombeteira em outras, representada por um negrinho de uma só perna, carapuça vermelha na cabeça, e que, durante a noite, diverte-se criando dificuldades, como espantar o gado, os cavalos no pasto e espavorir os viajantes nos caminhos solitários. 2. *Ornit.* Ave cuculídea (*Tapera naevia*), de canto monótono e incomodativo. 3. *Ornit.* Ave da família dos Cuculídeos (*Tapera naevia chochi*).

Saciar, v. (l. *satiare*). 1. Tr. dir. Fartar de comida ou bebida; satisfazer. 2. Tr. dir. Encher. 3. Pron. Comer ou beber até à saciedade; fartar-se. 4. Pron. Dar-se por satisfeito; não querer mais. 5. Pron. Cevar-se, satisfazer-se.

Saciável, adj. m. e f. Que se pode saciar.

Saciedade, s. f. (l. *satietate*). 1. Estado de quem se saciou. 2. Satisfação plena. 3. Fartura, abastecimento. 4. Fastio.

Saco[1], s. m. (l. *saccu*). 1. Receptáculo de pano grosso e resistente, aberto em cima e cosido no fundo e nos lados, para cereais, café em grão, batatas, carvão etc. 2. Esse receptáculo com seu conteúdo. 3. Qualquer peça de vestir mal feita e muito larga. 4. Espécie de bolso, fole ou papo, que fazem os vestidos mal talhados. 5. Pessoa gorda e de má aparência. — *S.-roto, Pop.*: indivíduo que não sabe guardar segredos, que passa adiante quanto ouve.

saco-[2], elem. de comp. (gr. *sakkos*). Exprime a idéia de *saco, filtro: sacóforo.*

Sacóforo, adj. *Hist. Nat.* Que tem órgão saculiforme. S. m. Penitente que se cobria de saco.

Sacola, s. f. 1. Saco de dois alforjes ou fundos que frades mendicantes usavam para recolher as dádivas. 2. Saco de tamanho médio, em geral distensível, provido de alças, usado para fazer pequenas compras, carregar ferramentas, roupas etc.

Sacolejar, v. Tr. dir. 1. Agitar repetidas vezes; sacudir, vascolejar. 2. Rebolar, saracotear. 3. Agitar, comover, impressionar vivamente.

Sacolejo (*ê*), s. m. Ato de sacolejar.

Sacra, s. f. *Liturg. ant.* Cada um dos três pequenos quadros que eram, sobre o altar, encostados à banqueta, para que o celebrante pudesse ler comodamente algumas orações da missa enquanto executava os ritos litúrgicos correspondentes.

Sacramentado, adj. Que se sacramentou. S. m. Aquele que recebeu os últimos sacramentos.

Sacramental, adj. m. e f. 1. Relativo a sacramento. 2. Consuetudinário. 3. Obrigatório.

Sacramentar, v. 1. Tr. dir. Administrar os sacramentos da Igreja. 2. Pron. Receber os últimos sacramentos. 3. Tr. dir. Consagrar (a hóstia). 4. Tr. dir. Confessar. 5. Pron. *Teol.* Ocultar-se, transubstanciar-se na eucaristia. 6. Tr. dir. Imprimir caráter sagrado a; sagrar, tornar sagrado. 7. Tr. dir. *Fig.* Revestir (um contrato, ou um negócio) de todas as condições legais.

Sacramentário, s. m. (l. *sacramentariu*). 1. Antigo ritual das cerimônias para a administração dos sacramentos. 2. Nome que os luteranos davam aos calvinistas e aos dissidentes que não admitiam a presença real de Cristo na Eucaristia.

Sacramento, s. m. 1. *Teol.* Cada um dos sinais sensíveis produtores da graça, instituídos por Jesus Cristo como auxiliares indispensáveis para a pessoa conseguir a salvação eterna. 2. *Teol.* Sinal instituído por Deus com o fim de purificar e santificar as almas. 3. *Ant.* Juramento. S. m. pl. *Rel. Catól.* O batismo, a confirmação, a eucaristia, a penitência, a extrema-unção, a ordem e o matrimônio.

Sacrário, s. m. 1. Lugar onde se guardam coisas sagradas, especialmente hóstias e relíquias. 2. Lugar de respeito. 3. O mais recôndito do coração humano.

Sacratíssimo, adj. Sup. abs. sint. irr. de *sagrado.*

Sacre, s. m. (ár. *cakre*). Antigo e grande canhão. Var.: *sagre.*

Sacrificador, adj. e s. m. Que, ou aquele que sacrifica; sacrificante.

Sacrifical, adj. m. e f. Relativo ao sacrifício; sacrificatório; sacrificial.

Sacrificante, adj. e s., m. e f. V. *sacrificador.* S. m. O padre que celebra a missa.

Sacrificar, v. 1. Tr. dir. Oferecer em sacrifício; imolar. 2. Tr. ind. e intr. Oferecer holocaustos à divindade. 3. Pron. Oferecer-se, voltar-se em sacrifício. 4. Tr. dir. Sofrer a perda de alguma coisa em favor de algum ideal ou causa; renunciar voluntariamente a. 5. Tr. dir. Tornar vítima de um interesse, de uma paixão, de um fim que se tem em vista. 6. Tr. dir. Negligenciar, menosprezar por causa de. 7. Pron. Sujeitar-se às conseqüências de. 8. Tr. dir. e pron. Consagrar(-se) totalmente a. 9. Pron. Fazer sacrifícios.

Sacrificativo, adj. Próprio para o sacrifício.

Sacrificatório, adj. V. *sacrifical.*

Sacrificável, adj. m. e f. Que se pode sacrificar.

Sacrificial, adj. m. e f. Sacrifical.

Sacrifício, s. m. (l. *sacrificiu*). 1. Ato ou efeito de sacrificar(-se). 2. Oferenda de animal em holocausto. 3. Renúncia voluntária a um bem ou a um direito. 4. Ato de abnegação, em favor de outrem. 5. Privação de coisa apreciada. 6. Abnegação, renúncia, desprendimento. 7. A morte de Cristo. 8. A missa.

Sacrifículo, s. m. Acólito que, no culto pagão, auxiliava o sacrificador de vítimas.

Sacrilégio, s. m. 1. *Teol.* Pecado contra a religião que consiste na violação de pessoa, lugar ou objeto consagrados ao culto divino. 2. Irreverência para com pessoas ou objetos consagrados. 3. Ato de impiedade. 4. Ação condenável.

Sacrílego, adj. 1. Que cometeu sacrilégio. 2. Em que há sacrilégio.

Sacripanta, adj. m. e f. Diz-se da pessoa que é capaz das mais abjetas ações e de todas as indignidades e violências. S. m. e f. Pessoa sacripanta. Var.: *sacripante.*

Sacrista, s. m. *Fam.* e *Pej.* Sacristão.

Sacristania, s. f. Cargo ou ofício de sacristão.

Sacristão, s. m. (l. *sacristanu*). 1. Aquele que tem a seu cargo o arranjo e guarda da igreja e especialmente da sacristia. 2. Aquele que ajuda à missa e auxilia nos ofícios divinos o sacerdote. Fem.: *sacristã.* Pl.: *sacristãos* e *sacristães.*

Sacristia, s. f. Dependência da igreja ou casa anexa a esta, onde se guardam os paramentos e mais objetos do culto.

Sacro, adj. 1. Sagrado. 2. Digno de respeito ou veneração. 3. Relativo ao osso sacro; sacral. S. m. *Anat.* Osso ímpar, mediano, triangular, resultante da soldadura das vértebras sacras, situado entre os ilíacos e concorrendo com eles para formar a bacia.

Sacrossanto, adj. (l. *sacrosanctu*). 1. Sagrado e santo; sacratíssimo. 2. Inviolável.

Sacubaré, s. m. *Bot.* Planta orquidácea (*Cyrtopodium sacubare*).

Sacudida, s. f. V. *sacudidura.*

Sacudidela, s. f. 1. Sacudida leve. 2. *Fam.* Castigo leve; pequena sova ou tunda.

Sacudido, adj. 1. Movido rápida e repetidamente em direções opostas. 2. Desembaraçado, desenvolto. 3. Esbelto, galhardo, formoso. 4. Forte, robusto. 5. Destorcido. 6. Hábil em alguma coisa. 7. Decidido, disposto, resistente, trabalhador.

Sacudidor, adj. e s. m. Que, ou aquele que sacode.

Sacudidura, s. f. Ato ou efeito de sacudir; sacudida, sacudidela, sacudimento.

Sacudimento, s. m. V. *sacudidura.*

Sacudir, v. (l. *saccutere*). 1. Tr. dir. Mover repetidas vezes e rapidamente. 2. Tr. dir. Pôr em movimento vibratório ou causar tremor; abalar. 3. Tr. dir. Agitar, brandir, mover de modo ameaçador. 4. Tr. dir. Agarrar e mover vigorosamente para um e outro lado. 5. Tr. dir. Abanar, mover (a cabeça) ora para um lado ora para outro. 6. Pôr fora, agitando com movimentos rápidos. 7. Pron. Dar ou imprimir ao próprio corpo movimentos rápidos e convulsivos; fazer o corpo estremecer.

Sacular, adj. m. e f. Relativo a sáculo.

Saculiforme, adj. m. e f. Em forma de sáculo.

Sáculo, s. m. 1. Pequeno saco ou bolsa. 2. *Bot.* Pequeno saco ou bolsa que envolve a radícula de certos embriões.

Sacupema, s. f. *Ornit.* Espécie de jacu; jacupemba.

Sacurê, s. m. Certa doença que ataca a mandioca.

Sádico, adj. Relativo ao sadismo ou próprio dele; sadista. S. m. 1. Aquele que sente prazer ao ver o sofrimento de outrem; sadista. 2. *Por ext.* Mau, tirano, cruel.

Sadio, adj. (l. *sanativu*). 1. Favorável à saúde. 2. Que goza de boa saúde.

Sadismo, s. m. 1. Perversão sexual daquele que procura aumentar a intensidade do prazer venéreo, produzindo sofrimento em outrem. 2. Prazer no sofrimento alheio.

Sadista, adj. e s. m. e f. V *sádico.*

Sadrá¹, s. f. *Bot.* Árvore de grande porte da Índia (*Pentaptera glabra*).

Sadrá², s. m. 1. Espécie de camisa finíssima usada pelos parses. 2. Veste sagrada dos parses.

Saduceísmo, s. m. Doutrina dos saduceus.

Saduceu, s. m. (l. *sadducaeu*). Membro de um partido político doutrinariamente oposto ao dos fariseus e que negava a existência de anjos, espíritos, milagres e especialmente a ressureição. Fem.: *saducéia.*

Safa!, interj. (de *safar*). Exprime repugnância ou admiração.

Safadagem, s. f. *Pop.* Safadeza.

Safadeza, s. f. *Pop.* 1. Ato, dito ou procedimento de indivíduo safado; desfaçatez, desvergonha, vileza. 2. Ato pornográfico; coisa imoral. Sin.: *safadice, safadismo.*

Safadice, s. f. *Pop.* V. *safadeza.*

Safadismo, s. m. *Pop.* V. *safadeza.*

Safado, adj. 1. Que se safou; tirado para fora: Navio *s.* 2. Gasto ou deteriorado pelo uso: Casaco *s.* 3. *Pop.* Desavergonhado, descarado, pornográfico, imoral. 4. *Gír.* Encolerizado, raivoso, indignado. 5. *Fam.* Traquinas, travesso. S. m. *Pop.* Indivíduo safado.

Safanão, s. m. (de *safar*). 1. Ação de safar. 2. Bofetada, tapa. 3. Sacudidela, empurrão.

Safar, v. 1. Tr. dir. Fazer sair; tirar para fora; extrair. 2. Tr. dir. Furtar, tirar. 3. Tr. dir. Pôr a navegar (navio encalhado). 4. Pron. Escapar, esgueirar-se, fugir. 5. Pron. Deteriorar-se, gastar-se.

Sáfara, s. f. 1. Terreno sáfaro. 2. Penha, penhasco.

Safardana, s. m. *Pop.* Indivíduo muito safado.

Safári, s. m. 1. Expedição ou excursão de caça com carregadores, animais e veículos, especialmente nas selvas africanas. 2. *Por ext.* Parque de animais selvagens.

Safaria, adj. f. (ár. *safari*). Designa uma variedade de romã, cujos bagos são grandes e quadrados.

Sáfaro, adj. (ár. *sahara*). 1. Agreste, improdutivo, inculto. 2. Indócil, rude. 3. Estéril. 4. Difícil de amansar; bravio. 5. Alheio, distante. 6. Estranho.

Safarrascada, s. f. (metát. de *sarrafascada*). *Gír.* Desordem, barulho, conflito.

Safena, s. f. *Anat.* Cada uma de duas veias subcutâneas da perna.

Sáfico, adj. 1. Relativo a Safo, poetisa grega (séc. VI a.C.). 2. Diz-se do verso grego de cinco pés, e do verso latino de onze sílabas, sendo troqueus os pés 1º, 4º e 5º, espondeu o 2º, e dáctilo o 3º. 3. *Metrif.* Diz-se do verso português de dez sílabas, quando tem o acento na 4ª, 8ª e 10ª: "ruflando as *asas*, sacu*din*do as *pe*nas". 4. Diz-se do amor lésbico.

Safio, s. m. *Ictiol.* O congro, quando pequeno.

Sáfio, adj. (ár. *jafi*). 1. Grosseiro, rude, sáfaro. 2. Desconfiado.

Safira, s. f. (l. *saphiru*). 1. *Miner.* Variedade de corindo, especialmente uma variedade azul transparente. 2. A cor azul-escura dessa pedra.

Safismo, s. m. Homossexualismo entre duas mulheres; amor lésbico, tribadismo.

Safo, adj. Que se safou; desembaraçado, livre de perigo.

Safra¹, s. f. (ár. *sabra*). 1. Bigorna grande, que tem uma só ponta. 2. Pessoa muito escravizada ao trabalho.

Safra², s. f. (ár. *safaria*). 1. Colheita. 2. Boa promessa de frutos. 3. Época do ano em que se costuma vender gado gordo e produtos da indústria pastoril.

Safra³, s. f. (ár. *çafr*). *Miner.* Óxido de cobalto, próprio para fabricar vidro azul.
Safrão, s. m. *Náut.* Folha do leme; açafrão.
Safreiro, s. m. Operário que trabalha somente durante a safra².
Safrejar, v. Tr. dir. Explorar (um engenho), plantando, colhendo e fabricando o açúcar e a aguardente.
Saga¹, s. f. (gót. *saëga*). 1. Lenda medieval acerca de figuras ou eventos notáveis dos países escandinavos. 2. Canção baseada em alguma dessas lendas.
Saga², s. f. (l. *saga*). *Antig. rom.* 1. Adivinha, bruxa ou feiticeira. 2. Hábito guerreiro; saio.
Sagacidade, s. f. 1. Qualidade de sagaz. 2. Agudeza de espírito. 3. Finura, perspicácia, sutileza.
Sagaz, adj. m. e f. (l. *sagace*). 1. Que tem agudeza de espírito ou de inteligência; perspicaz. 2. Judicioso, criterioso, sensato. 3. Desembaraçado, esperto, rápido. Sup. abs. sint.: *sagacíssimo.*
Saginar, v. Tr. dir. *Des.* Cevar, engordar.
Sagitado, adj. 1. Sagital. 2. *Bot.* Em forma de ponta de seta (folha).
Sagital, adj. m. e f. Em forma de seta; sagitado.
Sagitária, s. f. *Bot.* 1. Gênero (*Sagittaria*) da família Alismáceas, constituído de ervas aquáticas das regiões temperadas e tropicais. 2. Erva desse gênero.
Sagitário, adj. *Poét.* Armado de arco e setas; sagitífero. S. m. *Astr.* Constelação zodiacal, representada pela figura de um centauro armado de arco e flecha, prestes a disparar.
sagiti-, elem. de comp. (l. *sagitta*). Exprime a idéia de *seta, flecha: sagitifoliado.*
Sagitífero, adj. *Poét.* Armado de setas.
Sagitifoliado, adj. *Bot.* Que tem folhas sagitadas.
Sago, s. m. (l. *sagu*). *Ant.* Saio militar que se usava sobre a armadura até o joelho.
Sagração, s. f. 1. Ato ou efeito de sagrar. 2. Ato de dar caráter sagrado a alguma pessoa ou coisa; consagração.
Sagrado, adj. 1. Que recebeu a sagração; que se sagrou. 2. Relativo, inerente, pertencente, dedicado a Deus, a uma divindade ou a um desígnio religioso: A Escritura *Sagrada.* 3. Digno de veneração ou respeito religioso. 4. Diz-se de uma coisa em que não se deve mexer ou tocar. 5. Que não se deve infringir; inviolável. S. m. Aquilo que é ou foi sagrado.
Sagrar, v. (l. *sacrare*). 1. Tr. dir. Dedicar ao serviço de Deus. 2. Tr. dir. e pron. Investir(-se) numa dignidade, eclesiástica ou secular. 3. Tr. dir. Respeitar, venerar como a uma coisa sagrada. 4. Tr. dir. Conferir um título, uma honra. 5. Tr. dir. Abençoar, santificar. 6. Tr. dir. e pron. Dedicar(-se).
Sagu, s. m. Amido granuloso que se extrai da medula do espique dos sangüeiros.
Saguão, s. m. (ár. *satwan*). 1. Pequeno pátio, estreito e descoberto, no interior de um edifício. 2. Espécie de alpendre situado à entrada dos conventos. 3. Sala de entrada nos grandes edifícios, da qual uma escadaria e elevadores dão acesso aos andares superiores; vestíbulo, hall.
Saguaraji, s. m. *Bot.* Árvore ramnácea (*Colubrina rufa*).
Saguaritá, s. m. *Zool.* Molusco gastrópode marinho (*Thais haemastoma*), comestível.
Saguate, s. m. *Des.* Donativo, presente.
Sagüeiro, s. m. *Bot.* Cada uma das diversas espécies de palmeiras do gênero Metróxilo (*Metroxylon rumphii, M. laeve, M. sagu*), da Índia e da Malásia, cujo espique contém sagu.
Sagüi, s. m. 1. *Zool.* Nome comum a diversos pequenos mamíferos da ordem dos Primatas, pertencentes à família dos Calitricídeos, cujas espécies apresentam unhas em forma de garras. Voz: *assobia, guincha.* 2. Tipo amacacado, feio, esquisito.
Saguiru, s. m. *Ictiol.* Nome comum de diversos pequenos peixes fluviais do Brasil.
Sagum, s. m. V. *sagu.*
Saí¹, s. m. Bonzo.
Saí², s. m. 1. *Zool.* V. *saitaia-chorão.* 2. *Ornit.* Nome de vários pássaros frugívoros, da família dos Cerebídeos. 3. *Ornit.* Nome de vários pássaros da família dos Traupídeos. 4. *Ornit.* Pássaro da família dos Cerebídeos (*Cyanerpes cyaneus*); sapitica.
Saia, s. f. (fr. *saie*). 1. Peça de vestuário feminino, que se estende da cintura para baixo. 2. *Ant.* Vestidura que usavam os guerreiros; saio. 3. *Pop.* A mulher. 4. *Ant.* Hábito de frade. 5. Conjunto dos ramos inferiores do cafeeiro. 6. A cauda das reses. 7. *Náut.* Suplemento das velas latinas. — *S.-balão*: saia enfunada e retesada por arcos, formando grande roda; merinaque.
Saial, s. m. Antiga vestidura, para homem ou mulher.
Saião¹, s. m. (*saio + ão*). *Ant.* Algoz, carrasco.
Saião², s. m. *Bot.* Nome de duas plantas crassuláceas (*Kalanchae brasiliensis e Sempervivum arboreum*).
Saibo, s. m. Gosto, sabor (ordinariamente desagradável).
Saibramento, s. m. Ação de saibrar.
Saibrão, s. m. Terreno arenoso e consistente, próprio para plantações de cana-de-açúcar.
Saibrar, v. Tr. dir. Cobrir com saibro.
Saibro, s. m. Mistura de argila e areia grossa, usada no preparo de argamassa.
Saibroso, adj. 1. Em que há saibro. 2. Que tem saibro.
Saída, s. f. 1. Ato ou efeito de sair; saimento. 2. Exportação, venda. 3. Expediente, recurso. 4. Lugar por onde se sai. 5. Meio de sair. 6. Disparate, asneira.
Saído, adj. 1. Apartado, ausentado. 2. Que gosta de aparecer em público para ser visto. 3. Saliente. 4. *Fam.* Enxerido, intrometido, metediço. Adj. f. Diz-se da fêmea que anda com o cio.
Saidor (*a-i*), adj. Que sai. S. m. Cavaleiro que sai ou fica de pé, quando o cavalo roda e cai.
Saidouro (*a-i*), s. m. Lugar da margem de um rio, que oferece saída ao gado que o atravessa nadando. Var.: *saidoiro.*
Saieta (*ê*), s. f. Tecido de lã, próprio para forros.
Saiga, s. m. *Zool.* Gênero (*Saiga*) de antílopes da Sibéria e da Europa oriental.
Saimel, s. m. *Arquit.* Imposta de um arco ou a aduela assente imediatamente sobre ela.
Saimento (*a-i*), s. m. 1. Saída. 2. Funeral. 3. Descaramento, desfaçatez; pouca-vergonha.
Sainete (*ê*), s. m. 1. Engodo para domesticar falcões. 2. Coisa que tem bom sabor. 3. Qualidade agradável de alguma coisa. 4. Gosto especial. 5 Picuinha, remoque. 6. Esquete.
Saio, s. m. (fr. *saie*). *Ant.* 1. Vestuário amplo, com abas e fraldão. 2. Certo casacão de militares.
Saiote, s. m. 1. Pequena saia. 2. Saia curta, geralmente de tecido grosso, que as mulheres usam por baixo de outra ou de outras.
Sair, v. (l. *salire*). 1. Tr. ind. e intr. Ir de dentro para fora, passar do interior para o exterior; ir à rua. 2. Tr. ind. e intr. Afastar-se, ausentar-se, empreender viagem, partir. 3. Tr. ind. Deixar, abandonar o cenário. 4. Tr. ind. Ir ao encontro de; arremeter, investir. 5. Tr. ind. Escapar-se: *Saiu* ileso *do* desastre. 6. Tr. ind. e intr. Ficar livre; recuperar a liberdade. 7. Tr. ind. e pron. Desembaraçar-se, livrar-se: *Sair* (ou *sair-se*) *da* miséria. 8. Tr. ind. e pron. Afastar-se, desviar-se: *Sair* (ou *sair-se*) do assunto. 9. Tr. ind. Transbordar: O rio *saiu do* leito. 10. Tr. ind. Descarrilar: O trem *saiu dos* trilhos. 11. Tr. ind. Desmembrar-se, separar-se: A enxada *saiu do* cabo. 12. Tr. ind. Fazer-se à vela: *Sair ao* mar. 13. Tr. ind. e intr. Irromper: O apito *saiu* estridente. 14. Tr. ind. e pron. Dizer algo quando ninguém o espera: As crianças *saem* (ou *saem-se*) *com* cada uma... 15. Tr. ind. Terminar um curso ou escola: Já *saiu do* ginásio. 16. Tr. ind. Derivar-se, proceder, provir de. 17. Tr. ind. e intr. Caber ou cair em sorte; ser o resultado de um sorteio ou votação: *Saiu-lhe* o primeiro prêmio. 18. V. de lig. Tornar-se, vir a ser: O acusado *saiu livre.* 19. Tr. ind. Ser a obra, o produto ou o resultado de: Esta jóia *saiu das* mãos de um mestre. 20. Intr. Acontecer, cumprir, dar-se, suceder: Nem tudo *sai* como a gente quer. 21. Tr. ind. Separar-se de uma agremiação, partido ou sociedade: *Saiu da* academia. 22. Tr. ind. Exorbitar; ultrapassar os limites de: *Sair das* conveniências. 23. Intr. Ocorrer: Às vezes *saíam* brigas. 24. Tr. ind. e intr. Divulgar-se, publi-

car-se: Não *saiu* o comunicado. 25. Tr. ind. e intr. Mudar-se: O inquilino não quer *sair da* casa. 26. Intr. *Fot.* Representar bem o objeto: *Saiu* bem a foto. — Conj.: Pres. ind.: *saio, sais, sai, saímos, saís, saem.* Pret. imp.: *saía* etc. Pret. perf.: *saí, saíste, saiu* etc. Pres. subj.: *saia* etc.

Saíra, s. f. *Ornit.* Nome comum a vários pássaros da família Traupídeos; saí, tem-tem.

Sairara (*a-i*), s. m. *Zool.* V. *caiarara.*

Sairé (*a-i*), s. m. 1. Espécie de cesto de cipó, levado como andor em certas festas religiosas. 2. Essa festa e dança popular.

Saitaia (*a-i*), s. m. *Zool.* Nome vulgar de alguns macacos brasileiros da família dos Cebídeos. — *S.-chorão* ou *s.-chorão-do-pará*: espécie de macaco (*Cebus apella apella*); também chamado *saí* e *saí-do-pará.*

Saivá (*a-i*), s. m. Capoeira ou mato ralo; carrascal.

Sajene, s. f. (fr. *sajène*). *Ant.* Medida agrária russa, que equivalia a 2,1336m.

Saju, s. m. *Zool.* Nome comum a diversas espécies de macacos platirrínios, cebídeos, de cauda comprida preênsil.

Sal, s. m. (l. *sale*). 1. Composto cristalino de sódio, encontrado em estado natural em alguns terrenos ou diluído na água do mar. Usado como condimento e na conserva de carnes; na indústria, tem larga aplicação. 2. *Quím.* Composto derivado de um ácido pela substituição total ou parcial do hidrogênio por um metal ou um radical eletropositivo. 3. Bom gosto. 4. Malícia espirituosa. 5. Chiste, finura de espírito, graça. 6. Vivacidade. — *Sal-gema, Miner.*: sal comum (cloreto de sódio) natural, que ocorre em forma de massas sólidas como rocha, geralmente coloridas por ferro.

Sala, s. f. 1. Dependência principal em uma residência, destinada à recepção de visitas, bailes, banquetes etc. 2. Qualquer compartimento, mais ou menos amplo, de um edifício. 3. Nos edifícios públicos, dependência destinada a funções especiais: *S.* da biblioteca. Dim.: *salinha, saleta.*

Salabórdia, s. f. *Pop.* 1. Conversa insípida. 2. Sensaboria.

Salacidade, s. f. Qualidade de salaz; devassidão, libertinagem.

Salada, s. f. (fr. *salade*). 1. Vegetal verde, cru, geralmente condimentado com sal, azeite e vinagre ou limão, e que se come cru. 2. *Pop.* Alface. 3. Iguaria temperada com molhos diversos, sem ir ao fogo. 4. Estado daquilo que está moído, pisado, sovado. 5. Salgalhada, confusão, mixórdia.

Saladeira, s. f. Travessa ou prato grande e fundo em que se leva a salada à mesa.

Saladeirista, s. m. e f. Pessoa proprietária de saladeiro.

Saladeiro, s. m. Estabelecimento onde se prepara a carne-seca e outros produtos da rês; charqueada.

Salafrário, s. m. *Pop.* Sujeito sem cotação moral; bisbórria, patife, safardana.

Salamaleque, s. m. 1. Saudação cerimoniosa entre os muçulmanos; salamalé, salame, salamé, salamo, salema. 2. Cumprimentos afetados. 3. Mesura exagerada.

Salamandra, s. f. 1. *Zool.* Gênero (*Salamandra*) de anfíbios da ordem dos Urodelos, cujas espécies apresentam o aspecto de uma lagartixa. 2. Anfíbio desse gênero. 3. Espírito, elemental do fogo, segundo os ocultistas.

Salamanquense, adj. e s., m. e f. V. *salamanquino.*

Salamanquino, adj. Relativo a Salamanca (Espanha). S. m. Habitante ou natural de Salamanca; salamanquense, salamanticense, salamântico, salamantino, salmanticense.

Salame, s. m. Espécie de salsichão de carne de porco e, às vezes, de boi, temperado e seco ao ar ou no fumeiro.

Salamim, s. f. V. *celamim.*

Salão[1], s. m. (*sala + ão*). 1. Sala grande. 2. Sala grande, própria para bailes, concertos, recepções etc. 3. Recinto próprio para exposição de obras de arte. 4. Reunião de pessoas da sociedade, literatos, artistas etc. 5. Loja de barbeiro.

Salão[2], s. m. (l. *salu*). 1. Terreno arenoso ou barrento; solão. 2. Fundo de mar arenoso e cheio de limos. 3. Terreno impermeável em virtude de uma camada pedregosa.

Salariado, s. m. 1. Condição, estado de assalariado. 2. Quem trabalha para um patrão mediante salário; assalariado.

Salarial, adj. m. e f. Referente a salário.

Salário, s. m. 1. Remuneração por um serviço prestado, principalmente por dia e por hora; jornal, soldada, soldo. 2. Castigo, recompensa.

Salaz, adj. (l. *salace*). Impudico; libertino; luxurioso. Sup. abs. sint.: *salacíssimo.*

Salazarismo, s. m. Sistema político, financeiro e econômico de Oliveira Salazar, vigente em Portugal de 1928 a abril de 1974.

Salazarista, adj. m. e f. Relativo ao salazarismo. S. m. e f. Partidário de Salazar ou do salazarismo.

Saldar, v. (l. *solidare*). Tr. dir. 1. Pagar o saldo de. 2. Ajustar, liquidar (contas).

Saldo, adj. Liquidado, quite. S. m. 1. Diferença entre o crédito e o débito, nas transações comerciais. 2. Conta complementar que restabelece o perfeito equilíbrio entre a receita e a despesa. 3. Ajuste de contas; desforra; vingança de ofensas recebidas. 4. Resto de sortimento de certa mercadoria para ser vendida por preço inferior ao que lhe tinha sido atribuído primitivamente.

Saleiro, adj. 1. Relativo a sal. 2. Diz-se do gado acostumado a comer sal. S. m. 1. Recipiente para sal, usado na mesa ou na cozinha. 2. Fabricante ou vendedor de sal. 3. Ponta dos galhos do veado, quando rebentam.

Salepo, s. m. 1. *Bot.* Espécie de orquídea (*Orchis mascula*). 2. Fécula alimentar extraída dos tubérculos das orquídeas.

Salesiano, adj. Relativo à congregação religiosa fundada por São João Bosco em Turim, chamada *Sociedade de São Francisco de Sales.* S. m. Membro dessa congregação.

Saleta (*ê*), s. f. Pequena sala.

Salga[1], s. f. (de *salgar*). 1. Ato de salgar (carne, peixe etc.); salgação, salgadura. 2. Lugar onde, na charqueada, se faz a salga; salgadeira.

Salga[2], s. f. *Ant.* V. *acelga.*

Salgação, s. f. 1. Salga. 2. Bruxaria, feitiço.

Salgadeira, s. f. 1. Lugar ou vasilha onde se salga. 2. *Bot.* Planta quenopodiácea (*Atriplex halimus*).

Salgado, adj. 1. Que contém sal. 2. Que tem sal em demasia. 3. Chistoso, engraçado, picante. 4. *Pop.* De preço elevado; caro, custoso. S. m. pl. Terrenos pouco produtivos, à beira-mar.

Salgador, adj. e s. m. Que, ou aquele que salga.

Salgadura, s. f. Salga.

Salgalhada, s. f. *Pop.* Confusão, mixórdia, trapalhada.

Salgar, v. (l. **salicare*). 1. Tr. dir. Impregnar de sal. 2. Tr. dir. Temperar com sal. 3. Tr. dir. Fazer feitiço, espalhando sal à porta de. 4. Tr. dir. Tornar chistoso, engraçado, picante. 5. Pron. Impregnar-se de sal.

Salgo, adj. Diz-se do cavalo que tem esverdeados os olhos, ou apenas um deles.

Salgueiral, s. m. Terreno onde crescem salgueiros.

Salgueirinha, s. f. *Bot.* Erva litrácea de terrenos pantanosos (*Lithrum salicaria*).

Salgueiro, s. m. (l. **salicariu*). *Bot.* Nome genérico das árvores e arbustos do gênero *Salix,* que crescem nos terrenos úmidos ou à beira dos rios, muitos dos quais têm importância econômica como fontes de madeira, vimes, tanino para curtumes, enquanto outros são ornamentais; chorão, vime, vimeiro, sinceiro.

Salicáceas, s. f. pl. *Bot.* Família (*Salicaceae*) que compreende árvores ou arbustos dióicos com pequenas flores apétalas em amentos.

Salicáceo, adj. Relativo às Salicáceas.

sálici-, elem. de comp. (l. *salice*). Exprime a idéia de *salgueiro: salicícola, salicívoro.*

Salicícola, adj. m. e f. Que vive nos salgueiros.

Salicifoliado, adj. *Bot.* Cujas folhas se assemelham às do salgueiro.

salicil-, elem. de comp. Exprime relação com o *ácido salicílico: salicilato.*

Salicilato, s. m. (*salicil + ato*). *Quím.* Designação genérica dos sais e ésteres do ácido salicílico.

Salicílico, adj. *Quím.* Diz-se de vários compostos do grupo fenólico, chamados *ácido salicílico,* especialmente de um ácido orgânico, de gosto acre adocicado, encontrado em muitas plantas e frutas.

Salicíneo, adj. *Bot.* Relativo ou semelhante ao salgueiro.

Salicívoro, adj. *Zool.* Que come flores ou folhas de salgueiro.

Sálico, adj. 1. Relativo aos francos sálios. 2. Diz-se especialmente de uma lei que exclui do trono as mulheres.

Salícola, adj. m. e f. 1. Que explora as salinas. 2. Que produz sal.

Salicultura, s. f. 1. Exploração das salinas. 2. Produção artificial de sal.

Saliência, s. f. 1. Qualidade de saliente. 2. Ressalto, proeminência. 3. Qualidade de pessoa que se põe em evidência; espevitamento.

Salientar, v. 1. Tr. dir. Tornar saliente, fazer sobressair. 2. Tr. dir. Pôr em evidência; realçar, acentuar. 3. Pron. Distinguir-se, evidenciar-se.

Saliente, adj. m. e f. 1. Que ressalta, que sobressai. 2. Que dá nas vistas; distinto, notável. 3. Espevitado, saído. 4. Importante, valioso.

Salífero, adj. Que produz ou contém sal.

Salificação, s. f. Formação de um sal.

Salificar, v. Tr. dir. 1. Converter ou transformar em sal (uma base). 2. Combinar ou impregnar com sal.

Salificável, adj. m. e f. Que se pode salificar; salinável.

Salina, s. f. 1. Terreno plano, onde se faz entrar água do mar para retirar, por evaporação, o sal marinho, que ela contém. 2. Mina de sal-gema. 3. Monte de sal. 4. Coisa muito salgada.

Salinação, s. f. 1. Operação que consiste em evaporar a água da salmoura para fazer o sal depositar-se. 2. Formação natural do sal.

Salinar, v. Tr. dir. Fazer cristalizar o sal na salina.

Salinável, adj. m. e f. V. *salificável.*

Salineiro, adj. Relativo a salinas. S. m. 1. Aquele que trabalha nas salinas. 2. Fabricante ou vendedor de sal.

Salinidade, s. f. Qualidade de salino. 2. Teor de substâncias salinas em um líquido.

Salino, adj. 1. Que contém sal ou é da natureza dele. 2. Que nasce à beira-mar. 3. Diz-se do cavalo ou da rês que tem pêlo salpicado de pintas brancas, pretas ou vermelhas.

Salinômetro, s. m. *Fís.* Instrumento destinado a indicar a densidade de uma solução salina.

Sálio, adj. Relativo aos sálios. S. m. pl. Tribo dos francos que habitavam a baixa Provença antes da conquista pelos romanos.

Salitração, s. f. Ato ou efeito de salitrar; salitrização.

Salitrado, adj. Que contém salitre.

Salitral, s. m. Nitreira.

Salitrar, v. 1. Tr. dir. e pron. Converter(-se), reduzir(-se) a salitre. 2. Tr. dir. Preparar ou temperar com salitre. 3. Tr. dir. e pron. Cobrir(-se) com salitre. Var.: *salitrizar.*

Salitraria, s. f. Refinaria de salitre.

Salitre, s. m. (l. *salnitru*). 1. Designação vulgar do nitrato de potássio ou nitro. 2. Nitrato de cal que, nas paredes úmidas, se apresenta em forma de florescências salinas. — *S.-do-chile:* nitrato de sódio das jazidas naturais do Chile, empregado como adubo.

Salitreira, s. f. Jazida de salitre ou de nitratos.

Salitreiro, adj. e s. m. Que, ou aquele que extrai salitre.

Salitrização, s. f. V. *salitração.*

Salitrizar, v. V. *salitrar.*

Salitroso, adj. Que é da natureza do salitre ou que o contém; nitroso.

Saliva, s. f. (l. *saliva*). *Fisiol.* Fluido digestivo transparente, segregado e derramado na boca pelas glândulas salivares, o qual serve para umedecer e amaciar os alimentos e, por intermédio da ptialina, converter o amido em maltose; cuspo.

Salivação, s. f. Ato ou efeito de salivar.

Salival, adj. m. e f. V. *salivar*[2].

Salivante, adj. m. e f. V. *salivar*[2].

Salivar[1], v. (l. *salivare*). 1. Intr. Expelir saliva. 2. Tr. dir. Umedecer com saliva: *S.* um *selo.* 3. Tr. dir. Expelir como se expele saliva: *S. sangue.*

Salivar[2], adj. m. e f. *(saliva + ar).* 1. Relativo à saliva. 2. Que produz saliva; salivante, salival.

Salivoso, adj. 1. Relativo à saliva, ou que é cheio dela. 2. Semelhante à saliva.

Salmão, s. m. (l. *salmone*). *Ictiol.* Grande peixe da família dos Salmonídeos *(Salmo salar),* de carne rosada, muito saborosa, peculiar aos rios europeus.

Salmear, v. Tr. dir. e intr. Salmodiar.

Sálmico, adj. 1. Relativo a salmo. 2. Semelhante a salmo.

Salmilhado, adj. 1. Salpicado de branco e amarelo. 2. Mosqueado, pintalgado. Var.: *samilhado.*

Salmista, s. m. e f. Pessoa que compõe salmos. S. m. O rei Davi, autor da maioria dos salmos bíblicos.

Salmo, s. m. (l. *psalmu*). 1. Cada um dos cânticos bíblicos atribuídos na maioria a Davi e reunidos no Livro dos Salmos. 2. Cântico de louvor a Deus. 3. Canto acompanhado ao saltério.

Salmodia, s. f. (l. *psalmodia*). 1. Ato, prática ou arte de cantar ou recitar salmos. 2. Maneira monótona de declamar, ler ou escrever. Var.: *salmódia.*

Salmodiar, v. 1. Intr. Cantar salmos, sem inflexão de voz. 2. Intr. Cantar ou recitar monotonamente. 3. Intr. Escrever monotonamente. 4. Tr. dir. Recitar em tom e com pausas sempre iguais.

Salmoeiro, s. m. Vasilha para a salmoura.

Salmonado, adj. Que tem a carne avermelhada como a do salmão.

Salmonejo (*ê*), s. m. Salmonete.

Salmonela, s. f. *Bacter.* 1. Gênero *(Salmonella)* de bactérias aeróbias gram-negativas com forma de bastonete. São patogênicas do homem e de animais de sangue quente, causando inflamação aguda gastrintestinal ou moléstias do trato genital. 2. Bactéria desse gênero.

Salmonete *(ê)* s. m. *Ictiol.* Nome comum a diversos peixes da família dos Mulídeos, de carne muito delicada, sendo os mais comuns o *Mullus surmuletus* e o *M. barbatus.*

Salmonídeo, adj. *Ictiol.* 1. Relativo ou semelhante ao salmão. 2. Pertencente à família dos Salmonídeos. S. m. pl. Família *(Salmonidae)* de peixes teleósteos, isospôndilos, que inclui os salmões e trutas.

Salmoura, s. f. (l. *salmuria*). 1. Água saturada de sal, para a conservação de azeitonas, carnes, peixes etc. 2. Vasilha com água salgada, para esse fim. 3. Líquido que escorre da carne ou do peixe que se salgou. 4. Conservação da carne, peixe ou frutos em sal.

Salmourão, s. m. Solo residuário, formado de pedregulhos, ou areia grossa.

Salmourar, v. Tr. dir. 1. Pôr em salmoura; salgar. 2. Maltratar, pisar com pancadas. Var.: *salmoirar.*

Salobro *(ô),* adj. (l. *salubre*). 1. Que tem um gosto tirante a sal. 2. Diz-se das águas de salinidade normalmente inferior à das águas marinhas. Var.: *salobre.*

Saloiada, s. f. 1. Grupo de saloios ou saloias. 2. Saloiice.

Saloiice, s. f. Ação própria de saloio; saloiada.

Saloio, adj. (ár. *çahroi*). 1. Que é aldeão. 2. Grosseiro. S. m. 1. Campônio dos arredores de Lisboa. 2. Aldeão. 3. Indivíduo grosseiro ou rústico. 4. Velhaco.

Salomônico, adj. Relativo a Salomão, terceiro rei dos judeus, filho e sucessor de Davi.

Salpa, s. f. *Zool.* Gênero *(Salpa)* de tunicados que compreende animais marinhos, cilíndricos, com faixas musculares incompletas ao redor do corpo.

Salpicado, adj. 1. Ligeiramente polvilhado de sal. 3. Manchado com salpicos ou pingos; salpintado. 4. Entremeado.

Salpicador, adj. e s. m. Que, ou aquele que salpica.

Salpicão, s. m. (cast. *salpicón*). Chouriço ou paio grosso, feito de lombo de porco ou de presunto e temperado com alho, sal e, às vezes, com vinho.

Salpicar, v. 1. Tr. dir. Salgar, temperar, espalhando gotas salgadas. 2. Tr. dir. Espalhar manchas em. 3. Tr. dir. e pron.

Mosquear(-se), sarapintar(-se) de. 4. Tr. dir. Infamar, macular.

Salpico, s. m. 1. V. *salpicadura.* 2. Grão de sal. 3. Gota que salta e borrifa. 4. A mancha deixada por essa gota. 5. Pingo de lama que ressalta. S. m. pl. Pontinhos de cor em vários tecidos.

Salpídeo, adj. *Zool.* Relativo aos Salpídeos. S. m. pl. Família *(Salpidae)* de tunicados, constituída de espécies oceânicas transparentes, com forma de barrica ou fusiformes, livremente nadantes, abundantes nos mares quentes.

Salpimenta, s. f. e m. Mistura de sal e pimenta. Adj. m. e f. De cor branca e cinzenta; grisalho. Var.: *sal-e-pimenta.*

Salpimentar, v. Tr. dir. 1. Temperar com sal e pimenta. 2. Molestar com ditos ásperos e afrontosos.

Salpinge, s. f. 1. *Ant.* Trombeta cônica, direita, usada pelos antigos gregos nos exércitos e nas cerimônias do culto. 2. *Anat.* Trompa de Falópio.

Salpingite, s. f. *Med.* Inflamação da trompa de Falópio.

Salpintar, v. Tr. dir. Fazer pintas variadas em; salpicar, sarapintar.

Salpresar, v. Tr. dir. Salgar de leve; salpicar.

Salpreso *(ê),* adj. Levemente salgado; salpicado.

Salsa, s. f. *Bot.* Planta umbelífera, muito usada em temperos culinários *(Petroselinum sativum).* — *S.-ardente:* pequeno vulcão que expele lama salgada e abundantes gases inflamáveis. *S.-crespa:* planta umbelífera *(Petroselinum sativum crispum).*

Salsada, s. f. Balbúrdia, confusão.

Salsaparrilha, s. f. *Bot.* Nome comum a diversas plantas liliáceas, usadas em farmácia por sua riqueza em saponina e extensamente na medicina caseira.

Salseira, s. f. (cast. *salsera*). Vasilha em que se servem molhos à mesa; molheira.

Salseiro, s. m. 1. Bátega de água; aguaceiro. 2. *Gír.* Barulho, briga, desordem, rolo.

Salsicha, s. f. (ital. *salsiccia*). 1. Espécie de lingüiça de carne crua, picada e temperada.

Salsicharia, s. f. 1. Comércio ou indústria de salsicheiro. 2. O gênero de salsichas e salsichões.

Salsicheiro, s. m. Fabricante ou vendedor de artigos de salsicharia.

Salso, adj. *Poét.* Salgado (diz-se do mar ou das suas águas). – *O s. reino:* o mar.

Salsugem, s. f. (1. *salsugine*). 1. Lodo que contém substâncias salinas. 2. Qualidade de salso.

Salsuginoso, adj. Que tem salsugem.

Salta-atrás, s. m. e f., sing. e pl. Nome que, no século XVIII, se dava aos filhos de mameluco com negra.

Salta-caminho, s. m. Tico-tico. Pl.: *salta-caminhos.*

Salta-caroço, s. m. Variedade de pêssego cujo caroço não adere ao mesocarpo. Pl.: *salta-caroços.*

Saltada, s. f. Grande salto. 2. Arremetida, ataque, investida. 3. Incursão. 4. Furto ou roubo com assalto. 5. Visita rápida, inesperada.

Saltado, adj. 1. Ressaído acima de um nível ou para fora de um plano; saliente. 2. Passado de salto. 3. Passado em claro; omitido.

Saltador, adj. e s. m. Que, ou aquele que salta.

Saltadouro, s. m. Rede para pescar tainhas. Var.: *saltadoiro.*

Salta-martim, s. m. Designação dada aos vaga-lumes e outros besouros da família dos Elaterídeos, em razão de saltarem para o ar, mediante movimento repentino do protórax, quando virados de costas. Pl.: *salta-martins.*

Saltante, adj. m. e f. 1. Que salta; saltador. 2. *Heráld.* Em atitude de saltar (animal no brasão).

Saltão, adj. Que salta muito ou dá grandes saltos; saltador. S. m. 1. Mosquito antes de alcançar o termo de sua metamorfose. 3. Designação das larvas dos dípteros, que se desenvolvem nas carnes, nos frutos e no queijo. *S.-da-praia:* crustáceo anfípode que vive na praia.

Salta-pocinhas, s. m. pl. *Pop.* Indivíduo afetado, que caminha com passo miúdo, como que aos saltinhos; janota ridículo, pisa-flores, pisa-verdes.

Saltar, v. 1. Intr. Dar salto ou saltos. 2. Tr. ind. e intr. Pular de um ponto para outro. 3. Tr. ind. Atirar-se. 4. Tr. ind. Acometer para matar ou roubar; assaltar, saquear. 5. Intr. Despregar-se, desprender-se: Esta mola faz *saltar.* 6. Tr. ind. Galgar, dando saltos. 7. Tr. dir. Passar em claro ou em silêncio; omitir. 8. Tr. ind. Passar bruscamente de um assunto a outro. 9. Intr. Palpitar descompassadamente . 10. Tr. ind. Irromper. 11. Tr. ind. e intr. Mudar subitamente de direção (o vento). 12. Intr. Cobrir a égua (falando do cavalo).

Salta-regra, s. m. *Mat.* Goniômetro. Pl.: *salta-regras.*

Saltarelo, adj. (ital. *saltarello*). Que gosta de saltar; saltador. S. m. Certa dança popular veneziana.

Saltaricar, v. V. *saltitar.*

Saltarilhar, v. V. *saltitar.*

Saltarinhar, v. V. *saltitar.*

Saltatriz, adj. f. (l. *saltatrice*). 1. *Zool.* Forma feminina de *saltatório:* Aranha *saltatriz.* 2. Que salta. S. f. Mulher que salta; bailarina, dançarina.

Salteada, s. f. V. *salteamento.*

Salteado, adj. (p. de *saltear*). 1. Atacado de improviso; assaltado. 2. Apanhado de imprevisto; sobressaltado. 3. Não sucessivo; entremeado. Adv. De modo salteado; entremeadamente.

Salteador, adj. Que salteia. S. m. 1. Aquele que salteia. 2. Ladrão de estrada. Col.: *caterva, corja, horda, quadrilha.*

Salteamento, s. m. 1. Ato ou efeito de saltear; salteada. 2. Acometimento, assalto.

Saltear, v. 1. Tr. dir. Acometer ou atacar de repente, para matar ou roubar; assaltar. 2. Tr. dir. Roubar, saquear. 3. Intr. Entregar-se ao banditismo; ser salteador; viver da rapina. 4. Tr. dir. Acometer ou apanhar de imprevisto. 5. Tr. dir. Cair de improviso sobre.

Salteira, s. f. 1. Esporim de militares. 2. Pequena sola, no calçado, sob o calcanhar.

Salteiro, s. m. Fabricante de saltos de madeira para calçados.

Saltério, s. m. (l. *psalteriu*). 1. *Mús.* Antigo instrumento de cordas, parecido com a cítara, que servia para acompanhar o canto dos salmos. 2. Moderno instrumento triangular, com treze ordens de cordas, que se ferem com uma palheta. 3. Coleção dos 150 salmos do Antigo Testamento, que compunham o hinário de Israel, destinado às sinagogas e templos israelitas. 4. *Vet.* V. *folhoso.*

salti-, elem. de comp. (l. *saltu*). Exprime a idéia de *salto: saltígrado.*

Saltígrado, adj. *Zool.* Que se desloca aos saltos.

Saltimbanco, s. m. 1. Pelotiqueiro ou charlatão de feira; histrião. 2. Indivíduo de opiniões versáteis. 3. Homem sem opiniões seguras. 4. *Pej.* Artista circense.

Saltinho, s. m. (*salto + inho*). Pequeno salto.

Saltitante, adj. m. e f. Que saltita, que dá pulinhos.

Saltitar, v. 1. Intr. Dar saltinhos freqüentes. 2. Tr. ind. Passar de repente de um assunto para outro. 3. Intr. Ser muito volúvel em suas opiniões.

Salto[1], s. m. 1. Movimento de se elevar, com um esforço muscular repentino, acima do solo, ou de se lançar de um lugar para outro; pulo. 2. Elevação brusca de um objeto inanimado por efeito de queda ou reflexão. 3. *Esp.* Nome comum a certas provas de várias modalidades esportivas: *S.* com vara, *s.* em distância etc. 4. Descida com pára-quedas, de avião ou qualquer outra aeronave. 5. Transição abrupta. 6. Queda de água em um curso fluvial; cascata, catadupa, catarata. 7. *Tip.* Trecho do original, que o linotipista deixou de compor. 8. Rede para apanhar certos peixes que saltam fora da água. 9. Parte do calçado situada abaixo da extremidade traseira da sola, para altear o calcanhar; tacão. 10. Cobrição.

Salto[2], s. m. *Ant.* 1. Cerro, outeiro. 2. Lugar eminente.

Sáltria, s. f. (l. *psaltria*). *Ant.* Mulher que tocava cítara.

Salubérrimo, adj. Sup. abs. sint. de *salubre.*

Salubre[1], adj. m. e f. (l. *salubre*). Propício à saúde; sadio, saudável: Ar *s.,* clima *s.*

Salubre², s. m. (origem incerta). Aparelho de cardagem nas fábricas de fiação.

salubri-, elem. de comp. (l. *salúbre*). Exprime a idéia de *salubre*: *salubrificar*.

Salubridade, s. f. 1. Qualidade de salubre. 2. Conjunto das condições favoráveis à saúde pública.

Salubrificar, v. Tr. dir. Tornar salubre, higiênico; sanear.

Saludador, s. m. Benzedor, curandeiro.

Saludar, v. (l. *salutare*). Tr. dir. Benzer doentes com a pretensão de os curar.

Salutar, adj. m. e f. 1. Que promove a saúde. 2. Fortificante. 3. Que incute força moral; moralizador. 4. Edificante.

Salutífero, adj. 1. *Poét.* Salutar. 2. Benéfico, proveitoso, útil.

Salva¹, s. f. (de *salvar*). 1. Cumprimento oficial mediante uma descarga de artilharia; saudação. 2. Descarga simultânea de artilharia ou de fuzilaria em exercício de combate. 3. Ressalva, subterfúgio. 4. Espécie de bandeja, redonda e pequena.

Salva², s. f. *Bot.* Planta arbustiva (*Salvia officinalis*), com folhas verde-pardacentas, pungentes e aromáticas, muito usadas como condimento, tônico e adstringente brando; salveta. Var.: *sálvia*.

Salvação, s. f. 1. Ato ou efeito de salvar(-se). 2. Pessoa ou coisa que salva. 3. *Ecles.* A bem-aventurança ou a felicidade eterna.

Salvádego, s. m. Embarcação destinada especialmente a prestar socorro a navios em perigo, ou a salvar passageiros, tripulantes e carga de navios que soçobram.

Salvador, adj. Que salva. S. m. 1. Aquele que salva. 2. Por antonomásia, Jesus Cristo.

Salvadorenho, adj. e s. m. V. *salvatoriano*.

Salvadorense, adj. m. e f. Relativo a Salvador, capital, cidade e município da Bahia; soteropolitano. S. m. e f. Pessoa natural desse município.

Salvagem, s. f. 1. Direito sobre o que se salvou de um navio naufragado. 2. *Ant.* Certa peça de artilharia.

Salvaguarda, s. f. 1. Proteção concedida por uma autoridade em favor de alguém para que não sofra detenção ou outros vexames. 2. Salvo-conduto. 3. Reserva, condição, cautela, ressalva.

Salvaguardar, v. Tr. dir. 1. Proteger, defender; livrar de perigo. 2. Garantir. 3. Ressalvar.

Salvamento, s. m. 1. Ato, operação ou efeito de salvar(-se). 2. Lugar seguro, sem risco; segurança. 3. Bom êxito.

Salvante, adj. m. e f. Que salva. Prep. Exceto, salvo, tirante.

Salvar, v. (l. *salvare*). 1. Tr. dir. Pôr a salvo; livrar da morte, tirar de perigo, preservar de dano, destruição, perda, ruína etc. 2. Tr. dir. Livrar da perda. 3. Tr. dir. Evitar a derrota: O goleiro *salvou o jogo*. 4. Pron. Pôr-se a salvo; escapar-se, livrar-se de perigo iminente. 5. Tr. dir. e pron. Conservar (-se) salvo ou intacto. 6. Tr. dir. Dar saudação a; saudar, cumprimentar. 7. Intr. Saudar com salvas de artilharia. 8. Tr. dir. Defender, livrar, poupar, preservar. 9. Pron. Escapar da morte; curar-se. 10. Tr. dir. *Teol.* Trazer ao grêmio da Igreja; livrar das penas do inferno: *S.* uma *alma*. 11. Pron. Alcançar a bem-aventurança ou a salvação eterna.

Salvarsã, s. m. (al. *salvarsan*). *Farm.* Arsenical em forma de pó higroscópico amarelo-claro, tóxico, derivado do arsenobenzeno, usado no tratamento da sífilis, piã e outras espiroquetoses.

Salvatela, s. f. *Anat.* Veia que vai das costas da mão à parte interna do antebraço.

Salvatério, s. m. 1. Salvação providencial. 2. Desculpa, subterfúgio. 3. Expediente, escapatória.

Salvatoriano, adj. Relativo à República de El Salvador, América Central. S. m. Habitante ou natural dessa república; salvadorenho.

Salvável, adj. m. e f. Que se pode salvar.

Salva-vidas, s. m. sing. e pl. Qualquer dispositivo ou aparelho próprio para salvar a vida dos que estão em perigo de afogamento.

Salve!, interj. (l. *salve*, de *salvere*). Fórmula de saudação, equivalente a "Deus te salve!". S. m. Saudação.

Salve-rainha, s. f. Antífona dedicada à Virgem Maria, recitada após a recitação do breviário. Pl.: *salve-rainhas*.

Salveta¹ (*ê*), s. f. (*salva¹* + *eta²*). Pequena salva ou prato sobre que se assentam os candeeiros.

Salveta² (*ê*), s. f. (de *salva²*). *Bot.* V. *salva*, acepção 1.

Sálvia, s. f. *Bot.* 1. Gênero (*Salvia*) da família das Labiadas, constituído de ervas ou arbustos largamente distribuídos, muito variados no aspecto, no tamanho e na cor das flores. 2. Qualquer planta desse gênero, mais comumente chamada *salva*.

Salvina, s. f. Planta labiada (*Hyptis recurvata*).

Salvínia, s. f. *Bot.* Gênero (*Salvinia*) típico da família das Salviniáceas, constituído de fetos aquáticos, flutuantes.

Silviniáceas, s. f. pl. *Bot.* Família (*Salviniaceae*) de fetos aquáticos com caules ramificados que suportam folhas.

Salviniáceo, adj. *Bot.* Relativo às Salviniáceas.

Salvo, adj. 1. Fora de perigo; livre de risco, doença, morte ou desgraça. 2. Intacto; ileso, incólume. 3. Animador, salutar. 4. Resguardado, ressalvado. 5. Que obteve a bem-aventurança eterna. 6. Remido. 7. Excetuado, omitido. Prep. Exceto, afora.

Salvo-conduto, s. m. *Dir.* Permissão em virtude da qual se pode ir e vir de um lugar sem ser molestado pelos agentes da autoridade que o concedeu.

Samambaia, s. f. *Bot.* 1. Nome vulgar de diversos fetos das famílias Polipodiáceas, Maratiáceas e outras. 2. Planta bromeliácea (*Tillandsia usneoides*). Var.: *sambambaia*.

Samambaiaçu, s. f. *Bot.* V. *xaxim*. Var.: *sambambaiaçu*.

Samambaial, s. m. Terreno onde crescem samambaias. Var.: *sambambaial*.

Samango, s. m. 1. Indivíduo ocioso, preguiçoso. 2. Maltrapilho.

Sâmara, s. f. *Bot.* Fruto alado, seco, indeiscente, comumente monospermo, como os do freixo e do olmo.

Samarídeo, adj. *Bot.* Designativo do fruto composto de sâmaras, ligadas pela base.

Samário, s. m. *Quím.* Elemento metálico de lustre cinza-pálido, do grupo das terras raras. Símbolo Sm, número atômico 62, massa atômica 150,43.

Samaritano, adj. Relativo a Samaria. S. m. 1. Habitante ou natural de Samaria. 2. Idioma de Samaria. 3. Pessoa compassiva e socorredora do próximo (em alusão à conhecida parábola de Cristo).

Samarra, s. f. (ár. *sammor*). 1. Antiga vestimenta campesina feita de velocino. 2. Batina ou túnica de eclesiásticos, com mangas, a qual eles usam em casa ou em passeios. S. m. *Pej.* Padre.

Samaúma, s. f. *Bot.* V. *sumaúma*.

Samaumeira (*a-u*), s. f. *Bot.* V. *sumaumeira*.

Samauqui, s. m. V. *sambaqui*.

Samba, s. m. 1. Dança popular brasileira, de origem africana, com variedades urbana e rural, cantada e muito sarocoteada, compasso binário e acompanhamento obrigatoriamente sincopado, que se tornou dança de salão universalmente conhecida e adotada. 2. Composição musical própria para essa dança. 3. Espécie de dança de roda com características de batuque. 4. Baile agitado. 5. Conflito.

Sambacaetá, s. m. *Bot.* Arbusto labiado do Brasil (*Hyssopus cryspapila*).

Sambacuim (*u-im*), s. m. *Bot.* Árvore morácea do Brasil (*Cecropia palmata*); matataúba.

Sambador, adj. e s. m. Sambista.

Sambaíba, s. f. *Bot.* 1. Nome de várias plantas brasileiras. 2. Árvore morácea (*Cecropia concolor*).

Sambaibinha (*a-i*), s. f. *Bot.* Nome comum a três plantas dileniáceas do Brasil: *D'avilla americana*, *D'. elliptica* e *D'. rugosa*.

Sambanga, adj. Palerma, tolo.

Sambango, s. m. O mesmo que *sambangó*.

Sambangó, s. m. Indivíduo atoleimado, fraco do siso.

Sambaqui, s. m. (tupi *tambá*, concha + *qui*, colina). Colina resultante da acumulação de conchas, cascas de ostras e outros restos de cozinha dos habitantes pré-históricos do Brasil.

Sambaquieiro, s. m. Indivíduo que explora comercialmente um sambaqui.
Sambar, v. Tr. ind. e intr. Dançar o samba.
Sambarca, s. f. 1. Faixa larga que protege o peito da cavalgadura contra o atrito dos tirantes. 2. *Ant.* Faixa com que as mulheres do povo cingiam o peito. 3. *Ant.* Travessa que a autoridade mandava pregar nas portas das casas penhoradas.
Sambarco, s. m. *Ant.* 1. Cinto largo, que as mulheres usavam por baixo dos seios. 2. Sapato, chinelo. 3. Moeda de couro.
Sambeiro, adj. V. *sambista.*
Sambenitar, v. V. *ensambenitar.*
Sambenito, s. m. Hábito de baeta amarela e verde, em forma de saco de enfiar pela cabeça, que se vestia aos condenados, nos autos-de-fé.
Sambernardo, s. m. V. *são-bernardo.*
Sambexuga, s. f. *Ant.* V. *sanguessuga.*
Sambiquira, s. f. V. *uropígio.*
Sambista, adj. m. e f. Diz-se da pessoa que dança o samba; sambador, sambeiro. S. m. e f. 1. Essa pessoa. 2. Pessoa que compõe sambas.
Sambladura, s. f. V. *ensambladura.*
Samblar, v. V. *ensamblar.*
Sambongo, s. m. Certo doce de coco ralado ou de mamão verde e melado. Var.: *sabongo.*
Sambuca, s. f. *Ant.* 1. *Mús.* Pequena harpa triangular. 2. Espécie de ponte de assalto da Idade Média.
Sambudo, adj. De barriga crescida, inchada.
Samburá, s. m. Cesto de cipó ou taquara, pequeno, de fundo largo e boca afunilada e com alça de cordel, que os pescadores usam a tiracolo para recolherem os peixes.
Samear, v. *Ant.* e *pop.* V. *semear.*
Samica, adv. *Ant.* V. *samicas*[2].
Samicas[1], s. m. sing. e pl. 1. V. *maricas.* 2. Indivíduo pobre de espírito. 3. Homem sem ação.
Samicas[2], adv. *Ant.* Porventura, quiçá, talvez.
Sâmio, adj. Relativo à Ilha de Samos, no Mar Egeu. S. m. 1. Habitante ou natural de Samos. 2. Vaso frágil, feito de terra da Ilha de Samos.
Samnita, adj. m. e f. Relativo aos samnitas, povo da Itália antiga. S. m. e f. Pessoa desse povo.
Samoiédico, adj. e s. m. V. *samoiedo.*
Samoiedo, adj. (russo *samoiéd*). Relativo aos samoiedos. S. m. 1. Grupo de línguas uralo-altaicas, faladas pelos samoiedos. 2. Indivíduo dos samoiedos, povo nômade espalhado ao longo da costa e nas ilhas desde o Mar Branco até a península Taimir no extremo norte da Rússia.
Samorá, s. f. V. *saburá.*
Samouco, s. m. 1. *Bot.* Planta miricácea (*Myrica faya*); samoco. 2. Crosta que vem adjunta à pedra, quando esta vem da pedreira.
Samovar, s. m. Espécie de chaleira, em forma de urna, que se usa na Rússia para ferver e manter quente a água com que se faz o chá.
Sampar, v. Tr. dir. Arremessar, atirar.
Samurai, s. m. Membro da classe dos guerreiros no Japão feudal, especialmente vassalo de um daimio.
Sanã, s. m. *Ornit.* Ave da família dos Ralídeos (*Porzana albicollis*), que é um frango-d'água do Sul.
Sanar, v. 1. Tr. dir. Tornar são; curar, sarar. 2. Tr. dir. Atalhar, desfazer, remediar, reparar. 3. Pron. Ajeitar-se, remediar-se.
Sanativo, adj. Que sana ou é próprio para sanar.
Sanatório, s. m. (l. *sanatoriu*). Casa de saúde destinada a receber doentes de tuberculose curáveis.
Sanável, adj. m. e f. Que se pode sanar.
Sanca, s. f. (cast. *zanca*). 1. Cimalha convexa que liga as paredes de uma sala ao teto. 2. Parte do telhado, assente sobre a espessura da parede.
Sancadilha, s. f. (cast. *zancadilla*). 1. Cambapé. 2. Cunha para calçar pontões.
Sanção, s. f. (l. *sanctione*). 1. Ato pelo qual o poder executivo confirma a lei aprovada pelo legislativo. 2. A parte da lei em que se estabelece a pena contra os seus infratores. 3. Prêmio ou castigo que visa a assegurar a observância ou a violação de uma lei. 4. *Por. ext.* Aprovação ou confirmação de alguma coisa; ratificação.
Sancionado, adj. 1. Que recebeu sanção. 2. Aprovado, confirmado, ratificado.
Sancionador, adj. e s. m. Que, ou aquele que sanciona.
Sancionar, v. Tr. dir. 1. Dar sanção a. 2. Admitir, aprovar, confirmar, ratificar.
Sanco, s. m. (cast. *zanco*). 1. Perna da ave, desde a garra até a junta da coxa. 2. *Fig.* Perna delgada.
Sancristão, s. m. *Ant.* e *Pop.* V. *sacristão.*
Sandália, s. f. Calçado que consiste essencialmente em uma sola e correias que a ligam ao pé.
Sândalo, s. m. (ár. *santal*). 1. *Bot.* Nome comum a várias árvores santaláceas, de madeira muito cheirosa. 2. Perfume extraído dessas árvores.
Sandáraca, s. f. 1. Resina branca e aromática de algumas árvores coníferas, particularmente da espécie africana *Callitris quadrivalvis*, empregada na preparação de vernizes. 2. *Miner.* Sulfeto natural de arsênio, de cor vermelho-alaranjada.
Sandejar, v. Intr. 1. Dizer sandices. 2. Proceder como sandeu.
Sandeu, adj. e s. m. Idiota, mentecapto, pateta. Fem.: *sandia.*
Sandice, s. f. 1. Caráter ou qualidade de sandeu. 2. Parvoíce, tolice. 3. Falta de senso: insensatez.
Sandim, s. m. *Bot.* Planta ramnácea (*Rhamnus alaternus*).
Sandio, adj. Próprio de sandeu; disparatado, insensato.
Sanduíche, s. m. (ingl. *Sandwich*, n. p.). Conjunto de duas fatias de pão, entre as quais se põe outra de carne, presunto, queijo, salame etc.
Saneador, adj. e s. m. Que, ou aquele que saneia.
Saneamento, s. m. Ato ou efeito de sanear.
Sanear, v. (l. *sanare*). 1. Tr. dir. Tornar são; sanar, curar, sarar. 2. Tr. dir. Tornar são, higiênico ou salutar; salubrizar. 3. Tr. dir. Tornar próprio para a cultura. 4. Tr. dir. Remediar, reparar. 5. Tr. dir. Abafar, desfazer, fazer diminuir de intensidade, pôr cobro a: *S. escrúpulos.* 6. Tr. dir. Restituir ao estado normal. 7. Tr. dir. e pron. Reconciliar(-se).
Saneável, adj. m. e f. Que se pode sanear.
Sanedrim, s. m. V. *sinédrio.*
Sanefa, s. f. (ár. *aç-çanifa*). 1. Larga tira de fazenda que se coloca transversalmente, como ornato, na parte superior de uma cortina ou de um reposteiro. 2. Tábua atravessada, a que se segura uma série de outras, verticalmente.
Sanfeno, s. m. *Bot.* Esparzeta.
Sanfona, s. f. (l. *symphonia*). 1. *Mús.* V. *acordeão.* 2. *Mús. ant.* Instrumento de cordas, em que o som é produzido pela fricção destas por uma roda resinada, movida por manivela. 3. Utensílio de ferreiro; rabeca. 4. *Gír.* Tira de papel, dobrada como o fole de uma sanfona, que estudantes levam para exame, com apontamentos clandestinos; cola.
Sanfoneiro, s. m. Tocador de sanfona; sanfonista.
Sanfonina, s. f. 1. Pequena sanfona. 2. *Pop.* Cantilena desentoada. S. m. e f. Sanfoneiro (a).
Sanfoninar, v. 1. Intr. Tocar sanfona. 2. Intr. Tocar mal um instrumento de corda. 3. Intr. *Pop.* Falar importunamente; serrazinar. 4. Tr. dir. Repetir, repisar.
Sanfonista, s. m. e f. V. *sanfoneiro.*
Sanga, s. f. (cast. *zanja*). 1. Sulco no solo, cavado pela chuva ou por correntes subterrâneas. 2. Pequeno ribeiro alagado e de pouca água. 3. Algirão. 4. Nome comum aos produtos secundários do beneficiamento do arroz; quirera.
Sangado, adj. 1. Preso em sanga. 2. Enfezado, raquítico.
Sangangu, s. m. 1. Desordem com pancadaria. 2. Intriga, mexerico.
Sangão, s. m. Sanga funda e barrancosa.
Sangra, s. f. Líquido arrocheado que escorre da azeitona comprimida ou empilhada.
Sangradeira, s. f. 1. Espécie de formão, usado para sangrar árvores produtoras de látex. 2. Nome de uma mutuca.
Sangrado, adj. 1. A que se aplicou a sangria; ferido. 2. Debilitado, exausto. 3. *Tip.* Mal aparado, de modo que o corte feriu a impressão.

Sangrador, adj. Que sangra. S. m. 1. Aquele que sangra. 2. Sangradouro.

Sangradouro, s. m. 1. Parte do braço oposta ao cotovelo e onde ordinariamente se praticava a sangria. 2. Lugar no lado direito do pescoço dos animais, junto ao peito, onde se dá o golpe para os matar. 3. Rego ou lugar por onde se desvia parte da água de um rio, lago ou fonte. 4. Bueiro, escoadouro, sarjeta. 5. Canal natural que liga dois lagos, dois rios ou um rio e lagoa. 7. Orifício no fundo ou perto de um alto-forno ou cadinho, para o escoamento do metal fundido ou da escória. 8. Boqueirão, garganta entre serras, que se inunda, na época das enchentes. 9. Assado que se tira do sangradouro da rês. Var.: *sangradoiro.* Sin.: *sangrador.*

Sangradura, s. f. Ato ou efeito de sangrar; sangria.

Sangrar, v. 1. Tr. dir. Aplicar sangria a. 2. Tr. ind. e intr. Verter sangue de algum vaso ou órgão. 3. Tr. dir. Gotejar, verter. 4. Intr. Praticar a flebotomia. 5. Pron. Submeter-se à flebotomia. 6. Tr. dir. Ferir ou matar com derramamento de sangue. 7. Tr. dir. Fazer esgotar-se o sangue de um animal abatido. 8. Tr. dir. Atormentar, dilacerar, ferir, magoar. 9. Tr. dir. Tirar seiva a. 10. Tr. dir. *Tip.* Cortar fora parte da impressão ao aparar (um livro, uma estampa etc.). 11. Tr. dir. Fazer escorrer o metal fundido ou a escória de.

Sangrento, adj. 1. Coberto de sangue. 2. Que verte sangue. 3. Em que há derramamento de sangue; sanguinolento.

Sangria, s. f. 1. Sangradura. 2. Perda ou extravasamento de sangue por qualquer lesão. 3. Ato de escorrer o metal fundido ou a escória de um alto-forno ou cadinho. 4. Mistura de vinho, água, açúcar e limão, usada como refresco. 5. *Pop.* Extorsão de dinheiro ou de valores por meio de fraude ou ardil.

Sangue, s. m. 1. *Biol.* Líquido vermelho composto de plasma e glóbulos vermelhos e brancos, que circula através do sistema vascular principal dos animais vertebrados, conduzindo matéria nutritiva e oxigênio aos tecidos do corpo. 2. *Biol.* Qualquer líquido de função e composição semelhantes em um animal invertebrado. 3. A vida ou a existência humana. 4. Casta, estirpe, raça familiar. 5. Progenitura; filho ou filha; prole. 6. Seiva. 7. Mênstruo. 8. *Teol.* Natureza (opõe-se a *graça).* 9. Ferimento. — *S.-de-boi, Ornit.*: tiê. *S.-de-dragão*: espécie de resina, extraída de uma planta liliácea. *S.-de-drago, Bot.*: planta euforbiácea (*Croton urucurana*). *S.-de-tatu*: denominação vulgar de certas terras roxas de coloração muito rubra, ótimas para os cafezais. *S.-novo, Pop.*: nome de certas erupções cutâneas.

Sangueira, s. f. 1. Grande porção de sangue derramado. 2. Sangue que escorre dos animais mortos.

Sanguento, adj. Sangrento. Var.: *sangüento.*

Sanguera, s. f. A traquéia e esôfago da rês abatida para consumo.

Sanguessuga, s. f. (l. *sànguisuga*). 1. *Zool.* Cada um de numerosos vermes anelídeos da classe dos Hirudíneos, sem cerdas, de águas doces ou de mares, que se nutre exclusivamente de sangue. 2. Bicha. 3. *Pop.* Beberrão. 4. Pessoa que explora outra a pouco e pouco; parasita.

sangui- ou **sangüi-,** elem. de comp. (l. *sanguis*). Exprime a idéia de *sangue: sanguífero.*

Sanguífero, adj. *Poét.* Que contém ou conduz sangue.

Sanguificação, s. f. 1. Ato ou efeito de sanguificar. 2. Formação do sangue; hematopoese. 3. Hematose.

Sanguificar, v. Tr. dir. *Fisiol.* Converter em sangue.

Sanguificativo, adj. Que sanguifica; sanguífico.

Sanguífico, adj. V. *sanguificativo.*

Sanguina, s. f. 1. *Quím.* Hematita vermelha de que se fazem lápis encarnados. 2. Desenho com tal lápis. 3. Litografia que imita esse desenho. Var.: *sanguínea.*

Sanguinária, s. f. *Bot.* 1. Gênero (*Sanguinaria*) da família das Papaveráceas, que compreende ervas perenes com seiva vermelha e cápsulas deiscentes pela base. 2. Planta desse gênero. Var.: *sangüinária.*

Sanguinário, adj. 1. Que gosta de derramar ou ver derramar sangue; sanguissedento. 2. Feroz, cruel, desumano. Var.: *sangüinário.*

Sanguínea, s. f. V. *sanguina.* Var.: *sangüínea.*

Sanguíneo, adj. 1. Relativo ao sangue. 2. Da cor do sangue. 3. Rico em sangue. 4. Sanguinolento. 5. Que tem a constituição e o temperamento julgados peculiares das pessoas ricas em sangue e que se caracterizam pela robustez, a tez corada e a aparência de disposição alegre. 6. *Anat.* Diz-se dos vasos por onde circula o sangue. S. m. Indivíduo pletórico, vermelho, de cor rosada. Var.: *sangüíneo.*

Sanguinheiro, s. m. *Bot.* V. *sanguinho,* acep. 2.

Sanguinho, s. m. (l. *sanguineu*). 1. Pano com que o sacerdote purifica o cálice depois da comunhão sob a espécie de vinho. 2. *Bot.* Nome comum a diversas plantas ramnáceas.

Sanguinidade, s. f. V. *consangüinidade.*

Sanguino, adj. 1. V. *sanguíneo.* 2. Que causa efusão de sangue. S. m. Cor avermelhada.

Sanguinolento, adj. 1. Coberto de sangue; sangrento. 2. Misturado de sangue. 3. Sanguinário.

Sanguinoso, adj. V. *sanguinolento.* Var.: *sangüinoso.*

Sanguissedento, adj. *Poét.* Que tem sede de sangue; sanguinário.

Sanha, s. f. (l. *insania*). Fúria, ira, rancor, ódio.

Sanhá, s. m. *Ornit.* Nome de vários pássaros traupídeos.

Sanhaço, s. m. *Ornit.* Nome comum a diversas espécies de pássaros da família dos Traupídeos; sanhaçu.

Sanhaçu, s. m. *Ornit.* V. *sanhaço.*

Sanharão, s. m. V. *sanharó.*

Sanharó, s. m. *Entom.* Espécie de abelha meliponídea preta (*Trigona amalthea*); arapuá.

Sanhoso, adj. Que tem sanha; irascível, sanhudo.

Sanhudo, adj. V. *sanhoso.*

sani-, elem. de comp. (l. *sanu*). Exprime a idéia de *são, salubre: sanificar.*

Sanícula, s. f. *Bot.* 1. Gênero (*Sanicula*) da família das Umbelíferas, constituído de ervas na maioria americanas, com fruto coberto de acúleos. 2. Planta desse gênero, particularmente a espécie *Sanicula europaea.*

Sanidade, s. f. (l. *sanitute*). 1. Qualidade de são. 2. Normalidade física ou psíquica. 3. Higiene, salubridade.

Sânie, s. f. Matéria avermelhada, fétida, de úlceras e chagas não tratadas; podridão.

Sanificador, adj. Que sanifica; sanificante. S. m. Aquele que sanifica.

Sanificante, adj. m. e f. Sanificador.

Sanificar, v. Tr. dir. Tornar são ou salubre; desinfetar, sanear.

Sanioso, adj. Em que há sânie.

Sanitário, adj. 1. Relativo à saúde ou à higiene. 2. Relativo a, ou próprio de banheiro. S. m. Banheiro.

Sanitarista, s. m. e f. Especialista em saúde pública, em assuntos sanitários; higienista.

Sanja, s. f. 1. Abertura para escoamento de água. 2. Sarjeta, valeta.

Sanjar, v. Tr. dir. e intr. Abrir sanjas em (terrenos).

Sanjica, s. f. *Ornit.* V. *araponguinha.* Var.: *canjica.*

Sanquitar, v. Tr. dir. Voltear (a massa da broa) com farinha para ligá-la bem.

Sansadorninho, adj. e s. m. *Pop.* Diz-se de, ou indivíduo sonso, dissimulado, velhaco. Var.: *sansadurninho.*

Sansão, s. m. 1. Espécie de guindaste, usado em certas construções. 2. Homem forte, hercúleo.

Sanscrítico, adj. Relativo ao sânscrito.

Sanscritismo, s. m. 1. Estudo do sânscrito. 2. Conjunto dos conhecimentos relacionados com o estudo do sânscrito.

Sanscritista, s. m. e f. Pessoa versada na língua e literatura sânscritas.

Sânscrito, adj. Relativo ao sânscrito ou escrito nele; sanscrítico. S. m. Antiga língua da família indo-européia; a língua clássica da Índia e do hinduísmo, em que está escrita a maioria da sua literatura desde os Vedas.

Sansimonismo, s. m. Sistema político preconizado por Claude Henri de Rouvroy, Conde de Saint-Simon (1760-1825), filósofo francês, um dos precursores do socialismo.

Sansimonista, adj. m. e f. Relativo ao sansimonismo. S. m. e f. Sequaz do sansimonismo.

Santa, s. f. (f. de *santo*). 1. Mulher que a Igreja canonizou. 2. Mulher virtuosa, bondosa e inocente. 3. Imagem de mulher que foi canonizada.

Santa-fé, s. f. *Bot.* Planta gramínea (*Panicum rivulare*), com que, depois de seca, se cobrem casas rústicas.

Santafezal, s. m. Terreno onde abunda santa-fé.

Santaláceas, s. f. pl. *Bot.* Família (*Santalaceae*) de ervas, arbustos e raramente árvores, que têm flores em cachos e por fruto noz ou drupa. Inclui espécies que são parasitas.

Santaláceo, adj. *Bot.* 1. Relativo ou semelhante ao sândalo. 2. Relativo às Santaláceas.

Santa-luzia, s. f. 1. *Bot.* Árvore morácea (*Sorocea spinosa*). 2. *Fam.* V. *palmatória.*

Santa-maria, s. f. *Bot.* Alamanda.

Santantoninho, s. m. *Fam.* Pessoa ou criança que é muito mimada, ou querida.

Santantônio, s. m. Cabeçote de sela.

Santão, adj. e s. m. V. *santarrão.* Fem.: *santona.*

Santareno, adj. Relativo a Santarém, cidade e município do Pará, e a Santarém, cidade de Portugal. S. m. O natural de algum desses lugares.

Santarrão, adj. e s. m. Que, ou aquele que finge santidade; falso devoto; santão, santilhão. Fem.: *santarrona.*

Santa-vitória, s. f. *Fam.* Palmatória. Pl.: *santas-vitórias.*

Santeiro, adj. Beato. S. m. Escultor ou vendedor de imagens de santos.

Santelmo, s. m. Chama azulada que, sobretudo por ocasião de tempestade, surge nos mastros dos navios.

Santiagueiro, adj. Relativo a Santiago de Compostela, na Galiza. S. m. Habitante ou natural de Santiago de Compostela.

Santiamém, s. m. *Fam.* V. *santiâmen.*

Santiâmen, s. m. *Fam.* Momento, instante. Var.: *santiamém. Num s.*: no mesmo instante; sem demora.

Santico, s. m. *Pop.* Pingente, com imagem de um santo em esmalte.

Santidade, s. f. Estado ou qualidade de santo. — *Sua s.*: tratamento dado ao papa.

Santificação, s. f. Ato ou efeito de santificar(-se).

Santificado, adj. 1. Que se tornou santo. 2. Diz-se dos dias consagrados ao culto.

Santificador, adj. Que santifica; santificante. S. m. Aquele que santifica.

Santificante, adj. m. e f. Santificador.

Santificar, v. 1. Tr. dir., intr. e pron. Tornar(-se) santo. 2. Tr. dir. Inscrever no rol dos santos; canonizar. 3. Tr. dir. Celebrar conforme os princípios da religião. 4. Tr. dir. Servir, contribuir para a santificação de: O sofrimento também *o santificara.* 5. Tr. dir. Reverenciar, adorar: *S.* o *nome* de Deus.

Santificável, adj. m. e f. Que se pode santificar.

Santigar, v. (corr. de *santificar*). 1. Tr. dir. *Des.* Benzer. 2. Pron. Benzer-se, fazer o sinal da cruz, persignar-se. Var.: *santiguar.*

Santilão, s. m. *Pop.* V. *santarrão.* Fem.: *santilona.*

Santimônia, s. f. (l. *sanctimonia*). 1. Santidade. 2. Modos de santo. 3. Vida devota.

Santimonial, adj. m. e f. 1. Relativo a santimônia. 2. Devoto, santanário.

Santíssimo, adj. Sup. abs. sint. de *santo.* S. m. 1. O sacramento da eucaristia. 2. A hóstia consagrada.

Santista, adj. m. e f. Relativo a Santos. cidade e município do Estado de São Paulo. S. m. e f. Pessoa natural desse município.

Santo, adj. (l. *sanctu*). 1. Canonizado pela Igreja. 2. Que serve a algum uso sagrado: O *s.* cibório. 3. Dedicado, consagrado a Deus. 4. Conforme à moral religiosa: Vida *santa.* 5. *Pop.* Benéfico, profícuo, útil. 6. Aplica-se aos dias da semana que precedem o domingo da Páscoa e à própria semana. Sup. abs. sint.: *santíssimo.* S. m. 1. *Teol.* Denominação atribuída pela Igreja Católica, após o processo de canonização, depois de falecido, ao fiel que praticou durante a vida, em grau heróico, todas as virtudes cristãs. 2. Imagem de um indivíduo canonizado. Aum. irr. e pej.: *santarrão.*

Santo-antônio, s. m. V. *santantônio.*

Santola, s. f. *Pop.* Aranha-do-mar.

Santolina, s. f. *Bot.* 1. Gênero (*Santolina*) que compreende subarbustos mediterrâneos, cultivados pela beleza da folhagem. 2. Planta desse gênero.

Santolinha, s. f. *Zool.* Espécie de santola.

Santoral, s. m. 1. Livro que contém panegíricos ou vida de santos; hagiológio. 2. Hinário em honra dos santos da Igreja Católica.

Santuário, s. m. (l. *sanctuariu*). 1. O lugar mais sagrado do templo de Jerusalém. 2. Igreja importante pelas relíquias que contém, pela afluência de devotos ou por sinais visíveis de grandes graças aí obtidas: *S.* de Lourdes. 3. Parte da igreja situada em torno do altar, onde se celebram as cerimônias litúrgicas. 4. Lugar recôndito ou vedado ao público. 5. Sede de grandes e nobres sentimentos; a parte mais íntima (do nosso coração etc.).

Sanzala, s. f. *Pop.* V. *senzala.*

São[1], adj. (l. *sanu*). 1. Que goza de perfeita saúde; sadio. 2. Completamente curado. 3. Salubre, saudável, sadio. 4. Que não está podre ou estragado. 5. Reto, justo. 6. Impoluto, puro; sem defeitos. 7. Ileso, incólume, salvo. 8. Justo, razoável. 9. Inteiro, intacto, sem quebra ou defeito (objeto). Sup. abs. sint.: *saníssimo.* Fem.: *sã.* S. m. 1. Indivíduo que tem saúde. 2. A parte sã de um organismo.

São[2], adj. Forma apocopada de *santo,* usada antes de nomes começados com consoante: *São* Paulo.

São-bernardo, s. m. Raça de grandes cães felpudos, naturais dos Alpes suíços. Pl.: *são-bernardos.*

São-gonçalo, s. m. Pessoa que faz o pedido de casamento pelo pretendente. Pl.: *são-gonçalos.*

São-joanesco (*ê*), adj. Relativo a São João; são-joanino. Pl.: *são-joanescos.*

São-joanino, adj. V. *são-joanesco.* Pl.: *são-joaninos.*

São-pauleiro, s. m. Designação dada aos sertanejos que vão a São Paulo trabalhar nas lavouras. Pl.: *são-pauleiros.*

São-pedro, s. m. As festas populares dedicadas a São Pedro. — *S.-pedro-caá*: planta labiada do Brasil (*Clinipodium repens*).

São-salavá, s. m. *Folc.* Espírito do mato, entidade de origem ameríndia. Pl.: *são-salavás.*

São-tomé, s. m. *Bot.* Variedade de bananeira, originária da Ilha de S. Tomé. Pl.: *são-tomés.*

Sapa, s. f. (l. *sappa*). 1. Pá com que se levanta a terra escavada. 2. Ação ou processo de abrir fossos, trincheiras e galerias subterrâneas etc. 3. Obra ou trabalho de sapador. 4. Trabalho oculto, ardiloso, para enfraquecer ou destruir a obra, posição, autoridade etc. de outrem.

Sapador, s. m. *Mil.* Soldado de uma unidade de engenharia encarregada de trabalhos de sapa.

Sapaju, s. m. *Zool.* Nome genérico de vários macacos cebídeos do Brasil. — *S.-aurora*: o mesmo que *seimiri.*

Sapal, s. m. Terra alagadiça; atoleiro, brejo, lameiro, paul.

Sapão, s. m. *Ant.* V. *pau-brasil.*

Sapar, v. Intr. Trabalhar com a sapa; executar trabalhos de sapa.

Saparia, s. f. 1. Grande número de sapos. 2. Cambada, corja.

Sapário, s. m. Viveiro de anfíbios do gênero Bufo; biotério de sapos.

Sapata, s. f. 1. Sapato largo, raso e grosseiro. 2. *Constr.* Parte do alicerce sobre a qual se levantam as paredes. 3. Peça de madeira que, nos veículos de tração animal, se adapta às rodas para funcionar como freio. 4. *Mús.* Rodela de camurça nas chaves dos instrumentos musicais. 5. *Autom.* Fasquia de lona e amianto que envolve a guarnição do freio e se comprime contra a parte interna do aro da roda nas freadas; patim.

Sapatada, s. f. Pancada com sapata ou sapato.

Sapatão, s. m. 1. Sapato grande. 2. Alcunha dos portugueses na época da Independência.

Sapataria, s. f. 1. Ofício de sapateiro. 2. Loja de calçados.

Sapateada, s. f. 1. Ato ou efeito de sapatear; sapateio. 2. Antiga dança, hoje em desuso.

Sapateado, s. m. 1. Sapatada. 2. Dança popular, em que se faz ruído ritmado, com as biqueiras e os saltos do calçado.

Sapateador, adj. Que sapateia. S. m. Dançarino de sapateado.

Sapatear, v. (*sapato + ear*). 1. Intr. Bater no chão com o salto do sapato. 2. Intr. Executar sapateado. 3. Tr. dir. Dançar, fazendo ruído ritmado com os saltos do calçado no chão. 4. Intr. Dar o cavaco, irritar-se.

Sapateio, s. m. Sapateada.

Sapateira, s. f. 1. Móvel ou utensílio em que se guardam sapatos. 2. *Bot.* Nome de várias plantas melastomáceas. 3. *Zool.* Espécie de anta do vale do São Francisco.

Sapateiro, s. m. 1. Aquele que fabrica, conserta ou vende sapatos. 2. *Gír.* Artesão inábil. 3. *Gír.* Pescador ou caçador inábil que volta sem ter apanhado nada.

Sapateta (*ê*), s. f. 1. Chinela. 2. Ruído produzido pelos saltos ao andar.

Sapatilha, s. f. 1. Peça com que se recalcam os chapéus, para dar unidade e consistência ao pêlo. 2. Calçado, próprio para bailarinas.

Sapatilho, s. m. 1. Aro de ferro, com canelura por fora, para forrar olhais de cabos. 2. Primeira folha seca, que se tira da cana-de-açúcar, quando se limpa esta.

Sapatinho, s. m. 1. Sapato pequeno e delicado. 2. Certo jogo popular. 3. *Bot.* Planta euforbiácea, medicinal (*Pedilanthus retusus*).

Sapato, s. m. (ár. *zabat*). Calçado que protege só o pé. — *S.-de-vênus*: nome comum a várias espécies de orquídeas que se distinguem pela forma do labelo semelhante a um sapatinho (*Paphiopedilum insigne, P. cherlesworthii* etc.).

Sapatorra (*ô*), s. f. V. *sapatorro.*

Sapatorro (*ô*), s. m. Sapato grosseiro e mal feito; sapatorra, sapatranca.

Sapatranca, s. f. V. *sapatorro.*

Sapé, s. m. 1. *Bot.* Nome genérico de diversas plantas gramíneas, muito usadas para cobertura de cabanas ou de casas rústicas. 2. Ramo seco de pinheiro. 3. Cesto ou balaio para usos vários..

Sapeação, s. f. Ato de sapear.

Sapear, v. 1. Tr. dir. Assistir a alguma coisa, sem tomar parte nela; mirar, observar (de fora ou ocultamente). 2. Intr. Proceder como sapo ou mirone.

Sapeca[1], s. f. (siamês *sa-pek*). 1. Ação de sapecar; sapecação. 2. Chamuscadura. 3. Maçada, estopada.

Sapeca[2], adj. e s. f. Diz-se de, ou moça desenvolta ou namoradeira, ou de criança muito levada.

Sapeca[3], s. f. (malaio *sapeka*). Moeda de cobre chinesa, redonda, com um orifício no centro.

Sapecação, s. f. Sapeca[1].

Sapecado, adj. Diz-se do cavalo cujo pêlo é de tom vermelho-tostado.

Sapecadouro, s. m. Lugar onde se faz a sapecação do mate. Var.: *sapecadoiro.*

Sapecar[1], v. (tupi *sapec*). Tr. dir. 1. Crestar, tostar, torrar. 2. Chamuscar ou secar (mate ou congonha). 3. Bater, tocar de leve em. 4. Realizar imperfeitamente. 5. Atirar, disparar, vibrar.

Sapecar[2], v. Intr. *Pop.* 1. Divertir-se. 2. Namorar. 3. Vadiar.

Sapequeiro, s. m. Terreno onde lavrou fogo recentemente.

Sapequice, s. f. Ato ou procedimento de sapeca[2]; sapequismo.

Sapequismo, s. m. *Fam.* V. *sapequice.*

Saperê, adj. f. Diz-se da cana-de-açúcar imprestável para a moagem e replantação.

Sapezal, s. m. 1. Campo de sapé. 2. Terra maninha.

Sapezeiro, s. m. V. *sapezal.*

Sápia, s. f. Certa qualidade de madeira de pinho.

Sapicuá, s. m. V. *alforje* e *picuá.*

Sápido, adj. Que tem sabor; saboroso. Antôn.: *insípido.*

Sapiência, s. f. (l. *sapientia*). 1. Qualidade de sapiente. 2. Sabedoria divina.

Sapiencial, adj. m. e f. Relativo à sapiência.

Sapiente, adj. m. e f. 1. Sabedor, sábio. 2. Conhecedor profundo das coisas divinas e humanas. Sup. abs. sint.: *sapientíssimo.*

Sapindáceas, s. f. pl. *Bot.* Família (*Sapindaceae*) de plantas lenhosas, na maioria tropicais do Velho Mundo, com diversas espécies de valor econômico, por suas madeiras ou frutos comestíveis.

Sapindáceo, adj. *Bot.* Relativo às Sapindáceas.

Sapinho, s. m. O mesmo que *sapinhos.* S. m. pl. 1. Estomatite micótica das crianças de leite e pessoas debilitadas, causada pelo fungo *Candida albicans* e caracterizada pela formação de aftas ou placas brancas cremosas. 2. Inflamação dos dois pequenos tubérculos que os cavalos têm aos lados do freio da língua. 3. Excrescências carnosas na língua dos cavalos.

Sapiranga, s. f. Inflamação das pálpebras que causa a queda das pestanas; sapiroca.

Sapiroca, adj. m. e f. 1. Aplica-se aos olhos inflamados ou sem pestanas. 2. Designativo do cavalo de olhos brancos. S. f. V. *sapiranga.*

Sapitica, s. f. *Ornit.* V. *saí*, acepção 4.

Sapituca, s. f. 1. Leve embriaguez. 2. Tontura, desfalecimento.

Sapo, s. m. 1. *Zool.* Nome comum a vários batráquios da ordem dos Anuros, que, como a maioria dos anfíbios, desenvolvem-se na água e que apresentam, quase sempre, na fase adulta, hábitos terrestres e só procuram a água na época da reprodução. Voz: *coaxa, gargareja, grasna, ronca, rouqueja.* 2. *Pop.* Indivíduo que assiste a um jogo, sem nele tomar parte. 3. *Gír.* Fiscal secreto de bonde. 4. *Gír.* Pessoa que comparece sem ser convidada, que fica ouvindo conversas alheias ou lendo alguma coisa por trás das pessoas. — *S.-boi*: grande batráquio (*Bufo paracnemis*), cujo coaxar lembra o mugir do boi. *S.-cachorro*: anfíbio cujo coaxar lembra o latir dos cães. *S.-concho, Pop.*: cágado. *S.-cururu*: nome vulgar do comuníssimo *Bufo marinus. S.-do-mar*: baiacu. *S.-ferreiro*: espécie de perereca, cujo coaxar imita o som do malho do ferreiro ao bater na bigorna. *S.-jururu*: o mesmo que *sapo-cururu.*

Sapólio, s. m. Tijolinho saponáceo fabricado com um pó mineral, para limpeza úmida de alumínio, louça, azulejos etc.

Saponáceo, adj. 1. Que é de natureza do sabão. 2. Que se pode empregar como sabão.

Saponário, adj. Diz-se de alguns medicamentos que têm sabão.

saponi-, elem. de comp. (l. *sapone*). Exprime a idéia de *sabão: saponiforme.*

Saponificação, s. f. Ato ou efeito de saponificar.

Saponificar, v. 1. Tr. dir. e pron. Converter(-se) em sabão as substâncias gordas, aquecendo-as com um álcali. 2. Tr. dir. *Quím.* Decompor um éster por hidrólise, com formação de um álcool e ácido ou sal.

Saponificável, adj. m. e f. Que se pode saponificar.

Saponiforme, adj. m. e f. Que tem aspecto de sabão.

Sapopema, s. f. 1. *Bot.* Cada uma das raízes que, em algumas árvores, crescem para cima, com o tronco, formando em volta dele divisões achatadas. 2. *Ictiol.* Peixe fluvial (*Gasteropelecus sternicla*).

Sapopemba, s. f. V. *sapopema.*

Sapoquema, s. f. V. *sapucairana.*

Saporema, s. m. Doença da mandioqueira, caracterizada por suberização anormal.

Saporífero, adj. Que tem ou dá sabor; saporífico. Cfr. *soporífero.*

Saporífico, adj. V. *saporífero.*

Sapota, s. f. *Bot.* 1. Árvore sapotácea (*Lucuma mammosa*). 2. Fruto dessa árvore.

Sapotáceas, s. f. pl. *Bot.* Família (*Sapotaceae*) constituída de árvores ou arbustos, que têm seiva leitosa e dão frutos polposos comestíveis, como a sapota e o abieiro.

Sapotáceo, adj. Relativo às Sapotáceas.

Sapotaia, s. f. *Bot.* Planta caparidácea (*Capparis cynophallophora*).

Sapoti, s. m. Fruto do sapotizeiro.

Sapotizeiro, s. m. *Bot.* Árvore sapotácea (*Achras sapota*).

sapro-, elem. de comp. (gr. *sapros*). Exprime a idéia de *putrefato: saprófilo.*

Saprófago, adj. *Biol.* Que se alimenta de coisas putrefatas.

Saprófilo, adj. *Biol.* Que cresce em matéria putrefata; saprofítico: Micróbio *saprófilo.*
Saprofítico, adj. Saprófilo.
Saprófito, s. m. Vegetal que se nutre a expensas de animais ou plantas mortas e de toda espécie de restos orgânicos em decomposição.
Sapu, s. m. *Ornit.* Pássaro conirrostro do Brasil; sapujuba.
Sapuá, s. m. Pequena extensão de terra cultivada.
Sapucaia, s. f. 1. *Bot.* Nome comum a várias árvores lecitidáceas. 2. O fruto oleoso, comestível, de várias espécies de sapucaias, o qual se assemelha à castanha-do-pará e dá alta percentagem de óleo.
Sapucaieira, s. f. V. *sapucaia.*
Sapucainha (*a-í*), s. f. *Bot.* Árvore flacurtiácea (*Carpotroche brasiliensis*); canudo-de-pito.
Sapucairana, s. f. *Bot.* Árvore lecitidácea (*Lecythis elliptica*).
Sapujuba, s. m. V. *sapu.*
Saputá, s. m. *Bot.* Árvore cariocarácea (*Anthodiscus brasiliensis*).
Saquarema, s. m. 1. Alcunha dada, ao tempo da monarquia, ao partido conservador e aos seus membros. 2. Capiau. 3. Certa variedade de chumbo para caçada.
Saque[1], s. m. (de *sacar*). 1. Ato ou efeito de sacar. 2. Emissão de ordem de pagamento. 3. No tênis, volibol e outros jogos, ato de colocar a bola em movimento. 4. *Pop.* Tentativa de enganar ou mentir.
Saque[2], s. m. (de *saquear*). Ato ou efeito de saquear; saqueio.
Saqué, s. m. (jap. *sake*). Aguardente de arroz, transparente, fabricada pelos japoneses.
Saqueador, adj. e s. m. Que, ou aquele que saqueia.
Saquear, v. (de *saque*[2] *+ ear*). Tr. dir. 1. Despojar com violência, depois de capturado; pilhar. 2. Apoderar-se ilicitamente de; roubar.
Saqueio, s. m. V. *saque*[2].
Saquete (*ê*), s. m. Pequeno saco.
Saqui, s. m. *Zool.* Macaco de cauda preta, comprida, e barba amarelada (*Pithecia pithecia*), da Amazônia.
Saquilhão, s. m. Ramo que se liga às aivecas do arado, para tornar mais largo o rego em que se vai plantar bacelos.
Saquim, s. m. Cutelo usado pelos judeus para abater as reses de grande porte.
Saquinho, s. m. 1. Saco pequeno. 2. Cartucho cheio de pólvora com que se carregavam as peças.
Saquitel, s. m. Saco pequeno.
Sarã, s. m. *Bot.* V. *sarandi.*
Sarabanda, s. f. 1. Antiga dança popular espanhola. 2. *Pop.* Censura, repreensão. 3. Cabriola, salto. 4. Tumulto, agitação.
Sarabandear, v. 1. Intr. Dançar a sarabanda. 2. Tr. dir. Dançar (outra dança qualquer).
Sarabatana, s. f. (ár. *zarbatana*). 1. Buzina. 2. Porta-voz. 3. V. *zarabatana.*
Sarabulhento, adj. 1. Cheio de sarabulhos. 2. *Pop.* Que tem pequenas feridas na pele; ulceroso.
Sarabulho, s. m. Asperezas nas superfícies da louça.
Sarabulhoso, adj. V. *sarabulhento.*
Saracá, s. f. *Entom.* Espécie de formiga.
Saraçá, s. m. e f. Certo tecido fino de algodão.
Saracote, s. m. V. *saracoteio.*
Saracoteado, s. m. V. *saracoteio.*
Saracoteador, adj. e s. m. Que, ou aquele que saracoteia.
Saracoteamento, s. m. V. *saracoteio.*
Saracotear, v. 1. Tr. dir. Mover (o corpo ou os quadris etc.) com meneios graciosos e mais ou menos livres. 2. Intr. e pron. Menear-se graciosamente. 3. Intr. Estar em contínuo bulício; não parar num lugar.
Saracoteio, s. m. Ato ou efeito de saracotear(-se); saracoteamento, saracote.
Saracura, s. f. 1. *Bot.* Planta bignoniácea do Brasil (*Bignonia hirtella*). 2. *Ornit.* Nome comum a diversos frangos-d'água ou aves pernaltas ralídeas do Brasil, que habitam pântanos, lagoas e rios. — *S.-da-praia*: ave comum no litoral brasileiro, recebendo também o nome de *saracura-do-mangue* (*Aramides mangle*). *S.-do-brejo*: pequena saracura de cor enegrecida (*Aramides cajanea*).
Sarado, adj. 1. Que sarou. 2. *Gír.* Esperto, sabido, velhaco. 3. *Gír.* Corajoso, resistente, valente. 4. Comilão, guloso.
Saragoça (*ó*), s. f. Certo tecido grosso de lã escura.
Saragoço (*ô*), adj. Diz-se do perdigueiro branco, com pequenas pintas escuras.
Saraíba, s. f. *Bot.* V. *siriúba.*
Saraiva, s. f. 1. Chuva de pedra; granizo. 2. Grande quantidade de coisas que caem à maneira de granizo ou sucedem com rapidez; saraivada.
Saraivada, s. f. 1. Saraiva. 2. Grande quantidade de coisas que se arremessam, de golpe ou repentinamente.
Saraivar, v. 1. Intr. Cair saraiva. 2. Intr. Cair à maneira de saraiva. 3. Tr. dir. Bater ou açoitar com saraivada.
Saraizal, s. m. Grupo de árvores que crescem em praia.
Saramago, s. m. Planta crucífera (*Raphanus raphanistrum*).
Saramátulo, s. m. Chifre ainda tenro do veado.
Saramba, s. f. Espécie de fandango.
Sarambá, s. m. Toleirão, tolo, bobo.
Sarambé, s. m. V. *sarambá.*
Sarambeque, s. m. V. *caxambu.*
Saramiques, s. m., sing. e pl. *Herp.* Grande cobra das regiões do Amazonas.
Saramoco (*ô*), s. m. Produção de uma lavoura, inferior à de costume.
Sarampão, s. m. *Pop.* Ataque forte de sarampo.
Sarampelo (*ê*), s. m. *Pop.* Sarampo benigno.
Sarampento, adj. e s. m. Diz-se de, ou indivíduo atacado de sarampo.
Sarampo, s. m. Febre eruptiva contagiosa, com sintoma de coriza e catarro, causada por um vírus, que ataca principalmente crianças e se caracteriza por pintas rubras na pele. — *S. alemão*: o mesmo que *rubéola.*
Saranda, adj. Vadio, vagabundo.
Sarandagem, s. f. Vadiagem, vagabundagem.
Sarandalhas, s. f. pl. 1. Maravalhas. 2. Restos. 3. Gente de baixa cotação social; a ralé.
Sarandalhos, s. m. pl. V. *sarandalhas.*
Sarandear, v. (alter. de *cirandar*). Intr. 1. Saracotear-se. 2. Corcovear (o cavalo). 3. Sarabandear.
Sarandi, s. m. 1. Terra maninha, estéril. 2. Pequena ilha pedregosa. 3. *Bot.* Planta euforbiácea (*Phyllanthus sellowianus*); sarã. 4. Ciranda.
Sarandizal, s. m. Terreno onde crescem sarandis ou sarãs; saranzal.
Saranga, adj. m. e f. Simplório, pacóvio, toleirão.
Sarango, adj. V. *saranga.*
Saranha, s. f. *Ictiol.* Peixe de rio (*Rhaphiodon vulpinus*).
Saranzal, s. m. Sarandizal.
Sarapanel, s. m. *Arquit.* Arco abatido ou rebaixado.
Sarapantão, adj. *Pop.* Sarapintado. Fem.: *sarapantona.*
Sarapantar, v. V. *assarapantar.*
Sarapatel, s. m. (cast. *zarapatel*). 1. Iguaria preparada com sangue, fígado, rim, bofe e coração de porco ou carneiro, com caldo; sarrabulho. 2. Balbúrdia, confusão.
Sarapieira, s. f. 1. Asneira, tolice. 2. V. *sarapueira.*
Sarapintado, adj. Com pintas variadas; pintalgado, mosqueado, salpicado.
Sarapintar, v. Tr. dir. Matizar de várias cores; pintar às manchas; mosquear.
Sarapó, s. m. *Ictiol.* Peixe da família dos Gimnotídeos (*Gymnotus carapo*). 2. Beiju de coco.
Sarapueira, s. f. Camada de folhas caídas e restos vegetais no solo das florestas; manta.
Sarar, v. (l. *sanare*). 1. Tr. dir. Curar. 2. Tr. dir. Dar ou restituir a saúde a. 3. Tr. ind. e intr. Ficar curado, recobrar a saúde. 4. Intr. Cicatrizar-se, fechar-se. 5. Tr. dir. Purificar, sanear.
Sarará, adj. m. e f. 1. Albino. 2. Diz-se da cor do cabelo alourado ou arruivado. 3. Diz-se do cabelo dessa cor. 4. Diz-se do mestiço com cabelo sarará. 5. Falador. S. m. 1. Mulato sarará. 2. *Zool.* Pequeno crustáceo de água salobra.

Sararaca, s. f. Flecha com que os índios matam a tartaruga e diversos peixes como o pirarucu, o peixe-boi etc.

Sarassará, s. f. 1. *Entom.* Nome vulgar que designa várias espécies de formigas do gênero *Camponotus*, sendo a mais comum *Camponotus rufipes*, também chamada de *sará, sarará, sarsará, arará.*

Sarau, s. m. 1. Reunião festiva, em casa particular, em clube ou teatro, em que se passa a noite dançando, jogando, tocando etc. 2. Concerto musical, de noite. 3. Reunião de pessoas amantes das letras, para recitação e audição de trabalhos em prosa ou verso.

Sarça, s. f. (cast. *zarza*). 1. *Bot.* V. *silva.* 2. Matagal, moita.

Sarçal, s. m. Lugar onde crescem sarças; silvado.

Sarcasmo, s. m. Ironia, zombaria.

Sarcástico, adj. Que envolve ou exterioriza sarcasmo.

sarco-, elem. de comp. (gr. *sarx, sarkos*). Exprime a idéia de *carne ou polpa: sarcocele.*

Sarcóbase, s. f. *Bot.* Base carnuda do ovário de certas plantas.

Sarcocele, s. f. *Med.* Tumor carnoso nos testículos.

Sarcocola, s. f. *Bot.* Gênero (*Sarcocolla*) constituído de arbustos apétalos do Sul da África. 2. Goma-resina nauseante, outrora usada como remédio e que se supõe ser um exsudato de algumas espécies desse gênero.

Sarcoderma, s. m. *Bot.* Camada média, carnuda e suculenta, entre duas películas de uma semente.

Sarcodinos, s. m. pl. *Zool.* Classe (*Sarcodina*) de protozoários, comumente incluídos nas subclasses dos Rizópodes e dos Actinópodes, que compreende formas cuja característica principal comum é a formação de pseudópodes.

Sarcófago, adj. Que corrói as carnes. S. m. 1. *Por ext.* Túmulo, tumba. 2. Parte de um monumento fúnebre, que representa um ataúde sem cadáver.

Sarcofilo, s. m. (*sarco + filo*[2]). *Bot.* Parênquima ou parte carnuda das flores.

Sarcófilo, adj. (*sarco + filo*[3]). *Zool.* Que gosta de carne. S. m. 1. Animal carnívoro. 2. *Zool.* Gênero (*Sarcophilus*) de marsupiais carnívoros da Tasmânia, com uma única espécie, *Sarcophilus ursinus,* chamada *diabo-da-tasmânia* em virtude da sua feroz voracidade.

Sarcóide, adj. m. e f. V. *sarcóideo.*

Sarcóideo, adj. Que tem a aparência de carne; sarcóide.

Sarcolema, s. m. *Anat.* Bainha tubular elástica e transparente que envolve e suporta cada fibra muscular estriada; miolema.

Sarcólito, s. m. *Miner.* Silicato natural de alumínio, transparente e cor de carne.

Sarcologia, s. f. *Anat.* Ramo da Anatomia que trata dos tecidos moles do corpo, em contraposição à *osteologia.*

Sarcológico, adj. *Anat.* Relativo à sarcologia.

Sarcoma, s. m. *Med.* Neoplasma maligno, que se origina no tecido conjuntivo.

Sarcomatoso, adj. *Med.* 1. Relativo ao sarcoma ou a sua natureza. 2. Que tem sarcoma.

Sarcônfalo, s. m. *Med.* Tumor duro no umbigo.

Sarcopióide, adj. m. e f. *Med.* Que parece formado por uma mistura de carne e pus.

Sarçoso, adj. 1. Que tem sarças ou espinhos; espinhoso. 2. Que produz sarças.

Sarcospermo, adj. *Bot.* Que tem sementes carnudas.

Sarcóstomo, adj. *Zool.* Que tem boca carnuda.

Sarda[1], s. f. *Ictiol.* Gênero (*Sarda*) de peixes escombrídeos marinhos que compreende os bonitos.

Sarda[2], s. f. V. *sardas.* S. f. pl. Pequenas manchas acastanhadas que aparecem em grande número na pele de algumas pessoas, principalmente na pele clara de pessoas ruivas; lentigem.

Sardanapalesco *(ê),* adj. (de *Sardanapalo,* n. p., rei da Assíria, de 699 a 633 a. C.). 1. Relativo a Sardanapalo. 2. Caracterizado pelo modo de vida luxurioso, atribuído a Sardanapalo.

Sardanisca, s. f. 1. *Pop.* Lagartixa. 2. *Fam.* Mulher delambida.

Sardento, adj. Que tem sardas; sardoso, sardo.

Sardinha, s. f. (l. *sardinha*). 1. *Ictiol.* Peixe clupeídeo (*Sardina pilchardus*), semelhante ao arenque, porém menor; vive em cardumes no Báltico e no Atlântico; conservado em azeite de oliva ou salgado é artigo de grande comércio. 2. *Ictiol.* Nome comum a várias espécies de peixes da mesma família da sardinha européia. 3. *Gír.* Punhal pequeno.

Sardinheira, s. f. 1. Vendedora de sardinhas. 2. A pesca de sardinhas. 3. Rede de pescar sardinhas. 4. *Bot.* Planta rubiácea (*Bothriospora corymbosa*); sardinha.

Sardinheiro, adj. Relativo a sardinha. S. m. Vendedor de sardinha.

Sárdio, s. m. Variedade de calcedônia, sem brilho.

Sardo[1], adj. (de *sarda*). Sardento. 2. *Taur.* Diz-se do touro cujo pêlo tem manchas negras.

Sardo[1], adj. (l. *sardu*). Relativo à Sardenha, Itália. S. m. Habitante ou natural da Sardenha.

Sardônia, s. f. *Bot.* Planta ranunculácea (*Rannunculus sceleratus*).

Sardônica, s. f. *Miner.* Variedade de ônix, com camadas paralelas de sárdio e um mineral de outra cor.

Sardônico[1], adj. (*sardônia + ico*[2]) 1. *Med.* Designativo de um riso espasmódico ou tetânico, que, segundo os antigos, era provocado pela planta sardônia. 2. Caracterizado por escárnio ou desdém: Riso *s.*

Sardônico[2], adj. Relativo à sardônica.

Sardoso, adj. V. *sardento.*

Sargaça, s. f. *Bot.* Planta cistácea (*Helianthemum halimifolium*).

Sargaço, s. m. *Bot.* 1. Gênero (*Sargassum*) de algas pardas com talo ramificado, que crescem ao longo das costas tropicais, donde se desprendem passando a ocupar extensas superfícies em alguns mares. 2. Alga desse gênero.

Sargentear, v. Intr. 1. Exercer as funções de sargento. 2. *Pop.* Lidar afanosamente. 3. Saracotear.

Sargento[1], s. m. (fr. *sergent.*). *Mil.* Graduação hierárquica acima de cabo e abaixo de subtenente.

Sargento[2], s. m. (fr. *serrejoint*). Ferramenta de carpinteiro para prender peças ao banco.

Sargentola, s. m. *Pej.* Sargento grosseirão, rude.

Sargo, s. m. *Ictiol.* 1. Gênero (*Sargus*) de peixes da família dos Esparídeos, comuns no Mediterrâneo. 2. Qualquer peixe desse gênero.

Sariema, s. f. V. *seriema.*

Sarigüê, s. m. *Zool.* Gambá. Var.: *sarigüéia.*

Sarigüéia, s. f. *Zool.* V. *sarigüê.*

Sarilhar, v. V. *ensarilhar.*

Sarilho, s. m. (l. *sericulu*). 1. Dobadeira para meadas. 2. *Mec.* Cilindro horizontal móvel, no qual se enrola corda, cabo, ou corrente de levantar pesos. 3. Peça do maquinismo dos moinhos. 4. *Mil.* Haste com braços em cruz, que serve de encosto das armas nos acampamentos. 5. Movimento rotativo. 6. *Esp.* Movimento rotativo do corpo em torno da barra fixa, ou do trapézio. 7. Engenho para tirar água; nora. 8. Certo jogo popular. 9. *Gír.* Conflito, desordem. 10. *Pop.* Situação precária, maus lençóis: Meter-se em *sarilhos.*

Sarja[1], s. f. (de *sarjar*). *Cir.* Incisão leve, para extrair sangue ou pus; picada de sarjador.

Sarja[2], s. f. (fr. *sarje*). Tecido entrançado, de lã, seda ou algodão.

Sarjação, s. f. *Cir.* Ato ou efeito de sarjar; sarjadura.

Sarjadeira, s. f. V. *sarjador.*

Sarjador, adj. Que sarja. S. m. 1. Aquele que sarja. 2. Instrumento cirúrgico usado para sarjar; sarjadeira.

Sarjadura, s. f. V. *sarjação.*

Sarjão, s. m. V. *sarjel.*

Sarjar, v. (fr. arc. *jarser*). Tr. dir. Fazer sarjas ou abrir incisões em; escarificar.

Sarjel, s. m. Tecido grosseiro de lã; sarjão. Pl.: *sarjéis.*

Sarjeta[1] *(ê),* s. f. (*sarja*[1] *+ eta*[2]). Escoadouro, mormente nos lados de ruas, para as águas pluviais.

Sarjeta[2] *(ê),* s. f. (*sarja*[2] *+ eta*[2]). Sarja leve e estreita.

sarmenti-, elem. de comp. (l. *sarmentu*). Exprime a idéia de *rebento, vide, sarmento: sarmentífero.*

Sarmentício, adj. V. *sarmentoso.*

Sarmentífero, adj. Que tem ou produz sarmentos.

Sarmento, s. m. *Bot.* Rebento ou renovo da videira e outras plantas; vide.
Sarmentoso, adj. 1. Relativo a sarmento. 2. Que tem sarmentos. 3. Que é da natureza do sarmento.
Sarna, s. f. (ibérico *sarna*). 1. *Med.* Afecção cutânea, pruriginosa e contagiosa, produzida pelo ácaro *Sarcoptes scabiei.* 2. *Vet.* Ronha cavalar. 3. *Bot.* Doença bactérica ou parasítica de vegetais, caracterizada por tubérculos no caule e ramos. S. m. e f. *Pop.* Pessoa impertinente, maçadora, importuna.
Sarnambi, s. m. Sambaqui.
Sarnento, adj. 1. Que tem sarna; sarnoso. 2. Meio deteriorado; rançoso. S. m. 1. Indivíduo sarnento. 2. O diabo.
Sarnoso, adj. V. *sarnento.*
Saroba, s. f. *Pop.* Pomba-legítima.
Sarópode, adj. m. e f. *Zool.* Que tem patas peludas.
Sarpar, v. V. *zarpar.*
Sarrabal, s. m. V. *sarrabalho.*
Sarrabalho, s. m. Baile campestre, espécie de fandango.
Sarrabulhada, s. f. 1. Grande quantidade de sarrabulho. 2. Mistifório. 3. Confusão, desordem.
Sarrabulho, s. m. 1. Sangue de porco, coagulado. 2. Sarapatel. 3. Mistura de muitas coisas, sem ordem. 4. Bate-boca. 5. Comida preparada com sangue e miúdos de carneiro.
Sarraceniáceas, s. f. pl. *Bot.* Família (*Sarraceniaceae*) de plantas insetívoras, que têm folhas basais tubulares com uma lâmina delgada, semelhante a asa pela parte interna, e com um capuz.
Sarraceniáceo, adj. Relativo às Sarraceniáceas.
Sarraceno, adj. 1. Relativo aos sarracenos. 2. Árabe, mourisco, mulçulmano. S. m. pl. *Antig.* Povo nômade dos desertos entre a Síria e a Arábia. S. m. 1. Árabe, mourisco. 2. Maometano, muçulmano, especialmente com referência às Cruzadas.
Sarraco, s. m. Espécie de carroça, que entre os agricultores romanos servia para transportar os produtos agrícolas.
Sarrafaçal, s. m. *Pop.* Indivíduo que trabalha mal no seu ofício; oficial imperito.
Sarrafaçar, v. (1. *scarificare*). 1. Intr. Cortar com instrumento mal afiado. 2. Intr. Serrar mal, fazendo muito barulho ou estrondo. 3. Intr. Trabalhar mal ou grosseiramente. 4. Tr. dir. *Des.* Sarjar.
Sarrafão, s. m. V. *vigota.*
Sarrafar, v. (de *sarrar*). V. *sarrafaçar.*
Sarrafascada, s. f. *Pop.* Briga, rixa.
Sarrafo, s. m. Tira comprida e estreita de madeira.
Sarrafusca, s. f. *Pop.* 1. Balbúrdia, confusão. 2. Motim, desordem.
Sarrão, s. m. Saco de couro em que se levam os cereais para o moinho. Cfr. *surrão.*
Sarrento, adj. Que tem sarro; coberto de sarro.
Sarrido, s. m. *Pop.* 1. Estertor de moribundo. 2. Dificuldade de respiração.
Sarro, s. m. 1. Fezes secas que o vinho e outros líquidos deixam aderentes ao fundo e paredes das vasilhas. 2. Saburra. 3. Camada amarelada que se deposita sobre os dentes que não são lavados. 4. Resíduo do tabaco queimado, que se deposita no tubo dos cachimbos e piteiras. 5. *Ictiol.* Nome de vários peixes de rio.
Sarta, s. f. 1. Enxárcia ou cordoalha do navio, presa às antenas. 2. Enfiada.
Sartã, s. f. Espécie de frigideira larga.
Sartório, adj. *Anat.* Nome de um músculo da coxa; costureiro.
Saru, adj. m. e f. 1. Diz-se de lago que está tranqüilo, e onde é infrutífera a pescaria. 2. Doido ou perdido por efeito maléfico (aplica-se a pessoa ou coisa).
Saruá, s. m. e f. 1. Influência maléfica atribuída ao olhar e contato da mulher ou fêmea grávida. 2. A conseqüência desse malefício, espécie de quebranto. 3. A pessoa que exerce esse malefício.
Saruê, s. m. 1. Gambá. 2. Dança figurada, espécie de quadrilha sertaneja. 3. Espiga de milho com poucos grãos. Adj. e s. m. V. *sarará.*
Saruga, s. f. V. *pragana.*
Saruma, s. f. Planta medicinal da Guiana.
Sassafrás, s. f. *Bot.* Gênero (*Sassafras*) de árvores aromáticas, da família das Lauráceas.
Sassânida, adj. m. e f. Relativo aos Sassânidas, dinastia persa que reinou de 226 a 652 da nossa era. S. m. pl. Os reis dessa dinastia.
Satã, s. m. (1. *satan*). V. *satanás.*
Satanás, s. m. (1. *satanas*). 1. O chefe dos anjos rebeldes contra Deus, segundo a Bíblia. 2. O diabo. 3. Indivíduo maléfico, perverso. Pl.: *satanases.*
Satânico, adj. 1. Relativo a satã. 2. Diabólico, infernal.
Satanismo, s. m. 1. Qualidade de satânico. 2. Culto prestado a satanás.
Satanista, adj. m. e f. Relativo ao satanismo. S. m. e f. Sequaz do satanismo.
Satélite, s. m. 1. *Astr.* Astro que gira em torno de um planeta; lua. 2. *Astr.* Planeta secundário. 3. Entidade política, independente, dentro da esfera de influência de uma potência maior. 4. O mineral que acompanha o diamante. 5. Companheiro inseparável. 6. Indivíduo assalariado que acompanha o outro em más obras. Adj. m. e f. Diz-se de nação ou país satélite.
Satilha, s. f. *Bot.* Planta solanácea (*Vithania somnifera*), de propriedades soporíficas.
Sátira, s. f. 1. Composição literária mordaz, destinada a censurar ou ridicularizar defeitos ou vícios. 2. Censura jocosa. 3. Discurso ou escrito picante ou maldizente.
Satirão, s. m. *Bot.* Nome comum a duas esterculiáceas da Índia (*Sterculia foetida* e *Vitex leucoxylon*).
Satiríase, s. f. *Med.* Excitação sexual morbidamente intensa, nos homens; priapismo.
Satírico, adj. 1. Relativo à sátira. 2. Que satiriza ou envolve sátira. 3. Que escreve sátiras. 4. Cáustico, mordaz, picante, sarcástico. S. m. V. *satirista.*
Satirista, s. m. e f. 1. Pessoa que faz sátiras. 2. Pessoa maledicente.
Satirizar, v. 1. Tr. dir. Criticar, fazendo objeto de sátiras; causticar, ridicularizar satiricamente. 2. Intr. Fazer sátiras.
Sátiro, s. m. *Antig. gr.* 1. Semideus selvático, com pés e pernas de bode e tendências lascivas. 2. Indivíduo libidinoso, devasso.
Satisdação, s. f. *Ant.* Caução, fiança.
Satisdar, v. Intr. Dar fiança; prestar caução.
Satisfação, s. f. (1. *satisfactione*). Ato ou efeito de satisfazer(-se); contentamento. 2. Prazer, alegria. 3. Pagamento. 4. Conta que se dá a outrem de uma incumbência; desempenho. 5. Reparação de uma ofensa. 6. Explicação, justificação, desculpa.
Satisfatório, adj. 1. Que causa satisfação. 2. Aceitável, convincente.
Satisfazer, v. (1. *satisfacere*). 1. Tr. dir. Proporcionar satisfação a. 2. Intr. Corresponder ao que se deseja. 3. Intr. Não deixar nada a desejar, ser suficiente, servir de justificação; bastar. 4. Tr. ind. Procurar a satisfação, a saciedade ou a posse de alguma coisa. 5. Pron. Comer ou beber até não poder mais. 6. Tr. dir. e tr. ind. Corresponder, cumprir, dar execução a, realizar. 7. Tr. dir. Obedecer a; observar. 8. Tr. dir. e tr. ind. Agradar, contentar. 9. Pron. Dar-se por satisfeito. 10. Tr. dir. e tr. ind. Solver as obrigações com. 11. Tr. dir. Pagar, saldar, liquidar: *Satisfazer* uma *dívida,* uma *letra.*
Satisfeito, adj. 1. Que se satisfez. 2. Contente. 3. Atendido, obedecido. 4. Que comeu ou bebeu até saciar-se; farto, saciado. 5. Alegre.
Sativo, adj. Que se semeia ou cultiva.
Sátrapa, s. m. 1. Governador de província, na antiga Pérsia. 2. Indivíduo poderoso. 3. Homem voluptuoso.
Satrapear, v. Intr. *Neol.* 1. Campar de poderoso. 2. Governar despoticamente.
Satrapia, s. f. 1. Cargo ou governo de sátrapa. 2. Território governado por um sátrapa.
Saturabilidade, s. f. Qualidade de saturável.
Saturação, s. f. 1. Ato ou efeito de saturar(-se). 2. *Meteor.* Esta-

do no qual o ar contém todo o vapor de água que é possível, na sua temperatura e pressão.

Saturado, adj. 1. Impregnado, embebido no mais alto grau. 2. Carregado completamente. 3. Levado ao estado de saturação (vapor, solução). 4. *Quím.* Com todas as afinidades satisfeitas. 5. Farto, cheio.

Saturador, adj. Que satura; saturante. S. m. Instrumento que satura.

Saturante, adj. m. e f. Saturador.

Saturar, v. 1. Tr. dir. e pron. Embeber(-se), impregnar(-se) completamente de. 2. Tr. dir. Levar à saturação. 4. Tr. dir. Ocupar todas as valências de um átomo. 5. Tr. dir. Neutralizar (um ácido) por uma base. 6. Tr. dir. e pron. Fartar(-se), saciar(-se), encher(-se) ao máximo. 7. Pron. Enfadar-se.

Saturável, adj. m. e f. Que se pode saturar.

Saturnal, adj. m. e f. Relativo ao deus Saturno ou às festas celebradas em sua honra; saturnino, saturno. S. f. 1. Festim orgíaco; bacanal. 2. Devassidão. S. f. pl. Festas em honra de Saturno, na Roma antiga.

Saturnino, adj. 1. V. *saturnal*. 2. *Astrol.* Diz-se dos que são nascidos sob o signo de Saturno, e que seriam dotados de temperamento sombrio e melancólico. 3. Relativo ao chumbo e seus compostos. 4. *Med.* Diz-se de doença causada pelo chumbo.

Saturnismo, s. m. Intoxicação crônica pelo chumbo.

Saturno, adj. V. *saturnal*. S. m. 1. *Astr.* O sexto planeta do sistema solar, entre Júpiter e Netuno (nesta acepção grafa-se com maiúscula). 2. O tempo (no sentido cronológico). 3. Tempo quente e abafado. 4. *Alq.* Chumbo.

Sauaçu, s. m. *Zool.* Espécie de macaco do Brasil.

Saúba, s. f. V. *saúva*.

Saubal, s. m. V. *sauval*.

Saudação (*a-u*), s. f. 1. Ato ou efeito de saudar. 2. Cumprimentos. 3. Homenagens de respeito ou preito de admiração.

Saudade (*a-u*), s. f. (1. *solitate*). 1. Recordação nostálgica e suave de pessoas ou coisas distantes, ou de coisas passadas. 2. Nostalgia. 3. *Ornit.* Pássaro da família dos Cotingídeos (*Tijuca atra*); assobiador. 4. *Bot.* Nome com que se designam várias plantas dipsacáceas e sua flores; escabiosa. 5. *Bot.* Planta asclepiadácea (*Asclepias umbellata*). S. f. pl. Lembranças, recomendações, cumprimentos.

Saudador (*au-*), adj. e s. m. Que, ou aquele que saúda.

Saudante (a-u), adj. m. e f. Que saúda; saudador.

Saudar, v. (1. *salutare*). 1. Tr. dir. Dar a saudação a; cortejar, cumprimentar. 2. Tr. dir. Dar as boas-vindas a. 3. Tr. dir. Aclamar, ovacionar. 4. Tr. dir. Enviar cumprimentos a. 5. Tr. dir. Alegrar-se com o aparecimento de. 6. Pron. Dirigir-se recíprocas saudações. — Conjugação: Pres. do ind.: *saúdo, saúdas, saúda; saudamos (a-u), saudais (a-u), saúdam.* Pres. do subj.: *saúde, saúdes, saúde; saudemos (a-u), saudeis (a-u), saúdem.*

Saudável, (*a-u*), adj. m. e f. 1. Bom ou conveniente para a saúde; higiênico, salubre. 2. Que tem saúde física; robusto, forte. 3. Benéfico, útil. 4. Proveitoso, profícuo: Leitura *s.*

Saúde[1], s. f. (1. *salute*). 1. Bom estado do indivíduo, cujas funções orgânicas, físicas e mentais se acham em situação normal. 2. Qualidade do que é sadio ou são. 3. Vigor. 4. Força, robustez. 5. Brinde ou saudação que se faz bebendo à saúde de alguém.

Saúde[2], interj. Emprega-se quando alguém espirra.

Saudosismo, s. m. 1. Apego ao passado. 2. Tendência a elogiar o passado.

Saudosista (*a-u*), adj. m. e f. Relativo ao, ou que envolve saudosismo. S. m. e f. Sequaz do saudosismo.

Saudoso (*a-u*), adj. 1. Que sente ou dá mostras de saudades. 2. Que inspira saudade.

Sauí, s. m. *Zool.* Sagüi. Vars.: *sauim, saim, soim,* e *souim.*

Sauiá (*au-i*), s. m. *Zool.* Mamífero roedor (*Echimys armatus*) que vive nas árvores, onde nidifica.

Sauim, s. m. V. *sagüi.*

Sauna, s. f. (t. *finlandês*). 1. Banho de vapor de água, à moda finlandesa. 2. Instalações para esse banho; casa ou cômodo onde se encontram.

Saúna, s. f. *Ictiol.* Nome dos exemplares pequenos de tainha.

Saupé, s. m. *Ictiol.* Nome vulgar de certo peixe fluvial brasileiro.

Saurim, s. m. Certo pano antigo, fabricado na Índia.

Sáurio, adj. *Herp.* Relativo aos Sáurios. S. m. pl. Ordem (*Sauria*) de répteis que se divide em duas subordens; a dos Lacertílios para os lagartos, e a dos Ofídios, para as cobras.

sauro-, elem. de comp. (gr. *sauros*). Exprime a idéia de *lagarto, sáurio: saurologia.*

Saurófago, adj. *Zool.* Diz-se do animal que come lagartos.

Saurografia, s. f. *Zool.* Tratado a respeito dos sáurios.

Saurográfico, adj. Relativo à saurografia.

Saurógrafo, s. m. Especialista em saurografia.

Saurologia, s. f. Ramo da Zoologia que trata dos répteis sáurios.

Saurológico, adj. Relativo à saurologia.

Saurólogo, s. m. Especialista em saurologia.

Saururáceas, s. f. pl. *Bot.* Família (*Saururaceae*) constituída de ervas com pequenas flores, em espigas terminais. Var.: *Saurúreas.*

Saururáceo, adj. Relativo às Saururáceas.

Sautor, s. m. (fr. *sautoir*). Figura formada por dois objetos dispostos de modo que imitam um X ou a cruz de Santo André; aspa.

Saúva, s. f. *Entom.* Nome comum a diversas espécies de formigas tropicais do gênero Ata, que vivem em imensas colônias subterrâneas e cultivam um fungo; carregadeira, formiga-carregadeira, manhuara, roceira, cabeçuda. Os machos são chamados de *sabitu, savitu, bitu* e *escumana*; as fêmeas, de *içá* e *tanajura*. Var.: *saúba.*

Sauval (*a-u*), s. m. Toca ou buraco da saúva. 2. Formigueiro. Var.: *saubal.*

Sauveiro (*a-u*), s. m. V. *sauval.*

Savacu, s. m. *Ornit.* V. *sabacu.*

Savana, s. f. (cast. *sábana*). Extensa pradaria tropical ou subtropical, com esparsas árvores ou grupos de árvores, especialmente na América.

Saveirista, s. m. e f. Dono ou tripulante de saveiro.

Saveiro, s. m. 1. Barco estreito e longo, próprio para a travessia dos grandes rios. 2. Barqueiro tripulante desse barco.

Sável, s. m. *Ictiol.* Nome dado em Portugal a um peixe da família dos Clupeídeos (*Alosa alosa*).

Savelha (*ê*), s. f. *Ictiol.* Peixe da família dos Clupeídeos (*Brevoortia tyrannus aurea*); saboga, savoga, savaleta.

Savica, s. f. Peça da carruagem, que se mete nas pontas dos eixos, para segurar a chaveta das rodas.

Savitu, s. m. *Zool.* O macho da saúva; bitu.

Saxão (*cs*), adj. Relativo aos saxões; saxônio. S. m. 1. Indivíduo dos saxões, povo germânico que vivia outrora na Saxônia (Alemanha setentrional), e invadiu e conquistou a Inglaterra nos séculos V e VI. 2. A língua dos saxões.

Saxátil (*cs*), adj. m. e f. 1. V. *saxícola*. 2. Aderente a rochedos.

Sáxeo (*cs*), adj. *Poét.* Pétreo.

saxi-, (*cs*), elem. de comp. (1. *saxu*). Exprime a idéia de *pedra: saxífrago.*

Saxícola (*cs*), adj. m. e f. Que vive ou cresce entre rochas; saxátil.

Saxífraga (*cs*), s. f. *Bot.* 1. Gênero (*Saxifraga*) constituído de plantas, na maioria ervas perenes, muitas das quais silvestres, que crescem nas fendas de rochas. 2. V. *quebra-pedra.*

Saxifragáceas (*cs*), s. f. pl. *Bot.* Família (*Saxifragaceae*) de plantas, na maioria herbáceas, às vezes lenhosas, a que pertencem as hortências.

Saxifragáceo (*cs*), adj. *Bot.* Relativo às Saxifragáceas.

Saxífrago (*cs*), adj. Que quebra ou dissolve pedras.

Saxofone (*cs*), s. m. *Mús.* Instrumento de sopro, que consiste em um tubo cônico de metal, provido de chaves e com embocadura semelhante à do clarinete. Var.: *saxofono.*

Saxofonista (*cs*), s. m. e f. Pessoa que toca saxofone.

Saxônio (*cs*), adj. V. *saxão.*

Saxoso (*cs*), adj. Pedregoso.

Saxotrompa (*cs*), s. f. *Mús.* Instrumento de sopro, com três a cinco pistões. Var.: *saxtrompa.*

Sazão, s. f. (l. *satione*). 1. Estação do ano. 2. Época própria para a colheita de frutos. 3. Ocasião própria; oportunidade, ensejo.

Sazonado, adj. 1. Diz-se do fruto bem maduro. 2. Experiente, versado em qualquer assunto.

Sazonar, v. 1. Tr. dir., intr. e pron. Amadurecer (os frutos). 2. Tr. dir. Temperar, tornar saborosa (a comida). 3. Tr. dir. Adornar, ornar, tornar agradável. 4. Intr. e pron. Aperfeiçoar-se.

Sazonável, adj. m. e f. 1. Que se encontra em condições de sazonar. 2. Próprio para a produção; produtivo.

Scratch (*scrétx*), s. m. (t. ingl.). V. *selecionado.*

Script, s. m. (t. ingl. do l. °*scriptum*). Texto escrito de um programa de rádio ou televisão ou do enredo de um filme cinematográfico.

Se[1], pron. (l. *se*). 1. Pron. pess. oblíquo, átono, reflexivo de 3ª pessoa: Penteava-*se* com capricho. 2. Pron. apassivador: Fez-*se* uma prova preliminar.

Se[2], conj. condicional (l. *si*). (=*caso;* exprime condição, hipótese): *Se* vos esforçardes, aprendereis (*caso* vos esforceis).

Se[3], conj. integrante (l. *si*). (vem após um verbo; exprime dúvida): Veja *se* o professor já chegou.

se-, pref. Forma contraída do pref. *semi* antes de palavras que começam por *me* ou *mi: semestre, semínima.*

Sé, s. f. (l. *sede*). 1. Igreja episcopal, arquiepiscopal ou patriarcal. 2. Jurisdição episcopal ou prelatícia. — *Sé Apostólica*: o Vaticano.

Seara, s. f. (b. l. *senara*). 1. Campo de cereais. 2. Terra semeada; campo cultivado. 3. Conjunto numeroso; partido, grei. 4. Safra.

Seareiro, s. m. 1. Cultivador de seara. 2. Pequeno lavrador.

Seba (*ê*), s. f. Adubo proveniente de algas marinhas, destinado principalmente às vinhas.

Sebáceo, adj. 1. Que é da natureza do sebo; sebento, seboso. 2. Que segrega sebo. 3. Gorduroso, gordurento.

Sebastianismo, s. m. O partido ou as convicções dos sebastianistas.

Sebastianista, s. m. e f. 1. Pessoa que acreditava no regresso de D. Sebastião, rei de Portugal, após a batalha de Alcácer Quibir. 2. *Pej.* Pessoa que continuava monarquista após a proclamação da república, no Brasil.

Sebastião, s. m. 1. *Ictiol.* Seláquio da família dos Galeorrinídeos (*Mustelus canis*). 2. Tolo, simplório.

Sebasto, s. m. *Ant.* Tira de pano, de cor diferente, para enfeite em paramentos, vestidos etc.

Sebe, s. f. (l. *sepe*). 1. Tapume de ramos ou varas entretecidos, para vedar terrenos. 2. Cerca viva. 3. Tabique. 4. Taipa.

Sebeiro, s. m. 1. Utensílio de madeira, com que os calafates colocam sebo nas brocas, verrumões etc. 2. O que prepara o vende sebo.

Sebentice, s. f. 1. Qualidade de sebento. 2. Sujidade na roupa.

Sebento, adj. 1. Sebáceo. 2. Sujo, imundo.

Sebereba, s. f. V. *chibé.*

Sebinho, s. m. *Ornit.* V. *cambacica.*

Sebíparo, adj. *Biol.* V. *sebáceo.*

Sebipira, s. f. V. *sicupira.*

Sebo (*ê*), s. m. 1. Gordura da cavidade abdominal, principalmente ao redor dos rins dos bovinos, ovinos e outros ruminantes. 2. Produto da secreção de glândulas sebáceas. 3. Lugar onde se vendem livros usados; caga-sebo. 4. *Pop.* Namoro. Interj. *Gír.* Exprime desagrado, impaciência ou desprezo. Diz-se também *ora sebo!.*

Seborréia, s. f. Hipersecreção das glândulas sebáceas; esteatorréia.

Seborréico, adj. Relativo à seborréia.

Seboso, adj. 1. Sebáceo. 2. Coberto ou sujo de sebo. 3. Sebento.

Sebruno, adj. Diz-se do cavalo de pêlo meio escuro.

Seca[1], s. f. (de *secar*[2]). Ato de pôr a secar; enxugo. 2. *Pop.*Maçada, importunação, estopada. 2. Contrariedade. 3. Cerimônia, luxo. 4. Má sorte; azar.

Seca[2] (*ê*), s. f. (de *secar*[1]). Falta de chuvas; estiagem.

Secação, s. f. Secagem.

Secador[1], adj. (*secar*[1] + *dor*). Que seca; secante. S. m. 1. O que seca. 2. Forno, estufa, aparelho, máquina ou parte de máquina em que ou com que se faz secagem por meio de calor, ventilação forçada, ação centrífuga, processo de vácuo etc.: *S.* de roupa. 3. Aquele que dá seca (acep. 4); azarento.

Secador[2], adj. (*secar*[2] + *dor*). Que seca ou importuna; maçante.

Secadouro, s. m. Lugar onde se põe alguma coisa a secar; enxugadouro, estendedouro. Var.: *secadoiro.*

Secagem, s. f. Ato ou efeito de secar; secação.

Secante[1], adj. m. e f. (de *secar*[1]). Que seca; que torna enxuto. S. m. Substância de que usam os pintores e impressores para acelerar a secagem das tintas.

Secante[2], adj. m. e f. (de *secar*[2]). Que seca; importuno, maçador.

Secante[3], adj. (l. *secante*). 1. *Geom.* Designativo da linha ou superfície que corta outra. 2. *Geom.* Diz-se da reta que corta a circunferência em dois pontos. S. f. Linha, superfície ou reta secante.

Seção, s. f. (l. *sectione*). 1. Ato ou efeito de seccionar(-se). 2. Lugar onde uma coisa está cortada. 3. Cada uma das partes em que um todo foi secionado ou separado; segmento. 4. Divisão, subdivisão, parte ou porção de um todo. 5. Divisão ou subdivisão de uma obra literária, científica ou artística. 6. Cada uma das subdivisões correspondentes a determinado serviço, ramo de fabricação etc., em uma empresa: *S.* de envelopes. 7. *Geom.* Figura proveniente da interseção de um sólido ou superfície por um plano. 8. Cada uma das subdivisões de uma repartição pública, de uma corporação científica etc.: *S.* de estatística. 9. *Hist. Nat.* Divisão de um gênero; divisão secundária; subdivisão. Var.: *secção.*

Secar[1], v. (l. *siccare*). 1. Tr. dir. Fazer evaporar ou tirar a umidade a; tornar enxuto. 2. Tr. dir. Tirar o excesso de água por meio de drenagem. 3. Tr. dir. Fazer ressequir, desidratar para conservação. 4. Tr. dir., intr. e pron. Tornar(-se) seco; murchar(-se), ressequir(-se). 5. Intr. e pron. Debilitar-se, definhar-se, mirrar-se, perder as forças. 6. Intr. *Pop.* Dar azar; trazer má sorte.

Secar[2], v. Tr. dir. Importunar, maçar, perseguir.

Secarrão, adj. *Pop.* Muito seco; desabrido no trato. Fem.: *secarrona.*

Secativo, adj. *Farm.* Diz-se do preparado que promove ação adstringente nos tecidos vivos. S. m. Esse preparado.

Secção, s. f. V. *seção.*

Secessão, s. f. Ato de separar-se daquele ou daquilo a que se estava unido; separação.

Secesso, s. m. *Des.* Lugar afastado; recesso, retiro.

Sécia, s. f. 1. Mulher casquilha, pretensiosa, taful. 2. Espécie de roupão, para senhora ou menina. 3. Balda, veneta. 4. *Bot.* Planta composta (*Callistephus chinensis*).

Sécio, adj. 1. Diz-se do indivíduo que trata com afetação; casquilho. 2. Presumido. 3. Que se saracoteia muito.

Secional, adj. m. e f. Relativo a seção. Var.: *seccional.*

Secionar, v. 1. Tr. dir. Dividir em seções; cortar. 2. Pron. Dividir-se; separar-se.

Seco (*ê*), adj. (l. *siccu*). 1. Livre de umidade; enxuto. 2. Diz-se dos alimentos a que se extraiu a umidade para os conservar. 3. Murcho, ressequido, sem seiva: Folhas *s.* 4. Descarnado, magro. 5. Requeimado pelo calor. 6. Diz-se do tempo ou quadra em que não chove. 7. Áspero, duro, sem ressonância (falando do som). 9. Diz-se da ama que trata das crianças sem lhes dar de mamar. 10. Diz-se do vinho forte e pouco açucarado. 11. Frio, insensível, indiferente, falto de emoção, de entusiasmo. 12. Que não tem sentimentos delicados; insensível aos afetos; rude, ríspido. 13. Árido, infecundo, sem ornatos: Estilo *s.* 14. Diz-se do riso fingido, sardônico. 15. *Pop.* Ansioso, desejoso, sequioso. S. m. Baixio de areia, deixado a descoberto pela vazante. S. m. pl. Gêneros alimentícios sólidos em oposição aos molhados ou gêneros líquidos.

Secreção, s. f. 1. *Fisiol.* Função das glândulas de produzirem líquidos que contêm substâncias, as quais elas separam do sangue e são nocivas ao organismo, ou de elaborarem substâncias que são necessárias ao funcionamento normal deste.

2. *Bot.* Processo análogo ao precedente, nos vegetais. 3. *Biol.* O produto segregado.

Secreta, s. f. 1. *Ant.* Tese que, nalgumas universidades, era defendida só na presença dos lentes. 2. *Liturg.* No rito tridentino, oração que o celebrante da missa dizia em voz baixa, antes do prefácio. S. m. Agente da polícia secreta.

Secretar, v. V. *segregar.*

Secretaria, s. f. 1. Departamento onde se faz o expediente de uma empresa, associação ou de qualquer serviço público. 3. Conjunto de repartições públicas que tratam de um setor da administração nos Estados: *S. da Fazenda.*

Secretária, s. f. (1. *secretaria*). 1. Mulher que exerce o secretariado. 2. Mulher que guarda segredos de outrem. 3. Mesa na qual se escreve e onde se guardam papéis ou documentos de importância.

Secretariado, s. m. 1. Cargo de secretário. 2. Lugar onde o secretário exerce as suas funções. 3. Tempo que dura o exercício dessas funções. 4. Conjunto dos secretários de Estado.

Secretariar, v. 1. Intr. Exercer as funções de secretário. 2. Tr. dir. Servir de secretário a.

Secretário, s. m. 1. O que redige as atas de qualquer assembléia. 2. O que escreve a correspondência de particulares, de qualquer corporação ou repartição a seu cargo. 3. Livro que contém modelos de cartas. 4. Aquele que exerce num Estado funções equivalentes às de ministro.

Secreto, adj. 1. Mantido em segredo ou oculto do conhecimento ou da vista de outrem. 2. Não revelado; encoberto, escondido. 3. Afastado, retirado, solitário. 4. Que se oculta na alma; íntimo, recôndito. 5. Que está dissimulado: Porta *secreta.* 6. Diz-se de sessão a cujos debates não se permite ao público assistir.

Secretor, adj. e s. m. Secretório.

Secretório, adj. 1. Que segrega ou produz secreções; secretor. 2. Em que se dão secreções.

Sectário, adj. Relativo a seita. S. m. 1. Membro ou aderente de uma seita religiosa. 2. Partidário apaixonado, intransigente, faccioso.

Sectarismo, s. m. 1. Espírito sectário. 2. Partidarismo. 3. Intolerância.

Séctil, adj. m. e f. Que se pode cortar.

Sector, s. m. V. *setor.*

Sectura, s. f. *Farm.* Fragmentação de substâncias medicinais com instrumentos cortantes.

Secular, adj. m. e f. 1. Relativo a século. 2. Que se faz de século a século. 3. Que existe há séculos; muito antigo. 4. Diz-se do clero, ou do padre, que não pertence a ordem ou congregação religiosa. 5. Que vive no século ou que não fez votos monásticos. 6. Relativo ou pertencente ao Estado, em contraposição ao que se refere ou pertence à Igreja; temporal, civil, mundano.

Secularidade, s. f. 1. Qualidade de secular. 2. Estado do clero secular. 3. Ação ou dito próprio de leigos ou de pessoas seculares.

Secularismo, s. m. Sistema ético que rejeita toda forma de fé e devoção religiosas e aceita como diretrizes apenas fatos e influência derivados da vida presente; laicismo.

Secularização, s. f. 1. Ao ou efeito de secularizar(-se). 2. Passagem de religioso do clero regular para o clero secular. 3. Redução de padre ou religioso ao estado laico.

Secularizar, v. 1. Tr. dir. Tornar secular ou leigo (o que era eclesiástico). 2. Tr. dir. Dispensar dos votos monásticos (frades, freiras). 3. Pron. Obter a secularização; deixar as funções sacerdotais, ou deixar de pertencer a uma ordem religiosa.

Século, s. m. 1. Espaço de cem anos; centúria. 2. Período de cem anos contado de um até cem a partir de um termo fixo chamado *era.* 3. Espaço de tempo indeterminado ou muito longo. 4. Época. 5. O tempo (considerado de modo indeterminado). 6. A época presente. 7. O mundo, a vida secular (por contraposição à vida religiosa).

Secundar, v. Tr. dir. 1. Fazer pela segunda vez. 2. Prestar colaboração a; ajudar. 3. *Pop.* Responder. 4. Retribuir, revidar. 5. Favorecer, servir.

Secundário, adj. 1. Que está em segundo lugar ou ordem. 2. Que é de menor importância. 3. Acessório, inferior. 4. De pouco valor; insignificante. 5. *Ant.* Dizia-se do ensino ou instrução de grau intermediário entre o primário e o superior. 6. *Geol.* Diz-se da era geológica correspondente ao Mesozóico. 7. *Biol.* Diz-se dos caracteres que, além dos órgãos de reprodução, caracterizam os dois sexos: Os seios, na mulher, são caracteres sexuais *secundários.* 8. *Med.* Diz-se dos fenômenos patológicos que se subordinam a outro.

secundi-, elem. de comp. (l. *secundu*). Exprime a idéia de *segundo: secundípara.*

Secundina, s. f. *Bot.* Membrana interna do óvulo. S. f. pl. Membrana fetal e placenta, que se eliminam depois do parto; páreas.

Secundípara, adj. f. Diz-se da fêmea que pariu pela segunda vez.

Secundogênito, adj. Que foi gerado em segundo lugar. S. m. Aquele que foi gerado em segundo lugar; filho segundo.

Secura, s. f. (*seco* + *ura*²). 1. Qualidade de seco; sequidão. 2. Falta de umidade. 3. Sede. 4. Frieza, indiferença. 5. Desejo ardente.

Secure, s. f. (l. *secure*). V. *segure.*

securi-, elem. de comp. (l. *secure*). Exprime a idéia de *machadinha, machado: securiforme.*

Securiforme, adj. m. e f. Que tem forma de machadinha ou secure.

Securígero, adj. *Bot.* Que tem órgão ou apêndice em forma de machadinha.

Securitário, adj. Referente a seguros. S. m. Empregado de companhia de seguros.

Secussão, s. f. Abalo, grande perturbação; sucussão.

Seda (*ê*), s. f. (l. *saeta*). 1. Fibra contínua, fina e brilhante, produzida pela larva do bicho-da-seda. 2. Tecido feito dessa fibra. 3. *Bot.* Pêlo rijo que se vê nos invólucros florais das gramíneas. 4. Pessoa delicada, amável.

Sedação, s. f. Ato ou efeito de sedar¹.

Sedalha, s. f. V. *sedela.*

Sedalina, s. f. Espécie de tecido que imita a seda.

Sedan, s. m. (t. ingl.). *Autom.* Tipo de automóvel com quatro ou duas portas e capota fixa, de compartimento para quatro a sete pessoas, inclusive o motorista.

Sedar¹, v. (l. *sedare*). Tr. dir. 1. Acalmar, moderar, tranqüilizar. 2. Ministrar um sedativo a. 3. *Med.* Moderar a superatividade de (um órgão, uma função).

Sedar², v. (*seda* + *ar*). V. *assedar.*

Sedativo, adj. Que seda ou acalma; calmante. S. m. Remédio sedativo.

Sede¹, s. f. (l. *sede*). 1. *Ant.* Assento, cadeira. 2. Assento, base, apoio, suporte: *S.* de válvula. 3. Lugar onde reside um governo, um tribunal, uma administração, ou onde uma empresa comercial tem o seu principal estabelecimento. 4. Capital de diocese ou paróquia. 5. Lugar onde se passam certos fatos. 6. *Anat.* Ponto central ou região onde se realiza certa ordem de fenômenos fisiológicos.

Sede² (*ê*), s. f. (l. *site*, por *sitim*). 1. Sensação da necessidade de beber, principalmente água; secura. 2. Desejo veemente: *S.* de vingança. 3. Cobiça, avidez. 4. Ânsia, aflição, impaciência.

Sedear, v. Tr. dir. Escovar com sedas (objetos de ourivesaria).

Sedeca, s. f. *Pop.* Diarréia.

Sedeiro, s. m. Instrumento próprio para assedar.

Sedela, s. f. Cordel de sedas, que sustenta o anzol, na pesca à linha; sedalha.

Sedém, s. m. Sedenho.

Sedenho, s. m. 1. *Cir.* Mecha de fios que se metia debaixo da pele para provocar supuração com objetivo terapêutico. 2. Cauda das reses com o cabelo; sedém. 3. Crina cortada. 4. *Pop.* Assento, nádegas, traseiro; sedém.

Sedentariedade, s. f. 1. Qualidade de sedentário. 2. Vida de sedentário.

Sedentário, adj. 1. Que vive ordinariamente sentado. 2. Que quase não anda nem faz exercício; inativo. 3. Que tem residência ou habitat fixos.

Sedente, adj. m. e f. *Poét.* V. *sedento.*

Sedento, adj. 1. Que tem sede; sequioso. 2. Que tem grande desejo; ávido.

Sederento, adj. *Ant.* V. *sedento.*

Sedestre, adj. m. e f. (l. *sedere,* com influência de *pedestre*). Que representa alguém sentado: Estátua *s.*

Sedeúdo, adj. Sedoso.

Sedição, s. f. Crime contra a ordem pública; agitação, motim, revolta, tumulto popular.

Sedicioso, adj. 1. Que tem caráter de sedição. 2. Indisciplinado, indócil. S. m. Indivíduo sedicioso.

Sedígero, adj. Que produz seda; setígero.

Sedimentação, s. f. 1. Formação de sedimentos. 2. *Geol.* Processo de formação das rochas sedimentares ou estratificadas.

Sedimentar[1], v. Intr. e pron. Formar sedimentos.

Sedimentar[2], adj. m. e f. Produzido por sedimento; sedimentário, sedimentoso.

Sedimentário, adj. V. *sedimentar[2].*

Sedimento, s. m. 1. Depósito que se forma num líquido em que há substâncias dissolvidas ou suspensas; borra, fezes. 2. *Geol.* Camada de material que as águas deixaram ao retirar-se.

Sedimentoso, adj. 1. Sedimentar. 2. Que tem muitos sedimentos.

Sedonho, s. m. Doença dos suínos, que se caracteriza pelo nascimento de pêlos na goela.

Sedoso, adj. (l. *setosu*). 1. Que tem sedas ou pêlos. 2. Que se assemelha à seda. 3. Peludo. 4. Macio.

Sedução, s. f. (l. *seductione*). 1. Ato ou efeito de seduzir ou de ser seduzido. 2. Qualidade de sedutor. 3. Encanto, atração, fascínio. 4. Meio empregado para seduzir mulheres, maiores de 14 anos e menores de 18.

Sédulo, adj. Ativo, cuidadoso, diligente, solícito.

Sedutor, adj. (l. *seductor*). Que seduz, atrai ou encanta. S. m. 1. Aquele que seduz. 2. Aquele que desonra uma mulher por meio de sedução.

Seduzimento, s. m. *P. us.* V. *sedução.*

Seduzir, v. (l. *seducere*). 1. Tr. dir. Persuadir de coisa oposta à moral ou aos bons costumes; desencaminhar. 2. Tr. dir. Desonrar, recorrendo a promessas, encantos ou carícias. 3. Tr. dir. Desencaminhar para fins sediciosos; levar a rebelião. 4. Tr. dir. Peitar, subornar. 5. Tr. dir. e intr. Influir sobre a imaginação; atrair, cativar, deslumbrar, fascinar.

Seduzível, adj. m. e f. Que pode ser seduzido.

Sefardim, adj. Designativo dos judeus descendentes dos primeiros israelitas de Portugal e da Espanha. S. m. Indivíduo sefardim.

Sega[1], s. f. (de *segar*). 1. Ato ou efeito de segar; ceifa, segada, segadura. 2. O tempo que dura a ceifa; segada, segadura.

Sega[2] (*ê*), s. f. (l. *sica*). 1. Ferro que se adapta ao timão do arado, à frente da relha, para cortar as raízes e facilitar a lavra.

Segada, s. f. V. *sega[1].*

Segadeira, s. f. Ceifeira; ceifadeira.

Segador, adj. e s. m. Que, ou aquele que sega; ceifeiro.

Segadouro, adj. 1. Próprio para segar ou ceifar. 2. Que está em condições de se ceifar; maduro. Var.: *segadoiro.*

Segadura, s. f. V. *sega[1].*

Segão, s. m. A sega do arado.

Segar, v. (l. *secare*). Tr. dir. 1. Ceifar, cortar (as searas). 2. Pôr termo a.

Sege, s. f. (fr. *siège*). Antiga carruagem com duas rodas e um só assento, fechada com cortinas na frente.

Segeiro, s. m. 1. Fabricante de carruagens. 2. *Ant.* Fabricante ou consertador de seges.

Segetal, adj. m. e f. 1. Relativo a searas. 2. Que cresce entre as searas.

Segmentação, s. f. Ato ou efeito de segmentar.

Segmentar[1], v. Tr. dir. 1. Reduzir a segmentos. 2. Tirar segmento a.

Segmentar[2], adj. m. e f. Formado de segmentos; segmentário.

Segmentário, adj. V. *segmentar[2].*

Segmento, s. m. 1. Parte, porção, seção de um todo. 2. *Mat.* Porção delimitada de um conjunto.

Segnícia, s. f. Indolência, lentidão, preguiça; segnície.

Segnície, s. f. V. *segnícia.*

Segredar, v. 1. Tr. dir. Comunicar, dizer em segredo; confidenciar. 2. Tr. ind. e intr. Dizer segredos. 3. Tr. dir. Dizer em voz baixa, murmurar.

Segredeiro, adj. Que segreda, que diz segredos.

Segredista, s. m. e f. Pessoa que guarda segredos, ou fala em segredo, ou cochicha.

Segredo, s. m. (l. *secretu*). 1. Fato ou circunstância mantida oculta. 2. O que a ninguém deve ser dito. 3. Confidência. 4. O que há de mais difícil; o que exige uma iniciação especial, numa arte, ciência etc. 5. O sentido oculto: O *s.* de uma escrita. 6. Processo particular para atingir um objetivo: *S.* de fabricação. 7. Conjunto de dispositivos que protegem uma fechadura contra a utilização de uma chave falsa. 8. Lugar oculto; recesso, esconderijo. 9. Prisão rigorosa, incomunicável. Adj. *Des.* Secreto.

Segregação, s. f. Ato ou efeito de segregar(-se).

Segregar, v. 1. Tr. dir. e pron. Afastar(-se), apartar(-se), isolar(-se), separar(-se). 2. *Fisiol.* Emitir, expelir (o produto da secreção).

Segregatício, adj. 1. Próprio para segregar. 2. Relativo à segregação.

Segregativo, adj. Que segrega.

Seguida, s. f. Seguimento.

Em s.: imediatamente, logo depois, seguidamente.

Seguidilha, s. f. (cast. *seguidilla*). 1. Gênero de canções espanholas, alegres, de assunto festivo ou jocoso e por vezes livre. 2. Ária e dança a três tempos, executada com grande entusiasmo e vivacidade.

Seguidilheiro, s. m. Cantor ou dançarino de seguidilhas.

Seguidinho, adv. Com muita freqüência; amiudado.

Seguido, adj. 1. Imediato, contínuo. 2. Ininterrupto. 3. Adotado, usado. 4. Que se segue; adotado, posto em prática: É esse método *seguido.*

Seguidor, adj. e s. m. 1. Que, ou aquele que segue. 2. Continuador. 3. Que segue alguém; perseguidor. 4. Partidário, sequaz.

Seguilhote, s. m. Filhote de baleia.

Seguimento, s. m. 1. Ato ou efeito de seguir; seguida. 2. Conseqüência, resultado.

Seguinte, adj. m. e f. 1. Que segue ou se segue; imediato, subseqüente, próximo. 2. Que se segue, se cita ou se dita depois. S. m. O que se segue, se cita ou se dita depois.

Seguir, v. (l. *sequere,* corr. de *sequi*). 1. Tr. dir. Ir atrás de; acompanhar. 2. Tr. dir. Acompanhar (moral, intelectual ou espiritualmente); deixar-se guiar por. 3. Tr. dir. Ir no encalço de, procurando alcançar para capturar ou combater; perseguir. 4. Tr. dir. Acompanhar furtivamente, espreitando. 5. Tr. dir. Andar em, percorrer. 6. Tr. dir. Ir ao longo de. 7. Tr. ind. e intr. Continuar ou prosseguir no caminho. 8. Pron. Acontecer ou apresentar-se após. 9. Tr. ind. Ir em certa direção. 10. Tr. ind. e pron. Vir depois, na ordem do tempo; sobrevir, suceder. 11. Tr. dir. Escutar com atenção e compreender. 12. Pron. Estar colocado ou situado em continuação, ou um depois do outro numa ordem regular. 13. Tr. dir. e pron. Dar-se como resultado, ser conseqüência ou efeito de: O efeito *segue* a *causa.* 14. Tr. dir. Executar, observar, cumprir (regulamentos, instruções, preceitos etc.). 15. Tr. dir. Aderir a, tomar o partido de, ser sectário de. 16. Tr. dir. Tomar como modelo; imitar. 17. Tr. dir. Continuar, perseverar, prosseguir em. 18. Tr. dir. Exercer, professar. — Conjuga-se como *aderir.*

Segunda, s. f. 1. *Mús.* Intervalo de um tom a outro imediato. 2. *Mús.* Corda de instrumento imediatamente superior à prima. 3. Marcha intermediária, nos carros automóveis, entre a de arranque, chamada *primeira,* e a terceira. 4. V. *segunda-feira.*

Segunda-feira, s. f. Segundo dia da semana; segunda.

Segundanista, s. m. e f. Estudante que cursa o segundo ano de qualquer escola ou faculdade.
Segundar, v. V. *secundar.*
Segundeiro, adj. *P. us.* V. *secundário.*
Segundo[1], num. (l. *secundu*). O ordinal correspondente a dois. Adj. 1. Imediato ao primeiro. 2. O outro. 3. Inferior. 4. Secundário. 5. Semelhante. 6. Rival, competidor. S. m. 1. O número dois na série natural. 2. Pessoa ou coisa que ocupa o segundo lugar. 3. *Cron.* Sexagésima parte do minuto. 4. *Geom.* Sexagésima parte de um minuto de medida angular. 5. Espaço de tempo muito curto. 6. Assistente dos boxadores.
Segundo[2], prep. (l. *secundum*). 1. Como, conforme, consoante, tal qual: *Segundo* certos autores... 2. À medida que; ao passo que: Atende aos clientes, *segundo* vão chegando. — *S. que*: à medida que, conforme.
Segundo[3], adv. (l. *secundo*). Em segundo lugar.
Segundogênito, adj. e s. m. V. *secundogênito.*
Segura, s. f. (l. *secure*). Espécie de enxó de tanoeiro.
Seguração, s. f. 1. Segurança. 2. Seguro mercantil.
Segurado, s. m. Aquele que paga o prêmio, num contrato de seguro.
Segurador, adj. e s. m. 1. Que, ou aquele que segura. 2. Que, ou aquele que se obriga, num contrato de seguro, a indenizar eventuais danos.
Segurança, s. f. 1. Ato ou efeito de segurar; seguração. 2. Estado, qualidade ou condição de seguro. 3. Certeza, confiança, firmeza. 4. Confiança em si mesmo. 5. Caução, penhor, garantia.
Segurar, v. 1. Tr. dir. Tornar seguro. 2. Pron. Agarrar-se, apoiar-se. 3. Tr. dir. Agarrar, prender. 4. Pron. Suster-se para não cair; equilibrar-se. 5. Tr. dir. Não deixar fugir; conter. 6. Tr. dir. Assegurar, garantir. 7. Tr. dir. e pron. Garantir(-se) contra risco, perda ou dano; pôr(-se) no seguro.
Segurável, adj. m. e f. Que pode ser segurado.
Segure, s. f. (l. *secure*). 1. V. *segura.* 2. *Antig. rom.* Machadinha que os lictores traziam dentro dos fasces. 3. Machado grande.
Segurelha[1] (*ê*), s. f. (l. *securicula*). 1. Peça de ferro para o perno que mantém no lugar a mó inferior das atafonas. 2. Peça de madeira, que se enfia no espigão da mó inferior, para tornar uniforme o movimento da peça superior.
Segurelha[2] (*ê*), s. f. *Bot.* Nome comum a várias plantas labiadas.
Segureza, s. f. *P. us.* V. *segurança.*
Seguridade, s. f. V. *segurança.*
Seguro, adj. (l. *securu*). 1. Livre de perigo ou não exposto a ele. 2. Posto ao abrigo de qualquer risco; garantido, acautelado. 3. Prudente, circunspecto. 4. Que não hesita, nem vacila; firme. 5. Estável, fixo, inabalável. 6. Sólido, rijo. 7. Em que se pode confiar; que oferece garantias. 8. Certo, indubitável. 9. Que não pode fugir nem escapar-se; bem agarrado. 10. *Fam.* Avarento, forreta, poupado. 11. Diz-se do tempo bom, sem probabilidades de chuva. S. m. *Com.* Contrato pelo qual uma das partes se obriga para com outra a indenizá-la de prejuízos eventuais, materiais ou pessoais. Adv. Com segurança; seguramente.
Seiada, s. f. Série de recôncavos na montanha.
Seibo, s. m. *Bot.* Árvore leguminosa (*Erythrina falcata*).
Seio, s. m. (l. *sinu*). 1. Curvatura, sinuosidade, volta. 2. Parte do corpo humano onde ficam as mamas; poma. 3. Cada uma das mamas da mulher. 4. A parte da roupa que cobre anteriormente o peito. 5. Vão entre o peito e esta parte do vestuário. 6. Peito, especialmente o da mulher. 7. *Náut.* Bojo que faz a vela quando lhe dá o vento. 8. Lugar interno; interior, recesso, âmago. 9. Intimidade, familiaridade, privança. 10. Associação, grêmio. 11. *Anat.* Cavidade que contém ar, em um dos ossos cranianos, especialmente uma que comunica com o nariz. S. m. pl. As mamas da mulher.
Seira, s. f. (ár. *saira, xaira*). Espécie de saco, cesto ou cabaz feito de vime, junco ou esparto.
Seis, num. (l. *sex*). 1. Cinco mais um. 2. Sexto. S. m. 1. O algarismo 6. 2. Carta de jogar, dado ou peça de dominó, com seis pontos, ou pintas. 3. Pessoa ou coisa que numa série de seis ocupa o último lugar.
Seiscentismo, s. m. A escola literária, o estilo ou o gosto dos seiscentistas.
Seiscentista, adj. m. e f. Relativo ao seiscentismo ou aos escritores do século XVII. S. m. e f. Escritor ou escritora desse século.
Seiscentos, num. (*seis + cento*). Seis centenas ou seis vezes cem. S. m. Designação literária do século dezessete.
Seisdobro (*ô*), num. e s. m. V. *sêxtuplo.*
Seita, s. f. (l. *secta*). 1. Doutrina que se afasta da opinião geral. 2. Conjunto dos indivíduos que a seguem. 3. Comunidade fechada, de cunho radical. 4. Facção, partido.
Seiva, s. f. (l. *sapa*). 1. *Bot.* Solução aquosa de substâncias nutritivas que as raízes absorvem do seio da terra e que circula através do sistema vascular do vegetal. 2. Qualquer fluido ou elemento vital, como o sangue. 3. Vitalidade, energia, vigor.
Seivo, s. m. Campo aberto, sem valo e sem tapume.
Seivoso, adj. 1. Em que há seiva. 2. Próprio para a circulação da seiva.
Seixada, s. f. Pancada com seixo; pedrada.
Seixal, s. m. Lugar onde há muitos seixos.
Seixas, s. f. pl. Parte das capas dos livros que sobressai às folhas.
Seixo, s. m. (l. *saxu*). Fragmento de rocha ou mineral; calhau, rebo.
Seixoso, adj. Abundante em seixos.
Seja, conj. (de *ser*). Usa-se repetidamente, como alternativa, e equivale a *ou*: *Seja* um *seja* outro = *ou* um *ou* outro. Interj. Denota consentimento e significa *de acordo!, faça-se!, vá!*
Sela, s. f. Arreio acolchoado que se coloca no dorso da cavalgadura e sobre o qual monta o cavaleiro.
Selada, s. f. Depressão ou quebra na lombada de um monte.
Selado[1], adj. (p. de *selar*[1]). Que tem selo; estampilhado: Carta *selada.*
Selado[2], adj. (p. de *selar*[2]). 1. Que tem sela ou em que se pôs a sela. 2. Que faz uma depressão ou curvatura côncava; arqueado. 3. Diz-se de pessoa ou animal que tem o dorso curvado. S. m. 1. Curva ou arqueado das ilhargas. 2. Curvatura lateral do pé. 3. Seladouro, acep. 2.
Selador[1], adj. e s. m. (*selar*[1] *+ dor*), Que, ou aquele que sela alguma coisa.
Selador[2], adj. e s. m. (*selar*[2] *+ dor*). Que, ou aquele que sela cavalgaduras.
Seladouro, s. m. (*selar*[2] *+ douro*). 1. Lugar onde se coloca a sela, no lombo do animal; seladura. 2. Talhe das roupas correspondente às ilhargas.
Seladura, s. f. 1. Ato ou efeito de selar[1]. 2. Seladouro.
Selagão, s. m. Sela que tem muito baixo o arção anterior e raso o de trás.
Selagem, s. f. Ato ou efeito de selar[1].
Selagineláceas, s. f. pl. *Bot.* Família (*Selaginellaceae*), constituída de plantas terrestres tropicais, semelhantes a musgos.
Selagineláceo, adj. Relativo às Selagineláceas.
Seláquio, adj. 1. Cartilaginoso. 2. *Ictiol.* Que tem esqueleto ou pele cartilaginosos. S. m. pl. *Ictiol.* Denominação de uma subclasse (*Selachii*) de peixes elasmobrânquios, que é sinônima de *Plagióstomos.*
Selar[1], v. (*selo + ar*). Tr. dir. 1. Aplicar um sinete em. 2. Pôr selo, estampilha ou carimbo em. 3. Fechar pondo selo; chumbar. 4. Fechar hermeticamente. 5. Fazer emudecer; calar. 6. Confirmar, tornar válido mediante um sinal qualquer. 7. Concluir, rematar, terminar.
Selar[2], v. (*sela + ar*). Tr. dir. Pôr sela em.
Selaria, s. f. (*sela + aria*). 1. Arte, indústria, loja ou oficina de seleiro. 2. Lugar onde se guardam selas e arreios. 3. Grande número de selas e de outros arreios.
Seleção, s. f. (l. *selectione*). 1. Ato ou efeito de selecionar; escolha criteriosa e fundamentada. 2. *Zootéc.* Separação escrupulosa dos animais reprodutores com as características favoráveis que o criador deseja fixar numa variedade ani-

mal distinta. 3. *Esp.* Selecionado. — *S. natural*: sobrevivência das variedades animais e vegetais mais adaptáveis.

Selecionado, adj. 1. Escolhido, joeirado. 2. Distinto, especial. S. m. *Esp.* Quadro de jogadores escolhidos entre os melhores; combinado, seleção, scrath.

Selecionador, adj. e s. m. Que, ou aquele que seleciona.

Selecionar, v. Tr. dir. Fazer a seleção de; escolher, separar.

Seleiro, adj. 1. Que se sustenta bem na sela. 2. Diz-se do cavalo que já se acostumou à sela. S. m. Fabricante ou vendedor de selas.

Seleniado, adj. *Quím.* Em que há selênio.

Selênico, adj. 1. Relativo à Lua. 2. Relativo ao selênio.

Selenífero, adj. Que contém selênio.

Selênio, s. m. *Quím.* Elemento não-metálico tóxico, relacionado com o enxofre e o telúrio e quimicamente semelhante a eles. Símbolo Se, número atômico 34, massa atômica 78,96.

Selenita, s. m. e f. Suposto habitante da Lua. S. f. *Miner.* Gipsita hialina.

Selenitoso, adj. Que contém selenita.

seleno-, elem. de comp. (gr. *selene*). Exprime a idéia de Lua: *selenocêntrico, selenóstato.*

Selenocêntrico, adj. *Astr.* Relativo ao centro da Lua.

Selenografia, s. f. *Astr.* Parte da astronomia que estuda e descreve a Lua.

Selenográfico, adj. Relativo à selenografia.

Selenógrafo, s. m. Especialista em selenografia.

Selenomancia, s. f. Adivinhação pela Lua, baseada nas suas fases, por ocasião de um nascimento, um acidente ou uma doença.

Selenose, s. f. 1. Leuconíquia. 2. *Med.* e *Vet.* Intoxicação causada pelo selênio, ou por seus sais.

Selenóstato, s. m. *Astr.* Instrumento óptico fixo com que se observam os movimentos da Lua.

Selenotopografia, s. f. Descrição da superfície lunar.

Selenotopográfico, adj. Relativo à selenotopografia.

Seleta, s. f. (l. *selecta*). 1. Coleção de trechos literários ou científicos, selecionados de várias obras e reunidos em livro. 2. Variedade de pêra e de laranja.

Seletar, v. V. *selecionar.*

Seletivo, adj. Relativo a seleção.

Seleto, adj. 1. Escolhido. 2. Especial, excelente, incomparável.

Seletor, adj. Que seleciona. S. m. 1. Dispositivo que permite efetuar uma operação de seleção. 2. *Eletr.* Comutador de várias direções, cuja manobra é realizada por meio de sinais de comando.

Selêucida, adj. m. e f. *Hist.* Relativo aos Selêucidas. S. m. e f. Membro de uma dinastia grega, fundada por Seleuco, general macedônio, a qual reinou na Síria e várias vezes em outros territórios na Ásia, desde 312 a 64 a.C.

Selha (*ê*), s. f. (l. *situla*). Vaso redondo, geralmente de madeira, com bordas baixas.

Selim, s. m. 1. Pequena sela rasa. 2. O assento da bicicleta.

Selo (*ê*), s. m. (l. *sigillu*). 1. Grande cunho (ou matriz) sobre o qual estão gravados em côncavo, a figura, as armas ou a marca simbólica de um Estado, de um soberano, de uma instituição etc., e que se aplica sobre documentos para autenticá-los ou validá-los. 2. Estampilha postal adesiva, geralmente retangular, que comprova o pagamento das taxas de transporte. 3. Qualquer coisa que mantém algo fechado ou em segredo. 4. Cunho, distintivo, marca, sinal. 5. Marca de fábrica, em certas obras. — *S.-de-salomão, Bot.*: planta liliácea medicinal (*Polygonatum vulgare*). Pl.: *selos* (*ê*).

Selote, s. m. Selim.

Selva, s. f. (l. *silva*). 1. Vasta floresta natural. 2. Bosque, floresta, mata. 3. Grande número de coisas emaranhadas.

Selvagem[1], adj. m. e f. (provençal *salvatje*). 1. Da selva ou próprio dela; selvático, silvático, silvestre. 2. Que não está domesticado; bravo. 3. *Bot.* Que nasce e cresce sem cultura, sem cuidado especial; bravo, silvestre. 4. Grosseiro, rude, rústico. 5. Bruto, ignorante. 6. Nômade, bárbaro. 7. Que evita o convívio humano, ou gosta de viver só. S. m. e f. 1. Silvícola. 2. Pessoa selvagem (acep. 4 e 5).

Selvagem[2], s. f. *Arc.* Var. de *salvagem.*

Selvageria, s. f. 1. Estado, qualidade, vida ou condição de selvagem. 2. Ato, dito ou modo de selvagem. 3. Rudeza, brutalidade. Var.: *selvajaria.*

Selvajaria, s. f. V. *selvageria.*

Selvático, adj. V. *selvagem.*

Selvoso, adj. Em que há selvas; silvoso.

Sem, prep. (l. *sine*). 1. Indica uma das seguintes relações: ausência, exclusão, falta, privação etc.: Estar *sem* dinheiro. 2. Exprime a idéia negativa de modo: Pagou *sem* bufar. 3. Exprime concessão ou condição, quando antecede um infinito: Saía *sem* avisar o chefe. *Sem* me conhecer, prestou-me um grande favor.

sema-, elem. de comp. O mesmo que *semato: semáforo.*

Semafórico, adj. Relativo a semáforo.

Semáforo, s. m. 1. Poste ou estrutura para sinalização nas estradas de ferro, rodovias e ruas, por meio de hastes móveis ou luzes coloridas. 3. Telégrafo óptico, colocado nas costas marítimas, para notificar a chegada de navios e estabelecer comunicação com eles.

Semana, s. f. (l. *septimana*). 1. Período de sete dias consecutivos a começar no domingo. 2. Espaço de sete dias quaisquer, seguidos. 3. *Pop.* e *fam.* Os dias da semana, exceto o domingo; os dias de trabalho. 4. Trabalho feito em uma semana. 5. Salário ganho durante uma semana.

Semanal, adj. m. e f. 1. Da, ou relativo à semana. 2. Que se faz, que se publica ou que sucede de semana a semana; hebdomadário.

Semanário, adj. V. *semanal.* S. m. 1. Periódico que se publica todas as semanas; hebdomadário. 2. *Ant.* Camarista que ficava de serviço no paço por uma semana.

Semantema, s. m. *Lingüíst.* Elemento que exprime uma idéia ou imagem definida.

Semântica, s. f. *Lingüíst.* Estudo da evolução do sentido das palavras através do tempo e do espaço; semiótica, semiologia, semasiologia, sematologia.

Semântico, adj. 1. Relativo à semântica. 2. Relativo à significação; significativo.

semásio-, elem. de comp. (gr. *semasia*). Exprime a idéia de *sinal, significação: semasiologia.*

Semasiologia, s. f. 1. *Lingüíst.* V. *semântica.* 2. V. *sematologia,* acepção 2.

semato-, elem. de comp. (gr. *sema, atos*). Exprime a idéia de *sinal, caráter, significação: sematologia.*

Sematologia, s. f. 1. V. *semântica.* 2. *Espir.* Linguagem dos sinais, ou comunicação dos espíritos pelo movimento dos corpos inertes; semasiologia.

Semblante, s. m. (l. *simulante*). 1. Cara, rosto. 2. Aparência, aspecto, fisionomia.

Sem-cerimônia, s. f. 1. Desprezo das convenções sociais. 2. Falta de cerimônia. 3. Falta de polidez.

Sêmea, s. f. (l. *simila*). 1. Parte que fica do trigo moído e peneirado, após a separação do rolão. 2. Farelo.

Semeação, s. f. 1. V. *semeadura.* 2. *Meteor.* V. *nucleação.*

Semeada, s. f. Terreno semeado; sementeira.

Semeadouro, adj. e s. m. Diz-se do, ou o terreno preparado para receber a sementeira. Var.: *semeadoiro.*

Semeadura, s. f. 1. Ato ou efeito de semear; semeação. 2. Porção de grãos suficiente para semear-se um terreno.

Semear, v. 1. Tr. dir. Lançar a semente na terra lavrada para a fazer germinar. 2. Tr. dir. Espalhar sementes sobre. 3. Intr. Lançar sementes; praticar a semeadura. 4. Tr. dir. *Meteor.* Realizar a nucleação em (uma nuvem). 5. Tr. dir. Alastrar, juncar. 6. Tr. dir. Divulgar, espalhar, fazer correr, propalar. 7. Tr. dir. Derramar, esparzir por aqui e por ali. 8. Tr. dir. Entremear, entressachar. 9. Causar, produzir; fomentar, incrementar.

Semeável, adj. m. e f. Que pode ser semeado.

Semelhança, s. f. 1. Qualidade de semelhante. 2. Conformidade, relação de fisionomia entre duas ou mais coisas ou pessoas que se parecem mutuamente. 3. Analogia, imitação, conformidade, parecença.

Semelhante, adj. (l. *simulante*). 1. Análogo, parecido, conforme. 2. Similar. Pron. Tal, este. S. m. 1. Pessoa ou coisa que se assemelha a outra. 2. O próximo: O nosso *s*.

Semelhar, v. (l. *similare*). 1. Tr. dir. Ter a aparência de (algo ou alguém); parecer. 2. Tr. ind. e pron. Afigurar-se, assemelhar-se. 3. Pron. Ter parecença mútua.

Semelhável, adj. m. e f. Que se pode semelhar.

Sêmen, s. m. (l. *semen*). 1. Semente. 2. V. *esperma*. Pl.: *semens* e *sêmenes*.

Semental, adj. m. e f. 1. Relativo a semente. 2. Que é bom reprodutor.

Sementar, v. Tr. dir. 1. *Ant.* V. *semear*. 2. Fornecer sementes a. 3. Fornecer canas-de-açúcar a, para plantios.

Semente, s. f. (l. *semente*). 1. *Bot.* Óvulo fecundado, maduro e desenvolvido, constituído geralmente de amêndoa e tegumento. 2. Esperma, sêmen. 3. Princípio gerador; origem. 4. Coisa que com o tempo há de produzir certos efeitos; germe.

Sementeira, s. f. 1. Semeada. 2. Tempo próprio para semear. 3. Terra semeada; viveiro de plantas. 4. Difusão, propaganda de doutrinas ou de coisas.

Sementeiro, adj. 1. Semeador. 2. Diz-se do saco em que se leva a semente que se vai semeando. S. m. Semeador.

Semestral, adj. m. e f. 1. Relativo a semestre. 2. Que se realiza ou sucede de seis em seis meses.

Semestralidade, s. f. Quantia correspondente a um semestre.

Semestre, adj. m. e f. V. *semestral*. S. m. O espaço de seis meses consecutivos; meio ano.

Sem-fim, adj. m. e f. Que não tem número, que não tem fim; indefinido. S. m. 1. Número ou quantidade indeterminada. 2. Espaço indefinido. 3. *Ornit.* Saci. Pl.: *sem-fins*.

semi-, elem. de comp. (l. *semi*). Exprime a idéia de *meio* ou *metade*: *semi-ânime, semicolcheia*.

Semi-ânime, adj. m. e f. Quase morto; exânime. Pl.: *semi-ânimes*.

Semi-anual, adj. m. e f. V. *semestral*. Pl.: *semi-anuais*.

Semi-anular, adj. m. e f. Com forma de meio anel. Pl.: *semi-anulares*.

Semibárbaro, adj. Meio bárbaro; que tem pouca civilização; meio selvagem; muito grosseiro.

Semibreve, s. f. *Mús.* Figura musical que vale metade da breve ou duas mínimas.

Semicapro, adj. Diz-se do ser fabuloso, cujo corpo é metade homem, metade bode. S. m. Esse ser.

Semichas, s. f. pl. *Pop.* O que sobeja ou se entorna, quando se medem secos ou molhados.

Semicilíndrico, adj. Em forma de meio cilindro.

Semicircular, adj. m. e f. 1. Relativo ao semicírculo. 2. Em forma de semicírculo. Sin.: *semicírculo*.

Semicírculo, adj. V. *semicircular*. S. m. 1. Metade do círculo. 2. V. *transferidor*.

Semicolcheia, s. f. *Mús.* Nota que vale $^1/_4$ de tempo ou metade da colcheia.

Semiconsoante, s. f. *Gram.* Vogal com função consonântica.

Semicúpio, s. m. Banho que cobre apenas as coxas e o abdome até a cintura; banho de assento.

Semidéia, s. f. V. *semideusa*.

Semideiro, s. m. (l. *semitariu*). Caminho estreito; senda, atalho.

Semideus, s. m. 1. *Mit.* Herói, filho de um deus e de uma mortal ou de uma deusa e de um mortal. 2. *Mit.* Homem divinizado por algum feito memorável. 3. Homem extraordinário pelo seu talento e pelas honras dos homens que lhe são tributadas. Fem.: *semideusa* e *semidéia*.

Semideusa, s. f. Fem. de *semideus*.

Semidiáfano, adj. Um tanto diáfano.

Semidítono, s. m. *Mús. medieval.* Terça menor.

Semidivindade, s. f. Caráter ou qualidade de semideus ou semideusa.

Semidouto, adj. e s. m. Diz-se de, ou indivíduo meio douto, ou de mediana instrução.

Semifendido, adj. 1. Meio fendido. 2. *Bot.* Dividido em dois segmentos.

Semifinal, adj. *Esp.* Diz-se de cada uma das duas provas cujos vencedores, pelo fato de terem vencido, adquiriram o direito de disputar a final. S. f. A prova semifinal.

Semiflósculo, s. m. *Bot.* Flósculo ligulado.

Semifluido, adj. Que não é inteiramente fluido: xaroposo, viscoso.

Semifusa, s. f. *Mús.* Nota musical do valor de 1/64 de tempo ou metade de uma fusa.

Semiglobuloso, adj. *Bot.* Que tem a forma de meio globo ou semi-esférica.

Semi-internato, s. m. 1. Estado do que é semi-interno. 2. Estabelecimento escolar cujos alunos são semi-internos. Pl.: *semi-internatos*.

Semi-interno, adj. e s. m. Diz-se do, ou o aluno que estuda e come no colégio, mas dorme em casa. Pl.: *semi-internos*.

Semilunar, adj. m. e f. Em forma de meia-lua ou crescente. S. m. *Anat.* Osso do carpo, com forma de crescente.

Semilunático, adj. Meio lunático; amalucado, excêntrico.

Semilúnio, s. m. *Astr.* Metade de uma revolução da Lua.

Semimorto, adj. 1. Quase morto; exânime, semi-ânime. 2. Cansado, esfalfado. 3. Apagado, amortecido.

Seminação, s. f. 1. *Bot.* Dispersão natural das sementes de uma planta. 2. *Med.* Inseminação.

Seminal, adj. m. e f. Relativo a semente ou a sêmen.

Seminário, s. m. 1. Lugar onde se criam plantas novas de sementes; viveiro de plantas. 2. Casa de educação e ensino onde se preparam candidatos para o sacerdócio. 3. Reunião de estudos sobre determinado assunto com técnica diversa da que se emprega em congressos ou conferências, especialmente caracterizada por debates sobre matéria constante de texto escrito.

Seminarista, s. m. Aluno de um seminário, acep. 2.

Seminarístico, adj. Relativo a seminarista.

sêmini-, elem. de comp. (l. *semen, inis*). Exprime a idéia de *sêmen, semente*: *seminífero*.

Seminífero, adj. 1. *Bot.* Que produz ou tem sementes. 2. *Bot.* Diz-se dos septos valvulares, quando os grãos aderem a estes.

Semínima, s. f. *Mús.* Figura musical que vale metade da mínima.

Seminíparo, adj. *Biol.* Que produz sêmen ou líquido seminal.

Semino, s. m. Cada uma das bóias que sustêm certas redes de pesca.

Seminu, adj. 1. Meio nu; quase nu. 2. Andrajoso.

Semínula, s. f. *Bot.* V. *semínulo*.

seminuli-, elem. de comp. Exprime a idéia de *semínulo: seminulífero*.

Seminulífero, adj. Que tem ou produz semínulos.

Semínulo, s. m. Pequena semente.

semio-, elem. de comp. (gr. *semeion*). Exprime a idéia de *sinal, sintoma, caráter: semiografia, semiologia*.

Semiografia, s. f. Representação por meio de sinais; notação.

Semiográfico, adj. Relativo à semiografia.

Semiologia, s. f. 1. *Med.* Ramo da Medicina que trata dos sintomas; sintomatologia. 2. *Filol.* V. *semântica*.

Semiológico, adj. Relativo à semiologia.

Semiótica, s. f. V. *semiologia*.

Semiparente, adj. m. e f. Diz-se de quem tem algum parentesco com outrem; afim, contraparente.

Semipedal, adj. m. e f. *Metrif.* Que tem meio pé métrico.

Semipelagiano, adj. e s. m. Dizia-se do, ou o herege do século V que pretendia conciliar o pelagianismo com a ortodoxia.

Semipleno, adj. 1. Cheio até ao meio. 2. Incompleto.

Semiprova, s. f. *Dir.* Prova incompleta ou semiplena.

Semi-racional, adj. m. e f. Muito pouco inteligente; pouco racional. Pl.: *semi-racionais*.

Semi-roto (ô), adj. Meio roto; um tanto roto; meio partido. Pl.: *semi-rotos* (ô). Fem.: *semi-rota* (ô); pl. do fem.: *semi-rotas* (ô).

Semi-sábio, adj. 1. Diz-se do indivíduo que presume saber muito, mas cujos conhecimentos são incompletos ou imperfeitos. 2. Diz-se do indivíduo que fala de tudo e sabe pouco. S. m. Indivíduo semi-sábio. Pl.: *semi-sábios*.

Semi-selvagem, adj. m. e f. 1. Quase selvagem; pouco civilizado. 2. Muito rude; grosseiro. Pl.: *semi-selvagens.*

Semita, adj. m. e f. (de *Sem,* n. p. do filho mais velho de Noé + *ita*[2]). Que se refere aos semitas. S. m. e f. 1. Membro de um dos povos que, segundo a Bíblia (*Gênesis,* 10, 22-31), descendem de Sem. 2. Membro de um dos povos do Sudoeste da Ásia que falam ou falaram línguas semíticas e que são hoje representados pelos hebreus, árabes e etíopes e em tempos antigos também o eram pelos babilônios, assírios, arameus, cananeus e fenícios.

Sêmita, s. f. (l. *semita*). Senda, vereda.

Semítico, adj. 1. Relativo aos semitas. 2. Em sentido restrito, judeu.

Semitismo, s. m. (*semita* + *ismo*). 1. Caráter ou qualidade do que é semítico. 2. Modos, idéia ou influência do povo judeu. 3. Predisposição ou política favorável aos judeus.

Semitom, s. m. *Mús.* Intervalo que tem metade de um tom; meio-tom.

Semitransparente, adj. m. e f. Imperfeitamente transparente.

Semiústo, adj. *Poét.* Um tanto queimado.

Semíviro, s. m. Homem imperfeito; eunuco.

Semivivo, adj. Quase sem vida; semi-ânime.

Semivogal, adj. m. e f. *Gram.* Diz-se da vogal breve que vem junta à vogal de um ditongo ou tritongo, como o *i* e o *u* em *mais, maus, água, quais, saguão.* S. f. Essa vogal breve.

Sem-modos, adj. e s., m. e f., sing. e pl. Diz-se da, ou a pessoa que não tem boas maneiras.

Sêmola, s. f. (ital. *semola*). Substância granulada feita de grãos de trigo ou de outros cereais e usada para fazer massas, sopas etc. 2. Semolina.

Semolina, s. f. Fécula de farinha de arroz; sêmola.

Semones, s. m. pl. Deuses de categoria inferior, na antiga Itália.

Semostração, s. f. 1. Ato de se mostrar, de se exibir. 2. Ostentação (de grandeza, inteligência, conhecimento, dinheiro, luxo etc.); vaidade.

Semostradeira, adj. Diz-se da moça que gosta de se mostrar, de aparecer.

Semostrador, adj. Diz-se do indivíduo que tem a mania de se exibir.

Semostrar, v. Intr. Exibir-se, ostentar-se vaidosamente.

Semoto, adj. *Poét.* Afastado, distante, remoto.

Semovente, adj. m. e f. Que se move por si mesmo. S. m. Ser que se move por si mesmo.

Sem-par, adj. m. e f., sing. e pl. Que é único; sem igual.

Sempiterno, adj. 1. Que não teve princípio nem jamais terá fim; eterno, perpétuo. 2. Que dura muito; infinito na duração. 3. Que é muito velho ou antigo.

Sempre, adv. (l. *semper*). 1. A toda a hora, a todo o momento, em todo o tempo. 2. Constantemente, continuamente, sem cessar. 3. Contudo, entretanto, no entanto, todavia. 4. Afinal, enfim. 5. Com efeito, efetivamente. S. m. Todo o tempo (o passado, o presente, o futuro). — *S. que*: todas as vezes que.

Sempre-lustrosa, s. f. *Bot.* Planta nictaginácea (*Bougainvillea spectabilis*); buganvília, primavera, três-marias. Pl.: *sempre-lustrosas.*

Sempre-noiva, s. f. *Bot.* V. *sempre-viva.* Pl.: *sempre-noivas.*

Sempre-viva, s. f. *Bot.* 1. Gênero (*Sempervivum*) da família das Crassuláceas, constituído de ervas carnosas, às vezes arborescentes. 2. Qualquer planta ou flor desse gênero. 3. Planta da família das Compostas (*Helichrysum bracteatum*). Pl.: *sempre-vivas.*

Sem-pudor, s. m. Falta de pudor. Pl.: *sem-pudores.*

Sem-pulo, s. m. *Gír. esp.* Chute dado na bola antes que ela pule no terreno.

Sem-razão, s. f. 1. Falta de razão; desrazão. 2. Ato ou conceito infundado; afronta, injustiça. Pl.: *sem-razões.*

Sem-sal, adj. m. e f., sing. e pl. 1. Insulso, insosso. 2. Sensaborão.

Sem-segundo, adj. Sem par, único. Pl.: *sem-segundos.*

Sem-termo (*ê*), s. m. V. *sem-fim.* Pl.: *sem-termos* (*ê*).

Sem-vergonha, adj. m. e f. Diz-se da pessoa desavergonhada, descarada, impudente, desonesta. S. m. e f., sing. e pl. Essa pessoa. S. f. 1. Falta de vergonha. 2. *Bot.* Planta urticácea (*Pilea repens*). Pl. do s. f.: *sem-vergonhas.*

Sem-vergonhice, s. f. Ação ou procedimento de sem-vergonha; sem-vergonhismo. Pl.: *sem-vergonhices.*

Sem-vergonhismo, s. m. Despudor; sem-vergonhice. Pl.: *sem-vergonhismos.*

Sena[1], s. f. (l. *sena*). Carta de jogar, peça de dominó, ou face de dado que apresenta seis pintas ou seis pontos.

Sena[2], s. f. *Bot.* V. *sene.*

Senáculo, s. m. Lugar onde o senado romano realizava as suas sessões. Cfr. com *cenáculo.*

Senado, s. m. (l. *senatu*). 1. *Antig. rom.* Conselho supremo de Estado. 2. Câmara alta, nos países que têm duas assembléias legislativas. 3. Edifício destinado às reuniões de um senado.

Senador, s. m. (l. *senatore*). Membro do senado.

Senadora, s. f. 1. Mulher que exerce a senadoria. 2. Esposa de senador. 3. Cada uma das mulheres de Heliogábalo.

Senadoria, s. f. V. *senatoria.*

Senal, adj. Diz-se do diamante bruto e muito pequeno.

Senão[1], conj. (*se* + *não*). Aliás, de outra forma, de outro modo, quando não.

Senão[2], prep. À exceção de, exceto, menos: Ninguém aplaudiu, *senão* a claque.

Senão[3], s. m. Balda, defeito, leve falta, mácula: Há no seu trabalho um pequeno *senão.*

Senário, adj. (l. *senariu*). 1. Que contém seis unidades. 2. Diz-se do número que se escreve com seis algarismos.

Senatoria, s. f. 1. Cargo ou funções de senador. 2. Duração desse cargo. Sin.: *senadoria.*

Senatorial, adj. m. e f. Relativo ao senado ou aos senadores.

Senatório, adj. V. *senatorial.*

Senatriz, s. f. Mulher de senador; senadora.

Senatus-consulto, s. m. Decreto, com força de lei, do antigo senado romano.

Senciente, adj. m. e f. 1. Que sente. 2. Que tem sensações.

Sencilha, s. f. Dinheiro que ao jogador de cartas empresta um dos espectadores que não joga.

Senda, s. f. (l. *semita*). 1. Caminho desviado, estreito; atalho, vereda. 2. Hábito, praxe, rotina.

Sendeiro, adj. e s. m. 1. Diz-se do, ou o cavalo de carga, forte, mas pouco encorpado. 2. Diz-se do, ou o cavalo ou burro, velho e ruim. 3. Diz-se do, ou o indivíduo desprezível, sevandija.

Sendos, adj. pl. (l. *singulos*). *Ant.* Dizia-se de vários objetos da mesma natureza e referentes ou pertencentes a diversas pessoas, levando ou tendo cada uma o seu. Var.: *sengos.*

Sene, s. m. *Bot.* 1. Nome de várias plantas do gênero Cássia. 2. Planta litrácea (*Pleurophora anomala*). 3. *Farm.* Pó preparado com os folíolos secos de várias espécies de senes.

Senecionídeo, adj. *Bot.* Relativo ou semelhante à tasneirinha.

Senecto, adj. *Ant.* Idoso, muito antigo; velho.

Senectude, s. f. Decrepitude, senilidade, velhice.

Senegalense, adj. e s., m. e f. V. *senegalês.*

Senegalês, adj. Relativo ao Senegal (África); senegalesco. S. m. Habitante ou natural do Senegal.

Senegalesco, adj. *Pej.* V. *senegalês.*

Senembi, s. m. V. *sinimbu.*

Senembu, s. m. V. *sinimbu.*

Senescal, s. m. 1. Mordomo-mor ou vedor em certas cortes. 2. Oficial feudal judicial ou administrativo, na Idade Média.

Senescalado, s. m. Dignidade ou funções do senescal; senescalia.

Senescalia, s. f. V. *senescalado.*

Senga, s. f. 1. Farelos, fragmentos ou resíduos de peneiração ou joeiramento. 2. Cascas de ostras e mariscos.

Sengos, adj. m. pl. *Ant.* V. *sendos.*

Senha, s. f. (l. *signa*). 1. Gesto, sinal ou palavra combinados entre duas ou mais pessoas para qualquer fim; aceno, indício. 2. Bilhete que dá a seu portador entrada livre numa agremiação ou num espetáculo. 3. Documento para prode que o estudante pagou sua propina de exame.

Senhor, s. m. (l. *seniore*). 1. Tratamento dado por cortesia a qualquer homem. 2. Soberano, chefe. 3. Proprietário, possuidor, dono absoluto. 4. Dono da casa. 5. O marido em relação à esposa. 6. Deus, Jesus Cristo.

Senhora (*ô*), s. f. (fem. de *senhor*). 1. Tratamento que se dá por cortesia às damas. 2. A esposa em relação ao marido. 3. A dona-de-casa. 4. Mulher com autoridade sobre certas pessoas ou coisas; soberana, dominadora. 5. Dona de qualquer coisa, ou que tem domínio sobre essa coisa; proprietária, possuidora. 6. A Virgem Maria.

Senhoraça, s. f. *Hum.* Mulher de escassa cultura, que se quer dar ares de grande senhora.

Senhoraço, s. m. *Hum.* 1 Indivíduo de inferior condição, que procura inculcar-se como criatura superior. 2. Figurão. 3. Homem rico e pretensioso.

Senhoreador, adj. e s. m. Que, ou aquele que senhoreia, que domina, que infunde respeito.

Senhorear, v. 1. Tr. dir. Assenhorear-se, apossar-se de, conquistar. 2. Tr. dir. Dominar como senhor. 3. Tr. ind. Ter posse ou domínio sobre. 4. Intr. Dominar, reinar. 5. Pron. Apoderar-se, assenhorear-se, empossar-se. 6. Tr. dir. Ter império ou influência moral sobre; cativar, dominar. 7. Tr. dir. Estar sobranceiro a; dominar.

Senhoria, s. f. (*senhor + ia*). 1. Autoridade ou qualidade de senhor ou senhora; senhorio. 2. Autoridade, direito ou poder de alguém sobre a terra de que é possuidor. 3. Essa própria terra. 4. A proprietária da casa que está alugada.

Senhoriagem, s. f. 1. Tributo que se pagava como reconhecimento de um senhorio. 2. Direito que o concessionário da cunhagem da moeda pagava ao soberano. 3. Diferença entre o valor real e o nominal da moeda.

Senhorial, adj. m. e f. Relativo a senhorio.

Senhoril, adj. m. e f. 1. Próprio de senhor ou senhora. 2. Próprio de pessoa de distinção; distinto, nobre.

Senhorinha, s. f. Moça solteira; senhorita.

Senhorio, s. m. 1. Direito que cada um tem sobre aquilo que lhe pertence; autoridade, domínio. 2. Propriedade, posse, domínio. 3. Proprietário de prédio alugado.

Senhorita, s. f. Diminutivo de *senhora*. 2. Mulher de pequena estatura. 3. Tratamento cortês que se dá às mulheres jovens não casadas. 4. Moça solteira, senhorinha.

Senil, adj. m. e f. 1. Relativo à velhice ou aos velhos. 2. Próprio da velhice. 3. Decrépito.

Senilidade, s. f. 1. Estado ou qualidade de senil. 2. Debilidade física e intelectual, causada pela velhice. 3. Idade senil.

Sênior, adj. (l. *seniore*). Mais velho. S. m. Esportista que já obteve primeiros prêmios. Antôn.: *júnior*. Pl.: *seniores*.

Seno, s. m. (l. *sinu*). *Mat.* 1. Perpendicular que vai de uma das extremidades de um arco de círculo ao raio que passa pela outra extremidade. 2. Razão entre essa perpendicular e esse raio.

Senóide, s. f. *Mat.* Curva dos senos, em que as abscissas são proporcionais ao arco ou ângulo e as ordenadas ao seu seno; sinusóide.

Senoniano, adj. *Geol.* 1. Designativo de uma das subdivisões do sistema cretáceo europeu. 2. Relativo a esse andar. S. m. Uma das subdivisões do terreno cretáceo.

Sensabor, adj. 1. Que não tem sabor ou gosto; insípido. 2. Monótono, enfadonho. 3. Diz-se de pessoa sem graça, inepta, insulsa, sensaborona. S. m. e f. Pessoa desengraçada e insípida. S. m. Dissabor.

Sensaborão, adj. Muito sensabor. Fem.: *sensaborona*.

Sensaboria, s. f. 1. Qualidade de sensabor; insipidez. 2. *Fam.* Ato, dito ou acontecimento desagradável, que causa ou pode causar desgosto.

Sensação, s. f. (l. *sensatione*). *Psicol.* 1. Fato elementar de consciência provocado pela modificação de um sentido externo ou interno. 2. Função ou ação dos sentidos. 3. Percepção pelos sentidos. 4. Impressão transmitida por um nervo aferente ao sensório comum. 5. Impressão física recebida pelos sentidos, como dor, calor, frio etc. 6. Condição mental ou emocional produzida pela impressão de um órgão do sentido, como apreensão, angústia, prazer etc. 7. Grande impressão ou surpresa devida a sucesso extraordinário; emoção.

Sensacional, adj. m. e f. 1. Relativo a sensação. 2. Que produz grande sensação.

Sensacionalismo, s. m. Maneira de divulgar notícias, em tom espalhafatoso, de modo a causar viva emoção.

Sensacionismo, s. m. Costume ou mania de produzir sensação.

Sensatez, s. f. Qualidade de sensato; bom senso, discrição, prudência.

Sensatibilidade, s. f. 1. Propensão natural para a sensatez. 2. Faculdade pela qual apreciamos a sensatez própria ou alheia; apreciação, juízo.

Sensato, adj. 1. Que tem bom senso; ajuizado, avisado, discreto, prudente. 2. Que é conforme ao bom senso.

Sensibilidade, s. f. 1. *Fisiol.* Capacidade de um organismo vivo de experimentar impressões de ordem física. 2. *Psicol.* Predisposição psicofísica, caracterizada por um limiar muito baixo para certos estímulos, ou conjunto de estímulos. 3. Faculdade de experimentar impressões morais. 4. Disposição para se ofender ou melindrar-se; suscetibilidade. 5. *Mec.* Capacidade de aparelhos ou instrumentos, de reagir à mínima ação ou variação de influências físicas externas, tais como peso, pressão, variação de temperatura etc.

Sensibilização, s. f. Ato, efeito ou processo de sensibilizar(-se).

Sensibilizador, adj. 1. Sensibilizante. 2. Que torna sensível à ação da luz ou de qualquer outro agente.

Sensibilizante, adj. m. e f. Que sensibiliza; sensibilizador.

Sensibilizar, v. 1. Tr. dir. Tornar sensível; abrandar o coração de; comover, enternecer. 2. Pron. Comover-se; contristar-se. 3. Tr. dir. *Fot.* Tornar sensível à ação da luz (uma folha de papel etc.).

Sensificar, v. Tr. dir. 1. Tornar sensível. 2. Restituir a sensibilidade a.

Sensitiva, s. f. Planta leguminosa-mimosácea (*Mimosa sensitiva* ou *pudica*), cujas folhas têm a propriedade de se retrair, quando se lhes toca. 2. Pessoa de grande suscetibilidade, que facilmente se melindra.

Sensitivo, adj. 1. Relativo aos sentidos. 2. Que tem a faculdade de sentir. 3. Que recebe ou transmite impressões dos sentidos: Nervos *sensitivos*.

Sensível, adj. m. e f. (l. *sensibile*). 1. Que é dotado de sensibilidade. 2. Que recebe facilmente as sensações externas. 3. Que impressiona os sentidos. 4. Perceptível. 5. De alguma importância; apreciável. 6. Evidente, manifesto. 7. Diz-se de instrumento que indica a menor diferença ou alteração. 8. Suscetível. 9. Compassivo, doloroso. 10. *Bot.* Diz-se da planta que se retrai ou que fecha as folhas quando se lhe toca.

Sensivo, adj. V. *sensível*.

Senso, s. m. 1. Faculdade de julgar, de raciocinar; entendimento. 2. Siso, juízo, tino. 3. *P. us.* Sentido, direção. — *S. comum*: modo de pensar da maioria das pessoas.

Sensor, s. m. Dispositivo como radar, sonar etc., que tem por finalidade pressentir, localizar ou sondar alvos.

Sensorial, adj. m. e f. 1. Relativo ao sensório. 2. Relativo às sensações.

Sensório, adj. *Fisiol.* Que transmite impulsos que resultam em sensações: Nervo *sensório*. S. m. 1. *Filos.* O cérebro ou parte dele, considerado como a sede da alma. 2. *Biol.* Qualquer centro nervoso sensorial.

Sensual, adj. m. e f. Relativo aos sentidos. 2. Que indica sensualidade. 3. Lascivo, lúbrico, voluptuoso.

Sensualidade, s. f. 1. Qualidade de sensual. 2. Lubricidade, volúpia. 3. Propensão para os prazeres materiais.

Sensualismo, s. m. Doutrina ética, segundo a qual a satisfação dos apetites carnais é o maior bem do homem.

Sensualista, adj. m. e f. 1. Relativo ao sensualismo. S. m. e f. Pessoa que segue a doutrina do sensualismo.

Sensualizar, v. 1. Tr. dir. e pron. Tornar(-se) sensual. 2. Tr. dir. Excitar sensualmente; estimular os apetites sensuais.

Sentada, s. f. 1. Parada inesperada do animal que galopa. 2. *Pop.* Assentada.

Sentador, adj. (*sentar + dor*). 1. Que senta ou se senta. 2. Diz-se do animal que facilmente faz sentada.

Sentar, v. 1. Tr. dir. Pôr sobre um assento; assentar. 2. Pron. Assentar-se, tomar assento. 3. Pron. Colocar-se, estabelecer-se, fixar-se.

Sentença, s. f. (l. *sententia*). 1. Expressão que encerra um pensamento moral ou uma opinião judiciosa; máxima, rifão. 2. Julgamento ou decisão final proferida por juiz, tribunal ou árbitro. 3. Qualquer despacho ou decisão. 4. *Teol.* Julgamento de Deus acerca dos homens. 5. Palavra ou frase que encerra uma resolução inabalável; juramento, protesto. 6. *Des. Gram.* V. *oração* ou *proposição*.

Sentenciado, adj. Diz-se do indivíduo condenado por sentença.

Sentenciador, adj. e s. m. Que, ou aquele que sentencia.

Sentenciar, v. 1. Tr. dir. Julgar por sentença. 2. Tr. ind. e intr. Exprimir juízo ou parecer. 3. Tr. dir. Condenar por meio de sentença. — Verbo regular, conjuga-se no pres. do ind.: *sentencio, sentencias, sentencia* etc.

Sentencioso, adj. 1. Que tem forma de sentença. 2. Em que há sentença. 3. Que tem o hábito de se servir de sentenças ao proferir ou expor seus conceitos. 4. Grave como um juiz. 5. De gravidade afetada.

Sentido, adj. 1. Magoado, melindrado. 2. Sensível, suscetível. 3. Contristado, pesaroso, triste. 4. Lamentoso, plangente. 5. Meio podre; passado. S. m. 1. Cada uma das funções pelas quais o homem e os animais recebem a impressão de objetos externos por meio dos órgãos apropriados: visão, audição, olfato, gosto e tato. 2. Faculdade de sentir. 3. Maneira de ser compreendido. 4. Interpretação dada a uma palavra ou frase. 5. Lado, direção. 6. Razão de ser, significação. 7. Posição regulamentar (de pé, imóvel, calcanhares unidos, mãos coladas às coxas) tomada pelos militares em certas ocasiões. S. m. pl. 1. Faculdade de experimentar o prazer; concupiscência, sensualidade. 2. As faculdades intelectuais.

Sentimental, adj. m. e f. 1. Relativo ao sentimento. 2. Que tem ou revela sentimento. 3. Que é dominado pelos sentimentos de bondade; compassivo. 4. Que tem ou afeta sensibilidade romanesca.

Sentimentalidade, s. f. Qualidade de sentimental; sentimentalismo.

Sentimentalismo, s. m. 1. V. *sentimentalidade*. 2. Exagero do sentimento. 3. Gênero literário ou artístico em que predomina o exagero do sentimento.

Sentimentalista, adj. m. e f. 1. Relativo ao sentimentalismo. 2. Diz-se de pessoa dada ao sentimentalismo.

Sentimentalizar, v. Tr. dir. Tornar sentimental.

Sentimento, s. m. 1. Ato ou efeito de sentir(-se). 2. Capacidade para sentir. 3. Sensação psíquica, tal como as paixões, o pesar, a mágoa, o desgosto etc. 4. Disposição para ser facilmente comovido ou impressionado. 5. Emoção terna ou elevada, tal como o amor, a amizade, o patriotismo. 6. Pressentimento, suspeita. 7. Opinião. S. m. pl. 1. Modo de pensar, mentalidade, atitude moral. 2. Boas qualidades morais, bons instintos, boa índole. 3. Pêsames.

Sentina, s. f. 1. *Ant. Náut.* O porão das galés. 2. Lugar muito sujo. 3. Latrina. 4. Pessoa cheia de vícios.

Sentinela, s. f. 1. *Mil.* Soldado armado que está de vigia em um posto. 2. Pessoa que vigia ou vela por alguma coisa. 3. Qualquer coisa elevada (árvore, torre, coluna etc.), principalmente se colocada em lugar ermo. 4. *Bot.* Planta gramínea forrageira (*Paspalum parviflorum*).

Sentir, v. 1. Tr. dir. Perceber por meio de qualquer um dos sentidos. 2. Tr. dir. e pron. Experimentar uma sensação física; perceber algo que se passa em seu próprio corpo. 3. Tr. dir. Experimentar, ter (um afeto, uma impressão moral, um sentimento); ser afetado por. 4. Tr. dir. Ter consciência de. 5. Tr. dir. Ser sensível a; experimentar, sofrer a ação, a força, a influência ou a intensidade de. 6. Intr. Ter sensibilidade física ou moral. 7. Tr. dir. Estar convencido de, ter consciência de. 8. Tr. dir. Conhecer, notar, reconhecer. 9. Tr. dir. Conjeturar, supor com certos fundamentos. 10. Tr. dir. Perceber a iminência ou a presença de; pressentir. 11. Tr. dir. Certificar-se de; compreender. 12. Pron. Imaginar-se, julgar-se. 13. Tr. dir. Saber traduzir por meio da arte; ter o sentimento estético de; apreciar. 14. Pron. Magoar-se, melindrar-se, molestar-se, mostrar ressentimento, ofender-se. 15. Tr. dir. Exprimir pesar por. S. m. 1. Modo de ver; opinião. 2. Sentimento.

Senzala, s. f. Conjunto dos alojamentos destinados aos escravos.

Sépala, s. f. *Bot.* Cada um dos folíolos que formam os cálices das flores.

Sepalóide, adj. m. e f. Que tem aspecto de sépala.

Separação, s. f. (l. *separatione*). 1. Ato ou efeito de separar(-se). 2. Aquilo que serve para separar ou vedar, como tabique, biombo etc. 3. Afastamento, apartamento. 4. Rompimento de união conjugal.

Separado, adj. Afastado, desligado, isolado.

Separador, adj. Que separa. S. m. 1. Aquele ou aquilo que separa. 2. Centrífuga.

Separar, v. (l. *separare*). 1. Tr. dir. e pron. Apartar(-se), desligar(-se), desunir(-se). 2. Tr. dir. *Dir.* Permitir a separação judicial entre. 3. Pron. Cessar de viver em comum. 4. Pron. *Dir.* Divorciar-se. 5. Tr. dir. Isolar: *S. os doentes.* 6. Tr. dir. Estar colocado entre; manter separação. 7. Tr. dir. Lançar a discórdia, a indiferença, o ódio etc. entre; desunir. 8. Tr. dir. Isolar de uma mistura ou de um composto; extrair.

Separata, s. f. Publicação em opúsculo, de artigos já estampados num jornal ou revista, aproveitando-se a mesma composição tipográfica.

Separatismo, s. m. Tendência e empenho de um território, para separar-se do Estado de que faz parte.

Separatista, adj. m. e f. 1. Relativo ao separatismo. 2. Que tende a tornar-se independente. S. m. e f. Pessoa favorável ao separatismo ou que tem idéias separatistas.

Separativo, adj. Que pode separar; separatório.

Separatório, adj. V. *separativo*. S. m. Recipiente com que se faz a separação de substâncias líquidas.

Separável, adj. m. e f. Que se pode separar.

Sépia, s. f. *Zool.* Gênero (*Sepia*) de cefalópodes, com dez tentáculos, corpo oval, provido de uma glândula, que segrega um fluido escuro. 2. O pigmento escuro, altamente dispersivo, extraído com álcalis da glândula dessecada dos moluscos do gênero Sépia. 3. A cor desse pigmento.

Sepícola, adj. m. e f. Que vive nas sebes.

Sepsia, s. f. 1. Putrefação de substâncias ou tecidos orgânicos. 2. Intoxicação causada por produtos de um processo putrefativo.

Septena, adj. V. *setena*.

Septenal, adj. m. e f. V. *setenal*.

Septenário, adj. e s. m. V. *setenário*.

Septeto (*ê*), s. m. Composição musical para sete vozes ou sete instrumentos.

septi-[1], elem. de comp. (l. *septu*). Exprime a idéia de *septo, parede, membrana: septífero, septífrago*.

septi-[2], elem. de comp. (l. *septe*). Significa *sete: septifoliado*.

Septicemia, s. f. *Med.* Estado mórbido determinado pela presença e multiplicação de microrganismos virulentos no sangue.

Septicêmico, adj. Relativo à septicemia.

Septiciana, s. f. Libra dos antigos romanos, reduzida, durante a segunda guerra púnica, de doze onças a oito e meia.

Septicida, adj. f. *Bot.* Diz-se da cápsula valvar com fendas de deiscência sutural, em que os septos se fendem radialmente.

Séptico, adj. 1. Que causa infecção. 2. Contaminado por germes patogênicos.

Septífero, adj. *Bot.* Que tem septos.

Septifoliado, adj. *Bot.* Diz-se da folha que tem sete folíolos.

Septífrago, adj. *Bot.* Designativo da deiscência em que as valvas ou cápsulas se desprendem do septo.

Séptil, adj. m. e f. *Bot.* Diz-se dos grãos e da placenta, quando esta se liga ao septo.

Septo¹, s. m. (l. *septu*). 1. *Anat.* Parede ou membrana que separa duas cavidades ou duas massas de tecido. 2. *Bot.* Parede divisória entre duas células, cavidades ou massas, tal como em um ovário ou fruto composto.

septo-², elem. de comp. (gr. *septos*). Exprime a idéia de *pútrido, podre: septômetro.*

Septômetro, s. m. *Fís.* Instrumento para avaliar a quantidade de matéria orgânica que vicia a atmosfera.

Séptuor, s. m. *Mús.* Septeto.

Sepulcral, adj. m. e f. 1. Relativo a sepulcro: Pedra *s.* 2. Próprio ou sugestivo de sepulcro ou de morte: Silêncio *s.* 3. Extremamente pálido. 4. Sombrio, triste, fúnebre.

Sepulcrário, s. m. Terreno adequado a enterramentos; cemitério.

Sepulcro, s. m. 1. Sepultura. 2. O que cobre ou encerra como um túmulo. 3. Lugar onde morre muita gente. 4. Casa muito triste e escura.

Sepultador, adj. e s. m. Que, ou aquele que sepulta.

Sepultamento, s. m. 1. Ato de sepultar(-se). 2. Enterro.

Sepultante, adj. m. e f. Que sepulta.

Sepultar, v. 1. Tr. dir. e pron. Encerrar(-se) em sepultura; enterrar(-se), inumar(-se). 2. Tr. dir. Aterrar, soterrar. 3. Tr. dir. Lançar em lugar profundo (abismo, poço, oceano etc.). 4. Tr. dir. Enclausurar, prender. 5. Tr. dir. Afundar, meter. 6. Pron. Fugir à vida mundana; recolher-se, retrair-se. 7. Tr. dir. Pôr fim a.

Sepulto, adj. Sepultado, enterrado, inumado.

Sepultura, s. f. 1. V. *sepultamento.* 2. Lugar ou cova onde se sepultam os cadáveres. 3. Jazigo, sepulcro, túmulo. 4. Falecimento, morte. 5. Lugar onde é muito grande a mortalidade.

Sepultureiro, s. m. Sepultador, coveiro.

Séquano, adj. *Etnol.* Relativo aos séquanos. S. m. pl. Povo céltico da Gália antiga que habitava a região próxima das nascentes do Rio Saona; sequanês, sequaniano.

Sequaz, adj. m. e f. (l. *sequace*). Que segue ou acompanha assiduamente. S. m. e f. 1. Pessoa que segue ou acompanha assiduamente. 2. Partidário, prosélito, sectário.

Sequeiro, adj. Falto de água. S. m. 1. Lugar seco; terreno não regado pelas águas. 2. Lugar onde se estendem roupas, artefatos cerâmicos etc., para os enxugar ou secar.

Seqüela, s. f. 1. *Pop.* Ato de seguir. 2. Conseqüência, resultado. 3. *Med.* Sintoma que permanece após certas doenças. 4. Bando, malta, súcia. 5. Conjunto de sequazes de uma doutrina. 6. Longa série de coisas.

Seqüência, s. f. (l. *sequentia*). 1. Ato ou efeito de seguir. 2. Sucessão, encadeamento de fatos que se sucedem. 3. Ordem, ligação, coerência. 4. *Gram.* Ordem das palavras na frase. 5. *Mús.* Nos tratados de harmonia, a repetição de um determinado grupo de notas ou de acordes em diferentes posições da escala que ascendeu regularmente. 6. No jogo do pôquer, série de cinco cartas de valores ascendentes contíguos. 7. *Jogo.* Cartas seguidas de um naipe.

Seqüente, adj. m. e f. Que segue; seguinte.

Sequer, adv. 1. Ao menos, pelo menos: Não havia *sequer* cadeiras. 2. Nem ao menos; nem sequer: Não era *sequer* simpática. 3. *Ant.* Ainda.

Seqüestração, s. f. Ato ou efeito de seqüestrar; seqüestro.

Seqüestrador, adj. e s. m. Que, ou aquele que seqüestra.

Seqüestrar, v. 1. Tr. dir. Pôr em seqüestro (bens, haveres); arrestar, penhorar. 2. Tr. dir. Enclausurar ilegalmente; raptar. 3. Tr. dir. Tirar violentamente ou às ocultas; apoderar-se ilegalmente de. 4. Tr. dir. Tornar solitário; isolar. 5. Pron. Afastar-se do convívio social; isolar-se.

Seqüestrável, adj. m. e f. Que se pode seqüestrar.

Seqüestre, s. m. *Antig. rom.* Intermediário que subornava eleitores e peitava juízes.

Seqüestro, s. m. 1. Seqüestração. 2. *Dir.* Apreensão judicial da coisa sobre a qual versa o litígio, até que se decida quem tem direito sobre ela. 3. *Dir.* A coisa seqüestrada. 4. *Cir.* A parte necrosada que, em um osso afetado de necrose, se separa da porção não mortificada.

Sequidão, s. f. V. *secura.*

Sequilho, s. m. Espécie de bolacha feita de ovos, farinha e açúcar.

Sequioso, adj. 1. Que tem sede; sedento. 2. Falto de água; muito seco. 3. Ansioso de alguma coisa; ávido, cobiçoso, sôfrego.

Sequista, adj. e s. m. e f. Diz-se da, ou a pessoa maçante.

Séqüito, s. m. Conjunto de pessoas que acompanha outra ou outras por cortesia ou por dever oficial; acompanhamento, comitiva, cortejo. Var.: *séquito.*

Sequóia, s. f. *Bot.* 1. Gênero (*Sequoia*) de árvores coníferas gigantescas, que se distinguem por folhas decorrentes, não só lineares mas também em forma de sovela, e brotos de inverno com escamas imbricadas. 2. Planta desse gênero.

Ser¹, v. (l. *sedere*). 1. V. de lig. Possuir as características ou qualidades indicadas pelos adjetivos que acompanham e determinam o verbo: As figuras *eram* muito *vistosas.* 2. Designa, por antonomásia, a existência real e absoluta. 3. Intr. Existir, estar. 4. Exprime a realidade em contraposição à mera aparência ou simples mostra: Uma coisa é o que ela *é.* 5. V. de lig. Estar, ficar, tornar-se: *Sou triste* quando em ti penso (Gonçalves Dias). 6. Intr. Achar-se ou encontrar-se, em um dado momento, em um dado lugar; estar. 7. V. de lig. Causar, produzir, ser motivo de: *Era* um *prazer* ouvi-lo. 8. V. de lig. Consistir em. 9. V. de lig. Ter o cargo, o título, a categoria, a função etc. de: *Ser pedreiro.* 10. Tr. ind. Pertencer a, ter por dono. 11. Tr. ind. Pertencer ou referir-se a: O caso não *é com* você. 12. Emprega-se como auxiliar na voz passiva de outros verbos: *Ser amado, ser querido, ser venerado.*

Ser², s. m. 1. Ente. 2. Ente humano. 3. Existência, vida. 4. Coisa que tem realidade no mundo dos sentidos. 5. Figura, forma; estado, modo de existir. S. m. pl. A natureza; tudo quanto existe; o conjunto das criaturas.

Será!, interj. Exprime deferência com que se assente ou finge assentir e equivale a *talvez.*

Seráfico, adj. 1. Relativo aos serafins; angélico. 2. Que tem modos de devoto; místico, beatífico. 3. Designativo da ordem dos frades franciscanos.

Serafim, s. m. *Teol.* Anjo pertencente ao primeiro dos nove coros celestiais da hierarquia mais elevada.

Serafina, s. f. *Ant.* 1. Tecido de lã, próprio para forros. 2. Tela de lã, muito parecida com a baeta, adornada com flores e outros desenhos.

Seral, adj. m. e f. 1. Relativo à noite. 2. Que sucede de noite.

Serão, s. m. 1. Tarefa ou trabalho noturno. 2. Remuneração desse trabalho. 3. Reunião familiar à noite; sarau.

Serapieira, s. f. V. *sarapieira.*

Serapilheira, s. f. 1. Tecido grosseiro para envolver fardos. 2. Pano grosso de que os camponeses em Portugal fazem os seus vestuários. 3. Pano grosso, para limpeza ou lavagem de casas. 4. Vegetação rala e rasteira. 6. Designação das pequenas raízes de árvores que surgem à flor da terra. Var.: *sarapilheira.*

Sereia, s. f. (l. *sirena,* do gr. *seiren*). 1. *Mit.* Ser fabuloso cujo corpo era de mulher formosa, da cintura para cima, e de peixe, daí para baixo, que atraía os navegantes para os escolhos, onde naufragavam e morriam. 2. Mulher sedutora. 3. Mulher cujo canto é suavíssimo e melodioso. 4. Aparelho que serve nas locomotivas, navios, ambulâncias, carros de bombeiros etc., para fazer sinais acústicos de alarma ou para pedir passagem e prevenir acidentes.

Serelepe, adj. 1. Faceiro, gracioso, provocante. 2. Buliçoso, vivo. 3. Ardiloso. S. m. *Zool.* V. *caxinguelê.* S. m. e f. Pessoa ágil, esperta, viva.

Serena, s. f. Batedeira, de movimento sereno.

Serenada¹, s. f. *Mús.* V. *serenata.*

Serenada², s. f. (*sereno + ada*). 1. Sereno. 2. Chuva miúda e rápida.

Serenar, v. 1. Tr. dir. Tornar sereno. 2. Tr. dir. Acalmar, aquietar. 3. Tr. dir. Aplacar, pacificar. 4. Intr. e pron. Acalmar-se, tranqüilizar-se; desanuviar-se, voltar ao estado primitivo. 5. Intr. Abrandar, amainar. 7. Intr. Dançar suavemente. 8. Intr. Chuviscar.

Serenata, s. f. 1. Concerto de vozes ou de instrumentos que se dá de noite em passeio noturno ou debaixo das janelas de alguém. 2. Composição musical, simples e melodiosa. 3. Composição poética, própria para o canto noturno.

Serenatista, s. m. e f. Seresteiro.

Serenidade, s. f. 1. Estado ou qualidade de sereno. 2. Paz, suavidade, tranqüilidade.

Sereníssimo, adj. (l. *serenissimu*). 1. Sup. abs. sint. de *sereno;* muito sereno. 2. Antigo título honorífico dos monarcas e infantes portugueses. 3. Título honorífico da Casa de Bragança. 4. Antigo título de algumas altas personalidades e de certos Estados: A *Sereníssima* República de Veneza.

Sereno, adj. (l. *serenu*). 1. Sem nuvens; limpo de névoas; diz-se do céu calmo, claro, puro. 2. Calmo, sossegado, tranqüilo. 3. Impassível, sensato, ponderado. S. m. 1. Ar orvalhoso da noite; ligeira camada de vapor de água pairando na atmosfera durante a noite. 2. Chuva miúda. 3. Lugar onde se dão bailes populares, ao ar livre. 4. Ajuntamento de espectadores em frente a casas em que à noite se realizam festas, principalmente danças.

Seresma (*ê*), s. f. 1. Mulher mole e sem préstimo; paspalhona. 2. Qualquer coisa nojenta. S. m. V. *paspalhão.*

Seresta, s. f. *Pop.* Serenata.

Seresteiro, s. m. *Pop.* O que faz serestas ou as freqüenta; serenatista.

Sergipano, adj. Relativo ao Estado de Sergipe. S. m. Habitante ou natural do Estado de Sergipe.

Sergipense, adj. e s., m. e f. V. *sergipano.*

Seriação, s. f. Ato ou efeito de seriar.

Serial, adj. m. e f. 1. Relativo a série. 2. Disposto em série.

Seriar, v. Tr. dir. 1. Dispor ou ordenar em série. 2. Classificar por séries.

Seriário, adj. 1. Relativo a uma série. 2. Que se faz por séries.

Seribolo (*ô*), s. m. 1. Barulho. 2. Desordem, bagunça, barafunda (falando de coisas ou pessoas).

Seríceo, adj. *Poét.* 1. Relativo a seda. 2. Feito de seda.

sérici-, elem. de comp. (l. *sericu*). Exprime a idéia de *seda: sericícola, sericicultura, sericígeno.*

Sericícola, adj. m. e f. Relativo à produção da seda. S. m. e f. 1. Pessoa que trata da criação dos bichos-da-seda. 2. Pessoa que trata da preparação da seda.

Sericicultor, s. m. 1. Aquele que exerce a sericicultura. 2. Aquele que promove a indústria da seda. Var.: *sericultor.*

Sericicultura, s. f. 1. Criação do bicho-da-seda. 2. Preparo e fabricação da seda. Var.: *sericultura.*

Sericígeno, adj. Que produz seda.

Sérico[1], adj. (l. *sericu*). V. *seríceo.*

Sérico[2], adj. (l. *seru + ico*). Relativo ao soro.

Sericóia, s. f. *Ornit.* Espécie de saracura (*Aramides cajanea cajanea*). Var.: *sericora.*

Sericora, s. f. V. *sericóia.*

Sericultor, adj. e s. m. V. *sericicultor.*

Sericultura, s. f. V. *sericicultura.*

Seridó, s. m. 1. Zona nordestina, de transição entre o campo e a caatinga, onde se fazem grandes culturas de algodão, de fibra longa. 2. Designação desse algodão.

Série, s. f. 1. Continuação sucessiva e ordenada de objetos ligados por uma relação; seqüência, sucessão. 2. Conjunto de pessoas que se sucederam. 3. Quantidade considerável. 4. Classe; ano (de estabelecimento escolar). 5. *Bel-ar.* Coleção de objetos da mesma natureza, organizados numa certa ordem. 6. *Quím.* Grupo de compostos relacionados em composição e estrutura. 7. *Geol.* Sucessão de rochas sedimentárias ou ígneas. 8. *Geol.* Divisão de rochas sedimentares, geralmente maior que um andar e menor que um sistema.

Seriedade, s. f. 1. Qualidade de sério. 2. Compostura na apresentação e maneiras; gravidade de porte. 3. Integridade de caráter; retidão.

Seriema, s. f. *Ornit.* Ave pernalta (*Cariama cristata*), de asas curtas pouco adequadas para o vôo, que vive nos descampados do Sul e se alimenta de bagas, insetos e lagartos. Voz: *cacareja, gargalha.* Var.: *sariema* e *siriema.*

Serigaria, s. f. Indústria ou loja de serigueiro.

Serígeno, adj. V. *sericígeno.*

Serigola, s. f. Argola de ferro ou de couro passada através das ventas do boi, para o refrear, governar e montar.

Serigote, s. m. Lombilho curto (pequena sela).

Serigrafia, s. f. 1. Processo de impressão para pequenas tiragens, que se obtém utilizando uma tela de seda; silk-screen. 2. A estampa obtida por esse processo.

Serigráfico, adj. Relativo à serigrafia.

Serigueiro, s. m. (l. *sericariu*). Aquele que faz obras de seda, de passamanaria. Var.: *sirgueiro.*

Seriguilha, s. f. (l. *serica*). Tecido de lã grosseiro e sem pêlo.

Seriíssimo, adj. Sup. abs. sint. de *sério;* muito sério.

Seringa, adj. Que produz borracha; usado na designação *pau-seringa.* S. f. 1. *Med.* Instrumento que consiste em um cilindro oco, de vidro, provido de um êmbolo e uma agulha oca, para injetar líquidos em vasos, tecidos ou cavidades, ou tirá-los deles. 2. Pessoa importuna. 3. Leite de seringueira (*Hevea brasiliensis*), ainda não coagulado.

Seringação, s. f. 1. Ato ou efeito de seringar; seringada, seringadela. 2. *Pop.* Apoquentação, maçada.

Seringada, s. f. 1. Expulsão do líquido da seringa. 2. Seringação.

Seringadela, s. f. V. *seringação.*

Seringador, adj. *Pop.* Importuno, maçador.

Seringal, s. m. Mata de seringueiras.

Seringalista, s. m. e f. Pessoa proprietária de seringal.

Seringar, v. 1. Tr. dir. Injetar o líquido da seringa em. 2. Tr. dir. Molhar (alguém) com líquido da seringa, no carnaval. 3. Tr. dir. *Pop.* Apoquentar, importunar, maçar.

Seringatório, adj. Relativo a seringa. S. m. Medicamento injetado com seringa.

Seringueira, s. f. *Bot.* Nome vulgar de diversas árvores do gênero Hévea (*Hevea brasiliensis, H. randiana* etc.), de cujo látex se prepara a borracha; árvore-da-borracha.

Seringueiro, s. m. Indivíduo que extrai o látex da seringueira e com ele prepara a borracha.

Sério, adj. (l. *seriu*). 1. De disposição, aparência ou maneiras graves. 2. Que não é leviano ou frívolo: Moça *séria.* 3. Digno, honesto. 5. Leal, sincero. 6. Sóbrio, austero. 7. Perigoso, inquietante, grave: Caso *s.* 8. *Fam.* Que não ri. S. m. 1. Gravidade, seriedade, sisudez. 2. Gênero grave. Adv. V. *a sério.*

A. s.: de um modo sério, seriamente; deveras.

Sermão, s. m. (l. *sermone*). 1. Discurso religioso, em que o pregador proclama as verdades cristãs; prática, prédica. 2. Admoestação com o fim de moralizar. 3. *Fam.* Censura enfadonha, repreensão, reprimenda.

Sermonário, s. m. Coleção de sermões.

sero-, elem. de comp. (l. *seru*). Exprime a idéia de *soro*[2], *seroso: seroterapia.*

Seroada, s. f. Serão prolongado; grande serão.

Seroar, v. Intr. Fazer serão; trabalhar de noite.

Serôdio, adj. (l. *serotinu*). 1. Tardio. 2. Diz-se do fruto que vem nos fins da estação própria ou depois dela.

Serosa, s. f. *Anat.* Fina membrana que forra certo número de órgãos e cavidades do corpo.

Serosidade, s. f. 1. Qualidade de seroso. 2. Líquido contido e segregado nas cavidades serosas.

Seroso, adj. 1. Relativo ou semelhante ao soro. 2. Que contém soro.

Seroterapia, s. f. *Med.* V. *soroterapia.*

Seroterápico, adj. V. *soroterápico.*

Serpão, s. m. *Bot.* Planta labiada (*Thymus serpyllum*); serpil.

Serpe, s. f. 1. *Poét.* Serpente. 2. Antiga peça de artilharia. 3. *Arquit.* Linha de ornato, com a configuração da serpente.

Serpeante, adj. m. e f. Que serpeia; serpejante, serpentante, serpenteante.

Serpear, v. 1. Intr. Andar (a serpente) de rastos; deslizar com movimentos sinuosos do corpo; colear, 2. Intr. Mover-se de rastos, à maneira das serpentes. 3. Tr. ind. e intr. Seguir uma linha sinuosa. Vars.: *serpejar, serpentear, serpentar.*

Serpejante, adj. m. e f. V. *serpeante.*

Serpejar, v. V. *serpear.*

Serpentante, adj. m. e f. V. *serpeante.*

Serpentão, s. m. Espécie de trombone antigo que consistia em um comprido tubo de madeira, recoberto de couro e dobrado sobre si mesmo em forma de *S*, para facilitar ao executante o acesso aos nove orifícios do instrumento.

Serpentar, v. Intr. V. *serpear.*

Serpentária, s. f. *Bot.* Nome vulgar de várias plantas de diversos gêneros, com raiz serpentiforme, outrora reputadas como remédio contra mordidas de cobras.

Serpentário, s. m. 1. *Ornit.* Ave rapinante da África, de longas pernas e poderoso bico adunco, que se alimenta de répteis. 2. Viveiro de cobras destinadas à extração do veneno com que se prepara o soro antiofídico.

Serpente, s. f. (1. *serpente*). 1. *Zool.* Nome genérico de todos os répteis da subordem dos Ofídios; cobra. Voz: v. *cobra.* 2. *Pop.* Mulher velha e feia. 3. Pessoa falsa e traiçoeira. 4. Coisa nociva. 5. Indivíduo perigoso.

Serpenteante, adj. m. e f. V. *serpeante.*

Serpentear, v. V. *serpear.*

serpenti-, elem. de comp. (1. *serpente*). Exprime a idéia de *serpente: serpentiforme.*

Serpentífero, adj. *Poét.* 1. Em que há serpentes. 2. Que gera serpentes.

Serpentiforme, adj. m. e f. Que tem a forma de serpente; serpentino.

Serpentina, s. f. 1. Vela de três ramos, colocada em uma cana enfeitada, para uso durante a bênção do fogo, nos ofícios do sábado santo (de Aleluia). 2. Castiçal de várias luzes. 3. Castiçal com braços tortuosos em cujas extremidades se põem velas. 4. *Bot.* V. *serpentária.* 5. Cano ou tubo espiralado para vários fins, tais como aquecimento de água corrente. 6. Tubo condensor espiralado do alambique; bicha. 7. Fita estreita e comprida de papel colorido, enrolada sobre si mesma que se desenrola quando atirada e se usa principalmente em folguedos carnavalescos. 8. *Miner.* Mineral fibroso ou rocha, que consiste principalmente em silicato hidratado de magnésio. 9. Palanquim com cortinas, cujo leito é de rede.

Serpentino, adj. 1. Relativo à serpente. 2. Serpentiforme. 3. Que tem veios como os da pele de uma serpente.

Serpiginoso, adj. 1. Que se assemelha a serpe; sinuoso. *Med.* Diz-se de doenças cutâneas que dão à pele contornos tortuosos.

Serpil, s. m. *Bot.* V. *serpão.*

Serra, s. f. (1. *serra*). 1. Ferramenta para cortar, que consiste numa lâmina de aço denteada. 2. Lâmina de tal ferramenta. 3. Monte. 4. Cadeia de montanhas; cordilheira. S. m. *Ictiol.* Nome vulgar de alguns peixes marinhos da família dos Escombrídeos; sarda.

Serrabulho, s. m. V. *sarrabulho.*

Serração, s. f. Ato ou efeito de serrar; serradura, serramento, serradela, serragem. Cfr. *cerração.*

Serradela[1], s. f. 1. V. *serração.* 2. Corte feito com a serra.

Serradela[2], s. f. *Bot.* Erva anual leguminosa (*Ornithopus sativus*), usada como forragem e adubo verde; serrim.

Serradiço, adj. Diz-se da madeira já serrada e aparada.

Serrador, adj. (*serrar + dor*). Que serra. S. m. 1. Indivíduo que tem por ofício serrar madeira. 2. *Entom.* Besouro cerambicídeo de gênero *Oncideres,* cujas espécies, com as suas mandíbulas, cortam pequenos galhos de árvores; serra-pau. 3. *Ornit.* V. *serra-serra.*

Serradura, s. f. 1. V. *serração.* 2. Partículas de madeira, produzidas pela serra ao serrar; farelo de madeira; serragem.

Serragem, s. f. 1. V. *serração.* 2. V. *serradura.*

Serralha, s. f. *Bot.* Planta composta (*Sanchus laevis*), de cujo caule escorre um látex branco, quando quebrados, e cujas folhas são comestíveis em salada.

Serralhar, v. 1. Tr. dir. Lavrar ou limpar à maneira dos serralheiros. 2. Intr. Exercer o ofício de serralheiro. 3. Intr. Fazer ruído como os serralheiros.

Serralharia, s. f. 1. Oficina ou profissão de serralheiro. 2. Fábrica para trabalhos em ferro batido ou laminado.

Serralheiro, s. m. Artífice que constrói ou repara peças e artefatos de ferro.

Serralheria, s. f. V. *serralharia.*

Serralhinha, s. f. *Bot.* Planta composta (*Sanchus oleraceus minor*).

Serralho, s. m. (turco *seraj*). 1. *Ant.* Palácio turco, especialmente o do sultão. 2. Parte desse palácio em que são enclausuradas as mulheres e concubinas. 3. Harém. 4. Mulheres que habitam o harém.

Serrana, s. f. 1. Mulher que vive nas serras. 2. Mulher do campo. 3. *Folc.* Uma das danças do fandango rural gaúcho.

Serrania, s. f. 1. Cadeia ou cordilheira de serras. 2. Terreno montanhoso.

Serranice, s. f. Dito, costume ou maneira de serrano.

Serranídeo, adj. *Ictiol.* Relativo aos Serranídeos. S. m. pl. Família (*Serranidae*) de peixes acontopterígios, de grande importância econômica, constituída por numerosas espécies, entre as quais as garoupas e os badejos.

Serrano, adj. (1. *serranu*). 1. Relativo a serras. 2. Habitante das serras; montesino. 3. Diz-se de uma variedade de linho. S. m. 1. O que vive nas serras; serrão. 2. Camponês.

Serrão, s. m. V. *serrano.*

Serra-pau, s. m. *Entom.* V. *Serrador.* Pl.: *serra-paus.*

Serrar, v. 1. Tr. dir. Cortar ou dividir com serra ou serrote. 2. Intr. Trabalhar com serra ou serrote. 3. Intr. Emitir um som estrídulo como o do serrote. 4. Tr. dir. *Gír.* Conseguir de graça; filar. 5. Tr. dir. Misturar, trançar as cartas de (baralho).

Serraria[1], s. f. (*serrar + ia*). 1. Estabelecimento industrial aparelhado para cortar madeiras. 2. Cavalete de madeira, em que se apóia o madeiro que se quer serrar.

Serraria[2], s. f. (*serra + aria*). *P. us.* Serrania.

Serra-serra, s. m. *Ornit.* Pássaro fringilídeo (*Volatinia jacarina jacarina*), canoro, de cor azul-ferrete; alfaiate, veludinho, tiziu, serrador, papa-arroz.

Serrátil, adj. m. e f. 1. Com aspecto ou forma de serra; serreado, serrino, sérreo. 2. *Med.* Diz-se do pulso cujos batimentos os dedos percebem em vários pontos. 3. *Mat.* Diz-se do corpo limitado por cinco superfícies, três das quais são paralelogramos e duas, triângulos paralelos.

Serrazina, s. f. (1. pop. *sarracina,* corr. de *sarracena*). 1. Ato de serrazinar. 2. Pessoa que serrazina. Adj. m. e f. Que serrazina; maçante, enfadonho, cacete.

Serrazinar, v. Tr. ind. e intr. Importunar, maçar, insistindo no mesmo assunto ou no mesmo pedido.

Serreado, adj. Serrátil.

Serrear, v. Tr. dir. Dar forma de serra a; dentear ou recortar em forma de serra.

Sérreo, adj. Relativo a serra; serril.

serri-, elem. de comp. (1. *serra*). Exprime a idéia de *serra, serreado: serridênteo.*

Serridênteo, adj. *Zool.* Que tem dentes como os da serra.

Serril, adj. m. e f. 1. Sérreo. 2. Serrano; rústico.

Serrilha, s. f. 1. Ornato em forma de dentes de serra. 2. Lavor denteado na periferia de certas moedas. 3. Peça metálica arqueada e denteada, que se aplica sobre o focinho das cavalgaduras. 4. Bordo denteado de qualquer objeto. 5. Moeda espanhola de prata.

Serrilhado, adj. Que tem serrilha.

Serrilhador, adj. s. m. Máquina de serrilhar moedas.

Serrilhar, v. 1. Tr. dir. Fazer serrilha em; asserrilhar. 2. Intr. Puxar alternadamente as duas rédeas do cavalo quando este toma o freio nos dentes.

Serrim, s. m. V. *serradela*[2].

Serrino, adj. V. *serrátil.*

Serrípede, adj. m. e f. *Zool.* Que tem pés serrados.

Serrirrostro (*ó*), adj. *Zool.* Que tem o bico dentado à maneira de serra.

Serro (*ê*), s. m. Espinhaço; aresta de monte.

Serrota, s. f. Serrote.

Serrotado, adj. 1. Cortado com serrote. 2. Mal serrado. 3. Rendilhado como a borda cortante de um serrote.

Serrotar, v. Tr. dir. 1. Cortar com serrote. 2. Serrar mal ou irregularmente.

Serrote, s. m. 1. Pequena serra, de vários tipos e formatos, com um só cabo em uma das extremidades da lâmina, ou com arco de metal. 2. Pequeno monte.

Sertã, s. f. Frigideira larga e rasa.

Sertanejo, adj. 1. Relativo ao sertão. 2. Próprio de sertão. 3. Que vive no sertão. 4. Rude, caipira. S. m. Homem sertanejo.

Sertania, s. f. Os sertões.

Sertanista, s. m. e f. Pessoa que conhece ou percorre o sertão. S. m. Bandeirante.

Sertão, s. m. 1. Região interior, longe da costa e de povoações. 2. Zona do interior brasileiro, mais seca do que a caatinga. 3. Floresta longe da costa; selva.

Serva, s. f. 1. Criada, empregada. 2. Mulher sujeita a outrem; escrava.

Servente, adj. m. e f. Que serve; servidor. S. m. e f. 1. Pessoa que serve; que ajuda outra em qualquer trabalho. 2. Criado ou criada; serviçal. 3. Operário que serve de ajudante a um oficial, especialmente a um pedreiro. 4. Serventuário.

Serventês, s. m. V. *sirvente.*

Serventia, s. f. 1. Qualidade do que serve; préstimo, uso, utilidade. 2. O trabalho desempenhado por servente. 3. Servidão, acep. 3. 4. Trabalho de serventuário.

Serventuário, s. m. 1. Aquele que serve num ofício; ministrante, servente. 2. Aquele que serve em qualquer dos ofícios de justiça.

Serviçal, adj. m. e f. 1. Amigo de prestar serviços; prestadio, prestimoso, obsequiador. 2. Que presta serviços; que serve alguém. 3. Relativo a criados ou servos. S. m. e f. Criado ou criada de servir; pessoa assalariada; servente. Col.: *queira.*

Serviçalismo, s. m. Qualidade de serviçal.

Serviço, s. m. (1. *servitiu*). 1. Ato ou efeito de servir. 2. Estado, emprego ou ocupação de quem é servo, criado ou doméstico. 3. Estado de quem trabalha por salário. 4. Exercício, funções, trabalho do que serve. 5. Desempenho de funções públicas, quer civis quer militares. 6. Trabalho, ocupações, obrigações. 7. Favor, préstimo. 8. Passadiço, passagem, serventia. 9. *Liturg.* Celebração de um ofício divino. 10. Fornecimento de comodidades como transporte de correspondência, telefone, telégrafo etc.: *S.* aeropostal; *s.* telefônico. 11. Jogo de baixelas. 12. Feitiçaria por encomenda. 13. O último dos parceiros que serve a péla (no jogo de péla). 14. Vaso onde se despejam os excrementos. 15. *Gír.* Ação ilícita como furtar, brigar, matar.

Servidão, s. f. (1. *servitudine*). 1. Estado ou condição do servo ou escravo; escravidão, serventia. 2. Dependência, sujeição. 3. *Dir.* Encargo, gravame sobre qualquer prédio para passagem, proveito ou serviço de outro prédio pertencente a dono diferente.

Servidiço, adj. Que tem servido muitas vezes; gasto, muito usado.

Servido, adj. 1. De que alguém já se serviu. 2. Usado, gasto. 3. Provido, fornecido.
É s.? Está s.? fórmula de cortesia com a qual se convida alguém a comer ou beber.

Servidor, adj. 1. Que serve a outrem; servente, doméstico, criado. 2. Obsequiador. S. m. 1. Indivíduo que serve. 2. Criado doméstico. 3. Funcionário, empregado.

Serviente, adj. m. e f. *Dir.* Sujeito à servidão (prédio).

Servil, adj. m. e f. 1. Relativo a servo. 2. Baixo, ignóbil, torpe, vil. 3. Subserviente, bajulador, sevandija, sabujo. 4. Que segue rigorosamente um modelo ou original.

Servilidade, s. f. V. *servilismo.*

Servilismo, s. m. Atitude, espírito ou comportamento de quem é servil.

Sérvio, adj. Relativo à Sérvia (uma das repúblicas constituintes da Iugoslávia). S. m. Habitante ou natural da Sérvia.

Sérvio-croata, s. m. *Lingüíst.* Idioma eslavo falado na Sérvia e na Croácia (Iugoslávia).

Servir, v. 1. Tr. dir. Estar a serviço de; prestar serviços a. 2. Intr. Prestar serviços; ser servo ou criado. 3. Tr. dir. e intr. Ajudar, auxiliar, ser útil, servidor, benfazejo. 4. Tr. dir. Estar às ordens de; atender. 5. Tr. dir. Cuidar de. 6. Tr. dir. Prestar serviços militares; ser militar. 7. Tr. ind. Desempenhar quaisquer funções. 8. Pron. Aproveitar-se de, usar, utilizar-se de. 9. Tr. dir. Dar, fornecer, ministrar, oferecer. 10. Pron. Aceitar ou tomar bebida ou comida. 11. Intr. Ser útil ou prestável. 12. Tr. ind. Ser apto ou próprio; ter préstimo ou serventia. 13. Tr. ind. Fazer as vezes ou o ofício de. 14. Intr. Convir, ser próprio, vir a propósito. 15. Tr. ind. Ser causa de. 16. Tr. ind. Ajustar-se ao corpo ou a alguma parte dele. 17. Intr. *Jogo.* Ir ao naipe do parceiro, ter carta do naipe jogado.

Servível, adj. m. e f. 1. Que serve. 2. Apto a prestar serviço ou utilidade a alguém; prestável.

Servo, adj. 1. Diz-se de quem não é livre; que não pertence a si mesmo. 2. Que presta serviços de criado; doméstico, serviçal, servidor. S. m. 1. *Ant.* Nos países feudais, indivíduo em estado de escravidão moderada, que tinha de prestar certos serviços gratuitos a seu senhor, era adscrito à gleba deste e com ela alienável. 2. Escravo. 3. Criado, servente.

Servomecanismo, s. m. *Mec.* Dispositivo automático para controlar grandes quantidades de força mediante uma quantidade de força muito pequena.

Sésamo, s. m. *Bot.* V. *gergelim.*

Sesamóide, adj. m. e f. *Anat.* V. *sesamóideo.*

Sesamóideo, adj. Semelhante à semente do sésamo. 2. *Anat.* Designativo de uma massa óssea ou cartilaginosa arredondada em um tendão, especialmente onde este passa sobre uma articulação.

Sesgo (*ê*), adj. Inclinado, oblíquo, torcido.

Sesma (*ê*), s. f. (l. *sex*). *Anat.* 1. A sexta parte de qualquer coisa. 2. Medida antiga, equivalente à terça parte do côvado.

Sesmar, Tr. dir. *Ant.* Dividir (terras) em sesmas ou sesmarias.

Sesmaria, s. f. *Ant.* 1. Pedaço de terra devoluta ou cuja cultura fora abandonada, que os reis de Portugal entregavam a sesmeiros, para que o cultivassem. 2. Antiga medida agrária, para superfícies de campos de criação.

Sesmeiro, s. m. 1. Aquele que dividia as sesmarias. 2. Aquele a quem se deu uma sesmaria para cultivar.

Sesmo (*ê*), s. m. (de *sesma*). 1. Terreno sesmado. 2. Lugar onde há sesmarias. 3. *Ant.* Marco, limite. 4. *Ant.* Quinhão, partilha.

sesqui-, elem. de comp. (l. *sesqui*). Exprime a idéia de *um e meio: sesquicentenário.*

Sesquiáltera, s. f. *Mús.* Grupo de seis figuras, que se executam ao mesmo tempo em que se deveriam executar quatro da mesma espécie.

Sesquicentenário, s. m. Transcurso ou comemoração do centésimo qüinquagésimo aniversário; tricinqüentenário.

Sesquióxido, s. m. *Quím.* Óxido que contém três átomos de oxigênio combinados com dois do outro constituinte da molécula.

Sesquipedal, adj. m. e f. 1. Que tem pé e meio de comprimento. 2. *Hum.* Diz-se do verso ou palavra que tem muitas sílabas. 3. *Por. ex.* Diz-se de coisa inutilmente complicada: Projeto *s.*

Sessação, s. f. Ato ou efeito de sessar; sessamento.

Sessamento, s. m. V. *sessação.*

Sessão, s. f. (l. *sessione*). 1. V. *assentada.* 2. Período de cada ano durante o qual uma corporação deliberativa realiza regularmente as suas reuniões: *S.* legislativa. 3. Reunião, assembléia de uma corporação. 4. Nos teatros e cinemas em que se repete o programa várias vezes ao dia, cada um desses espetáculos representados.

Sessar, v. Tr. dir. Joeirar com urupema; peneirar.

Sessenta, num. (l. *sexaginta*). 1. Seis vezes dez. 2. Sexagésimo. S. m. 1. Algarismo (*60*) representativo do número sessenta. 2. A pessoa ou a coisa que ocupa o sexagésimo lugar.

Sessentão, adj. e s. m. *Pop.* V. *sexagenário.* Fem.: *sessentona.*

Séssil, adj. m. e f. 1. *Bot.* Diz-se das folhas e das flores sem pecíolo ou pedúnculo. 2. *Anat.* e *Zool.* Preso diretamente pela base.

séssili-, elem. de comp. (l. *sessile*). Exprime a idéia de *séssil: sessilifloro, sessilifoliado.*

Sessilifloro, adj. *Bot.* Que tem flores sésseis.

Sessilifoliado, adj. *Bot.* Que tem folhas sésseis.

Sesta, s. f. (l. *sexta*). 1. A hora em que se dorme e descansa depois do almoço. 2. O sono nesta hora.

Sesteada, s. f. 1. Ato de sestear. 2. Lugar onde se dorme a sesta.

Sestear, v. 1. Intr. Dormir a sesta. 2. Tr. dir. Abrigar (o gado) do sol.

Sesteiro, s. m. Medida de três ou quatro alqueires.

Sestércio, s. m. (l. *sestertiu*). Moeda da antiga Roma, equivalente a um quarto de denário.

Sestro, adj. (l. *sinistru*). 1. Esquerdo, canhoto. 2. Sinistro, agourento. S. m. 1. Mau hábito de fazer gestos desagradáveis; cacoete, manha, mania, vício.

Sestroso, adj. 1. Que tem sestro; manhoso, dengoso. 2. *Gír.* Dado à capoeiragem.

Set, s. m. (t. ingl.). *Esp.* Subdivisão de partida, no tênis.

Seta, s. f. (l. *sagitta*). 1. V. *flecha,* acepção 1. 2. Objeto com a forma de uma flecha. 3. Ponteiro de relógio. 4. Sinal em forma de flecha, que indica uma determinada direção. 5. Palavra ou dito que fere ou penetra a alma. 6. Coisa que anda com muita rapidez.

Setáceo[1], adj. (*seta + áceo*). Semelhante a uma seta.

Setáceo[2], adj. (l. *setaceu*). Semelhante às sedas ou pêlos do porco; cerdoso. Cfr. com *cetáceo.*

Setada, s. f. Ferimento com seta; flechada.

Sete, num. (l. *septe*). 1. Número cardinal formado de seis mais um. 2. Sétimo. S. m. 1. Algarismo (7) representativo do número sete. 2. Carta de jogar, de sete pontos. 3. O que numa série de sete ocupa o último lugar.

Setear, v. V. *assetear.*

Sete-casacas, s. f. sing. e pl. *Bot.* Árvore mirtácea do Brasil (*Britoa selloviana*).

Sete-cascos, s. m. sing. e pl. Planta monimiácea do Brasil (*Monimia friabilis*).

Setecentismo, s. m. 1. Estilo literário e artístico do período de setecentos. 2. Escola dos setecentistas.

Setecentista, adj. m. e f. Relativo ao setecentismo. S. m. e f. Escritor, escritora ou artista do período de setecentos.

Setecentos, num. 1. Sete vezes cem, ou sete centenas. 2. Setingentésimo. S. m. 1. O século XVIII; o período setecentista. 2. Algarismo representativo do número setecentos. 3. O que numa série de setecentos ocupa o último lugar.

Sete-e-meio, s. m. Jogo carteado semelhante ao trinta-e-um e em que cada parceiro começa com uma carta, pedindo a seguir quantas julgar necessárias para se aproximar de sete pontos e meio, sem exceder este número. Pl.: *sete-e-meios.*

Sete-em-porta, s. m. sing. e pl. Jogo de azar, carteado, semelhante ao bacará.

Sete-em-rama, s. m. sing. e pl. *Bot.* Planta rosácea (*Potentilla erecta*).

Sete-estrelo (*ê*), s. m. Nome popular da constelação das Plêiades.

Seteira, s. f. (l. *sagittaria*). 1. Abertura estreita nas muralhas das antigas fortificações, por onde se atiravam setas contra os inimigos. 2. *Constr.* Qualquer fresta nas paredes de uma construção, para dar luz e ventilação.

Seteiro, s. m. (l. *sagittariu*). V. *flecheiro.*

Setembrino, adj. Relativo a setembro.

Setembro, s. m. (l. *septembre*). 1. Sétimo mês do ano, do primeiro calendário romano, o qual começava em março. 2. O nono mês do ano atual.

Setemesinho, adj. *Fam.* Diz-se da criança nascida de sete meses.

Setena[1], adj. f. Diz-se da febre que se manifesta de sete em sete dias.

Setena[2], s. f. V. *setilha.* Var.: *septena.*

Setenado, adj. *Bot.* Que têm sete folíolos num pecíolo comum. Var.: *septenado.*

Setenal, adj. m. e f. Que se realiza, ocorre ou aparece de sete em sete anos.

Setenário, adj. Que contém ou vale sete. S. m. 1. Espaço de sete dias ou sete anos. 2. Festa religiosa que dura sete dias. Var.: *septenário.*

Setenial, adj. m. e f. Que dura um setênio. Var.: *septenial.*

Setênio, s. m. (l. *septenniu*). Período de sete anos. Var.: *septênio.*

Seteno, s. m. 1. V. *setênio.* 2. O sétimo dia, em que certas doenças apresentam crise. Var.: *septeno.*

Setenta, num. (l. *septuaginta*). Sete dez ou sete dezenas. S. m. 1. O conjunto de algarismos *70* ou o conjunto de letras romanas *LXX*, que representam este número. 2. A pessoa ou coisa que, numa série, ocupa o setuagésimo lugar.

Setentrião, s. m. (l. *septentrione*). *Poét.* 1. O pólo Norte. 2. As regiões do Norte. 3. Vento do Norte.

Setentrional, adj. m. e f. 1. Relativo ao setentrião. 2. Do setentrião ou do Norte. 3. Que habita do lado do Norte. 4. Situado no Norte. S. m. e f. Natural ou habitante do Norte.

Setenvirado, s. m. 1. Cargo ou dignidade de setênviro. 2. Governo de setênviros.

Setênviro, s. m. *Ant. rom.* Magistrado que fazia parte de um colégio de sete membros.

seti-, elem. de comp. (l. *seta*). Exprime a idéia de *seda, cerda: setífero.*

Setia, s. f. 1. Calha de madeira que leva a água à roda dos engenhos hidráulicos. 2. Vala das salinas.

Setial, s. m. 1. Banco ou assento ornamentado nas igrejas. 2. Assento, escabelo. 3. Pequena elevação de terra em que se pode sentar como em banco.

Setífero, adj. 1. Relativo à seda. 2. Que produz seda.

Setiforme, adj. m. e f. Que tem o aspecto de seda ou seta.

Setígero, adj. *Bot.* Que produz sedas; setífero.

Setilha, s. f. *Metrif.* Estrofe de sete versos; setena[2].

Setilhão, num. (de *sete* + a terminação de *milhão*). 1. Número, 1.000 sextilhões, representado por 1 seguido de 24 zeros ou, mais comumente, pela respectiva potência de dez, 10^{24}. 2. Na Inglaterra e Alemanha, 1 milhão de sextilhões, 10^{42}. Var.: *setilião.*

Setilião, num. (de *sete*). V. *setilhão.*

Sétima, s. f. 1. *Mús.* Intervalo dissonante de seis graus diatônicos entre dois tons.

Setimino, s. m. V. *séptuor.*

Sétimo, num. (l. *septimu*). Ordinal e fracionário equivalente a sete. S. m. A sétima parte de qualquer coisa.

Setingentésimo, num. Ordinal e fracionário equivalente a setecentos. S. m. A setingentésima parte.

Setissílabo, adj. Que tem sete sílabas. S. m. Palavra ou verso de sete sílabas.

Setor, s. m. (l. *sectore*). 1. *Geom.* Porção de superfície plana entre duas retas que se cortam e um arco de curva. 2. *Geom.* Parte de círculo compreendida entre dois raios e o arco que eles limitam; setor circular. 3. *Mil.* Subdivisão de uma posição militar defensiva, sob as ordens de um comandante especial. 4. Esfera ou ramo de atividade, campo de ação; âmbito. Var.: *sector.*

Setoura, s. f. (l. *sectoria*). Foice para ceifar trigo ou feno. Var.: *setoira.*

Setrossos, s. m. pl. Cavilhas de roda, de eixo, nas carretas militares.

Setuagenário, adj. e s. m. Que, ou aquele que está na casa dos setenta anos de idade; setentão.

Setuagésima, s. f. (l. *septuagesima*). *Liturg. ant.* No rito tridentino, o terceiro domingo anterior ao primeiro da quaresma. Var.: *septuagésima.*

Setuagésimo, num. Ordinal e fracionário equivalente a setenta. S. m. A. setuagésima parte.

Setuplicar, v.*1. Tr. dir. Multiplicar por sete. 2. Intr. e pron. Tornar-se sete vezes maior.

Sétuplo, num. (l. *septuplu*). Que é sete vezes maior que outro. S. m. Quantidade sete vezes maior que outra.

Seu[1], pron. poss. (l. *suu*). 1. Corresponde à terceira pessoa gramatical e significa: pertencente ou próprio a ele, a ela, a eles, a elas; dele, dela, deles, delas; do senhor, da senhora, de você, de V.Sª etc. 2. Que lhe compete ou lhe é devido: O *seu* lugar é aqui. 3. Expletivo: Ele tem *seus* defeitos. 4. Que lhe convém ou lhe serve: Chegou o *seu* ônibus. 5. Cerca de, mais ou menos: Ela já tem *seus* trinta anos. 6. Perde por vezes a idéia de posse: Já vai fazendo o *seu* friozinho. S. m.

1. Bens ou coisas próprias de cada um: Dar o *seu* a seu dono. 2. O que é próprio de cada um em oposição a alheio.

Seu², s. m. *Pop.* Abrev. de *senhor*: *seu* João, *seu* Paulo, *seu* Pedro.

Seu-vizinho, s. m. *Pop.* O dedo anular.

Seva¹, s. f. Ação de sevar a mandioca.

Seva², s. f. Cipó ou corda estendida horizontalmente, em que se penduram as folhas verdes de tabaco para secarem.

Sevadeira, s. f. 1. Mulher que trabalha na seva da mandioca. 2. Roda própria para ralar mandioca. 3. Aparelho de sevar, sevador.

Sevador, s. m. V. *sevadeira*, acep. 3.

Sevandija, s. f. (cast. *sebandija*). Nome comum a todos os insetos parasitos e vermes imundos. S. m. e f. 1. Pessoa que vive à custa alheia; parasita. 2. Pessoa vil, desprezível; patife.

Sevandijar, v. Pron. Tornar-se sevandija; rebaixar-se vergonhosamente; amesquinhar-se, aviltar-se.

Sevar, v. Tr. dir. Ralar (a mandioca), reduzindo a farinha.

Severidade, s. f. 1. Caráter ou estado de severo. 2. Austeridade, gravidade, seriedade. 3. Aspereza, rigor (de clima). 4. Ato severo, rigoroso. 5. Inflexibilidade. 6. *Lit.* e *Bel.-art.* Qualidade do estilo severo; sobriedade.

Severo, adj. (l. *severu*). 1. Rígido, rigoroso, austero. 2. Veemente, áspero. 3. Inflexível. 4. Pontual, exato. 5. Simples e elegante. 6. *Lit.* e *Bel.-art.* Que não apresenta ornamentos ou floreios desnecessários; austero, sóbrio.

Sevícia, s. f. V. *sevícias*.

Seviciador, adj. e s. m. Que, ou aquele que sevicia.

Seviciar, v. Tr. dir. Causar sevícias a; maltratar.

Sevícias, s. f. pl. (l. *sevitia*). 1. Maus tratos físicos. 2. Crueldade, desumanidade.

Sevilhana, s. f. 1. Grande navalha, de folha curva e estreita. 2. Canto popular de Sevilha (Espanha).

Sevilhano, adj. Relativo a Sevilha (Espanha). S. m. Habitante ou natural de Sevilha.

Sevo, adj. (l. *saevu*). Cruel, desumano; sangüinário.

sex- (*cs*), elem. de comp. (l. *sex*). Exprime a idéia de *seis*: *sexcelular*.

Sexagenário (*cs*), adj. e s. m. Que, ou aquele que fez sessenta anos de idade; sessentão.

Sexagésima (*cs*), s. f. 1. Cada uma das sessenta partes que constituem um todo. 2. No rito tridentino, assim se chamava o domingo, quatorze dias antes do primeiro domingo da quaresma.

Sexagesimal (*cs*), adj. m. e f. 1. Relativo a sessenta. 2. Diz-se da divisão da circunferência em 360°. 3. Diz-se da fração cujo denominador é uma potência de sessenta.

Sexagésimo (*cs*), num. Ordinal e fracionário correspondente a sessenta. S. m. A sexagésima parte.

Sexangulado (*cs*), adj. Que tem seis ângulos; hexagonal, sexangular, sexângulo.

Sexangular (*cs*), adj. m. e f. V. *sexangulado*.

Sexângulo (*cs*), adj. V. *sexangulado*.

Sexcelular (*cs*), adj. m. e f. *Bot.* Que tem seis células.

Sexcentésimo (*cs*), num. Ordinal e fracionário correspondente a seiscentos. S. m. A sexcentésima parte.

Sexdigital (*cs*), adj. m. e f. Diz-se da mão ou do pé que tem seis dedos.

Sexdigitário (*cs*), adj. e s. m. Diz-se do, ou o indivíduo que tem mão ou pé com seis dedos.

Sexenal (*cs*), adj. m. e f. 1. Relativo a sexênio. 2. Que se realiza de sexênio em sexênio.

Sexênio (*cs*), s. m. Período de seis anos.

sexi-, elem. de comp. (l. *sexu*). Exprime a idéia de *sexo*: *sexífero*.

Sexífero (*cs*), adj. Que tem sexo.

Sexo (*cs*), s. m. (l. *sexu*). 1. *Zool.* Conjunto de caracteres, estruturais e funcionais, segundo os quais um ser vivo é classificado como macho e fêmea. 2. Conjunto de pessoas que têm o mesmo sexo. 3. Os órgãos sexuais. 4. Sensualidade, volúpia.

Sexta (*ês*), s. f. (l. *sexta*). 1. *Antig. rom.* Espaço do dia, desde o meio-dia até às três horas. 2. *Liturg.* Hora canônica do breviário romano, entre a terça e a nona. 3. Intervalo musical de seis notas. 4. Forma reduzida de *sexta-feira*.

Sexta-feira, s. f. 1. O sexto dia da semana, começada no domingo. 2. *Pop.* e *Fam.* Amante, amásia, cuncubina.

Sextanista, s. m. e f. Estudante do sexto ano de um curso.

Sextante, s. m. 1. *Geom.* A sexta parte do círculo, ou arco de 60°. 2. Instrumento astronômico usado para medir distâncias angulares ou altitudes de corpos celestes.

Sextavado (*ês*), adj. Que tem seis faces: Porca *sextavada*.

Sextavar (*ês*), v. (*sexto* + a terminação de *oitavar*). Tr. dir. 1. Dar a forma de prisma hexagonal a. 2. Dar seis faces a.

Sexteto (*êstê*), s. m. *Mús.* 1. Composição ou trecho musical para seis vozes ou seis instrumentos. 2. Conjunto dos executantes dessa composição ou trecho.

Sextil (*ês*), adj. m. e f. (l. *sextile*). *Astr.* Diz-se do aspecto de dois astros que distam entre si 60°.

Sextilha (*ês*), s. f. *Poét.* Estância de seis versos.

Sextilhão, num. (de *sexto* + terminação de *milhão*). 1. Número, 1.000 quintilhões, representado por 1 seguido de 21 zeros ou, mais comumente, pela respectiva potência de dez, 10^{21}. 2. Na Inglaterra e Alemanha, 1 milhão de quintilhões, 10^{36}. Var.: *sextilião*.

Sextilião (*ês*), num. V. *sextilhão*.

Sextina (*ês*), s. f. (*sexto* + *ina*). *Poét.* Composição de forma fixa, que consta de seis sextilhas, além de um remate de três versos.

Sextissecular (*ês*), adj. m. e f. Que tem seis séculos.

Sexto (*ês*), num. (l. *sextu*). Ordinal que corresponde a seis. S. m. A sexta parte.

Sêxtulo (*ês*), s. m. 1. Peso de quatro escrópulos. 2. A sexta parte da onça.

Sêxtuplo (*ês*), adj. Que é seis vezes maior que outro. S. m. Quantidade seis vezes maior que outra.

Sexual (*cs*), adj. m. e f. 1. Relativo ao sexo. 2. Que tem sexo. 3. Que caracteriza o sexo.

Sexualidade (*cs*), s. f. 1. Qualidade de sexual. 2. O conjunto dos fenômenos sexuais. 3. Sexo.

Sexualismo (*cs*), s. m. Predominância da sexualidade no modo de ser.

Sezão, s. f. *Med.* 1. Acesso febril do impaludismo. 2. Febre periódica ou intermitente.

Sezonático, adj. (de *sezão*). 1. Que produz sezões. 2. Em que há ou em que costuma haver sezões (localidade ou região). 4 Que padece de sezões.

Sezonismo, s. m. *Med.* Impaludismo, malária, maleita, sezão, sezões.

Shakespeariano (*xequispi*), adj. 1. Relativo ao poeta e dramaturgo inglês William Shakespeare (1564-1616), ao seu estilo ou às suas obras. 2. Característico de Shakespeare e suas obras.

Shopping (*xópin*), s. m. (t. ingl.). Forma reduzida de *shopping center*.

Shopping center (*xópin cênter*), s. m. (t. ingl.). 1. Centro de compras. 2. Construção comercial que abriga lojas, diversões e serviços; shopping.

Short (*xórt*), s. m. (t. ingl.). Tipo de calção esportivo usado por homens e mulheres.

Show (*xou*), s. m. (t. ingl.). Espetáculo formado de números variados, usado em programas de teatro, rádio e televisão.

Si¹, s. m. *Mús.* 1. Sétima nota da escala musical. 2. Sinal representativo dessa nota.

Si², pron. (l. *sibi*). 1. Variação de *se*, quando precedido de preposição: Cada um trate de *si*. Trabalham para *si*. 2. Muitas vezes pospõe-se a este pronome o adjetivo *mesmo* ou *próprio*: Resolva por *si mesmo* (ou por *si próprio*). (Só se pode usar *si* em relação ao próprio sujeito do verbo: Eles que falem de *si* (deles mesmos). Quando não se refere ao sujeito do verbo deve ser substituído por *dele, dela, deles, delas*: Ambos não percebiam a vida que se passava em torno *deles*. 3. Seguido de *mesmo* e *próprio* é usado também junto ao pronome *se* para dar mais força e realce à expressão: Desgostou-*se* de *si mesmo*. Feriu-*se* a *si próprio*.

Siá, s. f. V. *sinhá*.

Siagonagra, s. f. *Med.* Reumatismo na articulação da maxila inferior.

Sialagogo (*ó*), adj. e s. m. *Med.* Diz-se do, ou o medicamento que provoca ou excita a salivação.

Sialismo, s. m. *Med.* Salivação abundante.

sialo-, elem. de comp. (gr. *sialon*). Exprime a idéia de *saliva: sialagogo, sialorréia.*

Sialorréia, s. f. *Med.* Aumento mórbido da secreção salivar.

Siamês, adj. 1. Relativo ao Sião, hoje Tailândia. 2. Diz-se dos indivíduos gêmeos que nascem ligados por uma parte do corpo: Irmãos *siameses.* 3. *Zootéc.* Diz-se de certa raça de gatos, facilmente domesticáveis. S. m. e f. Habitante ou natural do Sião. S. m. Língua falada no Sião.

Siar, v. Tr. dir. Fechar (as asas), para descer mais depressa (diz-se de ave).

Siba, s. f. (l. *sepia*). *Zool.* Molusco cefalópode do gênero Sépia (*Sepia officinalis*).

Sibarita, s. m. e f. 1. Habitante ou natural de Síbaris, antiga cidade grega da Itália meridional, na Lucânia, célebre pelo amor que seus habitantes tinham ao luxo e aos prazeres. 2. Pessoa que tem essa propensão. Adj. m. e f. Diz-se da pessoa muito aferrada ao luxo, aos regalos licensiosos e aos prazeres sexuais.

Sibarítico, adj. Relativo ou próprio de sibarita.

Sibaritismo, s. m. 1. Vida de sibarita. 2. Voluptuosidade excessiva.

Siberiano, adj. Relativo à Sibéria (Rússia). S. m. Habitante ou natural da Sibéria.

Sibila, s. f. 1. *Antig.* Profetisa. 2. Bruxa, feiticeira.

Sibilação, s. f. (l. *sibilatione*). 1. Ato ou efeito de sibilar; silvo. 2. *Med.* Ruído nos órgãos respiratórios semelhante ao do silvo.

Sibilante, adj. m. e f. 1. Que sibila. 2. *Fonét.* Diz-se das consoantes *s* e *z* por seu timbre se assemelhar a um sibilo ou assobio. S. f. Consoante sibilante.

Sibilar, v. Intr. 1. Produzir um silvo prolongado, assoprando. 2. Assobiar como as cobras. 3. Assobiar.

Sibilino, adj. 1. Relativo a sibila ou característico dela; profético. 2. Difícil de compreender; enigmático.

Sibilo, s. m. Sibilação, silvo, zumbido.

Sibipiruna, s. f. *Bot.* Árvore leguminosa-cesalpiniácea (*Caesalpinia peltophoroides*).

Sic, adv. lat. Assim. Emprega-se entre parênteses no curso de uma citação, após uma palavra ou expressão que possa parecer estranha ou errada, ou para indicar que o texto original está reproduzido exatamente.

Sica, s. f. (l. *sica*). Punhal dos antigos romanos.

Sicário, adj. Cruel, sanguissedento. S. m. 1. Malfeitor, facínora. 2. Assassino assalariado.

Sicativo, adj. Que seca; secante. S. m. *Med.* Medicamento que seca ou cicatriza feridas.

Siciliana, s. f. Ária e dança rústicas originárias da Sicília, de movimento moderado.

Siciliano, adj. Relativo à Sicília (Itália). S. m. Habitante ou natural da Sicília.

Siclo, s. m. 1. Unidade de peso de diversos povos na Antiguidade (babilônios, hebreus, sírios, gregos etc.). 2. Moeda de prata, dos fenícios e hebreus, pesando cerca de seis gramas.

sico-, elem. de comp. (gr. *sukon*). Exprime a idéia de *figo: sicófago.*

Sicófago, adj. e s. m. Que, ou aquele que se alimenta de figos.

Sicofanta, s. m. e f. Pessoa mentirosa, caluniadora, impostora, patife.

Sicofantismo, s. m. Caráter de sicofanta.

Sicomancia, s. f. *Antig.* Adivinhação que se praticava escrevendo, numa folha de figueira, as perguntas cuja resposta se desejava.

Sicomante, s. m. e f. Pessoa que praticava a sicomancia.

Sicomântico, adj. Relativo à sicomancia.

Sicômoro, s. m. *Bot.* Árvore morácea das costas do Mediterrâneo (*Ficus sycomorus*), a qual, pelo fruto, se parece com a figueira, e pelas folhas, com a amoreira.

Sicônio, s. m. *Bot.* Infrutescência composta, formada de um receptáculo carnoso, dentro do qual nascem os ovários, como no figo.

Sicose, s. f. *Med.* Foliculite supurada dos pêlos da barba, do bigode e de regiões pilosas.

Sicótico, adj. Relativo à sicose.

Sicrano, s. m. Pessoa indeterminada que se nomeia em terceiro lugar, dando-se à primeira o nome de *fulano* e à segunda, *beltrano.*

Sicupira, s. f. *Bot.* Nome de duas árvores leguminosas do Brasil e da África. Var.: *sucupira.*

Sideração, s. f. (l. *sideratione*). 1. Ato ou efeito de siderar; aniquilação repentina. 2. Influência hipotética de um astro sobre a vida ou sáude de alguém. 3. *Med.* Destruição repentina de forças vitais, por apoplexia, raio etc.

Sideral, adj. m. e f. *Astr.* 1. Relativo aos, ou próprio dos astros. 2. Relativo ao céu; celeste.

Siderar, v. Tr. dir. *P. us.* 1. Aniquilar subitamente; fulminar. 2. Deixar atônito, atordoado, perplexo.

Siderita, s. f. *Miner.* Carbonato ferroso natural, que é um minério valioso por seu alto teor de ferro; ferro espático.

sídero-, elem. de comp. (gr. *sideros*). Exprime a idéia de *ferro, aço: siderografia.*

Siderogáster, adj. m. e f. V. *siderogastro.*

Siderogastro, adj. *Zool.* Cujo ventre é ferruginoso ou da cor da ferrugem.

Siderografia, s. f. Arte de gravar em aço ou ferro.

Siderográfico, adj. Relativo à siderografia.

Siderógrafo, s. m. Gravador em aço.

Siderolítico, adj. *Miner.* Diz-se das formações terciárias ricas em minérios de ferro.

Sideromancia, s. f. Adivinhação por meio da queimadura de palha etc., sobre barra de ferro candente, observando-se suas contorções, figuras, chamas e faíscas.

Sideromante, s. m. e f. Pessoa que pratica a sideromancia.

Sederomântico, adj. Relativo à sideromancia.

Sideroscópio, s. m. *Fís.* Aparelho que serve para medir a influência dos ímãs sobre os corpos.

Siderose, s. f. *Med.* Depósito de pigmento de ferro em um tecido.

Sideróstato, s. m. *Astr.* Aparelho que, graças a um mecanismo de relógio, permite seguir um astro em seu deslocamento.

Siderotecnia, s. f. Siderurgia.

Siderotécnico, adj. Siderúrgico.

Siderurgia, s. f. 1. Arte de produzir e trabalhar o ferro. 2. Arte de ferrador.

Siderúrgico, adj. Relativo à siderurgia; siderotécnico.

Sidônio, adj. Relativo a Sidon, porto marítimo da Fenícia. S. m. Habitante ou natural de Sídon.

Sidra, s. f. (l. *sicera*). Bebida preparada com suco fermentado de maçãs.

Sienito, s. m. *Geol.* Rocha ígnea, composta essencialmente de feldspato alcalino e hornblenda, com ausência ou quantidade insignificante de quartzo.

Sifão, s. m. 1. Tubo recurvado em dois ramos desiguais, com o qual se faz fluir um líquido de um recipiente para outro. 2. Garrafa ou recipiente para água gasosa, provido de um tubo que se estende de perto do fundo para fora, através do gargalo, e termina em um esguicho curvado para baixo, pelo qual jorra a água, impelida pelo gás, quando se abre uma válvula. 3. *Constr.* Seção de tubo de dupla curvatura, ou com forma de U, que, intercalado entre pias, bacias de privadas etc. e o cano de esgoto, conserva-se cheio de água e impede que suba o mau cheiro. 4. *Zool.* Órgão tubular que conduz qualquer fluido.

sífili-, elem. de comp. (de *sífilis*). Exprime a idéia de *sífilis: sifilicômio.*

Sifilicômio, s. m. Hospital ou dispensário, destinado ao tratamento de doentes sifilíticos.

Sifilide, s. f. *Med.* Termo genérico para as erupções cutâneas da sífilis.

Sifiligrafia, s. f. V. *sifilografia.*

Sífilis, s. f. *Med.* Doença infecciosa e contagiosa, adquirida principalmente por contato sexual, transmissível à descendência, cuja causa é o espiroqueta *Treponema pallidum*; avariose, lues.

Sifilítico, adj. 1. Relativo a, ou próprio de sífilis. 2. Que padece de sífilis. S. m. Indivíduo que sofre de sífilis.

Sifilização, s. f. Ato ou efeito de sifilizar(-se).

Sifilizar, v. 1. Tr. dir. Comunicar ou inocular a sífilis. 2. Pron. Contrair a sífilis.

sífilo-, elem. de comp. (de *sífilis*). Exprime a idéia de *sífilis: sifilografia.*

Sifilografia, s. f. *Med.* Tratado sobre a sífilis. Var.: *sifiligrafia.*

Sifilográfico, adj. Relativo à sifilografia. Var.: *sifiligráfico.*

Sifilógrafo, s. m. Especialista em sifilografia.

Sifiloma, s. m. *Med.* Tumor de origem sifilítica.

Sifóide, adj. m. e f. Com forma de sifão.

Sifonápteros, s. m. pl. *Entom.* Ordem (*Siphonaptera*) de insetos holometabólicos que consiste nas pulgas.

sífono-, elem. de comp. (gr. *siphon, onos*). Exprime a idéia de *sifão: sifonóide.*

Sifonóforo, s. m. *Zool.* Espécime dos Sifonóforos. S. m. pl. Ordem (*Siphonophora*) de celenterados hidrozoários, marinhos, constituída por espécies que formam colônias flutuantes, graças à presença de uma vesícula cheia de ar, que funciona como flutuador; os indivíduos da colônia se fixam em longos filamentos.

Sifonóide, adj. m. e f. Em forma de sifão.

Sifonóstomo, adj. *Zool.* Que tem a boca tubular, em forma de sifão.

Sigilação, s. f. 1. Ato ou efeito de sigilar[1]. 2. *Des.* Marca, sinal.

Sigilar[1], v. (l. *sigillare*). O mesmo que *selar*, na acepção de imprimir marca ou sinete oficial.

Sigilar[2], adj. m. e f. (*sigilo + ar*). Relativo a sigilo.

Sigilária, s. f. *Paleont.* Gênero (*Sigillaria*) de musgos arborescentes fósseis, do grupo dos fetos.

Sigilismo, s. m. Cisma religioso que se manifestou em Coimbra (Portugal), nos meados do século XVIII, e cujo erro capital era a revogação do sigilo da confissão.

Sigilista, s. m. e f. Pessoa sectária do sigilismo.

Sigilo, s. m. 1. *Des.* Marca de segredo; sinete. 2. Segredo absoluto; mistério. 3. Discrição.

Sigilografia, s. f. Ramo da Arqueologia e da Diplomática que estuda os timbres e sinetes sigilares, sua história, idade, tipos, usos etc.

Sigiloso, adj. Que encerra sigilo; secreto.

Sigla, s. f. 1. Espécie de abreviatura formada de iniciais ou primeiras sílabas das palavras de uma expressão que representa nome de instituição ou entidade comercial, industrial, administrativa ou esportiva, tal como ONU por Organização das Nações Unidas, e CBD, por Confederação Brasileira de Desporto; acrografia, acrograma, acrônimo. 2. Letra inicial usada como abreviatura em manuscritos, medalhas e monumentos antigos. 3. Monograma. 4. *Ant.* Sinal cabalístico. 5. Rubrica, sinal convencional, marca; sinal representativo de corporação, firma, profissão etc.

Sigma, s. m. A décima oitava letra, maiúscula, do alfabeto grego (Σ), corresponde ao nosso *s.*

Sigmático, adj. *Gram.* Em que há a letra *s* entre o radical e a desinência.

Sigmatismo, s. m. Emprego freqüente ou repetição viciosa da letra *s* ou de outras sibilantes.

Sigmóide, adj. m. e f. *Anat.* Diz-se de certas válvulas e cavidades, e de porção do intestino grosso no corpo humano, que têm a forma da letra grega sigma; sigmóideo.

Sigmóideo, adj. V. *sigmóide.*

Sigmoidite (*òi*), s. f. *Med.* Inflamação da alça sigmóide.

Signa, s. f. Bandeira, estandarte, pendão.

Signatário, adj. e s. m. Que, ou aquele que assina ou subscreve um documento.

Significação, s. f. (l. *significatione*). 1. Sentido de uma palavra ou frase. 2. O que uma coisa denota ou significa. 3. *Gram.* Sentido em que se emprega um termo; acepção, significado.

Significado, s. m. 1. Significação. 2. Valor, importância, alcance. 3. *Lingüíst.* A idéia que se faz de um objeto, sugerida por sua imagem acústica ou significante. 4. V. *significante.*

Significador, adj. e s. m. Que, ou o que significa.

Significante, adj. m. e f. Significativo. S. m. *Lingüíst.* 1. Seqüência de sons de um vocábulo, que só adquirirá significação se unida a um conceito que lhe dê determinada língua. 2. V. *significado*, acepção. 3.

Significar, v. Tr. dir. 1. Ser sinal de; ter a significação ou o sentido de. 2. Dar a entender, exprimir, mostrar, traduzir. 3. Manifestar-se como; ser; traduzir-se por. 4. Ser a representação ou o símbolo de. 5. Comunicar, declarar, fazer saber.

Significativo, adj. 1. Que tem significação ou sentido. 2. Que serve para exprimir com clareza. 3. Que sugere algum sentido especial; sugestivo.

Signo, s. m. 1. *Astr.* Cada uma das doze partes em que se divide o zodíaco e cada uma das constelações respectivas. 2. *Lingüíst.* Tudo aquilo que, sob certos aspectos e em alguma medida, substitui alguma coisa, representando-a para alguém. — *S. lingüístico*: o que designa a combinação de conceito com a imagem acústica, ou seja, a combinação de um significado com um significante. Em *bola*, por exemplo, a seqüência de sons b-o-l-a é o significante, e a idéia do objeto é o significado. *S. salomão*: emblema místico, símbolo da união do corpo e da alma, que consiste em dois triângulos entrelaçados formando uma estrela de seis pontas; era usado, outrora, como amuleto contra a febre e outras doenças.

Sílaba, s. f. *Gram.* Fonema ou grupo de fonemas pronunciado em uma só emissão de voz.

Silabação, s. f. 1. Ato ou efeito de silabar. 2. Sistema de ensinar a ler partindo do conhecimento das sílabas.

Silabada, s. f. Erro na pronúncia, especialmente o que consiste em deslocar o acento tônico da palavra.

Silabar, v. Tr. dir. e intr. Pronunciar as palavras, lendo separadamente as sílabas.

Silabário, s. m. Cartilha elementar onde as palavras são decompostas em sílabas e na qual as crianças aprendem a ler.

Silábico, adj. 1. Relativo às sílabas. 2. Em sílabas.

Silabismo, s. m. Sistema de escrita, em que cada sinal representa uma sílaba.

Sílabo[1], s. m. (l. *syllabu*). Índice das doutrinas sobre a fé, a razão, a Igreja e o Estado, compilado pelo Papa Pio IX em 1864, condenando o panteísmo, o racionalismo, o indiferentismo, o socialismo, a maçonaria e sociedades secretas, bem como o liberalismo.

-sílabo[2], elem. de comp. Exprime a idéia de *sílaba: monossílabo, polissílabo.*

Silagem, s. f. 1. V. *ensilagem.* 2. Forragem, verde ou madura, convertida em alimento para o gado, por processo de fermentação ácida e conservada em silos.

Silenciador, adj. Que silencia. S. m. 1. Abafador de som. 2. Aparelho fixado à boca da arma de fogo para amortecer o ruído do disparo. 3. *Autom.* Silencioso.

Silenciar, v. 1. Tr. dir. Impor silêncio a; fazer calar-se. 2. Intr. Guardar silêncio; tornar-se calado. 3. Tr. ind. Deixar de mencionar; omitir.

Silenciário, s. m. (l. *silentiariu*). 1. Dignitário da corte bizantina. 2. Designativo dos religiosos que guardam silêncio por observância religiosa.

Silêncio, s. m. (l. *silentiu*). 1. Ausência completa de ruídos; calada. 2. Estado de quem se cala ou se abstém de falar; recusa de falar. 3. Taciturnidade. 4. Interrupção de um ruído qualquer. 5. Sossego, descanso. 6. Interrupção de correspondência epistolar. 7. Mistério, segredo. Interj. Voz para mandar cessar o discurso ou a bulha.

Silencioso, adj. 1. Que está em silêncio. 2. Que não fala; calado. 3. Em que não há ruído. 4. Que não faz barulho. S. m. 1. Indivíduo silencioso. 2. Dispositivo que, adaptado ao tubo de escape de um motor de combustão, absorve as ondas sonoras e abafa o ruído indesejável; silenciador.

Silente, adj. m. e f. *Poét.* V. *silencioso.*

Silepse, s. f. *Gram.* Figura pela qual as palavras concordam segundo o sentido e não segundo as regras da sintaxe.

Siléptico, adj. 1. Relativo à silepse. 2. Em que há silepse.

Sílex (*cs*), s. m. *Miner.* Mistura irregular de sílica cristalizada com sílica hidratada (opala); pederneira.

Sílfide, s. f. *Poét.* Figura feminina delicada, franzina, sutil; mulher graciosa e delicada.

Silfo, s. m. Gênio do ar, nas mitologias céltica e germânica.

Silha, s. f. 1. *Ant.* Cadeira. 2. Pedra em que assenta o cortiço das abelhas. 3. Série de cortiços de abelhas 4. Um dos muros que separam os compartimentos das marinhas.

Silhal, s. m. *Apic.* 1. Lugar onde há silhas. 2. Grande número de silhas.

Silhão, s. m. 1. *Mil.* Obra feita no meio de um fosso, em redor de toda a praça. 2. Sela grande, com um só estribo, montada por mulheres vestidas de saia. 3. Cadeira grande, de braços.

Silhar, s. m. 1. Pedra aparelhada em quadrado, para revestimento de paredes. 2. Pedra que vai de uma face até o meio da parede.

Silharia, s. f. Obra em que há silhares.

Silhueta (*ê*), s. f. 1. Contorno geral de uma figura. 2. Desenho de pessoa ou coisa que representa seu perfil, segundo as linhas projetadas por sua sombra.

Sílica[1], s. f. *Bot.* V. *síliqua.*

Sílica[2], s. f. *Miner.* e *Quím.* Bióxido de silício, substância branca, incolor, extremamente dura, que, fundida, dá um vidro amorfo e incolor.

Silicaluminoso, adj. Composto de sílica e alume.

Silicato, s. m. *Quím.* Sal ou éster do ácido silícico.

Sílice, s. m. *Miner.* V. *sílex.*

sílici-, elem. de comp. (l. *silice*). Exprime a idéia de *sílica, sílex: silicícola.*

Silícico, adj. *Quím.* Diz-se de um ácido derivado da sílica.

Silicícola, adj. m. e f. *Bot.* Que cresce preferentemente em solo silicioso.

Silício, s. m. *Quím.* Elemento não-metálico que ocorre em forma combinada como elemento mais abundante, após o oxigênio, na crosta terrestre. Símbolo Si, número atômico 14, massa atômica 28,06.

Silicioso, adj. 1. Que contém sílica. 2. Que tem a natureza da sílica.

Silicose, s. f. *Med.* Pneumoconiose causada pela inalação de pó de pedras, areia etc., que contenham sílica.

Silimanita, s. f. *Miner.* Silicato natural de alumínio, ortorrômbico.

Silindra, s. f. *Bot.* Planta saxifragácea (*Philadelfus coronarius*).

Síliqua, s. f. *Bot.* Fruto seco, estreito e alongado, que abre por duas suturas longitudinais e cujas sementes aderem alternadamente às duas placentas parietais.

siliqüi-, elem. de comp. (l. *siliqua*). Exprime a idéia de *síliqua: siliqüiforme.*

Siliqüiforme, adj. m. e f. *Bot.* Em forma de síliqua.

Siliquoso, adj. *Bot.* 1. Que tem síliquas. 2. Que tem a natureza de uma síliqua.

Silk-screen (*silcscrin*), s. m. (t. ingl.). V. *serigrafia,* acepção 1.

Silo, s. m. 1. Tulha, cova ou construção cilíndrica típica, fechada hermeticamente, para preparação e conservação de silagem. 2. Tulha geralmente cilíndrica, para armazenar cereais, substâncias minerais em grão etc.

Silogismo, s. m. *Lóg.* Argumento que consiste em três proposições: a primeira, chamada *premissa maior,* a segunda, chamada *premissa menor,* e a terceira, *conclusão.* Admitida a coerência das premissas, a conclusão se infere da maior por intermédio da menor.

Silogístico, adj. 1. Relativo ao silogismo. 2. Que encerra silogismo.

Silogizar, v. 1. Intr. Argumentar por silogismos. 2. Tr. dir. Deduzir por silogismos.

Silte, s. m. (ingl. *silt*). Substância mineral, cujas partículas são mais finas que grãos de areia e maiores que partículas de argila, carregada por água corrente e depositada como sedimento.

Siluriano, adj. *Geol.* Relativo ao período da Era Paleozóica entre o Ordoviciano e o Devoniano. S. m. Período ou sistema siluriano.

Silúrico, adj. (de *siluro*). V. *siluriano.*

Silurídeo, adj. *Ictiol.* Relativo aos Silurídeos. S. m. pl. Família (*Siluridae*) de peixes de água doce, sem escamas.

Siluro, adj. Relativo aos siluros. S. m. pl. Antigos habitantes do País de Gales.

Silva, s. f. 1. *Ant.* Selva. 2. Nome comum a numerosos arbustos rosáceos, espinhosos, cujos frutos, amoras ou amoras silvestres, são comestíveis. 3. *Metrif.* Composição lírica formada por versos de dez e de seis sílabas. 4. Ornato da gola das fardas. 5. Cilício de arame. 6. Malha estreita e alongada nas ventas do cavalo.

Silvado, s. m. e f. 1. Moita de silvas. 2. Sebe viva de silvas. Var.: *silvedo.*

Silvão, s. m. *Bot.* Espécie de silva (*Rubus canina*); rosa-de-cão.

Silvar, v. (l. *sibilare*). 1. Intr. Produzir silvos; sibilar. 2. Tr. dir. Aspirar, produzindo silvo.

Silvático, adj. Selvático.

Silvedo (*ê*), s. m. V. *silvado.*

Silveira, s. f. 1. V. *silvado.* 2. *Bot.* V. *silva.* 3. Iguaria preparada com carne assada, picada e envolvida em ovos mexidos.

Silvestre, adj. m. e f. 1. Selvático. 2. Que cresce ou nasce, ou dá flores ou frutos, sem cultivo: Plantas *silvestres.* 3. Que não dá frutos; bravio, inculto, agreste.

silvi-, elem. de comp. (l. *silva*). Exprime a idéia de *selva, mata, floresta: silvícola, silvicultura.*

Silvícola, adj. m. e f. Que nasce ou vive nas selvas. S. m. e f. Aborígine, selvagem.

Silvicultor, s. m. Aquele que se dedica à silvicultura ou trata do desenvolvimento florestal.

Silvicultura, s. f. 1. Cultura de árvores florestais. 2. Ciência que trata do cultivo, reprodução e desenvolvimento de árvores florestais.

Silvo, s. m. (l. *silbu,* de *sibilu*). 1. Sibilo. 2. Assobio das serpentes. 3. Assobio, apito.

Silvoso, adj. 1. Em que há silvas. 2. Emaranhado de silvas.

Sim[1], adv. (l. *sic*). 1. Exprime afirmação, aprovação, consentimento.

Sim[2], s. m. O assentimento ou consentimento que se exprime por esta palavra: Tardou a dar o *sim.*

Simão, s. m. *Gír.* Macaco.

Simaruba, s. f. *Bot.* Gênero (*Simarouba*) típico da família das Simarubáceas. Inclui a paraiba.

Simarubáceas, s. f. pl. *Bot.* Família (*Simaroubaceae*) constituída de árvores e arbustos tropicais, de casca amarga.

Simarubáceo, adj. *Bot.* Relativo à família das Simarubáceas.

Simbaíba, s. f. *Bot.* Planta dileniácea do Maranhão (*Davilla rugosa*), conhecida no Pará por *lixa* e por *folha-de-lixa.*

Simbaibinha (*a-i*), s. f. V. *simbaíba.*

Simbionte, s. m. *Biol.* Organismo que vive em simbiose.

Simbiose, s. f. 1. *Biol.* Associação permanente de dois ou mais seres vivos, indispensável pelo menos a um deles, e útil ou indiferente a outro.

Simbléfaro, s. m. *Med.* Aderência, mais ou menos completa, da pálpebra com o globo ocular.

Simbólica, s. f. 1. Conjunto dos símbolos pertencentes a uma determinada religião, ou relativos a uma época ou povo. 2. Estudo que descreve esses símbolos.

Simbólico, adj. 1. Relativo a símbolo. 2. Que tem o caráter de símbolo; alegórico. 3. Relativo aos formulários da fé.

Simbolismo, s. m. 1. Prática do emprego de símbolos como expressão de idéia ou de fatos; interpretação por meio de símbolos. 2. *Lit.* e *Bel.-art.* Movimento poético e artístico dos simbolistas.

Simbolista, adj. m. e f. 1. Relativo ao simbolismo. 2. Que é sectário do simbolismo. S. m. e f. 1. *Bel.-art.* Artista que trata de simbolizar ou sugerir determinadas idéias pelos objetos representados, as cores empregadas etc. 2. *Lit.* Escritor que trata de exprimir ou sugerir idéias, emoções etc., por meio de símbolos. 3. Membro de um grupo de escritores e artistas franceses e belgas dos fins do século XIX que possuíam essa característica.

Simbolístico, adj. Relativo aos simbolistas.

Simbolização, s. f. Ato ou efeito de simbolizar.

Simbolizador, adj. e s. m. Que, ou aquele que simboliza.

Simbolizar, v. 1. Tr. dir. Exprimir, representar, significar, por meio de símbolos. 2. Tr. dir. Servir de símbolo a. 3. Intr. Exprimir simbolicamente, falando ou escrevendo.

Símbolo, s. m. 1. Objeto material que serve para representar qualquer coisa imaterial: O leão é o *s.* da coragem. 2. Figura ou sinal que, nas moedas antigas, indica a oficina monetária. 3. Divisa, emblema, figura, marca, sinal que representa qualquer coisa. 4. *Psicol.* Imagem que representa e encerra a significação de tendências inconscientes. 5. *Quím.* Representação do elemento químico. 6. *Teol.* Sinal sensível de um sacramento. 7. Formulário que contém os principais artigos de fé, ensinados antigamente aos catecúmenos.

Simbologia, s. f. Estudo a respeito dos símbolos.

Simbológico, adj. Relativo a simbologia.

Simbolologia, s. f. V. *simbologia.*

Simbolológico, adj. V. *simbológico.*

Simetria, s. f. 1. Correspondência em tamanho, forma ou arranjo, de partes em lados opostos de um plano, reta ou ponto, tendo cada parte em um lado a sua contraparte, em ordem reversa, no outro lado. 2. Toda espécie de disposição que observa certo equilíbrio.

Simétrico, adj. 1. Relativo à simetria. 2. Que apresenta simetria.

Simetrizar, v. Tr. dir. e pron. Dispor(-se) em simetria; tornar (-se) simétrico.

símetro-, elem. de comp. (gr. *summetros*). Exprime a idéia de *simétrico: simetria.*

Simianismo, s. m. 1. Doutrina segundo a qual o homem descende do macaco. 2. Macaqueação.

Simiano, adj. Simiesco.

Simiesco, adj. (*símio + esco*). Relativo ou semelhante ao macaco ou símio; macacal, macaqueiro, macaco, simiano, símio.

Símil, adj. m. e f. *Poét.* Semelhante. Pl.: *símeis.* Sup. abs. sint.: *simílimo.*

Similar, adj. m. e f. Que é da mesma natureza; homogêneo. S. m. Objeto, artigo, produto similar.

Similaridade, s. f. Qualidade de similar.

Símile, adj. m. e f. Análogo, semelhante. S. m. 1. Qualidade de semelhante; semelhança. 2. *Ret.* Figura que compara duas coisas essencialmente dessemelhantes, atribuindo-lhes caracteres comuns: *Coração de pedra.*

simili-, elem. de comp. (l. *similis*). Exprime a idéia de *semelhante: similifloro.*

Similifloro, adj. *Bot.* Cujas flores são todas semelhantes.

Similitude, s. f. Semelhança.

Similitudinário, adj. Em que há similitude; semelhante.

Símio, adj. 1. Relativo aos símios. 2. Simiesco. S. m. 1. Espécime dos símios. 2. *Pop.* Macaco. S. m. pl. Designação (*Simia*) geral dos primatas atuais da subordem dos Antropóides, que têm a cavidade orbitária fechada, em oposição aos prossímios, que a têm aberta.

Simira, s. f. *Bot.* Planta rubiácea do Brasil (*Psichotria simira*).

Simongóia, s. m. *Zool.* V. *cernambi.*

Simonia, s. f. 1. Tráfico de coisas sagradas. 2. Venda de bens espirituais.

Simoníaco, adj. Relativo à simonia. S. m. O que cometeu simonia.

Simonte, adj. m. Diz-se do tabaco da primeira folha, usado geralmente como rapé.

Simpatia, s. f. (gr. *sumpatheia*). 1. Afinidade ou correspondência entre dois ou mais corpos, pelas propriedades que os aproximam. 2. Atração entre duas pessoas, pela analogia ou conformidade de propensões e sentimentos que as caracterizam. 3. Tendência natural de uma pessoa para com outra. 4. *Pop.* Supostos resultados do olhar de feiticeiros e curandeiros. 5. *Pop.* Ritual posto em prática para afastar certos males ou conseguir determinado bem com o emprego de rezas, sinais cabalísticos, drogas e preceitos.

Simpático, adj. 1. Relativo à simpatia. 2. Que inspira simpatia. 3. Que provém da simpatia. S. m. *Anat.* Sistema nervoso autônomo.

Simpatista, s. m. e f. Pessoa que admite como causa única dos sentimentos que alguém nos inspira as emanações desse alguém.

Simpatizante, adj. e s., m. e f. 1. Que, ou quem simpatiza com alguém ou alguma coisa. 2. Que, ou quem adota as idéias de um partido sem fazer parte dele.

Simpatizar, v. Tr. ind. 1. Sentir simpatia por. 2. Aprovar, gostar.

Simpetálico, adj. *Bot.* Simpétalo.

Simpétalo, adj. *Bot.* Com as pétalas soldadas; gamopétalo.

Simplacheirão, adj. e s. m. Diz-se de, ou indivíduo muito simples; simplório. Fem.: *simplacheirona.*

Simpléctico, adj. Que está entrelaçado com outro corpo. S. m. Uma das peças ósseas da cabeça dos peixes. Var.: *simplético.*

Simples[1], adj. (l. *simplice*). 1. Sem composição; sem mistura. 2. Único; exclusivo. 3. Mero, singelo. 4. Que não é complicado. 5. Sem enfeites, sem ornatos. 6. Que não é dobrado. 7. Que é fácil de entender ou usar; evidente; natural. 8. Que não é requintado, artificial. 9. Não ornado, elegante, caro ou luxuoso. 10. Sem esforço; espontâneo. 11. Normal, vulgar, comum, ordinário. 12. Que se encontra no grau mais baixo de uma hierarquia. 13. Que se deixa facilmente enganar; ingênuo, papalvo, tolo, crédulo, simplório. 14. Sem instrução; ignorante. 15. Modesto, humilde, pobre. 16. *Bot.* Diz-se da flor cuja corola só tem uma série de pétalas. S. m. e f. Pessoa simples. Sups. abs. sints.: *simplicíssimo* e a forma mais popular *simplíssimo.*

Simples[2], s. m. pl. Armação de madeira arqueada que, numa obra em construção, serve de molde e suporte aos arcos e abóbadas.

Simpleza, s. f. *P. us.* Simplicidade.

Símplice, adj. *Des.* V. *simples.* S. m. pl. 1. *Farm. ant.* Ingredientes de fórmula. 2. *Ant.* Ingredientes de tintas. 3. Plantas medicinais empregadas no estado natural. 4. *Ant.* Elementos que compõem os corpos.

Simplicidade, s. f. 1. Estado, qualidade ou natureza do que é simples. 2. Naturalidade, espontaneidade. 3. Forma simples e natural de dizer ou escrever. 4. Despretensão, desafetação, modéstia. 5. Franqueza, sinceridade.

Simplicista, adj. e s., m. e f. *Des.* 1. Dizia-se da, ou a pessoa que curava por meio de símplices. 3. Dizia-se da, ou a pessoa que escrevia acerca dos símplices.

Simplificação, s. f. Ato ou efeito de simplificar.

Simplificador, adj. e s. m. Que, ou aquele que simplifica.

Simplificar, v. Tr. dir. 1. Tornar simples ou mais simples. 2. Tornar mais fácil. 3. Reduzir uma fração a termos menores ou mais precisos.

Simplismo, s. m. Vício de raciocínio que consiste em desprezar um ou vários elementos necessários à solução de algo.

Simplista, adj. e s., m. e f. Diz-se da, ou a pessoa que tem o vício do simplismo.

Simploce, s. f. *Ret.* Figura que consiste em começar ou acabar frases pelas mesmas palavras.

Simplório, adj. e s. m. Diz-se de, ou indivíduo muito crédulo, ingênuo, tolo, papalvo, simples.

Simposiarca, s. m. Aquele que, na Grécia antiga, era escolhido, à sorte, rei de um festim.

Simpósio, s. m. *Antig. gr.* 1. Segunda parte de um banquete ou festim, durante a qual os convivas bebiam, entregando-se a diversos jogos. 2. Banquete, festim. 3. *Neol.* Reunião de cientistas ou técnicos para ventilar vários assuntos relacionados entre si ou os vários aspectos de um só assunto.

Sim-senhor, s. m. *Ornit.* V. *tropeiro.*

Simulação, s. f. 1. Ato ou efeito de simular; dissimulação. 2. Fingimento, disfarce. 3. Experiência ou ensaio realizado com o auxílio de modelos.

Simulacro, s. m. 1. *Ant.* Imagem feita à semelhança de uma pessoa ou coisa pagã; ídolo. 2. Aparência, imitação. 3. Vã representação, aspecto exterior e enganador. 4. Visão sem realidade; espectro, fantasma.

Simulado, adj. Aparente, fingido, suposto.

Simulador, adj. e s. m. Que, ou aquele que simula.

Simular, v. 1. Tr. dir. Representar com semelhança; aparentar. 2. Tr. dir. e pron. Aparentar(-se), fingir(-se). 3. Tr. dir. Arremedar, imitar. 4. Tr. dir. Disfarçar, dissimular.

Simulatório, adj. Em que há simulação.

Simulcadência, s. f. *Ret.* Terminação de períodos por palavras iguais.

Simultaneidade, s. f. 1. Qualidade de simultâneo. 2. Ato ou fato que envolve duas ou mais coisas ou pessoas.

Simultâneo, adj. Que se diz, faz ou acontece ao mesmo tempo que outra coisa; concomitante.

Simum, s. m. (ár. *samum*, de *simn*). Vento abrasador e seco que sopra do centro da África para o Norte.

Sina, s. f. (l. *signa*). 1. V. *signa*. 2. *Fam.* Destino, fado, sorte.

Sinagelástico, adj. *Zool.* Que vive em bandos ou grupos.

Sinagoga, s. f. 1. Assembléia dos fiéis que seguem os princípios da lei mosaica. 2. Templo onde se reúnem os judeus para o exercício da sua religião. 3. *Pop.* Casa onde ninguém se entende. 4. *Pop.* Desarranjo, desordem. 5. *Pop.* Cabeça.

Sinal, s. m. (l. *signale*). 1. Tudo o que possibilita conhecer, reconhecer, adivinhar ou prever alguma coisa. 2. Indício, marca, vestígio. 3. Cicatriz. 4. Qualquer marca trazida do ventre materno. 5. Mancha na pele. 6. Demonstração exterior do que se pensa, do que se quer; aceno, gesto. 7. Marca que se põe na roupa. 8. Etiqueta, letreiro, marca, rótulo. 9. Ferrete. 10. Assinatura. 11. Firma do tabelião ou oficial público. 12. Dinheiro ou qualquer valor que um dos contratantes dá ao outro para garantia do contrato ou ajuste a fazer. 13. Prenúncio, presságio. 14. Marca, feita por corte na orelha direita, que distingue o gado de cada fazenda. 15. Ação ou manifestação óptica ou acústica de aparelhos de sinalização. 16. Qualquer meio convencional empregado na telecomunicação, seja por telefone, telégrafo, rádio, radar, televisão. 17. Ponto de parada de coletivos. S. m. pl. 1. Dobre de sinos por finado. 2. Característicos físicos de uma pessoa, que se anotam em documentos pessoais para que ela possa ser identificada. 3. Prenúncios. — *S.-da-cruz*: ação de benzer-se ou persignar-se; persignação.

Sinalagmático, adj. *Dir.* Diz-se de um contrato bilateral.

Sinalar, v. Tr. dir. Assinalar.

Sinalefa, s. f. 1. *Gram.* Supressão de vogal final átona de um vocábulo diante da vogal inicial do vocábulo seguinte. 2. Ferramenta de encanador, para dourar filetes nas capas de livros.

Sinaleiro, s. m. 1. *Náut.* Marinheiro encarregado de dar sinais a bordo. 2. Aparelho destinado a dar, automaticamente, sinais luminosos para regular o tráfego; farol, semáforo.

Sinalização, s. f. 1. Ato ou efeito de sinalizar. 2. Conjunto de sinais de tráfego numa linha de estrada de ferro, na entrada de um porto, numa estrada de rodagem etc.

Sinalizar, v. 1. Intr. Exercer as funções de sinaleiro. 2. Tr. dir. Pôr sinalização em. 3. Tr. dir. Marcar com sinais.

Sinantéreo, adj. *Bot.* Diz-se das flores que apresentam os estames soldados pelas anteras.

Sinantérico, adj. *Bot.* V. *sinantéreo*.

Sinantia, s. f. *Bot.* Soldadura anômala de duas flores vizinhas, pelos invólucros ou pelos pecíolos.

Sinantocarpado, adj. *Bot.* V. *sinantocarpo*.

Sinantocarpo, adj. *Bot.* Designativo geral para qualquer fruto formado pela coalescência de muitos ovários pertencentes a flores primitivamente distintas.

Sinápico, adj. Relativo à mostarda.

Sinapismo, s. m. Cataplasma preparada com farinha de mostarda, que utiliza as propriedades revulsivas desta.

Sinapizar, v. Tr. dir. Misturar ou polvilhar com farinha de mostarda (medicamentos).

Sinartrose, s. f. *Anat.* Designação genérica das articulações imóveis, tais como as dos ossos do crânio.

Sina-sina, s. f. *Bot.* Árvore espinhosa, de flor amarela, usada em cercas vivas (*Parkinsonia aculeata*). Pl.: *sina-sinas*.

Sinatroísmo, s. m. *Ret.* Figura que consiste em se acumularem numa frase muitos termos de significação correlativa, isto é, muitos adjetivos, muitos verbos etc.

Sincarpado, adj. *Bot.* Diz-se dos frutos que derivam de um ovário composto, isto é, de dois ou mais carpelos unidos.

Sincárpio, s. m. *Bot.* Fruto sincarpado.

Sincarpo, s. m. *Bot.* Sinantocarpo.

Sincelo, s. m. Na Igreja Grega, funcionário encarregado de sindicar o procedimento dos bispos, patriarcas etc.

Sinceridade, s. f. 1. Qualidade de sincero. 2. Franqueza, lealdade. 3. Boa fé.

Sincero, adj. 1. Que diz com franqueza o que sente. 2. Simples. 3. Verdadeiro. 4. Sem dissimulação, sem malícia, sem disfarce.

Sincipital, adj. m. e f. Relativo ao sincipúcio.

Sincipúcio, s. m. *Anat.* A parte superior da cabeça.

Sinclinal, adj. m. e f. *Geol.* Diz-se da parte côncava de uma dobra simples. S. m. Dobra cujos flancos se abrem para cima. Antôn.: *anticlinal*.

Sínclise, s. f. *Gram.* Palavra que se intercala em outra, perdendo o acento próprio.

Sinclítico, adj. *Gram.* Diz-se do pronome que se intercala em uma palavra.

Sinclitismo, s. m. *Gram.* Teoria da colocação dos pronomes oblíquos na frase.

Sincondrose, s. f. *Anat.* União ou articulação de dois ossos por meio de cartilagem.

Sincondrotomia, s. f. *Cir.* Seção de uma sincondrose.

Sincondrotômico, adj. Relativo à sincondrotomia.

Sincopal, adj. m. e f. 1. Relativo à síncope. 2. Que tem o caráter de síncope.

Sincopar, v. 1. Tr. dir. *Gram.* Suprimir letra ou letras no meio da palavra. 2. Tr. dir. Escrever ou pronunciar fazendo síncopes. 3. Tr. dir. *Mús.* Ligar por síncope. 4. Intr. *Mús.* Usar de síncope.

Síncope, s. f. 1. *Gram.* Supressão de uma letra ou sílaba no meio da palavra. 2. *Med.* Perda repentina da consciência com suspensão aparente das funções vitais de respiração e circulação. 3. *Mús.* Ligação da última nota de um compasso musical com a primeira do seguinte. 4. Abaixamento da voz ou pausa, que faz o orador.

Sincotilédone, s. m. *Bot.* Conjunto de cotilédones soldados num só corpo.

Sincotiledôneo, adj. *Bot.* Diz-se do vegetal cujos cotilédones estão soldados num só corpo.

Sincraniano, adj *Anat.* Diz-se da maxila superior, por estar ligada ao crânio.

Sincrético, adj. Relativo ao, ou em que há sincretismo; sincretista.

Sncretismo, s. m. (gr. *sugkretismos*). 1. *Filos.* Sistema que combinava os princípios de diversos sistemas. 2. Amálgama de concepções heterogêneas; ecletismo. 3. *Sociol.* Fusão de dois ou mais elementos culturais antagônicos num só elemento, continuando porém perceptíveis alguns sinais de suas origens diversas.

Sincripta, s. f. *Zool.* Gênero (*Syncrypta*) de infusórios biflagelados flutuantes, que ocorrem reunidos em colônias esferoidais.

Sincrise, s. f. 1. Antítese, contraste, oposição. 2. Comparação de duas coisas ou pessoas contrárias. 3. *Gram.* Reunião de duas vogais num ditongo. 4. *Quím. ant.* Coagulação de líquidos misturados.

Sincrítico, adj. 1. Relativo à sincrise. 2. *Med.* V. *adstringente*.

Sincronia, s. f. 1. *Lingüíst.* Conjunto de fatos lingüísticos num dado estágio, independentemente de sua evolução no tempo. 2. Concorrência de fatos num dado tempo. 3. Ato ou efeito de sincronizar.

Sincrônico, adj. 1. Que ocorre exatamente ao mesmo tempo; síncrono. 2. Relativo a, ou em que há sincronia; síncrono. 3. Relativo aos fatos que sucedem ao mesmo tempo.

Sincronismo, s. m. 1. Relação entre fatos sincrônicos; simultaneidade. 2. Fato sincrônico.

Sincronista, adj. e s. m. e f. Diz-se de, ou quem emprega método sincrônico na exposição dos fatos.

Sincronização, s. f. 1. Ato ou efeito de sincronizar. 2. Ajustamento da periodicidade de um sistema elétrico até que haja relação exata com a freqüência do fenômeno periódico sob investigação. 3. *Cinema.* Ajustamento entre a imagem e o som que lhe corresponda.

Sincronizar, v. Tr. dir. 1. Tornar sincrônico; ajustar-se com precisão, produzir sincronismo, simultaneidade em. 2. Narrar, descrever sincronicamente.

Síncrono, adj. V. *sincrônico*, acepções 1 e 2.

Sindátilo, adj. *Zool.* ou *Terat.* Que tem os dedos soldados entre si. Var.: *sindáctilo*.

Sindectomia, s. f. *Cir.* Excisão da conjuntiva.

Sindérese, s. f. Faculdade inata de julgar com retidão; discrição, juízo, senso íntimo.

Sindesmografia, s. f. *Anat.* Descrição dos ligamentos.

Sindesmográfico, adj. Relativo à sindesmografia.

Sindesmologia, s. f. *Anat.* Estudo dos ligamentos.

Sindesmológico, adj. Relativo à sindesmologia.

Sindesmose, s. f. *Anat.* Reunião de ossos por meio de ligamentos.

Sindesmotomia, s. f. *Anat.* Dissecação de ligamentos.

Sindesmotômico, adj. Relativo à sindesmotomia.

Sindicação, s. f. Ato ou efeito de sindicar; sindicância.

Sindical, adj. m. e f. Relativo a sindicato.

Sindicalismo, s. m. 1. *Sociol.* Movimento social que preconiza a organização das classes profissionais em sindicatos, convenientemente agrupados. 2. Ação reivindicatória, inclusive política, dos sindicatos. 3. Conjunto dos sindicatos.

Sindicalista, adj. m. e f. 1. Relativo ao sindicalismo. 2. Que advoga o sindicalismo. S. m. e f. Partidário do sindicalismo.

Sindicalização, s. f. Ação de sindicalizar(-se).

Sindicalizar, v. 1. Tr. dir. Tornar sindical. 2. Tr. dir. e pron. Organizar(-se) em sindicato. 3. Pron. Passar a pertencer a um sindicato.

Sindicância, s. f. Sindicação, inquérito.

Sindicante, adj. m. e f. Que sindica. S. m. e f. Quem sindica.

Sindicar, v. 1. Tr. dir. Fazer sindicância em. 2. Tr. dir. Tirar informações sobre; inquirir. 3. Intr. Fazer averiguações. 4. Tr. dir. e pron. V. *sindicalizar*.

Sindicato, s. m. 1. Agremiação fundada para defesa de interesses comuns a seus aderentes. 2. *Dir.* Entidade de direito privado na forma de sindicato profissional. 3. *Pej.* Especulação financeira de um grupo poderoso.

Sindicatório, adj. Relativo a sindicato. S. m. Aquele que faz parte de um sindicato financeiro.

Síndico, s. m. 1. Antigo procurador de comunidades, cortes, universidades etc. 2. Advogado de corporação administrativa. 3. O encarregado de uma sindicância; sindicante. 4. Indivíduo eleito para zelar ou defender os interesses de uma associação. 5. Mandatário assalariado, do falido e dos credores, encarregado das operações de uma falência.

Síndroma, s. f. V. *síndrome*.

Síndrome, s. f. *Med.* Conjunto de sintomas que se apresentam numa doença e que a caracterizam.

Sinecura, s. f. Cargo ou emprego rendoso e de pouco trabalho.

Sinecurismo, s. m. Sistema de governo que se apóia nas sinecuras que promove.

Sinecurista, s. m. e f. Pessoa que tem sinecura ou sinecuras, ou que gosta delas.

Sinédoque, s. f. *Gram.* Figura de estilo na qual se emprega o todo pela parte, o plural pelo singular, o gênero pela espécie etc., ou vice-versa.

Sinédrio, s. m. Conselho supremo dos judeus em Jerusalém, composto de sacerdotes, anciões e escribas.

Sineira, s. f. 1. Abertura na parte superior da torre, onde estão os sinos. 2. Mulher que toca sinos.

Sineiro, adj. Que tem sinos. S. m. 1. Fabricante ou vendedor de sinos. 2. Indivíduo que, por ofício, toca os sinos.

Sinema, s. m. Parte da coluna das orquídeas que representa os filetes dos estames.

Sinequia, s. f. *Med.* Aderência da íris com a córnea ou com o cristalino.

Sinérese, s. f. *Gram.* Contração de duas vogais em um ditongo. Antôn.: *diérese*.

Sinergia, s. f. Ação simultânea de diversos órgãos ou músculos, na realização de uma função.

Sinérgico, adj. Relativo à sinergia.

Sinérgide, s. f. *Bot.* Cada uma das duas massas protoplásmicas que se agrupam em torno de dois núcleos laterais no óvulo.

Sinergismo, s. m. Doutrina protestante que, ao contrário do ensino de Calvino, sustenta que o homem, não obstante o pecado original, conserva certa interferência na obra da sua salvação.

Sínese, s. f. (l. *synese*). *Gram.* Construção sintática, em que se atende mais ao sentido do que ao rigor da forma.

Sinestesia, s. f. *Med.* 1. Sensação em um lugar, devida a um estímulo em outro. 2. Condição em que a impressão de um sentido é percebida como sensação de outro. Cfr. com *cinestesia*.

Sineta (*ê*), s. f. Pequeno sino.

Sinetar, v. Tr. dir. Marcar com sinete.

Sinete (*ê*), s. m. (fr. *signet*). 1. Selo de armas ou divisa para, nas repartições públicas, selar os documentos que o devem ser, em face da lei. 2. Utensílio com que se faz essa selagem; carimbo, chancela. 3. Marca, sinal, ferrete.

Sínfise, s. f. 1. *Anat.* Articulação fixa ou pouco móvel que une dois ossos por meio de uma fibrocartilagem. 2. *Med.* Aderência de dois folhetos de uma serose.

Sinfisiano, adj. Relativo à sínfise; sinfisiário, sinfísio.

Sinfisiário, adj. V. *sinfisiano*.

Sinfísio, adj. e s. m. V. *sinfisiano*.

Sinfisiógino, adj. *Bot.* Designativo das plantas em que os órgãos femininos estão soldados; sinfitógino.

Sinfisiotomia, s. f. *Cir.* Incisão da fibrocartilagem que une os ossos púbicos.

Sinfisiotômico, adj. Relativo à sinfisiotomia.

Sinfitógino, adj. *Bot.* V. *sinfisiógino*.

Sinfonia, s. f. 1. *Mús.* Consonância de várias vozes ou instrumentos. 2. *Mús.* Concerto de vários instrumentos. 3. A música que estes instrumentos executam. 4. Combinação agradável de sons ou vozes; harmonia, melodia. 5. *Mús.* Composição de vulto, exclusivamente para orquestra ou para muitos instrumentos. 6. *Mús.* Conjunto de sinfonistas. 7. *Mús.* Intervalo de oitava musical. 8. Trecho instrumental que precede uma ópera, um concerto etc.

Sinfônico, adj. 1. Relativo a sinfonia. 2. Em que há sinfonia. 3. Relativo a orquestra.

Sinfonista, adj. e s. m. e f. 1. Que, ou quem compõe sinfonias. 2. Diz-se de, ou instrumentista de sinfonias.

Singeleira, s. f. Certa rede para pesca de peixe miúdo.

Singelez, s. f. V. *singeleza*.

Singeleza, s. f. 1. Qualidade de singelo. 2. Simplicidade.

Singelo, adj. 1. Simples. 2. Desprovido de enfeites ou ornatos. 3. Ingênuo, inocente, lhano, sincero. 4. Não corrompido; puro. 5. Inofensivo. 6. Desprovido de rodeios.

Singênese, s. f. *Biol.* Teoria segundo a qual todos os seres vivos foram criados simultaneamente.

Singenesista, adj. e s. m. e f. Diz-se de, ou partidário da singênese.

Singradura, s. f. 1. Ato ou efeito de singrar. 2. Navegação diária feita entre dois meios-dias consecutivos. 3. Espaço que se percorreu num dia, singrando. 4. O rumo que a nau leva.

Singráfico, adj. Relativo ao síngrafo.

Síngrafo, s. m. *Dir.* Documento de dívida, assinado pelo devedor e pelo credor.

Singrar, v. 1. Tr. ind. e intr. *Náut.* Navegar a vela; velejar. 2. Tr. dir. Percorrer navegando.

Singular, adj. m. e f. 1. Relativo a um só; individual, único.

2. Que vale só por si. 3. Que não tem igual nem semelhante; distinto, notável, extraordinário. 4. Especial, particular, privilegiado. 5. Esquisito, excêntrico, original. 6. Assombroso. 7. *Gram.* Diz-se do número que indica uma só pessoa, um só animal ou uma só coisa. S. m. *Gram.* O número singular.

Singularidade, s. f. 1. Qualidade de singular. 2. Ação ou dito singular. 3. Extravagância.

Singularizar, v. 1. Tr. dir. e pron. Distinguir(-se) de outros, fazer(-se), tornar(-se) singular. 2. Tr. dir. Especificar, particularizar.

Singulto, s. m. *Poét.* Soluço.

Singultoso, adj. *Poét.* Que tem singultos.

Sinhá, s. f. *Pop.* V. *senhora.* Dim.: *sinhazinha.* – *S. moça:* a filha da sinhá, na linguagem dos escravos.

Sinhaninha, s. f. Espiguilha em forma de zigue-zague.

Sinhazinha, s. f. *Pop.* 1. Dim.: de *sinhá.* 2. V. *sinhá-moça.*

Sinhô, s. m. *Pop.* 1. Senhor. 2. Tratamento que os escravos davam ao senhor. Dim.: *sinhozinho.* – *S. moço:* tratamento que os escravos davam ao filho do sinhô.

Sínico, adj. (l. mod. *Sina,* n. p.). Que se refere ou pertence à China, ou aos chineses que vivem em território nosso. Cfr. *cínico.*

Sinimbu, s. m. *Herp.* Réptil sáurio da família dos Iguanídeos (*Iguana iguana*); papa-vento, camaleão. Vars.: *senembi, senembu.*

Sinistra, s. f. A mão esquerda.

Sinistrar, v. Intr. Sofrer sinistro (coisa segurada).

Sinistrismo, s. m. V. *canhotismo* e *mancinismo.*

Sinistro, adj. (l. *sinistru*). 1. Esquerdo. 2. De mau agouro; funesto. 3. Que infunde receio. 4. De má índole; mau. S. m. 1. O dano ocasionado no objeto segurado. 2. Infortúnio, perda, ruína. 3. Dano ou prejuízo material.

Sinistrogiro, adj. 1. Que gira para a esquerda; levogiro. 2. Diz-se de letra inclinada para a esquerda.

Sinostrorso, adj. *Bot.* Que se enrola da direita para a esquerda.

Sino[1], s. m. (l. *signu*). Instrumento metálico, em forma de campânula invertida, que vibra e produz sons mais ou menos fortes, agudos ou graves, quando nele se percute por meio de uma peça suspensa interiormente denominada *badalo,* ou de um martelo exterior. Aum.: *sinão.*

Sino[2], s. m. (l. *sinu*). *Ant.* V. *golfo.*

sino-[3], pref. (do l. *Sina*). Significa *chim* ou *chinês,* nos substantivos e adjetivos gentílicos: *sinologia.*

Sínoca, adj. f. *Med. ant.* Dizia-se da febre contínua e inflamatória.

Sinodal, adj. m. e f. Pertencente ou relativo ao sínodo; sinódico.

Sinodático, adj. Que se faz em um só sínodo.

Sinódico, adj. 1. Sinodal. 2. *Astr.* Relativo à revolução dos planetas. S. m. Coleção de resoluções sinodais.

Sínodo, s. m. (l. *synodu*). 1. *Ecles.* Reunião regular de párocos e outros padres, convocada pelo bispo. 2. Após o Concílio Vaticano II, assembléia de alguns bispos do mundo inteiro, sob a presidência do papa, para tratar de problemas da Igreja universal.

Sinologia, s. f. Estudo da língua e da civilização chinesas.

Sinológico, adj. Relativo à sinologia.

Sinólogo, adj. e s. m. Que, ou aquele que é perito em sinologia.

Sinonímia, s. f. 1. Qualidade de sinônimo. 2. *Ret.* Emprego de sinônimos.

Sinonímica, s. f. Arte ou estudos dos sinônimos e respectiva distinção.

Sinonímico, adj. Relativo à sinonímia ou aos sinônimos.

Sinonimista, adj. e s., m. e f. Que, ou pessoa que se ocupa de sinônimos, de sinonímia.

Sinonimizar, v. 1. Tr. dir. Tornar sinônimo. 2. Tr. ind. Formar sinonímia.

Sinônimo, adj. Diz-se da palavra que tem quase o mesmo sentido que outra. S. m. Palavra sinônima. Antôn.: *antônimo.*

Sinopla, s. f. *Heráld.* V. *sinople.*

Sinople, s. f. 1. *Heráld.* A cor verde do esmalte dos escudos representada por hachuras oblíquas que sobem da direita para a esquerda. 2. Cor mais ou menos igual a essa. 3. *Miner.* Variedade de quartzo.

Sinopse, s. f. (l. *synopse*). 1. Obra ou tratado que apresenta em síntese o conjunto de uma ciência. 2. Descrição abreviada; resumo, síntese, sumário. 3. Visão de conjunto.

Sinóptico, adj. 1. Relativo a sinopse. 2. Que tem forma de sinopse; resumido. S. m. pl. Evangelhos segundo S. Mateus, S. Marcos e S. Lucas, que apresentam grandes semelhanças na narração dos fatos. Var.: *sinótico.*

Sinorrizo, adj. m. *Bot.* Diz-se do embrião quando a radícula está um pouco soldada ao perisperma. Var.: *sinrizo* e *sirrizo.*

Sinosteografia, s. f. *Anat.* Descrição das articulações.

Sinosteográfico, adj. Relativo à sinosteografia.

Sinosteologia, s. f. *Anat.* Tratado a respeito das articulações.

Sinosteológico, adj. Relativo à sinosteologia.

Sinosteose, s. f. *Anat.* 1. União de ossos adjacentes mediante matéria óssea. 2. União óssea de ossos que são normalmente separados.

Sinosteotomia, s. f. *Cir.* Dissecação das articulações.

Sinótico, adj. V. *sinóptico.*

Sinóvia, s. f. *Fisiol.* Líquido viscoso das cavidades articulares.

Sinovial, adj. m. e f. Relativo à sinóvia.

Sinovite, s. f. *Med.* Inflamação das membranas sinoviais.

Sínquise, s. f. *Gram.* Transposição de palavras que destrói a ordem de uma frase, tornando-a de difícil compreensão.

Sintagma, s. m. Tratado de qualquer matéria, dividida em classes, números etc.

Sintaxe (*ss*), s. f. *Gram.* 1. Parte da gramática que ensina a dispor as palavras para formar as orações, as orações para formar os períodos e parágrafos, e estes para formar o discurso. 2. Livro que trata das regras da sintaxe.

Sintáxico (*ss*), adj. V. *sintático.*

Sinteco, s. m. Verniz transparente, durável, para revestimento de assoalhos.

Síntese, s. f. 1. Toda operação mental pela qual se constrói um sistema. 2. Generalização, agrupamento de fatos particulares em um todo que os abrange e os resume. 3. Resumo. 4. Quadro expositivo do conjunto de uma ciência. 5. *Farm.* Figura que consiste em reunir numa só duas palavras primitivamente separadas; silepse[2]. 7. *Lóg.* Método de demonstração que parte das noções mais simples às mais complexas. 8. *Mat.* Demonstração das proposições pela única dedução daquelas que já estão provadas até chegar àquela que se quer estabelecer. 9. *Quím.* Operação pela qual se reúnem os corpos simples para formar os compostos, ou os compostos para formar outros de composição ainda mais complexa.

Sintético, adj. 1. Relativo à síntese. 2. Feito em síntese; compendiado, resumido.

Sintetismo, s. m. *Cir.* Conjunto das operações necessárias para reduzir uma fratura e para a manter reduzida.

Sintetizar, v. 1. Tr. dir. e pron. Tornar(-se) sintético; compendiar(-se), condensar(-se), resumir(-se). 2. Tr. dir. Reunir em si. 3. Tr. dir. Reunir por síntese.

Sintoma, s. m. 1. *Med.* Fenômeno que traduz os estados mórbidos e que está ligado aos distúrbios funcionais ou lesionais que o determinam. 2. Indício, presságio.

Sintomático, adj. 1. Relativo a sintoma. 2. Que constitui sintoma.

Sintomatismo, s. m. *Med.* Sistema que consiste em atacar não a doença, mas os seus sintomas.

Sintomatista, adj. e s. m. e f. Diz-se da, ou a pessoa que segue o sintomatismo.

sintomato-, elem. de comp. (gr. *sumptoma, atos*). Exprime a idéia de *sintoma: sintomatologia.*

Sintomatologia, s. f. *Med.* 1. Ramo que trata dos sintomas. 2. Conjunto dos sintomas.

Sintomatológico, adj. Relativo à sintomatologia.

Sintomatologista, adj. e s. m. e f. Diz-se de, ou especialista em sintomatologia.

Sintomia, s. f. *Ret.* Exposição abreviada; bosquejo.

Sintonia, s. f. 1. Estado de dois sistemas suscetíveis de emitir e receber oscilações elétricas da mesma freqüência. 2. *Eletr.* Qualidade de seleção dos receptores nos quais as emissões de freqüências diferentes produzem um efeito mínimo. 3. *Fig.* Acordo mútuo, reciprocidade, simpatia.

Sintônico, adj. Que está em sintonia.

Sintonina, s. f. *Biol.* Proteína ácida existente no tecido muscular.

Sintonização, s. f. 1. Ato ou efeito de sintonizar. 2. *Radiotécn.* Operação nos aparelhos de rádio, televisão e outros, de variar a indutância a fim de tornar o som mais claro.

Sintonizar, v. 1. Tr. dir. *Radiotécn.* Ajustar (um aparelho receptor) ao comprimento da onda proveniente do posto emissor. 2. Intr. Harmonizar-se, afinar-se, entrosar-se.

Sinuado, adj. *Bot.* Que tem lóbulos salientes e arredondados.

Sinuca, s. f. (ingl. *snooker*). 1. Espécie de bilhar com muitas bolas de várias cores. 2. *Pop.* Impasse, situação difícil.

Sinuelo (*ê*), s. m. 1. Gado manso, acostumado ao curral, que se junta ao bravo, para lhe servir de guia. 2. Cincerro.

Sinuoso, adj. (1. *sinuosu*). 1. Que descreve uma curva mais ou menos irregular; ondulante, tortuoso, curvo. 2. Que não é franco; tortuoso.

Sinusite, s. f. *Med.* Inflamação dos seios da face.

Sinusoidal, adj. m. e f. Relativo à sinusóide.

Sinusóide, s. f. *Mat.* V. *senóide.*

Sionismo, s. m. (*Sion + ismo*). 1. Teoria ou movimento para fundar na Palestina um Estado israelita autônomo, o qual foi coroado de êxito. 2. Estudo de tudo quanto se refere à vida e história de Jerusalém.

Sionista, adj. m. e f. 1. Sionístico. 2. Que é partidário do sionismo. S. m. e f. Pessoa partidária do sionismo.

Sipaio, s. m. O natural da Índia, que prestava o serviço militar sob a dependência da Inglaterra.

Sipaúba, s. f. *Bot.* Arbusto combretáceo do Brasil (*Combretum ascendens*).

Sipilho, s. m. Extremidade de um cabo náutico, que não se pode aproveitar por ser mal torcida.

Sipoúba, s. f. *Bot.* Árvore da família das Leguminosas (*Parkia discolor*).

Siques, adj. e s. m. e f. Diz-se de, ou membro de um agrupamento de povos hindus da região de Pundjab, cujo ensinamento é a unidade de Deus e a fraternidade dos homens.

Siracusano, adj. (1. *syracusanu*). 1. Relativo a Siracusa (Itália). 2. Natural de Siracusa. S. m. O natural ou habitante de Siracusa.

Sirage, s. m. Óleo de gergelim.

Sire, s. m. (fr. *sire*). Tratamento que se dava aos reis da França e aos senhores feudais, e que se dá hoje a imperadores e reis.

Sirena, s. f. 1. *Poét.* Sereia. 2. Sereia, acep. 4.

Sirene, s. f. *Pop.* V. *sereia*, acep. 4.

Sirênico, adj. *Poét.* Relativo às sereias.

Sirenídeo, adj. *Zool.* Relativo à família dos Sirenídeos. S. m. pl. Família (*Sirenidae*) de anfíbios urdelos norte-americanos, cujas espécies se caracterizam, principalmente, pela persistência de brânquias na forma adulta.

Sirênios, s. m. pl. *Zool.* Ordem (*Sirenia*) de mamíferos aquáticos de grande porte, herbívoros, que inclui o peixe-boi.

Sirga, s. f. *Náut.* 1. Ato ou efeito de sirgar. 2. Cabo ou corda para puxar um barco ao longo da margem.

Sirgagem, s. f. Sirga, acep. 1.

Sirgar, v. (1. *siricare*). Tr. dir. Puxar (um barco) à sirga. 2. Atar com sirga. 3. Prover de sirgas.

Sirgaria[1], s. f. (*sirga + aria*). 1. Fábrica de sirgas. 2. Casa comercial onde se vendem sirgas.

Sirgaria[2], s. f. (*sirgo + aria*). Serigaria.

Sirgo, s. m. (1. *sericu*). 1. Bicho-da-seda. 2. Seriguilha grossa.

Sirgueiro, s. m. Serigueiro.

Siri, s. m. *Zool.* Nome vulgar que no Brasil se dá às espécies de crustáceos braquiúros, distintas das espécies de caranguejos pelas agudas pontas laterais do cefalotórax.

Siríaco, adj. Relativo aos sírios. S. m. Antigo idioma falado pelos sírios.

Siricaia, s. f. Comida preparada principalmente com ovos, leite e açúcar; creme de leite.

Sirigaita, s. f. 1. Mulher pretensiosa, que se saracoteia muito. 2. Mulher buliçosa, estouvada, inquieta, ladina.

Sirigaitar, v. Intr. Ter modos de sirigaita; viver como sirigaita.

Sirigoiá, s. m. *Zool.* Crustáceo (*Cronius ruber*) do grupo dos siris que ocorre no litoral.

Siringe, s. f. *Ornit.* Órgão fonador das aves, muito complexo nos pássaros canoros.

siringo-, elem. de comp. (gr. *surigx, iggos*). Exprime a idéia de *flauta, tubo: siringomielia, siringotomia.*

Siringomielia, s. f. *Med.* Presença anormal de cavidades na substância da medula espinhal.

Siringotomia, s. f. *Cir.* Incisão de uma fístula.

Sírio[1], adj. (1. *syriu*). Relativo à Síria. S. m. Habitante ou natural da Síria.

Sírio[2], s. m. Saco para transporte de farinha de mandioca.

Siriri, s. m. *Entom.* Nome popular em algumas regiões do Brasil dado às formas aladas de cupins.

Siririca[1], adj. m. e f. *Pop.* Doidivanas.

Siririca[2], s. f. Espécie de anzol.

Siriricar, v. Intr. Pescar com siririca.

Siriritinga, s. f. *Ornit.* Ave tiranídea (*Myiodynastes solitarius*), de cor escura, com rajas claras.

Sirito, s. m. V. *matame,* acep. 1.

Siriú, s. f. *Ornit.* V. *juruva.*

Siriúba, s. f. *Bot.* Nome comum a duas plantas verbenáceas (*Avicennia nitida* e *A. tomentosa*). Var.: *siriúva.*

Siriubal (*i-u*), s. m. Terreno onde crescem siriúbas.

Siroco (*ô*), s. m. Vento quente do sueste, que sopra sobre o Mediterrâneo.

Sirte, s. m. e f. (1. *syrte*). 1. Recife ou banco movediço de areia. 2. *Fig.* Perigo, risco.

Sirvente, s. f. Poesia satírica da escola provençal ou trovadoresca; sirventês, sirventesca.

sirventês, s. m. V. *sirvente.*

Sirventesca (*ê*), s. f. V. *sirvente.*

Sisa, s. f. (b. 1. *assisia*). 1. Antigo nome do *imposto de transmissão.* 2. *Fig.* Dedução fraudulenta.

Sisal, s. m. *Bot.* Agave originário do México (*Agave sisalana*), de cujas folhas se obtêm fibras têxteis.

Sisão, s. m. *Ornit.* Ave anseriforme semelhante ao pato-real.

Sisar, v. 1. Tr. dir. Lançar o imposto da sisa sobre; impor pagamento da sisa a. 2. Intr. Pagar sisa. 3. Tr. dir. e tr. ind. Furtar (pequenos valores) nas compras.

Sismal, adj. m. e f. *Geol.* Diz-se da linha que mostra a direção de um sismo.

Sísmico, adj. 1. Relativo a sismos ou terremotos. 2. Causado por terremoto.

Sismo[1], s. m. (gr. *seismos*). *Fís.* Terremoto.

sismo-[2], elem. de comp. Exprime a idéia de *terremoto, vibração: sismografia, sismologia.*

Sismografia, s. f. *Fís.* Emprego do sismógrafo.

Sismógrafo, s. m. *Fís.* Instrumento que registra os sismos; sismômetro.

Sismologia, s. f. Ciência que estuda os tremores de terra.

Sismológico, adj. Relativo à sismologia.

Sismômetro, s. m. *Fís.* Sismógrafo.

Siso, s. m. (l. *sensu*). 1. Bom senso; circunspeção, juízo, prudência, tino. 2. Dente do siso.

Sissarcose, s. f. *Anat.* Conexão dos ossos, por meio da carne ou dos músculos.

Sissomia, s. f. *Terat.* Anormalidade de sissomo.

Sissomo, s. m. *Terat.* Feto gêmeo, que tem os corpos confundidos.

Sistáltico, adj. Sistolar.

Sistema, s. m. 1. Conjunto de princípios, coordenados entre si de maneira a formar um todo científico ou um corpo de doutrina. 2. Combinação de partes coordenadas para um mesmo resultado, ou de maneira a formar um conjunto: *S.* de canais. 3. Método. 4. Plano. 5. *Anat.* Conjunto de órgãos compostos pelos mesmos tecidos e com funções análogas. 6. *Filos.* Unidade das formas diversas do conhecimento sob uma só idéia. 7. *Geol.* Subdivisão estratigráfica que corresponde a um período geológico. 8. *Hist. Nat.* Método de classificação baseado em certo número de caracteres. 9. *Polít.* O conjunto das instituições políticas pelas quais é governado um Estado. — *S. de unidades CGS*: sistema de unidades de medida basedo em três unidades fundamentais: o centímetro, unidade de comprimento; o grama, unidade de massa; o segundo, unidade de tempo. *S. de unidades CGS eletromagnético*: sistema de unidades de medida em que três unidades fundamentais são as do sistema CGS (centímetro, grama e segundo) e a permeabilidade do vácuo é tomada como a quarta unidade fundamental. *S. de unidades internacional*: sistema de unidades de medida baseado em seis unidades fundamentais: a) de comprimento, o metro; b) de massa, o quilograma; c) de tempo, o segundo; d) de intensidade de corrente elétrica, o ampère; e) de temperatura termodinâmica, o kelvin; f) de intensidade luminosa, a candela.

Sistemática, s. f. V. *taxionomia.*

Sistemático, adj. 1. Relativo a um sistema. 2. Conforme a um sistema. 3. Que observa um sistema. 4. Metódico, ordenado. 5. *Pop.* Diz-se do indivíduo que, por obedecer a um sistema rígido de vida, se diferencia da coletividade; esquisito, nervoso, pouco acessível.

Sistematização, s. f. Ato ou efeito de sistematizar; sistemática.

Sistematizador, adj. Que sistematiza; sistematizante. S. m. O que sistematiza.

Sistematizante, adj. m. e f. Sistematizador.

Sistematizar, v. Tr. dir. 1. Reduzir diversos elementos a sistema. 2. Agrupar, formando um corpo de doutrina.

Sistematologia, s. f. História ou tratado dos sistemas.

Sistematológico, adj. Relativo à sistematologia.

Sistilo, s. m. Construção arquitetônica em que os intercolúnios são de dois diâmetros ou quatro módulos.

Sistina, adj. Diz-se da célebre capela do Vaticano, mandada construir por Sisto IV. S. f. Essa capela.

Sistolar, adj. m. e f. Relativo à sístole; sistólico, sistáltico.

Sístole, s. f. 1. *Med.* Período da contração do coração ou a própria contração. Antôn.: *diástole.* 2. *Gram.* Hiperbibasmo.

Sistólico, adj. Sistolar.

Sistrema, s. m. Subdivisão da falange, com cerca de mil homens, na antiga milícia grega.

Sistro, s. m. 1. Matraca usada pelos antigos egípcios, constituída de um cabo com caixilho metálico, no qual eram inseridas, transversalmente, varetas de metal, que tilintavam quando se sacudia o instrumento. 2. Espécie de marimba com lâminas metálicas.

Sisudez, s. f. 1. Qualidade de sisudo. 2. Seriedade; gravidade nas palavras e nas ações. 3. Bom senso, prudência, sensatez, tino. Sin.: *sisudeza.*

Sisudeza, s. f. V. *sisudez.*

Sisudo, adj. Que tem siso; prudente, sensato, sério. S. m. Homem sisudo.

Sita[1], s. f. *Ant.* Marca ou cunho em moeda.

Sita[2], s. f. *Ornit.* Gênero (*Sitta*) de aves européias aparentadas ao picanço.

Sitiado, adj. Cercado por forças militares; assediado. S. m. Aquele que está sitiado.

Sitiador, adj. e s. m. V. *sitiante.*

Sitiante[1], adj. e s. m. e f. (de *sitiar*). Que, ou quem sitia; sitiador.

Sitiante[2], s. m. (de *sítio*). Morador ou proprietário de um sítio, roça ou quinta.

Sitiar, v. (alt. al. *sittian*). Tr. dir. 1. Pôr sítio ou cerco a; assediar, cercar. 2. *Por ext.* Assediar.

Sitibundo, adj. *Poét.* Muito sedento; sequioso. S. m. Indivíduo sedento, sequioso.

Sitieiro, s. m. Sitiante[2].

Sítio[1], s. m. (l. *situ*). 1. Chão, lugar ocupado por qualquer corpo. 2. Chão descoberto. 3. Qualquer lugar; localidade, povoação, aldeia, local. 4. Habitação rústica; morada rural. 5. Lugar assinalado por acontecimento notável.

Sítio[2], s. m. Ato ou efeito de sitiar.

sitio[3], elem. de comp. O mesmo que sito[3]: *sitiofobia.*

Sitioca, s. f. Pequeno sítio; fazendola.

Sitiofobia, s. f. *Med.* Recusa completa de qualquer alimento; sitofobia.

Sitiologia, s. f. *Med.* Estudo da nutrição e da dietética.

Sitiológico, adj. Relativo à sitiologia.

Sito[1], (l. *situ*). Situado.

Sito[2], s. m. (l. *situ*) Bafio, bolor.

-sito-[3], elem. de comp. Exprime a idéia de *trigo, cereal, alimento: sitófago.*

Sitófago, adj. Que se alimenta de trigo.

Situação, s. f. 1. Ato ou efeito de situar(-se). 2. Maneira ou modo como um objeto está colocado; posição. 3. Disposição ou arranjo recíproco das diversas partes de um todo. 4. Estado moral de uma pessoa. 5. Condição de fortuna; posição financeira. 6. Organização política; fase governamental ou ministerial; o governo. 7. *Lit.* Momento de drama ou narração que provoca ou excita o interesse. 8. Vicissitude, ocorrência.

Situacionismo, s. m. Partido político dos que estão no poder.

Situacionista, adj. m. e f. Pertencente ou relativo ao situacionismo. S. m. e f. Pessoa pertencente ao situacionismo.

Situado, adj. (p. de *situar*). 1. Que ocupa determinado lugar; sito. 2. Estabelecido.

Situar, v. (l. *situ* + *ar*). 1. Tr. dir. Colocar, pôr (no espaço ou no tempo). 2. Tr. dir. Assentar, construir, edificar. 3. Tr. dir. Designar lugar certo a. 4. Pron. Colocar-se.

Situla, s. f. Vaso redondo, de madeira.

Sizígia, s. f. *Astr.* 1. Conjunção ou oposição do Sol com a Lua. 2. Conjunção ou oposição de um planeta com o Sol.

Sizígio, s. m. *Astr.* V. *sizígia.*

Slide (*slaide*), s. m. (t. ingl.). Dispositivo fotográfico montado em moldura e destinado a projeção fixa; eslaide.

Slogan (*slôgan*), s. m. (t. ingl.). 1. Breve fórmula lançada para propagar uma opinião. 2. *Com.* Frase curta que resume em algumas palavras convincentes as vantagens de uma marca, de uma firma, um produto.

Smoking (*smôkin'*), s. m. (t. ingl.). Traje masculino, sendo o paletó geralmente preto, com lapelas de cetim, usado em cerimônias realizadas à noite.

Só[1], adj. m. e f. (l. *solu*). 1. Que está sem companhia; sozinho: Homem *só.* 2. Considerado com exclusão de outros; único: Teve *só* um voto. 3. Que vive afastado da sociedade; solitário: Vive *só.* 4. Privado de apoio de outrem; desajudado. 5. Deserto, ermo, solitário.

Só[2], s. m. Aquele que não tem a companhia de ninguém.

Só[3], adv. Apenas, somente, unicamente.

Sô, s. m. *Pop.* Corruptela de *senhor.*

Soabrir, v. Tr. dir. Entreabrir.

Soada, s. f. 1. Ação ou efeito de soar. 2. Toada de cantiga. 3. Rumor, ruído. 4. Boato, fama.

Soado, adj. 1. Que soou. 2. Admirado, afamado, celebrado.

Soagem, s. f. *Bot.* Planta borraginácea (*Echium murale*).

Soalha, s. f. Cada uma das rodelas metálicas do pandeiro.

Soalhado, s. m. 1. Soalho. 2. Madeiramento para soalhar.

Soalhar[1], v. Tr. dir. Assoalhar.

Soalhar[2], v. (*soalha* + *ar*). Tr. dir. Agitar as soalhas de (um pandeiro).

Soalheira, s. f. 1. A hora do calor mais intenso (ao sol). 2. Exposição aos raios do sol; calma.

Soalheiro, adj. Exposto ao sol. S. m. Lugar exposto aos raios solares; soalho. 2. Ajuntamento de pessoas ociosas. 3. Terreno na aba das serras, exposto ao nascente.

Soalho[1], s. m. V. *soalheiro.*

Soalho[2], s. m. V. *assoalho.*

Soante, adj. m. e f. Que soa; sonante.

Soão, s. m. (1. *solanu*). *Des.* 1. Vento muito quente, que sopra do lado donde nasce o sol. 2. Oriente.

Soar, v. (1. *sonare*). 1. Intr. Dar, emitir, produzir som. 2. Tr. dir. Tirar sons de; tanger, tocar em. 3. Tr. ind. e intr. Fazer-se ouvir; ecoar, ressoar. 4. Intr. Emitir a voz, exprimir-se por canto ou pela fala. 5. Tr. ind. Ressoar, soar de novo. 6. Intr. Ser anunciado ou indicado pelo som. 7. Tr. dir. Exprimir ou manifestar pelo som. 8. Intr. Constar, correr, divulgar-se, espalhar-se. 9. Tr. dir. Cantar, celebrar, exaltar. 10. Tr. ind. Ter semelhança com; parecer-se.

Sob[1], prep. (1. *sub*). 1. Debaixo de, por baixo de. 2. No governo ou reinado de: *Sob* João XXIII.

sob-[2], O mesmo que *sub–*: *sobpor.*

Soba, s. m. Chefe de tribo africana; régulo.

Sobado, s. m. Território governado por um soba.

Sobarbada, s. f. Barbela de corda.

Sobeira, s. f. Segunda ordem de telhas colocada sob a fileira da beirada para sustentá-la e reforçá-la.

Sobejar, v. (1. *superare*). 1. Tr. ind. e intr. Exceder os limites do necessário ou preciso; ser em demasia. 2. Pron. Suprir-se com superabundância; ter de sobejo.

Sobejidão, s. f. 1. Qualidade de sobejo; demasia, excesso, fartura. 2. Grande número; imensidade.

Sobejo[1], adj. 1. Que sobeja; que é demais. 2. Considerável, enorme, extraordinário, grande, imenso. S. m. pl. Sobras, restos.

Sobejo[2], adv. Sobejamente.

Soberana, s. f. 1. Mulher que exerce o supremo poder de uma monarquia. 2. Mulher que entre outras ocupa o primeiro lugar.

Soberania, s. f. 1. Qualidade de soberano. 2. Autoridade suprema. 3. Autoridade moral considerada como suprema; poder supremo. 4. Qualidade do poder político de um Estado que não está submetido a nenhum organismo. 5. Excelência, primazia. 6. Altivez, soberbia.

Soberanizar, v. Tr. dir. 1. Tornar soberano. 2. Exaltar.

Soberano, adj. (1. *superanu*). 1. Que está revestido da autoridade suprema. 2. Que governa com absoluto poderio. 3. Dominador, poderoso, influente. 4. Que exerce um poder supremo sem restrição nem neutralização. 5. Diz-se de Deus e da sua suprema autoridade. 6. Excelso, magnífico, notável. S. m. 1. Chefe de poder monárquico; monarca, imperador, rei. 2. O que tem grande influência ou poder.

Soberba (*ê*), s. f. (1. *superbia*). 1. Altura de coisa que está superior a outra. 2. Orgulho excessivo; altivez, arrogância, sobrançaria.

Soberbaço, adj. e s. m. Que, ou aquele que se apresenta com muita soberba.

Soberbão, adj. e s. m. 1. Muito soberbo. 2. Muito arrogante. Fem.: *soberbona.*

Soberbete (*ê*), adj. e s. m. Que, ou aquele que é um tanto soberbo.

Soberbia, s. f. 1. Qualidade de soberbo. 2. Grande soberba.

Soberbo, adj. 1. Que é mais alto que outro. 2. Que está mais elevado que outro. 3. Desvanecido, presunçoso, vaidoso. 4. Arrogante, orgulhoso, soberbaço. 5. Belo, grandioso, magnífico. S. m. Indivíduo soberbo.

Soberboso, adj. e s. m. *Pop.* Soberbo.

Sobernal, s. m. (1. *supernu*). 1. Trabalho excessivo que produz esgotamento. 2. Estado resultante desse excesso; ergastenia.

Sobestar, v. Tr. ind. Estar abaixo de; ser inferior a. Conjuga-se como *estar.* Cfr. *sobrestar.*

Sobgrave, adj. m. e f. *Mús.* Que está abaixo do grave.

Sobnegar, v. Tr. dir. Sonegar.

Sóbole, s. f. 1. Geração, prole, raça. 2. *Bot.* Gomo, rebento.

Soboró, adj. m. e f. Chocho.

Soborralhadouro, s. m. Vassoura ou varredouro de forno. Var.: *soborralhadoiro.*

Soborralhar, v. Tr. dir. Meter no borralho.

Soborralho, s. m. 1. Calor mantido pelo borralho. 2. Brasas ou outra coisa, que está sob o borralho.

Sobpé, s. m. V. *sopé.*

Sobpor, v. 1. Tr. dir. e pron. Pôr(-se), colocar(-se) por baixo. 2. Tr. dir. Ter em menos conta; menosprezar.

Sobra, s. f. 1. Ato ou efeito de sobrar. 2. O que sobrou; sobejo, resto. S. f. pl. Sobejos, restos.

Sobraçar, v. 1. Tr. dir. Meter e prender debaixo do braço, mantendo seguro. 2. Tr. dir. Amparar, servir de apoio a. 3. Pron. Andar de braço dado com alguém. 4. Pron. Abraçar-se.

Sobradar, v. Tr. dir. 1. Fazer sobrado em. 2. Assoalhar.

Sobrado[1], adj. (p. de *sobrar*). 1. Que sobrou ou que sobra; demasiado, excessivo. 2. Abastado, farto.

Sobrado[2], s. m. 1. Andar superior ao pavimento térreo de um edifício. 2. Edifício de vários pavimentos. 3. Assoalho.

Sobral, s. m. Lugar onde crescem sobreiros; sobreiral.

Sobrançaria, s. f. 1. Qualidade de sobranceiro. 2. Altivez, arrogância, orgulho, presunção, vaidade. Var.: *sobranceria.*

Sobrancear, v. 1. Tr. dir. Estar sobranceiro a. 2. Tr. dir. Sobrepujar, superar. 3. Tr. ind. Ficar por cima, sobrepor-se.

Sobranceiro[1], adj. (b. 1. *superantiariu*). 1. Que fica superior a outro; dominante; elevado; proeminente. 2. Que olha ou vê de mais alto. 3. Que se destaca, sobressai, se distingue. 4. Altivo, arrogante, desdenhoso, orgulhoso.

Sobranceiro[2], adv. 1. Em situação proeminente. 2. Desdenhosamente, com sobrançaria.

Sobrancelha, s. f. O conjunto dos pêlos, na parte superior das órbitas oculares; sobrecílios, sobreolho, sobrolho, supercílio.

Sobranceria, s. f. V. *sobrançaria.*

Sobrar, (1. *superare*). 1. Tr. ind. Ficar em altura superior a; ficar sobranceiro a. 2. Tr. ind. e intr. Haver mais do que o necessário; exceder. 3. Tr. ind. e intr. Restar, sobejar. 4. Intr. Não ser procurado ou atendido; não ser alvo de atenção.

Sobrasar, v. Tr. dir. Pôr brasas debaixo de.

Sobre[1] (*ô*), prep. (1. *super*). 1. Em cima, em cima de, na parte superior de, por cima de. 2. Junto de; próximo. 3. Atrás, além. 4. Acima de. 5. Em conseqüência de. 6. A respeito de.

Sobre[2] (*ô*), s. m. *Náut.* Qualquer das velas cujo nome começa pelo prefixo *sobre*, como a sobregata, a sobregatinha etc.

Sobre-[3], O mesmo que *super–*: *sobreagudo.*

Sobreabundar, v. Intr. V. *superabundar.*

Sobreaguado, adj. Coberto de água; alagado; inundado.

Sobreagudo, adj. Muito agudo; superagudo.

Sobrealcunha, s. f. Alcunha posta depois de outra; segunda alcunha.

Sobreanca, s. f. Chairel.

Sobreano, s. f. Rês de cria que tem mais de um ano.

Sobreapelido, s. m. Segundo apelido ou sobrenome.

Sobrearco, s. m. Verga da porta; padieira, torça.

Sobreaviso, s. m. Precaução, prevenção.

Sobreaxilar (*cs*), adj. m. e f. V. *supra-axilar.*

Sobrebico, s. m. *Ornit.* Parte superior do bico.

Sobrecabado, adj. *P. us.* Que está muito alto; superior.

Sobrecana, s. f. *Vet.* Esparavão.

Sobrecapa, s. f. Cobertura de papel com que se reveste e protege a capa de um livro, e na qual se imprime o título da obra, nome do autor etc.

Sobrecarga, s. f. 1. Carga excessiva. 2. Aquilo que transtorna o equilíbrio da carga. 3. Espécie de cilha com que se aperta a carga sobre o animal. 4. Qualquer impressão sobre um selo postal, que lhe altera o valor ou serve para indicar alguma outra alteração. S. m. Aquele que dirige o carregamento de um navio.

Sobrecarregar, v. Tr. dir. 1. Carregar demais. 2. Aumentar demasiadamente. 3. Aumentar encargos a; causar vexame a; oprimir. 4. Imprimir sobrecarga em (selos postais).

Sobrecarta, s. f. 1. Carta escrita depois de outra com que tem relação. 2. Envelope.

Sobrecasaca, s. f. Veste masculina mais longa e larga que a casaca.

Sobreceleste, adj. m. e f. Mais que celeste; divino, sobrecelestial.

Sobrecelestial, adj. m. e f. V. *sobreceleste.*

Sobrecenho, s. m. 1. As sobrancelhas. 2. Semblante rústico e carregado; carranca. Adv. De modo carrancudo.

Sobrecéu, s. m. Cobertura por cima de um leito ou de um pavilhão; dossel.

Sobrecevadeira, s. f. *Náut.* Pequena vela sobre a cevadeira.

Sobrechegar, v. Intr. Sobrevir.

Sobrecheio, adj. Muito cheio; acogulado; enfartado, repleto.

Sobrecincha, s. f. Tira de couro, que se aperta por cima da badana, ou do coxinilho.

Sobreclaustro, s. m. Claustro superior. Var.: *sobreclaustra.*

Sobrecoberta, s. f. Coberta construída acima de outra; segunda coberta.

Sobrecomposto, adj. *Bot.* Designativo das folhas cujo pecíolo comum se divide mais de duas vezes em pecíolos menores.

Sobrecomum, adj. m. e f. *Gram.* Diz-se do substantivo que tem um só gênero, mas que se pode referir tanto a um ser do sexo masculino quanto do sexo feminino, como, *criança, guia, testemunha, vítima,* palavras que designam indiferentemente homem ou mulher.

Sobrecopa, s. f. Tampa ou cobertura convexa de vaso.

Sobrecoser, v. Tr. dir. Fazer sobrecostura em.

Sobrecostilhar, s. m. A manta de carne que se tira de cima da costela da rês.

Sobrecostura, s. f. Costura sobre duas peças já cosidas uma à outra.

Sobrecu, s. m. *Pop.* V. *uropígio.*

Sobrecurva, s. f. *Vet.* Tumor duro, na curva do jarrete do cavalo.

Sobredental, adj. m. e f. *Anat.* Que está situado sobre os dentes ou acima deles.

Sobredente, s. m. Dente acavalado sobre outro.

Sobredito, adj. Dito acima ou atrás; supracitado.

Sobredivino, adj. Mais que divino; superdivino, supradivino.

Sobredoirado, adj. e s. m. V. *sobredourado.*

Sobredoirar, v. V. *sobredourar.*

Sobredominante, s. f. *Mús.* Sexto grau da escala diatônica.

Sobredourado, adj. Dourado na parte superior. S. m. Ornato dourado.

Sobredourar, v. 1. Tr. dir. Dourar por cima. 2. Tr. dir Iluminar as partes mais elevadas de. 3. Tr. dir. Engrandecer, exaltar. 4. Tr. dir. Lustrar, ornar. 5. Tr. dir. Colorir com artifício para induzir em erro. 6. Pron. Ganhar em realce.

Sobreeminente, adj. m. e f. Muito elevado; excelso; magnífico.

Sobreerguer, v. Tr. dir. Erguer mais alto que outra coisa.

Sobreestar, v. V. *sobrestar.*

Sobreexaltar, v. Tr. dir. Exaltar excessivamente; superexaltar.

Sobreexcedente, adj. m. e f. Que sobreexcede.

Sobreexceder, v. 1. Tr. dir. Exceder muito; ultrapassar. 2. Tr. ind. Avantajar-se muito; levar vantagem. 3. Intr. Ir muito além.

Sobreexcelente, adj. m. e f. Muito excelente; sublime; excelso.

Sobreexcitação, s. f. 1. Ato ou efeito de sobreexcitar(-se). 2. Grande excitação nervosa acima da normal; superexcitação, supra-excitação.

Sobreexcitar, v. 1. Tr. dir. Excitar intensamente, além do normal. 2. Tr. dir. Agitar ou impressionar vivamente o ânimo de. 3. Pron. Alvoroçar-se, encolerizar-se.

Sobreface, s. f. Espaço que separa do ângulo externo de um baluarte o flanco prolongado.

Sobrefoliáceo, adj. *Bot.* Que está sobre a folha, aderente a ela, por cima dela.

Sobregata, s. f. *Náut.* A verga do mastro da gata.

Sobregatinha, s. f. *Náut.* Vela redonda que se larga acima da sobregata.

Sobregávea, s. f. *Náut.* Peca superior à gávea.

Sobregoverno (*ê*), s. m. Governo supremo; mando superior.

Sobre-humano, adj. 1. Que vai além das faculdades físicas do ser humano. 2. Excelso, extraordinário, sublime. Sin.: *extra-humano, super-humano* e *ultra-humano.*

Sobreira, s. f. Variedade de sobreiro.

Sobreiral, s. m. Sobral.

Sobreiro, s. m. (1. *suberariu*). 1. *Bot.* Árvore fagácea (*Quercus hispanica*). 2. *Bot.* Árvore leguminosa-mimosácea (*Pithecolobium lusorium*).

Sobrejacente, adj. m. e f. Que está ou jaz por cima. Antôn.: *subjacente.*

Sobrejoanete, s. m. *Náut.* Mastaréu, verga, vela que assenta sobre o mastaréu do joanete.

Sobrejoanetinho, s. m. *Náut.* Mastaréu, verga, vela que assenta sobre o mastaréu do sobrejoanete.

Sobrelanço, s. m. 1. Lanço seguido a outro. 2. Lanço maior que os outros.

Sobrelátego, s. m. Tira de couro cru que, nos arreios das cavalgaduras, une o travessão à barrigueira e serve para apertar a cincha.

Sobreleito, s. m. *Constr.* Superfície inferior de cada uma das camadas que constituem as paredes.

Sobrelevante, adj. m. e f. Que sobreleva.

Sobrelevar, v. 1. Tr. dir. Exceder em altura; ser mais alto que (outro); suplantar. 2. Tr. dir. Aumentar em altura; tornar mais alto. 3. Pron. Erguer-se bem alto; levantar-se muito. 4. Tr. dir. Elevar, erguer, levantar do chão. 5. Pron. Destacar-se, relevar-se, sobressair. 6. Tr. ind. Exceder, levar vantagem, sobreexceder, sobressair. 7. Tr. dir. Suplantar, vencer. 8. Tr. ind. Destacar-se, distinguir-se de outros; sobressair. 9. Pron. Exaltar-se de modo extraordinário; sublimar-se. 10. Tr. dir. Sofrer, suportar.

Sobreliminar, s. m. Viga atravessada sobre os esteios de uma ponte levadiça.

Sobreloja, s. f. Pavimento de um prédio entre a loja ou rés-do-chão e o primeiro andar.

Sobrelotação, s. f. 1. Ato ou efeito de sobrelotar; lotação excessiva; superlotação. 2. *Náut.* O excedente da lotação normal de um navio.

Sobremachinho, s. m. *Vet.* Protuberância devida à inflamação dos tendões da cavalgadura.

Sobremaneira, adv. Além da justa conta ou medida; altamente, excessivamente, sem conta, sobremodo.

Sobremanhã, s. f. O fim da manhã, começo do dia.

Sobremão, s. m. *Vet.* Tumor em qualquer dos membros anteriores da cavalgadura.

Sobremaravilhar, v. 1. Tr. dir. Maravilhar extremamente. 2. Intr. Provocar grande admiração.

Sobremesa, s. f. 1. Iguaria delicada e leve, com que se termina uma refeição (doce ou fruta); pospasto, postre ou postres. 2. Aquilo que termina; complemento.

Sobremodo, adv. Sobremaneira.

Sobremunhoneiras, s. f. pl. *Náut.* Cintas de ferro que apertam e seguram os munhões das peças de artilharia.

Sobrenadante, adj. m. e f. Que sobrenada.

Sobrenadar, v. Intr. 1. Nadar à superfície. 2. Mover-se à tona da água; boiar, flutuar.

Sobrenatural, adj. m. e f. (*sobre + natural*). 1. Que excede as forças da natureza; fora do natural ou do comum; fora das leis naturais; extranatural. 2. Excessivo, extraordinário, muito grande. 3. Que não é conhecido senão pela fé. Sin.: *supranatural, supernatural* e *preternatural.* S. m. 1. Aquilo que é superior às forças da natureza. 2. Aquilo que é muito extraordinário ou maravilhoso. 3. Aquilo que é sobrenatural.

Sobrenaturalidade, s. f. Qualidade de sobrenatural; sobrenaturalismo, supranaturalismo.

Sobrenaturalismo, s. m. 1. Sobrenaturalidade. 2. Doutrina baseada no sobrenatural. 3. *Pej.* Tendência a tudo explicar pela ação da graça divina.

Sobrenome, s. m. 1. Nome que vem depois do nome do batismo. Nome que é usado após o nome de família; apelido.

Sobrenomear, v. Tr. dir. 1. Pôr sobrenome em. 2. Apelidar, alcunhar.

Sobreolhar, v. Tr. dir. Olhar por cima do ombro ou com sobrançaria; fitar com desdém ou desprezo.

Sobreolho (*ô*), s. m. V. *sobrolho.* Pl. *sobreolhos* (*ó*).

Sobreosso, s. m. *Vet.* Enfermidade que ataca as cavalgaduras e que provém de ferida ou pancada sobre o osso ou sobre a cana dos pés, fazendo-a engrossar muito. Var.: *sobrosso.*

Sobrepaga, s. f. O que se paga além do combinado; gratificação, gorjeta.

Sobrepairar, v. Tr. ind. Pairar mais alto.

Sobreparto[1], adv. Depois do parto.

Sobreparto[2], s. m. *Med.* 1. Tempo que vai do parto à completa normalização do funcionamento dos órgãos da mãe; puerpério. 2. Conjunto de fenômenos que ocorrem no organismo após o parto e que se estendem até a recuperação total da parturiente.

Sobrepasto, s. m. Pospasto, sobremesa.

Sobrepé, s. m. *Vet.* Sobreosso na coroa dos membros posteriores dos solípedes.

Sobrepeliz, s. f. (1. *superpelliciu*). Vestidura eclesiástica, branca, com mangas ou sem elas, que os eclesiásticos envergam por cima da batina.

Sobrepensado[1], adj. Muito pensado.

Sobrepensado[2], adv. De caso pensado; de propósito.

Sobrepensar, v. 1. Intr. Pensar maduramente. 2. Tr. ind. Pensar muito a respeito de.

Sobrepesar, v. 1. Tr. dir. Pôr sobrecarga em. 2. Intr. Ser muito molesto; causar grande tristeza. 3. Tr. dir. Pensar muito em.

Sobrepeso (*ê*), s. m. Contrapeso, sobrecarga.

Sobrepor, v. 1. Tr. dir. e pron. Pôr(-se) em cima ou por cima; colocar(-se) sobre; justapor(-se). 2. Tr. dir. Dobrar sobre a face superior. 3. Tr. dir. Acrescentar, juntar. 4. Tr. dir. Antepor. 5. Pron. Seguir-se na ordem do tempo, vir depois; sobrevir.

Sobreporta, s. f. *Arquit.* Parte fixa e superior da porta; bandeira.

Sobreposição, s. f. 1. Ato ou efeito de sobrepor(-se). 2. Justaposição.

Sobreposse, adv. 1. Excessivamente; por demais. 2. Contra vontade; sem espontaneidade.

Sobreposto, adj. Posto em cima; superposto. S. m. Ornato sobre vestidos.

Sobrepovoar, v. Tr. dir. Desenvolver a população de.

Sobrepratear, v. Tr. dir. Pratear exteriormente; revestir com uma camada de prata.

Sobrepujamento, s. m. Ato ou efeito de sobrepujar; sobrepujança.

Sobrepujança, s. f. V. *sobrepujamento.*

Sobrepujante, adj. m. e f. Que sobrepuja; que excede; que superabunda.

Sobrepujar, v. 1. Tr. dir. Exceder em altura; sobrelevar. 2. Tr. dir. Passar por cima de; dominar, superar, vencer. 3. Tr. dir. Ir além de; ultrapassar. 4. Tr. dir. Avantajar-se a; suplantar, exceder física, intelectual ou moralmente. 5. Tr. ind. Sobressair a.

Sobrequilha, s. f. *Náut.* Peça ou peças que vão da proa à popa do navio, e servem para reforçar as cavernas.

Sobre-renal, adj. m. e f. *Anat.* V. *supra-renal.* Pl.: *sobre-renais.*

Sobre-restar, v. 1. Tr. ind. Ficar depois de outro; restar depois. 2. Intr. Sobreviver.

Sobre-rodela, s. f. *Vet.* Tumor sobre o joelho das cavalgaduras. Pl.: *sobre-rodelas.*

Sobre-rolda, s. m. e f. V. *sobre-ronda.*

Sobre-roldar, v. Tr. dir. V. *sobre-rondar.*

Sobre-ronda, s. m. e f. Vigia das rondas; pessoa que inspeciona o serviço das rondas. Pl.: *sobre-rondas.*

Sobre-rondar, v. 1. Tr. dir. Vigiar, espreitar. 2. Intr. Fazer sobre-ronda.

Sobre-rosado, adj. Tirante a rosado. Pl.: *sobre-rosados.*

Sobre-saia, s. f. Peça de roupa que se usa sobre a saia: Pl.: *sobre-saias.*

Sobre-saturação, s. f. Ato ou efeito de sobre-saturar; supersaturação.

Sobre-saturar, v. Tr. dir. e pron. Saturar(-se) em excesso; supersaturar(-se).

Sobrescrever, v. Tr. dir. 1. Escrever sobre. 2. Sobrescritar.

Sobrescritar, v. Tr. dir. 1. Fazer o sobrescrito de. 2. Escrever o endereço de (uma carta). 3. *Fig.* Destinar, dirigir.

Sobrescrito, s. m. 1. Capa ou envelope de carta ou de ofício, em que se escreve o nome do destinatário, sua residência e outras indicações precisas para sua perfeita identificação. 2. As indicações que se escrevem na capa da carta ou do ofício. 3. Direção especial de uma picuinha.

Sobresdrúxulo, adj. *Gram.* V. *bisedrúxulo.*

Sobresdrúxulo, adj. m. e f. *Gram.* V. *bisesdrúxulo.*

Sobre-semear, v. Tr. dir. 1. Semear segunda vez. 2. Semear superficialmente.

Sobre-ser, v. V. *sobrestar.*

Sobre-sinal, s. m. Sinal ou insígnias sobre as vestes. Pl.: *sobre-sinais.*

Sobre-soleira, s. f. Peça que assenta sobre a soleira. Pl.: *sobre-soleiras.*

Sobresperar, Tr. dir. e intr. Esperar muito; esperar por muito tempo.

Sobressair, v. 1. Tr. ind. e intr. Ser ou estar saliente; ressair. 2. Intr. Chamar a atenção, dar na vista. 3. Tr. ind. Distinguir-se, realçar-se. 4. Tr. ind. Ver-se ou ouvir-se distintamente entre outras coisas.

Sobressalente, adj. e s. m. V. *sobresselente.*

Sobressaltado, adj. Assustado, desassegado.

Sobressaltar, v. (*sobre + saltar*). 1. Tr. dir. Saltar sobre; tomar de assalto. 2. Tr. dir. Passar de salto; omitir. 3. Tr. dir. Passar além de; transpor. 4. Tr. dir. Assustar, atemorizar, saltear. 5. Pron. Estremecer com sobressalto; atemorizar-se. 6. Pron. Sentir apreensões, cuidados ou receios.

Sobressaltear, v. 1. Tr. dir. Acometer de improviso ou à traição; saltear. 2. Pron. Sobressaltar-se.

Sobressalto, s. m. 1. Ato ou efeito de sobressaltar(-se). 2. Movimento brusco ocasionado por alguma sensação súbita e violenta. 3. Susto, tremor. 4. Inquietação repentina; pavor. 5. Acontecimento inesperado. 6. Confusão, desordem.

Sobressarar, v. 1. Intr. Sarar superficialmente; ter passageiras melhoras. 2. Tr. dir. Curar apenas aparentemente; aliviar, paliar.

Sobresselente, adj. m. e f. (corr. de *sobressaliente*). 1. Que sobressai; saliente. 2. Que excede; excedente. 3. Diz-se de peça ou acessório de reserva, para substituição em caso de emergência. S. m. 1. Aquilo que sobressai. 2. Tudo o que sobra e é próprio para suprir lacunas. Var.: *sobressalente.*

Sobrestante, adj. m. e f. 1. Que sobrestá. 2. Proeminente, sobranceiro. S. m. 1. Guarda. 2. Superintendente.

Sobrestar, v. 1. Tr. ind. e intr. Não ir avante, não prosseguir; parar, deter-se. 2. Tr. ind. e intr. Abster-se, não tentar. 3. Tr. dir. Suspender, sustar. 4. Tr. dir. Demorar, retardar. Var.: *sobreestar.*

Sobre-substancial, adj. m. e f. Muito substancial; supersubstancial. Pl.: *sobre-substanciais.*

Sobretarde[1], s. f. Fim da tarde; lusco-fusco.

Sobretarde[2], adv. À noitinha; ao entardecer.

Sobretaxa, s. f. Quantia que se acresce aos preços ou tarifas ordinárias.

Sobretecer, v. Tr. dir. Tecer sobre tecido; entretecer.

Sobreteima, s. f. Grande teimosia. Adv. Com pertinácia.

Sobreterrestre, adj. m. e f. Supraterrâneo.

Sobretoalha, s. f. Toalha que se põe por cima de outra para a resguardar.

Sobretônica, s. f. *Mús.* Segundo grau da escala diatônica.

Sobretudo[1], s. m. Grande casaco próprio para se vestir sobre outro, como resguardo contra o frio.

Sobretudo[2], adv. Especialmente, mormente, principalmente.

Sobrevento, s. m. (1. *superventu*). 1. Pé-de-vento súbito e forte. 2. *P. us.* Coisa que sobrevém e origina transtorno.

Sobreveste, s. f. 1. Peça do vestuário, que se usa por cima de outra. 2. Sobretudo.

Sobrevestir, v. Tr. dir. 1. Vestir por cima, vestir exteriormente. 2. Revestir, sobrepor.

Sobrevigiar, v. Tr. dir. Vigiar como chefe; superintender.

Sobrevindo, adj. Que sobreveio. S. m. Indivíduo que sobreveio ou chegou de surpresa.

Sobrevir, v. (1. *supervenire*). Tr. ind. e intr. 1. Vir sobre ou depois de uma coisa; ocorrer depois de. 2. Acontecer ou chegar de imprevisto.

Sobrevirtude, s. f. Véu que as freiras usam sobre a touca.

Sobrevivência, s. f. Estado ou qualidade de sobrevivente; supervivência.

Sobrevivente, adj. e s. m. e f. Que, ou quem sobrevive; sobrevivo, supervivente, supérstite.

Sobreviver, v. Tr. ind. e intr. 1. Continuar a viver depois de outras pessoas ou outras coisas. 2. Escapar. 3. Fazer face a; resistir.

Sobrevivo, adj. e s. m. V. *sobrevivente*.

Sobrevoar, v. Tr. dir. Voar por cima de. Conjuga-se e grafa-se como *voar*).

Sobrevôo, s. m. Ação de sobrevoar; vôo por cima.

Sobriedade, s. f. 1. Qualidade de sóbrio; temperança. 2. Comedimento, moderação.

Sobrinho, s. m. (1. *sobrinu*). Filho de irmão ou irmã; indivíduo em relação aos irmãos de seus pais.

Sóbrio, adj. 1. Moderado, especialmente no comer e no beber. 2. Parco, simples, frugal.

Sobro (*ô*), s. m. 1. *Bot.* Árvore fagácea (*Quercus suber*); sobreiro. 2. A lenha ou madeira dessa árvore.

Sob-roda, s. f. Depressão de terreno, pedregulho, saliências, ou qualquer acidente análogo, numa estrada ou rua, capaz de perturbar o andamento de um veículo.

Sobrolho (*ô*), s. m. (*sobre + olho*). V. *Sobrancelha*. Pl.: *sobrolhos* (*ó*).

Sobrosso (*ô*), s. m. *Pop.* Medo, pavor, susto. Pl.: *sobrossos* (*ó*).

Soca, s. f. 1. A segunda produção da cana-de-açúcar, depois de cortada a primeira. 2. A segunda colheita do arroz. 3. A segunda colheita do fumo. 4. Fumo de qualidade inferior. 5. Rizoma. 6. Touceira de capim.

Socado, adj. 1. Que levou socos; soqueado. 2. Pilado, pisado. 3. Gordo e baixo; atarracado. 4. Escondido, metido. S. m. Lombilho usado pelos domadores.

Socadura, s. f. Ação de socar.

Socairo, s. m. 1. *Náut.* O cabo que vai sobejando e se vai colhendo em qualquer guindagem, no uso do cabrestante etc. 2. Correia ou corda que serve para ajudar a suster os carros nas descidas. 3. Abrigo natural no sopé de um monte; lapa. 4. Sopé de monte, montanha etc.

Socalco, s. m. Espécie de degrau, feito numa encosta declinosa para poder ser agricultada.

Socancra, adj. e s. m. e f. Diz-se de, ou pessoa sonsa.

Socapa, s. f. Disfarece, manha. Var.: *sobcapa*.
À s.: disfarçadamente, furtivamente, pela calada.

Socar[1], v. (*soco + ar*). 1. Tr. dir. Dar socos em; esmurrar. 2. Tr. dir. Calcar com o soquete. 3. Tr. dir. Pisar no gral ou pilão. 4. Tr. dir. Espalmar com os punhos cerrados (a massa de que se faz o pão). 5. Tr. dir. e pron. Esconder(-se), meter(-se) dentro. 6. Tr. dir. e intr. Sacudir, trotar.

Socar[2], v. (*soca + ar*). Intr. Brotar, renascer (a cana-de-açúcar).

Socarrão, adj. e s. m. Diz-se de, ou indivíduo finório, intrujão, velhaco. Fem.: *socarrona*.

Socava, s. f. Cova subterrânea.

Socavado, adj. Escavado por baixo. S. m. Entulho que se extrai das escavações.

Socavão, s. m. Grande socava; gruta, lapa.

Socavar, v. 1. Tr. dir. Escavar por baixo. 2. Intr. Fazer escavação. Vars.: *sobcavar* e *sobescavar*.

Sochantre, s. m. *Ant.* Substituto do chantre.

Sochantrear, v. Intr. *Ant.* Exercer o cargo de sochantre.

Sociabilidade, s. f. 1. Qualidade de sociável. 2. Tendência para viver em sociedade. 3. Maneiras de quem vive em sociedade.

Sociabilizar, v. 1. Tr. dir. e pron. Tornar(-se) sociável; reunir (-se) em sociedade. 2. Socializar(-se).

Social, adj. m. e f. 1. Pertencente ou relativo à sociedade. 2. Sociável. 3. Conveniente à sociedade.

Social-econômico, adj. V. *socieconômico*.

Socialismo, s. m. *Sociol.* Doutrina que preconiza a propriedade coletiva dos meios de produção (terra e capital), e a organização de uma sociedade sem classes.

Socialista, adj. m. e f. 1. Relativo ao socialismo. 2. Que professa o socialismo. S. m. e f. Partidário do socialismo.

Socialização, s. f. 1. Ato de pôr em sociedade. 2. Extensão das vantagens particulares à sociedade inteira. 3. Desenvolvimento do sentimento coletivo e do espírito de cooperação nos indivíduos associados. 4. *Polít. econ.* Coletivização dos meios de produção.

Socializar, v. Tr. dir. 1. *Polít.* Tornar propriedade coletiva ou governamental. 2. Colocar sob o regime de associação.

Sociável, adj. m. e f. (1. *sociabile*). 1. Próprio para viver em sociedade; social. 2. Que sabe viver em sociedade; polido, urbano. S. f. *Ant.* Tipo de sege dos tempos coloniais.

Socieconômico, adj. 1. Relativo a, ou que envolve uma combinação de fatores sociais e econômicos. 2. Relativo à renda e à posição social consideradas como um só fator. Var.: *socio-econômico*.

Sociedade, s. f. 1. Agrupamento de homens ou de animais que vivem de acordo com uma lei que lhes é comum. 2. Meio humano no qual uma pessoa se acha integrada. 3. Associação de pessoas submetidas a um regulamento comum. 4. Grupo de indivíduos que se juntam para viver de acordo com as normas de um instituto ou ordem religiosa. 5. Agremiação; associação. 6. Convivência; relações familiares.

Societariado, s. m. 1. Qualidade de societário. 2. Conjunto de societários.

Societário, adj. (1. *societate + ário*). 1. Pertencente a uma sociedade; associado, sócio. 2. Diz-se dos animais que vivem em sociedade. S. m. Membro de uma sociedade; sócio.

Socinianismo, s. m. Doutrina de Socini, também chamado *Socino*, que rejeitava a Trindade e especialmente a divindade de Jesus.

Sócio[1], adj. (1. *sociu*). V. *associado*. S. m. 1. Membro de uma sociedade. 2. Aquele que se associa com outro ou outros para explorar um négocio ou conseguir um fim. 3. Parceiro. 4. Cúmplice.

sócio-[2], elem. de comp. Exprime a idéia de *social: socieconômico, sociocracia*.

Sociocracia, s. f. Forma teórica de governo em que a sociedade como um todo exerce a soberania.

Socioeconômico, adj. V. *socieconômico*.

Sociologia, s. f. 1. Ciência que se ocupa dos assuntos sociais e políticos, especialmente da origem e desenvolvimento das sociedades humanas em geral e de cada uma em particular. 2. Ciência ou estudo das leis fundamentais das relações, instituições e outras entidades sociais.

Sociológico, adj. Relativo à Sociologia.

Sociólogo, s. m. Especialista em Sociologia.

Soco[1], s. m. (1. *soccu*). 1. *Ant. gr.* Calçado baixo e vulgar, que servia aos que representavam comédia ou farsa. 2. Tamanco. 3. Base do pedestal das colunas. 4. Base aparente das paredes. 5. Base ou supedâneo das cruzes, relicários, bustos, jarras etc.; peanha. 6. Comédia ou assunto de pouca importância. Pl.: *socos* (*ô*).

Soco[2] (*ô*), s. m. 1. Pancada com a mão fechada; murro. 2.

Mossa que um pião faz em outro, que está no meio da roda servindo de carniça. Pl.: *socos* (*ó*).

Soco³! (*ô*), interj. Designa espanto ou reprovação.

Socó, s. m. 1. *Ornit.* Nome de várias espécies de aves ciconiformes, ardeídeas, semelhantes às garças. 2. Homem feio, antipático.

Soçobra, s. f. V. *soçobro.*

Soçobrar, v. (1. **subsuperare*). 1. Tr. dir. e pron. Revolver(-se) debaixo para cima e de cima para baixo; inverter(-se), subverter(-se). 2. Tr. ind. e intr. Abismar-se nas águas; afundar-se, submergir. 3. Tr. dir. *Ant.* Fazer naufragar; afundar. 4. Tr. dir. Perder, pôr em perigo. 5. Tr. dir. Desvairar, perturbar. 6. Tr. ind. e intr. Estar em perigo; cair, pender, precipitar-se. 7. Intr. e pron. Acovardar-se; desanimar-se, esmorecer, perder a energia.

Soçobro (*ô*), s. m. 1. Ato ou efeito de soçobrar. 2. Naufrágio, submersão. 3. Queda, ruína. 4. Ocasião perigosa; perigo. 5. Agitação, confusão. Pl.: *soçobros* (*ô*).

Socoró, s. m. *Bot.* Árvore melastomatácea (*Mouriria ulei*); socorozeiro.

Socorozeiro, s. m. *Bot.* V. *socoró.*

Socorrer, v. (1. *succurrere*). 1. Tr. dir. Ajudar, auxiliar, defender, ir em auxílio de, proteger. 2. Pron. Pedir socorro; socorrer a, pedindo auxílio; valer-se da proteção de. 3. Tr. dir. Prover de remédio a. 4. Pron. Recorrer a algum auxílio ou remédio; valer-se de. 5. Tr. dir. Dar esmola a. 6. Tr. dir. Prover do necessário (a embarcação de outrem) para a pesca da baleia.

Socorro (*ô*), s. m. 1. Ação ou efeito de socorrer. 2. Ajuda, auxílio; apoio, valimento; proteção, recurso, remédio. 3. Atendimento que se dá a uma pessoa acidentada. Pl.: *socorros* (*ó*).

Socorro!, interj. Serve para se pedir auxílio ou defesa.

Socovão, s. m. Subterrâneo por debaixo de uma casa; socavão.

Socozinho, s. m. *Ornit.* Ave da família dos Ardeídeos (*Butorides striatus*).

Socrático, adj. 1. Relativo a Sócrates ou à sua doutrina. 2. Designativo do método pedagógico que primeiramente leva o aluno ao conhecimento do próprio erro, e, daí, ao descobrimento e aquisição da verdade; por ext., método de perguntas e respostas.

Soda, s. f. (1. *salida*). 1. *Quím.* Carbonato de sódio, um sal branco, facilmente solúvel em água. 2. Bebida refrigerante preparada com água saturada de ácido carbônico. 3. *Quím.* Hidróxido de sódio; soda cáustica.

Sodalício, s. m. Sociedade de pessoas que vivem em comum.

Sódico, adj. Relativo à soda.

Sódio, s. m. *Quím.* Elemento metálico branco-prateado, do grupo de metais alcalinos, de baixo ponto de fusão e de alta condutividade termal e elétrica. Número atômico 11 e símbolo Na.

Sodomia, s. f. Concúbito de homem com homem ou de mulher com mulher.

Sodra, s. f. Sulco que alguns cavalos têm nas coxas.

Soeiras, s. f. pl. *Ant.* Costumeiras, usos.

Soer, v. (l. *solere*). Intr. Costumar, estar afeito a, ter por hábito: Como *sói* acontecer... (Não tem a 1ª pessoa do singular do presente do indicativo e, conseqüentemente, todo o presente do subjuntivo).

Soerguer, v. Tr. dir. e pron. Erguer(-se), levantar(-se) algum tanto, debaixo para cima; solevar(-se).

Soez, adj. m. e f. Baixo, desprezível, reles, torpe, vil.

Sofá, s. m. (ár. *sulfa*). 1. Canapé estofado. 2. *Des.* Estrado alto e com tapete.

Sofisma, s. m. *Lóg.* Raciocínio capcioso, feito com intenção de enganar. 2. *Pop.* Dolo, engano, logro.

Sofismar, v. 1. Intr. Empregar sofismas. 2. Tr. dir. Enganar por meio de sofisma. 3. Tr. dir. Deturpar com sofismas. 4. Intr. Raciocinar sofismando.

Sofista, adj. m. e f. Que emprega sofismas. S. m. e f. Pessoa que argumenta sofismando.

Sofistaria, s. f. 1. Conjunto de sofismas. 2. Razão sofística. Var.: *sofisteria.*

Sofística, s. f. 1. Parte da Lógica que se ocupa dos sofismas, ensinando a refutá-los. 2. Arte de sofismar.

Sofisticação, s. f. 1. Ato ou efeito de sofisticar; sofisticaria. 2. Qualidade de sofisticado.

Sofisticado, adj. 1. Falsificado, adulterado. 2. Que não é natural; artificial, afetado. 3. *Neol.* Que perdeu caráter ou simplicidade naturais; caviloso, pedante. 4. *Neol.* Aprimorado, aperfeiçoado, de extremo requinte. 5. Diz-se de aparelho ou equipamento de alta tecnologia.

Sofisticar, v. 1. Tr. dir. e intr. Sofismar. 2. Tr. dir. Alterar, falsificar. 3. Tr. dir. e pron. Tornar(-se) artificial. 4. Tr. dir. e pron. Dar um toque de originalidade a; tornar(-se) diferente.

Sofisticaria, s. f. V. *sofisticação.*

Sofístico, adj. 1. Relativo a sofisma. 2. Em que há sofisma. 3. Que usa sofisma.

Sofito, s. m. *Arquit.* Face revestida de ornatos, por baixo de uma arquitrave.

sofo-, elem. de comp. (gr. *sophos*). Exprime a idéia de *sábio: sofomania.*

Sofomania, s. f. Mania de passar por sábio.

Sofomaníaco, adj. Sofômano.

Sofômano, adj. e s. m. Que, ou aquele que tem sofomania; sofomaníaco.

Sofralda, s. f. Aba ou sopé de monte ou serra.

Sofraldar, v. Tr. dir. 1. Erguer a fralda de; soerguer. 2. Solevar (qualquer coisa), para descobrir o que está debaixo.

Sofrê, s. m. *Ornit.* Corrupião.

Sofreada, s. f. V. *sofreamento.*

Sofreadura, s. f. V. *sofreamento.*

Sofreamento, s. m. Ação ou efeito de sofrear(-se); sofreada, sofreadura.

Sofrear, v. 1. Tr. dir. Reprimir o cavalo puxando o freio; refrear. 2. Tr. dir. e pron. Conter, corrigir, refrear, reprimir.

Sofredor, adj. e s. m. Que, ou aquele que sofre.

Sôfrego, adj. 1. Muito apressado em comer ou beber. 2. Ávido. 3. Ambicioso. 4. Impaciente, pressuroso.

Sofreguidão, s. f. 1. Ação, maneira ou qualidade de sôfrego. 2. Avidez. 3. Ambição. 4. Impaciência.

Sofrenaço, s. m. Puxão forte nas rédeas para que o animal pare ou recue; sofrenada, sofrenão.

Sofrenão, s. m. V. *sofrenaço.*

Sofrenar, v. Tr. dir. Sofrear (o cavalo) para fazê-lo parar ou recuar.

Sofrer, v. (l. *sufferere*, corr. de *sufferre*). 1. Tr. ind. e intr. Padecer dores físicas ou morais. 2. Tr. dir. Agüentar, suportar, tolerar. 3. Tr. dir. Admitir, consentir. 4. Tr. dir. Experimentar, receber. 5. Intr. Padecer com paciência. 6. Tr. ind. e intr. Experimentar prejuízos; decair.

Sofrido, adj. 1. Que se sofreu; que se sofre com paciência. 2. Que sofre com paciência; paciente, resignado.

Sofrimento, s. m. 1. Ato ou efeito de sofrer; dor, padecimento. 2. Amargura. 3. Paciência, tolerância. 4. Desastre.

Sofrível, adj. m. e f. 1. Que se pode sofrer; suportável, tolerável. 2. Quase suficiente. 3. Razoável. 4. Que está entre o bom e o mau. S. m. Nota escolar sofrível.

Software (*softuér*), s. m. (t. ingl.). *Inform.* Conjunto de todos os recursos humanos, lógicos e mesmo de instalação e de organização, com os quais se exploram uma máquina, equipamento ou sistema. Refere-se à habilidade do homem. Opõe-se a *hardware.*

Soga, s. f. (l. *soca*). 1. Corda grossa. 2. Corda de esparto.

Sogar, v. Tr. dir. Prender com soga.

Sogra, s. f. (l. *socra*). A mãe da mulher, relativamente ao genro, ou a mãe do marido, relativamente à nora.

Sograr, v. Intr. *Gír.* Viver à custa do sogro.

Sogro (*ô*), s. m. (l. *socru*). O pai da mulher, em relação ao genro, ou o pai do marido, em relação à nora. Fem.: *sogra* (*ó*), pl.: *sogros* (*ó*).

Soguá, s. m. *Ictiol.* V. *soguaguá.*

Soguaguá, s. m. *Ictiol.* Variedade de curimatá (*Prochilodus vimboides*). Var.: *soguá.*

Sogueiro, s. m. Pequeno potreiro onde se deixam os animais para serviço a qualquer momento.
Soidão (*o-i*), s. f. *Ant.* e *poét.* V. *solidão.*
Soído, s. m. V. *sonido.*
Soim, s. m. V. *sagüi.*
Soirée (*suarrê*), s. f. (t. fr.). V. *sarau.*
Soiteira, s. f. Açoiteiro.
Soja, s. f. (do jap.). *Bot.* Planta leguminosa (*Glycine max*) ereta, espessa, felpuda, anual, nativa na Ásia e largamente cultivada em todo o mundo por suas sementes, que fornecem produtos valiosos (óleo, farinha), e por ela própria, usada como forragem ou adubo do solo; feijão-soja.
Sojigar, v. *Ant.* e *pop.* Subjugar.
Sol[1], s. m. (l. *sole*). 1. O astro principal e central do nosso sistema planetário. 2. Qualquer astro, considerado como o centro de um sistema planetário. 3. Estrela. 4. A luz e o calor transmitidos pelo Sol. 5. *Poét.* O dia. 6. Aquilo que brilha com grande resplendor. 7. Grande talento, gênio. 8. Diz-se de Deus: O *Sol* da Justiça.9. *Heráld.* Círculo com doze raios, com esmalte de ouro. 10. *Ictiol.* Certo peixe plectógnato (*Tetrodon mola*).
Sol[2], s. m. *Mús.* 1. Quinta nota da escala musical. 2. Sinal representativo dessa nota.
Sol[3], s. m. *Quím.* Sistema coloidal em que o meio dispersante é um líquido e o elemento dispersado, um sólido; solução coloidal líquida.
Sol[4], s. m. (cast. *sol*). Moeda de prata e unidade monetária do Peru. Pl.: *soles.*
Sola, s. f. (l. *sola,* corr. de *solea*). 1. Couro curtido de boi, para calçados e para outras variadíssimas aplicações. 2. Parte inferior do calçado que assenta no chão. 3. Planta do pé. 4. Cabeçalho com que se puxa a grade ou a charrua. 5. Espécie de beiju de tapioca.
Solado[1], adj. (*solo*[1] + *ado*). Alapardado, cosido com o solo (diz-se do coelho, depois de batido na caça).
Solado[2], adj. (*sola* + *ado*). 1. Que tem sola (calçado). 2. Diz-se do bolo que não cozinhou por igual, ficando, por isso, com partes endurecidas, pesadas e borrachentas. S. m. A sôla do calçado.
Solador, s. m. Oficial que sola calçados.
Solama, s. f. Solão[2].
Solanáceas, s. f. pl. *Bot.* Família (*Solanaceae*) constituída de ervas, arbustos ou árvores, de grande importância econômica, à qual pertencem a batata, o tomateiro, o pimentão, a beladona etc.
Solanáceo, adj. Relativo às Solanáceas.
Solandre, s. m. *Vet.* Fenda na dobra do curvilhão das cavalgaduras.
Solante, s. m. e f. Parceiro do jogo do solo, a quem compete solar.
Solão[1], s. m. (*solo*[1] + *ão*). Terreno arenoso ou barrento.
Solão[2], s. m. (*Sol*[1] + *ão*). Sol muito ardente; soalheira, solama, solina.
Solapa, s. f. 1. Escavação ou lapa encoberta ou tapada por forma que não é vista. 2. *Pop.* Ardil, ronha.
Solapado, adj. 1. Escavado, minado. 2. Dissimulado, oculto, recôndito.
Solapador, adj. e s. m. Que, ou aquele que solapa.
Solapamento, s. m. Ato ou efeito de solapar.
Solapão, s. m. Cavidade feita por erosão nas ribanceiras dos rios.
Solapar, v. 1. Tr. dir. Fazer lapa em; escavar, minar. 2. Tr. dir. Aluir, abalar. 3. Tr. dir. Arruinar, destruir. 4. Tr. dir. e pron. Disfarçar(-se), encobrir(-se), esconder(-se).
Solapo, s. m. Cavidade, nos barrancos de um rio ou igarapé, por baixo das raízes das árvores onde o peixe se conserva nas horas cálidas.
Solar[1], adj. (*solare*). 1. Relativo ao Sol: Eclipse *s.* 2. Em forma de sol; radiado: Plexo *s.*
Solar[2], s. m. (*solo*[1] + *ar*). Antiga morada de família.
Solar[3], v. (*sola* + *ar*). 1. Tr. dir. Pôr solas em (calçado). 2. Tr. dir. Tornar duro como sola, cozendo (bolos etc.). 3. Intr. Ficar (o bolo) ao cozer endurecido.
Solar[4], adj. m. e f. (*sola* + *ar*). Relativo a sola.
Solar[5], v. (*solo*[2] + *ar*). Intr. Ganhar no jogo do solo.
Solar[6], v. (*solo*[2] + *ar*). Intr. *Mús.* Tocar ou cantar um solo.
Solarengo, adj. (*solar*[2] + *engo*[2]). Relativo a solar (casa nobre). S. m. Senhor de solar.
Solário, s. m. (l. *solariu*). 1. O relógio de sol, usado pelos antigos romanos. 2. Local onde se tomam banhos de sol. 3. Terraço que cobria as casas antigas.
Solau, s. m. (cast. *solau*). 1. Antigo romance em verso, ordinariamente acompanhado por música. 2. Ladeira lamacenta e de trânsito difícil.
Solavancar, v. Intr. Dar solavancos.
Solavanco, s. m. Balanço imprevisto ou violento de um veículo ou de pessoa que nele viaja.
Solaz, s. m. (l. *solaciu*). 1. Distração, recreio. 2. Consolação, conforto. Adj. Consolador.
Solcris, s. m. *Ant.* Eclipse do Sol.
Solda[1], s. f. (l. *solida*). Substância metálica, fusível, própria para unir peças também metálicas.
Solda[2], s. f. *Bot.* Nome comum a duas ervas rosáceas, anuais, pubescentes ou vilosas (*Alphanes arvensis* e *A. microcarpa*); molugem.
Soldada, s. f. (*soldo* + *ada*). 1. Quantia que se dá a obreiros, criados de servir etc.; ordenado, salário. 2. Prêmio, recompensa.
Soldadeiro, adj. e s. m. Que, ou aquele que recebe soldada.
Soldadesca (*ê*), s. f. *Pej.* 1. Grande número de soldados; tropa. 2. A classe militar. 3. *Ant.* Gente de guerra. 4. Bando de soldados indisciplinados.
Soldadesco (*ê*), adj. Relativo a soldados, ou próprio deles.
Soldado[1], s. m. (*soldo* + *ado*). 1. Homem alistado ou inscrito nas fileiras do Exército, inferior ao cabo e último na hierarquia militar; praça de pré. Col.: *tropa, legião; patrulha, ronda* (em vigilância). 2. Qualquer militar. 3. Militante, partidário, sectário.
Soldado[2], adj. (p. de *soldar*). 1. Que foi ligado com solda. 2. Ajustado, unido.
Soldador, adj. e s. m. Que, ou aquele que solda.
Soldadura, s. f. 1. Ato ou efeito de soldar; soldagem. 2. A parte por onde se soldou. 3. *Vet.* Tumor subcutâneo nas costelas das cavalgaduras.
Soldagem, s. f. V. *soldadura.*
Soldanela, s. f. *Bot.* Planta convolvulácea (*Calystegia soldanella*).
Soldão, s. m. *Ant.* Sultão. Pl.: *soldãos* e *soldões.*
Soldar, v. (l. *solidare*). 1. Tr. dir. Aplicar a solda a; prender, unir com solda. 2. Tr. dir. Fechar com solda. 3. Tr. dir. Ligar, prender. 4 Pron. Ajustar-se, pegar-se, unir-se.
Soldo (*ô*), s. m. (l. *solidu*). 1. *Mil.* Parte correspondente aos $^2/_3$ dos vencimentos de um militar. 2. *Pop.* Vencimentos de militares. 3. Moeda francesa, correspondente à vigésima parte de um franco. 4. Moeda de ouro, dos antigos romanos. 5. Recompensa, retribuição, salário.
Soldra, s. f. *Vet.* Saliência na articulação do joelho das cavalgaduras.
Sólea, s. f. *Ant.* Alparca, chapim.
Solear, adj. m. e f. *Anat.* 1. Que se refere à planta do pé. 2. Diz-se de um músculo da parte posterior da perna. S. m. Esse músculo.
Solecismo, s. m. (l. *solaecismu*). 1. *Gram.* Erro contra as regras da sintaxe de concordância, de regência ou de colocação. 2. Erro, culpa, falta.
Solecista, adj. e s., m. e f. Que, ou pessoa que comete solecismos.
Soledade, s. f. (l. *solitate*). 1. V. *solidão.* 2. Lugar ermo, solitário. 3. Melancolia que acompanha a tristeza de quem está abandonado e sozinho.
Sol-e-dó, s. m. *Pop.* 1. Música simples e trivial, sem modulações. 2. Filarmônica ordinária. 3. Concerto de guitarras e violas. Pl.: *sol-e-dós.* Var.: *solidó.*
Soleira[1], s. f. (*sola* + *eira*). 1. Peça quadrilonga, na qual assentam os umbrais da porta, ou que se estende entre eles no

chão; limiar da porta. 2. Parte da estribeira onde assenta o pé. 3. Ferro por baixo das tesouras do coche. 4. Correia que, nas esporas, passa por baixo da sola.
Soleira², s. f. V. *soalheira*.
Solene, adj. m. e f. (l. *solemne*). 1. Que se celebra com pompa em cerimônias públicas. 2. Que infunde respeito; grave, majestoso. 3. Enfático, sério. 4. Acompanhado de formalidades que a lei ou o costume impõem.
Solenidade, s. f. (l. *solemnitate*). 1. Qualidade de solene. 2. Festividade. 3. Formalidades que acompanham certos atos, para os tornar autênticos ou válidos. 4. *Fam.* Arrogância, afetação.
Solenização, s. f. Ato ou efeito de solenizar.
Solenizador, adj. e s. m. Que, ou aquele que soleniza.
Solenizar, v. 1. Tr. dir. Celebrar com solenidade. 2. Tr. dir. Tornar solene. 3. Pron. Comemorar-se, festejar-se com solenidade.
soleno-, elem. de comp. (gr. *solen, enos*). Exprime a idéia de *canal, tubo: solenóglifo, solenóide*.
Solenóglifa, adj. e s. f. *Herp.* Diz-se da, ou a serpente do grupo dos Solenóglifos.
Solenóglifo, s. m. *Herp.* Serpente solenóglifa. S. m. pl. Grupo (*Solenoglypha*) de serpentes peçonhentas que apresentam os dentes no maxilar superior, situados na parte anterior da boca, com um canal interno, no sentido longitudinal, pelo qual se escoa o veneno das glândulas secretoras.
Solenóide, s. m. *Fís.* Bobina cilíndrica, de comprimento maior que o diâmetro.
Solércia, s. f. (l. *solertia*). Qualidade de solerte; ardil, astúcia, manha.
Solerte, adj. m. e f. Diz-se de pessoa ardilosa, astuta, finória, manhosa, sagaz, velhaca.
Soles, s. m. pl. Cambão a que se atrelam duas ou mais juntas de bois.
Soleta (*ê*), s. f. 1. Sola fina para calçado. 2. Palmilha.
Soletração, s. f. 1. Ato ou efeito de soletrar. 2. Método de ensinar a ler, pronunciando o nome das letras antes de as juntar em sílabas.
Soletrador, adj. e s. m. Que, ou aquele que soletra.
Soletrar, v. 1. Tr. dir. Ler pronunciando em separado as letras e juntando-as em sílabas. 2. Tr. dir. e intr. Ler pelo método da soletração: *S.* um *nome.* 3. Tr. dir. e intr. Ler devagar ou por partes. 4. Tr. dir. Ler mal. 5. Tr. dir. Decifrar. 6. Tr. dir. Adivinhar, perceber, por certos sinais ou sintomas. 7. Tr. dir. Dizer, expor, narrar.
Solevantar, v. Tr. dir. e pron. Erguer(-se) um pouco; levantar(-se) com dificuldade.
Solevar, v. 1. Tr. dir. Solevantar, soerguer. 2. Pron. Erguer-se, levantar-se.
Solfa, s. f. (*sol² + fá*). 1. Arte de solfejar. 2. Música escrita.
Solfado, adj. (p. de *solfar²*). Diz-se do papel pautado à largura da folha.
Solfar¹, v. (*solfa + ar*). Tr. dir. e intr. Solfejar.
Solfar², v. (ital. *sodofare*). Tr. dir. e intr. 1. Consertar as margens (de uma folha gasta, rota ou truncada). 2. Aumentar o formato (de uma folha de livro).
Solfatara, s. f. (ital. *solfatara*, de *solfato*). *Geol.* Terreno onde se desenvolvem vapores sulfurosos, e que representa o estado de repouso de um vulcão não extinto.
Solfejar, v. Tr. dir. e intr. *Mús.* Ler ou cantar as notas de uma peça musical.
Solfejo (*ê*), s. m. (ital. *solfeggio*). *Mús.* 1. Ato ou efeito de solfejar. 2. Exercício musical, para se aprender a solfejar. 3. Caderno ou compêndio desses exercícios musicais.
Solferino, s. m. A cor escarlate; cor entre encarnado e roxo.
Solfista, s. m. e f. 1. Pessoa que solfeja. 2. *Pop.* Músico.
Solha (*ô*), s. f. (l. *solea*). *Ictiol.* Nome comum a vários peixes pleuronectídeos.
Solhar¹, v. (*solho + ar*). V. *assoalhar*.
Solhar², adj. m. (l. *soleare*). *Anat.* V. *solear*.
Solheira, s. f. Rede com que se pescam solhas.
Solho¹ (*ô*), s. m. (l. *soliu*). V. *assoalho*.
Solho² (*ô*), s. m. *Ictiol.* Peixe de mar que desova nos rios (*Accipenser sturio*). — *S.-rei*: V. *esturjão*.
soli-¹, elem. de comp. (l. *solu*). Exprime a idéia de *só, isolado: solípede*.
soli-², elem. de comp. (l. *sole*). Significa *sol¹*: *solífugo*.
Solia, s. f. *Ant.* 1. Certo pano de lã. 2. Vestuário feito desse pano.
Solicitação, s. f. (l. *solicitatione*). 1. Ato ou efeito de solicitar. 2. Pedido feito com instância; rogo. 3. *Mec.* Esforço.
Solicitador, adj. Que solicita; solicitante. S. m. 1. Aquele que solicita. 2. Procurador habilitado legalmente para requerer em juízo ou promover o andamento de negócios forenses.
Solicitante, adj. e s., m. e f. Solicitador.
Solicitar, v. 1. Tr. dir. Arrastar, impelir, incitar, induzir. 2. Tr. dir. Pedir com instância; rogar com todo o zelo. 3. Tr. dir. Atrair, chamar, impelir por uma ação física. 4. Tr. dir. *Mec.* Sujeitar (um corpo) a solicitações. 5. Tr. dir. Convidar, provocar. 6. Pron. Apoquentar-se, ter cuidados, tornar-se inquieto. 7. Intr. Requerer em juízo como solicitador. 8. Tr. dir. *Ecles.* Induzir (o sacerdote) durante a confissão alguém a pecados torpes.
Solicitável, adj. m. e f. Que se pode solicitar.
Solicitidão, s. f. *Ant.* V. *solicitude*.
Solícito, adj. 1. Ativo, cuidadoso, diligente. 2. Prestadio. 3. Apreensivo, inquieto.
Solicitude, s. f. (l. *solicitudine*). 1. Qualidade de solícito. 2. Diligência. 3. Cuidado, zelo. 4. Desvelo, dedicação.
Solidão, s. f. (l. *solitudine*). 1. Condição, estado de quem está só; isolamento. 2. Lugar ermo, retiro. 3. Insulamento.
Solidar, v. Tr. dir. 1. Solidificar. 2. Corroborar, confirmar.
Solidariedade, s. f. 1. Qualidade de solidário. 2. Estado ou vínculo recíproco de duas pessoas independentes. 3. Mutualidade de interesses e deveres. 4. *Dir.* Compromisso pelo qual as pessoas se obrigam umas pelas outras e cada uma delas por todas.
Solidário, adj. 1. Que tem interesse e responsabilidades recíprocas. 2. Que torna cada um de muitos devedores obrigado ao pagamento total da dívida. 3. Que dá a cada um de muitos credores o direito de receber a totalidade da dívida.
Solidarizar, 1. Tr. dir. Tornar solidário. 2. Pron. Tornar-se solidário com outro ou com outros.
Solidéu, s. m. (*soli¹ + Deo*). 1. Barretinho vermelho com que os bispos e outros dignitários eclesiásticos cobrem a tonsura. 2. Pequeno barrete, usado principalmente por pessoas calvas.
Solidez, s. f. 1. Estado ou qualidade de sólido. 2. Resistência, durabilidade. 3. Segurança, firmeza. 4. Fundamento, base. 5. Certeza, garantia.
Solidificação, s. f. 1. Ato ou efeito de solidificar(-se). 2. Passagem do estado líquido ao estado sólido.
Solidificador, adj. e s. m. Que, ou o que solidifica.
Solidificar, v. 1. Tr. dir., intr. e pron. Converter(-se) do estado líquido ao sólido; congelar(-se). 2. Tr. dir., intr. e pron. Tornar(-se) sólido, duro ou compacto. 3. Pron. Tornar-se estável e resistente; firmar-se; unir-se.
Sólido, adj. (l. *solidu*). 1. Que tem forma própria (contrapõe-se a *líquido* e *gasoso*). 2. Consistente, substancial (falando dos alimentos). 3. Que não é oco nem vazio ou leve. 4. Rígido, resistente, durável. 5. Cheio, maciço. 6. Que está bem fundamentado; real, seguro. 7. *Fig.* Firme, seguro, sério. S. m. 1. Qualquer corpo sólido. 2. *Mat.* Corpo que tem as três dimensões (comprimento, largura e altura).
Solidônia, s. f. *Bot.* Planta nictaginácea, medicinal (*Boerhavia paniculata*).
Solífugo, adj. *Poét.* Que foge à luz do sol; que gosta das trevas; noturno.
Solilóquio, s. m. Ato de falar consigo mesmo; monólogo.
Solimão, s. m. *Pop.* 1. Sublimado corrosivo. 2. Qualquer poção venenosa.
Solinhadeira, s. f. Martelo de cavouqueiro.
Solinhar, v. 1. Tr. dir. e intr. Lavrar (pedra ou madeira), seguindo direção marcada. 2. Tr. dir. Derruir, subverter.
Solinho, s. m. Ato ou efeito de solinhar.

Sólio, s. m. (l. *soliu*). 1. Assento real; trono. 2. Cadeira pontifícia. 3. O poder real.
Solípede, adj. e s. m. e f. *Zool.* Diz-se do, ou o animal que tem um só casco maciço em cada pé.
Solipsismo, s. m. (*solipso + ismo*). 1. *Filos.* Doutrina que considera o eu como única realidade no mundo. 2. Vida, ou hábito de viver na solidão.
Solipso, adj. 1. Diz-se daquele que vive só para si; egoísta. 2. Solitário. 3. Celibatário, solteirão.
Solista, adj. e s., m. e f. *Mús.* Diz-se de, ou pessoa que executa solos musicais.
Solitária, s. f. (fem. de *solitário*). 1. *Zool.* Nome comum dado às tênias (*Taenia solium* e *Taenia sagitata*), vermes que na forma adulta são parasitos do intestino de vertebrados, inclusive o homem. 2. Colar para adorno, que tem elos parecidos com os anéis da tênia. 3. Célula de penitenciária, na qual se isola o sentenciado perigoso.
Solitário, adj. (l. *solitariu*). 1. Que está só; que evita a convivência; que vive em solidão. 2. Que está em sítio remoto. 3. Abandonado de todos. S. m. 1. Aquele que vive na solidão; anacoreta, eremita, monge. 2. Pequeno vaso estreito e alto para se terem flores sobre a mesa.
Solito, adj. (cast. *solo*). V. *sozinho.*
Sólito, adj. (l. *solitu*). Habitual, usado.
Solitude, s. f. *Poét.* V. *solidão.*
Solmização, s. f. (fr. *solmisation*). *Mús.* Representação das notas por meio de sílabas que significam os sons da escala, como *dó, ré, mi, fá, sol, lá, si.*
Solo[1], s. m. (l. *solu*). 1. Terreno sobre que se constrói ou se anda; chão, pavimento. 2. Terra considerada nas suas qualidades produtivas.
Solo[2], s. m. (ital. *solo*). 1. *Mús.* Trecho de música para ser cantado por uma só pessoa, cantando ou tocando. 2. Jogo carteado parecido com a manilha e o voltarete, em que um dos jogadores joga contra outros dois coligados.
Sol-posto, s. m. A hora em que o Sol desaparece no horizonte; ocaso; o pôr do Sol.
Solsticial, adj. m. e f. Relativo ao solstício.
Solstício, s. m. *Astr.* Época em que o Sol, tendo-se afastado o mais possível do equador, parece deter-se e estacionar durante alguns dias, antes de voltar a aproximar-se de novo do equador.
Solta (*ô*), s. f. 1. Ato ou efeito de soltar(-se). 2. Peia para cavalgaduras. 3. Pastagem onde o gado se recupera. 4. Mantença de gado na engorda.
Soltada, s. f. Ação de soltar a matilha, na caça.
Soltador, adj. e s. m. Que, ou aquele que solta.
Soltar, v. 1. Tr. dir. Desligar, desprender, largar. 2. Tr. dir. Pôr em liberdade. 3. Pron. Desprender-se, pôr-se em liberdade. 4. Pron. Andar à solta. 5. Tr. dir. Deixar correr o conteúdo de; abrir. 6. Tr. dir. Arremessar, atirar, disparar, lançar. 7. Tr. dir. Deixar cair, largar da mão. 8. Tr. dir. Afrouxar, tornar bambo. 9. Pron. Desfraldar-se, tornar-se pando. 10. Pron. Desligar-se, desprender-se. 11. Tr. dir. Deixar escapar dos lábios; dizer, proferir. 12. Tr. dir. Desprender, exalar.
Solteira, adj. e s. f. 1. Diz-se da, ou a mulher que não se casou. 2. Diz-se da, ou a fêmea que não tem cria: Vaca *s.*
Solteirão, adj. e s. m. Que, ou homem, de mais de meia idade, que ainda não se casou. Fem.: *solteirona.*
Solteirismo, s. m. Celibato.
Solteiro, adj. 1. Que ainda não se casou. 2. *Náut.* Diz-se do cabo disponível e pronto para servir nas manobras. S. m. Homem solteiro.
Solto (*ô*), adj. 1. Que está livre; desatado, desprendido. 2. Posto em liberdade. 3. Licencioso. 4. Entrecortado, interrompido. 5. Sozinho, abandonado. 6. Não rimado (verso).
Soltura, s. f. 1. Ato ou efeito de soltar(-se); soltamento. 2. Desembaraço, destreza. 3. Dissolução de costumes; licenciosidade. 4. Explicação, solução. 5. Diarréia, disenteria. 6. Liberdade concedida ao que estava encarcerado ou preso.
Solubilidade, s. f. 1. Qualidade de solúvel. 2. Tendência de algumas substâncias de serem absorvidas por outras, geralmente líquidas, sem perderem suas propriedades.
Solubilizar, v. Tr. dir. Tornar solúvel.
Soluçado, adj. Interrompido por soluços.
Soluçante, adj. m. e f. Que soluça.
Solução, s. f. (l. *solutione*). 1. Ato ou efeito de solver; solvência. 2. Resolução de qualquer dificuldade, questão etc. 3. *Álg.* Indicação das operações que se devem efetuar sobre os dados do problema para obter o valor das incógnitas. 4. Decisão, despacho. 5. Conclusão, desfecho, terminação, termo. 6. Separação de coisas que estavam unidas antes; lacuna, vazio. 7. *Quím.* Dissolução. 8. Líquido que contém uma substância em dissolução. 9. *Farm.* O líquido em que se dissolvem sais, extratos e outras substâncias solúveis.
Soluçar[1], v. 1. Intr. Emitir soluços. 2. Intr. Chorar, emitindo soluços. 3. Tr. dir. Dizer, exprimir entre soluços.
Soluçar[2], s. m. Soluço.
Solucionar, v. Tr. dir. Dar solução a; resolver.
Soluço, s. m. (l. *suggultiu*). 1. *Fisiol.* Contração espasmódica do diafragma, que traz como conseqüência sair com certo ruído a pequena porção de ar que entrou no peito. 2. Pranto entrecortado de soluços. 3. O arfar do mar.
Soluçoso, adj. Que fala soluçando.
Solutivo, adj. 1. Que pode solver ou dissolver. 2. *Med.* Laxante.
Soluto, adj. 1. Solto. 2. Dissolvido. S. m. *Quím.* Substância dissolvida.
Solúvel, adj. m. e f. Que se pode solver, dissolver ou resolver.
Solvabilidade, s. f. Qualidade do que é solvível.
Solvável, adj. m. e f. V. *solvível.*
Solvência, s. f. 1. Solvibilidade. 2. Solução. 3. Qualidade de solvente.
Solvente, adj. m. e f. (l. *solvente*). 1. Que solve ou pode solver. 2. Que paga ou pode pagar suas dívidas. S. m. Líquido em que uma substância é dissolvida.
Solver, v. Tr. dir. 1. Solucionar: *S. o problema.* 2. Dissolver. 3. Tornar quite; pagar. 4. Aplanar: *S. dificuldades.*
Solvibilidade, s. f. Qualidade de solvível.
Solvível, adj. m. e f. Que se pode solver; que se pode pagar: Dívida *s.*
Som, s. m. (l. *sonu*). 1. Tudo o que soa ou impressiona o sentido do ouvido; ruído. 2. Timbre. 3. Voz. 4. *Gram.* Qualquer emissão de voz simples ou articulada.
Soma[1], s. f. (l. *summa*). 1. *Mat.* Operação de adição. 2. *Mat.* Resultado de uma adição. 3. Grande porção; abundância. 4. Certa quantia de dinheiro.
Soma[2], s. m. (do sânscr.). 1. *Bot.* Planta indiana (*Asclepias acida*), de que se faz uma bebida fermentada, inebriante e tóxica. 2. Essa bebida.
Soma[3], s. m. (gr. *soma*). 1. *Biol.* Conjunto das células do corpo que não podem produzir gametas. 2. O corpo, em oposição à psique.
soma-[4], elem. de comp. O mesmo que *somato-: somito.*
Somar, v. (*soma[1] + ar*). 1. Tr. dir. Fazer a soma de; adicionar (números ou quantidades) para achar a soma. 2. Tr. dir. Equivaler; importar em. 3. Tr. dir. Reunir em um mesmo total. 4. Intr. Fazer a operação da soma. 5. Tr. dir. Resumir, sintetizar. 6. Pron. Juntar-se, reunir-se, aderir-se.
Somático, adj. *Fisiol.* Relativo ao corpo (por oposição a *psíquico*).
somato-, elem. de comp. (gr. *soma, atos*). Exprime a idéia de *corpo: somatologia.*
Somatologia, s. f. *Med.* Tratado a respeito do corpo humano.
Somatológico, adj. Relativo à somatologia.
Somatório, adj. Indicativo de uma soma S. m. 1. Soma geral. 2. Totalidade.
Sombra, s. f. (l. *umbra*). 1. Espaço privado de luz pela interposição ou presença de corpo opaco. 2. Escuridão, trevas, noite. 3. *Poét.* Coisa que parece impalpável e imaterial como a sombra. 4. Mancha, nódoa. 5. Defeito, senão. 6. Aparência, vestígio. 7. Ligeira noção; tintura. 8. Poder, proteção. 9. *Pint.* Os lugares mais sombrios ou mais obscuros de um

quadro. 10. *Poét.* Tudo o que entristece a alma. S. f. pl. 1. Escuridão, trevas. 2. *Poét.* Os manes, as almas dos mortos; a região dos mortos. — *S.-de-touro*: a) grande árvore santalácea (*Acanthosyris spinescens*); b) árvore celastrácea de drupas amarelas (*Maytenus ilicifolia*).

Sombração, s. f. *Pop.* Assombração.

Sombral, s. m. Lugar abrigado do sol.

Sombrar, v. Tr. dir. *Des.* Assombrar.

Sombreado, adj. Em que há sombra. S. m. Gradação do escuro, num quadro ou desenho.

Sombrear, v. 1. Tr. dir. Cobrir com sombras, dar sombra a. 2. Tr. dir. Tornar sombrio ou triste. 3. Tr. dir. Escurecer. 4. Tr. dir. Disfarçar, ocultar. 5. Tr. dir. *Bel.-art.* Dar o sombreado em; pôr as sombras e os escuros em. 6. Pron. Encher-se de sombra.

Sombreira, s. f. 1. Bandeira de vela; pantalha, quebra-luz.

Sombreiro, s. m. 1. Aquilo que dá sombra. 2. Chapéu de aba larga.

Sombrejar, v. Tr. dir. e intr. Cobrir(-se) de sombras; sombrear(-se).

Sombrela, s. f. Vaso ou campânula para resguardar da intempérie as plantas mimosas.

Sombrinha, s. f. Pequeno guarda-sol, de senhoras. S. f. pl. Cenas ou paisagens observadas por aparelho de fantasmagoria; fantoches.

Sombrio, adj. Cheio de sombras; sombroso. 2. Que não está exposto ao sol. 3. Triste, lúgubre. 4. Carregado, severo. 5. Despótico. S. m. 1. Lugar sombrio. 2. *Ornit.* Pássaro da família dos Motacilídeos (*Anthus lutescens lutescens*).

Sombroso, adj. Em que há sombra; que produz sombra; sombrio, umbroso.

Someiro, s. m. (cast. *somero*). 1. Trave pequena que serve de verga a uma porta ou janela de sacada. 2. Pedra que sustenta outra em que se firma uma platibanda. 3. Espécie de caixa onde está preso o fole nos órgãos.

Somenos, adj. m. e f., sing. e pl. 1. De menor valor que outro; inferior. 2. Ordinário, reles.

Somente, adv. Apenas; unicamente.

Somiticar, v. Intr. *Fam.* Mostrar-se somítico.

Somítico, adj. Avarento, sovina.

Somito, s. m. *Biol.* Segmento que, no embrião, resulta da divisão primitiva da corda dorsal e dos tecidos envolventes.

-somo, elem. de comp. (gr. *soma, atos*). O mesmo que *somato-*.

Sonador, adj. Diz-se do cavalo que, galopando, emite uma espécie de ronco.

Sonambular, v. Intr. Andar ou agir como sonâmbulo.

Sonambúlico, adj. De, ou próprio de sonâmbulo.

Sonambulismo, s. m. Estado ou doença de sonâmbulo.

Sonâmbulo, adj. 1. Diz-se de quem, dormindo, anda, fala e faz certos movimentos como se estivesse acordado; noctâmbulo. 2. Que não tem nexo; disparatado.

Sonância, s. f. 1. Qualidade de sonante. 2. Melodia, música.

Sonante, adj. m. e f. Que soa; soante: Metal *s*.

Sonar, s. m. (ingl. *sonar*, de *so*(und) *na*(vigation) *r*(anging) = localização de navegação pelo som). Instrumento que, por meio de vibração de alta freqüência, indica a localização de minas, submarinos e outros objetos submersos, que refletem essas vibrações.

Sonata[1], s. f. (ital. *sonata*). *Mús.* Peça musical para um ou dois instrumentos, divergindo as partes dela em caráter e andamento. Dim.: *sonatina*.

Sonata[2], s. f. *Pop.* 1. Soneca. 2. Sonolência.

Sonatina, s. f. *Mús.* Pequena sonata, de caráter leve e fácil.

Sonda, s. f. (l. *sub + unda*). 1. Ato ou efeito de sondar. 2. Espécie de prumo ou corda a cuja extremidade se prende um fragmento de chumbo, e que serve para fazer sondagens. 3. Meio de investigação; indagação, pesquisa. 4. *Cir.* Instrumento que se introduz na cavidade de certos órgãos para reconhecer o estado destes, ou para neles fazer penetrar alguma substância, ou deles extrair algum líquido. 5. Espécie de broca com que se perfuram os terrenos para reconhecer a natureza deles, para a prospecção de minérios, carvão etc., ou as qualidades das jazidas. 6. *Meteor.* Qualquer um dos variados aparelhos para verificar as condições físicas e meteorológicas nas grandes alturas acima da superfície da Terra.

Sondá, s. f. Linha grossa e longa, para pescar com anzol, nos poços e lugares fundos.

Sondador, adj. e s. m. Que, ou aquele que sonda.

Sondagem, s. f. 1. Ato ou efeito de sondar. 2. *Meteor.* Medição das condições atmosféricas em várias alturas. 3. Investigação, pesquisa, busca cautelosa.

Sondaia, s. f. *Ornit.* V. *suindara.*

Sondar, v. 1. Tr. dir. Examinar com sonda. 2. Tr. dir. Averiguar, inquirir, procurar conhecer indagando ou observando cautelosamente. 3. Tr. dir. e pron. Analisar(-se), perscrutar(-se). 4. Intr. Espionar, observar às ocultas. 5. Intr. *Gír.* Morrer.

Sondareza (*ê*), s. f. Corda graduada que, ligada a um pedaço de chumbo, serve para as sondagens marítimas.

Sondável, adj. m. e f. Que se pode sondar.

Soneca, s. f. 1. Sonolência. 2. Sono ligeiro, de curta duração; sonata.

Sonega, s. f. V. *sonegação.*

Sonegação, s. f. Ato ou efeito de sonegar(-se); sonega, sonegamento.

Sonegador, adj. e s. m. Diz-se de, ou aquele que sonega.

Sonegados, s. m. pl. Os objetos de que houve sonegação.

Sonegamento, s. m. V. *sonegação.*

Sonegar, v. (l. *subnegare*). 1. Tr. dir. Deixar de mencionar em qualquer ato em que a lei exige a descrição ou menção. 2. Tr. dir. Não pagar ou não contribuir com (a importância devida), burlando a lei. 3. Tr. dir. *Pop.* Furtar, reter (objeto alheio) contra a vontade do dono; tirar às escondidas. 4. Tr. dir. e pron. Afastar(-se), desviar(-se), esquivar(-se). 5. Tr. dir. Ocultar. 6. Pron. Escusar-se ou furtar-se ao cumprimento de uma ordem; negar-se.

Soneira, s. f. *Pop.* Sonolência.

Sonetar, v. V. *sonetear.*

Sonetear, v. 1. Intr. Compor sonetos. 2. Tr. dir. Celebrar em sonetos.

Sonetilho, s. m. Soneto formado por versos de curta medida.

Sonetista, adj. e s., m. e f. Diz-se de, ou quem faz sonetos.

Soneto (*ê*), s. m. (ital. *sonetto*). *Lit.* Composição poética, formada por quatorze versos, distribuídos por dois quartetos e dois tercetos.

Songamonga, s. m. e f. Pessoa sonsa, dissimulada.

Sonhador, adj. e s. m. Que, ou aquele que sonha; devaneador.

Sonhar, v. 1. Intr. Ter um sonho ou sonhos. 2. Tr. dir. Ser em sonhos. 3. Tr. ind. Ver (alguém ou alguma coisa) em sonho. 4. Intr. Delirar. 5. Intr. Entregar-se a devaneios e fantasias; idealizar coisas irrealizáveis. 6. Tr. dir. e tr. ind. Alimentar, pôr na imaginação. 7. Tr. ind. Pensar constantemente em (alguém ou alguma coisa).

Sonhim, s. m. *Zool.* Sagüi.

Sonho, s. m. (l. *somniu*). 1. Seqüência de imagens e de fenômenos psíquicos que ocorrem durante o sono. 2. Coisa ou pessoa vista ou imaginada durante o sono. 3. Devaneio, fantasia, ilusão, utopia. 4. *Cul.* Doce muito fofo, feito com farinha, leite e ovos, frito em gordura e polvilhado com açúcar e canela, ou passado em calda rala.

soni-, elem. de comp. (l. *somnu*). Exprime a idéia de *sono, sonho: sonífero.*

Sonial, adj. m. e f. Relativo aos sonhos.

Sônico, adj. 1. Relativo ao som. 2. Relativo à velocidade do som.

Sonido, s. m. 1. Qualquer som. 2. Estrondo, rumor.

Sonífero, adj. *Poét.* Que provoca sono. S. m. Substância sonífera.

Sonîloquo (*co*), adj. e s. m. Que, ou aquele que fala durante o sono.

Sonípede, adj. e s., m. e f. Diz-se de, ou quem faz ruído com os pés ao andar.

Sono[1], s. m. (l. *somnu*). 1. *Biol.* Suspensão normal e periódica da consciência e da vida de relação, durante a qual o organismo se repara da fadiga. 2. Desejo ou necessidade de dormir. 3. Estado de quem dorme. 4. Estado de insensibilidade; cessação de ação; inércia.

sono-[2], elem. de comp. (l. *sonu*). Indica a idéia de *som: sônico, sonoterapia.*

Sonoite, s. f. *Des.* O anoitecer, o lusco-fusco. Var.: *sonoute.*

Sonolência, s. f. (l. *somnolentia*). 1. Sono imperfeito. 2. Disposição para dormir. 3. Forte desejo de dormir. 4. Modorra, torpor. 5. Apatia, indolência, inércia.

Sonolento, adj. (l. *somnolentu*). 1. Que tem sonolência. 2. Que causa sono. 3. Relativo a sonolência. 4. Inerte, imóvel. 5. Mole, vagaroso.

Sonometria, s. f. Medição das vibrações sonoras.

Sonométrico, adj. Relativo à sonometria.

Sonômetro, s. m. Aparelho de cordas vibrantes, utilizado para estudar e comparar os sons.

Sonoplastia, s. f. Técnica de provocar, com aparelhos adequados, os efeitos acústicos que constituem o fundo sonoro dos filmes, peças teatrais e espetáculos de rádio e televisão.

Sonora, s. f. Toada, tom (dos cantadores populares).

Sonoridade, s. f. (l. *sonoritate*). 1. Qualidade de sonoro. 2. Qualidade do som musical. 3. Efeito sonoro harmonioso. 4. Propriedade que têm certos corpos de tornar os sons mais intensos.

Sonorização, s. f. 1. Ato ou efeito de tornar sonoro. 2. Acréscimo de potência de uma fonte sonora, por meio de amplificadores eletrônicos e alto-falantes. 3. *Cin.* Gravação de som em filme cinematográfico.

Sonorizar, v. 1. Tr. dir. Tornar sonoro. 2. Intr. Produzir som; soar.

Sonoro, adj. (l. *sonoru*). 1. Que produz som ou sons. 2. Que tem um som agradável e melodioso. 3. Que reforça o som. 4. Agradável ao ouvido; harmonioso, melodioso. 5. *Gram.* Diz-se do fonema consonantal que se produz com a glote fechada ou quase fechada, de modo que o ar, forçando-lhe a passagem, põe em vibração as cordas vocais.

Sonoroso, adj. 1. Muito sonoro. 2. Que tem som alto e agradável.

Sonoterapia, s. f. *Med.* Tratamento de certas doenças nervosas e mentais pela audição de gravações sonoras em ultra-sons.

Sonsa, s. f. Sonsice, manha.

Sonsice, s. f. Qualidade de sonso; sagacidade disfarçada; sonsa.

Sonsinho, adj. Sonso.

Sonso, adj. Dissimulado, fingido, astuto, velhaco; sonsinho.

Sonsonete (*ê*), s. m. Inflexão especial com que se diz uma ironia.

Sonurno, adj. (l. *somnurnu*). 1. Relativo ao sono. 2. Que se vê em sonhos; sonhado.

Sopa, s. f. (germ. *saup*). 1. Caldo gordo ou magro com massas, arroz, legumes ou outras substâncias, servido, geralmente, como primeiro prato do jantar. 2. Coisa muito molhada. 3. Coisa fácil, proveitosa. 4. Cascalho consolidado em rocha na mineração.

Sopapear, v. Tr. dir. Dar sopapos em.

Sopapo, s. m. 1. Murro, soco. 2. Bofetão, tapa.

Sopé, s. m. 1. Parte inferior de rocha ou muro mais próxima do solo. 2. Base de montanha; falda.

Sopeador, adj. e s. m. Que, ou aquele que sopeia.

Sopeamento, s. m. Ato ou efeito de sopear.

Sopear, v. Tr. dir. 1. Pôr debaixo dos pés; calcar. 2. Sofrear. 3. Subjugar, humilhar.

Sopeira, s. f. Terrina para sopa.

Sopeiro, adj. 1. Relativo a sopa. 2. Que serve para conter sopa: Prato *sopeiro.* 3. Que aprecia sopa. S. m. 1. O que gosta de sopas. 2. O que é alimentado à custa de outro.

Sopesar, v. 1. Tr. dir. Tomar com a mão o peso de. 2. Tr. dir. Equilibrar; contrabalançar. 3. Tr. dir. Sustentar o peso de. 4. Tr. dir. Conter, sofrear, sopear. 5. Tr. dir. Distribuir com regra e parcimônia. 6. Pron. Ficar em equilíbrio; equilibrar-se.

Sopeso (*ê*), s. m. Ato ou efeito de sopesar.

Sopetarra, s. f. *Fam.* Sopa grande.

Sopetear, v. (de *sopa*). Tr. dir. 1. Molhar, embeber muitas vezes num líquido. 2. Desfrutar, saborear.

Sopista, adj. m. e f. *Fam.* Sopeiro.

Sopitado, adj. 1. Que caiu em sonolência; adormecido. 2. Efeminado.

Sopitar, v. Tr. dir. 1. Fazer adormecer. 2. Abrandar, acalmar, refrear, sofrear. 3. Quebrar as forças a; debilitar, elanguescer. 4. Alimentar esperanças em.

Sopito, adj. V. *sopitado.*

Sopontar, v. Tr. dir. Indicar (palavras) com pontos, colocados por baixo, para significar que elas estão a mais.

Sopor, s. m. 1. Sono profundo. 2. Estado comatoso.

Soporado, adj. Que tem ou causa sopor.

Soporativo, adj. Soporífero.

sopori-, elem. de comp. (l. *sopore*). Exprime a idéia de *sopor, sono: soporífico.*

Soporífero, adj. 1. Que traz ou produz sopor, sono; soporífico, soporativo. 2. Enfadonho, fastidioso, maçador, monótono.

Soporífico, adj. V. *soporífero.*

Soporizar, v. Tr. dir. Sopitar.

Soporoso, adj. Relativo a sopor; sonolento.

Soportal, s. m. A parte inferior do portal; vestíbulo, átrio.

Soprano, s. m. e f. 1. *Mús.* A mais aguda das vozes; a voz mais aguda de mulher ou menino; tiple. 2. Cantor ou cantora que tem voz de soprano.

Soprar, v. (l. *sufflare*). 1. Tr. dir. Dirigir o sopro para; assoprar. 2. Tr. dir. Apagar com sopro. 3. Tr. dir. Ativar, avivar (a chama, o fogo) por meio do sopro. 4. Tr. dir. Expelir, expulsar com a respiração. 5. Tr. dir. Atear, excitar, inspirar. 6. Tr. dir. Tocar instrumento de sopro. 7. Tr. dir. Dizer, insinuar ou repetir. 8. Tr. dir. Divulgar, assoalhar, espalhar. 9. Tr. dir. Levar ao êxito ou à felicidade; bafejar, favorecer. 10. Tr. dir. Retirar (peças) do adversário no jogo do xadrez ou das damas. 11. Tr. dir. Inflar e dar forma pela ação de ar injetado. 12. Tr. ind. Dirigir o sopro para. 13. Intr. Deslocar-se com certa força (o ar, o vento).

Sopresar, v. Tr. dir. 1. Apresar; apanhar ou tomar de assalto. 2. Embair com falsas aparências.

Soprilho, s. m. Pano de seda muito transparente ou rala.

Sopro (*ô*), s. m. Ato ou efeito de soprar. 2. Vento produzido quando se expulsa o ar pela boca. 3. Expiração do ar inspirado. 4. Bafo, hálito. 5. Agitação do ar; corrente de ar; brisa, aragem, viração. 6. Instigação, insinuação. 7. Poder, força. 8. Ruído orgânico ou mecânico que lembra os da respiração ou de um fole.

Soque, s. m. Ato de socar ou pilar.

Soquear, v. Tr. dir. Dar socos em; socar.

Soqueira, s. f. 1. Raizame de canas, após o corte. 2. Engenho que produz muita soca.

Soqueixar, v. Tr. dir. Ligar por baixo do queixo.

Soqueixo, s. m. 1. Ligadura sob o queixo. 2. Lenço ou pano que se ata por baixo do queixo.

Soquete[1] (*ê*), s. m. (de *soco*). 1. Peça para socar-se (a pólvora num canhão, a terra num aterro ou construção etc.). 2. Atacador para cartuchos. 3. Soco dado com pouca força.

Soquete[2] (*ê*), s. m. (ingl. *socket*). 1. *Mec.* Chave para parafusos em lugares profundos. 2. *Mec.* Abertura ou oco ou peça oca, geralmente com rosca, que serve de suporte a qualquer coisa. 3. *Radiotécn.* Suporte, porta-válvula.

Soquete[3] (*ê*), s. m. (do fr. *socquette*). Meia curta de mulher.

Soquete[4] (*ê*), s. m. (do cast. *zoquete*). 1. Carne cozida ou fervida. 2. Cozido acompanhado de pirão. 3. Comida de má qualidade.

Soquetear, v. Tr. dir. Calcar com o soquete; socar.

Sor[1] (*ô*), s. f. Forma reduzida de *soror.*

Sor[2] (*ô*), s. m. *Pop.* Forma reduzida de *senhor.*

Sorar, v. Tr. dir. e pron. Transformar(-se) em soro.

Sorbônico, adj. Relativo à Sorbona, sede dos cursos públicos das faculdades da Universidade de Paris.

Sorbonista, s. m. e f. 1. Estudante da Sorbona. 2. Doutor da Sorbona.
Sorda (*ô*), s. f. V. *açorda.*
Sordícia, s. f. V. *sordidez.*
Sordície, s. f. V. *sordidez.*
Sordidez, s. f. 1. Estado de imundície; sordícia, sordidez. 2. Indignidade, torpeza, vileza. 3. Avareza sórdida.
Sórdido, adj. 1. Que denota sordidez; imundo, asqueroso, nojento, nojoso, repugnante. 2. Baixo, torpe, vil. 3. Indecente, obsceno, vergonhoso. 4. Avaro, mesquinho, vilão.
Sorete (*ê*), s. m. Matéria fecal, quando dejetada em pedaços secos e duros.
Sorgo (*ô*), s. m. *Bot.* 1. Gênero (*Sorghum*) de gramíneas economicamente importantes, semelhantes ao milho. 2. Qualquer planta do gênero Sorgo, especialmente as cultivadas, derivadas do sorgo-comum (*Sorghum vulgare*).
Sorites, s. m. sing. e pl. *Lóg.* Silogismo em cadeia, isto é, que tem mais de duas premissas e uma conclusão, verdadeira ou falsa.
Sorna (*ô*), adj. e s., m. e f. 1. Diz-se da, ou a pessoa indolente, inerte, preguiçosa. 2. Diz-se de, ou aquele que é maçador, aborrecido. S. f. 1. Indolência, inércia. 2. Soneca. 3. *Gír.* Aborrecimento, maçada.
Sornar, v. Intr. Fazer as coisas com sorna; ser pachorrento.
Sorneiro, adj. e s. m. Diz-se de, ou aquele que sorna.
Sornice, s. f. 1. Indolência. 2. Soneca.
Soro[1], s. m. (gr. *soros*). *Bot.* Grupo de esporângios das criptogâmicas vasculares.
Soro[2] (*ô*), s. m. (l. *seru*). 1. Líquido inodoro e límpido, que se separa do leite, quando este se coagula. 2. Líquido que se separa dos grumos do sangue depois que este se coagula.
Soroca, s. f. 1. Desagregamento de terras, por infiltração de água no subsolo. 2. Covil de onça. 3. *Bot.* Árvore morácea (*Sorocea ilicifolia*); sorocó.
Sorocabaçu, s. m. Soroca de grandes proporções.
Sorocó, s. m. *Bot.* V. *soroca.*
Sorodiagnóstico, s. m. *Med.* Método de diagnóstico das infecções fundado na propriedade que possui o soro de indivíduos vacinados de aglutinar os germes específicos.
Sorologia, s. f. *Med.* Ramo da Biologia que se ocupa dos soros, das suas propriedades e aplicações; serologia.
Sorológico, adj. Relativo à sorologia.
Soronga, adj. m. e f. Atoleimado, tonto; sorongo.
Sorongo[1], adj. V. *soronga.*
Sorongo[2], s. m. Dança de roda que lembra os sapateados espanhóis, embora a pratiquem caboclos, mulatos e negros do interior baiano.
Soror, s. f. Tratamento que se dá às freiras. Pl.: *sorores.*
Sóror, s. f. Variante prosódica erudita de *soror.*
Sororal, adj. m. e f. Relativo a soror; sorório.
Sororicida, s. m. e f. Pessoa que pratica o sororicídio.
Sororicídio, s. m. Assassínio de irmã, ou de freira.
Sorório, adj. *P. us.* Sororal.
Sororó, s. m. *Gír.* Briga, rolo; sururu.
Sororoca, s. f. 1. Rumor produzido pela voz dos moribundos. 2. *Ictiol.* Peixe marinho, da família dos Escombrídeos (*Scomberomerus maculatus*).
Sororocar, v. Intr. Estertorar em agonia.
Sorose, s. f. *Bot.* Fruto formado pela reunião de muitos frutos num só, como a amora, o ananás etc.
Soroso, adj. (*soro[2] + oso*). V. *seroso.*
Soroterapia, s. f. *Med.* Tratamento mediante administração de soro obtido de indivíduos imunes, especialmente de animais; seroterapia.
Soroterápico, adj. Pertencente ou relativo à soroterapia; seroterápico.
Sorrabar, v. Tr. dir. Andar atrás de; bajular.
Sorrate, s. m. Termo usado na loc. adv. *de sorrate*: sorrateiramente, furtivamente.
Sorrateiro, adj. 1. Que faz as coisas de sorrate. 2. Ardiloso, manhoso, velhaco, matreiro.
Sorrelfa, s. f. Disfarce para enganar; sonsice. Adj. m. e f. Diz-se de pessoa manhosa ou avarenta.
Sorrelfo, adj. *Des.* Dissimulado, sonso.
Sorridente, adj. m. e f. (l. *subridente*). 1. Que sorri; alegre, amável, prazenteiro, risonho. 2. Prometedor, esperançoso.
Sorrir, v. (l. *subridere*). 1. Intr. e pron. Rir levemente, sem rumor, com ligeira contração dos músculos faciais. 2. Tr. dir. e tr. ind. Dar, dirigir um sorriso. 3. Tr. ind. Ser favorável. 4. Tr. ind. Dar esperanças; mostrar-se prometedor. 5. Tr. ind. Ser objeto de desejo; atrair, apetecer. 6. Tr. ind. Achar chiste ou graça. 7. Tr. dir. Significar de modo risonho ou agradável à vista.
Sorriso, s. m. 1. Ato de sorrir(-se). 2. Manifestação de um sentimento de benevolência, simpatia ou de ironia, que se faz sorrindo.
Sorte, s. f. 1. Fado, destino. 2. Acaso, risco. 3. Quinhão que tocou em partilha. 4. Estado de alguém relativamente à riqueza. 5. Bilhete ou esferazinha nas rifas ou loterias. 6. *Fig.* Desgraça. 7. Lote de tecidos.
Sorteado, adj. 1. Escolhido por sorte. 2. Variado (falando-se de cores, drogas ou fazendas); sortido. S. m. Cidadão cujo nome foi sorteado para fazer o serviço militar.
Sorteador, adj. e s. m. Que, ou aquele que sorteia.
Sorteamento, s. m. V. *sorteio.*
Sortear, v. 1. Tr. dir. e pron. Submeter(-se) a sorteio. 2. Tr. dir. Distribuir por sorte. 3. Tr. dir. Variar, sortir.
Sorteio, s. m. Ato ou efeito de sortear; sorteamento.
Sortido, adj. 1. Abastecido, provido. 2. Variado (em cor, qualidade, preço etc.): Balas *sortidas.* S. m. V. *sortimento.*
Sortilégio, s. m. 1. Malefício de feiticeiro; bruxaria. 2. Sedução exercida por dotes naturais ou por artifícios diabólicos.
Sortílego, adj. e s. m. Que, ou aquele que faz sortilégios.
Sortilha, s. f. Anel, usado principalmente na magia e em sortilégios.
Sortimento, s. m. 1. Ato ou efeito de sortir(-se). 2. Provisão de mercadorias de vários gêneros; sortido.
Sortir, v. (l. *sortire*). 1. Tr. dir. e pron. Abastecer(-se), prover (-se). 2. Tr. dir. Variar, alternar, mesclar. — Conjugação, pres. ind.: *surto, surtes, surte; sortimos, sortis, surtem.* Pret. imp.: *sortia, sortias, sortia; sortíamos, sortíeis, sortiam.*
Sorumbático, adj. 1. Tristonho, macambúzio. 2. Sombrio.
Sorumbatismo, s. m. Qualidade de sorumbático.
Sorva (*ô*), s. f. Fruto da sorveira.
Sorvado, adj. 1. Meio apodrecido (fruto). 2. Combalido.
Sorvalhada, s. f. Grande quantidade de frutas espalhadas no chão.
Sorvar, v. 1. Intr. e pron. Começar a apodrecer (falando-se de fruta). 2. Intr. e pron. Estar combalido. 3. Tr. dir. Fazer amolecer (a fruta).
Sorvedouro, s. m. 1. Remoinho de água no mar ou nos rios. 2. Voragem, abismo.
Sorvedura, s. f. V. *sorvo.*
Sorveira, s. f. *Bot.* Nome comum a três árvores apocináceas. (*Couma guianensis, C. macrocarpa* e *C. utilis*).
Sorver, v. (l. *sorbere*). 1. Tr. dir. Beber aos sorvos; beber lentamente. 2. Tr. dir. Chupar, sugar. 3. Tr. dir. Absorver, tragar. 4. Tr. dir. Inspirar (o ar, ou aromas nele contidos). 5. Tr. dir. e pron. *Fig.* Haurir(-se), libar(-se). 6. Tr. dir. Sofrer em silêncio. 7. Pron. Submergir-se, sumir-se.
Sorvete, s. m. Confeição de sumo de frutas, cremes, leite, chocolate etc., temperada com açúcar e congelada sob a forma de neve.
Sorveteira, s. f. Aparelho para fazer sorvetes ou outros gelados.
Sorveteiro, s. m. Fabricante ou vendedor de sorvetes.
Sorveteria, s. f. Lugar onde se fazem ou vendem sorvetes; sorvetaria.
Sorvo (*ô*), s. m. Ato ou efeito de sorver; sorvedura.
Sósia, s. m. Pessoa muito parecida com outra.
Soslaio, s. m. Obliqüidade.
Sossega, s. f. 1. Ato de sossegar(-se). 2. Descanso, repouso. 3. *Fam.* Sono. 4. Biscoito de farinha de trigo e ovos, semelhante ao sonho.
Sossegado, adj. Quito, tranqüilo.
Sossegador, adj. Que sossega, que tranqüiliza.
Sossegamento, s. m. Ato ou efeito de sossegar.

Sossegar, v. (l. **sessicare*). 1. Tr. dir. Pôr em sossego; acalmar, aquietar. 2. Intr. e pron. Ter sossego; aquietar-se, tranqüilizar-se. 3. Intr. Tornar-se comedido, pacato.

Sossego (*ê*), s. m. 1. Ato ou efeito de sossegar. 2. Tranqüilidade, calma, quietação.

Sosso, adj. Diz-se de pedra que, sem argamassa, entra na construção de uma parede.

Sota[1]**,** s. m. 1. Boleeiro que vai montado na cavalgadura da sela. 2. Subalterno. S. f. 1. Dama nas cartas de jogar. 2. Folga, descanso, afrouxamento.

sota-[2]**,** elem. de comp., variante de *soto*, (l. *sultu*). Exprime a idéia de *inferior, imediato, vice: sota-vento.*

Sota-capitânia, s. f. Antiga nau que servia de capitânia. Pl.: *sota-capitânias.*

Sotádico, adj. 1. Designação de poesia grosseira, obscena (de Sótades, poeta grego, autor de obras licenciosas, no séc. III a.C.). 2. Obsceno, erótico.

Sotaina, s. f. (ital. *sottana*). Batina de padre. S. m. *Pop.* Padre.

Sótão, s. m. (l. *subtulu*). 1. Pequeno andar ou compartimento que fica entre o teto do último andar e o telhado de um edifício. 2. Espécie de água-furtada, que serve para depósito.

Sota-piloto, s. m. 1. Segundo piloto. 2. Indivíduo que substitui o piloto. Pl.: *sota-pilotos.*

Sotaque, s. m. 1. Remoque, picuinha. 2. Pronúncia peculiar a um indivíduo, a uma região etc.

Sotaquear, v. Tr. dir. Jogar remoque a; motejar de (alguém).

Sotaventear, v. 1. Tr. dir. Voltar para sota-vento (o navio). 2. Intr. e pron. Ir de barlavento para sota-vento. Var.: *sotaventar.*

Sota-vento, s. m. Borda do navio oposta à direção de onde sopra o vento; julavento, sulavento. Antôn.: *barlavento.* Pl.: *sota-ventos.*

Sota-voga, s. m. Remador colocado junto à voga. Pl.: *sota-vogas.*

Soteriologia, s. f. *Teol.* Doutrina relativa à obra de salvação realizada por Jesus Cristo em favor da humanidade.

Soteropolitano, s. m. V. *salvadorense.*

Soterrado, adj. 1. Coberto de terra. 2. Metido debaixo da terra.

Soterramento, s. m. Ato ou efeito de soterrar(-se); soterração.

Soterrâneo, adj. e s. m. V. *subterrâneo.*

Soterrar, v. 1. Tr. dir. e pron. Cobrir(-se) de terra; enterrar (-se). 2. Tr. dir. Aluir, solapar. 3. Tr. dir. *P. us.* Causar grande terror a.

Soto[1]**,** s. m. *Ant.* e *pop.* V. *sótão.*

soto-[2]**,** elem. de comp. (l. *subtu*). Exprime a idéia de *inferioridade: sotopor.*

Sotoar, s. m. *Heráld.* V. *aspa.*

Soto-capitão, s. m. Substituto do capitão a bordo. Pl.: *soto-capitães.* Var.: *sota-capitão.*

Soto-mestre, s. m. Indivíduo que substitui o mestre a bordo. Pl.: *soto-mestres.*

Soto-ministro, s. m. Aquele que, entre os jesuítas, superintende os confrades encarregados dos negócios de cozinha, despensa etc. Pl.: *soto-ministros.*

Sotopor, v. Tr. dir. 1. Pôr por baixo. 2. Omitir, postergar.

Sotrancão, adj. Disfarçado, dissimulado, sonso.

Sotrancar, v. Tr. dir. Abarcar.

Sotranco, adj. O mesmo que *sotrancão.*

Sotreta (*ê*), adj. e s. m. e f. 1. Diz-se de, ou pessoa vil ou torpe. 2. Diz-se de, ou coisa sem préstimo. 3. Diz-se de, ou cavalo ruim.

Soturno, adj. Carregado, sombrio, taciturno, tristonho. S. m. 1. Caráter ou aspecto lúgubre, sombrio, taciturno, tristonho. 2. Tempo quente e abafadiço; mormaço. 3. *Gír.* Guarda-noturno.

Souto, s. m. (l. *saltu*). Bosque cerrado.

Souvenir (*su*), s. m. (t. fr.). V. *suvenir.*

Sova[1]**,** s. f. (de *sovar*). 1. Ação ou efeito de sovar. 2. Surra. 3. *Pop.* Uso diário.

Sova[2]**,** s. m. *P. us.* V. *soba.*

Sovaco, s. m. Axila. Var.: *sobaco.*

Sovado, adj. 1. Cansado, fatigado. 2. Amassado, pisado. 3. Moído de pancadas. 4. Designativo de uma qualidade de pão, de massa fina, muito batida.

Sovaqueira, s. f. 1. Sovaco. 2. Suor do sovaco. 3. Cheiro de suor; sovaquinho. 4. Ferida feita pela cincha no sovaco do cavalo.

Sovaquete (*ê*), s. m. Ato de tirar a péla da respectiva casa, no jogo da péla.

Sovaquinho, adj. *Fam.* Diz-se do cheiro de suor dos sovacos. S. m. Sovaqueira.

Sovar, v. Tr. dir. 1. Bater a massa de; amassar. 2. Pisar (a uva). 3. Dar pancadas, surrar. 4. Usar muito. 5. *Fig.* Espezinhar. 6. Amaciar, tornar flexível (especialmente o couro cru). 7. Montar (um cavalo) durante vários dias seguidos.

Sovela, s. f. (l. *subela*). Instrumento com que os correeiros e sapateiros furam o cabedal para o coser.

Sovelada, s. f. 1. Ato ou efeito de sovelar. 2. Furo ou golpe com a sovela.

Sovelão, s. m. Grande sovela.

Sovelar, v. Tr. dir. 1. Furar com sovela. 2. Furar, perfurar. 3. Apoquentar.

Soveleiro, s. m. Fabricante ou vendedor de sovelas.

Soveral, s. m. Sobral.

Sovereiro, s. m. Sobreiro.

Soverter, v. 1. Intr. *Ant.* Subverter. 2. Intr. e pron. *Pop.* Desaparecer, sumir(-se).

Sovéu, s. m. Laço grosseiro e forte, para pegar touros.

Sovi, s. m. *Ornit.* Nome comum de um gavião acipitrídeo (*Ictinia plumbea*), também chamado *gavião-sauveiro* e *gavião-pomba.*

Soviete, s. m. Conselho de delegados escolhidos entre operários, camponeses e soldados, na Rússia. S. m. pl. O povo, os governantes e as forças armadas da U.R.S.S., coletivamente.

Soviético, adj. 1. Relativo aos sovietes, à U.R.S.S. ou aos seus habitantes. 2. Russo.

Sovietismo, s. m. 1. Sistema político dos sovietes; bolchevismo. 2. Comunismo.

Sovietista, adj. Soviético. S. m. e f. 1. Partidário do sovietismo. 2. Russo.

Sovietizar, v. Tr. dir. 1. Impor o regime soviético a. 2. Implantar o socialismo em; bolchevizar.

Sovina[1]**,** adj. m. e f. Mesquinho, avarento.

Sovina[2]**,** s. f. 1. Torno de madeira. 2. Instrumento perfurante, em forma de lima.

Sovinada, s. f. (*sovinar + ada*). 1. Picada ou golpe com sovina ou com outro instrumento perfurante. 2. Dito picante.

Sovinar, v. 1. Tr. dir. Furar com sovina ou outro instrumento análogo. 2. Tr. dir. Magoar, molestar.

Sovinaria, s. f. V. *sovinice.*

Sovinice, s. f. Qualidade de sovina; avareza, mesquinhez, somiticaria, sovinaria.

Sozinho, adj. (*só + zinho*). 1. Absolutamente só. 2. Abandonado, desamparado. 3. Que é só; único. 4. Diz-se de quem embora precise de uma companhia, se encontra só.

Spinozismo, s. m. *Filos.* Doutrina panteística ou sistema de Baruch Spinoza (1632-1667), filósofo holandês, de origem judaica.

Spinozista, adj. e s. m. e f. Diz-se de, ou pessoa partidária do spinozismo.

Staccato, s. m. (t. italiano). *Mús.* Modo de excutar destacando nitidamente cada nota.

Stand, s. m. (t. ingl.). V. *estande.*

Status, s. m. *Sociol.* Conjunto de direitos e deveres que caracterizam a posição de uma pessoa em suas relações com outras.

Stress, s. m. (t. ingl.). V. *estresse.*

Strip-tease (*strip-tiz'*), s. m. (t. norte-americano). Espetáculo em que uma atriz despe a sua roupa, parcial ou totalmente, peça por peça, à vista do público.

Sua, pron. Feminino de *seu.*

Suã, s. f. (l. *sus, suis*). 1. Carne da parte inferior do lombo do porco. 2. Ossos da espinha dorsal de alguns animais vertebrados. Var.: *assuã*.

Suaçu, s. m. (do tupi). Veado.

Suaçuapara, s. f. (tupi-guar.). Veado-galheiro.

Suaçupita, s. m. (tupi-guar.). Veado- mateiro.

Suaçutinga, s. m. (tupi-guar.). Veado-campeiro.

Suadir, v. (l. *suadere*). Tr. dir. *Ant*. Persuadir.

Suado, adj. 1. Molhado de suor. 2. Que custou muito trabalho.

Suador, adj. 1. Que sua. 2. Sudorífero. S. m. 1. Aquele que sua. 2. Aquilo que provoca a transpiração.

Suadouro, s. m. 1. Ato ou efeito de suar. 2. Sudorífico. 3. Lavagem das vasilhas com água quente e sal. 4. Parte das costas do cavalo sobre a qual se põe a sela ou selim. 5. Chairel de lã. Var.: *suadoiro*.

Suão, adj. Do sul. S. m. Vento quente do sul e sueste.

Suar, v. (l. *sudare*). 1. Intr. Deitar o suor pelos poros da pele; transpirar. 2. Tr. dir. Verter, brotar, manar. 3. Tr. dir. Expelir à maneira de suor; ressumbrar. 4. Intr. Gotejar, ressumbrar, verter umidade. 5. Tr. ind. e intr. Empregar grandes esforços em; afadigar-se, matar-se com trabalho.

Suarabácti, s. f. *Gram*. Anaptixe.

Suarda, s. f. 1. Resíduo oleoso, que os panos deixam no pisão. 2. Matéria gordurosa da lã de ovelha; lanolina. 3. Nódoa na lã antes de cardada.

Suarento, adj. Que tem suor; coberto de suor.

Suasão, s. f. *Ant*. Persuasão.

Suasivo, adj. V. *persuasivo*.

Suasório, adj. (l. *suasoriu*). Persuasivo.

Suástica, s. f. (sânsc. *swastika*). Antigo símbolo religioso em forma de cruz grega com as extremidades das hastes prolongadas em ângulo reto, todas no mesmo sentido rotatório, e que foi adotada pelos nazistas de Hitler; cruz gamada.

Suave, adj. m. e f. 1. Em que há suavidade. 2. Agradável aos sentidos. 3. Ameno, aprazível, brando. 4. Meigo, terno. 5. Que encanta pela melodia; harmonioso. 6. Que se faz sem esforço, que se sofre sem sacrifício.

Suavidade, s. f. (l. *suavitate*). 1. Qualidade daquilo que proporciona aos sentidos um prazer brando e delicado; brandura, doçura, macieza, meiguice. 2. Grande doçura moral. 3. Alegria da alma, graça celeste cheia de doçura.

Suaviloqüência, s. f. Suavidade ou doçura nas palavras, na linguagem.

Suaviloqüente, adj. m. e f. Que tem doçura ou suavidade nas palavras ou na linguagem; suavíloquo.

Suavíloquo (*co*), adj. Suaviloqüente.

Suavização, s. f. Ato ou efeito de suavizar(-se).

Suavizar, v. Tr. dir. e pron. 1. Tornar(-se) suave. 2. Mitigar(-se), abrandar(-se).

sub-, pref. (l. *sub*). Designa *aproximação, dependência, inferioridade, substituição*.

Subaéreo, adj. Que existe por baixo da camada inferior da atmosfera.

Subagudo, adj. *Med*. Diz-se de doença entre aguda e crônica.

Subalado, adj. *Zool*. Com apêndices parecidos com asas.

Subalar, adj. m. e f. *Zool*. Situado debaixo das asas.

Subalternação, s. f. 1. Ato ou efeito de subalternar(-se). 2. Subalternidade.

Subalternado, adj. Subalterno.

Subalternar, v. 1. Tr. dir. e pron. Tornar(-se) subalterno; pôr(-se) em categoria inferior. 2. Tr. ind. e pron. Alternar-se, revezar-se.

Subalternidade, s. f. 1. Estado ou qualidade de subalterno; subalternação. 2. Dependência, sujeição.

Subalternizar, v. Tr. dir. Subalternar.

Subalterno, adj. Que está sob as ordens de outro; inferior, subordinado. S. m. Indivíduo subalterno. Var.: *subalternado*.

Subalugar, v. Tr. dir. Sublocar.

Subáptero, adj. *Zool*. Que tem alguma semelhança com os insetos ápteros.

Subaquático, adj. Que está debaixo de água.

Subáqueo, adj. *P. us*. Subaquático.

Subarbústeo, adj. *Bot*. Subarbustivo.

Subarbustivo, adj. 1. Relativo a, ou próprio de subarbusto. 2. Diz-se do tronco cujos ramos secam anualmente.

Subarbusto, s. m. *Bot*. Planta lenhosa que não ultrapassa as dimensões médias das plantas herbáceas.

Subarqueado, adj. Um tanto arqueado.

Subarrendamento, s. m. Ação ou efeito de subarrendar.

Subarrendar, v. Tr. dir. Arrendar a um terceiro; sublocar.

Subarrendatário, adj. e s. m. Diz-se de, ou aquele que subarrendou um prédio.

Subatômico, adj. *Fís*. Diz-se das partículas que constituem o átomo.

Subaxilar (*cs*), adj. m. e f. *Bot*. Que está ou parece estar sob a axila.

Subcapilar, adj. m. e f. Que tem quase a tenuidade de um cabelo.

Subcaudal, adj. m. e f. *Zool*. Que está por baixo da cauda.

Subchefe, s. m. Funcionário imediato ao chefe ou que o substitui.

Subcinerício, adj. 1. Que está debaixo da cinza. 2. Que se coze debaixo do borralho. 3. Relativo a cinza.

Subclasse, s. f. Divisão de classe.

Subclavicular, adj. m. e f. *Anat*. Que está debaixo das clavículas; subclávio.

Subclávio, adj. Subclavicular.

Subcomissário, s. m. Imediato do comissário ou seu substituto.

Subconjuntival, adj. m. e f. *Anat*. Situado sob a conjuntiva.

Subconsciência, s. f. Consciência obscura ou semiconsciência.

Subconsciente, adj. m. e f. Relativo ao subconsciente ou à subconsciência. S. m. Parte do inconsciente que pode novamente subir à consciência e influenciar a conduta do homem.

Subcontrárias, adj. f. pl. *Lóg*. Diz-se de duas proposições compostas dos mesmos termos, sendo uma afirmativa e a outra negativa.

Subcordiforme, adj. m.e f. *Bot*. Que tem mais ou menos a forma de coração.

Subcorrente, s. f. Corrente marítima, que passa por baixo de outra, às mais das vezes em direção oposta a ela.

Subcostal, adj. m. e f. *Anat*. Que está por baixo das costelas.

Subcutâneo, adj. 1. *Anat*. Que está por debaixo da cútis; intercutâneo. 2. Que é praticado abaixo da pele.

Subdécuplo, adj. Que de dez partes contém uma.

Subdelegação, s. f. 1. Ato ou efeito de subdelegar. 2. Funções ou repartição do subdelegado. 3. Sucursal de um estabelecimento público.

Subdelegado, s. m. O imediato ou substituto do delegado.

Subdelegante, adj. m. e f. Que subdelega.

Subdelegar, v. Tr. dir. Transmitir por delegação.

Subdelírio, s. m. *Med*. Delírio incompleto.

Subdiaconato, s. m. Dignidade, ordem ou estado de subdiácono.

Subdiaconisa, s. f. Mulher de subdiácono, nos antigos tempos da Igreja.

Subdiácono, s. m. *Lit. ant*. Clérigo que tinha ordem sacra imediatamente inferior à de diácono, Fem.: *subdiaconisa*.

Subdialeto, s. m. *Filol*. Divisão de dialeto.

Subdireção, s. f. 1. Cargo ou funções de subdiretor. 2. Repartição dirigida por um subdiretor.

Subdiretor, s. m. O imediato ou substituto do diretor.

Súbdito, adj. e s. m. V. *súdito*.

Subdividido, adj. Dividido depois de uma divisão anterior.

Subdividir, v. (l. *subdividere*). 1. Tr. dir. Dividir novamente; fazer subdivisões de. 2. Pron. Separar-se em várias divisões.

Subdivisão, s. f. Nova divisão do que já fora dividido.

Subdivisionário, adj. Relativo à subdivisão.

Subdivisível, adj. m. e f. Que se pode subdividir.

Subdominante, s. f. *Mús*. Quarto grau da escala diatônica, logo abaixo da dominante.

Subemprazamento, s. m. Subenfiteuse.

Subemprazar, v. Tr. dir. Subenfiteuticar.

Subenfiteuse, s. f. Ação ou contrato com que o foreiro, com autorização prévia do senhorio direto, passa a outrem o domínio útil do respectivo prédio enfitêutico; subemprazamento.

Subenfiteuta, s. m. e f. Pessoa que adquiriu um prédio por subenfiteuse.

Subenfiteuticar, v. Tr. dir. Transmitir por subenfiteuse; subemprazar.

Subenfitêutico, adj. Relativo à subenfiteuse.

Subentender, v. (*sub + entender*). Tr. dir. e pron. Entender (-se) o que não está expresso, especificado ou esclarecido; inferir(-se) ou admitir(-se) mentalmente.

Subentendido, adj. Que se subentende ou subentendeu. S. m. Aquilo que está na mente, mas não foi expresso.

Subepático, adj. Que está debaixo do fígado.

Subepígrafe, s. f. Epígrafe que fica por baixo de outra.

Súber, s. m. *Bot.* Tecido corticento, especialmente a casca exterior das árvores corticíferas, como o sobreiro (*Quercus suber*).

Suberização, s. f. Formação de súber ou cortiça.

Suberoso, adj. Que tem a consistência de súber.

Subescapular, adj. m. e f. *Anat.* Situado por debaixo das espáduas.

Subespécie, s. f. Divisão de espécie.

Subespinhal, adj. m. e f. *Anat.* Situado debaixo da espinha dorsal.

Subestação, s. f. *Eletr.* Estação numa rede distribuidora, aparelhada para reduzir a voltagem da corrente elétrica.

Subestimar, v. Tr. dir. Estimar em menos; não dar o devido valor a; mostrar ou ter desdém a. Antôn.: *superestimar.*

Subestrutura, s. f. Parte inferior de uma estrutura. Antôn.: *superestrutura.*

Subface, s. f. *Entom.* A parte inferior da cabeça de um inseto.

Subfamília, s. f. *Zool.* e *Bot.* Subdivisão de uma família.

Subfretar, v. Tr. dir. Fretar novamente (barco ou navio fretado).

Subgênero, s. m. *Hist. Nat.* Divisão particular que se estabelece num gênero.

Subgerente, s. m. e f. Funcionário que substitui o gerente.

Subgrave, adj. m. e f. *Mús.* Que está abaixo do grave.

Subida, s. f. 1. Ato ou efeito de subir; subimento. 2. Declive, encosta, ladeira, quando se sobe; aclive. 3. Acréscimo, aumento. Antôn.: *descida.*

Subideira, s. f. *Ornit.* Arapaçu.

Subido, adj. 1. Alto, elevado. 2. Eminente, sublime. 3. De preço elevado; caro. 4. Precioso.

Subimento, s. m. Subida.

Subinte, adj. m. e f. Que sobe; ascendente.

Subintendente, s. m. O imediato substituto do intendente.

Subir, v. 1. Tr. ind. e intr. Ir para cima; elevar-se ou transportar-se a lugar mais alto. 2. Tr. dir. e tr. ind. Galgar, marinhar, trepar. 3. Tr. dir. Percorrer de baixo para cima. 4. Tr. ind. Dar acesso a lugar superior ou estabelecer comunicação com ele. 5. Tr. dir. Elevar, levar, puxar, transportar para cima ou para um lugar mais alto. 6. Tr. ind. e intr. Elevar-se no ar; erguer-se para a atmosfera. 7. Tr. ind. Atingir certa altura. 8. Tr. ind. e intr. Atingir um nível mais elevado. 9. Tr. ind. Afluir a um ponto mais elevado: *S.* o sangue *à* cabeça. 10. Tr. dir. Navegar no sentido da nascente. 11. Tr. ind. Desenvolver-se muito; passar dos limites ordinários. 12. Tr. ind. Entrar em um carro, em um navio etc. 13. Tr. ind. Ir em progresso. 14. Tr. ind. e intr. Seguir (ofício, ordem, processo etc.), numa burocracia, os devidos trâmites. 15. Tr. ind. Aumentar, chegar até, crescer, formar um total. 16. Intr. Tornar-se mais caro; encarecer. 17. Tr. ind. e intr. Atingir, conquistar certa posição. 18. Tr. ind. e intr. Avançar em graduação. 19. Tr. ind. Exceder, ultrapassar; ir além de.

Subitâneo, adj. Súbito.

Súbitas, s. f. pl. Termo da loc. adv. *às súbitas;* subitamente.

Súbito, adj. Que aparece ou se dá sem ser previsto; inesperado, rápido, repentino, subitâneo. S. m. Acontecimento repentino.

Subjacente, adj. m. e f. Que jaz ou está por baixo.

Subjeção, s. f. *Ret.* Figura pela qual o orador, interrogando o adversário, deduz a sua resposta e lhe replica antecipadamente.

Subjetivar, v. Tr. dir. *Filos.* Tornar ou considerar subjetivo.

Subjetividade, s. f. Caráter ou qualidade de subjetivo.

Subjetivismo, s. m. 1. Tendência de reduzir toda a existência à existência do sujeito. 2. Sistema filosófico que não admite a realidade objetiva, mas apenas a subjetiva.

Subjetivo, adj. *Filos.* 1. Relativo ao sujeito. 2. Que está somente no sujeito. 3. Individual, pessoal, particular. S. m. Aquilo que é subjetivo. Antôn.: *objetivo.*

Subjugação, s. f. Ato ou efeito de subjugar.

Subjugador, adj. Que subjuga; subjugante. S. m. O que subjuga.

Subjugante, adj. m. e f. Subjugador.

Subjugar, v. 1. Tr. dir. Ligar ao jugo; jungir. 2. Tr. dir. Submeter à força das armas; conquistar, dominar. 3. Tr. dir. Domesticar. 4. Tr. dir. Impressionar intimamente; influir profundamente sobre. 5. Pron. Conter-se, refrear-se, reprimir-se.

Subjunção, s. f. Junção imediata.

Subjuntiva, s. f. *Gram.* A semivogal de um ditongo decrescente.

Subjuntivo, adj. Subordinado. S. m. *Gram.* Modo verbal que indica a ação como subordinada a outra.

Sublacustre (*sub-la*), adj. m. e f. Que está por baixo das águas de um lago.

Sublenhoso (*sub-le*), adj. *Bot.* Cujo tronco é lenhoso na base e herbáceo no ápice.

Sublevação, (*sub-le*), s. f. Ato ou efeito de sublevar(-se); rebelião, revolta.

Sublevador (*sub-le*), adj. Que, ou aquele que subleva.

Sublevar (*sub-le*), v. 1. Tr. dir. Elevar de baixo para cima; levantar. 2. Tr. dir. Incitar à revolta; revoltar, amotinar. 3. Pron. Amotinar-se, rebelar-se, revoltar-se.

Sublimação, s. f. 1. Ato ou efeito de sublimar(-se). 2. *Quím.* Passagem de um corpo diretamente do estado sólido ao gasoso e vice-versa.

Sublimado, adj. 1. Elevado ao mais alto grau. 2. *Quím.* Volatizado. S. m. *Quím.* Substância sublimada.

Sublimar, v. 1. Tr. dir. Tornar sublime; enaltecer, exaltar. 2. Tr. dir. Elevar à maior perfeição. 3. Pron. Tornar-se sublime; enaltecer-se, engrandecer-se, exaltar-se. 4. Pron. Distinguir-se, sobressair. 5. Tr. dir. *Quím.* Fazer passar diretamente do estado sólido ao gasoso. 6. Pron. *Quím.* Passar diretamente do estado sólido ao gasoso.

Sublimatório, adj. *Quím.* Relativo à sublimação. S. m. *Quím.* Vaso que se emprega nas sublimações.

Sublimável, adj. m. e f. Que se pode sublimar.

Sublime, adj. m. e f. 1. Que é dotado de uma elevação excepcional. 2. *Lit.* Diz-se do estilo nobre, que se observa nas produções literárias e artísticas de relevo e brilho fora do vulgar. 3. Que atingiu grande perfeição intelectual ou material. 4. Elevado nas suas palavras, nos seus atos; grande, majestoso, nobre. S. m. 1. Aquilo que é sublime. 2. O que há de mais elevado nos sentimentos, nas ações.

Sublimidade, s. f. 1. Qualidade de sublime. 2. Elevação, grandeza, magnificência. 3. Grande altura. 4. Excelência, perfeição. 5. A maior grandeza.

Sublinear (*sub-li*), adj. m. e f. Que se escreve por baixo de linhas; interlinear.

Sublingual (*sub-li*), adj. m. e f. *Anat.* Que está debaixo da língua.

Sublinha (*sub-li*), s. f. Linha traçada por debaixo de palavra.

Sublinhar (*sub-li*), v. Tr. dir. 1. Traçar uma sublinha em. 2. Acentuar bem, tornar sensível. 3. Pôr em destaque; realçar, salientar.

Sublobulado (*sub-lo*), adj. Dividido em lóbulos.

Sublocação (*sub-lo*), s. f. Ato ou efeito de sublocar; subaluguel.

Sublocador (*sub-lo*), s. m. Aquele que subloca.

Sublocar (*sub-lo*), v. (l. *sub + locare*). Tr. dir. Fazer sublocação de; subarrendar; transmitir, alugando o que se tinha tomado por aluguel.

Sublocatário (*sub-lo*), s. m. Aquele que recebe por sublocação.
Sublunar (*sub-lu*), adj. m. e f. Que está abaixo da Lua ou entre a Terra e a Lua.
Submarinho, adj. e s. m. *P. us.* V. *submarino.*
Submarino, adj. Que fica por baixo das águas do mar; submarinho. S. m. Navio de guerra, destinado a operar submerso.
Submaxilar (*cs*), adj. m. e f. *Anat.* Situado sob as maxilas.
Submental, adj. m. e f. *Anat.* Que está debaixo do mento ou queixo.
Submergido, adj. Submerso.
Submergir, v. (l. *submergere*). 1. Tr. dir. Cobrir de água; inundar. 2. Tr. dir. Fazer desaparecer no seio das águas; afundar. 3. Intr. e pron. Ficar coberto de água; ir ao fundo. 4. Tr. dir. Absorver, abismar. 5. Tr. dir. Abafar, arrastar, envolver, perder. — Part.: *submergido, submerso.*
Submergível, adj. m. e f. Que pode submergir-se; submersível.
Submersão, s. f. 1. Ato ou efeito de submergir(-se). 2. Abatimento do casco de uma cavalgadura, devido a pancada.
Submersível, adj. m. e f. 1. Submergível. 2. Diz-se da planta que se submerge na água, depois da florescência. S. m. Submarino.
Submerso, adj. Coberto de água; submergido.
Submeter, v. (l. *submittere*). 1. Tr. dir. Tornar dependente; subordinar. 2. Tr. dir. Dominar, obrigar, subjugar, vencer. 3. Pron. Obedecer às ordens e vontade de outrem; render-se. 4. Tr. dir. Oferecer à apreciação, ao exame. 5. Tr. dir. e pron. Tornar(-se) objeto de exame ou prova.
Subministração, s. f. Ato ou efeito de subministrar.
Subministrador, adj. e s. m. Que, ou aquele que subministra.
Subministrar, v. Tr. dir. Prover do necessário; fornecer, ministrar.
Submissão, s. f. 1. Ato ou efeito de submeter(-se); obediência, sujeição. 2. Disposição para aceitar um estado de dependência. 3. Subserviência.
Submisso, adj. 1. Que denota submissão. 2. Que está em posição inferior. 3. Humilde, suplicante. 4. Dócil, respeitoso.
Submúltiplo, s. m. Número que divide outro exatamente.
Subnutrição, s. f. Falta de nutrição suficiente; subalimentação.
Subnutrir, v. Tr. dir. Nutrir insuficientemente.
Suboccipital, adj. m. e f. *Anat.* Situado abaixo do osso occipital.
Subocular, adj. m. e f. *Anat.* Situado abaixo dos olhos.
Suborbicular, adj. m. e f. *Anat.* Situado sob a órbita dos olhos; suborbitário.
Suborbitário, adj. *Anat.* Suborbicular.
Subordem, s. f. Divisão de uma ordem, nas classificações animais e vegetais.
Subordinação, s. f. 1. Ato ou efeito de subordinar(-se). 2. Ordem estabelecida entre pessoas dependentes entre si, tendo umas o direito de mandar, e as outras a obrigação de obedecer, mas dentro da lei e da moral. 3. Obediência à lei, aos superiores, à disciplina, à ordem pública. 4. *Gram.* Processo sintático que consiste em ligar um termo a outro em relação complementar.
Subordinada, s. f. *Gram.* Oração cujo sentido depende do de outra, a principal.
Subordinado, adj. 1. Que depende de outrem; que recebe ordens de outrem. 2. Que em conexão com outra coisa ocupa lugar inferior. 3. *Gram.* Diz-se da palavra, frase ou oração cuja idéia depende de outra. S. m. Indivíduo às ordens ou mando de outrem; subalterno.
Subordinador, adj. Que subordina; subordinante. S. m. Aquele que subordina.
Subordinante, adj. m. e f. Subordinador.
Subordinar, v. 1. Tr. dir. Estabelecer uma ordem de dependência do inferior ao superior. 2. Tr. dir. Fazer ou tornar dependente; submeter, sujeitar. 3. Tr. dir. Ligar por conjunção subordinativa. 4. Pron. Submeter-se, sujeitar-se.
Subordinativo, adj. Que estabelece ou indica subordinação.
Subornação, s. f. *P. us.* Suborno.
Subornador, adj. e s. m. Que, ou aquele que suborna.
Subornamento, s. m. *P. us.* Suborno.
Subornar, v. Tr. dir. Induzir, levar (alguém), mediante quaisquer recompensas, a não cumprir o dever; peitar.
Subornável, adj. m. e f. Que se pode subornar.
Suborno, (*ô*), s. m. 1. Ato ou efeito de subornar; subornação, subornamento. 2. Aliciamento para práticas criminosas.
Subparágrafo, s. m. Divisão de parágrafo.
Subpolar, adj. m. e f. Que está debaixo do pólo.
Subpor, v. Tr. dir. Pôr debaixo; sotopor.
Subprefeito, s. m. O imediato ou substituto do prefeito.
Subprefeitura, s. f. 1. Cargo, dignidade ou funções de subprefeito. 2. Repartição onde essas funções são exercidas.
Subproduto, s. m. Produto extraído ou fabricado de matéria da qual já se obteve um produto mais importante.
Subraji, s. f. *Bot.* Planta ramnácea do Brasil (*Cayanothus speciosa*); subrasil.
Sub-região, Divisão de uma região.
Sub-repção, s. f. 1. Favor alcançado por meio ilícito, fraude ou por falsa exposição. 2. Emprego de meios sub-reptícios. 3. Subtração fraudulenta.
Sub-reptício, adj. Conseguido por sub-repção; fraudulento.
Sub-rogação, s. f. 1. Ato ou efeito de sub-rogar. 2. Substituição judicial de uma pessoa ou coisa por outra.
Sub-rogado, adj. *Dir.* 1. Investido na qualidade ou direitos de outrem. 2. Transmitido por sucessão.
Sub-rogador, adj. e s. m. Que, ou aquele que sub-roga.
Sub-rogante, adj. m. e f. Que sub-roga; sub-rogador, sub-rogatório.
Sub-rogar, v. 1. Tr. dir. Transferir direito ou função de alguém para outrem. Pron. Assumir, tomar o lugar de outrem.
Sub-rogatório, adj. Sub-rogante.
Sub-rostrado, adj. Que tem forma de pequeno bico.
Subscrever, v. (l. *subscribere*). 1. Tr. dir. Escrever por baixo de; assinar por baixo ou depois de. 2. Pron. Assinar-se. 3. Tr. dir. Dar a sua aprovação; assentir a. 4. Intr. Anuir, consentir. 5. Tr. dir. Tomar parte numa subscrição. 6. Tr. ind. Tomar assinatura de alguma publicação periódica.
Subscrição, s. f. (l. *subscriptione*). 1. Ato ou efeito de subscrever (-se). 2. Assinatura. 3. Compromisso em virtude do qual alguém promete contribuir com uma quantia de dinheiro para empresa, obra pia, homenagem etc. 4. A própria quantia subscrita.
Subscritar, v. Tr. dir. Firmar com a sua assinatura; assinar, subscrever.
Subscritor, adj. Que subscreve. S. m. Aquele que subscreve; assinante.
Subseção, s. f. Divisão de seção. Var.: *subsecção.*
Subsecivo, adj. 1. Que se corta ou se separa por ser demais. 2. Que sobeja; acessório, secundário.
Subsecretário, s. m. O imediato ou substituto de um ministro do governo federal ou de um secretário de Estado.
Subsecutivo, adj. Consecutivo.
Subseguir, v. *Des.* 1. Tr. dir. Seguir-se a; estar depois de. 2. Pron. Seguir-se imediatamente.
Subsentido, s. m. 1. Segundo sentido. 2. Idéia oculta propositadamente, com intuitos inconfessáveis.
Subseqüência, s. f. Qualidade de subseqüente; continuação, seguimento.
Subseqüente, adj. m. e f. Que subsegue; imediato, ulterior, seguinte.
Subserviência, s. f. Qualidade de subserviente; bajulação, servilismo.
Subserviente, adj. m. e f. 1. Que serve às ordens de outrem servilmente. 2. Muito condescendente.
Subsidiado (*si*), adj. Que recebe ou tem subsídio. 2. Que vive de subsídio. S. m. Aquele que recebe subsídio do Estado, ou de alguém.
Subsidiar (*si*), v. Tr. dir. Contribuir com subsídio para; auxiliar, coadjuvar.
Subsidiário (*si*), adj. 1. Relativo a subsídio. 2. Que subsidia.

3. Que fortalece. 4. Que vem em reforço. 5. De importância menor; secundário, acessório.

Subsídio (*si*), s. m. 1. Auxílio que se dá a qualquer empresa. 2. Quantia que vai prestar benefício a alguém. 3. Quantia subscrita para obra de beneficência. 4. Quantia que um Estado dá a uma potência aliada em virtude de tratados. 5. Adjutório, recurso, socorro. 6. Proventos que recebem senadores, deputados e vereadores. S. m. pl. Elementos auxiliares.

Subsistência (*sis*), s. f. 1. Estado das pessoas ou coisas que subsistem, que se mantêm; existência individual. 2. Permanência, continuação, estabilidade das coisas. 3. Conjunto dos meios para a vida e despesas de cada um.

Subsistente (*sis*), adj. m. e f. Que subsiste; que continua a existir.

Subsistir (*sis*), v. (l. *subsistere*). 1. Intr. Existir, ser. 2. Intr. Conservar a sua força ou ação; não ser abolido ou destruído; persistir. 3. Tr. ind. Continuar a ser; durar; existir ainda; permanecer. 4. Tr. ind. e intr. Prover às necessidades da vida; viver.

Subsolar, adj. m. e f. Que está sob o sol.

Subsolo, s. m. 1. Camada de solo, imediatamente inferior à que se vê ou se pode arar. 2. Construção abaixo do rés-do-chão.

Substabelecer, v. Tr. dir. 1. Pôr em vez de outro ou outrem. 2. Transferir para outra pessoa (qualquer encargo seu ou procuração recebida).

Substabelecimento, s. m. Ato ou efeito de substabelecer.

Substância, s. f. 1. Aquilo que subsiste por si, sem dependência de quaisquer outros elementos acidentais. 2. A matéria de que se formam os corpos. 3. A parte mais nutritiva dos alimentos. 4. O que há de essencial e importante num ato, num escrito, num negócio. 5. Resumo essencial. 6. O que há de melhor, de excelente, de principal, de essencial; síntese. 7. A parte mais pura e mais particularmente apta para algum uso; essência. 8. Força, robustez, vigor.

Substanciado, adj. De que se extraiu a substância; resumido, sintetizado.

Substancial, adj. m. e f. 1. Que constitui a substância ou essência de uma coisa. 2. Que tem substância; substancioso. 3. Essencial, fundamental, básico. 4. Rico em ensinamentos. 5. Importante, vultoso. S. m. O fundamental, o essencial.

Substancialidade, s. f. Qualidade de substancial.

Substancializar, v. Tr. dir. 1. Converter em substância. 2. Considerar como substância.

Substanciar, v. Tr. dir. 1. Fornecer alimentos substanciais a; nutrir. 2. Expor em substância; resumir, sintetizar.

Substancioso, adj. 1. Em que há muita substância. 2. Que dá substância; alimentício, nutritivo.

Substantificar, v. Tr. dir. Dar forma concreta a; concretizar.

Substantivação, s. f. *Gram.* Ato ou efeito de substantivar.

Substantivado, adj. *Gram.* 1. Tornado substantivo. 2. Empregado como substantivo.

Substantivar, v. Tr. dir. 1. Dar o caráter de substantivo. 2. Empregar como substantivo.

Substantivo, adj. (l. *substantivu*). 1. Designativo da palavra que, sem auxílio de outra, designa a substância; que designa um ser real ou metafísico. 2. *Gram.* Diz-se do verbo *ser.* — *Cores substantivas, Quím.*: corantes que entram em combinação com a própria matéria dos estofos. S. m. *Gram.* Palavra que serve para designar os seres, atos ou conceitos; nome.

Substatório, adj. 1. Que faz sobrestar ou não prosseguir (uma ação, uma diligência etc.). 2. Que contém preceito para que se sobresteja.

Substituição (*u - i*), s. f. 1. Ato ou efeito de substituir(-se). 2. Colocação de pessoa ou coisa no lugar de outra.

Substituído, adj. e s. m. Que, ou aquele que se substituiu.

Substituinte, adj. e s., m. e f. Que, ou pessoa que substitui.

Substituir, v. (l. *substituere*). 1. Tr. dir. Tirar para pôr outro; deslocar, mudar. 2. Tr. dir. Pôr em lugar de. 3. Tr. dir. Suprir a falta ou o impedimento de. 4. Tr. dir. Ir para o lugar de. 5. Pron. Pôr-se no lugar de outra pessoa.

Substitutivo, adj. Que faz as vezes de; que toma o lugar de; substituinte. S. m. Substituição; emenda.

Substituto, adj. Que substitui. S. m. Aquele que substitui outrem em qualquer mister.

Substrato, s. m. 1. *Filos.* Aquilo que constitui a base ou a essência do ser. 2. Aquilo que serve de base a um fenômeno. 3. *Geol.* Camada de rocha ou terra sob o solo superficial; subsolo. 4. *Lingüíst.* Camada lingüística que se dissolve na língua de um povo conquistador ou colonizador, deixando-lhe, porém, traços do primitivo modo de falar.

Substrução, s. f. A parte subjacente de um edifício; alicerce.

Subsultar, v. Intr. *Poét.* Saltar repetidamente; saltitar.

Subtangente, s. f. *Geom.* Projeção sobre o eixo das abscissas, da porção da tangente a uma curva, compreendida entre esse eixo e o ponto de tangência.

Subtender, v. Tr. dir. Estender por baixo de.

Subtenente, s. m. *Mil.* Graduação da hierarquia do Exército que se situa imediatamente abaixo do posto de aspirante-a-oficial e imediatamente acima de sargento-ajudante. Corresponde ao suboficial das hierarquias da Marinha e da Aeronáutica.

Subtensa, s. f. *Mat.* Corda de um arco.

Subterfúgio, s. m. Pretexto para evitar uma dificuldade; evasiva.

Subterfugir, v. (l. *subterfugere*). Tr. ind. Escapulir-se com o emprego de subterfúgio; escapar-se com pretextos falsos.

Subterrâneo, adj. 1. Que corre ou está debaixo da terra; subtérreo. 2. Que se realiza debaixo da terra. 3. Que se faz às ocultas para conseguir um fim. S. m. 1. Cavidade, galeria ou vão na parte inferior do solo. 2. Compartimento de casa, abaixo do nível do solo.

Subtérreo, adj. V. *subterrâneo.*

Subtipo, s. m. *Hist. Nat.* Tipo secundário subordinado a um tipo primário.

Subtítulo, s. m. Título secundário relacionado com o principal.

Subtração, s. f. (l. *subtractione*). 1. Ato ou efeito de subtrair(-se). 2. Roubo fraudulento. 3. *Arit.* Operação inversa à da adição; diminuição.

Subtraendo, s. m. *Arit.* Número que se tira de outro numa subtração; diminuidor, subtrativo.

Subtrair, v. (l. *subtrahere*). 1. Tr. dir. Tirar astuciosa ou fraudulentamente; furtar, roubar. 2. Tr. dir. Fazer desaparecer. 3. Tr. dir. *Arit.* Tirar um número chamado *diminuidor, subtraendo* ou *subtrativo,* de outro chamado *diminuendo* ou *minuendo;* diminuir. 4. Tr. dir. Deduzir, tirar. 5. Pron. Escapar-se, esquivar-se, fugir, retirar-se.

Subtrativo, adj. Relativo à subtração. S. m. Subtraendo.

Subulado, adj. *Hist. Nat.* Que se estreita para a ponta, à maneira de sovela.

súbuli-, elem. de comp. (l. *subula*). Exprime a idéia de *sovela: subulifoliado.*

Subulifoliado, adj. *Bot.* Que tem folhas subuladas.

Subungulado, s. m. *Zool.* Espécime dos Subungulados. S. m. pl. Divisão (*Subungulata*) que compreende mamíferos de formas extintas, caracterizados por pés pentadátilos.

Suburbano, adj. 1. Relativo a subúrbio. 2. Que habita num subúrbio. S. m. Aquele que mora num subúrbio.

Subúrbio, s. m. 1. Região que, embora fora da cidade, pertence à jurisdição dela. 2. Vizinhança da cidade ou de qualquer povoação.

Subvenção, s. f. Auxílio pecuniário geralmente concedido pelos poderes públicos.

Subvencionado, adj. Que recebe subvenção.

Subvencionador, adj. e s. m. Que, ou aquele que subvenciona.

Subvencional, adj. m. e f. 1. Relativo a subvenção. 2. Que constitui subvenção.

Subvencionar, v. Tr. dir. Dar subvenção a.

Subverbete, s. m. Verbete secundário, em que são elucidadas as divisões, espécies, modalidades, qualidades etc., que o verbete principal pode oferecer.

Subversão, s. f. 1. Ato ou efeito de subverter(-se). 2. Insubordinação às leis ou às autoridades constituídas. 3. Revolução.

Subversivo, adj. Que subverte; revolucionário.

Subversor, adj. e s. m. Que, ou aquele que subverte; subvertedor.

Subvertedor, adj. e s. m. V. *subversor*.

Subverter, v. 1. Tr. dir. Volver de baixo para cima; revolver. 2. Pron. Sofrer destruição; arruinar-se. 3. Tr. dir. Fazer soçobrar; afundar. 4. Tr. dir. Aliciar para idéias ou atos subversivos; revolucionar. 5. Tr. dir. e pron. Perverter(-se). 6. Pron. Desaparecer, sumir-se.

Sução, s. f. V. *sucção*.

Sucará, s. m. *Bot.* Arbusto da família das Compostas (*Chuquiragua spinescens*); também chamado *espinho-de-santo-antônio*.

Sucata, s. f. 1. Ferro ou objeto de ferro tornados imprestáveis pelo uso ou pela oxidação, os quais são reaproveitados depois de refundidos. 2. Quaisquer objetos metálicos velhos e sem valor. 3. Depósito de ferro velho.

Sucção, s. f. (l. *suctione*) Ato ou efeito de sugar.

Sucedâneo, adj. Diz-se da substância, medicamento ou produto que pode substituir outro, por ter aproximadamente as mesmas propriedades. S. m. Essa substância ou produto.

Suceder, v. (l. *succedere*). 1. Tr. ind., intr. e pron. Vir ou acontecer depois; seguir-se. 2. Tr. ind. e intr. Acontecer, dar-se (algum fato). 3. Tr. ind. Produzir efeito, ter bom resultado. 4. Tr. ind. Ir ocupar o lugar de outrem; substituir. 5. Tr. ind. Tomar posse do que pertencia ao seu antecessor. (Na acepção de *acontecer, realizar-se, vir depois*, é defectivo e só se conjuga nas 3as pessoas).

Sucedido, adj. e s. m. Que, ou aquilo que sucedeu.

Sucedimento, s. m. 1. Sucessão. 2. Sucesso.

Sucessão, s. f. 1. Ato ou efeito de suceder(-se); sucedimento. 2. Série de coisas ou acontecimentos que se sucedem em determinada ordem. 3. Seguimento. 4. Continuação, perpetuação.

Sucessível, adj. m. e f. Que pode suceder como herdeiro ou por outro qualquer título.

Sucessivo, adj. Que vem depois, ou em seguida; contínuo, consecutivo.

Sucesso, s. m. 1. Aquilo que sucede; acontecimento. 2. Resultado, conclusão. 3. Êxito, resultado feliz. 4. Parto. 5. *Pop.* Desastre.

Sucessor, adj. Que sucede a outrem. S. m. 1. Aquele que sucede a outrem. 2. Aquele que herda; herdeiro. 3. Aquele que tem dignidade ou predicados iguais aos que teve outrem.

Sucessorial, adj. m. e f. Sucessório.

Sucessório, adj. Relativo a sucessão; sucessorial.

Súcia, s. f. Reunião de pessoas de má índole ou de má fama; corja, matula.

Suciar, v. Intr. Fazer parte de uma súcia; vadiar.

Suciata, s. f. *Pop.* 1. Reunião de pessoas de má fama. 2. Pândega, patuscada.

Súcino, s. m. Âmbar.

Sucinto, adj. Que não é prolixo; breve, conciso, em poucas palavras, resumido.

Súcio, s. m. (de *sócio*, por metafonia grotesca). *Pej.* Aquele que faz parte de uma súcia; biltre, vadio.

Suco, s. m. 1. A substância líquida do tecido animal e vegetal, na qual residem os elementos mais nutritivos e substanciais; seiva, sumo. 2. *Anat.* Líquido segregado por alguns órgãos: *S.* pancreático; *s.* gástrico. 3. Essência, substância. 4. Coisa excelente.

Sucoso, adj. Suculento.

Suçuarana, s. f. *Zool.* Felídeo (*Felis concolor*), também chamado *onça-vermelha, onça-parda* e *puma*.

Súcubo, adj. Que se deita ou põe por baixo. S. m. Demônio a quem outrora se atribuíam os pesadelos e que, segundo a crença antiga, assumia forma feminina, para ter cópula carnal com um homem adormecido.

Suculência, s. f. 1. Abundância de suco. 2. Caráter ou qualidade de suculento.

Suculento, adj. Que tem suco; sumarento, sucoso. 2. Substancial, nutritivo, alimentício. 3. Gordo.

Sucumbido, adj. Desanimado, descoroçoado, desalentado.

Sucumbir, v. (l. *succumbere*). 1. Tr. ind. e intr. Cair sob o peso de; abater-se, curvar-se, vergar. 2. Tr. ind. e intr. Não agüentar mais; deixar-se vencer; ceder. 3. Tr. ind. e intr. Morrer, perecer. 4. Intr. Ser abolido, suprimido; cessar de existir.

Sucupira, s. f. 1. *Bot.* Nome comum a diversas árvores leguminosas sul-americanas, de madeira de lei. 2. Madeira dessas árvores.

Sucuri, s. f. *Herp.* Grande serpente não peçonhenta, da família dos Boídeos (*Eunectes murinus*). Habita as matas que margeiam os grandes rios. Sinôns.: *anaconda, arigbóia, boioçu, boiúna, sucuriju, sucuriú, sucurijuba, sucuruiú, sucuruju, sucurujuba*.

Sucursal, adj. m. e f. Diz-se de um estabelecimento dependente de outro; filial. S. f. Casa ou estabelecimento sucursal; filial.

Sucussão, s. f. Ato de sacudir; sacudidela.

Sucutuba, adj. *Gír.* Apetitoso, suculento, gostoso.

Sucuuba, s. f. *Bot.* Nome comum a três árvores apocináceas do gênero Pluméria (*Plumeria fallax, P. sucuuba* e *P. phagedaenica*). Var.: *sucuuva*.

Sudação, s. f. Ato ou efeito de suar.

Sudâmina, s. f. (l. *sudamen*). *Med.* Erupção vesiculosa, devida a transpiração abundante, como sucede na febre tifóide.

Sudanês, adj. 1. Relativo ao Sudão (África). 2. Nascido no Sudão. S. m. 1. Homem natural do Sudão. 2. Língua do Sudão.

Sudário, s. m. 1. Pano com que antigamente se limpava o suor. 2. Tela que representa o rosto ensangüentado de Cristo.

Sudatório, adj. V. *sudorífero*.

Sudeste, adj. e s. m. V. *sueste*.

Súdito, adj. Que está sujeito à vontade de outrem; sujeito. S. m. Aquele que está submetido à vontade de outrem; vassalo. Var.: *súbdito*.

Sudoeste, adj. m. e f. 1. Relativo ao sudoeste. 2. Situado ao sudoeste. 3. Que sopra do sudoeste. S. m. 1. Ponto do horizonte, entre sul e oeste. 2. Vento que sopra desse lado.

Sudorese, s. f. *Med.* Transpiração profusa.

sudori-, elem. de comp. (l. *sudore*). Exprime a idéia de *suor*: *sudorífico, sudoríparo*.

Sudorífero, adj. Que faz suar; diaforético, hidrótico, sudatório, sudorífico. S. m. Aquilo que faz suar.

Sudorífico, adj. e s. m. Sudorífero.

Sudoríparo, adj. Que segrega ou produz suor.

Sudra, s. m. e f. Pária.

Sudro, s. m. V. *sudra*.

Sué, s. f. *Bot.* Planta solanácea (*Lycopersicum tuberosum*).

Sueca, s. f. 1. Espécie de bisca, em que cada parceiro joga com dez cartas. 2. *Mús.* Espécie de quadrilha, de andamento rápido.

Sueco, adj. Relativo à Suécia. S. m. 1. Indivíduo natural da Suécia. 2. A língua sueca.

Sueira, s. f. Trabalheira, cansaço, estafa.

Suestada, s. f. Ventania ou vento forte de sueste.

Sueste, adj. m. e f. Relativo a sueste. S. m. 1. Ponto do horizonte, entre sul e este (abrev.: *S.E.*). 2. Vento que sopra desse lado. 3. Chapéu desabado, próprio de marinheiros.

Suéter, s. m. e f. (ingl. *sweater*). Blusa fechada, de malha de lã. Pl.: *suéteres*.

Sueto, s. m. 1. Feriado escolar. 2. Folga, descanso.

Suevo, adj. Relativo aos suevos, povo germânico que no século V se estabeleceu na Espanha, apoderando-se da Galiza e da Lusitânia. S. m. Indivíduo desse povo.

Sufi, s. m. 1. Título que, no Ocidente, se dava antigamente ao rei da Pérsia. 2. Sectário do sufismo; sufista.

Suficiência, s. f. 1. Qualidade de suficiente. 2. Classificação escolar de suficiente. 3. Aptidão suficiente; habilidade.

Suficiente, adj. m. e f. 1. Que satisfaz; bastante. 2. Que ocupa lugar entre o bom e o sofrível. 3. Hábil para qualquer obra ou empresa. 4. *Teol.* Diz-se da graça que, com a colaboração do homem, se tornará eficaz. S. m. Classificação escolar entre o medíocre e o bom.

Sufismo, s. m. Doutrina mística dos sufis.

Sufista, adj. m. e f. Relativo ao sufismo. S. m. e f. Sequaz do sufismo; sufi.

Sufixal (*cs*), adj. m. e f. *Gram.* Relativo a sufixo.

Sufixar (*cs*), v. *Gram.* Tr. dir. Juntar sufixo(s).

Sufixo (*cs*), s. m. *Gram.* Partícula que se junta pospositivamente aos temas das palavras primitivas, para formar outras por derivação. Antôn.: *prefixo.*

Suflê, s. m. (fr. *soufflé*). *Cul.* Prato recheado, geralmente cozido ao forno, coberto com ovos, cujas claras foram batidas ao ponto de neve.

Sufocação, s. f. (l. *suffocatione*). 1. Ato ou efeito de sufocar(-se). 2. *Med.* Morte por asfixia; estrangulação.

Sufocador, adj. Sufocante. S. m. 1. Aquele que sufoca. 2. *Metal.* Recipiente de ferro, em que se põe o carvão, depois de tirado dos carbonizadores, para que não se inflame.

Sufocante, adj. m. e f. 1. Que sufoca; sufocador, sufocativo. 2. Asfixiante, abafador.

Sufocar, v. 1. Tr. dir. Causar sufocação a; dificultar a respiração de; asfixiar. 2. Intr. e pron. Respirar com grande dificuldade. 3. Tr. dir. Matar por asfixia. 4. Pron. Ficar impedido ou preso; ser reprimido. 5. Tr. dir. Causar profunda impressão em; comover. 6. Tr. dir. Impedir de manifestar-se ou de continuar; debelar, extinguir.

Sufocativo, adj. 1. Sufocante. 2. Próprio para reprimir.

Sufragâneo, adj. e s. m. Diz-se de, ou bispo, ou bispado dependente de um metropolitano.

Sufragar, v. (l. *suffragari*). Tr. dir. 1. Apoiar ou aprovar com sufrágio ou voto. 2. Rezar ou rogar pela alma de. 3. Aplicar ações pias, esmolas, ofícios divinos etc., por alma de.

Sufrágio, s. m. 1. Voto, votação. 2. Adesão, aprovação. 3. Obra pia, preces ou súplicas a Deus pelas almas dos mortos.

Sufragista, adj. m. e f. Relativo ao sufrágio. S. m. e f. Partidário do sufrágio universal.

Sufumigação, s. f. 1. Fumigação que se dá por baixo. 2. Ato de queimar substâncias odoríficas, para purificar a atmosfera; sufumígio.

Sufumígio, s. m. Sufumigação.

Sufusão, s. f. *Med.* Afluxo de sangue à pele em alguma parte do corpo.

Sugação, s. f. Ato ou efeito de sugar; sucção.

Sugador, adj. Que suga. S. m. Sugadouro.

Sugadouro, s. m. *Zool.* Aparelho bucal de alguns insetos que serve para chupar; sugador.

Sugar, v. (l. *sucare*, de *sucu*). Tr. dir. 1. Chuchar, chupar, sorver. 2. Absorver por sucção. 3. Extrair, tirar. 4. Tirar às escondidas e dolosamente; extorquir, subtrair.

Sugerir, v. (l. *suggerere*). Tr. dir. 1. Fazer vir à mente; aventar, propor. 2. Dar a entender, insinuar, inspirar. 3. Ser causa moral de; ocasionar. (Verbo irregular, conjuga-se como *aderir.*)

Sugestão, s. f. (l. *suggestione*). 1. Ato ou efeito de sugerir; alvitre. 2. Aquilo que se sugere. 3. Inspiração, incitamento. 4. Proposta, parecer. 5. *Psicol.* Idéia provocada num indivíduo quer por estímulo externo, quer por estímulo interno (auto-sugestão).

Sugestibilidade, s. f. Qualidade de sugestionável.

Sugestionar, v. 1. Tr. dir. Produzir sugestão em; estimular, influir, inspirar. 2. Pron. Experimentar o efeito de sugestão.

Sugestionável, adj. m. e f. Que pode ser sugestionado.

Sugestivo, adj. 1. Que sugere. 2. Insinuante, atraente.

Sugesto, s. m. Tribuna, donde os oradores romanos falavam ao povo.

Sugilação, s. f. *Med.* 1. Ato ou efeito de sugilar. 2. Leve equimose cutânea. 3. Lividez cadavérica. 4. Mancha escorbútica da pele.

Sugilar, v. Tr. dir. 1. Produzir equimose em; contundir. 2. Manchar, infamar.

Suia, s. f. Maitaca.

Suíça, s. f. Porção de barba que se deixa crescer nas partes laterais das faces.

Suicida (*u-i*), adj. m. e f. Que serviu de instrumento de suicídio. S. m. e f. Pessoa que se matou a si própria.

Suicidar (*u-i*), v. Pron. 1. Dar a morte a si mesmo. 2. Arruinar-se por culpa de si mesmo.

Suicídio (*u-i*), s. m. 1. Ato ou efeito de suicidar-se. 2. Ruína ou desgraça, procurada espontaneamente ou por falta de juízo.

Suíço, adj. Relativo à Suíça (Europa); helvécio. S. m. Habitante ou natural da Suíça.

Suídeo, adj. *Zool.* Relativo aos Suídeos. S. m. pl. Família (*Suidae*) de mamíferos artiodátilos não ruminantes, cujas espécies se caracterizam pela presença de quatro dedos em todas as patas; abrange os porcos domésticos e o javali.

Suinã (*u-i*), s. f. *Bot.* Nome comum a duas árvores leguminosas-papilionáceas (*Erythrina corallodendron* e *E. indica*).

Suindara (*u-i*), s. f. *Ornit.* Coruja da família dos Titonídeos (*Tyto alba tuidara*), também chamada *coruja-branca, coruja-de-igreja, coruja-das-torres, coruja-católica.* Vars.: *suiná, suinara, suindá* e *suindária.*

Suíno[1], adj. Relativo ao porco; porcino, porqueiro. S. m. O porco.

suíno-[2], elem. de comp. (l. *suinu*). Exprime a idéia de *porco: suinocultura.*

Suinocultor (*u-i*), s. m. Criador de porcos.

Suinocultura (*u-i*), s. f. Criação de porcos.

Suiriri, s. m. *Ornit.* Pássaro da família dos Tiranídeos (*Machetornis rixosa rixosa*); siriri.

Suíte[1], (do francês). *Mús.* 1. Composição moderna instrumental, baseada em diversos movimentos inteiramente livres quanto ao número e ao caráter melódico. 2. Aposentos completos em um hotel.

Suíte[2], s. m. *Fam.* Usado na expressão *dar o suíte* = ir-se embora.

Sujar, v. 1. Tr. dir. e pron. Tornar(-se) sujo; enodoar(-se), manchar(-se). 2. Tr. dir. Pôr máculas ou manchas em; manchar, macular. 3. Pron. Cometer ações infamantes. 4. Pron. Evacuar involuntariamente.

Sujeição, s. f. (l. *sujectione*). 1. Ato ou efeito de sujeitar. 2. Dependência, submissão, subordinação. 3. Acanhamento, pejo.

Sujeira, s. f. 1. Imundície, sujidade. 2. Procedimento incorreto.

Sujeita, s. f. *Pop.* Mulher indeterminada ou cujo nome não se quer dizer.

Sujeitador, adj. e s. m. Que, ou aquele que sujeita.

Sujeitar, v. (l. *subjectare*). 1. Tr. dir. Tornar sujeito (o que era livre); dominar, subjugar. 2. Pron. Render-se à lei. 3. Pron. Conformar-se com a sorte. 4. Tr. dir. Dominar, sofrear. 5. Tr. dir. Subordinar, constranger. 6. Tr. dir. Tornar estável; fixar, imobilizar.

Sujeito, adj. (l. *subjectu*). 1. Que está ou fica por baixo. 2. Que se sujeitou ao poder do mais forte; dominado, escravo. 3. Adstrito, constrangido. 4. Sem vontade própria; domado, escravizado. 5. Exposto a qualquer coisa, pela sua natureza ou situação. S. m. 1. *Gram.* e *Lóg.* Ser, ao qual se atribui um predicado. 2. *Filos.* O ser que conhece. 3. Indivíduo indeterminado que não se nomeia em qualquer discurso ou conversação familiar. 4. Homem, indivíduo, pessoa.

Sujidade, s. f. 1. Qualidade de sujo. 2. Cisco. 3. Excrementos.

Sujo, adj. (cast. *sucio*). 1. Cheio de sujidades; imundo, porcalhão, porco, sórdido. 2. Indecente, indecoroso, torpe. 3. Em que não se pode confiar; desonesto. 4. Que perdeu o crédito junto a alguém.

Sul, s. m. 1. Ponto cardeal diametralmente oposto ao norte (abrev. S.). 2. Vento que sopra do sul. 3. O pólo austral. 4. Região ou regiões situadas ao sul. 5. Parte do Brasil, que compreende os Estados do Paraná, Santa Catarina e Rio Grande do Sul. Adj. m. e f. Relativo ao sul, ou que dele procede. Pl.: *suis.*

Sula, s. f. *Bot.* Planta leguminosa (*Hedysarum coronarium*).

Sul-americano, adj. Relativo à América do Sul ou aos seus habitantes. S. m. O natural ou habitante da América do Sul.

Sulão, s. m. Sulavento.

Sulavento, s. m. V. *sota-vento.*
Sulcagem, s. f. Ação ou operação de sulcar.
Sulcar, v. 1. Tr. dir. Abrir sulcos em. 2. Tr. dir. *Náut.* Cortar as águas de; navegar por. 3. Tr. dir. Abrir pregas ou rugas em. 4. Pron. Encher-se de rugas; encarquilhar-se.
Sulco, s. m. 1. Rego feito pelo arado ou charrua. 2. Ruga ou prega na pele. 3. *Anat.* V. *cissura.*
Suleiro, adj. e s. m. V. *sulista.*
Sulfa, s. f. *Quím.* e *Farm.* Nome abreviado da sulfanilamida.
Sulfanilamida, s. f. *Quím.* e *Farm.* Substância branca, cristalina, inodora, de sabor levemente amargo e depois adocicado, produto sintético usado contra certas infecções estreptocócicas.
Sulfatagem, s. f. Ação de sulfatar.
Sulfatar, v. Tr. dir. 1. Embeber de sulfato metálico. 2. Aspergir uma solução de sulfato metálico em (videiras ou outras plantas) contra certas doenças.
Sulfatizar, v. 1. Tr. dir. Transformar em sulfato. 2. Pron. Converter-se em sulfato.
Sulfato, s. m. *Quím.* Designação genérica dos sais e ésteres do ácido sulfúrico.
Sulfeto, s. m. *Quím.* Composto binário resultante da combinação de enxofre divalente com um outro elemento. Var.: *sulfureto.*
Sulfito, s. m. *Quím.* Sal ou éster do ácido sulfuroso.
Súlfur, s. m. Enxofre.
Sulfuração, s. f. Ato ou efeito de sulfurar.
Sulfurado, adj. *Quím.* Combinado com enxofre ou tratado com ele.
Sulfurar, v. Tr. dir. 1. Combinar ou misturar com enxofre. 2. Preparar com enxofre.
Sulfúreo, adj. 1. Que é da natureza do enxofre. 2. Em cuja composição entra o enxofre.
Sulfureto, s. m. Sulfeto.
Sulfúrico, adj. 1. Pertencente ou relativo ao enxofre. 2. Designativo de um ácido proveniente da combinação do enxofre com o oxigênio, H_2SO_4.
Sulfurino, adj. Da cor do enxofre; amarelo-esverdeado.
Sulfuroso, adj. *Quím.* 1. Sulfúreo. 2. Diz-se de um ácido bibásico fraco, instável, H_2SO_3, conhecido especialmente em forma de soluções de bióxido de enxofre em água e na de seus sais.
Sulimão, s. m. Solimão.
Sulino, adj. e s. m. Sulista.
Sulipa, adj. *Gír.* Desbriado, indigno.
Sulista, adj. m. e f. 1. Pertencente ou relativo ao sul de uma região ou país. 2. Nascido no sul de uma região ou país. S. m. e f. Pessoa natural do sul de uma região ou país; suleiro, sulino.
Sultana, s. f. 1. Mulher ou filha de sultão. 2. Odalisca ou favorita do sultão e que teve dele algum filho. 3. *Bot.* Planta composta (*Centaurea americana*).
Sultanado, s. m. 1. Dignidade de sultão. 2. País governado por sultão. Var.: *sultanato.*
Sultão, s. m. (l. *sultanu*). 1. Antigo título do imperador dos turcos. 2. Título dado a certos príncipes maometanos e tártaros. 3. Senhor poderoso, príncipe absoluto. 4. Homem que tem muitas amantes. Pl.: *sultões, sultães* e *sultãos.* Fem.: *sultana.*
Sulvento, s. m. Vento que sopra do sul.
Suma, s. f. (l. *summa*). 1. Soma. 2. Escrito condensado, que dá a essência de uma obra; epítome, resumo.
Sumaca, s. f. Pequena embarcação de dois mastros, usada especialmente na América do Sul.
Sumagrar, v. Tr. dir. Tingir ou curtir com sumagre.
Sumagre, s. m. 1. *Bot.* Planta anacardiácea (*Rhus coriaria*). 2. Pó que se obtém pela trituração das folhas e flores dessa planta, e se emprega em Medicina e tinturaria.
Sumagreiro, s. m. Aquele que prepara o sumagre para Medicina e tinturaria.
Sumaré, s. m. *Bot.* Espécie de orquídea (*Cyrtopodium punctatus*), também conhecida pelo nome de *rabo-de-tatu.*
Sumarento, adj. Que tem muito sumo ou suco; sucoso, sumoso.
Sumariante, adj. m. e f. *Dir.* Diz-se de juiz ou juíza que preside ao sumário de culpa. S. m. e f. Esse juiz ou juíza.
Sumariar, v. Tr. dir. Reduzir a suma ou sumário; resumir, sintetizar.
Sumário, adj. 1. Feito resumidamente; resumido, breve. 2. Feito sem formalidades; simples. S. m. 1. Resumo, recapitulação, suma. 2. Índice de matéria.
Sumaúma, s. f. *Bot.* Árvore imponente (*Ceiba pentandra*), largamente cultivada nos trópicos.
Sumaumeira (*a-u*), s. f. *Bot.* Sumaúma.
Sumeriano, adj. Relativo à Suméria, país da Antiguidade oriental, em volta do vale do Eufrates. S. m. A língua dos sumerianos; sumério.
Sumério, s. m. V. *sumeriano.*
Sumetume, s. m. 1. O respiradouro por onde escapa a paca acuada pelos cães. 2. Saída de galeria subterrânea.
Sumição, s. f. V. *sumiço.*
Sumiço, s. m. *Pop.* Desaparecimento, descaminho; sumição.
Sumidade, s. f. 1. Qualidade de sumo, alto, eminente. 2. O ponto mais alto; cimo, cumeeira. 3. Pessoa muito notável pelo seu saber, pela sua importância social, pelo seu prestígio político.
Sumidiço, adj. Que facilmente some ou desaparece.
Sumido, adj. 1. Que se enxerga com dificuldade; oculto. 2. Que parece escondido; encovado, fundo. 3. Quase imperceptível; apagado, desfigurado. 4. Que mal se ouve; longínquo, fraco.
Sumidouro, s. m. 1. Abertura por onde se escoa e desaparece um líquido. 2. Lugar onde se perdem de contínuo os objetos. 3. Coisa em que se gasta muito dinheiro; sorvedouro. 4. Boca de esgotos nas sarjetas. Var.: *sumidoiro.*
Sumilher, s. m. Reposteiro do paço.
Sumir, v. (l. *sumere*). 1. Tr. ind., intr. e pron. Desaparecer, esconder-se. 2. Tr. ind. Entranhar-se em, andar por. 3. Pron. Introduzir-se, meter-se por. 4. Intr. e pron. Ausentar-se, retirar-se. 5. Tr. ind. e pron. Cair, afundar-se, perder-se. 6. Intr. e pron. Apagar-se, extinguir-se. 7. Pron. Afundar-se, encovar-se, internar-se. 8. Tr. dir. Gastar, despender, consumir.
Sumista, s. m. e f. Quem faz sumas, compêndios e sínteses.
Sumo[1], adj. (l. *summu*). 1. O mais alto ou elevado; supremo. 2. Extremado, máximo. S. m. 1. O cimo, o cume. 2. O ápice, o requintado.
Sumo[2], s. m. (ár. *zum*). Líquido extraído de algumas substâncias vegetais ou animais; suco.
Sumoso, adj. Que tem muito sumo; sumarento.
Sumpção, s. f. (l. *sumptione*). Ato ou efeito de engolir. Var.: *sunção.*
Sumpto, s. m. (l. *sumptu*). Custo, despesa. Var.: *sunto.*
Súmula, s. f. Pequena suma; breve epítome sobre um assunto ou ponto de doutrina; resumo.
Sumulista, s. m. e f. Autor(a) de súmula(s).
Suna, s. f. (ár. *sunna*). 1. Entre os muçulmanos, coletânea de preceitos de obrigação, tirados das práticas do Profeta e dos quatro califas ortodoxos. 2. A ortodoxia muçulmana.
Sunga, s. f. 1. Calções de criança. 2. Calção para banho de mar.
Sungar, v. 1. Tr. dir. Suspender os cós de (calças ou saias). 2. Tr. dir. Erguer, levantar. 3. Tr. dir. Impedir, com aspiração violenta, a saída do muco pelo nariz.
Sunita, s. m. e f. *Rel.* Membro da seita muçulmana ortodoxa que considera a Suna como complemento do Alcorão; muçulmano ortodoxo, por oposição aos xiitas. Adj. m. e f. Pertencente ou relativo aos sunitas.
Suntuário, adj. (l. *sumptuariu*). 1. Relativo a despesas. 2. Relativo a luxo. Var.: *sumptuário.*
Suntuosidade, s. f. (l. *sumptuositate*). 1. Qualidade de suntuoso. 2. Luxo extraordinário; magnificência.
Suntuoso, adj. (l. *sumptuosu*). 1. Que custou muito dinheiro. 2. Faustoso, luxuoso, magnificente, pomposo. Var.: *sumptuoso.*
Sununga, s. f. Plantação de mandioca, no verão.
Suômi, s. m. Língua uralo-altaica; o finlandês.

Suor (*ó*), s. m. (l. *sudor*). 1. Humor aquoso que se separa do corpo pelos poros da pele. 2. Ação de suar. 3. Trabalho penoso. 4. Resultado de grandes fadigas.

Supedâneo, s. m. 1. Banco em que se descansam os pés; escabelo. 2. Estrado junto ao altar sobre o qual o sacerdote celebra a missa. 3. Peanha. 4. Base, suporte.

Supeditar, v. Tr. dir. *P. us.* Fornecer; ministrar.

super-, pref. (l. *super*). Exprime a idéia de *superioridade: superalimentação.*

Superabundância, s. f. Qualidade de superabundante; grande abundância, fartura.

Superabundante, adj. m. e f. Que superabunda; demasiado, sobejo, sobreabundante.

Superabundar, v. 1. Tr. ind. e intr. Existir em abundância; sobejar. 2. Tr. ind. Ter em grande quantidade; transbordar.

Superação, s. f. Ato ou efeito de superar.

Superado, adj. 1. Vencido, subjugado. 2. Afastado, removido. 3. Obsoleto, ultrapassado.

Superalimentação, s. f. 1. Ato ou efeito de superalimentar (-se). 2. *Med.* Tratamento terapêutico pela alimentação excessiva, além da saciedade do apetite.

Superalimentar, v. Tr. dir. e pron. Alimentar(-se) em excesso.

Superante, adj. m. e f. Que supera, que excede, que se avantaja.

Superaquecer, v. Tr. dir. Submeter a temperaturas elevadas.

Superar, v. Tr. dir. 1. Subjugar, sujeitar, vencer. 2. Ficar superior a, sobrelevar a. 3. Exceder, sobrepujar. 4. Fazer desaparecer; desfazer. 5. Passar além; galgar.

Superável, adj. m. e f. Que se pode superar.

Superavit (*superávit*), s. m. (t. latino). O excesso da receita sobre a despesa num orçamento. Antôn.: *deficit.*

Superbíssimo, adj. (l. *superbu*). Sup. abs sint. de *soberbo*; muito soberbo.

Superciliar[1], adj. m. e f. (*supercílio + ar[3]*). *Anat.* Relativo à região dos supercílios.

Superciliar[2], v. (*supercílio + ar[2]*). Intr. Enrugar o supercílio.

Supercílio, s. m. Sobrancelha.

Superciloso, adj. 1. Que tem sobrancelhas espessas. 2. Austero. 3. Áspero, carrancudo, ríspido.

Supereminência, s. f. Extraordinária elevação moral; preeminência.

Superestimar, v. Tr. dir. 1. Estimar em excesso; sobrestimar. 2. Dar exagerado apreço ou valor a.

Superestrutura, s. f. 1. *Náut.* Conjunto das construções situadas acima do convés de um navio. 2. *Sociol.* O conjunto das ideologias filosóficas, jurídicas, políticas e religiosas de uma classe, ou de toda uma sociedade. Var.: *superstrutura.* Anton.: *infra-estrutura.*

Superexaltado, adj. Muito exaltado; sobreexaltado.

Superexcitar, v. Intr. V. *sobreexcitar.*

Superfetação, s. f. 1. *Fisiol.* Concepção de um feto, havendo já outro em gestação. 2. Coisa que se acrescenta a outra inutilmente.

Superficial, adj. m. e f. 1. Relativo à superfície. 2. Pouco profundo. 3. Pouco sólido. 4. Sem seriedade.

Superficialidade, s. f. Qualidade de superficial; superficialismo.

Superficialismo, s. m. V. *superficialidade.*

Superfície, s. f. (l. *superficie*). 1. Extensão expressa em duas dimensões; comprimento e largura. 2. A parte exterior ou face dos corpos. 3. *Geom.* O que circunscreve os corpos; os limites de um corpo; o comprimento e a largura considerados sem profundidade; extensão de uma área limitada.

Superfino, adj. 1. Muito fino. 2. Da melhor qualidade, excelente.

Superfluidade (*u-i*), s. f. 1. Qualidade de supérfluo. 2. Coisa supérflua.

Supérfluo, adj. Que é desnecessário; inútil por excesso. S. m. Coisa supérflua.

Super-homem, s. m. 1. Homem que se considera superior ao nível humano vulgar. 2. Homem de faculdades extraordinárias.

Superintendência, s. f. 1. Ato de superintender. 2. Cargo ou jurisdição de superintendente. 3. Repartição onde funciona o superintendente.

Superintendente, adj. e s., m. e f. Que, ou pessoa que superintende.

Superintender, v. Tr. dir. 1. Dirigir na qualidade de chefe. 2. Inspecionar, supervisionar.

Superior, adj. m. e f. 1. Que está mais alto, em relação a outra coisa; que está acima de outro. 2. Que atingiu grau mais elevado. 3. De qualidade excelente. 4. Que emana de autoridade. 5. Diz-se da instrução que se ministra nas universidades e escolas científicas. S. m. 1. Pessoa que tem autoridade sobre outra ou outras. 2. Aquele que dirige um convento ou comunidade religiosa.

Superiora, s. f. Freira ou monja que dirige um convento; abadessa, prioresa.

Superiorato, s. m. Cargo ou dignidade de superior ou superiora.

Superioridade, s. f. 1. Qualidade de superior. 2. Preeminência, soberania.

Superlativar, v. Tr. dir. *Gram.* Pôr no grau superlativo; dar forma de superlativo a.

Superlativo, adj. *Gram.* Que exprime a qualidade num grau muito elevado, ou no mais elevado. S. m. *Gram.* O adjetivo com significação elevada ao mais alto grau.

Superlotação, s. f. V. *sobrelotação.*

Superlotar, v. Tr. dir. Exceder a lotação de; lotar demasiadamente; sobrelotar.

Supermercado, s. m. Grande estabelecimento comercial em que o comprador retira as mercadorias das prateleiras ou estantes, efetuando o pagamento da despesa à saída.

Supernal, adj. m. e f. V. *superno.*

Superno, adj. 1. Muito alto; superior. 2. Excelente, ótimo.

Súpero[1], adj. (l. *superu*). 1. Superior, superno. 2. *Bot.* Diz-se do ovário livre, unido ao receptáculo apenas pela base.

súpero-[2], elem. de comp. Designativo do que está em plano ou nível mais alto: *superovariado.*

Superovariado, adj. *Bot.* Que tem ovário súpero.

Superoxidação, s. f. Ato de elevar a uma valência superior uma substância já oxidada.

Superpopulação, s. f. Excesso de população; superpovoamento.

Superpor, v. V. *sobrepor.*

Superposição, s. f. V. *sobreposição.*

Superpovoamento, s. m. V. *superpopulação.*

Superprodução, s. f. Produção maior que a do consumo.

Superpurgação, s. f. *Med.* Purgação excessiva.

Super-realidade, s. f. Aquilo que não é apreendido pelos sentidos, que só existe idealmente.

Super-realismo, s. m. V. *surrealismo.*

Super-realista, adj. e s., m. e f. V. *surrealista.*

Supersaturação, s. f. V. *sobre-saturação.*

Supersaturar, v. Tr. dir. e pron. V. *sobre-saturar.*

Supersecreção, s. f. Secreção superabundante.

Supersensível, adj. m. e f. 1. Superior à ação dos sentidos. 2. Hipersensível.

Supersônico, adj. 1. Relativo ao que se move com velocidade superior à do som no ar; ultra-sônico. 2. Que tem essa velocidade. S. m. Avião supersônico.

Superstição, s. f. (l. *superstitione*). 1. Sentimento religioso excessivo ou errôneo, que muitas vezes arrasta as pessoas ignorantes à prática de atos indevidos e absurdos. 2. Falsa idéia a respeito do sobrenatural. 3. Temor absurdo de coisas imaginárias. 4. Prática supersticiosa. 5. Crendice, preconceito. 6. Dedicação exagerada ou não justificada.

Supersticiosidade, s. f. 1. Qualidade de supersticioso. 2. Tendência para a superstição.

Supersticioso, adj. 1. Que tem superstição. 2. Que encerra superstição. S. m. Indivíduo supersticioso.

Supérstite, adj. m. e f. Que sobrevive; sobrevivente.

Superstrato, s. m. *Lingüíst.* Camada lingüística que se junta ao idioma já formado na região.

Superumeral, adj. m. e f. Que está ou se coloca sobre os ombros.
Supervacâneo, adj. Inútil, supérfluo; supervácuo.
Supervácuo, adj. V. *supervacâneo.*
Supervenção, s. f. Ato ou efeito de sobrevir.
Superveniência, s. f. Qualidade de superveniente.
Superveniente, adj. m. e f. 1. Que sobrevém. 2. Que vem ou aparece depois; sobreveniente.
Supervisão, s. f. 1. Ato ou efeito de supervisar. 2. Função de supervisor.
Supervisar, Tr. dir. Dirigir ou inspecionar em nível superior.
Supervisionar, v. V. *supervisar.*
Supervisor, s. m. Aquele que supervisa.
Supervivência, s. f. V. *sobrevivência.*
Supetão, s. m. Corr. de *subitâneo.* Usado só na loc. adv. *de supetão* = de súbito, subitamente, repentinamente, imprevistamente.
Supi, s. m. *Ornit.* Nome vulgar de um pássaro tiranídeo do Brasil (*Pipromorpha oleaginea*).
Supimpa, adj. m. e f. *Pop.* Excelente, muito bom, superior.
Supinação, s. f. (l. *supinatione*). 1. Posição de uma pessoa, quando deitada de costas. 2. *Anat.* Movimento produzido pelos músculos supinadores no antebraço e na mão, de forma que a palma esteja voltada para diante, quando o braço está pendente.
Supinador, adj. (l. *supinatore*). *Anat.* Diz-se de cada um dos músculos que exercem, no antebraço e na mão, uma ação oposta à dos pronadores. S. m. Cada um desses músculos.
Supino, adj. (l. *supinu*). 1. Deitado de costas. 2. *Med.* Em estado de supinação. 3. Alto, elevado, superior. 4. Em alto grau, exagerado: Ignorância *supina.* S. m. *Gram.* Forma nominal do verbo latino.
Suplantação, s. f. Ato ou efeito de suplantar.
Suplantador, adj. e s. m. Que, ou o que suplanta.
Suplantar, v. Tr. dir. 1. Meter sob a planta dos pés; calcar, pisar. 2. Prostar aos pés (o vencido); derrubar. 3. Levar vantagem a, ser superior a; exceder, sobrelevar.
Suplementação, s. f. Ato ou efeito de suplementar.
Suplementar[1], adj. (*suplemento + ar*[2]). 1. Relativo a suplemento. 2. Que serve de suplemento. 3. Que amplia; adicional. 4. *Geom.* Designativo dos ângulos cuja soma vale dois ângulos retos, ou seja, 180°.
Suplementar[2], v. (*suplemento + ar*[3]). Tr. dir. 1. Acrescentar alguma coisa a; fornecer suplemento para. 2. Preencher a deficiência de; completar. 3. Servir de suplemento para.
Suplementário, adj. V. *suplementar.*
Suplemento, s. m. 1. Aquilo que serve para suprir qualquer falta. 2. Aquilo que se ajunta a um livro para o completar. 3. Adição natural ou necessária; complemento. 4. Folha ou folheto que serve de aditamento a um jornal: *Suplemento* literário, *s.* infantil, *s.* esportivo etc. 5. *Geom.* Ângulo que é preciso juntar a outro para ter dois retos ou 180°. 6. *Geom.* Arco que é preciso juntar a outro para ter uma semicircunferência.
Suplência, s. f. 1. Ato de suprir. 2. Cargo de suplente. 3. Tempo de exercício desse cargo.
Suplente, adj. m. e f. Que supre a falta de outro ou de outrem; que entra no lugar de outrem para lhe cumprir os deveres ou satisfazer as obrigações; substituto ou substituta. S. m. e f. Essa pessoa.
Supletivo, adj. Que supre ou se destina a suprir; supletório.
Supletório, adj. Supletivo.
Súplica, s. f. 1. Ato ou efeito de suplicar; suplicação. 2. Oração instante e humilde; prece.
Suplicação, s. f. Súplica.
Suplicado, adj. Pedido com instância. S. m. *Dir.* Pessoa contra quem o suplicante requer em juízo.
Suplicante, adj. m. e f. Que suplica; súplice. S. m. e f. 1. Pessoa que suplica. 2. *Dir.* Requerente, impetrante. 3. Qualquer indivíduo, indeterminadamente.
Suplicar, v. 1. Tr. dir. Pedir com humildade e instância; implorar, rogar. 2. Tr. ind. e intr. Fazer súplicas.
Suplicatório, adj. Que contém súplica.
Súplice, adj. m. e f. 1. Que suplica; suplicante. 2. Que se prostra, pedindo.
Supliciado, adj. Que sofreu suplício; justiçado. S. m. Aquele que sofreu suplício ou foi justiçado.
Supliciar, v. Tr. dir. 1. Castigar com suplício, punir com pena aflitiva. 2. Punir com pena de morte. 3. Afligir, magoar.
Suplício, s. m. 1. Severa punição corporal ordenada por sentença; tortura. 2. Pena de morte; execução capital. 3. Pessoa ou coisa que aflige muito. 4. Sofrimento cruel; grande tormento. S. m. pl. Disciplinas com que os religiosos castigavam as carnes.
Supor, v. (l. *supponere*). 1. Tr. dir. Admitir por hipótese. 2. Tr. dir. Conjeturar, presumir. 3. Tr. dir. Dar como verdadeira ou autêntica (uma coisa falsificada ou inventada). 4. Tr. dir. Fazer presumir como necessário; trazer à idéia. 5. Tr. dir. e pron. Considerar(-se), julgar(-se).
Suportar, v. Tr. dir. 1. Sustentar o peso de, ter sobre si. 2. Sofrer com paciência; agüentar, aturar, tolerar. 3. Fazer face a, resistir à ação enérgica de, ser firme diante de. 4. Acomodar-se a, admitir, achar tolerável. 5. Estar à prova de: *S. críticas.*
Suportável, adj. m. e f. Que se pode suportar.
Suporte, s. m. 1. A coisa que suporta ou sustenta outra. 2. Aquilo em que alguma coisa assenta ou se firma.
Suposição, s. f. (l. *suppositione*). 1. Ato ou efeito de supor. 2. Conjetura, hipótese.
Supositício, adj. 1. Atribuído falsamente a alguém. 2. Fingido, suposto. Sin.: *supositivo.*
Supositivo, adj. V. *supositício.*
Supositório, s. m. *Farm.* Preparação sólida, geralmente de forma cônica, contendo medicamentos, para introdução em uma cavidade tubular do corpo, como o reto, a vagina, a uretra, o meato auditivo externo, onde se funde à temperatura corporal e liberta o medicamento que contém.
Suposto, adj. Hipotético, fictício. S. m. 1. A coisa suposta ou conjeturada. 2. *Metafísica.* Aquilo que subsiste por si; substância.
Supra-axilar (*cs*), adj. m. e f. *Bot.* Que está acima da axila de uma folha; sobreaxilar; superaxilar. Pl.: *supra-axilares.*
Supracitado, adj. Citado ou mencionado acima ou antes; supradito.
Supradito, adj. Supracitado.
Supranatural, adj. m. e f. Sobrenatural.
Supranaturalismo, s. m. Sobrenaturalismo.
Supranaturalista, adj. e s., m. e f. Sobrenaturalista.
Supranumerado, adj. Numerado antes, atrás ou acima.
Supranumerário, adj. Que excede o número estabelecido. S. m. O que e supranumerário.
Supra-realismo, s. m. V. *surrealismo.* Pl.: *supra-realismos.*
Supra-realista, adj. e s., m. e f. V. *surrealista.*
Supra-renal, adj. m. e f. *Anat.* Situado acima dos rins; adrenal. S. f. *Anat.* Glândula supra-renal.
Supra-sensível, adj. m. e f. Supersensível.
Supra-sumo, s. m. O ponto mais elevado; o que há de mais elevado; culminância; preeminência; requinte.
Supraterrâneo, adj. 1. Que está ou se realiza sobre a Terra. 2. Relativo à superfície da Terra.
Supratorácico, adj. *Anat.* Situado acima do tórax.
Supremacia, s. f. 1. O poder supremo. 2. Hegemonia, preponderância, proeminência.
Supremo, adj. 1. Que está acima de tudo. 2. Relativo a Deus. 3. Que vem depois de tudo; derradeiro, último.
Supressão, s. f. Ato ou efeito de suprimir.
Supressivo, adj. Que suprime; supressor, supressório.
Supresso, adj. Suprimido.
Supressor, adj. V. *supressivo.*
Supressório, adj. (l. *supressoriu*). V. *supressivo.*
Supridor, adj. e s. m. Que, ou aquele que supre.
Suprimento, s. m. 1. Ato ou efeito de suprir. 2. Auxílio. 3. Empréstimo.
Suprimir, v. Tr. dir. 1. Cortar, eliminar. 2. Impedir que apareça. 3. Fazer que desapareça. 4. Anular, abolir. 5. Passar em claro ou em silêncio; não mencionar; omitir.

Suprir, v. (l. *supplere*). 1. Tr. dir. Completar o que falta a. 2. Tr. dir. e tr. ind. Fazer as vezes de, preencher a falta de. 3. Tr. dir. e pron. Abastecer(-se) do necessário; prover(-se). 4. Tr. dir. e tr. ind. Acudir, remediar.

Suprível, adj. m. e f. Que se pode suprir.

Supuração, s. f. *Med.* Ato ou efeito de supurar.

Supurado, adj. Que está em supuração.

Supurante, adj. m. e f. Que supura.

Supurar, v. (l. *suppurare*). 1. Intr. Lançar pus. 2. Tr. dir. Expelir, lançar (matéria purulenta). 3. Intr. Converter-se em pus.

Supurativo, adj. Que produz ou facilita a supuração; supuratório. S. m. Medicamento que facilita a supuração.

Supuratório, adj. Supurativo.

Suputar, v. Tr. dir. Calcular, computar.

Sura[1], s. f. (sânscr. *sura*). Suco extraído da bainha do cacho da palmeira.

Sura[2], s. f. (l. *sura*). Panturrilha.

Sura[3], adj. Feminino de *suro*.

Surdear, v. Intr. Fazer-se ou fingir-se de surdo.

Surdez, s. f. Qualidade ou doença de surdo; ensurdecência, ensurdecimento.

Surdimutismo, s. m. Estado ou qualidade de surdo-mudo; surdo-mudez.

Surdina, s. f. *Mús.* Aparelho móvel que se aplica ao pavilhão dos instrumentos de corda e de bocal, a fim de abafar a sua sonoridade.
À surdina: pela calada; sem ruído, sem sentir.

Surdinar, v. 1. Tr. dir. Cantar ou dizer em surdina. 2. Intr. Produzir murmúrio suave; rumorejar brandamente.

Surdir, v. (de *surtir*). 1. Intr. Brotar, sair da terra (falando da água). 2. Intr. Aparecer, surgir. 3. Intr. *P. us.* Ir avante, navegando. 4. Tr. ind. Provir, resultar.

Surdista, s. m. e f. Tripulante de salva-vidas que tem por dever ir em socorro dos náufragos.

Surdo, adj. (l. *surdu*). 1. Que está privado, no todo ou em parte, do sentido da audição. 2. Que não se ouve ou sente. 3. Calado, silencioso. 4. Pouco sonoro. 5. Que não produz ruído. 6. Que se faz sem ruído. 7. Implacável, inexorável. 8. *Gram.* Diz-se do fonema em cuja produção as cordas vocais não vibram (é o caso do *p*, do *t*, do *c* etc.). 9. Diz-se das vogais *e* e *o* quando soam escassamente, como em *de* e *do*. S. m. O que não ouve ou ouve mal.

Surdo-mudez, s. f. V. *surdimutismo*.

Surdo-mudo, adj. e s. m. Diz-se de, ou aquele que é, ao mesmo tempo, surdo e mudo.

Surgidouro, s. m. Lugar onde surgem e ancoram embarcações. Var.: *surgidoiro*.

Surgir, v. (l. *surgere*). 1. Tr. ind. e intr. Aparecer de repente; sobrevir. 2. Tr. ind. e intr. Aparecer, erguer-se, manifestar-se. 3. Intr. Nascer, despontar, vicejar. 4. Intr. Chegar, vir. 5. Tr. ind. Acordar, despertar.

Suri, adj. m. e f. 1. Suru. 2. Sem mangas (camisa).

Surmenage, s. m. (t. fr.). *Med.* Estafa.

Suro, adj. (cast. *zuro*). Que não tem rabo; derrabado; súrio; suru.

Surpreendente, adj. m. e f. 1. Que surpreende. 2. Admirável, magnífico, maravilhoso.

Surpreender, v. (*super* + 1. *prehendere*). 1. Tr. dir. Apanhar de surpresa. 2. Tr. dir. Acometer de súbito. 3. Tr. dir. e intr. Causar admiração, surpresa a; assombrar, maravilhar. 4. Pron. Admirar-se, espantar-se. 5. Tr. dir. Induzir em erro; enganar.

Surpresa (*ê*), s. f. 1. Ato ou efeito de surpreender(-se). 2. Coisa que surpreende. 3. Acontecimento imprevisto. 4. Prazer inesperado.

Surpresar, v. V. *surpreender*.

Surpreso (*ê*), adj. Espantado, perplexo, surpreendido.

Surra, s. f. *Pop.* Ação de surrar; pancadaria, sova, tareia, tunda.

Surrado[1], adj. (p. de *surrar*). 1. Gasto, poído. 2. Curtido, pisado, batido.

Surrado[2], adj. (*surro* + *ado*). Coberto de surro; sujo.

Surrador, adj. e s. m. Que, ou aquele que surra.

Surragem, s. f. V. *surramento*.

Surramento, s. m. Ato ou efeito de surrar; surragem.

Surrão, s. m. (ár. *surra*). 1. Bolsa ou saco de couro, próprio para farnel de pastores. 2. Roupa suja e gasta. 3. *Pop.* Homem sujo.

Surrar, v. (cast. *zurrar*). 1. Tr. dir. Curtir, machucar, pisar (peles). 2. Tr. dir. Dar surra em; açoitar, bater em, maltratar com pancadas. 3. Tr. dir. Gastar com o uso continuado. 4. Pron. Gastar-se (qualquer peça de vestir) pelo uso.

Surrealismo, s. m. (fr. *surréalisme*). Movimento artístico e literário de origem francesa, que pretende um automatismo psíquico puro, capaz de dar expressão às atividades do subconsciente sem controle exercido pela razão. (A forma vernácula é *supra-realismo* ou *super-realismo*).

Surrealista, adj. m. e f. 1. Relativo ao surrealismo. 2. Que tem as características do surrealismo. S. m. e f. Pessoa que adere ao surrealismo ou o pratica; super-realista, supra-realista.

Surriada, s. f. 1. Descarga de artilharia. 2. Espuma das ondas que se quebram. 3. *Pop.* Assuada, escárnio, troça.

Surribar, v. Tr. dir. 1. Escavar (a terra) para a afofar. 2. Fazer escavação em volta de (árvores transplantadas), para que melhor brotem.

Surriola, s. f. *Náut.* Pau de proa a que se amarram pequenas embarcações.

Surripiar, v. (1. *surripere*). Tr. dir. *Pop.* Tirar às escondidas; furtar, roubar. Var.: *surrupiar*.

Surro, s. m. 1. Sujidade nas mãos, no rosto ou nos pés, especialmente a que provém do suor. 2. Lixo, porcaria, pó.

Surrupiar, v. V. *surripiar*.

Sursis (*sursi*), s. m. (t. francês). *Dir.* Suspensão condicional da pena.

Surtida, s. f. (de *surtir*). Saída de sitiados contra sitiantes.

Surtir, v. (de *surto*). 1. Tr. dir. Dar origem a; ter como resultado. 2. Tr. ind. e intr Ter bom ou mau êxito. 3. Tr. ind. e intr. Emergir, sair, surdir.

Surto, adj. Preso ao fundo pela âncora; ancorado, fundeado. S. m. 1. Vôo arrebatado da ave. 2. Ambição desmedida. 3. Arranco, arrancada. 4. Impulso. 5. Aparecimento. 6. Irrupção.

Surtum, s. m. Espécie de jaleco de beata, hoje pouco usado.

Suru, adj. m. e f. Suro. S. m. Sura[2].

Suruba, adj. m. e f. Forte, capaz, valente. S. f. *Pop.* Bengalão, cacete, porrete.

Surubada, s. f. *Pop.* Pancada com a suruba.

Surubi, s. m. *Ictiol.* V. *surubim*.

Surubim, s. m. *Ictiol.* Peixe siluriforme (*Pseudoplatystoma fasciatum*), de água doce; piracambucu, surubi.

Surucuá, s. m. *Ornit.* Nome comum às aves trogonídeas; perua-choca.

Surucucu, s. f. *Herp.* A maior serpente venenosa do Brasil (3,60 m), crotalídea (*Lachesis muta*), encontrada nas florestas tropicais, desde a região centro-brasileira até a América Central; também chamada *surucutinga, surucucutinga, surucucu-pico-de-jaca* e *surucucu-de-fogo*.

Surucucurana, s. f. *Herp.* Serpente não peçonhenta, da família dos Colubrídeos (*Helicops angulata*), encontrada nas bacias dos rios Amazonas, Parnaíba, São Francisco e Paraguai.

Surucucutinga, s. f. *Herp.* V. *surucucu*.

Surucura, s. f. *Bot.* Árvore bignoniácea (*Bignonia hirtella*).

Surumbamba, s. m. Turumbamba.

Surunganga, adj. m. e f. *Pop.* Corajoso, valente.

Sururina, s. f. *Ornit.* Espécie de nambu (*Crypturellus soui*). Var.: *surulina*.

Sururu, s. m. (do tupi). 1. *Zool.* Nome comum a diversos moluscos lamelibrânquios marinhos, da família dos Mitilídeos. 2. *Bot.* Árvore tiliácea (*Mollia lepidota*). 3. Briga ou conflito sem graves conseqüências.

Sururuca[1], s. f. (tupi *sururu*). Espécie de peneira grossa; urupema.

Sururuca[2], s. f. *Bot.* Planta passiflorácea (*Passiflora settacea*).

Sururucar, v. (*sururuca*[1] + *ar*). 1. Tr. dir. Peneirar. 2. Intr. Menear o corpo; rebolar, saracotear.

Sururucujá, s. f. *Bot.* Planta passiflorácea (*Passiflora albida*).

Sus!, interj. (l. *sus*). Ânimo!, coragem!; eia!

Suscetibilidade, s. f. 1. Qualidade de suscetível. 2. Disposição especial do organismo que o torna apto para acusar influências exercidas sobre ele ou para adquirir doenças. 3. Disposição para ressentir-se da coisa mais insignificante, para sentir em alto grau as menores injúrias.

Suscetibilizar, v. 1. Tr. dir. Causar ressentimento a; melindrar. 2. Pron. Melindrar-se, ofender-se por coisas de pouca importância. Var.: *susceptibilizar*.

Suscetível, adj. m. e f. 1. Passível de experimentar impressões, modificações. 2. Que se ofende com a menor coisa; extremamente melindroso. S. m. e f. Pessoa melindrosa, suscetível. Var.: *susceptível*.

Suscitação s. f. 1. Ato ou efeito de suscitar. 2. Instigação, sugestão.

Suscitado, adj. e s. m. Diz-se de, ou aquele contra quem se suscitou impedimento ou se argüiu incompetência.

Suscitador, adj. e s. m. Que, ou aquele que suscita; suscitante.

Suscitante, adj. m. e f. Suscitador.

Suscitar, v. (l. *suscitare*). 1. Tr. dir. Fazer aparecer; produzir. 2. Tr. dir. Dar lugar a; promover. 3. Tr. dir. Apresentar, levantar como impedimento; opor como obstáculo. 4. Tr. dir. Lembrar, sugerir. 5. Tr. dir. *Dir.* Argüir ou alegar (impedimento ou incompetência) contra outrem. 6. Pron. Aparecer, ocorrer.

Suscitável, adj. m. e f. Que pode ser suscitado.

Suserania, s. f. 1. Qualidade de suserano. 2. Poder de suserano. 3. Território onde o suserano domina.

Suserano, adj. (fr. *suzerain*). 1. Que era senhor de um feudo de que outros dependiam. 2. Relativo aos soberanos a quem outros Estados, aparentemente autônomos, rendiam vassalagem. S. m. Senhor feudal.

Suspeição, s. f. (l. *suspectione*). 1. Suspeita. 2. *Dir.* Situação do juiz cuja falta de imparcialidade é alegada por ele mesmo ou pela parte.

Suspeita, s. f. (l. *suspecta*). Conjetura ou opinião mais ou menos desfavorável a respeito de algo ou de alguém.

Supeitador, adj. e s. m. Que, ou aquele que suspeita.

Suspeitar, v. (l. *suspectare*). 1. Tr. dir. Lançar suspeita sobre; ter supeita de. 2. Tr. ind. Julgar ou supor mal de alguém ou de alguma coisa. 3. Tr. dir. Supor com dados mais ou menos seguros. 4. Tr. dir. Imputar por suspeitas alguma qualidade a (alguém). 5. Tr. dir. Deixar entrever; fazer supor. 6. Tr. dir. Pressentir. 7. Pron. Desconfiar-se, julgar-se, supor-se.

Suspeito, adj. (l. *suspectu*). 1. Que infunde suspeitas. 2. Duvidoso. 3. Que dá cuidados. 4. De cuja existência ou verdade se duvida. 5. Que parece ter defeitos.

Suspeitoso, adj. 1. Suspeito. 2. Que tem suspeitas ou receios.

Suspender, v. (l. *suspendere*). 1. Tr. dir. Deixar pendente; pender de cima. 2. Tr. dir. Manter em posição alta; erguer. 3. Pron. Ficar suspenso;pendurar-se. 4. Tr. dir. Impedir de executar ou de fazer. 5. Tr. dir. Interromper temporariamente. 6. Tr. dir. Fazer cessar; impedir. 7. Tr. dir. Fazer parar, interromper a ação de; conter, reter. 8. Tr. dir. Adiar ou impedir, momentânea ou definitivamente. 9. Tr. dir, Privar momentaneamente do exercício das funções, do cargo ou dos vencimentos respectivos.

Suspensão, s. f. 1. Ato ou efeito de suspender(-se). 2. Gancho ou objeto próprio para suspender. 3. Líquido em que flutuam pequenas partículas sólidas finamente divididas. 4. *Mús.* Prolongamento de uma nota ou pausa. 5. *Fís.* Espécie de miragem incompleta segundo a qual os objetos parecem simplesmente suspensos no ar sem imagem refletida. 6. *Autom.* Conjunto de molas e outras peças que suportam o quadro do chassi sobre os eixos e atenuam ou suprimem as trepidações provenientes do deslocamento do veículo. 7. *Gram.* Sentido interrompido ou incompleto.

Suspense, s. m. (t. ingl.). 1. Momento de tensão forte no enredo de um filme, uma peça de teatro, romance etc. 2. Expectativa criada por qualquer acontecimento ou situação.

Suspensivo, adj. 1. Que pode suspender. 2. Que determina suspensão. 3. *Gram.* Que suspende o sentido de uma oração.

Suspenso, adj. e p. irregular do v. *suspender* (l. *suspensu*). 1. Sustentado no ar; pendente, pendurado. 2. Interrompido, sustado. 3. Parado. 4. *Gram.* Que faz sentido incompleto.

Suspensório, adj. 1. Que suspende. 2. Que é apropriado para suspender. S. m. 1. *Anat.* Ligamento, osso ou músculo que suspende uma parte do corpo. S. m. pl. Tiras ou fitas que, passando por cima dos ombros, seguram as calças pelo cós; alças.

Suspicaz, adj. m. e f. (l. *suspicace*). 1. Suspeitoso. 2. Que suspeita; desconfiado. Sup. abs. sint.: *suspicacíssimo*.

Suspirado, adj. 1. Acompanhado de suspiros. 2. Muito apetecido ou muito desejado.

Suspirador, adj. e s. m. Que, ou aquele que suspira.

Suspirar, v. (l. *suspirare*). 1. Tr. dir. Exprimir com suspiros. 2. Intr. Dar suspiros. 3. Tr. ind. Almejar, ambicionar, anelar, desejar muito. 4. Tr. ind. Estar enamorado de alguém. 5. Tr. dir. Ter saudades de. 6. Intr. *Poét.* Produzir sons plangentes; murmurar, sussurrar. 7. Intr. *Poét.* Soprar brandamente; murmurar, rumorejar.

Suspiro, s. m. (l. *suspiriu*). 1. Respiração mais prolongada que a ordinária, provocada por desgosto ou algum incômodo físico. 2. Som ou toada melancólica. 3. Ai, gemido, lamento. 4. Gemido amoroso. 5. Orifício no tampo do barril ou vasilha por onde se tira o líquido e que se tapa com um espicho. 6. Qualquer pequeno orifício; espiráculo. 7. *Cul.* Pequeno bolo com clara de ovo batida, açúcar e amêndoas ou nozes moídas.

Suspiroso, adj. (l. *suspirosu*). 1. Que suspira. 2. Suspirado. 3. Relativo a suspiro.

Sussurrante, adj. m. e f. Que sussurra; rumorejante.

Sussurrar, v. 1. Intr. Fazer sussurro; murmurar, rumorejar. 2. Tr. ind. e intr. *Poét.* Emitir sussurro; zumbir; zunir. 3. Tr. dir. Dizer baixinho ao ouvido; segredar, murmurar.

Sussurro, s. m. 1. Som confuso; murmúrio. 2. Zumbido de alguns insetos. 3. Ato de falar em voz baixa.

Sustança, s. f. *Pop.* V. *sustância*.

Sustância, s. f. *Pop.* 1. Substância. 2. Força, vigor.

Sustar, v. (l. *substare*). 1. Tr. dir. Fazer parar; conter. 2. Intr. e pron. Parar, interromper-se.

Sustatório, adj. Que obriga a sobrestar; que faz sustar.

Sustenido, s. m. *Mús.* Acidente que eleva uma nota de meio tom, quando colocado à esquerda desta, e atinge todas as notas do mesmo nome em um trecho musical, quando colocado no início da pauta.

Sustentação, s. f. 1. Ato ou efeito de sustentar(-se). 2. Alimentação, sustento. 3. Conservação, manutenção.

Sustentáculo, s. m. 1. Coisa que sustém outra. 2. Base, suporte. 3. Amparo, apoio, sustentação.

Sustentador, adj. e s. m. Que, aquele, ou aquilo que sustenta; sustentante.

Sustentante, adj. m. e f. Sustentador.

Sustentar, v. 1. Tr. dir. Segurar por baixo (o peso de); servir de escora; suportar, suster. 2. Tr. dir. Impedir a queda de; amparar. 3. Tr. dir. Pôr escoras ou espeques a. 4. Tr. dir. Manter. 5. Pron. Conservar-se firme; equilibrar-se; não cair; suster-se. 6.Tr. dir. Alimentar, nutrir. 7. Tr. dir. Prover ao sustento de. 8. Tr. dir. Servir de alimento espiritual a. 9. Pron. Alimentar-se, manter-se, nutrir-se. 10. Tr. dir. Manter-se à altura de. 11. Tr. dir. Defender com argumentos ou razões. 12. Tr. dir. Afirmar, certificar, confirmar. 13. Tr. dir. Dar alento ou coragem a; fortificar, animar. 14. Pron. Não se enfraquecer, manter-se; continuar, durar: *Sustentar-se na* fé.

Sustentável, adj. m. e f. Que se pode sustentar.

Sustento, s. m. 1. Ato ou efeito de sustentar(-se). 2. Aquilo que serve de alimentação; alimento.

Suster, v. (l. *sustinere*). 1. Tr. dir. Segurar para que não caia. 2. Pron. Conservar-se fixo ou imóvel. 3. Pron. Equilibrar-se, firmar-se. 4. Tr. dir. Fazer parar. 5. Tr. dir. Deter, prender. 6. Tr. dir. Fazer face a; opor-se a. 7. Tr. dir. Conter, reprimir, sofrear. 8. Pron. Comedir-se, conter-se. 9. Pron. Sustar-se. 10. Tr. dir. Alimentar, nutrir: *S. esperanças, ideais.*

Sustimento, s. m. Ato ou efeito de suster(-se).

Sustinente, adj. m. e f. Que sustém.

Susto, s. m. 1. Medo repentino, provocado por um perigo imprevisto; sobressalto, temor. 2. *Pop.* Medo, receio.

Su-sudoeste, s. m. (*sul + sudoeste*). 1. Ponto do horizonte, a igual distância do sul e do sudoeste. 2. Vento que sopra desse lado.

Su-sueste, s. m. (*sul + sueste*). 1. Ponto do horizonte, a igual distância do sul e do sueste. 2. Vento que sopra desse lado.

Suta, s. f. 1. Instrumento que serve para marcar ângulos num terreno. 2. Espécie de esquadro, de peças móveis, para traçar ângulos. 3. Muxirão prestado sem convite ou aviso prévio pelos camponeses a um amigo ou vizinho.

Sutache, s. f. (fr. *soutache*). Pequena trança de algodão, lã ou seda, com que se enfeitam peças de vestuário.

Sutamento, s. m. Ato ou efeito de sutar.

Sutar, v. Tr. dir. Adaptar, ajustar (uma peça noutra), por meio da suta.

Sutiã, s. m. (fr. *soutien*). Peça do vestuário feminino própria para acomodar ou sustentar os seios.

Sutil, adj. m. e f. 1. Delgado, fino, tênue. 2. Que recebe facilmente as impressões (falando dos sentidos); agudo, apurado, delicado, penetrante. 3. Quase impalpável. 4. Hábil, engenhoso. 5. Perspicaz. 6. Que anda sem fazer ruído. 7. Feito com arte e delicadeza; primoroso. Sup. abs. sint.: *sutilíssimo* e *sutílimo*. S. m. Sutileza. Var.: *subtil*. Pl.: *sutis*.

Sútil, adj. m. e f. Cosido, ou formado por pedaços cosidos uns aos outros. Pl.: *súteis*.

Sutileza, s. f. 1. Qualidade de sutil. 2. Extrema delicadeza, tenuidade (falando de coisa). 3. Agudeza de espírito. 4. Delicadeza, finura ou penetração dos sentidos. 5. Argumento ou raciocínio próprio para embaraçar; raciocínio engenhoso quanto à forma. 6. Dito sutil. Var.: *subtileza*.

Sutilidade, s. f. V. *sutileza*. Var.: *subtilidade*.

Sutilização, s. f. Ação ou efeito de sutilizar(-se).

Sutilizar, v. 1. Tr. dir. Tornar sutil; apurar, aprimorar. 2. Intr. Raciocinar ou discorrer com sutileza; disputar sutilmente. 3. Tr. dir. Reduzir a pó finíssimo; volatilizar. 4. Pron. Evolar-se; tornar-se sutil. Var.: *subtilizar*.

Sutra, s. f. Na literatura da Índia, tratado em que se acham reunidas, sob a forma de breves aforismos, as regras do rito, da moral e da vida cotidiana.

Sutura, s. f. (l. *sutura*). 1. Costura com que se ligam as partes de um objeto; juntura. 2. *Cir.* Operação que consiste em coser os lábios de uma ferida, para que se liguem bem, sem deixar grande cicatriz. 3. *Anat.* Linha de união de algumas articulações imóveis do crânio ou da face. 4. *Bot.* Linha de deiscência. 5. *Zool.* Linha de junção das voltas da espira nas conchas univalves.

Sutural, adj. m. e f. Relativo a sutura.

Suturar, v. Tr. dir. Fazer a sutura de.

Suumba, s. f. Haste de madeira ligada à flecha denominada *sararaca*.

Suvenir, s. m. (fr. *souvenir*). Objeto próprio de um lugar, vendido como lembrança, geralmente a turistas.

Suxar, v. Tr. dir. *Ant.* Tornar frouxo; alargar, soltar.

Suxo, adj. *Ant.* Que se suxou; alargado, bambo, frouxo, lasso.

Syllabus, s. m. (t. latino). V. *sílabo*[1].

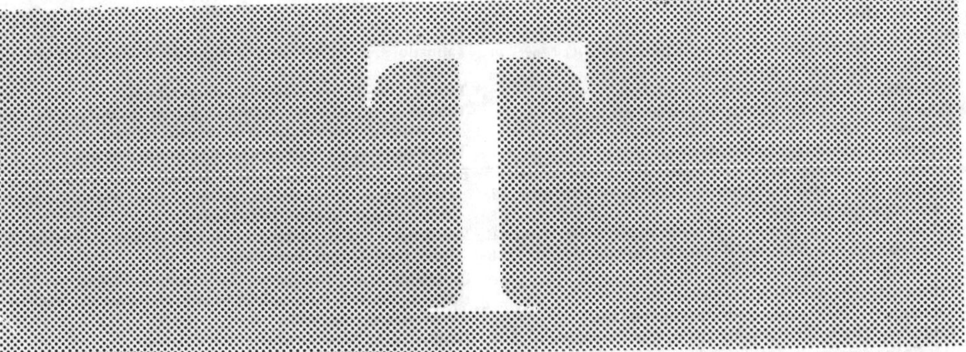

T (*tê*), Símbolo da décima nona letra do alfabeto português; consoante oclusiva linguodental surda. Num. O décimo nono numa série de dezenove, indicada pelas letras do alfabeto: livro *t*, estante *t*. Adj. Que tem forma de *T* (maiúsculo): Régua-*tê*.

Tá![1], interj. Alto lá!, basta!

Tá[2], contr. popular de *está*. Usa-se no sentido de *entendido, aceito, está combinado, está certo*.

Taã, s. f. *Ornit.* Tachã.

Taba[1], s. f. Aldeamento ou arraial indígena.

Taba[2], s. f. Tava.

Tabacada, s. f. *Pop.* Bofetada, tabefe, tapa.

Tabacal, adj. m. e f. Tabaqueiro. S. m. Terreno plantado de tabaco.

Tabacarana, s. f. *Bot.* 1. Planta poligonácea (*Polygonum hispidum*) parecida com o tabaco; fumo-bravo-do-amazonas. 2. Nome vulgar de uma planta composta (*Pluchea quitoc*); quitoco.

Tabacaria, s. f. Casa ou loja onde se vendem charutos, cigarros e demais petrechos para fumantes.

Tabaco, s. m. 1. *Bot.* Planta solanácea (*Nicotiana tabacum*), cujas folhas industrializadas são aspiradas, fumadas e mascadas. 2. Rapé.

Tabagismo, s. m. (adapt. do fr. *tabagisme*). *Med.* 1. Abuso do tabaco. 2. Intoxicação causada por esse abuso. Sin.: *tabaquismo*.

Tabagista, s. m. e f. Pessoa dada ao tabagismo; tabaquista.

Tabaiacu, s. m. Recife submerso, de forma alongada mas pouco sinuoso; taci.

Tabajara, adj. m. e f. *Etnol.* Relativo à tribo indígena brasileira que habitava entre os rios Paraíba do Norte e São Francisco. S. m. e f. Indígena dessa tribo.

Tabanídeo, adj. *Entom.* Relativo aos Tabanídeos. S. m. Inseto da família dos Tabanídeos. S. m. pl. Família (*Tabanidae*) de insetos dípteros braquíceros, sugadores de sangue (só as fêmeas), conhecidos no Brasil comumente por *mutuca*.

Tabaque, s. m. Atabaque.

Tabaquear, v. Tr. dir. e intr. 1. Tomar pitadas de (rapé ou tabaco). 2. Fumar.

Tabaqueira, s. f. Bolsa ou caixa em que se guarda o fumo em pó para cheirar. S. f. pl. *Pop.* Ventas.

Tabaqueiro, adj. 1. Relativo a tabaco. 2. Que usa tabaco por hábito. S. m. 1. Aquele que usa tabaco. 2. *Pop.* Nariz de ventas largas.

Tabaquismo, s. m. V. *tabagismo*.

Tabaquista, s. m. e f. Tabagista.

Tabarana, s. f. 1. *Ictiol.* Peixe caracinídeo de água doce (*Salminus hilarii*); tubarana. 2. Facão chato.

Tabardilha, s. f. Pequeno tabardo.

Tabardilho, s. m. Febre acompanhada de exantemas.

Tabardo, s. m. Antigo capote de capuz. Dim. irr.: *tabardilha*.

Tabaréu, s. m. 1. Recruta mal exercitado. 2. Homem que pouco sabe de seu ofício. Fem.: *tabaroa* (*ô*).

Tabarro, s. m. (ital. *tabarro*). V. *tabardo*.

Tabatinga, s. f. (corr. do tupi *tobatinba*). 1. Argila brancacenta, untuosa, sedimentar, usada como cal, na pintura de paredes de habitações pobres. 2. Terra argilosa de cores variegadas.

Tabatingal, s. m. Vasta extensão de terreno em que há tabatinga.

Tabe, s. f. *Med.* Forma crônica da sífilis que afeta de maneira especial os cordões da medula espinhal, também chamada *tabe dorsal*. Var.: *tabes*.

Tabebuia, s. f. *Bot.* Gênero (*Tabebuia*) da família das Bignoniáceas, constituído por árvores tropicais brasileiras, com flores muito vistosas, amarelas ou roxas. Inclui os ipês.

Tabefe, s. m. 1. *Cul.* Leite engrossado com açúcar e ovos. 2. Soro de leite coalhado para fazer queijos. 3. *Pop.* Bofetada, sopapo.

Tabela, s. f. 1. Pequena tábua, quadro ou folha de papel, em que se indicam nomes de pessoas ou coisas. 2. Borda interna, almofadada, que guarnece a mesa do jogo de sinuca e de bilhar. 3. Horário. 4. Tarifa. 5. Escala de serviço. 6. Catálogo, índice, lista, rol. 7. Indireta.

Tabelado, adj. Submetido a tabelamento.

Tabelamento, s. m. 1. Ato ou efeito de tabelar. 2. Controle oficial de preços, por meio de tabelas.

Tabelar[1], adj. m. e f. (*tabela* + *ar*[3]). 1. Relativo a tabela. 2. Em forma de tabela.

Tabelar[2], v. (*tabela* + *ar*[2]). Tr. dir. 1. Fazer tabela de: *T. dados*. 2. Sujeitar à tabela oficial os preços de. — Cfr. *tabular*.

Tabeliado, s. m. 1. Tabelionato. 2. *Ant.* Imposto que os tabeliães pagavam ao Estado.

Tabelião, s. m. (1. *tabellione*). Notário público cuja função é lavrar atos e contratos que requeiram forma e autenticidade legal e pública. Pl.: *tabeliães*. Fem.: *tabelioa* (*ô*).

Tabeliar, v. Intr. Exercer as funções de tabelião.

Tabelioa, adj. f. 1. Qualificativo da letra larga e de difícil leitura. 2. Diz-se de certas palavras ou expressões que constituem forma usual. S. f. Mulher de tabelião.

Tabelionado, s. m. Tabelionato.

Tabelionato, s. m. 1. Cargo ou ofício de tabelião. 2. Escritório de tabelião.

Taberna, s. f. 1. Casa onde se vendem bebidas por miúdo. 2. Casa de comes e bebes, ordinária; baiúca, tasca. 3. Casa imunda. Var. *taverna*.

Tabernáculo, s. m. 1. Santuário portátil, construído segundo instruções de Moisés, para servir de lugar de culto durante a travessia do deserto em demanda da Terra Prometida. 2. Divisão do templo dos judeus onde estava a Arca da Aliança. 3. *Fam.* Habitação, morada.

Tabernal, adj. m. e f. 1. Próprio de taberna; tabernário. 2. Imundo, sujo. Var.: *tavernal*.

Tabernário, adj. Tabernal. Var.: *tavernário*.

Tabernear, v. Intr. Fazer o trabalho de taberneiro.

Taberneiro, s. m. 1. Dono de taberna. 2. Vendedor de vinho em taberna. 3. Homem pouco limpo. Var.: *taverneiro*.

Tabes, s. f. sing. e pl. (1. *tabes*). V. *tabe*.

Tabescente, adj. m. e f. *Med.* 1. Que está sofrendo de tabe. 2. Que está ficando tábido.

Tabético, adj. Tábido.

Tabi, s. m. (ár. *attabi*). Tipo de tafetá grosso e ondeado.

Tabica, s. f. (ár. *tabica*). 1. Vegetal de hastes finas e flexíveis. 2. Chibata feita de haste desse vegetal. 3. Peça encravada no topo de uma tora que se está serrando, a fim de facilitar a serragem; cunha. 4. *Náut.* Última peça da borda do navio. 5. *Fig.* Pessoa muito magra.

Tabicada, s. f. Pancada com tabica; chibatada.

Tabicar[1], v. (*tabica + ar*). Tr. dir. Pôr tabica em.

Tabicar[2], v. (*tabique + ar*). Tr. dir. Fazer tabique em.

Tabidez, s. f. Estado ou qualidade de tábido.

Tábido, adj. 1. Podre, sanioso. 2. Que sofre de tabe; tabético.

Tabífico, adj. 1. Que faz apodrecer; que causa corrupção. 2. *Med.* Que produz tabe.

Tabique, s. m. (ár. *taxbik*). 1. Parede divisória de madeira, destinada para subdivisões de quartos ou salas de uma casa. 2. Divisória, separação. 3. *Anat.* Septo.

Tabira, s. f. Uma das festas dos índios tupis.

Tabizar, v. Tr. dir. Tornar ondeado como o tabi.

Tabla, adj. Diz-se do diamante chato, quando lapidado. S. f. 1. Chapa, lâmina. 2. *Ant.* Tablado.

Tablada, s. f. 1. Feira de gado vacum. 2. Charqueada.

Tablado, s. m. 1. Parte do teatro onde os atores representam; palco. 2. Estrado, palanque. 3. *Esp.* Ringue.

Tablatura, s. f. *Mús.* Sistema de notação musical, usado nos séculos XVI e XVII, que incluía números, letras e sinais, para indicar ao executante a posição dos dedos, nos instrumentos de corda. Hoje é usada para instrumentos de sopro, sob a forma de um gráfico, que assinala os orifícios que se devem abrir ou fechar. Var.: *tavolatura.*

Tablilha, s. f. 1. Tabela de bilhar. 2. Meio indireto.

Tablóide, s. m. 1. Comprimido, pastilha medicamentosa. 2. *Neol.* Jornal diário ou semanal, cujo formato é a metade do comumente adotado para os jornais.

Tabo, s. m. Embarcação oriental de um mastro e vela latina.

Taboa (*ô*), s. f. *Bot.* V. *tabua.*

Taboca[1], s. f. 1. *Bot.* Bambu, taquara. 2. *Entom.* Espécie de formiga (*Camponotus abdominalis*). 3. Doce seco com a aparência de papel pardo. 4. Gomo de bambu que se enche de pólvora, na fabricação de fogos de artifício. 5. Venda de pequeno negócio.

Taboca[2], s. f. 1. Cilada, engano, logro. 2. *Pop.* Negativa a pedido de casamento; tábua.

Tabocal, s. m. Lugar onde há muita taboca; bambuzal, taquaral.

Taboeira, s. f. Qualquer planta que se desenvolve ou cresce mal.

Taboqueador, adj. e s. m. Que, ou aquele que taboqueia.

Taboquear, v. Tr. dir. 1. Passar a taboca[2] em; enganar, desiludir. 2. Faltar à palavra dada a.

Taboqueiro, adj. 1. Que vende caro; careiro. 2. Caloteiro, velhaco. S. m. Dono de taboca.

Taboquinha, s. f. *Bot.* Planta herbácea gramínea (*Panicum latifolium*).

Tabu[1], s. m. Açúcar mal coalhado na forma.

Tabu[2], s. m. (polinésio *tabu*). 1. Instituição religiosa ou mágica que atribui a uma pessoa ou coisa caráter sagrado, interdizendo qualquer contato com elas. 2. A própria pessoa ou coisa sagrada. 3. Qualquer coisa que se proíbe supersticiosamente, por ignorância ou hipocrisia. 4. Escrúpulo sem justificativa. Adj. m. e f. Que tem caráter sagrado, sendo defeso a qualquer contato.

Tabu[3], s. m. V. *tabua.*

Tabua, s. f. *Bot.* Planta tifácea de que se fazem esteiras (*Typha dominguensis*); taboa, tabu[3].

Tábua, s. f. (1. *tabula*). 1. Peça plana de madeira. 2. Lâmina ou placa de qualquer matéria e de forma plana. 3. Tabela, quadro. 4. Índice, catálogo. 5. Mapa, estampa. 6. Tela para pintura. 7. Mesa de jogo. 8. *P. us.* Mesa em que se come. 9. Cada uma das faces laterais do pescoço do cavalo. 10. *Pop.* Recusa a pedido de casamento. 11. *Pop.* Recusa a convite para dançar.

Tabuada, s. f. 1. Índice, tabela. 2. Quadro aritmético em que estão registrados os resultados das quatro operações, feitas com os números de 1 a 10. 3. Livrinho em que se ensina a numeração e os primeiros rudimentos da aritmética. 4. *Fam.* Repertório, série.

Tabuado, s. m. 1. Assoalho. 2. Sobrado, solho. 3. Tapume de tábuas.

Tabual, s. m. Terreno onde há muitas tabuas.

Tabuão, s. m. 1. Tábua grande e grossa; prancha. 2. Estiva ou ponte de madeira bruta ou de paus roliços.

Tabuinha (*u-í*), s. f. Tábua pequena e muito delgada.

Tábula, s. f. 1. Pequena peça redonda que se emprega em vários jogos de tabuleiro; pedra. 2. *Ant.* Mesa, especialmente a mesa do jogo. Var.: *távola.*

Tabulado, s. m. 1. Anteparo feito de tábuas. 2. Soalho. 3. Palco ou palanque improvisado.

Tabulador, s. m. Dispositivo das máquinas de escrever, que permite trazer o carro a determinado alinhamento, mediante pressão de uma tecla.

Tabulão, s. m. Mesa de ourives; tabernáculo.

Tabular[1], adj. m. e f. (1. *tabulare*). 1. Que tem forma de tábua. 2. Relativo a tábuas, quadros, mapas etc., ou ao seu emprego.

Tabular[2], v. (*tábula + ar*). Tr. dir. Ajustar, em máquina de escrever, as peças de seu tabulador.

Tabulário, adj. Diz-se de livro que era impresso por meio de tábuas gravadas.

Tabuleiro, s. m. 1. Peça de madeira ou de outro material com rebordos; bandeja. 2. Quadro de madeira, com divisões ou casas, no qual se jogam o xadrez, as damas etc. 3. Patamar. 4. Planalto de pouca elevação. 5. Terreno pedregoso, onde a vegetação é rasteira. 6. O talho das salinas. 7. Talhão, leira. 8. Parte plana de uma ponte ou viaduto que se apóia diretamente sobre as colunas ou sobre os arcos. 9. Faixa de terra com poucas árvores.

Tabuleta (*ê*), s. f. 1. Peça plana de madeira ou de outra substância, com letreiro, que se põe à porta de certos estabelecimentos ou de um edifício público. 2. Anúncio, aviso, indicação, sinal.

Tabulista, s. m. e f. Pessoa que faz tábulas ou tabelas astronômicas ou geométricas.

Taburno, s. m. (ital. *tamburo*). 1. Degrau, estrado, supedâneo. 2. Tampa das sepulturas, nas igrejas. 3. Peça de madeira, em forma de telha, para o transporte de torrões para os muros das marinhas.

Taca[1], s. f. 1. Pancada, bordoada. 2. Relho, manguá.

Taca[2], s. f. *Bot.* Erva da família das Tacáceas (*Tacca pinnatifida*), principal produtora de araruta.

Taça, s. f. (ár. *tasa*). 1. Vaso para beber, pouco fundo e de boca um tanto larga. 2. Copo, cálice. 3. O conteúdo de uma taça; taçada.

Tacaca, s. f. 1. Suor humano fétido. 2. Mau cheiro.

Tacacá, s. m. Papa de mandioca temperada com tucupi, alho, sal, pimenta, a que se juntam quase sempre camarões.

Tacáceas, s. f. pl. *Bot.* Família (*Taccaceae*) de ervas tropicais, a que pertence a taca.

Tacáceo, adj. Relativo às Tacáceas.

Tacada, s. f. 1. Pancada com taco. 2. Pancada. 3. Ganho de avultada quantia. 4. *Pop.* Grande quantia; bolada.

Taçada, s. f. Quantidade que uma taça pode conter.

Tacana, s. f. Casa destinada a danças e reuniões somente de homens, entre os índios tapirapés.

Tacanharia, s. f. V. *tacanhice.*

Tacanhear, v. Intr. Proceder com tacanhice.

Tacanhez, s. f. Tacanhice.

Tacanheza, s. f. Tacanhice.

Tacanhice, s. f. Ação ou qualidade de tacanho; tacanharia, tacanhez, tacanheza.

Tacanho, adj. (cast. *tacaño*). 1. De pequena estatura; pequeno. 2. Acanhado. 3. Apoucado, parvo, imbecil. 4. Avarento, sovina. 5. Manhoso, velhaco. 6. Sem largueza de vistas nas suas idéias; estreito.

Tacaniça, s. f. 1. Lanço do telhado, que cobre os lados da casa. 2. *Carp.* Peça de madeira que vai ao extremo da fileira a qualquer ângulo de duas frentes; rincão.

Tacão[1], s. m. (*taco[1] + ão*). 1. Salto do calçado. 2. Pedaço de sola, de pau ou de cortiça de que ele é feito. 3. Pateada em teatro.

Tacão², adj. V. *tacanho.*

Tacape, s. m. Espécie de clava, arma de ataque entre os índios americanos; ivirapema, tangapema.

Tacar¹, v. (*taco¹* + *ar*). Tr. dir. Dar com o taco em: *T.* a *bola* (no bilhar).

Tacar², v. (*taca²* + *ar*). Tr. dir. Dar taca em.

Tacaré, s. m. *Bot.* Espécie de mandioca.

Taceira, s. f. Mostrador em que os ourives expõem taças e outros artefatos.

Tacelo (*ê*), s. m. *Escult.* Cada uma das peças de que se compõe a forma de uma estátua, modelo etc., geralmente de gesso.

Tacha¹, s. f. (célt. *tac*). 1. Mancha, nódoa. 2. Defeito moral; mácula.

Tacha², s. f. (prov. *tacha*). Pequeno prego de cabeça larga e chata; brocha.

Tacha³, s. f. (de *tacho*). Tacho grande, usado nos engenhos de açúcar.

Tachã, s. f. *Ornit.* Nome popular de uma ave anseriforme da América do Sul (*Chauna torquata*), do tamanho de um peru; anhupoca, anhumapoca, taã, xaiá, xajá.

Tachada, s. f. 1. Quantidade que um tacho pode conter. 2. Tacho cheio.

Tachador, adj. e s. m. Que, ou aquele que tacha.

Tachão¹, s. m. (*tacha²* + *ão*). Tacha² grande.

Tachão², s. m. (*tacho* + *ão*). Tacho grande.

Tachar, v. (*tacha¹* + *ar*). Tr. dir. Pôr tacha em; acusar de defeito; censurar.

Tachear, v. (*tacha²* + *ear*). Tr. dir. Pregar tachas em; adornar com tachas; tachonar.

Tacheiro, s. m. Empregado que lida com as tachas nos engenhos de açúcar.

Tachim, s. m. Caixa, geralmente de papelão, ou bolsa de couro, para resguardar livro encadernado.

Tacho, s. m. 1. Vaso largo e pouco fundo de barro ou metal, geralmente com asas, próprio para usos culinários. 2. *Fam.* Cozinheira, criada de convento. 3. *Pop.* Piano velho e desafinado. 4. Relógio ruim.

Tachonar, v. Tr. dir. 1. Cravar, adornar ou segurar com tachões. 2. *Fig.* Mesclar, malhar, mosquear, esmaltar.

Taci, s. m. (t. tupi). Tabaiacu.

Taciba, s. f. *Entom.* Espécie de formiga (*Solenopsis saevissima*).

Tacibura, s. f. Na Amazônia, formiga lava-pé; tacipitanga.

Tacipitanga, s. f. V. *tacibura.*

Tácito, adj. 1. *Poét.* Calado, silencioso. 2. Não expresso; implícito. 3. Que se apresenta sem ruído ou que se faz sem rumor. 4. Que, por não ser expresso, se deduz de alguma maneira. 5. Secreto.

Taciturnidade, s. f. 1. Qualidade de taciturno. 2. Solidão, soledade. 3. Tristeza, melancolia, misantropia.

Taciturno, adj. 1. Que fala pouco. 2. Calado, silencioso. 3. Triste, tristonho.

Taco¹, s. m. (cast. *taco*). 1. Haste de madeira roliça e afilada numa das extremidades com que, no jogo do bilhar e da sinuca, se impelem as bolas. 2. Pau com que se toca a bola nos esportes do golfe, do hóquei, do pólo etc. 3. Peça da atafona em que assenta o carrete. 4. Torno ou prego de madeira; tarugo. 5. Bucha de espingarda pica-pau ou de peça de artilharia. 6. Indivíduo habilidoso, jeitoso. 7. Pedaço de tábua quase sempre retangular, empregado no revestimento de pisos. 8. Pedaço de madeira que se embute na parede para prender, com parafusos ou pregos, qualquer objeto.

Taco², s. m. Bocado, pedaço, tico.

taco-³, elem. de comp. (gr. *takhos*). Exprime a idéia de *rapidez, presteza, velocidade: tacômetro.*

Tacômetro, s. m. *Fís.* Instrumento destinado a medir velocidades lineares e angulares; taquímetro.

Tacto, s. m. V. *tato.*

Taçuíra, s. f. Na Amazônia, formiga lava-pé.

Tacuité, s. m. *Zool.* V. *queixada.*

Tacuru, s. m. 1. Montículo de terra fofa, feito pelas térmites; cupim. 2. V. *tacuruba.*

Tacurua, s. f. V. *tacuruba.*

Tacuruba, s. f. Trempe, formada por três pedras soltas, em que se assenta a panela; tacuru, tacurua.

Tacuruzal, s. m. Grande extensão de terreno onde abundam tacurus.

Tádega, s. f. *Bot.* Planta composta (*Inula vulgaris*); tágueda, táveda.

Tael, s. m. (malaio *tahil*). Unidade de peso que, na China, tem valor monetário.

Tafetá, s. m. (persa *tafta*). Tecido lustroso de seda.

Tafiá, s. m. Aguardente de cana-de-açúcar.

tafo-, elem. de comp. (gr. *taphos*). Exprime a idéia de *túmulo: tafofobia.*

Tafofobia, s. f. *Med.* Horror mórbido de ser enterrado vivo.

Tafona, s. f. V. *atafona.*

Tafoneiro, adj. 1. Diz-se do cavalo mal domado que adquiriu o hábito de obedecer à ação das rédeas só para um lado. 2. Diz-se do boi que trabalha na atafona.

Taful, s. m. (cast. *tahur*). 1. Homem casquilho, janota, peralta. 2. Jogador profissional. Adj. Casquilho, janota, loução, luxuoso. Fem.: *tafula.* Pl.: *tafuis.*

Tafular, v. Intr. 1. Fazer vida de taful. 2. Enfeitar-se, janotar, luxar muito.

Tafularia, s. f. 1. Ação de taful; tafulice. 2. Grande número de tafuis.

Tafuleira, adj. f. Diz-se da moça taful; tafulona, garrida.

Tafulhar, v. V. *atafulhar.*

Tafulho, s. m. Bucha ou taco com que se tapa um orifício.

Tafulice, s. f. V. *tafularia.*

Tafulo, adj. V. *taful.* S. m. Namorado ou amante.

Tafulona, adj. V. *tafuleira.*

Tagal, adj. m. e f. Filipino.

Tagalo, s. m. 1. Filipino. 2. A língua falada nas Filipinas. Var.: *tagal.*

Tagantaço, s. m. V. *tagantada.*

Tagantada, s. f. Pancada com tagante.

Tagantar, v. Tr. dir. Bater com tagante; tagantear.

Tagante, s. m. (cast. *tajante*). Azorrague antigo.

Taganteador, adj. e s. m. Que, ou aquele que taganteia.

Tagantear, v. Tr. dir. V. *tagantar.*

Tagarela, adj. m. e f. Que fala muito e sem discrição. S. m. e f. 1. Pessoa tagarela; falador, galrão, taramela, tramela, tarelo. 2. Peça que, nos moinhos de fubá, regula a caída do milho nas mós. S. f. Barulho, gritaria, motim.

Tagarelar, v. (l. *garrulare?*). 1. Tr. ind. e intr. Falar muito; palrar, parolar. 2. Intr. Ser indiscreto.

Tagarelice, s. f. 1. Hábito de tagarelar; falatório. 2. Modos de tagarela. 3. Conversa indiscreta.

Tagarote, s. m. (ár. *tahurti*). Pessoa arruinada que vive à custa alheia.

Tagaté, s. m. *Fam.* 1. Carícia com a mão. 2. Adulação, afago, cafuné.

Tagete, s. f. *Bot.* 1. Gênero (*Tagetes*) constituído de ervas da América tropical, muito fragrantes. Inclui o cravo-de-defunto. 2. Planta desse gênero.

Tágide, s. f. *Poét.* Ninfa do Tejo, rio de Portugal.

Taguá, s. m. Tauá.

Taguantu, s. m. *Bot.* Árvore brasileira, que fornece madeira de lei.

Taguara, s. f. *Ictiol.* Peixe (*Leporellus vittatus*) que se encontra nos rios do Brasil central; solteira.

Taiá, s. m. *Bot.* Taioba.

Taiabucu, s. m. *Ictiol.* Certo peixe de água doce, do Brasil (*Acestrorhamphus hepsetus*); tambicu.

Taiaçu, s. m. 1. *Zool.* Gênero (*Tayassu*) de porcos selvagens americanos. 2. *Zool.* Animal desse gênero, comumente chamado *porco-do-mato, caititu* e *queixada.* 3. *Ornit.* Socó-boi. Var.: *tajaçu.*

Taiataia, s. f. *Ornit.* Talha-mar.

Taieira, s. f. Festa de mulatos no dia de Reis.

Taifa, s. f. *Náut.* 1. Conjunto de marinheiros e soldados que combatem na tolda e no castelo da proa. 2. Criadagem de bordo. 3. O serviço destes.

Taifeiro, s. m. 1. Cada uma das unidades da taifa. 2. Criado dos navios mercantes.

Taiga, s. f. Tipo de floresta pobre e rala do Norte da Rússia e da Sibéria.

Tailandês, adj. Relativo à Tailândia (ex-Sião). S. m. Indivíduo natural desse país. *Siamês* é sinônimo que deve ser preterido.

Taimado, adj. Finório, malicioso, velhaco.

Taimbé (*a-im*), s. m. Itaimbé.

Tainha (*a-í*), s. f. *Ictiol.* Nome comum aos peixes da família dos Mugilídeos, freqüentes em águas costeiras.

Tainheira (*a-i*), s. f. 1. Rede para a pesca da tainha. 2. Canoa provida de rede para o mesmo fim.

Tainhota (*a-i*), s. f. *Ictiol.* Curimã.

Taioba, s. f. 1. *Bot.* Planta herbácea do Brasil, da família das Aráceas (*Colocasia antiquorum* e *Xanthosoma violaceum*); jarro[2], pé-de-bezerro, talo, taro, tarro. 2. *Pop. ant.* Bonde de segunda classe. Var.: *taiova.*

Taiobal, s. m. Terreno onde há plantação de taiobas.

Taioca, s. f. *Entom.* V. *taoca.* S. m. e f. V. *cafuzo.*

Taipa, s. f. (cast. *tapia*). 1. Muro de barro ou de cal e areia, socados entre armações de tábuas. 2. *Por ext.* Qualquer muro divisório.

Taipal, s. m. V. *taipa*, acep. 1. S. m. pl. 1. Tábuas que guarnecem carros; anteparo. 2. Armação de madeira que serve de molde para a construção de concreto armado.

Taipão, s. m. V. *taipal.*

Taipar, v. Tr. dir. 1. Calcar (o barro ou a cal) na taipa. 2. Construir com taipa. 3. Entaipar.

Taipeira, s. f. *Entom.* Abelha silvestre do Brasil (*Melipona marginata*); guarapu-miúdo.

Taipeiro, adj. Que faz taipas. S. m. 1. Aquele que faz taipas. 2. Prato muito cheio de várias comidas.

Taitiano, adj. 1. Relativo a Taiti (Oceânia). 2. Nascido em Taiti. S. m. 1. Indivíduo natural de Taiti. 2. Idioma falado em Taiti.

Taititu, s. m. *Zool.* V. *caititu.*

Taiuiá (*ai-ui*), s. m. *Bot.* Planta cucurbitácea medicinal, do Brasil (*Cayaponia tayuya*); tajujá.

Tajá, s. m. *Bot.* Tinhorão.

Tajã[1], s. m. *Ornit.* V. *tachã.*

Tajã[2], s. m. Sabre mourisco, de folha curta e larga.

Tajabucu, s. m. V. *taiabucu.*

Tajacica, s. f. V. *amoré.*

Tajujá, s. m. *Bot.* V. *taiuiá.*

Tajupá, s. m. V. *tijupá.*

Tajupar, s. m. V. *tijupá.*

Tajurá, s. m. *Bot.* Tinhorão.

Tal, (l. *tale*). Pron. 1. Igual, semelhante, análogo, tão bom, tão grande. 2. Este, aquele; um certo. 3. Isso, aquilo. S. m. e f. 1. Pessoa de mérito em qualquer coisa. 2. *Pop.* O batuta, o notável. Adv. Assim mesmo.

Tala[1], s. f. (l. *talea*). 1. *Cir.* Lâmina de material resistente que se aplica num membro fraturado ou luxado, a fim de mantê-lo imóvel. 2. A parte chata do relho ou chicote. 3. Chicote feito de uma só tira. 4. Tenaz de madeira, usada pelos sapateiros e seleiros. 5. Peça de sabugueiro, em duplicado, que se usa na castração de solípedes. 6. Nervura central da folha do jeribá. 7. Chibata improvisada com uma haste de jerivá ou com uma vara flexível. 8. *Autom.* Parte do aro da roda sobre a qual se assentam a câmara-de-ar e o pneumático. S. f. pl. Apertos, dificuldades, embaraços: Ver-se alguém em *talas.*

Tala[2], s. f. (de *talar*). Ação ou efeito de talar.

Talabartaria, s. f. 1. Loja ou oficina de talabarteiro; selaria. 2. Ofício de talabarteiro.

Talabarte, s. m. Boldrié.

Talabarteiro, s. m. Correeiro, seleiro.

Talado[1], adj. (p. de *talar[2]*). Devastado, assolado.

Talado[2], s. m. (cast. *taladro*). Arco da broca dos ourives.

Talador, adj. e s. m. Que, ou aquele que tala ou devasta.

Talagada, s. f. *Pop.* 1. Gole de bebida alcoólica que se toma de uma vez. 2. Grande trago.

Talagarça, s. f. Tecido grosso e ralo, sobre o qual se fazem bordados, tapeçarias etc.

Talambor, s. m. Fechadura de segredo.

Talamento, s. m. Ato ou efeito de talar.

Talâmico, adj. *Bot.* Que tem a inserção sobre o receptáculo.

Tálamo, s. m. 1. Leito conjugal, leito nupcial. 2. Bodas, núpcias, casamento. 3. *Bot.* Receptáculo das plantas. 4. *Anat.* Grande massa de substância cinzenta, localizada sobre os pedúnculos cerebrais e que limita o ventrículo médio, formando o pavimento dos ventrículos laterais.

Talante, s. m. (fr. arc. *talant*). Arbítrio, vontade.

Talão[1], s. m. (cast. *talon*). 1. Parte posterior do pé do homem; calcanhar. 2. A parte do calçado ou da meia correspondente ao calcanhar. 4. Parte de recibo, fatura ou outro documento que o reproduz abreviadamente e que se separa deste por meio de linha picotada. 5. *Autom.* Aro maciço da parte interna dos pneumáticos dos automóveis. 6. *Agr.* Vara que, na poda das vinhas, se deixa ficar mais próxima da terra.

Talão[2], s. m. V. *telão.*

Talar[1], adj. m. e f. (l. *talare*). 1. Relativo ao talão. 2. Que alcança os calcanhares (falando de vestuários). S. m. pl. *Mitol.* Asas que Mercúrio tinha nos calcanhares.

Talar[2], v. (cast. *talar*). Tr. dir. 1. Abrir sulcos ou fazer valas. 2. Sulcar, fender. 3. Estragar, pisar, abater. 4. Assolar, devastar, destruir.

Talassa, s. m. e f. Monarquista português.

Talassia, s. f. Enjôo de mar.

Talássico, adj. Relativo ao mar.

Talassiófito, s. m. *Bot. P. us.* Vegetal que cresce no fundo do mar ou nas rochas marítimas que acompanham o mar.

tálasso-, elem. de comp. (gr. *thalassa*). Exprime a idéia de *mar, oceano: talassofobia.*

Talassofobia, s. f. *Med.* Medo mórbido do mar.

Talassófobo, s. m. *Med.* Aquele que tem talassofobia.

Talassografia, s. f. Descrição dos mares.

Talassográfico, adj. Relativo à talassografia.

Talassômetro, s. m. Sonda marítima com escala de mensuração.

Talassosfera, s. f. A parte líquida do globo terrestre; hidrosfera.

Talaveira, s. m. 1. *Ant. Pej.* Designação de qualquer criado do paço. 2. Aquele que não sabe montar a cavalo; maturrango.

Talaveirada, s. f. 1. Porção de talaveiras ou portugueses. 2. Serviço de montaria mal feito. 3. Pexotada de pessoas que não sabem montar a cavalo.

Tálcico, adj. Composto de talco.

Talco, s. m. (ár. *talak*). 1. *Miner.* Silicato de magnésio e alumínio, que se apresenta em lâminas transparentes e delgadas e, às vezes, com textura granulosa ou fibrosa. 2. Aparência vã, falso brilho, ouropel.

Talcoso, adj. Diz-se do terreno em que há talco.

Taleiga, s. f. (cast. *talega*). 1. Saco destinado à condução de cereais para os moinhos. 2. Antiga medida para líquidos e secos.

Taleigada, s. f. Quantidade contida numa taleiga ou taleigo.

Taleigo, s. m. Taleiga pequena e comprida.

Talentaço, s. m. *Fam.* 1. Grande talento. 2. Pessoa de grande talento.

Talentão, s. m. Talentaço.

Talento, s. m. 1. Antigo peso e moeda dos gregos e romanos. 2. Grande e brilhante inteligência. 3. Agudeza de espírito, disposição natural ou qualidade superior. 4. Espírito ilustrado e inteligente; grande capacidade. 5. Pessoa possuidora de inteligência invulgar. 6. Força física; vigor.

Talentoso, adj. 1. Que tem talento; inteligente. 2. Habilidoso.

Táler, s. m. (al. *Taler*). Antiga moeda alemã, de prata. Pl.: *táleres.*

Talha[1], s. f. (de *talhar*). 1. Ação ou efeito de talhar ou entalhar; talhadura, talhamento, talho, entalhadura. 2. Fragmento de metal proveniente da ação do buril. 3. Trabalho executado com buril, cinzel, talhafrio etc. 4. Número determinado de achas ou feixes de lenha. 5. *Tecn.* Aparelho empregado para levantar coisas pesadas. 6. Mão, cartada. 7. Corda que se ata ao leme para governar melhor em ocasiões de tempestade. 8. *Cir.* V. *cistotomia.*

Talha², s. f. (cast. *tinaja*). 1. Vaso de barro, de boca estreita e de grande bojo. 2. Qualquer outra vasilha com a forma desse vaso; pote.

Talhada, s. f. 1. Porção cortada de certos corpos. 2. Fatia, naco, pedaço. 3. *Fam.* Castigo, reprimenda. 4. Doce feito de rapadura, farinha de mandioca e gengibre.

Talhadão, s. m. 1. Abertura, entrada de uma gruta. 2. Racha do solo. 3. Trecho de um rio entre barrancas verticais.

Talhadeira, s. f. Ferramenta de aço para talhar.

Talha-dente, s. m. *Bot.* Planta gramínea (*Oryzopsia miliacea*). Pl.: *talha-dentes.*

Talhadia, s. f. 1. Processo de silvicultura, baseado na faculdade de reprodução por meio de renovos ou brotos. 2. Corte de lenhas e madeiras.

Talhadiço, adj. Que está em condições de ser cortado ou roçado (falando de mato).

Talhado, adj. 1. Cortado, golpeado, retalhado. 2. Gravado, esculpido. 3. Adaptado, apropriado. 4. Ajustado, convencionado. 5. Coagulado. S. m. 1. Despenhadeiro, precipício. 2. Parte de um rio, apertado entre as margens barrancosas, talhadas a pique. 3. Aba pedregosa das serras.

Talhador, adj. Que talha. S. m. 1. Aquele que talha. 2. Aquele que, nos açougues, corta a carne; cortador. 3. Cutelo de cortar carne. 4. Prato em que se trincha carne.

Talhadura, s. f. Ato ou efeito de talhar; talha.

Talha-frio, s. m. Instrumento de marceneiro, para lavrar madeira. Pl.: *talha-frios.*

Talha-mar, s. m. 1. *Náut.* Peça, em quina, na parte mais saliente da proa da embarcação. 2. Construção de alvenaria, angular, nas pontes e noutras obras feitas nos rios, destinada a quebrar a força da corrente das águas; talhante. 3. *Ornit.* Ave caradriiforme (*Rhynchops nigra cinerascens*); também chamada *bico-rasteiro, taiataia* e *corta-mar.* Pl.: *talha-mares.*

Talhamento, s. m. Talha.

Talhante, adj. m. e f. Que talha; cortante.

Talhão¹, s. m. (de *talhar*). 1. Terreno para cultura; tabuleiro, courela. 2. Pedaço de baleia esquartejada.

Talhão², s. m. *Ictiol.* Peixe marinho, da família dos Holocentrídeos (*Corniger spinosus*).

Talhar, v. (l. *taliare*). 1. Tr. dir. e intr. Dar ou fazer talho em; cortar, golpear. 2. Tr. dir. Cinzelar, entalhar, esculpir, gravar. 3. Tr. dir. Cortar (roupa ou vestido) à feição do corpo da pessoa a quem se destina. 4. Tr. dir. Cortar (o sapateiro o couro) segundo a medida do pé. 5. Tr. dir. Desbastar, podar. 6. Tr. dir. Aquinhoar, arbitrar, distribuir. 7. Tr. dir. Repartir e colocar (o pão) de certa maneira no forno. 8. Tr. dir. Cortar ou dividir em maços (o baralho de cartas). 9. Intr. e pron. Coalhar, decompor-se (leite), em virtude da separação do soro do coágulo. 10. Tr. dir. Predestinar, predispor. 11. Intr. Ser banqueiro em jogo de mesa ou de azar.

Talharia¹, s. f. (*talho + aria*). Grande número de talhos.

Talharia², s. f. (*talha² + aria*). Grande número de talhas.

Talharim, s. m. (ital. *tagliolini*). *Cul.* Massa de farinha e ovos em forma de tiras delgadas.

Talharola, s. f. Instrumento para cortar os fios que ficam fora da trama, no fabrico do veludo.

Talhe, s. m. 1. Estatura e feição do corpo. 2. Feição ou feitio de qualquer objeto. 3. Modo de talhar uma roupa; corte, talho.

Talher, s. m. (ital. *tagliere*). 1. Conjunto de garfo, colher e faca. 2. Cada lugar, destinado a cada pessoa, à mesa: Jantar de 50 *talheres.*

Talhinha, s. f. *Náut.* Pequena talha usada a bordo, para levantar pequenos pesos.

Talho, s. m. (de *talhar*). 1. Talha. 2. Divisão e corte da carne, no açougue, em categorias ou qualidades. 3. Cepo em que o açougueiro corta a carne. 4. Açougue. 5. Forma, feição, talhe. 6. Corte ou desbaste dos ramos das árvores. 7. Compartimento nas salinas.

Tália, s. f. *Bot.* 1. Gênero (*Thalia*) da família das Marantáceas, que compreende ervas americanas, na maioria aquáticas. 2. Planta desse gênero.

Talião, s. m. (l. *talione*). 1. Desforra igual à afronta. 2. Castigo igual à culpa.

Talictro, s. m. *Bot.* 1. Gênero (*Thalictrum*) largamente distribuído de ervas, da família das Ranunculáceas, que compreende as arrudas. 2. Planta desse gênero. Var.: *Talitro.*

Talim, s. m. (ár. *tahlil*). Boldriê.

Talinga, s. f. *Náut.* Amarra, cabo.

Talingadura, s. f. *Náut.* Ato ou efeito de talingar.

Talingar, v. Tr. dir. *Náut.* Ligar ou atar com talinga.

Tálio, s. m. *Quím.* Elemento metálico que se assemelha na aparência ao estanho. Símbolo Tl, número atômico 81, massa atômica 204,39.

Talionar, v. Tr. dir. Aplicar a pena de talião a.

Talionato, s. m. Pena de talião.

Talipo, s. m. *Med.* 1. Pé torto. 2. Deformidade do pé, retorcido de modo a perder a forma normal ou a deslocar-se da posição normal. Var.: *talipe.*

Talisca, s. f. 1. Pequena lasca; estilha. 2. Sarrafo pouco espesso. 3. Fenda na rocha. 4. Peça fina, de madeira, que se embute nos encaixes feitos longitudinalmente nas tábuas de uma janela, porta etc.

Talismã, s. m. 1. Objeto que se supõe ter poderes extraordinários, tornando possível ao seu dono a realização de todos os desejos. 2. Objeto considerado como fetiche. 3. Aquilo que exerce uma ação maravilhosa.

Talismânico, adj. (*talismã + ico*). 1. Relativo a talismã. 2. Que tem as pretendidas virtudes dos talismãs.

Talitro, s. m. V. *Talictro.*

Tálitro, s. m. 1. Piparote. 2. Nó na articulação dos dedos. Var.: *tálitre.*

Talmude, s. m. (hebr. *talmud*). Livro sagrado dos judeus, no qual estão compilados a tradição, as doutrinas, os costumes etc., do povo hebreu, cujos textos vão do séc. III a.C. ao séc. V d.C.

Talmúdico, adj. Relativo ao Talmude.

Talmudista, s. m. e f. Pessoa que segue as doutrinas do Talmude.

Talo¹, s. m. (gr. *thallos*). 1. *Bot.* Corpo vegetativo rudimentar das algas e fungos. 2. *Bot.* Caule. 3. *Bot.* Pecíolo. 4. *Bot.* Nervura grossa, mediana, das folhas da planta. 5. *Arquit.* Fuste ou tronco de coluna, sem base nem capitel.

talo-², elem. de comp. (l. *talu*). Exprime a idéia de *talo*: *talófito.*

Talocha, s. f. Desempenadeira.

Talófitas, s. f. pl. *Bot.* Divisão (*Thallophyta*) primária do reino vegetal que compreende plantas com seis órgãos unicelulares ou multicelulares, nos quais todas as células dão origem a gametas; são comumente consideradas de organização heterogênea, mas, quando distinguíveis, são classificadas em Algas e Fungos. S. f. Planta que pertence a essa divisão.

Talófito, adj. *Bot.* Que tem talo.

Talonário, adj. Diz-se de bloco ou livro cujas folhas constituem talão.

Talonear, v. (de *tala*). Tr. dir. e intr. Dar com a tala ou chicote em; chicotear.

Taloso, adj. 1. Que tem talo. 2. Relativo a talo.

Talpa, s. m. *Zool.* Gênero (*Talpa*) típico da família dos Talpídeos, que compreende as toupeiras comuns do Velho Mundo.

Talpídeo, adj. *Zool.* Relativo aos Talpídeos. S. m. pl. Família (*Talpidae*) de mamíferos insetívoros que inclui as toupeiras.

Taludão, s. m. Indivíduo muito taludo ou muito desenvolvido fisicamente. Fem.: *taludona.*

Taludar, v. Tr. dir. Fazer talude em.

Talude, s. m. 1. Superfície inclinada; rampa, escarpa. 2. Inclinação na superfície de um terreno, de um muro ou de uma obra qualquer.

Taludo, adj. 1. Que tem talo duro e resistente. 2. Corpulento. 3. Crescido, forte, grande.
Talvegue, s. m. (al. *talveg*). Linha ideal que passa pela parte mais profunda de um vale, seja sob a água ou não.
Talvez, adv. (l. *talivice*). 1. Exprime possibilidade ou dúvida. 2. Acaso, porventura, quiçá. (Em começo de oração, leva o verbo ao modo subjuntivo, e usa-se ora com a conjunção *que*, ora sem ela).
Tamacarica, s. f. Toldo de embarcação.
Tamanca, s. f. 1. Parte do freio dos veículos que adere às rodas. 2. Tamanco baixo e de boca larga.
Tamancada, s. f. Pancada com tamanco.
Tamancão, s. m. *Bot.* Caixeta.
Tamancar, v. Tr. dir. Atamancar.
Tamancaria, s. f. 1. Oficina onde se fazem tamancos. 2. Loja onde se vendem tamancos.
Tamanco, s. m. 1. Calçado rústico, de sola de madeira; soco, tamanca. 2. Peça do carro de bois sobre a qual giram os eixos. 3. Tábua em que se fixam os pés do banco do mastro da jangada.
Tamancudo, adj. Baixo, grosseiro, rústico.
Tamanduá, s. m. (tupi-guar. *taci-monduar*). 1. *Zool.* Nome de várias espécies de mamíferos desdentados; papa-formigas. 2. Pessoa agarrada ao dinheiro; sovina, avaro. 3. Questão moral difícil de resolver. 4. Grande mentira. — *T.-bandeira*: o maior dos tamanduás, 1,20m sem a cauda; esta tem longos pêlos (*Myrmecophaga tridactyla*); iurumi.
Tamanduaí, s. m. *Zool.* Pequeno desdentado da família dos Mirmecofagídeos (*Ciclopes didactylus*).
Tamanhão, adj. Muito grande. S. m. *Fam.* Indivíduo alto e de grande corpulência. Fem.: *tamanhona*.
Tamanhinho, adj. Muito pequeno; pequenino.
Tamanho, adj. (l. *tam + magnu*). 1. Tão grande. 2. Tão distinto, tão notável, tão valoroso. S. m. Corpo, dimensões, grandeza, volume.
Tamanquear, v. Intr. 1. Andar de tamancos. 2. Fazer bulha com os tamancos ao andar.
Tamanqueira, s. f. *Bot.* V. *caixeta*.
Tamanqueiro, s. m. 1. Fabricante ou vendedor de tamancos. 2. *Bot.* Árvore verbenácea (*Aegiphila selloviana*).
Tamaquaré, s. m. 1. *Bot.* Árvore gutiferácea (*Caraipa paraensis*). 2. Óleo medicinal preparado com a seiva dessa árvore.
Tâmara, s. f. (ár. *tamra*). Fruto da tamareira.
Tamaral, s. m. Bosque de tamareiras.
Tamareira, s. f. (*tâmara + eira*). *Bot.* Espécie de palmeira ornamental, originária da África do Norte (*Phoenix dactylifera*); útil pelos seus frutos, as tâmaras, ainda produz boa madeira para construção.
Tamarga, s. f. *Bot.* Tamargueira.
Tamargueira, s. f. *Bot.* Arbusto tamaricáceo, de casca adstringente (*Tamarix africana*); tamarga.
Tamari, s. m. *Zool.* Sagüi.
Tamaricáceas, s. f. pl. *Bot.* Família (*Tamaricaceae*) constituída de arbustos ou árvores desérticos, semelhantes a urzes.
Tamaricáceo, adj. Relativo às Tamaricáceas.
Tamarindal, s. m. Lugar onde há muitos tamarindos.
Tamarindeiro, s. m. V. *tamarindo*.
Tamarindo, s. m. *Bot.* 1. Gênero (*Tamarindus*) da família das Cesalpiniáceas, que compreende grandes árvores africanas. 2. Espécime único desse gênero (*Tamarindus indica*). 3. Fruto dessa árvore.
Tamarineira, s. f. V. *tamarindo*.
Tamarineiro, s. m. V. *tamarindo*.
Tamarinheiro, s. m. V. *tamarindo*.
Tamaru, s. m. V. *tamarutaca*.
Tamarutaca, s. f. *Zool.* Nome comum aos crustáceos da ordem dos Estomatópodes, também chamados *mãe-de-tamaru, mãe-de-aratu* e *tamaru*. Var.: *tamburutaca*.
Tamatiá, s. m. *Ornit.* 1. Nome de diversas aves trepadoras do Brasil. 2. Arapapá.
Tamba, s. f. Bebida indígena fermentada, feita de beiju grande, cozido e diluído em água.
Tambá, s. m. Concha.
Tambaca, s. f. (malaio *tambaga*). 1. Metal composto de cobre e zinco. 2. Mistura fundida de ouro e prata.
Tambaco, s. m. V. *tambafóli*.
Tambafóli, s. m. *Zool.* Nome comum de alguns moluscos marinhos, bivalves, que vivem dentro de buracos por eles mesmos cavados nas rochas da beira-mar; tampafole, tambaco.
Tambaíba, s. f. *Bot.* Árvore silvestre, cuja madeira, listrada de amarelo e preto, se emprega em marcenaria.
Tambaque[1], s. m. 1. Atabaque. 2. Batuque de pretos, quando da festa de Nossa Senhora do Rosário.
Tambaque[2], s. m. Pechisbeque.
Tambaqui, s. m. 1. *Ictiol.* Nome comum a vários peixes caracinídeos dos rios do Amazonas e do Pará.
Tambarutaca, s. f. V. *tamarutaca*.
Tambatajá, s. m. *Bot.* Planta arácea (*Caladium auritum bicolor*).
Tambeira, s. f. Novilha mansa.
Tambeirada, s. f. Grande número de gado manso e de porte pequeno.
Tambeiro, s. m. 1. Novilho ou boi acostumado ao tambo[2]. 2. Poldro, filho da madrinha de uma tropa.
Também, adv. (*tão + bem*). 1. Da mesma forma, do mesmo modo, igualmente. 2. Outrossim. 3. Realmente. 4. Por isso, em conseqüência disso. Conj. Emprega-se com significação aproximativa ou copulativa de *e*: Ele soube, *também* seria reprovado se não soubesse. Interj. Exprime descontentamento, desgosto, estranheza: *Também!* falam tanto que ninguém se entende...
Tambetá, s. m. Vaso de cerâmica indígena.
Tambetaru, s. m. *Bot.* Árvore rutácea (*Metrodorea nigra*).
Tambi, s. m. *Ictiol.* Espécie de lambari (*Characidium fasciatus*).
Tâmbi, s. m. Luto ou solenidade fúnebre entre os indígenas de Angola.
Tambica, s. f. Chumbo de rede.
Tambicu, s. m. *Ictiol.* Peixe caracídeo dotado de poderosos dentes (*Acestrorhamphus hepsetus*), também chamado *dentudo*.
Tambiú, s. m. *Ictiol.* Peixe de água doce (*Astyanax bimaculatus*), espécie de lambari graúdo.
Tambo[1], s. m. (corr. de *tálamo*). 1. Tálamo. 2. Boda de casamento. 3. Mesa baixa, no refeitório conventual, na qual comiam os frades castigados.
Tambo[2], s. m. (t. *cast.*). 1. Barracão, armazém. 2. Estábulo onde são mantidas as vacas para a venda do leite.
Tambó, s. m. *Ictiol.* Sernambiguara.
Tamboeira, s. f. 1. Raiz de mandioca, pouco desenvolvida. 2. Espiga de milho, pouco desenvolvida. 3. Maçaroca de milho. Var.: *tamboera*.
Tambona, s. f. Espécie de cafeteira.
Tambor, s. m. (ár. *tambur*). 1. Instrumento de percussão, que consiste numa caixa cilíndrica, com bases de peles tensas, numa das quais se toca com baquetas. 2. O indivíduo que toca esse instrumento. 3. O cilindro em que, nos guindastes, se enrola o cabo. 4. O cilindro das fechaduras. 5. Qualquer peça de forma cilíndrica.
Tamborete (*ê*), s. m. (*tambor + ete*). 1. Cadeira com braços, mas sem costas. 2. Cadeira com assento de pau. 3. *Tip.* Bloco de madeira, de base quadrangular, lisa, com o qual os impressores assentam as formas, batendo-o com um maço.
Tamboril, s. m. 1. Pequeno tambor; tamborim. 2. *Bot.* V. *tamburi*. 3. *Bot.* Planta leguminosa-mimosácea (*Enterolobium maximum*).
Tamborilada, s. f. Toque de tamboril ou de tambor.
Tamborilar, v. Tr. dir. 1. Bater com as pontas dos dedos ou com qualquer objeto em uma superfície, imitando o toque de tambor. 2. Produzir som idêntico ao rufo do tambor. 3. *Fig.* Aborrecer, insistir, martelar.
Tamborileiro, adj. e s. m. Diz-se de, ou aquele que toca tamboril ou tambor.
Tamborilete (*ê*), s. m. Pequeno tamboril.
Tamborim, s. m. Pequeno tambor.
Tambu[1], s. m. Instrumento de percussão que consiste num pau roliço, oco, com uma das bocas fechada com couro de boi.

Tambu², s. m. Bicho de pau podre.

Tambuatá, s. m. *Ictiol.* Peixe fluvial do Brasil (*Callichthys callichthys*); peixe-de-mato, soldado¹. Var.: *tamboatá, tamatá, tamoatá* e *camboatá*.

Tamburi, s. m. *Bot.* Grande árvore leguminosa (*Enterolobium timbouva*).

Tamburupará, s. m. *Ornit.* V. *tangurupará*.

Tamearama, s. f. *Bot.* Planta euforbiácea e trepadeira, do Brasil (*Delechampia scandens*); urtiga-tamearama.

Tamera, s. f. V. *batoque*.

Tamiça, s. f. Cordel de esparto, delgado.

Tamiceiro, adj. e s. m. Que, ou aquele que fabrica ou vende tamiça.

Tâmil, s. m. V. *tâmul*.

Tamina, s. f. 1. Vasilha com que se media a ração diária para os escravos. 2. Essa ração. 3. Quantidade de água que cada pessoa podia tirar das fontes públicas nos tempos da seca.

Tamis, s. m. (fr. *tamis*). 1. Espécie de peneira de seda, usada em farmácia ou laboratório. 2. Tecido de lã inglês.

Tamisação, s. f. Ato ou efeito de tamisar.

Tamisar, v. 1. Tr. dir. Passar pelo tamis; peneirar. 2. Tr. dir. *Fig.* Depurar, esmerar, selecionar.

Tamo, s. m. *Bot.* Planta diurética e purgativa (*Tamus communis*).

Tamoatá, s. m. V. *tambuatá*.

Tamoeiro, s. m. 1. Peça central do carro de boi. 2. Peça de couro que segura o carro à canga.

Tamoio (*ô*), adj. *Etnol.* Relativo aos Tamoios, tribo de índios tupis que habitavam terras junto à Baía da Guanabara. S. m. Indígena dos Tamoios. Var.: *tamóio*.

Tampa, s. f. (gót. *tappa*). Peça móvel com que se tapa ou cobre uma caixa, um vaso ou qualquer recipiente; tapador, tapadouro, tapadura. 2. Prensa de penteeiro. 3. *Gír.* Cabeça. 4. *Gír.* Chapéu.

Tampado, adj. 1. Coberto com tampa; tapado. 2. Cerrado, denso. 3. Encoberto, fechado.

Tampafole, s. m. V. *tambafóli*.

Tampão, s. m. 1. Grande tampa. 2. Tampo. 3. Bucha ou rolha. 4. Porção de algodão ou gaze com que se impede a saída de um líquido medicamentoso ou uma homorragia; opérculo. 5. Bucha.

Tampar, v. Tr. dir. Pôr tampa ou tampo em.

Tampinha, s. f. (Dim. de *tampa*). Certo jogo infantil. S. m. e f. *Pop.* Pessoa de estatura muito baixa.

Tampo¹, s. m. (de *tampa*). 1. Cada uma das peças que constituem a parte anterior e posterior dos instrumentos de corda; tampo harmônico. 2. Peça de madeira ou outro material que cobre a bacia dos aparelhos sanitários. 3. Cada uma das peças circulares onde se fixam as aduelas e que constituem os topos das cubas, tinas, pipas, tonéis etc.

Tampo², s. m. 1. Pedaço de pele, de rês encontrada morta. 2. Aquilo que exala mau cheiro.

Tamponamento, s. m. Ato ou efeito de tamponar.

Tamponar, v. Tr. dir. Obstruir com tampão; tapar.

Tampouco, adv. (*tão* + *pouco*). Também não.

Tamuatá, s. m. V. *tambuatá*.

Tâmul, s. m. 1. A língua mais importante da família dravídica, falada pelos habitantes de Choromândel, na Índia. 2. Grupo de línguas de origem dravídica, falado na Índia meridional.

Tanaceto, s. m. *Bot.* Gênero (*Tanacetum*) da família das Compostas, constituído de ervas muito fragrantes. 2. Planta desse gênero, particularmente a espécie *Tanacetum vulgare*, de cheiro aromático e gosto muito amargo; tanásia.

Tanado, adj. Que tem cor de castanha; trigueiro.

Tanagrídeo, adj. *Ornit.* Traupídeo.

Tanajura, s. f. 1. *Entom.* Fêmea alada da saúva; içá. 2. *Pop.* Mulher de cintura fina e quadris muito desenvolvidos.

Tananá, s. m. *Entom.* Inseto ortóptero da Amazônia (*Chlorocoelus tanana*), que os índios aprisionam em gaiolinhas de vime, para melhor ouvirem sua estridulação.

Tanásia, s. f. *Bot.* V. *tanaceto*.

Tanatau, s. m. *Ornit.* Ave de rapina, falconídea (*Micrastur mirandollei*).

tanato-, elem. de comp. (gr. *thanatos*). Exprime a idéia de *morte*: *tanatofobia*.

Tanatofobia, s. f. *Med.* Horror mórbido à morte e que é sintoma de hipocondria.

Tanatologia, s. f. 1. Estudo ou tratado sobre a morte. 2. Teoria da morte.

Tanatopsiquista, s. m. e f. Membro de uma antiga seita que sustentava ser mortal a alma.

Tanatoscopia, s. f. *Med.* Conjunto de processos para verificar a realidade da morte.

Tanchagem, s. f. *Bot.* Planta plantaginácea, vivaz e medicinal (*Plantago major*).

Tanchão, s. m. (l. *plantone*). 1. Chantão. 2. Esteio de videira.

Tanchar, v. Tr. dir. Plantar (tanchões).

Tanchim, s. m. *Ictiol.* Peixe (*Paradon affinis*); canivete. Var.: *tanchina*.

Tanchina, s. f. *Ictiol.* V. *tanchim*.

Tanchoeira, s. f. V. *tanchão*.

Tandem, s. m. Bicicleta com dois ou mais selins, um atrás do outro.

Tanduju, s. m. *Ictiol.* Peixe marinho (*Astroscopus sexspinosus*), de boca virada para cima; também chamado *miracelo, miracéu, mirassol* e *tandaju*.

Tanga¹, s. f. (quimbundo *ntanga*). 1. Espécie de avental, geralmente feito de penas, com que os selvagens cobrem parte do corpo, desde a cintura até a metade das coxas. 2. Franja com que se fazem os bordos da rede.

Tanga², s. f. (concani *tang*). Certa moeda asiática.

Tangapema, s. f. Tacape.

Tangar¹, v. (*tanga¹* + *ar*). Tr. dir. e pron. Cobrir(-se) com tanga.

Tangar², v. (*tango* + *ar*). Intr. Dançar o tango.

Tangará, s. m. *Ornit.* Nome comum a vários pássaros da família dos Piprídeos; recebem também os nomes de *dançador, dançarino, fandangueiro* e *atangará*.

Tangaracá, s. m. *Bot.* 1. Planta rubiácea do Brasil (*Ciphoelis mellioefolia*). 2. Planta composta medicinal (*Eclipta erecta*).

Tangarazinho, s. m. *Ornit.* Pássaro piprídeo dentirrostro (*Ilicura militaris*).

Tangedor, adj. e s. m. Que, ou aquele que tange.

Tangedouras, s. f. pl. Prumos que sustentam o fole das forjas de ferreiro. Var.: *tangedoiras*.

Tangedouros, s. m. pl. V. *tangedouras*. Var.: *tangedoiros*.

Tange-fole, s. m. 1. Aquele que toca os foles nas forjas. 2. Aquele que faz falar um tagarela. Pl.: *tange-foles*.

Tangência, s. f. Qualidade de tangente.

Tangencial, adj. m. e f. Relativo à tangência ou à tangente.

Tangenciar, v. Tr. dir. 1. Seguir a tangente de. 2. Roçar, tocar por; relacionar-se com.

Tangente, adj. m. e f. Que tange. S. f. 1. Linha ou superfície que toca outra linha ou superfície num só ponto. 2. *Fam.* Meio, recurso, tábua de salvação. 3. Nas estradas, a reta que se segue a uma curva.

Tanger, v. 1. Tr. dir., tr. ind. e intr. *Mús.* Tocar (qualquer instrumento). 2. Intr. Soar. 3. Tr. dir. Acionar (fole de ferreiro). 4. Tr. dir. Tocar (os animais, fazendo-os caminhar). 5. Tr. dir. Fustigar (a fim de afugentar). 6. Tr. ind. Dizer respeito, pertencer, referir-se: Isso não *tange ao* assunto.

Tangerina, s. f. Fruto da tangerineira; laranja-cravo, bergamota, vergamota, laranja-mimosa, mandarina, mexerica.

Tangerineira, s. f. *Bot.* Árvore cítrica espinhosa da família das Rutáceas (*Citrus reticulata* ou *Citrus nobilis*), que produz a tangerina; mandarina.

Tangerino, adj. Relativo a Tânger (África do Norte); tingitano. S. m. Habitante ou natural de Tânger; tingitano.

Tange-tange, s. m. *Bot.* Arbusto da família das Leguminosas (*Lupinus uncinatus*). Pl.: *tange-tanges*.

Tange-viola, s. m. *Entom.* Besouro cerambicídeo que chia quando se o mantém preso entre os dedos; toca-viola. Pl.: *tange-violas*.

Tangível, adj. m. e f. Que pode ser tangido; palpável, sensível ao tato.

Tanglomanglo, s. m. *Pop.* 1. Malefício atribuído a feitiços ou feiticeiros. 2. Doenças de bruxaria. 3. Caiporismo, azar, infelicidade. Vars.: *tangromangro, tangolomango, tangoromângoro.*

Tango, s. m. 1. Dança de origem hispano-americana, criada sob a influência da polca e da habanera. 2. A música que a acompanha.

Tangolomango, s. m. V. *tanglomanglo.*

Tanguari, s. m. (guar.). A aorta do boi, depois de seca, usada para revestir cabos de facas, relhos etc.

Tangueiro, adj. Relativo a tanga[1]. S. m. V. *tanga*[1].

Tanguista, s. m. e f. Dançador ou dançarina de tango.

Tangurupará, s. m. *Ornit.* Ave amazônica (*Monasa atra*), da família dos Buconídeos, mais ou menos do tamanho de um sabiá. Vars.: *tamburupará* e *tamurupará.*

Tani, s. m. Espécie de cipó com que se enrolam as folhas de fumo depois de secas.

Tanibuca, s. f. *Bot.* Planta combretácea, do Brasil (*Terminalia tanibouca*); cuiarana.

Taniça, s. f. 1. Fumo de rolo. 2. Tala, geralmente de bambu, que protege o fumo de rolo.

Tânico, adj. *Quím.* Que contém tanino.

Tanino, s. m. *Quím.* Substância amorfa, adstringente, extraída principalmente da noz-de-galha e que se encontra na casca de numerosas árvores e arbustos.

Taninoso, adj. Que contém tanino.

Tanjão, adj. e s. m. Que, ou aquele que só se movimenta quando o tocam; preguiçoso. Fem.: *tanjona.*

Tanjasno, s. m. *Ornit.* Pássaro europeu da família dos sabiás, também chamado *cartaxo, caiada* e *queijeira.*

Tanoa (ô), s. f. Ofício de tanoeiro; tanoaria, tonelaria.

Tanoar, v. Intr. Exercer o ofício de tanoeiro.

Tanoaria, s. f. 1. Estabelecimento ou fábrica de tanoeiro. 2. Tanoa.

Tanoca, s. f. *Entom.* V. *taoca.*

Tanoeiro, s. m. 1. Aquele que faz ou conserta vasilhas de aduela (barris, cubas, dornas, pipas, tinas etc.). 2. *Gír.* Cão, cachorro.

Tanque[1], s. m. 1. Depósito de água ou outros líquidos. 2. Represa de água, de pequenas dimensões. 3. Reservatório para azeite, petróleo etc. 4. *Náut.* Depósito das tinas de baldeação. 5. Pequeno reservatório de pedra ou de cimento usado para lavar roupa. 6. Açude.

Tanque[2], s. m. (ingl. *tank*). Veículo automóvel, de guerra, blindado, próprio para locomover-se em terrenos acidentados.

Tanseira, s. f. Parte do cano da bota, onde se liga a presilha.

Tanso, adj. e s. m. *Pop.* Pacóvio, palerma, vagaroso.

Tantã[1], adj. m. e f. Tonto, bobo, idiota, pacóvio.

Tantã[2], s. m. (t. onom.). V. *gongo*[1].

Tantálico, adj. 1. Relativo a tântalo ou tantálio. 2. *Quím.* Diz-se de um ácido derivado do tantálio, de fórmula H_3TaO_4.

Tantálio, s. m. *Quím.* Elemento metálico de lustre de platina cinza, de alto ponto de fusão, 2.850°C. Símbolo Ta, número atômico 73, massa atômica 180,95.

Tantalita, s. f. *Miner.* Minério raro de tantalato de ferro, geralmente satélite do diamante.

Tantalizar, v. 1. Tr. dir. Causar o suplício de Tântalo a (v. em *suplício*). 2. Tr. dir. Produzir desejos irrealizáveis em. 3. Intr. Atuar como o suplício de Tântalo: Isso *tantalizava!* (C. Neto).

Tântalo, s. m. V. *tantálio.*

Tantanguê, s. m. Certo brinquedo de esconder, entre crianças.

Tanto, adj. (l. *tantu*). 1. Tão grande, tamanho. 2. Tão numeroso. Adv. 1. Em tal quantidade, tão grande número de vezes. 2. Com tal força. 3. De tal maneira. S. m. 1. Porção, quantia, quantidade. 2. Igual quantidade. 3. Extensão, tamanho, volume. M. pl. Pron. ind. Tal número, tal porção.

Tão, adv. (l. *tam*). Tanto.

Taoca, s. f. *Entom.* Formiga-correição. Var.: *tanoca.*

Tão-só, adv. V. *tão-somente.*

Tão-somente, adv. Forma reforçada de *somente.*

Tapa[1], s. f. (gót. *tappa*). 1. *Zool.* Revestimento córneo, exterior, do casco das bestas; taipa. 2. Rolha de madeira, com que se tapa a boca das peças de artilharia. 3. Pedaço de pano, com que se vendam os olhos do burro pouco manso, para que se deixe arrear. 4. *Ictiol.* Peixe teleósteo (*Achirus achirus*).

Tapa[2], s. f. (de *tapa-boca*). 1. Pancada no rosto com a mão aberta; bofetão. 2. Argumento que não tem réplica.

Tapa-boca, s. m. 1. Bofetada na boca. 2. Espécie de manta de lã para agasalho da boca. Pl.: *tapa-bocas.*

Tapada, s. f. 1. Terreno murado; cercado. 3. Grande área com bosques, campos e água corrente, murada em toda a volta e destinada à criação e preservação da caça para gozo de particulares; parque.

Tapado, adj. 1. Encoberto, tampado. 2. Bronco, estúpido, ignorante. 3. Fechado, cerrado. 4. Sem interrupção; contínuo, seguido. S. m. Casacão de inverno usado pelas senhoras.

Tapador, s. m. 1. O que tapa. 2. Tampa.

Tapadouro, s. m. 1. Tampa. 2. Parte do eixo, que sai para fora da roda, nos coches. Var.: *tapadoiro.*

Tapadura, s. f. 1. Tapamento. 2. Tampa. 3. Tapume. 4. A porção de fio que tapa a trama; tecedura.

Tapagem, s. f. 1. Tapamento. 2. Tapume de varas, no rio, para apanhar peixe. 3. Excremento. 4. Barragem de terra com que se represam rios.

Tapaiúna, s. f. *Bot.* Grande árvore leguminosa-cesalpiniácea (*Dicorynia ingens*).

Tapajó, adj. m. e f. *Etnol.* Relativo aos Tapajós, numerosa tribo de índios brasileiros, das margens do Rio Tapajós. S. m. e f. Indígena dessa tribo.

Tapamento, s. m. 1. Ato ou efeito de tapar; tapadura, tapação, tapagem. 2. Cerca, tapume.

Tapanhaúna, s. m. e f. Nome dado aos negros africanos aqui residentes; tapaiúna, tapaiúno, tapanhuna, tapanhuno.

Tapanhoacanga, s. f. *Miner.* Canga[2].

Tapanhuna, s. m. e f. V. *tapanhaúna.*

Tapanhuno, s. m. V. *tapanhaúna.*

Tapa-olho, s. m. *Gír.* Soco no olho. Pl.: *tapa-olhos.*

Tapar, v. (b. al. *tap*). 1. Tr. dir. Cobrir com tampa ou testo; tampar. 2. Tr. dir. Obstruir a entrada de. 3. Tr. dir. Entupir. 4. Tr. dir. Arrolhar, fechar. 5. Tr. dir. Cercar com grade, muro, parede, tapagem ou tapume. 6. Tr. dir. Calar, fechar. 7. Tr. dir. Encobrir, vendar. 8. Pron. Estreitar-se, fechar-se. 9. Tr. dir. e pron. Abrigar(-se), cobrir(-se), resguardar(-se).

Tape, adj. m. e f. *Etnol.* Relativo aos Tapes, antiga tribo guarani do Rio Grande do Sul. S. m. e f. Indígena dos Tapes.

Tapeação, s. f. *Pop.* Ato ou efeito de tapear.

Tapeacuaçu, s. m. *Bot.* Planta tiliácea (*Luehea speciosa*).

Tapeador, adj. e s. m. Que, ou aquele que tapeia, logra.

Tapear[1], v. Tr. dir. e intr. Enganar, lograr, ludibriar.

Tapear[2], v. (*tapa*[2] + *ear*). Tr. dir. Dar tapas em; esbofetear. 2. Guiar (o cavalo) sem freio, com tapas.

Tapeçar, v. V. *atapetar.*

Tapeçaria, s. f. 1. Estofo, geralmente lavrado, para forrar móveis, paredes, soalhos etc.; alcatifa. 2. Conjunto de estofos e alcatifas. 3. As flores e a relva que cobrem um terreno. 4. Terreno coberto de verdura. 5. Lugar onde se fabricam ou se vendem tapetes.

Tapeceiro, s. m. Fabricante ou vendedor de tapetes.

Tapeira, s. f. *Entom.* V. *taipeira.*

Tapejara, s. m. (do tupi). 1. Indivíduo que conhece bem o território, seus caminhos e atalhos e serve de guia nas viagens. 2. Baqueano. 3. Vaqueano. 4. Bom timoneiro. Adj. Corajoso, destemido, valente, guapo. Var.: *tapijara.*

Tapema, s. m. V. *gavião-tesoura.*

Tapena, s. f. V. *gavião-tesoura.*

Tapera, s. f. (do tupi). 1. Casa velha e abandonada. 2. Fazenda ou aldeia abandonada e invadida pelo mato. 3. Casa ou prédio desabitado. 4. Lugar ruim e feio. Adj. m. e f. 1. Diz-se da pessoa a quem falta um olho ou os dois. 2. Amalucado, atoleimado, tonto.

Taperá, s. m. *Ornit.* Ave hirundinídea (*Phaeoprogne tapera tapera*), espécie de andorinha grande.

Taperebá, s. m. *Bot.* Cajá (fruto).

Taperebazeiro, s. m. *Bot.* Planta euforbiácea (*Codiaeum variegatum*); taperebazinho.

Taperebazinho, s. m. V. *taperebazeiro.*

Taperu, s. m. Larva de certos insetos produtora de bicheira nos animais. Var.: *tapuru.*

Taperuçu, s. m. *Ornit.* Andorinhão.

Tapetar, v. V. *atapetar.*

Tapete (*ê*), s. m. 1. Estofo fixo com que se revestem escadas, soalhos etc.; alcatifa. 2. Estofo móvel para colocar próximo das camas e dos sofás. 3. Relva; campo florido.

Tapiá, s. m. *Bot.* Árvore caparidácea (*Crataeva tapia*).

Tapiaí, s. f. *Entom.* Formiga da Bahia (*Paraponera clavata*).

Tapiara¹, s. f. Tainha do litoral do Rio Grande do Sul.

Tapiara², adj. e s., m. e f. Espertalhão; estradeiro, velhaco.

Tapichi, s. m. Bezerro não nascido, isto é, que foi tirado do ventre da vaca, quando abatida; nonato, vacaraí.

Tapiçuá, s. f. *Entom.* Abelha meliponídea (*Scaptotrigona tubiba*); tapiaçu, tapixuá.

Tapicuém, s. m. Casa de cupins, de forma cônica e da altura de um metro ou pouco mais.

Tapicuim (*u-ím*), s. m. V. *tapicuém.*

Tapicuru, s. m. *Ornit.* Nome popular dado a duas espécies de aves da família dos Tresquiornitídeos: *Mesembrinibis cayanensis* e *Phimosus infuscatus.*

Tapieira, s. f. *Entom.* Abelha meliponídea (*Melipona flavipennis*).

Tapigo, s. m. Barricada, sebe, tapume.

Tapiira, s. f. Anta.

Tapinambaba, s. f. Massame de linhas com anzóis das jangadas.

Tapinhoã, s. m. *Bot.* Árvore laurácea (*Mezilaurus navilium*), própria para construções navais.

Tapioca, s. f. (do tupi-guar.). 1. Fécula da raiz da mandioca reduzida a grumos. 2. Espécie de beiju, com uma camada de coco ralado.

Tapiocano, s. m. Caipira, matuto, tabaréu.

Tapiocuí, s. m. (t. tupi). Farinha de tapioca.

Tapir, s. m. *Zool.* Anta.

Tapira, s. f. V. *tapir.*

Tapira-caiena (*pirà*), s. f. *Bot.* Canafístula.

Tapiranga, s. f. *Ornit.* V. *tié-sangue.*

Tapirapecu, s. m. *Bot.* Planta leguminosa do Brasil (*Elephantopus scaber*).

Tapiretê, s. m. *Zool.* Nome indígena do tapir.

Tapiri, s. m. Palhoça provisória, em que se abrigam caminheiros, lavradores etc.; itapiri.

Tapiriba, s. f. Cajá (fruto).

Tapirídeo, adj. *Zool.* Relativo aos Tapirídeos. S. m. pl. Família (*Tapiridae*) de mamíferos perissodátilos, cujas espécies possuem quatro dedos nos pés anteriores e três nos posteriores; no Brasil, recebem o nome popular de *anta.* Somente nas Américas Central e do Sul e na Indonésia (uma única espécie) existem antas.

Tapirotério, s. m. *Paleont.* Gênero (*Tapirotherium*) de mamíferos fósseis, parecidos com o tapir.

Tapiti, s. m. *Zool.* Nome comum aos roedores da família dos Leporídeos que ocorrem na América do Sul, todos eles pertencentes ao gênero *Sylvilagus*; no Brasil há uma única espécie (*Sylvilagus brasiliensis*), também chamada *coelho-do-mato* e *lebre-brasileira.* Var.: *tapeti.*

Tapiú, s. m. *Entom.* Marimbondo da Amazônia (*Polybia dimidiata*), de picada dolorosa; tapiucaba.

Tapiucaba (*i-u*), s. m. V. *tapiú.*

Tapixaba, s. f. *Bot.* Planta escrofulariácea (*Scoparia dulcis*).

Tapiz, s. m. *Ant.* Tapete.

Tapizar, v. Tr. dir. e pron: Cobrir(-se) a modo de tapiz.

Tapona, s. f. *Pop.* Sopapo, tapa, bofetada.

Tápsia, s. f. 1. *Bot.* Gênero (*Thapsia*) da família das Umbelíferas, que compreende ervas da região mediterrânea. 2. *Bot.* Planta desse gênero, particularmente a espécie *Thapsia garganica*, que fornece uma resina medicinal.

Tapucaja, s. m. *Ornit.* Espécie de cegonha (*Euxenura maguari*); jaburu-moleque.

Tapuia, adj. m. e f. *Etnol.* Que diz respeito aos Tapuias, antiga nação de índios do Brasil, tronco de numerosas tribos, espalhadas principalmente pelo Maranhão e Ceará.

Tapuio, s. m. 1. Designação genérica do selvagem brasileiro. 2. Nome dado outrora pelos tupis aos indígenas inimigos. 3. Qualquer mestiço trigueiro e de cabelos lisos e pretos.

Tapuirana, s. f. Certo tecido, próprio para redes de descanso.

Tapulhar, v. Tr. dir. Aplicar tapulho a; vedar com tapulho.

Tapulho, s. m. Aquilo com que se tapa.

Tapume, s. m. 1. Cerca de madeira com que se veda um terreno, em especial uma construção em via pública. 2. Sebe, tapagem, valado.

Tapunhunacanga, s. f. V. *tapanhoacanga.*

Tapuru, s. m. 1. Taperu. 2. Bicho de fruta.

Tapuruca, s. f. Piçarra.

Taquara, s. f. Nome vulgar das diversas espécies de bambu; taboca.

Taquaral, s. m. Terreno onde há muitas taquaras; bambual, bambuzal, tabocal.

Taquaré, s. m. *Bot.* Tamaquaré.

Taquari, s. m. 1. *Bot.* Pequena taquara. 2. *Bot.* Planta gramínea (*Panicum horizontale*). 3. Cachimbo de bambu. Adj. m. e f. Diz-se da espingarda de pequeno calibre.

Taquariço, adj. Delgado, magro como o taquari.

Taquaruva, s. f. *Bot.* Espécie de taquara.

Taquear, v. Tr. dir. Revestir (o piso) de tacos.

Taqueira, s. f. Espécie de estante, fixa à parede, onde se colocam os tacos de bilhar.

Taqueiro, s. m. Indivíduo especializado no assentamento de soalhos de tacos.

taqueo-, elem. de comp. (gr. *takhus*). O mesmo que *taqui: taqueógrafo.*

Taqueógrafo, s. m. Aparelho empregado no traçado de cartas geográficas.

Taqueometria, s. f. Arte ou conjunto de operações para levantar plantas de relevo dos terrenos.

Taqueométrico, adj. Relativo à taqueometria.

Taqueômetro, s. m. Instrumento destinado ao levantamento topográfico e à medição de altitudes.

taqui-, elem. de comp. (gr. *takhus*). Exprime a idéia de *veloz, rápido: taquicardia, taquigrafia.*

Taquicardia, s. f. Aumento do número das pulsações cardíacas.

Taquifagia, s. f. *Med.* Hábito de comer muito depressa, com mastigação e insalivação insuficientes.

Taquifágico, adj. Relativo à taquifagia.

Taquigrafar, v. Tr. dir. e intr. Estenografar.

Taquigrafia, s. f. Estenografia.

Taquigráfico, adj. Estenográfico.

Taquígrafo, s. m. Estenógrafo.

Taquimetria, s. f. Medida de velocidade por meio de taquímetro.

Taquímetro, s. m. V. *tacômetro.*

Taquipnéia, s. f. *Med.* Respiração curta e acelerada.

Taquirá, s. m. *Bot.* Planta da família das Amarilidáceas.

Taquiri, s. m. Nome que os indígenas davam ao socó ainda novo.

Tar, s. m. *Mús.* Tipo de adufe ou pandeiro usado pelos povos do Norte da África.

Tara¹, s. f. (ár. *taraha*). 1. Peso da embalagem de uma mercadoria. 2. Peso de um veículo automóvel ou de um vagão de estrada de ferro, quando vazios. 3. Falha, quebra. 4. Defeito, mácula. 5. *Pop.* Defeito familiar, transmitido pela hereditariedade. 6. Anomalia das faculdades mentais ou físicas; desequilíbrio mental, falha intelectual.

Tara², s. f. 1. Antiga moeda de prata, na Índia meridional. 2. Peso de prata, no Sião (hoje Tailândia).

Tarã, s. f. *Ornit.* Ave da família dos Ibidídeos (*Cercibis oxycerca*). Habita a Amazônia; trombeteiro.

Tarado, adj. 1. Em que se marcou o peso da tara. 2. Que tem falha ou defeito. 3. Desequilibrado moral ou mentalmente. 4. Sexualmente degenerado; anormal. 5. Demasiadamente fascinado: *T.* por música. S. m. Indivíduo tarado; anormal.

Taraguira, s. m. *Herp.* Pequeno lagarto da família dos Iguanídeos (*Tropidurus torquatus*).

Taraíra, s. f. V. *traíra.*

Taralhão, s. m. *Pop.* 1. Indivíduo metediço, intrometido. 2. Rapaz já crescido.

Taralhar, v. Intr. Pipilar.

Taramá, s. m. *Bot.* Planta verbenácea, medicinal.

Tarambola, s. f. *Ornit.* Maçarico.

Tarambote, s. m. *Pop.* 1. Concerto vocal e instrumental. 2. Antiga canção popular.

Taramela, s. f. 1. Pequena peça de madeira que, girando em torno de um pino, serve para fechar porta, postigo, cancela etc. 2. Pequena peça de madeira que, ao bater na mó, faz cair os grãos por atrito, através da tremonha. 3. *Náut.* Espécie de cunha, para segurar a retranca nos navios. 4. Língua. 5. Pessoa tagarela.

Taramelagem, s. f. Palraria, tagarelice.

Taramelar, v. 1. Tr. ind. e intr. Dar à taramela; falar muito, palrar. 2. Tr. dir. Dizer, pronunciar.

Taramelear, v. V. *taramelar.*

Tarampabo, s. m. *Bot.* Espécie de palmeira (*Osnocarpus tarampabus*).

Tarampantão, s. m. Onomatopéia do som do tambor.

Tarantela, s. f. (ital. *tarantella*). 1. Dança napolitana de movimento rápido. 2. Música para essa dança.

Tarantismo, s. m. *Med.* Doença nervosa coreiforme, indevidamente outrora atribuída à mordedura da tarântula; tarantulismo.

Tarântula, s. f. 1. *Zool.* Aranha venenosa do Sul da Itália (*Lycosa tarentula*). 2. Medicamento preparado com o veneno dessa aranha. Var.: *tarêntula.*

Tarapé, s. m. Espécie de formiga (*Cryptocerus atratus*).

Tarapitinga, s. f. *Ictiol.* Peixe caraciníDeo de rio; traitinga.

Tarar, v. 1. Tr. dir. Pesar, para descontar a tara. 2. Tr. dir. Marcar (fardo, saco, volume etc.) com o peso da tara. 3. Intr. *Gír.* Agir como tarado.

Tarara, s. f. Ventilador para limpar o grão do trigo.

Tarará, s. m. Onomatopéia do som da trombeta.

Tararaca, s. f. *Zool.* Espécie de rato silvestre. Adj. m. e f. 1. Desajeitado, embaraçado. 2. Que anda às apalpadelas.

Tararucu, s. m. *Bot.* Planta leguminosa (*Cassia occidentalis*); fedegoso.

Tarasca, s. f. 1. Figura de um animal fabuloso que, segundo a lenda, teria vivido às margens do Ródano e fora dominado por Santa Marta. Em algumas cidades do Sul da França, era levada na procissão de Pentecostes. 2. Espada velha; chanfalho. 3. Monstro.

Tarasco, adj. Arisco, áspero, desabrido, esquivo.

Taratufo, s. m. Tubérculo comestível.

Taraxaco, s. m. *Bot.* Gênero (*Taraxacum*) da família das Compostas, constituído de ervas perenes com capítulos de flores, comumente amarelas, e aquênios com papo simples. Inclui o dente-de-leão.

Tarca, s. f. Pedaço de tábua ou sarrafo, em que se marca, por meio de pequenos cortes, o número de animais ou objetos que se pretende somar no fim da contagem.

Tardada, s. f. Tardança.

Tardador, adj. e s. m. Que, ou aquele que tarda, que é vagaroso.

Tardamento, s. m. V. *tardança.*

Tardança, s. f. Ação ou efeito de tardar; demora, delonga, tardada, tardamento.

Tardar, v. (l. *tardare*). 1. Tr. dir. Demorar, diferir, espaçar, retardar. 2. Tr. ind. e intr. Demorar-se, vir tarde. 3. Tr. ind. e intr. Proceder lentamente. 4. Tr. ind. Não se apressar.

Tarde, adj. 1. Fora do tempo ajustado, conveniente ou próprio. 2. Próximo à noite. S. f. Parte do dia entre as 12 horas e o anoitecer.

Tardeza, s. f. Qualidade de tardo.

tardi-, elem. de comp. (l. *tardu*). Exprime a idéia de *tarde* ou de *lentidão: tardígrado.*

Tardígrado, adj. *Poét.* Que anda vagarosamente; lentígrado. Antôn.: *citígrado.* S. m. pl. *Zool.* Subordem (*Tardigrada*) de mamíferos desdentados, notáveis pela lentidão dos movimentos, cujo representante mais conhecido é a preguiça.

Tardíloquo (*co*), adj. e s. m. Que, ou aquele que fala devagar, ou é gago.

Tardinha, s. f. *Pop.* O fim da tarde.

Tardinheiro, adj. e s. m. Que, ou aquele que é preguiçoso ou vagaroso, por hábito.

Tardio, adj. (l. *tardivu*). 1. Que chega fora de tempo; serôdio. 2. Tardo.

Tardo, adj. Que anda vagarosamente; preguiçoso, tardonho.

Tardonho, adj. V. *tardo.*

Tardoz, s. m. Lado tosco de uma pedra de cantaria que fica para dentro da parede.

Tarear, v. Tr. dir. Tarar.

Tarecada, s. f. 1. Ação de tareco; traquinada. 2. Grande número de tarecos; tarecagem, tarecama.

Tarecagem, s. f. V. *tarecada.*

Tarecama, s. f. V. *tarecada.*

Tareco, s. m. (ár. *tarik*). 1. Indivíduo inquieto, traquinas. 2. Pão-de-ló, em pequenas rodelas. 3. Bolo frito. 4. Caminho ruim. S. m. pl. Mobília ou utensílios usados e de pouco valor.

Tarefa, s. f. (ár. *tareha*). 1. Obra ou porção de trabalho que tem de ser concluído num determinado prazo. 2. O trabalho tomado por empreitada.

Tarefeiro, s. m. 1. Indivíduo que se encarrega de uma tarefa; empreiteiro. 2. Empregado cujo salário é pago por tarefa.

Tarega, s. f. Adeleiro de tarecos; ferro-velho.

Taregicagem, s. f. Profissão de tarega.

Tareia, s. f. Sova, surra, tunda.

Tarelar, v. Intr. Tagarelar.

Tarelice, s. f. Tagarelice.

Tarelo, s. m. Indivíduo tagarela.

Tarentino, adj. Relativo a Tarento, cidade da Itália. S. m. Habitante ou natural de Tarento.

Tarêntula, s. f. V. *tarântula.*

Tareroqui, s. m. *Bot.* Arbusto da família das Leguminosas (*Cassia bi-capsularis*); mata-pasto-vermelho.

Targana, s. f. *Ictiol.* Tainha.

Targum, s. m. (t. hebr.). Tradução e comentário do Antigo Testamento, feito em língua caldaica, para os judeus que não conheciam o hebraico e viveram durante o cativeiro da Babilônia.

Tari, s. m. Licor alcoólico, feito com o suco fermentado de certas palmeiras.

Tarifa, s. f. (ár. *ta'rif*). 1. Tabela de direitos alfandegários. 2. Tabela de preços de serviços públicos, de incidência de certos impostos e taxas.

Tarifar, v. Tr. dir. Aplicar tarifa a.

Tarifário, adj. Relativo a tarifas.

Tarima, s. f. 1. Estrado com alcatifa, debaixo de dossel. 2. Tarimba.

Tarimba, s. f. (epêntese de *tarima*). 1. Estrado sobre o qual dormem os soldados nos quartéis e postos da guarda. 2. Qualquer estrado onde se descansa ou dorme. 3. Experiência. 4. Vida militar.

Tarimbar, v. Intr. *Pop.* Ser soldado; servir no exército.

Tarimbeiro, adj. 1. Que dorme em tarimba. 2. Grosseiro, incivil. 3. Diz-se do oficial que passou pelos postos de soldado, cabo e sargento, sem ter seguido o curso superior. S. m. Oficial tarimbeiro.

Tarioba, s. f. *Zool.* Molusco bivalve comestível (*Ephigenia brasiliensis*).

Tarira, s. f. *Ictiol.* V. *traíra.*

Tariri, s. m. *Bot.* Planta simarubácea (*Picramnia tariri*).

Tarja, s. f. (fr. *targe*). 1. Ornato que contorna um objeto; guarnição, orla. 2. Cercadura na margem do papel formada por lista de cor, especialmente preta. 3. Escudo antigo.

Tarjado, adj. 1. Guarnecido com tarja. 2. Gravado.

Tarjar, v. Tr. dir. Guarnecer, orlar de tarja.

Tarjeta (*ê*), s. f. 1. Pequena tarja. 2. Tranqueta de ferro corrediça, para fechar portas e janelas.

Tarlatana, s. f. Tecido aberto e engomado, usado em golas, fantasias de bailarina, forros de vestidos etc.; bocaxim, entretela.

Tarol, s. m. V. *tarola*.

Tarola, s. f. Tambor achatado usado nas bandas de música; tarole, tarol.

Tarole, s. m. V. *tarola*.

Tarolo (*ô*), s. m. Pequeno toro ou acha de lenha.

Taroque, s. m. V. *cornimboque*.

Tarouco, adj. 1. Apatetado, idiota. 2. Desmemoriado por efeito da idade.

Tarouquice, s. f. Idiotice, parvoíce.

Tarrabufado, s. m. Palavreado enfático; prosápia.

Tarraçada, s. f. *Pop.* Grande porção de bebida; tigelada.

Tarraco, adj. e s. m. Diz-se de, ou homem baixo e gordo; atarracado.

Tarraço, s. m. Tarro grande.

Tarraconense, adj. m. e f. Relativo a Tarragona, Espanha. S. m. e f. Habitante ou natural de Tarragona.

Tarrada, s. f. 1. Porção de líquido que um tarro pode conter. 2. Tarro cheio.

Tarrafa, s. f. 1. Pequena rede de pesca, de forma circular; chumbeira, esparavel. 2. *Pop.* Capa ou capote roto. 3. Espécie de renda.

Tarrafar, v. V. *tarrafear*.

Tarrafear, v. Intr. 1. Pescar com tarrafa. 2. Pegar na cauda do boi, para derrubá-lo.

Tárraga, s. f. Certa dança espanhola do século XVII.

Tarraxa, s. f. (cast. *tarraja*). 1. Parafuso, cavilha, cunha. 2. Utensílio de serralheiro com que se fazem roscas em parafusos ou porcas.

Tarraxar, v. Tr. dir. Atarraxar.

Tarraxo, s. m. Tarraxa, acep. 1.

Tarro, s. m. Vaso para onde se ordenha o leite.

Tarsal, adj. m. e f. V. *tarsiano*.

Tarsalgia, s. f. *Med.* Dor no tornozelo ou no pé ao nível do tarso.

Tarsiano, adj. Relativo ao tarso; társico, tarsal.

Társico, adj. V. *tarsiano*.

Tarso, s. m. 1. *Anat.* Parte traseira do pé, composta de sete ossos. 2. *Ornit.* Terceiro artículo do pé das aves. 3. Sexta peça do pé simples dos crustáceos. 4. A última parte do pé dos insetos.

Tartago, s. m. *Bot.* Planta euforbiácea (*Euphorbia lathyris*), de sementes purgativas; catapúcia, látire.

Tartamelar, v. V. *tartamudear*. Var.: *tartamelear*.

Tartamudear, v. 1. Intr. Falar defeituosamente, por medo ou susto; gaguejar. 2. Tr. dir. Balbuciar.

Tartamudez, s. f. 1. Estado de tartamudo. 2. Dificuldade em falar; gagueira.

Tartamudo, adj. e s. m. 1. Que, ou aquele que tartamudeia. 2. Que, ou aquele que pronuncia as palavras a custo.

Tartarato, s. m. *Quím.* Sal do ácido tartárico.

Tartarear, v. Intr. 1. Tartamudear. 2. Chalrear (falando da criança).

Tartáreo, adj. *Poét.* Relativo ao Tártaro ou Inferno; tartárico.

Tartárico[1], adj. (*tártaro*[1] + *ico*). *Poét.* Tartáreo.

Tartárico[2], adj. (*tártaro*[2] + *ico*). Diz-se dos tártaros e das línguas uralo-altaicas.

Tartarizar, v. Tr. dir. *Quím.* Misturar com tártaro; preparar com tártaro; purificar com sal de tártaro.

Tártaro[1], s. m. (l. *tartaru*). 1. *Poét.* O Inferno. 2. *Odont.* Incrustação calcária, que se forma sobre os dentes; odontólito. 3. Substância que, sob a forma de crosta, adere às paredes das vasilhas de vinho; sarro.

Tártaro[2], adj. (turco *tatar*). Relativo à Tartária (Ásia). S. m. O natural ou habitante da Tartária.

Tartaroso, adj. Que tem tártaro; tartárico, tartáreo.

Tartaruga, s. f. (l. *tartuca*)[1]. *Herp.* Denominação geral dada aos répteis quelônios aquáticos, que somente sobem à terra para desovar.

Tartarugada, s. f. Iguaria preparada com carne de tartaruga.

Tartaruguinha, s. f. *Entom.* Certo inseto coleóptero.

Tartéssio, adj. Relativo a Tartesso, antiga cidade da Bética. S. m. O natural ou habitante de Tartesso.

Tartuficar, v. Tr. dir. Iludir, imposturar com tartufices.

Tartufice, s. f. Ação ou dito de tartufo; tartufismo.

Tartufismo, s. m. V. *tartufice*.

Tartufo, s. m. 1. Indivíduo hipócrita. 2. Falso devoto.

Tarubá, s. m. Bebida fermentada de mandioca ralada, dissolvida em água.

Taruca, s. f. *Zool.* V. *vicunha*. Var.: *taruga*.

Tarugar, v. Tr. dir. Prender ou pregar com tarugo.

Tarugo, s. m. 1. Cavilha de madeira com que se ligam duas peças de madeira ou de outra substância. 2. Prego de madeira. 3. Homem forte, baixo e grosso.

Tarumã, s. m. *Bot.* 1. Árvore verbenácea (*Vitex orinocensis*). 2. Árvore verbenácea (*Vitex polygama*); maria-preta.

Tarumaí, s. m. *Bot.* Árvore ramnácea (*Rhamnidium elaeocarpum*).

Tasca[1], s. f. (cast. *tasca*). Restaurante ordinário; taberna, tasco[2].

Tasca[2], s. f. (de *tascar*). 1. Ação ou efeito de tascar. 2. *Pop.* Sova, surra.

Tascadeira, s. f. Mulher que tasca o linho.

Tascante[1], adj. m. e f. (de *tascar*). Que tasca.

Tascante[2], s. m. (de *tasca*[1]). *Pop.* Tasqueiro.

Tascar, v. Tr. dir. 1. Tirar o tasco de (o linho); espadelar. 2. Morder (o freio) entre os dentes (diz-se do cavalo). 3. Morder, mordiscar, roer. 4. Rasgar (os botões) quando vêm caindo. 5. Sovar, zurzir. 6. Lançar (escuma) da boca, rangendo os dentes (diz-se do javali e do caititu).

Tasco[1], s. m. (de *tascar*). 1. Casca de linho; tomento. 2. *Fam.* Pedaço, bocado.

Tasco[2], s. m. V. *tasca*[1].

Tasmânia, s. f. *Bot.* Planta da família das Fagáceas (*Fagus cunninghami*).

Tasmaniano, adj. Relativo à Tasmânia, ilha próxima à Austrália. S. m. O natural ou habitante da Tasmânia.

Tasneira, s. f. *Bot.* Erva da família das Compostas (*Senecio jacobaea*).

Tasneirinha, s. f. *Bot.* Espécie de tasneira (*Senecio vulgaris*).

Tasqueiro, s. m. Dono de tasca; taberneiro.

Tasquinha, s. f. (de *tasco*). Espadela.

Tasquinhar, v. 1. Tr. dir. Tascar. 2. Tr. ind. e intr. Comer pouco, sem apetite; debicar. 3. Tr. ind. e intr. Falar mal da vida alheia; detrair, detratar, difamar.

Tassalho, s. m. *Fam.* Grande pedaço; grande fatia; um bom naco.

Tatá, s. m. 1. Fogo, na língua tupi. 2. Espírito protetor na macumba.

Tatajiba, s. f. V. *tatajuba*.

Tatajuba, s. f. *Bot.* Planta morácea (*Morus tinctoria*).

Tatalar[1], v. (onom.). 1. Intr. Produzir som seco, como o de ossos a se chocarem. 2. Tr. dir. e intr. Agitar, produzindo um ruído seco; rumorejar.

Tatalar[2], s. m. (t. onom.). Ruído como o do ar agitado por asas ao soltarem o vôo.

Tatamba, s. m. e f. Pessoa que fala mal; tatibitate.

Tataporas, s. f. pl. *Pop.* Cataporas.

Tataraneto, s. m. *Pop.* V. *tetraneto*.

Tataranha, adj. e s., m. e f. *Fam.* Diz-se de, ou pessoa acanhada, tímida.

Tataranhar, v. Intr. 1. *Fam.* Tartamudear. 2. Acanhar-se, atrapalhar-se, embaraçar-se.

Tataranho, adj. e s. m. Que, ou aquele que tataranha.

Tataravô, s. m. *Pop.* V. *tetravô*.

Tátaro, adj. e s. m. (t. onom.). 1. Que, ou quem fala trocando o *c* por *t*; tartamudo, tatibitate. 2. Gago.

Tate, interj. Alto lá!, cautela!, cuidado! Adv. Assim aconteceu, assim foi.

Tateante, adj. m. e f. Que tateia.

Tatear, v. 1. Tr. dir. Aplicar o tato a; apalpar. 2. Intr. Procurar conhecer por meio de tato. 3. Tr. ind. e intr. Apalpar, tocar com as mãos, com os pés ou com algum objeto, para se guiar. 4. Tr. dir. Procurar localizar, sondando ou pesquisando. 5. Tr. dir. Examinar, apalpando ou sondando com cautela.

Tateável, adj. m. e f. Que se pode tatear.

Tateto (*ê*), s. m. 1. Caititu. 2. Espécie de formiga.

Tatibitate, adj. m. e f. (t. onom.). 1. Diz-se de pessoa acanhada, irresoluta, perplexa. 2. Diz-se de pessoa tartamuda ou tataranha. S. m. e f. Pessoa tatibitate.

Tática, s. f. 1. Arte de empregar as tropas no campo de batalha com ordem, rapidez e recíproca proteção, segundo as condições de suas armas e do terreno. 2. Maneira hábil de conduzir um negócio, uma empresa etc. Var.: *táctica.*

Tático, adj. Relativo à tática. S. m. Indivíduo perito em tática.

Taticografia, s. f. 1. Delineamento de manobras militares. 2. Representação gráfica de evoluções guerreiras. Var.: *tacticografia.*

Taticumã, s. m. V. *picumã.*

Tátil, adj. m. e f. 1. Relativo ao tato. 2. Suscetível de ser tateado. Var.: *táctil.*

Tatilidade, s. f. 1. Faculdade de sentir ou de ser sentido pelo tato. 2. Qualidade tátil. Var.: *tactilidade.*

Tatismo, s. m. *Biol.* Movimento reflexo, translativo ou orientador, de um organismo comumente simples, livremente móvel, que constitui uma reação positiva (atração) ou negativa (repulsão) a uma fonte de estímulos (como luz ou temperatura); taxia. Var.: *tactismo.*

Tato, s. m. (l. *tactu*). 1. O sentido pelo qual temos o conhecimento da forma, temperatura, consistência, pressão, estado da superfície e peso dos objetos. 2. A sensação causada pelos objetos quando os apalpamos. 3. O ato de apalpar, de tatear. 4. Prática, sisudez, tino. 5. Delicadeza, discrição.

Tatu[1], s. m. 1. *Zool.* Designação comum de vários mamíferos cavadores, na maioria noturnos, que constituem a família dos Dasipodídeos. 2. Variedade de porco doméstico; canastrinha. S. m. pl. Diz-se dos irmãos que não têm irmã ou das irmãs que não têm irmão. — *T.-bola*: mamífero dasipodídeo (*Tolypeutes tricinctus*). *T.-galinha*: tatu de coloração escura (*Dasypus novemcinctus*).

Tatu[2], s. m. Bailado campestre, espécie de fandango, acompanhado a viola.

Tatuagem, s. f. 1. Processo de introduzir debaixo da epiderme substâncias corantes, para produzir desenhos ou pinturas. 2. O desenho ou pintura feitos por esse processo. 3. Marca, sinal.

Tatuaíva, s. m. V. *tatupeba.*

Tatuapara, s. m. V. *tatu-bola.*

Tatuar, v. Tr. dir. Desenhar ou pintar (em parte do corpo), figuras ou imagens; fazer tatuagem em.

Tatuetê, s. m. *Zool.* Tatu-galinha.

Tatuí, s. m. *Zool.* Pequeno crustáceo (40mm) decápode (*Emerita brasiliensis*).

Tatupeba, s. m. *Zool.* Denominação das várias espécies de tatus do gênero *Euphractus*; tatuaíva.

Tatuquira, s. m. *Entom.* Nome de um mosquitinho sugador de sangue (*Phlebotomus squamiventris*).

Tatura, s. f. Ato ou efeito de tatear.

Taturana, s. f. 1. *Entom.* Lagarta de mariposas e de algumas borboletas, cujos pêlos abundantes e peculiares provocam queimaduras. 2. Indivíduo albino. Var.: *tatorana.*

Tatuzinho, s. m. *Zool.* Crustáceo decápode da ordem dos Isópodes (*Oniscus asellus*), que encurva o corpo, à maneira dos tatus, quando assustado.

Tau[1], s. m. 1. Décima nona letra do alfabeto grego, correspondente ao nosso T. 2. Insígnia em forma de T, que os cônegos de Santo Antão usavam no seu hábito.

Tau[2], interj. Voz imitativa de tiro ou pancada.

Tauá, s. m. 1. Argila aluvional amarela de perôxido de ferro, empregada para colorir a louça de barro. 2. A tinta extraída dessa argila. Var.: *taguá.*

Tauaçu, s. m. Pedra furada, que serve de âncora às jangadas.

Tauanã, s. m. *Entom.* Espécie de cigarra de cor verde.

Tauari, s. m. 1. *Bot.* Nome comum a diversas árvores lecitidáceas. 2. Fibra têxtil extraída de algumas dessas árvores, usada como mortalha de cigarro. 3. Pequena palhoça nas feitorias, roças e seringais.

Tauísmo, s. m. Uma das três religiões chinesas, fundada no século VI a.C., decorrente das pregações de Lao-Tsé, cujos adeptos adoram o Criador sob o nome de Tau.

Tauísta, adj. e s., m. e f. Que, ou pessoa que é sectária do tauísmo.

Taumaturgia, s. f. Obra de taumaturgo.

Taumatúrgico, adj. Relativo à taumaturgia.

Taumaturgo, adj. e s. m. Que, ou aquele que faz milagres.

Táureo, adj. *Poét.* Taurino.

tauri-, elem. de comp. (l. *tauru*). Exprime a idéia de *touro: tauricéfalo.*

Tauricéfalo, adj. V. *taurocéfalo.*

Tauricórneo, adj. Que tem cornos de touro.

Tauricorno, adj. (*tauri* + *corno*[1]). O mesmo que *tauricórneo.*

Taurífero, adj. Em que pastam ou em que se criam touros.

Tauriforme, adj. m. e f. 1. Que tem forma de touro. 2. Semelhante a touro, no aspecto.

Taurino, adj. Relativo a touro; táureo.

tauro-, elem. de comp. (gr. *tauros*). Exprime a idéia de *touro: tauromaquia.*

Taurocéfalo, adj. Que tem cabeça de touro; tauricéfalo.

Tauromaquia, s. f. A arte de tourear.

Tauromáquico, adj. Relativo à tauromaquia.

tauto-, elem. de comp. (gr. *tautos*). Exprime a idéia de *mesmo, idêntico: tautofonia, tautograma.*

Tautocronismo, s. m. V. *sincronismo.*

Tautócrono, adj. V. *sincrônico.*

Tautofonia, s. f. Repetição excessiva do mesmo som.

Tautofônico, adj. Relativo à tautofonia.

Tautograma, s. m. Composição poética em que a grande maioria das palavras, ou todas elas, começam pela mesma letra.

Tautologia, s. f. 1. *Gram.* Vício de linguagem, que consiste em repetir a mesma coisa, de maneiras diferentes.

Tautológico, adj. Relativo à tautologia. 2. Que tem o caráter de tautologia.

Tautomeria, s. f. *Quím.* V. *tautomerismo.*

Tautomerismo, s. m. *Quím.* Propriedade de certos corpos químicos de existirem sob diversas formas de equilíbrio.

Tautometria, s. f. Excesso de simetria, que degenera em vício; monotonia.

Tautométrico, adj. Pertencente ou relativo à tautometria.

Tautossilabismo, s. m. Repetição de sílabas iguais, formando vocábulos de uso familiar: Lulu, Mimi, Totó, Zezé.

Tauxia, s. f. Ornamento de ouro ou prata, embutido em aço ou ferro.

Tauxiar, v. Tr. dir. 1. Lavrar ou ornamentar com tauxia. 2. Embutir, embeber. 3. Enrubescer, ruborizar.

Tavão, s. m. *Entom.* Mutuca.

Taverna, s. f. V. *taberna.*

Taverneiro, adj. V. *tabernal.* S. m. V. *taberneiro.*

Tavoca, s. f. Restinga de mata de carrascal.

Távola, s. f. V. *tábula.*

Tavolageiro, s. m. V. *tabulageiro.*

Tavolagem, s. f. 1. Casa de jogo. 2. O vício do jogo. Var.: *tabulagem.*

Tavolatura, s. f. V. *tablatura.*

Taxa, s. f. 1. Preço fixo, regulamentado por uma convenção ou uso. 2. Cifra, preço em geral. 3. Porcentagem do capital que dá, na unidade de tempo, os juros de uma quantia aplicada.

Taxação, s. f. 1. Ato ou efeito de taxar. 2. Tributo antigo, que se pagava aos administradores da fazenda nacional.

Taxáceas (*xs*), s. f. pl. *Bot.* Família (*Taxaceae*) que compreende árvores e arbustos coníferos.

Taxáceo (*cs*), adj. Relativo à família das Taxáceas.

Taxador, adj. e s. m. Que, ou aquele que taxa.

Taxar, v. 1. Tr. dir. Determinar, estabelecer a taxa do preço de. 2. Tr. dir. Lançar um imposto sobre. 3. Tr. dir. Determinar, fixar (certa porção ou quantia). 4. Tr. dir. Limitar, moderar, regrar.

Taxativo, adj. 1. Que taxa; limitativo, restritivo. 2. Que não admite contestação.

Taxe (*cs*), s. f. *Cir.* Pressão, feita sobre uma hérnia para reduzi-la.

taxi-[1] (*cs*), elem. de comp. (gr. *taxis*). Exprime a idéia de *disposição, ordem, arranjo: taxionomia.*

taxi-[2] (*cs*), elem. de comp. (l. *taxu*). Exprime a idéia de *teixo: taxícola, taxiforme.*

taxi-[3] (*cs*), elem. de comp. (de *taxa*). Exprime a idéia de *taxa: taxímetro.*

Taxi[4], s. m. *Bot.* 1. Planta gencianácea (*Tachia guianensis*). 2. Árvore poligonácea (*Triplaris schomburgkiana*). S. f. *Entom. Reg.* (Norte). Designação de certas formigas vermelhas, que se alojam nos pedúnculos das folhas do taxi.

Táxi (*cs*), s. m. 1. Forma abreviada de *taxímetro.* 2. Veículo automóvel de praça, provido de taxímetro.

Taxia (*cs*), s. f. (*taxi*[1] + *ia*). 1. Arranjo, disposição, ordem. 2. Tatismo.

Taxícola (*cs*), adj. m. e f. *Bot.* Que vive como parasito no tronco dos teixos.

Taxidermia (*cs*), s. f. V. *taxiodermia.*

Taxidérmico (*cs*), adj. V. *taxiodérmico.*

Taxidermista (*cs*), s. m. e f. V. *taxiodermista.*

Taxiforme (*cs*), adj. m. e f. *Bot.* Diz-se da planta cujas folhas têm disposição quase igual à do teixo.

Taxímetro (*cs*), s. m. Aparelho que registra a quantia em dinheiro de uma corrida de automóvel pela quilometragem percorrida.

Taxíneo (*cs*), adj. Relativo ou semelhante ao teixo.

Taxinomia (*cs*), s. f. V. *taxionomia.*

táxio- (*cs*), elem. de comp. O mesmo que *taxi*[1].

Taxiodermia (*cs*), s. f. Arte de empalhar animais.

Taxiodérmico (*cs*), adj. Relativo à taxiodermia.

Taxiodermista (*cs*), s. m. e f. Especialista em taxiodermia.

Taxionomia (*cs*), s. f. 1. Ciência da classificação dos seres vivos. 2. *Biol.* Sistemática. 3. *Gram.* Parte que trata da classificação das palavras. Sin.: *taxinomia, taxonomia.*

Taxionômico (*cs*), adj. Relativo à taxionomia.

Taxira, s. f. *Entom.* Espécie de formiga.

Taxirana, s. f. *Bot.* Planta leguminosa-cesalpiniácea (*Sclerolobium chrysophyllum*).

Taxizal, s. m. Lugar onde abundam taxizeiros.

Taxizeiro, s. m. (de *taxi*[4]). *Bot.* Nome de várias plantas leguminosas-poligonáceas da Amazônia.

Taxo[1] (*cs*), s. m. *Bot.* Gênero (*Taxus*) típico da família Taxáceas. Inclui o teixo.

taxo-[2] (*cs*), elem. de comp. (gr. *taxis*). O mesmo que *taxi*[1]; *taxonomia.*

Taxonomia (*cs*), s. f. V. *taxionomia.*

Taylorismo (*tei*), s. m. Sistema de organização industrial devido a Frederick W. Taylor, engenheiro e economista norte-americano (1856-1915); é baseado nos princípios da divisão de tarefas, a fim de se conseguir, com o mínimo de tempo e de atividade, o máximo de rendimento.

Tcheco, adj. e s. m. Forma abreviada de *tcheco-eslovaco.*

Tcheco-eslovaco, adj. Relatico à Tcheco-Eslováquia, Europa. S. m. 1. O natural ou habitante desse país. 2. Língua falada nesse país. Pl.: *tcheco-eslovacos.*

Te, pron. pess. m. e f. Designa a 2ª pessoa tomada como objeto direto e equivalente a *a ti.*

Té, prep. Aférese de *até.*

Tê, s. m. 1. Nome da letra T, t. 2. Qualquer peça que tenha a forma da letra T: Régua-*tê.*

Teáceas, s. f. pl. *Bot.* Família (*Theaceae*) que compreende árvores e arbustos com grandes flores pentâmeras regulares. Inclui a camélia.

Teáceo, adj. Relativo à família das Teáceas.

Teagem, s. f. 1. Teia, tela. 2. *Anat.* Membrana celular reticulada.

Teantropia, s. f. *Teol.* Tratado que diz respeito a Deus feito homem.

Teantropista, s. m. e f. Pessoa que atribui a Deus qualidades ou paixões humanas.

Teantropo (*trô*), s. m. Jesus Cristo considerado como Deus e homem.

Tear, s. m. (l. *telare*). 1. Máquina destinada a tecer fios, transformando-os em tecidos, tapetes etc. 2. O conjunto das rodas de um relógio.

Teatinada, s. f. Porção de teatinos.

Teatinar, v. Intr. Levar vida nômade ou erradia; vagabundear.

Teatino, s. m. 1. Membro da ordem de clérigos regulares fundada em Roma, em 1524, por São Caetano Tiene e o Cardeal Pedro Caraffa (mais tarde Paulo IV), então Bispo de Teate (hoje Chiete), donde o nome da fundação. 2. O cavalo ou boi, ou a coisa que não se sabe a quem pertence. 3. Forasteiro.

Teatrada, s. f. Função teatral.

Teatral, adj. m. e f. 1. Relativo a teatro. 2. Próprio de teatro. 3. Que procura efeito sobre o espectador. 4. Espetaculoso, ostentoso.

Teatralidade, s. f. Qualidade de teatral.

Teatralismo, s. m. Conjunto de efeitos teatrais.

Teatrista, adj. e s., m. e f. Que, ou quem habitualmente freqüenta teatros.

Teatro, s. m. 1. Edifício destinado à representação de obras dramáticas, óperas ou outros espetáculos públicos. 2. Conjunto das obras dramáticas de um autor, de uma época, uma nação. 3. Lugar onde se verifica qualquer acontecimento notável.

Teatrólogo, s. m. Escritor que compõe peças teatrais.

Teba, adj. e s., m. e f. V. *tebas.*

Tebaico, adj. 1. Tebano. 2. *Farm.* Diz-se do extrato aquoso do ópio.

Tebano, adj. Relativo a Tebas, cidade da Grécia antiga e do antigo Egito; tebaico.

Tebas, adj. m. sing. e pl. 1. Diz-se de, ou indivíduo destemido, valente. 2. Diz-se de, ou indivíduo graúdo, importante.

Teca[1], s. f. 1. *Bot.* Árvore verbenácea da Ásia (*Tectona grandis*). 2. *Bot.* Árvore leguminosa-papilionácea do Brasil (*Andira excelsa*). 3. *Gír.* Dinheiro.

Teca[2], s. f. (l. *theca*). 1. *Bot.* Urnário dos musgos. 2. *Bot.* Esporângio dos fetos. 3. *Bot.* Saco polínico. 4. *Biol.* Célula-mãe.

-teca[3], suf. O mesmo que *teco-*[2]: *discoteca.*

Tecar, v. Intr. Bater uma bolinha em outra, no jogo infantil do gude.

Tecedeira, s. f. Fem. de *tecedor.*

Tecedor, adj. 1. Que tece pano. 2. Intrigante, mexeriqueiro. S. m. 1. Aquele que tece pano; tecelão. 2. Indivíduo intrigante, mexeriqueiro, enredeiro.

Tecedura, s. f. 1. Ação de tecer; tecelagem. 2. Conjunto dos fios que atravessam a urdidura. 3. Enredo, intriga, trama.

Tecelagem, s. f. 1. Tecedura. 2. Ofício de tecelão.

Tecelão, s. m. Aquele que tece pano ou trabalha em teares; tecedor.

Tecer, v. (l. *texere*). 1. Tr. dir. Fazer (teia ou tecido) com fios; tramar, urdir. 2. Tr. dir. Compor, entrelaçando. 3. Pron. Enredar-se, entrelaçar-se. 4. Tr. dir. Entrecortar, mesclar. 5. Tr. dir. Compor, coordenar, fazer. 6. Pron. Organizar-se, preparar-se. 7. Tr. dir. Armar, engendrar, preparar. 8. Intr. Fazer intrigas.

Tecido, adj. 1. Que foi feito no tear. 2. Urdido, preparado, apropriado. S. m. 1. Pano preparado no tear. 2. Trama de fios; urdidura. 3. *Biol.* Reunião de células com a mesma estrutura, exercendo determinada função.

Tecla, s. f. (l. *tudicula*, dim. de *tudes*). 1. Peça móvel de instrumento, aparelho ou máquina, que se comprime ou em que se toca, para obter certo efeito: *Teclas* do piano, da máquina de escrever etc. 2. *Por ext.* Assunto com as mesmas implicações preferenciais numa conversa ou debate.

Teclado, s. m. Conjunto de teclas de um instrumento ou aparelho.

Teclar, v. Intr. Bater nas teclas de.

Tecnécio, s. m. *Quím.* Elemento metálico cristalino, radioativo. Símbolo Tc, número atômico 43, massa atômica do isótopo mais estável 99.

Técnica, s. f. 1. Conhecimento prático; prática. 2. Conjunto dos métodos e pormenores práticos essenciais à execução perfeita de uma arte ou profissão.

Técnico, adj. Próprio de uma arte ou ramo específico de atividade. S. m. 1. Aquele que é perito numa atividade. 2. *Esp.* Treinador de um conjunto esportivo.

Tecnicolor (*ôr*), adj. m. e f. Diz-se de certo processo de cinema em cores.

tecno-, elem. de comp. (gr. *tekhne*). Exprime a idéia de *arte, ofício: tecnografia, tecnologia.*

Tecnocracia, s. f. Sistema de organização política e social em que predominam os técnicos.

Tecnografia, s. f. Descrição das artes e dos seus processos.

Tecnologia, s. f. 1. Tratado das artes em geral. 2. Vocabulário peculiar a um ramo determinado do conhecimento, teórico ou prático. 3. Aplicação dos conhecimentos científicos à produção em geral.

Tecnológico, adj. Relativo à tecnologia.

Tecnologista, s. m. e f. V. *tecnólogo.*

Tecnólogo, s. m. Pessoa versada em tecnologia; tecnologista.

Teco[1], s. m. Choque de uma bola em outra, no gude.

teco-[2], elem. de comp. (gr. *theke*). Exprime a idéia de *alvéolo, cofre, urna: tecodonte, discoteca.*

Tecó[1], s. m. 1. Cacoete, hábito. 2. Defeito. 3. Estado habitual do indivíduo.

Tecó[2], adv. *Gír.* Como sempre, na forma do costume.

Tecodonte, s. m. *Zool.* Animal que tem os dentes implantados em alvéolos.

Teco-teco, s. m. (t. onom.). Pequeno avião, próprio para treinamento de pilotos ou para cobrir curtas distâncias.

Tectônica, s. f. 1. *Geol.* Estudo das alterações dos terrenos sob efeito das forças internas, posteriormente à sua formação; geotectônica, geodinâmica. 2. Arte de construir edifícios. Var.: *tetônica.*

Tectônico, adj. Relativo à tectônica. Var.: *tetônico.*

Tectriz, adj. e s. f. 1. *Anat.* Diz-se das, ou cada uma das lâminas que constituem a parte posterior do osso frontal. 2. *Zool.* Diz-se das, ou cada uma das penas que cobrem as rêmiges e as retrizes.

Teçuda, s. m. Rosário dos pretos malês.

Tecum, s. m. Fibra têxtil que se extrai de uma espécie de palmeira, a tucum.

Tédio, s. m. Aborrecimento, desgosto, enfado, fastio.

Tedioso, adj. Que inspira ou causa tédio; fastiento.

Tefe-tefe, s. m. (t. onom.). *Pop.* O arfar do peito; o pulsar do coração. Pl.: *tefe-tefes.* Adv. Aos saltinhos.

tefro-, elem. de comp. (gr. *tephra*). Exprime a idéia de *cinza: tefromancia.*

Tefromancia, s. f. Adivinhação por meio da cinza dos sacrifícios.

Tefromante, s. m. e f. Pessoa que praticava a tefromancia.

Tefromântico, adj. Relativo à tefromancia.

Tegme, s. m. *Bot.* Tegumento interno das sementes que têm duplo tegumento.

Tégmina, s. f. *Entom.* Asa anterior dos ortópteros, mais ou menos coriácea.

Tegui, s. m. *Ornit.* Tovaca.

Tégula, s. f. *Entom.* Pequeno lobo do mesotórax, que cobre a articulação das asas de insetos, como nos lepidópteros.

Tegumentar, adj. m. e f. Relativo a tegumento; tegumentário.

Tegumentário, adj. V. *tegumentar.*

Tegumento, s. m. 1. Aquilo que reveste externamente o corpo do homem e dos animais (a pele, as escamas, as penas, os pêlos etc.). 2. Invólucro. 3. *Bot.* Revestimento externo das sementes. 4. *Bot.* Cálice e corola.

Teia[1], s. f. (l. *tela*). 1. Tecido ou pano feito em tear. 2. Estrutura, organismo. 3. Episódio complicado; enredo, intriga. 4. Divisória, nos tribunais, para separação dos espectadores. — *T. de aranha*: rede tecida pela aranha para apanhar os insetos de que se alimenta.

Teia[2], s. f. (l. *taeda*). *Poét.* Archote, facho, tocha.

Teiforme, adj. m. e f. 1. Parecido com o chá. 2. *Farm.* Que se prepara como chá.

Teiga, s. f. 1. Espécie de cesto. 2. Antiga medida para cereais.

Teima, s. f. Pertinácia, obstinação.

Teimar, v. 1. Tr. ind. e intr. Insistir, obstinar-se, porfiar, pretender com teimosia. 2. Tr. dir. Insistir em.

Teimosia, s. f. 1. Qualidade de teimoso. 2. Teima. 3. Obstinação excessiva. Sin.: *teimosice.*

Teimosice, s. f. V. *teimosia.*

Teimoso, adj. 1. Que teima; obstinado, pertinaz. 2. Insistente, prolongado: Chuva *teimosa.* S. m. Aquele que teima.

Teína, s. f. (fr. *thé* + *ina*). *Quím.* Princípio ativo do chá; cafeína.

Teipe, s. m. (ingl. *tape*). Forma reduzida de *vídeo-teipe*, acepção 1.

Teiró, s. m. e f. 1. Peça de arado, que serve para cortar a terra. 2. Parte da fecharia de algumas armas de fogo. 3. Teima, discussão, rixa. 4. Birra, implicância. 5. Desconfiança, dúvida.

Teiru, s. m. Flauta típica dos índios parecis.

Teísmo[1], s. m. (*teo* + *ismo*). Crença na existência de Deus e em sua ação providencial no Universo.

Teísmo[2], s. m. (fr. *thé* + *ismo*). *Med.* Intoxicação pelo abuso do chá.

Teiú, s. m. 1. *Herp.* Réptil sáurio, da família dos Teiídeos (*Teius teyou*), que é um lagartinho verde, com manchas negras. 2. *Bot.* Planta euforbiácea do Brasil (*Jathropa opifera*). Var.: *teju.*

Teixo, s. m. *Bot.* Árvore conífera da família das Taxáceas (*Taxus baccata*), muito ornamental nos parques.

Tejo, s. m. Jogo em que se atiram moedas a uma faca fincada no chão, dentro de um pequeno quadrado.

Tejoula, s. f. *Pop.* Um dos ossos do casco do cavalo. Var.: *tejoila.*

Teju, s. m. V. *teiú.*

Tejubina, s. f. Pequeno lagarto verde (*Ameiva surinamensis*).

Tela, s. f. (l. *tela*). 1. Tecido de fio de lã, linho, ouro, seda etc.; teia. 2. *Pint.* Pano em que se pintam quadros. 3. Quadro, pintura. 4. Painel sobre o qual são projetadas películas cinematográficas; écran. 5. Tecido de arame próprio para cercados. 6. A arte cinematográfica, o cinema. 7. Objeto de discussão. 8. Momento em que se discute.

Telalgia, s. f. *Med.* Dor no bico do seio.

Telamão, s. m. *Arquit.* Estátua de homem, à maneira de cariátide, para sustentar cornija, entablamentos etc.; atlante.

Telangiectasia, s. f. *Med.* Dilatação circunscrita de capilares ou arteríolas.

Telão, s. m. (cast. *telón*). Pano com anúncios e que pende adiante do pano de boca, nos teatros.

Telar, v. Tr. dir. Resguardar com telas de arame (portas e janelas).

tele-, elem. de comp. (gr. *tele*). Exprime a idéia de *longe, ao longe: telefonia, telégrafo.*

Telecomando, s. m. Comando de projéteis, aeronaves, navios, maquinismos etc., por meio de transmissões mecânicas, sinais elétricos, correntes ou ondas elétricas.

Telecomunicação, s. f. Denominação geral das comunicações à distância, compreendendo a telefonia e telegrafia (por fios ou por ondas hertzianas) e a televisão.

Teledinâmico, adj. Que transmite ao longe a força, a potência.

Teleférico, adj. Que transporta ao longe. S. m. 1. Cabo que, movendo-se, transporta ao longe uma carga. 2. Espécie de ascensor suspenso de cabos e que, de um monte a outro, ou de um monte a um ponto baixo, transporta mercadorias ou passageiros.

Telefonada, s. f. V. *telefonema*.

Telefonar, v. 1. Tr. dir. e tr. ind. Comunicar, falar, transmitir pelo telefone. 2. Intr. Comunicar-se, falar, ter conversa pelo telefone.

Telefone, s. m. Aparelho destinado a transmitir à distância a palavra falada. Var.: *telefono*.

Telefonema, s. m. Comunicação telefônica; telefonada.

Telefonia, s. f. Arte de fazer ouvir a voz ou quaisquer outros sons a grande distância.

Telefônico, adj. Relativo ao telefone ou à telefonia.

Telefonista, s. m. e f. 1. Pessoa empregada numa estação telefônica. 2. Pessoa encarregada do serviço de um telefone de qualquer empresa ou repartição.

Telefoto, s. f. Fotografia transmitida por telefotografia; radiofoto.

Telefotografia, s. f. Arte de fotografar a grande distância.

Telefotográfico, adj. Relativo à telefotografia.

Telefotógrafo, s. m. 1. Aquele que pratica a telefotografia. 2. Aparelho próprio para captar imagens transmitidas por telefotografia.

Telega, s. f. (t. russo). Carro de quatro rodas, usado na Sibéria, para transporte de mercadorias.

Telegonia, s. f. *Biol.* Hipótese de que os filhos de um animal podem receber a influência de um macho que tenha fecundado anteriormente a mesma fêmea.

Telegrafar, v. 1. Tr. dir. Transmitir pelo telégrafo. 2. Tr. ind. e intr. Enviar notícias pelo telégrafo; mandar telegrama.

Telegrafia, s. f. Sistema eletromagnético que transmite sinais gráficos a pontos distantes.

Telegráfico, adj. 1. Relativo a telégrafo. 2. Transmitido ou recebido pelo telégrafo. 3. Diz-se do estilo conciso ou lacônico.

Telegrafista, s. m. e f. Pessoa que se ocupa no serviço dos aparelhos telegráficos, transmitindo e recebendo telegramas.

Telégrafo, s. m. 1. Aparelho destinado a transmitir mensagens ou quaisquer comunicações à distância. 2. Casa ou lugar onde funciona esse aparelho; estação telegráfica.

Telegrama, s. m. 1. Comunicação transmitida pelo telégrafo. 2. Impresso onde é escrita essa comunicação.

Teleguiar, v. Tr. dir. Guiar à distância (aviões, engenhos, foguetes, projéteis etc.) por meio das ondas hertzianas; telecomandar, teleconduzir, teledirigir.

Teleimpressor (*e-i...ô*), s. m. 1. Aparelho telegráfico, adotado sobretudo em grandes jornais etc., cujo transmissor se assemelha a uma máquina de escrever comum, e cujo receptor imprime, em lugar de sinais, as letras que formam as mensagens escritas; teletipo. 2. V. *teletipista*.

Telejornal, s. m. Noticiário apresentado pela televisão, geralmente acompanhado de cenas cinematográficas dos principais acontecimentos.

Telemetria, s. f. Arte de medir grandes distâncias por meio do telêmetro.

Telemétrico, adj. Relativo à telemetria.

Telemetrista, s. m. e f. Pessoa que trabalha com o telêmetro.

Telêmetro, s. m. Instrumento que se emprega para medir a distância entre um observador e um ponto inacessível.

Telenovela, s. f. Novela teatralizada, apresentada em vários capítulos em televisão.

téleo-, elem. de comp. (gr. *telos, teleos*). Exprime a idéia de *fim, termo: teleologia*.

Teleobjetiva, s. f. Objetiva que permite filmar ou fotografar a grandes distâncias.

Teleologia, s. f. 1. *Filos.* Teoria das causas finais; da finalidade. 2. Ciência dos fins (humanos).

Teleológico, adj. Relativo à teleologia.

Teleósteo, adj. 1. *Biol.* Que tem tecido ósseo perfeito. 2. *Ictiol.* Relativo aos Teleósteos. S. m. pl. Subclasse (*Teleostei*) de peixes dotados de esqueleto ósseo.

Telepatia, s. f. 1. Capacidade que se pretende possuam algumas pessoas de ver e conhecer o que se passe longe delas, sem fazer uso dos sentidos. 2. Transmissão de pensamento.

Telepático, adj. Relativo à telepatia.

Telescopia, s. f. Aplicação de telescópio.

Telescópico, adj. 1. Relativo a telescópio. 2. Feito com o auxílio do telescópio. 3. Diz-se de objetos cujos segmentos, em geral cilíndricos e ocos, se encaixam uns nos outros: Antena *telescópica*.

Telescópio, s. m. Instrumento óptico destinado a observar objetos muito distantes, dotado de uma objetiva e uma ocular.

Telésia, s. f. *Miner.* Variedade de safira branca.

Telespectador, s. m. Espectador de televisão.

Teleteatro, s. m. Peça teatral televisionada.

Teletipista, s. m. e f. Pessoa que opera o teletipo; teleimpressor.

Teletipo, s. m. V. *teleimpressor*, acepção 1.

Televisado, adj. V. *televisionado*.

Televisão, s. f. (*tele + visão*). 1. Sistema eletrônico para transmitir imagens fixas ou animadas, juntamente com o som, através de um fio ou do espaço, por aparelhos que os convertem em ondas elétricas e os transformam em raios de luz visíveis e sons audíveis. 2. Aparelho receptor de imagens televisionadas; televisor, tevê. 3. Estação transmissora de imagens televisionadas. 4. Conjunto das atividades e programas artísticos, informativos e educativos, apresentados por meio da televisão.

Televisar, v. Tr. dir. V. *televisionar*.

Televisionado, adj. Transmitido pela televisão; televisado.

Televisionar, v. Tr. dir. Transmitir pela televisão; televisar.

Televisor, adj. Pertencente ou relativo à televisão: Aparelho *televisor*, estação *televisora*. S. m. V. *televisão*, acep. 2.

Telex (*cs*), s. m. 1. Modalidade de serviço que permite comunicação bilateral por meio de teleimpressor. 2. *Por ext.* A mensagem recebida através dessa modalidade de serviço. 3. O próprio teleimpressor, acepção 1.

Telha (*ê*), s. f. (l. *tegula*). 1. Peça feita geralmente de barro cozido ao forno, destinada à cobertura de edifícios etc. 2. *Fam.* Mania. 3. *Fam.* Cabeça, mente.

Telhado, s. m. 1. *Constr.* Conjunto das telhas que formam uma cobertura. 2. *Constr.* Cobertura de uma construção, feita de telhas ou de outro material que as substitua. 3. Prego de arame. 4. *Fam.* Grande mania; telha excessiva.

Telhador, s. m. 1. Aquele que telha. 2. Tampa de uma vasilha de barro.

Telhadura, s. f. Ato ou efeito de telhar.

Telhal, s. m. Forno onde se cozem telhas.

Telhar, v. Tr. dir. Cobrir com telhas.

Telheira, s. f. Fábrica de telhas; olaria.

Telheiro, s. m. 1. Fabricante de telhas. 2. Cobertura de telhas destinada a abrigar animais, proteger utensílios etc. 3. Alpendre.

Telho (*ê*), s. m. (l. *tegulu*). 1. Tampa de barro. 2. Pedaço de telha; caco.

Telhudo, adj. *Fam.* Que tem telha ou mania; maníaco.

teli-, elem. de comp. (gr. *thelus*). Exprime a idéia de *feminino: telitoquia*.

Telitoquia, s. f. *Biol.* Partenogênese com produção exclusiva de fêmeas.

Teliz, s. f. Pano com que se cobre a sela do cavalo.

telo-[1], elem. de comp. (gr. *thele*). Exprime a idéia de *bico do seio, mamilo: teloplastia*.

telo-[2], elem. de comp. (gr. *telos*). O mesmo que *téleo: telolécito*.

Telófase, s. f. *Biol.* Fase final da mitose com divisão do citoplasma.

Telolécito, adj. *Biol.* Diz-se do ovo rico em vitelo.

Telônio, s. m. 1. Casa ou mesa onde se recebiam as rendas públicas. 2. Lugar próprio para mercadejar.

Teloplastia, s. f. *Cir.* Restauração plástica do bico do seio.

Telso, s. m. *Zool.* Ultimo anel do abdome dos crustáceos.

Telúrico, adj. 1. Relativo à Terra. 2. *Quím.* Relativo ao telúrio. 3. Relativo ao solo.

Telurídrico, adj. *Quím.* Diz-se do ácido composto por um átomo de telúrio e dois de hidrogênio.

Telúrio, s. m. *Quím.* Elemento semimetálico, relacionado com o selênio e o enxofre e quimicamente semelhante a eles. Símbolo Te, número atômico 52, massa atômica 127,61.

Telurismo, s. m. Influência do solo de uma região sobre o caráter, os costumes etc., dos habitantes.

Tema, s. m. 1. Assunto ou proposição de que se vai tratar num discurso. 2. Matéria, assunto, argumento de um trabalho literário, científico ou artístico. 3. Texto da Escritura, no qual o pregador se baseia em um sermão. 4. Trecho que o professor dá ao aluno para traduzir da língua que fala, para aquela que está aprendendo. 5. *Mús.* Motivo de uma composição, do qual se desenvolve toda a partitura. 6. *Gram.* V. *radical.*

Temário, s. m. *Neol.* Conjunto de temas ou assuntos que devem ser tratados num congresso literário, artístico, científico ou de outra natureza.

Temático, adj. *Gram.* Relativo ao tema das palavras.

Tematologia, s. f. *Gram.* Parte da morfologia que trata das fontes das palavras ou da maneira de formar novas palavras, com base nos temas.

Tematológico, adj. Relativo à tematologia.

Temba, s. m. *Pop.* O diabo.

Tembé, s. m. Beira de abismo, despenhadeiro; tembezeira. Var.: *tembê.*

Tembequara, adj. e s. m. e f. Dizia-se do, ou o indígena que furava os beiços.

Tembetá, s. m. Designação tupi de todo objeto duro e não flexível que os índios trazem no furo artificial do beiço inferior.

Tembetaru, s. m. *Bot.* Denominação comum a três árvores rutáceas (*Xanthoxylum chileporone, X. hyemale* e *X. praecox*).

Tembezeira, s. f. Tembé.

Temblar, v. Tr. dir. *Mús. Des.* Afinar (os instrumentos) uns pelos outros.

Temente, adj. m. e f. Que teme; que respeita.

Temer, v. (l. *timere*). 1. Tr. dir. e tr. ind. Ter temor, medo ou receio de. 2. Pron. e intr. Sentir temor; assustar-se. 3. Tr. dir. Reverenciar, venerar.

Temerário, adj. 1. Imprudente, precipitado. 2. Arriscado, audacioso. 3. Destemido, atrevido. 4. Que implica temeridade.

Temeridade, s. f. Qualidade de temerário; imprudência, ousadia, arrojo.

Temero (*ê*), adj. *Pop.* 1. Temerário. 2. Temível.

Temeroso, adj. 1. Que infunde temor; terrível. 2. Que sente temor; medroso, tímido.

Temibilidade, s. f. Qualidade de temível.

Temido, adj. 1. Que causa temor ou medo; assustador. 2. Destemido, valente.

Temível, adj. m. e f. 1. Que é para temer. 2. Que infunde temor. Sup. abs. sint.: *temibilíssimo.*

Temor, s. m. (l. *timore*). 1. Ato ou efeito de temer; medo, susto. 2. Sentimento de respeito ou reverência. 3. Pessoa ou coisa que causa medo. 4. Pontualidade. 5. Escrúpulo, zelo.

Tempão, s. m. *Pop.* Grande prazo de tempo.

Têmpera, s. f. 1. Ato ou efeito de temperar; temperamento. 2. O banho em que se temperam os metais ou o aço. 3. Modo, estilo, gosto, hábito. 4. Organização moral; temperamento, índole, feitio, caráter. 5. Cunha usada em diversos aparelhos. 6. *Ant.* Preparação dada à ave no dia anterior ao da caçada. 7. Pintura feita com a mistura de cal e cola, de modo que se torne firme.

Temperado, adj. 1. Diz-se do metal que recebeu têmpera. 2. Comedido, moderado. 3. Modificado. 4. Em que se deitou tempero; adubado. 5. Afinado (instrumento). 6. Agradável, delicado, suave. 7. Diz-se das zonas terrestres que ficam entre a zona tórrida e cada uma das frígidas, onde o clima é mais ou menos moderado.

Temperador, adj. e s. m. Que, ou aquele que tempera.

Temperamental, adj. Relativo a temperamento. Adj. e s. m. Diz-se de, ou indivíduo de temperamento instável, emotivo; impulsivo, apaixonado.

Temperamento, s. m. 1. *Psicol.* Conjunto das disposições orgânicas de um indivíduo. 2. Qualidade predominante no organismo: *T.* nervoso, *t.* sanguíneo. 3. Caráter, constituição moral, gênio, índole: *T.* extravagante. 4. Comedimento, moderação, temperança. 5. Combinação, mistura. 6. Sensualidade.

Temperança, s. f. 1. Qualidade ou virtude de quem é moderado ou de quem modera apetites e paixões. 2. Sobriedade. 3. Parcimônia.

Temperante, adj. m. e f. 1. Que tempera. 2. Que tem temperança. 3. *Med.* Calmante.

Temperar, v. 1. Tr. dir. Pôr tempero em. 2. Tr. ind. e intr. Fazer tempero. 3. Tr. dir. Misturar qualquer substância para dar sabor a. 4. Tr. dir. Tornar mais fraco ou suave (o gosto, o sabor de); amenizar, suavizar. 5. Tr. dir. Acrescentar a. 6. Tr. dir. Dar temperatura amena a. 7. Tr. dir. Avigorar, fortalecer. 8. Tr. dir. Dar consistência ou rijeza a. 9. Pron. Ganhar têmpera; tornar-se forte ou vigoroso. 10. Tr. dir. Afinar. 11. Tr. dir. Amenizar, suavizar. 12. Tr. dir. e pron. Conter(-se), moderar(-se).

Temperatura, s. f. 1. Grau de calor num corpo ou num lugar. 2. Intensidade do calor, indicada pelo termômetro; febre. 3. Estado sensível do ar, que, conforme é mais quente ou mais frio, mais seco ou mais úmido, afeta os órgãos dos sentidos corporais. 4. Situação ou estado moral; ação. 5. *Fig.* Ambiente.

Temperatural, adj. m. e f. Relativo a temperatura.

Tempereiro, s. m. 1. Ferro do tear que as tecedeiras usam para esticar o pano. 2. Cada um dos paus da nora.

Tempérie, s. f. 1. Temperamento. 2. Temperatura.

Temperilha, s. f. 1. Coisa que tempera. 2. Meios com que se abrandam as disposições hostis de alguém.

Temperilho, s. m. 1. Maneira hábil de governar as rédeas da cavalgadura. 2. Tempero ordinário. 3. *Vet.* Mistura proporcionada de alimentos apetitosos e medicamentos, para se dar a animais doentes.

Tempero (*ê*), s. m. 1. Substância com que se aduba a comida; condimento. 2. Estado da comida adubada. 4. *Gír.* Jeito especial para dirigir ou efetuar uma negociação. 5. Remédio, paliativo. 6. Têmpera.

Tempestade, s. f. (l. *tempestate*). 1. Agitação violenta da atmosfera, acompanhada muitas vezes de relâmpagos, trovões, chuva e granizo. 2. Temporal, procela. 3. Grande estrondo. 4. Agitação, desordem, perturbação.

Tempestear, v. 1. Tr. dir. Agitar, maltratar, perseguir. 2. Intr. Estrondear como a tempestade.

Tempestivo, adj. 1. Que aparece no ensejo adequado. 2. Que vem ou sucede no tempo próprio; oportuno.

Tempestuar, v. V. *tempestear.*

Tempestuoso, adj. (l. *tempestuosu*). 1. Em que há tempestade; proceloso. 2. Sujeito a tempestades. 3. Muito agitado; violento.

Templário, s. m. Membro de uma ordem militar, religiosa, cuja finalidade era proteger o Santo Sepulcro; foi fundada em Jerusalém, em 1120, por Hugo de Paynes e suprimida pelo Papa Clemente V, em 1317.

Templo, s. m. 1. Edifício público destinado ao culto religioso; igreja. 2. *Arqueol. rom.* Lugar descoberto e sagrado entre os romanos, consagrado pelos áugures. 3. *Maçon.* A loja ou sala onde os maçons celebram as suas sessões. 4. Lugar misterioso e respeitável.

Tempo, s. m. 1. Medida de duração dos seres. 2. Uma época, um lapso de tempo futuro ou passado. 3. A época atual. 4. A idade, a antiguidade, um longo lapso de anos. 5. Ocasião própria; ensejo, conjuntura, oportunidade. 6. Sazão, quadra. 7. Estado meteorológico da atmosfera; vento, ar, temperatura. 8. *Gram.* Flexão que indica o momento de ação dos verbos. 9. *Mús.* Cada uma das divisões do compasso. 10. *Mús.* Movimento com que se deve executar um trecho musical e que se indica por meio de determinadas expressões. — *T.-será*: folguedo infantil que consiste em esconderem-se todos de um que deverá procurá-los e agarrar algum; pegador.

Têmpora, s. f. V. *têmporas.*

Temporada, s. f. 1. Certo espaço de tempo. 2. Estação artística.

Temporal, adj. m. e f. 1. Relativo ao tempo; temporário. 2. Profano, mundano. 3. Leigo, secular. 4. *Anat.* Relativo às têmporas ou à fonte[3]. S. m. 1. *Anat.* Osso par situado na parte lateral e inferior da cabeça. 2. Grande tempestade.

Temporalidade, s. f. Qualidade de temporal ou provisório; interinidade. S. f. pl. Benesses, rendas de eclesiásticos; prebendas.

Temporalizar, v. Tr. dir. 1. Tornar temporal. 2. Secularizar.

Temporâneo, adj. Temporário.

Temporão, adj. 1. Que vem ou sucede antes do tempo apropriado. 2. Que amadurece primeiro que outros. 3. Prematuro, precoce. Fem.: *temporã.* Pl.: *temporãos.*

Temporário, adj. 1. Que dura certo tempo; temporal. 2. Que não é definitivo; provisório, transitório. 3. Relativo ao tempo.

Têmporas, s. f. pl. 1. *Rel. ant.* Os três dias de jejum prescritos pela Igreja Católica na primeira semana da quaresma, na primeira de pentecostes, nas terceiras semanas de setembro e dezembro. 2. *Anat.* V. *fonte*[3].

Temporização, s. f. Ato ou efeito de temporizar; temporizamento.

Temporizador, adj. e s. m. Que, ou aquele que temporiza.

Temporizamento, s. m. V. *temporização.*

Temporizar, v. 1. Tr. dir. Adiar, delongar, demorar, procrastinar. 2. Intr. Aguardar ocasião mais favorável ou propícia. 3. Tr. ind. Condescender, contemporizar.

Tem-tem, s. m. *Ornit.* 1. Nome pelo qual se conhece o gaturamo, na Amazônia. 2. Ave falconídea (*Micrator semitorquatus*). Pl.: *tem-tens.*

Temulência, s. f. 1. Estado ou qualidade de temulento. 2. *Med.* Estado mórbido semelhante à embriaguez.

Temulento, adj. 1. Beberrão, ébrio. 2. Em que há orgias ou cenas de embriaguez.

Tenacidade, s. f. 1. Qualidade de tenaz. 2. Contumácia. 3. Persistência. 4. Avareza. 5. Dureza (de materiais).

Tenalha, s. f. Pequena obra de duas faces, nas fortalezas, apresentando um ângulo reentrante para o lado do campo.

Tênar, s. m. *Anat.* Massa muscular da palma da mão, na base do polegar, formada pelos músculos curtos do pulso. Pl.: *tênares.*

Tenaz, adj. m. e f. (l. *tenace*). 1. Que tem grande força de coesão. 2. Que adere fortemente. 3. Muito viscoso. 4. Diz-se dos metais que suportam grandes pressões, sem se quebrarem. 5. Aferrado, pertinaz, teimoso, obstinado. 6. Constante, firme. Sup. abs. sint.: *tenacíssimo.* S. f. 1. Instrumento formado por duas hastes de ferro, com cabos longos, com que o ferreiro tira peças incandescentes da forja, para as malhar na bigorna. 2. Espécie de pinça.

Tenca, s. f. *Ictiol.* Peixe ciprinídeo (*Tinca tinca*), comestível, comum nos rios da Europa e da Ásia ocidental.

Tença, s. f. (l. *tenentia*). *Ant.* 1. Pensão vitalícia que os reis davam aos cavaleiros, por serviços prestados. 2. Ato de ter. 3. Direito de ter.

Tenção, s. f. 1. Desígnio, intento, plano, propósito. 2. Assunto, tema. 3. *Dir.* Voto escrito e fundamentado que o juiz divergente dá, em separado, num julgamento do tribunal. 4. V. *tense.* 5. Briga, rixa. 6. Má vontade, malquerença. 7. Figura nos escudos, alusiva a feitos gloriosos. 8. Devoção. Cfr. *tensão.*

Tenceiro, s. m. *Ant.* Cobrador de tenças.

Tencionar, v. 1. Tr. dir. Formar tenção de, ter intento; planejar, projetar. 2. Intr. *Dir.* Dar o juiz ou desembargador a sua tenção em processo judiciário.

Tencionário, s. m. Aquele que recebe tença.

Tenda, s. f. 1. Loja para vender víveres ou artigos de mercearia. 2. Barraca de feira. 3. Caixa em que o tendeiro ambulante traz as suas mercadorias. 4. A fazenda que o tendeiro ambulante traz à venda. 5. Oficina de alfaiate, ferreiro, sapateiro etc. 6. Lugar de trabalho. 7. Botequim. 8. Tipo de habitação desmontável, própria dos povos nômades. Dim. irr.: *tendilha.*

Tendal[1], s. m. (*tenda* + *al*). 1. Tolda fixa sobre a primeira coberta do navio. 2. Lugar onde se assentam as formas, nos engenhos de açúcar. 3. Lugar em que se tosquiam as ovelhas.

Tendal[2], s. m. (aférese de *estendal*). 1. Armação feita de varas em que se estende o charque ou peixe. 2. Grande quantidade de animais mortos. 3. Entreposto onde se expõe, para venda aos açougueiros, a carne das reses abatidas no matadouro. 4. Lugar onde se expõe, para secar, a roupa lavada; varal.

Tendão, s. m. (l. *tendone*). *Anat.* Feixe fibroso situado na extremidade dos músculos e que serve para ligar estes aos ossos ou a outras partes.

Tendedeira, s. f. Tábua sobre a qual se tende o pão que se leva ao forno para cozer.

Tendeiro, s. m. (l. *tendariu*). 1. Homem que vende em tenda. 2. Dono de tenda. 3. *Pop.* O diabo.

Tendelim, s. m. (concani *tendlem*). Na Índia, fruto, muito apreciado, da trepadeira *Cephalandra indica.*

Tendência, s. f. 1. Disposição natural e instintiva; pendor, propensão, inclinação, vocação. 2. Força que determina o movimento de um objeto. 3. *Meteor.* Índice da pressão atmosférica, válido para três horas subseqüentes à observação.

Tendencioso, adj. Em que há alguma intenção secreta.

Tendente, adj. m. e f. 1. Que tende. 2. Que se inclina. 3. Que tem vocação.

Tendepá, s. m. *Pop.* Briga, rixa.

Tender, v. 1. Tr. dir. Estender, estirar. 2. Tr. dir. Desfraldar, enfunar. 3. Tr. dir. Bater ou enformar (a massa do pão) antes de cozer. 4. Pron. Estender-se, fazer-se largo. 5. Tr. ind. Dirigir-se, encaminhar-se. 6. Tr. ind. Aproximar-se de: *T. para* o zero a temperatura. 7. Tr. ind. Apresentar tendência, inclinação, pendor ou propensão para.

Tênder, s. m. (ingl. *tender*). Carro ligado à locomotiva, contendo água, lenha ou carvão. Pl.: *tênderes.*

Tendilha, s. f. Tenda pequena.

Tendilhão, s. m. Tenda ou barraca de campanha.

Tendinoso, adj. Relativo aos tendões.

Tendola, s. f. *Pop.* Tenda ordinária ou reles.

Tenebrário, s. m. Candeeiro triangular de 15 bicos, que fica aceso durante o ofício de trevas, na semana santa.

Tenebrosidade, s. f. Qualidade de tenebroso.

Tenebroso, adj. 1. Cheio ou coberto de trevas; caliginoso, escuro. 2. Terrível. 3. Aflitivo, pungente. 4. Indigno, criminoso. 5. Horrível, medonho.

Tenência, s. f. 1. Cargo de tenente. 2. *Ant.* Repartição do tenente-general de artilharia. 3. Firmeza, força, vigor. 4. Costume, hábito. 5. Cuidado, precaução, cautela, prudência.

Tenente, s. m. 1. Aquele que, na ausência do chefe ou diretor, o substitui. 2. *Mil.* Posto inicial da hierarquia militar brasileira, entre os oficiais subalternos, desdobrado em segundo e primeiro-tenente.

Tenesmo (*ê*), s. m. *Med.* Sensação dolorosa produzida principalmente pela irritação e pela contração espasmódica dos esfíncteres, retal ou vesical.

Tenesmódico, adj. *Med.* Acompanhado de tenesmo.

teni-, elem. de comp. (l. *taenia*). Exprime a idéia de *fita, tira, tênia: tenífugo.*

Tênia, s. f. *Zool.* Gênero (*Taenia*) de vermes da classe dos Cestóides, constituído por várias espécies que na forma adulta parasitam o intestino do homem e de animais domésticos, vulgarmente conhecidos por *bicha, bicha-solitária* e *solitária.*

Teníase, s. f. *Med.* Doença causada pela tênia.

Tenífugo, adj. *Med.* Diz-se do medicamento indicado para a expulsão da tênia.

tênio-, elem. de comp. (gr. *tainia*). Exprime a idéia de *fita, tira, tênia: teniobrânquio.*

Teniobrânquio, adj. *Zool.* Que tem brânquias em forma de fita.

Teniope, adj. m. e f. *Zool.* Em cujos olhos há listras de cor.

Tenióptero, adj. *Zool.* Que tem listras de cor nas asas ou barbatanas.

Teniossomo, adj. *Zool.* Que tem o corpo em forma de fita.

Tenioto, adj. *Zool.* Que tem orelhas compridas e estreitas.

Tênis, s. m. sing. e pl. (ingl. *tennis*). 1. Jogo praticado com bola e raquete, em campo dividido ao meio, transversalmente, por uma rede. 2. Sapato de lona e sola de borracha, próprio para esse jogo. 3. Pingue-pongue.

Tenista, s. m. e f. Pessoa que joga tênis.

Tenístico, adj. Relativo a, ou próprio do tênis.

teno-, elem. de comp. (gr. *tenon*). Exprime a idéia de *tendão: tenotomia.*

Tenodinia, s. f. *Med.* Dor num tendão.

Tenor (*ô*), s. m. 1. *Mús.* A voz mais aguda do homem. 2. Cantor que tem essa voz.

Tenorino, s. m. Tenor ligeiro, que canta em falsete.

Tenossinite, s. f. *Med.* Inflamação sinovial de um tendão; tenossinovite.

Tenossinovite, s. f. *Med.* V. *tenossinite.*

Tenotomia, s. f. *Cir.* Corte de um tendão.

Tenreiro, adj. Tenro.

Tenro, adj. (l. *teneru*). 1. Mole, brando, macio. 2. Delicado, mimoso. 3. Pouco crescido. 4. Recente, novo.

Tenrura, s. f. Qualidade ou estado de tenro.

Tensão, s. f. 1. Estado ou qualidade de tenso. 2. *Fís.* Força elástica dos gases ou dos vapores. 3. *Eletr.* Força eletromotriz; voltagem. 4. Rigidez em certas partes do organismo: *T.* muscular. S. f. *Sociol.* Termo empregado para designar as oposições internas, manifestas ou latentes, em uma realidade humana.

Tense, s. f. Na poesia provençal, diálogo ou controvérsia entre dois trovadores, no qual cada um sustentava um tema; tenção.

Tensivo, adj. Que produz tensão.

Tenso, adj. 1. Estendido com força; esticado, retesado, teso. 2. Muito aplicado ou preocupado.

Tensor, adj. (de *tenso*). Que estende. S. m. *Anat.* Músculo que estende qualquer membro ou órgão.

Tenta, s. f. (de *tentar*). 1. *Cir.* Espécie de estilete para sondar fendas. 2. Corrida de novilhos, logo depois da ferra, por diversão ou para experiência, com respeito às lidas tauromáquicas.

Tentação, s. f. (l. *tentatione*). 1. Ato ou efeito de tentar. 2. *Teol.* Prova a que Deus submete o homem para conhecer a sua virtude. 3. Atração pelo que é proibido, censurável. 4. *Rel.* Solicitação dos sentidos, da concupiscência. 5. Coisa ou pessoa que tenta. 6. O diabo.

Tentaculado, adj. *Zool.* Provido com tentáculos; tentaculífero.

Tentacular, adj. m. e f. 1. Relativo a tentáculo. 2. Tentaculado. 3. Que se desenvolve em todos os sentidos.

tantáculi-, elem. de comp. (l. *tentaculu*). Exprime a idéia de *tentáculo: tentaculífero.*

Tentaculífero, adj. *Zool.* Que tem tentáculos; tentaculado.

Tentáculo, s. m. 1. *Zool.* Apêndice móvel, inarticulado e elástico, que sai da cabeça ou da parte anterior dos animais (infusórios, moluscos etc.) e serve geralmente de órgão do tato ou de apreensão. 2. Cada um dos meios de que se serve a astúcia ou a ambição para apreender ou atingir o que as tenta. 3. *Bot.* Pêlo glandular sensitivo, das plantas carnívoras.

Tentado, adj. Atraído, seduzido.

Tentador, adj. Que tenta; tentante, tentativo. S. m. 1. Aquele que tenta. 2. O diabo.

Tentame, s. m. (l. *tentamen*). Tentativa, ensaio.

Tentâmen, s. m. V. *tentame.* Pl.: *tentâmenes* e *tentamens.*

Tentamento, s. m. *P. us.* Tentação.

Tentante, adj. m. e f. Tentador.

Tentar, v. (l. *tentare*). 1. Tr. dir. Empregar os meios para obter (o que se deseja); diligenciar, empreender. 2. Tr. dir. Pôr à prova; experimentar. 3. Tr. dir. Ensaiar, experimentar, exercitar. 4. Pron. Arriscar-se, aventurar-se a. 5. Tr. dir. *Dir.* Instaurar demanda. 6. Tr. dir. Induzir, instigar, seduzir para o mal. 7. Tr. dir. Criar desejos em; induzir. 8. Tr. dir. Procurar seduzir, procurar conquistar o amor de. 9. Tr. dir. Procurar corromper. 10. Pron. Deixar-se seduzir; ceder à tentação. 11. Tr. dir. Proceder à tenta ou corrida de (novilhos).

Tentativa, s. f. Ensaio, experiência, prova.

Tentativo, adj. 1. Tentador. 2. Que serve para tentar ou experimentar.

Tenteador, adj. e s. m. Que, ou aquele que tenteia.

Tentear[1], v. (*tenta* + *ear*). Tr. dir. 1. Examinar, investigar, sondar com a tenta. 2. Observar, perscrutar, sondar. 3. Pôr em prática; experimentar.

Tentear[2], v. (*tento* + *ear*). Tr. dir. 1. Marcar com tentos. 2. Dirigir com tento; dar atenção, cuidado ou sentido a. 3. Calcular, dirigir. 4. Contemporizar, entreter, paliar. 5. Distribuir ou empregar com tento ou parcimônia. 6. Dirigir os primeiros passos de.

Tenteio, s. m. Ato ou efeito de tentear.

Tentilhão, s. m. *Ornit.* Nome vulgar dado em Portugal a certas espécies de pássaros da família dos Fringilídeos, como *Fringilla coelebs,* de canto mavioso.

Tento[1], s. m. (l. *tentu*). 1. Atenção, cuidado, juízo, precaução, prudência, sentido, tino. 2. Pauzinho em que se apóia a mão para pintar com firmeza. 3. Cômputo, cálculo.

Tento[2], s. m. (l. *talentu*). 1. Qualquer peça com que se marcam os pontos no jogo. 2. Ponto marcado no jogo.

Tento[3], s. m. (esp. *tiento*). Tira de couro com que se amarra o poncho ao lombilho ou se prende qualquer objeto que se queira levar à garupa.

Tentório, s. m. Barraca de campanha; tenda.

Tênue, adj. m. e f. 1. Delgado, frágil. 2. Muito pequeno. 3. Sutil. 4. Leve, ligeiro. 5. Débil, fraco. 6. Que é de pouca importância ou de pouco valor.

tenui- (*u-i*), elem. de comp. (l. *tenue*). Exprime a idéia de *tênue, escasso, delgado: tenuicórneo.*

Tenuicórneo (*u-i*), adj. *Zool.* Que tem antenas ou cornos delgados.

Tenuidade (*u-i*), s. f. Qualidade de tênue.

Tenuifloro (*u-i*), adj. *Bot.* Que tem flores pequenas.

Tenuifoliado (*u-i*), adj. *Bot.* Que tem folhas pequenas.

Tenuípede, adj. m. e f. *Zool.* Que tem pés pequenos.

Tenuipene (*u-i*) adj. m. e f. *Ornit.* Que tem penas pequenas.

Tenuirrostro (*u-i...ó*), adj. *Zool.* Que tem bico delgado e longo.

teo-, elem. de comp. (gr. *theos*). Exprime a idéia de *Deus, divindade: teologia, teomania.*

Teobromina, s. f. Alcalóide branco, cristalino, amargo, do chá, da noz-de-cola etc., que se emprega como diurético.

Teocracia, s. f. *Polít.* Sistema político caracterizado pela dominação da casta sacerdotal.

Teocrata, s. m. e f. 1. Membro de uma teocracia. 2. Quem exerce o poder teocrático.

Teocrático, adj. Relativo à teocracia.

Teocratizar, v. Tr. dir. Sujeitar a um poder teocrático.

Teodicéia, s. f. Parte da filosofia aristotélico-tomista que se ocupa da santidade de Deus em relação ao mal moral, sua bondade relativamente ao mal físico, e sua justiça que harmoniza o bem e a virtude.

Teodolito, s. m. Instrumento destinado a medir ângulos horizontais e verticais, bem como determinar distâncias e alturas.

Teodosiano, adj. Relativo ao imperador romano Teodósio I, o Grande, ou ao seu neto Teodósio II.

Teofania, s. f. *Teol.* Manifestação de Deus.

Teofânias, s. f. pl. Festas que os antigos gregos celebravam em Delfos em honra de Apolo.

Teofobia, s. f. Aversão a Deus ou ás coisas divinas.

Teogonia, s. f. Genealogia e filiação dos deuses pagãos.

Teologal, adj. m. e f. Relativo à teologia.

Teologia, s. f. 1. Ciência sobrenatural de Deus e das criaturas enquanto ordenadas a Deus. 2. Tratado teológico. 3. Coleção das obras teológicas de um autor.

Teológico, adj. Relativo à teologia.

Teologismo, s. m. Abuso dos princípios teológicos.

Teologizar, v. Intr. Discorrer sobre matéria teológica.
Teólogo, s. m. 1. Perito em teologia. 2. O que escreve sobre teologia. 3. O que estuda teologia.
Teomancia, s. f. Adivinhação por suposta inspiração divina.
Teomania, s. f. *Med.* Mania ou loucura em que o doente se considera Deus ou inspirado por Deus.
Teomaníaco, adj. e s. m. Que, ou aquele que sofre de teomania.
Teomante, s. m. e f. Pessoa que pratica a teomancia.
Teomântico, adj. Relativo à teomancia.
Teônimo, s. m. Nome de um deus.
Teopsia, s. f. Suposta aparição súbita de uma divindade.
Teor (*ô*), s. m. (l. *tenore*). 1. Texto ou conteúdo de um documento. 2. Maneira, modo. 3. Norma, sistema, regra. 4. Qualidade. 5. *Quím.* Proporção, em um todo, de uma substância determinada.
Teorema, s. m. Proposição que, para ser admitida ou se tornar evidente, precisa ser demonstrada.
Teorético, adj. Teórico.
Teoria, s. f. 1. Princípios básicos e elementares de uma arte ou ciência. 2. Sistema ou doutrina que trata desses princípios. 3. Conhecimento especulativo. 4. Conjetura, hipótese. 5. Utopia. 6. Noções gerais, generalidades. 7. Opiniões sistematizadas. 8. *Antig. gr.* Embaixada sagrada que um Estado grego enviava para o representar nos grandes jogos esportivos, consultar um oráculo ou fazer sacrifícios aos deuses. 9. Grupo de pessoas marchando processionalmente.
Teórica, s. f. *Ant.* Teoria.
Teórico, adj. Relativo à teoria. S. m. 1. Aquele que conhece cientificamente os princípios ou a teoria de uma arte. 2. *Fam.* Devaneador, utopista.
Teorista, s. m. e f. Pessoa que conhece os princípios de uma ciência, mas que não a pratica ou não a sabe praticar.
Teorização, s. f. Ato ou efeito de teorizar.
Teorizar, v. 1. Tr. dir. Criar teoria sobre; reduzir a teoria. 2. Intr. Discorrer sobre teorias, sem passar à prática.
Teose, s. f. Deificação, divinização.
Teosinto, s. m. *Bot.* Espécie silvestre de milho mexicano (*Euchlaena mexicana*), cultivado como cereal e forragem.
Teosofia, s. f. 1. Sabedoria divina. 2. Forma sintética de religião, ciência e filosofia, com bases no budismo, hinduísmo e espiritualismo, fundada em Nova York (1875) por Helen Petrovna Blavatsky.
Teosófico, adj. Relativo à teosofia.
Teosofismo, s. m. Caráter das investigações teosóficas.
Teosofista, s. m. e f. Pessoa que pratica ou ensina teosofia; teósofo.
Teósofo, s. m. V. *teosofista.*
Tépala, s. f. *Bot.* Cada uma das folhas componentes do perigônio de uma flor, em que não haja diferenciação em corola e cálice.
Tepe, s. m. (cast. *tepe*). Torrão cuneiforme, que se empregava na construção de muralhas.
Tepente, adj. m. e f. *P. us.* V. *tépido.*
Tepidez, s. f. 1. Estado de tépido; tepor. 2. Frouxidão, tibieza.
Tépido, adj. 1. Que tem pouco calor; ligeiramente morno. 2. Frouxo, tíbio.
Tepor, s. m. V. *tepidez.*
Teque-teque, s. m. Vendedor ambulante de fazendas e objetos de armarinho; mascate. Pl.: *teque-teques.*
Ter, v. (l. *tenere*). 1. Tr. dir. Estar na posse ou gozo de; desfrutar, gozar, possuir, usufruir. 2. Tr. dir. Alcançar, haver à mão, obter. 3. Tr. dir. Achar ou ver ao seu alcance, poder dispor de, poder gozar de. 4. Tr. dir. Agarrar, agüentar, conservar preso e seguro, não largar; segurar; suster. 5. Pron. Agarrar-se, agüentar-se, equilibrar-se, segurar-se para não cair. 6. Tr. dir. Dominar, possuir, ser senhor de. 7. Tr. dir. Apresentar, possuir. 8. Tr. dir. Estar interessado ou relacionado com; haver analogia ou semelhança; haver em comum; interessar-se por: *Nada tem* isto *com* aquilo. *Que tem* você *com* essa história? 9. Tr. ind. Estar determinado ou resolvido; ser obrigado; ter necessidade ou precisão. 10. Tr. dir. Contar de idade ou de existência, ter durado; durar, existir. 11. Pron. Conter-se, refrear-se, reprimir-se: Não *se teve de* alegria. 12. Pron. Ater-se, confiar: *Tinha-se à* orientação do mestre. 13. Tr. dir. Ser genitor de. 14. Tr. dir. Produzir (falando da planta): Esta árvore *tem* muitos *frutos.* 15. Tr. dir. Ser dotado de. 16. Tr. dir. Trazer vestido ou calçado; trajar: *Tens* hoje um lindo *vestido.* 17. Tr. dir. Trazer consigo ou em si. 18. Tr. dir. Conservar, manter: *Tem algo em* segredo. 19. Tr. dir. e tr. ind. Ser repositório de; abranger, conter. 20. Tr. dir. Ser concorrido, freqüentado ou visitado por: O cinema *teve* uma *enchente.* 21. Tr. dir. Estar confiado ou entregue a: *Temos* um *governo* democrático. 22. Tr. dir. Experimentar, receber, sentir, sofrer (impressão, sensação, sentimentos): *Ter coragem.* 23. Tr. ind. Apreciar, estimar. 24. Tr. dir. e pron. Considerar(-se), julgar(-se), reputar(-se): Parece que mostra quanto por *vil* e *baixo se tem* (G. Dias). 25. Tr. dir. Admitir, concordar; julgar, supor: *Tenho que* as coisas vão muito mal. 26. Tr. ind. Dirigir-se, encaminhar-se (em combinação com o verbo *ir*): *Ir ter a* algum lugar. 27. Tr. dir. Emitir: *Ter* uma *palavra* de estímulo. 28. Forma com o particípio os tempos compostos: A corrupção *tinha chegado* ao âmago da sociedade.
Terapeuta, s. m. e f. 1. Pessoa que exerce a terapêutica; médico, clínico. 2. Pessoa que conhece bem as indicações terapêuticas.
Terapêutica, s. f. Parte da Medicina que se ocupa dos agentes terapêuticos e do seu emprego adequado, para aliviar ou curar os doentes; terapia.
Terapêutico, adj. Relativo à terapêutica.
Terapia[1], s. f. Terapêutica.
-terapia[2], elem. de comp. (gr. *therapeia*). Termina diversos termos médicos juntando-lhes a idéia de *método de curar,* ou melhor, *de tratar:* hidro*terapia,* eletro*rapia.*
térato-, elem. de comp. (gr. *teras, atos*). Exprime a idéia de *sinal, prodígio, monstro: teratologia.*
Teratogenia, s. f. *Biol.* Produção de monstruosidade.
Teratogênico, adj. Relativo à teratogenia.
Teratologia, s. f. *Med.* Estudo das monstruosidades.
Teratológico, adj. Relativo à teratologia.
Teratologista, s. m. e f. Especialista em teratologia; teratólogo.
Teratólogo, s. m. V. *teratologista.*
Teratoma, s. m. *Med.* Tumor complexo, formado de muitos tecidos.
Teratopagia, s. f. *Terat.* Monstruosidade dupla; xifopagia.
Teratópago, s. m. *Terat.* Ser que apresenta teratopagia; xifópago.
Teratoscopia, s. f. Adivinhação, baseada na observação das monstruosidades dos homens e dos animais.
Teratoscópico, adj. Relativo à teratoscopia.
Térbio, s. m. *Quím.* Elemento metálico do grupo das terras raras. Símbolo Tb, número atômico 65, massa atômica 158,924.
Terça (*ê*), num. Fem. de *terço.* S. f. A terceira parte de um todo. 2. *Rel.* Uma das horas menores do ofício divino. 3. Peça de madeira que se sobpõe aos caibros para não dobrarem ou selarem. 4. Forma reduzida de *terça-feira.* 5. *Mús.* Intervalo entre duas notas separadas por uma terceira nota, como de *dó* a *mi,* de *sol* a *si* etc. 6. Certa medida de líquidos.
Terçã, adj. e s. f. (l. *tertiana*). Diz-se da, ou a febre em que os acessos se repetem em períodos regulares, de três em três dias; maleita, impaludismo.
Terçado, s. m. 1. Espada de folha larga e curta. 2. Facão grande.
Terçador, adj. e s. m. Que, ou aquele que terça, pugna, intercede.
Terça-feira, s. f. Terceiro dia da semana começada no domingo. Pl.: *terças-feiras.*
Terção, s. m. (l. *tertianu*). *Agr.* Rebento da cepa, que não se cortou na ocasião da poda.
Terçar, v. (l. *tertiare*). 1. Tr. dir. Misturar três coisas. 2. Tr. dir. Dividir em três partes. 3. Tr. dir. Amassar (cal) com água e areia. 4. Tr. dir. Colocar através, em diagonal. 5. Tr.

dir. Atravessar, cruzar. 6. Tr. ind. Lutar a favor, pugnar em defesa. 7. Tr. ind. Interceder.

Terceira, num. Fem. de *terço*. S. f. 1. Mulher que intercede; medianeira, intercessora, alcoviteira. 2. Terça, acep. 1. 3. *Mús.* Terça, acep. 4.

Terceiranista, s. m. e f. Estudante do terceiro ano de qualquer escola ou faculdade.

Terceiro, num. (1. *taertiariu*). Ordinal correspondente a três. S. m. 1. Terceira pessoa. 2. O que ocupa o terceiro lugar. 3. Intercessor, medianeiro, alcoviteiro. 4. *Dir.* Pessoa estranha à formação de certo ato jurídico ou contrato. 5. *Agr.* Parceiro, na parceria agrícola à terça. S. m. pl. Outras pessoas.

Tercenário, s. m. (1. *tertianu*). 1. Aquele que recebe a terça parte de uma herança. 2. *Ant.* Beneficiado eclesiástico, que tinha a terça parte da prebenda de um cônego.

Terceto (*ê*), s. m. (ital. *terzetto*). 1. Estrofe de três versos. 2. *Mús.* Conjunto de três instrumentos ou de três vozes.

Tércia, s. f. (1. *tertia*). V. *terça*, acep. 2.

Terciarão, s. m. (fr. *tierceron*). *Arquit.* Arco de ogiva gótica, cujas extremidades partem dos ângulos dela.

Terciário, adj. 1. Que se acha ou vem em terceiro lugar. 2. *Med.* Diz-se dos efeitos posteriores aos que seguem imediatamente certas afecções orgânicas. 3. *Geol.* Diz-se do período da Era Cenozóica, que se seguiu ao Cretáceo e precedeu ao Quaternário. S. m. *Geol.* O período terciário.

Tércio-décimo, num. Décimo terceiro; tredécimo, trezeno.

Tercionário, adj. e s. m. *Med.* Diz-se de, ou aquele que tem terçãs.

Terciopelo (*ê*), s. m. Veludo de pêlos muito juntos.

Terço (*ê*), num. (1. *tertiu*). Ordinal correspondente a três; terceiro. S. m. 1. A terça parte de um todo dividido em três. 2. *Arquit.* A terça parte de um fuste. 3. *Liturg.* A terça parte do rosário. 4. *Náut.* Parte da verga eqüidistante dos extremos. 5. Surrão de couro.

Terçó, s. m. O filho mais novo; caçula.

Terçol, s. m. (1. *triticealu*). *Med.* Pequeno abscesso no bordo das pápebras; hordéolo.

Terebintáceo, adj. Relativo ou semelhante ao terebinto.

Terebinteno, s. m. *Quím.* Essência da terebintina.

Terebintina, s. f. 1. Nome genérico das resinas líquidas que se obtêm de árvores coníferas e terebintáceas. 2. *Pop.* Cachaça.

Terebintinar, v. Tr. dir. Preparar ou misturar com terebintina.

Terebinto, s. m. *Bot.* Pequena árvore européia (*Pistacia terebinthus*), sempre verde, que produz resina semelhante à terebintina.

Térebra, s. f. *Antig. rom.* Máquina de guerra, com que se perfuravam as muralhas.

Terebrante, adj. m. e f. 1. Que terebra, fura, perfura. 2. *Fig.* Penetrante. 3. *Med.* Diz-se da lesão cuja tendência é penetrar em profundidade.

Terebrar, v. Tr. dir. 1. Furar com térebra ou verruma. 2. Furar, perfurar.

Terecaí, s. m. *Zool.* Tracajá.

Teremim, s. m. *Mús.* Instrumento eletromagnético, baseado no princípio do radar, cujos sons são obtidos por movimentos da mão aproximando-se ou afastando-se dele.

Tereno, s. m. *Ornit.* Pássaro traupídeo do Brasil (*Tanagra musica*); gaturamo-rei.

Teréns, s. m. pl. Objetos de uso doméstico; móveis, trastes, trens.

Terereca, adj. m. e f. 1. Buliçoso. 2. Falador. 3. Inconstante. S. m. e f. Pessoa terereca.

Teres (*ê*), s. m. pl. (de *ter*). Bens, haveres, posses.

Teteterê, s. m. Terreno alagadiço; atoleiro.

téreti-, elem. de comp. (1. *terete*). Exprime a idéia de *cilíndrico, arredondado: teretiforme.*

Tereticaude, adj. m. e f. *Zool.* Que tem cauda cilíndrica e reta.

Teretiforme, adj. m. e f. Cilíndrico.

Tergal[1], adj. m. e f. (de *tergo* + *al*). *Anat.* Relativo à região dorsal.

Tergal[2], s. m. (t. fr.). Nome comercial de certo tecido sintético.

Tergêmino, adj. 1. Trigêmeo, trigêmino. 2. Tresdobrado, tríplice.

Tergito, s. m. *Zool.* Placa dorsal de cada um dos segmentos do corpo dos artrópodes.

Tergiversação, s. f. 1. Ato ou efeito de tergiversar. 2. Desculpa, evasiva, rodeio.

Tergiversador, adj. Que tergiversa; tergiversante. S. m. Aquele que tergiversa.

Tergiversatório, adj. Que causa ou contém tergiversação.

Tergiversar, v. 1. Intr. Voltar as costas. 2. Tr. ind. e intr. Usar de evasivas, rodeios ou subterfúgios.

Tergo, s. m. *Poét.* As costas; o dorso.

Teriacal, adj. m. e f. 1. Relativo à teriaga. 2. Que tem a virtude da teriaga.

Teriaga, s. f. (1. *theriaca*). 1. Espécie de xarope medicamentoso que se supunha eficaz contra a mordedura de animais venenosos. 2. *Fam.* Remédio caseiro. 3. Coisa muito amarga. Var.: *triaga.*

Teringoá, s. f. *Entom.* Espécie de abelha silvestre.

tério- ou **-tério,** elem. de comp. (gr. *therion*). Exprime a idéia de *fera, animal: teriotomia, megatério.*

Teriotomia, s. f. Dissecação dos animais.

Terma, s. f. V. *termas.*

Termal, adj. m. e f. Relativo a termas.

Termalidade, s. f. Qualidade ou natureza das águas termais.

Termântico, adj. 1. Excitante. 2. Que produz calor.

Termas, s. f. pl. (1. *thermas*). 1. Estabelecimento destinado ao uso terapêutico das águas medicinais quentes. 2. Águas termais; caldas. 3. *Antig. rom.* Edifício para banhos públicos.

Termeletricidade, s. f. *Fís.* Conjunto dos fenômenos elétricos que aparecem sob o efeito de variações de temperatura.

Termelétrico, adj. Relativo à termeletricidade.

Termestesia, s. f. *Med.* Sensibilidade ao calor.

Termia, s. f. 1. Unidade calorimétrica que corresponde ao calor necessário para elevar, de um grau centígrado, uma tonelada de água.

Termiatria, s. f. *Med.* Parte da terapêutica, que se ocupa das águas termais.

Térmico, adj. 1. Relativo ao calor. 2. Que conserva o calor.

Termidor, s. m. Undécimo mês do calendário da primeira república francesa, o qual começava a 19 ou 20 de julho e acabava a 17 ou 18 de agosto, conforme o ano.

Termidoriano, adj. Relativo aos acontecimentos de 9 termidor do ano II da Revolução Francesa. S. m. Denominação dada aos instigadores e autores do golpe político de 9 termidor.

Terminação, s. f. (1. *terminatione*). 1. Ato ou efeito de terminar (-se); conclusão, fim, termo, remate. 2. Limite, extremidade. 3. *Gram.* Parte final de uma palavra.

Terminal, adj. m. e f. 1. Relativo ao termo ou ao remate. 2. Que constitui o termo ou extremidade. 3. Relativo à demarcação dos campos. 4. *Bot.* Que ocupa o ápice. S. m. e f. Ponto final de uma estrada de ferro, de uma linha de ônibus.

Terminante, adj. m. e f. 1. Que termina; terminativo. 2. Categórico, decisivo.

Terminar, v. 1. Tr. dir. Pôr termo a; acabar, concluir, findar. 2. Tr. ind. e intr. Atingir o seu termo; deixar de existir. 3. Tr. dir., tr. ind. e pron. Ter um termo ou limite. 4. Tr. dir. Estabelecer as demarcações ou os termos de; delimitar, demarcar. 5. Pron. Encontrar a demarcação em alguma coisa.

Terminativo, adj. 1. Que faz terminar. 2. Terminante.

Término[1], s. m. 1. Termo, fim. 2. Baliza, limite.

término-[2], elem. de comp. (1. *terminu*). Exprime a idéia de *termo: terminologia.*

Terminologia, s. f. 1. Tratado acerca dos termos de uma ciência ou arte. 2. Conjunto desses termos; nomenclatura. 3. Emprego de palavras peculiares a um escritor.

Terminológico, adj. Relativo à terminologia.

Térmita, s. f. V. *térmite.*

Térmite, s. f. *Entom.* Designação dada a vários insetos isópteros da família dos Termitídeos; cupim. Var.: *térmita.*

Termitídeo, adj. *Entom.* Relativo aos Termitídeos. S. m. pl. Família (*Termitidae*) de insetos da ordem dos Isópteros, que incorpora a maioria das espécies de cupins conhecidas da América do Sul.

Termo[1], s. m. *Des.* Garrafa térmica.

termo-[2], elem. de comp. (gr. *therme*). Exprime a idéia de *calor*: *termobarômetro, termocautério.*

Termo[3] (*ê*), s. m. (l. *terminu*). 1. Marco divisório, que estrema uma área circunscrita; baliza, limite, raia. 2. Limite moral. 3. Limite em relação ao tempo e ao espaço. 4. Tempo fixo; prazo. 5. Espaço, extensão. 6. Região próxima; circunvizinhança. 7. Proporção, razão. 8. Palavra ou expressão própria de uma arte ou ciência: *T.* de Direito. 9. Forma, redação, teor. 10. *Gram.* Vocábulo, dicção, palavra, expressão. 11. *Lóg.* Conceito representado por sua expressão verbal. 12. *Mat.* Cada um dos elementos de uma fração, de uma relação, de uma proporção ou de uma progressão etc. S. m. pl. 1. Maneiras, modos, procedimento. 2. Relações. 3. Arquejos de agonia; estertores.

Termobarômetro, s. m. *Fís.* Barômetro que mede a pressão atmosférica pelo ponto de ebulição da água, empregado para determinar altitudes.

Termocautério, s. m. Cautério de platina, que se mantém incandescente por uma corrente de ar carburado.

Termodinâmica, s. f. *Fís.* Estudo das relações existentes entre os fenômenos caloríficos e os mecânicos.

Termodinâmico, adj. Relativo à termodinâmica.

Termoeletricidade, s. f. V. *termeletricidade.*

Termoelétrico, adj. V. *termelétrico.*

Termoestesia, s. f. V. *termestesia.*

Termogênese, s. f. V. *termogenia.*

Termogenia, s. f. Produção do calor nos seres vivos.

Termógrafo, s. m. *Meteor.* Aparelho que registra automaticamente as variações de temperatura em determinado prazo.

Termologia, s. f. *Fís.* Parte da Física relativa ao calor.

Termológico, adj. Relativo à termologia.

Termoluminescência, s. f. Luminescência produzida por um corpo ao ser aquecido.

Termomagnético, adj. Próprio do, ou relativo ao termomagnetismo.

Termomagnetismo, s. m. *Fís.* Magnetização desenvolvida pelo calor.

Termomanômetro, s. m. *Fís.* Espécie de termômetro, para medir temperaturas elevadas por meio das variações de pressão.

Termometria, s. f. Medida das temperaturas.

Termométrico, adj. Relativo à termometria ou ao termômetro.

Termômetro, s. m. 1. *Fís.* Instrumento com que se medem temperaturas. 2. *Fís.* Indicação de um estado ou andamento de qualquer coisa, na ordem física ou moral.

Termometrógrafo, s. m. V. *termógrafo.*

Termonuclear, adj. m. e f. *Fís.* Relativo ao núcleo atômico e às elevadíssimas temperaturas que nele podem iniciar uma reação em cadeia.

Termopar, s. m. *Eletr.* Sistema constituído por dois condutores de naturezas diferentes, cujas extremidades estão em contato duas a duas, e nas quais se desenvolve uma força eletromotriz, em função da diferença de temperatura entre estes contatos.

Termoquímica, s. f. *Quím.* Parte da Química que estuda os fenômenos térmicos que acompanham as reações.

Termoquímico, adj. *Quím.* Relativo à termoquímica.

Termosfera, s. f. *Meteor.* Camada atmosférica situada acima da mesosfera, onde a temperatura aumenta regularmente com a altitude.

Termossifão, s. m. Circuito no qual um líquido circula pela ação de aquecimentos e resfriamentos que sofre ao longo de seu percurso.

Termostato, s. m. *Fís.* Dispositivo automático destinado a manter constante a temperatura de um ambiente. Var.: *termóstato.*

Ternado, adj. *Bot.* Diz-se das partes de uma planta, dispostas em grupo de três.

Ternário, adj. 1. Formado de três. 2. *Mús.* Diz-se do compasso que é dividido em três tempos iguais.

Terneirada, s. f. Grande número de terneiros; teneiragem.

Terneiragem, s. f. V. *terneirada.*

Terneiro, s. m. A cria da vaca até a idade de um ano; bezerro. Fem.: *terneirona.*

Ternifloro, adj. (*terni* + *floro*). *Bot.* Que tem as flores dispostas em grupos de três.

Ternifoliado, adj. *Bot.* Que tem as folhas dispostas de três a três.

Ternifólio, adj. (*terni* + *folio*[2]). V. *ternifoliado.*

Terno[1], adj. (l. *teneru*). 1. Afetuoso, meigo. 2. Brando, suave. 3. Que inspira compaixão.

Terno[2], s. m. (l. *terni*). 1. Grupo de três coisas ou pessoas; trio. 2. Dado, pedra de dominó ou carta de jogar, com três pintas. 3. Vestuário masculino, composto de paletó, colete e calças, do mesmo tecido e cor. 4. Grupo de animais domésticos (especialmente aves) constituído por um macho e duas fêmeas. 5. O conjunto das parelhas de bois de uma carreta. 6. Grupo de três peões que se emprega no serviço de marcação do gado.

Ternstremiáceas, s. f. pl. *Bot.* V. *Teáceas.*

Ternura, s. f. 1. Qualidade de terno. 2. Carinho, meiguice. 3. Afeto brando ou sem grandes transportes.

Terpeno, s. m. *Quím.* Hidrocarboneto líquido, base de grande quantidade de essências vegetais, obtido pela destilação de plantas da família das Pináceas.

Terpina, s. f. *Quím.* Hidrato de terebintina, usado na terapêutica como sucedâneo da terebintina.

Terminol, s. m. *Quím.* Hidrato de terebintina.

Terra, s. f. 1. O planeta em que habitamos. (Nesta acep. grafa-se com maiúscula). 2. A parte sólida desse planeta. 3. Solo, chão. 4. Poeira. 5. Povoação, localidade. 6. *Escult.* Argila de que se servem os escultores para os seus trabalhos; barro. 7. Prédio rústico, especialmente não sendo murado. 8. Os habitantes de uma dada povoação. 9. O mundo, a vida temporal. 10. Pátria. 11. *Eletr.* Ponto de contato de um circuito com a terra. — *T. raras*: nome genérico de uma série de óxidos básicos, química e fisicamente muito semelhantes entre si, dos elementos de números atômicos 58 a 71 (cério, prasiodímio, neodímio, promécio, samário, európio, gadolínio, térbio, disprósio, hélmio, érbio, túlio, itérbio e lutécio). A fonte de preparação industrial das terras raras é a areia monazítica.

Terra-a-terra, adj. m e f. sing. e pl. Trivial, rasteiro, sem elevação nem largueza de idéias.

Terraço, s. m. (l. *terraceu*). 1. Cobertura plana de um edifício, feita de pedra ou de argamassa; eirado. 2. *Geol.* Superfície relativamente plana, às vezes estreita e extensa, limitada por dois flancos escarpados, um ascendente outro descendente.

Terracota, s. f. 1. Argila modelada e cozida ao forno. 2. O objeto obtido por esse processo.

Terral, adj. m. e f. 1. Relativo a terra; terrestre. 2. Diz-se do vento que sopra da terra para o mar. S. m. Vento que sopra da terra para o mar; brisa terrestre.

Terrão, s. m. *Pop.* V. *torrão.*

Terraplenagem, s. f. Conjunto de movimentos de terra necessário para proceder a uma construção ou à abertura de uma via. Var.: *terraplanagem.*

Terraplenar, v. Tr. dir. Executar a terraplenagem de. Var.: *terraplanar.*

Terrapleno, s. m. 1. Terreno em que se encheu uma cavidade ou depressão, ficando plano; terreno plano. 2. Terraço. Sin.: *repleno.*

Terráqueo, adj. Relativo ao globo terrestre; terrestre.

Terreal, adj. m. e f. 1. Terrestre. 2. Mundano.

Terreiro, adj. 1. Terrestre. 2. Térreo. S. m. 1. Espaço de terra, desocupado, largo e plano. 2. Largo ou praça. 3. Eirado, terraço. 4. Espaço ao ar livre, onde há bailados, cantos, folguedos e desafios. 5. Denominação dada ao local onde se realizam os cultos feiticistas afro-brasileiros (macumbas, candomblés etc.).

Terremoto, s. m. 1. Tremor da crosta terrestre; abalo sísmico; sismo. 2. Grande estrondo. 3. Grande abalo social.

Terrenal, adj. m. e f. Terrestre.

Terrenho, adj. 1. Terrestre. 2. Mundano.

Terreno, adj. 1. Terrestre. 2. Mundano. S. m. 1. Espaço de terra mais ou menos extenso. 2. Solo cultivável. 3. *Geol.* Cada uma das camadas de terra ou rochas consideradas quanto à idade, natureza e origem. 4. Ramo de atividade; setor. 5. Assunto.

Terrento, adj. Terroso.

Têrreo, adj. 1. Terrestre. 2. Que fica ao rés-do-chão.

Terrestre, adj. m. e f. 1. Relativo à, ou próprio da Terra; terreno, terrenal, terrenho, terreal, terreiro, térreo, tarráqueo. 2. Que provém da terra ou nasce nela. 3. Mundano.

terri-, elem. de comp. (l. *terra*). Exprime a idéia de *terra: terrívomo.*

Terribilidade, s. f. Qualidade de terrível.

Terriço, s. m. Adubo formado de substâncias animais e vegetais em decomposição e misturadas com a terra sobre que se decompuseram; terra vegetal.

Terrícola, adj. e s. m. e f. Que, ou animal que habita na terra.

Terrificante, adj. m. e f. Que terrifica; terrífico, terrível.

Terrificar, v. Tr. dir. Amedrontar, apavorar, assustar; causar ou incutir terror a.

Terrífico, adj. Terrificante.

Terrígeno, adj. Produzido na terra.

Terrina, s. f. Vaso de louça ou metal etc., no qual se leva sopa à mesa.

Terriola, s. f. Pequena terra, pequena povoação; aldeola, lugarejo.

Terríssono, adj. Que aterra pelo som ou pelo estrondo.

Territorial, adj. m. e f. Relativo a território.

Territorialidade, s. f. Condição daquilo que se acha compreendido no território de um Estado.

Território, s. m. 1. Terreno mais ou menos extenso. 2. Porção da superfície terrestre pertencente a um país, estado, município, distrito etc. 3. Jurisdição. 4. Região sob a jurisdição de uma autoridade.

Terrível, adj. m. e f. 1. Que causa ou infunde terror; terrificante. 2. Que produz resultados funestos. 3. Grande, extraordinário. Sup. abs. sint.: *terribilíssimo.* S. m. Um dos cargos de loja maçônica.

Terrívomo, adj. Que expele ou lança terra.

Terroada, s. f. V. *torroada.*

Terror, s. m. 1. Qualidade de terrível. 2. Grave perturbação, trazida por perigo imediato, real ou não; medo, pavor. 3. Pessoa ou coisa que aterroriza. 4. Período da Revolução Francesa, compreendido entre 31 de maio de 1793 e 27 de julho de 1794, em que se cometeram muitos morticínios. 5. Regime político de arbitrariedades.

Terrorismo, s. m. 1. Sistema de governar por meio de terror. 2. Conjunto de ações violentas contra o poder estabelecido, cometidas por grupos revolucionários.

Terrorista, adj. m. e f. 1. Relativo a terrorismo. 2. Que tem o caráter de terrorismo. S. m. e f. Partidário do terrorismo.

Terrorizar, v. Tr. dir. Aterrorizar.

Terroso, adj. 1. Que tem aspecto, cor, mistura ou natureza de terra; terrulento, terrento. 2. Sem brilho; baço.

Terrulento, adj. 1. Terroso. 2. Baixo, vil.

Terso (*é*), adj. 1. Limpo, puro. 2. Lustroso, polido. 3. Correto, vernáculo (falando do estilo).

Tertúlia, s. f. 1. Reunião familiar. 2. Agrupamento de amigos. 3. Assembléia literária. 4. Pequena agremiação literária. 5. Reunião.

Tesar, v. V. *entesar.*

Tesconjuro! interj. Contração de *eu te esconjuro.*

Tese, s. f. (l. *these*). 1. Proposição que se enuncia, que se expõe, que se sustenta. 2. Tema, assunto. 3. Conjunto de trabalhos que se expõe em público para obtenção de cátedra universitária. 4. *Mat.* Conclusão de um teorema.

Tesla, s. m. *Fís.* Unidade de medida de indução magnética no sistema de unidades internacional, e que é igual à indução magnética de um campo magnético uniforme e invariável que, sobre um condutor retilíneo perpendicular à direção do campo e conduzindo uma corrente de intensidade variável igual a 1 ampère, exerce uma força igual a 1 newton por metro de comprimento desse condutor. Símbolo: T.

Teso (*ê*), adj. (l. *tensu*). 1. Tenso, estirado. 2. Duro. 3. Imóvel. 4. Inteiriçado. 5. Animoso, intrépido. 6. Alcantilado, íngreme. 7. Áspero. S. m. 1. Monte alcantilado ou íngreme. 2. O cimo do monte. 3. Elevação do terreno onde não chegam as águas das enchentes.

Tesoura, s. f. (l. *tonsoria*). 1. Instrumento de corte formado por duas lâminas, reunidas por um eixo, sobre que se movem. 2. Peça de madeira ou ferro, na parte dianteira dos carros de quatro rodas. 3. *Constr.* Conjunto de peças de madeira ou ferro que sustenta a cobertura de um edifício. 4. Cruzamento das rédeas com que os cocheiros governam uma parelha de cavalos de tiro. 5. *Ornit.* Ave tiranídea (*Muscivora tyrannus*), cujas características são as duas longas retrizes que, durante o vôo, abrem em forma de tesoura; piranha. 6. *Zool.* Crustáceo marinho, decápode (*Uca maracoani*). 7. Pessoa maldizente.

Tesourada, s. f. 1. Ação de tesourar. 2. Golpe com tesoura.

Tesourar, v. 1. Tr. dir. Cortar com tesoura. 2. Tr. dir. Cortar, dilacerar. 3. Tr. dir. *Fam.* Falar mal de. Var.: *tesoirar.*

Tesouraria, s. f. 1. Cargo ou repartição de tesoureiro. 2. Casa ou lugar onde se guarda ou administra o Tesouro Público. 3. Escritório de companhias ou casas bancárias onde se realizam as transações monetárias. Var.: *tesoiraria.*

Tesoureiro, s. m. 1. Guarda de tesouro. 2. Funcionário do Ministério da Fazenda encarregado de administrar os serviços de arrecadação dos dinheiros do Estado. 3. O encarregado da tesouraria de um banco, uma associação, uma sociedade etc. Var.: *tesoireiro.*

Tesourinha, s. f. 1. Gavinha. 2. *Ornit.* Ave cotingídea (*Phibalura flavirostris*), de cauda mais ou menos longa e furcada.

Tesouro, s. m. (l. *thesauru*). 1. Grande quantidade de dinheiro ou de objetos preciosos. 2. Erário. 3. Lugar de arrecadação de riquezas. 4. Ministério da Fazenda. 5. Repositório de bons autores. 6. Qualquer objeto oculto e precioso, descoberto por acaso. 7. Pessoa a quem se tem profunda afeição.

Tessálico, adj. Relativo à Tessália, região da Grécia; tessálio. S. m. O habitante ou natural da Tessália.

Tessálio, adj. e s. m. V. *tessálico.*

Tessalonicense, adj. m. e f. Relativo a Tessalonica (hoje Salonica, Grécia). S. m. e f. O habitante ou natural de Tessalonica.

Tessela, s. f. 1. Pedra quadrada com que se pavimentam compartimentos de um edifício. 2. Cubo ou peça de mosaico.

Tesselário, s. m. 1. Preparador de tesselas ou tijolos para pavimentos; mosaísta. 2. Fabricante de dados.

Téssera, s. f. 1. Cubo ou dado, com marcas em todas as seis faces. 2. *Antig. rom.* Tabuleta quadrada, em que os chefes militares traçavam as suas ordens, para que um subalterno as transmitisse às tropas.

Tesserário, s. m. *Antig. rom.* Aquele que transmitia aos soldados as ordens recebidas dos chefes por meio da téssera.

Tessitura, s. f. 1. *Mús.* Disposição das notas musicais, para se acomodarem a certa voz ou a certo instrumento. 2. Conjunto das notas mais freqüentes numa peça musical. 3. Contextura, organização.

Testa, s. f. (l. *testa*). 1. A parte anterior do crânio, entre as sobrancelhas e a raiz dos cabelos; a fronte. 2. Frente, dianteira. 3. Direção, administração. 4. *Bot.* Invólucro exterior de uma semente. — *T.-de-ferro*: indivíduo assalariado que assume responsabilidades alheias ou representa ficticiamente aqueles que não querem aparecer.

Testáceo, adj. 1. *Zool.* Que tem carapaça. 2. Vermelho cor de tijolo. S. m. pl. *Zool.* Nome (*Testacea*) que os antigos naturalistas davam a todos os animais que tinham o corpo coberto por uma concha córnea.

Testada, s. f. 1. Parte anterior de certo terreno ou prédio, que confina com uma rua ou outro logradouro público. 2. Erro, tolice, asneira. 3. Pancada com a testa.

Testado, adj. 1. Que foi submetido a teste. 2. Dado por bom.

Testador, adj. e s. m. Que, ou aquele que testa ou faz testamento; testante.

Testamental, adj. m. e f. 1. Relativo a testamento. 2. Que tem a natureza do testamento.

Testamentaria, s. f. *Dir.* Cargo ou função de testamenteiro.

Testamentário, adj. V. *testamental.* S. m. *Dir.* Herdeiro por testamento.

Testamenteiro, s. m. *Dir.* 1. Pessoa que cumpre ou faz cumprir um testamento. 2. Pessoa que é nomeada pelo testador para cumprir as suas disposições de última vontade. Adj. Que anda sempre a fazer testamentos.

Testamento, s. m. 1. *Dir.* Ato personalíssimo, unilateral, solene, gracioso e revogável, pelo qual a pessoa dispõe, total ou parcialmente, dos seus bens, com observância das prescrições legais a respeito, e estabelece deveres e direitos que devem vigorar depois de sua morte. 2. *Fam.* Carta muito longa e prolixa. 3. *Pop.* Concessões, favores e nomeações que se fazem nos últimos dias de um governo.

Testante, adj. e s., m. e f. V. *testador.*

Testar[1], v. (l. *testare*). 1. Tr. dir. Deixar em testamento; legar. 2. Tr. ind. e intr. Dispor de algo em testamento. 3. Tr. dir. Deixar após o falecimento. 4. Tr. dir. e tr. ind. Dar testemunho de; asseverar, atestar, testificar. 5. Atestar, encher.

Testar[2], v. (*teste*[2] + *ar*). Tr. dir. Submeter a teste; experimentar, pôr à prova.

Teste[1], s. f. (l. *teste*). *Ant.* V. *testemunha.*

Teste[2], s. m. (ingl. *test*). 1. *Psicol.* Prova pela qual se colhem amostras de comportamento em situações bem determinadas, de tal forma que os resultados em diferentes indivíduos possam ser objetivamente comparados. 2. Exame crítico ou prova das qualidades de uma pessoa ou coisa. 3. Prova, experiência, exame. 4. Ensaio, verificação.

Testeira, s. f. 1. Frente, testada. 2. Parte dianteira; frente. 3. Tira de couro da cabeçada que cinge a testa do animal. 4. Tira de pano branco que assenta sobre a testa das religiosas. 5. Tira de pano que se coloca na testa dos recém-nascidos. 6. Cabeceira de mesa ou de caixa.

Testemunha, s. f. 1. Pessoa que assiste a certos atos para os tornar autênticos e valiosos. 2. Pessoa que presencia um fato qualquer; espectador. 3. *Dir.* Indivíduo que, em juízo, dá testemunho. S. f. pl. Duas árvores que se plantam ao pé da que serve de baliza ou duas pedras que se fincam ao lado de um marco.

Testemunhador, adj. e s. m. Que, ou aquele que testemunha.

Testemunhal, adj. m. e f. Relativo a testemunha.

Testemunhar, v. 1. Tr. dir. Dar testemunho de; atestar, confirmar, declarar ter visto ou conhecido. 2. Tr. ind. Fazer declaração como testemunha. 3. Intr. Dar testemunho.

Testemunhável, adj. m. e f. 1. Que confirma ou testemunha. 2. *Dir.* Diz-se da cópia das peças de um processo, feita a pedido de quem agrava de um despacho, não consentindo o juiz que o agravo se escreva.

Testemunho, s. m. (l. *testimoniu*). 1. Narração real e circunstanciada que se faz em juízo; depoimento, declaração da testemunha. 2. Demonstração, sinal, vestígio. 4. Ação de certas faculdades que nos conduzem ao conhecimento da verdade. 5. *Geol.* Qualquer elevação isolada por erosão, remanescente de uma massa mais extensa.

Testico, s. m. Cada uma das cabeceiras da serra; testeira.

Testicondo, adj. Diz-se do cavalo que tem os testículos recolhidos no ventre; criptorquídeo.

Testicular, adj. m. e f. Relativo aos testículos.

Testículo, s. m. Cada uma das duas glândulas seminais masculinas.

Testificação, s. f. Ato ou efeito de testificar.

Testificador, adj. e s. m. Que, ou aquele que testifica; testificante.

Testificante, adj. e s., m. e f. Testificador.

Testificar, v. Tr. dir. 1. Dar testemunho de; testemunhar. 2. Afirmar, assegurar.

Testilha, s. f. Briga, discussão, disputa, luta.

Testilho, s. m. 1. Testeira de caixa. 2. Cada uma das duas faces internas e laterais da chaminé, da verga para cima.

Testo[1], adj. (de *testa*). 1. Enérgico, firme, resoluto, sério. 2. Que não gosta de brincadeiras.

Testo[2], s. m. Murro.

Testo[3] (*ê*), s. m. (l. *testu*). 1. Tampa de barro ou de ferro para vasilhas. 2. Testico. 3. O casco da cabeça do boi. S. m. pl. *Pop.* Cabeça, mioleira.

Testudinídeo, s. m. *Zool.* Quelônio.

Testudo, adj. (*testa* + *udo*[2]). 1. Que tem testa ou cabeça grande; testaçudo. 2. Cabeçudo, obstinado.

Tesura, s. f. (l. *tensura*). 1. Estado ou qualidade de teso. 2. Orgulho, vaidade.

Teta[1], s. m. (gr. *theta*). Oitava letra do alfabeto grego, a qual correspondia a *th* na antiga grafia da língua portuguesa.

Teta[2] (*ê*), s. f. (gr. *tithe*). 1. Glândula mamal; mama. 2. Úbere.

tétani-, elem. de comp. (l. *tetanu*). Exprime a idéia de *tétano: tetaniforme.*

Tetania, s. f. *Med.* Contração em ação prolongada dos músculos do punho e do tornozelo.

Tetânico, adj. Que é da natureza do tétano.

Tetaniforme, adj. m. e f. Semelhante ao tétano.

Tetanizar, v. Intr. Tornar-se tetânico.

Tétano, s. m. *Med.* Doença aguda caracterizada pela rigidez convulsiva e dolorosa dos músculos, particularmente os da mastigação; tonismo.

Tetéia, s. f. 1. *Inf.* Pequeno brinquedo. 2. *Fam.* Pessoa ou coisa muito graciosa ou delicada. 3. *Pop.* Mocinha atraente.

Tetérrimo, adj. Sup. abs. sint. de *tetro.* Muito tetro.

Teteté, adj. m. e f. Reincidente. Adv. Amiúde, freqüentemente.

Tetéu, s. m. *Ornit.* Quero-quero.

Tetim, s. m. Massa pegajosa, feita de pó de tijolo, cal e azeite.

Tetipoteira, s. f. *Bot.* Planta vitácea (*Vitis arbustiva*).

Teto[1] (*é*), s. m. (l. *tectu*). 1. Superfície, ordinariamente plana, que forma a parte superior interna de um edifício. 2. *Por ex.* Telhado. 3. Casa, habitação, abrigo. 4. *Pop.* Cabeça, tino, juízo.

Teto[2] (*ê*), s. m. O bico do úbere da vaca e de outros animais.

tetra-, elem. de comp. (gr. *tetra,* de *tettares*). Exprime a idéia de *quatro: tetracórdio, tetradátilo, tetradinamia*; em Química, indica substâncias que contêm quatro átomos, radicais ou grupos da espécie da qual é prefixo: *tetrabrometo.*

Tetrabrometo (*ê*), s. m. *Quím.* Composto em que entram quatro átomos de bromo para um de outro corpo simples.

Tetracampeão, adj. e s. m. Diz-se de, ou indivíduo ou grêmio esportivo campeão quatro vezes consecutivas. Fem.: *tetracampeã.* Pl.: *tetracampeões.*

Tetracárpico, adj. *Bot.* Que tem quatro frutos.

Tetrácero, adj. *Zool.* Que tem quatro antenas ou tentáculos.

Tetracíclico, adj. 1. *Quím.* Que contém quatro cadeias fechadas, comumente fundidas, na molécula. 2. *Bot.* Que tem quatro verticilos de órgãos florais.

Tetracolo, s. m. *Gram. ant.* Período de quatro membros.

Tetracólon, s. m. V. *tetracolo.*

Tetracórdio, s. m. *Mús.* Antiga lira de quatro cordas.

Tetradátilo, adj. *Zool.* Que tem quadro dedos. Var.: *tetradáctilo.*

Têtrade, s. f. Grupo ou arranjo de quatro coisas.

Tetradelfo, adj. *Bot.* Designativo do androceu que tem os estames reunidos em quatro feixes.

Tetradinamia, s. f. *Bot.* Disposição de seis estames na flor, sendo quatro mais longos.

Tetradínamo, adj. *Bot.* Que apresenta tetradinamia.

Tetradracma, s. m. Antiga moeda grega, que valia quatro dracmas.

Tetraédrico, adj. 1. Relativo ao tetraedro. 2. Que tem forma de tetraedro.

Tetraedrita, s. f. *Miner.* Sulfeto de antimônio, cristalizável em tetraedros; panabásio.

Tetraedro, s. m. *Geom.* Poliedro de quatro faces; pirâmide triangular. Sinôn.: *hemioctaedro.*

Tetráfido, adj. *Bot.* Diz-se dos órgãos vegetais divididos em quatro lóbulos.
Tetrafilo, adj. Que tem quatro folhas.
Tetrafoliado, adj. *Bot.* Que tem as folhas dispostas de quatro em quatro.
Tetrágino, adj. *Bot.* Que tem quatro pistilos.
Tetragonal, adj. m. e f. Que tem forma de tetrágono.
Tetragônico, adj. *Geom.* Que tem quatro ângulos ou quatro lados; tetragonal.
Tetragônio, s. m. Manto de quatro pontas, usado pelos antigos.
Tetrágono, adj. Tetragonal. S. m. Quadrilátero, quadrângulo.
Tetragonocarpo, adj. *Bot.* Que tem frutos tetrágonos.
Tetragonocéfalo, adj. *Zool.* Que tem cabeça quadrangular.
Tetragonolóbio, adj. *Bot.* Que tem lobos quadrangulares.
Tetragonóptero, adj. *Ictiol.* Diz-se dos peixes que têm as barbatanas quadradas.
Tetragonoteco, adj. *Bot.* Que tem invólucro quadrado.
Tetragrama, adj. m. e f. Que tem quatro letras. S. m. 1. Conjunto de quatro letras, que formam palavra, firma ou sinal. 2. *Mús.* Pauta de quatro linhas, usada no cantochão.
Tetralépide, adj. m. e f. Que tem quatro escamas.
Tetralogia, s. f. 1. Conjunto de quatro peças teatrais que os poetas gregos apresentavam nos concursos, sendo três tragédias e um drama satírico. 2. *Mús.* Conjunto de quatro óperas.
Tetrâmero, adj. 1. Dividido em quatro partes. 2. *Entom.* Diz-se dos besouros que apresentam tarsos com quatro artículos.
Tetrâmetro, s. m. *Metrif.* Verso grego ou latino de quatro pés.
Tetrandria, s. f. *Bot.* Qualidade de tetrandro.
Tetrândria, s. f. *Bot.* O conjunto dos vegetais tetrandros.
Tetrandro, adj. *Bot.* Que tem quatro estames livres entre si.
Tetranemo, adj. *Biol.* Que tem quatro filamentos ou tentáculos.
Tetraneto, s. m. Filho do trineto ou da trineta. Var.: *tataraneto.*
Tetrapétalo, adj. *Bot.* Que tem quatro pétalas.
Tetrápode, adj. m. e f. *Zool.* Que tem quatro pés.
Tetrapodologia, s. f. Tratado acerca dos quadrúpedes.
Tetráptero, adj. 1. *Zool.* Que tem quatro asas. 2. *Bot.* Que tem quatro apêndices aliformes.
Tetrarca, s. m. *Ant.* Governador de uma tetrarquia.
Tetrarcado, s. m. Cargo ou dignidade de tetrarca.
Tetrarquia, s. f. 1. Cada uma das quatro partes em que se dividiam alguns Estados, ao tempo do Império Romano. 2. Tetrarcado. 3. Subdivisão da falange grega, formando quatro filas.
Tetrarritmo, adj. Que tem quatro ritmos.
Tetráscele, s. m. *Arqueol.* Ornato, que é uma suástica de quatro linhas curvas divergentes.
Tetraspermo, adj. *Bot.* Que encerra quatro grãos.
Tetrassépalo, adj. *Bot.* Que tem quatro sépalas.
Tetrassílabo, adj. Que tem quatro sílabas. S. m. Palavra de quatro sílabas. Sin.: *quadrissílabo.*
Tetrastêmone, adj. m. e f. *Bot.* Que tem quatro estames livres.
Tetrástico, adj. 1. *Arqueol.* Que tem quatro fileiras. 2. *Metrif.* Composto de quatro versos. S. m. *Metrif.* Estrofe de quatro versos; quarteto, quadra.
Tetrastilo, s. m. *Arquit. ant.* Edifício de templo com quatro ordens de colunas.
Tetrástomo, adj. *Zool.* Que tem quatro bocas sugadoras.
Tetravô, s. m. O pai do trisavô ou da trisavó. Var.: *tataravô.* Fem.: *tetravó.*
Tétrico, adj. 1. Muito triste; fúnebre. 2. Medonho, horrível. 3. Rígido, severo.
Tetriz, adj. m. e f. e s. f. Tectriz.
Tetro, adj. 1. Escuro, negro. 2. Sombrio. 3. Feio. 4. Horrível. 5. Pavoroso. Sup. abs. sint.: *tetérrimo.*
Tetroftalmo, adj. *Zool.* Que tem quatro olhos.
Tetudo, adj. Que tem tetas grandes; mamudo.
Teu, pron. poss. 1. De ti, pertencente ou relativo a ti. 2. Próprio de ti. Fem.: *tua.*
Téu, s. m. *Ornit.* V. *tovaca.*
Teúba, s. f. Pequena abelha amarelada.
Teucro, adj. e s. m. Troiano.
Teúdo, adj. *Ant.* Que se teve ou se tem conservado.
Teurgia (*e-ur*), s. f. 1. Ciência do maravilhoso. 2. Arte de fazer milagres.
Teúrgico, adj. Relativo à teurgia.
Teurgista (*e-ur*), s. m. e f. Pessoa que trata ou se ocupa de teurgia.
Teurgo (*e-úr*), s. m. Aquele que pratica a teúrgia.
Teutão, adj. Relativo aos teutões, antigo povo da Germânia que habitava as margens do Báltico. S. m. Indivíduo desse povo. Fem.: *teutona.*
Téu-téu, s. m. *Ornit.* V. *quero-quero.*
Teuto[1], adj. V. *teutônico.*
teuto-[2], elem. de comp. Exprime a idéia de *alemão: teutomania.*
Teuto-brasileiro, adj. Relativo à Alemanha e ao Brasil, a alemães e a brasileiros. S. m. Brasileiro filho de alemão e brasileira ou de alemã e brasileiro. Pl.: *teuto-brasileiros.*
Teutomania, s. f. Admiração excessiva pelos alemães; germanofilia.
Teutônico, adj. Relativo aos teutões, ou aos germanos; teuto.
Teutonismo, s. m. Sistema político que pretende a homogeneidade absoluta das raças germânicas.
Teutonista, adj. m. e f. Relativo ao teutonismo. S. m. e f. Pessoa sectária do teutonismo.
Tevê, s. f. *Pop.* V. *televisão.*
Têxtil (*ês*), adj. m. e f. 1. Que se pode tecer ou é próprio para ser tecido. 2. Relativo à tecelagem ou aos tecelões. Pl.: *têxteis.*
Texto (*ês*), s. m. 1. As próprias palavras de um autor, livro ou escrito. 2. Palavras que se citam para provar alguma coisa. 3. Passagem da Escritura que forma o assunto de um sermão.
Textual (*ês*), adj. m. e f. 1. Relativo ao texto. 2. Que está num texto. 3. Que se transcreveu fielmente do próprio texto.
Textuário (*ês*), s. m. Livro que contém texto ou textos, sem quaisquer notas ou comentários.
Textura (*ês*), s. f. 1. Ato ou efeito de tecer. 2. Tecido, trama. 3. Contextura. 4. *Geol.* Aspecto estrutural de uma rocha; estrutura.
Texugo, s. m. 1. *Zool.* Mamífero carnívoro plantígrado da família dos Mustelídeos (*Meles meles*), de focinho semelhante ao do urso. Vive nas florestas da Europa e do Norte da Ásia. 2. *Pop.* Pessoa muito gorda.
Tez (*ê*), s. f. 1. A epiderme do rosto. 2. Cútis, pele.
Ti, pron. pess. (l. *tibi*). Variação do pron. pess. *tu*, sempre regida de preposição: De *ti*, para *ti*, por *ti*, a *ti*, em *ti*. (Exceto a preposição *com* que toma outra forma e se diz *contigo*).
Tia, s. f. (fem. de *tio*). 1. A irmã do pai ou da mãe em relação aos filhos destes. 2. A mulher do tio relativamente aos sobrinhos deste. 3. *Fam.* Solteirona.
Tiã, s. m. Amuleto dos pretos malês.
Tíade, s. f. Sacerdotisa de Baco; bacante.
Tiambo, s. m. Variedade de cana-de-açúcar.
Tiamida, s. f. Cada um dos derivados das amidas por substituição do oxigênio por enxofre.
Tiamina, s. f. *Biol.* Vitamina B_1, essencial ao crescimento e ao metabolismo dos glúcides.
Tiaporanga, s. f. *Pop.* Embriaguez.
Tiara, s. f. 1. Mitra do pontífice. 2. Dignidade pontifícia.
Tiba, s. f. Lugar onde há muitas pessoas ou coisas reunidas. Adj. m. e f. Atestado, atulhado, cheio.
Tibaca, s. f. Bráctea floral das palmeiras.
Tibetano, adj. Relativo ao Tibete (Ásia). S. m. 1. Habitante ou natural do Tibete. 2. A língua falada no Tibete.
Tibi, adj. m. e f. Apinhado, cheio; tiba.
Tíbia, s. f. 1. *Anat.* O mais grosso e mais interno dos dois ossos da perna. 2. Canela da perna. 3. *Poét.* Flauta de pastor.
Tibial, adj. m. e f. Relativo à tíbia. S. m. Cada um dos músculos da perna.
Tibiez, s. f. V. *tibieza.*

Tibieza, s. f. 1. Qualidade de tíbio. 2. Fraqueza, frouxidão. 3. Falta de ardor.

Tíbio, adj. (l. *tepidu*). 1. Pouco quente; morno. 2. Fraco, frouxo. 3. Pouco zeloso.

Tibira, s. f. Vaca que dá pouco leite. S. m. Mau tirador de leite.

Tiborna, s. f. 1. *Fam.* Misturada de comidas ou de bebidas. 2. Mixórdia. 3. Líquido entornado. 4. Aguapé muito ordinária. 5. Coisa ruim, sem valor; porcaria.

Tibornice, s. f. *Fam.* Mixórdia, salgalhada.

Tibungar, v. Intr. Cair na água; afundar-se, mergulhar.

Tibungo, interj. (t. onom.). Imitativa do som que um corpo produz caindo na água. S. m. 1. Mergulho. 2. Onomatopéia da queda na água.

Tição, s. m. (l. *titione*). 1. Acha de lenha acesa ou meio queimada. 2. Pessoa muito suja. 3. O diabo. — *T. apagado*: negro vestido de preto.

Tico, s. m. 1. Bocado, pedacinho de qualquer coisa. 2. Pequena quantidade. 3. V. *tique*[1].

Tiçoada, s. f. Pancada com tição.

Tiçoeiro, s. m. Vara de ferro com que se atiça o fogo ou se revolve um braseiro para o avivar.

Tiçonado, adj. 1. Chamuscado. 2. Que tem malhas negras.

Ticonha, s. f. *Ictiol.* Nome popular de uma arraia (*Rhinoptera jussieui*) que ocorre no Atlântico Sul.

Ticopá, s. m. *Ictiol.* Peixe (*Pomadysis croco*) de carne pouco apreciada que ocorre no litoral do Atlântico, do Rio de Janeiro para o Norte.

Tico-tico, s. m. 1. *Ornit.* Passarinho da família dos Fringilídeos (*Zonotrichia capensis subtorquata*), de ampla distribuição por toda a América do Sul; maria-é-dia; maria-judia. Voz: *canta, pia, trina.* 2. Pessoa ou coisa de pequeno tamanho. 3. Escola primária.

Ticuanga, s. f. Bolo de mandioca, temperado com açúcar, castanha-do-pará, coco etc.

Ticum, s. m. V. *tucum.*

Ticuna, s. f. V. *curare.*

Tido, adj. 1. Possuído. 2. Considerado, julgado, suposto.

Tié, s. m. *Ornit.* Nome comum de vários pássaros da família dos Traupídeos.

Tiém, s. m. O ser supremo, segundo a doutrina de Confúcio.

Tiete, s. m. e f. Fã incondicional de cantores ou artistas de rádio ou televisão.

Tietê, s. m. *Ornit.* Nome vulgar dado a uma espécie de gaturamo (*Tanagra pectoralis*), que ocorre no Brasil meridional e central.

Tietei, s. m. *Ornit.* Gaturamo.

Tietinga, s. m. *Ornit.* Pássaro da família dos Traupídeos (*Cissopis leveriana major*); anicavara, prebixim.

Tifáceas, s. f. pl. *Bot.* Família (*Typhaceae*) de plantas aquáticas perenes, com rizomas rasteiros, longas folhas lineares e espigas cilíndricas de flores.

Tifáceo, adj. *Bot.* Relativo à família das Tifáceas.

Tifão, s. m. *Geol.* Massa de terreno, não estratificada.

Tífico, adj. 1. Relativo ao tifo. 2. Que tem a natureza do tifo.

Tiflite, s. f. *Med.* Inflamação do ceco.

tiflo-, elem. de comp. (gr. *tuphlos*). Exprime a idéia de *cego, ceco: tiflografia; tiflite.*

Tiflografia, s. f. Escrita em relevo, para leitura dos cegos.

Tiflógrafo, s. m. Aparelho que os cegos usam para escrever.

Tiflologia, s. f. Tratado acerca da instrução dos cegos.

Tiflológico, adj. Relativo à tiflologia.

Tiflólogo, s. m. Aquele que se ocupa com a instrução dos cegos.

Tifo, s. m. (l. *typhu*). *Med.* Nome de um grupo de doenças infecciosas febris, causadas por microrganismos do gênero Rickéttsia.

Tifóide, adj. m. e f. *Med.* Que se assemelha ao tifo; que tem o caráter de tifo; tifóideo, tifoso.

Tifóideo, adj. V. *tifóide.*

Tifoso, adj. 1. Tifóide. 2. Diz-se dos fenômenos atáxicos e adinâmicos que complicam a marcha de uma doença. S. m. Indivíduo atacado de tifo.

Tigela, s. f. (l. *tegula*). 1. Vaso de louça ou outro material, de fundo estreito e boca mais ou menos larga, sem asas, ou com asas pequenas. 2. Pequeno disco de barro sobre que se levam ao forno certos doces. 3. Recipiente metálico de molde próprio para colher o látex da seringueira.

Tigelada, s. f. 1. Tigela cheia. 2. Conteúdo de uma tigela. 3. Nome genérico de preparações culinárias, doces ou salgadas, feitas ou servidas em tigelas.

Tigo, pron. pess. (l. *tecu*). Variação do pron. pess. *tu*, que só se emprega regida da preposição *com*: Ele quer falar *contigo.*

Tigrado, adj. Mosqueado como a pele do tigre; atigrado, tigre.

Tigre, s. m. 1. *Zool.* Mamífero carnívoro da família dos Felídeos (*Felis tigris*), caracterizado por extrema ferocidade. Voz: *brama, mia, ruge, urra.* 2. Homem cruel, sanguinário. 3. *Gír.* Estudante que repete mais de uma vez a série. 4. Barril onde outrora se transportavam, para despejo, as matérias fecais. 5. O criado ou escravo que fazia esse transporte. Adj. V. *tigrado.*

Tigrino, adj. 1. Relativo a tigre. 2. Sanguinário como o tigre. 3. Tigrado.

Tigüera, s. f. Milharal, arrozal, canavial ou planta de produção periódica, depois do corte ou colheita, onde ainda há restos; roça abandonada.

Tijoleira, s. f. 1. Fragmento de tijolo, para ladrilhar. 2. Tijolo grande.

Tijoleiro, s. m. Fabricante de tijolos.

Tijolo (*ô*), s. m. (cast. *tejuelo*). 1. Bloco de barro, moldado e cozido, geralmente em forma de paralelepípedo, que se emprega nas construções. 2. Utensílio de ferro em que os ourives vazam as arruelas. 3. Doce sólido, de forma retangular.

Tiju, s. m. *Ornit.* Ave cotingídea (*Tijuca nigra*).

Tijuca, s. f. V. *tijuco.*

Tijucada, s. f. V. *tijucal.*

Tijucal, s. m. Grande quantidade de lama; tijucada, tujucada, tijuqueira. Var.: *tujucal.*

Tijuco, s. m. 1. Atoleiro, charco, pântano. 2. Lama, lodo. Var.: *tijuca, tujuco.*

Tijupá, s. m. 1. Palhoça com duas vertentes que tocam no chão, e na qual se abrigam trabalhadores. 2. Cabana de índios, menor que a oca. 3. Choupana, rancho. 4. Tolda de canoa. Var.: *tijupaba, tijupar, tujupar.*

Tijupaba, s. m. V. *tijupá.*

Tijupar, s. m. V. *tijupá.*

Tijuqueira, s. f. V. *tijucal.*

Tijuqueiro, s. m. *Ornit.* Ave caradriiforme (*Limosa haemastica*) que nidifica no Norte da América setentrional.

Til[1], s. m. (cast. *tilde*). Sinal gráfico (˜) que nasala a vogal a que se sobrepõe.

Til[2], s. m. *Poét.* Tília.

Tilar, v. (*til*[1] + *ar*). Tr. dir. *Gram.* Tildar.

Tilbureiro, s. m. Cocheiro ou proprietário de tílburi.

Tílburi, s. m. (ingl. *tilbury*). Carro de dois assentos, sem boléia, geralmente coberto, de duas rodas e puxado por um só animal.

Tildar, v. (cast. *tilde*). Tr. dir. *Des.* Pôr til em; tilar.

Tiléia, s. f. *Bot.* Gênero (*Tillaea*) da família das Crassuláceas.

Tília, s. f. *Bot.* 1. Gênero (*Tilia*) constituído de árvores nativas nas regiões temperadas, às vezes cultivadas para sombreamento e também por apicultores em razão de suas flores que contêm açúcar. 2. Planta desse gênero.

Tiliáceas, s. f. pl. *Bot.* Família (*Tiliaceae*) de ervas, arbustos ou árvores, da ordem das Malvales, que se caracterizam principalmente por estames livres e anteras biloculares.

Tiliáceo, adj. Relativo às Tiliáceas.

Tilim, s. m. (t. onom.). V. *tlim.*

Tilintar, v. (t. onom.). 1. Intr. Soar metalicamente (sino, campainha, dinheiro etc.). 2. Tr. dir. Fazer ressoar. Sin.: *tintinar.*

Tiloma, s. m. Espessamento da epiderme; calo.

Tilose, s. f. *Med.* 1. Pequeno calo nos pés. 2. Qualquer calosidade.

Timão[1], s. m. (l. *timone*). 1. Cabeçalho do arado ou do carro. 2. Lança de carruagem. 3. *Náut.* Barra do leme; roda do leme. 4. *Por ext.* Leme. 5. *Fig.* Direção, governo.

Timão[2], s. m. (Var. de *quimão*). 1. Espécie de comprido sobretudo de lã ou pano grosso, usado pelas mulheres em outros tempos. 2. Espécie de roupão usado por meninos, em casa, até certa idade.

Timbale, s. m. 1. Instrumento de percussão, de forma semiesférica, coberto por uma pele tensa, sobre que se toca. (Por se tocarem dois ao mesmo tempo, usa-se mais no plural). 2. Tambor de cavalaria; atabale. 3. *Cul.* Espécie de empada.

Timbaleiro, s. m. Tocador de timbale.

Timbatu, s. m. *Mús.* Instrumento de teclas, usado pelos indígenas do Amazonas.

Timbaúba, s. f. *Bot.* Árvore leguminosa-mimosácea (*Stryphnodendron guianense*). Var.: *timbaúva*.

Timbé, s. m. *Bot.* Árvore leguminosa-papilionácea (*Ateleia glazioviana*).

Timbira, adj. m. e f. *Etnol.* Relativo aos Timbiras, tribo selvagem do Sudoeste do Maranhão. S. m. e f. Indígena dos Timbiras.

Timbó, s. m. 1. *Bot.* Nome de um grande número de plantas que produzem um sumo com a propriedade de atordoar e matar os peixes, sem contudo tornar tóxica a carne; tingui. 2. *Pop.* Moleza, entorpecimento dos membros.

Timborana (*ò*), s. f. *Bot.* Nome de três plantas leguminosas-papilionáceas (*Machaerium macrophyllum, Derris guianensis* e *Lonchocarpus discolor*).

Timboúva, s. m. *Bot.* Nome de três árvores brasileiras (*Enterolobium timbouva, Quillaja brasiliensis* e *Quillaja saponaria*); orelha-de-preto, tamboril.

Timbragem, s. f. 1. Ato ou efeito de timbrar. 2. *Tip.* Processo de impressão em relevo, a seco, em papel, cartolina etc.

Timbrar, v. 1. Tr. dir. Pôr timbre em. 2. Tr. dir. Marcar com timbre. 3. Tr. dir. Apodar, censurar, qualificar. 4. Tr. ind. Caprichar, esmerar-se em, orgulhar-se de.

Timbre, s. m. (fr. *timbre*). 1. Insígnia que se coloca sobre o escudo de armas (capacete, coroa, mitra etc.). 2. Marca, sinal, principalmente em papel de cartas. 3. Selo; carimbo. 4. *Mús.* Disco metálico abaulado, que se percute com martelo. 5. Ação gloriosa que enobrece e exalta. 6. Honra, gala, capricho. 7. Auge, coroa, cúmulo, remate. 8. *Fís.* e *Mús.* Qualidade do som que permite distinguir os sons de mesma altura e intensidade, produzidos por vozes ou instrumentos diferentes (é a qualidade pela qual identificamos uma pessoa pela voz ou o instrumento que emitiu um som).

Timbri, s. m. *Bot.* Árvore ebenácea, cuja madeira é preta como a do ébano (*Diospyrus tupru*).

Timbroso, adj. Que tem timbre ou pundonor; caprichoso.

Timbu, s. m. *Zool.* Gambá.

Time, s. m. (ingl. *team*). 1. *Esp.* O conjunto dos onze jogadores de futebol; equipe, quadro. 2. *Pop.* Grupo, trinca, turma de amigos ou de pessoas de atividade ou classe semelhantes.

Timeleáceas, s. f. pl. *Bot.* Família (*Thymelaeaceae*) que compreende árvores, arbustos e ervas de embira resistente.

Timeleáceo, adj. *Bot.* Relativo à família das Timeleáceas.

Timer (*táimer*), s. m. (t. ingl.). 1. Dispositivo que liga ou desliga automaticamente um circuito dentro de um tempo previamente ajustado. 2. Dispositivo que permite manter o registro de tempo e interromper, periodicamente, a sua execução.

Timiatecnia, s. f. Arte de compor perfumes.

Tímico, adj. (*timo[2] + ico*). *Anat.* Relativo ao timo.

Timidez, s. f. 1. Qualidade de tímido; acanhamento. 2. Debilidade, fraqueza.

Tímido, adj. 1. Que tem temor; receoso. 2. Acanhado. 3. Fraco, frouxo.

Timing (*táimin'*), s. m. (t. ingl.). Senso de oportunidade relativo à escolha do momento oportuno para agir, a fim de obter o resultado máximo.

Timo[1], s. m. (gr. *thumos*). *Anat.* Glândula endócrina, ímpar, localizada na porção ântero-superior da cavidade torácica, e inferior do pescoço, volumosa no recém-nascido, mantendo-se desenvolvida até a puberdade, para depois sofrer processo de involução.

timo-[2], elem. de comp. (gr. *time*). Exprime a idéia de *riqueza, censo, honra: timocrata*.

Timocracia, s. f. Forma de governo em que predominam os ricos; plutocracia.

Timocrata, s. m. e f. Pessoa partidária da timocracia.

Timocrático, adj. Relativo à timocracia.

Timol, s. m. *Quím.* Fenol cristalino, de cheiro aromático agradável e propriedades anti-sépticas, que ocorre na essência de tomilho.

Timoneira, s. f. *Náut.* Vão do navio em que gira o pinçote do leme.

Timoneiro, s. m. 1. Aquele que governa o timão das embarcações. 2. Aquele que regula ou dirige qualquer coisa; guia.

Timor, s. m. e f. V. *timorense*.

Timorato, adj. 1. Medroso por escrúpulo. 2. Que receia errar. 3. Acanhado, hesitante.

Timorense, adj. m. e f. De, ou pertencente ou relativo a Timor, Oceânia. S. m. e f. Pessoa natural ou habitante de Timor; timor.

Timpanal, adj. m. e f. *Anat.* Relativo ao tímpano; timpânico. S. m. Osso do tímpano.

Timpânico, adj. Timpanal.

Timpanilho, s. m. Caixilho de ferro, recoberto de estofo, e que se encaixa na parte póstero-inferior do tímpano do prelo, para segurar a almofada.

Timpanite, s. f. *Med.* Inflamação da membrana do tímpano.

Timpanítico, adj. Relativo à timpanite.

Tímpano, s. m. 1. *Anat.* Cavidade óssea irregular, em que está contido o ouvido médio. 2. *Anat.* Membrana delgada, transparente, elástica, que separa o ouvido externo do ouvido médio, e que funciona como caixa de ressonância, adaptando-se às intensidades acústicas graças a músculos tensores. 3. Caixa cilíndrica que contém uma peça helicoidal no seu interior e que serve para fazer subir a água de uma corrente a um reservatório. 4. *Mús.* Timbale. 5. *Arquit.* Espaço liso ou ornado, limitado por um ou mais arcos e por uma ou mais linhas retas. 6. *Arquit.* Espaço triangular, liso ou ornado de esculturas, limitado pelos três lados do frontão. 7. *Tip.* Folha de material como papel, pano, pele, plástico, celofane etc., que, numa prensa tipográfica, é colocada entre a superfície de impressão (platina ou cilindro) e a folha a ser impressa. 8. *Marc.* Painel fixo a uma moldura. 9. Nas campainhas, peça metálica em forma de meia esfera que vibra quando percutida com um martelo. S. m. pl. *Fam.* Os ouvidos.

Tina, s. f. 1. Vasilha de aduelas, semelhante a um barril cortado pelo meio. 2. Banheira.

Tincal, s. m. *Miner.* Borato hidratado natural de sódio, empregado em certas indústrias como fundente; tincar.

Tincaleira, s. f. Vaso em que os ourives deitam o tincal.

Tinção, s. f. Ato ou efeito de tingir; tintura.

Tincar, s. m. V. *tincal*.

Tineleiro, adj. Relativo a tinelo. S. m. Aquele que trata do tinelo.

Tinelo, s. m. *P. us.* 1. Refeitório. 2. Sala em que os criados de uma casa comem em comum.

Tineta (*ê*), s. f. (ingl. *tenet*). 1. *Fam.* Mania, veneta. 2. Inclinação, queda, tendência. 3. Pertinácia, teimosia.

Tinga[1], s. f. 1. *Zool.* Espécie de cágado das regiões do Amazonas. 2. *Ictiol.* Certo peixe de mar.

-tinga[2], elem. de comp. (tupi-guar.). Exprime a idéia de *branco: caratinga, jacaretinga*.

Tingidor, adj. e s. m. Que, ou aquele que tinge.

Tingidura, s. f. Tintura.

Tingir, v. (l. *tingere*). 1. Tr. dir. Meter em tinta, alterando a cor primitiva. 2. Tr. dir. Comunicar uma cor a. 3. Tr. dir. Dar certa cor a; colorir. 4. Tr. dir. Fazer corar; ruborizar. 5. Tr. dir. Tornar escuro; escurecer. 6. Pron. Mudar de cor, tomar determinada cor. — Particípio: *tingido* e *tinto*.

Tingitano, adj. e s. m. V. *tangerino*.

Tinguaciba, s. f. *Bot.* Planta rutácea (*Xanthoxylon rhoifolium*).

Tinguaçu, s. m. *Ornit.* Alma-de-gato.

Tingui, s. m. (t. tupi). *Bot.* Timbó.

Tinguijada, s. f. Pescaria feita com o emprego do tingui.

Tinguijar, v. 1. Tr. dir. Lançar tingui em (rio) para apanhar peixes. 2. Tr. dir. e pron. Atordoar(-se) ou envenenar(-se) (o peixe) com tingui.

Tinha, s. f. (l. *tinea*). 1. *Med.* Micose dos pêlos, especialmente dos cabelos, na qual o parasito atinge o pêlo na sua raiz e invade o folículo, bem como a epiderme da superfície; porrigem. 2. Vício, mácula, defeito.

Tinhanha, s. f. *Pop.* Barganha, troca.

Tinhorão, s. m. *Bot.* Nome comum às ervas aráceas da América tropical, particularmente à espécie *Caladium bicolor*, muito cultivada pela beleza de suas grandes folhas longamente pecioladas.

Tinhoso, adj. 1. Que tem tinha. 2. Que causa nojo; repugnante. S. m. *Pop.* O diabo.

Tini, s. m. O primeiro corte de folhas de erva-mate, em cada dia.

Tinideira, s. f. *Pop.* Situação angustiosa; aperto, falta de dinheiro.

Tinido, s. m. 1. Ato ou efeito de tinir. 2. Som vibrante de vidro ou metal.

Tinidor, adj. Que tine; tininte. S. m. Aquilo que tine.

Tininte, adj. m. e f. Tinidor.

Tinir, v. 1. Intr. Dar (um metal ou o vidro) um som agudo e vibrante; produzir tinido. 2. Intr. Zunir (os ouvidos). 3. Tr. ind. Bater com som vibrante. 4. Intr. Fazer ouvir a sua voz à distância. 5. Intr. Ficar atordoado ou tonto. 6. Tr. ind. Estar ou ficar em grande excitação nervosa. 7. Intr. Fazer ouvir o seu canto (a milheira). 8. Tr. ind. Tiritar de frio ou medo. (Defectivo. Não se conjuga nas formas em que ao *n* da raiz se seguiria *o* ou *a*).

Tino, s. m. (l. *tenere*). 1. Juízo natural; instinto. 1. Sentido, atenção. 3. Tato. 4. Circunspecção, discrição. 5. Facilidade de andar às escuras. 6. Conhecimento, idéia.

Tinote[1], s. m. (*tino + ote*). *Pop.* O cérebro.

Tinote[2], s. m. (*tina + ote*). Pequena tina; cuba, selha.

Tinta, s. f. (l. *tincta*). 1. Líquido colorido usado para escrever, imprimir, pintar ou tingir. 2. Pequena dose; tintura, laivo, sinal, vestígio. 3. Matiz.

Tinteiro, s. m. Recipiente para tinta de escrever.

Tintim, s. m. Usado na loc. *tintim por tintim*: com todos os pormenores, minuciosamente, ponto por ponto.

Tintinabular, v. 1. Intr. Soar ou ressoar. 2. Tr. dir. Fazer soar (campainha).

Tintinábulo, s. m. Campainha, sineta.

Tintinar, v. Intr. Tilintar.

Tintinir, v. V. *tilintar*.

Tinto, adj. 1. Tingido. 2. Enodoado, manchado, sujo.

Tintorial, adj. m. e f. 1. Que serve para tingir. 2. Relativo à tinturaria.

Tintório, adj. Que produz substância usada em tinturaria.

Tintura, s. f. (l. *tinctura*). 1. Ato ou operação de tingir; tingidura. 2. Líquido preparado para tingir; tinta. 3. *Quím.* e *Farm.* Solução de substâncias mais ou menos coloridas. 4. Laivo, sinal, vestígio. 5. *Fam.* Conhecimentos rudimentares, noções superficiais (mais usado no pl.).

Tinturaria, s. f. 1. Arte ou ofício de tintureiro. 2. Estabelecimento onde se tingem panos.

Tintureira, s. f. 1. Mulher que tinge panos. 2. Dona de tinturaria. 3. *Ictiol.* Enorme e ferocíssimo tubarão (*Galeocerdo arcticus*). 4. *Bot.* Planta leguminosa-cesalpiniácea (*Caesalpinia tinctoria*).

Tintureiro, adj. Que tinge. S. m. 1. Aquele que tinge panos. 2. Dono de tinturaria. 3. *Gír.* Carro de presos; viúva-alegre.

Tio[1], s. m. 1. O irmão do pai ou da mãe com relação aos filhos destes. 2. O marido da tia. 3. Tratamento dado pelos jovens aos mais velhos.

tio-[2], elem. de comp. (gr. *theion*). Exprime a idéia de *enxofre*: *tiocianato*.

Tioca, s. f. Espécie de formiga grande e preta.

Tiocianato, s. m. *Quím.* Sal ou éster do ácido tiociânico; sulfocianato.

Tiociânico, adj. *Quím.* Designativo de um ácido formado de carbono, enxofre, hidrogênio e nitrogênio; sulfociânico; sulfocianídrico.

Tiônico, adj. *Quím.* Relativo ao enxofre ou aos seus compostos.

Tiorba, s. f. *Mús.* Antigo instrumento de cordas, de braço duplo, semelhante ao alaúde.

Tiorega, s. f. *Pop.* 1. Coisa complicada, estrovenga. 2. Embrulhada.

Tiotê, s. m. Dobras em forma de tubos, usadas em babados que ornam blusas.

Tipa, s. f. *Gír.* 1. Qualquer mulher. 2. Mulher de costumes fáceis.

Tipacoema, s. f. Parada da maré na vazante, ao amanhecer.

Tipi, s. m. *Bot.* Planta malvácea (*Pavonia umbrata*).

Tipicidade, s. f. Qualidade ou caráter de típico.

Típico, adj. 1. Que serve de tipo; característico. 2. Alegórico, simbólico.

Tipió, s. m. *Ornit.* Pequeno pássaro fringilídeo (*Sicalis luteola luteiventris*).

Tipisca, s. f. Lagoa formada pelo transbordamento dos rios, durante a estação chuvosa; sacado.

Tipiti, s. m. (t. tupi). 1. Cesto cilíndrico, em que se mete a massa de mandioca ralada para ser espremida. 2. Aperto, embaraço.

Tipitinga, adj. m. e f. Diz-se das águas barrentas mas esbranquiçadas.

Tipo[1], s. m. (gr. *tupos*). 1. Modelo, exemplar. 2. Objeto que serve de modelo. 3. *Tip.* Peça fundida e cuja impressão reproduz uma letra ou sinal; caráter tipográfico. 4. Coisa que reúne em si os caracteres distintivos de uma classe; símbolo. 5. Aquilo que produz fé como modelo. 6. Pessoa excêntrica. 7. Qualquer indivíduo. 8. Pessoa pouco respeitável.

tipo-[2], elem. de comp. (gr. *tupos*). Exprime a idéia de *tipo, imagem, caráter, padrão: tipografia*.

Tipocromia, s. f. Impressão a cores; cromotipia.

Tipofone, s. m. *Mús.* Instrumento musical que produz sons simples e invariáveis. Var.: *tipofono*.

Tipofonia, s. f. *Mús.* Modo de marcar a voz ou o compasso, batendo.

Tipografar, v. Tr. dir. *P. us.* Reproduzir por meio da tipografia; imprimir.

Tipografia, s. f. 1. Arte de imprimir com tipos. 2. Estabelecimento tipográfico.

Tipográfico, adj. Relativo à tipografia.

Tipógrafo, s. m. Aquele que trabalha em tipografia.

Tipóia[1], s. f. 1. Lenço ou tira de pano, presa ao pescoço, para sustentar o braço ou a mão doente. 2. Rede de dormir, velha. 3. Rede de dormir, pequena. 4. Carro velho e imprestável. 5. Coisa reles, comum e vulgar.

Tipóia[2], s. f. *Gír.* Mulher desprezível, ordinária.

Tipólito, s. m. *Miner.* Pedra que tem impressa a forma de algumas plantas ou animais.

Tipologia, s. f. 1. V. *biotipologia*. 2. *Art. gráf.* Conjunto de caracteres tipográficos usados num projeto gráfico.

tipto-, elem. de comp. (gr. *tuptein*). Exprime a idéia de *bater, ferir: tiptologia*.

Tiptologia, s. f. 1. Experiência a que procedem os espíritas com mesas girantes e outros objetos. 2. Comunicação dos espíritos por meio de pancadas.

Tiptólogo, s. m. Médium que exerce a tiptologia.

Tipuana, s. f. *Bot.* Árvore leguminosa-papilionácea, ornamental (*Tipuana speciosa*). Sin.: *tipu*.

Tipuca, s. f. O último leite que se extrai da vaca; leite grosso.

Tique[1], s. m. (fr. *tic*). Cacoete, trejeito, sestro.

Tique[2], s. m. (ingl. *ticket*). Sinal em forma de "V", feito à margem esquerda dos números ou palavras que se vai conferindo.

Tique-taque, s. m. (t. onom.). 1. Som regular e cadenciado como o dos relógios. 2. O bater do coração. 3. Palpite. Pl.: *tique-taques*.

Tique-tique, s. m. V. *tique-taque*. Pl.: *tique-tiques*.

Tiquinho, s. m. 1. Dim. de *tico*[1], acep. 1. 2. Um bocadinho de qualquer coisa; tiquim.

Tiquira, s. f. Aguardente de mandioca.

Tira, s. f. 1. Retalho de couro, pano, papel etc., mais comprido que largo. 2. Lista, listão. 3. Correia, fita. 4. Filete, friso. 5. Historieta ou fragmento de histórias em quadrinhos, apresentada em uma única faixa horizontal. S. m. *Gír*. Agente policial.

Tira-bragal, s. m. 1. Funda que usam os que têm hérnia intestinal. 2. Correia que faz parte do arreio do cavalo, sobre as ancas. Pl.: *tira-bragais*.

Tiração, s. f. Extração de madeiras nas matas.

Tiracolo, s. m. Correia que cinge o corpo, passando por cima do ombro e por baixo do braço oposto a esse ombro.

Tirada, s. f. 1. Ato ou efeito de tirar; tiradura, tiragem, tiramento, tiradela. 2. Exportação de gêneros. 3. Longo espaço de tempo. 4. Grande extensão de caminho. 5. Discurso, fala de grande extensão. 6. *Pop*. Rasgo, ímpeto, no falar, escrever etc.

Tiradeira, s. f. 1. Aquela que tira. 2. Correia ou corrente que, nas carretas puxadas a quatro bois, prende a canga dos da frente à dos do coice. 3. Corda de relho que liga os cambões das juntas do carro de bois. 4. Linha de pesca com muitos anzóis; espinhel. S. f. pl. Tirantes entre os quais vão as bestas, nos engenhos de açúcar.

Tiradela, s. f. V. *tirada*.

Tira-dentes, s. m. sing. e pl. *Pop*. Dentista.

Tirador, adj. Que tira. S. m. 1. Aquele que tira. 2. *Náut*. O chicote do cabo de qualquer aparelho náutico. 3. Tira de couro que os laçadores põem ao redor da cintura quando laçam a pé.

Tiradoura, s. f. Timão do carro ou do arado.

Tiradura, s. f. V. *tirada*.

Tira-dúvidas, s. m. sing. e pl. *Fam*. Aquele ou aquilo que tira dúvida ou resolve questão.

Tira-fundo, s. m. Verruma de torneiro. 2. Parafuso com que se fixam nos dormentes os trilhos de caminho de ferro.

Tiragem, s. f. 1. Tirada. 2. O total dos exemplares de livro, periódico ou qualquer outro trabalho, impresso de cada vez ou por edição. 3. Passagem dos metais pela fieira. 4. Corrente de ar quente que sai da chaminé e entrada de ar frio que o substitui.

Tira-linhas, s. m. sing. e pl. Instrumento de desenhista que serve para traçar linhas uniformes a tinta.

Tiramento, s. m. V. *tirada*.

Tirana, s. f. 1. *Fam*. Mulher má, cruel. 2. *Pop*. A enxada. 3. *Folc*. Dança antiga do tipo fandango.

Tiranete (*ê*), s. m. *Hum*. Pessoa que vexa ou oprime os que estão sob sua dependência.

Tirania, s. f. (*tirano* + *ia*). 1. Exercício arbitrário, despótico e cruel do poder. 2. Governo legítimo, mas injusto e cruel. 3. Opressão, violência.

Tiranicida, s. m. e f. Pessoa que assassina um tirano.

Tirânico, adj. 1. Relativo a tirano. 2. Próprio de tirano. 3. Que tiraniza. 4. Despótico, opressivo.

Tiranizador, adj. e s. m. Que, ou aquele que tiraniza.

Tiranizar, v. Tr. dir. 1. Governar com tirania. 2. Tratar com rigor, com severidade. 3. Constranger, oprimir, vexar. 4. Pron. Tratar a si próprio com grande rigor; mortificar-se.

Tirano, s. m. 1. Aquele que usurpa o poder soberano em um Estado. 2. Soberano que abusa de seu poder. 3. Aquele que oprime. 4. Coisa que tortura, que martiriza moralmente. Adj. Tirânico, despótico, cruel.

Tira-nódoas, s. m. sing. e pl. Substância com que se tiram nódoas.

Tirante, adj. m. e f. 1. Que tira. 2. Que mostra tendência para (falando de uma cor). 3. Excetuado. S. m. 1. Cada uma das correias que prendem o veículo aos animais que o puxam. 2. Cada uma das cordas com que se puxam as carretas da peça da artilharia. 3. *Arquit*. Viga comprida que sustenta o madeiramento do teto de um edifício. 4. Eixo de ferro que, nas máquinas de vapor, transmite o movimento do êmbolo à roda motora. Prep. Exceto, salvo.

Tirão, s. m. 1. Puxão forte. 2. Grande caminhada; estirão.

Tirapé, s. m. Correia sem-fim com que os sapateiros seguram o calçado na forma, sobre os joelhos.

Tira-prosa, s. m. *Pop*. Valentão. Pl.: *tira-prosas*.

Tirar, v. 1. Tr. dir. e tr. ind. Exercer tração; puxar. 2. Tr. dir. Extrair. 3. Tr. dir. Arrancar, sacar. 4. Intr. Disparar tiros; atirar. 5. Tr. dir. Fazer sair do lugar onde está; retirar. 6. Tr. dir. Fazer sair de um lugar para outro. 7. Pron. Safar o corpo. 8. Tr. dir. *Tip*. Estampar, imprimir. 9. Tr. ind. Aproximar-se de, ter visos de: Esta cor *tira ao* (ou *para* o) vermelho. 10. Tr. dir. Colher, obter, receber, tomar. 11. Tr. dir. Alcançar, obter. 12. Tr. dir. Aproveitar, apurar, escolher. 13. Tr. dir. Concluir, deduzir, inferir. 14. Tr. dir. Copiar. 15. Tr. dir. Reproduzir, retratar. 16. Tr. dir. e pron. Libertar(-se), livrar(-se). 17. Tr. dir. Arrecadar, pedir, cobrar, receber. 18. Tr. dir. Apartar, separar. 19. Tr. dir. Diminuir, subtrair. 20. Tr. dir. Fazer desaparecer; apagar, extinguir. 21. Tr. dir. Eliminar, raspar, riscar. 22. Tr. dir. Suprimir. 23. Tr. dir. Descalçar, despir. 24. Tr. dir. Privar da vida; matar. 25. Tr. dir. e pron. Afastar(-se), apartar(-se), desviar (-se). 26. Tr. dir. Furtar, roubar. 27. Tr. dir. Dissuadir. 28. Tr. dir. Excetuar, excluir.

Tira-teimas, s. m. sing. e pl. 1. *Pop*. Argumento decisivo. 2. *Fam*. Dicionário. 3. Qualquer meio de castigo.

Tira-testa, s. m. Parte do arreio, correspondente à testa da cavalgadura. Pl.: *tira-testas*.

Tira-vira, s. m. 1. *Ictiol*. Peixe marítimo, sinodontídeo (*Synotus foeteus*). 2. Cabo duplo.

Tirázio, s. m. Tiro estrepitoso.

tireo-, elem. de comp. (gr. *thureos*). Exprime a idéia de *escudo, tireóide: tireoidite*.

Tireóide, adj. m. e f. *Anat*. Tireóideo. S. f. 1. Glândula de secreção interna, situada na frente da laringe. 2. Cartilagem da laringe, na parte ântero-superior.

Tireoidite, s. f. *Med*. Inflamação da tireóide.

Tirete (*ê*), s. m. Hífen.

Tiriba, s. m. *Ornit*. Ave (*Pyrrhura frontalis chiripepe*), que é um papagaio de tamanho médio, de cauda longa e cor geral verde; merequém.

Tirintintim, s. m. Onomatopéia do som da trombeta.

Tírio, adj. 1. Relativo a Tiro, antiga cidade fenícia. 2. *Poét*. Purpúreo. S. m. Indivíduo natural de Tiro.

Tiriri, s. m. V. *siriri*.

Tiririca, s. f. *Bot*. Planta ciperácea (*Cyperus rotundus*), daninha. Adj. m. e f. Colérico, furioso, zangado.

Tiririca1, s. m. Lugar onde abunda a tiririca.

Tiritana, s. f. Mantéu de seriguilha, que as mulheres do campo trazem sobre outro mantéu.

Tiritante, adj. m. e f. Que tirita.

Tiritar, v. (t. onom.). Intr. Tremer (de frio ou medo).

Tiriúma, adj. m. e f. Desacompanhado, só.

Tiriva, s. m. Tiriba.

Tiro[1], s. m. 1. Ato ou efeito de tirar. 2. Disparo de arma de fogo. 3. Carga disparada por uma arma de fogo. 4. Distância aonde alcança a carga de uma arma de fogo. 5. Lugar para exercício com armas de fogo. 6. Tirante com que se atrela o animal ao veículo. 7. Explosão. 8. Referência picante; remoque. 9. Expansão, ímpeto. 10. *Esp*. Pontapé na bola; chute.

tiro-[2], elem. de comp. (gr. *turos*). Exprime a idéia de *queijo: tiromancia*.

Tirocínio, s. m. 1. Primeiros exercícios; aprendizado. 2. Prática ou exercício militar para desempenho de um cargo. 3. Experiência.

Tirolês, adj. Relativo ao Tirol, Áustria. S. m. O natural do Tirol. Fem.: *tirolesa* (*ê*).

Tirolesa (*ê*), s. f. (fem. de *tirolês*). 1. *Mús*. Espécie de ária, semelhante às canções populares do Tirol. 2. Dança do Tirol.

Tiromancia, s. f. Adivinhação pelo exame do queijo.

Tiromante, s. m. e f. Pessoa que praticava a tiromancia.

Tironeada, s. f. Ato de tironear.

Tironear, v. Tr. dir. Dar tirões ou puxões nas rédeas de (o cavalo).

Tirotear, v. 1. Intr. Fazer tiroteio. 2. Tr. dir. Dirigir tiroteio contra.

Tiroteio, s. m. *Mil.* 1. Fogo de fuzilaria em que os tiros são amiudados. 2. Fogo de atiradores dispersos. 3. Troca de palavras entre pessoas que ralham ou discutem.

Tirrênio, adj. e s. m. Etrusco.

Tirreno, adj. e s. m. V. *tirrênio.*

Tirsígero, adj. Que tem tirso.

Tirso, s. m. (l. *thyrsu*). 1. Insígnia de Baco, a qual consistia numa haste ornada com hera e pâmpanos, encimada por uma pinha, que os gentios usavam nos sacrifícios em honra desse deus. 2. *Bot.* Inflorescência em forma de pirâmide.

Tirsoso, adj. *Bot.* Que tem flores em forma de tirso.

Tir-te, s. m. Usado na loc. adv. *sem tir-te nem guar-te*: sem cerimônia, sem aviso prévio.

Tisana, s. f. (l. *ptisana*). *Farm. ant.* 1. Decocto de cevada para doentes. 2. Infusão medicamentosa para ser bebida à vontade pelo doente.

Tisanóptero, s. m. *Entom.* Espécime da ordem dos Tisanópteros. S. m. pl. Ordem (*Thysanoptera*) de pequenos insetos, aos quais usualmente se dá o nome de *tripes*.

Tisanuro, adj. *Entom.* Relativo aos Tisanuros. S. m. pl. *Entom.* Ordem (*Thysanura*) de insetos ametabólicos, a que pertencem as traças.

Tísica, s. f. *Med.* 1. Consunção lenta. 2. Tuberculose pulmonar.

Tísico, adj. e s. m. Que, ou aquele que sofre de tísica.

tísio-, elem. de comp. (gr. *phthisis*). Exprime a idéia de *tísica, tuberculose: tisiologia.*

Tisiologia, s. f. *Med.* Tratado acerca da tísica pulmonar.

Tisiologista, s. m. e f. *Med.* Especialista em tisiologia; tisiólogo.

Tisiólogo, s. m. V. *tisiologista.*

Tisna, s. f. 1. Ato ou efeito de tisnar; tisnadura. 2. Substância preparada para enegrecer qualquer coisa.

Tisnadura, s. f. V. *tisna.*

Tisnar, v. (corr. de *tiçonar*). 1. Tr. dir. Enegrecer com carvão, fumo etc. 2. Tr. dir. Queimar, requeimar. 3. Tr. dir. Macular, manchar. 4. Tr. dir. Escurecer, turvar. 5. Pron. Enodoar-se, manchar-se.

Tisne, s. m. 1. Cor negra produzida na epiderme pelo fogo ou pela fumaça. 2. Fuligem.

Titã, s. m. 1. *Mit.* Cada um dos gigantes que, segundo a mitologia grega, quiseram escalar o céu e destronar Júpiter. 2. Pessoa ou coisa gigantesca. 3. Guindaste muito poderoso.

Titânico, adj. 1. Relativo aos titãs. 2. Que revela grande força.

Titanífero, adj. *Quím.* Que contém titânio.

Titânio, s. m. *Quím.* Elemento metálico lustroso, cinza-prateado pálido, de alto ponto de fusão, 1.850°C. Símbolo Ti, número atômico 22, massa atômica 47,90.

Titara, s. f. V. *jacitara.*

Titela, , s. f. 1. Parte carnuda do peito da ave. 2. Coisa preciosa ou a melhor parte de qualquer coisa.

Títere, s. m. 1. Boneco ou figura que se faz mover e gesticular por meio de cordéis; marionete, bonifrate. 2. *Pop.* Bufão, palhaço. 3. Casquilho, janota.

Titerear, v. 1. Tr. dir. Fazer mover como títere. 2. Intr. Mover-se como um títere.

Titereiro, adj. e s. m. Que, ou aquele que titereia; titeriteiro.

Titeriteiro, adj. e s. m. V. *titereiro.*

Titia, s. f. *Inf.* Designação de *tia.*

Titica, s. f. *Pop.* 1. Excremento de ave. 2. Indivíduo ou coisa sem importância.

Titicar, v. Intr. Bater ou tocar de leve; cutucar.

Titilação, s. f. 1. Ato ou efeito de titilar; titilamento. 2. Impressão causada por cócegas leves.

Titilamento, s. m. V. *titilação.*

Titilante, adj. m. e f. Que titila; titiloso.

Titilar[1], adj. f. (1. *titillu + ar*). *Anat.* Designativo das veias axilares.

Titilar[2], v. (1. *titillare*). 1. Tr. dir. Fazer cócegas ligeiras ou prurido em. 2. Intr. Estremecer, palpitar. 3. Tr. dir. Afagar, lisonjear.

Titiloso, adj. V. *titilante.*

Titim, s. m. V. *tingui.*

Titinga, s. f. Manchas brancas no rosto; panos, sardas.

Titio, s. m. *Inf.* Forma de *tio.*

Titônia, s. f. *Poét.* Aurora, como esposa de Titono.

Titubeação, s. f. Ato ou efeito de titubear; titubeio.

Titubeante, adj. m. e f. Que titubeia.

Titubear, v. (1. *titubare*). 1. Intr. Não se ter bem em pé; cambalear. 2. Tr. ind. e intr. Hesitar, vacilar. 3. Tr. dir. e intr. Não ter segurança no que diz.

Titubeio, s. m. V. *titubeação.*

Titulado, adj. 1. Fundado em títulos. 2. Avaliado, dosado.

Titular[1], adj. m. e f. 1. Que possui título de nobreza. 2. Honorário, nominal. S. m. e f. 1. Pessoa nobre. 2. Ocupante efetivo de um cargo ou função.

Titular[2], v. Tr. dir. 1. Intitular. 2. Registrar em livro de padrões e títulos autênticos. 3. Registrar.

Título, s. m. (1. *titulu*). 1. Inscrição, letreiro, rótulo. 2. Nome ou expressão que se põe no princípio de um jornal, livro, revista, capítulo, indicando o assunto. 3. Denominação honorífica. 4. Denominação. 5. Subdivisão de código. 6. Nota, reputação. 7. Fundamento. 8. Pretexto, intuito. 9. Causa, intento. 10. Documento que autoriza o exercício de um direito.

Tiú, s. m. *Bot.* Planta euforbiácea do Brasil (*Jatropha elliptica*); raiz-de-lagarto, jalapão, gafanhoto.

Tiúba, s. f. Aguardente de cana; cachaça.

Tiziu, s. m. *Ornit.* Pássaro fringilídeo canoro (*Volatinia jacarina, jacarina*).

Tlim, s. m. Voz imitativa do som da campainha ou sineta e do choque de moedas; telim.

Tlintar, v. (de *tlim*). Intr. Fazer tlim. Var.: *tilintar.*

Tmese, s. f. (1. *tmese*). *Gram.* Mesóclise.

Toa (*ô*), s. f. (ingl. *tow*). Corda estendida de um navio a outro, para o rebocar; reboque, sirga.

***À toa*: a) a esmo, ao acaso; b) sem reflexão nem tino; c) *Naút.*: sem governo próprio, a reboque, à sirga.**

Toada, s. f. 1. Ato ou efeito de toar. 2. Ruído, som, tom. 3. Boato, rumor. 4. Fama, tradição. 5. Canto, entoação. 6. Atoarda. 7. Gosto, maneira, sistema. 8. *Folc.* Cantiga, cantilena, canção. 9. Monotonia, repetição.

Toadeira, adj. e s. f. Diz-se da, ou a baleia arpoada que ainda mergulha.

Toadilha, s. f. Toada pequena ou pouco intensa.

Toalete (*ê*), s. f. (fr. *toilette*). Ato de se lavar, pentear, vestir etc. S. m. Toucador.

Toalha, s. f. 1. Peça, ordinariamente de linho ou algodão, que se estende sobre a mesa às refeições. 2. Pano com que se enxuga o rosto, as mãos ou qualquer outra parte do corpo, que se lavou ou molhou. 3. Camada extensa.

Toalheiro, s. m. Utensílio próprio para se pendurarem toalhas.

Toalhete (*ê*), s. m. *Ant.* Guardanapo.

Toante, adj. m. e f. Qua toa.

Toar, v. (1. *tonare*). 1. Intr. Dar som ou tom forte; estrondear, retumbar, trovejar. 2. Intr. Soar, ressoar. 3. Tr. ind. Adaptar-se, convir.

Tobá, s. m. V. *atobá.*

Tobiano, adj. Diz-se do cavalo cujo pêlo preto, vermelho, rosilho etc., apresenta grandes manchas brancas.

Tobó, s. m. *Pop.* Diamante grande.

Tobogã, s. m. 1. Aparelho para divertimento infantil, miniatura de montanha-russa. 2. Pista deslizante utilizada em parques de diversões.

Toca, s. f. (cast. *tueca*). 1. Buraco onde se abrigam coelhos ou animais; covil. 2. Habitação pequena e miserável. 3. Esconderijo, refúgio.

Tocada, s. f. Corrida de experiência para apurar a velocidade do cavalo.

Tocadela, s. f. 1. Ação ou efeito de tocar de cada vez; tocadura. 2. *Fam.* Tocarola.

Tocadilho, s. m. Jogo semelhante ao do gamão.

Toca-discos, s. m. sing. e pl. *Radiotécn.* Aparelho composto de um prato acionado por um motor, e de um reprodutor de som, magnético ou de cristal, que converte a gravação fonográfica em ondas sonoras, através do amplificador e alto-falante; pick-up.

Tocado, adj. Levemente embriagado. 2. *Fam.* Meio amalucado.

Tocador, adj. Que toca. S. m. 1. Aquele que toca. 2. Arrieiro, almocreve.

Tocadura, s. f. 1. Tocadela. 2. Contusão resultante de um pé do animal tocar no outro pé, na parte interna.

Tocaia, s. f. (t. tupi). Emboscada para matar alguém ou para caçar.

Tocaiar, v. 1. Tr. dir. Emboscar-se para matar ou para caçar; atocaiar. 2. Intr. Estar de espreita.

Tocainará, s. f. *Entom.* V. *tocandira.*

Toca-lápis, s. m. sing. e pl. Uma das pernas do compasso na qual se encaixa o lápis, para descrever arcos ou circunferências.

Tocamento, s. m. Toque.

Tocandira, s. f. *Entom.* Espécie de formiga das regiões do Amazonas (*Paraponera clavata*).

Tocante, adj. m. e f. 1. Que toca. 2. Concernente, relativo, respectivo. 3. Que comove, que enternece.

Tocantim, adj. m. e f. Relativo aos Tocantins, tribo indígena do Pará. S. m. e f. Indígena dessa tribo.

Tocar, v. (de *toc,* t. onom.). 1. Tr. dir. Aproximar (um corpo) de (outro). 2. Tr. dir. e tr. ind. Pôr a mão em; apalpar, pegar. 3. Tr. dir. e tr. ind. Pôr-se em contato com; roçar por. 4. Pron. *Geom.* Ter um ponto comum de contato. 5. Pron. Encontrar-se, pôr-se em contato. 6. Pron. Aproximar-se, identificar-se, unir-se. 7. Tr. dir. Bater em (o animal) para o fazer andar; chicotear, esporear. 8. Tr. dir. Conduzir, espantar de um lugar para outro. 9. Tr. dir. Atingir, chegar a. 10. Tr. dir. Confinar com, estar contíguo a, estar junto de. 11. Tr. dir. e intr. Fazer soar, assoprando, tangendo ou percutindo. 12. Intr. Produzir música, executar peças musicais. 13. Tr. dir. Dar sinal ou aviso por toques. 14. Tr. dir. Executar em instrumento. 15. Tr. dir. e tr. ind. *Náut.* Fazer escala em. 16. Tr. dir. e tr. ind. Mencionar, referir. 17. Tr. ind. Caber por sorte; pertencer. 18. Tr. ind. Dizer respeito a, interessar a. 19. Tr. ind. Competir, pertencer. 20. Tr. dir. e tr. ind. Causar abalo a; comover, sensibilizar. 21. Pron. Magoar-se, melindrar-se.

Tocarola, s. f. 1. *Fam.* Aperto de mãos. 2. Tocata barulhenta ou desafinada.

Tocata, s. f. (ital. *toccata*). 1. *Pop.* Toque de instrumento; musicata. 2. Composição instrumental, caracterizada pela vivacidade e o virtuosismo, sem desenvolvimento de temas e repetição de partes.

Toca-viola, s. m. V. *tange-viola.* Pl.: *toca-violas.*

Tocha, s. f. (ital. *torcia*). 1. Vela de cera, grande e grossa; brandão. 2. Archote, facho. 3. Brilho, luz. 4. Árvore de que, nas derrubadas, resta apenas parte do tronco. S. f. pl. Olhos vivos.

Tocheira, s. f. Castiçal para tocha. Var.: *tocheiro.*

toco-[1], elem. de comp. (gr. *tokos*). Exprime a idéia de *parto: tocologia.*

toco[2] (*ô*), s. m. (ital. *tocco*). 1. Parte de um tronco de árvore que fica ligada à terra, depois de cortada. 2. Cacete. 3. Pedaço de vela ou tocha; coto. 3. *Náut.* A parte que restou de um mastro que se desarvorou. 5. Ponta de cigarro já fumado. 6. *Gír.* Quinhão de roubo.

Tocologia, s. f. *Med.* Obstetrícia.

Tocólogo, s. m. *Med.* Especialista em partos; obstetra.

Toda[1] (*ô*), s. f. V. *todeiro.*

Toda[2], s. f. Uma das línguas da família dravídica.

Todavia, adv. e conj. Ainda assim, contudo, entretanto, porém.

Todeiro, s. m. *Ornit.* Pequeno pássaro da Jamaica de plumagem verde e bico alongado; toda (*ô*).

Todo (*ô*), pron. adj. e indef. 1. Integral, inteiro (seguido de artigo ou após o substantivo). 2. Cada, qualquer. S. m. 1. Conjunto, massa, generalidade. S. m. pl. Todo o mundo, toda a gente. Fem.: *toda* (*ô*).

Todo-poderoso, adj. Que pode tudo; onipotente. S. m. 1. Aquele que pode tudo. 2. Deus. Pl.: *todo-poderosos* e *todos-poderosos.*

Toé, s. m. *Bot.* Arbusto solanáceo (*Datura insignis*).

Toeira, s. f. Cada uma das duas cordas imediatas aos dois bordões da guitarra.

Toesa (*ê*), s. f. (fr. *toise*). 1. Antiga medida francesa de seis pés. 2. *Pop.* Pé muito grande.

Tofo, s. m. 1. *Med.* Depósito de urânio e cálcio que se forma em redor das articulações.

Toga, s. f. 1. *Ant. rom.* Manto de lã, amplo e longo. 2. Vestuário de magistrado; beca. 3. A magistratura.

Togado, adj. 1. Que usa toga. 2. Que exerce a magistratura judiciária. S. m. Magistrado judicial.

Toicinho, s.m. A gordura dos porcos subjacente à pele, com o o respectivo couro. Var.: *toucinho.*

Tojal, s. m. Terreno onde abundam tojos.

Tojo (*ô*), s. m. *Bot.* Planta leguminosa (*Ulex europaeus*).

Tola[1] (*ô*), s. f. *Pop.* 1. Cabeça, mioleira. 2. O juízo.

Tola[2], s. f. Torquês de madeira, usada por penteeiros.

Tolano, s. m. Sulco no paladar das cavalgaduras.

Tolaz, adj. m. e f. Que se deixa enganar facilmente; muito tolo, pacóvio.

Tolda[1], s. f. (ár. *dholla*). 1. *Náut.* Parte de ré do convés. 2. V. *toldo,* acep. 1 e 2.

Tolda[2], s. f. (de *toldar*). Ato ou efeito de toldar.

Toldador, adj. Que tolda.

Toldar, v. 1. Tr. dir. Cobrir com tolda ou toldo. 2. Tr. dir. e pron. Anuviar(-se), encobrir(-se), tapar(-se). 3. Tr. dir. e pron. Turvar(-se). 4. Tr. dir. Obscurecer, obsecar. 5. Pron. Embriagar-se. 6. Tr. dir. Entristecer, turbar.

Toldaria, s. f. Agrupamento de toldos de índios.

Toldo (*ô*), s. m. (de *tolda*[1]). 1. Cobertura de lona ou de outro material, destinada a abrigar do sol e da chuva uma porta, uma praça etc. 2. Aldeia ou povoação de índios já meio civilizados.

Toledana, s. f. Espada fabricada em Toledo, Espanha.

Toledano, adj. 1. Relativo a Toledo, Espanha. S. m. O habitante ou natural de Toledo.

Toleima, s. f. Qualidade de toleimado; tolice.

Toleimado, adj. V. *atoleimado.*

Toleirão, adj. e s. m. Que, ou aquele que é muito tolo; pateta, bobalhão. Fem.: *toleirona.*

Tolejar, v. Intr. Dizer ou praticar tolices.

Tolerabilidade, s. f. Qualidade de tolerável.

Tolerância, s. f. 1. Qualidade de tolerante. 2. Ato ou efeito de tolerar.

Tolerante, adj. m. e f. 1. Que tolera. 2. Indulgente. 3. Que desculpa certas faltas ou erros.

Tolerantismo, s. m. 1. Sistema dos que defendem a tolerância religiosa. 2. Abuso ou excesso de tolerância.

Tolerar, v. Tr. dir. 1. Suportar com indulgência. 2. Suportar, transigir. 3. Admitir, dar tácito consentimento a.

Tolerável, adj. m. e f. 1. Que se pode tolerar; sofrível. 2. Que não tem grandes defeitos. 3. Merecedor de indulgência.

Tolete (*ê*), s. m. 1. *Náut.* Cada uma das peças em forma de U, fixada ao barco, nas quais se encosta o remo, para remar. 2. Rolo de madeira ou de qualquer outra coisa. 3. Pau aguçado com que os índios apanham jacarés.

Toleteira, s. f. *Náut.* Pequena elevação, na borda dos barcos, onde encaixa o tolete ou a forqueta do remo.

Tolhedura, s. f. Excremento de ave de rapina.

Tolheita, s. f. *Des.* Embaraço, obstáculo.

Tolher, v. (l. *tollere*). 1. Tr. dir. Embaraçar, estorvar, impedir. 2. Tr. dir. Pôr obstáculos a; opor-se. 3. Tr. dir. Proibir, embargar. 4. Tr. dir. Privar de. 5. Pron. Perder o movimento. 6. Pron. Ficar leso ou paralítico.

Tolhido, adj. 1. Impedido. 2. Entrevado, paralítico.

Tolhimento, s. m. Ato ou efeito de tolher(-se).

Tolice, s. f. 1. Qualidade de tolo. 2. Ação ou dito de tolo; asneira, desconchavo, parvoíce.

Tolina, s. f. *Pop.* Burla feita a um tolo.

Tolinar, v. Tr. dir.. *Pop.* Fazer tolina a.

Tolineiro, s. m. *Pop.* Aquele que tolina.

Tolo (*ô*), adj. (1. *stolidu*). 1. Pobre de inteligência. 2. Que raciocina ou procede ininteligentemente; simplório, idiota, tonto, ingênuo, parvo, pateta. 3. Que não tem nexo. 4. Que faz ou diz disparate. 5. Que não tem razão de ser; despropositado. 6. Ridículo, desagradável (falando das coisas). 7. Enfatuado, vaidoso. 8. Boquiaberto, espantado, pasmado. S. m. Indivíduo tolo. Aum.: *toleirão* e *tolaz.*

Tolontro, s. m. *Med.* Tumor produzido por contusão.

Tolu, s. m. Forma abreviada de *bálsamo-de-tolu.*

Tolueno, s. m. *Quím.* Líquido incolor, da série aromática, muito semelhante ao benzeno.

Toluífero, adj. Que produz o bálsamo-de-tolu.

Tom, s. m. (1. *tonu*). 1. Grau de elevação ou abaixamento de um som. 2. Inflexão da voz; certo grau ou abaixamento da voz. 3. Modo peculiar de dizer alguma coisa. 4. *Mús.* Intervalo entre duas notas que se sucedem diatonicamente. 5. *Mús.* Escala adotada na composição de um trecho e cujo nome deriva da nota por que essa escala é começada. 6. Cor predominante. 7. Semelhança. 8. Sentido, teor. 9. Vigor ou elasticidade natural dos diferentes órgãos; tensão. 10. Caráter. 11. Procedimento.

Toma[1], s. f. Ação de tomar; tomada.

Toma[2]! interj. *Fam.* Designa congratulação e também satisfação por ser alguém castigado, justamente.

Tomada, s. f. 1. Ato ou efeito de tomar; toma, tomadia. 2. Conquista. 4. *Eletr.* Dispositivo próprio para se captar eletricidade de uma rede.

Tomadia, s. f. 1. Tomada, apreensão. 2. Coisa apreendida.

Tomadiço, adj. Que se enfada facilmente; agastadiço.

Tomado, adj. 1. Conquistado. 2. Dominado. 3. Agarrado, apreendido. S. m. pl. 1. Refegos nos vestidos das mulheres. 2. Pontos com que se consertam as roupas.

Tomadura, s. f. *Veter.* V. *pisadura.*

Toma-largura, s. m. *Hum.* Designação de criado do paço; talaveira.

Tomar, v. 1. Tr. dir. e tr. ind. Pegar em. 2. Tr. dir. Agarrar, segurar. 3. Tr. dir. Apreender, conquistar. 4. Tr. dir. Arrebatar, furtar, tirar. 5. Tr. dir. Lançar mão de, servir-se de; utilizar. 6. Tr. dir. Beber, comer. 7. Tr. dir. Aspirar, sorver. 8. Tr. dir. Exigir, obter, pedir. 9. Tr. dir. e pron. Ser invadido por; sentir. 10. Tr. dir. Fazer uso de: *T. banhos* de luz. 11. Tr. dir. Encarregar-se de. 12. Tr. dir. Embargar, encher, ocupar. 13. Tr. dir. Seguir. 14. Tr. dir. Consumir. 15. Tr. dir. Adotar. 16. Tr. dir. Apresentar em si, dar mostras de; assumir: *Tomou* um *ar* de constrangimento. 17. Tr. dir. Interpretar.

Tomara, interj. Exprime desejo e equivale a *oxalá, prouvera a Deus!*

Tomatada, s. f. Calda de tomate para tempero.

Tomate, s. m. 1. *Bot.* Tomateiro. 2. Fruto do tomateiro.

Tomateiro, s. m. *Bot.* Planta hortense solanácea, procedente da América tropical (*Solanum lycopersicum*).

Tomba, s. f. 1. Pedaço de cabedal com que se remenda um calçado. 2. O remendo feito com esse cabedal.

Tombada, s. f. Vertente de montanha.

Tombadilho, s. m. *Náut.* A parte mais alta de um navio, entre a popa e o mastro de mezena.

Tombador, adj. Que tomba ou faz tombar. S. m. 1. Aquele que tomba ou faz tombar. 2. Trabalhador que conduz as canas do picadeiro para a moenda, nos engenhos de bangüê. 3. Encosta íngreme; tombadouro.

Tombadouro, s. m. Tombador, acep. 3.

Tombamento, s. m. Tombo.

Tombar[1], v. (ital. *tombolare*). 1. Tr. dir. Deitar por terra; derrubar; fazer cair. 2. Intr. Cair no chão. 3. Tr. ind. e pron. Descair, inclinar-se; virar-se, voltar-se.

Tombar[2], v. (*tombo*[2] + *ar*). Tr. dir. Fazer o tombo de; inventariar.

Tombo[1], s. m. (ital. *tombolo*). Ato ou efeito de tombar; queda, tombamento.

Tombo[2], s. m. (1. *tomex*). 1. Inventário. 2. Registro ou relação de coisas ou fatos referentes a uma especialidade ou a uma região.

Tômbola, s. f. 1. Loto. 2. Jogo de azar, sobre um tabuleiro, com diversas cavidades pintadas com cores várias. 3. Espécie de loto usado nas quermesses ou sociedades, para fins beneficentes, com prêmios em objetos, e nunca em dinheiro.

Tomento, s. m. 1. A parte fibrosa e mais áspera do linho. 2. Estopa grossa. 3. *Bot.* Lanugem que cobre certos órgãos vegetais.

Tomentoso, adj. *Bot.* Coberto de tomento.

Tomilhal, s. m. Lugar onde crescem tomilhos.

Tomilho, s. m. *Bot.* Erva cultivada nas hortas (*Thymus vulgaris*), usada como condimento.

Tomíparo, adj. Diz-se de plantas e de animais, que se multiplicam por incisão ou corte.

Tomismo, s. m. Doutrina teológica e filosófica de Santo Tomás de Aquino (1227-1274).

Tomista, adj. m. e f. 1. Relativo ao tomismo. 2. Que é sequaz do tomismo. S. m. e f. Sequaz do tomismo.

Tomístico, adj. Relativo a Santo Tomás de Aquino ou a sua doutrina.

Tomo[1], s. m. (1. *tomu*). 1. Volume de obra impressa ou manuscrita. 2. Cada uma das partes de uma obra. (O tomo nem sempre coincide com o volume). 3. Importância, valor. 4. Vulto, tamanho.

tomo-[2] ou - **tomo,** elem. de comp. (gr. *tome*). Exprime a idéia de *corte, seção, divisão: tomotocia, apendicectomia.*

Tomotocia, s. f. *Cir.* Operação cesariana.

Tona[1], s. f. (1. *tunica*). 1. Casca de pouca grossura. 2. Superfície.

Tona[2], s. f. *Ornit.* Ave tinamídea (*Tinamus tao*); inambu.

Tonadilha, s. f. (cast. *tonadilha*). Canção ligeira ou rústica, própria da gente do campo; toadilha.

Tonal, adj. m. e f. *Mús.* Relativo ao tom ou à tonalidade.

Tonalidade, s. f. 1. *Mús.* Complexo de sons e acordes em relação com um centro tonal harmônico. 2. Matiz de uma cor.

Tonalizar, v. Tr. dir. Dar tom ou tonalidade a.

Tonante, adj. m. e f. 1. Que troveja; que atroa. 2. Forte, vibrante.

Tonar, v. Intr. *Ant.* Trovejar.

Tonário, s. m. *Antig. gr.* Espécie de flauta com que se dava o tom aos oradores.

Tonca, s. f. *Bot.* Cumaru.

Tondinho, s. m. 1. *Arquit.* Moldura pequena e redonda, na base das colunas. 2. *Anat. ant.* Tarso.

Tone, s. m. Almadia.

Tonel, s. m. Grande recipiente para líquidos, constituído por aduelas, tampos e arcos.

Tonelada, s. f. 1. Tonel cheio. 2. Medida de peso no sistema métrico, equivalente a 1.000 quilogramas. 3. Medida de peso, usada principalmente para medir o carregamento de vagões, caminhões e navios.

Tonelagem, s. f. 1. Capacidade de um navio. 2. Medida dessa capacidade.

Tonelaria, s. f. Tanoaria.

toni-, elem. de comp. (1. *tonu*). Exprime a idéia de *tom, vigor: tonificar.*

-tonia, elem. de comp. (1. *tonu*). Sufixo que exprime a idéia de *tom: monotonia.*

Tônica, s. f. 1. *Mús.* A primeira nota de uma escala. 2. *Gram.* Vogal ou sílaba tônica.

Tonicidade, s. f. 1. Estado ou qualidade de tônico. 2. Estado em que os tecidos orgânicos revelam vigor ou energia.

Tônico, adj. 1. Relativo a tom. 2. Que tonifica. 3. Que tonifica ou dá energia a certos tecidos. 4. *Mús.* Designativo da primeira nota de uma escala. 5. *Gram.* Designativo da maior intensidade com que se profere uma vogal ou sílaba de uma palavra; predominante. S. m. Medicamento ou cosmético tônico.

Tonificar, v. 1. Tr. dir. *Med.* Dar tom a; dar vigor a; fortalecer; robustecer. 2. Pron. Fortificar-se, robustecer-se.

Tonilho, s. m. 1. Tom débil. 2. Tonadilha.

Toninha, s. f. 1. Atum de pouca idade. 2. Pequeno cetáceo (*Stenodelphis blainvillei*).

Tonismo, s. m. Tétano.

Tonitruante, adj. m. e f. Que troveja; tonitruoso, tonítruo.

Tonitruar, v. Intr. Atroar, estrondear.

Tonítruo, adj. Tonitruante.

Tonitruoso, adj. 1. Tonitruante. 2. *Poét.* Sujeito a trovoadas.

Tono[1], s. m. (1. *tonu*). 1. Tom. 2. Ária. 3. Tonadilha. 4. *Fisiol.* Contração leve e permanente de um músculo que, nos músculos estriados, auxilia a manter a posição ereta do corpo e o retorno do sangue venoso ao coração; tônus.

tono-[2], elem. de comp. Exprime a idéia de *tom, vigor, som: tonometria.*

Tonografia, s. f. 1. Medida e registro do tono de um vaso, de um órgão etc.

Tonometria, s. f. *Med.* Medida da tensão vascular por meio de aparelhos diversos.

Tonquim, s. m. 1. O natural ou habitante de Tonquim, no Vietnã (antiga Indochina). 2. A língua dessa região.

Tonquinês, s. m. Tonquim.

Tonsila, s. f. *Anat.* Amígdala.

Tonsilar, adj. m. e f. Relativo à tonsila.

Tonsilite, s. f. *Med.* Inflamação da tonsila; amigdalite.

Tonsura, s. f. 1. Ato ou efeito de tonsurar. 2. *Liturg. ant.* Cerimônia religiosa em que o prelado dava cortes no cabelo do ordinando. 3. Corte circular, rente, do cabelo, que usavam os clérigos; coroa, cercilho.

Tonsurado, adj. Tosquiado. S. m. Clérigo.

Tonsurar, v. Tr. dir. 1. Tosquiar. 2. *Liturg. ant.* Praticar a cerimônia da tonsura em.

Tontear, v. Intr. 1. Dizer ou fazer tontice; asnear, disparatar. 2. Estar ou ficar tonto; ter tonturas. 3. Escabecear. 4. Perturbar-se, titubear.

Tonteira, s. f. 1. Tontice. 2. Vertigem.

Tontice, s. f. 1. Ação ou dito de tonto; tolice. 2. Demência.

Tontina, s. f. 1. Associação, em que o capital dos membros falecidos passa para os sobreviventes. 2. Qualquer operação financeira, baseada na duração da vida humana.

Tonto, adj. 1. Que está com tonturas. 2. Atônito. 3. Demente, doido. S. m. Indivíduo tonto.

Tontura, s. f. Estado de tonto, zonzo.

Tônus, s. m. V. *tono[1]*, acep. 4.

Topa, s. f. Jogo infantil, também chamado *rapa.*

Topada, s. f. 1. Ato ou efeito de bater involuntariamente com a ponta do pé. 2. Choque.

Topador, adj. Diz-se do animal que tropeça. S. m. Indivíduo que topa ou aceita qualquer parada.

Topar, v. (*tope + ar*). 1. Tr. dir. e tr. ind. Deparar, encontrar. 2. Tr. ind. Aproximar-se do tope de. 3. Tr. ind. Dar uma topada com o pé. 4. Tr. ind. Bater, tocar. 5. Tr. ind. Dar entrada, ter ingresso em (algum lugar). 6. Tr. dir. *Pop.* Aceitar proposta; enfrentar.

Toparca, s. m. Chefe de uma toparquia.

Toparquia, s. f. *Antig. gr.* e *rom.* Espécie de principado independente.

Topázio, s. m. *Miner.* Pedra preciosa de cor amarela e que é um silicato de alumínio.

Tope, s. m. (germ. *top.*). 1. Choque ou encontro de objetos. 2. Cume, cimo, topo. 3. Auge, cúmulo. 4. Embaraço, obstáculo. 5. *Náut.* Extremidade superior dos mastros onde se desfraldam as flâmulas. 6. Pião, no meio de um círculo, e que serve de alvo às ferroadas de outros piões; carniça. 7. Pancada com o bico de um pião sobre outro pião. 8. *Fig.* O mais alto grau. 9. Espécie, qualidade, laia. 10. Tamanho.

Topetada, s. f. Pancada com a cabeça; marrada.

Topetar, v. 1. Tr. ind. Bater com o topete; chegar a, tocar em, com a parte mais alta. 2. Tr. dir. Atingir com a cabeça ou com a extremidade.

Topete (*ê*), s. m. 1. A parte do cabelo levantada na frente da cabeça. 2. Parte anterior e elevada da cabeleira do palhaço. 3. *Ornit.* Tufo de penas situadas no alto da cabeça de certas aves. 4. Parte anterior da crina do cavalo que pende sobre a testa.

Topeteira, s. f. Testeira.

Topetudo, adj. 1. Que tem ou traz topete. 2. Destemido, ousado, valente.

Topiaria, s. f. Arte de adornar os jardins, dando às moitas e arbustos configurações diversas.

Topiário, s. m. Jardineiro que pratica a topiaria.

Tópica, s. f. *Med.* Tratado dos tópicos ou remédios tópicos.

Tópico, adj. 1. Relativo a lugar. 2. Que tem ligação direta com o que se está tratando. 3. *Med.* Diz-se de medicamento destinado a aplicações sobre a pele. 4. *Ret.* Diz-se dos lugares-comuns. S. m. 1. Medicamento tópico. 2. Remédio, corretivo. 3. Ponto principal de uma questão. 4. Tema, assunto. 5. Pequeno comentário de jornal, geralmente sobre assunto do dia; suelto, vária. S. m. pl. 1. Tratado sobre os lugares-comuns. 2. Generalidades. 3. Síntese.

topo-[1], elem. de comp. (gr. *topos*). Exprime a idéia de *lugar, localidade: topografia.*

Topo[2] (*ô*), s. m. (germ. *topo.*). 1. A parte mais elevada; tope, cimo, cume. 2. Extremidade.

Topofobia, s. f. *Med.* Medo mórbido a lugares.

Topófobo, s. m. *Med.* Aquele que tem topofobia.

Topografia, s. f. 1. Descrição minuciosa de uma localidade; topologia. 2. Configuração do relevo de um terreno com a posição de seus acidentes naturais ou artificiais. 3. Descrição anatômica e minuciosa de qualquer parte do organismo humano.

Topógrafo, s. m. Indivíduo que se ocupa de topografia.

Topologia, s. f. 1. Topografia. 2. *Mat.* Ramo da Geometria que se baseia na noção de um espaço não quantitativo e em que apenas se consideram as relações de posição dos elementos das figuras. 3. *Gram.* Teoria da colocação das palavras na oração.

Toponímia, s. f. Estudo da origem e da etimologia dos topônimos.

Topônimo, s. m. Nome próprio de lugar.

Toponomástica, s. f. Onomástica dos lugares.

Toporama, s. m. Panorama de um determinado lugar.

Toque, s. m. (de *tocar*). 1. Ato ou efeito de tocar; contato, impulso leve. 2. Pancada, percussão. 3. Som. 4. Ato de tocar um instrumento musical. 5. Som que deste se tira. 6. *Mil.* Sinal dado por meio de cornetas ou clarins. 7. *Pint.* Retoque. 8. O ato de apertar a mão como cumprimento. 9. Inspiração. 10. Mancha que na fruta indica princípios de putrefação. 11. Sabor ou cheiro particular de certos vinhos. 12. Sinal, vestígio, resto. 13. Meio de conhecer ou de experimentar o título de liga de metais. 14. Alusão, remoque. 15. Cada um dos espaços ocupados por uma letra, ou em branco, contidos em uma linha de composição.

Toqueiro, s. m. 1. Toquista. 2. Seringueiro que vende a borracha ao patrão.

Toquista, s. m. *Gír.* Agente policial que se deixa subornar, recebendo o toco; toqueiro.

Tora[1], s. f. 1. Tronco de madeira; toro. 2. Pedaço. 3. Porção. 4. *Gír. mil.* Carne de rancho.

Tora[2], s. f. Nome que os judeus davam ao livro da sua lei.

Torácico adj. *Anat.* Relativo ao tórax.

tóraco-, elem. de comp. (gr. *thorax, akos*). Exprime a idéia de *tórax: toracoplastia.*

Toracocentese, s. f. *Cir.* Operação que consiste em praticar uma abertura através da parede do tórax.

Toracometria, s. f. Medição do tórax.

Toracoplastia, s. f. *Cir.* Método de tratamento de tuberculose pulmonar, que consiste em cortar parte das costelas para que a parede muscular comprima o pulmão atingido.

Toracoscopia, s. f. Exame direto da cavidade pleural por meio do endoscópio.

Toracotomia, s. f. *Cir.* Abertura da parede torácica para chegar aos órgãos subjacentes.

Torai, s. m. *Ictiol.* Peixe da Amazônia (*Phractocephalus hemilio-pterus*) aparentado ao surubim.

Toral, s. m. 1. A parte mais grossa ou forte da lança. 2. *Des.* Cabeção, em camisa de mulher.

Toranja, s. f. (ár. *turunj*, persa *turanj*.). 1. *Bot.* V. *toranjeira*. 2. Fruto da toranjeira, pouco doce; pamplemussa, pomelo, turíngia. Var.: *toronja*.

Toranjeira, s. f. *Bot.* Pequena árvore cítrica de copa redonda (*Citrus paradisi*).

Torar, v. Tr. dir. Atorar.

Tórax (*cs*), s. m. sing. e pl. (l. *thorax*). 1. *Anat.* Cavidade do peito; o peito. 2. *Entom.* Parte mediana do corpo dos insetos.

Torbernita, s. f. (fr. *torbernite*). *Miner.* Uranita.

Torça, s. f. 1. Pedra quadrilonga e esquadriada. 2. Verga de porta; padieira.

Torçado, s. m. Verga de porta; torça.

Torçal, s. m. 1. Cordão feito com fios de retrós. 2. Cordão de seda com fios de ouro. 3. Cabresto.

Torçalado, adj. Guarnecido com torçal.

Torção, s. f. (l. *tortione*). 1. Ato ou efeito de torcer; torcedura. 2. *Vet.* Cólica.

Torcaz, adj. m. e f. Diz-se de uma espécie de pombo, cujo pescoço apresenta várias cores (*Columba palumbus*).

Torce, s. m. *Vet.* Epizootia do gado eqüino.

Torcedela, s. f. Ação de torcer uma vez.

Torcedor, adj. Que torce. S. m. 1. Instrumento para torcer. 2. Fuso. 3. Arrocho. 4. Engenho rústico. 5. Aquele que torce nos jogos esportivos.

Torcedura, s. f. 1. Ato ou efeito de torcer; torção, torcilhão. 2. Volta tortuosa; sinuosidade. 3. Desvio, evasiva, sofisma.

Torcer, v. (b. l. *torcere*, corr. de *torquere*). 1. Tr. dir. Fazer girar sobre si mesmo. 2. Tr. dir. Vergar. 3. Tr. dir. Entortar. 4. Tr. dir. Mudar o rumo de. 5. Tr. ind. e intr. Mudar de direção; encurvar-se. 6. Pron. Caminhar em direções tortuosas; revolutear. 7. Pron. Descair, dobrar-se. 8. Pron. Contrair o corpo por efeito de dor física ou moral. 9. Tr. dir. Deslocar, distender por meio de esforço. 10. Intr. Deixar-se arrastar ou induzir; ceder. 11. Pron. Deixar-se induzir, peitar ou seduzir; anuir, ceder, render-se. 12. Tr. dir. Desviar do sentido natural ou razoável, interpretar à má parte; adulterar. 13. Tr. dir. Alterar, mudar. 14. Tr. ind. Desejar a vitória de um grupo desportivo, gesticulando, gritando etc.

Torcicolo, s. m. 1. Volta tortuosa; rodeio, sinuosidade. 2. Ambigüidade. 3. *Med.* Afecção caracterizada por contrações, dolorosas ou não, nos músculos de um lado do pescoço e da nuca. Sin.: *torticolo*.

Torcida, s. f. 1. Ato ou efeito de torcer. 2. Mecha de candeeiro ou de vela; pavio. 3. Objeto semelhante a uma torcida. 4. Conjunto de torcedores de um clube.

Torcido, adj. 1. Torto, tortuoso. 2. Mal interpretado; forçado.

Torcilhão, s. m. 1. Torcedura. 2. Objeto torcido irregularmente.

Torcimento, s. m. Torcedura.

Torço (*ô*), s. m. 1. Torcedura. 2. Xale ou manta, que se enrola na cabeça, como turbante.

Torcular[1], adj. m. e f. (l. *torculare*). Em forma de tórculo.

Torcular[2], v. (*tórculo + ar*). Tr. dir. Alisar ou polir com tórculo.

Tórculo, s. m. 1. Aparelho para polir metais. 2. *Tip.* Prelo. 3. Pequena prensa.

Tordilhada, s. f. Porção de cavalos tordilhos.

Tordilho, adj. 1. Que tem cor de tordo. 2. Designativo do cavalo de pêlo da cor do tordo.

Tordo, s. m. *Ornit.* Nome comum a pássaros da família dos Turdídeos, de plumagem de fundo branco-sujo, com manchas escuras. Voz.: *chilreia, trucila*.

Toré, s. m. Flauta feita de taquara; torém.

Torém, s. f. 1. Toré. 2. *Folc.* Quilombo. 3. *Bot.* Umbaúba.

torêumato-, elem. de comp. (gr. *toreuma, atos*). Exprime a idéia de *relevo*: *toreumatógrafo*.

Toreumatografia, s. f. Descrição de trabalhos torêuticos.

Toreumatógrafo, s. m. Especialista em toreumatografia.

Torêutica, s. f. Arte ou processo de esculpir em metal ou em outros materiais.

Torêutico, adj. Relativo à torêutica.

Torga, s. f. 1. *Bot.* Planta ericácea (*Erica cinerea*); urze. 2. Raiz de urze, de que se faz carvão. Var.: *torgo*.

Torilo, s. m. (l. *toru*). *Bot.* Ponto de onde nasce a flor, no pedúnculo; toro.

Tório, s. m. *Quím.* Elemento metálico radioativo. Símbolo Th, número atômico 90, massa atômica 232, 12.

Torita, s. f. *Miner.* Silicato natural do tório.

Tormenta, s. f. 1. Tempestade violenta. 2. Grande barulho; desordem. 3. Agitação, movimento.

Tormentaria, s. f. (*tormenta + aria*). 1. Designação antiga da artilharia. 2. *Arqueol.* Conhecimento, estudo das antigas armas de guerra.

Tormento, s. m. 1. Ato ou efeito de atormentar(-se). 2. Desdita, desgraça. 3. Aflição, dor, pena. 4. Suplício.

Tormentório, adj. 1. Relativo a tormenta. 2 Em que há tormentas; tormentoso.

Tormentoso, adj. 1. Tormentório. 2. Que causa tormentas. 3. Trabalhoso.

Torna, s. f. 1. Aquilo que, além do objeto que se troca por outro, se dá para igualar o valor deste; volta. 2. *Dir.* Compensação que um co-herdeiro, mais favorecido, dá a coherdeiros, para igualar os quinhões.

Tornada[1], s. f. (*tornar + ada*). 1. Ato ou efeito de tornar; regresso, volta. 2. Banco de areia, no fim dos cabedelos.

Tornada[2], s. f. (*torno[2] + ada*). Líquido que sai de uma vasilha, tirada a chave da torneira.

Tornadiço, adj. 1. Que torna ou volta. 2. Apóstata, renegado. 3. Desertor.

Tornado, s. m. *Meteor.* Vento em turbilhão, violento, que tudo destrói à sua passagem.

Tornadura, s. f. Instrumento de torneiro, para torcer vimes e arcos.

Torna-fio, s. m. Peça de ferro, em que os penteeiros afiam as ferramentas. Pl.: *torna-fios*.

Tornar, v. 1. Tr. ind., intr. e pron. Vir de novo aonde esteve; voltar, regressar. 2. Tr. dir. Devolver, restituir. 3. Tr. dir. e pron. Converter(-se), fazer(-se). 4. Tr. dir. e pron. Mudar (-se), transformar(-se). 5. Tr. dir. Traduzir, trasladar, verter. 6. Intr. Replicar, responder. 7. Tr. dir. Dar volta com a tornadura a (o arco). 8. Unido a um infinitivo com a preposição *a*, exerce a função de verbo auxiliar e denota a continuação ou repetição da ação: Várias vezes dobrou e *tornou a* erguer-se.

Tornassol, s. m. 1. *Bot.* Girassol. 2. Corante azul que se emprega na preparação do papel usado em química para reconhecimento dos ácidos.

Torna-viagem, s. f. 1. Volta de uma viagem por mar; regresso. 2. Refugo, restos. Pl.: *torna-viagens*.

Torneado, adj. 1. Feito ao torno; lavrado, roliço. 2. Bem contornado. 3. Escrito e redigido com elegância.

Torneador, adj. Que torneia. S. m. 1. Aquele que torneia. 2. Banco em que os segeiros faziam as rodas das seges. 3. Instrumento com que os espingardeiros abrem as escorvas.

Torneamento, s. m. Ato ou efeito de tornear; torneio.

Tornear[1], v. (*torno + ear*). Tr. dir. 1. Lavrar ou modelar no torno. 2. Dar forma arredondada a. 3. Andar em torno de; circundar. 4. Dar volta para surpreender. 5. Cingir, ornar. 6. Aprimorar, polir.

Tornear[2], v. (*torneio + ear*). Intr. Andar em torneio ou justa.

Tornearia, s. f. Arte ou oficina de torneiro.

Torneável, adj. m. e f. Que se pode tornear.

Torneio[1], s. m. (de *tornear[1]*). 1. Ato ou efeito de tornear. 2. Esbelteza de formas; elegância. 3. Elegância no escrever ou no dizer.

Torneio[2], s. m. (fr. *tournoi*). 1. Jogos públicos, na Idade Média, em que os contendores lutavam geralmente a cavalo; justa. 2. Certame, concurso. 3. Polêmica, discussão.

Torneira, s. f. Válvula capaz de ser acionada com a mão, e que serve para reter ou deixar sair um fluido numa canalização.

Torneiro, s. m. Aquele que trabalha no torno.

Torneja (*ê*), s. f. Cada uma das cavilhas que, na extremidade do eixo do carro, não deixam sair as rodas.
Tornejamento, s. m. Ato ou efeito de tornejar.
Tornejar, v. 1. Tr. dir. Encurvar. 2. Intr. Tomar a forma curva; recurvar-se. 3. Tr. dir. Dar volta a. 4. Intr. Dar volta.
Tornel, s. m. 1. Argola fixa na extremidade de uma haste, sobre a qual se revolve por todos os lados. 2. Cada uma das duas peças móveis que atravessam a extremidade das testeiras de uma serra, e nas quais se fixam os extremos da lâmina da mesma serra.
Tonrilheiro, adj. e s. m. Diz-se de, ou soldado desertor.
Tornilho, s. m. 1. Antigo castigo que se dava aos militares, apertando-lhes uma espingarda sobre o pescoço e outra nas curvas das pernas, o que os obrigava a curvar-se. 2. Lance apertado; apertos.
Torninho, s. m. Torno pequeno.
Torniquete (*ê*), s. m. (fr. *tourniquet*). 1. Espécie de cruz horizontal, que se move sobre um eixo vertical, à entrada de estradas ou de ruas para só deixar passar pedestres um por vez. 2. *Fís.* Aparelho para demonstrar a reação dos fluidos. 3. *Cir.* Instrumento para comprimir as artérias e por este meio suspender as hemorragias. 4. Torno. 5. Trapézio fixo. 6. Tortura usada antigamente (principalmente pela Inquisição). 7. Atrapalhação, azáfama. 8. Dificuldades, embaraço, situação crítica.
Torno (*ô*), s. m. (l. *tornu*). 1. *Mec.* Máquina empregada para dar acabamento a peças, fixando-as entre as pontas de eixos revolventes e trabalhando-as com ferramentas adequadas; torno mecânico. 2. Prego quadrado ou roliço de madeira; cavilha, pino, pua.
Tornozelo (*ê*), s. m. Saliência óssea, na articulação do pé com a perna; artelho, maléolo.
Toro[1], s. m. (l. *toru*). 1. Pedaço de tronco de árvore abatida, ainda com casca. 2. O tronco do corpo. 3. Tronco pequeno; cepo, cacete. 4. *Náut.* Pedaço de cabo para se desfiar. 5. *Arquit.* Moldura circular na base das colunas.
Toro[2], s. m. (l. *thoru*). *Poét.* Leito conjugal.
Toró[1], adj. e s., m. e f. Diz-se da, ou a pessoa a que falta um dedo ou parte.
Toró[2], s. m. Ave da Amazônia, espécie de inambu.
Toró[3], s. m. *Gír.* 1. Arruaça, desordem, rolo. 2. Aguaceiro grosso, pancada de chuva.
Torocana, s. m. V. *trocano.*
Toronja, s. f. V. *toranja.*
Tororoma, s. f. Corrente fluvial, ruidosa e forte.
Toroso, adj. 1. Vigoroso. 2. Carnudo, polpudo.
Torpe[1] (*ô*), adj. m. e f. (l. *torpidu*). 1. Que entorpece. 2. Acanhado, embaraçado.
Torpe[2] (*ô*), adj. m. e f. (l. *turpe*). 1. Desonesto, impudico. 2. Indecoroso, vergonhoso. 3. Obceno. 4. Ignóbil, sórdido. 5. Repugnante. 6. Manchado, sujo.
Torpecer, v. V. *entorpecer.*
Torpedagem, s. f. V. *torpedeamento.*
Torpedeamento, s. m. Ato ou efeito de torpedear; torpedagem.
Torpedear, v. Tr. dir. 1. Atacar com torpedo. 2. Diligenciar por evitar (algo); contrariar.
Torpedeiro, s. m. *Náut.* Embarcação rápida, de pequena tonelagem, cuja arma principal era o torpedo.
Torpedinho, s. m. *Ictiol.* Pequeno peixe fluvial (*Nannostomus onomalus*).
Torpedo (*ê*), s. m. Projétil submarino que explode ao chocar-se contra algo resistente.
Torpente, adj. m. e f. Que entorpece; torpe[1].
Torpeza, s. f. 1. Qualidade de torpe. 2. Procedimento indigno ou ignóbil. 3. Desvergonha. Sin.: *torpidade, torpitude.*
Torpidade, s. f. V. *torpeza.*
Tórpido, adj. Torpente.
Torpitude, s. f. V. *torpeza.*
Torpor, s. m. 1. Entorpecimento. 2. Indiferença ou inércia moral. 3. *Med.* Embotamento.
Torquês, s. f. Espécie de tenaz ou alicate.
Torra, s. f. Ato ou efeito de torrar.
Torração, s. f. 1. Ato de torrar. 2. Liquidação, queima, venda por qualquer preço.
Torrada, s. f. Fatia de pão torrado.
Torrado, adj. 1. Que se torrou. 2. Muito seco; tostado. 3. Vendido por qualquer preço. 4. Embriagado. S. m. 1. Rapé. 2. Dança popular, espécie de samba lascivo.
Torrador, s. m. Aparelho para torrar café.
Torrão, s. m. 1. Porção de terra endurecida; terrão. 2. Região, solo, terreno. 3. Fragmento, pedaço. 4. País, pátria.
Torrar, v. 1. Tr. dir. Ressequir (ao fogo ou ao sol). 2. Tr. dir. Queimar de leve; tostar. 3. Tr. dir. e intr. Vender por qualquer preço. 4. Tr. dir. e intr. *Pop.* Importunar, aborrecer.
Torre (*ô*), s. f. (l. *turre*). 1. Construção alta e sólida que antigamente servia para defesa em operações de guerra; fortaleza. 2. Construção, de forma quadrada ou redonda, quase sempre prismática, geralmente alta e estreita, anexa ou afastada da igreja e em que estão os sinos; campanário. 3. Peça do jogo de xadrez. 4. Homem muito alto e robusto.
Torreado, adj. 1. Guarnecido de torres. 2. Que tem forma de torre; turriforme.
Torreame, s. m. 1. Grande número de torres. 2. Grossas nuvens acasteladas.
Torreante, adj. m. e f. Que se eleva como torre.
Torreão, s. m. 1. Torre larga e com ameias, sobre um castelo. 2. Pequena torre ou pavilhão no ângulo ou no alto de um edifício.
Torrear, v. 1. Tr. dir. Fortificar com torre ou torres. 2. Intr. Elevar-se à maneira de torre. Var.: *torrejar.*
Torrefação, s. f. Ato ou efeito de torrefazer.
Torrefato, adj. Que se torrificou; torrefeito, torrado.
Torrefator, adj. Que torrefaz. S. m. Aparelho para torrefazer; torrador.
Torrefazer, v. V. *torrificar.*
Torrefeito, adj. V. *torrefato.*
Torreira, s. f. 1. Calor excessivo; o pino da calma. 2. Lugar onde é mais intenso o calor do sol; soalheira.
Torrejar, v. V. *torrear.*
Torrencial, adj. m. e f. 1. Relativo a torrente. 2. Caudaloso. 3. Muito copioso.
Torrente, s. f. 1. Curso de água impetuoso. 2. Grande abundância. 3. Multidão que se precipita com ímpeto.
Torrentoso, adj. 1. Que tem a impetuosidade de uma torrente; torrencial. 2. Impetuoso.
Torresmo (*ê*), s. m. Toicinho frito em pequenos pedaços; rojão[3].
Tórrido, adj. 1. Muito quente; ardente. 2. *Geogr.* Designativo da zona compreendida entre os trópicos.
Torrificar, v. (l. *torrefacere*). Tr. dir. 1. Tornar tórrido. 2. Tostar, torrar. Sin.: *torrefazer.*
Torrija, s. f. Torrada embebida em vinho e coberta de ovos batidos e açúcar.
Torrinha, s. f. 1. Torre pequena. 2. Camarote ou galeria de teatro. 3. Poleiro, galinheiro.
Torrinheiro, s. m. Indivíduo que, nos teatros, vai para a torrinha.
Torroada, s. f. (*torrão + ada*). 1. Grande porção de torrões. 2. Pancada com torrão. 3. Terra alta, cheia de bons seringais.
Torso[1] (*ô*), s. m. (ital. *torso*). Busto de pessoa ou de estátua.
Torso[2] (*ô*), adj. (l. *torsu*). Torcido em espiral.
Torta, s. f. 1. *Cul.* Pastelão. 2. Adubo ou forragem constituído pelo bagaço de sementes oleaginosas.
Torteira, s. f. Forma para tortas.
Tortelos, adj. e s. m., sing. e pl. Estrábico.
Torto (*ô*), adj. 1. Não direito. 2. Oblíquo. 3. Errado, injusto. 4. Diz-se da pessoa ou do animal que só tem um olho ou que só enxerga de um olho. S. m. 1. Indivíduo de mau caráter. 2. *Ant.* Ofensa, injúria. Adv. Mal, de modo errado ou inconveniente.
Tortor (*ô*), s. m. *Náut.* Cada um dos cabos que ligam as bordas do navio de madeira, para que não se abra.
Tortural, s. m. 1. Tranca de ferro ou madeira, que se atravessa

no fuso do lagar, para o fazer girar. 2. Disco que se adapta ao fuso da roca, para lhe facilitar o giro. Var.: *tortueiral.*

Tortulho, s. m. 1. *Bot.* Cogumelo, sobretudo antes de aberto. 2. Feixe de tripas, secas e atadas, para se exporem à venda. 3. Pessoa atarracada.

Tortuosidade, s. f. Qualidade de tortuoso; sinuosidade.

Tortuoso, adj. 1. Torto. 2. Sinuoso. 3. Oposto à verdade e à justiça.

Tortura, s. f. 1. Suplício, tormento. 2. Lance difícil. 3. Grande mágoa. 4. Tortuosidade.

Torturador, adj. Torturante.

Torturante, adj. m. e f. Que tortura; torturador.

Torturar, v. 1. Tr. dir. Submeter a torturas. 2. Tr. dir. Afligir muito; angustiar.

Tórulo, s. m. *Bot.* Saliência circular nas vagens de algumas plantas.

Toruloso, adj. Que tem tórulos.

Torvação, s. f. 1. Ato ou efeito de torvar(-se). 2. Agastamento. 3. Perturbação de ânimo.

Torvado, adj. 1. Perturbado. 2. Agastado, irado.

Torvamento, s. m. V. *torvação.*

Torvar, v. (l. *turbare*). 1. Tr. dir. Perturbar. 2. Intr. e pron. Perturbar-se. 3. Intr. e pron. Tornar-se carrancudo. 4. Intr. e pron. Agastar-se.

Torvelinhante, adj. m. e f. Que torvelinha.

Torvelinhar, v. 1. Intr. Fazer torvelinho; agitar-se, redemoinhar. 2. Tr. dir. Agitar em torvelinho.

Torvelinho, s. m. Redemoinho.

Torvo (*ô*), adj. 1. Que causa terror. 2. Iracundo, terrível. 3. Pavoroso. 4. Carrancudo. S. m. Qualidade de torvo.

Tosa[1], s. f. (de *tosar*[1]). Ato ou efeito de tosar; tosquia.

Tosa[2], s. f. (de *tosar*[2]). *Fam.* 1. Sova, tunda. 2. Repreensão.

Tosador, adj. e s. m. Que, ou aquele que tosa; tosquiador.

Tosadura, s. f. Ato ou efeito de tosar.

Tosão, s. m. Conjunto dos pêlos do carneiro.

Tosar[1], v. (l. *tonsare*, de *tondere*). 1. Tr. dir. Cortar o velo aos animais lanígeros; tosquiar. 2. Tr. dir. Aparar a felpa de. 3. Tr. dir. e tr. ind. Comer (falando do gado que pasta).

Tosar[2], v. (l. *tusare*, de *tundere*). Tr. dir. Bater, surrar.

Toscanejar, v. Intr. Cabecear com sono, abrindo e fechando os olhos muitas vezes.

Toscano, adj. Relativo à Toscana (antiga Etrúria). S. m. 1. O natural ou habitante da Toscana. 2. Dialeto italiano, falado na Toscana.

Toscar, v. Tr. dir. *Gír.* 1. Avistar, ver. 2. Entender.

Tosco (*ô*), adj. (l. *tuscu*). 1. Que não é lapidado, polido, nem lavrado; tal como a natureza o produziu. 2. Mal feito; grosseiro. 3. Rude, rústico, inculto.

Toso (*ô*), s. m. Certo modo de cortar a crina ao cavalo.

Tosquenejar, v. V. *toscanejar.*

Tosquia, s. f. 1. Ato ou efeito de tosquiar. 2. Época própria para o corte dos pêlos dos animais. 3. Crítica inexorável e dura.

Tosquiadela, s. f. 1. Ação de tosquiar uma vez. 2. Tosquia leve. 3. Repreensão. 4. Surra.

Tosquiado, adj. 1. Que tem o pêlo ou a lã cortada rente. 2. A quem se cortou rente o cabelo.

Tosquiador, adj. e s. m. Que, ou aquele que tosquia.

Tosquiar, v. 1. Tr. dir. Aparar rente (pêlo, lã ou cabelo). 2. Tr. dir. Aparar por igual as extremidade da rama (das plantas). 3. Tr. dir. Despojar, esbulhar, espoliar.

Tosse, s. f. (l. *tusse*). 1. Expulsão brusca, convulsiva e ruidosa, do ar contido nos pulmões.

Tossegoso, adj. Que tem tosse.

Tossidela, s. f. *Pop.* Ação de tossir.

Tossido, s. m. Ato de tossir voluntariamente para dar sinal ou exprimir sentimento.

Tossir, v. (l. *tussire*). 1. Intr. Ter tosse. 2. Intr. Provocar artificialmente a tosse. 3. Tr. dir. Emitir com tosse. 4. Tr. dir. Expulsar da garganta. — É verbo irregular. Pres. Ind.: *tusso, tosses, tosse; tossimos, tossis, tossem.* Pres. sub.: *tussa, tussas, tussa; tussamos, tussais, tussam.*

Tosta, s. f. 1. Torrada. 2. Bolo em forma de torrada.

Tostadela, s. f. Ação de tostar ligeiramente.

Tostado, adj. 1. Levemente queimado. 2. Escuro. 3. Trigueiro, moreno.

Tostadura, s. f. Ação ou efeito de tostar(-se).

Tostão, s. m. (ital. *testone*). 1. Antiga moeda brasileira de níquel, do valor de 100 réis. 2. Quantia ou quantidade desprezível.

Tostar, v. 1. Tr. dir. Queimar ligeiramente; torrar. 2. Tr. dir. Dar cor escura a. 3. Pron. Crestar-se, queimar-se.

Toste, s. m. (ingl. *toast*). 1. Brinde ou saudação, num banquete. 2. Ação de beber à saúde de alguém.

Total, adj. m. e f. Que forma um todo; completo. S. m. Resultado de uma adição; soma.

Totalidade, s. f. 1. Reunião das partes que constituem um todo. 2. A soma total; o total.

Totalitário, adj. Diz-se de um governo que centraliza todos os poderes, não permitindo a existência de partidos políticos; ditatorial.

Totalitarismo, s. m. Sistema de governo totalitário.

Totalitarista, adj. m. e f. Relativo ao totalitarismo. 2. Que é sequaz do totalitarismo. S. m. e f. Pessoa partidária do totalitarismo.

Totalização, s. f. Ato ou efeito de totalizar.

Totalizador, adj. Que totaliza. S. m. 1. Aquele que totaliza. 2. Instrumento que totaliza.

Totalizar, v. Tr. dir. 1. Avaliar no todo. 2. Realizar completamente. 3. Atingir o total de.

Totem, s. m. 1. Animal, planta, objeto ou fenômeno a que certas sociedades primitivas se julgavam ligadas de modo específico. 2. Coisa julgada sagrada; tabu.

Totêmico, adj. Relativo ao totem.

Totemismo, s. m. 1. Sistema totêmico. 2. Crença no totem.

Totó, s. m. *Fam.* 1. Cãozinho. 2. Cão de senhoras.

Touca, s. f. 1. Espécie de adorno com que as mulheres e crianças cobrem a cabeça. 2. Peça do vestuário das freiras que cobre a cabeça, pescoço e ombros. 3. Turbante.

Touça, s. f. (cast. *toza*). 1. Grande vergôntea de castanheiro, de que se fazem arcos para pipas. 2. Qualquer moita. Var.: *toiça.*

Toucado, s. m. 1. Conjunto dos adornos de cabeça das mulheres. 2. O arranjo dos cabelos; penteado.

Toucador, adj. Que touca. S. m. 1. Aquele que touca. 2. Espécie de mesa com um espelho e tudo o que é necessário para pentear e toucar. 3. Touca em que as mulheres envolvem o cabelo, ao deitar-se.

Toucar, v. 1. Tr. dir. e pron. Cobrir(-se) com touca. 2. Tr. dir. Pentear e dispor convenientemente (o cabelo). 3. Tr. dir. Encimar. 4. Tr. dir. Adornar, compor, enfeitar o vestuário de. 5. Pron. Adornar-se.

Touceira, s. f. Grande touça. Var.: *toiceira.*

Toupeira, s. f. (l. *talparia*). 1. *Zool.* Mamífero insetívoro (*Talpa europaea*), que vive em tocas debaixo da terra. Voz: *chia.* 2. Pessoa de olhos muito miúdos. 3. Pessoa intelectualmente cega, ignorante, estúpida. 4. *Fam.* Mulher velha e andrajosa.

Tourada, s. f. 1. Bando de touros. 2. Corrida de touros. Var.: *toirada.*

Toural, s. m. Lugar onde um coelho costuma estercar, e onde os caçadores o esperam. Var.: *toiral.*

Toureação, s. f. Ato de tourear; toureio.

Tourear, v. 1. Tr. dir. Correr (touros) na arena ou circo. 2. Intr. Correr ou lidar com touros. 3. Tr. dir. Atacar, chacotear, perseguir.

Toureio, s. m. Toureação.

Toureiro, adj. Relativo a touro. S. m. Aquele que toureia, por hábito ou profissão.

Touril, s. m. 1. Lugar onde, antes da corrida, ficam os touros. 2. Curral de gado bovino.

Tourinha, s. f. Corrida de novilhas mansas, imitação de uma corrida de touros.

Touro, s. m. (l. *tauru*). 1. Boi que não foi castrado. Voz: *berra, bufa, muge, urra.* 2. Homem muito robusto e fogoso. Var.: *toiro.*

Tourunguenga, adj. e s. m. Valentão, destemido.
Touta, s. f. *Pop.* O alto da cabeça, topete, toutiço.
Touteador, adj. e s. m. Que, ou aquele que touteia.
Toutear, v. Intr. Fazer ou dizer tolices.
Toutiçada, s. f. Pancada no toutiço.
Toutiço, s. m. 1. Parte posterior da cabeça; cachaço, nuca. 2. A cabeça.
Toutinegra, s. f. *Ornit.* Nome comum de pássaros europeus dentirrostros, canoros.
Tovaca, s. f. *Ornit.* Pássaro formicariídeo (*Chamaeza brevicauda*); tegui.
Tovacuçu, s. f. *Ornit.* Ave passeriforme (*Grallaria varia*).
Toxemia (*cs*), s. f. *Med.* Intoxicação do sangue.
Toxicar (*cs*), v. Tr. dir. Intoxicar.
Toxicidade (*cs*), s. f. Qualidade daquilo que é tóxico; toxidez.
Tóxico[1] (*cs*), adj. Que envenena; que tem a propriedade de envenenar. S. m. Veneno.
tóxico-[2] (*cs*), elem. de comp. (gr. *toxikon*). Exprime a idéia de *veneno: toxicóforo, toxicologia.*
Toxicóforo (*cs*), adj. Que produz veneno.
Toxicografia (*cs*), s. f. Descrição dos tóxicos.
Toxicologia (*cs*), s. f. Ciência ou tratado dos tóxicos.
Toxicólogo (*cs*), s. m. Especialista em toxicologia.
Toxicomania (*cs*), s. f. *Med.* Mania de intoxicar-se com entorpecentes.
Toxicômano (*cs*), s. m. Indivíduo viciado em entorpecentes.
Toxidez (*cs*), s. f. V. *toxicidade.*
Toxina (*cs*), s. f. *Med.* Produto tóxico de elaboração vital (por bactérias, animais, plantas), capaz de provocar a formação de anticorpos.
toxo- (*cs*), elem. de comp. (gr. *toxon*). Exprime a idéia de *arco, flexa: toxofilo.*
Toxofilo (*cs*), adj. *Bot.* Que tem folhas em forma de flecha; sagitifoliado.
Toxóide (*cs*), s. m. *Biol.* Toxina atenuada.
tra-, pref. O mesmo que *trans.*
Trabal, adj. m. Designativo do prego próprio para pregar traves.
Trabalhadeira, adj. e s. f. Diz-se da, ou a mulher diligente, cuidadosa, e que gosta de trabalhar.
Trabalhado, adj. 1. Posto em obra; lavrado. 2. Trabalhoso. 3. Afadigado. 4. Feito com arte.
Trabalhador, adj. Que trabalha; laborioso, ativo. S. m. 1. Aquele que trabalha. 2. Empregado, obreiro, operário.
Trabalhão, s. m. Grande trabalho ou grande fadiga; trabalheira.
Trabalhar, v. 1. Tr. ind. e intr. Aplicar a sua atividade; exercer o seu ofício. 2. Tr. dir. Fatigar com trabalho. 3. Tr. ind. e intr. Empregar diligência e trabalho; empenhar-se, esforçar-se, lidar. 4. Intr. Funcionar, mover-se. 5. Tr. dir. Pôr em obra; lavrar, manipular. 6. Tr. dir. *Hipiatria.* Fazer manejar. 7. Tr. dir. Preparar ou executar com esmero. 8. Tr. ind. Concorrer. 9. Intr. Cogitar, matutar, pensar: O espírito *trabalha* sempre.
Trabalheira, s. f. *Fam.* Azáfama, trabalhão.
Trabalhismo, s. m. 1. Conjunto das teorias econômicas e sociológicas que dizem respeito à vida dos trabalhadores e operários. 2. Doutrina dos trabalhistas ingleses.
Trabalhista, adj. m. e f. 1. Relativo ao trabalho. 2. Relativo ao trabalhismo.
Trabalho, s. m. (b. l. *tripaliu*). 1. Exercício material ou intelectual para fazer ou conseguir alguma coisa. 2. Esforço, labutação, lida, luta. 3. Esmero que se emprega na feitura de uma obra. 4. A própria obra que se compõe ou faz. 5. *Fís.* Produto da multiplicação de uma força pela distância percorrida pelo ponto de aplicação, na direção da força. 6. *Mec.* Ação ou resultado da ação de uma força. 7. *Fisiol.* Fenômeno orgânico que se opera no âmago dos tecidos. 8. *Gír.* Roubo, assalto. S. m. pl. 1. Os exames, discussões e deliberações de uma corporação. 2. Aflições, cuidados. 3. Empreendimentos.
Trabalhoso, adj. Que dá trabalho ou fadiga; custoso, difícil.
Trabécula, s. f. 1. Trave pequena. 2. *Anat.* Cada um dos filamentos cruzados, de que se compõe a substância esponjosa, areolar ou reticular, do interior dos ossos.
Trabelho (*ê*), s. m. *Carp.* Pequena peça de madeira com que se torce o cairo da serra, para a retesar.
Trabucada, s. f. 1. Ruído do trabuco. 2. Estrondo, ruído.
Trabucador, adj. e s. m. Que, ou aquele que trabuca.
Trabucar, v. 1. Intr. Trabalhar afanosamente. 2. Intr. Fazer estrondo, batendo ou martelando em objeto resistente. 3. Tr. dir. Atacar com trabuco. 4. Tr. dir. Fazer voltar e soçobrar (a embarcação).
Trabuco, s. m. 1. Antiga máquina de guerra, com que se arremessavam pedras. 2. Espécie de bacamarte. 3. Grande charuto ou charuto ordinário.
Trabuqueiro, s. m. Salteador armado de trabuco.
Trabuquete (*ê*), s. m. Trabuco pequeno.
Trabuzana, s. f. 1. *Pop.* Tempestade, tormenta. 2. *Fam.* Incômodo ou doença. 3. *Fam.* Indigestão. 4. *Pop.* Barulho, desordem, rolo.
Traça[1], s. f. (de *traçar*[1]). 1. Traçado. 2. Desenho, esboço, plano. 3. Organização. 4. Maneira. 5. Ardil, artifício, manha.
Traça[2], s. f. (cast. *taraza*). 1. *Entom.* Nome vulgar de insetos que corroem lã, estofos, livros etc. 2. Tudo o que destrói insensivelmente. 3. *Fam.* Indivíduo maçador.
Traçado[1], adj. (p. de *traçar*[1]). Delineado, projetado. S. m. 1. Ação ou efeito de traçar; traçamento, traça, traço. 2. Plano, projeto. 3. Desenho, planta.
Traçado[2], s. m. Lona estreita, para velas.
Traçador, adj. Que traça. S. m. Aquele ou aquilo que traça.
Tracajá, s. m. *Herp.* Nome comum a vários répteis da ordem dos Quelônios.
Tracalhaz, s. m. *Pop.* Grande fatia ou grande porção, grande naco, grande pedaço; tracanaz.
Tracambista, s. m. e f. Biltre, tratante.
Traçamento, s. m. Traçado[1].
Tracanaz, s. m. V. *tracalhaz.*
Tração, s. f. (l. *tractione*). Ato de puxar.
Traçar[1], v. (cast. *trassar*, do l. *tractiare*). 1. Tr. dir. Representar por meio de traços. 2. Tr. dir. Desenhar traços. 3. Tr. dir. Dar traços em; riscar. 4. Tr. dir. Assinar, demarcar, marcar. 5. Tr. dir. Projetar na mente; imaginar. 6. Tr. dir. Maquinar, tramar. 7. Tr. dir. Escrever. 8. Pron. Assentar, estabelecer para si.
Traçar[2], v. (*traça*[2] + *ar*). 1. Tr. dir. Cortar, roer (diz-se da traça). 2. Intr. e pron. Cortar-se (o pano, o papel etc.) roídos pela traça. 3. Tr. dir. Afligir, ralar.
Tracejar, v. 1. Intr. Fazer traços ou linhas. 2. Tr. dir. Formar com pequenos traços, postos uns diante dos outros. 3. Tr. dir. Delinear, planejar. 4. Tr. dir. Descrever ligeiramente.
Trácio, adj. Relativo à Trácia (Bulgária). S. m. O natural ou habitante da Trácia.
Tracista, adj. m. e f. Que faz traços. S. m. e f. Pessoa que faz traços, planos ou dá alvitres.
Traço, s. m. 1. Traçado[2]. 2. Linha traçada com lápis, pincel ou pena; risco. 3. Linha do rosto; perfil. 4. Impressão, rasto, sinal, vestígio.
Tracoma, s. m. *Med.* Conjuntivite grave, caracterizada pela presença de minúsculas granulações sobre a mucosa ocular, que dão a sensação de areia nos olhos.
Tracomatoso, s. m. *Med.* Indivíduo que tem tracoma.
Tradear, v. Tr. dir. Furar com trado.
Tradição, s. f. (l. *traditione*). 1. Ato de transmitir ou entregar. 2. Transmissão oral de lendas, fatos, doutrinas, costumes, hábitos etc., durante um longo espaço de tempo. 3. Tudo o que se sabe por uma transmissão de geração em geração. 4. *Dir.* Entrega de uma coisa.
Tradicional, adj. m. e f. Relativo à tradição, ou conservado por meio dela.
Tradicionalismo, s. m. 1. Apego às tradições ou usos antigos. 2. Sistema de crença fundado na tradição.
Tradicionalista, s. m. e f. 1. Pessoa partidária do tradicionalismo. 2. Pessoa que preza muito as tradições.

Tradicionário, adj. e s. m. Que, ou aquele que segue a tradição.

Trado, s. m. (l. *taratru*). 1. Verruma reforçada para trabalhos pesados, como a perfuração de dormentes, barrotes etc. 2. Furo aberto por esse instrumento.

Tradução, s. f. (l. *traductione*). 1. Ato ou efeito de traduzir. 2. Obra traduzida.

Tradutor, adj. e s. m. Que, ou aquele que traduz.

Traduzir, v. (l. *traducere*). 1. Tr. dir. Verter de uma língua para outra. 2. Tr. dir. Interpretar. 3. Tr. dir. Demonstrar, manifestar. 4. Pron. Conhecer-se, demonstrar-se, manifestar-se. 5. Tr. dir. Representar, simbolizar. 6. Tr. dir. Explanar, exprimir.

Traduzível, adj. m. e f. Que se pode traduzir.

Trafegar, v. 1. Intr. Andar no tráfego. 2. Intr. Afadigar-se, afanar-se, lidar. 3. Tr. dir. Percorrer com grande afã.

Tráfego, s. m. (corr. de *tráfico*). 1. Comércio, trato mercantil; tráfico. 2. Afã, lida, trabalho. 3. Transporte de mercadorias em linhas férreas. 4. Trânsito de veículos e pedestres pelas vias públicas.

Traficância, s. f. 1. Ato ou efeito de traficar. 2. *Pop.* Negócio fraudulento, tratantada.

Traficante, adj. m. e f. Que trafica. S. m. e f. Pessoa que pratica fraudes em negócios.

Traficar, v. 1. Tr. ind. Comerciar, negociar em. 2. Intr. Fazer negócios fraudulentos.

Tráfico, s. m. 1. Comércio, trato mercantil. 2. Negócio indecoroso.

Tragada, s. f. Ato de tragar (fumaça do cigarro ou bebida, principalmente alcoólica).

Tragadeiro, s. m. 1. *Pop.* Goela. 2. Voragem.

Tragadouro, s. m. Sorvedouro. Var.: *tragadoiro.*

Tragamento, s. m. Ato ou efeito de tragar.

Traga-mouros, s. m. sing. e pl. Espadachim, fanfarrão, valentão. Var.: *traga-moiros.*

Tragar, v. (l. *tragicare*, de *trahere*). 1. Tr. dir. Beber; engolir de um trago. 2. Tr. dir. Devorar avidamente, engolir sem mastigar. 3. Intr. Engolir a fumaça do cigarro. 4. Tr. dir. Fazer desaparecer; absorver, sorver. 5. Tr. dir. Aspirar. 6. Tr. dir. Olhar com avidez; ambicionar.

Tragédia, s. f. 1. Peça dramática que termina por um acontecimento funesto. 2. A arte de representar ou fazer tragédias. 3. Acontecimento triste, funesto, catastrófico.

Trágica, s. f. Atriz que representa tragédias.

Trágico, adj. 1. Relativo a, ou próprio de tragédia. 2. Calamitoso, funesto. S. m. Autor que representa tragédias.

Tragicomédia, s. f. Peça teatral em que há simultaneamente o caráter trágico e o cômico, não terminando por desenlace funesto.

Tragicômico, adj. 1. Relativo à tragicomédia. 2. Funesto, mas acompanhado de incidentes cômicos.

Trago[1], s. m. (de *tragar*). 1. Gole, sorvo. 2. Aflição, adversidade.

Trago[2], s. m. (gr. *tragos*). *Anat.* Pequena saliência, à entrada do ouvido externo; trágus.

Tragueado, adj. Meio bêbedo.

Traguear, v. Intr. Embebedar-se.

Trágus, s. m. sing. e pl. V. *trago*[2].

Traição, s. f. (l. *traditione*). 1. Ato ou efeito de trair(-se). 2. Quebra de fidelidade; perfídia. 3. Infidelidade no amor. 4. Surpresa inesperada; emboscada.

Traiçoeiro, adj. 1. Que atraiçoa. 2. Em que há traição. 3. Relativo a traição. 5. Desleal, infiel.

Traidor, adj. (l. *traditore*). 1. Que atraiçoa, traiçoeiro. 2. Perigoso. S. m. Aquele que atraiçoa.

Trailer (*trêiler*), s. m. (t. ingl.). 1. *Cin.* Exibição de pequenos trechos de filmes montados para a próxima apresentação. 2. Veículo tipo casa, preso à traseira de um automóvel, usado geralmente para fins de campismo.

Traineira, s. f. Pequena embarcação de pesca.

Trair, v. (l. *tradere*). 1. Tr. dir. Enganar por traição; atraiçoar. 2. Tr. dir. Entregar traiçoeiramente. 3. Intr. Cometer traição. 4. Tr. dir. Ser infiel a. 5. Tr. dir. Delatar, denunciar. 6. Tr. dir. e pron. Dar(-se) a conhecer por acaso ou por imprudência. 7. Tr. dir. Dar a entender por palavras o contrário do que se queria dizer. 8. Tr. dir. Falsear.

Traíra, s. f. *Ictiol.* Nome comum do peixe caracídeo (*Hoplias malabaricus*), fluvial e lacustre.

Trajar, v. (b. l. *tragere*). 1. Tr. dir. Usar como vestuário; vestir-se. 2. Tr. ind. e pron. Cobrir-se, revestir-se.

Traje, s. m. 1. Vestuário habitual. 2. Vestuário próprio de uma profissão; vestes. 3. Fato. Var.: *trajo.*

Trajeto, s. m. (l. *trajectu*). 1. Espaço que alguém ou alguma coisa tem de percorrer. 2. O caminho andado ou por andar.

Trajetória, s. f. 1. *Geom.* Linha descrita ou percorrida por um corpo em movimento. 2. Caminho, estrada, meio, trajeto, via.

Trajo, s. m. V. *traje.*

Tralha, s. f. (l. *tragula*). 1. Pequena rede que pode ser lançada ou armada por um homem só; tralho. 2. Malha de rede. 3. *Náut.* Cabo que guarnece o contorno das velas.

Tralhar, v. Tr. dir. Lançar tralha em.

Tralho, s. m. V. *tralha*, acep. 1.

Tralhoada, s. f. Grande porção de miudezas; salgalhada, trapalhada.

Tralhoto (*ô*), s. m. *Ictiol.* Peixe teleósteo (*Anableps microlepsis*).

Trama, s. f. 1. Em um tecido, fios que se cruzam no sentido transversal da peça, cruzados pelos da urdidura. 2. Fio de seda grosseira. 3. Tecido, textura. S. m. e f. Ardil, astúcia, enredo, maquinação, tramóia.

Tramador, adj. e s. m. Que, ou aquele que trama.

Tramanzola, s. m. e f. Pessoa que, embora sendo bem jovem, é muito alta e corpulenta.

Tramar, v. 1. Tr. dir. Fazer passar a trama por entre (os fios da urdidura). 2. Tr. dir. Tecer ou entrecer. 3. Tr. dir. Armar, maquinar. 4. Tr. ind. Conspirar.

Trambecar, v. Intr. Andar como um bêbedo; cambalear, tropeçar.

Trambelho (*ê*), s. m. V. *trabelho.*

Trambolhada, s. f. Porção de coisas, atadas ou enfiadas.

Trambolhão, s. m. 1. *Pop.* Queda com estrondo. 2. *Fam.* Contratempo inesperado. 3. Decadência.

Trambolhar, v. Intr. 1. Andar aos trambolhões. 2. Falar precipitada e confusamente.

Trambolho (*ô*), s. m. (l. hip. *trabuculu*). 1. Qualquer objeto que se prende aos pés dos animais domésticos, para que não se afastem muito de casa. 2. Molho grande; enfiada. 3. Embaraço, empecilho. 4. *Fam.* Pessoa muito gorda, que anda com dificuldade.

Tramela, s. f. 1. *Pop.* Taramela. 2. Peça de madeira que se prende às ventas dos bezerros, quando se pretende desmamá-los.

Tramista, s. m. e f. Pessoa que faz tramas; velhaco.

Tramitação, s. f. Ato ou efeito de tramitar.

Tramitar, v. Intr. Seguir os trâmites (um documento, um processo).

Trâmite, s. m. 1. Caminho que conduz a um lugar determinado; atalho, senda. 2. Via legal que uma questão percorre para chegar à sua solução.

Tramóia, s. f. Ardil, artifício, trampolinice.

Tramolhada, s. f. Terra úmida; lameiro.

Tramontana, s. f. 1. A Estrela Polar. 2. O vento do norte. 3. O rumo do norte. 4. Direção, rumo.

Tramontar, v Intr. Pôr-se (o Sol), além dos montes.

Trampa, s. f. 1. *Gír.* Excremento. 2. Coisa sem valor; insignificância.

Trampão, adj. e s. m. Trampolineiro. Fem.: *trampona.*

Trampear, v. Intr. Fazer trampolinas; trapacear.

Trampolim, s. m. (ital. *trampolino*). Prancha inclinada, de onde os acrobatas saltam.

Trampolina, s. f. *Pop.* 1. Ação ou dito de velhaco; trampolinada, trampolinagem, trampolinice. 2. Embuste, trapaça, velhacaria, esperteza.

Trampolinada, s. f. V. *trampolina.*

Trampolinagem, s. f. V. *trampolina.*

Trampolinar, v. Intr. *Pop.* Fazer trampolinas.

Trampolineiro, adj. e s. m. Diz-se do, ou o indivíduo useiro e vezeiro em trampolinas.

Trampolinice, s. f. V. *trampolina.*

Tramposear, v. 1. Intr. Intrometer-se nos negócios ou na vida dos outros. 2. Tr. dir. Enganar, lograr.

Tramposo, adj. (*trampa + oso*). *Gír.* 1. Nojento, porco. 2. Cheio de imundície; imundo.

Tranar, v. Tr. dir. Atravessar a nado; transnadar.

Tranca, s. f. 1. Barra de ferro ou de madeira que se coloca transversalmente atrás das portas, para segurá-las. 2. Obstáculo, travanca, peia. 3. Correia que cinge o peito do cavalo que puxa o carro. S. m. e f. Pessoa sovina, ordinária ou de mau caráter.

Trança, s. f. 1. Conjunto de fios ou cabelos entrelaçados. 2. Galão de guarnecer vestidos ou bordados. 3. Intriga, maquinação.

Trancaço, s. m. Coriza, defluxo.

Trancada, s. f. 1. Golpe ou pancada com tranca; paulada. 2. Estacada que atravessa um rio.

Trançadeira, s. f. Fita com que se prende o cabelo.

Trancado, adj. 1. Fechado com tranca. 2. Fechado completamente.

Trançado, s. m. 1. Trança, trançadeira. 2. Obra trançada.

Trançador, adj. Que trança. S. m. 1. Aquele que trança. 2. Aquele que faz tranças de tentó, crina etc. 3. Indivíduo intrigante.

Trancafiar, v. Tr. dir. Encarcerar, trincafiar.

Trancamento, s. m. Ato ou efeito de trancar(-se).

Trancão, s. m. Encontro violento; repelão, tranco.

Trancar, v. 1. Tr. dir. Travar com tranca; fechar, segurar. 2. Tr. dir. Encarcerar, prender. 3. Pron. Fechar-se em recinto seguro. 4. Tr. dir. Tornar sem efeito (um escrito); cancelar. 5. Tr. dir. Trançar o pé no do adversário que está correndo, para derrubá-lo.

Trançar, v. 1. Tr. dir. Entrançar. 2. Intr. Cruzar-se na dança, em certa parte do fandango. 3. Intr. Andar continuamente e para diversos lados.

Tranca-ruas, s. m. sing. e pl. Arruador, espadachim, fanfarrão, valentão.

Trancelim, s. m. 1. Trancinha. 2. Cordão delgado de ouro.

Trancinha, s. f. 1. Pequena trança. 2. Galão estreito ou trança estreita de fios para guarnições e bordados. 3. Intriga. Adj. e s., m. e f. Intrigante.

Tranco, s. m. (cast. *tranco*). 1. Salto largo que dá o cavalo. 2. Abalo, comoção, solavanco. 3. Empurrão, safanão. 4. Marcha não apressada do cavalo; trote.

Trangalhadanças, s. m. e f., sing. e pl. *Hum.* Pessoa alta e desajeitada.

Trangola, s. m. *Hum.* Homem alto, feio e magricela.

Tranquear, v. Intr. Ir no tranco (o cavalo).

Tranqueira, s. f. 1. Cerca de madeira para fortificar. 2. Trincheira. 3. *Ant.* Porteira, tapume. 4. Coivara derrubada que impede o trânsito. 5. Coivara velha no meio da mata.

Tranqueiro, s. m. Cada um dos paus ou escoras que sustentam um madeiro que se vai serrar com serra braçal.

Tranqueta (*ê*), s. f. Tranca pequena; trinco, taramela.

Tranquia, s. f. 1. Tranqueira. 2. Pau atravessado para tolher a passagem.

Tranquiberneiro, adj. e s. m. Que, ou aquele que faz tranquibérnia.

Tranquibérnia, s. f. *Pop.* Burla, fraude, tramóia, trapaça.

Tranquiberniar, v. Tr. ind. e intr. Fazer tranquibérnias.

Tranquibernice, s. f. Tranquibérnia.

Tranquilha, s. f. 1. Peça do manejo com que se aperta o cavalo. 2. O pau que se coloca de esguelha no jogo da bola.

Tranqüilidade, s. f. 1. Estado de tranqüilo. 2. Paz, sossego. 3. Quietação, serenidade.

Tranqüilizador, adj. Que tranqüiliza; tranqüilizante. S. m. Aquele que tranqüiliza.

Tranqüilizante, adj. m. e f. Tranqüilizador. S. m. *Med.* Calmante, sedativo.

Tranqüilizar, v. (*tranqüilo + izar*). Tr. dir. e pron. Tornar(-se) tranqüilo; acalmar(-se), pacificar(-se).

Tranqüilo, adj. Que não está agitado nem perturbado; calmo, quieto, sereno, sossegado.

Tranquito, s. m. Trote curto; tranco, trote.

trans-, pref. (l. *trans*). Exprime a idéia de *além de, através, para trás, para além de: transalpino, transatlântico, translúcido.*

Transa (*za*), s. f. *Gír.* Palavra que encerra a idéia de: trama, conluio, acordo, comunicação, entendimento, relação amorosa etc.; transação.

Transação (*za*), s. f. (l. *transactione*). 1. Ato ou efeito de transigir. 2. Ajuste, combinação. 3. Operação comercial. 4. *Gír.* V. *transa.*

Transacionar (*za*), v. Intr. 1. Fazer transações ou negócios. 2. Fazer contrato.

Transalpino (*zal*), adj. Situado além dos Alpes. Antôn.: *cisalpino.*

Transandino (*zan*), adj. Que fica além dos Andes. Antôn.: *cisandino.*

Transatlântico (*za*), adj. 1. Situado além do Atlântico. 2. Que atravessa o Atlântico. S. m. Navio de grandes proporções.

Transato (*zá*), adj. (l. *transactu*). Que passou; anterior, pretérito, passado. Var.: *transacto.*

Transator (*zatôr*), adj. e s. m. Que, ou aquele que faz transações. Var.: *transactor.*

Transbordamento, s. m. Trasbordamento.

Transbordante, adj. m. e f. Trasbordante.

Transbordar, v. V. *trasbordar.*

Transbordo (*ô*), s. m. Trasbordo. Pl.: *transbordos* (*ó*).

Transcaspiano, adj. Que está ou vai além do Mar Cáspio.

Transcaucasiano, adj. V. *transcaucásico.*

Transcaucásico, adj. Que está além do Cáucaso.

Transcendência, s. f. Qualidade ou estado de transcendente.

Transcendental, adj. m. e f. Que pertence à razão pura, anteriormente a toda experiência.

Transcendentalismo, s. m. 1. *Filos.* Sistema filosófico que, baseado na razão pura, põe de parte a observação e a análise. 2. *Filos.* Escola filosófica de origem americana, que tem como característica dominante o misticismo panteísta. 3. Teoria daquilo que é subjetivo, sem realidade no mundo dos sentidos. 4. Estudo do subjetivo.

Transcendentalista, s. m. e f. Pessoa sectária do transcendentalismo.

Transcendentalizar, v. *Filos.* Tr. dir. e pron. Tornar(-se) transcendental.

Transcendente, adj. m. e f. 1. Que transcende; muito elevado, superior. 2. Metafísico. 3. Que transcende do sujeito para alguma coisa fora dele.

Transcender, v. 1. Tr. dir. e tr. ind. Ser superior a; exceder, sobrepujar, ultrapassar. 2. Tr. ind. Chegar a um alto grau de superioridade; distinguir-se.

Transcoação, s. f. Ato ou efeito de transcoar.

Transcoar, v. 1. Tr. dir. Coar através de; destilar. 2. Intr. Sair pelos poros; transudar.

Transcontinental, adj. m. e f. Que atravessa um continente.

Transcorrer, v. (l. *transcurrere*). 1. Intr. Decorrer, perpassar. 2. Tr. dir. Passar além de; transpor.

Transcorvo (*ô*), adj. Diz-se do cavalo que, observado de lado, não é bem aprumado. Pl.: *transcorvos* (*ó*).

Transcrever, v. (l. *transcribere*). Tr. dir. 1. Copiar. 2. Fazer a transcrição de, reproduzir copiando; trasladar.

Transcrição, s. f. (l. *transcriptione*). 1. Ato ou efeito de transcrever. 2. Trecho transcrito. 3. *Mús.* Ato ou efeito de escrever para um instrumento de música um trecho escrito para instrumento de outra tonalidade.

Transcrito, adj. Que se transcreveu. S. m. Cópia, traslado.

Transcritor, adj. e s. m. Que, ou aquele que transcreve.

Transcurar, v. V. *descurar.*

Transcurral, s. m. Pequeno curral ao lado da mangueira, onde se deixam os animais que devem ser marcados.

Transcursão, s. f. V. *transcurso.*

Transcursar, v. V. *transcorrer.*

Transcurso, s. m. Ato ou efeito de transcursar; transcursão.

Transe (*ze*), s. m. (de *transir*). 1. Lance difícil, situação angustiosa. 2. Falecimento. 3. Ânsia mortal; agonia.

Transecular (*se*), adj. m. e f. Que se prolonga ou realiza através dos séculos.

Transena (*se*), s. f. Grade com que se fechavam as capelas, nas catacumbas de Roma.

Transepto (*sé*), s. m. Nave transversal que separa, numa igreja, o coro das outras naves, formando os braços de uma cruz.

Transeunte (*zé-ún*), adj. m. e f. 1. Que passa. 2. Que vai andando ou passando. S. m. e f. Pessoa que passa ou vai passando; caminhante, viandante.

Transfazer, v. V. *tran formar.*

Transferência, s. f. Ato ou efeito de transferir(-se).

Transferidor, adj. Que transfere. S. m. 1. Aquele que transfere. 2. Instrumento semicircular, com o limbo dividido em 180 graus, próprio para medir ou traçar ângulos.

Transferir, v. (l. *transferere*, corr. de *transferre*). 1. Tr. dir. e pron. Fazer passar ou passar-se de um lugar para outro; mudar(-se), transportar(-se). 2. Tr. dir. Transmitir. 3. Tr. dir. Adiar, espaçar.

Transferível, adj. m. e f. Que se pode transferir.

Transfiguração, s. f. 1. Ato ou efeito de transfigurar(-se). 2. Estado glorioso, em que, segundo o Evangelho, Jesus Cristo apareceu a três dos seus discípulos, no Monte Tabor.

Transfigurado, adj. Alterado, transformado. S. m. Alteração, transformação.

Transfigurador, adj. e s. m. Que, ou aquele que transfigura.

Transfigurar, v. 1. Tr. dir. Mudar a figura, o caráter, a feição ou forma de; transformar. 2. Pron. Mudar de figura.

Transfigurável, adj. m. e f. Que se pode transfigurar.

Transfixação (*cs*), s. f. Ato ou efeito de transfixar.

Transfixão (*cs*), s. f. 1. *Cir.* Processo de amputação, que consiste em atravessar com um golpe a parte que se quer amputar, e em cortar a carne, de dentro para fora. 2. Perfuração.

Transfixar (*cs*), v. Tr. dir. Atravessar de lado a lado; perfurar.

Transformação, s. f. 1. Ato ou efeito de transformar(-se). 2. Metamorfose. 3. Modificação.

Transformador, adj. Que transforma; transformante. S. m. *Eletr.* Dispositivo que, por efeito da indução eletromagnética, modifica a tensão da corrente recebida.

Transformante, adj. m. e f. Transformador.

Transformar, v. 1. Tr. dir. Mudar a forma de; metamorfosear; transfigurar. 2. Tr. dir. Converter, mudar. 3. Pron. Converter-se. 4. Tr. dir. Dar nova forma a. 5. Pron. Tomar outra forma. 6. Pron. Disfarçar-se, dissimular-se. 7. Tr. dir. Alterar, variar.

Transformativo, adj. Que pode transformar.

Transformável, adj. m. e f. Que pode ser transformado.

Transformismo, s. m. Doutrina segundo a qual todas as espécies vivas derivam umas das outras, por uma série de transformações, determinadas pelas condições de vida, seleção natural, clima etc.

Transformista, adj. m. e f. Relativo ao transformismo. S. m. e f. Pessoa que adota as teorias do transformismo.

Trânsfuga, s. m. e f. 1. Pessoa que, em tempo de guerra, abandona a sua bandeira, passando às fileiras inimigas; desertor. 2. Pessoa que abandona o seu partido político. 3. Pessoa que abandona a religião; apóstata. 4. Fugitivo.

Transfugir, v. (l. *transfugere*). Tr. ind. Fugir como trânsfuga; desertar.

Transfundir, v. (l. *transfundere*). 1. Tr. dir. Fazer passar (um líquido) de um vaso para outro. 2. Tr. dir. Derramar, difundir, espalhar. 3. Pron. Tornar-se outro; transformar-se. — Particípio: *transfundido* e *transfuso.*

Transfusão, s. f. Ato ou efeito de transfundir.

Transgredir, v. (l. *transgredere*, corr. de *transgredi*). Tr. dir. 1. Ir além dos termos ou limites; atravessar. 2. Não observar, não respeitar (as leis ou regulamentos); infringir.

Transgressão, s. f. (l. *transgressione*). Ato ou efeito de transgredir; infração.

Transgressivo, adj. 1. Que transgride. 2. Que envolve transgressão.

Transgressor, adj. e s. m. Que, ou aquele que transgride; infrator.

Transiberiano (*si*), adj. 1. Que fica além da Sibéria. 2. Que atravessa a Sibéria.

Transição (*zi*), s. f. 1. Ato ou efeito de transitar. 2. Passagem de um lugar, um tempo para outro.

Transido (*zi*), adj. (p. de *transir*). Penetrado, repassado de frio, medo etc.

Transigência (*zi*), s. f. 1. Ação ou efeito de transigir. 2. Indulgência, tolerância.

Transigente (*zi*), adj. m. e f. 1. Que transige. 2. Condescendente. S. m. e f. Pessoa que transige.

Transigir (*zi*), v. (l. *transigere*). 1. Tr. ind. e intr. Ceder, concordar, condescender. 2. Tr. ind. e intr. Compor-se, contemporizar.

Transigível (*zi*), adj. m. e f. 1. Com que se pode transigir. 2. Que pode ser objeto de transação.

Transir (*zir*), v. 1. Tr. dir. Penetrar, repassar. 2. Tr. dir. Assombrar, estarrecer. 3. Intr. Ficar ou estar gelado de frio, dor ou medo. (Defectivo. Só se conjuga nas formas em que ao *s* seguir-se a vogal *i*).

Transistor (*zistôr*, pronúncia correta; mas a usual é *zístor*, por influência do inglês *transistor*). S. m. Amplificador de cristal, inventado para substituir a válvula eletrônica em receptores.

Transitar (*zi*), v. 1. Tr. ind. Andar, fazer caminho, passar. 2. Tr. dir. Percorrer. 3. Tr. ind. Mudar de lugar, estado ou condição.

Transitável (*zi*), adj. m. e f. Que se pode transitar.

Transitivar (*zi*), v. Tr. dir. *Gram.* Tornar transitivo (um verbo).

Transitivo (*zi*), adj. 1. Que passa; transitório. 2. *Gram.* Diz-se dos verbos que pedem complemento.

Trânsito (*zi*), s. m. 1. Ato ou efeito de caminhar; marcha. 2. Passagem, trajeto. 3. O movimento de pedestres e veículos que transitam nas cidades ou nas estradas. 4. *Topogr.* Instrumento que serve para medir ângulos horizontais.

Transitoriedade (*zi*), s. f. Condição ou qualidade de transitório.

Transitório (*zi*), adj. 1. De pequena duração; breve, passageiro, efêmero. 2. Mortal.

Translação, s. f. 1. Ato ou efeito de transladar; transporte, transladação, traslado. 2. *Ret.* Metáfora. 3. *Astr.* Movimento de um astro em redor do centro de seu sistema.

Transladação, s. f. V. *translação.*

Translatício, adj. *Gram.* Translato.

Translato, adj. 1. Trasladado. 2. *Gram.* Figurado, metafórico, translatício.

Transliterar, v. Tr. dir. Representar (os caracteres de um vocábulo) por caracteres diferentes no correspondente vocábulo de outra língua.

Translucidez, s. f. Estado ou qualidade de translúcido.

Translúcido, adj. Que deixa passar a luz, sem permitir a visão dos objetos; diáfano.

Translumbrar, v. V. *deslumbrar.*

Transluzente, adj. m. e f. Que transluz; diáfano, transparente.

Transluzimento, s. m. Qualidade do que transluz; transparência, diafaneidade.

Transluzir, v. (l. *translucere*). 1. Tr. ind. e intr. Luzir através. 2. Tr. ind. e pron. Manifestar-se, revelar-se. 3. Tr. ind. Deixar-se ver. 4. Tr. ind. Concluir-se, deduzir-se. (Este verbo é normalmente impessoal).

Transmarino, adj. Ultramarino.

Transmeável, adj. m. e f. 1. Que se pode atravessar; permeável. 2. Transpirável.

Transmigração, s. f. 1. Ato ou efeito de transmigrar(-se). 2. Metempsicose.

Transmigrador, adj. e s. m. V. *transmigrante.*

Transmigrante, adj. e s. m. e f. Que, ou pessoa que transmigra; transmigrador.

Transmigrar, v. 1. Tr. ind. e intr. Passar de uma região para outra. 2. Pron. Mudar-se de um lugar para outro. 3. Intr. Passar a alma de um corpo para outro.

Transmissão, s. f. 1. Ato ou efeito de transmitir(-se). 2. Comunicação do movimento de um órgão ou mecanismo para outro.

Transmissibilidade, s. f. Qualidade de transmissível.

Transmissível, adj. m. e f. Que se pode transmitir.

Transmissivo, adj. Que transmite; transmissor.

Transmissor, adj. Transmissivo. S. m. Aparelho destinado a transmitir sinais telegráficos; manipulador.

Transmitir, v. (1. *transmittere*). 1. Tr. dir. Deixar passar além; transportar, conduzir. 2. Tr. dir. Fazer passar por sucessão. 3. Pron. Propagar-se. 4. Tr. dir. Fazer chegar. 5. Tr. dir. Enviar, expedir. 6. Tr. dir. e pron. Comunicar(-se), passar (-se), pegar. 7. Tr. dir. Contar, noticiar, participar, referir.

Transmontano, adj. e s. m. V. *trasmontano*.

Transmontar, v. 1. Tr. dir. Passar por cima de. 2. Intr. e pron. Desaparecer, tramontar. 3. Tr. dir. Exceder muito, ser superior a. Var.: *trasmontar*.

Transmudação, s. f. Ato ou efeito de transmudar(-se); transmudamento, transmutação.

Transmudamento, s. m. V. *transmudação*.

Transmudar, v. 1. Tr. dir. Fazer mudar de lugar. 2. Tr. dir. Alterar, mudar. 3. Tr. dir. Mudar, transferir. 4. Pron. Converter-se, transformar-se. Pron. Modificar-se, variar. Var.: *transmutar*.

Transmutabilidade, s. f. Qualidade de transmutável.

Transmutação, s. f. Transmudação.

Transmutar, v. V. *transmudar*.

Transmutativo, adj. Que transmuta; que pode transmutar.

Transnadar, v. Tr. dir. 1. Atravessar a nado. 2. Transportar, nadando.

Transnominação, s. f. V. *metonímia*.

Transoceânico (*zo*), adj. V. *ultramarino*.

Transordinário (*zor*), adj. Extraordinário.

Transpadano, adj. Que fica além do Rio Pó, na Itália. Antôn.: *cispadano*.

Transparecer, v. 1. Tr. ind. Aparecer ou avistar-se através de. 2. Intr. Aparecer ou mostrar-se parcialmente. 3. Tr. ind. Manifestar-se, revelar-se.

Transparência, s. f. Qualidade de transparente; diafaneidade.

Transparentar, v. Tr. dir. Fazer ou tornar transparente; tornar claro ou evidente.

Transparente, adj. m. e f. 1. Diz-se do corpo que deixa passar os raios de luz, permitindo que se vejam os objetos através dele; diáfano. 2. Que se percebe facilmente; claro, evidente. 3. Que deixa perceber um sentido oculto. S. m. Pedaço de tela branca para experiências ópticas.

Transpassar, v. V. *traspassar*.

Transpiração, s. f. 1. Ato ou efeito de transpirar. 2. O suor.

Transpirar, v. 1. Intr. Exalar (suor ou algum fluido) pelos poros do corpo. 2. Intr. Sair (o suor). 3. Tr. ind. Sair do corpo sob a forma de exalação. 4. Tr. ind. Sair. 5. Tr. ind. e intr. Divulgar-se, espalhar-se. 6. Tr. ind. Dar-se a conhecer, revelar-se.

Transpirável, adj. m. e f. 1. Que pode transpirar ou que se pode transpirar. 2. Que dá lugar à transpiração ou pelo qual se pode transpirar.

Transplantação, s. f. Ato ou efeito de transplantar; transplante.

Transplantador, adj. Que transplanta. S. m. 1. Aquele que transplanta. 2. *Agr.* Utensílio para transplante de vegetais.

Transplantar, v. 1. Tr. dir. Mudar (a planta) de um lugar para outro. 2. Tr. dir. Transferir, transportar. 3. Tr. dir. Conduzir de um país para outro. 4. Pron. *Fam.* Mudar de residência. 5. Tr. dir. Traduzir, verter.

Transplantatório, adj. Que se pode transplantar.

Transplante, s. m. V. *transplantação*.

Transpor, v. (1. *transponere*). 1. Tr. dir. Deixar atrás; ultrapassar. 2. Tr. dir. Galgar, saltar. 3. Tr. dir. Exceder, ultrapassar. 4. Tr. dir. Vencer. 5. Tr. dir. Mudar a ordem da colocação de. 6. Tr. dir. Transferir, transmitir. 7. Tr. dir. *Mús.* Mudar a música de um tom alto para outro mais baixo ou vice-versa.

Transportação, s. f. Transporte.

Transportamento, s. m. Transporte.

Transportar, v. 1. Tr. dir. Conduzir de um lugar para outro. 2. Pron. Passar-se de um lugar para outro. 3. Pron. Referir-se; remontar mentalmente. 4. Tr. dir. Traduzir, trasladar, verter. 5. Tr. dir. Inverter ou mudar o sentido de. 6. Tr. dir. Arrebatar, enlevar. 7. Pron. Ficar arrebatado, enlevado. 8. Tr. dir. Mudar (a música) de um tom para outro.

Transportável, adj. m. e f. Que se pode transportar.

Transporte, s. m. 1. Ato ou efeito de transportar; transportação, transportamento. 2. Condução. 3. Carro ou veículo que serve para transportar o que é necessário a um exército em campanha. 4. Passagem de conta para a página seguinte ou para outro livro. 5. *Mús.* Passagem de um trecho musical para um tom diferente. 6. Entusiasmo, arrebatamento. 7. Êxtase.

Transposição, s. f. Ato ou efeito de transpor(-se).

Transposto (*ô*), adj. Que sofreu transposição.

Transtagano, adj. Situado além do Tejo; alentejano.

Transtornado, adj. 1. Diz-se daquilo cuja ordem ou colocação foi alterada ou perturbada. 2. Atordoado, confuso.

Transtornar, v. 1. Tr. dir. Alterar, perturbar a ordem ou a colocação de; pôr em desordem. 2. Tr. dir. Pôr confusão em; atrapalhar. 3. Tr. dir. Fazer mudar de opinião. 4. Tr. dir. Desorganizar, perturbar. 5. Tr. dir. e pron. Demudar (-se), desfigurar(-se). 6. Tr. dir. e pron. Torvar(-se).

Transtorno (*ô*), s. m. 1. Ato ou efeito de transtornar(-se). 2. Contrariedade, decepção. 3. Perturbação do juízo. 4. Desarranjo. Pl.: *transtornos* (*ó*).

Transtravado, adj. Diz-se do cavalo que tem a mão e o pé direito brancos.

Transtrocar, v. Tr. dir. Inverter.

Transubstanciação (*su*), s. f. 1. Conversão de uma substância noutra. 2. *Teol. catól.* Transformação da substância do pão e do vinho na substância do corpo e sangue de Cristo.

Transubstancial (*su*), adj. m. e f. Que se transubstancia.

Transubstanciar(*su*), v. 1. Tr. dir. Converter ou mudar (uma substância em outra). 2. Tr. dir. Transformar. 3. Pron. Transformar-se (uma substância em outra). 4. Pron. *Teol. catól.* Realizar-se o mistério da transubstanciação.

Transudação(*su*), s. f. Ato ou efeito de transudar.

Transudar (*su*), v. 1. Tr. ind. e intr. Passar (o suor) através dos poros. 2. Tr. ind. Coar-se. 3. Tr. dir. Derramar, verter. 4. Tr. ind. Transluzir, transparecer.

Transudato (*su*), s. m. *Med.* Serosidade de origem não inflamatória, infiltrada no tecido conjuntivo, ou derramada nalguma cavidade do corpo.

Transumância (*zu*), s. f. Emigração periódica dos rebanhos, que se efetua durante o verão, das planícies para as montanhas, para retornarem quando se aproxima o inverno.

Transumar (*zu*), v. 1. Tr. dir. Fazer mudar de pastagem (os rebanhos). 2. Intr. Realizar a transumância.

Transumir (*su*), v. (1. *transumere*). Tr. dir. Tomar ou receber de outrem ou de outra coisa.

Transunto (*sun*), s. m. 1. Traslado. 2. Imagem, retrato fiel. 3. Exemplo, modelo.

Transuraniano (*zu*),adj. V. *transurânico*.

Transurânico (*zu*), adj. *Fís.* Designativo dos elementos radioativos com número atômico maior que o urânio (92), obtidos artificialmente de isótopos do urânio; transuraniano.

Transvaaliano, adj. Relativo ao Transvaal. (África do Sul). S. m. O natural ou habitante do Transvaal.

Transvasar, v. Tr. dir. Passar de um vaso para outro; trasfegar. Var.: *trasvasar*.

Transvazar, v. Tr. dir. e pron. Deitar(-se), pôr fora; entornar (-se), verter(-se).

Transverberar, v. 1. Tr. dir. Coar ou deixar passar (cor, luz, som etc.). 2. Tr. ind. Derivar, partir. 3. Pron. Espelhar-se, manifestar-se, refletir-se. 4. Tr. dir. Manifestar, revelar.

Transversal, adj. m. e f. 1. Que passa de través; que segue direção transversa ou oblíqua. 2. Não reto; colateral. S. m. *Anat.* Nome de vários músculos que cortam transversalmente uma parte do corpo.

Transversalidade, s. f. Caráter ou qualidade de transversal.

Transverso, adj. Situado de través; atravessado, oblíquo.

Transverter, v. Tr. dir. 1. Transtornar. 2. Converter, transformar. 3. Traduzir, verter.

Transvestir, v. Tr. dir. Disfarçar, metamorfosear, transformar. Var.: *trasvestir.* Conjuga-se como *aderir.*

Transviar, v. 1. Tr. dir. Fazer sair do caminho direito; desencaminhar, extraviar. 2. Pron. Extraviar-se; perder-se no caminho. 3. Tr. dir. Desviar do caminho do bem e da virtude; corromper. 4. Pron. Afastar-se das normas da moral; corromper-se.

Transvio, s. m. Ato ou efeito de transviar(-se).

Transvoar, v. 1. Tr. dir. Transpor voando. 2. Tr. ind. Passar em vôo.

Trapa[1], s. f. (b. 1. *trappa*). 1. Cova ou alçapão para apanhar feras. 2. *Náut.* Cabo especial para arriar pesos para dentro de uma embarcação.

Trapa[2], s. f. (fr. *Trappe*, n. p.). Designação geral dos conventos dos trapistas.

Trapaça, s. f. (cast. *trapaza*). 1. Contrato fraudulento. 2. Dolo, fraude, logro.

Trapaçaria, s. f. Trapaça.

Trapacear, v. 1. Tr. dir. Tratar (algum negócio) com trapaça. 2. Intr. Fazer trapaças.

Trapaceiro, adj. e s. m. Que, ou aquele que trapaceia.

Trapacento, adj. e s. m. Trapaceiro.

Trapagem, s. f. Montão de trapos; porção de trapos; trapalhada, traparia.

Trapalhada, s. f. 1. Trapagem. 2. Confusão, desordem.

Trapalhado, adj. Diz-se do leite mal coalhado.

Trapalhão[1], adj. (cast. *trapalon*). Que se atrapalha facilmente ou que atrapalha tudo.

Trapalhão[2], s. m. (*trapo + alho*[2] *+ ão*). 1. Trapo grande. 2. Indivíduo mal vestido. Fem.: *trapalhona.*

Trapalhice[1], s. f. (*trapalhão*[1] *+ ice*). 1. Ato ou dito de trapalhão. 2. Trapaça.

Trapalhice[2], s. f. (*trapalhão*[2] *+ ice*). Vestuário roto ou ridículo.

Traparia, s. f. Trapagem.

Trape!, interj. Designa som produzido por golpe ou pancada.

Trapear, v. Intr. 1. *Náut.* Bater (a vela) contra o mastro. 2. Bater contra qualquer coisa (um pano).

Trapeira, s. f. 1. Armadilha para caça. 2. Janela sobre o telhado; água-furtada.

Trapeiro, s. m. Indivíduo que negocia em trapos ou em papéis velhos.

Trapejar, v. Intr. Trapear.

Trape-zape, s. m. O tinir de espadas que se chocam. Pl.: *trape-zapes.*

Trapeziforme, adj. m. e f. Trapezóide.

Trapézio, s. m. 1. *Geom.* Quadrilátero que tem dois lados desiguais e paralelos. 2. Aparelho para exercícios ginásticos, formado por uma barra de madeira ou ferro, suspensa por duas cordas ou peças verticais. 3. *Anat.* Músculo da região dorsal, que aproxima a omoplata da coluna vertebral. 4. *Anat.* O primeiro osso da segunda fileira do carpo.

Trapezista, s. m. e f. Pessoa que trabalha em trapézio.

Trapezoedro, s. m. *Geom.* Sólido de 24 faces, 48 arestas e 26 ângulos.

Trapezoidal, adj. m. e f. Trapezóide.

Trapezóide, adj. m. e f. Que tem forma de trapézio; trapezoidal, trapeziforme. S. m. 1. Quadrilátero que não tem lados paralelos. 2. *Anat.* O segundo osso da segunda fileira do carpo.

Trapiche, s. m. 1. Grande armazém, próximo de um cais. 2. Pequeno engenho de açúcar.

Trapicheiro, adj. e s. m. Que, ou aquele que possui ou administra trapiches.

Trapincola, adj. m. e f. *Gír.* Caloteiro.

Trapista, adj. m. e f. Relativo à Ordem da Trapa. S. m. Religioso da Ordem da Trapa.

Trapistina, s. f. Religiosa da Ordem da Trapa.

Trapo, s. m. 1. Pedaço de pano velho; farrapo. 2. Fragmento de roupa rota. 3. Terno ou vestido velho. 4. Sedimento tartaroso no fundo das vasilhas que contêm vinho. 5. *Bot.* Arbusto celastráceo (*Evonymus agglomeratus*). 6. Rodilha.

Trápola, s. f. Armadilha para caça.

Trapuz, s. m. (t. onom.). Ruído de coisa que cai com estrondo. Interj. V. *catrapus.* Var.: *trapus.*

Traque, s. m. 1. Artefato pirotécnico que ao explodir produz ruído. 2. Estouro, estrépito. 3. *Ch.* Ventosidade estrepitosa; peido.

Traqueal, adj. m. e f. Relatio à traquéia; traqueano.

Traqueano, adj. 1. Que tem traquéias. 2. Traqueal.

Traquear, v. V. *traquejar.*

Traquéia, s. f. 1. *Anat.* Conduto aéreo que estabelece comunicação entre a laringe e os brônquios. 2. Cada um dos canais que, nos insetos, levam o ar a todas as partes do corpo. 3. *Bot.* Elemento condutor da seiva bruta formado por várias células.

Traqueíte, s. f. *Med.* Inflamação da traquéia.

Traquejado, adj. 1. Perseguido. 2. Apto para a vida, graças às lições da experiência; exercitado, experiente. 3. Que tem tarimba.

Traquejar, v. Tr. dir. 1. Perseguir. 2. Exercitar, tornar apto. 3. Bater (mato), para fazer sair a caça.

Traquejo (*ê*), s. m. *Pop.* Muita prática ou experiência.

Traqueliano, adj. *Anat.* Relativo à parte posterior do pescoço.

Traquelipode, adj. m. e f. V. *traquelópode.*

Traquelismo, s. m. Contração espasmódica dos músculos do pescoço.

traquelo-, elem. de comp. (gr. *trakhelos*). Exprime a idéia de *pescoço, colo: traquelópode.*

Traquelópode, adj. m. e f. *Zool.* Que tem os pés aderentes à base do pescoço.

traqueo-, elem. de comp. (gr. *trakheia*). Exprime a idéia de *traquéia: traqueocele, traqueostenose.*

Traqueocele, s. f. *Med.* Tumor da traquéia; bócio.

Traqueorragia, s. f. *Med.* Derramamento de sangue pela traquéia.

Traqueotomia, s. f. *Cir.* Operação, com que se estabelece comunicação entre a traquéia e o exterior.

Traquete (*ê*), s. m. *Náut.* Vela grande do mastro da proa.

traqui-, elem. de comp. (gr. *trakhus*). Exprime a idéia de *áspero, grosseiro, difícil: traquito.*

Traquina, adj. e s., m. e f. V. *traquinas.*

Traquinas, adj. e s. m. e f. sing. e pl. Buliçoso; travesso; traquina, traquino.

Traquinice, s. f. Ato ou efeito de traquinar.

Traquino, adj. e s. m. *Pop.* V. *traquinas.*

Traquitana, s. f. 1. Coche de quatro rodas, para duas pessoas. 2. *Pop.* Carro mais ou menos desconjuntado.

Traquitanda, s. f. 1. Traquitana. 2. Almanjarra.

Traquítico, adj. 1. Relativo ao traquito. 2. Que é da natureza do traquito.

Traquito, s. m. *Geol.* Variedade de rochas vulcânicas, porfiróides, compostas essencialmente de ortoclásio e qualquer mineral escuro.

Trás, adv. e prep. (1. *trans*). Atrás, detrás, após.

tras-, pref. O mesmo que *trans: trasbordar.*

Trasanteontem, adv. No dia anterior ao de anteontem.

Trasbordamento, s. m. Ação ou efeito de trasbordar; transbordamento.

Trasbordante, adj. m. e f. Que trasborda; transbordante.

Trasbordar, v. 1. Tr. dir., tr. ind. e intr. Sair fora das bordas de; ir (o rio) além das margens. 2. Tr. ind. e intr. Deitar por fora. 3. Tr. dir. Derramar, expandir. 4. Tr. ind. Sobejar, superabundar. 5. Tr. ind. e intr. Derramar-se, espalhar-se. 6. Intr. Não se poder conter; sair fora de si.

Trasbordo (*ô*), s. m. Transferência de passageiros e cargas de um trem, ônibus ou avião etc., para outro, por motivo de acidente; transbordo; baldeação. Pl.: *trasbordos* (*ô*).

Trascâmara, s. f. *Ant.* Quarto esconso ou mais interior que a câmara.

Traseira, s. f. A parte de trás ou posterior.

Traseiro, adj. Que está detrás; que fica na parte posterior.

Trasfega, s. f. V. *trasfego.*

Trasfegador, adj. e s. m. Que, ou aquele que trasfega.

Trasfegadura, s. f. V. *trasfego.*

Trasfegar, v. 1. Tr. dir. Fazer passar (um líquido) de uma vasilha para outra, limpando-o do sedimento. 2. Intr. Azafamar-se.

Trasfego (*ê*), s. m. Ato ou efeito de trasfegar; trasfega, trasfegadura.

Trasflor, s. m. Lavor de ouro, em campo de esmalte.

Trasfoliar, v. Tr. dir. Copiar em papel transparente, colocando-o sobre o modelo, de que se quer extrair a cópia.

Trasgo, s. m. 1. Aparição fantástica; diabo doméstico; duende travesso. 2. Pessoa muito viva; traquinas.

Trasguear, v. Intr. Traquinar.

Trasladação, s. f. Ato ou efeito de trasladar.

Trasladado, adj. 1. Levado de um lugar para outro. 2. Copiado, transcrito. 3. Adiado, transferido. 4. Traduzido.

Trasladador, adj. e s. m. Que, ou aquele que traslada.

Trasladar, v. 1. Tr. dir. Transportar de um lugar para outro; levar, mudar. 2. Pron. Mudar-se, passar-se. 3. Pron. Debuxar-se, retratar-se. 4. Tr. dir. Copiar, transcrever. 5. Tr. dir. Traduzir. 6. Tr. dir. Adiar, transferir. 7. Tr. dir. Dar sentido figurado ou metafórico a.

Traslado, s. m. (1. *traslatu*). 1. Ato ou efeito de trasladar. 2. Cópia, modelo, pintura, retrato etc.

Traslar, s. m. A parte posterior da lareira ou do fogão.

Trasmontano, adj. 1. Ultramontano. 2. Relativo à província portuguesa de Trás-os-Montes. S. m. O natural ou habitante de Trás-os-Montes.

Trasorelho (*ê*), s. m. 1. *Med.* Caxumba. 2. Papeira.

Traspassação, s. f. Ato ou efeito de traspassar; traspassamento.

Traspassamento, s. m. Traspassação.

Traspassar, v. 1. Tr. Passar para além; transpor. 2. Tr. dir. Passar através. 3. Tr. dir. Atravessar de lado a lado; furar. 4. Tr. dir. Magoar, pungir. 5. Tr. dir. Ceder a outrem. 6. Tr. dir. Postergar, violar. 7. Tr. dir. Ir além do que é permitido. 8. Tr. dir. Fazer desmaiar, esmorecer. 9. Tr. dir. Traduzir, verter. 10. Tr. dir. Copiar.

Traspasse, s. m. 1. Traspassação. 2. Morte. 3. Subarrendamento ou sublocação.

Traspasso, s. m. 1. Traspasse. 2. Subarrendamento. 3. Agonia, dor profunda.

Traspés, s. m. pl. 1. *Pop.* Cambapé. 2. Estado de quem cambaleia. 3. Passos dados em falso.

Traspilar, s. m. Pilar que está atrás de outro.

Trastalhão, s. m. *Pop.* Grande traste, grande velhaco; trastejão. Fem.: *trastalhona.*

Traste, s. m. (1. *transtru*). 1. Peça de uso doméstico; alfaia. 2. Móvel ou utensílio velho de pouco valor. 3. *Pop.* Homem de maus costumes; maroto, velhaco, tratante. 4. *Pop.* Homem inútil, sem préstimo. 5. *Pop.* Trasto.

Trastejão, adj. V. *trastalhão.*

Trastejar[1], v. (*traste + ejar*). 1.Intr. Negociar em trastes. 2. Intr. Negociar em coisas de pouco valor. 3. Intr. Cuidar dos trastes ou objetos de casa; fiscalizar serviços domésticos. 4. Intr. *Pop.* Ter ações de velhaco. 6. Intr. Andar de um lado para o outro.

Trastejar[2], v. (*trasto + ejar*). Intr. 1. Produzir som impuro (a corda dos instrumentos que têm trasto). 2. Gaguejar ao responder. 3. Deixar de proceder bem; não andar na linha. 4. Hesitar, vacilar.

Trasto, s. m. (1. *transtru*). Cada um dos filetes de metal colocados transversalmente no braço de certos instrumentos de cordas. Var.: *tasto.*

Trasvisto, adj. 1. Visto de lado ou de través. 2. Mal visto; odioso.

Tratada, s. f. *Pop.* Tratantada; enredo, fraude.

Tratadista, s. m. e f. Pessoa que escreve tratado, acerca de qualquer ponto científico.

Tratado, s. m. 1. Obra desenvolvida acerca de qualquer ciência ou arte. 2. Contrato internacional relativo a comércio, paz etc. 3. Convênio, convenção.

Tratador, adj. e s. m. Diz-se do, ou o indivíduo que trata de alguma coisa, especialmente de cavalos ou de outros animais.

Tratamento, s. m. 1. Ato ou efeito de tratar(-se); trato. 2. Acolhimento. 3. Conjunto de meios terapêuticos, postos para cura ou alívio do doente. 4. Alimentação, passadio. 5. Título honorífico ou de graduação.

Tratantada, s. f. Ação própria de tratante; burla, patifaria, velhacada; tratantice.

Tratante, adj. e s. m. e f. Diz-se de, ou pessoa que trata ardilosamente de qualquer coisa, ou procede com velhacaria.

Tratantice, s. f. V. *tratantada.*

Tratar, v. (1. *tractare*). 1. Tr. dir. Manejar, manusear. 2. Tr. dir. e tr. ind. Cuidar de. 3. Tr. dir. e tr. ind. Dar o tratamento prescrito ou aconselhado (a uma pessoa doente). 4. Pron. Cuidar da própria saúde. 5. Tr. dir. Alimentar, nutrir. 6. Tr. dir. Acolher, receber. 7. Pron. Alimentar-se, nutrir-se; trajar, vestir-se. 8. Tr. dir. Ajustar, combinar. 9. Tr. dir. Praticar, usar. 10. Tr. dir. e tr. ind. Conversar, freqüentar (pessoas); travar relações com. 11. Tr. dir. e tr. ind. Haver-se, portar-se em relação a, ou para com alguém. 12. Tr. dir. Dar certo título ou tratamento a. 13. Tr. dir. Debater, discutir. 14. Tr. ind. Discorrer, falando ou escrevendo. 15. Tr. ind. Ter por assunto. 16. Tr. dir. e tr. ind. Cuidar, ocupar-se de. 17. Tr. ind. Deliberar; resolver-se. 18. Tr. dir. Expressar, desenvolver, interpretar, realizar (qualquer obra artística, literária, de rádio, de teatro, de televisão). 19. Tr. dir. *Quím.* Modificar por meio de um agente.

Tratável, adj. m. e f. 1. Que se pode tratar. 2. Afável, amável.

Tratear, v. Tr. dir. 1. Dar tratos a. 2. Afligir, atormentar.

Trato[1], s. m. (de *tratar*). 1. Tratamento. 2. Convivência. 3. Conversação. 4. Alimentação, passadio. 5. Ajuste ou contrato.

Trato[2], s. m. (1. *tractu*). 1. Espaço de terreno; região. 2. *Anat.* Região específica do organismo. 3. Intervalo. 4. Decurso. 5. *Liturg. ant.* Trecho recitado nas missas em lugar do aleluia, composto de um salmo e alguns versículos, desde a septuagésima até o tempo pascoal.

Trator, s. m. Veículo automóvel, que serve para puxar arados, grades de discos, carretas etc.

Tratório, adj. Relativo a tração.

Trauma, s. m. V. *traumatismo.*

Traumático, adj. Relativo a contusões ou feridas.

Traumatismo, s. m. *Med.* Conjunto dos distúrbios físicos e/ou psíquicos, ocasionados por uma violência exterior.

tráumato-, elem. de comp. (gr. *trauma, atos*). Exprime a idéia de *ferida: traumatologia.*

Traumatologia, s. f. *Med.* Parte da Medicina que se ocupa dos ferimentos e contusões.

Traupídeo, adj. *Ornit.* Relativo à família dos Traupídeos. S. m. pl. Família (*Thraupidae*) de aves passeriformes, outrora chamada Tanagrídeos. Das várias espécies são muito conhecidas popularmente: o sanhaço, a saíra, o tié e o gaturamo.

Trautear, v. (t. onom.). 1. Tr. dir., tr. ind. e intr. Cantarolar. 2. Tr. dir. Apoquentar, importunar. 3. Tr. dir. Repreender. 4. Tr. dir. Burlar.

Trava[1], s. f. (1. *trabe*). V. *trave.*

Trava[2], s. f. (de *travar*). 1. Ação de travar. 2. Peia, travão. 3. *Mec.* Freio. 4. Inclinação alternada dos dentes das serras.

Travação, s. f. 1. Ato ou efeito de travar; travamento. 2. *Constr.* Ligação das traves.

Trava-contas, s. m. sing. e pl. Disputa ou altercação, principalmente em ajustes de contas.

Travadeira, s. f. V. *travadoura.*

Travado, adj. 1. Entrelaçado, unido. 2. Peado, preso. 3. Que não tem desembaraço na língua; tartamudo. 4. Encarniçado, renhido. 5. Embaraçado. 6. Diz-se dos ventos fortes da costa da Guiné.

Travador, adj. 1. Que trava. S. m. 1. Aquele que trava. 2. Travadoura.

Travadoura, s. f. 1. Utensílio de ferro, com que se fazem travas nos dentes das serras; travador, travadeira. 2. *Constr.* Pedra aparelhada, que se põe nas paredes de pedras miúdas, para segurança da construção ou para receber as pontas das vigas etc. Var.: *travadoira.*

Travadouro, s. m. Parte delgada da perna da besta onde se ata a trava; miúdo.

Travagem, s. f. *Vet.* Hipertrofia das gengivas do cavalo.

Traval, adj. m. e f. Relativo a trave.

Travamento, s. m. V. *travação.*

Travanca, s. f. Embaraço, obstáculo.

Travão, s. m. 1. Trava com que se peiam as bestas. 2. Dispositivo que, acionado, faz parar os veículos.

Travar, v. (*trave+ar*). 1. Tr. dir. Encadear, pegar, prender, unir (peças de madeira). 2. Tr. dir. Prender com trava o animal. 3. Tr. dir. e tr. ind. Agarrar, segurar. 4. Tr. dir. Refrear, metendo a passo (a cavalgadura). 5. Tr. dir. Entupir, obstruir. 6. Tr. dir. Impedir, agarrando ou prendendo. 7. Tr. dir. e pron. Cruzar(-se), encruzar(-se). 8. Tr. dir. Entrelaçar, entretecer. 9. Tr. dir. Encetar, entabular, principiar. 10. Tr. dir. Causar amargor a; azedar. 11. Tr. ind. e intr. Ter gosto amargo ou adstringente; amargar. 12. Tr. dir. Disputar, empenhar-se em (contenda, luta, porfia etc.). 13. Pron. Empenhar-se; irromper. 14. Tr. dir. Inclinar (os dentes da serra) alternadamente para um e outro lado. 15. Tr. dir. Impedir que se solte.

Trave, s. f. (l. *trabe*). 1. *Constr.* Viga de grandes dimensões usada na construção de edifícios; trava, viga. 2. O arame de fivela, que liga ao arco a charneira. Dim. irr.: *travinca* e *trabécula.*

Travejamento, s. m. *Constr.* Conjunto das traves; vigamento.

Travejar, v. Tr. dir. Pôr traves em; vigar.

Travento, adj. Que tem travo; travoso.

Travertino, s. m. Material encontrado em depósitos, geralmente calcários e, por vezes, siliciosos.

Través, s. m. 1. Esguelha, soslaio. 2. Flanco. 3. Travessa ou peça de madeira atravessada.

Travessa, s. f. (l. *transversa*). 1. Peça de madeira posta de través sobre outras peças; viga. 2. Verga de porta; padieira. 3. Rua estreita transversal, entre duas ruas mais importantes. 4. Pente estreito e curvo para segurar o cabelo das mulheres. 5. Em estrada de ferro, dormente. 6. Galeria subterrânea que liga duas outras. 7. Prato grande, mais comprido do que largo, em que se levam as iguarias para a mesa. 8. Travessia.

Travessão[1], s. m. (*travessa + ão*). 1. Travessa grande. 2. Traço horizontal (—), mais extenso que o hífen, para separar frases, substituir parênteses, distinguir nos diálogos cada um dos interlocutores e evitar a repetição de um termo já mencionado. 3. Banco de areia que vai de uma margem à outra do rio. 4. *Esp.* Barra de madeira que une as extremidades superiores dos dois postes da meta. 5. Cada um dos dois braços da balança.

Travessão[2], adj. (*travesso[1] + ão*). Muito travesso; traquinas.

Travessar, v. V. *atravessar.*

Travessear, v. Intr. Fazer travessuras; traquinar.

Travesseiro, s. m. (l. *transversariu*). 1. Almofada que se põe sobre o colchão, do lado da cabeceira e serve para descansar a cabeça quando se está deitado. 2. Face do lado das volutas do capitel jônico.

Travessia, s. f. (de *través*). 1. Ato ou efeito de atravessar uma região, um continente, um mar etc. 2. Vento forte e contrário à navegação. 3. Ação de atravessar mercadorias.

Travesso[1], adj. (l. *transversu*). 1. Atravessado, posto de través. 2. Colateral, transversal.

Travesso[2] (*ê*), adj. 1. Propenso à prática de travessuras. 2. Buliçoso, inquieto. 3. Turbulento, traquinas. Pl.: *travessos* (*ê*). Fem.: *travessa* (*ê*); pl. do fem. *travessas* (*ê*).

Travessura, s. f. (*travesso[2] + ura[2]*). 1. Ação de pessoa travessa; maldade infantil. 2. Desenvoltura, malícia.

Travesti, s. m. (fr. *travesti*). 1. Disfarce sob o traje de outro sexo. 2. *Por ext.* Disfarce.

Travicha, s. f. Travadoura.

Travinca, s. f. 1. Pequena trave; trabícula. 2. Cravelha.

Travo, s. m. 1. Sabor amargo e adstringente de fruta, comida ou bebida. 2. Amargor, 3. Impressão desagradável de amargor; travo.

Travoela, s. f. Espécie de pequeno trado.

Travor, s. m. *Pop.* Travo.

Travoso, adj. Travento.

Trazedor, adj. e s. m. Que, ou aquele que traz.

Trazer, v. (l. *trahere*). 1. Tr. dir. Conduzir ou transportar (qualquer coisa) para este lugar. 2. Tr. dir. Transportar de um ponto para outro. 3. Tr. dir. Acompanhar, guiar. 3. Tr. dir. Ser portador de. 4. Tr. dir. Dar, ofertar. 5. Tr. dir. Atrair, chamar. 6. Tr. dir. Ter: *Traz* sempre *ao* pescoço *a medalha.* 7. Tr. dir. Sentir. 8. Tr. dir. Usar. 9. Tr. dir. Ter sobre si; vestir. 10. Tr. dir. Apresentar, ostentar. 11. Tr. dir. Causar, ser motivo de. 12. Tr. dir. Alegar, citar. 13. Tr. dir. Obter ou receber por transmissão.

Trazida, s. f. Ato ou efeito de trazer; trazimento.

Trazimento, s. m. V. *trazida.*

tre-, elem. de comp. O mesmo que *tres-[1]*: *trejurar.*

Trebelhar, v. Intr. 1. Mover os trebelhos no xadrez. 2 *Des.* Brincar, folgar.

Trebelho (*ê*), s. m. 1. Cada uma das peças do jogo do xadrez; trabelho. 2. Dança ou folguedo de crianças.

Trecentésimo (*zi*), num. Ordinal correspondente a trezentos. S. m. Cada uma das trezentas partes iguais em que se divide um todo.

Trecentista, adj. e s., m. e f. Diz-se de, ou qualquer artista ou escritor do século XIV.

Trecheio, adj. *Des.* Muito cheio.

Trecho (*ê*), s. m. 1. Espaço de tempo. 2. Extensão de um lugar a outro. 3. Fragmento de uma obra musical, literária ou artística; excerto, extrato.

Treco (*é*), s. m. *Pop.* Aquilo que não se sabe nomear.

Tredécimo, num. Décimo terceiro.

Tredo (*ê*), adj. (l. *traditu*). Falso, traiçoeiro.

Trêfego, adj. (hebr. *terepha*). 1. Buliçoso, travesso. 2. Astuto, manhoso, ardiloso, arteiro.

Trégua, s. f. 1. Suspensão temporária de hostilidades. 2. Descanso do trabalho. 3. Interrupção. 4. Férias.

Treina, s. f. (fr. *traîne*). 1. Animal sobre o qual os caçadores davam de comer ao falcão, para o adestrar na caça. 2. Refeição habitual; cevo.

Treinado, adj. 1. Já adestrado. 2. Diz-se da pessoa preparada para o exercício de um esporte.

Treinador, s. m. Profissional que treina ou dirige o treino nos esportes.

Treinagem, s. f. V. *treinamento.*

Treinamento, s. m. Ato ou efeito de treinar-se; treinagem.

Treinar, 1. Tr. dir. Dar cevo a (aves). 2. Tr. dir. Acostumar, adestrar ou submeter a treino. 3. Intr. Exercitar-se para jogos desportivos ou para certos trabalhos.

Treino, s. m. Exercício ou conjunto de exercícios progressivos para uma competição esportiva, um apuro físico ou intelectual.

Treita[1], s. f. (l. *tracta*). Pegada, rasto, vestígio.

Treita[2], s. f. V. *treta.*

Treiteiro, adj. (*treita[2] + eiro*). V. *treitento.*

Treitento, adj. (*treita[2] + ento[1]*). Que usa tretas; treiteiro.

Treito, adj. Atreito.

Trejeitador, adj. e s. m. Que, ou aquele que trejeita.

Trejeitar, v. 1. Tr. ind. e intr. Fazer trejeitos. 2. Tr. dir. Fazer em trejeitos.

Trejeitear, v. V. *trejeitar.*

Trejeiteiro, adj. e s. m. Que, ou aquele que faz muitos trejeitos.

Trejeito, s. m. 1. Gesto. 2. Careta, momice, gaifona, esgar. 3. Prestidigitação.

Trejurar, v. 1. Tr. dir. Afirmar, jurando repetidas vezes. 2. Intr. Jurar muitas vezes.

Trela, s. f. 1. Tira de couro com que se prende o cão de caça. 2. Cavaqueira, conversa, tagarelice. 3. Liberdade, licença. 4. Traquinada, travessura.

Trelência, s. f. Ação ou efeito de treler.
Trelente, s. m. e f. 1. Pessoa que trelê; tagarela. 2. Intrometido. 3. Implicante.
Treler, v. 1. Tr. ind. Dar trela; tagarelar. 2. Intr. Ser metediço; intrometer-se.
Trelho (*ê*), s. m. (l. *tribulu*). Instrumento de bater manteiga.
Treliça, s. f. (l. *trilice*). *Constr.* Sistema de vigas cruzadas empregado no travejamento das pontes.
Treloso, adj. 1. Travesso. 2. Importuno. 3. Implicante.
Trem, s. m. (fr. *train*). 1. *Ant.* Carruagem, sege. 2. Conjunto dos móveis de uma casa; mobília. 3. Conjunto das bagagens de um viajante. 4. Comitiva. 5. Vestuário, traje. 6. Série de vagões puxada por uma locomotiva. 7. Bateria de cozinha. 8. Sujeito inútil; traste. S. m. pl. Bagagens, coisas, objetos.
Trema, s. m. Sinal ortográfico, constituído de dois pontos dispostos horizontalmente (¨), que se coloca sobre uma vogal para indicar que ela não forma ditongo com a vogal antecedente; ápices, diérese.
Tremandráceas, s. f. pl. *Bot.* Família (*Tremandraceae*) de arbustos e subarbustos, exclusivamente australianos.
Tremandráceo, adj. Relativo às Tremandráceas.
Tremar[1], v. (*trema* + *ar*). Tr. dir. Pôr tremas em.
Tremar[2], v. (fr. *tremuer*). V. *destramar.*
Tremate, s. m. *Bot.* Planta composta brasileira (*Baccharis brasiliana*).
Trematódeo, adj. *Zool.* Relativo aos Trematódeos. S. m. pl. Classe (*Trematodea*) de vermes que compreende animais de corpo chato, dotados de uma ventosa oral e de uma ou mais ventosas na superfície ventral.
Tremebundo, adj. *Poét.* 1. Tremedor. 2. Que faz tremer. 3. Tremendo.
Tremecém, adj. m. e f. V. *tremês.*
Tremedal, s. m. 1. Pântano, lodaçal, atoleiro. 2. Degradação moral; torpeza.
Tremedeira, s. f. *Pop.* Tremor, tremura.
Tremedor, adj. Que treme; tremente, tremebundo.
Tremela, s. f. *Bot.* Gênero (*Tremella*) de cogumelos, de receptáculo gelatinoso.
Tremelear, v. Intr. 1. Tremelicar. 2. Estar perplexo. 3. Tartamudear.
Tremelica, adj. e s. m. e f. Diz-se de, ou pessoa que se assusta facilmente; pusilânime.
Tremelicar, v. Intr. 1. Tremer de susto ou de frio; tiritar. 2. Tremer muitas vezes.
Tremelicoso, adj. 1. Que tremelica; tremelicante. 2. Trêmulo.
Tremelique, s. m. Ação de tremelicar.
Tremeluzente, adj. m. e f. Que tremeluz.
Tremeluzir, v. Intr. Brilhar com luz trêmula; cintilar.
Tremembé, s. m. Terreno apaulado; tremedal.
Tremenda, s. f. Pedaço de toicinho que os monges de S. Bento costumavam comer, alta noite, após a recitação das matinas.
Tremendo, adj. 1. Que faz tremer; formidável, horrível, terrível. 2. Espantoso. 3. Respeitável.
Tremente, adj. m. e f. Que treme.
Tremer, v. 1. Tr. ind. e intr. Sentir no corpo os arrepios causados pelo frio, pelo horror, pelo susto ou por uma paixão forte e convulsiva; tiritar. 2. Intr. Cintilar, tremeluzir. 3. Tr. ind. e intr. Ser agitado ou sacudido; abalar-se. 4. Tr. dir. Fazer estremecer; fazer oscilar. 5. Tr. dir. Recear, temer.
Tremês, adj. m. e f. 1. Que dura três meses. 2. Que nasce e amadurece em três meses; tremesinho.
Tremesinho (*êzi*), adj. V. *tremês.*
Treme-treme, s. m. *Ictiol.* Peixe marinho (*Narcine brasiliensis*); arraia-elétrica. Pl.: *tremes-tremes* e *treme-tremes.*
Tremido, adj. 1. Trêmulo, vacilante. 2. *Fam.* Arriscado, duvidoso. S. m. Tremor, tremura.
Tremifusa, s. f. V. *trifusa.*
Trêmito, s. m. Frêmito.
Tremó, s. m. (fr. *trumeau*). 1. Espaço de parede entre duas janelas. 2. Aparador antigo, com espelho alto, que cobre esse espaço.
Tremoçada, s. f. Grande porção de tremoços.
Tremoçal, s. m. Terreno onde crescem tremoços.
Tremoceiro, s. m. 1. *Bot.* Planta que produz o tremoço; tremoço. 2. Vendedor ambulante de tremoços.
Tremoço (*ô*), s. m. *Bot.* 1. Tremoceiro. 2. O grão do tremoceiro.
Tremolita, s. f. *Miner.* Espécie de silicato natural de magnésio, ferro e cálcio.
Tremonha, s. f. (l. *trimodia*). Canoura.
Tremonhado, s. m. Lugar ou utensílio onde cai a farinha que se vai moendo.
Tremor, s. m. 1. Ato ou efeito de tremer; tremura, tremedeira. 2. *Med.* Agitação involuntária do corpo. 3. Temor.
Trempe, s. f. (l. *tripes*). 1. Arco de ferro com três pés, e sobre o qual se coloca a panela ao fogo. 2. Três pedras, dispostas em triângulo, em que se assenta a panela, ao fogo. 3. *Fam.* Reunião de três pessoas por interesses comuns. 4. Espécie de jogo com três parceiros. 5. *Náut.* Jangada de três paus. 6. Malta, matula.
Tremulação, s. f. Ato de tremular.
Tremulante, adj. m. e f. Que tremula.
Tremular, v. 1. Tr. dir. Mover com tremor. 2. Intr. Agitar-se, mexer-se tremendo. 3. Intr. Cintilar, tremeluzir. 4. Tr. ind. Ressoar, tremendo.
Tremulina, s. f. 1. Tremor superficial. 2. Reflexo trêmulo da luz à superfície das águas levemente agitadas.
Trêmulo, adj. 1. Que treme. 2. Hesitante, indeciso. 3. Cintilante. S. m. *Mús.* 1. Tremido na voz ou no canto. 2. Efeito obtido por repercussão rápida do mesmo som. S. m. pl. Jóia, em forma de uma flor, constituída de várias pedras preciosas que tremulam nas extremidades de pequenos arames elásticos.
Tremura, s. f. Tremor. S. f. pl. Angústias, susto com tremor; transes.
Trena, s. f. (l. *trina*). 1. Fita preciosa, para atar o cabelo. 2. Fita metálica empregada na medição dos terrenos.
Treno[1], s. m. (l. *threnu*). Canto plangente; elegia.
Treno[2], s. m. V. *treino.*
Trenó, s. m. (fr. *traineau*). Veículo sem rodas, próprio para deslizar sobre gelo ou neve.
Trepa, s. f. *Pop.* 1. Coça, sova. 2. Repreensão.
Trepação, s. f. 1. Caçoada. 2. Intriga maldizente; maledicência.
Trepada, s. f. 1. Encosta, ladeira. 2. Subida.
Trepadeira, adj. f. *Bot.* Que trepa (planta). S. f. 1. *Bot.* Planta que trepa. 2. *Ornit.* Designação das aves que trepam.
Trepador, adj. 1. Que trepa. 2. Maldizente. 3. *Bot.* Escandente (caule).
Trepadouro, s. m. Lugar por onde se trepa. Var.: *trepadoiro.*
Trepa-moleque, s. m. 1. Certo pente muito alto. 2. Armário antigo de dois corpos. 3. *Ornit.* Jaburu. Pl.: *trepa-moleques.*
Trepanação, s. f. Ato ou efeito de trepanar; trépano.
Trepanar, v. *Cir.* Tr. dir. Perfurar com o trépano.
Trépano, s. m. 1. *Cir.* Instrumento em forma de broca com que se perfuram os ossos, especialmente os do crânio. 2. Trepanação.
Trepar, v. (germ. *trippon*). 1. Tr. dir., tr. ind. e intr. Subir, içar-se, agarrando com as mãos e firmando-se nos pés. 2. Tr. dir. Subir. 3. Tr. ind. e intr. Ascender, subir (a planta).
Trepidação, s. f. 1. Ato ou efeito de trepidar. 2. *Med.* Tremor dos nervos. 3. Ligeiro tremor de terra. 4. Tremor das imagens, no cinematógrafo.
Trepidante, adj. m. e f. Que trepida; trêmulo.
Trepidar, v. 1. Intr. Ter medo; tremer de susto. 2. Tr. ind. e intr. Hesitar, vacilar. 3. Intr. Sofrer trepidação (o veículo).
Trepidez, s. f. Estado de trépido.
Trépido, adj. 1. Trêmulo de susto; assustado. 2. Que corre ou flui tremendo.
Tréplica, s. f. 1. Ação de treplicar. 2. Resposta a uma réplica.
Treplicar, v. (l. *triplicare*). Tr. dir. e intr. Responder a (uma réplica); refutar com tréplica.
Treponema, s. f. *Bacter.* Gênero (*Treponema*) de microrganismos, agentes responsáveis por doenças do homem e dos animais, como a sífilis.

tres-[1], pref. (l. *tres*). Exprime a idéia de *aumento, multiplicação* ou *intensidade: tresdobrar.*

tres-[2], elem. de comp. O mesmo que *trans-: tresandar.*

Três, num. (l. *tres*). 1. Dois mais um. 2. Terceiro. S. m. 1. O algarismo que representa o número três. 2. Carta de jogar, face do dado ou peça de dominó com três pintas.

Tresandar, v. 1. Tr. dir. Fazer andar para trás. 2. Tr. dir. Confundir, perturbar. 3. Tr. dir. Exalar mau cheiro. 4. Intr. Apresentar mau cheiro.

Trescalante, adj. m. e f. Que trescala.

Trescalar, v. 1. Tr. ind. e intr. Emitir cheiro. 2. Tr. dir. Lançar de si; exalar.

Tresdobrado, adj. Triplicado.

Tresdobradura, s. f. Ato ou efeito de tresdobrar.

Tresdobrar, v. 1. Tr. dir. Aumentar em tresdobro; triplicar. 2. Intr. Aumentar-se três vezes.

Tresdobre, adj. m. e f. 1. Dizia-se de certa evolução militar. 2. Triplicado. S. m. *Pop.* Tresdobro.

Tresdobro (*ô*), s. m. O triplo. Pl.: *tresdobros* (*ô*).

Tresfolegar, v. Intr. Respirar com dificuldade. — Conjuga-se como *resfolegar.*

Tresgastar, v. Intr. Gastar demasiadamente.

Três-irmãos, s. m. sing. e pl. *Bot.* Planta sapindácea do Brasil (*Schmidelia salpicarpa*).

Tresler, v. 1. Intr. Ler às avessas. 2. Tr. ind. e intr. Perder o siso à força de ler. — Conjuga-se como *ler.*

Tresloucado, adj. e s. m. Desvairado, louco, demente.

Tresloucar, v. 1. Tr. dir. Tornar louco; desvairar. 2. Intr. Endoidecer. 3. Intr. Tornar-se imprudente.

Tresmalhado, adj. Desgarrado, fugido, perdido.

Tresmalhar, v. 1. Tr. dir. Deixar perder as malhas de. 2. Pron. Escapar-se das malhas da rede. 3. Tr. dir. Deixar escapar. 4. Intr. e pron. Perder o rumo; desgarrar-se. 5. Pron. Dispersar-se, fugir dispersando-se.

Tresmalho[1], s. m. (*três + malha*). Rede de três panos, sendo o do meio mais largo e de malha mais cerrada que os externos.

Tresmalho[2], s. m. (de *tresmalhar*). Ato ou efeito de tresmalhar.

Três-marias, s. f. pl. *Pop.* As três estrelas que se vêem no centro da constelação de Órion.

Tresnoitar, v. 1. Tr. dir. Tirar o sono a; não deixar dormir. 2. Intr. Passar a noite sem dormir.

Trespano, s. m. Tecido de três liços.

Trespassar, v. V. *traspassar.*

Trespasse, s. m. 1. Ato ou efeito de trespassar. 2. Falecimento.

Tresquiáltera, s. f. *Mús.* Quiáltera em que três figuras tomam o lugar de duas.

Tressuar, v. 1. Intr. Suar muito. 2. Tr. dir. Verter como suor.

Trestampar, v. Intr. *Des.* Dizer destampatórios.

Tresvariado, adj. Que tresvariou; que delira.

Tresvariar, v. Intr. 1. Dizer ou fazer desvarios; delirar. 2. Perder o siso.

Tresvario, s. m. Ato ou efeito de tresvariar.

Tresvoltear, v. Tr. dir. 1. Fazer dar voltas por três vezes. 2. Fazer dar muitas voltas.

Treta (*ê*), s. f. (l. *tritu*). 1. *Esgr.* Destreza. 2. Ardil, sutileza. S. f. pl. Palavreado para enganar; manhas.

Treteiro, adj. Dado a tretas; tratante, velhaco.

Trevas, s. f. pl. (l. *tenebras*). 1. Escuridão completa. 2. Noite. 3. Ignorância. 4. Período da semana santa que compreende a quarta, a quinta e a sexta-feira, durante o qual não se deixa entrar claridade nas igrejas (católicas). 5. As cerimônias litúrgicas desses dias.

Trevo (*ê*), s. m. (de *trifolu*, do l. *trifoliu*). *Bot.* Nome comum a várias plantas leguminosas.

Trevoso, adj. Tenebroso.

Treze (*ê*), num. 1. Dez e mais três. 2. Décimo terceiro. S. m. Algarismo que representa o número treze.

Trezena, s. f. 1. Conjunto de treze. 2. Espaço de treze dias. 3. Conjunto de práticas religiosas próprias dos treze dias que antecedem a festa de um santo.

Trezeno, num. Décimo terceiro: tércio-décimo, tredécimo.

Trezentos, num. Três vezes cem.

tri-, pref. O mesmo que *tris-: triadelfo.*

Triacanto, adj. *Bot.* Que tem três espinhos.

Tríade, s. f. 1. Conjunto de três pessoas ou três coisas; trindade. 2. *Mús.* Acorde de três sons. Var.: *tríada.*

Triadelfo, adj. *Bot.* Diz-se dos estames cujos filetes estão soldados em três feixes distintos.

Triaga, s. f. *Pop.* Teriaga.

Triagueiro, s. m. Aquele que prepara triagas.

Trialado, adj. Que tem três asas.

Triandria, s. f. *Bot.* Qualidade de triandro.

Triândrico, adj. V. *triandro.*

Triândrio, adj. V. *triandro.*

Triandro, adj. *Bot.* Que tem três estames, livres entre si; triândrio, triândrico.

Triangulação, s. f. 1. Ato ou efeito de triangular. 2. Divisão de um terreno em triângulos, por meio de cálculo trigonométrico.

Triangulado, adj. Dividido em triângulos.

Triangulador, s. m. Aquele que pratica a triangulação.

Triangular[1], adj. m. e f. 1. Que tem forma de triângulo; triangulado. 2. Que tem três ângulos. 3. Que tem por base um triângulo. Sinôn.: *trígono.*

Triangular[2], v. Tr. dir. Dividir em triângulos.

Triângulo, s. m. 1. *Geom.* Polígono de três ângulos e de três lados. 2. Espécie de esquadro. 3. *Astr.* Constelação do hemisfério boreal. 4. *Mús.* Instrumento de percussão de três lados iguais.

Triarestado, adj. *Bot.* Que tem três arestas.

Triário, s. m. *Antig. rom.* Soldado que combatia na terceira fila do exército e era veterano ou reformado.

Triarquia, s. f. 1. Governo formado por três homens; triunvirato. 2. União de três Estados.

Triaxífero (*cs*), adj. *Bot.* Que tem três eixos.

Tríbade, s. f. Mulher que pratica o tribadismo.

Tribadismo, s. m. Homossexualismo feminino.

Tribal, adj. m. e f. Relativo a tribo; tribul.

Tribo[1], s. f. (l. *tribu*). 1. Cada um dos agrupamentos em que estavam divididos alguns povos da Antiguidade. 2. Conjunto de famílias nômades, geralmente da mesma origem, que obedecem a um chefe. 3. Conjunto dos descendentes de cada um dos doze patriarcas do povo hebreu. 4. Pequeno povo. 5. *Zool.* e *Bot.* Categoria taxionômica inferior à subfamília.

tribo-[2], elem. de comp. (gr. *tribein*). Exprime a idéia de *atrito, fricção: tribômetro.*

Tribofar, v. Intr. *Gír.* Fazer combinações desonestas em corridas de cavalos; fazer trapaças em qualquer jogo.

Tribofe, s. m. *Gír.* 1. Conchavo entre jogadores. 2. Trapaça em qualquer jogo.

Tribofeiro, s. m. *Gír.* Aquele que faz tribofes.

Triboluminescência, s. f. *Fís.* Luminosidade produzida pelo atrito.

Tribometria, s. f. Parte da Física que se ocupa da medida das forças de atrito.

Tribômetro, s. m. *Fís.* Instrumento com que se pratica a tribometria.

Tríbraco, s. m. Pé de verso, grego ou latino, composto de três sílabas breves; tribreve.

Tribracteado, adj. *Bot.* Que tem três brácteas.

Tribracteolado, adj. *Bot.* Que tem três bractéolas.

Tribul, adj. m. e f. V. *tribal.*

Tribulação, s. f. Aflição, adversidade, sofrimento, amargura, trabalho.

Tríbulo, s. m. *Bot.* Planta zigofilácea (*Tribulus maximus*).

Tribuna, s. f. 1. Espécie de púlpito de onde os oradores falam. 2. A arte de falar em público; eloqüência, oratória. 3. Púlpito. 4. Palanque.

Tribunado, s. m. 1. Cargo de tribuno. 2. Tempo de exercício desse cargo. Var.: *tribunato.*

Tribunal, s. m. 1. *Antig. rom.* Cadeira de juiz ou magistrado. 2. Casa das audiências judiciais. 3. Lugar onde uma pessoa é julgada. 4. Conjunto dos juízes que decidem sobre jul-

gados em instância inferior. 5. Entidade moral que pode formar juízo e considerar-se juiz: O *t.* da consciência.
Tribunato, s. m. V. *tribunado.*
Tribunício, adj. Relativo a tribuno.
Tribuno, s. m. 1. *Antig. rom.* Magistrado encarregado de defender os interesses do povo. 2. Orador de assembléias políticas. 3. Orador revolucionário. 4. Orador eloqüente.
Tributal, adj. m. e f. Relativo a tributo.
Tributar, v. 1. Tr. dir. Impor tributos a. 2. Tr. ind. Pagar como tributo. 3. Pron. Tornar-se tributário de. 4. Tr. dir. Dedicar, prestar a alguém, como tributo.
Tributário, adj. Que paga tributo. S. m. 1. Aquele que é tributário. 2. *Geogr.* Afluente.
Tributeiro, s. m. *Ant.* Cobrador de tributos.
Tributo, s. m. 1. Entre os romanos, imposto a que estavam sujeitas as províncias romanas. 2. Aquilo que um Estado paga a outro em sinal de dependência. 3. Imposto lançado ao povo pelos governos; contribuição. 4. Aquilo que se é obrigado a sofrer. 5. Aquilo que se concede por hábito ou necessidade. 6. Homenagem.
Tribuzana, s. m. ou f. Trabuzana.
Trica, s. f. 1. Chicana, intriga. 2. Trapaça. 3. Futilidade.
Tricâmaro, adj. *Bot.* Que tem três câmaras.
Tricampeão, adj. e s. m. Diz-se do, ou o indivíduo ou grêmio esportivo campeão três vezes consecutivas. Fem.: *tricampeã.*
Tricenal, adj. m. e f. Que dura trinta anos.
Tricentenário, adj. Que tem trezentos anos. S. m. Comemoração de fato notável, sucedido há trezentos anos.
Triciclo, s. m. Velocípede de três rodas.
Tricípite, adj. m. e f. *Anat.* 1. Que tem três cabeças. 2. Diz-se dos músculos que têm três feixes fibrosos em uma das suas extremidades.
Triclínio, s. m. *Antig.* Sala de refeições, com três leitos dispostos ao redor de uma mesa.
trico-[1], elem. de comp. (gr. *thrix, trikhos*). Exprime a idéia de *cabelo, pêlo: tricoglossia.*
trico-[2], elem. de comp. (gr. *trikha*). Significa *triplicadamente: tricotomia.*
Tricô, s. m. (fr. *tricot*). Tecido de malhas entrelaçadas.
Tricociste, s. f. *Med.* Quisto piloso. Var.: *tricocisto.*
Tricoglossia, s. f. *Med.* Estado da língua, quando aparece coberta de pêlos; língua pilosa.
Tricóide, adj. m. e f. Semelhante a um cabelo.
Tricologia, s. f. Tratado acerca dos pêlos ou dos cabelos.
Tricolor (*ô*), adj. m. e f. Que tem três cores.
Tricorne, adj. m. e f. Que tem três cornos, pontas ou bicos.
Tricórnio, s. m. Chapéu de três bicos.
Tricotar, v. Intr. Fazer tricô; tricotear.
Tricotilédone, adj. f. *Bot.* Diz-se da semente provida de três cotilédones.
Tricotomia, s. f. *Bot.* Divisão de um caule em três ramos.
Tricotômico, adj. Relativo à tricotomia.
Tricótomo, adj. 1. Dividido em três. 2. Que se faz por divisões sucessivas de três.
Tricroísmo, s. m. *Miner.* Propriedade que certos minerais têm de oferecer três cores diferentes, quando olhados em diferentes sentidos.
Tricromia, s. f. *Tip.* Processo de impressão com as três cores fundamentais: amarelo, vermelho e azul.
Tricúspide, adj. m. e f. 1. Que tem três pontas. 2. *Anat.* Diz-se da válvula do orifício auriculoventricular direito do coração.
Tridátilo, adj. Que tem três dedos. Var.: *tridáctilo.*
Tridentado, adj. *Bot.* Que tem três dentes; tridente.
Tridente, adj. m. e f. Tridentado. S. m. 1. Cetro com que a mitologia apresenta Netuno. 2. O domínio dos mares. 3. O mar.
Tridênteo, adj. Relativo a tridente.
Tridentino, adj. 1. Relativo a Trento, Itália. 2. Nascido em Trento. 3. Havido em Trento: Concílio *T.*
Tridimensional, adj. m. e f. Relativo às três dimensões (comprimento, largura e altura).
Triduano, adj. Que dura três dias.
Tríduo, s. m. 1. Espaço de três dias sucessivos. 2. *Ecles.* Celebração que dura três dias.
Triecia, s. f. *Bot.* No sistema de Linneu, faculdade que tem uma espécie de planta de possuir flores hermafroditas, masculinas e femininas.
Triécico, adj. Relativo à triecia.
Triedro, s. m. *Geom.* Figura formada por três planos, que se cortam e que são limitados nas suas interseções.
Trienado, s. m. V. *triênio.*
Trienal, adj. m. e f. 1. Que dura três anos. 2. Que serve por três anos. 3. *Bot.* Que dá frutos de três em três anos.
Triênio, s. m. 1. Espaço de três anos. 2. Exercício de um cargo por três anos. Sin.: *trienado.*
Triental, s. f. *Bot.* Gênero (*Trientalis*) de delicadas ervas, da família das Primuláceas.
Triestino, adj. 1. Relativo a Trieste, Itália. S. m. O habitante ou natural de Trieste.
Trifásico, adj. *Eletr.* Diz-se das correntes alternadas que circulam em três circuitos independentes.
Trifauce, adj. m. e f. *Poét.* Que tem três fauces.
Trífido, adj. Fendido em três partes; tríplice, trigêmino.
Trifilo, adj. *Bot.* Diz-se do cálice formado de três peças.
Trifloro, adj. *Poét.* Que tem três flores.
Trifoliado, adj. *Bot.* Que tem três folhas.
Trifólio, s. m. 1. *Bot.* Gênero (*Trifolium*) largamente distribuído, constituído pelos trevos comuns. 2. *Bot.* Trevo. 3. *Arquit.* Ornamento em forma de trevo.
Trifoliose, s. f. *Vet.* Envenenamento do cavalo, causado pelo trevo híbrido.
Trifório, s. m. *Arquit.* 1. Galeria estreita sobre as arcadas laterais, nas igrejas góticas. 2. Galeria sobre os arcos centrais das igrejas.
Triforme, adj. m. e f. Que tem três formas.
Trifurcação, s. f. Divisão em três ramos ou partes.
Trifurcar, v. 1. Tr. dir. e pron. Dividir(-se) em três partes ou ramos. 2. Pron. Classificar-se, triplicemente.
Triga, s. f. *Ant.* Pressa; trigança.
Trigal, s. m. Campo de trigo; seara.
Trigamia, s. f. Estado ou condição daquele que é trígamo.
Trigamilha, adj. f. Diz-se da farinha mista de trigo e de milho. S. f. O pão dessa farinha.
Trígamo, s. m. Indivíduo que se casou três vezes, ou que é casado com três mulheres ao mesmo tempo.
Trigar, v. Pron. *Des.* Apressar; andar com pressa.
Trigêmeo, adj. e s. m. Diz-se de, ou cada um dos três indivíduos nascidos de um só parto.
Trigêmino, adj. Trífido.
Trigésimo (*zi*), num. Ordinal correspondente a trinta; trinta. S. m. Cada uma das trinta partes em que se divide um todo.
Trigínia, s. f. *Bot.* O conjunto de plantas cujas flores têm três pistilos.
Triginico, adj. Trígino.
Triginio, adj. V. *trígino.*
Trígino, adj. Que tem três pistilos; triginico, triginio.
Tríglifo, s. m. *Arquit.* Ornato do friso de ordem dórica, caracterizado por três sulcos.
Triglota, adj. m. e f. 1. Escrito ou composto em três línguas. 2. Que conhece ou fala três línguas. S. m. e f. Pessoa que conhece ou fala três línguas. Sin.: *trilíngue.*
Trigo, s. m. 1. *Bot.* Erva anual da família das Gramíneas (*Triticum vulgare*). 2. O grão dessa planta.
Trigonal, adj. m. e f. 1. Triangular. 2. *Miner.* Romboédrico.
Trígono[1], adj. (l. *trigonu*). Triangular. S. m. *Astr.* Aspecto de dois planetas, que distam um do outro 120°.
trígono-[2], elem. de comp. (gr. *trigonos*). Exprime a idéia de *triângulo: trigonocéfalo.*
Trigonocarpo, adj. *Bot.* Diz-se da planta cujos frutos são triangulares.
Trigonocéfalo, adj. e s. m. Que, ou aquele que tem a cabeça triangular.
Trigonocórneo, adj. *Entom.* Diz-se do inseto que tem as antenas triangulares.

Trigonometria, s. f. Parte da Matemática que tem por objeto o estudo das funções circulares e dos métodos de resolução dos triângulos.
Trigonométrico, adj. 1. Relativo à trigonometria. 2. Conforme às regras da trigonometria.
Trigoso, adj. *Ant.* Apressado.
Trigrama, s. m. 1. Sinal composto de três caracteres reunidos. 2. Palavra de três letras.
Trigueiro, adj. Que tem a cor do trigo maduro; moreno, triguenho. S. m. Indivíduo trigueiro.
Triguenho, adj. Trigueiro.
Triguilho, s. m. Farelo de trigo.
Trijugado, adj. *Bot.* Composto de três pares de folíolos.
Trilar, v. 1. Tr. dir. e intr. Cantar em trilos; gorjear, trinar. 2. Intr. Emitir som de trilo.
Trilateral, adj. m. e f. V. *trilátero.*
Trilátero, adj. Que tem três lados; trilateral.
Trilema, s. m. Situação embaraçosa, de que não há saída senão por um de três modos, todos difíceis ou penosos.
Trilha, s. f. 1. Ato ou efeito de trilhar; trilhada. 2. Rastro, vestígio. 3. Trilho, vereda. 4. Exemplo. 5. Debulha de cereais na eira.
Trilhada, s. f. Trilha.
Trilhado, adj. 1. Trivial. 2. Conhecido, sabido.
Trilhador, adj. e s. m. Que, ou aquele que trilha.
Trilhadura, s. f. Trilhamento.
Trilhamento, s. m. Ato ou efeito de trilhar; trilhadura.
Trilhão, num. e s. m. (l. *tri* + terminação de *milhão*). 1. Mil bilhões. 2. Na Inglaterra e Alemanha, 1 *milhão* de bilhões, 1 seguido de 18 zeros. Var.: *trilião.*
Trilhar, v. (l. *tribulare*). Tr. dir. 1. Debulhar, esbagoar (cereais). 2. Moer. 3. Bater, pisar. 4. Calcar, pisar. 5. Marcar com o trilho, acep. 7. 6. Percorrer. 7. Seguir (caminho, norma). 8. Abrir, sulcar.
Trilho, s. m. (l. *tribulu*). 1. Máquina de debulhar cereais. 2. Instrumento de bater a coalhada para fazer queijo. 3. Caminho estreito; trilha, vereda. 4. Norma, exemplo. 5. Carril de ferro, sobre que andam bondes, trens e outros veículos. 6. Rasto, vestígio.
Trilião, num. Trilhão.
Trílice, adj. m. e f. Tecido com três fios.
Trilíngüe, adj. e s., m. e f. Triglota.
Triliteral, adj. m. e f. Trilítero.
Trilítero, adj. Composto de três letras; triliteral.
Trilo, s. m. *Mús.* 1. Movimento rápido e alternativo de duas notas que distam entre si um tom ou meio tom; trino, trinado. 2. Gorjeio.
Trilobado, adj. Que tem três lóbulos; trilobulado.
Trilobite, s. m. *Paleont.* Crustáceo marinho, fóssil, da ordem dos Trilobites.
Trilobites, s. m. pl. *Paleont.* Grupo (*Trilobita*) de artrópodes fósseis da Era Paleozóica.
Trilobulado, adj. Trilobado.
Trilocular, adj. m. e f. Que tem três lóculos.
Trilogia, s. f. 1. *Antig. gr.* Conjunto de três obras trágicas apresentadas em concurso nos jogos solenes. 2. Peça científica ou literária em três partes. 3. Trindade, tríade.
Trilógico, adj. Relativo à trilogia.
Trilongo, adj. Diz-se do verso com três sílabas longas.
Trimaculado, adj. Que tem três malhas ou manchas.
Trimembre, adj. m. e f. Que tem três membros.
Trimensal, adj. m. e f. Que se realiza três vezes por mês.
Trímero, adj. Dividido em três partes. S. m. *Quím.* Polímero cuja massa molecular é tripla da do monômero.
Trimestral, adj. m. e f. 1. Que dura três meses. 2. Que se realiza de três em três meses.
Trimestralidade, s. f. Prestação trimestral.
Trimestre, s. m. (l. *trimestre*). 1. Espaço de três meses. 2. Quantia que se tem de pagar ou receber no fim de cada três meses. Adj. Trimestral.
Trimétrico, adj. Relativo a três medidas diferentes.
Trímetro, s. m. *Metrif.* Verso de três pés.
Trimorfia. s. f. V. *trimorfismo.*
Trimorfismo, s. m. Estado ou qualidade de trimorfo; trimorfia.
Trimorfo, adj. *Miner.* Diz-se de uma substância que se pode cristalizar sob três formas diferentes.
Trimotor, adj. Que tem três motores. S. m. Aeronave movida por três motores.
Trimúrti, s. f. A trindade indiana constituída de Brama (o criador), Vixnu (o conservador) e Civa ou Xiva (o destruidor), simbolizando as três faces da Natureza.
Trinado, s. m. 1. Ato de trinar; gorgeio, trilo, trino. 2. *Mús.* Trilo.
Trinar, v. (t. onom.). 1. Tr. dir. Gorjear, trilar. 2. Intr. Soltar trinos. 3. Tr. dir. e intr. *Mús.* Ferir tremulamente as cordas de um instrumento.
Trinca[1], s. f. (de *trincar*[1]). 1. Rachadura, fresta. 2. Arranhão.
Trinca[2], s. f. (cast. *trinca*). 1. Reunião de três coisas análogas. 2. Conjunto de três cartas de jogo, do mesmo valor. 3. Trio. 4. Grupo de garotos de rua.
Trinca[3], s. f. *Náut.* Corrente que atraca o gurupés à roda da proa, também chamada *agudenho.*
Trincado, adj. 1. Rachado. 2. Malicioso.
Trincadura, s. f. Fenda, rachadura.
Trinca-espinhas, s. m. sing. e pl. *Hum.* Homem alto e muito magro.
Trinca-ferro, s. m. *Ornit.* Passarinho fringilídeo (*Saltator maximus maximus*). Pl.: *trinca-ferros.*
Trincafiar, v. Tr. dir. 1. Prender com trincafio; amarrar. 2. *Pop.* Trancafiar.
Trincafio, s. m. 1. Linha de sapateiro. 2. *Náut.* Cabo delgado. 3. Manha, astúcia. 4. Estopa que se enrola nas rodas do parafuso, para se apertarem bem as respectivas porcas.
Trincar, v. (l. *truncare*). 1. Tr. dir. Cortar com os dentes, fazendo estalar. 2. Tr. dir. Morder. 3. Tr. dir. e intr. *Pop.* Comer, petiscar. 4. Intr. Estalar (algo), ao ser partido pelos dentes. 5. Tr. dir. Fechar com trinco. 6. Pron. Dar por paus e pedras; desesperar-se, zangar-se. 7. Intr. Produzir som metálico; tinir.
Trincha, s. f. 1. Pincel largo. 2. Ferramenta para arrancar pregos. 3. Espécie de enxó.
Trinchador, adj. Que trincha; trinchante. S. m. Aquele que trincha.
Trinchante, adj. m. e f. 1. Que trincha. 2. Que serve para trinchar. S. m. e f. Pessoa que trincha. S. m. 1. Faca grande, própria para trinchar. 2. Mesa ou aparador sobre que se trincha.
Trinchão, s. m. Aquele que trincha.
Trinchar, v. (l. *truncare*). 1. Tr. dir. Cortar em fatias (a carne) que se serve à mesa. 2. Intr. Dar (o alfaiate) cortes no fato, para que este assente bem.
Trincheira, s. f. (fr. *tranchée*). 1. Vala escavada no terreno para que a terra dali tirada sirva de parapeito aos combatentes. 2. Parapeito. 3. Lugar de defesa. 4. Proteção, abrigo.
Trincheiro, s. m. Degrau ou socalco na trincheira, para facilitar a subida.
Trinchete (*ê*), s. m. (fr. *trinchet*). Faca de sapateiro, terminada em faceta e mais ou menos curva.
Trincho, s. m. 1. Ato ou modo de trinchar. 2. Travessa sobre a qual se trincham as iguarias. 3. Lado de peça de vianda por onde se trincha mais facilmente. 4. Tábua sobre a qual se espreme a massa coalhada no fabrico do queijo. 6. Peça de prensas de fuso fixo. 7. O meio fácil de resolver uma coisa.
Trinco, s. m. 1. Lingüeta da fechadura que é movida pela maçaneta ou pela própria chave. 2. Estalido dado com os dedos. 3. Som semelhante ao deste estalido. 4. Luxo, trinque.
Trincolejar, v. V. *telintar.*
Trindade, s. f. (l. *trinitate*). 1. *Teol.* Principal mistério do cristianismo, que ensina a união de três pessoas distintas numa só natureza (Pai, Filho e Espírito Santo). 2. Festa da Igreja Católica, que comemora esse mistério. 3. Divindade tríplice, nas religiões pagãs. 4. Grupo de três pessoas ou coisas semelhantes. 5. O número três. S. f. pl. O toque das ave-marias.

Trinervado, adj. V. *trinérveo.*

Trinérveo, adj. *Bot.* Que tem três nervuras; trinervado.

Trineto, s. m. Filho de bisneto ou de bisneta.

Trinfar[1], v. (pl. onomat.). Intr. Soltar a voz (a andorinha). Sinôn.: *trissar* e *grinfar.*

Trinfar[2], s. m. (t. onom.). A voz da andorinha.

Trinitário, adj. Relativo a trindade.

Trinitrofenol, s. m. Ácido pícrico (v. em *pícrico*).

Trino[1], adj. (l. *trinu*). Que consta de três; diz-se especialmente de Deus com relação à Trindade.

Trino[2], s. m. (de *trinar*). 1. Trinado, gorjeio. 2. *Mús.* Trilo.

Trinômine, adj. m. e f. *Poét.* Que tem três nomes.

Trinômio, s. m. 1. *Álg.* Polinômio de três termos. 2. Aquilo que tem três termos ou partes.

Trinque, s. m. (fr. *tringle*). 1. Cabide de algibebe. 2. Esmero, elegância. 3. Qualidade do que é novo em folha. 3. Esmero no vestir.

Trinta, num. (l. *triginta*). 1. Três dezenas. 2. Trigésimo. S. m. 1. Aquele ou aquilo que numa série de trinta ocupa o último lugar. 2. Algarismo que representa o número trinta.

Trinta-e-um, s. m. Jogo de cartas, ganhando aquele que conseguir fazer 31 pontos, ou o que mais se aproximar desse número. Pl.: *trinta-e-uns.*

Trintanário, s. m. Criado que ia ao lado do cocheiro, na boléia da carruagem, e que abria a portinhola, dava recados etc.

Trintão, adj. e s. m. Diz-se do, ou o individuo que já completou trinta anos; trintenário. Fem.: *trintona.*

Trintar, v. Intr. *Fam.* Completar trinta anos de idade.

Trinta-réis, s. m. sing. e pl. *Ornit.* Nome comum a várias aves da família dos Larídeos.

Trintário, s. m. 1. Exéquias no trigésimo dia após o falecimento. 2. Trinta missas ditas, por trinta padres em um dia ou em trinta dias por um padre.

Trintena, s. f. 1. A trigésima parte. 2. Grupo de trinta. 3. Conjunto de trinta pessoas ou coisas.

Trintenário, adj. e s. m. 1. Trintão. 2. Que, ou aquele que está na casa dos trinta anos de idade.

Trintídio, s. m. 1. Espaço de trinta dias. 2. Ofício no trigésimo dia após a morte do sufragado.

Trio, s. m. 1. *Mús.* Conjunto instrumental ou vocal formado por três executantes. 2. Grupo de três pessoas ou de três coisas.

Trióico, adj. *Bot.* Que tem flores masculinas, femininas e hermafroditas em três indivíduos separados; triécico.

Triolé, s. m. (fr. *triolet*). *Poét.* Estrofe de oito versos sobre duas rimas, na qual o 4º e o 7º versos são repetições do 1º e o 8º é repetição do 2º.

Triovulado, adj. *Bot.* Que tem três óvulos.

Tripa, s. f. 1. Intestino de animal. 2. *Fam.* Intestinos do homem. 3. *Náut.* Estralheira que auxilia os amantilhos a içar os papa-figos.

Tripagem, s. f. Porção de tripas; tripalhada.

Tripalhada, s. f. V. *tripagem.*

Tripanossomíase, s. f. *Med.* Doença produzida por protozoários flagelados do gênero Tripanossomo.

Tripanossomo, s. m. *Zool.* Gênero (*Trypanosoma*) de protozoários flagelados, parasitos do sangue de vertebrados.

Tripartição, s. f. Ato ou efeito de tripartir(-se).

Tripartido, adj. Dividido em três partes.

Tripartir, v. (l. *tripartire*). Tr. dir. e pron. Partir(-se) ou dividir (-se) em três partes.

Tripartível, adj. m. e f. Que se pode tripartir.

Tripé, s. m. (*tri + pé*). 1. Tripeça. 2. Aparelho portátil, firmado sobre três pés, sobre o qual se assenta a máquina fotográfica, o telescópio etc.

Tripeça, s. f. 1. Banco de três pés. 2. Ofício de sapateiro. 3. *Hum.* Reunião de três pessoas.

Tripeiro, s. m. 1. Vendedor de tripas. 2. Aquele que se sustenta de tripas.

Tripes, s. m. sing. e pl. *Entom.* Denominação usual para os insetos da ordem dos Tisanópteros. Vars.: *trips* e *tripse.*

Tripetrepe, adv. (t. onom.). 1. De mansinho, pé ante pé. 2. Dissimuladamente.

Triple, num. V. *tríplice.*

Triplicação, s. f. Ato ou efeito de triplicar.

Triplicado, adj. 1. Triplo. 2. Tresdobrado.

Triplicar, v. 1. Tr. dir. Tornar triplo; tresdobrar. 2. Intr. e pron. Tornar-se triplo. 3. Intr. e pron. Multiplicar-se.

Triplicata, s. f. Terceira cópia.

Tríplice, num. Triplo.

Triplicidade, s. f. Qualidade de tríplice.

Triplinervado, adj. V. *triplinérveo.*

Triplinérveo, adj. *Bot.* Diz-se da folha que tem três nervuras; triplinervado.

Triplo, num. Que é três vezes maior que outro; tríplice. S. m. Quantidade três vezes maior que outra.

Triplóptero, adj. *Zool.* Que tem asas ou barbatanas tripartidas.

Triplostêmone, adj. m. e f. *Bot.* Diz-se da flor cujos estames são três vezes mais numerosos que as divisões da corola.

tripo-, elem. de comp. (gr. *thrips, thripos*). Exprime a idéia de *verme: tripófago.*

Tripó, s. m. Espécie de tripeça, com assento de couro.

Trípode, adj. m. e f. Que tem três pés. S. f. 1. Tripeça em que a pitonisa pronunciava os seus oráculos. 2. Vaso antigo, de três pés. 3. *Poét.* Tripeça. Var.: *trípoda.*

Tripófago, adj. *Zool.* Que se alimenta de insetos e pequenos vermes.

Tripole, s. m. *Miner.* Rocha sedimentar siliciosa, friável, que fornece um pó usado para polir metais. Var.: *trípoli.*

Tripolino, adj. e s. m. V. *tripolitano.*

Tripolitano, adj. Relativo a Trípoli (região do norte da África). S. m. O habitante ou natural de Trípoli. Var.: *tripolino.*

Trips, s. m. V. *tripes.*

Tripsina, s. f. *Fisiol.* Enzima do suco pancreático, que atua em meio alcalino ou neutro sobre as proteínas.

Tripsinogênio, s. m. *Fisiol.* Substância do pâncreas, que se desdobra em tripsina e uma substância protéica.

Tríptico, s. m. 1. Quadro pintado sobre três panos que se dobram. 2. *Antig.* Conjunto de três tabuinhas de madeira, dobráveis como folhas de livro, com os lados internos cobertos de cera para neles se escrever com o estilo. 3. Livrinho de três folhas.

Tripudiante, adj. e s., m. e f. Que, ou pessoa que tripudia.

Tripudiar, v. 1. Tr. ind. e intr. Bailar ou dançar, batendo com os pés no chão; sapatear. 2. Tr. ind. e intr. Exultar, folgar ruidosamente. 3. Tr. ind. Viver no meio das imoralidades.

Tripúdio, s. m. 1. Ato ou efeito de tripudiar. 2. Libertinagem.

Tripulação, s. f. Conjunto das pessoas embarcadas que trabalham numa embarcação ou numa aeronave.

Tripulante, adj. e s., m. e f. Diz-se de, ou pessoa que tripula, ou faz parte da tripulação. Col.: *tripulação.*

Tripular, v. Tr. dir. 1. Prover de tripulação (navio, avião); equipar. 2. Dirigir (navio, avião).

Triquestroques, s. m. sing. e pl. *Gír.* Jogo de palavras; equívoco, trocadilho.

Triquete (*ê*), s. m. (cast. *triquete*). Usado na loc. *a cada triquete*; a cada momento, a cada passo.

Triquetraque[1], s. m. (fr. *tric.trac*). *Des.* 1. Jogo de gamão. 2. Tabuleiro desse jogo.

Triquetraque[2], s. m. (t. onom.). Peça de fogo de artifício, que dá estalos repetidos.

Triquetraz, s. m. Traquinas.

Tríquetro, adj. Que tem três ângulos. S. m. Reunião de três coxas, com as respectivas pernas e pés, que se observa em algumas medalhas antigas.

Triquíase, s. f. *Oftalm.* Afecção mórbida, em que os cílios, desviados da direção natural, se põem em contato com o globo do olho; entrópio.

Triquina, s. f. Nome usual dos vermes do gênero Triquinela.

Triquinela, s. f. *Zool.* Gênero (*Trichinella*) de vermes intestinais nematóides, parasitos do homem, que, em estado larvar, emigram para os músculos, onde se enquistam.

Triquinose, s. f. *Med.* Doença causada pelas triquinas.

Triquinoso, adj. Que tem triquinas.
Triquismo, s. m. *Cir.* Fratura filiforme de um osso.
Trirradiado, adj. Que tem três raios.
Trirramoso, adj. *Bot.* Que tem três ramos.
Trirregno, s. m. 1. Domínio de três reinos; triarquia. 2. A tiara papal.
Trirreme, s. f. Galera antiga, de três ordens de remos.
Tris[1], interj. (t. onom.). Som leve que faz uma coisa delicada, nomeadamente o vidro, ao quebrar-se.
tris-[2], pref. O mesmo que *tri-*: *trisavô.*
Triságio, s. m. *Liturg.* Aclamação em que se repete três vezes a mesma palavra, especialmente *Santo, Santo, Santo.*
Trisanual, adj. m. e f. 1. Que dura três anos. 2. Que se faz de três em três anos.
Trisarquia, s. f. Governo constituído por três chefes.
Trisavô, s. m. Pai do bisavô ou da bisavó. Fem.: *trisavó.*
Trisca, s. f. *Pop.* Ação ou efeito de triscar.
Triscado, adj. *Pop.* Embriagado, bêbedo.
Triscar, v. 1. Intr. Fazer bulha. 2. Tr. ind. e intr. Altercar, questionar. 3. Intr. Roçar levemente.
Triscelo, s. m. *Arqueol.* Variante da suástica, de três linhas curvas em vez de quatro, formando roseta.
Trismegisto, adj. Três vezes máximo. S. m. Título dado pelos gregos a Hermes.
Trismo, s. m. *Med.* Cerração involuntária da boca, devida à contração violenta dos músculos elevadores da mandíbula.
Trispermo, adj. *Bot.* Que tem três sementes.
Trissacramental, adj. m. e f. Diz-se daqueles que só admitem três sacramentos.
Trissar, v. Intr. Diz-se da calhandra e da andorinha, quando cantam.
Trisseção, s. f. *Geom.* Divisão de uma coisa em três partes. Var.: *trissecção.*
Trissetor, adj. Que corta em três partes. S. m. *Geom.* Instrumento para dividir ângulos em três partes iguais. Var.: *trissector.* Fem.: *trissetriz.*
Trissilábico, adj. Que tem três sílabas; trissílabo.
Trissílabo, s. m. Vocábulo de três sílabas. Adj. Trissilábico.
Trisso, s. m. O canto ou voz da calhandra e da andorinha; trissar.
Trissulcado, adj. V. *trissulco.*
Trissulco, adj. Que tem três sulcos; trissulcado.
Tristaminífero, adj. *Bot.* Que tem três estames.
Triste, adj. m. e f. 1. Sem alegria. 2. Que tem mágoa. 3. Lastimoso. 4. Infeliz. 5. Sombrio. 6. Deprimido. 7. Insignificante. S. m. e f. 1. Pessoa triste, infeliz. 2. Pessoa inclinada à tristeza.
Triste-pia, s. f. sing. e pl. *Ornit.* Pássaro da família dos Icterídeos (*Dolychonix oryzivorus*).
Tristeza, s. f. (l. *tristitia*). 1. Estado ou qualidade de triste. 2. Falta de alegria; melancolia. 3. Aspecto de quem revela aflição; mágoa.
Trístico, adj. *Bot.* Disposto em três fileiras.
Tristimania, s. f. *Med.* 1. Monomania com tristeza. 2. Tristeza habitual, sem fundamento razoável.
Tristonho, adj. 1. Que mostra tristeza. 2. Muito triste. 3. Melancólico, sorumbático. 4. Que infunde tristeza. 5. Jururu. 6. Medonho.
Tristura, s. f. Tristeza.
Tritão, s. m. (l. *triton*). 1. *Mit.* Qualquer divindade marítima, de ordem inferior. 2. *Zool.* Gênero (*Triton*) de moluscos gastrópodes.
Triteísmo, s. m. Doutrina dos que sustentam que em Deus não há só três pessoas, mas também três essências, três substâncias e três deuses.
Triteísta, adj. e s., m. e f. Diz-se de, ou quem é sectário do triteísmo.
Triternado, adj. *Bot.* Diz-se da folha composta de um pecíolo que se subdivide em três ramos, cada um dos quais tem três folíolos inseridos no mesmo ponto.
Tritíceo, adj. Relativo ao trigo. 2. Que tem algumas qualidades do trigo.
Triticultor, s. m. *Agr.* Cultivador de trigo.
Triticultura, s. f. *Agr.* Cultura do trigo.
Tritongo, s. m. *Gram.* Grupo vocálico no qual uma vogal se acha entre duas semivogais: *Quais.*
Trítono, s. m. *Mús.* Intervalo dissonante, composto de três tons.
Tritubérculado, adj. *Bot.* Que tem três tubérculos.
Tritura, s. f. V. *trituração.*
Trituração, s. f. Ato ou efeito de triturar; tritura, trituramento.
Trituramento, s. m. V. *trituração.*
Triturar, v. Tr. dir. 1. Reduzir a massa ou a partes muito finas, esmagando; moer, pulverizar. 2. Reduzir a nada. 3. Bater em; sovar. 4. Afligir, magoar.
Triturável, adj. m. e f. Que se pode triturar.
Triunfador (*i-un*), adj. Triunfante. S. m. Aquele que triunfa.
Triunfal (*i-un*), adj. m. e f. 1. Relativo a triunfo. 2. Em que há triunfo.
Triunfante (*i-un*), adj. m. e f. 1. Que triunfa; triunfador. 2. Ostentoso, pomposo. 3. Alegre, radiante.
Triunfar (*i-un*), v. (l. *triumphare*). 1. Intr. Alcançar triunfo ou vitória. 2. Tr. ind. e intr. Vencer na guerra. 3. Tr. ind. e intr. Prevalecer, vencer. 4. Tr. ind. Ter vantagem sobre. 5. Tr. ind. e intr. Exultar. 6. Tr. ind. e intr. Gloriar-se, jactar-se.
Triunfo (*i-un*), s. m. 1. Ato ou efeito de triunfar. 2. Entrada ostentosa dos generais vitoriosos na Roma antiga. 3. Grande vitória; grande êxito. 4. Grande alegria; satisfação plena. 5. Esplendor. 6. Domínio das paixões. 7. Superioridade em qualquer disputa. 8. Certo jogo carteado. 9. Ornato central da mesa do banquete.
Triunvirado (*i-un*), s. m. V. *triunvirato.*
Triunviral (*i-un*), adj. m. e f. Relativo a triúnviro.
Triunvirato (*i-un*), s. m. 1. Magistratura dos triúnviros. 2. *Por ext.* Associação de três cidadãos que reúnem em si toda a autoridade. 3. Governo de três indivíduos; triarquia.
Triúnviro, s. m. 1. *Antig. rom.* Cada um dos três magistrados romanos incumbidos da administração pública. 2. Cada um dos membros de qualquer triunvirato.
Trivalência, s. f. *Quím.* Propriedade daquilo que é trivalente.
Trivalente, adj. m. e f. *Quím.* Que tem três valências.
Trivial, adj. m. e f. 1. Sabido de todos; notório. 2. Comum, vulgar. 3. Usado, corrente. 4. Baixo, ordinário. S. m. Os pratos simples e habituais das refeições familiares.
Trivialidade, s. f. 1. Qualidade de trivial. 2. Coisa trivial.
Trívio, s. m. 1. Ponto onde se encontram três ruas ou três caminhos. 2. O conjunto das três artes ou disciplinas relativas à eloqüência (gramática, retórica e dialética), que na Idade Média formavam a primeira divisão das artes liberais. Adj. Que se divide em três caminhos.
Triz, s. m. Um quase nada.
Por um triz: por um pouco, por um fio, milagrosamente.
Troada, s. f. Ação ou efeito de troar; tiroteio.
Troante, adj. m. e f. Que troa.
Troar, v. Intr. 1. Fazer grande estrondo; estrondear, retumbar. 2. Bradar, clamar.
Troca, s. f. 1. Ato ou efeito de trocar(-se). 2. Permuta de um objeto por outro ou outros.
Troça, s. f. (cast. *trossa*). 1. Ato ou efeito de troçar. 2. *Pop.* Zombaria, mofa. 3. Pândega. 4. *Náut.* Cabo para atracar as vergas aos mastros.
Trocadilhar, v. Intr. Fazer trocadilhos.
Trocadilhista, s. m. e f. Pessoa dada a trocadilhos.
Trocadilho, s. m. Jogo de palavras semelhantes no som mas diferentes no significado, que causa um equívoco jocoso; calembur, triquestroques, trocados.
Trocado, adj. Mudado, substituído. S. m. Dinheiro miúdo. S. m. pl. 1. Trocadilhos. 2. Lavores antigos, em panos de vestidos.
Trocador, adj. Que troca. S. m. 1. Aquele que troca. 2. Cobrador, em ônibus.
Trocaico, adj. Diz-se do verso greco-latino composto de troqueus.
Troçamento, s. m. Ato ou efeito de troçar; troça.

Trocano, s. m. Espécie de tambor guerreiro dos índios, feito de um toro de madeira, inteiriço, escavado a fogo.

Trocanter (*tér*), s. m. *Anat.* Cada uma das duas tuberosidades próximas à cabeça do fêmur (grande trocanter e pequeno trocanter). Pl.: *trocanteres.*

Trocar, v. 1. Tr. dir. Dar uma coisa por outra; permutar. 2. Tr. dir. e tr. ind. Mudar, substituir. 3. Tr. dir. Tomar em vez de outro. 4. Tr. dir. Converter, transformar. 5. Pron. Transformar-se. 6. Tr. dir. Confundir.

Troçar, v. (l. *tortiare*). Tr. dir. e tr. ind. Escarnecer, ridicularizar; zombar.

Trocarte, s. m. *Cir.* e *Vet.* Instrumento pontudo usado com uma cânula para perfurar a parede de uma cavidade.

Troca-tintas, s. m. sing. e pl. Pintor reles.

Trocável, adj. m. e f. Que pode ser trocado.

Trochada, s. f. Pancada com trocho.

Trochado, s. m. Antigo lavor, em seda ou tecidos.

Trochar, v. Tr. dir. Torcer (cano de espingarda) para reforçar.

Trocho (*ô*), s. m. 1. Pau tosco. 2. Bordão grosseiro. 3. Graveto. Pl.: *trochos* (*ó*).

Trocista, adj. e s. m. e f. Que, ou quem gosta de troçar.

Tróclea, s. f. *Anat.* Proeminência articular na extremidade inferior do úmero, com a qual se articula o cúbito.

Troclear, adj. m. e f. Relativo à tróclea.

troco-[1], elem. de comp. (gr. *trokhos*). Exprime a idéia de *roda, giro, círculo: trococéfalo.*

troco[2] (*ô*), s. m. (de *trocar*). 1. Moedas pequenas que se dão por uma que vale tanto quanto elas. 2. Dinheiro que se recebe de volta quando se faz um pagamento com importância maior que a da despesa. 3. Troca. 4. Resposta oportuna.

Troço[1], s. m. *Pop.* 1. Qualquer objeto; coisa, trem. 2. Coisa imprestável. 3. Pessoa importante.

Troço[2] (*ô*), s. m. (fr. arc. *tros*). 1. Pedaço de pau roliço e tosco; trocho. 2. *Artilh.* Cada uma das aduelas do molde do canhão. 3. *Mil.* Parte de um corpo de tropa. 4. *Náut.* Obra de marinheiro feita de cabos velhos. 5. Pedaço de estrada etc. 6. Porção de gente; rancho, grupo. Pl.: *troços* (*ó*).

Trococéfalo, adj. *Zool.* Que tem a cabeça redonda.

Trocóideo, adj. 1. Semelhante a uma roda. 2. *Anat.* Diz-se da articulação em que um ôsso gira sobre outro.

Troféu, s. m. (l. *tropalu*). 1. Despojos do inimigo expostos ao público em comemoração de vitória. 2. Taça ou outro objeto comemorativo. 3. Vitória, triunfo. 4. *Pop.* Objeto cujo nome não ocorre ou não se conhece no momento em que se fala; coisa, troço.

Trófico, adj. Relativo à nutrição.

trofo-, elem. de comp. (gr. *trophe*). Exprime a idéia de *nutrição: trofoneurose.*

Trofoneurose, s. f. *Med.* Afecção trófica ocasionada por uma ação defectiva dos nervos na parte afetada.

Trofosperma, s. m. *Des.* Placenta.

Trogalho, s. m. *Pop.* Cordel, atilho.

Troglodita, adj. m. e f. Que vive em cavernas. S. m. e f. 1. Pessoa que vivia debaixo da terra. 2. Membro de qualquer tribo pré-histórica que vivia em cavernas.

Tróia[1], s. f. Jogo antigo, que simulava combate.

Tróia[2], s. f. Grande rede de pesca.

Troiano, adj. Relativo a Tróia, antiga cidade da Ásia Menor. S. m. O habitante ou natural de Tróia.

Troiar, v. (*tróia* + *ar*). Intr. Pescar com a tróia.

Tróica, s. f. Grande trenó ou carruagem puxado por três cavalos emparelhados, usado na Rússia.

Trolado, adj. Embriagado.

Trolas, adj. m. e f. Diz-se da pessoa atoleimada, cabeça de vento etc. S. m. e f. sing. e pl. Essa pessoa.

Trole, s. m. (ingl. *trolley*). 1. Carruagem rústica, usada nas fazendas e nas cidadezinhas do interior do Brasil, antes da introdução do automóvel. 2. Pequeno carro descoberto, montado nos trilhos das estradas de ferro e movido pelos operários, por meio de varas ou paus ferrados.

Trólebus, s. m. sing. e pl. (*trole* + *bus*, redução de *ônibus*). Ônibus elétrico.

Trolha[1] (*ô*), s. f. (l. *trullea*). Espécie de pá em que o pedreiro põe a cal de que se vai servindo. S. m. 1. Pedreiro. 2. Servente de pedreiro; meia-colher. 3. *Pej.* Pedreiro ordinário. 4. *Pop.* Homem ordinário, maltrapilho.

Trolha[2] (*ô*), s. f. *Fam.* Bofetada, cachação, tabefe.

Trolho[1] (*ô*), s. m. (l. *trulleu*). Antiga medida de capacidade, correspondente a meio celamim.

Trolho[2] (*ô*), s. m. *Fam.* Homem gordo e baixo.

Trolista, s. m. Operário encarregado de pôr em movimento o trole de estrada de ferro.

Trololó, adj. (t. onom.). Música de caráter ligeiro e fácil.

Trom, s. m. (t. onom.). 1. Som de canhão. 2. Trovão.

Tromba, s. f. (germ. *trumba*). *Zool.* 1. Extensão nasal cilíndrica, que serve de órgão preênsil, de arma, e para levar comida e bebida à boca. 2. *Entom.* Órgão sugador de certos insetos. 3. *Ant.* Trombeta, trompa. 4. Desfiladeiro aberto pelas águas; grande erosão. — *T.-d'água, Meteor.*: fenômeno que consiste na formação de uma grande massa de vapores espessos, animada por ventos violentos de movimento de rotação e translação.

Trombada, s. f. 1. Pancada com a tromba. 2. Colisão.

Trombar, v. Tr. dir. Dar trombada; colidir.

Trombeta (*ê*), s. f. (fr. *trompette*). 1. *Mús.* Instrumento metálico de sopro, espécie de corneta sem voltas. 2. Pessoa chocalheira. 3. Máscara de couro no focinho dos cavalos, para que estes não comam fora de hora. 4. *Fam.* Nariz grande. 5. *Ictiol.* Peixe marinho, fistulariídeo (*Fistularia tabacaria*).

Trombetear, v. 1. Intr. Tocar trombeta. 2. Intr. Imitar o som de trombeta. 3. Intr. Dar à língua, tagarelar. 4. Tr. dir. Apregoar, alardear.

Trombeteiro, adj. 1. Tocador de trombeta. 2. Diz-se do inseto que zumbe muito. S. m. 1. Tocador de trombeta. 2. Aquele que fabrica ou vende trombetas.

Trombicar, v. Intr. *Pop.* Estrepar-se.

Trombina, s. f. *Quím.* Enzima proteolítica que facilita a coagulação do sangue, promovendo a conversão de fibrinogênio em fibrina.

Trombo, s. m. *Med.* Coágulo de sangue.

Trombombó, s. m. Modo especial de pescar tainhas, fixando esteiras nos bordos das canoas.

Trombone, s. m. *Mús.* 1. Instrumento de sopro de que há duas espécies: trombone de vara e trombone de pistões. 2. Tocador desse instrumento.

Trombose, s. f. *Med.* Formação de um trombo.

Trombudo, adj. 1. Que tem tromba. 2. Carrancudo.

Trompa[1], s. f. (ant. alto al. *trumpa*). 1. *Mús.* Instrumento de sopro, mais sonoro e maior que a trombeta. 2. Instrumento de vidro, usado nos laboratórios químicos, para fazer a aspiração do ar. S. m. Aquele que toca trompa. — *T. de Eustáquio, Anat.*: canal que comunica a faringe com a caixa do tímpano. *T. de Falópio, Anat.*: cada um dos dois canais que ligam o útero aos ovários.

Trompa[2], s. f. (fr. *trompe*). Perxina.

Trompaço, s. m. 1. Encontrão. 2. Trompázio.

Trompar, v. Tr. dir. 1. Dar esbarrão em. 2. Trompear.

Trompázio, s. m. 1. Pancada com a tromba. 2. Bofetada; tapa. 3. Empurrão. Sin.: *trompaço, trombada.*

Trompear, v. V. *trompar.*

Trompeta (*ê*), s. m. e f. Pessoa desprezível, velhaca. 2. Pessoa ruim, sem préstimo.

Trompista, s. m. e f. 1. Fabricante de trompas. 2. Músico que toca trompa.

Tronante, adj. m. e f. (de *tronar[1]*). Que trona.

Tronar[1], v. (*trom* + *ar*). Intr. Atroar, troar, trovejar.

Tronar[2], v. (*trono* + *ar*). Intr. 1. Estar sentado no trono. 2. Estar em situação elevada. 3. Exibir-se majestosamente. 4. Dominar.

Tronchar, v. Tr. dir. 1. Cortar cerce. 2. Mutilar.

Troncho, adj. 1. Privado de algum ramo ou membro. 2. Curvado para um dos lados; torto. S. m. 1. Parte que se cortou do tronco. 2. Talo de couve-tronchuda.

Tronchudo, adj. 1. Que tem talos grossos (especialmente a couve). 2. Que tem membros fortes (pessoa).

Tronco, s. m. 1. Caule das árvores. 2. *Anat.* A parte mais grossa do corpo do homem e dos outros animais, excluindo-se a cabeça e os membros. 3. *Hist.* Armação de pranchas de madeira com furos, nos quais se prendiam os pés ou o pescoço dos delinqüentes. 4. *Arquit.* Fragmento inferior do fuste. 5. Mastro do navio. 6. *Hist.* Pau fincado no chão, ao qual se amarravam escravos para os surrar. 6. *Geom.* Parte de sólido geométrico separado por um corte perpendicular ou oblíquo ao respectivo eixo. 7. Origem comum de família, raça etc. 8. Espaço, separado por tapumes, em trabalhos de mineração. 9. Corredor estreito, em comunicação com o curral e em que se prendem bestas ou bois, para serem castrados, tosquiados etc. 10. *Pop.* Homem baixo e corpulento. Adj. Truncado, troncho.

Troncudo, adj. Que tem tronco desenvolvido; robusto, forte.

Troneira, s. f. Intervalo entre os merlões, por onde se enfia a boca do canhão ou bombarda.

Troneto (*ê*), s. m. Trono portátil que acompanhava a saída da Eucaristia, e que se armava junto do leito do enfermo.

Trono, s. m. (l. *thronu*). 1. Sólido elevado onde, em atos de maior solenidade, os soberanos se assentam. 2. Poder soberano; autoridade.

Tronqueira, s. f. Cada um dos esteios em que se introduzem as extremidades das varas de uma porteira.

Tropa, s. f. 1. Grande número de soldados de qualquer arma. 2. O exército. 3. Aglomeração de gente; bando, multidão. 4. Caravana de animais de carga.

Tropeada, s. f. Ação ou efeito de tropear; tropel.

Tropear[1], v. (de *tropel*). Tr. ind. e intr. Fazer barulho com as patas ao andar; fazer tropel.

Tropear[2], v. (*tropa+ear*). Intr. Trabalhar como tropeiro.

Tropeçamento, s. m. V. *tropeção.*

Tropeçante, adj. m. e f. (de *tropeçar*). Que tropeça.

Tropeção, s. m. Ato ou efeito de tropeçar; tropeçamento. Adj. Diz-se da cavalgadura que tropeça muito.

Tropeçar, v. (cast. *tropezar*). 1. Tr. ind. e intr. Dar involuntariamente topada com o pé. 2. Tr. ind. Não acertar; errar. 3. Tr. ind. Cair, incorrer. 4. Tr. ind. Ficar perplexo; hesitar.

Tropeço (*ê*), s. m. 1. Aquilo em que se tropeça. 2. Dificuldade, embaraço, obstáculo.

Tropeçudo, adj. *Pop.* Que tropeça a cada instante.

Trôpego, adj. 1. Que anda com dificuldade. 2. Que não pode mover os membros ou que os move dificilmente.

Tropeirada, s. f. Os tropeiros em geral.

Tropeiro, s. m. 1. O que conduz uma tropa, acep. 4. 2. Indivíduo que compra e vende tropas de gado.

Tropel, s. m. 1. Multidão de pessoas ou coisas movendo-se em desordem. 2. Balbúrdia, confusão. 3. Tropear ruidoso. 4. Grande ruído, causado pelo andar de animais. 5. Grande quantidade.

Tropelia, s. f. 1. Estrépito que faz muita gente em tropel. 2. Balbúrdia, bulício. 3. Ardil, artimanha, astúcia. 4. Traquinada, travessura. 5. *Fam.* Maus tratos.

Tropeoláceas, s. f. pl. *Bot.* Família (*Tropaeolaceae*) constituída de ervas americanas, principalmente da região andina. Inclui a capuchinha.

Tropeoláceo, adj. Relativo à família das Tropeoláceas.

Tropicada, s. f. Tropeção.

Tropical, adj. m. e f. 1. Relativo aos trópicos. 2. Situado entre os trópicos. 3. Relativo ao clima dessas regiões. 4. Abrasador (calor). S. m. Tecido leve, de estame de lã ou fibras sintéticas.

Tropicalista, s. m. e f. 1. Tratadista de assuntos das regiões tropicais. 2. Médico que se ocupa especialmente de doenças privativas dessas regiões.

Tropicão, s. m. 1. Ato ou efeito de tropicar. 2. *Pop.* Tropeção.

Tropicar, v. Intr. Tropeçar muitas vezes.

Trópico, adj. 1. Relativo aos trópicos. 2. Diz-se das flores que se abrem de manhã e fecham à noite. S. m. *Geogr.* Cada um dos dois paralelos da esfera terrestre, que distam dos pólos 23°27′ e dividem as regiões do globo, e nas quais o Sol passa pelo zênite duas vezes por ano — o do norte chama-se Trópico de Câncer e o do sul, Trópico de Capricórnio.

Tropilha, s. f. 1. Magote de cavalos que têm o mesmo pelame e que acompanham uma égua madrinha. 2. Bando de boêmios, de pândegos.

Tropismo, s. m. *Bot.* Orientação imposta a um vegetal, ou parte dele, por um estímulo externo, tal como luz, calor etc.

Tropo, s. m. *Gram.* Emprego de palavras em sentido figurado; metáfora.

Tropologia, s. f. 1. Emprego de linguagem figurada. 2. Tratado acerca dos tropos.

Troponômico, adj. Diz-se das mudanças que um dado objeto experimenta, segundo os diversos tempos e lugares.

Troposfera, s. f. *Meteor.* A camada inferior da atmosfera, desde a superfície terrestre até uma altitude que varia de 11 a 16km.

Troquel, s. m. Forma para a cunhagem de moedas e medalhas.

Troqueu, s. m. Pé de verso, grego ou latino, composto de uma sílaba longa e outra breve.

Troquilídeo, adj. *Ornit.* Relativo à família dos Troquilídeos. S. m. pl. Família (*Trochilidae*) de aves a que pertencem os beija-flores.

Tróquilo, s. m. *Arquit.* Moldura côncava.

Trotador, adj. e s. m. Que, ou cavalo que trota; troteador; trotão.

Trotão, adj. e s. m. V. *trotador.* Fem.: *trotona.*

Trotar, v. 1. Intr. Andar (a cavalgadura) a trote. 2. Intr. Cavalgar a trote. 3. Tr. dir. Dar o trote em. Var.: *trotear.*

Trote, s. m. 1. Maneira de andar de cavalos e de outros quadrúpedes, entre o passo ordinário e o galope. 2. Intriga, indiscrição ou zombaria feita por mascarado no carnaval, ou em qualquer outro dia, pelo telefone, por pessoa que disfarça a sua identidade. 3. Troça que estudantes veteranos impõem aos calouros.

Troteada, s. f. Ato ou efeito de trotear.

Troteador, adj. e s. m. V. *trotador.*

Trotear, v. V. *trotar.*

Troteiro, adj. Que anda a trote. S. m. Cavagaldura que anda a trote.

Trouxa, s. f. (fr. *trouxe*). 1. Fardo que contém roupa ou fato. 2. Grande pacote. 3. Mulher malprocedida. S. m. e f. Pessoa tola. Var.: *troixa.*

Trouxe-mouxe, s. m. Usado na loc. *a trouxe-mouxe*=a esmo, de envolta, sem ordem.

Trova, s. f. 1. Composição lírica, ligeira e de caráter popular. 2. Cantiga, canção; quadra popular.

Trovador, s. m. 1. Poeta lírico que, nos sécs. XII e XIII, escrevia em linguagem provençal. 2. Poeta lírico português que imitava a poesia provençal.

Trovadoresco (*ê*), adj. De, relativo ou pertencente a trovador.

Trovão, s. m. 1. Estrondo produzido por descarga de eletricidade atmosférica. 2. Grande estrondo; ribombo. 3. Coisa ruidosa ou espantosa.

Trovar, v. 1. Intr. Fazer ou cantar trovas. 2. Tr. dir. Poetar. 3. Tr. dir. Exprimir em cantigas.

Troveiro, s. m. Poeta medieval, de língua d'oil, e que correspondia ao trovador da Provença.

Trovejar, v. 1. Intr. Haver trovões; ribombar, troar. 2. Intr. Estrondear como o trovão. 3. Intr. Soar fortemente, vibrar (a voz). 4. Tr. dir. Emitir com voz estrondosa. 5. Intr. Bradar, clamar. S. m. 1. Trovão. 2. Estampido, estrondo.

Trovejo (*ê*), s. m. *Pop.* Altercação violenta.

Troviscada, s. f. Porção de trovisco com que se envenenam os peixes para os pescar; entroviscada.

Troviscal, s. m. Lugar onde abundam troviscos.

Troviscar, v. 1. Intr. *Pop.* Trovejar um pouco. 2. Intr. e pron. Embriagar-se um pouco. 3. Intr. Dar bordoadas.

Trovisco[1], s. m. *Bot.* Arbusto timeleáceo (*Daphne gnidium*); trovisqueira.

Trovisco[2], s. m. (de *troviscar*). Ato de troviscar.

Trovisqueira, s. f. *Bot.* V. *trovisco.*

Trovista, s. m. e f. Troveiro.

Trovoada, s. f. 1. Grande número de trovões. 2. Tempestade

com trovões. 3. Grande estrondo. 4. Discussão violenta e clamorosa. 5. Grande algazarra. 6. *Ornit.* Pássaro formicariídeo da Amazônia (*Drymophila ferruginea*).
Trovoar, v. V. *trovejar.*
Trovoso, adj. 1. Trovejante. 2. Que faz grande estrondo.
Truaca, s. f. Bebedeira.
Truanaz, s. m. Truão.
Truanear, v. Intr. Fazer truanices.
Truanesco (*ê*), adj. 1. De truão. 2. Próprio de truão. 3. Semelhante a truanices.
Truania, s. f. V. *truanice.*
Truanice, s. f. Ação, arte ou dito de truão; truania.
Truão, s. m. (prov. *truan*). 1. Bobo, chocarreiro. 2. Saltimbanco. 3. Palhaço, pelotiqueiro.
Trubufu, adj. *Pop.* Maltrapilho.
Trucada, s. f. 1. Ato de jogar o truque. 2. Ato de trucar.
Trucar, v. Intr. Propor a primeira parada, no truque.
Trucidação, s. f. Ato ou efeito de trucidar; trucidamento.
Trucidamento, s. m. V. *trucidação.*
Trucidar, v. Tr. dir. Matar com crueldade.
Trucilar, v. Intr. Cantar (o tordo). S. m. O canto do tordo.
Truco, s. m. Certo jogo de cartas; truque. Adj. *Pop.* Diz-se de pessoa decidida, valente.
Truculência, s. f. Ato ou qualidade de truculento; crueldade, ferocidade.
Truculento, adj. Violento, atroz, cruel, feroz.
Trufa, s. f. *Bot.* Cogumelo totalmente subterrâneo, comestível; túbera.
Trufar, v. Tr. dir. Rechear com trufas.
Trufaria, s. f. *Ant.* Escárnio, mofa, zombaria.
Trufeira, s. f. Lugar onde há trufas.
Trufeiro, adj. Relativo às trufas. S. m. O que se ocupa em apanhar ou vender trufas.
Trugimão, s. m. V. *turgimão.*
Truísmo, s. m. Verdade evidente.
Trumbicar, v. Pron. Dar-se mal; entrar pelo cano.
Truncado, adj. 1. Incompleto, mutilado. 2. *Geom.* Diz-se de um sólido de que se truncou uma parte por meio de um plano secante.
Truncar, v. Tr. dir. 1. Cortar, separar do tronco. 2. Mutilar. 3. *Geom.* Cortar por um plano secante. 4. Omitir propositadamente alguma parte importante de.
Truncha, s. f. *Gír.* Pé-de-cabra, como instrumento de roubo.
Trunfa, s. f. 1. Toucado antigo. 2. Turbante. 3. Cabelo em desalinho; grenha.
Trunfada, s. f. 1. Ato de trunfar. 2. Grande quantidade de trunfos.
Trunfar, v. Intr. 1. Jogar trunfo. 2. Fazer bonito, levar a melhor, tornar-se importante. 3. Dar bordoada.
Trunfo, s. m. 1. Certo jogo de cartas, com dois, quatro ou seis parceiros. 2. Naipe que, em jogos de cartas, prevalece aos outros naipes. 3. Cada uma das cartas desse naipe. 4. *Fam.* Indivíduo que tem influência ou importância social.
Truque[1], s. m. (al. *drucken*). 1. Certo jogo de cartas entre dois ou quatro parceiros; truco. 2. Espécie de bilhar comprido. 3. Ardil, artimanha. 4. Meio destro ou sutil de fazer qualquer coisa.
Truque[2], s. m. (ingl. *truck*). Chassi montado sobre dois eixos de rodas, sobre o qual assentam as extremidades de locomotivas, bondes ou vagões.
Truqueiro, s. m. Jogador de truque.
Truste, s. m. (ingl. *trust*). *Com.* 1. Combinação financeira que opera a fusão de várias firmas numa empresa única. 2. Organização financeira poderosa.
Truta[1], s. f. (l. *tructa*). *Ictiol.* Nome comum a diversos peixes salmonídeos.
Truta[2], s. f. *Gír.* Expediente, negociata.
Trutífero, adj. Que produz trutas.
Truz[1]!, interj. Imitativa do estrondo produzido pela queda de um corpo.
Truz[2], s. m. Pancada, golpe.
Tsé-tsé, (t. onom.). *Entom.* Mosca do gênero *Glossina*, causadora da doença do sono.
Tu, pron. (l. *tu*). A segunda pessoa do singular do pronome pessoal sujeito, que indica a pessoa com quem se fala.
Tua, pron. (l. *tua*). Feminino de *teu.*
Tuaiá, s. m. 1. A região mais longínqua dos seringais do alto do Xingu. 2. Lugar longínquo.
Tuaiuçu, s. m. *Bot.* Utuapoca.
Tuba[1], s. f. (l. *tuba*). 1. *Mús.* Instrumento metálico dos antigos romanos, formado por um tubo reto. 2. Instrumento metálico de sopro, de timbre desde o do contrabaixo até o do barítono. 3. Estilo épico.
Tuba[2], s. f. Tiba.
Tubáceo, adj. Que tem forma de tuba[1].
Tubagem, s. f. 1. Conjunto de tubos; tubulação. 2. Sistema por que funcionam certos tubos. 3. *Med.* Introdução de um tubo em uma cavidade ou canal; intubação, intubagem.
Tubarão, s. m. 1. *Ictiol.* Nome comum aos grandes peixes seláquios, carnívoros e vorazes. 2. Comerciante ganancioso; pessoa cúpida.
Tubário, adj. *Anat.* Relativo às trompas de Falópio.
Tubeira, s. f. Boca ou extremidade de um tubo.
Tubel, s. m. (t. *árabe*). Escama que ressalta do metal candente, quando este é batido.
Túbera, s. f. (l. *tubera*). *Bot.* Trufa.
Tuberáceo, adj. Relativo ou semelhante à túbera.
Tuberculado, adj. Tuberculoso, acep. 1.
Tubercular, adj. m. e f. Tuberculoso, acep. 1.
tubérculi-, elem. de comp. (l. *tuberculum*). Exprime a idéia de *tubérculo: tuberculífero.*
Tuberculífero, adj. Que tem ou produz tubérculos.
Tuberculiforme, adj. m. e f. Que tem forma de tubérculo.
Tuberculina, s. f. Líquido estéril obtido do meio de cultura de bacilos de Koch, empregado no diagnóstico de infecção tuberculosa.
Tuberculinizar, v. Tr. dir. *Med.* Injetar tuberculina em.
Tuberculização, s. f. Ato ou efeito de tuberculizar(-se).
Tuberculizar, v. 1. Tr. dir. Causar tubérculos em. 2. Pron. Tornar-se tuberculoso.
Tubérculo, s. m. 1. *Bot.* Engrossamento terminal de um rizoma subterrâneo, como na batata, rico em reservas nutritivas. 2. *Anat.* Pequena eminência ou excrescência naturais em um osso ou órgão, tais como os tubérculos da coroa dos molares. 4. *Med.* Lesão específica da tuberculose.
Tuberculose, s. f. *Med.* Doença infeto-contagiosa, produzida pelo bacilo de Koch e caracterizada pela formação de tubérculos nos tecidos de qualquer parte do corpo, mas especialmente no trato respiratório; peste branca, tísica.
Tuberculoso, adj. 1. *Bot.* Que tem pequenos tubérculos, em vez de um só, maior; tuberculado, tubercular. 2. *Med.* Atacado de tuberculose. S. m. Indivíduo atacado de tuberculose.
Tuberiforme, adj. m. e f. Que tem forma de túbera; tuberóide.
Tuberóide, adj. m. e f. Tuberiforme.
Tuberosa, s. f. *Bot.* Planta amarilidácea (*Polyanthes tuberosa*), vulgarmente conhecida por *angélica.*
Tuberosidade, s. f. 1. *Zool.* e *Bot.* Excrescência em forma de tubérculo. 2. *Bot.* Excrescência carnuda.
Tuberositário, adj. *Anat.* Em que há tuberosidade.
Tuberoso, adj. Que apresenta tuberosidades.
tubi-[1], elem. de comp. (l. *tubu*). Exprime a idéia de *tubo: tubífero.*
tubi[2], s. m. *Entom.* Tubiba.
Tubiba, s. f. *Entom.* Pequena abelha silvestre meliponídea (*Scaptotrigona tubiba*); tubi, tubim.
Tubífero, adj. *Zool.* e *Bot.* Que tem tubos.
Tubifloro, adj. *Bot.* Diz-se da flor cuja corola tem o tubo muito alongado.
Tubiforme, adj. m. e f. Que tem forma de tubo; tubular, tubulado, tubuloso.
Tubim, s. m. *Entom.* Tubiba.
Tubixaba, s. m. Morubixaba, cacique.
Tubo, s. m. 1. Corpo cilíndrico, oco, pelo qual podem passar

líquidos, ar ou gás; cano, canudo, ducto. 2. *Anat.* Canal ou ducto natural. Dim. irr.: *túbulo.*

Tubulação, s. f. 1. Colocação de tubos. 2. Conjunto de tubos.

Tubulado, adj. Tubiforme.

Tubuladura, s. f. Abertura de certos recipientes, destinada a receber um tubo.

Tubular, adj. m. e f. Tubiforme. 2. Provido de tubuladura. 3. *Bot.* Tubuloso.

Tubulária, s. f. *Zool.* Gênero (*Tubularia*) de celenterados hidrozoários marinhos.

túbuli-, elem. de comp. (1. *tubulu*). Exprime a idéia de *pequeno tubo: tubulifloro, tubuliforme.*

Tubulífero, adj. *Zool.* Que apresenta na sua superfície grande número de pequenos tubos, como certas esponjas.

Tubulifloro, adj. *Bot.* Que tem flores de corolas tubulosas.

Tubuliforme, adj. m. e f. Que tem a forma de pequeno tubo.

Túbulo, s. m. Tubo pequeno; tubozinho, tubinho.

Tubuloso, adj. 1. Tubiforme. 2. Formado por um tubo.

Tubulura, s. f. Tubuladura.

Tubuna, s. f. 1. Unheira. 2. *Entom.* Certa abelha silvestre meliponídea (*Scaptotrigona bipunctata*).

Tucanabóia, s. f. *Herp.* Ofídio da família dos Colubrídeos (*Oxybelis argenteus*).

Tucanaçu, s. m. *Ornit.* Ave ranfastídea, também conhecida por *tucano-grande (Rhamphastus toco).*

Tucano, s. m. *Ornit.* Nome comum a diversas aves ranfastídeas, da América do Sul, notáveis por seu bico muito grande. Voz.: *chalra.*

Tucum, s. m. *Bot.* Pequena palmeira espinhosa (*Bactris setosa*), de cujas folhas se obtém uma fibra forte; tucunzeiro. Var.: *ticum.*

Tucumã, s. m. *Bot.* Nome comum a várias palmeiras, tais como a *Astrocaryum tucuma* e a *Acrocromia officinalis.* Var.: *tucuma* e *tucumá.*

Tucunaré, s. m. 1. *Ictiol.* Nome comum a diversas espécies de peixes ciclídeos de água doce. 2. *Bot.* Planta leguminosa trepadeira (*Drepanocarpus paludicola*). 3. Certa embarcação usada na Amazônia.

Tucunzeiro, s. m. *Bot.* Tucum.

Tucupi, s. m. Molho feito com o sumo de mandioca fresca, cozido até adquirir consistência e cor de melado.

Tucupipora, s. m. A comida que fica de molho no tucupi.

Tucura, s. f. *Entom.* Espécie de gafanhoto; ticura.

Tucuri, s. m. Tacuru.

Tucuruva, s. m. Cupim abandonado pelas térmites.

Tucuxi, s. m. Nome do boto, no Pará.

Tudel, s. m. Pequeno tubo de metal, para guardar a palheta de alguns instrumentos musicais.

Tudesco (*ê*), adj. Relativo aos antigos germanos. Var.: *tedesco.*

Tudo, pron. indef. (1. *totu*). 1. A totalidade do que existe. 2. Todas as coisas a que se faz referência. 3. Coisa essencial. 4. Todas as coisas.

Tudo-nada, s. m. 1. Bagadela, insignificância, quase nada. 2. Pequeníssima porção; pedacinho.

Tufão, s. m. (ár. *tufan*). Vento muito forte, tempestuoso; furacão, vendaval.

Tufar, v. 1. Tr. dir. Dar forma de tufo a. 2. Intr. Formar tufos (a saia, o vestido etc.). 3. Tr. ind., intr. e pron. Tornar-se mais alto ou mais grosso; aumentar de volume. 4. Intr. e pron. Inchar, com orgulho. 5. Intr. Amuar.

Tufo[1], s. m. (1. *tofu*). *Geol.* Nome genérico das rochas formadas por detritos vulcânicos miúdos, tais como bombas, lapíli, escórias, areias, cinzas, cristais, posteriormente consolidados.

Tufo[2], s. m. (fr. *touffe*). 1. Porção de lã aberta. 2. Porção de plantas, flores, penas etc., juntas. 3. Proeminência, montículo. 4. Saliência formada pelo tecido de um vestuário. 5. *Náut.* Peça de metal que se introduz na fêmea do leme. 6. Utensílio de ferreiro, para aperfeiçoar os olhos das enxós, machados etc.

Tufoso, adj. Que tem forma de tufo; entufado.

Tugir, v. 1. Intr. Falar em voz baixa. 2. Tr. dir. Dizer baixinho.

Tugue, s. m. (ingl. *thug.*). 1. Membro de uma confraria da Índia que, em honra da deusa Kali, estrangulava vítimas humanas. 2. Indivíduo sanguinário.

Tugúrio, s. m. 1. Habitação rústica, choça, cabana. 2. Refúgio, abrigo.

Tui, s. m. *Ornit.* V. *tuim.*

Tuia, s. f. *Bot.* 1. Gênero (*Thuia*) de arbustos e árvores sempre verdes, da família das Pináceas. 2. Nome vulgar dos arbustos e árvores desse gênero.

Tuição (*u-i*), s. f. *Dir.* Ato de defender ou patrocinar; defesa judicial.

Tuidara (*u-i*), s. f. *Ornit.* Coruja-das-torres.

Tuijuba, s. f. *Bot.* Tatajuba. Var.: *tuijuva.*

Tuim (*u-ím*), s. m. *Ornit.* Nome comum a várias espécies de periquitos, de pequeno porte. Var.: *tuí.*

Tuíra[1], adj. m. e f. 1. Pardo-cinzento. 2. Preto desbotado.

Tuíra[2], s. f. *Bot.* Planta iridácea, usada como purgativo.

Tuitivo (*u-i*), adj. 1. Que defende. 2. Próprio para defesa.

Tuiuiú (*ui-ui*), s. m. *Ornit.* Ave da família dos Ciconídeos (*Mycteria americana*); passarão.

Tuiupara, s. m. *Ornit.* Ave ciconídea (*Mycteria americana*).

Tuiúva, s. f. *Entom.* V. *tujuba.*

Tuju, s. m. *Ornit.* Ave caprimulgídea (*Leurocalis semitorquatus*).

Tujuba, s. f. *Entom.* Abelha meliponídea social (*Melipona rufiventris*). Var.: *tujuva, tuiuva.*

Tujucada, s. f. V. *tujucal.*

Tujucal, s. m. V. *tijucal.*

Tujuco, s. m. V. *tijuco.*

Tujuva, s. f. V. *tujuba.*

Tule, s. m. (fr. *Tulle,* n. p.). Tecido leve e transparente de seda ou algodão; filó.

Tulha, s. f. (1. *tudicula*). 1. Compartimento onde se guardam cereais em grão; celeiro. 2. Montão de cereais ou frutos secos. 3. Cova de pedra onde se deita e aperta a azeitona, antes de ir para o lagar. 4. Terreno cercado, onde se secam frutos.

Túlio, s. m. *Quím.* Elemento metálico do grupo das terras raras. Símbolo Tm, número atômico 69, massa atômica 168,934.

Tulipa, s. f. *Bot.* Gênero (*Tulipa*) de plantas bulbosas da família das Liliáceas, entre as quais se distingue a que dá uma flor muito decorativa, do mesmo nome.

Tulipáceo, adj. Relativo ou semelhante à tulipa.

Tumba[1], s. f. (1. *tumba*). 1. Pedra sepulcral. 2. Sepultura. 3. Caixão, esquife. 4. Almofada abaulada, sobre a qual os encadernadores colocam as capas de livros para dourarem os títulos ou ornatos. 5. Pessoa desastrada.

Tumba[2], s. f. Ação de completar as três quinas de um cartão, no loto.

Tumbal, adj. m. e f. Relativo a tumba.

Tumbança, s. f. Iguaria, feita de castanha de caju, sumo da mesma fruta e açúcar. Var.: *tubança.*

Tumbeiro, adj. Relativo a tumba. S. m. Condutor de tumba.

Tumbice, s. f. *Fam.* Azar, sobretudo no jogo.

Tumefação, s. f. Ato ou efeito de tumefazer; inchação.

Tumefaciente, adj. m. e f. Que tumefaz; tumeficante.

Tumefacto, adj. Inchado, intumescido; tumefeito; tumente. Var.: *tumefato.*

Tumefazer, v. V. *tumeficar.*

Tumefeito, adj. V. *tumefacto.*

Tumeficante, adj. m. e f. Que tumefica; tumefaciente.

Tumeficar, v. Tr. dir. e pron. Tornar(-se) túmido; intumescer (-se), tumefazer(-se).

Tumenol, s. m. *Quím.* e *Farm.* Óleo xaroposo ou pó de origem betuminosa, usados em terapêutica como o ictiol. — *T. comercial:* fluido ácido de cor preto-pardacenta, do qual é preparado o tumenol em forma de óleo ou pó.

Tumente, adj. m. e f. V. *tumefacto.*

Tumescência, s. f. V. *intumescência.*

Tumescente, adj. m. e f. V. *intumescente.*

Tumescer, v. V. *intumescer.*

Tumidez, s. f. 1. Qualidade de túmido; inchação. 2. Proeminência.

Túmido, adj. 1. Que aumentou em volume; intumescido, inchado. 2. Vaidoso, arrogante.

Tumor, s. m. *Med.* Massa circunscrita de tecido novo sem função fisiológica, oriunda da proliferação anormal das células do tecido preexistente, e que cresce progressivamente.

Tumoroso, adj. Que tem tumor.

Tumular[1], v. (l. *tumulare*). V. *sepultar.*

Tumular[2], adj. m. e f. (*túmulo*+*ar*). 1. Relativo ao túmulo; tumulário. 2. Muito triste.

Tumulário, adj. V. *tumular*[2].

Túmulo, s. m. Monumento erguido em memória de alguém no lugar onde se acha sepultado; sepulcro.

Tumulto, s. m. 1. Alvoroto, desordem, motim. 2. Confusão, agitação. 3. Discórdia. 4. Agitação moral.

Tumultuar, v. 1. Tr. dir. Excitar ao tumulto; agitar, amotinar. 2. Intr. Amotinar-se. 3. Intr. Fazer tumulto. 4. Intr. Disseminar-se, espalhar-se confusamente; ondular.

Tumultuário, adj. 1. Acompanhado de tumulto; ruidoso. 2. Desordenado. 3. Confuso, desconexo.

Tumultuoso, adj. Em que há tumulto; tumultuado.

Tuna[1], s. f. (cast. *tuna*). 1. *Pop.* Ociosidade; vida de vadio. 2. Grupo de estudantes músicos, que vagueiam por diversas terras, dando concertos.

Tuna[2], s. f. *Bot.* 1. Cacto do gênero Opúncia, de artículos achatados. 2. Fruto comestível dessa planta.

Tunador, adj. e s. m. V. *tunante.*

Tunal, s. m. *Bot.* V. *nopal.*

Tunante, adj. e s. m. e f. 1. Que, ou quem anda à tuna[1]; vadio, vagabundo. 2. Embusteiro, trampolineiro. 3. Diz-se de, ou estudante que faz parte de tuna[1].

Tunar, v. Intr. Andar à tuna; vadiar.

Tunco, s. m. Muxoxo.

Tunda, s. f. Sova. 2. Crítica severa.

Tundá, s. m. Vestido de roda com diversas saias internas.

Tundar, v. Tr. dir. Dar tunda em; sovar.

Tundo[1], s. m. Chefe de sacerdotes gentios, na África.

Tundo[2], s. m. Espécie de doutor, em escolas do Japão.

Tundra, s. f. Planície característica das regiões árticas e subárticas, da Rússia, da Sibéria e do Canadá.

Túnel, s. m. (ingl. *tunnel*). Passagem subterrânea.

Tunga, s. f. *Entom.* 1. Gênero (*Tunga*) de insetos suctórios, a que pertence o bicho-de-pé (*Tunga penetrans*). 2. Bicho-de-pé.

Tungada, s. f. Choque, pancada.

Tungador, adj. e s. m. 1. Que, ou aquele que tunga. 2. Porfiador.

Tungar, v. 1. Tr. dir. Agredir, espancar. 2. Intr. Porfiar, teimar. 3. Tr. dir. Enganar, lograr.

Tungstênio, s. m. *Quím.* Elemento metálico branco-acinzentado, de elevado ponto de fusão, 3.660 °C; volfrâmio. Símbolo W, número atômico 74, massa atômica 183,85.

Tungue, s. m. *Bot.* Árvore chinesa (*Aleuritis fordii*), cultivada por suas sementes, que dão óleo secante para tintas.

Túnica, s. f. 1. Vestuário antigo, comprido e ajustado ao corpo. 2. *Anat.* Membrana ou camada externa de um órgão. 3. *Bot.* Membrana externa ou invólucro de certos órgãos.

Tunicado, adj. *Zool.* Relativo aos Tunicados. S. m. pl. Subramo (*Tunicata*) de cordados constituído por animais caracterizados por possuírem uma túnica celulósica e coriácea.

Tunicela, s. f. 1. Túnica pequena. 2. Túnica em forma de dalmática, usada pelo bispo nas funções solenes.

Tupã, s. m. (tupi). 1. Trovão. 2. Nome usado pelos missionários jesuítas para designar Deus. Var.: *tupá.*

Tupé, s. m. Esteira grande, feita em geral de talas em que se secam ao sol alguns produtos de lavoura.

Tupi, adj. m. e f. *Etnol.* Relativo aos Tupis. S. m. Língua geral, falada até ao século XIX em nosso litoral, e hoje ainda, no Amazonas, sob a denominação de nheengatu. S. m. e f. Indígena dos Tupis. S. m. pl. Grande nação de índios, que dominava vários pontos do Brasil.

Tupia, s. f. Máquina-ferramenta para trabalhos de moldura em madeira.

Tupiçaba, s. f. *Bot.* Tupixaba.

Túpico, adj. De origem tupi.

Tupi-guarani, adj. m. e f. *Etnol.* Relativo aos Tupis e aos Guaranis, ou aos seus idiomas. S. m. Família lingüística indígena da região tropical sul-americana, a qual inclui o guarani, o tupi e outras línguas. Pl. do adj.: *tupi-guaranis*; pl. do s.: *tupis-guaranis.*

Tupina, adj. e s. m. Afoito, decidido.

Tupinamba, s. f. Tupinambo.

Tupinambá, adj. m. e f. *Etnol.* Relativo aos Tupinambás. S. m. Chefe, manda-chuva. S. m. e f. Indígena dos Tupinambás. S. m. pl. Grande nação de índios, que dominava na região do atual Estado da Bahia.

Tupinambarana, adj. m. e f. *Etnol.* Relativo aos Tupinambaranas, tribo de índios da nação tupinambá. S. m. e f. Indígena dessa tribo.

Tupinambo, s. m. *Bot.* Girassol americano perene (*Helianthus tulerosus*); tupinamba. Var.: *tupinambor.*

Tupiniquim, adj. m. e f. *Etnol.* Relativo aos Tupiniquins, antiga nação de índios, no território da Bahia. S. m. e f. 1. Indígena dos Tupiniquins. 2. *Hum.* Próprio do Brasil; brasileiro.

Tupixaba, s. f. *Bot.* Planta escrofulariácea (*Scoparia dulcis*); tupiçaba. Var.: *tupixava.*

Tupurapo, s. m. *Bot.* Caferana.

Turaniano, adj. Designativo das línguas asiáticas não semíticas nem arianas e nem o chinês, o japonês e seus dialetos. S. m. A família das línguas turanianas.

Turari, s. m. *Bot.* Planta sapindácea e trepadeira, do Brasil (*Serjania erecta*).

Turba, s. f. 1. Multidão de gente. 2. Multidão em desordem; turbamulta. 3. As multidões, o povo.

Turbação, s. f. Ato ou efeito de turbar(-se); turbamento.

Turbador, adj. e s. m. Que, ou aquele que turba; perturbador.

Turbamento, s. m. V. *turbação.*

Turbamulta, s. f. Grande multidão em desordem, com tendências tumultuosas; tropel.

Turbante, s. m. 1. Cobertura de cabeça, usada por homens nos países do Oriente. 2. Toucado feminino, semelhante a esse ornato.

Turbar, v. 1. Tr. dir. e pron. Tornar(-se) turvo; escurecer(-se), toldar(-se). 2. Pron. Tornar-se sombrio (o aspecto atmosférico). 3. Tr. dir. e pron. Perturbar(-se), tornar(-se) apreensivo, triste. 4. Tr. dir. Pôr em desordem; revolver. 5. Tr. dir. Obscurecer o juízo de.

Turbativo, adj. Que causa turbação.

Turbelário, adj. *Zool.* Relativo aos Turbelários. S. m. pl. Classe (*Turbellaria*) de platielmintos que compreende muitas espécies de vida livre.

Túrbido, adj. 1. Que perturba. 2. Perturbado. 3. Embaciado, escuro, turvo.

Turbilhão, s. m. 1. Massa de ar que gira impetuosamente ao redor de um centro. 2. Movimento forte e giratório de águas. 3. Revolução de um planeta. 4. Tudo o que nos arrasta ou nos excita violentamente. 5. Multidão agitada, buliçosa.

Turbilhonar, v. Tr. ind. e intr. Formar turbilhão.

Turbina, s. f. Motor composto de uma roda móvel, sobre a qual é aplicada a energia de um fluido motor (como água, vapor, gás etc.).

Turbinado, adj. 1. Semelhante a um cone invertido ou pião. 2. Diz-se da concha univalve cuja espiral forma um cone pouco alongado e bastante largo na base. 3. Diz-se de dois pequenos ossos na parede lateral da fossa nasal, os cornetos.

Turbinagem, s. f. Operação industrial em que uma substância é submetida à ação da força centrífuga produzida pela turbina; turbinação.

Turbiniforme, adj. m. e f. Que tem forma cônica ou figura de pião.

Turbinoso, adj. 1. Semelhante a um turbilhão. 2. Que gira em volta de um eixo ou centro.

Turbito, s. m. *Bot.* Planta convolvulácea de raiz purgativa (*Convolvulus turpethum*).

Turbulência, s. f. 1. Qualidade de turbulento. 2. Ato turbulento. 3. Grande desordem; arruaça.

Turbulento, adj. 1. Propenso a causar desordem. 2. Agitado, tempestuoso. 3. Buliçoso, ruidoso. 4. Revoltoso. S. m. Indivíduo bulhento.

Turco, adj. Relativo à Turquia; otomano. S. m. 1. O natural ou habitante da Turquia. 2. Língua altáica falada pelos turcos. 3. *Pop.* Designação dada erradamente a árabes e sírios do Brasil.

Turcomano, s. m. Língua falada pelos turcomanos, povo turco que vive principalmente na República Socialista Soviética Turcomana, no Irã e no Afeganistão.

Turdídeo, adj. Relativo ou semelhante ao tordo.

Tureba, s. m. *Pop.* Valentão.

Turfa, s. f. Material fóssil, combustível, enegrecido, esponjoso, formado por matérias vegetais dentro da água, em terrenos paludosos.

Turfe, s. m. (ingl. *turf*). 1. Prado de corridas de cavalos; hipódromo. 2. O esporte das corridas de cavalos.

Turfeira, s. f. Jazida de turfa.

Turfista, s. m. e f. Pessoa que se interessa por coisas do turfe.

Turgescência, s. f. Qualidade de turgescente.

Turgescente, adj. m. e f. Que turgesce; túrgido.

Turgescer, v. 1. Tr. dir. Tornar túrgido. 2. Intr. e pron. Tornar-se túrgido.

Turgidez, s. f. Qualidade ou estado de túrgido; turgescência.

Túrgido, adj. Dilatado, por conter grande porção de humores; inchado, túmido.

Turgimão, s. m. Drogomano. Var.: *trugimão.*

Turião, s. m. *Bot.* Rebento de ervas vivazes, que brota de uma gema da parte subterrânea do caule.

Turibular, v. Tr. dir. 1. Queimar incenso em honra de. 2. Adular, lisonjear.

Turibulário, adj. e s. m. 1. Que, ou aquele que agita o turíbulo para incensar. 2. Adulador, incensador, lisonjeador.

Turíbulo, s. m. Vaso em que se queima incenso nos templos; incensário ou incensório.

Turícremo, adj. *Poét.* Em que se queima incenso.

Turiferar, v. V. *turibular.*

Turiferário, adj. e s. m. 1. Diz-se de, ou aquele que leva o turíbulo. 2. Diz-se de, ou aquele que adula, bajula.

Turífero, adj. Que produz incenso.

Turificação, s. f. Ato ou efeito de turificar.

Turificador, adj. Que turifica; turificante. S. m. Aquele que turifica.

Turificante, adj. m. e f. Turificador.

Turificar, v. V. *incensar.*

Turíngia, s. f. Toranja.

Turino, adj. Relativo a incenso.

Turiri, s. m. V. *sururina.*

Turismo, s. m. 1. Gosto das viagens. 2. Realização de viagens de recreio.,

Turista, s. m. e f. Pessoa que viaja para se recrear.

Turma, s. f. 1. Corpo de trinta e dois cavaleiros, na antiga milícia romana; esquadrão. 2. Certo número de pessoas que se revezam com outras em certos atos, especialmente de estudantes que vão ser examinados. 3. Gente, pessoal.

Turmalina, s. f. *Miner.* Borossilicato complexo de alunímio contendo sódio, lítio, magnésio e ferro, nas cores cor-de-rosa, vermelha, verde, azul e amarela.

Turneráceas, s. f. pl. *Bot.* Família (*Turneraceae*) que compreende ervas com flores grandes, coloridas.

Turneráceo, adj. Relativo à família das Turneráceas.

Turno, s. m. (fr. *tour*). 1. Cada um dos grupos de pessoas, a quem cabe fazer alguma coisa, revesando-se com outras; turma. 2. Ordem, vez. 3. *Esp.* Cada um dos períodos de disputa de um campeonato. 4. Cada um dos períodos em que, diariamente, funciona uma escola.

Turpilóquio, s. m. Dito torpe; expressão obscena; linguagem pornográfica; palavrada.

Turquesa (*ê*), s. f. 1. Pedra preciosa de cor azul-celeste a azul-esverdeado, opaca, que é um fosfato hidratado natural de alumínio e cobre. 2. A cor azul-celeste ou azul-esverdeada da turquesa.

Turquesado, adj. Que tem cor de turquesa.

Turqui, adj. Diz-se do azul retinto e sem brilho.

Turra, adj. m. e f. *Fam.* Turrão. S. f. 1. Pancada com a testa. 2. Altercação. 3. Caturrice, teima.

Turrão, adj. e s. m. *Pop.* Teimoso. Fem.: *turrona.*

Turrar, v. *Fam.* 1. Tr. dir. Bater com a testa em. 2. Tr. ind. e intr. Altercar, caturrar.

turri-, elem. de comp. (l. *turre*). Exprime a idéia de *torre: turriforme.*

Turriculado, adj. *Zool.* Diz-se das conchas univalves, que têm a espiral muito alongada.

Turriforme, adj. m. e f. Que tem aspecto de torre.

Turrífrago, adj. *Poét.* Que destrói torres.

Turrígero, adj. *Poét.* Que tem torre ou castelo.

Turrista, s. m. e f. Pessoa que dá turras.

Turturinar, v. Intr. Arrulhar (a rola).

Turturino, adj. *Poét.* Relativo à rola.

Turubi, s. m. *Bot.* Planta euforbiácea (*Julocroton stipularis*).

Turucué, s. m. *Ornit.* V. *curutié.*

Turumbamba, s. m. 1. Altercação. 2. Balbúrdia, desordem. 3. Briga.

Turuna, adj. 1. Forte, valente. 2. Poderoso. S. m. 1. Homem forte, poderoso. 2. Valentão.

Turundu, s. m. *Folc.* Espécie de reisado.

Turundundum, s. m. *Pop.* Briga, rolo.

Tururi, s. m. Turiri.

Tururié, s. m. *Ornit.* Curutié.

Tururim, s. m. *Ornit.* Espécie pequena de nhambu (*Crypturellus soui albigularis*).

Tururu, s. m. *Ornit.* Espécie de marreca (*Oxyura dominica*).

Turvação, s. f. 1. Ato ou efeito de turvar(-se); turvamento, turvo. 2. Opacidade dos vinhos.

Turvamento, s. m. V. *turvação.*

Turvar, v. 1. Tr. dir. e pron. Tornar(-se) turvo; escurecer(-se). 2. Tr. dir. Perturbar, turbar.

Turvejar, v. V. *turvar.*

Turvo, adj. (l. *turbidu*). 1. Opaco. 2. Toldado. 3. Nublado (céu). 4. Perturbado. 5. Confuso. S. m. Turvação.

tussi-, elem. de comp. (l. *tusse*). Exprime a idéia de *tosse: tussígeno.*

Tussígeno, adj. Que provoca tosse.

Tussilagem, s. f. *Bot.* Planta composta medicinal (*Tussilago farfara*).

Tussol, s. m. *Farm.* Amigdalato da antipirina, narcótico, usado especialmente contra a coqueluche.

Tussor, s. m. Tecido denso de seda ou algodão.

Tuta-e-meia, s. f. *Fam.* 1. Bagatela, insignificância, ninharia, quase nada. 2. Preço baixo. Var.: *tutaméia.*

Tutano, s. m. 1. Medula dos ossos; substância mole e gorda que existe no interior dos ossos. 2. A essência, a parte mais íntima, o âmago.

Tutear, v. Tr. dir. Tratar por tu; atuar.

Tutela, s. f. (l. *tutela*). 1. *Dir.* Encargo legal para velar pela pessoa e pelos bens de um menor ou de um interdito; tutoria. 2. Amparo, proteção. 3. *Fam.* Sujeição vexatória; dependência.

Tutelado, adj. 1. Sujeito a tutela. 2. Protegido.

Tutelar¹, adj. m. e f. 1. Relativo a tutela. 2. Protetor.

Tutelar², v. Tr. dir. 1. Exercer tutela sobre. 2. Proteger.

Tutia, s. f. *Quím.* Óxido de zinco, que adere às chaminés dos fornos em que se calcinam certos minérios.

Tutor, s. m. 1. *Dir.* Indivíduo legalmente encarregado de tutelar alguém. 2. Protetor, defensor. 3. *Agr.* Estaca ou vara cravada no solo, para amparar e segurar uma planta. Fem.: *tutora* e *tutriz.*

Tutorar, v. Tr. dir. Tutelar. Var.: *tutorear.*

Tutoria, s. f. 1. Cargo de tutor. 2. Exercício de tutela; tutela. 3. Defesa, proteção.

Tutu¹, s. m. Papão.

Tutu², s. m. 1. Feijão cozido, refogado em gordura, temperado e em seguida engrossado com farinha (de milho ou de mandioca); ungüi. 2. *Pop.* Dinheiro.

Tuvira, s. m. *Ictiol.* Peixe gimnotídeo (*Eigenmannia virescens*), de água doce; sarapó.

Tuxaua, s. m. (do tupi). 1. Morubixaba. 2. *Pej.* Chefe político.

Tzar, s. m. Czar.

Tzigano, adj. e s. m. Diz-se de, ou músico cigano ou vestido de cigano, que toca melodias ciganas.

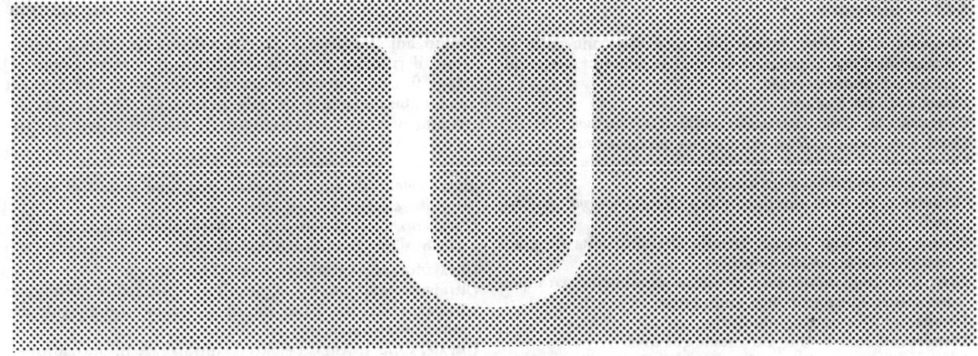

U, s. m. Vigésima letra do alfabeto português; vogal labial. Num. Vigésimo, numa série indicada por letras do alfabeto.

Uaçacu, s. m. *Bot.* Palmeira do gênero Ataléia.

Uaçaí, s. m. *Bot.* Açaí.

Uacapu, s. m. *Bot.* Acapu.

Uacapurana, s. f. *Bot.* Acapurana.

Uacari, s. m. *Zool.* 1. Nome comum a diversos macacos sul-americanos do gênero *Cacajau*. 2. *Ictiol.* Guacari.

Uacariguaçu, s. m. Peixe cascudo loricariídeo (*Pseudacanthicus hystrix*).

uaçu-, elem. de comp. (tupi-guar. *uaçu*). Significa *grande*. Vars.: *açu, guaçu*.

Uacumã, s. m. 1. *Bot.* Palmeira brasileira do gênero Cocos. 2. *Ornit.* Ave noturna do Amazonas.

Uai, interj. Exprime espanto, surpresa.

Uaiá, s. f. Estagnação intermitente das águas dos lagos amazonenses.

Uaiapuçá, s. m. V. *uapuçá*.

Uaicima, s. f. *Bot.* Planta malvácea (*Urena lobata*); uacima, uaixima, uaxima.

Uaieira, s. f. *Bot.* Uvaia.

Uaipi, s. m. Aipim.

Uajará, s. m. *Bot.* V. *guajará*.

Uamiri, s. m. Pequena seta de zarabatana. Var.: *uamirim*.

Uanambé, s. m. *Ornit.* Anambé.

Uapé ou **uapê**, s. m. Vitória-régia.

Uapuçá, s. m. *Zool.* Japuçá.

Uariá, s. m. *Bot.* Planta com tubérculos comestíveis.

Uariquina, s. f. *Bot.* Pimenta vermelha e comprida.

Uarirama, s. f. *Ornit.* Ave da família dos Alcediníđeos (*Megaceryle torquata torquata*).

Uarubé, s. m. Suco de mandioca, de que se faz o tucupi.

Uarurembóia, s. f. *Bot.* Arbusto da região amazônica, de propriedades medicinais.

Uatapu, s. m. (t. tupi). A concha do búzio, que os índios usavam como buzina, acreditando que ela atraía os peixes.

Uauá (*u-a-u-á*), s. m. Pirilampo, vaga-lume.

Uauçu (*a-u*), s. m. *Bot.* Espécie de palmeira (*Attalea speciosa*).

Ubá, s. f. 1. Canoa sem quilha, usada pelos índios. 2. Canoa, embarcação leve. 3. *Bot.* Planta herbácea utilizada na fabricação de balaios e cestos.

Ubacaba, s. f. *Bot.* Planta mirtácea (*Psidium radicans*).

Ubaia, s. f. *Bot.* Uvaia.

Ubarana, s. f. *Ictiol.* Peixe marinho (*Elops saurus*).

Ubari, s. m. *Ictiol.* Peixe de água doce, caracídeo (*Anisitsia notata*).

Ubatã, s. m. *Bot.* Aderno.

Uberdade, s. f. 1. Qualidade de úbere. 2. Fertilidade, fecundidade da terra. 3. Abundância, fartura. 4. Riqueza, opulência.

Úbere, adj. m. e f. 1. Fértil, fecundo. 2. Abundante, farto. Sup. abs. sint.: *ubérrimo*. S. m. 1. Teta das fêmeas de animais mamíferos. Vars.: *ubre, úbero*.

Ubertoso, adj. Fértil, abundante; úbere.

Ubi, s. m. *Bot.* Nome comum a várias palmeiras. Var.: *ubim*.

Ubijara, s. f. *Herp.* Réptil anfisbenídeo (*Amphisbaena alba*). Var.: *ubajara*.

Ubim, s. m. *Bot.* V. *ubi*.

Ubiquação, s. f. Ubiqüidade.

Ubiqüidade, s. f. Qualidade ou estado de ubíquo; ubiquação.

Ubíquo, adj. (l. *ubiquu*). Que está em toda parte ao mesmo tempo; onipresente.

Ubirajara, adj. m. e f. *Etnol.* Relativo aos Ubirajaras, nação indígena que habitava as nascentes do Rio São Francisco. S. m. e f. Indígena dessa nação.

Ubre, s. m. Úbere.

Ubuçu, s. m. *Bot.* V. *buçu*.

Uca, s. f. *Gír.* Aguardente, caninha, cachaça, pinga.

Ucá, s. m. V. *narguilé*.

Uçá, s. m. *Zool.* Nome do caranguejo (*Ucides cordatus*).

Ucasse, s. m. 1. Decreto dos czares. 2. Decisão autoritária, absolutista, ditatorial.

Ucha, s. f. Arca para guardar mantimentos.

Uchão, s. m. Encarregado da ucharia; despenseiro.

Ucharia, s. f. Depósito de mantimentos; despensa, armazém.

-ucho, suf. Formador de diminutivos: *papelucho*.

-uco, suf. Designa diminuição: *rabuco, suruco*.

Ucraniano, adj. *Etnol.* Relativo à Ucrânia, a seus habitantes e à língua por eles falada. S. m. 1. Habitante ou natural da Ucrânia. 2. A língua dos ucranianos.

-udo-[1], suf. Exprime: 1) quantidade de matéria: *barbudo, carnudo*; 2) excesso: *beiçudo, cabeçudo*.

-udo[2], suf. Participial obsoleto, de que ocorrem exemplos em *teúdo, conteúdo* e *manteúdo*.

Udómetro, s. m. Pluviômetro.

Udu, s. m. *Ornit.* Juruva.

Uê! ou **uê!**, interj. Exprime espanto, admiração.

Uéua, s. f. *Ictiol.* Peixe de água doce, caracídeo (*Acestrorhamphus falcatus*).

Ufa!, interj. Exprime admiração, alívio. Var.: *uf!*

Ufanar, v. 1. Tr. dir. Causar ufania a; envaidar. 2. Tr. dir. Alegrar muito; trazer júbilo a. 3. Pron. Orgulhar-se, gloriar-se. 4. Pron. Alegrar-se, rejubilar-se.

Ufania, s. f. 1. Qualidade de ufano. 2. Orgulho, vaidade. 3. Desvanecimento.

Ufano, adj. 1. Que se ufana de alguma coisa. 2. Vaidoso, jactancioso. 3. Satisfeito de si mesmo; ostentoso. 4. Envaidecido, desvanecido, jubiloso. 5. Brioso.

Ufanoso, adj. Ufano.

-ugem, suf. (l. *ugine*). 1. Exprime a idéia de ação continuada: *babugem, ferrugem*. 2. V. *-agem*.

Úgrico, adj. 1. Diz-se de um grupo de línguas uralo-altaicas, que compreende modernamente o *vogul* e o *ostíaco*, na Sibéria, e o *magiar* na Hungria. 2. Relativo aos ugros.

Ui!, interj. Exprime dor, surpresa, repugnância, admiração.

Uiara, s. f. *Folc.* Mãe-d'água.

uio-, elem. de comp. (gr. *uios*). Exprime a idéia de *filho: uiofobia*.

Uiofobia, s. f. Aversão aos próprios filhos.

Uiqué, s. m. *Bot.* Fruto comestível de uma árvore da família das Sapotáceas (*Lucuma mammosa*).

uirá, pref. Designativo em língua tupi de *ave*.

Uirapaçu, s. m. *Ornit.* Arapaçu.

Uirapiana, s. f. *Ornit.* Guainumbiguaçu.

Uirapuru, s. m. *Ornit.* Nome pelo qual são conhecidos na Amazônia diversos pássaros de famílias diferentes, especialmente o *Cyphorhinus arada.*

Uirari, s. m. *Bot.* Curare.

Uirataúá, s. m. *Ornit.* Corrupião; sofrê. Var.: *iratauá.*

Uiriri, s. m. (onom.). *Ornit.* Andorinha, na Amazônia.

Uiruucotim, s. m. *Ornit.* Ave falconídea (*Spizaetus tyrannus*); apacanim ou gavião-pega-macaco.

Uiruuetê, s. m. *Ornit.* Ave falconídea (*Harpia harpyja*); gavião-real.

Uísque, s. m. (ingl. *whisky*). Bebida alcoólica feita de grãos fermentados de cevada ou milho.

Uíste, s. m. (ingl. *whist*). Jogo de cartas, geralmente para quatro pessoas que jogam duas contra duas.

Uivada, s. f. Uivo longo e agudo.

Uivador, adj. e s. m. Que, ou aquele que uiva.

Uivar, v. (l. *ululare*). Intr. 1. Dar uivos (o cão, o lobo e outros animais). 2. Produzir som semelhante ao uivo. 3. Gritar, berrar, ulular, esbravejar. S. m. Uivo.

Uivo, s. m. 1. Voz do cão e do lobo. 2. Ato de vociferar.

Ujica, s. f. Nome de certo quitute.

Ulano, s. m. (al. *uhlaw*). Cavaleiro armado de lança nos antigos exércitos austríaco e alemão.

Úlcera, s. f. 1. *Med.* Perda de substância dos tecidos, que acarreta desintegração e necrose. 2. *Fig.* Mancha moral; pecado.

Ulceração, s. f. *Med.* Processo patológico de destruição de tecidos que resulta numa úlcera.

Ulcerar, v. 1. Tr. dir. Causar úlcera ou ulceração. 2. Intr. Tornar em úlcera. 3. Pron. Converter-se em úlcera. 4. Tr. dir. Ferir moralmente; magoar. 5. Tr. dir. *Fig.* Corromper. 6. Intr. e pron. *Fig.* Corromper-se.

Ulcerativo, adj. 1. Que causa úlcera. 2. Relativo a úlcera.

Ulceroso, adj. 1. Que sofre de úlcera. 2. Que é da natureza da úlcera.

Ulemá, s. m. (ár. *ulema*). Teólogo muçulmano.

Uliginário, adj. *Bot.* Que cresce em lugares úmidos; uliginoso.

Uliginoso, adj. 1. Paludoso, pantanoso. 2. Uliginário.

Ulissiponense, adj. e s., m. e f. Lisboeta.

Ulite, s. f. *Med.* Inflamação das gengivas; gengivite.

Ulmáceas, s. f. pl. *Bot.* Família (*Ulmaceae*) de árvores e arbustos, a que pertence o olmo.

Ulmáceo, adj. Relativo às Ulmáceas.

Ulmária, s. f. *Bot.* Planta rosácea (*Spiraea ulmaria*), também chamada *barba-de-bode.*

Ulmo, s. m. *Bot.* Olmo.

Ulna, s. f. (l. *ulna*). *Ant.* 1. *Anat.* V. *cúbito.* 2. Medida equivalente a uma braça.

Ulnal, adj. m. e f. *Ant. Anat.* V. *ulnário.* Var.: *ulnar.*

Ulnário, adj. *Anat.* Relativo ao cúbito; ulnário.

Ulo[1], s. m. Grito, gemido, uivo.

ulo-[2], elem. de comp. (gr. *oulon*). Exprime a idéia de *gengiva: ulorragia.*

ulo-[3], elem. de comp. (gr. *oulos*). Exprime a idéia de *enrugamento, encrespamento, frisamento: ulótrico.*

-ulo[4], suf. vernáculo. Exprime idéia diminutiva: *cubículo.*

Uloncia, s. f. *Med.* Edema ou tumor das gengivas.

Ulorragia, s. f. *Med.* Hemorragia nas gengivas.

Ulótrico, adj. e s. m. Diz-se de, ou indivíduo que tem cabelos crespos ou lanosos. Antôn.: *lissótrico.*

Ulterior, adj. m. e f. 1. Situado além. 2. Que vem depois; seguinte, posterior.

Ulterioridade, s. f. Qualidade de ulterior.

Ultimação, s. f. 1. Ato de ultimar. 2. Acabamento, aperfeiçoamento, arremate.

Ultimado, adj. 1. Arrematado; pronto. 2. Ajustado (negócio).

Ultimar, v. 1. Tr. dir. Terminar, acabar; arrematar, concluir. 2. Pron. Chegar ao termo; completar-se.

Últimas, s. f. pl. 1. O ponto extremo. 2. Extrema penúria. 3. Momento decisivo; hora *H.* 4. A hora da morte; a agonia. 5. *Pop.* Notícias recentes.

Ultimato, s. m. 1. *Polít.* Conjunto de condições definitivas que um Estado apresenta a outro e cuja recusa pode originar um conflito. 2. Decisão final e irrevogável.

Último, adj. (l. *ultimu*). 1. Que vem depois de todos. 2. Extremo, derradeiro, final. 3. Moderníssimo, recentíssimo. 4. Que fica de resto, de sobra; restante. S. m. 1. Pessoa ou coisa que vem depois de todas as outras. 2. O que sobrevive a outros. 3. O mais recente. 4. O mais vil, o pior, o mais desprezível. 5. O resto.

Ultra[1], s. m. e f. Partidário de idéias radicais; radical.

ultra-[2], elem. de comp. (l. *ultra*). Exprime a idéia de *excesso, extremo, além de: ultramontano.*

Ultraísmo, s. m. O mais importante estilo da poesia espanhola e hispano-americana do século XX.

Ultrajador, adj. Ultrajante. S. m. O que ultraja.

Ultrajante, adj. m. e f. Que ultraja; ultrajador, ultrajoso.

Ultrajar, v. Tr. dir. Fazer ultraje a; ofender a dignidade de; infamar, afrontar, injuriar.

Ultraje, s. m. 1. Ato ou efeito de ultrajar. 2. Insulto, afronta. 3. Calúnia, difamação.

Ultrajoso, adj. Ultrajante.

Ultramar, s. m. 1. A região de além-mar. 2. A cor azul-profundo, como a do lápis-lazúli.

Ultramarino, adj. 1. Relativo ou próprio do ultramar. 2. Situado no ultramar. V. *ultramar,* acep. 2.

Ultramicroscópico, adj. Relativo ao ultramicroscópio.

Ultramicroscópio, s. m. *Fís.* Microscópio especial para examinar partículas muito pequenas, que não são vistas pelo microscópio ordinário.

Ultramontanismo, s. m. 1. Sistema dos que defendem a autoridade absoluta do papa, também no terreno temporal. 2. Absolutismo, dogmatismo.

Ultramontano, adj. e s. m. 1. Transmontano. 2. Partidário do ultramontanismo.

Ultrapassar, v. Tr. dir. 1. Passar além de; transpor. 2. Exceder os limites de.

Ultra-realismo, s. m. Sistema dos ultra-realistas.

Ultra-realista, adj. e s., m. e f. Diz-se de, ou pessoa partidária extremada do realismo.

Ultra-romântico, adj. Que é romântico em excesso.

Ultra-som, s. m. *Fís.* Oscilação acústica de alta freqüência, acima do limite máximo da audibilidade.

Ultra-sônico, adj. *Fís.* Relativo a ultra-som.

Ultravioleta, adj. m. e f., sing. e pl. *Fís.* Diz-se dos raios da parte do espectro que fica além do violeta, e cujo comprimento de onda varia entre 0,2 e 0,4 de micro.

Ultravírus, s. m. sing. e pl. *Med.* Agente infeccioso, causador das mais variadas moléstias, ultramicroscópico e filtrável; também chamado *ultramicróbio, vírus ultramicroscópico, vírus filtrável.*

Ultrice, adj. f. *Poét.* V. *ultriz.*

Ultriz, adj. f. Que exerce vingança; que se vinga. S. f. Vingadora; mulher que se vinga. S. f. pl. As Fúrias, deusas da vingança. Var.: *ultrice.*

Ululação, s. f. Ato ou efeito de ulular; ululo, ulular.

Ululador, adj. Ululante. S. m. O que ulula.

Ululante, adj. m. e f. Que ulula; ululador.

Ulular, v. 1. Intr. Soltar voz triste e plangente (o cão). 2. Intr. Gemer lamentosamente. 3. Tr. dir. Gritar, vociferar. S. m. Ululação.

Ululo, s. m. Ululação.

Ulva, s. f. *Bot.* Gênero (*Ulva*) de algas verdes, que têm um talo comestível.

Um[1], art. ind. Individualiza, de modo indeterminado, o substantivo: *Um* aluno do Pedro II. Fem.: *uma.* Adj. Uno, único, só. Num. 1. *Cardinal.* Designativo da unidade. 2. *Ordinal.* Designativo do primeiro de uma série ou ordem. S. m. Algarismo representativo do primeiro dos números inteiros. *O número um*: o melhor, o máximo; o mais excelente.

-um[2], suf. vernáculo. Exprime *relativo a, qualidade* ou *espécie: bodum, ovelhum, vacum.*

Uma, fem. de *um,* em todas as classes.

Umari, s. m. *Bot.* Planta icacinácea (*Poraqueiba sericea*).

Umbamba, s. f. *Bot.* Espécie de palmeira uliginosa do Brasil (*Desmonicus nidentum*).

Umbanda, s. f. *Folc.* 1. O chefe das macumbas. 2. O terreiro da macumba.

Umbaúba, s. f. *Bot.* Árvore da família das Moráceas (*Cecropia peltata*); árvore-da-preguiça, torém. Var.: *ambaíba, ambaúba, embaúba, imbaúba, imbaúva.*

Umbaubal (*a-u*), s. m. Bosque de umbaúbas. Var.: *ambaibal, ambaubal, embaubal, imbaubal.*

Umbê, s. m. *Bot.* Espécie de trepadeira silvestre.

Umbela, s. f. 1. Chapéu-de-sol; sombrinha. 2. Pequeno pálio redondo. 3. *Bot.* Inflorescência múltipla, em que os pedúnculos partem do mesmo ponto e alcançam igual altura.

Umbelado, adj. Umbelífero.

umbeli-, elem. de comp. (l. *umbella*). Exprime a idéia de *umbela: umbelífero.*

Umbelíferas, s. f. pl. *Bot.* Família (*Umbelliferae*) que abrange plantas economicamente importantes (como cenouras, salsa, aipo, erva-doce etc.).

Umbelífero, adj. Que tem umbela; umbelado.

Umbigada, s. f. 1. Pancada de umbigo ou de barriga; barrigada. 2. *Folc.* Uma das denominações do batuque paulista.

Umbigo, s. m. (l. *umbilicu*). 1. *Anat.* Cicatriz, na região central do ventre, resultante da queda do cordão umbilical. 2. *Bot.* Hilo. Var. pop.: *embigo.*

Umbigueira, s. f. Bicheira no umbigo de bezerros recém-nascidos. Var.: *embigueira.*

Umbilicado, adj. 1. Semelhante ao umbigo. 2. *Bot.* Deprimido no centro como um umbigo.

Umbilical, adj. m. e f. Relativo ao umbigo.

Umbráculo, s. m. *Bot.* Chapéu dos cogumelos.

Umbral, s. m. Ombreira da porta; soleira, limiar.

Umbrático, adj. 1. Que gosta da sombra, ou a procura. 2. Obscuro, enigmático. 2. Imaginário; umbrátil.

Umbrátil, adj. m. e f. V. *umbrático.*

Umbrela, s. f. V. *umbela.*

Umbrícola, adj. m. e f. Que vive na sombra.

Umbrífero, adj. Sombreado, umbroso.

Úmbrio, adj. Da, ou relativo à Úmbria (Itália). S. m. 1. O natural ou habitante da Úmbria. 2. Dialeto itálico falado na antiga Úmbria.

Umbroso, adj. 1. Que tem ou produz sombra. 2. Copado, frondoso.

Umbu, s. m. *Bot.* V. *imbu.*

Umburana, s. f. *Bot.* V. *imburana.*

Umbuzada, s. f. V. *imbuzada.*

Umbuzal, s. m. V. *imbuzal.*

Umbuzeiro, s. m. V. *imbuzeiro.*

Ume[1], s. m. V. *alume.*

-ume[2], suf. (l. *umen*). Exprime a idéia de *ajuntamento, aumento, intensidade: azedume, negrume.*

Umectação, s. f. Ato ou efeito de umectar.

Umectante, adj. m. e f. Que umecta; umectativo.

Umectar, v. Tr. dir. e pron. *Med.* Umedecer.

Umectativo, adj. Umectante.

Umedecer, v. (por *umidecer*, de *úmido*). 1. Tr. dir. Tornar úmido; molhar levemente. 2. Intr. e pron. Tornar-se úmido, molhar-se levemente.

Umedecimento, s. m. Ato ou efeito de umedecer(-se).

Umente, adj. m. e f. *Poét.* Úmido.

Umeral, adj. m. e f. Relativo ao úmero; umerário.

Umerário, adj. V. *umeral.*

Úmero, s. m. *Anat.* Osso do braço, que vai do ombro ao cotovelo.

Umidade, s. f. 1. Qualidade ou estado de úmido. 2. Abundância de líquido no organismo. 3. Relento, orvalho, garoa.

Umidífobo, adj. *Bot.* Diz-se das plantas que não se dão bem nos terrenos úmidos.

Úmido, adj. 1. Levemente molhado. 2. Que tem a natureza da água; aquoso.

Umiri, s. m. *Bot.* Arbusto do gênero Humíria (*Humíria floribunda*).

Umirizal, s. m. Bosque de umiris.

Unanimar, v. Tr. dir. Tornar unânime.

Unânime, adj. m. e f. 1. Que tem o mesmo sentimento ou a mesma opinião que outrem. 2. Proveniente de acordo comum; geral. 3. Relativo a todos.

Unanimidade, s. f. 1. Qualidade de unânime. 2. Comunhão de idéias, opiniões ou pensamentos.

Unanimismo, s. m. Doutrina literária e psicológica preconizada pelo escritor francês Jules Romains (1885-1946), segundo a qual na literatura deve prevalecer a representação da psicologia coletiva à da psicologia individual.

Unanimista, adj. m. e f. 1. Relativo ao unanimismo. 2. Diz-se do partidário dessa doutrina. S. m. e f. Seguidor do unanimismo.

Unau, s. m. *Zool.* Preguiça didátila (*Choloepus didactilus*), da Amazônia.

Unção, s. f. (l. *unctione*). 1. Ato ou efeito de ungir. 2. Sentimento de piedade religiosa. 3. Doçura da voz, que comove.

unci-, elem. de comp. (l. *uncu*). Exprime a idéia de *unha* ou *gancho: unciforme.*

Úncia, s. f. (l. *uncia*). Polegada.

Uncial, adj. e s., m. e f. Diz-se da, ou a escrita que se originou do arredondamento das letras maiúsculas romanas e era usada principalmente em manuscritos gregos e latinos dos séculos IV a VIII.

Unciário, adj. Que tinha direito à duodécima parte de uma herança, conforme o direito romano.

Unciforme, adj. m. e f. Em forma de gancho. S. m. *Anat.* O quarto osso da segunda série do carpo.

Uncinado, adj. 1. Que tem gancho; ungüífero. 2. Que tem forma de unha, ou garra. 3. Que termina em gancho como anzol.

Uncinariose, s. f. *Med.* Antiga designação da ancilostomíase ou amarelão.

Uncirrostro (*ó*), adj. *Zool.* Que tem bico recurvo.

Undação, s. f. Enchente, alagamento, inundação.

Undante, adj. m. e f. 1. Ondeante. 2. Que forma ondas. 3. Que leva muita água.

Undecilhão, num. (*um + decilhão*). 1. Número, 1.000 decilhões, representado por 1 seguido de 36 zeros, ou mais comumente pela respectiva potência de dez, 10^{36}. 2. Na Inglaterra e na Alemanha, 1 milhão de decilhões, 10^{66}. Var.: *undecilião.*

Undécimo, num. Ordinal correspondente a onze; décimo primeiro. S. m. Cada uma das onze partes em que se divide um todo.

Undécuplo, num. multiplicativo. Que é onze vezes maior que outro. S. m. Quantidade onze vezes maior que outra.

undi-, elem. de comp. (l. *unda*). Exprime a idéia de *onda: undícola, undífero.*

Undícola, adj. e s., m. e f. Diz-se de, ou animal que vive nas águas.

Undífero, adj. 1. Que tem ondas; undoso. 2. Que contém água; aquoso.

Undiflavo, adj. *Poét.* Que tem ondas douradas; que tem ondas com reflexos de ouro.

Undífluo, adj. Que corre em ondas.

Undíssono, adj. *Poét.* Que soa como o marulho das ondas.

Undívago, adj. Que anda ou vagueia sobre as ondas.

Undosidade, s. f. Qualidade de undoso; ondulação, ondeamento.

Undoso, adj. 1. Que tem ondas. 2. Que forma ondas. 3. Ondeante.

Ungido, adj. 1. Que se ungiu. 2. *Liturg.* Que recebeu o sacramento da extrema-unção. 3. Que recebeu as ordens sacras; ordenado. S. m. Aquele que foi ungido.

Ungir, v. 1. Tr. dir. Aplicar óleo ou substâncias gordurosas a; untar. 2. Tr. dir. Friccionar, com óleo. 3. Tr. dir. *Liturg.* Administrar o sacramento da extrema-unção a. 4. Tr. dir. Repassar de unção, piedade, doçura. 5. Tr. dir. Investir da dignidade de; sagrar, consagrar. 6. Tr. dir. Molhar, umedecer. 7. Pron. Friccionar o próprio corpo com substância oleosa; untar-se.

Úngüe, s. m. (l. *unguis*). *Anat.* Pequeno osso quadrilátero, muito delgado, situado sobre a parede interna da órbita, atrás do maxilar superior.

Ungueal, adj. m. e f. Relativo a unha.

Ungüentáceo, adj. Relativo ao ungüento; ungüentário.
Ungüentário, adj. V. *ungüentáceo.*
Ungüento, s. m. 1. *Ant.* Essência aromática; bálsamo. 2. *Farm.* Preparado medicinal pastoso, para uso externo; unto, untura.
Ungüi, s. m. *Pop.* V. *tutu*[2], acepção 1.
Ungüiculado, adj. 1. *Bot.* Provido de unha. 2. *Zool.* Designativo dos mamíferos que têm unhas nos dedos, em vez de cascos.
Ungüífero, adj. Que tem unha; ungüiculado.
Ungüiforme, adj. m. e f. Que tem forma de unha.
Ungüinoso, adj. Gorduroso, oleoso.
Úngula, s. f. *Anat.* Saliência membranosa do ângulo interno do olho; unha.
Ungulado, adj. *Zool.* Diz-se dos mamíferos da ordem dos Ungulados. S. m. pl. Ordem (*Ungulata*) de mamíferos, cujos dedos ou patas são providos de cascos.
Unha, s. f. (l. *ungula*). 1. Lâmina córnea, flexível, de transparência imperfeita, levemente curvada, que recobre a extremidade distal da falange terminal no homem e em muitos vertebrados. 2. Casco, nos Ungulados. 3. Extremidade recurva do pé dos insetos. 4. Pé dos caranguejos. 5. Úngula. 6. Calosidade dura que se forma no lombo das bestas, pelo roçar dos arreios; unhamento, pisadura dos arreios. 7. Lasca do tronco da videira, presa ao bacelo que se cortou. 8. *Bot.* Extremidade inferior de algumas pétalas. 9. *Zool.* Opérculo de diversas conchas. 10. Extremidade recurva e pontiaguda de certos instrumentos. — *U.-de-fome* ou *unhas-de-fome, Pop.*: pessoa avarenta e mesquinha; sovina, catinga. *U.-de-gato, Bot.*: planta da família das leguminosas-mimosáceas (*Mimosa sepiaria*).
Unhaca, s. m. e f. *Pop.* 1. Avarento, sovina, mesquinho. 2. Pessoa muito íntima.
Unhaço, s. m. Unhada.
Unhada, s. f. Arranhão, ferimento produzido pela unha; unhaço.
Unhamento, s. m. 1. Ato ou efeito de unhar(-se). 2. A parte unhada do bacelo.
Unhão, s. m. *Náut.* 1. Ato de trançar e emendar as meadas ou chicotes de um cabo partido. 2. O nó com que se fazem essas emendas.
Unhar, v. 1. Tr. dir. Riscar com as unhas; arranhar, ferir. 2. Tr. dir. Marcar com a unha. 3. Tr. dir. Roubar, surripiar. 4. Tr. dir. Colocar na manta (o bacelo) e aconchegar com terra no lugar onde deverá criar raízes. 5. Intr. *Gír.* Fugir. 6. Pron. Ferir-se com as unhas; arranhar-se.
Unheira, s. f. Ferida de difícil cicatrização, produzida no lombo das cavalgaduras pelo lombilho mal colocado; cuera, tubuna.
Unheiro, s. m. *Med.* Panarício subepidérmico.
Unheirudo, adj. Que sofre de unheira.
uni-, elem. de comp. (l. *unu*). Exprime a idéia de *um, único: unicelular, unicorne.*
União, s. f. 1. Ato ou efeito de unir(-se); junção, ligação, adesão. 2. Ponto de contato. 3. Adesão, harmonia, concórdia. 4. Casamento. 5. Cópula de animais; coito. 6. Aliança, pacto, acordo, liga. 7. Laço, vínculo. 8. Sociedade, reunião, associação. 9. *Mec.* Peça com rosca interna que serve para conjugar duas outras peças de diâmetro menor com rosca externa; luva.
Uniarticulado, adj. Que tem uma única articulação.
Uniaxial (*cs*), adj. m. e f. 1. Que tem um só eixo. 2. *Fís.* Que não tem dupla refração.
Unicelular, adj. m. e f. *Bot.* Constituído por uma única célula.
Unicidade, s. f. Estado ou qualidade de único.
Único, adj. 1. Que é um só; que não tem igual em sua espécie ou gênero. 2. Excepcional. 3. Sem semelhante. 4. Superior aos demais; o melhor; a que nada se compara.
Unicolor (*lô*), adj. De uma só cor.
Unicorne, adj. Que tem um só chifre, ou corno; unicórneo. S. m. 1. *Zool.* Espécie de rinoceronte (*Rhinoceros unicornis*) que ocorre na Índia 2. *Ornit.* V. *anhuma.*
Unicórneo, adj. V. *unicorne.*
Unicúspide, adj. m. e f. Que só tem uma ponta.
Unidade, s. f. 1. Qualidade do que é uno, unido ou único. 2. *Mat.* O menor dos números primos absolutos; o número um (1). 3. *Lit.* e *Bel.-art.* Combinação ou coordenação das partes de uma obra literária ou artística. 4. Uniformidade. 5. *Mil.* Cada corpo de tropas com incumbências e manobras próprias. 6. *Náut.* Cada navio de uma frota ou esquadra. 7. *Filos.* O mesmo que *mônada,* na doutrina de Leibniz. 8. *Teol.* Um dos atributos exclusivos de Deus. — *U. astronômica, Astr.*: unidade de distância que corresponde à distância média da Terra ao Sol, ou seja, 149.504.200 km. Abrev.: UA.
Unido, adj. 1. Que se uniu. 2. Junto, ligado. 3. Muito próximo; em contato.
Unificação, s. f. Ato ou efeito de unificar(-se).
Unificador, adj. e s. m. Que, ou aquele que unifica.
Unificar, v. 1. Tr. dir. Tornar uno. 2. Tr. dir. Fazer convergir para um só fim. 3. Pron. Tornar-se um.
Unifloro, adj. *Bot.* Que apresenta uma só flor.
Unifoliolado, adj. *Bot.* Que só tem um folíolo.
Uniformar, v. Tr. dir. Uniformizar.
Uniforme, adj. m. e f. 1. Que tem uma só forma. 2. Que não varia. 3. Idêntico. S. m. Farda, fardamento; vestuário idêntico para todos os componentes de uma agremiação.
Uniformidade, s. f. 1. Qualidade do que é uniforme. 2. Monotonia. 3. Regularidade.
Uniformização, s. f. Ato ou efeito de uniformizar(-se).
Uniformizador, adj. e s. m. Que, ou aquele que uniformiza.
Uniformizar, v. 1. Tr. dir. e pron. Tornar(-se) uniforme, igualar(-se), padronizar(-se). 2. Pron. Vestir o uniforme; fardar-se.
Unigênito, adj. Único gerado por seus pais. S. m. 1. Filho único. 2. O cognome de Cristo.
Unijugado, adj. Que forma um único par.
Unilabiado, adj. *Bot.* Diz-se da corola que tem um só lábio ou lóbulo principal.
Unilateral, adj. m. e f. 1. Que vem de um só lado. 2. Situado de um lado só. 3. *Dir.* Diz-se do contrato em que só uma das partes recebe encargos e obrigações.
Unilateralidade, s. f. Qualidade de unilateral; parcialidade.
Unilíngüe, adj. m. e f. Escrito em uma só língua.
Unilobado, adj. Que tem um só lobo.
Unilobulado, adj. Que só tem um lóbulo.
Unilocular, adj. m. e f. *Biol.* Que tem um só lóbulo ou cavidade, ou cuja cavidade não tem separações interiores.
Uníloquo (*co*), adj. Que exprime a vontade ou modo de pensar de uma só pessoa.
Uninervado, adj. *Bot.* Diz-se da folha que apresenta uma única nervura, a central; uninérveo.
Uninérveo, adj. *Bot.* V. *uninervado.*
Uninominal, adj. m. e f. 1. Que tem um só nome. 2. Relativo a um único nome.
Unioculado, adj. Que tem um só olho.
Unionismo, s. m. Sistema que preconiza a união (de indivíduos, forças, doutrinas etc.).
Unionista, adj. m. e f. Relativo ao unionismo. S. m. e f. Partidário do unionismo.
Unípara, adj. f. 1. *Zool.* Diz-se das fêmeas que parem um só filho de cada vez. 2. *Bot.* Diz-se da inflorescência que se processa em um só eixo florífero.
Unipedal, adj. m. e f. Que tem um só pé; unípede.
Unípede, adj. m. e f. Unipedal.
Unipessoal, adj. m. e f. 1. Relativo a uma só pessoa. 2. *Gram.* Que tem uma só pessoa (verbo).
Unipétalo, adj. *Bot.* Diz-se da corola de pétala única.
Unipolar, adj. m. e f. Que tem um só pólo.
Unir, v. 1. Tr. dir. Tornar um; unificar. 2. Tr. dir. Ligar. 3. Tr. dir. Anexar, agregar. 4. Tr. dir. Ajuntar, aproximar. 5. Tr. dir. Conciliar. 6. Tr. dir. Associar. 7. Tr. dir. Ligar pelo matrimônio; casar. 8. Tr. dir. Fazer aderir; colar. 9. Tr. dir. Estabelecer comunicação entre. 10. Intr. Fechar, aderir, juntar. 11. Tr. dir. *Quím.* Combinar. 12. Pron. Unificar-se, tornar-se um com. 13. Pron. Aproximar-se. 14. Pron. Casar-se.

Unirrefringente, adj. m. e f. *Fís.* Diz-se dos corpos translúcidos em que a refração da luz produz uma só imagem, como no vidro.

Unissexuado, adj. *Biol.* V. *unissexual.*

Unissexual, adj. m. e f. *Biol.* Que tem um só sexo; unissexuado.

Unissonância, s. f. 1. Qualidade de uníssono. 2. Conjunto de sons uníssonos.

Unissonante, adj. m. e f. Uníssono.

Uníssono, adj. 1. Que tem o mesmo som que outro. 2. Diz-se de dois sons de mesma entonação. S. m. Estado de dois sons ouvidos ao mesmo tempo.

Unitário, adj. 1. Da, ou relativo à unidade. 2. Com caráter de unidade. 3. Que pugna pela centralização política de um país. S. m. Partidário do unitarismo; unitarista.

Unitarismo, s. m. *Teol.* Doutrina que nega a Santíssima Trindade, admitindo apenas uma Pessoa Divina.

Unitarista, s. m. e f. Partidário(a) do unitarismo.

Unitivo, adj. Próprio para unir ou para se unir.

Univalente, adj. m. e f. *Quím.* Que tem uma só valência de combinação.

Univalve, adj. m. e f. 1. *Bot.* Diz-se do fruto que se abre de um só lado. 2. *Zool.* Diz-se das conchas dos moluscos formadas de uma só peça.

Univalvular, adj. m. e f. *Bot.* Que tem uma só válvula.

Universal, adj. m. e f. 1. Geral, total. 2. Comum a todos. 3. Que abrange todas as coisas; que se estende a tudo. 4. Que provém de todos; que é efeito de todos. 5. Que tem o caráter de generalidade absoluta. S. m. 1. Aquilo que é geral, total. 2. *Filos.* Termo da Escolástica, com que se designava a idéia geral de uma espécie de seres, abstraindo da existência realizada individualmente.

Universalidade, s. f. 1. Qualidade de universal. 2. Totalidade.

Universalismo, s. m. *Filos.* Doutrina que admite, como critério da verdade, o consenso universal.

Universalização, s. f. Ato ou efeito de universalizar(-se).

Universalizar, v. 1. Tr. dir. Tornar universal; generalizar. 2. Pron. Tornar-se comum; generalizar-se.

Universidade, s. f. 1. Totalidade, universalidade. 2. Conjunto de faculdades ou escolas do curso superior. 3. Conjunto de disciplinas do curso superior. 4. Conjunto do corpo docente e discente dessas escolas superiores. 5. Edifício ou conjunto de edifícios, onde funcionam essas faculdades.

Universitário, adj. Relativo a universidade. S. m. Membro do corpo docente ou discente da universidade.

Universo, adj. (l. *universu*). Universal, geral, todo, inteiro. S. m. 1. Conjunto de todas as realidades criadas; mundo. 2. O sistema solar; o cosmo. 3. A Terra, o mundo. 4. Os habitantes da Terra. 5. Um todo composto de partes, harmonicamente dispostas.

Unívoco, adj. 1. Designativo do termo que se aplica a realidades distintas, com o mesmo sentido. 2. Que só admite uma interpretação. 3. Que é da mesma natureza.

Uno, adj. Que é um só; único, singular.

Unóculo, adj. e s. m. Que, ou aquele que tem só um olho.

Untadela, s. f. Ato de untar de cada vez ou levemente.

Untador, adj. e s. m. Que, ou aquele que unta.

Untadura, s. f. Untura.

Untanha, s. f. *Zool.* Espécie de rã que apresenta pontuda saliência ao lado de cada olho. Var.: *intanha.*

Untar, v. 1. Tr. dir. Aplicar unto ou óleo a; friccionar com unto. 2. Pron. Aplicar unto em si próprio.

Unto, s. m. 1. Banha ou gordura de porco. 2. Qualquer substância gordurosa.

Untuosidade, s. f. Qualidade ou estado de untuoso.

Untuoso, adj. 1. Que tem gordura ou unto; gorduroso. 2. Escorregadio. 3. *Fig.* Cheio de unção; brando.

Untura, s. f. 1. Ato ou efeito de untar; unção, untadura. 2. Gordura, unto, substância graxa. 3. Substância medicinal para fricções; ungüento. 4. Conhecimento superficial de alguma coisa.

Upa, s. f. Salto ou corcovo do animal de montaria. Interj. 1. Brado de estímulo ao animal, para que ande mais depressa. 2. Exprime espanto e admiração; ôba! ôpa!

Upar, v. Intr. Dar upas (o animal de montaria).

Upiúba, s. f. *Bot.* Árvore do Amazonas, cuja madeira é utilizada em construções.

Ura[1], s. f. 1. *Pop.* Berne. 2. Mancha de cor diferente no pêlo das reses.

-ura[2] elem. de comp. Exprime *estado, qualidade, natureza: brancura, frescura.*

Uraco, s. m. *Anat.* Canal que no feto liga a alantóide à bexiga urinária.

Uracrasia, s. f. *Med.* Incontinência de urinas.

Uraçu, s. m. *Ornit.* Gavião da família dos Acipitrídeos (*Morphnus guyanensis*); gavião-real.

Uraliano, adj. Relativo aos Montes Urais, cordilheira situada entre a Ásia e a Europa, ou às gentes que neles, ou perto deles, moram.

Uralita, s. f. *Miner.* Silicato natural de cálcio e magnésio. Var.: *uralite* e *uralito.*

Uralo-altaiço, adj. 1. Relativo aos Montes Urais e ao Altai. 2. Diz-se das línguas dos povos que habitam os Urais e o Altai.

Uraninita, s. f. *Miner.* Óxido de urânio, que contém também tório, cério, ítrio, lantânio e outros elementos, e que é o principal minério de urânio.

Urânio, s. m. *Quím.* Elemento metálico de lustre argênteo, radioativo, da série dos actinídeos. Símbolo U, número atômico 92, massa atômica 238,07.

Uraniscoplastia, s. f. *Med.* Uranoplastia.

Uranismo, s. m. Perversão sexual; homossexualidade, sobretudo congênita.

Uranista, adj. e s., m. e f. Que, ou quem tem a perversão do uranismo.

Uranita, s. f. *Miner.* Fosfato duplo de cálcio e urânio, compreendendo a autunita e a torbernita.

Urano[1], s. m. *Astr.* Um dos planetas do sistema solar.

urano-[2], elem. de comp. Exprime a idéia de *céu, abóbada palatina: uranografia.*

Uranografia, s. f. Astronomia; uranologia.

Uranógrafo, s. m. Astrônomo.

Uranologia, s. f. 1. Astronomia; uranografia. 2. Tratado sobre o céu e os corpos celestes, nas diferentes épocas da idade da Terra.

Uranômetro, s. m. Instrumento que serve para medir distâncias celestes.

Uranoplastia, s. f. *Med.* Cirurgia plástica do céu da boca.

Uranorama, s. m. Globo móvel com exposição do sistema planetário.

Uranoscopia, s. f. Observação dos corpos celestes.

Urarema, s. f. *Bot.* Árvore leguminosa (*Andira stipulacea*).

Urarirana, s. f. *Bot.* Planta sapindácea (*Paullinia alata*).

Urato, s. m. Sal do ácido úrico.

Urbanidade, s. f. 1. Qualidade de urbano. 2. Cortesia; civilidade.

Urbanismo, s. m. Arte de edificação e organização das sociedades humanas em cidades.

Urbanista, adj. e s., m. e f. Que, ou quem é especializado em urbanismo.

Urbanístico, adj. Relativo a urbanismo.

Urbanita, adj. e s., m. e f. Que, ou pessoa que reside na cidade.

Urbanização, s. f. Ato ou efeito de urbanizar.

Urbanizar, v. Tr. dir. 1. Dar características urbanas a. 2. Polir, civilizar.

Urbano, adj. 1. Relativo a cidade. 2. Civilizado, polido, cortês, afável.

Urbe, s. f. Cidade.

Urca, s. f. 1. *Náut.* Embarcação portuguesa do século XVII. 2. *Pop.* Mulher grandalhona e feia. Adj. m. e f. Avantajado; Grande.

Urcéola, s. f. *Bot.* Órgão vegetal de base dilatada e abertura estreita. Var.: *urcéolo.*

Urceolado, adj. Em forma de urcéola; urceolar.

Urceolar, adj. m. e f. V. *urceolado.*

Urceolífero, adj. *Bot.* Provido de urcéolas.
Urcéolo, s. m. V. *urcéola.*
Urdideira, adj. Diz-se de mulher que urde; tecedeira. S. f. 1. Conjunto de duas peças paralelas verticais, guarnecidas de pinos de madeira, que servia para urdir ou tecer. 2. Modernamente, máquina para fazer a urdidura.
Urdidor, adj. Que urde. S. m. 1. Aquele que urde. 2. Caixa com compartimentos para os fios que formam o ramo da teia.
Urdidura, s. f. Ato ou efeito de urdir; urdimento, urdume.
Urdimento, s. m. Urdidura.
Urdir, v. (l. *ordiri*). Tr. dir. 1. Dispor (os fios da teia) para se fazer o tecido. 2. Compor, criar, imaginar cavilosamente.
Urdume, s. m. V. *urdidura.*
Uredinial, adj. m. e f. *Bot.* Relativo a uredínio.
Uredínio, s. m. *Bot.* Agregação espessa, geralmente amarela ou pardacenta, de hifas esporíferas que formam pústulas expostas pela ruptura da cutícula ou epiderme da planta hospedeira, sob a qual se desenvolvem.
Uredo, s. m. *Bot.* Fase uredinial no desenvolvimento dos fungos, que precede imediatamente a fase final, a do picnídio.
Uréia, s. f. Composto nitrogenoso cristalino, produto final da decomposição da proteína no corpo, que constitui o principal componente sólido da urina do homem e de outros mamíferos.
Uremia, s. f. *Med.* Conjunto de sintomas que indicam a presença de constituintes tóxicos de urina no sangue, e que normalmente são eliminados com ela.
Urente, adj. m. e f. Que queima, que arde; irritante.
Ureter (*tér*), s. m. *Anat.* Cada um dos dois canais que ligam os rins à bexiga. Pl.: *ureteres.*
Ureteralgia, s. f. *Med.* Dor nos ureteres.
Uretérico, adj. *Med.* Referente ao ureter.
Ureterite, s. f. *Med.* Inflamação nos ureteres.
urétero-, elem. de comp. (gr. *oureter*). Exprime a idéia de *ureter: ureterocele.*
Ureterocele, s. f. *Med.* Dilatação de um ureter.
Ureterolitíase, s. f. *Med.* Formação de cálculos nos ureteres.
Ureterolítico, adj. *Med.* Diz-se de qualquer afecção originada pela presença de cálculos nos ureteres.
Urético, adj. 1. Relativo à, ou próprio da urina. 2. Diurético.
Uretra, s. f. *Anat.* Conduto terminal excretor da urina.
Uretral, adj. m. e f. *Anat.* Relativo à uretra.
Uretralgia, s. f. Dor na uretra.
Uretrite, s. f. *Med.* Inflamação da uretra.
uretro-, elem. de comp. (gr. *ourethra*). Exprime idéia de *uretra: uretrorragia.*
Uretrorragia, s. f. *Med.* Fluxo de sangue pela uretra.
Uretrorréia, s. f. *Med.* Corrimento anormal pela uretra.
Uretroscópio, s. m. *Med.* Instrumento para a observação visual do interior da uretra.
Uretrostenia, s. f. Aperto da uretra.
Uretrotomia, s. f. *Cir.* Incisão de uma estritura da uretra.
Urgebão, s. m. *Bot.* Planta da família das Verbenáceas (*Verbena officinalis*). Var.: *urgevão.*
Urgência, s. f. 1. Qualidade de urgente. 2. Pressa. 3. Aperto.
Urgente, adj. m. e f. 1. Que urge; que se deve fazer com rapidez. 2. Iminente, impendente. 3. Imprescindível.
-urgia, elem. de comp. Exprime a idéia de *operação, trabalho: cirurgia, metalurgia.*
Urgir, v. (l. *urgere*). 1. Intr. Ser urgente, ser imediatamente necessário. 2. Intr. Estar iminente. 3. Intr. Ser indispensável. 4. Tr. ind. Insistir, instar. 5. Tr. dir. Forçar, obrigar. 6. Tr. dir. Perseguir de perto. 7. Tr. dir. Empurrar, compelir. 8. Tr. dir. Exigir, reclamar.
-urgo, elem. de comp. Exprime a idéia de *feitor, operante: dramaturgo, taumaturgo.*
Uri, s. m. Criança, menino, guri.
Uribaco, s. m. *Ictiol.* Corcoroca.
Uricana, s. f. *Bot.* Espécie de palmeira brasileira (*Geonoma punila*).
Uricemia, s. f. *Med.* Afecção mórbida, devida ao acúmulo de ácido úrico no sangue.
Urico, adj. 1. Relativo à urina. 2. *Quím.* Diz-se de um ácido cristalizável da urina do homem e de animais, que é um dos produtos do metabolismo da nucleína.
Urina, s. f. Líquido excrementício, segregado pelos rins, e que, através dos ureteres, bexiga, uretra e meato urinário, é expelido para fora do organismo.
Urinação, s. f. Ato ou efeito de urinar.
Urinar, v. 1. Intr. Expelir urina. 2. Tr. dir. Expelir com a urina. 3. Tr. dir. e tr. ind. Molhar com urina.
Urinário, adj. Relativo à urina; urinoso.
Urinífero, adj. 1. Que conduz urina. 2. Que contém urina.
Uriníparo, adj. Que produz urina.
Urinol, s. m. Vaso sanitário para urinas e dejeções.
Urinoso, adj. 1. Urinário. 2. Da natureza da urina.
Uriunduba, s. f. *Bot.* Arbusto anacardiáceo brasileiro (*Astronium urundeuva*). Var.: *uriunduva.*
Urmana, s. f. Corredeira, no Amazonas.
Urna, s. f. 1. Caixão mortuário; esquife. 2. Vaso onde se depositavam as cinzas dos mortos; urna funerária. 3. Recipiente para servir à colheita de votos, cédulas, bilhetes, cartas etc. 4. *Ant.* Grande vaso para água. S. f. pl. As eleições.
Urnário, adj. Relativo a urna. S. m. 1. *Ant. rom.* Mesa sobre que repousavam urnas (de água). 2. *Bot.* Receptáculo dos espórios de alguns fungos e musgos.
urni-, elem. de comp. Exprime a idéia de *urna: urnígero.*
Urnígero, adj. *Bot.* Provido de urna, ou cápsula em forma de urna.
-uro ou **uro-**[1], elem. de comp. (gr. *oura*). Exprime a idéia de *cauda: urobrânquio, tisanuro.*
uro-[2], elem. de comp. (gr. *ouron*). Exprime a idéia de *urina: urocele.*
Urocele, s. f. *Med.* Infiltração de urina no escroto.
Urocrasia, s. f. *Med.* Diagnóstico feito mediante o exame de urina. Var.: *urocrisia.*
Urocromo, s. m. Pigmento corante da urina.
Urodelo, adj. 1. *Zool.* Que tem cauda muito visível. 2. Relativo à ordem dos Urodelos. S. m. Espécime dessa ordem. S. m. pl. Ordem (*Urodela*) de anfíbios de corpo alongado, quatro membros curtos, raramente dois, e cauda persistente.
Urodiálise, s. f. *Med.* Supressão da urina.
Urodinia, s. f. *Med.* Dor causada pelo ato de urinar.
Urólito, s. m. Cálculo urinário.
Urologia, s. f. Ramo da Medicina que se ocupa da urina e do aparelho urinário.
Urológico, adj. Relativo à urologia.
Urologista, s. m. e f. Especialista em urologia.
Uromancia, s. f. *Med. ant.* Diagnóstico pela observação do aspecto da urina.
Urômelo, s. m. *Terat.* Feto cuja anormalidade consiste em ter as pernas fundidas e um só pé.
Uropígio, s. m. Apêndice triangular formado pela reunião das últimas vértebras das aves e no qual estão implantadas as penas da cauda. Sinôn. pop.: *sobre*[3], *sobrecu, sambiquira, curanchim, bispo.*
Uroscopia, s. f. *Med.* Exame das urinas.
Urraca, s. f. *Náut.* Aparelho das velas do estai, entre os mastros.
Urrar, v. (l. *ululare*). 1. Intr. Dar urros. 2. Intr. Emitir sons como urros. 3. Tr. dir. Exprimir à maneira de urros.
Urro, s. m. 1. Bramido ou voz forte de algumas feras. 2. Berro. 3. Rugido.
Ursa, s. f. 1. Fêmea do urso. 2. *Astr.* Nome de duas constelações boreais: a *Ursa Maior* e a *Ursa Menor.*
Ursada, s. f. *Pop.* Deslealdade, traição (principalmente da parte de um amigo).
Ursídeo, adj. 1. Ursino. 2. Semelhante ao urso. 3. *Zool.* Relativo aos Ursídeos. S. m. pl. Família (*Ursidae*) de mamíferos carnívoros, pentadátilos, plantígrados, que compreende os ursos.
Ursino, adj. Relativo ao, ou próprio do urso; ursídeo.
Urso, s. m. 1. *Zool.* Gênero (*Ursus*) de mamíferos carnívoros

da família dos Ursídeos. 2. Animal desse gênero. Voz.: *brame, ruge, ronca.* 3. Homem pouco sociável; homem feio. 4. Indivíduo que é objeto de zombaria. 5. Mau amigo, amigo falso. Adj. Diz-se do mau amigo.

Ursulina, s. f. Religiosa da Ordem de Santa Úrsula, fundada em 1535.

Urticação, s. f. Ato ou efeito de flagelar a pele com urtigas, para efeito revulsivo.

Urticáceas, s. f. pl. *Bot.* Família (*Urticaceae*), composta de ervas, arbustos e árvores, na maioria de pêlos urticantes.

Urticáceo, adj. 1. Relativo à família das Urticáceas. 2. Relativo ou semelhante à urtiga.

Urticante, adj. m. e f. Urente.

Urticar, v. Tr. dir. Produzir em (a pele, o corpo) sensação análoga à das urtigas.

Urticária, s. f. *Med.* Erupção cutânea, pruriginosa, caracterizada por placas salientes, que se assemelham às produzidas pela urtiga.

Urtiga, s. f. *Bot.* 1. Gênero (*Urtica*) de plantas que se caracterizam pela presença de numerosos pêlos urticantes nas folhas e no caule. 2. Planta desse gênero.

Urtigão, s. m. *Bot.* Espécie de urtiga (*Urtica dioica*).

Urtigar, v. V. *urticar.*

Uru, s. m. Cesto de palha e folha de carnaúba, provido de alça, para guardar objetos.

Uruá, s. m. 1. *Bot.* Planta borraginácea (*Cordia tetrandra*); parapará. 2. Aruá.

Urubá, s. f. *Bot.* Planta marantácea (*Maranta uruba*).

Urubu, s. m. 1. *Ornit.* Designação dada a várias aves rapinadoras, da família dos Catartídeos, que circulam no ar à procura de carniça, de que unicamente se alimentam. Voz.: v. *corvo.* 2. Usurário que enriquece ilicitamente.

Uruçacanga, s. m. Aturá.

Urucari, s. m. 1. *Bot.* Planta palmácea (*Attalea excelsa*); urucuri. 2. Fruto dessa planta.

Urucatu, s. m. *Bot.* Planta amarilidácea (*Hippeastrum reticulatum*).

Urucongo, s. m. V. *urucungo.*

Urucu, s. m. 1. Fruto do urucuzeiro 2. Urucuzeiro. Var.: *urucum.*

Uruçu, s. f. *Entom.* Guarapu.

Urucuana, s. f. *Bot.* Nome comum a duas plantas euforbiáceas (*Croton tiliaefolium* e *Hieronyma alchorneoides*).

Urucubaca, s. f. 1. *Pop.* Caiporismo, azar, cagüira, má sorte. 2. Tecido de quadrados pretos e brancos.

Urucungo, s. m. *Pop.* Berimbau.

Urucurana, s. f. *Bot.* Planta tiliácea (*Sloanea dentada*).

Urucuri, s. m. *Bot.* Urucari.

Urucuuba, s. f. V. *urucuzeiro.*

Urucuzeiro, s. m. *Bot.* Arbusto da família das Bixáceas (*Bixa orellana*); urucueiro, urucuuba.

Uruguaio, adj. Relativo ao Uruguai (América do Sul). S. m. O natural ou habitante desse país.

Urumbeba, s. m. Sujeito crédulo, fácil de ser logrado. Var.: *urumbeva.*

Urupê, s. m. *Bot.* Cogumelo da família das Poliporáceas (*Polyporus sanguineus*); orelha-de-pau, pironga.

Urupema, s. f. Espécie de peneira grosseira, de uso culinário; jurupema, gurupema. Var.: *urupemba.*

Urupuca, s. f. 1. Arapuca. 2. Armação de achas de lenha sobre a cova das mudas de café recém-plantadas.

Ururau, s. m. Nome que dão no Norte ao jacaré-de-papo-amarelo quando velho.

Urutau, s. m. *Ornit.* Nome comum a diversas aves noturnas, caprimulgídeas; dora-lua, mãe-da-lua; manda-lua, jurutau, jurutauí.

Urutaurana, s. m. *Ornit.* Gavião-real.

Urutu, s. m. e f. *Herp.* Serpente peçonhenta, da família dos Crotalídeos (*Bothrops alternata*).

Urzal, s. m. Terreno onde há muitas urzes.

Urze, s. f. (l. *erice*). *Bot.* Cada uma de diversas plantas da família das Ericáceas; estorga.

Urzela, s. f. *Bot.* Espécie de líquen (*Rocella tinctoria*), de que se extrai um corante violeta, de mesmo nome.

Usado, adj. 1. Usual. 2. Gasto pelo uso. 3. Acostumado, habituado, exercitado.

Usagre, s. m. *Med.* 1. Eczema das crianças de peito. 2. Eczema impetiginoso.

Usança, s. f. 1. Uso, costume velho; costumeira. 2. Hábito antigo e tradicional. 3. Praxe.

Usar, v. 1. Tr. dir., tr. ind. e pron. Fazer uso de; empregar habitualmente. 2. Tr. dir. e tr. ind. Ter por costume; costumar. 3. Tr. dir. e tr. ind. Exercer, praticar. 4. Pron. Gastar-se, deteriorar-se com o uso.

Usável, adj. m. e f. 1. Que pode ser usado. 2. *Ant.* Usual.

Useiro, adj. 1. Que costuma fazer alguma coisa. 2. Que tem por hábito fazer alguma coisa.

Usina, s. f. Estabelecimento industrial, oficina, principalmente para a produção em grande escala, como a de ferro e aço, gás, açúcar, eletricidade etc.

Usineiro, adj. 1. Relativo a usina. 2. De usina. S. m. Proprietário de usina de açúcar.

Úsnea, s. f. *Bot.* 1. Gênero (*Usnea*) de liquens tintoriais. 2. Líquen desse gênero.

Uso, s. m. (l. *usu*). 1. Ato ou efeito de usar(-se). 2. Costume, hábito, prática consagrada. 3. Emprego de qualquer coisa à nossa disposição. 4. Moda. 5. Prática.

Ustão, s. f. (l. *ustione*). 1. Ato ou efeito de queimar; combustão. 2. *Cir.* Cauterização.

Ustório, adj. 1. Que serve para queimar. 2. Que facilita a queimadura.

Ustulação, s. f. Ato ou efeito de ustular.

Ustular, v. Tr. dir. 1. Queimar ligeiramente. 2. Secar ao fogo. 3. *Quím.* Aquecer um minério para provocar a oxidação de alguns componentes, eliminando-os.

Usual, adj. m. e f. Que se usa geralmente; freqüente, habitual.

Usualidade, s. f. Qualidade de usual.

Usuário, adj. 1. Que, por direito proveniente de uso, frui as utilidades da coisa. 2. Que serve para nosso uso. 3. Dizia-se do escravo de que só se tinha o uso, mas não a propriedade. S. m. Aquele que, por direito de uso, frui as utilidades da coisa.

Usucapião, s. f. e m. *Dir.* Meio de adquirir o domínio da coisa, pela sua posse continuada durante certo lapso de tempo.

Usucapiente, adj. e s., m. e f. *Dir.* Que, ou pessoa que adquiriu o direito de propriedade por usucapião.

Usucapir, v. 1. Tr. dir. Adquirir pelo usucapião. 2. Intr. Prevalecer, vigorar; adquirir-se por uso.

Usucapto, adj. Adquirido por usucapião.

Usufruir, v. Tr. dir. 1. Ter o usufruto de (alguma coisa que não se possa alienar ou destruir). 2. Gozar de, possuir.

Usufruto, s. m. 1. Ato ou efeito de usufruir; fruição. 2. Aquilo que se usufrui. 3. *Dir.* Direito real de usar de coisa alheia.

Usufrutuar, v. V. *usufruir.*

Usufrutuário, adj. Relativo a usufruto. S. m. Aquele que usufrui.

Usura, s. f. (l. *usura*). 1. Juros do capital mutuado. 2. Contrato de empréstimo de fundos, para ser pago acrescido de juros. 3. Juro excessivo. 4. Lucro exagerado. 5. Mesquinhez, avareza. 6. Ambição.

Usurar, v. Intr. *Des.* Emprestar dinheiro, ou outras coisas, com usura.

Usurário, adj. e s. m. Que, ou aquele que usura. 2. Agiota. 3. Avaro.

Usureiro, adj. e s. m. V. *usurário.*

Usurpação, s. f. Ato ou efeito de usurpar.

Usurpador, adj. e s. m. Que, ou aquele que usurpa.

Usurpar, v. Tr. dir. 1. Apoderar-se de, com fraude ou violência. 2. Exercer indevidamente; assumir de forma ilícita.

Ut, s. m. *Ant.* V. *dó²*.

Utensílio, s. m. 1. Qualquer objeto de trabalho manual. 2. Objeto usado nas atividades domésticas. Col.: *bateria, trem* (de cozinha); *aparelho, baixela* (de mesa).

Utente, adj. (l. *utente*). Que usa.

Uteralgia, s. f. *Med.* Dor no útero; metralgia.

Uterálgico, adj. Relativo à uteralgia; metrálgico.

Uterino, adj. Relativo ao útero.

Útero[1], s. m. Órgão feminino, musculoso, oco e elástico, no qual se desenvolve e nutre o embrião e depois o feto.

útero-[2], elem. de comp. (l. *uteru*). Exprime a idéia de *útero: uterorragia.*

Uterócipe, s. m. *Cir.* Instrumento com que se prende o colo do útero.

Uteromania, s. f. Ninfomania.

Uterorragia, s. f. *Med.* Metrorragia.

Uteroscopia, s. f. *Med.* Exame da cavidade uterina com endoscópio especial.

Uterotomia, s. f. Incisão do útero.

Uterótomo, s. m. *Cir.* Instrumento com que se faz a uterotomia.

Útil, adj. m. e f. 1. Que tem ou pode ter algum uso. 2. Vantajoso, proveitoso. 3. De trabalho: Dia *ú.* S. m. Aquilo que é útil. Pl.: *úteis.*

Utilidade, s. f. 1. Qualidade de útil. 2. Serventia, vantagem. 3. Pessoa ou coisa útil.

Utilitário, adj. 1. Relativo à utilidade. 2. Que toma a utilidade ou o proveito como princípio de moral. 3. Diz-se do veículo automóvel empregado no transporte de mercadorias, como o jipe, a camioneta etc. S. m. Indivíduo utilitário (acep. 2).

Utilitarismo, s. m. Espírito, caráter ou qualidade de indivíduo utilitário.

Utilitarista, adj. m. e f. 1. Relativo ao utilitarismo. 2. Que é partidário do utilitarismo. S. m. e f. Pessoa partidária do utilitarismo.

Utilização, s. f. Ato ou efeito de utilizar(-se).

Utilizar, v. 1. Tr. dir. Tornar útil; empregar utilmente. 2. Tr. dir. Ganhar, lucrar. 3. Tr. ind. Ser útil; ter uso ou préstimo. 4. Pron. Servir-se, tirar vantagem de.

Utilizável, adj. m. e f. Que se pode utilizar.

Utopia, s. f. 1. O que está fora da realidade, que nunca foi realizado no passado nem poderá vir a sê-lo no futuro. 2. Plano ou sonho irrealizável ou de realização num futuro imprevisível; ideal. 3. Fantasia, quimera.

Utópico, adj. 1. Relativo à utopia. 2. Que encerra utopia; fantasioso, irrealizável.

Utopista, adj. m. e f. Utópico. S. m. e f. Pessoa que concebe ou defende utopias.

Utraquista, s. m. e f. Nome dado aos hussitas da Boêmia, que comungavam sob as duas espécies.

Utricular, adj. m. e f. 1. Semelhante a um utrículo; utriculariforme. 2. Composto de utrículos.

Utriculariforme, adj. m. e f. Utricular.

Utrículo, s. m. 1. *Anat.* Pequeno saco. 2. *Anat.* A maior porção do labirinto membranoso do ouvido. 3. *Bot.* Vesícula aérea das plantas aquáticas. 4. *Bot.* Cavidade dos órgãos polínicos.

Utriculoso, adj. Que tem utrículos.

Utriforme, adj. m. e f. Que tem forma de odre.

Utuaba, s. f. *Bot.* Jitó.

Utuapoca, s. f. *Bot.* Planta meliácea (*Guarea spiciflora*); tuaiuçu.

Uva, s. f. 1. O fruto da videira. 2. Cada um dos bagos que formam um cacho. 3. Designação genérica dos frutos das videiras. 4. Cacho de uva. 5. *Pop.* Mulher bonita e moça. — *Uva-ursina, Bot.*: planta da família das Ericáceas (*Arctostaphylos uva-ursi*).

Uvaça, s. f. Grande quantidade de uvas.

Uvada, s. f. Conserva de uvas.

Uvaia, s. f. *Bot.* 1. Planta mirtácea (*Eugenia uvaia*); uvaieira. 2. O fruto dessa planta.

Uvaieira, s. f. V. *uvaia.*

Uval, adj. m. e f. Relativo a uva.

Uvapiritica, s. f. *Bot.* Planta semelhante ao morangueiro.

Uvário, adj. *Bot.* Que se compõe de pequenos grãos globulosos como a uva.

Úvea, s. f. *Anat.* 1. *Obsol.* Parte posterior e pigmentada da íris. 2. Conjunto formado pela coróide, íris e processos ciliares.

Uveíte, s. f. *Med.* Inflamação da úvea.

Úvico, adj. (*uva + ico*). O mesmo que *tartárico*[1], acepção 3.

Úvido, adj. *Des.* Úmido.

Uvífero, adj. *Poét.* Que dá frutos semelhantes ao cacho de uvas.

Uviforme, adj. m. e f. Semelhante a bago de uva.

Úvula, s. f. *Anat.* Apêndice cônico do véu palatino, situado na parte posterior da boca; campainha.

Uvular, adj. m. e f. Relativo à úvula.

Uvuliforme, adj. m. e f. Semelhante à úvula.

Uvulite, s. f. *Med.* Inflamação da úvula.

Uxi, s. m. *Bot.* Árvore da família das Rosáceas (*Uxi umbrosissima*), de fruto medicinal.

uxori-, elem. de comp. (l. *uxore*). Exprime a idéia de *mulher casada: uxoricida.*

Uxoricida (*cs*), s. m. Aquele que pratica uxoricídio.

Uxoricídio (*cs*), s. m. Assassínio da mulher, praticado pelo próprio marido.

Uxório (*cs*), adj. Relativo a mulher casada.

Uzífuro, s. m. Vermelhão formado por mercúrio e enxofre; cinabre. Var.: *uzífur.*

V (*vê*), Símbolo da vigésima primeira letra do alfabeto português; consoante constritiva, fricativa, labiodental, sonora. Num. 1. Numa série indicada pelas letras do alfabeto, designa o número 21: Estante *V*.

V, s. m. Algarismo romano, equivalente a 5, e, encimado por um traço horizontal, a 5.000.

Vá!, interj. Exprime incredulidade ou repulsa.

Vaca, s. f. (l. *vacca*). 1. A fêmea do boi. Voz: *berra, muge*. 2. Fonte permanente de interesses; sinecura. 3. Parada no jogo, feita por um parceiro em nome de outro ou outros. 4. Concurso de várias pessoas para realização de um negócio ou para beneficência; vaquinha. 5. *Ch*. Mulher devassa. 6. Indivíduo covarde.

Vacada, s. f. Multidão ou corrida de vacas.

Vaca-fria, s. f. Locução usada na expressão: *Voltar à vaca-fria*: voltar ao assunto interrompido.

Vacagem, s. f. Certo número de vacas; lote de vacas.

Vacal, adj. m. e f. Indigno, indecente, desprezível.

Vacância, s. f. 1. Estado da coisa que não se acha ocupada ou habitada. 2. Tempo durante o qual permanece vago um cargo, ou emprego, ou ofício; vagância, vagatura, vacatura, vaga, vagação.

Vacante, adj. m. e f. Que está vago.

Vacar, v. 1. Intr. Ficar vago, desocupado. 2. Intr. Entrar em férias. 3. Tr. ind. Descansar de. 4. Tr. ind. *Ant*. Aplicar-se, dar-se, dedicar-se.

Vacaraí, s. m. Tapichi.

Vacari, s. m. *Ictiol*. Peixe cascudo (*Plecostomus plecostomus*).

Vacaria, s. f. 1. Vacada. 2. Gado vacum. 3. Curral de vacas. 4. Estabelecimento onde se tratam e ordenham as vacas para lhes vender o leite.

Vacatura, s. f. Vacância.

Vacilação, s. f. 1. Ato ou efeito de vacilar. 2. Estado daquilo que vacila. 3. Hesitação, irresolução, perplexidade.

Vacilante, adj. m. e f. 1. Que vacila. 2. Pouco firme. 3. Que oscila; trêmulo. 4. Instável, mudável. 5. Duvidoso, hesitante, perplexo.

Vacilar, v. 1. Tr. ind. e intr. Balancear, oscilar, por não estar seguro. 2. Intr. Perder o vigor; afrouxar-se. 3. Tr. ind. e intr. Estar duvidoso, indeciso, perplexo. 4. Tr. ind. Mostrar-se pouco seguro. 5. Tr. dir. Fazer titubear; tornar irresoluto e perplexo; abalar.

Vacilatório, adj. 1. Vacilante. 2. Que produz vacilação.

Vacina, s. f. 1. Qualquer espécie de vírus atenuado que, introduzido no organismo, determina certas reações e a formação de anticorpos capazes de tornar imune esse organismo contra o germe utilizado. 2. Linfa especial de pústulas provocadas no vitelo e que, inoculada numa pessoa, a torna imune à varíola. 3. Varíola bovina. 4. Vacinação.

Vacinação, s. f. Ato ou efeito de vacinar; vacina.

Vacinador, adj. Que vacina. S. m. 1. Aquele que vacina. 2. Lanceta própria para vacinar.

Vacinal, adj. m. e f. Vacínico.

Vacinar, v. Tr. dir. Inocular vacina em.

Vacínico, adj. Relativo à vacina; vacinal.

vacino-, elem. de comp. (de *vacina*). Exprime a idéia de *vacina*: *vacinogenia*.

Vacinogenia, s. f. Produção de vacinas.

Vacinogênico, adj. Relativo à, ou próprio para a vacinogenia.

Vacinoterapia, s. f. *Med*. Tratamento terapêutico baseado no uso de vacinas.

Vacu, s. m. *Ictiol*. Bacu.

Vacuidade (*u-i*), s.f. 1. Estado do que é vazio. 2. Inabilidade. 3. *Fig*. Vaidade.

Vacum, adj. m. e f. Diz-se do gado que compreende vacas, bois e novilhos. S. m. Esse gado.

Vácuo, adj. Que nada contém; vazio, despejado. S. m. 1. Espaço, real ou imaginário, não ocupado por coisa alguma. 2. Enfado para o espírito.

Vacuolar, adj. m. e f. 1. Relativo a vacúolo. 2. *Geol*. Diz-se da textura da rocha que apresenta vacúolos.

Vacúolo, s. m. 1. *Biol*. Espaço cheio de líquido, dentro do citoplasma. 2. *Geol*. Cavidade no interior de uma rocha.

Vadeação, s. f. Ato ou efeito de vadear.

Vadear, v. Tr. dir. Passar ou atravessar a vau.

Vadeável, adj. m. e f. Que se pode vadear.

Vade-mécum (*dè*), s. m. Livro de pequeno formato e conteúdo prático. Pl.: *vade-mécuns*.

Vadeoso, adj. 1. Em que há vau. 2. Em que há bancos de areia. Sin.: *vadoso*.

Vadiação, s. f. Ato ou efeito de vadiar; vadiagem.

Vadiagem, s. f. 1. Vadiação. 2. Vida de vadio; vadiice.

Vadiar, v. Intr. 1. Andar ociosamente de uma parte para outra; andar à tuna. 2. Levar vida ociosa. 3. Brincar, divertir-se. 4. Não estudar; vagabundear.

Vadiice, s. f. V. *vadiagem*.

Vadio, adj. 1. Que não tem ocupação ou que não faz nada. 2. Que vagueia; vagabundo, tunante. 3. Próprio de gente ociosa. 4. Diz-se do estudante pouco aplicado. S. m. Indivíduo vadio. Col.: *cambada, caterva, corja, mamparra, matula, súcia*.

Vadoso, adj. V. *vadeoso*.

Vaga¹, s. f. (ant. al. *wac*). 1. Onda grande, em mar alto e encapelado. 2. Multidão; tropel tumultuoso. 3. Grande agitação.

Vaga², s. f. (de *vagar²*). 1. Ato ou efeito de vagar. 2. Vacância. 3. Lugar vago que, numa casa de pensão, fábrica, escritório etc., deve ser preenchido.

Vaga³, s. f. (de *vagar¹*). Desocupação; lazer, ócio.

Vagabundagem, s. f. 1. Vida de vagabundo. 2. Os vagabundos.

Vagabundear, v. 1. Intr. Levar vida de vagabundo; vadiar. 2. Tr. ind. Andar por, ociosamente.

Vagabundo, adj. 1. Que vagabundeia. 2. Errante, nômade. 3. Vadio. 4. Inconstante, leviano, versátil. 5. De qualidade inferior; ordinário, reles. S. m. Indivíduo vadio.

Vagação, s. f. Vacância.

Vágado, s. m. Desmaio, vertigem.

Vagalhão, s. m. Grande vaga.

Vaga-lume, s. m. 1. *Entom*. Pirilampo. 2. Empregado que, na sala de projeção dos cinemas, com uma pequena lanterna, indica aos espectadores os lugares vagos; lanterninha. Pl.: *vaga-lumes*.

Vagamundo, adj. e s. m. V. *vagabundo*.

Vaganão, s. m. V. *vaganau.*

Vaganau, s. m. *Ant.* Maganão, mariola, vadio.

Vagância, s. f. V. *vacância.*

Vagante¹, adj. m. e f. (de *vagar*). Que vagueia; que anda errante.

Vagante², adj. m. e f. (l. *vacante*). Que está vago.

Vagão, s. m. (fr. *wagon*). Carruagem para passageiros, gado ou mercadorias, empregada em trens de estradas de ferro. Dim. irr.: *vagoneta.* Pl.: *vagões.*

Vagar¹, v. (l. *vagare,* de *vagari*). 1. Tr. ind. e intr. Andar errante ou sem destino; errar, vaguear. 2. Tr. dir. Correr, percorrer sem rumo certo. 3. Intr. Boiar ao sabor do mar. 4. Intr. Andar passeando ociosamente. 5. Tr. ind. e intr. Circular, espalhar-se.

Vagar², v. (l. *vacare*). 1. Intr. Estar ou ficar vago. 2. Tr. dir. Dar por vago, deixar vago. 3. Tr. ind. Dar-se, ocupar-se.

Vagar³, s. m. 1. Falta de pressa. 2. Descanso, lazer, tempo desocupado.

Vagarento, adj. Vagaroso.

Vagareza, s. f. Falta de pressa; vagar, lentidão.

Vagaroso, adj. 1. Em que há vagar; demorado, lento. 2. Pausado, grave, sereno. 3. Falto de desembaraço.

Vagatura, s. f. V. *vacância.*

Vagem, s. f. 1. Invólucro das sementes ou grãos das plantas leguminosas. 2. Feijão verde.

Vagido, s. m. 1. Choro de criança recém-nascida. 2. Lamento, gemido.

Vagina, s. f. *Anat.* Canal feminino, entre o útero e a vulva.

Vaginal, adj. m. e f. 1. Relativo à vagina; vagínico. 2. Vaginiforme. S. f. *Anat.* Membrana que envolve os testículos; túnica vaginal.

Vaginante, adj. f. (de *vagina*). *Zool.* Diz-se das asas superiores dos insetos coleópteros e ortópteros.

Vaginela, s. f. *Bot.* Pequena bainha, que cerca cada fascículo de folhas, como sucede no pinheiro.

vagini-, elem. de comp. (l. *vagina*). Exprime a idéia de *vagina, bainha: vaginiforme.*

Vagínico, adj. V. *vaginal,* acep. 1.

Vaginiforme, adj. m. e f. 1. Que tem forma de vagina. 2. *Bot.* Que tem forma de bainha; vaginal.

Vaginismo, s. m. *Med.* Espasmo doloroso do músculo constritor da vagina.

Vaginite, s. f. *Med.* Inflamação da vagina; colpite.

Vagínula, s. f. 1. Bainha pequena. 2. *Bot.* Corola tubulosa de flor composta.

Vaginulado, adj. Que tem vagínula.

Vagir, v. (l. *vagire*). Intr. Dar vagidos (a criancinha); chorar, gemer, lamentar-se. S. m. V. *vagido.*

Vago¹, adj. (l. *vagu*). 1. Que vagueia; errante. 2. Inconstante, volúvel. 3. Incerto, indeterminado. 4. Confuso, indefinido. S. m. *Anat.* Cada um do décimo par de nervos cranianos, também chamado *pneumogástrico.*

Vago², adj. (l. *vacuu*). 1. Não preenchido ou ocupado. 2. Desabitado. 3. Devoluto.

-vago³, suf. (l. *vagare*). Exprime a idéia daquilo *que anda errante, que gira: noctívago.*

Vagonete (*ê*), s. m. Pequeno vagão.

Vagotomia, s. f. *Cir.* Corte do nervo vago.

Vagotonia, s. f. *Med.* Hiperexcitabilidade do nervo vago.

Vagotônico, adj. Relativo à vagotonia.

Vagueação, s. f. 1. Ato ou efeito de vaguear. 2. Vadiagem. 3. Peregrinação. 4. Devaneio.

Vagueador, adj. (*vaguear* + *dor*). 1. Que vagueia. 2. Divagador. S. m. 1. Aquele que vagueia. 2. Divagador.

Vaguear¹, v. (*vago¹* + *ear*). 1. Tr. ind. e intr. Andar vagando; andar errante. 2. Intr. Passear ociosamente. 3. Intr. Andar de uma parte para outra. 4. Tr. ind. e intr. Devanear. 5. Intr. Mudar facilmente de idéia, de opinião, de partido.

Vaguear², v. (*vaga* + *ear*). Tr. ind. e intr. Andar à tona da água; boiar, flutuar.

Vagueiro, s. m. *Des.* Terreno escalvado em que não houve plantações.

Vaguejar, v. V. *vaguear¹,* acep. 1.

Vagueza, s. f. (ital. *vaghezza*). 1. Qualidade de vago. 2. *Pint.* Ligeireza e finura da tinta, suave e docemente distribuída.

Vaia, s. f. (cast. *vaya*). Manifestação de desagrado, ruidosa, com brados, assobios, apupos etc.

Vaiar, v. 1. Tr. dir. Dar vaias a; apupar. 2. Intr. Dar vaias.

Vaicia, s. m. (sânsc. *vaiçya*). Membro da terceira casta hindu, constituída por comerciantes, criadores e agricultores. Var.: *vaixia* e *vaixá.*

Vaidade, s. f. (l. *vanitate*). 1. Qualidade do que é vão, instável ou de pouca duração. 2. Desejo imoderado e infundado de merecer a admiração dos outros. 3. Vanglória, ostentação. 4. Futilidade.

Vaidoso, adj. Que tem vaidade; jactancioso, fátuo, vão.

Vaivém, s. m. 1. Antiga máquina de guerra para arrombamentos ou desmoronamentos; aríete. 2. A pancada dessa máquina. 3. Movimento oscilatório; balanço. 4. Movimento de pessoa ou objeto que vai e vem. 5. Vicissitude.

Val, s. m. Forma apocopada de *vale.*

Vala, s. f. 1. Escavação longa e mais ou menos larga, aberta para os mais variados fins, como para conduzir águas pluviais ou as que escorrem dos terrenos adjacentes, e para a instalação de encanamentos de água, gás ou esgoto. 2. Leito de alguns rios cujas águas secam normalmente em certa estação do ano. — *V. comum:* sepultura em que se reúnem os cadáveres em período de epidemia, ou de pessoas executadas em grande número.

Valada, s. f. Grande vala, vala muito extensa.

Valadio, adj. 1. Diz-se do terreno em que há valas para receberem a água. 2. Diz-se do telhado de telhas soltas, sem cal nem argamassa.

Valado, s. m. 1. Vala guarnecida de sebe para resguardar propriedades rurais. 2. *Por ext.* A propriedade assim guarnecida. 3. Elevação de terra que limita propriedade rústica.

Valador, adj. e s. m. Que, ou aquele que trabalha em valas ou valados.

Valão, adj. De, pertencente ou relativo à Valônia (Bélgica). S. m. 1. O habitante dessa região. 2. Dialeto francês, falado nessa região.

Valáquio, adj. Relativo à Valáquia, região da Romênia. S. m. 1. O natural de Valáquia. 3. Romeno.

Valar¹, v. (l. *vallare*). Tr. dir. 1. Abrir valas em. 2. Cercar de valas. 3. Defender, fortificar.

Valar², adj. m. e f. Relativo a vala ou cerca.

Valdeiro, adj. Próprio de valdo ou valdevinos.

Valdense¹, adj. m. e f. Relativo ao cantão de Vaud, Suíça. S. m. e f. Habitante ou natural de Vaud. S. m. Dialeto de Vaud.

Valdense², s. m. e f. Membro de uma seita cristã fundada por Pedro de Valdo, no séc. XII, que se estendeu principalmente pela França meridional.

Valdevinos, s. m. sing. e pl. 1. Estróina, vadio. 2. Pobretão. 3. Traficante. Sin.: *valdo.*

Valdo, adj. e s. m. *Ant.* Valdevinos.

Vale¹, s. m. (l. *valle*). 1. Depressão do terreno entre dois espigões adjacentes. 2. Várzea ou planície à beira de um rio.

Vale², s. m. Escrito resumido, sem forma legal, representativo de dívida, por empréstimo ou adiantamento, de determinada soma de dinheiro.

Valedio, adj. Que tem valor; que pode ter custo legal (falando-se de moedas).

Valedor, adj. e s. m. Que, ou aquele que vale ou dá auxílio ou proteção a alguém.

Valedouro, adj. 1. Valioso. 2. Valedor. Var.: *valedoiro.*

Valeira, s. f. Vala pequena; valeta.

Valeiro¹, s. m. Valeira.

Valeiro², s. m. (*valo¹* + *eiro*). Indivíduo que trabalha na abertura de valas.

Valência, s. f. *Quím.* Capacidade de combinação de um elemento, expressa pelo número de átomos de hidrogênio com os quais um átomo desse elemento pode combinar ou os que pode substituir em uma combinação.

Valenciana¹, s. f. Sistema de armação fixa de pesca.

Valenciana², s. f. Renda francesa, fabricada em Valenciennes.

Valenciano, adj. Relativo a Valença, Espanha. S. m. 1. Indivíduo natural de Valença. 2. Dialeto romano, falado na província de Valença.

Valencina, s. f. *Ant.* Pano de lã fina, fabricado em Valença, Espanha.

Valentão, adj. 1. Diz-se do indivíduo que é muito valente. 2. Fanfarrão. 3. Gabarola. S. m. Indivíduo valentão. Fem.: *valentona.*

Valente, adj. m. e f. 1. Que tem valor. 2. Corajoso, denodado, intrépido. 3. Rijo, resistente. S. m. 1. Homem valoroso, corajoso. 2. Valentão.

Valentia, s. f. 1. Intrepidez, coragem, denodo. 2. Força, vigor. 3. Qualidade daquilo que é resistente.

Valentiniano, s. m. Membro dos valentinianos, hereges que sustentavam a existência de dois mundos, um visível e outro invisível.

Valer, v. 1. Tr. dir. e tr. ind. Ser igual em valor ou preço a; ter certo valor. 2. Intr. Ter merecimento; ter valor ou aplicação. 3. Tr. ind. Ter crédito, ter influência, ter poder. 4. Tr. dir. Merecer, ser digno. 5. Tr. ind. Aproveitar, dar proveito; servir. 6. Pron. Aproveitar-se, servir-se, utilizar-se. 7. Tr. ind. Acudir, auxiliar, proteger. 8. Tr. dir. Significar.

Valeriana, s. f. *Bot.* Gênero (*Valeriana*) de plantas que dá o nome à família das Valerianáceas.

Valerianáceas, s. f. pl. *Bot.* Família (*Valerianaceae*) que compreende ervas, de cheiro muito forte e emprego medicinal.

Valerianáceo, adj. Relativo à família das Valerianáceas.

Valeta (*ê*), s. f. Pequena vala para escoamento de águas, à beira de ruas ou estradas, valeira[1], valeiro[1].

Valete, s. m. Uma das figuras das cartas de jogar; conde.

Valetudinário, adj. 1. De compleição débil; enfermiço. 2. Mal convalescido de doença; adoentado, combalido.

Valhacouto, s. m. 1. Asilo, refúgio, mormente de malfeitores. 2. Amparo, proteção. Var.: *valhacoito.*

Valia, s. f. 1. Valor inerente a um objeto. 2. Valor intrínseco ou estimativo. 3. Merecimento, valor. 4. Valimento.

Validação, s. f. Ato ou efeito de validar(-se).

Validade, s. f. Qualidade de válido.

Validar, v. Tr. dir. e pron. Dar validade a; fazer(-se) ou tornar (-se) válido; legitimar(-se).

Validez, s. f. Estado ou qualidade de válido.

Valido, adj. (de *valer*). Particularmente estimado. S. m. Indivíduo particularmente protegido; favorito.

Válido, adj. (l. *validu*). 1. Valioso. 2. Que tem saúde; são, vigoroso. 3. Legítimo, legal.

Valimento, s. m. 1. Ato ou efeito de valer. 2. Valia, valor. 3. Préstimo. 4. Importância, influência. 5. Privança com um potentado. 6. Favor, intercessão.

Valioso, adj. 1. Que vale muito. 2. Que é importante. 3. Que tem muito merecimento.

Valisa, s. f. (fr. *valise*). Mala portátil. Var.: *valise.*

Valo[1], s. m. (l. *vallu*). 1. Parapeito para defesa de um campo. 2. Arena, liça, nas antigas justas e torneios. 3. Fosso, valado.

Valo[2], s. m. Rede de emalhar em cerco.

Valor, s. m. (l. *valore*). 1. O preço atribuído a uma coisa; estimação, valia. 2. Relação entre a coisa apreciável e a moeda corrente no país. 3. Talento. 4. Coragem, intrepidez, valentia, 5. Merecimento, préstimo, valia. S. m. pl. Quaisquer títulos de crédito.

Valorar, v. V. *valorizar.*

Valorização, s. f. 1. Ato ou efeito de valorizar(-se). 2. Alta fictícia no valor comercial de uma mercadoria.

Valorizador, adj. e s. m. Que, ou o que valoriza.

Valorizar, v. 1. Tr. dir. Dar valor ou valores a; aumentar o préstimo de. 2. Pron. Aumentar de valor.

Valorosidade, s. f. Qualidade de valoroso.

Valoroso, adj. 1. Que tem valor ou coragem; destemido, corajoso, esforçado. 2. Ativo, enérgico, forte.

Valquíria, s. f. Cada uma das três ninfas ou divindades da mitologia escandinava que, pela sua formosura, incitavam os heróis em combate e serviam hidromel aos que morriam combatendo.

Valsa, s. f. 1. Dança de roda em compasso ternário, lenta, moderada ou rápida. 2. Música apropriada a essa dança.

Valsar, v. 1. Intr. Dançar valsa. 2. Tr. dir. Dançar em andamento de valsa.

Valsista, adj. e s., m. e f. Que, ou pessoa que valsa ou valsa bem.

Valva, s. f. 1. *Bot.* Cada um dos segmentos de uma fava deiscente. 2. *Zool.* Cada uma das peças sólidas que revestem o corpo de um molusco; concha.

Valvar, adj. m. e f. 1. Relativo a valva. 2. Semelhante a valva ou concha.

Valverde (*ê*), s. m. (ingl. *wallwort*). *Bot.* Planta quenopodiácea (*Kochia scoparta*), ornamental, com pequenas flores rubras.

Válvula, s. f. (l. *valvula*). 1. Pequena valva. 2. *Anat.* Espécie de membrana ou dobra que, nos vasos sangüíneos e condutos do organismo, dirige os líquidos em determinado sentido e os impede de refluir. 3. Espécie de tampa que fecha por si e hermeticamente um tubo. 4. Dispositivo colocado em receptáculos destinados a conter gás ou vapor sob pressão, para permitir que ele escape em caso de pressão excessiva.

Valvulado, adj. Que tem válvula; valvular.

Valvular, adj. m. e f. V. *valvulado.*

Vampírico, adj. 1. Relativo a vampiro. 2. Que tem caráter de vampiro. 3. Semelhante a vampiro.

Vampirismo, s. m. 1. Crença nos vampiros. 2. Avidez excessiva. 3. Qualidade de vampiro.

Vampiro, s. m. 1. Ente fantástico que, segundo a superstição do povo, sai, de noite, das sepulturas, para sugar o sangue das pessoas. 2. Indivíduo que enriquece à custa alheia ou por meios ilícitos. 3. *Zool.* Gênero (*Vampyrus*) de morcegos, muito grandes, que se alimentam de insetos e frutos. 4. *P. ext.* Denominação geral a todos os morcegos hematófagos.

Vanádio, s. m. *Quím.* Elemento metálico, cinzento ou branco. Símbolo V, número atômico 23, massa atômica 50,95.

Vanaquiá, s. m. *Ornit.* Anacã.

Vandálico, adj. Relativo aos vândalos ou próprio deles; vândalo.

Vandalismo, s. m. 1. Ação própria de vândalo. 2. *Fig.* Destruição do que é respeitável pelas suas tradições, antiguidade ou beleza.

Vândalo, s. m. 1. Membro dos vândalos, povos bárbaros que devastaram o Sul da Europa e o Norte da África. 2. *Por ext.* Aquele que comete atos funestos às artes, às ciências e à civilização. Adj. Vandálico.

Vànescer, v. Intr. Desvanecer-se, desaparecer.

Vanglória, s. f. Presunção mal fundada; bazófia, jactância, vaidade.

Vangloriar, v. 1. Tr. dir. Encher de vanglória; tornar vaidoso. 2. Pron. Encher-se de vanglória; jactar-se, orgulhar-se.

Vanglorioso, adj. Que tem vanglórias; jactancioso, vaidoso.

Vanguarda, s. f. 1. Primeira linha de um exército, de uma esquadra etc. 2. Dianteira, frente; anteguarda. Antôn.: *retaguarda.*

Vanguardeiro, adj. e s. m. 1. Que, ou aquele que marcha na vanguarda. 2. Que, ou aquele que vem na frente.

Vanguejar, v. Intr. Ir escorregando; vacilar.

Vanilina, s. f. *Quím.* Aldeído cristalino fenólico, que é o principal componente aromático da baunilha.

Vaniloqüência, s. f. Qualidade de vaníloquo.

Vaniloqüente, adj. V. *vaníloquo.*

Vanilóquio, s. m. *P. us.* Arrazoado inútil; palavras ocas.

Vaníloquo (*co*), adj. 1. Que fala à toa ou diz palavras inúteis ou sem sentido. 2. Fanfarrão. Sin.: *vaniloqüente.*

Vantagem, s. f. 1. Qualidade do que é superior ou está adiante. 2. Favor, benefício. 3. Lucro, proveito. 4. Vitória.

Vantajoso, adj. 1. Em que há vantagem. 2. Que dá proveito; lucrativo, proveitoso, útil.

Vante, s. f. *Náut.* 1. Dianteira de navio; proa. 2. Parte da coberta, que fica do lado da proa.

Vão, adj. (l. *vanu*). 1. Vazio, oco, sem valor. 2. Falto de realidade; fantástico. 3. Falto de senso; frívolo. S. m. 1. Espaço desocupado. 2. Intervalo. 3. Espaço aberto em uma parede para uma janela. 5. O jogo de tabuinhas ou de cortinas para janela ou porta. 6. Região clavicular; ápice do pulmão. 7. Depressão ou vale profundo por onde correm os rios. Fem.: *vã*. Pl.: *vãos*. Sup. abs. sint.: *vaníssimo*.

Vápido, adj. *Poét.* Sem valor; insípido.

Vapor, s. m. 1. *Fís.* Estado gasoso, quando provém da transformação de estado físico de um líquido ou sólido. 2. A força expansiva da água vaporizada. 3. Barco ou navio movido por máquina de vapor. 4. Motor a vapor.

Vaporação, s. f. Ato ou efeito de vaporar(-se).

Vaporar, v. 1. Tr. dir. Exalar como vapor. 2. Intr. e pron. Evaporar-se, soltar de si vapores.

Vaporável, adj. m. e f. Que se pode vaporar.

Vaporífero, adj. Que exala vapores.

Vaporização, s. f. Ato ou efeito de vaporizar(-se).

Vaporizador, adj. Que vaporiza. S. m. Instrumento próprio para vaporizar.

Vaporizar, v. 1. Tr. dir. e pron. Converter(-se) em vapor; evaporar(-se), volatilizar(-se). 2. Pron. Encher-se, impregnar-se (de vapores).

Vaporoso, adj. 1. Vaporífero. 2. Em que há vapores. 3. Aeriforme. 4. Extremamente tênue. 5. *Pint.* Diáfano, transparente. 6. Pouco compreensível; obscuro. 7. Fantástico. 8. Vaidoso. 9. Muito magro.

Vapular, v. Tr. dir. Açoitar, flagelar.

Vaqueanaço, s. m. Bom vaqueano; vaqueano esforçado.

Vaqueanar, v. Intr. Ter profissão ou hábito de vaqueano.

Vaqueano, adj. 1. Tapejara. 2. Aquele que tem habilidade, destreza. Var.: *baqueano*.

Vaqueirada, s. f. 1. Grupo de vaqueiros. 2. Os vaqueiros. Sin.: *vaqueirama*.

Vaqueirama, s. f. 1. V. *vaqueirada*. 2. Reunião de vaqueiros para procederem à vaquejada.

Vaqueirar, v. Intr. Exercer o ofício de vaqueiro; trabalhar como vaqueiro.

Vaqueiro, adj. Relativo ao gado vacum. S. m. Indivíduo que, nos campos, lida com o gado vacum.

Vaquejada, s. f. 1. Reunião do gado de uma fazenda, ordinariamente no fim do inverno; costeio. 2. Ato de procurar e reunir o gado que se acha disperso, nas caatingas, nos campos e nos matos, para apartação, capação, ferra etc.

Vaquejador, s. m. Caminho aberto nos matos e caatingas, por onde os vaqueiros conduzem o gado dos pastos nativos para os currais, ou de uma fazenda para outra.

Vaquejar, v. 1. V. *costear*. 2. V. *perseguir*.

Vaquejo (*ê*), s. m. Ato de vaquejar.

Vaqueta[1] (*ê*), s. f. Couro macio para forros.

Vaqueta[2], s. f. Vareta de guarda-sol; baqueta.

Vaquilhona, s. f. (cast. *vaquillona*). Vaca nova, que ainda não pariu; novilha.

Vaquinha, s. f. 1. Vaca, acep. 4. 2. Nome vulgar de diversos coleópteros predadores.

Vara[1], s. f. (l. *vara*). 1. Haste ou ramo delgado, de árvore ou de arbusto. Col.: *feixe, ruma* (amarrados). 2. Báculo. 3. Antiga insígnia de juízes e vereadores. 4. Açoite, castigo, punição. 5. Antiga medida de comprimento, equivalente a 1,10 m. 6. Cargo ou funções de juiz. 7. Manada de porcos. 8. Cajado. 9. Vareta. 10. Trava de porteira. Aum. irr.: *varejão*. Dim. irr.: *vareta, varela* e *varola*.

Vara[2], s. f. Tufão ou furacão do Mar das Índias, que ocorre em setembro ou outubro.

Varação, s. f. 1. Ato ou efeito de varar. 2. Transporte de embarcações por terra, nos trechos encachoeirados dos rios. 3. Varadouro.

Varacu, s. m. *Ictiol.* Espécie de lambari (*Astyanax fasciatus*), comum no Brasil.

Varada, s. f. 1. Pancada com vara. 2. Chibatada.

Varador, s. m. Indivíduo que avalia a capacidade das pipas e dos tonéis, medindo-os com uma vara.

Varadouro, s. m. 1. Lugar baixo e de pouca água, onde se abrigam e encalham as embarcações, para as consertar ou para as guardar. 2. Lugar onde um grupo de pessoas descansa e conversa. 3. Vereda rapidamente aberta, para passar de um rio para outro, em curtíssimo tempo. Var.: *varadoiro*.

Varal, s. m. 1. Cada uma das duas peças de madeira que saem de cada parte lateral de um veículo, entre as quais se coloca o animal que o puxa. 2. Arame sustido por postes, onde se põe a roupa lavada a secar. 3. Mesa de bambu sobre a qual se coloca o peixe trazido da pescaria, e onde ele fica ao relento até o dia seguinte.

Varancada, s. f. *Des.* V. *varada*.

Varanda, s. f. 1. Gradeamento de sacadas ou de janelas, abertas ao nível do pavimento. 2. Balcão, sacada, eirado. 3. Balcão corrido ao longo de um edifício ou de parte dele. 4. O primeiro dos três compartimentos do curral-de-peixe. 5. Sala da frente nas casas rústicas. 6. Espécie de barracão, geralmente anexo aos paióis, destinado a abrigar carros de bois, carroças etc.

Varandado, s. m. Espécie de alpendre, à frente e em volta das casas de campo.

Varandim, s. m. 1. Varanda estreita; plataforma. 2. Grade baixa, ornamentada, usada nas janelas de peitoril.

Varão[1], s. m. (corr. de *barão*). 1. Indivíduo do sexo masculino; homem. 2. Homem respeitável; homem sábio. Adj. Que é do sexo masculino: Filho *v.* Fem.: *varoa* e *virago*.

Varão[2], s. m. Vara grande, de ferro ou de outro metal.

Varapau, s. m. 1. Pau comprido. 2. Bordão. S. m. e f. Pessoa alta e magra.

Varar, v. 1. Tr. dir. Bater com vara; açoitar. 2. Tr. dir. Fazer encalhar uma embarcação na praia para a consertar ou guardar. 3. Tr. dir. Meter no varadouro. 4. Tr. dir. Atravessar, furar, traspassar. 5. Tr. ind. Sair. 6. Tr. dir. e tr. ind. Galgar, passar além de, transpor. 7. Tr. dir. Transportar por terra (a embarcação), nos trechos encachoeirados dos rios. 8. Tr. ind. Embrenhar-se, meter-se.

Varear, v. Tr. dir. *Ant.* 1. Medir às varas. 2. Governar com vara (um barco).

Varedo (*ê*), s. m. Conjunto de caibros que sustentam o ripado no telhado.

Vareio[1], s. m. (de *variar*). 1. Estado de delírio que leva o indivíduo a dizer coisas sem nexo. 2. Delírio, desvario.

Vareio[2], s. m. (de *vara*). *Pop.* Repreensão.

Vareiro, s. m. Indivíduo que impele uma canoa a vara.

Vareja[1] (*ê*), s. f. 1. V. *varejeira*. 2. Larva dessa mosca.

Vareja[2] (*ê*), s. f. (de *varejar*). Ato de varejar.

Varejador, adj. Que vareja. S. m. 1. Aquele que vareja. 2. Aquele que dá ou faz varejo.

Varejadura, s. f. Ato ou efeito de varejar; varejamento, varejo.

Varejamento, s. m. V. *varejadura*.

Varejão, s. m. (de *vara*[1]). Vara grande.

Varejar, v. 1. Tr. dir. Açoitar ou bater muitas vezes com a vara; derribar com vara. 2. Tr. dir. Medir às varas (certas fazendas e fitas). 3. Tr. ind. Disparar tiros. 4. Tr. dir. Acometer, atacar. 5. Intr. Soprar rijo. 6. Tr. dir. Dar busca; revistar. 7. Tr. dir. Deitar fora; atirar.

Varejeira, adj. e s. f. Diz-se da, ou a mosca cujas larvas são causadoras de bicheiras.

Varejista, adj. m. e f. 1. Relativo ao comércio a varejo. 2. Que vende a varejo. S. m. e f. Negociante que só vende a varejo; retalheiro, retalhista.

Varejo[1] (*ê*), s. m. (de *varejar*). 1. Varejadura. 2. Ato do fisco num estabelecimento comercial ou industrial, para verificar se há descaminho de impostos.

Varejo[2] (*ê*), s. m. Venda a retalho ou por miúdo.

Varela, s. f. Vara pequena; vareta.

Vareta (*ê*), s. f. 1. Vara pequena; varela, varola. 2. Vara delgada, de ferro ou de madeira, que se usa para socar a bucha da espingarda. 3. Cada uma das pernas do compasso. 4. *Bot.* Planta iridácea do Brasil (*Marica paludosa*). 5. Atrapalhação, embaraço.

Varga, s. f. 1. Planície alagadiça. 2. Várzea. 3. Espécie de rede para pesca.

Varge, s. f. *Pop.* V. *várzea*.

Várgea, s. f. *Pop.* V. *várzea*.

Vargem, s. f. *Pop.* V. *várzea*.

Varginha, s. f. Pequena vargem ou várzea.

Vargueiro, s. m. Fabricante de vargas (redes).
Vária, s. f. Pequeno comentário de jornal; suelto, tópico.
Variabilidade, s. f. Qualidade ou caráter de variável.
Variação, s. f. 1. Ato ou efeito de variar(-se); de divergir do normal, do costumeiro. 2. *Mús.* Modificação melódica ou ornatos adicionados a uma ária musical, conservando os elementos do tema principal. 3. *Biol.* Diferenças, genéticas ou não, entre indivíduos da mesma espécie.
Variado, adj. 1. Diferente, diverso, vário. 2. Inconstante, leviano. 3. Alucinado, delirante.
Variante, adj. m. e f. Que varia, que difere. S. f. 1. Diferença numa mesma passagem do texto de uma obra, entre edições diversas. 2. Cada uma das formas diferentes por que um vocábulo pode apresentar-se. 3. Estrada que modifica a direção de outra.
Variar, v. 1. Tr. dir. Tornar vário ou diferente. 2. Tr. ind. Fazer modificação; alterar. 3. Tr. ind. e intr. Sofrer mudança; mudar. 4. Pron. Experimentar variação ou mudança. 5. Tr. ind. e intr. Apresentar(-se) sob aspectos, cores, ou tons diferentes. 6. Tr. ind. e intr. Apresentar discrepância; discrepar. 7. Intr. Alucinar-se, enlouquecer, perder a razão. 8. Intr. Mudar de rumo. 9. Tr. dir. Ensinar (o cavalo) a correr parelhas com outro.
Variável, adj. m. e f. 1. Sujeito a variações; inconstante, mudável. 2. *Gram.* Diz-se das palavras flexivas, isto é, que estão sujeitas a variação.
Varicela, s. f. (fr. *varicelle,* de *variolle*). *Med.* Doença infeto-contagiosa, aguda e febril, ordinariamente benigna, caracterizada por uma erupção semelhante à da varíola benigna, mas cujas vesículas supuram moderadamente; bexigas-doidas, catapora.
varico-, elem. de comp. (l. *varice*). Exprime a idéia de *variz: varicocele.*
Varicocele, s. f. *Med.* Tumor formado pela dilatação varicosa das veias do cordão espermático.
Varicoso, adj. Que tem varizes ou disposição para varizes.
Variedade, s. f. 1. Qualidade de vário ou variável. 2. Variação. 3. Multiplicidade. 4. Diversidade. 5. Inconstância, instabilidade. 6. *Hist. Nat.* Cada um dos grupos de uma espécie, que se distinguem por certos caracteres muito secundários, embora permanentes. S. f. pl. Miscelânea de assuntos vários em literatura ou jornalismo, e de exibições em teatros, boates, na televisão etc.
Variegação, s. f. 1. Ato ou efeito de variegar. 2. Estado ou qualidade de variegado; matiz.
Variegado, adj. 1. De cores várias; matizado. 2. Variado. 3. Diversificado. 4. Alternado.
Variegar, v. Tr. dir. 1. Dar cores diversas a; matizar. 2. Diversificar, variar. 3. Alternar.
Varinha, s. f. 1. Vara delgada. 2. Vara mágica, usada por prestidigitadores e arlequins.
Vário, adj. 1. De diversas cores ou feitios; matizado, variegado. 2. Inconstante. 3. Buliçoso, oscilante. 4. Perplexo. 5. Mais ou menos numeroso. Pron. Um certo.
Varíola, s. f. *Med.* Doença febril, infeto-contagiosa e epidêmica, caracterizada pela erupção cutânea papuliforme, que se muda em pústulas; bexiga.
Variolar, adj. m. e f. Semelhante às manchas da varíola.
Variólico, adj. Relativo à varíola; varioloso.
Varioliforme, adj. m. e f. Que tem analogia com a varíola.
Varioloide, s. f. *Med.* Forma benigna de varíola.
Varioloso, adj. 1. Variólico. 2. Atacado de varíola. S. m. Indivíduo atacado de varíola.
Variospermo, adj. *Bot.* Que tem sementes de vários tipos.
Variz, s. f. 1. *Med.* Dilatação permanente de uma veia. 2. *Zool.* Proeminência nas espiras das conchas univalves.
Varja, s. f. V. *várzea.*
Varjão, s. m. Vargedo.
Varjota, s. f. Várzea ou varja pequena.
Varoa, s. f. Fem. de *varão.*
Varola, s. f. Vara pequena; vareta, varela.
Varonia, s. f. 1. Qualidade de varão. 2. Descendência em linha masculina.
Varonil, adj. m. e f. 1. Relativo a, ou próprio de varão, de homem viril. 2. Forte, rijo. 3. Heróico.
Varonilidade, s. f. Qualidade de varonil.
Varote, s. m. Erval novo, que se reserva para futura colheita.
Varrão, s. m. Porco inteiro para reprodução; barrão.
Varrasco, s. m. Varrão.
Varredeira, s. f. *Náut.* Vela quadrangular, que se iça no mastro do traquete e vai fixar-se no pau da surriola; varredoura.
Varredela, s. f. Ato ou efeito de varrer de leve.
Varredor, adj. e s. m. Que, ou aquele que varre.
Varredoura, s. f. 1. V. *varredeira.* 2. *Pop.* Grande carnificina; mortandade. Adj. f. Diz-se de uma rede de pescar. Var.: *varredoira.*
Varredouro, s. m. Espécie de vassoura com que se varre o forno do pão. Var.: *varredoiro.*
Varredura, s. f. 1. Ato ou efeito de varrer; varredela, varrição. 2. Lixo que se junta varrendo. 3. Restos de comida na mesa. 4. Restos, alimpaduras.
Varrer, v. (l. *verrere*). 1. Tr. dir. Limpar com vassoura (o solo, o soalho). 2. Intr. Limpar o lixo com a vassoura. 3. Tr. dir. Passar pela superfície de; roçar. 4. Tr. dir. Impelir para diante. 5. Tr. dir. Fazer desaparecer. 6. Tr. dir. Esvaziar, exaurir. 7. Tr. dir. Dispersar. 8. Tr. dir. Apagar, desvanecer. 9. Pron. Desvanecer-se, dissipar-se. 10. Tr. dir. Fazer esquecer. 11. Intr. *Pop.* Perder o conceito, o crédito. 12. Tr. dir. *Agr.* Praticar a varrição a.
Varrição, s. f. Varredura.
Varrido, adj. 1. Limpo com vassoura. 2. Que perdeu o juízo. 3. Completo, rematado (doido). 4. Batido pelo vento. S. m. 1. Aquilo que se varreu. 2. Varredura.
Varsoviana, s. f. Dança de caráter polonês, em compasso ternário, misto de mazurca e de polca.
Varsoviano, adj. Relativo a Varsóvia (Polônia). S. m. Habitante ou natural de Varsóvia.
Varudo, adj. Diz-se do tronco grande e direito.
Várzea, s. f. 1. Campina cultivada. 2. Terrenos baixos e planos, que margeiam os rios e ribeirões; varge, várgea, vargem, varja.
Varzino, adj. Relativo a várzea.
Vasa, s. f. 1. Sedimento orgânico marinho, abissal, constituído principalmente de carapaças siliciosas diatomáceas, ou de conchas de foraminíferos. 2. Limo, lodo ou terra atoladiça etc. 3. Degradação moral; escória, ralé. 4. As camadas viciosas, degradadas, da sociedade.
Vasca, s. f. 1. Grande convulsão. 2. Ânsia excessiva.
Vascolejador, adj. e s. m. Que, ou aquele que vascoleja.
Vascolejamento, s. m. Ato ou efeito de vascolejar.
Vascolejar, v. Tr. dir. 1. Agitar (um líquido num vaso, ou um vaso que contém um líquido). 2. Perturbar.
Vasconcear, v. 1. Intr. Falar vasconço. 2. Intr. Dizer algaravias ou coisas ininteligíveis. 3. Intr. Gracejar. 4. Tr. dir. Exprimir em estilo muito sutil ou ininteligível.
Vasconço, adj. Relativo ao idioma vernáculo dos Pireneus; basco. S. m. 1. A língua falada pelos bascos. 2. Linguagem ininteligível.
Vascoso, adj. Que tem vascas.
Vascular, adj. m. e f. (l. *vasculu*). 1. *Anat.* Relativo aos vasos, particularmente os sangüíneos. 2. Que tem vasos.
Vascularidade, s. f. *Anat.* A existência de menor ou maior quantidade de vasos sangüíneos ou linfáticos.
Vascularização, s. f. *Anat.* e *Med.* 1. Formação de vasos orgânicos num tecido que não os continha. 2. Multiplicação dos vasos primitivos num determinado órgão ou tecido.
Vascularizado, adj. Em que se operou vascularização.
Vascularizar, v. Tr. dir. Promover a vascularização de.
Vasculhar, v. Tr. dir. 1. Varrer com vasculho. 2. Pesquisar. 3. Esquadrinhar.
Vasculho, s. m. Vassouro.
Vaselina, s. f. (ingl. *wax*). Substância graxa, com aspecto de cera, extraída dos resíduos da destilação, e aplicada nas indústrias e em farmácias.
Vasento, adj. Que tem vasa ou lodo; vasoso.

vasi-, elem. de comp. (l. *vasu*). Exprime a idéia de *vaso: vasiduto.*
Vasiduto, s. m. *Bot.* Feixe vascular que faz comunicar na semente o hilo com a calaza.
Vasilha, s. f. 1. Recipiente para líquidos. 2. Conjunto de tonéis, barris, pipas.
Vasilhame, s. m. Conjunto de vasilhas.
Vaso[1], s. m. (l. *vasu*). 1. Peça côncava de barro, metal, vidro etc., que pode conter sólidos ou líquidos. 2. Recipiente que se enche de terra para cultivo de plantas, ornamentais. 3. Invólucro, receptáculo. 4. Urinol. 5. Vagina. 6. Navio. 7. *Anat.* Qualquer dos condutos orgânicos, como veia, artéria etc.
Vaso[2], s. m. Antiga fazenda de lã preta para luto.
Vasomotor, adj. *Anat.* Diz-se dos nervos que produzem contração ou dilatação dos vasos orgânicos (artérias, veias etc.). Fem.: *vasomotora* e *vasomotriz.* Var.: *vasimotor.*
Vasoso, adj. V. *vasento.*
Vasquear, v. Intr. 1. Vasquejar. 2. Tornar-se vasqueiro, raro.
Vasqueiro[1], adj. *Des.* Que produz vascas ou ânsias.
Vasqueiro[2], adj. Difícil de se conseguir ou encontrar.
Vasquejar, v. 1. Intr. Ter vascas ou convulsões; contorcer-se. 2. Intr. Estremecer, tremular. 3. Intr. Agonizar. 4. Tr. dir. Fazer tremular ou vacilar.
Vassalagem, s. f. 1. Condição ou estado de vassalo. 2. Tributo de vassalos ao senhor feudal. 3. Submissão. 4. Conjunto de vassalos. 5. Grande número de vassalos.
Vassalar, v. Tr. dir. *Des.* Tributar ou prestar como vassalagem.
Vassalo, s. m. Indivíduo dependente de um senhor feudal, ao qual estava ligado por juramento de fé e submissão. Adj. 1. Subordinado. 2. Que paga tributo a alguém.
Vassoura, s. f. 1. Utensílio feito de um feixe de folhas de palmeiras, de piaçaba etc., destinado a varrer o lixo. 2. *Bot.* Planta malvácea (*Sida carpinifolia*). S. m. 1. O encarregado da limpeza. 2. Lixeiro. 3. Empregado de classe baixa. Var.: *vassoira.*
Vassourada, s. f. 1. Varredela com a vassoura. 2. Pancada com vassoura. 3. Aquilo que se varre com um movimento de vassoura. Var.: *vassoirada.*
Vassoural, s. m. Terreno onde crescem vassouras.
Vassourar, 1. Tr. dir. Varrer com vassoura. 2. Intr. Limpar lixo com vassoura. Var.: *vassoirar.*
Vassoureiro, s. m. 1. Fabricante ou vendedor de vassouras. 2. Árvore leguminosa-mimosácea do Brasil (*Mimosa incendiata*). Var.: *vassoireiro.*
Vassourinha, s. f. 1. Pequena vassoura. 2. Certo jogo infantil. 3. *Bot.* Planta rubiácea (*Cephalanthus scoparius*); também chamada *vassourinha-de-botão.*
Vassouro, s. m. Varredouro para fornos; vasculho.
Vastar, v. Tr. dir. *P. us.* Devastar.
Vasteza, s. f. *P. us.* Vastidão.
Vastidão, s. f. (l. *vastitudine*). 1. Qualidade do que é vasto. 2. Extensão muito grande; amplidão. 3. Grandes dimensões ou desenvolvimento. 4. Importância suma; considerável magnitude. 5. Grandeza.
Vasto, adj. 1. Muito extenso. 2. Amplo, dilatado. 3. Importante. 4. *Fig.* Que abrange muitos conhecimentos.
Vatapá, s. m. *Cul.* Prato da cozinha afro-baiana, feito de peixe ou crustáceos numa papa de farinha de mandioca, temperado com azeite-de-dendê e, às vezes, pimenta.
Vate, s. m. 1. Aquele que faz vaticínios; profeta. 2. Poeta.
Vaticano, s. m. 1. Residência do papa, em Roma. 2. *Por ext.* Governo pontifício; cúria romana. Adj. Pertencente ao Vaticano.
Vaticinação, s. f. Vaticínio.
Vaticinador, adj. Que vaticina; vaticinante. S. m. Aquele que vaticina.
Vaticinante, adj. m. e f. Vaticinador.
Vaticinar, v. Tr. dir. Adivinhar, predizer, profetizar.
Vaticínio, s. m. Ato ou efeito de vaticinar; vaticinação, predição, profecia.
Vatídico, adj. *Poét.* Que faz vaticínios; que é oráculo.
Vau[1], s. m. (l. *vadu*). 1. Lugar em um rio no qual se pode passar a pé. 2. Baixio, banco, parcel. 3. *Fig.* Comodidade, ensejo, oportunidade. S. m. pl. *Náut.* 1. Madeirame em que se assenta a coberta do navio. 2. Paus cruzados na gávea.
Vau[2], s. m. (gr. *bau,* hebr. *vav*). 1. Nome antigo da letra V. 2. Nome do V alemão.
Vaudeense, adj. e. s. m. e f. Valdense.
Vavassalo, s. m. Vassalo de vassalo.
Vavavá, s. m. (t. onom.). 1. Tumulto, motim. 2. Barulho de vozes; algazarra. 3. Atropelo, azáfama.
Vavavu, s. m. V. *vavavá.*
Vaza[1], s. f. (cast. *baza*). Número de cartas que os parceiros jogam de cada vez ou de cada lance e que são recolhidas pelo que ganha.
Vaza[2], s. f. (de *vazar*). Lavor ou feitio vazado ou escavado.
Vaza-barris, s. m. sing. e pl. 1. Costa bordada de recifes, muito sujeita a naufrágios. 2. Lugar onde há riquezas escondidas. 3. Dissipação, pantana, ruína.
Vazador, adj. Que vaza. S. m. 1. Aquele que vaza. 2. Punção oco para fazer furos em couro, papel, cartão, pano etc. 3. V. *saca-bocado.* 4. O ourives que vaza ouro ou prata.
Vazadouro, s. m. Lugar onde se despejam imundícies e onde se vaza qualquer líquido.
Vazadura, s. f. V. *vazamento.*
Vazamento, s. m. 1. Ato ou efeito de vazar; vazadura. 2. Lugar por onde vaza um líquido. 3. *Por ex.* O próprio líquido vazado.
Vazante, adj. m. e f. (de *vazar*). Que vaza. S. f. 1. O refluxo ou maré vazia. 2. Período em que uma corrente fluvial apresenta o menor volume de água. 3. Terreno baixo e úmido. 4. Cultura que se faz no leito dos rios e nas margens dos açudes. 5. Vazão, saída.
Vazanteiro, s. m. Agricultor de vazantes.
Vazão, s. f. 1. Vazamento. 2. Escoamento. 3. Consumo, extração, saída, venda. 4. Quantidade de líquido ou gás fornecida por uma corrente fluida, na unidade de tempo. 5. Solução, resolução.
Vazar, v. 1. Tr. dir. Tornar vazio; esvaziar. 2. Intr. Escapar-se; ir-se escoando (o líquido). 3. Tr. ind. Entornar, verter. 4. Tr. dir. Derramar, verter. 5. Pron. Despejar-se, ficar vazio. 6. Tr. dir. Desaguar. 7. Tr. dir. Abrir vão em; furar. 8. Intr. Baixar, refluir (a maré). 9. Tr. ind. Sair. 10. Tr. dir. Lançar ou verter no molde (o metal em fusão).
Vazia, s. f. *Pop.* Ilharga.
Vaziador, adj. Diz-se do animal que vazia muito.
Vaziamento, s. m. Esvaziamento.
Vaziar, v. 1. Tr. dir. Esvaziar. 2. Intr. Defecar em excesso (o animal); estrabar.
Vazio, adj. (l. *vacivu*). 1. Que não contém nada ou só contém ar. 2. Despejado. 3. Desabitado, vago, desocupado. 4. Frívolo, fútil, vão, oco. S. m. O espaço vazio, o vácuo. S. m. pl. Ilhargas da cavalgadura.
Vaziúdo, adj. Diz-se do cavalo magro, cujas virilhas estão muito salientes.
Vê, s. m. Nome da letra v. Pl.: *vês* e *vv.*
Veação, s. f. (l. *venatione*). 1. Caça de animais bravios. 2. Montaria. 3. Iguaria preparada com a carne de animais mortos na caça.
Veadeiro, s. m. 1. Cão adestrado na caça dos veados. 2. Caçador de veados.
Veado[1], s. m. 1. *Zool.* Nome dado aos ungulados da família dos Cervídeos, muito velozes e tímidos. Voz.: *berra, brama, rebrama.* 2. *Ch.* Pederasta passivo.
Veado[2], s. m. Espécie de mandioca, de talo vermelho.
Vearia, s. f. Casa em que se guarda a veação (caça).
Vector, adj. e s. m. V. *vetor.*
Vectorial, adj. m. e f. V. *vetorial.*
Veda[1], s. m. Livro ou conjunto de quatro livros sagrados dos hindus, que, segundo eles, foi ditado por Brama.
Veda[2], s. f. Ato ou efeito de vedar; vedação, proibição.
Vedação, s. f. 1. Ato ou efeito de vedar; veda. 2. Coisa que veda. 3. Sebe, tapume, valado.
Vedado, adj. 1. Proibido. 2. Murado.
Vedar, v. (l. *vetare*). 1. Tr. dir. Proibir, interditar. 2. Tr. dir.

Não consentir, não permitir. 3. Tr. dir. Embaraçar, estorvar, tolher. 4. Tr. dir. Servir de obstáculo; obstar. 5. Tr. dir. Impedir que um líquido se escoe. 6. Tr. dir. Estancar.

Vedável, adj. m. e f. Que se pode vedar.

Vedeta (*ê*), s. f. (ital. *vedetta*). 1. Sentinela postada em lugar alto. 2. Guarda avançada. 3. Cavaleiro posto de sentinela, e que rapidamente vem dar aviso do que descobriu.

Vedete (*dé*), s. f. (fr. *vedette*). Artista colocada em destaque no elenco de uma companhia teatral.

Védico, adj. Relativo aos Vedas.

Vedismo, s. m. Primitiva religião do povo hindu, fundada nos ensinamentos e liturgia dos Vedas.

Vedo (*ê*), s. m. Vedação, tapume, cerca. Pl.: *vedos (ê)*.

Vedóia, s. m. Caloteiro, traficante, estradeiro, trapaceiro, trampolineiro.

Vedor, adj. Que vê. S. m. 1. Aquele que vê. 2. Inspetor, intendente. 3. Fiscal. 4. Pesquisador de nascentes de água.

Vedoria, s. f. 1. Funções de vedor. 2. Repartição dirigida por um vedor.

Veeiro, s. m. 1. Linha por onde uma pedra se fende quando se lhe bate. 2. *Geol.* Massa mineral tubuliforme, que preenche fendas de uma rocha encaixante. 3. Filão aurífero; veio.

Veemência, s. f. 1. Qualidade de veemente. 2. Força intensiva na alma ou nas paixões. 3. Intensidade. 4. Energia. 5. Vigor. 6. Eloqüência comovente.

Veemente, adj. m. e f. 1. Impetuoso, violento, intenso. 3. Caloroso, entusiástico. 3. Vivo, intenso, forte. 4. Arrojado, enérgico. 5. Entusiástico, fervoroso.

Vegetabilidade, s. f. Qualidade de vegetável.

Vegetação, s. f. 1. Ato ou efeito de vegetar. 2. A força vegetativa. 3. Os vegetais nativos. 4. Produto químico que apresenta alguma semelhança com as plantas. 5. *Med.* e *Bot.* Excrescência anormal de tecido.

Vegetal, adj. m. e f. *Bot.* 1. Relativo às plantas. 2. Que tem origem em alguma planta. S. m. Planta.

Vegetalizar, v. 1. Tr. dir. Dar forma de vegetal a. 2. Pron. Tomar forma de vegetal.

Vegetante, adj. m. e f. Que vegeta.

Vegetar, v. 1. Intr. Viver e desenvolver-se (uma planta). 2. Tr. dir. Alimentar, nutrir. 3. Tr. ind. e intr. Viver com indiferença; viver sem sentimentos nem emoções.

Vegetariano, adj. e s. m. Diz-se do, ou partidário da alimentação exclusivamente vegetal.

Vegetarista, s. m. e f. Forma convencional para designar o vegetariano que aceita alguns alimentos de origem animal, como o queijo, o leite, os ovos.

Vegetativo, adj. 1. Que faz vegetar; végeto. 2. Relativo a vegetais e animais que têm relação com o crescimento e a nutrição. 3. Que funciona involuntariamente ou inconscientemente.

Vegetável, adj. m. e f. Que pode vegetar.

Végeto, adj. 1. Vegetativo. 2. Bem nutrido, robusto.

Vegetoanimal (*vè*), adj. m. e f. Que participa da natureza dos animais e da dos vegetais.

Vegetomineral (*vè*), adj. m. e f. Que participa da natureza dos vegetais e da dos minerais.

Veia, s. f. (1. *vena*). 1. *Anat.* Canal que, partindo dos capilares, leva o sangue destes até o coração. Dim. irr. *vênula*. 2. Veio. 3. *Bot.* Nome dado às nervuras secundárias das folhas. 4. Estrada, meio de comunicação. 5. Disposição, tendência. 6. Caráter, qualidades.

Veicular¹, (*e-i*), v. Tr. dir. 1. Transportar em veículo. 2. Conduzir, transportar. 3. Difundir, propagar.

Veicular²(*e-i*), adj. m. e f. Próprio, ou relativo a veículo.

Veículo, s. m. (1. *vehiculu*). 1. Qualquer meio mecânico de transporte; carro. 2. Tudo que transporta ou conduz. 3. Aquilo que auxilia ou promove. 4. *Farm.* Excipiente líquido. 5. Qualquer meio empregado para a divulgação de anúncio, como jornal, revista, rádio, televisão, folheto etc.

Veieira, s. f. Abelheira, cortiço.

Veiga, s. f. Planície cultivada e fértil; várzea.

Veio, s. m. 1. Faixa de terra ou rocha que se destaca da que a rodeia por sua colocação ou natureza. 2. Filão. 3. Riacho, ribeiro. 4. *Med.* Eixo de ferro. 5. Ponto capital; fundamento.

Veirado, adj. *Heráld.* Que tem veiros.

Veiro, s. m. (fr. *vair*). *Heráld.* Guarnição metálica dos brasões, consistindo numa linha sinuosa regular, com as partes côncavas prateadas e as convexas, azuis. S. m. pl. Peles delicadas e preciosas, tais como arminho, zibelinas.

-vel, suf. Junta-se aos temas dos verbos e indica *possibilidade, necessidade* ou *dever:* amá*vel*, temí*vel*, suprimí*vel*.

Vela¹, s. f. (1. *vela*). 1. *Náut.* Peça de lona ou linho forte para impelir pela ação do vento embarcações movidas ou movimentar moinhos. 2. *Fig.* Embarcação movida a vela.

Vela², s. f. (de *velar²*). Ação de velar; veladura, vigília. 2. Sentinela. 3. Peça cilíndrica, de substância gordurosa e combustível, com pavio no centro a todo o comprimento, e que serve para alumiar; círio. 4. *Mec.* Dispositivo que produz a ignição nos motores de explosão.

Velacho, s. m. (de *vela¹*). 1. *Náut.* Vela dos mastros da proa. 2. Alcunha, apelido.

Velado¹, adj. (p. de *velar¹*) 1. Coberto com véu. 2. Oculto, encoberto. 3. Diz-se do coco quando tem a amêndoa completamente solta na casca.

Velado², adj. (p. de *velar²*). 1. Vigiado. 2. Passado em vigília, sem dormir.

Velador, adj. Que vela ou vigia. S. m. 1. Aquele que vela ou vigia. 2. Suporte vertical de pau, assentado sobre uma base ou pé e que termina superiormente por um disco onde se põe uma vela.

Veladura, s. f. 1. Velamento. 2. Ligeira mão de tinta, aplicada numa pintura, deixando transparecer a tinta que está por baixo; velatura.

Velame¹, s. m. (*vela* + *ame*). 1. *Náut.* Grande número de velas. 2. O conjunto das velas de um navio. 3. Disfarce, cobertura, véu. 4. *Bot.* Membrana que envolve o ápice das raízes aéreas das orquídeas.

Velame², s. m. *Bot.* Nome de diversas plantas medicinais do Brasil.

Velâmen, s. m. Velame¹, acep. 3 e 4. Pl.: *velâmenes* e *velamens*.

Velamento, s. m. Ação ou efeito de velar; veladura, vela².

Velar¹, v. (1. *velare*). 1. Tr. dir. e pron. Cobrir(-se) com véu. 2. Tr. dir. Encobrir, ocultar. 3. Tr. dir. *Fot.* Inutilizar (filme virgem) por excesso de exposição. 4. Pron. Encobrir-se, ocultar-se. 5. Tr. dir. Tornar sombrio. 6. Pron. Anuviar-se.

Velar², v. (1. *vigilare*). 1. Tr. dir. Passar (a noite) em vigília. 2. Tr. dir. Estar de sentinela; vigiar. 3. Intr. Passar a noite acordado, sem dormir. 4. Tr. dir. Passar a noite junto à cabeceira de (um doente), para tratar ou cuidar dele, ou ao pé de um morto. 5. Intr. Conservar-se aceso (o candeeiro, o castiçal, a luz, a tocha etc.). 6. Tr. dir. Patrocinar, proteger. 7. Tr. ind. e intr. Exercer vigilância.

Velar³, adj. m. e f. (1. *velu*). *Fon.* Diz-se dos fonemas que se articulam junto ao véu palatino.

Velário, s. m. Espécie de toldo com que, na Antiguidade, se cobriam os circos e teatros, por causa da chuva.

Velarizar, v. Tr. dir. Transformar (um fonema) em velar³.

Velatura, s. f. V. *veladura,* acep. 2.

Velear, v. Tr. dir. *Náut.* Prover de velas (o navio).

Veleidade, s. f. 1. Vontade imperfeita, sem resultado. 2. Capricho, leviandade. 3. Utopia. 4. Volubilidade.

Veleira, s. f. Criada de freiras, para serviços fora do convento.

Veleiro¹, adj. (*vela¹* + *eiro*). Que anda bem a vela (embarcação); ligeiro. S. m. 1. Aquele que faz velas para navios. 2. Navio de vela.

Veleiro², s. m. (de *vela²* + *eiro*). Criado de frades, para serviços fora do convento.

Velejar, v. 1. Tr. ind. Navegar a vela. 2. Intr. Navegar.

Velenho, s. m. *Bot.* Meimendro.

Veleta (*ê*), s. f. 1. Cata-vento. 2. *Fig.* Pessoa volúvel.

Velha, s. f. 1. Mulher idosa. 2. *Pop.* A morte. 3. *Fam.* A mãe.

Velhacada, s. f. 1. Velhacaria. 2. Reunião de velhacos.

Velhacagem, s. f. V. *velhacaria*.

Velhacar, v. V. *velhaquear*.

Velhacaria, s. f. 1. Ato ou manha de velhaco; velhacada, velhacagem. 2. Qualidade de velhaco.

Velhaças, s. m. sing. e pl. *Fam.* Homem muito velho.

Velhaco, adj. 1. Que engana de propósito. 2. Fraudulento, traiçoeiro. 3. Maroto, patife. 4. Brejeiro, devasso. 5. Diz-se do animal que não se deixa prender facilmente. S. m. Indivíduo velhaco. Col.: *súcia, velhacada.*

Velhada, s. f. 1. Ato ou dito próprio de velho. 2. Reunião de velhos. 3. Os velhos.

Velhaqueador, adj. Diz-se do cavalo que valhaqueia.

Velhaqueadouro, s. m. A região da virilha do cavalo.

Velhaquear, v. 1. Intr. Proceder como velhaco. 2. Tr. dir. Enganar, burlar. 3. Intr. Dar corcovos (o cavalo).

Velhaquesco (*ê*), adj. 1. Relativo a velhaco. 2. Próprio de velhaco.

Velhaquete (*ê*), adj. e s. m. Diz-se de, ou indivíduo sonso, mas um tanto velhaco.

Velharia, s. f. 1. Ação, dito ou tudo aquilo que é próprio de velhos. 2. Traste ou objeto antigo. 3. Costume antiquado. 4. Arcaísmo. 5. Reunião de velhos. 6. Os velhos.

Velhentado, adj. Avelhentado.

Velhice, s. f. 1. Condição ou estado de velho. 2. Idade avançada. 3. As pessoas velhas. 4. Rabugice própria de velho.

Velhinha, s. f. *Ornit.* Viuvinha.

Velho, adj. (l. *vetulu*). 1. Muito idoso. 2. Que existe há muito tempo; antigo. 3. Avelhentado. 4. Que possui desde muito tempo certa qualidade, ou exerce certa profissão. 5. Gasto pelo uso: Um vestido *velho.* 6. Antiquado, desusado. S. m. 1. Homem idoso. 2. *Fam.* O pai. Aum.: *velhaças.* Dim. irr.: *velhote, velhusco, velhustro.*

Velhori, adj. m. e f. Diz-se de cavalo de cor acinzentada.

Velhote, adj. *Fam.* Diz-se do indivíduo velho, mas bem disposto. S. m. Indivíduo velhote. *Fem.: velhota.*

Velhusco, adj. e s. m. *Fam.* Velho, velhote; velhustro.

Velhustro, adj. e s. m. V. *velhusco.*

veli-, elem. de comp. (l. *velu*). Exprime a idéia de *vela*[1]: *velífero.*

Velicação, s. f. Ato ou efeito de velicar; beliscão.

Velicar, v. Tr. dir. Beliscar.

Velicativo, adj. 1. Que velica. 2. Pungente.

Velífero, adj. *Poét.* Que tem velas (navio).

Velilho, s. m. Tecido semelhante à gaze.

Velino, s. m. Pele de vitela ou carneiro, mais fina que o pergaminho.

Velívago, adj. *Poét.* 1. Que veleja. 2. Que é movido por vela.

Velívolo, adj. *Poét.* Que veleja rapidamente.

Velo, s. m. 1. Lã de carneiro, ovelha ou cordeiro. 2. *Por. ext.* A pele desses animais. 3. Lã cardada.

Veloce, adj. m. e f. *Des.* Veloz.

veloci-, elem. de comp. (l. *veloce*). Exprime a idéia de *veloz: velocípede.*

Velocidade, s. f. 1. Qualidade de veloz. 2. Movimento rápido; rapidez. 3. *Mec.* Relação entre um espaço percorrido e o tempo gasto no percurso, no movimento uniforme.

Velocímano, s. m. Cavalo de pau instalado sobre um velocípede, para brinquedo de crianças.

Velocímetro, s. m. Aparelho para medir velocidade.

Velocino, s. m. 1. Pele de carneiro, cordeiro ou ovelha, com lã. 2. *Por ext.* Carneiro mitológico, de velo de ouro.

Velocípede, adj. m. e f. Que tem pés velozes. S. m. 1. *Ant.* Tipo de bicicleta primitiva. 2. Triciclo.

Velocipedista, s. m. e f. Pessoa que anda em velocípede.

Velódromo, s. m. Pista destinada a corridas de bicicletas.

Velório, s. m. 1. Ato de velar defunto, isto é, de passar a noite em claro na sala em que ele está exposto; vigília de defuntos. 2. Dependências, nos hospitais, onde se realiza essa vigília.

Veloso, adj. 1. Que tem velo. 2. Felpudo. 3. Lanoso.

Veloz, adj. m. e f. 1. Que anda muito depressa; rápido, ligeiro. 2. Que passa muito depressa. Sup. abs. sint.: *velocíssimo.*

Veludilho, s. m. Tecido, semelhante ao veludo, mas menos encorpado.

Veludíneo, adj. Aveludado.

Veludo, adj. Veloso. S. m. 1. Tecido de seda ou de algodão, o qual de um dos lados tem pêlo muito macio, curto e acetinado. 2. *Por ext.* Objeto ou superfície macia. 3. *Bot.* Planta malvácea (*Pavonia malacophylla*).

Veludoso, adj. Semelhante ao veludo; aveludado.

Venábulo, s. m. 1. Espécie de dardo ou lança, para caça de feras. 2. Meio de defesa.

Venação, s. f. *Biol.* Disposição das veias e nervuras.

Venado, adj. Que tem veias.

Venal[1]**,** adj. m. e f. (l. *venale*). 1. Que pode ser vendido. 2. Diz-se do valor real de uma mercadoria. 3. Exposto à venda. 4. Relativo à venda. 5. Que é passível de peita.

Venal[2]**,** adj. m. e f. (l. *venal*). Venoso.

Venalidade, s. f. Qualidade ou caráter de venal[1].

Venatório, adj. Que diz respeito à caça.

Vencedor, adj. Que vence ou venceu. S. m. 1. Aquele que vence ou venceu. 2. Homem vitorioso.

Vencelho (*ê*), s. m. V. *vencilho.*

Vencer, v. (l. *vincere*). 1. Tr. dir. Alcançar vitória sobre; triunfar de. 2. Tr. ind. e intr. Alcançar vitória; triunfar. 3. Tr. dir. Obter resultado favorável em. 4. Tr. dir. Refrear. 5. Pron. Conter-se, refrear-se. 6. Tr. dir. Dominar. 7. Tr. dir. Desfazer, destruir. 8. Tr. dir. Comover. 9. Tr. dir. Atingir, percorrer. 10. Tr. dir. Executar, levar a cabo, realizar. 11. Tr. dir. Auferir, ganhar ou receber de vencimento ou ordenado. 12. Intr. e pron. Chegar ou terminar o prazo para o pagamento de.

Vencida, s. f. Vencimento.

Vencido, adj. 1. Que sofreu derrota. 2. Que se venceu. S. m. Aquele que foi vencido.

Vencilho, s. m. Atilho de vime ou corda de palha, para atar feixes, empar videira etc.

Vencimento, s. m. 1. Ato ou efeito de vencer; vencida. 2. Vitória, triunfo. 3. *Com.* Expiração do prazo para o pagamento de uma letra ou para cumprimento de qualquer encargo. 4. Dia em que expira esse prazo.

Vencível, adj. m. e f. 1. Que se pode vencer. 2. Que tem vencimento em data certa.

Venda[1]**,** s. f. (l. *vendita*). 1. Ato ou efeito de vender; vendagem. 2. Loja de secos e molhados; empório. 3. Taberna, bar.

Venda[2]**,** s. f. (germ. *blinda,* al. *bind, band*). 1. Faixa com que se cobrem os olhos. 2. *Fig.* Cegueira.

Vendagem[1]**,** s. f. (*venda*[1] *+ agem*). 1. Venda. 2. Percentagem do preço da venda, em favor do que vende por conta alheia.

Vendagem[2]**,** s. f. (*venda*[2] *+ agem*). Operação de vendar os olhos.

Vendar, v. (*venda*[2] *+ ar*). Tr. dir. 1. Cobrir com venda. 2. Cegar, obscurecer, turvar.

Vendaval, s. m. Vento tempestuoso; temporal.

Vendável, adj. m. e f. Que tem boa venda.

Vendedeira, s. f. Mulher que vende em público, nas ruas ou nas praças, ou pelas portas das casas.

Vendedor, adj. e s. m. Que, ou aquele que vende.

Vendedouro, adj. Vendível. S. m. Lugar público onde se vende alguma coisa. Var.: *vendedoiro.*

Vendeiro, s. m. Dono de venda; taberneiro.

Vendelhão, s. m. Vendedor ambulante; vendilhão.

Vendemiário, s. m. (fr. *vendémiaire,* do l. *vindemia*). Primeiro mês do calendário da Revolução Francesa (de 22 de setembro a 21 de outubro).

Vender, v. 1. Tr. dir. Alienar (um objeto) mediante certo preço; trocar por dinheiro. 2. Tr. dir. Negociar em. 3. Intr. Exercer a profissão de vendedor. 4. Tr. dir. Sacrificar por dinheiro ou por interesse. 5. Pron. Ceder a sua própria liberdade por certo preço; deixar-se peitar para ceder ou fazer. 6. Pron. Bandear-se com um partido, atraiçoando o seu ou desertando dele.

Vendição, s. f. *P. us.* Venda.

Vendido, adj. 1. Que se vendeu. 2. Adquirido por venda. 3. Peitado, subornado. 4. *Pop.* Corrompido; transviado. 5. Contrafeito, contrariado. 6. Espantado, esquivo. S. m. Aquele que se vendeu.

Vendilhão, s. m. 1. Vendedor ambulante. 2. Indivíduo que trafica publicamente em coisas de ordem moral. Fem.: *vendilhona*.

Vendível, adj. m. e f. 1. Que se pode vender. 2. Que está para venda.

Vendola, s. f. Venda reles; tasca.

Venefício, s. m. 1. Ato de preparar veneno com fins criminosos. 2. O crime de envenenar alguém.

Venéfico, adj. 1. Relativo a venefício. 2. Venenoso.

veneni-, elem. de comp. (l. *venenu*). Exprime a idéia de *veneno: venenîparo.*

Venenífero, adj. Venenoso.

Veneníparo, adj. Que segrega veneno.

Veneno, s. m. 1. Substância que, quando absorvida, provoca perturbações funcionais mais ou menos graves; tóxico. 2. Peçonha. 3. Tudo quanto é capaz de produzir a corrupção moral. 4. Pessoa má. 5. Malignidade. 6. Interpretação maliciosa. 7. *Vet.* Doença dos animais, que é uma variedade de carbúnculo.

Venenosidade, s. f. Qualidade de venenoso.

Venenoso, adj. 1. Que contém veneno; tóxico. 2. Nocivo à saúde; deletério. 3. Que corrompe moralmente. 4. Malévolo.

Venera, s. f. (l. *veneria*). 1. Insígnia das antigas ordens militares. 2. Insígnia dos romeiros. 3. Condecoração.

Venerabilidade, s. f. Qualidade ou caráter de venerável.

Venerabundo, adj. Que venera; reverente.

Veneração, s. f. 1. Ato ou efeito de venerar; reverência, respeito. 2. Devoção, culto.

Venerado, adj. Que é objeto de veneração.

Venerador, adj. e s. m. Que, ou aquele que venera.

Venerando, adj. Venerável.

Venerar, v. Tr. dir. 1. Tratar com profundo respeito; render culto a. 2. Acatar, respeitar muito.

Venerável, adj. m. e f. Digno de veneração, respeitável; venerando. Sup. abs. sint.: *venerabilíssimo*. S. m. O presidente de uma loja maçônica.

Venéreo, adj. 1. Relativo a Vênus. 2. Relativo ao ato sexual; erótico, sensual.

Venereologia, s. f. Parte da Medicina que trata das doenças venéreas.

Venereologista, s. m. e f. *Med.* Especialista em venereologia.

Veneta (*ê*), s. f. 1. Acesso de loucura. 2. Impulso repentino; capricho, mania, tineta. 3. Calundu.

Vêneto, adj. Relativo aos vênetos, povos antigos das Gálias, que se estabeleceram ao norte do Adriático.

Veneziana, s. f. Janela de fasquias de madeira superpostas que, fechada, permite a penetração do ar, mas escurece o ambiente.

Veneziano, adj. Relativo a Veneza (Itália). S. m. O natural ou habitante de Veneza.

Venezolano, adj. e s. m. V. *venezuelano.*

Venezuelano, adj. Relativo à Venezuela (América do Sul). S. m. O natural ou habitante da Venezuela.

Vênia, s. f. 1. Licença, permissão. 2. Inclinação que se faz com a cabeça em sinal de cortesia; mesura, reverência. 3. Desculpa, perdão.

Veniaga, s. f. (mal. *bernjága*). 1. Tráfico, comércio. 2. Traficância, tranquibérnia. 3. Procedimento de agiota.

Veniagar, v. Intr. Praticar veniaga; traficar.

Venial, adj. m. e f. 1. Digno de vênia; perdoável, desculpável. 2. *Teol.* Diz-se do pecado ou falta leve.

Venialidade, s. f. Qualidade de venial.

Venida, s. f. 1. *Mil.* Ataque imprevisto do inimigo. 2. Golpe de espada para ferir, no jogo da esgrima. 3. Diligência.

Venífluo, adj. *Poét.* Que corre pelas veias; venoso.

Venoso, adj. 1. Relativo a veias; venal[2]. 2. Que tem veias. 3. Venífluo.

Venta, s. f. Narina. S. f. pl. 1. O nariz. 2. Olfato.

Ventana[1], s. f. (cast. *ventana*). *Ant.* e *Gír de gatunos.* Janela.

Ventana[2], adj. e s. m. (*vento + ana*). 1. Diz-se de, ou indivíduo mau. 2. Desordeiro turbulento.

Ventanear, v. 1. Tr. dir. Ventilar. 2. Tr. dir. Sacudir, agitar. 3. Intr. Ventanejar.

Ventaneira, s. f. 1. Ventania. 2. Válvula por onde entra o ar no fole.

Ventanejar, v. Intr. 1. Ventar. 2. *Ch.* Soltar ventosidades.

Ventania, s. f. Vento forte e contínuo; ventaneira.

Ventanilha, s. f. Cada uma das aberturas da mesa do bilhar, por onde caem as bolas.

Ventanista, s. m. e f. *Gír.* Ladrão que costuma entrar numa casa pela janela.

Ventar, v. 1. Intr. Fazer vento; soprar com força o vento. 2. Tr. ind. Manifestar-se subitamente. 3. Tr. ind. Ser propício ou favorável. 4. Intr. *Ch.* Soltar ventosidades.

Ventarola, s. f. Espécie de leque, com um só cabo, e sem varetas.

Venteira, s. f. Tramela, acep. 2.

Ventígeno, adj. *Poét.* Que produz vento.

Ventilabro, s. m. Espécie de joeira com que se limpa o trigo.

Ventilação, s. f. 1. Ato ou efeito de ventilar(-se). 2. Circulação de ar.

Ventilador, adj. Que ventila; ventilante. S. m. Aparelho para ventilar.

Ventilante, adj. m. e f. Ventilador.

Ventilar, v. 1. Tr. dir. Fazer entrar o vento em; arejar, refrescar. 2. Pron. Abanar-se. 3. Tr. dir. Agitar, debater, discutir. 4. Tr. dir. Limpar (o trigo) da palha, por meio de joeira.

Ventilativo, adj. 1. Próprio para ventilar. 2. Que ventila.

Vento, s. m. 1. *Meteor.* Corrente de ar atmosférico. 2. O ar atmosférico. 3. O ar agitado por qualquer meio mecânico. 4. Agitação. 5. Ventosidade, flato, flatulência. 6. Influência. 7. *Poét.* Sorte, fado. 8. Coisa vã; inanidade. 9. Faro. 10. Coisa rápida. 11. Vaidade.

Ventoinha (*o-i*), s. f. 1. Cata-vento. 2. *Ornit.* Abibe. 3. Pessoa inconstante.

Ventor, s. m. Cão que tem bom faro.

Ventosa, s. f. (l. *ventosa*). 1. *Cir.* Vaso que se aplica sobre a pele e em cujo interior se rarefaz o ar, a fim de produzir uma irritação local e provocar o afluxo de sangue. 2. Sugadouro de certos animais aquáticos.

Ventosidade, s. f. 1. Acumulação de gases no estômago ou nos intestinos; flato, flatulência. 2. Saída desses gases, mais ou menos ruidosa.

Ventoso, adj. 1. Cheio de vento. 2. Exposto ao vento. 3. Fútil, vão. 4. Arrogante. 5. Produzido por ventosidades. S. m. Sexto mês do calendário da Revolução Francesa (de 19 de fevereiro a 20 de março).

Ventral, adj. m. e f. 1. Relativo ao ventre. 2. Situado sob o abdome de certos animais.

Ventre, s. m. 1. Abdome. 2. Cavidade abdominal. 3. Região do corpo em que está situada essa cavidade; barriga. 4. O útero. 5. Bojo de um vaso. 6. Porção mais carnuda de certos músculos. 7. Parte interior; âmago.

Ventrecha (*ê*), s. f. Posta de peixe imediata à cabeça; ventrisca.

ventri-, elem. de comp. (l. *ventre*). Exprime a idéia de *ventre: ventripotente.*

Ventricular, adj. m. e f. Que diz respeito a ventrículo.

Ventriculite, s. f. *Med.* Meningite localizada nos ventrículos cerebrais.

Ventrículo, s. m. (l. *ventriculu*). 1. *Anat.* Nome de certas cavidades particulares a certos órgãos. 2. *Anat.* Cada uma das duas cavidades inferiores do coração. 3. *Zool.* A cavidade única do coração de certos animais . 4. Cada uma das cinco cavidades existentes no âmago do cérebro.

Ventrilavado, adj. Diz-se do cavalo que tem o ventre esbranquiçado.

Ventriloquia, s. f. Qualidade, arte ou habilidade de ventríloquo.

Ventríloquo (*co*), adj. e s. m. Diz-se do, ou o indivíduo que tem a faculdade de falar sem mover a boca, modificando sua voz de maneira que esta parece provir de outrem.

Ventripotente, adj. m. e f. 1. Que tem estômago forte. 2. Gastrônomo.

Ventrisca, s. f. V. *ventrecha.*

Ventrudo, adj. Que tem grande ventre; barrigudo, pançudo.

Ventura, s. f. 1. Fortuna boa ou má. 2. Sorte. 3. Sorte feliz. 4. Risco, perigo.
Venturo, adj. Que há de vir; vindouro.
Venturoso, adj. 1. Que tem ventura; ditoso, feliz. 2. Em que há ventura. 3. Arriscado, aventuroso.
Vênula, s. f. 1. Pequena veia; veiazinha. 2. Veia tenuíssima entremeada nas rochas.
Venulado, adj. Que tem vênulas.
Vênus, s. f. sing. e pl. 1. *Astr.* Planeta que gira entre a Terra e Mercúrio. 2. Mulher muito linda (por alusão a Vênus, deusa da formosura).
Venusino, adj. 1. Relativo a Venúsia (Itália), terra de Horácio. 2. Relativo a Horácio. S. m. O poeta Horácio.
Venusto, adj. Muito formoso ou muito gracioso.
Vepsa, s. m. *Filol.* Língua uralo-altaica do grupo ugro-finlandês.
Ver, v. (l. *videre*). 1. Tr. dir. e intr. Conhecer por meio do sentido da visão. 2. Tr. dir. Alcançar com a vista; avistar, enxergar. 3. Pron. Avistar-se, contemplar-se, mirar-se. 4. Tr. dir. Ser espectador ou testemunha de; presenciar. 5. Tr. dir. Notar, observar. 6. Tr. dir. Distinguir, divisar. 7. Pron. Achar-se, encontrar-se em algum lugar. 8. Tr. dir. Atender a, reparar, tomar cuidado em. 9. Tr. dir. Conhecer. 10. Tr. dir. Ler. 11. Tr. dir. Visitar. 12. Tr. dir. Prever. 13. Tr. dir. Recordar. Conj.: Pres. ind.: *vejo, vês, vê, vemos, vedes, vêem.* Imperf.: *via, vias* etc.; perf.: *vi, viste, viu* etc.; m.-q.-perf.: *vira, víramos, víreis,* etc.; fut. do pres.: *verei, verás* etc.; fut. do pret.: *veria, verias* etc.; imper.: *vê, vede*; pres. subj.: *veja, vejas* etc.; imperf.: *visse, visses* etc.; fut.: *vir, vires* etc.; ger.: *vendo*; part.: *visto.*
Veracidade, s. f. 1. Qualidade de veraz; verdade, veridicidade. 2. Apego à verdade.
Vera-efígie, s. f. Retrato fiel. Pl.: *veras-efígies.*
Veranear, v. Tr. ind. Passar o verão algures.
Veraneio, s. m. Ato de veranear.
Veranico, s. m. Verão pouco quente.
Veranista, s. m. e f. Pessoa que veraneia.
Veranito, s. m. V. *veranico.*
Verão, s. m. (l. *veranu*). 1. Estação do ano que, no hemisfério sul, vai de 21 de dezembro a 21 de março e, no hemisfério norte, de 21 de junho a 22 de setembro; estio. 2. Tempo quente e pouco chuvoso.
Veras, s. f. pl. Coisas verdadeiras; realidade.
Verascópio, s. m. Aparelho fotográfico de lente dupla para impressionar chapas duplas, as quais, olhadas em aparelho próprio, dão a impressão de relevo.
Verátrico, adj. Relativo ao veratro.
Veratro, s. m. *Bot.* 1. Gênero (*Veratrum*) da família das Liliáceas, constituído de ervas de raízes tóxicas. 2. Qualquer planta desse gênero.
Veraz, adj. m. e f. (l. *verace*). 1. Que diz a verdade. 2. Em que há verdade; verídico. Sup. abs. sint.: *veracíssimo.*
Verba, s. f. 1. Cada uma das cláusulas, ou condições de uma escritura, ou outro ato escrito. 2. Anotação, comentário. 3. Consignação de uma quantia para determinado fim.
Verbal, adj. m. e f. 1. Relativo ao verbo. 2. Relativo à palavra. 3. Expresso de viva voz; oral.
Verbalismo, s. m. 1. Excesso de rigor verbal. 2. Trasmissão de conhecimentos exclusivamente pela palavra, pela explicação oral. 3. Tendência literária a satisfazer-se com palavras ocas em vez de idéias.
Verbalista, adj. m. e f. Relativo ao verbalismo. S. m. e f. Escritor dado ao verbalismo.
Verbalização, s. f. Ato de verbalizar.
Verbalizar, v. Tr. dir. 1. *Gram.* Tornar verbal. 2. Expor verbalmente.
Verbasco, s. m. *Bot.* Nome comum a várias plantas escrofulariáceas, de propriedades medicinais.
Verbena[1], s. f. *Bot.* 1. Gênero (*Verbena*) típico da família das Verbenáceas, constituído de ervas medicinais e aromáticas. 2. Qualquer planta desse gênero; verberão, urgebão.
Verbena[2], s. f. Espécie de arraial ou festa noturna; quermesse.
Verbenáceas, s. f. pl. *Bot.* Família (*Verbenaceae*) de ervas, arbustos e árvores, com folhas opostas e flores na maioria irregulares.
Verbenáceo, adj. Relativo às Verbenáceas.
Verberação, s. f. Ato ou efeito de verberar.
Verberador, adj. V. *verberante.*
Verberante, adj. m. e f. Que verbera; verberador.
Verberão, s. m. *Bot.* Verbena.
Verberar, v. 1. Tr. dir. Açoitar, flagelar, fustigar. 2. Tr. dir. e tr. ind. Censurar asperamente; condenar, repreender, reprovar.
Verberativo, adj. Próprio para verberar ou flagelar.
Verbete (*ê*), s. m. 1. 1. Apontamento, nota. 2. Pequena folha de papel em que se faz um apontamento ou nota; ficha. 3. Na organização de um dicionário, enciclopédia ou glossário, cada uma das palavras com suas definições e exemplos.
Verbiagem, s. f. Palanfrório, verborréia.
Verbo, s. m. 1. Palavra, vocábulo. 2. Expressão, elocução. 3. *Gram.* A palavra que exprime o modo de atividade ou estado que apresentam as pessoas, animais ou coisas de que se fala. 4. *Rel.* Nome próprio da segunda pessoa da Santíssima Trindade. 5. A sabedoria eterna.
Verborragia, s. f. *Pej.* Qualidade de quem fala ou discute com grande fluência e abundância de palavras, mas com poucas idéias; verborréia, verbiagem.
Verborrágico, adj. 1. Em que há verborragia. 2. Dado à verborragia.
Verborréia, s. f. V. *verborragia.*
Verbosidade, s. f. Qualidade de verboso; grande fluência oral.
Verboso, adj. 1. Que fala muito; palavroso, loquaz. 2. Que fala com facilidade; loquaz, facundo.
Verdacho, adj. Esverdeado. S. m. Tinta de cor tirante a verde.
Verdade, s. f. (l. *veritate*). 1. Conformidade do conhecimento com o real. 2. Realidade, exatidão. 3. Sinceridade, boa fé. 4. Princípio certo e verdadeiro; axioma. 5. Representação fiel de alguma coisa da natureza.
Verdadeiro, adj. 1. Que corresponde à verdade. 2. Que existe realmente; real. 3. Autêntico, genuíno. 4. Verídico, fiel. 5. Legítimo. 6. Que é realmente o que parece; puro. S. m. A verdade; a realidade.
Verdasca, s. f. Vara delgada, para chibatar.
Verdascada, s. f. Pancada com verdasca.
Verdascar, v. Tr. dir. Dar verdascadas em; chibatar.
Verdasco, adj. e s. m. Diz-se de, ou vinho verde, muito ácido.
Verde (*ê*), adj. 1. De cor resultante da mistura do azul com o amarelo. 2. Da cor das folhas da maior parte das árvores ou das ervas viçosas. 3. Ainda não maduro (fruto). 4. Que ainda tem seiva (planta). 5. Que não está seca; fresca (carne). 6. Relativo aos primeiros anos da existência. 7. Tenro, delicado. S. m. 1. A cor verde. 2. A vegetação; a verdura. — *V.-bexiga*: tinta verde-escura, cujo ingrediente principal é o fel de vaca. *V.-claro*: entre verde e branco. *V.-crê*: verde sobre ouro. *V.-escuro*: entre verde e preto. *V.-gaio*: v. *verde-claro. V.-mar*: v. *verde-claro. V-montanha*: v. *verde-escuro. V.-negro*: v. *verde-escuro.* V. *-paris*: acetado de cobre.
Verdeal, adj. m. e f. Esverdeado.
Verdear, v. 1. Intr. Verdejar. 2. Tr. dir. Dar ração de capim verde a (o cavalo). 3. Intr. Reverdecer (o campo, depois das secas).
Verdecer, v. (l. *virisdiscere*). Intr. Tomar cor verde; tornar-se verde.
Verdegais, s. m. sing. e pl. Corda de viola, usada em vara de pesca.
Verdeio, s. m. 1. Forragem verde para o cavalo. 2. Ato de verdear, acep. 2.; verdejo.
Verdejante, adj. m. e f. Que verdeja; verdoso, virente, viridente.
Verdejar, v. (l. *viridicare*). 1. Intr. Apresentar cor verde; ser verde. 2. Tr. dir. Dar cor verde a.
Verdejo (*ê*), s. m. V. *verdeio.*
Verdete, s. m. 1. Azinhavre. 2. Óxido de cobre.
Verdisseco (*ê*), adj. *P. us.* Meio seco; quase seco.
Verdizela, s. f. Vara flexível, com que se arma a boiz.

Verdoengo, adj. 1. Esverdeado. 2. Que não está bem maduro (fruto); verdolengo; verdoso.

Verdolengo, adj. V. *verdoengo.*

Verdor, s. m. 1. Cor verde das plantas. 2. Vigor, viço, força. 3. Qualidade do que é verde. 4. Inexperiência.

Verdoso, adj. 1. Esverdeado. 2. Verdejante. 3. Verdoengo.

Verdugo, s. m. (l. *veriducu*). 1. Algoz, carrasco. 2. Pessoa cruel, que dá maus tratos. 3. Parte saliente da chapa de trilho, nas rodas dos vagões, para evitar descarrilamentos. 4. *Ant.* Espada sem gumes. 5. *Ant.* Navalhinha pontiaguda. 6. *Náut.* Cinta ou friso no costado do navio.

Verdura, s. f. 1. A cor das plantas, das folhas das árvores, das ervas. 2. Hortaliça. 3. As plantas; os vegetais. 4. Inexperiência própria da mocidade. S. f. pl. Sentimentos ou atos próprios da mocidade.

Verdureiro, s. m. Vendedor de hortaliças e frutas.

Verduroso, adj. (*verdura* + *oso*). 1. Cheio de verdura. 2. Que tem cor de verdura; verde.

Vereação, s. f. 1. Ato ou efeito de verear. 2. V. *vereança.* 3. Tempo que dura o cargo dos vereadores. 4. Os vereadores; o conjunto dos vereadores.

Vereador, s. m. Membro da câmara municipal; edil.

Vereança, s. f. Cargo de vereador; vereação.

Verear, v. 1. Tr. dir. Administrar como vereador. 2. Intr. Exercer funções de vereador.

Verecúndia, s. f. *P. us.* Vergonha.

Verecundo, adj. *P. us.* Vergonhoso.

Vereda (*ê*), s. f. 1. Caminho estreito; atalho, senda. 2. Rumo, direção. 3. Região com maior abundância de água, localizada em vales, na zona das caatingas.

Veredicto, s. m. 1. Decisão judiciária em causa cível ou criminal; sentença. 2. *P. ext.* Julgamento sobre qualquer matéria.

Verga (*ê*), s. f. (l. *virga*). 1. Vara flexível e delgada. 2. Barra de metal delgada e maleável. 3. *Náut.* Pau atravessado no mastro onde se prende a vela. 4. Parte ântero-superior da entrada de uma chaminé. 5. Peça de pedra ou de madeira, que se coloca horizontalmente sobre ombreiras de porta ou de janela; padieira.

Vergada, s. f. Norça, andar, guarda (falando-se de matas).

Vergalhão, s. m. 1. Vergalho grande. 2. Barra de ferro estreita e quadrada.

Vergalhar, v. Tr. dir. Azorragar.

Vergalho, s. m. 1. Membro genital do boi e do cavalo, que, depois de cortado e seco, é usado como açoite. 2. Qualquer azorrague. 3. *Pop.* Patife, tratante, velhaco.

Vergame, s. m. Conjunto das vergas de um navio.

Vergão, s. m. 1. Verga grande. 2. Vinco na pele, produzido por pancadas ou por outra causa.

Vergar, v. 1. Tr. dir. Curvar, dobrar à maneira de verga. 2. Intr. e pron. Curvar-se, dobrar-se, como se curva uma verga. 3. Tr. ind. Ceder ao peso de. 4. Tr. dir. Submeter, sujeitar. 5. Tr. ind. e intr. Ceder, submeter-se. 6. Tr. dir. Fazer mudar de opinião.

Vergasta, s. f. 1. Verga delgada. 2. Verdasca. 3. Açoite.

Vergastada, s. f. Pancada com vergasta; chibatada.

Vergastar, v. Tr. dir. 1. Bater com vergata em; chibatar, zurzir. 2. Açoitar, enxotar fustigando.

Vergel, s. m. Jardim, pomar.

Vergiliano, adj. Virgiliano.

Vergonha, s. f. (l. *verecundia*). 1. Pejo de ação feita contra o decoro, contra a decência. 2. Rubor nas faces causado pelo pejo. 3. Timidez, acanhamento. 4. Ato indecoroso. 5. Receio de desonra.

Vergonheira, s. f. 1. Coisa vergonhosa; vergonha. 2. Série de vergonhas.

Vergonhosa, s. f. *Bot.* Sensitiva.

Vergonhoso, adj. 1. Que tem vergonha. 2. Tímido. 3. Que causa vergonha; indecoroso, indigno. 4. Impudico, obsceno.

Vergôntea, s. f. (l. *virgulta*). 1. Ramo de árvore; rebento. 2. Pimpolho. 3. Haste. 4. Prole.

Vergonteado, adj. Semelhante a uma vergôntea.

Vergontear, v. Intr. Lançar ou criar vergônteas.

Vergueiro, s. m. 1. Vergasta. 2. Cabo de madeira de utensílios de ferreiro.

Vergueta (*ê*), s. f. *Heráld.* Pala estreita nos escudos.

Veridicidade, s. f. Qualidade de verídico; veracidade, verdade.

Verídico, adj. 1. Que diz a verdade. 2. Em que há verdade; exato.

Verificação, s. f. 1. Ato ou efeito de verificar(-se). 2. Cumprimento, realização.

Verificador, adj. Que verifica. S. m. 1. Aquele que verifica. 2. Aparelho de efetuar provas ou verificações.

Verificar, v. 1. Tr. dir. Investigar a verdade de. 2. Tr. dir. Provar a verdade de. 3. Tr. dir. Confirmar, corroborar. 4. Pron. Cumprir-se, realizar-se.

Verificativo, adj. Próprio para verificar.

Verificável, adj. m. e f. Que se pode verificar.

Verismo, s. m. Corrente estética surgida na Itália em fins do século XIX, segundo a qual a representação direta da verdade e da realidade são essenciais em arte e literatura.

Verista, adj. m. e f. Relativo ao verismo. Adj. e s., m. e f. Partidário do verismo.

Verme, s. m. 1. Denominação genérica de animais alongados, inteiramente moles, desprovidos de patas, qualquer que seja o seu grupo zoológico. 2. Nome dado vulgarmente às larvas de muitos insetos, desprovidas de patas. 3. Aquilo que mina ou corrói lentamente. 4. Pessoa vil, desprezível. Dim.: *vermículo.*

Vermelhaço, adj. 1. Muito vermelho. 2. Muito corado. 3. Avermelhado.

Vermelhão, s. m. 1. Pigmento de cor vermelha viva, que consiste em um sulfureto de mercúrio; cinabre. 2. Qualquer ingrediente com que se torna corado o rosto. 3. Rubor da cara; vermelhidão.

Vermelhar, v. 1. Tr. dir. Avermelhar. 2. Intr. Ter cor vermelha; apresentar cor vermelha.

Vermelhear, v. Intr. Vermelhar.

Vermelhecer, v. Intr. Tornar-se vermelho.

Vermelhejar, v. Intr. Vermelhar.

Vermelhidão, s. f. 1. Qualidade de vermelho. 2. Rubor da face; vermelhão.

Vermelho, adj. 1. Que tem cor encarnada muito viva; rubro. 2. Afogueado, corado. 3. Da U.R.S.S.: Exército *v.* 4. *P. ext.* Revolucionário; comunista. S. m. 1. A cor vermelha. 2. Verniz composto de resina e sangue-de-drago dissolvidos em álcool. 3. *Ictiol.* Peixe marinho, da família dos Lutjanídeos (*Lutjanus aya*). 4. Comunista.

vermi-, elem. de comp. (l. *verme*). Exprime a idéia de *verme: vermiforme, vermívoro.*

Vermicida, adj. m. e f. Vermífugo.

Vermiculado, adj. 1. Que tem ornatos vermiformes. 2. *Bot.* Diz-se dos órgãos vegetais que apresentam saliências.

Vermicular, adj. m. e f. 1. Relativo a vermes. 2. Que apresenta semelhança ou analogia com os vermes.

Vermiculária, s. f. *Bot.* Planta crassulácea (*Sedum acre*).

Vermículo, s. m. Verme pequeno.

Vermiculoso, adj. Vermiculado.

Vermiculura, s. f. *Arquit.* Ornato que imita as sinuosidades deixadas pela reptação dos vermes.

Vermiforme, adj. m. e f. Que tem forma ou semelhança de verme.

Vermífugo, adj. Que afugenta ou destrói os vermes. S. m. Aquilo que afugenta ou destrói os vermes; vermicida.

Vermina, s. f. *P. us.* Verminose.

Verminação, s. f. *Med.* Pululação de vermes intestinais.

Verminado, adj. 1. Em que há vermes. 2. Corroído por vermes. 3. Amofinado, consumido.

Verminar, v. Intr. Corromper-se, criar vermes.

Vermineira, s. f. Lugar onde, por meio da fermentação de matérias orgânicas, se produzem vermes destinados à alimentação de galinhas e de outras aves.

Verminose, s. f. *Med.* Doença produzida pela infestação de vermes.

Vermívoro, adj. Que se alimenta de vermes.

Vermizela, s. f. Verme da terra, nocivo às raízes de certas plantas.
Vermute, s. m. Vinho branco a que o absinto ou outras substâncias amargas dão cor vermelho-escura.
Vernação, s. f. 1. *Bot.* Modo como as folhas dos vegetais estão dispostas nos gomos, dobrando-se ou enrolando-se; prefoliação. 2. Tempo em que se formam as folhas dos vegetais; folheatura.
Vernaculidade, s. f. Qualidade de vernáculo; vernaculismo.
Vernaculismo, s. m. 1. Vernaculidade. 2. Culto da linguagem vernácula; purismo.
Vernaculista, adj. e s., m. e f. Que, ou quem escreve ou fala vernaculamente.
Vernaculizar, v. Tr. dir. Tornar vernáculo.
Vernáculo, adj. 1. Próprio do país; nacional. 2. Próprio da região em que está. 3. Sem mescla de estrangeirismos (falando da linguagem). 4. Que observa rigorosamente a pureza e correção da linguagem. S. m. Idioma próprio de um país.
Vernal, adj. m. e f. 1. Relativo à primavera. 2. Diz-se dos vegetais que desabrocham na primavera.
Vernante, adj. m. e f. *Bot.* Que rebenta ou floresce na primavera.
Vernes, s. m. pl. *Vet.* Tumefação entre a pele dos animais e o tecido celular subjacente.
Verniz, s. m. (b. l. *vernice*). 1. Composição de resinas e óleos dissolvidos, para polir madeiras, metais, pinturas etc. 2. Nome de diversos vegetais que fornecem as resinas com que se faz verniz. 3. Cabedal de polimento. 4. Polidez superficial de maneiras. 5. Aparência favorável dada a um mau procedimento. 6. Camada superficial: *V.* de civilização.
Verno, adj. *Poét.* Vernal.
Vero, adj. Verdadeiro, real.
Veronês, adj. Relativo a Verona. S. m. Habitante ou natural de Verona.
Verônica, s. f. (de *Verônica*, n. p.). 1. Pano em que, segundo a tradição cristã, uma mulher de Jerusalém, chamada Verônica, enxugou o rosto de Jesus, cuja fisionomia ficou ali estampada. 2. Mulher que, nas procissões de enterro, leva o santo sudário. 3. A imagem do rosto de Jesus gravada em metal. 4. *P. ext.* Rosto, face. 5. *Bot.* Planta leguminosa-papilionácea (*Dalbergia monetaria*), comum nos alagados.
Verossímil, adj. m. e f. 1. Semelhante à verdade. 2. Que não repugna à verdade; provável. Sin.: *verossimilhante.*
Verossimilhança, s. f. Qualidade ou caráter de verossímil ou verossimilhante.
Verossimilhante, adj. m. e f. V. *verossímil.*
Verossimilitude, s. f. V. *verossimilhança.*
Verrina, s. f. 1. Cada um dos discursos pronunciados por Cícero contra Verres. 2. Acusação violenta, de ordinário escrita, ou feita em discurso público. 3. Crítica apaixonada e violenta.
Verrineiro, adj. e s. m. Que, ou aquele que faz verrinas.
Verrinista, adj. e s., m. e f. Verrineiro.
Verrucal, adj. m. e f. Relativo a verruga.
Verrucífero, adj. Que tem verrugas.
Verruciforme, adj. m. e f. Que tem forma de verruga.
Verrucoso, adj. Relativo a, ou da natureza da verruga.
Verruga, s. f. (l. *verruca*). 1. Pequena excrescência consistente, na pele. 2. *Bot.* Pequena protuberância rugosa.
Verrugoso, adj. Que tem verrugas; verruguento.
Verruguento, adj. V. *verrugoso.*
Verruma, s. f. Ferramenta de furar madeira, com a extremidade inferior lavrada em espiral de passo alongado e terminada em ponta aguda; trado, broca.
Verrumão, s. m. Verruma grande.
Verrumar, v. 1. Tr. dir. e intr. Furar com verruma. 2. Tr. dir. Afligir, inquietar, torturar. 3. Tr. dir. *Pop.* Cogitar, parafusar, pensar.
Versa, s. f. (fr. *verse*). Estado das searas acamadas pela chuva ou por outra causa.
Versado, adj. Perito, prático, experimentado.
Versal, adj. e s., m. e f. *Tip.* Diz-se da, ou a letra maiúscula de cada um dos tipos de mesmo corpo.
Versalete (*ê*), s. m. Versal do tipo miúdo.
Versalhada, s. f. *Pej.* 1. Conjunto de versos. 2. Versos mal feitos ou insípidos. Sin.: *versaria.*
Versão, s. f. 1. Ação ou efeito de verter ou de voltar. 2. Designação especial das antigas traduções da Bíblia. 3. Modo de contar um fato. 4. Boato. 5. *Astr.* Revolução ou curso de um astro na sua órbita. 6. *Med.* Conjunto de manobras destinadas a dar ao feto uma posição mais conveniente ao parto.
Versar[1], v. (l. *versare*). 1. Tr. dir. Exercitar, pôr em prática. 2. Tr. dir. Estudar, compulsar. 3. Tr. dir. Considerar, ponderar. 4. Tr. ind. Ter por assunto ou objeto; consistir. 5. Tr. dir. Passar de um vaso para outro. 6. Tr. ind. *P. us.* Conviver.
Versar[2], v. Intr. Versejar.
Versaria, s. f. *Pej.* Versalhada.
Versátil, adj. m. e f. 1. Volúvel, inconstante, vário. 2. Que possui qualidades múltiplas e variadas num determinado gênero de atividades: Artista *v.*
Versatilidade, s. f. Qualidade ou estado de versátil.
Versejador, adj. Que verseja. S. m. Indivíduo sem inspiração como poeta, mas que sabe fazer versos.
Versejar, v. 1. Tr. dir. Pôr em verso. 2. Intr. Fazer versos. 3. Intr. *Pej.* Fazer maus versos.
Verseto (*ê*), s. m. 1. Versículo. 2. *Mús.* Trecho musical, correspondente a um verseto.
versi-, elem. de comp. (l. *versu*). Exprime a idéia de *verso*[1]: *versicolor.*
Versicolor (*ô*), adj. m. e f. De várias cores; variegado, matizado.
Versículo, s. m. 1. Trecho bíblico de duas ou três linhas, formando sentido completo. 2. Divisão de artigos.
Versidade, s. f. *Pop.* Qualidade, variedade.
Versífero, adj. Que tem versos; que faz versos.
Versificação, s. f. 1. Ato ou efeito de versificar. 2. Arte ou modo de versificar; metrificação.
Versificador, adj. e s. m. Que, ou aquele que versifica.
Versificar, v. Intr. Versejar.
Versífico, adj. Relativo a versos ou à versificação.
Versista, adj. e s., m. e f. Que, ou aquele que verseja.
Verso[1], s. m. (l. *versu*). 1. Unidade formada por uma ou mais palavras, obedecendo às regras do ritmo, da longura, da rima, no interior de um conjunto. 2. O gênero poético; poesia.
Verso[2], s. m. (l. *versu*). 1. Página oposta à da frente. 2. Face inferior. 3. Lado posterior.
Versta, s. f. Medida itinerária russa equivalente a 1.067 metros.
Versus (*vérsus*), prep. (t. latino). Contra.
Vértebra, s. f. *Anat.* Cada um dos ossos que constituem a espinha dorsal do homem e dos animais vertebrados.
Vertebrado, adj. Que tem vértebras. S. m. pl. *Zool.* Grande divisão (*Vertebrata*) do reino animal, que compreende todos os animais caracterizados pela divisão da coluna em uma série de peças distintas, as vértebras.
Vertebral, adj. m. e f. *Ant.* 1. Relativo às vértebras. 2. Constituído pelas vértebras.
Vertebroso, adj. 1. Vertebral. 2. Vertebrado.
Vertedouro, s. m. 1. Escoadouro. 2. *Náut.* Pá ou escudela com que se despeja a água para fora das embarcações. Var.: *vertedoiro.*
Vertedura, s. f. 1. Ato ou efeito de verter. 2. Porção de líquido que transborda do vaso em que se despeja.
Vertente, adj. m. e f. Que verte. S. f. 1. Declive de montanha, por onde derivam as águas pluviais. 2. Cada uma das superfícies de um telhado.
Verter, v. 1. Tr. dir. Derramar, entornar. 2. Intr. Transbordar. 3. Tr. ind. Brotar, derivar, manar. 4. Tr. dir. Fazer sair (sangue alheio). 5. Tr. dir. Difundir, espalhar. 6. Tr. ind. Desaguar. 7. Tr. dir. Traduzir de uma língua para outra.
Vertical, adj. m. e f. 1. Colocado no vértice. 2. Perpendicular

ao plano do horizonte. 3. Que segue a direção da linha do prumo. S. f. A linha vertical ou perpendicular.

Verticalidade, s. f. Qualidade ou posição de vertical.

Vértice, s. m. 1. O ponto mais culminante; ápice, cume, pináculo. 2. *Anat.* O ponto mais elevado da abóbada craniana.

Verticidade, s. f. Faculdade de se dirigir em uma direção preferencial: *V.* da agulha magnética.

Verticilado, adj. 1. Diz-se do órgão vegetal disposto em verticilo. 2. Constituído por verticilos.

Verticilifloro, adj. *Bot.* Diz-se das espigas compostas de verticilos.

Verticilo, s. m. *Bot.* Conjunto de órgãos laterais (ramos ou peças florais), provenientes do mesmo nó caulinar.

Vertigem, s. f. 1. *Med.* Sensação de perda de equilíbrio; atordoamento. 2. Delíquio, vágado. 3. Loucura momentânea. 4. Tentação súbita.

Vertiginoso, adj. 1. Muito alto, de onde se sente vertigem. 2. Muito grande: Alta *vertiginosa* dos preços. 3. Que gira com rapidez. 4. Que perturba a mente e a reflexão.

Verve, s. f. (fr. *verve*). Imaginação vivaz que anima o poeta, o orador, o conversador, quando compõem ou falam.

Vesânia, s. f. *Med.* Nome genérico das diferentes espécies de alienação mental.

Vesgo (*ê*), adj. 1. Estrábico. 2. Oblíquo, torto. S. m. Indivíduo vesgo.

Vesgueiro, adj. Vesgo, acep. 1.

Vesguice, s. f. Estrabismo.

Vesicação, s. f. *Med.* Ação local produzida por uma substância vesicante.

Vesical, adj. m. e f. *Anat.* Relativo à bexiga.

Vesicante, adj. m. e f. e s. m. Diz-se de, ou substância que produz vesículas; vesicatório.

Vesicar, v. Tr. dir. *Med.* Produzir vesículas em.

Vesicatório, adj. e s. m. V. *vesicante.*

Vesícula, s. f. 1. *Anat.* Saco membranoso parecido com uma bexiga pequena. 2. *Med.* Bolha, empola.

Vesicular, adj. m. e f. 1. Que tem forma de vesícula; vesiculoso. 2. Constituído por vesículas.

Vesiculoso, adj. 1. Que tem vesículas. 2. Vesicular.

Vespa, s. f. 1. *Entom.* Em sentido estrito são os himenópteros da família dos Vespídeos, mas em sentido amplo este nome designa, popularmente, uma multidão de himenópteros, diferentes na forma e nos hábitos, bastando para isso que não se pareçam com abelhas, mamangavas ou formigas. Voz: v. *abelha.* 2. Pessoa intratável e mordaz.

Vespão, s. m. *Entom.* Nome comum aos grandes himenópteros, caçadores de aranhas e insetos.

Vespeiro, s. m. (*vespa + eiro*). 1. Grande número de vespas. 2. Lugar habitado por vespas. 3. Lugar onde, imprevistamente, se deparam insídias ou perigos.

Vésper, s. m. 1. *Pop.* Nome dado ao planeta Vênus, quando aparece à noitinha, no Ocidente; estrela da tarde. 2. O ocidente.

Véspera, s. f. (l. *vespera*). 1. A tarde. 2. O dia que precede imediatamente aquele de que se trata. 3. Época ou tempo que antecede certos acontecimentos. S. f. pl. 1. *Liturg.* Hora do ofício divino que se recita à tarde. 2. Os dias que mais proximamente antecedem qualquer fato.

Vesperal, adj. m. e f. Relativo à tarde. S. m. 1. Livro que contém as rezas litúrgicas, chamadas *vésperas.* 2. Divertimento, concerto ou qualquer outro espetáculo realizado à tarde.

Vespertino, adj. (l. *vespertinu*). Relativo à, ou próprio da tarde. S. m. Jornal vespertino.

Vespídeo, adj. *Entom.* Relativo aos Vespídeos. S. m. Inseto da Família dos Vespídeos. S. m. pl. Família (*Vespidae*) de himenópteros sociais da qual fazem parte as vespas.

Vessada, s. f. Terra fértil e regadia.

Vessadela, s. f. Ato ou efeito de vessar.

Vessadouro, s. m. Direito de vessar uma terra. Var.: *vessadoiro.*

Vessar, v. Tr. dir. 1. Lavrar profundamente, para sementeiras.

Vestal, adj. m. e f. *Des.* Relativo às vestais. 2. Virginal. S. f. 1. Sacerdotisa da deusa Vesta. 2. Mulher muito honesta. 3. Mulher casta ou virgem.

Veste, s. f. 1. Peça de roupa, em geral aquela que reveste exteriormente o indivíduo; vestido, vestimenta, vestidura. 2. Véstia.

Véstia, s. f. 1. *Ant.* Espécie de casaco curto, folgado na cintura; veste. 2. Casaco de couro, usado por vaqueiros; gibão.

Vestiaria, s. f. Guarda-roupa de uma corporação; rouparia, vestiário.

Vestiário, s. m. 1. Inspetor de vestiarias. 2. Aquele que tem a seu cargo o guarda-roupa de uma corporação. 3. Compartimento próprio para trocar de roupa; vestiaria.

Vestibular, adj. m. e f. Relativo ao vestíbulo. S. m. Exame de admissão às escolas superiores.

Vestíbulo, s. m. 1. Espaço entre a porta e a via pública; átrio. 2. Entrada de um edifício. 3. Porta principal. 4. Pátio. 5. *Anat.* Cavidade central do labirinto ósseo do ouvido.

Vestido, s. m. 1. Veste. 2. Vestimenta feminina inteiriça, que cobre o corpo inteiro.

Vestidura, s. f. 1. Tudo que é próprio para vestir; fato, hábito, veste, vestimenta. 2. Cerimônia monástica, em que se toma o hábito religioso.

Vestígio, s. m. 1. Sinal deixado pela pisada, tanto do homem como de qualquer animal; pegada, rasto. 2. Indício, sinal, rastro.

Vestimenta, s. f. 1. Veste. 2. Vestido. S. f. pl. Os paramentos sacerdotais em atos solenes.

Vestir, v. 1. Tr. dir. Cobrir (o corpo) com roupa; envolver em roupa; ajustar as vestes ao corpo de. 2. Intr. e pron. Pôr veste; trajar. 3. Tr. dir. Fazer ou talhar roupa para. 4. Tr. dir. Socorrer com roupa. 5. Tr. dir. Calçar (luvas). 6. Tr. dir. Adornar, atapetar, revestir. 7. Pron. Cobrir-se, revestir-se. 8. Tr. dir. Disfarçar, encobrir. 9. Pron. Disfarçar-se.

Vestuário, s. m. Conjunto das peças de roupa, que se vestem; roupa, traje.

Vesuvianita, s. f. *Miner.* Idocrásio.

Vetar, v. Tr. dir. 1. Opor o veto a (uma lei). 2. Proibir, vedar.

Veteranice, s. f. (*veterano + ice*). Qualidade do que é veterano.

Veterano, adj. 1. Antigo no serviço militar. 2. Envelhecido num serviço qualquer; traquejado, experimentado. 3. *Por ext.* Antigo em qualquer ramo de atividade. S. m. 1. Soldado que tem muitos anos de serviço. 2. *Por ext.* Pessoa traquejada em qualquer atividade por exercê-la há muito tempo. 3. Estudante que freqüenta algum dos últimos anos em qualquer escola.

Veterinária, s. f. Medicina aplicada aos animais.

Veterinário, adj. Relativo à veterinária ou aos animais irracionais. S. m. Aquele que exerce a veterinária; médico veterinário.

Vetila, s. f. *Bot.* Planta convolvulácea trepadeira (*Ipomoea capparoides*).

Vetiver, s. m. *Bot.* Gramínea aromática (*Vetiveria zizanioides*) cujas raízes fragrantes fornecem um óleo essencial usado em perfumaria.

Veto, s. m. 1. *Polít.* Faculdade que tem o chefe do poder executivo de recusar a sua sanção a uma lei votada pelo parlamento. 2. Proibição, oposição, suspensão.

Vetor, adj. 1. *Geom.* Diz-se da reta que vai do foco para qualquer ponto da curva, como na elipse e na hipérbole. 2. *Med.* Diz-se de animal que transporta um agente infeccioso e o transmite de um hospedeiro a outro. S. m. 1. *Geom.* Segmento de reta orientado. 2. *Med.* Hospedeiro intermediário de agentes infecciosos. Var.: *vector.*

Vetorial, adj. m. e f. Relativo a vetor. Var.: *vectorial.*

Vetustez, s. f. Qualidade ou estado de vetusto.

Vetusto, adj. 1. Muito velho; antiqüíssimo. 2. Respeitável pela sua idade. 3. Deteriorado pelo tempo.

Véu, s. m. (l. *velu*). 1. Tecido com que se cobre alguma coisa. 2. Tecido finíssimo com que as senhoras cobrem o rosto. 3. Mantilha de freira. 4. *Por. ext.* Tudo o que serve para encobrir alguma coisa. 5. Trevas. 6. Amargura.

Vexação, s. f. Ato ou efeito de vexar; vexame.

Vexado, adj. 1. Envergonhado, molestado, oprimido. 2. Apressado.

Vexador, adj. Vexatório. S. m. Aquele que vexa.

Vexame, s. m. 1. Vexação. 2. Aquilo que vexa. 3. Vergonha. 4. Afronta. 5. Pressa.

Vexante, adj. m. e f. Vexatório.

Vexar, v. 1. Tr. dir. Afligir, atormentar, molestar, oprimir. 2. Tr. dir. Causar vexame; envergonhar. 3. Tr. dir. Afrontar, humilhar. 4. Tr. dir. e pron. Apressar(-se). 5. Pron. Envergonhar-se, sentir vergonha.

Vexativo, adj. Vexatório.

Vexatório, adj. Que vexa; vexador, vexante, vexativo.

Vexilar (*cs*), adj. m. e f. *Bot.* Relativo a, ou que apresenta vexilo.

Vexilo (*cs*), s. m. 1. Estandarte, bandeira. 2. *Bot.* Pétala dorsal da corola papilionácea, geralmente maior que as outras.

Vez, s. f. (l. *vice*). 1. Unidade ou repetição de um fato: Uma *vez.* Cinco *vezes.* 2. Tempo, ocasião, momento oportuno para agir: Falar na sua *vez.* 3. Ensejo, oportunidade. 4. Dose, pequena porção, quinhão.

Vezar, v. Tr. dir. e pron. Avezar.

Vezeiro, adj. Que tem vezo ou costume de fazer alguma coisa, principalmente coisa condenável.

Vezo (*ê*), s. m. (l. *vitiu*). 1. Costume censurável ou vicioso. 2. *Pop.* Qualquer hábito ou costume. Pl.: *vezos* (*ê*).

Via, s. f. 1. Lugar por onde se vai ou se é levado. 2. Direção, linha. 3. O espaço compreendido (nas estradas férreas) entre os dois carris. 4. *Anat.* Qualquer canal do organismo. 5. Rumo, rota. 6. Meio, modo. 7. Causa. 8. Exemplar de uma letra ou documento comercial etc. Prep. Por meio de: transmissão *via* Embratel. — ***Via-Láctea, Astr.***: nebulosa branca tênue, de contornos irregulares, que se observa nas noites calmas. *Via-sacra*: série de catorze quadros que representam as cenas principais da paixão de Cristo.

Viabilidade, s. f. Qualidade de viável.

Viação, s. f. 1. Modo de percorrer um caminho. 2. Sistema ou conjunto das estradas e caminhos públicos de um país. 3. Serviço de veículos de carreira para uso público.

Viador, s. m. (l. *viatore*). 1. Viajor, passageiro, transeunte. 2. Gentil-homem da câmara; camarista da rainha.

Viaduto, s. m. Construção que permite dar passagem a ruas, avenidas, estradas, leitos de vias férreas etc., sobre depressões ou vales.

Viageiro, adj. 1. Relativo a viagem. 2. Que gosta de viajar. S. m. Aquele que viaja; viajante.

Viagem, s. f. Ato de ir de um lugar a outro, sensivelmente afastados.

Viajante, adj. m. e f. Que viaja. S. m. e f. 1. Pessoa que viaja. 2. *Pop.* Caixeiro-viajante.

Viajar, v. 1. Tr. ind. e intr. Fazer viagem. 2. Tr. dir. Correr, percorrer. (Pres. do subj.: *viaje, viajes, viaje; viajemos, viajeis, viajem*).

Viajor, s. m. *Poét.* Viageiro.

Vianda, s. f. (fr. *viande*). 1. Qualquer espécie de alimento. 2. Em geral, qualquer carne. 3. Carne dos animais terrestres.

Viandante, adj. e s., m. e f. 1. Que, ou pessoa que vianda ou viaja. 2. Transeunte.

Viandar, v. Tr. dir. Viajar, peregrinar.

Viandeiro[1], adj. e s. m. (*vianda + eiro*). 1. Que, ou aquele que gosta de vianda. 2. Comilão, glutão.

Viandeiro[2], s. m. (de *viandar*). Aquele que vianda; viandante, viajante.

Viário, adj. Relativo à viação, em geral: Problemas *viários.*

Viático, s. m. 1. Provisão de dinheiro ou de víveres para viagem; farnel. 2. Sacramento da Eucaristia, ministrado aos enfermos em sua residência, quando impossibilitados de sair de casa.

Viatura, s. f. 1. Qualquer veículo. 2. Meio de transporte.

Viável[1], adj. m. e f. (l. *viare*). Que pode ser percorrido; que não oferece obstáculos; transitável.

Viável[2], adj. m. e f. (fr. *viable*). Exeqüível, realizável.

Víbora, s. f. 1. *Herp.* Denominação geral das serpentes do gênero *Vípera*, européias e asiáticas. 2. Pessoa de mau gênio, ou de língua maligna.

Vibração, s. f. 1. Ato ou efeito de vibrar. 2. *Fís.* Movimento vibratório. 3. Tremor do ar ou de uma voz. 4. Animação, estusiasmo, agitação. 5. Balanço.

Vibrante, adj. m. e f. Que vibra; vibrátil, vibratório.

Vibrar, v. 1. Tr. dir. Agitar, brandir. 2. Intr. Sentir ou receber vibrações. 3. Tr. ind. e intr. Estremecer, palpitar. 4. Tr. ind. e intr. Sentir comoção; comover-se. 5. Intr. Tanger, tocar. 6. Intr. Produzir sons. 7. Intr. Ter som claro e distinto. 8. Tr. dir. Desferir.

Vibrátil, adj. m. e f. 1. Suscetível de vibrar. 2. Vibrante.

Vibratilidade, s. f. Qualidade de vibrátil.

Vibratório, adj. 1. Vibrante. 2. Que produz vibração ou é acompanhado dela.

Vibrião, s. m. Víbrio, acep. 2.

Víbrio, s. m. *Bacter.* 1. Gênero (*Vibrio*) de bactérias curtas, rígidas, móveis, com flagelo polar. 2. Bactéria móvel. Var.: *vibrião.*

Vibrissas, s. f. pl. *Anat.* Pêlos que se desenvolvem nas fossas nasais.

Viburno, s. m. *Bot.* Gênero (*Viburnum*) de plantas caprifoliáceas decorativas.

Viçar, v. (*viço + ar*). Intr. 1. Vicejar. 2. Desenvolver-se. 3. Medrar, alastrar-se.

Vicarial, adj. m. e f. Relativo a vigário ou a vicariato.

Vicariante, adj. m. e f. *Med.* Diz-se de um órgão cuja atividade supre mais ou menos a falta de atividade em outro órgão.

Vicariato, s. m. 1. Cargo de vigário. 2. Exercício desse cargo. 3. Tempo que esse cargo dura. 4. Residência do vigário. 5. Território compreendido na jurisdição de um vigário. 6. Substituição no exercício de quaisquer funções.

Vicário, adj. Que faz as vezes de outrem ou de outra coisa.

vice-, pref. (l. *vice*). Designa substituição, inferioridade, categoria imediatamente inferior a outra: *Vice*-presidente.

Vice-almirantado, s. m. Cargo ou dignidade de vice-almirante. Pl.: *vice-almirantados.*

Vice-almirante, s. m. Oficial da Marinha, imediatamente inferior a almirante. Pl.: *vice-almirantes.*

Vice-cônsul, s. m. O que substitui o cônsul, na falta ou impedimento deste. Pl.: *vice-cônsules.*

Vice-consulado, s. m. 1. Cargo de vice-cônsul. 2. Repartição de vice-cônsul. 3. Território compreendido na jurisdição do vice-cônsul. Pl.: *vice-consulados.*

Vice-governador, s. m. Aquele que faz as vezes do governador, em caso de impedimento deste. Pl.: *vice-governadores.*

Vicejante, adj. m. e f. Que viceja.

Vicejar, v. 1. Intr. Estar viçoso, ter viço, vegetar com exuberância. 2. Tr. dir. Dar viço a. 3. Tr. dir. Fazer brotar pujantemente.

Vicejo (*ê*), s. m. Ato ou efeito de vicejar.

Vice-morte, s. f. Estado semelhante ao da morte. Pl.: *vice-mortes.*

Vicenal, adj. m. e f. Relativo ao que se faz ou renova de 20 em 20 anos.

Vicênio, s. m. Espaço ou período de vinte anos.

Vicentino, adj. Relativo à Conferência de São Vicente de Paulo, associação fundada por Frederico Ozanam, na França, em 1833. S. m. Membro dessa conferência.

Vice-presidência, s. f. Cargo ou dignidade de vice-presidente. Pl.: *vice-presidências.*

Vice-presidencial, adj. m. e f. Relativo à vice-presidência ou ao vice-presidente. Pl.: *vice-presidenciais.*

Vice-presidente, s. m. e f. Pessoa que faz as vezes do presidente no impedimento deste. Pl.: *vice-presidentes.*

Vice-rei, s. m. Aquele que governa um Estado subordinado a um reino. Pl.: *vice-reis.*

Vice-reinado, s. m. 1. Cargo de vice-rei. 2. Tempo que dura esse cargo. 3. Território governado por um vice-rei. Pl.: *vice-reinados.*

Vice-reitor, s. m. 1. Aquele que faz as vezes de reitor. 2. Funcionário de categoria imediatamente inferior à de reitor, e que, juntamente com este, exerce suas funções. Pl.: *vice-reitores.*

Vice-reitorado, s. m. 1. Cargo de vice-reitor. 2. Tempo que dura esse cargo. 3. Lugar onde o vice-reitor exerce as suas funções. Pl.: *vice-reitorados.* Sin.: *vice-reitoria.*

Vice-reitoria, s. f. V. *vice-reitorado.* Pl.: *vice-reitorias.*

Vice-versa, loc. lat. 1. Reciprocamente. 2. Em sentido inverso; invertendo os termos; às avessas.

Vichi, s. m. (fr. *Vichy,* n. p.). Pano de algodão, fabricado geralmente de dois fios de cores diferentes, tecidos alternadamente.

Viciação, s. f. Ato ou efeito de viciar(-se); viciamento.

Viciado, adj. 1. Que tem vício ou defeito. 2. Corrupto, impuro. 3. Adulterado, falsificado.

Viciador, adj. e s. m. Que, ou aquele que vicia.

Viciamento, s. m. Viciação.

Viciar, v. 1. Tr. dir. e pron. Tornar(-se) vicioso; corromper (-se), depravar(-se). 2. Tr. dir. *Dir.* Tornar nulo; anular. 3. Tr. dir. Alterar parcialmente (aparelho) para tirar proveito.

Vicinal, adj. m. e f. 1. Vizinho. 2. Diz-se do caminho ou estrada que liga povoações próximas.

Vicinalidade, s. f. Qualidade de vicinal.

Vício, s. m. (l. *vitiu*). 1. Defeito que torna uma coisa ou um ato impróprios para o fim a que se destinam. 2. Tendência habitual para o mal. 3. Hábito de proceder mal. 4. Costume condenável ou censurável. 5. Desmoralização, libertinagem. 6. *Dir.* Defeito capaz de invalidar um ato jurídico.

Viciosidade, s. f. Qualidade de vicioso.

Vicioso, adj. (l. *vitiosu*). 1. Que tem, ou em que há vícios. 2. Corrupto, depravado. 3. Oposto a certos preceitos ou regras.

Vecissitude, s. f. 1. Mudança ou diversidade de coisas que se sucedem. 2. Alternativa, alteração. 3. Instabilidade dos acontecimentos. 4. Eventualidade, revés.

Vecissitudinário, adj. 1. Em que há vicissitudes. 2. Sujeito a vicissitudes.

Viço, s. m. 1. A força vegetativa da planta. 2. Exuberância. 3. Bravura. 4. Excesso de carinhos; mimo.

Viçoso, adj. 1. Que tem viço. 2. Tenro, inexperiente.

Vicunha, s. f. 1. *Zool.* Mamífero ruminante, camelídeo (*Vicugna vicugna*) que ocorre na região dos Andes, desde o Equador até a Bolívia. 2. A lã da vicunha. 3. Tecido feito dessa lã.

Vida, s. f. (l. *vita*). 1. Atividade interna substancial, por meio da qual atua o ser onde ela existe; estado de atividade imanente dos seres organizados. 2. Duração desse estado; existência. 3. Tempo decorrido entre o nascimento e a morte. 4. Modo de viver. 5. Existência de além-túmulo. 6. Animação em composições literárias ou artísticas. 7. Animação, estusiasmo. 8. Causa, origem.

Vidão, s. m. Vida regalada; vida de prazeres.

Vidar[1], v. (*vide + ar*). Tr. dir. Plantar vides ou vinhas.

Vidar[2], s. m. (fr. *vider*). Espécie de serrote com que se abriam os dentes dos pentes.

Vide, s. f. (l. *vite*). 1. Braço ou vara de videira. 2. Bacelo, videira.

Videira, s. f. *Bot.* Arbusto sarmentoso originário do Oriente (*Vitis vinifera*), que dá uvas.

Videiro, adj. e s. m. Que, ou aquele que trata cuidadosamente da sua vida ou dos seus interesses.

Vidência, s. f. Qualidade de vidente.

Vidente, adj. m. e f. Diz-se da pessoa que tem, segundo acreditam muitos, a faculdade de visão sobrenatural de cenas futuras ou de cenas que se estão passando em lugares onde esta pessoa não está presente. S. m. e f. 1. Pessoa que tem essa faculdade. 2. Pessoa que profetiza. 3. Pessoa perspicaz. 4. Pessoa que tem uso da vista (em oposição aos cegos).

Vídeo, s. m. 1. Parte do aparelho de televisão onde aparecem as imagens. 2. *P. ext.* Televisão.

Vídeo-cassete, s. m. 1. Cassete com fita gravada pelo processo de vídeo-teipe. 2. *Por ext.* O equipamento utilizado para a reprodução de gravações registradas nessa fita.

Vídeo-game (*guêim*), s. m. (ingl. *video game*). Diversão eletrônica com base em imagens de fita cassete.

Vídeo-teipe, s. m. (ingl. *video tape*). 1. Fita magnética usada em televisão para gravação de imagens, geralmente associadas com o som, destinadas a futuras transmissões; teipe. 2. *Por ext.* O processo pelo qual as produções de televisão são registradas nessa fita.

Vidiano, adj. *Anat.* 1. Diz-se de um canal que atravessa a base das apófises pterigóideas do esfenóide. 2. Diz-se de certos órgãos relacionados com esse canal.

Vidoeiro, s. m. *Bot.* Árvore do gênero Bétula (*Betula alba*).

Vidonho, s. m. Vide cortada, mas que traz um pedaço de cepa.

Vidraça, s. f. 1. Chapa de vidro. 2. Caixilhos com chapas de vidro para janela ou porta.

Vidraçaria, s. f. 1. Conjunto de vidraças. 2. Estabelecimento onde se vendem vidros; vidraria.

Vidraceiro, s. m. 1. Pessoa que corta e coloca vidros em caixilhos. 2. Fabricante ou vendedor de vidros.

Vidracista, s. m. Pintor de vidraças ou vitrais.

Vidrado, adj. 1. Coberto de substância vitrificável. 2. Embaciado, sem brilho. S. m. Substância vitrificável aplicada na louça.

Vidragem, s. f. Ato ou operação de vidrar.

Vidrar, v. 1. Tr. dir. Revestir de substância vitrificável. 2. Tr. dir. Fazer perder o brilho; embaciar. 3. Pron. Embaciar-se, perder o brilho (diz-se especialmente dos olhos). 4. Tr. ind. *Gír.* Apaixonar-se por.

Vidraria, s. f. 1. Fábrica de vidros. 2. Estabelecimento de venda de vidros. 3. Comércio de vidros. 4. Arte de fabricar vidros. 5. Porção de vidros; vidralhada.

Vidreiro, adj. Relativo à indústria dos vidreiros. S. m. Aquele que trabalha em vidro.

Vidrento, adj. 1. Semelhante ao vidro. 2. Vidrado. 3. Quebradiço. Sin.: *vidroso.*

Vidrilho, s. m. 1. Cada um dos pequenos grãos ou tubos de vidro ou de substância análoga, que, enfiados à maneira de contas, servem para ornatos e bordados. S. m. pl. Avelórios.

Vidrino, adj. 1. Feito de vidro. 2. Vidrento.

Vidro, s. m. (l. *vitru*). 1. Substância dura, transparente e frágil, resultante da fusão da mistura de quartzo, carbonato de sódio e carbonato de cálcio. 2. Qualquer objeto feito com essa substância. 3. Lâmina de vidro com que se resguarda desenho ou estampa, ou com que se preenche caixilho de porta ou de janela. 4. Garrafa pequena; frasco. 5. Coisa frágil, quebradiça. 6. Pessoa muito melindrosa ou suscetível.

Vidroso, adj. Vidrento.

Vidual, adj. m. e f. Relativo à viuvez ou a pessoa viúva.

Vieira, s. f. *Heráld.* Ornato em forma de concha.

Vieirense, adj. m. e f. Relativo ao escritor clássico P.e Antônio Vieira ou ao seu estilo.

Viela[1], s. f. Ferro com argolas, no rodízio dos moinhos.

Viela[2], s. f. (*via + ela*). Rua ou travessa estreita.

Vielo, s. m. *Bot.* Planta herbácea, alimentícia, da África (*Voandzia subterranea*).

Vienense, adj. m. e f. Relativo a Viena, capital da Áustria (Europa). S. m. e f. Habitante ou natural de Viena.

Vienês, adj. e s. m. V. *vienense.*

Viés, s. m. (fr. *biais*). 1. Direção oblíqua. 2. Tira estreita de fazenda que se corta obliquamente da peça; enviés. Pl.: *vieses.*

Viga, s. f. (l. *biga*). *Constr.* Peça de sustentação horizontal em madeira, em barra de ferro ou em conjunto de concreto.

Vigairaria, s. f. Cargo ou dignidade de vigário.

Vigamento, s. m. Conjunto de vigas de uma construção; travejamento.

Vigar, v. Tr. dir. 1. Pôr vigas em. 2. Pôr sobre vigas.

Vigararia, s. f. V. *vigairaria.*

Vigária, s. f. Freira que fazia as vezes da superiora.

Vigarice, s. f. Ação própria de vigarista.

Vigário, s. m. (l. *vicariu*). 1. Aquele que faz as vezes de outro. 2. Padre que substitui o prelado. 3. Título do pároco, em todas as freguesias do Brasil.

Vigarista, s. m. e f. 1. Ladrão ou ladra que passa o conto-do-vigário. 2. *Por ext.* Trapaceiro.

Vigência, s. f. 1. Qualidade de vigente. 2. Tempo durante o qual uma lei ou um contrato vigora.

Vigente, adj. m. e f. Que vige ou está em vigor.

Viger, v. Intr. Ter vigor; estar em vigor. — Conjuga-se apenas nas formas em que ao *g* se segue *e*.

Vigésimo (*zi*), num. Ordinal correspondente a vinte; vicésimo, vinteno. S. m. Cada uma das vinte partes iguais em que se divide um todo.

Vigia, s. f. 1. Ato ou efeito de vigiar. 2. Estado de quem vigia. 3. Sentinela. 4. Orifício por onde se espreita. 5. *Náut.* Abertura para permitir a entrada da luz nos camarotes. S. m. Aquele que vigia; guarda, sentinela. S. f. pl. 1. Cachopos, baixios, parcéis.

Vigiador, adj. e s. m. Que, ou aquele que vigia.

Vigiante, adj. m. e f. Vigilante.

Vigiar, v. 1. Tr. dir. Estar de vigília ou sentinela a. 2. Intr. Estar atento; velar. 3. Tr. dir. Espreitar, observar. 4. Tr. dir. Observar atentamente. 5. Tr. ind. Tomar cuidado; cuidar. 6. Pron. Acautelar-se, precaver-se.

Vigieiro, s. m. *Des.* Guarda campestre.

Vígil, adj. m. e f. Que está acordado; que está velando; que vigia. Pl.: *vígeis.*

Vigilância, s. f. 1. Ato ou efeito de vigilar(-se). 2. Estado de quem vigia. 3. Precaução. 4. Cuidado, atenção desvelada.

Vigilante, adj. m. e f. 1. Que vigila ou vigia; vigiante, vígil. 2. Atento, cauteloso. S. m. e f. Pessoa vigilante.

Vigília, s. f. 1. Privação ou falta de sono; insônia. 2. Estado de quem durante a noite se conserva desperto; vela. 3. *Rel.* Véspera de festa. 4. Desvelo, cuidado.

Vigintivirato, s. m. Cargo ou dignidade de vigintíviro. Var.: *vigintivirado.*

Vigintíviro, s. m. Cada um dos vinte funcionários romanos, dez dos quais eram adjuntos do pretor, ocupando-se os outros dez na cunhagem da moeda, polícia e limpeza das ruas e execução dos criminosos.

Vigor, s. m. (l. *vigore*). 1. Força física, robustez. 2. Energia, atividade. 3. Viço. 4. Valor, vigência.

Vigorante, adj. m. e f. Que vigora; vigente.

Vigorar, v. 1. Intr. Adquirir vigor, força. 2. Tr. dir. Dar vigor a; fortalecer. 3. Tr. ind. e intr. Estar em vigor, ter vigor, não estar ab-rogado, não estar proscrito.

Vigorite, s. f. Explosivo feito de nitroglicerina e clorato de potássio.

Vigorizar, v. 1. Tr. dir. Dar vigor a; vigorar, fortalecer. 2. Pron. Tornar-se forte; robustecer-se.

Vigoroso, adj. 1. Cheio de vigor; forte, robusto. 2. Ativo, enérgico. 3. Que mostra grande força expressiva.

Vigota, s. f. Pequena viga; vigote.

Vigote, s. m. V. *vigota.*

Vil, adj. m. e f. 1. De pouco valor; que se compra por baixo preço. 2. Baixo, reles, ordinário. 3. Mesquinho, miserável. 4. Desprezível. 5. Infame. S. m. e f. Pessoa desprezível.

Vila, s. f. 1. Povoação de maior categoria que a aldeia e menor que a cidade. 2. Casa de campo, de construção elegante e caprichosa. 3. Casa de habitação com jardim, dentro da cidade. 4. Conjunto de casas pequenas, geralmente iguais, ao longo de um corredor que comunica com a rua.

Vila-diogo, s. f. Elemento usado na expressão *dar às de v.-diogo*: fugir, safar-se.

Vilanaço, adj. e s. m. Vilanaz.

Vilanagem, s. f. 1. Vilania. 2. Ajuntamento de vilãos.

Vilanaz, adj. m. s f. e s. m. Que, ou aquele em que predomina o caráter de vilão; vilanaço.

Vilancete (*ê*), s. m. Composição poética, geralmente curta e de caráter campesino.

Vilanesco (*ê*), adj. Relativo a vilão, ou próprio dele; rude, rústico, grosseiro.

Vilania, s. f. 1. Ação vil. 2. Qualidade de vilão; vileza, vilanagem. 3. Mesquinhez, avareza.

Vilão, adj. (l. *villanu*). 1. *Anat.* Que habita numa vila. 2. Rústico. 3. Descortês, grosseiro. 4. Abjeto, desprezível. S. m. 1. Habitante de vila. 2. Camponês. 3. Pessoa vil. Fem.: *vilã* e *vilona.* Pl.: *vilãos, vilões* e *vilães.* Aum. pej.: *vilanaço* e *vilanaz.*

Vilegiatura, s. f. Temporada que pessoas da cidade passam no campo ou em digressão de recreio, durante o verão.

Vilela, s. f. V. *vileta.*

Vileta (*ê*), s. f. Vila pequena; vilela, vilota.

Vileza, s. f. 1. Qualidade de vil ou vilão. 2. Ato vil.

Vilhancete (*ê*), s. m. Vilancete.

Vilificar, v. Tr. dir. Envilecer.

Vilipendiador, adj. e s. m. Que, ou aquele que vilipendia.

Vilipendiar, v. Tr. dir. 1. Tratar com vilipêndio. 2. Considerar como vil; desprezar.

Vilipêndio, s. m. Grande desprezo; menoscabo.

Vilipendioso, adj. Em que há vilipêndio.

Vilória, s. f. *Pej.* Vilório.

Vilório, s. m. Vila pequena, sem importância.

Vilosidade, s. f. 1. Qualidade de viloso. 2. *Anat.* Pequenas saliências que recobrem certas superfícies: *Vilosidades* intestinais.

Viloso, adj. 1. Coberto de pêlos. 2. Cabeludo, hirsuto.

Vilota, s. f. V. *vileta.*

Vime, s. m. 1. Vara tenra e flexível de vimeiro. 2. Qualquer vara muito flexível. 3. Vimeiro.

Vimeiro, s. m. *Bot.* Salgueiro.

Vimieiro, s. m. (l. *viminariu*). Terreno onde crescem vimes.

Vimíneo, adj. Feito de vime; viminoso, vimoso.

Viminoso, adj. V. *vimíneo.*

Vimoso, adj. V. *vimíneo.*

Vináceo, adj. 1. Feito de vinho. 2. Misturado com vinho. 3. Que tem a cor ou a natureza do vinho.

Vinagrar, v. Tr. dir. e pron. Avinagrar(-se).

Vinagre, s. m. 1. Condimento aquoso, rico em ácido acético, resultante da fermentação do vinho ou de outras bebidas alcoólicas. 2. Ácido acético. 3. Coisa azeda. 4. Pessoa de gênio áspero e irritável.

Vinagreira, s. f. 1. Vasilha onde se faz ou guarda o vinagre. 2. *Zool.* Água-viva.

Vinagreiro, s. m. Fabricante e/ou vendedor de vinagre.

Vinário, adj. 1. Relativo a vinho; vinháceo, vínico. 2. Próprio para conter vinho.

Vincada, s. f. Vinco.

Vincapervinca, s. f. *Bot.* Pervinca.

Vincar, v. Tr. dir. 1. Fazer vincos ou dobras em; preguear. 2. *Tip.* Produzir vincos em cartão ou cartolina, para facilitar a sua dobragem.

Vincilho, s. m. Vencilho.

Vinciturο, adj. Que há de vencer.

Vinco, s. m. (l. *vinculu*). 1. Friso resultante da dobradura de um papel ou pano. 2. Qualquer vestígio deixado por pancada, aperto de cordão, unhada etc.; vergão. 3. Primeira camada, imediata à côdea inferior da broa, quando esta sai do forno mal cozida. 4. *Tip.* Estria produzida no papel ou cartão por filete.

Vinculado, adj. 1. Instituído em vínculo. 2. Da natureza do vínculo. 3. Vincular. 4. Fortemente ligado ou preso.

Vinculador, adj. Que vincula; vinculativo, vinculatório. S. m. Aquele que vincula.

Vincular[1], adj. m. e f. Relativo a vínculo; vinculado.

Vincular[2], v. 1. Tr. dir. Ligar, prender com vínculo. 2. Tr. dir. Ligar por laços morais. 3. Pron. Ligar-se, prender-se. 4. Tr. dir. Obrigar, sujeitar. 5. Pron. Prender-se moralmente.

Vinculativo, adj. Vinculador.

Vinculatório, adj. Vinculador.

Vínculo, s. m. 1. Tudo o que ata, liga ou aperta. 2. Atadura, nó, liame. 3. Ligação moral. 4. Ônus, gravame.

Vinda, s. f. Ação ou efeito de vir; regresso, volta.

Vindemiário, s. m. (fr. *vendemiaire*). Primeiro mês do calendário da primeira República Francesa, de 22 de setembro a 21 de outubro.

Vindicação, s. f. Ato ou efeito de vindicar; reclamação.

Vindicador, adj. e s. m. Que, ou aquele que vindica; vindicante.

Vindicante, adj. e s., m. e f. V. *vindicador.*

Vindicar, v. Tr. dir. 1. Reclamar a restituição em nome da lei. 2. Exigir a legalização de. 3. Defender, justificar. 4. Reaver, recobrar.
Vindicativo, adj. 1. Próprio para vindicar. 2. Que defende. 3. Que vinga.
Víndice, adj. e s., m. e f. Que, ou pessoa que vinga.
Vindícia, s. f. Ato ou efeito de vindicar; reivindicação.
Vindiço, adj. Que veio de fora; adventício.
Vindima, s. f. 1. Colheita de uvas; vindimadura. 2. As uvas vindimadas. 3. Tempo de vindimar. 4. Granjeio, aquisição.
Vindimadeiro, adj. e s. m. V. *vindimador.*
Vindimado, adj. 1. Em que se colheram as uvas. 2. Acabado, extinto.
Vindimador, adj. e s. m. Que, ou aquele que vindima; vindimadeiro.
Vindimadura, s. f. V. *vindima.*
Vindimal, adj. m. e f. Relativo à vindima; vindimo.
Vindimar, v. (l. *vindemiare*). 1. Tr. dir. Fazer a vindima de. 2. Intr. Fazer a vindima. 3. *Pop.* Tr. dir. Dar cabo de; destruir, dizimar. 4. Tr. dir. Matar, assassinar.
Vindimo, adj. 1. Vindimal. 2. Que é próprio para a vindima. 3. Seródio.
Vindita, s. f. (l. *vindicta*). 1. Punição legal; castigo. 2. Vingança, represália.
Vindo, adj. 1. Que veio; chegado. 2. Procedente, proveniente, oriundo.
Vindouro, adj. (l. *venituru*). Que há de vir ou acontecer; futuro. S. m. Aquele que não é natural de uma povoação e nela se acha há pouco. Var.: *vindoiro.*
Víneo, adj. *Poét.* Vináceo.
Vingador, adj. Que vinga; víndice. S. m. 1. Aquele que vinga; víndice. 2. Aquilo que serve para vingar.
Vingança, s. f. 1. Ato ou efeito de vingar(-se); desforra, vindita. 2. Castigo, punição.
Vingar, v. (l. *vindicare*). 1. Tr. dir. Tirar desforra de (ofensa ou injúria); desforrar, desafrontar. 2. Tr. dir. Promover a reparação de; desforrar. 3. Pron. Dar-se por satisfeito. 4. Tr. dir. Compensar, recompensar. 5. Tr. dir. Atingir, chegar a. 6. Tr. dir. Ultrapassar. 7. Tr. dir. Galgar, subir. 8. Tr. dir. Alcançar, lograr. 9. Tr. ind. e intr. Crescer, desenvolver, prosperar.
Vingativo, adj. 1. Em que há vingança. 2. Que se vinga; que se apraz com a vingança.
Vinha, s. f. (l. *vinea*). 1. Plantação de videiras. 2. Videira. 3. *Fam.* Pechincha, grande lucro, mina.
Vinhaça, s. f. 1. Grande porção de vinho. 2. Vinho ordinário. 3. Bebedeira, embriaguez.
Vinháceo, adj. 1. Semelhante ao vinho. 2. Vinário.
Vinhaço, s. m. 1. Bagaço de uvas. 2. Resíduos da pisa de uvas, os quais ainda contêm vinho.
Vinhadeiro, s. m. V. *vinheiro.*
Vinhal, s. m. V. *vinhedo.*
Vinhão, s. m. 1. Vinho encorpado e de boa cor, com que se temperam vinhos inferiores. 2. Bom vinho. 3. Vinho forte.
Vinhataria, s. f. 1. Cultura de vinhas. 2. Fabricação de vinho.
Vinhateiro, adj. 1. Relativo à cultura das vinhas. 2. Que cultiva vinhas. S. m. 1. Cultivador de vinhas. 2. Fabricante de vinho.
Vinhático, s. m. *Bot.* Árvore leguminosa (*Plathymenia reticulata*), de madeira castanho-amarelada.
Vinhedo (*ê*), s. m. 1. Grande extensão de vinhas; vinhal. 2. As próprias videiras.
Vinheiro, s. m. 1. Cultivador de vinhas. 2. Guarda de vinhas.
Vinheta (*ê*), s. f. (fr. *vignette*). Ornato tipográfico que se presta a numerosas combinações.
Vinhete (*ê*), s. m. Vinho fraco; vinhote.
Vinhetista, s. m. e f. Pessoa que desenha ou grava vinhetas.
Vinho, s. m. (1. *vinu*). 1. Líquido alcoólico, resultante da fermentação do sumo das uvas ou ainda de outros frutos. 2. Bebedeira, embriaguez.
Vinhoca, s. f. Vinhaça; vinho ordinário.
Vinhoco, (*ô*), s. m. V. *vinhoca.*
Vinhoneira, s. f. Vioneira.
Vinhote, s. m. 1. Vinhete. 2. *Pop.* Homem que se embriaga muitas vezes.
vini-, elem. de comp. (1. *vinu*). Exprime a idéia de *vinho: vinicultura, vinificar.*
Vínico, adj. 1. Vinário. 2. Que provém do vinho.
Vinícola, adj. m. e f. Relativo à vinicultura.
Vinicultor, s. m. Aquele que se ocupa de vinicultura.
Vinicultura, s. f. 1. Fabrico de vinho. 2. Viticultura.
Vinífero, adj. Que produz vinho.
Vinificação, s. f. 1. Fabrico de vinhos. 2. Processo de tratar os vinhos.
Vinificador, s. m. Aparelho para impedir o contato do ar com o vinho, permitindo a formação do gás carbônico dos vinhos novos.
Vinificar, v. Tr. dir. Converter (uvas) em vinho.
Vinil, s. m. V. *vinilo.*
Vinilo, s. m. *Quím.* Radical univalente CH=CH —, derivado de etileno pela remoção de um átomo de hidrogênio. Var.: *vinil.*
Vinolência, s. f. Estado ou qualidade de vinolento; embriaguez.
Vinolento, adj. Que bebe muito vinho; ébrio.
Vinosidade, s. f. Caráter ou qualidade de vinoso.
Vinoso, adj. 1. Que produz vinho. 2. De qualidades análogas às do vinho. 3. Semelhante ao vinho no sabor, cheiro ou na cor.
Vinte, num. Cardinal equivalente a duas dezenas.
Vinte-e-um, s. m. sing. e pl. Jogo carteado, em que ganha aquele que reúne um número de pontos igual a vinte e um, ou próximo deste, mas nunca maior que este.
Vintém, s. m. Antiga moeda que valia 20 réis.
Vintena, s. f. 1. Grupo de vinte. 2. A vigésima parte.
Vinteno, num. *P. us.* Vigésimo.
Viola, s. f. (prov. *viula*). 1. *Mús.* Instrumento de cordas análogo ao violão na forma, e à guitarra no som, com dez ou doze cordas dispostas duas a duas. 2. *Mús.* Violeta[1]. 3. *Ictiol.* Nome genérico vulgar do *cascudo.*
Violação, s. f. 1. Ato ou efeito de violar. 2. Ofensa ao direito alheio. 3. Estupro.
Violáceas, s. f. pl. *Bot.* Família (*Violaceae*) de plantas com flores zigomorfas de pétalas separadas, como a violeta e o amor-perfeito.
Violáceo, adj. 1. Relativo ou semelhante à violeta. 2. Relativo à família das Violáceas.
Violador, adj. e s. m. Que, ou aquele que viola ou violou.
Violal, s. m. Terreno onde crescem violetas.
Violão, s. m. *Mús.* Instrumento em forma de 8, com seis cordas, que se ferem com os dedos.
Violar, v. Tr. dir. 1. Infringir, transgredir. 2. Atentar contra o pudor de; estuprar, violentar. 3. Profanar. 4. Abrir uma carta destinada a outrem. 5. Revelar indiscretamente.
Violável, adj. m. e f. Que pode ser violado.
Violeiro, s. m. 1. Fabricante ou vendedor de violas. 2. Tocador de viola. 3. *Ornit.* Cuitelão.
Violência, s. f. 1. Qualidade de violento. 2. Ação violenta.
Violentado, adj. Constrangido, forçado.
Violentador, adj. e s. m. Que, ou aquele que violenta.
Violentar, v. 1. Tr. dir. Exercer violência contra ou sobre; coagir, constranger, obrigar, forçar. 2. Tr. dir. Deflorar à força; estuprar. 3. Tr. dir. Arrombar, forçar. 4. Tr. dir. Infringir as regras de; torcer o sentido de. 5. Pron. Constranger-se.
Violento, adj. 1. Que atua com força ou grande impulso; impetuoso. 2. Irascível. 3. Agitado, tumultuoso. 4. Intenso. 5. Contrário ao direito, à justiça.
Violeta[1](*ê*), s. f. (de *viola*[1]). *Mús.* Viola primitiva, espécie de violino de dimensões maiores, cujas cordas também se ferem com arco de crina; alto, viola.
Violeta[2], (*ê*), s. f. 1. *Bot.* Planta violácea (*Viola odorata*). 2. A flor dessa planta. S. m. Cor de violeta; roxo. Adj. m. e f. sing. e pl. Da cor da violeta; roxo.
Violeteira, s. f. *Bot.* Planta verbenácea (*Duranta plumieri*).
Violinista, s. m. e f. Pessoa que toca violino; violino.

Violino, s. m. 1. *Mús.* Instrumento de quatro cordas, que se ferem com um arco; rabeca. 2. Tocador desse instrumento; violinista.

Violoncelista, s. m. e f. Tocador de violoncelo; violoncelo.

Violoncelo, s. m. 1. *Mús.* Instrumento de quatro cordas, idêntico ao violino, porém muito maior, e que é tocado por meio de um arco especial. 2. Violoncelista. 3. *Mús.* Registro de órgãos e harmônios.

Violonista, s. m. e f. Pessoa que toca violão.

Vioneira, s. f. Cabo que se usa nas baleeiras, e ao qual se prendem arpões, distanciados oito braças entre si; vinhoneira.

Vipéreo, adj. V. *viperino.*

Viperino, adj. 1. Relativo ou semelhante à víbora. 2. Que tem a natureza da víbora. 3. Venenoso. 4. Maldizente, mordaz. 5. Maléfico, perverso. Sin.: *vipéreo* e *vípero.*

Vípero, adj. *Des.* V. *viperino.*

Vir, v. (1. *venire*). 1. Tr. ind. e intr. Transportar-se para cá. 2. Tr. ind. e intr. Chegar. 3. V. de lig. e intr. Aparecer, apresentar-se, comparecer. 4. Tr. ind., intr. e pron. Regressar, tornar, voltar. 5. Pron. Dirigir-se (para a pessoa que fala); ou transportar-se para cá. 6. Intr. Acudir. 7. Intr. Andar, caminhar. 8. Tr. ind. Descender. 9. Tr. ind. Originar-se, proceder, provir. 10. Tr. ind. Emanar. 11. Intr. Chegar (a ocasião, o tempo). 12. Tr. ind. e intr. Ocorrer. 13. Tr. ind. e intr. Acudir, ocorrer à imaginação, à memória, ao pensamento. 14. V. de lig. Conservar-se, manter-se. 15. Emprega-se como auxiliar do gerúndio de qualquer verbo para formar expressões incoativas: Já *vem descendo* as escadas. 16. Seguido do infinitivo pessoal, tem certo caráter de verbo auxiliar, com a idéia de *apresentar-se com certo fim:* O criado *veio informá-lo* do que acontecera. — Conj.: Pres. ind.: *venho, vens, vem, vimos, vindes, vêm;* imperf.: *vinha, vinhas* etc.; perf.: *vim, vieste, veio, viemos, viestes, vieram;* m. q.-perf.: *viera, vieras* etc.: fut. do pres.: *virei, virás, virá, viremos, vireis, virão;* fut. do pret.: *viria, virias* etc.: imper.: *vem, vinde;* pres. subj.: *venha, venhas* etc.; imperf.: *viesse, viesses* etc.: fut.: *vier, vieres* etc.; ger. e part.: *vindo.*

Vira[1], s. f. (1. *viria*). Tira de couro que no calçado se cose ou prega entre as solas e junto às bordas destas. S. m. 1. Música folclórica portuguesa, de origem africana. 2. Dança do vira.

Vira[2], s. f. *Ant.* Seta muito aguda.

Virá, s. m. *Zool.* Catingueiro.

Vira-bosta, s. m. 1. *Ornit.* Chupim. 2. *Entom.* Besouro escarabeídeo que costuma confeccionar uma bola de esterco e colocar no seu interior um ovo; depois, com as pernas traseiras, empurra essa pequena esfera para um esconderijo qualquer; rola-bosta. Pl.: *vira-bostas.*

Virabrequim, s. m. *Mec.* Peça do motor de explosão, que permite o movimento alternado dos êmbolos.

Viração, s. f. 1. Vento suave e fresco que sopra, durante o dia, do mar para a terra; aragem, brisa. 2. Ato de colocar as tartarugas de barriga para cima, a fim de prendê-las.

Vira-casaca, s. m. e f. Indivíduo que muda freqüentemente de partido ou idéias, conforme a conveniência própria.

Viracento, s. m. Apóstrofo.

Virada, s. f. 1. Viradela. 2. *Esp.* Reviravolta numa competição, na qual o perdedor reage e passa a vencedor. 3. Dobrada de morro; quebrada.

Viradela, s. f. Ação de virar(-se); virada, viragem, viramento, viração.

Virado, adj. 1. Voltado, volvido. 2. Posto às avessas; em sentido contrário. S. m. *Cul.* Comida feita de feijão, torresmos, farinha e ovos.

Virador, s. m. 1. *Náut.* Cabo utilizado no serviço de reboques, âncoras etc.; espia. 2. Cabo em que se prende o peso que se move com cabrestante. 3. Triângulo de reversão para fazer as locomotivas mudarem em sentido oposto. 4. Utensílio com que os encardenadores douram as capas dos livros. 5. No curso de um rio, o ponto de onde os canoeiros retornam; viradouro.

Viradouro, s. m. Virador, acep. 5.

Viragem, s. f. 1. Viradela. 2. Mudança na direção dos automóveis. 3. *Fot.* Primeiro banho das provas fotográficas.

Virago, s. f. Mulher muito forte e de maneiras varonis; marimacho. S. m. Cabo, corda.

Viral, adj. m. e f. *Med.* 1. Relativo a vírus. 2. Causado por vírus. 3. Da natureza de um vírus.

Vira-lata, s. m. 1. Cão ordinário, solto nas ruas, que se alimenta nas latas de lixo. 2. Pessoa desclassificada. Pl.: *vira-latas.*

Viramento, s. m. 1. Viradela. 2. Efeito de virar(-se).

Vira-mundo, s. m. Pesado grilhão de ferro com que se prendiam os escravos. Pl.: *vira-mundos.*

Vira-pedras, s. m. sing. e pl. *Ornit.* Ave pernalta caradriídea (*Arenaria interpres marinella*).

Virapuru, s. m. *Ornit.* Uirapuru.

Virar, v. 1. Tr. dir. Volver de um lado para o outro a direção ou posição de; voltar. 2. Tr. dir. Voltar para a frente (o lado posterior). 3. Tr. dir. Pôr do avesso. 4. Pron. Voltar-se completamente para algum lugar. 5. Tr. dir. Emborcar. 6. Intr. Agitar-se, dar voltas. 7. Tr. dir. Apontar, dirigir. 8. Tr. dir. Despejar, entornar. 9. Tr. dir. Despejar, bebendo. 10. Tr. dir. Dobrar. 11. Tr. dir. Fazer mudar de intento, de opinião, de partido. 12. Pron. Mudar de opinião, de partido, de sistema.

Viravolta, s. f. 1. Volta completa. 2. Subterfúgio. 3. Vicissitude, reviravolta.

Viravoltar, v. Intr. Dar viravoltas.

Virente, adj. m. e f. 1. Que verdeja; verdejante, viridente, viridante, verde. 2. Florescente, próspero.

Virga, s. f. Verga. – *V. férrea:* a) açoite de ferro; b) jugo opressivo; extrema severidade.

Virgem, adj. m. e f. (1. *virgine*). 1. Diz-se da mulher que ainda não teve cópula carnal. 2. Casto, intato, puro. 3. Que ainda não serviu. 4. Diz-se da mata que ainda não foi explorada. 5. Diz-se da terra ainda não cultivada. 6. Diz-se da cera que nunca foi derretida. 7. Diz-se da cal anídrica. 8. Isento, livre. 9. Ingênuo, inocente. S. f. 1. Mulher que não conheceu varão. 2. Título que, por antonomásia, se dá à Mãe de Jesus Cristo. 3. *Bel-art.* A imagem da Mãe de Cristo; madona. 4. Menina que se veste de modo especial para acompanhar procissões. 5. *Por ext.* Moça, jovem solteira.

Virgiliano, adj. 1. Relativo ao poeta épico latino Virgílio (70-19 a.C). 2. Diz-se do estilo ou forma poética semelhante à de Virgílio. Var.: *vergiliano.*

Virginal, adj. m. e f. Relativo a virgem; virgíneo, virgem.

Virgindade, s. f. Estado ou qualidade de pessoa virgem.

Virgíneo, adj. V. *virginal.*

Virginizar, v. Tr. dir. Dar o caráter de virgem a; purificar.

Virgo, s. m. *Astr.* Um dos signos do zodíaco.

Vírgula, s. f. 1. *Gram.* Sinal gráfico de pontuação (,), que indica a menor de todas as pausas. 2. Palavra com que se faz uma objeção ou restrição, ou um comentário malicioso.

Virgulação, s. f. Ato ou efeito de virgular.

Virgular, v. 1. Tr. dir. Pôr vírgulas em. 2. Intr. Pôr vírgulas nos lugares apropriados.

Virgulta, s. f. *Poét.* Varinha flexível.

Víride, adj. m. e f. *Poét.* Verde.

Viridente, adj. m. e f. Virente.

Viril[1], adj. m. e f. (l. *virile*). 1. Relativo a, ou próprio de homem; varonil. 2. Esforçado, enérgico.

Viril[2], s. m. (corr. de *vidril*, de *vidro*). Espécie de âmbula ou redoma de vidro, em que se guardam relíquias ou objetos valiosos.

Virilha, s. f. *Anat.* Ponto de junção da coxa com o ventre.

Virilidade, s. f. (1. *virilitate*). 1. Qualidade de viril. 2. Idade que vai da adolescência à velhice. 3. Vigor, energia.

Virilismo, s. m. *Med.* Presença de caracteres físicos e mentais masculinos na mulher.

Virilizar, v. Tr. dir. Tornar viril; robustecer.

Viripotente, adj. m. e f. 1. Que pode casar (indivíduo do sexo masculino); núbil. 2. Varonil. 3. Que tem muita força. 4. Robusto, vigoroso.

Virola, s. f. Arco de metal, para apertar ou reforçar um objeto, e algumas vezes para ornato.
Viroso, adj. 1. Que tem vírus ou veneno; venenoso. 2. Nocivo. 3. Nauseabundo.
Virotada, s. f. Ferimento feito com virote.
Virote, s. m. 1. Seta curta. 2. Nas espadas antigas, o ferro colocado transversalmente nos copos. 3. *Náut.* Haste quadrada, que era a peça principal da balestilha. 4. *Náut.* Cada uma das peças das obras mortas que de alto a baixo formam o remate do navio sobre os pés mancos.
Virtual, adj. m. e f. Existente como potência ou faculdade e não como ato. 2. Sem efeito atual. 3. Potencial. 4. Diz-se de imagem que tem seus pontos nos prolongamentos dos raios luminosos de um foco.
Virtualidade, s. f. Caráter ou qualidade de virtual.
Virtude, s. f. 1. Disposição firme e habitual para o bem. 2. Excelência moral. 3. Boa qualidade moral. 4. Ação virtuosa. 5. Castidade. 6. Austeridade no viver. 7. Qualidade própria para produzir certos resultados; propriedade, eficácia. S. f. pl. *Teol.* Um dos coros de anjos.
Virtuose (*ô*), s. m. e f. (fr. *virtuose*). Pessoa que atinge alto grau de perfeição na técnica de uma arte ou em qualquer atividade; virtuoso[2].
Virtuosidade, s. f. Qualidade de virtuose; virtuosismo.
Virtuosismo, s. m. Virtuosidade.
Virtuosístico, adj. 1. Relativo ao virtuosismo. 2. Em que há virtuosismo.
Virtuoso[1], adj. 1. Que tem virtudes. 2. Que produz efeito; eficaz.
Virtuoso[2], s. m. V. *virtuose.*
Viruçu, s. m. *Ornit.* Pássaro cotingídeo (*Lipaugus lanioides*); sabiá-da-mata-virgem.
Virulência, s. f. Qualidade ou estado de virulento.
Virulento, adj. 1. Que tem vírus ou veneno. 2. Que é da natureza do vírus. 3. Causado por um vírus. 4. Maligno, rancoroso, irônico.
Vírus, s. m. sing. e pl. 1. *Ant.* Veneno expelido por um animal peçonhento. 2. *Med.* Agente causador de doenças infecciosas. 3. *Med.* Cada um de um grande grupo de agentes submicroscópicos infecciosos, dos quais uns são organismos vivos e outros, moléculas complexas autocatalíticas, proteínas, que contêm ácidos nucléicos, comparáveis a genes, capazes de reproduzir-se por multiplicação somente em células vivas, e que causam importantes doenças no homem, em animais e em plantas. 3. Princípio de contágio moral mórbido.
Visada, s. f. Ato de visar.
Visagem, s. f. Careta. 2. Fantasma. 3. Visão (acep. 4.). 4. *Pop.* Gestos excessivos para impressionar.
Visão[1], s. f. (l. *visione*). 1. Ato ou efeito de ver. 2. O sentido da vista. 3. Ponto de vista; aspecto. 4. Imagem que se julga ver em sonhos, por medo, loucura, superstição etc.; visagem. 5. Fantasma. 6. Quimera.
Visão[2], s. m. (fr. *vison*). *Zool.* Mamífero mustelídeo (*Mustela lutreola*), de pele muito apreciada. Var.: *vison.*
Visar, v. 1. Tr. dir. Dirigir o olhar para. 2. Tr. dir. Apontar (arma de fogo) contra. 3. Tr. dir. Pôr o sinal e visto em. 4. Tr. ind. Ter em vista qualquer coisa; propor-se a.
Vis-à-vis (*vizavi*), adv. (fr.). Frente a frente, defronte. S. m. e f. Pessoa que está defronte de outra à mesa, num bailado ou numa quadrilha etc.
Víscera, s. f. Designação genérica de qualquer órgão alojado em uma das três cavidades: a craniana, a torácica e a abdominal. S. f. pl. 1. Entranhas, intestinos. 2. A parte mais íntima de qualquer coisa.
Visceral, adj. m. e f. 1. Relativo às vísceras; visceroso. 2. Profundo, entranhado.
Visceroptose, s. f. Queda das vísceras.
Viscidez, s. f. Viscosidade.
Víscido, adj. Viscoso.
Visco, s. m. 1. *Bot.* Cogumelo; agárico. 2. Substância vegetal glutinosa, viscosa e tenaz, com que se untam varinhas com o fim de prender as aves. 3. Isca, engodo.
Viscondado, s. m. 1. Título ou dignidade de visconde ou viscondessa. 2. *P. us.* Bens de visconde ou viscondessa.
Visconde, s. m. 1. Título nobiliárquico, inferior ao de conde e superior ao de barão. 2. Funcionário que fazia as vezes de conde, no governo do respectivo condado. 3. Senhor feudal de um território que tinha o título de viscondado. Fem.: *viscondessa (ê).*
Viscondessa (*ê*), s. f. 1. Mulher ou viúva de visconde. 2. Antiga senhora de viscondado.
Viscosidade, s. f. 1. Qualidade de viscoso; viscidez. 2. *Fís.* Resistência interna que as partículas de uma substância oferecem ao escorregamento de umas sobre as outras. 3. Coisa viscosa.
Viscosímetro, s. m. Aparelho destinado a determinar a viscosidade dos líquidos.
Viscoso, adj. 1. Que tem visco. 2. Pegajoso como o visco. Sin.: *visguento, víscido.*
Viseira, s. f. 1. Parte anterior do capacete para encobrir e defender o rosto. 2. Objeto que resguarda. 3. Pala de boné. 4. *Pop.* Aspecto, aparência. 5. Cara feia; carranca.
Visgo, s. m. 1. Visco. 2. *Bot.* Planta leguminosa-cesalpiniácea (*Cassia hispidula*).
Visgueiro, s. m. *Bot.* Nome de diversas árvores leguminosas-mimosáceas.
Visguento, adj. V. *viscoso.*
Visibilidade, s. f. Qualidade de visível.
Visibilizar, v. Tr. dir. Tornar visível; visualizar.
Visigodo (*ô*), adj. Relativo aos visigodos, godos ocidentais; godos do oeste. S. m. Indivíduo dos visigodos.
Visigótico, adj. Relativo aos visigodos.
visio-, elem. de comp. (l. *visio*). Exprime a idéia de *visão: visiômetro.*
Visiômetro, s. m. *Fís.* Instrumento óptico para indicar o grau da força visual do globo ocular.
Visionar, v. 1. Tr. dir. Entrever como em visão. 2. Intr. Ter visões; fantasiar.
Visionário, adj. 1. Relativo a visões. 2. Que tem idéias quiméricas; excêntrico. S. m. 1. Aquele que julga ver fantasmas. 2. Sonhador, utopista.
Visita, s. f. 1. Ato ou efeito de visitar; visitação. 2. Ato de ir ver alguém por cortesia, por dever, ou por simples afeição. 3. Pessoa que visita. 4. Inspeção, vistoria.
Visitação, s. f. Visita.
Visitador, adj. e s. m. 1. Visitante. 2. Que, ou aquele que faz muitas visitas.
Visitante, adj. e s. m. e f. Que, ou pessoa que visita; visitador.
Visitar, v. 1. Tr. dir. Procurar (alguém) em sua casa, por cortesia, dever, afeição etc. 2. Tr. dir. Percorrer (regiões, monumentos etc.) por interesse ou curiosidade. 3. Tr. dir. Surgir em. 4. Tr. dir. Revelar (Deus) a sua cólera ou a sua graça a. 5. Pron. Fazer visitas mutuamente.
Visiva, s. f. O órgão da vista; vista.
Visível, adj. m. e f. 1. Que se pode ver; aparente, perceptível, visivo. 2. Claro, evidente. 3. Que pode receber visita; acessível.
Visivo, adj. 1. Visual. 2. Visto. 3. Visível.
Vislumbrar, v. 1. Tr. dir. Entrever, lobrigar. 2. Tr. dir. Conhecer imperfeitamente. 3. Intr. Mostrar luz tênue. 4. Intr. Começar a surgir; entrever-se.
Vislumbre, s. m. 1. Luz frouxa, indecisa. 2. Reflexo. 3. Aparência, vaga. 4. Idéia indistinta. 5. Conjetura. 6. Parecença leve. 7. Vestígio.
Viso, s. m. 1. *Ant.* A vista; o órgão visual. 2. Aparência, aspecto, fisionomia. 3. Indício. 4. Alguma porção. 5. Pequeno monte; outeiro.
Vison, s. m. *Zool.* V. *visão[2].*
Visonha, s. f. Visão apavorante.
Visório, adj. V. *visual.*
Víspora, s. f. V. *loto.*
Visporar, v. Intr. Quinar.
Vista, s. f. 1. Ato ou efeito de ver. 2. O sentido da visão. 3. Órgão visual. 4. Os olhos. 5. Aquilo que se vê ; paisagem, panorama, quadro. 6. Estampa, fotografia. 7. Desígnio, in-

tenção, mira. 8. Pequena acha que ilumina os fornos. 9. Parte do capacete em que há duas fendas correspondentes aos olhos. 10. Cenário teatral. 11. Modo de julgar ou apreciar um assunto. 12. Tira de cor contrastante com a do vestuário debruado com ela.

Visto, adj. 1. Percebido pelo sentido da vista. 2. Aceito, recebido (bem ou mal). 3. Considerado, reputado. S. m. Abonação assinada por quem a concede, para tornar um ato autêntico ou válido.

Vistoria, s. f. 1. Inspeção judicial a um prédio ou lugar acerca do qual há litígio. 2. Inspeção, revista.

Vistoriar, v. Tr. dir. Fazer vistoria a.

Vistoso, adj. 1. Que dá na vista. 2. Que atrai a atenção. 3. Ostentoso, aparatoso. 4. Agradável à vista; admirável.

Visual, adj. m. e f. Relativo à vista ou à visão; visório.

Visualidade, s. f. 1. Vista. 2. Aspecto cambiante.

Visualização, s. f. Transformação de conceitos abstratos em imagens reais ou mentalmente visíveis.

Visualizar, v. Tr. dir. Figurar mentalmente (algo que não se tem ante os olhos no momento).

Vitáceas, s. f. pl. *Bot.* Família (*Vitaceae*) de trepadeiras lenhosas a que pertence a videira.

Vitáceo, adj. Relativo à família das Vitáceas.

Vital, adj. m. e f. 1. Relativo à vida. 2. Que serve para preservar a vida; fortificante. 3. Essencial, fundamental.

Vitaliciedade, s. f. Qualidade de vitalício.

Vitalício, adj. Que dura ou é destinado a durar toda a vida: Pensão *vitalícia.*

Vitalidade, s. f. 1. Qualidade de vital. 2. O conjunto das funções orgânicas. 3. Força vital.

Vitalina, s. f. Moça idosa; solteirona.

Vitalismo, s. m. *Filos.* Doutrina segundo a qual os seres vivos possuem uma força particular, irredutível à fisioquímica, e que explica os fenômenos vitais.

Vitalista, adj. m. e f. Relativo ao vitalismo. S. m. e f. Pessoa adepta do vitalismo.

Vitalizar, v. Tr. dir. 1. Restituir à vida. 2. Dar vida nova a.

Vitamina, s. f. Cada um dos compostos orgânicos do reino animal e vegetal, que atuam em pequeníssimas quantidades, favorecendo o metabolismo, servindo de base para os mais importantes fermentos, influindo sobre os hormônios etc. São geralmente designadas pelas letras do alfabeto.

Vitando, adj. 1. Que se deve evitar. 2. Abominável.

Vitatório, adj. Próprio para evitar.

Vitela, s. f. 1. Novilha de menos de um ano. 2. Carne de novilha ou de novilho. 3. A pele destes animais, preparada para calçado e outros usos.

Vitelífero, adj. Que contém gema de ovo.

Vitelina, s. f. *Embr.* 1. Substância orgânica azotada, contida na gema do ovo. 2. Membrana que envolve a gema do ovo das aves.

Vitelino, adj. 1. Relativo à gema do ovo. 2. Amarelo como a gema do ovo.

Vitelo, s. f. 1. Novilho de menos de um ano. 2. *Biol.* Substância nutritiva contida no interior do óvulo.

viti-, elem. de comp. (l. *vite.*). Exprime a idéia de *vinha, videira: viticultura.*

Vitícola, adj. m. e f. Relativo à viticultura. S. m. e f. Viticultor.

Viticomado, adj. Coroado de parras.

Viticultor, adj. Que cultiva vinhas. S. m. Aquele que cultiva vinhas; vitícola.

Viticultura, s. f. Cultura das vinhas; vinicultura.

Vitífero, adj. 1. Coberto de videiras. 2. Que produz videiras. 3. Próprio para a viticultura.

Vitiligem, s. f. *Med.* Afecção cutânea, caracterizada por placas esbranquiçadas, rodeadas de uma zona, em que a pele é mais pigmentada que normalmente.

Vitiligo, s. m. V. *vitiligem.*

Vítima, s. f. (l. *victima*). 1. Pessoa ou animal que se imolava a uma divindade. 2. Pessoa assassinada ou ferida. 3. Pessoa sacrificada às paixões ou aos interesses de outrem. 4. Pessoa que sucumbe a uma desgraça, ou que sofre um infortúnio. 5. Tudo que sofre qualquer dano.

Vitimar, v. 1. Tr. dir. Tornar vítima. 2. Tr. dir. Matar, sacrificar. 3. Tr. dir. Danificar, prejudicar. 4. Pron. Imolar-se, sacrificar-se.

Vitimário, adj. Relativo à vítima.

Vitivinicultor, s. m. Aquele que se dedica à vitivinicultura.

Vitivinicultura, s. f. Cultivo das vinhas e fabricação do vinho.

Vitória, s. f. 1. Ato ou efeito de vencer o inimigo ou competidor em uma batalha, ou em qualquer competição; triunfo. 2. Bom êxito; sucesso, vantagem.

Vitoriano, adj. Relativo à Rainha Vitória da Inglaterra ou seu reinado.

Vitoriar, v. Tr. dir. 1. Aplaudir com entusiasmo. 2. Aclamar com estrépito.

Vitória-régia, s. f. *Bot.* Planta aquática ornamental, da família das Ninfeáceas. Pl.: *vitórias-régias.*

Vitorioso, adj. Que conseguiu vitória; triunfante.

Vitral, s. m. Vidraça em cores ou com pinturas sobre o vidro.

Vitre, s. m. Espécie de lona, para toldos e velas de botes.

Vítreo, adj. 1. Relativo a vidro. 2. Feito de vidro. 3. Que tem a natureza ou aspecto do vidro. 4. Transparente, límpido.

Vitrescível, adj. m. e f. Que se pode transformar em vidro; vitrificável.

vitri-, elem. de comp. (l. *vitru*). Exprime a idéia de *vidro: vitrificar.*

Vitrice, adj. e s. f. *Poét.* Que, ou aquela que obteve vitória; vencedora.

Vitrificar, v. 1. Tr. dir. Converter em vidro. 2. Tr. dir. Dar o aspecto de vidro a. 3. Intr. e pron. Converter-se em vidro; tomar o aspecto de vidro.

Vitrificável, adj. m. e f. Vitrescível..

Vitrina, s. f. 1. Parte da loja, separada da rua por vidraça, onde se expõem objetos à venda. 2. Pequeno móvel envidraçado, no qual se expõem objetos de arte.

Vitriolado, adj. e s. m. Que, ou aquilo que tem vitríolo.

Vitriólico, adj. Da natureza do vitríolo; sulfúrico.

Vitriolizar, v. Tr. dir. 1. Transformar em vitríolo. 2. Compor ou misturar com vitríolo.

Vitríolo, s. m. *Ant.* Nome dado aos sulfatos, em especial, ao ácido sulfúrico.

Vitrola, s. f. Aparelho elétrico para reprodução de sons gravados em discos; eletrola.

Vitualhas, s. f. pl. Víveres.

Vituperação, s. f. Ato ou efeito de vituperar; vitupério.

Vituperador, adj. e s. m. Que, ou aquele que vitupera.

Vituperar, v. Tr. dir. 1. Tratar com vitupérios; injuriar. 2. Aviltar, desprezar. 3. Desaprovar, censurar.

Vituperável, adj. m. e f. Que merece vitupério.

Vitupério, s. m. 1. Vituperação. 2. Insulto, injúria. 3. Ato vergonhoso, infame ou criminoso.

Vituperioso, adj. Em que há vitupério.

Viúva, s. f. (l. *vidua*). 1. Mulher a quem morreu o marido e que ainda não tornou a casar-se. 2. *Ornit.* Viuvinha, acep. 1. — *V.-alegre:* carro para conduzir soldados em serviço e presos; tintureiro. *V.-negra:* a fêmea de uma aranha americana muito venenosa (*Latrodectus mactans*).

Viuvar (*i-u*), v. Intr. Enviuvar.

Viuvez (*i-u*). s. f. 1. Estado de viúvo ou viúva. 2. Desconsolo por desamparo; solidão, privação.

Viuveza, (*i-u*), s. f. V. *viuvez.*

Viuvidade, (*i-u*), s. f. *Ant.* V. *viuvez.*

Viuvinha (*i-u*), s. f. 1. *Ornit.* Nome comum a várias espécies de pássaros da família dos Tiranídeos; viúva, velhinha. 2. Certa dança popular. — *V.-do-igapó:* planta verbenácea (*Petraea brevicalyx*).

Viúvo, s. m. (l. *viduu*). Homem a quem faleceu a esposa e que ainda não tornou a casar-se. Adj. 1. Que é viúvo. 2. Privado, desamparado.

Viva!, interj. Designativa de aplauso, aclamação. S. m. Exclamação de aplauso ou felicitação, que envolve o desejo de que viva e prospere a pessoa ou coisa a que se dirige.

Vivacidade, s. f. 1. Qualidade de vivaz; atividade, intensidade, energia. 2. Esperteza, finura. 3. Brilho, brilhantismo. 4. Linguagem muito expressiva. Sin.: *viveza.*

Vivaz, adj. m. e f. (l. *vivace*). 1. Vivedouro, acep. 2. 2. Caloroso, vivo, ardente. 3. *Bot.* Diz-se do vegetal que vive mais de dois anos. Sup. abs. sint.: *vivacíssimo.*
Vivedor, adj. 1. Vivedouro. 2. Solícito, diligente.
Vivedouro, adj. 1. Que pode viver. 2. Que pode viver muito; duradouro, vivaz, vivedor, vivo. Var.: *vivedoiro.*
Viveiro, s. m. (l. *vivariu*). 1. Recinto apropriado para criação de animais. 2. Escavação natural ou artificial onde se criam peixes; aquário. 3. Canteiro apropriado para semear vegetais; sementeira. 4. Grande porção; enxame.
Vivência, s. f. 1. O fato de ter vida, de viver. 2. Existência. 3. Modo de vida. 4. Hábitos de vida.
Vivente, adj. m. e f. Que vive. S. m. e f. 1. Criatura viva. 2. O homem.
Viver, v. 1. Intr. Ter vida; estar com vida. 2. Tr. dir. Apreciar, gozar (a vida). 3. Pron. Existir; passar a vida. 4. Tr. ind. Morar, residir. 5. Tr. ind. Nutrir-se, sustentar-se. 6. Tr. ind. e intr. Procurar ou tirar os meios para passar a vida. 7. Tr. ind. e intr. Freqüentar a sociedade; conviver. 8. Tr. ind. Conservar-se. S. m. A vida.
Víveres, s. m. pl. Gêneros alimentícios; mantimentos, vitualhas.
Viverrídeo, adj. *Zool.* Relativo ou semelhante ao furão.
Viveza, s. f. Vivacidade.
Vividez, s. f. Qualidade de vívido.
Vivido, adj. 1. Que viveu muito. 2. Que tem grande experiência da vida.
Vívido, adj. 1. Que tem vivacidade. 2. Brilhante, fulgurante. 3. Ardente, vivo. 4. Expressivo.
Vivificação, s. f. Ato ou efeito de vivificar.
Vivificador, adj. Vivificante. S. m. Aquilo que vivifica.
Vivificante, adj. m. e f. Que vivifica; vivificador, vivificativo, vivífico.
Vivificar, v. 1. Tr. dir. Dar vida ou existência; animar. 2. Tr. dir. Reanimar. 3. Intr. Ser vivificante. 4. Tr. dir. Dar atividade ou movimento a; ativar
Vivificativo, adj. Que vivifica; vivificador, vivificante, vivífico.
Vivífico, adj. V. *vivificante.*
Viviparidade, s. f. Modo de reprodução dos seres vivíparos.
Vivíparo, adj. 1. *Zool.* Diz-se do animal que pare filhos. 2. *Bot.* Diz-se das plantas cujos grãos são substituídos por bolbos, ou germinam no pericarpo. S. m. Mamífero vivíparo.
Vivisseção, s. f. Dissecação em animais vivos, para estudo de fenômenos fisiológicos. Var.: *vivissecção.*
Vivissecionista, s. m. e f. Pessoa que pratica vivisseção. Var.: *vivisseccionista.*
Vivo, adj. 1. Que vive; que tem vida; animado. 2. Ativo, forte, intenso, penetrante. 3. Fervoroso, persistente. 4. Ardente. 5. Eficaz. 6. Apressado, acelerado, rápido. 7. Esperto, matreiro. S. m. 1. Ser vivo. 2. Tira de cor contrastante com a do vestuário debruado com ela. 3. Vívula.
Vivório, s. m. *Pej.* 1. Muitos vivas. 2. Entusiasmo ruidoso.
Vívula, s. f. Inflamação da pele e tendões, na parte anterior da quartela da cavalgadura; vivo.
Vixnuísmo, s. m. Doutrina dos que praticam o culto de Vixnu, divindade indiana.
Vizindário, s. m. Conjunto dos que habitam as vizinhanças ou arredores de um lugar; vizinhança.
Vizinhada, s. f. Vizinhança, acep. 2.
Vizinhança, s. f. 1. Qualidade do que é vizinho. 2. Pessoas ou famílias vizinhas; vizinhada. 3. Arrabaldes, arredores, cercania. 4. Semelhança, analogia.
Vizinhar, v. (l. *vicinari*). 1. Tr. ind. Ser vizinho. 2. Pron. Tornar-se vizinho; aproximar-se, avizinhar-se. 3. Tr. dir. e tr. ind. Estar contíguo, ser limítrofe; confinar.
Vizinho, adj. 1. Que está próximo. 2. Que mora perto. 3. Limítrofe, confinante. 4. Análogo, semelhante. S. m. 1. Morador de um lugar em relação aos demais moradores desse lugar. 2. Aquele que mora próximo a nós.
Vizir, s. m. Ministro de um príncipe muçulmano.
Vizirado, s. m. 1. Cargo ou dignidade de vizir. 2. Tempo que dura esse cargo. Var.: *vizirato.*
Voador, adj. 1. Que voa. 2. Muito rápido, veloz. S. m. 1. Aquele que voa. 2. Acrobata que, em exercícios de dois trapézios, executa saltos análogos a vôos.
Voadouros, s. m. pl. 1. As penas mais compridas das asas; guias, rêmiges. 2. Meios de proceder, de abrir carreira. Var.: *voadoiros.*
Voadura, s. f. Ato ou efeito de voar.
Voagem, s. f. Alimpadura dos cereais debulhados nas eiras.
Voante, adj. m. e f. 1. Que voa; volante. 2. Rápido, transitório.
Voar, v. (l. *volare*). 1. Tr. ind. e intr. Mover-se ou sustentar-se no ar (aves) ou aeroplanos (gente). 2. Tr. ind. e intr. Viajar de avião. 3. Tr. ind. e intr. Ir pelos ares com grande velocidade. 4. Tr. ind. e intr. Correr com grande velocidade. 5. Saltar em fragmentos pelo ar como conseqüência de uma explosão. 6. Intr. Divulgar-se, espalhar-se com rapidez. 7. Intr. Desaparecer rapidamente. 8. Intr. Decorrer (o tempo) rapidamente. 9. Intr. Elevar-se em pensamento.
Vocabular, adj. m. e f. Relativo a vocábulo.
Vocabulário, s. m. 1. Relação dos vocábulos de uma língua, dispostos por ordem alfabética; dicionário sucinto. 2. O conjunto de termos pertencentes a uma arte ou ciência. 3. O conjunto de termos empregados por um escritor. 4. Num livro de leitura, lista de termos que apresentam determinadas peculiaridades.
Vocabularista, s. m. e f. Autor de vocabulario(s); vocabulista.
Vocabulista, s. m. e f. V. *vocabularista.*
Vocábulo, s. f. Palavra que faz parte de uma língua; termo.
Vocação, s. f. 1. Ato de chamar. 2. *Teol.* Chamamento, predestinação. 3. Inclinação, tendência. 4. Talento, queda.
Vocacional, adj. m. e f. Relativo a vocação.
Vocal, adj. m. e f. 1. Relativo à voz. 2. Que se exprime por meio da voz. 3. Que serve para produzir a voz.
Vocálico, adj. Relativo às vogais.
Vocalismo, s. m. O conjunto das modificações fonéticas que as vogais podem sofrer.
Vocalização, s. f. Ato ou efeito de vocalizar.
Vocalizador, adj. e s. m. Que, ou aquele que vocaliza.
Vocalizar, v. Tr. dir. 1. *Mús.* Cantar, sem articular palavras nem nomear notas, modulando a voz sobre uma vogal. 2. *Fon.* Transformar (consoantes) em vogais.
Vocalizo, s. m. *Mús.* Ato de cantar uma série de modulações, trinados, ornatos etc., sobre uma vogal, com escopo didático.
Vocativo, s. m. 1. Nas línguas em que há declinações, o caso que se emprega para chamar alguém. 2. Expressão da pessoa ou coisa, a que nos dirigimos diretamente.
Você, pron. (de *vossa mercê*). Emprega-se familiarmente no Brasil como segunda pessoa, mas com as flexões verbais e formas pronominais da terceira.
Vociferação, s. f. Ato ou efeito de vociferar.
Vociferador, adj. Que vocifera; vociferante. S. m. Aquele que vocifera.
Vociferante, adj. m. e f. Vociferador.
Vociferar, v. 1. Tr. dir. Proferir em altas vozes; bradar, clamar. 2. Intr. Falar encolerizadamente, berrar, gritar.
Voçoroca, s. f. Desmoronamento resultante de erosão subterrânea produzida por águas pluviais.
Vodca, s. f. Aguardente russa, de cereais.
Vodu, s. m. Culto de origem africana, praticado nas Antilhas, que tem analogias com a nossa macumba.
Voejar, v. Intr. Esvoaçar. (Normalmente só se emprega nas 3.as pessoas).
Voejo (*ê*), s. m. 1. Ação de voejar; adejo. 2. Pó que se levanta da farinha, quando agitada.
Voga, s. f. 1. Ação de vogar. 2. Movimento dos remos. 3. Divulgação, fama. 4. Uso atual, moda. 5. Popularidade, reputação. S. m. O último remador de um bote, o que vai junto à popa e é o que marca o ritmo da remada.
Vogal, adj. m. e f. (l. *vocale*). 1. Diz-se do som produzido por expiração do ar ao passar livremente pela cavidade bucal. 2. Diz-se da letra que representa esse som. S. f. 1. Letra vogal. 2. Som vogal. S. m. e f. 1. Pessoa que tem voto numa

assembléia. 2. Membro de uma assembléia ou tribunal deliberativo, com direito de voto.

Vogante, adj. m. e f. Que voga.

Vogar[1], v. (ital. *vogare*). 1. Intr. Ser impelido sobre a água por meio de remos ou de velas. 2. Tr. dir. Percorrer navegando; navegar. 3. Tr. dir. Fazer impelir por meio de remos. 4. Tr. ind. e intr. Derivar, deslizar suavemente. 5. Intr. Divulgar-se, propalar-se, ter curso.

Vogar[2], v. Intr. Estar em vigor; importar, valer.

Voivoda, s. m. 1. Designação antiga dos príncipes soberanos da Moldávia, da Valáquia e de outros países orientais. 2. Cobrador de impostos, na Turquia.

Volante, adj. m. e f. 1. Que voa ou tem a faculdade de voar; voante. 2. Facilmente mudável; móvel. 3. Flutuante, movediço. 4. Inconstante, volúvel. 5. Errante. S. m. 1. Tecido leve e transparente. 2. Roda de direção dos veículos a motor. 3. Pessoa que maneja essa roda, ao dirigir o veículo. 4. Pequena folha de papel impresso, para fins de propaganda.

Volantim, s. m. V. *volatim.*

Volata, s. f. (ital. *volata*). 1. *Mús.* Série de tons executados rapidamente. 2. *Mús.* Progressão das notas de uma oitava, executadas velozmente. 3. Pressa.

Volataria, s. f. 1. Arte de caçar por meio de falcões ou de outras aves; altanaria. 2. Aves caçadas.

Volatear, v. Intr. Esvoaçar, voltear.

Volátil, adj. m. e f. 1. Que voa; voador. 2. Relativo a aves. 3. Volúvel. 4. Que se pode reduzir a gás ou vapor. S. m. Animal que voa; ave.

Volatilidade, s. f. Qualidade de volátil.

Volatilização, s. f. Ato ou efeito de volatilizar(-se).

Volatilizante, adj. m. e f. Que volatiliza ou se volatiliza.

Volatilizar, v. 1. Tr. dir. Reduzir a gás ou a vapor; vaporizar. 2. Intr. e pron. Reduzir-se a gás ou a vapor.

Volatim, s. m. (cast. *volatín*). Funâmbulo. Var.: *volantim.*

Volatina, s. f. Trecho musical, simples e rápido.

Volatório, adj. Que serve para voar.

Vôlei, s. m. V. *voleibol.*

Voleibol, s. m. (ingl. *volley-ball*). Esporte disputado entre duas equipes de seis jogadores, que lançam uns contra outros, por cima de uma rede, uma bola leve, sem deixá-la tocar no chão.

Volfrâmio, s. m. *Quím.* Tungstênio.

Volição, s. f. *Filos.* Ato da vontade, na linguagem filosófica.

Volitante, adj. m. e f. Que volita.

Volitar, v. Intr. Esvoaçar.

Volitivo, adj. Relativo à volição ou à vontade.

Volível, adj. m. e f. *P. us.* Que se pode querer, que pode depender da vontade.

Volo, s. m. Um dos lances do jogo do solo.

Vo-lo, combinação do pronome pessoal *vos* com o pronome pessoal arcaico *lo.* (Flex.: *vo-la, vo-los, vo-las*).

Volt, s. m. *Fís.* Unidade de força eletromotriz e de diferença de potencial, ou tensão, em eletricidade: equivale a um potencial elétrico existente entre as extremidades de um condutor de resistência igual a 1 ohm internacional, percorrido por uma corrente de intensidade invariável, igual a 1 ampère. Símbolo: V.

Volta, s. f. 1. Ato ou efeito de voltar(-se). 2. Regresso, retorno. 3. Movimento em torno; giro, circuito. 4. Extensão do contorno; circunferência. 5. Pequeno passeio; giro. 6. O que se dá para igualar uma troca. 7. Resposta, réplica; troco. 8. Mudança de opinião; reviravolta. 9. Sinuosidade. 10. Cada uma das curvas de uma espiral. 11. Curva numa estrada ou rua. 12. Meandro dos rios. 13. Espécie de colar, usado pelas mulheres. 14. Turvação de vinho. 15. Laço, laçada.

Volta-face, s. f. Retratação. Pl.: *volta-faces.*

Voltagem, s. f. *Fís.* 1. Conjunto dos volts que funcionam num aparelho elétrico. 2. Diferença de potencial, expressa em volts; tensão.

Voltaico, adj. *Eletr.* Diz-se da corrente produzida por uma pilha de Volta ou, de modo geral, por uma pilha qualquer.

Voltaísmo, s. m. *Eletr.* Teoria de Volta acerca do desenvolvimento da eletricidade dinâmica.

Voltâmetro, s. m. *Fís.* Instrumento destinado a medir a quantidade de eletricidade pela massa da substância eletrolítica que é depositada ou desprendida.

Voltar, v. 1. Tr. ind. e intr. Ir ou tornar ao ponto donde partiu; regressar. 2. Tr. dir. Mudar de posição; virar. 3. Pron. Mudar de posição, movendo-se para um dos lados; virar-se. 4. Tr. ind. Retroceder. 5. Tr. ind. Retornar a um estado anterior. 6. Intr. Andar à roda; girar, voltear. 7. Tr. dir. Pôr do avesso. 8. Tr. ind. Fazer de novo; repetir. 9. Tr. ind. Ocupar-se ou tratar novamente de uma coisa ou de um assunto. 10. Tr. ind. Reaparecer. 11. Tr. ind. Recomeçar, tornar a. 12. Tr. ind. Mudar de rumo ou direção. 13. Tr. dir. Apontar, virar, volver. 14. Tr. dir. Aplicar, dirigir, encaminhar. 15. Pron. Apelar, dirigir-se, recorrer. 16. Tr. dir. Devolver, restituir. 17. Tr. dir. Dar em troco ou em saldo de contas. 18. Intr. e pron. Fermentar segunda vez (o vinho); toldar-se, turvar-se.

Voltarete (*ê*), s. m. Jogo entre três parceiros com o baralho de quarenta cartas, distribuindo-se nove cartas a cada um.

Voltário, adj. Inconstante, volúvel.

Volte, s. m. No jogo de voltarete, ato de voltar a primeira das cartas que estão na mesa, tomando como trunfo o naipe que ela indica.

Volteada, s. f. 1. Recorrida que se faz no campo para o arrebanhar ou recolher do gado, para a mangueira ou rodeio. 2. Ato de apanhar de surpresa o gado. 3. Cilada, emboscada. 4. Pequeno passeio, volta, giro.

Volteador, adj. Que volteia. S. m. 1. Aquele que volteia. 2. Funâmbulo. 3. Aquele que tange o gado das boiadas.

Volteadura, s. f. Ato ou efeito de voltear; volteio.

Voltear, v. 1. Tr. dir. Andar à volta de. 2. Tr. dir. Dar voltas a; fazer girar. 3. Intr. Dar voltas; girar. 4. Intr. Agitar-se ou mover-se à roda. 5. Tr. dir. Dirigir em volta. 6. Intr. Tumultuar rodopiando. 7. Tr. ind. Adejar, esvoaçar. 8. Tr. ind. Fazer equilíbrios. Var.: *voltejar.*

Volteio, s. m. 1. Volteadura. 2. Exercícios de funâmbulo.

Volteiro, adj. Voltívolo.

Voltejar, v. V. *voltear.*

Voltímetro, s. m. *Eletr.* Instrumento destinado a indicar, em volts, a diferença de potencial entre dois pontos.

Voltívolo, adj. Que dá muitas voltas; volante, volteiro, volúvel.

Voltômetro, s. m. V. *voltímetro.*

Volubilado, adj. *Bot.* Diz-se do caule de certas plantas que, não podendo suster-se por si próprio, tem a propriedade de se enroscar nos corpos vizinhos.

Volubilidade, s. f. Qualidade ou caráter de volúvel; inconstância.

Volumaço, s. m. V. *volumão.*

Volumão, s. m. Volume grande; volumaço.

Volumar, v. V. *avolumar.*

Volume, s. m. 1. *Geom.* Espaço ocupado por um corpo. 2. Livro encadernado ou brochado. 3. Tomo. 4. Embrulho, fardo, pacote. 5. Corpulência, grandeza, tamanho. 6. Intensidade do som produzido por um aparelho sonoro.

Volumetria, s. f. Método de dosagem química por emprego de soluções tituladas.

Volumétrico, adj. Relativo à volumetria.

Volúmetro, s. m. Variedade de hidrômetro destinado a medir o volume de líquidos e gases, bem como de sólidos, pela quantidade de líquido que deslocam.

Volumoso, adj. 1. Que tem grande volume; que tem grandes dimensões. 2. Que consta de muitos volumes. 3. Intenso, forte (som ou voz).

Voluntariado, s. m. 1. Qualidade de voluntário no exército. 2. A classe dos voluntários.

Voluntariedade, s. f. 1. Qualidade de voluntário; espontaneidade. 2. Arbítrio, capricho, teima.

Voluntário, adj. 1. Feito espontaneamente, por vontade própria. 2. Instintivo. 3. Voluntarioso. S. m. 1. *Mil.* Aquele que se alista no exército, por vontade própria. 2. Estudante admitido em condições diferentes das normais.

Voluntarioso, adj. 1. Que se dirige só pela sua vontade; voluntário. 2. Caprichoso, teimoso.
Voluntarismo, s. m. *Filos.* Sistema filosófico que dá preeminência à vontade sobre a inteligência e à ação sobre o pensamento.
Volúpia, s. f. 1. Grande prazer dos sentidos. 2. Grande prazer, em geral. 3. Grande prazer sexual.
Voluptuário, adj. 1. Relativo à volúpia. 2. Propenso à volúpia; voluptuoso. 3. Amigo de se divertir. 4. Relativo a divertimentos. Var.: *volutuário.*
Voluptuosidade, s. f. Volúpia.
Voluptuoso, adj. 1. Em que há volúpia ou prazer. 2. Sensual. 3. Delicioso. 4. Dado à libertinagem. 5. Amigo de divertimentos ou deleites. Var.: *volutuoso.*
Voluta, s. f. 1. *Arquit.* Ornato de um capitel de coluna, em forma de espiral. 2. Concha formada por espiras muito curtas. 3. *Mús.* Parte superior do braço dos instrumentos de corda, entalada em forma de espiral.
Volutabro, s. m. 1. Lodaçal. 2. Esterqueira. 3. Torpeza.
Volutear, v. V. *voltear.*
Volutite, s. f. Voluta ou concha univalve fóssil.
Volúvel, adj. m. e f. 1. Que gira facilmente. 2. Inconstante, instável. 4. *Bot.* Que se enrosca em corpos vizinhos.
Volva (*ô*), s. f. *Bot.* Membrana ou bolsa que envolve os cogumelos no primeiro período do seu desenvolvimento.
Volváceo, adj. Que tem forma de volva ou bolsa.
Volvado, adj. *Bot.* Que tem volva.
Volver, v. 1. Tr. dir. Mudar para outra posição; virar, voltar. 2. Tr. ind. e pron. Regressar, voltar. 3. Tr. dir. Fazer voltar. 4. Tr. dir. Agitar, pôr em movimento, revolver. 5. Intr. Retrucar. 6. Intr. e pron. Correr, decorrer, passar, transcorrer.
Volvo (*ô*), s. m. *Med.* Torsão de uma alça intestinal sobre si mesma; vólvulo.
Vólvulo, s. m. 1. *Med.* Volvo. 2. Volta ou rosca de serpente.
Vômer, s. m. *Anat.* Pequeno osso que constitui a parte posterior da parede que divide as fossas nasais.
Vomeriano, adj. *Anat.* Relativo ao vômer.
Vômica, s. f. Rejeição súbita, através da glote, de uma coleção líquida, geralmente purulenta, formada nos brônquios ou em cavidades pulmonares ou pleurais.
Vomição, s. f. Vômito.
Vomitado, s. m. As matérias expelidas pelo vômito.
Vomitador, adj. e s. m. Que, ou aquele que vomita.
Vomitar, v. 1. Tr. dir. e intr. Lançar pela boca (aquilo que fora engolido). 2. Tr. dir. Expelir pela boca em golfadas. 3. Tr. dir. Conspurcar com vômito. 4. Tr. dir. Dizer com propósito injurioso. 5. Tr. dir. Arrojar de si com ímpeto. 6. Tr. dir. Contar, mexericar, revelar.
Vomitivo, adj. e s. m. Vomitório.
Vômito, s. m. 1. Ato ou efeito de vomitar. 2. Aquilo que se vomita ou vomitou; vomitado.
Vomitório, adj. Que faz vomitar; vomitivo, emético. S. m. 1. Medicamento destinado a provocar o vômito; emético, vomitivo. 3. Interrogatório longo e minucioso. 4. Interrogatório disfarçado.
Vontade, s. f. (l. *voluntate*). 1. *Filos.* Faculdade de livremente praticar ou deixar de praticar algum ato. 2. Energia, firmeza de ânimo. 3. Desejo, intenção. 4. Resolução. 5. Capricho. 6. Arbítrio, mando. 7. Gosto, prazer. 8. Apetite. 9. Desvelo, interesse. 10. Necessidade física ou moral. S. f. pl. Desejos, apetites, caprichos.
Vôo, s. m. 1. Meio de locomoção de certos animais, principalmente aves e insetos, no ar. 2. Distância que percorre um pássaro sem pousar. 3. Grupo de pássaros que voam em conjunto. 4. Deslocamento de um engenho de aviação na atmosfera, ou de um engenho espacial, no cosmo. 5. Avanço rápido. 6. Elevação de espírito; arroubamento, êxtase.
Voquisiáceas, s. f. pl. *Bot.* Família (*Vochysiaceae*) que compreende árvores e arbustos da América tropical com grandes flores irregulares.
Voquisiáceo, adj. Relativo à família das Voquisiáceas.
Vorá, s. m. *Entom.* Abelha social meliponídea (*Tetragona clavipes*).
Voracidade, s. f. 1. Qualidade de voraz. 2. Glutonaria.
Voragem, s. f. 1. Aquilo que sorve ou devora. 2. Turbilhão. 3. Abismo. 4. Tudo que consome ou subverte.
Voraginoso, adj. 1. Em que há voragem. 2. Que tem a forma ou a natureza de voragem. 3. Que traga ou absorve como a voragem.
Voraz, adj. m. e f. 1. Que devora. 2. Que come com avidez. 3. Que não se farta. 4. Que arruína, que aniquila. 5. Muito ambicioso. Sup. abs. sint.: *voracíssimo.*
Vórmio, s. m. *Anat.* Cada um dos pequenos ossos, variáveis quanto ao número e à forma, que se encontram nos ângulos das suturas cranianas.
-voro, suf. (l. *voru*). Equivale a: *que come, que devora* (certa espécie de alimento): *destruidor, consumidor:* carní*voro*, herbí*voro*, vermí*voro*.
Vórtice, s. m. 1. Redemoinho, remoinho. 2. Furacão.
Vorticoso, adj. Que faz vórtice ou redemoinho; que se move em turbilhão.
Vos, pron. Forma átona de *vós*, que se emprega como objeto direto ou indireto.
Vós, pron. (l. *vos*). Designa a segunda pessoa do plural de ambos os gêneros e que se emprega como sujeito ou regime de preposição.
Vosco, pron. *Ant.* V. *convosco.*
Vosear, v. Tr. dir. Tratar por vós.
Vosmecê, pron. Forma sincopada de *vossemecê.*
Vossemecê, pron. (contr. de *vossa + mercê*). *Ant.* Tratamento que de ordinário se dirigia a pessoa de mediana condição.
Vosso, pron. possessivo. 1. Que vos pertence. 2. Relativo a vós.
Votação, s. f. 1. Ato ou efeito de votar. 2. Conjunto de votos de qualquer assembléia eleitoral.
Votado, adj. 1. Aprovado pela maioria ou unanimidade de votos. 2. Em que recaíram votos.
Votante, adj. e s., m. e f. Que, ou pessoa que vota.
Votar, v. 1. Tr. dir. Aprovar por meio de voto. 2. Tr. dir. Eleger por meio de votos. 3. Tr. ind. e intr. Dar ou emitir voto. 4. Tr. dir. Fazer voto de. 5. Tr. dir. Consagrar, sacrificar. 6. Tr. dir. Dedicar. 7. Pron. Consagrar-se, dedicar-se. 8. Pron. Entregar-se. 9. Pron. Aventurar-se.
Votivo, adj. 1. Relativo ao voto. 2. Oferecido em cumprimento de voto.
Voto, s. m. 1. *Rel.* Promessa livre e deliberada feita a Deus de alguma coisa que lhe é agradável, à qual nos obrigamos por religião. 2. Promessa solene; juramento. 3. Desejo sincero. 4. Oferenda em cumprimento de promessa. 5. Súplica a Deus. 6. Modo de manifestar a vontade, em tribunal ou assembléia. 7. Ato ou meio de votar; sufrágio.
Vovente, adj. e s., m. e f. Que, ou pessoa que faz votos ou promessas.
Vovó, s. f. *Inf.* Avó.
Vovô, s. m. 1. *Inf.* Avô. 2. *Ornit.* Pássaro trogloditídeo (*Thriothorus genibarbis*).
Voyeurismo (*vuaierismo*), s. m. (fr. *voyeur + ismo*). *Psic.* Excitação sexual motivada pela observação de atos praticados por outrem.
Voz, s. f. (l. *voce*). 1. Produção de sons na laringe dos animais, especialmente na laringe humana, com auxílio do ar emitido pelos pulmões. 2. A faculdade de emitir estes sons. 3. A faculdade de falar. 4. Linguagem. 5. Grito, clamor. 6. Ordem dada em voz alta. 7. Boato, fama. 8. Palavra, dicção, frase. 9. *Fon.* Som que uma vogal representa na escrita. 10. *Mús.* Parte vocal de uma peça de música. 11. *Mús.* Nas fugas para piano e para órgão, cada uma das diferentes alturas em que o tema é desenvolvido. 12. *Gram.* Aspecto ou forma com que um verbo indica a ação. 13. Opinião. 14. Sugestão íntima.
Vozeada, s. f. V. *vozearia.*
Vozeador, adj. e s. m. Que, ou aquele que vozeia.
Vozeamento, s. m. V. *vozearia.*
Vozear, v. 1. Intr. Falar muito alto; clamar, gritar. 2. Tr. dir. Emitir em alta voz; exprimir gritando. S. m. Clamor, grito.
Vozearia, s. f. 1. Ato ou efeito de vozear; vozeio. 2. Clamor de

muitas vozes reunidas. Sin.: *vozeada, vozeamento, vozearia, vozerio.*
Vozeio, s. m. Vozearia.
Vozeirão, s. m. 1. Voz muito forte. 2. Aquele que tem voz muito grossa.
Vozeiro, adj. Que fala muito; palrador. S. m. 1. Aquele que fala muito. 2. Vozeirão.
Vozeria, s. f. V. *vozearia.*
Vozerio, s. m. V. *vozearia.*
Vu[1]**,** s. m. *Mús.* Cuica.
Vu[2]**,** s. m. (t. onom.). Usa-se na expressão *num vu* = num abrir e fechar de olhos, num instante.
Vuarame, s. m. *Bot.* Nome de dois arbustos esterculiáceos (*Helicteres brasiliensis e H. ixora*).
Vuba, s. f. *Bot.* Nome de duas plantas gramíneas (*Gynerium saccharoides e Arundo sagittaria*).
Vulcanicidade, s. f. *Geol.* 1. Incandescência do centro da Terra. 2. Estado daquilo que tem origem vulcânica. 3. Ação dos vulcões.
Vulcânico, adj. 1. Relativo a vulcão. 2. Constituído por lavas. 3. Ardente, impetuoso.
Vulcanismo, s. m. 1. Ação dos vulcões. 2. *Geol.* Teoria que procura explicar o relevo da Terra pela ação das forças vulcânicas.
Vulcanite, s. f. Borracha vulcanizada muito dura, capaz de ser polida; ebonite.
Vulcanização, s. f. Ato ou efeito de vulcanizar.
Vulcanizar, v. 1. Tr. dir. Combinar (borracha) com enxofre ou sulfetos, com o fim de torná-la mais dura, resistente e durável. 2. Tr. dir. Calcinar. 3. Tr. dir. e pron. Entusiasmar (-se), exaltar(-se).
vulcano-, elem. de comp. (l. *vulcanu*). Exprime a idéia de *vulcão: vulcanologia.*
Vulcanologia, s. f. Parte da Geologia que trata dos vulcões.
Vulcão, s. m. (l. *Vulcanu*). 1. *Geol.* Relevo de forma cônica, edificado pelas lavas e as projeções oriundas do interior do globo. 2. Pessoa ou coisa de natureza ardente, impetuosa. 3. Perigo iminente e oculto.
Vulgacho, s. m. Plebe, ralé, vulgo.
Vulgar[1]**,** adj. m. e f. 1. Relativo ao vulgo; comum, ordinário, trivial. 2. Baixo, reles. S. m. 1. Aquilo que é vulgar. 2. A língua vernácula.
Vulgar[2]**,** v. Tr. dir. Vulgarizar.
Vulgaridade, s. f. 1. Qualidade ou caráter de vulgar; vulgarismo. 2. Coisa, ação ou dito vulgar. 3. Pessoa vulgar.
Vulgarismo, s. m. 1. O falar ou o pensar próprio do vulgo. 2. Vulgaridade.
Vulgarização, s. f. Ato ou efeito de vulgarizar(-se).
Vulgarizador, adj. e s. m. Que, ou aquele que vulgariza.
Vulgarizar, v. 1. Tr. dir. e pron. Tornar(-se) vulgar, comum; divulgar(-se), propagar(-se). 2. Tr. dir. e pron. Abandalhar (-se).
Vulgata, s. f. Tradução latina da Bíblia, feita por São Jerônimo.
Vulgívago, adj. Que se avilta; que se prostitui.
Vulgo, s. m. 1. O povo; a plebe. 2. O comum dos homens. Adv. Na língua vulgar; vulgarmente.
Vulgocracia, s. f. *Pej.* Predomínio político das classes populares.
Vulneração, s. f. Ato ou efeito de vulnerar.
Vulneral, adj. m. e f. *Med.* V. *vulnerário.*
Vulnerante, adj. m. e f. Que vulnera; vulnerativo.
Vulnerar, v Tr. dir. 1. Ferir. 2. Ofender muito.
Vulnerária, s. f. *Bot.* Erva perene eurásia (*Anthyllis vulneraria*), outrora empregada no tratamento de feridas.
Vulnerário, adj. *Med.* Próprio para curar feridas; vulneral.
Vulnerativo, adj. V. *vulnerante.*
Vulnerável, adj. m. e f. 1. Que pode ser vulnerado. 2. Diz-se do lado fraco de um assunto ou questão, e do ponto por onde alguém pode ser atacado ou ferido.
Vulnífico, adj. Que fere ou pode ferir.
Vulpina, s. f. *Quím.* Corante extraído de uma espécie de líquen (*Lichen vulpinus*).
Vulpinita, s. f. *Miner.* Variedade de gesso, suscetível de belo polimento.
Vulpino, adj. 1. Relativo à raposa ou próprio dela. 2. Astuto, manhoso. 3. Traiçoeiro. 4. Malicioso.
Vulto, s. m. 1. Fisionomia, rosto, semblante. 2. Corpo, corporatura. 3. Figura indistinta. 4. Volume, massa, grandeza. 5. Homem notável, notabilidade, pessoa de grande importância. 6. Importância, nomeada. 7. Consideração, ponderação. 8. Interesse.
Vultoso, adj. 1. Que faz vulto; volumoso. 2. De grande vulto; importante. Cfr. *vultuoso.*
Vultuosidade, s. f. *Med.* Congestão da face.
Vultuoso, adj. *Med.* Atacado de vultuosidade. Cfr. *vultoso.*
Vulturino, adj. Relativo ao, ou próprio do abutre.
Vulva, s. f. *Anat.* Parte exterior do aparelho genital da mulher.
Vulvar, adj. m. e f. Relativo à vulva; vulvário.
Vulvário, adj. V. *vulvar.*
Vulvite, s. f. *Med.* Inflamação da vulva.
Vulvuterino, adj. *Med.* Relativo à vulva e ao útero conjuntamente.
Vunje, adj. *Pop.* 1. Muito sabido. 2. Atilado, esperto.
Vunzar, v. Tr. dir. Remexer (gaveta, mala).
Vurmo, s. m. O pus das úlceras.
Vurmoso, adj. Que tem vurmo.

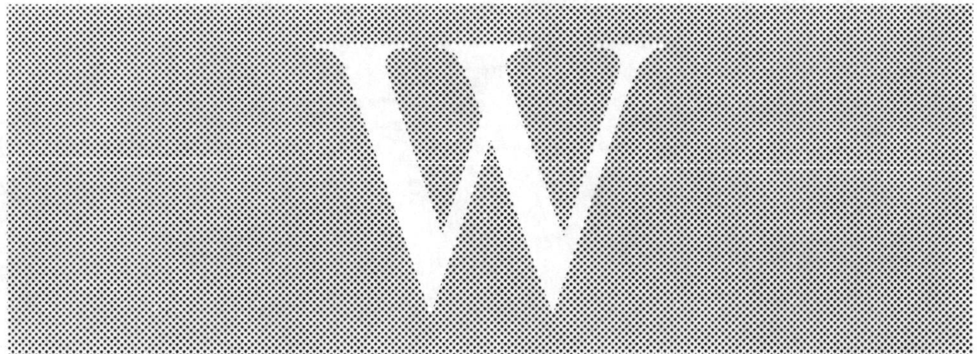

W (*dábliu, v duplo* ou *v dobrado*). Símbolo estranho ao alfabeto português, letra usada somente em nomes próprios estrangeiros e seus derivados, em especial das línguas inglesa, em que soa *u*, e alemã, em que é pronunciada como *v*.

W, s. m. *Bacter.* Denominação do grupo antígeno do bacilo de Flexner.

Wagneriano, adj. 1. Relativo a Wilhelm Richard Wagner (1813-1883), compositor alemão. 2. Que tem o caráter das obras de Wagner.

Wagnerismo, s. m. Em música, processo ou sistema de Wagner.

Wagnerista, adj. Relativo ao wagnerismo.

Wagnerita, s. f. *Miner.* Fosfato de magnésio que contém flúor.

Wahlenbérgia, s. f. *Bot.* 1. Gênero (*Wahlenbergia*) de ervas perenes, da família das Campanuláceas, do Sul brasileiro e do Uruguai, que diferem das espécies do gênero Campânula por uma cápsula loculicida. 2. Erva desse gênero.

Walleriano, adj. 1. Relativo a Augustus Volney Waller (1816-1870), fisiologista inglês. 2. *Med.* Diz-se do método que consiste em identificar a região das fibras nervosas, observando a direção da degenerescência após o corte do nervo.

Warrant (t. inglês: *uórrant*; quase r brando). s. m. *Dir.* e *Com.* Título nominativo e transmissível de garantia pignoratícia, que os Armazéns Gerais expedem sobre mercadorias neles depositadas.

Warrantado (*uó*), adj. Sujeito a warrant.

Warrantagem (*uó*), s. f. Ato ou efeito de garantir por meio de warrant.

Warrantar (*uó*), v. Tr. dir. Submeter a warrant.

Washingtônia, s. f. *Bot.* 1. Gênero (*Washingtonia*) de maciças palmeiras da Califórnia e do México, que têm grandes folhas dobradas, fendidas quase até ao meio e com filamentos em suas bordas, tronco liso com grande cobertura de folhas mortas persistentes. 2. Palmeira desse gênero, particularmente a espécie (*Washingtonia filifera*).

Water-closet (t. inglês: *uótâr-clôset*), s. m. Latrina com descarga de água. Abrev.: *W. C.*

Watsônia, s. f. *Bot.* 1. Gênero (*Watsonia*) de ervas da família das Iridáceas, parecidas com os gladíolos. 2. Planta ou flor desse gênero.

Watt (*uóte*), s. m. *Fís.* Unidade de potência igual à potência de um joule por segundo, definida pelo inventor escocês James Watt (1736-1819). Símbolo: W.

Watt-hora, s. m. *Fís.* Unidade de energia elétrica. Símbolo: *Wh.*

Wattímetro, s. m. *Fís.* Instrumento para medição de potência elétrica.

Weber, s. m. *Fís.* Unidade de fluxo de indução magnética, no sistema Giorgi; nome dado em honra ao físico alemão Wilhelm Eduard Weber (1804-1891). Símbolo: *Wb.*

Weberiano, adj. 1. Relativo a Carl Maria von Weber (1786-1826), compositor alemão, e a Ernst Heinrich Weber (1795-1878), fisiologista e anatomista alemão. 2. Que tem o caráter das obras de Weber.

Wegeneriano (*gue*), adj. Relativo a Alfred Lothar Wegener (1880-1930), geofísico e meteorologista alemão. S. m. Adepto da teoria dos continentes flutuantes, de Wegener.

Weigela, s. f. *Bot.* 1. Gênero (*Weigela*) da família das Caprifoliáceas, que compreende arbustos ornamentais, caracterizados por uma corola não bilabiada. 2. Planta desse gênero.

Weinmânia, s. f. *Bot.* Gênero (*Weinmannia*) da família Cunoniáceas, que compreende arbustos e árvores, com folhas opostas simples, flores racemosas, ovário livre e cápsulas biloculadas e bivalves. Inclui a gramoinha ou gramimunha.

Weissmaniano (*vaiss*), adj. Relativo a August Weissmann (1834-1914), biólogo alemão. S. m. Adepto das teorias científicas de Weissmann.

Welwítsquia, s. f. *Bot.* Gênero (*Welwitschia*) monotípico de plantas desérticas, caracterizadas por um tronco de menos de 30 cm de altura mas até quase 2 m de circunferência, com duas folhas que crescem na base e morrem no ápice, e uma inflorescência cônica; também chamado *Tumboa.*

Wesleyano, adj. 1. Relativo ao metodismo, seita religiosa protestante fundada por John Wesley (1703-1791), teólogo inglês. 2. Que tem o caráter do metodismo. S. m. Metodista.

Westphalense, adj. m. e f. Relativo a Frederico Westphalen, cidade e município do Rio Grande do Sul. S. m. e f. Pessoa natural desse município.

Wiclefismo, s. m. Doutrina religiosa de John Wiclef (1320?-1384), um dos precursores da Reforma.

Wiclefista, adj. m. e f. Relativo ao wiclefismo.

Wildiano (*ual*), adj. 1. Relativo a Oscar Wilde (1854-1900), escritor e teatrólogo irlandês. 2. Que tem o caráter das obras de Oscar Wilde. S. m. Adepto das concepções literárias de Oscar Wilde.

Wintera, s. f. *Bot.* Gênero (*Wintera*) de arbustos e árvores, tipo da família das Winteráceas.

Winteráceas, s. f. pl. *Bot.* Família (*Winteraceae*) de arbustos e árvores, caracterizados por folhas alternadas aromáticas, com pontos translúcidos, sem estípulas, flores em geral pequenas, cimosas ou fasciculadas, e um só verticilo de carpelos.

Winteráceo, adj. *Bot.* Relativo às Winteráceas.

Wistária, s. f. *Bot.* Gênero (*Wistaria*) de trepadeiras lenhosas, na maioria asiáticas, com várias espécies cultivadas como ornamentais por suas folhas penáceas compostas e vistosas flores azuis, brancas, roxas ou róseas como as das ervilhas, em compridos racemos pendentes, seguidas por vagens achatadas. Inclui as glicínias.

Wólfia, s. f. *Bot.* Gênero (*Wolffia*) largamente distribuído, que compreende plantas aquáticas. No Brasil é representado pelas lentilhas-d'água.

Wronskiano, adj. Relativo a Józef Maria Wronski (1778-1853), matemático polonês. — *W.* das funções y^1, y^2, ... y^n, s. m. O determinante cuja primeira linha é ocupada pelas funções e as linhas seguintes são formadas pelas suas derivadas até a ordem n-1.

Wurtzita, s. f. *Miner.* Mineral hexagonal, sulfureto de zinco; assim denominado em homenagem ao químico francês Charles Adolphe Wurtz (1817-1884).

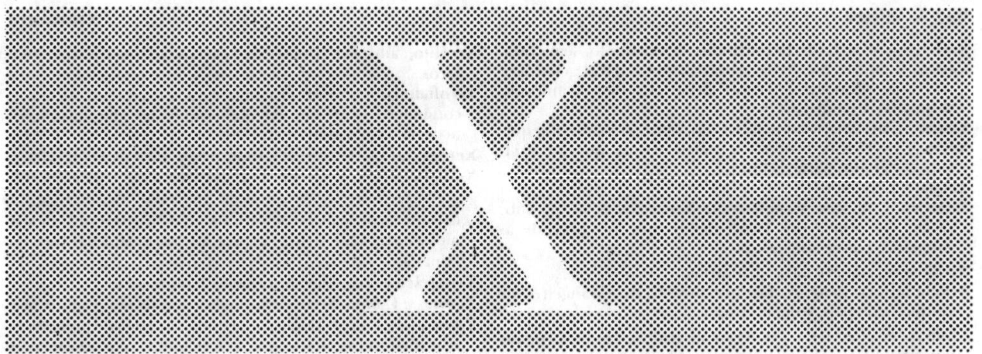

X (*xis*), Símbolo da vigésima segunda letra do alfabeto português. Usa-se com cinco valores, além dos casos em que pode ser mudo, como em *excerto, exceto* etc. Tem assim o som de: 1º) *ch*, no começo ou no meio de numerosas palavras: *xerife, ameixa, peixe* etc. 2º) *cs*, no interior e no fim de diversas palavras: *anexo, conexo, látex* etc. 3º) *z*, quando se trata do prefixo *exo: êxodo, exotérmico, exosmose* etc.; ou *ex* seguido de vogal: *exame, êxito* etc. 4º) *ss*: em *aproximar, máximo, sintaxe* etc. 5º) *s*, no final de sílaba: *sexto, textual, contexto, fênix* etc. Num. 1. Numa série indicada pelas letras do alfabeto, designa o número 22: Estante *X*. 2. Na numeração romana, em caráter maiúsculo, vale dez.

Xá, s. m. (persa *xah*). 1. Soberano, na língua persa. 2. Título do soberano do Irã.

Xabraque, s. m. (turco *chabrack*). Chairel com que se cobre a anca dos cavalos e os coldres.

Xabu, s. m. Onomatopéia de estouro de foguete.

Xácara, s. f. Narrativa popular, em verso.

Xacoco (*ô*), adj. e s. m. 1. Enxacoco. 2. Diz-se de, ou pessoa desenxabida, desengraçada.

Xadrez, s. m. 1. Jogo sobre um tabuleiro de 64 casas, em que se fazem mover 2 séries de 16 peças, de cor diferente, e de valor diverso. 2. Tabuleiro desse jogo. 3. Tecido, com as cores dispostas em quadradinhos. 4. Mosaico. 5. *Náut.* Engradamento de madeira que serve de piso, a bordo. 6. *Pop.* Prisão, cadeia.

Xadrezar, v. Tr. dir. Enxadrezar.

Xadrezista, s. m. e f. Enxadrista.

Xaguão, s. m. Saguão.

Xaiá, s. f. *Ornit.* Tachã. Var.: *xajá*.

Xale, s. m. Peça de vestuário, que as mulheres usam como adorno e agasalho dos ombros e costas. Var.: *xaile*.

Xalmas, s. f. pl. Grade nos lados do tabuleiro de um carro ou nos bordos de um barco, para amparar o que neles se transporta.

Xamã, s. m. Mago xamanista.

Xamanismo, s. m. Religião primitiva de certos povos do Norte da Ásia, baseada na crença de que demônios e espíritos ancestrais podem ser influenciados apenas pelos xamãs.

Xamanista, adj. m. e f. Relativo ao xamanismo. S. m. e f. Pessoa que pratica o xamanismo.

Xamata, s. f. Manto de seda com lavores de ouro, usado no Oriente.

Xampu, s. m. (ingl. *shampoo*). Preparado saponáceo empregado na limpeza dos cabelos.

Xangô, s. m. *Folc.* 1. Grande orixá, um dos deuses mais poderosos da macumba. 2. Local de culto e cerimônia fetichista da macumba.

Xanteína, s. f. Pigmento amarelo encontrado em flores amarelas.

Xantelasma, s. m. *Med.* Mancha amarelo-parda que se situa nas pálpebras; xanteloma.

Xanteloma, s. m. Xantelasma.

Xântico, adj. Relativo ao amarelo ou que tende para ele; xantogênico.

Xantina, s. f. *Quím.* Composto nitrogenoso cristalino, fracamente alcalino, encontrado no café, chá, sangue, urina e fígado. Estimula o tecido muscular, especialmente o cardíaco.

Xântio, s. m. *Bot.* Gênero (*Xanthium*) da família das Compostas, que compreende ervas ásperas como o carrapicho, cujos frutos aderem à roupa ou ao pêlo dos animais.

xanto-, elem. de comp. (gr. *xanthos*). Exprime a idéia de *amarelo: xantofila*.

Xantocromia, s. f. *Med.* Descoloração amarelada da pele.

Xantofila, s. f. *Bot.* Substância corante, amarela, de vários órgãos vegetais.

Xantogênico, adj. V. *xântico*.

Xantoma, s. m. *Med.* Formação de placas amareladas na pele.

Xantopsia, s. f. *Med.* Distúrbio da visão que faz ver tudo amarelo.

Xantóptero, adj. *Zool.* De asas amarelas.

Xantorrizo, adj. *Bot.* De raízes amarelas.

Xantose, s. f. *Med.* Coloração amarelada da pele por causas anormais.

Xantospermo, adj. *Bot.* Que tem sementes amarelas.

Xantóxilo (*csi*), adj. *Bot.* De madeira amarela.

Xantungue, s. m. Tecido de seda, de superfície um tanto áspera.

Xáquema, s. f. 1. Tecido grosso para cilhas. 2. *Ant.* Cabeçada feita desse pano. Var.: *xáquima*.

Xara, s. f. Seta ou flecha de madeira tostada.

Xará, s. m. e f. Pessoa que tem o mesmo nome que outra; xarapim, xarapa, tocaio. S. m. Bailado campestre.

Xarapa, s. m. e f. V. *xará*.

Xarda, s. f. Dança húngara, cuja música, em compasso binário, começa lentamente e adquire movimentação nas partes subseqüentes.

Xarelete (*ê*), s. m. *Ictiol.* Peixe marinho, da família dos Carangídeos (*Caranx crysos*).

Xareta (*ê*), s. f. 1. *Ant.* Rede para impedir a abordagem de um navio. 2. Rede de pescar.

Xaréu[1], s. m. *Ictiol.* Peixe marinho, carangídeo (*Caranx hippos*); cabeçudo, guaricema, guiará.

Xaréu[2], s. m. Capa de couro com a qual os vaqueiros protegem as ancas dos cavalos.

Xarife, s. m. Xerife.

Xaropada, s. f. 1. Porção de xarope que se pode tomar de uma só vez. 2. *Pop.* Qualquer remédio contra tosse. 3. *Pop.* Coisa fastidiosa, enfadonha.

Xaropar, v. Tr. dir. Tratar com xaropes, mezinhas.

Xarope, adj. Maçador. S. m. 1. *Farm.* Solução aquosa, concentrada, de açúcar. 2. Tisana, xaropada. 3. *Pop.* Coisa maçante.

Xaroposo, adj. 1. Com a consistência de xarope. 2. Enfadonho.

Xátria, s. m. Hindu da casta militar.

Xavante, adj. m. e f. *Etnol.* Relativo aos Xavantes, tribo indígena do curso médio do Rio Tocantins. S. m. e f. Indígena dessa tribo.

Xaveco, s. m. (ár. *xabbak*). 1. *Fam.* Barco pequeno e mal construído. 2. Pessoa ou coisa sem importância, sem valor.

Xavier, adj. m. e f. *Gír.* Encalistrado, desenxabido, sem graça.
Xaxim, s. m. 1. *Bot.* Feto arborescente tropical, ciateáceo (*Dicksonia sellowiana*). 2. Tronco desse feto usado como vaso de plantas ornamentais.
Xeique, s. m. Governador soberano, entre os árabes; xeque.
Xelim, s. m. Moeda divisionária inglesa extinta, que, até 1971, valia a vigésima parte da libra.
Xelma, s. f. Xalmas.
Xenartro, s. m. *Zool.* Mamífero dos Xenartros. S. m. pl. Subordem da ordem dos Desdentados, que compreende as preguiças, tatus e tamanduás.
Xendengue, adj. *Pop.* Magro, franzino.
Xenelasia, s. f. *Antig. gr.* Lei que proibia os estrangeiros de residirem no país, sem permissão.
Xênio, s. m. *Antig. gr.* e *rom.* Presente dado a um hóspede ou estranho, especialmente a um embaixador estrangeiro.
xeno-, elem. de comp. (gr. *xenos*). Exprime a idéia de *estrangeiro, estranho: xenofilia, xenofobia.*
Xenofilia, s. f. Amor ou estima às pessoas e coisas estrangeiras. Antôn.: *xenofobia.*
Xenófilo, adj. e s. m. Diz-se de, ou quem tem xenofilia. Antôn.: *xenófobo.*
Xenofobia, s. f. Aversão às pessoas e coisas estrangeiras. Antôn.: *xenofilia.*
Xenófobo, adj. e s. m. Que, ou aquele que tem xenofobia. Antôn.: *xenófilo.*
Xenofonia, s. f. 1. *Med.* Perturbação da fonação. 2. Pronúncia, sotaque estrangeiro.
Xenomania, s. f. Mania por tudo que é estrangeiro.
Xenomórfico, adj. Caracterizado por forma cristalina anormal.
Xenônio, s. m. *Quím.* Elemento gasoso, pesado, incolor, inerte, que ocorre no ar. Símbolo Xe, número atômico 54, massa atômica 131,3.
Xenxém, s. m. Antiga moeda brasileira de cobre, de dez réis.
Xepa (*ê*), s. f. 1. *Pop.* Comida de quartel. 2. Sobra de comida. 3. Papel usado, recolhido para venda a fábricas de papel.
Xepeiro, s. m. 1. Soldado arranchado, que come no quartel. 2. Indivíduo que cata xepa.
Xeque[1], s. m. V. *xeique.*
Xeque[2], s. m. 1. Incidente no jogo de xadrez, que consiste em atacar-se o rei ou fazer-se recuar a rainha, sob pena de se perder a peça. 2. Perigo, contratempo. — *X.-mate:* xeque, no jogo de xadrez, do qual o rei não pode escapar, e que põe fim ao jogo.
Xerasia, s. f. *Med.* Doença dos cabelos e das sobrancelhas, que os torna secos e lhes impede o crescimento.
Xerelete (*ê*), s. m. V. *xarelete.*
Xerém, s. m. 1. Milho pilado, grosso, que não passa na peneira. 2. Certa dança popular.
Xereta (*ê*), s. m. e f. Pessoa bisbilhoteira, intrometida.
Xeretar, v. V. *xeretear.*
Xeretear, v. 1. Intr. Bisbilhotar, intrometer-se. 2. Tr. dir. Adular, bajular.
Xerez, s. m. 1. Espécie de uva tinta. 2. Vinho muito apreciado, da Andaluzia.
Xerga (*ê*), s. f. 1. Tecido grosseiro, espécie de burel. 2. Espécie de enxerga que se põe sob a albarda das bestas.
Xerife, s. m. 1. O mais alto funcionário executivo de um condado, na Inglaterra. 2. Importante funcionário administrativo de condado na América do Norte.
xero-, elem. de comp. (gr. *xeros*). Exprime a idéia de *seco, magro, em jejum: xerocópia, xerofagia.*
Xerocar, v. Tr. dir. V. *xeroxar.*
Xerocópia, s. f. V. *xerox.*
Xerocopiar, v. Tr. dir. Fazer xerocópia de.
Xerofagia, s. f. 1. *Med.* Dieta com exclusão de qualquer bebida. 2. *Ant.* Abstinência quaresmal.
Xerófago, s. m. Aquele que observa a xerofagia.
Xerófilo, adj. *Bot.* Diz-se das plantas que vivem bem em solos secos.
Xerófito, adj. *Bot.* Diz-se de vegetais adaptados aos solos secos.
Xeroftalmia, s. f. *Med.* Oftalmia caracterizada por secura da conjuntiva, resultante da obliteração das glândulas lacrimais ou da avitaminose A.
Xerografar, v. Tr. dir. Reproduzir por meio de xerografia.
Xerografia, s. f. 1. *Geogr.* Tratado acerca das regiões secas do globo terrestre. 2. Processo de impressão eletrostática que consiste na ação da luz sobre uma superfície revestida de selênio, sensível à luz, e cuja carga positiva se dissipa nas áreas iluminadas.
Xerográfico, adj. Que diz respeito à xerografia.
Xerose, s. f. *Med.* Secura anormal de um tecido, como a pele.
Xerox (*ócs*), s. m. 1. Cópia conseguida por meio de processo xerográfico; xérox, xerocópia. 2. A máquina que faz cópias xerográficas.
Xérox (*ocs*), s. m. V. *xerox.*
Xeroxar (*ocs*), v. Tr. dir. Reproduzir por meio de xerox; xerocar.
Xeta (*ê*), s. f. 1. Gesto de beijo, feito de longe. 2. Provocação amorosa.
Xetrar, v. Intr. *Pop.* Sofrer um insucesso.
Xeura, s. f. *Náut.* Chanfradura numa peça de madeira, para que nela assente bem outra peça.
Xexé, s. m. Mascarado carnavalesco que representa um velho ridículo, de casaca de seda, calção e meia, armado com grande faca de pau.
Xexéu[1], s. m. Ave imitadora do canto de outras; japim.
Xexéu[2], s. m. *Gír.* Mau cheiro; bodum.
Xi!, interj. Exprime admiração, espanto, surpresa.
Xiba, s. m. e f. Cateretê.
Xicaca, s. f. Pequeno balaio com tampa.
Xícara, s. f. 1. Pequena vasilha com asa para servir café, chá, leite etc. 2. O conteúdo de uma xícara.
Xicarada, s. f. Líquido contido numa xícara.
Xifódimo, s. m. *Terat.* Ser composto de dois corpos distintos na parte superior até o apêndice xifóide, e unidos daí para baixo.
Xifofilo, adj. *Bot.* Que tem folhas ensiformes.
Xifóide, adj. m. e f. 1. Ensiforme. 2. *Anat.* Diz-se do apêndice alongado e cartilagíneo que termina o esterno; apófise xifóide.
Xifoidiano, adj. Relativo ao apêndice xifóide.
Xifopagia, s. f. *Terat.* Anormalidade caracterizada por dois indivíduos que nascem unidos desde o apêndice xifóide até o umbigo.
Xifópago, s. m. *Terat.* Ser que apresenta xifopagia.
Xiita, s. m. e f. Designação aos membros dos xiitas, muçulmanos que sustentam só serem verdadeiras as tradições de Maomé transmitidas através de membros de sua família, por oposição aos sunitas. Adj. m. e f. Que se refere aos xiitas.
Xilarmônica, s. f. *Mús.* Instrumento com cilindros de madeira em vez de cilindros de vidro; xilofone.
Xilema, s. m. *Bot.* Porção dos elementos primitivos da madeira.
Xilênio, s. m. *Quím.* Nome comum a três hidrocarbonetos isoméricos da série dos benzenos, que são líquidos oleosos, tóxicos e inflamáveis.
Xilindró, s. m. *Gír.* Cadeia.
Xilo[1], s. f. Xilogravura.
xilo-[2], elem. de comp. Exprime a idéia de *madeira: xilocarpo, xilofagia, xilofônio.*
Xilocarpo, adj. *Bot.* Diz-se da planta que dá frutos lenhosos. S. m. Fruto duro e lenhoso.
Xilócopo, adj. *Zool.* Que corta, pica ou fura a madeira; xilótomo.
Xilódia, s. f. Tipo de frutos lenhosos, como a avelã.
Xilofagia, s. f. Ato de roer madeira.
Xilófago, adj. e s. m. Diz-se do, ou o inseto que rói madeira.
Xilófilo, adj. *Zool.* Que vive na madeira.
Xilofônio, s. m. *Mús.* Xilarmônica. Var.: *xilofone.*

Xiloglifia, s. f. Arte de esculpir em madeira.
Xilóglifo, s. m. Aquele que pratica xiloglifia.
Xilografia, s. f. Gravura em madeira; xilogravura.
Xilográfico, adj. Relativo à xilografia.
Xilógrafo, s. m. Aquele que grava em madeira.
Xilogravador, s. m. V. *xilógrafo.*
Xilogravura, s. f. V. *xilografia.*
Xilóide, adj. m. e f. 1. Relativo ou semelhante a madeira. 2. Que provém de corpo lenhoso.
Xiloidina, s. f. *Quím.* Substância branca, explosiva, obtida pela ação de ácido nítrico sobre o amido.
Xilólatra, s. m. e f. Pessoa que pratica a xilolatria.
Xilolatria, s. f. Culto de ídolos de madeira.
Xilolátrico, adj. Pertencente ou relativo à xilolatria.
Xilólite, s. m. Madeira petrificada ou fóssil.
Xilologia, s. f. Tratado ou história das madeiras.
Xilólogo, s. m. Perito em xilologia.
Xilomancia, s. f. Adivinhação mediante disposição de pauzinhos secos, encontrados pelo caminho.
Xilomante, s. m. e f. Pessoa que pratica a xilomancia.
Xilomicete, adj. m. *Bot.* Diz-se dos cogumelos que vegetam nas árvores ou sobre madeira.
Xilótomo, adj. *Zool.* V. *xilócopo.*
Ximango, s. m. *Ornit.* Nome dado aos gaviões *Milvago chimango* e *Milvago chimachima.*
Ximbaúva, s. f. *Bot.* Espécie de acácia.
Ximbé, adj. m. e f. Diz-se do animal de focinho chato.
Ximbeva, adj. m. e f. Diz-se da pessoa cujo nariz é pequeno e achatado.
Ximbica, s. f. 1. Certo jogo de cartas. 2. Casa de apostas de corridas de cavalos.
Ximbo, s. m. Cavalo cujo dono é desconhecido.
Ximburé, s. m. *Ictiol.* Nome comum de vários peixes da família dos Caracídeos. Vars.: *timburé* e *ximburu.*
Ximbute, s. m. Indivíduo baixo e barrigudo.
Ximenézia, s. f. (de *Ximénez,* n. p.). *Bot.* V. *Verbesina.*
Xinane, s. m. *Bot.* Xiquexique.
Xingação, s. f. Ato ou efeito de xingar; xingamento, xingo.
Xingadela, s. f. Ação de xingar uma vez.
Xingamento, s. m. V. *xingação.*
Xingar, v. Tr. dir. e intr. Insultar com palavras.
Xingo, s. m. Xingação.
Xintã, s. m. V. *inambuxintã.*
Xintó, s. m. V. *xintoísmo.* Var.: *sintó.*
Xintoísmo, s. m. Religião nacional do Japão, anterior ao budismo. Var.: *sintoísmo.*
Xintoísta, adj. m. e f. Relativo ao xintoísmo. S. m. e f. Adepto do xintoísmo. Var.: *sintoísta.*
Xinxim, s. m. Guisado de galinha com camarões secos, cebola, sementes de abóbora ou melancia, torradas e raladas, azeite-de-dendê e sal.
Xipo, s. m. Ostra do aljôfar.
Xiquexique, s. m. 1. *Bot.* Nome de duas plantas cactáceas das regiões áridas do Nordeste (*Crotalaria retusa* e *C. striata*). 2. *Pop.* Bicho-de-pé.
Xiridáceas, s. f. pl. *Bot.* Família (*Xyridaceae*) de ervas acaules, com folhas basais.
Xiridáceo, adj. Relativo à família das Xiridáceas.
Xirimbambada, s. f. *Pop.* Barulho, briga, rolo.
Xiririca, s. f. Curso dágua muito rápido; corredeira.
Xiriubeira (*i-u*), s. f. *Bot.* Planta convolvulácea (*Cuscuta umbellata*); também chamada *cipó-chumbo.*
Xis, s. m. 1. Nome da letra *X, x.* Pl.: *xis* ou *xx.*
Xisto[1], s. m. (gr. *skhistos*). *Geol.* Designação genérica das rochas de textura folheada, como a ardósia.
Xisto[2], s. m. (l. *xystu*). 1. *Antig. gr.* Pórtico coberto. 2. *Antig. rom.* Galeria descoberta, para passeio, num jardim.
Xistóide, adj. m. e f. *Geol.* Que tem aparência ou vestígios de xisto.
Xistosidade, s. f. Disposição em camadas, própria das rochas xistosas.
Xistoso, adj. 1. Que apresenta xistosidade. 2. Em que há xisto.
Xixi, s. m. *Fam.* 1. Ato de urinar, na expressão *fazer xixi.* 2. Urina.
Xixica, s. f. *Pop.* Gorjeta, propina.
Xixilado, adj. Desavergonhado, descarado.
Xô!, Interj. Voz usada para enxotar galinhas e outras aves.
Xó!, interj. Voz usada para fazer parar as bestas.
Xodó, s. m. 1. Namoro. 2. Namorado ou namorada. 3. Intriga, mexerico.
Xucrice, s. f. Qualidade de xucro; xucrismo.
Xucrismo, s. m. Xucrice.
Xucro, adj. 1. Diz-se do animal bravo ou ainda não domesticado. 2. *Por ext.* Diz-se do indivíduo ainda não adestrado em qualquer tarefa.
Xué, s. m. Sapo comum.
Xumbergar, v. Intr. Embriagar-se.
Xuri, s. m. *Pop.* Ema.
Xurreira, s. f. Buraco ou lugar por onde entra o enxurro.
Xuru, s. m. *Bot.* Nome comum a duas árvores lecitidáceas (*Allantoma lineata* e *A. torulosa*).
Xurumbambos, s. m. pl. Badulaques, cacaréus.

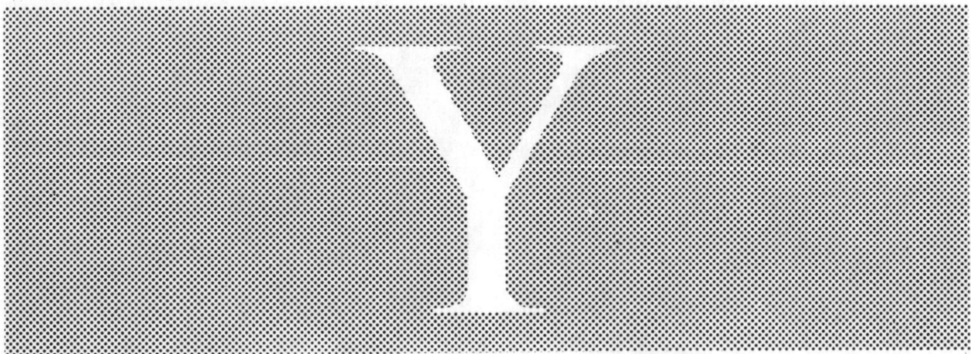

Y (*hipsilo, ípsilon*), Símbolo da vigésima quarta letra do antigo alfabeto português, atualmente substituída por *i*.

Y, s. m. *Mat*. Segunda incógnita.

Z (*zê*), Símbolo da vigésima terceira e última letra do alfabeto português. Num. Vigésimo terceiro, numa série indicada pelas letras do alfabeto.

Zabaneira, s. f. Mulher sem brio.

Zabelê, s. m. e f. *Ornit.* Jaó.

Zabumba, s. m. e f. 1. Bombo. 2. Zabumbeiro.

Zabumbar, v. 1. Tr. dir. Atordoar. 2. Tr. dir. Apregoar, propalar. 3. Tr. dir. Bater, surrar. 4. Intr. Tocar zabumba.

Zabumbeiro, s. m. Tocador de zabumba; zabumba.

Zaburro, adj. m. Diz-se de uma variedade de milho indiano. S. m. Essa variedade. Var.: *acaburro.*

Zafimeiro, adj. Ardiloso, esperto, velhaco.

Zaga[1], s. f. Espécie de palmeira de que se fazem azagaias.

Zaga[2], s. f. *Esp.* No futebol, a posição dos jogadores da defesa, que ficam entre a linha média e o arco.

Zagaia, s. f. V. *azagaia.*

Zagaiada, s. f. V. *azagaiada.*

Zagaieiro, s. m. Indivíduo armado de zagaia, que, nas caçadas de onça, acompanha o atirador.

Zagal, s. m. Pastor, pegureiro. Dim. irr.: *zagalejo, zagaleto.* Fem.: *zagala.*

Zagalejo, s. m. Dim. de *zagal.*

Zagaleto, s. m. Dim. de *zagal.*

Zagalote, s. m. *Ant.* Bala pequena para espingarda.

Zagunchar, v. Tr. dir. 1. Ferir com zaguncho. 2. *Fam.* Molestar, criticar.

Zaguncho, s. m. Espécie de azagaia.

Zãibo, adj. 1. Estrábico. 2. Cambaio. Var.: *zãimbo.*

Zaino, adj. 1. Diz-se do cavalo de cor castanho-escura, sem mescla. 2. Que tem pêlo preto e pouco brilhante. 3. Velhaco, retraído.

Zambaio, adj. e s. m. Estrábico.

Zambê, s. m. Tambor grande.

Zambeta, adj. m. e f. 1. Cambaio. 2. Zambo.

Zâmbi, s. m. 1. Principal divindade do culto banto. 2. Zumbi.

Zambiapongo, s. m. V. *zâmbi,* acep. 1.

Zambiapunga, s. f. Dança de negros no Sul da Bahia.

Zambo, adj. 1. Diz-se do filho de negro com mulher indígena. 2. Atoleimado, desnorteado, tonto; zambeta.

Zamboa, s. f. 1. Espécie de cidra. 2. *Fig.* Pessoa estúpida.

Zamboada, s. f. Lugar, no mato, onde se acumulam e entrançam galhadas de árvores, formando moitas cerradas.

Zamboeira, s. f. Variedade de limão.

Zambra, s. f. Dança espanhola, de origem mourisca.

Zambro, adj. Cambaio.

Zambujal, s. m. Azambujal.

Zambujeiro, s. m. Azambujeiro.

Zambujo, s. m. Azambujo.

Zampar, v. Tr. dir. Comer muito e sofregamente.

Zamparina, s. f. Epidemia que rompeu no Rio de Janeiro, em 1780, caracterizada por acentuada alteração dos sistemas nervoso e locomotor.

Zanaga, adj. e s., m. e f. Estrábico. Var.: *zanago.*

Zanga, s. f. 1. Aborrecimento, irritação, cólera. 2. Jogo que é uma espécie de voltarete, sem naipe de copas, entre dois parceiros. 3. Desarranjo, enguiço.

Zangado, adj. 1. Que se zangou, aborrecido. 2. Que se zanga facilmente.

Zangalete, s. m. Tecido forte, de seda ou de algodão.

Zangalhão, s. m. V. *zangaralhão.* Fem.: *zangalhona.*

Zângano, s. m. 1. Parasito. 2. Agiota fraudulento. 3. Corretor de negócios particulares. 4. Bobo.

Zangão, s. m. *Entom.* 1. O macho da abelha. 2. Parasito. 3. Importuno, maçador. 4. Pracista. 5. Agenciador de hotéis. Var.: *zângão.*

Zangar, v. 1. Tr. dir. Causar zanga a; molestar, aborrecer, amolar. 2. Pron. Encolerizar-se, irritar-se.

Zangaralhão, s. m. Homem muito alto e desajeitado.

Zangarelho, s. m. Rede de um só pano para emalhar pescadas.

Zangarilhar, v. Intr. Andar para trás e para diante, passar e tornar a passar.

Zangarilho, s. m. Aquele que anda sempre a zangarilhar.

Zangarrear, v. Intr. Cantar ou tocar na viola, ou instrumento idêntico, de maneira desafinada e monótona.

Zanguizarra, s. f. *Pop.* 1. Algazarra, tumulto. 2. Toque desafinado de viola. 3. Toque ou som estridente.

Zanolho, adj. e s. m. Zarolho.

Zanzar, v. Intr. Vaguear; zaranzar.

Zanzibarita, adj. m. e f. 1. Relativo a Zanzibar. 2. Natural de Zanzibar, ilha da costa oriental da África. S. m. e f. Pessoa natural de Zanzibar.

Zanzo, s. m. *Bot.* Planta malvácea (*Sida rhombea*).

Zão-zão, s. m. Zunzum, som monótono.

Zape, s. m. Golpe, pancada. Interj. Voz onomatopéica que imita ruído de pancada.

Zápete, s. m. 1. O quatro-de-paus no jogo do truque. 2. O jogo do truque.

Zapetrape, s. m. Tapa que o gato dá com a mão.

Zarabatana, s. f. Canudo comprido pelo qual se arremessam, com sopro, setas e pequenos projéteis; sarabatana.

Zaragalhada, s. f. *Pop.* Alvoroto, tropel, confusão.

Zaragata, s. f. *Pop.* Desordem, confusão, banzé.

Zaragateiro, adj. e s. m. Que, ou quem é dado a zaragatas.

Zaragatoa, s. f. 1. Pincel, na ponta de um cabinho, que se usa para aplicar colutórios. 2. O medicamento aplicado com este objeto. 3. *Bot.* Nome comum a duas plantas plantagináceas, a zaragatoa-maior (*Plantago cynops*), e a zaragatoa-menor (*P. psylium*).

Zaranga, s. f. *Bot.* Gramínea do Pará (*Leptocoryphium lanatum*).

Zaranza, adj. e s., m. e f. Diz-se de, ou pessoa atabalhoada.

Zaranzar, v. V. *zanzar.*

Zarcão, s. m. 1. *Quím.* V. *mínio.* 2. Cor de laranja ou de tijolo, muito viva.

Zarco, adj. 1. Que tem olhos azul-claros. 2. Diz-se do cavalo que tem mancha branca em redor de um ou dos dois olhos.

Zarelhar, v. Intr. 1. Intrometer-se. 2. Traquinar.

Zarelho (*ê*), s. m. 1. Homem metediço. 2. Rapaz travesso.

Zargunchar, v. V. *zagunchar.*

Zarolho, adj. 1. Cego de um olho. 2. Estrábico, vesgo. 3. Designativo do milho no início da maturação. S. m. Indivíduo zarolho.

Zarpar, v. Intr. 1. Fugir. 2. *Náut.* Partir.

Zarro[1], adj. 1. Embriagado. 2. Muito desejoso. 3. Incômodo, maçante. 4. Difícil de resolver.

Zarro[2], s. m. *Náut.* Cabo com pernadas fixas no terço da verga da gávea.

Zarza, s. f. Salsaparrilha.

Zarzuela, s. f. Espécie de opereta espanhola.

Zás!, interj. Voz que imita pancada rápida ou ação rápida e decidida; zás-trás.

Zás-trás!, interj. Zás.

Zê, s. m. Nome da letra z. Pl.: *zês* ou *zz*.

Zebra (*ê*), s. f. 1. *Zool.* Nome comum a vários mamíferos eqüinos da África. Voz.: *relincha, zurra.* 2. Pessoa sem inteligência. 3. Uniforme de presidiário.
Dar z., Esp.: dar resultado inesperado em loteria esportiva.

Zebrado, adj. Que tem listras semelhantes às da zebra.

Zebral, adj. m. e f. Relativo à zebra; zebrário, zebrino.

Zebrar, v. Tr. dir. Raiar, listrar, dando aparência de pele de zebra.

Zebrário, adj. V. *zebral.*

Zebrino, adj. V. *zebral.*

Zebróide, adj. m. e f. Semelhante à zebra. S. m. 1. Híbrido estéril, de zebra e égua. 2. Indivíduo estúpido.

Zebruno, adj. Diz-se de cavalo baio.

Zebu, s. m. Boi da Índia, com giba e chifres pequenos. Fem.: *zebua.*

Zebueiro, s. m. *Neol.* Criador ou negociante de gado zebu. Var.: *zebuzeiro.*

Zedoária, s. f. Planta herbácea medicinal, da família das Zingiberáceas (*Curcuma zedoaria*).

Zefir, s. m. Tecido leve e transparente.

Zéfiro, s. m. 1. Vento suave e agradável; brisa, aragem. 2. Vento do ocidente, entre os gregos.

Zelação, s. f. *Pop.* Meteorito.

Zelador, adj. Que zela; zelante. S. m. 1. Empregado fiscal de um município. 2. Homem encarregado de tomar conta de um prédio de apartamentos.

Zelandês, adj. Relativo à Zelândia, província da Holanda (Europa). S. m. O natural ou habitante da Zelândia.

Zelante, adj. m. e f. Zelador.

Zelar, v. 1. Tr. dir. e tr. ind. Ter zelo por; cuidar de, com o maior interesse e solicitude. 2. Tr. dir. Administrar diligentemente. 3. Tr. dir. Ter zelo ou ciúmes de.

Zelo (*ê*), s. m. Dedicação ardente; desvelo, cuidado, diligência. S. m. pl. Ciúmes.

Zeloso, adj. 1. Cuidadoso, diligente. 2. Que tem zelo (s).

Zelote, adj. m. e f. Que finge ter zelos.

Zenda, adj. m. e f. Diz-se da língua em que está escrito o Avesta original. S. m. 1. Traslado e comentário do Avesta de Zoroastro, em uma forma mais recente de persa, o pálavi. 2. A língua zenda.

Zende, adj. e s. m. V. *zenda.*

Zenir, v. V. *zunir.*

Zenital, adj. m. e f. Relativo ao zênite.

Zênite, s. m. 1. *Astr.* Ponto onde a vertical ascendente de um lugar encontra a esfera celeste. 2. O ponto culminante; o apogeu, a perfeição.

Zenonismo, s. m. *Filos.* 1. Doutrina de Zenão de Eléia, filósofo grego do século V a. C. 2. Doutrina de Zenão de Cítio, fundador da escola filosófica do estoicismo (362-264 a. C.).

zeo-, elem. de comp. (gr. *zea*). Exprime a idéia de *milho: zeófago.*

Zeófago, adj. Que se alimenta de milho.

Zeolita, s. f. *Miner.* Nome genérico de numerosos minerais, que constituem o grupo dos silicatos hidratados de alumínio.

Zepelim, s. m. Grande aeronave dirigível, do tipo inventado pelo Conde Zeppelin, a qual tem a forma de charuto e contém uma armação interna de duralumínio.

Zé-pereira, s. m. 1. Certo ritmo carnavalesco executado no bombo. 2. Grupo carnavalesco que executa esse ritmo.

Zé-povinho, s. m. V. *zé-povo.*

Zé-povo, s. m. 1. Homem do povo. 2. O povo, arraia-miúda.

Zerê, adj. m. e f. Zarolho.

Zero, s. m. 1. Algarismo em forma de 0, sem valor absoluto, mas que, à direita dos outros, lhes dá valor décuplo. 2. Nada. 3. Ponto em que se inicia a contagem dos graus, principalmente nos termômetros. 4. Pessoa ou coisa sem valor.

Zesto, s. m. A camada mais estreita das frutas cítricas.

Zetacismo, s. m. Pronúncia viciosa do Z.

Zetética, s. f. *Mat.* e *Fil.* Método analítico para resolver algum problema ou investigar a razão das coisas.

Zeugma, s. m. *Gram.* Designação (dispensada pela N.G.B.) do caso de elipse em que se subentende um termo ou termos já anteriormente enunciados na frase.

Zeugo, s. m. Instrumento musical, na Grécia antiga, formado de duas flautas reunidas.

Zeunerita, s. f. *Miner.* Uranita.

Zibelina, s. f. 1. *Zool.* Mamífero carnívoro (*Martes zibellina*), espécie de marta, que ocorre no Norte da Sibéria. 2. A pele desse animal.

zigo-, elem. de comp. (gr. *zugos*). Exprime a idéia de *jugo, par, dupla: zigócero, zigodátilo.*

Zigócero, adj. *Zool.* Diz-se do animal cujos tentáculos são em número par.

Zigodátilo, adj. *Zool.* Que tem dedos em número par. Var.: *zigodáctilo.*

Zigoma, s. m. *Anat.* O osso da maçã do rosto; osso malar.

Zigomorfo, adj. *Bot.* Diz-se de flores de simetria bilateral. Antôn.: *actinomorfo.*

Zigospório, s. m. *Bot.* Espório resultante da soldadura de dois gametas, em certas espécies de cogumelos e algas.

Zigoto, s. m. Célula reprodutora formada pela reunião de dois gametas de sexo oposto; óvulo fecundado.

Ziguezague, s. m. 1. Linha quebrada que forma, alternadamente, ângulos salientes e reentrantes. 2. Modo de andar, descrevendo esse tipo de linha. 3. Sinuosidade. 4. Passamanes constituídos por um cadarço estreito que forma, alternadamente, ângulos salientes e reentrantes.

Ziguezagueante, adj. m. e f. Que ziguezagueia.

Ziguezaguear, v. Intr. 1. Fazer ziguezagues. 2. Andar em ziguezague.

Ziguezigue, s. m. 1. Certo brinquedo infantil. 2. *Fig.* Traquinas.

Zímase, s. f. *Quím.* Diástase produzida pela levedura de cerveja.

Zimbo, s. m. *Zool.* Concha usada outrora como moeda entre os congoleses.

Zimbório, s. m. *Arquit.* A parte que exteriormente remata ou cobre a cúpula de grandes edifícios, sobretudo igrejas; domo.

Zimbrada, s. f. Ato de zimbrar.

Zimbral, s. m. Bosque ou moita de zimbros.

Zimbrar, v. 1. Tr. dir. Zurzir, açoitar. 2. Intr. Balançar, arfar (o navio, de popa à proa).

Zimbro[1], s. m. *Bot.* Árvore juniperácea (*Juniperus comunis*), cujos bagos, aromáticos e medicinais, se aplicam na composição do gim; junípero.

Zimbro[2], s. m. Orvalho, sereno, relento.

Zimeose, s. f. Doença dos vinhos, que os faz grossos.

Zímico, adj. Relativo à fermentação; zimótico.

zimo-, elem. de comp. (gr. *zume*). Exprime a idéia de *fermento, fermentação: zimologia, zimogenia.*

Zimogenia, s. f. Fermentação química.

Zimogênico, adj. Relativo à zimogenia, ou que a produz.

Zimogênio, s. m. Substância das células glandulares que produz o fermento.

Zimologia, s. f. Ciência da fermentação e dos fermentos.

Zimológico, adj. Relativo à zimologia.

Zimoscópio, s. m. Instrumento para medir a quantidade de gás carbônico produzida pelo açúcar na fermentação.

Zimose, s. f. Fermento solúvel; zímase.

Zimotecnia, s. f. Técnica de produzir e estudar a fermentação.

Zimótico, adj. 1. Zímico. 2. Próprio para a fermentação.

Zinabre, s. f. Azinhavre.

Zincagem, s. f. Operação de zincar; galvanização.

Zincar, v. Tr. dir. Revestir de zinco; galvanizar.
Zíncico, adj. *Quím.* Que contém zinco.
Zinco, s. m. *Quím.* Elemento metálico branco-azulado, de dureza fraca a intermédia. Símbolo Zn, número atômico 30, massa atômica 65,38.
Zincografar, v. Intr. Reproduzir pelo processo da zincografia.
Zincografia, s. f. Arte ou processo de transferir à superfície de uma lâmina de zinco um desenho, caracteres etc. e graválos em relevo para impressão.
Zincográfico, adj. Relativo à zincografia.
Zincogravura, s. f. Processo de gravura em zinco.
Zinga, s. f. Vara com que os canoeiros empurram a canoa em lugares de pouco fundo.
Zingador, s. m. Remador de zinga.
Zingamocho, s. m. 1. Catavento; ventoinha. 2. Remate de zimbório.
Zingar, v. Intr. Manejar a zinga.
Zingarear, v. Intr. Vadiar.
Zíngaro, s. m. Cigano músico.
Zingiberáceas, s. f. pl. *Bot.* Família (*Zingiberaceae*) de monocotiledôneas arbustivas, de lugares brejosos, que tem por tipo o gengibre.
Zingiberáceo, adj. *Bot.* Relativo à família das Zingiberáceas.
Zingrar, v. 1. Tr. dir. e tr. ind. Motejar de. 2. Tr. dir. e tr. ind. Burlar, iludir. 3. Tr. ind. Não dar importância; desdenhar.
-zinho[1], suf. Designativo de diminuição.
Zinho[2], s. m. *Gír.* Indivíduo, sujeito.
Zínia, s. f. *Bot.* Gênero (*Zinnia*) da família das Compostas, constituído por ervas tropicais americanas.
Zinir, v. Intr. Zunir.
Zinzilular, v. Intr. Soltar sua voz (a andorinha e algumas outras aves).
Zíper, s. m. Fecho para vestidos, bolsas, pastas etc., que consiste em duas fileiras de dentes metálicos, presos em cadarços, e uma peça corrediça que une essas duas fileiras pela engranzagem de seus dentes; fecho ecler.
Zircão, s. m. Silicato natural de zircônio.
Zircônio, s. m. *Quím.* Elemento metálico aço-acinzentado, dútil, de alto grau de fusão, 1.857°C. Símbolo Zr, número atômico 40, massa atômica 91,22.
Zirconita, s. f. *Miner.* Silicato de zircônio, cristalizado no sistema tetragonal.
Zizânia, s. f. Cizânia.
Ziziar, v. Intr. Estridular (a cigarra).
Zloti, s. m. Unidade monetária básica da Polônia.
Zoada, s. f. Ato ou efeito de zoar; zunido, zumbido.
Zoantário, adj. *Zool.* Relativo aos Zoantários. S. m. Celenterado zoantário. S. m. pl. Ordem (*Zoantharia*) de antozoários que compreende a maioria dos corais e actínias.
Zoante, adj. m. e f. Que zoa.
Zoantropia, s. f. Perturbação mental, em que o enfermo se crê transformado em animal.
Zoar, v. Intr. Emitir som forte e confuso; zunir.
-zoário, suf. (gr. *zoarion*). Exprime a idéia de *animal: protozoário.*
Zodiacal, adj. m. e f. Relativo ao zodíaco.
Zodíaco, s. m. *Astr.* Zona da esfera celeste que contém as trajetórias aparentes do Sol, da Lua e dos principais planetas, exceto Plutão, e é dividida em doze constelações, chamadas *signos*.
Zoeira, s. f. 1. Desordem, barulho. 2. Escândalo.
Zóico, adj. Que diz respeito à vida animal.
Zoilo, s. m. (de *Zoilo,* crítico grego, detrator de Homero, séc. IV a. C.). Crítico acerbo, pechoso e geralmente invejoso.
Zoina, adj. m. e f. Azoinado, estonteado.
Zoísmo, s. m. O conjunto dos caracteres que fazem um organismo vivo ser classificado como animal.
Zombador, adj. e s. m. Que, ou aquele que zomba; zombeirão, zombeteiro.
Zombar, v. 1. Tr. ind. Fazer zombaria; escarnecer, chacotear. 2. Intr. Gracejar.
Zombaria, s. f. Manifestação intencional, malévola, por meio de riso, palavras, atitudes, com que se procura levar ao ridículo alguém ou alguma instituição; chacota, escárnio, galhofa, mofa, troça, deboche.
Zombeirão, adj. e s. m. Zombador.
Zombetear, v. V. *zombar.*
Zombeteiro, adj. V. *zombador.*
Zona, s. f. 1. Cinta, faixa. 2. *Geogr.* e *Astr.* Cada uma das cinco divisões da superfície terrestre ou celeste, limitadas por círculos, paralelos ao equador. 3. *Geom.* Porção da superfície de uma esfera, limitada por duas seções planas paralelas. 4. *Geom.* Porção de círculo compreendida entre cordas paralelas. 5. Região, quanto a temperaturas. 6. Região. 7. *Med.* Doença infecciosa caracterizada por erupção vesiculosa e dores no trajeto de nervos sensitivos. 8. Malha que cerca uma parte de um órgão de um animal. 9. *Pop.* Ruas em que se acha estabelecido o meretrício.
Zonado, adj. Diz-se dos objetos naturais que apresentam listras concêntricas: concha *zonada.*
Zona-zoster, s. f. *Med.* Herpes-zoster.
Zoneamento, s. m. Distribuição de área mais ou menos extensa em seções funcionais.
Zonear, v. Tr. dir. Dividir por zonas específicas.
Zonzear, v. Intr. Ficar zonzo. Var.: *zonzar.*
Zonzeira, s. f. Tonteira, vertigem.
Zonzo, adj. Estonteado, tonto.
zoo-, elem. de comp. (gr. *zoon*). Exprime a idéia de *animal: zoofilia, zoobiologia.*
Zoobia, s. f. 1. Ciência da vida. 2. Funcionamento dos órgãos vitais do ser animado.
Zoóbio, adj. Que vive no interior do corpo dos animais; entozoário.
Zoobiologia, s. f. Biologia dos animais.
Zoocorografia, s. f. Descrição dos animais de uma região.
Zooética, s. f. Tratado sobre os costumes dos animais.
Zoofagia, s. f. Voracidade que incita os animais a devorar a presa ainda viva; qualidade de zoófago.
Zoófago, adj. e s. m. Diz-se de, ou animal que pratica zoofagia.
Zoófilo, adj. 1. Que gosta de animais. 2. Diz-se de plantas polinizadas pelos animais. S. m. Aquele que gosta de animais. Antôn.: *zoófobo.*
Zoofitantráceo, adj. *Miner.* Diz-se do carvão mineral resultante de restos de animais e vegetais.
Zoofitário, adj. Relativo ao zoófito.
Zoofítico, adj. Relativo a, ou que contém zoófitos.
Zoófito, s. m. Designação antiga dos invertebrados cujas formas lembram as das plantas, como as actínias, os corais, as esponjas etc.; fitozoário.
Zoofobia, s. f. Medo mórbido de qualquer animal. Antôn.: *zoofilia.*
Zoófobo, adj. s. m. Aquele que tem zoofobia. Antôn.: *zoófilo.*
Zoóforo, s. m. *Arquit. ant.* Friso com relevo contínuo de figuras de homens ou animais, ou de ambos.
Zoogenia, s. f. Geração ou formação de animais.
Zoogênico, adj. Relativo à zoogenia.
Zoogênio, s. m. Baregina.
Zoogeografia, s. f. Estudo científico sobre a distribuição geográfica dos animais.
Zoogeográfico, adj. Relativo à zoogeografia.
Zoogléia, s. f. *Biol.* Invólucro gelatinoso comum a uma colônia bacteriana.
Zooglifite, s. f. *Paleont.* Impressão deixada numa rocha por animal fóssil.
Zooglifito, s. m. Pedra com vestígios de animais.
Zoografar, v. Tr. dir. Desenhar ou descrever animais.
Zoografia, s. f. Arte de zoografar.
Zoográfico, adj. Relativo à zoografia.
Zoógrafo, s. m. Aquele que se dedica à zoografia.
Zooiatria, s. f. Medicina veterinária. Var.: *zoiatria.*
Zoóide, adj. m. e f. *Biol.* Que tem aspecto de animal ou de parte de um animal.
Zoólatra, adj. e s. m. e f. Que, ou pessoa que pratica a zoolatria.
Zoolatria, s. f. Adoração dos animais.

Zoolátrico, adj. Relativo à zoolatria.
Zoólite, s. m. *Paleont.* 1. Animal fóssil. 2. Parte de um animal fóssil ou petrificado.
Zoolítico, adj. 1. Relativo a zoólite. 2. Que contém zoólite.
Zoologia, s. f. Estudo científico dos animais.
Zoológico, adj. Relativo à Zoologia. S. m. Jardim zoológico.
Zoologista, s. m. e f. V. *zoólogo.*
Zoólogo, s. m. Especialista em Zoologia; zoologista.
Zoomagnetismo, s. m. Magnetismo animal.
Zoomancia, s. f. Adivinhação por meio dos animais.
Zoomania, s. f. Amor excessivo aos animais.
Zoomante, s. m. e f. Pessoa que pratica a zoomancia.
Zoomântico, adj. Relativo à zoomancia.
Zoomorfia, s. f. Parte da Zoologia que trata das formas exteriores dos animais.
Zoomorfismo, s. m. 1. Representação de uma deidade sob forma de animal. 2. Crença na possibilidade da transformação de homens em animais, como o lobisomem.
Zoomorfite, s. f. Zoólite.
Zoonitado, adj. Diz-se dos animais articulados, vermes e equinodermos.
Zoonomia, s. f. Conjunto das leis orgânicas que regem a vida animal.
Zoonômico, adj. Referente à zoonomia.
Zoonose, s. f. Nome genérico das doenças dos animais.
Zoonosologia, s. f. Parte da Veterinária que cuida da classificação das doenças dos animais.
Zoonosológico, adj. Relativo à zoonosologia.
Zooparasito, s. m. Parasito dos animais.
Zoopatologia, s. f. Patologia animal.
Zoopedia, s. f. Conjunto de regras que ensinam a domar e domesticar animais.
Zoopônica, s. f. Parte da Zoologia que trata das descrições e observações.
Zooquímica, s. f. Estudo da composição química dos tecidos dos animais e das reações que aí se passam.
Zooquímico, adj. Relativo à zooquímica.
Zooscopia, s. f. Observação dos animais a olho nu, ou com instrumento óptico.
Zoosporângio, s. m. Esporângio que produz zoosporios.
Zoospório, s. m. *Bot.* Espório móvel, comumente flagelado, característico das algas e de certos cogumelos inferiores que vivem na água.
Zootaxia, (*cs*), s. f. Taxionomia zoológica.
Zootecnia, s. f. Arte de criar e aperfeiçoar animais.
Zootécnico, adj. Relativo à zootecnia.
Zooterapêutica, s. f. Terapêutica dos animais.
Zooterapia, s. f. V. *zooterapêutica.*
Zooterápico, adj. Relativo à zooterapia.
Zootomia, s. f. Dissecação ou anatomia dos animais.
Zootrópio, s. m. Aparelho óptico que permite decompor em diferentes fases o movimento nos seres animados.
Zopeiro, adj. 1. Trôpego. 2. Acanhado. 3. Indolente.
Zopo, adj. Zopeiro. S. m. Indivíduo zopeiro.
Zorô, s. m. Iguaria feita de quiabo e camarões.
Zoroástrico, adj. Relativo a zoroastro.
Zoroastrismo, s. m. Religião fundada por Zoroastro, nascido na Média, no séc. VII a. C.
Zorongo, s. m. Dança espanhola, muito viva.
Zorra, s. f. 1. Carro baixo, de quatro rodas, para o transporte de grandes pesos. 2. Pedaço de tronco bifurcado para arrastar pedras. 3. Pequena rede de arrastar, empregada na pesca de caranguejos. 4. *Fig.* Coisa ou pessoa vagarosa. 5. Raposa velha.
Zorragar, v. V. *azorragar.*
Zorro, adj. 1. Vagaroso. 2. Matreiro. S. m. 1. Raposo. 2. Criado velho. 3. Rede de pesca de arrasto. 4. Pessoa manhosa, velhaca.
Zoster, s. m. Zona, faixa, cinta.
Zostera, s. f. *Bot.* Gênero (*Zostera*) de plantas marinhas, com talos ramificados.
Zote, adj. e s. m. Idiota, pateta, ignorante.
Zoteca, s. f. *Arquit. ant., gr.* e *rom.* 1. Nicho. 2. Alcova. 3. Pequena sala de estar; saleta.
Zotismo, s. m. Qualidade ou condição de zote; estupidez.
Zuarte, s. m. Pano de algodão, azul ou preto.
Zuavo, s. m. Soldado argelino, ao serviço da França.
Zuído, s. m. *Pop.* Zumbido, zunido.
Zuir, v. Intr. Zunir.
Zulo, adj. e s. m. V. *zulu.*
Zulu, adj. Relativo aos zulus, povo negro da Zululândia, província de Natal (República Sul-Africana). S. m. e f. O habitante ou natural da Zululândia. S. m. A língua dos zulus.
Zumbaia, s. f. Cortesia profunda; mesura rasgada.
Zumbaiar, v. Tr. dir. 1. Fazer zumbaia a; saudar com zumbaias. 2. Bajular.
Zumbi, s. m. 1. Chefe do quilombo dos Palmares, na fase final deste. 2. Fantasma que vaga pela noite morta. 3. Indivíduo que só sai à noite. 4. Lugar ermo do sertão. Sin.: *zambi.*
Zumbido, s. m. 1. Ato ou efeito de zumbir. 2. Sussurro das abelhas, moscas e outros insetos alados. 3. Ruído que se sente nos ouvidos, em conseqüência de indisposição patológica, ou por efeito de explosão ou estrondo exterior.
Zumbir, v. 1. Intr. Produzir zumbido (tratando-se de insetos). 2. Intr. Sentirem (os ouvidos) ruídos surdos. 3. Tr. dir. Dizer em voz baixa, semelhando um zumbido.
Zumbo, s. m. Zunido, rumor.
Zumbrir, v. Pron. 1. Curvar-se. 2. Humilhar-se.
Zungu, s. m. 1. Cortiço. 2. Conflito sem gravidade; bagunça, desordem.
Zunideira, s. f. 1. Pedra sobre a qual os ourives alisam o ouro. 2. Tom agudo e longo.
Zunido, s. m. Ato ou efeito de zunir; zunimento.
Zunidor, adj. Que zune.
Zunimento, s. m. Zunido.
Zunir, v. intr. 1. Produzir som agudo e sibilante: *Zuniram* as balas, no tiroteio. 2. Zumbir.
Zunzum, s. m. 1. Zunido, zumbido. 2. Boato, mexerico.
Zunzunar, v. Intr. Fazer zunzum; zumbir.
Zupa!, interj. Imita o som produzido por marrada.
zupar, v. Tr. dir. 1. Dar marradas em. 2. Sovar, bater.
zureta, s. m. e f. 1. Adoidado, amalucado. 2. Genioso.
zurrada, s. f. Zurro.
zurrador, adj. Que zurra. S. m. O que zurra.
zurrapa, s. f. Vinho ruim ou estragado.
zurrar, v. 1. Intr. Emitir zurro (o burro); ornejar. 2. Tr. dir. *Fig.* Dizer, proferir (grandes tolices, disparates, sandices).
zurraria, s. f. Muitos zurros simultâneos.
zurre!, interj. Voz imperativa para fazer sair ou despedir.
zurro, s. m. 1. Voz de burro; orneio, ornejo. 2. Espécie de grande cega-rega, de que se retiram sons muito fortes.
zurzidela, s. f. Ato ou efeito de zurzir de leve ou de cada vez.
zurzir, v. Tr. dir. 1. Açoitar, fustigar, vergastar. 2. Bater, espancar. 3. Criticar com grande severidade e violência. 4. Magoar, afligir.
zus!, interj. Eia! Ânimo! Coragem!
Zuzá, s. m. Cada um dos guizos feitos com fruto seco de pequi, que os dançarinos do moçambique usam amarrados ao tornozelo.

APÊNDICES

PALAVRAS E LOCUÇÕES LATINAS E ESTRANGEIRAS

ab absurdo, l. *(ababsúrdo).* Partindo do absurdo. Método de demonstração, usado principalmente em geometria.

ab aeterno, l. *(abetérno).* De toda a eternidade; sempre.

ab amicis honesta petamus, l. *(abamícis onésta petâmus).* Só devemos pedir aos amigos coisas honestas.

abditae causae, l. *(ábdite cáuse). Med.* Causas ocultas, desconhecidas. Diz-se das moléstias cujos sintomas não deixam entrever as causas que os produzem.

ab epistolis, l. *(abepístolis).* Das cartas. Título de alguns funcionários da chancelaria romana.

aberratio delicti, l. *(aberrácio delicti). Dir.* Desvio do delito. Erro por parte do criminoso quanto à pessoa da vítima.

aberratio ictus, l. *(aberrácio ictus). Dir.* Erro do alvo. Dá-se quando o delinqüente atinge, por imperícia, pessoa diversa da que visava.

ab hoc et ab hac, l. *(abóc éd abác).* A torto e a direito. Discorrer alguém sobre o que não entende.

ab imo corde, l. *(abímo córde).* Do fundo do coração; sinceramente.

ab imo pectore, l. *(abímo péctore).* Do intimo do peito; do fundo da alma, com franqueza.

ab incunabulis, l. *(abincunábulis).* Desde o princípio; desde a origem.

ab initio, l. *(abinício).* Desde o começo.

ab intestato, l. *(abintestáto). Dir.* Sem deixar testamento. Diz-se da sucessão sem testamento, ou dos herdeiros que dela se beneficiam.

ab irato, l. *(abiráto).* Movido pela cólera; arrebatadamente.

ab ore ad aurem, l. *(abóre adáurem).* Da boca ao ouvido; em segredo; discretamente.

ab origine, l. *(aborígine).* Desde a origem; desde o princípio.

ab ovo, l. *(abóvo).* Desde o ovo; desde o começo.

ab ovo (usque) ad mala, l. *(abóvo úsqüe admála).* Dos ovos até as frutas (falando das antigas refeições romanas); do princípio ao fim; da sopa à sobremesa.

ab uno disce omnes, l. *(abúno disse ômnes).* Por um se conhece a todos. Pelas qualidades de um indivíduo podem ser avaliadas as qualidades de um povo.

ab urbe condita, l. *(abúrbe côndita).* Da fundação da cidade (de Roma). Cômputo usado pelos historiadores romanos, que datavam os fatos a partir da fundação de Roma (753 antes de Cristo). Empregavam na escrita as iniciais U. C. (Urbis Conditae), isto é, da fundação da cidade.

abusus non tollit usum, l. *(abúsus non tôlit úsum). Dir.* O abuso não impede o uso. Princípio segundo o qual se pode usar de uma coisa boa em si, mesmo quando outros usam dela abusivamente.

abyssus abyssum invocat, l. *(abíssus abíssum invocat).* Um abismo atrai outro abismo. Expressão do Salmo 42, versículo 7, para indicar que uma falta cometida predispõe o pecador a cometer outras mais graves.

accipiens, l. *(accípiens). Dir.* Pessoa que recebe um pagamento; recebedor.

acetum, l. *(acétum).* 1. Nome latino do vinagre, usado sobretudo em linguagem farmacêutica. 2. *Farm.* Medicamento acetoso.

acta est fabula, l *(ácta ést fábula).* Terminou a peça. Expressão usada no teatro antigo. Foi também pronunciada pelo Imperador Augusto na hora de sua morte.

à clef, fr. *(a clê).* À chave. Diz-se das obras de ficção em que as personagens e circunstâncias, tiradas da vida real, podem ser identificadas.

ad argumentandum tantum, l. *(ád argumentândum tântum).* Somente para argumentar. Concessão feita ao adversário, a fim de refutá-lo com mais segurança.

ad augusta per angusta, l. *(adaugústa pér angústa).* Aos bons resultados pelos caminhos ásperos. Não se vence na vida sem lutas.

ad calendas greccas, l. *(ád calêndas grécas).* Para as calendas gregas. Transferir alguma coisa para as calendas gregas é manifestar a intenção de não realizá-la. Os gregos não tinham calendas como os romanos.

ad cautelam, l. *(ád cautélam).* Por precaução. Diz-se do ato praticado a fim de prevenir algum inconveniente.

ad corpus, l. *(adcórpus). Dir.* Expressão usada para indicar a venda de imóvel sem a medida de sua área, por oposição à venda *ad mensuram.*

ad diem, l. *(ád díem). Dir.* Até o dia. Prazo último para o cumprimento de uma obrigação.

ad duo, l. *(ád dúo).* A duas vozes ou a dois instrumentos, expressão usada em Música ou canto: A sonatina de Mozart foi executada *ad duo.*

ad exemplum, l. *(ád eczêmplum).* Por ou para exemplo: A medida foi tomada *ad exemplum* dos demais.

ad extra, l. *(ád écstra).* Por fora, exteriormente: Em vista do serviço, *ad extra* recebeu mais.

ad extremum, l. *(ád ecstrêmum).* Até o fim, até o cabo, até ao extremo: Levou sua teimosia *ad extremum.*

ad finem, l. *(ád finem).* Até o fim: Leu o relatório *ad finem.*

ad gloriam, l. *(ád glóriam).* Pela glória: Trabalhar *ad gloriam,* isto é, sem proveito material, só para conquistar glórias ou honrarias: Kleper dedicou-se à Astronomia *ad gloriam.*

ad hoc, l. *(adóc).* Para isso. Diz-se de pessoa ou coisa preparada para determinada missão ou circunstância: secretário *ad hoc,* tribuna *ad hoc.*

ad hominem, l. *(adôminem).* Para o homem. Sistema de argumentação que contraria o adversário usando de suas próprias palavras ou citando o seu modo de proceder.

ad honores, l. *(adonóres).* Para as honras, como título de glória. Foi nomeado *ad honores,* isto é, para um cargo ou função meramente honorífico. Sinôn.: *honoris causa.*

adhuc sub judice lis est, l. *(áduc subiúdice lisést).* O processo ainda se acha em poder do juiz. A questão não foi definitivamente dirimida (refere-se a litígio ainda não julgado em última instância).

ad instar, l. *(adínstar).* À semelhança; à maneira de.

ad interim, l. *(adínterim).* Provisoriamente, de modo passageiro, interinamente: *Ad interim* vendia livros...

ad internecionem, l. *(adinterneciônem).* Até o extermínio: Tito levou a guerra aos judeus *ad internecionem.*

ad intra, l. *(adíntra).* Por dentro, interiormente: Ria, mas *ad intra* toda ela era revolta.

ad judicem dicere, l. *(adiúdicem dícere).* Falar perante o juiz.

ad judicia, l. *(ád iudícia). Dir.* Para o juizo. Diz-se do mandato judicial outorgado ao advogado pelo mandante.

ad libitum, l. *(ád líbitum). Mús.* À vontade. 1. Indica que o trecho assinalado pode ser executado com movimento à escolha do intérprete. 2. No teatro indica falas que os atores podem improvisar em cena.

ad limina apostolorum, l. *(ád límina apostolórum).* Ao limiar dos apóstolos. Visita qüinqüenal feita a Roma pelos bispos residenciais, a fim de prestar contas ao papa do estado de suas dioceses.

ad litem, l. *(ád lítem). Dir.* Para o litígio. Relativo ao processo em causa.

ad litteram, l. *(ád líteram).* Conforme a letra; ao pé da letra; literalmente.

ad majorem Dei gloriam, l. *(ád maiórem dêi glóriam).* Para maior glória de Deus. Lema da Companhia de Jesus, usado pelos jesuítas, com as iniciais A.M.D.G.

ad mensuram, l. *(ád mensúram). Dir.* Conforme a medida. Venda estipulada de acordo com o peso ou a medida.

ad modum, l. *(ád módum).* Conforme a maneira, o uso: Celebrou-se a festa *ad modum.*

ad negotia, l. *(ád negócia). Dir.* Para os negócios. Refere-se ao mandato outorgado para fins de negócio.

ad nutum, l. *(ád nútum). Dir.* Segundo a vontade de; ao arbítrio de: Diz-se do ato que pode ser revogado pela só vontade de uma das partes; refere-se também à demissibilidade do funcionário que ocupa cargo de confiança.

adonai, hebr. *(adonái).* Senhor. Nome mais empregado pelos hebreus para designar a Deus, evitando a forma Javé ou Jeová, reservadas para circunstâncias especiais.

ad patres, l. *(ád pátres).* Para os antepássados. Expressão bíblica usada para indicar a morte: Ir *ad patres* (morrer).

ad perpetuam rei memoriam, l. *(ád perpétuam rêi memóriam).* Para lembrança perpétua da coisa. 1. Fórmula usada em bulas papais e em monumentos comemorativos. 2. Em jurisprudência designa a vistoria judicial realizada para resguardar ou conservar um direito a ser futuramente demonstrado nos autos da ação.

ad quem, l. *(ád qüem). Dir.* Para quem. 1. Diz-se do juiz ou tribunal a que se recorre de sentença ou despacho de juiz inferior. 2. Dia marcado para a execução de uma obrigação.

ad referendum, l. *(ád referêndum).* Para ser referendado. 1. *Dir.* Diz-se do ato que depende de aprovação ou ratificação da autoridade ou poder competente. 2. *Dipl.* Diz-se da negociação do agente diplomático, sujeita à aprovação de seu governo.

ad rem, l. *(ád. rém).* À coisa. 1. *Dir.* Diz-se do direito ligado à coisa. 2. *Lóg.* Argumento que atinge o âmago da questão; opõe-se ao argumento *ad hominem.*

ad retro, l. *(ád rétro).* Para trás. *Dir.* Diz-se do pacto em que o vendedor tem o direito de reaver a coisa vendida, mediante a restituição do preço e despesas acessórias, dentro de prazo determinado.

ad solemnitatem, l. *(ád solemnitátem).* Para a solenidade. *Dir.* Diz-se do requisito da lei necessário para a forma essencial ou intrínseca do ato e sua validade, e não somente para a sua prova.

ad substantiam actus, l. *(ád substânciam áctus). Dir.* Para a substância do ato. Diz-se do instrumento público, quando exigido como formalidade solene.

ad unguem, l. *(ád úngüem).* Com a unha. Alusão ao brilho que se obtém passando a unha sobre uma superfície: Versos *ad unguem,* versos polidos. Saber algo *ad unguem:* sabê-lo à perfeição.

ad unum, l. *(ád únum).* Até um só, até o último: Nas Termópilas, Leônidas e os seus fizeram-se matar *ad unum.*

ad usum, l. *(ád úsum).* Para o uso; conforme o uso: *ad usum* dos alunos. Celebrar uma festa *ad usum.*

ad usum delphini, l. *(ád úsum delfíni).* Para o uso do delfim. Designava as edições dos clássicos latinos, destinadas ao uso do delfim, filho de Luís XIV e ainda hoje se diz de qualquer edição expurgada.

ad valorem, l. *(ád valórem).* Segundo o valor. *Dir.* Diz-se da tributação feita de acordo com o valor da mercadoria importada ou exportada, e não, conforme o seu peso, volume, espécie ou quantidade.

aequo animo, l. *(équo ânimo).* Com ânimo igual; com serenidade e constância.

aequo pulsat pede, l. *(équo púlsat péde).* Bate com pé igual. Expressão de Horácio, referindo-se à morte, que esmaga tanto os habitantes dos palácios como os das choupanas. (Odes, 1, 4-13).

aere perennius, l. *(ére perênius).* Mais durável que o bronze. Horácio falava de sua obra literária.

affaire, fr. *(afér).* Negócio. Designa negócio escuso ou caso escandaloso. S. f. em francês.

a fortiori, l. *(a forcióri).* Com mais razão. Locução empregada para concluir do menos para o mais evidente: se devo amar a inimigo, *a fortiori* amarei o meu amigo.

age quod agis, l. *(áge quod ágis).* Faze o que fazes. Presta atenção no que fazes; concentra-te no teu trabalho.

Agnus Dei, l. *(ágnus dêi).* Cordeiro de Deus. 1. Jesus Cristo. 2. Invocação usada durante a missa depois da fração da hóstia e no final das ladainhas. 3. Pequeno relicário de cera do círio pascal e óleo bento, moldado com a imagem do cordeiro, que o papa benze no sábado santo. Atribuem-lhe os devotos a virtude de salvaguarda nos perigos, doenças e tempestades.

agrément, fr. *(agremã).* Aprovação. *Dir.* Consulta de governo a governo, a fim de saber se o agente diplomático, que pretende o consulente destinar para junto do consultado, convém a este.

aide mémoire, fr. *(éd mêmoar').* Seleção ou resumo de uma obra destinada à fixação dos dados mais importantes.

à la carte, fr. *(a la cart').* Pratos não incluídos no cardápio de um restaurante.

à la diable, fr. *(a la diabl').* Desordenadamente; atabalhoadamente.

a latere, l. *(a látere).* Ao lado. Diz-se de certos cardeais entre os mais cotados pelo papa, quando enviados em missões diplomáticas extraordinárias.

albo lapillo notare diem, l. *(álbo lapílo notáre díem).* Marcar o dia com pedra branca. Ser feliz durante o dia.

alea jacta est, l. *(álea iácta ést).* A sorte foi lançada. Palavras atribuídas a César, quando passou o Rio Rubicão, contrariando as ordens do Senado Romano.

alibi, l. *(álibi). Dir.* Em outro lugar. Meio de defesa pelo qual o acusado alega e prova que, no momento do delito, se encontrava em lugar diverso daquele onde o fato delituoso se verificou.

all right, ingl. *(ól ráiţ).* Tudo bem; tudo certo.

alma mater ou **alma parens,** l. *(álma máter, álma párens).* Mãe nutriz; mãe bondosa. Em linguagem poética, a pátria ou a escola.

alpha et omega, l. *(álfa et ômega).* Alfa e ômega; primeira e última letras do alfabeto grego. No Apocalipse designa Cristo, princípio e fim de todas as criaturas.

alter ego, l. *(álter égo).* Outro eu. Significa o amigo do peito, de confiança, para quem não há segredos.

amicum perdere est damnorum maximum, l. *(amícum pérdere ést damnórum mácsimum).* Perder um amigo é o maior de todos os danos.

amicus certus in re incerta cernitur, l. *(amícus cértus in ré incérta cérnitur).* O amigo certo se manifesta na ocasião incerta.

amicus humani generis, l. *(amícus umâni gêneris).* Amigo do gênero humano. Amigo de todos, ou seja, amigo de ninguém.

amicus Plato, sed magis amica veritas, l. *(amícus pláto séd mágis amíca véritas).* Gosto de Platão, porém gosto mais da verdade.

amor et tussis non celantur, l. *(ámor et tússis non celântur).* O amor e a tosse não se escondem.

amor vincit omnia, l. *(ámor víncit ômnia).* O amor vence todas as coisas. Parte de um verso de Virgílio (Écloga X. 69).

anch'io son' pittore, ital. *(anq ío son pitôre).* Eu também sou pintor. Exclamação atribuída a Corrégio (1494-1534), ao contemplar um dos quadros de Rafael.

ancien régime, fr. *(ancien regim').* Antigo regime. Locução com que, na França, se designa o governo existente antes da revolução de 1789.

animus abandonandi, l. *(ânimus abandonândi). Dir.* Intenção de abandonar.

animus abutendi, l. *(ânimus abutêndi). Dir.* Intenção de abusar.

animus furandi, l. *(ânimus furândi). Dir.* Intenção de roubar.

animus laedendi, l. *(ânimus ledêndi). Dir.* Intenção de prejudicar.

animus necandi, l. *(ânimus necândi). Dir.* Intenção de matar.

a non domino, l. *(a non dómino). Dir.* Por parte de quem não é dono. Diz-se da transferência de bens móveis ou imóveis, por quem não é seu legítimo dono.

Anschluss, al. *(ânxlus).* Anexação. Nome por que é conhecido o golpe nazista contra a Áustria, quando em março de 1939, simulou um plebiscito pelo qual anexou aquele país à Alemanha. Tal fato precipitou o desencadeamento da Segunda Guerra Mundial.

ante litem, l. *(ânte lítem). Dir.* Antes do litígio. Antes de proposta a ação ou como ato preparatório para ela.

ante mortem, l. *(ânte mórtem).* Antes da morte.

a outrance, fr. *(autrans').* Sem tréguas; até o fim; a ferro e fogo; a qualquer preço.

aperto libro, l. *(apérto libro).* De livro aberto. Em qualquer parte aberta do livro.

aplomb, fr. *(aplôm.).* Aprumo; segurança; desenvoltura.

a posteriori, l. *(a posterióri).* Do que vem depois. Sistema de argumentação que parte do efeito para a causa. Opõe-se à argumentação *a priori.*

après moi le deluge, fr. *(apré moá le delúj').* Depois de mim o dilúvio. Frase de Luís XV, segundo alguns, de Mme. Pompadour, segundo outros, pela qual esses personagens manifestavam seu desprezo pela coisa pública. Esperavam que a queda da monarquia só viesse após a sua morte.

a priori, l. *(a prióri).* Do que precede. Prova fundada unicamente na razão, sem fundamento na experiência. Opõe-se a *a posteriori.*

a propos, fr. *(a propô).* Por falar nisso; a propósito.

apud, l. *(ápud).* Junto a; em. Usada em bibliografia para indicação de fonte compulsada, nas citações indiretas.

apud acta, l. *(ápud ácta). Dir.* Nos autos; junto aos autos.

aquae potoribus, l. *(áqüe potóribus).* Pelos bebedores de água. Palavras com que Horácio satirizava em uma de suas epístolas os poemas escritos pelos poetas sóbrios.

à quelque chose malheur est bon, fr. *(a quelq' chôs' malér é bom).* A desgraça serve para alguma coisa. Muitas vezes a infelicidade produz um resultado benéfico inesperado.

aquilae non gerunt columbas, l. *(áqüile non gérunt colúmbas).* Águias não geram pombas. Segundo a ordem natural, os filhos herdam as qualidades e deficiências dos pais: tal pai, tal filho.

aquila non capit muscas, l. *(áqüila non cápit múscas).* A águia não apanha moscas. Uma pessoa de espírito superior não se preocupa com ninharias.

a quo, l. *(a quó).* Da parte de cá. 1. Na ignorância; sem entender, sem saber. 2. *Dir.* Diz-se do dia a partir do qual se começa a contar um prazo. 3. *Dir.* Diz-se do juiz de um tribunal de cuja decisão se recorre: Juiz *a quo* (opoê-se, neste caso, a *ad quem,* juiz, ou tribunal, para o qual se recorre). 4. *Lóg.* Diz-se do termo ou princípio sobre que se fundamenta uma conclusão.

a ratione, l. *(a raciône).* Pela razão. Pela imaginação, por conjetura, por hipótese; sem fundamento nos fatos reais.

arcades ambo, l. *(árcades âmbo).* Ambos são árcades. Virgílio nas éclogas se referia a dois pastores da Arcádia, lugar de onde se originavam bons cantores. Ironicamente se aplica a duas pessoas igualmente velhacas ou astutas.

arc-over, ingl. *(arc-ouva). Astronáut.* Mudança de direção de um míssil guiado, ou foguete, no seu impulso ascensional, para entrar em sua trajetória predeterminada.

arcus nimis intensus rumpitur, l. *(árcus nímis intênsus rúmpitur).* O arco muito retesado parte-se. O rigor excessivo conduz a resultados desastrosos.

a remotis, l. *(a remótis).* À parte; em particular, em afastamento.

argot, fr. *(argô).* Na França, linguagem usada pelos gatunos; gíria, calão.

argumentum ad crumenam, l. *(argumêntum ad crumênam).* Argumento da bolsa. Emprego do suborno, na falta de razões convincentes.

argumentum baculinum, l. *(argumêntum baculínum).* Argumento do porrete. Emprego da violência para a consecução de um objetivo.

arrière-pensée, fr. *(arriér-pensè).* Pensamento dissimulado através de outro que se manifesta. Restrição mental.

ars gratia artis, l. *(árs grácia ártis).* Arte pela arte.

ars longa, vita brevis, l. *(ars lônga, víta brévis).* A arte é longa e a vida é breve. Tradução latina do primeiro aforismo de Hipócrates.

a sacris, l. *(a sácris).* Das coisas sagradas. Suspensão de exercício das oudens maiores imposta pela Igreja aos clérigos que cometeram faltas graves.

asinus asinum fricat, l. *(ásinus ásinum frícat).* Um burro coça outro burro. Diz-se de pessoas sem merecimento que se elogiam mutuamente e com exagero.

asperges, l. *(aspérges). Liturg.* 1. Antífona cantada ou recitada antes das missas dominicais, durante a aspersão e que começa pelas palavras: *asperges me.* 2. Aspersão com água benta durante a missa e em outras circunstâncias.

atelier, fr. *(ateliê).* Oficina de pintor, escultor, fotógrafo ou modista.

a tempo, ital. *(a tempo). Mús.* A tempo. Volta ao movimento normal, depois de um lento ou acelerado.

à tout seigneur tout honneur, fr. *(a tu seinhér tutonér).* A cada senhor cada honra. Cada um deve ser homenageado de acordo com a dignidade, posição social etc.

attaché, fr. *(atachê).* Adido (em diplomacia).

auctori incumbit onus probandi, l. *(auctóri incúmbit ônus probândi). Dir.* Ao autor cabe o trabalho de provar. Quem acusa que prove.

audaces fortuna juvat, l. *(audáces fortúna iúvat).* A fortuna ajuda os audazes. O bom êxito depende de deliberações arriscadas.

audiatur et altera pars, l. *(audiátur et áltera pars). Dir.* Que a outra parte seja também ouvida. Para haver imparcialidade e justiça no julgamento, deve-se ouvir a defesa depois da acusação.

au jour le jour, fr. *(ou jur le jur).* Dia a dia. 1. Viver de parcos recursos adquiridos diariamente. 2. Gastar todo o dinheiro ganho durante o dia sem pensar em economizar.

aunque la mona se vista de seda, mona se queda, cast. *(aúnq la môna sê vísta de sêda, môna se quêda).* Mesmo vestida de seda, a macaca é sempre macaca. Os adornos não encobrem grandes defeitos.

aura popularis, l. *(áura populáris).* Brisa popular. Muito empregada nos clássicos latinos para significar a inconstância da opinião pública.

aurea mediocritas, l. *(áurea mediócritas).* Mediocridade áurea. Horácio exalta, com esta expressão, a situação da classe média, nem rica nem pobre.

aures habent et non audiunt, l. *(áures ábent et non áudiunt).* Têm ouvidos e não ouvem. Referência que o Salmo CXV faz aos ídolos, para depois concluir que aqueles que os fazem e os que neles confiam acabarão se assemelhando a eles.

au revoir, fr. *(ou revuár).* Adeus; até a vista.

auri sacra fames, l. *(áuri sácra fâmes).* Maldita fome de ouro. Expressão pela qual Virgílio condena a ambição desmedida.

auro suadente, nil potest oratio, l. *(áuro suadênte níl pótest orácio).* Se o ouro persuade, nada vale a palavra. A eloqüência é inútil diante dos interesses pecuniários.

aut Caesar, aut nihil, l. *(áut césar, áut níl).* Ou César, ou nada. Divisa ambiciosa de César Bórgia.

autem genuit, l. *(áutem gênuit).* Porém gerou. 1. Relação longa e fastidiosa. 2. Narração enfadonha.

à vaincre sans peril, on triomphe sans gloire, fr. *(a vencr' san peril on trionf' san gloar).* Quando se vence sem perigo, triunfa-se sem glória. Verso de Corneille que condena o êxito fácil.

avant la lettre, fr. *(avã la letr').* Antes da letra. Diz-se da gravura tirada antes da legenda; figuradamente, idéia pioneira.

avant-première, fr. *(avã premiér').* Antes da primeira. Apresentação de filme ou peça teatral para público limitado, como críticos de arte, imprensa, autoridades etc. O neologismo *pré-estréia* foi lançado para substituir esta expressão.

ave Caesar, morituri te salutant, l. *(áve césar, moritúri te salútant).* Salve César, os que vão morrer te saúdam. Palavras dirigidas pelos gladiadores ao imperador, antes de entrarem em luta.

avis rara, l *(ávis rára).* Ave rara. Para indicar a ausência de pessoa ou coisa que se tem em grande estima.

avoirdupois, ingl. *(avoardâpois). Com.* Nome por que é conhecido o sistema de pesos e medidas, inglês e norte-americano.

à vol d'oiseau, fr. *(a vól d'oasou).* A vôo de pássaro. Pela rama; por alto.

baby, ingl. *(bêibi).* Bebê; criança de peito.

beati pauperes spiritu, l. *(beáti páuperes spíritu).* Bem-aventurados os pobres de espírito. Primeira das bem-aventuranças evangélicas citada por São Mateus no capítulo V, versículo 3, e que inicia o sermão da montanha. No contexto do Evangelho significa: Bem-aventurados os simples.

beati possidentes, l. *(beáti possidêntes).* Felizes os que estão de posse. Locução celebrizada por Bismarck, que adotou a política do fato consumado como fonte de direito.

bella matribus detestata, l. *(béla mátribus detestáta).* As guerras detestadas pelas mães. (Horácio, Odes, 11, 24-25).

benedicite, l. *(benedícite). Rel. Catól.* Invocação ritual, antes das refeições, que começa por esta palavra. Usada principalmente em conventos, comunidades religiosas e colégios.

bis dat qui cito dat, l. *(bis dát qüi cíto dát).* Dá duas vezes quem dá prontamente. Sêneca elogia a espontaneidade das dádivas.

bis de eadem re non sit actio, l. *(bis de eádem re non sit áccio). Dir.* Não haja dupla ação sobre a mesma coisa. V. *litispendência.*

bis repetita placent, l. *(bis repetíta plácent).* As coisas repetidas agradam. Horácio refere-se ao emprego de figuras literárias repetidas quando bem aplicadas.

bona fide, l. *(bôna fide).* De boa fé: Enganar-se, proceder *bona fide.*

bon mot, fr. *(bon mô).* Boa palavra; dito divertido.

bon ton, fr. *(bon ton).* Bons modos; boas maneiras.

bonum vinum laetificat cor hominis, l. *(bônum vínum letíficat cór ôminis).* O bom vinho alegra o coração do homem. Modificação do texto do Eclesiástico XL, 20, cujas palavras são: *Vinum et musica laetificant cor* (o vinho e a música alegram o coração).

bout d'essai, fr. *(bu dessé).* Ponta de experiência. *Cinema.* Pequena parte final do filme que o assistente operador corta e revela imediatamente para orientação da tomada da cena seguinte.

by-bye, ingl. *(bái-bái).* Adeus, adeusinho.

cadunt altis de montibus umbrae, l. *(cádunt áltis dé môntibus úmbre).* As sombras caem dos altos dos montes; anoitece.

caetera desiderantur, l. *(cétera desiderântur).* Faltam outras coisas. Deseja-se o restante.

calomniez, il en reste toujours quelque chose, fr. *(calonié, il an rést' tujúr quélq' chos').* Caluniai (da calúnia) fica sempre alguma coisa. Palavras que Beaumarchais em *O Barbeiro de Sevilha* coloca nos lábios de Basílio, personagem hipócrita.

camelotts du roi, fr. *(cam'lô dú roá).* Camelôs do rei. Apelido dado aos agressivos e extremados partidários da realeza, em França.

camelus cupiens cornua aures perdidit, l. *(camélus cúpiens córnua áures pérdidit).* O camelo desejando ter chifres perdeu as orelhas. Aplica-se ao ambicioso frustrado.

cantabile, ital. *(cantábilè). Mús.* Notação que indica execução instrumental suave, aproximando-se da voz humana.

capitis diminutio, l. *(cápitis diminúcio). Dir.* Diminuição de capacidade. Empregada para designar a perda da autoridade.

cara deum soboles, magnum Jovis incrementum, l. *(cára déum sóboles mágnum ióvis incremêntum).* Geração querida dos deuses, nobre descendente de Júpiter. Anúncio que faz Virgílio (Écloga IV, 49) do nascimento de criança ilustre, hoje aplicado pelos bajuladores aos que nasceram em berço de ouro.

carpe diem, l. *(cárpe díem).* Aproveita o dia. (Aviso para que não desperdicemos o tempo). Horácio dirigia este conselho aos epicuristas e gozadores.

carpent tua poma nepotes, l. *(cárpent túa pôma nepótes).* Os teus descendentes colherão os teus frutos. Não pensar unicamente em si e no presente pois o nosso trabalho aproveitará às gerações futuras (Virgílio, Écloga IX, 50).

cáspite!, ital. *(cáspita). P. us.* Interjeição que indica admiração com alguma ironia.

castigat ridendo mores, *(castígat ridêndo móres).* Corrige os costumes sorrindo. Princípio em que se fundamenta a comédia, criado por Jean de Santeuil.

casus belli, l. *(cásus béli).* Motivo de guerra. Incidente que pode levar duas ou mais nações a um conflito.

causa debendi, l. *(cáusa debêndi). Dir.* Causa da dívida. Base de um compromisso ou obrigação.

causa mortis, l. *(cáusa mórtis). Dir.* A causa da morte. 1. Diz-se da causa determinante da morte de alguém.

2. Imposto pago sobre a importância líquida da herança ou legado.

causa obligationis, l. *(cáusa obligaciônis). Dir.* Causa da obrigação. Fundamento jurídico de uma obrigação.

causa petendi, l. *(cáusa petêndi). Dir.* A causa de pedir. Fato que serve para fundamentar uma ação.

causa possessionis, l. *(cáusa possessiônis). Dir.* Causa da posse. Fundamento jurídico da posse.

causa traditionis, l. *(cáusa tradiciônis). Dir.* Causa da entrega. Razão da tradição das coisas entre os interessados.

causa turpis, l. *(cáusa túrpis). Dir.* Causa torpe. Causa obrigacional ilícita ou desonesta.

caveant consules ne quid respublica detrimenti capiat, l. *(cáveant cônsules né qüid respública detrimênti cápiat).* Que os cônsules se acautelem a fim de que a república não sofra nenhum dano. Palavras de advertência com que o Senado Romano investia os cônsules de poderes ditatoriais, durante as crises políticas.

cave canem, l. *(cáve cânem).* Cuidado com o cão. Era costume, outrora, pintar um cão junto à porta da casa com os dizeres *cave canem,* a fim de que ninguém ousasse entrar temerariamente.

cave illius semper qui tibi imposuit semel, l. *(cáve ilíus sêmper qüi tíbi impósuit sêmel).* Acautela-te para sempre daquele que te enganou uma vez. Quem faz um cesto faz um cento.

cave ne cadas, l. *(cáve né cádas).* Cuidado, não caias. Advertência que fazia um escravo ao triunfador romano, para que ele não se deixasse possuir de orgulho excessivo.

cedant arma togae, l. *(cédant árma tóge).* Cedam as armas à toga. Cícero recomenda que as forças armadas se sujeitem às autoridades civis.

celebret, l. *(célebret).* Certificado de bispo católico romano, ou superior religioso, testemunhando que o portador é sacerdote, e pedindo que lhe seja permitido dizer missa em outras dioceses além da sua.

Ce que femme veut Dieu le veut, fr. *(c' qu' fam' vê Diê l' vê).* O que a mulher deseja Deus o quer. Provérbio pelo qual se exprime a influência irresistível da mulher.

C'est un droit qu' à la porte on achète en entrant, fr. *(cèt ûn droá cá la pórt' on achét' an antrân).* É um direito que se adquire ao entrar pela porta. Boileau defende (Arte Poética, III, 150) o direito de o espectador manifestar seu desagrado no teatro.

charleston, ingl. *(tchárleston).* Charleston, cidade norte-americana. Dança afro-americana, com o ritmo do foxtrote, muito em voga no primeiro quarto deste século.

chassez le naturel, il revient au galop, fr. *(chassê l'naturél, il r'vien ou galô).* Expulsai a natureza, ela volta a galope. Inúteis os esforços que violentam demasiadamente a índole do indivíduo (Destouches).

checking, ingl. *(tchéquin).* Em propaganda, departamento encarregado de controlar a exatidão com que os veículos inserem, transmitem ou expõem a publicidade autorizada.

cherchez la femme, fr. *(cherchê la fam').* Procurai a mulher. Frase com que os criminalistas procuram demonstrar a presença da mulher nos crimes misteriosos.

cheto fuor, commodo dentro, ital. *(quêto fuôr, cômodo dêntro).* Quieto por fora, agitado por dentro. Provérbio aplicado ao relógio e às pessoas muito reservadas e impassíveis.

chi dura vince, ital. *(qui dúra víntche).* Quem persiste vence. Elogio da pertinácia na conquista de um ideal.

chi va piano va sano, ital. *(qui vá piâno vá sâno).* Quem anda devagar vai sem perigo.

chi va sano va lontano, ital. *(qui vá sâno vá lontâno).* Quem vai com segurança vai longe.

citra petita, l. *(cítra petíta). Dir.* Aquém do pedido. Diz-se do julgamento incompleto, que não resolve todas as questões da lide.

civis sum romanus, l. *(cívis sum românus).* Sou cidadão romano. Aplica-se àqueles que se envaidecem da própria origem.

claudite jam rivos, pueri; sat prata biberunt, l. *(cláudite iam rívos, púeri; sat práta bibérunt).* Fechai agora os riachos, meninos; os prados beberam bastante. Basta, chega, acabemos com isto.

coeli enarrant gloriam Dei, l. *(céli enárrant glóriam dêi).* Os céus narram a glória de Deus. Locução do Salmo XIX, 1, em que o salmista descreve a grandeza de Deus pela magnificência de suas obras.

coelo tonantem credidimus Jovem, l. *(célo tonântem credídimus ióvem).* Acreditamos em Júpiter quando ele troveja no céu. Frase de Horácio (Odes, III, 5, 1). Só nos lembramos de Deus quando nos sentimos ameaçados.

coemptio, l. *(coêmpcio). Sociol.* Forma de casamento praticada na antiga Roma, dispensando-se assistência sacerdotal e consistindo numa venda simbólica da noiva ao noivo.

cogito, ergo sum, l. *(cógito, érgo sum).* Penso, logo existo. Princípio desenvolvido por Renato Descartes (1596-1650) quando abandonou os princípios tradicionais da filosofia do *magister dixit,* ou escolástica, para fundar o sistema conhecido como cartesianismo.

comme il faut, fr. *(com'il fô).* Como convém; como deve ser.

compelle intrare, l. *(compéle intráre).* Obriga-os a entrar. Expressão de Cristo (*São Lucas,* XIV, 23) referindo-se aos convidados para o festim. Aplica-se à insistência de alguém em procurar fazer outrem aceitar algo cujo valor desconhece.

compos sui, l. *(cômpos súi).* Senhor de si; sem se perturbar.

compurgatio, l. *(compurgácio). Dir.* e *Sociol.* Instituição jurídica de defesa, observada em sociedades mais simples, em que o réu procura obter absolvição, arrolando certo número de testemunhas, que juram pela sua inocência.

concedo, l. *(concédo).* Concedo, estou de acordo. Palavra usada em Lógica: Ele é ladrão, *concedo,* mas hábil político.

conditio juris, l. *(condício iúris). Dir.* Condição de direito. Condição, circunstância ou formalidade indispensável para a validade de um ato jurídico.

conditio sine qua non, l. *(condício síne qua non).* Condição sem a qual não. Expressão empregada pelos teólogos para indicar circunstâncias absolutamente indispensáveis à validade ou existência de um sacramento, p. ex., a vontade expressa dos noivos para a validade do matrimônio.

confer, l. *(cônfer).* Compara ou confere, palavra que comumente se abrevia *Cf.*

conscientia fraudis, l. *(consciência fráudis). Dir.* Consciência da fraude.

conscientia sceleris, l. *(consciência céleris). Dir.* Consciência do crime.

consensus omnium, l. *(consênsus ômnium).* Assentimento de todos; opinião generalizada.

consommé, fr. *(consomê). Cul.* Caldo de carne coado, sem qualquer outro ingrediente e habitualmente servido com gema de ovo, fatias de pão torrado ou biscoitos salgados.

consuetudo consuetudine vincitur, l. *(consuetúdo consuetúdine vincitur).* Um costume é vencido por outro costume. Princípio de Tomás de Kempis segundo o qual os maus hábitos podem ser eficazmente combatidos por outros que lhes sejam contrários.

consuetudo est altera natura, l. *(consuetúdo ést áltera natúra).* O hábito é uma segunda natureza. Aforismo de Aristóteles.

consummatum est, l. *(consumátum ést).* Tudo está consumado. Últimas palavras de Jesus ao morrer na cruz (João, XIX, 30).

contraria contrariis curantur, l. *(contrária contráriis curàntur).* Os contrários curam. Princípio da medicina alopata, oposto ao da homeopatia: *similia similibus curantur.*

conventio est lex, l. *(convênciо ést léc\$).* Ajuste é lei, o que foi tratado deve ser cumprido: Cumprirei a cláusula, pois *conventio est lex.*

coram populo, l. *(córam pópulo).* Diante do povo. Em público (Horácio, Arte Poética, 185).

corpus alienum, l. *(córpus aliênum). Dir.* Coisa estranha que não é objeto da lide.

corpus christi, l. *(córpus crísti).* Corpo de Cristo. 1. A hóstia consagrada. 2. Festa litúrgica móvel, celebrada na quinta-feira depois do domingo da Santíssima Trindade. 3. A solenidade desta festa, também chamada *Corpo de Deus.*

corpus delicti, l. *(córpus delícti). Dir.* Corpo de delito. 1. Objeto, instrumento ou sinal que prove a existência do delito. 2. Ato judicial feito pelas autoridades a fim de provar a existência de um crime e descobrir os responsáveis por ele.

corpus juris canonici, l. *(córpus iúris canônici).* Código do Direito Canônico. Conjunto de leis eclesiásticas codificadas por São Pio X e promulgadas pelo Papa Bento XV em 1917. O Concílio Vaticano II encarregou uma comissão de reformá-lo.

corpus juris civilis, l. *(córpus iúris civílis). Dir.* Corpo do Direito Civil. Denominação dada por Dionísio Godofredo ao conjunto das obras do Direito Romano formado pelas *Institutas, Pandectas, Novellas* e *Código*, organizado por ordem do Imperador Justiniano.

counter-display, ingl. *(cáunter-displêi).* Em propaganda, anúncio colado num cartão com suporte.

coup de foudre, fr. *(cu de fudr').* Raio. Desgraça inesperada; amor à primeira vista.

coup de théâtre, fr. *(cu de teátr').* Golpe teatral. Mudança repentina de situação, como no teatro.

credant posteri!, l. *(crédant pósteri).* Creiam os pósteros! Locução interjetiva empregada para afirmar um fato muito extraordinário.

credo Deum esse, l. *(crédo déum ésse).* Creio que Deus existe.

credo quia absurdum, l. *(crédo qüia absúrdum).* Creio por ser absurdo. Expressão de Santo Agostinho para determinar o objeto material da fé constituído pelas verdades reveladas, que a razão humana não compreende.

cuilibet in arte sua perito est credendum, l. *(cuílibet in árte súa períto ést credêndum).* Deve-se dar crédito a quem é perito em sua arte. Ouvir os especialistas na matéria.

cui prodest?, l. *(cúi pródest). Dir.* A quem aproveita? Os criminalistas colocam entre os prováveis criminosos as pessoas a quem o delito podia beneficiar.

cuique suum, l. *(cuíqüe súum).* A cada um o que é seu. Aforismo do Direito Romano e da justiça distributiva em que se baseia a propriedade privada.

cuivis dolori remedium est patientia, l. *(cuívis dolóri remédium ést paciência).* A paciência é remédio para cada dor. Sofre-se menos quando se aceita a dor com resignação.

cujus regio, ejus religio, l. *(cúius régio, éius relígio).* 1. De tal região, (segue) a sua religião. Exprime a tendência do homem de aceitar a religião predominante em seu país. 2. A quem governa o país compete impor a religião. Princípio consagrado pela Paz de Augsburgo (1555).

cum bona gratia dimittere aliquem, l. *(cum bôna grácia dimítere áliqüem).* Despedir alguém com bons modos. Ser educado até para com os importunos.

cum brutis non est luctandum, l. *(cum brútis non ést luctândum).* Não se deve lutar com os brutos. Não disputar com ignorantes e insolentes.

cum grano salis, l. *(cum grâno sális).* Com um grão de sal. Isto é brincadeira; não é verdade.

cum laude, l. *(cum láude).* Com louvor. Graduação de aprovação, em algumas universidades equivalente a bom.

cum quibus, l. *(cum qüíbus).* Com os quais. Dinheiro: não ter *cum quibus*: não ter dinheiro.

cum re presente deliberare, l. *(cum ré presênte deliberáre).* Deliberar com a coisa presente. De acordo com as circunstâncias.

cuncta supercilio moventis, l. *(cúncta supercílio movêntis).* Movendo todas as coisas com o supercílio. Expressão de Horácio (Odes, III, 1) referindo-se a Júpiter que move o Universo com um franzir de sobrancelhas.

currente calamo, l. *(currênte cálamo).* Ao correr da pena. Escrever *currente calamo*: escrever com rapidez, sem se preocupar com o estilo.

curriculum vitae, l. *(currículum vite).* Carreira da vida. Conjunto de dados que abrangem o estado civil, instrução, preparo profissional e cargos anteriormente ocupados, por quem se candidata a emprego.

da capo, ital. *(da cápo).* Do princípio. *Mús.* Indica a repetição desde o início da peça.

dare nemo potest quod non habet, neque plusquam habet, l. *(dáre nêmo pótest cód nôn hábet, néqüe plúsquam hábet).* Ninguém pode dar o que não possui, nem mais do que possui.

data venia, l. *(dáta vênia).* Dada a vênia. Expressão delicada e respeitosa com que se pede ao interlocutor permissão para discordar de seu ponto de vista. Usada em linguagem forense e em citações indiretas.

dat veniam corvis, vexat censura columbas, l. *(dát vêniam córvis, vécsat censúra colúmbas).* Perdoa os corvos e mortifica pela censura as pombas. Sátira II de Juvenal que condena a injustiça.

de auditu, l. *(dê audítu).* Por ouvir dizer. Saber por ouvir; de oitiva.

debelatum est, l. *(debelátum ést).* Terminou a guerra.

debemur morti nos nostraque, l. *(debêmur mórti nós nóstraqüe).* Estamos destinados à morte, nós e nossos bens. Reflexão de Horácio na Arte Poética, sobre a transitoriedade da vida presente.

decipimur specie recti, l. *(decípimur spécie récti).* Enganamo-nos pela aparência do bem. Horácio referia-se aos poetas mas isso acontece com todos.

de coq-à-l'âne, fr. *(dé cóc-a-lán').* Do galo ao burro. Discurso sem nexo; passagem de um assunto a outro muito diferente; disparate.

decorum est pro patria mori, l. *(decórum ést pró pátria móri).* É honroso morrer pela pátria.

de cujus, l. *(dé cúius). Dir.* De quem. Primeiras palavras da locução de *cujus sucessione agitur* (de cuja sucessão se trata). Refere-se à pessoa falecida, cuja sucessão se acha aberta.

de facto, l. *(dé fácto). Dir.* De fato. Diz-se das circunstâncias ou provas materiais que têm existência objetiva ou real. Opõe-se a *de jure.*

de fond en comble, fr. *(de fôndan cômble).* De baixo para cima; inteiramente.

de gustibus et coloribus non est disputandum, l. *(dé gústibus ét colóribus nôn ést disputândum).* Não se deve discutir sobre gostos e cores. Cada qual tem suas preferências. (Provérbio medieval).

de jure, l. *(dé iúre). Dir.* De direito, Opõe-se a *de facto.*

de jure constituendo, l. *(dé iúre constituêndo). Dir.* Do direito de constituir. Diz-se de matérias ou situações jurídicas não previstas nas leis, mas que poderão ou deverão, no futuro, tornar-se normas do direito objetivo.

de jure et de facto, l. *(dé iúre ét dé fácto). Dir.* De direito e de fato.

de lana caprina, l. *(dê lâna caprína).* Sobre a lã de cabra. Assim chama Horácio as discussões ociosas.

del-credere, ital. *(dél-crédere). Dir.* 1. Cláusula pela qual, no contrato de comissão, o comissário, sujeitando-se a todos os riscos, se obriga a pagar integralmente ao comitente as mercadorias que este lhe consigna para serem vendidas. 2. Prêmio ou comissão paga ao comissário, por essa garantia.

deleatur, l. *(deleátur).* Apague-se, inutilize-se. Nome que tem (ou tinha) o sinal de correção nas provas tipográficas, pelo qual se mandava tirar letras ou palavras. Tem a forma de um delta (*d* em grego) minúsculo.

de lege ferenda, l. *(dé lége ferênda). Dir.* Da lei a ser criada. V. *de jure constituendo.*

delenda Cartago, l. *(delênda Cartágo).* Cartago deve ser destruída. Palavras de Catão, o Antigo, com que terminava seus discursos. Cita-se esta locução a propósito de uma idéia fixa, perseguida com tenacidade.

delivery order, ingl. *(dilívery órder). Dir.* Ordem de entrega. Título à ordem, que faculta ao capitão do navio a entrega ao seu portador, de uma parte ou o total das mercadorias embarcadas, e constantes de determinado conhecimento, do qual é considerado fração.

de minimis non curat praetor, l. *(de mínimis nôn cúrat prétor).* O pretor não cuida de coisas pequenas. Cita-se para significar que pessoas de certa categoria não podem preocupar-se com pequenos detalhes.

dente lupus, cornu taurus petit, l. *(dênte lúpus, córnu táurus pétit).* O lobo ataca com os dentes e o touro com os chifres. Cada qual se defende com as armas de que dispõe.

dente superbo, l. *(dênte supérbo).* Com dente soberbo. Horácio descreve nesta expressão o desdém com que o rato da cidade roía os alimentos do rato do campo.

dentibus albis, l. *(dêntibus álbis).* Com dentes brancos. Norma apresentada por Horácio aos críticos, que podem criticar, mas amavelmente, sem ofender ao criticado.

Deo favente, l. *(déo favênte).* Com o favor de Deus: Unir-se-ão em matrimônio, *Deo favente,* a senhorinha...

Deo gratias, l. *(déo grácias).* Demos graças a Deus. Expressão empregada na missa, após a epístola e ao final da própria missa. É também empregada quando se quer expressar o contentamento por haver terminado um trabalho cansativo ou fastidioso.

Deo ignoto, l. *(déo ignóto).* Ao Deus desconhecido. Legenda encontrada por São Paulo num altar de Atenas e de que se serviu para falar de Cristo aos atenienses (Atos, XVII, 23 e seguintes).

Deo juvante, l. *(déo iuvânte).* Se Deus ajudar; se Deus quiser.

de omni re scibili, et quibusdam aliis, l. *(dé ômni ré scíbili, ét qüibúsdam áliis).* De tudo o que se pode saber e mais alguma coisa. A primeira parte desta locução é atribuída a Pico della Mirandola que pretendia discutir qualquer assunto com qualquer pessoa. A segunda foi ironicamente acrescentada por Voltaire. Aplica-se àqueles que se jactam de sábios, quando na realidade nada sabem.

de ore tuo te judico, l. *(dé óre túo té iúdico).* Julgo-te pela tua boca. Pelas tuas palavras sei quem tu és.

Deo volente, l. *(déo volênte).* Se Deus quiser: Aprenderei hebraico e sânscrito, *Deo volente.*

De pane lucrando, l. *(dé pâne lucrândo).* Para ganhar o pão. Diz-se de obras literárias feitas rapidamente, com fins lucrativos.

de plano, l. *(dé plâno).* Calculadamente; premeditadamente.

de profundis, l. *(dé profúndis).* Das profundezas. Palavras iniciais da versão latina do Salmo 130, recitado nas cerimônias fúnebres e no ofício dos mortos.

descente de lit, fr. *(dessant' d' li).* Descida do leito. Tapete estreito que se coloca ao lado da cama.

desiderandum, l. *(desiderândum).* Que se deve desejar. Pl. *desideranda.*

desideratum, l. *(desiderátum).* O que se deseja. Pl. *desiderata.*

desinit in piscem, l. *(désinit in píssem).* Termina em peixe. Alusão de Horácio às obras-de-arte sem unidade, que ele compara a um belo busto de mulher terminado em cauda de peixe. (Arte Poética, 4).

desipere in loco, l. *(desípere in lóco).* Enlouquece-te de vez em quando. Conselho de Horácio a Virgílio (Ode IV, 12, 28) para que misture um pouco de loucura à prudência que caracteriza suas obras.

dessu de porte, fr. *(dessú d'pórt").* Acima da porta. Diz-se da decoração pintada ou esculpida sobre a porta.

de stercore Ennii, l. *(dé stércore ênii).* Do esterco de Ênio. Expressão de Virgílio a fim de justificar-se de ter aproveitado os melhores versos da obra de Ênio (239-169. a.C.).

de te fabula narratur, l. *(dé té fábula narrátur).* A fábula fala de ti. Horácio, depois de descrever a hediondez do avarento (Sátiras 1, 1-69), dirige-se ao interlocutor imaginário. Emprega-se para chamar à realidade uma pessoa indiferente a alusões sarcásticas.

deus ex machina, l. *(dêus écs máquina).* Um deus por meio de uma máquina. Expediente da tragédia grega (e romana) para solucionar casos complicados, o qual fazia de súbito aparecer um deus para explicar como se devia proceder naquele embaraço. Emprega-se a locução para designar um fim forçado: Quando o autor não sabe resolver a situação que criou, interpõe um *deus ex machina.*

Deus nobis haec otia fecit, l. *(dêus nóbis éc ócia fécit).* Deus nos concedeu esse descanso. Palavras com que Virgílio nas Éclogas agradece a Augusto. São quase sempre empregadas satiricamente.

Deus super omnia, l. *(déus súper ômnia).* Deus acima de tudo. Mostra o poder da Divina Providência nos acontecimentos humanos.

de verbo ad verbum, l. *(dé vérbo ád vérbum).* Palavra por palavra. Literalmente. Aplica-se às transcrições de escrituras e outros documentos.

de viris illustribus, l. *(dé víris ilústribus).* Sobre os cidadãos ilustres. Título da história da fundação de Roma, escrita por Suetônio e adotada no estudo do latim no primeiro ciclo.

de visu, l. *(dé vísu). Dir.* De vista. Diz-se da pessoa que presenciou o fato, chamada, por isso, testemunha *de visu.*

de visu et auditu, l. *(dé vísu ét audítu). Dir.* De vista e ouvido. Testemunha ao mesmo tempo ocular e auricular.

diem perdidi, l. *(díem pérdidi).* Perdi o dia. Palavra de Tito, segundo Suetônio, quando não praticava alguma boa ação durante o dia.

dies, l. *(díes).* O dia. Usado em linguagem jurídica.

dies irae, l. *(díes íre).* Dia da ira. Primeiras palavras da célebre seqüência medieval que descreve os horrores do juízo universal. É recitada nas encomendações e em algumas missas de réquiem. Expressão usual entre estudantes para designar os dias de exames.

dies fastus, l. *(díes fástus). Antig. rom.* 1. Dia no qual a lei religiosa permitia atividades seculares ou dia auspicioso para tais atividades. 2. Qualquer um dos quarenta dias de cada ano nos quais os pretores da República Romana podiam exercer seus poderes gerais jurídicos. Pl.: *dies fasti.*

dies nefastus, l. *(díes nefástus). Antig. rom.* 1. Dia no qual eram proibidas atividades seculares. 2. Dia no qual os tribunais eram fechados e era ilegal (para os pretores, por ex.), despachar assuntos públicos judiciais. Pl.: *dies nefasti.*

Dieu et mon droit, fr. *(dieû ê mon drôa).* Deus e meu direito. Divisa da família real inglesa.

difficiles nugae, l. *(difíciles núge).* Bagatelas difíceis. Alusão de Marcial em seus epigramas às pessoas que aplicam a inteligência em coisas insignificantes.

dignus est intrare, l. *(dígnus ést intráre)*. É digno de entrar. Expressão burlesca da peça "Doente Imaginário", de Molière. Emprega-se na admissão de alguém em uma corporação ou sociedade, sempre em sentido jocoso.

di meliora, l. *(di melióra)*. Que os deuses (nos dêem) coisas melhores. Expressão de Virgílio nas Geórgicas, ao terminar uma descrição de epidemia de peste.

dimidium facti, qui bene coepit, habet, l. *(dimídium fácti qüi bêne cépit, ábet)*. Andou meio caminho, quem começou bem.

dir l'orazione della bertuccia, ital. *(dir l'oradziône della bertútcia)*. Fazer oração de macaco. Pronunciar palavras ininteligíveis.

dis aliter visum, l. *(dis áliter vísum)*. Aos deuses aprouve de outra maneira. Reflexão resignada de Virgílio, referindo-se à ruína de Tróia.

disciplina, pauperibus divitiae, divitibus ornamentum, senibus oblectamentum, l. *(diciplína, paupéribus divície, divítibus ornamêntum, sênibus oblectamêntum)*. A ciência é a riqueza dos pobres, o adorno dos ricos e a distração dos velhos.

disjecti membra poetae, l. *(disiécti mêmbra poéte)*. Os membros dispersos do poeta. Refere-se Horácio à dificuldade em transformar versos em boa prosa.

dis-moi ce que tu manges, je te dirai qui tu es, fr. *(di moá cê qu' tü mang', jê t' dirê qui tü é')*. Conta-me o que comes, dir-te-ei quem és. Pretende o gastrônomo Brillat-Savarin que o caráter e inteligência de uma pessoa se revelam na escolha que ela faz dos alimentos.

displicuit nasus tuus, l. *(displícuit násus túus)*. Teu nariz desagradou. Juvenal explica com este dístico certas perseguições sem motivo justificável.

distinguo, l. *(distíngüo)*. Distingo, palavra usada na filosofia escolástica, nos argumentos.

divide et impera, l. *(dívide ét ímpera)*. Divide e impera, divisa política dos romanos. Variantes: *divide ut imperes (dívide ut ímperes)* e *divide ut regnes (dívide ut régnes)*, divide para que possas reinar.

docendo discimus, l. *(docêndo díscimus)*. Aprendemos ensinando.

docendo discitur, l. *(docêndo díscitur)*. Aprende-se ensinando.

doctor in utroque, l. *(dóctor in utróqüe)*. Doutor em um e outro (direito). Empregada para designar a pessoa laureada em Direito Civil e Direito Canônico.

doctus cum libro, l. *(dóctus cum líbro)*. Sábio com livro. Diz-se dos que ostentam ciência livresca por serem incapazes de raciocinar.

dolce far niente, ital. *(dôltche fár niênte)*. Doce ociosidade.

Dominus dedit, Dominus abstulit, sit nomen Domini benedictum, l. *(dôminus dédit, dôminus ábstulit, sit nômen dômini benedíctum)*. O Senhor deu, o Senhor tirou, bendito seja o nome do Senhor. Palavras de Jó, quando atingido pela perda de todos os seus bens. São citadas para lembrar, nos infortúnios, a resignação cristã.

Dominus mihi adjutor, l. *(dôminus míi adiútor)*. O Senhor é meu auxílio. Palavras do versículo 7 do Salmo 118, que servem de divisa à Dinamarca.

Dominus tecum, l. *(dôminus técum)*. O Senhor esteja contigo. Saudação dirigida antigamente a quem espirrava, hoje substituída por *saúde* ou por *Deus te ajude*, empregadas principalmente no Interior.

Dominus vobiscum, l. *(dôminus vobíscum)*. O Senhor esteja convosco. Saudação litúrgica, freqüentemente usada na missa, no ofício divino e no ritual católico romano.

donec eris felix, multos numerabis amicos, l. *(dônec éris félics, múltos numerábis amícos)*. Enquanto fores feliz, terás muitos amigos. Verso de Ovídio em que o poeta lamenta a perda dos amigos quando caiu na desgraça de Augusto (Tristes, I, 1-39).

do ut des, l. *(dó út dés)*. *Dir.* Dou para que tu dês. Norma de contrato oneroso bilateral.

do ut facias, l. *(dó út fácias)*. *Dir.* Dou para que faças. Norma admitida em contrato bilateral, em que uma das partes oferece dinheiro pela prestação de serviços da outra.

dubitando ad veritatem pervenimus, l. *(dubitândo ád veritátem pervenímus)*. Duvidando chegamos à verdade. Frase de Cícero que inspirou a Descartes a doutrina sobre a dúvida.

dulce et decorum est pro patria mori, l. *(dúlce ét decórum ést pró pátria móri)*. É belo e nobre morrer pela pátria. Verso de Horácio em que aconselha os jovens a imitar os antepassados.

dulces moriens reminiscitur Argos, l. *(dúlces móriens reminíssitur Árgos)*. Morrendo relembra a doce Argos. Virgílio refere-se a Ântor que acompanhou Enéias à Itália, onde morreu.

dulcia linquimus arva, l. *(dúlcia línqüimus árva)*. Deixamos os campos queridos. Melibeu, personagem de Virgílio, lamenta a vida no exílio (Écloga, I, 3).

dura lex sed lex, l. *(dúra lécs séd lécs)*. Lei dura, mas é lei. Apesar de exigir sacrifícios, a lei deve ser cumprida.

Ecce Agnus Dei, l. *(écce ágnus dêi)*. Eis o Cordeiro de Deus. Palavras de João Batista (Evang. seg. João, 1.29) dirigidas ao povo quando Jesus veio à margem do Jordão para ser batizado. Usadas pelo sacerdote ao apresentar aos fiéis a hóstia consagrada, antes de distribuí-la.

Ecce Homo, l. *(écce ômo)*. Eis aqui o homem. Palavras de Pilatos, dirigidas ao povo judeu, enquanto lhe apresentava Jesus, já coroado de espinhos, tendo nas mãos uma cana e nos ombros um farrapo de púrpura.

ecce iterum Crispinus, l. *(écce íterum Crispínus)*. Eis aqui novamente o Crispim. Frase de Juvenal, falando de um importuno.

editio princeps, l. *(edício prínceps)*. Edição principal. Expressão empregada para designar a primeira edição de uma obra.

ego sum qui sum, l. *(égo sum qüi sum)*. Eu sou quem sou. Palavras de Deus a Moisés (Ex. III, 14), quando o enviou para libertar o povo de Israel no Egito.

eheu! fugaces labuntur anni, l. *(êu! fugáces labúntur âni)*. Ai de nós! os anos correm céleres. Expressão amargurada do poeta Horácio sobre a brevidade da vida.

eheu! nullum infortunium venit solum, l. *(êu! núlum infortúnium vênit sólum)*. Ai de nós! nenhum infortúnio vem desacompanhado. Locução que serve de lema aos pessimistas.

ejusdem farinae, l. *(eiúsdem faríne)*. Da mesma farinha. Expressão usada para englobar duas ou mais pessoas como portadoras dos mesmos defeitos.

ejusdem furfuris, l. *(eiúsdem fúrfuris)*. Do mesmo farelo. V. *ejusdem farinae.*

Eli, Eli, lamma sabachtani, hebr. *(éli, éli, lâma sabactâni)*. Meu Deus, meu Deus, por que me desamparaste? Frase citada entre as últimas pronunciadas por Jesus na cruz. As três primeiras palavras são hebraicas e a última é aramaica.

emunctae naris, l. *(emúncte náris)*. De nariz limpo. Expressão de Horácio (Sátiras, I, 4-8). Indica pessoa consciente, que sabe o que quer.

enfant gaté, fr. *(anfã gatê)*. Criança mimada. Emprega-se para designar pessoa muito prestigiada pelos superiores e que se prevalece disso tornando-se negligente.

enfant prodige, fr. *(anfã prodíg')*. Criança prodígio. Emprega-se para designar a precocidade infantil em qualquer ramo de atividade.

enfant terrible, fr. *(anfã terríbl')*. Criança terrível. Criança mal-educada, que causa sérios embaraços aos pais.

enfin Malherbe vint, fr. *(anfên malérb' vên)*. Finalmente chegou Malherbe. Frase com que Boileau destaca o papel de Malherbe na poesia francesa.

ense et aratro, l. *(ênse ét arátro).* Com a espada e o arado. Designa o cidadão que serve a pátria durante a guerra e cultiva o solo durante a paz.

entente cordiale, fr. *(antânt' cordiál').* Aliança expressa ou pacto de solidariedade e comunhão de interesses econômicos, políticos ou militares entre duas ou mais nações.

en toute chose il faut considerer la fin, fr. *(an tút' chôs, il fou considerê la fên).* Em tudo se deve considerar o fim. Moral da fábula de La Fontaine *A Raposa e o Bode.*

Epicuri de grege porcum, l. *(epicúri dé grége pórcum).* Porco do rebanho de Epicuro. Epigrama de Horácio, que assim se classificava, escarnecendo da moral rígida pregada pelos estóicos. Designa hoje o materialista gozador da vida.

e pur, si muove, ital. *(ê pur, si muôve).* Entretanto ela (a Terra) se move. Palavras de Galileu quando foi obrigado a retratar-se perante a Inquisição, por ter descoberto o movimento da Terra, considerado como heresia por aquele tribunal.

erga omnes, l. *(érga ômnes). Dir.* Para com todos. Diz-se de ato, lei ou dispositivo que obriga a todos.

eripuit coelo fulmen sceptrumque tyrannis, l. *(erípuit célo fúlmen cetrúmqüe tirânis).* Tirou o raio ao céu e o cetro aos tiranos. Inscrição do pedestal do monumento de Franklin, que alude à descoberta do pára-raios e ao espírito democrático com que militou na política.

eritis sicut dii, l. *(éritis sícut díi).* Sereis como deuses. Palavras que a serpente dirigiu a Eva no paraíso, a fim de induzi-la a comer o fruto da árvore da ciência do bem e do mal (Gên. III, 5).

errare humanum est, l. *(erráre humânum ést).* Errar é humano. Desculpa que se apresenta a fim de atenuar um erro ou engano.

error in objecto, l. *(érror in obiécto). Dir.* Erro quanto ao objeto. V. *aberratio ictus.*

error in persona, l. *(érror in persôna). Dir.* Erro quanto à pessoa. V. *aberratio delicti.*

erunt duo in carne una, l. *(érunt dúo in cárne úna).* Serão dois em uma só carne. Expressão bíblica usada na cerimônia do matrimônio para encarecer a união que deve reinar entre os esposos (Gên. II, 24; Mat. XIX, 5).

e sempre bene, ital. *(ê sêmpre bêne).* E sempre bem. Locução que traduz o otimismo dos peninsulares.

est modus in rebus, l. *(ést módus in rébus).* Há um limite nas coisas. Frase com que Horácio aconselha a moderação em tudo.

esto brevis et placebis, l. *(ésto brévis ét placébis).* Sê breve e agradarás. Conselho escolástico aplicado à eloqüência.

et campos ubi Troja fuit, l. *(ét câmpos úbi Tróia fúit).* E os campos onde existiu Tróia. Hemistíquio virgiliano, que se refere ao abandono de Tróia incendiada quando Enéias e seus companheiros a abandonaram.

et caetera, l. *(ét cétera).* E mais outras coisas. Expressão que se coloca abreviadamente (etc.) no fim de uma enumeração que se poderia alongar.

etiam periere ruinas, l. *(éciam periére ruínas).* Até as ruínas pereceram. Frase de Lucano descrevendo a visita de César às ruínas de Tróia onde não existiam mais vestígios da famosa cidade.

etiamsi omnes, ego non, l. *(eciâmsi ômnes, égo nôn).* Ainda que todos, eu não. Palavra de São Pedro a Jesus (Mt. XXVI, 35), jurando-lhe fidelidade no Jardim das Oliveiras.

et la grace plus belle encore que la beauté, fr. *(ê la grac' plû bél' ancór' qu' la boutê).* E a graça ainda mais bela que a beleza. Verso de La Fontaine no poema Adônis, onde elogia aqueles que suprem a ausência de beleza pelas boas maneiras.

et monté sur le faite, il aspire à descendre, fr. *(ê montê sûr lê fét il aspír' a dessândr').* E, chegado ao apogeu, ele deseja descer. Verso em que Corneille descreve o fastio daqueles que subiram rapidamente.

et nunc reges intelligite; erudimini qui judicatis terram, l. *(ét núnc réges intelígite; erudímini qüi iudicátis térram).* E agora compreendei, ó reis; instruí-vos, vós que governais a Terra. Palavras do Salmo II, versículo 10, citadas para ensinar que devemos aproveitar da expecia alheia.

et par droit de conquête et par droit de naissance, fr. *(ê par droá d' conquét' ê par droá d' nessanc').* Por direito de conquista e por direito de nascimento. Verso em que Voltaire defende Henrique IV, que, apesar de ter direito a suceder, foi obrigado a conquistar o trono da França pelas armas.

et quasi cursores, vitae lampada tradunt, l. *(ét quási cursóres, víte lâmpada trádunt).* Como corredores, eles transmitem o facho da vida. Lucrécio compara a transmissão da vida humana ao jogo em que os atletas passam o facho ao seguinte, depois de correrem. O homem percorre a vida, transmite-a a seus filhos e mergulha na morte.

et reliqua, l. *(ét rélicua).* E o restante. O mesmo que *et caetera.*

e tutti quanti, ital. *(é túti quânti).* E todos os demais. Serve para encerrar uma enumeração.

ex-abrupto, l. *(écs abrúpto).* De repente; inopinadamente.

ex abundantia, l. *(écs abundância).* Com abundância, em grande quantidade.

ex abundantia cordis, l. *(écs abundância córdis).* Da abundância do coração. Com sinceridade.

ex adverso, l. *(écs advérso). Dir.* Do lado contrário. Refere-se ao advogado da parte contrária.

ex aequo, l. *(écs équo). Dir.* Segundo a eqüidade.

ex animo dicere, l. *(écs ânimo dícere).* Dizer com sinceridade.

ex auctoritate legis, l. *(écs auctoritáte légis).* Pela força da lei.

ex auctoritate propria, l. *(écs auctoritáte própria).* Pela sua própria autoridade; sem delegação.

ex cathedra, l. *(écs cátedra).* Do alto da cadeira. (Cadeira de São Pedro, símbolo da autoridade do papa. Quando o papa fala *ex cathedra* ensina como chefe da Igreja e continuador da missão apostólica. Por extensão, exprimir-se dogmaticamente, sem admitir objeções aos seus conceitos).

ex causa, l. *(écs cáusa). Dir.* Pela causa. Diz-se das custas pagas pela parte que requer ou promove certo ato incontrovertível que somente a ela interessa ou aproveita.

exceptio firmat regulam, l. *(ecscépcio fírmat régulam).* A exceção confirma a regra.

exceptis excipiendis, l. *(ecséptis excipiêndis).* Exceto o que se deve excetuar.

ex corde, l. *(écs córde).* De coração. Expressão empregada no fecho de cartas dirigidas a pessoas íntimas.

excusez du peu, fr. *(escusê dû pêu).* Desculpe o pouco. Frase irônica, com que se insiste sobre o preço excessivo de alguma coisa.

ex digito gigas, l. *(écs dígito gígas).* Pelo dedo (se conhece) o gigante. A pessoa superior se manifesta nas menores ações.

ex dono, l. *(écs dôno).* Por doação. Expressão empregada em obras de coleção, que foram doadas por alguém.

exegi monumentum aere perennius, l. *(eczégi monumêntum ére perênius).* Erigi um monumento mais perene que o bronze. Verso da Ode III de Horácio, referindo-se à própria obra literária.

exempli gratia, l. *(eczêmpli grácia).* Por exemplo. Geralmente empregada abreviadamente: *e. g.*

exequatur, l. *(eczequátur).* Execute-se. *Dir.* 1. Autorização dada por chefe de Estado para que um cônsul estrangeiro possa exercer suas funções no país. 2. Decisão de se cumprir no país uma sentença de justiça estrangeira. 3. Fórmula que autoriza a execução de sentença pronunciada por árbitros.

ex expositis, 1. *(écs ecspósitis)*. Do que ficou exposto: Portanto, *ex expositis,* nada lhe resta.

ex improviso, 1. *(écs improvíso)*. De improviso.

ex informata conscientia, 1. *(écs informáta consciência)*. Sem ouvir o réu ou acusado ou o condenado. Literalmente significa: com a consciência informada, isto é, já com julgamento de antemão formado: Condenar alguém *ex informata conscientia.*

ex itinere, 1. *(écs itínere)*. De caminho.

ex lege, 1. *(écs lége)*. Por força da lei: Foi nomeado *ex lege.*

ex libris, 1. *(écs líbris)*. Dos livros de. Fórmula que antecede o nome da pessoa ou entidade a que pertence o livro com essa inscrição.

ex nihilo nihil, 1. *(écs níilo níil)*. Do nada, nada. Coisa alguma pode ser criada do nada. Aforismo tirado de um verso de Pérsio, erigido em princípio filosófico por Lucrécio e outros epicuristas.

ex officio, 1. *(écs ofício)*. Por obrigação, por dever do cargo. *Dir.* Diz-se do ato realizado sem provocação das partes.

ex ore parvulorum veritas, 1. *(écs óre parvulórum véritas)*. A verdade (está) na boca das crianças. As crianças não mentem.

exoriare aliquis nostris ex ossibus ultor, 1. *(eczoriáre áliqüis nóstris écs óssibus últor)*. Que algum vingador nasça de nossas cinzas. Imprecação de Dido moribunda, citada por Virgílio (Eneida, VI, 625).

expende Annibalem, 1. *(ecspênde Aníbalem)*. Pesa Aníbal. Reflexão de Juvenal sobre a fragilidade da glória humana, como se perguntasse: que resta do grande guerreiro?

experto crede Roberto, 1. *(ecspérto créde Robérto)*. Crede no esperto Roberto. Antonius Arena coloca esta frase na boca do próprio Roberto, que faz a promoção de sua capacidade.

explicit, 1. *(écsplicit)*. Acabou, terminou. Indica o fim de uma obra que, em geral, começava com a palavra *incipit;* daí a expressão: Do *incipit* ao *explicit,* do começo ao fim.

ex positis, 1. *(écs pósitis)*. Do que ficou estabelecido, assentado: *Ex positis,* a sociedade está desfeita.

ex professo, 1. *(écs proféssо)*. Como profundo conhecedor; magistralmente.

ex proprio jure, 1. *(écs próprio iúre)*. Por direito próprio.

ex toto corde, 1. *(écs tóto córde)*. De todo o coração. Empregada no final das cartas.

extra petita, 1. *(écstra petíta)*. *Dir.* Além do pedido. Diz-se do julgamento proferido em desacordo com o pedido ou natureza da causa.

ex tunc, 1. *(écs túnc)*. *Dir.* Desde então. Com efeito retroativo.

ex ungue leonem, 1. *(écs ungüe leônem)*. Pela garra (se conhece) o leão. Das mãos de um grande mestre só podem sair obras importantes.

ex vi, 1. *(écs vi)*. Por força. Por determinação de; em virtude de.

ex vi legis, 1. *(écs vi légis)*. *Dir.* Por força da lei. Em virtude da lei.

ex voto, 1. *(écs vóto)*. Por voto. Imagem, quadro ou outro objeto que se coloca nos altares, em agradecimento a Deus ou a um santo por uma graça conseguida.

facio ut des, 1. *(fácio ut dés)*. *Dir.* Faço para que dês. Norma de contrato bilateral.

facio ut facias, 1. *(fácio ut fácias)*. *Dir.* Faço para que faças. Contrato em que o pagamento de um serviço é pago com a prestação de outro serviço.

facit indignatio versum, 1. *(fácit indignácio vérsum)*. A indignação faz o verso. Segundo Juvenal, a ira serve, às vezes, para inspirar os poetas.

factum principis, 1. *(fáctum príncipis)*. Fato do príncipe. *Dir.* Em direito trabalhista, cessação do trabalho por imposição da autoridade pública, sem culpa do empregador, ficando o governo responsável pela indenização devida ao empregado (CLT, art. 486).

fair play, ingl. *(fér plêi)*. Jogo correto. Lealdade no modo de agir.

fama volat, 1. *(fâma vólat)*. A fama voa; a notícia se espalha rapidamente. (Virgílio, Eneida III, 121).

fatta legge, pensata la malizia, ital. *(fáta ledge, pensáta la malídsia)*. Feita a lei, pensada a malícia. Muitos burlam a lei interpretando a seu modo a intenção do legislador.

fatuus fatuum invenit, 1. *(fátuus fátuum ínvenit)*. Um tolo encontra outro tolo.

favete linguis, 1. *(favéte língüis)*. Favorecei com as línguas. Calai-vos. Expressão usada nos espetáculos e reuniões.

feci quod potui, faciant meliora potentes, 1. *(féci cód pótui, fáciant melióra potêntes)*. Fiz o que pude, façam melhor os que puderem.

felix culpa, 1. *(félics cúlpa)*. Feliz culpa. Expressão de Santo Agostinho referindo-se ao pecado de Adão que nos mereceu tão grande redentor.

felix qui potuit rerum cognoscere causas, 1. *(félics qüi pótuit rérum cognóscere cáusas)*. Feliz o que pode conhecer as causas das coisas. Elogio de Virgílio àqueles que pesquisam os fenômenos da natureza.

fervet opus, 1. *(férvet ópus)*. Ferve o trabalho. Expressão virgiliana para descrever a atividade das abelhas no cortiço.

festina lente, 1. *(festína lênte)*. Apressa-te devagar. Frase atribuída a Augusto, que quer dizer que o trabalho executado devagar é melhor do que quando feito apressadamente.

fête galante, fr. *(fét' galant")*. Festa galante. Pintura de cenas de reuniões ao ar livre que teve origem na França, no século XVII.

fiat lux, 1. *(fíat lúcs)*. Faça-se a luz. Palavras pelas quais, segundo o Gênesis, 1, 3, Deus criou a luz.

fiat voluntas tua, 1. *(fíat volúntas túa)*. Seja feita a tua vontade. Palavras duas vezes pronunciadas por Cristo, quando ensinou aos apóstolos a oração dominical (Mt. VI, 10) e quando no Jardim das Oliveiras (Mt. XXVI, 42). São usadas para demonstrar submissão em coisas que repugnam ou contrariam.

fin de siècle, fr. *(fên d' siécl')*. Fim de século. Designa coisa ou acontecimento tão raro que não se repete no mesmo século.

finis coronat opus, 1. *(fínis corônat ópus)*. O fim coroa a obra. A obra está completa, de acordo com o seu planejamento.

firmum in vita nihil, 1. *(fírmum in víta níil)*. Nada (é) firme na vida. Tudo é inconstante, transitório.

five o'clock tea, ingl. *(faiv' óclóc ti)*. Chá das cinco horas. Tradicional costume inglês de tomar leve refeição às cinco horas, na qual é sempre servido o chá.

flagrante delicto, 1. *(flagrânte delícto)*. *Dir.* Ao consumar o delito. Diz-se do momento exato em que o indivíduo é surpreendido a perpetrar o ato criminoso, ou enquanto foge, após interrompê-lo ou consumá-lo, perseguido pelo clamor público.

fluctuat nec mergitur, 1. *(flúctuat néc mérgitur)*. Flutua, não se submerge. Divisa da cidade de Paris, que tem um navio como emblema.

foenum habet in cornu, 1. *(fênum ábet in córnu)*. Tem feno no chifre. Refere-se Horácio aos críticos que investem como bois contra os literatos mas não lhes causam dano, pois suas armas estão inutilizadas como as dos bois bravos cujos cornos eram cobertos com feno.

fontes aquarum, 1. *(fôntes aquárum)*. As fontes das águas. Expressão bíblica. Empregada contra os maus poetas que se servem do dicionário de rimas.

Foreign Office, ingl. *(fôrin ófic').* Designa o Ministério das Relações Exteriores, da Inglaterra.

for ever! ingl. *(fór évâr).* Para sempre! Locução muito usada nas campanhas eleitorais da Inglaterra e Estados Unidos.

forget-me not, ingl. *(fórguet mi nót).* Não te esqueças de mim. Nome dado pelos ingleses ao miosótis.

forsan et haec olim meminisse juvabit, l. *(fórsan et éc ólim meminísse iuvábit).* Talvez algum dia nos seja agradável recordar estas coisas. Enéias procura confortar os companheiros de infortúnio (Eneida, 1, 203).

four in hand, ingl. *(fór in hând).* Quatro em mãos. Parelha de quatro cavalos. *Fig.* Abastança, vida luxuosa.

F. S. et S., l. *(fécit síbi ét súis).* Fez para si e para os seus. Inscrição que se encontra em muitos monumentos da Antigüidade que eram de uso particular.

fuero juzgo, cast. *(fuero húsgo).* Compilação da lei visigótica, primeiro código espanhol, que vigorou em Portugal até 1446.

fugit irreparabile tempus, l. *(fúgit irreparábile têmpus).* Foge o tempo irreparável. Virgílio lembra-nos que o tempo passa rapidamente e que não devemos desperdiçá-lo.

full time, ingl. *(full taim').* Tempo integral. Trabalho nos dois períodos.

genus irritabile vatum; l. *(gênus irritábile vátum).* Raça irritadiça dos poetas. É como Horácio traduz a idéia de que poetas e escritores são temperamentais.

Gloria Patri, l. *(glória pátri).* Glória ao Pai. *Rel.* Palavras iniciais do versículo que se canta ou reza no fim dos salmos e de outras orações da Igreja.

gloriae et virtutis invidia est comes, l. *(glórie ét virtútis invídia ést cômes).* A inveja é a companheira da glória e da virtude. A inveja procura destruir a virtude e o mérito alheio.

God save the king ou **the queen,** ingl. *(Gód sêv' th king... th' quin).* Deus salve o rei (ou) a rainha. Frase inicial do hino nacional inglês.

gold point, ingl. *(gôld pôint).* Ponto de ouro. Situação cambial equilibrada nos países de moeda-ouro.

graecum est, non legitur, l. *(grécum ést, non légitur).* É grego, não se lê. Axioma medieval que mostra o desprestígio do grego entre os eruditos.

grammatici certant, l. *(gramátici cértant).* Os gramáticos discutem. Empregada para significar que uma questão não se resolverá facilmente.

grande mortalis aevi spatium, l. *(grânde mortális évi spácium).* Grande espaço da vida de um mortal. Assim descreve Tácito os quinze anos em que reinou Domiciano.

grand-prix, fr. *(gran pri).* Grande prêmio. Diz-se do maior prêmio concedido em exposições, concursos, corridas etc.

gratia argumentandi, l. *(grácia argumentândi).* Pelo prazer de argumentar. Emprega-se quando se quer usar um argumento do adversário considerado inconsistente.

gratis pro Deo, l. *(grátis pro Déo).* De graça, para Deus. Sem remuneração.

gravis testis, l. *(grávis téstis).* Testemunha grave. Testemunha digna; testemunha de peso.

graviter facere, l. *(gráviter fácere).* Agir com prudência, com moderação, com gravidade.

grosso-modo, l. *(grósso módo).* De modo geral. Por alto, sem penetrar no âmago da questão.

gutta cavat lapidem, l. *(gúta cávat lápidem).* A gota de água cava a pedra. Traduz a idéia do provérbio: Água mole em pedra dura tanto dá até que fura.

hapeas corpus, l. *(ábeas córpus). Dir.* Que tenhas o corpo. Meio extraordinário de garantir e proteger com presteza todo aquele que sofre violência ou ameaça de constrangimento ilegal na sua liberdade de locomoção, por parte de qualquer autoridade legítima.

habemus confitentem reum, l. *(abêmus confitêntem réum).* Temos o réu que se confessa. Frase da oração em que Cícero defende Ligário, partidário de Pompeu.

habent sua fata libelli, l. *(ábent súa fáta libéli).* Os livros têm o seu destino. Aforismo de Terenciano Mauro cuja obra permaneceu obscura durante muito tempo.

happy end, ingl. *(hépi end).* Fim feliz. Indica o desfécho feliz nas peças teatrais e cinematográficas.

hasta la vista, cast. *(ásta la vísta).* Até a vista.

hic et nunc, l. *(íc ét núnc).* Aqui e agora. Imediatamente; neste instante.

high fidelity, ingl. *(hái fidéliti).* Alta fidelidade. Alta qualidade, grande pureza de som obtida nos aparelhos eletrônicos.

hic jacet, l. *(íc iácet).* Aqui jaz. Expressão consagrada nas inscrições de lápides mortuárias.

hic jacet lepus, l. *(íc iácet lépus).* Aqui está a lebre; esta é a dificuldade.

hoc caverat mens provida Reguli, l. *(óc cáverat mens próvida Réguli).* A mente previdente de Régulo previra isto. Aplica-se nos casos em que alguém diz ter previsto um acontecimento depois dele realizado.

hoc erat in votis, l. *(óc érat in vótis).* Isto estava nos votos. Aplica-se quando se obtém algo muito desejado.

hoc opus, hic labor est, l. *(óc ópus, íc lábor ést).* Aí é que está a dificuldade. Sentença de Virgílio que se aplica no sentido literal.

hoc volo, sic jubeo; sit pro ratione voluntas, l. *(óc vólo, sic iúbeo; sit pró raciône volúntas).* Quero isto, ordeno isto, que a vontade sirva de razão. Frase de Juvenal que condena a arbitrariedade.

hodie mihi, cras tibi, l. *(ódie míi, cras tíbi).* Hoje para mim, amanhã para ti. Usada nas inscrições tumulares e quando se deseja o mesmo mal a quem o causou.

home fleet, ingl. *(houm' flit).* Esquadra da casa. Nome que se dá à Armada Inglesa, referindo à parte dela que permanece na Grã-Bretanha.

Home-Office, ingl. *(houm'-ofic').* Ministro do Interior, da Inglaterra.

home rule, ingl. *(houm' rul').* Governo próprio, Designa a autonomia moderada concedida pela Inglaterra aos territórios da Comunidade Britânica.

home-ruler, ingl. *(houm' rul'r).* Partidário da *home rule.*

homo faber, l. *(ômo fáber).* O homem artífice. Locução empregada por Henri Bergson para designar o homem primitivo ante a necessidade de forjar ele próprio os utensílios indispensáveis à manutenção da vida.

homo homini lupus, l. *(ômo ômini lúpus).* O homem é lobo para o homem. Pensamento de Plauto, aceito por alguns e praticado por muitos.

homo sapiens, l. *(ômo sápiens).* O homem sábio. 1. Nome da espécie homem na nomenclatura de Lineu. 2. Expressão usada por Henri Bergson para indicar o homem, único animal inteligente em face aos demais.

homo sum et nihil humani a me alienum, l. *(ômo sum ét níil humâni a mé aliênum).* Sou homem e nada do que é humano me é estranho. Terêncio advoga a solidariedade humana.

honnesty is the best policy, ingl. *(hon'sty th' bést pólici).* A honradez é a melhor política. Exprime o ideal da administração britânica.

honni soit qui mal y pense, fr. *(oní soá qui mal y pans').* Envergonhe-se quem pensar mal disto. Divisa da ordem da jarreteira na Inglaterra.

honoris causa, l. *(onóris cáusa).* Por causa da honra. Título honorífico concedido a pessoas ilustres.

honos alit artes, l. *(ônos álit ártes).* A honra alimenta as artes. Máxima de Cícero que explica a necessidade de aplausos como incentivo aos artistas.

horresco referens, l. *(orrésco réferens).* Tremo ao referir. Palavras de Enéias ao narrar o episódio da morte de Laocoonte.

horribile dictu, l. *(orríbile díctu).* Horrível de se dizer. Locução interjetiva.

hors-concours, fr. *(ór concur).* Fora de concurso. Diz-se de qualquer objeto ou animal apresentado em uma exposição, sem concorrer aos prêmios.

hors-d'oeuvre, fr. *(ór dévr').* Entrada; antepasto. Alimentos leves, tomados ao início da refeição, destinados a predispor o organismo para se alimentar bem.

horse power, ingl. *(hor's páuar).* Cavalo-vapor. Abreviadamente, HP.

hors ligne, fr. *(ór linh').* Fora da linha; bem acima do normal.

hospes hostis, l. *(óspes, óstis).* Estrangeiro, inimigo. Máxima antiga que traduz o sentimento de desconfiança e hostilidade para com os estrangeiros.

idem per idem, l. *(idem pér idem).* O mesmo pelo mesmo. Argumento vicioso, também chamado ***petição de princípio.***

ignoti nulla cupido, l. *(ignóti núla cupído).* Ao ignorante nenhum desejo. Pensamento de Ovídio equivalente a: *Não se deseja aquilo que não se conhece.*

il est avec le ciel des accommodements, fr. *(il ét avéc lê ciél dés acomodemã).* Com o céu pode-se arranjar. Tartufo, personagem de Molière, julga poder acomodar-se mesmo com aqueles que primam pelo rigor.

ils sont trop verts, fr. *(il son troz vér).* Estão muito verdes. Palavras da fábula "A Raposa e as Uvas", de la Fontaine. A frustração nos leva a fingir desprezo pelo que mais ambicionamos.

impavidum ferient ruinae, l. *(impávidum férient ruíne).* As ruínas ferem o destemido. Horácio celebra a bravura e intrepidez do homem justo (Odes, III, 3 e 8).

imperium in imperio, l. *(impérium in império).* Um império no império. Diz-se da usurpação, por parte de uma autoridade, das funções de outra.

improbus administrator, l. *(ímprobus administrátor)..* Administrador desonesto.

improbus litigator, l. *(ímprobus litigátor). Dir.* Litigante desonesto. O que entra em demanda sem direito, por ambição, malícia ou emulação.

in absentia, l. *(in absência). Dir.* Na ausência. Diz-se do julgamento a que o réu não está presente.

in abstracto, l. *(in abstrácto).* Em abstrato. Sem fundamento; teoricamente.

in actu, l. *(in áctu).* No ato. No momento de ação.

in aeternum, l. *(in etérnum).* Para sempre; eternamente.

in albis, l. *(in álbis).* Em branco. Sem nenhuma providência. Diz-se também da pessoa vestida apenas com roupas íntimas.

in ambiguo, l. *(in ambíguo).* Na dúvida.

inania verba, *(inânia vérba).* Palavras frívolas, ocas, inúteis.

in anima nobili, l. *(in ânima nóbili).* Em alma nobre. *Med.* Experiência feita no ser humano.

in anima vili, l. *(in ânima víli).* Em alma vil; irracional. *Med.* Experiência científica feita em animais.

in aqua scribere, l. *(in áqua scríbere).* Escrever na água, isto é, não manter a fé jurada: O que diz a mulher é mesmo que *in aqua scribere* (Catulo).

in articulo mortis, l. *(in artículo mórtis).* Em caso de morte iminente.

in bocca chiusa non entrò mai mosca, ital. *(in bóca quiúsa non entró mái mósca).* Em boca fechada nunca entrou mosca.

in cauda venenum, l. *(in cáuda venênum).* O veneno está na cauda. Alusão ao escorpião, cujo veneno está na cauda. Aplica-se a um final de carta ou discurso em que se excedeu nas exigências, na linguagem ou na malícia.

incipit, l. *(íncipit).* Começa. Forma verbal que iniciava as antigas obras literárias: Incipit Vita Nova (Dante Alighieri).

in continenti, l. *(in continênti).* Imediatamente.

incredibile dictu, l. *(incredíbile díctu).* Incrível de se dizer. Empregado mais interjetivamente.

inde irae, l. *(índe íre).* Daí as iras. Palavras de Juvenal para explicar a origem das discórdias.

in dubio contra fiscum, l. *(in dúbio côntra físcum). Dir.* Na dúvida, contra o fisco.

in dubio libertas, l. *(in dúbio libértas).* Na dúvida, liberdade. Princípio de moral que autoriza a consciência duvidosa a agir livremente, quando na incapacidade de remover a dúvida.

in dubio pro reo, l. *(in dúbio pró réo). Dir.* Na dúvida, pelo réu. A incerteza sobre a prática de um delito ou sobre alguma circunstância relativa a ele deve favorecer o réu.

in extenso, l. *(in ecstênso).* Na íntegra.

in extremis, l. *(in ecstrêmis).* No último momento. O mesmo que *in articulo mortis.*

infandum, regina, jubes renovare dolorem, l. *(infândum, regína, iúbes renováre dolórem).* Mandas, ó rainha, renovar uma dor atroz. Palavras de Enéias, ao referir à rainha Dido a destruição de Tróia (Eneida, II, 3).

in fine, l. *(in fine).* No fim. Refere-se ao fim de um capítulo, parágrafo ou livro.

in forma pauperis, l. *(in fórma páuperis).* Na qualidade de pobre. Dizia-se, outrora, dos que careciam de recursos para pagar a ação da justiça e as custas do processo; atestado de pobreza.

in foro conscientiae, l. *(in fóro consciêncie).* No tribunal da consciência.

in fraudem legis, l. *(in fráudem légis). Dir.* Em fraude da lei.

in globo, l. *(in glóbo).* Em globo; em massa; sem distinção das diversas partes.

in hanc diem, l. *(in ânc díem).* Até o dia presente; até o presente momento.

In hoc signo vinces, l. *(in óc sígno vínces).* Com este sinal vencerás. Palavras que circundavam a cruz que se diz ter aparecido a Constantino antes da batalha da Ponte Mílvio, quando derrotou a Maxêncio em 312.

in illo tempore, l. *(in ílo têmpore).* Naquele tempo. Em tempo ou época muito remotos.

in integrum restituere, l. *(in íntegrum restitúere). Dir.* Restituir por inteiro. Devolver a coisa no seu estado primitivo.

in limine, l. *(in límine).* No limiar. Diz-se em linguagem parlamentar do projeto rejeitado em todos os seus itens. Inteiramente rejeitado.

in limine litis, l. *(in límine lítis). Dir.* No limiar do processo. Logo no início do processo.

in loco, l. *(in lóco).* No lugar.

in manus tuas, l. *(in mânus túas).* Nas tuas mãos. Palavras que, segundo os Evangelhos, Cristo pronunciou na cruz ao expirar (Luc. XXIII, 46).

in medio stat virtus, l. *(in médio stát vírtus).* A virtude está no meio. Princípio de ascética, que condena o relaxamento, ao mesmo tempo que o rigorismo.

in memoriam, l. *(in memóriam).* Em memória: em lembrança de (colocado nos monumentos e lápides mortuárias).

in mente, l. *(in ménte).* Na mente, no espírito.

in naturalibus, l. *(in naturálibus).* Em nudez.

in nomine, l. *(in nômine).* Em nome; representando a outrem.

in octavo, l. *(in octávo).* Em oitavo.

inops, potentem dum vult imitare, perit, l. *(ínops, potêntem dum vúlt imitáre, périt).* O pobre, quando quer imitar o poderoso, perece.

in ovo, l. *(in óvo).* No ovo; no embrião; ainda por nascer.

in pace, l. *(in páce).* Na paz.

in partibus infidelium, l. *(in pártibus infidélium).* Nas regiões dos infiéis. Diz-se do prelado designado aos países de missão, sem residência fixa.

in pectore, l. *(in péctore).* No peito. Intimamente, secretamente.

in perpetuam rei memoriam, l. *(in perpétuam rêi memóriam).* Para recordação perpétua da coisa. Inscrição colocada nos monumentos históricos.
in plano, l. *(in plâno).* Em plano. Diz-se da folha impressa que forma um só folheto ou duas páginas.
in poculis, l. *(in póculis).* No meio dos copos; a beber.
in posterum, l. *(in pósterum).* No futuro.
in praesenti, l. *(in presênti).* No tempo presente; agora.
in puris naturalibus, l. *(in púris naturálibus).* Em estado de natureza, na pureza original: O homem, *in puris naturalibus,* não pode pecar (Rousseau).
in quarto, l. *(in quárto).* Em quarto.
in re, l. *(in ré).* Na coisa, em realidade, efetivamente, positivamente: Não é fantasia, mas tem fundamento *in re.*
in rerum natura, l. *(in rérum natúra).* Na natureza das coisas.
in sacris, l. *(in sácris).* Nas coisas sagradas.
in saecula saeculorum, l. *(in sécula seculórum).* Pelos séculos dos séculos. Para sempre (expressão litúrgica).
insalutato hospite, *(insalutáto óspite).* Sem saudar o hospedeiro. Sem saudar o dono da casa.
in silva non ligna feras insanius, l. *(in sílva non lígna féras insânius).* Não (seria) mais insano levar lenha para a floresta.
in situ, l. *(in sítu).* No lugar. No lugar determinado.
in solido, l. *(in sólido).* Em sólido; na massa. *Dir.* Solidariamente.
in speciem, l. *(in spéciem).* Na aparência; em forma de.
in spiritualibus, l. *(in spirituálibus).* Nas coisas espirituais.
instar omnium, l. *(ínstar ômnium).* Como todos; à maneira dos demais.
Intelligence Service, ingl. *(intelidgênce sérvic').* Serviço de Inteligência. Nome por que é conhecido o serviço secreto inglês.
intelligenti pauca, l. *(inteligênti páuca).* Ao que compreende, poucas palavras. Corresponde a: Para bom entendedor meia palavra basta.
in temporalibus, l. *(in temporálibus).* Nas coisas temporais.
in tempore oportuno, l. *(in têmpore oportúno).* Em tempo oportuno. No momento conveniente.
inter amicos non esto judex, l. *(inter amícos nôn ésto iúdecs).* Não sejas juiz entre amigos.
inter arma charitas, l. *(ínter árma cáritas).* Caridade no meio das armas (entre os combatentes). Divisa da sociedade da Cruz Vermelha.
in terminis, l. *(in términis). Dir.* No fim. Decisão final que encerra o processo.
inter pocula, l. *(ínter pócula).* No ato de beber, entre os copos, na festa: Discursar *inter pocula.*
inter vivos, l. *(ínter vívos). Dir.* Entre os vivos. Diz-se da doação propriamente dita, com efeito atual, realizada de modo irrevogável, em vida do doador.
in totum, l. *(in tótum).* No todo; na totalidade.
intra muros, l. *(íntra múros).* Dentro dos muros. No interior da cidade.
in transitu, l. *(in trânsitu).* De passagem.
in utroque jure, l. *(in utróque iúre).* Em ambos os direitos, o Civil e o Canônico.
intuitu personae, l. *(intúitu persône). Dir.* Em consideração à pessoa.
in vino veritas, l. *(in víno véritas).* No vinho (está) a verdade.
invita Minerva, l. *(invíta Minérva).* Contra a vontade de Minerva. Horácio refere-se aos autores sem talento ou inspiração que insistem em escrever.
in vitium ducit culpae fuga, l. *(in vícium dúcit cúlpe fúga).* A fuga da culpa conduz ao vício. Pensamento de Horácio.
in vitro, l. *(in vítro).* No vidro. Expressão que indica as reações fisiológicas feitas fora do organismo, em tubos de ensaio.
in vivo, l. *(in vívo).* Expressão que designa as ações e as experiências nos seres vivos.
io non so littere, ital. *(io non sô lítere).* Não sou letrado. Palavras do Papa Júlio II a Miguel Ângelo que queria colocar um livro na mão da estátua desse papa. Este preferiu uma espada.
ipsis litteris, l. *(ípsis líteris).* Pelas mesmas letras; textualmente.
ipsis verbis, l. *(ípsis vérbis).* Com as mesmas palavras; com as próprias palavras.
ipso facto, l. *(ipso fácto).* Só pelo mesmo fato; por isso mesmo; conseqüentemente.
ipso jure, l. *(ípso iúre). Dir.* Pelo próprio direito; de acordo com o direito.
ira furor brevis est, l. *(íra fúror brévis ést).* A ira é uma loucura passageira. Pensamento de Horácio.
is fecit cui prodest, l. *(is fécit cúi pródest).* Fez aquele a quem aproveitou. Quase sempre pratica um delito aquele que dele tira proveito.
is pater est quem nuptiae demonstrant, l. *(is páter ést qüem núpcie demônstrant). Dir.* É pai aquele que as núpcias indicam. Não se supõe a paternidade atribuída a outro, enquanto perdura o matrimônio.
it, ingl. *(it).* Magnetismo, encanto pessoal.
ita diis placuit, l. *(íta díis plácuit).* Assim aprouve aos deuses. Foi inevitável.
Italia farà da sè, ital. *(Itália fará dá sé).* A Itália agirá por si (sem precisar de ajuda). Frase usada pelos líderes italianos durante a campanha da unificação.
ite, missa est, l. *(íte, míssa ést).* Ide, a ação está terminada. Palavras com que o padre despedia os fiéis ao terminar a missa. Hoje usa o vernáculo: *Ide em paz, que Deus vos acompanhe.*
jam satis est, l. *(iâm sátis ést).* Já é bastante: Intrigaram, desonraram, caluniaram: agora, *jam satis est.*
j'en passe et des meilleurs, fr. *(jan páss' e dé meiêr).* Omito alguns e dos melhores. Empregada nas enumerações incompletas.
Jesus autem tacebat, l. *(Iésus áutem tacébat).* Jesus porém se calava. Refere-se ao episódio evangélico em que Jesus permaneceu em silêncio enquanto seus inimigos o acusavam.
jeu de mots, fr. *(jê dê mô).* Jogo de palavras; trocadilho.
jeu de paume, fr. *(jê dê poume).* Jogo da péla.
joco remoto, l. *(ióco remóto).* Fora de brincadeira; falando sério.
John Bull, ingl. *(djon bul).* João Touro. Expressão caricatural por que é designado o povo inglês.
judex damnatur, ubi nocens absolvitur, l. *(iúdecs damnátur úbi nócens absólvitur).* O juiz é condenado quando o culpado é absolvido.
jurare in verba magistri, l. *(iuráre in vérba magístri).* Jurar nas palavras do mestre. Horácio em suas epístolas refere-se aos alunos que aceitam sem discussão a opinião do professor. V. *magister dixit.*
jure et facto, l. *(iúre ét fácto).* De direito e de fato.
juris et de jure, l. *(iúris ét dé iúre). Dir.* De direito e por direito. Estabelecido por lei e considerado por esta como verdade.
juris tantum, l. *(iúris tântum). Dir.* De direito somente. O que resulta do próprio direito e somente a ele pertence.
jus agendi, l. *(ius agêndi). Dir.* Direito de agir, de proceder em juízo.
jus conditum, l. *(ius cônditum). Dir.* Direito constituído; que está em vigor.
jus est ars boni et aequi, l. *(ius ést árs bôni ét éqüi).* O direito é a arte do bem e do justo.
jus et norma loquendi, l. *(ius ét nórma loqüêndi).* A lei e a norma da linguagem. Horácio refere-se ao uso, que ele considera fator preponderante na formação da língua.
jus gentium, l. *(ius gêncium).* Direito das Gentes. Direito

aplicado aos estrangeiros, equivalente ao atual *Direito Internacional.*

jus privatum, l. *(ius privátum).* Direito privado; o direito civil.

jus publicum, l. *(ius públicum).* Direito público, isto é, das relações dos cidadãos com o Estado; direito político.

jus sanguinis, l. *(ius sângüinis).* Direito de sangue. Princípio que só reconhece como nacionais os filhos de pais nascidos no país.

jus soli, l. *(ius sóli).* Direito do solo. Princípio pelo qual a pessoa tem a cidadania do país onde nasceu.

justae nuptiae, l. *(iúste núptie).* Justas núpcias. Expressão usada pelos romanos para designar o casamento legal.

juste-milieu, fr. *(jüst'-miliêu).* Justo meio. Norma governamental pela qual o Executivo se mantém igualmente distanciado das extremas da direita e da esquerda.

labor improbus omnia vincit, l. *(lábor ímprobus ômnia víncit).* O trabalho persistente vence tudo. Pensamento de Virgílio (Geórgicas, 144 e 145).

lacrima Christi, l. *(lácrima crísti).* Lágrima de Cristo. Nome do vinho moscatel de vinhas cultivadas nas proximidades do Vesúvio.

la critique est aisée, l'art est difficile, fr. *(la critiq' ét esê, lár é dificil').* A crítica é fácil, a arte difícil. Máxima falsamente atribuída a Boileau.

laisser faire, laisser passer, fr. *(lessê fér', lessê passê).* Deixar fazer, deixar passar. Princípio que Turgot-Gournay pretenderam aplicar à economia a ser regida por leis naturais, como a lei da oferta e da procura.

la mouche du coche, fr. *(la much' du coch').* A mosca do coche. Alusão à fábula de La Fontaine "O Coche e a Mosca", que se aplica às pessoas que aparentam muito esforço, enquanto outros trabalham realmente.

lapsus calami, l. *(lápsus cálami).* Erro de pena. Diz-se do erro inadvertido de quem escreve.

lapsus linguae, l. *(lápsus língüe).* Erro de língua. Diz-se das distrações que se cometem na linguagem falada.

lapsus loquendi, l. *(lápsus loqüêndi).* Um lapso ao falar. O mesmo que *lapsus linguae.*

lapsus scribendi, l. *(lápsus scribêndi).* Um lapso no escrever. O mesmo que *lapsus calami.*

la raison du plus fort est toujours la meilleure, fr. *(la resón dû plûs fór é tujúr la meiér).* A razão do mais forte é sempre a melhor.

lasciate ogni speranza, voi ch'entrate, ital. *(lachiáte ônhi sperânza vói qu'entráte).* Vós que entrais, deixai toda a esperança. Inscrição na porta do inferno da "Divina Comédia".

last but not least, ingl. *(last bât not list).* Último mas não o menor. Emprega-se para ressalvar numa enumeração de pessoas a que foi citada por último.

latet anguis in herba, l. *(látet ângüis in érba).* A serpente se esconde sob a erva. Frase de Virgílio que se aplica a fim de aludir a um perigo oculto.

lato sensu, l. *(láto sênsu).* No sentido lato, geral.

laudator temporis acti, l. *(laudátor têmporis ácti).* Encomiasta do tempo passado. Defeito comum aos velhos, que Horácio ridiculariza na Arte Poética.

laus Deo, l. *(láus déo).* Louvor a Deus. Frase que alguns autores colocam no final do livro como sinal de gratidão a Deus.

laus in ore proprio vilescit, l. *(láus in óre próprio viléssit).* O louvor na própria boca envilece.

L. B., l. *(Lectóri benévolo).* Ao leitor benévolo. Palavras ou abreviatura que se antepõe ao texto de um livro, como explicação preliminar; prefácio, proêmio ou prefação.

legem habemus, l. *(légem abêmus). Dir.* Temos lei. Expressão usada contra dissertações que ferem dispositivos legais.

le mieux est l'ennemi du bien, fr. *(lê miêu é l'enemí dû biân).* O melhor é inimigo do bom. O desejo excessivo de perfeição pode estragar o que estava bom ou tornar incômoda uma situação tolerável.

le roi est mort, vive le roi, fr. *(l'roá é mór, viv'l'roá).* O rei morreu, viva o rei. Frase pronunciada na proclamação dos reis em França, citada para lembrar a ingratidão humana. Os homens se esquecem facilmente de seus ídolos, tão logo eles caem, para se apegarem aos que os sucedem.

l'Etat c'est moi, fr. *(l'etát cé moá).* O Estado sou eu. Frase de Luís XIV, da França. Nela se baseava a monarquia absoluta.

lever de rideau, fr. *(l'vê d' ridô).* Levantar de cortina. Pequena peça de um ato, no início da função teatral.

levius fit patientia quidquid corrigere est nefas, l. *(lévius fit paciência qüidqüid corrígere ést néfas).* A paciência torna mais leve o que é inevitável (pensamento de Horácio).

lex est quod notamus, l. *(lécs ést quód notâmus).* O que escrevemos é lei; isto é, tem força de lei. (Divisa da Câmara de Notários de Paris).

libera Chiesa in libero Stato, ital. *(líbera quiésa in líbero státo).* A Igreja livre no Estado livre. Frase atribuída a Montalembert mas popularizada pelo Conde de Cavour que por ela evidenciou os princípios liberais que o animavam, durante a campanha da unificação da Itália.

libertas quae sera tamen, l. *(libértas qüe séra tâmen).* Liberdade ainda que tardia. Palavras de Virgílio, tomadas como lema pelos chefes da Inconfidência Mineira e que figuram na bandeira daquele Estado.

lignum crucis, l. *(lígnum crúcis).* O lenho da cruz de Cristo ou relíquia da santa cruz: No *lignum crucis* encontraremos a paz que tanto almejamos.

litterae Bellerophontis, l. *(lítere Belerofôntis).* Carta de Belerofonte, isto é, carta perigosa e que contém sentença de morte ou coisa semelhante para quem a conduz.

litterature engagée, fr. *(literatúr' angagê).* Literatura comprometida. Gênero literário cujo autor assume posições definidas relativamente aos problemas políticos e sociais.

loco citato, l. *(lóco citáto).* No trecho citado. Referência, num livro, a um trecho anteriormente citado.

loco dolenti, l. *(lóco dolênti).* No lugar dolorido. Indicação usada na medicina antiga.

l'oeil du maitre, fr. *(l'éil dû metr').* O olho do dono. Título de uma fábula de La Fontaine que inspirou diversos provérbios, entre os quais: *O olho do dono engorda o cavalo.*

made in, ingl. *(mêd in).* Feito em, fabricado em. Locução aposta ao nome do lugar onde se fabricou ou industrializou um produto comercial.

magister dixit, l. *(magíster dícsit).* O mestre falou. Com esta expressão os escolásticos referiam-se a Aristóteles cuja opinião encerrava qualquer discussão. Ainda hoje se aplica para citar alguém tido como mestre em determinada matéria.

magnae spes altera Romae, l. *(mágne spés áltera Róme).* A segunda esperança da grande Roma. Virgílio falava do filho de Enéias. Aplica-se à segunda autoridade de uma nação ou região.

magni nominis umbra, l. *(mágni nôminis úmbra).* A sombra de um grande nome. Verso de Lucano que se aplica à pessoa que teve sua hora de glória, caindo depois na obscuridade.

major e longinquo reverentia, l. *(máior é longínquo reverência).* Maior reverência ao que está distante. Refere-se Tácito à reverência que temos por aqueles que se acham afastados de nós no tempo e no espaço.

maiores pennas nido, l. *(maióres pênas nído).* Asas maiores do que o ninho. Horácio visava àqueles que, nascidos de condição humilde, tentam melhorar a posição social.

mal de mer, fr. *(mal de mér).* Enjôo.

malgré ceci, fr. *(malgrê cecí).* Apesar disto.

malgré cela, fr. *(malgrê celá).* Apesar daquilo.
malgré lui, fr. *(malgrê lüi).* A seu pesar; contra a sua opinião.
malgré tout, fr. *(malgrê tu).* Apesar de tudo.
malo mori quam faedari, l. *(málo móri quam fedári).* Antes morrer do que desonrar-se. Divisa da Sicília.
mane, thecel, phares, l. *(mâne, técel, fáres).* Contado, pesado, dividido. Palavras que, segundo o livro de Daniel, apareceram na parede da sala onde o Rei Baltasar promovia uma festa sacrílega.
manibus date lilia plenis, l. *(mânibus dáte lília plênis).* Dai lírios às mãos cheias. Passagem de Virgílio (Eneida, VI, 883), em que Anquises pede flores para o túmulo de Marcelo.
man spricht deutsch, al. *(mán xprixt dóitx).* Fala-se alemão. Palavras colocadas nas vitrinas para indicar que no estabelecimento alguém fala alemão.
manu militari, l. *(mânu militári). Dir.* Pela mão militar. Diz-se da execução de ordem da autoridade, com o emprego da força armada.
marche aux flambeaux, fr. *(march' ou flambô).* Marcha das tochas. Concentração popular por motivo de regozijo ou homenagem, em que cada pessoa desfila com uma tocha acesa.
margaritas ante porcos, l. *(margarítas ânte pórcos).* Pérolas diante dos porcos. Passagem evangélica em que Cristo aconselha que não se atirem pérolas aos porcos (Mt. VII, 6). Não tratar de coisas santas com ímpios e blasfemos.
materiam superabat opus, l. *(matériam superábat ópus).* O trabalho excedia a matéria. Aplica-se nos casos em que a forma literária seja superior ao tema.
mea culpa, l. *(méa cúlpa).* Por minha culpa. Locução encontrada no ato de confissão e se aplica nos casos em que a pessoa reconhece os próprios erros.
medice, cura teipsum, l. *(médice, cúra teípsum).* Médico, cura a ti próprio. Provérbio citado por Cristo e diz respeito àqueles que, esquecidos dos próprios defeitos, desejam corrigir os alheios.
medio tutissimus ibis, l. *(médio tutíssimus íbis).* Irás seguríssimo pelo meio. Deves evitar os extremos.
mehr Licht, al. *(mer lixt).* Mais luz. Últimas palavras de Goethe.
memento homo, quia pulvis es et in pulverem reverteris, l. *(memênto ômo, qüía púlvis és ét in púlverem revertéris).* Lembra-te, homem, que és pó e em pó te tornarás. Palavras pronunciadas pelo sacerdote enquanto impõe cinza na cabeça de cada fiel, na quarta-feira de cinzas.
memento mori, l. *(memênto móri).* Lembra-te que hás de morrer. Pensamento cristão, usado como saudação entre os trapistas; também empregado em inscrições tumulares.
mendaci ne verum quidem dicenti creditur, l. *(mendáci né vérum qüídem dicênti créditur).* Não se dá crédito ao mentiroso nem quando ele diz a verdade.
mens agitat molem, l. *(mêns ágitat mólem).* O espírito move a matéria. Frase virgiliana aproveitada pelos panteístas e estóicos, hoje empregada no sentido de que a inteligência domina a matéria.
mens legis, l. *(mêns légis). Dir.* O espírito da lei.
mens legislatoris, l. *(mêns legislatóris).* O pensamento, a vontade, a intenção do legislador.
mens sana in corpore sano, l. *(mêns sâna in córpore sâno).* Espírito sadio em corpo são. Frase de Juvenal, utilizada para demonstrar a necessidade de corpo sadio para serviços de ideais elevados.
meta optata, l. *(méta optáta). Dir.* Fim colimado. O fim alcançado pelo agente do delito.
mettere la coda dove non va il capo, ital. *(métere la códa dôve non vá il cápo).* Meter a cauda onde não cabe a cabeça. Mudar de tática, segundo as circunstâncias.
metteur-en-scène, fr. *(metêur an cên').* Encenador. Nos teatros, pessoa encarregada de movimentar atores e cenários.
minima de malis, l. *(mínima dé mális).* Os menores dentre os males. Provérbio de uma das fábulas de Fedro.
minus habens, l. *(mínus ábens).* Que tem menos. Serve para indicar pessoa pouco inteligente ou menos dotada.
mirabile dictu, l. *(mirábile díctu).* Admirável de se dizer. Empregada como locução interjetiva.
mirabile visu, l. *(mirábile vísu).* Admirável de se ver. Diz-se de qualquer espetáculo belo ou raro.
mise en scène, fr. *(mis' an cên').* Encenação.
miserere mei, Deus, l. *(miserére mêi, Deus).* Deus, tende compaixão de mim. Palavras iniciais do Salmo 51, um dos salmos penitenciais.
missi dominici, l. *(míssi domínici).* Os enviados do senhor, isto é, os inspetores reais instituídos por Carlos Magno, os quais julgavam do procedimento dos duques e condes.
modus faciendi, l. *(módus faciêndi).* Modo de agir.
modus vivendi, l. *(módus vivêndi). Dir.* Modo de viver. Convênio provisório entre nações, feito quase sempre através de permuta de notas diplomáticas.
more majorum, l. *(móre maiórum).* Conforme o costume dos antepassados: Na segunda defenestração de Praga, os protestantes da Boêmia declararam que agiram *more majorum.*
mors ultima ratio, l. *(mórs última rácio).* Morte, razão final. A morte é o derradeiro argumento, o mais poderoso.
motu continuo, l. *(mótu contínuo).* Com movimento perpétuo: A cabeça do doido andava num *motu continuo.*
motu proprio, l. *(mótu próprio).* Pela própria deliberação; espontaneamente. Diz-se de documentos pontifícios emanados diretamente do papa, e que tornaram obrigatórias para os católicos as disposições e doutrinas neles tratadas.
multa paucis, l. *(múlta páucis).* Muitas coisas em poucas palavras. Locução que pode servir de modelo aos escritores: *dizer muitas coisas em poucas palavras.*
multi sunt vocati, pauci vero electi, l. *(múlti súnt vocáti, páuci véro elécti).* Muitos são chamados, porém, poucos escolhidos. Expressão usada por Cristo, referindo-se em parábola à salvação eterna, para a qual todos os homens são convidados, mas nem todos a conseguem (Mt. XX, 16 e XXII, 14).
mutatis mutandis, l. *(mutátis mutândis).* Mudando-se o que se deve mudar. Feitas algumas alterações.
nascuntur poetae, fiunt oratores, l. *(nascúntur poéte, fíunt oratóres).* Os poetas nascem, os oradores fazem-se.
natura non facit saltus, l. *(natúra non fácit sáltus).* A natureza não dá saltos. Leibniz quis com este aforismo mostrar que não existem gêneros ou espécies completamente isolados, mas são todos interligados.
necessitas non habet legem, l. *(necéssitas non ábet légem).* A necessidade não tem lei. Aforismo de Santo Agostinho que indica a cessação da lei diante da necessidade.
nec plus ultra, l. *(néc plus últra).* Não mais além. Termo ou ponto que não se deve ultrapassar. Indica também o que há de melhor.
nec semper lilia florent, l. *(néc sêmper lília flórent).* Nem sempre florescem os lírios. As coisas não nos favorecem continuamente; existem os dias de contratempo.
nemine discrepante, l. *(nêmine discrepânte).* Sem a discrepância de ninguém. Por unanimidade.
neque semper arcum tendit Apollo, l. *(néque sêmper árcum têndit Apólo).* Nem sempre Apolo retesa o arco. Ninguém pode trabalhar sem descanso, nem mesmo Apolo.
ne quid nimis, l. *(né qüid nímis).* Nada de mais. Todo excesso é condenável.
nescio vos, l. *(nécio vós).* Não vos conheço. Palavras de

rejeição, na parábola das dez virgens (Evangelho seg. Mateus, 25.12), na qual Cristo aconselha a prudência e a vigilância no que concerne à salvação.

nescit vox missa reverti, l. *(nécit vócs míssa revérti).* Palavra expressa não pode voltar. Horácio refere-se à palavra escrita, aconselhando os escritores a reverem os escritos antes de os publicarem. Aplica-se também à palavra falada (pensar antes de falar).

nessun maggior dolore che ricordarsi del tempo felice nella miseria, ital. *(nessùn madgiór dolôre qui ricordársi del tempo felítxe néla miséria).* Não há maior sofrimento do que recordar-se do tempo feliz na miséria. Palavras que Dante coloca nos lábios de Francisca de Rímini, que narra ao poeta suas desventuras (Divina Comédia Inferno, V, 121-123).

ne, sutor, ultra crepidam, l. *(nê, sútor, últra crépidam).* Sapateiro, não vá além do calçado. O pintor Apeles assim responde ao sapateiro que, depois de criticar a sandália, pretendia analisar o resto do quadro.

ne varietur, l. *(né variétur).* Que não se altere. Usado pelas editoras quando querem a obra exatamente de acordo com os originais.

nigro notanda lapillo, l. *(nígro notânda lapílo).* Para ser marcado com pedra preta. Referência dos antigos aos dias nefastos.

nihil actum credens, dum quid superesse agendum, l. *(níil áctum crédens, dum qüid superésse agêndum).* Crendo que nada fora feito, enquanto restasse alguma coisa por fazer (Lucano, farsália, II 657).

nihil admirari, l. *(níil admirári).* Não se admirar de nada. Princípio adotado pelos estóicos e também pelos indiferentes e apáticos.

nihil diu occultum, l. *(níil díu ocúltum).* Nada oculto por muito tempo.

nihil novi sub sole, l. *(níil nóvi sub sóle).* Nada de novo sob o sol. Expressão do Eclesiastes (I, 10).

nihil obstat, l. *(níil óbstat).* Nada obsta. Fórmula usada pelos censores eclesiásticos ao permitir a publicação de um livro.

nimium ne crede colori, l. *(nímium né créde colóri).* Não acredite muito na cor. As aparências enganam.

nisi utile est quod facimus, stulta est gloria, l. *(nísi útile ést quód fácimus, stúlta ést glória).* Se não é útil o que fazemos, a glória é vã. Não pode haver glória nas coisas inúteis.

noblesse oblige, fr. *(nobléss' oblig').* A nobreza obriga. Um cavalheiro educado não pode comportar-se como um desclassificado.

nocturna versate manu, versate diurna, l. *(noctúrna versáte mânu, versáte diúrna).* Versai com mão diurna, versai com mão noturna. Conselho de Horácio àqueles que desejam aprimorar o estilo: devem ler constantemente os bons autores.

noli me tangere, l. *(nóli mê tângere).* Não me toques. 1. Palavras de Jesus, logo após a ressurreição, a Madalena, que provavelmente lhe queria beijar os pés. 2. Pessoa muito melindrosa, que com tudo se amua e ofende.

nomen juris, l. *(nômen iúris). Dir.* Denominação legal; o termo técnico do direito.

non bis in idem, l. *(non bis in ídem). Dir.* Não duas vezes pela mesma coisa. Axioma jurídico, em virtude do qual ninguém pode responder, pela segunda vez, sobre o mesmo fato já julgado, ou ser duplamente punido pelo mesmo delito.

non decet, l. *(non décet).* Não convém.

non dominus, l. *(non dôminus). Dir.* Não dono, Diz-se daquele que não é proprietário da coisa de que se trata.

non ducor, duco, l. *(non dúcor, dúco).* Não sou conduzido, conduzo. Divisa do Estado de São Paulo.

nondum natus eram, l. *(nôndum nátus éram).* Eu ainda não era nascido. Passagem de Fedro, que a põe na boca do cordeiro, acusado pelo lobo de turvar a água.

non eadem miramur, l. *(non éadem mirâmur).* Não admiramos as mesmas coisas; cada qual tem o seu gosto.

non multa, sed multum, l. *(non múlta, séd múltum).* Não muitas coisas, mas algo bem feito. Não seremos importantes pelo número, mas pela qualidade de nossas ações.

non nova, sed nove, l. *(non nóva, séd nóve). Dir.* Não coisas novas, mas (tratadas) de (modo) novo.

non omne quod fulget aurum est, l. *(non ômne quód fúlget áurum ést).* Nem tudo que brilha é ouro. Cuidado com as aparências.

non omnia possumus omnes, l. *(non ômnia póssumus ômnes).* Todos nós não podemos tudo. Frase de Virgílio que põe termo à auto-suficiência humana.

non omnis moriar, l. *(non ômnis móriar).* Não morrerei inteiramente. Não morrerei completamente, minhas obras prolongarão minha vida. Pensamento de Horácio.

non plus ultra, l. *(non plus últra).* Não mais além. Aplica-se com referência ao que não pode ser excedido.

non possumus, l. *(non póssumus).* Não podemos. Resposta de São Pedro e São João ao príncipe dos sacerdotes que tentava proibir-lhes a pregação do Evangelho (Atos, IV, 19-20).

non videbis annos Petri, l. *(non vidébis ânos Pétri).* Não verás os anos de Pedro. Frase que se aplica aos sucessores de São Pedro, pois, de 261 papas, apenas Pio IX e Leão XIII superaram em anos a São Pedro no trono pontifício.

nosce teipsum, l. *(nósce teípsum).* Conhece-te a ti mesmo. Frase inscrita na entrada do templo de Delfos, na Grécia. Os filósofos gregos aproveitaram-na para suas lucubrações e a ascética cristã faz dela a base da perfeição.

nostrum, b. l. *(nóstrum).* O nosso, isto é, remédio ou preparado de fórmula secreta.

nota bene, l. *(nóta bêne).* Note bem. Locução empregada em alguns textos, para chamar a atenção para o que segue. Abreviadamente: N. B.

nouveau-riche, fr. *(nuvô-rich').* Novo rico.

noverim te, noverim me, l. *(nóverim té, nóverim mé).* Que eu te conheça, que eu me conheça. Frase de Santo Agostinho, quando, nos Solilóquios, dirige-se a Deus para pedir-lhe o conhecimento (de Deus), para amá-lo, e de si próprio, a fim de se humilhar.

novissima verba, l. *(novíssima vérba).* As últimas palavras; as palavras mais recentes.

nulla dies sine linea, l. *(núla díes síne línea).* Nenhum dia sem linha. Plínio diz esta frase de Apeles que não passava um dia sem exercitar-se na pintura.

nulla poena sine lege, l. *(núla pêna síne lége). Dir.* Nenhuma pena sem lei. Não pode existir pena, sem a prévia cominação legal.

numero Deus impare gaudet, l. *(número Deus impare gáudet).* Deus gosta de número ímpar. Referência de Virgílio às propriedades místicas atribuídas aos números ímpares.

nunc dimittis servum tuum, l. *(núnc dimítis sérvum túum).* Despede agora o teu servo. 1. Cântico do velho Simeão ao tomar nos braços o Menino-Jesus, no templo de Jerusalém, agradecendo a Deus a ventura de ver, antes da morte, o Salvador de Israel. 2. Este mesmo hino, recitado em Completas, no breviário romano.

nunc est bibendum, l. *(núnc ést bibêndum).* Agora é beber. Horácio convida os seus contemporâneos a festejarem a vitória romana na batalha de Actium. Emprega-se esta locução quando se quer comemorar algum acontecimento auspicioso.

o altitudo!, l. *(ó altitúdo).* Ó profundeza! São Paulo refere-se na Epístola aos Romanos à sabedoria e ciência divinas. Aplicam-se estas palavras, quando se trata de um mistério insondável.

obscurum per obscurius, l. *(obscúrum pér obscúrius).* O obscuro pelo mais obscuro. Vício de linguagem que consiste em apresentar alguma definição por termos menos conhecidos que os do enunciado.

oculos habent et non vident, l. *(óculos hábent ét non vident).* Têm olhos e não vêem. O salmista fala no Salmo CXV, versículo 5, da cegueira dos ídolos, mas na linguagem popular aplicam-se estas palavras para significar a cegueira intelectual.

oderint dum metuant, l. *(óderint dum métuant).* Que me odeiem, contanto que me temam. Palavras tiradas do poeta Attius, citadas por Cícero, e que se aplicam às autoridades prepotentes e desconfiadas.

odi profanum vulgus, l. *(ódi profânum vúlgus).* Detesto o vulgo profano. Na Ode I do Livro IV, versículo 1, Horácio mostra o seu desprezo pelos aplausos populares e o apreço pelos elogios dos homens de bom gosto.

o fortunatos nimium, si sua bona norint, agricolas, l. *(ó fortunátos nímium, si sua bôna nórint, agrícolas).* Ó demasiadamente felizes agricultores, se conhecessem a sua felicidade. Aplicam-se estes versos de Virgílio àqueles que gozam de benefícios que desconhecem.

o. k., ingl. *(ó quei).* Certo; correto. Corresponde à locução inglesa: *all correct,* tudo certo.

oleum perdidisti, l. *(óleum perdidísti).* Perdeste o teu azeite. Refere-se esta locução aos trabalhos realizados à noite, à luz dos candeeiros, demasiadamente exaustivos, e que não conseguiram bom êxito.

omne ignoto pro magnifico, l. *(ômne ignóto pro magnífico).* Tudo que é desconhecido é tido por magnífico. A imaginação sente-se fascinada pelo desconhecido.

omne tulit punctum qui miscuit utile dulci, l. *(ômne túlit púnctum qüi míscuit útile dúlci).* Ganhou todos os votos o que uniu o útil ao agradável. Unir, numa composição literária, o útil ao agradável, forma, segundo Horácio, a base do sucesso.

omne vivum ex ovo, l. *(ômne vívum écs óvo).* Todo ser vivo provém de um germe. Aforismo citado pelo médico inglês Harvey.

omnia mecum porto, l. *(ômnia mécum pórto).* Trago comigo todas as coisas. Resposta do filósofo Bias, da Grécia, àqueles que, fugindo ao exército persa, se admiravam de ver o sábio sair sem nada levar. Para Bias só valiam as riquezas do espírito.

omnia serviliter pro dominatione, l. *(ômnia servíliter pró dominaciône).* Tudo servilmente pelo domínio. Máxima que se aplica aos políticos inescrupulosos.

omnia vincit amor, l. *(ómnia víncit ámor).* O amor vence todas as coisas. Virgílio, nesta passagem, refere-se ao Amor personificado.

omnis cellula e cellula, l. *(ômnis célula é célula).* Toda célula procede de outra célula, axioma de Biologia.

omnis homo mendax, l. *(ômnis ômo mêndacs).* Todo homem é mentiroso. Palavras do Salmo CXVI, de freqüente aplicação.

omnium consensu, l. *(ômnium consênsu).* Pelo assentimento de todos; por unanimidade; por voto universal.

on parle français, fr. *(on párl' francé).* Fala-se francês. Legenda de vitrina.

onus probandi, l. *(ônus probândi). Dir.* Encargo de provar. Expressão que deixa ao acusador o trabalho de provar (a acusação).

opus citatum, l. *(ópus citátum).* Obra citada. Geralmente empregada abreviadamente *op. cit.* e indica que oportunamente foi ou será citada a obra.

ora pro nobis, l. *(óra pró nóbis).* Roga por nós. Refrão repetido a cada invocação das ladainhas de Nossa Senhora e dos Santos.

ore rotundo, l. *(óre rotúndo).* De boca arredondada. Referência à linguagem pomposa e alambicada.

o rus, quando ego te aspiciam! l. *(ó rús, quândo égo té aspíciam).* Ó campo, quando tornarei a ver-te! Horácio sentia saudades da vida agreste.

o sancta simplicitas! l. *(ó sâncta simplícitas!).* Ó santa simplicidade! Exclamação atribuída a João Huss, quando viu uma velhinha lançar uma acha de lenha à fogueira em que ele se consumia. Empregada em sentido irônico.

os homini sublime dedit, l. *(ós ômini sublíme dédit).* Deu ao homem um rosto elevado. Verso de Ovídio (Metamorfoses, I, 85), em que se salienta a superioridade do homem sobre os outros animais, que têm a cabeça voltada para a terra.

os magna sonaturum, l. *(ós mágna sonatúrum).* Boca que profere grandes palavras. Horácio fala dos verdadeiros poetas que devem ter gênio e inspiração divina.

o tempora! o mores! l. *(ó têmpora! ó móres).* Ó tempos! Ó costumes! Exclamação de Cícero, contra a depravação de seus contemporâneos.

o terque quaterque beati! l. *(ó térqüe quatérqüe beáti!).* Ó três e quatro vezes felizes! Circunlóquio virgiliano para dizer o superlativo de feliz.

otium cum dignitate, l. *(ócium cum dignitáte).* Descanso com dignidade. Expressão de Cícero aplicada aos letrados de seu tempo que dispunham de recursos para levar uma velhice inteiramente dedicada aos livros.

palmam qui meruit ferat, l. *(pálmam qüi méruit férat).* Leve a palma quem a mereceu.

panem et circenses, l. *(pânem ét circênses).* Pão e espetáculos. Era o que pediam os romanos da decadência, censurados por Juvenal.

parcere subjectis et debellare superbos, l. *(párcere subiéctis ét debeláre supérbos).* Perdoar os que se sujeitam e submeter os orgulhosos. Virgílio delineia neste verso o programa político do povo romano.

parce sepultos, l. *(párce sepúltos).* Perdoa os mortos. Não se deve falar mal de quem já morreu.

pares cum paribus facillime congregantur, l. *(páres cum páribus facílime congregântur).* Iguais com iguais se unem facilmente.

par est fortuna laboris, l. *(par ést fortúna labóris).* A fortuna é companheira do trabalho.

par pari refertur, l. *(par pári refértur).* Igual com igual se paga; amor com amor se paga.

pari passu, l. *(pári pássu).* Com passo igual.

parti pris, fr. *(parti pri).* Opinião preconcebida; prevenção

parturiunt montes; nascetur ridiculus mus, l. *(partúriunt môntes; nascétur ridículus mus).* As montanhas partejam, nascerá um ridículo rato. Horácio critica o grande espalhafato de um empreendimento que fracassa na execução.

parva scintilla excitavit magnum incendium, l. *(párva cintíla ecsitávit mágnum incêndium).* Pequena centelha desencadeou um grande incêndio. Provérbio que se aplica a pequenas coisas capazes de provocar conseqüências desastrosas.

pas de nullité sans grief, fr. *(pá de nülité san grièf). Dir.* Não há nulidade sem prejuízo. Princípio segundo o qual o juiz não deve pronunciar a nulidade de um ato processual por vício de forma, desde que dela não resulte prejuízo para a parte que a alega.

passato il pericolo, gabato il santo, ital. *(passáto il perícolo, gabáto il sánto).* Passado o perigo, o santo é escarnecido. Só nos lembramos dos amigos quando precisamos deles.

pâte cuite, fr. *(pát' cüit').* Pasta cozida. Sistema de decoração de origem veneziana.

paté de foie gras, fr. *(paté de fuá grá).* Massa de fígado gordo. Produto alimentício enlatado, feito de fígado de ganso engordado por processo especial.

pâte de verre, fr. *(pát' de vér').* Pasta de vidro. Pequenos cubos de vidro colorido que imitam pedras preciosas.

pâte dure, fr. *(pát' dür').* Pasta dura. Termo de cerâmica, empregado para designar o caulim.

patere quam ipse fecisti legem, l. *(pátere quam ípse fecísti légem).* Suporta a lei que tu próprio fizeste. Não podemos fugir das conseqüências de princípios estabelecidos por nós. Aplica-se aos legisladores e moralistas.

patiens quia aeternus, l. *(páciens qüia etérnus).* Paciente porque eterno. Santo Agostinho explica assim as injustiças aparentes, pelas quais os maus parecem triunfar, enquanto os justos são castigados com reveses. Deus pode esperar a hora da justiça.

pauca sed bona, l. *(páuca séd bóna).* Poucas coisas, mas boas. Aplicação generalizada.

pauci quos aequus amavit Jupiter, l. *(páuci quós équus amávit Iúpiter).* Os raros que o justo Júpiter amou. Verso de Virgílio que se aplica às pessoas muito dotadas ou felizes.

paulo majora canamus, l. *(páulo maióra canâmus).* Cantemos coisas um pouco mais elevadas. Verso de Virgílio, empregado quando se quer passar de um assunto para outro mais importante.

paupertas impulit audax, l. *(paupértas ímpulit áudacs).* A pobreza audaciosa impeliu. A pobreza pode ser um estimulante das idéias criadoras.

pax vobis, l. *(pács vóbis).* A paz esteja convosco. Saudação litúrgica que somente os bispos podem usar nas missas.

pêche melba, fr. *(pêch' melbá).* Pêssego melba. Sorvete de pêssego em compota e tempero de licor.

pectus est quod disertos facit, l. *(péctus ést quód disértos fácit).* O coração é que faz os eloqüentes. Frase de Quintiliano; demonstra que a convicção e sinceridade são requisitos essenciais aos oradores.

pecuniae obediunt omnia, l. *(pecúnie obédiunt ômnia).* Todas as coisas obedecem ao dinheiro. O dinheiro tem muita força.

pede poena claudo, l. *(péde pêna cláudo).* O castigo claudica. Quis Horácio dizer que, muitas vezes, o crime não é imediatamente castigado.

pejor avis aetas, l. *(péior ávis étas).* A idade moderna é pior que a dos tempos passados. Os velhos gostam de lembrar dos bons tempos (os tempos deles).

pêle-mêle, fr. *(pél'-mél).* Confusão; misturada.

per capita, l. *(pér cápita).* Por cabeça; para cada um. Termo muito empregado nas estatísticas.

pereat mundus, fiat justitia l. *(péreat múndus, fíat iustícia).* Que o mundo pereça, mas faça-se a justiça.

per fas et nefas, l. *(pér fás ét néfas).* Pelo lícito e pelo ilícito; por todos os meios possíveis; de qualquer modo.

per jocum, l. *(pér iócum).* Por brincadeira.

perquiratur, l. *(perqüirátur). Hist. Ecles.* Licença de compulsar os registros em certos casos.

persona grata, l. *(persôna gráta).* Pessoa agradável. Pessoa que será diplomaticamente bem recebida por uma entidade ou Estado internacional.

persona non grata, l. *(persôna non gráta).* Pessoa indesejada. Qualificativo que uma chancelaria dá a determinado agente diplomático estrangeiro, em nota ao governo deste, por meio da qual pede a sua retirada do país, onde se acha acreditado, em virtude de considerá-lo, por motivo grave, contrário aos interesses nacionais.

per summa capita, l. *(pér súma cápita).* Pelos pontos capitais; por alto; sem entrar em pormenores; sucintamente, sumariamente.

pertransiit benefaciendo, l. *(pertrânziit benefaciêndo).* Passou fazendo o bem. São Pedro (Atos dos Apóstolos, X, 38) assim resume a vida de Cristo.

petit à petit l'oiseau fait son nid, fr. *(pêtit a pêti l'oazou fé son ni).* Pouco a pouco o pássaro faz seu ninho. Todas as realizações são fruto do trabalho constante e pertinaz.

pied-de-poule, fr. *(piê-d'-pul').* Pé-de-galinha. Padrão de tecido com desenhos que imitam as pisadas de uma ave, em fundo de cor viva.

piscem natare doces, l. *(picem natáre dóces).* Ensinas o peixe a nadar. Ensinas o padre-nosso ao vigário.

placet, l. *(plácet).* Agrada, parece bem, apraz. 1. *Ecles.* Voto de anuência usado nas assembléias do clero. 2. *Dipl.* Aprovação, beneplácito: *Placet* régio.

plaudite cives, l. *(pláudite cíves).* Aplaudi cidadãos. Palavras por que terminavam as apresentações teatrais na antiga Roma.

play-boy, ingl. *(plêi-bói).* Estróina irresponsável, geralmente nascido de pais ricos, sem ocupação definida.

play-ground, ingl. *(plêi-gráund).* Terreno destinado a diversões infantis.

pluralia tantum, l. *(plurália tântum).* Somente os plurais. Diz-se dos substantivos que só se empregam no plural.

plurima mortis imago, l. *(plúrima mórtis imágo).* A morte sob diversos aspectos. Foi como Enéias descreveu a Dido a última noite de Tróia (Eneida, II, 369).

plus aequo, l. *(plus éqüo).* Mais que o razoável: em excesso.

point de nouvelles, bonnes nouvelles, fr. *(pôã de nuvel', bôn' nuvél').* Nada de notícias, boas notícias. A falta de notícias é sinal de que tudo corre bem.

porte-bonheur, fr. *(port'-bonér).* Porta-felicidade. Mascote ou amuleto considerado portador de sorte a quem o possui.

portrait-charge, fr. *(portré-chárge).* Fotografia caricatural.

post equitem sedet atra cura, l. *(póst éqüitem sédet átra cúra).* O negro cuidado se assenta atrás do cavaleiro (na garupa). As preocupações seguem a pessoa por toda parte.

post hoc, ergo propter hoc, l. *(póst óc, érgo própter óc).* Depois disto, logo por causa disto. A prioridade no tempo não importa em causalidade. Pelo fato de algo vir antes de alguma coisa não se segue que seja causa desta.

post meridiem, l. *(póst merídiem).* Depois do meio-dia.

post mortem, l. *(póst mórtem).* Após a morte. 1. Além do túmulo; na outra vida. 2. Expressão empregada quando se trata de conferir alguma honraria a pessoa falecida.

post partum, l. *(póst pártum).* Depois do parto.

pot-pourri, fr. *(pô-purri). Mús.* Trechos de diferentes músicas executados de modo a formar um todo.

pour boire, fr. *(pur-boar').* Para beber; gorjeta.

praesente cadavere, l. *(presênte cadávere).* Em presença do cadáver. Diz-se da leitura do testamento do papa que deve ser feita diante do cadáver, antes do seu sepultamento.

praetium aestimationis, l. *(précium estimaciônis).* Valor estimativo.

primo occupanti, l. *(prímo ocupânti). Dir.* Ao primeiro ocupante. Princípio aceito em jurisprudência, segundo o qual, na falta de outra circunstância, o primeiro ocupante adquire o direito de propriedade.

primum non nocere, l. *(prímum non nocére).* Primeiramente não prejudicar. Critério médico, para empregar novas drogas em seres humanos; que elas não prejudiquem o paciente.

primum vivere, deinde philosophari, l. *(prímum vívere, deínde filosofári).* Primeiro viver, depois filosofar. Aplicado àqueles que, por especulações abstratas, deixam de conseguir o necessário para a subsistência.

primus in orbe deos fecit timor, l. *(prímus in órbe déos fécit tímor).* O temor primitivo criou os deuses na Terra.

primus inter pares, l. *(prímus ínter páres).* Primeiro entre os iguais. Designa o presidente de uma assembléia onde todos têm voz ativa.

principiis obsta, l. *(princípiis óbsta).* Obsta no princípio. Ovídio aconselha o combate às paixões no seu início, antes que criem raízes.

pro aris et focis, l. *(pró áris ét fócis).* Pelos altares e pelos lares. Pela religião e pela pátria.

pro domo sua, l. *(pró dômo sua).* Pela sua casa. Em defesa de seus interesses.

pro forma, l. *(pró forma).* Por mera formalidade, para não modificar o costume, para salvar as aparências: Discutir um assunto *pro forma.*

proh pudor!, l. *(pró-púdor).* interj. Expressão que significa *Que vergonha!* Era divisa de Guilherme de Orange.

prolem sine matre creatam, l. *(prólem síne mátre creátam).* Filho criado sem mãe. Epígrafe de Ovídio, que Montesquieu apôs no frontispício de um de seus livros, para significar que ele era inteiramente original.

pro rata, l. *(pró ráta).* Proporcionalmente. Recebendo cada um, ou pagando, a quota que lhe toca num rateio.

pro re nata, l. *(pró ré náta).* Segundo as circunstâncias.

pulchre, bene, recte, l. *(púlcre, béne, récte).* Lindo, bem, ótimo. Expressões que, segundo Horácio, empregam os parasitas para com seus anfitriões.

pulsate et aperietur vobis, l. *(pulsáte ét aperiétur vóbis).* Batei e abrir-se-vos-á. Palavras do Evangelho (São Lucas XI, 9), em que Cristo aconselha a perseverança na oração.

punica fides, l. *(púnica fides).* Fé púnica. Locução que usavam os romanos para indicar a falta à palavra empenhada, defeito de que acusavam os cartagineses.

q. e. d., abrev. de *quod erat demonstrandum,* l. *(qüód érat demonstrândum).* Que se devia demonstrar.

quaerens quem devoret, l. *(qüérens qüem dévoret).* Procurando a quem devorar. São Pedro, na primeira epístola (V, 8), adverte os fiéis contra as insídias do demônio que se assemelha ao leão faminto em busca da presa.

quae sunt Caesaris Caesari, *(qüe sunt césaris césari).* A César o que é de César. Palavras com que Cristo confundiu os fariseus que lhe faziam uma pergunta capciosa. Significa que não se deve negar ao poder temporal o que realmente lhe cabe, sem omitir nada do que se deve a Deus.

qualis artifex pereo, l. *(qüális ártifecs péreo).* Morro como um grande artista. Expressão atribuída por Suetônio a Nero que se julgava grande poeta, cantor e ator. O imperador pronunciou estas palavras pouco antes de suicidar-se.

qualis pater, talis filius, l. *(qüális páter, tális filius).* Tal pai, tal filho.

qualis vita, finis ita, l. *(qüális víta, finis íta).* Tal vida, tal morte. Não pode morrer bem aquele que viveu mal, é o princípio aceito pelos mestres da vida espiritual.

quand même, fr. *(çan méme).* Mesmo assim. Em qualquer hipótese; apesar dos pesares.

quando bene se gesserit, l. *(qüando bêne sé gésserit). Dir.* Enquanto se comportar bem.

quandoque bonus dormitat Homerus, l. *(qüandóqüe bônus dormítat Homérus).* Também o bom Homero cochila. Expressão de Horácio, para dizer que a suma perfeição não existe em poesia; até o grande Homero comete suas falhas.

quantum libeat, l. *(qüântum líbeat).* Quanto lhe agrade, à vontade.

quantum mutatus ab illo, l. *(qüântum mutátus ab ílo).* Quanto se mudou do que era. Enéias pronuncia estas palavras ao ver, em sonho, Heitor coberto de feridas (Eneida, II, 274).

quantum satis, l. *(qüântum sátis).* Quanto baste. *Med.* Expressão empregada abreviadamente *qs,* nas receitas médicas.

quantum sufficit, l. *(qüântum súficit).* O suficiente, o estritamente necessário: Alimentava-se *quantum sufficit* para não morrer à fome.

quia nominor leo, l. *(qüía nôminor léo).* Porque me chamo leão. Trecho de Fedro usado para estigmatizar aqueles que abusam de sua posição ou força, para oprimir os fracos.

qui bene amat, bene castigat, l. *(qüi bêne ámat, bêne castígat).* Quem ama bem, castiga bem. O castigo deve ser o fruto do amor.

quid inde?, l. *(qüid inde?).* E então? Qual a conseqüência disso?

quid juris?, l. *(qüid iúris?).* Que do direito? Qual a solução dada pelo direito?

quidquid delirant reges, plectuntur achivi, l. *(qüidqüid delírant réges, plectúntur aquívi).* Quando os reis deliram, os gregos são açoitados. O povo paga pelos desvarios dos governantes.

quidquid tentabam dicere versus erat, l. *(qüídqüid tentábam dícere vérsus érat).* Tudo que eu tentava dizer era verso. Frase de Ovídio que narra a sua irreprimível vocação de poeta contrariada pelo pai.

quieta non movere, l. *(qüiéta non movére).* Não mexer no que está quieto.

qui habet aures audiendi audiat, l. *(qüi ábet áures audiêndi áudiat).* Quem tem ouvido para ouvir, ouça. Palavras do Apocalipse e do Evangelho, que encerram uma ameaça àqueles que não querem atender à pregação da palavra de Deus.

qui nescit dissimulare, nescit regnare, l. *(qüi néscit dissimuláre, néscit regnáre).* Quem não sabe dissimular, não sabe reinar. Princípio que traduz o pensamento de Maquiavel e de muitos políticos inescrupulosos.

qui potest capere, capiat, l. *(qüi potést cápere, cápiat).* Quem é apto para o admitir, admita. Palavras com que Cristo conclui sua exortação à prática da castidade perfeita (Mateus, 19, 12).

qui pridie, l. *(qüi prídie). Liturg.* O qual na véspera. Palavras iniciais da consagração que recordam a instituição da Eucaristia na última ceia.

qui scribit bis legit, l. *(qüi scríbit bis légit).* Quem escreve lê duas vezes. Axioma da pedagogia antiga, ainda hoje aceito por muitos educadores.

quis, quid, ubi, quibus auxiliis, cur, quomodo, quando? l. *(qüis, qüid, úbi, qüíbus aucsíliis, cur, quómodo, quando?).* Quem? O quê? Onde? Por que meios? Por quê? Como? Quando? Verso hexâmetro de Quintiliano, que sintetiza a divisão da Retórica. Muito usado modernamente por jornalistas que, com as respostas a estas perguntas circunstanciais, consideram esgotado o assunto. O mesmo processo se aplica em criminologia.

quis tulerit Gracchos de seditione quaerentes? l. *(qüis túlerit Grácos dé sediciône qüerêntes).* Quem suportará que os Gracos se queixem de sedição? Quem empregou um meio para conseguir determinado fim não tem força moral para condenar esse meio. Os irmãos Gracos subiram ao poder por uma revolução.

quod abundat non nocet, l. *(quód abúndat non nócet).* O que abunda não prejudica. É melhor sobrar do que faltar.

quod Deus avertat, l. *(quód Deus avértat).* O que Deus afaste (de nós). Locução equivalente a *Deus nos livre.*

quod di omen avertant!, l. *(quód di ômen avértant).* Que os deuses afastem este agouro!

quod facis, fac citius, l. *(quód fácis, fác cícius).* Faze logo o que tens a fazer. Palavras com que Jesus dá a entender a Judas que conhece seu plano de traição e ao mesmo tempo manifesta o desejo que sente de realizar a salvação dos homens (Jo. XIII, 27).

quod petis alter habet, l. *(quód pétis álter ábet).* O que pedes outro tem. Chegaste tarde.

quod scripsi, scripsi, l. *(quód scrípsi, scrípsi).* O que escrevi, escrevi. Foi como Pilatos respondeu aos sacerdotes que o censuravam por mandar colocar na cruz de Cristo a legenda: Jesus nazareno rei dos judeus (Jo. XIX, 22).

quod tibi non vis alteri ne facias, l. *(quód tíbi non vis ál-*

teri né fácias). Não faças a outrem o que não queres para ti.

quod volumus facile credimus, l. *(quód vólumus fácile crédimus).* Facilmente cremos aquilo que desejamos.

quot capita, tot sensus, l. *(quót cápita, tót sênsus).* Quantas cabeças, tantas sentenças.

quousque tandem, l. *(quoúsque tândem).* Até quando. Palavras iniciais do discurso de Cícero contra Catilina no Senado Romano.

quo vadis? l. *(qüo vádis).* Aonde vais? Pergunta que, segundo a lenda, teria feito São Pedro a Cristo, encontrado na Via Ápia, enquanto o apóstolo fugia da perseguição de Nero.

rapere in jus, l. *(rápere in ius).* Conduzir a juízo.

rapel de ton, fr. *(rapél de ton).* Chamada de cor. Retoques distribuídos em um quadro para salientar a tonalidade principal dele.

rari nantes in gurgite vasto, l. *(rári nântes in gúrgite vásto).* Poucos nadando no imenso abismo. Verso de Virgílio (Eneida, I, 118), que descreve a situação de alguns náufragos. Aplica-se diversamente no sentido figurado, citando-se, muitas vezes, apenas as duas primeiras palavras.

ratio juris, l. *(rácio iúris).* Razão do direito. *Dir.* Motivo que o hermeneuta encontra no direito vigente para justificar a interpretação ou solução que dá a uma regra jurídica ou a certo caso concreto.

ratio legis, l. *(rácio légis).* A razão da lei. *Dir.* Espírito que inspira a lei e deve ser objeto de investigação dos intérpretes e comentadores que procuram esclarecer o seu texto.

ratio summa, l. *(rácio súma).* Razão superior. *Dir.* Espírito de eqüidade que deve determinar a escolha da solução mais benigna, dentre as duas resultantes da interpretação estrita de determinada regra jurídica.

ratione materiae, l. *(raciône matérie).* Em razão da matéria. *Dir.* Razão resultante da matéria.

ratione officii, l. *(raciône ofícii). Dir.* Em razão do ofício.

regis ad exemplar, l. *(régis ad eczêmplar).* A exemplo do rei. Citada para satirizar aqueles que pautam seus atos pelos do rei ou do chefe.

relicta non bene parmula, l. *(relícta non bêne pármula).* Abandonado vergonhosamente o escudo. Refere-se Horácio à fuga por ele empreendida na batalha de Filipos (Odes, II, 7-10).

rempli de soi-même, fr. *(rampli d' soá-mêm)').* Cheio de si; convencido.

requiescat in pace, l. *(reqüiéscat in páce).* Descanse em paz. Prece recitada no ofício dos mortos e muitas vezes gravada em pedras tumulares.

res integra, l. *(rés íntegra). Dir.* A coisa inteira.

res inter alios judicata aliis neque nocet neque prodest, l. *(rés ínter álios iudicáta áliis néqüe nócet néqüe pródest). Dir.* A coisa julgada não pode aproveitar nem prejudicar senão às próprias partes.

res judicata est quae finem controversiarum pronuntiatione judicis accipit, l. *(rés iudicáta ést qüe fínem controversiárum pronunciaciône iúdicis áccipit). Dir.* Coisa julgada é a que, pelo pronunciamento do juiz, põe fim às controvérsias.

res judicata pro veritate habetur, l. *(rés iudicáta pró veritáte habétur).* A coisa julgada é tida por verdade. Axioma jurídico, segundo o qual aquilo que foi objeto de julgamento definitivo não pode ser novamente submetido a discussão.

res non verba, l. *(rés non vérba).* Fatos e não palavras. Citada quando se pleiteia a ação imediata e não promessas.

res nullius, l. *(rés nulíus). Dir.* Coisa de ninguém, isto é, que a ninguém pertence.

res sacra miser, l. *(rés sácra míser).* O infeliz é coisa sagrada. Palavras de Sêneca que patenteiam o seu respeito para com os infelizes.

restons telles que Dieu nous a faites, fr. *(restôn tel' qu' Diêu nus a fét').* Fiquemos como Deus nos fez. Máxima que serviu de base à campanha das mulheres francesas contra o uso do espartilho.

rira mieux qui rira le dernier, fr. *(rirá miêu qui rirá l' derniê).* Ri melhor quem ri por último.

risum teneatis?, l. *(rísum teneátis?).* Sofrereis o riso? Pergunta feita por Horácio, após descrever um quadro cuja figura se compõe de partes disparatadas (Arte Poética, 5).

rudis indigestaque moles, l. *(rúdis indigéstaqüe móles).* Massa confusa e informe. É como Ovídio (Metamorfoses, I, 7) descreve a matéria caótica.

rule, Britannia, ingl. *(rul' Britânia).* Governa, Inglaterra. Palavras iniciais de uma canção patriótica inglesa que exalta o domínio britânico nos mares.

salus populi suprema lex esto, l. *(sálus pópuli suprêma lécs ésto).* A salvação do povo seja a suprema lei. Máxima do Direito Romano.

sancta sanctorum, l. *(sâncta sanctórum).* O santo dos santos. O lugar mais secreto do templo de Jerusalém onde só entrava o sumo-sacerdote quando em funções.

sans-culotte, fr. *(san-culót').* Sem calção. Apelativo por que eram tratados os revolucionários de 1789, por usarem calças em vez de calções.

sans peur et sans reproche, fr. *(san pêur ê san repróch').* Sem medo e sem censura. Sem temor, com a consciência tranqüila.

sapienti sat, l, *(sapiênti sát).* Basta para o sábio; ele não precisa de muitas explicações.

scribitur ad narrandum, non ad probandum, l. *(scríbitur ad narrândum, non ád probândum).* Escreve-se para narrar e não para provar. Quintiliano estabelece assim a diferença entre a história e a eloqüência (Inst. Orat. X, I, 31).

sapiens filius laetificat patrem, l. *(sápiens fílius letífícat pátrem).* O filho sábio alegra o pai. (Provérbios, X, 1).

sapientis est mutare consilium, l. *(sapiêntis ést mutáre consílium).* É próprio do sábio mudar de parecer. Sabe reconhecer os erros.

scilicet, l. *(cílicet).* Isto é.

scintilla contempta excitavit magnum incendium, l. *(cintíla contêmpta ecsitávit mágnum incêndium).* Pequena centelha ateou um grande incêndio. Coisas pequenas podem ter graves conseqüências.

sede vacante, l. *(séde vacânte).* Estando vaga a sede. Usado principalmente no Direito Canônico.

sedia gestatoria, ital. *(sédia djestatória).* Cadeira especial em que se conduz o papa nas grandes solenidades.

se habla español, cast. *(sê hábla espanhol).* Fala-se espanhol. Legenda de casas comerciais.

self-governement, ingl. *(sélf-govérnement).* Governo próprio. Como o dos estados e municípios brasileiros que gozam de autonomia.

self-made man, ingl. *(sélf mêid men).* Homem que se fez por si. Diz-se do que consegue destacada posição pelos próprios esforços.

sex-appeal, ingl. *(sécs-apíl).* Atrativo sedutor das mulheres.

semel emissum volat irreparabile verbum, l. *(sêmel emíssum vólat irreparábile vérbum).* A palavra uma vez pronunciada voa irreparável.

senatus populusque romanus, l. *(senátus populúsqüe románus).* O senado e o povo romano. Divisa da antiga república romana.

se non è vero, è bene trovato, ital. *(se non é véro, é bêne trovato).* Se não é verdade foi bem inventado.

servum pecus, l. *(sérvum pécus).* Rebanho servil. Assim classifica Horácio os plagiadores (Epístolas, I, 19).

sic itur ad astra, l. *(sic ítur ad ástra).* Assim se vai aos astros. Expressão virgiliana muito empregada durante as descobertas aeronáuticas.

sic transit gloria mundi, l. *(sic trânsit glória múndi).* Assim